Kapitalanlagegesetzbuch

Kommentar

Herausgegeben von

Dr. Carsten Fischer, LL.M.Eur.
Syndikus-RA in Frankfurt

Dr. Hilger von Livonius
RA in München

Dr. Benedikt Weiser, LL.M.Eur.
RA in Frankfurt

Bearbeitet von

Andrea van Almsick, RAin in Frankfurt; Andrea Balk, Syndikus-RAin in Köln; Johannes Bast, RA in Frankfurt; Dr. Timo Bühler, RA in Frankfurt; Clemens Canzler, RA in Frankfurt; Claudia Christ, RAin in München; Dr. Daniela Cohn-Heeren, LL.M. (Georgetown), RAin in Hamburg; Dr. Bernulph von Crailsheim, RA und StB in Frankfurt; Lennart Dahmen, LL.M., Syndikus-RA in Frankfurt; Charlotte Dreisigacker-Sartor, RAin in Frankfurt; Claudia Ewers, Referentin in Frankfurt; Dr. Armin Fary, LL.M.Eur., RA in München; Dr. Carsten Fischer, LL.M.Eur., Syndikus-RA in Frankfurt; Stefanie Franz, RAin in Frankfurt; Dr. Markus J. Friedl, LL.M., RA in Frankfurt; Dr. Till Friedrich, RA in Kiel; Sebastian Göricke, RA in München; Robert Guzialowski, RA in Frankfurt; Michael Harris, Wirtschaftsjurist in München; Jochen Kindermann, RA in Frankfurt; Dr. Oliver Kittner, RA in Frankfurt am Main; Dr. Lars Kloster, RA in Frankfurt; Georg Klusak, RA in Frankfurt; Stefan Koch, LL.M., RA in Frankfurt; Dr. Ralf Koschmieder, RA und StB in Königstein; Tanja Kratzenberger, RAin in Wiesbaden; Dr. André Kruschke, Syndikus-RA in Kelkheim; Dr. Hilger von Livonius, RA in München; Dr. Sebastian Merk, RiLG und wissenschaftl. Mitarbeiter am BVerfG in Karlsruhe; Torben Mietzner, Dipl.-Kfm. in München; Tobias Moroni, RA in Bonn; Dr. Kai Niemann, RA in Deisenhofen; Dr. Philipp Riedl, RA in München; Florian Rinck, Syndikus-RA; Dr. Verena Ritter-Döring, RAin in Frankfurt; Daniela Rudolf, RAin und StBin in Frankfurt; Daniel Schäfer, Syndikus-RA in München; Lena Schäfer, RAin in Frankfurt; Matthias Schirmer, LL.M., RA in Frankfurt; Dr. Philipp Schlawien, RA in München; Martin Schliemann, WP und StB in Frankfurt; Heike Schmitz, RAin in Frankfurt; Dr. Rainer Schmitz, LL.M., RA in London; Marc Spröhnle, Referent in Frankfurt; Elmar Weinand, Steuerberater in Bad Vilbel; Dr. Benedikt Weiser, LL.M.Eur., RA in Frankfurt; Elke Weppner, RAin in Kronberg; Matthias Wohlmann, LL.M., Referent in Frankfurt; Dr. Sarah Wrage, LL.M., RAin in Frankfurt; Dr. Andreas Zubrod, RA in Frankfurt

2025

C.H.BECK

Zitierweise:
Fischer/von Livonius/Weiser KAGB § … Rn. …

beck.de

ISBN 978 3 406 65743 6

Wilhelmstraße 9, 80801 München
Umschlaggestaltung: Druckerei C.H.Beck Nördlingen
Druck und Bindung: Druckerei C.H.Beck Nördlingen
(Adresse wie Verlag)

Satz: Jung Crossmedia Publishing GmbH, Lahnau

chbeck.de/nachhaltig

Gedruckt auf säurefreiem, alterungsbeständigem Papier
(hergestellt aus chlorfrei gebleichtem Zellstoff)

Geleitwort

Das Kapitalanlagegesetzbuch ist nach dem Gesetz über Kapitalanlagegesellschaften und dem Investmentgesetz die dritte Evolutionsstufe der Fondsgesetzgebung in Deutschland, die im Jahr 1957 ihren Anfang nahm – sieben Jahre nach Auflage des ersten deutschen Investmentfonds. Zunächst als rein nationales Regelwerk gestartet, wurde die deutsche Fondsregulierung über die Jahre zunehmend geprägt vom EU-Recht. Den Anfang machte die OGAW-Richtlinie (Organismen für gemeinsame Anlagen in Wertpapieren) aus dem Jahr 1985, die früh einen funktionierenden europäischen Binnenmarkt für Wertpapier-Publikumsfonds geschaffen hatte und mit dem Finanzmarktförderungsgesetz Einzug in das deutsche Fondsrecht hielt.

Den tiefgreifendsten Einschnitt in der Geschichte des Investmentrechts in Deutschland bildete die Umsetzung der AIFM-Richtlinie aus dem Jahr 2011, die in das Kapitalanlagegesetzbuch mündete. Zuvor hatten die Mitgliedstaaten außerhalb des OGAW-Universums noch freie Hand bei der Produkt- und Anbieterregulierung, wovon der deutsche Gesetzgeber mit seinem Erfolgsmodell des Spezialfonds umfassend Gebrauch gemacht hatte. Unter dem Eindruck der Finanzkrise 2008 gab die AIFM-Richtlinie nun die Rahmenbedingungen für die Manager „alternativer Investmentfonds" vor. Ursprüngliches Ziel war, die Verwalter von Hedgefonds und Private-Equity-Fonds an die regulatorische Leine zu nehmen. Weil sich deren Abgrenzung als schwieriger erwiesen hatte als zunächst angenommen, verzichtete der EU-Gesetzgeber schließlich ganz darauf und warf alle Fondsmanager, die etwas anderes als OGAW verwalteten, regulatorisch in einen Topf.

Für Deutschland stand viel auf dem Spiel: Würde sich das Spezialfondsgeschäft mit seinem Volumen von bereits damals rund einer Billion Euro in die neue Welt retten lassen? Nicht genug damit, dass Spezialfonds sich als alternative Investmentfonds plötzlich auf eine Ebene mit Hedgefonds gestellt sahen. Auch die Vorstellung, dass es Spezialfonds mit nur einen Anleger gibt, stieß auf EU-Ebene auf Skepsis. Am Ende hat der KAGB-Gesetzgeber hervorragende Arbeit geleistet, indem er die Vorgaben des EU-Rechts übernahm, ohne die Stärken des Standortes Deutschland aus den Augen zu verlieren. Er hat nicht nur die AIFM-Richtlinie handwerklich sauber in das nationale Recht überführt, sondern zugleich deren Urfehler, die Fondswelt in „harmlose" OGAW und „gefährliche" AIF einzuteilen, elegant entschärft. Mit durchschlagendem Erfolg: In den nachfolgenden 10 Jahren konnte sich das verwaltete Spezialfondsvermögen mehr als verdoppeln.

Das KAGB als das Grundgesetz des Fondsgeschäfts setzt den bewährten Rahmen für die deutschen Fondsanbieter und ihre Produkte, die Verwahrstellen und den Fondsvertrieb. Es braucht sich im internationalen Vergleich nicht zu verstecken – auch nicht vor Rechtsordnungen wie Luxemburg oder Irland, die sich als Auflegungsstandorte im EU-Binnenmarkt positioniert haben. Wenn sich Fondsanbieter gegen Deutschland als Domizil ihrer Produkte entscheiden, kann es dafür alle möglichen Gründe geben: Aufsichtspraxis, betriebliche Übung oder ein von Beratern geprägtes Umfeld. Am KAGB jedenfalls liegt es nicht.

Frankfurt im Juni 2024

Thomas Richter
Hauptgeschäftsführer des BVI

Bearbeiterübersicht

Verfasser	Kapitel
Andrea van Almsick	§§ 231, 232, §§ 234–238, §§ 240, 241, §§ 252, 253, §§ 255–259
Andrea Balk	§§ 26–28 (mit Riedl)
Johannes Bast	§§ 60–64, §§ 66, 67
Dr. Timo Bühler	Vorb. § 192, §§ 192–197, DerivateV, §§ 198–213
Clemens Canzler	§ 281 (mit Rudolf), § 282 (mit Kittner)
Claudia Christ	§§ 261–272 (mit Mietzner)
Dr. Daniela Cohn-Heeren, LL.M. (Georgetown)	Vorb. §§ 101 ff., §§ 101–107, § 230, § 233, § 239, §§ 242–251, § 254, § 260, § 293, § 296
Dr. Bernulph von Crailsheim	§§ 100a, 100b
Lennart Dahmen, LL.M.	§ 28a, §§ 55–59, §§ 292a–292c
Charlotte Dreisigacker-Sartor	§§ 297–299 (mit Ewers), §§ 301–305 (mit Ewers)
Claudia Ewers[1]	§§ 297–299 (mit Dreisigacker-Sartor), §§ 301–305 (mit Dreisigacker-Sartor)
Dr. Armin Fary, LL.M.Eur.	§§ 306a, 306b (mit Schlawien), §§ 309–315 (mit Schlawien)
Dr. Carsten Fischer, LL.M.Eur.	§§ 108–119, §§ 139–147, § 306 (mit Kruschke), §§ 324–329 (mit Kruschke), §§ 332–338b (mit Kruschke)
Stefanie Franz	§§ 272a–272h (mit Wrage)
Dr. Markus J. Friedl, LL.M.	§§ 287–292
Dr. Till Friedrich	§§ 218, 219, Vorb. §§ 220–224, §§ 220–224
Sebastian Göricke	§§ 225–229 (mit von Livonius), § 283, §§ 285, 286
Robert Guzialowski	§§ 68–79
Michael Harris	Vorb. § 260a (mit von Livonius), §§ 260a–260d (mit von Livonius), §§ 307, 308 (mit Niemann), § 338c (mit von Livonius), §§ 343–364 (mit von Livonius)
Jochen Kindermann	§§ 53, 54 (mit L. Schäfer)
Dr. Oliver Kittner	Vorb. §§ 273–292 (mit Kloster und Rudolf), § 273 (mit Rudolf), § 277 (mit Kloster und Rudolf), § 277a, §§ 278, 279 (mit Kloster), § 282 (mit Canzler), § 284 (mit Kloster)
Dr. Lars Kloster	Vorb. §§ 273–292 (mit Kittner und Rudolf), §§ 274–276 (mit Rudolf), § 277 (mit Kittner und Rudolf), §§ 278, 279 (mit Kittner), § 284 (mit Kittner)

1 Beitrag nicht in dienstlicher Eigenschaft verfasst.

Bearbeiterübersicht

Georg Klusak	§§ 1–4 (mit Moroni)
Stefan Koch, LL.M.	§§ 80–90 (mit Weppner)
Dr. Ralf Koschmieder	§§ 214–217
Tanja Kratzenberger	§ 300, §§ 316–323, § 331
Dr. André Kruschke	§ 306 (mit Fischer), §§ 324–329 (mit Fischer), § 330a (mit H. Schmitz), §§ 332–338b (mit Fischer)
Dr. Hilger von Livonius	§ 65, §§ 225–229 (mit Göricke), Vorb. § 260a (mit Harris), §§ 260a–260d (mit Harris), § 338c (mit Harris), §§ 343–364 (mit Harris),
Dr. Sebastian Merk	§§ 5–8
Torben Mietzner, LL.M.	§§ 261–272 (mit Christ)
Tobias Moroni	§§ 1–4 (mit Klusak)
Dr. Kai Niemann	§§ 29–38, §§ 307, 308 (mit Harris)
Dr. Philipp Riedl	§§ 26–28 (mit Balk)
Florian Rinck	§§ 171–180
Dr. Verena Ritter-Döring	§§ 39–52
Daniela Rudolf	Vorb. §§ 273–292 (mit Kittner und Kloster), § 273 (mit Kittner), §§ 274–276 (mit Kloster), § 277 (mit Kittner und Kloster), § 281 (mit Canzler)
Daniel Schäfer	Vorb. § 181, §§ 181–191
Lena Schäfer	§§ 53, 54 (mit Kindermann)
Matthias Schirmer, LL.M.	§§ 294–295b
Dr. Philipp Schlawien	§§ 306a, 306b (mit Fary), §§ 309–315 (mit Fary)
Martin Schliemann	§§ 120–123, § 148, § 159a
Heike Schmitz	§ 330, § 330a (mit Kruschke), § 331a
Dr. Rainer Schmitz, LL.M.	§ 91, Vorb. §§ 92–107, §§ 92–100
Marc Spröhnle[1]	§§ 9–16
Elmar Weinand	§§ 135–137, § 159, § 160
Dr. Benedikt Weiser, LL.M.Eur.	§§ 124–134, § 138, §§ 149–158, § 161
Elke Weppner	§§ 80–90 (mit Koch)
Matthias Wohlmann[1], LL.M.	§§ 17–25
Dr. Sarah Wrage, LL.M.	§§ 272a–272h (mit Franz), §§ 339–342
Dr. Andreas Zubrod	§§ 162–170

[1] Beitrag nicht in dienstlicher Eigenschaft verfasst.

Inhaltsverzeichnis

Geleitwort V
Bearbeiterübersicht VII
Abkürzungsverzeichnis XXVII

Kapitalanlagegesetzbuch (KAGB)

Kapitel 1. Allgemeine Bestimmungen für Investmentvermögen und Verwaltungsgesellschaften

Abschnitt 1. Allgemeine Vorschriften

§ 1 Begriffsbestimmungen 2
§ 2 Ausnahmebestimmungen 60
§ 3 Bezeichnungsschutz 75
§ 4 Namensgebung; Fondskategorien 79
§ 5 Zuständige Behörde; Aufsicht; Anordnungsbefugnis; Verordnungsermächtigung 80
§ 6 Besondere Aufgaben 100
§ 7 Sofortige Vollziehbarkeit 102
§ 7a Bekanntmachung von sofort vollziehbaren Maßnahmen 105
§ 7b Elektronische Kommunikation; Verordnungsermächtigung 108
§ 8 Verschwiegenheitspflicht 111
§ 9 Zusammenarbeit mit anderen Stellen 114
§ 10 Allgemeine Vorschriften für die Zusammenarbeit bei der Aufsicht . . 120
§ 11 Besondere Vorschriften für die Zusammenarbeit bei grenzüberschreitender Verwaltung und grenzüberschreitendem Vertrieb von AIF 123
§ 12 Meldungen der Bundesanstalt an die Europäische Kommission, an die europäischen Aufsichtsbehörden und an die das Unternehmensregister führende Stelle 127
§ 13 Informationsaustausch mit der Deutschen Bundesbank 132
§ 14 Auskünfte und Prüfungen 135
§ 15 Einschreiten gegen unerlaubte Investmentgeschäfte 138
§ 16 Verfolgung unerlaubter Investmentgeschäfte 141

Abschnitt 2. Verwaltungsgesellschaften

Unterabschnitt 1. Erlaubnis

§ 17 Kapitalverwaltungsgesellschaften 146
§ 18 Externe Kapitalverwaltungsgesellschaften 153

§ 19 Inhaber bedeutender Beteiligungen; Verordnungsermächtigung . . . 163
§ 20 Erlaubnis zum Geschäftsbetrieb 167
§ 21 Erlaubnisantrag für eine OGAW-Kapitalverwaltungsgesellschaft und Erlaubniserteilung 181
§ 22 Erlaubnisantrag für eine AIF-Kapitalverwaltungsgesellschaft und Erlaubniserteilung 189
§ 23 Versagung der Erlaubnis einer Kapitalverwaltungsgesellschaft 195
§ 24 Anhörung der zuständigen Stellen eines anderen Mitgliedstaates der Europäischen Union oder eines anderen Vertragsstaates des Abkommens über den Europäischen Wirtschaftsraum; Aussetzung oder Beschränkung der Erlaubnis bei Unternehmen mit Sitz in einem Drittstaat 201
§ 25 Kapitalanforderungen 203

Unterabschnitt 2. Allgemeine Verhaltens- und Organisationspflichten

§ 26 Allgemeine Verhaltensregeln; Verordnungsermächtigung 215
§ 27 Interessenkonflikte; Verordnungsermächtigung 235
§ 28 Allgemeine Organisationspflichten; Verordnungsermächtigung . . . 246
§ 28a Zusätzliche Organisationsanforderungen bei der Verwaltung von Entwicklungsförderungsfonds 258
§ 29 Risikomanagement; Verordnungsermächtigung 262
§ 30 Liquiditätsmanagement; Verordnungsermächtigung 310
§ 31 Primebroker 321
§ 32 Entschädigungseinrichtung 325
§ 33 Werbung 329
§ 34 Anzeigepflichten von Verwaltungsgesellschaften gegenüber der Bundesanstalt und der Bundesbank 332
§ 35 Meldepflichten von AIF-Verwaltungsgesellschaften 347
§ 36 Auslagerung; Verordnungsermächtigung 400
§ 37 Vergütungssysteme; Verordnungsermächtigung 430
§ 38 Jahresabschluss, Lagebericht, Prüfungsbericht und Abschlussprüfer der externen Kapitalverwaltungsgesellschaft; Verordnungsermächtigung 452

Unterabschnitt 3. Weitere Maßnahmen der Aufsichtsbehörde

§ 39 Erlöschen und Aufhebung der Erlaubnis 464
§ 40 Maßnahmen gegen Geschäftsleiter und Aufsichtsorganmitglieder . . 472
§ 41 Maßnahmen bei unzureichenden Eigenmitteln 478
§ 42 Maßnahmen bei Gefahr 481
§ 43 Insolvenzantrag, Unterrichtung der Gläubiger im Insolvenzverfahren 483

Unterabschnitt 4. Pflichten für registrierungspflichtige AIF-Kapitalverwaltungsgesellschaften

§ 44 Registrierung und Berichtspflichten 486
§ 45 Jahresabschluss und Lagebericht von registrierungspflichtigen AIF-Kapitalverwaltungsgesellschaften 495
§ 45a Abschlussprüfung bei registrierungspflichtigen AIF-Kapitalverwaltungsgesellschaften; Verordnungsermächtigung 497
§ 46 Jahresabschluss und Lagebericht von extern verwalteten Spezial-AIF, für deren Rechnung Gelddarlehen nach § 285 Absatz 2 oder § 292a Absatz 2 vergeben werden 499
§ 47 Abschlussprüfung bei extern verwalteten Spezial-AIF, für deren Rechnung Gelddarlehen nach § 285 Absatz 2 oder § 292a Absatz 2 vergeben werden; Verordnungsermächtigung 501
§ 48 [aufgehoben] 502
§ 48a [aufgehoben] 502

Unterabschnitt 5. Grenzüberschreitender Dienstleistungsverkehr bei OGAW-Verwaltungsgesellschaften

§ 49 Zweigniederlassung und grenzüberschreitender Dienstleistungsverkehr durch OGAW-Kapitalverwaltungsgesellschaften; Verordnungsermächtigung 502
§ 50 Besonderheiten für die Verwaltung von EU-OGAW durch OGAW-Kapitalverwaltungsgesellschaften 511
§ 51 Inländische Zweigniederlassungen und grenzüberschreitender Dienstleistungsverkehr von EU-OGAW-Verwaltungsgesellschaften 515
§ 52 Besonderheiten für die Verwaltung inländischer OGAW durch EU-OGAW-Verwaltungsgesellschaften 524

Unterabschnitt 6. Grenzüberschreitender Dienstleistungsverkehr und Drittstaatenbezug bei AIF-Verwaltungsgesellschaften

§ 53 Verwaltung von EU-AIF durch AIF-Kapitalverwaltungsgesellschaften 529
§ 54 Zweigniederlassung und grenzüberschreitender Dienstleistungsverkehr von EU-AIF-Verwaltungsgesellschaften im Inland 537
§ 55 Bedingungen für AIF-Kapitalverwaltungsgesellschaften, welche ausländische AIF verwalten, die weder in den Mitgliedstaaten der Europäischen Union noch in den Vertragsstaaten des Abkommens über den Europäischen Wirtschaftsraum vertrieben werden 544
§ 56 Bestimmung der Bundesrepublik Deutschland als Referenzmitgliedstaat einer ausländischen AIF-Verwaltungsgesellschaft 548
§ 57 Zulässigkeit der Verwaltung von inländischen Spezial-AIF und EU-AIF sowie des Vertriebs von AIF gemäß den §§ 325, 326, 333 oder 334 durch ausländische AIF-Verwaltungsgesellschaften 555
§ 58 Erteilung der Erlaubnis für eine ausländische AIF-Verwaltungsgesellschaft 560

§ 59 Befreiung einer ausländischen AIF-Verwaltungsgesellschaft von Bestimmungen der Richtlinie 2011/61/EU . . . 567
§ 60 Unterrichtung der Europäischen Wertpapier- und Marktaufsichtsbehörde im Hinblick auf die Erlaubnis einer ausländischen AIF-Verwaltungsgesellschaft durch die Bundesanstalt . . . 570
§ 61 Änderung des Referenzmitgliedstaates einer ausländischen AIF-Verwaltungsgesellschaft . . . 573
§ 62 Rechtsstreitigkeiten . . . 578
§ 63 Verweisungsmöglichkeiten der Bundesanstalt an die Europäische Wertpapier- und Marktaufsichtsbehörde . . . 581
§ 64 Vergleichende Analyse der Zulassung von und der Aufsicht über ausländische AIF-Verwaltungsgesellschaften . . . 585
§ 65 Verwaltung von EU-AIF durch ausländische AIF-Verwaltungsgesellschaften, für die die Bundesrepublik Deutschland Referenzmitgliedstaat ist . . . 587
§ 66 Inländische Zweigniederlassung und grenzüberschreitender Dienstleistungsverkehr von ausländischen AIF-Verwaltungsgesellschaften, deren Referenzmitgliedstaat nicht die Bundesrepublik Deutschland ist 592
§ 67 Jahresbericht für EU-AIF und ausländische AIF . . . 595

Abschnitt 3. Verwahrstelle

Unterabschnitt 1. Vorschriften für OGAW-Verwahrstellen

§ 68 Beauftragung und jährliche Prüfung; Verordnungsermächtigung . . . 600
§ 69 Aufsicht . . . 611
§ 70 Interessenkollision . . . 616
§ 71 Ausgabe und Rücknahme von Anteilen oder Aktien eines inländischen OGAW . . . 621
§ 72 Verwahrung . . . 625
§ 73 Unterverwahrung . . . 631
§ 74 Zahlung und Lieferung . . . 642
§ 75 Zustimmungspflichtige Geschäfte . . . 645
§ 76 Kontrollfunktion . . . 649
§ 77 Haftung . . . 655
§ 78 Geltendmachung von Ansprüchen der Anleger; Verordnungsermächtigung . . . 660
§ 79 Vergütung, Aufwendungsersatz . . . 669

Unterabschnitt 2. Vorschriften für AIF-Verwahrstellen

§ 80 Beauftragung . . . 671
§ 81 Verwahrung . . . 692
§ 82 Unterverwahrung . . . 698
§ 83 Kontrollfunktion . . . 704
§ 84 Zustimmungspflichtige Geschäfte . . . 710

§ 85 Interessenkollision 713
§ 86 Informationspflichten gegenüber der Bundesanstalt 719
§ 87 Anwendbare Vorschriften für Publikums-AIF 721
§ 88 Haftung 722
§ 89 Geltendmachung von Ansprüchen der Anleger; Verordnungsermächtigung 728
§ 89a Vergütung, Aufwendungsersatz 733
§ 90 Anwendbare Vorschriften für ausländische AIF 738

Abschnitt 4. Offene inländische Investmentvermögen

Unterabschnitt 1. Allgemeine Vorschriften für offene inländische Investmentvermögen

§ 91 Rechtsform 739

Unterabschnitt 2. Allgemeine Vorschriften für Sondervermögen

Vorbemerkungen zu §§ 92–107 741
§ 92 Sondervermögen 751
§ 93 Verfügungsbefugnis, Treuhänderschaft, Sicherheitsvorschriften 761
§ 94 Stimmrechtsausübung 772
§ 95 Anteilscheine; Verordnungsermächtigung 775
§ 96 Anteilklassen und Teilsondervermögen; Verordnungsermächtigung . . 785
§ 97 Sammelverwahrung, Verlust von Anteilscheinen 795
§ 98 Rücknahme von Anteilen, Aussetzung 801
§ 99 Kündigung und Verlust des Verwaltungsrechts 812
§ 100 Abwicklung des Sondervermögens 818
§ 100a Grunderwerbsteuer beim Übergang eines Immobilien-Sondervermögens 825
§ 100b Übertragung auf eine andere Kapitalverwaltungsgesellschaft 829
Vorbemerkungen zu §§ 101 ff. 832
§ 101 Jahresbericht 834
§ 102 Prüfung 850
§ 103 Halbjahresbericht 856
§ 104 Zwischenbericht 857
§ 105 Auflösungs- und Abwicklungsbericht 858
§ 106 Verordnungsermächtigung 859
§ 107 Veröffentlichung der Jahres-, Halbjahres-, Zwischen-, Auflösungs- und Abwicklungsberichte 860

Unterabschnitt 3. Allgemeine Vorschriften für Investmentaktiengesellschaften mit veränderlichem Kapital

Vorbemerkungen zu § 108 861
§ 108 Rechtsform, anwendbare Vorschriften 862

§ 109 Aktien . . . 866
§ 110 Satzung . . . 871
§ 111 Anlagebedingungen . . . 873
§ 112 Verwaltung und Anlage . . . 874
§ 113 Erlaubnisantrag und Erlaubniserteilung bei der extern verwalteten OGAW-Investmentaktiengesellschaft . . . 878
§ 114 Unterschreitung des Anfangskapitals oder der Eigenmittel . . . 881
§ 115 Gesellschaftskapital . . . 881
§ 116 Veränderliches Kapital, Rücknahme von Aktien . . . 885
§ 117 Teilgesellschaftsvermögen; Verordnungsermächtigung . . . 888
§ 118 Firma und zusätzliche Hinweise im Rechtsverkehr . . . 893
§ 119 Vorstand, Aufsichtsrat . . . 894
§ 120 Jahresabschluss und Lagebericht; Verordnungsermächtigung . . . 899
§ 121 Prüfung des Jahresabschlusses und des Lageberichts; Verordnungsermächtigung . . . 909
§ 122 Halbjahres- und Liquidationsbericht . . . 914
§ 123 Offenlegung und Vorlage des Jahresabschlusses und Lageberichts sowie des Halbjahresberichts . . . 918

Unterabschnitt 4. Allgemeine Vorschriften für offene Investmentkommanditgesellschaften

§ 124 Rechtsform, anwendbare Vorschriften . . . 920
§ 125 Gesellschaftsvertrag . . . 923
§ 126 Anlagebedingungen . . . 926
§ 127 Anleger . . . 927
§ 128 Geschäftsführung . . . 932
§ 129 Verwaltung und Anlage . . . 936
§ 130 Unterschreitung des Anfangskapitals oder der Eigenmittel . . . 938
§ 131 Gesellschaftsvermögen . . . 940
§ 132 Teilgesellschaftsvermögen; Verordnungsermächtigung . . . 941
§ 133 Veränderliches Kapital, Kündigung von Kommanditanteilen . . . 944
§ 134 Firma und zusätzliche Hinweise im Rechtsverkehr . . . 946
§ 135 Jahresbericht; Verordnungsermächtigung . . . 946
§ 136 Abschlussprüfung; Verordnungsermächtigung . . . 956
§ 137 Vorlage von Berichten . . . 960
§ 138 Auflösung und Liquidation . . . 961

Abschnitt 5. Geschlossene inländische Investmentvermögen

Unterabschnitt 1. Allgemeine Vorschriften für geschlossene inländische Investmentvermögen

§ 139 Rechtsform . . . 962

Unterabschnitt 2. Allgemeine Vorschriften für Investmentaktiengesellschaften mit fixem Kapital

§ 140 Rechtsform, anwendbare Vorschriften 963
§ 141 Aktien 964
§ 142 Satzung 965
§ 143 Anlagebedingungen 966
§ 144 Verwaltung und Anlage 966
§ 145 Unterschreitung des Anfangskapitals oder der Eigenmittel 968
§ 146 Firma 968
§ 147 Vorstand, Aufsichtsrat 969
§ 148 Rechnungslegung 970

Unterabschnitt 3. Allgemeine Vorschriften für geschlossene Investmentkommanditgesellschaften

§ 149 Rechtsform, anwendbare Vorschriften 974
§ 150 Gesellschaftsvertrag 976
§ 151 Anlagebedingungen 978
§ 152 Anleger 979
§ 153 Geschäftsführung, Beirat 982
§ 154 Verwaltung und Anlage 986
§ 155 Unterschreitung des Anfangskapitals oder der Eigenmittel 989
§ 156 Gesellschaftsvermögen 990
§ 157 Firma 991
§ 158 Jahresbericht 991
§ 159 Abschlussprüfung 992
§ 159a Feststellung des Jahresabschlusses 992
§ 160 Offenlegung und Vorlage von Berichten 993
§ 161 Auflösung und Liquidation 995

Kapitel 2. Publikumsinvestmentvermögen

Abschnitt 1. Allgemeine Vorschriften für offene Publikumsinvestmentvermögen

Unterabschnitt 1. Allgemeines

§ 162 Anlagebedingungen 999
§ 163 Genehmigung der Anlagebedingungen 1014
§ 164 Erstellung von Verkaufsprospekt, Basisinformationsblatt und wesentlichen Anlegerinformationen 1020
§ 165 Mindestangaben im Verkaufsprospekt 1023
§ 166 Inhalt, Form und Gestaltung der wesentlichen Anlegerinformationen; Verordnungsermächtigung 1041

§ 167 Information mittels eines dauerhaften Datenträgers 1054
§ 168 Bewertung; Verordnungsermächtigung 1057
§ 169 Bewertungsverfahren 1072
§ 170 Veröffentlichung des Ausgabe- und Rücknahmepreises und des Nettoinventarwertes 1080

Unterabschnitt 2. Master-Feeder-Strukturen

§ 171 Genehmigung des Feederfonds 1081
§ 172 Besondere Anforderungen an Kapitalverwaltungsgesellschaften . . . 1086
§ 173 Verkaufsprospekt, Anlagebedingungen, Jahresbericht 1088
§ 174 Anlagegrenzen, Anlagebeschränkungen, Aussetzung der Anteile . . . 1093
§ 175 Vereinbarungen bei Master-Feeder-Strukturen 1096
§ 176 Pflichten der Kapitalverwaltungsgesellschaft und der Verwahrstelle . . 1106
§ 177 Mitteilungspflichten der Bundesanstalt 1110
§ 178 Abwicklung eines Masterfonds 1112
§ 179 Verschmelzung oder Spaltung des Masterfonds 1117
§ 180 Umwandlung in Feederfonds oder Änderung des Masterfonds 1125

Unterabschnitt 3. Verschmelzung von offenen Publikumsinvestmentvermögen

Vorbemerkungen zu §§ 181–191 1128
§ 181 Gegenstand der Verschmelzung; Verschmelzungsarten 1129
§ 182 Genehmigung der Verschmelzung 1131
§ 183 Verschmelzung eines EU-OGAW auf ein OGAW-Sondervermögen 1138
§ 184 Verschmelzungsplan 1140
§ 185 Prüfung der Verschmelzung; Verordnungsermächtigung 1145
§ 186 Verschmelzungsinformationen 1148
§ 187 Rechte der Anleger 1156
§ 188 Kosten der Verschmelzung 1159
§ 189 Wirksamwerden der Verschmelzung 1160
§ 190 Rechtsfolgen der Verschmelzung 1163
§ 191 Verschmelzung mit Investmentaktiengesellschaften mit veränderlichem Kapital 1164

Abschnitt 2. Investmentvermögen gemäß der OGAW-Richtlinie

Vorbemerkungen zu § 192 1168
§ 192 Zulässige Vermögensgegenstände 1171
§ 193 Wertpapiere 1179
§ 194 Geldmarktinstrumente 1194
§ 195 Bankguthaben 1206
§ 196 Investmentanteile 1207

§ 197 Gesamtgrenze; Derivate; Verordnungsermächtigung 1212
Verordnung über Risikomanagement und Risikomessung beim Einsatz von Derivaten, Wertpapier-Darlehen und Pensionsgeschäften in Investmentvermögen nach dem Kapitalanlagegesetzbuch (Derivateverordnung – DerivateV) 1226
§ 198 Sonstige Anlageinstrumente 1297
§ 199 Kreditaufnahme 1301
§ 200 Wertpapier-Darlehen, Sicherheiten 1305
§ 201 Wertpapier-Darlehensvertrag 1322
§ 202 Organisierte Wertpapier-Darlehenssysteme 1325
§ 203 Pensionsgeschäfte 1329
§ 204 Verweisung; Verordnungsermächtigung 1336
§ 205 Leerverkäufe 1338
§ 206 Emittentengrenzen 1343
§ 207 Erwerb von Anteilen an Investmentvermögen 1353
§ 208 Erweiterte Anlagegrenzen 1354
§ 209 Wertpapierindex-OGAW 1355
§ 210 Emittentenbezogene Anlagegrenzen 1372
§ 211 Überschreiten von Anlagegrenzen 1375
§ 212 Bewerter; Häufigkeit der Bewertung und Berechnung 1377
§ 213 Umwandlung von inländischen OGAW 1379

Abschnitt 3. Offene inländische Publikums-AIF

Unterabschnitt 1. Allgemeine Vorschriften für offene inländische Publikums-AIF

§ 214 Risikomischung, Arten 1380
§ 215 Begrenzung von Leverage durch die Bundesanstalt 1383
§ 216 Bewerter 1389
§ 217 Häufigkeit der Bewertung und Berechnung; Offenlegung 1399

Unterabschnitt 2. Gemischte Investmentvermögen

§ 218 Gemischte Investmentvermögen 1402
§ 219 Zulässige Vermögensgegenstände, Anlagegrenzen 1403

Unterabschnitt 3. Sonstige Investmentvermögen

Vorbemerkungen zu §§ 220–224 1407
§ 220 Sonstige Investmentvermögen 1408
§ 221 Zulässige Vermögensgegenstände, Anlagegrenzen, Kreditaufnahme 1409
§ 222 Mikrofinanzinstitute 1416
§ 223 Sonderregelungen für die Ausgabe und Rücknahme von Anteilen oder Aktien 1420
§ 224 Angaben im Verkaufsprospekt und in den Anlagebedingungen 1423

Unterabschnitt 4. Dach-Hedgefonds

§ 225 Dach-Hedgefonds . . . 1425
§ 226 Auskunftsrecht der Bundesanstalt . . . 1436
§ 227 Rücknahme . . . 1437
§ 228 Verkaufsprospekt . . . 1441
§ 229 Anlagebedingungen . . . 1448

Unterabschnitt 5. Immobilien-Sondervermögen

§ 230 Immobilien-Sondervermögen . . . 1451
§ 231 Zulässige Vermögensgegenstände; Anlagegrenzen . . . 1454
§ 232 Erbbaurechtsbestellung . . . 1466
§ 233 Vermögensgegenstände in Drittstaaten; Währungsrisiko . . . 1468
§ 234 Beteiligung an Immobilien-Gesellschaften . . . 1474
§ 235 Anforderungen an Immobilien-Gesellschaften . . . 1482
§ 236 Erwerb der Beteiligung; Wertermittlung durch Abschlussprüfer . . . 1486
§ 237 Umfang der Beteiligung; Anlagegrenzen . . . 1489
§ 238 Beteiligungen von Immobilien-Gesellschaften an Immobilien-Gesellschaften . . . 1493
§ 239 Verbot und Einschränkung von Erwerb und Veräußerung . . . 1494
§ 240 Darlehensgewährung an Immobilien-Gesellschaften . . . 1498
§ 241 Zahlungen, Überwachung durch die Verwahrstelle . . . 1504
§ 242 Wirksamkeit eines Rechtsgeschäfts . . . 1506
§ 243 Risikomischung . . . 1507
§ 244 Anlaufzeit . . . 1510
§ 245 Treuhandverhältnis . . . 1512
§ 246 Verfügungsbeschränkung . . . 1513
§ 247 Vermögensaufstellung . . . 1518
§ 248 Sonderregeln für die Bewertung . . . 1524
§ 249 Sonderregeln für das Bewertungsverfahren . . . 1530
§ 250 Sonderregeln für den Bewerter . . . 1536
§ 251 Sonderregeln für die Häufigkeit der Bewertung . . . 1539
§ 252 Ertragsverwendung . . . 1541
§ 253 Liquiditätsvorschriften . . . 1543
§ 254 Kreditaufnahme . . . 1550
§ 255 Sonderregeln für die Ausgabe und Rücknahme von Anteilen . . . 1555
§ 256 Zusätzliche Angaben im Verkaufsprospekt und in den Anlagebedingungen . . . 1561
§ 257 Aussetzung der Rücknahme . . . 1562
§ 258 Aussetzung nach Kündigung . . . 1570
§ 259 Beschlüsse der Anleger . . . 1576
§ 260 Veräußerung und Belastung von Vermögensgegenständen . . . 1579

Vorbemerkungen zu §§ 260a–260d 1588
§ 260a Infrastruktur-Sondervermögen 1597
§ 260b Zulässige Vermögensgegenstände, Anlagegrenzen 1606
§ 260c Rücknahme von Anteilen 1620
§ 260d Angaben im Verkaufsprospekt und den Anlagebedingungen 1624

Abschnitt 4. Geschlossene inländische Publikums-AIF

Unterabschnitt 1. Allgemeine Vorschriften

§ 261 Zulässige Vermögensgegenstände, Anlagegrenzen 1627
§ 262 Risikomischung 1636
§ 263 Beschränkung von Leverage und Belastung 1642
§ 264 Verfügungsbeschränkung 1646
§ 265 Leerverkäufe 1648
§ 266 Anlagebedingungen 1649
§ 267 Genehmigung der Anlagebedingungen 1663
§ 268 Erstellung von Verkaufsprospekt und Basisinformationsblatt 1669
§ 269 Mindestangaben im Verkaufsprospekt 1673
§ 270 [aufgehoben] 1679
§ 271 Bewertung, Bewertungsverfahren, Bewerter 1686
§ 272 Häufigkeit der Bewertung und Berechnung; Offenlegung 1689

Unterabschnitt 2. Geschlossene Master-Feeder-Strukturen

§ 272a Genehmigung des geschlossenen Feederfonds; besondere Anforderungen an Kapitalverwaltungsgesellschaften 1691
§ 272b Verkaufsprospekt, Anlagebedingungen, Jahresbericht 1695
§ 272c Anlagegrenzen, Anlagebeschränkungen 1701
§ 272d Vereinbarungen bei geschlossenen Master-Feeder-Strukturen 1702
§ 272e Pflichten der Kapitalverwaltungsgesellschaft und der Verwahrstelle . . 1706
§ 272f Mitteilungspflichten der Bundesanstalt 1711
§ 272g Abwicklung des geschlossenen Masterfonds 1713
§ 272h Änderung des geschlossenen Masterfonds 1718

Kapitel 3. Inländische Spezial-AIF

Vorbemerkungen zu §§ 273–292 1720

Abschnitt 1. Allgemeine Vorschriften für inländische Spezial-AIF

§ 273 Anlagebedingungen 1724
§ 274 Begrenzung von Leverage 1727
§ 275 Belastung 1728
§ 276 Leerverkäufe 1732

§ 277 Übertragung von Anteilen oder Aktien 1735
§ 277a Master-Feeder-Strukturen 1742

Abschnitt 2. Vorschriften für offene inländische Spezial-AIF

Unterabschnitt 1. Allgemeine Vorschriften für offene inländische Spezial-AIF

§ 278 Bewertung, Bewertungsverfahren und Bewerter 1746
§ 279 Häufigkeit der Bewertung, Offenlegung 1746
§ 280 [aufgehoben] 1748
§ 281 Verschmelzung 1748

Unterabschnitt 2. Besondere Vorschriften für allgemeine offene inländische Spezial-AIF

§ 282 Anlageobjekte, Anlagegrenzen 1753

Unterabschnitt 3. Besondere Vorschriften für Hedgefonds

§ 283 Hedgefonds 1759

Unterabschnitt 4. Besondere Vorschriften für offene inländische Spezial-AIF mit festen Anlagebedingungen

§ 284 Anlagebedingungen, Anlagegrenzen 1765

Abschnitt 3. Vorschriften für geschlossene inländische Spezial-AIF

Unterabschnitt 1. Allgemeine Vorschriften für geschlossene inländische Spezial-AIF

§ 285 Anlageobjekte 1772
§ 286 Bewertung, Bewertungsverfahren und Bewerter; Häufigkeit der Bewertung 1786

Unterabschnitt 2. Besondere Vorschriften der AIF, die die Kontrolle über nicht börsennotierte Unternehmen und Emittenten erlangen

§ 287 Geltungsbereich 1788
§ 288 Erlangen von Kontrolle 1794
§ 289 Mitteilungspflichten 1798
§ 290 Offenlegungspflicht bei Erlangen der Kontrolle 1806
§ 291 Besondere Vorschriften hinsichtlich des Jahresabschlusses und des Lageberichts 1813
§ 292 Zerschlagung von Unternehmen 1818

Abschnitt 4. Besondere Vorschriften für Entwicklungsförderungsfonds

§ 292a Entwicklungsförderungsfonds 1827
§ 292b Liquiditäts- und Absicherungsanlagen 1835
§ 292c Außerordentliche Kündigung 1838

Kapitel 4. Vorschriften für den Vertrieb und den Erwerb von Investmentvermögen

Abschnitt 1. Vorschriften für den Vertrieb und den Erwerb von Investmentvermögen

Unterabschnitt 1. Allgemeine Vorschriften für den Vertrieb und den Erwerb von Investmentvermögen

§ 293 Allgemeine Vorschriften 1842
§ 294 Auf den Vertrieb und den Erwerb von OGAW anwendbare Vorschriften 1847
§ 295 Auf den Vertrieb und den Erwerb von AIF anwendbare Vorschriften 1849
§ 295a Widerruf des grenzüberschreitenden Vertriebs im Inland 1857
§ 295b Informationspflichten nach Widerruf des grenzüberschreitenden Vertriebs im Inland 1863
§ 296 Vereinbarungen mit Drittstaaten zur OGAW-Konformität 1866

Unterabschnitt 2. Vorschriften für den Vertrieb und den Erwerb von AIF in Bezug auf Privatanleger und für den Vertrieb und den Erwerb von OGAW

§ 297 Verkaufsunterlagen und Hinweispflichten 1870
§ 298 Veröffentlichungspflichten und laufende Informationspflichten für EU-OGAW 1885
§ 299 Veröffentlichungspflichten und laufende Informationspflichten für EU-AIF und ausländische AIF 1888
§ 300 Zusätzliche Informationspflichten bei AIF 1898
§ 301 [aufgehoben] 1903
§ 302 Werbung 1905
§ 303 Maßgebliche Sprachfassung 1912
§ 304 Kostenvorausbelastung 1914
§ 305 Widerrufsrecht 1917
§ 306 Prospekthaftung und Haftung für die wesentlichen Anlegerinformationen 1924
§ 306a Einrichtung beim Vertrieb an Privatanleger 1936

Unterabschnitt 3. Vorschriften für den Vertrieb und den Erwerb von AIF in Bezug auf semiprofessionelle und professionelle Anleger

§ 306b Pre-Marketing durch eine AIF-Verwaltungsgesellschaft 1937

§ 307 Informationspflichten gegenüber semiprofessionellen und professionellen Anlegern und Haftung . . . 1940
§ 308 Sonstige Informationspflichten . . . 1957

Abschnitt 2. Vertriebsanzeige und Vertriebsuntersagung für OGAW

Vorbemerkungen zu §§ 309–313 . . . 1962

Unterabschnitt 1. Anzeigeverfahren beim Vertrieb von EU-OGAW im Inland

§ 309 Pflichten beim Vertrieb von EU-OGAW im Inland . . . 1963
§ 310 Anzeige zum Vertrieb von EU-OGAW im Inland . . . 1967
§ 311 Untersagung des Vertriebs von EU-OGAW . . . 1978

Unterabschnitt 2. Anzeigeverfahren für den Vertrieb von inländischen OGAW in anderen Mitgliedstaaten der Europäischen Union oder in Vertragsstaaten des Abkommens über den Europäischen Wirtschaftsraum

§ 312 Anzeigepflicht . . . 1984
§ 313 Veröffentlichungspflichten . . . 1995
§ 313a Widerruf des Vertriebs von OGAW in anderen Staaten des Abkommens über den Europäischen Wirtschaftsraum . . . 1997

Abschnitt 3. Anzeige, Einstellung und Untersagung des Vertriebs von AIF

§ 314 Untersagung des Vertriebs . . . 1999
§ 315 Einstellung des Vertriebs von AIF . . . 2007

Unterabschnitt 1. Anzeigeverfahren für den Vertrieb von Publikums-AIF, EU-AIF oder von ausländischen AIF an Privatanleger im Inland

Vorbemerkungen zu §§ 316–320 . . . 2011
§ 316 Anzeigepflicht einer AIF-Kapitalverwaltungsgesellschaft beim beabsichtigten Vertrieb von inländischen Publikums-AIF im Inland . . . 2011
§ 317 Zulässigkeit des Vertriebs von EU-AIF oder von ausländischen AIF an Privatanleger . . . 2018
§ 318 Verkaufsprospekt beim Vertrieb von EU-AIF oder von ausländischen AIF an Privatanleger . . . 2029
§ 319 Vertretung der Gesellschaft, Gerichtsstand beim Vertrieb von EU-AIF oder von ausländischen AIF an Privatanleger . . . 2034
§ 320 Anzeigepflicht beim beabsichtigten Vertrieb von EU-AIF oder von ausländischen AIF an Privatanleger im Inland . . . 2037

Unterabschnitt 2. Anzeigeverfahren für den Vertrieb von AIF an semiprofessionelle Anleger und professionelle Anleger im Inland

§ 321 Anzeigepflicht einer AIF-Kapitalverwaltungsgesellschaft beim beabsichtigten Vertrieb von EU-AIF oder von inländischen Spezial-AIF an semiprofessionelle und professionelle Anleger im Inland . . . 2046

§ 322 Anzeigepflicht einer AIF-Kapitalverwaltungsgesellschaft beim beabsichtigten Vertrieb von ausländischen AIF oder von inländischen Spezial-Feeder-AIF oder EU-Feeder-AIF, deren jeweiliger Master-AIF kein EU-AIF oder inländischer AIF ist, der von einer EU-AIF-Verwaltungsgesellschaft oder einer AIF-Kapitalverwaltungsgesellschaft verwaltet wird, an semiprofessionelle und professionelle Anleger im Inland . . . 2054

§ 323 Anzeigepflicht einer EU-AIF-Verwaltungsgesellschaft beim beabsichtigten Vertrieb von EU-AIF oder von inländischen Spezial-AIF an semiprofessionelle und professionelle Anleger im Inland . . . 2057

§ 324 Anzeigepflicht einer EU-AIF-Verwaltungsgesellschaft beim beabsichtigten Vertrieb von ausländischen AIF oder von inländischen Spezial-Feeder-AIF oder EU-Feeder-AIF, deren jeweiliger Master-AIF kein EU-AIF oder inländischer AIF ist, der von einer EU-AIF-Verwaltungsgesellschaft oder einer AIF-Kapitalverwaltungsgesellschaft verwaltet wird, an semiprofessionelle und professionelle Anleger im Inland . . . 2063

§ 325 Anzeigepflicht einer ausländischen AIF-Verwaltungsgesellschaft, deren Referenzmitgliedstaat die Bundesrepublik Deutschland ist, beim beabsichtigten Vertrieb von EU-AIF oder von inländischen Spezial-AIF an semiprofessionelle und professionelle Anleger im Inland . . . 2066

§ 326 Anzeigepflicht einer ausländischen AIF-Verwaltungsgesellschaft, deren Referenzmitgliedstaat die Bundesrepublik Deutschland ist, beim beabsichtigten Vertrieb von ausländischen AIF an semiprofessionelle und professionelle Anleger im Inland . . . 2069

§ 327 Anzeigepflicht einer ausländischen AIF-Verwaltungsgesellschaft, deren Referenzmitgliedstaat nicht die Bundesrepublik Deutschland ist, beim beabsichtigten Vertrieb von EU-AIF oder von inländischen Spezial-AIF an semiprofessionelle und professionelle Anleger im Inland . . . 2071

§ 328 Anzeigepflicht einer ausländischen AIF-Verwaltungsgesellschaft, deren Referenzmitgliedstaat nicht die Bundesrepublik Deutschland ist, beim beabsichtigten Vertrieb von ausländischen AIF an semiprofessionelle und professionelle Anleger im Inland . . . 2073

§ 329 Anzeigepflicht einer EU-AIF-Verwaltungsgesellschaft oder einer AIF-Kapitalverwaltungsgesellschaft beim beabsichtigten Vertrieb von von ihr verwalteten inländischen Spezial-Feeder-AIF oder EU-Feeder-AIF, deren jeweiliger Master-AIF kein EU-AIF oder inländischer AIF ist, der von einer EU-AIF-Verwaltungsgesellschaft oder einer AIF-Kapitalverwaltungsgesellschaft verwaltet wird, oder ausländischen AIF an semiprofessionelle und professionelle Anleger im Inland . . . 2076

§ 330 Anzeigepflicht einer ausländischen AIF-Verwaltungsgesellschaft beim beabsichtigten Vertrieb von von ihr verwalteten ausländischen AIF oder EU-AIF an semiprofessionelle und professionelle Anleger im Inland . . . 2083

§ 330a Anzeigepflicht von EU-AIF-Verwaltungsgesellschaften, die die Bedingungen nach Artikel 3 Absatz 2 der Richtlinie 2011/61/EU erfüllen, beim beabsichtigten Vertrieb von AIF an professionelle und semiprofessionelle Anleger im Inland . . . 2095

Unterabschnitt 3. Anzeigeverfahren für den Vertrieb von AIF an professionelle Anleger in anderen Mitgliedstaaten der Europäischen Union und in anderen Vertragsstaaten des Abkommens über den Europäischen Wirtschaftsraum

§ 331 Anzeigepflicht einer AIF-Kapitalverwaltungsgesellschaft beim Vertrieb von EU-AIF oder inländischen AIF an professionelle Anleger in anderen Mitgliedstaaten der Europäischen Union oder in anderen Vertragsstaaten des Abkommens über den Europäischen Wirtschaftsraum . . . 2099

§ 331a Widerruf des Vertriebs von EU-AIF oder inländischen AIF in anderen Staaten des Abkommens über den Europäischen Wirtschaftsraum . . . 2108

§ 332 Anzeigepflicht einer AIF-Kapitalverwaltungsgesellschaft beim Vertrieb von ausländischen AIF oder von inländischen Feeder-AIF oder EU-Feeder-AIF, deren jeweiliger Master-AIF kein EU-AIF oder inländischer AIF ist, der von einer EU-AIF-Verwaltungsgesellschaft oder einer AIF-Kapitalverwaltungsgesellschaft verwaltet wird, an professionelle Anleger in anderen Mitgliedstaaten der Europäischen Union oder in anderen Vertragsstaaten des Abkommens über den Europäischen Wirtschaftsraum . . . 2113

§ 333 Anzeigepflicht einer ausländischen AIF-Verwaltungsgesellschaft, deren Referenzmitgliedstaat die Bundesrepublik Deutschland ist, beim Vertrieb von EU-AIF oder von inländischen AIF an professionelle Anleger in anderen Mitgliedstaaten der Europäischen Union oder in anderen Vertragsstaaten des Abkommens über den Europäischen Wirtschaftsraum . . . 2115

§ 334 Anzeigepflicht einer ausländischen AIF-Verwaltungsgesellschaft, deren Referenzmitgliedstaat die Bundesrepublik Deutschland ist, beim Vertrieb von ausländischen AIF an professionelle Anleger in anderen Mitgliedstaaten der Europäischen Union oder in anderen Vertragsstaaten des Abkommens über den Europäischen Wirtschaftsraum . . 2118

§ 335 Bescheinigung der Bundesanstalt . . . 2121

Unterabschnitt 4. Verweis und Ersuchen für den Vertrieb von AIF an semiprofessionelle und professionelle Anleger

§ 336 Verweise und Ersuchen nach Artikel 19 der Verordnung (EU) Nr. 1095/2010 . . . 2122

Kapitel 5. Europäische Risikokapitalfonds

§ 337 Europäische Risikokapitalfonds 2124

Kapitel 6. Europäische Fonds für soziales Unternehmertum

§ 338 Europäische Fonds für soziales Unternehmertum 2126

Kapitel 7. Europäische langfristige Investmentfonds

§ 338a Europäische langfristige Investmentfonds 2128

Kapitel 8. Geldmarktfonds

§ 338b Geldmarktfonds 2129

Kapitel 9. Paneuropäisches Privates Pensionsprodukt (PEPP)

§ 338c Anzuwendende Vorschriften 2131

Kapitel 10. Straf-, Bußgeld- und Übergangsvorschriften

Abschnitt 1. Straf- und Bußgeldvorschriften

§ 339 Strafvorschriften 2148
§ 340 Bußgeldvorschriften 2153
§ 341 Beteiligung der Bundesanstalt und Mitteilungen in Strafsachen 2190
§ 341a Bekanntmachung von bestandskräftigen Maßnahmen und unanfechtbar gewordenen Bußgeldentscheidungen 2193
§ 342 Beschwerdeverfahren 2197

Abschnitt 2. Übergangsvorschriften

Unterabschnitt 1. Allgemeine Übergangsvorschriften für AIF-Verwaltungsgesellschaften

§ 343 Übergangsvorschriften für inländische und EU-AIF-Verwaltungsgesellschaften 2199
§ 344 Übergangsvorschriften für ausländische AIF-Verwaltungsgesellschaften und für andere Vertragsstaaten des Abkommens über den Europäischen Wirtschaftsraum 2204
§ 344a [aufgehoben] 2205

Unterabschnitt 2. Besondere Übergangsvorschriften für offene AIF und für AIF-Verwaltungsgesellschaften, die offene AIF verwalten

§ 345 Übergangsvorschriften für offene AIF und AIF-Verwaltungsgesellschaften, die offene AIF verwalten, die bereits nach dem Investmentgesetz reguliert waren 2205
§ 346 Besondere Übergangsvorschriften für Immobilien-Sondervermögen 2214

§ 347 Besondere Übergangsvorschriften für Altersvorsorge-Sondervermögen . . . 2218
§ 348 Besondere Übergangsvorschriften für Gemischte Sondervermögen und Gemischte Investmentaktiengesellschaften . . . 2221
§ 349 Besondere Übergangsvorschriften für Sonstige Sondervermögen und Sonstige Investmentaktiengesellschaften . . . 2222
§ 350 Besondere Übergangsvorschriften für Hedgefonds und offene Spezial-AIF . . . 2224
§ 351 Übergangsvorschriften für offene AIF und für AIF-Verwaltungsgesellschaften, die offene AIF verwalten, die nicht bereits nach dem Investmentgesetz reguliert waren . . . 2227
§ 352 Übergangsvorschrift zu § 127 des Investmentgesetzes . . . 2230

Unterabschnitt 3. Besondere Übergangsvorschriften für AIF-Verwaltungsgesellschaften, die geschlossene AIF verwalten, und für geschlossene AIF

§ 352a Definition von geschlossenen AIF im Sinne von § 353 . . . 2231
§ 353 Besondere Übergangsvorschriften für AIF-Verwaltungsgesellschaften, die geschlossene AIF verwalten, und für geschlossene AIF . . . 2232
§ 353a Übergangsvorschriften zu den §§ 261, 262 und 263 . . . 2243
§ 353b Übergangsvorschriften zu § 285 Absatz 3 . . . 2245
§ 354 Übergangsvorschrift zu § 342 Absatz 3 . . . 2246

Unterabschnitt 4. Übergangsvorschriften für OGAW-Verwaltungsgesellschaften und OGAW

§ 355 Übergangsvorschriften für OGAW-Verwaltungsgesellschaften und OGAW . . . 2246
§ 356 Übergangsvorschriften zum Bilanzrichtlinie-Umsetzungsgesetz . . . 2250
§ 357 Übergangsvorschrift zu § 100a . . . 2251
§ 358 Übergangsvorschriften zu § 95 Absatz 2 und § 97 Absatz 1 . . . 2252
§ 359 Übergangsvorschrift zu § 26 Absatz 7 Satz 3, § 82 Absatz 6 Satz 2 und § 85 Absatz 5 Satz 4 . . . 2255
§ 360 Übergangsvorschrift zum Gesetz zur weiteren Ausführung der EU-Prospektverordnung und zur Änderung von Finanzmarktgesetzen . . . 2255
§ 361 Übergangsvorschriften zu § 5 Absatz 2 Satz 2 und 3 . . . 2257
§ 362 Übergangsvorschrift zum Fondsstandortgesetz . . . 2258
§ 363 Übergangsvorschrift zum Gesetz zur weiteren Stärkung des Anlegerschutzes . . . 2259
§ 364 Übergangsvorschrift zum Gesetz zur Umsetzung der Digitalisierungsrichtlinie . . . 2260

Sachverzeichnis . . . 2263

Abkürzungsverzeichnis

aA . . . . anderer Ansicht
abgedr. . . . . abgedruckt
abl. . . . . ablehnend
ABl. EG/EU . . . . . Amtsblatt der Europäischen Gemeinschaft/Europäischen Union
Abs. . . . . Absatz (Absätze)
Abschn. . . . . Abschnitt
abw. . . . . abweichend
abzgl. . . . . abzüglich
AcP . . . . Archiv für zivilistische Praxis (Zeitschrift)
aE . . . . am Ende
AEUV . . . . Vertrag über die Arbeitsweise der Europäischen Union
aF . . . . alte Fassung
AFG . . . . Schweizer Anlagenfondsgesetz
AG . . . . Die Aktiengesellschaft; Amtsgericht
AGB . . . . Allgemeine Geschäftsbedingungen
AGBG . . . . Gesetz zur Regelung des Rechts der Allgemeinen Geschäftsbedingungen
AIF . . . . Alternative Investmentfonds
AIFM-DVO
Nr. 231/2013 . . . . . Delegierte Verordnung (EU) Nr. 231/2013 der Kommission vom 19. Dezember 2012zur Ergänzung der Richtlinie 2001/61/EU des Europäischen Parlamentes und des Rates im Hinblick auf Ausnahmen, die Bedingungen für die Ausübung der Tätigkeit, Verwahrstellen, Hebelfinanzierung, Transparenz und Beaufsichtigung (ABl. 2013 L 83, 1)
AIFM-RL . . . . Richtlinie 2011/61/EU des Europäischen Parlaments und des Rates vom 8. Juni 2011über die Verwalter alternativer Investmentfonds und zur Änderung der Richtlinien 2003/41/EG und der Verordnungen (EG) Nr. 1060/2009 und (EU) Nr. 1095/2010(ABl. 2011 L 174, 1)
AIFM-UmsG . . . . . Gesetz zur Umsetzung der Richtlinie 2011/61/EU über die Verwaltung alternativer Investmentfonds vom 4.7.2013 (BGBl. 2013 I 1981)
AIF-VO . . . . Delegierte Verordnung (EU) Nr. 694/2014 der Kommission vom 17. Dezember 2013 zur Ergänzung der Richtlinie 2011/61/EU des Europäischen Parlaments und des Rates im Hinblick auf technische Regulierungsstandards zur Bestimmung der Arten von Verwaltern alternativer Investmentfonds (ABl. 2013 EU L 183, 18)
AIK . . . . Apathy/Iro/Koziol, Österreichisches Bankvertragsrecht in 9 Bänden, 2. Aufl. 2015, Wien
AktG . . . . Aktiengesetz
allg. . . . . allgemein
allgM . . . . allgemeine Meinung
Alt. . . . . Alternative
AltZertG . . . . Altersvorsorgeverträge-Zertifizierungsgesetz
aM . . . . anderer Meinung
amtl. . . . . amtlich
Anh. . . . . Anhang
Anl. . . . . Anlage

Abkürzungsverzeichnis

AnlB	Anlagebedingungen
AnlV	Anlageverordnung
Anm.	Anmerkung(en)
AnsFuG	Gesetz zur Stärkung des Anlegerschutzgesetzes und Verbesserung der Funktionsfähigkeit des Kapitalmarkts (Anlegerschutz- und Funktionsverbesserungsgesetz) vom 5.4.2011, BGBl. 2011 I 538
AnSStärkG	Gesetz zur weiteren Stärkung des Anlegerschutzes vom 9.7.2021, BGBl. 2021 I 2570
AO	Abgabenordnung
AR	Aufsichtsrat
Art.	Artikel
ASB KapAnlR-HdB .	Assmann/Schütze/Buck-Heeb, Handbuch des Kapitalanlagerechts, 6. Aufl. 2024, München
ASM	Assmann/Schneider/Mülbert, WpHG, 8. Aufl. 2023, Köln
AStG	Außensteuergesetz
Aufl.	Auflage
ausdr.	ausdrücklich
ausl.	ausländisch(e/er/es)
AuslInvestmG	Auslandinvestment-Gesetz
AusschussB	Ausschussbericht
AVB	Allgemeine Vertragsbedingungen
AVmG	Altersvermögensgesetz
AWD	Außenwirtschaftsdienst des Betriebs-Beraters
AWZ	Assmann/Wallach/Zetzsche, KAGB, 2. Aufl. 2022, Köln
BaFin	Bundesanstalt für Finanzdienstleistungsaufsicht
BAKred	Bundesaufsichtsamt für das Kreditwesen
Bank	Zeitschrift für Bankpolitik und Praxis
BankArch.	Bank-Archiv, Zeitschrift für Bank- und Börsenwesen
BankBiRiLiG	Bank-Bilanzrichtliniengesetz
BAnz.	Bundesanzeiger
BauGB	Baugesetzbuch
Baumbach/Hopt . . .	Baumbach/Hopt, Handelsgesetzbuch, 40. Aufl. 2021, München
Baumbach/Hueck . .	Baumbach/Hueck, GmbHG, 22. Aufl. 2019, München
Baur	Investmentgesetze, 2. Aufl. 1996
BAV	Bundesaufsichtsamt für das Versicherungswesen
BAW	Bundesaufsichtsamt für das Wertpapierwesen
Bay	Bayern
BayObLG	Bayerisches Oberstes Landesgericht
BayObLGZ	Entscheidungen des Bayerischen Obersten Landesgerichts in Zivilsachen
BB	Betriebs-Berater (Zeitschrift)
BBankG	Bundesbankgesetz
BBE	Bödecker/Braun/Ernst, Handbuch Investmentrecht, 2007, Bad Soden
Bbg	Brandenburg
BBK	Buchführung, Bilanz, Kostenrechnung (Zeitschrift)
Bd. (Bde.)	Band (Bände)
BeBiKo	Grottel/Schmidt/Schubert/Störk, Beck'scher Bilanz-Kommentar, 13. Aufl. 2022
BeckOGK	Gsell/Krüger/Lorenz/Reymann, beck-online.GROSSKOMMENTAR, Band BGB
BeckOK BGB	Hau/Poseck, Beck'scher Online-Kommentar zum BGB
Begr.	Begründung

Beil.	Beilage
Bek.	Bekanntmachung
bes.	besondere(r), besonders
BetrVG	Betriebsverfassungsgesetz
BezG	Bezirksgericht
BfF	Bundesamt für Finanzen
BFH	Bundesfinanzhof
BFHE	Sammlung der Entscheidungen des Bundesfinanzhofs
BFS	Boos/Fischer/Schulte-Mattler, Kreditwesengesetz, 5. Aufl. 2016, München
BGB	Bürgerliches Gesetzbuch
BGBl.	Bundesgesetzblatt
BGH	Bundesgerichtshof
BGHZ	Entscheidungen des Bundesgerichtshofs in Zivilsachen
BIB	Basisinformationsblatt
BiRiLiG	Bilanzrichtliniengesetz
BIZ	Bank für internationalen Zahlungsausgleich
BJIBFL	Butterworths, Journal of International Banking and Financial Law
BKR	Zeitschrift für Bank- und Kapitalmarktrecht
BMF	Bundesminister(ium) der Finanzen
BMJ	Bundesminister(ium) der Justiz
BMWi.	Bundesminister(ium) für Wirtschaft
BNotO	Bundesnotarordnung
BörsenZulV	Börsenzulassungsverordnung
BörsG	Börsengesetz
BöZ	Börsenzeitung
BRAGO	Bundesrechtsanwaltsgebührenordnung
BR-Drs.	Bundesrats-Drucksache
BReg.	Bundesregierung
Brem	Bremen
BRHP	Bamberger/Roth/Hau/Poseck, BGB, 5 Aufl. 2023, München
Brinkhaus/Scherer	Brinkhaus/Scherer, KAGG und AuslInvestmG, 2003, München
BSK	Beck/Samm/Kokemoor, Gesetz über das Kreditwesen (Loseblatt), Heidelberg
BSL	Berger/Steck/Lübbehüsen, InvG, InvStG, 2010, München
Bsp.	Beispiel(e)
BStBl.	Bundessteuerblatt
BSV	Beckmann/Scholtz/Vollmer, Investment (Loseblatt), Berlin
BT-Drs.	Bundestags-Drucksache
BTMB	Baur/Tappen/Mehrkhah/Behme, Investmentgesetze in 3 Bänden, 4. Aufl. 2019, Berlin
BuB	Bankrecht und Bankpraxis (Zeitschrift)
Bubill	Schatzanweisungen des Bundes
Buchst.	Buchstabe
BürgerEntlGKV	Bürgerentlastungsgesetz Krankenversicherung
Busack/Kaiser	Busack/Kaiser, Handbuch Alternative Investments, Band 2, 2006, Wiesbaden
Buschhüter/Striegel	Buschhüter/Striegel, Internationale Rechnungslegung – IFRS, 2011
BVB	Besondere Vertragsbedingungen
BVerfG	Bundesverfassungsgericht
BVerfGE	Entscheidungen des Bundesverfassungsgerichts
BVerwG	Bundesverwaltungsgericht
BVerwGE	Entscheidungen des Bundesverwaltungsgerichts

Abkürzungsverzeichnis

BVI	Bundesverband Deutscher Investment-Gesellschaften e. V.
BW	Baden-Württemberg
BwNotz	Zeitschrift für das Notariat in Baden-Württemberg
BZ	Börsen-Zeitung
bzgl.	bezüglich
bzw.	beziehungsweise
Canaris	Canaris, Bankvertragsrecht, 3. Aufl. 1988, Berlin
CBD-UmsG	Gesetz zur Umsetzung der Richtlinie (EU) 2019/2162 des Europäischen Parlaments und des Rates vom 27. November 2019 über die Emission gedeckter Schuldverschreibungen und die öffentliche Aufsicht über gedeckte Schuldverschreibungen v. 12.5.2021 (BGBl. 2021 I 1063)
CD	Certificate of Deposit
CESR	Committee of Securities Regulators
CESR-Eligible-Assets-Leitlinien	CESR's Guidelines concerning eligible assets for investment by UCITS (CESR/07-044) v. 2.10.2008, abrufbar auf der Homepage der ESMA www.esma.europa.eu unter der Rubrik „Documents"
CESR Hedgefonds Leitlinien	CESR's guidelines concerning eligible assets for investment by UCITS, The classification of hedge fund indices as financial indices v. 17. Juli 2007 (CESR/07-434), abrufbar auf der Homepage der ESMA www.esma.europa.eu unter der Rubrik „Documents"
cic	culpa in contrahendo
Consbruch/Fischer	Consbruch/Fischer, Kreditwesengesetz, Textsammlung (Loseblatt), München
CP	Commercial Paper
DAX	Deutscher Aktienindex
DB	Der Betrieb (Zeitschrift)
DelVO	Delegierte Verordnung (EU) 2021/473
DepG	Depotgesetz
DerivateV	Derivateverordnung v. 16.7.2013, BGBl. 2013 I 2463
ders.	derselbe
DfRL	Durchführungsrichtlinie
dgl.	dergleichen
dh	das heißt
dies.	dieselbe(n)
DiRUG	Gesetz zur Umsetzung der DigitalisierungsRL v. 5.7.2021, BGBl. 2021 I 3338
Diss.	Dissertation
DIW	Deutsches Institut für Wirtschaftsforschung
DJKT	Dornseifer/Jesch/Klebeck/Tollmann, AIFM-Richtlinie, 2013, München
DJT	Deutscher Juristentag
DJZ	Deutsche Juristenzeitung
DM-BilG	DM-Bilanzgesetz
DR	Depository Receipt
Drs.	Drucksache
dt.	deutsch(e/er/es)
DTB	Deutsche Terminbörse
DVBl	Deutsches Verwaltungsblatt

dWd . . . . des Wertes des/-r
DZWiR . . . . Deutsche Zeitung für Wirtschaftsrecht

EAEG . . . . Einlagensicherungs- und Anlegerentschädigungsgesetz
EBJS . . . . Ebenroth/Boujong/Joost/Strohn Handelsgesetzbuch in 2 Bänden, 4. Aufl. ab 2020, München
ECOFIN . . . . Europäische Wirtschafts- und Finanzminister
ECU . . . . European Currency Unit
EDD . . . . Emde/Dornseifer/Dreibus, KAGB, Kommentar, 3. Aufl. 2023, München
EDDH . . . . Emde/Dornseifer/Dreibus/Hölscher, Investmentgesetz mit Bezügen zum Kapitalanlagegesetzbuch, 2013, München
EFSL . . . . European Financial Services Law
EFTA . . . . European Free Trade Association
EG . . . . Europäische Gemeinschaft (ehemals EWG)
EGAktG . . . . Einführungsgesetz zum Aktiengesetz
EGBGB . . . . Einführungsgesetz zum Bürgerlichen Gesetzbuch
EGInsO . . . . Einführungsgesetz zur Insolvenzordnung
EGV . . . . Vertrag zur Gründung der Europäischen Gemeinschaft v. 22.3.1967
Einf. . . . . Einführung
Einl. . . . . Einleitung
einschr. . . . . einschränkend
einstw. . . . . einstweilig(e)
Ellenberger/Bunte BankR-HdB . . . . . Ellenberger/Bunte, Bankrechts-Handbuch, 6. Aufl. 2022
EIV . . . . Europäische Investment Vereinigung
EK . . . . Eigenkapital
ELTIF-VO . . . . Verordnung (EU) 2015/760 des Europäischen Parlaments und des Rates vom 29. April 2015 über europäische langfristige Investmentfonds
EMTN . . . . European Medium Term Note
entspr. . . . . entsprechen(d), entspricht
Entw. . . . . Entwurf
ErbbauRG . . . . Erbbaurechtsgesetz
Erg. Bd. . . . . Ergänzungsband
Erg. Lfg. . . . . Ergänzungslieferung
Erl. . . . . Erläuterung(en); Erlass
Erste Durchführungs-RL . . . . . Richtlinie 2007/16/EG der Kommission vom 19. März 2007 zur Durchführung der Richtlinie 85/611/EWG des Rates zur Koordinierung der Rechts- und Verwaltungsvorschriften betreffend bestimmte Organismen für gemeinsame Anlagen in Wertpapieren (OGAW) im Hinblick auf die Erläuterung gewisser Definitionen (ABl. 2007 L 79, 11)
Erwgr. . . . . Erwägungsgrund
ESMA . . . . Europäische Wertpapier- und Marktaufsichtsbehörde
ESMA-ETF-Leitlinien . . . . Leitlinien für zuständige Behörden und OGAW-Verwaltungsgesellschaften, Leitlinien zu börsengehandelten Indexfonds (Exchange-Traded Funds, ETF) und anderen OGAW-Themen vom 18.12.2012 (ESMA/2012/832DE), abrufbar auf der Homepage der ESMA www.esma.europa.eu unter der Rubrik „Documents“
ESMA FAQ zu ETF Questions and Answers, ESMA's guidelines on ETFs an other UCITS issues vom 15. März 2013, (ESMA/2013/314), abrufbar auf der Homepage der ESMA www.esma.europa.eu unter der Rubrik „Documents“

Abkürzungsverzeichnis

ESRB	Europäischer Ausschuss für Systemrisiken
etc.	et cetera
ETF	Exchange-Traded Fund
EU	Europäische Union
EuGH	Europäischer Gerichtshof
EUR	Euro
EuZW	Europäische Zeitschrift für Wirtschaftsrecht
EV	Einigungsvertrag
e. V.	eingetragener Verein
evtl.	eventuell
EWG	Europäische Wirtschaftsgemeinschaft
EWiR	Entscheidungen zum Wirtschaftsrecht
EWR	Europäischer Wirtschaftsraum (Abkommen)
EWS	Europäisches Währungssystem
EZB	Europäische Zentral Bank
f., ff.	folgende, fortfolgende
FAQs	Frequently Asked Questions
FAQ Vertrieb der BaFin	FAQ der BaFin „Häufige Fragen zum Vertrieb und Erwerb von Investmentvermögen nach dem KAGB“ vom 5.5.2022
FAQ zu Eligible Assets	Fragenkatalog zu erwerbbaren Vermögensgegenständen (Eligible Assets) vom 22.7.2013, geändert am 5.7.2016 (WA 41-Wp 2137–2013/0001), abrufbar auf der Homepage der BaFin www.bafin.de unter der Rubrik „Veröffentlichungen“
FAZ	Frankfurter Allgemeine Zeitung
FCP	Fonds Commun de Placement
FEFSI	Fédération Européene des Fonds et Sociétés d'Investissement
FestG	Festgabe
FIBOR	Frankfurt Interbank Offered Rate
FiMaNoG	Finanzmarktnovellierungsgesetz
FinArch	Finanzarchiv
FinMarktAnpG	Gesetz zur Anpassung von Gesetzen auf dem Gebiet des Finanzmarktes (Finanzmarktanpassungsgesetz) vom 15.7.2014 (BGBl. 2014 I 934)
FinDAG	Finanzdienstleistungsaufsichtsgesetz
FinVermV	Verordnung über die Finanzanlagenvermittlung
Fischer	Fischer, Die Investmentaktiengesellschaft aus aufsichtsrechtlicher und gesellschaftsrechtlicher Perspektive, 2008, Frankfurt
Fischer/Schulte-Mattler	Fischer/Schulte-Mattler, Kreditwesengesetz, 6. Aufl. 2023, München
FK-KapAnlR	Moritz/Klebeck/Jesch/Helios, Frankfurter Kommentar zum Kapitalanlagerecht, Band 1, 2, 3, 1. Aufl. 2019
Fondskategorien-RL	Richtlinie zur Festlegung von Fondskategorien gemäß § 4 II und weitere Transparenzanforderungen an bestimmte Fondskategorien vom 22.7.2013, geändert am 17.4.2015, abrufbar auf der BaFin-Homepage unter der Rubrik „Veröffentlichungen“
FoStoG	Gesetz zur Stärkung des Fondsstandorts Deutschland und zur Umsetzung der Richtlinie (EU) 2019/1160 zur Änderung der Richtlinien 2009/65/EG und 2011/61/EU im Hinblick auf den grenzüberschreitenden Vertrieb von Organismen für gemeinsame Anlagen (Fondsstandortgesetz – FoStoG) vom 3. Juni 2021 (BGBl. 2021 I 1498)
FMFG	Finanzmarktförderungsgesetz

Fn. . . . . Fußnote
FRA . . . . Forward Rate Agreement
FRN . . . . Floating Rate Note
FS . . . . Festschrift
Fuchs . . . . Fuchs, Wertpapierhandelsgesetz, 2009, München

GAAP . . . . Generally Accepted Accounting Principles
GbR . . . . Gesellschaft bürgerlichen Rechts
geänd. . . . . geändert
gem. . . . . gemäß
Ges. . . . . Gesetz(e)
ges. . . . . gesetzlich
GewO . . . . Gewerbeordnung
GG . . . . Grundgesetz
ggf. . . . . gegebenenfalls
GmbH . . . . Gesellschaft mit beschränkter Haftung
GmbHG . . . . Gesetz betreffend die Gesellschaften mit beschränkter Haftung
GmbHR . . . . GmbH-Rundschau (Zeitschrift)
GmbH-StB . . . . . . Der GmbH-Steuerberater (Zeitschrift)
GoB . . . . Grundsätze ordnungsmäßiger Buchführung
Göhler . . . . Göhler, Gesetz über Ordnungswidrigkeiten, 18. Aufl. 2021, München
Graef . . . . Graef, Aufsicht über Hedgefonds im deutschen und amerikanischen Recht, 2008, Berlin
grds. . . . . grundsätzlich
Gringel . . . . Gringel, Die Regulierung von Hedgefonds zwischen Anleger- und Fondsinteressen, 2009, Baden-Baden
GrS . . . . Großer Senat
Grüneberg . . . . Grüneberg, Bürgerliches Gesetzbuch, 83. Aufl. 2024, München
GS . . . . Gedächtnisschrift; Gesammelte Schriften
GUG . . . . Grundstücksmarkt und Grundstückswert
gutgl. . . . . gutgläubig
GuV . . . . Gewinn- und Verlustrechnung
GWB . . . . Gesetz gegen Wettbewerbsbeschränkungen

HdB. . . . . Handbuch
Henke . . . . Henke, Investmentfonds in der privaten und betrieblichen Altersversorgung, 2004, Baden-Baden
Hermes . . . . Hermes, Staatliche Infrastrukturverantwortung, 1998, Tübingen
Hess . . . . Hessen
HessVGH . . . . Verwaltungsgerichtshof Kassel
HGB . . . . Handelsgesetzbuch
HK-InvestmentR . . Patzner/Döser/Kempf, Investmentrecht, 3. Aufl. 2017, Baden-Baden
HK-VerwR . . . . . . Fehling/Kastner/Störmer, Verwaltungsrecht, 5. Aufl. 2021, Baden-Baden
hL . . . . herrschende Lehre
hM . . . . herrschende Meinung
Hmb . . . . Hamburg
Hopt . . . . Hopt, Handelsgesetzbuch: HGB, 43. Aufl. 2024, München
HR . . . . Handelsregister
Hrsg. . . . . Herausgeber
Hs. . . . . Halbsatz
Hünnekens . . . . . . Hünnekens, Rechtsfragen der wirtschaftlichen Infrastruktur, 1995, Köln

HV . . . . Hauptversammlung
HypBG . . . . Hypothekenbankgesetz

IAS . . . . International Accounting Standarts
idF . . . . in der Fassung
idR . . . . in der Regel
IDW . . . . Institut der Wirtschaftsprüfer
iE . . . . im Einzelnen
iErg . . . . im Ergebnis
ieS . . . . im engeren Sinne
IFA . . . . International Fiscal Association
IGLU . . . . Index Groth Linked Units
iHd (v) . . . . in Höhe des/der (von)
IHK . . . . Industrie- und Handelskammer
ILF . . . . Institute For Law And Finance
ImmoWertV . . . . . . Immobilienwertermittlungsverordnung
IMRO . . . . Investment Management Regulatory Organisation
INF . . . . Information über Steuer und Wirtschaft
insb. . . . . insbesondere
insges. . . . . insgesamt
InsO . . . . Insolvenzordnung
int. . . . . international
InvAG . . . . Investmentaktiengesellschaft
InvAG mfK . . . . . . Investmentaktiengesellschaft mit fixem Kapital
InvAG mvK . . . . . . Investmentaktiengesellschaft mit variablem Kapital
InvÄndG . . . . Investmentänderungsgesetz
InvG . . . . Investmentgesetz
InvKG . . . . Investmentkommanditgesellschaft
InvMaRisk . . . . BaFin-Rundschreiben 4/2010 (WA) – Mindestanforderungen an das Risikomanagement für Investmentgesellschaften in der Fassung vom 30.6.2017
InvModG . . . . Investmentmodernisierungsgesetz
InvStG . . . . Investmentsteuergesetz
IOSCO . . . . Internationale Vereinigung der Wertpapieraufsichtsorgane
IPMA . . . . International Primary Markets Association
IPR . . . . Internationales Privatrecht
iRd . . . . im Rahmen des (der)
iRv . . . . im Rahmen von
iSd . . . . im Sinne des (der)
ISDA . . . . International Swaps and Derivatives Association
Isensee/Kirchhof . . . Isensee/Kirchhof, Handbuch des Staatsrechts in 13 Bänden, 3. Aufl. ab 2003, Heidelberg
ISMA . . . . International Securities Market Association
iSv . . . . im Sinne von
iÜ . . . . im Übrigen
iVm . . . . in Verbindung mit
IWB . . . . Internationale Wirtschafts-Briefe (Zeitschrift)
IWF . . . . Internationaler Währungsfonds
iwS . . . . im weiteren Sinne

JA . . . . Juristische Arbeitsblätter (Zeitschrift)
Jb . . . . Jahrband
JIBL . . . . Journal of International Banking Law

Jochimsen	Jochimsen, Theorie der Infrastruktur, Grundlagen der marktwirtschaftlichen Entwicklung, 1966, Tübingen
JSB Private Equity-HdB	Jesch/Striegel/Boxberger, Rechtshandbuch Private Equity, 2. Aufl. 2020, München
jur.	juristisch
Jura	Juristische Ausbildung
JuS	Juristische Schulung
JW	Juristische Wochenschrift
JZ	Juristenzeitung
KAG	Kapitalanlagegesellschaft
KAGB	Kapitalanlagegesetzbuch
KAGG	Gesetz über Kapitalanlagegesellschaften
KAGGDV	Verordnung zur Durchführung steuerrechtlicher Vorschriften des KAGG
KAMaRisk	BaFin Rundschreiben 1/2017 (WA) – Mindestanforderungen an das Risikomanagement von Kapitalverwaltungsgesellschaften – „KAMaRisk" in der Fassung vom 10.1.2017
KapErhG	Kapitalerhöhungsgesetz
KapErhStG	Gesetz über steuerrechtliche Maßnahmen bei Erhöhung des Nennkapitals aus Gesellschaftsmitteln
KapErtrSt	Kapitalertragsteuer
KapErtrStDV	Verordnung zur Durchführung des Steuerabzugs vom Kapitalertrag
KAPrüfBV	Kapitalanlage-Prüfberichte-Verordnung vom 31. Juli 2013
KARBV	Kapitalanlage-Rechnungslegungs- und -Bewertungsverordnung vom 22. Juli 2013
KAVerOV	Kapitalanlage-Verhaltens- und -Organisationsverordnung vom 22. Juli 2013
KG	Kammergericht; Kommanditgesellschaft
KGaA	Kommanditgesellschaft auf Aktien
KI	Kreditinstitut
KIID-VO	Verordnung (EU) Nr. 583/2010 der Kommission vom 1. Juli 2010 zur Durchführung der Richtlinie 2009/65/EG des Europäischen Parlaments und des Rates im Hinblick auf die wesentlichen Informationen für den Anleger und die Bedingungen, die einzuhalten sind, wenn die wesentlichen Informationen für den Anleger oder der Prospekt auf einem anderen dauerhaften Datenträger als Papier oder auf einer Website zur Verfügung gestellt werden (ABl. 2010 L 176, 1, ber. L 108, 38)
Kischel/Kube	Kischel/Kube, Handbuch des Staatsrechts, 1. Aufl. 2023, Heidelberg
KMFS Bank-/KapMarktR	Kümpel/Mülbert/Früh/Seyfried, Bank- und Kapitalmarktrecht, 6. Aufl. 2022, Köln
KO	Konkursordnung
KOM	Europäische Kommission
Kopp/Ramsauer	Kopp/Ramsauer, Verwaltungsverfahrensgesetz, 24. Aufl. 2023, München
krit.	kritisch
K. Schmidt GesR	K. Schmidt, Gesellschaftsrecht Unternehmensrecht II, 4. Aufl. 2002, Köln
KVG	Kapitalverwaltungsgesellschaft(en)
KVStDV	Kapitalverkehrsteuer-Durchführungsverordnung

KVStG . . . . Kapitalverkehrsteuergesetz
KWG . . . . Kreditwesengesetz
Kz. . . . . Kennziffer

LBS . . . . Langenbucher/Bliesener/Spindler, Bankrechts-Kommentar, 3. Aufl. 2020, München
Level-II-VO . . . . . . Delegierte Verordnung (EU) Nr. 231/2013 der Kommission vom 19.12.2012 zur Ergänzung der Richtlinie 2011/61/EU des Europäischen Parlaments und des Rates im Hinblick auf Ausnahmen, die Bedingungen für die Ausübung der Tätigkeit, Verwahrstellen, Hebelfinanzierung, Transparenz und Beaufsichtigung (ABl. 2013 L 83, 1)
LG . . . . Landgericht
LK . . . . Der langfristige Kredit
LIBOR . . . . London Interbank Offered Rate
Lit. . . . . Literatur
lit. . . . . litera
LM . . . . Nachschlagewerk des Bundesgerichtshofs, Hrsg. Lindenmaier, Möhring u. a.
LNSSW . . . . Luz/Neus/Scharpf/Schneider/Weber, Kreditwesengesetz, 3. Aufl. 2015, Stuttgart
LNSSWW . . . . Luz/Neus/Schaber/Schneider/Wagner/Weber, KWG und CRR, 4. Aufl. 2023, Stuttgart
LS . . . . Leitsatz
LSA . . . . Sachsen-Anhalt
LZB . . . . Landeszentralbank

MaBV . . . . Makler- und Bauträgerverordnung
MaRisk . . . . BaFin Rundschreiben 9/2017 (BA) – Mindestanforderungen and das Risikomanagement – MaRisk in der Fassung vom 27.10.2017
maW . . . . mit anderen Worten
MBl. . . . . Ministerialblatt
MDR . . . . Monatsschrift für deutsches Recht
mE . . . . meines Erachtens
Meyer-Goßner/ Schmitt . . . . Meyer-Goßner/Schmitt, Strafprozessordnung, 67. Aufl. 2024, München
mfA . . . . mit festen Anlagebedingungen
MHdB GesR I . . . . Gummert/Weipert, Münchener Handbuch des Gesellschaftsrechts, Band 1: BGB-Gesellschaft, Offene Handelsgesellschaft, Partnerschaftsgesellschaft, Partenreederei, EWIV, 5. Aufl. 2019, München
MiFID II . . . . Richtlinie 2014/65/EU des Europäischen Parlaments und des Rates vom 15. Mai 2014 über Märkte für Finanzinstrumente sowie zur Änderung der Richtlinien 2002/92/EG und 2011/61/EU (ABl. 2014 L 173, 349)
MitbestG . . . . Mitbestimmungsgesetz
MMR . . . . MultiMedia und Recht (Zeitschrift)
mN . . . . mit Nachweisen
Möllers/Kloyer . . . . Möllers/Kloyer, Das neue Kapitalanlagegesetzbuch, 2013, München
Mot. . . . . Motive
Mrd. . . . . Milliarde(n)
MTN . . . . Medium Term Note
MüKoAktG . . . . . . Münchener Kommentar zum AktG in 7 Bänden, 5. Aufl. ab 2018, München

MüKoBGB . . . . . . Säcker/Rixecker/Oetker/Limperg, Münchener Kommentar zum Bürgerlichen Gesetzbuch, Band 1, 2, 3, 9, 11, 9. Aufl. 2021, München
MüKoBilanzR . . . . Hennrichs/Kleindiek/Watrin, Münchener Kommentar zum Bilanzrecht, Band 1, 5. Aufl. 2014, München
MüKoHGB . . . . . . Münchener Kommentar zum HGB in 7 Bänden, 5. Aufl. ab 2021, München
MV . . . . Mecklenburg-Vorpommern
mwN . . . . mit weiteren Nachweisen
mWv . . . . mit Wirkung vom

Nachtr. . . . . Nachtrag
Nachw. . . . . Nachweis
NAV . . . . Net asset value/Nettoinventarwert
Nds . . . . Niedersachsen
nF . . . . neue Fassung
NIF . . . . Note Issuing Facility
NJW . . . . Neue Juristische Wochenschrift
NJW-RR . . . . NJW-Rechtsprechungs-Report Zivilrecht
Nr. . . . . Nummer
nrkr . . . . nicht rechtskräftig
NRW . . . . Nordrhein-Westfalen
NSH . . . . Noack/Servatius/Haas, GmbH-Gesetz, 23. Aufl. 2022, München
nv . . . . nicht veröffentlicht
NWB . . . . Neue Wirtschaftsbriefe (Zeitschrift)
NZG . . . . Neue Zeitschrift für Gesellschaftsrecht

obj. . . . . objektiv
OECD . . . . Organization for Economic Cooperation and Development (Organisation für wirtschaftliche Zusammenarbeit und Entwicklung)
OECD-MA . . . . . . Musterabkommen zur Vermeidung von Doppelbesteuerung der OECD
öffentl. . . . . öffentlich
örtl. . . . . örtlich
OGAW . . . . Organismen für gemeinsame Anlagen in Wertpapieren
OGAW-RL . . . . . . Richtlinie 2009/65/EG des Europäischen Parlaments und des Rates vom 13. Juli 2009 zur Koordinierung der Rechts- und Verwaltungsvorschriften betreffend bestimmte Organismen für gemeinsame Anlagen in Wertpapieren (OGAW) (ABl. 2009 L 302, S.1)
OGAW-IV-RL . . . . Richtlinie 2013/14/EU des Europäischen Parlaments und des Rates vom 21. Mai 2013 zur Änderung der Richtlinie 2003/41/EG
OGAW-V-RL . . . . Richtlinie 2014/91/EU des Europäischen Parlaments und des Rates vom 23. Juli 2014 zur Änderung der Richtlinie 2009/65/EG
OGAW-IV-UmsG . . Gesetz zur Umsetzung der Richtlinie 2009/65/EG zur Koordinierung der Rechts- und Verwaltungsvorschriften betreffend bestimmte Organismen für gemeinsame Anlagen in Wertpapieren vom
OGAW-V-UmsG . . Gesetz zur Umsetzung der Richtlinie 2014/91/EU zur Änderung der Richtlinie 2009/65/EG
OHG . . . . Offene Handelsgesellschaft
Ohl . . . . Ohl, Die Rechtsbeziehungen innerhalb des Investment-Dreiecks, 1989, Berlin
OLG . . . . Oberlandesgericht
OLGR(spr) . . . . . . Die Rechtsprechung der Oberlandesgerichte auf dem Gebiet des Zivilrechts

OLGZ	Entscheidungen der Oberlandesgerichte in Zivilsachen einschließlich der freiwilligen Gerichtsbarkeit
OSZE	Organisation für Sicherheit und Zusammenarbeit in Europa
OTC	Over-the-Counter
oV	ohne Verfasserangabe
OWiG	Gesetz über Ordnungswidrigkeiten
ÖPP	Öffentlich-Private Partnerschaft
pa	per anno
PEX	Deutscher Pfandbriefindex
PfandBG	Pfandbriefgesetz
PEPP-VO	Verordnung (EU) 2019/1238 des Europäischen Parlaments und des Rates über ein Paneuropäisches Privates Pensionsprodukt
PIStB	Praxis Internationale Steuerberatung
PRIIPs-VO	Verordnung (EU) Nr. 1286/2014 des Europäischen Parlaments und des Rates vom 26. November 2014 über Basisinformationsblätter für verpackte Anlageprodukte für Kleinanleger und Versicherungsanlageprodukte (PRIIP)
pVV	positive Vertragsverletzung
RAusschuss	Rechtsausschuss
rd.	rund
RechKredV	Rechnungslegungsvorschriften für Kreditinstitute
RefE	Referentenentwurf
RegBegr.	Regierungsbegründung
RegE	Regierungsentwurf
Reischauer/Kleinhans	Reischauer/Kleinhans, Kreditwesengesetz (Loseblatt), Berlin
REIT	Real Estate Investment Trust
Repo	Repurchase (Agreement)
REX	Deutscher Rentenindex
RGeschäft	Rechtsgeschäft
RhPf	Rheinland-Pfalz
RIW	Recht der internationalen Wirtschaft
RL	Richtlinie
Rn.	Randnummer(n)
Rspr.	Rechtsprechung
RUF	Revolving Underwriting Facility
S.	Satz; Seite
s.	siehe
SA	Société Anonyme (Aktiengesellschaft)
sa	siehe auch
Saarl	Saarland
Sächs	Sachsen
SAG	Sanierungs- und Abwicklungsgesetz
SARO	Safe-Return-Options
SBL	Schimansky/Bunte/Lwowski, Bankrechts-Handbuch, 5. Aufl. 2017, München
SBS	Stelkens/Bonk/Sachs, VwVfG: Verwaltungsverfahrensgesetz, Kommentar, 10. Aufl. 2023, München
SchlH	Schleswig-Holstein
Schoch/Schneider	Schoch/Schneider, Verwaltungsrecht – Verwaltungsgerichtsordnung, Verwaltungsverfahrensgesetz, Kommentar, 44. Aufl. 2023, München

Schönke/Schröder . . Schönke/Schröder, Strafgesetzbuch, 30. Aufl. 2019, München
Schwark/Zimmer . . Schwark/Zimmer, Kapitalmarktrechts-Kommentar, Kommentar, 5. Aufl. 2020, München
Schwennicke/Auerbach . . . . Schwennicke/Auerbach, Kreditwesengesetz, 4. Aufl. 2021, München
SEC . . . . Securities and Exchange Commission
SI . . . . Société d'Investissement
SICAF . . . . Société d'Investissement à Capital Fixe
SICAV . . . . Société d'Investissement à Capital Variable
SMILE . . . . Swiss Market Index Liierte Emission
Slg. . . . . Sammlung (der Entscheidungen des Europäischen Gerichtshofs)
sog. . . . . so genannt
Sp. . . . . Spalte
SSL Vermögensverwaltung-HdB . . . . . Schäfer/Sethe/Lang, Handbuch der Vermögensverwaltung, Handbuch, 3. Aufl. 2022, München
StandOG . . . . Standortsicherungsgesetz
stat. . . . . statistisch
stdg. . . . . ständig(e)
StGB . . . . Strafgesetzbuch
str. . . . . streitig
stRspr . . . . ständige Rechtsprechung
StuB . . . . Steuern und Bilanzen (Zeitschrift)
StuW . . . . Steuer und Wirtschaft (Zeitschrift)
StWK . . . . Steuer- und Wirtschafts-Kurzpost
subj. . . . . subjektiv
Szagunn/Haug/Ergenzinger . . . . . . Szagunn/Haug/Ergenzinger, Gesetz über das Kreditwesen, 6. Aufl. 1997, Stuttgart

TGV . . . . Teilgesellschaftsvermögen
Thür . . . . Thüringen
TOP . . . . Tagesordnungspunkt
Tz. . . . . Textziffer

ua . . . . und andere; unter anderem
uÄ . . . . und Ähnliche(s)
UBG . . . . Unternehmensbeteiligungsgesellschaften
Ubg. . . . . Die Unternehmensbesteuerung
UBGG . . . . Unternehmensbeteiligungsgesellschaftengesetz
UCITS . . . . Undertakings for Collective Investment in Transferable Securities (= OGAW)
Ulmer . . . . Ulmer, HGB-Bilanzrecht, 2002, Heidelberg
UmwG . . . . Umwandlungsgesetz
unstr. . . . . unstreitig
unzutr. . . . . unzutreffend
Urt. . . . . Urteil
usw. . . . . und so weiter
uU . . . . unter Umständen
UWG . . . . Gesetz gegen den unlauteren Wettbewerb

v. . . . . vom
VA . . . . Verwaltungsakt

Abkürzungsverzeichnis

VAG . . . . Versicherungsaufsichtsgesetz
Var. . . . . Variante
VaR . . . . Value at Risk
VEM GVwR . . . . . Voßkuhle/Eifert/Möllers, Grundlagen des Verwaltungsrechts, Band 1, 2, 3. Aufl. 2022, München
VerBAV . . . . Veröffentlichungen des Bundesaufsichtsamtes für das Versicherungswesen
Verf. . . . . Verfasser
VerkProspG . . . . . . Wertpapier-Verkaufsprospektgesetz
VerkProspVO . . . . . Verordnung über Wertpapier-Verkaufsprospekte
VermAnlG . . . . Vermögensanlagegesetz
VermBDV . . . . Vermögensbildungs-Durchführungsverordnung
VermBG . . . . Vermögensbildungsgesetz
VermBetG . . . . Vermögensbeteiligungsgesetz
VersR . . . . Versicherungsrecht
VersWi . . . . Versicherungswirtschaft
Vfg . . . . Verfügung
vgl. . . . . vergleiche
VglO . . . . Vergleichsordnung
vH . . . . von Hundert
VO . . . . Verordnung
VO Risikokapitalfonds . . . . Verordnung (EU) Nr. 345/2013 des Europäischen Parlaments und des Rates über Europäische Risikokapitalfonds (ABl. EU Nr. L 115, vom 25.4.2013, S. 1)
VO Sozialfonds . . . . Verordnung (EU) Nr. 1304/2013 des Europäischen Parlaments und des Rates vom 17. Dezember 2013 über den Europäischen Sozialfonds und zur Aufhebung der Verordnung (EG) Nr. 1081/2006 des Rates (ABl. 2013 L 345, 470 vom 20.12.2013, S. 289)
Vorbem. . . . . Vorbemerkung(en)
VR . . . . Verwaltungs-Rundschau
VVG . . . . Versicherungsvertragsgesetz
VW . . . . Verwaltungswirtschaft
VwGO . . . . Verwaltungsgerichtsordnung
VwVfG . . . . Verwaltungsverfahrensgesetz

WEG . . . . Wohnungseigentumsgesetz
WBA . . . . Weitnauer/Boxberger/Anders, KAGB, 3. Aufl. 2021, München
Wentrup . . . . Wentrup, Die Kontrolle von Hedgefonds, 2009, Berlin
WFA . . . . Wohnungswirtschaftlicher Fachausschuss beim IdW
WG . . . . Wechselgesetz
WiSt . . . . Wirtschaftswissenschaftliches Studium (Zeitschrift)
WiWo . . . . Wirtschaftswoche (Zeitschrift)
WM . . . . Zeitschrift für Wirtschafts und- Bankrecht (Wertpapier-Mitteilungen)
wN . . . . weitere Nachweise
WoPDV . . . . Verordnung zur Durchführung des Wohnungsbau-Prämiengesetzes
WoPG . . . . Wohnungsbau-Prämiengesetz
WpDU . . . . Wertpapierdienstleistungsunternehmen
WpDVerOV . . . . . Verordnung zur Konkretisierung der Verhaltensregeln und Organisationsanforderungen für Wertpapierdienstleistungsunternehmen
WpHG . . . . Wertpapierhandelsgesetz
WpIG . . . . Wertpapierinstitutsgeset
WpPG . . . . Wertpapierprospektgesetz

WpÜG . . . . Wertpapiererwerbs- und Übernahmegesetz
WuB . . . . Entscheidungssammlung zum Wirtschafts- und Bankrecht

ZAG . . . . Zahlungsdiensteaufsichtsgesetz
ZEuS . . . . Zentrum für europäische Friedens- und Sicherheitsstudien
ZBB . . . . Zeitschrift für Bankrecht und Bankwirtschaft
ZfgG . . . . Zeitschrift für das gesamte Genossenschaftswesen
ZfgKW . . . . Zeitschrift für das gesamte Kreditwesen
ZfIR . . . . Zeitschrift für Immobilienrecht
ZfK . . . . Zeitschrift für Kommunale Wirtschaft
ZGR . . . . Zeitschrift für Unternehmens- und Gesellschaftsrecht
ZHR . . . . Zeitschrift für das gesamte Handels- und Wirtschaftsrecht
Ziff. . . . . Ziffer(n)
ZIP . . . . Zeitschrift für Wirtschaftsrecht
zit. . . . . zitiert
ZKA . . . . Zentraler Kreditausschuss
ZPO . . . . Zivilprozessordnung
zT . . . . zum Teil
zust. . . . . zustimmend
zutr. . . . . zutreffend
zZ . . . . zurzeit
zzgl. . . . . zuzüglich
ZZP . . . . Zeitschrift für Zivilprozess

Kapitalanlagegesetzbuch (KAGB)

Vom 4. Juli 2013 (BGBl. 2013 I 1981)

Geändert durch CRD IV-Umsetzungsgesetz v. 28.8.2013 (BGBl. 2013 I 3395), Gesetz zur Umsetzung der Verbraucherrechterichtlinie und zur Änderung des Gesetzes zur Regelung der Wohnungsvermittlung v. 20.9.2013 (BGBl. 2013 I 3642), Gesetz zur Anpassung von Gesetzen auf dem Gebiet des Finanzmarktes v. 15.7.2014 (BGBl. 2014 I 934), Gesetz zur Verringerung der Abhängigkeit von Ratings v. 10.12.2014 (BGBl. 2014 I 2085), Einlagensicherungrichtlinie-Umsetzungsgesetz v. 28.5.2015 (BGBl. 2015 I 786), Kleinanlegerschutzgesetz v. 3.7.2015 (BGBl. 2015 I 1114), Bilanzrichtlinie-Umsetzungsgesetz v. 17.7.2015 (BGBl. 2015 I 1245), Zehnte Zuständigkeitsanpassungsverordnung v. 31.8.2015 (BGBl. 2015 I 1474), Gesetz zur Umsetzung der Transparenzrichtlinie-Änderungsrichtlinie v. 20.11.2015 (BGBl. 2015 I 2029), Gesetz zum automatischen Austausch von Informationen über Finanzkonten in Steuersachen und zur Änderung weiterer Gesetze v. 21.12.2015 (BGBl. 2015 I 2531), Gesetz zur Umsetzung der Richtlinie über alternative Streitbeilegung in Verbraucherangelegenheiten und zur Durchführung der Verordnung über Online-Streitbeilegung in Verbraucherangelegenheiten v. 19.2.2016 (BGBl. 2016 I 254, ber. 1039), Gesetz zur Umsetzung der RL 2014/91/EU v. 3.3.2016 (BGBl. 2016 I 348), Erstes Finanzmarktnovellierungsgesetz v. 30.6.2016 (BGBl. 2016 I 1514), Gesetz zum Abbau verzichtbarer Anordnungen der Schriftform im Verwaltungsrecht des Bundes v. 29.3.2017 (BGBl. 2017 I 626), Gesetz zur Erleichterung der Bewältigung von Konzerninsolvenzen v. 13.4.2017 (BGBl. 2017 I 866), Finanzaufsichtsrechtergänzungsgesetz v. 6.6.2017 (BGBl. 2017 I 1495), Zweites Finanzmarktnovellierungsgesetz v. 23.6.2017 (BGBl. 2017 I 1693), Gesetz zur Umsetzung der Vierten EU-Geldwäscherichtlinie, zur Ausführung der EU-Geldtransferverordnung und zur Neuorganisation der Zentralstelle für Finanztransaktionsuntersuchungen v. 23.6.2017 (BGBl. 2017 I 1822), Drittes Gesetz zur Änderung reiserechtlicher Vorschriften v. 17.7.2017 (BGBl. 2017 1I 2394), Gesetz zur Ausübung von Optionen der EU-Prospektverordnung und zur Anpassung weiterer Finanzmarktgesetze v. 10.7.2018 (BGBl. 2018 I 1102), Gesetz zur Anpassung von Finanzmarktgesetzen an die Verordnung (EU) 2017/2402 und an die durch die Verordnung (EU) 2017/2401 geänderte Verordnung (EU) Nr. 575/2013 v. 18.12.2018 (BGBl. 2018 I 2626), Gesetz zur weiteren Ausführung der EU-Prospektverordnung und zur Änderung von Finanzmarktgesetzen v. 8.7.2019 (BGBl. 2019 I 1002), Zweites Datenschutz-Anpassungs- und Umsetzungsgesetz EU v. 20.11.2019 (BGBl. 2019 I 1626), Gesetz zur Umsetzung der zweiten Aktionärsrechterichtlinie v. 12.12.2019 (BGBl. 2019 I 2637), Gesetz zur Einführung von Sondervorschriften für die Sanierung und Abwicklung von zentralen Gegenparteien und zur Anpassung des Wertpapierhandelsgesetzes an die Unterrichtungs- und Nachweispflichten nach den Artikeln 4a und 10 der Verordnung (EU) Nr. 648/2012 v. 19.3.2020 (BGBl. 2020 I 529), Risikoreduzierungsgesetz v. 9.12.2020 (BGBl. 2020 I 2773), Gesetz zur Umsetzung der RL (EU) 2019/2034 über die Beaufsichtigung von Wertpapierinstituten v. 12.5.2021 (BGBl. 2021 I 990), CBD-Umsetzungsgesetz v. 12.5.2021 (BGBl. 2021 I 1063), Gesetz zur Einführung von elektronischen Wertpapieren v. 3.6.2021 (BGBl. 2021 I 1423), Fondsstandortgesetz v. 3.6.2021 (BGBl. 2021 I 1498), Finanzmarktintegritätsstärkungsgesetz v. 3.6.2021 (BGBl. 2021 I 1534), Gesetz zur begleitenden Ausführung der VO (EU) 2020/1503 und der Umsetzung der RL EU 2020/1504 v. 3.6.2021 (BGBl. 2021 I 1568), Gesetz zur weiteren Stärkung des Anlegerschutzes v. 9.7.2021 (BGBl. 2021 I 2570), Gesetz zur Umsetzung der Digitalisierungsrichtlinie v. 5.7.2021 (BGBl. 2021 I 3338), Personengesellschaftsrechtsmodernisierungsgesetz v. 10.8.2021 (BGBl. 2021 I 3436), Gesetz zur Änderung des Bürgerlichen Gesetzbuchs und des Einführungsgesetzes zum Bürgerlichen Gesetzbuche in Umsetzung der EU-Richtlinie zur besseren Durchsetzung und Modernisierung der Verbraucherschutzvorschriften der Union und zur Aufhebung der Verordnung zur Übertragung der Zuständigkeit für die Durchführung der Verordnung (EG) Nr. 2006/2004 auf das Bundesministerium der Justiz und für Verbraucherschutz v. 10.8.2021 (BGBl. 2021 I 3483), Viertes Corona-Steuerhilfegesetz v. 19.6.2022

(BGBl. 2022 I 911), Sanktionsdurchsetzungsgesetz II v. 19.12.2022 (BGBl. 2022 I 2606), Gesetz zur Umsetzung der Umwandlungsrichtlinie und zur Änderung weiterer Gesetze v. 22.2.2023 (BGBl. 2023 I Nr. 51), Zukunftsfinanzierungsgesetz v. 11.12.2023 (BGBl. 2023 I Nr. 354) und Kreditzweitmarktförderungsgesetz v. 22.12.2023 (BGBl. 2023 I Nr. 411)

Kapitel 1. Allgemeine Bestimmungen für Investmentvermögen und Verwaltungsgesellschaften

Abschnitt 1. Allgemeine Vorschriften

§ 1 Begriffsbestimmungen

(1) [1]**Investmentvermögen ist jeder Organismus für gemeinsame Anlagen, der von einer Anzahl von Anlegern Kapital einsammelt, um es gemäß einer festgelegten Anlagestrategie zum Nutzen dieser Anleger zu investieren und der kein operativ tätiges Unternehmen außerhalb des Finanzsektors ist.** [2]**Eine Anzahl von Anlegern im Sinne des Satzes 1 ist gegeben, wenn die Anlagebedingungen, die Satzung oder der Gesellschaftsvertrag des Organismus für gemeinsame Anlagen die Anzahl möglicher Anleger nicht auf einen Anleger begrenzen.**

(2) **Organismen für gemeinsame Anlagen in Wertpapieren (OGAW) sind Investmentvermögen, die die Anforderungen der Richtlinie 2009/65/EG des Europäischen Parlamentes und des Rates vom 13. Juli 2009 zur Koordinierung der Rechts- und Verwaltungsvorschriften betreffend bestimmte Organismen für gemeinsame Anlagen in Wertpapieren (OGAW) (ABl. L 302 vom 17.11.2009, S. 1), die zuletzt durch die Richtlinie 2014/91/EU (ABl. L 257 vom 28.8.2014, S. 186) geändert worden ist, erfüllen.**

(3) **Alternative Investmentfonds (AIF) sind alle Investmentvermögen, die keine OGAW sind.**

(4) **Offene Investmentvermögen sind**
1. **OGAW und**
2. **AIF, die die Voraussetzungen von Artikel 1 Absatz 2 der Delegierten Verordnung (EU) Nr. 694/2014 der Kommission vom 17. Dezember 2013 zur Ergänzung der Richtlinie 2011/61/EU des Europäischen Parlaments und des Rates im Hinblick auf technische Regulierungsstandards zur Bestimmung der Arten von Verwaltern alternativer Investmentfonds (ABl. L 183 vom 24.6.2014, S. 18) erfüllen.**

(5) **Geschlossene AIF sind alle AIF, die keine offenen AIF sind.**

(6) [1]**Spezial-AIF sind AIF, deren Anteile auf Grund von in Textform geschlossenen Vereinbarungen mit der Verwaltungsgesellschaft oder auf Grund der konstituierenden Dokumente des AIF nur erworben werden dürfen von**
1. **professionellen Anlegern im Sinne des Absatzes 19 Nummer 32 und**
2. **semiprofessionellen Anlegern im Sinne des Absatzes 19 Nummer 33; ein Anleger, der kraft Gesetzes Anteile an einem Spezial-AIF erwirbt, gilt als semiprofessioneller Anleger im Sinne des Absatzes 19 Nummer 33.**

[2]**Alle übrigen Investmentvermögen sind Publikumsinvestmentvermögen.**

(7) **Inländische Investmentvermögen sind Investmentvermögen, die dem inländischen Recht unterliegen.**

(8) **EU-Investmentvermögen sind Investmentvermögen, die dem Recht eines anderen Mitgliedstaates der Europäischen Union oder eines anderen Vertragsstaates des Abkommens über den Europäischen Wirtschaftsraum unterliegen.**

(9) **Ausländische AIF sind AIF, die dem Recht eines Drittstaates unterliegen.**

(10) **Sondervermögen sind inländische Investmentvermögen in Vertragsform, die von einer Verwaltungsgesellschaft für Rechnung der Anleger nach Maßgabe dieses Gesetzes und den Anlagebedingungen, nach denen sich das Rechtsverhältnis der Verwaltungsgesellschaft zu den Anlegern bestimmt, verwaltet werden.**

(11) **Investmentgesellschaften sind Investmentvermögen in der Rechtsform einer Investmentaktiengesellschaft oder Investmentkommanditgesellschaft.**

(12) **Intern verwaltete Investmentgesellschaften sind Investmentgesellschaften, die keine externe Verwaltungsgesellschaft bestellt haben.**

(13) **Extern verwaltete Investmentgesellschaften sind Investmentgesellschaften, die eine externe Verwaltungsgesellschaft bestellt haben.**

(14) [1]**Verwaltungsgesellschaften sind AIF-Verwaltungsgesellschaften und OGAW-Verwaltungsgesellschaften. AIF-Verwaltungsgesellschaften sind AIF-Kapitalverwaltungsgesellschaften, EU-AIF-Verwaltungsgesellschaften und ausländische AIF-Verwaltungsgesellschaften.** [2]**OGAW-Verwaltungsgesellschaften sind OGAW-Kapitalverwaltungsgesellschaften und EU-OGAW-Verwaltungsgesellschaften.**

(15) **OGAW-Kapitalverwaltungsgesellschaften sind Kapitalverwaltungsgesellschaften gemäß § 17, die mindestens einen OGAW verwalten oder zu verwalten beabsichtigen.**

(16) **AIF-Kapitalverwaltungsgesellschaften sind Kapitalverwaltungsgesellschaften gemäß § 17, die mindestens einen AIF verwalten oder zu verwalten beabsichtigen.**

(17) **EU-Verwaltungsgesellschaften sind Unternehmen mit Sitz in einem anderen Mitgliedstaat der Europäischen Union oder einem anderen Vertragsstaat des Abkommens über den Europäischen Wirtschaftsraum, die den Anforderungen**

1. **an eine Verwaltungsgesellschaft oder an eine intern verwaltete Investmentgesellschaft im Sinne der Richtlinie 2009/65/EG oder**
2. **an einen Verwalter alternativer Investmentfonds im Sinne der Richtlinie 2011/61/EU des Europäischen Parlaments und des Rates vom 8. Juni 2011 über die Verwalter alternativer Investmentfonds und zur Änderung der Richtlinien 2003/41/EG und 2009/65/EG und der Verordnungen (EG) Nr. 1060/2009 und (EU) Nr. 1095/2010 (ABl. L 174 vom 1. 7. 2011, S. 1)**

entsprechen.

(18) **Ausländische AIF-Verwaltungsgesellschaften sind Unternehmen mit Sitz in einem Drittstaat, die den Anforderungen an einen Verwalter alternativer Investmentfonds im Sinne der Richtlinie 2011/61/EU entsprechen.**

(19) **Die folgenden Begriffe werden für die Zwecke dieses Gesetzes wie folgt bestimmt:**

1. [1]Anfangskapital sind

a) bei Aktiengesellschaften das eingezahlte Grundkapital ohne die Aktien, die mit einem nachzuzahlenden Vorzug bei der Verteilung des Gewinns ausgestattet sind (Vorzugsaktien), und die Rücklagen,

b) bei Gesellschaften mit beschränkter Haftung das eingezahlte Stammkapital und die Rücklagen,

c) bei Kommanditgesellschaften das eingezahlte Geschäftskapital und die Rücklagen nach Abzug der Entnahmen der persönlich haftenden Gesellschafter und der diesen gewährten Kredite.

[2]Als Rücklagen im Sinne der Buchstaben a bis c gelten die Posten im Sinne des Artikels 26 Absatz 1 Buchstabe b bis e in Verbindung mit Artikel 26 Absatz 2 bis 4 der Verordnung (EU) Nr. 575/2013 des Europäischen Parlaments und des Rates vom 26. Juni 2013 über Aufsichtsanforderungen an Kreditinstitute und Wertpapierfirmen und zur Änderung der Verordnung (EU) Nr. 646/2012 (ABl. L 176 vom 27.6.2013, S. 1).

1a. Eine natürliche oder juristische Person oder eine Personengesellschaft gilt als unzuverlässig, wenn nach einem im Amtsblatt der Europäischen Gemeinschaften oder der Europäischen Union veröffentlichten unmittelbar geltenden Rechtsakt der Europäischen Gemeinschaften oder der Europäischen Union, der der Durchführung einer vom Rat der Europäischen Union im Bereich der Gemeinsamen Außen- und Sicherheitspolitik beschlossenen wirtschaftlichen Sanktionsmaßnahme dient, ihre Gelder und wirtschaftlichen Ressourcen eingefroren sind oder ihr weder unmittelbar noch mittelbar Gelder oder wirtschaftliche Ressourcen zur Verfügung gestellt werden oder zu Gute kommen dürfen. Eine natürliche Person gilt in der Regel als unzuverlässig, wenn sie als Geschäftsleiter, Aufsichtsratsmitglied oder in vergleichbarer Position für eine Person oder Personengesellschaft nach Satz 1 tätig ist; dies gilt nicht für Arbeitnehmervertreter. Eine natürliche Person gilt in der Regel auch dann als unzuverlässig, wenn sie die Interessen einer Person oder Personengesellschaft nach Satz 1 als Mitglied eines Aufsichts- oder Verwaltungsrats oder eines vergleichbaren Kontrollgremiums in einer Kapitalverwaltungsgesellschaft wahrnimmt, die nicht unter Satz 1 fällt.

2. Arbeitnehmervertreter sind Vertreter der Arbeitnehmer im Sinne von Artikel 2 Buchstabe e der Richtlinie 2002/14/EG des Europäischen Parlaments und des Rates vom 11. März 2002 zur Festlegung eines allgemeinen Rahmens für die Unterrichtung und Anhörung der Arbeitnehmer in der Europäischen Gemeinschaft (ABl. L 80 vom 23.3.2002, S. 29).

3. Aufnahmemitgliedstaat einer OGAW-Kapitalverwaltungsgesellschaft ist ein anderer Mitgliedstaat der Europäischen Union oder ein anderer

Vertragsstaat des Abkommens über den Europäischen Wirtschaftsraum, in dem eine OGAW-Kapitalverwaltungsgesellschaft
   a) eine Zweigniederlassung unterhält oder im Wege des grenzüberschreitenden Dienstleistungsverkehrs tätig wird, oder
   b) die Absicht anzeigt, Anteile oder Aktien an einem inländischen OGAW-Investmentvermögen zu vertreiben.

4. Aufnahmemitgliedstaat einer AIF-Kapitalverwaltungsgesellschaft ist ein anderer Mitgliedstaat der Europäischen Union oder ein anderer Vertragsstaat des Abkommens über den Europäischen Wirtschaftsraum, in dem eine AIF-Kapitalverwaltungsgesellschaft
   a) einen EU-AIF verwaltet oder Dienstleistungen- und Nebendienstleistungen nach Artikel 6 Absatz 4 der Richtlinie 2011/61/EU erbringt oder
   b) Anteile oder Aktien an einem AIF vertreibt.

4a. Aufsichtsorganmitglieder einer Kapitalverwaltungsgesellschaft sind Aufsichtsrats- und Beiratsmitglieder.

5. Drittstaaten sind alle Staaten, die nicht Mitgliedstaat der Europäischen Union oder anderer Vertragsstaat des Abkommens über den Europäischen Wirtschaftsraum sind.

6. [1]Eine bedeutende Beteiligung besteht, wenn unmittelbar oder mittelbar oder im Zusammenwirken mit anderen Personen oder Unternehmen mindestens 10 Prozent des Kapitals oder der Stimmrechte einer Verwaltungsgesellschaft im Eigen- oder Fremdinteresse gehalten werden oder wenn auf die Geschäftsführung einer Verwaltungsgesellschaft ein maßgeblicher Einfluss ausgeübt werden kann. [2]Für die Berechnung des Anteils der Stimmrechte gelten § 34 Absatz 1 und 2, § 35 Absatz 1 und 2 in Verbindung mit der Rechtsverordnung nach Absatz 6 und § 36 des Wertpapierhandelsgesetzes entsprechend. [3]Die mittelbar gehaltenen Beteiligungen sind den mittelbar beteiligten Personen und Unternehmen in vollem Umfang zuzurechnen.

7. Carried interest ist der Anteil an den Gewinnen des AIF, den eine AIF-Verwaltungsgesellschaft als Vergütung für die Verwaltung des AIF erhält; der carried interest umfasst nicht den Anteil der AIF-Verwaltungsgesellschaft an den Gewinnen des AIF, den die AIF-Verwaltungsgesellschaft als Gewinn für Anlagen der AIF-Verwaltungsgesellschaft in den AIF bezieht.

8. Dauerhafter Datenträger ist jedes Medium, das den Anlegern gestattet, Informationen für eine den Zwecken der Informationen angemessene Dauer zu speichern, einzusehen und unverändert wiederzugeben.

9. [1]Eigenmittel sind Eigenmittel gemäß Artikel 72 der Verordnung (EU) Nr. 575/2013. [2]Wenn Zweck einer Kapitalüberlassung die Überlassung solcher Eigenmittel ist, sind die §§ 313 und 314 des Bürgerlichen Gesetzbuchs und § 297 Absatz 1, § 304 Absatz 4 und § 305 Absatz 5 Satz 4 des Aktiengesetzes nicht anzuwenden.

10. Eine enge Verbindung besteht, wenn eine Kapitalverwaltungsgesellschaft oder eine extern verwaltete Investmentgesellschaft und eine andere natürliche oder juristische Person verbunden sind
   a) durch das unmittelbare oder mittelbare Halten durch ein oder mehrere Tochterunternehmen oder Treuhänder von mindestens 20 Prozent des Kapitals oder der Stimmrechte oder

b) als Mutter- und Tochterunternehmen, durch ein gleichartiges Verhältnis oder als Schwesterunternehmen.

10a. Entwicklungsförderungsfonds sind Spezial-AIF, die nach den Anlagebedingungen das bei ihnen angelegte Kapital vorbehaltlich des § 292b ausschließlich in Vermögensgegenstände anlegen, die messbar zur Erreichung von Zielen für nachhaltige Entwicklung gemäß der Resolution der Generalversammlung der Vereinten Nationen vom 25. September 2015 (A/RES/70/1 vom 21. Oktober 2015, https://www.un.org/depts/german/gv-70/band1/ar70001.pdf) in Ländern beitragen, die zum Zeitpunkt der Gründung des AIF in der Liste der Entwicklungsländer und -gebiete (https://www.bmz.de/de/ministerium/zahlen-fakten/oda-zahlen/hintergrund/dac-laenderliste-35294) enthalten sind, die vom Ausschuss für Entwicklungshilfe der Organisation für wirtschaftliche Zusammenarbeit und Entwicklung geführt wird, oder während der Laufzeit des AIF dieser Länderliste hinzugefügt werden, vorausgesetzt, dass diese Investitionen keines dieser Ziele erheblich beeinträchtigen.

11. Feederfonds sind Sondervermögen, Investmentaktiengesellschaften mit veränderlichem Kapital, Teilgesellschaftsvermögen einer Investmentaktiengesellschaft mit veränderlichem Kapital oder EU-OGAW, die mindestens 85 Prozent ihres Vermögens in einem Masterfonds anlegen.

11a. Geschlossene Feederfonds sind geschlossene Publikums-AIF, die mindestens 85 Prozent ihres Vermögens in einem geschlossenen Masterfonds anlegen.

12. Masterfonds sind OGAW oder Sonstige Investmentvermögen gemäß § 220, die Anteile an mindestens einen Feederfonds ausgegeben haben, selbst keine Feederfonds sind und keine Anteile eines Feederfonds halten.

12a. Geschlossene Masterfonds sind geschlossene Publikums-AIF, die Anteile an mindestens einen geschlossenen Feederfonds ausgegeben haben, selbst keine geschlossenen Feederfonds sind und keine Anteile eines geschlossenen Feederfonds halten.

13. Feeder-AIF bezeichnet einen AIF, der
a) mindestens 85 Prozent seines Wertes in Anteilen eines Master-AIF anlegt, oder
b) mindestens 85 Prozent seines Wertes in mehr als einem Master-AIF anlegt, die jeweils identische Anlagestrategien verfolgen, oder
c) anderweitig ein Engagement von mindestens 85 Prozent seines Wertes in einem Master-AIF hat.

14. Master-AIF sind AIF, an dem ein Feeder-AIF Anteile hält.

15. Geschäftsleiter sind diejenigen natürlichen Personen, die nach Gesetz, Satzung oder Gesellschaftsvertrag zur Führung der Geschäfte und zur Vertretung einer Kapitalverwaltungsgesellschaft berufen sind sowie diejenigen natürlichen Personen, die die Geschäfte der Kapitalverwaltungsgesellschaft tatsächlich leiten.

16. Gesetzlicher Vertreter einer ausländischen AIF-Verwaltungsgesellschaft ist jede natürliche Person mit Wohnsitz in der Europäischen Union oder in einem anderen Vertragsstaat des Abkommens über den Europäischen Wirtschaftsraum oder jede juristische Person mit

satzungsmäßigem Sitz oder satzungsmäßiger Zweigniederlassung in der Europäischen Union oder in einem anderen Vertragsstaat des Abkommens über den Europäischen Wirtschaftsraum, die von einer ausländischen AIF-Verwaltungsgesellschaft ausdrücklich dazu ernannt worden ist, im Namen dieser ausländischen AIF-Verwaltungsgesellschaft gegenüber Behörden, Kunden, Einrichtungen und Gegenparteien der ausländischen AIF-Verwaltungsgesellschaft in der Europäischen Union oder in einem anderen Vertragsstaat des Abkommens über den Europäischen Wirtschaftsraum hinsichtlich der Verpflichtungen der ausländischen AIF-Verwaltungsgesellschaft nach der Richtlinie 2011/61/EU zu handeln.

17. **Herkunftsmitgliedstaat des OGAW ist der Mitgliedsstaat der Europäischen Union oder der Vertragsstaat des Abkommens über den Europäischen Wirtschaftsraum, in dem der OGAW zugelassen wurde.**
18. **Herkunftsmitgliedstaat des AIF ist**
    a) **der Mitgliedstaat der Europäischen Union oder der Vertragsstaat des Abkommens über den Europäischen Wirtschaftsraum, in dem der AIF zugelassen oder registriert ist, oder im Fall der mehrfachen Zulassung oder Registrierung der Mitgliedstaat oder der Vertragsstaat, in dem der AIF zum ersten Mal zugelassen oder registriert wurde, oder**
    b) **für den Fall, dass der AIF in keinem Mitgliedstaat der Europäischen Union oder keinem Vertragsstaat des Abkommens über den Europäischen Wirtschaftsraum zugelassen oder registriert ist, der Mitgliedstaat der Europäischen Union oder der Vertragsstaat des Abkommens über den Europäischen Wirtschaftsraum, in dem der AIF seinen Sitz oder seine Hauptverwaltung hat.**
19. **Herkunftsmitgliedstaat der OGAW-Verwaltungsgesellschaft ist der Mitgliedstaat der Europäischen Union oder der Vertragsstaat des Abkommens über den Europäischen Wirtschaftsraum, in dem die OGAW-Verwaltungsgesellschaft ihren Sitz hat.**
20. **Herkunftsmitgliedstaat der AIF-Verwaltungsgesellschaft ist,**
    a) **im Fall einer EU-AIF-Verwaltungsgesellschaft oder einer AIF-Kapitalverwaltungsgesellschaft der Mitgliedstaat der Europäischen Union oder der Vertragsstaat des Abkommens über den Europäischen Wirtschaftsraum, in dem diese AIF-Verwaltungsgesellschaft ihren satzungsmäßigen Sitz hat,**
    b) **im Fall einer ausländischen AIF-Verwaltungsgesellschaft der Referenzmitgliedstaat im Sinne von Artikel 37 der Richtlinie 2011/61/EU.**
21. **[1]Immobilien sind Grundstücke, grundstücksgleiche Rechte und vergleichbare Rechte nach dem Recht anderer Staaten. [2]Als grundstücksgleiche Rechte im Sinne von Satz 1 gelten auch Nießbrauchrechte im Sinne des § 231 Absatz 1 Satz 1 Nummer 6.**
22. **Immobilien-Gesellschaften sind Gesellschaften, die nach dem Gesellschaftsvertrag oder der Satzung nur Immobilien sowie die zur Bewirtschaftung der Immobilien erforderlichen Gegenstände erwerben dürfen.**

23. Immobilien-Sondervermögen sind Sondervermögen, die nach den Anlagebedingungen das bei ihnen eingelegte Geld in Immobilien anlegen.

23a. Infrastruktur-Projektgesellschaften sind Gesellschaften, die nach dem Gesellschaftsvertrag oder der Satzung gegründet wurden, um dem Funktionieren des Gemeinwesens dienende Einrichtungen, Anlagen, Bauwerke oder jeweils Teile davon zu errichten, zu sanieren, zu betreiben oder zu bewirtschaften.

24. Kollektive Vermögensverwaltung umfasst die Portfolioverwaltung, das Risikomanagement, administrative Tätigkeiten, den Vertrieb von eigenen Investmentanteilen sowie bei AIF Tätigkeiten im Zusammenhang mit den Vermögensgegenständen des AIF.

25. [1]Leverage ist jede Methode, mit der die Verwaltungsgesellschaft den Investitionsgrad eines von ihr verwalteten Investmentvermögens durch Kreditaufnahme, Wertpapier-Darlehen, in Derivate eingebettete Hebelfinanzierungen oder auf andere Weise erhöht. [2]Kriterien
a) zur Festlegung der Methoden für Leverage von AIF, einschließlich jeglicher Finanz- oder Rechtsstrukturen, an denen Dritte beteiligt sind, die von dem betreffenden AIF kontrolliert werden, und
b) darüber, wie Leverage von AIF zu berechnen ist,
ergeben sich aus den Artikeln 6 bis 11 der Delegierten Verordnung (EU) Nr. 231/2013 der Kommission vom 19. Dezember 2012 zur Ergänzung der Richtlinie 2011/61/EU des Europäischen Parlaments und des Rates im Hinblick auf Ausnahmen, die Bedingungen für die Ausübung der Tätigkeit, Verwahrstellen, Hebelfinanzierung, Transparenz und Beaufsichtigung (ABl. L 83 vom 22.3.2013, S. 1).

26. Mutterunternehmen sind Unternehmen, die Mutterunternehmen im Sinne des § 290 des Handelsgesetzbuchs sind.

27. Nicht börsennotiertes Unternehmen ist ein Unternehmen, das seinen satzungsmäßigen Sitz in der Europäischen Union oder in einem anderen Vertragsstaat des Abkommens über den Europäischen Wirtschaftsraum hat und dessen Anteile nicht zum Handel auf einem geregelten Markt im Sinne des Artikels 4 Absatz 1 Nummer 21 der Richtlinie 2014/65/EU des Europäischen Parlaments und des Rates vom 15. Mai 2014 über Märkte für Finanzinstrumente sowie zur Änderung der Richtlinien 2002/92/EG und 2011/61/EU (ABl. L 173 vom 12.6.2014, S. 349; L 74 vom 18.3.2015, S. 38; L 188 vom 13.7.2016, S. 28; L 273 vom 8.10.2016, S. 35; L 64 vom 10.3.2017, S. 116), die zuletzt durch die Richtlinie (EU) 2016/1034 (ABl. L 175 vom 30.6.2016, S. 8) geändert worden ist, zugelassen sind.

28. ÖPP-Projektgesellschaften sind im Rahmen Öffentlich-Privater Partnerschaften tätige Gesellschaften, die nach dem Gesellschaftsvertrag oder der Satzung zu dem Zweck gegründet wurden, Anlagen oder Bauwerke zu errichten, zu sanieren, zu betreiben oder zu bewirtschaften, die der Erfüllung öffentlicher Aufgaben dienen.

29. Organisierter Markt ist ein Markt, der anerkannt und für das Publikum offen ist und dessen Funktionsweise ordnungsgemäß ist, sofern nicht ausdrücklich etwas anderes bestimmt ist.

29a. Pre-Marketing ist die durch eine AIF-Verwaltungsgesellschaft oder in deren Auftrag erfolgende direkte oder indirekte Bereitstellung von

Informationen oder Mitteilung über Anlagestrategien oder Anlagekonzepte an potenzielle professionelle oder semiprofessionelle Anleger mit Wohnsitz oder satzungsmäßigem Sitz im Geltungsbereich dieses Gesetzes oder an professionelle Anleger mit Wohnsitz oder satzungsmäßigem Sitz in einem Mitgliedstaat der Europäischen Union oder eines anderen Vertragsstaates des Abkommens über den Europäischen Wirtschaftsraum mit dem Ziel festzustellen, inwieweit die Anleger Interesse haben an einem AIF oder einem Teilinvestmentvermögen, der oder das in dem Staat, in dem die potenziellen Anleger ihren Wohnsitz oder satzungsmäßigen Sitz haben, entweder noch nicht zugelassen ist oder zwar zugelassen ist, für den oder das jedoch noch keine Vertriebsanzeige erfolgt ist, wobei dies in keinem Fall ein Angebot an den oder eine Platzierung bei dem potenziellen Anleger zur Investition in die Anteile oder Aktien dieses AIF oder Teilinvestmentvermögens darstellt.

30. Primebroker ist ein Kreditinstitut im Sinne des Artikels 4 Absatz 1 Nummer 1 der Verordnung (EU) Nr. 575/2013, eine Wertpapierfirma im Sinne des Artikels 4 Absatz 1 Nummer 1 der Richtlinie 2014/65/EU oder eine andere Einheit, die einer Regulierungsaufsicht und ständigen Überwachung unterliegt und professionellen Anlegern Dienstleistungen anbietet, in erster Linie, um als Gegenpartei Geschäfte mit Finanzinstrumenten im Sinne der Richtlinie 2011/61/EU zu finanzieren oder durchzuführen, und die möglicherweise auch andere Dienstleistungen wie Clearing und Abwicklung von Geschäften, Verwahrungsdienstleistungen, Wertpapier-Darlehen und individuell angepasste Technologien und Einrichtungen zur betrieblichen Unterstützung anbietet.

31. Privatanleger sind alle Anleger, die weder professionelle noch semiprofessionelle Anleger sind.

32. Professioneller Anleger ist jeder Anleger, der im Sinne von Anhang II der Richtlinie 2014/65/EU als professioneller Kunde angesehen wird oder auf Antrag als ein professioneller Kunde behandelt werden kann.

33. Semiprofessioneller Anleger ist

a) jeder Anleger,

aa) der sich verpflichtet, mindestens 200 000 Euro zu investieren,

bb) der schriftlich in einem vom Vertrag über die Investitionsverpflichtung getrennten Dokument angibt, dass er sich der Risiken im Zusammenhang mit der beabsichtigten Verpflichtung oder Investition bewusst ist,

cc) dessen Sachverstand, Erfahrungen und Kenntnisse die AIF-Verwaltungsgesellschaft oder die von ihr beauftragte Vertriebsgesellschaft bewertet, ohne von der Annahme auszugehen, dass der Anleger über die Marktkenntnisse und -erfahrungen der in Anhang II Abschnitt I der Richtlinie 2014/65/EU genannten Anleger verfügt,

dd) bei dem die AIF-Verwaltungsgesellschaft oder die von ihr beauftragte Vertriebsgesellschaft unter Berücksichtigung der Art der beabsichtigten Verpflichtung oder Investition hinreichend davon überzeugt ist, dass er in der Lage ist, seine Anlageentscheidungen selbst zu treffen und die damit einher-

gehenden Risiken versteht und dass eine solche Verpflichtung für den betreffenden Anleger angemessen ist, und

ee) dem die AIF-Verwaltungsgesellschaft oder die von ihr beauftragte Vertriebsgesellschaft in Textform bestätigt, dass sie die unter Doppelbuchstabe cc genannte Bewertung vorgenommen hat und die unter Doppelbuchstabe dd genannten Voraussetzungen gegeben sind,

b) ein in § 37 Absatz 1 genannter Geschäftsleiter oder Mitarbeiter der AIF-Verwaltungsgesellschaft, sofern er in von der AIF-Verwaltungsgesellschaft verwaltete AIF investiert, oder ein Mitglied der Geschäftsführung oder des Vorstands einer extern verwalteten Investmentgesellschaft, sofern es in die extern verwaltete Investmentgesellschaft investiert,

c) jeder Anleger, der sich verpflichtet, mindestens 10 Millionen Euro in ein Investmentvermögen zu investieren,

d) jeder Anleger in der Rechtsform

aa) einer Anstalt des öffentlichen Rechts,

bb) einer Stiftung des öffentlichen Rechts oder

cc) einer Gesellschaft, an der der Bund oder ein Land mehrheitlich beteiligt ist,

wenn der Bund oder das Land zum Zeitpunkt der Investition der Anstalt, der Stiftung oder der Gesellschaft in den betreffenden Spezial-AIF investiert oder investiert ist.

34. Sitz eines

a) AIF ist der satzungsmäßige Sitz oder, falls der AIF keine eigene Rechtspersönlichkeit hat, der Staat, dessen Recht der AIF unterliegt;

b) gesetzlichen Vertreters, der eine juristische Person ist, ist der satzungsmäßige Sitz oder die Zweigniederlassung der juristischen Person;

c) gesetzlichen Vertreters, der eine natürliche Person ist, ist sein Wohnsitz.

34a. [1]Swing Pricing ist eine Methode zur Berücksichtigung der durch den Überschuss an Rückgabe- oder Ausgabeverlangen von Anteilen oder Aktien verursachten Transaktionskosten bei der Berechnung des Nettoinventarwertes. [2]Bei der Berechnung des Nettoinventarwertes werden die durch den Netto-Überschuss an Rückgabe- oder Ausgabeverlangen von Anteilen oder Aktien verursachten Transaktionskosten mit einbezogen (modifizierter Nettoinventarwert). [3]Swing Pricing kann als dauerhafte Maßnahme vorgesehen werden, die bei jeder Ausgabe und Rücknahme von Anteilen oder Aktien zur Anwendung kommt (vollständiges Swing Pricing), oder als Maßnahme, die erst bei Überschreiten eines zuvor festgelegten Schwellenwertes des Netto-Überschusses greift (teilweises Swing Pricing).

35. Tochterunternehmen sind Unternehmen, die Tochterunternehmen im Sinne des § 290 des Handelsgesetzbuchs sind.

36. Verbriefungszweckgesellschaften im Sinne des § 2 Absatz 1 Nummer 7 sind Gesellschaften, deren einziger Zweck darin besteht, eine oder mehrere Verbriefungen im Sinne von Artikel 1 Absatz 2 der Verordnung (EG) Nr. 1075/2013 der Europäischen Zentralbank vom

18. Oktober 2013 über die Statistik über die Aktiva und Passiva von finanziellen Mantelkapitalgesellschaften, die Verbriefungsgeschäfte betreiben (Neufassung) (ABl. L 297 vom 7.11.2013, S. 107), und weitere zur Erfüllung dieses Zwecks geeignete Tätigkeiten durchzuführen.

37. **Verschmelzungen im Sinne dieses Gesetzes sind Auflösungen ohne Abwicklung eines Sondervermögens, einer Investmentaktiengesellschaft mit veränderlichem Kapital oder einer offenen Investmentkommanditgesellschaft**
   a) **durch Übertragung sämtlicher Vermögensgegenstände und Verbindlichkeiten eines oder mehrerer übertragender offener Investmentvermögen auf ein anderes bestehendes übernehmendes Sondervermögen, auf einen anderen bestehenden übernehmenden EU-OGAW, auf eine andere bestehende übernehmende Investmentaktiengesellschaft mit veränderlichem Kapital oder auf eine andere bestehende übernehmende offene Investmentkommanditgesellschaft (Verschmelzung durch Aufnahme) oder**
   b) **durch Übertragung sämtlicher Vermögensgegenstände und Verbindlichkeiten zweier oder mehrerer übertragender offener Investmentvermögen auf ein neues, dadurch gegründetes übernehmendes Sondervermögen, auf einen neuen, dadurch gegründeten übernehmenden EU-OGAW, auf eine neue, dadurch gegründete übernehmende Investmentaktiengesellschaft mit veränderlichem Kapital oder auf eine neue, dadurch gegründete übernehmende offene Investmentkommanditgesellschaft (Verschmelzung durch Neugründung)**

   jeweils gegen Gewährung von Anteilen oder Aktien des übernehmenden Investmentvermögens an die Anleger oder Aktionäre des übertragenden Investmentvermögens sowie gegebenenfalls einer Barzahlung in Höhe von nicht mehr als 10 Prozent des Wertes eines Anteils oder einer Aktie am übertragenden Investmentvermögen.

38. **Zweigniederlassung ist in Bezug auf eine Verwaltungsgesellschaft eine Betriebsstelle, die einen rechtlich unselbstständigen Teil der Verwaltungsgesellschaft bildet und die die Dienstleistungen erbringt, für die der Verwaltungsgesellschaft eine Zulassung oder Genehmigung erteilt wurde; alle Betriebsstellen einer Verwaltungsgesellschaft mit satzungsmäßigem Sitz in einem anderen Mitgliedstaat der Europäischen Union, einem anderen Vertragsstaat des Abkommens über den Europäischen Wirtschaftsraum oder einem Drittstaat, die sich in ein und demselben Mitgliedstaat oder Vertragsstaat befinden, gelten als eine einzige Zweigniederlassung.**

Schrifttum: *BaFin* Auslegungsschreiben zum Anwendungsbereich des KAGB und zum Begriff des „Investmentvermögens“ v. 14.6.2013, Gz. WA 41-Wp 2137-2013/0006, geänd. am 9.3.2015 („AuslSchr InvVerm der BaFin“); *ESMA* Leitlinien zu Schlüsselbegriffen der RL über die Verwalter alternativer Investmentfonds (AIFMD) v. 13.8.2013 (ESMA/2013/611), Nr. III.4. („AIFMD-L der ESMA“); *ESMA* Discussion Paper Key concepts of the Alternative Investment Fund Managers Directive and types of AIFM vom 23.2.2012, ESMA/2012/117 („ESMA DiscussPaper“);

Inhaltsübersicht

Rn.

I. Allgemeines 1
II. Begriffsbestimmungen 3
1. Investmentvermögen (§ 1 I) 3
a) Organismus für gemeinsame Anlagen 5
b) Einsammeln von Kapital 11
c) Anzahl von Anlegern 17
d) Festgelegte Anlagestrategie 20
e) Investition zum Nutzen der Anleger 23
f) Kein operativ tätiges Unternehmen außerhalb des Finanzsektors 24
2. OGAW (§ 1 II) 37
3. AIF (§ 1 III) 38
4. Offene Investmentvermögen (§ 1 IV) 39
5. Geschlossene Investmentvermögen (§ 1 V) 46
6. Spezial-AIF sowie Publikumsinvestmentvermögen (§ 1 VI) 47
7. Inländische Investmentvermögen (§ 1 VII) 55
8. EU-Investmentvermögen (§ 1 VIII) 56
9. Ausländische AIF (§ 1 IX) 57
10. Sondervermögen (§ 1 X) 58
11. Investmentgesellschaften (§ 1 XI) 59
12. Intern verwaltete Investmentgesellschaften (§ 1 XII) 60
13. Extern verwaltete Investmentgesellschaften (§ 1 XIII) 61
14. Verwaltungsgesellschaften (§ 1 XIV) 62
15. OGAW- und AIF-Kapitalverwaltungsgesellschaften (§ 1 XVu. XVI) 63
16. EU-Verwaltungsgesellschaften (§ 1 XVII) 64
17. Ausländische AIF-Verwaltungsgesellschaften (§ 1 XVIII) 65
III. Einzelbegriffsbestimmungen 66
1. Anfangskapital (§ 1 XIX Nr. 1) 66
2. Zuverlässigkeit (§ 1 XIX Nr. 1 a) 67
3. Arbeitnehmervertreter (§ 1 XIX Nr. 2) 68
4. Aufnahmemitgliedstaat OGAW-KVG (§ 1 XIX Nr. 3) 70
5. Aufnahmemitgliedstaat AIF-KVG (§ 1 XIX Nr. 4) 72
6. Aufsichtsorganmitglieder einer KVG (§ 1 XIX Nr. 4 a) 74
7. Drittstaaten (§ 1 XIX Nr. 5) 75
8. Bedeutende Beteiligung (§ 1 XIX Nr. 6) 76
9. Carried Interest (§ 1 XIX Nr. 7) 77
10. Dauerhafter Datenträger (§ 1 XIX Nr. 8) 79
11. Eigenmittel (§ 1 XIX Nr. 9) 80
12. Enge Verbindung (§ 1 XIX Nr. 10) 81
13. Entwicklungsförderungsfonds (§ 1 XIX Nr. 10 a) 82
14. Feeder-Master-Strukturen (§ 1 XIX Nr. 11–14) 88
a) Feeder- und Masterfonds (§ 1 XIX Nr. 11 u. 12) 89
b) Geschlossene Feeder- und Masterfonds (§ 1 XIX Nr. 11 a und Nr. 12 a) 90
c) Feeder- und Master-AIF (§ 1 XIX Nr. 13 u. 14) 91
15. Geschäftsleiter (§ 1 XIX Nr. 15) 92
16. Gesetzliche Vertreter einer ausländischen AIF-Verwaltungsgesellschaft (§ 1 XIX Nr. 16) 94
17. Herkunftsmitgliedstaat (§ 1 XIX Nr. 17–20) 96
a) Herkunftsmitgliedstaat des OGAW (§ 1 XIX Nr. 17) 97
b) Herkunftsmitgliedstaat des AIF (§ 1 XIX Nr. 18) 98

Rn.
c) Herkunftsmitgliedstaat der OGAW-Verwaltungsgesellschaft (§ 1 XIX Nr. 19) 99
d) Herkunftsmitgliedstaat der AIF-Verwaltungsgesellschaft (§ 1 XIX Nr. 20) 100
18. Immobilien (§ 1 XIX Nr. 21) 101
a) Verhältnis zu Regelungen im KAGB 103
b) Verhältnis zu anderen kapitalanlagerelevanten Gesetzen 104
19. Immobilien-Gesellschaften (§ 1 XIX Nr. 22) 105
a) Verhältnis zu anderen Regelungen im KAGB 106
b) Immobilien-Gesellschaften als Vermögensgegenstand von Sondervermögen (§§ 230ff., 282, 284) 107
20. Immobilien-Sondervermögen (§ 1 XIX Nr. 23) 108
21. Infrastruktur-Projektgesellschaften (§ 1 XIX Nr. 23a) 109
22. Kollektive Vermögensverwaltung (§ 1 XIX Nr. 24) 111
23. Leverage (§ 1 XIX Nr. 25) 117
24. Mutterunternehmen (§ 1 XIX Nr. 26) 120
25. Nicht börsennotiertes Unternehmen (§ 1 XIX Nr. 27) 121
26. ÖPP-Projektgesellschaften (§ 1 XIX Nr. 28) 124
27. Organisierter Markt (§ 1 XIX Nr. 29) 127
28. Pre-Marketing (§ 1 XIX Nr. 29a) 129
29. Primebroker (§ 1 XIX Nr. 30) 131
a) Zugelassene Einrichtungen 132
b) Zulässige Gegenparteien 133
c) Umfasste Geschäfte 134
30. Privatanleger (§ 1 XIX Nr. 31) 135
31. Professioneller Anleger (§ 1 XIX Nr. 32) 136
a) Geborener professioneller Anleger 137
b) Gekorener professioneller Anleger 138
c) Reihe institutioneller Anleger, wie berufsständische Versorgungswerke und weitere 139
32. Semiprofessioneller Anleger (§ 1 XIX Nr. 33) 140
a) Kundigkeit und Mindestinvestition von 200.000 EUR (Buchst. a) 141
b) Geschäftsleiter oder Mitarbeiter der KVG (Buchst. b) 142
c) Einzelinvestition von 10 Mio. EUR (Buchst. c) 143
d) Öffentliche Rechtsformen oder Bundes- und Landesgesellschaften (Buchst. d) 144
33. Sitz (§ 1 XIX Nr. 34) 145
34. Swing Pricing (§ 1 XIX Nr. 34a) 146
35. Tochterunternehmen (§ 1 XIX Nr. 35) 147
36. Verbriefungszweckgesellschaften (§ 1 XIX Nr. 36) 148
37. Verschmelzungen im Sinne des KAGB (§ 1 XIX Nr. 37) 150
38. Zweigniederlassung in Bezug auf eine Verwaltungsgesellschaft (§ 1 XIX Nr. 38) 151

I. Allgemeines

1 § 1 ist die zentrale Begriffsbestimmungsnorm im KAGB, wobei die Aufzählung keineswegs abschließend ist. Das Gesetz besteht an verschiedenen anderen Stellen aus nicht in § 1 definierten Begriffen. Der Gesetzgeber hat vornehmlich das abstrakte Regelungskonzept des KAGB auf die eine konkrete Vorschrift von § 1 übergestülpt. Es soll ein in sich geschlossenes Regelwerk jeweils für Investmentfonds und deren Verwaltungsgesellschaften gelten (BT-Drs. 17/12294, 188). Das ist ein zusätzlicher Regelungsbezug im direkten Vergleich zur AIFM-RL, unter deren maßgeblichem Einfluss die Kodifizierung des KAGB durch das AIFM-UmsetzungsG v. 10.7.2013 (BGBl. 2013 I 1981) gestanden hatte. In jener ist nur die Verwaltungsgesellschaft als Regelungssubjekt verankert. Dieser auf einen Gesamtansatz abzielende § 1 und die Integration der AIFM-RL und OGAW-RL in ein einheitliches Regelwerk erklärt die Komplexität der Vorschrift.

2 Dieser Logik folgend sind die § 1 I–XVIII als ein in sich geschlossenes System zu verstehen. In § 1 I definiert der Gesetzgeber den Zentral-Begriff des Investmentvermögens im materiellen Sinne und eröffnet damit den Anwendungsbereich des Gesetzes. Hierauf bauen § 1 II–XVIII auf und zählen die jeweils zulässigen Formen des Investmentvermögens sowie deren Verwaltungsgesellschaften auf. Die Aufzählung ist jedoch nicht abschließend; außerhalb des § 1 finden sich quer über das Gesetz verteilt weitere in diese Systematik fallende Definitionen (detaillierte Aufstellung EDD/*Verführt/Emde* § 1 Rn. 425). Nicht in diese Systematik einzuordnende Begriffe hat der Gesetzgeber getrennt in § 1 XIX untergebracht (zu Aufbau und Systematik von § 1 auch EDD/*Verführt/Emde* § 1 Rn. 3). Allerdings erschöpft sich § 1 XIX im Wesentlichen in der Übernahme des Definitionskatalogs von Art. 4 AIFM-RL und einiger weniger Begriffe aus der Vorgängervorschrift von § 2 InvG. Es ist zu kritisieren, dass der Gesetzgeber nicht – dem Anspruch einer geschlossenen Kodifizierung genügend – umfassend und mit systematischerem Ansatz weitere relevante Begriffsbestimmungen des KAGB in einer Begriffsbestimmungsnorm zusammengeführt hat.

II. Begriffsbestimmungen

3 **1. Investmentvermögen (§ 1 I).** Der Begriff des **Investmentvermögens** stimmt sehr weitgehend – bis auf den letzten Parameter, dass es sich um kein operativ tätiges Unternehmen außerhalb des Finanzsektors handelt – mit der Definition des AIF in der AIFM-RL (Art. 4 I Buchst. a AIFM-RL) überein. Angesichts der inhaltlichen Beschreibung des Investmentvermögens handelt es sich um einen materiellen Begriff, der dementsprechend weiterer Definitionen oder Erläuterungen bedarf, um iSd Gesetzgebers ausgelegt werden zu können. Diese finden sich nur zu einem geringfügigen Teil – für den Parameter der gemeinsamen Anlagen – im KAGB (§ 1 I 2) und ansonsten in Erläuterungen der ESMA sowie der BaFin.

4 In jedem Fall soll der Begriff sämtliche Erscheinungsformen von Fonds unabhängig von deren Rechtsform, Asset-Klasse, Ursprungsland, Anlegerzusammensetzung oder Rückgabeoptionen einschließen. Dies bedeutet allerdings nicht, dass jeglicher Fondstyp dann auch nach dem KAGB aufgelegt werden kann. Zulässig sind nur die im KAGB genannten Rechtsformen.

5 **a) Organismus für gemeinsame Anlagen.** Der Begriff des **Organismus** soll beschreiben, dass das Investmentvermögen eine wie auch immer geartete **Eigenständigkeit** aufweisen muss. Es muss folglich von anderen rechtlichen Einheiten oder Vermögensmassen abgrenzbar sein. Dem Wortteil „-vermögen" lässt sich ferner entnehmen, dass der Organismus ihm zuordenbare Vermögenswerte beinhalten muss. Soweit ein Joint-Venture lediglich gemeinsame Zwecke der Joint-Venture-Partner verfolgt, aber kein eigenes Vermögen aufweist, kann es sich daher von vornherein nicht um ein Investmentvermögen handeln (vgl. AuslSchr InvVerm der BaFin I.1.). Andererseits ist aus dem Begriff des Organismus erkennbar, dass es sich

nicht um eine rechtsfähige Einheit handeln muss. In Betracht kommen daher neben sämtlichen Gesellschaftsformen wie Kapital- und Personengesellschaften auch Vermögensmassen wie ein Sondervermögen, also ein aus dem Vermögen des zivilrechtlichen Rechtsträgers separiertes Teilvermögen. Folgerichtig spielt auch die Art der Beteiligung des Anlegers am Organismus keine Rolle. Neben den bei Kapital- und Personengesellschaften typischen Gesellschafterstellungen kommen daher bspw. auch eine stille Beteiligung, ein Genussrecht oder eine Beteiligung über Wertpapiere wie Anteile an einem Sondervermögen oder Schuldverschreibungen in Betracht. Es muss sich jedoch um eine originäre, dh direkte Beteiligung am Organismus handeln, so dass ein Derivat noch keine Beteiligung begründet.

Die Eigenständigkeit des Organismus beinhaltet auch die Anforderung, dass die 6
Verwaltung nicht von den Anlegern selbst vorgenommen wird. Laut ESMA darf den Anlegern daher keine gemeinschaftliche, laufende Ermessens- und Kontrollbefugnis zustehen (vgl. AIFMD-L der ESMA Ziff. VI.12.(c)). Das Verhältnis zwischen Organismus und Anlegern muss deshalb im Wesentlichen ähnlich wie bspw. bei einer Kapitalgesellschaft ausgestaltet sein, bei der Gesellschafter und Geschäftsführer unterschiedliche Rollen wahrnehmen. Ein Organismus ist nur dann als Investmentvermögen einzuordnen, wenn das Management entweder vom Organismus selbst oder von einem externen, vom Organismus beauftragten Dritten vorgenommen wird. Soweit die Anleger nicht nur Empfehlungen zur Vermögensanlage aussprechen, sondern Entscheidungen treffen, müssen sich diese Entscheidungen auf die Rahmenbedingungen der Tätigkeit des Organismus wie bspw. die Anlagestrategie, die Auswahl wesentlicher Vertragspartner, die Gewinnverwendung oder die Liquidation beschränken und dürfen nicht dazu führen, dass die Anleger die laufende Verwaltung selbst übernehmen. Dabei ist auf das Gesamtbild der rechtlichen Rahmenbedingungen für den Organismus, nicht aber auf etwaige – vermutete oder tatsächliche – weiche Faktoren abzustellen (auch der Gesetzgeber verfolgt offensichtlich diesen klar abgrenzbaren Ansatz, wie sich § 1 I 1 entnehmen lässt, dessen Grundgedanke analog auch auf die anderen Parameter angewendet werden kann). Sieht das Vertragswerk des Organismus daher bspw. vor, dass sämtliche Investmententscheidungen durch die Anleger getroffen werden, dann handelt es sich nicht um ein Investmentvermögen. Andererseits wird die Einordnung eines Organismus als Investmentvermögen zB nicht daran gehindert, dass de facto – also nicht aufgrund der rechtlichen Regelungen – nur ein einziger Anleger am Organismus beteiligt ist, dieser Anleger zu sämtlichen Investmententscheidungen Empfehlungen abgibt und das Management des Organismus in der Praxis stets Entscheidungen getroffen hat, die den Empfehlungen entsprechen. Etwas anderes wäre allenfalls dann anzunehmen, wenn das Management des Organismus dem Anleger aufgrund eines Beherrschungsverhältnisses – einschließlich einer Konstellation, bei der die Manager ein Dienst- oder Arbeitsverhältnis mit dem Anleger haben – unmittelbar zuzurechnen ist. Einer Einordnung als Investmentvermögen ebenfalls nicht hinderlich ist es, wenn nicht sämtliche Anleger, sondern nur einer oder ein Teil der Anleger Entscheidungs- und Kontrollrechte hinsichtlich der laufenden Geschäftsführung haben, wie es insb. bei einem im Markt häufig zu beobachtenden Co-Investment des Managers der Fall ist (vgl. AIFMD-L der ESMA Ziff. VI.12.(c)). Schließlich sind auch Vetorechte der Anleger – also das Recht, eine Unterlassung zu verlangen, nicht aber ein Tun – anders als Weisungsrechte zulässig (vgl. FK-KapAnlR/*Gottschling* § 1 Rn. 80).

Der Zweck des Organismus muss die **Anlage** des dem Organismus zuzurech- 7
nenden Vermögens sein. Es ist also bspw. bei einem Joint-Venture nicht ausrei-

chend, dass überhaupt ein Vermögen besteht. Das Joint-Venture muss auch wesentlich darauf ausgerichtet sein, eine Kapitalanlage vorzunehmen, die eine Rendite erbringt (vgl. AIFMD-L der ESMA Ziff. VI.12.(b)).

8 Diese Anlage muss **gemeinsam** erfolgen. Dies drückt den Grundgedanken aus, dass sich mehrere Anleger an einem Investmentvermögen beteiligen können, die dann alle an den Chancen und Risiken der Kapitalanlage der Vermögensmasse teilhaben. Das ist bspw. dann nicht der Fall, wenn die Anleger sowohl eine von Anfang an fixierte Rendite als auch einen Anspruch auf vollständige Rückzahlung des eingezahlten Kapitals für ihr dem Organismus zugeführtes Kapital erhalten. Fehlt es hingegen an einem dieser beiden Kriterien, dann kann eine gemeinsame Anlage iSd Gesetzes vorliegen (insoweit leicht missverständlich AuslSchr InvVerm der BaFin I.2. oder auch WBA/*Volhard/Jang* § 1 Rn. 8, die die Möglichkeit eines partiarischen Darlehens nicht erwähnen; detailliert EDD/*Verfürth/Emde* § 1 Rn. 19ff. mit weiteren Erläuterungen ua zu stillen Beteiligungen und Genussrechten, aber ablehnend zu partiarischen Darlehen wegen der fehlenden Verlustbeteiligung; dies lässt jedoch außer Acht, dass auch eine Rückzahlung zum Nominalbetrag wirtschaftlich eine Verlustbeteiligung enthalten kann, wenn die Verzinsung deutlich unterhalb des Marktniveaus liegt). Erforderlich ist allein eine wie auch immer geartete Beteiligung am wirtschaftlichen Erfolg der Vermögensmasse, auch wenn diese Beteiligung nur in begrenztem Umfang erfolgt. Eine Garantie des eingezahlten Kapitals wie bei einem so genannten Garantiefonds hindert daher noch nicht die Einordnung als gemeinsame Anlage, wenn sie gleichzeitig mit einer Begrenzung der – innerhalb der Grenzen variablen – Beteiligung am Gewinn aus der Anlage verbunden ist (vgl. AuslSchr InvVerm der BaFin I.2.). Keinen Einfluss auf die Qualifikation als gemeinsame Anlage hat hingegen die rechtliche Einordnung der Beteiligung als Eigen- oder Fremdkapital, da es auf die wirtschaftliche Beteiligung an den Chancen und Risiken der Vermögensmasse ankommt. Es ist daher auch folgerichtig, dass ein qualifizierter Rangrücktritt – durch den sich eine schuldrechtliche Gläubigerstellung einer Gesellschafterstellung annähert – nicht als Beteiligung an den Risiken des Organismus anzusehen ist (vgl. AuslSchr InvVerm der BaFin I.2.). Dies lässt aber die Möglichkeit unberührt, dass die Forderung, auf die sich der Rangrücktritt bezieht, durch ihre sonstige Ausgestaltung die Anforderungen an eine gemeinsame Anlage iSv § 1 I 1 erfüllt.

9 Der Begriff der Gemeinsamkeit ist **nicht** mit **Gleichartigkeit** zu verwechseln. Unterschiede zwischen den Anlegern hinsichtlich der Ausprägung der Beteiligung an Chancen und Risiken iE sind daher zulässig. Dies ergibt sich bereits aus § 96, der die Möglichkeit verschiedener Ausgabeaufschläge, Rücknahmeabschläge, Arten der Ertragsverwendung wie insb. Ausschüttung und Thesaurierung, Währungen des Anteilswertes oder Verwaltungsvergütungen vorsieht, wobei diese Aufzählung nicht abschließend ist (s. „insbesondere" in § 96 I 1).

10 Zu trennen ist die gemeinsame Anlage hingegen von der Kapitalanlage des Vermögens Einzelner, wie sie bspw. bei sog. **Managed Accounts** oder der **Finanzportfolioverwaltung** erfolgt. Der Organismus muss vielmehr so konzipiert sein, dass das Kapital von mehr als einem Anleger den Anlegern zufließen.

11 **b) Einsammeln von Kapital.** Das Tatbestandsmerkmal des Einsammelns von Kapital ist aus dem Gedanken heraus zu verstehen, dass das KAGB vorrangig dem Anlegerschutz dient und sich daher auf die Regulierung von Anbietern und deren im Kapitalmarkt angebotenen Produkten fokussiert. In Fällen, in denen eine **Kapitalanlage allein von den Anlegern initiiert** und bestimmt wird und somit gar

kein Produkt im Markt angeboten wird, erscheint der Schutz daher nicht notwendig.

Als Einsammeln von Kapital gilt es daher, wenn der Organismus oder ein Dritter direkt oder indirekt **Maßnahmen zur Beschaffung von Kapital** für den Organismus ergreift und dies Bestandteil einer **Geschäftstätigkeit** ist. Ob diese Maßnahmen nur einmal oder mehrmals erfolgen und ob das Kapital dem Organismus in bar oder in Form einer Sacheinlage zur Verfügung gestellt wird, spielt dabei keine Rolle (vgl. AIFMD-L der ESMA Ziff. VI.13.f). Dementsprechend spielt es auch keine Rolle, wenn Kapital eines Anlegers auf dessen Wunsch aus einem Organismus am Ende von dessen Laufzeit auf einen neuen Organismus desselben Initiators übertragen wird; durch die Zustimmung zum Übertragungsvorgang stellt der Anleger das Kapital zur Verfügung. Verändert ein bestehender Organismus hingegen lediglich seine Anlagestrategie und verlässt das Kapital des Anlegers nicht den Organismus, so liegt kein (neues) Zurverfügungstellen von Kapital vor (so auch die *ESMA* in ESMA DiscussPaper Ziff. 27; aA anscheinend WBA/*Volhard/Jang* § 1 Rn. 17). 12

Laut ESMA ist ferner Voraussetzung, dass das Einsammeln im Namen des Organismus stattfindet (AIFMD-L der ESMA Ziff. VI.13.), während die BaFin auf ein Handeln für Rechnung des Organismus abstellt (AuslSchr InvVerm der BaFin I.3.). Im Ergebnis erfüllt jede dieser beiden Voraussetzungen den Tatbestand des Einsammelns. Gemeint ist mit diesem Parameter, dass die Initiative zum Einsammeln vom Organismus selbst oder einer von ihm beauftragten juristischen oder natürlichen Person ausgehen muss. Sammelt hingegen ein mit dem Organismus nicht geschäftlich verbundener Dritter auf eigene Faust Kapital ein, so handelt es sich nicht um ein Einsammeln iSv § 1 I 1. In diesen Fällen kann ein Einsammeln allerdings durch die Annahme des Kapitals seitens des Organismus oder einen in seinem Namen oder für seine Rechnung Handelnden gegeben sein, da eine indirekte Maßnahme zum Einsammeln bereits ausreichend ist. 13

Allein das **Einsammeln von Kapital** ist jedoch noch nicht ausreichend; es muss auch im Zuge einer Geschäftstätigkeit erfolgen. Man kann dies auch als **gewerbliche Tätigkeit** bezeichnen (vgl. AuslSchr InvVerm der BaFin I.3). In Abgrenzung dazu ist das Tatbestandsmerkmal bspw. bei sog. **Investmentclubs** nicht erfüllt, weil die Anleger ihre Gelder aus eigener Initiative heraus und in eigener Organisation poolen, so dass kein Angebot im Markt erfolgt. Ebenfalls kein Angebot im Markt liegt dann vor, wenn die Anleger einer bereits bestehenden Gruppe angehören und der Organismus ausschließlich zur Anlage des Privatvermögens dieses Mitglieds gegründet wurde (AIFMD-L der ESMA Ziff. VI.15.). Damit sollen sog. **Single-Family-Offices** aus der Regulierung herausgenommen werden, während **Multi-Family-Offices** – die für miteinander nicht verbundene Familien agieren – den Tatbestand eines Organismus erfüllen können. Dass die Gruppe bereits bestehen soll, ist als Indiz dafür zu begreifen, dass die Initiative von der Gruppe ausgeht. Wie man aus dem Beispiel der Investmentclubs ableiten kann, ist das vorherige Bestehen aber eben nur ein Indiz. Wird aus den Gesamtumständen des Einzelfalls ersichtlich, dass kein Angebot im Markt vorlag, ist auch dann kein Einsammeln von Kapital iSd § 1 I 1 gegeben, wenn die Gruppe vorher noch nicht bestand (aus dem Wortlaut von AIFMD-L der ESMA Ziff. II sowie von AuslSchr InvVerm der BaFin I.3. ergibt sich nicht klar, ob die ESMA und die BaFin ebenfalls nur eine Indizwirkung annehmen oder einen abschließenden Anforderungskatalog aufstellen wollten). 14

Da es in jedem Fall ausreichend ist, wenn die Gruppe anfangs aus lediglich zwei Personen besteht, hat diese Frage aber ohnehin nur begrenzte Bedeutung. Das Hinzutreten weiterer **Familienmitglieder** zu einem späteren Zeitpunkt schadet der 15

Einordnung als bereits bestehende Gruppe jedenfalls nicht, doch soll es sich lediglich um Mitglieder einer Familie und nicht auch um weitere Personen handeln dürfen (also keine **„Family-and-Friends-Programme“**). Zur Familie in diesem Sinne gehören zunächst eine Person als eine Art Ausgangspunkt der Familienstruktur und bezogen auf diese Person dann ihr Partner/ihre Partnerin, Verwandte in gerade Linie, Geschwister, Onkel und Tanten, Cousinen und Cousins und die jeweiligen Hinterbliebenen. Dadurch, dass zu Beginn bereits eine Gruppe vorliegen muss, sind diese Verwandtschaftsverhältnisse naturgemäß auf jede Person der bestehenden Gruppe zu beziehen, so dass sich im Ergebnis auch noch deutlich komplexere Familienstrukturen ergeben können. Der Begriff Partner/Partnerin wird von der ESMA als Ehepartner/-partnerin oder Person, die in einer eheähnlichen Gemeinschaft, einem gemeinsamen Haushalt und auf einer stabilen und dauerhaften Grundlage lebt, definiert, was die BaFin als Lebenspartnerschaften bezeichnet (AIFMD-L der ESMA Ziff. II sowie von AuslSchr InvVerm der BaFin I.3.).

16 Aus diesen erstaunlich detaillierten Definitionen ist klar das Bemühen erkennbar, eine Verwässerung des Anlegerschutzes unter dem Deckmantel eines Family-Office zu verhindern. Dieses Bemühen geht allerdings in gleich mehrfacher Hinsicht ganz offensichtlich fehl. Es ist bspw. nicht im Mindesten ersichtlich, warum ein Einsammeln von Kapital dann vorliegen soll, wenn eine Einzelperson einen Organismus zur Verwaltung seines Privatvermögens gründet und erst danach eine Partnerschaft eingeht, infolgedessen die neu hinzugetretene Person ebenfalls am Family-Office beteiligt wird. Andererseits sind bspw. Organismen, die auf Initiative eines oder mehrerer institutioneller Anleger aufgelegt werden, unstreitig als Investmentvermögen einzuordnen, wenn sie von einem externen Manager verwaltet werden. Ein Einsammeln von Kapital iSv § 1 I 1 liegt daher dann vor, wenn kumulativ die Initiative von Anlegern ausgeht, die vor dem Einzahlen ihres jeweiligen Kapitalbeitrages zum Organismus – nicht aber notwendig vor der Gründung des Organismus – in einer wie auch immer gearteten Beziehung zueinander stehen und kein Dritter Vorteile aus dem Einsammeln von Kapital zieht; ein derartiger Vorteil ist insb. dann anzunehmen, wenn **ein nicht den Anlegern zuzurechnender Dritter eine Vergütung für die Verwaltung des Organismus als Ganzes** – nicht für die Verwaltung einzelner Vermögensgegenstände wie bspw. eine Asset- oder Property-Management-Vergütung für die Verwaltung einer im Organismus enthaltenen Immobilie – erhält und somit eine gewerbliche Tätigkeit im Hinblick auf den Organismus vorliegt.

17 **c) Anzahl von Anlegern.** Der Organismus muss de facto nicht mehr als einen einzigen Anleger haben. Voraussetzung für die Qualifikation als Investmentvermögen ist lediglich, dass rechtlich **nicht nur ein einziger Anleger** vorgesehen ist. Dabei sind allerdings einerseits Beteiligungen nicht zu berücksichtigen, die erkennbar nicht auf eine gemeinsame Anlage ausgerichtet sind. Dazu können bspw. die Komplementärin oder auch eine geschäftsführende Kommanditistin bei einer Kommanditgesellschaft gehören. Allein die Tatsache, dass – wie in der Praxis nicht unüblich – eine geschäftsführende Kommanditistin nur einen Zwerganteil hält und eine Kommanditistin nicht am Vermögen der Gesellschaft beteiligt ist, führt allerdings keineswegs dazu, dass sie nicht als Anleger zu betrachten sind. Die Einordnung als Investmentvermögen ist nur dann zu verneinen, wenn im Gesellschaftsvertrag kumulativ die Beteiligung von Komplementärin und Kommanditistin auf den für ihre Funktion jeweils notwendigen Anteil beschränkt und die Beteiligung weiterer Kommanditisten als des einen Anlegers ausgeschlossen ist (vgl. AuslSchr InvVerm der

BaFin I.2.; im Wortlaut insoweit nicht zutreffend, weil auf die tatsächliche Beteiligung abstellend, WBA/*Volhard/Jang* § 1 Rn. 11). Ebenfalls nicht auf eine gemeinsame Anlage ausgerichtet sind sog. Carry-KG, sofern sie lediglich dem Zweck dienen, eine etwaige Performance-Fee für Management-Tätigkeiten zu erhalten und sich nicht auf ein etwaiges Co-Investment des Managers beziehen (vgl. WBA/*Volhard/Jang* § 1 Rn. 11 mwN).

Andererseits liegt ein Investmentvermögen auch dann vor, wenn rechtlich zwar nur ein einziger Anleger vorgesehen ist, dieser aber nur als **Treuhänder** für eine Mehrzahl von Anlegern agiert. Parallel dazu ist auch bei **Dachfonds** oder **Feeder-Fonds,** die in einen Organismus investieren, hinsichtlich der Anzahl der Anleger nicht auf die Ebene des Dach- oder Feeder-Fonds, sondern auf die darunter liegende Ebene abzustellen, so dass es auf die rechtlich mögliche Anzahl der Anleger des Dach- oder Feeder-Fonds ankommt (vgl. AIFMD-L der ESMA Ziff. VIII.18f). 18

§ 1 II 1 InvStG betrachtet anders als § 1 I 2 auch Organismen, in die rechtlich nur ein Anleger investieren kann, als Investmentvermögen und stellt so ein Beispiel dafür da, dass das **Investmentsteuerrecht** das Investmentrecht nicht als zwingende Vorgabe betrachtet, sondern eigenständige Wertungen trifft. 19

d) Festgelegte Anlagestrategie. Dass der Organismus eine festgelegte Anlagestrategie aufweisen muss, ist als eines der Merkmale zu verstehen, anhand derer ein Investmentvermögen von einem sonstigen, operativ tätigen Unternehmen unterschieden werden kann. Je konkreter die Strategie bestimmt ist, desto klarer lässt sich an ihr ablesen, dass es sich um einen Organismus mit dem Zweck der Kapitalanlage handelt. Auch wenn die Abgrenzung vage bleibt, soll die Anlagestrategie daher über eine allgemeine Geschäftsstrategie hinausgehen, die bspw. ohne nähere Angaben nur auf die Anlage von Kapital gerichtet ist (s. BT-Drs. 17/12294, 201). 20

Die ESMA hat einige **Kriterien** benannt, anhand derer sich die Einordnung als Investmentvermögen leichter vornehmen lassen soll (vgl. AIFMD-L der ESMA Ziff. IX.20.ff). Zum einen wird die Anlagestrategie schriftlich festgelegt, bevor die Anleger ihr Commitment für den Organismus abgeben, und in die Fondsdokumentation integriert. Zum anderen entfaltet die Anlagestrategie eine bindende Wirkung für die Verwaltung bzw. den Verwalter des Organismus. Weitere Kriterien, die einzeln oder kumulativ vorliegen können, beziehen sich auf die Anlagerichtlinien innerhalb der Anlagestrategie und umfassen die Benennung bestimmter Asset-Klassen, konkrete Strategien, die geografische Allokation, eine Begrenzung des Leverage, Angaben zur Haltedauer für die Vermögensgegenstände oder andere Diversifikationskriterien wie zB Einzel- und Gesamtobergrenzen. Beispiele für Strategieelemente lassen sich ua dem Formblatt für die Berichterstattung zum AIF gem. Anh. IV zur DelVO (EU) Nr. 231/2013 entnehmen. 21

Dass diese Kriterien jedoch **lediglich eine Hilfestellung** bei der Einordnung bieten, aber keine Voraussetzung für die Qualifikation als Investmentvermögen darstellen, lässt sich der Tatsache entnehmen, dass auch bei Fehlen jeglicher Anlagestrategie zum Zeitpunkt des Commitments der Anleger noch ein Investmentvermögen vorliegen kann (vgl. AIFMD-L der ESMA Ziff. VIII.22; teilweise werden Investmentvermögen ohne Anlagestrategie auch mit dem Begriff „Blind Pool" bezeichnet, vgl. BSV/*Kunschke/Buchmann* § 1 Rn. 49, obwohl dieser im Markt nicht zwingend das Fehlen jeglicher Anlagestrategie bedeutet, sondern häufig lediglich das Fehlen eines konkreten Anlageziels wie bspw. einer bereits bekannten Immobilie in einem Immobilienfonds). In derartigen Fällen ist die Abgrenzung zu einem operativ tätigen Unternehmen dann anhand der tatsächlichen Tätigkeit vorzunehmen. 22

23 **e) Investition zum Nutzen der Anleger.** Die Kapitalanlage durch den Organismus hat ferner zum Nutzen der Anleger zu erfolgen. Dies dürfte in aller Regel der Fall sein. Ein Gegenbeispiel sind **Derivate,** bei denen das dem Emittenten zufließende Kapital nicht zwingend vollständig in das Underlying investiert wird (vgl. AuslSchr InvVerm der BaFin I.6). An einer Investition zum Nutzen der Anleger fehlt es ebenfalls, wenn die Erträge aus dem Organismus nicht den Anlegern, sondern einem oder mehreren Dritten zufließen, wie es bei einer **gemeinnützigen Stiftung** der Fall ist.

24 **f) Kein operativ tätiges Unternehmen außerhalb des Finanzsektors.** Nicht um ein Investmentvermögen handelt es sich schließlich, wenn zwar alle anderen Voraussetzungen gegeben sind, der Organismus aber **überwiegend operativ** tätig ist. Dazu ist auf die tatsächliche Tätigkeit abzustellen, doch lassen sich wesentliche Indizien häufig der Geschäftsstrategie des Organismus entnehmen. Zielt diese auf den Kauf, Verkauf und/oder den Austausch von Waren oder Gütern oder Dienstleistungen ab, die nicht finanzieller Natur sind, oder handelt es sich um eine industrielle Tätigkeit, so liegt ein allgemein kommerzieller oder industrieller Zweck vor. In diesen Fällen ist die Einordnung als Investmentvermögen zu verneinen (vgl. AIFMD-L der ESMA Ziff. II.).

25 Keine Rolle spielt es dabei, ob der Organismus die Tätigkeit rechtlich selbst ausübt oder auf andere Unternehmen auslagert. Entscheidend ist vielmehr, ob ihm die **wirtschaftlichen Chancen und Risiken** jeweils zuzurechnen sind. Davon zu trennen sind die Fälle, in denen der Organismus Beteiligungen an operativen Unternehmen hält, auf deren Tätigkeit aber keinen Einfluss ausüben kann, wie es insb. bei **Aktienfonds** oder **Private-Equity-Fonds** der Fall ist; derartige Organismen sind nicht als selbst operativ tätig zu betrachten.

26 Bei der Einordnung kommt es darauf an, was den Organismus **wirtschaftlich prägt.** Zahlreiche operativ tätigen Unternehmen nehmen auch Kapitalanlagen vor, insb. um ihre freien oder erst in der Zukunft – zB für die Zahlung betrieblicher Pensionen – benötigten Mittel gewinnbringend zu verwenden. Dies ändert jedoch nichts am operativen Charakter der Unternehmen, der eine Qualifikation als Investmentvermögen nicht zulässt.

27 Ein Beispiel für eine operative Tätigkeit ist ein Organismus, dessen Geschäftstätigkeit auf die Entwicklung und den vorherigen, gleichzeitigen oder unmittelbar anschließenden Verkauf von Immobilien gerichtet ist (sog. **Immobilien-Projektentwicklung**). Werden die Immobilien jedoch vom Organismus zwar entwickelt, danach aber für einen nicht nur unwesentlichen Zeitraum im Bestand gehalten und vermietet, so dass das Halten und die Vermietung ein nennenswertes, eigenes Gewicht erhalten, so handelt es sich um eine Vermögensanlage. Als nicht nur unwesentlich kann man in Anlehnung an die steuerrechtliche Unterscheidung zwischen gewerblicher und nicht-gewerblicher Tätigkeit einen Zeitraum von drei Jahren ab Fertigstellung der Immobilie annehmen (vgl. BMF 3.3.2015, BStBl. I 2015, 227 Ziff. 4.b.).

28 Neben der Immobilien-Projektentwicklung gibt es eine Reihe weiterer Tätigkeiten im Zusammenhang mit Immobilien, die als operativ im Sinne des § 1 I 1 einzuordnen sind. Dazu gehören zum Beispiel das **Facility-Management,** die Vermittlung von Immobilientransaktionen oder Mietverträgen **(Immobilienmakler),** die **Immobilienbewertung,** die technische, ökologische, rechtliche, steuerliche oder wirtschaftliche Prüfung von Immobilien oder Immobilien-Gesellschaften insb. im Zusammenhang mit Transaktionen **(Due Diligence),** die **Im-**

mobilienfinanzierung oder eine auf Immobilien oder deren Finanzierung gerichtete **reine Beratungsleistung** (vgl. auch AuslSchr InvVerm der BaFin I.6.a.).

Differenzierter sind einige Tätigkeiten im Hinblick auf Immobilien zu betrachten, die sowohl operative Elemente als auch Elemente einer typischen Kapitalanlage hinsichtlich ihrer Tätigkeit beinhalten. So bieten Organismen den Mietern insb. im Bereich der Wohn- aber auch bei Gewerbeimmobilien teilweise – entweder unmittelbar an die Vermietung anknüpfend oder optional für die Mieter – **Zusatzleistungen** an. Dabei kann es sich ua um verschiedene Formen von Energie aus selbst betriebenen Kleinkraftwerken wie Fotovoltaik oder Wärme, Dienstleistungen wie die Reinigung von Räumen oder Kleidung oder auch gastronomische Angebote handeln. In diesen Fällen überwiegt im Zweifelsfall stets das Element der Vermietung der Räume und damit die Kapitalanlage, so dass kein operatives Unternehmen vorliegt. Ähnlich sind die Angebote typischer Business- oder Office-Center zu beurteilen, da auch dort – trotz teilweise umfangreicher Zusatzleistungen – letztendlich die Vermietung der genutzten Fläche prägend ist. Das kann anders zu beurteilen sein, wenn die Zusatzleistungen auch die Gestellung von Personal beinhalten. 29

Bei der Beurteilung, ob es sich um operative Aktivitäten oder eine Kapitalanlage handelt, kommt es jedoch stets nur auf die Tätigkeit an. Eine rein wirtschaftliche Beteiligung an den Chancen und Risiken einer operativen Tätigkeit ändert daher nichts an der Einordnung als Kapitalanlage, wenn der Organismus die operative Tätigkeit nicht selbst oder mittels Dritter ausübt. Dementsprechend hindert die **Vermietung von Flächen zu einem umsatz- oder gewinnabhängigen Mietzins** – wie dies teilweise bei **Shopping-Center, Hotels** oder auch **Business-Centern** der Fall ist – eine Qualifikation als Investmentvermögen selbst dann nicht, wenn die umsatz- oder gewinnabhängigen Erträge die feste Basismiete deutlich überwiegen oder gar überhaupt keine feste Basismiete vereinbart ist. Davon strikt zu trennen ist die Frage, inwieweit es sich in derartigen Fällen investmentsteuerrechtlich um gewerbliche Erträge handelt. 30

Ob der Organismus börsennotiert ist oder nicht, spielt keine Rolle. Entscheidend ist allein die Tätigkeit des Organismus. **Börsennotierte Immobiliengesellschaften** oder **REITs** können daher sowohl als operative Unternehmen als auch als Investmentvermögen einzustufen sein. Diese Entscheidung hängt wie auch anderweitig davon ab, welche Tätigkeit für den Organismus prägend ist, und ist jeweils anhand der Umstände des Einzelfalls zu treffen. 31

Bei **Genossenschaften** besteht nach den Vorgaben des GenG steht stets zwingend die Förderung ihrer Mitglieder oder deren sozialer oder kultureller Belange durch gemeinschaftliche Tätigkeit im Vordergrund. Selbst wenn eine Genossenschaft zumindest vorübergehend auch Gewinne aus ihrer Tätigkeit erzielen, so hat diese keinen prägenden Charakter. Auch das Halten von Beteiligungen an anderen Unternehmen hat keine andere Wertung zur Folge, da auch dies nach den Regelungen des GenG nur der beschriebenen Förderung dienen darf (s. AuslSchr InvVerm der BaFin II.3). 32

Wie sich bereits der etymologischen Analyse des Begriffes „Leasing“ in der englischen Sprache ergibt, handelt es sich dabei um eine spezielle Form der Miete. **Leasing** ist teilweise mit Kaufoptionen verknüpft, die das Leasing wirtschaftlich zumindest in die Nähe eines Ratenkaufes oder Terminkaufes rücken **(Finanzierungs-Leasing).** Dessen ungeachtet steht auch bei einem Finanzierungs-Leasing für den Leasinggeber die Tätigkeit der Vermietung während der Laufzeit der Miete im Vordergrund, so dass es sich nicht um eine operative Tätigkeit iSv § 1 I 1 handelt (vgl. AuslSchr InvVerm der BaFin II.4). Für ein **Operating-Leasing** gilt das erst recht. 33

Häufig wird Leasing über eine separate Zweckgesellschaft **(Leasing-Objektgesellschaft)** abgewickelt, die einen einzelnen Leasing-Gegenstand hält und das Leasing gegenüber dem Leasingnehmer – in der Regel in Form eines Finanzierungs-Leasing) betreibt. Gesellschafter der Leasing-Objektgesellschaft sind ein oder mehrere Unternehmen aus der Unternehmensgruppe des Leasinggebers, darunter ein Unternehmen mit Erlaubnis zur Tätigkeit des Finanzierung-Leasings gem. § 1 Ia 2 KWG (s. für die Leasing-Objektgesellschaft auch § 2 VI 1 Nr. 17.KWG). Sämtliche wesentlichen Entscheidungen der Leasing-Objektgesellschaft werden nicht von der Leasing-Objektgesellschaft getroffen. Neben den genannten Beteiligten kommen noch weitere Gesellschafter in Betracht. Handelt es sich dabei um Dritte, die nicht die Verwaltung der Leasing-Objektgesellschaft vornehmen und von ihr für die Überlassung von Kapital eine Beteiligung am Erfolg der Leasing-Objektgesellschaft erhalten, so kann es sich bei der Leasing-Objektgesellschaft unter der Voraussetzung der Erfüllung auch der anderen Tatbestandsvoraussetzungen um ein Investmentvermögen handeln. Hält der Leasingnehmer eine Beteiligung an der Leasing-Objektgesellschaft, ist eine gemeinsame Anlage iSv § 1 I 1 nur dann gegeben, wenn diese Beteiligung einer Kapitalanlage gleicht und nicht nur deswegen eingegangen wurde, um auf diese Weise eine Sicherheit für eine etwaige Fremdfinanzierung oder andere Zwecke zu leisten (vgl. AuslSchr InvVerm der BaFin II.5).

34 Hält ein Organismus das Eigentum an einem **Schiff** und stellt es einem Nutzer zur Verfügung, so kommt es darauf an, welcher **Chartertyp** dafür gewählt wird. Bei einem Time-Charter-Vertrag liegt eine operative Tätigkeit vor, weil der Organismus als Vercharterer dann die technisch-nautische Betriebsführungspflicht selbst übernimmt (s. AuslSchr InvVerm der BaFin I.6.b.; nicht eindeutig *Jesch* in BT § 1 Rn. 26, der unter Umständen unzutreffend jede Art von Charter als operative Tätigkeit wertet).

35 Im Rahmen von Abfassung und Erläuterung der Vorschrift ist der Bundesrat ua auch auf **Mittelständische Beteiligungsgesellschaften** eingegangen (BR-Drs. 791/1/12, 3.). Dabei handelt es sich um Beteiligungsgesellschaften, die mittelständische Unternehmen mit Kapital in verschiedenen Formen versorgen sollen. Hinsichtlich der Einordnung eines derartigen Organismus ergeben sich allerdings keine Besonderheiten. Sind alle Tatbestandsmerkmale von § 1 I 1 gegeben, so handelt es sich um ein Investmentvermögen. In bestimmten Fällen fehlt es am Tatbestandsmerkmal der gemeinsamen Anlage deswegen, weil die Beteiligungsgesellschaft im Zuge ihrer Fördermaßnahmen ausschließlich oder vorrangig im öffentlichen Interesse tätig ist (zum Begriff der Tätigkeit im öffentlichen Interesse → § 2 Rn. 11).

36 Als **Bürgerenergieprojekte** werden von mehreren, in der Regel natürlichen Personen initiierte Organismen bezeichnet, die Energieerzeugung im kleineren Umfang betreiben. Dabei handelt es sich typischerweise um Fotovoltaik-, Windkraft- oder Biogas-Anlagen mit lokal begrenzter Reichweite. Aufgrund der eigenen Betreibertätigkeit handelt es sich um eine operative Tätigkeit. Das gilt auch dann, wenn der Betrieb an Dritte vergeben wird, sofern die unternehmerischen Entscheidungen von dem Bürgerenergieprojekt getroffen werden. Ob das Bürgerenergieprojekt eine Gewinnerzielungsabsicht aufweist oder nicht, spielt folglich keine Rolle.

37 **2. OGAW (§ 1 II).** Der Begriff des Organismus für gemeinsame Anlagen in Wertpapieren (OGAW) ist in der OGAW-RL definiert und bezieht sich auf die dort geregelten Wertpapierfonds. Im KAGB sind die OGAW in den §§ 192–213 geregelt. OGAW im Sinne des KAGB können sowohl in- als auch ausländische Investmentvermögen sein.

3. AIF (§ 1 III). Alternative Investment Funds (AIF) werden durch ihre Abgrenzung zu OGAW definiert: Alle Investmentvermögen, die nicht OGAW sind, gelten als AIF. Auch dieser Begriff gilt sowohl für in- als auch für ausländische Investmentvermögen. AIF sind im KAGB in den §§ 214–292 geregelt. 38

4. Offene Investmentvermögen (§ 1 IV). Der Begriff des offenen und des geschlossenen Investmentvermögens bezieht sich nicht darauf, ob das Investmentvermögen für alle Anlegertypen erwerbbar ist – dies wird durch die Unterscheidung zwischen Publikums- und Spezial-Investmentvermögen geregelt (vgl. § 1 VI) –, sondern auf die Frage, inwieweit Anteile am Investmentvermögen vom Anleger zurückgegeben werden können. Da die OGAW-RL für Anteile an OGAW stets ein Rückgaberecht vorsieht (Art. 1 IIb OGAW-RL), werden sämtliche OGAW in § 1 IV Nr. 1 als offene Investmentvermögen eingestuft. 39

Für AIF wird die Einordnung als offenes Investmentvermögen seit dem Finanzmarktanpassungsgesetz 2014 (Gesetz zur Anpassung von Gesetzen auf dem Gebiet des Finanzmarktes v. 17.7.2014, BGBl. 2014 I 934) durch Bezugnahme auf Art. 1 II der DelVO (EU) Nr. 694/2014 (ABl. EU L 183, 18 – „AIF-DelErgVO") festgelegt. Danach haben für eine Qualifikation als offenes Investmentvermögen im Wesentlichen drei Voraussetzungen vorzuliegen: Es muss die **Möglichkeit einer Anteilsrücknahme** vor Ende der Laufzeit des AIF bestehen, die **Anleger müssen die Option haben, diese Anteilsrücknahme selbst zu initiieren** und beide vorangegangenen Parameter müssen in der **Fondsdokumentation** niedergelegt sein. 40

Die **Liquidation** eines Investmentvermögens ist ein von der Verwaltungsgesellschaft oder den Anlegern gemeinsam beschlossener Vorgang, der zur Abwicklung des Investmentvermögens und damit auch – entsprechendes Restvermögen vorausgesetzt – zur Auszahlung von Mitteln an die Anleger führt. Unter Rücknahme ist jedoch die Auszahlung von Mitteln im Gegenzug gegen die Rückgabe von Anteilen auch durch einzelne Anleger zu verstehen, dh jeder einzelne Anleger muss die Möglichkeit haben, unabhängig von den anderen Anlegern seine Anteile zurückzugeben. Daher muss eine Rücknahme vor Beginn der Liquidation möglich sein, um einen AIF als offen einzustufen. Einer formellen Liquidation wird eine Auslaufphase gleichgesetzt, bei der der AIF sukzessive mit dem Ziel seiner Beendigung desinvestiert wird. Eine **Kapitalherabsetzung** des AIF im Zusammenhang mit Ausschüttungen auf der Basis der Fondsdokumentation oder eines Beschlusses der Anleger ist einer Teilliquidation gleichzusetzen und stellt daher ebenfalls kein Rückgaberecht iSv Art. 1 II AIF-DelErgVO dar. Andererseits ist es bspw. ausreichend, wenn das Rückgaberecht erst nach Ablauf von vielen Jahren seit Fondsauflage besteht, sofern dieser Zeitpunkt immer noch vor der Liquidation oder der Auslaufphase des AIF liegt. 41

Nicht als Rückgaberecht gilt die Möglichkeit, die Anteile am AIF an einen Dritten zu veräußern. Sind die Anteile am AIF börsennotiert oder werden an einem anderen **Zweitmarkt** gehandelt, so liegt daher kein Rückgaberecht im Sinne der AIF-DelErgVO vor. Dies gilt auch dann, wenn die Verwaltungsgesellschaft oder ein Dritter als Market-Maker fungiert. Ebenfalls kein Rückgaberecht ist in der Möglichkeit der Verwaltungsgesellschaft zu sehen, Anteile einzuziehen, da eine derartige Einziehung von der Verwaltungsgesellschaft ausgeht und nicht auf einer Initiative des Anlegers basiert. 42

Ein Rückgaberecht im Sinne der AIF-DelErgVO liegt hingegen grundsätzlich dann vor, wenn es von Bedingungen abhängig gemacht wird, soweit die Bedingun- 43 gen entweder von dem Anleger, der die Anteile zurückzugeben beabsichtigt, erfüllbar sind oder darin bestehen, dass der AIF genügend Liquidität für die Rückgabe aufweist. Selbst ein außerordentlich hoher Rücknahmeabschlag hindert daher nicht die Qualifikation als offenes Investmentvermögen. Auch ein erheblicher zeitlicher Aufschub der Rücknahme ist insoweit unproblematisch (vgl. bspw. § 255 II u. III sowie § 257 II–IV). Nicht um ein offenes Investmentvermögen handelt es sich hingegen, wenn die Rücknahme an externe Umstände wie bspw. eine bestimmte Rendite des Investmentvermögens während der bisherigen Laufzeit geknüpft ist.

44 In jedem Fall muss das Rückgaberecht des Anlegers in der Fondsdokumentation – dh in den Vertragsbedingungen oder der Satzung des AIF, dem Prospekt oder anderen Emissionsunterlagen einschließlich Unterlagen, die durch einen im Einklang mit den Vertragsbedingungen oder der Satzung, dem Prospekt oder den Emissionsunterlagen getroffenen Beschluss der Anleger genehmigt wurden – verankert sein. Dies kann auch noch nach Auflage des AIF erfolgen; in einem derartigen Fall wird der AIF von einem vorher geschlossenen zu einem nun offenen Investmentvermögen.

45 Die in § 352a enthaltene Bestandsschutzregelung für AIFM, die einen Alt-AIF verwalten, dessen Anteile nicht vor Ablauf von fünf Jahren zurückgegeben werden können, bleiben von den vorstehenden Regelungen unberührt (vgl. Art. 1 V AIF-DelErgVO).

46 **5. Geschlossene Investmentvermögen (§ 1 V).** Wie bei AIF im Verhältnis zu OGAW sind geschlossene Investmentvermögen als komplementär zu offenen Investmentvermögen definiert. Geschlossene Investmentvermögen sind daher alle Investmentvermögen, die nicht offene Investmentvermögen sind. Da die Einordnung als OGAW voraussetzt, dass es sich um ein offenes Investmentvermögen handelt, sind geschlossene Investmentvermögen immer AIF, so dass die Definition in § 1 V von vornherein nicht den OGAW und AIF umfassenden Begriff des Investmentvermögens, sondern nur den des AIF verwendet.

47 **6. Spezial-AIF sowie Publikumsinvestmentvermögen (§ 1 VI).** Ob ein Investmentvermögen als Spezial-AIF einzuordnen ist, hängt vom in der Fondsdokumentation verankerten, potenziellen **Anlegerkreis** ab. Wird in Vereinbarungen mit der Verwaltungsgesellschaft – bspw. in den Anlagebedingungen eines Sondervermögens – oder den konstituierenden Dokumenten eines AIF – insb. den Satzungen von Investmentkommanditgesellschaften oder Investmentaktiengesellschaften – geregelt, dass Anteile am Investmentvermögen nur von Anlegern iSv § 1 XIX Nr. 32 u. 33 erworben werden dürfen, so handelt es sich um einen Spezial-AIF. Obwohl der Gesetzeswortlaut in der zweiten Alternative von „konstituierenden Dokumenten" spricht, gilt die Regelung auch dann, wenn und sobald die Dokumente nach Konstituierung des AIF entsprechend geändert werden. Die Regelung wiederholt sich in den Abschnitten zu den unterschiedlichen gesellschaftsrechtlichen Fondstypen im KAGB (vgl. § 110 III, § 125 II 2, § 142 S. 2 u. § 150 II 2). Dass das Gesetz nur auf Spezial-AIF abstellt, ist darauf zurückzuführen, dass OGAW im Einklang mit Art. 3 Buchst. b OGAW-RL von vornherein als Publikumsinvestmentvermögen ausgestaltet sein müssen. Auch wenn es aus dem Wortlaut nicht explizit hervorgeht, kann die Fondsdokumentation den Erwerb der Anteile auch auf eine einzige der beiden Kategorien – dh professionelle oder semiprofessionelle Anleger – beschränken.

48 Während bis zum FoStoG v. 3.6.2021 (BGBl. 2021 I 1498) bei allen Investmentvermögen das Schriftformerfordernis – mit anderen Worten: Papier – für Vereinbarungen mit der Verwaltungsgesellschaft galt, ist nun bei Spezial-AIF auch die **Textform** ausreichend. Nach dem Willen des Gesetzgebers soll dies eine Vereinfachung von Vertragsabschlüssen im Zuge der Digitalisierung ermöglichen (RefE zum FoStoG v. 1.12.2020). In der Praxis liegen etwaige Hindernisse allerdings ohnehin eher im Bereich der elektronischen Unterschriften oder Signaturen als in den Vereinbarungen selbst.

Die Vorschrift enthält keine Eingrenzung auf gem. dem KAGB aufgelegte Investmentvermögen und ist daher auch auf EU-Investmentvermögen und andere ausländische Fonds anwendbar. **49**

Da sich die Regelung auf den Professionalisierungsgrad der Anleger fokussiert, können auch natürliche Personen Anleger eines Spezial-AIF sein, wenn sie als professionelle oder semi-professionelle Anleger einzustufen sind. Das InvStG verwendet allerdings eine davon abweichende Definition und lässt – abgesehen von Bestandsschutzausnahmen für Alt-Fonds – die unmittelbare oder mittelbare Beteiligung von nicht-natürlichen Personen nur dann zu, wenn diese die Anteile am Investmentvermögen entweder im Betriebsvermögen oder aufgrund zwingender aufsichtsrechtlicher Regelungen halten (§ 26 Nr. 8 InvStG). **50**

Die Regelung stellt auf den **Erwerb durch den Anleger** ab („erworben"; vgl. auch BT-Drs. 17/13395, 401). Verändert sich die Einstufung des Anlegers eines Spezial-AIF, nachdem der Anleger die Anteile am Investmentvermögen erworben hat, dahingehend, dass er nicht mehr als professioneller oder semi-professioneller Anleger gilt, so lässt das den Status eines Investmentvermögens unberührt. Folgerichtig besteht für die KVG auch keine wie auch immer geartete Notwendigkeit, die Einstufung des Anlegers nach Erwerb der Anteile zu überprüfen (vgl. WBA/*Volhard/Jang* § 1 Rn. 48). Davon strikt zu trennen ist der Fall, dass sich nach Erwerb der Anteile erweist, dass die Einstufung eines semi-professionellen Anlegers durch die KVG nicht zutreffend war und es sich bereits im Erwerbszeitpunkt nicht um einen professionellen oder semi-professionellen Anleger handelte. **51**

Ausnahmsweise gilt ein Anleger nach § 1 VI I Nr. 2 Hs. 2 auch ohne Vorliegen der entsprechenden Voraussetzungen als semi-professioneller Anleger, wenn er die Anteile **kraft Gesetzes** erwirbt. Dies kann bspw. bei einem Erbfall gegeben sein. Nach dem Gesetzeswortlaut ist die Ausnahme dann jedoch wiederum auf einen Erwerb der Anteile durch gesetzliche Erbfolge anwendbar, während bei einer gewillkürten Erbfolge zugunsten eines nicht die Voraussetzungen von § 1 XIX Nr. 32 oder 33 erfüllenden Anlegers die Qualifikation als Spezial-AIF entfällt (vgl. WBA/*Volhard/Jang* § 1 Rn. 47). **52**

Publikumsinvestvermögen werden in § 1 VI 2 zwar sekundär in einer Art Negativabgrenzung zu Spezial-AIF definiert, doch sind zahlreiche der für sie geltenden Vorschriften der §§ 162–272 das Muster, an dem sich auch die für Spezial-AIF geltenden Vorschriften §§ 273–292 orientieren (vgl. bspw. § 284 I). **53**

Enthält die Fondsdokumentation keine Einschränkung auf professionelle oder semi-professionelle Anleger, handelt es sich selbst dann um ein Publikumsinvestmentvermögen, wenn sämtliche Anteile nur von einem einzigen Anleger gehalten werden, der eine nicht-natürliche Person und als professioneller Anleger einzustufen ist. **54**

7. Inländische Investmentvermögen (§ 1 VII). Inländische Investmentvermögen sind alle nach deutschem Recht aufgelegte Investmentvermögen. Welchem Recht ein Investmentvermögen unterliegt, soll nach dem Willen des Gesetzgebers nach den Regelungen des Internationalen Privatrechts beurteilt werden (BT-Drs. **55**

17/12294, 202). Danach ist grundsätzlich auf das Recht abzustellen, nach dem das Investmentvermögen errichtet worden ist. Dies ist von der – insb. steuerlich relevanten – Frage zu trennen, wo sich der Sitz der Geschäftsführung des Investmentvermögens befindet. Dementsprechend spielt bspw. der Sitzstaat des Komplementärs eines als Kommanditgesellschaft errichteten Investmentvermögens keine Rolle (vgl. WBA/*Volhard/Jang* § 1 Rn. 51).

56 **8. EU-Investmentvermögen (§ 1 VIII).** Als EU-Investmentvermögen gelten alle Investmentvermögen, die nicht deutschem Recht, aber dem Recht eines anderen Mitgliedstaates der EU oder eines anderen Vertragsstaates des EWR unterliegen.

57 **9. Ausländische AIF (§ 1 IX).** Alle Investmentvermögen, die weder inländische noch EU-Investmentvermögen sind, sind ausländische AIF. Da OGAW stets als EU-Investmentvermögen definiert sind, kommen als ausländische Investmentvermögen lediglich AIF in Betracht, was der Gesetzgeber im Wortlaut von § 1 IX bereits berücksichtigt hat.

58 **10. Sondervermögen (§ 1 X).** Bei Sondervermögen handelt es sich um zivilrechtlich nicht selbstständige Vermögensmassen, die von der Verwaltungsgesellschaft im eigenen Namen für Rechnung der Anleger verwaltet werden. Der Begriff des Sondervermögens ist im KAGB für inländische Investmentvermögen reserviert, auch wenn es im Ausland vergleichbare Rechtsformen wie bspw. den Luxemburger Fonds Commun de Placement (FCP) gibt. Wegen der fehlenden Rechtsfähigkeit eines Sondervermögens bestimmt sich das Rechtsverhältnis zwischen Anleger und Verwaltungsgesellschaft nach zwischen diesen Parteien geschlossenen Verträgen, insb. den Anlagebedingungen. Bis zum FoStoG waren Sondervermögen lediglich als offene Investmentvermögen zulässig, doch können sie nunmehr sowohl als offene als auch als geschlossene Investmentvermögen aufgelegt werden.

59 **11. Investmentgesellschaften (§ 1 XI).** Investmentgesellschaften formen die zweite Gruppe von Investmentvermögen neben den Sondervermögen. Nach dem KAGB sind grundsätzlich offene und geschlossene Investment-KG sowie Investment-AG mit fixem oder variablem Kapital zulässig. Anders als Sondervermögen haben Investmentgesellschaften eine eigene Rechtspersönlichkeit und können daher sowohl eine eigene (interne) Verwaltung aufweisen als auch eine Verwaltungsgesellschaft mit der (externen) Verwaltung beauftragen.

60 **12. Intern verwaltete Investmentgesellschaften (§ 1 XII).** Erfolgt die Verwaltung einer Investmentgesellschaft durch ihre eigenen Organe, so handelt es sich um eine intern verwaltete Investmentgesellschaft. In diesem Fall gilt die Investmentgesellschaft auch als Verwaltungsgesellschaft iSd KAGB und benötigt gegebenenfalls entsprechende Erlaubnisse.

61 **13. Extern verwaltete Investmentgesellschaften (§ 1 XIII).** Beauftragt die Investmentgesellschaft eine Verwaltungsgesellschaft mit der externen Verwaltung, so erfolgt dies über einen separaten Bestellungsvertrag. Unabhängig davon nimmt die Verwaltungsgesellschaft teilweise auch eine Gesellschafterstellung ein, bei Investment-KG entweder als Komplementärin oder als – in der Regel geschäftsführende – Kommanditistin. Die Bestellung als Verwaltungsgesellschaft lässt einige gesellschaftsrechtliche Aufgaben der Geschäftsführung der Investmentgesellschaft unberührt. Dazu gehören die Einberufung von Gesellschafterversammlungen und die Beschlussfassung, die Entscheidung über die Liquidation der Investmentgesell-

schaft sowie nach Ansicht der BaFin auch über die Anteilsausgabe und -rücknahme (*BaFin* Seminar zum KAGB v. 6.10.2014, Vortrag 1, S.11). Soweit die Verwaltungsgesellschaft jedoch aufgrund ihrer gesellschaftsrechtlichen Funktion als Komplementärin oder geschäftsführende Kommanditistin auch die Geschäftsführung der Investmentgesellschaft übernimmt, fallen auch diese Aufgaben der Verwaltungsgesellschaft zu, auch wenn sie insoweit dann in einer anderen Funktion tätig wird.

14. Verwaltungsgesellschaften (§ 1 XIV). Der Begriff der Verwaltungsgesellschaft umfasst alle Gesellschaften, deren aufsichtsrechtliche Aufgabe in der Verwaltung von Investmentvermögen besteht. § 1 XIV listet dabei alle möglichen Kategorien in- und ausländischer Verwaltungsgesellschaften einzeln auf. Ausländische OGAW-Verwaltungsgesellschaften kann es nicht geben, weil es sich bei OGAW um EU-Investmentvermögen handelt. 62

15. OGAW- und AIF-Kapitalverwaltungsgesellschaften (§ 1 XV u. XVI). 63
Kapitalverwaltungsgesellschaften sind Verwaltungsgesellschaften mit Sitz im Inland gem. § 17. Keine Bedeutung hat es, nach welchem Recht die Investmentvermögen aufgelegt werden, die von der Verwaltungsgesellschaft verwaltet werden. Ihr Geschäftsbetrieb muss daraus ausgerichtet sein, für Investmentvermögen entweder das Portfolio- oder das Risikomanagement zu erbringen (§ 17 I 2). Dies bedeutet allerdings nicht, dass die Verwaltungsgesellschaft nicht auch andere Tätigkeiten ausüben kann. § 20 II stellt klar, dass sowohl alle anderen Bestandteile der kollektiven Vermögensverwaltung (s. § 1 XXIV) als auch die in § 20 II Nr. 1–8 genannten weiteren Leistungen erbracht werden können. Eine Anforderung, dass eine Verwaltungsgesellschaft vorrangig oder überwiegend Portfolio- oder Risikomanagement für Investmentvermögen erbringen muss, sieht weder das KAGB noch das EU-Recht vor. Stattdessen stellt § 1 XVI klar, dass es für die Einordnung – und damit gegebenenfalls Erlaubnis – als Verwaltungsgesellschaft ausreichend ist, wenn ein einzelnes Investmentvermögen verwaltet wird, **unabhängig davon, welches Volumen die sonstige Geschäftstätigkeit der Verwaltungsgesellschaft erreicht.** Da eine Verwaltungsgesellschaft nach Aufnahme ihrer Tätigkeit naturgemäß einen bestimmten Zeitraum dafür benötigt, ein erstes Investmentvermögen zu vertreiben und aufzulegen, genügt darüber hinaus bereits die Absicht, ein Investmentvermögen zu verwalten. Diese muss sich allerdings zum einen anhand konkreter Vorbereitungshandlungen nachweisen lassen. Zum anderen ist die Regelung einschränkend so zu verstehen, dass allein die Absicht zur Auflage zeitlich nicht unbeschränkt ausreichen kann. Verwaltet eine Verwaltungsgesellschaft fünf Jahre nach der Aufnahme ihrer Geschäftstätigkeit immer noch kein Investmentvermögen, so wird man ihre Einordnung als Verwaltungsgesellschaft daher in Frage stellen müssen.

16. EU-Verwaltungsgesellschaften (§ 1 XVII). Der Begriff der EU-Verwaltungsgesellschaft ist insoweit etwas zu eng gefasst, als die Verwaltungsgesellschaft ihren Sitz auch in einem EWR-Vertragsstaat haben kann. Wesentlich für die Einordnung als EU-Verwaltungsgesellschaft iSd Vorschrift ist, dass es sich um ein Unternehmen handelt, das einerseits die entsprechenden Voraussetzungen gem. OGAW-RL oder AIFMD-RL erfüllt und andererseits nicht bereits eine KVG iSv § 17 ist. Dies schließt wie bei KVG auch intern verwaltete Investmentgesellschaften mit ein (vgl. auch § 1 XVII Nr. 1). 64

17. Ausländische AIF-Verwaltungsgesellschaften (§ 1 XVIII). Verwaltungsgesellschaften, die einen AIF verwalten und ihren Sitz nicht in einem EU- 65

Mitgliedstaat oder EWR-Vertragsstaat haben, sind ausländische AIF-Verwaltungsgesellschaften. Der Wortlaut des zweiten Halbsatzes suggeriert, dass diese Verwaltungsgesellschaften darüber hinaus einem AIFM vergleichbare Anforderungen und Erlaubnisse aufweisen müssen. Dies ist jedoch nicht der Fall. Der entsprechende Text ist so zu verstehen, dass es sich um Verwaltungsgesellschaften handeln muss, die einen AIF verwaltet (vgl. die Gesetzesbegründung in BT-Drs. 17/12294, 202; WBA/*Volhard/Jang* § 1 Rn. 62).

III. Einzelbegriffsbestimmungen

66 **1. Anfangskapital (§ 1 XIX Nr. 1).** Wie Kreditinstitute und Wertpapierfirmen haben KVG **regulatorische Kapitalanforderungen** einzuhalten. Kapitalverwaltungsgesellschaften müssen gem. § 25 I mit einem fixen Anfangskapital ausgestattet sein und über zusätzliche Eigenmittel dynamisch in Abhängigkeit des verwalteten Volumens verfügen. Die zusätzlichen Eigenmittel sind unter den in § 25 II genannten Anforderungen auch durch Garantien Dritter substituierbar. Details zu den Vorgaben für das Anfangskapital und zur Bestimmung der Eigenmittel finden sich jeweils in § 25. Im Katalog der Einzelbegriffsbestimmungen schaffen § 1 XIX Nr. 1 u. Nr. 9 insofern jeweils die begriffliche Festlegung für das Anfangskapital und die (zusätzlichen) Eigenmittel. Hierfür gliedert die Vorschrift den Begriff des **Anfangskapitals** nach den zulässigen Rechtsformen von KVG in § 1 XIX Nr. 1 Buchst. a–c auf. Begriffs- und damit Bedeutungsunterschiede ergeben sich insofern beim satzungsmäßigen Kapital und möglichen Abzugsposten. Dagegen ist das Begriffsglied der Rücklage für die drei Rechtsformen von KVG identisch durch den Verweis auf die Posten des harten Kernkapitals von Art. 26 I Buchst. b–e iVm Art. 26 II–IV CRR geregelt. Darunter fallen ua das mit gewissen Kapitalinstrumenten verbundene Agio, einbehaltene Gewinne und kumuliertes sonstiges Ergebnis. Zusätzlich ist durch die Umsetzung des FoStoG der Begriff der Rücklage durch die Bezugnahme auf den Kernkapital-Posten der sonstigen Rücklagen gem. Art. 26 I Buchst. e CRR erweitert worden. Der Gesetzgeber gibt hierfür lediglich redaktionelle Gründe an (BT-Drs. 51/21, 86), tatsächlich ist dadurch der Begriff der Rücklage weniger streng als zuvor.

67 **2. Zuverlässigkeit (§ 1 XIX Nr. 1 a).** § 1 XIX Nr. 1 a wurde mWv 28. 12. 2022 iRd Sanktionsdurchsetzungsgesetz II eingefügt, um eine Allgemeingültigkeit für sämtliche Zuverlässigkeitsbeurteilungen nach dem KAGB zu erreichen (BT-Drs. 20/4326, 80). Bei Vorliegen von auf EU-Ebene getroffenen Sanktionsmaßnahmen kann die BaFin aufsichtsrechtliche Maßnahmen gegen die betreffenden Personen ohne umfangreiche Sachverhaltsermittlungen vornehmen und damit Verstößen und Umgehungen von EU-Sanktionen bei beaufsichtigten Unternehmen effektiv entgegentreten (BT-Drs. 20/4326, 74). § 1 XIX Nr. 1 a fingiert für die dort genannten Fälle eine Unzuverlässigkeit, lässt aber die Zuverlässigkeitsprüfung im Übrigen unberührt.

68 **3. Arbeitnehmervertreter (§ 1 XIX Nr. 2).** Für den Begriff des **Arbeitnehmervertreters** verweist die Vorschrift auf Art. 2 Buchst. e RL 2002/14/EG (ABl. EG L 80, 29ff.) bzw. die sog. RL eines allgemeinen Rahmens für die Unterrichtung und Anhörung der Arbeitnehmer in der Europäischen Gemeinschaft. Arbeitnehmervertreter sind danach die in den einzelstaatlichen Rechtsvorschriften und/oder Gepflogenheiten vorgesehenen Vertreter der Arbeitnehmer. In Deutschland sind dies in der Privatwirtschaft gem. § 1 BetrVG die Betriebsräte. Als arbeitsrechtlich

geprägte Spezial-Vorschriften statuieren die §§ 289 IV, 290 III, 291 III Nr. 1 für Kapitalverwaltungsgesellschaften gewisse Informationspflichten gegenüber den Arbeitnehmervertretern.

69 Der Begriff des Arbeitnehmervertreters ist im Gesetz nur sehr begrenzt, nämlich in den arbeitsrechtlich geprägten Spezialvorschriften von §§ 289 IV, 290 III, 292 III Nr. 1 enthalten. Diese Vorschriften statuierten für KVG gegenüber den Arbeitnehmervertretern gewisse Informationspflichten. Die Voraussetzungen sind, dass die Kontrolle für einen AIF über ein nicht börsennotiertes Unternehmen bzw. gewisse Emittenten geplant ist bzw. erlangt wird und dieses/r Unternehmen/Emittent sich insofern nicht nach § 287 II als KMU oder Immobilien-SPV qualifiziert. Ungeachtet ihrer systematischen Stellung im Abschnitt der geschlossenen inländischen Spezial-AIF gelten die Vorschriften im Wege des Anwendbarkeitsverweises in § 261 VII auch für geschlossene Publikums-AIF. Inkonsequent ist es dann, dass der Gesetzgeber nicht folgerichtigerweise auch den Begriff der **Arbeitnehmer** legaldefiniert. Sie sind nämlich subsidiär Adressat der Informationspflichten, falls es keine Arbeitnehmervertreter gibt. Die Definition folgt jedenfalls Art. 2 Buchst. d der RL 2002/14/EG iVm § 611a BGB. Arbeitnehmer werden durch Arbeitsvertrag im Dienst eines anderen zur Leistung weisungsgebundener, fremdbestimmter Arbeit in persönlicher Abhängigkeit verpflichtet.

70 **4. Aufnahmemitgliedstaat OGAW-KVG (§ 1 XIX Nr. 3). Aufnahmemitgliedstaat einer OGAW-KVG** ist ein anderer EU-Mitgliedstaat oder EWR-Vertragsstaat, sofern die (hiesige) OGAW-KVG dort tatbestandlich gem. § 1 XIX Nr. 3 Buchst. a oder b anknüpft. Dazu kommt es, wenn sie dort im Rahmen der **Niederlassungsfreiheit** oder des **grenzüberschreitenden Dienstleistungsverkehrs** „tätig" wird. Umfasst hiervon ist die kollektive Vermögensverwaltung, also das Verwalten von EU-OGAW (Manager-Pass). Anders als bei der für AIF-KVG korrespondierenden Vorschrift von § 1 XIX Nr. 4 ist hier nicht explizit vorausgesetzt, dass neben solchen Dienstleistungen der kollektiven Vermögensverwaltung auch Nebendienstleistungen im Aufnahmemitgliedstaat erbracht werden dürfen. Dies wird angenommen (EDD/*Verfürth/Emde* § 1 Rn. 212), teilweise mit Verweis auf die von dem FiMaAnpG (BGBl. 2014 I 934) gebrachten Klarstellungen (AWZ/*Zetzsche* § 1 Rn. 163). Allerdings hat Art. 2 Nr. 2 Buchst. b Doppelbuchst. aa diese Klarstellung insoweit gerade nur in § 1 XIX Nr. 4 für AIF-KVG eingefügt. Indes kann durch den Verweis in Art. 18 I Buchst. b OGAW-IV-RL auf Art. 6 III OGAW-IV-RL der Rückschluss gezogen werden, dass die für OGAW-KVG erlaubten Nebendienstleistungen ebenfalls im Wege des grenzüberschreitenden Dienstleitungsverkehrs erbracht werden dürfen. Die Entsprechung im deutschen Recht ist implizit § 49 I 1 zu entnehmen, da dieser ebenfalls auf die nach § 20 II Nr. 1–4 erlaubten (weiteren) Dienstleistungen und Nebendienstleistungen Bezug nimmt. Weiterer tatbestandlicher Anknüpfungspunkt ist der **Vertrieb** von Anteilen oder Aktien an OGAW durch die OGAW-KVG in einem anderen EU-/EWR-Staat (Vertriebs-Pass). Begrifflich stellt die Vorschrift nicht auf die Durchführung, sondern bereits auf die Vertriebsanzeige ab. Zum eigentlichen Vertriebsanzeigeverfahren vgl. § 312f.

71 Innerhalb des **europäischen Finanzbinnenmarktes** kann die KVG im Rahmen der Niederlassungs- und Dienstleistungsfreiheit grenzüberschreitend Dienstleistungen erbringen oder OGAW und AIF vertreiben (sog. Passporting). Die KVG exportiert ihre Leistungen aus dem (ihrem) **Herkunftsmitgliedstaat** (s. § 1 XIX Nr. 17–20) in den **Aufnahmemitgliedstaat** innerhalb der EU-/EWR-Staaten.

Diese Abgrenzung von Ex- und Import-Staat ergibt sich zwar schon semantisch und ist doch funktional notwendig zur Festlegung von Zuständigkeiten zwischen Herkunfts- und Aufnahmemitgliedstaat. Für den Herkunftsmitgliedstaat gilt grundsätzlich das **Heimatsstaatsprinzip,** wonach sich die Zulassung der Dienstleistung oder des OGAW oder AIF nach seinen eigenen Vorschriften richtet. Als Ausfluss der „Cassis de Dijon"-Rechtsprechung (EuGH 20.2.1979 – 120/78, NJW 1979, 1766) gilt für den Aufnahmemitgliedstaat das **Vertrauensprinzip** auf Grundlage einheitlicher Standards und effizienter Aufsicht des Herkunftsmitgliedstaats. Der EU-Gesetzgeber hat mit der RL 2019/1160 (ABl. EU L 188,106) und der EU-VO 2019/1156 (ABl. EU L 188, 55) als Legislativakte des Aktionsplans für eine Kapitalmarktunion der EU die **Harmonisierung** des grenzüberschreitenden Vertriebs von OGAW und AIF nochmals **forciert.** Übergeordnetes Ziel der RL und EU-VO ist die **Verbesserung der Kohärenz** der nationalstaatlichen Bestimmungen in den einzelnen Mitgliedstaaten mit dem EU-Recht. Dafür wurden die AIFM-RL und OGAW-RL überarbeitet. Seitdem enthalten sie für die EU-Mitgliedstaaten einheitliche Regelungen für das Marketing, für Einrichtungen zwecks Informationszugang und für die Kosten des grenzüberschreitenden Zulassungsverfahrens. Diese angepassten Richtlinientexte wurden wiederum teilweise in Deutschland durch das FoStoG umgesetzt, etwa die neuen Regelungen zum Pre-Marketing bei (semi-)professionellen Anlegern von AIF in § 306 b zu den Einrichtungen zwecks Informationszugang von Anlegern in § 306 a (jeweils BT-Drs. 51/21, 107). Insgesamt verspricht sich die EU-Kommission davon die Durchbrechung der Marktfragmentierung innerhalb der EU bzw. des EWR und damit das Erzielen von Skalenvorteilen zum Vorteil der internationalen Wettbewerbsfähigkeit des europäischen Kapitalmarkts und dem der Anleger selbst (Vorschlag der EU-Kommission der Verordnung zur Erleichterung des grenzüberschreitenden Vertriebs vom 12.3.2018, 2018/0045 (COD)).

72 **5. Aufnahmemitgliedstaat AIF-KVG (§ 1 XIX Nr. 4).** Zur grundsätzlichen Beziehung von Aufnahme- und Herkunftsmitgliedstaat im Rahmen des **europäischen Finanzbinnenmarkts** → Rn. 71.

73 **Aufnahmemitgliedstaat einer AIF-KVG** ist ein anderer EU-Mitgliedstaat oder ein EWR-Vertragsstaat, sofern die (hiesige) AIF-KVG dort tatbestandlich gem. § 1 XIX Nr. 4 Buchst. a oder b anknüpft. Dazu kommt es wie bei der für OGAW korrespondierenden Vorschrift von § 1 XIX Nr. 3 in den Buchst. a und b, wenn die AIF-KVG im Rahmen der **Niederlassungsfreiheit** oder des **grenzüberschreitenden Dienstleistungsverkehrs** tätig wird oder **Vertrieb von Anteilen oder Aktien** von AIF durchführt. Bezüglich der Tätigkeiten nach Buchst. a regelt die Vorschrift gegenständlich weitestgehend dasselbe wie § 1 XIX Nr. 19 Nr. 3, nur expliziter und verständlicher strukturiert, so dass hier für das Normverständnis nicht umständlich auf andere Vorschriften des Gesetzes oder der zu Grunde liegenden AIFM-RL zurückgegriffen werden muss. Danach sind neben der kollektiven Vermögensverwaltung auch grenzüberschreitend die Dienstleistungen und Nebendienstleistungen gem. Art. 6 IV AIFM-RL erfasst. Der Vertrieb gem. Buchst. b knüpft tatbestandlich nicht schon an die Anzeige, sondern an die der Anzeige nachgelagerte Durchführung an. Diese Unschärfe bzw. Abweichung gegenüber der korrespondierenden OGAW-KVG-Vorschrift in § 1 XIX Nr. 3 Buchst. b ist unerheblich, weil selbstredend auch der Vertrieb von AIF in Aufnahmemitgliedstaaten anzeigepflichtig ist, vgl. § 331. Danach ist Vertrieb von AIF in Aufnahmemitgliedstaaten nur an professionelle Anleger gestattet (BaFin, Vertriebs-FAQ, Gz. WA 41-Wp 2137-2013/0293, 2.2.3).

6. Aufsichtsorganmitglieder einer KVG (§ 1 XIX Nr. 4a). Aufsichtsorganmitglieder sind Regelungsadressat des § 34 V in seiner durch das FoStoG überarbeiteten Fassung, womit die Verwendung im Gesetz sehr begrenzt ist. § 34 V statuiert für die Aufsichtsorganmitglieder Anzeigepflichten gegenüber der BaFin, sofern gewisse in ihrer Person begründete Veränderungen vorliegen. Einzelheiten hierzu bestimmt die Verwaltungspraxis (BaFin, Merkblatt zu den Mitgliedern von Verwaltungs- oder Aufsichtsorganen gemäß KWG und KAGB vom 29.12.2020). Zweckmäßige Bestimmung von Aufsichtsorganmitglieder liegt insb. in der unabhängigen Überwachung der Geschäftsführung, deren Mitglieder in § 1 XIX Nr. 15 als Geschäftsleiter definiert sind. Aufsichtsorganmitglieder umfassen **Aufsichtsrats**- und **Beiratsmitglieder.** Der Gesetzgeber gibt für die Einführung des Begriffs der Aufsichtsorganmitglieder redaktionelle Gründe an (BT-Drs. 51/21, 86). Das ist wegen der Erstreckung des Begriffs auf Beiratsmitglieder folgerichtig, weil das Gesetz in § 18 II 2 für die in der Rechtsform einer GmbH & Co. KG bestehende externe KVG die Bildung eines Beirats anordnet. Für die in diesem Zusammenhang zu beachtende Zusammensetzung und geltenden Pflichten verweist § 18 II 3 weitgehend auf die für Aufsichtsräte geltenden Vorschriften des AktG. Tatbestandsmäßig ist damit ausschließlich der **organschaftliche Beirat** als kontrollierendes Unternehmensorgan. Nicht umfasst vom Normzweck ist hingegen der fakultative, nur die Gesellschafter und Geschäftsführung beratende und gegebenenfalls mit Repräsentationsfunktionen betraute Beirat. Dessen Tätigkeiten erfolgen auf der Basis einer rein schuldrechtlicher Bestellung. 74

7. Drittstaaten (§ 1 XIX Nr. 5). Für die Begriffsbestimmung geht das Gesetz den Weg der Negativabgrenzung. **Drittstaaten** sind sämtliche Staaten außerhalb der EU oder des EWR. Teilweise ist dieser Begriff wiederum ein Begriffsbestandteil anderer Begriffe, wie etwa dem des ausländischen AIF (§ 1 IX) oder ausländischer Verwaltungsgesellschaften (§ 1 XVIII). So ist auch das Prinzip der Negativabgrenzung für die Behandlung von Dienstleistungen von ausländischen Verwaltungsgesellschaften und Vertrieb von ausländischen AIF Grundlage des gesamten Gesetzes. Das Gesetz gewährt in Drittstaaten domizilierenden Verwaltungsgesellschaften nicht die Erleichterungen, die innerhalb der EU bzw. des EWR für dort domizilierende Verwaltungsgesellschaften gelten. Hier fehlt es bereits an der Grundlage des europarechtlichen Ausflusses von Heimatstaats- und Vertrauensprinzips (vgl. → Rn. 71). Ungeachtet davon können Drittstaaten auf bilateralem Weg den Marktzugang für ihre Verwaltungsgesellschaften vereinbaren, wobei ihre Einordnung als Drittstaat im Sinne dieser Vorschrift unverändert bestehen bleibt. 75

8. Bedeutende Beteiligung (§ 1 XIX Nr. 6). Die bedeutende Beteiligung ist ein sprachliches Eigengewächs des deutschen Gesetzgebers; der im europäischen Gesetzgeberkontext verwendete und inhaltsgleiche Begriff lautet „qualifizierte Beteiligung". Das Gesetz statuiert für den potenziellen Erwerber einer bedeutenden Beteiligung eine Zuverlässigkeitsprüfung oder schreibt bei beabsichtigter Disposition des Inhabers hierüber Anzeigepflichten gegenüber der BaFin vor (s. §§ 19, 23 Nr. 4, 34 III Nr. 3, 10). 76

Eine **bedeutende Beteiligung** liegt in der ersten Variante ab **einem Umfang am Kapital oder an den Stimmrechten in Höhe von 10%** vor, sowohl beim Halten im Eigen- wie auch Fremdinteresse. Als Anknüpfungspunkt der 10%-Schwelle gelten zunächst unmittelbare wie mittelbare Beteiligungen; letztere gewinnen bei komplexeren bzw. verschachtelten Strukturen an Bedeutung. Gemäß § 1 XIX Nr. 6 S. 3 werden mittelbar gehaltene Beteiligungen voll zugerechnet, und zwar unabhängig davon, ob auf sie herrschender Einfluss ausgeübt werden kann, es sich also um Tochterunternehmen nach § 1 XIX Nr. 35, also solche nach § 290 HGB, handelt. Vielmehr erfolgt eine Durchschau auf jeder Beteiligungsstufe und insofern jeweils statt einer quotalen Anrechnung der mittelbar gehaltenen Anteile zusätzlich die volle Addition der von den Mitgesellschaftern gehaltenen Anteile. Im Umkehrschluss folgt daraus, dass bei einer Beteiligung von 10% an der Gesellschaft der ersten Unter-Ebene ohne Weiteres auf unterster Ebene eine bedeutende Beteiligung an der KVG besteht, unabhängig davon, wie viele Eben zwischengeschaltet sind und wie gering jeweils auch der mittelbar gehaltene Anteil sein mag. Von dieser sehr stringenten Zurechnungsregel wird ein Abweichen für gewisse treuhänderische Beteiligungsverhältnisse in Anlehnung an die Parallelvorschriften von § 1 IX KWG und §§ 34, 35 WpHG befürwortet (AWZ/*Zetsche* § 1 Rn. 166). Dem steht gegenüber, dass der Gesetzgeber in § 1 XIX Nr. 6 S. 2 speziell nur für die Berechnung der Stimmrechte, nicht aber für die Kapitalanteile, auf Vorschriften des WpHG verwiesen hat, die teilweise solche wertungsbedingten Ausnahmen von der Zurechnung zulassen. Als weiterer Anknüpfungspunkt der 10%-Schwelle ergeben sich nicht nur gesellschaftsrechtliche Verflechtungen, sondern auch der weit gefasste Begriff des Zusammenwirkens mit anderen Personen oder Unternehmen („acting in concert"). In der zweiten Variante kann sich die bedeutende Beteiligung als Ergebnis der **Möglichkeit zur maßgeblichen Einflussnahme auf die Geschäftsführung** ergeben. Praktische Anwendungsgebiete sind wohl eher rar, da mit solch einer maßgeblichen Einflussname auf die Geschäftsführung regelmäßig eine Beteiligung einhergehen dürfte (FK-KapAnlR/*Gottschling* § 1 Rn. 253). Andererseits sind Einflussnahmen auch ohne Beteiligung, oder in Beteiligungsfällen von unter 10%, zumindest möglich (Beispiele, wenn auch direkt für Kreditinstitute anwendbar: BaFin, Merkblatt zur Inhaberkontrolle, IV, 4).

77 **9. Carried Interest (§ 1 XIX Nr. 7).** Beim Carried Interest handelt es sich um einen **Gewinnanteil,** den die AIF-KVG für die **Verwaltung** des AIF erhält. Daraus folgt, dass es sich nicht um die reguläre oder gewinnabhängige Verwaltungsvergütung der AIF-KVG, sondern um einen (zusätzlichen) Gewinnanteil als **Mitgesellschafter (Carry Holder)** im AIF handelt. Hierfür erhält der Carry Holder einen seinen Kapitalanteil überschreitenden Gewinnanteil **(Carried Interest);** typischerweise sind dafür gewisse vereinbarte Voraussetzungen wie etwa Kapitalrückzahlung und das Überschreiten einer Hurdle-Rate zu erfüllen. Es entspricht im Private-Equity- oder Venture-Capital-Fonds-Bereich gewisser Sitte, dass sich AIF-KVG als Carry Holder neben den Investoren bis zu einem gewissen Grad mit ihrem eigenen Kapital engagieren **(„skin in the game").** Allerdings ist die Gesellschaftsbeteiligung bei einer Personengesellschaft nicht zwingend an eine Kapitalbeteiligung geknüpft. Deswegen ist es grundsätzlich möglich und vereinzelt auch zu beobachten, dass die AIF-KVG keine Kapitalbeteiligung hält und auch keine Einlagenverpflichtung übernimmt und trotzdem als Carry Holder an den Gewinnen oberhalb einer Schwelle partizipiert. Handelt es sich bei der AIF-KVG als Carry Holder um einen Kommanditisten, muss für sie natürlich im Handelsregister eine Haftsumme eingetragen werden. Gegebenenfalls neben ihrem eigenen Kapital bringt sie dann regelmäßig immaterielle Beiträge ein, etwa Erfahrungen, Kontakte und generell Netzwerke. Dafür erhält die AIF-KVG über den reinen kapitalproportionalen Gewinnanteil mit dem Carried Interest nichts anderes als einen erhöhten Gewinnanteil (s. auch Einkommensteuerliche Behandlung von VC und PE Fonds, BMF 16.12.2003, BStBl. I 2004, 40, ber. BStBl. I 2006, 632). Die Vorschrift stellt

im zweiten Hauptsatzteil klar, dass der insoweit erzielte Gesellschafter-Gewinn der AIF-KVG, wie er vom Kapitalanteil unterlegt ist, nicht dem Carried Interest zuzuordnen ist.

Daraus folgt, dass der Carried Interest nicht auf der an dem AIF beteiligten AIF-KVG – wie den anderen Gesellschaftern als Anlegern – zuzurechnenden Kapitalbeteiligung beruht **(kapital-proportionaler Gewinnanteil),** sondern ein Entgelt für Dienstleistungen **(Tätigkeitsvergütung)** darstellt, die die an dem AIF beteiligte AIF-KVG zu Gunsten der Mitgesellschafter bzw. Anleger erbringt **(kapital-disproportionaler Gewinnanteil).** Steuerlich folgt daraus, dass insoweit der Carried Interest nach der Sonderregelung des § 18 I Nr. 4, 3, § 3 Nr. 40 a EStG dem Teileinkünfteverfahren unterliegt, womit er also nur zu 60% steuerpflichtig ist (sa WBA/*Volhard/Jang* § 1 Rn. 70). Umstritten ist – wegen des Wortlauts von § 18 I Nr. 4 EStG –, ob dieses Privileg für AIF-KVG auch bei der Verwaltung gewerblicher oder gewerblich geprägter Personengesellschaften greift. Diese Frage stellt sich bspw. praktisch, wenn deutsche AIF-KVG ausländische Fonds verwalten, weil dann uU die Zuweisung von Geschäftsführungsbefugnissen an einen geschäftsführenden Kommanditisten zwecks gewerblicher Entprägung nicht opportun ist. Der BFH hat hierüber nicht abschließend geurteilt, sondern in einer Sache zurück an die Vorinstanz verwiesen, wobei er jedoch aus prozessökonomischen Gründen für den zweiten Rechtsgang durchaus seine Rechtsauffassung mitgeteilt hatte. Danach kommt er zum Schluss, dass der Carried Interest auch bei gewerblichen bzw. gewerblich geprägten Fondsgesellschaften dem Teileinkünfteverfahren (und zwar aus § 3 Nr. 40 S. 1 Buchst. a und d EStG) unterliegt, insoweit wie dieser aus Dividenden oder Veräußerungsgewinnen aus Kapitalbeteiligungen erzielt wird (BFH 11.12.2018 – VIII R 11/16, DStR 2019, 1136). 78

10. Dauerhafter Datenträger (§ 1 XIX Nr. 8). Die Vorschrift definiert den Begriff des **dauerhaften Datenträgers** nicht nach den unmittelbar in seiner Hardware begründeten Eigenschaften. Das **Medium** muss funktional zu Gunsten der Anleger und entsprechend den Zwecken der jeweiligen Informationen drei Nutzungseigenschaften aufweisen: **Speicherungsfähigkeit von Informationen in angemessener Dauer, Einsehbarkeit** und **unveränderter Wiedergabe.** Eine Information ist also dann auf einem dauerhaften Datenträger, wenn sie immer wieder unverändert abgerufen werden kann, zum Beispiel bei Verkörperung in Textform auf Papier. Daneben ist Gleiches durch elektronische Medien gewährleistet, etwa bei DVD, CD-ROM (EDD/*Verführt/Emde* § 1 Rn. 227), wobei sog. Sticks ebenfalls diese Eigenschaften erfüllen. E-Mails werden hierunter gemäß Erwägungsgrund 5 der Durchführungs-RL 2010/44/EU zur OGAW-IV-RL ebenfalls verstanden. In diesem Zusammenhang beurteilt sich gem. § 167 II, ob bzw. wann E-Mails als Übermittlungsweg von Informationen in der Kommunikation mit Anlegern „angemessen", also mit anderen Worten, gestattet sind. 79

11. Eigenmittel (§ 1 XIX Nr. 9). Wegen **regulatorischer Kapitalanforderungen** von KVG unter der Vorschrift von § 25 insgesamt vgl. → Rn. 66. Für die Definition des Begriffs der **Eigenmittel** verweist § 1 XIX Nr. 9 S. 1 auf Art. 72 CRR. Eigenmittel ergeben sich danach aus der Summe von Kern- und Ergänzungskapital. Das **Kernkapital** setzt sich gem. Art. 25 CRR wiederum aus dem harten Kernkapital, dessen Posten Art. 26 CRR aufführt, sowie aus dem zusätzlichen Kernkapital, dessen Posten Art. 51 CRR aufführt, zusammen. Das harte Kernkapital (Common Equity Tier 1 Capital) kennzeichnet, dass es uneingeschränkt und unmittelbar zur Deckung von Risiken oder Verlusten zur Verfü- 80 gung steht. Dementsprechend besteht das harte Kernkapital neben den offenen Rücklagen aus eingezahlten Eigenkapitalinstrumenten, die hieran geknüpfte Anforderungen erfüllen müssen (Art. 26ff. CRR). Das zusätzliche Kernkapital (Additional Tier 1 Capital) zeichnet aus, dass es wie das harte Kernkapital laufend zur Verlustdeckung zur Verfügung steht, also die Fortführung des Geschäftsbetriebs gewährleistet. Kernanforderungen an die Instrumente dieser Kapitalklasse sind deren Nachrangigkeit, die Dauerhaftigkeit der Kapitalbereitstellung sowie die Möglichkeit, die Instrumente spätestens dann in hartes Kernkapital zu wandeln oder abzuschreiben, wenn die Quote des harten Kernkapitals im Verhältnis zu den Risikopositionen den Schwellenwert von 5,125% unterschreitet (Art. 51ff. CRR). Das **Ergänzungskapital** (Tier 2 Capital) dient den Zwecken des Gläubigerschutzes im Insolvenzfall. Deswegen müssen Ergänzungskapitalinstrumente für mindestens fünf Jahre eingezahlt sein und einen nachrangigen Rückzahlungsanspruch im Fall der Insolvenz des Instituts bzw. konkret der KVG vorsehen. In jedem Fall gilt im Hinblick auf die zulässigen Eigenkapitalinstrumente die Anlagevorschrift von § 25 VII, wonach Eigenmittel in liquiden Mitteln oder solchen Vermögensgegenständen zu halten sind, die kurzfristig und unmittelbar in Bankguthaben umgewandelt werden können und keine spekulativen Positionen enthalten. Allerdings gelten diese Vorgaben zur Anlage von Eigenmitteln ausschließlich für die Mindest-Eigenmittel. Für die über die Mindestanforderungen des § 25 KAGB hinausgehenden Eigenmittel, die die KVG freiwillig vorhält, gelten diese Anlage-Vorgaben nicht (BaFin, FAQ zur Anlage von Eigenmittel gemäß § 25 VII vom 28.6.2016, Ziff. 1, Gz. WA 41-Wp 2137-2013/0025).

Der durch das RisikoreduzierungsG (BGBl. 2020 I 2773) angefügte Satz 2 von § 1 XIX Nr. 9 vollzieht die Ergänzung des § 10 V KWG auch für KVG nach. Der Ausschluss der dort genannten Kündigungsrechte dient dem Zweck, die Vorgaben des Art. 28 III UAbs. 2 Buchst. f CRR auch für KVG erfüllbar zu machen. Danach muss ein Ergebnisabführungsvertrag eine Kündigungsfrist vorsehen, der zufolge der Vertrag nur am Ende eines Geschäftsjahres – mit Wirkung der Kündigung frühestens ab dem Beginn des folgenden Geschäftsjahres – beendet werden kann. Entsprechend schließt Satz 2 die genannten außerordentlichen Kündigungsrechte für die Zwecke der Kapitalüberlassung aus (BT-Drs. 19/22786, 199).

81 **12. Enge Verbindung (§ 1 XIX Nr. 10).** § 1 XIX Nr. 10 regelt die Voraussetzungen, unter denen eine Verbindung zwischen KVG oder externer Verwaltungsgesellschaft und anderen natürlichen oder juristischen Personen als enge Verbindung einzuordnen ist. Die Begriffsbestimmung ist an die bedeutende Beteiligung nach § 1 XIX Nr. 6 angelehnt. Der ungeachtet dessen eigenständige Normzweck erschließt sich im Kontext der Verwendung im Gesetz (zB §§ 21 I Nr. 6, 22 I Nr. 6, 23 Nr. 5 u. 6). Diese Vorschriften verfolgen ebenfalls **Transparenz** als Leitbild; im Sinne einer effizienten Aufsicht beschränken sie sich aber nicht auf die KVG als Anknüpfungspunkt, sondern erstrecken sich vielmehr darüber hinaus auf den sie umgebenden und ggf. beeinflussenden Verbund. Somit geht es um die **Unabhängigkeit der KVG** von der möglichen Einflussnahme dritter und nicht nur vorrangig vertikal beteiligter Personen. In anderen Fällen verhält es sich im Gesetz genau gegenteilig, in denen die **Unabhängigkeit dritter Personen von der KVG,** etwa die der Bewerter von der KVG oder des AIF, Regelungsgegenstand ist, vgl. § 216 I Nr. 1. Dadurch erhellen sich die tatbestandlichen Eigenständigkeiten gegenüber § 1 XIX Nr. 6. Erstens stellt die Vorschrift in Buchst. a für eine enge Verbindung höhere Anforderungen auf (nämlich 20% Kapitalanteil oder Stimmrechte) und er-

streckt sich zweitens nach Buchst. b nicht vorrangig auf vertikale, sondern genauso auch auf horizontale oder sternenförmige Verbundverhältnisse (MKJ/*Gottschling* § 1 Rn. 273). Damit eine **enge Verbindung** zu Stande kommt, knüpft **Buchst. a** an **Beteiligungs-** und **Buchst. b** an **Konzernverhältnisse** an. Insofern handelt es sich bei Buchst. b um eine gegenüber Buchst. a eigenständige Regelung, als das Mutter-, Tochter- oder Schwesterbeziehungen nicht nur Beteiligungsverflechtungen vermitteln, sondern auch bereits durch einheitliche Leitung im Sinne eines Gleichordnungskonzerns zu Stande kommen (AWZ/*Zetzsche* § 1 Rn. 176). In der **Variante des Buchst. a** liegt eine enge Verbindung vor, wenn unmittelbar oder mittelbar über (ein oder mehrere) Tochterunternehmen oder Treuhänder 20% der Kapitalanteile oder Stimmrechte gehalten werden. Tochterunternehmen sind nach § 1 XIX Nr. 35 Unternehmen, die Tochterunternehmen iSv § 290 HGB sind. Für die Berechnung der Stimmrechte ist entsprechend des nahen Begriffs der bedeutenden Beteiligung gem. § 1 XIX Nr. 6 S. 2 auf die dort genannten Vorschriften des WpHG abzustellen. In den Konzernfällen in der **Variante von Buchst. b** muss die KVG bzw. die externe Investmentgesellschaft mit einem Dritten als Mutter-, Tochter- oder Schwesterunternehmen verbunden sein. Wegen des Begriffs Tochterunternehmen s. o., Mutterunternehmen ist nach § 1 XIX Nr. 26 ein Unternehmen, das Mutterunternehmen iSv § 290 HGB ist. Mangels Definition von Schwesterunternehmen im KAGB ist auf die Begrifflichkeit von § 1 VII 2 KWG zu rekurrieren. Danach sind Schwesterunternehmen solche Unternehmen, die ein gemeinsames Mutterunternehmen haben.

13. Entwicklungsförderungsfonds (§ 1 XIX Nr. 10 a). Eingeführt durch das FoStoG und dessen Zielstellung folgend schafft die Vorschrift mit der Definition den regulatorischen Rahmen dafür, dass zur Erreichung entwicklungspolitischer Ziele sog. **„Impact-Fonds" für Finanzielle Zusammenarbeit** auch am deutschen Finanzstandort aufgelegt werden können. Wesentliches definitorisches Merkmal – zugleich damit Abgrenzungsmerkmal zu anderen Fondstypen – ist der **besondere entwicklungs- und klimapolitische Förderungszweck** von Entwicklungsförderungsfonds (BT-Drs. 19/28868, 139 f.). 82

Die besonderen Anlagevorschriften finden ihre Rechtsgrundlage in den §§ 292a–292c. Korrespondierend zu § 292a II wurde ebenfalls durch das FoStoG § 20 IXa eingefügt. Abweichend von § 20 IX dürfen AIF-Kapitalverwaltungsgesellschaften im Rahmen der kollektiven Vermögensverwaltung für Entwicklungsförderungsfonds gem. § 292a II **Gelddarlehen gewähren sowie Bürgschaften, Garantien und sonstige Gewährleistungen für andere übernehmen.** Um ihnen die im internationalen Vergleich notwendige Flexibilität zu geben, sollen für Entwicklungsförderungsfonds nur die im Vergleich zu anderen darlehensgewährenden Fonds geringeren Anforderungen an die Darlehensvergabe gem. der Änderung in § 29 Va 2 und § 292a II gelten (BT-Drs. 19/28868, 140 f.). In Umsetzung dessen ordnet § 292a II 2 an, dass die Vorschriften von § 282 II 3 und § 285 II, III nicht anzuwenden sind. Erst die Nichtanwendung dieser für anderweitige darlehensgewährende inländische Spezial-AIF geltenden Leverage- u. Exposure-Einschränkungen schafft den Rahmen dafür, in sinnvoller Weise Darlehens- oder Garantiefonds für Investitionen in Entwicklungsländern auch in Deutschland aufzulegen. Zuvor war dies regulatorisch allenfalls bis zu einem gewissen Grad durch Mikrofinanzfonds umsetzbar. Somit sind förderseitig bspw. AATIF, Green for Growth Fund oder African Guarantee Fund for SMEs in inländischen Rechtsvehikeln realisierbar. Außerdem ist infolge der Anpassung von § 29 Va 2 das Risikomanagement der KVG auch 83 für Entwicklungsförderungsfonds im Vergleich zu anderen darlehensgewährenden Fonds vereinfacht.

84 Entwicklungsförderungsfonds dürfen als offene oder geschlossene **Spezial-AIF** aufgelegt werden, und zwar entweder nach § 282 und § 284 oder nach § 285 (§ 292a I). Somit ist auch die Auflage mittels des ebenfalls durch das FoStoG eingeführten Geschlossenen (Spezial-)Sondervermögen abgedeckt.

85 Über den **Umweg von geschlossenen Feederfonds-Masterfonds-Strukturen sind Investitionen von Privatanlegern in Entwicklungsförderungsfonds** möglich. Dafür muss es sich erstens bei dem Entwicklungsförderungsfonds um einen solchen in Form des geschlossenen AIF handeln (vgl. § 272a II). Zweitens müssen die Voraussetzungen der Ausnahme vom Grundsatz gegeben sein, dass Publikums- und Spezial-AIF nicht Teil derselben geschlossenen Feederfonds-Masterfonds-Struktur sein können (§ 272a III). Dafür ist erforderlich, dass neben dem geschlossenen Publikums-AIF-Feederfonds keine geschlossenen Spezial-AIF-Feederfonds eingeschaltet werden. Konzeptionell umsetzbar ist damit, dass Privatanleger mit einem eigenen Geschlossenen Publikums-AIF-Feederfonds neben direkt investierenden (semi-) professionellen Anlegern in Geschlossene Spezial-AIF-Entwicklungsförderungsfonds investieren. Daraus folgt indirekt, dass die sonst für Privatanleger gem § 261 I Nr. 8 geltende Einschränkung entfällt, dass Publikums-AIF nur maximal 30% des aggregierten und des noch nicht eingeforderten zugesagten Kapitals in unverbriefte Darlehensforderungen investieren dürfen.

86 Das bei **Entwicklungsförderungsfonds** eingelegte Geld darf gemäß Anlagebedingungen, vorbehaltlich der Liquiditätsanlage gem. § 292b, ausschließlich in Vermögensgegenstände investieren, bezüglich derer **drei definitorische Bedingungen** erfüllt sind: Erstens müssen die Vermögensgegenstände messbar zur Erreichung von Zielen für nachhaltige Entwicklung gemäß der Resolution der Generalversammlung der Vereinten Nationen vom 25.9.2019 (Internet-Link zum Dokument vgl. den Gesetzestext § 1 XIX Nr. 10a – weiter nur **„Ziele“**) beitragen. Zweitens muss Adressat der Ziele ein Land sein, dass zum Zeitpunkt der Gründung des Entwicklungsförderungsfonds in der Liste der Entwicklungsländer und -gebiete enthalten ist oder während der Laufzeit desselben dieser Länderliste hinzugefügt wird; diese Länderliste führt der Ausschuss für Entwicklungshilfe der Organisation für wirtschaftliche Zusammenarbeit und Entwicklung (Internet-Link zum Dokument vgl. Gesetzestext § 1 XIX Nr. 10a – weiter nur **„Land“**). Der Wortlaut verlangt insofern explizit nicht, dass sich der von der Investition betroffene Vermögensgegenstand im Land gemäß Liste befindet, sondern das Land muss insofern nur einen Beitrag erfahren. Dies ist sprachlich ungenau; sofern der Vermögensgegenstand außerhalb eines Landes der Liste ist, muss im Einzelfall geprüft werden, ob es sich noch um eine gezielte Förderung dieses Landes der Liste handelt, oder ob sich nur eine nicht mehr zurechenbare lediglich positive Abstrahlwirkung ergibt. Drittens gilt das **„Do not significant harm“-Prinzip.** Es ergibt sich also die Anforderung, in einer Gesamtschau aller Vor- und Nachteile abzuwägen, dass die Investition keines der anderen Ziele – erheblich – beeinträchtigt.

87 An das Element des „Impact-Fonds“ stellt das Gesetz – zwecks Schutzes des Labels Entwicklungsförderungsfonds – **hohe Anforderungen an die Organisation der KVG sowie Investmentprozess und Anlagenbetreuung** (gesamter Lebenszyklus des Entwicklungsförderungsfonds). **Im Fokus steht das Wirkungsmanagement.** Das Gesetz regelt in § 28a umfangreiche zusätzliche **Organisationsanforderungen für KVG,** die Entwicklungsförderungsfonds verwalten. Solche KVG müssen sich den Anforderungen der **Maßgeblichen Prinzipien für**

Wirkungsmanagement der internationalen Finanz-Corporation der Weltbankgruppe vom 4. 10. 2019 („IFC-Prinzipien“) unterwerfen (www.impactprinciples.org/resource-library/impact-principles-german). Die Anwendung der IFC-Prinzipien muss während der gesamten Laufzeit des Entwicklungsförderungsfonds erfolgen und ist regelmäßig einer Überprüfung durch einen geeigneten Prüfer zu unterziehen (§ 28a I). Dadurch soll sichergestellt werden, dass nur solche KVG Entwicklungsförderungsfonds verwalten, die in ihren Organisationsstrukturen Nachhaltigkeitsziele hinreichend berücksichtigen. Dies betrifft die KVG selbst wie unmittelbar die Unternehmen, auf die das Portfoliomanagement der KVG ausgelagert ist oder die das Portfoliomanagement der KVG beraten (§ 28a II). Die KVG oder der Portfolio-Advisor muss also die IFC-Prinzipen unterzeichnen, was bereits Manager-Adressen unternommen haben, und die Wirkungsmessung und Berichterstattung einem jährlichen Audit unterziehen. In den Anlagebedingungen oder Satzung des Entwicklungsförderungsfonds muss insofern für eine uneingeschränkte Durchsetzung die **zwingende Kündigung der Verwaltung mit sechsmonatiger Kündigungsfrist** durch die KVG für den Fall geregelt sein, dass bei zwei aufeinanderfolgenden Prüfungen gem. § 28a II ein wesentlicher Verstoß gegen die Maßgeblichen Prinzipien für Wirkungsmanagement festgestellt werden (§ 292c I, II speziell für den Fall des ausgelagerten oder beratenen Portfoliomanagements der KVG).

14. Feeder-Master-Strukturen (§ 1 XIX Nr. 11–14). Es ist zwischen **zwei Feeder-Arten (Strukturbetten)** zu unterscheiden. Das erste Strukturbett setzt sich zusammen aus **Feederfonds** (Ziff. 11) und **Masterfonds** (Ziff. 12); diese gehen auf das OGAW-IV-UmsG zurück (BGBl. 2011 I 1126). Feederfonds gemäß Aufzählung in Ziff. 11 sind ausschließlich offene Investmentvermögen. In der seit dem FoStoG geltenden Fassung von § 1 XIX steht die Möglichkeit dieser Kapitalallokation ebenfalls dem Produkttyp geschlossener Publikums-AIF offen; hierfür besteht nun das korrespondierende Vorschriften-Paar der Geschlossenen Feederfonds in Ziff. 11 Buchst. a und Geschlossenen Masterfonds in Ziff. 12 Buchst. a. **Feeder-AIF** (Ziff. 13) und **Master-AIF** (Ziff. 14) bilden das zweite Strukturbett und sind auf das AIFM-UmsG (BGBl. 2013 I 1981) zurückzuführen. Die Feeder-Vehikel werden definiert mit Bezug zum Master-Vehikel und umgekehrt. Beiden Feeder-Arten (also Feederfonds und Feeder-AIF) ist das gleiche Konzept der Effizienzsteigerung durch Bündelung von Liquidität und damit Vergrößerung des Anlagevermögens gemein. Die hierfür zu beachtende **Schwellenwertanforderung von 85 %** zur Anlage in das Master-Vehikel gilt grundsätzlich gleichsam für beide Feeder-Arten. Mit dieser hohen Schwellenwertanforderung stellen die Vorschriften der Feeder-Anlagevehikel sicher, dass sie ihr Privileg in Form nicht bestehender Anlagebestimmungen tatsächlich zur Anlage in ein Master-Vehikel, das durchaus Anlagebestimmungen unterliegt, einsetzen. Dahingehend, wie dieser Schwellenwert zu erreichen ist, bestehen allerdings zwischen den beiden Feeder-Arten relevante Unterschiede. Die Regelung des Feederfonds bzw. Geschlossenen Feederfonds fordert kategorisch die direkte und unmittelbare Beteiligung an dem Master-Vehikel ein. Hingegen zeigt sich die Regelung der Feeder-AIF insofern flexibler, als neben dieser Möglichkeit der direkten Beteiligung alternative, gleichberechtigte Gestaltungsmöglichkeiten eröffnet sind. 88

a) Feeder- und Masterfonds (§ 1 XIX Nr. 11 u. 12). Bezüglich des Verhältnisses von Feeder- und Masterfonds spricht das Gesetz von **Master-Feeder-Struktur** in den §§ 171–180; diese Vorschriften finden nur Anwendung auf offene Publi- 89 kumsinvestmentvermögen. Da Feeder-Masterfonds auf die OGAW-IV-RL zurückzuführen sind, besteht insofern für Spezial-AIF keine vergleichbare Schutzbedürftigkeit und damit kein eigenständiges Regelungsbedürfnis. **Feederfonds (Nr. 11)** sind Sondervermögen, InvAG mit veränderlichem Kapital oder gegebenenfalls deren Teilgesellschaftsvermögen und EU-OGAW, die mindestens 85% ihres Vermögens in einem Masterfonds anlegen. Die gegebenenfalls maximal restlichen 15% ihres Vermögens sind nach Maßgabe von § 174 I 3 in Sichteinlagen oder Derivaten zu Absicherungszwecken zu veranlagen. Spezial-AIF dürfen nicht Masterfonds oder Feederfonds einer Master-Feeder-Struktur sein, wenn Publikumsinvestmentvermögen Masterfonds oder Feederfonds derselben Master-Feeder-Struktur sind, § 171 II. Diese Sperrwirkung ordnet § 280 mit identischem Wortlaut eigenständig direkt gegenüber Spezial-AIF an; es handelt sich um keine irrelevante Dopplung, da diese Vorschrift direkt gegenüber Feederfonds in Form von Spezial-AIF gilt, die sonst erst gar nicht in den Anwendungsbereich von § 171 II kämen. **Masterfonds (Nr. 12)** sind OGAW oder sonstige Investmentvermögen gem. § 220, die Anteile an mindestens einen Feederfonds ausgegeben haben, selbst keine Feederfonds sind und keine Anteile eines Feederfonds halten. Daraus folgt, dass ein Masterfonds Anteile an mehrere Feederfonds begeben darf (während umgekehrt ein Feederfonds nur Anteile an einem Masterfonds halten darf), dies aber nur in einer einfachen Master-Feeder-Struktur. Mehrstöckige Strukturen sind also den Feeder-Master-AIF-Strukturen vorbehalten.

90 **b) Geschlossene Feeder- und Masterfonds (§ 1 XIX Nr. 11a und Nr. 12a).** Das FoStoG hat die Sperre von § 261 VIII aF aufgehoben und für Geschlossene Publikums-AIF **Geschlossene Master-Feeder-Strukturen** eingeführt. Der neu geschaffene Rechtsrahmen von §§ 272a–272h lehnt sich unter Berücksichtigung der besonderen Merkmale geschlossener Rechtsvehikel weitreichend an den Regelungen für offene Master-Feeder-Strukturen an. Geschlossene Spezial-AIF dürfen nach § 272a III nicht Teil einer Master-Feeder-Struktur eines Publikums-AIF sein. **Geschlossene Feederfonds (Nr. 11a)** sind geschlossene Publikums-AIF, die mindestens 85% ihres Vermögens in einen geschlossenen Masterfonds anlegen. **Geschlossene Masterfonds (Nr. 12a)** sind geschlossene Publikums-AIF, die Anteile an mindestens einen geschlossenen Feederfonds ausgegeben haben, selbst keine geschlossenen Feederfonds sind und keine Anteile eines geschlossenen Feederfonds halten. Daraus ergibt sich, dass Geschlossene Master-Feeder-Strukturen genau wie ihr offenes Pendant nur in einfacher Struktur umsetzbar sind.

91 **c) Feeder- und Master-AIF (§ 1 XIX Nr. 13 u. 14).** Ein mit den Vorschriften von §§ 171–180 vergleichbarer Rechtsrahmen existiert nicht für **Feeder-AIF- und Master-AIF-Strukturen.** Folgerichtig unterliegen Feeder-AIF keinen weiteren Anlagebeschränkungen bezüglich ihrer Vermögensanlage, insoweit sie gegebenenfalls maximal 15% ihrer Mittel nicht in den Master-AIF anlegen. **Feeder-AIF (Nr. 13)** legen in der **ersten Variante (Buchst. a)** mindestens 85% ihres Wertes in Anteilen ein und desselben Master-AIF an. In der **zweiten Variante (Buchst. b)** vermittelt die Anlage eines Feeder-AIF auch in mehr als einen, also mindestens zwei Master-AIF, die Feeder-AIF-Eigenschaft, wenn als weitere Voraussetzung jeweils die beiden verschiedenen Master-AIF identische Anlagestrategien verfolgen. Eine enge Auslegung des Begriffs „identische Anlagestrategien" für die Zwecke einer erleichterten Abgrenzung von Dachfondsvehikeln (MKJ/*Gottschling* § 1 Rn. 286), die typischerweise gerade in verschiedene Strategien investieren, ist

weder geboten noch zulässig, da eine erleichterte Abgrenzung kein eigenständiges gesetzgeberisches Ziel darstellen kann. Wenn auch das Tatbestandsmerkmal „identisch" einhegenden Charakter aufweist, so gilt dies für dessen Bezugsmerkmal der „Anlagestrategien" gerade nicht. Hätte der Gesetzgeber gewisse Bandbreiten in den Strategieausprägungen ausschließen wollen, so hätte er ohne Weiteres „die gleiche Anlagestrategie" formuliert. In der **dritten Variante (Buchst. c)** wird dem Anteilsbesitz ein anderweitiges Engagement – bspw. über Derivate – von mindestens 85% seines Wertes im Master-AIF gleichgestellt. Der **Master-AIF (Nr. 14)** definiert sich durch die Beteiligung des Feeder-AIF. Wegen der wechselseitigen Bezugnahme in den Definitionen von Feeder-AIF und Master-AIF ist der Wortlaut teleologisch dahingehend auszulegen, dass ein Master-AIF nicht nur bei der Direktanlage durch einen Feeder-AIF vorliegt; genauso gut vermittelt ein anderweitiges, dh wirtschaftliches, Engagement außerhalb eines Anteilbesitzes durch einen Feeder-AIF die Master-AIF-Eigenschaft (im Ergebnis auch EDD/*Verfürth/Emde* §1 Rn. 259). Die Einschränkung von Masterfonds, keine Anteile an Feeder-Vehikeln zu halten, ist für Master-AIF nicht vorgesehen. Daraus folgt, dass Feeder-AIF- und Master-AIF-Strukturen mehrstöckig aufgebaut werden können.

15. Geschäftsleiter (§1 XIX Nr. 15). Mindestens zwei Geschäftsleiter einer KVG führen gem. §23 Nr. 2 die Geschäfte der KVG. An die Geschäftsleiter richtet das Gesetz hohe Anforderungen: Sie müssen gem. §21 I Nr. 3 bzw. §22 I Nr. 3 zuverlässig sein und gem. §21 I Nr. 4 bzw. §22 I Nr. 4 über die fachliche Eignung zur Leitung der KVG verfügen. Eingeschlossen hiervon sind theoretische und praktische Kenntnisse in den von der KVG getätigten Geschäften sowie Leitungserfahrung (Einzelheiten in der Verwaltungspraxis vgl. BaFin, Merkblatt zu den Geschäftsleitern gemäß KWG, ZAG und KAGB vom 29.12.2020). Im Erlaubnisverfahren (der OGAW- wie auch der AIF-KVG) kann unter bestimmten Voraussetzungen die fachliche Eignung zweier Geschäftsleiter insgesamt bejaht werden, wenn der jeweils einzelne Geschäftsleiter zunächst nur für seinen eigenen Bereich über theoretische und praktische Kenntnisse verfügt (BaFin, Merkblatt zum Erlaubnisverfahren einer OGAW-KVG nach §21 KAGB vom 27.11.2017, Merkblatt zum Erlaubnisverfahren einer AIF-KVG nach §22 KAGB vom 22.3.2013). Nicht erforderlich ist es, dass jeder Geschäftsleiter seine gesamte Arbeitskraft der KVG zur Verfügung stellt. Dementsprechend ist es zulässig, dass Geschäftsleiter auch in anderen Gesellschaften Geschäftsführungsfunktionen einnehmen. Dies gilt auch dann, wenn es sich bei einer derartigen anderen Gesellschaft um eine KVG handelt. Einer KVG müssen aber ausreichend Geschäftsleiterkapazitäten für ihre Geschäftstätigkeit zur Verfügung stehen. Je mehr Geschäftsleiter die KVG aufweist, desto geringer sind naturgemäß die Anforderungen an die für die Funktion zur Verfügung stehende Arbeitszeit der einzelnen Geschäftsleiter. Es ist daher ggf. nicht zu beanstanden, wenn ein Geschäftsleiter der KVG nicht den überwiegenden Teil seiner Arbeitskraft widmet. Ferner stellt es keine Einschränkung der für die Funktion zur Verfügung stehenden zeitlichen Kapazitäten dar, wenn ein Geschäftsleiter gleichzeitig Geschäftsführungsfunktionen bei Gesellschaften übernimmt, deren Tätigkeit wesentlich der Geschäftstätigkeit der KVG zuzurechnen ist oder deren Geschäftstätigkeit unterstützt. Unproblematisch ist es daher bspw., wenn ein Geschäftsleiter einer KVG gleichzeitig Geschäftsführer von zahlreichen zu den von der KVG verwalteten Gesellschaften (etwa Immobilien-, Sachwerte- oder Infrastruktur-Projektgesellschaften) oder Geschäftsführer von Gesellschaften ist, die im Zuge einer Auslagerung das Fondsrechnungswesen oder andere Bestandteile der kollektiven Ver- 92 mögensverwaltung für die KVG erbringen. Sofern das Gesetz sprachlich ausschließlich von Geschäftsleiter spricht (zB §§ 21 I, 22 I), ist der Geschäftsleiter gemäß dieser Legaldefinition einschlägig. Von dieser Begrifflichkeit ist abzugrenzen, wenn das Gesetz das Wort des Geschäftsleiters kontextual mit spezifischen Bezügen verwendet, da dann nicht der Geschäftsleiter im technischen Sinne dieser Vorschrift gemeint ist (Bsp.: § 68 IV und dort der Geschäftsleiter des Kreditinstituts, das als Verwahrstelle beauftragt werden soll).

93 Geschäftsleiter sind zum einen diejenigen natürlichen Personen, die nach Gesetz, Satzung oder Gesellschaftsvertrag zur Führung der Geschäfte und zur Vertretung einer KVG berufen sind **(Var. 1).** Es handelt sich also um **Geschäftsleiter qua regulärer Berufung.** In personam sind dies bei AG und GmbH die Vorstände und Geschäftsführer, bei der GmbH & Co. KG die Geschäftsführer der Komplementär-GmbH. Zum anderen erfasst die Vorschrift genauso diejenigen natürlichen Personen, die die Geschäfte der KVG tatsächlich leiten **(Var. 2).** Die Merkmalsvariante in Form der **tatsächlichen Leitung** ist eine Eigenständigkeit des KAGB-Geschäftsleiterbegriffs und bspw. für KWG-Geschäftsleiter nach § 1 II KWG nicht vorgesehen. Sie versteht sich als Auffangtatbestand, damit in jedem Fall auch bei irregulärer Wahrnehmung von Geschäftsleitertätigkeiten ein Rechtssubjekt als Adressat der Eingriffsvorschriften seitens der Aufsicht vorhanden ist. Für die Ermittlung eines tatsächlich leitenden Geschäftsleiters ist die Rechtsprechung zum faktischen Geschäftsführer bei der AG bzw. GmbH Orientierungshilfe (EDD/*Verfürth/Emde* § 1 Rn. 263), aber nicht Maßstab. Die dieser Rechtsprechung zu Grunde liegenden und vergleichsweise strengen Anforderungen bezwecken die Sicherheit des allgemeinen Rechtsverkehrs, während der Schutzzweck dieser Vorschrift das besondere Gut des Anlegerschutzes umfasst, so dass die Anforderungen an die Kriterien und Erscheinungsformen nicht zu streng ausfallen dürfen, um diesen Schutzzweck effektiv umsetzen zu können.

94 **16. Gesetzliche Vertreter einer ausländischen AIF-Verwaltungsgesellschaft (§ 1 XIX Nr. 16).** Der Begriff des gesetzlichen Vertreters einer AIF-Verwaltungsgesellschaft knüpft erstens an einen **bestimmten Personenkreis** und zweitens an einen **Ernennungsakt** an. Als **Personen** zugelassen sind per definitionem natürliche Personen mit Wohnsitz und juristische Personen mit satzungsmäßigem Sitz oder satzungsmäßiger Zweigniederlassung in einem EU-Mitgliedstaat/EWR-Vertragsstaat. Allerdings schränken die maßgeblichen Anwendungsbestimmungen von §§ 57 III, 58 VII wiederum den Sitz auf die Bundesrepublik Deutschland ein. Zur **Ernennung** dieser Personen kommt es, wenn sie von der ausländischen AIF-Gesellschaft legitimiert werden, in ihrem Namen gegenüber Behörden, Kunden, Einrichtungen und Gegenparteien in der EU/dem EWR hinsichtlich ihrer der AIFM-RL unterliegenden Verpflichtungen zu handeln. Das Gesetz statuiert keine weitergehenden Anforderungen, etwa wie die an einen Geschäftsleiter. Dies ist insoweit folgerichtig, als der gesetzliche Vertreter eine Koordinierungs- und keine an inhaltliche Qualifikationen anknüpfende Entscheidungsträgerfunktion ausübt. Sogar die in § 57 III 4 genannte Compliance-Funktion ist ihm nicht allein, sondern explizit gemeinsam mit der ausländischen AIF-Verwaltungsgesellschaft zugewiesen.

95 Der gesetzliche Vertreter ist vom **Repräsentanten** (§ 319) abzugrenzen, dem ua für ausländische AIF-Verwaltungsgesellschaften nicht disponible Zustellungsbefugnisse in (außer-)gerichtlichen Angelegenheiten zugewiesen sind. In der Praxis ist eine Wahrnehmung dieser Funktionen in Personalunion mit der des gesetzlichen Vertreters naheliegend.

17. Herkunftsmitgliedstaat (§ 1 XIX Nr. 17–20). Wegen der grundsätzlichen wechselseitigen Beziehung von Aufnahme- und Herkunftsmitgliedstaat vgl. die Kommentierung zur Funktionsweise im Rahmen des **europäischen Finanzbinnenmarkts** in →Rn. 71. Der Sache nach erlangt der Begriff jeweils dort Bedeutung, wo das Gesetz Regelungen in Bezug auf die **Verwaltung und den Vertrieb grenzüberschreitender Sachverhalte** aufstellt. 96

a) Herkunftsmitgliedstaat des OGAW (§ 1 XIX Nr. 17). Herkunftsmitgliedstaat des OGAW ist der EU-Mitgliedstaat oder EWR-Vertragsstaat, in dem der OGAW zugelassen wurde. Die Definition ist ohne Weiteres aus sich heraus verständlich; nur der Begriffsbestandteil der Zulassung ist nicht im Gesetz niedergelegt. Gesetzeszweck ist insofern, dass eine EU-OGAW-Verwaltungsgesellschaft (§ 1 XVII) im anderen EU-Mitgliedstaat/EWR-Vertragsstaat die Erlaubnis erlangt hat, einen OGAW zu verwalten und zu vertreiben. Die Herstellung der Erlaubnislage in dem Herkunftsmitgliedstaat ist ausreichend; weitere Anforderungen wie etwa eine tatsächlich erfolgte Auflage sind nicht zu verlangen, da dies dem Sinn zB des grenzüberschreitenden Vertriebs, das hierfür überhaupt erforderliche Kapital zu attrahieren, entgegenstehen würde. 97

b) Herkunftsmitgliedstaat des AIF (§ 1 XIX Nr. 18). Die Definition des Herkunftsmitgliedstaats des AIF ist komplexer als die der korrespondierenden Vorschrift für OGAW und bestimmt in drei verschiedenen Begriffsvarianten den Herkunftsmitgliedstaat. Dies ist zum ersten nach Buchst. a Var. 1 der EU-Mitgliedstaat oder EWR-Vertragsstaat, in dem der AIF zugelassen oder registriert ist **(Variante 1 – Einmalige Zulassung/Registrierung).** Wegen des Begriffsbestandteils der Zulassung vgl. die Ausführungen zum Herkunftsmitgliedstaat des OGAW (→Rn. 97). Der Begriff eines registrierten AIF geht auf die Richtlinien-Entsprechungsdefinition von Art. 4 IV Buchst. p Unterbuchst. i AIFM-RL zurück. Daher findet sich hierfür im KAGB keine definitorische Entsprechung. Umfasst sind insofern aber vom Richtlinienzweck AIF, deren Aufnahme der Geschäftstätigkeit oder des Vertriebs nicht von der Aufsicht explizit erlaubt werden müssen, aber der Aufsicht anzuzeigen sind. Denn anders als OGAW müssen AIF in den EU-Mitgliedstaaten/EWR-Vertragsstaaten nicht per se im Sinne einer Erlaubnis zugelassen werden. Als Beispiel kann Deutschland dienen, wonach die Anlagebedingungen von inländischen Spezial-AIF der Aufsicht lediglich vorzulegen sind, § 273 S. 2 (Anzeige versus Genehmigung). Im Fall der mehrfachen Zulassung oder Registrierung bestimmt Buchst. a Var. 2 den EU-Mitgliedstaat/EWR-Vertragsstaat zum Herkunftsmitgliedstaat, in dem der AIF zum ersten Mal zugelassen oder registriert wurde **(Variante 2 – Mehrfache Zulassung/Registrierung).** Für den Fall, dass keine Zulassung oder Registrierung in einem EU-Mitgliedstaat/EWR-Vertragsstaat erfolgt ist, substituiert Buchst. b die Zulassung bzw. Registrierung durch den Sitz oder die Hauptverwaltung in dem EU-Mitgliedstaat/EWR-Vertragsstaat **(Variante 3 – Keine Zulassung/Registrierung).** Die Vorschrift hat nur dann einen Sinngehalt, wenn sie nicht auf Fälle rekurriert, in denen im EU-Mitgliedstaat/EWR-Vertragsstaat die dort grundsätzlich erforderliche Zulassung/Registrierung unterblieben ist, sondern ausschließlich solche Anwendungsfälle einbezieht, in denen es de iure erst gar keine diesbezügliche Zulassungs-/Registrierungsnotwendigkeit gibt. Diese Begriffsvariante ist konzeptionell erforderlich, weil sie der AIFM-RL entspringt und die Regulierung der AIFM-RL ausschließlich den Manager umfasst (keine Doppel- und insofern keine Produktregulierung). Beispielsweise ist dies beim Luxemburger RAIF (als SICAV oder FCP) der 98

Fall, wonach dieser einfach gegründet und von einem AIFM verwaltet werden kann.

99 **c) Herkunftsmitgliedstaat der OGAW-Verwaltungsgesellschaft (§ 1 XIX Nr. 19).** Der Begriff ist das Pendant zum Begriff des Aufnahme-Mitgliedstaats einer OGAW-KVG, vgl. insoweit § 1 XIX Nr. 3. Ohne Weiteres ist der Begriff aus sich heraus verständlich. Bestimmungsgemäß ist der Herkunftsmitgliedstaat der Sitzstaat. Sitz- und damit Herkunftsmitgliedstaat einer OGAW-Verwaltungsgesellschaft ist ein EU-Mitgliedstaat oder EWR-Vertragsstaat. Wegen der Definition von OGAW-Verwaltungsgesellschaft vgl. § 1 XIV 3.

100 **d) Herkunftsmitgliedstaat der AIF-Verwaltungsgesellschaft (§ 1 XIX Nr. 20).** Als Pendant zum Begriff des Aufnahme-Mitgliedstaats einer AIF-KVG (§ 1 XIX Nr. 4) bestimmt Buchst. a für EU-AIF-Verwaltungsgesellschaften und AIF-Verwaltungsgesellschaft den Sitzstaat als Herkunftsmitgliedstaat der AIF-Verwaltungsgesellschaft **(Variante 1).** Bestimmungsgemäß können dies EU-Mitgliedstaaten oder EWR-Vertragsstaaten sein. Daneben legt Buchst. b den Herkunftsmitgliedstaat einer ausländischen AIF-Verwaltungsgesellschaft (§ 1 XIV S. 2), also einer solchen aus einem Drittstaat (§ 1 XIX Nr. 5) fest, indem hierfür ihr Referenzmitgliedstaat iSv Art. 37 AIFM-RL zu Grunde gelegt wird **(Variante 2).** Hintergrund ist, dass ausländische AIF-Verwaltungsgesellschaften, die in der EU/EWR einen EU-AIF verwalten oder vertreiben wollen, mit Ausnahme von Kapitel 6 die Anforderungen der AIFM-RL einhalten müssen. In Art. 37 IV AIFM-RL sind verschiedene Konstellationen aufgeführt, wie der Referenzmitgliedstaat zu bestimmen ist.

101 **18. Immobilien (§ 1 XIX Nr. 21).** Immobilien sind **Grundstücke, grundstücksgleiche Rechte** und **vergleichbare Rechte nach dem Recht anderer Staaten.** Die Definition geht auf keine der europäischen Richtlinien für OGAW oder Verwalter Alternativer Investment-Fonds zurück. Stattdessen handelt es sich um eine Genealogie des bis zum KAGG zurückreichenden Begriffs des Grundstücks, der damals Terminus technicus des im Rahmen der KAGG-Novelle v. 28.7.1969 eingeführten Grundstück-Sondervermögens war. Bereits seiner Zeit folgte die Industrie bei der Auslegung dieses Vorgängerbegriffs der Immobilie dem wirtschaftlichen Grundstücksbegriff (Brinkhaus/Scherer/*Lindner-Figura* KAGG § 26 Rn. 2; Baur/Tappen/*Baur* § 26 Rn. 3). Diese Industrieauffassung fand anschließend explizit Eingang in das Gesetz durch das InvModG (BGBl. 2003 I 2676); hiernach wurde mit dem bis heute verwendeten Immobilienbegriff bewusst ein einheitlicher Begriff geschaffen, der wirtschaftlich nach Sinn und Zweck des Gesetzes auszulegen ist (BT-Drs. 15/1553, 75). Auslegung und Anwendung der drei Begriffsvarianten erfolgen daher ungeachtet formal-sachenrechtlicher Kriterien wie Kataster-Kriterien vielmehr im Lichte eines wirtschaftlichen, also auf die Verkehrsanschauung abstellenden, Immobilienbegriffs.

102 Aus dem wirtschaftlich zu verstehenden **Grundstücksbegriffs (Variante 1)** folgt, dass nicht auf Vermessung basierender Zuordnung und Verbuchung im Grundbuch (§§ 3 I, 4 I GBO), sondern maßgeblich auf die Verkehrsanschauung abzustellen ist. Danach erfüllt jedes Grundvermögen den Grundstücksbegriff, wenn es sich um eine wirtschaftliche Einheit von Grundvermögen handelt (so auch EDD/*Verfürth*/*Emde* § 1 Rn. 285). **Grundstücksgleiche Rechte (Variante 2)** sind beschränkt dingliche Rechte, die aber ihrem Inhaber, wie das Eigentumsrecht, an dem Grundstück das Recht gewähren, das Grundstück wie ein Eigentümer zu nutzen. Auf sie ist namensgebend das in §§ 873 ff. BGB geregelte Grundstücksrecht

anzuwenden. Relevant im Zusammenhang mit Immobilien sind das Erbbaurecht und Teilerbbaurecht, Wohnungseigentum und Wohnungserbbaurecht sowie Teileigentum und Teilerbbaurecht. Auf das für im Rahmen von Immobilien-Spezialfonds realisierte Kavernenfonds anzuwendende Recht des Bergwerkseigentums ist ebenfalls das Grundstücksrecht nach den §§ 873ff. BGB anzuwenden. Als grundstücksgleiche Rechte gelten nach § 1 XIX Nr. 21 S. 2 auch Nießbrauchrechte iSd § 231 I 1 Nr. 6. Ferner sind Immobilien **vergleichbare Rechte nach dem Recht anderer Staaten (Variante 3).** Wegen des wirtschaftlich geprägten Grundstückbegriffs (vgl. oben) kommt jedes Grundvermögen in Betracht, dass nach der Verkehrsanschauung im jeweiligen Rechtsstaat als wirtschaftliche Einheit aufgefasst wird. Irrelevant ist es, ob es sich um Rechte handelt, die eher dem vollem Eigentumsrecht oder grundstücksgleichen Rechten nahekommen, da das hiesige Rechtssystem in dem Recht anderer Staaten gerade erst gar nicht vorausgesetzt werden kann und daher nicht maßgeblich ist.

a) Verhältnis zu Regelungen im KAGB. Der Immobilienbegriff spielt im KAGB eine Rolle, wenn aus Sicht von Investmentvermögen Fragestellungen hinsichtlich der Eigenschaft als zulässiger **Vermögensgegenstand** (Eligible-Asset) oder diesbezüglicher Bewertungsfragen aufkommen. Im Gesetz treten dabei an einigen Stellen begriffliche Unschärfen auf; zuweilen verwendet es im Vergleich zum Immobilienbegriff dieser Vorschrift mal einen engeren und mal einen weiteren Immobilienbegriff. Beispielsweise investiert das Immobilien-Sondervermögen (§ 1 XIX Nr. 23) per definitionem in Immobilien; allerdings nimmt der Gesetzgeber im Katalog erwerbbarer Vermögensgegenstände in der Katalog-Vorschrift für Immobilien-Sondervermögen in § 231 I nicht sprachlich Bezug auf den Begriff der Immobilie, sondern betitelt die im Katalog aufgeführten Rechte, die – überwiegend – gar keine dinglichen Rechte, sondern nur Beschreibungen von Nutzungsarten sind, eigenständig als Vermögensgegenstände. Ob hierin definitorisch eine einhegende Ausprägung des Immobilienbegriffs nach § 1 XIX Nr. 21 oder davon unberührt eigenständige weitere Begrifflichkeiten zu erblicken sind, bleibt unklar. Wegen des abschließenden Katalogs von § 231 I ist der dortige Immobilienbegriff damit enger als die Definition von § 1 XIX Nr. 21 **(enger Immobilienbegriff).** Etwas klarer liegt schon der Fall bei den für geschlossene Publikums-AIF erwerbbaren Immobilien gem. § 261 II Nr. 1. Dort handelt es sich ausweislich des Wortlauts um eine Definition von Sachwerten, die eine eigenständige Anlageklasse bilden. Wenngleich es sich also definitorisch nicht um den Immobilienbegriff von § 1 XIX Nr. 21 handelt, kann wegen jenes definitorischen Einbezugs von Wald, Forst und Agrarland – zumindest untechnisch – von Immobilien im weiteren Sinne gesprochen werden **(weiter Immobilienbegriff).** Daraus folgt zuletzt für andere ebenfalls in Immobilien investierende Spezial-AIF, die bezüglich Immobilien keinen kontextual-spezifischen Anlagevorschriften unterliegen, wie etwa jene nach §§ 282, 285, dass für diese der allgemeine Immobilienbegriff von § 1 XIX Nr. 21 gilt **(neutraler Immobilienbegriff),** der weniger eng ist als der von (Spezial-) Immobilienfonds nach (§ 284) § 230ff. Wobei sich bei den Spezial-Immobilienfonds nach § 284 II die einzelnen Beschränkungen von § 231 I abbedingen lassen, so dass dann in letzter Instanz der neutrale Immobilienbegriff nach § 1 XIX Nr. 21 die maßgebliche Definitionsgröße darstellt. 103

b) Verhältnis zu anderen kapitalanlagerelevanten Gesetzen. Die Reichweite dieser Begriffsbestimmung geht über das KAGB hinaus und erfasst auch andere kapitalanlagerelevante Gesetze. Aus § 1 I InvStG folgt, dass der Immobilien- 104 begriff auch für investmentsteuerliche Zwecke heranzuziehen ist, da dieser im **InvStG** keine abweichende Begriffsbestimmung erfährt. Daneben ist der Immobilienbegriff relevant im Rahmen der **AnlV,** die für weite Teile von VAG-Anlegern Vorgaben zur Veranlagung des Sicherungsvermögen macht. Im Zusammenhang mit der indirekten Immobilienanlage gem. § 2 I Nr. 14 Buchst. c Doppelbuchst. aa AnlV wird insoweit auf die Vermögensgegenstände nach § 231 I 1 Nr. 1–6 Bezug genommen, bei denen es sich um den engen Immobilienbegriff (vgl. → Rn. 103) handelt.

105 **19. Immobilien-Gesellschaften (§ 1 XIX Nr. 22).** Wie der Begriff der Immobilie reicht auch der Begriff der Immobilien-Gesellschaften auf das KAGG zurück, in welches insoweit durch das 3. FMFG der Vorgänger-Begriff der Grundstücks-Gesellschaften eingeführt wurde. Die Qualifizierung als Immobilien-Gesellschaft nach § 1 XIX Nr. 22 richtet sich nicht nach der Rechtsform, sondern nach dem in den Statuten fixierten Gesellschaftszweck. **Immobilien-Gesellschaften** sind demnach Gesellschaften, deren Unternehmensgegenstand im Gesellschaftsvertrag oder in der Satzung nur den Erwerb von Immobilien sowie die zur Bewirtschaftung der Immobilien erforderlichen Gegenstände erlaubt.

106 **a) Verhältnis zu anderen Regelungen im KAGB.** Der systematische Verbund der Vorschriften von § 1 XIX Nr. 21–23 sowie dessen Genese im InvG bzw. sogar KAGG verdeutlichen, dass diese Begriffe aus der historischen Entwicklung heraus **eng im Zusammenhang mit dem (Spezial-)Immobiliensondervermögen nach (§ 284) §§ 230 ff.** zu verstehen sind. Damit handelt es sich genauso wenig, wie es sich bei Immobilien nach § 261 II Nr. 1 um Immobilien iSv § 1 XIX Nr. 21 handelt (vgl. → Rn. 103), entsprechend bei **Sachwerte-Gesellschaften nach § 261 I Nr. 3,** die in den Sachwert Immobilie investieren, ungeachtet des in der Durchschau gleichen Assets, um Immobilien-Gesellschaften nach dieser Vorschrift.

107 **b) Immobilien-Gesellschaften als Vermögensgegenstand von Sondervermögen (§§ 230 ff., 282, 284).** Die Vorschriften des **Immobilien-Sondervermögens (§§ 230 ff.)** statuieren in § 235 diverse inhaltliche Vorgaben für die Statuten von Immobilien-Gesellschaften. Dagegen fügen sich die jüngeren und insofern anforderungslosen Publikums-AIF bezüglich der Sachwerte-Gesellschaften nicht in diese Systematik ein, obgleich bei beiden in letzter Konsequenz für nichtprofessionelle Anleger von Publikumsinvestmentvermögen dasselbe Asset erworben wird. Folgerichtig ist es daher, dass erst recht **Spezial-AIF mit festen Anlagebedingungen (§ 284)** dieses Gefälle im Wege vertraglicher Vereinbarung mit den Anlegern auflösen dürfen, indem sie weitgehend von diesen Bestimmungen abweichen. Um insofern die Qualifikation als Immobilien-Gesellschaften zu erhalten, muss ausschließlich die Anforderung von **§ 1 XIX Nr. 22 als definitorischer nucleus** in den Statuen umgesetzt werden. Das ist zugleich ausreichend für die Zwecke der Qualifikation als Immobilien-Gesellschaften nach **§ 26 Nr. 4 Buchst. f InvStG iSv Spezial-Investmentfonds (Kapitel-3-Fonds).** Insofern ist die Einhaltung der weiteren Vorgaben an Immobilien-Gesellschaften nach § 231 ff. unbeachtlich, da sie auf allgemeine offene Spezial-AIF (§ 282) nicht anwendbar und bei offenen Spezial-AIF m.f. AB (§ 284) weitgehend abdingbar sind (BMF 20.1.2021, BStBl. I 2021, 156 Tz. 26.23). Ferner kann eine Gesellschaft oder ein AIF, die bzw. der sowohl die Voraussetzungen für Immobilien-Gesellschaften als auch die von **Investmentfonds** erfüllt, sowohl als Immobilien-Gesellschaft iSv § 1 XIX Nr. 22 (zu Ein-

zelheiten vgl. BaFin, Auslegungsentscheidung zur Erwerbbarkeit eines AIF, GZ WA 42-QB 4100–2016/0005 v. 9.4.2018) wie iSv § 26 Nr. 4 Buchst. f InvStG gehalten werden (BMF 20.1.2021, BStBl. I 2021, 156 Tz. 26.23).

20. Immobilien-Sondervermögen (§ 1 XIX Nr. 23). Immobilien-Sondervermögen sind Sondervermögen, die nach den Anlagebedingungen das bei ihnen eingelegte Geld in Immobilien anlegen. Die Definition ist aus sich heraus ohne Weiteres verständlich. Wegen des Begriffsbestandteils Sondervermögen vgl. § 1 X, wegen des der Immobilie § 1 XIX Nr. 21. Es zeigt sich beim Begriff des Immobilien-Sondervermögens der enge Zusammenhang mit Immobilien und Immobilien-Gesellschaften, die allesamt auf eine eigenständige Entwicklungsgeschichte unabhängig von den Richtliniendefinitionen zurückgeht. Nur so lässt sich erklären, weshalb der Gesetzgeber das Immobilien-Sondervermögen legaldefiniert und nicht auch andere Typen von Sondervermögen oder Investmentvermögen. 108

21. Infrastruktur-Projektgesellschaften (§ 1 XIX Nr. 23 a). Die Begriffsaufnahme der Infrastruktur-Projektgesellschaften durch das FoStoG wurde erforderlich, weil es sich insoweit um den Anlageschwerpunkt des ebenfalls neu eingeführten Fondstyps des Infrastruktur-Sondervermögens handelt. Auf die Verwaltung des Infrastruktur-Sondervermögens finden grundsätzlich die Vorschriften des Immobilien-Sondervermögens nach den §§ 230–260 Anwendung, soweit sich aus den Vorschriften von §§ 260a–260d nichts anderes ergibt. Es handelt sich aus Produktsicht von Privatanlegern um die gegenüber dem auf europäischer Ebene 2015 eingeführten ELTIF (§ 338 a) flexiblere Produktart in Form eines offenen Investmentvermögens mit der Möglichkeit vorzeitiger Anteilsrückgaben. Darüber hinaus haben Infrastruktur-Projektgesellschaften, ebenfalls durch das FoStoG, Aufnahme in den Katalog zulässiger Vermögensgegenstände geschlossener Publikums-AIF (§ 261 I Nr. 2 Var. 2) sowie offener Spezial-AIF m.f. AB (§ 284 II Nr. 2 Buchst. h Var. 2) gefunden. Korrespondierend zur Aufnahme in den Katalog erlaubter Vermögensgegenstände offener Spezial-AIF m.f. AB dürfen infolge der gleichfalls durch das FoStoG gebrachten Anpassung von § 26 I Nr. 4 Buchst. j InvStG Spezial-Investmentfonds (Kapitel-3-Fonds) in Infrastruktur-Projektgesellschaften investieren. Insofern ist der wesentliche Unterschied von Infrastruktur-Projektgesellschaften gegenüber Immobilien-Gesellschaften relevant, als das Erstere anders als Letztere per definitionem ihre Vermögensgegenstände nicht nur bewirtschaften, sondern auch betreiben dürfen. 109

Infrastruktur-Projektgesellschaften sind nach dieser neu geschaffenen Definition Gesellschaften, die nach dem Gesellschaftsvertrag oder der Satzung gegründet wurden, um dem Funktionieren des Gemeinwesens dienende Einrichtungen, Anlagen, Bauwerke und Teile davon zu errichten, zu sanieren, zu betreiben oder zu bewirtschaften. Wie bei der Begriffsbestimmung von Immobilien-Gesellschaften ist keine bestimmte Rechtsform vorgegeben; ausschließlich der in den Statuten fixierte Gesellschaftszweck führt zur entsprechenden Einordnung. Eine **Strukturähnlichkeit zu ÖPP-Projektgesellschaften** (§ 1 XIX Nr. 28) liegt auf der Hand, auch wenn im Vergleich zu dieser der Begriff der Infrastruktur-Gesellschaften insofern weiter gefasst ist, als nicht das Erfordernis einer Öffentlich-Privaten Partnerschaft besteht und deswegen Infrastruktur-Projektgesellschaften privatwirtschaftlich ausgestaltet sein können (BT-Drs. 51/21, 87). Daran geknüpft ist die redaktionelle Abweichung, dass die genannten Objekte dem Funktionieren des Gemeinwesens statt der Erfüllung öffentlicher Aufgaben dienen müssen. Denn Letzteres würde auf die gemeinsame Wahrnehmung öffentlicher Aufgaben abstellen, was bei Infrastruk- 110 tur-Projektgesellschaften definitorisch gerade nicht erforderlich ist. Weiterhin umfasst die Aufzählung der zulässigen Objektkategorien neben **Anlagen** und **Bauwerken** in Ergänzung zur Definition von ÖPP-Projektgesellschaften **Einrichtungen** sowie jeweils **Teile davon.** Die Ergänzung um den Begriff Einrichtungen dürfte darauf zurückzuführen sein, dass sich die Definition von Infrastruktur-Projektgesellschaften ausweislich des ursprünglichen Gesetzesentwurfs an § 2 X des BSI-Gesetzes (RefE des BMF zum FoG, 87f.) orientierte. Wenn auch dieser Gesetzgeberhinweis in der Gesetzesbegründung zum Kabinettsentwurf fallen gelassen wurde, so wird man sich für eine Eingrenzung des Begriffs an **§ 2 X S. 1 Nr. 1 BSI-Gesetz** orientieren können. Danach erfassen Infrastruktur-Projektgesellschaften jegliche Anlagen, Bauwerke oder Einrichtungen oder Teile davon, die den Sektoren Energie, Informationstechnik und Telekommunikation, Transport und Verkehr, Gesundheit, Wasser, Ernährung sowie Finanz- und Versicherungswesen angehören. Diese Aufzählung ist einführend und keineswegs abschließend. Außerdem kommt es für den Infrastruktur-Projektgesellschaften-Begriff nicht darauf an, dass diese Bauwerke, Einrichtungen, Anlagen oder Teile davon als kritische Infrastrukturen qualifizieren, indem sie kumulativ die Voraussetzungen von § 2 X S. 1 Nr. 2 BSI-Gesetz erfüllen, da das BSI-Gesetz den spezielleren Schutzzweck der Schutzbedürftigkeit kritischer Infrastrukturen verfolgt, während der Begriff der Infrastruktur-Projektgesellschaften ausschließlich dem Funktionieren des Gemeinwesens dienen soll. Gesetzeswortlaut und Regelungszusammenhang erfordern keinen Inlandsbezug; weder müssen die Anlagen, Bauwerke oder Einrichtungen auf deutschem Staatsgebiet aufstehen noch dem Gemeinwesen innerhalb des deutschen Staatsgebiets dienen.

111 **22. Kollektive Vermögensverwaltung (§ 1 XIX Nr. 24).** Der Begriff der kollektiven Vermögensverwaltung lehnt sich – wie sich aus der Aufteilung und Benennung der verschiedenen Tätigkeiten ergibt – offensichtlich eher an den in Anhang I der AIFM-RL und somit an die im Vergleich zur OGAW-RL (Anhang II) neuere Begriffsbestimmung aus dem EU-Recht an, auch wenn die Gesetzesbegründung etwas anderes vermuten lässt. Obwohl der Gesetzeswortlaut dazu keine Aussage trifft, ergibt sich aus der Gesetzessystematik und der Einordnung der Vorschrift, dass sich der Begriff der kollektiven Vermögensverwaltung auf die Verwaltung von Investmentvermögen und damit auch auf die zumindest de iure mögliche Verwaltung für eine Mehrheit von Anlegern – auch wenn diese im Einzelfall nicht auch de facto vorliegen muss – beziehen soll. Diese wird dadurch von anderen Formen der Kapitalanlage wie bspw. der individuellen Vermögensverwaltung oder der Finanzportfolioverwaltung abgegrenzt. Dabei beschreibt der Gesetzeswortlaut diejenigen Tätigkeiten, die typischerweise für die Verwaltung eines Investmentvermögens erforderlich sind. Als reine Begriffsbestimmung bildet er einen zentralen Anknüpfungspunkt für andere Regelungen im KAGB, hat aber nicht selbst Regelungscharakter. Die Definition in Nr. 24 beschreibt zum einen, was grundsätzlich erlaubnispflichtig sein kann, ohne dass man dies als Vorgabe für eine zwingende Erlaubnispflicht aller genannten Tätigkeiten missverstehen darf. Zum anderen stellt sie klar, welche Aufgaben als fondsverwaltende Tätigkeit in jedem Fall von einer KVG erbracht werden dürfen und daher keine außerhalb der Fondsverwaltung liegende Nebendienstleistung darstellen. Dabei trifft sie jedoch keine eigenständige Aussage, inwieweit die jeweilige Tätigkeit auch von der KVG selbst erbracht werden muss und ob es sich – soweit ein Dritter diese Tätigkeiten erbringt – um eine Auslagerung handelt.

112 Portfolioverwaltung oder auch Portfoliomanagement lässt sich als Tätigkeit definieren, bei der mit den dem Investmentvermögen zur Verfügung stehenden Geldern auf der Basis einer Strategie ein Portfolio von verschiedenen, einzelnen Vermögensgegenständen durch Erwerb aufgebaut, gesteuert und gegebenenfalls verändert und veräußert wird. Die Berücksichtigung von Risiken ist als einer der Faktoren des sog. Investmentdreiecks aus Rendite, Risiko und Liquidität – gegebenenfalls erweitert um den vierten der Nachhaltigkeit – ein integraler Bestandteil des Portfoliomanagements. Dementsprechend sind Parameter wie Risikodiversifikation, die Liquidität des Portfolios oder gar die Auswahl von Vermögensgegenständen eindeutig dem Portfoliomanagement zuzuordnen (was in der Literatur teilweise verkannt wird, vgl. BLS/*Kunschke/Bachmann* § 1 Rn. 248; FK-KapAnlR/*Gottschling* § 1 Rn. 356). Risikomanagement als Teil der aufsichtsrechtlich definierten kollektiven Vermögensverwaltung ist in Abgrenzung zum Portfoliomanagement das, was als eigenständige, vom Portfoliomanagement strikt getrennte Aufgabe in der KAMaRisk beschrieben ist.

113 Neben dem Portfolio- und dem Risikomanagement gehören zur kollektiven Vermögensverwaltung noch der Vertrieb von Anteilen an Investmentvermögen, die von der KVG selbst verwaltet werden, sowie administrative Tätigkeiten. Als administrative Tätigkeiten gelten laut OGAW-RL Anhang II und AIFM-RL Anhang I:

i) rechtliche Dienstleistungen sowie Dienstleistungen der Fondsbuchhaltung und Rechnungslegung,
ii) Kundenanfragen,
iii) Bewertung und Preisfestsetzung, einschließlich Steuererklärungen,
iv) Überwachung der Einhaltung der Rechtsvorschriften,
v) Führung eines Anlegerregisters,
vi) Gewinnausschüttung,
vii) Ausgabe und Rücknahme von Anteilen,
viii) Kontraktabrechnungen, einschließlich Versand der Zertifikate und
ix) Führung von Aufzeichnungen.

Nicht Bestandteil dieser kollektiven Vermögensverwaltung ist hingegen die Tätigkeit des sog. Market Making oder auch Designated Sponsoring iSd MiFiD und den entsprechend umgesetzten nationalen Regelungen. Market Making stellt weder originäre Vermögensverwaltung noch ein Hilfsgeschäft zur kollektiven Vermögensverwaltung, sondern Eigenhandel dar und ist dementsprechend in Anhang I der AIFM-RL auch nicht aufgelistet. Auch Ausnahmen beispielsweise für Hedgefonds sind nicht ersichtlich (VGH Hessen 21.11.2023 – 6 A 1658/18, BeckRS 2023, 45743).

114 Bei AIF treten schließlich noch Tätigkeiten im Zusammenhang mit den Vermögensgegenständen des AIF hinzu. Dies ist erkennbar lediglich der Tatsache geschuldet, dass ein AIF idR Vermögensgegenstände enthält, die im Vergleich zu OGAW eine viel größere Bandbreite an Tätigkeiten erfordern, welche man zumindest teilweise auch als Bewirtschaftung umschreiben kann. Als Beispiele nennt Anlage II AIFM-RL hier ua die Immobilienverwaltung (Asset-Management, Property-Management und Facility Management) bei Immobilienfonds oder die rechtliche und steuerliche Strukturierung von Beteiligungen sowie Beratungs- und Dienstleistungen im Zusammenhang mit Fusionen und Unternehmenskäufen bei einem auf Unternehmensbeteiligungen ausgerichteten Investmentvermögen.

115 Die Definition der kollektiven Vermögensverwaltung in § 1 XIX Nr. 24 beschreibt die Tätigkeiten, die eine KVG mindestens – sei es einzeln oder in ihrer Ge-

samtheit – erbringen darf (§ 20 II u. III). Dabei spielt es keine Rolle, ob sie die Tätigkeiten für von ihr selbst oder von einer anderen KVG verwalteten Investmentvermögen erbringt, da weder der Gesetzeswortlaut in Nr. 24 noch die entsprechenden OGAW-RL und AIFM-RL eine entsprechende Differenzierung enthalten. Folgerichtig ist es auch uneingeschränkt zulässig, wenn die Tätigkeit einer KVG ganz überwiegend in der Übernahme von einzelnen Aufgaben der kollektiven Vermögensverwaltung für fremdverwaltete Investmentvermögen besteht. Nach dem unmissverständlichen Wortlaut sowohl der OGAW-RL und der AIFM-RL als auch von § 1 XVI ist es lediglich erforderlich, dass die KVG mindestens ein Investmentvermögen selbst verwaltet oder nachweisbar zu verwalten beabsichtigt. Neben den Tätigkeiten der kollektiven Vermögensverwaltung darf eine KVG gem. § 20 II u. III noch einige weitere Dienstleistungen und Nebendienstleistungen erbringen, die den Tätigkeiten der kollektiven Vermögensverwaltung ähneln.

116 Neben der Frage, welche Tätigkeiten eine KVG erbringen darf, spielt die Definition in Nr. 24 noch eine Rolle für die Frage, welche Tätigkeiten sie bei selbst verwalteten Investmentvermögen selbst erbringen muss oder auf Dritte übertragen kann. Grundsätzlich kann jede einzelne Tätigkeit der kollektiven Vermögensverwaltung im Auftrag der KVG jeweils auch von Dritten erbracht werden. Seine Grenze findet dies allerdings in einer Aushöhlung der KVG hin zu einer Art Briefkastengesellschaft. Die BaFin hat daher auf der Basis der EU-RL (s. bspw. Art. 82 AIFM-RL) klargestellt, dass sowohl das Portfolio- als auch das Risikomanagement nicht beide vollständig ausgelagert werden dürfen. Darüber hinaus dürfen die ausgelagerten Funktionen einschließlich administrativen Tätigkeiten die von der KVG noch selbst erbrachten Leistungen insgesamt quantitativ nicht deutlich übersteigen (vgl. *BaFin* Häufige Fragen zum Thema Auslagerung gemäß § 36 KAGB, Schreiben vom 10.7.2013, geändert am 15.11.2017, Geschäftszeichen WA 41-Wp 2137-2013/0036 Rn. 11). Nicht als Auslagerung gem. § 36 gilt der Vertrieb von Anteilen an Investmentvermögen durch Intermediäre (vgl. *BaFin* aaO Rn. 1). Der Vertrieb ist lediglich Teil der kollektiven Vermögensverwaltung, weil ihn eine KVG in Bezug auf die selbst verwalteten Investmentvermögen immer erbringen darf. Anders als alle anderen Bestandteile der in § 1 XIX Nr. 24 definierten kollektiven Vermögensverwaltung handelt es sich jedoch nicht um eine Tätigkeit, die unmittelbar der Verwaltung der Investmentvermögen dient und daher eines besonderen Schutzes vor einer Aushöhlung der strengen Regulierung einer KVG bedarf (aA WBA/*Volhard/Jang* § 1 Rn. 93, die der Ansicht sind, dass der eigene Vertrieb ein integraler Bestandteil der Verwaltung eines Investmentvermögens und zumindest für die Entstehung des Investmentvermögens zwingend erforderlich sei, was aber in jedem Fall die Tatsache außer Acht lässt, dass der Vertrieb von Investmentanteilen zumindest bei Publikumsfonds durch Intermediäre häufig sogar ohne Kenntnis der KVG erfolgt und es eine unwissentliche, nicht selbst initiierte und vereinbarte Auslagerung nicht geben kann). Ebenfalls keine Auslagerung iSv § 36 stellt die Übertragung von Tätigkeiten auf Dritte dar, die lediglich der Administration der KVG selbst dienen (bspw. die Gesellschafts- oder die Lohnbuchhaltung einschl. der dazugehörigen Informationstechnologie).

117 **23. Leverage (§ 1 XIX Nr. 25).** § 1 XI Nr. 25 geht auf die AIFM-RL und den dort verwendeten Begriff der Hebelfinanzierung zurück. Die Vorschrift kann nur teilweise als echte Begriffsbestimmungsnorm verstanden werden, insoweit wie sie in S. 1 den Begriff des Leverage legaldefiniert. S. 2 hingegen versteht sich eher als Rechtsverweis auf die Level-II-VO zur AIFM-RL mit Regelungsbezügen zur Berechnungsmethode. An die KVG richten sich bei der **Nutzung von Leverage gewisse Anforderungen** zur Aufdeckung, Verfolgung und Eindämmung von im Zusammenhang mit Leverage stehenden Risiken.

Den Gesetzeswortlaut wiedergebend ist **Leverage** jede Methode, mit der die Verwaltungsgesellschaft den Investitionsgrad eines von ihr verwalteten Investmentvermögens durch Kreditaufnahme, Wertpapier-Darlehen, in Derivate eingebettete Hebelfinanzierungen oder auf andere Weise erhöht. Andere **Hebelfinanzierungen** sind keinesfalls ausgegrenzt, was die Auffangformulierung „auf andere Weise" belegt. **118**

Der Rechtsverweis auf die Art. 611 Level-2-VO zur AIFM-RL gibt den Rechtsrahmen vor, wie jeweils für AIF die erlaubten Leverage-Methoden und Berechnungsdurchführung zu bestimmen sind. Korrespondierend zum erhöhten Investitionsgrad drückt sich allgemein gesprochen die Hebelkraft eines AIF durch das Verhältnis zwischen seinem Nettoinventarwert und Risiko aus (vgl. auch Art. 6 I Level-2-VO). Zur Berechnung dieses Exposure ist entweder die Brutto- (Art. 7 Level-II-VO) oder Commitment-Methode (Art. 8 Level-II-VO) heranzuziehen. Als Grundsatz ist Leverage auf Ebene von dem von AIF kontrollierten Finanz- und Rechtsstrukturen einzubeziehen (Art. 6 III 1 Level-II-VO). Bei PE/VC lässt der Verordnungsgeber hiervon eine Ausnahme zu, wenn der Leverage auf Ebene des Zielportfolio-Unternehmens besteht, sofern der AIF oder die für ihn handelnde KVG nicht für potenzielle Verluste aufkommen muss, die über die Investition in das Zielportfolio-Unternehmen hinausgehen (Art. 6 III 2 Level-II-VO). Unter diesen Voraussetzungen ist das Leverage auch auf Ebene verwendeter Akquisitionsgesellschaften aus der Berechnung herauszunehmen (erläuternd WBA/*Volhard/Jang* § 1 Rn. 97). **119**

24. Mutterunternehmen (§ 1 XIX Nr. 26). Mutterunternehmen sind Unternehmen, die **Mutterunternehmen iSv § 290 HGB** sind. Danach kommt es darauf an, dass das Mutterunternehmen auf das andere Unternehmen (Tochterunternehmen) unmittelbar oder mittelbar einen beherrschenden Einfluss ausüben kann (§ 290 I 1 HGB). Beherrschender Einfluss eines Mutterunternehmens besteht stets, wenn einer der in § 290 II HGB genannten Fälle einschlägig ist. Vice versa definiert § 1 XIX Nr. 35 das Tochterunternehmen durch Verweis auf § 290 HGB. **120**

25. Nicht börsennotiertes Unternehmen (§ 1 XIX Nr. 27). Der Begriff spielt eine zentrale Rolle beim Erwerb der Kontrolle für geschlossene inländische Spezial-AIF über nicht börsennotierte Unternehmen; es gelten dann die besonderen Vorschriften von §§ 287 ff. **Nicht börsennotiertes Unternehmen** ist ein Unternehmen mit satzungsmäßigem Sitz in einem EU-Mitgliedstaat/EWR-Vertragsstaat ohne eine Zulassung zum Anteilshandel an einem regulierten Markt iSv Art. 4 I Nr. 21 MiFID-II-RL. Abzugrenzen sind von dem Begriff „Unternehmen, die nicht zum Handel an einer Börse zugelassen oder in einen organisierten Markt einbezogen sind" (§ 261 I Nr. 4; § 284 III), da dieser nicht an die Voraussetzung des satzungsmäßigen Sitzes in der EU/im EWR knüpft und daher weniger eng als der Begriff des nicht börsennotierten Unternehmens ist. **121**

Der nur börsenregulierte Freiverkehr ist kein regulierter Markt iSv Art. 4 I Nr. 21 MiFID-II-RL. Deswegen unterfallen nicht im Umkehrschluss im Freiverkehr gehandelte Unternehmen der Definition des nicht börsennotierten Unternehmens (so aber EDD/*Verfürth/Emde* § 1 Rn. 334; WBA/*Volhard/Jang* § 1 Rn. 100), weil dies zu einer Überdehnung der Norm führt. Das definitorische Gegenstück zu nicht börsennotiertes Unternehmen ist der Emittenten-Begriff (AWZ/ **122**

Zetzsche § 1 Rn. 214), der nach § 206 I ua Wertpapiere begibt; Wertpapiere können gem. § 198 Nr. 1 auch solche sein, die nicht zum Handel an einer Börse oder einem anderen organisierten Markt zugelassen bzw. einbezogen sind.

123 Teilweise wird in der Literatur der Anwendungsbereich der Vorschrift auf Kapitalgesellschaften eingeengt (WBA/*Volhard/Jang* § 1 Rn. 103; AWZ/*Zetzsche* § 1 Rn. 215 sieht – ohne nähere Begründung – „allenfalls" noch kapitalistisch verfasste Personengesellschaften innerhalb der Norm). Die Begründung für diese einengende Auslegung bezieht sich auf den „satzungsmäßigen Sitz" und stützt sich auf das rein sprachliche Argument, dass diese Begrifflichkeit Kapitalgesellschaften zuordnen ist. Zwar wird in der englischen Definition von Art. 4 I Buchst. ac AIFM-RL von „Company" gesprochen, weswegen es trotz des für Kapitalgesellschaften sprechenden Sprachverständnisses ohne weitere regelungslogische Anknüpfungspunkte erstens nicht ausgemachte Sache ist, dass der Richtliniengesetzgeber einengen wollte, und zweitens – insofern in jedem Fall entscheidend – der deutsche Gesetzgeber definitiv die rechtsformunabhängige Begrifflichkeit des Unternehmens hat Eingang in das Gesetz finden lassen. Überdies verwendet das Gesetz „satzungsmäßigen Sitz" auch an anderer Stelle untechnisch, zB im Zusammenhang mit (semi-)professionellen Anlegern im Rahmen des Pre-Marketings (§ 1 XIX Nr. 29 Buchst. a), wo es fernliegend wäre, dass dort damit nur Anleger in Form von Kapitalgesellschaften gemeint sein sollen. Es ist auch kein berechtigtes Interesse erkennbar, Personengesellschaften als Portfolio-Zielunternehmen von PE-Fonds nicht dem speziellen Übernahmerecht (keine Behandlung von Zielunternehmen als reine Handelsware) für KVG zu unterwerfen, sofern das Zielunternehmen nicht aus anderen Gründen aus dem Anwendungsbereich von §§ 287–292 herausfällt, etwa weil es ein kleineres oder mittleres Unternehmen nach § 287 II Nr. 1 ist.

124 **26. ÖPP-Projektgesellschaften (§ 1 XIX Nr. 28).** ÖPP-Projektgesellschaften haben Bedeutung als Anlagegenstand geschlossener Publikums-AIF (§ 261 I Nr. 2) und offener Spezial-AIF mf AB (§ 284 II Nr. 2 Buchst. h Var. 1). Es handelt sich bei **ÖPP-Projektgesellschaften** um Gesellschaften, die im Rahmen Öffentlich-Privater Partnerschaften ausweislich ihres Gesellschaftszwecks das Ziel verfolgen, Anlagen oder Bauwerke zu errichten, zu sanieren, zu betreiben oder zu bewirtschaften, die der Erfüllung öffentlicher Aufgaben dienen.

125 **Öffentlich-Private Partnerschaften** verfolgen die Bereitstellung von Leistungen für Bevölkerung und Staat bei ausgewogener Verteilung von Chancen und Risiken zwischen Öffentlicher Hand und Privatwirtschaft über den gesamten Lebenszyklus der ÖPP-Projektgesellschaften (Anfangsinvestitionen, Folgekosten wie Betriebs- und Instandhaltungskosten). Öffentlich-Private Partnerschaften verfolgen also nicht nur Finanzierungszwecke der öffentlichen Hand, sondern vielmehr die Ausschöpfung von Effizienzvorteilen durch die Kooperation von öffentlicher Hand und Privatwirtschaft. Typischerweise wird die Zusammenarbeit, also die Festlegung von Zielen und die Beschreibung der Leistungen und Umsetzung, vertraglich geregelt.

126 Aus dem Wortlaut ergibt sich nicht, **welche Infrastruktur-Projekte** begrifflich abgedeckt sind; aus dem Regelungszusammenhang ist aber erkennbar und ausreichend, dass das Infrastruktur-Projekt einen Tätigkeitsbezug zu den Aufgaben der öffentlichen Hand aufweisen muss. Dieser weite begrifflich Ansatz ist sinnvoll, weil die weitere Eingrenzung faktisch dadurch erfolgt, dass es sich bei zu Stande kommender Kooperation mit der – im Rahmen ihrer Zuständigkeit handelnden – öffentlichen Hand ohne Weiteres um die Erfüllung öffentlicher Aufgaben handelt.

Aus dem gleichen Grund erscheint die kapitalanlagerechtsrelevante Frage, ob der implizit aus der Erfüllung öffentlicher Aufgaben zu fordernde Inlandsbezug auch dann gewahrt ist, wenn außerhalb des deutschen Staatsgebiets stehende Anlagen letztlich der Erfüllung öffentlicher Aufgaben innerhalb des deutschen Staatsgebiets dienen (vgl. Fragestellung bei EDD/*Verführt/Emde* § 1 Rn. 340), theoretisch. Denn die Ziele des ÖPP-Beschleunigungsgesetzes (beschleunigte Umsetzung Infrastruktur-Projekte) dürften der politischen Willensbildung seitens der öffentlichen Hand für eine solche Realisierung von im Ausland stehenden Anlagen entgegenstehen. ÖPP ist zudem seit dem Runderlass des BMVI als Realisierungsvariante in den RL für die Durchführung von Bauaufgaben des Bundes (RBBau) verankert; als Beschaffungsvariante der Bedarfsdeckung zählt nicht die Errichtung von Anlagen auf staatsfremdem Terrain.

27. Organisierter Markt (§ 1 XIX Nr. 29). Organisierter Markt ist ein Markt, der anerkannt und für das Publikum offen ist und dessen Funktionsweise ordnungsgemäß ist, sofern nicht ausdrücklich etwas anderes bestimmt ist. **Anerkannt** setzt nicht zwingend staatliche Zulassung voraus, für das **Publikum offen** verlangt nach ausreichender Liquidität des Handelsplatzes und eine **ordnungsgemäße Funktionsweise** ist gegeben bei einem multilateralen und den Anforderungen von § 31 Buchst. f, g genügendem Handelssystem (WBA/*Volhard/Jang* § 1 Rn. 104 mwN). 127

Gemäß § 193 I Nr. 1 darf die KVG für OGAW grundsätzlich nur Wertpapiere erwerben, welche an einer Börse oder einem organisierten Markt zugelassen oder in diesen einbezogen sind; nach § 198 Nr. 1 kann sie jedoch unter der dort genannten Voraussetzung auch bis zu 10% des NAV des OGAW in dieses Kriterium nicht erfüllende Wertpapiere anlegen. Außerhalb der EU/des EWR zugelassene Börsen und organisierte Märkte bedürfen nach § 193 I Nr. 2 u. 4 einer eigenen für KVG verbindlichen Zulassung der BaFin; das setzt sie im Wege einer regelmäßig aktualisierten Positiv-Liste um (BaFin, Liste der zugelassenen Börsen und der anderen organisierten Märkte gemäß § 193 I 1 Nr. 2 u. 4 KAGB v. 16.2.2011, geändert am 1.2.2021, WA 43 – Wp 2100-2013/0003). 128

28. Pre-Marketing (§ 1 XIX Nr. 29a). Die durch das FoStoG veranlasste Aufnahme des Begriffs Pre-Marketing in § 1 XIX Nr. 29a dient der Umsetzung des seinerseits in Art. 4 Buchst. aea AIFM-RL neu eingefügten und gleichlautenden Begriffs (BT-Drs. 51/21, 87). Für diese Einfügung in die AIFM-RL ist wiederum Art. 2 Nr. 1 der RL 2019/1160 ursächlich. Als legislativer Akt des **Aktionsplans für eine Kapitalmarktunion der EU** soll die RL (EU) 2019/1160 die **Harmonisierung des grenzüberschreitenden Vertriebs von OGAW und AIF** herbeiführen. Dafür soll die Kohärenz der nationalstaatlichen Bestimmungen verbessert werden; insofern gibt die RL (EU) 2019/1160 einheitliche Vertriebsregelungen in der EU/dem EWR vor, so eben nun auch erstmalig mit einem EU-einheitlichen Begriff zum Pre-Marketing. Zuvor war Pre-Marketing in der AIMF-RL ungeregelt und auch in Deutschland sah der Gesetzgeber kein Regelungsinteresse für das dem eigentlichen Vertrieb vorgelagerte Pre-Marketing an (semi-)professionelle Anleger. Die zuvor im Einklang mit der Verwaltungspraxis stehenden Marktsondierungen zu – konkreten – Produktideen sind nicht mehr anzeigefrei erlaubt, da insoweit die wenig praxistauglichen Vorgaben von § 306b zu beachten sind. Wegen der Details vgl. die Kommentierung zu § 306b. 129

Wegen der Definition soll hier nur auf den Wortlaut verwiesen werden, ohne ihn zu wiederholen. Zentrale Voraussetzung ist jedenfalls, dass die **Bereitstellung** 130

von Informationen oder Mitteilungen über die Anlagestrategie oder Anlagekonzepte an potenzielle (semi-)professionelle Anleger **durch eine AIF-KVG oder in deren Auftrag** erfolgt. Dies ist regelmäßig nicht der Fall, wenn Fondsverwaltung und Management voneinander getrennt sind (untechnische Bezeichnung in der Industrie je nach Ausprägung und Adressierung der Leistungen als Service- oder Master-Fonds-Modell), und zugleich der Asset Manager autark von der Service-/Master-KVG die Anleger mit seiner konkreten Produktidee anspricht. Denn hier ist weder die AIF-KVG ursächlich noch hat diese den Manager beauftragt, da dieser in der Vor-Zeichnungsphase weder auf Grundlage eines mit der Service-/Master-KVG bestehenden Rechtsverhältnisses noch gar wegen eines Vertriebsauftrags, sondern stattdessen eigenständig und in der Praxis auch weitgehend autark die Anleger anspricht. Dies ändert auch nicht die Tatsache, dass der Asset Manager ggf. durch die KVG bereitgestellte, aber von ihm angeforderte Fondsvertragswerks-Entwürfe als Informationen verwendet. Somit fehlt es in diesen Fällen in Ermangelung eines Pre-Marketings an der Tatbestandsmäßigkeit von § 306b. Weiterhin handelt es sich genauso wenig um Vertrieb wie Pre-Marketing, wenn wegen eines sog. Reverse Solicitation die Initiative zum Erwerb von Anteilen vom Anleger ausgeht (BT-Drs. 51/21, 87). Darüber hinaus muss die Bereitstellung von Informationen/Mitteilungen von Anlagestrategien-/konzepten **an (semi-)professionelle Anleger** mit Wohnsitz oder satzungsmäßigem Sitz im Geltungsbereich des KAGB oder an professionelle Anleger mit Wohnsitz oder satzungsmäßigem Sitz in der EU/dem EWR erfolgen. **Gegenständlich betroffen** sind nicht zugelassene AIF/Teilinvestmentvermögen oder zugelassene, für die noch keine Vertriebsanzeige erfolgt ist.

131 **29. Primebroker (§ 1 XIX Nr. 30).** Die Definition, die nahezu unverändert Art. 4 I Buchst. af AIFM-RL übernimmt, führt erstens aus, welche Einrichtungen für dieses Geschäft zugelassen sind, zweitens, an wen die Dienstleistungen adressierbar, und drittens, wovon sie gegenständlich umfasst sind. Primebroker treten in Erscheinung als Dienstleister mit umfassendem Sortiment, um als **Gegenpartei von Hebelfinanzierungen** und damit im Zusammenhang stehende und weitere Abwicklungsfunktionen anzubieten.

132 **a) Zugelassene Einrichtungen.** Zugelassen zu diesem Geschäft sind Kreditinstitute iSv Art. 4 I Nr. 1 CRR, also nur solche, die (auch) als Bankgeschäft das Einlagengeschäft betreiben (§ 1 I Nr. 1 KWG), darüber hinaus Wertpapierfirmen iSv MiFID-II und andere einer Regulierungsaufsicht und ständigen Überwachung unterliegenden Einheiten. In der Praxis ist das sog. Prime Brokerage eine Domäne von Investmentbanken. Sofern insb. als Kunden Hedgefonds oft und mit großen Stückzahlen handeln, führt dies zu einer höheren Auslastung der kostenintensiven Back-Office-Infrastruktur (Traffic) und die resultierenden Provisionen erhöhen den Deckungsbeitrag.

133 **b) Zulässige Gegenparteien.** Solche als Primebroker qualifizierenden Unternehmen adressieren ihre Dienstleistungen an **professionelle Anleger,** vgl. § 1 XIX Nr. 32. Namentlich sind das iRd KAGB Hedgefonds (§ 283), eine Unterart offener inländischer Spezial-AIF, welche die Dienstleistungen von Primebrokern nachfragen, weil sie per definitionem Leverage in beträchtlichem Umfang einsetzen, vgl. § 283 I 1 Nr. 1. In Deutschland ist unter dem Gesetz keine Kollaboration von UCITS mit Primebrokern vorgesehen. Außerhalb Deutschlands hatten Primebroker indes ihre Geschäftsaktivitäten auf in anderen EU-Mitgliedstaaten

aufgelegte OGAW erweitert, die auch Newcits genannt werden, nachdem durch die OGAW-III-RL Hedgefonds-Strategien indirekt in einem OGAW-RL-konformen Rahmen durch den Handel mit SWAPS und Derivaten umsetzbar wurden.

c) Umfasste Geschäfte. Das Prime Brokerage ist ein generischer Name für ein ganzes Bündel von Dienstleistungen, welche die Definition in Teilen aufführt und sich unterteilen lässt in Finanzierung sowie Back-Office-Tätigkeiten. In erster Linie fungieren Primebroker als Gegenpartei, um Geschäfte mit Finanzinstrumenten iSd AIFM-RL zu finanzieren oder durchzuführen. Gegen Besicherung von Wertpapieren leihen Primebroker neben Wertpapieren auch Geld (Letzteres ist sog. Cash-Lending), so dass Hedgefonds ihre Investitionen um ein Vielfaches ihres Eigenkapitals hebeln können. Für die Definition eines Hedgefonds nach KAGB ist es insofern gerade Voraussetzung, dass – zumindest den Anlagebedingungen nach – Leverage in besonderem Umfang eingesetzt wird (vgl. die Kommentierung zu § 283 I 1 u. 2). Darüber hinaus übernehmen Primebroker gewisse Back-Office-Dienstleistungen wie Clearing und Abwicklung von Geschäften (Wertpapiere und insb. auch börsengehandelte und außerbörsliche Derivate) und Verwahrungsdienstleistungen. Die Verwahraufgabe iSd Unterverwahrung für die Verwahrstelle übernimmt der Primebroker nicht zuletzt auch deswegen, weil ihn dies erst in die Lage versetzt, als Finanzintermediär komplexe Wertpapiertransaktionen für seinen Kunden durchzuführen. Hierbei wird der Primebroker allerdings nicht per se als Treuhänder des Fonds, sondern als dessen Gegenpartei tätig; außerdem optimiert er eigennützig seine eigene Wertschöpfung, indem er die verwahrten Wertpapiere bewirtschaftet, etwa belastet oder weiterveräußert (sog. Rehypothication). Insofern war in der Übernahme dieser Verwahraufgabe seinerzeit im Madoff-Skandal die entscheidende Achillesverse zu sehen, weil Madoff faktisch zugleich die Funktion von Broker, verwahrender Stelle und allerdings auch Fondsmanager innehatte. Diese beachtlichen Interessenkonflikte steuert der Gesetzgeber aus, indem ein Primebroker die Verwahrung für einen Spezial-AIF nach KAGB nur unter den engen Voraussetzungen von § 85 IV Nr. 2 übernehmen darf: Funktionale und hierarchische Trennung der Verwahraufgabe vom Prime Brokerage, Ermittlung, Steuerung und Beobachtung von Interessenkonflikten und schließlich die vollständige Einhaltung der Vorgaben von § 82, wie sie sonst auch für von Verwahrstellen eingeschaltete Lagerstellen als Unterverwahrer gelten. Letzteres geht auf die Erfahrungen der Lehman-Insolvenz zurück, wonach Lehman als Primebroker mangels Segregation nicht ohne Weiteres in der Lage war, die Vermögensgegenstände wieder an Fonds als Kunden herauszugeben. Ferner muss die KVG, die für den AIF Geschäfte mit dem Primebroker tätigt, Einzelheiten zur Übertragung und Wiederverwendung von Wertpapieren sowie eine Informationspflicht gegenüber der Verwahrstelle vertraglich regeln (vgl. § 31 I 1). 134

30. Privatanleger (§ 1 XIX Nr. 31). Privatanleger sind alle Anleger, die weder professionelle Anleger (§ 1 XIX Nr. 32) noch semiprofessionelle Anleger (§ 1 XIX Nr. 33) sind. Die Definition weicht von Art. 4 I Buchst. aj AIFM-RL insoweit ab, wie für die Negativabgrenzung vom Privatanleger nicht nur auf den professionellen Anleger, sondern auch auf den semiprofessionellen Anleger Bezug genommen wird. Denn insofern ist die Investorenkategorie des semiprofessionellen Anlegers im Gesetz eine Ergänzung zu den in der AIFM-RL ausschließlich verwendeten Investorenkategorien von Privatanleger und professioneller Anleger. 135

136 **31. Professioneller Anleger (§ 1 XIX Nr. 32). Professioneller Anleger** ist jeder Anleger, der sich nach Textabschnitt I des Anhangs II der MiFID II kategorisieren lässt (sog. geborener professioneller Anleger), oder nach Textabschnitt II auf Antrag als professioneller Kunde behandelt werden kann (sog. gekorener professioneller Anleger). Die Einstufung als professioneller Anleger ist, sofern nicht die Eigenschaft eines semiprofessionellen Anlegers vorliegt, Voraussetzung für den Erwerb von Anteilen an Spezial-AIF (§ 1 VI Nr. 1). Ferner ist von AIF neben grenzüberschreitendem Vertrieb die grenzüberschreitende Verwaltung durch die KVG möglich, sofern sie ausschließlich professionelle Anleger adressiert.

137 **a) Geborener professioneller Anleger.** Professioneller Anleger ist jeder Anleger, der iSv Anhang II der MiFID-II als professioneller Kunde angesehen wird. Angesehen ist gleichzusetzen mit vorausgesetzt werden, was den nichtgesetzlichen Begriff des geborenen professionellen Anlegers begründet. Anhang II Textabschnitt I führt die als professionelle Kunden angesehenen und damit als professioneller Anleger qualifizierenden Rechtssubjekte auf. In **Abs. 1 ist der Aufzählung der verschiedenen Rechtssubjekte** gemein, dass sie zugelassen sind oder bzw. und unter Aufsicht stehen, um an den Finanzmärkten tätig werden zu können: Kreditinstitute, Wertpapierfirmen, sonstige zugelassene oder beaufsichtigte Finanzinstitute, Versicherungsgesellschaften, Organismen für gemeinsame Anlagen und ihre Verwaltungsgesellschaften, Pensionsfonds und ihre Verwaltungsgesellschaften, Warenhändler und Warenderivate-Händler, örtliche Anleger und sonstige institutionelle Anleger. **Große Unternehmen nach Abs. 2** werden als professionelle Kunden angesehen, die auf Unternehmensebene zwei der drei genannten Anforderungen erfüllen (Bilanzsumme = 20 Mio. EUR; Nettoumsatz = 40 Mio. EUR; Eigenmittel = 2 Mio. EUR). **Öffentliche Institutionen gemäß Abs. 3** wie nationale und regionale Regierungen, einschließlich der Stellen der staatlichen Schuldenverwaltung auf nationaler oder regionaler Ebene, Zentralbanken, internationale und supranationale Einrichtungen wie die Weltbank, der IWF, die EZB, die EIB und andere vergleichbare internationale Organisationen, werden als professionelle Kunden angesehen. Abschließend werden nach **Abs. 4 andere institutionelle Anleger** als professionelle Kunden angesehen, deren Haupttätigkeit in der Anlage von Finanzinstrumenten besteht, einschließl. Einrichtungen, die die wertpapiermäßige Verbriefung von Verbindlichkeiten und andere Finanzierungsgeschäfte betreiben.

138 **b) Gekorener professioneller Anleger.** Professioneller Anleger ist darüber hinaus ein solcher, der nach Anhang II der MiFID-II auf Antrag als ein professioneller Kunde behandelt werden kann. Danach muss ein Kunde, der gerade kein professioneller Kunde ist, sich aber auf Antrag dennoch als professioneller Anleger behandeln lassen möchte, sich gemäß Textabschnitt II durch eine Beurteilung (Eignungstest) qualifizieren. Diese Antragsfähigkeit schließt explizit auch öffentlich-rechtliche Körperschaften, kommunale Behörden und Gebietskörperschaften und individuelle private Anleger ein. Danach müssen mindestens zwei der genannten Kriterien erfüllt sein (am relevanten Markt wurden während der vier vorhergehenden Quartale durchschnittlich pro Quartal 10 Geschäfte von erheblichem Umfang abgeschlossen; definitionsgemäß Bardepots und Finanzinstrumente umfassende Finanzinstrument-Portfolio des Kunden übersteigt 500 TEUR; mindestens einjährige Tätigkeit des Kunden in einer beruflichen Position im Finanzsektor, die Kenntnisse über die geplanten Geschäfte oder Dienstleistungen voraussetzt).

c) Reihe institutioneller Anleger, wie berufsständische Versorgungswerke und weitere. Teilweise wird die Subsumtion unter den Begriff des professionellen Anlegers einer Reihe von institutionellen Anlegern wie Stiftungen, Arbeitgeberverbände, berufsständische Versorgungswerke und kirchliche Einrichtungen problematisiert, und zwar dies im Hinblick auf die vermeintliche Sichtweise des Gesetzgebers (WBA/*Volhard/Jang* § 1 Rn. 108). In der Tat wird in den Gesetzesmaterialien des AIFM-UmsG ausgeführt, dass diese Reihe institutioneller Anleger nicht als professionelle Kunden iSd Anhangs II der MiFID qualifizieren können (BT-Drs. 17/12294, 326), und der entsprechende Anhang II zur zwischenzeitlich erlassenen Nachfolge-Richtlinie MiFID II ist seitdem unverändert geblieben. *Volhard/Jang* (WBA/*Volhard/Jang* § 1 Rn. 108) kritisieren diese Rechtsansicht zu Recht, da einige der genannten Anleger, wie zB Pensionskassen, innerhalb des gleichen gesetzlichen Rahmens (VAG) wie die anerkannten Versicherungsgesellschaften investieren. Jedoch kommt es darauf nicht einmal an; die Fundstelle ist auch nicht in der Gesetzesbegründung, sondern nur innerhalb der Stellungnahme des Bundesrats zu verorten. Gesetze sind aber nicht nach dem Willen einzelner Beteiligter des Gesetzgebungsverfahrens, sondern nach dem Gesetz als solches auszulegen. Somit ist in der Stellungnahme des Bundesrats allenfalls eine von ihm vorgetragene Rechtsansicht zu sehen, die eben nicht zutrifft, in keinem Fall aber als gesetzgeberischer Wille im Rahmen der Gesetzesauslegung herangezogen werden kann (im Ergebnis so jedenfalls auch AWZ/*Zetzsche* § 1 Rn. 235, der aber formal auf die mangelnde Regelungskompetenz des deutschen Gesetzgebers abstellt). Daraus folgt, dass es sich bei den genannten institutionellen Anlegern um professionelle Anleger iSv Anhang II Textabschnitt 1 Abs. 1 Buchst. i MiFID-II-RL (sonstige institutionelle Anleger) handelt, weil sie einer Aufsicht unterliegen und der Schwerpunkt ihrer Tätigkeiten in der Veranlagung liegt. 139

32. Semiprofessioneller Anleger (§ 1 XIX Nr. 33). Der semiprofessionelle Anleger ist eine rein deutsche Anlegerkategorie. Auf europäischer Rechtsebene beschränkt sich die für die Zwecke der Anlegerkategorisierung gegenpolartige Abgrenzung auf den Privatanleger und den professionellen Anleger. Durch die Schaffung der Kategorie des semiprofessionellen Anlegers entgeht das Gesetz dieser binären Logik; Investmentgeschäft unter Einbindung von Anlegern mit ausgeprägtem Sachverstand und Risikotragfähigkeit ist dadurch nicht mit dem gleichen regulatorischen Aufwand aufzuerlegen, wie es andernfalls bei Qualifizierung als Privatanleger erforderlich wäre. Daraus folgt, dass semiprofessionelle Anleger insofern professionellen Anlegern gleichgestellt sind, als dass sie zur Anlage in Spezial-AIF zugelassen sind (vgl. § 1 VI 1 Nr. 2). Allerdings beschränkt sich die Durchbrechung der europäischen binären Anlegerkategorisierung auf den Anwendungsbereich des KAGB mit der Folge, dass semiprofessionelle Anleger ungeachtet ihrer Stellung als Anleger von Spezial-AIF den anderen europäischen Vorgaben aus der PRIIPS-VO oder MiFID-II als Privatanleger unterstellt bleiben. In seinen Buchst. a–c regelt § 1 XIX Nr. 33 **drei Qualifizierungs-Varianten,** wie sich Privatanleger als semiprofessionelle Anleger iSd KAGB qualifizieren. Die jeweilige Qualifikation ist im Sinne einer Zeitpunktbetrachtung vor Abgabe der Verpflichtung zur Investition zu prüfen (AWZ/*Zetzsche* § 1 Rn. 237). Bezüglich der Qualifizierungs-Variante von Buchst. a hat sich der Gesetzgeber mangels definitorischer Anknüpfung in der AIFM-RL an den sog. anderen Anlegern iSv Art. 6 EUVECA (damals noch in der Form der EU-Kommissions-Vorschlagsversion) angelehnt. Insoweit wurde der Betrag der Mindestinvestitionssumme von 100.000 EUR auf 200.000 EUR verdop- 140 pelt (vgl. Buchst. a Doppelbuchst. aa), um einen Gleichlauf mit der Regelung von § 2 Nr. 3 Buchst. c des VermAnlG herzustellen (BT-Drs. 17/12294, 204). Ferner sind Anleger geschlossener, nicht risiko-gemischter Publikums-AIF iSv § 262 II 1 Nr. 2, die grundsätzlich die Voraussetzungen semiprofessioneller Anleger nach § 1 XIX Nr. 33 Buchst. a Doppelbuchst. bb–ee erfüllen, abweichend von Doppelbuchst. aa insoweit lediglich mindestens 20.000 EUR investieren, ausweislich des Wortlauts der Vorschrift von § 262 II 1 Nr. 2 Privatanleger iSv § 1 XIX Nr. 31.

141 **a) Kundigkeit und Mindestinvestition von 200.000 EUR (Buchst. a).** Als erste und einzige quantitative Voraussetzung von Buchst. a muss sich der Anleger gem. **Doppelbuchst. aa** verpflichten, mindestens 200.000 EUR zu investieren. Aus dem Wortlaut geht hervor, dass diese Mindestzeichnungssumme bereits zum Zeitpunkt der ersten von ggf. mehreren abgegebenen Verpflichtungen geschuldet sein muss; spätere Aufstockungen oder Neuabgaben des sog. Commitments bleiben außer Betracht, andernfalls würden kontinuierlich sparende Privatanleger bei Erreichen der Grenze unweigerlich ihren gesetzlichen Schutz als Privatanleger verlieren. Zudem ist die Mindestzeichnungssumme fondsbezogen; man qualifiziert sich als semiprofessioneller Anleger jeweils bezüglich eines konkreten Fonds, ohne dadurch zugleich ohne Weiteres für andere Fonds diesen Status zu erlangen (EDD/*Verfürth*/*Emde* § 1 Rn. 382 mwN). Zweitens muss der Anleger gem. **Doppelbuchst. bb** schriftlich und getrennt vom Zeichnungsvertrag eine sog. Kompetenzerklärung abgegeben, in der er angibt, dass er sich der Risiken im Zusammenhang mit der beabsichtigten Investition bewusst ist. Gegebenenfalls ist auf den gesetzlichen Vertreter oder das Organ abzustellen. Drittens hat nach **Doppelbuchst. cc** die KVG oder die ggf. beauftragte Vertriebsgesellschaft Sachverstand, Erfahrungen und Kenntnisse des Anlegers zu bewerten; sie darf in dieser Bewertung nicht unterstellen, dass der Anleger über die Marktkenntnisse und -erfahrungen der in Anhang II Textabschnitt I der MiFID-II genannten Anleger verfügt. Damit stellt der Gesetzgeber sicher, dass die KVG oder ggf. die Vertriebsgesellschaft eine vollständig eigenständige Bewertung anstellt. Auch hier ist ggf. Bezugsperson für die Bewertung ein gesetzlicher Vertreter oder Organ. Die Bewertung muss sich auf die Art und Eigenschaften der konkret beabsichtigten Investition beziehen. Offen bleibt, nach welchen Maßstäben die Bewertung erfolgt. Keine Aussage trifft das Gesetz damit, in welcher Form die Merkmale wie Sachverstand, Erfahrungen und Kenntnisse vorliegen müssen. Insofern, als dass das Gesetz nicht von „feststellen", sondern von „bewerten" spricht, bestehen gewisse Kompensationsmöglichkeiten innerhalb der drei verschiedenen Merkmale. An den Sachverstand und die Kenntnisse sind jedoch hohe Anforderungen zu stellen; sie stellen überhaupt die kognitive Grundlage dar, die mit der Investition verbundenen Risiken verstehen zu können. Bezüglich der Erfahrungen in Bezug auf die von der Investition konkret umfassten Asset-Klasse können nicht zu hohe Anforderungen gestellt werden, da sie anders als Sachverstand und Kenntnisse nur durch die Praxis gesammelt werden können. Um Anleger überhaupt den Zugang zu neuen Asset-Klassen erschließen zu lassen zu können, ist es daher im Rahmen der Bewertung der Erfahrungen ausreichend, dass der Anleger zumindest indirekt Erfahrungen durch vorherige Investitionen in zwar nicht von der Investition identisch umfasste Asset-Klassen, aber doch solche mit vergleichbaren Risikoprofil gesammelt hat. Nach **Doppelbuchst. dd** muss die KVG oder beauftragte Vertriebsgesellschaft hinreichend davon überzeugt sein, dass der Anleger konkret bezogen auf die von der Investition umfasste Asset-Klasse befähigt ist, selbstständig die Anlageentscheidung zu treffen, die damit einhergehenden Risiken

zu verstehen und die daraus resultierende Verpflichtung für ihn angemessen ist. **Doppelbuchst. ee** verlangt, dass die KVG oder ggf. beauftragte Vertriebsgesellschaft in Textform bestätigt, dass sie die Bewertung iSv Doppelbuchst. cc vorgenommen hat und dass sie die unter Doppelbuchst. dd genannten Voraussetzungen als gegeben ansieht. Beides geschieht in der Praxis durch die Nutzung eines Protokolls oder eines sog. Zusatzbogens zur Beitrittserklärung. Darin können gewisse Rubriken angekreuzt und zusätzlich in Textfeldern weitere Grundlagen für die Bewertung und Bestätigung durch die KVG oder ggf. die beauftragte Vertriebsgesellschaft dokumentiert werden.

b) Geschäftsleiter oder Mitarbeiter der KVG (Buchst. b). Semiprofessioneller Anleger ist auch ein in § 37 I genannter Geschäftsleiter oder Mitarbeiter einer AIF verwaltenden KVG, sofern er in von seiner KVG verwaltete AIF investiert (Var. 1). Daneben ist erfasst ein Mitglied der Geschäftsleitung oder des Vorstands einer extern verwalteten Investmentgesellschaft, sofern dieses Mitglied in die extern verwaltete Investmentgesellschaft investiert (Var. 2). Zweck der Vorschrift ist es, im Alternative Investment-Bereich die nicht unübliche Vergütungspolitik zu ermöglichen, wonach Key Persons eine variable Vergütung in Form der Chancen- und Risikopartizipation erhalten. Dementsprechend handelt es sich neben den in § 37 I aufgeführten Geschäftsleitern nicht um beliebige, sondern besonders exponierte Mitarbeiter wie Risikoträger, mit Kontrollfunktionen ausgestattete Mitarbeiter und solche, die eine Gesamtvergütung erhalten, auf Grund derer sie sich in derselben Einkommensstufe wie Geschäftsleiter oder Risikoträger befinden. Die Eigenschaft als semiprofessioneller Anleger bleibt auch bestehen, wenn Geschäftsleiter oder Mitarbeiter ihren Status verlieren oder das Unternehmen verlassen (EDD/*Verfürth/Emde* § 1 Rn. 389). Deswegen können sie auch danach als semiprofessioneller Anleger im bereits investierten AIF etwaige neue Investitionen tätigen, etwa – aber nicht nur – damit ihre Anteile nicht verwässern (im Ergebnis auch WBA/*Volhard/Jang* § 1 Rn. 114). Über den Wortsinn von Geschäftsleitern und Mitarbeiter hinaus entspricht es dem Zweck der Norm, auch Gesellschaftern und Aufsichtsratsmitgliedern die Anlage in die von der eigenen KVG verwalteten AIF zu eröffnen, so dass diese auch als semiprofessionelle Anleger einzustufen sind (AWZ/*Zetzsche* § 1 Rn. 244). 142

c) Einzelinvestition von 10 Mio. EUR (Buchst. c). Jeder Anleger, der sich verpflichtet, mindestens 10 Mio. EUR in ein Investmentvermögen zu investieren, ist semiprofessioneller Anleger. Die Eigenschaft begründet sich also allein durch die Höhe der Zeichnungsverpflichtung, ohne dass weitere Prüfungen wie beim semiprofessionellen Anleger nach Buchst. a anzustellen sind. Es gilt sinngemäß das zur Mindestzeichnungssumme des semiprofessionellen Anlegers nach Buchst. a Ausgeführte. Die Verpflichtung zu Investition von 10 Mio. EUR muss „auf einen Schlag“ vorliegen und begründet die Qualifizierung als semiprofessioneller Anleger ausschließlich gegenüber dem davon umfassten Investmentvermögen. 143

d) Öffentliche Rechtsformen oder Bundes- und Landesgesellschaften (Buchst. d). Durch die Einführung von Buchst. d im Rahmen des OGAW-V-UmsG (BGBl. 2016 I 348) können auch gewisse öffentlich-rechtliche Anleger sowie staatlich kontrollierte Beteiligungsgesellschaften als semiprofessionelle Anleger investieren. Umfasst sind Anstalten des öffentlichen Rechts (Doppelbuchst. aa), Stiftungen des öffentlichen Rechts (Doppelbuchst. bb) sowie Landes- oder Bundesgesellschaften (Doppelbuchst. cc). Die erforderliche sachkundige Investitionsent- 144 scheidung soll dadurch sichergestellt werden, dass die Anstalt des öffentlichen Rechts, die Stiftung des öffentlichen Rechts sowie Landes- oder Bundesgesellschaft nur dann in den Spezial-AIF investieren darf, wenn der Bund oder das Land als professioneller Anleger iSv § 1 XIX Nr. 32 ebenfalls investiert oder investiert ist. Es handelt sich also um eine Art abgeleiteter Kompetenz aus dem Gedanken heraus, dass die genannten Anstalten, Stiftungen und Gesellschaften jeweils mit ihren eigenen Trägern bzw. Gesellschaftern zusammen investieren, die als Gebietskörperschaft ohnehin für sie als Steuerungsorgane überwachend tätig sind. Das verdeutlicht den insofern ohnehin bereits klaren Wortlaut, dass es nicht ausreichend ist, dass die in den Doppelbuchst. aa u. bb genannten Anstalten und Stiftungen mit irgendwelchen Ländern oder dem Bund zusammen investieren, sondern es sich insofern um die zuständige Gebietskörperschaft handeln muss, die also jeweils Träger oder Errichter ist. Infolgedessen ergibt sich weiter, dass Anstalten des öffentlichen Rechts ohne Bund oder Land als Träger und Stiftungen des öffentlichen Rechts ohne Errichtung durch Bund oder Land per se nicht der Kategorisierung als semiprofessioneller Anleger unterfallen können. Für die Zwecke der Qualifizierung als semiprofessioneller Anleger nach dieser Vorschrift ist es ausreichend, dass der Träger oder Errichter nur zum Zeitpunkt der Investition der Anstalt, Stiftung oder Gesellschaft ebenfalls investiert oder investiert war. Zieht sich der Bund oder das Land aus der Investition anschließend zurück, vermag dies nicht die Qualifizierung als semiprofessioneller Anleger wieder aufzuheben (BT-Drs. 18/7393, 75 f.).

145 **33. Sitz (§ 1 XIX Nr. 34).** Die Vorschrift regelt den Sitz eines AIF, und hiervon unberührt bzw. sich nicht nur auf AIF beziehend, allgemein den Sitz gesetzlicher Vertreter einmal vorkommend als juristische und einmal vorkommend als natürliche Person. **Sitz eines AIF (Buchst. a).** Für den Sitz eines AIF wird unterschieden, ob er Rechtssubjekt ist oder mangels solcher einen Rechtsträger hat. Für die Variante des rechtsfähigen AIF ist Sitz der satzungsmäßige Sitz. Über den reinen Wortsinn hinaus, der eher im Zusammenhang mit Kapitalgesellschaften verwendet wird, ist bezüglich des satzungsmäßigen Sitzes bei den ohnehin eher als Personengesellschaft verbreiteten rechtsfähigen AIF auf den im Gesellschaftsvertrag geregelten Sitz abzustellen. Hat der AIF keine Rechtspersönlichkeit, wird nicht etwa auf den Sitz des Rechtsträgers, sondern einfach nur auf den Staat, dessen Recht der AIF unterliegt, abgestellt. Dies ist wohl an Präzision ausreichend, da die Sitzdefinition eines AIF insb. relevant ist an vielen Stellen des Gesetzes für das jeweilig anwendbare Rechtsregime von EU-Mitgliedstaaten/EWR-Vertragsstaaten. **Sitz eines gesetzlichen Vertreters als juristische Person (Buchst. b)** ist der satzungsmäßige Sitz, wobei auch hier wieder der Wortlaut zu einengend ist, als dass sich bei einer Personengesellschaft der Sitz aus dem Gesellschaftsvertrag ergibt, oder die Zweigniederlassung der juristischen Person. **Sitz eines gesetzlichen Vertreters als natürliche Person (Buchst. c)** ist der Wohnsitz.

146 **34. Swing Pricing (§ 1 XIX Nr. 34 a).** Die Definition von Swing Pricing wurde durch das CCP-RR-UG (BGBl. 2020 I 529) in den Definitionskatalog eingeführt. **Swing Pricing** bezeichnet eine Methode, die zusätzliche Transaktionskosten für die NAV-Berechnung berücksichtigt, die aus einem Netto-Überschuss aus Rückgabe- oder Ausgabeverlangen von Anteilen resultieren. Bei der Berechnung des NAV für das jeweilige Anteilscheingeschäft werden in Anwendung dieser Methode diese zusätzlichen Transaktionskosten mit einbezogen (modifizierter NAV). Swing Pricing ermöglicht damit eine verursachergerechte Belastung der einzelnen Anleger beim Ein- und Ausstieg. Geschützt sind damit die bereits inves-

tierten Anleger eines Investmentvermögens vor Wertverwässerung infolge von Transaktionskosten. Als modernes Instrument der Anlegergleichbehandlung versteht es sich daher, um in Deutschland internationalen Standards zu folgen, wie von internationalen Standardsetzern (Internationale Organisation der Wertpapieraufsichtsbehörden (IOSCO) und Financial Stability Board (FSB)) empfohlen (BT-Drs. 19/17139, 44). Swing Pricing kann als Maßnahme bei jedem Anteilscheingeschäft (vollständiges Swing Pricing) oder erst bei Überschreiten zuvor festgelegter Schwellenwerte des Netto-Überschusses durchgeführt werden (teilweises Swing Pricing). Ob und ggf. für welche Variante sich eine KVG entscheidet, soll in ihrem Ermessen liegen (BT-Drs. 19/17139, 44). Entsprechend sieht der Wortlaut von §71 II 3 die Anwendung des Swing Pricing nicht als zwingend an.

35. Tochterunternehmen (§1 XIX Nr. 35). Tochterunternehmen sind 147
Unternehmen, die Tochterunternehmen iSd §290 des Handelsgesetzbuchs sind. Dafür kommt es darauf an, dass ein anderes Unternehmen (Mutterunternehmen) auf dieses Unternehmen unmittelbar oder mittelbar einen beherrschenden Einfluss ausüben kann (Tochterunternehmen), §290 I 1 HGB. Beherrschender Einfluss eines Mutterunternehmens auf das Tochterunternehmen besteht stets, wenn einer der in §290 II HGB genannten Fälle einschlägig ist. Vice versa definiert §1 XIX Nr. 26 das Mutterunternehmen durch Verweis auf §290 HGB.

36. Verbriefungszweckgesellschaften (§1 XIX Nr. 36). In Umsetzung von 148
Art. 4 I Buchst. an AIFM-RL findet die Begriffsbestimmung Relevanz für die Bereichsausnahme von §2 I Nr. 7, die wiederum auf Art. 2 III Buchst. g AIFM-RL zurückzuführen ist. Explizit dem Gesetzeswortlaut zu entnehmen ist insofern die zugleich hierin begründete definitorische Erschöpfung, weswegen der Gesetzgeber den Begriff der Verbriefungszweckgesellschaft genauso gut hätte auch direkt an dortiger Gesetzesstelle legal definieren können.

Verbriefungszweckgesellschaften iSv §2 I Nr. 7 sind Gesellschaften, deren 149
einziger Zweck darin besteht, eine oder mehrere Verbriefungen iSv Art. 1 II der EZB-VO über die Statistik über die Aktiva und Passiva von finanziellen Mantelkapitalgesellschaften, die Verbriefungsgeschäfte betreiben, und weitere zur Erfüllung dieses Zwecks geeignete Tätigkeiten durchzuführen. Die Änderung in der Fassung seit dem FoStoG vollzieht die Neufassung der EU-VO über die Statistik über die Aktiva und Passiva von finanziellen Mantelkapitalgesellschaften usw., welche die EZB-Verordnung (EG) Nr. 24/2009 der EZB vom 19.12.2008 abgelöst hat (BT-Drs. 51, 87). Typischerweise überträgt ein sog. Originator auf die von ihm wirtschaftlich und rechtlich getrennte und zur Verbriefung gegründete Zweckgesellschaft Kreditrisiken und Sicherheiten, und Investoren wiederum können sich durch begebene Wertpapiere oder andere Schuldtitel an den erzielten Erträgen beteiligen.

37. Verschmelzungen im Sinne des KAGB (§1 XIX Nr. 37). Die Defini- 150
tion der Verschmelzung iSd KAGB geht auf Art. 2 I Buchst. p OGAW-IV-RL zurück, wobei der Gesetzgeber den Anwendungsbereich, in Ermangelung entsprechender Vorgaben in der AIFM-RL, selbstständig auf AIF erweitert hat. Regelungsgegenstand ist nur die **Verschmelzung von Investmentvermögen,** nicht die von KVG. Die Vorschrift unterscheidet zwischen der Verschmelzung durch **Aufnahme (Buchst. a)** und **Neugründung (Buchst. b)**. Von der Umsetzung der Verschmelzungsvariante von Art. 2 I Buchst. p/iii OGAW-IV-RL (Scheme of Amalgamation) hat der Gesetzgeber abgesehen, zumal diese Verschmel-

zungsart von nur Nettofondsvermögen ohne Verschmelzung der jeweiligen Verbindlichkeiten im deutschen Umwandlungsrecht nicht geläufig ist (EDD/*Verfürth/Emde* § 1 Rn. 407). Folgerichtig ist es daher, dass sie insofern aber EU-OGAW offensteht (vgl. § 181 II).

151 **38. Zweigniederlassung in Bezug auf eine Verwaltungsgesellschaft (§ 1 XIX Nr. 38).** Der Begriff findet seine Entsprechung jeweils in Art. 2 I Buchst. g OGAW-RL und Art. 4 I Buchst. c AIFM-RL und ist daher für die OGAW- und AIF-Verwaltungsgesellschaft relevant, insb. im Zusammenhang mit dem grenzüberschreitenden Dienstleistungsverkehr, vgl. §§ 49ff. und §§ 53ff. Dabei kann die OGAW- und AIF-Verwaltungsgesellschaft ihre Verwaltungstätigkeit nicht nur im Wege des grenzüberschreitenden Dienstleistungsverkehrs, sondern auch über eine Zweigniederlassung vor Ort erbringen. Insofern regelt dieser Begriff gegenständlich ausschließlich die Zweigniederlassung der Verwaltungsgesellschaft, während das Gesetz den Begriff der Zweigniederlassung auch außerhalb dieses Begriffs in Zusammenhang mit anderen Personen verwendet (EDD/*Verfürth/Emde* § 1 Rn. 416 mwN). Danach ist gem. Hs. 1 die **Zweigniederlassung einer Verwaltungsgesellschaft** eine Betriebsstelle, die einen rechtlich unselbstständigen Teil der Verwaltungsgesellschaft bildet und die von der Zulassung der Verwaltungsgesellschaft umfasste Dienstleistungen erbringt. Die Regelung von Hs. 2 stellt klar, dass bei einer Verwaltungsgesellschaft, die außerhalb ihres Sitzes in einem EU-Mitgliedstaat/EWR-Vertragsstaat/Drittstaat in ein und demselben EU-Mitgliedstaat/EWR-Vertragsstaat mehrere Betriebsstellen unterhält, dann diese mehreren Betriebsstellen zu einer Zweigniederlassung zusammengefasst werden. Es handelt sich um eine Fiktion zwecks Vereinfachung, um nur einmal an verschiedene gesetzliche Erfordernisse anknüpfen zu müssen (insb. Anzeigen und Kommunikation mit örtlicher Aufsicht).

§ 2 Ausnahmebestimmungen

(1) **Dieses Gesetz ist nicht anzuwenden auf**

1. Holdinggesellschaften, die eine Beteiligung an einem oder mehreren anderen Unternehmen halten,

a) deren Unternehmensgegenstand darin besteht, durch ihre Tochterunternehmen oder verbundenen Unternehmen oder Beteiligungen jeweils eine Geschäftsstrategie zu verfolgen, den langfristigen Wert der Tochterunternehmen, der verbundenen Unternehmen oder der Beteiligungen zu fördern, und

b) die

aa) entweder auf eigene Rechnung tätig sind und deren Anteile zum Handel auf einem organisierten Markt im Sinne des § 2 Absatz 11 des Wertpapierhandelsgesetzes in der Europäischen Union oder in einem anderen Vertragsstaat des Abkommens über den Europäischen Wirtschaftsraum zugelassen sind, oder

bb) ausweislich ihres Jahresberichts oder anderer amtlicher Unterlagen nicht mit dem Hauptzweck gegründet wurden, ihren Anlegern durch Veräußerung ihrer Tochterunternehmen oder verbundenen Unternehmen eine Rendite zu verschaffen;

2. Einrichtungen der betrieblichen Altersversorgung, die unter die Richtlinie 2003/41/EG des Europäischen Parlaments und des Rates vom

3. Juni 2003 über die Tätigkeiten und die Beaufsichtigung von Einrichtungen der betrieblichen Altersversorgung (ABl. L 235 vom 23.9.2003, S. 10) fallen, gegebenenfalls einschließlich

a) der in Artikel 2 Absatz 1 der Richtlinie 2003/41/EG aufgeführten zugelassenen Stellen, die für die Verwaltung solcher Einrichtungen verantwortlich und in ihrem Namen tätig sind, oder

b) der nach Artikel 19 Absatz 1 der Richtlinie 2003/41/EG bestellten Vermögensverwalter, sofern sie nicht Investmentvermögen verwalten;

3. die Europäische Zentralbank, die Europäische Investitionsbank, der Europäische Investitionsfonds, die europäischen Entwicklungsfinanzierungsinstitute und bilaterale Entwicklungsbanken, die Weltbank, den Internationalen Währungsfonds und sonstige supranationale Einrichtungen und vergleichbare internationale Organisationen, soweit diese Einrichtungen oder Organisationen jeweils

a) Investmentvermögen verwalten und

b) diese Investmentvermögen im öffentlichen Interesse handeln;

4. nationale Zentralbanken;

5. staatliche Stellen und Gebietskörperschaften oder andere Einrichtungen, die Gelder zur Unterstützung von Sozialversicherungs- und Pensionssystemen verwalten;

6. Arbeitnehmerbeteiligungssysteme oder Arbeitnehmersparpläne;

7. Verbriefungszweckgesellschaften.

(2) **Finanzdienstleistungsinstitute und Kreditinstitute, die über eine Erlaubnis nach dem Kreditwesengesetz verfügen, bedürfen für die Erbringung von Wertpapierdienstleistungen im Sinne von § 2 Absatz 3 des Wertpapierhandelsgesetzes für AIF keiner Erlaubnis nach diesem Gesetz.**

(3) **Dieses Gesetz ist nicht anzuwenden auf AIF-Kapitalverwaltungsgesellschaften, soweit sie einen oder mehrere AIF verwalten, deren Anleger**

1. ausschließlich eine der folgenden Gesellschaften sind:

a) die AIF-Kapitalverwaltungsgesellschaft selbst,

b) eine Muttergesellschaft der AIF-Kapitalverwaltungsgesellschaft,

c) eine Tochtergesellschaft der AIF-Kapitalverwaltungsgesellschaft oder

d) eine andere Tochtergesellschaft einer Muttergesellschaft der AIF-Kapitalverwaltungsgesellschaft und

2. selbst keine AIF sind.

(4) **[1]Auf eine AIF-Kapitalverwaltungsgesellschaft sind nur**

1. die §§ 1 bis 17, 42,

2. § 20 Absatz 10 entsprechend,

3. § 44 Absatz 1, 4 bis 9, die §§ 45 und 45a,

4. im Hinblick auf eine Vergabe von Gelddarlehen für Rechnung eines AIF § 20 Absatz 9 entsprechend, § 34 Absatz 6, § 282 Absatz 2 Satz 3 und § 285 Absatz 2 und 3 sowie im Hinblick auf eine Vergabe von Gelddarlehen nach § 285 Absatz 2, § 26 Absatz 1, 2 und 7 Satz 1, § 27 Absatz 1, 2 und 5, § 29 Absatz 1, 2, 5 und 5a, § 30 Absatz 1 bis 4 und § 286 und

5. im Hinblick auf die Verwaltung von Entwicklungsförderungsfonds gemäß Kapitel 3 Abschnitt 4 § 28a sowie abweichend von Nummer 4 § 20 Absatz 9a

anzuwenden, wenn sie die Voraussetzungen des Satzes 2 erfüllt. [2]Die Voraussetzungen sind:

1. die AIF-Kapitalverwaltungsgesellschaft verwaltet entweder direkt oder indirekt über eine Gesellschaft, mit der die AIF-Kapitalverwaltungsgesellschaft über eine gemeinsame Geschäftsführung, ein gemeinsames Kontrollverhältnis oder durch eine wesentliche unmittelbare oder mittelbare Beteiligung verbunden ist, ausschließlich Spezial-AIF,
2. die verwalteten Vermögensgegenstände der verwalteten Spezial-AIF
a) überschreiten einschließlich der durch den Einsatz von Leverage erworbenen Vermögensgegenstände insgesamt nicht den Wert von 100 Millionen Euro oder
b) überschreiten insgesamt nicht den Wert von 500 Millionen Euro, sofern für die Spezial-AIF kein Leverage eingesetzt wird und die Anleger für die Spezial-AIF keine Rücknahmerechte innerhalb von fünf Jahren nach Tätigung der ersten Anlage ausüben können, und
3. die AIF-Kapitalverwaltungsgesellschaft hat nicht beschlossen, sich diesem Gesetz in seiner Gesamtheit zu unterwerfen.

[3]Die Berechnung der in Satz 2 Nummer 2 Buchstabe a und b genannten Schwellenwerte und die Behandlung von AIF-Kapitalverwaltungsgesellschaften im Sinne des Satzes 1, deren verwaltete Vermögensgegenstände innerhalb eines Kalenderjahres gelegentlich den betreffenden Schwellenwert über- oder unterschreiten, bestimmen sich nach den Artikeln 2 bis 5 der Delegierten Verordnung (EU) Nr. 231/2013. [4]Ist die AIF-Kapitalverwaltungsgesellschaft zugleich nach Absatz 6 oder Absatz 7 registriert, darf sie abweichend von Satz 2 Nummer 1 außer Spezial-AIF auch die entsprechenden AIF verwalten.

(4a)–(5) ***[aufgehoben]***

(6) **[1]Auf eine AIF-Kapitalverwaltungsgesellschaft ist nur Kapitel 5 anzuwenden, wenn sie**
1. gemäß Artikel 14 der Verordnung (EU) Nr. 345/2013 des Europäischen Parlaments und des Rates vom 17. April 2013 über Europäische Risikokapitalfonds (ABl. L 115 vom 25.4.2013, S. 1) registriert ist und
2. nicht Artikel 2 Absatz 2 der Verordnung (EU) Nr. 345/2013 unterfällt.

[2]Ist eine AIF-Kapitalverwaltungsgesellschaft im Sinne des Satzes 1 eine externe Kapitalverwaltungsgesellschaft und hat sie zugleich eine Erlaubnis als externe OGAW-Kapitalverwaltungsgesellschaft nach den §§ 20 und 21, kann sie abweichend von Satz 1 neben Portfolios qualifizierter Risikokapitalfonds auch OGAW verwalten; in diesem Fall sind auf die AIF-Kapitalverwaltungsgesellschaft neben Kapitel 5 auch die für die Verwaltung von OGAW geltenden Vorschriften dieses Gesetzes anzuwenden.

(7) **[1]Auf eine AIF-Kapitalverwaltungsgesellschaft ist nur Kapitel 6 anzuwenden, wenn sie**
1. gemäß Artikel 15 der Verordnung (EU) Nr. 346/2013 des Europäischen Parlaments und des Rates vom 17. April 2013 über Europäische Fonds für soziales Unternehmertum (ABl. L 115 vom 25.4.2013, S. 18) registriert ist und
2. nicht Artikel 2 Absatz 2 der Verordnung (EU) Nr. 346/2013 unterfällt.

[2]Ist eine AIF-Kapitalverwaltungsgesellschaft im Sinne des Satzes 1 eine externe Kapitalverwaltungsgesellschaft und hat sie zugleich eine Erlaubnis als externe OGAW-Kapitalverwaltungsgesellschaft nach den §§ 20 und 21,

kann sie abweichend von Satz 1 neben Portfolios Europäischer Fonds für soziales Unternehmertum auch OGAW verwalten; in diesem Fall sind auf die AIF-Kapitalverwaltungsgesellschaft neben Kapitel 6 auch die für die Verwaltung von OGAW geltenden Vorschriften dieses Gesetzes anzuwenden.

Inhaltsübersicht

Rn.

I. Allgemeines 1
II. Rechtsstrukturen, die nicht als AIFM gelten 4
1. Holdinggesellschaften (§ 2 I Nr. 1) 4
2. Einrichtungen der betrieblichen Altersversorgung (§ 2 I Nr. 2) . . 10
3. Supranationale Einrichtungen und Organisationen, nationale Zentralbanken und Verwalter von Sozialversicherungs- und Pensionssystemen (§ 2 I Nr. 3–5) 11
4. Arbeitnehmerbeteiligungssysteme und Arbeitnehmersparpläne (§ 2 I Nr. 6) 14
5. Verbriefungszweckgesellschaften (§ 2 I Nr. 7) 15
6. Finanzdienstleistungs- und Kreditinstitute (§ 2 II) 16
7. Verwaltung von AIF innerhalb der Unternehmensgruppe (§ 2 III) 17
8. Kleine Spezial-AIF-KVG (§ 2 IV) 20
a) Unternehmensgruppe (§ 2 IV 2 Nr. 1) 21
b) Schwellenwerte (§ 2 IV 2 Nr. 2, § 2 IV 3) 22
c) Opt-in (§ 2 IV 2 Nr. 3) 25
d) Rechtsfolgen (§ 2 IV 1 u. 4) 26
e) EuVECA und EuSEF (§ 2 IV 4) 29
9. Zwerg-AIF KVG (aufgehobener § 2 IVa) 30
10. Bürgerbeteiligungsgenossenschaften (aufgehobener § 2 IVb) . . . 31
11. Kleine Publikums-AIF-KVG (aufgehobener § 2 V) 32
12. EuVECA-AIF-KVG (§ 2 VI) 33
13. EuSEF-AIF-KVG (§ 2 VII) 37

I. Allgemeines

Generell verfolgt die AIFM-RL den Ansatz, alle nicht bereits von der UCITS-RL erfassten Typen von Investmentvermögen über die Regulierung ihrer Verwaltungsgesellschaften umfassend aufzunehmen und einem EU-einheitlichen Regelwerk zu unterwerfen. Damit dieser umfassende Ansatz nicht über das Ziel hinausschießt und auch Investitionsstrukturen oder Kapitalsammelstellen uneingeschränkt einer Regulierung unterzieht, die nach dem Schutzzweck der AIFM-RL keiner oder zumindest keiner vollständigen Regulierung bedürfen, sieht die AIFM-RL – ergänzt durch nachfolgende Verordnungen des Europäischen Parlaments – eine Reihe von sog. Bereichsausnahmen vor, die den Anwendungsbereich einengen. § 2 setzt diese Ausnahmeregelungen im KAGB um. Dabei unterscheidet die Vorschrift zwischen vollständigen Ausnahmen, bei denen das KAGB gar keine Anwendung findet (§ 2 I–III), und teilweisen Ausnahmen, bei denen lediglich bestimmte Vorschriften des KAGB für anwendbar erklärt werden (§ 2 IV–VII). 1

Die Vorschrift darf nicht als umfassende Auflistung von Strukturen verstanden werden, die nicht in vollem Umfang reguliert werden. Soweit ein Vehikel bereits die Voraussetzungen von § 1 nicht erfüllt, ist der Anwendungsbereich von § 2 gar nicht erst eröffnet (vgl. auch BaFin zur Einordnung von Family Offices in *BaFin,* 2

Auslegungsschreiben zum Anwendungsbereich des KAGB und zum Begriff des Investmentvermögens vom 14.6.2013; EDD/*Verfürth/Emde* § 2 Rn. 4; in der Begründung leicht abweichend FK-KapAnlR/*von Livonius/Riedl* § 2 Rn. 5–8).

3 Änderungen an § 2 wurden nach seiner Entstehung aufgrund des OGAW-V-UmsG sowie den EU-Verordnungen über Europäische Fonds für soziales Unternehmertum (VO (EU) Nr. 346/2013) und über Europäische Risikokapitalfonds (VO (EU) Nr. 345/2013) vorgenommen.

II. Rechtsstrukturen, die nicht als AIFM gelten

4 **1. Holdinggesellschaften (§ 2 I Nr. 1).** Die Ausnahme von **Holdinggesellschaften** basiert auf Art. 2 III Buchst. a AIFM-RL und gibt die in Art. 4 I Buchst. o AIFM-RL enthaltene Definition weitgehend wortgleich wieder. Dabei möchte der Gesetzgeber insb. zwischen Holdinggesellschaften und Private-Equity-Gesellschaften unterscheiden (BT-Drs. 17/12294, 204f.). Neben Holdinggesellschaften sollen ausweislich des Erwägungsgrundes 7 der AIFM-RL sowie der dementsprechenden Gesetzesbegründung zu § 2 auch Family-Office-Vehikel nicht in den Anwendungsbereich des KAGB fallen, wenn sie das Privatvermögen einzelner Familien investieren – dh nicht als Multi-Family-Office einzuordnen sind – und kein Fremdkapital beschaffen. Die ebenso verständliche wie zutreffende Überlegung hinter diesen Regelungen ist, dass das KAGB Anlegern einen Schutz im Zusammenhang mit Finanzprodukten gewähren möchte. Wird eine bestimmte Beteiligungsstruktur wie eine Holdinggesellschaft oder ein Family Office jedoch von ihren Eigentümern initiiert und wesentlich gesteuert und dient lediglich der Zusammenfassung von überwiegend operativ geprägten unternehmerischen Tätigkeiten, so erscheint ein derartiger Anlegerschutz weder notwendig noch passend.

5 Das Gesetz normiert zwei Voraussetzungen, unter denen ein Unternehmen als Holdinggesellschaft gilt, auf die das KAGB nicht anzuwenden ist: Die erste besteht in der Verfolgung einer **Strategie zur langfristigen Wertsteigerung** der Beteiligungen (Buchst. a). Als langfristig dürfte ein Zeitraum von mindestens zehn Jahren anzusehen sein. Wie sich dem Wortlaut entnehmen lässt, reicht ein entsprechender Satzungszweck der Holding nicht aus; vielmehr muss diese Strategie in der Praxis nachvollziehbar umgesetzt werden. Der Gesetzeswortlaut ist gleich in zweifacher Hinsicht leicht missglückt. Zum einen ist er auf die Geschäftsstrategie der Holdinggesellschaft gerichtet, stellt aber sprachlich zu Beginn von Buchst. a auf den Unternehmensgegenstand der Beteiligungsunternehmen ab, während sich dann im weiteren Verlauf des Satzes erschließt, dass die Strategie der Holdinggesellschaft selbst gemeint ist. Zum anderen trifft er gerade nicht die Aussage, dass die Strategie darauf ausgerichtet sein soll, langfristig innerhalb der Holdinggesellschaft den Wert zu fördern und daher die Beteiligung für einen längeren Zeitraum zu halten, sondern nur, den langfristigen Wert zu fördern, was auch anderen Eigentümern zugutekommen kann (eine Differenzierung im Wortlaut, die in der Literatur anscheinend teilweise schlicht nicht erkannt wird, vgl. bspw. EDD/*Verfürth/Emde* § 2 Rn. 12f.). Von diesem Wortlaut gedeckt wären daher auch typische Private-Equity-Strukturen, welche die Absicht verfolgen, den langfristigen Wert der Beteiligungen binnen eines kurzen Zeitraums nachhaltig zu heben, die daraus resultierende Wertsteigerung der Beteiligungen dann aber unmittelbar danach und damit unter Umständen bereits nach kürzerer Haltedauer zu realisieren. Wenn diese Private-Equity-Strukturen nicht selbst börsennotiert sind und daher unter Buchst. a fallen, dürften sie allerdings die Voraussetzung nach Buchst. b nicht erfüllen. Nicht erforderlich für die

Einordnung als Holdinggesellschaft ist es, dass jede einzelne Beteiligung tatsächlich langfristig gehalten wird oder dass sich die Strategie einer langfristigen Wertsteigerung ausnahmslos auf alle Beteiligungen bezieht. Relevantes Kriterium ist im Übrigen nicht der Erfolg, sondern die darauf ausgerichtete Strategie; entscheidend ist das Gesamtbild der Aktivitäten. Darüber hinaus ist es völlig unschädlich, wenn eine Holdinggesellschaft auch eine eigene operative Tätigkeit entfaltet. Im Gegenteil verdeutlicht dies sogar noch besser den Unterschied zu einem im Wesentlichen passiv tätigen Investmentvermögen. Erreicht die operative Tätigkeit der Holdinggesellschaft ein nennenswertes Gewicht, so fehlt es bereits an einem der notwendigen Kriterien für ein Investmentvermögen iSv § 1 I 1 („kein operativ tätiges Unternehmen"), so dass es für eine Bereichsausnahme nach § 2 schon am Anwendungsbereich und damit auch am Bedarf fehlt (so offensichtlich auch die *Europäische Kommission* zu Frage 15 der FAQ, ID 1146; aA irrigerweise EDD/*Verfürth/Emde* § 2 Rn. 13).

Als Beteiligungen gelten laut Gesetzeswortlaut Tochterunternehmen, verbundene Unternehmen und sonstige Beteiligungen. Tochtergesellschaften sind Unternehmen, auf die die Holding unmittelbar oder mittelbar einen beherrschenden Einfluss ausübt (vgl. § 1 I Nr. 35 KAGB iVm § 290 HGB). Angesichts der Tatsache, dass das KAGB hinsichtlich der Tochtergesellschaften auf das HGB verweist, erscheint es sinnvoll, zur Begriffsdefinition auch ansonsten auf die entsprechenden Vorschriften des HGB zurückzugreifen. Verbundene Unternehmen sind folglich Unternehmen, die bei Vollkonsolidierung in den Konzernabschluss miteinzubeziehen sind (vgl. iE § 271 II HGB). Sonstige Beteiligungen sind Unternehmen, die weder Tochterunternehmen noch verbundene Unternehmen sind, aber trotzdem mit dem Zweck eingegangen sind, dass sie dem Zweck der Holding dauerhaft dienen. Vermutet wird dies bei einem mehr als 20%igen Anteil am Beteiligungsunternehmen. Das bedeutet jedoch weder, dass ein geringerer Anteil nicht auch zu einer Beteiligung in diesem Sinne führen kann, noch dass eine Beteiligung bei einem mehr als 20%igen Anteil immer gegeben ist (vgl. § 271 I HGB). 6

Die zweite Voraussetzung gliedert sich in zwei Alternativen: Entweder die Holdinggesellschaft ist **auf eigene Rechnung tätig** und ihre Anteile sind in einem EWR-Mitgliedstaat börsennotiert oder sie wurde nicht dazu gegründet, ihren Ertrag überwiegend durch die Veräußerung von Beteiligungen zu erzielen (Buchst. b). Das Kriterium der Tätigkeit auf eigene Rechnung ist als eines von mehreren Abgrenzungskriterien zu betrachten, um Holdinggesellschaften von Private-Equity-Strukturen zu unterscheiden. Es dürfte kein Zweifel daran bestehen, dass dieses Kriterium jedoch für sich alleine nicht ausreichend ist, weil auch Investmentvermögen je nach Rechtsstruktur auf eigene Rechnung tätig sein können. Man muss das Kriterium daher als Negativabgrenzung zu denjenigen Investmentvermögen begreifen, bei denen die KVG für Rechnung des Investmentvermögens tätig ist. Anders ausgedrückt schließen sich ein Handeln für fremde Rechnung und die Qualifikation als Holdinggesellschaft iSv § 2 I gegenseitig aus, ohne dass dies bedeutet, dass bei Handeln auf eigene Rechnung stets eine Holdinggesellschaft vorliegt. Der Gesetzeswortlaut gibt hier direkt den Wortlaut der AIFM-RL wieder, und diese reiht schlicht einige Kriterien aneinander, eine Unterscheidung von Private-Equity-Strukturen zumindest teilweise zu ermöglichen, ohne den Anspruch zu erheben, dies vollständig erreichen zu können (so auch die *Europäische Kommission* zu Frage 15 der FAQ, ID 1146 „has to be read as a whole"; EDD/*Verfürth/Emde* § 2 Rn. 14 und WBA/*Boxberger* § 2 Rn. 5 verkennen dies, wenn sie – obwohl sich dies aus dem Wortlaut der FAQ nicht ergibt – die Absicht zu kurzfristiger Veräußerung als Erläu- 7 terung des Kriteriums des Handelns auf eigene Rechnung interpretiert, während es sich vielmehr um separate Kriterien handelt). Man dürfte dem Zweck der Vorschrift im Einzelfall nur dann gerecht werden, wenn man das Gesamtbild des jeweiligen Unternehmens betrachtet und dabei im Wege einer teleologischen Auslegung gegebenenfalls auch über die im Gesetz genannten Kriterien hinausgeht, was der als klar definierter Katalog ausgestaltete Gesetzestext aber bisher nicht ermöglicht.

8 Das Kriterium der **Börsennotierung** ist ebenso wie die anderen Kriterien zu verstehen: In der Regel sind Private-Equity-Strukturen nicht börsennotiert, so dass über dieses Kriterium die Bereichsausnahme in § 2 I für zahlreiche Private-Equity-Strukturen nicht verfügbar ist. Eine sichere Ausgrenzung birgt jedoch auch das nicht, da manche Private-Equity-Vehikel börsennotiert sind. In jedem Fall kann die Ausnahme nur dann greifen, wenn die Börsennotierung an einem organisierten Markt besteht (s. die Definitionen in § 1 I Nr. 19 Nr. 29 sowie § 2 XI WpHG). Dies ist nicht der Fall, wenn die Anteile der Holdinggesellschaft lediglich im sog. Freiverkehr iSv § 48 I BörsG gehandelt werden.

9 Schließlich soll die Bereichsausnahme für Holdinggesellschaften auch in denjenigen Fällen gelten, in denen sich aus **amtlichen Unterlagen** kein typischer Private-Equity-Charakter als Hauptzweck der Tätigkeit erkennen lässt. Der Begriff „amtlich" dürfte eher weit dahingehend auszulegen sein, dass es sich um ein Dokument handeln muss, das entweder nach den für die Holdinggesellschaft geltenden Rechtsvorschriften erforderlich ist oder von einer Behörde oder einem amtlich bestellten Dritten erstellt wurde. Der Begriff „gegründet" bedarf ebenfalls einer weiten Auslegung und ist als langfristig angelegter Willen auszulegen, da ansonsten bspw. bereits bei Verwendung einer Mantelgesellschaft das Kriterium erfüllt wäre. Da der Unternehmensgegenstand bereits nach Buchst. a zu prüfen ist, dürften in der Praxis Gesellschaftsvertrag oder Satzung selten als geeignete Unterlagen in Betracht kommen, da sich dort in der Regel keine über den Unternehmenszweck hinausgehenden Angaben zur geplanten Tätigkeit des Unternehmens finden. Soweit sich der Unternehmensgegenstand jedoch – wie bei manchen sog. Zweckgesellschaften oder auch Special Purpose Vehicles – auf den reinen Erwerb einer Beteiligung beschränkt, kann wegen des Fehlens der Voraussetzung nach Buchst. a ausnahmsweise die zweite Alternative von Buchst. b einschlägig sein. Als amtliche Unterlagen geeignet wären auch etwaige Börsenprospekte der Holdinggesellschaft, doch dürfte dann bereits das Kriterium der ersten Alternative von Buchst. b erfüllt sein. Neben dem bereits in der Vorschrift genannten Jahresbericht der Holdinggesellschaft kann bspw. noch der Bericht eines Abschlussprüfers weiterführende Informationen enthalten. Dabei dürfte insb. auf den Umfang und die Frequenz der laufenden Erträge aus den Beteiligungen der Holdinggesellschaft, die Haltedauer der Beteiligungen sowie unter Umständen auch auf Umfang und Typus der Fremdfinanzierung zu achten sein. Warum weder die AIFM-RL noch das KAGB bei der zweiten Alternative von Buchst. b lediglich auf Tochtergesellschaften und verbundene Unternehmen und – anders als bei Buchst. a – nicht auf sonstige Beteiligungen abstellt, ist unklar. Es dürfte sich jedoch schlicht um ein Versehen handeln, so dass bei der Beurteilung des Inhalts der amtlichen Unterlagen auch Angaben zu sonstigen Beteiligungen einzubeziehen sind.

10 **2. Einrichtungen der betrieblichen Altersversorgung (§ 2 I Nr. 2).** Soweit ein der Vermögensanlage dienendes Vehikel bereits von der europäischen EbaV-RL (RL 2003/41/EG des Europäischen Parlaments und des Rates vom 3.6.2003 über die Tätigkeiten und die Beaufsichtigung von Einrichtungen der betrieblichen Al-

tersversorgung sowie EU-RL 2016/2341, ABl. 2016 L 354, 37, auch bekannt als IORP- oder **Pensionsfonds-Richtlinie**) erfasst wird, ist es vom Anwendungsbereich des KAGB ausgenommen. Diese Vorschrift entspricht weitgehend Art. 2 III Buchst. b der AIFM-RL. Die Ausnahme umfasst neben den Vehikeln auch deren Verwalter. Auf Vermögensverwalter nach Art. 19 I der RL 2003/41/EG ist das KAGB jedoch dann hinsichtlich ihres gesamten Unternehmens anzuwenden, wenn sie mindestens ein Investmentvermögen verwalten. Ferner greift die Bereichsausnahme nicht für die Vermögensanlagen von Pensionsfonds, auch wenn es sich um Anlagevehikel handelt, die im Wege eines Asset-Pooling ausschließlich von mehreren Pensionsfonds zur gemeinsamen Anlage genutzt werden. Die Einbeziehung von Pensionsfonds und ihren Verwaltern in das KAGB ist deswegen weder erforderlich noch sinnvoll, weil sie bereits anderweitig reguliert sind. Soweit in der Literatur Zweifel an dieser Systematik geäußert werden, weil die Pensionsfonds-RL den Versorgungsberechtigten deutlich weniger Schutz biete als das KAGB (s. DJKT/*Tollmann* AIFM-RL Art. 2 Rn. 86; EDD/*Verfürth/Emde* § 2 Rn. 19), so geht die Argumentation fehl: Pensionsfonds sind der sog. zweiten Säule der Altersvorsorge zuzurechnen und werden in der Regel von Arbeitgebern initiiert und ganz oder teilweise finanziert, während das KAGB auch die dritte Säule sowie generell frei am Markt verfügbare Produkte regelt, bei denen Anbieter und Anleger in einem fundamental anderen Verhältnis zueinander stehen.

3. Supranationale Einrichtungen und Organisationen, nationale Zentralbanken und Verwalter von Sozialversicherungs- und Pensionssystemen (§ 2 I Nr. 3–5). Ebenfalls vom Anwendungsbereich des KAGB ausgenommen sind **supranationale Einrichtungen und Organisationen,** soweit sie Investmentvermögen verwalten, die im öffentlichen Interesse handeln. Die Regelung entspricht Art. 2 III Buchst. c der AIFM-RL. Der praktische Anwendungsbereich dürfte gering sein, da derartige Institute regelmäßig schon gar keine Investmentvermögen verwalten und – wenn sie es tun – sich bereits aus der öffentlich-rechtlichen Aufgabe derartiger Institute in aller Regel das Handeln im öffentlichen Interesse auch des Investmentvermögens ergeben dürfte. Ob ein Investmentvermögen im öffentlich-rechtlichen Interesse handelt, kann aus der Vertragsdokumentation oder der tatsächlichen Tätigkeit des Investmentvermögens abgeleitet werden. Wie sich aus dem Wortlaut „sonstige … Einrichtungen und vergleichbare … Organisationen" ergibt, ist die Aufzählung der für die Bereichsausnahme in Betracht kommenden Institute im Gesetzestext nicht abschließend. Andererseits ergibt sich aus der Systematik und den genannten Institutionen, dass es sich um Einrichtungen und Organisationen handelt, die mindestens zwei öffentlich-rechtliche Träger aus unterschiedlichen Staaten haben. Der in der Literatur zu findende Hinweis, dass öffentlich-rechtliches Interesse nicht zwingend einen öffentlich-rechtlichen Gesellschafterkreis erfordere, ist selbstverständlich korrekt, bezieht sich aber auf eine Aussage der BaFin im Zusammenhang mit der Qualifikation mittelständischer Beteiligungsgesellschaften als Investmentvermögen (vgl. *BaFin*-Auslegungsschreiben zur Anwendbarkeit des KAGB und zum Begriff des Investmentvermögens v. 14.6.2013, WA 41 – Wp 2137-2013/0001, Tz. II.6). Der Katalog des § 2 I Nr. 3 lässt hingegen hinreichend klar erkennen, dass die dort geregelte Bereichsausnahme lediglich für Institute öffentlich-rechtlicher Träger verfügbar ist. Da der Gesetzestext – erkennbar aus der Aufzählung und dem Begriff „bilateral" – auf Institute mit Trägern aus mindestens zwei Staaten abstellt, ist die Vorschrift auch nicht auf nationale Entwicklungsbanken wie bspw. die KfW anwendbar, auch wenn eine entspre- 11 chende Erweiterung der Bereichsausnahme sinnvoll erscheint (ebenso WBA/*Boxberger* § 2 Rn. 11; AWZ/*Zetzsche* § 2 Rn. 39; aA EDD/*Verfürth/Emde* § 2 Rn. 21). Auf derartige nationale Institute können aber andere Ausnahmen wie bspw. § 2 II zutreffen.

12 Neben den supranationalen Instituten werden entsprechend Art. 2 III Buchst. d AIFM-RL auch **nationale Zentralbanken** wie die Deutsche Bundesbank von der Bereichsausnahme erfasst.

13 Im Einklang mit Art. 2 III Buchst. e AIFM-RL werden laut Gesetzesbegründung ferner **Versorgungseinrichtungen** des öffentlichen Dienstes oder der Kirchen, berufsständische Versorgungswerke und Unterstützungskassen vom Anwendungsbereich des KAGB ausgenommen (vgl. BT-Drs. 17/12294, 205).

14 **4. Arbeitnehmerbeteiligungssysteme und Arbeitnehmersparpläne (§ 2 I Nr. 6).** Die aus Art. 2 III Buchst. f AIFM-RL entnommenen Begriffe **Arbeitnehmerbeteiligungssysteme und Arbeitnehmersparpläne** sind weder dort noch im KAGB näher definiert und können daher weit ausgelegt werden. Hintergrund der Privilegierung dieser Strukturen dürfte sein, dass sie ganz oder teilweise von Arbeitgebern finanzierte Programme sind, die keine frei am Markt verfügbaren Anlageprodukte darstellen und auch wegen ihres hohen Nutzens bei der gesamtgesellschaftlichen Aufgabe der Vorsorge nicht durch Regulierung erschwert werden sollen. Ob viele dieser Strukturen nicht bereits deswegen vom KAGB nicht erfasst werden, weil es am Merkmal des Einsammeln von Kapital zur Anlage iSv § 1 I 1 fehlt, kann daher dahingestellt bleiben. Da die Vorschrift nicht erfordert, dass alle Arbeitnehmer gleichermaßen berechtigt sind, fallen auch Management-Beteiligungssysteme, wie sie bspw. für Führungskräfte oder bei Private-Equity-Vehikeln häufig angeboten werden, unter die Bereichsausnahme.

15 **5. Verbriefungszweckgesellschaften (§ 2 I Nr. 7).** Der Begriff der **Verbriefungszweckgesellschaft** ist in § 1 I Nr. 39 definiert (s. dortige Kommentierung) und folgt Art. 2 III Buchst. g AIFM-RL. Als Verbriefungsgesellschaften gelten damit Gesellschaften, die von Anlegern Kapital durch die Ausgabe von Wertpapieren wie Schuldverschreibungen oder Genussscheinen aufnehmen und als Sicherheit dafür einen Pool von Vermögensgegenständen wie insb. Darlehensforderungen und die dazugehörigen Sicherheiten halten. Die Bereichsausnahme ist darauf zurückzuführen, dass die Gesellschaften bereits durch die STS-Verordnung (EU) 2017/2402 reguliert sind und eine zusätzliche, ggf. noch stärker ausgeprägte Regulierung durch die AIFM-RL auch deswegen vermieden werden sollte, um die Funktion von Verbriefungsgesellschaften – die eine nicht unwesentliche Rolle bei der Restrukturierung von teils notleidenden Kreditportfolios von Banken spielten und spielen – im Markt nicht zu gefährden (vgl. AWZ/*Zetzsche* § 2 Rn. 46).

16 **6. Finanzdienstleistungs- und Kreditinstitute (§ 2 II).** In Entsprechung zu Art. 6 VIII 1 AIFM-RL bedürfen die genannten Institute keiner Erlaubnis, um bestimmte Wertpapierdienstleistungen an AIF zu erbringen. Dies ist auf die Tatsache zurückzuführen, dass derartige Tätigkeiten der Institute bereits anderweitig – durch das KWG und das WpHG – einer Regulierung unterliegen. Die Vorschrift ändert nichts daran, dass **Finanzdienstleistungs- und Kreditinstitute** nicht selbst Investmentvermögen verwalten dürfen. Es ist ihnen lediglich gestattet, Dienstleistungen iSv § 20 II für AIF zu erbringen. In der Praxis wird es sich bei den Tätigkeiten in der Regel um die Übernahme eines von der KVG ausgelagerten Portfoliomanagements handeln. Im Ergebnis handelt es sich bei § 2 II jedoch lediglich um

eine Klarstellung, um die Vorgaben der AIFM-RL auch in den Wortlaut des KAGB zu übernehmen, da besagten Instituten das Erbringen von Wertpapierdienstleistungen gegenüber Investmentvermögen ohnehin aufgrund der eigenen Erlaubnis gestattet ist. Daher ist auch keine gesonderte, zusätzliche Erlaubnis nach dem KAGB erforderlich, wenn die Institute die gleichen Wertpapierdienstleistungen gegenüber OGAW gem. § 20 II erbringen (vgl. AWZ/*Zetzsche* § 2 Rn. 41).

7. Verwaltung von AIF innerhalb der Unternehmensgruppe (§ 2 III). 17
Eine weitere Bereichsausnahme vom KAGB gilt für AIF-KVG, soweit sie AIF ausschließlich für Anleger innerhalb der eigenen **Unternehmensgruppe** verwalten. Die Regelung setzt Art. 3 I AIFM-RL innerhalb des KAGB um. Welche Unternehmen außer der KVG des AIF selbst zur Unternehmensgruppe gehören, bestimmt sich nach § 290 HGB (vgl. den Wortlaut von § 2 III Nr. 1 Buchst. b–d iVm den Definitionen in § 1 XIX Nr. 26 u. 35). Danach ist es entscheidend, ob mittelbar oder unmittelbar ein beherrschender Einfluss ausgeübt werden kann (§ 290 I 1 HGB). Bei einem Joint Venture kann dies auch durch mehr als einen Gesellschafter erfolgen (vgl. WBA/*Boxberger* § 2 Rn. 16; AWZ/*Zetzsche* § 2 Rn. 33). Andererseits genügt bereits eine wie gering auch immer ausfallende Beteiligung eines nicht zur Unternehmensgruppe gehörenden Dritten am verwalteten AIF, um die Anwendbarkeit der Bereichsausnahme auszuschließen. Darüber hinaus muss die Beschränkung auf Anleger innerhalb der Unternehmensgruppe nach Ansicht des Gesetzgebers in den Anlagebedingungen des AIF enthalten sein (BT-Drs. 17/13395, 634). Nach dem Gesetzeswortlaut greift die Ausnahme auch dann nicht ein, wenn einer der Anleger des fraglichen AIF selbst ein AIF ist. Dies bedarf allerdings einer naheliegenden teleologischen Einschränkung: Soweit an dem AIF, der Anleger ist, wiederum nur Anleger aus der Unternehmensgruppe der AIF-KVG beteiligt sind, ist die Ausnahmeregelung nach § 2 III anwendbar (so auch WBA/*Boxberger* § 2 Rn. 17; aA DJKT/*Tollmann* AIFM-RL Art. 3 Rn. 9).

Nach dem klaren Gesetzeswortlaut gilt die Ausnahme lediglich für die AIF- 18
KVG, nicht aber für den verwalteten AIF, für den die Regelungen des KAGB daher nach wie vor anwendbar sind. Daneben sind sämtliche Regelungen des KAGB – dh auch die für AIFM – insoweit anwendbar, als die AIF-KVG neben AIF, an denen lediglich Anleger aus der eigenen Unternehmensgruppe beteiligt sind, weitere AIF auch oder nur für externe Anleger verwalten. Die Tätigkeit ein und desselben AIFM kann daher sowohl reguliert als auch unreguliert sein. Investmentsteuerrechtlich hat die Bereichsausnahme im Übrigen keine Wirkung (vgl. § 1 II Nr. 3 InvStG).

Ein freiwilliger Verzicht der AIF-KVG auf die Bereichsausnahme – auch als 19
„Opt-in" bezeichnet – ist im Gesetz zwar nicht ausdrücklich vorgesehen, aber trotzdem möglich. Dies lässt sich schon dadurch begründen, dass eine freiwillige Unterwerfung unter die Regulierung des KAGB dem Schutzzweck des Gesetzes nicht abträglich ist, sondern zuträglich. Darüber hinaus kann man aus dem in § 2 IVa 1 Nr. 3 geregelten Opt-in für kleine interne KVG ablesen, dass der Gesetzgeber eine freiwillige Unterwerfung nicht grundsätzlich ausschließen wollte. In der Praxis kann ein Opt-in dadurch erfolgen, dass die Anlagebedingungen keine Beschränkung auf Anleger innerhalb der Unternehmensgruppe vorsehen (vgl. → Rn. 17 sowie WBA/*Boxberger* § 2 Rn. 19; AWZ/*Zetzsche* § 2 Rn. 29).

8. Kleine Spezial-AIF-KVG (§ 2 IV). In Umsetzung von Art. 3 II u. IV 20
AIFM-RL werden bestimmte AIF-KVG zwar vom KAGB erfasst, allerdings nicht im Wege des üblichen Erlaubnisverfahrens nach § 20, sondern lediglich in Form

einer **Registrierung** nach § 44. Voraussetzung dafür ist, dass es sich bei den von der AIF-KVG verwalteten AIF ausschließlich um **inländische, geschlossene Spezial-AIF** handelt, die bestimmte Volumina nicht überschreiten. Es ist nicht erkennbar, warum das Schutzbedürfnis der Anleger sowie das öffentliche Interesse an einer Regulierung im Sinne der Integrität des Gesamtmarktes dann geringer ausgeprägt sein sollen, wenn die Geschäftstätigkeit der AIF-KVG nur ein begrenztes Volumen aufweist. Dessen ungeachtet basiert die Vorschrift offensichtlich darauf, dass die praktischen Vorteile des Wegfalls der im Vergleich zum verwalteten Fondsvolumen hohen Kosten, die für die AIF-KVG durch die Regulierung entstehen, sowie des Überwachungsaufwands seitens der Aufsichtsbehörden überwiegen.

21 **a) Unternehmensgruppe (§ 2 IV 2 Nr. 1).** Für die Berechnung der Schwellenwerte wird auf diejenigen AIF abgestellt, die die AIF-KVG de facto verwaltet. Es handelt sich daher nicht um eine rein rechtliche Perspektive, sondern um eine Substanz-Betrachtung, mit der Umgehungen vermieden werden können. Zu berücksichtigen ist daher das Volumen sämtlicher AIF, die die AIF-KVG entweder selbst verwaltet oder die zwar von einer anderen Gesellschaft derselben **Unternehmensgruppe** verwaltet werden, der AIF-KVG jedoch aufgrund eines gemeinsamen Kontrollverhältnisses zuzurechnen sind. Hinsichtlich der Voraussetzung des gemeinsamen Kontrollverhältnisses gelten die Rahmenbedingungen von § 2 III grundsätzlich entsprechend. Der Wortlaut mag zwar unterschiedlich sein, doch ist der Grundgedanke der Beherrschung identisch. Danach gelten als Gesellschaften derselben Unternehmensgruppe Gesellschaften, bei denen mittelbar oder unmittelbar ein beherrschender Einfluss ausgeübt werden kann (§ 290 I 1 HGB). Dies kann auch bei einem Joint-Venture der Fall sein (vgl. → Rn. 17). Soweit AIF rechtlich nicht von der AIF-KVG selbst verwaltet werden, ist es allerdings Voraussetzung, dass der AIF-KVG die Verwaltung über die andere Gesellschaft derselben Unternehmensgruppe zuzurechnen ist. Dies ist nach dem Gesetzeswortlaut stets dann anzunehmen, wenn eine gemeinsame Geschäftsführung besteht, wobei die Identität eines Mitglieds der Geschäftsführung in beiden Gesellschaften bereits ausreichen dürfte. Darüber hinaus ist eine De-facto-Verwaltung dem Sinngedanken der Vorschrift nach auch dann anzunehmen, wenn die beiden Gesellschaften anderweitige Ressourcen gemeinsam nutzen (so auch AWZ/*Zetzsche* § 2 Rn. 53; weniger restriktiv wohl WBA/*Boxberger* § 2 Rn. 25; noch restriktiver BTMB/*Jesch* § 2 Rn. 23). Dabei ist auf diejenigen Ressourcen abzustellen, die Bestandteil der kollektiven Vermögensverwaltung sind (s. § 1 XIX Nr. 24). Nicht mit einbezogen werden allerdings geschlossene Fonds, die zum Zeitpunkt des Inkrafttretens des KAGB ihre Investitionstätigkeit bereits beendet hatten (s. *BaFin*-FAQ Übergangsbestimmungen KAGB v. 18.6.2013 Gz. 41-Wp 2137-2013/1343 Tz. III Nr. 1).

22 **b) Schwellenwerte (§ 2 IV 2 Nr. 2, § 2 IV 3).** Wenn die von der AIF-KVG verwalteten AIF **Leverage** iSv § 1 XIX Nr. 25 – dh in der Regel Derivate oder aufgenommene Kredite – enthalten, dürfen die Vermögensgegenstände sämtlicher AIF den niedrigeren **Schwellenwert von 100 Mio. EUR** nicht überschreiten. Was Vermögensgegenstände iSv § 2 IV sind, ist nach Art. 2 I Buchst. b Level-II-VO iVm § 2 IV 3 zu bestimmen. Die BaFin verweist dazu auf die handelsrechtlichen Buchführungsvorschriften (vgl. *BaFin* Merkblatt Registrierung nach § 44 KAGB, Gz. WA 41-Wp 2137-2013/0044 Tz. 3). Der Begriff der Rechtsvorschriften iSd Level-II-VO schließt jedoch auch die Sonderregelungen der investmentrechtlichen Bewertung – insb. die der KARBV – ein, so dass im Ergebnis eine Fair-Market-Bewertung erforderlich ist. Andernfalls ist die erforderliche Vergleichbarkeit mit voll-

regulierten AIF nicht gegeben, was den Schutzzweck des Schwellenwertes wesentlich beeinträchtigen würde (so anscheinend in der Verwaltungspraxis auch vielfach die BaFin, s. WBA/*Boxberger* § 2 Rn. 23, der dafür jedoch keine gesetzliche Grundlage erkennen kann und ebenso wie EDD/*Verfürth/Emde* § 2 Rn. 53 die Anwendbarkeit der KARBV ablehnt). Aus Art. 6 III 1 der Level-II-VO lässt sich ferner entnehmen, dass bei der Berechnung nicht nur auf die Ebene des AIF abzustellen ist, sondern die Vermögensgegenstände sowie ein etwaiger Leverage von Vehikeln, in die der AIF investiert, mit einzubeziehen sind. Dies gilt nur insoweit nicht, als an den Vehikeln neben dem AIF auch Dritte beteiligt sind und die Vehikel nicht eigens geschaffen wurden, um das Risiko auf der Ebene des AIF direkt oder indirekt zu erhöhen. Eine derartige Absicht zur Risikoerhöhung kann grundsätzlich angenommen werden, wenn das Vehikel vor der Investition durch den AIF nicht bestand oder keine eigene Geschäftstätigkeit aufzuweisen hatte. Nicht einzubeziehen sind jedoch typische Private-Equity-Investments des AIF (vgl. Art. 6 III 2 Level-II-VO).

Enthält keiner der der AIF-KVG zuzurechnenden Spezial-AIF Leverage und 23 können die Anleger binnen fünf Jahren nach der ersten Investition die Anteile am Spezial-AIF nicht zurückgeben, so erhöht sich der **Schwellenwert auf 500 Mio. EUR.** Der Zeitraum von fünf Jahren bezieht sich auf jeden einzelnen Spezial-AIF und ist im Gesellschaftsvertrag oder den Anlagebedingungen des Spezial-AIF niederzulegen. Da es bereits eine der Voraussetzungen für die Teilbereichsausnahme ist, dass es sich um Geschlossene AIF handelt, hat die Anforderung eines Fünfjahreszeitraums keinen eigenständigen Regelungscharakter, da seit dem Finanzmarktanpassungsgesetz 2014 (Gesetz zur Anpassung von Gesetzen auf dem Gebiet des Finanzmarktes v. 17.7.2014, BGBl. 2014 I 934) durch Bezugnahme auf Art. 1 II der DelVO (EU) Nr. 694/2014 der Kommission vom 17. Dezember 2013 zur Ergänzung der Richtlinie 2011/61/EU des Europäischen Parlaments und des Rates im Hinblick auf technische Regulierungsstandards zur Bestimmung der Arten von Verwaltern alternativer Investmentfonds (ABl. EU 2014 L 183, 18 – „AIF-DelErgVO") die Möglichkeit einer Anteilsrückgabe noch vor der Liquidation des Investmentvermögens dazu führt, dass es sich um ein offenes Investmentvermögen handelt (auch → § 1 Rn. 40).

Da die Vermögenswerte von AIF Schwankungen unterliegen können und eine 24 **kurzfristige Überschreitung eines Schwellenwertes** noch keine Erlaubnispflicht auslösen soll, sieht Art. 4 Level-II-VO eine Ausnahmeregelung vor. Danach ist eine Erlaubnispflicht dann nicht gegeben, wenn die Überschreitung nach Ansicht der AIF-KVG begründet und nachweisbar nur vorübergehend ist. Als vorübergehend gilt ein Zeitraum von maximal drei Monaten (Art. 4 IV Level-II-VO). Eine vorübergehende Überschreitung iSd Level-II-VO wird man allerdings auch dann nicht mehr annehmen können, wenn die einzelne Überschreitung zwar weniger als drei Monate andauert, aber innerhalb eines begrenzten Zeitraumes – hierfür kann man zwölf Monate annehmen – erneut, dh mehr als einmal erfolgt. Nach dem Gesetzeswortlaut soll auch eine vorübergehende Unterschreitung der Schwellenwerte unschädlich sein, doch handelt es sich hier wohl eher um ein Redaktionsversehen, da die Regelung nur Höchstwerte und keine Mindestwerte vorsieht und die nicht nur vorübergehende Unterschreitung der Höchstwerte sogar Voraussetzung für die Anwendbarkeit der Regelung ist.

c) Opt-in (§ 2 IV 2 Nr. 3). Die AIF-KVG kann freiwillig auf den in § 2 IV ge- 25 regelten Wegfalls eines Teils der Regulierung verzichten. Dies kann für die AIF-KVG beispielsweise dann von Interesse sein, wenn sie eine Vollregulierung als Marketing-Vorteil gegenüber den Anlegern begreift oder für die Zukunft ohnehin mit einer Überschreitung der Schwellenwerte rechnet.

26 **d) Rechtsfolgen (§ 2 IV 1 u. 4).** Greift die Ausnahmeregelung des § 2 IV ein, so bedarf die AIF-KVG keiner Erlaubnis nach § 20, sondern muss sich gem. § 44 lediglich registrieren und die nachfolgenden Berichtspflichten erfüllen. Die von der AIF-KVG verwalteten Spezial-AIF bedürfen daher unter anderem keiner Verwahrstelle. Auch eine Vertriebsanzeige ist im Inland nicht erforderlich. Umgekehrt können die Spezial-AIF keinen grenzüberschreitenden Vertrieb mithilfe des sog. EU-Passes vornehmen. Stattdessen steht ihnen aber zumindest für bestimmte Produkte der Vertrieb über die EuVECA-VO offen (WBA/*Boxberger* § 44 Rn. 10).

27 Unabhängig von der Befreiung der AIF-KVG von der Erlaubnispflicht bei Erfüllung der entsprechenden Voraussetzungen wurde im Rahmen des OGAW-V-UmsG klargestellt, dass bei **Vergabe von Gelddarlehen** durch einen AIF die Vorschriften des KAGB im Wesentlichen anzuwenden sind (§ 2 IV 1 Nr. 2 u. 4). Auch wenn die AIF-KVG als kleine AIF-KVG iSv § 2 IV gilt, finden die Regelungen des § 285 II für Geschlossene Spezial-AIF sowie des § 285 III für Offene Spezial-AIF daher Anwendung (vgl. EDD/*Verfürth/Emde* § 2 Rn. 63). Die aufsichtsrechtlichen Verpflichtungen nach § 44 registrierter AIF-KVG werden so wesentlich erweitert.

28 § 2 IV 1 Nr. 5 wurde durch das FoStoG (BGBl. 2021 I 1498) neu eingefügt. Dadurch soll sichergestellt werden, dass auch KVG, die die Bedingungen von § 2 IV 2 erfüllen und gem. § 44 registriert sind, denselben Anforderungen hinsichtlich der Verwaltung von EF-Fonds unterliegen und hinsichtlich der Darlehensvergabe und Garantieübernahme wie Kapitalverwaltungsgesellschaften mit einer Erlaubnis gem. § 20 I behandelt werden.

29 **e) EuVECA und EuSEF (§ 2 IV 4).** Ebenfalls mit einer Registrierung und ohne Erlaubnis dürfen kleine AIF-KVG gem. § 2 IV 4 neben Spezial-AIF zwei weitere Fondstypen verwalten: Europäische Risikokapitalfonds (EuVECA-VO, s. § 2 VI) und Europäische Fonds für soziales Unternehmertum (EuSEF-VO, s. § 2 VII). Soweit kleine AIF-KVG auch derartige Vehikel verwalten, sind die darin enthaltenen Vermögensgegenstände bei der Berechnung der Schwellenwerte miteinzubeziehen.

30 **9. Zwerg-AIF-KVG (aufgehobener § 2 IVa).** Um sehr kleine Publikums-AIF durch eine Vollregulierung betriebswirtschaftlich nicht unrentabel werden zu lassen, hatte der deutsche Gesetzgeber – anders als die AIFM-RL – bis zum15.8.2021 noch eine Ausnahme für Zwerg-AIF-KVG zugelassen, wenn sie **vier Voraussetzungen** erfüllten: Es musste sich erstens um eine interne KVG handeln, die zweitens einen einzigen, geschlossenen Publikums-AIF verwaltete, dessen Anteile drittens von höchstens fünf Privatanlegern gehalten werden und dessen Bruttofondsvermögen – also die Summe sämtlicher Aktiva des AIF – nicht größer als 5 Mio. EUR ist. Der Gesetzgeber sah einen Anlegerschutz auch ohne vollständige Regulierung im Wesentlichen zurecht deswegen als hinreichend gegeben an, weil der einzelne Anleger aufgrund der sehr geringen Gesamtzahl der Anleger – wenn er es denn wünscht – de facto Mitspracherechte der AIF-KVG gegenüber wird einfordern können. Als Rechtsfolge der Einordnung als Zwerg-AIF-KVG wurden die anwendbaren Vorschriften auf die allgemeine Befugnis der BaFin bei Gefahr nach § 42 sowie Pflichten zur Registrierung und Berichterstattung beschränkt. Die Vorschrift wurde iRd AnlSchStG aufgehoben, um Kleinanlegern ein einheitliches Schutzniveau bei der Anlage in Investmentvermögen zu bieten (BT-Drs. 19/28166, 37).

10. Bürgerbeteiligungsgenossenschaften (aufgehobener § 2 IVb). Bis zum 11.3.2016 hatte das KAGB unter bestimmten Voraussetzungen auch eine Ausnahme für sog. Bürgerbeteiligungsgenossenschaften vorgesehen. Diese wurde durch das OGAW-V-UmsG jedoch gestrichen, da der Gesetzgeber der Ansicht ist, dass Genossenschaften nicht als Investmentvermögen anzusehen sind. Begründet wird dies mit dem nach § 1 I GenG zwingenden, gemeinschaftlichen Förderzweck, der sich von der reinen **Gewinnerzielungsabsicht** eines Investmentvermögens unterscheide. Ein ausreichender Schutz der Genossenschaftsmitglieder sei durch die Regelungen des GenG einschließlich der darin enthaltenen, strikten Prüfungspflichten gegeben (s. BT-Drs. 18/6744, 42). Die Abgrenzung anhand der Gewinnorientierung ist allerdings keineswegs schlüssig, da der Gesetzgeber – der entsprechenden EU-RL folgend – im Zuge der Umsetzung der Taxonomie-Verordnung die Verfolgung von nicht auf die Gewinnmaximierung gerichteten Zielen durch Investmentvermögen explizit geregelt hat und sich auch EuSEF nach § 2 VII gerade dadurch definieren, dass sie auch soziale Ziele verfolgen. 31

11. Kleine Publikums-AIF-KVG (aufgehobener § 2 V). § 2 V ergänzte die vorausgehenden beiden Absätze insoweit, als er eine Ausnahme für AIF-KVG vorsah, die nicht nur Spezial-AIF (wie in § 2 IV) oder einen Zwerg-Publikums-AIF (wie im augehobenen § 2 IVa) verwalten. Auch hier war die Ausnahme auf die Verwaltung von inländischen geschlossenen AIF beschränkt. Weitere Voraussetzung war, dass das Bruttofondsvermögen dieser AIF nicht höher als 100 Mio. EUR sein darf. Dabei wurden wie in § 2 IV auch AIF berücksichtigt, die von der AIF-KVG indirekt über verbundene Unternehmen verwaltet werden. Die Ausnahme war weniger weitgehend als die nach § 2 IV oder die nach § 2 IVa. Zusätzlich zu den Registrierungs- und Berichtspflichten (auch → Rn. 26) war für die verwalteten AIF eine **Verwahrstelle** erforderlich. Eine noch weitergehende Einschränkung lag darin, dass die Vorschriften zur Vermögensanlage einschließlich einer **Risikodiversifikation,** der Begrenzung auf einen **Katalog von Vermögensgegenständen** und Regelungen zur maximalen Aufnahme von **Darlehen** anwendbar und folgerichtig auch die Anlagebedingungen des AIF von der BaFin zu genehmigen waren (§ 267). Schließlich fanden die Vorschriften für den Vertrieb von geschlossenen Publikums-AIF Anwendung. Die Rechtsfolgen ließ daher weniger als Ausnahme von der Regulierung, sondern eher als **„Regulierung light"** bezeichnen. Die Vorschrift wurde iRd AnlSchStG aufgehoben, um Kleinanlegern ein einheitliches Schutzniveau bei der Anlage in Investmentvermögen zu bieten (BT-Drs. 19/28166, 37). 32

12. EuVECA-AIF-KVG (§ 2 VI). Eine weitere Ausnahme gilt für AIF-KVG, soweit sie Venture-Capital-Fonds iSd EU-VO über **Europäische Risikokapitalfonds („EuVECA-VO")** verwalten. Diese AIF-KVG können sich bei der BaFin freiwillig als EuVECA-KVG registrieren lassen. Mit der EuVECA-VO möchte die EU den Vertrieb von Investmentvermögen für Risikokapital (zur Definition in der EuVECA-VO siehe dort Art. 3 Buchst. d u. e) erleichtern und so mehr Kapital für kleinere, nicht börsennotierte Unternehmen generieren. Dieses Ziel soll dadurch erreicht werden, dass die AIF-KVG, die sich als Verwalter von EuVECA registrieren lassen, entsprechende Investmentvermögen innerhalb der EU grenzüberschreitend vertreiben können. Ohne diese besondere **EuVECA-Registrierung** wäre ihnen der **grenzüberschreitende Vertrieb** nur möglich, wenn sie – verbunden mit den entsprechenden organisatorischen Hürden und zusätzlichen Kosten – eine Volllizenz als AIFM in ihrem jeweiligen Sitzstaat hätten. Auch wenn die EuVECA-VO etwas anderes zu suggerieren scheint, ist dieser Weg gemäß dem Gesetzeswort- 33 laut auch für typische Private-Equity-AIF-KVG zulässig, die anders als die von der EU offensichtlich angestrebten Venture-Capital-Geber ihre Investition mit einer hohen Fremdfinanzierung verbinden (vgl. WBA/*Boxberger* § 2 Rn. 40).

34 Die Möglichkeit zur Registrierung als EuVECA-KVG ist nach Art. 2 II EuVECA-VO daran gebunden, dass der **Schwellenwert** von 500 Mio. EUR Bruttofondsvermögen iSv Art. 3 II Buchst. b AIFM-RL nicht überschritten wird. Für diesen Schwellenwert gelten die gleichen Rahmenbedingungen wie nach § 2 IV 2 Nr. 2 Buchst. b (vgl. EDD/*Verfürth/Emde* § 2 Rn. 77). Folglich sind auch die Regelungen für eine vorübergehende Überschreitung entsprechend anzuwenden (→ Rn. 24).

35 Rechtsfolge der Ausnahme ist, dass lediglich **§ 337** Anwendung findet. Der dort enthaltene Verweis auf § 44 bedeutet allerdings nicht, dass die KVG sämtliche dort enthaltenen Anforderungen direkt oder entsprechend zu erfüllen hat und somit de facto zwei Registrierungen vorzunehmen hat, eine nach der EuVECA-VO und eine nach den anderen Vorschriften des KAGB. Diese in der Vergangenheit von der BaFin gestellte Anforderung (vgl. *BaFin* Hinweise Registrierung nach § 44 KAGB iVm Art. 2–5 der Delegierten VO 231/2013 v. 30.8.2013, Gz. WA 41-Wp 2137-2013/0044) ist schlicht rechtswidrig (vgl. EDD/*Verfürth/Emde* § 2 Rn. 79).

36 Die EuVECA-KVG kann neben den EuVECA auch OGAW verwalten (§ 2 VI 2). Für die Verwaltung der OGAW gelten in diesem Fall neben der EuVECA-Registrierung allerdings die allgemein einschlägigen Vorschriften für KVG, dh gegebenenfalls eine vollständige Erlaubnispflicht und Regulierung ihrer Tätigkeit, soweit sie auf die OGAW entfällt. Auch wenn dies im Gesetzeswortlaut nicht explizit erwähnt ist, gilt dieser Gedanke für AIF entsprechend, so dass eine AIF-KVG einerseits EuVECA mittels einer Registrierung als EuVECA-AIF-KVG und andere, „normale" AIF nach den dafür jeweils geltenden Regelungen verwalten kann. Aufgrund der Sonderstellung der EuVECA-VO sind die Vermögenswerte der verwalteten EuVECA und der anderer von der AIF-KVG verwalteten Investmentvermögen für Zwecke der Berechnung von Schwellenwerten nicht zusammenzurechnen, so dass für jeden Bereich ein eigenständiger Schwellenwert verfügbar sein kann.

37 **13. EuSEF-AIF-KVG (§ 2 VII).** Nach dem Willen der EU sollen neben Risikokapital auch Investitionen in Unternehmen gefördert werden, die in wesentlichem Umfang einem sozialen Zweck dienen („Social Impact"), so dass derartige Investmentvermögen auch als **„Impact-Fonds"** bezeichnet werden. Zu diesem Zweck wurde – gleichzeitig mit der EuVECA-VO – die EU-VO über Europäische Fonds für soziales Unternehmertum **(„EuSEF-VO")** implementiert. Das Ziel und die Regelungen sind im Wesentlich mit denjenigen für EuVECA identisch. Allerdings sind EuSEF nur für professionelle und semi-professionelle Anleger und ab einem Investitionsbetrag von 100.000 EUR zulässig. Für die Definition dieser Anleger gelten die Vorschriften der EuSEF-VO und nicht die des KAGB. Ebenso wie bei EuVECA-AIF findet ein **Schwellenwert** von 500 Mio. EUR Anwendung, bis zu dem die Möglichkeit der **Registrierung** als EuSEF-KVG – statt einer Regulierung nach den allgemeinen Vorschriften – besteht. Hinsichtlich dieses Schwellenwertes gelten ebenfalls die Rahmenbedingungen für § 2 IV 2 Nr. 2 Buchst. b (→ Rn. 24).

38 Macht die AIF-KVG von der Ausnahme für EuSEF-KVG Gebrauch, so ist für sie lediglich **§ 338** KAGB anwendbar. Eine zusätzliche Registrierung nach § 44 ist nicht erforderlich (→ Rn. 34). Neben den EuSEF kann die AIF-KVG sowohl OGAW als auch andere AIF verwalten (→ Rn. 35).

§3 Bezeichnungsschutz

(1) [1]Die Bezeichnungen „Kapitalverwaltungsgesellschaft", „Investmentvermögen", „Investmentfonds" oder „Investmentgesellschaft" oder eine Bezeichnung, in der diese Begriffe enthalten sind, darf in der Firma, als Zusatz zur Firma, zur Bezeichnung des Geschäftszwecks oder zu Werbezwecken nur von Verwaltungsgesellschaften im Sinne dieses Gesetzes geführt werden. [2]Die Bezeichnungen „Investmentfonds" und „Investmentvermögen" dürfen auch von Vertriebsgesellschaften geführt werden, die Anteile an Investmentvermögen vertreiben, die nach Maßgabe dieses Gesetzes vertrieben werden dürfen. Die Bezeichnungen „Investmentfonds", „Investmentvermögen" und „Investmentgesellschaft" dürfen auch von extern verwalteten Investmentgesellschaften geführt werden.

(2) Die Bezeichnung „Investmentaktiengesellschaft" darf nur von Investmentaktiengesellschaften im Sinne der §§ 108 bis 123 oder der §§ 140 bis 148 geführt werden.

(3) Die Bezeichnung „Investmentkommanditgesellschaft" darf nur von Investmentkommanditgesellschaften im Sinne der §§ 124 bis 138 oder der §§ 149 bis 161 geführt werden.

(4) [1]EU-Verwaltungsgesellschaften dürfen für die Ausübung ihrer Tätigkeit im Geltungsbereich dieses Gesetzes dieselben allgemeinen Bezeichnungen verwenden, die sie in ihrem Herkunftsmitgliedstaat führen. [2]Die Bundesanstalt für Finanzdienstleistungsaufsicht (Bundesanstalt) kann einen erläuternden Zusatz zu der Bezeichnung vorschreiben, wenn die Gefahr einer Verwechslung besteht.

(5) Die §§ 42 und 43 des Kreditwesengesetzes sind entsprechend anzuwenden.

I. Allgemeines

1 Mit redaktionellen Anpassungen ist die Vorschrift aus § 3 InvG hervorgegangen (BT-Drs. 17/12294, 205). Eine Rechtsgrundlage auf europäischer Ebene findet sie nicht (FK-KapAnlR/*von Livonius/Riedl* § 1 Rn. 2). Wobei ein auf europäischer Ebene harmonisierter investmentrechtlicher Bezeichnungsschutz weder unbedingt sinnvoll noch geboten erscheint, weil die Bezeichnungen ohnehin stark länderspezifisch sind und der Regelungsgehalt einer simplen Erlaubnisvorschrift wie dieser nicht einer einheitlichen Regelung auf europäischer Ebene bedarf. § 3 (Bezeichnungsschutz) ist systematisch im Zusammenhang mit § 4 (Irreführungsverbot) zu verstehen; der **Bezeichnungsschutz setzt auf der abstrakten gesetzlichen Bezeichnung von Gesellschaften und Konstrukten an,** während das Irreführungsverbot auf der Stufe des konkreten Produkts anknüpft und insofern vor irreführenden Namen dieser Produkte schützen soll.

2 Der **Normzweck** des investmentrechtlichen Bezeichnungsschutzes ist der **Anlegerschutz,** dessen Umsetzung funktionell durch die Bezeichnungs-Abgrenzung zum unregulierten (grauen) Kapitalmarkt geschieht. Indem geschützte Bezeichnungen nur nach dem Gesetz regulierten Gesellschaften vorbehalten sind, können Anleger anhand derer Bezeichnungen erkennen, dass ihnen ein tatsächlich nach diesem Gesetz reguliertes Produkt angeboten wird (BT-Drs. 15/1553, 76). Die Vor-

schrift, die eine kapitalanlagerechtliche Anlegerschutzvorschrift ist, bedingt reflexartig, beabsichtigt jedoch nicht nach dem Gesetz regulierte Unternehmen in einem wettbewerbsrechtlichen Sinne zu schützen (aA BTMB/*Führmeyer/Klein* § 3 Rn. 4).

3 Es besteht keine Drittbezogenheit in dem Sinne, dass einzelne Anleger-Individuen Ansprüche aus der Norm geltend machen können; **adressiert vom Schutzzweck ist das öffentliche Publikum im Sinne des allgemeinen Rechtsverkehrs.** Eine bezeichnungsschutzrechtlich fehlerhafte Firmierung ist allerdings stets zugleich eine unlautere Wettbewerbshandlung (§§ 3, 3a, 5 UWG), die auch von der Zentrale zur Bekämpfung unlauteren Wettbewerbs e. V. verfolgt werden kann (*BaFin* Merkblatt zu Firmierungen und Unternehmensgegenstände – Bezeichnungsschutz v. 7.9.2010, zuletzt geändert am 15.3.2021, Ziff. I). Daraus folgt, dass beim investmentrechtlichen Bezeichnungsschutz von § 3 gegenüber den allgemeinen firmenrechtlichen Regelungen nicht der Grundsatz lex specialis derogat lex generali zum Tragen kommt (aA WBA/*Boxberger* § 3 Rn. 1).

II. Investmentrechtlicher Bezeichnungsschutz

4 Als Katalogvorschrift führt § 3 die geschützten Bezeichnungen abschließend auf. Der Bezeichnungsschutz ist strenger als der bankrechtliche Bezeichnungsschutz insofern, als für denjenigen Bezeichnungsschutz von § 3 kein mit dem von § 41 S. 1 KWG vergleichbarer Anschein gefordert wird, dass die geschützten Bezeichnungen im Zusammenhang mit der kollektiven Vermögensverwaltung geführt werden (FK-KapAnlR/*von Livonius/Riedl* § 1 Rn. 6). Da es sich bei § 3 um eine Anlegerschutzvorschrift handelt, ist der Bezeichnungsschutz **effektiv,** dh lückenlos anzuwenden. Daraus folgt, dass der Bezeichnungsschutz eingreift, sobald einzelne Bezeichnungen aus dem Katalog entweder in einer Kombination mit nicht geschützten Bezeichnungen (Bsp.: „offener Investmentfonds") geführt oder geschützte Bezeichnungen willkürlich nicht durchgängig in einem Wort (Bsp.: Investment-Fonds) ausgeschrieben werden (FK-KapAnlR/*von Livonius/Riedl* § 1 Rn. 11).

5 **1. Bezeichnungsschutz gem. Abs. 1. Umfasst** sind von Abs. 1 die Bezeichnungen **Kapitalverwaltungsgesellschaft, Investmentvermögen, Investmentfonds und Investmentgesellschaft.** Sämtliche der vier Begriffe sind geeignet, beim Publikum die Erwartung zu wecken, dass es sich um Gesellschaften oder Konstrukte handelt, die einer besonderen Regulierung nach dem KAGB unterliegen. Insofern spielt bezüglich des Begriffs Investmentfonds keine Rolle, dass er von den vier genannten Bezeichnungen der einzige ohne eigenständige Legaldefinition ist und ihm insofern definitorisch nur als Begriffsbestandteil des Alternativen Investmentfonds (§ 1 III) eine gewisse, aber nicht eigenständige Bedeutung zukommt. Denn der Begriff Investmentfonds ist nach der Verkehrsanschauung genauso geeignet wie die anderen Bezeichnungen auch, mit ihm ein konkretes Anlagevehikel nach diesem Gesetz zu verbinden. Aus dem gleichen Grund der Maßgeblichkeit der Verkehrsanschauung ist es umgekehrt genauso sachgerecht, dass der Gesetzgeber nicht die Bezeichnung des „Fonds" schützt (hierauf hingewiesen von FK-KapAnlR/*von Livonius/Riedl* § 1 Rn. 9), da sie durchaus auch im Zusammenhang nicht nur mit regulierten Konstrukten nach diesem Gesetz geführt wird. Die Begriffe „Investment", „Kapitalanlage", „Fonds", „Investor" und „Invest" sind ebenfalls nicht geschützt (*BaFin* Merkblatt zu Firmierungen und Unternehmensgegenstände – Bezeichnungsschutz v. 7.9.2010, zuletzt geändert am 15.3.2021, Ziff. I).

Eine Ausdehnung des Wortlauts dieser Norm auf andere Bezeichnungen verbietet sich schon allein wegen des Analogieverbots strafbewährter Vorschriften (allgemein zum Analogieverbot von § 3 vgl. nur FK-KapAnlR/*von Livonius/Riedl* § 1 Rn. 6a).

Es besteht ein grundsätzliches **Verbot,** die geschützten Bezeichnungen oder Be- 6
griffe, die teilweise aus den geschützten Bezeichnungen bestehen, in der Firma, als Zusatz zur Firma, zur Bezeichnung des Geschäftszwecks oder zu Werbezwecken zu benutzen. Als **Firma** eines Kaufmanns ist in § 17 HGB der Name legaldefiniert, unter dem er seine Geschäfte betreibt und die Unterschrift abgibt. **Firmenzusatz** beinhaltet die Angabe der Unternehmensform, Art und Umfang des Unternehmens und ggf. Unterscheidungsmerkmale. Die Bezeichnung des **Geschäftszwecks** ist nicht legaldefiniert, geht aber wegen des weitreichenden Anlegerschutzes über den bei Eintragung anzumeldenden und ggf. einzutragenden Unternehmensgegenstand hinaus. Weil die Vorschrift den allgemeinen Rechtsverkehr schützt, umfasst der Begriff des Geschäftszwecks sämtliche im Umlauf befindlichen Dokumente, in denen sich der Unternehmensgegenstand oder Beschreibungen der Geschäftsabsichten nach außen hin erkennbar materialisieren. Verwendung zu **Werbezwecken** erfasst sämtliche Maßnahmen zur Herbeiführung von Vertragsabschlüssen mit dem Verwender der Bezeichnung oder einer anderen Person als des Verwenders. Da es sich um eine Schutzvorschrift für den allgemeinen Rechtsverkehr handelt, kommt es nur auf die objektive Eignung dieser Maßnahmen an, ohne dass eine direkte vertriebliche Absicht vorzuliegen hat.

Als Ausnahme von diesem Verbot ist eine **abgestufte Verwendungserlaubnis** 7
vorgesehen. Verwaltungsgesellschaften (§ 1 XIV) dürfen ausnahmslos diese vier Bezeichnungen führen **(S. 1).** Vertriebsgesellschaften dürfen nur die Bezeichnungen Investmentfonds und Investmentvermögen führen **(S. 2),** was relevant ist, wenn Vertriebsgesellschaft und KVG personenverschieden sind. Eine Definition der Vertriebsgesellschaft findet sich in § 318 I 1 5 Nr. 1, die zwar im Zusammenhang mit EU-AIF und ausländischen AIF steht, aber verallgemeinerungsfähig ist (FK-KapAnlR/*von Livonius/Riedl* § 1 Rn. 17). Danach handelt es sich um ein Unternehmen, das den Vertrieb der Anteile oder Aktien im Geltungsbereich dieses Gesetzes übernommen hat. Erforderlich ist für die erlaubte Verwendung der Bezeichnungen im Rahmen des Vertriebs von Anteilen an Investmentvermögen, dass die Anteile nach Maßgabe dieses Gesetzes vertrieben werden dürfen. Nicht ausreichend ist dafür, dass theoretisch die Voraussetzungen vorliegen, sondern es müssen die Voraussetzungen im 4. Kapitel des Gesetzes im vollen Umfang eingehalten werden, was die Vertriebserlaubnis der BaFin einschließt. Die Bezeichnungen „Investmentfonds", „Investmentvermögen" und „Investmentgesellschaften" dürfen auch von extern verwalteten Investmentgesellschaften (§ 1 XIII) geführt werden **(S. 3).** Mit dieser klarstellenden Regelung trägt S. 3 dem Umstand Rechnung, dass wegen des Auseinanderfallens von Gesellschaft und Verwaltungsgesellschaft S. 1 nicht direkt für externe verwaltete Investmentgesellschaften anwendbar ist.

2. Bezeichnungsschutz gem. Abs. 2 u. 3. Die Bezeichnung „Investment- 8
aktiengesellschaft" darf nur von Investmentaktiengesellschaften iSd §§ 108–123 oder §§ 140–148 geführt werden **(Abs. 2).** Die Bezeichnung „Investmentkommanditgesellschaft" darf nur von Investmentkommanditgesellschaften iSd §§ 124–138 oder §§ 149–161 geführt werden **(Abs. 3).** Die geschützten Bezeichnungen „Investmentaktiengesellschaft" und „Investmentkommanditgesellschaft" sind nicht explizit wie in § 1 I 1 insofern geschützt, dass auch Begriffe erfasst werden, in denen diese Bezeichnungen enthalten sind. Dies mag wegen der sprach-

lichen Eigenschaft dieser Bezeichnungen unwahrscheinlicher sein als bei den in S. 1 verwendeten Bezeichnungen; ungeachtet dessen gebietet der Anlegerschutz in Zweifelsfällen auch ohne entsprechende in S. 1 verwendete redaktionelle Klarstellung eine dahingehend entsprechende Auslegung (so auch BTMB/*Führmeyer/Klein* § 3 Rn. 28).

9 **3. EU-Verwaltungsgesellschaften (Abs. 4).** EU-Verwaltungsgesellschaften dürfen für die Ausübung ihrer Tätigkeit im Geltungsbereich dieses Gesetzes dieselben allgemeinen Bezeichnungen verwenden, die sie in ihrem Herkunftsmitgliedstaat führen. Die BaFin kann einen erläuternden Zusatz zu der Bezeichnung vorschreiben, wenn die Gefahr einer Verwechslung besteht. Wegen der im Sitzstaat verwendeten Originalbezeichnung in jeweiliger Landessprache dürften Fälle einer solchen Verwechslungsgefahr rar gesät sein. Gegenständlich schränkt die Ausnahmeregelung nicht ein, so dass sie die Verwendungsbefugnis von OGAW wie AIF verwaltende EU-Verwaltungsgesellschaften begründet.

10 **4. Bezeichnungsmissbrauch (Abs. 5).** Absatz 5 erklärt für die Fälle des Bezeichnungsmissbrauchs die beiden Vorschriften von § 42 KWG und § 43 KWG für anwendbar, was eine **Doppelzuständigkeit** von BaFin und Registergericht begründet. Die **BaFin** entscheidet in Zweifelsfällen, ob ein Unternehmen zur Führung der in § 3 genannten Bezeichnungen befugt ist (entsprechend § 42 S. 1 KWG) und teilt ihre Entscheidung hierüber dem Registergericht mit (entsprechend § 42 S. 2 KWG). Die **Entscheidung der BaFin hat feststellenden Charakter** (*BaFin* Merkblatt zu Firmierungen und Unternehmensgegenstände – Bezeichnungsschutz v. 7.9.2010, zuletzt geändert am 15.3.2021, Ziff. I).

11 Bei den **Firmierungsfragen** ist das Registergericht mit eigenständigen Durchsetzungsbefugnissen ausgestattet. Der Wortlaut, wonach die BaFin ihre Entscheidung dem Registergericht nicht bekannt gibt, sondern lediglich mitteilt, lässt den Rückschluss zu, dass dieser feststellende Verwaltungsakt (implizit BSV/*Beckmann* § 3 Rn. 61) keine Tatbestands- und Feststellungswirkung gegenüber dem Registergericht entfaltet (aA BSV/*Beckmann* § 3 Rn. 68f.). Stattdessen prüft und entscheidet das Registergericht, § 43 II KWG (*BaFin* Merkblatt zu Firmierungen und Unternehmensgegenstände – Bezeichnungsschutz v. 7.9.2010, zuletzt geändert am 15.3.2021, Ziff. I). Das Registergericht macht daher von seinen Durchsetzungsbefugnissen (Festsetzung von Ordnungsgeld) nur Gebrauch, wenn es eigenständig hierfür die Voraussetzungen als gegeben ansieht. Allerdings ist die BaFin antragsbefugt und kann Rechtsmittel nach dem FGG einlegen (§ 43 III KWG). Daraus folgt, dass es sich bei der Beziehung von BaFin und Registergericht um keine Form der Zusammenarbeit handelt, da die BaFin eine gewöhnliche Verfahrensbeteiligte ist.

12 Allerdings kommt es zur Überleitung auf das Registergericht mit seinen Durchsetzungsbefugnissen nur bei Firmierungsfragen. Da die feststellende Entscheidung der BaFin zugleich ein **feststellender Verwaltungsakt** ist (→ Rn. 11), gibt die BaFin diesen bei jedem Bezeichnungsmissbrauch dem unbefugten Verwender bekannt. Daraus folgt, dass die BaFin in allen genannten Fällen, also nicht nur, aber auch bei missbräuchlicher Verwendung der Bezeichnung beim **Geschäftszweck oder zu Werbezwecken,** verbunden mit ihrer Entscheidungsbefugnis auch Eingriffsbefugnisse gem. § 5 VI gegen den unberechtigten Verwender innehat.

13 Neben dem in § 3 normierten öffentlich-rechtlichen Bezeichnungsschutz kann die Verwendung von den genannten Bezeichnungen auch noch handelsrechtlichen und wettbewerbsrechtlichen Beschränkungen unterliegen, die jedoch für sich ne-

ben § 3 eigenständig stehen und jeweils für sich nach Maßgabe des jeweils einschlägigen Gesetzes getrennt zu prüfen sind (FK-KapAnlR/*von Livonius/Riedl* § 1 Rn. 27 ff.).

§ 4 Namensgebung; Fondskategorien

(1) **Die Bezeichnung des Sondervermögens, der Investmentaktiengesellschaft oder der Investmentkommanditgesellschaft darf nicht irreführen.**

(2) **Die Bundesanstalt kann über Richtlinien für den Regelfall festlegen, welcher Fondskategorie das Investmentvermögen nach den Anlagebedingungen, insbesondere nach den dort genannten Anlagegrenzen, der Satzung oder dem Gesellschaftsvertrag entspricht.**

I. Allgemeines

§ 4 ist vor dem Hintergrund zu sehen, dass das KAGB dem Schutz der Anleger von Investmentvermögen und damit dem Schutz des Kapitalmarkts dient. Teil dieses Schutzes ist, dass die Anleger auch hinsichtlich der Bezeichnung des Investmentvermögens sowie der Einordnung in eine bestimmte Fondskategorie hinreichend Klarheit erhalten. 1

II. Keine irreführende Bezeichnung des Investmentvermögens (§ 4 I)

§ 4 I stellt eine Spezialvorschrift zum allgemeinen Verbot irreführender geschäftlicher Handlungen gem. § 5 UWG dar. Mit dem Begriff „Bezeichnung" ist der Name des Investmentvermögens gemeint. Im Wesentlichen bezieht sich das Gebot auf die Beziehung zwischen der Bezeichnung und der Anlagestrategie des Investmentvermögens. Die Anlagestrategie beinhaltet insb. Nutzungsart, geographische Allokation, Risikokategorie, Währung sowie Ausschüttungs- und Rückgabemöglichkeiten. Irreführend ist es, wenn die Bezeichnung eine andere Anlagestrategie erwarten lässt (bspw. „Deutschland Core" für Immobilieninvestments in Nordamerika; vgl. auch Beispiele bei EDD/*Schuhmann* § 4 Rn. 7). Nicht irreführend ist es hingegen, wenn sich der Bezeichnung gar keine Aussage zur Anlagestrategie entnehmen lässt (zum Beispiel „[Name der KVG] Immobilien I"). In jedem Fall müssen sich allerdings die Bezeichnungen von zwei oder mehr Investmentvermögen – auch Teilfonds – derselben KVG voneinander unterscheiden (§ 92 III 2). 2

Da Irreführung stets auf den Empfängerhorizont abstellt, kommt es auf die erwartete Perspektive eines durchschnittlichen Anlegers des Investmentvermögens an. Folgerichtig sind an ein Publikums-Investmentvermögen insoweit höhere Anforderungen als an Spezial-Investmentvermögen zu stellen. 3

§ 4 I regelt lediglich die Bezeichnung des Investmentvermögens. Auch wesentliche Fehlinformationen oder eine Irreführung in der Fondsdokumentation wie bspw. den Anlagebedingungen oder den Informationen zur Anlage werden davon nicht erfasst (nicht eindeutig, aber wohl aA insoweit WBA/*Boxberger* § 4 Rn. 4). 4

III. Richtlinien zu Fondskategorien (§ 4 II)

5 Ein weiteres Puzzleteil beim Schaffen der wünschenswerten Transparenz für die Anleger ist, dass neben Bezeichnungen auch die Einordnung von Investmentvermögen in bestimmte Fondskategorien nicht irreführend ist. Dies bedeutet nicht, dass eine KVG zwingend eine Fondskategorie – bspw. Immobilienfonds oder Dachfonds – in der Dokumentation zu einem Investmentvermögen nennen muss. Sofern sie jedoch eine Fondskategorie nutzt, muss diese im Einklang mit den Anforderungen sein, die die BaFin in ihrer Fondskategorien-Richtlinie (v. 22.7.2013, geänd. am 8.4.2020) festgelegt hat. Um in eine dieser Fondskategorien eingeordnet werden zu können, müssen fortlaufend mehr als 50% des Wertes des Investmentvermögens in diejenigen Vermögensgegenstände investiert werden, die für die Fondskategorie namensgebend sind. Bei bestimmten Fondskategorien legt die Richtlinie darüber hinaus fest, dass die Kategorie Bestandteil der Bezeichnung wird. Daneben hat die BaFin für einige Fondskategorien zusätzliche Transparenzanforderungen in der Richtlinie niedergelegt.

§ 5 Zuständige Behörde; Aufsicht; Anordnungsbefugnis; Verordnungsermächtigung

(1) **Die Bundesanstalt übt die Aufsicht nach den Vorschriften dieses Gesetzes aus.**

(2) **[1]Soweit die externe Kapitalverwaltungsgesellschaft Dienst- und Nebendienstleistungen im Sinne des § 20 Absatz 2 Nummer 1 bis 3 und Absatz 3 Nummer 2 bis 5 erbringt, gelten die §§ 63 bis 68, 70, 80, 82 Absatz 1 bis 9 und 13, die §§ 83 und 84 des Wertpapierhandelsgesetzes entsprechend. [2]Soweit die externe Kapitalverwaltungsgesellschaft in den Fällen des Satzes 1 nur Dienst- und Nebendienstleistungen im Sinne des § 20 Absatz 2 Nummer 1 und 2 oder Absatz 3 Nummer 2, 3 und 5 erbringt, muss sie zusätzlich zu den Anforderungen gemäß § 25 Absatz 1 Nummer 1 Buchstabe b mit einem Anfangskapital in Höhe der Hälfte des in § 17 Absatz 1 Nummer 2 des Wertpapierinstitutsgesetzes genannten Betrages ausgestattet sein. [3]Soweit sie auch die Dienst- und Nebendienstleistung im Sinne des § 20 Absatz 2 Nummer 3 oder Absatz 3 Nummer 4 erbringt, muss die externe Kapitalverwaltungsgesellschaft zusätzlich zu den Anforderungen gemäß § 25 Absatz 1 Nummer 1 Buchstabe b mit einem Anfangskapital in Höhe der Hälfte des in § 17 Absatz 1 Nummer 3 des Wertpapierinstitutsgesetzes genannten Betrages ausgestattet sein.**

(3) **[1]Die Bundesanstalt entscheidet in Zweifelsfällen, ob ein inländisches Unternehmen den Vorschriften dieses Gesetzes unterliegt oder ob ein Investmentvermögen im Sinne des § 1 Absatz 1 vorliegt. [2]Ihre Entscheidung bindet die Verwaltungsbehörden.**

(4) **Die Bundesanstalt überwacht die Einhaltung der Bestimmungen des § 26 Absatz 2 bis 8, des § 27, des § 51 Absatz 8, des § 54 Absatz 4 Satz 1 in Verbindung mit § 28 Absatz 1 Satz 4 und des § 66 Absatz 4 Satz 1 in Verbindung mit § 28 Absatz 1 Satz 4 durch ausländische AIF-Verwaltungsgesellschaften, deren Referenzmitgliedstaat nicht die Bundesrepublik Deutschland ist, oder EU-Verwaltungsgesellschaften, wenn die ausländische AIF-Verwaltungsgesellschaft oder die EU-Verwaltungsgesellschaft**

Investmentvermögen im Inland über eine Zweigniederlassung verwaltet oder vertreibt.

(5) **Die Bundesanstalt überwacht ferner**

1. **die Einhaltung der §§ 293 bis 311, 314 bis 321, 323 und 330a sowie der sonstigen beim Vertrieb zu beachtenden Vorschriften des deutschen Rechts,**
2. **vor dem Zeitpunkt, der in dem auf Grundlage des Artikels 66 Absatz 3 in Verbindung mit Artikel 67 Absatz 6 der Richtlinie 2011/61/EU erlassenen delegierten Rechtsakt genannt ist, die Einhaltung der §§ 329 und 330 und**
3. **nach dem Zeitpunkt nach Nummer 2 die Einhaltung der §§ 322 und 324 bis 328**

durch die Verwaltungsgesellschaften und durch andere von der Bundesanstalt beaufsichtigte Unternehmen.

(5a) **[1]Für Kapitalverwaltungsgesellschaften ist die Bundesanstalt sektoral zuständige Behörde im Sinne des Artikels 25a der Verordnung (EG) Nr. 1060/2009 des Europäischen Parlaments und des Rates vom 16. September 2009 über Ratingagenturen (ABl. L 302 vom 17.11.2009, S. 1), die zuletzt durch die Verordnung (EU) Nr. 462/2013 (ABl. L 146 vom 31.5.2013, S. 1) geändert worden ist, in der jeweils geltenden Fassung. [2]Soweit in der Verordnung (EG) Nr. 1060/2009 oder den auf ihrer Grundlage erlassenen Rechtsakten nichts Abweichendes geregelt ist, sind für die Ausübung ihrer diesbezüglichen Aufsicht die §§ 1 bis 16, mit Ausnahme von § 8 Satz 2 dieses Gesetzes in Verbindung mit § 9 Absatz 1 Satz 4 des Kreditwesengesetzes, entsprechend anzuwenden.**

(6) **[1]Die Bundesanstalt überwacht die Einhaltung der Verbote und Gebote dieses Gesetzes und der auf Grund dieses Gesetzes erlassenen Bestimmungen und kann Anordnungen treffen, die zu ihrer Durchsetzung geeignet und erforderlich sind. [2]Die Bundesanstalt ist ferner befugt, im Rahmen der Aufsicht alle Anordnungen zu treffen, die erforderlich und geeignet sind, um die Einhaltung der in den Anlagebedingungen, der Satzung oder dem Gesellschaftsvertrag vorgesehenen Regelungen sicherzustellen. [3]Soweit Anhaltspunkte dafür vorliegen, dass dies für die Überwachung eines Verbots oder Gebots dieses Gesetzes erforderlich ist, kann die Bundesanstalt dabei insbesondere**

1. **von jedermann Auskünfte einholen, die Vorlage von Unterlagen und die Überlassung von Kopien verlangen, Personen laden und vernehmen sowie**
2. **bereits existierende Aufzeichnungen von Telefongesprächen und Datenübermittlungen anfordern; das Grundrecht des Artikels 10 des Grundgesetzes wird insoweit eingeschränkt.**

[4]Sofern aus Aufzeichnungen von Telefongesprächen Daten aus dem Kernbereich privater Lebensgestaltung erlangt werden, dürfen diese nicht gespeichert, verwertet oder weitergegeben werden und sind unverzüglich zu löschen. [5]Die Wirtschaftsprüfer haben der Bundesanstalt auf Verlangen Auskünfte zu erteilen und Unterlagen vorzulegen, soweit dies zur Prüfung erforderlich ist; die Auskunftspflicht der Abschlussprüfer beschränkt sich auf Tatsachen, die ihnen im Rahmen der Prüfung bekannt geworden sind.

[6]Für das Recht zur Auskunftsverweigerung und die Belehrungspflicht gilt § 6 Absatz 15 des Wertpapierhandelsgesetzes entsprechend. [7]Die Bundesanstalt hat im Rahmen der ihr zugewiesenen Aufgaben Missständen entgegenzuwirken, welche die ordnungsgemäße Verwaltung von Investmentvermögen, den Vertrieb von Investmentvermögen, die ordnungsgemäße Erbringung von Dienstleistungen oder Nebendienstleistungen nach § 20 Absatz 2 und 3 oder die Tätigkeit einer Verwahrstelle nach diesem Gesetz beeinträchtigen oder erhebliche Nachteile für den Finanzmarkt oder den Markt für ein Finanzinstrument bewirken können. [8]Die Bundesanstalt kann Anordnungen treffen, die geeignet und erforderlich sind, diese Missstände zu beseitigen oder zu verhindern.

(6a) **[1]Die Bundesanstalt ist die nach diesem Gesetz zuständige Behörde im Sinne der Verordnung (EU) Nr. 1286/2014 des Europäischen Parlaments und des Rates vom 26. November 2014 über Basisinformationsblätter für verpackte Anlageprodukte für Kleinanleger und Versicherungsanlageprodukte (PRIIP) (ABl. L 352 vom 9. 12. 2014, S. 1, L 358 vom 13. 12. 2014, S. 50) für Verwaltungsgesellschaften, die PRIIP im Sinne des Artikels 4 Nummer 3 dieser Verordnung herstellen, verkaufen oder über diese beraten, sofern es sich bei diesen PRIIP zugleich um Investmentvermögen handelt. [2]Die Bundesanstalt kann gegenüber jeder Verwaltungsgesellschaft, die über ein PRIIP im Sinne des Artikels 4 Nummer 3 der Verordnung (EU) Nr. 1286/2014 berät oder es verkauft oder die Hersteller von PRIIP im Sinne des Artikels 4 Nummer 4 der Verordnung (EU) Nr. 1286/2014 ist, alle Maßnahmen treffen, die geeignet und erforderlich sind, um die Einhaltung der Anforderungen der Verordnung (EU) Nr. 1286/2014 und der auf Grundlage dieser Verordnung erlassenen delegierten Rechtsakte der Europäischen Kommission und technischen Regulierungsstandards zu überwachen. [3]Insbesondere kann sie**

1. **bei einem Verstoß gegen Artikel 5 Absatz 1, die Artikel 6, 7 und 8 Absatz 1 bis 3, die Artikel 9, 10 Absatz 1, Artikel 13 Absatz 1, 3 und 4, die Artikel 14 und 19 der Verordnung (EU) Nr. 1286/2014 die Vermarktung, den Vertrieb oder den Verkauf des PRIIP vorübergehend oder dauerhaft untersagen,**
2. **die Bereitstellung eines Basisinformationsblattes untersagen, das nicht den Anforderungen der Artikel 6 bis 8 oder 10 der Verordnung (EU) Nr. 1286/2014 genügt, und**
3. **den Hersteller von PRIIP verpflichten, eine neue Fassung des Basisinformationsblattes zu veröffentlichen, sofern die veröffentlichte Fassung nicht den Anforderungen der Artikel 6 bis 8 oder 10 der Verordnung (EU) Nr. 1286/2014 genügt, und**
4. **bei einem Verstoß gegen eine der in Nummer 1 genannten Vorschriften auf ihrer Internetseite eine Warnung unter Nennung der verantwortlichen Verwaltungsgesellschaft sowie der Art des Verstoßes veröffentlichen.**

(7) **Die Bundesanstalt kann insbesondere auch Auskünfte über die Geschäftsangelegenheiten und die Vorlage der Unterlagen von Personen und Unternehmen verlangen, bei denen Tatsachen die Annahme rechtfertigen, dass sie Investmentvermögen vertreiben, ohne dass die folgenden Anzeigen erstattet worden sind:**

1. die nach § 310 Absatz 1, § 316 Absatz 1, § 320 Absatz 1, § 321 Absatz 1, § 323 Absatz 1 oder § 330a Absatz 2 erforderliche Anzeige sowie
2. vor dem Zeitpunkt, der in dem auf Grundlage des Artikels 66 Absatz 3 in Verbindung mit Artikel 67 Absatz 6 der Richtlinie 2011/61/EU erlassenen delegierten Rechtsakt genannt ist, die nach § 329 Absatz 2 oder § 330 Absatz 2 erforderliche Anzeige und
3. nach dem Zeitpunkt nach Nummer 2 die nach § 322 Absatz 2, § 324 Absatz 2, § 325 Absatz 1, § 326 Absatz 2, § 327 Absatz 1 oder § 328 Absatz 2 erforderliche Anzeige.

(8) [1]Von einer EU-AIF-Verwaltungsgesellschaft oder einer ausländischen AIF-Verwaltungsgesellschaft, die im Inland AIF verwaltet oder vertreibt, kann die Bundesanstalt die Vorlage der Informationen verlangen, die erforderlich sind, um zu überprüfen, ob die maßgeblichen Bestimmungen, für deren Überwachung die Bundesanstalt verantwortlich ist, durch die EU-AIF-Verwaltungsgesellschaft oder die ausländische AIF-Verwaltungsgesellschaft eingehalten werden. [2]Satz 1 gilt für EU-OGAW-Verwaltungsgesellschaften, die im Inland OGAW verwalten, entsprechend.

(8a) [1]Die Bundesanstalt kann gegenüber Kapitalverwaltungsgesellschaften, die für Rechnung eines AIF Gelddarlehen gewähren, im Wege der Allgemeinverfügung Beschränkungen bei der Vergabe von Darlehen zum Bau oder zum Erwerb von im Inland belegenen Wohnimmobilien festlegen, wenn und soweit dies erforderlich ist, um einer Störung der Funktionsfähigkeit des inländischen Finanzsystems oder einer Gefährdung der Finanzstabilität im Inland entgegenzuwirken. [2]§ 48u Absatz 1 Satz 2 bis 5 und Absatz 2 bis 4 und 6 des Kreditwesengesetzes gilt entsprechend. [3]Das Bundesministerium der Finanzen wird ermächtigt, durch Rechtsverordnung, die nicht der Zustimmung des Bundesrates bedarf, nähere Regelungen nach Maßgabe des entsprechend anzuwendenden § 48u Absatz 5 Nummer 1 bis 5 des Kreditwesengesetzes zu erlassen.

(9) [1]Die Bundesanstalt ist zuständige Behörde im Sinne der Verordnung (EU) 2015/2365 des Europäischen Parlaments und des Rates vom 25. November 2015 über die Transparenz von Wertpapierfinanzierungsgeschäften und der Weiterverwendung sowie zur Änderung der Verordnung (EU) Nr. 648/2012 (ABl. L 337 vom 23.12.2015, S. 1), soweit diese Verordnung Rechte und Pflichten enthält, die die Verwaltungsgesellschaften und Investmentvermögen im Sinne dieses Gesetzes betreffen. [2]Die Bundesanstalt ist befugt, alle Maßnahmen zu treffen, die geeignet und erforderlich sind, um zu überwachen, ob die Verordnung (EU) 2015/2365 und die auf ihrer Grundlage erlassenen delegierten Rechtsakte und technischen Regulierungsstandards der Europäischen Kommission eingehalten werden. [3]Insbesondere kann sie die in den Artikeln 22 und 28 der Verordnung (EU) 2015/2365 genannten Befugnisse und die Befugnisse, auf die dort verwiesen wird, ausüben.

(10) [1]Die Bundesanstalt ist zuständige Behörde im Sinne der Verordnung (EU) 2016/1011 des Europäischen Parlaments und des Rates vom 8. Juni 2016 über Indizes, die bei Finanzinstrumenten und Finanzkontrakten als Referenzwert oder zur Messung der Wertentwicklung eines Investmentfonds verwendet werden, und zur Änderung der Richtlinien 2008/48/EG und 2014/17/EU sowie der Verordnung (EU) Nr. 596/2014

(ABl. L 171 vom 29.6.2016, S. 1), soweit diese Verordnung Rechte und Pflichten enthält, die die Verwaltungsgesellschaften und Investmentvermögen im Sinne dieses Gesetzes betreffen. [2]Die Bundesanstalt ist befugt, alle Maßnahmen zu treffen, die geeignet und erforderlich sind, um zu überwachen, ob die Verordnung (EU) 2016/1011 und die auf ihrer Grundlage erlassenen delegierten Rechtsakte und technischen Regulierungsstandards der Europäischen Kommission eingehalten werden. [3]Insbesondere kann sie die in den Artikeln 41 und 42 der Verordnung (EU) 2016/1011 genannten Befugnisse ausüben.

(11) **[1]Die Bundesanstalt ist befugt, alle Maßnahmen zu treffen, die geeignet und erforderlich sind, um zu überwachen, ob die Verordnung (EU) 2017/1131 des Europäischen Parlaments und des Rates vom 14. Juni 2017 über Geldmarktfonds (ABl. L 169 vom 30.6.2017, S. 8) und die auf der Grundlage dieser Verordnung erlassenen delegierten Rechtsakte der Europäischen Kommission und technischen Durchführungs- und Regulierungsstandards eingehalten werden. [2]Insbesondere kann sie die in den Artikeln 39 und 41 der Verordnung (EU) 2017/1131 genannten Befugnisse ausüben.**

(12) **[1]Die Bundesanstalt ist zuständige Behörde im Sinne von Artikel 29 Absatz 1 Buchstabe b und c sowie der Absätze 3 und 5 der Verordnung (EU) 2017/2402, soweit diese Verordnung Rechte und Pflichten enthält, die die Verwaltungsgesellschaften und Investmentvermögen im Sinne dieses Gesetzes betreffen. [2]Die Bundesanstalt ist befugt, alle Maßnahmen zu treffen, die geeignet und erforderlich sind, um zu überwachen, ob die Verordnung (EU) 2017/2402 und die auf ihrer Grundlage erlassenen delegierten Rechtsakte und technischen Durchführungs- und Regulierungsstandards der Europäischen Kommission eingehalten werden. [3]Insbesondere kann sie die in den Artikeln 30, 32 und 33 der Verordnung (EU) 2017/2402 genannten Befugnisse ausüben.0**

(13) **[1]Die Bundesanstalt ist zuständige Behörde im Sinne von Artikel 14 Absatz 1 der Verordnung (EU) 2019/2088 des Europäischen Parlaments und des Rates vom 27. November 2019 über nachhaltigkeitsbezogene Offenlegungspflichten im Finanzdienstleistungssektor (ABl. L 317 vom 9.12.2019, S. 1), die durch die Verordnung (EU) 2020/852 (ABl. L 198 vom 22.6.2020, S. 13) geändert worden ist, sowie der Verordnung (EU) 2020/852 des Europäischen Parlaments und des Rates vom 18. Juni 2020 über die Einrichtung eines Rahmens zur Erleichterung nachhaltiger Investitionen und zur Änderung der Verordnung (EU) 2019/2088 (ABl. L 198 vom 22.6.2020, S. 13), soweit die Rechte und Pflichten aus dieser Verordnung für Verwaltungsgesellschaften und Investmentvermögen im Sinne dieses Gesetzes gelten. [2]Die Bundesanstalt ist befugt, Maßnahmen zu treffen, die geeignet und erforderlich sind, um zu überwachen, ob die Verordnung (EU) 2019/2088 und die Verordnung (EU) 2020/852 sowie die auf ihrer Grundlage erlassenen delegierten Rechtsakte und technischen Durchführungs- und Regulierungsstandards der Europäischen Kommission eingehalten werden.**

(14) **[1]Für Kapitalverwaltungsgesellschaften ist die Bundesanstalt zuständige Behörde im Sinne des Artikels 2 Nummer 18 der Verordnung (EU) Nr. 2019/1238 des Europäischen Parlaments und des Rates vom 20. Juni**

2019 über ein Paneuropäisches Privates Pensionsprodukt (PEPP) (ABl. L 198 vom 25.7.2019, S. 1), in der jeweils geltenden Fassung. [2]Die Bundesanstalt ist befugt, alle Maßnahmen zu treffen, die geeignet und erforderlich sind, um zu überwachen, ob die Verordnung (EU) 2019/1238 und die auf ihrer Grundlage erlassenen delegierten Rechtsakte und technischen Durchführungs- und Regulierungsstandards eingehalten werden, oder um zu prüfen, ob die Voraussetzungen für eine Maßnahme nach Artikel 63 der Verordnung (EU) 2019/1238 vorliegen.

Schrifttum: *Bauerfeind* Die Rundschreiben-Praxis der BaFin, DÖV 2020, 110; *de Sousa Mendes* Die Finanzmarktaufsicht und der Transfer von Informationen aus dem Verwaltungsverfahren in das Strafverfahren, GA 2016, 380; *Ekkenga* Investmentfonds als neue Kontrollagenten einer „nachhaltigen" Realwirtschaft: Sinnvolle Instrumentalisierung oder schrittweise Demontage der Kapitalmärkte in Europa?, WM 2020, 1664; *Isensee/Kirchhof (Hrsg.)* Handbuch des Staatsrechts, Band V, 3. Aufl. 2007; *Glander/Lühmann/Jesch* Nachhaltigkeitsbezogene Offenlegungsverpflichtungen im Finanzdienstleistungssektor unter der Offenlegungsverordnung (Teil 2), BKR 2020, 545; *Hellgardt* Der europäische Rechtsrahmen für Verbriefungen, EuZW 2018, 709; *Hoffmann-Riem/Schmidt-Aßmann/Voßkuhle (Hrsg.)* Grundlagen des Verwaltungsrechts, Band I, 2. Aufl. 2012; *Hoffmann-Riem/Schmidt-Aßmann/Voßkuhle (Hrsg.)* Grundlagen des Verwaltungsrechts, Band II, 2. Aufl. 2012; *Gärditz* „Regulierungsermessen" und verwaltungsgerichtliche Kontrolle, NVwZ 2009, 1005; *Kittner* Die GeldmarktfondsVO – Ausweitung harmonisierter Produktregulierung, GWR 2020, 371; *Ludwigs* Das Regulierungsermessen als Herausforderung für die Letztentscheidungsdogmatik im Verwaltungsrecht, JZ 2009, 290; *Maunz/Dürig (Hrsg.)* Grundgesetz Kommentar; *Merk* Grenzen der Regulierung, in: *Ludwigs (Hrsg.)* Festschrift für Matthias Schmidt-Preuß zum 70. Geburtstag – Regulierender Staat und konfliktschlichtendes Recht, 2018, 713; *Merk* Recht der gaswirtschaftlichen Netzregulierung, 1. Auflage 2012; *Meyer-Goßner/Schmitt* Strafprozessordnung, 62. Auflage 2019; *Kümpel/Mülbert/Früh/Seyfried (Hrsg.)* Bank- und Kapitalmarktrecht, 5. Aufl. 2019; *Mohr/Weyer (Hrsg.)* Festschrift für Gunther Kühne zum 80. Geburtstag – Entwicklungen im Energieregulierungs- und Wirtschaftsrecht, 2020, 25; *Säcker/Säcker (Hrsg.)* Grundsatzfragen des Regulierungsrechts, 1. Auflage 2015, 68; *Baur/Sandrock/Scholtka/Shapira (Hrsg.)* Festschrift für Gunther Kühne zum 70. Geburtstag, 2009, 329; *Schmidt-Preuß* Verwaltung und Verwaltungsrecht zwischen gesellschaftlicher Selbstregulierung und staatlicher Steuerung, VVDStRL 56/1997, 160; *Schönke/Schröder,* Strafgesetzbuch, 30. Aufl. 2019; *Walla* Kapitalmarktrechtliche Normsetzung durch Allgemeinverfügung?, DÖV 2010, 853; *Wendt/Wendt (Hrsg.)* PRIIP-Verordnung, 2021.

Inhaltsübersicht

	Rn.
I. Allgemeines	1
II. Zuständige Aufsichtsbehörde (§ 5 I)	4
1. Zuständigkeit der BaFin	4
2. Normadressaten	7
3. Handlungsinstrumente der BaFin	8
a) Klassische verwaltungsrechtliche Befugnisse	8
b) Verwaltungshandeln durch Realakte und informelles Verwaltungshandeln	11
c) Normsetzung	14
d) Norminterpretierende Verwaltungsvorschriften	15
III. Dienst- und Nebenleistungen der externen KVG (§ 5 II)	17
IV. Entscheidung von Zweifelsfällen der KAGB-Anwendbarkeit (§ 5 III)	19
V. Überwachung von EU-Verwaltungsgesellschaften und spezieller ausländischer AIF-Verwaltungsgesellschaften (§ 5 IV)	21

Rn.
VI. Generelle Vertriebsüberwachung (§ 5 V) . . . 22
VII. Sektorale Überwachungszuständigkeit für Pflichten aus der EU-Ratingverordnung (§ 5 Va) . . . 23
VIII. Generalermächtigung für Aufsichtsmaßnahmen (§ 5 VI) . . . 24
1. Allgemeine Anordnungsbefugnis (S. 1 und 2) . . . 25
2. Ermächtigungsgrundlage für Auskünfte und Informationen (S. 3–6) . . . 27
3. Spezielle Missstandsaufsicht (S. 7 u. 8) . . . 34
4. Ermessen . . . 35
IX. Überwachung von PRIIPs-Anbietern (§ 5 VIa) . . . 38
X. Weitere Auskunfts- und Informationsrechte der BaFin (§ 5 VII u. VIII) . . . 41
XI. Beschränkung der Wohnimmobilienfinanzierungen bei AIF (§ 5 VIIIa) . . . 43
XII. Transparenz von Wertpapierfinanzierungsgeschäften (§ 5 IX) . . . 45
XIII. Überwachung von Referenzwertindizes – Benchmarkregulierung (§ 5 X) . . . 47
XIV. Überwachung von Geldmarktfonds (§ 5 XI) . . . 49
XV. Überwachung von Verbriefungen (§ 5 XII) . . . 51
XVI. Überwachung von Offenlegungspflichten (§ 5 XIII) . . . 53
XVII. Überwachung von Paneuropäischen Privaten Pensionsprodukten (PEPP) (§ 5 XIV) . . . 55

I. Allgemeines

1 Der Zweck des § 5 besteht darin, zu bestimmen, wem der aufsichtsrechtliche Vollzug der Regelungen des KAGB zufällt. Damit sieht die Vorschrift eine **organisationsrechtliche Zuständigkeitsregelung** vor und implementiert die BaFin als zentrale hoheitliche **Aufsichtsbehörde** für den Bereich der Verwaltung und des Vertriebs von Investmentvermögen. Dadurch weist der Gesetzgeber der BaFin umfangreiche wirtschaftsverwaltungsrechtliche Entscheidungskompetenzen für die im KAGB geregelten Regelungskomplexe zu.

2 Die Einordnung der BaFin als reine Wirtschaftsaufsicht oder sogar als Regulierungsbehörde hängt von der Reichweite des **Regulierungsbegriffs** ab. Nach dem klassischen Regulierungsbegriff unterfällt die Wirtschaftsaufsicht der BaFin nicht dem Terminus eines regulativen Handelns, da üblicherweise nur netzgebundene Industrien (Energie, Telekommunikation, Post, Eisenbahn) reguliert werden, in denen auf Grund eines natürlichen Monopols kein Wettbewerb frei bildbar ist (*Schmidt-Preuß* Grundsatzfragen des Regulierungsrechts, 68 (68ff.)). Es ist jedoch anerkannt, auch in anderen Bereichen von einem **erweiterten Regulierungsbegriff** zu sprechen. Dies ist zB dann der Fall, wenn der Staat **systemische Risiken zur Sicherung des Gemeinwohls** auffangen will und deshalb lenkend in das Wirtschaftsleben eingreift (*Schmidt-Preuß* FS Kühne, 2009, 329 (330); *Merk* FS Schmidt-Preuß, 2018, 713 (719f.))

3 Für den Bereich der OGAW dient die Regelung der Erfüllung des Art. 97 I RL 2009/65/EG und für den Bereich der AIF der Erfüllung des Art. 44 I RL 2011/61/EU, wonach die Mitgliedstaaten die Behörden benennen, die für die Wahrnehmung der jeweiligen Aufgaben zuständig sind. Das Unionsrecht sieht vor, dass sie mit den erforderlichen **Überwachungs- und Ermittlungsbefugnissen** auszustatten sind (Art. 98 I RL 2009/65/EG, Art. 46 I RL 2011/61/EU), was die weit-

reichenden Kompetenzen im Bereich der Missbrauchsaufsicht legitimiert. Aus der Gesetzeshistorie ergibt sich jedoch, dass Teile der Regelungen bereits zuvor durch nationale Regelungen (vgl. InvG) vorgesehen waren (vgl. EDD/*Emde* § 5 Rn. 4).

II. Zuständige Aufsichtsbehörde (§ 5 I)

1. Zuständigkeit der BaFin. Nach Abs. 1 übt die BaFin die Aufsicht nach den Vorschriften des KAGB aus. Die BaFin wurde zum 1.5.2002 als **Anstalt des öffentlichen Rechts** iSv Art. 87 III 1 GG im Geschäftsbereich des Bundesministeriums der Finanzen durch Zusammenlegung des Bundesaufsichtsamtes für das Kreditwesen, des Bundesaufsichtsamtes für das Versicherungswesen und des Bundesaufsichtsamtes für den Wertpapierhandel errichtet (§ 1 I FinDAG). Sie hat ihren Sitz in Bonn und Frankfurt a. M. Gemäß § 5 FinDAG wird sie durch ein Direktorium, den Präsidenten und den Verwaltungsrat geleitet. Details ihrer Struktur sind in der Satzung geregelt (vgl. BGBl. 2002 I 1499; BGBl. 2017 I 1194). 4

Als Anstalt des öffentlichen Rechts hat der Gesetzgeber eine **Organisationsform** gewählt, die der regulären bundeseigenen Verwaltung in Form der Ministerialverwaltung ein Stück enthoben ist. Der zentrale Unterschied besteht darin, dass der Anstalt des öffentlichen Rechts – also auch der BaFin – eine eigene Rechtspersönlichkeit und organisatorische Selbstständigkeit zukommt (vgl. HdBStR/*Krebs* V § 108 Rn. 67). Eine Anstalt des öffentlichen Rechts ist eine verselbstständigte Einheit von Bediensteten und Sachmitteln, um spezielle Verwaltungsaufgaben wahrzunehmen (vgl. Maunz/Dürig/*Ibler* GG Art. 87 Rn. 258). Eine solche Verwaltungsform wird gewählt, wenn eine Verwaltungsaufgabe unmittelbarer **politischer Einflussnahme entzogen** werden soll, da sie von der normalen Hierarchie der Behördenstruktur entkoppelt ist (vgl. *Groß* Grundlagen des Verwaltungsrechts I § 13 Rn. 71). Man kann hier auch von einer mittelbaren Bundesverwaltung sprechen. Trotz dieser gewissen organisationsrechtlichen Verselbstständigung unterliegt die BaFin der **Fach- und Rechtsaufsicht** des Bundesministeriums der Finanzen (§ 2 FinDAG), so dass es sich somit nicht um eine unabhängige Aufsichtsbehörde handelt. Der Verwaltungssitz und Gerichtsstand befinden sich in Frankfurt a. M. (§ 1 II, III FinDAG), so dass Klagen gegen Verwaltungsakte der BaFin beim Verwaltungsgericht Frankfurt a. M. zu erheben sind. 5

Hinsichtlich der Reichweite der Kompetenzzuweisungen für die BaFin ergeben sich aus Abs. 1 lediglich die KAGB-bezogenen Zuständigkeitsregelungen. Die sonstigen Arbeitsbereiche der BaFin sind in den entsprechenden Sondergesetzen (vgl. insb. § 4 FinDAG) geregelt. Die BaFin ist in fünf Geschäftsbereiche aufgegliedert (§ 6 IV FinDAG; vgl. zur Binnenorganisation KMFS Bank-/KapMarktR/*Rothenhöfer* Rn. 11.112ff., 11.123f.). Die Zuständigkeiten nach dem KAGB sind im Geschäftsbereich „Wertpapieraufsicht/Asset-Management" angesiedelt (vgl. FK-KapAnlR/*Bußalb* § 5 Rn. 28). 6

2. Normadressaten. Zunächst unterwirft das KAGB insb. die Verwaltungsgesellschaften (§ 1 XIV), die Investmentgesellschaften (§ 1 XI–XIII) und die Verwahrstelle (§ 68 II) der BaFin-Aufsicht, sofern diese mit Inlandsbezug tätig werden. Dasselbe gilt für die natürlichen Personen, die für diese Unternehmen handeln oder sie kontrollieren (EDD/*Emde* § 5 Rn. 7). Daneben unterfallen auch sonstige Personen den Aufsichtsmaßnahmen der BaFin, wenn es einen spezifischen Zusammenhang zu KAGB-bezogenen Pflichten gibt (zB Auskünfte durch Abschlussprü- 7 fer oder Vertriebsintermediäre). Sogar jeder Dritte („jedermann") unterliegt der allgemeinen Auskunftspflicht des § 5 VI 3 Nr. 1.

8 **3. Handlungsinstrumente der BaFin. a) Klassische verwaltungsrechtliche Befugnisse.** Die BaFin kann sich der vielfältigen Handlungsformen des Verwaltungsrechts, insb. des **Verwaltungsakts** (§ 35 S. 1 VwVfG), bedienen.

Klassischstes Instrument ist der **genehmigende Verwaltungsakt,** durch den bestimmte Verhaltensweisen überhaupt erst erfolgen dürfen (zB ist die Auswahl oder der Wechsel einer Verwahrstelle nach § 69 I 1 genehmigungspflichtig; Erlaubnispflicht für Geschäftsbetrieb einer KVG nach § 20 I 1). Hierbei kann die BaFin auch feinsteuernd eine Genehmigung mit einer Nebenbestimmung iSv § 36 VwVfG verbinden (vgl. §§ 20 I 3, 69 I 2, 100 II 2).

Häufiger Anwendungsfall ist der **gebietende oder verbietende Verwaltungsakt,** mit dem auf ein bestimmtes Verhalten reagiert wird, um dieses zu erzwingen oder abzustellen. Referenzbeispiel hierfür ist die Missbrauchsaufsicht nach § 5 VI als Generalklausel für das eingriffsbezogene Verwaltungshandeln. Darüber hinaus finden sich bei den entsprechenden materiellen Regelungsbereichen des KAGB spezialgesetzliche Ermächtigungsgrundlagen.

9 Mittels **Allgemeinverfügungen** (§ 35 I 2 VwVfG) kann die BaFin in bestimmten Bereichen allgemeine Standardisierungen für eine individualisierbare Gruppe von vornherein festlegen. Dies dient der Verfahrenserleichterung und Vorstrukturierung des Verwaltungshandelns. Die Möglichkeit zur Festlegung einer Allgemeinverfügung ist ausdrücklich in §§ 5 VIIIa 1, 35 X und 44 IX vorgesehen. Hierbei darf die BaFin jedoch nicht die Grenze zur unzulässigen allgemeinen Rechtssetzung überschreiten (vgl. *Walla* DÖV 2010, 853 (855)).

10 Weiter kann die BaFin auch einen **öffentlich-rechtlichen Vertrag** nach § 54 S. 2 VwVfG schließen, um ein bestimmtes Verhalten des Vertragspartners zu erreichen. Ein solcher Vertragsschluss dürfte jedoch eher selten vorkommen.

11 **b) Verwaltungshandeln durch Realakte und informelles Verwaltungshandeln.** Auch wenn sich die BaFin keiner förmlichen Rechtsakte bedient, kann sie durch **reine Realakte** aufsichtsrechtlich tätig werden. Dies trifft sowohl auf die Sammlung von Informationen, den Aufbau von Datenbanken sowie auf die Abgabe von Hinweisen, Presseerklärungen und Empfehlungen zu (vgl. EDD/*Emde* § 5 Rn. 16; HSV VerwR II/*Hermes* § 39 Rn. 6). Aus diesen Maßnahmen resultieren keine förmlichen Rechtsfolgen, jedoch handelt es sich hierbei auch um Verwaltungshandeln. Insbesondere können hierdurch spätere förmliche Entscheidungen vorbereitet werden, indem die BaFin durch die Realakte als schlichtes Verwaltungshandeln zunächst Kenntnisse über eine Tatsachengrundlage verschafft.

12 Ein besonderes Element schlichten Verwaltungshandelns sind die seit einigen Jahren sowohl in der Regulierungspraxis der Bundesnetzagentur (vgl. *Merk* Recht der gaswirtschaftlichen Netzregulierung, 530ff.) als auch der BaFin anzutreffenden **Konsultationen.** Hierbei handelt es sich zum Teil um rechtlich unverbindliche Anhörungen zu bestimmten Themenbereichen, um Entscheidungen in diesem Bereich frühzeitig vorzubereiten und den beteiligten Interessenskreisen zur Diskussion zu stellen. Teilweise können die betroffenen Marktteilnehmer hierdurch auch zu vereinheitlichenden Eigenentscheidungen animiert werden. Indem die BaFin die Zusammenarbeit der Marktteilnehmer „induziert", stellen etwaige freiwillige Vereinbarungen der Marktteilnehmer im Rahmen einer Konsultation ein Referenzbeispiel für die **gesteuerte Selbstregulierung** dar (vgl. *Schmidt-Preuß* VVDStRL 56/1997, 160 (165)). In jedem Fall aktiviert die BaFin in Konsultationen private

Sachkenntnisse, um ihre Kenntnisse der Praxis auf eine möglichst breite Tatsachenebene zu stellen. Konsultationen sind begrifflich nicht ausdrücklich im KAGB oder VwVfG vorgesehen, sondern ergeben sich aus den allgemeinen Befugnisnormen für die BaFin als Annex.

Teilweise wird der Begriff der Konsultationen jedoch auch – und damit systemfremd – für Anhörungen in konkreter Nähe zu einem förmlichen Verwaltungsverfahren (→Rn. 8ff.) verwendet, so dass dadurch etwaige Anhörungsrechte (§ 28 VwVfG) eingehalten werden sollen. In einem solchen Fall handelt es sich dann aber bereits um ein förmliches Verwaltungsverfahren. 13

c) Normsetzung. Vereinzelt sieht das KAGB vor, dass das Bundesministerium für Finanzen ausgestaltende **Rechtsverordnungen** iSv Art. 80 GG erlassen kann, um zusätzliche Bestimmungen für bestimmte Sachverhalte zu schaffen. Regelmäßig eröffnet das KAGB die Möglichkeit, dass die Verordnungsermächtigung auf die BaFin delegiert werden kann, wie durch die Verordnung zur Übertragung von Befugnissen zum Erlass von Rechtsverordnungen auf die Bundesanstalt für Finanzdienstleistungsaufsicht (BAFinBefugV, letzte Änderung BGBl. 2021 I 2027) geschehen. Auf einer solchen Grundlage (vgl. § 26 VIII iVm § 1 Nr. 3a BAFinBefugV) hat die BaFin bspw. die KAVerOV erlassen. 14

d) Norminterpretierende Verwaltungsvorschriften. Problematischste Handlungsform der BaFin sind die veröffentlichten Entscheidungen der Verwaltungspraxis, namentlich die **Rundschreiben, Merkblätter und Auslegungsentscheidungen.** Dabei handelt es sich um reine **verwaltungsinterne Verwaltungsvorschriften,** denen keinerlei rechtssetzende Außenwirkung zukommt (vgl. Fuchs/*Schlette/Bouchon* WpHG § 4 Rn. 27). Es besteht bei einer derartigen norminterpretierenden Verwaltungsvorschrift (vgl. *Maurer/Waldhoff* Allgemeines Verwaltungsrecht § 24 Rn. 44) nur eine Binnenwirkung der Verwaltung, dh die Beamten der BaFin dürfen die entsprechende Regelung nicht anders auslegen. Dennoch kann eine solche an der Verwaltungsvorschrift orientierte Verwaltungsentscheidung rechtswidrig sein, weil die norminterpretierende Verwaltungsvorschrift – solange kein Beurteilungsspielraum besteht – keine für die durch die Justiz erfolgende Rechtmäßigkeitsprüfung zu berücksichtigende Kategorie ist. Nicht die Verwaltung entscheidet bindend darüber, was Recht ist, sondern die nach dem Gewaltenteilungsprinzip dafür vorgesehene rechtsprechende Gewalt. Wendet die BaFin das KAGB falsch an, obwohl sich die Verwaltungsmaßnahme mit den hausinternen Verwaltungsvorschriften deckt, ist im Wege des verwaltungsgerichtlichen Rechtsschutzes die rechtswidrige Maßnahme der BaFin verwaltungsgerichtlich anfechtbar und aufhebbar. 15

Die o. g. Verlautbarungen entfalten jedoch **indirekte faktische Wirkung,** indem sich die Marktteilnehmer der Rechtsauffassung der BaFin unterwerfen, um keine aufsichtsrechtlichen Maßnahmen zu riskieren. Denn da Maßnahmen der BaFin in weiten Bereichen sofort vollziehbar sind (s. § 7), führen Rechtsmittel gegen eine Aufsichtsentscheidung der BaFin kurzfristig zu keiner rechtsstaatlichen Klärung. Diese im KAGB angelegte starke Stellung der BaFin führt zu einer bedenklichen **faktischen Auslegungshoheit** der BaFin in Fragen des KAGB (ebenfalls kritisch *Bauerfeind* DÖV 2020, 110 (113)), wodurch eine erhebliche Spannung mit dem Rechtsstaatsgebot des Art. 19 IV GG gegeben ist. Deshalb ist im Eilrechtsschutzverfahren zur Anordnung der aufschiebenden Wirkung nach § 80 V 1 Alt. 1 VwGO ein weitgehender Prüfungsmaßstab erforderlich, in dem die verfassungsrechtlichen Rechte des Aufsichtsunterworfenen bereits im Verfahren auf vorläu- 16 figen Rechtsschutz besonders zu würdigen sind (vgl. BVerfG 1 BvR 1611/11, NVwZ 2012, 104 (105f.)).

III. Dienst- und Nebenleistungen der externen KVG (§ 5 II)

17 Die Regelung des Abs. 2 S. 1 geht auf die Vorgängerregelung des § 5 III InvG aF zurück. Externe KVG (§ 17 II Nr. 1) werden danach den spezifischen aufsichtsrechtlichen **Regelungen des WpHG** unterworfen, wenn sie als OGAW oder AIF im Bereich der Finanzportfolioverwaltung, Anlageberatung oder Verwahrung und Verwaltung von Anteilen an Investmentvermögen (§ 20 II Nr. 1–3, § 20 III Nr. 2–5) tätig werden. Materiell werden damit insb. die sog. Wohlverhaltens-, Transparenz-, Organisations- und Aufbewahrungspflichten des WpHG in Bezug genommen (vgl. EDD/*Emde* § 5 Rn. 21).

18 Im Jahr 2021 wurde mit dem Gesetz zur Umsetzung der Richtlinie (EU) Nr. 2019/2034 über die Beaufsichtigung von Wertpapierinstituten die Sätze 2 und 3 neu in § 5 II eingefügt. Diese betreffen externe KVG, die zusätzlich Dienst- und Nebendienstleistungen gem. § 20 II Nr. 1–3 oder III Nr. 2–5 erbringen (**„MiFID-Dienstleistungen",** vgl. BT-Drs. 19/26929, 166). In diesen Fällen werden höhere Anforderungen an das Anfangskapital gestellt, weil eine Kapitalverwaltungsgesellschaft bei der Ausübung von MiFID-Dienstleistungen nicht nur die regulären Verhaltens- und Organisationsverpflichtungen einzuhalten hat, sondern generell einem höheren Risiko unterliegt. Soweit die externe KVG in den Fällen des Abs. 2 S. 1 nur Dienst- und Nebendienstleistungen iSd § 20 II Nr. 1 und 2 oder § 20 III Nr. 2, 3 und 5 erbringt, muss sie zusätzlich zu den Anforderungen gem. § 25 I Nr. 1 Buchst. b mit einem Anfangskapital in Höhe der Hälfte des in § 17 I Nr. 2 WpIG genannten Betrages ausgestattet sein (§ 5 II 2). Soweit sie auch die Dienst- und Nebendienstleistung iSd § 20 II Nr. 3 oder III Nr. 4 erbringt, muss die externe KVG zusätzlich zu den Anforderungen gem. § 25 I Nr. 1 Buchst. b mit einem Anfangskapital in Höhe der Hälfte des in § 17 I Nr. 3 WpIG genannten Betrages ausgestattet sein (§ 5 II 3).

IV. Entscheidung von Zweifelsfällen der KAGB-Anwendbarkeit (§ 5 III)

19 Die BaFin entscheidet in **Zweifelsfällen,** ob der **Anwendungsbereich des KAGB** eröffnet ist, dh ob eine Vermögensmasse bzw. ein Unternehmen aufsichtsrechtlich nach dem KAGB reguliert wird. Eine vergleichbare Kompetenz besteht für die BaFin im Rahmen des Kreditwesengesetzes (vgl. § 4 KWG; vgl. Möllers/Kloyer Neues KAGB/*Bußalb* Rn. 584). Die Entscheidung der BaFin ergeht nach der geltenden Verwaltungspraxis nur auf Antrag als feststellender Verwaltungsakt. Ein solcher ist nach den allgemeinen Regelungen von VwVfG/VwGO gerichtlich überprüfbar. Die Entscheidung der BaFin bindet nicht nur die eigene Behörde, sondern alle Verwaltungsbehörden bundesweit (S. 2). Eine Bindung gegenüber der Judikative besteht aufgrund Art. 19 IV GG selbstverständlich nicht (vgl. HSV VerwR II/*Bumke* § 35 Rn. 221f.).

20 Mithilfe eines – gebührenpflichtigen – sog. **Negativtestats** kann die BaFin ersucht werden, festzustellen, dass der Anwendungsbereich des KAGB nicht eröffnet ist. Auf diesem Weg soll in schwierigen Abgrenzungsfällen die Verwirklichung einer vorsätzlichen oder fahrlässigen Strafbarkeit nach § 339 vermieden werden (vgl. WBA/*Boxberger* § 5 Rn. 5f.). Insbesondere bei einer vorliegenden förmlichen

Negativentscheidung dürfte dann keine Fahrlässigkeit mehr angenommen werden können; selbst bei einer nichtförmlichen Stellungnahme der BaFin könnte es am subjektiven Tatbestand scheitern (vgl. Schönke/Schröder/*Sternberg-Lieben/Schuster* StGB § 15 Rn. 135a).

V. Überwachung von EU-Verwaltungsgesellschaften und spezieller ausländischer AIF-Verwaltungsgesellschaften (§ 5 IV)

Die Vorschrift erstreckt die Aufsichtszuständigkeit der BaFin auf EU-Verwaltungsgesellschaften oder spezielle ausländische AIF-Verwaltungsgesellschaften, deren Referenzmitgliedsstaat nicht die Bundesrepublik Deutschland ist, sofern diese Investmentvermögen im Inland über eine Zweigstelle (§ 1 XIX Nr. 38) verwalten oder vertreiben. Damit durchbricht diese Vorschrift das **Residenzprinzip** des Art. 45 I RL 2011/61/EG, wonach die Aufsicht über einen AIF grundsätzlich den zuständigen Behörden des Herkunftsmitgliedstaats der AIF-Verwaltungsgesellschaft obliegt, unabhängig davon, ob die AIF-Verwaltungsgesellschaft AIF in einem anderen Mitgliedstaat verwaltet und/oder vertreibt. Eine Abweichung von dieser Grundregelung ist jedoch durch Art. 45 II RL 2011/61/EG gerade vorgesehen, wonach die zuständigen Behörden des Aufnahmemitgliedstaats der AIF-Verwaltungsgesellschaft zuständig werden, wenn die AIF-Verwaltungsgesellschaft AIF über eine Zweigniederlassung in diesem Mitgliedstaat verwaltet und/oder vertreibt. In Abs. 4 werden die einschlägigen Verwaltungsgesellschaften nur bestimmten enumerativ aufgezählten Bereichen der BaFin-Aufsicht unterstellt (vgl. §§ 26 II–VIII, 27, 51 VIII, 54 IV 1 iVm § 28 I 4 und § 66 IV 1 iVm § 28 I 4). Im Rahmen des § 5 VIII (Informationsrechte der BaFin) wird hingegen das Residenzprinzip gerade nicht durchbrochen, weil es dort aufgrund des Fehlens einer die BaFin-Zuständigkeit auslösenden Zweigstelle bei dem Herkunftslandprinzip verbleibt, der BaFin jedoch gesonderte, aber auch nur beschränkte Informationsrechte zur Prüfung ihrer Überwachungszuständigkeiten zuerkannt werden (→ Rn. 42). Im Bereich von AIF aus Drittstaaten (Nicht-EU-AIF-Verwaltungsgesellschaft) tritt Absatz 4 hinter §§ 57, 58 zurück, da diese speziellere Zuständigkeitszuweisungen enthalten. 21

VI. Generelle Vertriebsüberwachung (§ 5 V)

Absatz 5 regelt zentral die Zuständigkeit der BaFin für die Überwachung des Vertriebs von Anteilen oder Aktien an Investmentvermögen iSv § 293 I. Diesbezüglich ist die BaFin nicht nur gegenüber den Verwaltungsgesellschaften zuständig, sondern auch bezüglich anderen durch die BaFin beaufsichtigten Unternehmen (vgl. BT-Drs. 17/12294, 206). Als reine Aufgabenzuweisungsnorm (vgl. generell HSV VerwR I/*Jestaedt* § 14 Rn. 52) stellt Abs. 5 nur eine **Zuständigkeitsnorm** dar. Handlungsbefugnisse kann die BaFin hieraus nicht ableiten, sondern muss sich hierfür der Kompetenzen aus Abs. 6 bedienen (EDD/*Emde* § 5 Rn. 37). Absatz 5 Nr. 1 bezieht sich hierbei auf den Vertrieb im Inland, unabhängig davon, ob der Vertrieb durch inländische, EU-Verwaltungsgesellschaften oder ausländische Verwaltungsgesellschaften erfolgt. Für den Vertrieb von AIF durch eine ausländische AIF-Verwaltungsgesellschaft an semi-professionelle und professionelle Anleger im Inland eröffnet jedoch Nr. 2 gesondert die Zuständigkeit der BaFin für die Überwachung der Anzeigepflichten nach §§ 329, 330. Dieses Anzeigeverfahren gilt jedoch nur bis zu dem Zeitpunkt, der in dem auf Grundlage des Art. 66 III iVm Art. 67 VI der 22

RL 2011/61/EU erlassenen delegierten Rechtsakt genannt wird. Gemeint ist damit die Einführung eines EU-weiten Drittstaatenpasses für AIF, nach dem AIF, die in einem EU-Mitgliedsstaat zugelassen sind, nicht mehr für ihre Vertriebstätigkeit in anderen EU-Mitgliedsstaaten einer Zulassung bedürfen. Sobald ein solcher Drittstaatenpass eingeführt ist – was bisher noch nicht der Fall ist –, fällt das Anzeigeverfahren nach den §§ 329, 330 weg. Die Zuständigkeit der BaFin, die Einhaltung des dann anzuwendenden Anzeigeverfahrens nach den §§ 322, 324–328 zu überwachen, eröffnet dann die Regel des Abs. 5 Nr. 3.

VII. Sektorale Überwachungszuständigkeit für Pflichten aus der EU-Ratingverordnung (§ 5 Va)

23 Absatz 5a wurde 2014 zur Umsetzung der EU-Ratingverordnung (Art. 25a VO (EU) Nr. 462/2013) neu in das KAGB eingeführt. Hiernach soll die BaFin die Verfahren überwachen, die von KVG zur Bewertung des Ausfallrisikos der gehaltenen Anlagen verwendet werden. Ebenfalls soll dem automatischen Rückgriff auf solche Ratings entgegengewirkt werden (vgl. BT-Drs. 18/1774, 2). Die BaFin ist damit verantwortlich für die Überwachung und rechtliche Durchsetzung von Art. 4 I, 5a, 8b, 8c und 8d der VO (EU) Nr. 462/2013. Als Ermächtigungsgrundlagen verweist Abs. 5a auf die Normen des ersten Abschnitts von Kapitel 1 des KAGB, wobei § 8 II, der wiederum auf § 9 I 4 KWG verweist, hiervon ausgenommen ist. Dies ist erfolgt, weil Art. 32 VO (EU) Nr. 462/2013 eigene Verschwiegenheitsvorschriften enthält und der Verweis auf das nationale Recht somit nicht erforderlich war.

VIII. Generalermächtigung für Aufsichtsmaßnahmen (§ 5 VI)

24 Absatz 6 umfasst eine vielschichtige Ermächtigungsgrundlage, um hoheitliche Aufsichtsmaßnahmen anzuordnen. Hierbei weist die Regelung vergleichbare Elemente mit den Eingriffsnormen der wirtschaftsverwaltungsrechtlichen § 32 GWB, § 126 TKG und § 65 EnWG auf. Sofern das KAGB keine Sonderreglungen zum Verwaltungsverfahren enthält, richten sich die Aufsichtsmaßnahmen nach Abs. 6 verfahrensrechtlich nach den Regelungen des **Verwaltungsverfahrensgesetzes (VwVfG)** (vgl. SBS/*Schmitz* VwVfG § 1 Rn. 64). Hierbei ist insb. aus rechtsstaatlichen Gesichtspunkten das Anhörungsgebot des § 28 VwVfG besonders relevant. Aber auch die Grundsätze der §§ 48, 49 VwVfG hinsichtlich der Rücknahmemöglichkeit von Verwaltungsakten gehören zum Grundinstrumentarium, welches sich aus dem allgemeinen Verwaltungsrecht ergibt. Für die Durchsetzung der aufsichtsrechtlichen Maßnahmen kann die BaFin über **§ 17 I 1 FinDAG** auf das **Verwaltungsvollstreckungsgesetz (VwVG)** zurückgreifen (→ § 7 Rn. 10).

25 **1. Allgemeine Anordnungsbefugnis (S. 1 und 2).** Zunächst wiederholt S. 1 die bereits in Abs. 1 statuierte Aufgabenzuweisung der BaFin und spezifiziert diese insoweit, als die BaFin die Einhaltung der Ge- und Verbote nach dem KAGB und auf Grund des KAGB erlassenen Bestimmungen überwachen soll. Zur Erfüllung dieser Aufgabe – und dies ist der Hauptzweck dieser Regelung – kann die BaFin Anordnungen treffen, die zur Durchsetzung der Ge- und Verbote geeignet und erforderlich sind. Damit stellt § 5 VI 1 schwerpunktmäßig nicht eine Aufgabenzuweisungsnorm, sondern eine **Eingriffs- bzw. Anordnungsermächtigungsgrund-**

lage dar, auf Grund derer die BaFin hoheitliche **Durchsetzungsanordnungen** idR im Wege eines Verwaltungsakts oder einer Allgemeinverfügung (§ 35 VwVfG) treffen kann. Bei dieser Regelung handelt es sich um eine **Generalklausel,** die mit dem besonderen Missbrauchstatbestand des Abs. 6 S. 7 u. 8 korrespondiert (→Rn. 34). Adressat der Regelung ist mangels Eingrenzung jedermann. Somit können auch Dritte Adressaten einer Aufsichtsmaßnahme werden, die an sich nicht den Regelungen des KAGB unterworfen sind (EDD/*Emde* § 5 Rn. 51).

Die BaFin ist ferner nach Abs. 6 S. 2 befugt, im Rahmen der Aufsicht alle Anordnungen zu treffen, die erforderlich und geeignet sind, um die Einhaltung der in den Anlagebedingungen, der Satzung oder dem Gesellschaftsvertrag vorgesehenen Regelungen sicherzustellen. Mit dieser Regelung wird die Anordnungskompetenz explizit auf die **Anlagebedingungen** erstreckt, welche das Rechtsverhältnis zwischen KVG und Anleger maßgeblich bestimmen. Ohne diese Vorschrift wäre fraglich, ob die Aufsichts- und Anordnungskompetenz des Abs. 6 sich auch auf den Bereich der Anlagebedingungen erstreckt. Zwar sieht das KAGB Vorschriften zu den Anlagebedingungen vor und statuiert zT auch eine Genehmigungspflicht durch die BaFin (vgl. §§ 162f., 266f.; ohne Genehmigungspflicht aber § 273). Da die Anlagebedingungen jedoch zivilrechtliche Wirkungen zwischen Anlegern und KVG entfalten, fallen Maßnahmen zur Einhaltung der Anlagebedingungen nicht in die allgemeine Anordnungskompetenz zur Durchsetzung von Ge- und Verboten nach dem KAGB. Es bedurfte einer erweiterten Kompetenznorm des Abs. 6 S. 2, um der BaFin das Hineinwirken in die zivilrechtlichen Gewährleistungen der zwar hoheitlich gebotenen, aber privatrechtlich festgelegten Anlagebedingungen zu erreichen. 26

2. Ermächtigungsgrundlage für Auskünfte und Informationen (S. 3–6). 27
§ 5 VI 3 ist eine Ermächtigungsgrundlage für weitgehende **Standardmaßnahmen** zur Einholung von Auskünften und Informationen. Von der Reichweite her richtet sich die Norm nicht nur an KAGB-Unterworfene, sondern die BaFin kann gegenüber **jedermann** tätig werden. Dadurch eröffnet die Norm der BaFin eine bedenklich weitgehende Eingriffsbefugnis, die Grundrechte einschränkt. Insofern ist ggf. eine **verfassungskonforme restriktive Auslegung** der Vorschrift geboten.

Tatbestandlich müssen zunächst **Anhaltspunkte** dafür vorliegen, dass die Einholung der Auskünfte bzw. Informationen für die Überwachung eines Verbots oder Gebots des KAGB **erforderlich** ist. Hierbei ist eine Verdachtsstufe im Sinne eines **Anfangsverdachts** (vgl. § 152 II StPO) erforderlich, aus dem sich die mögliche Verletzung von Ge- oder Verboten des KAGB ergibt. Denn die Grundrechte der Bürger (jedermann) dürfen nicht aufgrund bloßer Vermutungen eingeschränkt werden (BVerfG 2 BvR 2099/04, BVerfGE 115, 166 (197f.)). Ausreichend, aber auch erforderlich sind danach zureichende tatsächliche Anhaltspunkte für einen KAGB-Verstoß. Je gewichtiger ein etwaiger Verstoß sein kann, desto geringere Verdachtsanforderungen sind zu fordern (BVerfG 1 BvR 2226/94, 1 BvR 2420/95, 1 BvR 2437/95, BVerfGE 100, 313 (392)). Eine unverrückbare Grenze für die Einholung von Auskünften und Informationen ist das **Willkürverbot.** Der BaFin ist ein gewisser **Beurteilungsspielraum** zuzubilligen, der jedoch voll gerichtlich überprüfbar ist. Solange die Schwelle des Anfangsverdachts nicht erfüllt ist, kann die BaFin Vorermittlungen führen, die jedoch nur zu beschränkten Ermittlungsmaßnahmen berechtigen (vgl. Meyer-Gossner/Schmitt/*Schmitt* StPO § 152 Rn. 4b). 28

29 Eingeschränkt werden die Standardmaßnahmen durch den Grundsatz *„nemo tenetur se ipsum accusare"* (Art. 1 I GG iVm Art. 2 I GG), wonach sich aus dem GG das **Verbot des Zwangs zur Selbstbelastung** und die **Aussagefreiheit** eines Beschuldigten ergibt (BVerfG 2 BvR 2628/10, 2 BvR 2883/10, 2 BvR 2155/11, BVerfGE 133, 168 (201 Rn. 60); vgl. auch den Verweis auf § 6 XV WpHG in S. 6). Ebenso können sich aus dem Verfassungsrecht Verbote ergeben, die die Durchführung einer Standardmaßnahme im Einzelfall unzulässig machen. Dies gilt insb. für Unterlagen, Auskünfte oder Telefonmitschnitte, sofern sie den **Kernbereich privater Lebensgestaltung (Intimsphäre)** betreffen (vgl. BVerfG 2 BvR 988/75, BVerfGE 44, 353 (372)). **§ 5 VI 4** ordnet auch ausdrücklich an, dass – sofern aus Aufzeichnungen von Telefongesprächen Daten aus dem Kernbereich privater Lebensgestaltung erlangt werden – diese nicht gespeichert, verwertet oder weitergegeben werden dürfen.

30 Auch ansonsten kann ein verfassungsrechtlich abgeleitetes Verbot bestehen, wenn die Standardmaßnahme sich in Verbindung mit den betroffenen Grundrechten als **unverhältnismäßig** erweisen würde. Hier ist insbesondere an **Berufsgeheimnisträger** (Art. 12 GG), die Presse (Art. 5 GG) und **private Vertrauensverhältnisse** (Art. 1, 2 GG) zu denken. Es gibt jedoch Grenzen der Verlagerung von Informationen in die Sphäre von Berufsgeheimnisträgern, so dass sog. „Safe-house"-Lösungen verfassungsrechtlich nicht geschützt sind (vgl. BVerfG 2 BvR 1405/17, 2 BvR 1780/17, NJW 2018, 2385 (2389)). Für juristische Personen gelten die verfassungsrechtlichen Regelungen zur Auskunftsverweigerung aufgrund Art. 19 III GG nicht (vgl. BVerfG 1 BvR 2172/96, BVerfGE 95, 220 (242)).

31 Einfachgesetzlich sieht **§ 5 VI 6** ein Recht zur **Auskunftsverweigerung** sowie Regelungen zur Belehrungspflicht durch einen Verweis auf § 6 XV WpHG vor. Generell gilt danach ein Auskunftsverweigerungsrecht im Falle einer Selbstbelastung oder einer Belastung von Angehörigen nach § 383 I Nr. 1–3 ZPO (Verlobte, Ehegatte, Lebenspartner, bestimmte Verwandtschaftsverhältnisse).

32 Bezüglich **Wirtschaftsprüfern** regelt **§ 5 VI 5** ausdrückliche Auskunfts- und Unterlagenvorlagepflichten. Aus der Regelung ergeben sich jedoch keine über S. 3 hinausgehenden Rechte und Pflichten.

33 Aufgrund der Unschärfe der Regelung in Bezug auf die Tatbestandsvoraussetzungen sowie der Grenzen für die Standardmaßnahmen stellt sich hier die grundsätzliche Frage der Unzulässigkeit der Norm wegen mangelnder Bestimmtheit. Die BaFin dürfte auf Vorsichtsgründen somit gehalten sein, in jedem Einzelfall zu prüfen, ob die in §§ 52, 53, 53a, 97, 160a StPO geschützten Grenzen im KAGB nicht **entsprechend** anzuwenden sind, um damit die verfassungsrechtlichen Beschränkungen nicht zu übertreten. Denn die Verweigerungsregelung des § 5 VI 6 ist nicht abschließend zu verstehen. Generell stellt sich auch die Frage, ob ausreichende Kontrollmechanismen bereitstehen, um zu extensive Vorermittlungen durch die BaFin zu kontrollieren (vgl. *de Sousa Mendes* GA 2016, 380 (389f.))

34 **3. Spezielle Missstandsaufsicht (S. 7 u. 8).** Die in § 5 VI 7 und 8 geregelte **Missstandsaufsicht** ist eine spezielle Ausprägung der allgemeinen Anordnungsbefugnis des S. 1. Sie hat ihre Wurzel in dem Missstandsbegriff der § 4 I 2 WpÜG und § 6 I 2 WpHG. Wie auch dort handelt es sich hier um einen unbestimmten Rechtsbegriff (vgl. FK-KapAnlR/*Bußalb* § 5 Rn. 135), um der BaFin eine **Reservekompetenz** zuzuweisen, falls sich Fehlentwicklungen ergeben, die nicht über die Ermächtigungsgrundlage des § 5 VI 1 reguliert werden können. Es geht also insb. um **neue Entwicklungen,** die in den Ge- und Verboten des KAGB

noch nicht hinreichend abgebildet sind, aus denen sich jedoch Beeinträchtigungen für die ordnungsgemäße Verwaltung, den Vertrieb von Investmentvermögen, die ordnungsgemäße Erbringung von Dienstleistungen oder Nebendienstleistungen nach § 20 II/III oder die Tätigkeit einer Verwahrstelle nach dem KAGB ergeben oder wodurch erhebliche Nachteile für den Finanzmarkt oder den Markt für ein Finanzinstrument bewirkt werden können (vgl. Möllers/Kloyer Neues KAGB/ *Bußalb* Rn. 587). Insofern hat die BaFin im Rahmen der Missstandsaufsicht sich der Ermächtigungsgrundlage des S. 8 zu bedienen und nur dann auf die Ermächtigungsgrundlagen der S. 1–2 und S. 3–6 zurückzugreifen, wenn auch die dortigen Tatbestandsvoraussetzungen gegeben sind, was üblicherweise aufgrund der Reservefunktion im Rahmen eines Missstands nicht der Fall sein dürfte (vgl. EDD/*Emde* § 5 Rn. 77).

4. Ermessen. Die BaFin **kann** die in § 5 VI genannten Aufsichtsmaßnahmen ergreifen. Damit stellt Abs. 6 darauf ab, dass die BaFin ihren Aufsichtspflichten nach **pflichtgemäßem Ermessen** nachkommt. Dies bedeutet umgekehrt, dass das Handeln der BaFin **voll gerichtlich auf Ermessensfehler hin überprüfbar** ist gemäß den anerkannten Fallgruppen von Ermessensnichtgebrauch, Ermessensüberschreitung und Ermessensfehlgebrauch (vgl. Schoch/Schneider/*Riese* VwGO § 114 Rn. 56f.). Ein gerichtlich nur begrenzt überprüfbarer Beurteilungsspielraum iS eines **Regulierungsermessens,** wie vereinzelt im Bereich des Telekommunikations- und Energierechts anerkannt (vgl. krit. *Gärditz* NVwZ 2009, 1005; *Ludwigs* JZ 2009, 290), ist für das KAGB nicht zulässig. Denn den Aufsichtsmaßnahmen der BaFin sind weder planerische Gestaltungsaufgaben noch Prognoseentscheidungen als Letztentscheidungsbefugnisse immanent. 35

Im Rahmen des Ermessens steht der BaFin ein **Aufgreifermessen** zu, wonach sie nicht zwingend mit aufsichtsrechtlichen Maßnahmen durch Verwaltungsakte agieren muss. Sie kann sich auch weniger belastender Maßnahmen als denen der in § 5 VI 1–8 benannten Aufsichtsmaßnahmen bedienen. Hierbei kommt insb. das informelle Verwaltungshandeln in Betracht, auf Grund dessen selbstregulative Instrumente mit den Marktteilnehmern verabredet werden können, was einen klassischen Referenzfall der **gesteuerten Selbstregulierung** bildet (*Schmidt-Preuß* VVDStRL 56/1997, 160 (165); *Schmidt-Preuß* FS Kühne, 2020, 25 (28f.); *Merk* Recht der gaswirtschaftlichen Netzregulierung, 524ff., 529ff.). 36

Die Aufsichtsmaßnahmen müssen „geeignet und erforderlich" sein (vgl. ausdrücklich § 5 VI 1, 2 und 8). Damit verweist Abs. 6 auf den allgemeinen **Verhältnismäßigkeitsgrundsatz,** der sich verfassungsrechtlich aus Art. 20 III sowie den einschlägigen Grundrechten (zB Art. 12 I GG) ergibt. Daraus folgt, dass jede Aufsichtsmaßnahme geeignet sein muss, einem legitimen Zweck zu dienen. Weiter muss sie erforderlich und angemessen sein (vgl. *Maurer/Waldhoff* Allgemeines Verwaltungsrecht § 10 Rn. 50f.). 37

IX. Überwachung von PRIIPs-Anbietern (§ 5 VIa)

Die Aufsichtszuständigkeit der BaFin erstreckt sich nach § 5 VIa auch auf Verwaltungsgesellschaften, die Anbieter von sog. **PRIIP** nach der VO (EU) Nr. 1286/2014 sind. Unter PRIIP versteht man spezielle **für Kleinanleger vorstrukturierte Finanzprodukte,** und zwar entweder verpackte Anlageprodukte oder Versicherungsanlageprodukte (NK-PRIIP-VO/*Kalss* Art. 4 Rn. 8). Unter einem **verpackten Anlageprodukt** werde solche Anlagen verstanden, bei denen 38 der dem Kleinanleger zurückzuzahlende Betrag Schwankungen aufgrund der Abhängigkeit von Referenzwerten oder von der Entwicklung eines oder mehrerer Vermögenswerte, die nicht direkt vom Kleinanleger erworben werden, unterliegt (Art. 5 Nr. 1 VO (EU) Nr. 1286/2014). **Versicherungsanlageprodukte** sind solche Produkte, die einen Fälligkeitswert oder einen Rückkaufwert bieten, die vollständig oder teilweise direkt oder indirekt Marktschwankungen ausgesetzt sind (Art. 5 Nr. 2 VO (EU) Nr. 1286/2014). Letztendlich gibt es eine weite Bandbreite der potenziell in Frage kommenden Finanzprodukte, denn auf die Rechtsform kommt es nicht an. Somit können sowohl Investmentfonds, aber auch Sparverträge, ETFs oder sonstige Finanzprodukte, in denen Aktien, Anleihen oder sonstige Beteiligungen beinhaltet werden, als PRIIP in Frage kommen. Die **Zuständigkeitskonzentration bei der BaFin** ist jedoch **begrenzt** auf solche PRIIP-Anbieter, bei denen es sich **zugleich um Investmentvermögen** handelt.

39 Nach Art. 32 VO (EU) Nr. 1286/2014 sind bis **31.12.2021** OGAW und bestimmte AIF Verwaltungsgesellschaften von den Verpflichtungen der VO (EU) Nr. 1286/2014 **dispensiert.** Jedoch können nach Ansicht des Gesetzgebers (vgl. BT-Drs. 18/7482, 74f.) Risikokapitalfonds (EuVECA) nach VO (EU) Nr. 345/2013, Fonds für soziales Unternehmertum (EuSEF) nach der VO (EU) Nr. 346/2013 und Langfristige Investmentfonds (ELTIF) nach der VO (EU) Nr. 2015/760 der Pflicht zur Erstellung eines Basisinformationsblattes unterworfen sein, wenn sie an nichtprofessionelle Anleger im Sinne von Anhang II der RL 2014/65/EU (MiFID II) vertrieben werden. Auch Spezial-AIF, die an semiprofessionelle Anleger (§ 1 XIX Nr. 33) vertrieben werden, unterliegen diesen Anforderungen, sofern sie nicht nach § 307 V wesentliche Anlegerinformationen bereitstellen.

40 Wesentliche Aufgabe der BaFin ist hierbei die Überwachung der Einhaltung der Vorschriften über die **Basisinformationsblätter** für PRIIP nach den Art. 5–12 VO (EU) Nr. 1286/2014. Ergänzende Detailregelungen ergeben sich aus der Delegierten VO (EU) Nr. 2017/653. Die Aufsicht der BaFin erstreckt sich anhand dieser Regelung nicht auf die Finanzprodukte selbst. Die Basisinformationsblätter unterliegen dabei ausschließlich einer ex-post-Kontrolle durch die BaFin. Auch ist bisher keine Pflichtvorlage der Basisinformationsblätter (Vorabnotifizierung) vorgesehen, könnte national aber eingeführt werden (vgl. Art. 5 II VO (EU) Nr. 1286/2014).

X. Weitere Auskunfts- und Informationsrechte der BaFin (§ 5 VII u. VIII)

41 Mit **§ 5 VII** wird die in § 5 VI 3 Nr. 1 kodifizierte allgemeine Standardmaßnahme (→ Rn. 27ff.) zur Einholung von Auskünften weiter ausgestaltet. Hiernach kann die BaFin Auskünfte über die Geschäftsangelegenheiten und die Vorlage von Unterlagen von Personen und Unternehmen verlangen, bei denen Tatsachen die Annahme rechtfertigen (Anfangsverdacht), dass sie Investmentvermögen vertreiben, ohne die erforderlichen (vgl. Nr. 1–3) Anzeigen erstattet zu haben.

42 Auf der Basis von **§ 5 VIII** kann die BaFin die Vorlage von Informationen von EU-/ausländischen AIF-Verwaltungsgesellschaften (S. 1) oder EU-OGAW-Verwaltungsgesellschaften (S. 2) verlangen, wenn sie im Inland AIF verwalten oder vertreiben. Die Informationen müssen erforderlich sein, um zu überprüfen, ob die maßgeblichen Bestimmungen (für deren Überwachung die BaFin nach dem KAGB zuständig ist) eingehalten werden. Die Regelung stellt lediglich eine Spezialregelung zu der allgemeinen Standardermächtigungen des § 5 VI dar. Die eigentliche Bedeutung der Norm ergibt sich aus einer Zusammenschau mit § 11, wonach bei Verweigerung der Informationskundgabe durch die EU-/ausländische AIF-Verwaltungsgesellschaft (aber nicht bei EU-OGAW) nicht die Kompetenzen des § 5 VI anzuwenden sind, sondern der Kooperationsmechanismus mit den Herkunftslandaufsichtsbehörden nach § 11 greift (vgl. EDD/*Emde* § 5 Rn. 109f.).

XI. Beschränkung der Wohnimmobilienfinanzierungen bei AIF (§ 5 VIIIa)

Die Bundesanstalt kann gegenüber inländischen (vgl. EDD/*Emde* § 5 Rn. 113) KVG, die für Rechnung eines inländischen AIF Gelddarlehen gewähren, im Wege der Allgemeinverfügung (§ 35 S. 2 VwVfG) Beschränkungen bei der Vergabe von Darlehen zum Bau oder zum Erwerb von im Inland belegenen Wohnimmobilien **(Wohnimmobilienfinanzierung)** festlegen, wenn und soweit dies erforderlich ist, um einer Störung der Funktionsfähigkeit des inländischen Finanzsystems oder einer Gefährdung der Finanzstabilität im Inland entgegenzuwirken, die sich im Zusammenhang mit einer Überbewertung auf Wohnimmobilienmärkten, nachlassenden Kreditvergabestandards sowie einer übermäßigen Expansion der Kreditvergabe ergeben können (vgl. RefE WohnImRiV v. 29.11.2019, 1). Die Vorschriften des § 48u I 2–5, II–IV u. VI KWG werden in S. 2 für entsprechend anwendbar erklärt. Satz 3 enthält eine Ermächtigungsgrundlage für den Erlass einer ausgestaltenden Rechtsverordnung durch das Bundesministerium der Finanzen. Hiervon hat das Bundesministerium der Finanzen durch die WohnImRiV vom 28.1.2021 Gebrauch gemacht (vgl. BGBl. 2021 I 106). In § 4 WohnImRiV ist das Verfahren zum Erlass einer Allgemeinverfügung nach S. 1 näher ausgestaltet. Der Erlass einer entsprechenden Allgemeinverfügung dürfte somit im Nachgang zum Inkrafttreten der WohnImRiV zu erwarten sein. 43

Absatz 8a wurde erst 2017 in das KAGB eingefügt, um Wettbewerbsverwerfungen zu vermeiden und die größtmögliche makroprudenzielle Wirkung der festgelegten Beschränkungen zu erzielen. Dafür können diese Regelungen für alle gewerblichen Darlehensgeber, nicht nur für Kreditinstitute im Sinne des KWG, sondern auch für Versicherungsunternehmen und Investmentvermögen angewandt werden (vgl. BT-Drs. 18/10935, 34). 44

XII. Transparenz von Wertpapierfinanzierungsgeschäften (§ 5 IX)

Der im Jahr 2017 eingefügte Abs. 9 gibt der BaFin die Möglichkeit, gegen die Verwaltungsgesellschaften und Investmentvermögen wegen Verstößen gegen die VO (EU) Nr. 2015/2365 (Transparenzverordnung) vorzugehen. Die Regelung erfüllt damit die Anforderung der Art. 16, 22 und 28 der VO (EU) Nr. 2015/2365, die den zuständigen nationalen Behörden die Aufsicht über die Einhaltung der Verordnung zuweist und bestimmt, dass die zuständigen Behörden mit entsprechenden Eingriffsbefugnissen ausgestattet werden sollen (vgl. BT-Drs. 18/10936, 273). 45

Die Überwachungskompetenz wird nach § 9 IX 2 auch auf Regelungen ausgeweitet, die als delegierte Rechtsakte und technische Regulierungsstandards erlassen werden (vgl. zB Art. 5 VII und Art. 12 III iVm Art. 30 VO (EU) Nr. 2015/2365). Diesbezüglich kommt insb. die Delegierte Verordnung (EU) Nr. 2019/358 der Kommission in Frage. 46

XIII. Überwachung von Referenzwertindizes – Benchmarkregulierung (§ 5 X)

47 Der ebenfalls im Jahr 2017 eingefügte Abs. 10 gibt der BaFin die Möglichkeit, gegen die Verwaltungsgesellschaften und Investmentvermögen wegen Verstößen gegen die Verordnung (EU) Nr. 2016/1011 (Referenzwerteverordnung) vorzugehen. Hierbei handelt es sich um EU-Vorschriften zur Regulierung von Index-Referenzwerten, auf die bei Finanzinstrumenten Bezug genommen wird, um einen zahlbaren Betrag oder den Wert eines Finanzinstruments zu bestimmen bzw. um die Wertentwicklung eines Investmentfonds zwecks Rückverfolgung der Rendite dieses Indexes oder der Bestimmung der Zusammensetzung eines Portfolios oder der Berechnung der Anlageerfolgsprämien *(Performance Fees)* zu messen (vgl. Art. 3 I Nr. 3 VO (EU) Nr. 2016/1011). Mit der Aufsichtskompetenz der BaFin setzt der deutsche Gesetzgeber die Vorgaben der Art. 40, 41 und 42 der VO (EU) Nr. 2016/1011 um, die den zuständigen nationalen Behörden die Aufsicht über die Einhaltung der Verordnung zuweist und bestimmt, dass die zuständigen Behörden mit entsprechenden Eingriffsbefugnissen ausgestattet werden sollen (vgl. BT-Drs. 18/10936, 279).

48 Auch hier erstreckt sich die Überwachungskompetenz ebenso auf die delegierten Rechtsakte und technischen Regulierungsstandards der Kommission (§ 5 X 2). Diesbezüglich sind zu berücksichtigen die Delegierten Verordnungen (EU) Nr. 2018/64, 2018/65, 2018/66 und 2018/67.

XIV. Überwachung von Geldmarktfonds (§ 5 XI)

49 Der im Jahr 2018 eingefügte Abs. 11 weist der BaFin die Kompetenz zu, die Einhaltung der Regelungen zu überwachen, die sich aus der VO (EU) Nr. 2017/1131 **(Geldmarktfondsverordnung)** ergeben (vgl. BT-Drs. 19/2435, 58). Der VO zur Regulierung der Geldmarktfonds (Money Market Fonds – MMF) werden OGAW oder AIF unterworfen, die nach Art. 9 I GeldmarktfondsVO in kurzfristige Vermögenswerte investieren und Einzelziele oder kumulative Ziele haben, die auf geldmarktsatzkonforme Renditen oder die Wertbeständigkeit der Anlage abstellen (vgl. GHN/*Resse/Ukrow* AEUV Art. 63 Rn. 437). Hierbei war Ziel der Regelungen, nach der Finanzkrise den Sektor der Schattenbanken besser zu kontrollieren (vgl. *Kittner* GWR 2020, 371).

50 Auch hier erstreckt sich die Überwachungskompetenz auf die auf Grundlage der VO erlassenen delegierten Rechtsakte und technischen Durchführungs- und Regulierungsstandards der Kommission (§ 5 XI 1). Diesbezüglich erfolgte zwar 2018 durch die Delegierte Verordnung (EU) Nr. 2018/990 der Kommission eine Rechtssetzung durch die Kommission. Hierbei kam es jedoch nur zu einer Änderung der Geldmarktfondsverordnung selbst, ohne dass der delegierten Verordnung selbst eine darüber hinausgehende rechtliche Bedeutung zukommt.

XV. Überwachung von Verbriefungen (§ 5 XII)

51 Der ebenfalls 2018 eingefügte Abs. 12 weist der BaFin die Überwachungskompetenz für die Einhaltung von Rechten und Pflichten aus der VO (EU) Nr. 2017/2402 **(Verbriefungsverordnung)** bezüglich von Verwaltungsgesellschaften und Investmentvermögen zu. Durch die Verbriefungsverordnung wird die im Wege der Refinanzierung erfolgte Bündelung und Umverteilung von Dar-

lehensportfolios durch den Kreditgeber reguliert. Für die Anleger sollen hierdurch unterschiedliche Risikokategorien transparent werden (vgl. *Hellgardt* EuZW 2018, 709).

Die Überwachungskompetenz erstreckt sich auch auf die auf Grundlage der Verbriefungsverordnung erlassenen delegierten Rechtsakte und technischen Durchführungs- und Regulierungsstandards der Europäischen Kommission (§ 5 XII 2). Diesbezüglich ist insb. die Delegierte VO (EU) Nr. 2020/1230 und 2020/1229 der Kommission zu berücksichtigen. 52

XVI. Überwachung von Offenlegungspflichten (§ 5 XIII)

Im Jahr 2021 wurde Abs. 13 durch Art. 1 des Gesetzes zur Stärkung des Fonds- 53
standorts Deutschland und zur Umsetzung der Richtlinie (EU) 2019/1160 zur Änderung der Richtlinien 2009/65/EG und 2011/61/EU im Hinblick auf den grenzüberschreitenden Vertrieb von Organismen für gemeinsame Anlagen (Fondsstandortgesetz – FoStoG) eingefügt (vgl. BGBl. 2021 I 1498). Diese Ergänzung der Zuständigkeiten der BaFin folgt aus Art. 14 I der VO (EU) Nr. 2019/2088 und Art. 21 I der VO (EU) Nr. 2020/852, wonach die Mitgliedstaaten verpflichtet werden sicherzustellen, dass die sektoral zuständigen Aufsichtsbehörden die Einhaltung der **Offenlegungsverordnung** sowie die Einhaltung der Art. 5, 6 und 7 der Verordnung (EU) Nr. 2020/852 **(Taxonomieverordnung)** überwachen (vgl. BT-Drs. 19/27631, 87). Soweit sich Rechte und Pflichten aus dieser Verordnung für Verwaltungsgesellschaften und Investmentvermögen ergeben, stehen der BaFin die erforderlichen Überwachungskompetenzen zu. Damit soll aufsichtsrechtlich die Einhaltung der umfassenden Regelungen zur Offenlegung von nachhaltigkeitsbezogenen Informationen im Finanzdienstleistungssektor gewährleistet werden (vgl. *Glander/Lühmann/Jesch* BKR 2020, 545 (550)).

Auch hier erstreckt sich die Überwachungskompetenz der BaFin auf die auf 54
Grundlage der VO (EU) Nr. 2019/2088 oder der VO (EU) Nr. 2020/852 erlassenen delegierten Rechtsakte und technischen Durchführungs- und Regulierungsstandards der Kommission. Bisher sind diesbezüglich keine weiteren Rechtsakte in Kraft getreten.

XVII. Überwachung von Paneuropäischen Privaten Pensionsprodukten (PEPP) (§ 5 XIV)

Absatz 14 wurde im Jahr 2021 durch Art. 15 des Schwarmfinanzierung-Begleit- 55
gesetzes eingefügt (BGBl. 2021 I 1585). Durch die Ergänzung des § 5 XIV 1 wird zunächst die BaFin als zuständige Behörde iSd Art. 2 Nr. 18 der VO (EU) Nr. 2019/1238 (PEPP-VO) benannt, soweit KVG nach Art. 6 I Buchst. e und f PEPP-Verordnung Paneuropäische Private Pensionsprodukte anbieten oder vertreiben (BT-Drs. 19/27410, 60). Darunter sind private Altersvorsorgefinanzprodukte zu verstehen, die der langfristigen Kapitalansparung dienen und europaweit reguliert werden sollen. Das Investmentportfolio ist bei den PEPP jedoch auf Anlagen beschränkt, die den ESG-Kriterien (Environment, Social, Governance) entsprechen (vgl. Erwägungsgrund Nr. 51 PEPP-VO). Damit fließen ökologische Nachhaltigkeitsgesichtspunkte in die Aufsichtstätigkeit der BaFin in diesem Bereich ein (vgl. kritisch zu dem unscharfen Nachhaltigkeitskriterium *Ekkenga* WM 2020, 1664 (1667)). Ergänzend wird auch im Rahmen des WpHG die Überwachungs-

kompetenz für PEPP ausgeweitet (vgl. § 6 III 1 WpHG, BT-Drs. 19/27410, 51 (60)).

56 Die Verquickung umweltpolitischer **Nachhaltigkeitsziele** mit der wirtschaftsrechtlichen Regulierung, deren Legitimation in der Beherrschung systemischer Risiken im Investmentbereich hat (→ Rn. 2), lässt keine stringente **ordnungspolitische Gesamtkonzeption** des Gesetzgebers erkennen. Die Inkorporation umweltpolitischer Zielsetzungen in die Regulierungskompetenzen der BaFin – die durchaus erhebliche verfassungsrechtliche Eingriffe mit sich bringen können – bedarf somit im Einzelfall einer aufmerksamen Verhältnismäßigkeitsprüfung der Eingriffsmaßnahmen, da hier die umweltpolitische Zielverwirklichung ggf. andere Abwägungsgesichtspunkte in sich trägt, als dies bei den Systemrisiken der Fall ist, die klassischerweise dem KAGB immanent sind.

57 Absatz 14 S. 2 erweitert die Aufsichts- und Ermittlungsbefugnisse der Bundesanstalt im Hinblick auf den Bereich der Verordnung (EU) Nr. 2019/1238. Damit wird Art. 62 der PEPP-VO umgesetzt (BT-Drs. 19/27410, 60).

§ 6 Besondere Aufgaben

§ 6a des Kreditwesengesetzes ist entsprechend anzuwenden, wenn Tatsachen vorliegen, die darauf schließen lassen, dass die Vermögensgegenstände, die der Kapitalverwaltungsgesellschaft oder dem Investmentvermögen anvertraut sind, oder eine Finanztransaktion der Finanzierung einer terroristischen Vereinigung nach § 129a auch in Verbindung mit § 129b des Strafgesetzbuchs dienen oder im Fall der Durchführung einer Finanztransaktion dienen würden.

I. Allgemeines

1 Mit der Vorschrift, die redaktionell angepasst der Regelung des § 5a InvG aF entspricht, sollen Finanzsanktionen der BaFin ermöglicht werden, um zu verhindern, dass Vermögensgegenstände, die der KVG oder dem Investmentvermögen anvertraut sind, oder eine Finanztransaktion der Finanzierung einer terroristischen Vereinigung dienen bzw. im Falle ihrer Durchführung dieser dienen würden. Die BaFin wird somit in ihrem KAGB-Geschäftsbereich in den **Kampf gegen den internationalen Terrorismus** im Sinne einer präventiven Gefahrenabwehr eingebunden.

II. Anordnungsbefugnis bei Verdacht auf Terrorfinanzierung

2 **1. Rechtsfolgenverweis.** Bei der Regelung handelt es sich um einen reinen **Rechtsfolgenverweis** auf § 6a KWG, da die Tatbestandsvoraussetzungen selbstständig in § 6 definiert werden. Gerade der Umstand, dass in den Tatbestandsmerkmalen des § 6 zwar auf § 129a StGB iVm § 129b StGB abgestellt wird, nicht jedoch auf § 89c StGB – wie dies jedoch alternativ in § 6a I KWG ausdrücklich gerade der Fall ist – spricht deutlich gegen die Annahme eines Rechtsgrundverweises. Dies bedeutet, dass nur die Rechtsfolgen des § 6a KWG über den Verweis des § 6 anzuwenden sind, nicht jedoch auch die tatbestandlichen Voraussetzungen des § 6a KWG zusätzlich zu prüfen sind. Nichts anderes muss dann aber für die Regelvermutung des § 6a II KWG gelten, auf die nicht direkt iRd § 6 Bezug genommen

werden kann (aA aber – ohne nähere Begründung – FK-KapAnlR/*Bußalb* § 6 Rn. 15; BSL/*Köndgen* InvG § 5a Rn. 2 – zu § 5a InvG aF).

Jedoch ist nicht ausgeschlossen, dass im Rahmen der tatbestandlichen Voraussetzungen des § 6 durch Auslegung ein entsprechend niedriger Verdachtsgrad angenommen werden kann, so wie er den Konstellationen des § 6a II KWG ähnlich ist (vgl. EDD/*Schuhmann* § 5 Rn. 7; → Rn. 6f.). 3

2. Tatbestandsmerkmale. a) Anvertraute Vermögengegenstände oder Finanztransaktion. Der Begriff der **anvertrauten Vermögenswerte** ist im KAGB nicht legal definiert. Im Hinblick auf die Gesetzesbegründung sind hierunter aber alle Anlagegelder zu verstehen, die der KVG anlegerseitig zugeflossen sind (BT-Drs. 16/5576, 59). Auch der Begriff der **Finanztransaktion** ist nicht legal definiert. Jedoch sind darunter im Sinne der Terminologie des Geldwäschegesetzes Geldbewegungen oder sonstige Vermögensverschiebungen zu verstehen (vgl. § 1 V 1 GwG). Bezüglich dieser Tatbestandsmerkmale ist eine Konnexität erforderlich zu den Tatsachen, die darauf schließen lassen, dass diese Vorgänge der Finanzierung einer terroristischen Vereinigung dienen. 4

b) Verdachtsgrad (Tatsachen, die darauf schließen lassen). Voraussetzung für die Anwendung des § 6a KWG ist, dass Tatsachen vorliegen, die darauf schließen lassen, dass Vermögensgegenstände oder eine Finanztransaktion der **Finanzierung terroristischer Handlungen** mit Bezug auf eine terroristische Vereinigung nach § 129a StBG auch iVm § 129b StGB dienen. Diesbezüglich ist problematisch, von welchem Verdachtsgrad die Regelung ausgeht. Die ursprüngliche Gesetzesbegründung zu § 5a InvG aF macht zu dem erforderlichen Verdachtsgrad keine näheren Ausführungen (BT-Drs. 16/5576, 59). Ohnehin kann auch nicht direkt auf den Verdachtsgrad zurückgegriffen werden, welcher der Regelung des § 6a KWG zu Grunde liegt, da es sich nicht um eine Rechtsgrundverweisung handelt (→ Rn. 1). 5

Prinzipiell reichen auf jeden Fall derartige Verdachtsmomente, welche die Anforderungen an einen strafrechtlichen **Anfangsverdachts** iSd § 152 II StPO erfüllen. Denn die Grundrechte der Bürger dürfen auch nicht aufgrund bloßer Vermutungen eingeschränkt werden (BVerfG 2 BvR 2099/04, BVerfGE 115, 166 (197f.)). Somit ist es erforderlich, dass es zureichende tatsächliche Anhaltspunkte dafür gibt, dass die Finanzierung einer terroristischen Vereinigung bezweckt wird. 6

Im Rahmen einer konkreten Einzelfallbeurteilung kann jedoch zu berücksichtigen sein, dass der Kampf gegen den Terrorismus ein sehr **hohes Gemeinschaftsgut** darstellt (vgl. BVerfG 1 BvR 1215/07, BVerfGE 133, 277 (322ff.)), so dass ausnahmsweise auch eine geringere, unter der Schwelle des Anfangsverdachts liegende Verdachtsanforderung KAGB- und verfassungskonform sein kann (vgl. BVerfG 1 BvR 2226/94, 2420, 2437/95, BVerfGE 100, 313 (392)), wobei niemals die Grenze des Willkürverbots unterschritten werden darf. Dies betrifft insb. auch den Kampf gegen die Finanzierung des Terrorismus, was auch durch den Gemeinsamen Standpunkt des Rates vom 27.12.2001 über die Anwendung besonderer Maßnahmen zur Bekämpfung des Terrorismus (2001/931/GASP, ABl. EG L 344, 93) sowie vorgehend durch die Resolution 1373 des Sicherheitsrats der Vereinten Nationen vom 28.9.2001 deutlich gemacht worden ist. 7

c) Finanzierung einer terroristischen Vereinigung dienend. Eine Finanztransaktion bzw. anvertraute Vermögenswerte dienen der **Terrorismusfinanzierung,** wenn die Verwirklichung eines Tatbestands nach § 129a oder § 129b StGB 8 in Frage steht. Hierbei stellt das StGB darauf ab, dass die jeweils gegründete Vereinigung Katalogtaten des § 129a I–III bezweckt. § 129a StGB gilt dabei für inländische terroristische Vereinigungen, § 129b StGB bezieht sich auf ausländische Vereinigungen.

9 **3. Rechtsfolge. a) Maßnahmenkatalog des § 6a KWG.** Als Rechtsfolge verweist die Vorschrift auf § 6a KWG und damit auf den Maßnahmenkatalog des § 6a I Nr. 1–3 KWG. Der BaFin steht hierbei ein **Ermessen** zu, ob sie der Geschäftsführung der KVG oder dem Investmentvermögen **Anweisungen** erteilt (nach § 6a I Nr. 1 KWG), Verfügungen von einem ihrer Konten oder Depots (nach § 6a I Nr. 2 KWG) oder die Durchführung sonstiger Finanztransaktionen **untersagt** (nach § 6a I Nr. 3 KWG).

10 Durch die Maßnahmen soll vor allem verhindert werden, dass Finanzmittel aus dem Finanzkreislauf zurück an eine terroristische Vereinigung fließen, so dass insb. Auszahlungen und Rücknahmen von Anteilen blockiert werden sollen (vgl. EDD/*Schuhmann* § 6 Rn. 10).

11 **b) Adressaten.** Die BaFin kann die Maßnahmen nach § 6a I Nr. 1–3 KWG gegen die KVG oder das Investmentvermögen selbst richten. Aber auch Dritten gegenüber, zB einem dazwischengeschalteten Bankhaus, kann eine Verfügung ergehen.

III. Rechtsschutz

12 Maßnahmen nach § 6 sind gem. § 7 I sofort vollziehbar. Dies bedeutet, dass Widerspruch und Anfechtungsklage keine aufschiebende Wirkung haben (vgl. § 80 II 1 Nr. 2 VwGO). Gegebenenfalls kann die aufschiebende Wirkung durch das Verwaltungsgericht im Wege des Eilrechtsschutzes nach § 80 V 1 VwGO angeordnet werden.

§ 7 Sofortige Vollziehbarkeit

(1) **Widerspruch und Anfechtungsklage gegen Maßnahmen der Bundesanstalt einschließlich der Androhung und Festsetzung von Zwangsmitteln auf Grundlage von § 5 Absatz 5a, der §§ 6, 14, 15, 16, 19 Absatz 2 und 3, §§ 39, 40, 41, 42, 44 Absatz 5, § 68 Absatz 7, § 113 Absatz 2 und 3, § 311 Absatz 1 und 3 Satz 1 Nummer 1, § 314 Absatz 1 und 2, § 329 Absatz 2 Satz 3 Nummer 2 Buchstabe c und § 330 Absatz 2 Satz 3 Nummer 2 Buchstabe c haben keine aufschiebende Wirkung.**

(2) **Ergreift die Bundesanstalt gemäß den §§ 5, 11 Absatz 4 oder 6, § 311 Absatz 1 und 3 Satz 1 Nummer 1, § 314, § 316 Absatz 3 Satz 2 auch in Verbindung mit § 320 Absatz 2 oder § 330 Absatz 4, oder gemäß § 321 Absatz 3 Satz 2 auch in Verbindung mit § 322 Absatz 4, § 325 Absatz 2, § 326 Absatz 3 oder § 329 Absatz 4 zum Schutz der Anleger Maßnahmen, einschließlich einer Untersagung des Vertriebs von Anteilen oder Aktien an AIF, die im Geltungsbereich dieses Gesetzes vertrieben werden, haben Widerspruch und Anfechtungsklage gegen diese Maßnahmen einschließlich der Androhung und Festsetzung von Zwangsmitteln ebenfalls keine aufschiebende Wirkung.**

I. Allgemeines

Der Erfolg von aufsichtsrechtlichen Maßnahmen der BaFin hängt wesentlich davon ab, ob sie unverzüglich durchgeführt und vollstreckt werden. Deshalb sieht §7 vor, dass bestimmte Maßnahmen **sofort vollziehbar** sind. Diese Regelung ist deshalb erforderlich, weil gegen Verwaltungsakte bzw. Allgemeinverfügungen (§35 VwVfG) der BaFin die Adressaten Widerspruch bzw. Anfechtungsklage erheben können. Diesen Rechtsbehelfen kommt grundsätzlich nach §80 I 1 VwGO aufschiebende Wirkung zu. Dies bedeutet, der *status quo* bleibt bis zur Durchführung des Rechtsschutzmittels unverändert. §80 II 1 Nr. 3 VwGO räumt dem Bundesgesetzgeber jedoch die Möglichkeit ein, in speziell gesetzlich festgelegten Fällen anzuordnen, dass die aufschiebende Wirkung entfällt, wovon das KAGB in §7 Gebrauch gemacht hat. Dadurch können behördliche Maßnahmen direkt umgesetzt werden, ohne dass das Ergebnis des Rechtsbehelfs abgewartet werden muss. 1

Gegen eine extensive sofortige Vollziehbarkeit von behördlichen Maßnahmen bestehen verfassungsrechtliche Bedenken, da durch die **Ausschaltung des Suspensiveffekts** von Rechtsbehelfen der effektive Rechtsschutz nach **Art. 19 IV GG** einschränkt wird. Dies ist verfassungsrechtlich jedoch nicht zu beanstanden, solange die sofortige Vollziehbarkeit der Sicherung **überwiegender öffentlicher Belange** dient (vgl. BVerfG 1 BvR 699/77, BVerfGE 51, 268 (284); 1 BvR 209/83 ua, BVerfGE 65, 1 (70f.); 1 BvR 2466/08, NVwZ 2009, 240 (241)). Zusätzlich abgesichert wird dies dadurch, dass der Adressat eines sofort vollziehbaren Verwaltungsaktes gem. §80 V 1 VwGO die Anordnung der aufschiebenden Wirkung verwaltungsgerichtlich beantragen kann. Entscheidend ist somit, dass im Ergebnis ein effektiver Rechtsschutz erzielt wird (Maunz/Dürig/*Schmidt-Aßmann* GG Art. 19 IV Rn. 274). 2

Als Prüfungsmaßstab reicht grundsätzlich eine **summarische Prüfung,** in der eine reine Folgenabwägung (vgl. BVerfG 1 BvR 165/01, NVwZ-RR 2001, 694 (695)) ausreichen kann. Bei längerer Verfahrensdauer des Eilrechtsschutzes verdichtet sich dieser Maßstab jedoch zu einer größeren Prüfungstiefe (vgl. BVerfG 1 BvR 1446/04, NVwZ 2005, 438 (439)). Es kann im Eilrechtsschutzverfahren zur Anordnung der aufschiebenden Wirkung nach §80 V 1 Alt. 1 VwGO sogar ein noch **weitergehender Prüfungsmaßstab** erforderlich sein, wenn die behördliche Maßnahme in ihrer Wirkung einer Regelung der Berufswahl nahekommenden Berufsausübungsregelung gleichkommt. Dann sind die Grundrechte des Aufsichtsunterworfenen bereits im Verfahren auf vorläufigen Rechtsschutz besonders zu würdigen (vgl. BVerfG 1 BvR 1611/11, NVwZ 2012, 104 (105f.)). Eine solche Maßnahme ist nur zur Abwehr konkreter Gefahren für wichtige Gemeinschaftsgüter und unter strikter Beachtung des Verhältnismäßigkeitsgrundsatzes statthaft (vgl. BVerfG 1 BvR 124/76, BVerfGE 44, 105 (117)). 3

Aufgrund der zeitlichen Dauer eines Antrags nach §80 V 1 VwGO muss die BaFin in jedem Einzelfall – auch wenn die sofortige Vollziehbarkeit durch das KAGB angeordnet ist – prüfen, ob es durch die sofortige Vollziehbarkeit zu **schwerwiegenden Rechtsverlusten** kommt (auch weil Rechtsschutz nach §80 V 1 VwGO zu spät erreicht werden kann; vgl. HK-VerwR/*Bostedt* VwGO §80 Rn. 5). Zu einem **faktischen Ausschluss der Rechtsschutzgewährung** darf es aber nicht kommen, so dass die BaFin ggf. von ihrer Kompetenz nach **§80 IV 1 VwGO** Gebrauch machen und die sofortige Vollziehung aussetzen muss. 4

II. Sofort vollziehbare Maßnahmen

5 **1. Generell sofort vollziehbare Maßnahmen.** Nach § 7 I haben Widerspruch und Anfechtungsklage gegen Maßnahmen der BaFin einschließlich der Androhung und Festsetzung von Zwangsmitteln auf Grundlage von § 5 Va, §§ 6, 14, 15, 16, 19 II und III, §§ 39, 40, 41, 42, 44 V, § 68 VII, § 113 II und III, § 311 I und III 1 Nr. 1, § 314 I und II, § 329 II 3 Nr. 2 Buchst. c und § 330 II 3 Nr. 2 Buchst. c keine aufschiebende Wirkung. Betreffend die enumerativ aufgezählten Anwendungsbereiche ist somit die sofortige Vollziehbarkeit der Maßnahmen generell iSv § 80 II 1 Nr. 3 VwGO angeordnet.

6 **2. Im Einzelfall vollziehbare Maßnahmen (Anlegerschutz).** Maßnahmen, die auf Basis der §§ 5, 11 IV oder VI, § 311 I und III 1 Nr. 1, § 314, § 316 III 2 auch iVm § 320 II oder § 330 IV, oder gem. § 321 III 2 auch iVm § 322 IV, § 325 II, § 326 III oder § 329 IV von der BaFin ergehen, sind – einschließlich einer Untersagung des Vertriebs von Anteilen oder Aktien an AIF, die im Geltungsbereich dieses Gesetzes vertrieben werden, dann sofort vollziehbar, wenn sie **zum Schutz der Anleger** dienen. Damit ist in Abs. 2 eine **Zweckbestimmung** beinhaltet, die im Einzelfall tatbestandlich überprüft werden muss, um festzustellen, ob die sofortige Vollziehbarkeit iSv § 80 II 1 Nr. 3 VwGO gegeben ist.

7 Die Zweckbestimmung „zum Schutz der Anleger" ist im KAGB nicht legal definiert. Dabei handelt es sich jedoch um ein notwendiges **Tatbestandsmerkmal.** Formal ist es damit erforderlich, dass die BaFin die Zweckbestimmung in der Begründung der Maßnahme deutlich bezeichnet, will sie sich auf die sofortige Vollziehbarkeit nach § 7 II berufen. Materiell ist der Begriff des Anlegerschutzes ubiquitär. Jedoch kommen hierbei nach dem Sinn und Zweck der Regelung nur solche Konstellationen in Betracht, in denen **besondere Informations- und Transparenzgebote** – die den Schutz des Anlegers im Auge haben – im Fokus der BaFin-Maßnahme stehen. Dafür spricht auch, dass ein Großteil der in Bezug genommenen Normen sich ohnehin auf Vertriebsregelungen aus Kap. 4 Abschn. 2 und 3 des KAGB beziehen. Es handelt sich also um klassische Anlegerschutzvorschriften, so dass das Vorliegen dieses Tatbestandsmerkmals bei den Regelungen des Kap. 4 Abschn. 2 und 3 nahe liegt. Dies gilt auch für § 11 IV bzw. VI., die den grenzüberschreitenden Vertrieb von AIF im Blick haben. Im Rahmen des § 5 ist hingegen der Zusammenhang zum Anlegerschutz sorgfältig zu prüfen. Hier wird häufig die Abgrenzung zu anderen Zwecken schwierig sein. Im Zweifel dürfte es auf den Schwerpunkt der Zielrichtung ankommen. Ist dieser nicht eindeutig erkennbar, muss von der für den Adressaten der Regelung rechtschutzgünstigere Variante ausgegangen werden, also die sofortige Vollziehbarkeit verneint werden. In derartigen Fällen ist es der BaFin unbenommen, die sofortige Vollziehbarkeit unter den Voraussetzungen des § 80 II 1 Nr. 4 VwGO *in concreto* anzuordnen.

III. Bestehende aufschiebende Wirkung

8 Sofern die in Abs. 1 und 2 genannten Fallkonstellationen nicht einschlägig sind, können Verwaltungsakte bzw. Allgemeinverfügungen der BaFin zunächst nicht sofort vollzogen werden. Dagegen eingelegten Rechtsbehelfen kommt somit nach § 80 I 1 VwGO aufschiebende Wirkung zu. Der häufigste Anwendungsfall dürfte bei den Standardmaßnahmen nach § 5 VI 1, 2 und 3 und 5 sowie der Missstandsaufsicht nach § 5 VI 7 u. 8 gegeben sein, sofern die darauf gegründeten Maßnahmen nicht die Anforderung des Abs. 2 (Anlegerschutz) erfüllen.

Ist eine Maßnahme der BaFin zunächst nicht sofort vollziehbar, kann jedoch nach § 80 II 1 Nr. 4 VwGO die sofortige Vollziehbarkeit als Nebenentscheidung zum Verwaltungsakt gesondert angeordnet werden. Hierbei muss die BaFin jedoch ein **besonderes öffentliches Interesse** geltend machen können. Dies kann klassischerweise im Bereich der Gefahrenabwehr liegen. Letztendlich kommt es hierbei auf eine Einzelfallabwägung zwischen Vollziehungsinteresse der BaFin und dem Rechtschutzinteresse des Adressaten an (vgl. HK-VerwR/*Bostedt* VwGO § 80 Rn. 88 ff.). Aufgrund der umfassenden Wertungen in § 7 I und II ist jedoch davon auszugehen, dass ein derartiges besonderes Interesse eher selten vorliegen dürfte (vgl. EDD/*Schuhmann* § 7 Rn. 17). Die BaFin hat die Nebenentscheidung schriftlich zu begründen (§ 80 III 1 VwGO). Die Begründung darf nicht formelhaft sein, sondern muss sich konkret mit der Abwägung der Interessen auseinandersetzen (vgl. *Hufen* VerwProzR § 32 Rn. 17). 9

IV. Androhung und Festsetzung von Zwangsmitteln

Kommt der Adressat eines Verwaltungsakts diesem nicht nach, kann die BaFin – sofern die Maßnahme nach § 7 I oder II sofort vollziehbar ist – die getroffene Regelung durch **Verwaltungszwang** durchsetzen. Hierzu kann die BaFin über § 17 I 1 FinDAG auf das Verwaltungsverfahrensgesetz (VwVG) zurückgreifen (→ § 5 Rn. 24). Hierbei kommen als Zwangsmittel die Ersatzvornahme (§ 10 VwVG), das Zwangsgeld (§ 11 I VwVG) und als *ultima ratio* der unmittelbare Zwang (§ 12 VwVG) in Betracht. Die BaFin hat bei der Zwangsmittelauswahl den Verhältnismäßigkeitsgrundsatz zu berücksichtigen. Die Höhe eines **Zwangsgelds** kann abweichend von § 11 III VwVG bis zu 2.500.000 EUR betragen (§ 17 I 4 FinDAG). 10

§ 7a Bekanntmachung von sofort vollziehbaren Maßnahmen

(1) [1]**Die Bundesanstalt macht Maßnahmen, die nach § 7 sofort vollziehbar sind, auf ihrer Internetseite öffentlich bekannt, soweit dies bei Abwägung der betroffenen Interessen zur Beseitigung oder Verhinderung von Missständen geboten ist.** [2]**Bei nicht bestandskräftigen Maßnahmen ist folgender Hinweis hinzuzufügen: „Diese Maßnahme ist noch nicht bestandskräftig."** [3]**Wurde gegen die Maßnahme ein Rechtsmittel eingelegt, sind der Stand und der Ausgang des Rechtsmittelverfahrens bekannt zu machen.**

(2) **Die Bundesanstalt sieht von einer Bekanntmachung ab, wenn die Bekanntmachung die Stabilität der Finanzmärkte oder laufende Ermittlungen gefährden würde.**

(3) [1]**Die Bekanntmachung darf personenbezogene Daten nur in dem Umfang enthalten, der für den Zweck der Beseitigung oder Verhinderung von Missständen erforderlich ist.** [2]**Die Bekanntmachung ist zu löschen, sobald sie nicht mehr erforderlich ist, spätestens aber nach fünf Jahren.**

Schrifttum: *Buck-Heeb/Poelzig* Die Verhaltenspflichten (§§ 63 ff. WpHG nF) nach dem 2. FiMaNoG – Inhalt und Durchsetzung, BKR 2017, 485; *John* „Naming and Shaming" im Zeitalter der digitalen Plattformökonomie, BKR 2000, 335.

I. Allgemeines

1 Die Vorschrift des § 7a wurde im Jahr 2016 in das KAGB eingefügt. Zunächst war vorgesehen, dass der BaFin lediglich ein Ermessen eingeräumt werden sollte, die getroffenen Maßnahmen bekannt zu geben (vgl. BT-Drs. 18/6744, 44). Im Zuge des Gesetzgebungsverfahrens wurde jedoch die Veröffentlichungspflicht als gebundene Pflicht der BaFin ausgestaltet (vgl. BT-Drs. 18/7393, 12, 76), um eine einheitliche Verwaltungspraxis der BaFin zu erreichen, die bereits im Bereich des § 26b VermAnlG zur Bekanntmachung von Maßnahmen verpflichtet ist.

II. Naming and Shaming

2 **1. Verfassungsrechtliche Kritik.** Die Bekanntmachung von sofort vollziehbaren Maßnahmen führt dazu, dass der Öffentlichkeit gegenüber der Adressat der Maßnahme individualisiert wird, ohne dass das Verwaltungshandeln durch die Verwaltungsgerichte unabhängig überprüft worden ist. Damit wächst der BaFin eine erhebliche faktische Macht zu, öffentlichen Druck auszuüben **(Naming and Shaming).** Sie kann dadurch dem Adressaten erhebliche **Reputationsschäden** verursachen (vgl. *John* BKR 2000, 335 (336); *Buck-Heeb/Poelzig* BKR 2017, 485 (494)). Verfassungsrechtlich steht damit insb. ein Eingriff in die Berufsausübungsfreiheit (Art. 12 GG) im Raum.

3 Auch im Hinblick auf Art. 19 IV, 20 III GG und die Bekanntgabe vor Abschluss der gerichtlichen Überprüfung der Maßnahmen ist die durch die Vorschrift erzeugte **Prangerwirkung** kritisch zu sehen. Da jedoch die Bekanntgabe nur dann erfolgen soll, wenn dies bei **Abwägung der betroffenen Interessen** zur **Beseitigung oder Verhinderung von Missständen geboten** ist, kann sie verfassungskonform ausgelegt werden. Im Rahmen einer **strengen Verhältnismäßigkeitsprüfung** hat die BaFin eine Gesamtabwägung vorzunehmen und die durch die Veröffentlichung erfolgende Grundrechtsbeeinträchtigung mit dem Gewicht der sie rechtfertigenden Gründe abzuwägen. Hier können etwaige Reputationsschäden hinter dem Schutz- und Informationsinteresse der Verbraucher sowie dem Interesse an der Funktionsfähigkeit der Finanzmärkte zurücktreten, sofern ansonsten erhebliche Schäden für das Gemeinwohl drohen. Im Rahmen der Verhältnismäßigkeitsprüfung ist auch die Löschungspflicht des § 7a III 2 zu berücksichtigen. Die Möglichkeit von Staatshaftungsansprüchen wirkt sich hingegen nicht auf die Verhältnismäßigkeitsprüfung aus, da es sich hierbei nur um ein Sekundärrecht handelt und Rechtsverletzungen nicht generell durch Schadensersatzansprüche aufgewogen werden dürfen.

4 **2. Bekanntmachungspflicht (Abs. 1).** Nach § 7a I 1 muss die BaFin die nach § 7 sofort vollziehbaren Maßnahmen auf ihrer Internetseite öffentlich bekannt machen, soweit dies bei Abwägung der betroffenen Interessen zur Beseitigung oder Verhinderung von Missständen geboten ist (→ Rn. 3).

5 Bei noch nicht bestandskräftigen Maßnahmen hat die BaFin einen diesbezüglichen **Hinweis** anzubringen (§ 7a I 2). Auch der Stand und der Ausgang eines etwaigen Rechtsmittelverfahrens ist öffentlich bekannt zu machen.

6 **3. Ausschluss der Bekanntmachungspflicht (Abs. 2).** Die Bekanntmachungspflicht nach § 7a I 1 ist ausgeschlossen, wenn die Bekanntmachung die Stabilität der Finanzmärkte oder laufende Ermittlungen gefährden würde (§ 7a II). Bei diesen Begriffen handelt es sich um ausfüllungsbedürftige Tatbestandsmerk-

male. Diesbezüglich dürfte jedoch ein gerichtlich nur eingeschränkt überprüfbarer Beurteilungsspielraum iSe **Regulierungsermessen** nicht anzunehmen sein (→ § 5 Rn. 35).

Für die Beurteilung der Finanzmarktstabilität sind verschiedene Elemente (ua Marktliquidität, Deleveraging, systemische Risiken) zu ermitteln und zu bewerten (vgl. WBA/*Boxberger* § 7a Rn. 10). Laufende Ermittlungen sind insb. Verwaltungsverfahren vor der BaFin oder von EU-Einrichtungen. Aber auch strafrechtliche Ermittlungsverfahren können hierunter fallen (AWZ/*Wieland* § 7a Rn. 20). 7

4. Personenbezogene Daten und Löschungspflicht (Abs. 3). Die Bekanntmachung darf personenbezogene Daten nur in dem Umfang enthalten, der für den Zweck der Beseitigung oder Verhinderung von Missständen (vgl. § 7a I 1) erforderlich ist. Bei dem Begriff der **personenbezogenen Daten** kann auf Art. 4 Nr. 1 DSGVO zurückgegriffen werden. Der Begriff bezieht sich hierbei nur auf natürliche Personen und betrifft deren Identifizierbarkeit. Letztendlich ist diese Einschränkung eine notwendige Regelung zur Absicherung der Verhältnismäßigkeit der Norm im Hinblick auf das Grundrecht auf informationelle Selbstbestimmung (Art. 2 I, 1 I GG). 8

Die Bekanntmachung ist spätestens nach fünf Jahren zu löschen (§ 7a III 2). Ist sie vorher nicht mehr erforderlich, um Missstände zu beseitigen oder zu verhindern, ist eine frühere Löschung angezeigt. Dies bedeutet, dass die BaFin verpflichtet ist, die Abwägung aus § 7a I 1 regelmäßig vorzunehmen, solange eine Bekanntmachung andauert. Hierbei obliegt es der BaFin, die jeweils aktualisierte Abwägungsentscheidung zu dokumentieren, für den Fall, dass eine gerichtliche Überprüfung erfolgt. 9

III. Staatshaftungsansprüche gegen die BaFin

Macht die BaFin Maßnahmen nach § 7a öffentlich bekannt, die sich später gerichtlich als rechtswidrig erweisen, kann dem Adressaten der Maßnahme nach § 839 I 1 BGB iVm Art. 34 GG ein staatshaftungsrechtlicher Schadensersatzanspruch zustehen. Nach dem haftungsbegründenden Tatbestand des § 839 I 1 BGB haftet ein Beamter einem Dritten gegenüber, wenn er vorsätzlich oder fahrlässig die ihm einem Dritten gegenüber obliegende Amtspflicht verletzt. Als Schaden ist der kausal entstandene Schaden zu ersetzen. Nach Art. 34 1 GG wird die Haftung auf den Staat bzw. die anstellende Körperschaft verlagert – also auf die BaFin. 10

Problematisch ist hier, dass nicht jede Fehlentscheidung durch die BaFin die Grenze der Fahrlässigkeit überschreitet. Wenn jedoch die BaFin ins Blaue hinein Maßnahmen trifft oder keine ausreichende Informationsgrundlage für ihr Handeln hat, dann dürfte auch bei der Bekanntgabe dieser Maßnahme die Grenze für eine fahrlässige Amtspflichtverletzung überschritten sein. Haftungserleichterungen der BaFin sind im KAGB nicht vorgesehen. Der Adressat der Maßnahme muss jedoch nicht nur den Verschuldensmaßstab nachweisen, er muss auch darlegen und beweisen, dass ihm ein kausaler Schaden (zB Reputationsschaden) entstanden ist. Dies dürfte in der konkreten Rechtsdurchsetzung erhebliche Schwierigkeiten mit sich bringen. 11

§ 7b Elektronische Kommunikation; Verordnungsermächtigung

(1) Verwaltungsgesellschaften, Investmentgesellschaften, Verwahrstellen, interessierte Erwerber nach § 19 Absatz 1 Satz 1 oder Inhaber bedeutender Beteiligungen haben elektronisch über das Verfahren gemäß Absatz 2 zu übermitteln:

1. Anzeigen gemäß § 18 Absatz 4 Satz 2, § 19 Absatz 1 Satz 1 und Absatz 5, § 34, § 38 Absatz 2 Satz 1 in Verbindung mit § 28 Absatz 1 Satz 1 des Kreditwesengesetzes, § 49 Absatz 1, 4 Satz 1, Absatz 5 Satz 1, Absatz 6 Satz 4, § 51 Absatz 2 Satz 3 und Absatz 3 Satz 3, § 53 Absatz 1 und 5, § 65 Absatz 5, § 80 Absatz 3 Satz 4, § 100 Absatz 3 Satz 4, § 112 Absatz 1 Satz 5 Nummer 2 Buchstabe b, § 114 Satz 1, § 121 Absatz 2 Satz 5 in Verbindung mit § 28 Absatz 1 Satz 1 des Kreditwesengesetzes, § 129 Absatz 2 Satz 1, § 130 Satz 1, § 144 Satz 5 Nummer 2 Buchstabe b, § 145 Satz 1, § 154 Absatz 2 Satz 1 Nummer 1, § 155 Satz 1, § 200 Absatz 4, auch in Verbindung mit § 204 Absatz 1, § 295a Absatz 4, § 295b Absatz 2 Satz 2, § 306b Absatz 4 Satz 1, Absatz 5, § 312 Absatz 1 und 4 Satz 3, § 312 Absatz 6a, § 313a Absatz 3 und Absatz 5 Satz 1, § 316 Absatz 1, 2 und 4, § 320 Absatz 1, 2 in Verbindung mit § 316 Absatz 2, § 320 Absatz 4 in Verbindung mit § 316 Absatz 4, § 321 Absatz 1, 2 und 4, § 329 Absatz 2, 4 in Verbindung mit § 321 Absatz 2 und 3 Satz 3, § 330 Absatz 2 und 4 in Verbindung mit § 316 Absatz 2 und 3, § 330a Absatz 2, § 331 Absatz 1 und 7 Satz 1, § 331a Absatz 3, § 337 Absatz 1 Nummer 2 in Verbindung mit Artikel 15 der Verordnung (EU) Nr. 345/2013, § 338 Absatz 1 Nummer 2 in Verbindung mit Artikel 16 der Verordnung (EU) Nr. 346/2013 sowie die Unterlagen und Informationen, die gegebenenfalls im Rahmen des mit der Anzeige begonnenen Verwaltungsverfahrens einzureichen sind,

2. Anträge auf

a) Erlaubniserteilungen gemäß § 20 Absatz 1 Satz 1, Absatz 2 und 3, § 58 Absatz 1, § 113 Absatz 1 Satz 1,

b) Genehmigungen gemäß § 36 Absatz 1 Satz 1 Nummer 3, § 69 Absatz 1 Satz 1 und Absatz 4 Satz 2, auch in Verbindung mit § 87, § 96 Absatz 2 Satz 3, § 100 Absatz 3 Satz 1, § 100b Absatz 1 Satz 1 oder Absatz 4, § 110 Absatz 4, § 163 Absatz 1 Satz 1, § 117 Absatz 5 Satz 3, § 171 Absatz 1 und 4, § 178 Absatz 2, § 179 Absatz 2, § 182 Absatz 1 und 2, auch in Verbindung mit den §§ 191, 267 Absatz 1, § 272a Absatz 1 Satz 2, Absatz 4 Satz 1, § 272g Absatz 2,

c) Zulassungen gemäß § 338a in Verbindung mit Artikel 5 Absatz 1 und 2 der Verordnung (EU) 2015/760,

d) Befreiungen gemäß § 38 Absatz 4 Satz 6,

e) Registrierungen gemäß § 44 Absatz 4 Satz 1, auch in Verbindung mit § 337 Absatz 1 Nummer 1 oder § 338 Absatz 1 Nummer 1, und Artikel 6 der Verordnung (EU) 2019/1238 des Europäischen Parlaments und des Rates vom 20. Juni 2019 über ein Paneuropäisches Privates Pensionsprodukt (PEPP) (ABl. L 198 vom 25.7.2019, S. 1),

f) Bestätigungen gemäß § 163 Absatz 2 Satz 6, § 171 Absatz 5 Satz 5, 178 Absatz 3 Satz 5, 179 Absatz 4 Satz 5, § 330a Absatz 3 Satz 2 sowie nach § 10 Absatz 2 Satz 2 der Derivateverordnung,

g) Zustimmungen gemäß § 163 Absatz 4 Satz 7, § 239 Absatz 2,
h) Bescheinigungen gemäß § 171 Absatz 6 Satz 1, § 246 Absatz 2, § 264 Absatz 2, § 312 Absatz 6, § 335 Absatz 1 und 2,
i) Gestattungen gemäß Artikel 14 Absatz 4 und 5 der Delegierten Verordnung (EU) Nr. 231/2013,

sowie die Unterlagen und Informationen, die gegebenenfalls im Rahmen des mit einem solchen Antrag begonnenen Verwaltungsverfahrens einzureichen sind,

3. Mitteilungen gemäß § 44 Absatz 1 Satz 1 Nummer 5, § 61 Absatz 1 Satz 2 bis 4, § 80 Absatz 4 Satz 1, § 176 Absatz 3 Satz 1 und Absatz 6 Satz 2, § 178 Absatz 5 Satz 1, § 179 Absatz 6, § 215 Absatz 1, auch in Verbindung mit § 263 Absatz 2 oder mit § 274 Satz 1, § 216 Absatz 5, auch in Verbindung mit § 271 Absatz 4 sowie mit § 278 oder mit § 286 Absatz 1, § 272e Absatz 3, § 272g Absatz 5 und 6 Satz 2, § 289, § 312 Absatz 6a Satz 1, § 330a Absatz 2 Satz 2 Nummer 2 und Artikel 4 Absatz 2 und 3 der Delegierten Verordnung (EU) Nr. 231/2013,

4. Berichte, Unterlagen und Informationen nach § 38 Absatz 1 Satz 2, § 65 Absatz 1 und 2, § 96 Absatz 2 Satz 4, § 117 Absatz 5 Satz 4, § 132 Absatz 2 Satz 2, § 164 Absatz 4 und 5, § 173 Absatz 5, § 179 Absatz 1 Satz 2, § 186 Absatz 4 Satz 1, § 187 Absatz 3, auch in Verbindung mit § 191, § 215 Absatz 1, § 226, § 263 Absatz 2, § 273 Satz 2, § 272b Absatz 5, § 274 Satz 1, § 290 Absatz 1 Nummer 3, Absatz 5, § 313a Absatz 5 Satz 1, Artikel 5 Absatz 5 der Delegierten Verordnung (EU) Nr. 231/2013, Artikel 12 Absatz 1 Satz 1 und Absatz 2 der Verordnung (EU) Nr. 345/2013, Artikel 13 Absatz 1 der Verordnung (EU) Nr. 346/2013 und

5. Nachweise gemäß § 315 Absatz 1 Satz 1, Absatz 2 Satz 2 und gemäß § 250 Absatz 2 Satz 3

elektronisch über das Verfahren gemäß Absatz 2 zu übermitteln.

(2) [1]**Verwaltungsgesellschaften, extern verwaltete OGAW-Investmentaktiengesellschaften und Verwahrstellen sind verpflichtet, für die elektronische Übermittlung von in Absatz 1 aufgeführten Anzeigen, Anträgen, Mitteilungen, Berichten, Unterlagen, Informationen und Nachweise ein von der Bundesanstalt bereitgestelltes elektronisches Kommunikationsverfahren zu nutzen und hierfür den elektronischen Zugang einzurichten.** [2]**Sie haben sicherzustellen, dass regelmäßig, spätestens alle fünf Kalendertage, überprüft wird, ob ihnen Mitteilungen über das elektronische Kommunikationsverfahren bereitgestellt wurden.** [3]**Dies gilt auch für Verwaltungsakte, die gemäß § 4f des Finanzdienstleistungsaufsichtsgesetzes elektronisch bekanntgegeben oder gemäß § 4g des Finanzdienstleistungsaufsichtsgesetzes elektronisch zugestellt werden.** [4]**Verwaltungsgesellschaften, extern verwaltete OGAW-Investmentaktiengesellschaften und Verwahrstellen können für die elektronische Kommunikation gegenüber der Bundesanstalt auch Bevollmächtigte einsetzen.**

(3) [1]**Das Bundesministerium der Finanzen kann im Einvernehmen mit dem Bundesministerium der Justiz und für Verbraucherschutz durch Rechtsverordnung, die nicht der Zustimmung des Bundesrates bedarf, nähere Bestimmungen erlassen**

1. zum Inhalt und zur Form der Anzeigen, Anträge, Mitteilungen, Unterlagen und Informationen nach Absatz 1 sowie zu den beizufügenden Unterlagen und
2. zum Zugang zum elektronischen Kommunikationsverfahren und dessen Nutzung sowie zu den Datenformaten für Anzeigen, Anträge, Mitteilungen, Berichte, Unterlagen, Informationen und Nachweise nach Absatz 2.

[2]Das Bundesministerium der Finanzen kann die Ermächtigung durch Rechtsverordnung auf die Bundesanstalt übertragen.

I. Allgemeines

1 Die Vorschrift des § 7b ist Ausdruck der zunehmenden **Digitalisierung der Verwaltung,** indem moderne Kommunikationsformen im Rahmen der Verwaltungsmodernisierung nutzbar gemacht werden sollen **(eGovernment).** Nach dem KAGB müssen die Regulierungsunterworfenen zahlreiche Anzeige-, Antrags-, Mitteilungs-, Berichts-, Unterlagen-, Informations- und Nachweispflichten gegenüber der BaFin einhalten. Sofern diesbezüglich keine besonderen Formerfordernisse (Schriftform) spezialgesetzlich vorgesehen sind, konnte nach dem Grundsatz der Nichtförmlichkeit des Verwaltungsverfahrens (§ 10 VwVfG) auch schon bisher elektronisch mit der BaFin kommuniziert werden. Somit ist die Stellung von Anträgen, die auf den Erlass eines Verwaltungsakts hinauslaufen, auch schon bisher elektronisch möglich gewesen (SBS/*Schmitz* VwVfG § 22 Rn. 30), es sei denn, es bestanden Zweifel an der Identität des Antragstellenden. Die Übermittlung elektronischer Daten an die Regulierungsunterworfenen war bisher nur nach den besonderen Regelungen des § 3a VwVfG auf fakultativer Basis möglich. Nunmehr ist mit § 7b eine dazu speziellere Regelung geschaffen worden.

2 Mit der durch das FoStoG (BGBl. 2021 I 1498 (1523)) in das KAGB eingefügten Regelung wird nunmehr die **verpflichtende elektronische Kommunikation** zwischen den Verwaltungsgesellschaften, Investmentgesellschaften, Verwahrstellen, interessierten Erwerbern nach § 19 I 1 bzw. Inhabern bedeutender Beteiligungen auf der einen Seite und der BaFin auf der anderen Seite vorgesehen. Hierzu sieht Abs. 1 einen ausdrücklichen Anwendungskatalog vor, in dem die elektronische Kommunikation zwingend angeordnet wird.

3 § 7b tritt erst mit **Wirkung zum 1.4.2023** in Kraft, so dass die beaufsichtigten Unternehmen und die anderen in § 7b genannte Personen Zeit haben, um die betrieblichen Voraussetzungen für die vorgegebenen Kommunikationsformen und Verfahren zu schaffen. Sie können sich dabei auch Dritter als Dienstleister bedienen.

II. Elektronisches Kommunikationsverfahren

4 Die elektronische Kommunikation zwischen den Regulierungsunterworfenen und der BaFin soll bereits mit dem Antrag auf Erlaubnis oder Registrierung als Kapitalverwaltungsgesellschaft beginnen. Über dieses elektronische Kommunikationsverfahren sind der BaFin Informationen und Dokumente im Rahmen der genannten Anträge zu übermitteln. Insgesamt sind nach der Gesetzesbegründung hiervon ca. 590 Akteure betroffen. Dem Kostenaufwand zur Einrichtung der elektronischen Kommunikationsmöglichkeiten stehen erhebliche Einsparungen für die Wirtschaft gegenüber, die sich aus der Reduzierung von Schriftformerfordernissen ergeben (vgl. BT-Drs. 19/27631, 122).

Die **Anwendungsreichweite** der elektronischen Kommunikation bestimmt sich nach den in Abs. 1 im Einzelnen aufgezählten Anzeige- (Nr. 1), Antrags- (Nr. 2), Mitteilungs- (Nr. 3), Berichts-, Unterlagen-, Informations- (Nr. 4) und Nachweispflichten (Nr. 5). 5

Die BaFin hat den Verwaltungsgesellschaften, extern verwaltete OGAW-Investmentaktiengesellschaften und Verwahrstellen nach Abs. 2 S. 1 ein **elektronisches Kommunikationsverfahren bereitzustellen.** Dieses ist dann zu verwenden. Die Verwender haben sicherzustellen, dass regelmäßig – spätestens alle fünf Kalendertage – **überprüft** wird, ob ihnen Mitteilungen über das elektronische Kommunikationsverfahren bereitgestellt wurden (Abs. 2 S. 2). 7

Die BaFin kann – *muss* also nicht – über dieses elektronische Kommunikationsverfahren den Beaufsichtigten und anderen in § 7b genannten Personen **Verwaltungsakte bekanntgeben** bzw. **zustellen** (vgl. BT-Drs. 19/27631, 108). Damit handelt es sich um eine Sonderregelung zu § 4f I1 FinDAG, in dessen Rahmen die Bekanntgabe eines elektronischen Verwaltungsaktes nur mit Einwilligung der Beteiligten möglich ist (vgl. Schoch/Schneider/*Baer* VwVfG § 41 Rn. 66ff. zur allgemeinen Regelung in § 41 IIa VwVfG). 8

III. Rechtsverordnungsermächtigung

Für das elektronische Kommunikationsverfahren kann nach Abs. 3 eine **Rechtsverordnung** iSv Art. 80 GG erlassen werden, um **Form und Inhalt** der Anzeigen, Anträge, Mitteilungen, Unterlagen und Informationen nach Abs. 1 zu regeln. Weiter kann darin der **Zugang** zum elektronischen Kommunikationsverfahren und dessen **Nutzung** sowie Einzelheiten zu den **Datenformaten** für Anzeigen, Anträge, Mitteilungen, Berichte, Unterlagen, Informationen und Nachweise nach Abs. 2 näher ausgestaltet werden. Das EDV-System hat die Vertraulichkeit, Sicherheit und Integrität der übermittelten Daten zu gewährleisten (vgl. BT-Drs. 19/27631, 108). 9

Nach § 7b II 2 kann die Ermächtigung durch Rechtsverordnung des BMF auf die BaFin übertragen werden (→ § 5 Rn. 14). Diese Subdelegation ist zulässig nach Art. 80 I 4 GG. 10

§ 8 Verschwiegenheitspflicht

[1]Die bei der Bundesanstalt beschäftigten und von ihr beauftragten Personen sowie die im Dienst der Deutschen Bundesbank stehenden Personen dürfen die ihnen bei ihrer Tätigkeit nach diesem Gesetz bekannt gewordenen Tatsachen, deren Geheimhaltung im Interesse einer Verwaltungsgesellschaft im Sinne dieses Gesetzes, eines Investmentvermögens, der zuständigen Behörden oder eines Dritten liegt, insbesondere Geschäfts- und Betriebsgeheimnisse, nicht unbefugt offenbaren oder verwerten, auch wenn ihre Tätigkeit beendet ist. [2]§ 9 des Kreditwesengesetzes ist entsprechend anzuwenden.

Schrifttum: *Fritzsche/Münker/Stollwerck (Hrsg.)* BeckOK UWG; *Fuhlrott/Hiéramente (Hrsg.)* BeckOK GeschGehG; *Möllers/Wenninger* Informationsansprüche gegen die BaFin im Lichte des neuen Informationsfreiheitsgesetzes (IFG), ZHR 170 (2006), 455.

I. Allgemeines

1 Für Bundesbeamte sieht bereits § 67 I 1 BBG vor, dass Beamte über die ihnen oder bei Gelegenheit ihrer amtlichen Tätigkeit bekannt gewordenen dienstlichen Angelegenheiten Verschwiegenheit zu bewahren haben. Für nichtverbeamtete Angestellte im öffentlichen Dienst ergeben sich die Verschwiegenheitspflichten idR aus den jeweils anwendbaren Tarifverträgen (vgl. § 3 I TVöD).

2 Speziell für die BaFin ist in § 11 FinDAG spezialgesetzlich geregelt, dass die Verschwiegenheitspflichten der Beschäftigten der BaFin in Bezug auf Tatsachen, die ihnen bei ihrer Tätigkeit bekannt geworden sind, sich nach den aufsichtsrechtlichen Bestimmungen richten, auf Grund derer der einzelne Beschäftigte tätig geworden ist. Somit verweist das FinDAG auf die Regelung des § 8. Die Regelungen des BDSG sind gem. § 1 II 1 BDSG subsidiär.

II. Adressaten

3 Adressaten der Regelung sind alle Beschäftigte der BaFin, also **Beamte** und **Tarifbeschäftigte.** Weiter erfasst werden die von der BaFin **beauftragten Personen.** Hierunter fallen **Wirtschaftsprüfer** (vgl. die Fälle der §§ 38 III 4, 51 VII 1, 121 III 6, 136 III 6) oder auch **Sonderbeauftragte** nach § 40 II 1, derer sich die BaFin in einzelnen gesondert geregelten Fällen zur Erfüllung ihrer hoheitlichen Aufgaben bedienen kann.

4 Hinsichtlich der Personen, die bei der Deutschen Bundesbank im Dienst stehen, handelt es sich um eine Regelung zur Absicherung der Vertraulichkeit der auf Grundlage des § 13 erfolgten Informationsaustausches. Daneben ergibt sich die Verschwiegenheit der bei der Deutschen Bundesbank beschäftigten Personen auch bereits aus den allgemeinen Regelungen des BBG bzw. des TVöD (→ Rn. 1).

III. Verschwiegenheitspflicht

5 **1. Geheimhaltungsbedürftige Tatsachen.** Der Verschwiegenheitspflicht unterliegen als Gegenstand solche Tatsacheninformationen, deren Geheimhaltung im Interesse einer Verwaltungsgesellschaft nach dem KAGB, eines Investmentvermögens oder eines Dritten liegt. Insbesondere fallen hierunter **Geschäfts- und Betriebsgeheimnisse.** Darunter sind alle auf ein Unternehmen bezogenen Tatsachen, Umstände und Vorgänge zu verstehen, die nicht offenkundig sind (BVerwG 20 F 3/19, NVwZ 2020, 715 (716)). § 2 Nr. 1 Buchst. a des Gesetzes zum Schutz von Geschäftsgeheimnissen (GeschGehG) spricht von einer Information, die weder insgesamt noch in der genauen Anordnung und Zusammensetzung ihrer Bestandteile den Personen in den Kreisen, die üblicherweise mit dieser Art von Informationen umgehen, allgemein bekannt oder ohne Weiteres zugänglich ist und daher von wirtschaftlichem Wert ist.

6 Nach § 2 Nr. 1 Buchst. c GeschGehG muss das Unternehmen ein **berechtigtes Interesse** an der Geheimhaltung haben, was jedoch generell anzunehmen sein dürfte, solange einer Information ein wirtschaftlicher Wert zukommt. Streitig dürfte sein, ob an der Geheimhaltung von Informationen zu rechtswidrigen Handlungen ein berechtigtes Interesse besteht (vgl. zum Meinungsstand BeckOK UWG/*Hohn-Hein/Bart* GeschGehG § 2 Rn. 20ff.). Im Rahmen des KAGB dürften Informationen über **rechtswidriges Handeln, Tun oder Unterlassen** jedoch nicht unter den Schutzzweck der Norm fallen. Ein solcher Schutz würde dem Regulierungszweck des KAGB zuwiderlaufen. Folgerichtig findet sich in Satz 2

ein Verweis auf § 9 KWG, in dem diesbezügliche Regelbeispiele genannt werden. Diese sind jedoch nicht abschließend, so dass theoretisch auch darüber hinausgehende KAGB-spezifische Fallkonstellationen denkbar sind, die das berechtigte Interesse entfallen lassen können.

Unerheblich ist, ob das Geheimnis verkörpert ist durch Schriftstücke und Aufzeichnungen oder ob es nur in mündlicher Form geheim gehalten wird (vgl. BeckOK GeschGehG/*Hiéramente* GeschGehG § 2 Rn. 3f.). 7

2. Kenntniserlangung. Die Kenntniserlangung muss im Rahmen einer Aufsichtstätigkeit nach dem KAGB bekannt geworden sein. Rein private Kenntnisse eines Amtswalters fallen nicht in den Schutzbereich der Norm („bei ihrer Tätigkeit"). 8

3. Verbot der Weitergabe von Daten. Es ist verboten, die geheimhaltungsbedürftigen Daten unbefugt zu offenbaren oder zu verwerten (§ 8 S. 1). Es ist unerheblich, ob dies schriftlich oder mündlich erfolgt. 9

Nicht unter das **Offenbarungs- und Verwertungsverbot** fallen erlaubte Datenweitergaben, wie der Verweis auf die Regelbeispiele des § 9 KWG in § 8 S. 2 zeigt. Danach dürfen Daten insb. für die Zwecke der **Strafverfolgung** (§ 9 I 4 Nr. 1 KWG), an andere **Aufsichtsbehörden** (§ 9 I 4 Nr. 3–11, 18–22) oder aus Gründen der Amtshilfe an **Finanzbehörden** (§ 9 V KWG) offengelegt werden, soweit diese Stellen die Informationen benötigen. 10

Das Offenbarungsverbot schränkt nicht **die presserechtlichen Auskunftsansprüche** ein (vgl. beispielhaft § 4 LPG NRW, § 3 LPG Hessen, die jedoch als landesrechtliche Regelungen gegen die BaFin nicht direkt anwendbar sind, denn nach dem BVerwG folgt ein presserechtlicher Auskunftsanspruch gegen Bundesbehörden als Annex zu den bundesrechtlichen Sachregelungen oder bei fehlender Ausgestaltung direkt aus Art. 5 GG, vgl. BVerwG 10 C 18/19, NVwZ 2020, 1368 (1370)), wobei hier durch die Anonymisierung von Daten dem presserechtlichen Auskunftsanspruch idR genüge getan wird. Insofern werden die Daten bei Presseauskünften nicht iSv § 8 offengelegt bzw. verwertet. Selbstverständlich kann sich aus dem Presserecht ein eigenständiges Offenbarungsverbot ergeben, wenn ein berechtigtes Interesse an dem Informationsanspruch ausscheidet. 11

Im Rahmen von Ansprüchen auf Informationsherausgabe nach dem **Informationsfreiheitsgesetz** (IFG) stehen der Schutz von besonderen öffentlichen Belangen gem. § 3 Nr. 1 Buchst. 2 IFG (Kontroll- oder Aufsichtsaufgaben der Finanz-, Wettbewerbs- und Regierungsbehörden) iVm § 9 KWG und § 8 KAGB einem Informationsanspruch nach § 1 I IFG idR entgegen (vgl. BVerwG 10 C 18/19, NVwZ 2020, 1368 (1368ff.)). Zudem sieht § 6 I IFG einen absoluten Schutz von Vertriebs- und Geschäftsgeheimnissen vor (vgl. *Möllers/Wenninger* ZHR 170, 455 (469)). 12

IV. Sanktionen

Die vorsätzliche unbefugte Offenbarung oder Verwertung der geschützten Informationen durch Amtsträger (§ 11 I Nr. 2 StGB) oder für den öffentlichen Dienst besonders Verpflichtete (§ 11 I Nr. 4 StGB) ist nach §§ 203 II, 204, 353b StGB strafbewehrt. Des Weiteren sind Amtshaftungsansprüche nach § 839 BGB, Art. 24 GG sowie deliktische Schadensersatzansprüche gegen den Amtswalter aus § 823 II BGB denkbar. 13

§ 9 Zusammenarbeit mit anderen Stellen

(1) [1]Die Bundesanstalt arbeitet eng mit der Europäischen Wertpapier- und Marktaufsichtsbehörde, dem Europäischen Ausschuss für Systemrisiken und den zuständigen Stellen der Europäischen Union, der anderen Mitgliedstaaten der Europäischen Union und der anderen Vertragsstaaten des Abkommens über den Europäischen Wirtschaftsraum zusammen. [2]Sie übermittelt ihnen unverzüglich Auskünfte und Informationen, wenn dies zur Wahrnehmung der in der Richtlinie 2009/65/EG oder der in der Richtlinie 2011/61/EU festgelegten Aufgaben und Befugnisse oder der durch nationale Rechtsvorschriften übertragenen Befugnisse erforderlich ist. [3]Für die Übermittlung personenbezogener Daten an die zuständigen Stellen durch die Bundesanstalt gelten die allgemeinen datenschutzrechtlichen Vorschriften. [4]Personenbezogene Daten, die automatisiert verarbeitet oder in nicht automatisierten Dateien gespeichert sind, sind zu löschen, wenn ihre Kenntnis für die Bundesanstalt zur Erfüllung der in ihrer Zuständigkeit liegenden Aufgaben nicht mehr erforderlich ist, spätestens jedoch nach fünf Jahren.

(2) [1]Mitteilungen der zuständigen Stellen eines anderen Mitgliedstaates der Europäischen Union, eines anderen Vertragsstaates des Abkommens über den Europäischen Wirtschaftsraum oder der Europäischen Wertpapier- und Marktaufsichtsbehörde dürfen nur für folgende Zwecke verwendet werden:

1. zur Erfüllung der der Bundesanstalt obliegenden Aufgaben,
2. für Anordnungen der Bundesanstalt sowie zur Verfolgung und Ahndung von Ordnungswidrigkeiten durch die Bundesanstalt,
3. im Rahmen eines Verwaltungsverfahrens über Rechtsbehelfe gegen eine Entscheidung der Bundesanstalt oder
4. im Rahmen von Verfahren vor Verwaltungsgerichten, Insolvenzgerichten, Staatsanwaltschaften oder vor Gerichten, die für Straf- und Bußgeldsachen zuständig sind.

[2]Die Bundesanstalt darf diese Informationen unter Beachtung der Zweckbestimmung der übermittelnden Stelle der Deutschen Bundesbank mitteilen, sofern dies für die Erfüllung der Aufgaben der Deutschen Bundesbank erforderlich ist. [3]Eine anderweitige Verwendung der Informationen ist nur mit Zustimmung der übermittelnden Stelle zulässig.

(3) [1]Die Bundesanstalt übermittelt Informationen an die zuständigen Stellen der anderen Mitgliedstaaten der Europäischen Union oder der anderen Vertragsstaaten des Abkommens über den Europäischen Wirtschaftsraum, die Europäische Wertpapier- und Marktaufsichtsbehörde und den Europäischen Ausschuss für Systemrisiken, soweit dies erforderlich ist, um

1. die Geschäfte einzelner oder aller AIF-Kapitalverwaltungsgesellschaften, EU-AIF-Verwaltungsgesellschaften oder ausländischen AIF-Verwaltungsgesellschaften zu überwachen und
2. auf mögliche Auswirkungen dieser Geschäfte auf die Stabilität systemrelevanter Finanzinstitute und das ordnungsgemäße Funktionieren der Märkte, auf denen diese tätig sind, zu reagieren.

[2]Der Inhalt der nach Satz 1 auszutauschenden Informationen bestimmt sich nach Artikel 116 der Delegierten Verordnung (EU) Nr. 231/2013.

(4) [1]Die Bundesanstalt übermittelt der Europäischen Wertpapier- und Marktaufsichtsbehörde und dem Europäischen Ausschuss für Systemrisiken zusammengefasste Informationen über die Geschäfte von AIF-Kapitalverwaltungsgesellschaften und ausländischen AIF-Verwaltungsgesellschaften, deren Referenzstaat nach § 56 die Bundesrepublik Deutschland ist. [2]Die Übermittlung erfolgt nach Maßgabe des Artikels 35 der Verordnung (EU) Nr. 1095/2010 des Europäischen Parlaments und des Rates vom 24. November 2010 zur Errichtung einer Europäischen Aufsichtsbehörde (Europäische Wertpapier- und Marktaufsichtsbehörde), zur Änderung des Beschlusses Nr. 716/2009/EG und zur Aufhebung des Beschlusses 2009/77/EG der Kommission (ABl. L 331 vom 15.12.2010, S. 84).

(5) [1]Die Bundesanstalt übermittelt die Informationen, die sie gemäß den §§ 22 und 35 erhoben hat, den zuständigen Stellen anderer Mitgliedstaaten der Europäischen Union oder der anderen Vertragsstaaten des Abkommens über den Europäischen Wirtschaftsraum, der Europäischen Wertpapier- und Marktaufsichtsbehörde und dem Europäischen Ausschuss für Systemrisiken. [2]Sie informiert die Stellen nach Satz 1 auch unverzüglich, wenn von einer AIF-Kapitalverwaltungsgesellschaft, einer ausländischen AIF-Verwaltungsgesellschaft, deren Referenzstaat die Bundesrepublik Deutschland ist, oder einem von diesen verwalteten AIF ein erhebliches Kontrahentenrisiko für ein Kreditinstitut im Sinne des Artikels 4 Absatz 1 Nummer 1 der Verordnung (EU) Nr. 575/2013 oder sonstige systemrelevante Institute in anderen Mitgliedstaaten der Europäischen Union oder anderen Vertragsstaaten des Abkommens über den Europäischen Wirtschaftsraum ausgeht.

(6) [1]Die Bundesanstalt unterrichtet die zuständigen Stellen der anderen Mitgliedstaaten der Europäischen Union oder der anderen Vertragsstaaten des Abkommens über den Europäischen Wirtschaftsraum, in denen die OGAW-Kapitalverwaltungsgesellschaft Zweigniederlassungen errichtet hat oder im Wege des grenzüberschreitenden Dienstleistungsverkehrs tätig ist oder war, über eine Aufhebung der Erlaubnis. [2]Maßnahmen, die in Bezug auf einen inländischen OGAW getroffen wurden, insbesondere eine Anordnung der Aussetzung einer Rücknahme von Anteilen oder Aktien, hat die Bundesanstalt unverzüglich den zuständigen Stellen der anderen Mitgliedstaaten der Europäischen Union oder der anderen Vertragsstaaten des Abkommens über den Europäischen Wirtschaftsraum, in denen jeweils Anteile oder Aktien an einem inländischen OGAW gemäß den Vorschriften der Richtlinie 2009/65/EG vertrieben werden, mitzuteilen. [3]Betrifft die Maßnahme einen inländischen OGAW, der von einer EU-OGAW-Verwaltungsgesellschaft verwaltet wird, hat die Bundesanstalt die Mitteilung nach Satz 2 auch gegenüber den zuständigen Stellen des Herkunftsstaates der EU-OGAW-Verwaltungsgesellschaft abzugeben.

(7) [1]Die Bundesanstalt übermittelt den zuständigen Stellen der Aufnahmemitgliedstaaten einer AIF-Kapitalverwaltungsgesellschaft oder einer ausländischen AIF-Verwaltungsgesellschaft, deren Referenzmitgliedstaat nach § 56 die Bundesrepublik Deutschland ist, eine Abschrift der von ihr

gemäß § 58 Absatz 7 Nummer 4, § 317 Absatz 2 Nummer 1 und § 322 Absatz 1 Nummer 1 geschlossenen Vereinbarungen über die Zusammenarbeit. [2]Die Informationen, die die Bundesanstalt auf Grundlage einer geschlossenen Vereinbarung über die Zusammenarbeit oder nach Maßgabe des § 11 Absatz 4 und 5 von zuständigen Stellen eines Drittstaates über die AIF-Kapitalverwaltungsgesellschaft oder die ausländische AIF-Verwaltungsgesellschaft erhalten hat, leitet sie an die zuständigen Stellen der Aufnahmemitgliedstaaten nach Satz 1 weiter. [3]Ist die Bundesanstalt der Auffassung, dass der Inhalt der gemäß den Artikeln 35, 37 oder 40 der Richtlinie 2011/61/EU vom Herkunftsmitgliedstaat einer EU-AIF-Verwaltungsgesellschaft oder einer ausländische AIF-Verwaltungsgesellschaft geschlossenen Vereinbarung über die Zusammenarbeit nicht mit dem übereinstimmt, was nach den auf Grundlage von Artikel 35 Absatz 14, Artikel 37 Absatz 17 und Artikel 40 Absatz 14 der Richtlinie 2011/61/EU von der Europäischen Kommission erlassenen technischen Regulierungsstandards erforderlich ist, kann die Bundesanstalt nach Maßgabe des Artikels 19 der Verordnung (EU) Nr. 1095/2010 die Europäische Wertpapier- und Marktaufsichtsbehörde um Hilfe ersuchen.

(8) **[1]Die Bundesanstalt kann Vereinbarungen über die Weitergabe von Informationen mit den zuständigen Stellen in Drittstaaten schließen, soweit diese Stellen die Informationen zur Erfüllung ihrer Aufgaben benötigen. [2]Für die Zwecke der Richtlinie 2011/61/EU kann die Bundesanstalt Daten und Datenauswertungen an zuständige Stellen in Drittstaaten übermitteln, soweit die Anforderungen des Kapitels V der Verordnung (EU) 2016/679 des Europäischen Parlaments und des Rates vom 27. April 2016 zum Schutz natürlicher Personen bei der Verarbeitung personenbezogener Daten, zum freien Datenverkehr und zur Aufhebung der Richtlinie 95/46/EG (Datenschutz-Grundverordnung) (ABl. L 119 vom 4.5.2016, S. 1; L 314 vom 22.11.2016, S. 72; L 127 vom 23.5.2018, S. 2) in der jeweils geltenden Fassung und die sonstigen allgemeinen datenschutzrechtlichen Vorschriften erfüllt sind. [3]Der Drittstaat darf die Daten nicht ohne ausdrückliche in Textform erteilte Zustimmung der Bundesanstalt an andere Drittstaaten weitergeben. [4]Absatz 2 Satz 2 sowie § 9 Absatz 1 Satz 6 bis 8 des Kreditwesengesetzes gelten für die Zwecke der Sätze 1 und 2 entsprechend.**

(9) **Hat die Bundesanstalt hinreichende Anhaltspunkte für einen Verstoß gegen Bestimmungen der Richtlinie 2009/65/EG durch ein Unternehmen, das nicht ihrer Aufsicht unterliegt, teilt sie dies den zuständigen Stellen des Mitgliedstaates der Europäischen Union oder des Vertragsstaates des Abkommens über den Europäischen Wirtschaftsraum mit, auf dessen Gebiet die vorschriftswidrige Handlung stattfindet oder stattgefunden hat oder der nach dem Recht der Europäischen Union für die Verfolgung des Verstoßes zuständig ist.**

(10) **Hat die Bundesanstalt hinreichende Anhaltspunkte für einen Verstoß gegen Bestimmungen der Richtlinie 2011/61/EU durch eine AIF-Verwaltungsgesellschaft, die nicht ihrer Aufsicht unterliegt, teilt sie dies der Europäischen Wertpapier- und Marktaufsichtsbehörde und den zuständigen Stellen des Herkunftsmitgliedstaates und des Aufnahmemitgliedstaates der betreffenden AIF-Verwaltungsgesellschaft mit.**

(11) [1]**Die Bundesanstalt ergreift ihrerseits geeignete Maßnahmen, wenn sie eine Mitteilung nach Artikel 50 Absatz 5 Satz 1 der Richtlinie 2011/61/EU von einer anderen zuständigen Stelle erhalten hat, und unterrichtet diese Stelle über die Wirkung dieser Maßnahmen und so weit wie möglich über wesentliche zwischenzeitlich eingetretene Entwicklungen. [2]Im Fall von Mitteilungen in Bezug auf eine AIF-Verwaltungsgesellschaft unterrichtet sie auch die Europäische Wertpapier- und Marktaufsichtsbehörde. [3]Die Bundesanstalt teilt den zuständigen Stellen eines Aufnahmemitgliedstaates einer OGAW-Kapitalverwaltungsgesellschaft auch Maßnahmen mit, die sie ergreifen wird, um Verstöße der OGAW-Kapitalverwaltungsgesellschaft gegen Rechtsvorschriften des Aufnahmemitgliedstaates zu beenden, über die sie durch die zuständigen Stellen des Aufnahmemitgliedstaates unterrichtet worden ist.**

(12) [1]**Das nähere Verfahren für den Informationsaustausch richtet sich nach den Artikeln 12 und 13 der Verordnung (EU) Nr. 584/2010 der Kommission vom 1. Juli 2010 zur Durchführung der Richtlinie 2009/65/EG des Europäischen Parlaments und des Rates im Hinblick auf Form und Inhalt des Standardmodells für das Anzeigeschreiben und die OGAW-Bescheinigung, die Nutzung elektronischer Kommunikationsmittel durch die zuständigen Behörden für die Anzeige und die Verfahren für Überprüfungen vor Ort und Ermittlungen sowie für den Informationsaustausch zwischen zuständigen Behörden (ABl. L 176 vom 10.7.2010, S. 16). [2]Die Verfahren für die Koordinierung und den Informationsaustausch zwischen der zuständigen Behörde des Herkunftsmitgliedstaates und den zuständigen Behörden der Aufnahmemitgliedstaaten der AIF-Verwaltungsgesellschaft bestimmen sich nach den auf Grundlage von Artikel 50 Absatz 6 der Richtlinie 2011/61/EU von der Europäischen Kommission erlassenen technischen Durchführungsstandards. [3]Der Mindestinhalt der in der gemäß §58 Absatz 7 Nummer 4, §317 Absatz 2 Nummer 1 und §322 Absatz 1 Nummer 1 geschlossenen Vereinbarungen über Zusammenarbeit bestimmt sich nach den auf Grundlage von Artikel 35 Absatz 14, Artikel 37 Absatz 17 und Artikel 40 Absatz 14 der Richtlinie 2011/61/EU von der Europäischen Kommission erlassenen technischen Regulierungsstandards.**

(13) [1]**Hat die Bundesanstalt hinreichende Anhaltspunkte für einen Verstoß gegen die Artikel 6 bis 27 der Verordnung (EU) 2017/2402, so unterrichtet sie die gemäß dieser Verordnung zuständigen Stellen entsprechend. [2]Handelt es sich dabei um eine unrichtige oder irreführende Meldung im Sinne des Artikels 27 Absatz 1 dieser Verordnung, unterrichtet die Bundesanstalt unverzüglich die zuständige Behörde der insoweit gemäß Artikel 27 Absatz 1 der Verordnung (EU) 2017/2402 benannten ersten Anlaufstelle. [3]Wird die Bundesanstalt als zuständige Stelle über einen möglichen Verstoß gegen die Artikel 6 bis 27 der Verordnung (EU) 2017/2402 informiert, handelt sie unter Beachtung des Verfahrens nach Artikel 36 Absatz 6 dieser Verordnung.**

I. Allgemeines

1 § 9 regelt die **Zusammenarbeit der BaFin mit anderen Stellen.** In der Vorschrift wurden zT mit redaktionellen Anpassungen an die AIFM-RL die § 19 I, II, IV, V InvG sowie § 142 II InvG übernommen. Des Weiteren wurden neue Absätze aufgrund der AIFM-RL und der RL 2009/65/EG eingefügt. Zuletzt wurde die Vorschrift durch das Fondsstandortgesetz v. 3.6.2021 (BGBl. 2021 I 1498) geändert. Sinn des § 9 ist es, ein **kohärentes Vorgehen** innerhalb der Mitgliedsstaaten und anderer europäischer Stellen zu gewährleisten (BT-Drs. 17/12294, 1), indem eine Zusammenarbeit und ein Informationsaustausch zwischen den Mitglieds- und Vertragsstaaten, dem Europäischen Ausschuss für Systemrisiken, der ESMA und den zuständigen Stellen der EU normiert wird. Zwar sind in § 9 nur die Mitteilungspflichten der BaFin an andere aufgeführt, die dem § 9 entsprechenden **Mitteilungspflichten anderer an die BaFin** ergeben sich dagegen aus der AIFM-RL bzw. den Umsetzungsgesetzen der jeweiligen Länder, sodass ein Informationsaustausch gewährleistet ist. Zweck des § 9 und auch der §§ 10–12 ist es, dass aufgrund der Globalisierung des Investmentgeschäfts die jeweilig zuständigen Stellen auch international zusammenarbeiten können, indem einheitliche gesetzliche Rahmenbedingungen für die Zusammenarbeit der BaFin mit den Aufsichtsbehörden im EU/EWR-Raum in Bezug auf die Beaufsichtigung von OGAWs, AIFs u. AIF-Verwaltungsgesellschaften geschaffen wurden.

II. Informationsbeschränkung, § 9 II

2 Da die nach § 9 gelieferten Informationen streng vertraulich sind, grenzt § 9 II die Verwendung der Informationen ein; diese dürfen nur **zu den genannten Zwecken verwendet** werden. Die Zweckbindung der Nutzung von Informationen anderer Aufsichtsbehörden soll sicherstellen, dass der Austausch von Informationen zwischen den Aufsichtsbehörden und europäischen Stellen nicht außer Kontrolle gerät, sondern immer auf die Aufsichtsaufgabe beschränkt ist (EDD/*Distler/Emde* § 9 Rn. 15).

Eine Beschränkung für die BaFin auf eine Aufsicht nach dem KAGB findet jedoch nicht statt, wie sich aus § 9 II 1 Nr. 4 sowie § 9 II 2 ergibt. Demnach kann eine **Verwertung für andere Aufsichtsgesetze,** für deren Einhaltung die BaFin zuständig ist, wie bspw. dem KWG, stattfinden.

In geringem Umfang geöffnet wird das Konzept der Aufgabenbindung der Nutzung von Informationen anderer Aufsichtsbehörden allerdings durch § 9 II 1 Nr. 4. Dieser befugt die BaFin, Informationen auch für bestimmte gerichtliche Verfahren, die nicht notwendigerweise ihren eigenen Aufgabenkreis betreffen, zur Verfügung zu stellen. Diese Öffnungsklausel wird man als Entscheidung des Gesetzgebers dafür ansehen dürfen, dem Gebot der Zusammenarbeit der Behörden mit den Gerichten und damit dem Informationsanspruch der Gerichte jedenfalls für solche Verfahren Vorrang zu gewähren, an denen der Staat als Hoheitsträger beteiligt ist. Eine Informationsweiterleitung der BaFin an die Zivilgerichte im Rahmen zivilrechtlicher Streitigkeiten hingegen lässt § 9 II 1 Nr. 4 nicht zu.

Daneben dürfen die Informationen des § 9 nach § 9 II 2 an die Deutsche Bundesbank übermittelt werden, wenn dies für die Erfüllung ihrer Aufgaben notwendig ist oder die übermittelnde Stelle zustimmt.

Schließlich stellt § 9 II 3 klar, dass die Weitergabebeschränkung keine Anwendung findet, sofern die informierende ausländische Stelle einer anderweitigen Verwendung der fraglichen Informationen zustimmt.

III. Allgemeine Unterrichtungspflichten

§ 9 I 1 statuiert **allgemein eine enge Zusammenarbeit** zwischen der BaFin und der ESMA, dem Europäischen Ausschuss für Systemrisiken und den Staaten der EU und des EWR. Nach § 9 I 2 sind Auskünfte und Informationen zu übermitteln, die zur allgemeinen Wahrnehmung der in der AIFM-RL, der RL 2009/65/EG oder in den durch nationale Rechtsvorschriften festgelegten Aufgaben erforderlich sind. Da der Begriff „erforderlich" nicht weiter im KAGB definiert ist, kann auf Art. 109 II RL 2009/65/EG zurückgegriffen werden, wonach Auskünfte und Informationen dann erforderlich sind, wenn sie die Beaufsichtigung und die Überwachung im Aufnahmemitgliedsstaates erleichtern. Ob die Weiterleitung einer Information an eine ausländische Behörde erforderlich ist, liegt in der Prüfungskompetenz der BaFin (EDD/*Distler/Emde* § 9 Rn. 12). 3

IV. Spezielle Unterrichtungspflichten

In den § 9 III–VII sind Übermittlungs- und Unterrichtungspflichten bei **speziellen Sachverhalten** genannt. Relevant hierbei sind zum einen die in § 9 V 2 genannten Übermittlungspflichten, wenn von einer AIF-KVG ein erhebliches **Kontrahentenrisiko** ausgeht, zum anderen die in § 9 VI genannten Unterrichtungspflichten bei der Aufhebung der Erlaubnis einer OGAW-KVG oder Maßnahmen in Bezug auf einen inländischen OGAW, insb. die Aussetzung der Rücknahme von Anteilen und Aktien. 4

§ 9 IX, X normieren eine Mitteilungspflicht der BaFin, wenn Verstöße gegen die RL 2009/65/EG durch ein Unternehmen oder gegen die AIFM-RL durch eine AIF-Verwaltungsgesellschaft vorliegen, die nicht der Aufsicht der BaFin unterliegen.

§ 9 XI ist das Gegenstück zu § 9 VIII, IX. Er regelt die Reaktion der BaFin, wenn sie von anderen Aufsichtsbehörden im EU-/EWR-Raum über mögliche Rechtsverstöße von Unternehmen unterrichtet wird.

§ 9 XII normiert Organisations- und Verhaltenspflichten im innerstaatlichen sowie im zwischenstaatlichen Behördenverkehr. § 9 XIII wurde im Jahre 2018 in das KAGB eingeführt, um Art. 36 Abs. 4 S. 1, Abs. 5 S. 1 und Abs. 6 S. 1 der Verbriefungsverordnung umzusetzen (BT-Drs. 19/4460, 29).

V. Informationsaustausch, § 9 VIII

§ 9 VIII regelt Vereinbarungen mit Staaten über die Weitergabe von Informationen, die **nicht Mitgliedsstaat der EU oder Vertragsstaat des EWR** sind. Voraussetzung ist, dass die in § 9 VIII 2 normierten datenschutzrechtlichen Vorgaben eingehalten werden. Zudem enthält § 9 VIII 4 einen Verweis auf § 9 I 6–8 KWG, der bestimmte Verschwiegenheitspflichten für den Fall der Weitergabe an ausländische Stellen regelt. Der Drittstaat darf gem. § 9 VIII 3 die Daten nicht ohne ausdrückliche schriftliche Zustimmung der BaFin an andere Drittstaaten weitergeben. 5

§ 10 Allgemeine Vorschriften für die Zusammenarbeit bei der Aufsicht

(1) [1]Die Bundesanstalt kann bei der Ausübung der Aufgaben und Befugnisse, die ihr nach diesem Gesetz übertragen werden, die zuständigen Stellen der anderen Mitgliedstaaten der Europäischen Union oder der anderen Vertragsstaaten des Abkommens über den Europäischen Wirtschaftsraum ersuchen um

1. Informationsaustausch,
2. Zusammenarbeit bei Überwachungstätigkeiten,
3. eine Überprüfung vor Ort oder
4. eine Ermittlung im Hoheitsgebiet dieses anderen Staates.

[2]Erfolgt die Überprüfung vor Ort oder die Ermittlung durch die zuständigen ausländischen Stellen, kann die Bundesanstalt beantragen, dass ihre Bediensteten an den Untersuchungen teilnehmen. [3]Mit Einverständnis der zuständigen ausländischen Stellen kann sie die Überprüfung vor Ort oder die Ermittlung selbst vornehmen oder mit der Überprüfung vor Ort oder der Ermittlung Wirtschaftsprüfer oder Sachverständige beauftragen; die zuständigen ausländischen Stellen, auf deren Hoheitsgebiet die Überprüfung vor Ort oder die Ermittlung erfolgen soll, können verlangen, dass ihre eigenen Bediensteten an den Untersuchungen teilnehmen. [4]Bei Untersuchungen einer Zweigniederlassung einer Kapitalverwaltungsgesellschaft in einem Aufnahmemitgliedstaat durch die Bundesanstalt genügt eine vorherige Unterrichtung der zuständigen Stellen dieses Staates.

(2) [1]Wird die Bundesanstalt von den zuständigen Stellen eines anderen Mitgliedstaates der Europäischen Union oder eines anderen Vertragsstaates des Abkommens über den Europäischen Wirtschaftsraum um eine Überprüfung vor Ort oder eine Ermittlung ersucht,

1. führt sie die Überprüfung vor Ort oder die Ermittlung selbst durch,
2. gestattet sie den ersuchenden Stellen, die Überprüfung vor Ort oder die Ermittlung durchzuführen, oder
3. gestattet sie Wirtschaftsprüfern oder Sachverständigen, die Überprüfung vor Ort oder die Ermittlung durchzuführen.

[2]Im Fall einer Überprüfung vor Ort oder einer Ermittlung nach Satz 1 Nummer 1 kann die ersuchende Stelle beantragen, dass ihre eigenen Bediensteten an den von der Bundesanstalt durchgeführten Untersuchungen teilnehmen. [3]Erfolgt die Überprüfung vor Ort oder die Ermittlung nach Satz 1 Nummer 2, kann die Bundesanstalt verlangen, dass ihre eigenen Bediensteten an den Untersuchungen teilnehmen.

(3) [1]Die Bundesanstalt kann den Informationsaustausch und ein Ersuchen um Überprüfung oder Ermittlung nach Absatz 2 Satz 1 oder um eine Teilnahme nach Absatz 2 Satz 2 nur verweigern, wenn

1. hierdurch die Souveränität, die Sicherheit oder die öffentliche Ordnung der Bundesrepublik Deutschland beeinträchtigt werden könnten,
2. auf Grund desselben Sachverhalts gegen die betreffenden Personen bereits ein gerichtliches Verfahren eingeleitet worden ist oder eine unanfechtbare Entscheidung ergangen ist oder

3. hierdurch bei Ersuchen im Zusammenhang mit OGAW wahrscheinlich ihre eigenen Ermittlungen oder Durchsetzungsmaßnahmen oder strafrechtliche Ermittlungen beeinträchtigt würden.

[2]Kommt die Bundesanstalt einem Ersuchen nicht nach oder macht sie von ihrem Verweigerungsrecht nach Satz 1 Gebrauch, teilt sie dies der ersuchenden Stelle unverzüglich mit und legt die Gründe dar; bei einer Verweigerung nach Satz 1 Nummer 2 sind genaue Informationen über das gerichtliche Verfahren oder die unanfechtbare Entscheidung zu übermitteln.

(4) **Die Bundesanstalt kann nach Maßgabe des Artikels 19 der Verordnung (EU) Nr. 1095/2010 die Europäische Wertpapier- und Marktaufsichtsbehörde um Hilfe ersuchen, wenn**

1. ihrem Ersuchen nach Absatz 1 nicht innerhalb einer angemessenen Frist Folge geleistet wird,

2. ihr Ersuchen nach Absatz 1 ohne hinreichenden Grund abgelehnt wird oder

3. eine sonstige Uneinigkeit zwischen der Bundesanstalt und den zuständigen Stellen der anderen Mitgliedstaaten der Europäischen Union oder der anderen Vertragsstaaten des Abkommens über den Europäischen Wirtschaftsraum bezüglich einer Bewertung, Maßnahme oder Unterlassung in einem Bereich besteht, in dem die Richtlinie 2011/61/EU eine Zusammenarbeit oder Koordinierung vorschreibt.

(5) **Das nähere Verfahren für die Überprüfungen vor Ort oder die Ermittlungen im Rahmen der Richtlinie 2009/65/EG richtet sich nach den Artikeln 6 bis 11 der Verordnung (EU) Nr. 584/2010 und im Rahmen der Richtlinie 2011/61/EU nach den auf Grundlage von Artikel 54 Absatz 4 der Richtlinie 2011/61/EU von der Europäischen Kommission erlassenen technischen Durchführungsstandards.**

I. Allgemeines

§ 10 regelt die Zusammenarbeit **der verschiedenen nationalen Aufsichtsbehörden** im Falle von Amtshilfeersuchen der BaFin an andere EU-/EWR-Aufsichtsbehörden sowie im Falle von Amtshilfeersuchen anderer EU-/EWR-Aufsichtsbehörden an die BaFin. Die Norm entspricht, abgesehen von sprachlichen Anpassungen an die AIFM-RL, § 19 VII–IX InvG, mit Ausnahme von § 10 V KAGB, welcher aufgrund der AIFM-RL und der RL 2009/65/EG eingefügt wurde und mit der Umsetzung der OGAW-V-RL überarbeitet wurde. Zweck der Vorschrift ist es, aufgrund der grenzüberschreitenden Tätigkeit der Unternehmen die Aufsichtstätigkeit nicht an der nationalen Grenze enden zu lassen, indem nicht nur Informationen zwischen den Staaten ausgetauscht werden, sondern indem unter bestimmten Voraussetzungen auch Ermittlungen im Hoheitsgebiet eines anderen Staates durchgeführt werden können. Während § 10 I den Fall regelt, dass die BaFin die zuständige Stelle eines anderen der dort genannten Staaten ersucht oder sogar dort selbst ermittelt, ist in § 10 II der Fall geregelt, dass die BaFin von einer zuständigen Stelle eines dort genannten anderen Staates ersucht wird. In § 10 III sind die Gründe für eine Informationsverweigerung der BaFin genannt, während in § 10 IV die ESMA bei Problemen bei der in § 10 genannten Zusammenarbeit um Hilfe ersucht werden kann. § 10 V regelt das Verfahren für § 10 IV. 1

II. Ersuchen der BaFin

2 Die BaFin kann nach § 10 I bei der Ausübung der Aufgaben und Befugnisse nach dem KAGB die zuständigen Stellen der anderen EU- oder EWR-Staaten um **Informationsaustausch, Zusammenarbeit bei Überwachungstätigkeiten, eine Überprüfung vor Ort oder eine Ermittlung im Hoheitsgebiet** dieses anderen Staates ersuchen. Zudem kann die BaFin verlangen, dass nach § 10 I 2 ihre eigenen Bediensteten an den Untersuchungen teilnehmen oder diese nach § 10 I 3 1. Hs. die Untersuchungen selbst durchführen. Die BaFin wird aber schon aufgrund des Aufwandes meist von § 10 I 3 2. Hs. Gebrauch machen, indem sie Wirtschaftsprüfer oder Sachverständige beauftragt. Der andere Staat kann allerdings nach Art. 101 VI RL 2009/65/EG das Ersuchen ablehnen, was allerdings nicht für die bloße Teilnahme an der Untersuchung nach § 10 I 2 gilt.

III. Ersuchen an die BaFin

3 § 10 II ist die spiegelbildliche Vorschrift zu § 10 I. Hiernach kann die **zuständige Stelle des EU- oder EWR-Staates die BaFin um Hilfe ersuchen.** Dann führt sie die Überprüfung oder Ermittlung selbst durch oder gestattet der ersuchenden Stelle, Wirtschaftsprüfern oder Sachverständigen, die Überprüfung vor Ort oder Ermittlung selbst durchzuführen (§ 10 II 1). Die BaFin kann die ersuchte Hilfe nur ablehnen, wenn Gründe nach § 10 III vorliegen. Sollte zwischen der BaFin und der zuständigen Aufsichtsbehörde Uneinigkeit bestehen, kann auch hier die ESMA nach § 10 IV um Hilfe ersucht werden (→ Rn. 3).

IV. Verweigerung

4 Die Bundesanstalt kann die Zusammenarbeit nach § 10 III verweigern, wenn hierdurch die Souveränität, die Sicherheit oder die öffentliche Ordnung der Bundesrepublik Deutschland beeinträchtigt werden könnten oder auf Grund desselben Sachverhalts gegen die betreffenden Personen bereits ein gerichtliches Verfahren eingeleitet worden ist oder eine unanfechtbare Entscheidung ergangen ist oder hierdurch bei Ersuchen im Zusammenhang mit OGAW wahrscheinlich ihre eigenen Ermittlungen oder Durchsetzungsmaßnahmen oder strafrechtliche Ermittlungen beeinträchtigt würden. Da es sich bei den Verweigerungsgründen um die Umsetzung der OGAW-RL 85/611/EWG handelt, können die zuständigen Stellen der Mitgliedsländer meist aus den gleichen Gründen die Zusammenarbeit mit der BaFin verweigern.

V. Hilfeersuchen an ESMA

5 Die **ESMA** kann von den zuständigen Aufsichtsbehörden nach § 10 IV **um Hilfe ersucht** werden, wenn dem Ersuchen nicht innerhalb einer angemessenen Frist Folge geleistet wird, das Ersuchen ohne hinreichenden Grund abgelehnt wird oder es eine sonstige Uneinigkeit gibt. Das Verfahren für das Ersuchen ist in § 10 V geregelt, wobei in Einzelheiten auf die entsprechenden Richtlinien verwiesen wird.

§ 11 Besondere Vorschriften für die Zusammenarbeit bei grenzüberschreitender Verwaltung und grenzüberschreitendem Vertrieb von AIF

(1) [1]**Stellt die Bundesanstalt fest, dass eine EU-AIF-Verwaltungsgesellschaft oder eine ausländische AIF-Verwaltungsgesellschaft, die im Inland AIF verwaltet, vertreibt oder einen Vertriebswiderruf angezeigt hat gegen eine der Bestimmungen verstößt, deren Einhaltung die Bundesanstalt zu überwachen hat, fordert sie die betreffende EU-AIF-Verwaltungsgesellschaft oder ausländische AIF-Verwaltungsgesellschaft auf, den Verstoß zu beenden.** [2]**Die Bundesanstalt unterrichtet die zuständigen Stellen des Herkunftsmitgliedstaates der EU-AIF-Verwaltungsgesellschaft oder des Referenzmitgliedstaates der ausländischen AIF-Verwaltungsgesellschaft entsprechend.**

(2) **Weigert sich die EU-AIF-Verwaltungsgesellschaft oder die ausländische AIF-Verwaltungsgesellschaft, der Bundesanstalt die für die Erfüllung ihrer Aufgaben erforderlichen Informationen zukommen zu lassen oder unternimmt sie nicht die erforderlichen Schritte, um den Verstoß gemäß Absatz 1 zu beenden, setzt die Bundesanstalt die zuständigen Stellen des Herkunftsmitgliedstaates oder des Referenzmitgliedstaates hiervon in Kenntnis.**

(3) [1]**Erhält die Bundesanstalt die Mitteilung von einer zuständigen Stelle eines Aufnahmemitgliedstaates, dass eine AIF-Kapitalverwaltungsgesellschaft oder eine ausländische AIF-Verwaltungsgesellschaft, deren Referenzmitgliedstaat die Bundesrepublik Deutschland ist, die Herausgabe der zur Erfüllung der Aufgaben der zuständigen Stelle des Aufnahmemitgliedstaates erforderlichen Informationen verweigert,**

1. **trifft sie unverzüglich alle geeigneten Maßnahmen, um sicherzustellen, dass die betreffende AIF-Kapitalverwaltungsgesellschaft oder die ausländische AIF-Verwaltungsgesellschaft, deren Referenzmitgliedstaat die Bundesrepublik Deutschland ist, die von den zuständigen Stellen ihres Aufnahmemitgliedstaates gemäß Artikel 45 Absatz 3 der Richtlinie 2011/61/EU geforderten Informationen vorlegt oder den Verstoß gemäß Artikel 45 Absatz 4 der Richtlinie 2011/61/EU beendet,**
2. **ersucht sie die betreffenden zuständigen Stellen in Drittstaaten unverzüglich um Übermittlung der erforderlichen Informationen.**

[2]**Die Art der Maßnahmen gemäß Nummer 1 ist den zuständigen Stellen des Aufnahmemitgliedstaates der AIF-Kapitalverwaltungsgesellschaft oder der ausländischen AIF-Verwaltungsgesellschaft, deren Referenzmitgliedstaat die Bundesrepublik Deutschland ist, mitzuteilen.**

(4) [1]**Weigert sich die EU-AIF-Verwaltungsgesellschaft oder die ausländische AIF-Verwaltungsgesellschaft weiterhin, die von der Bundesanstalt gemäß § 5 Absatz 8 geforderten Informationen vorzulegen oder verstößt sie weiterhin gegen die in Absatz 1 genannten Bestimmungen,**

1. **obwohl eine Maßnahme gemäß Artikel 45 Absatz 5 Satz 2 der Richtlinie 2011/61/EU von den zuständigen Stellen ihres Herkunftsmitgliedstaates oder Referenzmitgliedstaates getroffen worden ist, oder**

2. weil sich eine Maßnahme nach Nummer 1 als unzureichend erweist oder
3. weil eine Maßnahme nach Nummer 1 in dem fraglichen Mitgliedstaat der Europäischen Union oder Vertragsstaat des Abkommens über den Europäischen Wirtschaftsraum nicht verfügbar ist,

kann die Bundesanstalt nach Unterrichtung der zuständigen Stellen des Herkunftsmitgliedstaates der EU-AIF-Verwaltungsgesellschaft oder des Referenzmitgliedstaates der ausländischen AIF-Verwaltungsgesellschaft geeignete Maßnahmen, einschließlich der Maßnahmen nach den §§ 5, 40 bis 42, 339 und 340, ergreifen, um die Verstöße zu ahnden oder weitere Verstöße zu verhindern. [2]Soweit erforderlich, kann sie dieser EU-AIF-Verwaltungsgesellschaft oder ausländischen AIF-Verwaltungsgesellschaft auch neue Geschäfte im Inland untersagen. [3]Verwaltet die EU-AIF-Verwaltungsgesellschaft oder die ausländische AIF-Verwaltungsgesellschaft AIF im Inland, kann die Bundesanstalt die Einstellung der Verwaltung verlangen.

(5) [1]Hat die Bundesanstalt hinreichende Anhaltspunkte für einen Verstoß einer EU-AIF-Verwaltungsgesellschaft oder einer ausländischen AIF-Verwaltungsgesellschaft gegen die Verpflichtungen nach diesem Gesetz, teilt sie ihre Erkenntnisse der zuständigen Stelle des Herkunftsmitgliedstaates der EU-AIF-Verwaltungsgesellschaft oder des Referenzmitgliedstaates der ausländischen AIF-Verwaltungsgesellschaft mit. [2]Wenn die Bundesanstalt eine Mitteilung nach Satz 1 von einer anderen zuständigen Stelle erhalten hat,
1. ergreift sie geeignete Maßnahmen und
2. fordert sie gegebenenfalls Informationen von zuständigen Stellen in Drittstaaten an.

(6) Verhält sich die EU-AIF-Verwaltungsgesellschaft oder eine ausländische AIF-Verwaltungsgesellschaft weiterhin in einer Art und Weise, die den Interessen der Anleger der betreffenden AIF, der Finanzstabilität oder der Integrität des Marktes in der Bundesrepublik Deutschland eindeutig abträglich ist,
1. obwohl von den zuständigen Stellen ihres Herkunftsmitgliedstaates oder Referenzmitgliedstaates eine Maßnahme gemäß Artikel 45 Absatz 7 der Richtlinie 2011/61/EU getroffen worden ist,
2. weil sich eine Maßnahme nach Nummer 1 als unzureichend erweist oder
3. weil der Herkunftsmitgliedstaat der AIF-Verwaltungsgesellschaft nicht rechtzeitig handelt,

kann die Bundesanstalt nach Unterrichtung der zuständigen Stellen des Herkunftsmitgliedstaates der EU-AIF-Verwaltungsgesellschaft oder des Referenzmitgliedsstaates der ausländischen AIF-Verwaltungsgesellschaft alle erforderlichen Maßnahmen ergreifen, um die Anleger des betreffenden AIF, die Finanzstabilität und die Integrität des Marktes in der Bundesrepublik Deutschland zu schützen; sie hat auch die Möglichkeit, der EU-AIF-Verwaltungsgesellschaft oder der ausländischen AIF-Verwaltungsgesellschaft den weiteren Vertrieb von Anteilen des betreffenden AIF im Inland zu untersagen.

(7) **Das Verfahren nach den Absätzen 5 und 6 wird ferner angewendet, wenn die Bundesanstalt klare und belegbare Einwände gegen die Erlaubnis einer ausländischen AIF-Verwaltungsgesellschaft durch den Referenzmitgliedstaat hat.**

(8) **Besteht zwischen der Bundesanstalt und den betreffenden zuständigen Stellen keine Einigkeit in Bezug auf eine von der Bundesanstalt oder einer zuständigen Stelle nach den Absätzen 1 bis 7 getroffene Maßnahme, kann die Bundesanstalt nach Maßgabe des Artikels 19 der Verordnung (EU) Nr. 1095/2010 die Europäische Wertpapier- und Marktaufsichtsbehörde um Hilfe ersuchen.**

(9) **Auf Verlangen der Europäischen Wertpapier- und Marktaufsichtsbehörde gemäß Artikel 47 Absatz 4 der Richtlinie 2011/61/EU ergreift die Bundesanstalt nach Maßgabe des Absatzes 10 eine der folgenden Maßnahmen:**

1. Untersagung des Vertriebs von Anteilen an AIF, die von ausländischen AIF-Verwaltungsgesellschaften verwaltet werden, oder von Anteilen an ausländischen AIF, die von AIF-Kapitalverwaltungsgesellschaften oder EU-AIF-Verwaltungsgesellschaften verwaltet werden, ohne dass
   a) eine Erlaubnis nach § 57 erteilt wurde oder
   b) die Anzeige nach § 320 Absatz 1, § 322 Absatz 2, § 324 Absatz 2, § 325 Absatz 1, § 326 Absatz 2, § 327 Absatz 1, § 328 Absatz 2, § 330 Absatz 2, § 332 Absatz 2, § 333 Absatz 1 oder § 334 Absatz 2 erstattet worden ist.

2. Beschränkungen für die Verwaltung eines AIF durch eine ausländische AIF-Verwaltungsgesellschaft, wenn
   a) übermäßige Risikokonzentrationen in einem Markt auf grenzüberschreitender Grundlage vorliegen oder
   b) ein erhebliches Kontrahentenrisiko für ein Kreditinstitut im Sinne des Artikels 4 Absatz 1 Nummer 1 der Verordnung (EU) Nr. 575/2013 oder sonstige systemrelevante Institute von der ausländischen AIF-Verwaltungsgesellschaft den oder dem AIF ausgeht.

(10) **Die Maßnahmen nach Absatz 9 können nur ergriffen werden, sofern sie die folgenden Voraussetzungen erfüllen:**

1. sie begegnen wirksam den Risiken für die ordnungsgemäße Funktionsweise und die Integrität des Finanzmarktes oder die Stabilität des gesamten oder eines Teils des Finanzsystems in der Europäischen Union oder in einem anderen Vertragsstaat des Abkommens über den Europäischen Wirtschaftsraum oder sie verbessern die Möglichkeit der Bundesanstalt zur Überwachung dieser Risiken wesentlich;

2. sie bergen nicht das Risiko der Aufsichtsarbitrage;

3. sie haben keine unverhältnismäßigen negativen Auswirkungen auf die Funktionsfähigkeit des Finanzmarktes, einschließlich der Verringerung der Liquidität der Märkte, oder führen nicht in unverhältnismäßiger Weise zur Unsicherheit für Marktteilnehmer.

(11) [1]**Die Bundesanstalt kann die Europäische Wertpapier- und Marktaufsichtsbehörde auffordern, ihren Beschluss zu überprüfen.** [2]**Dabei kommt das in Artikel 44 Absatz 1 Unterabsatz 2 der Verordnung (EU) Nr. 1095/2010 vorgesehene Verfahren zur Anwendung.**

I. Allgemeines

1 § 11 dient der Umsetzung der AIFM-RL und regelt die **Zusammenarbeit der Aufsichtsbehörden bei grenzüberschreitender Verwaltung und Vertrieb von AIF.** Die Norm wurde aufgrund der AIFM-RL in das KAGB aufgenommen. Zuletzt wurde die Vorschrift durch das Fondsstandortgesetz v. 3.6.2021 (BGBl. 2021 I 1498) geändert. Sie soll ein kohärentes Vorgehen zwischen der BaFin und den zuständigen Stellen der anderen Staaten bei Verstößen gewährleisten und die nationalen Maßnahmen auf internationaler Ebene koordinieren. § 11 setzt das **Prinzip der Herkunftslandaufsicht** um, nach dem gem. Art. 45 I AIFM-RL der Herkunfts-/Referenzmitgliedsstaat grundsätzlich für Maßnahmen bei Verstößen zuständig ist. Erst wenn die Maßnahmen des Herkunfts-/Referenzmitgliedsstaates erfolglos sind, kann auch die zuständige Stelle im Aufnahmestaat Maßnahmen ergreifen.

2 Sollte Uneinigkeit zwischen den zuständigen Stellen herrschen, kann nach § 11 VIII die ESMA um Hilfe ersucht werden. Zudem regeln die § 11 IX–XI eine Eingriffsmöglichkeit der ESMA über die nationalen Behörden in bestimmten – außergewöhnlichen – Fällen.

II. Maßnahmen der BaFin

3 Die Art der Maßnahmen der BaFin richtet sich danach, ob der Herkunfts- bzw. Referenzmitgliedsstaat Deutschland ist sowie danach, welche Normen zu überwachen sind.

4 **1. Herkunfts-/Referenzmitgliedsstaat nicht Deutschland, aber Normen von BaFin zu überwachen.** Sollte eine EU-AIF-Verwaltungsgesellschaft oder eine ausländische Verwaltungsgesellschaft, deren **Herkunfts-/Referenzmitgliedsstaat nicht Deutschland** ist, die aber **im Inland AIF verwaltet oder vertreibt,** gegen eine **Bestimmung verstoßen,** deren **Einhaltung die BaFin zu überwachen** hat, so wird die Gesellschaft nach § 11 I 1 von der BaFin zur Beendigung des Verstoßes aufgefordert, ferner wird der Herkunfts-/Referenzmitgliedsstaat nach § 11 I 2 über den Verstoß informiert. Sollte der Verstoß nicht beendet werden oder die Vorlage von Informationen verweigert werden, setzt die BaFin nach § 11 II die zuständigen Stellen des Herkunfts-/Referenzmitgliedsstaates hiervon in Kenntnis. Dieser sollte dann nach Art. 45 V 2 AIFM-RL Maßnahmen dahingehend ergreifen, dass der Verstoß beendet wird oder die Informationen vorgelegt werden. Wird der Verstoß danach immer noch nicht beendet oder werden die Informationen nicht vorgelegt, kann die BaFin selbst die in § 11 IV geeignete Maßnahmen ergreifen, welche nach dem **Verhältnismäßigkeitsgrundsatz** auszuwählen sind. Die Maßnahmen können gem. § 11 IV 2 bis zur Untersagung neuer Geschäfte oder gem. § 11 IV 3 bis zur Einstellung der Verwaltung gehen.

5 **2. Herkunftsstaat Deutschland.** Ist hingegen die **Bundesrepublik der Herkunfts-/Referenzmitgliedsstaat** und **weigert** sich die Gesellschaft, die zur Erfüllung der Aufgaben erforderlichen **Informationen** an die zuständige Stelle im Aufnahmestaat **herauszugeben,** so wird die BaFin nach § 11 III informiert und ergreift nach § 11 III 1 Maßnahmen. Entsprechendes gilt auch zur Beendigung eines Verstoßes gegen Bestimmungen, die der Aufnahmestaat zu überwachen hat. Der weitere Verlauf, wenn die Maßnahmen der BaFin nicht erfolgreich sind, ist gem. § 11 III 2 iVm Art. 45 V, VI AIFM-RL in entsprechender Weise wie in → Rn. 4 beschrieben.

3. Herkunfts-/Referenzmitgliedsstaat nicht Deutschland, Normen von BaFin nicht zu überwachen. Sollte eine EU-AIF-Verwaltungsgesellschaft oder ausländische AIF-Verwaltungsgesellschaft, deren **Herkunfts-/Referenzmitgliedsstaat nicht die Bundesrepublik** ist, gegen Verpflichtungen nach dem KAGB verstoßen, welche die **BaFin allerdings nicht zu überwachen** hat, so wird dies der zuständigen Stelle im Herkunfts-/Referenzmitgliedsstaat nach § 11 V 1 mitgeteilt, welche nach Art. 45 VII der AIFM-RL geeignete Maßnahmen zu ergreifen hat. Sind diese getroffenen Maßnahmen unzureichend oder nicht rechtzeitig getroffen und verhält sich die Gesellschaft weiterhin in einer Art und Weise, die den Anlegern des betreffenden AIF, der Finanzstabilität oder Integrität des Marktes der Bundesrepublik eindeutig abträglich ist, so kann die BaFin nach § 11 VI alle erforderlichen Maßnahmen ergreifen. Dies kann bis zur Vertriebsuntersagung im Inland gehen, wobei auch hier der **Verhältnismäßigkeitsgrundsatz** zu beachten ist. Nach § 11 VII gilt das gleiche Verfahren, wenn es klare und belegbare Einwände gegen die Erlaubnis einer ausländischen AIF-Verwaltungsgesellschaft durch den Referenzmitgliedsstaat gibt. 6

III. Rechtsschutz

Bei einer Maßnahme der BaFin gegenüber einer Gesellschaft handelt es sich um einen belastenden VA, daher kann hiergegen **Widerspruch** bei der BaFin und **Anfechtungsklage** vor dem Verwaltungsgericht erhoben werden. 7

§ 12 Meldungen der Bundesanstalt an die Europäische Kommission, an die europäischen Aufsichtsbehörden und an die das Unternehmensregister führende Stelle

(1) Die Bundesanstalt meldet der Europäischen Kommission auf deren Verlangen

1. jede nach § 19 angezeigte Absicht von einem Unternehmen mit Sitz in einem Drittstaat, eine bedeutende Beteiligung an einer OGAW-Kapitalverwaltungsgesellschaft zu erwerben,

2. jeden Antrag auf Erteilung einer Erlaubnis nach § 21 durch ein Tochterunternehmen eines Unternehmens mit Sitz in einem Drittstaat.

(2) Die Bundesanstalt meldet der Europäischen Kommission unverzüglich

1. die Zahl und die Art der Fälle, in denen eine Zweigniederlassung in einem anderen Mitgliedstaat der Europäischen Union oder einem anderen Vertragsstaat des Abkommens über den Europäischen Wirtschaftsraum nicht errichtet worden ist, weil die Bundesanstalt die Weiterleitung der Anzeige nach § 49 Absatz 2 Satz 3 abgelehnt hat,

2. die Zahl und die Art der Fälle, in denen Maßnahmen nach § 51 Absatz 5 Satz 3 und Absatz 6 Satz 1 ergriffen wurden,

3. allgemeine Schwierigkeiten, auf die OGAW-Kapitalverwaltungsgesellschaften bei der Errichtung von Zweigniederlassungen, der Gründung von Tochterunternehmen oder beim Betreiben von Dienstleistungen und Nebendienstleistungen nach § 20 Absatz 2 Nummer 1 bis 3 in einem Drittstaat gestoßen sind,

4. jede nach § 311 Absatz 3 Satz 1 Nummer 1 ergriffene Maßnahme,

5. allgemeine Schwierigkeiten, die die OGAW-Kapitalverwaltungsgesellschaften beim Vertrieb von Anteilen in einem Drittstaat haben.

(3) Die Bundesanstalt stellt der Europäischen Kommission jährlich folgende Informationen über AIF-Verwaltungsgesellschaften zur Verfügung, die AIF unter ihrer Aufsicht verwalten oder vertreiben:

1. Angaben zum Sitz der betreffenden AIF-Verwaltungsgesellschaft,
2. gegebenenfalls die Angabe der inländischen AIF oder der EU-AIF, die von den betreffenden AIF-Verwaltungsgesellschaften verwaltet oder vertrieben werden,
3. gegebenenfalls die Angabe der ausländischen AIF, die von AIF-Kapitalverwaltungsgesellschaften verwaltet, aber nicht in der Europäischen Union oder in einem anderen Vertragsstaat des Abkommens über den Europäischen Wirtschaftsraum vertrieben werden,
4. gegebenenfalls die Angabe der in der Europäischen Union oder in einem anderen Vertragsstaat des Abkommens über den Europäischen Wirtschaftsraum vertriebenen ausländischen AIF,
5. Angaben zu der anwendbaren nationalen oder unionsrechtlichen Regelung, in deren Rahmen die betreffenden AIF-Verwaltungsgesellschaften ihre Tätigkeiten ausüben,
6. sonstige Informationen, die wichtig sind, um zu verstehen, wie die Verwaltung und der Vertrieb von AIF durch AIF-Verwaltungsgesellschaften in der Europäischen Union oder in einem anderen Vertragsstaat des Abkommens über den Europäischen Wirtschaftsraum in der Praxis funktionieren, und
7. der Zeitpunkt, ab dem die Passregelung nach den §§ 57, 58, 65, 66, 322, 324 bis 328 und 331 bis 334 angewendet wurde.

(4) Die Bundesanstalt meldet der Europäischen Wertpapier- und Marktaufsichtsbehörde unverzüglich

1. die Angaben nach Absatz 2 Satz 1 Nummer 1, 2, 4 und 5,
2. die Befreiung einer ausländischen AIF-Verwaltungsgesellschaft, deren Referenzmitgliedstaat die Bundesrepublik Deutschland ist, nach § 59 Absatz 1, bestimmte Vorschriften der Richtlinie 2011/61/EU einzuhalten,
3. das Ergebnis des Erlaubnisverfahrens, Änderungen hinsichtlich der Erlaubnis und die Aufhebung der Erlaubnis einer ausländischen AIF-Verwaltungsgesellschaft, deren Referenzmitgliedstaat die Bundesrepublik Deutschland ist, nach § 60 Absatz 1,
4. die Änderungen in Bezug auf die Beendigung des Vertriebs oder des zusätzlichen Vertriebs von AIF gemäß § 322 Absatz 1 Satz 1 durch AIF-Kapitalverwaltungsgesellschaften
   a) im Inland nach § 322 Absatz 5 Satz 3 und
   b) in anderen Mitgliedstaaten der Europäischen Union und anderen Vertragsstaaten des Abkommens über den Europäischen Wirtschaftsraum nach § 332 Absatz 3 Nummer 2,
5. die Änderungen in Bezug auf die Beendigung des Vertriebs oder des zusätzlichen Vertriebs von EU-AIF oder inländischen AIF durch AIF-Verwaltungsgesellschaften, deren Referenzmitgliedstaat die Bundesrepublik Deutschland ist,
   a) im Inland nach § 325 Absatz 2 Nummer 3 und

b) in anderen Mitgliedstaaten der Europäischen Union und anderen Vertragsstaaten des Abkommens über den Europäischen Wirtschaftsraum nach § 333 Absatz 2 Nummer 3,

6. die Änderungen in Bezug auf die Beendigung des Vertriebs oder des zusätzlichen Vertriebs von ausländischen AIF durch AIF-Verwaltungsgesellschaften, deren Referenzmitgliedstaat die Bundesrepublik Deutschland ist,

a) im Inland nach § 326 Absatz 3 in Verbindung mit § 322 Absatz 5 und

b) in anderen Mitgliedstaaten der Europäischen Union und anderen Vertragsstaaten des Abkommens über den Europäischen Wirtschaftsraum nach § 334 Absatz 3 Nummer 3.

(5) **Die Bundesanstalt meldet der Europäischen Wertpapier- und Marktaufsichtsbehörde vierteljährlich**

1. die nach § 22 erteilten Erlaubnisse und nach § 39 aufgehobenen Erlaubnisse,

2. Informationen zu AIF-Verwaltungsgesellschaften, die der Aufsicht der Bundesanstalt unterliegende AIF entweder gemäß der unionsrechtlich vorgesehenen Passregelung oder den nationalen Regelungen verwalten oder vertreiben.

(6) [1]**Ferner informiert die Bundesanstalt die Europäische Wertpapier- und Marktaufsichtsbehörde über**

1. jede erteilte Erlaubnis nach § 21,

2. die Informationen nach § 35 Absatz 5, die zusätzlich von AIF-Kapitalverwaltungsgesellschaften und ausländischen AIF-Verwaltungsgesellschaften, deren Referenzmitgliedstaat die Bundesrepublik Deutschland ist, gefordert worden sind,

3. den Vorschlag zur Erteilung der Erlaubnis für eine ausländische AIF-Verwaltungsgesellschaft, deren Referenzmitgliedstaat die Bundesrepublik Deutschland ist, entgegen der Empfehlung der Europäischen Wertpapier- und Marktaufsichtsbehörde gemäß § 58 Absatz 5 und § 59 Absatz 3,

4. abgelehnte Erlaubnisanträge mit Angaben zu der ausländischen AIF-Verwaltungsgesellschaft unter Angabe der Gründe für die Ablehnung gemäß § 60 Absatz 2,

5. die Beurteilung zur Festlegung der ausländischen AIF-Verwaltungsgesellschaft, deren ursprünglicher Referenzmitgliedstaat die Bundesrepublik Deutschland ist, gemäß § 61 Absatz 1 einschließlich der Begründung der ausländischen AIF-Verwaltungsgesellschaft für ihre Beurteilung hinsichtlich des Referenzmitgliedstaates und Informationen über die neue Vertriebsstrategie der ausländischen AIF-Verwaltungsgesellschaft gemäß § 61 Absatz 2,

6. die Entscheidung nach Erhalt der Empfehlung der Europäischen Wertpapier- und Marktaufsichtsbehörde unter Angabe der Gründe gemäß § 61 Absatz 4,

7. die abschließende Entscheidung unter Angabe der Gründe, sofern diese in Widerspruch zu der Empfehlung der Europäischen Wertpapier- und Marktaufsichtsbehörde steht, gemäß § 61 Absatz 5 Nummer 1,

8. den möglichen Beginn des Vertriebs von AIF gemäß § 322 Absatz 1 Satz 1 durch AIF-Kapitalverwaltungsgesellschaften

a) im Inland nach § 322 Absatz 4 und
b) in anderen Mitgliedstaaten der Europäischen Union und Vertragsstaaten des Abkommens über den Europäischen Wirtschaftsraum nach § 332 Absatz 3 Nummer 1,

9. den möglichen Beginn des Vertriebs von EU-AIF oder inländischen AIF durch eine ausländische AIF-Verwaltungsgesellschaft, deren Referenzmitgliedstaat die Bundesrepublik Deutschland ist,
a) im Inland nach § 325 Absatz 2 Nummer 3 und
b) in anderen Mitgliedstaaten der Europäischen Union und Vertragsstaaten des Abkommens über den Europäischen Wirtschaftsraum nach § 333 Absatz 2 Nummer 2,

10. den möglichen Beginn des Vertriebs von ausländischen AIF durch eine ausländische AIF-Verwaltungsgesellschaft, deren Referenzmitgliedstaat die Bundesrepublik Deutschland ist,
a) im Inland nach § 326 Absatz 3 in Verbindung mit § 322 Absatz 4 und
b) in anderen Mitgliedstaaten der Europäischen Union und Vertragsstaaten des Abkommens über den Europäischen Wirtschaftsraum nach § 334 Absatz 3 Nummer 2,

11. die Möglichkeit des Beginns der Verwaltung von EU-AIF durch eine ausländische AIF-Verwaltungsgesellschaft, deren Referenzmitgliedstaat die Bundesrepublik Deutschland ist, in anderen Mitgliedstaaten der Europäischen Union und Vertragsstaaten des Abkommens über den Europäischen Wirtschaftsraum nach § 65 Absatz 4,

12. die Auffassung, dass eine ausländische AIF-Verwaltungsgesellschaft, deren Referenzmitgliedstaat die Bundesrepublik Deutschland ist, nicht den Pflichten der Richtlinie 2011/61/EU nachkommt, unter Angabe der Gründe,

13. hinreichende Anhaltspunkte für einen Verstoß einer AIF-Verwaltungsgesellschaft, die nicht der Aufsicht der Bundesanstalt unterliegt, gegen Bestimmungen der Richtlinie 2011/61/EU gemäß § 9 Absatz 10,

14. vorgenommene Maßnahmen und Sanktionen gegenüber AIF-Verwaltungsgesellschaften,

15. die Geschäfte von AIF-Kapitalverwaltungsgesellschaften und ausländischen AIF-Verwaltungsgesellschaften, deren Referenzmitgliedstaat die Bundesrepublik Deutschland ist, entsprechend § 9 Absatz 4 sowie Informationen, die gemäß den §§ 22 und 35 erhoben wurden, in zusammengefasster Form gemäß § 9 Absatz 5,

16. jede Änderung in Bezug auf die Arten von Publikums-AIF und die zusätzlich vorgesehenen Vorgaben für Publikums-AIF,

17. die Absicht, den Umfang des Leverage gemäß § 215 Absatz 2 Satz 1 auch in Verbindung mit § 274 zu beschränken und die eingeleiteten Schritte bezüglich sonstiger Beschränkungen der Verwaltung des AIF gemäß § 215 Absatz 2 Satz 2 und 3, auch in Verbindung mit § 274,

18. Maßnahmen entsprechend Nummer 17 entgegen der Empfehlung der Europäischen Wertpapier- und Marktaufsichtsbehörde unter Angabe der Gründe nach § 215 Absatz 4 Satz 2, auch in Verbindung mit § 274,

19. alle nach § 341a Absatz 1 Satz 1 Nummer 1 und 3, soweit sie sie auf die Richtlinie 2009/65/EG oder die Verordnung (EU) 2017/2402 zurückgehen, oder die in § 120 Absatz 21 des Wertpapierhandelsgesetzes in Bezug genommen werden und auf die Verordnung (EU) 2015/2365

zurückgehen sowie die in § 120 Absatz 22 des Wertpapierhandelsgesetzes in Bezug genommen werden und auf die Artikel 16, 23, 28 und 29 der Verordnung (EU) 2016/1011 zurückgehen, bekannt gemachten oder in Verbindung mit § 341a Absatz 3 nicht bekannt gemachten bestandskräftigen Maßnahmen und unanfechtbar gewordenen Bußgeldentscheidungen; die Bundesanstalt übermittelt der Europäischen Wertpapier- und Marktaufsichtsbehörde die verfahrensabschließenden letztinstanzlichen Entscheidungen zu Strafverfahren, die Straftaten nach § 339 Absatz 1 Nummer 1 bezüglich des Betreibens des Geschäfts einer OGAW-Kapitalverwaltungsgesellschaft zum Gegenstand haben, sowie die Begründung; die Bundesanstalt übermittelt der Europäischen Wertpapier- und Marktaufsichtsbehörde jährlich eine Zusammenfassung von Informationen über Maßnahmen und Bußgeldentscheidungen wegen Verstößen gegen Gebote und Verbote, die in § 340 Absatz 7 Nummer 1 in Bezug genommen werden und auf die Richtlinie 2009/65/EG zurückgehen,

20. **jede Erlaubnis zur Wiederverbriefung gemäß Artikel 8 Absatz 2 der Verordnung (EU) 2017/2402,**
21. **alle verhängten verwaltungsrechtlichen Sanktionen sowie gegebenenfalls diesbezügliche Rechtsbehelfsverfahren und deren Ausgang, sofern sie auf die Verordnung (EU) 2017/2402 gestützt werden.**

[2]Die Bundesanstalt hat die Informationen nach Satz 1 Nummer 15 und 17 zusätzlich dem Europäischen Ausschuss für Systemrisiken und die Informationen nach Satz 1 Nummer 16 zusätzlich der Europäischen Kommission zu übermitteln.

(7) **Die Bundesanstalt meldet der Europäischen Bankenaufsichtsbehörde, der Europäischen Wertpapier- und Marktaufsichtsbehörde und der Europäischen Aufsichtsbehörde für das Versicherungswesen und die betriebliche Altersversorgung unter Beachtung des Verfahrens nach Artikel 36 Absatz 6 der Verordnung (EU) 2017/2402, wenn sie als zuständige Behörde der gemäß Artikel 27 Absatz 1 dieser Verordnung benannten ersten Anlaufstelle von einem Verstoß gegen die Anforderungen des Artikels 27 Absatz 1 erfährt.**

(8) **[1]Die Bundesanstalt übermittelt der das Unternehmensregister führenden Stelle einmal jährlich Name und Anschrift folgender, ihr bekannt werdender Kapitalverwaltungsgesellschaften und Investmentgesellschaften:**

1. **externer Kapitalverwaltungsgesellschaften,**
2. **offener OGAW-Investmentaktiengesellschaften,**
3. **offener AIF-Investmentaktiengesellschaften,**
4. **geschlossener Publikumsinvestmentaktiengesellschaften sowie**
5. **geschlossener Publikumsinvestmentkommanditgesellschaften.**

[2]Ein Bekanntwerden im Sinne des Satzes 1 ist gegeben:

1. **bei Kapitalverwaltungsgesellschaften mit Erteilung der Erlaubnis oder Bestätigung der Registrierung,**
2. **bei Publikumsinvestmentvermögen mit Genehmigung der Anlagebedingungen,**
3. **bei Spezialinvestmentvermögen mit der Vorlage der Anlagebedingungen bei der Bundesanstalt.**

I. Allgemeines

1 Die Vorschrift basiert sowohl auf den Regelungen des aufgehobenen § 15 InvG als auch der AIFM-RL und der OGAW-RL. Sie wurde zuletzt durch das Gesetz zur Umsetzung der DigitalisierungsRL (BGBl. 2021 I 3338) v. 5.7.2021 mWv 1.8.2022 geändert. Sie fasst zentral die **Meldepflichten der BaFin** gegenüber der Europäischen Kommission, der ESMA, dem Europäischen Ausschuss für Systemrisiken **und dem Betreiber des Bundesanzeigers** zusammen. Zweck der Vorschrift ist es, dass die dort genannten Institutionen regelmäßig die Zulassungs- und Marktbedingungen überprüfen und ggf. korrigieren können. Dadurch soll ein liberalisierter Markt sichergestellt werden. Ferner stellt § 12 VIII sicher, dass der Betreiber des Bundesanzeigers seinen Prüfungs- und Unterrichtungspflichten nach § 329 I, IV HGB nachkommen kann (BT-Drs. 18/6744, 45).

II. Meldepflichten

2 Die meldepflichtigen Tatbestände wurden aufgrund der AIFM-RL im Vergleich zum InvG erheblich erweitert und sollen der **Europäischen Kommission** und der **ESMA** einen detaillierten Überblick über bestimmte Tätigkeiten der Gesellschaften geben. Ein Schwerpunkt wurde dabei auf das Erlaubnisverfahren und Erlaubnisaufhebungsverfahren sowie die Überwachung von AIF-Verwaltungsgesellschaften und deren Vertriebstätigkeiten gelegt. Aufgenommen wurde zudem eine Übermittlungspflicht in bestimmten Fällen an den **Europäischen Ausschuss für Systemrisiken,** die Europäische Bankenaufsichtsbehörde und der Europäischen Aufsichtsbehörde für das Versicherungswesen.

§ 13 Informationsaustausch mit der Deutschen Bundesbank

(1) **Die Bundesanstalt und die Deutsche Bundesbank haben einander Beobachtungen und Feststellungen mitzuteilen, die für die Erfüllung ihrer jeweiligen Aufgaben erforderlich sind.**

(2) **Die Bundesanstalt hat der Deutschen Bundesbank insbesondere die Informationen und Unterlagen gemäß**

1. **§ 19 Absatz 1 Satz 1 und 2 und Absatz 5 auch in Verbindung mit § 108 Absatz 3,**
2. **§ 34 Absatz 3 Nummer 3, 4 und 6 bis 11 und Absatz 4, den §§ 35, 38 Absatz 1 Satz 2 und Absatz 4 Satz 2,**
3. **§ 49 Absatz 1 und 4 Satz 1, § 53 Absatz 2 und, soweit es sich um eine Änderung der in § 53 Absatz 2 genannten Angaben handelt, § 53 Absatz 5,**
4. **§ 68 Absatz 7 Satz 4,**
5. **§ 98 Absatz 2 Satz 3 auch in Verbindung mit § 116 Absatz 2 Satz 6 und § 133 Absatz 1 Satz 5,**
6. **§ 121 Absatz 3 Satz 4, auch in Verbindung mit § 148 Absatz 1 Satz 1, § 159 Satz 2, soweit interne Kapitalverwaltungsgesellschaften geprüft wurden,**
7. **§ 114 Satz 1, § 130 Satz 1, § 145 Satz 1, § 155 Satz 1,**
8. **§ 200 Absatz 4**

zur Verfügung zu stellen.

(3) [1]**Die Deutsche Bundesbank hat der Bundesanstalt insbesondere die Angaben zur Verfügung zu stellen, die sie auf Grund statistischer Erhebungen nach § 18 des Gesetzes über die Deutsche Bundesbank erlangt.** [2]**Sie hat vor Anordnung einer solchen Erhebung die Bundesanstalt zu hören; § 18 Satz 5 des Gesetzes über die Deutsche Bundesbank gilt entsprechend.**

(4) **Die Bundesanstalt und die Deutsche Bundesbank regeln einvernehmlich die Einzelheiten der Weiterleitung der Beobachtungen, Feststellungen, Informationen, Unterlagen und Angaben im Sinne der Absätze 1 bis 3.**

(5) [1]**Der Informationsaustausch nach den Absätzen 1 bis 3 schließt die Übermittlung der personenbezogenen Daten ein, die zur Erfüllung der Aufgaben der empfangenden Stelle erforderlich sind.** [2]**Zur Erfüllung ihrer Aufgabe dürfen die Bundesanstalt und die Deutsche Bundesbank vereinbaren, dass gegenseitig die bei der anderen Stelle jeweils gespeicherten Daten im automatisierten Verfahren abgerufen werden dürfen.** [3] **Im Übrigen gilt § 7 Absatz 4 und 5 des Kreditwesengesetzes entsprechend.**

I. Allgemeines

§ 13 übernimmt die Regelung des § 18 InvG mit Anpassungen an die AIFM-RL. Zuletzt wurde die Vorschrift durch das Fondsstandortgesetz v. 3.6.2021 (BGBl. 2021 I 1498) geändert. Sie regelt den **Austausch von Beobachtungen, Feststellungen, Informationen und Unterlagen zwischen der BaFin und der Deutschen Bundesbank.** Der Umfang der Informationen, die der Deutschen Bundesbank durch die BaFin zur Verfügung gestellt werden müssen, wurde im Vergleich zum InvG erweitert, insb. bezüglich der neuen Meldepflichten für AIF-Verwaltungsgesellschaften gem. § 35 und der Berichte der geschlossenen Investmentvermögen. 1

Sinn und Zweck des § 13 I ist es, den Austausch von wichtigen Informationen zwischen der BaFin und der Bundesbank zu gewährleisten. Sinn und Zweck des § 13 II ist es, der Bundesbank gewisse Informationen zukommen zu lassen, da die KVG nicht dem KWG unterfallen und die Bundesbank in vielen Fällen im KAGB aufgrund der Aufhebung der doppelten Informationspflicht durch das InvÄndG (BGBl. 2007 I 3089) nicht mehr von den KVG informiert werden muss. So kann sie ihre Aufgabe, die Stabilität des Finanzsystems in der Bundesrepublik sicherzustellen, erfüllen. § 13 entspricht in Grundzügen § 7 III KWG und verweist auf § 7 IV, V KWG. 2

Sowohl die BaFin als auch die Bundesbank sind nach § 13 I zur Information verpflichtet. Dabei ist ohne Belang, aus welchem Tätigkeitsbereich sie ihre Erkenntnisse gewonnen haben. In diesem Zusammenhang ist bedeutsam, dass § 13 auch eine Befreiung vom Amts- und Bankgeheimnis einschließt. Dies ist insofern vertretbar, als § 8 die Beschäftigten sowohl der BaFin als auch der Bundesbank zur Geheimhaltung von Tatsachen verpflichtet, die ihnen bei ihrer nach Vorschriften des KAGB erfolgenden Tätigkeit bekannt werden und deren Geheimhaltung im Interesse des Betroffenen liegen (EDD/*Distler* § 13 Rn. 5). Mitarbeiter der Bundesbank sind darüber hinaus gem. § 32 BBankG zum Schweigen über sämtliche Angelegenheiten der Bundesbank verpflichtet. Die Verletzung dieser Pflichten ist mit Strafe bedroht (§§ 203, 204, 353b StGB).

II. Mitteilungspflichten

3 § 13 I enthält eine **Generalklausel** zum Austausch von Informationen. Zum einen sind **Beobachtungen** mitzuteilen, welche das Ergebnis der Wahrnehmung von Sachverhalten sind, zum anderen sind **Feststellungen** mitzuteilen, welche das Ergebnis der Überprüfung von Sachverhalten sind (BFS/*Lindemann* KWG § 7 Rn. 8). Beobachtungen und Feststellungen sind abzugrenzen von bloßen Vermutungen und Schlussfolgerungen. Mitzuteilen sind die wahrgenommenen oder festgestellten Sachverhalte nur dann, wenn sie **zur Erfüllung der Aufgaben *erforderlich*** sind. Die Erforderlichkeit muss nicht feststehen; es reicht aus, wenn die jeweilige Stelle von der Notwendigkeit nach eigener Erfahrung und Einschätzung überzeugt ist (BFS/*Lindemann* KWG § 7 Rn. 8).

4 In § 13 II sind hingegen **konkrete Informationspflichten** bei bestimmten Sachverhalten aufgeführt, wonach die BaFin der Bundesbank neben Informationen auch die dazugehörigen Unterlagen zur Verfügung zu stellen hat. Diese Regelung resultiert daraus, dass die Bundesbank nicht mehr Adressatin der Anzeigen der KVG ist.

III. Bundesbankstatistik

5 Die **Bundesbank** ist nach § 18 BBankG berechtigt, zur Erfüllung ihrer Aufgaben **statistische Erhebungen** durchzuführen. Die aufgrund dieser Erhebungen erlangten Angaben sind nach § 13 III 1 der BaFin zur Verfügung zu stellen. Um der BaFin einen Einfluss auf die statistischen Erhebungen zu gewähren, ist diese vor einer Erhebung nach § 13 III 2 anzuhören, allerdings ist kein Einvernehmen zwischen der Bundesbank und der BaFin erforderlich (BFS/*Lindemann* KWG § 7 Rn. 63). Wenn es in der Anordnung über die Statistik vorgesehen ist, können gem. § 13 III 2 iVm § 18 S. 5 BBankG der BaFin auch Einzelangaben mitgeteilt werden.

IV. Verfahren, Datenschutz

6 § 13 lässt weitestgehend offen, wie die Zusammenarbeit zwischen der Bundesbank und der BaFin ausgestaltet sein muss. Zudem lässt § 13 V 2 zu, dass die Daten im **automatisierten Verfahren** abgerufen werden. Außerdem können aufgrund der Verweisung auf § 7 V KWG von der BaFin und der Bundesbank gemeinsame Dateien eingerichtet werden. Hierfür enthält § 7 V KWG detaillierte Vorgaben (s. BSK/*Samm* KWG § 7 Rn. 75).

7 Nach § 13 V 1 können **auch personenbezogene Daten übermittelt** werden. Diese Norm ist Ausdruck des datenschutzrechtlichen Erlaubnisvorbehalts, wonach personenbezogene Daten nur mit Einwilligung des Betroffenen verarbeitet bzw. benutzt werden dürfen bzw. wenn es durch eine Rechtsvorschrift erlaubt ist. Eine solche Rechtsvorschrift ist § 13 V 1. Allerdings dürfen personenbezogene Daten nur übermittelt werden, wenn es zur Erfüllung der Aufgaben erforderlich ist. Dies dient zum einen dem Datenschutz und zum anderen soll einer Bürokratisierung entgegengewirkt werden (BT-Drs. 16/5576, 154).

§ 14 Auskünfte und Prüfungen

[1]Kapitalverwaltungsgesellschaften, extern verwaltete Investmentgesellschaften, Gesellschaften in den sonstigen nach diesem Gesetz zulässigen Rechtsformen für Investmentvermögen, die an ihnen jeweils bedeutend beteiligten Inhaber und Verwahrstellen sowie Auslagerungsunternehmen haben der Bundesanstalt Auskünfte entsprechend § 44 Absatz 1 und 6 und § 44b des Kreditwesengesetzes zu erteilen. [2]Der Bundesanstalt stehen die in § 44 Absatz 1 und § 44b des Kreditwesengesetzes genannten Prüfungsbefugnisse entsprechend zu.

I. Allgemeines

1 § 14 regelt Auskunfts-, Unterlagenvorlagen- und Prüfungsrechte, die der BaFin zustehen. Die Regelung übernimmt mit redaktionellen Anpassungen den Wortlaut des aufgehobenen § 19g InvG und dient auch der weiteren Umsetzung von Art. 98 II Buchst. m der RL 2009/65/EG und Art. 46 II Buchst. c und m der AIFM-RL. Die BaFin kann ihre Aufgaben aus § 5 nur erfüllen, wenn sie gem. § 14 ausreichende Informationen über die von ihr beaufsichtigten Gesellschaften, die an ihnen jeweils bedeutend beteiligten Inhabern sowie den Verwahrstellen und Auslagerungsunternehmen erhält. Sie sind erforderlich, um die **Einhaltung der geltenden Normen** zu gewährleisten und **bei Verstößen geeignete Gegenmaßnahmen** ergreifen zu können (BT-Drs. 16/5576, 65f.). Zu diesem Zweck verweist § 14 auf die §§ 44 I, VI und 44b KWG.

II. Verpflichtete

2 Originär verpflichtet sind nach § 14 die **KVG, extern verwalteten Investmentgesellschaften, Gesellschaften in den nach dem KAGB zulässigen Rechtsformen und die Verwahrstellen sowie Auslagerungsunternehmen.** Dies gilt auch für inländische Zweigniederlassungen von Verwaltungsgesellschaften gem. § 51 und aufgrund des Prinzips der Herkunftslandkontrolle bei den ausländischen Zweigniederlassungen im EWR von inländischen KVG. Die BaFin ist aber nach § 10 I 4 verpflichtet, den Aufnahmestaat vorher über die Vor-Ort-Prüfung zu unterrichten. Des Weiteren sind die **Organe** zur Auskunft und Vorlage von Unterlagen verpflichtet. Zu den Organen gehören der Vorstand bzw. die Geschäftsführung, der Aufsichts- bzw. Verwaltungsrat sowie die Gesellschafter- bzw. Hauptversammlung. Zudem kann sich das Auskunfts- bzw. Vorlageersuchen auch direkt an die **Beschäftigten** richten.

3 Durch das Finanzmarktintegritätsstärkungsgesetz v. 3.6.2021 (FISG, BGBl. 2021 I 1534) ausdrücklich in § 14 S. 1 eingefügt wurden nun auch Auslagerungsunternehmen. Dadurch hat die BaFin gegenüber dem Auslagerungsunternehmen die gleichen Möglichkeiten nach § 14 S. 1 wie gegenüber der KVG.

4 Durch § 14 werden die Auskunfts-, Vorlage- und Prüfungsrechte auf Inhaber bedeutender Beteiligungen ausgeweitet. § 14 ergänzt insoweit § 19, wobei die Einschränkung des § 19 auf externe OGAW-KVG in § 14 nicht gilt. Zweck der Ausweitung ist die Bekämpfung der Geldwäsche und eine effektive Eigentümerkontrolle (BFS/*Braun* KWG § 44b Rn. 2). Auskünfte und Unterlagen dürfen nur für diese Zwecke verlangt werden und Prüfungen nur zu diesem Zweck durchgeführt

werden (BFS/*Braun* KWG § 44b Rn. 8) Zentralbegriff ist die bedeutende Beteiligung, welche gem. § 1 XIX Nr. 6 **mindestens 10% des Kapitals oder der Stimmrechte** betragen muss (s. Kommentierung zu § 1 XIX). Adressaten des Auskunfts- und Prüfungsrechts nach § 14 sind zunächst einmal Personen und Unternehmen, die bereits eine bedeutende Beteiligung halten. Des Weiteren wird die Befugnis erstreckt auf Unternehmen, die gem. § 44b I Nr. 2 KWG von dem Inhaber einer bedeutenden Beteiligung kontrolliert werden. Um og. Zweck der Einbeziehung eines Inhabers einer bedeutenden Beteiligung zu gewährleisten, sind ferner zur Auskunft Personen und Unternehmen verpflichtet, die erst nach § 19 die Absicht angezeigt haben, sich bedeutend zu beteiligen; außerdem die Inhaber eines Unternehmens, das erst den Erlaubnisantrag gestellt hat (§ 44b I Nr. 1 KWG). Die Befugnisse der BaFin werden dadurch erweitert, dass gem. § 44b I Nr. 3 KWG auch Personen und Unternehmen zur Auskunft verpflichtet sind, bei denen Tatsachen die Annahme rechtfertigen, bei ihnen handele es sich um bedeutend beteiligte Inhaber. Zudem ist § 14 einschlägig, wenn ein Unternehmen mit den Vorgenannten verbunden iSd § 15 AktG ist (§ 44 I Nr. 4 KWG).

III. Inhalt des Auskunfts-, Unterlagenvorlage- und Prüfungsrechts

5 Die BaFin kann nicht nur Auskünfte und die Vorlage von Unterlagen nach § 44 I 1 KWG verlangen, sondern auch Prüfungen auch ohne besonderen Anlass nach § 44 I 2 KWG vornehmen.

6 Eine **Auskunft** ist die Mitteilung von Tatsachen. Der Begriff der Auskunft ist weit auszulegen und umfasst alle Geschäftsangelegenheiten. Hierunter kann aber auch die Abgabe von Beurteilungen und anderen subjektiven Einschätzungen zählen, soweit diese für die Angelegenheiten der Gesellschaft relevant sind (BFS/*Braun* KWG § 44 Rn. 30). Entscheidend ist eine aufsichtsrechtliche Relevanz, welche sich aus einer Gesamtschau des KAGB ergibt. Aufgrund der weiten Auslegung werden sowohl rein werbende Tätigkeiten als auch rein interne Vorgänge erfasst. Im Gegensatz zu den Anzeigepflichten sind Auskünfte aber nur auf Verlangen der BaFin abzugeben.

7 Für die **Vorlage von Unterlagen** muss wie bei der Auskunft eine aufsichtsrechtliche Relevanz vorliegen. Vorlegen bedeutet dabei ein Zugänglichmachen zur sinnlichen Wahrnehmung. Ein Aushändigen ist damit nicht gemeint, die BaFin darf aber Abschriften und Ablichtungen anfertigen (BFS/*Braun* KWG § 44 Rn. 33). Vorgelegt werden müssen auch magnetische und elektronische Datenträger. Zwar wird die Vorlage von Unterlagen nicht ausdrücklich in § 14 genannt, jedoch handelt gem. § 340 III Nr. 2 ordnungswidrig, wer eine Unterlage nach § 14 nicht vorlegt. Daher sind auch Unterlagen vorzulegen.

8 Die intensivste Maßnahme ist die Vornahme von **Prüfungen.** Dies ist ein Betreten und Besichtigen der Geschäftsräume (ausführlich BFS/*Braun* KWG § 44 Rn. 36ff.). Im Rahmen der Prüfung hat die BaFin außerdem ein umfassendes Auskunfts- und Unterlagenvorlagerecht, wie es der BaFin gem. § 44 I 1 KWG zusteht. § 44 I 2 KWG stellt klar, dass kein besonderer Anlass für die Prüfungen erforderlich ist, wodurch sie unberechenbar werden. Dies macht die Prüfung zu einem wirksamen Instrument der Aufsichtstätigkeit. Die Prüfungen folgen einem konkreten Prüfungsauftrag, in dem die zu prüfenden Sachverhalte oder Geschäftsbereiche angegeben sind. Meist beschränken sie sich auf einzelne, konkret abgegrenzte Geschäftsbereiche.

In entsprechender Anwendung des § 44b II 1 KWG dürfen **Prüfungen bei bedeutend beteiligten Inhabern nur angeordnet werden,** wenn **Anhaltspunkte dafür vorliegen, dass ein Untersagungsgrund** für den Erwerb der bedeutenden Beteiligung nach § 19 II 2 vorliegt. Ein Grund für das Untersagen liegt beispielsweise vor, wenn Tatsachen die Annahme rechtfertigen, dass durch den (potenziellen) Inhaber die KVG/extern verwaltete Investmentgesellschaft/Verwahrstelle nicht in der Lage sein wird, den Aufsichtsanforderungen zu genügen. Sind Anhaltspunkte für eine Untersagung gegeben, können alle Vorgänge und Sachverhalte geprüft werden, soweit die Prüfung der Bekämpfung der Geldwäsche und einer effizienten Eigentümerkontrolle dient (BFS/*Braun* KWG § 44b Rn. 13). Die Auskunfts- und Unterlagenvorlagenrechte hingegen bestehen auch ohne Anhaltspunkte für einen Untersagungsgrund. 9

Die Rechte aus § 44 I KWG sind beschränkt durch den **Grundsatz der Verhältnismäßigkeit** aus § 40 VwVfG. Das bedeutet, dass eine Maßnahme nicht an Ermessensfehlern leiden darf und verhältnismäßig sein muss, also geeignet, erforderlich und angemessen sein muss. Erforderlichkeit heißt, dass bei mehreren gleich geeigneten Mitteln das mildeste zu wählen ist. Hierbei ist zu beachten, dass ein Auskunftsrecht immer einen milderen Eingriff bedeutet als die Vorlage von Unterlagen, der „schwerste" Eingriff schon aufgrund des möglichen Reputationsschadens ist eine Prüfung vor Ort. Dies bedeutet aber nicht, dass stets die mildere Maßnahme zu wählen ist. Es sind durchaus Fälle denkbar, in denen die BaFin gleich zum stärksten Mittel, nämlich der Prüfung, greifen darf. Maßgebend ist immer der konkrete Einzelfall. 10

Die Rechte des § 14 stehen aufgrund des Wortlautes nur der BaFin zu, nicht aber der Bundesbank (BT-Drs. 16/5576, 66). Sollten Personen oder Einrichtungen beauftragt werden, haben diese keine eigenen Rechte gegenüber der Gesellschaft, sondern leiten ihre Rechte aus den Kompetenzen der BaFin ab. Sie haben die Prüfungs-, Vorlage- und Auskunftsrechte nur innerhalb der von der BaFin übertragenen Aufgaben (*Reischauer/Kleinhans* KWG § 44 Rn. 15). 11

IV. Auskunftsverweigerung (§§ 44 VI, 44b III KWG)

Die zur Auskunft verpflichteten Personen dürfen gem. §§ 44 VI, 44b III die **Auskunft verweigern,** wenn sie sich selbst oder einen nach § 383 I Nr. 1–3 ZPO bezeichneten Angehörigen der Gefahr strafrechtlicher Verfolgung oder eines Verfahrens nach dem OWIG aussetzen würden. Soweit lediglich ein Bußgeld nach dem KAGB droht, ist dies aber kein Grund für eine Aussageverweigerung (*Reischauer/Kleinhans* KWG § 44 Rn. 39). Des Weiteren bezieht sich das Verweigerungsrecht nur auf die Erteilung von Auskünften, nicht auf die Vorlage von Unterlagen oder eine Prüfung nicht zu dulden. Das ist strafrechtlich problematisch hinsichtlich des Verbots des Zwangs zur Selbstbezichtigung (Nemo-tenetur-Grundsatz). Daher ist für das Strafverfahren ein Beweisverwertungsverbot anzudenken (str. – ausführlich s. BFS/*Lindemann* KWG § 44c Rn. 79ff.). 12

V. Rechtsschutz, Bußgeld, Zwangsgeld

Bei dem Ersuchen der BaFin zur Auskunftserteilung, Unterlagenvorlage oder Prüfungsanordnung handelt es sich um belastende Verwaltungsakte, daher können hiergegen **Widerspruch** bei der BaFin und **Anfechtungsklage** vor dem Verwal- 13 tungsgericht erhoben werden. Diese haben aber aufgrund des § 7 I keine aufschiebende Wirkung (Fall des § 80 II 1 Nr. 3 VwGO).

14 Die Vorschrift des § 14 kann mit den **Zwangsmitteln des § 17 FinDAG** durchgesetzt werden. Wer vorsätzlich oder fahrlässig nicht, nicht richtig, nicht vollständig oder nicht rechtzeitig Auskunft erteilt oder Unterlagen vorlegt oder eine Prüfung nicht duldet, handelt zudem nach § 340 III Nr. 2, 3 ordnungswidrig und kann mit einer Geldbuße geahndet werden.

VI. Kosten der Sonderprüfung

15 Die Kosten der Sonderprüfung hat nach § 15 I1 Nr. 7 Buchst. b FinDAG das zu prüfende Unternehmen der BaFin zu erstatten. Dabei handelt es sich meist um die Gebühren der Wirtschaftsprüfer, wenn die BaFin nicht selbst prüft.

§ 15 Einschreiten gegen unerlaubte Investmentgeschäfte

(1) **Wird die kollektive Vermögensverwaltung ohne die erforderliche Registrierung nach § 44 oder ohne die erforderliche Erlaubnis nach §§ 20, 21 oder 22 oder nach Artikel 6 der Richtlinie 2009/65/EG oder der Richtlinie 2011/61/EU betrieben oder werden neben der kollektiven Vermögensverwaltung die in § 20 Absatz 2 oder 3 aufgeführten Dienstleistungen oder Nebendienstleistungen ohne die Erlaubnis nach §§ 20, 21 oder 22 oder nach Artikel 6 der Richtlinie 2009/65/EG oder der Richtlinie 2011/61/EU erbracht (unerlaubtes Investmentgeschäft), kann die Bundesanstalt hiergegen einschreiten.**

(2) [1]**Im Fall des Absatzes 1 kann die Bundesanstalt**

1. **die sofortige Einstellung des Geschäftsbetriebs und die unverzügliche Abwicklung dieser Geschäfte gegenüber dem Unternehmen sowie gegenüber seinen Gesellschaftern und den Mitgliedern seiner Organe anordnen; bei juristischen Personen und Personenhandelsgesellschaften stehen ihr auch die in § 38 Absatz 1 und 2 des Kreditwesengesetzes genannten Rechte zu;**
2. **für die Abwicklung Weisungen erlassen und**
3. **eine geeignete Person als Abwickler bestellen.**

[2]**Die Bundesanstalt kann ihre Maßnahmen nach den Nummern 1 bis 3 bekannt machen; personenbezogene Daten dürfen nur veröffentlicht werden, soweit dies zur Gefahrenabwehr erforderlich ist.**

(3) **Die Befugnisse der Bundesanstalt nach den Absätzen 1 und 2 bestehen auch gegenüber einem Unternehmen, das in die Anbahnung, den Abschluss oder die Abwicklung dieser Geschäfte einbezogen ist, sowie gegenüber seinen Gesellschaftern und den Mitgliedern seiner Organe.**

(4) **Der Abwickler ist zum Antrag auf Eröffnung eines Insolvenzverfahrens über das Vermögen des Unternehmens berechtigt.**

(5) [1]**Der Abwickler erhält von der Bundesanstalt eine angemessene Vergütung sowie Ersatz seiner Aufwendungen.** [2]**Das betroffene Unternehmen hat der Bundesanstalt die gezahlten Beträge gesondert zu erstatten; auf Verlangen der Bundesanstalt hat es für die nach Satz 1 erforderlichen Beträge einen Vorschuss zu leisten.** [3]**Die Bundesanstalt kann das betroffene**

Unternehmen anweisen, den von der Bundesanstalt festgesetzten Betrag im Namen der Bundesanstalt unmittelbar an den Abwickler zu leisten, wenn dadurch keine Beeinflussung der Unabhängigkeit des Abwicklers zu besorgen ist.

I. Allgemeines

§ 15 regelt das Einschreiten der BaFin gegen unerlaubte Investmentgeschäfte 1
und übernimmt § 17c InvG und § 37 KWG. Zweck des § 15 ist die Erfüllung der aufsichtsrechtlichen Aufgaben durch die BaFin, vor allem der **Bekämpfung von Missständen im Investmentbereich.** Durch das mögliche schnelle Eingreifen der BaFin sollen Anleger zum einen vor Wertverlusten bewahrt werden, zum anderen soll die Integrität des Finanzplatzes Deutschland geschützt werden. Eine strafrechtliche Sanktion des unerlaubten Investmentgeschäfts sieht § 339 vor.

II. Anwendungsbereich

Nach § 15 handelt es sich dann um ein **unerlaubtes Investmentgeschäft,** 2
wenn die kollektive Vermögensverwaltung ohne die nach § 44 I erforderliche Registrierung oder ohne die nach §§ 20, 21 oder § 22 oder nach Art. 6 der RL 2009/65/EU oder der AIFM-RL erforderliche Erlaubnis im Inland erbracht wird. Weiterhin stehen der BaFin die Eingriffsbefugnisse auch dann zu, wenn neben der kollektiven Vermogensverwaltung die in § 20 II, III aufgeführten Dienstleistungen oder Nebendienstleistungen ohne die hierfür erforderliche Erlaubnis erbracht werden. Zu diesen Dienstleistungen zählen bspw. die **Finanzportfolioverwaltung** oder die **Anlagevermittlung.** Dabei spielt es keine Rolle für die Eingriffsbefugnis, ob eine Person, ein inländisches oder ausländisches Unternehmen unerlaubt tätig wird sowie welche Rechtsform das Unternehmen hat. Anknüpfungspunkt für die Eingriffsbefugnis ist vielmehr, dass die Tätigkeiten unerlaubt im Inland erbracht werden (BT-Drs. 17/12294, 210).

Die Eingriffsbefugnis der BaFin ist bereits dann gegeben, wenn **Teilakte der** 3
kollektiven Vermögensverwaltung, die nach § 20 II auch den Vertrieb eigener Vermögensanteile umfasst, erbracht werden. Erbringt ein Unternehmen Dienstleistungen oder Nebendienstleistungen nach § 20 I, II, nicht jedoch zusätzlich die kollektive Vermögensverwaltung, stehen der BaFin nicht die Eingriffsbefugnisse nach dieser Vorschrift, sondern nach dem KWG zu. Der BaFin stehen die Eingriffsbefugnisse nach § 15 II 2 auch dann nicht zu, wenn beispielsweise eine EU-OGAW-Verwaltungsgesellschaft ohne die erforderliche Anzeige nach § 51 (Gesellschaftspass) oder nach § 310 (Produktpass) Anteile oder Aktien an OGAW im Inland vertreibt, jedoch die Erlaubnis ihres Herkunftsmitgliedstaates zur kollektiven Vermögensverwaltung besitzt. In diesem Fall greifen die Eingriffsbefugnisse insb. nach § 5 VI bzw. § 311 I–V (BT-Drs. 17/12294, 210f.). Um auch den **Vertrieb** des unerlaubten Investmentgeschäfts umfassen zu können, bestehen gem. § 15 III die Rechte aus den § 15 I, II auch gegenüber Unternehmen, die in die Anbahnung, den Abschluss oder die Abwicklung dieser Geschäfte einbezogen sind sowie gegenüber deren Gesellschaftern und den Mitgliedern derer Organe. Dies können nicht nur Vermittler sein, sondern auch Treuhänder, Internetprovider oder sonstige Dritte, die zum Vertrieb des unerlaubten Geschäfts beitragen (EDD/*Distler/Dreibus/Emde* § 15 Rn. 15).

III. Anordnungen der BaFin

4 Nach § 15 II 1 Nr. 1 kann die BaFin im Fall des unerlaubten Investmentgeschäfts nach § 15 II die **sofortige Einstellung** des Geschäftsbetriebs und die **unverzügliche Abwicklung** der Geschäfte anordnen. Einstellung ist das Einstellen der werbenden Tätigkeit, Abwicklung bedeutet, dass unerlaubt entgegengenommene Einlagen zurückgezahlt oder sonstige Finanzdienstleistungen rückabgewickelt werden müssen (EDD/*Distler/Dreibus/Emde* § 15 Rn. 18).

5 Ferner kann die BaFin Weisungen für die Abwicklung erteilen (§ 15 II 1 Nr. 2) oder eine geeignete Person als Abwickler bestellen (§ 15 II 1 Nr. 3). Der Umfang der Befugnis des Abwicklers ergibt sich aus der Bestellung der BaFin und der Abwicklungsanordnung. Im Regelfall erhält der Abwickler für die Abwicklung die Stellung des Inhabers bzw. des gesetzlichen Vertreters. Zudem kann er nach § 15 IV auch einen Insolvenzantrag gem. § 15 InsO stellen. Dieser ist insb. auch dann möglich, wenn nicht nur die unerlaubten Investmentgeschäfte, sondern auch weitere – zulässige – Geschäfte betrieben werden. Grund hierfür ist, dass der Abwickler die Gläubiger der unerlaubten Geschäfte abwickeln muss. Ein Insolvenzantrag ist unvermeidlich, wenn das Vermögen des betroffenen Unternehmens nicht ausreicht (BGH IX ZB 262/05, NJW-RR 2006, 1423 zu § 37 KWG). Allerdings haben trotz der starken Stellung des Abwicklers die Unternehmer bzw. die Unternehmensorgane die insolvenzrechtlichen Anhörungs- und Mitwirkungsrechte aus § 15 II 2 InsO sowie das Beschwerderecht des § 34 II InsO.

6 Die Vorschrift stellt eine Ermessensvorschrift dar, so dass es im **Ermessen der BaFin** liegt, ob und mit welchen Mitteln sie gegen das unerlaubte Investmentgeschäft einschreitet. Bei der Ermessensausübung ist die BaFin aber an den Grundsatz der Verhältnismäßigkeit gebunden. Dieser kann gebieten, als milderes Mittel eine ebenso erfolgversprechende aber weniger belastende Maßnahme zu wählen. Je nach Einzelfall kann die BaFin daher zunächst durch andere, mildere Maßnahmen als die sofortige Einstellung des Geschäftsbetriebs und unverzügliche Abwicklung der Geschäfte gegen das unerlaubte Investmentgeschäft einschreiten. Ein solcher Fall könnte zB vorliegen, wenn das Unternehmen einen entsprechenden Erlaubnisantrag bei der BaFin stellt und es nicht ausgeschlossen erscheint, dass es die Voraussetzungen für die Erteilung der Erlaubnis erfüllen und die BaFin seinem Erlaubnisantrag entsprechen wird. In einem solchen Fall kann der Grundsatz der Verhältnismäßigkeit es gebieten, dass die BaFin bis zur Erteilung der Erlaubnis keine verwaltungsrechtlichen Maßnahmen gegen das betroffene Unternehmen einleitet und zunächst den Ausgang des Erlaubnisverfahrens abwartet. Ferner hat die BaFin von einer förmlichen Untersagungsverfügung und Abwicklungsanordnung immer dann abzusehen, wenn das jeweilige Unternehmen der informellen Aufforderung der BaFin, den unerlaubten Geschäftsbetrieb einzustellen und abzuwickeln, bereits freiwillig nachkommt (BT-Drs. 17/12294, 211).

7 Die Bekanntmachung nach § 15 II 2 **dient dem Zweck, Anleger davor zu warnen, ihre Gelder Unternehmen anzuvertrauen,** die ohne die erforderliche Erlaubnis tätig sind und gegenüber denen die BaFin eingeschritten ist. Dies ist erforderlich, da bei solchen Unternehmen eine erhöhte Gefahr besteht, dass die ihnen anvertrauten Gelder verloren gehen. Außerdem sind die unerlaubt betriebenen Geschäfte in der Regel abzuwickeln, so dass der Anlagezweck nicht erreicht werden kann.

IV. Rechtsschutz

Bei einer Maßnahme der BaFin handelt es sich um einen belastenden VA, daher kann hiergegen **Widerspruch** bei der BaFin und **Anfechtungsklage** vor dem Verwaltungsgericht erhoben werden. Diese haben aber aufgrund des § 7 I keine aufschiebende Wirkung (Fall des § 80 II 1 Nr. 3 VwGO). 8

§ 16 Verfolgung unerlaubter Investmentgeschäfte

(1) [1]**Ein Unternehmen, bei dem feststeht oder Tatsachen die Annahme rechtfertigen, dass es unerlaubte Investmentgeschäfte betreibt oder dass es in die Anbahnung, den Abschluss oder die Abwicklung unerlaubter Investmentgeschäfte einbezogen ist oder war, sowie die Mitglieder der Organe, die Gesellschafter und die Beschäftigten eines solchen Unternehmens haben der Bundesanstalt auf Verlangen Auskünfte über alle Geschäftsangelegenheiten zu erteilen und sämtliche Unterlagen vorzulegen.** [2]**Ein Mitglied eines Organs, ein Gesellschafter oder ein Beschäftigter hat auf Verlangen auch nach seinem Ausscheiden aus dem Organ oder dem Unternehmen Auskunft zu erteilen und Unterlagen vorzulegen.** [3]**Die Bundesanstalt kann den in Satz 1 genannten Unternehmen und Personen Weisungen zur Sicherung von Kundengeldern, Daten und Vermögenswerten erteilen.**

(2) [1]**Soweit dies zur Feststellung der Art oder des Umfangs der Geschäfte oder Tätigkeiten erforderlich ist, kann die Bundesanstalt Prüfungen in Räumen des Unternehmens sowie in den Räumen der nach Absatz 1 auskunfts- und vorlegungspflichtigen Personen und Unternehmen vornehmen.** [2]**Die Bediensteten der Bundesanstalt dürfen hierzu**

1. **Räume nach Satz 1 innerhalb der üblichen Betriebs- und Geschäftszeiten betreten und besichtigen,**
2. **Räume nach Satz 1 auch außerhalb der üblichen Betriebs- und Geschäftszeiten betreten und besichtigen, um dringende Gefahren für die öffentliche Ordnung und Sicherheit zu verhüten und**
3. **Räume, die auch als Wohnung dienen, betreten und besichtigen, um dringende Gefahren für die öffentliche Ordnung und Sicherheit zu verhüten;**

das Grundrecht des Artikels 13 des Grundgesetzes wird insoweit eingeschränkt.

(3) [1]**Die Bediensteten der Bundesanstalt dürfen die Räume des Unternehmens sowie die Räume der nach Absatz 1 auskunfts- und vorlegungspflichtigen Personen durchsuchen.** [2]**Im Rahmen der Durchsuchung dürfen die Bediensteten auch die auskunfts- und vorlegungspflichtigen Personen zum Zwecke der Sicherstellung von Gegenständen im Sinne des Absatzes 4 durchsuchen.** [3]**Das Grundrecht des Artikels 13 des Grundgesetzes wird insoweit eingeschränkt.** [4]**Durchsuchungen von Geschäftsräumen und Personen sind, außer bei Gefahr im Verzug, durch den Richter anzuordnen.** [5]**Durchsuchungen von Räumen, die als Wohnung dienen, sind durch den Richter anzuordnen.** [6]**Zuständig ist das Amtsgericht, in dessen Bezirk sich die Räume befinden.** [7]**Gegen die gerichtliche Entscheidung ist die Beschwerde zulässig; die §§ 306 bis 310 und 311a der Strafprozessord-**

nung gelten entsprechend. [8]Über die Durchsuchung ist eine Niederschrift zu fertigen. [9]Sie muss die verantwortliche Dienststelle, Grund, Zeit und Ort der Durchsuchung und ihr Ergebnis und, falls keine gerichtliche Anordnung ergangen ist, auch Tatsachen, welche die Annahme einer Gefahr im Verzug begründet haben, enthalten.

(4) **Die Bediensteten der Bundesanstalt können Gegenstände sicherstellen, die als Beweismittel für die Ermittlung des Sachverhaltes von Bedeutung sein können.**

(5) **[1]Die Betroffenen haben Maßnahmen nach den Absätzen 2 und 3 Satz 1 sowie Absatz 4 zu dulden. [2]Der zur Erteilung einer Auskunft Verpflichtete kann die Auskunft auf solche Fragen verweigern, deren Beantwortung ihn selbst oder einen der in § 383 Absatz 1 Nummer 1 bis 3 der Zivilprozessordnung bezeichneten Angehörigen der Gefahr strafgerichtlicher Verfolgung oder eines Verfahrens nach dem Gesetz über Ordnungswidrigkeiten aussetzen würde.**

(6) **[1]Die Bundesanstalt darf einzelne Daten aus der Datei nach § 24c Absatz 1 Satz 1 des Kreditwesengesetzes abrufen, soweit dies erforderlich ist zur Erfüllung ihrer aufsichtlichen Aufgaben nach diesem Gesetz, insbesondere im Hinblick auf unerlaubt betriebene Investmentgeschäfte, und sofern besondere Eilbedürftigkeit im Einzelfall vorliegt. [2]§ 24c Absatz 4 des Kreditwesengesetzes ist entsprechend anzuwenden.**

(7) **Die Absätze 1 bis 6 gelten entsprechend für andere Unternehmen und Personen, sofern**

1. Tatsachen die Annahme rechtfertigen, dass sie in die Anlage oder Verwaltung von Investmentvermögen einbezogen sind, die in einem anderen Staat entgegen einem dort bestehenden Verbot erbracht werden und
2. die zuständige Behörde des anderen Staates ein entsprechendes Ersuchen an die Bundesanstalt stellt.

(8) **[1]Soweit und solange Tatsachen die Annahme rechtfertigen oder feststeht, dass ein Unternehmen unerlaubte Investmentgeschäfte betreibt, kann die Bundesanstalt die Öffentlichkeit unter Nennung des Namens oder der Firma des Unternehmens über diesen Verdacht oder diese Feststellung informieren. [2]Satz 1 ist entsprechend anzuwenden, wenn ein Unternehmen die unerlaubten Investmentgeschäfte zwar nicht betreibt, aber in der Öffentlichkeit einen entsprechenden Anschein erweckt. [3]Vor der Entscheidung über die Veröffentlichung der Information ist das Unternehmen anzuhören. [4]Stellen sich die von der Bundesanstalt veröffentlichten Informationen als falsch oder die zugrundeliegenden Umstände als unrichtig wiedergegeben heraus, so informiert die Bundesanstalt die Öffentlichkeit hierüber in der gleichen Art und Weise, wie sie die betreffende Information zuvor bekannt gegeben hat.**

I. Allgemeines

1 § 16 entspricht den Regelungen des § 44c KWG und § 5 ZAG, enthält die Regelung des § 19h InvG und wurde zuletzt mit der Umsetzung der OGAW-V-RL überarbeitet. Die in § 16 genannten Rechte dienen der **Sachverhaltsaufklärung und Vorbereitung von Aufsichtsmaßnahmen** nach § 15 und stehen aufgrund des Wortlauts nur der BaFin, nicht aber der Bundesbank zu. Während § 14 auf Un-

ternehmen mit Erlaubnis/Registrierung abzielt, betrifft § 16 Unternehmen und Personen, welche unerlaubte Investmentgeschäfte betreiben.

II. Anwendungsbereich

2 § 16 bezieht sich auf die Legaldefinition des **unerlaubten Investmentgeschäfts** aus § 15 I. Dieses muss entweder feststehen oder zumindest müssen Tatsachen die Annahme rechtfertigen. Diese durch Tatsachen gerechtfertigte Annahme entspricht dem **einfachen Verdacht des § 152 II StPO,** wonach die Staatsanwaltschaft zur Ermittlung verpflichtet ist, sofern **„zureichende tatsächliche Anhaltspunkte"** vorliegen. Bloße Vermutungen reichen nicht aus. Es genügt jedoch, wenn aufgrund der Tatsachen eine gewisse Wahrscheinlichkeit dafür besteht, dass unerlaubte Investmentgeschäfte getätigt werden (Meyer-Goßner/Schmitt/*Peters* StPO § 152 Rn. 4).

III. Verpflichtete

3 Wenn das **Unternehmen** selbst offenbarungspflichtig ist, wird die Verpflichtung durch den gesetzlichen Vertreter (Vorstand, Geschäftsführer) oder andere vertretungsberechtigte Personen wahrgenommen. Ferner sind die **Mitglieder der Organe** verpflichtet. Dies können die Geschäftsführung, der Vorstand, Aufsichts- und Verwaltungsrat oder uU auch ein Beirat sein. Unter den **auskunftspflichtigen Beschäftigten** sind alle abhängig Beschäftigten zu verstehen. Dabei sind nach § 16 I 2 auch ehemalige Beschäftigte und Organmitglieder umfasst, welche aus dem Unternehmen ausgeschieden sind. Damit soll verhindert werden, dass sich das Unternehmen den Fragen durch eine kurzfristige Auflösung von Beschäftigungsverhältnissen entzieht (EDD/*Distler/Dreibus/Emde* § 16 Rn. 12). In bestimmten Fällen sind auch von einem betroffenen Unternehmen beauftragte Rechtsanwälte, Steuerberater oder Wirtschaftsprüfer als externe Beschäftige eingeordnet. Dies gilt insb., wenn sie als Treuhänder tätig sind. Deren berufsrechtliche Verschwiegenheitspflicht sperrt ein Auskunftsverlangen aber nur hinsichtlich solcher Tätigkeiten, die rechts- bzw. steuerberatend und nicht wirtschaftlich geprägt sind (LNSSWW/*Schmitz* KWG § 44c Rn. 27 mwN).

4 Ferner sind alle in die **Anbahnung, den Abschluss und die Abwicklung einbezogenen Unternehmen** umfasst. In die Abwicklung einbezogen sind vor allem Treuhänder und andere Unternehmen, die in den Vertrieb eingeschaltet sind (BSK/*Samm* KWG § 44c Rn. 26). Die Ausweitung auf die genannten Unternehmen darf aber nicht dazu führen, dass die gesamte Geschäftstätigkeit des Unternehmens ausgeforscht wird. Eine Pflicht zur Vorlage von Unterlagen bzw. zur Auskunftserteilung besteht dann nicht, wenn sie nichts mit dem unerlaubten Investmentgeschäft zu tun haben.

5 Nach § 16 VII kann die BaFin auf ein **Amtshilfeersuchen** einer ausländischen Behörde gegenüber Personen und Unternehmen tätig werden, die im Verdacht stehen, dass sie in die Anlage und Verwaltung von Investmentvermögen einbezogen sind, die in dem anderen Staat verboten ist. Voraussetzung ist aufgrund des Herkunftslandprinzips allerdings, dass das Unternehmen bzw. die andere Person ihren Sitz in dem Land der um Amtshilfe ersuchenden Behörde hat, da diese ansonsten nicht die „zuständige Behörde" wäre (EDD/*Distler/Dreibus/Emde* KAGB § 16 Rn. 18f.).

IV. Rechte der BaFin

6 **1. Auskunfts- und Vorlagepflichten.** Zum einen sind die og Verpflichteten zur **Auskunft und Vorlage** von Unterlagen verpflichtet (ausführlich s. Kommentierung zu § 14).

7 **2. Prüfungs-, Betretungs- und Besichtigungsbefugnisse.** Zum anderen bestehen **Prüfungs-, Betretungs- und Besichtigungsbefugnisse** nach § 16 II durch die BaFin. Sie kann Prüfungen in den Räumen der og. Verpflichteten vornehmen, soweit dies zur Feststellung der Art und des Umfangs der Geschäfte und Tätigkeiten erforderlich ist. Diese Definition stellt sicher, dass die Behörde nur gegenüber Verpflichteten tätig wird, die möglicherweise ein unerlaubtes Investmentgeschäft betreiben. Verglichen mit dem Auskunfts- und Vorlagerecht ist das Prüfungsrecht zwar wesentlich belastender, aber auch wirkungsvoller. Denn die BaFin wird vor allem dann eine kurzfristige und unangekündigte Prüfung durchführen, wenn der Verpflichtete nicht kooperiert und uU weitere Maßnahmen vor Ort (§ 16 III, IV) erforderlich sind. Der Prüfungsauftrag wird in der Prüfungsanordnung der BaFin festgelegt, die Prüfungsfeststellungen sind in einem Prüfungsbericht festzuhalten.

8 Die Bediensteten der BaFin dürfen nach § 16 II 2 Nr. 1 die **Räume der Verpflichteten betreten und besichtigen.** Das gilt aber nur für die Betriebs- und Geschäftsräume, da nur diese Betriebs- und Geschäftszeiten haben. Bei der Bestimmung der „üblichen Betriebs- und Geschäftszeiten" ist auf die üblichen Betriebs- und Geschäftszeiten vergleichbarer Unternehmen abzustellen. Zudem können zur Verhütung dringender Gefahren für die öffentliche Ordnung und Sicherheit diese Räume auch außerhalb der üblichen Betriebs- und Geschäftszeiten betreten und besichtigt werden, § 16 II 2 Nr. 2.

9 Außerdem können Wohnungen besichtigt und betreten werden, § 16 II 2 Nr. 3. Da Wohnungen keine Betriebs- und Geschäftszeiten haben, trotzdem aber betreten werden können, muss § 16 II 2 Nr. 3 dahingehend eingeschränkt werden, dass ein nächtliches Betretungs- und Besichtigungsrecht ausgeschlossen ist. Dies folgt aus dem besonderen Schutz der Wohnung in Art. 13 GG. Bezüglich der Nachtzeiten kann § 104 III StPO analog herangezogen werden.

10 **3. Durchsuchungsbefugnis.** Des Weiteren können die Bediensteten der BaFin **Räume der Verpflichteten und die verpflichteten Personen selbst durchsuchen.** Hierunter versteht man das ziel- und zweckgerichtete Suchen staatlicher Organe zur Ermittlung eines Sachverhalts, um etwas aufzuspüren, was der Betroffene von sich aus nicht offenlegen oder herausgeben will (BVerfG 1 BvR 1202/84, NJW 1987, 2499). Eine Durchsuchung kommt immer dann in Betracht, wenn sie zur Feststellung der Art und des Umfangs des unerlaubten Investmentgeschäfts erforderlich ist und mildere Mittel entweder zwecklos erscheinen oder erfolglos sein.

11 Eine Durchsuchung ist nach § 16 III 4, 5 grundsätzlich nur auf Grundlage eines **richterlichen Durchsuchungsbeschlusses** zulässig, eine Ausnahme gilt für Betriebs- und Geschäftsräume sowie für die verpflichteten Personen bei Gefahr im Verzug, § 16 III 4. Die Gefahr im Verzug ist immer dann zu bejahen, wenn die durch die Anrufung des Richters eintretende Verzögerung den Erfolg der Durchsuchung gefährden würde. Eine Durchsuchung von Wohnräumen auch bei Gefahr im Verzug ohne richterlichen Durchsuchungsbeschluss ist aufgrund des Wortlauts des § 16 III nicht zulässig.

Den Durchsuchungsbeschluss erlässt das nach der Belegenheit gem. § 16 III 6 **zuständige Amtsgericht,** welches den Gerichtsorganisationsgesetzen des jeweiligen Bundeslandes zu entnehmen ist. Antragsbefugt ist entsprechend dem Wortlaut nur die BaFin. Nur deren Bedienstete dürfen die Durchsuchungen vornehmen, da nur sie ausdrücklich genannt sind. Statthafter Rechtsbehelf gegen die Durchsuchungsanordnung ist die Beschwerde beim handelnden Amtsgericht gem. § 16 III 7 iVm § 306 StPO. Eine Beschwerde hat jedoch gem. § 16 III 7 iVm § 307 StPO keine aufschiebende Wirkung. 12

4. Sicherstellung. Die Bediensteten der BaFin können gem. § 16 IV **Gegenstände sicherstellen,** die als Beweismittel für die Sachverhaltsermittlung, dh für die Ermittlung des Betreibens unerlaubten Investmentgeschäfts von Bedeutung sein können. Sicherstellung ist die körperliche Wegnahme einer Sache bei vorübergehender Überführung in amtlichen Gewahrsam. Die Sicherstellung setzt nicht voraus, dass vorher eine Durchsuchung durchgeführt wurde. Vielmehr können auch Unterlagen sichergestellt werden, die im Rahmen einer Prüfung oder Unterlagenvorlage in den Gewahrsam der BaFin gelangt sind. Sichergestellte Gegenstände sind zurückzugeben, sobald sie zu Beweiszwecken nicht mehr benötigt werden. 13

5. Datenabruf. Ferner kann die BaFin nach § 16 Abs. 6 die Daten eines Kontos, eines Depots oder eines Schließfaches aus der Datei nach § 24c I 1 KWG abrufen, sofern dies aufsichtlich erforderlich ist, insb. bei unerlaubt betriebenen Investmentgeschäften. Die für die Investmentaufsicht relevanten Daten sind hier vor allem Inhaber eines Kontos und dessen Verfügungsberechtigte sowie deren Adresse und auch Datum der Eröffnung und Schließung eines Kontos. Zu beachten ist, dass ein solcher Abruf nach § 16 VI 1 2. Hs. nur bei Eilbedürftigkeit durchgeführt werden darf. 14

V. Duldungspflicht und Auskunftsverweigerungsrecht

Die Verpflichteten haben die Prüfungen, Durchsuchungen und Sicherstellungen nach § 16 V 1 zu **dulden.** Ihre Befugnisse nach § 16 kann die BaFin ferner zwangsweise gem. § 17 FinDAG durchsetzen. Das **Betreiben des unerlaubten Investmentgeschäfts** ist in den Fällen des § 339 **strafbar.** Die Weitergabe von Tatsachen an Strafverfolgungsbehörden durch die BaFin ist gem. § 8 KAGB iVm § 9 I 4 KWG kein „unbefugtes Offenbaren" und stellt keinen Verstoß gegen die Verschwiegenheitspflicht nach § 8 dar. Daher regelt § 16 V 2 ein Auskunftsverweigerungsrecht des Auskunftsverpflichteten im Hinblick auf Angaben, die den Verpflichteten oder dessen Angehörige belasten würde. 15

VI. Rechtsschutz

Bei einer Maßnahme der BaFin handelt es sich um einen belastenden VA, daher kann hiergegen **Widerspruch** bei der BaFin und **Anfechtungsklage** vor dem Verwaltungsgericht erhoben werden. Dieser hat aber aufgrund des § 7 I keine aufschiebende Wirkung (Fall des § 80 II 1 Nr. 3 VwGO). 16

Abschnitt 2. Verwaltungsgesellschaften

Unterabschnitt 1. Erlaubnis

§ 17 Kapitalverwaltungsgesellschaften

(1) [1]Kapitalverwaltungsgesellschaften sind Unternehmen mit satzungsmäßigem Sitz und Hauptverwaltung im Inland, deren Geschäftsbetrieb darauf gerichtet ist, inländische Investmentvermögen, EU-Investmentvermögen oder ausländische AIF zu verwalten. [2]Verwaltung eines Investmentvermögens liegt vor, wenn mindestens die Portfolioverwaltung oder das Risikomanagement für ein oder mehrere Investmentvermögen erbracht wird.

(2) Die Kapitalverwaltungsgesellschaft ist entweder

1. eine externe Kapitalverwaltungsgesellschaft, die vom Investmentvermögen oder im Namen des Investmentvermögens bestellt ist und auf Grund dieser Bestellung für die Verwaltung des Investmentvermögens verantwortlich ist (externe Kapitalverwaltungsgesellschaft), oder

2. das Investmentvermögen selbst, wenn die Rechtsform des Investmentvermögens eine interne Verwaltung zulässt und der Vorstand oder die Geschäftsführung des Investmentvermögens entscheidet, keine externe Kapitalverwaltungsgesellschaft zu bestellen (interne Kapitalverwaltungsgesellschaft). [2]In diesem Fall wird das Investmentvermögen als Kapitalverwaltungsgesellschaft zugelassen.

(3) Für jedes Investmentvermögen kann nur eine Kapitalverwaltungsgesellschaft zuständig sein, die für die Einhaltung der Anforderungen dieses Gesetzes verantwortlich ist.

Schrifttum: *Emde/Dreibus* BKR 2013, 89; *Fischer/Friedrich* ZBB 2013, 153; *Herring/Loff* DB 2012, 2029; *Jesch/Alten* RdF 2013, 191; *Pütz/Bommer* Absolut Report 2013, 56; *Weiser/Hüwel* BB 2013, 1091.

I. Regelungsgehalt

1 Absatz 1 besagt, dass jedes Unternehmen mit Sitz und Hauptverwaltung im Inland, dessen Geschäftsbetrieb auf die Verwaltung von Investmentvermögen in eigener Verantwortung gerichtet ist, als KVG gilt und einer Erlaubnis der BaFin bedarf. Je nach Typ des verwalteten Investmentvermögens unterscheidet das Gesetz zwischen der OGAW-KVG und der AIF-KVG. Der aus dem Investmentgesetz bekannte Begriff der Kapitalanlagegesellschaft wird durch die Umsetzung der AIFM-RL durch den Begriff der Kapitalverwaltungsgesellschaft (KVG) abgelöst und umfasst sowohl Verwaltungsgesellschaften von OGAW als auch von AIF. Sowohl nach der OGAW- als auch nach der AIFM-RL ist es grundsätzlich möglich, dass eine KVG, die dem jeweiligen Regelungsgehalt unterfällt, auch Investmentvermögen der jeweils anderen Richtlinie verwalten darf, wenn sie eine entsprechende Erlaubnis der Bundesanstalt besitzt (s. § 20 II 1 Nr. 5 sowie § 20 III 1 Nr. 7). Eine Ausnahme hierzu stellt die sog. intern verwaltete InvAG (mit veränderlichem Kapital) dar (s. Kommentierung zu §§ 108ff.). Die BaFin hat sich in ihrem Auslegungsschreiben zu den §§ 20 VII, 110 II vom 16.7.2013 dazu entschieden, dass eine in-

tern verwaltete Investmentaktiengesellschaft (unter dem InvG als selbstverwaltende InvAG bekannt) nur noch entweder die Verwaltung von OGAW- **oder** AIF-Teilgesellschaftsvermögen übernehmen darf. Diese Auslegungsentscheidung ist dann zu beachten, wenn die intern verwaltete InvAG (mit veränderlichem Kapital) in Form einer Umbrellakonstruktion ausgestaltet wird.

Das KAGB unterscheidet zwischen der externen KVG und der internen KVG (§ 17 II): Eine KVG ist dann eine externe KVG, wenn sie von oder im Namen eines Investmentvermögens bestellt wurde. Das ist beispielsweise dann der Fall, wenn der Vorstand einer Investmentaktiengesellschaft nicht selbst die Aufgaben der KVG wahrnimmt, sondern eine externe KVG bestellt. Eine interne KVG liegt dahingegen vor, wenn das Investmentvermögen eine interne Verwaltung zulässt und der Vorstand der Investmentaktiengesellschaft bzw. die Geschäftsführung der Investmentkommanditgesellschaft keine externe KVG bestellt, sondern selbst die Aufgaben der KVG wahrnimmt. In den §§ 20–22 finden sich sowohl Vorschriften für die Erlaubniserteilung für OGAW-KVG als auch für AIF-KVG. Diese Abgrenzung ist darauf zurückzuführen, dass die Zulassungsvoraussetzungen in den beiden Richtlinien zum Teil unterschiedlich geregelt sind. 2

Zu den Ausnahmen zur Anwendbarkeit der Erlaubnisvorschriften s. ua die Kommentierung zu § 1 I, das Schreiben der BaFin v.14.6.2013 zum Anwendungsbereich des KAGB und zum Begriff des Investmentvermögens sowie die De-minimis-Regelung in § 2 IV f. 3

II. Bestimmung der Kapitalverwaltungsgesellschaft

Absatz 1 entspricht im Wesentlichen der Regelung des aufgehobenen § 6 I 1 und 3 InvG und regelt die Anforderungen an eine KVG hinsichtlich deren **Geschäftsbereich und Sitz.** Weitere detaillierte Anforderungen an externe KVG finden sich in §§ 18–22 und für interne KVG in § 20 VII sowie §§ 108ff. Ferner enthält § 17 I 2 die Definition, wann eine Verwaltung eines Investmentvermögens vorliegt. Nur für solche Gesellschaften, die ihren Sitz in Deutschland haben, verwendet das KAGB den Begriff „Kapitalverwaltungsgesellschaften", anderenfalls spricht das Gesetz von „Verwaltungsgesellschaften" (EU-Verwaltungsgesellschaften, § 1 XVII oder ausländische AIF-Verwaltungsgesellschaften, § 1 XVIII). 4

Entsprechend dem **Prinzip der Einheit von Sitz- und Hauptverwaltungsstaat** muss der Ort, der als Sitz der KVG in ihrer Satzung oder dem Gesellschaftsvertrag bestimmt ist, im Bundesgebiet liegen. Dieses Prinzip gehört zu den wesentlichen Regelungen des gemeinschaftsrechtlichen Aufsichtsrechts und dient der Sicherstellung einer effektiven Aufsicht: Nur die zuständigen Behörden am Sitz der tatsächlichen Verwaltung, die auch die Zulassung zum Geschäftsbetrieb erteilt haben, sollen diesem Anspruch gerecht werden können. Der Ort der Hauptverwaltung richtet sich nach dem Ort, an dem die tatsächliche Geschäftstätigkeit ausgeführt wird. Unter dem Begriff der **Hauptverwaltung** sind die wesentlichen Teile der Verwaltung, also insbesondere die Geschäftsleitung, zu verstehen. Von praktisch hoher Relevanz ist die Frage, ab wann eine Auslagerung von Aufgaben der KVG ins Ausland (zB die Portfolioverwaltung von Investmentvermögen) dazu führt, dass nicht mehr von einer Hauptverwaltung in Deutschland auszugehen ist. Hier wird die BaFin grundsätzlich den jeweiligen Einzelfall entscheiden. Als Orientierung für die vertragliche Ausgestaltung mit dem Auslagerungsunternehmen dürfte zum einen § 36 V sowie die InvMaRisk (BaFin-Rundschreiben 5/2010 (WA) vom 30.6.2010 zu den Mindestanforderungen an das Risikomanagement für Investmentgesellschaften, Abschn. 9 Rn. 3) dienen. Die in der InvMaRisk dargelegten Grundsätze gelten so lange entsprechend weiter, sofern sie nicht im Widerspruch zu den Regelungen des KAGB stehen. Zu beachten ist, dass die Erlaubnis durch die BaFin ggf. gem. § 23 Nr. 7 zu versagen ist. Daher ist es ratsam, zur Klärung von Einzelfallfragen möglichst frühzeitig mit der BaFin in Kontakt zu treten.

Sollte eine KVG nach Erlaubniserteilung ihren Sitz oder die Hauptverwaltung ins Ausland verlegen, kann die BaFin gem. § 39 III Nr. 3 iVm § 23 Nr. 7 die Erlaubnis aufheben oder gem. § 40 die Abberufung der verantwortlichen Geschäftsleiter verlangen und ihnen die Ausübung ihrer Tätigkeit untersagen.

III. Verwaltung von Investmentvermögen

5 Wurde für Kapitalanlagegesellschaften in § 6 I 1 InvG noch der Begriff des „Geschäftsbereichs" verwendet, muss nach dem KAGB der „Geschäftsbetrieb" einer KVG auf die Verwaltung von Investmentvermögen ausgerichtet sein. Daraus kann geschlossen werden, dass eine KVG vom Grundsatz her die eigentliche Verwaltungstätigkeit selbst zu erbringen hat.

6 **1. Erlaubnispflicht.** Für die Frage der Erlaubniserteilung nach § 20 I 1 ist es entscheidend, ob ein Unternehmen ein oder mehrere Investmentvermögen verwaltet (s. BT-Drs. 17/12294, 211 f.). Eine Definition, wann die Verwaltung eines Investmentvermögens vorliegt, findet sich in § 17 I 2. Eine Tätigkeit ist demzufolge nach dem KAGB dann **erlaubnispflichtig,** wenn ein Unternehmen mindestens die Portfolioverwaltung *oder* das Risikomanagement für ein oder mehrere Investmentvermögen in eigener Verantwortung und nicht als Auslagerungsunternehmen erbringt. Übt ein Unternehmen eine dieser erlaubnispflichtigen Tätigkeiten ohne eine entsprechende Erlaubnis aus, kann die BaFin hiergegen gem. §§ 15, 16 einschreiten. Ferner ist gem. § 339 das Betreiben unerlaubter Investmentgeschäfte strafbewehrt.

7 **2. Erlaubnisfähigkeit.** Von der Erlaubnispflicht zu trennen ist die Frage der Erlaubniserteilung zur Aufnahme des Geschäftsbetriebs, das heißt die **Erlaubnisfähigkeit.** Diese bemisst sich danach, welche Tätigkeiten von einer KVG im Rahmen der kollektiven Vermögensverwaltung erbracht werden müssen, um eine Erlaubnis zu erhalten (sog. **Kernfunktionen** einer KVG). Einen Anhaltspunkt dafür bietet § 23 (dessen Vorgaben allerdings nicht abschließend sind): Nach § 23 Nr. 10 hat die BaFin die Erlaubnis zu versagen, wenn das Unternehmen die Portfolioverwaltung erbringt, ohne auch das Risikomanagement zu erbringen; dasselbe gilt im umgekehrten Fall. Ein Unternehmen ist damit nur erlaubnisfähig, wenn sowohl die Portfolioverwaltung als auch das Risikomanagement in eigener Verantwortung erbracht wird. In § 23 Nr. 9 wird bestimmt, dass einer KVG die Erlaubnis zu versagen ist, wenn sie ausschließlich administrative Tätigkeiten, den Vertrieb von eigenen Investmentanteilen oder Tätigkeiten im Zusammenhang mit den Vermögensgegenständen des AIF erbringt, ohne auch die Portfolioverwaltung *und* das Risikomanagement zu erbringen. Einen weiteren Anhaltspunkt bietet die Definition der kollektiven Vermögensverwaltung in § 1 XIX Nr. 24, die sowohl die Portfolioverwaltung als auch das Risikomanagement beinhaltet.

8 Unsicherheit bestand zunächst, was unter dem Begriff **„erbringen"** zu verstehen ist. Legt man den Normtext eng aus, müsste die KVG sowohl die Portfolioverwaltung als auch das Risikomanagement eigenständig, also persönlich betreiben.

Keine der beiden Anlageverwaltungsfunktionen wäre demnach auslagerungsfähig. Für diese enge Auslegung spricht Art. 6 V Buchst. d AIFM-RL iVm Anhang I Nr. 1, wo ebenfalls das Verb „erbringen" verwendet wird.

Diese enge Auslegung würde aber dem bisherigen Verständnis der Branche und der Rechtsauffassung der BaFin zum Thema Auslagerungen widersprechen. Diese weitgehende Einschränkung würde zudem einen erheblichen Umstellungsbedarf bereits bestehender, regulierter Investmentgesellschaften hervorrufen. So wäre das in Deutschland bisher erfolgreiche Geschäftsmodell der Master-KAG bzw. das White- oder Private-Labeling-Modell nicht mehr zulässig. Ferner spricht Art. 4 I Buchst. w AIFM-RL gegen eine enge Auslegung: Dieser enthält die Regelung, dass ein AIFM mindestens entweder die Portfolioverwaltung **oder** das Risikomanagement wahrnehmen muss. Daraus folgert die ESMA in ihrem Discussion paper „Key concepts of the Alternative Investment Fund Managers Directive and types of AIFM" v. 23.2.2012 (ESMA/2012/117 S. 6 Rn. 6), dass es für einen AIFM ausreicht, wenn er eine der beiden vorgenannten Tätigkeiten ausübt.

Die Gesetzesbegründung zu § 23 Nr. 10 löst diese Unsicherheit auf und stellt in Anlehnung an die Meinung der ESMA klar, dass der Begriff der „Erbringung" in § 23 Nr. 10 **nicht als tatsächliche Erbringung zu verstehen** ist, sondern als Fähigkeit, beide Tätigkeiten ausüben zu können (BT-Drs. 17/12294, 216). Dies soll auch für OGAW-KVG gelten. Die KVG muss demnach die **Fähigkeit** haben, sowohl die Portfolioverwaltung als auch das Risikomanagement ausüben zu können. Jedoch muss sie diese Tätigkeiten **nicht selbst tatsächlich ausführen,** sondern kann in dem gesetzlich zulässigen Umfang (s. § 36 V) die Tätigkeiten auf ein Auslagerungsunternehmen auslagern. Dieser Gesetzesbegründung folgend ist in § 36 I Nr. 3 und 4, III und VII unzweifelhaft geregelt, dass eine KVG eine der beiden Kernfunktionen auslagern darf. Lagert die KVG die Portfolioverwaltung oder das Risikomanagement aus, obliegt ihr, wie schon nach bisheriger Rechtslage, gem. § 36 I Nr. 7 und 8 die Überwachung der ausgelagerten Aufgaben. Ferner muss sie sich Weisungsbefugnisse und Kündigungsrechte vertraglich sichern und die vom Auslagerungsunternehmen erbrachten Dienstleistungen fortwährend überprüfen. Eine Auslagerung führt nicht dazu, dass die KVG auch die Haftung gegenüber dem Anleger auf das Auslagerungsunternehmen übertragen kann. Die KVG bleibt vielmehr aufsichtsrechtlich primärer Regelungsadressat und kann in einem Haftungsfall allenfalls im Innenverhältnis mit dem Auslagerungsunternehmen Rückgriff nehmen. Die Frage, in welchem Umfang und unter welchen Voraussetzungen die KVG Dienstleistungen auslagern kann, richtet sich nach § 36. Es ist davon auszugehen, dass die BaFin wie bisher schon auf das Vorliegen dieser Voraussetzungen für eine Auslagerung vor Erlaubniserteilung zur Geschäftsaufnahme, aber auch während des Geschäftsbetriebes, ein besonderes Augenmerk richten wird.

Im **Ergebnis** bleibt Folgendes festzuhalten: Eine Erlaubnispflicht besteht dann, 9
wenn die KVG mindestens die Portfolioverwaltung *oder* das Risikomanagement für ein oder mehrere Investmentvermögen erbringt; ein Unternehmen ist allerdings nur dann erlaubnisfähig, wenn es die Fähigkeit besitzt, die Portfolioverwaltung *und* das Risikomanagement auszuüben.

IV. Die externe und die interne KVG

Absatz 2 dient der Umsetzung von Art. 5 I 2 Buchst. a und b AIFM-RL und de- 10
finiert die Begriffe der externen KVG und der internen KVG. Dabei gilt die Begriffsbestimmung sowohl für AIF-KVG als auch für OGAW-KVG. Im Gegensatz zum im

InvG verwendeten Begriff Kapitalanlagegesellschaft, der nur externe Kapitalverwaltungsgesellschaften einschließt, umfasst der Begriff Kapitalverwaltungsgesellschaft auch interne Gesellschaften, und zwar sowohl OGAW- als auch AIF-KVG. Die Differenzierung zwischen interner und externer KVG entspricht im Wesentlichen der nach dem InvG bekannten Unterscheidung zwischen selbstverwaltender Investmentaktiengesellschaft (§ 97 Ia InvG) einerseits und der Verwaltung von Sondervermögen sowie der Fremdverwaltung von Investmentaktiengesellschaften durch eine Kapitalanlagegesellschaft andererseits. Eine differenziertere Betrachtung findet sich in der allgemeinen Einleitung (→ Rn. 39ff.) sowie in der Kommentierung zu § 1 (→ § 1 Rn. 10).

11 **1. Die externe KVG (§ 17 II Nr. 1).** Eine externe Verwaltung setzt voraus, dass das Investmentvermögen eine juristische Person zur Verwaltung des Investmentvermögens **bestellt.** Sofern das Investmentvermögen über eine eigene Rechtspersönlichkeit verfügt (dies traf nach bisheriger Rechtslage auf die Investmentaktiengesellschaften zu), muss die Bestellung durch die Unternehmensleitung des Investmentvermögens geschehen, also entweder durch den Vorstand der Investmentaktiengesellschaft oder, jetzt neu dazugekommen, durch den Kommanditisten der GmbH & Co. KG.

Eine GmbH & Co. KG hat ferner die Möglichkeit, den **geschäftsführenden Kommanditisten** durch eine Registrierung nach § 44 zur externen KVG zu bestellen. Der geschäftsführende Kommanditist sichert die steuerliche Entprägung und damit den vermögensverwaltenden Status der Gesellschaft für die Zwecke der Einkommen- und Gewerbesteuer. Die ggf. auch als organschaftlich zu qualifizierende Sonderstellung des geschäftsführenden Kommanditisten sollte der Bestellung als externe KVG nicht entgegenstehen. Für die Bestellung wird es jedoch nicht ausreichend sein, dass ein Geschäftsbesorgungsvertrag bereits zwischen der jeweiligen Fondsgesellschaft und dem geschäftsführenden Kommanditisten abgeschlossen wurde. Denn eine externe Verwaltung solcher als intern verwaltet anzusehender GmbH & Co. KGs bedarf einer gesonderten Entscheidung. Diese gesonderte Entscheidung kann bei bereits existierenden Geschäftsbesorgungsverträgen durch die Registrierung des geschäftsführenden Kommanditisten als externe KVG dokumentiert werden. Näheres zu dieser Thematik s. die Kommentierungen zu §§ 2, 124ff.

12 Gemäß § 18 dürfen externe KVG nur in der Rechtsform der Aktiengesellschaft, Gesellschaft mit beschränkter Haftung oder der Kommanditgesellschaft (vorausgesetzt der persönlich haftende Gesellschafter ist eine GmbH: GmbH & Co. KG) betrieben werden. Nach § 18 II hat zudem für die Geschäftsleitung einer externen KVG ein Aufsichtsgremium zu bestehen (Aufsichtsrat bzw. Beirat), und zwar unabhängig von der Rechtsform der externen KVG, so dass eine Aktiengesellschaft und eine GmbH zwingend einen Aufsichtsrat und eine GmbH & Co. KG zwingend einen Beirat zu bilden haben.

In der Vergangenheit wurde für Kapitalanlagegesellschaften fast ausschließlich die Rechtsform der GmbH gewählt. Dafür spricht ua, dass eine Streuung des Gesellschaftskapitals außerhalb des Gesellschafterkreises nicht erwünscht ist. Durch die gesetzliche Vorgabe der Rechtsform soll unter anderem auch sichergestellt werden, dass das Geschäft einer KVG nur von juristischen Personen mit einem rechtlich gesicherten Eigenkapital betrieben wird. Ob eine Vorgabe der Rechtsform vor dem Hintergrund des § 25 und der Sanktionsmöglichkeiten der §§ 45, 39 zwingend erforderlich gewesen wäre, ist nach wie vor umstritten.

13 Im Gegensatz zur **Bestellung** wurde für die Fremdverwaltung von Investmentaktiengesellschaften in § 96 IV InvG noch von einer Benennung gesprochen; ein

inhaltlicher Unterschied sollte sich aus dieser abweichenden Begrifflichkeit allerdings nicht ergeben. Zivilrechtlich sollte es sich, wie bisher bei der Benennung, bei der Bestellung um einen modifizierten Geschäftsbesorgungsvertrag handeln (§ 675 BGB). Da die zur Verwaltung bestellte juristische Person mit der Bestellung kraft Gesetzes die sich aus dem KAGB ergebenden Rechte und Pflichten unmittelbar trifft, handelt es sich bei der Bestellung um mehr als den Abschluss eines zivilrechtlichen Vertrages. Die als zwingend geltenden Vorschriften des Aufsichtsrechts kann der zivilrechtliche Vertrag zwischen Investmentvermögen und dem Fremdverwalter/dem Bestellten nicht abbedingen.

Bei der Bestellung eines Verwalters handelt es sich nicht um einen Fall der Auslagerung gem. § 36; dies hat der Gesetzgeber in den §§ 129 I 3, 154 I 3, 112 I 3 und 144 S. 3 klargestellt. Die Bestellung eines externen Verwalters ist auch vom Wesen her von einer Auslagerung zu unterscheiden, da im Falle einer externen Verwaltung die zivil- und aufsichtsrechtliche Verantwortlichkeit und Haftung gegenüber dem Investmentvermögen und den Anlegern auf die externe KVG übergeht. Entscheidet sich also eine Investmentgesellschaft bewusst für eine Verwaltung durch eine externe KVG, soll die Investmentgesellschaft von sämtlichen operationellen Risiken abgeschirmt werden. Dies ist in Bezug auf ein Auslagerungsunternehmen nicht der Fall, denn hier bleibt die KVG in der Verantwortung. Demgemäß trifft die KVG auch die volle Verantwortlichkeit für die Auswahl und die laufende Überprüfung des Auslagerungsunternehmens und sie hat ein Verschulden des Auslagerungsunternehmens nach § 36 IV im gleichen Umfang zu vertreten wie eigenes Verschulden. Ebenso hat die KVG und nicht das Investmentvermögen die Auslagerung nach § 36 anzuzeigen. Der über eine Auslagerungsvereinbarung eingebundene externe Dienstleister haftet allein auf Basis seines Dienstleistungsvertrages mit der KVG. Er trägt keine aufsichts- oder zivilrechtliche Verantwortung als **KVG;** aufsichtsrechtlich wird dies schon daraus resultieren, dass das Auslagerungsunternehmen gem. §§ 17 ff. grds. weder erlaubnispflichtig noch -fähig sein wird. Ferner wird der externe Verwalter unmittelbar vom Investmentvermögen und damit nur mittelbar von dessen Anlegern bzw. Aktionären bestellt. Im Unterschied dazu trifft die KVG im Falle der Auslagerung grundsätzlich allein die Entscheidung über die Beauftragung und Auswahl eines Auslagerungsunternehmens; das Investmentvermögen bzw. der Initiator können sich jedoch vertraglich einen Zustimmungsvorbehalt oder ein Vetorecht einräumen lassen. Wie bereits nach heutiger Rechtslage werden die externen KVG bemüht sein, ihren eigenen Pflichtenkreis so weit wie möglich auf die externen Dienstleister zu übertragen, um so durch die Möglichkeit eines Freistellungsanspruchs im Innenverhältnis das eigene Haftungsrisiko zu minimieren.

Kompliziert gestaltet sich die **Verortung der KVG bei der Investmentkommanditgesellschaft.** Bei der im geschlossenen Fondsbereich weit verbreiteten Form einer GmbH & Co. KG mit einem geschäftsführenden Kommanditisten ist der Umfang der dem geschäftsführenden Kommanditisten eingeräumten Geschäftsführungsbefugnis stark vom jeweiligen Einzelfall abhängig. Als aufsichtsrechtlich verantwortliche KVG kommen hier sowohl die Komplementär-GmbH als auch der geschäftsführende Kommanditist in Betracht. Näheres hierzu und zu den Haftungsfragen bei einer externen Verwaltung s. §§ 108 ff., §§ 124 ff. 14

2. Die interne KVG (§ 17 II Nr. 2). Für Investmentvermögen in der Rechtsform der Investmentaktiengesellschaft oder der Investmentkommanditgesellschaft besteht die Möglichkeit der **internen Verwaltung.** Die KVG ist dann dieselbe Gesellschaft, die auch das Investmentvermögen darstellt; das Investmentvermögen und 15 die es verwaltende Gesellschaft sind nicht voneinander separiert. Dies bedeutet nichts anderes, als dass das Investmentvermögen durch seine Organe selbst verwaltet wird. Als Konsequenz daraus finden die Regelungen zur KVG entsprechend auf das Investmentvermögen Anwendung. Wie schon in der Vergangenheit kann es im Einzelfall Schwierigkeiten bereiten, eine interne KVG, die einzelne Aufgaben nach § 36 ausgelagert hat, von einer extern verwalteten Gesellschaft abzugrenzen. Insofern muss genau geprüft werden, ob das Leitungsorgan der internen KVG die ihr nach Nr. 1 des Anhangs I der AIFM-RL obliegenden Funktionen vollständig oder nur einzelne Aufgaben davon auf einen Dritten auslagern möchte, ohne aber die Letztverantwortung mit abzugeben. Eine interne KVG kann nur dann vorliegen, wenn trotz der Auslagerung einzelner Aufgaben die Letztverantwortlichkeit für die Portfolioverwaltung und/oder das Risikomanagement beim Leitungsorgan des Investmentvermögens verbleibt. Entsprechend sind die Erlaubnis- bzw. Auslagerungsunterlagen auszugestalten, so dass eine eindeutige Zuordnung der Verantwortlichkeiten erkennbar ist.

V. Keine Mehrfachverwaltungen von Investmentvermögen

16 Absatz 3 dient der Umsetzung von Art. 5 I 1 AIFM-RL; die Regelung soll nach der Gesetzesbegründung zum KAGB auch für OGAW-KVG gelten. Danach darf jedes Investmentvermögen nur von einer einzigen KVG verwaltet werden. Diese Verpflichtung galt implizit bereits nach dem Investmentgesetz. Hintergrund dieser Regelung ist, dass eine effiziente Aufsicht ermöglicht werden soll, indem es nur einen zentralen Akteur gibt, der die tatsächliche Verwaltung des Investmentvermögens betreibt und gegenüber dem Investmentvermögen und seinen Anlegern die Verantwortung trägt. Hierin zeigt sich auch die grundsätzliche Entscheidung des Richtliniengebers, einen materiellen Investmentfonds(manager)begriff zu wählen (im Unterschied zum formellen Investmentfondsbegriff des InvG). Um die Risiken für die Finanzmarktstabilität effektiv zu verringern und den Anlegerschutz zu stärken, wurden die Möglichkeiten zur Auslagerung im Vergleich zur OGAW-RL und zum Investmentgesetz signifikant eingeschränkt. So schreibt zB Erwägungsgrund (30) zur AIFM-RL vor: „Unter strengen Einschränkungen und Auflagen […] sollte ein AIFM die Ausführung einiger seiner Funktionen im Rahmen dieser Richtlinie an Dritte zur Ausführung in seinem Namen übertragen können […]." Nach § 36 V darf eine KVG Aufgaben nicht in einem Umfang übertragen, der dazu führt, dass sie nicht länger als Verwaltungsgesellschaft angesehen werden kann und zu einer Briefkastenfirma wird. Eine entsprechende Regelung fand sich bereits in der InvMaRisk (Abschn. 9 Rn. 3) und wurde mit § 36 V auf Gesetzesebene gehoben. Das Unternehmen, das die tatsächliche Verwaltung des Investmentvermögens in den Händen hält, muss als KVG zugelassen und beaufsichtigt werden.

17 Dies hat zur Folge, dass sog. Multi-Manager-Fonds, die vor allem im angelsächsischen Raum anzutreffen sind, unter dem KAGB nicht genehmigungsfähig sind. Dabei handelt es sich zumeist um gemischte Fonds, bei denen verschiedene Manager mit der Verwaltung von unterschiedlichen Assetklassen betraut werden. Nunmehr muss die Verwaltung aller Assetklassen in der Letztverantwortung einer einzigen KVG liegen; in den Grenzen des § 36 können jedoch Verwaltungsaufgaben ausgelagert werden. Inwieweit diese Regelung Auswirkungen auf das in Deutschland verbreitete Master-KAG-Modell haben wird, ist vom jeweiligen Einzelfall abhängig. Unzulässig dürfte es sein, wenn eine KVG wesentliche, die Tätigkeiten einer Verwaltungsgesellschaft prägende und mit den meisten Risiken für die Anleger und nicht zuletzt die Finanzmarktstabilität verbundenen Funktionen auf Dritte ausgelagert und sich auf die Wahrnehmung administrativer Tätigkeiten beschränkt. Denn faktisch kann das Auslagerungsunternehmen nicht im gleichen Umfang wie eine KVG von der BaFin überwacht werden. Dies zeigt sich besonders deutlich, wenn das Auslagerungsunternehmen seinen Sitz in einem anderen Mitgliedstaat oder sogar in einem Drittstaat hat. Dann könnte die Aufsicht der BaFin gegebenenfalls nur eingeschränkt möglich sein. Eine Überwachung des Auslagerungsunternehmens durch die Master-KVG wäre unter Umständen kein ausreichender Ersatz für eine direkte Überwachung durch die BaFin, da insoweit auch andere Interessen als der Anlegerschutz oder die Finanzmarktstabilität eine Rolle spielen, wie zB die eigenen, auf Gewinnerzielung gerichteten Interessen der KVG und deren Geschäftspartner. Von daher kann in der expliziten Aufnahme dieser Regelung durch den Richtliniengeber und den deutschen Gesetzgeber hineingelesen werden, dass die Verantwortlichkeiten der (Master-)KVG im Hinblick auf die Portfolioverwaltung und das Risikomanagement im Vergleich zur alten Rechtslage signifikant erhöht werden sollen (s. Art. 13 OGAW-IV-RL und Abschn. 9 InvMaRisk einerseits sowie Art. 20 III AIFM-RL, § 36 V KAGB und Art. 82 Level-II-VO andererseits).

§ 18 Externe Kapitalverwaltungsgesellschaften

(1) **Externe Kapitalverwaltungsgesellschaften dürfen nur in der Rechtsform der Aktiengesellschaft, der Gesellschaft mit beschränkter Haftung oder der Kommanditgesellschaft, bei der persönlich haftender Gesellschafter ausschließlich eine Gesellschaft mit beschränkter Haftung ist, betrieben werden.**

(2) **[1]Ein Aufsichtsrat ist auch dann zu bilden, wenn die externe Kapitalverwaltungsgesellschaft in der Rechtsform einer Gesellschaft mit beschränkter Haftung betrieben wird. [2]Die externe Kapitalverwaltungsgesellschaft in der Rechtsform der Kommanditgesellschaft, bei der persönlich haftender Gesellschafter ausschließlich eine Gesellschaft mit beschränkter Haftung ist, hat einen Beirat zu bilden. [3]Die Zusammensetzung sowie Rechte und Pflichten des Aufsichtsrats nach Satz 1 bestimmen sich, vorbehaltlich des Absatzes 3 Satz 2, nach § 90 Absatz 3 bis 5 Satz 2, den §§ 95 bis 114, 116, 118 Absatz 3, § 125 Absatz 3 sowie den §§ 171 und 268 Absatz 2 des Aktiengesetzes. [4]Die Zusammensetzung sowie Rechte und Pflichten des Beirats nach Satz 2 bestimmen sich, vorbehaltlich des Absatzes 3 Satz 2, nach § 90 Absatz 3 bis 5 Satz 2, den §§ 95, 100, 101, 103, 105, 107 bis 114, 116, 118 Absatz 3, § 125 Absatz 3 sowie den §§ 171 und 268 Absatz 2 des Aktiengesetzes.**

(3) **[1]§ 101 Absatz 1 Satz 1 Halbsatz 1 des Aktiengesetzes ist auf eine externe Kapitalverwaltungsgesellschaft in der Rechtsform der Aktiengesellschaft mit der Maßgabe anzuwenden, dass die Hauptversammlung mindestens ein Mitglied des Aufsichtsrats zu wählen hat, das von den Aktionären, den mit ihnen verbundenen Unternehmen und den Geschäftspartnern der externen Kapitalverwaltungsgesellschaft unabhängig ist. [2]Wird die externe Kapitalverwaltungsgesellschaft in der Rechtsform einer Gesellschaft mit beschränkter Haftung oder als Kommanditgesellschaft, bei der persönlich haftender Gesellschafter ausschließlich eine Ge-**

sellschaft mit beschränkter Haftung ist, betrieben, so gilt Satz 1 entsprechend. [3]Für nähere Einzelheiten der Anforderungen an die Unabhängigkeit eines Mitglieds des Aufsichtsrats der externen OGAW-Kapitalverwaltungsgesellschaft von der Verwahrstelle im Sinne der Sätze 1 und 2 wird auf Artikel 21 Buchstabe d und Artikel 24 Absatz 1 Buchstabe b und Absatz 2 der Delegierten Verordnung (EU) 2016/438 der Kommission vom 17. Dezember 2015 zur Ergänzung der Richtlinie 2009/65/EG des Europäischen Parlaments und des Rates in Bezug auf die Pflichten der Verwahrstellen (Abl. L 78 vom 24.3.2016, S. 11) verwiesen. [4]Artikel 21 Buchstabe d und Artikel 24 Absatz 1 Buchstabe b und Absatz 2 der Delegierten Verordnung (EU) 2016/438 gelten entsprechend für externe AIF-Kapitalverwaltungsgesellschaften. [5]Die Sätze 1, 2 und 4 gelten nicht für externe Kapitalverwaltungsgesellschaften, die ausschließlich Spezial-AIF verwalten.

(4) **[1]Die Mitglieder des Aufsichtsrats oder eines Beirats sollen ihrer Persönlichkeit und ihrer Sachkunde nach die Wahrung der Interessen der Anleger gewährleisten. [2]Die Bestellung und das Ausscheiden von Mitgliedern des Aufsichtsrats oder eines Beirats ist der Bundesanstalt unverzüglich anzuzeigen.**

(5) **Absatz 4 findet keine Anwendung, soweit die Aufsichtsratsmitglieder als Vertreter der Arbeitnehmer nach den Vorschriften der Mitbestimmungsgesetze gewählt werden.**

(6) **[1]In den Fällen, in denen eine externe AIF-Kapitalverwaltungsgesellschaft nicht in der Lage ist, die Einhaltung der Anforderungen dieses Gesetzes sicherzustellen, für die der AIF oder eine andere in seinem Namen handelnde Stelle verantwortlich ist, unterrichtet die externe AIF-Kapitalverwaltungsgesellschaft unverzüglich die Bundesanstalt und, sofern anwendbar, die zuständigen Behörden des betreffenden EU-AIF. [2]Die Bundesanstalt kann die externe AIF- Kapitalverwaltungsgesellschaft verpflichten, notwendige Abhilfemaßnahmen zu treffen.**

(7) **[1]Falls die Anforderungen trotz der in Absatz 6 Satz 2 genannten Maßnahmen weiterhin nicht eingehalten werden, fordert die Bundesanstalt, dass die externe AIF- Kapitalverwaltungsgesellschaft ihre Bestellung als externe AIF- Kapitalverwaltungsgesellschaft für diesen AIF kündigt, sofern es sich um einen inländischen AIF oder einen EU-AIF handelt. [2]In diesem Fall darf der AIF nicht mehr in den Mitgliedstaaten der Europäischen Union und den anderen Vertragsstaaten des Europäischen Wirtschaftsraums vertrieben werden. [3]Die Bundesanstalt setzt hiervon unverzüglich die zuständigen Behörden der Aufnahmemitgliedstaaten der externen AIF- Kapitalverwaltungsgesellschaft in Kenntnis.**

Schrifttum: *Emde/Dreibus* BKR 2013, 89; *Fischer/Friedrich* ZBB 2013, 153; *Herring/Loff* DB 2012, 2029; *Jesch/Alten* RdF 2013, 191; *Pütz/Bommer* Absolut Report 2013, 56; *Weiser/Hüwel* BB 2013, 1091.

I. Allgemeines

1 Wie schon unter dem Geltungsbereich des InvG dürfen externe KVG nur juristische Personen sein, und zwar in der **Rechtsform** einer **Aktiengesellschaft** oder einer **GmbH.** Diese Begrenzung der Rechtsform wurde in der Vergangenheit vom

Gesetzgeber mit den erhöhten Publizitäts- und Prüfungsvorschriften für die Jahresabschlüsse dieser Gesellschaftsformen begründet. Neu dazugekommen ist die Rechtsform der Kommanditgesellschaft, bei der persönlich haftender Gesellschafter ausschließlich eine Gesellschaft mit beschränkter Haftung ist (die **GmbH & Co. KG**). Diese Neuerung ist darauf zurückzuführen, dass das KAGB nunmehr auch geschlossene Fondstypen unter die Aufsicht der BaFin stellt und sie begegnet damit dem praktischen Bedürfnis bestehender geschlossener Investmentvermögen. Wie schon zuvor dürfen Personengesellschaften (zB die OHG) oder natürliche Personen keine Erlaubnis als KVG erhalten. Da die GmbH & Co. KG aber eine Kommanditgesellschaft und somit eine Personengesellschaft ist, wurden bereits Zweifel geäußert, ob § 18 I insoweit nicht europarechtswidrig ist, da hier gerade keine juristische Person vorliegt.

Artikel 4 I Buchst. b AIFM-RL erweitert zwar die zulässigen Rechtsformen für 2 bisher unter das InvG fallende Investmentgesellschaften, indem dort ein AIFM „jede juristische Person" sein kann. Nach dem Richtliniengeber könnte damit eine KVG zB auch in der Rechtsform einer Stiftung oder eines rechtsfähigen Vereins zulässig sein. Der deutsche Gesetzgeber hat sich in § 18 I allerdings dazu entschlossen, diese nach der Richtlinie zulässigen Rechtsformen wieder einzuschränken. Hinsichtlich der Europäischen Gesellschaft („SE") im Sinne der Verordnung (EG) Nr. 2157/2001 ist jedenfalls davon auszugehen, dass diese eine zulässige Rechtsform für eine erlaubnispflichtige externe KVG darstellt. Dafür spricht der Umstand, dass aufgrund der unmittelbaren Anwendbarkeit der SE-VO im deutschen Recht die Aktiengesellschaft in Form der SE ebenso Teil des nationalen Rechts ist wie die Aktiengesellschaft auf Grundlage des AktG. Auch ein systematischer Vergleich mit dem VAG zeigt, dass die SE eine zulässige Rechtsform für Aufsichtsobjekte ist (vgl. den Wortlaut des § 8 II VAG). Im Übrigen hat die BaFin bereits Versicherungsgesellschaften und auch Kreditinstituten in der Rechtsform der SE die Erlaubnis erteilt.

II. Die externe KVG

Absatz 1 entspricht im Wesentlichen der Regelung des aufgehobenen § 6 I 2 3 und 3 InvG und enthält Anforderungen an die Rechtsform einer externen KVG. Im Geltungsbereich des KAGB dürfen daher nur einer Aktiengesellschaft, einer GmbH oder einer Kommanditgesellschaft, bei der persönlich haftender Gesellschafter ausschließlich eine Gesellschaft mit beschränkter Haftung ist (die GmbH & Co. KG), die Erlaubnis als Kapitalverwaltungsgesellschaft erteilt werden (sa die Kommentierung zu § 17 II).

III. Der Aufsichtsrat/Beirat

Absatz 2 entspricht im Wesentlichen der Regelung des aufgehobenen § 6 II 4 InvG. Weil nach Abs. 1 als Rechtsform einer KVG nunmehr auch die GmbH & Co. KG zulässig ist, wird in Abs. 2 für diese Rechtsform die Errichtung eines **Beirats** vorgeschrieben. Das heißt, sofern die KVG eine GmbH & Co. KG ist, muss sie zwingend einen Beirat bilden. Auf die Zusammensetzung dieses Beirats, dessen Rechte und Pflichten sind die in S. 4 aufgelisteten Vorschriften des Aktiengesetzes entsprechend anzuwenden. Die Abweichung zur Verweiskette in S. 3 ist der Rechtsnatur der Kommanditgesellschaft als Personengesellschaft geschuldet.

5 Der obligatorische Aufsichtsrat bzw. Beirat dient dem Schutz der Anleger. Da diese keinen direkten Einfluss auf die Vermögensverwaltung der Investmentvermögen durch die KVG nehmen können, müssen die Mitglieder des Aufsichtsrats bzw. Beirats gem. § 18 IV ihrer **Persönlichkeit** und **Sachkunde** nach die Wahrung der Interessen der Anleger gewährleisten können. Für die KAG war dies für die Aufsichtsratsmitglieder bereits in § 6 III InvG geregelt. Wie in der Vergangenheit wird die BaFin daher ein besonderes Augenmerk auf die Qualifikation der designierten Aufsichtsrats- oder Beiratsmitglieder richten. Die auf den Aufsichtsrat bzw. Beirat einer KVG anwendbaren Vorschriften des **Aktiengesetzes** sind **zwingendes Recht** und können nicht im Gesellschaftsvertrag abbedungen werden. Als lex specialis geht § 18 II somit dem § 52 I GmbHG vor, wonach die dort aufgeführten aktienrechtlichen Vorschriften nur Anwendung finden, soweit der Gesellschaftsvertrag nichts anderes bestimmt. Demgegenüber finden andere als die genannten Vorschriften des AktG auf den Aufsichtsrat bzw. Beirat keine Anwendung, da die Vorschriften des AktG nur dann gelten, wenn deren Anwendbarkeit ausdrücklich per Gesetz angeordnet wird. Ungeachtet dessen besteht die Möglichkeit, die nicht aufgeführten Vorschriften des Aktienrechts in den Gesellschaftsvertrag der KVG in der Rechtsform einer GmbH aufzunehmen und damit auch für die GmbH zur Anwendung zu bringen.

6 Um seiner Überwachungsfunktion nachkommen zu können, gewährt § 90 III–V 2 AktG dem Aufsichtsrat bzw. Beirat einer KVG ein Informationsrecht gegenüber der Geschäftsführung der KVG. Er kann von der Geschäftsführung jederzeit einen Bericht über die Angelegenheiten der Gesellschaft verlangen. Dieser Bericht hat den Grundsätzen einer gewissenhaften und getreuen Rechenschaft zu entsprechen und muss klar gegliedert und sachlich zutreffend sein. Jedes Mitglied des Aufsichtsgremiums hat das Recht, den Bericht zur Kenntnis zu nehmen.

Gemäß § 95 AktG besteht der Aufsichtsrat bzw. Beirat aus **mindestens drei Mitgliedern.** Eine höhere Mitgliederzahl ist nur dann möglich, wenn diese in der Satzung bzw. im Gesellschaftsvertrag bestimmt festgesetzt und durch drei teilbar ist. Um eine effektive Arbeit des Aufsichtsgremiums zu sichern, ist die Anzahl der Mitglieder in Abhängigkeit des Grundkapitals der Gesellschaft auf eine in § 95 AktG bestimmte Höchstzahl begrenzt. Ganz nebenbei wird dadurch iSd Anleger die Kostenbelastung ein wenig eingegrenzt.

Sofern Streitigkeiten über die richtige Zusammensetzung des Aufsichtsrats bei KVG in der Rechtsform der AG oder GmbH entstehen, ist das Verfahren in §§ 97–99 AktG geregelt. Dieses Verfahren ist gem. § 18 II 4 ausdrücklich nicht anwendbar auf Streitigkeiten über die richtige Zusammensetzung eines Beirates für externe KVG in der Rechtsform einer GmbH & Co. KG.

7 Zusätzlich zu den Anforderungen nach § 18 IV müssen die Aufsichtsgremiumsmitglieder die persönlichen Voraussetzungen des § 100 AktG erfüllen. § 100 II AktG enthält detaillierte Vorgaben zu den möglichen Höchstgrenzen von Aufsichtsratsmandaten. Insbesondere bei geschlossenen Fondstypen könnte § 100 II Nr. 1 AktG zukünftig eine besondere Rolle spielen. Aufsichtsrats- und Beiratsmitglieder werden gem. § 101 AktG von der Gesellschafterversammlung bzw. bei externen KVG in der Rechtsform einer Aktiengesellschaft von dessen Hauptversammlung gewählt. Amtszeit, Abberufung und die gerichtliche Bestellung der Aufsichtsratsmitglieder der AG und GmbH richtet sich nach den §§ 102–104 AktG. Bezüglich des Beirates einer KVG ist hingegen nur § 103 AktG anwendbar, nicht also die Regelungen zur Amtszeit und gerichtlichen Bestellung der Aufsichtsgremiumsmitglieder; dafür hat sich der Gesetzgeber durch die Herausnahme der

Geltung der §§ 102 und 104 AktG für die GmbH & Co. KG ausdrücklich entschieden.

Entsprechend der Unvereinbarkeit der Zugehörigkeit zum Vorstand bzw. zur Geschäftsführung und gleichzeitig zum Aufsichtsgremium derselben Gesellschaft gem. § 105 AktG kann ein Mitglied des Aufsichtsrats bzw. Beirats der KVG weder zugleich dem Vorstand bzw. der Geschäftsführung angehören noch dauernd der Vertreter der Vorstands-/Geschäftsführungsmitglieder, Prokurist oder ein zum gesamten Geschäftsbetrieb ermächtigter Handlungsbevollmächtigter der Gesellschaft sein. Änderungen der Besetzung des Aufsichtsrats einer KVG in der Rechtsform der AG oder GmbH sind gem. § 106 AktG durch den Vorstand bzw. die Geschäftsführung bekannt zu machen. § 107 AktG iVm § 18 II 3 und 4 KAGB regelt die innere Ordnung von Aufsichtsrat und Beirat: Über deren Sitzungen ist eine Niederschrift zu fertigen und das Aufsichtsgremium kann sich vorbehaltlich einer Regelung in der Satzung oder im Gesellschaftsvertrag eine eigene Geschäftsordnung geben. Jedes Mitglied des Aufsichts- bzw. Beirats kann nach § 110 I AktG die Einberufung einer Aufsichtsgremiumssitzung verlangen. § 110 III AktG gibt vor, dass mindestens zwei Sitzungen des Aufsichtsgremiums pro Kalenderjahr stattfinden müssen. Bei nicht börsennotierten Aktiengesellschaften und entsprechend § 18 II bei einer GmbH oder einer GmbH & Co. KG als KVG kann der Aufsichtsrat bzw. der Beirat beschließen, dass nur eine Sitzung im Kalenderjahr abzuhalten ist. Diese Regelung kommt zwar den kleineren Gesellschaften entgegen und verringert in gewissem Ausmaß ggf. auch die Kostenlast für den einzelnen Anleger, es ist dabei jedoch auch die Vorschrift des § 18 IV zu beachten. Danach haben die Mitglieder des Aufsichts- bzw. Beirats die Wahrung der Interessen der Anleger zu gewährleisten. Demzufolge sind bei einem Beschluss nach § 110 III 2 AktG nicht nur die Interessen der Gesellschafter der KVG, sondern insbesondere auch die der Anleger zu berücksichtigen. Zu berücksichtigen ist ferner der Sinn und Zweck des gesetzlich vorgeschriebenen Sitzungsturnus: Nach der Regierungsbegründung (BT-Drs. 14/8769, 16) soll nicht mehr in erster Linie die Sicherstellung der Beteiligung der Arbeitnehmervertreter an der Arbeit des Aufsichtsrats, sondern die Verbesserung der Überwachungstätigkeit des Aufsichtsgremiums bezweckt werden. Durch den Verweis in § 18 II auf § 110 AktG und die Regelung in § 18 IV ist es auch aus aufsichtsrechtlicher Sicht erforderlich, im Einzelfall zu prüfen, dass von der Regelung des § 110 III 1 AktG nicht zu Lasten der Anlegerinteressen abgewichen wird.

Zu den Rechten und Pflichten des Aufsichtsgremiums gehört gem. § 111 AktG 8
die Überwachung der Geschäftsleitung, die Einberufung der Gesellschafterversammlung, Einsichts- und Prüfungsrechte und der Zustimmungsvorbehalt für bestimmte Arten von Geschäften. Dieser Zustimmungsvorbehalt ist allerdings nicht so zu verstehen, dass die Leitung der KVG faktisch nicht bei den Vorständen bzw. Geschäftsführern der KVG liegt. Daher kann der Zustimmungsvorbehalt nur bedeutende Geschäfte betreffen, die erheblich über das normale Tagesgeschäft hinausgehen. Wie nach bisheriger Rechtslage kann dies zB die Auswahl und den Wechsel der Verwahrstelle, die Auflegung und Schließung von Investmentvermögen sowie die Aufstellung und Änderung von Vertragsbedingungen der einzelnen Investmentvermögen umfassen. Ein Zustimmungsvorbehalt kann allerdings nicht bei jeder Änderung von Vertragsbedingungen zulässig sein, sondern nur, wenn diese zu einer wesentlichen Änderung führen, wie zB im Einzelfall hinsichtlich der Anlagegrenzen oder der Anlagepolitik des Investmentvermögens. Nach § 112 AktG vertritt der Aufsichts- bzw. Beirat die KVG gegenüber dem Vorstand bzw. den Geschäftsführern gerichtlich und außergerichtlich.

Gemäß § 113 AktG kann den Aufsichts- bzw. Beiratsmitgliedern eine angemessene Vergütung für ihre Tätigkeit gewährt werden, die in der Satzung bzw. dem Gesellschaftsvertrag festgesetzt werden kann. Der Abschluss bestimmter Dienst- und Werkverträge bedarf nach § 114 AktG der Zustimmung des Aufsichtsgremiums. Dabei kann es sich zB um Beratungsverträge einzelner Aufsichtsgremiumsmitglieder mit der KVG handeln. Die Sorgfaltspflichten und Verantwortlichkeiten der Aufsichts- und Beiratsmitglieder richtet sich nach § 116 AktG, der den § 93 AktG mit Ausnahme des Abs. 2 S. 3 für sinngemäß anwendbar erklärt. Über § 118 III AktG sollen die Mitglieder des Aufsichts- bzw. Beirats an der Haupt- bzw. Gesellschafterversammlung der KVG teilnehmen. Ein weiteres Informationsrecht des Aufsichtsgremiumsmitglieds sieht § 125 III AktG vor. Danach kann jedes Mitglied verlangen, dass die Mitteilungen, die die KVG vor der Haupt- oder Gesellschafterversammlung ihren Aktionären oder Gesellschaftern übermittelt, auch dem einzelnen Mitglied übersandt werden. Nach § 171 AktG hat der Aufsichts- bzw. Beirat den Jahresabschluss, den Lagebericht sowie den Vorschlag für die Verteilung des Bilanzgewinns zu prüfen, bei Mutterunternehmen auch den Konzernabschluss und den Konzernlagebericht. Über das Ergebnis seiner Prüfung hat er schriftlich an die Haupt- bzw. Gesellschafterversammlung zu berichten.

Da im KAGB eine ausdrückliche Verweisung auf § 172 AktG fehlt, hat der Aufsichts- bzw. Beirat nicht per Gesetz den Jahresabschluss festzustellen (ggf. kann man von einem impliziten Verweis auf § 172 AktG durch die Verweisung auf § 171 AktG ausgehen). Um diese Verweislücke für die GmbH und die GmbH & Co. KG zu schließen, sollte eine entsprechende Regelung im Gesellschaftsvertrag der KVG aufgenommen werden. Sollte die KVG aufgelöst werden, unterliegen die Abwickler der Überwachung des Aufsichts- bzw. Beirats (§ 268 II AktG).

9 **1. Das unabhängige Aufsichtsrats- bzw. Beiratsmitglied.** Absatz 3 entspricht weitestgehend der Regelung des aufgehobenen § 6 IIa InvG und stellt gegenüber § 101 I 1 AktG betreffend die Wahl und Zusammensetzung des Aufsichts- bzw. Beirats eine Sonderreglung dar. Der deutsche Gesetzgeber hat sich für diese Regelung entschieden, um die Corporate Governance zu stärken und die Wahrung der Interessen der Anleger im Aufsichtsrat weiter zu verbessern (BT-Drs. 16/5576, 60).

Durch das 2. FiMaNoG wurden in Abs. 3 die S. 3 und 4 neu eingefügt: S. 3 verweist bezüglich externer OGAW-KVG auf die Delegierte Verordnung (EU) 2016/438 (Level-II-VO), die die EU-Kommission auf Grund des neu eingefügten Art. 26b Buchst. h iVm dem neu gefassten Art. 25 II OGAW-RL zur Festlegung der Bedingungen zur Erfüllung des Gebotes der Unabhängigkeit zwischen Verwaltungsgesellschaft und Verwahrstelle erlassen hat. Die Regelungen der S. 1 und 2 werden beibehalten, da deren Regelungsbereich nach der Gesetzesbegründung zum Teil über den Anwendungsbereich der Level-II-VO hinausgeht und mit der jetzt vorgenommenen Regelung das Schutzniveau bei Publikums-AIF nicht abgesenkt werden soll. Nach dem neu eingefügten S. 4 gelten die in dem neuen S. 3 in Bezug genommenen Anforderungen der OGAW-V-Level-II-VO entsprechend für alle externen AIF-KVG. Dies ist aufgrund der gleichen Schutzwürdigkeit und -bedürftigkeit der Anleger bei OGAW und Publikums-AIF auch richtig. Zur Ausnahme solcher AIF-KVG, die ausschließlich Spezial-AIF verwalten, → Rn. 13.

Eine Unabhängigkeit des Aufsichts- bzw. Beiratsmitglieds von der KVG ist aufgrund des klaren Wortlauts der Vorschrift hingegen nicht erforderlich. In diese Richtung deutete auch schon die Regierungsbegründung zum § 6 IIa InvG (BT-

Drs. 16/5576, 60), wonach die Gründe für die Auswahl eines Mitglieds, das in Abhängigkeit zur KAG steht, nachvollziehbar zu dokumentieren sind. Nach der Begründung zum InvG soll das Aufsichtsgremiumsmitglied unabhängig von bestehenden wirtschaftlichen Beziehungen und daraus resultierenden Interessenkonflikten die Belange der Anleger im Aufsichtsrat vertreten. Unabhängig von der Größe des Aufsichtsgremiums ist immer nur ein unabhängiges Mitglied zu wählen.

Der Gesetzgeber macht detaillierte Vorgaben, wann eine **wirtschaftliche Unabhängigkeit** vorliegen soll: Diese ist nach der Gesetzesbegründung zum InvG regelmäßig dann gegeben, wenn die Einnahmen des Aufsichtsgremiumsmitglieds aus seiner Tätigkeit für einen Gesellschafter der KVG, für ein mit diesem verbundenen Unternehmen oder für einen Geschäftspartner der KVG in den letzten vier Jahren vor seiner Bestellung im Mittel 30% seiner Gesamteinnahmen nicht überschritten haben (BT-Drs. 16/5576, 60). Dabei sind die Einkünfte von 30% kumulativ zu verstehen. **Verbundene Unternehmen** sind nach der Gesetzesbegründung solche iSd § 15 AktG. Entscheidend ist nicht, ob eine Anstellung bei einer der aufgeführten Personen vorliegt. Wirtschaftliche Abhängigkeit ist auch dann gegeben, wenn die betreffende Person in den letzten vier Jahren zwar weniger als 30% ihrer Gesamteinnahmen von den genannten Personen erhalten hat, dieser Umstand aber darauf beruht, dass sie erst seit kurzer Zeit Einnahmen von einer der genannten Personen erhält und diese Einnahmen nahezu ihr gesamtes derzeitiges Einkommen bilden. Für die Beurteilungsgrundlage der wirtschaftlichen Unabhängigkeit sind nur die Einkünfte der designierten natürlichen Person und nicht die Einkünfte der Gesellschaften heranzuziehen, an denen das zu wählende Aufsichtsgremiumsmitglied beteiligt ist. Nach dem Sinn und Zweck der Vorschrift liegt eine wirtschaftliche Abhängigkeit dann vor, wenn das designierte Mitglied zwar ihre gesamten Einkünfte in Form von Pensionszahlungen von einer der genannten Personen bezieht, diese Pensionsansprüche allerdings nicht einseitig entzogen werden können.

Geschäftspartner einer KVG sind nach der Gesetzesbegründung natürliche 10
oder juristische Personen, zu denen die KVG Geschäftsbeziehungen jeglicher Art unterhält. Auf die Art und Dauer der Geschäftsbeziehungen soll es dabei nicht ankommen. Eine Geschäftsbeziehung besteht nur dann, wenn zwischen der KVG und einem anderen Unternehmen oder einer natürlichen Person nicht nur ein einmaliger geschäftlicher Kontakt besteht und beide Parteien innerhalb ihrer gewerblichen oder selbstständigen beruflichen Tätigkeit handeln. Das unabhängige Aufsichtsgremiumsmitglied soll frei von wirtschaftlichen Interessen oder sonstigem Druck seine Kontrollfunktion zugunsten der Interessen der Anleger ausüben können. Gegebenenfalls muss die BaFin hier im jeweiligen Einzelfall eine Entscheidung treffen. Es ist dem designierten Mitglied anzuraten, alle Konstellationen vorab der BaFin anzuzeigen, die eine wirtschaftliche Abhängigkeit begründen könnten. Dies hatte in der Vergangenheit vereinzelt dazu geführt, dass designierte Aufsichtsratsmitglieder, die als Anwälte einer Kanzlei oder eines Beratungsunternehmens für das Erlaubnisverfahren der KVG mandatiert waren, gegenüber der BaFin anwaltlich zu versichern hatten, dass sie wirtschaftlich unabhängig sind. Zum Teil hatte dies auch eine Offenlegung ihrer Einkommensverhältnisse zur Folge.

Ausnahmen (nicht abschließend): 11

- Eine Geschäftsbeziehung liegt dann **nicht** vor, wenn eine Person nicht in Ausübung ihrer gewerblichen oder selbstständigen Tätigkeit Anteile an einem Investmentvermögen der KVG zur Verwaltung des eigenen Vermögens erwirbt. Dann ist diese Person nämlich dem Lager der Anleger anstatt dem des Geschäftspartners der KVG zuzurechnen.

- Arbeitnehmer der KVG sind schon nach dem Wortsinn **keine** Geschäftspartner der KVG (*Engert* Der Konzern 2007, 482).
- Unter Umständen fallen auch Vertriebspartner der KVG **nicht** unter den Begriff des Geschäftspartners, nämlich dann, wenn die Vertriebsgesellschaft mangels eigenen wirtschaftlichen Vorteils nach dem Sinn und Zweck der Vorschrift nicht als Geschäftspartner der KVG zu qualifizieren ist.

12 Da der Gesetzgeber in seiner Begründung zum KAGB dazu schweigt, kann davon ausgegangen werden, dass diese Vorgaben auch auf den Beirat anzuwenden sind.

Da die Vorgabe eines unabhängigen Mitglieds der Anlegerschaft als Ganzes zugutekommt, stellt § 18 III **kein Schutzgesetz** iSd § 823 II BGB dar. Ein Schutzgesetz iSd § 823 II BGB liegt nur dann vor, wenn die Norm jedenfalls auch den Schutz von Individualinteressen bezweckt und die Gewährung eines Schadensersatzanspruches sinnvoll und im Licht des haftungsrechtlichen Gesamtsystems tragbar erscheint (BGH VI ZR 50/7, BGHZ 66, 388 (390); II ZR 16/93, BGHZ 125, 366 (374)).

13 Absatz 3 S. 5 stellt klar, dass dann kein unabhängiges Aufsichtsgremiumsmitglied zu wählen ist, soweit die externe KVG ausschließlich Spezial-AIF verwaltet. Entgegen § 6 IIa 3 aE InvG findet sich in § 18 III 3 kein ausdrücklicher Verweis auf die Verwaltung einer Spezial-Investmentaktiengesellschaft. Dies war aufgrund der Verweiskette des § 1 III, VI und XI auch nicht nötig. Zu beachten ist, dass es auf die tatsächliche Verwaltung von Spezial-Investmentvermögen ankommt: Wie in der Vergangenheit sollte es von daher unschädlich sein, wenn die Erlaubnis der externen KVG auch die Möglichkeit der Verwaltung von Publikums-AIF oder OGAW vorsieht. Sobald die externe KVG aber ein einziges Publikums-Investmentvermögen verwalten sollte, muss ein unabhängiges Aufsichtsgremiumsmitglied gewählt werden.

14 **2. Eignung der Aufsichtsgremiumsmitglieder.** Absatz 4 entspricht inhaltlich der Regelung des aufgehobenen § 6 III InvG: Die designierten Aufsichtsgremiumsmitglieder müssen ihrer **Persönlichkeit** und ihrer **Sachkunde** nach die Wahrung der Anlegerinteressen gewährleisten. Die Anforderungen hinsichtlich der Persönlichkeit beziehen sich auf die **charakterliche Eignung** der designierten Person. Die designierten Aufsichtsgremiumsmitglieder haben vorab der BaFin ein polizeiliches Führungszeugnis der Belegart „O" (§§ 30 V, 31 BZRG), sofern einschlägig einen Gewerbezentralregisterauszug gem. § 150a GewO zur Vorlage bei der BaFin, einen lückenlosen und eigenhändig unterschriebenen Lebenslauf und eine eigenhändig unterschriebene Straffreiheitserklärung einzureichen (s. a. Kommentierung zu § 21 bzgl. der einzureichenden Dokumente für designierte Geschäftsleiter, die auch für designierte Aufsichtsgremiumsmitglieder analog herangezogen werden kann). Sofern das designierte Mitglied seinen ständigen Wohnsitz nicht in Deutschland hat, gelten weitere Voraussetzungen hinsichtlich des beizubringenden Führungszeugnisses. Eine Verurteilung wegen eines Eigentums- oder Vermögensdeliktes wird die charakterliche Eignung des designierten Aufsichtsgremiumsmitglieds regelmäßig ausschließen. Ebenso die Verwicklung in Insolvenzverfahren von Unternehmen, für die die designierte Person in einer Geschäftsleiter- oder Aufsichtsfunktion tätig war. Die BaFin wird hierbei jedoch immer den konkreten Einzelfall zu beurteilen haben. Da die charakterliche Eignung kaum positiv nachgewiesen werden kann, kann diese nur aufgrund fehlender negativer Tatsachen, die an der Geeignetheit Zweifel aufkommen lassen, vermutet werden.

Bei der Prüfung wird die fachliche Autorität oder gar das Ansehen der Person in Fachkreisen etc. keine Berücksichtigung finden, da es um die Feststellung geht, ob die Person geeignet ist, die Wahrung der Anlegerinteressen zu gewähren. Die fachliche Autorität spielt vielmehr bei der **Sachkunde** der designierten Person eine Rolle. Diese kann zB durch vorangegangene Tätigkeiten im Bereich des Bank- oder Börsenwesens oder des Investmentgeschäfts nachgewiesen werden. Für die Wahrung der Interessen der Anleger ist eine mehrjährige praktische Berufserfahrung in den genannten Bereichen wesentlich. Grundsätzlich wird eine dreijährige Tätigkeit ausreichend sein, wohingegen rein theoretische Vorkenntnisse wohl nur in Ausnahmefällen genügen werden.

Wie bereits zu § 18 III ausgeführt, wird auch § 18 IV kein Schutzgesetz iSd § 823 II BGB darstellen. Zu den zutreffenden Ausführungen BSL/*Steck/Gringel* InvG § 6 Rn. 29f.

3. Anzeigepflicht. Die Anzeigepflicht nach § 18 IV 2 soll der BaFin die Möglichkeit geben, zeitnah die Prüfung der neu bestellten Aufsichts- und Beiratsmitglieder durchzuführen, ob diese über die notwendige Qualifikation verfügen. Hinsichtlich der einzureichenden Unterlagen → Rn. 14. Die Anzeige hat **unverzüglich,** also ohne schuldhaftes Zögern (§ 121 I BGB), zu geschehen. Es ist der KVG jedoch zu raten, bereits vor der beabsichtigten Neubestellung eines Aufsichtsgremiumsmitglieds die BaFin im Rahmen eines informellen Vorverfahrens über die beabsichtigte Bestellung zu informieren und auf eine unverbindliche Unbedenklichkeitsäußerung der BaFin hinzuwirken. Dies gilt sowohl im Rahmen eines KVG-Erlaubnisverfahrens als auch bei einem im laufenden Geschäftsbetrieb neu aufzunehmenden Mitglied. Anderenfalls kann die missliche Situation entstehen, dass ein bereits bestelltes neues Mitglied nach der erfolgten Anzeige von der BaFin als unqualifiziert beurteilt wird. Dies könnte unter Umständen zu umfänglicher Mehrarbeit und Reputationsschäden auf Seiten der KVG führen, so dass eine frühzeitige Vorabanzeige im Interesse der KVG liegen dürfte. 15

4. Der Arbeitnehmervertreter. Absatz 5 entspricht im Wesentlichen dem aufgehobenen § 6 IV InvG und ist nur auf eine externe KVG in der Rechtsform einer AG oder GmbH anwendbar, nicht jedoch in der Rechtsform einer Kommanditgesellschaft, bei der persönlich haftender Gesellschafter ausschließlich eine Gesellschaft mit beschränkter Haftung ist, da hier nur die Rede von Aufsichtsratsmitgliedern ist, jedoch nicht von Beiratsmitgliedern. Nach §§ 1 I Nr. 1, 4 I DrittelbG muss bei Aktiengesellschaften, die vor dem 10.8.1994 in das Handelsregister eingetragen worden sind, der Aufsichtsrat unabhängig von der Anzahl der Arbeitnehmer zu einem Drittel aus Arbeitnehmervertretern bestehen. Ist eine KAG nach diesem Datum in das Handelsregister eingetragen worden, sei es in Form einer AG oder GmbH, muss gem. § 1 I Nr. 1 und Nr. 3, 4 I DrittelbG der Aufsichtsrat nur dann zu einem Drittel aus Arbeitnehmervertretern bestehen, wenn diese Unternehmen in der Regel mehr als 500 Arbeitnehmer beschäftigen. Beschäftigt ein Unternehmen in der Regel mehr als 2000 Arbeitnehmer, richtet sich die Arbeitnehmervertretung gem. § 1 II 1 Nr. 1 DrittelbG nach § 1 I des Mitbestimmungsgesetzes; die Mindestzahl der Arbeitnehmervertreter ergibt sich dann aus § 7 MitbestG. Eine **Definition** des Arbeitnehmervertreters findet sich in § 1 XIX Nr. 2. Auf die Arbeitnehmervertreter im Aufsichtsrat findet § 18 IV keine Anwendung, so dass diese nicht den aufsichtsrechtlichen Anforderungen hinsichtlich ihrer Persönlichkeit und Sachkunde unterliegen. Aus den gleichen Gründen sind die Bestellung und das Ausscheiden eines Arbeitnehmer-Aufsichtsratsmitglieds nicht unver- 16 züglich der BaFin anzuzeigen. Dies wäre auch widersinnig, da die Anzeigepflicht der BaFin die Gelegenheit geben soll, zeitnah die Kandidaten auf deren Qualifikationen zu prüfen. Für diese Auslegung spricht auch, dass Abs. 4 den kompletten Abs. 3 für unanwendbar erklärt. Diese Unanwendbarkeitserklärung kann jedoch nicht bedeuten, dass diese Mitglieder nicht die Wahrung der Interessen der Anleger zu beaufsichtigen hätten. Die Aufgabe, die Interessen der Anleger zu gewährleisten, richtet sich vielmehr an den gesamten Aufsichtsrat. In Konfliktfällen haben deshalb auch die Arbeitnehmervertreter den Interessen der Anleger gegenüber denen der Arbeitnehmer der KVG den Vorzug zu geben.

IV. Pflicht zur Unterrichtung für externe AIF-KVG

17 Absatz 6 dient der Umsetzung von Art. 5 II AIFM-RL. Erwägungsgrund (11) der Richtlinie führt hierzu aus, dass mehrere Bestimmungen der Richtlinie den AIF-Manager verpflichten, die Einhaltung von Anforderungen sicherzustellen, für die der AIF-Manager bei einigen Fondsstrukturen nicht verantwortlich ist. Ein **Beispiel** hierfür seien Fondsstrukturen, bei denen der AIF oder ein anderes im Namen des AIF handelndes Unternehmen für die Bestellung der Verwahrstelle zuständig ist. In diesen Fällen habe der AIF-Manager keine letztendliche Kontrolle darüber, ob tatsächlich eine Verwahrstelle bestellt wird, es sei denn, dass der AIF intern verwaltet werde. Da die Richtlinie keine Regelung für AIF selbst enthalte, könne sie einen AIF nicht verpflichten, eine Verwahrstelle zu bestellen. In den Fällen, in denen ein AIF-Manager nicht sicherstelle, dass der AIF oder ein anderes im Namen des AIF handelndes Unternehmen die geltenden Anforderungen einhalte, sollten die zuständigen Behörden es dem AIF-Manager zur Auflage machen, die notwendigen Schritte zu unternehmen, um dem abzuhelfen. Die Gesetzesbegründung zu § 18 VI führt als ein im Inland mögliches Beispiel den Fall der extern verwalteten Investmentaktiengesellschaft mit veränderlichem Kapital an, um das in der Richtlinie genannte Beispiel zu veranschaulichen: Denn der Verwahrstellenvertrag wird in der Regel zwischen der extern verwalteten InvAG mit veränderlichem Kapital und der Verwahrstelle und nicht zwischen der externen KVG und der Verwahrstelle geschlossen (zu den für eine extern verwaltete InvAG möglichen Rechtsgeschäften mit Dritten s. Kommentierung zu §§ 108 ff.).

Zumindest für die frühere Rechtslage ist aber zu bemerken, dass die inländischen extern verwaltenden KVG bereits nach deren Kontrollsystemen die Bestellung von Verwahrstellen beaufsichtigt haben sollten, ohne dass es dafür einer gesetzlichen Fixierung gebraucht hätte. Einer Anwendbarkeitserklärung des § 18 VI auch auf externe OGAW-KVG war nicht nötig, da die OGAW-RL anders als die AIFM-RL eben nicht nur eine Managerregulierung beinhaltet.

V. Kündigung der Bestellung als externe KVG

18 Absatz 7 dient der Umsetzung von Art. 5 III AIFM-RL und verpflichtet die BaFin, gegen die externe AIF-KVG einzuschreiten und, sofern anwendbar, die zuständigen Behörden der Aufnahmemitgliedstaaten der externen AIF-KVG darüber unverzüglich in Kenntnis zu setzen, sollte die externe AIF-KVG die Anforderungen des KAGB nicht einhalten (s. Abs. 6).

§19 Inhaber bedeutender Beteiligungen; Verordnungsermächtigung

(1) [1]Wer beabsichtigt, allein oder im Zusammenwirken mit anderen Personen oder Unternehmen eine bedeutende Beteiligung an einer externen OGAW-Kapitalverwaltungsgesellschaft zu erwerben (interessierter Erwerber), hat dies der Bundesanstalt unverzüglich anzuzeigen. [2]§2c Absatz 1 Satz 2 bis 7 des Kreditwesengesetzes gilt entsprechend; §2c Absatz 1 Satz 5 und 6 des Kreditwesengesetzes ist entsprechend anzuwenden mit der Maßgabe, dass die Anzeigen jeweils nur gegenüber der Bundesanstalt abzugeben sind.

(1a) Die Bundesanstalt hat den Eingang einer vollständigen Anzeige nach Absatz 1 umgehend, spätestens jedoch innerhalb von zwei Arbeitstagen nach deren Zugang, gegenüber dem Anzeigepflichtigen zu bestätigen.

(2) [1]Die Bundesanstalt hat eine Anzeige nach Absatz 1 innerhalb von 60 Arbeitstagen ab dem Datum des Schreibens, mit dem sie den Eingang der vollständigen Anzeige bestätigt hat, zu beurteilen (Beurteilungszeitraum); im Übrigen gilt §2c Absatz 1a des Kreditwesengesetzes entsprechend. [2]Die Bundesanstalt kann innerhalb des Beurteilungszeitraums den beabsichtigten Erwerb der bedeutenden Beteiligung oder deren Erhöhung untersagen, wenn Tatsachen die Annahme rechtfertigen, dass

1. die externe OGAW-Kapitalverwaltungsgesellschaft nicht in der Lage sein oder bleiben wird, den Aufsichtsanforderungen, insbesondere nach der Richtlinie 2009/65/EG, zu genügen, oder
2. die externe OGAW-Kapitalverwaltungsgesellschaft durch die Begründung oder Erhöhung der bedeutenden Beteiligung mit dem Inhaber der bedeutenden Beteiligung in einen Unternehmensverbund eingebunden würde, der durch die Struktur des Beteiligungsgeflechts oder mangelhafte wirtschaftliche Transparenz eine wirksame Aufsicht über die externe OGAW-Kapitalverwaltungsgesellschaft, einen wirksamen Informationsaustausch zwischen den zuständigen Stellen oder die Aufteilung der Zuständigkeiten zwischen diesen beeinträchtigt, oder
3. einer der in §2c Absatz 1b Satz 1 Nummer 1 und 3 bis 6 des Kreditwesengesetzes genannten Fälle, die entsprechend gelten, vorliegt.

[3]§2c Absatz 1b Satz 2 bis 8 des Kreditwesengesetzes ist entsprechend anzuwenden.

(3) [1]In den in §2c Absatz 2 Satz 1 Nummer 1 bis 3 des Kreditwesengesetzes genannten Fällen kann die Bundesanstalt dem Inhaber der bedeutenden Beteiligung und den von ihm kontrollierten Unternehmen die Ausübung des Stimmrechts untersagen und anordnen, dass über die Anteile nur mit ihrer Zustimmung verfügt werden darf. [2]Im Fall einer Verfügung nach Satz 1 hat das Gericht am Sitz der externen OGAW-Kapitalverwaltungsgesellschaft auf Antrag der Bundesanstalt, der externen OGAW-Kapitalverwaltungsgesellschaft oder eines an ihr Beteiligten einen Treuhänder zu bestellen, auf den es die Ausübung des Stimmrechts überträgt. [3]§2c Absatz 2 Satz 3 bis 11 des Kreditwesengesetzes ist entsprechend anzuwenden.

(4) [1]**Bei der Beurteilung nach Absatz 2 arbeitet die Bundesanstalt mit den zuständigen Stellen der anderen Mitgliedstaaten der Europäischen Union und der anderen Vertragsstaaten des Abkommens über den Europäischen Wirtschaftsraum zusammen, wenn der Anzeigepflichtige eine der in § 8 Absatz 3 Satz 2 Nummer 1 bis 3 des Kreditwesengesetzes aufgeführten natürlichen oder juristischen Personen ist. [2]§ 8 Absatz 3 Satz 3 und 4 des Kreditwesengesetzes gilt entsprechend. [3]Die Bundesanstalt hat in ihrer Entscheidung alle Bemerkungen oder Vorbehalte der für den Anzeigepflichtigen zuständigen Stellen anzugeben.**

(5) **Wer beabsichtigt, eine bedeutende Beteiligung an einer externen OGAW-Kapitalverwaltungsgesellschaft aufzugeben oder den Betrag seiner bedeutenden Beteiligung unter die Schwellen von 20 Prozent, 30 Prozent oder 50 Prozent der Stimmrechte oder des Kapitals abzusenken oder die Beteiligung so zu verändern, dass die externe OGAW-Kapitalverwaltungsgesellschaft nicht mehr kontrolliertes Unternehmen ist, hat dies der Bundesanstalt unverzüglich anzuzeigen.**

(6) [1]**Das Bundesministerium der Finanzen wird ermächtigt, durch Rechtsverordnung, die nicht der Zustimmung des Bundesrates bedarf, nähere Bestimmungen zu erlassen über Art, Umfang, Zeitpunkt, Form und Übertragungsweg der nach den Absätzen 1 und 5 zu erstattenden Anzeigen sowie über die Unterlagen, die mit der Anzeige vorzulegen sind. [2]Das Bundesministerium der Finanzen kann diese Ermächtigung durch Rechtsverordnung auf die Bundesanstalt übertragen.**

I. Allgemeines

1 Die Vorschrift entspricht im Wesentlichen der Regelung des aufgehobenen § 2a InvG mit der zu beachtenden Besonderheit, dass § 19 **nur für externe OGAW-KVG** gilt. Art. 11 I OGAW-IV-RL sieht vor, dass qualifizierte Beteiligungen an Verwaltungsgesellschaften den Vorschriften der Art. 10, 10a und 10b der Richtlinie 2004/39/EG unterliegen, wohingegen die AIFM-RL für AIF-Verwaltungsgesellschaften keine dem Art. 11 OGAW-IV-RL entsprechende Vorschrift enthält. Die Anzeigepflicht im Zusammenhang mit bedeutenden Beteiligungen an einer externen OGAW-KVG entspricht dem allgemeinen Grundsatz des deutschen und europäischen Finanzmarktaufsichtsrechts: Die Aufsichtsbehörden sollen im Rahmen ihrer Überwachung der Geschäftstätigkeiten auch einen Einblick in die Zuverlässigkeit von größeren und potenziell einflussreichen Anteilseignern der beaufsichtigten Gesellschaften erhalten. Neben der Solvenzsicherung soll diese Regelung auch der Bekämpfung der organisierten Kriminalität im Finanzwesen und der Geldwäscheprävention dienen. Die praktische Relevanz dieser Regelung ist in der Vergangenheit unter anderem wegen der Finanzmarktkrise durchaus hoch gewesen.

2 Offen ist die Frage, ob § 19 implizit **auch für externe AIF-KVG** Anwendung findet. Ferner ist nicht geklärt, wie die Vorschrift des § 19 anzuwenden ist, wenn eine bestehende oder neu zu gründende KVG sowohl eine OGAW- als auch AIF-Erlaubnis hat. Durch die Regelung in Art. 11 I OGAW-IV-RL, dass qualifizierte Beteiligungen an Verwaltungsgesellschaften den Vorschriften der Art. 10, 10a und 10b der RL 2004/39/EG unterliegen, könnte gefolgert werden, dass, wenn aufgrund des klaren Wortlauts der AIFM-RL und § 19 schon nicht auf externe AIF-

KVG anwendbar, die Regelungen des § 19 zumindest auf externe KVG Anwendung findet, sofern diese eine Erlaubnis sowohl als externe AIF- als auch OGAW-KVG erhalten haben. Sinn und Zweck der Art. 10, 10a und 10b der RL 2004/39/EG ist es, einen einheitlichen europäischen Rahmen für die Beurteilung des Erwerbers von Beteiligungen an regulierten Unternehmen des Finanzsektors zu schaffen. Eine externe AIF-KVG ist als AIFM ein reguliertes Unternehmen des Finanzsektors. Warum es bei externen AIF-KVG nicht erforderlich sein soll, deren Inhaber bedeutender Beteiligungen durch die nationalen Aufsichtsbehörden prüfen zu lassen, leuchtet nicht ein. § 34 I und IV Nr. 1 verpflichtet die KVG zwar auch zur Mitteilung von wesentlichen Änderungen bezüglich bedeutend beteiligter Inhaber. Diese Mitteilungs- bzw. Anzeigepflicht bleibt jedoch hinter der Regelung des § 19 I zurück.

Zumindest aber bei externen KVG, die sowohl die AIF- als auch die OGAW-KVG-Erlaubnis besitzen, kann es schon aus praktischen Gründen nicht sein, dass § 19 nur für die externe OGAW-KVG Anwendung findet. Eine Aufspaltung der AIF/OGAW-KVG in zwei separate Gesellschaften erscheint unmöglich. Diese Konstellation wird zum einen bei neu zu gründenden AIF/OGAW-KVG eine Rolle spielen, aber ebenso bei bereits bestehenden AIF/OGAW-KVG, bei denen sich die Inhaberstruktur ändert.

II. Inhaber bedeutender Beteiligungen an einer externen OGAW-KVG

Der Begriff der **bedeutenden Beteiligung** ist in § 1 XIX Nr. 6 legaldefiniert, 3
der des **interessierten Erwerbers** in § 19 I 1. Durch den Verweis auf die entsprechende Anwendung der Regelungen des KWG kann auf die dort vorliegende, umfangreiche Kommentierung verwiesen werden. Die Anzeigepflicht trifft den interessierten **Erwerber** einer bedeutenden Beteiligung bzw. den Inhaber einer bedeutenden Beteiligung, je nachdem, welche Fallkonstellation vorliegt, unabhängig davon, ob es sich um eine natürliche oder juristische Person handelt. Zur modifizierten Anzeigepflicht einer OGAW-InvAG mit veränderlichem Kapital s. § 108 III.

Anzeigepflichtig ist der beabsichtigte Erwerb einer bedeutenden Beteiligung, 4
die Bestellung neuer gesetzlicher oder satzungsmäßiger Vertreter oder persönlich haftender Gesellschafter beim Inhaber einer bedeutenden Beteiligung und die beabsichtigte Erhöhung einer bedeutenden Beteiligung. Zu beachten ist, dass bereits die **Absicht,** eine bedeutende Beteiligung zu erwerben, **unverzüglich** anzuzeigen ist, nicht erst das tatsächliche Erreichen der in § 1 XIX Nr. 6 genannten Schwellenwerte. Damit wird der BaFin ausreichend Zeit eingeräumt, um vorab zu prüfen, ob Tatsachen vorliegen, die eine Untersagung nach Abs. 2 zur Folge haben.

Der **Inhalt der Anzeige** sollte sich entsprechend nach den Vorgaben der Inha- 5
berkontrollverordnung und dessen Anlage richten und hat unter anderem die Höhe der Beteiligung und eine Selbstauskunft über die eigene Zuverlässigkeit des Bewerbers zu enthalten. Letztere meint die Angabe von Tatsachen, die es der BaFin ermöglichen sollen, die Zuverlässigkeit aufgrund objektiver Gründe beurteilen und gegebenenfalls Nachfragen stellen zu können. Zwar verweist § 19 I KAGB auf § 2c I 1 und 3 KWG, die Inhaberkontrollverordnung ist jedoch nicht direkt auf den (beabsichtigten) Erwerb einer bedeutenden Beteiligung an einer externen OGAW-KVG anwendbar. Eine direkte Anwendung erfolgt nur für Anzeigen nach § 2c KWG und § 104 VAG. Von der Verordnungsermächtigung in § 19 VI zur Konkre-

tisierung des Anzeigeverfahrens ist noch kein Gebrauch gemacht worden (ebenso schon nicht unter dem InvG nach § 2a VII InvG). Daher können die Regelungen der Inhaberkontrollverordnung nur zur Orientierung für die Anzeige nach § 19 herangezogen werden. Wie in der Vergangenheit ist es empfehlenswert, mit der BaFin vorab in Abstimmungsgespräche über die Anzeige und die erforderlichen Unterlagen einzutreten.

6 Über den Verweis auf § 2c I 2–7 KWG ist auch die Absicht der Erhöhung bestimmter Schwellenwerte anzeigepflichtig; Gleiches gilt, wenn der Erwerber anderweitig die externe OGAW-KVG unter seine Kontrolle bringt. Mangels Konkretisierung im KAGB kann zur Auslegung des Begriffs **Kontrolle** an § 1 VIII KWG (aF) angeknüpft werden, wonach eine Kontrolle vorliegt, wenn ein Unternehmen im Verhältnis zu einem anderen Unternehmen als Mutterunternehmen gilt oder wenn zwischen einer natürlichen oder juristischen Person und einem Unternehmen ein gleichartiges Verhältnis besteht.

Ebenso ist eine sonstige Änderung beim Inhaber einer bedeutenden Beteiligung unverzüglich anzuzeigen. Dies ist zB dann der Fall, wenn neue gesetzliche oder satzungsmäßige Vertreter bestellt werden oder neue persönlich haftende Gesellschafter hinzukommen. Auch für diese Personen müssen die für die Beurteilung der Zuverlässigkeit wesentlichen Angaben eingereicht werden.

III. Untersagung des Beteiligungserwerbs

7 Die Untersagung des Beteiligungserwerbs bzw. der -erhöhung gem. § 19 II entspricht der Regelung des aufgehobenen § 2a II InvG.

Der in § 19 II 2 Nr. 1 genannte Untersagungsgrund betrifft die Nichteinhaltung von Aufsichtsanforderungen durch die externe OGAW-KVG als Folge des Erwerbs oder der Erhöhung der bedeutenden Beteiligung.

Durch Nr. 2 soll Gefahren für eine wirksame Aufsicht über die externe OGAW-KVG durch die BaFin entgegengewirkt werden. Undurchsichtige Konzernstrukturen bergen Gefahren für Geldwäschehandlungen und andere organisierte Kriminalität im Finanzwesen. Eine transparente Darstellung der Konzernstruktur ist ferner notwendig, um festzustellen, ob die externe OGAW-KVG in eine konsolidierte Aufsicht einzubeziehen ist.

Nummer 3 verweist auf die Untersagungsgründe des § 2c Ib KWG. Diese finden auf externe OGAW-KVG analoge Anwendung. Zum Umfang der Beweislast der BaFin reicht es, wenn sie Tatsachen nachweist, aus denen die Unzuverlässigkeit des Anzeigepflichtigen gefolgert werden kann. Dieser kann die Vermutung durch entkräftende Tatsachen widerlegen. Die **Untersagungsverfügung** liegt im Ermessen der BaFin (§ 40 VwVfG). Dabei ist der Verhältnismäßigkeitsgrundsatz zu beachten, dh, die Maßnahme muss geeignet, erforderlich und angemessen sein. Als milderes Mittel gegenüber der Untersagung kommt zB die **Suspendierung** der Stimmrechte nach § 19 II in Betracht. Dahingegen muss eine Untersagung erfolgen, wenn der Erwerber beispielsweise außer seinem Stimmrecht weitere faktische Einflussmöglichkeiten auf die externe OGAW-KVG erhalten wird. Sofern die BaFin die Stimmrechte suspendiert, kann der Erwerber daraus ableiten, dass der Erwerb der bedeutenden Beteiligung geduldet wird. Mit der Suspendierung hat die BaFin eine positive Entscheidung getroffen, die in Bestandskraft erwachsen kann. Wenn die BaFin zu einem späteren Zeitpunkt dennoch den Erwerb der bedeutenden Beteiligung untersagt, muss sie diese Entscheidung auf andere, neue Tatsachen gründen. Die Suspendierung kann präventiv ab dem Zeitpunkt des Eingangs der

Anzeige erfolgen, also gegebenenfalls schon vor dem Beurteilungszeitraum, oder aber zu jedem späteren Zeitpunkt. § 19 III enthält insofern keine zeitliche Befristung. Durch den Verweis auf § 2c II 3–11 KWG kann die BaFin die Stimmrechte auch zum Zwecke der Sanktion der Verletzung der Anzeigepflicht oder des untersagungswidrigen Erwerbs der Beteiligung suspendieren. Um dennoch die Handlungsfähigkeit der externen OGAW-KVG zu erhalten, kann das Stimmrecht einem **Treuhänder** übertragen werden. Als Rechtsbehelfe gegen die Maßnahmen der BaFin stehen Widerspruch und Anfechtungsklage zur Verfügung. Gemäß § 7 entfällt jedoch der Suspensiveffekt dieser Rechtsbehelfe. Der Suspensiveffekt kann nur im Wege des vorläufigen Rechtsschutzes gem. § 80 V VwGO angeordnet werden.

IV. Anzeigepflicht bei Aufgabe oder Reduzierung der bedeutenden Beteiligung

Absatz 4 entspricht der Regelung des aufgehobenen § 2a V InvG und verpflichtet die BaFin zur **Zusammenarbeit** mit den zuständigen Stellen in anderen EWR-Staaten, wenn es sich bei dem Anzeigepflichtigen um ein auf der Grundlage europäischer Richtlinien in einem anderen EWR-Staat reguliertes Unternehmen des Finanzsektors, das Mutterunternehmen eines solchen Unternehmens oder eine Person handelt, die ein solches Unternehmen kontrolliert. 8

Gemäß Abs. 5 besteht eine Anzeigepflicht auch dann, wenn eine bedeutende Beteiligung aufgegeben oder unter gewisse **Schwellenwerte reduziert** wird. Eine intensive Kontrolle bzw. Prüfung der BaFin ist insoweit nicht erforderlich. Eine entsprechende Absicht ist dennoch unverzüglich anzuzeigen und die BaFin ist berechtigt, sich nach dem Vollzug der Desinvestition zu erkundigen. Zum Teil wird der in Abs. 5 aufgeführte Sachverhalt mit dem des Abs. 1 korrelieren, so dass in solchen Fällen dennoch ein umfängliches Beteiligungsverfahren durchzuführen sein wird. Dies ist zB dann der Fall, wenn die bereits bestehenden Inhaber einer bedeutenden Beteiligung die frei werdenden Anteile aufkaufen und somit ihre bestehenden Schwellenwerte überschreiten. 9

V. Verordnungsermächtigung

Absatz 6 entspricht der Regelung des aufgehobenen § 2a VII InvG. Wie nach bisheriger Rechtslage findet die Inhaberkontrollverordnung nebst Anlagen iRd § 19 entsprechende Anwendung. 10

§ 20 Erlaubnis zum Geschäftsbetrieb

(1) [1]**Der Geschäftsbetrieb einer Kapitalverwaltungsgesellschaft bedarf der Erlaubnis der Bundesanstalt.** [2]**Die Bundesanstalt kann die Erlaubnis auf die Verwaltung bestimmter Arten von Investmentvermögen beschränken.** [3]**Die Bundesanstalt kann die Erlaubnis mit Nebenbestimmungen verbinden.** [4]**Eine Erlaubnis nach Satz 1 ist auch dann erforderlich, wenn im Zuge einer Umwandlung nach § 305, § 320 oder § 333 des Umwandlungsgesetzes eine juristische Person, die nach Satz 1 erlaubnispflichtige Geschäfte betreibt, ihren satzungsmäßigen Sitz vom Ausland ins Inland verlegt.**

(2) [1]**Externe OGAW-Kapitalverwaltungsgesellschaften dürfen neben der kollektiven Vermögensverwaltung von OGAW folgende Dienstleistungen und Nebendienstleistungen erbringen:**

1. **die Verwaltung einzelner in Finanzinstrumenten im Sinne des § 1 Absatz 11 des Kreditwesengesetzes angelegter Vermögen für andere mit Entscheidungsspielraum einschließlich der Portfolioverwaltung fremder Investmentvermögen (Finanzportfolioverwaltung),**
2. **soweit die Erlaubnis die Dienstleistung nach Nummer 1 umfasst, die Anlageberatung,**
3. **soweit die Erlaubnis die Dienstleistung nach Nummer 1 umfasst, die Verwahrung und Verwaltung von Anteilen an inländischen Investmentvermögen, EU-Investmentvermögen oder ausländischen AIF für andere,**
4. **den Vertrieb und das Pre-Marketing von Anteilen oder Aktien an fremden Investmentvermögen,**
5. **soweit der externen OGAW-Kapitalverwaltungsgesellschaft zusätzlich eine Erlaubnis als externe AIF-Kapitalverwaltungsgesellschaft erteilt wurde, die Verwaltung von AIF sowie Dienstleistungen und Nebendienstleistungen nach Absatz 3,**
6. **den Abschluss von Altersvorsorgeverträgen gemäß § 1 Absatz 1 des Altersvorsorgeverträge-Zertifizierungsgesetzes sowie von Verträgen zum Aufbau einer eigenen kapitalgedeckten Altersversorgung im Sinne des § 10 Absatz 1 Nummer 2 Buchstabe b des Einkommensteuergesetzes,**
7. **die Abgabe einer Zusage gegenüber dem Anleger, dass bei Rücknahme von Anteilen, bei Beendigung der Verwaltung von Vermögen im Sinne der Nummer 1 und der Beendigung der Verwahrung und Verwaltung von Anteilen im Sinne der Nummer 3 mindestens ein bestimmter oder bestimmbarer Betrag an den Anleger gezahlt wird (Mindestzahlungszusage),**
8. **sonstige Tätigkeiten, die mit den in diesem Absatz genannten Dienstleistungen und Nebendienstleistungen unmittelbar verbunden sind.**

[2]**Soweit die Erlaubnis die Finanzportfolioverwaltung oder die Anlageberatung umfasst, ist eine externe OGAW-Kapitalverwaltungsgesellschaft nicht befugt, sich Eigentum oder Besitz an Geldern oder Wertpapieren von Kunden zu verschaffen.**

(3) [1]**Externe AIF-Kapitalverwaltungsgesellschaften dürfen neben der kollektiven Vermögensverwaltung von AIF folgende Dienstleistungen und Nebendienstleistungen erbringen:**

1. **die Verwaltung einzelner nicht in Finanzinstrumenten im Sinne des § 1 Absatz 11 des Kreditwesengesetzes angelegter Vermögen für andere mit Entscheidungsspielraum sowie die Anlageberatung (individuelle Vermögensverwaltung und Anlageberatung),**
2. **die Verwaltung einzelner in Finanzinstrumenten im Sinne des § 1 Absatz 11 des Kreditwesengesetzes angelegter Vermögen für andere mit Entscheidungsspielraum einschließlich der Portfolioverwaltung fremder Investmentvermögen (Finanzportfolioverwaltung),**
3. **soweit die Erlaubnis die Dienstleistung nach Nummer 2 umfasst, die Anlageberatung,**

4. soweit die Erlaubnis die Dienstleistung nach Nummer 2 umfasst, die Verwahrung und Verwaltung von Anteilen an inländischen Investmentvermögen, EU-Investmentvermögen oder ausländischen AIF für andere,
5. soweit die Erlaubnis die Dienstleistung nach Nummer 2 umfasst, die Vermittlung von Geschäften über die Anschaffung und Veräußerung von Finanzinstrumenten (Anlagevermittlung),
6. den Vertrieb und das Pre-Marketing von Anteilen oder Aktien an fremden Investmentvermögen,
7. soweit der externen AIF-Kapitalverwaltungsgesellschaft zusätzlich eine Erlaubnis als externe OGAW-Kapitalverwaltungsgesellschaft erteilt wurde, die Verwaltung von OGAW sowie Dienstleistungen und Nebendienstleistungen nach Absatz 2,
8. den Abschluss von Altersvorsorgeverträgen gemäß § 1 Absatz 1 des Altersvorsorgeverträge-Zertifizierungsgesetzes sowie von Verträgen zum Aufbau einer eigenen kapitalgedeckten Altersversorgung im Sinne des § 10 Absatz 1 Nummer 2 Buchstabe b des Einkommensteuergesetzes,
9. sonstige Tätigkeiten, die mit den in diesem Absatz genannten Dienstleistungen und Nebendienstleistungen unmittelbar verbunden sind.

[2]Soweit die Erlaubnis die Finanzportfolioverwaltung,die Anlageberatung oder die Anlagevermittlung umfasst, ist eine externe AIF-Kapitalverwaltungsgesellschaft nicht befugt, sich Eigentum oder Besitz an Geldern oder Wertpapieren von Kunden zu verschaffen.

(4) **Externe OGAW-Kapitalverwaltungsgesellschaften und externe AIF-Kapitalverwaltungsgesellschaften dürfen nicht ausschließlich die in Absatz 2 Nummer 1 bis 4 und in Absatz 3 Nummer 1 bis 6 genannten Dienstleistungen und Nebendienstleistungen erbringen, ohne auch die kollektive Vermögensverwaltung zu erbringen.**

(5) **[1]In der Satzung oder dem Gesellschaftsvertrag der externen OGAW-Kapitalverwaltungsgesellschaft muss bestimmt sein, dass außer den Geschäften, die zur Anlage ihres eigenen Vermögens erforderlich sind, nur die in Absatz 2 genannten Geschäfte und Tätigkeiten betrieben werden. [2]In der Satzung oder dem Gesellschaftsvertrag der externen AIF-Kapitalverwaltungsgesellschaft muss bestimmt sein, dass außer den Geschäften, die zur Anlage ihres eigenen Vermögens erforderlich sind, nur die in Absatz 3 genannten Geschäfte und Tätigkeiten betrieben werden.**

(6) **Externe Kapitalverwaltungsgesellschaften dürfen sich an Unternehmen beteiligen, wenn der Geschäftszweck des Unternehmens gesetzlich oder satzungsmäßig im Wesentlichen auf die Geschäfte ausgerichtet ist, welche die externe Kapitalverwaltungsgesellschaft selbst betreiben darf und eine Haftung der externen Kapitalverwaltungsgesellschaft aus der Beteiligung durch die Rechtsform des Unternehmens beschränkt ist.**

(7) **Intern verwaltete OGAW-Kapitalverwaltungsgesellschaften dürfen keine andere Tätigkeit ausüben als die Verwaltung des eigenen OGAW; intern verwaltete AIF-Kapitalverwaltungsgesellschaften dürfen keine andere Tätigkeit ausüben als die Verwaltung des eigenen AIF.**

(8) **OGAW-Kapitalverwaltungsgesellschaften dürfen für Rechnung des OGAW weder Gelddarlehen gewähren noch Verpflichtungen aus einem Bürgschafts- oder einem Garantievertrag eingehen.**

(9) [1]**AIF-Kapitalverwaltungsgesellschaften dürfen im Rahmen der kollektiven Vermögensverwaltung ein Gelddarlehen nur gewähren, wenn dies auf Grund der Verordnung (EU) Nr. 345/2013, der Verordnung (EU) Nr. 346/2013, der Verordnung (EU) 2015/760 des Europäischen Parlaments und des Rates vom 29. April 2015 über europäische langfristige Investmentfonds (ABl. L 123 vom 19.5.2015, S. 98), § 3 Absatz 2 in Verbindung mit § 4 Absatz 7 des Gesetzes über Unternehmensbeteiligungsgesellschaften, §§ 240, 261 Absatz 1 Nummer 8, § 282 Absatz 2 Satz 3, § 284 Absatz 5 oder § 285 Absatz 2 oder Absatz 3 erlaubt ist.** [2]**Die Gewährung eines Gelddarlehens im Sinne des Satzes 1 liegt nicht vor bei einer der Darlehensgewährung nachfolgenden Änderung der Darlehensbedingungen.**

(9a) **Abweichend von Absatz 9 dürfen AIF-Kapitalverwaltungsgesellschaften im Rahmen der kollektiven Vermögensverwaltung für Entwicklungsförderungsfonds gemäß § 292a Absatz 2 Gelddarlehen gewähren sowie Bürgschaften, Garantien und sonstige Gewährleistungen für andere übernehmen.**

(10) **Externe Kapitalverwaltungsgesellschaften dürfen ihren Mutter-, Tochter- und Schwesterunternehmen Gelddarlehen für eigene Rechnung gewähren.**

Schrifttum: *Emde/Dreibus* BKR 2013, 89; *Fischer/Friedrich* ZBB 2013, 153; *Herring/Loff* DB 2012, 2029; *Jesch/Alten* RdF 2013, 191; *Pütz/Bommer* Absolut Report 2013, 56; *Weiser/Hüwel* BB 2013, 1091.

Inhaltsübersicht

Rn.

I. Allgemeines . . . 1

II. Dienst- und Nebendienstleistungen durch externe OGAW-KVG (Abs. 2) und durch externe AIF-KVG (Abs. 3) . . . 5

1. Finanzportfolioverwaltung durch externe OGAW-KVG . . . 7
2. Anlageberatung durch externe OGAW-KVG . . . 12
3. Verwahrung und Verwaltung von Anteilen durch externe OGAW-KVG . . . 13
4. Vertrieb von Investmentanteilen durch externe OGAW-KVG . . . 14
5. Verwaltung von AIF durch eine externe OGAW-KVG . . . 15
6. Abschluss von Altersvorsorgeverträgen zum Aufbau einer eigenen kapitalgedeckten Altersversorgung durch externe OGAW-KVG . . . 16
7. Abgabe von Mindestzahlungszusagen durch externe OGAW-KVG . . . 18
8. Sonstige Tätigkeiten durch externe OGAW-KVG . . . 20
9. Individuelle Vermögensverwaltung durch externe AIF-KVG . . . 21
10. Finanzportfolioverwaltung durch externe AIF-KVG . . . 22
11. Anlageberatung durch externe AIF-KVG . . . 23
12. Verwaltung und Verwahrung von Anteilen durch externe AIF-KVG . . . 24
13. Anlagevermittlung durch externe AIF-KVG . . . 25
14. Vertrieb von Investmentanteilen durch externe AIF-KVG . . . 26
15. Verwaltung von OGAW durch externe AIF-KVG . . . 27

Rn.
16. Abschluss von Altersvorsorgeverträgen zum Aufbau einer eigenen kapitalgedeckten Altersversorgung durch externe AIF-KVG . . . 28
17. Sonstige Tätigkeiten durch externe AIF-KVG 29
III. Externe KVG als Spezialinstitute 30
IV. Geschäftstätigkeit von internen KVG 36
V. Kreditfonds 37

I. Allgemeines

1 § 20 dient der Umsetzung der Art. 6ff. AIFM-RL und entspricht im Wesentlichen der Regelung des aufgehobenen § 7 InvG. Übt ein Unternehmen den Geschäftsbetrieb einer KVG aus, bedarf es einer schriftlichen Erlaubnis der BaFin (Abs. 1 S. 1). Die Erlaubnis muss vor der Aufnahme des Geschäftes vorliegen und ist auch für das Betreiben von Dienst- und Nebendienstleistungen nach Abs. 2 und 3 erforderlich. § 20 stellt damit ein Verbot mit Erlaubnisvorbehalt dar, dh, dass der Antragsteller einen Anspruch auf Erlaubniserteilung hat, sofern keine Versagungsgründe vorliegen. Die Vorschrift legt damit fest, dass der Geschäftsbetrieb einer OGAW- oder AIF-KVG **erlaubnis*pflichtig*** ist; die **Erlaubnis*fähigkeit*** richtet sich hingegen nach den §§ 17ff. Unter den Voraussetzungen des § 22 kann einer OGAW-KVG zusätzlich eine Erlaubnis als AIF-KVG und unter den Voraussetzungen des § 21 kann umgekehrt auch einer AIF-KVG zusätzlich eine Erlaubnis als OGAW-KVG erteilt werden. In diesen Fällen ist die Verwaltungsgesellschaft sowohl OGAW-KVG als auch AIF-KVG (sog. „Super-KVG").

2 Nach § 20 I 2 ist die BaFin ermächtigt, die **Erlaubnis** auf bestimmte Arten von Investmentvermögen zu **beschränken.** Im Unterschied zum ursprünglichen Gesetzestext enthält § 20 I 2 nunmehr keine Beschränkung nur auf bestimmte Arten von „inländischen" Investmentvermögen. Da KVG auch EU-Investmentvermögen über den EU-Pass nach § 53 und ausländische Investmentvermögen nach § 55 verwalten können und dem Art. 8 IV AIFM-RL keine Beschränkung der Erlaubnis nur in Bezug auf inländische AIF zu entnehmen ist, wurde das Wort „inländischen" im KAGB-Text gestrichen. Eine Beschränkung auf inländische Investmentvermögen wäre auch problematisch, da eine KVG anderenfalls bspw. im Ausland Flugzeugfonds oÄ verwalten könnte, obwohl die Erlaubnis im Inland nur für Wertpapierfonds gilt und im Erlaubnisverfahren keine Angaben zur entsprechenden fachlichen Eignung der Geschäftsleiter gemacht wurden.

Die Beschränkungsoption für die Verwaltung bestimmter Arten von Investmentvermögen folgt aus Art. 8 IV AIFM-RL und spielt bei der Beurteilung der fachlichen Eignung der designierten Geschäftsleiter (§ 21 I Nr. 4 bzw. § 22 I Nr. 4) eine besondere Rolle; für die Frage des **Umfangs der fachlichen Eignung der Geschäftsleiter** ist der in der Satzung oder dem Gesellschaftsvertrag vorgesehene Geschäftsbereich der KVG entscheidend. Es ist davon auszugehen, dass die BaFin eine „Abfärbung" der fachlichen Eignung für offene Investmentvermögen auf jene für geschlossene Investmentvermögen und umgekehrt nicht ausreichen lassen wird. Werden im Rahmen des Erlaubnisverfahrens zwei oder mehr Geschäftsleiter benannt, die jeweils nur für ihren eigenen Bereich (zB offene Investmentvermögen einerseits und geschlossene Investmentvermögen andererseits), aber nicht für den jeweils anderen Bereich über theoretische und praktische Kenntnisse verfügen, kann dies jedoch unter bestimmten Voraussetzungen für die Anfangsphase ausreichend sein, um eine fachliche Eignung der Geschäftsleiter insgesamt zu bejahen (s. a. BaFin

Merkblatt zum Erlaubnisverfahren für eine AIF-KVG nach § 22 KAGB vom 22.3.2013 unter A) 4. b)). Dies setzt neben der erforderlichen Leitungserfahrung voraus, dass die Geschäftsleiter der BaFin gegenüber plausibilisieren, wie sie die bestehenden Qualifikationsunterschiede ausgleichen und sich in der Folgezeit die praktischen und theoretischen Kenntnisse für den jeweils anderen Bereich aneignen werden. Diese Vorgehensweise steht im Einklang mit den europäischen Vorgaben in der Level-II-VO: Art. 21 Buchst. a Level-II-VO schreibt vor, dass das Leitungsgremium einer KVG **kollektiv** über die Kenntnisse, Kompetenzen und Erfahrungen verfügen muss, die für das Verständnis der Tätigkeiten der KVG erforderlich sind.

3 Die Erlaubnis kann mit **Nebenbestimmungen** verbunden werden, was dem aufgehobenen § 7 I 2 InvG entspricht. Zu den Nebenbestimmungen zählen gem. § 36 II VwVfG Befristungen, Bedingungen, Widerrufsvorbehalt, Auflagen und Auflagenvorbehalte. Zu beachten ist, dass der Erlaubnisbescheid dann nicht mit Nebenbestimmungen versehen werden darf, wenn dadurch der gesetzliche Anspruch des Antragstellers auf Erlaubniserteilung eingeschränkt würde oder die BaFin durch eine Nebenbestimmung ihre Pflicht zur Erlaubnisversagung nach § 23 verletzen würde.

4 Die durch das OGAW-V-UmsG im März 2016 neu eingefügten Abs. 8–10 regeln die Möglichkeit der Gewährung von Gelddarlehen durch bestimmte Arten von AIF. Davor galt seit Mai 2015 das BaFin-Schreiben „Änderung der Verwaltungspraxis zur Vergabe von Darlehen usw. für Rechnung des Investmentvermögens“ (Gz: WA 41-Wp 2100–2015/0001) hinsichtlich der Möglichkeit der Vergabe von Gelddarlehen für bestimmte Investmentvermögen. Eine besondere Regelung für AIF-KVG bei der kollektiven Vermögensverwaltung für Entwicklungsförderungsfonds findet sich durch das FoStoG (BGBl. 2021 I 1498) mWv 2.8.2021 in Abs. 9a im Hinblick auf die Gewährung von Gelddarlehen und der Übernahme von Bürgschaften, Garantien und sonstigen Gewährleistungen für andere (vgl. auch die Kommentierung zu § 292a).

II. Dienst- und Nebendienstleistungen durch externe OGAW-KVG (Abs. 2) und durch externe AIF-KVG (Abs. 3)

5 Absätze 2 und 3 beschreiben die zulässigen **Dienst- und Nebendienstleistungen,** die von einer KVG neben der kollektiven Vermögensverwaltung erbracht werden dürfen. Zur Wahrung des **Spezialitätsprinzips** regeln Abs. 2 und 3 die zulässigen Dienst- und Nebendienstleistungen **abschließend.** Die vom deutschen Gesetzgeber vorgenommene Differenzierung zwischen Dienstleistungen und Nebendienstleistungen ist folgenlos und funktionslos und kann von daher vernachlässigt werden. Für andere Leistungen wird die BaFin keine Erlaubnis erteilen. Ausgenommen von dem Verbot, sonstige Geschäfte zu betreiben, sind nur sog. Hilfstätigkeiten (Abs. 2 S. 1 Nr. 8 bzw. Abs. 3 S. 1 Nr. 9) und die in Abs. 5 erwähnten Geschäfte, die zur Anlage des eigenen Vermögens erforderlich sind.

6 Der Begriff der **kollektiven Vermögensverwaltung** wird in § 1 XIX Nr. 24 legaldefiniert und umfasst die Portfolioverwaltung, das Risikomanagement, administrative Tätigkeiten, den **Vertrieb** von **eigenen** Investmentanteilen (sowie bei AIF Tätigkeiten im Zusammenhang mit den Vermögensgegenständen des AIF, s. Abs. 3 S. 1). Den Vertrieb von **fremden** Investmentanteilen regelt Nr. 4.

7 **1. Finanzportfolioverwaltung durch externe OGAW-KVG.** Absatz 2 S. 1 Nr. 1 entspricht im Wesentlichen der Regelung des aufgehobenen § 7 II 1 InvG.

Um die Bezeichnung an den im KWG und im WpHG verwendeten Begriff der **„Finanzportfolioverwaltung"** anzupassen, wurde die Dienstleistung des aufgehobenen § 7 II Nr. 1 InvG von „individueller Vermögensverwaltung" in „Finanzportfolioverwaltung" umbenannt. Diese Umbenennung führt jedoch nicht zu einer Änderung der materiellen Rechtslage, so dass insb. die Portfolioverwaltung fremder Investmentvermögen als „Finanzportfolioverwaltung" (vormals „individuelle Vermögensverwaltung") zu qualifizieren ist.

Erbringt die OGAW-KVG als Auslagerungsunternehmen die Portfolioverwaltung fremder Investmentvermögen und damit die „Finanzportfolioverwaltung", hat dies weiterhin zur Folge, dass sie ein Institut iSd § 1 I Nr. 4 EAEG ist. Dabei ist die Befugnis zur Erbringung der Finanzportfolioverwaltung bereits ausreichend, ohne dass diese tatsächlich betrieben werden müsste. Bei der Entschädigungseinrichtung handelt es sich gem. § 6 I 2 Nr. 3 EAEG um die **Entschädigungseinrichtung der Wertpapierhandelsunternehmen (EdW).** Wenn der KVG die Erlaubnis zur Erbringung der Finanzportfolioverwaltung erteilt wurde, hat die BaFin der KVG zusammen mit der Erlaubniserteilung die Entschädigungseinrichtung mitzuteilen, der sie zugeordnet ist (§§ 21 III, 22 V), und die KVG hat ihre Kunden nach § 32 zu informieren. In diesem Zusammenhang ist auch § 39 II und III Nr. 4 sowie § 40 zu beachten. Durch die Erbringung der Finanzportfolioverwaltung wird die KVG jedoch kein Finanzdienstleistungsinstitut (§ 2 VI 1 Nr. 5a KWG) und auch kein Wertpapierdienstleistungsunternehmen (§ 2a I Nr. 7d WpHG). 8

Nach der Gesetzesbegründung ermöglichte die Erlaubnis zur Erbringung der individuellen Vermögensverwaltung der KVG, ihr vorhandenes Wissen und ggf. überschüssige Sach- und Personalkapazitäten für eine Dienstleistung zu nutzen, die in einem engen Zusammenhang mit der Verwaltung von Investmentvermögen steht (BT-Drs. 13/7143, 31). Selbstverständlich darf die Erbringung der Finanzportfolioverwaltung unter keinem Umstand zu Interessenkonflikten gegenüber den Anlegerinteressen der verwalteten Investmentvermögen führen. Ferner hat die KVG die entsprechenden Verhaltensregeln des WpHG zu beachten. Bei der Finanzportfolioverwaltung handelt es sich nicht um eine Bevollmächtigung für den Einzelfall, sondern um eine auf längere Zeit abgeschlossene Geschäftsbeziehung. Die KVG handelt in offener Stellvertretung des Kunden, indem sie aufgrund einer Vollmacht über dessen Konten und Depots verfügen kann. Als Finanzportfolioverwaltung gilt auch die Portfolioverwaltung eines fremden Investmentvermögens durch die externe KVG im Rahmen eines Auslagerungsvertrages nach § 36. 9

Das wesentliche Element der Finanzportfolioverwaltung ist das Vorliegen eines **Entscheidungsspielraums der KVG,** der dann gegeben ist, wenn die konkrete Anlageentscheidung letztlich im eigenen Ermessen der KVG liegt und dieser die **Letztentscheidungskompetenz** zukommt. Im Unterschied dazu liegt eine **Anlageberatung** vor, wenn der Kunde oder Anleger der KVG bestimmte Weisungen hinsichtlich der Einzeltitelselektion vorgibt oder die KVG nur unter Zustimmungsvorbehalt des Anlegers handeln kann. Denn dann liegt kein Entscheidungsspielraum der KVG vor; ob dies beim Vorliegen eines Vetorechts gleichermaßen gilt, lässt sich nicht pauschal beantworten. Damit gelten die Ausführungen in Abschn. 9 der InvMaRisk zur Anlageberatung weiter. Die Entgegennahme von Informationen oder Empfehlungen Dritter in Bezug auf Vermögensgegenstände, die die KVG für Anlageentscheidungen benötigt, gelten dann nicht als Auslagerung iSd § 36, wenn die qualifizierte Anlageentscheidung von der KVG auf Basis einer eigenen Analyse der Anlage für das Investmentvermögen beruht. Es ist ausdrücklich 10 nicht ausreichend, dass die Anlageempfehlung lediglich einer formalen Kontrolle (etwa im Hinblick auf die Einhaltung von Anlagegrenzen) durch die KVG unterzogen wird und im Übrigen die KVG die Empfehlung ohne eigene Beurteilung der Anlage durchführt; s. auch das Merkblatt der BaFin „FAQ Auslagerung gemäß § 36 KAGB" vom 10.7.2013 geänd. am 15.11.2017, Nr. 13.

11 Das Vorliegen der Finanzportfolioverwaltung erfordert den Abschluss eines **Vermögensverwaltungsvertrages** zwischen der KVG und dem individuellen Kunden, nämlich eines Geschäftsbesorgungsvertrages iSd §§ 675ff. BGB. Darin sind auch die Anlagerichtlinien festzulegen, nach denen das Vermögen des Kunden in konkret benannte Finanzinstrumente investiert werden soll. Zu beachten ist auch der vom Gesetzgeber zur Klarstellung neu eingefügte S. 2 des Abs. 2, wonach sich eine externe KVG kein Eigentum oder Besitz an Geldern oder Wertpapieren der Kunden bei der Erbringung der Finanzportfolioverwaltung oder der Anlageberatung oder -vermittlung verschaffen darf.

12 **2. Anlageberatung durch externe OGAW-KVG.** Absatz 2 S. 1 Nr. 2 entspricht im Wesentlichen der Regelung des aufgehobenen § 7 II Nr. 3 InvG. Der Begriff der **Anlageberatung** entspricht dem des § 1 Ia 2 Nr. 1a KWG bzw. § 2 III 1 Nr. 9 WpHG. Die Verknüpfung mit der Finanzportfolioverwaltung nach Nr. 1 ist zwingend: Es ist nicht gestattet, Investmentgesellschaften, die keine Finanzportfolioverwaltung betreiben dürfen, zu erlauben, isoliert die Anlageberatung für in Finanzinstrumente angelegte Vermögen zu betreiben. Dies folgte schon aus Art. 6 III 2 OGAW-IV-RL. Erbringt die externe OGAW-KVG die Anlageberatung, hat sie der **Entschädigungseinrichtung EdW** anzugehören. Ferner sind die entsprechenden Verhaltensregeln des WpHG zu beachten, dh, die KVG kann persönliche Empfehlungen an Kunden oder deren Vertreter abgeben, die sich auf Geschäfte mit bestimmten Finanzinstrumenten beziehen, sofern die Empfehlung auf eine Prüfung der persönlichen Umstände des Anlegers gestützt oder als für ihn geeignet dargestellt wird und nicht ausschließlich über Informationsverbreitungskanäle oder für die Öffentlichkeit bekannt gegeben wird. Im Gegensatz zur Finanzportfolioverwaltung verbleibt bei der Anlageberatung die verbindliche Entscheidung über die einzelne Anlage beim Kunden. Zu beachten ist auch hier die Klarstellung des Gesetzgebers in Abs. 1 S. 2.

13 **3. Verwahrung und Verwaltung von Anteilen durch externe OGAW-KVG.** Absatz 2 S. 1 Nr. 3 entspricht im Wesentlichen der Regelung des aufgehobenen § 7 II Nr. 4 InvG und ermöglicht es der externen OGAW-KVG bei Vorliegen der Erlaubnis nach Nr. 1, die in Nr. 3 genannten Anteile zu verwahren und zu verwalten. Der KVG ist damit im beschränkten Umfang das **Depotgeschäft** gestattet, auch als Serviceleistung für andere KVG, die aus Kostengründen diese Dienstleistung für ihre Kunden nicht erbringen können oder möchten. Das Betreiben des Depotgeschäfts gem. § 1 I 2 Nr. 5 KWG führt aber wegen § 2 I Nr. 3b KWG nicht dazu, dass die KVG die Kreditinstitutseigenschaft verwirklicht. Die KVG muss nicht beides zusammen, also sowohl die Verwahrung als auch die Verwaltung, anbieten. Für die Verwaltung und Verwahrung von in Nr. 3 genannten Anteilen sind die Vorschriften des Depotgesetzes anwendbar. Die zwingende Verknüpfung mit einer Erlaubnis zur Finanzportfolioverwaltung ergibt sich aus Art. 6 III 2 OGAW-IV-RL. Erbringt die externe OGAW-KVG die Verwaltung und/oder Verwahrung von Investmentanteilen, hat sie der **Entschädigungseinrichtung EdW** anzugehören (§ 1 I Nr. 4 iVm § 6 I 2 Nr. 3 EAEG). Ferner sind die entsprechenden Verhaltensregeln des WpHG zu beachten.

4. Vertrieb von Investmentanteilen durch externe OGAW-KVG. Absatz 2 S. 1 Nr. 4 legt fest, dass die OGAW-KVG neben der kollektiven Vermögensverwaltung auch fremde Investmentanteile vertreiben darf. Der Vertrieb von eigenen Investmentanteilen ist nach § 1 XIX Nr. 24 bereits von der kollektiven Vermögensverwaltung umfasst. **Anteilsvertrieb fremder Investmentvermögen** als Nebendienstleistung bedeutet, dass die KVG Anteilscheine von Drittunternehmen verwahren darf. Ebenso kann sich die KVG an anderen KVG und auch an Vertriebsgesellschaften beteiligen. Der zum 2.8.2021 neu eingefügte Hinweis auf das Pre-Marketing dient der Klarstellung, dass KVG im Rahmen ihrer erlaubten Nebentätigkeit ggf. das Pre-Marketing erbringen. 14

5. Verwaltung von AIF durch eine externe OGAW-KVG. Absatz 2 S. 1 Nr. 5 regelt, dass eine externe OGAW-KVG, soweit ihr zusätzlich eine Erlaubnis als externe AIF-KVG erteilt wurde, auch AIF verwalten kann. Dadurch wird Art. 7 IV AIFM-RL umgesetzt, wonach eine OGAW-KVG das Recht hat, auch eine Zulassung als AIF-KVG zu beantragen. Intern verwaltete OGAW-KVG dürfen allerdings keine anderen Investmentvermögen verwalten als ihren eigenen OGAW, s. Abs. 7. 15

6. Abschluss von Altersvorsorgeverträgen zum Aufbau einer eigenen kapitalgedeckten Altersversorgung durch externe OGAW-KVG. Absatz 2 S. 1 Nr. 6 entspricht im Wesentlichen der Regelung des aufgehobenen § 7 II Nr. 6 InvG. Externen OGAW-KVG ist es demnach erlaubt, als Nebengeschäft **Altersvorsorgeverträge** gem. § 1 I AltZertG abzuschließen (sog. „Riester-Rente"), wenn gem. § 1 I Nr. 3 AltZertG die Zusage vorliegt, dass zu Beginn der Auszahlungsphase zumindest die eingezahlten Altersvorsorgebeiträge für die Auszahlungsphase zur Verfügung stehen und für die Leistungserbringung genutzt werden. Damit wird die KVG zum Anbieter im Sinne von § 1 II 1 Nr. 1d AltZertG und muss die Altersvorsorgebeiträge während der Ansparphase entgegennehmen, im Investmentvermögen anlegen und verwalten. Bei der Leistungserbringung muss sie die Geldbeträge in der Auszahlphase aus dem Investmentvermögen entnehmen; die dafür festzulegenden Modalitäten sind Bestandteil der Altersvorsorgeverträge zwischen der KVG und dem Anleger. Die KVG darf nur dann Altersvorsorgeverträge anbieten, wenn sie selbst Anbieter iSv § 1 II 1 AltZertG ist. Dies folgt zwingend aus der Bedingung, dass es sich um Altersvorsorgeverträge iSv § 1 I AltZertG handeln muss. Zu beachten ist § 25 V, wonach die externe KVG im Interesse der Erfüllung ihrer Verpflichtungen gegenüber ihren Gläubigern, insbesondere im Interesse der Sicherheit der ihr anvertrauten Vermögenswerte, **angemessene Eigenmittel vorhalten** muss. Diese Eigenmittel sind auch aufgrund der mit dem Abschluss von Altersvorsorgeverträgen verbundenen Risiken erforderlich. 16

Externen OGAW-KVG ist es weiterhin explizit erlaubt, **Verträge zum Aufbau einer kapitalgedeckten Altersvorsorge** iSd § 10 I Nr. 2b EStG abzuschließen (sog. „Basis- oder Rürup-Rente"). Dadurch soll sichergestellt werden, dass Sparer im gleichen Umfang wie bei der Riester-Rente aus steuerlich unbelastetem Einkommen für den Ruhestand Vorsorge treffen können. Gemäß § 10 I Nr. 2b EStG muss der Vertrag mit dem Steuerpflichtigen vorsehen, dass der Anspruch auf eine lebenslange Leibrente nicht vor Vollendung des 62. Lebensjahres besteht. Der Anspruch ist auch nicht vererblich, übertragbar, beleihbar, veräußerbar oder kapitalisierbar. Darüber hinaus darf kein Anspruch auf Auszahlungen bestehen. Der mögliche ersatzlose Wegfall des Anspruchs auf Auszahlung bei vorherigem Ableben des Steuerpflichtigen ist Ausfluss der Beschränkung auf die Alterssicherung und kann (bzw. sollte) sich in der zu vereinbarenden Prämienhöhe widerspiegeln. 17

18 **7. Abgabe von Mindestzahlungszusagen durch externe OGAW-KVG.** Absatz 2 S. 1 Nr. 7 entspricht im Wesentlichen der Regelung des aufgehobenen § 7 II Nr. 6a InvG, enthält drei Varianten von **Mindestzahlungszusagen** und liefert gleich die Legaldefinition mit. Die externe OGAW-KVG kann Mindestzahlungszusagen im Rahmen der Verwaltung so genannter **Garantiefonds,** im Rahmen der **Finanzportfolioverwaltung** nach Abs. 2 S. 1 Nr. 1 und des **Depotgeschäfts** nach Abs. 2 S. 1 Nr. 3 abgeben. Weshalb diese Mindestzahlungszusage nur einer OGAW-KVG vorbehalten sein soll und nicht auch durch eine AIF-KVG erfolgen darf, ist nicht nachvollziehbar. Bei den sog. Garantiefonds muss die Mindestzahlungszusage nicht an die Rückgabe von Anteilen geknüpft sein. Sie kann vielmehr auch für bestimmte oder bestimmbare Zeitpunkte unabhängig von einer Rückgabe von Anteilen erfolgen. Der Mindestrücknahmepreis kann dabei sowohl unterhalb als auch über dem Ausgabepreis für die Anteile liegen. Die entsprechenden Vereinbarungen sind bei Publikums-Investmentvermögen in die Anlagebedingungen aufzunehmen und im Verkaufsprospekt zu dokumentieren. Aus der Garantieerklärung müssen der Garantiegeber, -stichtag oder die Bedingungen, nach denen sich der Garantiestichtag berechnen lässt, hervorgehen. Wird an den festgelegten Terminen dann der garantierte Mindestpreis nicht erreicht, muss die KVG als Garantiegeber die Differenz aus dem eigenen Vermögen im jeweiligen Investmentvermögen ausgleichen. Bei der Abgabe einer Mindestzahlungszusage im Rahmen der Finanzportfolioverwaltung und des Depotgeschäfts sichert die KVG eine bestimmte Wertentwicklung des Gesamtwertes der von ihr verwalteten und im Depot verwahrten Anteile zu.

19 Die hier geregelte Mindestzahlungszusage ist **kein Garantiegeschäft** iSd § 1 I 2 Nr. 8 KWG und daher auch kein Bankgeschäft. Es werden nämlich keine Bürgschaften, Garantien oder sonstige Gewährleistungen für andere übernommen, sondern ein Mindesterfolg versprochen. Wie bei Abs. 2 S. 1 Nr. 6 muss die KVG **angemessene Eigenmittel vorhalten,** wenn sie Mindestzahlungszusagen abgibt (s. § 25 V).

20 **8. Sonstige Tätigkeiten durch externe OGAW-KVG.** Absatz 2 S. 1 Nr. 8 entspricht im Wesentlichen der Regelung des aufgehobenen § 7 II Nr. 7 InvG, wonach KVG alle sonstigen mit den in Abs. 2 genannten Dienst- und Nebendienstleistungen verbundenen Tätigkeiten erbringen dürfen, sofern sie eine entsprechende Erlaubnis besitzen. Unter diese **sonstigen Tätigkeiten** kann zB die Beratungstätigkeit der KVG subsumiert werden, die mit der Verwaltung von Investmentvermögen in einem unmittelbaren Sachzusammenhang steht und nicht unter die Anlageberatungstätigkeit nach Abs. 2 S. 1 Nr. 2 fällt. Damit wird es der KVG ermöglicht, ihre Sachkenntnis zB in den Bereichen Kapitalmarktforschung und Kapitalanlageplanung kommerziell zu nutzen. Ebenso können (noch) nicht benötigte IT-Kapazitäten durch die KVG vermietet werden (s. BT-Drs. 11/6262, 28). Sonstige Tätigkeiten können darüber hinaus auch Vertriebs- und Vermittlungstätigkeiten der KVG sein, welche nicht auf die Anteile oder Aktien von Investmentvermögen beschränkt sein müssen. Sogenannte Master-KVG haben sich darauf spezialisiert, für kleinere und mittelgroße Fondshäuser das Insourcing administrativer Tätigkeiten wie die Fondsbuchhaltung, Anlagegrenzprüfung oder das Berichtswesen anzubieten. Master-KVG können diese Service-Leistungen sowohl anderen KVG als auch (in einem begrenzteren Umfang) Verwahrstellen zur Verfügung stellen.

21 **9. Individuelle Vermögensverwaltung durch externe AIF-KVG.** Nach Abs. 3 S. 1 Nr. 1 ist die **individuelle Vermögensverwaltung für AIF-KVG** auf

Vermögen beschränkt, die nicht in Finanzinstrumente iSd § 1 XI KWG angelegt sind. Zusätzlich wird in Nr. 1 auch die Beratung bei der Anlage einzelner nicht in Finanzinstrumente angelegter Vermögen aufgeführt. Nummer 1 umfasst damit insbesondere die Regelung des aufgehobenen § 7 II Nr. 2 InvG („die Verwaltung einzelner in Immobilien angelegter Vermögen für andere sowie die Anlageberatung"), beschränkt sich aber nicht auf Immobilienportfolios. Absatz 3 S. 1 Nr. 1 ist damit das Gegenstück zu Abs. 3 S. 1 Nr. 2 bezogen auf die individuelle Vermögensverwaltung für andere Gattungen von Vermögensgegenständen als die in § 1 XI KWG aufgeführten. Der AIF-KVG wird es damit ermöglicht, ihr ohnehin vorhandenes Fachwissen für diese Nebentätigkeit kommerziell zu nutzen. Dabei ist jedoch genau auf den von der BaFin genehmigten Umfang des Geschäftsbetriebes der AIF-KVG zu achten: So ist davon auszugehen, dass eine AIF-KVG, die die Erlaubnis zur Verwaltung von Schiffsfonds erhalten hat (§ 261 II Nr. 2), als Dienst- oder Nebendienstleistung nach § 20 III S. 1 Nr. 1 auch in diesem Gebiet zB beratend tätig werden kann, nicht jedoch auch zB in dem Gebiet der erneuerbaren Energien (§ 261 II Nr. 4), sofern sie dafür keine Erlaubnis erhalten hat (s. zur früheren Rechtslage EDDH/*Thole* InvG § 7 Rn. 31). Wie bei der Finanzportfolioverwaltung ist auch hier entscheidend, dass die AIF-KVG bei der Verwaltung des Kundenvermögens nach **eigenem Ermessen** handelt und die **letztverantwortliche Anlageentscheidung** trifft; ebenso muss die KVG in offener Stellvertretung handeln. Zu beachten ist auch der vom Gesetzgeber zur Klarstellung mWv 26.6.2021 neu eingefügte S. 2 des Abs. 3, wonach sich eine externe KVG kein Eigentum oder Besitz an Geldern oder Wertpapieren der Kunden bei der Erbringung der Finanzportfolioverwaltung oder der Anlageberatung oder -vermittlung verschaffen darf.

10. Finanzportfolioverwaltung durch externe AIF-KVG. Absatz 3 S. 1 22
Nr. 2 entspricht im Wesentlichen dem aufgehobenen § 7 II Nr. 1 InvG und legt fest, dass die AIF-KVG neben der kollektiven Vermögensverwaltung auch die Verwaltung einzelner in Finanzinstrumente iSd § 1 XI KWG angelegter Vermögen für andere mit Entscheidungsspielraum einschließlich der Portfolioverwaltung fremder Investmentvermögen **(Finanzportfolioverwaltung)** erbringen darf. Sofern die AIF-KVG neben der kollektiven Vermögensverwaltung auch die Finanzportfolioverwaltung nach Nr. 2 erbringt, hat dies allerdings zur Folge, dass sie der Sicherungspflicht nach dem EAEG unterfällt. Nummer 1 und 2 dienen zudem der Umsetzung von Art. 6 IV Buchst. a AIFM-RL. Darin wird zwar nicht danach differenziert, ob die Portfolios, die individuell für andere mit Entscheidungsspielraum verwaltet werden, in Finanzinstrumente angelegt werden oder nicht. Eine Differenzierung ist jedoch im nationalen Recht erforderlich, da die **Sicherungspflicht nach dem EAEG** nur dann bestehen soll, wenn die AIF-KVG die Verwaltung einzelner in Finanzinstrumenten angelegter Vermögen für andere mit Entscheidungsspielraum einschließlich der Portfolioverwaltung fremder Investmentvermögen erbringt. Dagegen soll nach der Gesetzesbegründung keine Sicherungspflicht nach dem EAEG bestehen, wenn die AIF-KVG Vermögen für andere mit Entscheidungsspielraum verwaltet, die nicht in Finanzinstrumente, sondern beispielsweise in Immobilien oder Schiffe, angelegt sind.

11. Anlageberatung durch externe AIF-KVG. Absatz 3 S. 1 Nr. 3 dient der 23
Umsetzung von Art. 6 IV Buchst. b Ziff. i und V Buchst. b AIFM-RL. Die Regelung ist wortgleich mit Abs. 2 S. 1 Nr. 2, so dass insofern auf die dortigen Ausführungen verwiesen wird.

24 **12. Verwaltung und Verwahrung von Anteilen durch externe AIF-KVG.** Absatz 3 S. 1 Nr. 4 dient der Umsetzung von Art. 6 IV Buchst. b Ziff. ii und V Buchs. b AIFM-RL. Die Regelung ist wortgleich mit Abs. 2 S. 1 Nr. 3, so dass insofern auf die dortigen Ausführungen verwiesen wird.

25 **13. Anlagevermittlung durch externe AIF-KVG.** Absatz 3 S. 1 Nr. 5 dient der Umsetzung von Art. 6 IV Buchst. b Ziff. iii und V Buchst. b AIFM-RL: Externe AIF-KVG dürfen danach neben der kollektiven Vermögensverwaltung die **Anlagevermittlung** erbringen, soweit die Erlaubnis der BaFin auch die Finanzportfolioverwaltung erfasst. Als Anlagevermittlung gilt die Vermittlung von Geschäften über die Anschaffung und Veräußerung von Finanzinstrumenten; s. insoweit auch die Kommentierung zu § 1 Ia 2 Nr. 1 KWG und das BaFin-Merkblatt „Hinweise zum Tatbestand der Anlagevermittlung" vom 24.7.2013.

26 **14. Vertrieb von Investmentanteilen durch externe AIF-KVG.** Nach Absatz 3 S. 1 Nr. 6 darf eine externe AIF-KVG neben der kollektiven Vermögensverwaltung auch fremde Investmentanteile vertreiben. Dies ist zwar schon von der in Nr. 5 aufgeführten Anlagevermittlung erfasst, die gesonderte Aufführung war jedoch notwendig, da sonst ein Vertrieb von fremden Investmentanteilen zwingend eine Erlaubnis der externen AIF-KVG zur Finanzportfolioverwaltung voraussetzen würde. Im Übrigen kann auf die Ausführungen zu Abs. 2 S. 1 Nr. 4 verwiesen werden.

27 **15. Verwaltung von OGAW durch externe AIF-KVG.** Absatz 3 S. 1 Nr. 7 dient der Umsetzung von Art. 6 II 2. Hs. AIFM-RL. Danach dürfen externe AIF-KVG, soweit ihnen zusätzlich eine Erlaubnis als OGAW-KVG erteilt wurde, auch OGAW verwalten. Intern verwaltete AIF-KVG dürfen dies allerdings nicht, s. § 20 VII KAGB und Art. 6 III AIFM-RL.

28 **16. Abschluss von Altersvorsorgeverträgen zum Aufbau einer eigenen kapitalgedeckten Altersversorgung durch externe AIF-KVG.** Absatz 3 S. 1 Nr. 8 entspricht im Wesentlichen der Regelung des aufgehobenen § 7 II Nr. 6 InvG. Die Regelung ist wortgleich mit Abs. 2 S. 1 Nr. 6, so dass insofern auf die dortigen Ausführungen verwiesen wird. Zu beachten ist zudem auch hier § 25 V, wonach die externe KVG im Interesse der Erfüllung ihrer Verpflichtungen gegenüber ihren Gläubigern, insbesondere im Interesse der Sicherheit der ihr anvertrauten Vermögenswerte, **angemessene Eigenmittel** vorhalten muss.

29 **17. Sonstige Tätigkeiten durch externe AIF-KVG.** Absatz 3 S. 1 Nr. 9 entspricht im Wesentlichen der Regelung des aufgehobenen § 7 II Nr. 7 InvG. Die Regelung ist wortgleich mit Abs. 2 S. 1 Nr. 8, so dass insofern auf die dortigen Ausführungen verwiesen wird.

III. Externe KVG als Spezialinstitute

30 Die Abs. 4, 5 und 6 stellen klar, dass eine KVG zu den **Spezialinstituten** gehört, das heißt, dass ihre Geschäftstätigkeit auf die in Abs. 2 und 3 genannten Geschäfte und Tätigkeiten beschränkt ist. Das Investmentgeschäft muss im Vordergrund der Geschäftstätigkeit einer KVG stehen, um unvertretbare Risiken, Interessenkonflikte oder eine Vermengung des Investmentgeschäfts mit anderen Bank- oder Finanzdienstleistungsgeschäften zu verhindern.

31 Demgemäß stellt Abs. 4 ausdrücklich klar, dass KVG wenigstens ein Investmentvermögen (oder eine InvAG oder InvKG) verwalten müssen. Die Regelung dient

der Umsetzung von Art. 6 V Buchst. a AIFM-RL und soll auch für OGAW-KVG gelten. Die ausgeübten Nebentätigkeiten dürfen nach Art und Umfang nicht zur Haupttätigkeit des unternehmerischen Handelns der KVG werden.

Nach Abs. 5 dürfen neben dem Investmentgeschäft der kollektiven Vermögensverwaltung und die in den Absätzen 2 bzw. 3 genannten Tätigkeiten nur Geschäfte betrieben werden, die zur **Anlage des eigenen Vermögens der KVG** erforderlich sind. Die Vorschrift entspricht im Wesentlichen der Regelung des aufgehobenen § 7 IV InvG. Da die BaFin durch die ausdrückliche Regelung des § 20 I 2 die Möglichkeit hat, die Erlaubnis auf die Verwaltung bestimmter Arten von Investmentvermögen zu beschränken, ist es geboten, den beabsichtigten Geschäftsbereich der KVG an den Wortlaut des § 20 anzulehnen. Das heißt, dass die Beschreibung der von der KVG konkret auszuübenden Tätigkeiten in der Satzung bzw. dem Gesellschaftsvertrag praktischerweise von dem Gesetzeswortlaut zu den Dienst- und Nebendienstleistungen abgeschrieben werden kann. Eine pauschale Klausel wie zB die „Auflegung und Verwaltung von Investmentvermögen" als Unternehmensgegenstand wird nicht genehmigungsfähig sein. Besonders zu achten ist bei der Nennung der Dienst- und Nebendienstleistungen in der Satzung bzw. dem Gesellschaftsvertrag, dass die (designierten) Geschäftsleiter die fachliche Eignung in den jeweils genannten Kategorien von Investmentvermögen besitzen. 32

Der externen KVG ist es grundsätzlich erlaubt, ihr **eigenes Vermögen** nach ihrer eigenen Vorstellung und nach pflichtgemäßem Ermessen anzulegen. Das KAGB macht insofern keine Vorgaben hinsichtlich der zulässigen Anlagearten; es sollten aber wie schon nach alter Rechtslage nur solche Vermögensanlagen getätigt werden, die der Funktion des Eigenkapitals nicht zuwiderlaufen. Maßstab hierbei sollte die Sorgfalt eines ordentlichen und gewissenhaften Geschäftsleiters im Hinblick auf die Liquiditätssicherung und den Schutz der Vermögenssubstanz sein, so dass der laufende Geschäftsbetrieb der externen KVG aufrechterhalten werden kann. Ebenso wichtig ist die Funktion des eigenen Vermögens als Haftungsgrundlage für potentielle Ansprüche von Anlegern oder sonstigen Gläubigern der externen KVG. So ist zB der Erwerb von Anteilen oder Aktien der von der externen KVG verwalteten Investmentvermögen allgemein für zulässig anerkannt. Gemäß **§ 28 I 2 Nr. 4** gehört die Aufstellung geeigneter Regelungen für die Anlage des eigenen Vermögens in Finanzinstrumenten zur ordnungsgemäßen Geschäftsorganisation einer KVG. 33

Abs. 6 entspricht im Wesentlichen der Regelung des aufgehobenen § 7 III InvG und regelt die Möglichkeit der **Unternehmensbeteiligungen** für externe KVG. Zu beachten ist hierbei, dass Abs. 6 nur den Beteiligungserwerb aus dem eigenen Vermögen der externen KVG betrifft, nicht den Erwerb von Unternehmensbeteiligungen für Rechnung eines von der externen KVG verwalteten Investmentvermögens. Laut der Gesetzesbegründung zum KAGG (BT-Drs. 13/7143, 31) soll der externen KVG das Eingehen unternehmerischer Beteiligungen mit den Mitteln ihres eigenen Vermögens an in- und ausländischen Unternehmen ermöglicht werden, jedoch nur bei solchen Unternehmen, deren Geschäftszweck im Wesentlichen gesetzlich oder satzungsmäßig auf Geschäfte ausgerichtet ist, die die externe KVG selbst betreiben darf. Sie darf sich daher nicht an Unternehmen beteiligen, die solche Geschäfte betreiben, die die externe KVG selbst nicht betreiben darf. Als zulässige Geschäftszwecke von Beteiligungsunternehmen kommen daher das Betreiben des Investmentgeschäfts oder Dienst- und Nebendienstleistungen nach den Abs. 2 und 3 in Betracht. 34

Um das Risiko einer Unternehmensbeteiligung zu begrenzen, sind nur solche Unternehmen beteiligungsfähig, die eine Rechtsform besitzen, die eine unbe- 35 grenzte Haftung der externen KVG ausschließen (BT-Drs. 13/7143, 31). Generell sind damit Kapitalgesellschaften beteiligungsfähig, Personengesellschaften hingegen nur bei einer Beteiligung der externen KVG als Kommanditist. Eine kapitalmäßige Begrenzung enthält Abs. 6 nicht, so dass eine externe KVG über eine 100-prozentige Tochter zugelassene Geschäfte betreiben kann. Dabei sind jedoch die Schutzvorschriften des KAGB zu beachten: Eine Unternehmensbeteiligung darf nicht zu einer Umgehung von Schutzvorschriften des KAGB führen.

IV. Geschäftstätigkeit von internen KVG

36 Absatz 7 dient der Umsetzung von Art. 6 III AIFM-RL. Eine entsprechende Regelung für OGAW-InvAG findet sich in Art. 28 OGAW-IV-RL und im aufgehobenen § 96 III InvG. Zwar wird zum Teil die Meinung vertreten, dass eine intern verwaltete KVG in der Gestalt einer InvAG mit veränderlichem Kapital wie bereits unter dem InvG sowohl OGAW- als auch AIF-Teilgesellschaftsvermögen verwalten darf (sog. „Super-InvAG"). Die BaFin hat sich in ihrem Auslegungsschreiben zu den §§ 20 VII und 110 II v. 16.7.2013 jedoch eindeutig positioniert: „Eine interne KVG kann im Gegensatz zu einer externen KVG nur entweder AIF-KVG oder OGAW-KVG sein." Dieses Ergebnis stützt sie nicht nur auf § 20 VII, sondern auch auf die §§ 20 II 1 Nr. 5 und III 1 Nr. 7, wonach eine *externe* OGAW-KVG (vorbehaltlich einer entsprechenden Erlaubnis) auch AIF und eine *externe* AIF-KVG auch OGAW verwalten darf. Aufgrund des klaren Wortlauts und der eindeutigen europarechtlichen Vorgaben ist damit eine sog. „Super-InvAG" als intern verwaltete InvAG mit veränderlichem Kapital nicht mehr zulässig.

V. Kreditfonds

37 Der neue Abs. 8 in der Fassung des OGAW-V-Umsetzungsgesetzes übernimmt laut der Gesetzesbegründung die Regelung des aufgehobenen § 93 IV zum Verbot der Darlehensvergabe und der Bürgschaft und dehnt dessen Anwendungsbereich entsprechend der Vorgabe des Art. 88 I OGAW-RL auf alle OGAW aus.

Der neue Abs. 9 S. 1 benennt abschließend die Fälle, in denen eine Darlehensvergabe für Rechnung eines AIF möglich ist; daneben ist eine Darlehensvergabe für Rechnung eines AIF unzulässig. Die in S. 1 zunächst erfolgende Auflistung der bereits bisher geltenden spezialgesetzlichen Regelungen zur Darlehensvergabe durch AIF hat lediglich klarstellenden Charakter. Mit der Nennung des mit diesem Gesetz in § 285 eingefügten Abs. 2 wird die neu geschaffene Regelung in Bezug genommen, die die Darlehensvergabe für Rechnung eines geschlossenen Spezial-AIF behandelt. Mit der Nennung der neu eingefügten Regelungen in § 261 I Nr. 8, § 282 II 3, § 284 V und § 285 III werden die neuen Regelungen zu Gesellschafterdarlehen in Bezug genommen. In diesem Zusammenhang ist von Bedeutung, dass das Einlagengeschäft keine nach § 20 erlaubte Tätigkeit darstellt. Eine KVG, die das Einlagengeschäft betreiben würde, wäre als Kreditinstitut iSd Kreditwesengesetzes anzusehen. Würde eine KVG darüber hinaus für Rechnung eines AIF das Einlagen- und Kreditgeschäft kombinieren, wäre es als „Kreditinstitut" iSd Art. 4 I Nr. 1 der VO (EU) 575/2013 des Europäischen Parlaments und des Rates vom 26.6.2013 über Aufsichtsanforderungen an Kreditinstitute und Wertpapierfirmen und zur Änderung der VO (EU) Nr. 646/2012 (ABl. 2013 L 176, 1) zu qualifizieren.

38 Absatz 9 S. 2 bestimmt, dass Änderungen der Darlehensbedingungen, die der Darlehensvergabe nachfolgen, nicht als Darlehensvergabe zu bewerten sind und daher nicht den Begrenzungen des S. 1 unterliegen. Änderungen der Darlehensbedingungen iSd S. 2 stellen Fälle wie beispielsweise die Prolongation, die Änderung der Tilgungsleistungen und die Änderung der Zinslasten dar. Diese Regelung beinhaltet zweierlei: Durch die neue Regelung werden die Handlungsmöglichkeiten von AIF – mit Ausnahme offener Spezial-AIF – erweitert. Diese AIF können unverbriefte Darlehen, in die sie investieren, künftig effektiver verwalten. Im Unterschied zur Rechtslage nach dem KWG soll nach dem KAGB keine Abgrenzung zwischen Änderungen der Darlehensbedingungen, die als Darlehensvergabe zu bewerten sind, und solchen Änderungen erfolgen, die nicht so zu bewerten sind. Nach der Wertung des KWG kann etwa eine Prolongation ein Kreditgeschäft iSd § 1 I 2 Nr. 2 KWG darstellen. Eine derartige Maßnahme, die nach der Wertung des KWG ein Kreditgeschäft darstellen würde, kann also künftig nach dem KAGB auch von einem AIF vorgenommen werden. Die Grenzen, die der Vergabe von Gelddarlehen im Anwendungsbereich des KAGB durch den S. 1 gesetzt werden, gelten nicht für die Änderung von Darlehensbedingungen (Abs. 9 S. 2). Um die Gefahr für die Finanzmarktstabilität und Regulierungsarbitrage zu vermeiden, werden an KVG von AIF, die in unverbriefte Darlehen investieren, (wie auch für darlehensvergebende AIF) besondere Anforderungen an das Risiko- und Liquiditätsmanagement gestellt, vgl. § 29 Va, und offene Spezial-AIF von dem Anwendungsbereich des Abs. 9 S. 2 ausgenommen (Abs. 9 S. 2 I Hs. 2).

Der mWv 2.8.2021 in Kraft getretene Abs. 9a regelt, dass abweichend von Abs. 9 AIF-KVG im Rahmen der kollektiven Vermögensverwaltung für Entwicklungsförderungsfonds nach § 292a Abs. 2 Gelddarlehen gewähren sowie Bürgschaften, Garantien und sonstigen Gewährleistungen für andere übernehmen können (vgl. auch die Kommentierung zu § 292a). **39**

Der neue Abs. 10 erlaubt externen KVG die Gewährung von Gelddarlehen für eigene Rechnung, soweit dies auf Konzernunternehmen beschränkt bleibt **(Konzernprivileg).** Die Regelung orientiert sich an dem Konzernprivileg in § 2 I Nr. 7 KWG. Die Regelung ist erforderlich, da § 20 die zulässigen Geschäfte bzw. Tätigkeiten enumerativ auflistet. Die Regelung lässt die Kapitalanforderungen nach § 25, insbesondere die Regelung des § 25 VII, unberührt. Diese müssen auch bei der Vergabe eines Gelddarlehens innerhalb des Konzerns beachtet werden. Internen KVG ist die Gewährung von Gelddarlehen für eigene Rechnung nicht erlaubt. Für weiterführende Details zum Bereich Kreditfonds s. die Kommentierung zu §§ 282, 285. **40**

§ 21 Erlaubnisantrag für eine OGAW-Kapitalverwaltungsgesellschaft und Erlaubniserteilung

(1) **Der Erlaubnisantrag für eine OGAW-Kapitalverwaltungsgesellschaft muss enthalten:**

1. **einen geeigneten Nachweis der zum Geschäftsbetrieb erforderlichen Mittel nach § 25 und im Fall des § 5 Absatz 2 Satz 1 nach § 5 Absatz 2 Satz 2 oder 3 dieses Gesetzes in Verbindung mit § 17 Absatz 1 Nummer 2 oder 3 des Wertpapierinstitutsgesetzes,**
2. **die Angabe der Geschäftsleiter,**
3. **Angaben zur Beurteilung der Zuverlässigkeit der Geschäftsleiter,**
4. **Angaben zur Beurteilung der fachlichen Eignung der Geschäftsleiter,**

5. die Namen der an der OGAW-Kapitalverwaltungsgesellschaft bedeutend beteiligten Inhaber sowie Angaben zur Beurteilung ihrer Zuverlässigkeit und zur Höhe ihrer jeweiligen Beteiligung,
6. die Angaben der Tatsachen, die auf eine enge Verbindung zwischen der OGAW-Kapitalverwaltungsgesellschaft und anderen natürlichen oder juristischen Personen hinweisen,
7. einen tragfähigen Geschäftsplan, aus dem die Art der geplanten Geschäfte sowie der organisatorische Aufbau und die geplanten internen Kontrollverfahren der OGAW-Kapitalverwaltungsgesellschaft hervorgehen und
8. die Satzung oder den Gesellschaftsvertrag, die den Anforderungen dieses Gesetzes entsprechen.

(2) **Die Bundesanstalt hat über die Erteilung der Erlaubnis innerhalb von sechs Monaten nach Einreichung des vollständigen Antrags zu entscheiden.**

(3) **Sofern der OGAW-Kapitalverwaltungsgesellschaft auch die Erlaubnis zum Erbringen der Finanzportfolioverwaltung nach § 20 Absatz 2 Nummer 1 erteilt wird, ist ihr mit der Erteilung der Erlaubnis die Entschädigungseinrichtung mitzuteilen, der sie zugeordnet ist.**

(4) **Die Bundesanstalt hat die Erteilung der Erlaubnis im Bundesanzeiger bekannt zu machen.**

(5) **Beantragt eine OGAW-Kapitalverwaltungsgesellschaft zusätzlich die Erlaubnis zur Verwaltung von AIF nach § 22, muss sie diejenigen Angaben und Unterlagen, die sie bereits mit dem Erlaubnisantrag nach Absatz 1 eingereicht hat, nicht erneut einreichen, sofern diese Angaben und Unterlagen noch aktuell sind.**

Schrifttum: *Emde/Dreibus* BKR 2013, 89; *Fischer/Friedrich* ZBB 2013, 153.

Inhaltsübersicht

	Rn.
I. Allgemeines	1
II. Erlaubnisantrag für eine OGAW-KVG	3
1. Nachweis der erforderlichen Mittel	3
2. Angaben zu den Geschäftsleitern	5
3. Angaben zu den Inhabern bedeutender Beteiligungen	11
4. Angaben zu engen Verbindungen	13
5. Geschäftsplan	14
6. Genehmigungsfähige Satzung bzw. Gesellschaftsvertrag	17
III. Entscheidung über den Erlaubnisantrag	18
1. Entscheidungsfrist	18
2. Mitteilung der Entschädigungseinrichtung durch die BaFin	19
3. Bekanntmachung durch die BaFin	20
4. Erlaubnisantrag für eine OGAW- und AIF-KVG	21

I. Allgemeines

1 § 21 regelt die für die Erlaubniserteilung für eine OGAW-KVG einzureichenden Unterlagen sowie das Verfahren bis zur Erlaubniserteilung; dahingegen regelt § 20 nur das Erfordernis der schriftlichen Erlaubnis. Absatz 1 Nr. 1–7 entspricht im We-

sentlichen der Regelung des aufgehobenen § 7a I InvG; Nr. 8 ist an die Regelung des aufgehobenen § 97 I Nr. 4 InvG angelehnt. Letztere legt fest, dass dem Erlaubnisantrag die Satzung oder der Gesellschaftsvertrag der zu gründenden OGAW-KVG beizufügen ist; dieses Dokument muss den Anforderungen des KAGB entsprechen. Nach der Gesetzesbegründung gilt diese Regelung sowohl für die interne als auch für die externe OGAW-KVG. Im Fall der internen OGAW-KVG ergibt sich diese Verpflichtung schon aus Art. 5 II OGAW-IV-RL, wonach die Zulassung einer Investmentgesellschaft nur dann erteilt ist, wenn die zuständige Stelle unter anderem deren Satzung genehmigt. In Bezug auf die Satzung von extern verwalteten OGAW-InvAG ist eine entsprechende Regelung in § 113 I 2 Nr. 3 zu finden.

Eine Erlaubnis der BaFin nach §§ 20, 21 und/oder §§ 20, 22 führt indes nicht dazu, dass andere Genehmigungen oder Anzeigen (zB die Anzeige über die Aufnahme des Betriebs eines stehenden Gewerbes gem. § 14 GewO) nicht mehr erforderlich wären. Ein verbotener Geschäftsbetrieb der KVG macht das Geschäft an sich zwar zivilrechtlich nicht unwirksam, da § 124 BGB nicht greift, wenn eine der am Rechtsgeschäft Beteiligten gegen die ihr obliegenden gesetzlichen Vorschriften verstößt. Das unerlaubte Betreiben von Investmentgeschäften ist jedoch gem. § 339 strafbewehrt; gem. § 15 kann die BaFin darüber hinaus entsprechende Maßnahmen ergreifen. 2

Der Erlaubnisantrag ist bei der BaFin schriftlich zu stellen und ist von allen Geschäftsführern bzw. Vorstandsmitgliedern des zukünftigen Erlaubnisträgers zu unterzeichnen; soweit anwaltliche Berater den Erlaubnisantrag im Namen der Gründer stellen, ist dem Antrag eine Originalvollmacht mit den Unterschriften der Gründer beizufügen. Zukünftig soll das Schriftformerfordernis wegfallen, um auch im Rahmen des Erlaubniserteilungsverfahrens eine Digitalisierung zu ermöglichen (vgl. § 7b, der mWv 1.4.2023 in Kraft tritt). Der Gesetzgeber hat es der Verwaltungspraxis zum § 7a InvG der BaFin überlassen, die Ausgestaltung der einzureichenden Unterlagen näher zu konkretisieren (BT-Drs. 16/5576, 61). Die BaFin hat dazu in der Vergangenheit die **Konkretisierungen der Anzeigenverordnung** entsprechend herangezogen; dies wird für OGAW-KVG wahrscheinlich weiterhin gelten.

II. Erlaubnisantrag für eine OGAW-KVG

1. Nachweis der erforderlichen Mittel. Nach Abs. 1 Nr. 1 hat der Erlaubnisantrag einen geeigneten Nachweis der zum Geschäftsbetrieb einer OGAW-KVG erforderlichen Mittel nach § 25 zu enthalten. Das **Anfangskapital** ist in § 1 XIX Nr. 1 für die Zwecke des KAGB legaldefiniert; **Eigenmittel** sind gem. § 1 XIX Nr. 9 seit dem 1.1.2014 solche gem. Art. 72 der VO (EU) Nr. 575/2013, also die Summe aus Kernkapital und Ergänzungskapital. 3

OGAW-KVG, die nach der Erlaubniserteilung erstmals den Geschäftsbetrieb aufnehmen, haben mit dem nach Abs. 1 Nr. 7 einzureichenden Geschäftsplan die Art der geplanten Geschäfte unter begründeter Angabe der künftigen Entwicklung mittels Planbilanz und Plangewinn- und -verlustrechnung für die ersten drei vollen Geschäftsjahre nach Aufnahme der Geschäftstätigkeit darzulegen. Diese Darlegung dient dann als **Berechnungsmaßstab** für die erforderlichen zusätzlichen Eigenmittel nach § 25 I Nr. 2. Den Nachweis über die zur Verfügung stehenden Mittel kann die OGAW-KVG durch eine **Bestätigung eines Einlagenkreditinstituts** mit Sitz in einem EWR-Staat erbringen (entsprechend § 14 III 1 AnzV). Diese Bestätigung muss darauf lauten, dass das Anfangskapital eingezahlt wurde und frei von 4

Rechten Dritter zur freien Verfügung der Geschäftsleiter steht. Alternativ kann der Nachweis auch durch eine schriftliche **Bestätigung eines Prüfers,** der im Falle der Erlaubniserteilung auch zur Prüfung des Jahresabschlusses des Antragstellers berechtigt wäre, über das vorhandene Eigenkapital, das nach den Grundsätzen des § 25 ermittelt worden sein muss, erbracht werden. Zu beachten ist in diesem Zusammenhang auch § 39 III Nr. 2 sowie § 40. Externe KVG, die zusätzlich Dienst- und Nebendienstleistungen nach § 20 Abs. 2 S. 1 Nr. 1– oder Abs. 3 S. 1 Nr. 2–5 erbringen, müssen auch die entsprechenden MiFID-Verhaltens- und Organisationsverpflichtungen einhalten. Daran anknüpfend haben diese KVG auch ein entsprechend erhöhtes Anfangskapital vorzuhalten, nämlich ein um die Hälfte erhöhtes Anfangskapital, welches für Wertpapierinstitute mit entsprechender Erlaubnis vorgehalten werden muss (vgl. auch die Kommentierung zu § 5 II).

5 **2. Angaben zu den Geschäftsleitern.** Absatz 1 Nr. 2–4 beinhaltet Vorgaben hinsichtlich der **Nennung** und der Angaben zur Beurteilung der **Zuverlässigkeit** und **fachlichen Eignung** der designierten **Geschäftsleiter.** In § 1 XIX Nr. 15 wird der Begriff des Geschäftsleiters legaldefiniert. Diese Definition geht weiter als die des § 1 II KWG, denn nach dem KAGB sind **zusätzlich** auch die Personen, die die tatsächliche Leitung der Geschäfte innehaben, Geschäftsleiter iSd § 1 XIX Nr. 15. Damit sollen auch Strohmannkonstruktionen erfasst werden, bei denen die tatsächliche Leitung der OGAW-KVG nicht beim Vorstand bzw. den Geschäftsführern liegt. Diese Erweiterung der Definition könnte insbesondere im Bereich der geschlossenen Investmentvermögen eine Rolle spielen. Eine OGAW-KVG benötigt mindestens zwei Geschäftsleiter. Dies wird aus dem Versagungsgrund des § 23 Nr. 2 deutlich.

6 Um der BaFin die Beurteilung der **Zuverlässigkeit** sowie der **fachlichen Eignung** der designierten Geschäftsleiter zu ermöglichen, sind dem Erlaubnisantrag entsprechend den Regelungen des § 14 IV und VI iVm § 5 I AnzV folgende Dokumente beizufügen (s. auch das BaFin-Merkblatt zum Erlaubnisverfahren für eine AIF-Kapitalverwaltungsgesellschaft nach § 22 v. 22.3.2013, dessen diesbezügliche Aussagen auch analog für eine OGAW-KVG gelten, sowie das BaFin-Merkblatt zu den Geschäftsleitern gem. KWG, ZAG und KAGB v. 4.1.2016):

- ein lückenloser, eigenhändig unterschriebener **Lebenslauf,** der sämtliche Vornamen, den Geburtsnamen, den Geburtstag und -ort, die Privatanschrift und die Staatsangehörigkeit, eine eingehende Darlegung der fachlichen Vorbildung, die Namen aller Unternehmen, für die diese Person tätig gewesen ist und Angaben zur Art der jeweiligen Tätigkeit, einschließlich Nebentätigkeiten (mit Ausnahme ehrenamtlicher) enthalten muss; bei der Art der jeweiligen Tätigkeit sind insbesondere die Vertretungsmacht dieser Person, die internen Entscheidungskompetenzen und die ihr innerhalb des Unternehmens unterstellten Geschäftsbereiche darzulegen;
- der designierte Geschäftsleiter hat zur Beurteilung der Zuverlässigkeit eine eigenhändig unterschriebene **Erklärung** einzureichen, ob derzeit gegen ihn ein Strafverfahren geführt wird, ob zu einem früheren Zeitpunkt ein Strafverfahren wegen eines Verbrechens oder Vergehens gegen ihn geführt worden ist oder ob er oder ein von ihm geleitetes Unternehmen als Schuldner in ein Insolvenzverfahren oder in ein Verfahren zur Abgabe einer eidesstattlichen Versicherung oder ein vergleichbares Verfahren verwickelt war oder ist sowie eine eigenhändig unterschriebene Erklärung über familiäre Beziehungen (Angehörige iSd § 11 Nr. 1 StGB) zu Mitgliedern des Aufsichts-, Verwaltungs- und Beirats des betreffenden Unternehmens;

– ein **polizeiliches Führungszeugnis** der Belegart „O" gem. §§ 30 V, 31 BZRG zur Vorlage bei der BaFin, das der designierte Geschäftsleiter selbst anzufordern hat (hat die Person ihren aktuellen Hauptwohnsitz außerhalb Deutschlands oder in den letzten zehn Jahren in verschiedenen Staaten gehabt, so hat diese Person ein dem deutschen polizeilichen Führungszeugnis entsprechendes Dokument ihres Wohnsitzstaates beizubringen; hier empfiehlt es sich, zeitnah mit der BaFin Rücksprache zu halten, um vorab Detailfragen zu klären) und
– einen **Gewerbezentralregisterauszug** gem. § 150a GewO zur Vorlage bei der BaFin, den der designierte Geschäftsleiter selbst anzufordern hat, sofern er im Rahmen seiner beruflichen Tätigkeit Vertretungsberechtigter eines Gewerbetreibenden, mit der Leitung eines Gewerbebetriebes beauftragt oder Leiter einer sonstigen wirtschaftlichen Unternehmung war.

Der designierte Geschäftsleiter muss ferner die Gewähr dafür bieten, dass er über 7 **ausreichend zeitliche Kapazitäten** verfügt, um die Geschäfte der OGAW-KVG zu führen. Dies ist zB dann näher zu erläutern, falls aus dem eingereichten Lebenslauf ersichtlich wird, dass der designierte Geschäftsleiter weitere Geschäftsleiter-, Aufsichtsrats- oder sonstige Kontrollmandate ausübt. In diesem Fall bietet es sich an, dass neben dem Lebenslauf in einem gesonderten Dokument (zB tabellarisch) die weiteren Mandate unter Angabe der jeweiligen Wochenstunden plausibel dargelegt werden. Sollten sich durch die Mehrfachmandate Hinweise auf mögliche Interessenkonflikte ergeben, wird sich die BaFin vorbehalten, weitere Dokumente anzufordern.

Die **fachliche Eignung** setzt voraus, dass die Person, die als Geschäftsleiter be- 8 stellt werden soll, in ausreichendem Maße über theoretische und praktische Kenntnisse in den betreffenden Geschäften sowie über **Leitungserfahrung** verfügen muss. Die widerlegbare Regelvermutung für eine ausreichende fachliche Eignung ist zB dann gegeben, wenn eine dreijährige leitende Tätigkeit bei einer Gesellschaft vergleichbarer Größe und Geschäftsart nachgewiesen wird. § 23 Nr. 3 verweist insofern auf die Regelung des § 25c I KWG. Maßstab für die Beurteilung der fachlichen Eignung bleibt jedoch die individuelle Prüfung aller Umstände des Einzelfalls durch die BaFin. Dazu kann auch gehören, dass die BaFin neben der Prüfung der eingereichten Unterlagen die designierten Geschäftsleiter zu einem persönlichen Gespräch einlädt. Die fachliche Eignung muss zudem in Bezug auf die fondsspezifische, von der KVG beabsichtigte Geschäftstätigkeit vorliegen.

Hinsichtlich der zu verwaltenden Investmentvermögen fordert die BaFin, dass 9 mindestens ein Geschäftsführer über eine besondere fachliche Eignung bezüglich des konkreten Investmentvermögens verfügt. Das heißt, möchte eine KVG sowohl Immobilien- als auch Wertpapierinvestmentvermögen verwalten, muss mindestens ein Geschäftsleiter besondere praktische und theoretische Erfahrungen im Bereich Immobilienfonds besitzen, während ein anderer Geschäftsleiter diese Erfahrungen im Bereich Wertpapierfonds vorweist. Es reicht nicht aus, dass auf einer unteren Hierarchieebene (zB Prokurist, Abteilungsleiter etc.) die entsprechende Expertise vorhanden ist. Die fachliche Eignung ist für den Erfolg eines Erlaubnisantrages von entscheidender Bedeutung. Da die AIFM-RL eine Managerregulierung ist, sollten die Antragsteller auf dieses Erfordernis größtmögliche Sorgfalt bei der Erstellung der nötigen Dokumentation verwenden. Dabei wird die BaFin zu unterscheiden wissen, ob Manager für finanzielle Schieflagen von ihnen verwalteter (geschlossener) Investmentvermögen aufgrund mangelnder fachlicher Eignung mitverantwortlich sind oder diese Investmentvermögen aufgrund äußerer Umstände in Mitleidenschaft gezogen wurden.

10 Sofern eine Erlaubnis zur Aufnahme des Geschäftsbetriebs einer OGAW- und AIF-KVG beantragt wird, ist hinsichtlich der nötigen Expertise für die Verwaltung von AIF auch die Regelung des Art. 21 Buchst. a der Level-II-VO zu beachten, welcher auf eine „Kollektivkompetenz“ abstellt. Diese Level-II-VO ist direkt in Deutschland anwendbar; sie muss also nicht in nationales Recht umgesetzt werden. Eine strenge produktspezifische fachliche Eignung hinsichtlich der geschlossenen Investmentvermögen erscheint auf den ersten Blick nicht sachgerecht und würde auf eine Diskriminierung auf Basis einer vorherigen regulatorischen Privilegierung von OGAW-Investmentvermögen hinauslaufen. Es ist jedoch scheinbar der Wille des Gesetzgebers, hier strengere Voraussetzungen und eine strengere Prüfung anzulegen, da er sich bewusst dafür entschlossen hat, in § 22 keine dem § 21 V vergleichbare Regelung aufzunehmen.

11 **3. Angaben zu den Inhabern bedeutender Beteiligungen.** Die Definition des in Abs. 1 Nr. 5 verwendeten Begriffs des **bedeutend beteiligten Inhabers** ergibt sich aus § 1 XIX Nr. 5. Im Erlaubnisantrag sind die Namen der bedeutend beteiligten Inhaber sowie Angaben zur Höhe der Beteiligung und zur Beurteilung ihrer Zuverlässigkeit/Eignung anzugeben, unabhängig davon, ob es eine natürliche oder juristische Person ist und unabhängig von der Höhe der Beteiligungen. Diese Angaben entsprechen im Wesentlichen den Angaben zur Beurteilung der Zuverlässigkeit und fachlichen Eignung der Geschäftsleiter der KVG, soweit sie für die Beurteilung der bedeutend beteiligten Inhaber hinsichtlich ihrer Gewährleistung für eine solide und umsichtige Verwaltung der KVG erforderlich sind. Die Angaben sollen potenzielle Interessenkonflikte aufzeigen und es soll transparent werden, wie und auf welcher Stufe zB die Fondsinitiatoren Einfluss auf den laufenden Geschäftsbetrieb der OGAW-KVG nehmen können. Einige der Problemfälle im Bereich der geschlossenen Fonds haben ihre Grundlage in einem Kontrollverlust, der durch die Ämterhäufung und Beteiligung an arrondierenden Gesellschaften hervorgerufen wurde. Da nur die Zuverlässigkeit von natürlichen Personen beurteilt werden kann, müssen bei juristischen Personen oder Personenhandelsgesellschaften entsprechende Angaben zur Zuverlässigkeit der gesetzlichen Vertreter bzw. persönlich haftenden Gesellschafter eingereicht werden. Hinsichtlich der einzureichenden Unterlagen können § 8 Nr. 1–5, §§ 9–11 und§ 14 InhKontrollV entsprechend angewendet werden. Auf die Einreichung der Jahresabschlüsse und der konsolidierten Konzernabschlüsse der letzten drei Geschäftsjahre des Inhabers der bedeutenden Beteiligung soll zur Vermeidung von unnötigem Bürokratieaufwand verzichtet werden. Die BaFin kann diese Unterlagen aber jederzeit nachfordern, sofern sie diese zur Beurteilung der Zuverlässigkeit der Inhaber der bedeutenden Beteiligung benötigt.

12 Zu beachten sind in diesem Zusammenhang auch die Ausführungen zur Anzeigepflicht des interessierten Erwerbers nach § 19 sowie die jährliche Anzeigepflicht der OGAW-KVG nach § 34 IV Nr. 1. Bei im Ausland beheimateten juristischen oder natürlichen Personen erkundigt sich die BaFin bei der ausländischen Aufsichtsbehörde nach vorliegenden Erkenntnissen. Ferner ist die vollständige Konzernstruktur mit Hilfe eines Konzernspiegels darzustellen; je nach Komplexität der Konzernstruktur behält sich die BaFin vor, Angaben zu den mittelbar bedeutend beteiligten Inhabern einzuholen.

13 **4. Angaben zu engen Verbindungen.** Der in Abs. 1 Nr. 6 verwandte Begriff der **engen Verbindung** wird in § 1 XIX Nr. 10 definiert. Der Nachweis der Tatsachen, die auf eine enge Verbindung hinweisen, kann anhand eines Konzernspie-

gels erfolgen. Der antragstellenden OGAW-KVG ist zu raten, alle relevanten Tatsachen anzugeben, die eine enge Verbindung möglich erscheinen lassen. Sofern keine dahin deutenden Tatsachen existieren, ist dies ebenfalls der BaFin im Erlaubnisantrag mitzuteilen. Die Vorschrift soll es der BaFin im Zusammenspiel mit § 23 Nr. 5 ermöglichen, die Erlaubniserteilung zu versagen, wenn eine enge Verbindung eines Dritten mit der OGAW-KVG die BaFin bei der ordnungsgemäßen Erfüllung ihrer Aufsichtsaufgaben behindert. Der Begriff der engen Verbindung ist in wesentlichen Punkten verschieden zum Begriff der bedeutenden Beteiligung nach § 1 XIX Nr. 6: Die unmittelbare oder mittelbare Beteiligungsquote muss bei der engen Verbindung mindestens 20% des Kapitals oder der Stimmrechte betragen; die Verbindung zum Beteiligungsunternehmen ist nicht nur vom Standpunkt des beteiligten Unternehmens oder des Inhabers der Beteiligung aus zu betrachten, sondern auch aus der Richtung des Beteiligungsunternehmens; die Verbindung kann auch zu einer natürlichen Person stehen und sie kann mittels eines gleichartigen Verhältnisses nicht nur vertikal zwischen Mutter- und Tochterunternehmen, sondern auch horizontal zwischen Schwesterunternehmen oder gar sowohl zu Mutter- und Tochterunternehmen als auch zu Schwesterunternehmen bestehen.

5. Geschäftsplan. Der nach Abs. 1 Nr. 7 einzureichende **tragfähige Geschäftsplan** der OGAW-KVG kann sich inhaltlich nach den Vorgaben des § 14 VII AnzV richten. Hierbei sind insb. detaillierte Angaben zu den Arten von Investmentvermögen, die verwaltet werden sollen, sowie zu den beabsichtigten Dienst- und Nebendienstleistungen zu machen. Die BaFin soll in die Lage versetzt werden, beurteilen zu können, ob die zu gründende OGAW-KVG über mehrere Jahre Bestand haben wird. Deshalb sind die geplanten Geschäfte so konkret wie möglich zu beschreiben, wie zB nach Gegenstand, avisierter Kundenstruktur, der konkreten Geschäftsabwicklung, Auslagerungen, etc. Hinsichtlich der geplanten Auslagerungen sind entsprechende Verträge oder Vertragsentwürfe einzureichen; das Auslagerungscontrolling ist im Organigramm entsprechend bis zur Geschäftsleiterebene nachvollziehbar darzustellen. Ebenso sind Planbilanzen und Plangewinn- und -verlustrechnungen der ersten drei vollen Geschäftsjahre nach Aufnahme des Geschäftsbetriebes vorzulegen, aus denen zum Beispiel Anlaufverluste in der Startphase durch planerisch ausgewiesene Kapitalmaßnahmen auf Gesellschaftsebene angemessen kompensiert werden. Die BaFin wird insb. darauf achten, dass die geplanten Erträge, Kosten und Gewinne plausibel erscheinen. Darüber hinaus ist der organisatorische Aufbau der OGAW-KVG anhand eines Organigramms darzulegen, aus dem auch die Zuständigkeiten der Geschäftsleiter und Vertretungsregelungen erkennbar werden. So kann einem Geschäftsleiter zB nicht die Zuständigkeit oder auch Vertretung für eine Tätigkeit zugewiesen werden, für die er nicht die fachliche Qualifikation nachweisen kann. Nach der Verwaltungspraxis der BaFin darf die Zuständigkeit für die Portfolioverwaltung und das Risikomanagement nicht bei ein und derselben Person liegen, sondern ist vielmehr bis zur Geschäftsleiterebene strikt zu trennen. Es ist davon auszugehen, dass eine OGAW-KVG über eine Personaldecke von mindestens vier Personen (inkl. Geschäftsleiter) verfügen muss. Im Zweifel sollte hierzu die BaFin vorab kontaktiert werden. 14

Die OGAW-KVG muss angeben, ob und wo sie plant, **Zweigstellen** zu errichten und ob eine grenzüberschreitende Tätigkeit angestrebt ist. 15

Bezüglich der einzurichtenden internen Kontrollverfahren empfiehlt es sich, ein sog. **Organisationshandbuch** für die OGAW-KVG einzureichen. Darin sollten insb. die Bereiche Interne Revision, Geldwäscheprävention, Datenschutz, Risiko- 16 management etc. ausführlich dargestellt werden und wie die Einhaltung der Organisationspflichten der §§ 26–30 sowie der Kapitalanlage-Verhaltens- und Organisationsverordnung (KAVerOV) gewährleistet wird. Ferner sind Angaben über die Art der Bereitstellung der Eigenmittel und deren absehbare Entwicklung zu machen, nicht zuletzt, um die künftig benötigten zusätzlichen Eigenmittel nach § 25 abschätzen zu können.

17 **6. Genehmigungsfähige Satzung bzw. Gesellschaftsvertrag.** Nach Abs. 1 Nr. 8 muss die Satzung bzw. der Gesellschaftsvertrag mit den Anforderungen des KAGB konform sein. Dies war in § 7a InvG nicht explizit vorgesehen, wurde aber in der Verwaltungspraxis der BaFin denklogischerweise durchweg gefordert; für die InvAG existierte eine entsprechende Regelung im aufgehobenen § 97 I 3 Nr. 4 InvG. Die Satzung bzw. der Gesellschaftsvertrag nimmt bei InvAG und InvKG eine Doppelfunktion wahr, nämlich als organisationsrechtliches Statut für gesellschaftsrechtliche Zwecke und als Ausgestaltung der Rechtsbeziehung zwischen Investmentvermögen und Anlegern für investmentrechtliche Zwecke. So hat neben der BaFin auch das Registergericht die Satzung bzw. den Gesellschaftsvertrag auf Gesetzeskonformität zu prüfen. Zunächst muss die Erlaubnis der BaFin nach §§ 20, 21 und/oder §§ 20, 22 vorliegen, bevor eine Eintragung in das Handelsregister erfolgen kann; anderenfalls hätte das Registergericht in seiner eigenständigen Prüfung auch die aufsichtsrechtlichen Voraussetzungen zu prüfen.

III. Entscheidung über den Erlaubnisantrag

18 **1. Entscheidungsfrist.** Absatz 2 entspricht im Wesentlichen der Regelung des aufgehobenen § 7a II InvG für OGAW-KVG. Da der Fristbeginn an die Vollständigkeit der Antragsunterlageneinreichung anknüpft, empfiehlt es sich, in eine Vorabstimmung mit der BaFin einzutreten, um insbesondere unbestimmte Rechtsbegriffe wie die „fachliche Eignung" oder „tragfähiger Geschäftsplan" frühzeitig abzustimmen. Unter Umständen kann man sich die Vollständigkeit des Antrags von der BaFin auch bestätigen lassen, um eine gewisse Planungssicherheit zu erhalten. Aufgrund des Untersuchungsgrundsatzes gem. § 24 VwVfG ist die BaFin verpflichtet, auf die Vervollständigung des Erlaubnisantrages hinzuwirken und Angaben und Unterlagen nachzufordern, die für die Vollständigkeit des Antrages fehlen. Auf der anderen Seite ist auch der Antragsteller verpflichtet, an dem Erlaubnisverfahren mitzuwirken (§ 26 II 1 VwVfG). Tut er dies nicht, obwohl die eingereichten Unterlagen mangelhaft sind, und die Entscheidungsfrist ist abgelaufen, muss die BaFin nach Aktenlage entscheiden und ggf. die Erteilung der Erlaubnis gebührenpflichtig ablehnen.

19 **2. Mitteilung der Entschädigungseinrichtung durch die BaFin.** Abs. 3 entspricht im Wesentlichen der Regelung des aufgehobenen § 7a III InvG. Die Zugehörigkeit zu einer Entschädigungseinrichtung ist Rechtsfolge der Erlaubniserteilung auch für die Finanzportfolioverwaltung nach § 20 II 1 Nr. 1 und zugleich Voraussetzung für das Betreiben dieser Dienst- und Nebendienstleistung. Da KVG keine Einlagenkreditinstitute sind, erfolgt eine Zuordnung in die Entschädigungseinrichtung nach § 6 I Nr. 3 EAEG.

20 **3. Bekanntmachung durch die BaFin.** Absatz 4 entspricht im Wesentlichen der Regelung des aufgehobenen § 7a IV InvG und dient der Information der Öffentlichkeit und, so zumindest nach früherer Rechtslage, um die KVG vom sog. grauen Kapitalmarkt abzugrenzen.

4. Erlaubnisantrag für eine OGAW- und AIF-KVG. Absatz 5 dient der Umsetzung von Art. 7 IV AIFM-RL. „Noch aktuell" meint dabei nach bisheriger Verwaltungspraxis der BaFin zum InvG nicht älter als ein Jahr (so auch das BaFin-Merkblatt zum Erlaubnisverfahren für eine AIF-KVG nach § 22 v. 22.3.2013, geänd. am 27.11.2017: Hinsichtlich der Unterlagen im Zusammenhang mit der Zuverlässigkeit der Geschäftsleiter ist die Rede von „nicht älter als ein Jahr"). 21

§ 22 Erlaubnisantrag für eine AIF-Kapitalverwaltungsgesellschaft und Erlaubniserteilung

(1) **Der Erlaubnisantrag für eine AIF-Kapitalverwaltungsgesellschaft muss enthalten:**

1. **einen geeigneten Nachweis der zum Geschäftsbetrieb erforderlichen Mittel nach § 25 und im Fall des § 5 Absatz 2 Satz 1 nach § 5 Absatz 2 Satz 2 oder 3 dieses Gesetzes in Verbindung mit § 17 Absatz 1 Nummer 2 oder 3 des Wertpapierinstitutsgesetzes,**
2. **die Angabe der Geschäftsleiter,**
3. **Angaben zur Beurteilung der Zuverlässigkeit der Geschäftsleiter,**
4. **Angaben zur Beurteilung der fachlichen Eignung der Geschäftsleiter,**
5. **die Namen der an der AIF-Kapitalverwaltungsgesellschaft bedeutend beteiligten Inhaber sowie Angaben zur Beurteilung ihrer Zuverlässigkeit und zur Höhe ihrer jeweiligen Beteiligung,**
6. **die Angaben der Tatsachen, die auf eine enge Verbindung zwischen der AIF-Kapitalverwaltungsgesellschaft und anderen natürlichen oder juristischen Personen hinweisen,**
7. **einen Geschäftsplan, der neben der Organisationsstruktur der AIF-Kapitalverwaltungsgesellschaft auch Angaben darüber enthält, wie die AIF-Kapitalverwaltungsgesellschaft ihren Pflichten nach diesem Gesetz nachkommen will,**
8. **Angaben über die Vergütungspolitik und Vergütungspraxis nach § 37,**
9. **Angaben über Auslagerungsvereinbarungen nach § 36,**
10. **Angaben zu den Anlagestrategien, einschließlich**
    a) **der Arten der Zielfonds, falls es sich bei dem AIF um einen Dachfonds handelt,**
    b) **der Grundsätze, die die AIF-Kapitalverwaltungsgesellschaft im Zusammenhang mit dem Einsatz von Leverage anwendet sowie**
    c) **der Risikoprofile und sonstiger Eigenschaften der AIF, die die AIF-Kapitalverwaltungsgesellschaft verwaltet oder zu verwalten beabsichtigt, einschließlich Angaben zu den Mitgliedstaaten der Europäischen Union, Vertragsstaaten des Abkommens über den Europäischen Wirtschaftsraum oder Drittstaaten, in denen sich der Sitz solcher AIF befindet oder voraussichtlich befinden wird,**
11. **wenn es sich bei dem AIF um einen Feederfonds oder einen Feeder-AIF handelt, Angaben zum Sitz des Masterfonds oder des Master-AIF,**
12. **die Anlagebedingungen, Satzungen oder Gesellschaftsverträge aller AIF, die die AIF-Kapitalverwaltungsgesellschaft zu verwalten beabsichtigt, sowie die Satzung oder den Gesellschaftsvertrag der AIF-Kapitalverwaltungsgesellschaft selbst, wenn sie als externe Kapitalverwaltungsgesellschaft die Verwaltung von Publikums-AIF beabsichtigt,**

13. **Angaben zu den Vereinbarungen zur Beauftragung der Verwahrstelle nach § 80 für jeden AIF, den die AIF-Kapitalverwaltungsgesellschaft zu verwalten beabsichtigt, und**
14. **alle in den §§ 165, 269 und 307 Absatz 1 genannten weiteren Informationen für jeden AIF, den die AIF-Kapitalverwaltungsgesellschaft verwaltet oder zu verwalten beabsichtigt.**

(2) [1]**Die Bundesanstalt hat über die Erteilung der Erlaubnis innerhalb von drei Monaten nach Einreichung des vollständigen Antrags zu entscheiden.** [2]**Die Bundesanstalt kann diesen Zeitraum um bis zu drei Monate verlängern, wenn sie dies auf Grund der besonderen Umstände des Einzelfalls für notwendig erachtet.** [3]**Sie hat den Antragsteller über die Verlängerung der Frist nach Satz 2 zu informieren.**

(3) **Für die Zwecke des Absatzes 2 gilt ein Antrag als vollständig, wenn die AIF-Kapitalverwaltungsgesellschaft mindestens die in Absatz 1 Nummer 1 bis 5, 7, 8, 10 und 11 genannten Angaben und Nachweise eingereicht hat.**

(4) **Die AIF-Kapitalverwaltungsgesellschaft kann mit der Verwaltung von AIF unter Verwendung der gemäß Absatz 1 Nummer 10 im Erlaubnisantrag beschriebenen Anlagestrategien beginnen, sobald die Erlaubnis erteilt ist, frühestens jedoch einen Monat nachdem sie etwaige fehlende in Absatz 1 Nummer 6, 9, 12, 13 und 14 genannte Angaben nachgereicht hat.**

(5) **§ 21 Absatz 3 und 4 gilt entsprechend.**

Schrifttum: *Hammen* Corporate Finance law 2013, 135.

Inhaltsübersicht

Rn.

I. Allgemeines 1
II. Der Erlaubnisantrag für eine AIF-KVG 3
1. Nachweis der erforderlichen Mittel 3
2. Angaben zu den Geschäftsleitern 4
3. Angaben zu den Inhabern bedeutender Beteiligungen 5
4. Angaben zu engen Verbindungen 6
5. Geschäftsplan 7
6. Angaben zur Vergütungspolitik und Vergütungspraxis 8
7. Auflistung der Auslagerungs- und Unterauslagerungsunternehmen 11
8. Angaben zu den Anlagestrategien 12
9. Angaben zum Sitz des Masterfonds bzw. Master-AIF 13
10. Angaben zu den Anlagebedingungen, Satzungen oder Gesellschaftsverträgen aller AIF 14
11. Angaben zur Beauftragung der Verwahrstelle 16
12. Weitere Informationen zu den AIF 17
III. Entscheidung über den Erlaubnisantrag 18
1. Entscheidungsfrist 18
2. Nachreichen bestimmter Antragsdokumente 19
3. Beginn mit der Verwaltung von AIF 20
4. Mitteilung der Entschädigungseinrichtung und Bekanntmachung durch die BaFin 21

I. Allgemeines

Die Vorschrift regelt das formelle Erlaubnisverfahren und zählt in Anlehnung an § 21 die Angaben auf, die im Rahmen eines AIF-KVG-Erlaubnisantrages der BaFin vorgelegt werden müssen (s. auch das BaFin-Merkblatt zum Erlaubnisverfahren für eine AIF-KVG nach § 22 v. 22.3.2013, geänd. am 27.11.2017). Aufgrund der zum Teil wortgleichen Regelungen kann, soweit für AIF-KVG anwendbar, auf die Kommentierung zu § 21 verwiesen werden. 1

Die Aufsicht durch die BaFin wird durch die Aufsichtsbehörde ESMA ergänzt. Die ESMA wird in Art. 7 VII AIFM-RL zum Erlass von technischen Standards ermächtigt, um somit eine europaweit einheitliche Auslegung der verfahrensrechtlichen Vorschriften durch Standardformulare, Mustertexte etc. zu ermöglichen. 2

II. Der Erlaubnisantrag für eine AIF-KVG

1. Nachweis der erforderlichen Mittel. Absatz 1 Nr. 1 dient der Umsetzung von Art. 8 I Buchst. b AIFM-RL und ist redaktionell an § 21 I Nr. 1, der für OGAW-KVG gilt, angepasst. Die AIF-KVG muss über das in § 25 geregelte **Anfangskapital** und die entsprechenden **Eigenmittel** in bar bzw. in liquiden Mitteln verfügen. Wie eine OGAW-KVG nach § 21, muss eine AIF-KVG nach § 22 bei einer Neugründung durch eine Bestätigung eines Kreditinstituts nachweisen, dass das Anfangskapital eingezahlt wurde, frei von Rechten Dritter sowie zur freien Verfügung der Geschäftsleiter steht. Bei bestehenden AIF-KVG kann alternativ eine aktuelle Bestätigung eines Wirtschaftsprüfers über das Anfangskapital vorgelegt werden. Zu den weiteren Regelungen s. Kommentierung zu § 25. Zum erhöhten Anfangskapital im Falle der Erbringung von MiFID-Dienstleistungen s. Kommentierung zu § 21 Abs. 1 sowie § 5 Abs. 2. 3

2. Angaben zu den Geschäftsleitern. Absatz 1 Nr. 2–4 dienen der Umsetzung von Art. 7 II Buchst. a AIFM-RL und sind zugleich redaktionell an § 21 I Nr. 2–4 angelehnt, so dass auch insoweit auf die Kommentierung zu § 21 verwiesen werden kann. 4

3. Angaben zu den Inhabern bedeutender Beteiligungen. Absatz 1 Nr. 5 dient der Umsetzung von Art. 7 II Buchst. b AIFM-RL und ist zugleich redaktionell an § 21 I Nr. 5 angepasst. 5

4. Angaben zu engen Verbindungen. Absatz 1 Nr. 6 ist an die für OGAW-KVG geltende Bestimmung des aufgehobenen § 7 a I Nr. 6 InvG angelehnt). 6

5. Geschäftsplan. Absatz 1 Nr. 7 dient der Umsetzung von Art. 7 II Buchst. c AIFM-RL und ist im Wesentlichen identisch mit der Regelung des § 21 I Nr. 7. 7

6. Angaben zur Vergütungspolitik und Vergütungspraxis. Absatz 1 Nr. 8 dient der Umsetzung von Art. 7 II Buchst. b AIFM-RL und verweist auf § 37. Am 11.3.2013 hat die ESMA die „Guidelines on sound remuneration policies under the AIFMD“ (ESMA/2013/201) veröffentlicht. Diese Guidelines konkretisieren die in Annex II der AIFM-RL enthaltenen Grundsätze, die von der AIF-KVG bei der Festlegung der **Vergütungspolitik und Vergütungspraxis** zu beachten sind. Diese Vergütungssysteme machen künftig einen wesentlichen Teil des Risikomanagements von AIF-KVG aus. Die Vergütung ist nachhaltig und angemessen auszugestalten, ohne die Mitarbeiter zur Übernahme von Risiken zu ermutigen, die unvereinbar sind mit den Risikoprofilen, Anlagebedingungen oder Satzungen 8 der von ihnen verwalteten Investmentvermögen. Ziel der neuen Regelungen ist der Systemschutz des Kapitalmarktes, insb. des sog. „grauen Kapitalmarktes". Die Vergütungen sollen nicht länger dazu Anreize bieten, übermäßige Risiken einzugehen und am kurzfristigen Gewinn orientiert zu wirtschaften und so den Bestand der AIF-KVG (und in der Folge das Finanzsystem) zu gefährden.

9 Aufgrund der ESMA-Guidelines hat die AIF-KVG im Erlaubnisantrag mindestens die folgenden Angaben über die Vergütungspolitik und Vergütungspraxis nach § 37 zu machen:

- Eine Auflistung der Mitarbeiter(gruppen), die in den Anwendungsbereich der Vergütungspolitik und -praxis fallen (die Angabe der funktionalen Stellung des Mitarbeiters ist hierzu ausreichend);
- die Angabe, ob ein Vergütungsausschuss errichtet wird und falls nicht, die Angabe der Gründe für die Nicht-Einhaltung dieser Vorgabe („comply or explain");
- eine Darstellung der Ausgestaltung der variablen und festen Vergütung (zB Angabe der zugrunde zu legenden Parameter).

10 In § 37 III ist eine Ermächtigung zum Erlass einer Verordnung zur näheren Ausgestaltung der Vergütungssysteme einer AIF-KVG vorgesehen. Mit Schreiben v. 22.7.2013 (Gz: WA 41-Wp 2137-2013/0037) hat die BaFin verkündet, dass sie ab sofort im Rahmen ihrer Verwaltungspraxis bis zum Erlass einer Rechtsverordnung auf der Grundlage des § 37 die ESMA-Guidelines zur Konkretisierung der in § 37 vorgesehenen Pflichten heranzieht. Damit gelten die in den ESMA-Guidelines vorgesehenen Anforderungen für die Vergütungssysteme von AIF-KVG, vorbehaltlich der Übergangsbestimmungen des KAGB.

11 **7. Auflistung der Auslagerungs- und Unterauslagerungsunternehmen.** Absatz 1 Nr. 9 dient der Umsetzung von Art. 7 II Buchst. e AIFM-RL. Nach dem BaFin-Merkblatt zum Erlaubnisverfahren für eine AIF-KVG nach § 22 v. 22.3.2013 hat die AIF-KVG lediglich eine **Auflistung der Auslagerungs- und Unterauslagerungsunternehmen** einzureichen. Die BaFin behält sich jedoch vor, die Auslagerungs- und Unterauslagerungsvereinbarungen nachzufordern. Die Auslagerungen müssen den Vorgaben des § 36 iVm Art. 75–82 der Level-II-VO genügen. Die Auslagerungen sind der BaFin **vor** Inkrafttreten der Vereinbarung zur Übertragung anzuzeigen (vgl. § 36 II). Diese Besonderheit ist bei der zeitlichen Planung mit zu berücksichtigen.

12 **8. Angaben zu den Anlagestrategien.** Absatz 1 Nr. 10 dient der Umsetzung von Art. 7 III Buchst. a AIFM-RL. Die AIF-KVG hat Angaben zu den **Anlagestrategien** der AIF einzureichen, die sie verwaltet oder zu verwalten beabsichtigt, einschließlich Angaben zu den Mitgliedstaaten der Europäischen Union, Vertragsstaaten des Abkommens über den Europäischen Wirtschaftsraum oder Drittländern, in denen sich der Sitz solcher AIF befindet oder voraussichtlich befinden wird. Hierbei ist die Übergangsvorschrift des § 344 II zu berücksichtigen. Bei der Angabe der Anlagestrategien kann auf die **Kategorisierung** der Anlagestrategie im Formblatt für die Berichterstattung in der **Level-II-VO** in Anhang IV zurückgegriffen werden (zB Hedge-Fonds-Strategie „Long/Short" oder Private-Equity-Strategie „Mezzanine Capital"). Sollte eine Anlagestrategie verfolgt werden, die in diesem Formblatt nicht aufgeführt ist, so ist diese in gebotener Kürze zu beschreiben, zB bei geschlossenen Investmentvermögen anhand der Art der Vermögensgegenstände, in die investiert werden soll. Wenn es sich um einen Dachfonds handelt, müssen auch Informationen zu den Arten der Zielfonds geliefert werden,

ebenso wie Angaben zum Einsatz von Leverage und zu den Risikoprofilen und sonstigen Eigenschaften der AIF-Investmentvermögen.

9. Angaben zum Sitz des Masterfonds bzw. Master-AIF. Absatz 1 Nr. 11 13
dient der Umsetzung von Art. 7 III Buchst. b AIFM-RL, wonach der Erlaubnisantrag den Sitz eines Masterfonds oder Master-AIF zu enthalten hat, wenn es sich bei dem angezeigten AIF um einen Feederfonds oder einen Feeder-AIF handelt. **Masterfonds** sind nach § 1 XIX Nr. 12 OGAW Sonstige Investmentvermögen gem. § 220, die Anteile an mindestens einen Feederfonds ausgegeben haben, selbst keine Feederfonds sind und keine Anteile eines Feederfonds halten. **Master-AIF** sind nach § 1 XIX Nr. 14 AIF, an dem ein Feeder-AIF Anteile hält. **Feederfonds** sind nach § 1 XIX Nr. 11 Sondervermögen, InvAG mit veränderlichem Kapital, InvAG mit veränderlichem Kapital oder EU-OGAW, die mindestens 85% ihres Vermögens in einem Masterfonds anlegen. **Feeder-AIF** bezeichnet nach § 1 XIX Nr. 13 einen AIF, der mindestens 85% seines Wertes in Anteilen eines Master-AIF anlegt, oder mindestens 85% seines Wertes in mehr als einem Master-AIF anlegt, die jeweils identische Anlagestrategien verfolgen, oder anderweitig ein Engagement von mindestens 85% seines Wertes in einem Master-AIF hat. Sowohl der Master- als auch der Feeder-AIF benötigen eine zugelassene AIF-KVG, wobei es sich in der Praxis überwiegend um die gleiche KVG handeln wird.

**10. Angaben zu den Anlagebedingungen, Satzungen oder Gesell- 14
schaftsverträgen aller AIF.** Absatz 1 Nr. 12 dient der Umsetzung von Art. 7 III Buchst. c AIFM-RL. Entsprechend der Regelung für OGAW-KVG regelt Nr. 12 2. Hs., dass die externe AIF-KVG, die Publikums-AIF verwaltet, dem Erlaubnisantrag ihre eigene Satzung oder den Gesellschaftsvertrag beizufügen hat sowie die Anlagebedingungen, Satzungen oder Gesellschaftsverträge aller AIF, die sie zu verwalten beabsichtigt. Für interne AIF-KVG ergibt sich diese Pflicht bereits aus dem 1. Hs. von Nr. 12. Der in der Satzung oder im Gesellschaftsvertrag festgelegte Unternehmensgegenstand muss mit der Angabe im Geschäftsplan in Bezug auf die aktuellen oder zukünftigen Arten der zu verwaltenden AIF übereinstimmen. Die BaFin wird die Erlaubnis entsprechend auf die im Geschäftsplan angegebenen Arten von AIF bzw. auf den in der Satzung/dem Gesellschaftsvertrag festgelegten Unternehmensgegenstand gem. § 20 I 2 beschränken. Ferner wird die BaFin genau darauf achten, dass sich der Unternehmensgegenstand stets im Gleichklang mit der erteilten Erlaubnis befindet.

Der Begriff **„Anlagebedingungen"** umfasst sämtliche schriftliche Bedingun- 15
gen, die das Rechtsverhältnis zwischen der AIF-KVG und dem Anleger in Bezug auf das jeweilige Investmentvermögen regeln. Damit hat sich die BaFin festgelegt, dass auch sog. „Side-Letters", die insbesondere bei Spezialinvestmentvermögen vorkommen, zu den Anlagebedingungen zählen und der BaFin einzureichen sind. Diese Side-Letters dienen der Durchsetzung individueller Investoreninteressen zB im Bereich der nationalen Tax-Compliance. Etwas problematischer wird sich das Verfahren zB bei Private-Equity-Fonds gestalten: Zum einen handelt es sich bei den Dokumenten dieser Investmentfonds nicht um standardisierte Mustervertragstexte, sondern um komplexe und mit den Investoren ausverhandelte Gesellschaftsverträge. Zum anderen werden diese Vertragsdokumente zum Teil noch während des Fundraising-Prozesses mit den Investoren verhandelt, so dass sich die Frage stellen wird, zu welchem Zeitpunkt im Erlaubnisverfahren welche Dokumente einzureichen sind. Hier könnte § 22 III weiterhelfen, wonach ein Erlaubnisantrag schon dann als vollständig gilt, selbst wenn die in Abs. 1 Nr. 12 genannten Doku-

mente noch nicht eingereicht sind. Damit läuft trotz Fehlen bzw. Unvollständigkeit der genannten Dokumente die Frist des Absatzes 2. Allerdings darf die AIF-KVG frühestens einen Monat nach der Nachreichung der fehlenden Vertragsbedingungen und eventuell anderer fehlender Angaben mit der Verwaltungstätigkeit beginnen, § 22 IV. Änderungen der Satzung oder des Gesellschaftsvertrages sind nach § 34 I und III Nr. 5 anzuzeigen.

16 **11. Angaben zur Beauftragung der Verwahrstelle.** Absatz 1 Nr. 13 dient der Umsetzung von Art. 7 III Buchst. d AIFM-RL. Für jeden von der AIF-KVG verwalteten AIF muss eine **Verwahrstelle** bestellt werden. Diesen Nachweis hat die AIF-KVG der BaFin im Rahmen des Erlaubnisverfahrens zu erbringen, indem sie der BaFin eine **Auflistung** aller Verwahrstellen einreicht. Die BaFin behält sich ausdrücklich vor, die Verwahrstellenverträge zur Prüfung nachzufordern.

17 **12. Weitere Informationen zu den AIF.** Absatz 1 Nr. 14 dient der Umsetzung von Art. 7 III Buchst. e AIFM-RL. Demnach hat die AIF-KVG für alle Arten von AIF, die sie verwaltet oder zu verwalten beabsichtigt, die in § 165 (Mindestangaben im Verkaufsprospekt für offene Publikumsinvestmentvermögen), § 269 (Mindestangaben im Verkaufsprospekt für geschlossene Publikums-AIF) und § 307 I (Informationspflichten gegenüber semiprofessionellen und professionellen Anlegern) genannten weiteren Informationen anzugeben, zB durch Beifügung der jeweiligen Verkaufsprospekte. Gemäß § 22 III können diese Dokumente auch noch während des Erlaubnisverfahrens nachgereicht werden, bzw. auch nach der Erlaubniserteilung mit der Konsequenz, dass mit der Verwaltungstätigkeit dann erst nach einem Monat nach der Nachreichung der Unterlagen begonnen werden kann.

III. Entscheidung über den Erlaubnisantrag

18 **1. Entscheidungsfrist.** Absatz 2 dient der Umsetzung von Art. 8 V UAbs. 1 AIFM-RL. Die BaFin hat grundsätzlich **innerhalb von drei Monaten** nach Einreichung eines vollständigen Erlaubnisantrags zu entscheiden, ob der AIF-KVG die Erlaubnis zur Aufnahme des Geschäftsbetriebes erteilt wird. Es besteht jedoch die Möglichkeit der einseitigen **Verlängerung** der Frist durch die BaFin um bis zu weitere drei Monate, sofern die BaFin dies aufgrund der besonderen Umstände des Einzelfalls für notwendig erachtet und die AIF-KVG darüber entsprechend informiert. Die Verwaltungspraxis wird noch zeigen müssen, in welchen Fällen und mit welchen Begründungen die BaFin von dieser Fristverlängerungsmöglichkeit Gebrauch machen wird. Abs. 2 ist immer im Zusammenspiel mit den Regelungen der Abs. 3 und 4 zu lesen.

19 **2. Nachreichen bestimmter Antragsdokumente.** Absatz 3 dient der Umsetzung von Art. 8 V UAbs. 2 AIFM-RL. Durch das Nachreichen bestimmter Dokumente wird es der antragstellenden AIF-KVG ermöglicht, die Frist des Abs. 2 in Gang zu setzen und zB anstehende Vertragsverhandlungen noch während der 3- bzw. 6-Monatsfrist ggf. bis zur Erlaubniserteilung abzuschließen. Damit erhält die AIF-KVG eine gewisse Planungssicherheit hinsichtlich des Zeitpunkts der Erlaubniserteilung und kann dieses Argument zB in die Vertragsverhandlungen mit einfließen lassen. Hinsichtlich der Nachreichung von bestimmten Dokumenten s. auch Abs. 4 und das Fallbeispiel im BaFin-Merkblatt zum Erlaubnisverfahren für eine AIF-KVG nach § 22 v. 22.3.2013, geänd. am 27.11.2017 unter B) 1.

3. Beginn mit der Verwaltung von AIF. Absatz 4 dient der Umsetzung von Art. 8 V UAbs. 3 AIFM-RL (vgl. die Ausführungen in den Abs. 1–3). Neben der Aufnahme der Verwaltungstätigkeit ist ferner fraglich, wann eine AIF-KVG frühestens die Vertriebstätigkeit aufnehmen kann. Nach § 316 III bzw. § 321 III darf 20 Arbeitstage nach Einreichung der vollständigen Vertriebsanzeige mit dem Vertrieb begonnen werden. Sollten sich jedoch im Rahmen der Vertragsverhandlungen mit Investoren noch wesentliche Änderungen ergeben, müssen diese auch nachgereicht werden. Dies hat zur Konsequenz, dass das Closing erst einen Monat nach der Anzeige erfolgen kann. Wesentliche Änderungen sind zB Änderungen der Anlagestrategie und Änderungen des Einsatzes von Fremdkapital. 20

4. Mitteilung der Entschädigungseinrichtung und Bekanntmachung durch die BaFin. Absatz 5 legt fest, dass die Regelung des § 21 III entsprechend gilt und der AIF-KVG folglich mit Erteilung der Erlaubnis zur Finanzportfolioverwaltung die Entschädigungseinrichtung mitzuteilen ist, der sie zugeordnet ist, und dass die BaFin die Erteilung der Erlaubnis der AIF-KVG im Bundesanzeiger bekannt zu machen hat; s. die Kommentierung zu § 21 III und IV. 21

§ 23 Versagung der Erlaubnis einer Kapitalverwaltungsgesellschaft

Einer Kapitalverwaltungsgesellschaft ist die Erlaubnis zu versagen, wenn

1. **das Anfangskapital nach § 25 oder im Fall des § 5 Absatz 2 Satz 1 nach § 5 Absatz 2 Satz 2 oder 3 dieses Gesetzes in Verbindung mit § 17 Absatz 1 Nummer 2 oder 3 des Wertpapierinstitutsgesetzes und die zusätzlichen Eigenmittel nach § 25 nicht zur Verfügung stehen;**
2. **die Kapitalverwaltungsgesellschaft nicht mindestens zwei Geschäftsleiter hat;**
3. **Tatsachen vorliegen, aus denen sich ergibt, dass die Geschäftsleiter der Kapitalverwaltungsgesellschaft nicht zuverlässig sind oder die zur Leitung erforderliche fachliche Eignung im Sinne von § 25c Absatz 1 des Kreditwesengesetzes nicht haben;**
4. **Tatsachen die Annahme rechtfertigen, dass der Inhaber einer bedeutenden Beteiligung nicht zuverlässig ist oder aus anderen Gründen nicht den im Interesse einer soliden und umsichtigen Führung der Kapitalverwaltungsgesellschaft zu stellenden Ansprüchen genügt;**
5. **enge Verbindungen zwischen der Kapitalverwaltungsgesellschaft und anderen natürlichen oder juristischen Personen bestehen, die die Bundesanstalt bei der ordnungsgemäßen Erfüllung ihrer Aufsichtsfunktionen behindern;**
6. **enge Verbindungen zwischen der Kapitalverwaltungsgesellschaft und anderen natürlichen oder juristischen Personen bestehen, die den Rechts- und Verwaltungsvorschriften eines Drittstaates unterstehen, deren Anwendung die Bundesanstalt bei der ordnungsgemäßen Erfüllung ihrer Aufsichtsfunktionen behindern;**
7. **die Hauptverwaltung oder der satzungsmäßige Sitz der Kapitalverwaltungsgesellschaft sich nicht im Inland befindet;**
8. **die Kapitalverwaltungsgesellschaft nicht bereit oder in der Lage ist, die erforderlichen organisatorischen Vorkehrungen zum ordnungsgemäßen Betreiben der Geschäfte, für die sie die Erlaubnis beantragt, zu**

schaffen, und nicht in der Lage ist, die in diesem Gesetz festgelegten Anforderungen einzuhalten;

9. die Kapitalverwaltungsgesellschaft ausschließlich administrative Tätigkeiten, den Vertrieb von eigenen Investmentanteilen oder Tätigkeiten im Zusammenhang mit den Vermögensgegenständen des AIF erbringt, ohne auch die Portfolioverwaltung und das Risikomanagement zu erbringen;

10. die Kapitalverwaltungsgesellschaft die Portfolioverwaltung erbringt, ohne auch das Risikomanagement zu erbringen; dasselbe gilt im umgekehrten Fall;

11. andere als die in den Nummern 1 bis 10 aufgeführten Voraussetzungen für die Erlaubniserteilung nach diesem Gesetz nicht erfüllt sind.

I. Regelungsgehalt

1 Die Vorschrift regelt die Versagungsgründe für die Erlaubnis einer KVG und gilt nach der Gesetzesbegründung sowohl für OGAW- als auch AIF-KVG. § 23 ergänzt die Bestimmungen über die Erlaubnispflichtigkeit des Geschäftsbetriebs und die Erlaubnisvoraussetzungen der §§ 20ff. und stellt damit einen Kernbestandteil des Erlaubnisverfahrens einer KVG dar. Da es sich bei der Erlaubnispflicht für KVG nach den §§ 20ff. um ein **Verbot mit Erlaubnisvorbehalt** handelt, muss sich aus der gesetzlichen Regelung ergeben, unter welchen Voraussetzungen die entsprechende Erlaubnis zu erteilen oder zu versagen ist. Daher sind die in § 23 genannten Versagungsgründe **abschließend** – liegt kein Versagungsgrund vor, besteht ein Anspruch auf Erteilung der Erlaubnis. Dieses Ergebnis wird auch durch die Argumentation gestützt, dass das Verbot mit Erlaubnisvorbehalt die grundgesetzlich garantierte Berufswahl beschränkt. Da jeder Eingriff in die Berufswahl einer gesetzlichen Grundlage bedarf und außerhalb des KAGB keine Versagungsgründe definiert sind, enthält § 23 eine abschließende Aufzählung der Versagungsgründe. Zwar wurde der Katalog der Versagungsgründe gegenüber dem des InvG ua durch die neue Nr. 11 erweitert, der seinem Wortlaut nach einen Auffangtatbestand darstellt. Das ändert jedoch nichts an dem abschließenden Charakter der Versagungsgründe des § 23, da Nr. 11 insoweit eingeschränkt wird, als dass die anderen Versagungsgründe nur solche sein können, die für die KVG-Erlaubniserteilung nach dem KAGB vorausgesetzt werden.

2 Vage Vermutungen oder ein bloßer Verdacht der BaFin über das Vorliegen von Versagungsgründen reichen nicht aus, um die Erlaubniserteilung zu versagen. Die BaFin hat das Vorliegen von Versagungsgründen vielmehr nachzuweisen.

Von der Regelung des § 23 unberührt bleibt der Fall, dass die BaFin die Erlaubniserteilung dann versagen kann, wenn der Antragsteller einen unvollständigen Antrag einreicht und diesen trotz Aufforderung der BaFin nicht ergänzt. Denn damit verletzt er seine Pflicht aus § 26 II 1 VwVfG und die BaFin kann die Erlaubniserteilung versagen.

II. Versagungsgründe

3 **1. Kapitalanforderungen.** Nummer 1 entspricht im Wesentlichen der Regelung des aufgehobenen § 7b Nr. 1 InvG und dient zugleich der Umsetzung von Art. 8 I Buchst. b AIFM-RL. Die Erlaubnis ist der KVG dann zu versagen, wenn das erforderliche Anfangskapital und die zusätzlichen Eigenmittel nach § 25 nicht

zur Verfügung stehen. Als Anfangskapital definiert § 25 I Nr. 1 Buchst. a 300.000 EUR für interne KVG und I Nr. 1 Buchst. b 125.000 EUR für externe KVG zuzüglich zusätzlicher Eigenmittel für KVG, die insgesamt ein Portfolio verwalten, das einen Wert von 250 Mio. EUR übersteigt (§ 25 I Nr. 2). Ferner muss die AIF-KVG über eine Berufshaftpflichtversicherung oder über zusätzliche Eigenmittel verfügen (§ 25 VI), um potenzielle Haftungsrisiken aus beruflicher Fahrlässigkeit angemessen abzudecken. Diese Eigenmittel sind in bar oder in liquiden Mitteln vorzuhalten. Nicht anrechenbar sind mit Rechten Dritter belastete Mittel wie zB Pfandrechte, da die Verfügbarkeit der erforderlichen Mittel damit nicht gegeben ist. Zum erforderlichen erhöhten Anfangskapital im Falle der Erbringung von MiFID-Dienstleistungen s. Kommentierung zu § 21 I sowie § 5 II.

2. Geschäftsleiter. Nummer 2 entspricht im Wesentlichen der Regelung des aufgehobenen § 7b Nr. 2 InvG und dient zugleich der Umsetzung von Art. 8 I Buchst. c letzter Hs. AIFM-RL. Die KVG muss über mindestens zwei Geschäftsleiter verfügen, die zur tatsächlichen Führung der Geschäfte bestellt sind. Damit soll unter anderem das Vier-Augen-Prinzip sichergestellt werden. Zur Definition des Geschäftsleiters s. § 1 XIX Nr. 15 und die Ausführungen in § 21 I Nr. 3. 4

Nummer 3 entspricht im Wesentlichen der Regelung des aufgehobenen § 7b Nr. 3 InvG und dient zugleich der Umsetzung von Art. 8 I Buchst. c AIFM-RL. Zum Anleger- und Gläubigerschutz sind die persönliche Zuverlässigkeit und die fachliche Eignung der Geschäftsleiter der KVG von entscheidender Bedeutung. Dabei ist die Beurteilung der **Zuverlässigkeit** der designierten Geschäftsleiter mittels einer Prognose über deren zukünftiges Verhalten vorzunehmen. Diese Beurteilung kann die BaFin nur anhand der in der Vergangenheit liegenden und für die Beurteilung relevanten Tatsachen vornehmen. Die persönliche Zuverlässigkeit wird dann unterstellt, wenn keine Tatsachen vorliegen, aus denen sich eine Unzuverlässigkeit der Geschäftsleiter ergibt. Die Tatsachen, aus denen sich die Unzuverlässigkeit ergeben soll, müssen in einem Zusammenhang mit der auszuübenden Tätigkeit stehen. So kann sich die Unzuverlässigkeit zB aus kriminellen Handlungen bei Vermögensdelikten, schwerwiegenden oder häufigen Verstößen gegen die Ordnungsvorschriften des KAGB oder KWG, schwerem Alkoholismus oder anderen krankhaften Störungen oder aus mangelnder Sorgfalt in der Führung von Geschäften ergeben. Die Unzuverlässigkeit liegt damit dann vor, wenn die designierten Geschäftsleiter ihrer gesamten Persönlichkeit nach nicht die Gewähr dafür bieten, dass sie die ihr übertragenen Tätigkeiten in Zukunft ordnungsgemäß ausüben werden, vgl. VerwG 2.2.1982 – 1 C 146/80, BVerwGE 65, 1 (2) und GewA 1999, 72. Mit der Erlaubnisversagung wird nicht vergangenes Verhalten geahndet, sondern es soll einer künftigen ordnungswidrigen Gewerbeausübung vorgebeugt werden. Dabei ist in die Entscheidung auch der Zeitraum, der seit dem fraglichen Fehlverhalten vergangen ist, mit einzubeziehen. 5

Die erforderliche **fachliche Eignung** ergibt sich aus § 25c I KWG: Danach müssen die Geschäftsleiter in ausreichendem Maße über theoretische und praktische Kenntnisse in den betreffenden Geschäften und über Leitungserfahrungen verfügen. Da es bislang keinen Leitfaden der ESMA zur Auslegung dieses Begriffs gibt, kann insofern auf die bisherige investmentrechtliche Praxis zurückgegriffen werden. Die Kenntnisse müssen sich sowohl auf das Investmentgeschäft allgemein sowie auf die einzelnen Arten der von der KVG verwalteten Investmentvermögen beziehen. Es ist aber ausreichend, dass für jede Art von Investmentvermögen, das die KVG zu verwalten beabsichtigt, mindestens ein fachlich geeigneter Geschäftsleiter 6 in der KVG vorhanden ist. Sofern die KVG auch Dienst- und Nebendienstleistungen iSd § 20 II bzw. III erbringt, muss zumindest ein Geschäftsleiter auch die fachliche Eignung für diese Dienst- und Nebendienstleistungen aufweisen. Die **Leitungserfahrung** ist dann gegeben, wenn die Person bereits eine Tätigkeit mit ausreichendem Maß an Eigenverantwortung und Entscheidungskompetenz ausgeübt hat, ohne dass diese Leitungserfahrung zwingend im Investmentbereich erworben worden sein müsste. Die bisherige leitende Position muss mit einer nicht wesentlich eingeschränkten Kompetenz nach innen sowie Vertretungsmacht nach außen verbunden gewesen sein. Durch den Verweis auf § 25c I KWG findet auch die **Regelvermutung** dessen S. 3 Anwendung, wonach die fachliche Eignung regelmäßig bei einer dreijährigen leitenden Tätigkeit bei einem entsprechenden Unternehmen vergleichbarer Größe und Geschäftsart anzunehmen ist. Dies setzt im Regelfall mindestens eine Tätigkeit auf der der Geschäftsleitung unmittelbar nachgeordneten Ebene voraus. Ob und inwieweit diese Vorgaben auch im Bereich der geschlossenen Investmentvermögen Anwendung finden wird, bleibt abzuwarten. Die BaFin wird wie zuvor auch die individuellen Besonderheiten des Einzelfalls zu berücksichtigen haben.

7 Die BaFin hat die Versagung der Erlaubnis wegen Unzuverlässigkeit oder fehlender fachlicher Eignung eines Geschäftsleiters dem Gewerbezentralregister mitzuteilen (§ 153a GewO).

8 **3. Inhaber bedeutender Beteiligungen.** Nummer 4 entspricht im Wesentlichen der Regelung des aufgehobenen § 7b Nr. 4 InvG und dient zugleich der Umsetzung von Art. 8 I Buchst. d AIFM-RL. Diese Regelung dient ua dazu, dass die Gesellschafter keinen schädigenden Einfluss auf die KVG ausüben können und diese zB zu Zwecken der organisierten Kriminalität oder zur Geldwäsche missbrauchen. Bei bereits bestehenden KVG kann die BaFin gem. § 19 den beabsichtigten Erwerb oder die Erhöhung einer Beteiligung an der OGAW-KVG untersagen. Das Kriterium der **Zuverlässigkeit** bezieht sich auf den **Inhaber der bedeutenden Beteiligung,** s. die Ausführungen in § 21 I Nr. 5 bzw. § 22 I Nr. 5. Neben der fehlenden Zuverlässigkeit kann die Erlaubnis auch dann versagt werden, wenn die Gesellschafter aus anderen Gründen nicht den Ansprüchen genügen, die im Interesse einer soliden und umsichtigen Führung der KVG zu stellen sind. Darunter können zB eine schlechte finanzielle Lage des Inhabers der Beteiligung sowie die Durchführung von illegalen Geschäften fallen, sofern aus diesen Tatsachen die abstrakte Gefahr der schädlichen Einflussnahme der Gesellschafter auf die KVG folgt. Bei der Beurteilung hat die BaFin auch den Umfang der tatsächlichen Einflussnahmemöglichkeit der Gesellschafter auf die Geschäftsführung zu berücksichtigen. Die Prüfung kann sich sowohl auf juristische Personen als auch auf natürliche Personen beziehen: Versagungsgründe können an der juristischen Person gemessen werden (zB mangelnde wirtschaftliche Leistungsfähigkeit, Steuerschulden) oder an den vertretungsberechtigten natürlichen Personen, wenn die Handlungen oder Unterlassungen das Vorliegen von natürlichen Personen voraussetzen. Als **Versagungsgründe** kommen zB der Verdacht auf Geldwäschehandlungen, undurchsichtige Herkunft des für die Beteiligung aufgewandten Kapitals oder schwere Kriminalität im Bereich von Vermögensdelikten in Betracht. Zu beachten ist, dass es anders als in Nummer 3 bereits genügt, dass Tatsachen vorliegen, die die Annahme rechtfertigen, dass der Inhaber der bedeutenden Beteiligung unzuverlässig ist; insofern reicht das Vorliegen von **Indizien** bereits zur Versagung der Erlaubniserteilung aus. Indizien sind aber nicht nur Behauptungen oder vage Vermutungen, sondern eine

erwiesene Tatsache, aus der in Schlussfolgerung der Beweis für eine andere, nicht unmittelbar bewiesene Tatsache abgeleitet werden kann.

Gemäß Art. 8 VI Buchst. b AIFM-RL kann die ESMA Entwürfe technischer Regulierungsstandards ausarbeiten, um die auf Anteilseigner und Mitglieder mit qualifizierten Beteiligungen anwendbaren Anforderungen festzulegen. 9

4. Enge Verbindungen. Nummer 5 und 6 entsprechen im Wesentlichen der Regelung des aufgehobenen § 7b Nr. 5 und 6 InvG und dienen zugleich der Umsetzung von Art. 8 III AIFM-RL. Die Regelungen sollen verhindern, dass die Sicherheit und Seriosität der KVG durch dubiose Geschäfte oder durch unübersichtliche Unternehmensstrukturen gefährdet werden könnten. Demnach ist die Erteilung der Erlaubnis zu versagen, wenn zwischen der KVG und anderen natürlichen oder juristischen Personen **enge Verbindungen** bestehen, wegen denen die BaFin in ihrer Aufsichtstätigkeit behindert wird (s. § 21 I Nr. 6 und § 22 I Nr. 6). Bei engen Verbindungen zu juristischen oder natürlichen Personen, die den Rechts- und Verwaltungsvorschriften eines Drittlandes unterstehen, kann die Erlaubniserteilung auch versagt werden, wenn die BaFin durch die Vorschriften des Drittlandes bei der Erfüllung ihrer Aufsichtsfunktion behindert wird. In beiden Fällen hat die BaFin die tatsächliche Behinderung ihrer Aufsichtsfunktion (ex ante) zu belegen. Der Begriff der engen Verbindung wird in § 1 XIX Nr. 10 definiert. Die BaFin muss entweder nachweisen, dass zB Weisungsrechte oder Einflussmöglichkeiten zwischen den einzelnen verbundenen Unternehmen bestehen und nicht eindeutig ist, wem genau diese zugeordnet sind, oder sie weist nach, dass Verantwortlichkeiten und Entscheidungskompetenzen innerhalb der Unternehmensverbindung bestehen, die nicht klar zugeordnet werden können. Die Aufsichtstätigkeit der BaFin kann auch durch wirtschaftliche Intransparenz behindert werden, die auf der engen Verbindung gründen. 10

Untersagen die Rechts- und Verwaltungsvorschriften eines Drittstaates zB die Weitergabe von für die Aufsicht über die KVG notwendigen Informationen (zB Informationen über die Einwirkungsmöglichkeit auf die KVG durch die Person, zu der die enge Verbindung besteht), wird regelmäßig der Versagungsgrund der Nr. 6 verwirklicht sein. 11

Gemäß Art. 8 VI Buchst. a AIFM-RL kann die ESMA Entwürfe technischer Regulierungsstandards ausarbeiten, um die auf KVG anwendbaren Anforderungen festzulegen. 12

5. Sitz der KVG. Nummer 7 entspricht im Wesentlichen der Regelung des aufgehobenen § 7b Nr. 7 InvG und dient zugleich der Umsetzung von Art. 8 I Buchst. e iVm Art. 4 Buchst. j Ziff. i AIFM-RL. Eine KVG ist nicht erlaubnisfähig, wenn sie ihren Sitz und ihre Hauptverwaltung nicht in Deutschland hat. Damit wird das Prinzip der Einheit des Sitz- und Hauptverwaltungsstaats im Inland sichergestellt, s. § 17 I. Der Sitz der KVG ergibt sich aus der Satzung bzw. dem Gesellschaftsvertrag, während sich der Ort der Hauptverwaltung nach dem Ort der tatsächlichen Geschäftstätigkeit richtet. Verteilt sich das Unternehmen auf mehrere Orte, kommt es für den Begriff der Hauptverwaltung darauf an, wo sich der Schwerpunkt der Verwaltungstätigkeit, insb. der Sitz der Geschäftsleitung befindet. Verlegt die KVG ihren Sitz oder die Hauptverwaltung ins Ausland, ist die BaFin berechtigt, die Erlaubnis gem. § 39 III Nr. 3 iVm § 23 Nr. 7 aufzuheben oder gem. § 40 die Abberufung der verantwortlichen Geschäftsleiter zu verlangen und ihnen die Ausübung ihrer Tätigkeit zu untersagen. 13

14 **6. Organisatorische Vorkehrungen.** Nummer 8 entspricht im Wesentlichen der Regelung des aufgehobenen § 7b Nr. 8 InvG, wonach der KVG die Erlaubniserteilung zu versagen ist, wenn sie nicht bereit oder in der Lage ist, die erforderlichen organisatorischen Vorkehrungen zum ordnungsgemäßen Betreiben der Geschäfte zu schaffen. Weitergehend als der aufgehobene § 7b Nr. 8 InvG ist die Erlaubniserteilung auch zu versagen, wenn die KVG nicht in der Lage ist, die im KAGB festgelegten Anforderungen einzuhalten. Damit soll ausgeschlossen werden, dass eine rechtliche Hülle als KVG im Geschäftsverkehr auftritt. Die genannten Anforderungen ergeben sich insb. aus den §§ 26–30 sowie der KAVerOV (s. auch die Ausführungen zu § 21 I Nr. 7). Die BaFin hat die Erlaubniserteilung zB dann zu versagen, wenn der Geschäftsplan und das Organigramm nicht vollständig oder plausibel sind und nicht erkennen lassen, dass der zukünftige Erlaubnisträger in der Lage ist, die in den §§ 26–30 und in der KAVerOV beschriebenen Organisationsmaßnahmen umzusetzen und zu gewährleisten.

15 **7. Kernfunktionen einer KVG.** Nummer 9 dient der Umsetzung von Art. 6 V Buchst. c AIFM-RL. Damit wird sichergestellt, dass die Anlageverwaltungsfunktion maßgeblich für eine KVG ist, so dass die KVG ohne diese ihre Geschäftstätigkeit im Sinne des KAGB nicht erbringt; s. auch die Ausführungen zu § 20 IV. Problematisch ist der Wortlaut der Nr. 9 am Ende, der von der Erbringung der Portfolioverwaltung **und** des Risikomanagements durch die KVG spricht. Im Unterschied zur Nr. 10 hat der Gesetzgeber die Auslegung des Begriffs „erbringen" nicht (schon) in der Nr. 9 vorgenommen. Wie diese Situation zu behandeln ist, wird die Praxis zeigen. Es ist davon auszugehen, dass die Gesetzesbegründung zu Nr. 10 auch für § 23 Nr. 9 gelten soll.

16 Nummer 10 dient der Umsetzung von Art. 6 V Buchst. d AIFM-RL und soll darüber hinaus auch für OGAW-KVG gelten. Die Vorschrift legt fest, dass einer KVG die Erlaubnis zu versagen ist, wenn sie nicht die Portfolioverwaltung erbringt, ohne auch das Risikomanagement zu erbringen. Dasselbe gilt im umgekehrten Fall. Der Begriff „Erbringung" in Nr. 10 ist nicht als tatsächliche Erbringung zu verstehen, sondern als Fähigkeit, beide Tätigkeiten ausüben zu können. Die KVG muss folglich die Fähigkeit haben, sowohl die Portfolioverwaltung als auch das Risikomanagement ausüben zu können, jedoch muss sie diese Tätigkeiten nicht selbst tatsächlich ausführen, sondern kann auch im gesetzlich zulässigen Umfang die Tätigkeit auf ein Auslagerungsunternehmen auslagern; s. auch die Ausführungen zu § 17.

17 **8. Sonstige Versagungsgründe.** Nummer 11 stellt klar, dass eine Erlaubnis auch dann zu versagen ist, wenn andere als die in Nr. 1–10 aufgeführten Voraussetzungen für die Erlaubniserteilung nach dem KAGB nicht erfüllt sind. Sie stellt somit einen Auffangtatbestand für alle weiteren Erlaubnistatbestandsvoraussetzungen des KAGB für die Erlaubniserteilung einer KVG dar. Wenn zB die zukünftige KVG-Erlaubnisträgerin nicht in einer der in § 18 I vorgeschriebenen Rechtsformen betrieben werden soll, ist die Erlaubnis nach § 23 Nr. 11 zu versagen.

§24 Anhörung der zuständigen Stellen eines anderen Mitgliedstaates der Europäischen Union oder eines anderen Vertragsstaates des Abkommens über den Europäischen Wirtschaftsraum; Aussetzung oder Beschränkung der Erlaubnis bei Unternehmen mit Sitz in einem Drittstaat

(1) Soll eine Erlaubnis einer OGAW-Kapitalverwaltungsgesellschaft oder einer AIF-Kapitalverwaltungsgesellschaft erteilt werden, die

1. Tochter- oder Schwesterunternehmen einer anderen EU-Verwaltungsgesellschaft oder einer ausländischen AIF-Verwaltungsgesellschaft, einer Wertpapierfirma im Sinne des Artikels 4 Absatz 1 Nummer 1 der Richtlinie 2014/65/EU, eines Kreditinstituts im Sinne des Artikels 4 Absatz 1 Nummer 1 der Verordnung (EU) Nr. 575/2013 oder eines Versicherungsunternehmens ist, das in einem anderen Mitgliedstaat der Europäischen Union oder einem anderen Vertragsstaat des Abkommens über den Europäischen Wirtschaftsraum zugelassen ist, oder

2. durch dieselben natürlichen oder juristischen Personen kontrolliert wird, die eine in einem anderen Mitgliedstaat der Europäischen Union oder einem anderen Vertragsstaats des Abkommens über den Europäischen Wirtschaftsraum zugelassene EU-Verwaltungsgesellschaft oder eine ausländische AIF-Verwaltungsgesellschaft, eine Wertpapierfirma im Sinne des Artikels 4 Absatz 1 Nummer 1 der Richtlinie 2014/65/EU, ein Kreditinstitut im Sinne des Artikels 4 Absatz 1 Nummer 1 der Verordnung (EU) Nr. 575/2013 oder ein Versicherungsunternehmen kontrollieren,

hat die Bundesanstalt vor Erteilung der Erlaubnis die zuständigen Stellen des Herkunftsstaates anzuhören.

(2) [1]Auf die Beziehungen zwischen OGAW-Kapitalverwaltungsgesellschaften und Drittstaaten sind die Bestimmungen des Artikels 15 der Richtlinie 2004/39/EG entsprechend anzuwenden. [2]Für diesen Zweck sind die in Artikel 15 der Richtlinie 2004/39/EG genannten Ausdrücke „Wertpapierfirma" und „Wertpapierfirmen" als „OGAW-Kapitalverwaltungsgesellschaft" beziehungsweise „OGAW-Kapitalverwaltungsgesellschaften" zu verstehen; der in Artikel 15 der Richtlinie 2004/39/EG genannte Ausdruck „Erbringung von Wertpapierdienstleistungen" ist als „Erbringung von Dienstleistungen" zu verstehen.

I. Allgemeines

Nach § 24 hat die BaFin vor der Erlaubniserteilung zur Aufnahme des Geschäftsbetriebes die zuständigen Behörden der anderen betroffenen Herkunftsstaaten zu konsultieren, sofern ein Sachverhalt mit Auslandsbezug vorliegt. Die **Anhörungspflicht** entsteht jedoch nur, wenn im Übrigen die Voraussetzungen der §§ 20ff. vorliegen und die BaFin deshalb die KVG-Erlaubnis zu erteilen hat. Die Anhörungspflicht dient dem Zweck, dass die BaFin weitergehende Erkenntnisse über die Personen und Unternehmen erhält, die einen beherrschenden Einfluss auf die zuzulassende KVG ausüben werden. Damit können möglicherweise relevante Informationen im Hinblick auf die Versagungsgründe des § 23 erlangt werden. 1

2 Während Abs. 1 sowohl für OGAW- als auch für AIF-KVG gilt, findet **Abs. 2 nur auf OGAW-KVG** Anwendung, da eine entsprechende Regelung in der AIFM-RL für AIF-KVG fehlt. Sollte die BaFin ihrer Anhörungspflicht nach Abs. 1 nicht nachkommen, berührt dies nicht den Bestand der erteilten Erlaubnis.

II. Anhörung von Stellen eines EU-Mitgliedstaates (Abs. 1)

3 Absatz 1 entspricht im Wesentlichen der Regelung des aufgehobenen § 8 I InvG und dient zugleich der Umsetzung von Art. 8 II AIFM-RL. Die BaFin muss die Erteilung der Erlaubnis zur Aufnahme des Geschäftsbetriebes einer KVG beabsichtigen und die KVG muss entweder ein Tochter- oder Schwesterunternehmen einer anderen EU-Verwaltungsgesellschaft oder einer ausländischen AIF-Verwaltungsgesellschaft, einer Wertpapierfirma, eines Kreditinstituts oder eines Versicherungsunternehmens sein, das in einem anderen Mitgliedstaat der EU oder einem anderen Vertragsstaat des Abkommens über den EWR von den dortigen Aufsichtsbehörden zugelassen ist (Abs. 1 Nr. 1) oder von einer Person kontrolliert wird, die eines der vorgenannten Unternehmen kontrolliert (Abs. 1 Nr. 2).

4 Der Begriff des **Tochterunternehmens** ist in § 1 XIX Nr. 35 definiert, der auf § 290 HGB verweist. Danach sind Tochterunternehmen Unternehmen, auf die ein anderes Unternehmen unmittelbar oder mittelbar einen beherrschenden Einfluss ausüben kann. Aus § 290 III HGB folgt, dass auch Töchter von Tochterunternehmen, die ihrerseits Mutterunternehmen sind, Tochterunternehmen auch der auf der höheren Stufe einzuordnenden Mutterunternehmen sind. Wann ein **beherrschender Einfluss** vorliegt, regelt § 290 II HGB. Eine tatsächliche Ausübung des beherrschenden Einflusses fordert § 290 I 1 HGB nicht („kann"), so dass es ausreichen soll, wenn bei vorhandenen Präsenzmehrheiten ein möglicher beherrschender Einfluss für eine gewisse Dauer und nicht nur vorübergehend ausgeübt werden kann. Die Ausübung des beherrschenden Einflusses bedarf ferner keiner vertraglichen oder gesellschaftsrechtlichen Beziehung zwischen den beiden Unternehmen.

5 Das KAGB definiert nicht den Begriff des **Schwesterunternehmens,** so dass wie unter der Geltung des InvG auf die Definition des KWG zurückgegriffen werden kann: Nach § 1 VII KWG sind Schwesterunternehmen solche Unternehmen, die ein gemeinsames Mutterunternehmen haben.

Nach Abs. 1 Nr. 2 hat die BaFin vor der Erlaubniserteilung die zuständigen Stellen des Herkunftsstaates anzuhören, wenn die zukünftige KVG-Erlaubnisträgerin und die in Nr. 2 genannten Unternehmen durch dieselben natürlichen oder juristischen Personen **kontrolliert** werden. Da das KAGB keine Definition des Begriffs der Kontrolle enthält, kann auf die entsprechende Definition des KWG zurückgegriffen werden: Nach § 1 VIII KWG (aF) besteht eine Kontrolle, wenn ein Unternehmen im Verhältnis zu einem anderen Unternehmen als Mutterunternehmen gilt oder wenn zwischen einer natürlichen oder juristischen Person und einem Unternehmen ein gleichartiges Verhältnis besteht. Unter ein solches „gleichartiges Verhältnis" können auch Beherrschungsverhältnisse subsumiert werden. Die Nr. 2 hat somit den Charakter einer Auffangvorschrift, da sie alle nicht von Nr. 1 erfassten Abhängigkeitsverhältnisse unabhängig von der Rechtsform und der Unternehmenseigenschaft umfasst.

III. Beziehungen zu Unternehmen mit Sitz in einem Drittstaat (Abs. 2)

Nach der Gesetzesbegründung entspricht Abs. 2 im Wesentlichen der Regelung 6
des aufgehobenen § 8 II InvG. Absatz 2 ist seinem Wortlaut nach aber deutlich unterschiedlich zum aufgehobenen § 8 II InvG und gibt die Regelung des Art. 9 I OGAW-IV-RL entsprechend wieder. Die BaFin hat nach Art. 15 der RL 2004/39/EG bei Erlaubnisanträgen von Unternehmen mit Sitz außerhalb der EU unter bestimmten Umständen die Entscheidung über die Erlaubnis für eine **OGAW-KVG** *oder* über den Erwerb von Beteiligungen an einer **OGAW-KVG** auszusetzen oder zu beschränken. Denn die EU-Kommission kann nach Art. 15 II, III der RL 2004/39/EG mit Drittländern Verhandlungen aufnehmen mit dem Ziel, Diskriminierungen zu beseitigen und vergleichbare Wettbewerbsbedingungen zu erreichen (Prinzip der Gegenseitigkeit). Dafür ist Voraussetzung, dass die Kommission gem. Art. 15 I der RL 2004/39/EG durch die Mitgliedstaaten erfährt, dass Institute der EU-Gemeinschaft in einem Drittland keine Inländerbehandlung derart erfahren, dass sie nicht die gleichen Wettbewerbsmöglichkeiten erhalten wie inländische Institute und dass die Bedingungen für einen effektiven Marktzugang nicht vorliegen.

Beschließt die EU-Kommission nach Art. 15 III UAbs. 2 der RL 2004/39/EG, 7
die Entscheidung über Erlaubnisanträge und über den Erwerb von Beteiligungen von Unternehmen aus einem bestimmten Drittstaat auszusetzen, ist die BaFin an diesen Beschluss gebunden. Die Aussetzung ist zunächst auf drei Monate zu begrenzen, der Rat der EU kann jedoch eine Verlängerung dieser Frist beschließen. Nach dem Wortlaut des Abs. 2 ergänzt dieser durch den Verweis auf Art. 15 der RL 2004/39/EG somit die §§ 19, 21 II und 23 Nr. 4–6 für OGAW-KVG.

§25 Kapitalanforderungen

(1) Eine Kapitalverwaltungsgesellschaft muss

1. mit einem Anfangskapital von
   a) mindestens 300 000 Euro ausgestattet sein, sofern es sich um eine interne Kapitalverwaltungsgesellschaft handelt,
   b) mindestens 125 000 Euro ausgestattet sein, sofern es sich um eine externe Kapitalverwaltungsgesellschaft handelt,

2. über zusätzliche Eigenmittel in Höhe von wenigstens 0,02 Prozent des Betrages, um den der Wert der verwalteten Investmentvermögen 250 Millionen Euro übersteigt, verfügen, wenn der Wert der von der AIF-Kapitalverwaltungsgesellschaft oder von der externen OGAW-Kapitalverwaltungsgesellschaft verwalteten Investmentvermögen 250 Millionen Euro überschreitet; die geforderte Gesamtsumme des Anfangskapitals und der zusätzlichen Eigenmittel darf jedoch 10 Millionen Euro nicht überschreiten.

(2) Eine AIF-Kapitalverwaltungsgesellschaft oder eine externe OGAW-Kapitalverwaltungsgesellschaft braucht die Anforderung, zusätzliche Eigenmittel nach Absatz 1 Satz 1 Nummer 2 in Höhe von bis zu 50 Prozent aufzubringen, nicht zu erfüllen, wenn sie über eine Garantie in derselben Höhe verfügt, die von einem der folgenden Institute oder Unternehmen gestellt wird:

1. **Kreditinstitut im Sinne des Artikels 4 Absatz 1 Nummer 1 der Verordnung (EU) Nr. 575/2013 oder Versicherungsunternehmen, die ihren Sitz in einem Mitgliedstaat der Europäischen Union oder in einem anderen Vertragsstaat des Abkommens über den Europäischen Wirtschaftsraum haben, oder**
2. **Kreditinstitut oder Versicherungsunternehmen mit Sitz in einem Drittstaat, wenn diese Aufsichtsbestimmungen unterliegen, die nach Auffassung der Bundesanstalt denen des Unionsrechts gleichwertig sind.**

(3) **[1]Für die Zwecke des Absatzes 1 gelten die von der Kapitalverwaltungsgesellschaft verwalteten Investmentvermögen, einschließlich der Investmentvermögen, mit deren Verwaltung sie Dritte beauftragt hat, als Investmentvermögen der Kapitalverwaltungsgesellschaft; Investmentvermögen, die die externe Kapitalverwaltungsgesellschaft im Auftrag Dritter verwaltet, werden nicht berücksichtigt. [2]Für die Zwecke der Absätze 1 und 4 gelten für eine externe AIF-Kapitalverwaltungsgesellschaft, die ebenfalls eine externe OGAW-Kapitalverwaltungsgesellschaft ist, ausschließlich die Vorschriften für die externe OGAW-Kapitalverwaltungsgesellschaft.**

(4) **[1]Unabhängig von der Eigenmittelanforderung in Absatz 1 muss die AIF-Kapitalverwaltungsgesellschaft zu jeder Zeit Eigenmittel in Höhe von mindestens dem in Artikel 9 Absatz 5 der Richtlinie 2011/61/EU geforderten Betrag und muss die externe OGAW-Kapitalverwaltungsgesellschaft zu jeder Zeit Eigenmittel in Höhe von mindestens dem in Artikel 7 Absatz 1 Buchstabe a Ziffer iii der Richtlinie 2009/65/EG geforderten Betrag aufweisen. [2]Liegt für das erste abgelaufene Geschäftsjahr noch kein Jahresabschluss vor, sind die Aufwendungen auszuweisen, die im Geschäftsplan für das laufende Jahr für die entsprechenden Posten vorgesehen sind. [3]Die Bundesanstalt kann**

1. **die Anforderungen nach den Sätzen 1 und 2 heraufsetzen, wenn dies durch eine Ausweitung der Geschäftstätigkeit der AIF-Kapitalverwaltungsgesellschaft oder der externen OGAW-Kapitalverwaltungsgesellschaft angezeigt ist oder**
2. **die bei der Berechnung der Relation nach den Sätzen 1 und 2 anzusetzenden Kosten für das laufende Geschäftsjahr auf Antrag der Kapitalverwaltungsgesellschaft herabsetzen, wenn dies durch eine gegenüber dem Vorjahr nachweislich erhebliche Reduzierung der Geschäftstätigkeit der AIF-Kapitalverwaltungsgesellschaft oder der externen OGAW-Kapitalverwaltungsgesellschaft im laufenden Geschäftsjahr angezeigt ist.**

[4]AIF-Kapitalverwaltungsgesellschaften und externe OGAW-Kapitalverwaltungsgesellschaften haben der Bundesanstalt die Angaben und Nachweise zu übermitteln, die für die Überprüfung der Relation und der Erfüllung der Anforderungen nach den Sätzen 1 und 3 erforderlich sind.

(5) **Werden Altersvorsorgeverträge nach § 20 Absatz 2 Nummer 6 oder § 20 Absatz 3 Nummer 8 abgeschlossen oder Mindestzahlungszusagen nach § 20 Absatz 2 Nummer 7 abgegeben, müssen externe Kapitalverwaltungsgesellschaften im Interesse der Erfüllung ihrer Verpflichtungen gegenüber Anlegern und Aktionären, insbesondere im Interesse der Sicherheit der ihnen anvertrauten Vermögenswerte, über angemessene Eigenmittel verfügen.**

(6) [1]**Um die potenziellen Berufshaftungsrisiken aus den Geschäftstätigkeiten, denen die AIF-Kapitalverwaltungsgesellschaften nach der Richtlinie 2011/61/EU nachgehen können, abzudecken, müssen AIF-Kapitalverwaltungsgesellschaften über**

1. zusätzliche Eigenmittel, um potenzielle Haftungsrisiken aus beruflicher Fahrlässigkeit angemessen abzudecken, oder
2. eine bezüglich der abgedeckten Risiken geeignete Versicherung für die sich aus beruflicher Fahrlässigkeit ergebenden Haftung

verfügen. [2]**Im Fall von Satz 1 Nummer 2 ist der Versicherer im Versicherungsvertrag zu verpflichten, der Bundesanstalt den Beginn und die Beendigung oder Kündigung des Versicherungsvertrages sowie Umstände, die den vorgeschriebenen Versicherungsschutz beeinträchtigen, unverzüglich über ein von ihr bereitgestelltes elektronisches Kommunikationsverfahren mitzuteilen.**

(7) **Eigenmittel, einschließlich der zusätzlichen Eigenmittel gemäß Absatz 6 Nummer 1, sind entweder in liquiden Mitteln zu halten oder in Vermögensgegenstände zu investieren, die kurzfristig unmittelbar in Bankguthaben umgewandelt werden können und keine spekulativen Positionen enthalten.**

(8) **Für AIF-Kapitalverwaltungsgesellschaften bestimmen sich die Kriterien zu den Risiken, die durch die zusätzlichen Eigenmittel oder die Berufshaftpflichtversicherung gedeckt werden müssen, die Voraussetzungen für die Bestimmung der Angemessenheit der zusätzlichen Eigenmittel oder der Deckung durch die Berufshaftpflichtversicherung und die Vorgehensweise bei der Bestimmung fortlaufender Anpassungen der Eigenmittel oder der Deckung nach den Artikeln 12 bis 15 der Delegierten Verordnung (EU) Nr. 231/2013.**

Schrifttum: *Fischer/Friedrich* ZBB 2013, 153; *Jesch/Alten* RdF 2013, 191; *Mujan* BB 2013, 1653; *Pütz/Bommer* Absolut Report 2013, 56.

Inhaltsübersicht

	Rn.
I. Allgemeines	1
II. Mindestkapitalanforderungen	3
1. Anfangskapital	3
2. Dynamische Kapitalanforderungen	6
3. Zusätzlicher Eigenmittelersatz durch Garantien	9
4. Berechnung des relevanten Gesamtvolumens	10
III. Kostenabhängige Kapitalanforderungen	14
IV. Kapitalanforderungen bei Altersvorsorgeverträgen und Mindestzahlungszusagen	16
V. Abdecken von Berufshaftungsrisiken bei AIF-KVG	17
1. Potentielle Berufshaftungsrisiken	18
a) Relevante Personen	19
b) Berufshaftungsrisiken	20
2. Alternative 1: Zusätzliche Eigenmittel	22
a) Qualitative Anforderungen	23
b) Quantitative Anforderungen	25
3. Alternative 2: Abschluss einer Berufshaftpflichtversicherung	26

Rn.
a) Anforderungen an die Berufshaftpflichtversicherung 27
b) Mindestversicherungssumme 28
VI. Anlage der Eigenmittel 31
VII. Bestimmung der Risikokriterien einer AIF-KVG 32

I. Allgemeines

1 Die Regelung des § 25 soll sicherstellen, dass die KVG in der Lage ist, ihre laufenden Verpflichtungen gegenüber ihren Gläubigern zu erfüllen und für den Tatbestand der Verwaltung für eine Übergangszeit von drei Monaten im Falle der Insolvenz vorbereitet zu sein. Laut Erwägungsgrund 23 der AIFM-RL soll das Mindesteigenkapital der KVG auch als Haftungsmasse für mögliche Schadensersatzansprüche dienen, die aus operationellen Risiken der KVG entstehen können. Das Eigenkapital kann jedoch nicht die Funktion übernehmen, Schadensersatzansprüche von Anlegern in größeren Schadensfällen vollständig zu befriedigen. Es ist wirtschaftlich nicht sinnvoll, für einen solchen Ausnahmefall dauerhaft ein derart hohes Eigenkapital zu fordern. Die Bonität der KVG soll durch das Eigenkapital gewährleistet und damit eine Vertrauensbasis für die Anleger wie auch für Refinanzierungen geschaffen werden.

2 Artikel 9 VII AIFM-RL geht über die Anforderungen der OGAW-RL hinaus und verlangt, dass zusätzliche Eigenmittel vorgehalten bzw. eine Berufshaftpflichtversicherung abgeschlossen werden müssen, um potenzielle Berufshaftungsrisiken abzudecken. Dementsprechend schreibt § 25 VI verschärfte Kapitalmittelanforderungen vor, die **nur für AIF-KVG** gelten.

II. Mindestkapitalanforderungen

3 **1. Anfangskapital.** Absatz 1 Nr. 1 a übernimmt die Vorschrift des aufgehobenen § 97 I 2 Nr. 1 InvG und regelt das erforderliche **Anfangskapital** für interne KVG. Die Regelung dient der Umsetzung von Art. 29 I OGAW-IV-RL und Art. 9 I AIFM-RL. Der Begriff des Anfangskapitals wird in § 1 XIX Nr. 1 legaldefiniert.

4 Absatz 1 Nr. 1 b basiert auf der Vorschrift des aufgehobenen § 11 I Nr. 1 InvG und regelt das erforderliche Anfangskapital für externe KVG. Im Gegensatz zur bisherigen Regelung im InvG, die ein Anfangskapital von 300.000 EUR vorsah, wird nun entsprechend den Vorgaben der OGAW-IV-RL und der AIFM-RL ein Anfangskapital von 125.000 EUR sowohl für externe OGAW- als auch für externe AIF-KVG gefordert. Die Regelung dient der Umsetzung von Art. 7 I UAbs. 1 Buchst. a OGAW-IV-RL und Art. 9 II AIFM-RL. Das Grund- und Stammkapital muss zum Zeitpunkt der Erlaubnis **voll eingezahlt, frei von Rechten Dritter** sein und zur **freien Verfügung der Geschäftsleitung der KVG** stehen. Das Vorhandensein des Anfangskapitals ist für die Erlaubniserteilung nachzuweisen, üblicherweise in Form einer **Bestätigung** eines Einlagenkreditinstituts mit Sitz in einem Vertragsstaat des Abkommens über den EWR hinsichtlich der drei eben genannten Voraussetzungen (in entsprechender Anwendung des § 14 III 1 AnzV).

5 Sowohl Abs. 1 Nr. 1 a als auch Nr. 1 b stellen **Untergrenzen** dar („mindestens"). Gerade in der Startphase einer neu zu gründenden KVG kann es sinnvoll sein, die KVG mit einem höheren Anfangskapital auszustatten, um nicht sofort die Anzeige nach § 34 III Nr. 6 gegenüber der BaFin abgeben zu müssen und eventuell weitere Konsequenzen auszulösen. Denn wie schon nach alter Rechtslage muss das An-

fangskapital nicht nur bei Aufnahme der Geschäftstätigkeit der KVG vorhanden sein (jetzt in § 23 Nr. 1 geregelt), sondern auch noch danach in seiner Funktion als laufend vorzuhaltende Mindestkapitalausstattung. Das Anfangskapital ist eine dauerhafte Anforderung an die Eigenmittelausstattung einer KVG. Bei einem Unterschreiten des Anfangskapitals kommt eine Aufhebung der Erlaubnis nach § 39 III Nr. 2 in Betracht: Danach dürfen die vom Anfangskapital zu unterscheidenden Eigenmittel nicht unter das Anfangskapital absinken. Für diese Ansicht spricht auch die Anzeigepflicht des § 34 III Nr. 6, der auf die in § 25 genannten Schwellen insgesamt verweist und nicht nur auf § 25 I Nr. 2. Zu beachten ist auch § 39 Abs. 3 Nr. 4: Ein Grund zur Aufhebung oder Aussetzung der Erlaubnis liegt auch dann vor, wenn eine externe KVG, die die Dienst- oder Nebendienstleistungen nach § 20 II 1 Nr. 1–3 und III 1 Nr. 2–5 erbringt, nicht mehr das dafür zusätzlich zu § 25 erforderliche Anfangskapital hält (vgl. Kommentierung zu § 5 II sowie § 39 III).

2. Dynamische Kapitalanforderungen. Absatz 1 Nr. 2 basiert auf der Vorschrift des aufgehobenen § 11 I 1 Nr. 2 InvG und fordert von KVG **zusätzliche Eigenmittel** abhängig von dem Wert der verwalteten Investmentvermögen. Die dynamische Kapitalanforderung bezieht sich auf die Eigenmittel der KVG. Eigenmittel sind gem. § 1 XIX Nr. 9 Eigenmittel gem. Art. 72 der Verordnung (EU) Nr. 575/2013, also die Summe aus Kernkapital und Ergänzungskapital. Zu den weiteren Voraussetzungen zu den Eigenmitteln s. Abs. 7. 6

Der Schwellenwert wird entsprechend den Vorgaben der OGAW-IV-RL und der AIFM-RL auf 250 Mio. EUR gesetzt. Die Regelung gilt aufgrund der Umsetzung von Art. 7 I UAbs. 1 Buchst. a Ziff. i OGAW-IV-RL für externe OGAW-KVG, nicht jedoch für interne OGAW-KVG. Bezüglich AIF-KVG werden die Anforderungen jedoch nach der Gesetzesbegründung entsprechend Art. 9 III AIFM-RL sowohl an interne als auch an externe AIF-KVG gestellt. Durch diese, der OGAW-RL nachgebildete, dynamische Kapitalanforderung soll sichergestellt werden, dass die Eigenmittel der KVG durchgehend in einer angemessenen Relation zu dem Volumen der von der KVG verwalteten Vermögensgüter stehen. Überschreitet das Gesamtvolumen der verwalteten Investmentvermögen 250 Mio. EUR, muss die KVG über zusätzliche Eigenmittel in Höhe von 0,02% des Betrages verfügen, der 250 Mio. EUR überschreitet. Dabei handelt es sich um die **Untergrenze** der notwendigen dynamischen Kapitalanforderungen („wenigstens 0,02 Prozent“). Die Bezugsgröße für die Kapitalanforderung nach § 25 I Nr. 2 ist der **Nettoinventarwert.** Die Gesamtsumme der Kapitalanforderungen an eine KVG darf zusammen mit dem Anfangskapital den Betrag von 10 Mio. EUR jedoch nicht überschreiten **(Obergrenze).** Darüber hinausgehende Eigenmittelanforderungen können sich hingegen aus den Regelungen der Abs. 4, 5 und 6 ergeben. 7

Die dynamische Kapitalanforderung bestimmt sich nach dem Wert der von der KVG verwalteten Investmentvermögen, s. dazu auch Abs. 3. Dieser Wert ist gem. Art. 19 AIFM-RL zu bewerten, dessen Regelung in zahlreichen Paragraphen des KAGB umgesetzt wurde (zB §§ 168ff., 216f., 271f., 278f., 286). Zur **Häufigkeit der Bewertung** der AIF-Investmentvermögen äußern sich die Art. 2 VI und 67–74 der Level-II-VO, wonach zumindest einmal im Jahr unter Verwendung der zuletzt verfügbaren Werte der Vermögensgegenstände eine Bewertung zu erfolgen hat. Im Zusammenhang mit den Kapitalanforderungen des § 25 ist auch die Anordnungsbefugnis der BaFin nach § 41 zu beachten. Falls einschlägig, haben bereits bestehende KVG zusätzlich zu dem unter Abs. 1 Nr. 1 geforderten Nachweis einen 8

Nachweis über die fondsvolumenabhängigen Eigenmittel nach § 25 I Nr. 2 zu erbringen.

9 **3. Zusätzlicher Eigenmittelersatz durch Garantien.** Absatz 2 übernimmt mit redaktionellen Anpassungen den Wortlaut des aufgehobenen § 11 I 2 und 3 InvG. Die Vorschrift ermöglicht die **Abdeckung der zusätzlichen Eigenmittelanforderungen** für KVG bis zu 50% **durch Garantien.** Sie dient der Umsetzung von Art. 7 I UAbs. 2 OGAW-IV-RL und Art. 9 VI AIFM-RL. AIF-KVG und externe OGAW-KVG müssen die zusätzlichen dynamischen Eigenmittelanforderungen bis zu einer Höhe von 50% nicht erfüllen, wenn sie über eine von einem Kreditinstitut oder einem Versicherungsunternehmen gestellte Garantie in derselben Höhe verfügen. Das Kreditinstitut oder das Versicherungsunternehmen muss seinen Sitz in einem Mitgliedstaat der EU oder in einem anderen Vertragsstaat des EWR-Abkommens haben oder, sofern es seinen Sitz in einem Drittstaat hat, Aufsichtsbestimmungen unterliegen, die nach Auffassung der BaFin denen des Unionsrechts gleichwertig sind. Solche Garantien werden üblicherweise durch sog. „harte Patronatserklärungen" eines Kreditinstituts oder Versicherungsunternehmens abgegeben. Dabei werden solche Kreditinstitute oder Versicherungsunternehmen eine entsprechende Garantie abgeben, die demselben Konzern wie die AIF-KVG bzw. externe OGAW-KVG angehören. Die Erklärung der Garantie wird gegenüber der BaFin abgegeben oder im Geschäftsbericht des Unternehmens ausgewiesen, das die „harte Patronatserklärung" abgibt.

10 **4. Berechnung des relevanten Gesamtvolumens.** Absatz 3 S. 1 übernimmt mit redaktionellen Anpassungen den Wortlaut des aufgehobenen § 11 II InvG. Er dient der Umsetzung von Art. 7 I UAbs. 1 Buchst. a Ziff. ii OGAW-IV-RL und Art. 9 IV AIFM-RL. Das für die **Berechnung** der von der KVG vorzuhaltenden **zusätzlichen Eigenmittel relevante Gesamtvolumen** nach Abs. 1 Nr. 2 bezieht sich auf die Volumina der von der KVG verwalteten Publikums- und Spezialinvestmentvermögen und die Volumina der Investmentvermögen, deren Verwaltung die KVG auf Dritte übertragen hat. Diese Letztgenannten gelten damit weiterhin als Investmentvermögen der betreffenden KVG. Lagert also eine KVG zB das Portfoliomanagement gem. § 36 für Investmentvermögen aus, **reduzieren** diese Auslagerungen das Gesamtvolumen im Rahmen des Absatzes 1 maßgeblichen Investmentvermögen **nicht.** Denn durch die Auslagerung verliert die KVG nicht die Verwaltungshoheit über das Investmentvermögen. Andernfalls könnte sich eine KVG durch Auslagerungen ihrer Pflicht zur angemessenen Kapitalunterlegung ihrer Geschäftstätigkeit entziehen. Im Umkehrschluss werden die Volumina der Investmentvermögen, die die KVG im Auftrag Dritter verwaltet, nicht angerechnet. Das heißt, solche Investmentvermögen werden bei der Dynamisierung nicht berücksichtigt, die von der KVG lediglich im Auftrag Dritter, zB im Rahmen des sog. Insourcings, verwaltet werden.

11 Da es sich zB bei der Fremdverwaltung einer InvAG (extern verwaltete InvAG) nicht um einen Fall der Auslagerung nach § 36 handelt (s. Ausführungen zu § 17), werden die **Volumina der fremdverwalteten InvAG** mit in das Gesamtvolumen angerechnet; Gleiches sollte für die **extern verwaltete InvKG** gelten. Dies ist auch konsequent, da im Falle einer externen Verwaltung die zivil- und aufsichtsrechtliche Verantwortlichkeit und Haftung gegenüber dem Investmentvermögen und den Anlegern auf die externe KVG übergeht. So ist auch Art. 2 II UAbs. 2 der Level-II-VO zu verstehen, da dieser wiederum auf Art. 20 AIFM-RL verweist und es sich bei der externen Verwaltung (Fremdverwaltung) nicht um eine Auslagerung/

Übertragung handelt (s. §§ 129 I 3, 154 I 3, 112 I 3 und 144 S. 3). Damit wird auch die Intention des Gesetzgebers deutlich, dass bei einer extern verwalteten KVG (InvAG oder InvKG) zusätzlich das Eigenkapital der externen KVG als Haftungsmasse für die extern verwaltete KVG herangezogen werden kann.

In Bezug auf die Berechnung der Werte der AIF-Investmentvermögen sind sog. 12
Cross-holdings nur einmal zu berücksichtigen (Art. 2 IV der Level-II-VO). Cross-holdings sind Sachverhalte, in denen ein AIF wiederum in einen anderen AIF investiert ist, der von derselben KVG verwaltet wird. Der in den anderen AIF investierte Betrag kann also abgezogen werden, so dass der in beide AIF investierte Betrag nur einmal berücksichtigt werden muss.

Absatz 3 S. 2 dient der Umsetzung von Art. 9 X AIFM-RL. Da für externe 13
OGAW-KVG bereits die Kapitalanforderungen der OGAW-RL gelten, muss die AIF-KVG, die zugleich auch OGAW-KVG ist, für die Zwecke der Absätze 1 und 4 lediglich die Vorschriften für externe OGAW-KVG einhalten. Verwaltet also eine externe OGAW-KVG auch AIF-Portfolios, dürfte dieser Umstand zu einer Anpassung der zusätzlichen Eigenmittel der OGAW-KVG führen, soweit der Wert der Portfolios der OGAW-KVG gem. Art. 7 I UAbs. 1 Buchst. a Ziff. i OGAW-RL 250 Mio. EUR überschreitet. Denn diese AIF-Portfolios sind unter Art. 7 I UAbs. 1 Buchst. a Ziff. ii 3. Spiegelstrich OGAW-RL subsumierbar („andere von der Verwaltungsgesellschaft verwaltete Organismen für gemeinsame Anlagen").

III. Kostenabhängige Kapitalanforderungen

Die Regelung in § 25 IV 1 in der Fassung des OGAW-V-UmsG dient laut der 14
Gesetzesbegründung der Umsetzung von Art. 9 V AIFM-RL sowie Art. 7 I Buchst. a Ziff. iii OGAW-IV-RL. Diese verweisen für die Berechnung der Eigenmittel zunächst auf Art. 21 der RL 2006/49/EG des Europäischen Parlaments und des Rates vom 14. 6. 2006 über die angemessene Eigenkapitalausstattung von Wertpapierfirmen und Kreditinstituten (Neufassung). Diese Richtlinie wurde jedoch durch Art. 63 der RL 2013/36/EU aufgehoben; Verweisungen auf die aufgehobene RL gelten nach Art. 163 II der Richtlinie 2013/36/EU als Verweisungen auf diese RL und auf die VO (EU) Nr. 575/2013. Mit dem Verweis auf die jeweiligen Richtlinienbestimmungen für AIF- und OGAW-Kapitalverwaltungsgesellschaften wird klargestellt, dass sich die Eigenkapitalanforderungen nicht statisch nach der alten Kapitaladäquanzrichtlinie richten, sondern nunmehr neue Anforderungen gelten, insbesondere nach Art. 97 I der VO (EU) Nr. 575/2013 iVm Art. 34b der Delegierten Verordnung (EU) Nr. 241/2014 der Kommission vom 7. 1. 2014 zur Ergänzung der VO (EU) Nr. 575/2013 des Europäischen Parlaments und des Rates im Hinblick auf technische Regulierungsstandards für die Eigenmittelanforderungen an Institute, der durch Art. 1 der Delegierten Verordnung (EU) Nr. 2015/488 der Kommission vom 4. 9. 2014 zur Änderung der delegierten Verordnung (EU) Nr. 241/2014 im Hinblick auf die Eigenmittelanforderungen für Wertpapierfirmen auf der Grundlage der fixen Gemeinkosten eingefügt wurde.

Damit ist auch für die KVG die sog. **Subtraktionsmethode** maßgeblich, nach der die fixen Gemeinkosten des Vorjahres durch Abzug bestimmter Posten von den Gesamtaufwendungen berechnet werden.

Die nach Abs. 4 geforderten Eigenmittel sind der höhere der Beträge nach Abs. 1 (Anfangskapital nach Nr. 1 zuzüglich der zusätzlichen Eigenmittel nach Nr. 2) oder Abs. 4. Das heißt, die Summe kostenabhängiger Eigenmittel darf den Kapitaldeckel von 10 Mio. EUR für Anfangskapital plus fondsvolumenabhängige Eigenmittel überschreiten; in diesem Fall gilt der höhere Betrag dieser alternativen Berechnungen. Durch die Regelung des Absatzes 4 soll zum einen eine ordnungsgemäße Abwicklung solcher Unternehmen sichergestellt werden, die in die Verlustzone geraten. Um zu verhindern, dass ein Investmentvermögen liquidiert werden muss, weil sich die ihn verwaltende KVG in wirtschaftlichen Schwierigkeiten befindet, sollen die zusätzlichen Eigenmittel helfen, die Zeit bis zur Bestellung einer anderen KVG zum neuen Verwalter des Investmentvermögens zu überbrücken.

15 Zum anderen soll sichergestellt werden, dass bei einer KVG, die überwiegend die Finanzportfolioverwaltung betreibt, den operationellen Risiken und laufenden Verpflichtungen genügend Eigenmittel gegenüberstehen. Dies betrifft solche KVG, die nur in geringem Umfang von ihr aufgelegte Investmentvermögen verwalten und deshalb nur in geringem Umfang zusätzliche Eigenmittel nach Abs. 1 Nr. 2 vorhalten müssen, aber dafür in größerem Umfang für andere KVG oder auch andere Kunden die Finanzportfolioverwaltung iSd § 20 II 1 Nr. 1, III 1 Nr. 2 erbringen. Hintergrund ist, dass für diese KVG die fremden Investmentvermögen bei der Errechnung der dynamischen Kapitalanforderung des Absatzes 1 Nr. 2 aufgrund der Regelung in Abs. 3 gerade nicht berücksichtigt werden. Daher muss die KVG unabhängig von den Vorgaben des Absatzes 1 über **Eigenmittel in Höhe von 25 % ihrer fixen Kosten** verfügen, die in der Gewinn- und Verlustrechnung des letzten Jahresabschlusses unter den allgemeinen Verwaltungsaufwendungen, den Abschreibungen und Wertberichtigungen auf immaterielle Anlagewerte und Sachanlagen ausgewiesen sind. Handelt es sich um eine Neugründung einer KVG und liegt deshalb noch kein Jahresabschluss vor, sind gem. S. 2 in diesem Fall die für die jeweiligen Posten im **Geschäftsplan** veranschlagten Beträge anzusetzen. Auch deshalb kommt dem nach § 21 I Nr. 7 bzw. § 22 I Nr. 7 einzureichenden Geschäftsplan eine hohe Bedeutung zu und die BaFin wird diesen besonders gründlich, insbesondere auf dessen Plausibilität, überprüfen. Im Einzelfall kann die BaFin nach S. 3 höhere oder geringere Anforderungen an die in Relation zu den Kosten notwendigen Eigenmittel stellen, sofern dies durch die Änderung des Geschäftsumfangs der KVG angezeigt ist. Es empfiehlt sich, hinsichtlich der nach S. 4 einzureichenden Angaben und Nachweise vorab mit der BaFin in Kontakt zu treten, um den genauen Umfang der benötigten Informationen zu klären. Bereits bestehende KVG haben den Nachweis der kostenabhängigen Eigenmittel durch eine dem Abs. 1 entsprechende Bestätigung eines Kreditinstituts oder eines Wirtschaftsprüfers zu erbringen. Sind nach der Kosten-Mittel-Relation Eigenmittel erforderlich, die nicht bereits durch das Anfangskapital nach Abs. 1 Nr. 1 gedeckt werden können, muss sich die Bestätigung des Kreditinstituts oder des Wirtschaftsprüfers auf einen Betrag beziehen, der sowohl das Anfangskapital nach Abs. 1 Nr. 1 als auch die nach der Kosten-Mittel-Relation erforderlichen Eigenmittel nach Abs. 4 umfasst.

IV. Kapitalanforderungen bei Altersvorsorgeverträgen und Mindestzahlungszusagen

16 Absatz 5 übernimmt mit redaktionellen Anpassungen den Wortlaut des aufgehobenen § 11 IV InvG. Da die angesprochenen Dienstleistungen nur durch externe KVG erbracht werden können, richtet sich die Vorschrift auch nur an diese. Fraglich ist, was unter dem Begriff **angemessene Eigenmittel** in Abs. 5 zu verstehen ist. Die nähere Bestimmung dieses Begriffs erfolgte (auch für Kapitalanlagegesellschaften) durch das Rundschreiben der BaFin 2/2007 (BA) v. 18.1.2007. Da die Regelung des Abs. 5 laut Gesetzesbegründung den aufgehobenen § 11 IV InvG mit nur redaktionellen Anpassungen übernimmt, sollte die Begriffsbestimmung des Rundschreibens auch weiterhin anwendbar sein. Nach dem aufgehobenen § 11 IV InvG war der § 10 I 1 KWG entsprechend anzuwenden. Demnach verfügt eine externe KVG über angemessene Eigenmittel, wenn der Gesamtanrechnungsbetrag für Mindestzahlungszusagen das modifizierte Eigenkapital nach § 10 Id KWG (aF) täglich zum Geschäftsschluss nicht überschreitet. Der Gesamtanrechnungsbetrag ist die mit 0,08 multiplizierte Summe der risikogewichteten Positionswerte aus sämtlichen abgegebenen Mindestzahlungszusagen. Da sich auch der jeweilige risikogewichtete Positionswert für die verschiedenen Mindestzahlungszusagen aus dem Rundschreiben ergibt, richtet sich die Angemessenheit der Eigenmittel in Bezug auf die abgeschlossenen Altersvorsorgeverträge und abgegebenen Mindestzahlungszusagen nach diesem BaFin-Rundschreiben. Bereits bestehende KVG, die die Dienstleistungen nach § 20 II 1 Nr. 6 und 7 bzw. III 1 Nr. 8 abgeschlossen haben, müssen zudem der BaFin einen Nachweis über die dazu erforderlichen Eigenmittel nach Abs. 5 vorlegen. Der Nachweis kann durch eine dem Abs. 1 entsprechende Bestätigung eines Kreditinstituts oder eines Wirtschaftsprüfers erbracht werden.

V. Abdecken von Berufshaftungsrisiken bei AIF-KVG

Absatz 6 dient der Umsetzung von Art. 9 VII AIFM-RL. Die Vorschrift betrifft nur die externen und internen **AIF-KVG.** Erwägungsgrund 23 zur AIFM-RL sieht vor, dass eine AIF-KVG nach ihrer Wahl entweder zusätzliche Eigenmittel oder eine Berufshaftpflichtversicherung bereitzustellen hat, um **potenzielle Risiken im Rahmen ihrer Berufshaftpflicht** hinsichtlich all ihrer Tätigkeiten abzudecken. Nach Art. 9 IX AIFM-RL hat die Kommission die Level-II-VO erlassen und die **Konkretisierungen** vorgenommen, die im Folgenden näher dargestellt werden: 17

- die **Risiken,** die durch die zusätzlichen Eigenmittel oder die Berufshaftpflichtversicherung gedeckt werden müssen;
- die Voraussetzungen für die **Bestimmung der Angemessenheit** der zusätzlichen Eigenmittel oder der Deckung durch die Berufshaftpflichtversicherung und
- die Vorgehensweise bei der **Bestimmung fortlaufender Anpassungen** der Eigenmittel oder der Deckung durch die Berufshaftpflichtversicherung.

1. Potentielle Berufshaftungsrisiken. Bei den nach Abs. 6 abzusichernden Risiken handelt es sich um Haftungsrisiken aus der Verletzung beruflicher Sorgfaltspflichten. In Art. 12 I der Level-II-VO werden die **Berufshaftungsrisiken** als Verlust- oder Schadensrisiken definiert, die durch eine **relevante Person** aufgrund fahrlässiger Durchführung der Aktivitäten, für die die AIF-KVG rechtlich verantwortlich ist, verursacht werden. 18

a) Relevante Personen. Gemäß Art. 1 II der deutschen Übersetzung der Level-II-VO sind für die Zwecke der Berufshaftungsrisiken die folgenden Personen als relevante Personen einzustufen: 19

- ein Direktor, ein Gesellschafter oder eine vergleichbare Person oder ein Mitglied der Geschäftsleitung einer AIF-KVG (die Geschäftsleitung wird in Art. 1 III der Level-II-VO definiert);
- ein Angestellter der AIF-KVG oder jede andere natürliche Person, deren Dienste der AIF-KVG zur Verfügung gestellt und von diesem kontrolliert werden und die an den von der AIF-KVG gemeinsamen Portfolioverwaltungsdienstleistungen beteiligt ist;

– eine natürliche oder juristische Person, die im Rahmen einer Vereinbarung zur Übertragung von Aufgaben an Dritte unmittelbar an der Erbringung von Dienstleistungen für die AIF-KVG beteiligt ist, welche der AIF-KVG die gemeinsame Portfolioverwaltung ermöglichen.

20 **b) Berufshaftungsrisiken.** Gemäß Art. 12 II der Level-II-VO sind Berufshaftungsrisiken insb.:
– das Risiko des Verlusts von Dokumentennachweisen für das Eigentumsrecht des AIF an Vermögenswerten;
– das Risiko von Fehldarstellungen oder irreführenden Aussagen gegenüber dem AIF oder seinen Anlegern;
– das Risiko von Handlungen, Fehlern oder Auslassungen, aufgrund deren gegen Folgendes verstoßen wird:
  – gesetzliche Pflichten und Verwaltungsvorgaben;
  – die Pflicht, dem AIF und seinen Anlegern gegenüber Sachkenntnis und Sorgfalt walten zu lassen;
  – treuhänderische Pflichten;
  – Pflicht zur vertraulichen Behandlung;
  – die Vertragsbedingungen oder die Satzung des AIF;
  – die Bedingungen, zu denen die AIF-KVG vom AIF bestellt wurde;
– das Risiko, das keine angemessenen Verfahren zur Prävention unredlicher, betrügerischer oder böswilliger Handlungen geschaffen, umgesetzt und beibehalten werden;
– das Risiko einer nicht vorschriftsmäßigen Bewertung von Vermögenswerten oder Berechnung von Anteilspreisen;
– das Risiko von Verlusten, die durch eine Betriebsunterbrechung, durch Systemausfälle oder durch einen Ausfall der Transaktionsverarbeitung oder des Prozessmanagements verursacht werden.

21 Da die Aufzählung der Berufshaftungsrisiken in Art. 12 II der Level-II-VO mit „unter anderem" beginnt, ist die Liste nicht abschließend. Es ist jedoch davon auszugehen, dass die aufgelisteten Risiken zumindest die bedeutendsten derzeit bekannten darstellen. Das Haftungsrisiko für Betrug wurde von der ESMA in ihrem Abschlussbericht vom 16.11.2011 (ESMA/2011/379, S. 376f. „Box 6" in Anhang IV) als nicht versicherbares Risiko qualifiziert und deswegen nicht mit in die Auflistung genommen. Die ESMA hat darin klargestellt, dass die AIF-KVG lediglich für die mit Betrug verbundenen Verluste verantwortlich ist, die sich daraus ergeben, dass deren leitende Angestellte („senior management") es versäumen, Maßnahmen zur Vermeidung von unehrlichen, betrügerischen oder arglistigen Handlungen innerhalb der Organisation der AIF-KVG einzusetzen.

22 **2. Alternative 1: Zusätzliche Eigenmittel.** Nach Abs. 6 S. 1 Nr. 1 sollen die zusätzlichen Eigenmittel potenzielle Haftungsrisiken aus beruflicher Fahrlässigkeit angemessen abdecken. Eine Konkretisierung dieser **zusätzlichen Eigenmittel** liefern Art. 13 (qualitative Anforderungen) und Art. 14 (quantitative Anforderungen) der Level-II-VO.

23 **a) Qualitative Anforderungen.** Die **qualitativen Anforderungen** an die zusätzlichen Eigenmittel basieren gem. dem ESMA-Abschlussbericht v. 16.11.2011 (ESMA/2011/379 S. 31ff. „Box 6") auf Anhang X Teil 3 der Banken-RL 2006/48/EG. Diese Bezugnahme der ESMA auf die Regelungen der Banken-RL 2006/48/EG wird stark kritisiert und als unverhältnismäßig für AIF-KVG ge-

rügt. Unter anderem werden viele AIF-KVG nicht über die geforderte historische Verlustdatenbank verfügen, um die qualitativen Anforderungen angemessen berechnen zu können. Ferner sind die Regelungen der Banken-RL 2006/48/EG nur sinnvoll auf Kreditinstitute und Wertpapierfirmen anwendbar, da sich bei diesen das Handelsrisiko in den eigenen Bilanzen widerspiegelt, was bei einer AIF-KVG nicht der Fall ist.

Artikel 13 I der Level-II-VO verlangt die Einführung von effektiven internen operativen Risikomanagementrichtlinien und -maßnahmen. Soweit hinsichtlich der Größe und Organisation der AIF-KVG und der Art, des Umfangs und der Komplexität ihres Geschäfts angemessen, muss eine separate operative Risikomanagementfunktion eingeführt werden, die eine unabhängige interne Überwachung und die Einführung des „Vier-Augen-Prinzips" sicherstellt: 24

- Die AIF-KVG muss effektive interne operative Risikomanagementrichtlinien und -maßnahmen implementieren, um angemessen operative Risiken (ua Berufshaftungsrisiken, denen die AIF-KVG ausgesetzt sein könnte) identifizieren, messen, verwalten und überwachen zu können. Die operativen Risikomanagementaktivitäten müssen unabhängig ausgeübt werden.
- Die AIF-KVG muss eine historische Verlustdatenbank einrichten, in der jedes operative Versagen und die Schadenserfahrungen (Verluste und Schäden) aufgezeichnet werden.
- Die AIF-KVG muss im Rahmen des Risikomanagements ihre historischen internen Verlustdaten und, soweit erforderlich, externe Daten, Szenarioanalysen und Faktoren verwenden, die das Geschäftsumfeld und die internen Kontrollsysteme widerspiegeln.
- Die AIF-KVG muss die operativen Risiken und Verlusterfahrungen laufend überwachen und zum Gegenstand regelmäßiger interner Berichterstattungen machen.
- Die AIF-KVG muss ihre operativen Risikomanagementrichtlinien und -maßnahmen dokumentieren und diese zum Gegenstand regelmäßiger, jährlicher Überprüfungen machen. Die AIF-KVG muss über Regelungen verfügen, die sicherstellen, dass die Risikomanagementrichtlinien eingehalten werden und über Maßnahmen verfügen, um angemessene Korrekturen durchführen zu können.
- Die AIF-KVG muss stets finanzielle Mittel vorhalten, die ihrem berechneten Risikoprofil entsprechen.

b) Quantitative Anforderungen. Die **quantitativen Anforderungen** an die zusätzlichen Eigenmittel werden in Art. 14 der Level-II-VO näher konkretisiert: 25

- Die Höhe der zusätzlichen Eigenmittel für Haftungsrisiken aus beruflicher Fahrlässigkeit beträgt **mindestens 0,01 % des Wertes der Portfolios** der von der AIF-KVG verwalteten AIFs. Im Gegensatz zur volumenabhängigen Regelung nach § 25 I Nr. 2 gibt es hier **keine Eingangsschwelle,** so dass auch kleinere AIF-KVG von dieser Regelung betroffen sind. Zudem ist **keine Deckelung** vorgesehen, so dass sehr große AIF-KVG hohe Eigenmittelanforderungen zu erfüllen haben werden. Der Wert der Portfolios der verwalteten AIF ist nach Art. 14 II UAbs. 2 der Level-II-VO die Summe der **absoluten Werte** (Bruttobetrag) aller Vermögenswerte aller von der AIF-KVG verwalteten AIF, einschl. solcher, die mit Hilfe von Hebelfinanzierungen erworben wurden, wobei Derivate zu ihrem Marktwert bewertet werden.
- Die Höhe der zusätzlichen Eigenmittel wird am Ende jedes Geschäftsjahres neu berechnet und, sofern erforderlich, entsprechend angepasst. Hierfür hat die AIF-

KVG Prozesse festzulegen, umzusetzen und einzuhalten, um den Portfoliowert laufend zu überwachen. Erhöht sich der Portfoliowert vor der jährlichen Berechnung erheblich, hat die AIF-KVG die Neuberechnung der zusätzlichen Eigenmittel umgehend vorzunehmen und die zusätzlichen Eigenmittel anzupassen.

– Die BaFin kann der AIF-KVG erlauben, die Höhe der zusätzlichen Eigenmittel auf 0,008% des Wertes der Portfolios der von der AIF-KVG verwalteten AIFs zu reduzieren, wenn die AIF-KVG ihr nachweist, dass ihr Haftungsrisiko angemessen erfasst ist **(„autorisierte Unterschreitung“).** Dieser Nachweis ist auf der Grundlage der historischen Verlustdaten und einer Mindestdauer einer historischen Beobachtung von drei Jahren zu führen. Die BaFin kann die zusätzlichen Eigenmittel jedoch auch über den oben definierten Wert anheben, wenn die BaFin die zusätzlichen Eigenmittel nicht für ausreichend hält, um das Haftungsrisiko aus der Verletzung beruflicher Sorgfaltspflichten angemessen zu erfassen. Diese **Möglichkeit der Anhebung** führt im Ergebnis dazu, dass die qualitative Methode der quantitativen Methode vorgeht.

26 **3. Alternative 2: Abschluss einer Berufshaftpflichtversicherung.** Die AIF-KVG kann nach Abs. 6 S. 1 Nr. 2 eine **Berufshaftpflichtversicherung** für die sich aus beruflicher Fahrlässigkeit ergebenden Haftung abschließen, die den abzudeckenden Risiken entspricht. Eine Konkretisierung dieser Versicherung findet sich in Art. 15 der Level-II-VO. Nach dessen Abs. 5 muss die AIF-KVG diese Versicherung und die Einhaltung der Anforderungen durch die AIF-KVG mindestens jährlich bzw. ad hoc im Falle einer Änderung, die die Einhaltung der Anforderungen der Versicherung betrifft, überprüfen.

27 **a) Anforderungen an die Berufshaftpflichtversicherung.** Die Anforderungen an die Berufshaftpflichtversicherung sind wie folgt:

– Die Vertragsdauer muss mindestens ein Jahr betragen;
– die Kündigungsfrist muss mindestens 90 Tage betragen;
– es müssen die potenziellen Berufshaftungsrisiken (→ Rn. 20) abgedeckt sein;
– das Versicherungsunternehmen, bei dem die Berufshaftpflichtversicherung abgeschlossen wird, muss nach dem EU-Recht oder dem deutschen Recht für die Berufshaftpflichtversicherung zugelassen sein; dabei kann es sich um ein EU- oder Drittlandunternehmen handeln;
– die Versicherung muss mit einem Dritten abgeschlossen werden.

28 **b) Mindestversicherungssumme.** Gemäß Art. 15 III der Level-II-VO muss die **Mindestversicherungssumme für jeden Schadensfall** zumindest 0,7% und **für sämtliche Schadensfälle pro Jahr** gem. Art. 15 IV Level-II-VO zumindest 0,9% des Wertes der Portfolios der von der AIF-KVG verwalteten AIFs (s. Definition in Art. 14 II UAbs. 2 der Level-II-VO) betragen.

29 Eine **Kombination** aus zusätzlichen Eigenmitteln nach S. 1 Nr. 1 und der Berufshaftpflichtversicherung nach Nr. 2 ist ausdrücklich **nicht** möglich.

30 Gemäß Abs. 6 S. 2 hat der Berufshaftpflichtversicherungsvertrag Regelungen zu enthalten, die die Versicherung dazu verpflichtet, der BaFin den Beginn und die Beendigung oder Kündigung des Versicherungsvertrages sowie Umstände **unverzüglich** mitzuteilen, die den vorgeschriebenen Versicherungsschutz beeinträchtigen. Diese Anzeigepflicht der Versicherungsgesellschaft gegenüber der BaFin ist im Fall der Versicherung gegen Berufshaftungsrisiken erforderlich, um unter Berücksichtigung datenschutzrechtlicher Belange der Gesellschaften eine wirksame lau-

fende Aufsicht über den fortbestehenden ausreichenden Versicherungsschutz zu gewährleisten. Neben den Kapitalanforderungen wird die BaFin insb. die vertraglichen Regelungen des Abs. 6 S. 2 genau nachprüfen.

VI. Anlage der Eigenmittel

Absatz 7 dient der Umsetzung von Art. 9 VIII AIFM-RL und fordert die Anlage 31
aller nach diesem Paragraphen geforderten Eigenmittel (Anfangskapital und zusätzliche Eigenmittel nach Abs. 1 S. 1 Nr. 2 bzw. die Eigenmittel nach Abs. 4 sofern höher, sowie die weiteren zusätzlichen Eigenmittel) in **liquiden Mitteln** oder Vermögensgegenstände, die kurzfristig unmittelbar in Bankguthaben umgewandelt werden können und **keine spekulativen Positionen** enthalten. Die Regelung der Anlage der geforderten Eigenmittel in liquiden Mitteln wird auch für OGAW-KVG übernommen (wobei diese nicht von den zusätzlichen Eigenmittelanforderungen nach Abs. 6 betroffen sind). Sie betrifft zudem nach den Vorgaben der AIFM-RL sowohl externe als auch interne KVG. Nach der bisherigen Praxis im Investmentrecht kamen zur Aufbringung des Anfangskapitals außer Geldmitteln zum Teil auch fungible Sachwerte in Betracht, wenn deren nachgewiesener Wert den erforderlichen Betrag erreichte, die Sachwerte jederzeit in Geld umtauschbar waren und die Werthaltigkeit analog den Sachgründungsvorschriften des Aktien- und GmbH-Rechts durch eine Bestätigung eines Wirtschaftsprüfers nachgewiesen wurde

VII. Bestimmung der Risikokriterien einer AIF-KVG

Abs. 8 dient der Umsetzung von Art. 9 IX AIFM-RL. Die Art. 12–15 der Level- 32
II-VO konkretisieren Haftungsrisiken und die Angemessenheit der zusätzlichen Eigenmittel bzw. die Deckung durch die Berufshaftpflichtversicherung sowie die Vorgehensweise bei der Bestimmung der laufenden Anpassungen der Eigenmittel oder der Deckung durch die Berufshaftpflichtversicherung.

Unterabschnitt 2. Allgemeine Verhaltens- und Organisationspflichten

§ 26 Allgemeine Verhaltensregeln; Verordnungsermächtigung

(1) **Die Kapitalverwaltungsgesellschaft handelt bei der Wahrnehmung ihrer Aufgaben unabhängig von der Verwahrstelle und ausschließlich im Interesse der Anleger.**

(2) **Die Kapitalverwaltungsgesellschaft ist verpflichtet,**

1. **ihrer Tätigkeit ehrlich, mit der gebotenen Sachkenntnis, Sorgfalt und Gewissenhaftigkeit und redlich nachzugehen,**
2. **im besten Interesse der von ihr verwalteten Investmentvermögen oder der Anleger dieser Investmentvermögen und der Integrität des Marktes zu handeln,**
3. **alle angemessenen Maßnahmen zur Vermeidung von Interessenkonflikten und, wo diese nicht vermieden werden können, zur Ermittlung, Beilegung, Beobachtung und gegebenenfalls Offenlegung dieser Interessenkonflikte zu treffen, um**

a) zu vermeiden, dass sich diese nachteilig auf die Interessen der Investmentvermögen und der Anleger auswirken und

b) sicherzustellen, dass den von ihr verwalteten Investmentvermögen eine faire Behandlung zukommt,

4. über die für eine ordnungsgemäße Geschäftstätigkeit erforderlichen Mittel und Verfahren zu verfügen und diese wirksam einzusetzen,

5. alle auf die Ausübung ihrer Geschäftstätigkeit anwendbaren regulatorischen Anforderungen zu erfüllen, um das beste Interesse der von ihr verwalteten Investmentvermögen oder der Anleger dieser Investmentvermögen und die Integrität des Marktes zu fördern und

6. alle Anleger der Investmentvermögen fair zu behandeln.

(3) **Die AIF-Kapitalverwaltungsgesellschaft darf keinem Anleger in einem AIF eine Vorzugsbehandlung gewähren, es sei denn, eine solche Vorzugsbehandlung ist in den Anlagebedingungen, in der Satzung oder dem Gesellschaftsvertrag des entsprechenden AIF vorgesehen.**

(4) **Eine Kapitalverwaltungsgesellschaft, deren Erlaubnis auch die in § 20 Absatz 2 Nummer 1 (Finanzportfolioverwaltung) oder die in § 20 Absatz 3 Nummer 1 (individuelle Vermögensverwaltung) oder Nummer 2 (Finanzportfolioverwaltung) genannte Dienstleistung umfasst, darf das Vermögen des Kunden weder ganz noch teilweise in Anteile der von ihr verwalteten Investmentvermögen anlegen, es sei denn, der Kunde hat zuvor eine allgemeine Zustimmung hierzu gegeben.**

(5) **Die Kapitalverwaltungsgesellschaft muss insbesondere über geeignete Verfahren verfügen, um bei Investmentvermögen unter Berücksichtigung des Wertes des Investmentvermögens und der Anlegerstruktur eine Beeinträchtigung von Anlegerinteressen durch unangemessene Kosten, Gebühren und Praktiken zu vermeiden.**

(6) **[1]Die Kapitalverwaltungsgesellschaft hat angemessene Grundsätze und Verfahren anzuwenden, um eine Beeinträchtigung der Marktstabilität und Marktintegrität zu verhindern. [2]Missbräuchliche Marktpraktiken sind zu verhindern, insbesondere die kurzfristige, systematische Spekulation mit Investmentanteilen durch Ausnutzung von Kursdifferenzen an Börsen und anderen organisierten Märkten und damit verbundene Möglichkeiten, Arbitragegewinne zu erzielen.**

(7) **[1]Für AIF-Kapitalverwaltungsgesellschaften bestimmen sich die Kriterien, nach welchen die Bundesanstalt beurteilt, ob AIF-Kapitalverwaltungsgesellschaften ihren in den Absätzen 1 und 2 genannten Pflichten nachkommen, nach den Artikeln 16 bis 29 der Delegierten Verordnung (EU) Nr. 231/2013. [2]Für nähere Einzelheiten der Anforderungen an OGAW-Kapitalverwaltungsgesellschaften zur Erfüllung ihrer Pflicht, im Sinne des Absatzes 1 bei der Wahrnehmung ihrer Aufgaben unabhängig von der Verwahrstelle zu handeln, wird auf Artikel 21 Buchstabe a bis c, Artikel 22 Absatz 1 bis 4 und Artikel 23 der Delegierten Verordnung (EU) 2016/438 verwiesen. [3]Für AIF-Kapitalverwaltungsgesellschaften, die nicht ausschließlich Spezial-AIF verwalten, gelten Artikel 21 Buchstabe a bis c, Artikel 22 Absatz 1 bis 4 und Artikel 23 der Delegierten Verordnung (EU) 2016/438 entsprechend.**

(8) [1]**Das Bundesministerium der Finanzen wird ermächtigt, durch Rechtsverordnung, die nicht der Zustimmung des Bundesrates bedarf, für Kapitalverwaltungsgesellschaften in Bezug auf Publikums-AIF zusätzliche Bestimmungen zu den in den Artikeln 16 bis 29 der Delegierten Verordnung (EU) Nr. 231/2013 aufgeführten Kriterien nach Absatz 7 und in Bezug auf OGAW nähere Bestimmungen zu erlassen**

1. zu Verhaltensregeln, die den Anforderungen nach den Absätzen 1 und 2 Nummer 1 und 2 entsprechen und

2. über die Mittel und Verfahren, die für eine ordnungsgemäße Geschäftstätigkeit solcher Kapitalverwaltungsgesellschaften erforderlich sind.

[2]**Das Bundesministerium der Finanzen kann die Ermächtigung durch Rechtsverordnung auf die Bundesanstalt übertragen.**

Inhaltsübersicht

	Rn.
I. Allgemeines	1
1. Rechtsentwicklung	1
2. Regelungsgegenstand und -zweck	3
3. Rechtsnatur	5
4. Geltungsbereich	7
II. Unabhängige Aufgabenwahrnehmung (Abs. 1 Alt. 1)	11
III. Handeln im Anlegerinteresse (Abs. 1 Alt. 2, Abs. 2 Nr. 2 Alt. 1, Abs. 2 Nr. 5 Alt. 1)	17
IV. Interessenkonflikte (Abs. 2 Nr. 3)	23
V. Fairness und Gleichbehandlung (Abs. 2 Nr. 3, Abs. 2 Nr. 6, Abs. 3)	24
VI. Ehrlichkeit, Sachkenntnis, Sorgfalt, Gewissenhaftigkeit, Redlichkeit (Abs. 2 Nr. 1)	33
VII. Verfahren und Mittel ordnungsgemäßer Geschäftstätigkeit (Abs. 2 Nr. 4)	36
VIII. Finanzportfolio- und Vermögensverwaltung (Abs. 4)	38
IX. Unangemessene Kosten, Gebühren und Praktiken (Abs. 5)	40
X. Marktstabilität und -integrität (Abs. 2 Nr. 2 Alt. 2, Abs. 2 Nr. 5 Alt. 2, Abs. 6)	47
XI. Weitere konkretisierende Anforderungen	50
1. Delegierte Verordnungen (Abs. 7)	50
2. Verordnungsermächtigung (Abs. 8)	51

I. Allgemeines

1. Rechtsentwicklung. Die Vorschrift des § 26, die die allgemeinen Verhaltensregeln für KVGen betrifft, ist mit dem **AIFM-UmsG** in das KAGB aufgenommen worden. Durch das **2. FiMaNoG** wurde § 26 VII um zwei neue Sätze ergänzt, die auf bestimmte Anforderungen zur Unabhängigkeit der Verwahrstelle aus der Delegierten VO (EU) 2016/438 verweisen. Durch das **OGAW-V-UmsG** und das **FoStoG** wurden an § 26 keine weiteren Änderungen vorgenommen. 1

Die Regelungen in § 26 setzen **Vorgaben des Unionrechts** um. Die Vorgängervorschrift in § 9 InvG setzte im Verlauf der Zeit die sich immer weiter entwickelnden Vorgaben aus den verschiedenen OGAW-RL und den zugehörigen Delegierten Richtlinien um (vgl. BT-Drs. 16/5576, 11 und BT-Drs. 17/4510, 61 f.; ausführlich BSL/*Köndgen* InvG § 9 Rn. 1 f.). Mit dem AIFM-UmsG wurden schließlich in § 26 die Vorgaben im Hinblick auf die allgemeinen Verhaltenspflich- 2 ten für AIFM aus Art. 12 und Art. 21 X AIFM-RL umgesetzt. Daneben werden die allgemeinen Verhaltenspflichten der Delegierten RL 2010/43/EU in Bezug auf OGAW-Verwaltungsgesellschaften umgesetzt. Die Art. 16ff. AIFM-VO sind in Bezug auf eine AIF-KVG unmittelbar anwendbares Unionsrecht, das einen verfassungsrechtlich anerkannten Anwendungsvorrang gegenüber § 26 genießt. Für die OGAW-KVG gelten die Art. 16–29 AIFM-VO über § 2 I KAVerOV entsprechend, mit Ausnahme von Art. 23 II AIFM-VO. Gegenüber den Vorgaben des Unionrechts strengere, diskriminierungsfreie nationale Regelungen („gold plating") sind grundsätzlich möglich.

3 **2. Regelungsgegenstand und -zweck.** Die Anforderungen in § 26 beinhalten verschiedene **Organisations- und Verhaltenspflichten** der KVG. Diese betreffen das Verhältnis der KVG zur Aufsicht (zB im Hinblick auf Organisation und Mittel), zu den Anlegern (zB im Hinblick auf Anlegerinteressen) und zu den weiteren Marktteilnehmern (zB im Hinblick auf die Marktintegrität). Die Vorschrift ist die Einstiegs- und Generalklausel des Unterabschnitts 2 betreffend Organisations- und Verhaltenspflichten. Sie ist bei der Auslegung der §§ 27ff. und darüber hinaus des gesamten KAGB zu berücksichtigen.

4 Die einzelnen Regelungen des § 26 weisen Überschneidungen auf und führen zudem zu Überlagerungen in Bezug auf **Vorschriften in anderen Gesetzen.** So gelten etwa neben den Anforderungen des § 26 IV im Hinblick auf die bestimmten Dienst- und Nebendienstleistungen gem. § 5 II auch die Wohlverhaltensregeln der §§ 63ff. WpHG und ausgewählte organisatorische Anforderungen des WpHG. Diese WpHG-Bestimmungen schützen teilweise auch die Marktintegrität, ebenso wie die auch von der KVG zu beachtenden Vorgaben der MAR im Zusammenhang mit Finanzinstrumenten.

5 **3. Rechtsnatur.** § 26 normiert Organisations- und Verhaltenspflichten der KVG. Im Schrifttum ist umstritten, inwieweit der Vorschrift eine (ggf. ausschließliche) **verwaltungsrechtliche** oder auch eine **privatrechtliche Rechtsnatur** zukommt (ausführlich: BSL/*Köndgen* InvG § 9 Rn. 3ff.; AWZ/*Stabenow* § 26 Rn. 10ff.; *Badenhoop* BKR 2024, 449). Diese Frage ist nicht nur theoretischer Natur. Aus ihr beantwortet sich, inwieweit zivilrechtliche Folgen für den Fall, dass die KVG gegen die Anforderungen des § 26 verstößt, resultieren können. Sofern § 26 Verhaltenspflichten zum Schutze des Marktes und interne Organisationspflichten der KVG formuliert, scheint die öffentlich-rechtliche Natur der Anforderungen evident zu sein. Doch auch das Verhältnis zwischen der KVG und den Anlegern (Interessenwahrung, Gleichbehandlung) wird auf eine verwaltungsrechtliche Ebene gehoben. Denn mangels Entscheidungsrechten der Anleger bei der konkreten Ausübung des Verwaltungsrechts durch die KVG ist eine entsprechende Regulierung und Aufsicht dieses Verhältnisses erforderlich. Die vorsätzliche oder fahrlässige Nichtbeachtung einer Anforderung der Verhaltenspflichten in § 26 I und II sowie der konkretisierenden Vorgaben der KAVerOV kann als Ordnungswidrigkeit gem. § 340 II Nr. 5, VII 1 Nr. 1 mit einer Geldbuße geahndet werden. Aus diesem öffentlich-rechtlichen Charakter folgt auch, dass die Verhaltenspflichten in § 26 **nicht** mit Wirkung gegenüber der Aufsicht **vertraglich abbedungen** werden können.

6 In Anlehnung an die zum WpHG ergangene Rechtsprechung des BGH (BGH VI ZR 212/09, NJW 2010, 3651) ist davon auszugehen, dass die Anforderungen des § 26 keinen **Schutzgesetzcharakter im Sinne von § 823 II BGB** haben und ihre Verletzung insofern nicht zu deliktsrechtlichen Ansprüchen über eine Schutzgesetzverletzung führt. Erforderlich hierfür wäre, dass der durch einen

Teil der Anforderungen des §26 intendierte Anlegerschutz effektiv nur durch eine deliktische Haftung verwirklicht werden könnte. Im Fall eines vorsätzlichen Handelns kann jedoch eine deliktische Haftung nach §826 BGB zur Anwendung kommen, ohne dass es auf den Schutzgesetzcharakter des §26 ankommt. Fraglich ist, inwieweit aufsichtsrechtliche Organisations- und Verhaltenspflichten auf die Inhalte zivilrechtlicher Verträge (zB den Investmentvertrag) einwirken und somit zur Annahme einer **vertraglichen Pflichtverletzung** führen könnten (§§241, 276, 280 I BGB). Der BGH hat dies im Hinblick auf die vergleichbaren Organisations- und Wohlverhaltenspflichten des WpHG bislang im Grundsatz zwar abgelehnt (BGH XI ZR 332/12, BKR 2014, 32 (33f.)), jedoch vereinzelt auch schon bestimmte aufsichtsrechtliche Regelungen (zB zur Offenlegung von Zuwendungen) bei der Bestimmung von Vertragsinhalten explizit herangezogen (BGH XI ZR 147/12, NJW 2014, 2947). In Bezug auf §26 hat der BGH die Frage offengelassen (BGH III ZR 268/20, BB 2022, 1357; BGH III ZR 108/22, NZG 2023, 753). Es ist somit durchaus denkbar, dass auch §26 zur weiteren Konkretisierung der Pflichten des Investmentvertrags herangezogen wird. Mitunter können auch die Verhaltenspflichten der §§26ff. im Investmentvertrag – deklaratorisch – wiederholt werden. Zudem ist neben den aufsichtsrechtlichen Verhaltenspflichten in Bezug auf die Verwaltungspflichten der KVG ua auch die zivilgerichtliche Judikatur zu Pflichten im Rahmen der Vermögensverwaltung zu beachten (vgl. BGH XI ZR 260/96, NJW 1998, 449). Ob es sich um ein **Verbotsgesetz** gem. §134 BGB handelt, könnte am ehesten anhand des Wortlauts des §26 III und IV („nicht dürfen") diskutiert werden. Für eine Nichtigkeitsfolge bietet ein „nicht dürfen" in der Regel allerdings nicht ausreichend Anhaltspunkte (BGH III ZR 151/91, NJW 1992, 2021 (2022)).

4. Geltungsbereich. Die Vorschrift des §26 setzt unterschiedliche europäische 7
Vorgaben um, die verschiedene regulatorische Themen adressieren. Obwohl der Gesetzgeber §26 über den persönlichen Anwendungsbereich hinaus auf eigentlich nicht erfasste KVG erweitert hat („gold plating"), gelten die Anforderungen nicht für jede KVG in gleichem Maße. Unterschiedslos gilt §26 für eine externe, also bestellte KVG (§17 II Nr. 1) sowie für ein Investmentvermögen, das selbst als interne KVG (§17 II Nr. 2) agiert, sofern es die von §26 adressierten Tätigkeiten überhaupt ausüben darf. Die Vorschrift unterscheidet zwischen **OGAW-KVG** und **AIF-KVG.** Für eine OGAW-KVG und eine AIF-KVG gleichermaßen gelten §26 I, II und IV–VI. Nur für die AIF-KVG gelten außerdem §26 III und VII 1 und 3 (Satz 3 jedoch nicht, soweit Spezial-AIF verwaltet werden), wohingegen §26 VII 2 nur auf die OGAW-KVG Anwendung finden soll. Der Wortlaut des §26 VIII unterscheidet zwar zwischen weiteren konkretisierenden Vorgaben für die AIF-KVG (in Bezug auf Publikums-AIF) und die OGAW-KVG, jedoch wurden durch §2 KAVerOV die Verhaltenspflichten für beide stark angeglichen. Faktisch werden die Verhaltensanforderungen nicht in gleichem Maße auf alle KVG Auswirkungen haben aufgrund des abweichenden Geschäftsbetriebs und der unterschiedlichen verwalteten Investmentvermögen.

Verwaltet eine **OGAW-KVG** über eine **ausländische Zweigniederlassung** 8
EU-OGAW, so sind gem. §50 IV 2 §26 II und VIII sowie die KAVerOV nicht auf diese Tätigkeit anwendbar. In diesem Fall sind die Verhaltenspflichten des EU-Aufnahmemitgliedstaats anwendbar (vgl. Art. 17 IV OGAW-IV-RL). Im Fall einer rein grenzüberschreitenden Verwaltung eines EU-OGAW bleibt §26 hingegen in vollem Umfang auf die OGAW-KVG anwendbar. Im Fall einer Verwaltung von EU-

AIF durch die **ausländische Zweigniederlassung** einer **AIF-KVG** bleibt § 26 mangels einer entsprechenden Erleichterung in § 53 auch für diese Tätigkeit in vollem Umfang anwendbar; das gilt ebenso im Fall einer rein grenzüberschreitenden Verwaltung. Die Aufsicht über die ausländische Zweigniederlassung der AIF-KVG durch den Aufnahmemitgliedstaat gem. Art. 45 II AIFM-RL würde eigentlich auch für diesen Fall eine Abkehr von der Anwendbarkeit des § 26 erfordern.

9 Erbringt eine **EU-OGAW-Verwaltungsgesellschaft** über eine **inländische Zweigniederlassung** im Inland die kollektive Vermögensverwaltung von inländischen OGAW oder Dienstleistungen bzw. Nebendienstleistungen nach § 20 II Nr. 1, 2, 3 oder 4, finden § 26 II und die KAVerOV auf die inländische Zweigniederlassung Anwendung (vgl. § 1 II KAVerOV; § 51 IV 1). Bei der Verwaltung eines inländischen Spezial-AIF oder bei der Erbringung von Dienst- und Nebendienstleistungen nach Art. 6 IV AIFM-RL durch eine **EU-AIF-Verwaltungsgesellschaft** im Inland mittels einer **inländischen Zweigniederlassung** finden die § 26 II, III und VII auf die inländische Zweigniederlassung Anwendung (vgl. § 54 IV 1). Sofern diese Leistungen im Wege des grenzüberschreitenden Dienstleistungsverkehrs erbracht werden, haben die EU-AIF-Verwaltungsgesellschaft bzw. die EU-OGAW-Verwaltungsgesellschaft nicht die Anforderungen aus § 26 und der KAVerOV zu beachten, sondern die entsprechenden Anforderungen ihres Herkunftsmitgliedstaates sowie im Fall der EU-AIF-Verwaltungsgesellschaft die sich aus der AIFM-VO ergebenden Organisations- und Verhaltenspflichten.

10 Auf eine **registrierte AIF-KVG,** die kleine Spezial-AIF gem. **§ 2 IV** unterhalb der Schwellenwerte **(„sub-threshold")** verwaltet, sind die Vorgaben aus § 26 nicht anwendbar. Etwas anderes gilt, wenn im Rahmen des § 285 II für Rechnung eines AIF Gelddarlehen an Dritte vergeben werden. In diesem Fall sind von der KVG die § 26 I, II und VII 1 sowie die Anforderungen der AIMF-VO zu beachten (§ 2 IV 1 Nr. 4), nicht jedoch die der KAVerOV (§ 1 I KAVerOV). Auf eine registrierte AIF-KVG, die **Europäische Risikokapitalfonds** gem. § 2 VI oder **Europäische Fonds für soziales Unternehmertum** gem. § 2 VII verwaltet, findet nicht § 26 Anwendung, sondern es gelten die entsprechenden Vorgaben in Art. 7 EuVECA-VO bzw. Art. 7 EuSEF-VO (§§ 337, 338).

II. Unabhängige Aufgabenwahrnehmung (Abs. 1 Alt. 1)

11 Zu den beiden grundlegenden Verhaltenspflichten bei der kollektiven Verwaltung fremder Vermögen gehört gem. § 26 I Alt. 1 neben dem Handeln im ausschließlichen Interesse der Anleger (Alt. 2, → Rn. 17 ff.) auch die unabhängige Aufgabenwahrnehmung durch die KVG (Art. 25 X AIFM-RL; Art. 25 II OGAW-IV-RL). Die KVG nimmt verbildlicht gesprochen im sog. **Investmentdreieck** die Ecke ein, in der die Verpflichtung und das Recht zur Verwaltung des Investmentvermögens verortet sind. Sie steht mit den Anlegern des Investmentvermögens über einen Dienstvertrag mit Geschäftsbesorgungscharakter (sog. Investmentvertrag; ausführlich BSL/*Köndgen* InvG § 9 Rn. 15 ff.; BGH XI ZB 3/16, WM 2019, 20 (26)) in einer direkten sowie über das Investmentvermögen, zu dessen Verwaltung sie bestellt ist, in einer indirekten Rechtsbeziehung, je nach Ausgestaltung zB gesellschaftsrechtliche Vereinbarungen, Anlagebedingungen, Anlegervereinbarung, Zeichnungsschein). Zugleich begründet die KVG mittels eines Verwahrstellenvertrags mit der Verwahrstelle ein Rechtsverhältnis, im Rahmen dessen entsprechend gesetzlicher Zuteilung ein Teil der Aufgaben der kollektiven Vermögensverwaltung nur mit Mitwirkung der Verwahrstelle wahrgenommen werden kann (→ Rn. 13).

Auf welche **„Aufgaben" der KVG** die Vorschrift Bezug nimmt, lässt sich dem Gesetz mangels entsprechender Begriffsdefinition nicht eindeutig entnehmen. Nach einhelliger Ansicht adressiert der Begriff „Aufgabe" zumindest die **kollektive Vermögensverwaltung** der KVG gem. § 1 XIX Nr. 24, also die Portfolioverwaltung, das Risikomanagement, die administrativen Aufgaben, den Vertrieb von eigenen Investmentanteilen sowie bei AIF die Tätigkeiten im Zusammenhang mit dessen Vermögensgegenständen (ausführlich BTMB/*Steffen* § 26 Rn. 19ff.). Ob sich die Verhaltenspflicht der Unabhängigkeit daneben auch auf die Dienst- und Nebendienstleistungen gem. § 20 II und III bezieht, ist strittig (ablehnend AWZ/*Stabenow* § 26 Rn. 24; aA MKJ/*Geurts/Schubert* § 26 Rn. 34). Nicht Bestandteil der Aufgaben der KVG sind die Tätigkeiten, die sie in anderer Funktion ausübt, zB wenn sie als Geschäftsführung einer AIF-Investmentgesellschaft die dieser Gesellschaft (in Abgrenzung zur KVG) zugewiesenen Aufgaben wahrnimmt (vgl. BaFin Auslegungsentscheidung WA 41-Wp 2100–2016/0001). 12

Die Aufgabenverteilung zwischen der KVG und der Verwahrstelle ist gesetzlich geregelt. § 26 I Alt. 1 ordnet aus Sicht der KVG explizit die **Unabhängigkeit von der Verwahrstelle** an. Das Pendant dazu sind die §§ 70 und 85, die wiederum die Unabhängigkeit der Verwahrstelle betreffen. Die Verwahrstelle hat grundsätzlich die Anlageentscheidungen der KVG im Hinblick auf die von ihr verwahrten Vermögensgegenstände umzusetzen (§§ 76 II, 83 V); insofern besteht ein Weisungsrecht der KVG gegenüber der Verwahrstelle. Umgekehrt schirmt § 26 I Alt. 1 die KVG von Weisungen der Verwahrstelle ab. Im Hinblick auf bestimmte Anlageentscheidungen sieht das Gesetz jedoch eine Rechtmäßigkeitskontrolle bzw. einen Zustimmungsvorbehalt der Verwahrstelle gegenüber der KVG explizit vor (§§ 75f., §§ 83f., § 234 S. 1 Nr. 3), zB bei Verfügungen über Immobilien. Die Verwahrstelle darf unter Wahrung einer Funktionstrennung auch gewisse Aufgaben für die KVG in Bezug auf deren verwaltete Investmentvermögen übernehmen, wie zB Darlehensgewährung an das Investmentvermögen und Vermittlung (§§ 70 II, 85 II). Eine gesellschaftsrechtliche und personelle Verflechtung zwischen KVG und Verwahrstelle (zB KVG ist Tochtergesellschaft eines als Verwahrstelle fungierenden Kreditinstituts) ist ebenfalls nicht ausgeschlossen, unterliegt aber organisatorischen Anforderungen im Hinblick auf eine Mindestunabhängigkeit (ausführlich BSV/*Beckmann* § 26 Rn. 30ff.). Nähere Einzelheiten zu den Anforderungen an eine personelle Trennung, die Abwägung von Vor- und Nachteilen und die Implementierung von Richtlinien und Verfahren bei einer Gruppenverbundenheit sind den Art. 21 Buchst. a–c, Art. 22 I–IV und Art. 23 Delegierte VO (EU) 2016/438 zu entnehmen, die sowohl für die OGAW-KVG (bereits unmittelbar) als auch über § 26 VII 3 für die AIF-KVG, die mindestens einen Publikums-AIF verwaltet, gelten (→ Rn. 50). 13

Eine **Unabhängigkeit der KVG von den Anlegern** im Sinne einer Weisungsungebundenheit bei Entscheidungen ordnet § 26 I nicht explizit an. Im Gegensatz zur individuellen Geschäftsbesorgung zeichnet sich die kollektive Vermögensverwaltung (→ Rn. 12) jedoch dadurch aus, dass keine kollektive Willensbildung erfolgt. Die Anlage erfolgt gemäß einer festgelegten Anlagestrategie (§ 1 I), die die KVG umsetzt. Trotz geschäftsbesorgungsähnlicher Elemente kann der Investmentvertrag aufgrund dieser sich grundsätzlich nicht im Austausch befindlichen Anlegergruppe gerade keine Weisungsrechte der Anleger gegenüber der KVG vorsehen (ausführlich AWZ/*Stabenow* § 26 Rn. 28f.). Das diskretionäre Verwaltungsmandat der KVG (Letztentscheidungsrecht), das von der Einwirkung der Anleger unberührt ist, ist auch als Wesensmerkmal eines Investmentvermögens in der aufsichts- 14 rechtlichen Praxis anerkannt (ESMA Leitlinien, ESMA/2013/611, Tz. 12 (c); zum Steuerrecht FG Hessen 4 K 2299/13, EFG 2016, 1539 Rn. 1b).

15 Inwieweit die Unabhängigkeit der KVG gem. § 26 I eine Ausnahme bei Spezial-AIF mit kleineren, sich ggf. tatsächlich im Austausch befindlichen Anlegergruppen zulässt, wird heftig diskutiert. Dies kann bspw. denkbar sein bei einer Mitwirkung an Anlageentscheidungen durch den momentan einzigen Anleger in einem AIF **(Einanlegerfonds),** bei einem **Gesellschafterbeschluss** in einer InvKG oder bei einem Votum eines gesetzlich nicht vorgesehenen Gremiums, wie etwa eines **Anlageausschusses.** Eine übermäßige Mitwirkung an Anlageentscheidungen seitens der Anleger muss jedoch schon mit Blick auf die (insb. für das Portfoliomanagement) sehr strengen Auslagerungsanforderungen des § 36 abgelehnt werden. Die organisatorischen Anforderungen sowie solche im Hinblick auf Erfahrung und Sachkunde der handelnden Personen werden im Hinblick auf die KVG reguliert und durch deren externe Prüfer überwacht. Die Anleger unterliegen hingegen oftmals keiner investmentrechtlichen Regulierung. Auch das BAKred vertrat die Sichtweise, dass Anleger nur beratend tätig werden dürfen (ausführlich EDD/*Steck/Schmidt/Stockhorst* § 26 Rn. 24). Sofern in der Aufsichtspraxis der BaFin Liberalisierungstendenzen bei der Mitwirkung der Anleger erkennbar sind, die auch ein **Vetorecht** oder einen **Zustimmungsvorbehalt** der Anleger für zulässig erachten lassen könnten, ist bei einer echten Selbststeuerung durch Anleger dennoch Vorsicht geboten. Die gesetzlichen Bestimmungen sehen in ihrem Zusammenspiel ein umfangreiches Verwaltungsrecht der KVG vor (vgl. Investmentdreieck, → Rn. 11). Das Thema kann auch investmentsteuerrechtliche Auswirkungen haben (zB betreffend die Transparenz) und ist in der Steuerveranlagungspraxis schon aufgegriffen worden. Es bleibt die Möglichkeit, den Anlegern oder einem Anlageausschuss **Informationsrechte** einzuräumen, sie bzw. ihn **beratend** tätig werden (einschl. Vorschlagsrecht) und bei Vorschlägen der KVG ein **unverbindliches Votum** abgeben zu lassen. Eine solche Mitsprachemöglichkeit durch die Anleger wird in der investmentrechtlichen BaFin-Praxis akzeptiert und im Rahmen der Versicherungsaufsicht sogar als Best Practice angesehen (BaFin Rundschreiben 11/2017 (VA), Tz. B.3.1. d)). Sofern nicht alle Anleger im Anlageausschuss gleichermaßen vertreten sind, können sich zudem Fragen der Anlegergleichbehandlung stellen (→ Rn. 30).

16 Investiert das von der KVG verwaltete Investmentvermögen in ein durch eine andere KVG verwaltetes Investmentvermögen **(Zielfonds),** ist die Verwaltung des Zielfonds die unabhängige Aufgabe der für den Zielfonds bestellten KVG. Das muss auch im Fall eines AIF mit dem Schwerpunkt Immobilien gelten, dessen Anlage in den Zielfonds nach Auffassung der BaFin bei entsprechender vertraglicher Ausgestaltung als eine Anlage in eine Immobiliengesellschaft qualifiziert werden kann (BaFin Auslegungsentscheidung WA 42-QB 4100–2016/0005). Zwar ist die KVG des investierenden Investmentvermögens im Rahmen der Verwaltung generell auch für dessen Immobiliengesellschaften verantwortlich, eine Doppelverwaltung des Zielfonds durch beide KVG erscheint jedoch nicht praktikabel, so dass auch in diesem Fall eine Zäsur erfolgen sollte. Selbst wenn man in dieser Konstellation einen Auslagerungssachverhalt in Bezug auf die Verwaltung des als Immobiliengesellschaft qualifizierenden Sub-Fonds erkennen möchte, kann kein Weisungsrecht gegenüber der Zielfonds-KVG nach § 36 I 1 Nr. 7 begründet werden, zumindest sofern es sich bei den Zielfonds um EU-AIF handelt, deren Verwaltungsgesellschaft ebenfalls den Anforderungen des Art. 21 X AIFM-RL an die Unabhängigkeit unterliegt. Ein automatisches „Durchschlagen" einer auf Ebene des Zielfonds geregelten weitergehenden Begrenzung der Haftung der Zielfonds-KVG auf die KVG des investierenden Investmentvermögens (bei dem es eine vergleichbare Regelung zur Haftungsbegrenzung nicht gibt) ist im Zweifel nicht anzunehmen und bedarf ggf. einer ausdrücklichen Regelung mit dem Anleger des investierenden Investmentvermögens (zB durch Side Letter).

III. Handeln im Anlegerinteresse (Abs. 1 Alt. 2, Abs. 2 Nr. 2 Alt. 1, Abs. 2 Nr. 5 Alt. 1)

Die in **§ 26 I Alt. 2** normierte Verpflichtung zur Tätigkeit im „ausschließlichen Interesse" der Anleger ist die zweite grundlegende Verhaltenspflicht des § 26 I (zu Alt. 1: → Rn. 11 ff.). Nach **§ 26 II Nr. 2 Alt. 1** ist die KVG zudem verpflichtet, im „besten Interesse" der von ihr verwalteten Investmentvermögen oder der Anleger dieser Investmentvermögen zu handeln und dieses beste Interesse durch Einhaltung der regulatorischen Anforderungen zu fördern **(§ 26 II Nr. 5 Alt. 1).** Die doppelte Regelung ist aus der Entstehungsgeschichte der Vorschrift und den unionsrechtlichen Vorgaben zu erklären, die Regelungen ergänzen sich und bilden einen gemeinsamen Regelungsumfang. Die Vorschrift setzt die unionsrechtlichen Vorgaben in Art. 12 I Buchst. b, Art. 25 X AIFM-RL und Art. 14 I Buchst. a, Art. 25 II OGAW-IV-RL um. 17

Die **„Aufgaben"** der KVG (§ 26 I Alt. 2) bzw. deren „Handeln" im besten Interesse (§ 26 II Nr. 2 Alt. 1) betreffen nach hier vertretener Ansicht die kollektive Vermögensverwaltung sowie die Dienst- und Nebendienstleistungen (→ Rn. 12). Das **Anlegerinteresse** ist das objektiv zu bestimmende durchschnittliche Interesse der Anleger des Investmentvermögens (BSL/*Köndgen* InvG § 9 Rn. 35). Dies ergibt sich faktisch in der Regel bereits daraus, dass sich im Rahmen einer kollektiven Vermögensverwaltung eine Vielzahl von Anlegern beteiligen. Die Anleger haben grundsätzlich weder das Geschäftsbesorgungsverhältnis verhandelt noch steht ihnen ein Weisungsrecht zu, so dass sie ihrem individuellen Willen grundsätzlich gar nicht Ausdruck verleihen können. Dafür, dass es auf das Gesamtinteresse des Anlegerkreises ankommt, spricht auch der Wortlaut in § 26 II Nr. 2 Alt. 1, der auf das „Investmentvermögen" abstellt. Bei Publikumsinvestmentvermögen sind der Anleger und sein Interesse zu typisieren (§ 165 II Nr. 10). Das Anlegerinteresse wird maßgeblich durch das Fondsvertragswerk (insb. die Anlagebedingungen) und der darin definierten Anlagestrategie festgelegt. Die Anleger haben im Hinblick darauf eine typisierte Anlageentscheidung getroffen, die ihrem Renditeinteresse und Risikoprofil entspricht. Bei Spezial-AIF findet zudem häufig eine Verhandlung des Fondsvertragswerks statt. Bei sehr kleinen Anlegerkreisen in Spezial-AIF kann auch eine teilweise Berücksichtigung von Partikularinteressen zur Bestimmung des Anlegerinteresses geboten sein. Die Anleger haben insoweit eher die Möglichkeit, ihren Interessen Ausdruck zu verleihen (zB im Rahmen eines Anlageausschusses, der auch sog. Anlagerichtlinien festlegen kann). Umgekehrt hat die KVG dann auch die Möglichkeit, das Anlegerinteresse für sich zu dokumentieren. Dennoch ist die KVG nicht verpflichtet, dieser Interessenbekundung der Anleger zu folgen, wenn sie mittels besseren Wissens davon ausgeht, dass das beste Interesse der Anleger nicht deren subjektivem Willen entspricht. Beispielhaft könnten die Anleger kein Interesse mehr an der kostspieligen Instandhaltung von Fondsimmobilien haben und dies auch äußern, die KVG jedoch erhebliche (zB öffentlich-rechtliche) Risiken für das Investmentvermögen bei deren Nichtdurchführung erkennen und somit zu dem Ergebnis kommen, dass die Durchführung von erforderlichen Maßnahmen im In- 18 teresse der Anleger liegt. Ihre Grenze findet die Berücksichtigung individueller Interessen eines Anlegers stets in dem Grundsatz der Anlegergleichbehandlung (→ Rn. 25). Im Rahmen der individuellen Vermögensverwaltung als Nebendienstleistung (§ 20 II, III) ist das Anlegerinteresse individuell zu bestimmen (→ Rn. 38).

19 Nach dem Wortlaut des § 26 soll das Anlegerinteresse „ausschließlich" maßgeblich sein. Richtigerweise kann das Anlegerinteresse jedoch nur vorrangig gegenüber anderen Interessen, wie etwa den **Interessen der KVG** und denen der Verwahrstelle (§ 70 I; § 85 I) zu berücksichtigen sein, so dass diese Interessen grundsätzlich auch berücksichtigt werden können und in einen Ausgleich zu bringen sind. Zu den Anforderungen gem. § 26 V an die von der KVG erhobenen Gebühren und die ihr oder von ihr gewährten Zuwendungen → Rn. 40 ff. Das Anlegerinteresse ist zudem in einen **Ausgleich mit anderen Interessen Dritter** zu bringen (§ 27). Dazu gehören öffentliche Interessen, wie das Fiskalinteresse des Staates oder dessen Interesse an der Funktionsfähigkeit des Marktes, das wiederholt in § 26 adressiert wird. Daneben kann es Interessen von Vertragspartnern des Investmentvermögens geben (zB Käufer, Verkäufer, Mieter, Joint-Venture-Partner), auf die die KVG Rücksicht nehmen muss. Die gesetzlichen Vorgaben des KAGB lassen sich hingegen nicht unter Verweis auf § 26 aushebeln (aA wohl AWZ/*Stabenow* § 26 Rn. 45). Das KAGB dient in seiner Gesamtheit ganz überwiegend dem Schutz und Interesse der Anleger oder Interessen Dritter. Das schließt auch den Widerspruch ein, dass die Anwendung der gesetzlichen Bestimmungen im Einzelfall auch einmal den besten Interessen der Anleger eines Investmentvermögens widersprechen kann.

20 Die Verpflichtung zum Handeln im Anlegerinteresse ist eine Verhaltenspflicht, die die gesamte Tätigkeit der KVG prägt und in zahlreiche Bestimmungen des KAGB hineinwirkt. Sie findet ihre Ausgestaltung durch die Anforderungen an den Umgang mit Interessenkonflikten (§ 27), die faire Behandlung von Anlegern und Sondervermögen (→ Rn. 24) und die Ausführungen im Rahmen von allgemeinen (§ 26) und konkreten Organisationspflichten (§ 28). Eine weitergehende **gesetzliche Konkretisierung** dieser Verpflichtung lässt sich teilweise dem KAGB selbst, der AIFM-VO und der KAVerOV entnehmen; außerdem können auch den Veröffentlichungen der BaFin und ESMA diesbezügliche de facto regulatorische Anforderungen in der Form einer norminterpretierenden Verwaltungsauffassung entnommen werden, die nach § 26 II Nr. 5 zu beachten sind. Besonders virulent wird die Pflicht zur Wahrung der Anlegerinteressen bei der Tätigkeit des **Portfoliomanagements,** insb. beim An- und Verkauf von Vermögensgegenständen. Dem Anlegerinteresse dienende Best-Execution-Grundsätze werden ua in den folgenden Vorschriften gesetzlich weiter konkretisiert:

- **§ 26 V KAGB, Art. 17 II AIFM-VO:** Verhalten in Bezug auf Kosten, Gebühren und Praktiken (→ Rn. 40 ff.).
- **Art. 24 AIFM-VO:** Zuwendungen (→ Rn. 21).
- **Art. 18 I AIFM-VO:** Die KVG hat bei Erwerb und in der Haltensphase bezüglich der Vermögensgegenstände eine „große Sorgfalt" walten zu lassen, einschließlich der Gewährleistung ausreichender Kenntnis und der Erstellung schriftlicher Grundsätze. Dieser Norm lässt sich etwa generell die Verpflichtung zur Durchführung einer Due-Diligence-Prüfung vor dem Erwerb entnehmen. Dies umfasst auch die Berücksichtigung von Nachhaltigkeitsrisiken (Art. 18 V AIFM-VO). Sofern die KVG nach Art. 4 Offenlegungs-VO die wichtigsten nachteiligen Auswirkungen von Investitionsentscheidungen auf Nachhaltigkeitsfaktoren (sog. PAIs) berücksichtigt, was auf der Internetseite sowie ggf. im Verkaufsprospekt oder Informationsdokument nach § 307 I, II zu dokumentie-

ren ist, so ist dem als Sorgfaltspflicht bei Auswahl und Halten der Vermögensgegenstände ebenfalls Rechnung zu tragen.

- **Art. 19 AIFM-VO:** Diese Vorschrift konkretisiert Art. 18 I AIFM-VO bei Investitionen in eingeschränkt liquide Vermögensgegenstände. Insbesondere soll ein Erwerb im Einklang mit einem zuvor aufgestellten Geschäftsplan stehen und die Transaktion anhand bestimmter Kriterien evaluieren.
- **Art. 20 AIFM-VO:** Die KVG hat bei der Auswahl von Gegenparteien im Rahmen von Transaktionen (einschl. OTC-Derivaten) bestimmte Auswahlkriterien zu beachten, die insb. deren Finanzlage und Beaufsichtigung betreffen. Die in Art. 20 AIFM-VO angedeuteten Grundsätze werden durch die §§ 197 u. 200 ff., die DerivateV und die EMIR (nebst delegierter Rechtsakte) detailliert geregelt.
- **Art. 27 AIFM-VO:** Die Vorschrift betrifft die Ausführung von Handelsentscheidungen. Die KVG hat sich an bestimmten Faktoren (Art. 27 II AIFM-VO) zu orientieren, um den Kauf und Verkauf von Vermögensgegenständen im besten Interesse des Anlegers und des Investmentvermögens durchzuführen (ausführlich EDD/*Steck/Schmidt/Stockhorst* § 26 Rn. 57 ff.). Das betrifft auch die Auswahl eines Handelsplatzes, insb. beim Handel mit liquiden Finanzinstrumenten (kritisch bezüglich illiquiden Vermögensgegenständen WBA/*Herresthal* § 26 Rn. 14). Die KVG hat schriftliche Grundsätze für die Auftragsausführung zu schaffen (vgl. auch § 2 IV KAVerOV).
- **Art. 28 AIFM-VO:** Die Vorschrift betrifft die Platzierung von Handelsaufträgen bei anderen Ausführungseinrichtungen; sie regelt damit einen Unterfall des Art. 27 AIFM-VO. Wiederum hat sich die KVG an bestimmten Faktoren zu orientieren und die Auswahlgrundsätze schriftlich niederzulegen (ausführlich EDD/*Steck/Schmidt/Stockhorst* § 26 Rn. 62 ff.).

Die genannten Vorgaben der AIFM-VO gelten über den Verweis in § 2 I KAVerOV auch für die OGAW-KVG, für die sich zB im Hinblick auf Handelsentscheidungen und -ausführungen aus Art. 25 f. Delegierte RL 2010/43/EU ähnliche Anforderungen ergeben.

Eine Konkretisierung des ehrlichen und redlichen Handelns sowie des Handelns im Anlegerinteresse ist das grundsätzliche Verbot des Erhalts und der Gewährung von **Zuwendungen** in **Art. 24 AIFM-VO.** Es gilt für die AIF-KVG unmittelbar und für die OGAW-KVG gem. § 2 I KAVerOV. Die Vorschrift des Art. 24 AIFM-VO betrifft die Tätigkeit der kollektiven Vermögensverwaltung, einschließlich des Vertriebs von Beteiligungen an Investmentvermögen (vgl. EG 44 AIFM-VO). Ob es sich dabei nur um den Vertrieb von durch die KVG verwalteten Investmentvermögen handelt, so dass für den Drittvertrieb fremder Investmentvermögen ggf. eine Regelungslücke besteht, ist strittig (ausführlich AWZ/*Stabenow* § 26 Rn. 67; BTMB/*Steffen* § 26 Rn. 74 ff.). Für Nebendienstleistungen gem. § 20 II Nr. 1–3 und III Nr. 2–5 (zB individuelle Verwaltungsmandate) finden gem. § 5 II im Hinblick auf Zuwendungen die Vorgaben in § 70 WpHG und § 6 WpDVerOV Anwendung. Grundsätzlich verboten sind nach Art. 24 I AIFM-VO Gebühren, Provisionen und auch nicht in Geldform angebotene Zuwendungen. Ausnahmsweise sind Zuwendungen in den in Art. 24 I Buchst. a–c AIFM-VO genannten Fällen zulässig (ausführlich AWZ/*Stabenow* § 26 Rn. 69 ff.; BTMB/*Steffen* § 26 Rn. 72). Beispielsweise sind Zahlungen des Investmentvermögens an die KVG nicht erfasst (Art. 24 I Buchst. a AIFM-VO). Ebenso nicht erfasst sind etwa sachgerechte Gebühren der KVG an Drittdienstleister (zB Verwahrungsgebühren; Art. 24 I Buchst. c AIFM-VO). 21

Neben den gesetzlichen Bestimmungen ist das mit den Anlegern geschlossene **Fondsvertragswerk** maßgeblich für die Ausgestaltung der Verhaltenspflichten. 22

Sich daraus ergebende Einzelheiten bezüglich Risikoprofil, Vermögensgegenständen und Techniken konkretisieren weiter die Verhaltenspflichten der KVG. So kann sich etwa aus dem Fondsvertragswerk ergeben, ob die KVG für das Investmentvermögen Wertpapierleih- oder Wertpapierpensionsgeschäfte durchführen darf, bis zu welchem Grad das Portfolio gehebelt werden darf oder ob Derivate auch zu anderen Zwecken als zur Absicherung eingegangen werden dürfen, was dann auch einen Rückschluss auf das diesbezügliche Anlegerinteresse gibt (Renditeinteresse vs. Risikobereitschaft). Bei nach Gesetz und dem Fondsvertragswerk unterschiedlichen zulässigen Handlungsmöglichkeiten ist der KVG ein **Ermessensspielraum** im Hinblick auf die Wahrnehmung der Anlegerinteressen zuzusprechen (ausführlich EDD/*Steck/Schmidt/Stockhorst* § 26 Rn. 54f.). Im Einzelfall ist eine gesetzliche Regelung jedenfalls dann nicht zu befolgen, wenn sie zwischen der KVG und den Anlegern durch Vereinbarung wirksam abbedungen wurde. Die Umsetzung einer mit den Anlegern vereinbarten Anlagestrategie durch besonders riskante Techniken kann der Wahrung der Anlegerinteressen ebenfalls entgegenstehen (vgl. zu einer **Market-Making-Strategie** im Rahmen einer vereinbarten Arbitragestrategie: VGH Kassel 6 A 1658/18, BeckRS 2023, 45743, Tz. 197ff.).

IV. Interessenkonflikte (Abs. 2 Nr. 3)

23 Die KVG hat angemessene Maßnahmen zur Vermeidung von Interessenkonflikten zu treffen. Sofern die Vermeidung von Interessenkonflikten nicht möglich ist, sind diese zu ermitteln, beizulegen, zu beobachten und offenzulegen. Ziel ist es, nachteilige Auswirkungen auf die Interessen der Investmentvermögen und der Anleger zu vermeiden sowie eine faire Behandlung der Investmentvermögen sicherzustellen. Die Vermeidung und Steuerung von Interessenkonflikten ist wiederum eine Ausprägung der Verhaltenspflicht zur Wahrung der Anlegerinteressen. Diese Verhaltenspflicht hat eine Konkretisierung in § 27 KAGB, Art. 30ff. AIFM-VO und § 3 KAVerOV erfahren. Es wird auf die Kommentierung zu § 27 verwiesen.

V. Fairness und Gleichbehandlung (Abs. 2 Nr. 3, Abs. 2 Nr. 6, Abs. 3)

24 Die KVG ist zur **fairen Behandlung der Anleger** der Investmentvermögen verpflichtet (§ 26 II Nr. 6). Diese Verpflichtung ergibt sich unionsrechtlich aus Art. 12 I Buchst. f AIFM-RL sowie aus dem unmittelbar anwendbaren Art. 23 I AIFM-VO. Sie gilt gem. § 2 I KAVerOV auch für die OGAW-KVG und wird nochmals in § 2 II 1 KAVerOV aufgegriffen. Der Begriff der Fairness ist nicht näher gesetzlich definiert, er wird jedoch gesetzlich wiederholt erwähnt. Die faire Anlegerbehandlung soll etwa gem. Art. 49 I AIFM-VO ua als Grundsatz bei der Anteilrücknahme zu beachten sein (Art. 32 AIFM-VO), nähere Ausführungsgrundsätze für Zeichnungs- und Rücknahmeaufträge sieht Art. 26 AIFM-VO vor. Die ESMA scheint den Begriff der Fairness in der Konsultation zur AIFM-VO eher als Synonym einer Anlegergleichbehandlung zu verstehen, hat aber bewusst von einer Definition und somit maximalen Harmonisierung abgesehen (ESMA/2011/209, Box 19 und Tz. 33ff.). Das gleiche Begriffsverständnis lässt sich der Begründung der BaFin zu § 2 II KAVerOV entnehmen. Fairness kann man somit als Gleichbehandlung eines Vergleichspaares verstehen. Der Wortsinn geht jedoch noch weiter und erfordert darüber hinaus, dass die Fairness in jedem einzelnen Verhältnis eines Anlegers zur KVG Anwendung findet, also auch ohne Anlegerver-

gleichspaar (AWZ/*Stabenow* § 26 Rn. 79), zB im Fall des Einanleger-Fonds. Für die Praxis ergeben sich aus dem Begriff der Fairness neben der Verpflichtung zum Handeln im Anlegerinteresse und dem Grundsatz der Anlegergleichbehandlung keine konkreten zusätzlichen Anforderungen.

Der **Grundsatz der Anlegergleichbehandlung** ergibt sich aus § 26 III und Art. 23 II AIFM-VO, die eine Vorzugsbehandlung nur ausnahmsweise unter bestimmten Voraussetzungen zulassen. Zudem sieht § 2 II 1 KAVerOV vor, dass die Interessen eines Anlegers oder einer Anlegergruppe nicht über die Interessen eines anderen Anlegers oder einer (anderen) Anlegergruppe gestellt werden dürfen. Das Vergleichspaar ist stets aus Anlegern derselben Anteilklasse zu bilden. Denn die Bildung von **Anteilklassen** mit unterschiedlichen Ausstattungsmerkmalen, insb. hinsichtlich der Ertragsverwendung, des Ausgabeaufschlags, des Rücknahmeabschlags, der Währung des Anteilwertes, der Verwaltungsvergütung (zB *clean share classes*), der Mindestanlagesumme oder einer Kombination dieser Merkmale ist gesetzlich explizit geregelt (§ 96). Dies erkennt auch die ESMA in der Konsultation zur AIFM-VO an (ESMA/2011/209, Tz. 34). Dasselbe gilt für Teilsondervermögen (§ 96) und Teilgesellschaftsvermögen bei Investmentgesellschaften (§§ 117, 132), und auch für eine einen OGAW verwaltende KVG. Die Anteilklassen sind bei Publikums-Investmentvermögen in den Anlagebedingungen zu regeln und in den Verkaufsprospekten bzw. Informationsdokumenten hinreichend offen zu legen (§ 162 II Nr. 9; § 165 II Nr. 29; § 266 II; § 269 I). Welche Anforderungen sich konkret aus dem Grundsatz der Anlegergleichbehandlung ergeben, kann je nachdem, ob es sich um eine OGAW, Publikums-AIF oder Spezial-AIF verwaltende KVG handelt, unterschiedlich sein. 25

Bei der Verwaltung eines **OGAW** darf die KVG die Interessen eines Anlegers oder einer Anlegergruppe nicht über die Interessen eines anderen Anlegers oder einer (anderen) Anlegergruppe stellen (§ 2 II 1 KAVerOV; Art. 22 I Delegierte RL 2010/43/EU). Vorschriften, die eine Vorzugsbehandlung zulassen würden (§ 26 III; Art. 23 II AIFM-VO; § 2 II 2 KAVerOV), sind nicht anwendbar, es gilt also ein uneingeschränktes Gebot zur Anlegergleichbehandlung. 26

Bei der Verwaltung eines **Publikums-AIF** gilt ebenfalls die Anforderung an den Interessenausgleich nach § 2 II 1 KAVerOV. Die Möglichkeit der Vorzugsbehandlung unter bestimmten Voraussetzungen (→ Rn. 25) scheint nach ihrem Wortlaut auch auf Publikums-AIF Anwendung zu finden (§ 26 III; Art. 23 II AIFM-VO). Lediglich im Fall einer Vorzugsbehandlung in Bezug auf die Gewinn- und Verlustbeteiligung besteht ein gesetzliches Verbot (§ 2 II 2 KAVerOV). Die BaFin als Verordnungsgeber scheint jedoch in der Begründung zu § 2 II 1 KAVerOV eine Ablehnung der Anlegerungleichbehandlung bei Publikums-AIF zum Ausdruck zu bringen. In der Praxis dürfte bei Publikums-AIF somit aufgrund von § 2 II 1 KAVerOV kein signifikanter Spielraum für Vorzugsbehandlungen verbleiben; das gilt auch unterhalb der Wesentlichkeitsschwelle des Art. 23 II AIFM-VO (aA BTMB/*Steffen* § 26 Rn. 62, 65; WBA/*Herresthal* § 26 Rn. 36). Sonderrechte von **Treuhandkommanditisten** führen zu keiner Ungleichbehandlung, solange die mittelbar beteiligten Anleger dadurch wirtschaftlich nicht schlechter gestellt werden (BaFin, Begründung zur KAVerOV). Die BaFin hat zudem klargestellt, dass einer Anlegergruppe (zB institutionellen Investoren) kein Informationsvorsprung durch ein gesondertes Reporting in Bezug auf **Portfoliodaten** gewährt werden darf, sondern solche Daten allen Anlegern zur Verfügung zu stellen sind (BaFin, E-Mail an Verbände v. 13.11.2015, WA 41-Wp 2137-2013/0026; ausführlich BTMB/*Steffen* § 26 Rn. 64). 27

28 Bei der Verwaltung eines **Spezial-AIF** gilt die Anforderung an den Interessenausgleich nach § 2 II 1 KAVerOV nicht. Auch hier bleibt es zwar bei dem Grundsatz der Anlegergleichbehandlung, es besteht jedoch die Möglichkeit einer Vorzugsbehandlung unter den Voraussetzungen des § 26 III (Art. 12 I AIFM-RL). Demnach ist diese zulässig, wenn sie in den Anlagebedingungen, der Satzung oder dem Gesellschaftsvertrag geregelt wird. Dabei ist eine hinreichende Konkretisierung bei der Regelung der möglichen Vorzugsbehandlungen zu beachten. Auch eine Darstellung im Informationsdokument (§ 307 II Nr. 14 KAGB) ist erforderlich. Eine Änderung der Vertragsdokumentation kann auch nachträglich mit dem für eine solche Änderung vorgesehenen Verfahren und der hierfür erforderlichen Stimmmehrheit erfolgen (ausführlich WBA/*Herresthal* § 26 Rn. 31f.). Die Vorzugsbehandlung darf für die anderen Anleger keine **wesentliche Benachteiligung** mit sich bringen (Art. 23 II AIFM-VO). Die Regelung der Möglichkeit einer Anteilsrückgabe bzw. Kündigung im Fall einer unterschiedlichen Behandlung kann eine wesentliche Benachteiligung legitimieren, ebenso wie eine sog. Meistbegünstigungsklausel *(most favoured nation clause),* mit der die anderen Anleger die Vorzugsbehandlung auf sich anwenden lassen können (ESMA/2011/209 Tz. 36f.) (zum Seed Investor → Rn. 31). Dies erfordert wiederum eine Offenlegung der gewährten Vorteile gegenüber den anderen Anlegern, zB durch Offenlegung eines mit einem Anleger getroffenen Side Letter. § 26 III und Art. 23 AIFM-VO können nicht abbedungen werden.

29 Im Hinblick auf eine ungleiche Belastung mit **Verwaltungsgebühren** ist zu differenzieren. Bei OGAW und Publikums-AIF können unterschiedliche Verwaltungsgebühren zu Lasten des Investmentvermögens im Rahmen der Ausgestaltung von Anteilklassen vorgesehen werden (→ Rn. 25). Bei der ganz oder teilweisen Rückvergütung (Kick-Backs) der erhobenen Verwaltungsgebühren an einzelne Anleger durch die KVG liegt technisch gesehen ebenfalls keine Ungleichbehandlung vor, da die KVG die bereits vereinnahmten Gebühren aus ihrem eigenen Vermögen erstattet und nicht unmittelbar aus dem Investmentvermögen. Allerdings ist diese Sichtweise aufgrund der faktisch eintretenden Quersubvention zwischen den Anlegern infolge der ungleichen Rückvergütung mit gewissen Risiken behaftet, so dass die Lösung über die Anteilklasse der risikoärmere Ansatz zu sein scheint. Dies ist auch vorzugswürdig, da man eine etwaige Ungleichbehandlung in der Form einer Rückvergütung, sofern man sie entgegen der hier vertretenen Auffassung bei Publikums-AIF generell zulassen möchte, noch an den Vorgaben des § 2 II 2 KAVerOV messen müsste, also erklären müsste, warum dies keine bevorzugte Gewinn- bzw. Verlustbeteiligung darstellt (ausführlich AWZ/*Stabenow* § 26 Rn. 84). Im Fall eines Spezial-AIF ist eine Rückvergütung bei Einhaltung der Transparenzanforderungen gem. § 26 III und bei Vermeidung einer wesentlichen Benachteiligung (Art. 23 II AIFM-VO) grundsätzlich möglich. Dieselben Überlegungen gelten im Hinblick auf Zahlungen, die dem Investmentvermögen zufließen sollen, wie ggf. ein **Rücknahmeabschlag.** Auf einen **Ausgabeaufschlag** kann hingegen auch im Einzelfall und ohne Entstehung einer Ungleichbehandlung verzichtet werden, soweit er nicht für einen Zufluss zum Investmentvermögen, sondern als Vertriebsprovision der KVG (oder eines Vertriebspartners) gedacht war (BSV/*Beckmann* § 26 Rn. 267).

30 Bei **Spezial-AIF** kommt es häufig zur Bildung von **Anlageausschüssen,** in denen sich Vertreter der Anleger versammeln, sich von der KVG informieren lassen und nicht bindende Empfehlungen für die diskretionäre Verwaltung des Spezial-AIF aussprechen. Durch eine Geschäftsordnung können dem Anlageausschuss be-

stimmte Regeln gegeben werden. Das Fondsvertragswerk sieht in diesem Zusammenhang häufig vor, dass das Teilnahme- oder Stimmrecht an bestimmte Zeichnungssummen gebunden ist. Neben den Transparenzanforderungen (§ 26 III) hat die KVG bei der Ausgestaltung der Anlageausschüsse mit geeigneten Regelungen darauf zu achten, dass die Interessen der Anleger, die nicht vertreten oder stimmberechtigt sind, ausreichend beachtet werden (Art. 23 II AIFM-VO). Selbst wenn sich die Ansicht der BaFin zu einem Informationsvorsprung in Bezug auf Portfoliodaten auf Publikums-Investmentvermögen bezog (→ Rn. 27), sollte sichergestellt werden, dass auch nicht an den Ausschusssitzungen teilnehmende Anleger hinreichend informiert sind. Auch Entscheidungsbefugnisse der Anleger in Ausschüssen, sofern diese mit der Unabhängigkeit und dem Letztentscheidungsrecht der KVG vereinbar sind (→ Rn. 15), können problematisch sein, wenn sie das Schicksal der nicht teilnehmenden Anleger erheblich beeinflussen (zB Laufzeitverlängerung).

Die sich aus unterschiedlichen Beitrittszeitpunkten bzw. dem Umstand, dass Anleger beitreten oder Anteile zurückgeben, ergebenden Ertragsauswirkungen treffen alle Anleger unterschiedslos und berühren somit nicht den Grundsatz der Anlegergleichbehandlung. Es ist demnach weder erforderlich, in geschlossenen Investmentvermögen Ausgleichszahlungen (nebst Zinsen) für später eintretende Anleger vorzusehen, noch ein Ertragsausgleichsverfahren zB bei offenen Investmentvermögen anzuwenden. Die Anlegergleichbehandlung kann hingegen bei Regelungen in Bezug auf die **Reihenfolge der Kapitalabrufe** bei Spezial-AIF zu berücksichtigen sein. Dies kann zB im Fall des in Zeichnungsscheinen geregelten vorrangigen Kapitalabrufs von Zeichnungszusagen der Seed-Investoren (bei Fondsneuauflage) bzw. der zu einem früheren Zeitpunkt beigetretenen Investoren (zB Investitionsperioden mit unterschiedlichen Quotenteilungen) relevant werden. Die ESMA scheint in der Konsultation zur AIFM-VO die Ansicht zu vertreten, dass eine wesentliche Benachteiligung zumindest dann ausscheidet, wenn zB ein sog. Seed Investor auch zugleich ein zusätzliches Risiko bei der Auflage des Investmentvermögens trägt (ESMA/2011/209 Tz. 35). 31

Eine **faire Behandlung** der von der KVG verwalteten **Investmentvermögen** sieht § 26 II Nr. 3b vor (ausführlich WBA/*Herresthal* § 26 Rn. 36). Dies umfasst nach Art. 25 AIFM-VO etwa die faire Ausführung von Aufträgen für AIF im Sinne einer korrekten Zuweisung und Einhaltung der zeitlichen Reihenfolge. Zudem sind auch die Vorgaben an die Zusammenlegung von Aufträgen für verschiedene AIF gem. Art. 29 AIFM-VO zu beachten (ausführlich EDD/*Steck/Schmidt/Stockhorst* § 26 Rn. 65). Dieselben Vorgaben gelten auch für OGAW (§ 2 I KAVerOV). Eine besondere Ausprägung dieses Grundsatzes der fairen Behandlung von Investmentvermögen ist das sog. Warehousing-Verbot in § 239, das besondere Anforderungen beim Verkauf von Vermögensgegenständen nach § 231 I und § 234 zwischen durch die gleiche KVG verwalteten Investmentvermögen festlegt und bei Spezial-AIF auch durch die Anleger der betroffenen Investmentvermögen abbedungen werden kann. Unabhängig davon kann ein Interessenausgleich im Fall von **Transaktionen** zwischen Investmentvermögen sog. „Split Teams" erfordern, nach dem die KVG intern bspw. zwischen ihren betroffenen Mitarbeitern sog. „Chinese Walls" errichtet oder für das jeweilige Investmentvermögen separate externe Berater und Bewerter beauftragt. 32

VI. Ehrlichkeit, Sachkenntnis, Sorgfalt, Gewissenhaftigkeit, Redlichkeit (Abs. 2 Nr. 1)

33 Die KVG ist verpflichtet, ihrer Tätigkeit ehrlich, mit der gebotenen Sachkenntnis, Sorgfalt und Gewissenhaftigkeit und redlich nachzugehen (§ 26 II Nr. 1). Der unionsrechtliche Hintergrund findet sich im Wesentlichen in Art. 14 I OGAW-IV-RL und Art. 12 I Buchst. a AIFM-RL. Eine teilweise Konkretisierung des geforderten Verhaltens findet sich in Art. 18–21 und Art. 24 AIFM-VO, die unmittelbar auf die AIF-KVG Anwendung finden und über § 2 I KAVerOV auch für die OGAW-KVG gelten. Die allgemein gehaltenen Anforderungen in § 26 II Nr. 1 werden auch in den §§ 28 ff. sowie weiteren Bestimmungen des KAGB wieder aufgegriffen.

34 Die in § 26 II Nr. 1 gebotene **Sorgfalt, Sachkenntnis** und **Gewissenhaftigkeit** erfordern die Einhaltung der Best-Execution-Grundsätze der AIFM-VO im Rahmen des Investitionsverfahrens und der Überwachung der Vermögensgegenstände (→ Rn. 20). Die **Ehrlichkeit, Redlichkeit** und **Sachkenntnis** werden in Art. 21 AIFM-VO ua im Hinblick auf die kollektiven Kenntnisse, Kompetenzen, Erfahrungen, zeitliche Verfügbarkeit und die Schulung der Geschäftsführung oder des Vorstandes der KVG weiter konkretisiert (vgl. auch BaFin-Merkblatt zu den Geschäftsleitern v. 4.1.2016, geändert am 24.6.2021). Ein weiterer Aspekt des ehrlichen und redlichen Handelns, der in Art. 24 AIFM-VO aufgegriffen wird, ist die Annahme und Gewährung von Zuwendungen (→ Rn. 21).

35 Verschiedene Verbände haben zudem **Branchenstandards** veröffentlicht, die ihren Mitgliedern bei der Einhaltung der gesetzlichen Verhaltenspflichten helfen sollen und ggf. darüber hinausgehende Standards festlegen. Ein Beispiel dafür sind die Wohlverhaltensregeln des BVI. Bestandteil der Verwaltungsauffassung der BaFin sind sie mittlerweile allerdings nicht mehr (BaFin-Schreiben WA 41-Wp 2136-2008/0009).

VII. Verfahren und Mittel ordnungsgemäßer Geschäftstätigkeit (Abs. 2 Nr. 4)

36 Die KVG muss über die für eine ordnungsgemäße Geschäftstätigkeit erforderlichen Mittel und Verfahren verfügen und sie wirksam einsetzen (§ 26 II Nr. 4). Der unionsrechtliche Hintergrund der Regelung sind Art. 14 I Buchst. c OGAW-RL und Art. 12 I Buchst. c AIFM-RL. Nähere Anforderungen ergeben sich aus Art. 22 und Art. 25 AIFM-VO, die für die AIF-KVG unmittelbar anwendbar sind und für die OGAW-KVG über § 2 I KAVerOV gelten. Die Vorgaben haben einen starken organisatorischen Bezug. Sie werden durch die Regelungen in § 28 und die Art. 57 ff. AIFM-VO aufgegriffen, die die erforderlichen Verfahren und personellen sowie technischen Anforderungen näher ausführen.

37 Unter dem Begriff **„Mittel“** sind vor allem ausreichend Personal mit der entsprechenden Kenntnis, Erfahrung und Kompetenz im Hinblick auf ihre Tätigkeit sowie ausreichende technische Ressourcen zu verstehen (vgl. § 28 I Nr. 2, Art. 22 I AIFM-VO; → § 28 Rn. 13). Dabei ist dem Umfang und der Komplexität der Tätigkeit der KVG sowie der Art und dem Spektrum der erbrachten Dienstleistungen Rechnung zu tragen (Art. 22 II AIFM-VO). Dies erfordert explizit Ressourcen und Fachkenntnisse zur wirksamen Einbeziehung von Nachhaltigkeitsrisiken (Art. 22 III AIFM-VO, § 4 II 1 Nr. 4 KAVerOV). Die in § 26 II Nr. 4 genannten erforderlichen **Verfahren** beziehen sich auf interne Geschäftsprozesse, die einen ungestörten und gesetzeskonformen Tätigkeitsablauf ermöglichen, wie zB Kontrollverfah-

ren, interne Richtlinien und Ablaufbeschreibungen (vgl. §§ 28 I und II, 29, 30). Dies betrifft sowohl die Aufgaben der Portfolioverwaltung als auch die des Risikomanagements. Dabei hat die KVG nach Art. 25 AIFM-VO auch Prozesse festzulegen, die die Auftragsausführung für das Investmentvermögen betreffen (ausführlich EDD/*Steck/Schmidt/Stockhorst* § 26 Rn. 73f.). Die Formulierungen „zu verfügen" und „wirksam einsetzen" sind weit zu verstehen. Es ist auch ausreichend, wenn die KVG im Rahmen der Vorgaben nach § 36 (sowie Art. 75ff. AIFM-VO bei der AIF-KVG) zur Erfüllung Dienstleistungen von Dritten im Wege der Auslagerung oder der Mitarbeiterüberlassung in der Gruppe bezieht („make or buy").

VIII. Finanzportfolio- und Vermögensverwaltung (Abs. 4)

Die externe KVG darf nach § 26 IV im Rahmen der (individuellen) Finanzportfolioverwaltung gem. § 20 II Nr. 1 bzw. § 20 III Nr. 2 und der individuellen Vermögensverwaltung gem. § 20 III Nr. 1 (nur externe AIF-KVG) für Kunden das verwaltete Vermögen weder ganz noch teilweise in Anteile der von ihr verwalteten Investmentvermögen anlegen, es sei denn, der Kunde hat vorher zugestimmt. Die Regelung ist eine Ausprägung der Verhaltenspflicht, wonach die externe KVG auch im Rahmen des individuellen Portfoliomanagements im besten Interesse der Anleger außerhalb des Investmentvermögens handelt. Dabei ist das spezifische Interesse des betroffenen Anlegers ausschlaggebend. Die Regelung setzt die unionsrechtlichen Vorgaben in Art. 12 II Buchst. a AIFM-RL und Art. 12 II Buchst. a OGAW-IV-RL um. Die Anforderung betreffend den Anschluss an eine Entschädigungseinrichtung gem. Art. 12 II Buchst. b AIFM-RL und Art. 12 II Buchst. b OGAW-IV-RL wurde in § 32 umgesetzt. 38

Im Rahmen der individuellen Vermögensverwaltung durch eine externe AIF-KVG gem. § 20 III Nr. 1 ist zu beachten, dass gar nicht in Investmentanteile investiert werden kann, da sich diese Dienstleistung nur auf Anlagen in Vermögensgegenstände erstreckt, die nicht als Finanzinstrumente qualifizieren. Anteile an Investmentvermögen iSv § 1 I qualifizieren als Finanzinstrumente (vgl. § 1 XI 1 Nr. 5 KWG). Im Rahmen der individuellen Finanzportfolioverwaltung sind zudem von der externen KVG gem. § 5 II im Zusammenhang mit Interessenkonflikten bei Finanzinstrumenten, die von der externen KVG verwaltet werden, die Vorgaben der §§ 63f. WpHG zu beachten. 39

IX. Unangemessene Kosten, Gebühren und Praktiken (Abs. 5)

Die KVG muss insb. über geeignete Verfahren verfügen, um eine Beeinträchtigung von Anlegerinteressen durch unangemessene Kosten, Gebühren und Praktiken nach Maßgabe von § 26 V zu vermeiden. § 26 V statuiert eine **Organisations- und Verhaltenspflicht,** die einen bestimmten Aspekt der Wahrung der Anlegerinteressen als eine der Verhaltenspflichten der KVG näher ausführt. Die Vorschrift setzt Art. 22 IV Delegierte RL 2010/43/EU um, gilt nach ihrem Wortlaut aber auch für die AIF-KVG. Diese **unionsrechtliche Vorgabe** wurde zuvor schon umgesetzt im Wege der Aufnahme in die entsprechende Vorgängervorschrift in § 9 II 2 InvG durch das OGAW-IV-UmsG. Daneben wird die AIF-KVG unmittelbar in Art. 17 II AIFM-VO verpflichtet, keine überzogenen Kosten zu erheben, was über § 2 II 1 KAVerOV auch auf die OGAW-KVG Anwendung findet. 40

Während sich der Aufwendungsersatzanspruch der KVG gesetzlich analog zu § 670 BGB ergibt (für Sondervermögen auch aus § 93 III), bestehen keine gesetz- 41 lichen Regelungen, die den Inhalt oder die Höhe von Kosten und Gebühren betreffen. Allerdings können vorformulierte Kosten- und Gebührenklauseln gegenüber Verbrauchern als AGB einer **Inhaltskontrolle** nach § 307 I, II BGB unterliegen (BGH III ZR 264/15, NZG 2016, 1382 (1383)). Zudem sind die Vergütungs- und Kostenregelungen bei Publikums-Investmentvermögen zwingend in den **Anlagebedingungen** schriftlich zu regeln (§ 162 II Nr. 11 ff.; § 266 II). Sie unterliegen somit auch der Genehmigung durch die BaFin (§§ 163, 267). Bei Spezial-AIF werden Regelungen zu Gebühren und Kosten bereits aus praktischen Gründen ebenfalls stets schriftlich in den Anlagebedingungen bzw. einer Anlegervereinbarung vereinbart (§ 273). In den **Verkaufsprospekten** von Publikums-Investmentvermögen und den **Informationsdokumenten** von Spezial-AIF sind zudem Angaben zu Gebühren und Kosten aufzunehmen (§§ 165 III, 269 I, 307 I 2 Nr. 13).

42 Die Regelung in § 26 V betrifft **Kosten, Gebühren** und Praktiken. Was der deutsche Gesetzgeber mit dem Begriff **„Praktiken"** umschreiben wollte, lässt sich nicht genau bestimmen. Das europäische Recht spricht nur von Kosten (was auch Gebühren umfasst). In § 26 V wird gezielt der Aspekt der Kosten- und Gebührenausgestaltung angesprochen (zB übermäßiger Handel – sog. „Excessive Trading"). Dennoch liegt es nahe, dass sich der Begriff „Praktiken" auch auf mittelbar im Zusammenhang mit der Vergütung stehende Geschäftspraktiken bezieht (zB kurzfristige den Nettoinventarwert steigernde Maßnahmen – sog. „Window Dressing"). Ungeachtet dessen müssen nach § 26 I Alt. 2, II Nr. 2 ohnehin generell die Interessen der Anleger berücksichtigt werden.

43 In Ergänzung der unionsrechtlichen Vorgaben sieht § 26 V vor, dass die Bestimmung der **Unangemessenheit** unter Berücksichtigung des Wertes des Investmentvermögens und der Anlegerstruktur zu erfolgen hat. Der **Wert des Investmentvermögens** kann insb. bei kleinvolumigen Investmentvermögen relevant werden, denn bei diesen können Kosten und Gebühren relativ zum Fondsvermögen gesehen zu einer hohen Belastung führen. Nicht exzessive und prozentual am Fondsvermögen bemessene Gebühren sind in diesen Fällen vorzuziehen. Im Zusammenhang mit (unvermeidbaren) Fremdkosten lassen sich relativ gesehen hohe Kosten nicht immer vermeiden, da sie häufig als absoluter Betrag berechnet werden und kleinvolumige Investmentvermögen relativ mehr belasten. Ein weiterer, die Unangemessenheit prägender Aspekt ist die **Anlegerstruktur.** Bei Spezial-AIF, in denen professionelle und semi-professionelle Anleger die Kostentragung und Gebührenregelung unter Umständen mit der KVG ausverhandeln können, sind geringere Anforderungen an die Unangemessenheit zu stellen. Der Gesetzgeber bringt mit der Regelung außerdem zum Ausdruck, dass die Unangemessenheit von Kosten und Gebühren bei jedem Investmentvermögen gesondert zu bestimmen ist und gerade keine einheitliche Beurteilung möglich ist. Für die KVG besteht in diesem Rahmen bei der Ausgestaltung ein gewisser Ermessensspielraum. Vor diesem Hintergrund sind auch die **BaFin-Musterbausteine für Kostenklauseln** zu verstehen. Sie sind eine norminterpretierende Verwaltungsauffassung für Gebührenregelungen bei offenen Publikums-Investmentvermögen. Insbesondere bei anderen Fondstypen sollte es der Praxis unbenommen sein, hiervon abweichende Regelungen zu treffen. Die BaFin bringt in ihrer Auslegungsentscheidung zum sog. *Closet Indexing* zudem zum Ausdruck, dass die von der KVG im Rahmen der Portfolioverwaltung erbrachte Leistung ebenfalls eine Rolle bei der angemessenen Gebührenbemessung spielen kann. Investmentvermögen, die als „aktiv verwaltet" bezeichnet werden und dabei faktisch lediglich Indizes replizieren, unterliegen gebührenseitig einem höheren Rechtfertigungsdruck (vgl. BaFin, Auslegungsentscheidung WA 45-Wp 2136-2016/0001).

44 In Bezug auf **Transaktionskosten** lässt sich der Gesetzesbegründung entnehmen, dass die Verursachung von Transaktionskosten durch **übermäßige Handelsaktivitäten** (sog. Excessive Trading) eine unangemessene Praxis darstellen soll (BT-Drs. 17/4510, 61; ESMA/2011/209 Tz. 7). Davon könnten ein verbundener Broker oder die KVG über entsprechende Transaktionsgebühren profitieren. Dieses auch als Provisionsschinderei (sog. „Churning") bezeichnete Verhalten kann zudem zu einer deliktischen Haftung der KVG nach §826 BGB führen (BGH VI ZR 136/03, NJW 2004, 3423). Als organisatorische Maßnahme zur Vermeidung exzessiver Transaktionsgebühren hat die KVG Schwellenwerte für eine Portfolioumschlagsrate vorzusehen (BaFin, Erläuterung zu Abschnitt 6.3q) KAMaRisk; Abschn. I.1 BVI-Wohlverhaltensregeln; ausführlich BTMB/*Steffen* §26 Rn. 111ff.). Darüber hinaus darf die KVG auch keine **überhöhten Transaktionsentgelte** entrichten (ausführlich AWZ/*Stabenow* §26 Rn. 102ff.).

45 Im Zusammenhang mit **Verwaltungsgebühren** kann es zum Beispiel unangemessen sein, wenn die KVG für eine bestimmte Leistung vergütet wird, die Kosten einer Auslagerung dieser Leistung aber noch einmal im Wege der Kostenumlage dem Investmentvermögen berechnet werden. Eine neben der Verwaltungsgebühr erhobene Administrationsgebühr zur pauschalen Deckung bestimmter Kosten des Investmentvermögens wurde zumindest im Rahmen der zivilrechtlichen Inhaltskontrolle (§307 I, II BGB) bestätigt (BGH III ZR 264/15, NZG 2016, 1382 (1383 mwN)). Bestimmte Ausgestaltungen von **performanceabhängigen Verwaltungsgebühren** können ebenfalls unangemessen sein (BT-Drs. 17/4510, 61). Die BaFin-Musterbausteine für Kostenklauseln betonen neben der Auswahl eines geeigneten Referenzwerts insb. das Erfordernis einer gewissen Nachhaltigkeit der Renditeerzielung. Dies betrifft ua den hinreichenden Vortrag einer Underperformance über das konkrete Jahr hinaus und gestreckte Fälligkeiten (ausführlich BTMB/*Steffen* §26 Rn. 118ff.).

46 Weitere unangemessene Gebühren, Kosten und Praktiken können etwa im Zusammenhang mit **rücknahmebedingte Transaktionskosten** vorkommen, die durch den Verkauf von Vermögensgegenständen infolge von Anteilrückgaben eines Anlegers entstehen (BT-Drs. 16/6874, 115). Neben dem Liquiditätsmanagement der KVG kann als weitere Maßnahme der ausscheidende Anleger über die Erhebung eines Rücknahmeabschlages an den Kosten beteiligt werden (Abschn. I.2 BVI-Wohlverhaltensregel; ausführlich: AWZ/*Stabenow* §26 Rn. 109ff.).

X. Marktstabilität und -integrität (Abs. 2 Nr. 2 Alt. 2, Abs. 2 Nr. 5 Alt. 2, Abs. 6)

47 Anforderungen im Hinblick auf die Marktstabilität und -integrität finden sich in §26 an unterschiedlichen Stellen. Aus **§26 II Nr. 2 Alt. 2** ergibt sich zunächst für die KVG die **Verhaltenspflicht,** auch im besten Interesse der Marktintegrität zu handeln. Dass gem. **§26 II Nr. 5 Alt. 2** diesbezüglich die regulatorischen Anforderungen zu erfüllen sind, bedürfte eigentlich keiner ausdrücklichen Regelung. Schließlich werden mit der Anforderung in **§26 VI 1,** angemessene Grundsätze und Verfahren anzuwenden (zB Erlass und Anwendung interner Richtlinien), um deren Beeinträchtigung zu vermeiden, bereits Tendenzen einer **Organisationspflicht** sichtbar, die in §28 teilweise weiter vertieft werden. Die Vorschriften gelten für sämtliche KVG. Der unionsrechtliche Hintergrund des Regelungskomplexes ergibt sich aus Art. 22 II, Art. 23 I Delegierte RL 2010/43/EU und Art. 12 I Buchst. b und e AIFM-RL. Eine zu §26 VI 1 parallele unionsrechtliche Regelung

ergibt sich aus Art. 17 AIFM-VO, die für die AIF-KVG unmittelbar und für die OGAW-KVG gem. § 2 I KAVerOV Anwendung findet.

48 Die die KVG als Marktteilnehmer treffenden Anforderungen ergeben sich neben § 26 auch aus weiteren unmittelbar marktschützenden Bestimmungen, wie etwa der **MAR** (ausführlich BTMB/*Steffen* § 26 Rn. 123; *Eckner* WM 2018, 1684). Nach der MAR soll unrechtmäßigen Handlungen an den Finanzmärkten, insb. Insidergeschäften oder der unrechtmäßigen Offenlegung von Insiderinformationen, vorgebeugt werden. Die MAR gilt für die KVG zunächst im Rahmen des **Portfoliomanagements,** also in Bezug auf gehandelte und gehaltene Finanzinstrumente. So sind durch die KVG gem. Art. 16 II MAR organisatorische Vorkehrungen, wie zB wirksame Regelungen, Systeme und Verfahren zur Aufdeckung und Meldung von Marktmissbrauch, zu schaffen (vgl. ESMA Q&A on MAR, ESMA70-145-111, Q/A Nr. 6). Bestimmte Praktiken, wie etwa die Beeinflussung von Eröffnungs- oder Schlusskursen von im Portfolio enthaltenen und börsennotierten Finanzinstrumenten, können eine Marktmanipulation darstellen (vgl. zum sog. Portfolio Pumping *Neurath* ZBB 2019, 378). Des Weiteren kann die MAR für die KVG im Rahmen der **Preisbildung für Investmentanteile** zu beachten sein. Dies gilt etwa bei einer Preisbildung über einen geregelten Markt, ein multilaterales (MTF) oder organisiertes (OTF) Handelssystem, wobei einige Anforderungen nur im Fall einer Handelsgenehmigung gelten. Die Preisbildung von nicht an derartigen Märkten gehandelten Investmentanteilen unterliegt der MAR, wenn der NIW wiederum von marktgehandelten Finanzinstrumenten (als Vermögensgegenständen) abhängt. Dies dürfte bei reinen Sachwertefonds eher nicht der Fall sein. Wenn die von dem Anleger gehaltenen Investmentanteile an einer Börse gehandelt werden (zB ETF), sind auf diese ebenfalls die MAR, ua die Vorgaben zu den Insiderinformationen und den Ad-hoc-Mitteilungspflichten (Art. 17 MAR), anwendbar. Schließlich sind eine Reihe organisatorischer Anforderungen der MAR (vgl. § 83 I WpHG) im Zusammenhang mit der Erbringung von **Dienst- und Nebendienstleistungen** iSv § 20 II Nr. 1–3 und § 20 III Nr. 2–5 (vgl. § 5 II) zu beachten.

49 Nach **§ 26 VI 2** sind **missbräuchliche Marktpraktiken** zu verhindern. Beispielhaft wird die kurzfristige, systematische Spekulation mit Investmentanteilen durch Ausnutzung von Kursdifferenzen an organisierten Märkten und die damit verbundene Möglichkeit, Arbitragegewinne zu erzielen (sog. „Market Timing" bzw. Zeitzonen-Arbitrage), genannt. Das von der KVG in dem Beispiel des „Market Timing" zu unterbindende missbräuchliche Verhalten geht dabei von den Anlegern in Bezug auf deren Anteile aus. Dasselbe gilt für das sog. „Late Trading", also Kauf- oder Rücknahmeaufträge über Investmentanteile nach Handelsschluss durch Anleger. Insofern überwiegen die Interessen der Marktstabilität und der anderen Anleger des Investmentvermögens. Beide Praktiken werden in EG 18 der Delegierten RL 2010/43/EU und EG 39 der AIFM-VO als unzulässig bezeichnet. Angemessene Verfahren zur Verhinderung des „Market Timing" können die Festlegung eines Order-Annahmeschlusses beinhalten, nebst Verpflichtung der Verwahrstelle, nach Annahmeschluss keine Aufträge mehr auszuführen (vgl. Abschn. I.3 BVI-Wohlverhaltensregeln). Das „Market Timing" ist auch innerhalb von Master-Feeder-Strukturen durch eine Koordinierung der Veröffentlichung des NIW auf den verschiedenen Ebenen zu vermeiden (§ 172 II).

XI. Weitere konkretisierende Anforderungen

1. Delegierte Verordnungen (Abs. 7). § 26 VII 1 regelt, dass sich bei der AIF-KVG die **Verhaltenspflichten in § 26 I und II** nach den Art. 16–29 AIFM-VO bestimmen, wohingegen § 26 VII 2 regelt, dass für nähere Einzelheiten an die Anforderung der **Unabhängigkeit der OGAW-KVG** iSd § 26 I auf die Vorgaben in Art. 21 Buchst. a–c, Art. 22 I–IV und Art. 23 Delegierte VO (EU) 2016/438 verwiesen wird (→ Rn. 13). Beide Regelungen sind klarstellend, da die Vorgaben der AIFM-VO und der Delegierten VO (EU) 2016/438 ohnehin auf diese KVG Anwendung finden. Dass darüber hinaus die Art. 16–29 AIFM-VO (mit Ausnahme von Art. 23 II AIFM-VO) auch bei der OGAW-KVG zu berücksichtigen sind, ergibt sich aus § 2 I KAVerOV. Zudem regelt § 26 VII 3, dass die Bestimmungen der Art. 21 Buchst. a–c, Art. 22 I–IV und Art. 23 Delegierte VO (EU) 2016/438 bei der AIF-KVG entsprechend gelten, sofern sie nicht ausschließlich Spezial-AIF verwaltet, wobei dies so zu verstehen ist, dass die Anforderungen nur in Bezug auf die verwalteten Publikums-AIF gelten (ausführlich: BTMB/*Steffen* § 26 Rn. 126). 50

2. Verordnungsermächtigung (Abs. 8). Nach § 26 VIII ist das BMF ermächtigt, eine Rechtsverordnung zu erlassen, wobei die Ermächtigung auf die BaFin übertragen werden kann. Die Rechtsverordnung kann nähere Bestimmungen enthalten zu den Verhaltensregeln in § 26 I und II Nr. 1 und 2 sowie zu den für eine ordnungsgemäße Geschäftstätigkeit erforderlichen Mitteln und Verfahren. Unter Gebrauchmachung der Ermächtigungsgrundlage hat die BaFin in § 2 KAVerOV die entsprechenden Anforderungen konkretisiert. Die KAVerOV ersetzt die InvVerOV. Die KAVerOV ist grundsätzlich auf die OGAW-KVG und die AIF KVG, die auch Publikums-AIF verwaltet, anwendbar (§ 1 KAVerOV), wobei § 2 I KAVerOV nur für die OGAW-KVG gilt und § 2 II 2 KAVerOV nur für die AIF-KVG. 51

§ 27 Interessenkonflikte; Verordnungsermächtigung

(1) **Eine Kapitalverwaltungsgesellschaft hat alle angemessenen Maßnahmen zu treffen, um Interessenkonflikte zu ermitteln, die im Zusammenhang mit der Verwaltung von Investmentvermögen auftreten zwischen**

1. **der Kapitalverwaltungsgesellschaft sowie ihren Führungskräften, Mitarbeitern oder jeder anderen Person, die über ein Kontrollverhältnis direkt oder indirekt mit der Kapitalverwaltungsgesellschaft verbunden ist, und dem von ihr verwalteten Investmentvermögen oder den Anlegern dieses Investmentvermögens,**
2. **dem Investmentvermögen oder den Anlegern dieses Investmentvermögens und einem anderen Investmentvermögen oder den Anlegern jenes Investmentvermögens,**
3. **dem Investmentvermögen oder den Anlegern dieses Investmentvermögens und einem anderen Kunden der Kapitalverwaltungsgesellschaft,**
4. **zwei Kunden der Kapitalverwaltungsgesellschaft.**

(2) **Eine Kapitalverwaltungsgesellschaft muss wirksame organisatorische und administrative Vorkehrungen, die es ermöglichen, alle angemessenen Maßnahmen zur Ermittlung, Vorbeugung, Beilegung und Beobachtung von Interessenkonflikten zu ergreifen, treffen und beibehalten, um zu**

verhindern, dass Interessenskonflikte den Interessen der Investmentvermögen und ihrer Anleger schaden.

(3) [1]**Innerhalb ihrer eigenen Betriebsabläufe haben AIF-Kapitalverwaltungsgesellschaften Aufgaben und Verantwortungsbereiche, die als miteinander unvereinbar angesehen werden könnten oder potenziell systematische Interessenskonflikte hervorrufen könnten, zu trennen.** [2]**AIF-Kapitalverwaltungsgesellschaften haben zu prüfen, ob die Bedingungen der Ausübung ihrer Tätigkeit wesentliche andere Interessenskonflikte nach sich ziehen könnten und legen diese den Anlegern der AIF gegenüber offen.**

(4) **Reichen die von der AIF-Kapitalverwaltungsgesellschaft zur Ermittlung, Vorbeugung, Beilegung und Beobachtung von Interessenskonflikten getroffenen organisatorischen Vorkehrungen nicht aus, um nach vernünftigem Ermessen zu gewährleisten, dass das Risiko einer Beeinträchtigung von Anlegerinteressen vermieden wird, so setzt die AIF-Kapitalverwaltungsgesellschaft die Anleger, bevor sie in ihrem Auftrag Geschäfte tätigt, unmissverständlich über die allgemeine Art und die Quellen der Interessenskonflikte in Kenntnis und entwickelt angemessene Strategien und Verfahren.**

(5) **Im Hinblick auf AIF-Kapitalverwaltungsgesellschaften bestimmen sich die Arten der in Absatz 1 genannten Interessenskonflikte und die angemessenen Maßnahmen, die hinsichtlich der Strukturen und der organisatorischen und administrativen Verfahren von einer AIF-Kapitalverwaltungsgesellschaft erwartet werden, um Interessenskonflikte zu ermitteln, ihnen vorzubeugen, sie zu steuern, zu beobachten und offenzulegen nach den Artikeln 30 bis 37 der Delegierten Verordnung (EU) Nr. 231/2013.**

(6) [1]**Das Bundesministerium der Finanzen wird ermächtigt, durch Rechtsverordnung, die nicht der Zustimmung des Bundesrates bedarf, für Kapitalverwaltungsgesellschaften in Bezug auf Publikums-AIF zusätzliche Bestimmungen zu den in den Artikeln 30 bis 37 der Delegierten Verordnung (EU) Nr. 231/2013 aufgeführten Maßnahmen und Verfahren nach Absatz 5 und in Bezug auf OGAW jeweils nähere Bestimmungen zu erlassen**

1. über die Maßnahmen, die eine solche Kapitalverwaltungsgesellschaft zu ergreifen hat, um
   a) Interessenskonflikte zu erkennen, ihnen vorzubeugen, mit ihnen umzugehen und sie offenzulegen sowie
   b) geeignete Kriterien zur Abgrenzung der Arten von Interessenskonflikten festzulegen, die den Interessen des Investmentvermögens schaden könnten und

2. über die Strukturen und organisatorischen Anforderungen, die zur Verringerung von Interessenskonflikten nach Absatz 1 erforderlich sind.

[2]**Das Bundesministerium der Finanzen kann die Ermächtigung durch Rechtsverordnung auf die Bundesanstalt übertragen.**

Inhaltsübersicht

Rn.

I. Allgemeines 1
1. Rechtsentwicklung 1
2. Regelungsgegenstand und -zweck, Rechtsnatur 3
3. Geltungsbereich 5
II. Ermittlung von Interessenkonflikten (Abs. 1) 8
1. Allgemeines, Ermittlung 8
2. KVG und Investmentvermögen (Nr. 1) 11
3. Verschiedene Investmentvermögen (Nr. 2) 13
4. Kundeninteressen (Nr. 3, 4) 14
III. Organisatorische und administrative Vorkehrungen (Abs. 2) 16
1. Allgemeines 16
2. Grundsätze für den Umgang mit Interessenkonflikten 18
3. Vorbeugung von Interessenkonflikten 19
4. Beilegung und Beobachtung von Interessenkonflikten 21
IV. Trennung von Aufgaben und Bereichen (Abs. 3 S. 1) 26
V. Offenlegung (Abs. 3 S. 2, Abs. 4) 31
VI. Weitere konkretisierende Anforderungen 35
1. Delegierte Verordnungen (Abs. 5) 35
2. Verordnungsermächtigung (Abs. 6) 36

I. Allgemeines

1. Rechtsentwicklung. Die Vorschrift des § 27, die die Konkretisierung der Verhaltenspflichten der KVG im Zusammenhang mit Interessenkonflikten betrifft, ist mit dem **AIFM-UmsG** in das KAGB aufgenommen worden. Bislang wurden in Bezug auf § 27 keine Änderungen vorgenommen. Durch das **FoStoG** erfolgten ebenfalls keine Änderungen. Die Verhaltenspflichten betreffend Interessenkonflikte fanden sich bereits teilweise in § 9 II Nr. 3, III 1 InvG. 1

Die Bestimmung des § 27 setzt **Vorgaben des Unionsrechts** um. Die Regelungen in § 9 InvG dienten zuletzt bereits der Umsetzung von Art. 12 I Buchst. b und Art. 14 I Buchst. d OGAW-IV-RL. Die konkretisierenden Vorgaben in den Art. 17 ff. Delegierte RL 2010/43/EU wurden ursprünglich in der InvVerOV umgesetzt. Die mittlerweile durch das AIFM-UmsG geschaffenen Regelungen in § 27 dienen zudem der Umsetzung von Art. 14 AIFM-RL. Die konkretisierenden Vorgaben des Unionsrechts ergeben sich mittlerweile aus Art. 30 ff. AIFM-VO. Sie sind in Bezug auf die AIF-KVG unmittelbar anwendbares Recht (§ 27 V), das einen verfassungsrechtlich anerkannten Anwendungsvorrang gegenüber § 27 genießt. Für die OGAW-KVG gelten die Art. 30–37 AIFM-VO über § 3 I KAVerOV entsprechend. Durch diese Vereinheitlichung für alle KVG werden auch die konkretisierenden Vorgaben in den Art. 17 ff. Delegierte RL 2010/43/EU umgesetzt. 2

2. Regelungsgegenstand und -zweck, Rechtsnatur. Die Regelungen in § 27 konkretisieren die allgemeinen Verhaltenspflichten in § 26 im Hinblick auf die Wahrung der Anlegerinteressen und speziell zur Vermeidung von Interessenkonflikten (vgl. § 26 II Nr. 3). Die Vorschrift des § 27 ist im Aufbau stringenter als die Bestimmung des § 26. Zunächst werden die Anforderungen an die Ermittlung bestimmter Interessenkonflikte geregelt (§ 27 I). Im Weiteren werden die organisatorischen Anforderungen an den Umgang mit den ermittelten Interessenkonflikten ausgeführt (§ 27 II), wobei für die AIF-KVG weitergehende Vorgaben erfolgen (§ 27 III, IV). Im Hinblick auf die in § 5 II genannten Dienst- und Nebendienstleis- 3 tungen sind zudem die genannten Anforderungen des WpHG betreffend den Umgang mit Interessenkonflikten zu beachten (zB §§ 63 II, 64 I 1 Nr. 2, 70, 80 I 1 Nr. 2 WpHG).

4 Die Regelungen in § 27 sind in erster Linie aufsichtsrechtliche Organisations- und Verhaltenspflichten; ihnen kommt eine **öffentlich-rechtliche Funktion** zu (→ § 26 Rn. 5). Die vorsätzliche oder fahrlässige Nichtbeachtung einer Anforderung der Verhaltenspflichten in § 27 I und II sowie der konkretisierenden Vorgaben der KAVerOV kann als Ordnungswidrigkeit gem. § 340 II Nr. 6, VII 1 Nr. 1 mit einer Geldbuße geahndet werden. Im Hinblick auf etwaige privatrechtliche Auswirkungen der Regelungen gilt das zu § 26 Gesagte entsprechend (→ § 26 Rn. 6).

5 **3. Geltungsbereich.** Unterschiedslos gilt § 27 für die externe, also bestellte KVG (§ 17 II Nr. 1) sowie ein Investmentvermögen, das als interne KVG (§ 17 II Nr. 2) agiert. Die Vorgaben gelten zudem grundsätzlich sowohl für die kollektive Vermögensverwaltung als auch für Dienst- und Nebendienstleistungen nach § 20 II und III. Die Vorschrift unterscheidet zwischen **OGAW-KVG** und **AIF-KVG.** Für die OGAW-KVG und die AIF-KVG gleichermaßen gelten § 27 I und II. Nur für die AIF-KVG gelten § 27 III–V. Der Wortlaut des § 27 VI unterscheidet zwar zwischen weiteren konkretisierenden Vorgaben für die AIF-KVG (in Bezug auf Publikums-AIF) und die OGAW-KVG. Nach § 3 KAVerOV gelten jedoch die Vorgaben der Art. 30–37 AIFM-VO gleichermaßen für die AIF-KVG und die OGAW-KVG. Schließlich werden die Verhaltensanforderungen faktisch nicht in gleichem Maße auf alle KVG Auswirkungen haben aufgrund des abweichenden Geschäftsbetriebs und der unterschiedlichen verwalteten Investmentvermögen.

6 Im Hinblick auf **Zweigniederlassungen** und die **grenzüberschreitende Erbringung von Dienstleistungen** gilt das zu § 26 Gesagte entsprechend (→ § 26 Rn. 8f.). Insbesondere sind auf ausländische Zweigniederlassungen einer OGAW-KVG nicht § 27 I und die KAVerOV anwendbar (§ 50 IV 2), wohingegen die ausländische Zweigniederlassung einer AIF-KVG vollends § 27 unterliegt. Auf die inländische Zweigniederlassung einer EU-OGAW-Verwaltungsgesellschaft, die die kollektive Vermögensverwaltung von inländischen OGAW oder Dienstleistungen bzw. Nebendienstleistungen nach § 20 II Nr. 1, 2, 3 oder 4 erbringt, finden § 27 I und die KAVerOV Anwendung (§ 51 IV 1) und auf die inländische Zweigniederlassung einer EU-AIF-Verwaltungsgesellschaft ist § 27 I–IV anwendbar (§ 54 IV 1).

7 Auf eine **registrierte AIF-KVG,** die kleine Spezial-AIF gem. **§ 2 IV** verwaltet („Sub-Threshold"), sind die Vorgaben aus § 27 nicht anwendbar. Etwas anderes gilt, wenn im Rahmen des § 285 II für Rechnung eines AIF Gelddarlehen an Dritte vergeben werden. In diesem Fall sind von der KVG § 27 I, II und V sowie die Anforderungen der AIMF-VO zu beachten (§ 2 IV 1 Nr. 4), nicht jedoch die der KAVerOV (§ 1 I KAVerOV).

II. Ermittlung von Interessenkonflikten (Abs. 1)

8 **1. Allgemeines, Ermittlung.** Nach § 27 I hat eine KVG alle **angemessenen Maßnahmen** zu treffen, um Interessenkonflikte, die im Zusammenhang mit der Verwaltung von Investmentvermögen auftreten, zu ermitteln. Deren **Ermittlung** ist der erste Schritt im Umgang der KVG mit Interessenkonflikten. In § 27 I werden vier typische Personenkonstellationen im Hinblick auf Interessenkonflikte genannt, die bei der Ermittlung zu berücksichtigen sind (vgl. auch Art. 30 AIFM-VO). Zu-

dem sind die in Art. 30 AIFM-VO genannten Situationen und Faktoren bei der Ermittlung von Interessenkonflikten zu berücksichtigen (§ 27 V); dies gilt gem. § 3 I Nr. 1 KAVerOV auch für die OGAW-KVG.

Obwohl der Wortlaut von § 27 I Nr. 1–4 den Eindruck einer abschließenden Aufzählung der Konstellationen impliziert, erscheint eine derart enge Auslegung nicht angezeigt. Vielmehr hat die KVG auch nicht von § 27 I umfasste, aber mögliche Interessenkonflikte zu ermitteln, insb., wenn sie die Interessen der Anleger berühren. Dies ergibt sich bereits aus den allgemeinen Verhaltensanforderungen in § 26 (vgl. BSV/*Beckmann* § 27 Rn. 41). Die Ermittlung ist über die in § 27 I genannten Personen im Lager der KVG auch auf Dritte zu erstrecken, die von der KVG im Rahmen der kollektiven Vermögensverwaltung beauftragt wurden (vgl. Art. 80 AIFM-VO). 9

Konkretisierend bestimmt § 27 II, dass in Bezug auf die Ermittlung und die diesbezüglichen angemessenen Maßnahmen wirksame organisatorische und administrative Vorkehrungen zu treffen und beizubehalten sind (→ Rn. 15 ff.). 10

2. KVG und Investmentvermögen (Nr. 1). Zu ermitteln sind nach § 27 I Nr. 1 Interessenkonflikte, die zwischen der KVG und dem Investmentvermögen oder dessen Anlegern auftreten können. Dabei gehen die Anlegerinteressen vor (§ 26 I Alt. 2). Der Begriff des Investmentvermögens umfasst auch Beteiligungsunternehmen des Investmentvermögens, die mit der KVG in einer vertraglichen Beziehung stehen (zB bei Dienstleistungsverträgen mit im Investmentvermögen gehaltenen Immobiliengesellschaften). Die KVG hat grundsätzlich ein eigenes Gewinninteresse. In Betracht kommen somit unterschiedliche Interessen bei der **Vergütung** der KVG durch die Investmentvermögen und bezüglich der mit der Vergütung der KVG eng im Zusammenhang stehenden Umstände (zB Handelsaktivitäten und Bewertung von Vermögensgegenständen). Im Hinblick auf Kosten, Gebühren und Praktiken sind die Vorgaben in § 26 V zu beachten (→ § 26 Rn. 40 ff.). Daneben kommen widerstreitende Interessen im Zusammenhang mit anderen **finanziellen Vorteilen** der KVG, die zu Lasten des Investmentvermögens wirken, in Betracht (Art. 30 I Buchst. a AIFM-VO). Dazu lässt sich auch die **Zusammenlegung von Aufträgen** betreffend die Anlagen des Investmentvermögens und die Anlagen der Eigenmittel der KVG zählen (Art. 29 AIFM-VO). Interessenkonflikte können auch als Folge von **Anreizen (Zuwendungen)** für die KVG, die durch Dritte gewährt werden, auftreten (Art. 30 I Buchst. e AIFM-VO). Daneben nennt § 27 I Nr. 1 entsprechende Interessenkonflikte auf Ebene der **Führungskräfte und Mitarbeiter.** Dies kann die Vergütung der Führungskräfte und Mitarbeiter sowie die Annahme und Gewährung von Zuwendungen durch diese betreffen. Zudem können Regelungen in den Verwaltungsverträgen zur Haftungsbegrenzung und Freistellung der KVG, deren Führungskräften und Mitarbeitern konfliktträchtig sein. Schließlich können Interessenkonflikte auch zwischen mit der KVG verbundenen Personen oder über ein Kontrollverhältnis verbundene Unternehmen und dem Investmentvermögen oder dessen Anlegern auftreten. Dies kann einerseits eine mit der KVG verbundene Bank betreffen, die als **Verwahrstelle** fungiert. In diesem Fall sind die Anforderungen zur Unabhängigkeit von der Verwahrstelle gem. § 26 I Alt. 1 zu beachten (→ § 26 Rn. 13). Zum anderen können Interessenkonflikte entstehen in Bezug auf **Dienstleister (zB Property Manager),** die verbundene Unternehmen der KVG sind, und die mit der Verwaltung der Vermögensgegenstände des Investmentvermögens beauftragt werden. Im Hinblick auf Erwerbsgeschäfte zwischen der KVG oder den Investmentvermögen sind die investmentrechtlichen Vorgaben zu beachten (zB § 239). 11

12 Zu den zu ermittelnden Interessenkonflikten gehören auch solche, die sich aus **Nachhaltigkeitsrisiken** ergeben können (Art. 30 II AIFM-VO). Dies entspricht auch den veränderten Präferenzen der Anleger in Bezug auf Nachhaltigkeitsthemen. Dabei sind Nachhaltigkeitsrisiken (definiert in Art. 2 Nr. 22 Offenlegungs-VO) im Bereich Umwelt in der Form von physischen und transitorischen Risiken zu berücksichtigen (vgl. BaFin Merkblatt zum Umgang mit Nachhaltigkeitsrisiken v. 13.1.2020).

13 **3. Verschiedene Investmentvermögen (Nr. 2).** Die nach § 27 I Nr. 2 zu ermittelnden Interessenkonflikte zwischen zwei oder mehreren Investmentvermögen bzw. deren Anlegern können in verschiedenen Konstellationen entstehen. Eine mögliche Ursache kann sein, dass die KVG für mehrere Investmentvermögen eine **Handelsaktivität zusammenlegt** (zB Wertpapierkauf, Immobilienerwerb), wobei darauf zu achten ist, dass ein gerechter Ausgleich im Hinblick auf Vor- und Nachteile (zB Kosten, Risiken) des Geschäfts erfolgt (vgl. Art. 29 AIFM-VO). Denkbar ist auch, dass ein Geschäft (zB der Erwerb eines Vermögensgegenstandes) nur durch ein Investmentvermögen erfolgen kann, obwohl mehrere verwaltete Investmentvermögen entsprechend der Anlagestrategie um den Vermögensgegenstand konkurrieren, also eine **Zuteilung einer Transaktion** zu einem Investmentvermögen erforderlich wird. Schließlich kann auch zwischen mehreren Investmentvermögen ein Geschäft geschlossen werden (zB als Käufer und Verkäufer). Im Unterfall des sog. **Warehousing** sind etwaige investmentrechtliche Vorgaben zu beachten (zB § 239 II Nr. 3, → § 26 Rn. 32). Schließlich sind die bei der Verwaltung mehrerer Investmentvermögen anfallenden laufenden Kosten sowie die Kosten der KVG selbst angemessen auf diese Investmentvermögen zu verteilen. Die Frage des Interessenausgleichs zwischen den Anlegern desselben Investmentvermögens (vgl. Art. 30 I Buchst. c AIFM-VO) betrifft letztendlich wieder die Frage der Anlegergleichbehandlung (→ § 26 Rn. 24ff.).

14 **4. Kundeninteressen (Nr. 3, 4).** Bei der Ermittlung der Interessenkonflikte sind auch solche zwischen dem Investmentvermögen bzw. dessen Anlegern und einem anderen Kunden der KVG (§ 27 I Nr. 3) sowie zwischen zwei (oder mehreren) Kunden der KVG (§ 27 I Nr. 4) zu berücksichtigen (vgl. auch Art. 30 I Buchst. d AIFM-VO). Die Regelung soll zunächst die **Dienst- und Nebendienstleistungen** gem. § 20 II Nr. 1 bis 3 und § 20 III Nr. 2–5 betreffen, auf die gem. § 5 II auch das WpHG Anwendung findet (BT-Drs. 17/4510, 62). Der Interessenausgleich zwischen den Kunden dürfte insb. im Fall der Vermögensverwaltung durch die KVG relevant werden. Entgegen der Gesetzesbegründung sollten auch Interessenkonflikte im Hinblick auf nicht WpHG-relevante „Kunden" der individuellen Vermögensverwaltung gem. § 20 III Nr. 1, also in Bezug auf die individuelle Verwaltung von Vermögensgegenständen, die keine Finanzinstrumente sind, ermittelt werden.

15 Zusätzlich hat die KVG auch Interessenkonflikte **zwischen der KVG und den Kunden** zu ermitteln. Im Ergebnis dürften sich für die erbrachten Dienst- und Nebendienstleistungen keine geringeren Anforderungen ergeben. Dafür spricht auch § 26, der in § 26 IV eine Konkretisierung bei der Erbringung bestimmter Dienst- und Nebendienstleistungen erfahren hat (→ § 26 Rn. 38f.). Die über § 5 II anwendbaren Vorgaben des WpHG sind zusätzlich zu beachten.

III. Organisatorische und administrative Vorkehrungen (Abs. 2)

16 **1. Allgemeines.** Die Norm des § 27 II enthält eine Organisationpflicht, die die Verhaltenspflicht betreffend die Interessenwahrung in § 26 I, II Nr. 2 und 3 auf einer verwaltungstechnischen Ebene näher präzisiert. Sie dient der Umsetzung von Art. 14 I AIFM-RL, wurde jedoch auch auf die OGAW-KVG erstreckt (BT-Drs. 17/12294, 218). Dabei enthält § 27 II einen relativ weit gefassten und sprachlich komplexen Pflichtenkanon. Es sind **organisatorische und administrative Vorkehrungen** zu ergreifen, zu treffen und auch im Weiteren beizubehalten. Diese Vorkehrungen müssen wirksam sein und es ermöglichen, alle angemessenen Maßnahmen für ein Interessenkonfliktmanagement zu ergreifen. Derartige Maßnahmen sollen Interessenkonflikte ermitteln und ihnen vorzugsweise vorbeugen. Sofern sich diese nicht verhindern lassen, sollen die Interessenkonflikte nach Ermittlung beigelegt werden. Solange eine Beilegung noch nicht erfolgt ist, sollen Interessenkonflikte beobachtet werden. Ziel des Ganzen ist die Verhinderung von Schäden für die Interessen der Investmentvermögen und Anleger. Detaillierte Regelungen finden sich in den Art. 31 ff. AIFM-VO (vgl. § 27 V), die für die AIF-KVG unmittelbar Anwendung finden und auch auf die OGAW-KVG über § 3 I KAVerOV anwendbar sind. Über den Verweis in § 3 I KAVerOV auf die AIFM-VO dienen die vorgenannten Vorschriften auch der Umsetzung verschiedener Vorgaben der Delegierten RL 2010/43/EU.

17 Die wirksamen organisatorischen und administrativen Vorkehrungen gem. § 27 II müssen sich auch auf die **ausgelagerten Tätigkeiten** der KVG (§ 36) erstrecken; in der Praxis ist dies Gegenstand des Auslagerungscontrollings der KVG. Eine Verpflichtung der KVG, dafür Sorge zu tragen, dass entsprechende Vorkehrungen zur Ermittlung, Steuerung, Beobachtung und Offenlegung auch auf Ebene des Auslagerungsunternehmens getroffen werden, ergibt sich aus Art. 80 III AIFM-VO. Sicherzustellen ist auch, dass das Auslagerungsunternehmen der KVG die getroffenen Maßnahmen und Verfahren, wie auch die Interessenkonflikte selbst, offenlegt (ausführlich BSV/*Beckmann* § 27 Rn. 400 ff.).

18 **2. Grundsätze für den Umgang mit Interessenkonflikten. Art. 31 I AIFM-VO** präzisiert (iVm § 3 I KAVerOV auch für die OGAW-KVG) für alle KVG die organisatorischen Anforderungen dahingehend, dass die KVG wirksame Grundsätze für den Umgang mit Interessenkonflikten schriftlich festzulegen und anzuwenden hat (sog. **Conflict of Interest Policy**). Diese Grundsätze sind Bestandteil der Organisationsrichtlinien der KVG (Abschn. 6.3 Buchst. j KAMaRisk). Die Conflict of Interest Policy soll gem. des Proportionalitätsgrundsatzes der Größe der KVG und der Komplexität der Geschäftstätigkeit Rechnung tragen (Art. 31 I 2 AIFM-VO; ausführlich AWZ/*Stabenow* § 27 Rn. 30). Dazu gehört auch, dass die Geschäftstätigkeiten anderer Gruppengesellschaften mit zu berücksichtigen sind (Art. 31 I 3 AIFM-VO). Im Hinblick auf die einzelnen Tätigkeiten der KVG oder ihrer Beauftragten, Unterbeauftragten, externen Bewerter sowie Gegenparteien ist eine Bewertung im Hinblick auf einen Interessenkonflikt vorzunehmen, zumindest sofern sie den Interessen der Investmentvermögen oder Anleger erheblich schaden können (Art. 31 II Buchst. a AIFM-VO). Zu diesem Zweck kann die Conflict of Interest Policy beispielsweise eine Übersicht über die durch die KVG und die Dritten erbrachten Tätigkeiten enthalten. Es empfiehlt sich, auch eine qualitative Einordnung des Interessenkonfliktrisikos zu treffen (zB gering, moderat, hoch). Des

Weiteren sind Verfahren und Maßnahmen im Hinblick auf Prävention, Steuerung und Überwachung der Interessenkonflikte betreffend die identifizierten Tätigkeiten in den Grundsätzen festzulegen.

19 **3. Vorbeugung von Interessenkonflikten.** § 27 II macht der KVG kaum konkrete Vorgaben. Neben den in den Art. 31 ff. AIFM-VO vorgesehenen detaillierten Vorgaben bleibt der KVG ein erheblicher Ermessenspielraum bei der Ausgestaltung der zur Vorbeugung von Interessenkonflikten anwendbaren Maßnahmen. In Betracht kommen ua:

- Trennung von Berichtslinien (Bereiche Markt und Marktfolge);
- beschränkte Zugriffsrechte;
- funktionale und räumliche Trennung (→ Rn. 26 ff.);
- separate Arbeitsrichtlinien und Vergütungspolitik;
- klare Regeln für interne Geschäfte (Abschn. 4.6.8 KAMaRisk).

20 Um Interessenkonflikten idealerweise bereits vorzubeugen hat die KVG wirksame und angemessene Strategien für die **Ausübung von Stimmrechten** hinsichtlich der sich in den Investmentvermögen befindlichen Beteiligungen auszuarbeiten **(Art. 37 I AIFM-VO).** Zur Befugnis der Stimmrechtsausübung im Fall eines Sondervermögens vgl. § 94. Die Stimmrechte müssen grundsätzlich zum Nutzen des betreffenden Investmentvermögens ausgeübt werden und mit dessen Anlagezielen und -politik übereinstimmen (Art. 37 I, II Buchst. b AIFM-VO). Grundsätzlich sind Interessenkonflikte zu verhindern oder zu steuern (Art. 37 II Buchst. c AIFM-VO). Den Anlegern ist auf Wunsch eine Zusammenfassung der Stimmrechtsstrategie zur Verfügung zu stellen (Art. 37 III AIFM-VO), zudem haben die OGAW-KVG und die AIF-KVG, die Publikums-AIF verwaltet, eine diesbezügliche Kurzbeschreibung auf ihrer Internetseite zu veröffentlichen (§ 3 II KAVerOV). Weitere Vorgaben können sich aus der mit dem ARUG II umgesetzten Aktionärsrechterichtlinie (RL (EU) 2017/828) ergeben (vgl. BK/*Jakovou* 39. Kap Rn. 140). Demnach ist die KVG ua verpflichtet, eine detaillierte Mitwirkungspolitik zu erstellen sowie über das Abstimmungsverhalten Bericht zu erstatten (§ 134b AktG) oder zumindest einen begründeten Opt-Out zu erklären („Comply or Explain").

21 **4. Beilegung und Beobachtung von Interessenkonflikten.** Es werden nicht stets sämtliche Interessenkonflikte im Wege der Vorbeugung vermieden werden können. Die KVG ist dazu auch nicht verpflichtet, sie hat gem. § 27 II **angemessene Maßnahmen zur Vorbeugung** von Interessenkonflikten zu ergreifen (ausführlich: WBA/*Herresthal* § 27 Rn. 16 ff.). Ihr kommt insoweit ein gewisser Ermessenspielraum zu (vgl. Art. 34 AIFM-VO).

22 In dem Fall nicht vermeidbarer Interessenkonflikte greift die in § 27 II angesprochene Verpflichtung, die Interessenkonflikte beizulegen. Die **Beilegung bzw. Steuerung** von Interessenkonflikten erfordert zunächst die Schaffung einer entsprechenden **Funktion zur Steuerung des Interessenkonflikts** (zB Compliance-Stelle) bei der KVG. Diese Aufgabe kann auch die Geschäftsleitung wahrnehmen. Diese Funktion zur Steuerung des Interessenkonflikts ist im Fall eines unvermeidbaren Interessenkonflikts hinzuzuziehen, um eine Schädigung der Anlegerinteressen auszuschließen **(Art. 34 AIFM-VO).** Darüber hinaus sind auch die betroffenen Mitarbeiter in diese Aufgabe einzubinden. Es sind ihnen gegenüber entsprechende Handlungsanweisungen seitens der KVG zu erlassen, deren Einhaltung zu überprüfen ist.

23 Anstelle einer Übertragung der notwendigen Entscheidungen oder Maßnahmen auf eine interne Stelle bei der KVG kann die Entscheidung auch den

Anlegern der den widerstreitenden Interessen betroffenen Investmentvermögen zur Entscheidung vorgelegt werden (zumindest im Spezialfonds-Bereich), vgl. → Rn. 34. Dies kann zum Beispiel die Entscheidung über ein Geschäft sein, das zwischen zwei von der KVG verwalteten Investmentvermögen geschlossen wird. In diesem Fall müssen das Verwaltungsrecht und die Unabhängigkeit der KVG (§ 26 I) ausnahmsweise punktuell beschränkt werden können, damit die Anleger selbst an der Lösung des Interessenkonflikts mitwirken können.

Für Geschäftsabschlüsse, bei denen Interessenkonflikte nicht auszuschließen sind 24
(zB Geschäfte mit verbundenen Unternehmen und Personen), ist eine **Kontrolle der Marktgerechtigkeit** durchzuführen. Es ist hier durch angemessene Verfahren jederzeit sicherzustellen, dass die Geschäfte zu marktgerechten Konditionen abgeschlossen wurden (Anm. zu Abschn. 4.7.5 KAMaRisk).

Im Hinblick auf die **Beobachtung bzw. Überwachung** des Interessenkonflikts 25
sieht Art. 35 AIFM-VO vor, dass die KVG stets zu aktualisierende **Aufzeichnungen** zu führen hat, bei welchen Tätigkeiten bereits ein Interessenkonflikt entstanden ist bzw. noch auftreten kann, sofern die Anleger hierdurch einen erheblichen Schaden nehmen können **(Art. 35 I AIFM-VO).** Die laufende Beobachtung ist insb. auf konfliktträchtige Vertragsverhältnisse des Investmentvermögens mit verbundenen Unternehmen der KVG zu erstrecken (ausführlich WBA/*Herresthal* § 27 Rn. 23). Ein in der Praxis vorkommendes Beispiel hierfür ist die Beauftragung eines Gruppenunternehmens der KVG mit dem Property Management oder dem Facility Management. Über die so identifizierten Tätigkeiten ist die Geschäftsleitung der KVG regelmäßig, jedoch mindestens einmal im Jahr zu informieren (Art. 35 II AIFM-VO).

IV. Trennung von Aufgaben und Bereichen (Abs. 3 S. 1)

Nach § 27 III 1 ist die AIF-KVG verpflichtet, innerhalb ihrer Betriebsabläufe 26
Aufgaben und Verantwortungsbereiche, die als miteinander unvereinbar angesehen werden könnten oder potenzielle systematische Interessenkonflikte hervorrufen könnten, organisatorisch zu trennen. Die **Trennung von Aufgaben und Verantwortungsbereichen** ist eine Konkretisierung der in § 27 II genannten wirksamen organisatorischen Vorkehrungen. Aus der Vorschrift ergeben sich grundsätzliche Anforderungen an den organisatorischen Aufbau der AIF-KVG. Die Verpflichtung zur Trennung wirkt präventiv, es genügt somit bereits die Möglichkeit einer Unvereinbarkeit bzw. eines (potenziellen) Interessenkonflikts (Abschn. 4.3.4 KAMaRisk). Obwohl der Wortlaut des § 27 III nur die AIF-KVG anspricht, dürfte sich für die OGAW-KVG auf Grundlage der allgemeinen Grundsätze des § 27 II nichts Abweichendes ergeben. § 27 III dient der Umsetzung von Art. 14 I UAbs. 3 AIFM-RL.

Eng verbunden mit der Trennung von Verantwortungsbereichen nach dieser 27
Vorschrift sind die Anforderungen in Art. 33 AIFM-VO. **Art. 33 I AIFM-VO** betont als Maßnahme zur Prävention und Steuerung von Interessenkonflikten die Sicherstellung eines ausreichenden **Grads an Unabhängigkeit** von solchen Personen, in deren jeweiliger Funktion ein Interessenkonflikt entstehen kann. Dieser Grundsatz der Funktionstrennung gilt in Verbindung mit § 3 I KAVerOV auch für die OGAW-KVG (Umsetzung von Art. 19 Delegierte RL 2010/43/EU). Umfasst werden auch die Verhinderung und Kontrolle des Informationsaustauschs zwischen im Bereich des Portfoliomanagements und der Dienst- und Nebendienstleistungen nach Art. 6 IV AIFM-RL tätigen Personen (Art. 33 II Buchst. a AIFM-VO), wie etwa Zugangsbeschränkungen zu Daten (→ Rn. 25). Insbesondere im Bereich des

Portfoliomanagements sollen ua eine gemeinsame Beaufsichtigung, eine nachteilige Auswirkung von Vergütungskomponenten und eine sonstige Beeinflussung relevanter Personen vermieden werden (vgl. Art. 33 II Buchst. b–e AIFM-VO und § 37). Der ausreichende Unabhängigkeitsgrad berücksichtigt dabei auch die Größe und das Betätigungsfeld der KVG (und ihrer Gruppe) sowie die Erheblichkeit des Risikos einer Schädigung der Interessen der Anleger bzw. des Investmentvermögens.

28 Konkrete Anforderungen an die Trennung von Verantwortlichkeitsbereichen lassen sich insb. dem KAGB, der KAMaRisk und der AIFM-VO entnehmen:

- Im Hinblick auf die Vergabe von Darlehen ist grundsätzlich eine Trennung der Bereiche **Markt (Fondsmanagement)** und **Marktfolge** erforderlich (Abschn. 4.3.3 KAMaRisk). Dies gilt explizit auch im Fall einer Darlehensvergabe durch Investmentvermögen (Abschn. 5.1.1 KAMaRisk). Die jeweilige Trennung ist bis auf die Ebene der Geschäftsleitung durchzuhalten.
- Die **Risikocontrolling-Funktion** ist von den operativen Bereichen, insb. dem Fondsmanagement, zu trennen (§ 29 I 1; Abschn. 4.5.1 KAMaRisk).
- Die **Rechtsabteilung** ist vom Fondsmanagement zu trennen (Abschn. 4.5.6 und 5.1.5 KAMaRisk).
- Unter Berücksichtigung von Art, Umfang und Komplexität der Geschäfte der KVG ist eine von den übrigen Funktionen und Tätigkeiten der KVG getrennte **Innenrevision** erforderlich (Art. 62 AIFM-VO; § 4 I KAVerOV).
- Die **Compliance-Funktion** muss unabhängig sein (Abschn. 11.3 KAMaRisk; Art. 62 II AIFM-VO, § 4 I KAVerOV), wobei eine fehlende Trennung zur Rechtsabteilung unschädlich sein sollte.

29 Die funktionale Trennung ist teilweise bis auf die **Ebene der Geschäftsleitung** durchzuhalten (vgl. Abschn. 4.3.3 KAMaRisk). Sofern nur zwei Geschäftsleiter bestellt sind, könnte beispielsweise ein Geschäftsleiter für die Funktionen Vertrieb, Fondsmanagement, Asset-Management, Transaktionen und Finanzierung zuständig sein, wohingegen der andere Geschäftsleiter für die Bereiche Recht, Steuern, Compliance, Geldwäscheprävention, Sustainability, Risikomanagement, Controlling und Innenrevision verantwortlich zeichnen könnte. Die funktionale Trennung erfasst auch die **IT-Systeme** der KVG, zB in der Form von Informationsbarrieren (sog. „Chinese Walls"), vgl. Abschn. 4.5.6 KAMaRisk. Weitere Mittel der funktionalen Trennung können die räumliche Trennung und Zutrittsbeschränkungen sein. Auch der Einsatz von sog. „Split Teams", zB im Rahmen von Transaktionen, die mehrere Investmentvermögen betreffen, kann ein probates Mittel einer funktionalen (personellen) Trennung sein (ausführlich BSV/*Beckmann* § 27 Rn. 280 ff.).

30 Die funktionale Trennung in § 27 III ist grundsätzlich unabhängig von der **Größe der KVG** umzusetzen (zur registrierten KVG → Rn. 7). Unvereinbare Tätigkeiten sind grundsätzlich durch unterschiedliche Mitarbeiter durchzuführen (Abschn. 4.3.4 KAMaRisk). Artikel 33 AIFM-VO ermöglicht es jedoch, die Größe der KVG (einschließlich deren Mitarbeiterzahl) bei der Schaffung von unabhängigen Funktionen zu berücksichtigen, und auch die KAMaRisk erlaubt eine Angemessenheitsprüfung aufgrund des Proportionalitätsgrundsatzes (für die Compliance-Funktion vgl. Erw. 74 AIFM-VO). Sofern eine vollständige funktionale Trennung nicht möglich ist, muss die KVG besondere Schutzvorkehrungen gegen Interessenkonflikte durch eine multiple Aufgabenausübung vorsehen. Weniger personalstarke KVG werden sich zur Erfüllung der organisatorisch erforderlichen Funktionen häufig der Dienste Dritter im Rahmen einer Auslagerung nach den Vorgaben des § 36 bedienen.

V. Offenlegung (Abs. 3 S. 2, Abs. 4)

§ 27 III 2 und IV begründen eine Offenlegungspflicht bezüglich Interessenkonflikten. § 27 III 2 setzt Art. 14 I UAbs. 3 AIFM-RL und § 27 IV setzt Art. 14 II AIFM-RL um. Die Offenlegung gegenüber den Investoren wird in Art. 36 AIFM-VO weiter konkretisiert. § 27 III 2 und IV gelten zunächst für die **AIF-KVG,** sowohl in Bezug auf Publikums- als auch Spezial-AIF. Die Vorschriften der Art. 30 ff. AIFM-VO, einschließlich Art. 36 AIFM-VO, gelten gem. § 3 Abs. 1 KAVerOV entsprechend für die OGAW-KVG. Da Art. 36 AIFM-VO als konkretisierende Vorschrift bereits eine Offenlegungspflicht (nämlich die aus Art. 14 AIFM-RL) voraussetzt, ist davon auszugehen, dass die Vorgaben des § 27 III 2 und IV auch gleichermaßen für die **OGAW-KVG** Anwendung finden (ausführlich BTMB/*Steffen* § 27 Rn. 53 ff.; aA EDD/*Steck/Schmidt/Stockhorst* § 27 Rn. 43). 31

Nach **§ 27 III 2** hat die KVG wesentliche andere Interessenkonflikte bei Ausübung ihrer Tätigkeit den Anlegern offenzulegen. Der Begriff „andere" ist im Regelungskontext so zu verstehen, dass **nicht systematische Interessenkonflikte,** die nach § 27 III 1 per se keine Funktionstrennung erfordern, durch eine geeignete Transparenzlösung (also Offenlegung gegenüber den Anlegern) zu steuern sind. Die Offenlegung ist zudem erforderlich gem. **§ 27 IV,** wenn die **Steuerung der Interessenkonflikte nicht ausreicht,** um nach vernünftigem Ermessen zu gewährleisten, dass das Risiko einer Beeinträchtigung von Anlegerinteressen vermieden wird (unvermeidbarer Interessenkonflikt). 32

In dem Fall des § 27 IV hat die Offenlegung **rechtzeitig** zu erfolgen, bevor die KVG Geschäfte tätigt. Darunter ist jeder Erwerb oder Verkauf eines Vermögensgegenstandes für das Investmentvermögen zu verstehen. Idealerweise erfolgt die Offenlegung natürlich bereits vor jeder Investition des Anlegers in das Investmentvermögen (Erstzeichnung und Aufstockungen), sofern zu diesem Zeitpunkt die Interessenkonflikte bereits erkennbar sind. Die KVG hat im Rahmen der Offenlegung unmissverständlich über die **allgemeine Art und die Quellen der Interessenkonflikte** zu informieren (§ 27 IV). Dies ist so zu verstehen, dass eine Beschreibung in allgemein gehaltener Form grundsätzlich ausreichend ist (iE vgl. BSV/*Beckmann* § 27 Rn. 426). Sämtliche vorstehend genannten Grundsätze sollten trotz fehlender Detailregelung auch für die Offenlegungspflicht nach § 27 III 2 gelten. Die Offenlegung erfolgt gem. Art. 36 AIFM-VO entweder auf einem **dauerhaften Datenträger** (§§ 1 XIX Nr. 8, 167) oder auf einer **Website.** Die Bereitstellung der Informationen über eine Website ist jedoch an weitere Voraussetzungen gebunden, insb. muss der Anleger dieser Form zustimmen (Art. 36 II AIFM-VO). In der Praxis wird die Aufklärung über Interessenkonflikte, sofern bereits bekannt, häufig im Rahmen eines Verkaufsprospekts (§ 165) bzw. eines Informationsdokuments (§ 307 I, II), der wesentlichen Anlegerinformationen (§ 166) oder eines Basisinformationsblatts (PRIIPs-VO) erfolgen. 33

Die Vorschrift des § 27 IV sieht zudem im Zusammenhang mit einer unvermeidbaren Beeinträchtigung von Anlegerinteressen zusätzlich zur Offenlegung die Verpflichtung der KVG vor, **angemessene Strategien und Verfahren zu entwickeln.** Worin diese bestehen sollen, wird nicht näher geregelt. Eine Entscheidung bzw. Zustimmung der Anleger ist folglich nicht erforderlich. Jedoch kann eine Einbindung der Anleger ein probates Mittel zur Lösung eines Interessenkonflikts sein (ausführlich EDD/*Steck/Schmidt/Stockhorst* § 27 Rn. 45 ff.; WBA/*Herresthal* § 27 Rn. 29 ff.). Dies bietet sich insb. bei Investmentvermögen mit kleineren Anlegergruppen an. So könnten Interessenkonflikte zum Beispiel im Rahmen eines 34

Anlageausschusses, eines Beirats oder einer Gesellschafterversammlung (Anleger) diskutiert und darüber abgestimmt werden. Dabei sollten auch Mehrheitsbeschlüsse zulässig sein (aA EDD/*Steck/Schmidt/Stockhorst* § 27 Rn. 45). Zur besseren Praktikabilität und im Hinblick auf größere Anlegergruppen könnten auch in Bezug auf bereits erkennbare Interessenkonflikte Kriterien für eine Lösung in der Vertragsdokumentation geregelt werden. Aufgrund des bestehenden Interessenkonflikts kann die durch § 26 I gebotene Unabhängigkeit der KVG (→ § 26 Rn. 14f.) in diesem Fall auch bis zu einem gewissen Grad eingeschränkt und den Anlegern ein Mitspracherecht eingeräumt werden.

VI. Weitere konkretisierende Anforderungen

35 **1. Delegierte Verordnungen (Abs. 5).** § 27 V regelt, dass sich bei der AIF-KVG die Arten der Interessenkonflikte in § 27 I und die angemessenen Maßnahmen hinsichtlich der Struktur und der organisatorischen und administrativen Maßnahmen, um Interessenkonflikte zu ermitteln, ihnen vorzubeugen, sie zu steuern, zu beobachten und offenzulegen, nach den Art. 30–37 AIFM-VO bestimmen. Die Regelung ist klarstellend, da die Vorgaben der AIFM-VO ohnehin direkt auf die AIF-KVG Anwendung finden (Anwendungsvorrang gegenüber § 27 → Rn. 2). Dass darüber hinaus die Art. 30–37 AIFM-VO auch bei der OGAW-KVG zu berücksichtigen sind, ergibt sich aus § 3 I KAVerOV.

36 **2. Verordnungsermächtigung (Abs. 6).** Nach § 27 VI ist das BMF ermächtigt, eine Rechtsverordnung zu erlassen, wobei die Ermächtigung auf die BaFin übertragen werden kann. Die Rechtsverordnung kann nähere Bestimmungen enthalten zu den Maßnahmen, die die KVG zu ergreifen hat, um Interessenkonflikte zu erkennen, ihnen vorzubeugen, mit ihnen umzugehen und sie offenzulegen, zu Maßnahmen zum einen betreffend die Festlegung von Abgrenzungskriterien in Bezug auf Interessenkonflikte und zum anderen zu den Strukturen und organisatorischen Anforderungen zur Verringerung von Interessenkonflikten. Unter Gebrauchmachung der Ermächtigungsgrundlage hat die BaFin in § 3 KAVerOV die entsprechenden Anforderungen konkretisiert. Die KAVerOV ersetzt die InvVerOV. Die KAVerOV ist grundsätzlich auf die OGAW-KVG und auf die AIF-KVG, die auch Publikums-AIF verwaltet, anwendbar (§ 1 KAVerOV), wobei § 3 I KAVerOV nur für die OGAW-KVG gilt, da die Vorgaben der Art. 30–37 AIFM-VO für die AIF-KVG bereits unmittelbar anwendbar sind.

§ 28 Allgemeine Organisationspflichten; Verordnungsermächtigung

(1) [1]**Die Kapitalverwaltungsgesellschaft muss über eine ordnungsgemäße Geschäftsorganisation verfügen, die die Einhaltung der von der Kapitalverwaltungsgesellschaft zu beachtenden gesetzlichen Bestimmungen gewährleistet.** [2]**Eine ordnungsgemäße Geschäftsorganisation umfasst insbesondere**

1. ein angemessenes Risikomanagementsystem;
2. angemessene und geeignete personelle und technische Ressourcen;
3. geeignete Regelungen für die persönlichen Geschäfte der Mitarbeiter;
4. geeignete Regelungen für die Anlage des eigenen Vermögens der Kapitalverwaltungsgesellschaft;

5. **angemessene Kontroll- und Sicherheitsvorkehrungen für den Einsatz der elektronischen Datenverarbeitung; für die Verarbeitung personenbezogener Daten sind dies insbesondere technische und organisatorische Maßnahmen nach den Artikeln 24, 25 und 32 der Verordnung (EU) 2016/679;**
6. **eine vollständige Dokumentation der ausgeführten Geschäfte, die insbesondere gewährleistet, dass jedes das Investmentvermögen betreffende Geschäft nach Herkunft, Kontrahent sowie Art und Abschlusszeitpunkt und -ort rekonstruiert werden kann;**
7. **angemessene Kontrollverfahren, die insbesondere das Bestehen einer internen Revision voraussetzen und gewährleisten, dass das Vermögen der von der Kapitalverwaltungsgesellschaft verwalteten Investmentvermögen in Übereinstimmung mit den Anlagebedingungen, der Satzung oder dem Gesellschaftsvertrag des Investmentvermögens sowie den jeweils geltenden rechtlichen Bestimmungen angelegt wird;**
8. **eine ordnungsgemäße Verwaltung und Buchhaltung und**
9. **einen Prozess, der es den Mitarbeitern unter Wahrung der Vertraulichkeit ihrer Identität ermöglicht, potenzielle oder tatsächliche Verstöße gegen dieses Gesetz, gegen auf Grund dieses Gesetzes erlassene Rechtsverordnungen oder gegen unmittelbar geltende Vorschriften in Rechtsakten der Europäischen Union über Europäische Risikokapitalfonds, über Europäische Fonds für soziales Unternehmertum, über europäische langfristige Investmentfonds, über Geldmarktfonds, über ein Paneuropäisches Privates Pensionsprodukt, über Ratingagenturen, über Marktmissbrauch, über die Transparenz von Wertpapierfinanzierungsgeschäften und der Weiterverwendung, über Indizes, die bei Finanzinstrumenten und Finanzkontrakten als Referenzwert oder zur Messung der Wertentwicklung eines Investmentfonds verwendet werden, zur Festlegung eines allgemeinen Rahmens für Verbriefungen und zur Schaffung eines spezifischen Rahmens für einfache, transparente und standardisierte Verbriefung, über nachhaltigkeitsbezogene Offenlegungspflichten im Finanzdienstleistungssektor, über die Einrichtung eines Rahmens zur Erleichterung nachhaltiger Investitionen oder über Basisinformationsblätter für verpackte Anlageprodukte für Kleinanleger und Versicherungsanlageprodukte sowie etwaige strafbare Handlungen innerhalb der Kapitalverwaltungsgesellschaft an geeignete Stellen zu melden.**

[3]Die §§ 77, 78 und 80 Absatz 2 und 3 des Wertpapierhandelsgesetzes gelten entsprechend. [4]Die §§ 24c, 25h und 25j bis 25m des Kreditwesengesetzes sowie § 93 Absatz 7 und 8 in Verbindung mit § 93b der Abgabenordnung gelten entsprechend.

(2) **[1]Eine ordnungsgemäße Geschäftsorganisation von OGAW-Kapitalverwaltungsgesellschaften umfasst zusätzlich zu den in Absatz 1 genannten Kriterien insbesondere**

1. **geeignete Verfahren und Vorkehrungen, die gewährleisten, dass die OGAW-Kapitalverwaltungsgesellschaft ordnungsgemäß mit Anlegerbeschwerden umgeht und dass Anleger und Aktionäre der von ihr verwalteten OGAW ihre Rechte uneingeschränkt wahrnehmen können; dies gilt insbesondere, falls die OGAW-Kapitalverwaltungsgesellschaft**

EU-OGAW verwaltet; Anleger und Aktionäre eines von ihr verwalteten EU-OGAW müssen die Möglichkeit erhalten, Beschwerde in der Amtssprache oder einer der Amtssprachen des Herkunftsstaates des EU-OGAW einzureichen und

2. geeignete Verfahren und Vorkehrungen, die gewährleisten, dass die OGAW-Kapitalverwaltungsgesellschaft ihren Informationspflichten gegenüber den Anlegern, Aktionären der von ihr verwalteten OGAW und Kunden, ihren Vertriebsgesellschaften sowie der Bundesanstalt oder den zuständigen Stellen des Herkunftsstaates des EU-OGAW nachkommt.

[2]Für AIF-Kapitalverwaltungsgesellschaften, die inländische Publikums-AIF verwalten, gilt Satz 1 Nummer 1 Halbsatz 1 und Satz 1 Nummer 2 entsprechend.

(3) Im Hinblick auf AIF-Kapitalverwaltungsgesellschaften bestimmen sich die in Absatz 1 Satz 2 Nummer 1 bis 8 genannten Verfahren und Regelungen nach den Artikeln 57 bis 66 der Delegierten Verordnung (EU) Nr. 231/2013.

(4) [1]Das Bundesministerium der Finanzen wird ermächtigt, durch Rechtsverordnung, die nicht der Zustimmung des Bundesrates bedarf, nähere Bestimmungen für Kapitalverwaltungsgesellschaften, die OGAW oder Publikums-AIF verwalten, zu den Verfahren und Vorkehrungen für eine ordnungsgemäße Geschäftsorganisation nach den Absätzen 1 und 2 zu erlassen. [2]Das Bundesministerium der Finanzen kann die Ermächtigung durch Rechtsverordnung auf die Bundesanstalt übertragen.

Inhaltsübersicht

	Rn.
I. Allgemeines	1
1. Rechtsentwicklung	1
2. Regelungsgegenstand und -zweck, Rechtsnatur	3
3. Geltungsbereich	6
II. Anforderungen an die ordnungsgemäße Geschäftsorganisation (Abs. 1)	9
1. Allgemeines (Abs. 1 S. 1)	9
2. Regelbeispiele ordnungsgemäßer Geschäftsorganisation (Abs. 1 S. 2)	12
a) Angemessenes Risikomanagementsystem (Abs. 1 S. 2 Nr. 1)	12
b) Angemessene und geeignete personelle und technische Ressourcen (Abs. 1 S. 2 Nr. 2)	13
c) Geeignete Regelungen für persönliche Mitarbeitergeschäfte (Abs. 1 S. 2 Nr. 3)	14
d) Geeignete Regelungen zur Anlage des eigenen Vermögens der KVG (Abs. 1 S. 2 Nr. 4)	15
e) Angemessene Kontroll- und Sicherheitsvorkehrungen für die EDV (Abs. 1 S. 2 Nr. 5)	16
f) Vollständige Dokumentation der ausgeführten Geschäfte (Abs. 1 S. 2 Nr. 6)	17
g) Angemessene Kontrollverfahren (Abs. 1 S. 2 Nr. 7)	18
h) Ordnungsgemäße Verwaltung und Buchhaltung (Abs. 1 S. 2 Nr. 8)	22
i) Meldeprozess für Rechtsverstöße (Abs. 1 S. 2 Nr. 9)	23

Rn.
3. Algorithmischer Handel, elektronischer Handelsplatzzugang, General-Clearing-Mitglied (Abs. 1 S. 3) . . . 24
4. Organisationspflichten zur Prävention von Geldwäsche, Terrorismusfinanzierung und sonstigen strafbaren Handlungen (Abs. 1 S. 4) 26
III. Anlegerbeschwerden, Informationspflichten (Abs. 2) . . . 27
1. Anlegerbeschwerden (Abs. 2 S. 1 Nr. 1, S. 2) . . . 27
2. Informationspflichten (Abs. 2 S. 1 Nr. 2, S. 2) . . . 28
IV. Weitere konkretisierende Anforderungen . . . 29
1. Delegierte Verordnungen (Abs. 3) . . . 29
2. Verordnungsermächtigung (Abs. 4) . . . 30

I. Allgemeines

1. Rechtsentwicklung. Die Vorschrift des § 28 regelt die allgemeinen und teilweise durch nicht abschließende Regelbeispiele konkretisierten Organisationspflichten der KVG. Die KVG muss über eine ordnungsgemäße Geschäftsorganisation verfügen, die die Einhaltung sämtlicher von ihr zu beachtender Gesetze gewährleistet. Die Vorschrift steht auch in engem Zusammenhang mit den in §§ 26, 27 niedergelegten Verhaltenspflichten, deren ordnungsgemäße Beachtung prinzipiell einer entsprechenden organisatorischen Grundlage bedarf. § 28 wurde mit dem AIFM-UmsG in das KAGB aufgenommen und bereits mehrfach geändert bzw. an die Änderungen anderer in Bezug genommener Gesetze angepasst. Die allgemeinen Organisationspflichten fanden sich bereits teilweise in § 9a InvG. Vor Inkrafttreten des InvÄndG galt die KVG als Kreditinstitut und unterlag den Organisationspflichten des KWG. Die Vorschrift des § 28 wurde zuletzt im Rahmen des FoStoG geändert. Die auf Grundlage von § 28 IV erlassene KAVerOV wurde zuletzt zur Umsetzung der ESG-spezifischen Regelungen der Delegierten Richtlinie (EU) 2021/1270 geändert. 1

Die Bestimmung des § 28 setzt **Vorgaben des Unionsrechts** um. Die Regelungen in § 9a InvG und der früheren InvMaRisk dienten zuletzt bereits der Umsetzung verschiedener Verfahrensvorgaben der OGAW-IV-RL. Die konkretisierenden Organisationsvorgaben der Delegierten RL 2010/43/EU wurden ursprünglich in der InvVerOV umgesetzt. Die mittlerweile durch das AIFM-UmsG geschaffenen Regelungen in § 28 dienen zudem der Umsetzung von Art. 18 AIFM-RL. Die konkretisierenden Vorgaben des Unionsrechts ergeben sich mittlerweile aus Art. 57–66 AIFM-VO. Sie sind in Bezug auf eine AIF-KVG unmittelbar anwendbares Recht, das einen verfassungsrechtlich anerkannten Anwendungsvorrang gegenüber § 28 genießt. Für die OGAW-KVG gelten die Art. 57–66 AIFM-VO über § 4 I KAVerOV entsprechend. Durch diese Vereinheitlichung für alle KVG werden auch die konkretisierenden Vorgaben in der Delegierten RL 2010/43/EU umgesetzt. 2

2. Regelungsgegenstand und -zweck, Rechtsnatur. Die Regelungen in § 28 sollen generell eine **ordnungsgemäße Geschäftsorganisation der KVG** sicherstellen. Sie dienen dem Zweck der Einhaltung der für die KVG geltenden gesetzlichen Bestimmungen. Nicht abschließend („insbesondere") werden in § 28 I, II eine Reihe konkreter organisatorischer Anforderungen an die KVG aufgezählt. In § 28 II werden zudem eine Reihe von Vorgaben des WpHG, des KWG und der AO in Bezug genommen. Die Organisationspflichten des § 28 betreffen ua das Verhältnis der KVG zu den von ihr verwalteten Investmentvermögen und deren Anle- 3 gern. Sie sind insoweit die organisatorische Seite der allgemeinen Verhaltenspflichten in § 26. Durch eine angemessene ordnungsgemäße Geschäftsorganisation soll die pflichtgemäße Verwaltung des der KVG anvertrauten Fremdvermögens gewährleistet werden. Sofern einzelne Vorschriften auch auf das „Innenleben" der KVG Bezug nehmen (zB das eigene Vermögen der KVG, § 28 I 2 Nr. 4), hat dies mittelbar auch einen anlegerschützenden Charakter, da hierdurch ua die Solvenz der KVG sichergestellt werden soll.

4 Die Vorschrift des § 28 ist ihrerseits eine Art **Grundnorm** in Bezug auf die organisatorischen Anforderungen. In Bezug auf das Risikomanagement wird sie durch § 29 ergänzt, in Bezug auf das Liquiditätsmanagement durch § 30. Weitere Konkretisierungen finden sich in den Art. 57–66 AIFM-VO (→ Rn. 2, 29). Neben der auf Grundlage von § 28 IV erlassenen KAVerOV hat die BaFin ua die organisatorischen Vorgaben aus § 28 und die Bestimmungen der AIFM-VO in der KAMaRisk weiter konkretisiert.

5 Die Regelungen in § 28 sind in erster Linie aufsichtsrechtliche Organisations- und Verhaltenspflichten, ihnen kommt eine **öffentlich-rechtliche Funktion** zu (→ § 26 Rn. 5). Die vorsätzliche oder fahrlässige Nichtbeachtung einer Anforderung an die Organisation in § 28 I und II sowie der konkretisierenden Vorgaben der KAVerOV kann als Ordnungswidrigkeit gem. § 340 II Nr. 7, VII 1 Nr. 1 mit einer Geldbuße geahndet werden. Im Hinblick auf etwaige privatrechtliche Auswirkungen der Regelungen gilt das zu § 26 Gesagte entsprechend (→ § 26 Rn. 6).

6 **3. Geltungsbereich.** Unterschiedslos gilt § 28 für die **externe,** also bestellte KVG (§ 17 II Nr. 1) sowie für ein Investmentvermögen, das als **interne** KVG (§ 17 II Nr. 2) agiert. Die Vorgaben erstrecken sich auf die kollektive Vermögensverwaltung einerseits und die Dienst- und Nebendienstleistungen nach § 20 II und III andererseits. Die Vorschrift unterscheidet zwischen **OGAW-KVG** und **AIF-KVG.** § 28 I gilt für die OGAW-KVG und die AIF-KVG gleichermaßen. § 28 II gilt nur für die OGAW-KVG und teilweise für die inländische Publikums-AIF verwaltende AIF-KVG (→ Rn. 27). § 28 III findet auf die AIF-KVG Anwendung. Nach § 4 I KAVerOV gelten jedoch die Vorgaben der Art. 57–66 AIFM-VO gleichermaßen für die OGAW-KVG. Schließlich werden die Organisationsanforderungen aufgrund des Proportionalitätsgrundsatzes jedoch nicht in gleichem Maße auf alle KVG Anwendung finden (→ Rn. 11).

7 Im Hinblick auf **Zweigniederlassungen** und die **grenzüberschreitende Erbringung von Dienstleistungen** gilt das zu § 26 Gesagte entsprechend (→ § 26 Rn. 8, 9). Im Fall einer grenzüberschreitenden Dienstleistungserbringung und einer Dienstleistungserbringung über eine ausländische Zweigniederlassung einer AIF-KVG oder einer OGAW-KVG sind § 28 und die KAVerOV anwendbar (für OGAW-KVG: § 50 IV 1 und 2). Auf die inländische Zweigniederlassung einer EU-OGAW-Verwaltungsgesellschaft, die die kollektive Vermögensverwaltung von inländischen OGAW oder Dienstleistungen bzw. Nebendienstleistungen nach § 20 II Nr. 1, 2, 3 oder 4 erbringt, findet § 28 keine Anwendung (§ 51 IV 1). Auf die inländische Zweigniederlassung einer EU-AIF-Verwaltungsgesellschaft ist hingegen § 28 I 4 anwendbar (§ 54 IV, VI).

8 Auf eine **registrierte AIF-KVG,** die kleine Spezial-AIF gem. **§ 2 IV** verwaltet („sub-threshold"), sind die Vorgaben aus § 28 nicht anwendbar, und zwar auch nicht, wenn iRd § 285 II für Rechnung eines AIF Gelddarlehen an Dritte vergeben werden.

II. Anforderungen an die ordnungsgemäße Geschäftsorganisation (Abs. 1)

1. Allgemeines (Abs. 1 S. 1). Die Regelung in § 28 I 1 stellt die **Generalklausel** in Bezug auf die organisatorischen Anforderungen dar (→ Rn. 3). Demnach muss die KVG über eine ordnungsgemäße Geschäftsorganisation verfügen, die die Einhaltung der von ihr zu beachtenden gesetzlichen Bestimmungen gewährleistet. Dabei bezeichnen die gesetzlichen Bestimmungen alle auf die KVG anwendbaren nationalen und unionsrechtlichen Rechtsvorschriften. In § 28 I 2 ist ein nicht abschließender **Mindestpflichtenkatalog** in Bezug auf die Organisation der KVG niedergelegt, der insb. durch weitere Vorschriften des KAGB, der AIFM-VO, der KAVerOV, der KAMaRisk und weitere Normen ergänzt wird. 9

Allgemeine Organisationsanforderungen sind auch **Art. 57 AIFM-VO** (iVm § 4 I KAVerOV) zu entnehmen. Nach Art. 57 I AIFM-VO 10

- sind Aufgaben klar zuzuweisen sowie Entscheidungsprozesse und Berichtspflichten aufzusetzen (Buchst. a),
- ist sicherzustellen, dass Verfahren eingehalten werden (Buchst. b),
- sind Kontrollmechanismen zu schaffen (Buchst. c),
- ist eine wirksame Berichterstattung und Informationsweitergabe zu gewährleisten (Buchst. d, vgl. auch Abschn. 4.9 KAMaRisk) und
- sind entsprechend Aufzeichnungen zu führen (Buchst. e).

Des Weiteren sind Anforderungen in Bezug auf die Vertraulichkeit von Informationen (§ 57 II, vgl. auch Abschn. 8.1.3 KAMaRisk), die Notfallplanung bei Systemstörungen (§ 57 III, vgl. auch Abschn. 8.2 KAMaRisk), die jederzeitige Möglichkeit der Rechnungslegung (§ 57 IV) und die Offenlegung von Rücknahmebestimmungen (§ 57 V) vorgesehen.

In Art. 57 I UAbs. 2 AIFM-VO und § 4 II 1 Nr. 3 KAVerOV findet sich der sog. **Proportionalitätsgrundsatz.** Demnach trägt die KVG der Art, dem Umfang und der Komplexität ihrer Geschäfte sowie der Art und dem Spektrum der im Zuge dieser Geschäfte erbrachten Dienstleistungen und Tätigkeiten Rechnung. Für eine KVG mit wenigen verwalteten Investmentvermögen und/oder einfachem Geschäftsmodell (zB nur eine Asset-Klasse) können sich somit geringere Anforderungen an die Einhaltung der Art. 57 I AIFM-VO ergeben, für eine KVG mit sehr umfangreichen und komplexen Geschäften hingegen gesteigerte Anforderungen. Dies kann etwa die Personalausstattung bei zu schaffenden Funktionen betreffen oder auch die aufzusetzenden Prozesse. Grundsätzlich sind aber stets **alle** Organisationsanforderungen (wenn auch ggf. mit geringerem Aufwand) von jeder KVG umzusetzen (ausführlich WBA/*Herresthal* § 28 Rn. 6). 11

2. Regelbeispiele ordnungsgemäßer Geschäftsorganisation (Abs. 1 S. 2). a) Angemessenes Risikomanagementsystem (Abs. 1 S. 2 Nr. 1). Das Risikomanagement ist ein Bestandteil der kollektiven Vermögensverwaltung (§ 1 I Nr. 24) und somit der regulierten Tätigkeit der KVG. Ein funktionierendes **Risikomanagementsystem** ist insofern auch im Rahmen der ordnungsgemäßen Geschäftsorganisation der KVG sicherzustellen. Die unionsrechtlichen Vorgaben in Bezug auf das Risikomanagementsystem ergeben sich aus Art. 15 II AIFM-RL, Art. 38–45 AIFM-VO, Art. 51 OGAV-IV-RL und Art. 12 Delegierte RL 2010/43/EU. Weitere Einzelheiten betreffend das Risikomanagementsystem sind in § 29 geregelt, auf dessen Kommentierung verwiesen wird. Zudem finden sich weitere Anforderungen an das Risikomanagementsystem in § 5 KAVerOV und der 12

KAMaRisk. Besondere Anforderungen werden an die AIF-KVG in Bezug auf die Vergabe von Gelddarlehen und die Investition in unverbriefte Darlehensforderungen gestellt (vgl. § 29 Va). Im Rahmen des Risikomanagementsystems sind auch angemessene Kontrollverfahren gem. Nr. 7 sicherzustellen (→ Rn. 18).

13 **b) Angemessene und geeignete personelle und technische Ressourcen (Abs. 1 S. 2 Nr. 2).** Die angemessene und geeignete Ausstattung mit personellen und technischen Mitteln betrifft unmittelbar die ordnungsgemäße und rechtskonforme Funktionsfähigkeit der KVG. Auf unionsrechtlicher Ebene setzen Art. 18 AIMF-RL und Art. 14 I Buchst. c OGAW-IV-RL hinreichende Ressourcen der KVG voraus. Im Hinblick auf die Ausstattung mit **personellen Mitteln** ergeben sich für die AIF-KVG nähere Anforderungen insb. aus Art. 22 AIFM-VO (für die OGAW-KVG entsprechend gem. § 2 I KAVerOV). Dabei sind explizit Ressourcen und Fachkenntnisse zur wirksamen Einbeziehung von Nachhaltigkeitsrisiken erforderlich (Art. 22 III AIFM-VO, § 4 II 1 Nr. 4 KAVerOV). So kann es etwa erforderlich sein, die Funktion eines sog. Sustainability Managers vorzuhalten, der die erforderliche Fachkenntnis besitzt im Hinblick auf die Daten und die nachhaltigkeitsbezogenen Offenlegungspflichten und Anforderungen nach der Offenlegungs-VO und der Taxonomie-VO (vgl. *Weitnauer/Moosbauer* GWR 2021, 343). Zudem werden in Umsetzung von Art. 5 Delegierte RL 2010/43/EU in der Vorschrift des § 4 II KAVerOV weitere Vorgaben betreffend die Personalorganisation gemacht. So dürfen etwa mit der Erfüllung von Aufgaben nur solche Personen betraut werden, die die notwendigen Fähigkeiten, Kenntnisse und Erfahrungen haben. Des Weiteren darf die Menge und Vielfalt der einer Person übertragenen Aufgaben nicht die gründliche, redliche und professionelle Aufgabenerledigung hindern (§ 4 II 1 Nr. 2 KAVerOV). Zudem stellt die BaFin in ihren Merkblättern ua konkrete Anforderungen an die fachliche und persönliche Eignung der Geschäftsleiter und der Aufsichtsorgane der KVG. In Bezug auf die **technische Mittelausstattung** liegt ein Schwerpunkt in angemessenen und geeigneten IT-Systemen zur Datenverarbeitung, vgl. auch § 28 II Nr. 5 (→ Rn. 16). Nach Art. 58 I AIFM-VO hat die KVG angemessene und ausreichende Vorkehrungen für geeignete elektronische Systeme zu treffen, um eine zeitnahe und ordnungsgemäße Aufzeichnung jedes Portfoliogeschäfts und jedes Zeichnungsauftrags oder ggf. Rücknahmeauftrags zu ermöglichen. Zudem haben die IT-Systeme die Integrität, die Verfügbarkeit, die Authentizität sowie die Vertraulichkeit der Daten sicherzustellen (Abschn. 8 KAMaRisk). Weitere Konkretisierungen finden sich in dem Rundschreiben der BaFin betreffend „Kapitalverwaltungsaufsichtliche Anforderungen an die IT (KAIT)". Die Angemessenheit und somit der Umfang der personellen und technischen Mittel bestimmt sich ua nach der Art, dem Umfang und der Komplexität der Geschäfte der KVG (→ Rn. 11). Die KVG muss die personellen und technischen Ressourcen nicht zwingend selbst vorhalten, sondern kann diese auch nach Maßgabe von § 36 von Auslagerungspartnern oder als nichtauslagerungsbezogene Dienstleistung von Dritten beziehen (Fremdbezug).

14 **c) Geeignete Regelungen für persönliche Mitarbeitergeschäfte (Abs. 1 S. 2 Nr. 3).** Die geeigneten Regelungen für **persönliche Geschäfte der Mitarbeiter** vor dem Hintergrund ihrer besonderen Kenntnisse stehen im Zusammenhang mit der Verpflichtung zur Vermeidung von Interessenkonflikten (§§ 26 II Nr. 3, 27). Unionsrechtlich ergeben sich die Anforderungen an persönliche Mitarbeitergeschäfte aus Art. 63 AIFM-VO und Art. 13 Delegierte RL 2010/43/EU. Nach § 4 I KAVerOV gilt die Regelung des Art. 63 AIFM-VO neben der AIF-

KVG auch für die OGAW-KVG. Die Vorschrift des **Art. 63 AIFM-VO** sieht vor, dass die KVG bestimmte relevante Geschäfte beschränkt, dies klar gegenüber den Mitarbeitern kommuniziert, eine Meldepflicht für persönliche Geschäfte vorsieht und erlaubte und verbotene persönliche Geschäfte dokumentiert. Ein persönliches Geschäft betrifft Mitarbeiter mit einem Beschäftigungsverhältnis, (externe) Dienstleister (auch im Falle einer Auslagerung nach § 36), deren Familienangehörige oder andere Personen, mit denen ein Näheverhältnis besteht (Art. 63 IV AIFM-VO). Persönliche Geschäfte können nicht nur Finanzinstrumente betreffen, sondern auch andere Vermögensgegenstände. Ein persönliches Geschäft ist insb. dann unzulässig, wenn es gegen die MAR verstößt, mit dem Missbrauch oder der vorschriftswidrigen Weitergabe vertraulicher Informationen einhergeht oder mit einer Pflicht der KVG kollidiert.

d) Geeignete Regelungen zur Anlage des eigenen Vermögens der KVG (Abs. 1 S. 2 Nr. 4). Die KVG hat geeignete Regelungen für die **Anlage des eigenen Vermögens der KVG** zu erstellen. Die unionsrechtlichen Vorgaben ergeben sich aus Art. 18 I AIFM-RL und Art. 12 I Buchst. a OGAW-IV-RL. Das eigene Vermögen der KVG betrifft weder das Gesellschaftskapital einer Investmentgesellschaft noch ein Sondervermögen gem. §§ 92ff. Konkrete inhaltliche Vorgaben an die Anlage des KVG-Eigenvermögens ergeben sich aus dieser gesetzlichen Vorschrift nicht. Die Anlage eigenen Vermögens einschließlich Unternehmensbeteiligungen ist neben der kollektiven Vermögensverwaltung und der Erbringung von Dienst- und Nebendienstleistungen die einzige zulässige Tätigkeit der externen KVG (vgl. § 20 V), bei Beteiligungen an anderen Unternehmen sind jedoch die Beschränkungen nach § 20 VI zu beachten. Mindestvorgaben an die liquiden Eigenmittel der KVG ergeben sich aus § 25 und weitere Hinweise aus den diesbezüglichen FAQ der BaFin. 15

e) Angemessene Kontroll- und Sicherheitsvorkehrungen für die EDV (Abs. 1 S. 2 Nr. 5). Die KVG hat auch in Bezug auf die elektronische Datenverarbeitung die ordnungsgemäße Geschäftsorganisation sicherzustellen (vgl. Nr. 2). Als weitere Anforderung an die IT-Systeme verlangt Nr. 5 **angemessene Kontroll- und Sicherheitsvorkehrungen** sowie die zulässige Verarbeitung personenbezogener Daten nach der DSGVO. Ein wichtiger Aspekt ist die Gewährleistung der Sicherheit und Vertraulichkeit der erhobenen und gespeicherten Daten (Art. 58 II AIFM-VO). Weitere Konkretisierungen finden sich in dem Rundschreiben der BaFin betreffend „Kapitalverwaltungsaufsichtliche Anforderungen an die IT (KAIT)". Die Datensicherheit und -vertraulichkeit ist ua durch beschränkte IT-Berechtigungen auszugestalten (Abschn. 8 KAMaRisk, Nr. 5 KAIT). Zudem hat die Geschäftsleitung eine Informationssicherheitsrichtlinie zu erstellen und einen Informationssicherheitsbeauftragten zu berufen, der unter bestimmten Voraussetzungen auch ein externer Dienstleister sein kann. 16

f) Vollständige Dokumentation der ausgeführten Geschäfte (Abs. 1 S. 2 Nr. 6). Die KVG hat eine **vollständige Dokumentation der ausgeführten Geschäfte** sicherzustellen, die insb. gewährleistet, dass jedes das Investmentvermögen betreffende Geschäft nach Herkunft, Kontrahent sowie Art und Abschlusszeitpunkt und -ort rekonstruiert werden kann. Unionsrechtliche Anforderungen finden sich in Art. 64–66 AIFM-VO und Art. 7, 14–16 Delegierte RL 2010/43/EU. Die Vorgaben der Art. 64–66 AIFM-VO gelten auch für die OGAW-KVG (§ 4 I KAVerOV). Konkrete Anforderungen an die zu dokumentierenden Vorgänge fin- 17 den sich im Zusammenhang mit Portfoliogeschäften (Art. 64 AIFM-VO) sowie Zeichnungs- und Rücknahmeaufträgen (Art. 65 AIFM-VO). Auch sonstige Geschäfts-, Kontroll- und Überwachungsunterlagen sind aufzubewahren (Abschn. 7 KAMaRisk). Die Aufbewahrungsfrist beträgt mindestens fünf Jahre (Art. 66 I AIFM-VO).

18 **g) Angemessene Kontrollverfahren (Abs. 1 S. 2 Nr. 7).** Die KVG hat **angemessene Kontrollverfahren** einzurichten, die insb. das Bestehen einer internen Revision (→ Rn. 21) voraussetzen und gewährleisten, dass das Vermögen der von der KVG verwalteten Investmentvermögen in Übereinstimmung mit den Anlagebedingungen, der Satzung oder dem Gesellschaftsvertrag des Investmentvermögens sowie den jeweils geltenden rechtlichen Bestimmungen angelegt wird. Weitergehende unionsrechtliche Anforderungen ergeben sich aus Art. 60–62 AIFM-VO und Art. 9–11 Delegierte RL 2010/43/EU, wobei die letztgenannten Vorschriften der AIFM-VO auch für die OGAW-KVG gelten (§ 4 I KAVerOV).

19 Die **Gesamtverantwortung** für angemessene interne Kontrollverfahren trägt die **Geschäftsleitung** (Art. 60 AIFM-VO). Die Geschäftsleitung trägt ua die Verantwortung für die Anlagestrategien und Bewertungsverfahren sowie eine effektive Compliance-Funktion. Dies beinhaltet auch, dass die Geschäftsleiter die Grundsätze für das Risikomanagement sowie die zur Umsetzung dieser Grundsätze genutzten Vorkehrungen, Verfahren und Methoden billigen und regelmäßig überprüfen, einschließlich der Risikolimits für jedes verwaltete Investmentvermögen (Abschn. 3 KAMaRisk).

20 Gemäß **Art. 61 AIFM-VO** ist eine **ständige Compliance-Funktion** einzurichten. Die Pflicht der KVG, eine dauerhafte und wirksame Compliance-Funktion einzurichten und zu unterhalten, besteht unabhängig von der Größe oder dem Umfang ihrer Geschäfte, wobei die Größe der KVG oder die Art, der Umfang oder die Komplexität ihrer Geschäfte nicht immer eine unabhängige Compliance-Funktion erfordern (Abschn. 11 KAMaRisk). In diesem Zusammenhang ist ein Compliance-Beauftragter und ein Vertreter zu bestellen. Aufgabe der Compliance-Funktion ist, die Einhaltung der gesetzlichen investmentrechtlichen Vorgaben zu prüfen, damit verbundene Risiken aufzudecken und Verfahren und Maßnahmen einzuführen, um solche Risiken zu minimieren. Zudem soll die Aufsicht in die Lage versetzt werden, ihre Aufsichtsbefugnisse auszuüben.

21 Des Weiteren ist von der KVG gem. **Art. 62 AIFM-VO** die Funktion einer **ständigen internen Revision** vorzuhalten. Die Innenrevisionsfunktion muss nur insoweit von den übrigen Funktionen unabhängig sein, als dies angesichts der Art, des Umfangs und der Komplexität der Geschäfte der KVG sowie der Art und des Spektrums der im Zuge dieser Geschäfte erbrachten kollektiven Vermögensverwaltung angemessen und verhältnismäßig ist. Ansonsten können die Aufgaben der internen Revision auch von einem Geschäftsleiter erfüllt werden. Die interne Revision untersteht der Geschäftsleitung und berichtet ihr (Abschn. 12 KAMaRisk). Die interne Revision hat die Aufgabe der Erstellung, Umsetzung und Aufrechterhaltung eines Revisionsprogramms. Dieses Programm soll die Angemessenheit und Wirksamkeit der Systeme, Prozesse, internen Kontrollmechanismen und Vorkehrungen der KVG prüfen und bewerten.

22 **h) Ordnungsgemäße Verwaltung und Buchhaltung (Abs. 1 S. 2 Nr. 8).** Die KVG hat im Rahmen der ordnungsgemäßen Geschäftsorganisation eine entsprechende **Verwaltung und Buchhaltung** sicherzustellen. Unionsrechtliche Anforderungen ergeben sich aus Art. 18 I AIFM-RL und Art. 12 I Buchst. a OGAW-

IV-RL sowie Art. 57 IV und 59 AIFM-VO (die gem. § 4 I KAVerOV auch für die OGAW-KVG gelten). Die Anforderungen betreffen ua die **Fondsbuchhaltung.** Nähere Anforderungen ergeben sich aus den Vorschriften des KAGB und der KARBV. Die Rechnungslegung ist insb. so auszulegen, dass alle Vermögenswerte und Verbindlichkeiten der Investmentvermögen jederzeit direkt ermittelt werden können (Art. 59 I AIFM-VO). Dabei sind für jedes Investmentvermögen und Teilinvestmentvermögen getrennte Konten zu führen. Im Hinblick auf das eigene Vermögen der KVG sind rechtzeitig Abschlüsse vorzulegen, die ein der tatsächlichen Vermögens- und Finanzlage entsprechendes Bild vermitteln (Art. 57 IV AIFM-VO).

i) Meldeprozess für Rechtsverstöße (Abs. 1 S. 2 Nr. 9). Die KVG hat einen 23
Prozess zu implementieren, der es ihren Mitarbeitern unter Wahrung der Vertraulichkeit der Identität ermöglicht, potenzielle oder tatsächliche Verstöße gegen das KAGB, gegen auf Grundlage des KAGB erlassene Rechtsverordnungen (zB KAVerOV, KARBV), gegen unmittelbar geltende Vorschriften in Rechtsakten der EU über Europäische Risikokapitalfonds (EuVECA-VO), über Europäische Fonds für soziales Unternehmertum (EuSEF-VO), über europäische langfristige Investmentfonds (ELTIF-VO), über Geldmarktfonds (Geldmarktfonds-VO), über ein Paneuropäisches Privates Pensionsprodukt (PEPP-VO), über Ratingagenturen (VO (EG) Nr. 1060/2009, sog. EU-Ratingverordnung), über Marktmissbrauch (MAR), über die Transparenz von Wertpapierfinanzierungsgeschäften und der Weiterverwendung (VO (EU) Nr. 2015/2365, sog. SFTR-VO), über Indizes, die bei Finanzinstrumenten und Finanzkontrakten als Referenzwert oder zur Messung der Wertentwicklung eines Investmentfonds verwendet werden (VO (EU) Nr. 2016/1011, sog. Referenzwerte-VO), zur Festlegung eines allgemeinen Rahmens für Verbriefungen und zur Schaffung eines spezifischen Rahmens für einfache, transparente und standardisierte Verbriefung (VO (EU) Nr. 2017/2402, sog. Verbriefungs-VO oder STS-VO), über nachhaltigkeitsbezogene Offenlegungspflichten im Finanzdienstleistungssektor (Offenlegungs-VO), über die Einrichtung eines Rahmens zur Erleichterung nachhaltiger Investitionen (Taxonomie-VO) oder über Basisinformationsblätter für verpackte Anlageprodukte für Kleinanleger und Versicherungsanlageprodukte (PRIIPS-VO) sowie etwaige strafbare Handlungen innerhalb der KVG an geeignete Stellen zu melden (sog. **Whistle-Blowing**). Die Vorschrift dient der Umsetzung von Art. 99d OGAW-V-RL und wurde gleichermaßen auf die OGAW-KVG und die AIF-KVG für anwendbar erklärt.

Die in der Vorschrift genannten EU-Verordnungen wurden durch das FoStoG noch einmal ergänzt. Der Meldeprozess sollte auch die Verletzung weiterer relevanter Vorschriften umfassen. Dies können etwa kartellrechtliche Vorgaben oder Beschränkungen des Außenwirtschaftsrechts sein. Weitere Vorgaben ergeben sich auch aus dem Hinweisgeberschutzgesetz, welches größenunabhängig eine Meldestelle für die KVG vorsieht (vgl. *Quast/Ohrloff* CCZ 2022, 303). Die KVG kann im Rahmen der Auslagerung (§ 36) auch Stellen zur Meldung von Rechtsverstößen ausschließlich bei externen Dienstleistern einrichten. Zur Auslegung anhand von § 25a I 6 Nr. 3 KWG und zur konkreten Ausgestaltung des Meldeverfahrens vgl. ausführlich EDD/*Steck/Schmidt/Stockhorst* § 28 Rn. 67.

3. Algorithmischer Handel, elektronischer Handelsplatzzugang, General-Clearing-Mitglied (Abs. 1 S. 3). Eine KVG ist nach § 3 I 1 Nr. 18 WpHG 24
grundsätzlich von den Organisations- und Verhaltenspflichten des WpHG und der weiteren die MiFID II umsetzenden delegierten Rechtsakte ausgenommen, wenn

sie nur kollektive Vermögensverwaltung oder daneben nur Dienst- oder Nebendienstleistungen gem. § 20 II und III erbringt. Sofern eine KVG im Rahmen der kollektiven Vermögensverwaltung jedoch den **algorithmischen Handel** (wie in § 80 II 1 und 2 WpHG definiert) betreibt, sind die Organisationspflichten des WpHG in Bezug auf Risikokontrollen (§ 80 II 3 WpHG; vgl. auch BaFin „Prinzipien für den Einsatz von Algorithmen in Entscheidungsprozessen"), wirksame Notfallvorkehrungen (§ 80 II 4 WpHG) und die Anzeige gegenüber der BaFin (§ 80 II 5 WpHG) entsprechend anzuwenden. Die KVG wird durch die entsprechende Anwendung weder ein Wertpapierdienstleistungsunternehmen iSd WpHG, noch unterliegt sie den Organisationspflichten des KWG (BaFin FAQ zum algorithmischen Handel und Hochfrequenzhandel, Frage 16) oder des WpIG. Im Fall des algorithmischen Handels nach Art. 18 Delegierte VO (EU) 2017/565 gelten zudem die Aufzeichnungspflichten nach § 80 III WpHG. Ob durch den Verweis auf § 80 III 2 WpHG auch zum Ausdruck kommen soll, dass ebenfalls hochfrequente algorithmische Handelstechniken im Rahmen der kollektiven Vermögensverwaltung zulässig sind, ist umstritten (offengelassen durch: VGH Kassel 6 A 1658/18, BeckRS 2023, 45743, Tz. 209). Erbringt die KVG den algorithmischen Handel im Zusammenhang mit Dienst- oder Nebendienstleistungen gem. § 20 II Nr. 1–3 und III Nr. 2–5, finden darüber hinaus weitere in § 5 II genannte WpHG-Vorschriften entsprechende Anwendung (zB § 80 IV und V WpHG). Der Einsatz algorithmischen Handels unter Verfolgung einer Market-Making-Strategie im Rahmen der kollektiven Vermögensverwaltung soll mangels Verweises auf § 80 IV und V WpHG nicht zulässig sein (vgl. VGH Kassel 6 A 1658/18, BeckRS 2023, 45743, Tz. 205 ff.).

25 Bietet die KVG Kunden einen **direkten elektronischen Zugang zu einem Handelsplatz** an, findet § 77 WpHG entsprechend Anwendung. Handelt die KVG als **General-Clearing-Mitglied für andere Personen,** sind die Organisationsanforderungen nach § 78 WpHG zu beachten. Diese Bezüge wurden ohne nähere Begründung im Rahmen des 2. FiMaNoG in die Vorschrift des § 28 I 3 aufgenommen. Inwiefern die KVG solche Tätigkeiten überhaupt im Rahmen ihrer kollektiven Vermögensverwaltung oder Dienst- oder Nebendienstleistungen anbieten kann, ist nicht eindeutig ersichtlich.

26 **4. Organisationspflichten zur Prävention von Geldwäsche, Terrorismusfinanzierung und sonstigen strafbaren Handlungen (Abs. 1 S. 4).** Die Organisationspflichten sowie die Sorgfaltspflichten betreffend die Geldwäscheprävention selbst ergeben sich für die KVG zunächst aus dem GwG (vgl. *Weitnauer/Moosbauer* GWR 2021,343). Die KVG ist insoweit Verpflichteter iSd GwG (§ 2 I Nr. 9 GwG). Dies gilt auch für die registrierte KVG (BaFin AuA, Nr. 1.7; *Dietrich* WPg 2021, 1416). Weitere Organisationspflichten bzw. eine Modifikation der GwG-Pflichten ergeben sich aus §§ 25h, 25j–25m KWG, die ebenfalls nach § 28 I 4 auf die KVG entsprechend Anwendung finden. Ua sind zur Geldwäscheprävention und Verhinderung der Terrorismusfinanzierung sowie sonstiger strafbarer Handlungen **interne Sicherungsmaßnahmen** zu ergreifen und ein angemessenes Risikomanagement vorzuhalten (§ 6 GwG, § 25h KWG). Dies beinhaltet auch den Betrieb von Datenverarbeitungssystemen zur Erkennung verdächtiger Transaktionen und Geschäftsbeziehungen. Zudem sind ein Geldwäschebeauftragter und ein Stellvertreter zu bestellen (§ 7 GwG). Die **Sorgfaltspflichten** (§§ 10–15 GwG) werden teilweise durch die ebenfalls anwendbaren §§ 25h III, 25j und 25k KWG modifiziert. Die Sorgfaltspflichten betreffen insb. die Aufnahme

von Investoren (vgl. *Lorenz/El-Qalqili/John* WM 2020, 1009), den An- und Verkauf von Vermögensgegenständen sowie etwaige Co-Investoren. Für jedes Investmentvermögen ist eine **Risikoanalyse** durchzuführen (§ 5 GwG). Führt die KVG als Dienst- oder Nebendienstleistung gem. § 20 II Nr. 3 oder III Nr. 4 für Kunden Depots, finden die Vorgaben über den **automatisierten Abruf von Kontoinformationen** des BZSt und der BaFin Anwendung (§ 24c KWG und §§ 93 VII und VIII, 93b AO). Die KVG muss einen solchen Datenabruf organisatorisch ermöglichen.

III. Anlegerbeschwerden, Informationspflichten (Abs. 2)

1. Anlegerbeschwerden (Abs. 2 S. 1 Nr. 1, S. 2). § 28 II 1 Nr. 1 regelt den Umgang der KVG mit Anlegerbeschwerden. Die Vorschrift hat für die OGAW-KVG einen unionsrechtlichen Hintergrund in Art. 15 UAbs. 1 OGAW-IV-RL. Für die AIF-KVG besteht keine diesbezügliche Vorgabe im Unionsrecht. Nach Nr. 1 Hs. 1 hat die OGAW-KVG geeignete Verfahren und Vorkehrungen vorzusehen, die gewährleisten, dass die OGAW-KVG ordnungsgemäß mit **Anlegerbeschwerden** umgeht und dass die Anleger ihre Rechte uneingeschränkt wahrnehmen können. Zur Auslegung des Beschwerdebegriffs kann auf das von der BaFin veröffentlichte „Gemeinsame Rundschreiben BA, WA und VA 06/2018 – Mindestanforderungen an das Beschwerdemanagement" (Gz. VBS 1-Wp 1000-2016/0095) zurückgegriffen werden (näher BTMB/*Steffen* § 28 Rn. 83ff.). Die Vorgaben zum Umgang mit Anlegerbeschwerden in Nr. 1 Hs. 1 werden weiter konkretisiert in § 4 III KAVerOV. Demnach müssen die Verfahren ua auch eine unverzügliche Bearbeitung der Beschwerde zum Ziel haben. Die Beschwerde selbst und die daraufhin getroffenen Maßnahmen sind zu dokumentieren. Des Weiteren muss die Beschwerde kostenfrei sein. Informationen zu dem Beschwerdeverfahren sind kostenfrei auf der KVG-Internetseite zur Verfügung zu stellen. Diese Anforderungen in § 28 II 1 Nr. 1 Hs. 1 sowie die Konkretisierungen in § 4 III KAVerOV gelten auch für AIF-KVG, die inländische Publikums-AIF verwalten (§ 28 II 2). Die EU-OGAW-KVG hat zusätzlich noch Vorkehrungen zu treffen, damit die Anleger Beschwerden in der bzw. einer Amtssprache des Herkunftsstaats des EU-OGAW einreichen können. Auf die EU-AIF-KVG, die inländische Publikums-AIF verwaltet, wurde diese Anforderung nicht durch § 28 II 2 erstreckt. 27

2. Informationspflichten (Abs. 2 S. 1 Nr. 2, S. 2). Die Vorschrift des § 28 II 1 Nr. 2 erfordert generell die Einrichtung eines ordnungsgemäßen Informations- und Meldewesens, und zwar betreffend Informationen und Meldungen gegenüber den Anlegern der verwalteten Investmentvermögen, den Kunden, den Vertriebsgesellschaften und den zuständigen nationalen Behörde (zB BaFin). Die Vorschrift findet ihren unionsrechtlichen Hintergrund in Art. 15 UAbs. 2 und Art. 80 II 1 OGAW-IV-RL. Die Informationspflicht gegenüber Vertriebsgesellschaften wird in § 4 IV KAVerOV dahingehend näher geregelt, dass die KVG Personen, die in Bezug auf Anteile an dem jeweiligen Investmentvermögen Anlageberatung, Anlage- oder Abschlussvermittlung erbringen, die wesentlichen Anlegerinformationen (wAI) und den Verkaufsprospekt auf Anfrage zur Verfügung stellen muss. Die Regelungen in § 28 II 1 Nr. 2 und § 4 IV KAVerOV gelten auch für AIF-KVG, die inländische Publikums-AIF verwalten (§ 28 II 2). Daneben bestehen spezielle Informationspflichten in Bezug auf Anleger, und zwar betreffend Verkaufsprospekte, wAI, Berichte und Informationsdokumente (vgl. zB §§ 164, 297ff., 307f.) sowie Basisinformationsblätter (PRIIPs-VO). In Bezug auf die Informatio- 28 nen gegenüber Anlegern und den zuständigen nationalen Behörden sind für AIF-KVG weitere Vorgaben in den Art. 108ff. AIFM-VO enthalten.

IV. Weitere konkretisierende Anforderungen

29 **1. Delegierte Verordnungen (Abs. 3).** § 28 III regelt, dass sich bei der AIF-KVG die in § 28 I 2 Nr. 1–8 genannten Verfahren und Regelungen nach den Art. 57–66 AIFM-VO bestimmen. Die Regelung ist lediglich von klarstellender Natur, da die Vorgaben der AIFM-VO ohnehin direkt auf die AIF-KVG Anwendung finden. Dass darüber hinaus die Art. 57–66 AIFM-VO auch bei der OGAW-KVG zu berücksichtigen sind, ergibt sich aus § 4 I KAVerOV.

30 **2. Verordnungsermächtigung (Abs. 4).** Nach § 28 IV ist das BMF ermächtigt, eine Rechtsverordnung zu erlassen, wobei die Ermächtigung auf die BaFin übertragen werden kann. Die Rechtsverordnung kann nähere Bestimmungen enthalten zu den Verfahren und Vorkehrungen für eine ordnungsgemäße Geschäftsorganisation nach § 28 I und II. Unter Gebrauchmachung von der Ermächtigungsgrundlage hat die BaFin in § 4 KAVerOV die entsprechenden Anforderungen konkretisiert. Die KAVerOV ersetzt die InvVerOV. Die KAVerOV ist grundsätzlich auf die OGAW-KVG und die AIF-KVG, die auch Publikums-AIF verwaltet, anwendbar (§ 1 KAVerOV), wobei § 4 I KAVerOV nur für die OGAW-KVG gilt, da die Vorgaben der Art. 57–66 AIFM-VO für die AIF-KVG bereits unmittelbar anwendbar sind.

§ 28a Zusätzliche Organisationsanforderungen bei der Verwaltung von Entwicklungsförderungsfonds

(1) [1]**AIF-Kapitalverwaltungsgesellschaften, die einen Entwicklungsförderungsfonds verwalten, müssen sich den Anforderungen der Maßgeblichen Prinzipien für Wirkungsmanagement der Internationalen Finanz-Corporation der Weltbankgruppe vom 4. Oktober 2019 (https://www.impactprinciples.org/resource-library/impactprinciples-german) unterworfen haben und diese im Hinblick auf die verwalteten Entwicklungsförderungsfonds während der gesamten Laufzeit des Fonds anwenden.** [2]**Die erste nach Prinzip 9 der Maßgeblichen Prinzipien für Wirkungsmanagement erforderliche unabhängige Überprüfung der Anforderungen nach Satz 1 hat durch einen geeigneten Prüfer zum Ende des zweiten Geschäftsjahres ab dem Zeitpunkt der Auflegung des Entwicklungsförderungsfonds und im Übrigen jährlich zu erfolgen.** [3]**Die Einhaltung der Maßgeblichen Prinzipien für Wirkungsmanagement ist der AIF-Kapitalverwaltungsgesellschaft vom Prüfer zu bescheinigen.**

(2) [1]**Hat die AIF-Kapitalverwaltungsgesellschaft die Portfolioverwaltung für einen Entwicklungsförderungsfonds ausgelagert oder wird sie im Hinblick auf dessen Portfolioverwaltung beraten, muss nur das Auslagerungsunternehmen oder das Beratungsunternehmen die Anforderungen gemäß Absatz 1 Satz 1 erfüllen.** [2]**Handelt es sich bei dem Auslagerungsunternehmen oder dem Beratungsunternehmen um eine AIF-Kapitalverwaltungsgesellschaft, gilt Absatz 1 Satz 2 und 3 entsprechend.** [3]**Andernfalls hat die AIF-Kapitalverwaltungsgesellschaft dafür Sorge zu tragen, dass die Einhaltung der Maßgeblichen Prinzipien für Wirkungsmanagement durch**

das Auslagerungsunternehmen oder das Beratungsunternehmen jährlich von einem geeigneten Prüfer geprüft und bei Vorliegen der Voraussetzungen dem Auslagerungsunternehmen oder Beratungsunternehmen bescheinigt wird. [4]Die AIF-Kapitalverwaltungsgesellschaft muss sich die Bescheinigung vorlegen lassen. [5]Die erste nach Prinzip 9 der Maßgeblichen Prinzipien für Wirkungsmanagement erforderliche unabhängige Überprüfung des Auslagerungsunternehmens oder des Beratungsunternehmens sowie der Verwaltung des Entwicklungsförderungsfonds hat spätestens zum Ende des zweiten Geschäftsjahres ab dem Zeitpunkt der Auflegung des Fonds zu erfolgen.

I. Allgemeines

Mit § 28a soll sichergestellt werden, dass die Verwaltung von Entwicklungsförderungsfonds lediglich solchen Verwaltungsgesellschaften offensteht, deren Organisationsstrukturen Nachhaltigkeitsziele hinreichend berücksichtigen. Dies betrifft entweder bereits die Verwaltungsgesellschaften derartiger Fonds, die entsprechende Prozesse etablieren müssen, oder deren Auslagerungsunternehmen oder Unternehmen, die die Verwaltungsgesellschaften dauerhaft im Hinblick auf die Portfolioverwaltung beraten. Insoweit antizipiert die Regelung, dass es im Bereich der Entwicklungsförderungsfonds zu einer Anbieterspezialisierung in größerem Umfang kommen mag, als dies für andere Assetklassen der Fall ist. **Die gesetzliche Regelung geht insoweit davon aus, dass Verwaltungsgesellschaften sich in diesem Bereich häufig spezialisierter Anbieter im Wege der Auslagerung oder der Anlageberatung bedienen und schafft insoweit Sonderregelungen** (so auch bereits die Gesetzgebegründung zu § 29, vgl. BT-Drs. 19/28868, 141). In Abweichung vom grundsätzlichen Prinzip, wonach die Verwaltungsgesellschaft auch nach einer Auslagerung für die Erfüllung gesetzlicher Pflichten verantwortlich bleibt (vgl. § 36 X iVm Art. 75 Buchst. a Delegierte Verordnung (EU) 231/2013), schafft hier § 28a II abweichende Verantwortlichkeiten. Im Mittelpunkt der Regelung des § 28a stehen die Maßgeblichen Prinzipien für Wirkungsmanagement der Internationalen Finanz-Corporation (IFC) der Weltbankgruppe vom 4.10.2019 (https://www.impactprinciples.org/resource-library/impact-principles-german, im Weiteren als „Maßgebliche Prinzipien" bezeichnet). AIF-KVG, die Entwicklungsförderungsfonds verwalten, müssen sich diesen unterwerfen und diese Maßgeblichen Prinzipien während der gesamten Laufzeit der von ihr verwalteten Entwicklungsförderungsfonds einhalten. § 28a statuiert Prüfungspflichten in diesem Zusammenhang und ergänzt insoweit § 292c, der Regelungen zur Kündigung bei wiederholtem Verstoß gegen die Maßgeblichen Prinzipen enthält (vgl. → § 292c Rn. 1ff.). 1

Offen bleibt die Auswirkung auf die Verwaltung von nach deutschem Recht aufgelegten Entwicklungsförderungsfonds durch ausländische Verwaltungsgesellschaften. § 28a richtet sich nur an KVG und folgt insoweit der gewohnten Verteilung **aufsichtsrechtlicher Verantwortung im grenzüberschreitenden Zusammenhang.** Sollte ein solcher Entwicklungsförderungsfonds allerdings im Wege des europäischen Passes nach § 54 verwaltet werden, stellt sich unweigerlich die Frage nach der Anwendbarkeit der Maßgeblichen Prinzipien. Aktuell dürfte die Anwendung dieser entweder kommerziell gefordert werden oder durch die gesetzliche Hintertür des § 292c zur Geltung kommen, da diese Rechtsfolgen an einen Verstoß gegen die Maßgeblichen Prinzipien knüpfen, die denklogisch zu- 2 nächst eine Bindung an diese Regelungen erfordern. Ob für eine solche Konstellation aber überhaupt ein kommerzielles Bedürfnis besteht oder dann nicht eher auf gewohnte und bewährte Strukturierungslösungen im europäischen Ausland zurückgegriffen werden wird, bleibt abzuwarten.

II. Die Norm im Einzelnen

3 **1. Unterwerfung unter die Maßgeblichen Prinzipien.** § 28a I 1 sieht vor, dass sich AIF-KVG, die einen Entwicklungsförderungsfonds verwalten, den Maßgeblichen Prinzipien unterwerfen. **Dadurch soll sichergestellt werden, dass nur solchen die Verwaltungsgesellschaften die Verwaltung von Entwicklungsförderungsfonds ermöglicht wird, deren Organisationsstrukturen Nachhaltigkeitsziele hinreichend berücksichtigen.** Die IFC hat die Maßgeblichen Prinzipen verabschiedet, um „die Grundlagen von Investitionen in Unternehmen bzw. Organisationen, die zum Ziel haben, neben einer finanziellen Rendite auch messbare positive Auswirkungen auf die Gesellschaft oder die Umwelt zu erzielen" (Maßgeblichen Prinzipien, S. 1), um „Nachhaltigkeitsziele verstärkt in Investmentprozesse von Anlegern und Investmentmanagern zu integrieren" (vgl. BT-Drs. 19/28868, 141). Diese Maßgeblichen Prinzipien haben im Bereich des sog. Impact Investings seit Jahren einen festen Stand, werden aber von Fondsmanagern nur freiwillig angewendet, auch wenn die kommerziellen Erwartungen in diesem Bereich inzwischen zu einem de-facto-Standard geführt haben. Die Verwaltung von Entwicklungsförderungsfonds nach deutschem Recht sieht allerdings nun erstmals eine verpflichtende Anwendung dieser Prinzipien vor (so auch bereits *Vogt/Hüttemann* WM 2022, 954 (956)).

4 **2. Jährliche Prüfung der Einhaltung der Maßgeblichen Prinzipien.** Kernbestandteil der Maßgeblichen Prinzipien ist in Prinzip 9 eine öffentliche Bekanntmachung der Einhaltung der Grundsätze und Gewährleistung einer regelmäßigen unabhängigen Prüfung der Einhaltung der Maßgeblichen Prinzipien. Der Fondsverwalter muss demnach jährlich die Übereinstimmung seines Impact-Management-Systems mit den Grundsätzen offenlegen und die Einhaltung regelmäßig von unabhängiger Stelle prüfen lassen. Auch die Ergebnisse des Prüfberichts sind zu veröffentlichen. Diese Offenlegungen unterliegen treuhänderischen und regulatorischen Vorgaben (soweit die Maßgeblichen Prinzipien, S. 6). Die IFC führt selbst aus, dass die unabhängige Prüfung auf unterschiedliche Weise erfolgen kann, so ua im Rahmen einer Buchprüfung, durch einen unabhängigen internen Ausschuss zur Wirkungseinschätzung oder durch eine Evaluierung der Portfolio-/Fonds-Performance. Die Häufigkeit und die Komplexität der Prüfung orientieren sich an deren Kosten, der relativen Größe des jeweiligen Fonds/der jeweiligen Einrichtung und der erforderlichen Vertraulichkeit.

5 Dieser Maßstab wird durch die Regelung in § 28a modifiziert. Zwar sieht Prinzip 9 eine jährliche Veröffentlichungspflicht vor, schreibt jedoch die Intervalle für die unabhängige Verifikation der Einhaltung der Maßgeblichen Prinzipien nicht vor. § 28a I und II sehen insoweit vor, dass die Prüfung durch einen geeigneten Prüfer zum Ende des zweiten Geschäftsjahres ab dem Zeitpunkt der Auflegung des Entwicklungsförderungsfonds und im Übrigen jährlich zu erfolgen hat. Nach den Maßgeblichen Prinzipien ist zwar die Einhaltung regelmäßig von unabhängiger Stelle prüfen zu lassen, genauere Anforderungen an die Frequenz enthalten die Maßgeblichen Prinzipien aber nicht. Vielmehr statuieren diese einen risikobasier-

ten Ansatz, der die Häufigkeit und Komplexität der Prüfung an deren Kosten, der relativen Größe des jeweiligen Fonds/der jeweiligen Einrichtung und der erforderlichen Vertraulichkeit orientiert. **Diese Flexibilität fehlt der deutschen holzschnittartigen Regelung insoweit.**

Auch geht (jedenfalls) die Begründung zu § 28a von einem gewissen Standard hinsichtlich der Geeignetheit der Prüfer aus: Demnach sind „Wirtschaftsprüfer oder Wirtschaftsprüfungsgesellschaften, die zugleich auch der gesetzliche Abschlussprüfer der KVG sein können" geeignete Prüfer. Die Maßgeblichen Prinzipien hätten auch hier wiederum mehr Flexibilität zugelassen und gestehen dem Verwalter eine gewisse Flexibilität zu. Die unabhängige Prüfung kann demnach eigentlich auf unterschiedliche Weisen erfolgen. Zwar nennen die Maßgeblichen Prinzipien den Rahmen einer Bruchprüfung als ein Beispiel, die nicht abschließende Aufzählung enthält aber auch „einen unabhängigen internen Ausschuss zur Wirkungseinschätzung oder durch eine Evaluierung der Portfolio-/Fonds-Performance" als weitere beispielhafte Alternativen. Es bleibt zu hoffen, dass dieses deutsche Goldplating, das mit Mehrkosten verbunden sein wird, diese Fondskategorie nicht prohibitiv teuer macht. 6

a) Prüfung der KVG. Bedient sich die KVG bei der Verwaltung ihrer Entwicklungsförderungsfonds weder ausgelagerter Portfolioverwalter noch Anlageberater, bleibt die KVG nach § 28 I selbst zur Einhaltung der Maßgeblichen Prinzipien verpflichtet. Die erste jährliche Prüfung muss in diesem Fall zum Ende des zweiten Geschäftsjahres ab dem Zeitpunkt der Auflegung des Entwicklungsförderungsfonds und im Übrigen jährlich zu erfolgen (§ 28 I 2). Die Einhaltung der Maßgeblichen Prinzipien ist der AIF-KVG vom Prüfer zu bescheinigen (§ 28 I 3). 7

b) Einsatz von Auslagerungs- oder Beratungsunternehmen. Hat die KVG die Portfolioverwaltung für einen Entwicklungsförderungsfonds ausgelagert oder wird sie im Hinblick auf dessen Portfolioverwaltung beraten, so muss sich nach § 28 II 1 nur das Auslagerungsunternehmen oder das Beratungsunternehmen den Maßgeblichen Prinzipien unterworfen haben und nur das Auslagerungsunternehmen oder das Beratungsunternehmen ist für die Einhaltung der Maßgeblichen Prinzipien während der Laufzeit des Fonds verantwortlich. Diese gesetzliche Regelung überrascht: Im Falle einer Auslagerung nach § 36 bleibt grundsätzlich die KVG aufsichtsrechtlich verantwortlich. Es kommt gerade zu keiner Delegation der Verantwortung der Geschäftsleitung an das Auslagerungsunternehmen (vgl. nur EDD/*Döser* § 36 Rn. 156). Insoweit wird hier ein lange bestehender Grundsatz des deutschen Aufsichtsrechts zumindest gelockert. 8

Noch überraschender ist die gesetzliche Regelung allerdings im Falle einer Beratungslösung. Bei sog. Advisory-Modellen nimmt die beratene KVG Informationen oder Empfehlungen Dritter in Bezug auf Vermögensgegenstände, die die Gesellschaft für Anlageentscheidungen benötigt, vom Beratungsunternehmen entgegen und trifft dann eine eigene qualifizierte Anlageentscheidung auf Basis der eigenen Analyse der Anlage für das Investmentvermögen. Es soll insb. nicht ausreichen, dass die Anlageempfehlung lediglich einer formalen Kontrolle – zB im Hinblick auf die Einhaltung von Anlagegrenzen – unterzogen wird und im Übrigen die KVG die Empfehlung ohne eigene Beurteilung der Anlage durchführt (vgl. BaFin – Häufige Fragen zum Thema Auslagerung gemäß § 36 KAGB, Frage 12 „Advisory-Modelle"). Wie aber die Einhaltung der für die Verwaltung von Entwicklungsförderungsfonds vorgeschriebenen Maßgeblichen Prinzipien und die Vereinbarkeit von Anlagevorschlägen mit diesen von der KVG zu prüfen ist, wenn diese sich nicht selbst den Maßgeblichen Prinzipien unterworfen hat, bleibt abzuwarten. 9

10 Im Übrigen folgt der Pflichtenkanon für Auslagerungsunternehmen und Beratungsunternehmen in § 28 II den Pflichten für die KVG in § 28 I. Wenn es sich bei Auslagerungsunternehmen oder Beratungsunternehmen nicht um eine AIF-KVG handelt, muss die beauftragende AIF-KVG dafür Sorge tragen, dass die Einhaltung der Prinzipien durch das jeweilige Unternehmen von einem „geeigneten Prüfer" (vgl. → Rn. 6) geprüft und bei Vorliegen der Voraussetzungen dem jeweiligen Unternehmen bescheinigt wird. Diese Bescheinigung ist vorzulegen. Dies wird eine entsprechende Gestaltung des Auslagerungs- bzw. Beratungsvertrages erfordern (vgl. auch *Vogt/Hüttemann* WM 2022, 954 (956)).

11 **3. Auswirkungen der Nichteinhaltung.** Kommt es zu wiederholten Verstößen gegen die Einhaltung der Maßgeblichen Prinzipien, regelt sich die Rechtsfolge nach § 292 c. Demnach kommt die **Kündigung der Verwaltung durch die AIF-KVG (§ 292 c I), eine Übertragung des Verwaltungsrechts (§ 292 c II) bzw. eine Kündigung des Beratungs- oder Auslagerungsvertrags (§ 292 c III)** in Betracht, wobei allerdings jedenfalls für die Kündigung des Verwaltungsrechts der AIF-KVG entsprechende Vorkehrungen in den Anlagebedingungen bzw. der Satzung des Entwicklungsförderungsfonds zu treffen sind.

§ 29 Risikomanagement; Verordnungsermächtigung

(1) [1]**Die Kapitalverwaltungsgesellschaft hat eine dauerhafte Risikocontrollingfunktion einzurichten und aufrechtzuerhalten, die von den operativen Bereichen hierarchisch und funktionell unabhängig ist (Funktionstrennung).** [2]**Die Bundesanstalt überwacht die Funktionstrennung nach dem Prinzip der Verhältnismäßigkeit.** [3]**Die Kapitalverwaltungsgesellschaften, bei denen auf Grund der Art, des Umfangs und der Komplexität ihrer Geschäfte und der von ihnen verwalteten Investmentvermögen die Einrichtung einer hierarchisch und funktionell unabhängigen Risikocontrollingfunktion unverhältnismäßig ist, müssen zumindest in der Lage sein nachzuweisen, dass besondere Schutzvorkehrungen gegen Interessenkonflikte ein unabhängiges Risikocontrolling ermöglichen und dass der Risikomanagementprozess den Anforderungen der Absätze 1 bis 6 genügt und durchgehend wirksam ist.**

(2) [1]**Die Kapitalverwaltungsgesellschaft muss über angemessene Risikomanagementsysteme verfügen, die insbesondere gewährleisten, dass die für die jeweiligen Anlagestrategien wesentlichen Risiken der Investmentvermögen jederzeit erfasst, gemessen, gesteuert und überwacht werden können.** [2]**Die Kapitalverwaltungsgesellschaft hat die Risikomanagementsysteme regelmäßig, mindestens jedoch einmal jährlich, zu überprüfen und erforderlichenfalls anzupassen.**

(2a) [1]**Die Kapitalverwaltungsgesellschaft stützt sich bei der Bewertung der Kreditqualität der Vermögensgegenstände der Investmentvermögen nicht ausschließlich oder automatisch auf Ratings, die von einer Ratingagentur gemäß Artikel 3 Absatz 1 Buchstabe b der Verordnung (EG) Nr. 1060/2009 in der jeweils geltenden Fassung abgegeben wurden.** [2]**Die Risikomanagementsysteme nach Absatz 2 haben dies sicherzustellen.** [3]**Die Bundesanstalt überwacht die Angemessenheit der Prozesse der Kapitalverwaltungsgesellschaften zur Beurteilung der Kreditqualität und die Nut-**

zung von Referenzen auf Ratings im Sinne von Satz 1 im Rahmen der Anlagestrategie der Investmentvermögen; bei der Überwachung berücksichtigt die Bundesanstalt Art, Umfang und Komplexität der Investmentvermögen. [4]Soweit angemessen, wirkt die Bundesanstalt auf die Verminderung des Einflusses solcher Referenzen hin, um eine ausschließliche oder automatische Reaktion auf solche Ratings zu reduzieren.

(3) **Die Kapitalverwaltungsgesellschaft unterliegt zumindest den folgenden Verpflichtungen:**
1. **sie tätigt Anlagen für Rechnung des Investmentvermögens entsprechend der Anlagestrategie, den Zielen und dem Risikoprofil des Investmentvermögens auf Basis angemessener, dokumentierter und regelmäßig aktualisierter Sorgfaltsprüfungsprozesse;**
2. **sie gewährleistet, dass die mit den einzelnen Anlagepositionen des Investmentvermögens verbundenen Risiken sowie deren jeweilige Wirkung auf das Gesamtrisikoprofil des Investmentvermögens laufend ordnungsgemäß erfasst, gemessen, gesteuert und überwacht werden können; sie nutzt hierzu unter anderem angemessene Stresstests;**
3. **sie gewährleistet, dass die Risikoprofile der Investmentvermögen der Größe, der Zusammensetzung sowie den Anlagestrategien und Anlagezielen entsprechen, wie sie in den Anlagebedingungen, dem Verkaufsprospekt und den sonstigen Verkaufsunterlagen des Investmentvermögens festgelegt sind.**

(4) **Die Kapitalverwaltungsgesellschaft legt ein Höchstmaß an Leverage fest, den sie für jedes der von ihr verwalteten Investmentvermögen einsetzen kann, sowie den Umfang des Rechts der Wiederverwendung von Sicherheiten oder sonstigen Garantien, die im Rahmen der Vereinbarung über den Leverage gewährt werden könnten, wobei sie Folgendes berücksichtigt:**
1. **die Art des Investmentvermögens,**
2. **die Anlagestrategie des Investmentvermögens,**
3. **die Herkunft des Leverage des Investmentvermögens,**
4. **jede andere Verbindung oder relevante Beziehung zu anderen Finanzdienstleistungsinstituten, die potenziell ein Systemrisiko darstellen,**
5. **die Notwendigkeit, das Risiko gegenüber jedem einzelnen Kontrahenten zu begrenzen,**
6. **das Ausmaß, bis zu dem das Leverage abgesichert ist,**
7. **das Verhältnis von Aktiva und Passiva,**
8. **Umfang, Art und Ausmaß der Geschäftstätigkeiten der Kapitalverwaltungsgesellschaft auf den betreffenden Märkten.**

(5) **Für AIF-Kapitalverwaltungsgesellschaften bestimmen sich für die von ihnen verwalteten AIF die Kriterien für**
1. **die Risikomanagementsysteme,**
2. **die angemessenen zeitlichen Abstände zwischen den Überprüfungen des Risikomanagementsystems,**
3. **die Art und Weise, in der die funktionale und hierarchische Trennung zwischen der Risikocontrollingfunktion und den operativen Abteilungen, einschließlich der Portfolioverwaltung, zu erfolgen hat,**
4. **die besonderen Schutzvorkehrungen gegen Interessenkonflikte gemäß Absatz 1 Satz 3 und**

5. die Anforderungen nach Absatz 3 nach den Artikeln 38 bis 45 der Delegierten Verordnung (EU) Nr. 231/2013.

(5a) [1]**AIF-Kapitalverwaltungsgesellschaften, die für Rechnung des AIF Gelddarlehen gewähren oder in unverbriefte Darlehensforderungen investieren, haben darüber hinaus über eine diesen Geschäften und deren Umfang angemessene Aufbau- und Ablauforganisation zu verfügen, die insbesondere Prozesse für die Kreditbearbeitung, die Kreditbearbeitungskontrolle und die Behandlung von Problemkrediten sowie Verfahren zur Früherkennung von Risiken vorsieht.** [2]**Satz 1 ist nicht anzuwenden, wenn die Darlehensvergabe zulässig ist nach § 3 Absatz 2 in Verbindung mit § 4 Absatz 7 des Gesetzes über Unternehmensbeteiligungsgesellschaften, §§ 240, 261 Absatz 1 Nummer 8, § 282 Absatz 2 Satz 3, § 284 Absatz 5, § 285 Absatz 3 oder § 292a Absatz 2.**

(5b) [1]**Die Kriterien für die Anforderungen, die ein Originator, ein Sponsor oder ein ursprünglicher Kreditgeber erfüllen muss, damit eine Kapitalverwaltungsgesellschaft im Namen von durch sie verwaltete Investmentvermögen in Verbriefungen investieren darf, bestimmen sich nach der Verordnung (EU) 2017/2402.** [2]**Für OGAW-Kapitalverwaltungsgesellschaften gilt Artikel 43 Absatz 5 und 6 der Verordnung (EU) 2017/2402 entsprechend.** [3]**Sind Kapitalverwaltungsgesellschaften eine Verbriefung eingegangen, die die Anforderungen der Verordnung (EU) 2017/2402 nicht mehr erfüllt, so handeln sie im besten Interesse der Anleger in den einschlägigen Investmentvermögen und ergreifen gegebenenfalls Korrekturmaßnahmen.**

(6) [1]**Das Bundesministerium der Finanzen wird ermächtigt, durch Rechtsverordnung, die nicht der Zustimmung des Bundesrates bedarf, nähere Bestimmungen für Kapitalverwaltungsgesellschaften, die OGAW oder Publikums-AIF verwalten, zu den Risikomanagementsystemen und -verfahren zu erlassen.** [2]**Das Bundesministerium der Finanzen kann die Ermächtigung durch Rechtsverordnung auf die Bundesanstalt übertragen.**

Inhaltsübersicht

	Rn.
I. Allgemeines	1
II. Risikostrategie der KVG	7
III. Dauerhafte Risikocontrollingfunktion (§ 29 I 1)	10
1. Unabhängigkeit der Risikocontrollingfunktion	12
a) Grundsatz der Funktionstrennung	12
b) Ausnahme vom Grundsatz der Funktionstrennung	15
c) Überwachung der Funktionstrennung durch die BaFin	20
2. Aufgaben der dauerhaften Risikocontrollingfunktion	21
IV. Grundsätze für das Risikomanagement (Art. 40 VO (EU) Nr. 231/2013)	22
V. Risikomanagementsysteme (§ 29 II, IIa und III)	28
1. Definition und Anforderungen an die Risikomanagementsysteme	28
2. Risikomessung und -management	31
a) Vorkehrungen, Prozesse und Verfahren	31
b) Maßnahmen der Risikomessung und des Risikomanagements	36

Rn.
3. Qualitative und quantitative Risikolimite ... 43
4. Stresstests ... 50
5. Verwendung externer Ratings ... 54
6. Regelmäßige Berichterstattung/Risikoreports ... 62
a) … an die Geschäftsleitung ... 62
b) … an den Aufsichtsrat ... 65
VI. Leverage/Hebelfinanzierung ... 66
1. Gesetzgeberischer Hintergrund, Definition ... 66
2. Berechnung und Festlegung des Höchstmaßes an Leverage ... 69
3. Berechnungsmethoden ... 75
a) Brutto-Berechnung für OGAW („Sum of notionals") ... 79
b) Brutto-Berechnung für AIF (Art. 7 VO (EU) Nr. 231/2013) ... 86
c) Netto-Berechnung für AIF (Commitment-Methode; Art. 8 VO (EU) Nr. 231/2013 ... 112
VII. Überprüfung und Offenlegung der Risikomanagementsysteme ... 131
1. Regelmäßige Überprüfung ... 132
2. Ad-hoc-Überprüfung ... 136
3. Offenlegungspflichten ... 137
a) … ggü. den Anlegern ... 138
b) … ggü. der BaFin ... 141
VIII. Gelddarlehen und unverbriefte Darlehensforderungen ... 144
1. Aufsichtsrechtliche Rahmenbedingungen ... 144
a) § 29 Va und Abschn. V KAMaRisk ... 144
b) Ausnahme: Spezialgesetzlich geregelte AIF und Gesellschafterdarlehen ... 146
2. Aufbau- und Ablauforganisation ... 147
a) Proportionalitätsgrundsatz ... 148
b) Aufbauorganisation ... 149
c) Ablauforganisation ... 151
IX. Anlage in Verbriefungspositionen ... 156
1. Aufsichtsrechtliche Rahmenbedingungen ... 156
2. Risikomanagement von Verbriefungspositionen ... 161
a) Verbriefungspositionen ... 161
b) Anforderungen an Originator, Sponsor und ursprünglichen Kreditgeber ... 167
c) Qualitative Anforderungen an KVG ... 175
X. Kapitalverwaltungsaufsichtliche Anforderungen an die IT („KAIT") 181
1. Aufsichtsrechtliche Rahmenbedingungen ... 181
2. Anforderungen an das IT-Risikomanagement ... 185
a) IT-Strategie ... 185
b) IT-Governance ... 186
c) Informationsrisikomanagement ... 188
d) Informationssicherheitsmanagement ... 191
e) Benutzerberechtigungsmanagement ... 195
f) IT-Projekte, Anwendungsentwicklung (inkl. durch Endbenutzer in den Fachbereichen) ... 197
g) IT-Betrieb (inkl. Datensicherung) ... 200
h) Auslagerungen und sonstiger Fremdbezug von IT-Dienstleistungen ... 202

I. Allgemeines

1 Eine KVG bzw. die in § 1 IX Nr. 15 genannten Personen („Geschäftsleiter") sind gem. §§ 28 I Nr. 1, 29 iVm Abschn. 3ff. KAMaRisk verpflichtet, als Bestandteil der **ordnungsgemäßen Geschäftsorganisation** ein angemessenes Risikomanagement und angemessene Kontrollverfahren einzurichten und zu unterhalten. Ein **angemessenes Risikomanagement** gehört zu den **Grundpflichten einer KVG** und unterfällt unmittelbar der **Gesamtverantwortung der Geschäftsleitung**, unabhängig von deren interner Zuständigkeitsverteilung (vgl. Abschn. 1 Tz. 1, Abschn. 3.1 Tz. 1 und Abschn. 4.3 Tz. 1 KAMaRisk). Anhang I Nr. 1 AIFM-RL definiert das Risikomanagement als eine der beiden **Kerntätigkeiten der Anlageverwaltungsfunktionen,** die eine KVG bei der Verwaltung eines Investmentvermögens (AIF) mindestens übernehmen muss.

2 Für ein angemessenes Risikomanagement hat eine KVG gem. § 29 **angemessene Risikomanagementsysteme,** einschl. **angemessener Risikolimitsysteme,** für jedes Investmentvermögen einzurichten, **Grundsätze für das Risikomanagement** festzulegen, umzusetzen, aufrechtzuerhalten und zu dokumentieren sowie eine **dauerhafte Risikocontrollingfunktion** zur Überprüfung der Risikomanagementsysteme und der Grundsätze für das Risikomanagement einzurichten. Dabei hat die KVG gem. § 26 II Nr. 1 und 2 sowie Art. 17 bis 29 VO (EU) Nr. 231/2013 ihre Tätigkeit mit der gebotenen Sachkenntnis, Sorgfalt und Gewissenhaftigkeit **im besten Interesse ihrer Anleger** und der **Marktintegrität** auszuüben.

3 Mit dem KAGB-Reparaturgesetz wurde § 29 IIa nachträglich in das KAGB eingefügt. Die S. 1 und 2 dienen der Umsetzung des Art. 2 Nr. 1 sowie Art. 3 Nr. 1 RL (EU) 2013/14/EU, durch die Art. 51 I UAbs. 1 OGAW-RL sowie Art. 15 II UAbs. 1 AIFM-RL geändert wurden. Satz 3 dient der Umsetzung des Art. 2 Nr. 2 sowie Art. 3 Nr. 2 RL (EU) 2013/14/EU, durch die Art. 51 OGAW-RL und Art. 15 AIFM-RL ergänzt wurden. Mit § 29 IIa wurde die europarechtliche Vorgabe umgesetzt, nach der eine KVG durch ihre Risikomanagementsysteme sicherstellen muss, dass die Bewertung der Vermögensgegenstände nicht ausschließlich oder automatisch aufgrund von Ratings für den Emittenten oder den Vermögensgegenstand selbst erfolgt (vgl. Gesetzesbegr. zu § 29 IIa und → Rn. 54ff.).

4 Eine Erweiterung hat § 29 überdies durch das OGAW V-UmsG erfahren. Durch den neu hinzugefügten Abs. 5a hat der Gesetzgeber einen Rahmen für die Darlehensvergabe und/oder -übernahme durch AIF (sog. „Kreditfonds") ergänzt und die Anforderungen für die Verwaltung von Kreditfonds festgelegt.

5 Neben den Regelungen des § 29 bzw. des § 5 KAVerOV iVm Art. 38–45 und 50–56 VO (EU) Nr. 231/2013 sind im Hinblick auf das Risikomanagement und Risikocontrolling der Investmentvermögen insbes. die Regelungen der KAMaRisk zu beachten. Die KAMaRisk hat mit ihrer Veröffentlichung am 10.1.2017 die vormals geltenden InvMaRisk abgelöst. Sie konkretisieren bestimmte Mindestanforderungen zur Organisation, zum Risikomanagement sowie zur Auslagerung. Zudem legt die KAMaRisk die Mindestanforderungen des Risikomanagements von AIF-KVG fest, die für Rechnung des AIF Gelddarlehen gewähren oder in unverbriefte Darlehensforderungen investieren. Diese Vorgaben basieren im Wesentlichen auf den Vorgaben zum Kreditgeschäft der MaRisk und wurden von der BaFin an die Besonderheiten der Darlehensvergabe und -investition im Rahmen der kollektiven Portfolioverwaltung angepasst.

6 § 29 findet sowohl auf **OGAW**- als auch auf **AIF-KVG** Anwendung. Die Gesetzesbegr. zu § 29 stellt klar, dass die Regelungen des § 29 I bis IV die AIFM-RL und

die OGAW-RL umsetzen oder, wo dies nicht der Fall ist, auch für OGAW-KVG übernommen werden. Im Fall des § 29 V sieht die Gesetzesbegr. dies nicht vor. Hier haben BMF und BaFin von ihrer Ermächtigung gem. § 29 VI Gebrauch gemacht und die Regelung durch § 5 KAVerOV übernommen. § 5 I KAVerOV ist wortgleich mit § 29 V und regelt insb. auch die Anwendbarkeit der Regelungen der Art. 38–45 und 50–56 VO (EU) Nr. 231/2013 auf OGAW-KVG.

II. Risikostrategie der KVG

Die **Geschäftsleitung** hat eine nachhaltige **Geschäftsstrategie** und eine dazu konsistente **Risikostrategie** festzulegen. Bei der Ausarbeitung der Risikostrategie sind die in der Geschäftsstrategie niederzulegenden Ziele und Planungen der wesentlichen Geschäftsaktivitäten sowie die Risiken von Auslagerungen zu berücksichtigen. Die Verantwortung für die Festlegung der Strategien ist **nicht delegierbar.** Die Geschäftsleitung muss für die Umsetzung der Strategien Sorge tragen. Der Detaillierungsgrad der Strategien ist abhängig von **Umfang** und **Komplexität** sowie dem **Risikogehalt der geplanten Geschäftsaktivitäten.** Die Risikostrategie hat, ggf. unterteilt in Teilstrategien, die **Ziele der Risikosteuerung der wesentlichen Geschäftsaktivitäten** zu umfassen. **Risikokonzentrationen** (zB Adressen- und Sektorkonzentrationen, regionale Konzentrationen, Konzentrationen nach Produkten oder Underlyings strukturierter Produkte, nach Branchen, Verteilungen von Engagements auf Größen- und Risikoklassen, Sicherheiten, ggf. Ländern und sonstige hoch korrelierte Risiken) sind dabei auch mit Blick auf die Ertragssituation der Gesellschaft **(Ertragskonzentrationen)** zu berücksichtigen. Die Inhalte sowie Änderungen der Risikostrategie sind, ggf. zusammen mit der Geschäftsstrategie, innerhalb der Gesellschaft in geeigneter Weise zu kommunizieren (Abschn. 4.2 Tz. 1 ff. KAMaRisk). 7

Die **Art und Weise der Darstellung** der Risikostrategie liegt **im Ermessen der KVG.** Neben einer zusammenfassenden Darstellung in einem Dokument ist auch eine Darstellung über mehrere Dokumente möglich, soweit zwischen diesen Dokumenten ein konsistenter Zusammenhang besteht. Der Detaillierungsgrad von Teilstrategien kann unterschiedlich sein (Erl. zu Abschn. 4.2 Tz. 2 KAMaRisk). 8

Die Geschäftsleitung hat die Strategien **mindestens jährlich zu überprüfen** und ggf. anzupassen. Diese Maßnahmen hat die **Geschäftsleitung** zu **dokumentieren.** Die Strategien sind dem **Aufsichtsrat** der Gesellschaft **zur Kenntnis** zu geben und mit diesem zu erörtern (Abschn. 4.2 Tz. 3 KAMaRisk). 9

III. Dauerhafte Risikocontrollingfunktion (§ 29 I 1)

Zur Überwachung der Risikomanagementsysteme und der Einhaltung der Grundsätze für das Risikomanagement hat eine KVG gem. § 29 I 1 und Art. 39 I VO (EU) Nr. 231/2013 eine **dauerhafte Risikocontrollingfunktion** einzurichten und aufrechtzuerhalten. Die Risikocontrollingfunktion hat über die **notwendigen Befugnisse** und über **Zugang** zu allen relevanten Informationen, die zur Erfüllung der Aufgaben der Risikocontrollingfunktion (vgl. → Rn. 21) erforderlich sind, zu verfügen (Art. 39 II VO (EU) Nr. 231/2013). 10

Die Erl. zu Abschn. 4.5.3 und 4.5.4 KAMaRisk stellen klar, dass die dauerhafte Risikocontrollingfunktion nicht ausschließlich für die laufende Messung und Überwachung der Risiken zuständig und demnach **keine nachgelagerte Organisationseinheit** ist. Sie ist vielmehr schon im Vorfeld der Anlagetätigkeit der Port- 11 folioverwaltung mit einzubeziehen. Sie spielt eine wesentliche Rolle bei der Festlegung des Risikoprofils und der grds. Anlagestrategie der Investmentvermögen. Im Rahmen dieser Strategie trifft das Fondsmanagement die Anlageentscheidungen. Bei **Anlageentscheidungen mit wesentlichen Auswirkungen auf das Risikoprofil** des Investmentvermögens ist die dauerhafte Risikocontrollingfunktion im Vorfeld einzubeziehen.

12 **1. Unabhängigkeit der Risikocontrollingfunktion. a) Grundsatz der Funktionstrennung.** Die dauerhafte Risikocontrollingfunktion muss gem. § 29 I 1 von den operativen Bereichen, insb. dem Fondsmanagement, **hierarchisch** und **funktionell unabhängig** sein **(Grundsatz der Funktionstrennung)**. Bei der Ausgestaltung der Aufbau- und Ablauforganisation ist sicherzustellen, dass miteinander unvereinbare Tätigkeiten durch unterschiedliche Mitarbeiter ausgeführt werden. Die Funktionstrennung ist **bis auf die Ebene der Geschäftsleitung** sicherzustellen. Sie ist auch im Vertretungsfall zu beachten. Die Vertretung kann dabei aber grds. auch von einem geeigneten Mitarbeiter unterhalb der Ebene der Geschäftsleitung wahrgenommen werden (Abschn. 4.5 KAMaRisk nebst Erl.).

13 Eine Funktionstrennung idS ist gem. Art. 42 I VO (EU) Nr. 231/2013 nur erfüllt, wenn die folgenden Voraussetzungen (kumulativ) vorliegen:

- Personen, die mit der Ausübung der dauerhaften Risikocontrollingfunktion betraut sind, **unterstehen nicht Personen,** die für die Tätigkeiten der **operativen Einheiten,** einschl. der Funktion Fondsmanagement, verantwortlich zeichnen;
- Personen, die mit der Ausübung der dauerhaften Risikocontrollingfunktion betraut sind, üben **keine Tätigkeit innerhalb der operativen Einheiten,** einschl. der Funktion Fondsmanagement, aus;
- Personen, die mit der Ausübung der dauerhaften Risikocontrollingfunktion betraut sind, werden **entspr. der Erreichung der mit dieser Funktion verbundenen Ziele entlohnt,** und zwar unabhängig von den Tätigkeiten der operativen Einheiten, einschl. der Funktion Fondsmanagement;
- die Vergütung höherer Führungskräfte in der Risikocontrollingfunktion wird unmittelbar vom **Vergütungsausschuss** überprüft, sofern ein solcher Ausschuss eingerichtet wurde.

14 Die dauerhafte Risikocontrollingfunktion muss somit grds. von einer **eigenen, unabhängigen Organisationseinheit** vorgenommen werden, welche von den übrigen Einheiten organisatorisch, personell und hierarchisch getrennt ist (Ausnahme vgl. → Rn. 15 ff.). Sie muss einem Geschäftsführer/Vorstand zugeordnet sein, der verantwortlich ist für ein ordnungsgemäßes Risikomanagement. Dieser Geschäftsführer/Vorstand darf zugleich keine Verantwortung für das Fondsmanagement oder eine sonstige operative Einheit haben.

15 **b) Ausnahme vom Grundsatz der Funktionstrennung.** § 29 I 3 regelt eine **Ausnahme vom Erfordernis einer hierarchisch und funktionell unabhängigen Risikocontrollingfunktion**. Liegen die Voraussetzungen des § 29 I 3 vor, beinhaltet dies somit nur eine Ausnahme vom Erfordernis der Funktionstrennung, **nicht aber** vom Erfordernis einer Risikocontrollingfunktion an sich. Ein wirksames Risikocontrolling und -management muss stets gewährleistet sein.

16 Macht eine KVG von der Möglichkeit des § 29 I 3 Gebrauch, muss sie in der Lage sein, nachzuweisen, dass die Einrichtung einer hierarchisch und funktionell unabhängigen Risikocontrollingfunktion aufgrund der **Art,** des **Umfangs** und der **Komplexität ihrer Geschäfte** und der von ihr **verwalteten Investmentvermögen unverhältnismäßig** ist. Weder das KAGB noch die KAMaRisk oder die

KAVerOV treffen eine Aussage dazu, wann eine solche Unverhältnismäßigkeit vorliegt. Die KVG muss im Einzelfall das Vorliegen des Ausnahmetatbestandes nach den Voraussetzungen **legitimer Zweck, Geeignetheit, Erforderlichkeit** und **Angemessenheit** nachweisen. Sie muss darüber hinaus in der Lage sein nachzuweisen, dass **besondere Schutzvorrichtungen gegen Interessenkonflikte** ein **unabhängiges Risikocontrolling** ermöglichen, sowie dass die Risikomanagementprozesse den Anforderungen des § 29 genügen und durchgehend wirksam sind.

Besonderes Augenmerk kommt iRd Ausnahmetatbestandes des § 29 I 3 dem **Erfordernis besondere Schutzvorrichtungen gegen Interessenkonflikte** zu. Soweit es aufgrund der Größe der Gesellschaft nicht zumutbar ist, unvereinbare Funktionen vollständig zu trennen, muss die Vermeidung von Interessenkonflikten dennoch gewährleistet sein (Abschn. 4.5.1 KAMaRisk). Die **Geschäftsleitung** der KVG und die **Aufsichtsfunktion,** soweit vorhanden, müssen gem. Art. 43 III VO (EU) Nr. 231/2013 **Schutzvorkehrungen gegen Interessenkonflikte** einrichten, **regelmäßig** deren Wirksamkeit **überprüfen** und **zeitnah Abhilfemaßnahmen** ergreifen, um etwaige Mängel zu beseitigen. 17

Gemäß Art. 43 I, II VO (EU) Nr. 231/2013 müssen diese Schutzvorkehrungen **mindestens gewährleisten,** dass 18
- Entscheidungen der dauerhaften Risikocontrollingfunktion auf **zuverlässigen Daten** basieren, die einem **angemessenen Maß an Überwachung** durch die dauerhafte Risikocontrollingfunktion unterliegen;
- die **Vergütung** der mit der Ausübung der dauerhaften Risikocontrollingfunktion betrauten Personen die Erreichung der mit der Risikocontrollingfunktion verbundenen Ziele widerspiegelt, und zwar unabhängig von den Leistungen der Geschäftsbereiche, in denen sie tätig sind;
- die Ausübung der dauerhaften Risikocontrollingfunktion regelmäßig einer **angemessenen unabhängigen Überprüfung** unterzogen wird, um zu gewährleisten, dass die Entscheidungsfindung unabhängig verläuft (→ Rn. 19);
- die dauerhafte Risikocontrollingfunktion in der Geschäftsleitung oder in der Aufsichtsfunktion, sofern vorhanden, **mindestens mit denselben Befugnissen wie die Funktion Fondsmanagement** vertreten ist;
- **kollidierende Aufgaben** ordnungsgemäß voneinander getrennt werden.

In Fällen, in denen dies unter Berücksichtigung der **Art,** des **Umfangs** und der **Komplexität** der KVG **verhältnismäßig** ist, müssen diese Schutzvorkehrungen außerdem gewährleisten, dass 19
- die Ausübung der dauerhaften Risikocontrollingfunktion **regelmäßig** von der Innenrevisionsfunktion oder, falls eine solche nicht eingerichtet wurde, durch einen von der Geschäftsleitung beauftragten externen Dritten **überprüft wird** und
- der **Risikoausschuss,** sofern vorhanden, über angemessene Mittel verfügt und nicht unabhängige Mitglieder keinen unzulässigen Einfluss auf die Ausübung der dauerhaften Risikocontrollingfunktion haben.

c) Überwachung der Funktionstrennung durch die BaFin. Die BaFin **überwacht** die Funktionstrennung gem. § 29 I 2 nach dem **Prinzip der Verhältnismäßigkeit.** Macht eine KVG von der Möglichkeit des § 29 I 3 Gebrauch, prüft die BaFin iRd Verhältnismäßigkeitsprüfung nach § 29 I 2 auch das Vorliegen der Voraussetzungen des § 29 I 3. 20

2. Aufgaben der dauerhaften Risikocontrollingfunktion. Die Aufgaben der dauerhafte Risikocontrollingfunktion werden in Art. 39 I VO (EU) Nr. 231/2013 und Abschn. 4.8 KAMaRisk wie folgt definiert: 21

- Errichtung, Umsetzung und Aufrechterhaltung wirksamer **Grundsätze und Verfahren für das Risikomanagement,** um alle Risiken, die für die jeweilige Anlagestrategie eines jeden Investmentvermögens **wesentlich** sind, und denen jedes Investmentvermögen unterliegt oder unterliegen kann, zu **ermitteln,** zu **messen,** zu **steuern** und zu **überwachen;**
- **Festlegung des Risikoprofils** der einzelnen Investmentvermögen und somit Einbeziehung bei der Festlegung der grds. Anlagestrategie;
- Unterstützung des **Bewertungsprozesses** von **komplexen** und **illiquiden Vermögensgegenständen;**
- Gewährleistung, dass das gem. § 300 I Nr. 3 und § 308 IV 2 (AIF) und § 165 II Nr. 3 (OGAW) ggü. den Anlegern offengelegte **Risikoprofil** der Investmentvermögen im Einklang mit ihren nach Art. 44 VO (EU) Nr. 231/2013 festgelegten **Risikolimiten** (→ Rn. 43 ff.) steht;
- Überwachung der **Einhaltung** der im Einklang mit Art. 44 VO (EU) Nr. 231/2013 festgelegten **Risikolimite** (→ Rn. 43 ff.) und **rechtzeitige Unterrichtung** der Geschäftsleitung sowie ggf. die Aufsichtsfunktion der KVG, falls vorhanden, wenn ein Risikolimit des Investmentvermögens **ihrer Auffassung nach** nicht mit diesen Limits im Einklang steht oder ein **wesentliches Risiko** besteht, dass das Risikoprofil künftig nicht im Einklang mit den Limits stehen könnte. Gemäß Art. 45 III Buchst. e VO (EU) Nr. 231/2013 hat die dauerhafte Risikocontrollingfunktion iRd **angemessene Verfahren** festzulegen, umzusetzen und aufrechtzuerhalten, die im Falle von **tatsächlichen** oder **zu erwartenden Verstößen** gegen die Risikolimite eines Investmentvermögens zu zeitnahen Abhilfemaßnahmen im **besten Interesse der Anleger** führen;
- **regelmäßige Berichterstattung/Risikoreports** an die **Geschäftsleitung** und den **Aufsichtsrat,** falls vorhanden (→ Rn. 62 ff.);
- regelmäßige Information der Geschäftsleitung über den **aktuellen Risikostand** bei jedem verwalteten Investmentvermögen sowie **Berichterstattung** über jede **tatsächliche** oder **vorhersehbare Überschreitung** der im Einklang mit Art. 44 VO (EU) Nr. 231/2013 **festgelegten Risikolimite,** um zu gewährleisten, dass umgehend angemessene Maßnahmen eingeleitet wurden oder werden;
- **Unterstützung der Geschäftsleitung** bei der Identifizierung, der Definition und bei Revisionen des Risikoprofils der einzelnen Investmentvermögen.

IV. Grundsätze für das Risikomanagement (Art. 40 VO (EU) Nr. 231/2013)

22 Eine KVG hat gem. Art. 40 VO (EU) Nr. 231/2013 und Abschn. 4.4 KAMaRisk **angemessene Grundsätze für das Risikomanagement** aufzustellen und zu implementieren **(Risk Management Policy)**. Sie hat für jedes ihrer Investmentvermögen **angemessene Risikosteuerungs-** und **-controllingprozesse (Risikomanagementprozesse)** einzurichten, die unter Verwendung von hinreichend fortgeschrittenen Techniken eine fortlaufende Erfassung, Messung, Steuerung und Überwachung der wesentlichen Risiken eines Investmentvermögens gewährleisten. Die Grundsätze für das Risikomanagement sind **angemessen zu dokumentieren,** idealerweise in Form eines eigenständigen Dokumentes. Sie können jedoch auch in die Organisationsrichtlinien der Gesellschaft integriert sein (Erl. zu Abschn. 4.4 Tz. 3 KAMaRisk).

23 Die Risk Management Policy hat **alle wesentlichen Risiken,** denen die Investmentvermögen ausgesetzt sind oder sein können, zu **identifizieren** und zu **adres-**

sieren. Diese wesentlichen Risiken ergeben sich insbes. aus den Anlagezielen, der Anlagestrategie, dem Anlageverhalten bei der Verwaltung der Vermögen sowie dem Bewertungsprozess. Wesentliche Risiken der Investmentvermögen umfassen insb. **Markt-**, **Liquiditäts-** und **Gegenparteirisiko** sowie alle **sonstigen relevanten Risiken,** einschl. **operationeller Risiken** und **Risikokonzentrationen,** die für die einzelnen von der KVG verwalteten Investmentvermögen **wesentlich sein könnten.** Zur Definition der vorbenannten Risikoarten vgl. § 5 III KAVerOV sowie zu § 307 →Rn. 23. **Risiken aus der Verwahrung von Wertpapieren**, die von der Verwahrstelle offengelegt oder der Gesellschaft durch andere Weise bekannt wurden, sind im Rahmen der Anlagetätigkeit und der Portfoliosteuerung zu berücksichtigen.

Zu beachten sind sowohl die Risiken der einzelnen Vermögensgegenstände eines Investmentvermögens als auch deren jeweilige **Wirkung auf das Gesamtrisikoprofil** des Investmentvermögens. Die angewendeten Risikomanagementtechniken haben sich am aktuellen Stand der Entwicklung zu orientieren. 24

Die Grundsätze für das Risikomanagement haben der **Art,** dem **Umfang** und der **Komplexität** der Geschäfte der KVG und der von ihr verwalteten Investmentvermögen zu entsprechen (Art. 40 Ziff. 1, 2, 5 VO (EU) Nr. 231/2013). Sie müssen gem. Art. 40 Ziff. 3, 4 VO (EU) Nr. 231/2013 und Abschn. 4.4 Tz. 4.4 KAMaRisk mindestens Folgendes beinhalten: 25

- die Verfahren, Instrumente und Vorkehrungen, die eine Einhaltung der **Risikomessung** und des **Risikomanagements** (→Rn. 31 ff.) ermöglichen;
- eine **Spezifikation der Techniken,** die für die Messung der wesentlichen Risiken als geeignet erachtet werden;
- die Verfahren, Instrumente und Vorkehrungen, die ermöglichen, dass **Liquiditätsrisiken** eines Investmentvermögens unter **normalen** und **außergewöhnlichen Liquiditätsbedingungen** bewertet und überwacht werden können, einschl. durch die Verwendung **regelmäßig durchgeführter Stresstests** (→Rn. 50 ff.);
- soweit anwendbar, die **Methoden gemäß DerivateV** zur Bestimmung der Auslastung der in § 197 I, II KAGB festgelegten Grenze für das Marktrisiko aufzeigen;
- die **Zuständigkeitsverteilung** innerhalb der KVG, beinhaltend die Aufgabenverteilung bzw. Verantwortungsbereiche der verschiedenen Einheiten bzw. Personen, die in den Risikomanagementprozess involviert sind;
- die für die von der KVG verwalteten Investmentvermögen festgelegten **Risikolimite** (→Rn. 43 ff.) sowie eine **Begründung,** wie diese an dem den Anlegern gem. § 300 I Nr. 3 und § 308 IV 2 (AIF) und § 165 II Nr. 3 (OGAW) offengelegten **Risikoprofil** der Investmentvermögen ausgerichtet werden;
- die **Kommunikationswege** bzw. **Interaktionen** zwischen Fondsmanagement und dauerhafter Risikocontrollingfunktion, die insbes. zur Risikosteuerung notwendig sind;
- die Modalitäten, Inhalte, Häufigkeit und Adressaten (insbes. Geschäftsleitung und Aufsichtsfunktion) der **regelmäßigen Berichterstattung (Risikoreports)** der dauerhaften Risikocontrollingfunktion (→Rn. 62 ff.);
- eine **Beschreibung der Schutzvorkehrungen gegen Interessenkonflikte** (→Rn. 17 ff.), insb.
- die **Art potenzieller Interessenkonflikte,**
- die bestehenden **Abhilfemaßnahmen,**

– die Gründe, weshalb diese Maßnahmen normalerweise für eine **unabhängige Ausübung** der dauerhaften Risikocontrollingfunktion sorgen dürften, sowie
– wie die KVG sicherstellen will, dass die **Schutzvorkehrungen stets wirksam** sind.

26 Nach Art. 18 III VO (EU) Nr. 231/2013 und Erl. zu Abschn. 4.4 Tz. 3 KAMaRisk haben AIF-KVG in der Risk Management Policy weiterhin **schriftliche Due-Diligence-Grundsätze und -Verfahren** festzulegen. Entsprechendes gilt für OGAW-KVG nach § 26 VIII iVm § 2 I KAVerOV. Die Festlegung der Due-Diligence-Grundsätze soll in der Risk Management Policy erfolgen. Dabei sollten die **Arbeitsabläufe, Verantwortungsbereiche** und **Kontrollen,** die Abbildung der **speziellen Risikostruktur** der zu erwerbenden Vermögensgegenstände in den Risikomanagementsystemen sowie die **ordnungsgemäße Preisfeststellung** geregelt werden. Für Produkte, für welche die Gesellschaft bereits hinreichend Erfahrung hat, darf die Risk Management Policy, soweit dies im Einzelfall angemessen ist, ein **vereinfachtes Verfahren** vorsehen. Die ordnungsgemäße Durchführung der in der Risk Management Policy festgelegten Verfahren ist von der KVG **für jedes Investmentvermögen zu dokumentieren.**

27 Um die Wirksamkeit der Grundsätze für das Risikomanagement zu gewährleisten, sollen diese **mindestens jährlich** von der **Geschäftsleitung** überprüft werden (Erwgr. 52 VO (EU) Nr. 231/2013).

V. Risikomanagementsysteme (§ 29 II, IIa und III)

28 **1. Definition und Anforderungen an die Risikomanagementsysteme.** Nach der **Definition** des Art. 38 VO (EU) Nr. 231/2013 und gem. Abschn. 4.1 Tz. 2 KAMaRisk beinhalten die Risikomanagementsysteme einer KVG die **Gesamtheit aller Maßnahmen** zur **Erfassung, Messung, Steuerung, Überwachung** und **Kommunikation von Risiken (Risikocontrolling und Risikosteuerung).** Unter ihnen sind die Systeme der KVG zu verstehen, die aus **relevanten Elementen der Organisationsstruktur** der KVG bestehen, in deren Rahmen einer dauerhaften Risikomanagementfunktion eine zentrale Rolle zukommt, und die die im Zusammenhang mit der **Steuerung der Anlagestrategie sämtlicher Investmentvermögen relevanten Strategien** und **Verfahren, Vorkehrungen, Prozesse** sowie die mit der **Risikomessung** und dem **Risikomanagement verbundenen Verfahren** umfassen, die die KVG bei **allen von ihr verwalteten Investmentvermögen** verwendet. Die Risikomanagementsysteme einer KVG umfassen nach dieser Definition und unter Berücksichtigung von ESMA 2011/379 damit mindestens
– die Einrichtung einer dauerhaften Risikocontrollingfunktion (→ Rn. 10 ff.),
– Grundsätze für das Risikomanagement (→ Rn. 22 ff.),
– die Risikomessung und das Risikomanagement (→ Rn. 31 ff.),
– qualitative und quantitative Risikolimite (→ Rn. 43 ff.),
– die Begrenzung des Leverage (→ Rn. 66 ff.),
– bes. Anforderungen an das Risikomanagement von Verbriefungspositionen (→ Rn. 156 ff.).

29 Die Risikomanagementsysteme müssen ein **Verfahren zur Früherkennung von Risiken (Risikofrüherkennungssystem)** beinhalten, die der KVG die frühzeitige Einleitung von erforderlichen Gegenmaßnahmen ermöglichen. Das Verfahren muss die **rechtzeitige Information der Entscheidungsträger** beinhalten und **periodisch** sowie **anlassbezogen** den wechselnden Erfordernissen angepasst

werden (Abschn. 4.3 Tz. 9 KAMaRisk). Ist für einzelne Risikoarten eine genaue Bemessung nach dem aktuellen Stand der Entwicklung nicht möglich (nicht quantifizierbare wesentliche Risiken), hat die KVG an deren Stelle eine qualifizierte Schätzung vorzunehmen (Erl. zu 4.8 Tz. 6 KAMaRisk). Für Fälle fehlender, veralteter oder verzerrter Marktpreise sind alternative Bewertungsmethoden festzulegen.

Gemäß § 29 IIa 2 haben die Risikomanagementsysteme überdies sicherzustellen, dass die Bewertung von Vermögensgegenständen durch die KVG nicht **ausschließlich** oder **automatisch** aufgrund von **Ratings Dritter** für den Emittenten oder den Vermögensgegenstand selbst erfolgt (→ Rn. 54 ff.). 30

2. Risikomessung und -management. a) Vorkehrungen, Prozesse und Verfahren. Gemäß § 29 II, Art. 45 I VO (EU) Nr. 231/2013 und Abschn. 4.1 Tz. 2 KAMaRisk muss eine KVG über **angemessene Risikomanagementsysteme** verfügen, die eine 31

- **Erfassung** („Identifizierung"),
- **Messung** („Beurteilung"),
- **Steuerung** sowie
- **Überwachung** und **Kommunikation**

der wesentlichen Risiken und damit verbundenen Risikokonzentrationen gewährleisten. **„Erfassung"** ist iSv „Identifizierung" und **„Messung"** iSv „Beurteilung" zu verstehen, da sowohl quantitative als auch qualitative Methoden zu berücksichtigen sind. Sie haben insb. zu gewährleisten, dass die für die jeweiligen Anlagestrategien wesentlichen Risiken der Investmentvermögen jederzeit erfasst, gemessen, gesteuert und überwacht werden können.

Die Risikomanagementsysteme müssen gewährleisten, dass die wesentlichen Risiken – auch aus ausgelagerten Aufgaben – **frühzeitig erkannt, vollständig erfasst** und **in angemessener Weise dargestellt** werden können. Sie müssen die **rechtzeitige Information der Entscheidungsträger** beinhalten und periodisch sowie anlassbezogen den wechselnden Erfordernissen angepasst werden. Die Risikomanagementsysteme können, müssen aber nicht, in ein integriertes System zur Ertrags- und Risikosteuerung eingebunden werden, wobei die BaFin eine solche Einbindung ausdrücklich empfiehlt (vgl. Erl. zu Abschn. 4.3 Tz. 6 KAMaRisk). 32

Die Risiken sind sowohl für jedes Investmentvermögen **(Gesamtrisikoprofil des Investmentvermögens)** als auch auf der Ebene der KVG **(Gesamtrisikoprofil aller Investmentvermögen und der Gesellschaft)** zu erfassen. Grundsätzlich sind jedenfalls **Adressenausfallrisiko, Marktpreisrisiken, Liquiditätsrisiken** und **operationelle Risiken** (einschl. Rechtsrisiken und Reputationsrisiken) als wesentlich einzustufen. Mit diesen Risiken verbundene **Risikokonzentrationen** sind iRd Risikomessung und des Risikomanagements zu berücksichtigen. Für Risiken, die als nicht wesentlich eingestuft werden, sind angemessene Vorkehrungen zu treffen. 33

Weder können die einzelnen Risikoarten noch die Risiken der Investmentvermögen und die Risiken der KVG vollständig isoliert betrachtet werden. Die unmittelbar auf das Investmentvermögen wirkenden Risiken können mittelbar die KVG betreffen. Ebenso wirken operationelle Risiken ggf. auf die Investmentvermögen. Diesen **Wechselwirkungen** ist iRd Risikomanagementsysteme Rechnung zu tragen. Hierbei sind Risiken, die originär der KVG zugeordnet werden, aber auch die Investmentvermögen beeinflussen können, auch im Rahmen der Risikomanagementsysteme der Investmentvermögen zu berücksichtigen. Umgekehrt 34 muss die Gesellschaft die Risiken der Investmentvermögen in ihrem Gesamtrisiko berücksichtigen und somit in ein ganzheitliches Risikomanagementsystem integrieren. Gleichermaßen zu berücksichtigen sind **Wechselwirkungen** zwischen den unterschiedlichen Risikoarten (Abschn. 4.1 Tz. 3 und 4.3 Tz. 7 KAMaRisk nebst Erl.).

35 Die Vorkehrungen, Prozesse und Verfahren der Risikomessung und des Risikomanagements müssen unter Berücksichtigung der **Art,** des **Umfangs** und der **Komplexität** des **Geschäfts der KVG** und **sämtlicher von ihr verwalteter Investmentvermögen angemessen** sein und im Einklang mit dem ggü. den Anlegern **offengelegten Risikoprofil** stehen (Art. 45 II VO (EU) Nr. 231/2013).

36 **b) Maßnahmen der Risikomessung und des Risikomanagements.** Zur Risikomessung und zum Risikomanagement hat die KVG **für alle von ihr verwalteten Investmentvermögen** folgende Maßnahmen zu ergreifen (§ 29 III; Art. 45 III VO (EU) Nr. 231/2013):

37 – Einführung der **notwendigen Risikomessvorkehrungen, -prozesse und -verfahren,** die sicherstellen, dass die Risiken übernommener Positionen und deren Beitrag zum Gesamtrisikoprofil auf der Grundlage solider und verlässlicher Daten genau gemessen werden und dass die Risikomessvorkehrungen, -prozesse und -verfahren adäquat dokumentiert werden. **Vermögensanlagen** für Rechnung eines Investmentvermögens dürfen ausschließlich entspr. der **Anlagestrategie**, den **Zielen** und dem **Risikoprofil** der Investmentvermögen auf Basis **angemessener, dokumentierter** und **regelmäßig aktualisierter Sorgfaltsprüfungsprozesse** getätigt werden;

38 – Durchführung **periodischer Rückvergleiche (Backtesting)** zur Überprüfung der Stichhaltigkeit der Risikomessvorrichtungen. Diese haben **modellbasierte Prognosen** und **Schätzungen** zu beinhalten;

39 – die mit **einzelnen Anlagepositionen** der Investmentvermögen verbundenen **Risiken** sowie deren jeweilige **Wirkung auf das Gesamtrisikoprofil** des Investmentvermögens sind **laufend** ordnungsgemäß zu **erfassen,** zu **messen,** zu **steuern** und zu **überwachen.** Hierzu sind ua **periodische Stresstests und Szenarioanalysen** zur Erfassung der Risiken aus potenziellen Veränderungen der Marktbedingungen, die sich nachteilig auf das Investmentvermögen auswirken, zu verwenden (→. Rn. 50ff.);

40 – die **Risikoprofile der Investmentvermögen** müssen der **Größe,** der **Zusammensetzung** sowie den **Anlagestrategien** und **Anlagezielen** entsprechen, wie sie in den Anlagebedingungen, dem Verkaufsprospekt und den sonstigen Verkaufsunterlagen des Investmentvermögens festgelegt sind. IRd Risikomessung und des Risikomanagements hat die KVG zu gewährleisten, dass der jeweilige **Risikostand mit den Risikolimiten** in Einklang steht;

41 – Festlegung, Umsetzung und Aufrechterhaltung angemessener Verfahren, die im Falle von tatsächlichen oder zu erwartenden **Verstößen gegen Risikolimite** des Investmentvermögens in der Lage sind, angemessene Verfahren zu **zeitnahen Abhilfemaßnahmen** im besten Interesse der Anleger festzulegen, umzusetzen und aufrecht zu erhalten;

42 – für jedes Investmentvermögen sind **Liquiditätslimite** sowie **angemessene Systeme und Verfahren („Liquiditätsmanagement")** festzulegen und zu überwachen bzw. zu implementieren (Art. 45 III Buchst. f, 46 VO (EU) Nr. 231/2013, → § 30 Rn. 8ff.).

3. Qualitative und quantitative Risikolimite. Im Rahmen der Risikomanagementsysteme hat die KVG **für jedes von ihr verwaltete Investmentvermögen** unter Berücksichtigung aller einschlägigen Risiken **quantitative und qualitative Risikolimite oder beides einzurichten, umzusetzen** und zu **dokumentieren** (Art. 44 I VO (EU) Nr. 231/2013). Alle wesentlichen und einer Limitierung zugänglichen Risiken sind hierbei einzubeziehen. Die Einhaltung der Limite ist zu gewährleisten. Werden lediglich qualitative Limite festgelegt, so muss die KVG diesen Ansatz vor der zuständigen Behörde (BaFin) rechtfertigen können. Die KVG hat bei der Festlegung der Risikolimite die Strategie und Vermögenswerte im Hinblick auf jedes von ihr verwaltete Investmentvermögen sowie die auf diese anwendbaren nationalen Vorschriften zu berücksichtigen. 43

Das Limitsystem stellt ein System von **geeigneten Obergrenzen für alle wesentlichen Risikoarten** dar. Es muss auf das Risikoprofil des jeweiligen Investmentvermögens abgestellt sein. Weiterhin müssen alle Risikoarten und ggf. auch ihre Wechselwirkungen berücksichtigt werden, vorausgesetzt, diese sind einer Limitierung zugänglich. 44

Die qualitativen und quantitativen Risikolimite haben nach Art. 44 VO (EU) Nr. 231/2013 und Abschn. 4.8 Tz. 3 KAMaRisk für jedes Investmentvermögen **mindestens folgende Risiken** abzudecken: 45

- **Marktrisiken**,
- **Kreditrisiken**,
- **Liquiditätsrisiken**,
- **Gegenparteirisiken**,
- **operationelle Risiken**,
- **Risikokonzentrationen.**

Als Teil dieser Risiken sieht die BaFin **„Nachhaltigkeitsrisiken"** an. Die BaFin hat am 20.9.2019, zuletzt geändert am 13.1.2020, ein Merkblatt zum „Umgang mit Nachhaltigkeitsrisiken" veröffentlicht. Die BaFin sieht ihr Merkblatt als Kompendium von Good-Practices, das unter Berücksichtigung des Proportionalitätsprinzips bei Versicherungsunternehmen, Wertpapierdienstleistungsunternehmen und KVG sowie bei Kreditinstituten Anwendung finden soll. Das Merkblatt sei eine sinnvolle Ergänzung der Mindestanforderungen an das Risikomanagement für Kreditinstitute, Versicherungsunternehmen und KVG. Die BaFin würde erwarten, dass diese Unternehmen eine Auseinandersetzung mit den entspr. Risiken sicherstellen. **Nachhaltigkeitsrisiken iSd Merkblatts seien Ereignisse oder Bedingungen aus den Bereichen Umwelt, Soziales oder Unternehmensführung, deren Eintreten tatsächlich oder potenziell erhebliche negative Auswirkungen auf die Vermögens-, Finanz- und Ertragslage sowie auf die Reputation eines Unternehmens haben können.** Dies schließe klimabezogene Risiken in Form von physischen Risiken und Transaktionsrisiken ein. 46

Die Risikolimite sind an dem gem. § 300 I Nr. 3 und § 308 IV 2 (AIF) bzw. § 165 II Nr. 3 (OGAW) den Anlegern offengelegten Risikoprofil der Investmentvermögen **auszurichten** und von der Geschäftsleitung der KVG **zu genehmigen.** Zur Definition der vorbenannten Risiken vgl. § 5 III KAVerOV und zu § 307 → Rn. 23. 47

Geschäfte für ein Investmentvermögen dürfen grds. nur mit Vertragspartnern getätigt werden, für die **Kontrahentenlimits** eingeräumt wurden. Diese haben die Bonität der Vertragspartner zu berücksichtigen und eine **Gruppenzugehörigkeit von Kontrahenten** ist zu berücksichtigen. Auf das Kontrahentenlimit sind alle Geschäfte mit einer bestimmten Gegenpartei anzurechnen. Bei der Ermittlung 48 der Auslastung sind Wiedereindeckungsrisiken aus diesen Geschäften und Erfüllungsrisiken zu berücksichtigen. Ausgenommen hiervon sind Börsengeschäfte sowie Kassageschäfte, bei denen der Gegenwert angeschafft wurde bzw. Zug um Zug anzuschaffen ist oder bei denen eine entsprechendee Deckung vorliegt.

49 In regelmäßigen Abständen, **mindestens vierteljährlich,** ist das **Risikodeckungspotenzial der KVG** dem **Gesamtrisikoprofil der KVG** iSv Abschn. 4.1 Tz. 3 KAMaRisk **gegenüberzustellen.** Das Risikodeckungspotenzial der Gesellschaft ist bei der **Festlegung** der **Geschäfts- und der Risikostrategie** sowie bei deren **Anpassung** zu berücksichtigen. **Alle** wesentlichen und **einer Limitierung zugänglichen Risiken** sind unter Berücksichtigung des Risikodeckungspotentials zu limitieren. Wesentliche Risiken, die keiner Limitierung zugänglich sind (zB operationelle Risiken), sind im Rahmen der Ermittlung des Gesamtrisikoprofils auf Basis einer Plausibilisierung zu berücksichtigen. Die Limitierungen sind in der Risikostrategie festzuhalten. Die Einhaltung der Limite ist zu gewährleisten (vgl. Abschn. 4.3 Tz. 8 KAMaRisk nebst Erl.).

50 **4. Stresstests.** Je nach Art, Umfang, Komplexität und Risikogehalt der Geschäftsaktivitäten der KVG hat deren dauerhafte Risikocontrollingfunktion **regelmäßig angemessene Stresstests** für die **wesentlichen Risiken** durchzuführen (§ 29 II Nr. 2 und Abschn. 4.3 Tz. 10 KAMaRisk). Stresstests sind **sämtliche Methoden,** mit denen die **Verlustanfälligkeit** – auch bezüglich außergewöhnlicher, aber plausibel möglicher, Ereignisse – überprüft werden kann. Dies beinhaltet zB **Sensitivitätsanalysen** oder **Szenarioanalysen** (bei denen ein Risikofaktor variiert wird oder mehrere bzw. alle Risikofaktoren, deren Änderung sich aus einem vordefinierten Ereignis ergeben, simultan verändert werden).

51 Die Stresstests haben auf der Basis **der für die jeweiligen Risiken identifizierten wesentlichen Risikofaktoren** zu geschehen und sind grds. für alle wesentlichen Risikoarten durchzuführen. Sie haben insb. auch Risikokonzentrationen zu adressieren sowie außergewöhnliche, aber plausibel mögliche Ereignisse abzubilden. Dabei sind geeignete historische oder hypothetische Szenarien darzustellen. Bei der Festlegung der Szenarien sind die strategische Ausrichtung der KVG und ihr wirtschaftliches Umfeld zu berücksichtigen. Die Stresstests sind sowohl auf **Ebene der Investmentvermögen** als auch auf **Gesellschaftsebene** durchzuführen (Abschn. 4.3 Tz. 10 KAMaRisk).

52 Stresstests müssen **risikoadäquat** sein, dh der zu betreibende Aufwand muss der jeweiligen Risikosituation angemessen sein. Stresstests für sehr risikoarme Investmentvermögen können entspr. schlicht und aufwandsarm ausfallen bzw. es kann, soweit deren Durchführung nicht angemessen ist, darauf verzichtet werden. Weist die Vermögenszusammensetzung eines Investmentvermögens jedoch ein komplexes Risikoprofil auf, müssen die Stresstests diese Komplexität widerspiegeln. In einem Stresstest sind mögliche außergewöhnlich große Wertverluste des Investmentvermögens zu ermitteln, die aufgrund von ungewöhnlichen Änderungen der wertbestimmenden Parameter und ihrer Zusammenhänge entstehen können. Umgekehrt sind, soweit angemessen, auch die Änderungen der wertbestimmenden Faktoren und ihrer Zusammenhänge zu ermitteln, die einen außergewöhnlich großen oder vermögensbedrohenden Wertverlust eines Investmentvermögens zur Folge hätten. Ist für einzelne Risikoarten eine genaue Bemessung der potenziellen Wertverluste des Investmentvermögens oder der Änderungen der wertbestimmenden Parameter und ihrer Zusammenhänge nicht möglich, so darf an deren Stelle eine qualifizierte Schätzung vorgenommen werden (Erl. Abschn. 4.8 Tz. 6 KAMaRisk).

Die **Angemessenheit der Stresstests** sowie deren **zugrunde liegenden Annahmen** sind in regelmäßigen Abständen, **mindestens** aber **jährlich** zu überprüfen. 53

5. Verwendung externer Ratings. Vorgaben im Hinblick auf die **Verwendung externer Ratings bei der Beurteilung der Kreditqualität** der Vermögensgegenstände der Investmentvermögen ergeben sich sowohl aus § 29 IIa als auch aus Art. 4 I und 5aVO (EG) Nr. 1060/2009 in ihrer Fassung v. 9.1.2024. Die VO (EU) Nr. 462/2013 trat am 20.6.2013 in Kraft und findet als EU-VO seitdem ohne Umsetzung in nationales Recht auf KVG unmittelbar Anwendung. 54

Resultierend aus der Rolle der Rating-Agenturen in der Finanzkrise und bestätigt durch ihre Rolle in der Staatsschuldenkrise wurde **VO (EG) Nr. 1060/2009** mit der Zielsetzung erlassen, einen gemeinsamen Regulierungsansatz einzuführen, um die Integrität, Transparenz, Verantwortung, gute Unternehmensführung und Unabhängigkeit von Ratingagenturen zu fördern. Mir ihr wurden die Voraussetzungen für die Abgabe von Ratings sowie Organisations- und Verhaltensregeln für Ratingagenturen festgelegt. Mit **VO (EU) Nr. 462/2013** v. 21.5.2013 wurde Art. 5a in die VO (EG) Nr. 1060/2009 eingefügt. Dieser verpflichtet ua OGAW- und AIF-KVG, **eigene Kreditrisikobewertungen** vorzunehmen und sich bei der Bewertung der Bonität eines Unternehmens oder eines Finanzinstruments **nicht ausschließlich oder automatisch auf Ratings von externen Ratingagenturen zu stützen.** 55

Mit der gleichen Zielsetzung wurde am selben Tag wie die VO (EU) Nr. 462/2013 die RL 2013/14/EU erlassen, die mit dem KAGB-Reparaturgesetz als § 29 IIa in nationales Recht umgesetzt wurde (→Rn. 3). Eine Folge der Finanzkrise sei, dass es bei Investitionen in Schuldtiteln zu einem übermäßigen Rückgriff auf Ratings durch die Anleger, einschl. OGAW und AIF, komme, ohne die Bonität der Emittenten dieser Instrumente unbedingt einer eigenen Bonitätsprüfung zu unterziehen. Um die Qualität der von OGAW und AIF getätigten Anlagen zu verbessern und dadurch die Anleger dieser Investmentvermögen zu schützen, solle von allen OGAW- und AIF-KVG verlangt werden, sich bei der Bewertung der mit den getätigten Anlagen verbunden Risiken nicht ausschließlich und automatisch auf Ratings zu stützen oder sie als einzigen Parameter zu verwenden. Aus diesem Grund sind in die Risikomanagementprozesse und -systeme einer KVG unter Berücksichtigung ihrer jeweiligen Besonderheiten **Grundsätze gegen einen übermäßigen Rückgriff auf Ratings** aufzunehmen (Erwgr. 2 RL (EU) 2013/14/EU). 56

Eine KVG darf sich somit sowohl nach § 29 IIa als auch nach Art. 5a VO (EG) Nr. 1060/2009 bei der **Bewertung der Beurteilung der Kreditqualität der Vermögensgegenstände nicht ausschließlich oder automatisch auf Ratings, die von einer Ratingagentur iSd Art. 3 I VO (EU) 1060/2009 abgegeben wurden, verlassen.** Dieses ist durch ihre **Risikomanagementsysteme** sicherzustellen. 57

Der Wortlaut **„nicht ausschließlich und automatisch“** in Art. 5a I VO (EU) Nr. 462/2013 zeigt, dass gleichwohl weiterhin ein Rückgriff auf externe Ratings **zulässig** ist. Dieses ergibt sich unter anderem aus den Hinweisen der BaFin „zur Verwendung externer Ratings und zur Durchführung eigener Kreditrisikobewertungen“ für Versicherungsunternehmen und Einrichtungen zur betrieblichen Altersvorsorge v. 23.10.2013 idF v. 24.4.2014. Für eine praktikable und sachgerechte Umsetzung der in Art. 5a I VO (EU) Nr. 462/2013 geregelten Vorschrift 58 erachtet die BaFin es danach für ausreichend, wenn die eigene Kreditrisikobewertung in Form einer Plausibilisierung der externen Ratingbeurteilung vorgenommen wird. Voraussetzung ist demnach, dass die KVG externe Ratings im Rahmen ihrer Risikomanagementsysteme **angemessen plausibilisiert** und ggf. **anpasst.** Dies ist **nachprüfbar zu dokumentieren.** Bei einer im Vergleich zum externen Rating **besseren eigenen Bewertung** der Forderung ist nach Ansicht der BaFin neben einer **qualitativen Beurteilung** eine **angemessene quantitative Bewertung** hinzuzufügen.

59 Zu unterscheiden ist die Verwendung von externen Ratings **im Rahmen des Risikomanagements** von der Einhaltung von **mit Anlegern vertraglich vereinbarten Ratingvorgaben („Mindestrating")**, insb. im Rahmen von Anlagebedingungen oder Verkaufsprospekten. § 29 IIa und VO (EG) Nr. 1060/2009 in ihrer durch VO (EU) Nr. 462/2013 geänderten Fassung enthalten Vorgaben an die Bewertung der Kreditqualität von Vermögensgegenständen im Rahmen des Risikomanagements der KVG. Im Rahmen des Risikomanagements sind externe Ratings zu plausibilisieren. Werden mit Anlegern (zusätzlich) Ratingvorgaben vereinbart, nach denen die Vermögensgegenstände **vorgegebene Ratings definierter Ratingagenturen** einhalten müssen, ist die KVG zur Einhaltung dieser Ratingvorgaben vertraglich verpflichtet. Aufgrund der vorgegebenen Ratingagenturen bedarf es keiner Plausibilisierung im Rahmen der Überwachung der Einhaltung dieser Ratingvorgaben, sondern die KVG hat in Erfüllung ihrer vertraglichen Pflichten die Einhaltung der Ratingvorgaben bezogen auf diese Ratingagenturen (ohne Plausibilisierung) einzuhalten. Werden dagegen mit Anlegern **Ratingvorgaben ohne Benennung von Ratingagenturen** vereinbart, bedarf es der Plausibilisierung derselben.

60 Zum Teil wird vereinbart, dass im Falle des Unterschreitens eines **Mindestratings** einer externen Ratingagentur die KVG eine **Anlageentscheidung über die Veräußerung oder das Halten des betreffenden Vermögensgegenstandes** trifft. Nachdem Anlageentscheidung regelmäßig nicht ausschließlich auf einem externen Rating beruhen wird, stellt die KVG nicht ausschließlich oder automatisch auf externe Ratings ab, sondern die Änderung des externen Ratings verpflichtet die KVG allein zur Vornahme einer Anlageentscheidung.

61 Die **BaFin** hat gem. Art. 5a II VO (EG) Nr. 1060/2009 sowie gem. § 29 IIa 3 und 4 unter Berücksichtigung der **Art,** des **Umfangs** und der **Komplexität der Tätigkeiten** der KVG die Angemessenheit der Kreditrisikobewertungsverfahren **zu überwachen,** die Verwendung von vertraglichen Bezugnahmen auf Ratings **zu bewerten** und ggf. **Anreize** für die KVG zu setzen, um die Auswirkungen solcher Bezugnahmen **abzumildern** und den ausschließlichen oder automatischen Rückgriff auf Ratings zu **verringern.**

62 **6. Regelmäßige Berichterstattung/Risikoreports. a) … an die Geschäftsleitung.** Die Berichtspflichtigen ggü. den Geschäftsleitern und dem Aufsichtsrat ergeben sich aus § 29 V iVm Art. 39 I Buchst. d und e VO (EU) Nr. 231/2013. Die Regelungen gelten nach § 5 KAVerOV entspr. für OGAW-KVG. Die Geschäftsleitung hat sich **in angemessenen Abständen** über die Risikosituation berichten zu lassen **(regelmäßige Berichterstattung/Risikoreports).** Die Risikoberichterstattung ist in **nachvollziehbarer, aussagefähiger Art** und **Weise** zu verfassen. Sie hat neben einer Darstellung auch eine **Beurteilung der Risikosituation** zu enthalten. In die Risikoberichterstattung sind bei Bedarf auch **Handlungsvorschläge,** zB zur Risikoreduzierung, aufzunehmen.

Sie kann, soweit dies aus Sicht der KVG als sinnvoll erachtet wird, **durch prägnante Darstellungen ergänzt** werden (zB eine Management Summary). Soweit sich keine relevanten Änderungen im Hinblick auf Sachverhalte in vorangegangenen Berichterstattungen ergeben haben, kann im Rahmen der aktuellen Berichterstattung auf diese verwiesen werden. Da Risikoaspekte nicht isoliert von **Ertrags-** und **Kostenaspekten** diskutiert werden können, können letztere ebenfalls in die Risikoberichterstattung aufgenommen werden. Auch eine **Diskussion der Handlungsvorschläge mit den jeweils verantwortlichen Bereichen** ist grds. unproblematisch, solange sichergestellt ist, dass der Informationsgehalt der Risikoberichterstattung bzw. der Handlungsvorschläge nicht auf eine unsachgerechte Weise verzerrt wird.

Gemäß Art. 39 I Buchst. d und e VO (EU) Nr. 231/2013 hat der Risikobericht 63
insbes. folgende Informationen zu umfassen:

- **Kohärenz** zwischen den im Einklang mit Art. 44 VO (EU) Nr. 231/2013 **festgelegten Risikolimiten** (→Rn. 43ff.) und den gem. §300 I Nr. 3 und §308 IV 2 (AIF) und §165 II Nr. 3 (OGAW) ggü. den Anlegern **offengelegten Risikoprofilen** der Investmentvermögen und die **Einhaltung der Risikolimite,**
- **Angemessenheit und Wirksamkeit der Risikomanagementprozesse,** wobei insb. anzugeben ist, ob bei tatsächlichen oder zu erwartenden Mängeln **angemessene Abhilfemaßnahmen** eingeleitet wurden oder werden;
- **Änderungen** der **wesentlichen Annahmen** oder Parameter, die den Verfahren zur Beurteilung bzw. der Messung der Risiken zu Grunde liegen.

Unabhängig davon sind **unter Risikogesichtspunkten wesentliche Informationen** unverzüglich an die **Geschäftsleitung,** die **jeweiligen Verantwortlichen** und ggf. die **Interne Revision** weiterzuleiten, so dass geeignete Maßnahmen bzw. Prüfungshandlungen frühzeitig eingeleitet werden können. Hierfür ist ein **geeignetes Verfahren festzulegen.** 64

b) ... an den Aufsichtsrat. Die **Geschäftsleitung** hat den Aufsichtsrat, soweit vorhanden, **vierteljährlich** über die Risikosituation **in angemessener Weise schriftlich** zu informieren. Die Berichterstattung ist **in nachvollziehbarer, aussagefähiger Art und Weise** zu verfassen und hat neben der **Darstellung** auch eine **Beurteilung der Risikosituation** zu enthalten. Grundsätzlich gelten für den notwendigen Inhalt der Berichterstattung an den Aufsichtsrat dieselben Anforderungen wie für die Berichterstattung an die Geschäftsleitung (→Rn. 62ff.). Auf **besondere Risiken für die Geschäftsentwicklung** und **geplante Maßnahmen** der Geschäftsleitung ist gesondert einzugehen. Unter Risikogesichtspunkten **kritische Informationen** sind von der Geschäftsleitung **unverzüglich an den Aufsichtsrat** weiterzuleiten. Hierfür hat die Geschäftsleitung gemeinsam mit dem Aufsichtsrat ein geeignetes Verfahren festzulegen. 65

VI. Leverage/Hebelfinanzierung

1. Gesetzgeberischer Hintergrund, Definition. Nach Auffassung der EU-Kommission ist der Berechnung und Begrenzung des Leverage besondere Bedeutung zuzumessen. Die Methode der Berechnung des Leverage sei daher entscheidend für eine frühzeitige Erkennung systematischer Risiken. Die Information über das Ausmaß des eingesetzten Leverage sei entscheidend sowohl für den Anleger als auch für die Aufsichtsbehörden und würde daher einer vergleichbaren Regelung in 66 den Mitgliedstaaten bedürfen (AIFMD-Impact Assessment v. 19.12.2012 SWD (2012) 386). Aus diesem Grund enthalten Art. 15 IV AIFM-RL, § 29 IV sowie Art. 6–10 und Anhang I–III VO (EU) Nr. 231/2013 umfangreiche Regelungen zur Transparenz eines von einer KVG eingesetzten Leverage.

67 Nach der Legaldefinition des § 1 XIX Nr. 25 ist **Leverage jede Methode, mit der die KVG den Investitionsgrad eines von ihr verwalteten Investmentvermögens durch Kreditaufnahme, Wertpapierdarlehen, in Derivate eingebettete Hebelfinanzierungen oder auf andere Weise erhöht.** Artikel 6 I VO (EU) Nr. 231/2013 definiert Leverage als das **Verhältnis zwischen dem Risiko des Investmentvermögens und seinem Nettoinventarwert (Hebelkraft des Investmentvermögens).** Die Kriterien zur Festlegung der Methoden für Leverage, einschl. jeglicher Finanz- und Rechtsstrukturen, an denen Dritte beteiligt sind, die von dem betreffenden Investmentvermögen kontrolliert werden, und darüber, wie Leverage zu berechnen ist, ergeben sich aus § 29 IV, Art. 6 bis 10 VO (EU) Nr. 231/2013, den „CESR's Guidelines on Risk Measurement and the Calculation of Global Exposure and Counterparty Risk for UCITS" v. 28.7.2010 (CESR/10-788), den ESMA-Leitlinien zu Art. 25 der RL 2011/61/EU v. 23.6.2021 (ESMA34-32-701 DE) sowie den Verlautbarungen der BaFin.

68 Die Leverage-Berechnung kann grundsätzlich ohne Verrechnung von Absicherungsgeschäften erfolgen **(„Brutto-Methode")** oder Absicherungsgeschäfte berücksichtigen (**„Netto-Methode"** oder **„Commitment-Methode"**). Nach der BaFin-Verwaltungsauffassung kann eine Verrechnung von **Absicherungsgeschäften** nach der Commitment-Methode nur erfolgen, wenn die Geschäfte mit dem **alleinigen Ziel der Risikoeliminierung bzw. des Risikoausgleichs** abgeschlossen wurden. Ist dieses Ziel nicht eindeutig definierbar, so soll nach der BaFin-Verwaltungsauffassung keine Verrechnung stattfinden können und die Anwendung der Brutto- und Commitment-Methode führt zu einem identischen Ergebnis.

69 **2. Berechnung und Festlegung des Höchstmaßes an Leverage.** Die Gesetzesbegründung zu § 29 IV stellt klar, dass Abs. 4 primär der Umsetzung von Art. 15 IV AIFM-RL dient und damit originär auf AIF-KVG Anwendung findet. Die Regelung soll aber ausdrücklich auch auf OGAW-KVG Anwendung finden. Gemäß § 29 IV hat eine KVG ein **Höchstmaß an Leverage („Hebelfinanzierung")** festzusetzen, das sie für **jedes** von ihr verwaltete Investmentvermögen einsetzen kann und darf, sowie den Umfang des Rechts der **Wiederverwendung von Sicherheiten** oder **sonstigen Garantien,** die iRd Vereinbarung über den Leverage gewährt werden können.

70 Bei der Festlegung des Höchstmaßes an zulässigem Leverage hat die KVG folgende Punkte zu berücksichtigen:

– **Art des Investmentvermögens** und dessen **Anlagestrategie,**
– **Herkunft des Leverage** des Investmentvermögens,
– jede andere Verbindung oder relevante Beziehung zu anderen Finanzdienstleistungsunternehmen, die **potenziell ein Systemrisiko** darstellen,
– **Notwendigkeit,** das Risiko ggü. jedem einzelnen Kontrahenten **zu begrenzen,**
– Ausmaß, bis zu dem das Leverage **abgesichert** ist,
– Verhältnis zwischen **Aktiva** und **Passiva** sowie
– **Umfang,** die **Art** und das **Ausmaß** der Geschäftstätigkeiten der KVG **auf den betreffenden Märkten.**

Risiken, die in **Finanz- und Rechtsstrukturen** enthalten sind, an denen **Dritte beteiligt** sind, sind in die Risikoberechnung **einzubeziehen, wenn** die genannten Strukturen eigens dafür geschaffen wurden, das **Risiko auf Ebene des Investmentvermögens direkt oder indirekt zu erhöhen.** Bei Investmentvermögen, deren Anlagestrategie im Wesentlichen darin besteht, die Kontrolle über nicht börsennotierte Unternehmen oder Emittenten zu erlangen, sind Risiken, die auf Ebene dieser nicht börsennotierten Unternehmen und Emittenten bestehen, von der KVG **nicht in die Berechnung der Hebelfinanzierung** einzubeziehen, **wenn** das Investmentvermögen oder die für dieses handelnde KVG für potenzielle Verluste, die über ihre Investition in das betreffende Unternehmen oder den betreffenden Emittenten hinausgehen, **nicht aufkommen muss. Kreditvereinbarungen** sind von der KVG **unberücksichtigt** zu belassen, wenn sie **vorübergehend** sind und **in vollem Umfang durch vertragliche Investitionszusagen** von Anlegern für das Investmentvermögen **abgedeckt** werden (Art. 6 III, IV VO (EU) Nr. 231/2013). 71

Im Falle von **AIF** muss die KVG im **Verkaufsprospekt** zwingend die anwendbaren Berechnungsmethoden nennen. Zudem müssen die Höchstwerte des zulässigen Leverage **(„Begrenzungskennziffern")** genannt werden und es muss klargestellt werden, dass es sich hierbei um festgelegte Begrenzungen handelt (Stichwörter zB Höchstmaß, Limit, Begrenzung, begrenzen etc.), wobei diese Begrenzungen bei bestimmten Marktbewegungen übertroffen werden können. 72

Bei **OGAW** muss der **Verkaufsprospekt** des Investmentvermögens gem. § 165 II Nr. 6 Angaben zum maximalen Umfang des Leverage **(„Leveragebegrenzung")** enthalten. Die Angabe des maximalen Umfangs des Leverage kann bei OGAW durch die Angabe des maximalen Marktrisikopotenzials ersetzt werden. Falls jedoch der max. Leverage angegeben wird, ist zwingend die Begrenzung nach der Brutto-Methode (→ Rn. 79ff.) anzugeben. Wahlweise kann auch die freiwillige Begrenzung nach dem einfachen Ansatz angegeben werden. 73

Die BaFin hat in ihrer Verlautbarung WA 41-Wp 2137-2013/0029 folgenden Formulierungsvorschlag veröffentlicht: „Die Gesellschaft erwartet, dass das nach der Brutto-Methode berechnete Risiko des AIF seinen Nettoinventarwert um maximal das 5-fache und das nach der Commitment-Methode berechnete Risiko des AIF seinen Nettoinventarwert um maximal das 3-fache nicht übersteigt. Abhängig von den Marktbedingungen kann der Leverage jedoch schwanken, so dass es trotz der ständigen Überwachung durch die Gesellschaft zu Überschreitungen der angegebenen Höchstmaße kommen kann." 74

3. Berechnungsmethoden. Für AIF und OGAW gelten unterschiedliche Leverage-Vorgaben: 75

Leverage-Vorgaben für AIF ergeben sich aus § 29 IV sowie Art. 4 III AIFM-RL iVm Art. 6 bis 11 VO (EU) Nr. 231/2013.Eine KVG hat danach für AIF **auf Basis dokumentierter Verfahren sowohl** ein Höchstmaß an Leverage berechnet nach der **Brutto-Methode** (Art. 7 VO (EU) Nr. 231/2013; → Rn. 86ff.) **als auch ein Höchstmaß an Leverage** berechnet nach der Commitment-Methode (Art. 8 VO (EU) Nr. 231/2013; → Rn. 112ff.) festzulegen, zu berechnen und zu überwachen (Arg. Wortlaut Art. 109 II VO (EU) Nr. 231/2013). Eine Wahlmöglichkeit zwischen der Berechnung nach der Brutto- und der Commitment-Methode sieht die VO (EU) Nr. 231/2013 nicht vor. 76

Für **OGAW** ist eine Berechnung des Leverage-Anrechnungsbetrages entspr. der „CESR's Guidelines on Risk Measurement and the Calculation of Global Exposure 77 and Counterparty Risk for UCITS" v. 28.7.2010 (CESR/10-788) im Sinne einer **Bruttoberechnung** vorzunehmen, dh ohne Verrechnung/Anerkennung von Absicherungsgeschäften. Diese ist definiert als **„sum of the notionals of derivatives used"** (→ Rn. 79). Freiwillig kann eine Berechnung des Leverage-Anrechnungsbetrages nach dem **Einfachen Ansatz nach §§ 15 ff. DerivateV** erfolgen (vgl. Erläuterung zu § 35 VI DerivateV). Eine Berechnung eines Leverage nach der Brutto- bzw. Commitment-Methode gem. Art. 7 und 8 VO (EU) Nr. 231/2013 ist dagegen für OGAW mangels Verweis in § 29 oder § 5 KAVerOV nicht vorzunehmen. Auch eine direkte Anwendung der Art. 7 und 8 VO (EU) Nr. 231/2013 ist nach dem Wortlaut der VO für OGAW nicht gegeben.

78 Zu unterscheiden ist die Berechnung von Leverage nach § 29 IV von der **Berechnung von Leverage nach der DerivateV.** Die BaFin stellt in Ziff. 3 Buchst. a Ergebnisprotokoll WA 41-WP 2136–2011/0090 v. 9.8.2013 in Bezug auf Eigenmittel und Leverage fest, dass für die Berechnung des Risikos eines Investmentvermögens nach der Commitment-Methode ausschließlich die Regelungen des Art. 8 VO (EU) Nr. 231/2013 und nicht die Regelungen der §§ 15 ff. DerivateV Anwendung finden. Unter Ziff. 3 Buchst. b stellt die BaFin darüber hinaus klar, dass, anders als nach § 17 a I 1 DerivateV und Box 5 Nr. 1 der CESR Leitlinien zur Risikomessung, für OGAW bei der Leverage-Berechnung zwingend beide Methoden (Brutto- und Commitment-Methode) anzuwenden sind.

79 **a) Brutto-Berechnung für OGAW („Sum of notionals").** Der Leverage eines OGAW nach der Brutto-Methode ist nach der Verwaltungsauffassung der BaFin als Division des OGAW durch **dessen Nettoinventarwert** zu berechnen. Diese Form der Berechnung des Brutto-Leverage für OGAW gleicht die Berechnung des Brutto-Leverage für OGAW an die Brutto-Berechnung für AIF an.

80 Das **Gesamtexposure** ist dabei nach der Verwaltungsauffassung der BaFin zu verstehen als Anrechnungsbetrag + NAV – (i) Barmittel, (ii) Barmitteläquivalente, bei denen es sich um hochliquide, auf die Basiswährung des OGAW lautende Finanzinvestitionen handelt, die jederzeit in festgelegten Barbeträge umgewandelt werden können, und nur unwesentlichen Wertschwankungen unterliegen und deren Rendite nicht über die einer erstklassigen Staatsanleihe mit dreimonatiger Laufzeit **hinausgeht,** und (iii) Barkredite, die Barmittel- oder Barmitteläquivalente im vorgenannten Sinne bleiben und bei denen die zahlbaren Beträge bekannt sind. **Barmittel, Barmitteläquivalente und Barkredite** müssen demnach **nicht berücksichtigt** werden. Für die Berechnung des Brutto-Leverage für OGAW ergibt sich demnach folgende Formel: **(Anrechnungsbetrag + NAV – Barmittel, Barmitteläquivalente und Barkredite)/NAV.**

81 Der **Anrechnungsbetrag** ist gem. den CESR-Guidelines definiert als „sum of the notionals of **derivatives** used", also der Summe der Nominalwerte aller eingesetzten Derivate. Da die BaFin die Formel nicht mit dem Hinweis eingeschränkt hat, dass der OGAW-Leverage zwingend mindestens mit „1" ausgewiesen werden müsse, ist auch ein **Ausweis eines Wertes unter „1"** zulässig.

82 Kritisiert wird an der Berechnungsweise der BaFin, dass die Addition des NAV zu den Anrechnungsbeträgen im Zähler der BaFin-Formel sachlich nicht korrekt sei, da die Marktwerte der Derivate doppelt berücksichtigt wären (einmal über den Anrechnungsbetrag und einmal über den NAV). Da es die Intention der BaFin sei, möglichst einheitliche Verfahren für OGAW und AIF zu schaffen, sei die Formel dahingehend zu interpretieren, **beim NAV im Zähler lediglich die Marktwerte der Wertpapiere (ohne Marktwerte der Derivate) zu berücksichtigen.** Die

Derivatepositionen wären dann nur über die jeweiligen Anrechnungsbeträge einzubeziehen.

83 Als sachgerecht wird in der Praxis darüber hinaus angenommen, zur Ermittlung des Gesamtexposures von OGAW entspr. der VO (EU) Nr. 231/2013 **bei Optionen delta-gewichtete Notionals** zu verwenden, auch wenn grds. nach den CESR-Guidelines der Begriff des „notionals" noch kein Delta beinhaltet.

84 Die Formel der BaFin wird darüber hinaus in der Praxis dahingehend ausgelegt, dass bei der Berechnung des Leverage neben den Derivaten **auch etwaige Effekte aus der Wiederanlage von Sicherheiten bei der Wertpapierleihe und Pensionsgeschäften** zu berücksichtigen seien. Dies würde sich zwar nicht unmittelbar aus der BaFin-Formel ergeben, jedoch habe die BaFin dies in den Erläuterungen zur DerivateV klargestellt. Als weiteres Argument hierfür wird angeführt, dass so ein Gleichlauf mit den Vorgaben für die Brutto-Berechnung von AIF stattfinden würde, wonach gem. Art. 7 Buchst. e VO (EU) Nr. 231/2013 iVm Anhang I Nr. 10–13 der VO entspr. Positionen in Pensionsgeschäften oder umgekehrten Pensionsgeschäften und Wertpapierleihgeschäften bei der Berechnung des Risikos des AIFs zu berücksichtigen wären.

85 Mit dem Ziel einer einheitlichen Berechnung der OGAW-Brutto-Berechnung hat die BaFin die Frage der Berechnungsmethode an die ESMA adressiert, infolgedessen die Möglichkeit von Änderungen der **Berechnungsmethode** besteht.

86 **b) Brutto-Berechnung für AIF (Art. 7 VO (EU) Nr. 231/2013).** Das nach der Brutto-Methode gem. Art. 7 VO (EU) Nr. 231/2013 berechnete Risiko eines AIF ist die **Summe der absoluten Werte aller Positionen,** die nach Art. 19 AIFM-RL bzw. §§ 169, 170, 216, 217, 272, 279 und 286 und allen sonstigen nach der AIFM-RL erlassenen delegierten Rechtsakten **bewertet werden.** Gemäß § 1 XIX Nr. 25 iVm Art. 7 VO (EU) Nr. 231/2013 sind diese wie folgt zu berechnen:

87 **aa) Barmittel und Barmitteläquivalente.** Bei der Berechnung des Risikos des Investmentvermögens **nicht** zu berücksichtigen ist der Wert von **Barmitteln und Barmitteläquivalenten**, bei denen es sich um **hochliquide,** auf die **Basiswährung des AIF** lautende **Finanzinvestitionen** handelt, die jederzeit in festgelegte Barbeträge umgewandelt werden können, nur **unwesentlichen Wertschwankungsrisiken** unterliegen und deren **Rendite nicht** über die einer **erstklassigen Staatsanleihe mit dreimonatiger Laufzeit** hinausgeht.

88 **bb) Barkredite und aus der Reinvestition von Barkrediten resultierende Risiken. Barkredite**, die **Barmittel oder Barmitteläquivalente** im vorstehenden Sinne bleiben und bei denen die **zahlbaren Beträge bekannt** sind, sind aus der Berechnung **auszunehmen.**

89 **Aus der Reinvestition von Barkrediten resultierende Risiken** sind in die Berechnung einzubeziehen. Anzusetzen ist der **Marktwert der getätigten Investition** oder der **Gesamtbetrag des Barkredits,** je nachdem, welcher von beiden Werten der **höhere** ist:

90 Werden aufgenommene Kredite angelegt, so erhöhen diese das Risiko des Investmentvermögens idR um den Gesamtbetrag dieser Kredite **(unbesicherte Barkredite).** Das Risiko entspricht stets **mindestens der Höhe des Kredits,** kann aber höher liegen, wenn die Höhe der mit dem Kredit getätigten Investition den Betrag des aufgenommenen Kredits übersteigt. Um doppelte Erfassungen zu vermeiden, werden **Barkredite, die zur Finanzierung des Risikos dienen, nicht angerechnet** (Anh. I Nr. 1 VO (EU) Nr. 231/2013).

91 **Besicherte Barkredite** sind unbesicherten Barkrediten vergleichbar, jedoch kann das Darlehen durch einen Pool von Vermögenswerten oder einen einzigen Vermögenswert besichert sein (Anh. I Nr. 2 VO (EU) Nr. 231/2013). Werden die Barkredite nicht angelegt, so erhöhen sie das Risiko nicht.

92 **cc) Pensionsgeschäfte, umgekehrte Pensionsgeschäfte, Wertpapierleihegeschäfte.** Positionen in **Pensionsgeschäften, umgekehrten Pensionsgeschäften** und **Wertpapierleihgeschäften** sind nach Art. 7 Buchst. e VO (EU) Nr. 231/2013 iVm Anh. I Nr. 3 und Nr. 10–13 der VO in die Berechnung einzubeziehen wie folgt:

93 **Wandeldarlehen:** Wandeldarlehen sind gekaufte Schuldtitel, die der Inhaber oder der Emittent unter bestimmten Voraussetzungen in einen anderen Vermögenswert umwandeln kann. Das Risiko von Wandeldarlehen ist der **Marktwert der Darlehen** (Anh. I Nr. 3 VO (EU) Nr. 231/2013).

94 **Pensionsgeschäfte:** Ein Pensionsgeschäft wird idR getätigt, wenn ein Investmentvermögen Wertpapiere an eine Reverse-Repo-Gegenpartei „verkauft" und sich bereit erklärt, diese zu einem in der Zukunft liegenden Zeitpunkt zu einem vereinbarten Preis zurückzukaufen. Um die Finanzierungskosten dieser Transaktion zu decken, wird das Investmentvermögen die **Barerträge** (Barsicherheiten) **neu anlegen,** um einen Ertrag zu erzielen, der die Finanzierungskosten übertrifft. Aufgrund dieser „Wiederanlage" entsteht dem Investmentvermögen ein **zusätzliches Marktrisiko,** das auf das Gesamtrisiko angerechnet werden muss. Die wirtschaftlichen Risiken und Erträge der **„verkauften Wertpapiere"** im Rahmen von Pensionsgeschäften **verbleiben beim Investmentvermögen.** Eine Repo-Transaktion generiert beinahe immer eine Hebelwirkung, da die Barsicherheiten neu angelegt werden. Werden bei der Transaktion **andere als Barsicherheiten** übergeben und werden diese Sicherheiten im Rahmen eines anderen Repo oder eines Effektenkredites verwendet, muss der **volle Marktwert dieser Sicherheiten** auf das Gesamtrisiko angerechnet werden. Das Risiko des Investmentvermögens erhöht sich um den **neu angelegten Anteil der Barsicherheiten** (Anh. I Nr. 10 VO (EU) Nr. 231/2013).

95 **Umgekehrte Pensionsgeschäfte:** Bei einem umgekehrten Pensionsgeschäft „kauft" ein Investmentvermögen Wertpapiere von einer Repo-Gegenpartei und erklärt sich bereit, diese zu einem in der Zukunft liegenden Zeitpunkt zu einem vereinbarten Preis zurück zu verkaufen. Investmentvermögen nutzen umgekehrte Pensionsgeschäfte idR, um eine geldmarktähnliche Rendite mit niedrigem Risiko zu erzielen, wobei die „gekauften" Wertpapiere als Sicherheit dienen. Deshalb entsteht weder ein Gesamtrisiko noch übernimmt das Investmentvermögen die Risiken und Erträge aus den „gekauften" Wertpapieren, dh es erwächst **kein zusätzliches Marktrisiko.** Die **„gekauften" Wertpapiere** können jedoch im Rahmen eines Repo oder eines Wertpapier-Darlehens weiterverwendet werden. In diesem Fall ist der **volle Marktwert der Wertpapiere** auf das Gesamtrisiko anzurechnen. Die wirtschaftlichen Risiken und Erträge der gekauften Wertpapiere bleiben bei der Gegenpartei und erhöhen deshalb das Risiko des Investmentvermögens nicht (Anh. I Nr. 11 VO (EU) Nr. 231/2013).

96 **Wertpapierdarlehen (Vergabe):** Bei einer Wertpapierdarlehensvergabe verleiht ein Investmentvermögen ein Wertpapier für eine vereinbarte Gebühr an eine Gegenpartei (Wertpapierentleiher), die das Wertpapier idR entleiht, um einer Lieferverpflichtung aus einem Leerverkauf nachzukommen. Der Wertpapierentleiher gibt dem Investmentvermögen entweder Barsicherheiten oder andere als Barsicher-

heiten. Ein Gesamtrisiko entsteht **nur bei einer Wiederanlage von Barsicherheiten** in andere als Barmittel und Barmitteläquivalente. Werden die anderen als Barsicherheiten im Rahmen eines Repo oder einer anderen Wertpapierdarlehensvergabe verwendet, ist der **volle Marktwert der Wertpapiere** auf das Gesamtrisiko anzurechnen. Ein Risiko entsteht im **Umfang der Wiederanlage** (Anh. I Nr. 12 VO (EU) Nr. 231/2013).

Wertpapierdarlehen (Aufnahme): Bei einer Wertpapierdarlehensaufnahme erhält ein Investmentvermögen für eine vereinbarte Gebühr ein Wertpapier von einer Gegenpartei (Wertpapierleiher). Das Investmentvermögen verkauft dieses Wertpapier auf dem Markt und geht damit eine Short-Position ein. Je nach Umfang der Wiederanlage des Barertrages aus diesem Verkauf erhöht sich auch das Risiko des Investmentvermögens. Das Risiko ist der **Marktwert der leer verkauften Wertpapiere.** Ein zusätzliches Risiko entsteht im **Umfang der Wiederanlage der Barmittel** (Anh. I Nr. 13 VO (EU) Nr. 231/2013). 97

dd) Derivate. Derivate sind grds. in die äquivalente Basiswert-Position umzurechnen. Derivate sind dabei mit ihrem Marktwert (absolut) anzusetzen, dh, dass Derivate mit einem negativen Marktwert den Wert des AIF erhöhen. Aufgenommene Kredite und sonstige Verbindlichkeiten des AIF dürfen nicht abgezogen werden. Ein Netting von Derivaten ist nur bei Devisentermingeschäften zulässig, bei denen die Geschäfte mit dem gleichen Kontrahenten bei gleicher Fälligkeit geschlossen sind (echte Gegengeschäfte „back-to-back"; Ziff. 1 BaFin-Ergebnisprot. WA 41-WP 2136-2011/0090 v. 9.8.2013 in Bezug auf Eigenmittel und Leverage). 98

Gemäß § 1 XIX Nr. 25 iVm Art. 7 Buchst. b VO (EU) Nr. 231/2013 iVm. Art. 10 und Anh. I Nr. 4 bis Nr. 9 und Nr. 14 der VO ist die Umrechnung vorzunehmen wie folgt: 99

Zinsswap: Bei einem Zinsswap wird die Vereinbarung getroffen, Zinsströme auf einen nominellen Kapitalbetrag während der Laufzeit der Vereinbarung zu bestimmten Zeitpunkten (Zahlungsfristen) auszutauschen. Die Zahlungsverpflichtungen der einzelnen Parteien werden durch Anwendung unterschiedlicher Zinssätze auf die nominellen Risiken berechnet (Anh. I Nr. 4 VO (EU) Nr. 231/2013). 100

Art. 10 iVm Anhang II Ziff. 1 VO (EU) Nr. 231/2013

c) Swaps
– Zinsswaps: Kontraktwert

Finanzielles Differenzgeschäft: Ein finanzielles Differenzgeschäft **(contract for differences, CFD)** ist eine Vereinbarung zwischen zwei Parteien – dem Anleger und dem CFD-Anbieter – über die Zahlung der Preisdifferenz eines Basiswerts. Je nachdem, wie der Preis sich entwickelt, zahlt eine Partei der anderen die Differenz zwischen dem zum Zeitpunkt des Abschlusses des Kontrakts vereinbarten und dem am Erfüllungstag aktuellen Preis. Das Risiko ist der **Marktwert des Basiswerts. Wetten auf Finanztitel-Spreads** werden genauso behandelt (Anh. I Nr. 5 VO (EU) Nr. 231/2013). 101

Art. 10 iVm Anhang II Ziff. 1 VO (EU) Nr. 231/2013

c) Swaps
– Finanzielle Differenzgeschäfte: Anzahl der Aktien/Anleihen * Marktwert des zugrunde liegenden Basiswerts

Finanzterminkontrakt: Ein Finanzterminkontrakt ist eine Vereinbarung über den Kauf oder Verkauf einer festgelegten Menge von Wertpapieren, Devisen, Roh- 102 stoffen, Indizes oder anderen Vermögenswerten an einem bestimmten in der Zukunft liegenden Zeitpunkt zu einem im Voraus festgelegten Preis. Das Risiko bestimmt sich durch das **Basiswertäquivalent unter Zugrundelegung des Marktwerts des Basiswerts** (Anh. I Nr. 6 VO (EU) Nr. 231/2013).

Art. 10 iVm Anhang II Ziff. 1 VO (EU) Nr. 231/2013

a) Börsengehandelte Finanzterminkontrakte (Futures):

– Anleihen-Future: Anzahl der Kontrakte * Kontraktgröße * Marktwert der günstigsten lieferbaren Referenzanleihe
– Zins-Future: Anzahl der Kontrakte * Kontraktgröße
– Währungs-Future: Anzahl der Kontrakte * Kontraktgröße
– Aktien-Future: Anzahl der Kontrakte * Kontraktgröße * Marktpreis der zugrunde liegenden Aktie
– Index-Future: Anzahl der Kontrakte * Kontraktgröße * Indexstand

103 Die Anrechnung von **Geldmarktfutures** gem. Anh. I Nr. 1a VO (EU) Nr. 231/2013 sollte nach wie vor mit dem **Kontraktwert** (üblicherweise ca. 250 TEUR) **pro Kontrakt** und nicht mit der Kontraktgröße (von 1 Mio. EUR) angerechnet werden. Soweit zT die Auffassung vertreten wird, dass auch die Zeit bis zur Fälligkeit des Futures unterschiedlich zu berücksichtigen sei, erscheint dies nicht sachgerecht. Ausschlaggebend für das Risiko des Futures und damit sein Exposure ist nach der überzeugenden hM das Underlying, welches immer der Drei-Monats-Zins ist. Daher ist der im Hebelwert zu berücksichtigende Kontraktwert bei allen 3M-Geldmarktfutures nach der hM immer die mit 1/4 multiplizierte Kontraktgröße.

104 **Total-Return-Swap:** Ein Total-Return-Swap ist eine Vereinbarung, in der eine Partei (Sicherungsnehmer) den Gesamtertrag aus einem Referenzaktivum auf die andere Partei (Sicherungsgeber) überträgt, wobei in den Gesamtertrag die Erträge aus Zinsen und Gebühren, Gewinne oder Verluste aufgrund von Marktbewegungen und Kreditverluste fließen. Das Risiko bestimmt sich durch das **Basiswertäquivalent unter Zugrundelegung des Marktwerts des Referenzaktivums** (Anh. I Nr. 7 VO (EU) Nr. 231/2013).

Art. 10 iVm Anhang II Ziff. 1 VO (EU) Nr. 231/2013

c) Swaps

– Total-Return-Swap: Marktwert des zugrunde liegenden Basiswerts

105 **Außerbörsliche Finanztermingeschäfte:** Ein außerbörsliches Finanztermingeschäft ist eine maßgeschneiderte, bilaterale Vereinbarung über den Austausch von Vermögenswerten oder Barmittelströmen an einem bestimmten in der Zukunft liegenden Fälligkeitsdatum zu einem am Datum des Geschäftsabschlusses festgelegten Preis. Eine Partei des außerbörslichen Finanztermingeschäfts ist der Käufer *(long)*, der sich bereit erklärt, den Terminpreis am Fälligkeitsdatum zu zahlen. Die andere Partei ist der Verkäufer *(short)*, der sich bereit erklärt, den Terminpreis zu akzeptieren. Der Abschluss eines außerbörslichen Finanztermingeschäfts erfordert idR nicht die Zahlung einer Gebühr. Das Risiko des Investmentvermögens ist der **Marktwert des äquivalenten Basiswerts.** Dieser kann durch den **Nominalwert des Kontrakts ersetzt** werden, wenn dies zu einem konservativeren Ergebnis führt (Anh. I Nr. 8 VO (EU) Nr. 231/2013).

Art. 10 iVm Anhang II Ziff. 1 VO (EU) Nr. 231/2013

d) Außerbörsliche Finanztermingeschäfte (Forwards):

– Währungstermingeschäfte: Nominalwert der Währungsseite(n)
– Zinstermingeschäfte: Nominalwert

Option: Eine Option ist eine Vereinbarung, die dem Käufer gegen Zahlung einer Gebühr (Prämie) das Recht verleiht, nicht aber die Pflicht auferlegt, am Ende der Laufzeit (Verfallstag) oder während der gesamten Kontraktlaufzeit einen Basiswert in einer bestimmten Menge zu einem vereinbarten Preis (Bezugs- oder Ausübungspreis) zu kaufen oder zu verkaufen. Eine **Call-Option** ist eine Kaufoption, eine **Put-Option** eine Verkaufsoption. Die Risikogrenzen des Investmentvermögens sind auf der einen Seite ein potenziell unbegrenztes Risiko und auf der anderen ein auf die gezahlte Prämie oder den Marktwert der Option begrenztes Risiko, je nachdem, welcher von beiden Werten der höhere ist. Zwischen diesen beiden Grenzen wird das Risiko als **mit dem Delta adjustiertes Basiswertäquivalent** bestimmt (das Options-Delta misst die Sensitivität des Optionspreises in Bezug auf die Preisänderung des Basiswerts). Die gleiche Vorgehensweise ist auf **derivative Komponenten** (zB bei **strukturierten Produkten**) anzuwenden. Dabei ist eine Aufschlüsselung nach den derivativen Komponenten vorzunehmen und angemessen zu erfassen, welche Wirkung die einzelnen Risikoschichten haben (Anh. I Nr. 9 VO (EU) Nr. 231/2013). 106

Art. 10 iVm Anhang II Ziff. 1 VO (EU) Nr. 231/2013

b) Optionen (Käufer-/Verkäuferposition; Verkaufs- und Kaufoptionen)
- Anleihen-Option: Anzahl der Kontrakte * Kontraktwert * Marktwert der zugrunde liegenden Anleihe * Delta
- Aktien-Option: Anzahl der Kontrakte * Kontraktwert * Marktwert der zugrunde liegenden Aktie * Delta
- Zins-Option: Kontraktwert * Delta
- Währungs-Option: Kontraktwert der Währungsseite(n) * Delta
- Index-Option: Anzahl der Kontrakte * Kontraktwert * Indexstand * Delta
- Optionen auf Futures: Anzahl der Kontrakte * Kontraktwert * Marktwert des Basiswerts * Delta
- Swaptions: Anrechnungsbetrag des Swaps * Delta
- Optionsscheine und Bezugsrechte: Anzahl der Aktien/Anleihen * Marktwert des Basiswerts * Delta

Credit Default Swap (CDS): Bei einem Credit Default Swap (CDS) handelt es sich um ein Kreditderivat, das dem Käufer im Falle eines Ausfalls des Referenzschuldners oder bei Eintritt eines Kreditereignisses Schutz (idR einen vollständigen Ausgleich) bietet. Der CDS-Verkäufer erhält dafür vom Käufer eine laufend zu entrichtende Prämie („Spread"). Für den **Sicherungsgeber** ist das Risiko der **höhere Betrag** des **Marktwerts des Basis-Referenzaktivums** und des **Nominalwerts des Credit Default Swaps.** Für den **Sicherungsnehmer** ist das Risiko der **Marktwert des Basis-Referenzaktivums** (Anh. I Nr. 14 VO (EU) Nr. 231/2013). 107

Art. 10 iVm Anhang II Ziff. 1 VO (EU) Nr. 231/2013

c) Swaps
- Credit Default Swaps, die sich auf einen einzelnen Basiswert beziehen (Single Name Credit Default Swaps):
  Verkäufer/Sicherungsgeber – der höhere Betrag des Marktwerts des zugrunde liegenden Basiswerts und des Nominalwerts des Credit Default Swaps
  Käufer/Sicherungsnehmer – Marktwert des zugrunde liegenden Basiswerts

108 **Sonstige Swaps:**

Art. 10 iVm Anhang II Ziff. 1 VO (EU) Nr. 231/2013

c) Swaps
- Währungsswaps: Nominalwert der Währungsseite(n)
- Zins-Währungsswaps: Nominalwert der Währungsseite(n)
- Komplexer Total Return Swap: Summe der Marktwerte beider Vertragsseiten

109 **Gehebelte Risikopositionen in Indizes mit eingebetteter Hebelwirkung:**

Art. 10 iVm Anhang II Ziff. 1 VO (EU) Nr. 231/2013

e) Gehebelte Risikoposition in Indizes mit eingebetteter Hebelwirkung
Bei Derivaten, die eine gehebelte Investition gegenüber einem Index erzielen, oder Indizes, die eine Hebelwirkung aufweisen, sind hierfür ebenfalls die Anrechnungsbeträge der entspr. Vermögensgegenstände zu ermitteln und in die Berechnung mit einzubeziehen.

110 **Sonstige Finanzinstrumente mit derivativen Komponenten:**

Art. 10 iVm Anhang II Ziff. 2 VO (EU) Nr. 231/2013

2. Für die nachstehende, nicht erschöpfende Liste von Finanzinstrumenten mit derivativer Komponente werden folgende Anrechnungsmethoden angewandt:
   - Wandelanleihen: Anzahl der zugrunde liegenden Basiswerte * Marktwert der zugrunde liegenden Basiswerte * Delta
   - Credit-Linked Notes: Marktwert des zugrunde liegenden Basiswerts
   - Teileingezahlte Wertpapiere: Anzahl der Aktien/Anleihen * Marktwert der zugrunde liegenden Basiswerte
   - Optionsscheine und Bezugsrechte: Anzahl der Aktien/Anleihen * Marktwert des Basiswerts * Delta

111 **Schwellenoptionen:**

Art. 10 iVm Anhang II Ziff. 1 VO (EU) Nr. 231/2013

4. Schwellenoption:
Anzahl der Kontrakte * Kontraktgröße * Marktwert des zugrunde liegenden Basiswerts * Delta.

112 **c) Netto-Berechnung für AIF (Commitment-Methode; Art. 8 VO (EU) Nr. 231/2013.** Das Verfahren zur Berechnung des Hebels nach der **Commitment-Methode („Netto-Methode")** wird vorgegeben durch § 1 XIX Nr. 25 iVm Art. 8 I und II VO (EU) Nr. 231/2013:
- Vorbehaltlich nachfolgender Regelungen berechnet sich das Risiko eines Investmentvermögens aus der **Summe der absoluten Werte aller Positionen,** die nach Art. 19 AIFM-RL bzw. §§ 169, 170, 216, 217, 272, 279 und 286 und allen sonstigen nach der AIFM-RL erlassenen delegierten Rechtsakten **bewertet werden;**
- **Derivatepositionen** sind anhand der in Art. 10 und Anh. II Nr. 4 bis 9 und Nr. 14 VO (EU) Nr. 231/2013 dargelegten Umrechnungsmethoden in eine äquivalente Basiswert-Position umzurechnen;
- **Netting-** und **Hedging-Vereinbarungen** sind anzuwenden;
- erhöht sich das Risiko eines Investmentvermögens durch die **Reinvestition** von **unbesicherten** und/oder **besicherten Barkrediten** nach Anh. II Nr. 1 und 2 VO (EU) Nr. 231/2013, ist das durch diese Reinvestition entstandene Risiko zu berechnen;
- **andere Vereinbarungen** sind gem. Anh. I Nr. 3 und Nr. 10 bis 13 VO (EU) Nr. 231/2013 in die Berechnung einzubeziehen.

Gemäß Art. 111 VO (EU) Nr. 231/2013 ist für die Zwecke des § 35 IV (entspr. Art. 24 IV AIFM-RL) davon auszugehen, dass **Leverage von beträchtlichem Umfang** eingesetzt wird, wenn das nach der Commitment-Methode berechnete Engagement eines Investmentvermögens seinen Nettoinventarwert **dreifach übersteigt.** Setzt ein Investmentvermögen Leverage von beträchtlichem Umfang ein, treffen die KVG gem. § 35 IV besondere **Reporting-Pflichten** ggü. der BaFin (vgl. → § 35 Rn. 161 ff.). 113

aa) Berechnung des Risikos von Nicht-Derivaten. (1) Barmittel und Barmitteläquivalente. Das Risiko von **Barmitteln** und **Barmitteläquivalenten** ist mangels einer Art. 7 Buchst. a VO (EU) Nr. 231/2013 vergleichbaren Regelung **stets** zu berechnen und zu berücksichtigen. 114

(2) Barkredite und aus der Reinvestition von Barkrediten resultierende Risiken. Aus der Reinvestition von Barkrediten resultierende Risiken sind gem. Art. 8 II Buchst. c VO (EU) Nr. 231/2013 in die Berechnung einzubeziehen (→ Rn. 88 ff.). 115

(3) Pensionsgeschäfte, umgekehrte Pensionsgeschäfte, Wertpapierleihe. In die Berechnung einzubeziehen sind Positionen in **Wandeldarlehen** (zur Berechnung → Rn. 93), in **Pensionsgeschäften** (zur Berechnung → Rn. 94), in **umgekehrten Pensionsgeschäften** (zur Berechnung → Rn. 95), bei der **Wertpapierdarlehensvergabe** (zur Berechnung → Rn. 96) und bei der **Wertpapierdarlehensaufnahme** (zur Berechnung → Rn. 97). 116

bb) Berechnung des Risikos von Derivaten. (1) Umrechnung in Basiswert-Positionen. Derivate sind anhand der in Art. 10 und Anh. I Nr. 4–9 und 14 dargelegten Umrechnungsmethoden in die äquivalenten Basiswert-Positionen für Zinsswaps (zur Berechnung → Rn. 100), Finanzielle Differenzgeschäfte (zur Berechnung → Rn. 101), Finanzterminkontrakte (zur Berechnung → Rn. 102), Total-Return-Swaps (zur Berechnung → Rn. 104), außerbörsliche Finanztermingeschäfte (zur Berechnung → Rn. 105), Optionen (zur Berechnung → Rn. 106), Credit Default Swaps (zur Berechnung → Rn. 107), sonstige Swaps (zur Berechnung → Rn. 108), gehebelte Risikopositionen in Indizes mit eingebetteter Hebelwirkung (zur Berechnung → Rn. 109), sonstige Finanzinstrumente mit derivativen Komponenten (zur Berechnung → Rn. 110) und Schwellenoptionen (zur Berechnung → Rn. 111) umzurechnen. 117

Anh. II der VO (EU) Nr. 231/2013 benennt unter Ziff. 3 darüber hinaus folgende **Beispiele für komplexe Derivate** mit Angabe der verwendeten Commitment-Methode: 118

Art. 10 iVm Anhang II Ziff. 3 VO (EU) Nr. 231/2013

- **Varianz-Swaps:** Varianz-Swaps sind Finanzterminkontrakte, die sich auf die realisierte Varianz (Volatilität im Quadrat) eines Basiswerts beziehen und insb. den Handel der zukünftigen realisierten (oder historischen) Volatilität gegen die aktuelle implizite Volatilität ermöglichen. Gemäß der Marktpraxis werden der Bezugspreis und der Varianz-Nominalwert durch die Volatilität bestimmt. Der Varianz-Nominalwert bestimmt sich wie folgt:

$$\text{Varianz} - \text{Nominalwert} = \frac{\text{Vega} - \text{Nominalwert}}{2 \times \text{Bezugspreis}}$$

Beim Vega-Nominalwert handelt es sich um ein theoretisches Maß des Gewinns oder Verlusts aus der Änderung der Volatilität um ein Prozent.

Da die realisierte Volatilität nicht kleiner Null werden kann, hat die Käufer *(Long-)*Position eines solchen Swaps einen maximal möglichen Verlust. Die Verkäufer *(Short-)*Position hingegen ist einem unlimitierten Verlust ausgesetzt, es sei denn, in dem Kontrakt ist eine Kappungsgrenze spezifiziert.
Anrechnungsmethode für einen bestimmten Kontrakt zum Zeitpunkt t:
Varianz-Nominalwert * (aktueller) Varianz$_t$ (ohne Volatilitätskappungsgrenze)
Varianz-Nominalwert * min [(aktueller) Varianz$_t$ Volatilitätskappungsgrenze^2] (mit Volatilitätskappungsgrenze)
wobei sich die aktuelle Varianz jeweils als Funktion der quadrierten realisierten und impliziten Volatilität bestimmt:

$$\text{(aktuelle) Varianz}_t = \frac{t}{T} \times \text{realisierte Volatilität } (0,t)^2 + \frac{T-t}{T} \times \text{implizite Volatilität } (t,T)^2$$

– **Volatilitäts-Swaps**
  Analog zum Varianz-Swap sind bei Volatilitätsswaps folgende Anrechnungsformeln anzuwenden:
  – Vega-Nominalwert * (aktueller) Volatilität$_t$ (ohne Volatilitätskappungsgrenze)
  – Vega-Nominalwert * min [(aktueller) Volatilität$_t$; Volatilitätskappungsgrenze] (mit Volatilitätskappungsgrenze)
  wobei sich die (aktuelle) Volatilität t jeweils als der realisierten und impliziten Volatilität bestimmt.

119 **(2) Ausnahmen von der Umrechnung in Basiswert-Positionen.** Ein Derivat ist bei der Berechnung des Risikos eines Investmentvermögens nach der Commitment-Methode gem. Art. 8 IV VO (EU) Nr. 231/2013 nicht in eine äquivalente Basiswert-Position umzurechnen, wenn es kumulativ folgende Merkmale aufweist:
– das Derivat tauscht den Ertrag finanzieller Vermögenswerte im Portfolio des Investmentvermögens gegen den Ertrag anderer finanzieller Referenzvermögenswerte;
– es gleicht die Risiken der getauschten Vermögenswerte im Portfolio des Investmentvermögens vollständig aus, so dass der Ertrag des Investmentvermögens nicht vom Ertrag der getauschten Vermögenswerte abhängt;
– das Derivat enthält im Vergleich zum unmittelbaren Halten des finanziellen Referenzvermögenswertes weder zusätzliche optionale Merkmale noch Klauseln über eine Hebelfinanzierung noch andere zusätzliche Risiken.

120 Derivatepositionen sind bei der Risikoberechnung nach der Commitment-Methode gem. Art. 8 V VO (EU) Nr. 231/2013 weiterhin dann nicht in eine äquivalente Basiswert-Position umzurechnen, wenn sie die beiden folgenden Voraussetzungen erfüllen:
– Das Derivat aus einem finanziellen Vermögenswert wird vom Investmentvermögen in Kombination mit Barmitteln gehalten, die in Barmitteläquivalente iSv Art. 7 Buchst. a VO (EU) Nr. 231/2013 investiert werden (→ Rn. 87), wobei dieses kombinierte Halten einer Long-Position in dem betreffenden finanziellen Vermögenswert entspricht;
– Das Derivat generiert keine zusätzliche Risikoposition, keine zusätzliche Hebelfinanzierung und kein zusätzliches Risiko.

121 Derivatepositionen, die zur Absicherung von Fremdwährungsrisiken eingesetzt werden und keine zusätzlichen Risikopositionen, keine zusätzliche Hebelfinanzierung und keine sonstigen Risiken mit sich bringen, sind, vorbehaltlich sie sind als Hedging-Vereinbarung zu berücksichtigen (→ Rn. 124), gem. Art. 8 VII VO (EU) Nr. 231/2013 nicht in die Berechnung einzubeziehen.

(3) Netting- und Hedging-Vereinbarungen. Netting- und Hedging-Vereinbarungen dürfen bei der Risikoberechnung nach der Commitment-Methode gem. Art. 8 II Buchst. b VO (EU) Nr. 231/2013 berücksichtigt werden. Voraussetzung für eine solche Verrechnung ist, dass das entspr. Geschäft mit dem alleinigen Ziel der Risikolimitierung geschlossen wurde. Insofern dürfen nur solche Geschäfte einbezogen werden, die vorab als Absicherungsgeschäft deklariert wurden. Ist dieses Ziel nicht eindeutig definierbar, so kann nach der BaFin-Verwaltungspraxis keine Verrechnungen stattfinden und die Anwendung von Brutto- und Commitment-Methode führen zu einem identischen Ergebnis. Ein Abstellen auf das ökonomische Risikoexposure soll nach der Verwaltungsauffassung der BaFin nicht vorgesehen sein (Ziff. 3 Buchst. c BaFin-Ergebnisprotokoll WA 41-WP 2136-2011/0090 v. 9.8.2013 in Bezug auf Eigenmittel und Leverage). 122

Unter Netting-Vereinbarungen fallen Kombinationen von Geschäften mit Derivaten oder Wertpapierpositionen, die sich auf den gleichen Basiswert beziehen, wobei im Falle von Derivaten der Fälligkeitstermin des Derivats keine Rolle spielt, wenn diese Geschäfte mit dem alleinigen Ziel der Risikolimitierung bei Positionen geschlossen wurden, die über die anderen Derivate oder Wertpapierpositionen eingegangen wurden (Art. 8 III Buchst. a VO (EU) Nr. 231/2013). 123

Unter Hedging-Vereinbarungen fallen Kombinationen von Geschäften mit Derivaten oder Wertpapierpositionen, die sich nicht zwangsläufig auf den gleichen Basiswert beziehen, wenn diese Geschäfte mit Derivaten oder Wertpapierpositionen mit dem alleinigen Ziel des Risikoausgleichs bei Positionen geschlossen wurden, die über die anderen Derivate oder Wertpapierpensionen eingegangen wurden (Art. 8 III Buchst. a VO (EU) Nr. 231/2013). Hedging-Vereinbarungen werden bei der Berechnung des Risikos eines Investmentvermögens nach der Commitment-Methode gem. Art. 8 VI VO (EU) Nr. 231/2013) nur berücksichtigt, wenn sie (kumulativ) folgende Voraussetzungen erfüllen: 124

- mit den an dem Absicherungsverhältnis beteiligen Positionen sollen keine Erträge erzielt werden und allgemeine und besondere Risiken werden ausgeglichen;
- auf Ebene des Investmentvermögens sinkt das Marktrisiko nachprüfbar;
- soweit vorhanden werden die mit Derivaten verbundenen allgemeinen und besonderen Risiken ausgeglichen;
- die Hedging-Vereinbarungen beziehen sich auf ein und dieselbe Vermögenswertgattung;
- sie sind auch bei angespannten Marktbedingungen wirksam.

(4) Aufrechnung von Derivatepositionen. Folgende Derivate sind von der KVG gem. Art. 8 VIII VO (EU) Nr. 231/2013 bei der Risikoberechnung nach der Commitment-Methode aufzurechnen: 125

- Derivate mit gleichem Basiswert, auch wenn diese zu unterschiedlichen Terminen fällig werden;
- Derivate, denen die in Anh. I Abschn. C Nr. 1–3 der RL 2004/39/EG (MiFID-RL) genannten übertragbaren Wertpapiere, Geldmarktinstrumente oder Anteile an OGAW zugrunde liegen, werden gegen die zugrunde liegenden Vermögenswerte aufgerechnet.

cc) AIF mit Anlageschwerpunkt Zinsderivate (Duration-Netting-Regelungen). Gemäß § 1 XIX Nr. 25 iVm Art. 8 IX, 11 VO (EU) Nr. 231/2013 machen KVG, die Investmentvermögen verwalten, die im Einklang mit ihrer Hauptanlagestrategie hauptsächlich in Zinsderivate investieren, von spezifischen 126

Durations-Netting-Regelungen Gebrauch, um der Korrelation zwischen den Laufzeitsegmenten der Zinsstrukturkurve Rechnung zu tragen. Zinsderivate sind danach im Rahmen der Berechnung des Leverage nach der Commitment-Methode wie folgt in eine äquivalente Basisposition umzurechnen und einem Netting zu unterziehen (Anh. III VO (EU) Nr. 231/2013):

127 **Anhang III VO (EU) Nr. 231/2013**

Duration-Netting-Regelungen

1. Ein Zinsderivat ist nach der folgenden Methode in das entspr. Basiswertäquivalent umzurechnen:

   Das Basiswertäquivalent errechnet sich aus der Duration des Zinsderivats dividiert durch die Zielduration des AIF multipliziert mit dem Marktwert des zugrunde liegenden Basiswerts:

   $$\text{Basiswertäquivalenz} = \frac{\text{Duration Zinsderivat}}{\text{Zielduration}} \times \text{Umrechnungswert Derivat}$$

   Dabei gilt:

   – *Duration Zinsderivat* ist die Duration (Sensitivität des Marktwertes des Derivats gegenüber Zinsänderungen) des Zinsderivats;
   – *Zielduration* ergibt sich aus der Anlagestrategie, den Positionen und dem erwarteten Risikoniveau zu jeder Zeit und wird ansonsten normalisiert. Sie steht auch im Einklang mit der Duration des Portfolios unter regulären Marktbedingungen;
   – *Umrechnungswert Derivat* ist der gem. Anh. II umgerechnete Wert der Derivateposition.

2. Die nach Abs. 1 berechneten äquivalenten Basispositionen werden wie folgt verrechnet:

   a) Jedes Zinsderivat ist entspr. der restlichen Zinsbindungsfristen der zugrunde liegenden Basiswerte den folgenden Laufzeitbändern zuzuordnen:

      Laufzeitbänder
      1. 0–2 Jahre
      2. 2–7 Jahre
      3. 7–15 Jahre
      4. > 15 Jahre.

   b) Für jedes Laufzeitband werden die entspr. Basiswertäquivalente der Positionen mit gegenläufigen Zinsbindungsrichtungen verrechnet. Die sich betragsmäßig entspr. Summe der gegenläufigen Positionen ist die ausgeglichene Bandposition für dieses Laufzeitband.

   c) Angefangen bei dem ersten Laufzeitband wird die ausgeglichene Bandposition zweier angrenzender Bänder berechnet als die sich betragsmäßig entspr. Summen der verbleibenden Unterschiedsbeträge mit gegenläufigen Zinsbindungsrichtungen aus Laufzeitband (i) und Laufzeitband (i + 1).

   d) Angefangen bei dem ersten Laufzeitband, wird die ausgeglichene Position zweier nicht angrenzender Bänder, die nur durch ein Laufzeitband getrennt sind, berechnet als die sich betragsmäßig entspr. Summen der verbleibenden Unterschiedsbeträge mit gegenläufigen Zinsbindungsrichtungen aus Laufzeitband (i) und Laufzeitband (i + 2).

   e) Die ausgeglichene Position soll zwischen den verbleibenden nicht ausgeglichenen Positionen mit gegenläufigen Zinsbindungsrichtungen der beiden entferntesten Laufzeitbänder errechnet werden.

3. Das Risiko des AIF ist die Summe der Beträge der

   mit 0% gewichteten Summe der ausgeglichenen Bandpositionen;

   mit 40% gewichteten Summe der ausgeglichenen Positionen zweier angrenzender Bänder;

   mit 75% gewichteten Summe der ausgeglichenen Positionen zweier nicht angrenzender Bänder;

mit 100% gewichteten ausgeglichenen Position der beiden entferntesten Laufzeitbänder und der
mit 100% gewichteten verbleibenden offenen Positionen.

Eine **Ausnahme** hiervon ist zu machen, wenn die Anwendung der Duration-Netting-Regelungen eine **Fehldarstellung des Risikoprofils des Investmentvermögens** zur Folge hätte. Die Verwendung der Duration-Netting-Regelungen darf nicht dazu führen, dass durch Anlagen in Kurzfrist-Positionen das Leverage eine **ungerechtfertigte Höhe** erreicht. 128

KVG, die von den Duration-Netting-Regelungen Gebrauch machen, dürfen in ihre Zinsstrategie **keine anderen Risikofaktoren einbeziehen** (bspw. Volatilität). **Zinsarbitrage-Strategien** finden infolgedessen auf Durations-Netting-Regelungen **keine** Anwendung. Die Verwendung der Duration-Netting-Regelungen führt nicht dazu, dass durch Anlagen in Kurzfrist-Positionen das Leverage eine ungerechtfertigte Höhe erreicht. **Kurzfristige Zinsderivate** dürfen für ein Investmentvermögen mit mittlerer Laufzeit, das die Duration-Netting-Regelung anwendet, **nicht** die **Hauptertragsquelle** darstellen (Art. 11 II, III VO (EU) Nr. 231/2013). 129

Die KVG darf bei Investmentvermögen, die von den Duration-Netting-Regelungen Gebrauch machen, gem. Art. 11 V VO (EU) Nr. 231/2013 die **Hedging-Regelung** (→Rn. 122ff.) nutzen. In diesem Fall dürfen die Duration-Netting-Regelungen aber **ausschließlich** auf Zinsderivate angewandt werden, die **nicht unter Hedging-Regelung** fallen. 130

VII. Überprüfung und Offenlegung der Risikomanagementsysteme

Zum Erfordernis der Implementierung und Aufrechterhaltung wirksamer Risikomanagementsysteme gehört auch, dass die KVG diese **regelmäßig** sowie **bei Bedarf (ad hoc) überprüft** und **anpasst.** Im Sinne des Anlegerschutzes und der effektiven Beaufsichtigung durch die Aufsichtsbehörden besteht darüber hinaus **im Falle von wesentlichen Änderungen** eine **Offenlegungspflicht** ggü. den Anlegern und der BaFin. Auf Grundlage der regelmäßigen und Ad-hoc-Überprüfung hat die KVG die Risikomanagementsysteme zu aktualisieren (Art. 41 III VO (EU) Nr. 231/2013). 131

1. Regelmäßige Überprüfung. Eine KVG muss gem. Art. 41 I–IV (EU) Nr. 231/2013 und 4.2 Tz. 3 KAMaRisk **regelmäßig, mindestens einmal jährlich,** 132
- die **Angemessenheit** und **Wirksamkeit** der **Grundsätze für das Risikomanagement** und die Vorkehrungen, Prozesse und Verfahren der **Risikomessung** und des **Risikomanagements,**
- die **Einhaltung** der **Grundsätze für das Risikomanagement** sowie der Vorkehrungen, Prozesse und Verfahren der **Risikomessung** und des **Risikomanagements,**
- die **Angemessenheit** und **Wirksamkeit** der **Maßnahmen zur Behebung etwaiger Mängel** in der Funktionsweise der Risikomanagementprozesse,
- die **Ausübung der dauerhaften Risikocontrollingfunktion** und
- die **Angemessenheit** und **Wirksamkeit** der Maßnahmen zur Sicherstellung der funktionalen und hierarchischen **Funktionstrennung**

überprüfen und ggf. **anpassen.** Über die **Häufigkeit der regelmäßigen Überprüfung** hat **die Geschäftsleitung** im Einklang mit den Verhältnismäßigkeitsprinzipien unter Berücksichtigung der Art, des Umfangs und der Komplexität der Geschäfte der KVG und der von ihr verwalteten Investmentvermögen zu entscheiden (§ 29 II 2, V Nr. 2 iVm Art. 41 I VO (EU) Nr. 231/2013).

133 Die Überprüfung und die erfolgten Anpassungen hat die Geschäftsleitung zu dokumentieren. Die Strategien sind, soweit vorhanden, dem Aufsichtsrat der Gesellschaft zur Kenntnis zu geben und mit diesem zu erörtern (Abschn. 4.2 Tz. 3 KAMaRisk).

134 Adressat der Strategien sollte, soweit vorhanden, grundsätzlich auch jedes **Mitglied des Aufsichtsrats** sein. Soweit der Aufsichtsrat Ausschüsse gebildet hat, können die Strategien auch an einen Ausschuss weitergeleitet und mit diesem erörtert werden. Voraussetzung dafür ist, dass ein entspr. Beschluss über die Einrichtung des Ausschusses besteht, es sich bei mindestens einem Ausschussmitglied um ein unabhängiges Aufsichtsratsmitglied im Sinne des § 18 III 1 sowie des Art. 24 I Buchst. b und II VO (EU) Nr. 2016/438 v. 17.12.2015 zur Ergänzung der RL 2009/65/EG in Bezug auf die Pflichten der Verwahrstellen handelt und der Vorsitzende des Ausschusses regelmäßig den gesamten Aufsichtsrat informiert. Zudem ist jedem Mitglied des Aufsichtsrats weiterhin das Recht einzuräumen, die an den Ausschuss geleiteten Strategien einsehen zu können (Erl. zu Abschn. 4.2 Tz. 3 KAMaRisk).

135 Unabhängig davon hat die **Geschäftsleitung selbst** die **Grundsätze für das Risikomanagement (Risk Management Policy) mindestens jährlich zu überprüfen,** um ihre Wirksamkeit zu gewährleisten (Erwgr. 52 VO (EU) Nr. 231/2013).

136 **2. Ad-hoc-Überprüfung.** Über die regelmäßige, mindestens jährliche Überprüfung des Risikomanagementsystems hinaus hat die KVG gem. Art. 41 II VO (EU) Nr. 231/2013 **ad hoc** eine Überprüfung vorzunehmen, wenn

– **wesentliche Änderungen** an den **Grundsätze für das Risikomanagement** sowie den Vorkehrungen, Prozesse und Verfahren der **Risikomessung** und des **Risikomanagements** vorgenommen werden;
– **interne** oder **externe Ereignisse** darauf hinweisen, dass eine zusätzliche Überprüfung notwendig ist;
– **wesentliche Änderungen** an der **Anlagestrategie** und den **Zielen** eines von der KVG verwalteten Investmentvermögens vorgenommen werden.

137 **3. Offenlegungspflichten.** Nach Abschluss der Überprüfung und Aktualisierung der Risikomanagementsysteme hat die KVG den **Anlegern** und **der BaFin wesentliche Änderungen** der **Grundsätze für das Risikomanagement** sowie den Vorkehrungen, Prozessen und Verfahren der **Risikomessung** und des **Risikomanagements offenzulegen.**

138 **a) … ggü. den Anlegern.** Eine Änderung einer Information gilt entspr. Art. 106 VO (EU) Nr. 231/2013 als **wesentlich,** wenn ein rationaler Anleger, dem diese Information bekannt wird, seine Anlage in dem Investmentvermögen **mit hoher Wahrscheinlichkeit** überdenken würde, auch weil sich diese Information auf die Fähigkeit des Anlegers, seine Rechte bzgl. seiner Anlage wahrzunehmen, auswirkt oder die Interessen eines oder mehrerer Anleger des Investmentvermögens in sonstiger Weise beeinträchtigt werden kann.

139 § 307 I verpflichtet die **AIF-KVG** neben der Zurverfügungstellung der Information vor Vertragsschluss auch zur **Information der Anleger über wesentliche Änderungen** („einschließlich aller wesentlichen Änderungen"). Gemäß § 307 I 2

Nr. 5 und 12 beinhaltet dies auch Informationen über Leverage und Risiken durch den Einsatz von Leverage und das Liquiditätsrisikomanagement. Ergeben sich wesentliche Änderungen ggü. diesen den Anlegern im Hinblick auf das Risikomanagement nach § 307 zur Verfügung gestellten Informationen, hat die KVG die betroffenen Anleger zu informieren. Im Falle von **OGAW** und **Publikums-AIF** gilt Entsprechendes betreffend der im **Verkaufsprospekt** genannten Informationen nach § 165 II Nr. 6 und 22. Diese sind gem. § 164 III auf dem neuesten Stand zu halten und müssen daher bei Änderungen aktualisiert werden.

Gemäß § 101 III Nr. 3 iVm Art. 103–107 VO (EU) Nr. 231/2013 sind wesentliche Änderungen bei **AIF-Investmentvermögen** ebenfalls im **Jahresbericht** darzustellen. Der Jahresbericht hat danach bei **Publikums-AIF** jede während des abgelaufenen Geschäftsjahres eingetretene wesentliche Änderung der im Verkaufsprospekt aufgeführten Informationen zum Risikomanagement und bei **Spezial-AIF** jede während des abgelaufenen Geschäftsjahres eingetretene wesentlich Änderung hinsichtlich der nach § 307 I oder II 1. Alt. iVm § 297 IV und § 308 IV zur Verfügung gestellten Informationen (insbes. **wesentliche Änderungen** der **Grundsätze für das Risikomanagement,** der **Verfahren der Risikomessung** und des **Risikomanagements**) zu enthalten. 140

b) ... ggü. der BaFin. Wesentliche Änderungen der **Grundsätze für das Risikomanagement** und der Vorkehrungen, Prozesse und Verfahren der **Risikomessung** und des **Risikomanagements** sind der BaFin nach § 29 V iVm Art. 41 III, IV VO (EU) Nr. 231/2013 und ggf. nach § 34 I iVm § 21 I Nr. 7 (OGAW) bzw. § 22 I Nr. 10 Buchst. b und c (AIF) **anzuzeigen.** Eine wesentliche Änderung wird immer dann zu bejahen sein, wenn die Änderung im Rahmen eines Erlaubnisverfahrens nach § 21 bzw. § 22 von der BaFin zu berücksichtigen wäre. Nach § 21 I Nr. 7 ist Grundlage der Geschäftserlaubnis einer OGAW-KVG eine Darstellung der „geplanten internen Kontrollverfahren". Der Erlaubnisantrag einer AIF-KVG muss gem. § 22 I Nr. 10 Buchst. b und c ua die Grundsätze, die die AIF-KVG im Zusammenhang mit dem Einsatz von Leverage anwendet sowie die Risikoprofile und sonstigen Eigenschaften der AIF, die die AIF-KVG verwaltet oder zu verwalten beabsichtigt sowie weiterhin gem. § 22 I Nr. 7 eine Darstellung enthalten, wie die AIF-KVG den Anforderungen des KAGB und damit auch des § 29 nachkommen will. **Wesentliche Änderungen der Voraussetzungen für die Geschäftserlaubnis** sind der BaFin gem. § 34 I vor Umsetzung der Änderung anzuzeigen (**Absichtsanzeige;** vgl. → § 34 Rn. 6 ff.). 141

Änderungen des maximal zulässigen Leverage, gleich ob nach der Brutto- oder der Commitment-Methode, sind nach der Verwaltungsauffassung der BaFin stets wesentliche Änderungen und daher anzeigepflichtig. **Überschreitungen des maximal zulässigen Leverage** sind der BaFin unverzüglich anzuzeigen (Ergebnisprotokoll WA 41-WP 2136–2011/0090 v. 9.8.2013 in Bezug auf Eigenmittel und Leverage). Diese gilt aber **nur** für die Änderung des maximal zulässigen Leverage sowie dessen Überschreitung **bei AIF.** Das Ergebnisprotokoll nimmt Bezug auf § 215, der Anwendung auf offene Publikums-AIF findet. Bezugnahmen auf § 215 finden sich in § 263 II für geschlossene Publikums-AIF und in § 274 für offene Spezial-AIF. Das KAGB enthält aber keine entspr. Regelung für OGAW. Infolgedessen müssen Änderung des maximal zulässigen Hebels **bei OGAW** bzw. ggf. des erwarteten Hebels iSd § 165 II Nr. 6 Hs. 2 der BaFin nicht speziell angezeigt werden. Änderungen sind der BaFin hier nur über die Übersendung des geänderten Verkaufsprospektes mitzuteilen. 142

143 Änderung der Risikomanagementsysteme sowie der Risikomessung haben darüber hinaus Auswirkung auf die **Meldepflichten einer AIF-KVG** gem. § 35. Gemäß § 35 II hat eine AIF-KVG ua Informationen zu den Risikomanagementsystemen, die die AIF-KVG zur Steuerung von Marktrisiken, des Liquiditätsrisikos, des Gegenparteirisikos sowie sonstiger Risiken einschließlich des operativen Risikos der BaFin vorzulegen (→ § 35 Rn. 91ff.). Gemäß § 35 IV bestehen Informationspflichten ggü. der BaFin für AIF-KVG, die in beträchtlichem Umfang Leverage einsetzen (→ § 35 Rn. 164ff.).

VIII. Gelddarlehen und unverbriefte Darlehensforderungen

144 **1. Aufsichtsrechtliche Rahmenbedingungen. a) § 29 Va und Abschn. V KAMaRisk.** Durch das OGAW-V-UmsG wurde § 29 um Abs. 5a ergänzt. § 29 Va verlangt von KVG, die für Rechnung eines AIF Gelddarlehen gewähren oder in unverbriefte Darlehensforderungen investieren, dass **angemessene Mindestanforderungen an das Risikomanagement** erfüllt werden. § 29 Va 1 findet damit sowohl für den Fall der **Vergabe von Gelddarlehen** als auch den Fall des **Erwerbs einer unverbrieften Darlehensforderung** durch ein Investmentvermögen Anwendung. Aus Sicht des Gesetzgebers war eine Ergänzung der aufsichtsrechtlichen Vorgaben an das Risikomanagement von KVG geboten, um Finanzmarktrisiken auf Grund nicht fachkompetenter Praktiken zur Gewährung und Bewirtschaftung von Darlehen zu vermeiden sowie die Gefahren eines exzessiven Kreditwachstums und Anreize zur Regulierungsarbitrage zu verringern (vgl. Gesetzesbegr. zu § 29 Va).

145 Im Rahmen der Überarbeitung der InvMaRisk und mit der Einführung der **KAMaRisk** hat die BaFin diese Mindestanforderungen weiter konkretisiert. Die BaFin hat diese Vorgaben nach eigener Aussage basierend auf den Vorgaben der MaRisk zum Kreditgeschäft für Banken erstellt und diese an die Besonderheiten der Darlehensvergabe und -investition iRd kollektiven Portfolioverwaltung angepasst. Abschnitt V KAMaRisk stellt Anforderungen an die **Ausgestaltung der Aufbau- und Ablauforganisation,** die **Verfahren zur Früherkennung von Risiken** und die **Verfahren zur Klassifizierung der Risiken bei der Vergabe von Gelddarlehen** sowie beim **Erwerb von unverbrieften Darlehensforderungen** für Rechnung von AIF.

146 **b) Ausnahme: Spezialgesetzlich geregelte AIF und Gesellschafterdarlehen.** Eine **Ausnahme** gilt gem. § 29 Va 2 und Abschn. V Tz. 3 KAMaRisk für **erlaubnis- und registrierungspflichtige AIF-KVG,** die **Gesellschafterdarlehen** nach §§ 240, 261 I Nr. 8, § 282 II 3, § 284 V oder § 285 III KAGB oder nach § 3 II KAGB iVm § 4 VII UBGG vergeben. Die Ausnahme soll nach der Gesetzesbegr. den praktischen Bedürfnissen im Bereich Private Equity, Venture Capital sowie zur Strukturierung über Zweckgesellschaften Rechnung tragen. Hier könnten nach Auffassung des Gesetzgebers Situationen auftreten, in denen der Einsatz von Darlehen als flexibles Element der Unternehmensfinanzierung angezeigt sei und nicht erschwert werden soll. Die Erleichterungen für Gesellschafterdarlehen seien gerechtfertigt, da diese Darlehen nur anlässlich einer bestehenden Beteiligung gewährt würden und im Umfang begrenzt seien, so dass die Finanzmarktrisiken, die die Regelung nach S. 1 rechtfertigen würden, insb. die Gefahr der Regulierungsarbitrage und des exzessiven Kreditwachstums, deutlich verringert seien. Im Einklang mit § 29 Va 2 finden gem. Abschn. 5 Tz. 2 KAMaRisk **im gleichen Umfang auch die Vorgaben des Abschn. V KAMaRisk keine Anwendung.**

2. Aufbau- und Ablauforganisation. Wesentlicher Regelungsinhalts des § 29 Va 1 sind nach der Gesetzesbegr. zu § 29 Va Anforderungen betr. der „banktypischen" Geschäfte der **Darlehensvergabe** und der **Restrukturierung unverbriefter Darlehensforderungen.** Aber auch an das **Halten unverbriefter Darlehensforderungen** sind nach Auffassung des Gesetzgebers besondere Anforderungen, zB bzgl. der Überwachung des Kreditportfolios, zu stellen. Kapitalverwaltungsgesellschaften, die für Rechnung von Investmentvermögen Gelddarlehen gewähren oder in unverbriefte Darlehensforderungen investieren, haben **über eine diesen Geschäften und deren Umfang angemessene Aufbau- und Ablauforganisation zu verfügen,** die insb. **Prozesse** für die **Kreditbearbeitung,** die **Kreditbearbeitungskontrolle** und die **Behandlung von Problemkrediten sowie Verfahren zur Früherkennung von Risiken** vorsehen. 147

a) Proportionalitätsgrundsatz. Bei der Ausgestaltung der Aufbau- und Ablauforganisation gilt **der Grundsatz der Proportionalität.** Für KVG, bei denen die Darlehensvergabe oder die Investition in unverbriefte Darlehensforderungen für Rechnung des AIF nur einen **geringen Teil der Anlagetätigkeit des jeweiligen AIF** ausmacht, sollen geringere Anforderungen in Bezug auf die Aufbau- und Ablauforganisation gelten als für solche KVG, bei denen diese Tätigkeiten als Schwerpunkt der Anlagetätigkeit des jeweiligen AIF anzusehen sind. Darüber hinaus sieht die KAMaRisk bei bestimmten **Geschäften, die von Dritten initiiert** wurden (zB Konsortialgeschäfte oder Abtretung von Darlehensforderungen) unter bestimmten Voraussetzungen **Erleichterungen** vor, vgl. Abschn. 5.1 Tz. 3 und 5; 5.2 Tz. 2; Abschn. 5.2.1 Tz. 2 und 3; Abschn. 5.2.2 Tz. 2 und 5.3 Tz. 3. 148

b) Aufbauorganisation. Maßgeblicher Grundsatz für die Ausgestaltung der Prozesse im Darlehensgeschäft ist die klare aufbauorganisatorische Trennung der Bereiche **Fondsmanagement** und **Marktfolge** bis einschl. der Ebene der Geschäftsleitung **(Funktionstrennung).** Bei kleinen Gesellschaften sind unter bestimmten Voraussetzungen Ausnahmen hinsichtlich der Funktionstrennung möglich (Abschn. 5.1 Tz. 1 KAMaRisk). 149

Erforderlich ist eine klare und konsistente **Kompetenzordnung** für Entscheidungen im Darlehensgeschäft. Für den Fall voneinander abweichender Voten (→ Rn. 152f.) sind in der Kompetenzordnung Entscheidungsregeln zu treffen. Die Darlehensvergabe oder -investition ist in diesen Fällen abzulehnen oder zur Entscheidung auf eine höhere Kompetenzstufe zu verlagern **(Eskalationsverfahren).** 150

c) Ablauforganisation. aa) Anforderungen an die Prozesse im Darlehensgeschäft. Abschnitt 5.2 KAMaRisk definiert umfangreiche Anforderungen an die Prozesse im Darlehensgeschäft. Die KVG hat **Prozesse für die Darlehensbearbeitung (Vergabe von Darlehen und Investition in unverbriefte Darlehensforderungen** – vgl. Abschn. 5.2.1 KAMaRisk und **Weiterbearbeitung von Darlehensgeschäften** – vgl. Abschn. 5.2.2 KAMaRisk), die **Darlehensbearbeitungskontrolle** (vgl. 5.2.3 KAMaRisk), die **Intensivbetreuung** (vgl. Abschn. 5.2.4 KAMaRisk) und die **Darlehensbearbeitung bei Problemdarlehen (Sanierungs-** und **Abwicklungsengagements** – vgl. Abschn. 5.2.5 KAMaRisk) einzurichten. Die Verantwortung für deren Entwicklung und Qualität muss außerhalb des Bereichs Fondsmanagement angesiedelt sein. 151

bb) Votierung. Vom Fondsmanagement wird das Darlehensgeschäft initiiert, zudem gibt das Fondsmanagement ein **Erstvotum** über die Darlehensentscheidung ab. Die Kontrolle, ob diese Darlehensentscheidung aus Risikogesichtspunkten 152 für die Gesellschaft tragbar ist, erfolgt hingegen durch den Bereich „Marktfolge" **(Zweitvotum).** Dieser Bereich verfügt bei Darlehensgeschäften über ein weiteres Votum. Die Marktfolge hat eine materielle Plausibilitätsprüfung vorzunehmen. Im Rahmen der **materiellen Plausibilitätsprüfung** brauchen die bereits im Fondsmanagement durchgeführten Tätigkeiten nicht wiederholt zu werden. Vielmehr stehen die Nachvollziehbarkeit und die Vertretbarkeit der Darlehensentscheidung im Vordergrund. Hierzu zählt die Überprüfung der Aussagekraft des Fondsmanagement-Votums und inwieweit die Darlehensvergabe oder -investition der Höhe und der Form nach vertretbar ist. Die Intensität der materiellen Plausibilitätsprüfung hängt ferner von der Komplexität der zu beurteilenden Darlehensgeschäfte ab (vgl. Erl. zu Abschn. 5.1 Tz. 2 KAMaRisk).

153 Für Darlehensentscheidungen bei Geschäften, die unter Risikogesichtspunkten als nicht wesentlich einzustufen sind, kann die KVG bestimmen, dass **nur ein Votum** erforderlich ist **(„nichtrisikorelevante Darlehensgeschäfte").** Die **Abgrenzungen zwischen risikorelevantem und nicht-risikorelevantem Darlehensgeschäft** sind von jeder Gesellschaft eigenverantwortlich und unter Risikogesichtspunkten festzulegen. Wird die Darlehensvergabe durch einen Konsortialführer initiiert und beabsichtigt die Gesellschaft, sich an dem Konsortium zu beteiligen, ist es in der Regel nicht erforderlich, dass die Gesellschaft für die Entscheidung, ob sie diesem Konsortium beitreten soll, zwei Voten einholt. In einem gewissen Umfang sind darüber hinaus **Bagatellgrenzen** im Rahmen der Abgrenzung des risikorelevanten Geschäfts sachgerecht. So sind Vereinfachungen bei einem zusätzlichen Darlehensantrag über einen relativ geringen Betrag denkbar, auch wenn das Gesamtobligo des Darlehensnehmers als risikorelevant eingestuft wird (vgl. Erl. zu Abschn. 5.1 Tz. 3 KAMaRisk).

154 **cc) Verfahren zur Früherkennung von Risiken.** Kapitalverwaltungsgesellschaften, die für Rechnung eines AIF Gelddarlehen gewähren oder in unverbriefte Darlehensforderungen investieren, müssen gem. Abschn. 5.3 KAMaRisk **Verfahren zur Früherkennung von Risiken** implementieren. Diese dienen insb. der **rechtzeitigen Identifizierung von Darlehensnehmern, bei deren Engagements sich erhöhte Risiken abzuzeichnen beginnen.** Sie müssen geeignet sein, die KVG in die Lage zu versetzen, in einem möglichst frühen Stadium Gegenmaßnahmen einleiten zu können (zB Intensivbetreuung von Engagements).

155 Die Verfahren müssen grds. auf Basis von **quantitativen** und **qualitativen Risikomerkmalen Indikatoren** zu mindestens folgenden Komponenten für eine frühzeitige Risikoidentifizierung enthalten (zu Ausnahmen bei drittinitiierten Geschäften vgl. Erl. zu Abschn. 5.3 Tz. 3 KAMaRisk):

– **„Indikatoren-bezogene Komponente":** sich abzeichnende Risiken müssen möglichst frühzeitig erkannt werden können;
– **„Zeitraumbezogene Komponente":** laufende Identifizierung von sich abzeichnenden Risiken, und
– **„Prozessbezogene Komponente":** Signale des Verfahrens zur Früherkennung von Risiken sollten zeitnah zu geeigneten Maßnahmen der KVG führen (zB Intensivierung des Kontakts mit dem Darlehensnehmer, Hereinnahme neuer Sicherheiten, Tilgungsaussetzungen), so dass sich Risiken möglichst nicht in Form von Verlusten materialisieren.

IX. Anlage in Verbriefungspositionen

1. Aufsichtsrechtliche Rahmenbedingungen. 2015 hat die Europäische Kommission begonnen, im Rahmen der Finanzmarktregulierung weitere Reformen zur Bildung einer Kapitalmarktunion vorzunehmen. Hierzu gehören auch Initiativen zur Wiederbelebung eines sicheren Verbriefungsmarktes mit dem Ziel, die Finanzierung der EU-Wirtschaft zu verbessern, den Zusammenhang zwischen dem geringeren Einsatz von Fremdkapital durch die Banken und der Kreditverknappung abzuschwächen und eine ausgewogenere und stabilere Finanzierungsstruktur für die EU-Wirtschaft zu schaffen. Ziel der Europäischen Union ist es, den nach der Finanzkrise geschaffenen Rechtsrahmen zur Bewältigung der hochkomplexen, undurchsichtigen und risikoreichen Verbriefungsgeschäften innewohnenden Risiken zu stärken und dafür Sorge zu tragen, dass einfache, transparente und standardisierte Produkte („Simple, Transparent and Standardised securitisations", „STS") besser von komplexen, undurchsichtigen und risikohaltigen Instrumenten abgegrenzt werden. Außerdem sollen die Verfahren und Praktiken auf den Verbriefungsmärkten weiter vereinheitlicht und rechtliche Inkohärenzen beseitigt werden. Der Aufsichtsrahmen soll besser auf die tatsächlichen Risiken abgestimmt werden (Erwgr. 3 VO (EU) 2017/2402 v. 12.12.2017). Hierzu wurden am 28.12.2018 die folgenden zwei Verordnungen im Amtsblatt der EU veröffentlicht: 156

- VO (EU) 2017/2402 **zur Festlegung gemeinsamer Vorschriften über die Verbriefung, zur Schaffung eines europäischen Rahmens für eine einfache, transparente und standardisierte Verbriefung** und zur Änderung der RL 2009/65/EC, 2009/138/EC, 2011/61/EU und der VO (EU) Nr. 1060/2009 und (EU) Nr. 648/2012 („STS-VO"). Die VO findet auf alle Verbriefungen Anwendung und beinhaltet Begriffsbestimmungen für Verbriefungen, Sorgfaltspflichten, Risikoselbstbehalt, Transparenzanforderungen, Kreditvergabekriterien, Wiederverbriefungsverbot, Anforderungen an Verbriefungsgesellschaften und Verbriefungsregister sowie Kriterien für einfache, transparente und standardisierte Verbriefungen **(„STS").** Sie gilt für alle, die an einer Verbriefungstransaktion beteiligt sind, also für **institutionelle Anleger, Organisatoren, Sponsoren, ursprüngliche Kreditgeber und Verbriefungszweckgesellschaften;** 157
- VO (EU) 2017/2401 zur Änderung der VO (EU) Nr. 575/2013 über Aufsichtsanforderungen an Kreditinstitute und Wertpapierfirmen, um die Kapitalanforderungen für eine Verbriefungsposition risikosensitiver zu machen. Neben einer Definition von STS-Verbriefungen führt die Verordnung separate Risikogewichte für neu geschaffene STS-Verbriefungen ein (Risikogewichtsuntergrenze 10% für vorrangige Positionen). Die Methoden zur Ermittlung der Eigenkapitalanforderungen und die Hierarchie der Ansätze (Securitisation IRB-Ansatz (SEC-IRB), Standardansatz für Verbriefungen (SEC-SA), auf externen Ratings beruhender Ansatz (SEC-ERBA)) werden festgelegt. 158

Ergänzend hat die EBA am 31.7.2018 technische Standards zum Risikoeinbehalt bei Verbriefungen („EBA Final Draft Regulatory Technical Standards on specifying the requirements for originators, sponsors and original lenders relating to risk retention pursuant to Article 6 (7) of the Securisation Regulation") veröffentlicht. Das KWG, VAG, KAGB, WpHG, SolvV, PrüfbV und die KAVerOV wurden durch das **Gesetz zur Anpassung von Finanzmarktgesetzen** an die Verordnungen angepasst. Beide Verordnungen gelten seit dem **1.1.2019.** Am 30.6.2021 erfolgte eine Konsultation einer überarbeiteten Fassung der RTS (EBA/CP/2021/27). 159

160 Als Teil dieses Rechtsrahmens regeln § 29 Vb, VI in Umsetzung des Art. 17 AIFM-RL besondere Anforderungen an das **Risikomanagement bei Anlagen** von Investmentvermögen in **„Verbriefungspositionen".** Durch das OGAW-V-UmsG wurde die Anforderungen in einem eigenen Abs. 5b normiert und wurden damit die entspr. Regelungen des vorherigen § 29 V Nr. 6 und 7 ersetzt. Gemäß § 29 Vb bestimmen sich die Kriterien für die Anforderungen, die ein Originator, ein Sponsor oder ein ursprünglicher Kreditgeber erfüllen muss, damit eine KVG im Namen von durch sie verwaltete Investmentvermögen in Verbriefungen investieren darf, nach VO (EU) 2017/2402. § 29 Vb findet **für AIF- als auch für OGAW-KVG** Anwendung.

161 **2. Risikomanagement von Verbriefungspositionen. a) Verbriefungspositionen. aa) Definition. Anlagen in Verbriefungspositionen** sind gem. § 29 Vb 1 Art. 2 Nr. 19 VO (EU) Nr. 2017/2402 **Risikopositionen in Verbriefungen.** Eine **Verbriefung** ist gem. Art. 1 Nr. 1 VO (EU) Nr. 2017/2402 eine Transaktion oder eine Struktur, durch die das mit einer **Risikoposition oder einem Pool von** Risikopositionen verbundene **Kreditrisiko in Tranchen unterteilt** wird, und die alle der folgenden Merkmale aufweist:

– die im Rahmen des Geschäfts oder der Struktur getätigten **Zahlungen hängen von der Wertentwicklung der Risikoposition oder des Pools von Risikopositionen ab;**
– die **Rangfolge der Tranchen** entscheidet über die **Verteilung der Verluste** während der Laufzeit der Transaktion oder der Struktur;
– die Transaktion oder die Struktur begründet keine Risikopositionen, die alle der unter Art. 147 VIII VO (EU) Nr. 575/273 aufgeführten Merkmale aufweisen **(„Spezialfinanzierungen").**

162 **bb) Relevante Verbriefungspositionen.** Die Regelungen des § 29 Vb 1 iVm VO (EU) Nr. 2017/2402 findet Anwendung auf Verbriefungen, die **am oder nach dem 1.1.2019 emittiert wurden.** Auf Verbriefungen, für die die Wertpapiere am oder nach dem 1.1.2011, jedoch vor dem 1.1.2019 emittiert wurden, und auf Verbriefungen, für die die Wertpapiere vor dem 1.1.2011 emittiert wurden, sofern nach dem 31.12.2014 Risikopositionen hinzugefügt oder ersetzt wurden, finden gem. Art. 43 V und VI VO (EU) Nr. 2017/2402 die Sorgfaltspflichten, die in der VO (EU) Nr. 575/2013, der VO (EU) 2015/35 bzw. der VO (EU) Nr. 231/2013 in der am 31.12.2018 geltenden Fassung festgelegt sind, weiterhin Anwendung. Hierauf basierend sind folgende fünf Fallkonstellationen zu unterscheiden:

163 a) Verbriefungen, die **vor dem 1.1.2011 emittiert** wurden und bei denen **keine neuen Exposures** hinzukommen oder andere ersetzen;

b) Verbriefungen, die **vor dem 1.1.2011 emittiert** wurden und bei denen **neue Exposures nur bis zum 31.12.2014** hinzukommen sind oder andere ersetzt haben:

Auf diese beiden Fallgruppen finden weder § 29 Vb 1 iVm VO (EU) Nr. 2017/2402 noch Art. 50ff. VO (EU) Nr. 231/2013 Anwendung.

164 c) Verbriefungen, die **vor dem 1.1.2011 emittiert wurden** und bei denen **neue Exposures (auch) nach dem 31.12.2014** hinzukommen sind bzw. hinzukommen oder andere ersetzt haben bzw. ersetzen: Auf diese finden gem. § 29 Vb 1 iVm Art. 43 V VO (EU) Nr. 2017/2402 § 29 V Nr. 6 iVm Art. 50ff. VO (EU) Nr. 231/2013 in der bis zum 31.12.2018 geltenden Fassung nach dem 31.12.2014 Anwendung.

d) Verbriefungen, die **nach dem 1.1.2011, aber vor dem 1.1.2019 emittiert** wurden: Auf diese finden die Vorgaben des §29 V Nr. 6 iVm Art. 50ff. VO (EU) Nr. 231/2013 seit dem Zeitpunkt des Inkrafttretens des KAGB und der VO (EU) Nr. 231/2013 am 22.7.2013 Anwendung (in der am 31.12.2018 geltenden Fassung). 165

e) Verbriefungen, die **ab dem 1.1.2019 emittiert** wurden: Auf diese findet §29 Vb 1 iVm VO (EU) Nr. 2017/2402 Anwendung. 166

b) Anforderungen an Originator, Sponsor und ursprünglichen Kreditgeber. aa) Definitionen. Gemäß §29 Vb 1 iVm Art. 2 Nr. 3 VO (EU) Nr. 2017/2402 sind **Originatoren** (i) Unternehmen, die entweder selbst oder über verbundene Unternehmen direkt oder indirekt an der ursprünglichen Vereinbarung beteiligt waren, die die Verpflichtungen oder potenziellen Verpflichtungen des Schuldners bzw. potenziellen Schuldners begründet hat, durch die die Risikopositionen entstehen, die nun Gegenstand der Verbriefung sind, oder (ii) Unternehmen, die Risikopositionen eines Dritten auf eigene Rechnung erwerben und dann verbriefen. Der Begriff des **ursprünglichen Kreditgebers** ist idR mit demjenigen des Originators deckungsgleich. 167

Sponsoren sind gem. §29 Vb 1 iVm Art. 2 Nr. 5 VO (EU) Nr. 2017/2402 Kreditinstitute oder Wertpapierfirmen, bei denen es sich nicht um Originatoren handelt, die (i) ein forderungsgedecktes Geldmarktpapier-Programm oder ein anderes Verbriefungsprogramm, bei dem Forderungen Dritter aufgekauft werden, auflegen und verwalten oder (ii) ein Programm forderungsgedeckter Geldmarktpapiere oder eine andere Verbriefung auflegen, bei der Risikopositionen Dritter angekauft werden und die tägliche aktive Portfolioverwaltung der verbrieften Forderungen, an eine Einrichtung übertragen wird, die im Einklang mit der OGAW-, AIF- oder MiFID II-RL für die Ausübung einer solchen Tätigkeit zugelassen ist. 168

bb) Qualitative Anforderungen an Originator, Sponsor und Kreditgeber. Bevor eine KVG das Kreditrisiko einer Verbriefung im Auftrag eines oder mehrerer Investmentvermögen übernimmt, hat sie gem. §29 Vb 1 iVm Art. 5 VO (EU) 2017/2402 sicherzustellen, dass der Sponsor und der Originator 169

- sich bei der Kreditvergabe auf solide und klar definierte Kriterien stützen und für eine klare Regelung des Verfahrens für die Genehmigung, Änderung, Verlängerung und Refinanzierung von Krediten in Bezug auf zu verbriefende Forderungen sorgen, wie es auch auf die von ihnen gehaltenen Forderungen angewandt wird;
- über wirksame Systeme für die laufende Verwaltung und Überwachung ihrer kreditrisikobehafteten Portfolios und Forderungen verfügen, einschl. zur Erkennung und Verwaltung von Problemkrediten sowie zur Vornahme adäquater Wertberichtigungen und Rückstellungen, und diese einsetzen;
- jedes Kreditportfolio auf der Grundlage des Zielmarktes und der allg. Kreditstrategie angemessen diversifizieren;
- über schriftliche Grundsätze in Bezug auf Kreditrisiken verfügen, in denen auch ihre Risikotoleranzschwellen und Rückstellungsgrundsätze erläutert werden und beschrieben wird, wie diese Risiken gemessen, überwacht und kontrolliert werden;
- problemlos Zugang zu allen wesentlichen einschlägigen Daten zur Kreditqualität und Wertentwicklung der einzelnen zugrunde liegenden Forderungen, zu den Cashflows und zu den Sicherheiten, mit denen eine Verbriefungsposition unterlegt ist, und zu den Informationen gewähren, die notwendig sind, um umfas-

sende und fundierte Stresstests in Bezug auf die Cashflows und Besicherungswerte, die hinter den zugrunde liegenden Forderungen stehen, durchführen zu können. Zu diesem Zweck sind die wesentlichen einschlägigen Daten zum Zeitpunkt der Verbriefung oder, wenn die Art der Verbriefung dies erfordert, zu einem späteren Zeitpunkt zu bestimmen;
– problemlos Zugang zu allen anderen einschlägigen Daten gewähren, die die KVG benötigt, um die durch sie zu erfüllenden qualitativen Anforderungen (→ Rn. 164 ff.) zu erfüllen;
– die Höhe des von ihnen gehaltenen Nettoanteils sowie jegliche Aspekte, die das kontinuierliche Halten des mindestens erforderlichen Nettoanteils (→ Rn. 170 ff.) offenlegen.

170 **cc) Selbstbehalt.** Bei Anlagen in Verbriefungen bestehen für KVG erhöhte Due Diligence-Anforderungen. Kapitalverwaltungsgesellschaften müssen gem. § 29 Vb 1 iVm Art. 6 I VO (EU) Nr. 2017/2402 sicherstellen, dass der Originator, Sponsor oder ursprüngliche Kreditnehmer ausdrücklich mitgeteilt hat, dass er kontinuierlich einen materiellen Nettoanteil behält, der in jedem Fall mindestens 5% beträgt („Risikoselbstbehalt"). Folgende Sachverhalte gelten gem. Art. 6 III VO (EU) Nr. 2017/2402 (abschließend) als Halten eines materiellen Nettoanteils von mindestens 5%:
– Das Halten eines Anteils von mindestens 5% des Nominalwerts einer jeden an die Anleger verkauften oder übertragenen Tranche;
– Bei Verbriefungen von revolvierenden Forderungen das Halten eines Originator-Anteils von mindestens 5% des Nominalwerts der verbrieften Forderungen;
– Das Halten eines Anteils von nach dem Zufallsprinzip ausgewählten Forderungen, der mindestens 5% des Nominalwerts der verbrieften Forderungen entspricht, wenn diese Forderungen ansonsten verbrieft worden wären, sofern die Zahl der potenziell verbrieften Forderungen bei der Origination mindestens 100 beträgt;
– Das Halten der Erstverlusttranche und erforderlichenfalls weiterer Tranchen, die das gleiche oder ein höheres Risikoprofil aufweisen und nicht früher fällig werden als die an die Anleger verkauften oder übertragenen Tranchen, so dass der insges. gehaltene Anteil mindestens 5% des Nominalwerts der verbrieften Forderungen entspricht;
– Das Halten einer Erstverlust-Risikoposition von mindestens 5% einer jeden verbrieften Forderung bei der Verbriefung.

171 Der materielle Nettoanteil wird bei der Origination berechnet und ist kontinuierlich aufrechtzuerhalten. Der materielle Nettoanteil, einschl. einbehaltener Positionen, Zinsen oder Forderungen, darf nicht für die Kreditrisikominderung, für Verkaufspositionen oder sonstige Absicherungen berücksichtigt und nicht veräußert werden. Der materielle Nettoanteil wird durch den Nominalwert der außerbilanziellen Posten bestimmt.

172 Die Vorschriften über den Selbstbehalt dürfen bei einer Verbriefung nicht mehrfach zur Anwendung gebracht werden.

173 Das Erfordernis eines Selbstbehaltes findet gem. § 29 Vb 1 iVm Art. 6 V, VI VO (EU) Nr. 2017/2402 keine Anwendung, wenn es sich bei den verbrieften Forderungen um Forderungen oder Eventualforderungen handelt, die ggü. Zentralstaaten oder Zentralbanken, Regionalregierungen, Gebietskörperschaften und öffentlichen Stellen der Mitgliedstaaten, multilateralen Entwicklungsbanken oder Forderungen oder Eventualforderungen, die ggü. Instituten, denen Teil 3 Titel II

Kapitel 2 (Art. 111ff.) VO (EU) Nr. 275/2013 ein Risikogewicht von höchstens 50% zugewiesen wird, bestehen. Gleiches gilt für Forderungen oder Eventualforderungen, die von diesen umfassend, bedingungslos und unwiderruflich garantiert werden. Weiter findet das Erfordernis keine Anwendung auf Geschäfte, die auf einem klaren, transparenten und zugänglichen Index basieren. Dabei müssen die zugrunde liegenden Referenzeinheiten mit denen identisch sein, die einen stark gehandelten Index von Einheiten bilden oder andere handelbare Wertpapiere darstellen, bei denen es sich nicht um Verbriefungspositionen handelt. Gleiches gilt für Konsortialkredite, angekaufte Forderungen oder Credit Default Swaps, sofern diese nicht dazu verwendet werden, eine Verbriefung zu „verpacken" und/oder abzusichern.

dd) Korrektivmaßnahmen. Stellt eine KVG nach der Übernahme eines Kreditrisikos einer Verbriefung fest, dass die Festlegung und Offenlegung bzgl. des Selbstbehalts nicht die Anforderungen der VO (EU) 2017/2402 erfüllt, so hat die KVG gem. § 29 Vb 3 und § 29 Vb 1 iVm Art. 41 VO (EU) 2017/2402 iVm Art. 17 AIFM-RL bzw. Art. 38 VO (EU) 2017/2402 iVm Art. 50a OGAW-RL Korrektivmaßnahmen zu treffen, die im besten Interesse der Anleger des betreffenden Investmentvermögens sind. Gemäß Erwgr. 69 VO (EU) Nr. 231/2013 sollte die KVG bei Verstoß gegen die Selbstbehaltsanforderung oder die qualitativen Anforderungen die Einleitung von Abhilfemaßnahmen, wie etwa Hedging, Veräußerung oder Verringerung der Risikoposition, oder das Herantreten an die gegen die Selbstbehaltsanforderung verstoßende Partei zwecks Wiederherstellung der Einhaltung erwägen. Derartige Abhilfemaßnahmen sollten stets im Interesse der Anleger sein und keinerlei direkte Verpflichtung beinhalten, die Vermögenswerte unmittelbar nach Bekanntwerden des Verstoßes zu veräußern. Hierdurch sollen „Notverkäufe" verhindert werden. Die KVG hat den Verstoß zu berücksichtigen, wenn sie abermals eine Anlage in ein weiteres Geschäft erwägt, an dem die gegen die Anforderung verstoßende Partei beteiligt ist. 174

c) Qualitative Anforderungen an KVG. Die von einer KVG im Falle von Investitionen in Verbriefungen zu erfüllenden qualitativen Anforderungen ergeben sich aus § 29 Vb 1 iVm VO (EU) Nr. 2017/2402. Eine KVG muss danach, **bevor** sie das Kreditrisiko einer Verbriefung im Auftrag eines oder mehrerer Investmentvermögen übernimmt, sowie **fortlaufend** in der Lage sein, der BaFin ggü. **nachzuweisen,** dass sie hinsichtlich **jeder einzelnen Verbriefungsposition** über **umfassende und gründliche Kenntnis** verfügt und bzgl. des Risikoprofils der einschlägigen Investitionen des Investmentvermögens in verbriefte Positionen **förmliche Grundsätze und Verfahren** umgesetzt hat, um Folgendes zu analysieren und zu erfassen: 175

- **Offengelegte Informationen** der Originatoren oder Sponsoren zur Spezifizierung des **Nettoanteils,** den sie kontinuierlich an der Verbriefung behalten (→ Rn. 170ff.);
- **Risikomerkmale** der einzelnen **Verbriefungspositionen;**
- **Risikomerkmale** der **Forderungen,** die der Verbriefungsposition zugrunde liegen;
- Ruf und erlittene Verluste bei **früheren Verbriefungen der Originatoren oder Sponsoren** in den betreffenden Forderungsklassen, die der Verbriefungsposition zugrunde liegen;
- **Erklärungen und Offenlegungen der Originatoren oder Sponsoren** oder ihrer Beauftragten oder Berater über die **gebotene Sorgfalt,** die sie im Hinblick

auf die verbrieften Forderungen und ggf. im Hinblick auf die Besicherungsqualität der verbrieften Forderungen walten lassen;
- ggf. **Methoden und Konzepte,** nach denen die **Besicherung** der verbrieften Forderungen **bewertet** wird, sowie Vorschriften, die der Originator oder Sponsor zur **Gewährleistung der Unabhängigkeit des Bewerters** vorgesehen hat;
- alle **strukturellen Merkmale der Verbriefung,** die wesentlichen Einfluss auf die Entwicklung der Verbriefungsposition haben können, wie etwa vertragliche **Wasserfall-Strukturen** und damit verbundene Auslöserquoten **(„Trigger"),** Bonitätsverbesserungen, Liquiditätsverbesserungen, Marktwert-Trigger und geschäftsspezifische Definitionen des Ausfalls.

176 Übernimmt eine KVG im Auftrag eines oder mehrerer Investmentvermögen einen **wesentlichen Wert des Kreditrisikos** einer Verbriefung, so hat sie **regelmäßig Stresstests** durchzuführen, die derartigen Verbriefungspositionen im Einklang mit § 29 III Nr. 2 (Art. 15 III Buchst. b AIFM-RL; → Rn. 50 ff.) **angemessen** sind. Der Stresstest muss der **Art,** dem **Umfang** und der **Komplexität** des mit den Verbriefungspositionen **verbundenen Risikos** angemessen sein (Art. 53 II VO (EU) Nr. 231/2013).

177 Die KVG hat im Einklang mit den in § 29 III (Art. 15 AIFM-RL, → Rn. 22 ff.) enthaltenen Grundsätzen **formale Überwachungsverfahren festzulegen,** die dem Risikoprofil des betreffenden Investmentvermögens iVm dem Kreditrisiko einer Verbriefungsposition **angemessen** sind, um **kontinuierlich und zeitnah** Wertentwicklungsinformationen über die derartigen Verbriefungspositionen zugrunde liegenden Forderungen zu überwachen. Derartige Informationen haben gem. § 29 Vb 1 iVm Art. 5 IV VO (EU) Nr. 2017/2402, falls sie für diese spezifische Art der Verbriefung relevant sind und nicht auf die genauer beschriebenen Arten von Informationen beschränkt sind, die **Art der Forderung,** den **Prozentsatz der Kredite,** die **mehr als 30, 60 und 90 Tage überfällig** sind, **Ausfallquoten,** die **Quote der vorzeitigen Rückzahlungen, unter Zwangsvollstreckung stehende Kredite,** die **Art der Sicherheit** und **Belegung,** die **Frequenzverteilung von Kreditpunktebewertungen** ua **Bonitätsbewertungen** für die zugrunde liegenden Forderungen, die **sektorale und geografische Diversifizierung** und die **Frequenzverteilung der Beleihungsquoten** mit **Bandbreiten,** die eine angemessene Sensitivitätsanalyse erleichtern, zu umfassen. Sind die **zugrunde liegenden Forderungen selbst Verbriefungspositionen,** so hat die KVG nicht nur hinsichtlich der zugrunde liegenden Verbriefungstranchen über die in diesem Unterabsatz erläuterten Informationen, zB den Namen des Emittenten und dessen Bonität, sondern auch hinsichtlich der **Merkmale** und der **Entwicklung** der den **Verbriefungstranchen zugrunde liegenden Pools** zu verfügen.

Die KVG hat dieselben Analysestandards auf Beteiligungen oder Übernahmen von Verbriefungsemissionen anzuwenden, **die von Dritten erworben** wurden.

178 Für die Zwecke eines angemessenen Risiko- und Liquiditätsmanagements haben KVG, die im Auftrag eines oder mehrerer Investmentvermögen ein Kreditrisiko einer Verbriefung übernehmen, die Risiken, die aufgrund von **Inkongruenzen von Vermögenswerten und Verbindlichkeiten** des betreffenden Investmentvermögens entstehen können, sowie das im Zusammenhang mit diesen Instrumenten entstehende **Konzentrationsrisiko** oder **Anlagerisiko** zu **ermitteln,** zu **messen,** zu **überwachen,** zu **steuern** und zu **kontrollieren** und darüber **Bericht zu erstatten.** Der KVG hat zu gewährleisten, dass die **Risikoprofile** derartiger Verbriefungspositionen der **Größe,** der **allgemeinen Portfoliostruktur** und den **Anlagestrategien** und **-zielen** des betreffenden Investmentvermögens,

wie sie in den Vertragsbedingungen oder der Satzung, dem Prospekt und den Emissionsunterlagen des Investmentvermögen festgelegt sind, entsprechen.

KVG haben im Einklang mit den in § 28 (Art. 18 AIFM-RL) festgelegten Anforderungen eine **angemessene interne Berichterstattung an die Geschäftsleitung** zu gewährleisten, damit die Geschäftsleitung über **wesentliche Übernahmen von Verbriefungsengagements** in vollem Umfang **informiert** ist und die daraus entstehenden Risiken **angemessen steuern kann** (Art. 53 IV VO (EU) Nr. 231/2013; → Rn. 59ff.). 179

Im Einklang mit den §§ 67, 101, 102 (Art. 22 AIFM-RL), 307, 308 (Art. 23 AIFM-RL) und 35 (Art. 24 AIFM-RL) haben AIF-KVG in den zu übermittelnden Berichten und Offenlegungen gem. Art. 54 V VO (EU) Nr. 231/2013 **angemessene Informationen über das eingegangene Kreditrisiko** einer Verbriefung und ihre **Risikomanagementverfahren** zur Verfügung zu stellen. 180

X. Kapitalverwaltungsaufsichtliche Anforderungen an die IT („KAIT")

1. Aufsichtsrechtliche Rahmenbedingungen. Nachdem die BaFin bereits am 6.11.2017 „Bankaufsichtliche Anforderungen an die IT (BAIT)" veröffentlicht und diese am 14.9.2018 aktualisiert hatte, hat sie am 1.10.2019 darüber hinaus **„Kapitalverwaltungsaufsichtliche Anforderungen an die IT (KAIT)"** (BaFin-Rundschreiben 11/2019) veröffentlicht. Sie erläutert mit der KAIT auf **prinzipienbasierter Basis Mindestanforderungen, insb. an die IT-Governance und Informationssicherheit,** die von KVG mit Erlaubnis nach § 20 einzuhalten seien. 181

Der Einsatz von Informationstechnik (IT) in KVG, auch unter Einbeziehung von IT-Dienstleistungen, die durch IT-Dienstleister bereitgestellt werden, habe laut BaFin eine zentrale Bedeutung für die Finanzwirtschaft. Die Konsultation und das Rundschreiben soll auf der Grundlage der §§ 28, 29 und 30 KAGB, §§ 4–6 KAVerOV und Art. 38–66 VO (EU) 231/2013 einen flexiblen und praxisnahen Rahmen für die technisch-organisatorische Ausstattung der KVG – insb. für das Management der IT-Ressourcen und für das IT-Risikomanagement – vorgeben. Es präzisiere ferner die Anforderungen des § 36 KAGB und der Art. 75–82 VO (EU) 231/2013 (Auslagerung) im Hinblick auf die Auslagerung von IT-Dienstleistungen und den sonstigen Fremdbezug von IT-Dienstleistungen. Da die Regelungen der AIFM Level-II-VO unmittelbar gelten, würden sich die Vorgaben für die Organisationspflichten, das Risikomanagement und die Auslagerung in erster Linie nach Art. 38–66 sowie 75–82 VO (EU) 231/2013 bestimmen. Die KAIT soll Teile dieser Regelungen konkretisieren und sei daher erst in zweiter Linie zur Bestimmung der Mindestanforderungen an die aufsichtlichen Anforderungen an die IT der KVG heranzuziehen (Abschn. 1 Tz. 1 KAIT). 182

Gemäß Abschn. 1 Tz. 2 KAIT sollen die in den **KAMaRisk** enthaltenen Anforderungen an die IT **unberührt bleiben** und durch die KAIT **konkretisiert werden.** Die KVG soll folglich auch insb. jenseits der Konkretisierungen der KAIT gem. § 28 I 2 Nr. 2 iVm Ziff. 8.1 Tz. 3 KAMaRisk verpflichtet bleiben, bei der Ausgestaltung der IT-Systeme (Hardware- und Softwarekomponenten) und der dazugehörigen IT-Prozesse grds. auf gängige Standards abzustellen. Zu diesen zählen bspw. die IT-Grundschutzkataloge des Bundesamts für Sicherheit in der Informationstechnik und der internationale Sicherheitsstandard ISO/IEC 270XX der International Organization for Standardization. 183

Auf die Umsetzung der KAIT findet das **Proportionalitätsprinzip** Anwendung (Abschn. 1 Tz. 3 KAIT). 184

185 **2. Anforderungen an das IT-Risikomanagement. a) IT-Strategie.** Die Geschäftsleitung hat eine mit der Geschäftsstrategie konsistente **IT-Strategie** festzulegen. Mindestinhalte der IT-Strategie sind gem. Abschn. II Tz. 1.2 KAIT:

(a) **Strategische Entwicklung** der **IT-Aufbau-** und **IT-Ablauforganisation** der KVG sowie der **Auslagerungen von IT-Dienstleistungen;**
(b) **Zuordnung der gängigen Standards,** an denen sich die KVG orientiert, auf die Bereiche der IT;
(c) Zuständigkeiten und Einbindung der **Informationssicherheit** in die Organisation;
(d) Strategische Entwicklung der **IT-Architektur;**
(e) Aussagen zum **Notfallmanagement** unter Berücksichtigung der IT-Belange;
(f) Aussagen zu den in den Fachbereichen **selbst betriebenen bzw. entwickelten IT-Systemen (Hardware- und Software-Komponenten).**

186 **b) IT-Governance.** IT-Governance ist die **Struktur zur Steuerung sowie Überwachung des Betriebs und der Weiterentwicklung der IT-Systeme einschließlich der dazugehörigen IT-Prozesse auf Basis der IT-Strategie** (Abschn. II Tz. 2.6 KAIT). Hierfür maßgeblich sind insb. die Regelungen zur **IT-Aufbau-** und **IT-Ablauforganisation** (vgl. Ziff. 4.3 Tz. 1, 4 und 5 KAMaRisk), zum **Informationsrisiko-** sowie **Informationssicherheitsmanagement** (vgl. Ziff. 4.3 Tz. 6, 7, 9, 12–15 KAMaRisk und Ziff. 8.1 Tz. 1 und 3 KAMaRisk), zur **quantitativ** und **qualitativ angemessenen Personalausstattung** der IT sowie zum **Umfang** und zur **Qualität der technisch-organisatorischen Ausstattung** (vgl. Ziff. 8.1 Tz. 2 KAMaRisk). Regelungen für die IT-Aufbau- und IT-Ablauforganisation sind bei Veränderungen der Aktivitäten und Prozesse zeitnah anzupassen (vgl. Ziffer 6 Tz. 1 und 2 KAMaRisk). Die Anforderungen an ein **IT-Notfallmanagement** sollen sich auch nach Ziffer 8.2 KAMaRisk richten.

187 **Interessenkonflikte** und unvereinbare Tätigkeiten innerhalb der IT-Aufbau- und IT-Ablauforganisation sind zu vermeiden. Interessenkonflikten zwischen Aktivitäten, die bspw. im Zusammenhang mit der Anwendungsentwicklung und den Aufgaben des IT-Betriebs stehen, kann durch aufbau- oder ablauforganisatorische Maßnahmen bzw. durch eine adäquate Rollendefinition begegnet werden (Abschn. II Tz. 2.9 KAIT).

188 **c) Informationsrisikomanagement.** Die **Informationsverarbeitung** und **-weitergabe** in Geschäfts- und Serviceprozessen ist durch datenverarbeitende IT-Systeme und zugehörige IT-Prozesse zu unterstützen **(„Informationsrisikomanagement“).** Deren Umfang und Qualität ist insb. an betriebsinternen Erfordernissen, den Geschäftsaktivitäten sowie an der Risikosituation zu orientieren (vgl. Ziff. 8.1 Tz. 2 KAMaRisk). IT-Systeme und zugehörige IT-Prozesse sollen laut BaFin die **Integrität,** die **Verfügbarkeit,** die **Authentizität** sowie die **Vertraulichkeit der Daten** sicherstellen (vgl. Ziff. 8.1 Tz. 3 KAMaRisk). Die KVG hat die mit dem Management der Informationsrisiken verbundenen Aufgaben, Kompetenzen, Verantwortlichkeiten, Kontrollen und Kommunikationswege klar zu **definieren** und aufeinander **abzustimmen** (vgl. Ziff. 4.3 Tz 5 KAMaRisk). Hierfür hat die KVG angemessene Überwachungs- und Steuerungsprozesse einzurichten (vgl. Ziff. 4.3 Tz. 7, 9 und 15 KAMaRisk) und diesbezügliche Berichtspflichten zu definieren (vgl. Ziff. 4.3 Tz. 12–14 sowie Ziff. 4.9 KAMaRisk) (vgl. Abschn. II Tz. 3.16 KAIT).

189 Die Identifikations-, Bewertungs-, Überwachungs- und Steuerungsprozesse haben insb. die Festlegung von **IT-Risikokriterien,** die Identifikation von **IT-Risiken,** die Festlegung des **Schutzbedarfs,** daraus abgeleitete **Schutzmaß-**

nahmen für den IT-Betrieb sowie die Festlegung von Maßnahmen zur **Risikobehandlung** der verbliebenen **Restrisiken** zu umfassen. Beim Bezug von Software sind die damit verbundenen Risiken angemessen zu **bewerten** und zu **steuern** (vgl. Abschn. II Tz. 3.17 KAIT; für die Auslagerung an Cloud-Anbieter vgl. S.6 „Orientierungshilfe der BaFin zu Auslagerungen an Cloud-Anbieter v. 8.11.2018").

Auf Basis der festgelegten Risikokriterien hat die KVG auf Grundlage eines **Vergleichs der Sollmaßnahmen mit den jeweils wirksam umgesetzten Maßnahmen** eine **IT-Risikoanalyse** vorzunehmen. Sonstige risikoreduzierende Maßnahmen aufgrund unvollständig umgesetzter Sollmaßnahmen sind wirksam zu **koordinieren,** zu **dokumentieren,** zu **überwachen** und zu **steuern.** Die Ergebnisse der Risikoanalyse sind durch den verantwortlichen Mitarbeiter zu genehmigen und in den Prozess des Managements der operationellen Risiken zu überführen. Die Geschäftsleitung ist **regelmäßig, mindestens jedoch vierteljährlich,** insb. über die Ergebnisse der Risikoanalyse sowie Veränderungen an der Risikosituation **zu unterrichten (Statusbericht)** (vgl. Abschn. II Tz. 3.22f. KAIT). 190

d) Informationssicherheitsmanagement. Das **Informationssicherheitsmanagement** macht Vorgaben zur Informationssicherheit, definiert Prozesse und steuert deren Umsetzung (vgl. Ziff. 8.1 Tz. 3 KAMaRisk). Das Informationssicherheitsmanagement folgt einem **fortlaufenden Prozess,** der die Phasen **Planung, Umsetzung, Erfolgskontrolle** sowie **Optimierung** und **Verbesserung** umfasst. Die inhaltlichen **Berichtspflichten** des Informationssicherheitsbeauftragten an die Geschäftsleitung sowie den Aufsichtsrat sowie der Turnus der Berichterstattung sollen sich an Ziff. 4.3 Tz. 12–14 und 17 sowie Ziff. 4.9 KAMaRisk orientieren (vgl. Abschn. II Tz. 4.24 KAIT). 191

Die Geschäftsleitung hat eine **Informationssicherheitsleitlinie** zu beschließen und innerhalb der KVG angemessen zu kommunizieren. In dieser werden die **Ziele** und der **Geltungsbereich** für die Informationssicherheit festgelegt und die **wesentlichen organisatorischen** Aspekte des Informationssicherheitsmanagements beschrieben. **Regelmäßige Überprüfungen und Anpassungen** an geänderte Bedingungen sind **risikoorientiert** vorzunehmen. Veränderungen der Aufbau- und Ablauforganisation sowie der IT-Systeme der KVG (Geschäftsprozesse, Fachaufgaben, organisatorische Gliederung) sind hierbei ebenso zu berücksichtigen wie Veränderungen der äußeren Rahmenbedingungen (zB gesetzliche Regelungen, regulatorische Anforderungen), der Bedrohungsszenarien oder der Sicherheitstechnologien. Auf Basis der Informationssicherheitsleitlinie sind **konkretisierende, den Stand der Technik berücksichtigende Informationssicherheitsrichtlinien** und **Informationssicherheitsprozesse** mit den Teilprozessen **Identifizierung, Schutz, Entdeckung, Reaktion** und **Wiederherstellung** zu definieren (vgl. Abschn. II Tzn. 4.25f. nebst Erl. KAIT). 192

Die KVG hat die Funktion eines **Informationssicherheitsbeauftragten** einzurichten. Diese ist **organisatorisch** und **prozessual unabhängig** auszugestalten, um mögliche Interessenskonflikte zu vermeiden und umfasst **insb. folgende Aufgaben** (vgl. Abschn. II Tzn. 4.27f. KAIT): 193

(a) **Unterstützung der Geschäftsleitung** bei der Festlegung und Anpassung der Informationssicherheitsleitlinie; **Beratung** in allen Fragen der Informationssicherheit. Hierzu gehören auch **Hilfestellungen bei der Lösung von Zielkonflikten** (zB Wirtschaftlichkeit kontra Informationssicherheit);

(b) **Erstellung von Informationssicherheitsrichtlinien** und ggf. weiteren einschlägigen Regelungen sowie die Kontrolle ihrer Einhaltung;
(c) **Steuerung** und **Koordination** der Informationssicherheitsprozesse, **Überwachung** dieser gegenüber IT-Dienstleistern sowie **Mitwirkung** bei allen damit zusammenhängenden Aufgaben;
(d) Beteiligung bei der Erstellung und Fortschreibung des **Notfallkonzepts bzgl. der IT-Belange;**
(e) Initiierung und Überwachung der Realisierung von **Informationssicherheitsmaßnahmen;**
(f) Beteiligung bei **Projekten mit IT-Relevanz;**
(g) **Ansprechpartner für Fragen der Informationssicherheit** innerhalb der KVG und für Dritte;
(h) **Untersuchung von Informationssicherheitsvorfällen** inkl. Bericht an die Geschäftsleitung;
(i) Initiierung und Koordination von **Sensibilisierungs- und Schulungsmaßnahmen zur Informationssicherheit.**

194 Der Informationssicherheitsbeauftragte hat der Geschäftsleitung **regelmäßig, mindestens vierteljährlich,** über den Status der Informationssicherheit sowie **anlassbezogen zu berichten.**

195 **e) Benutzerberechtigungsmanagement.** Ein **Benutzerberechtigungsmanagement** stellt sicher, dass den Benutzern eingeräumte Berechtigungen so ausgestaltet sind und genutzt werden, wie es den organisatorischen und fachlichen Vorgaben der KVG entspricht (Abschn. II Tz. 5.32 KAIT). Das Benutzerberechtigungsmanagement hat die Anforderungen nach Ziff. 8.1 Tz. 3 sowie Ziff. 4.5 Tz. 7 KAMaRisk zu erfüllen.

196 **Berechtigungskonzepte** legen den Umfang und die Nutzungsbedingungen der Berechtigungen für die IT-Systeme konsistent zum ermittelten Schutzbedarf sowie vollständig und nachvollziehbar ableitbar für alle von einem IT-System bereitgestellten Berechtigungen fest. Berechtigungskonzepte haben die Vergabe von Berechtigungen an Benutzer nach dem Sparsamkeitsgrundsatz **(Need-to-know-Prinzip)** sicherzustellen, die **Funktionstrennung zu wahren und Interessenskonflikte des Personals zu vermeiden** (vgl. Abschn. II Tz. 5.33 KAIT).

197 **f) IT-Projekte, Anwendungsentwicklung (inkl. durch Endbenutzer in den Fachbereichen).** IT-Systeme sind vor ihrer Übernahme in den produktiven Betrieb zu **testen** und von den fachlich sowie auch von den technisch zuständigen Mitarbeitern **abzunehmen. Produktions-** und **Testumgebung** sind dabei grundsätzlich voneinander **zu trennen.** Diese Anforderungen gelten auch bei wesentlichen Veränderungen der IT-Systeme.

198 **Wesentliche Veränderungen** in den IT-Systemen im Rahmen von IT-Projekten, deren Auswirkung auf die IT-Aufbau- und IT-Ablauforganisation sowie die dazugehörigen IT-Prozesse sind vorab im Rahmen einer **Analyse des Risikogehalts** zu bewerten. Dabei hat die KVG insb. auch die Auswirkungen der geplanten Veränderungen auf die Kontrollverfahren und die Kontrollintensität sowie auf das Portfolio- und das Risikomanagement zu analysieren. In diese Analysen sind die später **in die Arbeitsabläufe eingebundenen Organisationseinheiten zu beteiligen.** Im Hinblick auf den erstmaligen Einsatz sowie wesentliche Veränderungen von IT-Systemen sind die Anforderungen der Ziff. 8.1 Tz. 4 und 5 KAMaRisk zu erfüllen (vgl. Abschn. II Tz. 6.41 ff. KAIT).

Wesentliche IT-Projekte und **IT-Projektrisiken** sind der Geschäftsleitung regelmäßig und anlassbezogen **zu berichten.** Wesentliche Projektrisiken sind im Risikomanagement zu berücksichtigen. 199

g) IT-Betrieb (inkl. Datensicherung). Der IT-Betrieb hat die Erfüllung der Anforderungen, die sich aus der Umsetzung der Geschäftsstrategie, aus den Vorgaben der Ziff. 8.1 Tz. 1 KAMaRisk sowie aus den IT-unterstützten Geschäftsprozessen ergeben, umzusetzen (vgl. Ziff. 4.3 Tz. 17, Ziff. 8.1 Tz. 2 und 3 KAMaRisk und Abschn. II Tz. 7.56 KAIT). 200

Die Komponenten der IT-Systeme sowie deren Beziehungen zueinander sind in geeigneter Weise zu **verwalten** und die hierzu erfassten **Bestandsangaben** regelmäßig sowie anlassbezogen zu aktualisieren. Zu den Bestandsangaben zählen gem. Abschn. II Tz. 7.57 KAIT insb.: 201

- Bestand und Verwendungszweck der Komponenten der IT-Systeme mit den relevanten Konfigurationsangaben;
- Standort der Komponenten der IT-Systeme;
- Aufstellung der relevanten Angaben zu Gewährleistungen und sonstigen Supportverträgen (ggf. Verlinkung);
- Angaben zum Ablaufdatum des Supportzeitraums der Komponenten der IT-Systeme;
- akzeptierter Zeitraum der Nichtverfügbarkeit der IT-Systeme sowie der maximal tolerierbare Datenverlust.

h) Auslagerungen und sonstiger Fremdbezug von IT-Dienstleistungen. Gemäß Abschn. II Tz. 8.63 KAIT umfassen IT-Dienstleistungen **alle Ausprägungen des Bezugs von IT.** Dazu zählen insb. die Bereitstellung von IT-Systemen, Projekte/Gewerke oder Personalgestellung. Hierzu zählen auch IT-Dienstleistungen, die der KVG durch ein Dienstleistungsunternehmen über ein Netz bereitgestellt werden (zB Rechenleistung, Speicherplatz, Plattformen oder Software) und deren Angebot, Nutzung und Abrechnung ggf. dynamisch und an den Bedarf angepasst über definierte technische Schnittstellen sowie Protokolle erfolgen (Cloud-Dienstleistungen). Die Auslagerungen der IT-Dienstleistungen haben die Anforderungen nach Ziff. 10 KAMaRisk und des BaFin-FAQ zu Auslagerung gem. § 36 zu erfüllen. 202

Die KVG hat auch beim sonstigen Fremdbezug von IT-Dienstleistungen die allgemeinen Anforderungen an die Ordnungsmäßigkeit der Geschäftsorganisation gem. §§ 28–30 zu beachten (vgl. Ziff. 10 Tz. 1 – Erl. KAMaRisk). Bei jedem Bezug von Software sind die damit verbundenen Risiken angemessen zu bewerten (vgl. Ziff. 4.3 Tz. 7, 9 und 15 KAMaRisk). 203

Bei der Auslagerung an Cloud-Anbieter ist darüber hinaus die „Aufsichtsmitteilung der BaFin zu Auslagerungen an Cloud-Anbieter" idF vom Februar 2024 sowie die „ESMA-Leitlinien zur Auslagerung an Cloud-Anbieter v. 10.5.2021 (ESMA 50-164-4285 DE)" zu berücksichtigen. Mit beiden Veröffentlichungen definieren ESMA und BaFin Leitlinien betreffend 204

- der Risikoanalyse der Auslagerung und Due Diligence-Prüfung;
- den Verfahren und internen Grundsätzen zur Sicherstellung der Anforderungen an die Governance, Kontrolle und Dokumentation (zB Auslagerungsentscheidung, Wahl des Cloud-Anbieters, Überwachung ausgelagerter Tätigkeiten);
- der wesentlichen Bestandteile der vertraglichen Auslagerungsvereinbarung an Cloud-Anbieter einschließlich der Ausstiegsstrategien; und
- die Mitteilungspflichten an die zuständigen Behörden.

§ 30 Liquiditätsmanagement; Verordnungsermächtigung

(1) [1]Die Kapitalverwaltungsgesellschaft muss über ein angemessenes Liquiditätsmanagementsystem für jedes von ihr verwaltete Investmentvermögen verfügen, es sei denn, es handelt sich um ein geschlossenes Investmentvermögen, für das kein Leverage eingesetzt wird. [2]Die Kapitalverwaltungsgesellschaft hat Verfahren festzulegen, die es ihr ermöglichen, die Liquiditätsrisiken der Investmentvermögen zu überwachen und hat zu gewährleisten, dass sich das Liquiditätsprofil der Anlagen des Investmentvermögens mit den zugrunde liegenden Verbindlichkeiten des Investmentvermögens deckt.

(2) Die Kapitalverwaltungsgesellschaft hat regelmäßig Stresstests durchzuführen und dabei sowohl normale als auch außergewöhnliche Liquiditätsbedingungen zugrunde zu legen, die die Bewertung und Überwachung der Liquiditätsrisiken der Investmentvermögen ermöglichen.

(3) Die Kapitalverwaltungsgesellschaft hat zu gewährleisten, dass die Anlagestrategie, das Liquiditätsprofil und die Rücknahmegrundsätze eines jeden von ihr verwalteten Investmentvermögens übereinstimmen.

(4) Für AIF-Kapitalverwaltungsgesellschaften bestimmen sich für die von ihnen verwalteten AIF die Kriterien für die Liquiditätsmanagementsysteme und -verfahren und die Übereinstimmung von Anlagestrategie, Liquiditätsprofil und Rücknahmegrundsätzen nach Absatz 3 nach den Artikeln 46 bis 49 der Delegierten Verordnung (EU) Nr. 231/2013.

(5) [1]Das Bundesministerium der Finanzen wird ermächtigt, durch Rechtsverordnung, die nicht der Zustimmung des Bundesrates bedarf, für Kapitalverwaltungsgesellschaften in Bezug auf Publikums-AIF zusätzliche Bestimmungen zu den in den Artikeln 46 bis 49 der Delegierten Verordnung (EU) Nr. 231/2013 aufgeführten Kriterien nach Absatz 4 und in Bezug auf OGAW nähere Bestimmungen zu den Liquiditätsmanagementsystemen und -verfahren zu erlassen. [2]Das Bundesministerium der Finanzen kann die Ermächtigung durch Rechtsverordnung auf die Bundesanstalt übertragen.

Inhaltsübersicht

	Rn.
I. Allgemeines	1
1. Aufsichtsrechtliche Rahmenbedingungen	1
2. Liquiditätsrisikomanagement als Teil des Risikomanagements der KVG	5
II. Liquiditätsrisiko und Liquiditätsrisikomanagement	6
III. Liquiditätsmanagementpolicy	7
IV. Liquiditätsmanagementsystem und -verfahren	8
1. Grundsatz des Liquiditätsmanagements für Investmentvermögen	8
2. Mindestforderungen an die Liquiditätsmanagementprozesse	12
3. Liquiditätsrisikomanagementprozesse	18
4. Eskalationsprozesse	19
V. Kohärenz von Anlagestrategie, Liquiditätsprofil und Rücknahmegrundsätze	20

Rn.
VI. Liquiditätsmanagementlimits und -stresstests 22
1. Quantifizierung des Liquiditätsrisikos 22
2. Liquiditätsmanagementstresstests 29
VII. Überprüfung und Offenlegung von Änderungen 48

I. Allgemeines

1. Aufsichtsrechtliche Rahmenbedingungen. Kapitalverwaltungsgesellschaften haben nach § 30 I und Abschn. 4.8 Tz. 7 KAMaRisk über ein angemessenes **Liquiditätsmanagementsystem** sowie **Liquiditätsmanagementverfahren** zu verfügen, die es der KVG ermöglichen, das **Liquiditätsrisiko** eines jeden von ihr verwalteten Investmentvermögens zu überwachen und zu gewährleisten, dass sich das **Liquiditätsprofil der Anlagen** der Investmentvermögen mit ihren zugrunde liegenden Verbindlichkeiten deckt. Die Vorgaben für das Liquiditätsmanagement sowie für die Liquiditätsstresstests werden in Art. 46–49 VO (EU) Nr. 231/2013 konkretisiert (vgl. § 30 IV und Abschn. 4.8 Tz. 8 KAMaRisk). Gemäß § 30 IV finden die Vorgaben auf **AIF-KVG** Anwendung. § 30 V KAGB iVm § 6 KAVerOV erweitert den Anwendungsbereich auch auf **OGAW-KVG.** Das Liquiditätsmanagementsystem und die Liquiditätsmanagementverfahren sind in **Grundsätzen für das Liquiditätsmanagement** zu regeln und zu dokumentieren. Ihr Umfang muss der **Größe, Struktur** und **Art der verwalteten Investmentvermögen** entsprechen (Proportionalitätsprinzip). 1

Sowohl die **BaFin** als auch die **ESMA** haben sich verstärkt mit dem Liquiditätsrisiko von Investmentvermögen und dem Liquiditätsrisikomanagement von KVG befasst. Hintergrund ist die Gefahr, dass sich sog. **Liquiditätsspiralen** bilden und die **Finanzstabilität beinträchtigen** könnten. Massive Rückgaben von Fondsanteilen könnten in einzelnen oder mehreren Segmenten Verkäufe von Vermögenswerten notwendig machen, wodurch es zu starken Preissenkungen kommen könnte. Diese könnten wiederum weitere Verkäufe auslösen. Aus diesem Grund hat die BaFin im Sommer 2017 bei ausgewählten KVG eine Status-quo-Analyse zur Praxis des Liquiditätsrisikomanagements und der Liquiditätsstresstests auf Ebene der Investmentvermögen durchgeführt. Die Ergebnisse wurden in einem Bericht zusammengefasst und am 8.12.2017 veröffentlicht **(„Bericht mit Leitlinien – Liquiditätsstresstests deutscher Kapitalverwaltungsgesellschaften“).** Die Leitlinien beschreiben die nach Auffassung der BaFin angemessene Ausgestaltung der Liquiditätsstresstests im Kontext des Liquiditätsrisikomanagements, wobei hervorgehoben wird, dass deren sinnvolle Ausgestaltung maßgeblich vom Geschäftsmodell und der Größe der einzelnen KVG und der von ihr verwalteten Investmentvermögen abhängig sei. **Meldewege und Verantwortlichkeiten müssten allerdings stets klar geregelt sein.** Das **Design der Stresstestszenarien** und auch deren **Häufigkeit** seien möglichst auf die von der KVG verwalteten Investmentvermögen zuzuschneiden. Die jeweilige KVG sei selbst in der Verantwortung, für die Risikosteuerung jeweils die am besten geeigneten Werkzeuge zu entwickeln und anzuwenden (S. 3 BaFin – Liquiditätsstresstests deutscher KVG v. 8.12.2017). 2

Die ESMA hat am 16.7.2020 **„Leitlinien für Liquiditätsstresstests für OGAW und AIF“** (ESMA 34-39-897 DE) veröffentlicht. Die Richtlinien gelten für AIF- und OGAW-Manager, Verwahrstellen und nationale Aufsichtsbehörden und sind seit **30.9.2020** in Kraft. Ziel der Richtlinien ist die Schaffung kohärenter, 3 effizienter und wirksamer Aufsichtspraktiken innerhalb des Europäischen Systems der Finanzaufsicht und die gemeinsame, einheitliche und kohärente Anwendung des Unionsrechts. Insbesondere sollen der Standard, die Konsistenz und in einigen Fällen die Häufigkeit der bereits durchgeführten Liquiditätsstresstests erhöht und eine konvergente Überwachung der Liquiditätsstresstests durch die nationalen Aufsichtsbehörden gefördert werden (Tz. 9 ESMA 34-39-897 DE v. 16.7.2020).

Parallel hat die ESMA ein Rahmenwerk für die Stresssimulation (STRESI) entwickelt und am 5.9.2019 veröffentlicht (**„ESMA Economic Report – Stress simulation for investment funds 2019“** – ESMA50-164-2458). STRESI sei ein simulationsbasierter Ansatz, der mikro- und makroprudenzielle Ziele kombiniere. Auf der Mikroseite sei der Output eine Bewertung der Widerstandsfähigkeit relevanter Teile des Investmentfondssektors im Hinblick auf die Information der Aufsichtsbehörden. Auf der makroprudenziellen Seite würde das STRESI-Rahmenwerk eine Abschätzung der Auswirkungen eines nachteiligen Szenarios auf den Fondssektor und seine potenziellen Auswirkungen auf das Finanzsystem enthalten, wodurch finanzielle Stabilitätsrisiken über die Ebene der einzelnen Fonds hinaus erfasst werden.

4 Für geschlossene AIF, die kein Leverage (**„Investmentvermögen des geschlossenen nicht hebelfinanzierten Typs“**) einsetzen, ist gem. § 30 I 1 **kein Liquiditätsmanagementsystem** erforderlich.

5 **2. Liquiditätsrisikomanagement als Teil des Risikomanagements der KVG.** Aus Art. 40 III 3 VO (EU) Nr. 231/2013 ergibt sich, dass das Liquiditätsmanagement der KVG **Teil ihres Risikomanagements** ist. Danach haben die **Grundsätze für das Risikomanagement** die Verfahren, Instrumente und Vorkehrungen zu enthalten, die es der KVG ermöglichen, das Liquiditätsrisiko eines Investmentvermögens unter normalen und außergewöhnlichen Liquiditätsbedingungen zu bewerten und zu überwachen, einschl. durch die Verwendung regelmäßiger Liquiditätsmanagementstresstests (→ § 29 Rn. 28ff.). § 30 beinhaltet die Regelungen des Liquiditätsmanagements iSd **Liquiditätsrisikomanagements.** Abzugrenzen ist dies vom Liquiditätsmanagement iRd Portfolioverwaltung der Investmentvermögen (Liquiditätssteuerung der Investmentvermögen).

II. Liquiditätsrisiko und Liquiditätsrisikomanagement

6 § 5 III KAVerOV definiert das **Liquiditätsrisiko als das Risiko, dass eine Position im Portfolio des Investmentvermögens nicht innerhalb hinreichend kurzer Zeit mit begrenzten Kosten veräußert, liquidiert oder geschlossen werden kann und dass dadurch die Erfüllung von Rückgabeverlangen der Anleger oder von sonstigen Zahlungsverpflichtungen beeinträchtigt wird.** Ein Investmentvermögen ist liquide, solange es die Erfüllung von Rückgabeverlangen der Anleger und von sonstigen Zahlungsverpflichtungen sicherstellen kann. Im **Liquiditätsrisikomanagement** von KVG geht es somit darum sicherzustellen, dass die – in der Regel kurzfristigen – Verpflichtungen eines Investmentvermögens jederzeit erfüllt werden können, auch wenn das Investmentvermögen zum großen Teil in langfristige und zum Teil potenziell illiquide Vermögensgegenstände investiert. Das Liquiditätsrisiko eines Investmentvermögens stellt damit das **Missverhältnis zwischen der Liquidität des Investmentvermögens (Marktliquiditätsrisiko ua) und Zahlungsverpflichtungen (insb. Rückgabeverlangen)** dar (S. 11 BaFin – Liquiditätsstresstests deutscher KVG v. 8.12.2017).

III. Liquiditätsmanagementpolicy

Eine KVG hat gem. § 30 II **Grundsätze für das Liquiditätsmanagement (Liquiditätsmanagementpolicy)** aufzusetzen und darin ihr Liquiditätsmanagementsystem und ihre Liquiditätsmanagementverfahren (→ Rn. 8 ff.) **zu dokumentieren**. Die Grundsätze für das Liquiditätsmanagement können in einem eigenen Dokument verfasst, können aber auch als Teil der Grundsätze für das Risikomanagement implementiert werden. 7

IV. Liquiditätsmanagementsystem und -verfahren

1. Grundsatz des Liquiditätsmanagements für Investmentvermögen. 8
Gemäß § 30 I und Abschn. 4.8 Tz. 7 KAMaRisk hat eine KVG angemessene Liquiditätsmanagementsysteme und Liquiditätsmanagementverfahren **(Liquiditätsrisikomanagementprozesse)** für die Investmentvermögen zu installieren. Diese müssen geeignet sein, **Liquiditätsrisiken** zu **erfassen,** zu **messen,** zu **überwachen** und zu **steuern.** Die **Liquidität der einzelnen Vermögensgegenstände** sowie die **Auswirkungen auf die Liquidität der Investmentvermögen** sind zu überwachen. Die Liquiditätsmanagementprozesse haben zu gewährleisten, dass ein sich abzeichnender erhöhter Liquiditätsbedarf frühzeitig erkannt wird.

Der Grundsatz des Liquiditätsmanagements für Investmentvermögen besteht 9
darin, dass die KVG die Liquidität des Investmentvermögens mit seinen Zahlungsverpflichtungen in Einklang bringen muss. Zu unterscheiden ist zwischen dem Liquiditätsrisiko auf der Aktivseite und dem Liquiditätsrisiko auf der Passivseite. Das **„Marktliquiditätsrisiko" auf der Aktivseite** besteht vor allem darin, dass – insb. im Fall unerwartet hoher Rückgabeverlangen – nicht ausreichend Zahlungsmittel generiert werden können, um die Zahlungsverpflichtungen kurzfristig und fristgerecht zu decken (zB Ausgabe von Fondsanteilen an Investoren, Erträge aus dem Fondsvermögen, Kreditaufnahme, Veräußerung von Vermögensgegenständen).

Das **Liquiditätsrisiko auf der Passivseite („Rücknahmerisiko")** des Invest- 10
mentvermögens besteht hauptsächlich darin, dass durch Anteilscheinrückgaben von Anlegern ausgelöste Mittelabflüsse nicht oder nicht ausreichend bedient werden können, ohne dabei die Portfolioallokation zu beeinflussen (zB Rücknahme von Fondsanteilen von Investoren, Liefer- und Zahlungsverpflichtungen des Investmentvermögens aus Derivaten, Wertpapierdarlehen und Pensionsgeschäften, Kredit-, Zinszahlungen und Tilgungen, Verwaltungskosten, Kauf von Vermögensgegenständen).

Die **Gegenüberstellung beider Seiten** – der Liquidität auf der Aktivseite und 11
der erwarteten Zahlungsverpflichtungen auf der Passivseite – dient dazu nachzuweisen, dass sich das Liquiditätsprofil der Anlagen des Investmentvermögens grds. mit den zugrunde liegenden Verbindlichkeiten wie den tatsächlichen und erwarteten Rücknahme- sowie sonstigen Zahlungsverpflichtungen mindestens deckt. Durch interne **Schwellenwerte** werden **Liquiditätsüber-** und **Liquiditätsunterdeckungen** sichtbar, so dass die KVG ggf. Gegenmaßnahmen einleiten kann (§ 30 I 2, 3 iVm Art. 46 und 49 II VO (EU) Nr. 231/2013 sowie Abschn. 4.6 Tz. 2 KAMaRisk – vgl. S. 12f. BaFin – Liquiditätsstresstests deutscher KVG v. 8.12.2017).

2. Mindestforderungen an die Liquiditätsmanagementprozesse. Die Li- 12
quiditätsrisikomanagementsysteme haben die **Beschaffenheit der** Investmentver-

mögen gebührend zu berücksichtigen, einschließlich der Art der Basiswerte und der Höhe des für die Investmentvermögen bestehenden Liquiditätsrisikos, des Umfangs und der Komplexität der Investmentvermögen und der Komplexität des Prozesses der Vermögenswertliquidierung und -veräußerung (Erwgr. 57 und 58 VO (EU) Nr. 231/2013). Die Mindestanforderungen an die Liquiditätsmanagementprozesse ergeben sich aus Art. 47 I VO (EU) Nr. 231/2013. Kapitalverwaltungsgesellschaften haben danach **sicherzustellen, dass**

13 – in Bezug auf jedes Investmentvermögen eine den zugrunde liegenden Verbindlichkeiten **angemessene Liquiditätshöhe** vorgehalten wird. Dies beinhaltet eine Einschätzung der Liquidität der im Investmentvermögen gehaltenen Vermögensgegenstände in Relation zum Investmentvermögen **(Liquiditätsquote)** auf Basis einer Bewertung der relativen Liquidität der Vermögenswerte des Investmentvermögens am Markt (inkl. ggf. einer Analyse des Handelsvolumens und der Komplexität des Vermögensgegenstandes) und der für die Liquidierung erforderlichen Zeit (zB der Anzahl der Handelstage, die es benötigt, um den Vermögensgegenstand zu veräußern) und dem Preis oder Wert, zu dem die Vermögenswerte liquidiert werden können und die deren Sensitivität hinsichtlich anderer Marktrisiken oder Faktoren Rechnung trägt. Bei der Verwaltung von Dach-Investmentvermögen, insb. Dach-Hedgefonds, ist die **Liquidität der Zielfonds zu analysieren;**

14 – das **Liquiditätsprofil** des jeweiligen Investmentvermögens im Hinblick auf den marginalen Beitrag einzelner Vermögenswerte, die wesentliche Auswirkungen auf die Liquidität haben könnten, und die wesentliche Verbindlichkeiten und Verpflichtungen, auch Eventualverbindlichkeiten und -verpflichtungen (bspw. Margin-Verpflichtungen), die das Investmentvermögen bzgl. seiner zugrunde liegenden Verbindlichkeiten eingegangen sein könnte, **überwacht wird.** Für diese Zwecke hat die KVG das **Profil der Anlegerbasis** des Investmentvermögens, darunter die Art der Anleger, den relativen Umfang der Anlagen und die Rücknahmebedingungen, die für diese Anlagen gelten, zu berücksichtigen. Die KVG soll sich **Erwartungen über Nettomittelveränderungen** unter Berücksichtigung von verfügbaren Informationen über die **Anlegerstruktur** und Erfahrungswerten aus **historischen Nettomittelveränderungen** bilden. Auswirkungen von Großabrufrisiken und anderen Risiken (zB **Reputationsrisiken**) sind zu berücksichtigen;

15 – bei **Anlagen** eines Investmentvermögens **in andere Investmentvermögen („Zielfonds")** der von den Vermögensverwaltern des Zielfonds verfolgten Ansatz beim Liquiditätsmanagement **überwacht** sowie **regelmäßige Prüfungen** durchgeführt werden, um Änderungen der Rücknahmebestimmungen zu überwachen. Vorbehaltlich des § 30 I (Art. 16 I AIFM-RL) findet diese Verpflichtung **keine Anwendung,** wenn der Zielfonds **aktiv auf einem geregelten Markt** iSv Art. 4 I Nr. 14 RL 2004/39/EG oder einem **gleichwertigen Markt eines Drittlands** gehandelt wird;

16 – sie **angemessene Liquiditätsmessvorkehrungen** und **-verfahren umsetzen** und **aufrechterhalten,** um die **quantitativen** und **qualitativen Risiken** von Positionen und beabsichtigten Investitionen zu bewerten, die wesentliche Auswirkungen auf das Liquiditätsprofil des Investmentvermögens haben. Durch diese müssen die **Auswirkungen auf das Gesamtliquiditätsprofil** angemessen gemessen werden können. Die eingesetzten Verfahren müssen dafür sorgen, dass die KVG über **angemessene Kenntnisse und Erfahrungen in Bezug auf die Liquidität der Vermögenswerte** verfügt, in die das Investmentvermö-

gen investiert hat oder zu investieren beabsichtigt, einschließlich dem Handelsvolumen und der Preissensitivität und je nach Fall auf die Spreads einzelner Vermögenswerte sowohl unter **normalen** als auch unter **außergewöhnlichen Liquiditätsbedingungen;**

– die für die **Steuerung des Liquiditätsrisikos** jedes von der KVG verwalteten Investmentvermögens erforderlichen Instrumente und Vorkehrungen berücksichtigt und umgesetzt werden. Die KVG muss die Umstände ermitteln, unter denen diese Instrumente und Vorkehrungen sowohl unter normalen als auch unter außergewöhnlichen Umständen eingesetzt werden können und hat dabei die faire Behandlung aller Anleger in Bezug auf jedes von der KVG verwaltete Investmentvermögen zu berücksichtigen. Verwaltet die KVG ein Investmentvermögen, bei dem es sich um einen mit **zu geringem Fremdkapital ausgestatteten AIF des geschlossenen Typs** handelt, so finden vorstehende Vorgaben an die Steuerung des Liquiditätsrisikos keine Anwendung (Art. 47 IV VO (EU) Nr. 231/2013). 17

3. Liquiditätsrisikomanagementprozesse. Besondere Vorgaben bestehen für das Liquiditätsmanagement von Immobilien-Sondervermögen. Gemäß § 253 I 2 müssen **offene Immobilienfonds** einen nach den Berechnungen des Liquiditätsmanagements ausreichenden Betrag, **mindestens jedoch 5 % des Fondsvermögens, in liquiden Mitteln** halten, der für Rückgaben zur Verfügung stehen muss. Zur Steuerung des Liquiditätsbedarfs dürfen sie gem. § 254 I 2 iVm § 199 kurzfristige Kredite bis zu 10% des Fondsvermögens aufnehmen, wenn die Bedingungen der Kreditaufnahme marktüblich sind und dies in den Anlagebedingungen vorgesehen ist. Für Anleger, die **nach dem 21.7.2013** Anteile eines Immobilien-Sondervermögens erworben haben, gelten für die Rückgabe von Anteilen gem. § 255 III u. 4 iVm § 346 II 1 **eine Mindesthaltefrist von 24 Monaten** und eine **Rückgabefrist von zwölf Monaten.** Für die Rückgaben von Anteilen an Immobilien-Sondervermögen, die ein Anleger **am 21.7.2013 bereits gehalten** hat, **gelten diese Mindesthalte- und Rückgabefristen nicht,** soweit die Anteilrückgaben 30.000 EUR pro Kalenderhalbjahr für einen Anleger nicht übersteigen, vgl. § 346 I (vgl. S. 15 f. BaFin – Liquiditätsstresstests deutscher KVG v. 8.12.2017). 18

4. Eskalationsprozesse. Eine KVG hat im Rahmen ihrer Liquiditätsrisikomanagementprozesse **angemessene Eskalationsprozesse** zu berücksichtigen, um zu erwartende oder tatsächlich eintretende Liquiditätsengpässe oder andere Notfallsituationen eines Investmentvermögens zu bewältigen. 19

V. Kohärenz von Anlagestrategie, Liquiditätsprofil und Rücknahmegrundsätze

Gemäß § 30 III, IV hat eine KVG zu gewährleisten, dass die **Anlagestrategie,** das **Liquiditätsprofil** und die **Rücknahmegrundsätze** eines jeden von ihr verwalteten Investmentvermögens **übereinstimmen (Kohärenz)**. Dies ist gem. Art. 49 I VO (EU) Nr. 231/2013 der Fall, wenn die Anleger die Möglichkeit haben, ihre Anlagen in einer der **fairen Behandlung aller Anleger** entsprechenden Art und im Einklang mit den Rücknahmegrundsätzen des Investmentvermögens und seinen Verpflichtungen zurückzunehmen. 20

Bei der Bewertung der Kohärenz von Anlagestrategie, Liquiditätsprofil und Rücknahmegrundsätze hat die KVG die Auswirkungen, die Rücknahmen auf die zugrunde liegenden Preise oder Spreads der einzelnen Vermögenswerte des In- 21 vestmentvermögens haben können, zu berücksichtigen (Art. 49 II VO (EU) Nr. 231/2013).

VI. Liquiditätsmanagementlimits und -stresstests

22 **1. Quantifizierung des Liquiditätsrisikos.** Gemäß Art. 48 I VO (EU) Nr. 231/2013 haben KVG, ggf. unter Berücksichtigung der Art, des Umfangs und der Komplexität jedes von ihr verwalteten Investmentvermögens, **im Einklang mit den zugrunde liegenden Verbindlichkeiten** und den **Rücknahmegrundsätzen** sowie den durch Art. 44 VO (EU) Nr. 231/2013 an Risikolimite gestellten Anforderungen im Zusammenhang mit den **quantitativen** und **qualitativen Risikolimits Liquiditätsrisikomanagementlimits** für die Liquidität oder Illiquidität des Investmentvermögens festzulegen und diese aufrechtzuerhalten (vgl. → § 29 Rn. 43ff.).

23 Kapitalverwaltungsgesellschaften haben die Einhaltung dieser Risikolimite **zu überwachen** und das erforderliche (oder notwendige) **Verfahren bei einer Überschreitung** oder **möglichen Überschreitung** der Risikolimite festzulegen. Bei der Festlegung der Verfahren und Prozesse haben KVG die Adäquanz der Grundsätze und Verfahren für das Liquiditätsmanagement, die Angemessenheit des Liquiditätsprofils der Vermögenswerte des Investmentvermögens und die Auswirkung von Rücknahmeforderungen in atypischer Höhe zu berücksichtigen.

24 Ein geeignetes Mittel zur Veranschaulichung des Liquiditätsrisikos sind Liquiditätskennzahlen, bspw. Liquiditäts- und Illiquiditätsquoten, Liquiditätskennzahlen und Liquiditätspunktesysteme (vgl. S. 23f. BaFin – Liquiditätsstresstests deutscher KVG v. 8.12.2017):

25 – Die **Liquiditätsquote** ergibt sich aus dem Verhältnis der liquiden Vermögensgegenstände zum gesamten Fondsvolumen. Sie wird mit Hilfe intern festgelegter Limite überwacht. Im Falle deren Überschreitens leitet die KVG geeignete Maßnahmen ein;

26 – Eine **Illiquiditätsquote** stellt die potenziell illiquiden Positionen des Investmentvermögens dar. Sie wird üblicherweise mittels eines zweistufigen Limitverfahrens überwacht. Ein sog. **Informationslimit** stellt einen ersten Schwellenwert dar, bei dessen Überschreitung eine Information des Fondsmanagers erfolgt. Im Falle des Erreichens des sog. **Handlungslimits** leitet die KVG geeignete Maßnahmen ein. Die Limitierung der Investmentvermögen erfolgt abhängig von der jeweiligen Struktur des Investmentvermögens differenziert nach verschiedenen Fondskategorien und deren jeweiligem Risikoprofil;

27 – Die **Liquiditätskennzahl** ergibt sich aus der Summe liquider Mittel im Verhältnis zu den erwarteten Zahlungsverpflichtungen. Die ermittelte Kennzahl wird in ein internes Limitsystem überführt und mit Hilfe von Ampelfarben abgebildet, so dass bspw. eine kritische Liquiditätskennzahl als rote Ampel dargestellt wird.

28 – Bei einem **Liquiditätspunktesystem** werden für einen Zeitraum von einem Jahr auf täglicher Basis der Unterschied zwischen liquiden Vermögenswerten und den zu erwartenden Zahlungsverpflichtungen ermittelt. Um das Liquiditätsprofil eines Portfolios zu beurteilen und potenzielle Schwierigkeiten frühzeitig erkennen zu können, wird für jeden Fonds eine Punktzahl aus der Summe der täglichen Werte errechnet. Die Liquiditätspunkte werden ebenfalls in ein internes Limitsystem überführt, um mögliche Liquiditätsengpässe frühzeitig zu identifizieren.

2. Liquiditätsmanagementstresstests. Kapitalverwaltungsgesellschaften haben unter Zugrundelegung von sowohl **normalen** als auch **außergewöhnlichen Liquiditätsbedingungen regelmäßig Stresstests** durchzuführen und deren Ergebnisse in die Bewertung der Liquiditätsrisiken jedes von ihr verwalteten Investmentvermögens einzubeziehen (§ 30 II und Abschn. 4.8 Tz. 7f. KAMaRisk). Die Stresstests haben ggf. **mangelnde Liquidität der Vermögenswerte** sowie **atypische Rücknahmeforderungen zu simulieren.** Jüngste und künftig erwartete **Zeichnungen** und **Rücknahmen** sind zusammen mit den Auswirkungen des antizipierten Abschneidens des Investmentvermögens im Vergleich zu Investmentvermögen mit gleicher Tätigkeit zu berücksichtigen. KVG haben zu analysieren, wie viel Zeit in den simulierten Stressszenarien benötigt wird, um die **Rücknahmeforderungen zu erfüllen.** Die Stresstests haben Marktfaktoren, zB Devisenkursveränderungen, zu beinhalten, die sich wesentlich auf das Kreditprofil der KVG und der von ihr verwalteten Investmentvermögen sowie aufgrund von Besicherungsanforderungen auswirken können. Bei seinem Ansatz für Stresstests oder Szenarioanalysen haben KVG den **Bewertungssensitivitäten unter Stressbedingungen** Rechnung zu tragen (vgl. Erwgr. 62 zu VO (EU) Nr. 231/2013 und S. 16f. BaFin – Liquiditätsstresstests deutscher KVG). Artikel 48 III VO (EU) Nr. 231/2013 stellt klar, dass KVG im Hinblick auf das Ergebnis von Stresstests im besten Interesse der Anleger handeln müssen. 29

Gemäß Art. 48 II VO (EU) Nr. 231/2013 sind 30
- die Stresstests auf der Grundlage **zuverlässiger** und **aktueller quantitativer** oder, falls dies nicht angemessen ist, **qualitativer Informationen** durchzuführen;
- haben die Stresstests ggf. **mangelnde Liquidität** der Vermögenswerte im AIF sowie **atypische Rücknahmeforderungen** zu simulieren;
- haben die Stresstests **Marktrisiken** und deren Auswirkungen, einschließlich auf **Nachschussforderungen, Besicherungsanforderungen oder Kreditlinien,** abzudecken;
- haben die Stresstests **Bewertungssensitivitäten unter Stressbedingungen** Rechnung zu tragen;
- sind die Stresstests unter Berücksichtigung der **Anlagestrategie,** des **Liquiditätsprofils,** der **Anlegerart** und der **Rücknahmegrundsätze** des Investmentvermögens in einer der Art des Investmentvermögens **angemessenen Häufigkeit mindestens einmal jährlich** durchzuführen.

Die ESMA hat am 16.7.2020 **„Leitlinien für Liquiditätsstresstests in OGAW und AIF"** (ESMA 34-39-897 DE) veröffentlicht. Parallel hat die ESMA ein Rahmenwerk für die Stresssimulation (STRESI) entwickelt und am 5.9.2019 veröffentlicht („**ESMA Economic Report – Stress simulation for investment funds 2019** – ESMA 50-164-2458) (vgl. → § 29 Rn. 3). Danach haben Liquiditätsstresstests seit dem **30.9.2020** folgende Leitlinien zu erfüllen: 31

Design der Liquiditätsstresstest-Modelle: KVG haben bei der Erstellung von Liquiditätsstresstestmodellen folgendes festzulegen: 32
- die **Risikofaktoren,** die sich auf die Liquidität des Investmentvermögens auswirken können;
- die Art der zu **verwendenden** Szenarien und deren Schweregrad;
- verschiedene **Outputs** und **Indikatoren,** die auf der Grundlage der Ergebnisse des Liquiditätsstresstests überwacht werden sollen;
- die **Berichterstattung** über Liquiditätsstresstest-Ergebnisse, Outputs und Indikatoren an das Management;

– wie die Ergebnisse des Liquiditätsstresstests vom Risikomanagement, Portfoliomanagement und von der Geschäftsleitung **verwendet werden.**

33 **Liquiditätsrisiken:** KVG müssen die Liquiditätsrisiken, die sich aus den Vermögenswerten und Verbindlichkeiten der Fondsbilanz ergeben, sowie das gesamte Liquiditätsprofil der Investmentvermögen genau kennen, um angemessene Liquiditätsstresstests einsetzen zu können. Es sind Liquiditätsstresstests einzusetzen, die Liquiditätsrisiken angemessen **fokussieren, fondsspezifisch ausgestalten** und die **wichtigsten Liquiditätsrisikofaktoren hervorheben.** Die Liquiditätsstresstests müssen eine **ausreichend breite Palette von Szenarien** beinhalten, um die Vielfalt der Risiken für die Investmentvermögen angemessen abzubilden.

34 **Governance-Grundsätze für Liquiditätsstresstests:** Liquiditätsstresstests sind zur Unterstützung des Liquiditätsmanagements in das Risikomanagementsystem der Investmentvermögen zu integrieren. Sie müssen einer angemessenen Governance und Aufsicht unterliegen, einschl. angemessener **Berichterstattungs-** und **Eskalationsverfahren.**

35 **Grundsätze für Liquiditätsstresstests (Liquiditätsstresstest-Policy)** mit folgenden Mindestinhalten:

- Definition der **Rolle der Geschäftsleitung** im Prozess;
- **Zuständigkeit** und **Verantwortlichkeit** für Liquiditätsstresstests;
- **Wechselwirkung mit anderen Liquiditätsrisikomanagementverfahren,** einschließlich Notfallpläne der Fondsmanagementfunktion;
- **regelmäßige interne Berichterstattung** über die Ergebnisse der Liquiditätsstresstests unter Angabe der Häufigkeit und der Empfänger des Berichts;
- **regelmäßige Überprüfung, Dokumentation der Ergebnisse** und **Verfahren zur Änderung** der Grundsätze, sofern dies für die Überprüfung erforderlich ist;
- **Eskalationsprozesse,** einschließlich der Fälle, in denen Liquiditätsgrenzen/-schwellen überschritten werden;
- Darstellung der den Liquiditätsstresstests **unterfallenden Investmentvermögen;**
- **Erstvalidierung** der Liquiditätsstresstest-Modelle und der ihnen zugrunde liegenden Annahmen;
- **Art und Umfang der verwendeten Stresstestszenarien** und **Gründe für die Auswahl** der Szenarien;
- **Annahmen bezüglich der Datenverfügbarkeit** für die Szenarien, ihre Begründung und wie oft sie überprüft werden;
- **Frequenz,** mit der die Liquiditätsstresstests durchgeführt werden, und die Gründe für die Auswahl dieser Frequenz; und
- **Methoden zur Liquidation von Vermögenswerten,** einschließlich der verwendeten Beschränkungen und Annahmen.

36 **Häufigkeit der Liquiditätsstresstests:** Die **Frequenz,** mit der Stresstests durchgeführt werden, hängt von der Beschaffenheit der Investmentvermögen, der Anlagestrategie, dem Liquiditätsprofil, der Art der Anleger und den Rücknahmegrundsätzen der Investmentvermögens ab. Es wird erwartet, dass diese Tests **mindestens jährlich** durchgeführt werden. Lassen Stresstests auf ein **signifikant höheres Liquiditätsrisiko schließen als erwartet,** muss die KVG **im besten Interesse aller Anleger handeln** und dabei das Liquiditätsprofil der Vermögenswerte des Investmentvermögens, der Höhe der Rücknahmeforderungen und ggf. der Angemessenheit der Grundsätze und Verfahren für das Liquiditätsmanagement Rechnung zu tragen (vgl. auch Erwgr. 63 zu VO (EU) Nr. 231/2013).

– **Faktoren für ein höheres Liquiditätsrisiko** sind gem. Tz. 27 ESMA 34-39-897 DE v. 16.7.2020: höhere Handelsfrequenz; erhöhte Risiken aus Verbindlichkeiten, zB eine konzentrierte Anlegerbasis; komplexe Anlagestrategie (zB umfassender Einsatz von Derivaten); weniger liquide Aktiva; bevorstehendes Ereignis, das sich negativ auf die Liquidität des Investmentvermögens auswirken könnte.
– **Faktoren für ein vermindertes Liquiditätsrisiko** sind gem. Tz. 27 ESMA 34-39-897 DE v. 16.7.2020: eine hochliquide Vermögensbasis; weniger häufiger Handel mit Anteilen des Investmentvermögens; empfohlene Durchführung von Ad-hoc-Liquiditätsstresstests.

Verwendung von Liquiditätsstresstest-Ergebnissen: Liquiditätsstresstests müssen Ergebnisse liefern, die: 37
– einen **Beitrag zur Sicherstellung einer ausreichenden Liquidität** des Investmentvermögens gem. den geltenden Vorschriften und Rücknahmebedingungen in den Fondsunterlagen leisten;
– die Fähigkeit der KVG sicherstellen, die **Fondsliquidität im besten Interesse der Anleger zu verwalten,** auch bei der Planung von Phasen mit erhöhtem Liquiditätsrisiko;
– Hilfe bei der **Identifizierung potenzieller Liquiditätsschwächen** einer Anlagestrategie und Unterstützung bei der Anlageentscheidung bieten; und
– Unterstützung bei der **Überwachung und Entscheidungsfindung des Risikomanagements** leisten, einschl. der Festlegung relevanter interner Grenzen durch den Manager in Bezug auf die Fondsliquidität als zusätzliches Risikomanagementinstrument.

Investmentspezifische Liquiditätsstresstests – Liquiditätsstresstests sind an die Anforderungen eines jeden Investmentvermögens angemessen anzupassen, ua im Hinblick auf 38
– **Häufigkeit** der Liquiditätsstresstests;
– **Szenarien,** die zur Schaffung gestresster Bedingungen zu verwenden sind. Sie sind den Vermögenswerten und Verbindlichkeiten der Vermögensbilanz sowie dem gesamten Liquiditätsprofil des Investmentvermögens anzupassen;
– Annahmen bezüglich des **Anlegerverhaltens** (Brutto- und Nettorücknahmen) und der **Liquidation von Vermögenswerten;**
– **Komplexität** der Anlagestrategie, der Portfoliozusammensetzung und des Einsatzes effizienter Portfoliomanagementtechniken des Investmentvermögens; und
– im Fall eines **ETF** die Besonderheiten von ETFs, zB durch Berücksichtigung der Rolle von autorisierten Teilnehmern, Rücknahmemodellen und Replikationsmodellen.

Liquiditätsstresstest-Szenarien: Liquiditätsstresstests sollen **hypothetische** und **historische Szenarien** und ggf. **Reverse-Stresstests** verwenden. Sie sollten sich nicht zu sehr auf historische Daten stützen, zumal zukünftige Belastungen von früheren abweichen können. 39

Datenverfügbarkeit: Liquiditätsstresstests sollen nachweisen, dass die KVG in der Lage ist, Einschränkungen in Bezug auf die Verfügbarkeit von Daten zu überwinden, ua durch 40
– **Vermeidung optimistischer Annahmen;**
– Begründung des **Vertrauens in die Liquiditätsstresstest-Modelle von Drittanbietern,** einschließlich der Fälle, in denen das Modell von einem Drittanbieter-Fondsmanager entwickelt wird; und
– **qualitative Beurteilung durch Experten.**

41 **Produktentwicklung:** Während der Produktentwicklung müssen wesentliche Elemente des Investmentvermögens, einschließl. seiner Strategie und seiner Handelsfrequenz, es der KVG ermöglichen, unter normalen und angespannten Umständen ausreichend liquide zu bleiben. Gegebenenfalls sind Liquiditätsstresstests sowohl auf der Aktivseite (unter Verwendung eines Modellportfolios) als auch auf der Passivseite unter Berücksichtigung des erwarteten Anlegerprofils sowohl in der frühen als auch in der späten Phase des Bestehens des Investmentvermögens durchzuführen.

42 **Auswirkungen auf die Liquidität der Investmentvermögen:** Liquiditätsstresstests sollen es einer KVG ermöglichen, nicht nur die Zeit und/oder die Kosten für die Liquidation von Vermögenswerten in einem Portfolio zu beurteilen, sondern auch,

– ob eine solche Aktivität zulässig wäre, wenn die Ziele und die Anlagepolitik des Investmentvermögens berücksichtigt wird;
– die Verpflichtung, das Investmentvermögen im Interesse der Anleger zu verwalten;
– eine etwaige Verpflichtung zur Liquidation von Vermögenswerten zu begrenzten Kosten; und
– die Verpflichtung, das Risikoprofil des Investmentvermögens nach der Liquidation eines Teils seines Vermögens beizubehalten.

43 **Stresstest von Fondsverbindlichkeiten zur Bestimmung der Auswirkung auf die Fondsliquidität:** Liquiditätsstresstests sollen Szenarien einbeziehen, die sich auf die Verbindlichkeiten des Investmentvermögens beziehen, einschl. Rücknahmen und anderer potenzieller Risikoquellen für die Liquidität, die von der Passivseite der Fondsbilanz ausgehen. Sie sollen Risikofaktoren in Bezug auf Anlegertyp und -konzentration entspr. Art, Umfang und Komplexität des Investmentvermögens berücksichtigen.

44 **Liquiditätsstresstests für andere Arten von Verbindlichkeiten:** KVG sollen ggf. andere Arten von Verbindlichkeiten unter normalen und gestressten Bedingungen in seine Liquiditätsstresstests aufnehmen. Alle relevanten Positionen auf der Passivseite der Fondsbilanz, einschl. anderer Positionen als Rücknahmen, sollen den Liquiditätsstresstests unterliegen.

45 **Investmentvermögen, die in weniger liquide Mittel investieren:** Risiken, die sich aus weniger liquiden Aktiv- und Passivrisiken ergeben, sollen in den Liquiditätsstresstests berücksichtigt werden.

46 **Kombinierte Aktiva und Passiva:** Nach einem separaten Stresstest der Vermögenswerte und Verbindlichkeiten der Investmentvermögen soll die KVG die Ergebnisse der Liquiditätsstresstests angemessen **kombinieren,** um den **Gesamteffekt auf die Liquidität der Investmentvermögen** zu bestimmen.

47 **Aggregation von Liquiditätsstresstest über Investmentvermögen:** Eine KVG soll Liquiditätsstresstests für alle von ihr verwalteten Investmentvermögen zusammenfassen, wenn sie bewertet, dass eine solche Aktivität für die Investmentvermögen geeignet ist.

VII. Überprüfung und Offenlegung von Änderungen

48 Gemäß § 47 II VO (EU) Nr. 231/2013 hat die KVG ihre Grundsätze und Verfahren für das Liquiditätsmanagement **mindestens einmal jährlich zu überprüfen** und bei Änderungen oder neuen Vorkehrungen **zu aktualisieren. Wesentliche Änderungen** sind ggf. den **Anlegern** und der **BaFin** offenzulegen. Insofern gelten die Ausführungen zu → § 29 Rn. 137 ff. entsprechend.

§31 Primebroker

(1) [1]Nimmt die AIF-Kapitalverwaltungsgesellschaft für Rechnung des AIF die Dienstleistungen eines Primebrokers in Anspruch, müssen die Bedingungen in einem in Textform geschlossenen Vertrag vereinbart werden. [2]Insbesondere muss die Möglichkeit einer Übertragung und Wiederverwendung von Vermögensgegenständen des AIF in diesem Vertrag vereinbart werden und den Anlagebedingungen, der Satzung oder des Gesellschaftsvertrages des AIF entsprechen. [3]In dem Vertrag muss festgelegt werden, dass die Verwahrstelle über den Vertrag in Kenntnis gesetzt wird.

(2) Die AIF-Kapitalverwaltungsgesellschaft hat die Auswahl und Benennung der Primebroker, mit denen ein Vertrag geschlossen wird, mit der gebotenen Sachkenntnis, Sorgfalt und Gewissenhaftigkeit vorzunehmen.

I. Allgemeines

§ 31 I setzt Art. 14 III 1–3 AIFM-RL, § 31 II setzt Art. 14 III 4 AIFM-RL um. 1
Durch die Aufnahme im Kapitel 1 Abschn. 2 UAbschn. 2 des KAGB und Art. 14 III AIFM-RL kommt die Absicht des Gesetzgebers zum Ausdruck, mögliche Interessenkonflikte zwischen einer AIF-KVG und einem Primebroker iSd Anlegerschutzes durch formelle und organisatorische Anforderungen vermeiden zu wollen. Nach dem Wortlaut des § 31 finden dessen Regelungen nur auf AIF-KVG, nicht aber auf OGAW-KVG Anwendung. Auch die Gesetzesbegr. zu § 31 enthält, anders als in anderen Fällen, keine Aussage, dass die Regelungen des § 31 auch auf OGAW-KVG Anwendung finden sollen.

Mit der Definition des Primebrokers in § 1 XIX Nr. 30 (vgl. → Rn. 4) kehrte 2
der Gesetzgeber wieder zu einer **engeren Definition** zurück. Mit der weit gefassten Definition in § 2 XV InvG enthielt das InvG durch den Begriff „Unternehmen" keine Anforderung an ein beaufsichtigtes Kredit- oder Finanzdienstleistungsinstitut (vgl. BSL/*Köndgen* InvG § 2 Rn. 87ff.). Nach § 1 XIX Nr. 30 setzt ein Tätigwerden als Primebroker wieder voraus, dass es sich um ein **reguliertes Kreditinstitut,** eine **regulierte Wertpapierfirma** oder eine andere Einheit handelt, die der **Regulierungsaufsicht und ständigen Überwachung unterliegt.**

Mit § 31 implementiert der Gesetzgeber **formelle** und **organisatorische An-** 3
forderungen für die Beauftragung von Primebrokern. Ergänzende Regelungen finden sich in Erwgr. 41 sowie Art. 20 und 91 VO (EU) Nr. 231/2013.

II. Primebroker

Gemäß der **Definition in § 1 XIX Nr. 30** ist ein Primebroker ein Kreditinstitut 4
iSd Art. 4 I Nr. 1 VO (EU) Nr. 575/2013, eine Wertpapierfirma iSd Art. 4 I Nr. 1 der RL 2004/39/EG oder eine andere Einheit, die einer Regulierungsaufsicht und ständigen Überwachung unterliegt und professionellen Anlegern Dienstleistungen anbietet, in erster Linie, um als Gegenpartei Geschäfte mit Finanzinstrumenten iSd RL 2011/61/EU zu finanzieren oder durchzuführen, und die möglicherweise auch andere Dienstleistungen wie Clearing und Abwicklung von Geschäften, Verwahrungsdienstleistungen, Wertpapier-Darlehen und individuell angepasste Technologien und Einrichtungen zur betrieblichen Unterstützung anbietet.

III. Beauftragung des Primebrokers (§ 31 I)

5 Zu unterscheiden ist bei der Beauftragung des Primebrokers zwischen dem sog. **Direktbeauftragungsmodell** und dem sog. **Unterverwahrermodell.**

6 Im Falle des **Direktbeauftragungsmodells** erfolgt die Beauftragung eines Primebrokers **direkt durch die AIF-KVG.** In diesem Fall nimmt die AIF-KVG für Rechnung des AIF Dienstleistungen iSd § 31 I in Anspruch und die AIF-KVG hat iSd § 31 II die Auswahl und Benennung des Primebrokers mit der gebotenen **Sachkenntnis, Sorgfalt** und **Gewissenhaftigkeit** vorzunehmen. Abweichend von § 81 kann die Beauftragung des Primebrokers auch die Verwahrung von Vermögensgegenständen beinhalten. In diesem Fall obliegt die Verwahrung der Vermögensgegenstände nicht mehr der AIF-Verwahrstelle. § 81 findet keine Anwendung. Der Primebroker übernimmt die Verwahrung von Vermögensgegenständen. Auch in diesem Fall muss die AIF-KVG **zusätzlich eine Verwahrstelle beauftragten,** die die übrigen der Verwahrstelle obliegenden Aufgaben, insb. die Kontrollfunktion der Verwahrstelle iSd § 83, übernimmt.

7 Dagegen erfolgt im Fall des **Unterverwahrermodells** die Beauftragung des Primebrokers durch die AIF-Verwahrstelle. In diesem Fall erfolgt somit keine Inanspruchnahme von Dienstleistungen durch die AIF-KVG, sondern es erfolgt durch die Verwahrstelle eine Unterverwahrung iSd § 82. § 31 I und II finden auf die Beauftragung des Primebrokers infolgedessen keine Anwendung. Dass eine Beauftragung eines Primebrokers im Rahmen eines Unterverwahrermodells gleichwohl zulässig ist, hat der Gesetzgeber in § 85 IV Nr. 2 S. 2 klargestellt. Die Obliegenheiten der Verwahrstelle gem. §§ 80–90 bleiben demnach von der Beauftragung des Primebrokers unberührt.

8 **1. Schriftliche Beauftragung (§ 31 I 1). a) Direktbeauftragungsmodell.** Nimmt die AIF-KVG für Rechnung eines AIF die Dienstleistungen eines Primebrokers in Anspruch, müssen die Bedingungen in einem **in Textform geschlossenen Vertrag** zwischen AIF-KVG und Primebroker vereinbart werden, in dem die wesentlichen Rechte und Pflichten der Vertragsparteien festgelegt werden. Insbesondere muss die **Möglichkeit einer Übertragung und Wiederverwendung von Vermögensgegenständen** des AIF in diesem Vertrag vereinbart werden und dieser muss den **Anlagebedingungen, der Satzung oder dem Gesellschaftsvertrag des AIF entsprechen.**

9 Umfasst die Beauftragung des Primebrokers die **Verwahrung von Vermögensgegenständen,** muss in dem Vertrag festgelegt werden, dass die **Verwahrstelle** über den Vertrag **in Kenntnis gesetzt** wird. Dieses kann durch einen dreiseitigen Vertrag zwischen AIF-KVG, Primebroker und Verwahrstelle erfolgen. Ausreichend ist jedoch, dass die Verwahrstelle von der Vereinbarung Kenntnis erhält und ihren Kontrollpflichten gem. § 76 genügen kann. Hierzu muss die Verwahrstelle sich im **Verwahrstellenvertrag** hinreichend Rechte einräumen lassen, insb. die Legitimation, vom Primebroker Informationen und Auskünfte einholen zu können.

10 Erfolgt iRd Direktbeauftragungsmodells eine Beauftragung des Primebrokers über die **Wahrung der Vermögensgegenstände des Sondervermögens,** so liegt ein Verwahrvertrag zwischen AIF-KVG, handelnd für den AIF, und dem Primebroker vor. Entsprechend liegt **keine Auslagerung der Verwahrung** von der Verwahrstelle an den Primebroker vor. Die Verwahrung der Vermögensgegenstände ist alleinige Aufgabe des Primebrokers und nicht der Verwahrstelle. Mangels Vertragsverhältnis zwischen Verwahrstelle und Primebroker haftet die Verwahrstelle

nicht für Pflichtverletzungen des Primebrokers. Der **Primebroker ist kein Erfüllungsgehilfe der Verwahrstelle.** Der Primebroker haftet der AIF-KVG ggü. aufgrund des Primebroker-Vertrages im Falle von Pflichtverletzungen. Die AIF-KVG haften den Anlegern ggü. für eine mangelhafte Auswahl und/oder Überwachung des Primebrokers. Je nach auf den Primebroker übertragenen Dienstleistungen kann der AIF-KVG ein Verschulden des Primebrokers als Erfüllungsgehilfe zugerechnet werden.

b) Unterverwahrermodell. Im Falle des Unterverwahrermodells schließt die **Verwahrstelle** einen **Vertrag mit dem Primebroker** über die Unterverwahrung der Vermögensgegenstände. In diesem Fall muss der **Verwahrstellenvertrag** zwischen AIF-KVG und Verwahrstelle eine Unterverwahrung zulassen. Die **Unterverwahrung** durch die Verwahrstelle muss die **Vorgaben des § 82** erfüllen, insb. muss die **Verwahrstelle** mit der **gebotenen Sachkenntnis, Sorgfalt** und **Gewissenhaftigkeit** bei der **Auswahl** und **Benennung** des Primebrokers sowie dessen **laufender Kontrolle und regelmäßigen Überprüfung** vorgehen. Die Verwahrstelle muss **sicherstellen,** dass der Primebroker über eine Organisationsstruktur und die notwendigen Fachkenntnisse verfügt, der Primebroker im Hinblick auf die Verwahrung einer wirksamen aufsichtsrechtlichen Regulierung einschl. Mindesteigenkapitalanforderungen unterliegt, der Primebroker die notwendige Trennung der Vermögensgegenstände von seinen eigenen Vermögensgegenständen vornimmt, bei einem Spezial-AIF der Primebroker die Vermögensgegenstände nur mit Zustimmung der AIF-KVG verwenden darf, bei Publikums-AIF die Verwendung durch den Primebroker ausgeschlossen ist und der Primebroker die Pflichten und Verbote nach §§ 81, 85 I–III einhält. 11

Gemäß § 82 IV darf iRd Unterverwahrermodells **nur die Verwahrung** iSd § 81 an den Primebroker übertragen werden. § 82 IV stellt klar, dass die übrigen **Aufgaben der Verwahrstelle** nicht an den Primebroker ausgelagert werden dürfen. Auch **sonstige Dienstleistungen** des Primebrokers dürfen durch die Verwahrstelle nicht für einen AIF beauftragt werden. Der Verwahrstelle fehlt es diesbezüglich an einer notwendigen Legitimation. Es würde sich vielmehr bei einer solchen Beauftragung um einen unzulässigen Vertrag der Verwahrstelle zu Lasten des AIF handeln. Soll der Primebroker bei einem Unterverwahrermodell mit Dienstleistungen über die Verwahrung hinaus beauftragt werden, so bedarf es entweder der Beauftragung unmittelbar durch die AIF-KVG oder die Verwahrstelle muss **rechtsgeschäftlich** zur Beauftragung des Primebrokers von der AIF-KVG **legitimiert** werden. In beiden Fällen finden auf die Beauftragung der sonstigen Dienstleistungen § 31 I und II Anwendung. 12

2. Berichtspflichten von Primebrokern. Beauftragt die AIF-KVG einen Primebroker, so hat sie gem. Art. 91 VO (EU) Nr. 231/2013 sicherzustellen, dass **ab dem Datum der Bestellung** eine **Vereinbarung** gilt, der zufolge der Primebroker der Verwahrstelle des AIF **spätestens bei Geschäftsschluss des auf den betreffenden Geschäftstag folgenden Tages** folgende Informationen auf einem **dauerhaften Datenträger** zur Verfügung stellt: 13

a) **Wenn die Verwahrfunktionen übertragen sind,** den **Gesamtwert** der vom Primebroker für den AIF gehaltenen Vermögenswerte, beinhaltend den Wert von:
   - aa) **Bardarlehen** an den AIF und aufgelaufenen Zinsen;
   - bb) **Wertpapieren,** die der AIF im Rahmen **offener Short-Positionen,** die für den AIF eingegangen wurden, geliefert werden müssen;

cc) **Verrechnungsbeträge,** die der AIF im Rahmen von Futures-Kontrakten zahlen muss;

dd) vom Primebroker im Zusammenhang mit für den AIF eingegangenen Short-Positionen gehaltenen **Barerträgen aus Leerverkäufen;**

ee) vom Primebroker im Zusammenhang mit für den AIF eingegangenen **offenen Future-Kontrakten gehaltenen Bareinschüssen.** Diese Verpflichtung ergänzt die Verpflichtung nach den Art. 87, 88 VO (EU) Nr. 231/2013;

ff) **Glattstellungsforderungen** aus im Namen des AIF getätigten außerbörslichen Transaktionen nach aktuellem Marktwert (Mark-to-market-Wert);

gg) den gesamten **besicherten Verbindlichkeiten** des AIF ggü. dem Primebroker und

hh) allen sonstigen Vermögenswerten bzgl. des AIF;

b) den Wert sonstiger in Art. 21 VIII Buchst. b der AIFM-RL genannten Vermögenswerte, die der Primebroker **als Sicherheit für im Rahmen einer Primebroker-Vereinbarung getätigte besicherte Transaktionen** hält;

c) den Wert von Vermögenswerten, bei denen der Primebroker im Hinblick auf die Vermögenswerte des AIF **ein Nutzungsrecht ausgeübt** hat;

d) eine Liste aller Institute, bei denen der Primebroker gem. Art. 21 VII der AIFM-RL **Geldmittel** des AIF auf einem im Namen des AIF oder des für ihn handelnden AIFM eröffneten Konto **hält oder halten kann.**

14 Darüber hinaus hat der Primebroker der Verwahrstelle Einzelheiten zu **jeglichen anderen Faktoren,** die zur Sicherstellung aktueller und exakter Informationen über den Wert der zur Verwahrung übertragenen Vermögenswerte erforderlich sind, zur Verfügung zu stellen.

IV. Auswahl, Benennung und Beaufsichtigung von Primebrokern

15 **1. Auswahl und Benennung (§ 31 II).** Gemäß § 31 II hat die AIF-KVG die Auswahl und Benennung der Primebroker, mit denen ein Vertrag geschlossen wird, mit der gebotenen **Sachkenntnis, Sorgfalt** und **Gewissenhaftigkeit** vorzunehmen.

16 Konkretisierende Ausführungen zum Umfang dieser Sorgfaltspflichten der AIF-KVG enthält Art. 20 VO (EU) Nr. 231/2013. Die AIF-KVG hat danach bei der Auswahl und Benennung der Primebroker dem **gesamten Spektrum** und der **Qualität der angebotenen Dienste** Rechnung zu tragen. Darüber hinaus muss der Primebroker folgende Bedingungen erfüllen: Der Primebroker

- unterliegt einer laufenden Beaufsichtigung einer öffentlichen Stelle;
- ist finanziell solide;
- verfügt über die **nötige Organisationsstruktur** und die **Ressourcen,** die für die AIF-KVG oder den AIF **zu erbringenden Dienstleistungen erforderlich** und **angemessen** sind. Die AIF-KVG muss bei der Auswahl und Benennung von Primebrokern die **Berücksichtigung der Anlegerinteressen sicherstellen.**

Im Rahmen dessen überprüft die AIF-KVG, dass der Primebroker die einschlägigen aufsichtsrechtlichen Regelungen, einschließlich angemessener EK-Anforderungen, erfüllt und einer **wirksamen Beaufsichtigung** unterliegt.

17 Die **Geschäftsleiter** der AIF-KVG haben gem. Art. 20 IV VO (EU) Nr. 231/2013 eine **Liste der ausgewählten Primebroker zu genehmigen.** In Ausnahmefällen können auch **nicht auf der Liste geführte Primebroker** bestellt werden, wenn sie die für die Auswahl und Benennung von Primebrokern festgelegten Anforderungen erfüllen und die Geschäftsleiter ihrer Bestellung zustimmen. Die AIF-KVG muss eine solche Wahl begründen und nachweisen können, dass sie bei der Auswahl und Überwachung der nicht auf der Liste geführten Primebroker mit der gebotenen Sorgfalt vorgegangen ist.

2. Laufende Überwachung. Gemäß Art. 20 I VO (EU) Nr. 231/2013 muss eine AIF-KVG **sowohl vor Abschluss einer Vereinbarung als auch im Anschluss daran** stets mit der gebotenen Sachkenntnis, Sorgfalt und Gewissenhaftigkeit die Auswahl und Benennung der Primebroker vornehmen. Die AIF-KVG trifft somit eine **laufende Überwachungspflicht** von Primebrokern. Die AIF-KVG muss sicherstellen, dass die vorbeschriebenen Anforderungen an Primebroker für deren Benennung und Auswahl fortlaufend erfüllt werden. 18

§ 32 Entschädigungseinrichtung

Sofern die Kapitalverwaltungsgesellschaft die Erlaubnis zur Erbringung der Finanzportfolioverwaltung im Sinne des § 20 Absatz 2 Nummer 1 oder Absatz 3 Nummer 2 hat, hat sie die betroffenen Kunden, die nicht Institute im Sinne des Kreditwesengesetzes sind, über die Zugehörigkeit zu einer Einrichtung zur Sicherung der Ansprüche der Kunden (Entschädigungseinrichtung) in geeigneter Weise zu informieren; § 23a Absatz 1 Satz 2 und 12 sowie Absatz 2 des Kreditwesengesetzes findet entsprechend Anwendung.

I. Allgemeines

§ 32 entspricht im Wesentlich dem vorherigen § 19b InvG. Die Vorschrift ist im Zusammenhang mit § 21 III (OGAW) und § 22 V (AIF) zu lesen, wonach die BaFin der OGAW- bzw. AIF-KVG mit der Erlaubniserteilung die Entschädigungseinrichtung mitzuteilen hat, der sie zugeordnet ist, sofern die Erlaubniserteilung auch die Verwaltung einzelner in Finanzinstrumenten iSd § 1 XI KWG angelegter Vermögen für andere mit Entscheidungsspielraum einschl. der Portfolioverwaltung fremder Investmentvermögen **(Finanzportfolioverwaltung)** umfasst. Im Umkehrschluss findet § 32 keine Anwendung, sofern die KVG keine Erlaubnis zur Finanzportfolioverwaltung besitzt. 1

Die Pflicht zum Beitritt zu einer Entschädigungseinrichtung sowie Regelungen zum Inhalt und Umfang eines Entschädigungsanspruchs, zum Entschädigungsverfahren und zu den Entschädigungseinrichtungen sind im **Anlegerentschädigungsgesetz (AnlEntG)** idF v. 12.5.2021 geregelt. Das AnlEntG ist am 3.7.2015 in Kraft getreten und führt das vorherige „Einlagensicherungs- und Anlegerentschädigungsgesetz (EAEG)" fort. Mit dem AnlEntG hat der dt. Gesetzgeber auf Grundlage von Entwürfen der BaFin die europäische Einlagensicherungsrichtlinie (DGSG, RL 2014/49/EU) in nationales Recht umgesetzt. Aus dem bisherigen EAEG wurden alle Bezüge zur Einlagensicherung gestrichen. Es wurde zum 3.7.2015 umbenannt und als AnlEntG fortgeführt. Die gesetzl. Regelungen zur Einlagensicherung wurden im Einlagensicherungsgesetz (EinSiG) umgesetzt. Ziel des Gesetzgebers war es, mit dem AnlEntG die Ziele der DGSG vollständig im deutschen Recht zu verankern, nämlich eine maximale Harmonisierung der europäischen Einlagensicherungssysteme, die Stärkung des Vertrauens der Einleger in deren Leistungsfähigkeit und ein beschleunigtes und vereinfachtes Entschädigungsverfahren. Als Folge der Änderung des EAEG und der Schaffung des AnlEntG und 2 des EinSiG als eigenständige Gesetze wurde mit dem DGSG der Verweis des § 32 auf § 23a I 2 und 5 sowie II KWG in § 23a I 2 und 12 sowie II KWG geändert.

3 Ergänzend zum AnlEntG findet die **Verordnung über die Beiträge zu der Entschädigungseinrichtung der Wertpapierhandelsunternehmen bei der Kreditanstalt für Wiederaufbau (EdW-Beitragsverordnung – EdWBeitrV)** Anwendung. Die EdWBeitrV wurde zuletzt am 17.6.2024 geändert. Nach der Rückführung zweier Darlehen, die die Bundesrepublik Deutschland der **Entschädigungseinrichtung der Wertpapierfirmen (EDW)** im Jahr 2008 und 2011 zur Abwicklung von Entschädigungsfällen gewährt hatte, konnte der EdW Finanzmittel ansparen und damit die ab dem für das im September 2024 endende Abrechnungsjahr 2024 anfallenden Beiträge um 50% reduzieren.

II. Entschädigungseinrichtung der Wertpapierhandelsunternehmen (EdW)

4 Gemäß § 2 AnlEntG sind **Institute** iSd § 1 I AnlEntG verpflichtet, ihre Einlagen und Verbindlichkeiten aus Wertpapiergeschäften nach Maßgabe des AnlEntG durch Zugehörigkeit zu einer Entschädigungseinrichtung zu sichern. Gemäß § 1 I Nr. 3 AnlEntG sind **externe KVGen,** denen eine Erlaubnis nach § 20 I iVm § 21 oder § 22 erteilt ist und die zur Erbringung der in § 20 II Nr. 1, 2 und 3 oder III Nr. 2–5 genannten **Dienst- oder Nebendienstleistungen** befugt sind **Institute iSd AnlEntG.**

5 Die Entschädigungseinrichtungen werden gem. § 6 I EAEG bei der Kreditanstalt für Wiederaufbau als **nicht rechtsfähige Sondervermögen des Bundes** errichtet, denen jeweils eine der folgenden **Institutsgruppen** zugeordnet wird:

– Wertpapierinstitute, denen eine Erlaubnis zur Erbringung von Wertpapierdienstleistungen iSd § 2 I Nr. 1–10 Buchst. a–c des WpIG erteilt ist;
– Kreditinstitute oder Finanzdienstleistungsinstitute, denen eine Erlaubnis zum Betreiben von Bankgeschäften iSd § 1 I 2 Nr. 4 oder Nr. 10 KWG oder zur Erbringung von Finanzdienstleistungen iSd § 1 Ia 2 Nr. 1–4 Buchst. a–c KWG erteilt ist und sie keine CRR-Kreditinstitute iSd § 1 IIId 1 KWG sind;
– externe KVG, denen eine Erlaubnis nach § 20 I iVm § 21 oder § 22 erteilt ist und die zur Erbringung der in § 20 II Nr. 1, 2 und 3 oder III Nr. 2–5 genannten Dienst- oder Nebendienstleistungen befugt sind.

Zuständige Entschädigungseinrichtung für externe KVG ist die **Entschädigungseinrichtung der Wertpapierdienstleistungsunternehmen (EdW).**

6 Gläubiger der Institute haben im Entschädigungsfall gem. § 3 I AnlEntG einen **zivilrechtlich einklagbaren Anspruch auf Entschädigung** gegen die EdW als Entschädigungseinrichtung.

7 Gemäß § 5 I AnlEntG hat die BaFin den Entschädigungsfall unverzüglich festzustellen, spätestens jedoch innerhalb von 21 Tagen, nachdem sie davon Kenntnis erlangt hat, dass ein Institut nicht in der Lage ist, Verbindlichkeiten aus Wertpapiergeschäften zu erfüllen. Weiterhin hat sie den Entschädigungsfall festzustellen, wenn Maßnahmen nach § 46 I 2 Nr. 4–6 KWG angeordnet worden sind und diese länger als sechs Wochen andauern.

8 Der **Entschädigungsanspruch** richtet sich gem. § 4 AnlEntG nach **Höhe und Umfang der Einlagen** des Gläubigers oder der ihm ggü. **bestehenden Verbindlichkeiten** aus Wertpapiergeschäften unter Berücksichtigung etwaiger Aufrechnungs- und Zurückbehaltungsrechte des Instituts. Ein Entschädigungsanspruch besteht nicht, soweit Einlage oder Gelder nicht auf die Währung eines EU-Mitgliedsstaates oder auf EUR lauten. Der Entschädigungsanspruch ist **der Höhe**

nach begrenzt auf 90% der Verbindlichkeiten aus Wertpapiergeschäften und den **Gegenwert von 20 TEUR.** Die Obergrenze bezieht sich auf die Gesamtforderung des Gläubigers gegen das Institut, unabhängig von der Zahl der Konten, der Währung und dem Ort, an dem die Konten geführt oder die Finanzinstrumente verwahrt werden. Die Entschädigung kann in Euro geleistet werden.

Bei der Berechnung der Höhe des Entschädigungsanspruchs ist der Betrag der Einlagen oder Gelder und der Marktwert der Finanzinstrumente **bei Eintritt des Entschädigungsfalls** zugrunde zu legen. Der Entschädigungsanspruch umfasst im Rahmen der Obergrenze auch **Ansprüche auf Zinsen.** Diese bestehen ab dem Eintritt des Entschädigungsfalles bis zur Rückzahlung der Verbindlichkeiten, längstens bis zur Eröffnung des Insolvenzverfahrens. Der Entschädigungsanspruch mindert sich, soweit der durch den Entschädigungsfall eingetretene Vermögensverlust des Gläubigers durch Leistungen Dritter ausgeglichen wird. 9

Von einem Entschädigungsanspruch **ausgeschlossen** sind gem. § 3 II AnlEntG folgende, insb. institutionelle Anleger: 10
- CRR-Kreditinstitute, Wertpapierfirmen und Finanzinstitute;
- private und öffentliche Versicherungsunternehmen mit Sitz im In- und Ausland;
- **Verwaltungsgesellschaften iSd § 1 XIV mit Sitz im In- oder Ausland einschließlich der von ihnen verwalteten inländischen, EU- und ausländischen Investmentvermögen iSd § 1 I;**
- der Bund, ein Land, ein rechtlich unselbstständiges Sondervermögen des Bundes oder eines Landes, eine kommunale Gebietskörperschaft, ein anderer Staat oder eine Regionalregierung oder eine örtliche Gebietskörperschaft eines anderen Staates;
- Geschäftsleiter, persönlich haftende Gesellschafter oder Mitglieder von Aufsichtsorganen des Instituts, Personen, die mind. 5% des Kapitals des Instituts halten, Prüfer iSd § 28 KWG, des § 77 WpIG oder des § 38 II und Gläubiger, die eine ensprechende Stellung oder Funktion in einem Unternehmen haben, das mit dem Institut einen Konzern iSd § 18 AktG, ohne dass es auf die Rechtsform ankommt, bilden (Konzerngesellschaft);
- Ehegatten und Verwandte 1. und 2. Grades, es sei denn, dass die Gelder aus dem eigenen Vermögen der Ehegatten oder Verwandten stammen;
- Konzerngesellschaften der Institute;
- Gläubiger, die mitverantwortlich für die Krise des Instituts sind;
- Unternehmen, die nach den HGB-Vorschriften einen Lagebericht aufstellen müssen oder nur wegen der Konzernzugehörigkeit davon befreit sind, sowie vergleichbare Unternehmen mit Sitz im Ausland;
- Gläubiger mit Ansprüchen aus Geldwäschegeschäften.

III. Jahresbeitrag und Sonderzahlungen

1. Festsetzung von Jahresbeiträgen und Sonderzahlungen. Gemäß § 8 II AnlEntG sind KVG verpflichtet, jeweils zum Ende eines Abrechnungsjahres **Jahresbeiträge** zu leisten. Das **Abrechnungsjahr** umfasst den Zeitraum vom 1. Oktober eines Jahres bis zum 30. September des Folgejahres. 11

Der **jährliche Beitrag** richtet sich nach der **EdWBeitrV.** Im Falle von KVG, die **nicht befugt sind, sich bei der Erbringung von Dienst- oder Nebendienstleistungen nach § 20 II Nr. 1–3 oder II Nr. 2–5 Eigentum oder Besitz an Geldern oder Wertpapieren von Kunden zu verschaffen,** beträgt der Beitragssatz seit dem am 30.9.2024 ablaufenden Abrechnungsjahr **0,61%** (vormals 12

1,23%). Ist eine KVG **befugt, sich bei der Erbringung von Dienst- oder Nebendienstleistungen Eigentum oder Besitz an Gelder oder Wertpapieren von Kunden zu verschaffen,** beträgt der Beitragssatz seit dem am 30.9.2024 ablaufenden Abrechnungsjahr **1,92%** (vormals 3,85%).

13 Der **Jahresmindestbeitrag** beträgt gem. § 4 I Nr. 2 bzw. 3 EdWBeitrV für KVG, die keinen Zugriff auf Kundengelder/-wertpapiere haben, **1.050 EUR** und **2.100 EUR** für Institute mit der Befugnis, auf Kundengelder/-wertpapiere zuzugreifen. Darüber hinaus besteht die Möglichkeit von risikoorientierte Zuschlags- und Abzugsmöglichkeiten.

14 Die EDW hat gem. § 8 III AnlEntG unverzüglich nach der Unterrichtung über einen Entschädigungsfall nach § 5 III 2 AnlEntG den Mittelbedarf festzustellen und hiernach vorbehaltlich § 8 IV AnlEntG unverzüglich **Sonderbeiträge** zu erheben, wenn dies **zur Durchführung des Entschädigungsverfahrens erforderlich** ist. Gemäß § 8 IV AnlEntG sind Sonderbeiträge **Vorausleistungen zur Deckung des in einem Entschädigungsfall bestehenden Mittelbedarfs.** Der Mittelbedarf ergibt sich aus der Gesamtentschädigung in dem Entschädigungsfall zzgl. der zur Durchführung des Entschädigungsfalls entstehenden Verwaltungskosten und sonstigen Kosten abzgl. der für diese Entschädigung im Zeitpunkt der Feststellung zur Verfügung stehenden Mittel der Entschädigungseinrichtung.

15 **2. Verfassungsmäßigkeit der Beitragserhebung.** Sowohl gegen die Rechtmäßigkeit der Erhebung von **Jahres-** und **Sonderbeiträgen** auf Grundlage des EAEG als auch gegen die EdWBeitrV wurden **verfassungsrechtliche Bedenken** erhoben:

16 Die Argumente gegen eine Rechtmäßigkeit der Erhebung der Jahresbeiträge wie auch der Erhebung von Sonderbeiträgen waren ähnlich. Im Hinblick auf beide Arten der Beitragserhebung wurden Zweifel erhoben, ob die verfassungsrechtlichen Anforderungen an eine **Sonderabgabe mit Finanzierungsfunktion (Gruppenhomogenität, spezifische Sachnähe, Finanzverantwortung, Gruppennützigkeit)** erfüllt seien (Art. 104a ff. GG; zu den Anforderungen vgl. BVerfG 2 BvF 3/77 BVerfGE 55, 274 (308); 2 BvL 1, 4, 6, 16, 18/99, 1/01, BVerfGE 108, 186 (217); 2 BvR 2335, 2391/95, BVerfGE 113, 128 (149)). Geltend gemacht wurde ein **Verstoß gegen die Finanzverfassung.** Darüber hinaus wurde regelmäßig ein Verstoß gegen das **Grundrecht der Berufs- und Gewerbefreiheit** gem. Art. 12 I GG und ein **Verstoß gegen den Gleichheitsgrundsatz** gem. Art. 3 I GG angeführt. Die Bedenken beruhten auf der **ungleichgewichtigen Belastung** durch die Entschädigungseinrichtung der privaten Banken **(EdB),** der Entschädigungseinrichtung der öffentlichen Banken **(EdÖ)** und der **EdW.** Die Rechtswidrigkeit der Sonderbeitragserhebung wurde darüber hinaus mit dem Argument der **rechtswidrigen Beitragserhöhung** zum Zweck der Finanzierung eines bestehenden Entschädigungsfalles begründet.

17 Im Fall der Sonderbeitragserhebung betr. dem **„Phönix-Entschädigungsfall"** kam weiter hinzu, dass der Mittelbedarf bereits **vor Inkrafttreten des EAEG und des AnlEntG** festgestellt wurde und es daher fraglich sei, ob für diesen Mittelbedarf überhaupt eine **Rechtsgrundlage für die Beitragserhebung** bestehen würde. Fraglich sei auch, ob die Übergangsvorschrift des § 19 III EAEG eine ausreichende Rechtsgrundlage für die bereits erfolgte Kreditaufnahme des EdW darstellen würde. Die vor dem 30.6.2009 geltende Ermächtigung zur Kreditaufnahme sei verfassungswidrig gewesen (insb. mangelnde Bestimmtheit der Ermächtigungsnorm; vgl. VG Berlin WM 2008, 2113, 2118 ff.). Bestritten wurde im Falle des Phönix-Entschädigungsfall überdies, ob mangels der **Regulierung**

des zugrunde liegenden Sachverhaltes durch das KWG oder das WpHG (grauer Kapitalmarkt) überhaupt ein Entschädigungsfall iSd § 1 III, V EAEG vorliegen würde.

Die Erhebung von Jahres- und Sonderbeiträgen des EdW war infolgedessen **Gegenstand zahlreicher Rechtsverfahren,** die jedoch, soweit ersichtlich, **erfolglos** waren. Beispielhaft zu nennen sind: **OVG Berlin-Brandenburg** OVG 1 B 22.09 v. 15.4.2010; OVG 4 K 423.11 v. 17.5.2013 und OVG 1 B 47.08; 1 S 113.12 und 1 S 114.12 v. 19.12.2013; **VG Berlin** VG 4 K 84.10, VG 4 K 555.10 und VG 4 K 71.10 v. 7.4.2011; VG 4 L 583.10 und VG 4 L 455,10 v. 12.5.2011; VG 4 K 411.10 v. 11.5.2012; VG 4 L 160.12 v. 13.7.2012; VG 4 L 366.11 v. 17.7.2012; VG 4 L 159.12 v. 14.8.2012 und VG 4 K 205.12 v. 26.10.2013. 18

Dem BVerfG wurden zwei **Verfassungsbeschwerden gegen die Verfassungsmäßigkeit der EdW-Jahresbeiträge** vorgelegt (2 BvR 243/15 und 2 BvR 244/15). Die Verfassungsbeschwerden stützten sich im Wesentlichen auf **bestehende ungleichgewichtige Beitragsbelastungen** von EdW-Instituten einerseits und den ebenfalls Wertpapierdienstleistungen erbringenden Banken andererseits. Beide Verfassungsbeschwerden wurden mit Beschluss v. 14.5.2020 nicht zur Entscheidung angenommen. Das BVerfG hat in seiner Begründung darauf hingewiesen, dass der Zweite Senat bereits mit Beschluss v. 24.11.2002 – 2 BvR 1387/04 – die Erhebung der Jahresbeiträge nach dem EAEG iVm der EdW-BeitragsVO grds. als verfassungsrechtlich zulässige Sonderabgabe mit Finanzierungsfunktion gebilligt habe. Das BVerfG hat diesbezüglich keinen weiteren Klärungsbedarf gesehen und infolgedessen den Verfassungsbeschwerden keine grds. verfassungsrechtliche Bedeutung zugemessen. 19

IV. Pflicht zur Kundeninformation

KVG haben alle **Kunden, die nicht Institute iSd KWG** sind, über die Zugehörigkeit zu einer Einrichtung zur Sicherung der Ansprüche der Kunden (Entschädigungseinrichtung) **in geeigneter Weise zu informieren.** Gemäß § 32 S. 2 KAGB iVm § 23a S. 2 und 4 KWG hat die Information **vor Aufnahme der Geschäftsbeziehung** in **Textform** zu erfolgen und **in leicht verständlicher Form** über die **für die Sicherung geltenden Bestimmungen,** einschl. **Umfang** und **Höhe der Sicherung,** zu informieren. **Auf Anfrage** muss die KVG Informationen über die **Bedingungen der Sicherung,** einschl. der für die **Geltendmachung der Entschädigungsansprüche erforderlichen Formalitäten,** zur Verfügung stellen. Hierzu gehören allg. Hinweise oder die Beantwortung von Fragen, zB darüber, ob bestimmte Werte gesichert sind, die Adresse der Sicherungs- und Entschädigungseinrichtung, Art und Weise der Geltendmachung von Entschädigungsansprüchen einschl. der Satzungsbestimmungen über die Abwicklung der Entschädigungsleistung, und anderes (BFS/*Fischer* KWG § 23a Rn. 63). 20

§ 33 Werbung

Auf die Werbung von Kapitalverwaltungsgesellschaften und extern verwalteten Investmentgesellschaften findet § 23 des Kreditwesengesetzes entsprechend Anwendung.

I. Allgemeines

1 § 33 hat die vorhergehende Regelung des § 19a InvG übernommen. Die Vorschrift ermächtigt die BaFin, bestimmte Arten von Werbung zu untersagen, um Missständen bei der Werbung der Institute zu begegnen. Gemäß § 33 finden auf Werbung von KVG die Regelungen des § 23 KWG Anwendung.

§ 23 KWG lautet wie folgt:

(1) [1]Um Missständen bei der Werbung der Institute zu begegnen, kann die Bundesanstalt bestimmte Arten der Werbung untersagen. [2]Ein Missstand liegt insb. vor, wenn Werbung für Verbraucherdarlehensverträge falsche Erwartungen in Bezug auf die Möglichkeit, ein Darlehen zu erhalten oder in Bezug auf die Kosten eines Darlehens weckt.

(2) Vor allgemeinen Maßnahmen nach Abs. 1 sind die Spitzenverbände der Institute und des Verbraucherschutzes zu hören.

2 § 33 findet ausschließlich auf Werbung Anwendung, die eine KVG **für sich als Dienstleistungsunternehmen** betreibt. Auf **Werbung für Investmentvermögen** findet § 302 als spezialgesetzliche Norm Anwendung. Gemäß § 302 VII kann die BaFin entspr. § 33 KAGB iVm § 23 KWG Werbung untersagen, um Missständen bei der **Werbung für AIF gegenüber Privatanlegern** und für **OGAW** zu begegnen.

II. Missstände bei der Werbung

3 **1. Werbung.** Eine gesetzliche Definition des Begriffs der Werbung enthält das KAGB nicht. Mangels dessen ist die **Definition** der **„Marketingmitteilung"** der BaFin in BT 3.1.1 MaComp (BaFin-Rundschreiben 5/2018 idF v. 28.2.2024) heranzuziehen, wobei iSd § 33 keine Beschränkung auf eine „Mitteilung" vorzunehmen ist: „Bei einer Marketingmitteilung handelt es sich um eine Information, welche die Adressaten zum Erwerb eines Finanzinstruments oder zur Beauftragung einer Wertpapierdienstleistung bewegen will **(absatzfördernde Zielrichtung).** Allein die Verwendung einer Information im Rahmen einer Beratungssituation verleiht dieser noch nicht zwangsläufig eine primär absatzfördernde Zielrichtung. Neutrale Produktinformationen, die iRd Erfüllung von Verpflichtungen zur anlage- und anlegergerechten Beratung zugänglich gemacht werden, fallen nicht unter den Begriff der Werbung."

4 Zur Werbung iSd § 23 KWG zählt das **gesamte Wettbewerbsverhalten der KVG,** also sämtliche Handlungen, die die Aufmerksamkeit eines Einzelnen auf die werbende Gesellschaft **(Imagewerbung)** oder dessen Produkte **(Leistungswerbung)** zu lenken geeignet sind. Nach dem Schutzzweck der Norm ist der Begriff der Werbung **weit auszulegen.** Imagewerbung und Öffentlichkeitsarbeit dienen dem Gewinn von Vertrauen und der Steigerung des Bekanntheitsgrades der Gesellschaft. Leistungswerbung macht auf die Produkte der Gesellschaft aufmerksam. Typische Werbemittel sind Annoncen, Prospekte, Posts auf sozialen Medien, Spots in Rundfunk und Fernsehen, Plakate, Anzeigen im Internet, Werbehinweise am Telefon oder bei öffentlichen Veranstaltungen sowie werblich besonders gestaltete Angebote. Bei solchen Angeboten ist das Produkt selbst nicht Teil der Werbung, lediglich die Sonderkonditionen oder Sondervorteile, sofern dessen Gestaltung darauf abzielt, einen über den Produktnutzen hinausgehenden Werbeeffekt zu erzielen (zB Startguthaben bei Neukunden, Prämienversprechen, Koppelungsangebote) (vgl. BFS/*Fischer* KWG§ 23 Rn. 4).

Werbung ist **abzugrenzen von einer Information** des Anlegers, die die KVG dem Anleger im Vorfeld oder während des Vertragsschlusses zur Verfügung stellt (bspw. gem. § 307). Steht der Informationscharakter im Vordergrund, liegt eine **Anlegerinformation** und keine Werbung vor (vgl. BFS/*Fischer* KWG § 23 Rn. 6). 5

2. Missstände bei der Werbung. Ebenfalls beinhalten weder § 33 noch § 23 KWG eine Definition, was unter einem Missstand zu verstehen ist. Ob ein Missstand vorliegt, ist anhand § 6 II KWG auszulegen. Danach hat die BaFin Missständen im Kredit- und Finanzdienstleistungswesen entgegenzuwirken, welche die **Sicherheit** der den Instituten **anvertrauten Vermögenswerte** gefährden, die **ordnungsgemäße Durchführung der Bankgeschäfte oder Finanzdienstleistungen** beeinträchtigen oder **erhebliche Nachteile für die Gesamtwirtschaft** herbeiführen können. Ein Missstand liegt demnach nicht bereits bei einer einmaligen Verfehlung vor. Ein Missstand bedarf vielmehr, dass sich aus dem Verstoß eine **regelmäßige Übung** der KVG oder der Branche entwickelt. Eine **Gefahr einer Wiederholung oder Verbreitung** stellt ein Indiz für einen Missstand bei der Werbung dar. Der Missstand bei der Werbung braucht noch nicht eingetreten zu sein. Im Sinne einer effektiven Aufsicht darf die BaFin Missstände bei der Werbung auch im Sinne **vorbeugender Maßnahmen** untersagen. 6

Wichtigstes Beispiel einer Allgemeinverfügung zur Verhinderung von Missständen in der Werbung ist die **Allgemeinverfügung gemäß § 36b I und II WpHG bzgl. der Werbung in Form des „cold calling"** v. 27.7.1999. Wertpapierdienstleistungsunternehmen wurde darin die telefonische Kontaktaufnahme mit Kunden, zu denen nicht bereits eine Geschäftsbeziehung in Bezug auf Wertpapierdienst- und -nebendienstleistungen besteht, untersagt, **soweit sie nicht** durch eine vorhergehende, nachvollziehbare Aufforderung des Angerufenen unmittelbar ggü. dem Wertpapierdienstleistungsunternehmen veranlasst worden ist **(„cold calling").** Auch wenn diese Allgemeinverfügung an Wertpapierdienstleistungsunternehmen und nicht an KVG gerichtet war, ist diese gleichwohl entspr. anzuwenden. 7

3. Einzelverfügung oder Allgemeinverfügung. Die BaFin kann Missstände in der Werbung mittels Einzelverfügung oder mittels Allgemeinverfügung untersagen. Im Falle einer **Einzelverfügung** trifft die BaFin eine Regelung für den Einzelfall. Bei einer **Allgemeinverfügung** richtet die BaFin ihren Verwaltungsakt dagegen an einen nach allg. Merkmalen bestimmten oder bestimmbaren Personenkreis (§ 35 VwVfG). Eine Einzelverfügung richtet sich an einen bestimmten Adressaten und ist diesem ggü. bekannt zu geben, wohingegen eine Allgemeinverfügung gem. § 41 III VwVfG auch durch öffentliche Bekanntmachung verkündet werden kann. 8

4. Anhörung der Verbände. Gemäß § 33 iVm § 23 II KWG hat die BaFin vor dem Erlass einer Allgemeinverfügung die **Spitzenverbände der Institute** und des **Verbraucherschutzes** zu hören. Nach dem Wortlaut des § 33 iVm § 23 II KWG bedarf es einer solchen Anhörung allein vor dem Erlass einer **Allgemeinverfügung,** nicht aber einer Einzelverfügung. Anzuhören sind allein die Spitzenverbände der Institute und des Verbraucherschutzes, deren Mitglieder von der Allgemeinverfügung betroffen sein werden. Nicht anzuhören sind sonstige Spitzenverbände. 9

§ 34 Anzeigepflichten von Verwaltungsgesellschaften gegenüber der Bundesanstalt und der Bundesbank

(1) Eine Kapitalverwaltungsgesellschaft hat der Bundesanstalt alle wesentlichen Änderungen der Voraussetzungen für die Erlaubnis, insbesondere wesentliche Änderungen der nach § 21 Absatz 1 und § 22 Absatz 1 vorgelegten Angaben, vor Umsetzung der Änderung mitzuteilen.

(2) [1]Beschließt die Bundesanstalt, Beschränkungen vorzuschreiben oder eine nach Absatz 1 mitgeteilte Änderung abzulehnen, so setzt sie eine Kapitalverwaltungsgesellschaft innerhalb eines Monats nach Erhalt der Mitteilung davon in Kenntnis. [2]Die Bundesanstalt kann diesen Zeitraum um bis zu einen Monat verlängern, wenn sie dies auf Grund der besonderen Umstände des Einzelfalls der Kapitalverwaltungsgesellschaft für notwendig erachtet. [3]Sie hat die Kapitalverwaltungsgesellschaft über die Verlängerung der Frist nach Satz 2 zu informieren.

(3) Unbeschadet der Bestimmungen des Absatzes 1 hat eine Kapitalverwaltungsgesellschaft der Bundesanstalt unverzüglich anzuzeigen:

1. **den Vollzug der Bestellung einer Person zum Geschäftsleiter;**
2. **das Ausscheiden eines Geschäftsleiters;**
3. **die Übernahme und die Aufgabe einer unmittelbaren oder mittelbaren Beteiligung an einem anderen Unternehmen; als Beteiligung gilt das unmittelbare oder mittelbare Halten von mindestens 25 Prozent der Anteile am Kapital oder Stimmrechte des anderen Unternehmens;**
4. **die Änderung der Rechtsform und der Firma;**
5. **bei externen OGAW-Kapitalverwaltungsgesellschaften und AIF-Kapitalverwaltungsgesellschaften, die Publikums-AIF verwalten, sowie bei extern verwalteten Investmentgesellschaften, die Publikums-AIF sind, jede Änderung ihrer Satzung oder ihres Gesellschaftsvertrages;**
6. **die Absenkung der Eigenmittel unter die in § 25 oder im Fall des § 5 Absatz 2 Satz 1 nach § 5 Absatz 2 Satz 2 oder 3 dieses Gesetzes in Verbindung mit § 17 Absatz 1 Nummer 2 oder 3 des Wertpapierinstitutsgesetzes vorgesehenen Schwellen;**
7. **die Verlegung der Niederlassung oder des Sitzes, die Errichtung, Verlegung oder Schließung einer Zweigstelle in einem Drittstaat sowie die Aufnahme oder Beendigung der Erbringung grenzüberschreitender Dienstleistungen ohne Errichtung einer Zweigstelle;**
8. **die Einstellung des Geschäftsbetriebes;**
9. **die Absicht ihrer Geschäftsleiter, eine Entscheidung über die Auflösung der Kapitalverwaltungsgesellschaft herbeizuführen;**
10. **den Erwerb oder die Aufgabe einer bedeutenden Beteiligung an der eigenen Gesellschaft, das Erreichen, das Über- und Unterschreiten der Beteiligungsschwellen von 20 Prozent, 30 Prozent und 50 Prozent der Stimmrechte oder des Kapitals sowie die Tatsache, dass die Kapitalverwaltungsgesellschaft Tochterunternehmen eines anderen Unternehmens wird oder nicht mehr ist, soweit die Kapitalverwaltungsgesellschaft von der bevorstehenden Änderung dieser Beteiligungsverhältnisse Kenntnis erlangt;**

11. die Absicht der Vereinigung mit einer anderen Kapitalverwaltungsgesellschaft.

(4) **Die Kapitalverwaltungsgesellschaft hat der Bundesanstalt jährlich anzuzeigen:**

1. den Namen und die Anschrift der an ihr bedeutend beteiligten Inhaber sowie die Höhe ihrer Beteiligung,

2. die Errichtung, Verlegung oder Schließung einer inländischen Zweigstelle und

3. die Begründung, Änderung oder die Beendigung einer engen Verbindung.

(5) [1]**Die Geschäftsleiter und Aufsichtsorganmitgliederder Kapitalverwaltungsgesellschaft haben der Bundesanstalt unverzüglich anzuzeigen:**

1. die Aufnahme und die Beendigung ihrer Tätigkeit als Geschäftsleiter oder als Aufsichtsorgan- oder Verwaltungsratsmitglied eines anderen Unternehmens,

2. die Einleitung eines Ermittlungsverfahrens gegen sich als Geschäftsleiter oder als Aufsichtsorganmitglied, sobald der Geschäftsleiter oder das Aufsichtsorganmitglied von der Einleitung des Ermittlungsverfahrens gegen sich als Beschuldigten Kenntnis erlangt hat, und

3. die Übernahme und die Aufgabe einer unmittelbaren Beteiligung an einem Unternehmen sowie Veränderungen in der Höhe der Beteiligung.

[2]**Als unmittelbare Beteiligung im Sinne des Satzes 1 Nummer 2 gilt das Halten von mindestens 25 Prozent der Anteile am Kapital des Unternehmens.**

(6) **Für AIF-Kapitalverwaltungsgesellschaften, die für Rechnung eines AIF Gelddarlehen gewähren oder unverbriefte Darlehensforderungen erwerben, gilt § 14 des Kreditwesengesetzes entsprechend.**

Inhaltsübersicht

	Rn.
I. Allgemeines	1
II. Anzeige von wesentlichen Änderungen der Grundlagen der Erlaubniserteilung (§ 34 I, II)	6
1. Absichtsanzeige bei wesentlichen erlaubnisrelevanten Änderungen	6
2. Erlaubnisrelevante Änderungen	10
a) Änderung der zum Geschäftsbetrieb erforderlichen Mittel	10
b) Absicht zur Bestellung eines Geschäftsleiters	11
c) Änderung der bedeutend beteiligten Inhaber sowie Änderung der Angaben zur Zuverlässigkeit und zur Höhe ihrer wesentlichen Beteiligung	14
d) Enge Verbindung zwischen KVG und anderen natürlichen oder juristischen Personen	18
e) Geschäftsplan, Organisationsstruktur und Einhaltung des KAGB	20
f) Änderungen der Vergütungssysteme nach § 37	22
g) Änderungen von Auslagerungsvereinbarungen	24
h) Änderung der Anlagestrategien sowie Sitz eines Masterfonds	26
i) Änderung der Anlagebedingungen, der Satzung oder der Gesellschaftsverträge der Investmentvermögen	28

Rn.
j) Absicht zur Änderung der Satzung oder des Gesellschaftsvertrages . . . 32
k) Änderungen der Vereinbarung zur Beauftragung der Verwahrstelle . . . 35
l) Änderungen der sonstigen Angaben der Verkaufsprospekte und Anlegerinformationen . . . 37
III. Anzeigepflichtige Tatbestände nach § 34 III, IV . . . 38
1. Unverzüglich zu erstattende Anzeigen . . . 38
a) Bestellung einer Person zum Geschäftsleiter . . . 39
b) Ausscheiden eines Geschäftsleiters . . . 40
c) Unmittelbare oder mittelbare Beteiligung an einem anderen Unternehmen . . . 41
d) Änderung der Rechtsform und der Firma . . . 42
e) Änderung der Satzung oder des Gesellschaftsvertrags . . . 43
f) Absenkung der Eigenmittel . . . 44
g) Organisatorische Veränderungen . . . 46
h) Einstellung des Geschäftsbetriebes . . . 47
i) Absicht der Auflösung der KVG . . . 48
j) Inhaberstruktur . . . 49
k) Vereinigung mit einer anderen KVG . . . 51
2. Jährliche zu erstattende Sammelanzeigen . . . 52
IV. Anzeigepflichten der Geschäftsleiter (§ 34 V) . . . 54
1. Nebentätigkeit eines Geschäftsleiters (§ 34 V iVm § 24 III Nr. 1 KWG) . . . 55
2. Unmittelbare Beteiligung (§ 34 V iVm § 24 III 1 Nr. 2 KWG) . . . 57
V. Millionenkreditmeldeverfahren (§ 34 VI) . . . 59

I. Allgemeines

1 § 34 übernimmt das Anzeigewesen der KVG ggü. der BaFin in das KAGB. Im Vergleich mit dem Anzeigewesen nach InvG führte insb. die Regelung des § 34 I zu einem deutlich erhöhten Anzeigewesen. Entscheidend ist in diesem Zusammenhang die Beurteilung der **„Wesentlichkeit“** einer Änderung als **Voraussetzung einer Anzeigepflicht** nach § 34 I. Anzeigepflichtig sind danach alle wesentlichen Änderungen der nach § 21 oder § 22 der BaFin im Rahmen des Verfahrens zur Erlaubniserteilung eingereichten Unterlagen.

2 § 34 I und II dienen der Umsetzung von Art. 6 VII und Art. 10 I, II AIFM-RL, wobei die Regelungen auch für OGAW-KVG übernommen werden. § 34 III hat mit redaktionellen Anpassungen die Vorschrift des § 19c I InvG übernommen und dient der Umsetzung von Art. 6 VII AIFM-RL. § 33 IV hat mit redaktionellen Anpassungen die Vorschrift des § 19c II InvG, § 33 V mit redaktionellen Anpassungen die Vorschrift des § 19c III InvG übernommen. Sie dienen der Umsetzung von Art. 6 VII AIFM-RL.

3 Untergliedern lassen sich die Anzeigepflichten nach § 34 grds. wie folgt:
– **Absichtsanzeigen der KVG** bei wesentlichen Änderungen erlaubnisrelevanter Tatbestände nach Abs. 1 und 2;
– **Vollzugsanzeigen der KVG** nach Abs. 3 und 4 sowie
– **Anzeigepflichten der Geschäftsleiter** nach Abs. 5.

4 Einen systematischen Bruch beinhalten die Pflichten zur Abgabe von Absichtsanzeigen über die Absicht der Geschäftsleiter, eine Entscheidung über die Auf-

lösung der KVG herbeizuführen, sowie die Absicht der Vereinigung mit einer anderen KVG. Diese sind nicht in § 34 I, II, sondern in § 34 III Nr. 9 und 11 geregelt.

Durch das OGAW-V-UmsG wurde als weitere Anzeigepflicht die Pflicht zur Abgabe der sog. **„Millionenkreditmeldungen"** nach § 14 KWG für AIF-KVG ergänzt (§ 34 VI). Die entspr. Anwendbarkeit des § 14 KWG auf AIF-KVG soll nach der Gesetzesbegr. nicht nur aufsichtsrechtl. Zwecken dienen, sondern habe darüber hinaus auch das Ziel, die am Meldeverfahren beteiligten AIF-KVG über die Verschuldung ihrer Großkreditnehmer zu informieren. Die Regelung würde damit auch dem Schutz dieser AIF-KVG sowie der Anleger des betreffenden AIF dienen. 5

Meldungen sind, sofern technisch angeboten, über die **Melde- und Veröffentlichungsplattform der BaFin (MVP)** elektronisch vorzunehmen. Die BaFin stellt über 3 Fachverfahren einen elektronischen Zugang zu Verwaltungsleistungen nach dem KAGB zur Verfügung: 5a

- **„Anzeigeverfahren KAGB – GL":** für Einreichungen, die aufgrund einer gewissen Vertraulichkeit nur von der Geschäftsleitung einer KCG oder Investmentgesellschaft oder von deren Bevollmächtigten durchgeführt werden können;
- **„Anzeigeverfahren KAGB – KVG":** für Anträge, Anzeigen und Meldungen, die die Gesellschaft betreffen;
- **„Anzeigeverfahren KAGB – Fonds":** für Anträge, Anzeigen und Meldungen, die Fondsbezug aufweisen.

II. Anzeige von wesentlichen Änderungen der Grundlagen der Erlaubniserteilung (§ 34 I, II)

1. Absichtsanzeige bei wesentlichen erlaubnisrelevanten Änderungen. Nach § 34 I ist eine KVG verpflichtet, der BaFin **wesentliche Änderungen der Voraussetzung** ihrer **OGAW-** (§ 20 iVm § 21 I) oder **AIF-KVG-Geschäftserlaubnis** (§ 20 iVm § 22 I) **vor deren Umsetzung** anzuzeigen. Durch § 34 I soll die BaFin frühzeitig in Kenntnis von erlaubnisrelevanten Änderungen gelangen und damit in die Lage versetzt werden, ihre Aufsichtsfunktion ausüben zu können. 6

§ 34 I beinhaltet die Pflicht der KVG zur Abgabe von **Absichtsanzeigen**, dh die Anzeigen sind ggü. der BaFin **vor Vollzug des anzeigepflichtigen Tatbestandes** abzugeben. Eine Genehmigung der angezeigten Änderung erfolgt durch die BaFin nicht. Die BaFin hat nur, sollte sie beschließen, Beschränkungen vorzuschreiben oder die angezeigte Änderung abzulehnen, die KVG **binnen eines Monats in Kenntnis** zu setzen (§ 34 II). Die BaFin-Verwaltungspraxis folgert hieraus, dass die Anzeige einen Monat vor Inkrafttreten der Änderung zu erfolgen habe, um ggf. rechtzeitig einschreiten zu können. Auch wenn der Wortlaut des § 34 I ein solches nicht benennt, empfiehlt es sich in der Praxis, eine beabsichtigte Änderung der BaFin einen Monat vor Inkrafttreten anzuzeigen oder die beabsichtigte Änderung und den Zeitpunkt des Inkrafttretens vorab mit der BaFin abzustimmen. Die BaFin kann die Frist des § 34 II **ohne Begründung** um **einen weiteren Monat verlängern,** wenn sie dies als notwendig erachtet. Sie hat die KVG über eine solche Verlängerung **zu informieren.** 7

Gemäß § 34 I muss die KVG der BaFin nicht jede Änderung, sondern nur **wesentliche Änderungen** anzeigen. Ob eine wesentliche Änderung und nicht nur eine nicht anzeigepflichtige unwesentliche Änderung vorliegt, kann im Einzelfall schwierig zu beurteilen sein. Eine wesentliche Änderung wird **immer dann zu bejahen sein, wenn die Änderung im Rahmen eines Erlaubnisverfahrens nach** 8

§ 21 bzw. § 22 von der BaFin zu berücksichtigen wäre *und* nach § 23 zu einer Versagung der Erlaubnis durch die BaFin führen kann (bspw. Zuverlässigkeit und fachliche Eignung eines neuen Geschäftsleiters, Änderung der Satzung der KVG). Die Anforderungen an eine wesentliche Änderung sind dabei **nicht zu niedrig** zu setzen. Zwar besteht ein berechtigtes Interesse der BaFin an einem Informationsfluss und einer Transparenz der KVG. Gleichwohl würde eine zu niedrige Wesentlichkeitsschwelle zu einer **übermäßigen** und **nicht zu rechtfertigenden Bürokratisierung** und (nicht zuletzt auf Grund der von der BaFin geforderten Monatsfrist, vgl. → Rn. 7) **Einschränkung der Handlungsfähigkeit** und damit zu einem ungerechtfertigten Wettbewerbsnachteil der KVG führen.

9 Die Beurteilung der Wesentlichkeit iSd § 34 I ist nicht deckungsgleich mit der Beurteilung der Wesentlichkeit iSd § 273 S. 2 und des § 307 I 2. Zu berücksichtigen sind jeweils die Zielrichtungen der Normen. § 307 I 2 beinhaltet eine **anlegerschützende** Informationspflicht. Eine „Wesentlichkeit" erfordert, dass der Anleger die Änderung bei seinem Investitionsverhalten berücksichtigen würde (vgl. → § 307 Rn. 11 f.). § 273 S. 2 hat dagegen wie § 34 I die **Information der BaFin** zur Zielsetzung. Im Unterschied zu § 34 I beschränkt sich § 273 S. 2 auf wesentliche Änderungen der Anlagebedingungen **unter dem Gesichtspunkt des Risikomanagements** (vgl. ESMA/2011/209 Abschn. VIII Ziff. 4 S. 2 „only collected where competent authorities have identified a clear use for it in mitigating a particular risk … function of the potential risks posed by specific types of AIFM"). Nach § 34 I sind dagegen **alle** wesentlichen Änderungen anzeigepflichtig, die die BaFin bei ihrer Entscheidung über die Erteilung der Geschäftserlaubnis in einem Umfang berücksichtigt hätte, **dass die Geschäftserlaubnis versagt hätte werden müssen.**

10 **2. Erlaubnisrelevante Änderungen. a) Änderung der zum Geschäftsbetrieb erforderlichen Mittel.** Sowohl OGAW- als auch AIF-KVG haben durchgängig die **nach § 25 oder im Fall des § 5 II 1 nach § 5 II 2 oder 3 iVm § 17 I Nr. 2 oder 3 WpIG vorgegebenen Kapitalanforderungen** zu erfüllen. Erfüllt eine KVG diese Kapitalanforderungen nicht, ist ihr nach § 23 Nr. 1 die Geschäftserlaubnis zu versagen. Beabsichtigt eine KVG, **Kapitalmaßnahmen** durchzuführen, sind diese der BaFin daher vor Umsetzung anzuzeigen. Der Monatsfrist des § 34 II (vgl. → Rn. 7) dürfte dabei insb. im Falle einer Reduzierung, weniger im Fall einer Erhöhung der vorzuhaltenden Eigenmittel, Bedeutung zukommen. § 34 I umfasst allein die Pflicht zur Anzeige von Kapitalmaßnahmen, **nicht der Absenkung der Eigenmittel** unter die in § 25 vorgesehenen Schwellen aus sonstigen Gründen (bspw. auf Grund der Erhöhung der von der KVG verwalteten Vermögensgegenstände). In letzterem Fall besteht eine Anzeigepflicht nach § 34 III Nr. 6, nicht aber nach § 34 I.

11 **b) Absicht zur Bestellung eines Geschäftsleiters.** Gemäß § 34 I iVm § 21 I Nr. 2–4 und § 22 I Nr. 2–4 müssen KVG der BaFin unverzüglich eine **Absicht zur Bestellung eines Geschäftsleiters** anzeigen **(Absichtsanzeige)**. § 34 I beinhaltet die Pflicht zur Abgabe einer **Absichtsanzeige vor,** § 34 III Nr. 1 zur Abgabe einer **Vollzugsanzeige nach** Bestellung eines Geschäftsleiters. Geschäftsleiter sind gem. § 1 XIX Nr. 15 diejenigen nat. Personen, die nach Gesetz, Satzung oder Gesellschaftsvertrag zur Führung der Geschäfte und zur Vertretung einer KVG berufen sind, sowie diejenigen nat. Personen, die die Geschäfte der KVG tatsächlich leiten. Gemäß § 34 I iVm § 21 I Nr. 3 und 4 und § 22 I Nr. 3 und 4 muss die Absichtsanzeige ausreichend Angaben zur Beurteilung der **Zuverlässigkeit** und zur Beurteilung der **fachlichen Eignung** des zu bestellenden Geschäftsleiters enthalten. Erläuterungen zu den mit der Anzeige einzureichenden Unterlagen sind

dem **„Merkblatt zur Eignung von Geschäftsleitern nach dem KAGB“** v. 15.7.2024 zu entnehmen. Dieses finden auf die Bestellung von Geschäftsleitern einer KVG ab dem 1.8.2024 Anwendung und ersetzt das vorherige „BaFin-Merkblatt zu den Geschäftsleitern gem. KWG, ZAG und KAGB“. Gemäß Abschnitt II des neuen Merkblatts sind der Anzeige folgende Unterlagen beizufügen:

- **Lückenloser Lebenslauf;**
- **Angaben zur Zuverlässigkeit der designierten Geschäftsleiter;**
- **„Führungszeugnis zur Vorlage bei einer Behörde“, „Europäisches Führungszeugnis zur Vorlage bei einer Behörde“** oder **entsprechende Unterlagen aus dem Ausland;**
- **Auszug aus dem Gewerbezentralregister** gem. § 150 GewO;
- **Übersicht zu weiteren Mandaten der Geschäftsleiter in Verwaltungs- und Aufsichtsorganen;**
- **Angaben zur zeitlichen Verfügbarkeit;**
- **Angaben zur Zusammensetzung des Organs;**
- **Doppelbänder** (Geschäftsleiter nimmt min. ein weiteres Mandat bei einer anderen Gesellschaft wahr).

Vgl. im Übrigen Ziff. A.2–4 „Merkblatt zum Erlaubnisverfahren für eine OGAW-Kapitalverwaltungsgesellschaft nach § 21 KAGB“ bzw. „Merkblatt zum Erlaubnisverfahren für eine AIF-Kapitalverwaltungsgesellschaft nach § 22 KAGB“, beide idF v. 22.3.2024.

Eine Absicht zur Geschäftsleiterbestellung wird aufgrund der besonderen Bedeutung der Geschäftsleiter im Rahmen der Managerregulierung der AIFM- und OGAW-RL und des KAGB **immer** eine **anzeigepflichtige Änderung** nach § 34 I darstellen. **12**

Problematisch kann im Einzelfall die Bestimmung des Zeitpunkts sein, ab dem eine meldepflichtige Absicht vorliegt. Die Absicht muss **konkretisiert** sein, dh eine Absichtsanzeige ist nicht bereits bei allein vagen Absichten vorzunehmen. Gemäß „BaFin-Merkblatt zur Eignung von Geschäftsleitern nach dem KAGB“ ist die **Absicht** regelmäßig konkretisiert und damit zu bejahen, wenn das bestellende Organ den erforderlichen **Beschluss zur Bestellung des Geschäftsleiters** gefasst hat. Dies soll auch dann gelten, wenn der Beschluss unter dem Vorbehalt der Entscheidung anderer Gremien oder der Rückmeldung der BaFin steht. **13**

c) Änderung der bedeutend beteiligten Inhaber sowie Änderung der Angaben zur Zuverlässigkeit und zur Höhe ihrer wesentlichen Beteiligung. Nach § 34 I iVm § 21 I Nr. 5 und § 22 I Nr. 5 ist der BaFin **jede wesentliche Änderung der bedeutend beteiligten Inhaber** sowie der **Angaben zur Zuverlässigkeit** und zur **Höhe ihrer wesentlichen Beteiligung** anzuzeigen. Auch bei der Anzeige nach § 34 I iVm § 21 I Nr. 5 und § 22 I Nr. 5 handelt es sich nach dem Gesetzeswortlaut um eine **Absichtsanzeige.** In der Praxis kann es sich aber schwierig gestalten, dass die KVG die Anzeige tatsächlich vor Inkrafttreten der Änderung abgeben kann. Soweit der KVG die Änderung nicht rechtzeitig bekannt ist, hat sie die Anzeige **jedenfalls unverzüglich** nach Bekanntwerden abzugeben. **14**

Inhaltlich betrifft die Anzeigepflicht den **Wegfall** oder das **Hinzukommen** eines bedeutend beteiligten Inhabers, die Mitteilung des **Namens des wegfallenden bzw. hinzukommenden Inhabers** sowie **Angaben zur Beurteilung seiner Zuverlässigkeit,** die **Höhe der jeweiligen Beteiligung** sowie im Falle einer Konzernstruktur eine Darstellung derselben mittels eines sog. **„Konzernspiegels“.** Handelt es sich bei dem bedeutend beteiligten Inhaber um eine juristische **15**

Person oder Personenhandelsgesellschaft, sind **für seinen gesetzliche Vertreter bzw. für die persönlich haftenden Gesellschafter** die Erklärungen der Zuverlässigkeit, die Lebensläufe sowie die **behördlichen Führungszeugnisse** einzureichen. Zur Prüfung der Zuverlässigkeit sind der BaFin dieselben Unterlagen wie bei der Bestellung von Geschäftsleitern einzureichen (vgl. → Rn. 11).

16 Die in diesem Zusammenhang von der BaFin veröffentlichten Merkblätter enthalten keine Unterscheidung zwischen bedeutend beteiligten Inhabern, die der Aufsicht der BaFin unterliegen (insb. Kreditinstitute und Versicherungen) und anderen Inhabern. Gleichwohl ist dies zu berücksichtigen. Im Falle von **beaufsichtigten bedeutend beteiligten Inhabern** liegen die Informationen der BaFin bereits vor, infolgedessen es einer Einzelfallbetrachtung bedarf, ob und in welchem Umfang eine **Absichtsanzeige** erforderlich ist. Regelmäßig wird eine Anzeigepflicht bei **nicht der Aufsicht der BaFin unterliegenden Inhabern** bestehen. Dort ist die Wesentlichkeit entspr. § 23 Nr. 4 danach zu beurteilen, ob Tatsachen die Annahme rechtfertigen können, dass der Inhaber der bedeutenden Beteiligung **nicht zuverlässig** ist oder aus **anderen Gründen** nicht den im Interesse einer **soliden** und **umsichtigen Führung der KVG** zu stellenden Ansprüche genügt.

17 Die BaFin-Verwaltungspraxis fordert die unter → Rn. 11 und → Rn. 15 genannten Unterlagen darüber hinaus auch **für ein Aufsichtsorgan,** bspw. einen Aufsichtsrat, soweit vorhanden. Alle Unterlagen dürfen **nicht älter als ein Jahr sein** (vgl. Ziff. A.5 „Merkblatt zum Erlaubnisverfahren für eine OGAW-Kapitalverwaltungsgesellschaft nach § 21 KAGB" bzw. „Merkblatt zum Erlaubnisverfahren für eine AIF-Kapitalverwaltungsgesellschaft nach § 22 KAGB", beide idF v. 22.3.2024).

18 **d) Enge Verbindung zwischen KVG und anderen natürlichen oder juristischen Personen.** Der Begriff der **engen Verbindung** ist in § 1 XIX Nr. 10 definiert. Danach besteht eine enge Verbindung, wenn eine KVG oder eine extern verwaltete Investmentgesellschaft und eine andere nat. oder jur. Person verbunden sind a) durch das **unmittelbare** oder **mittelbare Halten** durch ein oder mehrere **Tochterunternehmen** oder **Treuhänder** von **mindestens 20% des Kapitals** oder der **Stimmrechte** oder b) als **Mutter-** oder **Tochterunternehmen,** durch ein **gleichartiges Verhältnis** oder als **Schwesterunternehmen.** Wie im Falle einer wesentlichen Änderung im Hinblick auf einen bedeutend beteiligten Inhaber wird die KVG mangels Kenntnis der Änderung zum Teil erst nach Inkrafttreten anzeigen können (→ Rn. 14).

19 Die KVG hat jede wesentliche Änderung nach § 34 I iVm § 21 I Nr. 6 und § 22 I Nr. 6 anzuzeigen. Der Nachweis kann anhand eines **Konzernspiegels** erfolgen (vgl. Ziff. A.6 „Merkblatt zum Erlaubnisverfahren für eine OGAW-Kapitalverwaltungsgesellschaft nach § 21 KAGB" bzw. „Merkblatt zum Erlaubnisverfahren für eine AIF-Kapitalverwaltungsgesellschaft nach § 22 KAGB", beide idF v. 22.3.2024). Ob eine wesentliche Änderung vorliegt, ist entspr. § 23 Nr. 5 danach zu beurteilen, ob die geänderte enge Verbindung dazu geeignet ist, dass die BaFin **bei der ordnungsgemäßen Erfüllung ihrer Aufgaben behindert** wird.

20 **e) Geschäftsplan, Organisationsstruktur und Einhaltung des KAGB.** Nach § 34 I iVm § 21 I Nr. 7 und § 22 I Nr. 7 sind insb. **wesentliche Änderungen** der folgenden, mit dem Genehmigungsantrag eingereichten Angaben und Dokumenten anzeigepflichtig:

– **Plan-Bilanz** und **Plan-GuV;**
– **Interne Kontrollverfahren;**
– **Art der geplanten Geschäfte;**

- **Organigramm** der KVG;
- Beschreibung der **Interessenkonflikte** und Darstellung der Maßnahmen zu deren Vermeidung;
- **Risikomanagementprozesse;**
- aktuelle und zukünftige **Arten von Investmentvermögen**

(vgl. Ziff. A.7 „Merkblatt zum Erlaubnisverfahren für eine OGAW-Kapitalverwaltungsgesellschaft nach § 21 KAGB“ bzw. „Merkblatt zum Erlaubnisverfahren für eine AIF-Kapitalverwaltungsgesellschaft nach § 22 KAGB“, beide idF v. 22.3.2024).

Die im Hinblick auf den Geschäftsplan, die Organisationsstruktur und die Einhaltung des KAGB durch die KVG anzeigepflichtigen Informationen dienen der BaFin zur Überprüfung der **Versagungsgründe** des § 23 Nr. 8–10. Diese sind bei der Beurteilung der Frage der Wesentlichkeit und damit der Anzeigepflicht der Änderung zu berücksichtigen. 21

f) Änderungen der Vergütungssysteme nach § 37. Anzeigepflichtig sind nach § 34 I iVm § 22 I Nr. 8 darüber hinaus **wesentliche Änderungen** der Vergütungspolitik und der Vergütungspraxis und damit der **Vergütungssysteme einer AIF-KVG** nach § 37 ggü. denjenigen, die **mit dem AIF-Genehmigungsantrag eingereicht** wurden. Hierzu gehören insb. 22

- die Auflistung der Mitarbeiter(gruppen), die in den Anwendungsbereich der Vergütungspolitik und -praxis der KVG fallen (identifizierte Mitarbeiter und Risikoträger);
- die Angabe, ob ein Vergütungsausschuss errichtet ist, bzw. falls nicht, die Gründe für die Nicht-Errichtung;
- die Darstellung der Ausgestaltung der variablen und festen Vergütung

(vgl. „Ziff. A.8 „Merkblatt zum Erlaubnisverfahren für eine AIF-Kapitalverwaltungsgesellschaft nach § 22 KAGB“ idF v. 22.3.2024).

Anders als § 22 I Nr. 8 enthält § 21 I keine Anforderung der Einreichung der Vergütungssysteme von OGAW-KVG. Entsprechend enthält auch das „Merkblatt zum Erlaubnisverfahren für eine OGAW-Kapitalverwaltungsgesellschaft nach § 21 KAGB“ keine diesbezüglichen Anforderungen. Gleichwohl dürfte eine wesentliche Änderung der Vergütungssysteme auch einer **OGAW-Verwaltungsgesellschaft** anzeigepflichtig sein. 23

g) Änderungen von Auslagerungsvereinbarungen. Mit dem Erlaubnisantrag hat eine AIF-KVG gem. § 22 I Nr. 9 eine **Auflistung der Auslagerungs- und Unterauslagerungsunternehmen** einzureichen. Neue Auslagerungen nach Abschluss des Erlaubnisverfahrens sind der BaFin durch die KVG gem. § 36 II anzuzeigen (vgl. zum Umfang der Auslagerungsanzeige → § 36 Rn. 33 ff.). Nach § 34 I iVm § 22 I Nr. 9 haben AIF-KVG der BaFin darüber hinaus **wesentliche Änderungen, die die Erlaubnisvoraussetzungen einer KVG beeinträchtigen könnten** (bspw. die eventuell zur Qualifikation als Briefkastenfirma führen könnten) anzuzeigen, so dass die BaFin solche Änderungen prüfen und ggf. gem. § 34 II ablehnen kann. Nach der BaFin-Verwaltungspraxis sollen Änderungen daher nicht vor einem Monat nach einer entsprechenden Anzeige nach § 34 wirksam werden können (vgl. Ziff. 7 BaFin FAQ Auslagerungen gem. § 36 KAGB idF v. 15.11.2017). 24

Die Notwendigkeit der Angabe über Auslagerungsvereinbarungen nach § 36 besteht nur für den Erlaubnisantrag gem. § 22 I Nr. 10. Für den OGAW-Erlaubnisantrag wird ein solches Erfordernis in § 21 nicht benannt. Entsprechend ist die Anzeigepflicht des § 34 I im vorbezeichneten Umfang auf **AIF-KVG** beschränkt und findet auf **OGAW-KVG** keine Anwendung. 25

26 **h) Änderung der Anlagestrategien sowie Sitz eines Masterfonds.** Gemäß § 22 I Nr. 10 hat die AIF-KVG im Rahmen ihres Genehmigungsantrages Angaben zu den **Anlagestrategien**, einschl. der **Arten von Zielfonds,** falls es sich bei dem AIF um einen Dachfonds handelt, der Grundsätze, die die AIF-KVG im Zusammenhang mit dem **Einsatz von Leverage** anwendet, sowie der **Risikoprofile** und **sonstigen Eigenschaften** der AIF, die die AIF-KVG zu verwalten beabsichtigt, einschl. Angaben zu den Mitgliedstaaten oder Drittstaaten, in denen sich der **Sitz solcher AIF** befindet oder voraussichtlich befinden wird, zu machen. Gemäß § 22 I Nr. 11 hat die AIF-KVG im Rahmen ihres Erlaubnisantrages Angaben zum **Sitz des Masterfonds** oder des **Master-AIF** zu machen, wenn es sich bei dem AIF um einen Feederfonds oder einen Feeder-AIF handelt. Wie im Falle der Angaben zu Auslagerungsvereinbarungen enthält nur § 22, nicht aber § 21, eine Pflicht zur Angabe im Rahmen des AIF-KVG-Erlaubnisantrages, so dass sich auch hier die Pflicht zur Abgabe einer Absichtsanzeige auf die **AIF-KVG** beschränkt.

27 Die Angaben nach § 22 I Nr. 10 und 11 sind regelmäßig Bestandteil der Anlagebedingungen, der Satzung oder der Gesellschaftsverträge der Investmentvermögen sowie der Informationen der AIF-KVG nach §§ 165, 269 und 307 I. Infolgedessen gehen anzeigepflichtige Änderungen der Angaben nach § 22 I Nr. 10 und 11 regelmäßig einher mit anzeigepflichtigen Änderungen nach § 34 I iVm § 22 I Nr. 12 und 14. Dies gilt insb. für eine Änderung der maximal zulässigen Höhe des Leverage nach der Brutto- und der Commitment-Methode (vgl. → § 29 Rn. 141 ff.).

28 **i) Änderung der Anlagebedingungen, der Satzung oder der Gesellschaftsverträge der Investmentvermögen.** Mit dem AIF-Erlaubnisantrag hat eine AIF-KVG die **Anlagebedingungen, Satzungen** oder **Gesellschaftsverträge *aller* AIF,** die sie zu verwalten beabsichtigt, einzureichen. Die „Anlagebedingungen" umfassen nach der Verwaltungsauffassung der BaFin **sämtliche schriftlichen Bedingungen,** die das **Rechtsverhältnis** zwischen der **KVG** und dem **Anleger in Bezug auf das jeweilige Investmentvermögen** regeln (inkl. sog. „side letter"; vgl. Ziff. A.12 „Merkblatt zum Erlaubnisverfahren für eine AIF-Kapitalverwaltungsgesellschaft nach § 22 KAGB" idF v. 22.3.2024). **Wesentliche Änderungen** hat die AIF-KVG gem. § 34 I iVm § 22 I Nr. 12 per **Absichtsanzeige** der BaFin vorab anzuzeigen.

29 **Nicht jede neue Anlagebedingungen** bei Auflage eines Spezial-AIF und **nicht jede wesentliche Änderung** derselben bei bestehenden Investmentvermögen führt zu einer Anzeigepflicht der AIF-KVG nach § 34 I. Dies ergibt sich aus § 273 S. 2. Die KVG hat der BaFin nach § 273 S. 2 die Anlagebedingungen vor der Auflage eines neuen inländischen Spezial-AIF sowie wesentliche Änderungen derselben vorzulegen. **Nach Erteilung der Erlaubnis zur AIF-KVG** hat die Vorlagepflicht der Anlagebedingungen nach § 273 S. 2 bei neu aufgelegten Spezialfonds Vorrang vor einer Anzeigepflicht nach § 34 I. Eine Anzeigepflicht nach § 34 I besteht **nur dann,** wenn die neuen oder geänderten Anlagebedingungen iRd BaFin-Erlaubnisverfahrens nach § 22 zu berücksichtigen wären (bspw. KVG hat bisher nur Spezial-AIF iSd § 284 aufgelegt und will erstmals einen Spezial-AIF iSd § 282 auflegen – in diesem Fall wäre eine Absichtsanzeige gem. § 34 I iVm § 22 I Nr. 12, ggf. zusammen mit weiteren anzeigepflichtigen Tatbeständen, zB einer hierfür notwendigen Änderung der Satzung, vorzunehmen). **Änderungen der Anlagestrategie** oder der **Gebührenvereinbarung** können daher eine Anzeigepflicht nach § 34 I begründen. In der Regel wird dies aber nicht der Fall sein, sondern lediglich eine Vorlagepflicht gem. § 273 S. 2 zur Folge haben.

Die Unterscheidung zwischen der Anzeigepflicht nach § 34 I und § 273 S. 2 ist für AIF-KVG von wesentlicher Bedeutung, da § 273 S. 2 **keine Pflicht zur Vorabanzeige** der BaFin enthält und daher insb. keine Monatsfrist entspr. der BaFin-Verwaltungsauffassung zu § 34 I besteht (→ Rn. 7). Die Anlagebedingungen und deren wesentliche Änderungen sind der BaFin nach § 273 S. 2 vorzulegen, müssen aber nicht vorab angezeigt werden. Über § 273 S. 2 wird sichergestellt, dass die BaFin in Kenntnis über die Anlagebedingungen sowie über wesentliche Änderungen derselben gelangt. 30

Anlagebedingungen, Satzungen oder Gesellschaftsverträge von **nicht zum Vertrieb vorgesehenen inländischen Spezial-AIF** können sowohl im Rahmen der Ersteinreichung (zB mit dem Erlaubnisantrag oder nach § 273) als auch im Falle späterer Änderungsanzeigen (zB nach § 34 I oder nach § 273) **elektronisch bei der BaFin eingereicht werden.** 31

j) Absicht zur Änderung der Satzung oder des Gesellschaftsvertrages. Gemäß § 34 I iVm § 21 I Nr. 8 bzw. § 22 I Nr. 12 müssen **OGAW- und AIF-KVG,** die die **Verwaltung von OGAW** oder **Publikums-AIF beabsichtigen** oder solche Investmentvermögen **verwalten,** im Falle einer beabsichtigten **Änderung** ihrer **Satzung** oder ihres **Gesellschaftsvertrages** ggü. der BaFin eine **Absichtsanzeige** abgeben. 32

Der in der Satzung/im Gesellschaftsvertrag festgelegte **Unternehmensgegenstand** muss mit der Angabe im Geschäftsplan in Bezug auf die aktuellen oder zukünftigen Arten der zu verwaltenden Investmentvermögen übereinstimmen. Da die BaFin nach § 20 I 2 die Geschäftserlaubnis auf die Verwaltung bestimmter Arten von inländischen Investmentvermögen beschränken darf, ist die Information über beabsichtigte Satzungsänderungen bzw. Änderungen des Gesellschaftsvertrages für sie von wesentlicher Bedeutung, um die **Übereinstimmung** zwischen **Geschäftserlaubnis/Satzung/Gesellschaftsvertrag** und **Tätigkeit der KVG** überwachen zu können. Der Unternehmensgegenstand muss sich stets im Gleichklang mit der erteilten Erlaubnis befinden (vgl. Ziff. A.12 „Merkblatt zum Erlaubnisverfahren für eine AIF-Kapitalverwaltungsgesellschaft nach § 22 KAGB" bzw. A.8 „Merkblatt zum Erlaubnisverfahren für eine OGAW-Kapitalverwaltungsgesellschaft nach § 21 KAGB", jeweils idF v. 22.3.2024). 33

Die Notwendigkeit von Änderungen der Satzung/des Gesellschaftsvertrages beschränkt sich nicht auf Änderungen des Unternehmensgegenstandes. Auch die übrigen Regelungen der Satzung/des Gesellschaftsvertrages (bspw. Anzahl der Geschäftsleiter, Anzahl der AR-Mitglieder und Stammkapital) sind erlaubnisrelevant. Infolgedessen führt **jede beabsichtigte Änderung** der Satzung/des Gesellschaftsvertrages zur Pflicht zur Abgabe einer **Absichtsanzeige.** Unabhängig von und zusätzlich zur Absichtsanzeige ist nach Wirksamkeit der Änderung eine **Vollzugsanzeige** nach § 34 III Nr. 5 abzugeben. 34

k) Änderungen der Vereinbarung zur Beauftragung der Verwahrstelle. AIF-KVG haben gem. § 22 I Nr. 13 mit ihrem Erlaubnisantrag eine **Auflistung aller Verwahrstellen** einzureichen. Die BaFin behält sich vor, die **Verwahrstellenverträge nachzufordern** (vgl. Ziff. A.13 „Merkblatt zum Erlaubnisverfahren für eine AIF-Kapitalverwaltungsgesellschaft nach § 22 KAGB" idF v. 22.3.2024). Von einer die Pflicht zur Absichtsanzeige auslösenden wesentlichen Änderung ist auszugehen, wenn eine **neue Verwahrstelle** hinzukommt, mit der die AIF-KVG zuvor keine Vertragsbeziehung hatte. Die BaFin wird in diesem Fall insb. überprüfen, ob die Verwahrstelle die aufsichtsrechtliche Erlaubnis zur Übernahme der AIF- 35

Verwahrstellenfunktion besitzt. Übernimmt eine bereits **der BaFin angezeigte Verwahrstelle** für ein weiteres AIF-Investmentvermögen die Verwahrstellenfunktion, besteht dagegen keine Anzeigepflicht nach § 34 I, sondern die mit der Übernahme der Verwahrfunktion verbundene **Änderung der Anlagebedingungen** ist der BaFin nach § 273 S. 2 vorzulegen. In diesem Fall hat die BaFin die Zulassung und Geeignetheit der Verwahrstelle bereits überprüft und dieser nicht nach § 34 II widersprochen. Infolgedessen ist bei der Bestellung als Verwahrstelle für ein weiteres Investmentvermögen von keiner Erlaubnisrelevanz auszugehen.

36 Eine Pflicht zur Abgabe einer Absichtserklärung aufgrund einer beabsichtigten wesentlichen Änderung des Verwahrstellenvertrages kann sich nur dann ergeben, wenn die AIF-KVG der BaFin die Verwahrstellenverträge vorgelegt hat.

37 **l) Änderungen der sonstigen Angaben der Verkaufsprospekte und Anlegerinformationen.** Nach § 34 I iVm § 22 I Nr. 14 hat eine AIF-KVG überdies, abhängig von den Arten der AIF, die sie verwaltet oder zu verwalten beabsichtigt, die in § 165 (Mindestangaben im **Verkaufsprospekt für offene Publikumsinvestmentvermögen**), § 269 (Mindestangaben im **Verkaufsprospekt für geschlossene Publikumsinvestmentvermögen**) und § 307 I **(Informationspflichten gegenüber semi-professionellen und professionellen Anlegern)** genannten weiteren Informationen anzugeben (zB durch Beifügung der jeweiligen Verkaufsprospekte; vgl. Ziff. A.14 „Merkblatt zum Erlaubnisverfahren für eine AIF-Kapitalverwaltungsgesellschaft nach § 22 KAGB“ idF v. 22.3.2024). Ergeben sich **wesentliche Änderungen dieser Informationen,** bspw. eine wesentliche Änderung des maximal zulässigen Leverage, der Risikomanagementsysteme oder der Vergütung der AIF-KVG oder eines ausgelagerten Portfolioverwalters, sind der BaFin die geänderten Verkaufsprospekte bzw. Informationen nach § 307 I gem. § 34 I vorab anzuzeigen. Maßstab der Beurteilung der Wesentlichkeit der Änderung wird **regelmäßig** sein, ob die **zugrunde liegende Änderung** nach § 34 I anzeigepflichtig ist.

III. Anzeigepflichtige Tatbestände nach § 34 III, IV

38 **1. Unverzüglich zu erstattende Anzeigen.** Gemäß § 34 III hat die KVG folgende Tatbestände **unverzüglich** und damit **ohne schuldhaftes Zögern** (§ 121 I 1 BGB) der BaFin zu melden, wobei die Anzeigepflichten nach § 34 III unberührt von den Anzeigepflichten nach § 34 I besteht. Grundsätzlich enthalten § 34 III und IV im Unterschied zu § 34 I, II die Pflicht zur Abgabe von **Vollzuganzeigen** nach Eintritt der definierten Sachverhalte. Ausnahmen hiervon beinhalten § 34 III Nr. 9 und 11, die wie § 34 I, II die Pflicht zur Abgabe von Absichtsanzeigen beinhalten.

39 **a) Bestellung einer Person zum Geschäftsleiter.** Die KVG muss der BaFin unverzüglich den **Vollzug** der **Bestellung einer Person zum Geschäftsleiter** melden **(Vollzugsanzeige).** § 34 III Nr. 1 folgt der Anzeige der beabsichtigten Bestellung des Geschäftsleiters gem. § 34 I iVm § 21 I Nr. 2–4 und § 22 I Nr. 2–4 und setzt die BaFin in Kenntnis vom Vollzug der angezeigten beabsichtigten Bestellung. § 34 III Nr. 1 verzichtet, anders als vormals § 19c I Nr. 1 InvG, auf die Nennung der Absicht der Bestellung einer Person zum Geschäftsleiter, da diese Mitteilungspflicht bereits von Abs. 1 umfasst ist (vgl. Gesetzesbegr. zu § 34 III).

40 **b) Ausscheiden eines Geschäftsleiters.** Gemäß § 34 III Nr. 2 muss die KVG der BaFin unverzüglich das **Ausscheiden eines Geschäftsleiters** melden **(Vollzugsanzeige).** Das Ausscheiden des Geschäftsleiters liegt ab dessen Rechtswirk-

samkeit vor. Nicht erforderlich ist, dass das Ausscheiden bereits zur Eintragung ins Handelsregister angemeldet und dort eingetragen ist oder sonst veröffentlicht wurde (vgl. BFS/*Braun* KWG § 24 Rn. 68).

c) Unmittelbare oder mittelbare Beteiligung an einem anderen Unternehmen. Nach § 34 III Nr. 3 hat die KVG der BaFin die Übernahme einer **unmittelbaren oder mittelbaren Beteiligung** an einem anderen Unternehmen anzuzeigen **(Vollzugsanzeige).** Als Beteiligung gilt das unmittelbare oder mittelbare Halten von **mindestens 25 % der Anteile am Kapital oder Stimmrechte** des anderen Unternehmens. Eine unmittelbare oder mittelbare Beteiligung an einem anderen Unternehmen von weniger als 25% ist nicht anzeigepflichtig. Eine Meldepflicht besteht nur bei einem Überschreiten oder Absinken der Beteiligung über bzw. unter 25%. Verändert sich der Anteil am Kapital oder der Stimmrechte, ohne dass die 25%-Grenze durchbrochen wird, entsteht keine Meldepflicht. Durch die Anzeige gem. § 34 III Nr. 3 soll die BaFin in die Lage versetzt werden, § 20 VI zu überwachen. Gemäß § 20 VI darf eine externe KVG sich nur an Unternehmen beteiligen, wenn der Geschäftszweck des Unternehmens gesetzlich oder satzungsgemäß **im Wesentlichen auf die Geschäfte ausgerichtet** ist, welche die externe KVG **selbst betreiben darf** und eine **Haftung** der externen KVG aus der Beteiligung **durch die Rechtsform des Unternehmens beschränkt** ist. 41

d) Änderung der Rechtsform und der Firma. Gemäß § 18 I dürfen externe KVG **nur** in der Rechtsform einer **AG,** einer **GmbH** oder einer **KG,** bei der der **persönlich haftende Gesellschafter ausschließlich eine GmbH** ist, betrieben werden. Gemäß § 34 III Nr. 4 muss ein **Wechsel der Rechtsform** unverzüglich der BaFin angezeigt werden **(Vollzugsanzeige).** Im Vergleich mit dem früheren § 19c I Nr. 4 InvG stellt § 34 III Nr. 4 klar, dass auch eine **Änderung der Firma** der KVG anzeigepflichtig ist. 42

e) Änderung der Satzung oder des Gesellschaftsvertrags. Gemäß § 34 III Nr. 5 ist **jede Änderung der Satzung** oder **des Gesellschaftsvertrags** der **externen OGAW-KVG** sowie der **internen** oder **externen AIF-KVG,** die **Publikums-AIF verwaltet,** sowie von **extern verwalteten Investmentgesellschaften** in der Rechtsform einer InvAG oder InvKG (Investmentgesellschaften iSd § 1 XI), die **Publikums-AIF** sind, unverzüglich der BaFin anzuzeigen **(Vollzugsanzeige).** Die Gesetzesbegründung zu § 34 III Nr. 5 stellt klar, dass **AIF-KVG, die Spezial-AIF verwalten,** im Gegensatz dazu die Änderungen der Satzung oder des Gesellschaftsvertrages der AIF nur gem. § 34 I anzeigen müssen, wenn diese wesentlich und erlaubnisrelevant sind. Die Änderung der Satzung von OGAW-InvAG bedarf gem. § 110 IV grds. der Genehmigung der BaFin und ist daher in der Anzeigepflicht nach § 34 III Nr. 5 nicht enthalten (vgl. Gesetzesbegr. zu § 34 III). 43

f) Absenkung der Eigenmittel. § 25 regelt die **Kapitalanforderungen** an eine KVG. Dies beinhaltet (i) ein Anfangskapital nach § 25 I Nr. 1, (ii) fondsvolumenabhängige Eigenmittel nach § 25 I Nr. 2, (iii) kostenabhängige Eigenmittel nach § 25 IV, (iv) Abdeckung der Risiken durch den Abschluss von Altersvorsorgeverträgen nach § 25 V und (v) Abdeckung der potenziellen Berufshaftungsrisiken nach § 25 VI (vgl. Kommentierung zu § 25). Erbringt eine KVG Dienst- oder Nebendienstleistungen iSd § 20 II Nr. 1–3 und III Nr. 2–5 finden die gem. § 17 I Nr. 2 und 3 WpIG vorgesehenen Schwellenwerte. 44

Gemäß § 34 III Nr. 6 müssen KVG ein Absenken der Eigenmittel unter die in § 25 vorgesehenen Schwellen anzeigen **(Vollzugsanzeige).** 45

46 **g) Organisatorische Veränderungen.** Gemäß § 34 III Nr. 7 hat die KVG folgende organisatorische Änderungen anzuzeigen **(Vollzugsanzeige):**
– die **Verlegung** der **Niederlassung** oder des **Sitzes,**
– die **Errichtung, Verlegung oder Schließung** einer **Zweigstelle in einem Drittstaat** sowie
– die **Aufnahme oder Beendigung** der Erbringung **grenzüberschreitender Dienstleistungen** ohne Errichtung einer Zweigstelle.

47 **h) Einstellung des Geschäftsbetriebes.** § 34 III Nr. 8 verpflichtet die KVG zur Abgabe einer **Vollzugsanzeige** über eine **Einstellung des Geschäftsbetriebes.** Durch die Absichtsanzeige gem. § 34 III Nr. 9 ist die BaFin bereits über die Absicht der Geschäftsleiter informiert, eine Entscheidung über die Auflösung der KVG herbeizuführen. Mit der Vollzugsanzeige gem. § 34 III Nr. 8 ist die BaFin von der KVG über die Umsetzung zu informieren. Die KVG hat die Anzeige unverzüglich mit der **tatsächlichen Einstellung des Geschäftsbetriebes** und nicht erst mit der Auflösung der KVG durch Eintragung ins Handelsregister abzugeben.

48 **i) Absicht der Auflösung der KVG.** Einen systematischen Bruch beinhaltet die **Absichtsanzeige** des § 34 III Nr. 9, die nicht im § 34 I, sondern im Abschnitt der Vollzugsanzeigen des § 34 III geregelt ist (→ Rn. 4). Anzeigepflichtig ist bereits die **Absicht** der Geschäftsleiter, eine **Entscheidung über die Auflösung der KVG** herbeizuführen. Nicht erforderlich ist, dass die zuständigen Gremien eine Auflösung der KVG beschlossen haben. Bereits eine konkrete Planung ist der BaFin anzuzeigen, wobei sich die Absicht über das Stadium bloßer Überlegungen hinaus konkretisiert haben muss. Anzeigepflichtig ist **allein die Absicht der Geschäftsleiter** der KVG, nicht aber die Absicht insb. der Gesellschafter bzw. Aktionäre oder des AR.

49 **j) Inhaberstruktur.** Die KVG hat der BaFin gem. § 34 III Nr. 10
– den **Erwerb** oder die **Aufgabe** einer **bedeutenden Beteiligung** an der **eigenen Gesellschaft,**
– das **Erreichen,** das **Über- und Unterschreiten** der Beteiligungsschwellen von **20 %, 30 %** und **50 %** sowie
– die Tatsache, dass die KVG **Tochterunternehmen eines anderen Unternehmens wird** oder **nicht mehr ist**

anzuzeigen, **soweit die KVG** von der bevorstehenden Änderung dieser Beteiligungsverhältnisse **Kenntnis erlangt (Vollzugsanzeige).** Die Anzeigepflicht entsteht damit erst, wenn die KVG selbst Kenntnis erlangt. Erhält allein ein Gesellschafter vorab Kenntnis von der Änderung der Beteiligungsverhältnisse, begründet dieses noch keine Anzeigepflicht.

50 Gemäß § 1 XIX Nr. 6 besteht eine **bedeutende Beteiligung,** wenn unmittelbar oder mittelbar über ein oder mehrere Tochterunternehmen oder über ein gleichartiges Verhältnis oder im Zusammenwirken mit anderen Personen oder Unternehmen mindestens 10% des Kapitals oder der Stimmrechte einer KVG im Eigen- oder Fremdbesitz gehalten werden oder wenn auf die Geschäftsführung einer KVG ein maßgeblicher Einfluss ausgeübt werden kann. Für die Berechnung des Anteils der Stimmrechte gelten § 22 I–IIIa WpHG iVm der RechtsVO nach § 22 V und § 23 WpHG entspr. Die mittelbar gehaltenen Beteiligungen sind den mittelbar beteiligten Personen und Unternehmen in vollem Umfang zuzurechnen.

51 **k) Vereinigung mit einer anderen KVG.** Wie § 34 III Nr. 8 enthält auch § 34 III Nr. 11 einen systematischen Bruch und enthält eine **Absichtsanzeige** (vgl. → Rn. 4, → Rn. 47). Die KVG hat der BaFin ihre **Absicht** zur **Vereinigung**

mit einer anderen KVG anzuzeigen. Eine solche Vereinigung wird regelmäßig weitere Anzeigepflichten gem. § 34 I (bspw. Satzungsänderung, Geschäftsführerwechsel usw.) mit sich bringen. § 34 III Nr. 11 stellt sicher, dass die BaFin frühzeitig und nicht erst durch eine Anzeige gem. § 34 I von der Vereinigung Kenntnis erlangt. Eine Anzeigepflicht des Vollzugs der beabsichtigten Vereinigung selbst sieht das KAGB nicht vor. Über die Vollzugsanzeigen bspw. gem. § 34 III Nr. 1, 2, 4 (Bestellung und Ausscheiden eines Geschäftsleiters, Änderung der Rechtsform und der Firma) erhält die BaFin aber gleichwohl Kenntnis des Vollzugs, sofern im Einzelfall eine Vollzugsanzeige erforderlich ist.

2. Jährliche zu erstattende Sammelanzeigen. Gemäß § 34 IV hat die KVG der BaFin 52

- den Namen und die Anschrift der an ihr **bedeutend beteiligten Inhaber** (iSd § 1 XIX Nr. 6; vgl. Rn. 49) sowie die **Höhe ihrer Beteiligung,**
- die **Errichtung, Verlegung** oder **Schließung** einer **inländischen Zweigstelle** und
- die **Begründung, Änderung** oder die **Beendigung** einer **engen Verbindung** (→ Rn. 18f.)

anzuzeigen.

Die Sammelanzeigen gem. § 34 IV sind von der KVG gem. § 8 II AnzV **jährlich bis spätestens 15.6. mittels des Formblatts „passivische Beteiligungsverhältnisse" nach dem Stand vom 31.12. des Vorjahres** abzugeben. 53

IV. Anzeigepflichten der Geschäftsleiter (§ 34 V)

Gemäß § 26 II Nr. 3 hat eine KVG alle angemessenen Maßnahmen zur Vermeidung von Interessenkonflikten vorzunehmen und sicherzustellen, dass den von ihr verwalteten Investmentvermögen im Falle von nicht vermeidbaren Interessenkonflikten eine faire Behandlung zukommt. Um der BaFin diesbezüglich eine angemessene Kontrolle zu ermöglichen, haben **Geschäftsleiter** iSd § 1 XIX Nr. 15 der BaFin gem. § 34 V **persönlich** 54

- die Aufnahme oder Beendigung einer Tätigkeit als Geschäftsleiter oder als AR- oder Verwaltungsratsmitglied eines **anderen Unternehmens,**
- die Einleitung eines Ermittlungsverfahrens gegen sich als Geschäftsleiter oder als Aufsichtsratsmitglied, sobald hiervon Kenntnis erlangt wurde und
- die Übernahme und Aufgabe einer unmittelbaren Beteiligung an einem **anderen Unternehmen** sowie Veränderungen in der Höhe der Beteiligung

anzuzeigen (vgl. auch Abschnitt II „BaFin-Merkblatt zur Eignung von Geschäftsleitern nach dem KAGB" v. 15.7.2024). Die Pflicht zur Anzeige der Einleitung eines Ermittlungsverfahrens in Zusammenhang mit der Tätigkeit als Geschäftsleiter oder Aufsichtsratsmitglied wurde erst nachträglich in § 34 V ergänzt und soll sicherstellen, dass die Aufsichtsbehörde ggf. Maßnahmen einleiten kann.

1. Nebentätigkeit eines Geschäftsleiters (§ 34 V iVm § 24 III Nr. 1 KWG). Anzeigepflichtig sind Nebentätigkeiten eines Geschäftsleiters **als Geschäftsleiter, AR- oder Verwaltungsratsmitglied.** Als Maßstab, ob eine solche Nebentätigkeit vorliegt, ist der Umfang der Tätigkeit eines **AR einer AG nach dem AktG.** Ein Entgelt für die Nebentätigkeit ist keine Voraussetzung für eine Anzeigepflicht nach § 34 V. Ein **rein beratender Beirat** ist nicht als Aufsichts- oder Verwaltungsratsmitglied zu klassifizieren. Anzeigepflichtig sind nur Nebentätigkeiten von Geschäftsleitern für **andere Unternehmen,** nicht aber für die KVG selbst. 55

Die Anzeigepflicht entsteht mit der **Möglichkeit des Geschäftsleiters, seine Tätigkeit bei dem anderen Unternehmen aufzunehmen.** Nicht erforderlich ist die tatsächliche Ausübung bzw. Aufnahme der Tätigkeit.

56 Die Anzeige ist gem. § 1 I AnzV in einfacher Ausfertigung ggü. der BaFin und der für das Institut zuständigen Hauptverwaltung der Deutschen Bundesbank einzureichen. Gemäß § 11 I Nr. 1 AnzV ist die Anzeige mit dem **Formular „Nebentätigkeiten von Geschäftsleitern und Personen, die die Geschäfte einer Finanzholding-Gesellschaft oder einer gemischten Finanzholding-Gesellschaft tatsächlich führen"** (Anl. 6 der AnzV) einzureichen.

57 **2. Unmittelbare Beteiligung (§ 34 V iVm § 24 III 1 Nr. 2 KWG).** Als unmittelbare Beteiligung gilt gem. § 34 V 2 das Halten von **mindestens 25% der Anteile am Kapital des Unternehmens.** Gemäß § 11 II 2 AnzV ist eine **Änderungsanzeige** durch den Geschäftsleiter erforderlich, wenn die Beteiligung **30%** oder **50%** des Kapitals des Unternehmens **erreicht, über- oder unterschreitet.** Nach dem Wortlaut des § 34 V ist bei der Ermittlung der Beteiligungsquote nur auf den **Anteil am Kapital,** nicht aber auf den Stimmrechtsanteil abzustellen (vgl. BFS/*Braun* KWG § 24 Rn. 216).

58 Gemäß § 11 II 2 AnzV ist die Anzeige mit dem **Formular „Beteiligungen von Geschäftsleitern und Personen, die die Geschäfte einer Finanzholding-Gesellschaft oder einer gemischten Finanzholding-Gesellschaft tatsächlich führen" (Anl. 7 der AnzV)** einzureichen.

V. Millionenkreditmeldeverfahren (§ 34 VI)

59 Durch das OGAW-V-UmsG wurde § 34 um § 34 VI ergänzt (→ Rn. 5). Danach findet für AIF-KVG das **Millionenkreditmeldeverfahren nach § 14 KWG** bzgl. der AIF, für deren Rechnung eine AIF-KVG **Gelddarlehen gewährt** oder **unverbriefte Darlehensforderungen erwirbt,** Anwendung. Gewährt eine AIF-KVG für Rechnung eines AIF ein Gelddarlehen in Millionenhöhe oder erwirbt unverbriefte Darlehensforderungen in Millionenhöhe, hat sie entspr. § 14 I 1 KWG der bei der Bundesbank geführten Evidenzzentrale **vierteljährlich die Kreditnehmer anzuzeigen, deren Kreditvolumen bzw. deren Volumen der Darlehensverbindlichkeiten eine Millionen Euro oder mehr beträgt.** Konkretisiert wird das Meldeverfahren, insb. die **Anzeigeinhalte, Anzeigefristen** und der **Beobachtungszeitraum,** nach § 14 I 1 sowie das **Verfahren der elektronischen Datenübertragung** nach § 14 II 6 durch die **Vorschriften der GroMiKV** (§ 34 VI iVm § 14 und 22 KWG).

60 AIF-KVG haben im Rahmen der Millionenkreditanzeigen nach § 14 KWG die am Millionenkreditmeldeverfahren beteiligten Unternehmen unter Berücksichtigung der Bildung von Kreditnehmereinheiten nach § 19 II KWG folgende Daten zu melden:

- die **Stammdaten der Millionenkreditgeber** iSd § 14 I 1 KWG und
- die **Betragsdaten** der Kredite iSv § 19 I KWG mit Kreditnehmern oder Kreditnehmereinheiten, deren Volumen **zu einem beliebigen Zeitpunkt während der dem Meldetermin vorhergehenden drei Kalendermonate (Beobachtungszeitraum)** die Millionenkreditmeldegrenze iSd § 14 KWG **erreicht oder überschritten** hat.

61 Die **Anzeigen zu den Betragsangaben** können im ExtraNet der Bundesbank eingereicht oder über die Erfassungsplattform erfasst werden. Datenangaben zu einzelnen Kreditnehmern und Kreditnehmereinheiten bzw. zu Gruppen verbundener Kunden sind mit den Meldeformaten gemäß den Anlagen 2–6 zur GroMiKV papiergebunden einzureichen. **Meldetermin** ist jeweils der **letzte Kalendertag der Monate März, Juni, September und Dezember.** Die Meldungen sind **jeweils bis zum 15. Geschäftstag der Monate Januar, April, Juli und Oktober abzugeben.**

Für die Ermittlung, ob das Volumen der Kredite, die ein durch eine AIF-KVG 62
verwaltetes Investmentvermögen einem Kreditnehmer oder einer Kreditnehmereinheit gewährt hat, die Millionenkreditmeldegrenze erreicht oder übersteigt, sind **Wertpapiere des Handelsbuchs nicht zu berücksichtigen.** Für die Ermittlung ist der Stand der Geschäfte **täglich bei Geschäftsschluss** maßgeblich; **untertägige Spitzen,** die bis Geschäftsschluss wieder unter die Millionenkreditmeldegrenze zurückgeführt werden, **bleiben unberücksichtigt.**

§35 Meldepflichten von AIF-Verwaltungsgesellschaften

(1) [1]**Eine AIF-Kapitalverwaltungsgesellschaft unterrichtet die Bundesanstalt regelmäßig über die wichtigsten Märkte und Instrumente, auf beziehungsweise mit denen sie für Rechnung der von ihr verwalteten AIF handelt.** [2]**Sie legt Informationen zu den wichtigsten Instrumenten, mit denen sie handelt, zu den Märkten, in denen sie Mitglied ist oder am Handel aktiv teilnimmt, sowie zu den größten Risiken und Konzentrationen jedes von ihr verwalteten AIF vor.**

(2) **Die AIF-Kapitalverwaltungsgesellschaft legt der Bundesanstalt für jeden von ihr verwalteten inländischen AIF und EU-AIF sowie für jeden AIF, der von ihr in einem Mitgliedstaat der Europäischen Union oder einem anderen Vertragsstaat des Abkommens über den Europäischen Wirtschaftsraum vertrieben wird, die folgenden Informationen vor:**

1. **den prozentualen Anteil der Vermögensgegenstände des AIF, die schwer zu liquidieren sind und für die deshalb besondere Regelungen gelten;**
2. **jegliche neuen Vorkehrungen zum Liquiditätsmanagement des AIF;**
3. **das aktuelle Risikoprofil des AIF und Angaben zu den Risikomanagementsystemen, die von der AIF-Kapitalverwaltungsgesellschaft zur Steuerung des Marktrisikos, des Liquiditätsrisikos, des Kontrahentenrisikos sowie sonstiger Risiken, einschließlich des operationellen Risikos, eingesetzt werden;**
4. **Angaben zu den wichtigsten Kategorien von Vermögensgegenständen, in die der AIF investiert hat, und**
5. **die Ergebnisse der nach §29 Absatz 3 Nummer 2 und §30 Absatz 2 durchgeführten Stresstests.**

(3) **Eine AIF-Kapitalverwaltungsgesellschaft legt der Bundesanstalt auf Verlangen die folgenden Unterlagen vor:**

1. **einen Jahresbericht über jeden von der AIF-Kapitalverwaltungsgesellschaft verwalteten inländischen Spezial-AIF und EU-AIF sowie für jeden AIF, der von ihr in einem Mitgliedstaat der Europäischen Union oder Vertragsstaat des Abkommens über den Europäischen Wirtschaftsraum vertrieben wird, für jedes Geschäftsjahr gemäß §67 Absatz 1 Satz 1, §101 Absatz 1 Satz 1, §120 Absatz 1, §135 Absatz 1 Satz 1, §148 Absatz 1 oder §158,**
2. **zum Ende jedes Quartals eine detaillierte Aufstellung sämtlicher von der AIF-Kapitalverwaltungsgesellschaft verwalteten AIF.**

(4) [1]**Eine AIF-Kapitalverwaltungsgesellschaft, die mindestens einen AIF verwaltet, der in beträchtlichem Umfang Leverage einsetzt, stellt der Bundesanstalt für jeden von ihr verwalteten AIF Folgendes zur Verfügung:**
1. **den Gesamtumfang des eingesetzten Leverage sowie eine Aufschlüsselung nach Leverage, der durch Kreditaufnahme oder Wertpapier-Darlehen begründet wird, und Leverage, der durch den Einsatz von Derivaten oder auf andere Weise zustande kommt,**
2. **den Umfang, in dem Vermögensgegenstände des Investmentvermögens in Zusammenhang mit dem Einsatz von Leverage wieder verwendet wurden,**
3. **die Identität der fünf größten Finanzierungsgeber, von denen Kredite oder Wertpapier-Darlehen aufgenommen wurden, sowie den Umfang dieser jeweils aufgenommenen Kredite oder Wertpapier-Darlehen.**

[2]**Die Kriterien zur Bestimmung, wann davon auszugehen ist, dass für die Zwecke des Satzes 1 Leverage in beträchtlichem Umfang eingesetzt wird, bestimmt sich nach Artikel 111 der Delegierten Verordnung (EU) Nr. 231/2013.** [3]**Die Bundesanstalt nutzt die Informationen nach Satz 1, um festzustellen, inwieweit die Nutzung von Leverage zur Entstehung von Systemrisiken im Finanzsystem, zur Entstehung des Risikos von Marktstörungen oder zur Entstehung von Risiken für das langfristige Wirtschaftswachstum beiträgt.** [4]**Die Bundesanstalt leitet die Informationen gemäß § 9 weiter.**

(5) [1]**Die Bundesanstalt kann für AIF-Kapitalverwaltungsgesellschaften regelmäßig oder ad-hoc zusätzliche Meldepflichten festlegen, sofern dies für die wirksame Überwachung von Systemrisiken erforderlich ist oder die Bundesanstalt durch die Europäische Wertpapier- und Marktaufsichtsbehörde ersucht wurde, solche zusätzlichen Meldepflichten aufzuerlegen.** [2]**Die Bundesanstalt informiert die Europäische Wertpapier- und Marktaufsichtsbehörde über die zusätzlichen Meldepflichten nach Satz 1 Halbsatz 2 erste Alternative.**

(6) **Für eine ausländische AIF-Verwaltungsgesellschaft,**
1. **die, vor dem Zeitpunkt, der in dem auf Grundlage des Artikels 66 Absatz 3 in Verbindung mit Artikel 67 Absatz 6 der Richtlinie 2011/61/EG erlassenen delegierten Rechtsakt genannt ist, nach § 317 oder § 330 ausländische AIF im Geltungsbereich dieses Gesetztes vertreibt oder**
2. **deren Referenzmitgliedsstaat die Bundesrepublik Deutschland gemäß § 56 ist,**

gelten die Absätze 1 bis 5 gemäß § 58 Absatz 11, § 317 Absatz 1 Nummer 3 und § 330 Absatz 1 Satz 1 Nummer 1 Buchstabe a und Nummer 2 entsprechend mit der Maßgabe, dass die Angaben gemäß Absatz 4 auf die von ihr verwalteten inländischen Spezial-AIF, EU-AIF und die von ihr in einem Mitgliedstaat der Europäischen Union oder Vertragsstaat des Abkommens über den Europäischen Wirtschaftsraum vertriebenen AIF beschränkt sind.

(7) **Eine EU-AIF-Verwaltungsgesellschaft und eine ausländische AIF-Verwaltungsgesellschaft legen der Bundesanstalt auf Verlangen einen Jahresbericht über jeden von ihr verwalteten inländischen Spezial-AIF für jedes Geschäftsjahr gemäß § 101 Absatz 1 Satz 1, § 120 Absatz 1, § 135 Absatz 1 Satz 1, § 148 Absatz 1 oder § 158 vor.**

(8) **Die Kriterien zur Konkretisierung der Meldepflichten nach dieser Vorschrift bestimmen sich nach Artikel 110 der Delegierten Verordnung (EU) Nr. 231/2013.**

(9) **AIF-Verwaltungsgesellschaften haben die Meldungen nach den Absätzen 1, 2 und 3 Nummer 2 und den Absätzen 4 bis 6 elektronisch über das Melde- und Veröffentlichungssystem der Bundesanstalt zu übermitteln.**

(10) **Die Bundesanstalt kann durch Allgemeinverfügung nähere Bestimmungen über Art, Umfang, Form und Turnus der einzureichenden Meldungen nach Absatz 9 und über die zulässigen Datenträger, Datenstrukturen und Übertragungswege festlegen.**

Inhaltsübersicht

	Rn.
I. Allgemeines	1
1. Grundlagen der Meldepflichten	1
a) Aufsichtsrechtliche Grundlagen	1
b) Anwendungsbereich	8
c) Systematik der Berichtspflichten	10
2. Form und Umfang der Informationsübermittlung	12
3. Häufigkeit der Informationsübermittlung	15
a) Halbjährliche Informationsübermittlung	17
b) Vierteljährliche Informationsübermittlung	19
c) Jährliche Informationsübermittlung	20
d) Häufigere Informationsübermittlung	21
e) Erstmalige Informationsübermittlung	22
4. Meldestichtag und Meldefrist	24
5. Wechsel der AIF-KVG/Verschmelzung/Liquidation des AIF	28
II. Meldepflichten gem. § 35 I	31
1. Informationen zur AIF-KVG	32
a) Identität der AIF-KVG	33
b) Angaben zu Märkten und Instrumenten	38
c) Assets under Management	46
2. Informationen zu den verwalteten AIF (§ 35 I)	48
3. Aufschlüsselung der Anlagestrategien	71
a) Wichtigste Instrumente des AIF	76
b) Geographischer Schwerpunkt des AIF	79
c) Größte Engagements des AIF	82
d) Portfoliokonzentrationen des AIF	85
III. Informationspflichten zu illiquiden Vermögenswerten, zum Liquiditätsmanagement, zum Risikoprofil, zu den wichtigsten Kategorien von Vermögenswerten und zu den Ergebnissen von Stresstests (§ 35 II)	92
1. Illiquide Vermögensgegenstände	94
2. Liquiditätsmanagement der AIF	96
3. Risikoprofil und Risikomanagementsysteme	97
a) Marktrisikoprofil	97
b) Kontrahentenrisiko	100
c) Liquiditätsprofil	110
d) Operationelle und sonstige Risiken	119
4. Wichtigste Kategorien von Vermögensgegenständen	125
a) Gehandelte Vermögenswerte	158
b) Umsätze des AIF	160
5. Ergebnisse von Stresstests	162

Rn.
IV. Informationspflichten auf Verlangen der BaFin (§ 35 III) 164
V. Informationspflichten für AIF, die in beträchtlichem Umfang Leverage einsetzen (§ 35 IV) 165
VI. Informationspflichten zur Überwachung von Systemrisiken (§ 35 V) 172
VII. Informationspflichten von ausländischen AIF-Verwaltungsgesellschaften (§ 35 VI) 174
VIII. Vorlage des Jahresberichts durch EU-AIF- und ausländische Verwaltungsgesellschaften (§ 35 VII) 175
IX. MVP-Portal, Allgemeinverfügung (§ 35 IX, X) 177
1. MVP-Portal (§ 35 IX) 177
2. Allgemeinverfügung (§ 35 IV) 179

I. Allgemeines

1 **1. Grundlagen der Meldepflichten. a) Aufsichtsrechtliche Grundlagen.** Mit § 35 werden **regelmäßige** und **bedarfsweise Informationspflichten** von AIF-KVG ggü. der BaFin mit dem Ziel der Ermöglichung und Förderung der Beaufsichtigung der AIF-KVG sowie der Märkte, auf denen die AIF-KVG für Rechnung der AIF handeln, normiert.

2 Um die Tätigkeiten von AIFM (AIF-KVG) und die von diesen ausgehenden Risiken angemessen und einheitlich überwachen zu können, benötigen die zuständigen Behörden **angemessene Informationen in ausreichender Menge.** Auch weil sich die Tätigkeiten von AIFM über Grenzen hinweg und auf die Finanzmärkte auswirken können, sollen die zuständigen Behörden AIFM und AIF eingehend überwachen, um angemessene Maßnahmen zur Verhinderung der Akkumulierung von Systemrisiken zu ergreifen. Die erhöhte Transparenz und Kohärenz, die durch die in den Durchführungsmaßnahmen enthaltenen Bestimmungen zur Meldung und Offenlegung relevanter Informationen erreicht wird, soll es den zuständigen Behörden ermöglichen, Risiken an den Finanzmärkten aufzudecken und darauf zu reagieren (Erwgr. 123 VO (EU) Nr. 213/2013).

3 § 35 setzt Art. 24 AIFM-RL nahezu wortgleich in nationales Recht um und regelt umfangreiche Meldepflichten einer AIF-KVG an die BaFin hinsichtlich ihrer Geschäftstätigkeit sowie den von ihr verwalteten AIF. Die Kriterien zur Konkretisierung der Meldepflichten ergeben sich aus Art. 2–5 und 110 sowie Anh. 4 VO (EU) Nr. 231/2013 iVm Art. 3 III (d) und 24 I, II und IV AIFM-RL. Um einen europaweit harmonisierten Meldeablauf zu gewährleisten, hat die ESMA zudem zahlreiche weitere Standards bezüglich des Ablaufs, des Inhalts und der Form der Meldungen veröffentlicht. Hinzuweisen ist insb. auf die am 8.8.2014 veröffentlichten **„Leitlinien zu den Berichtspflichten gemäß Art. 3 (3) (d) und 24 (1), (2) und (4) AIFMD“** (ESMA/2014/869DE v. 8.8.2014) nebst FAQ (ESMA/2015/11 v. 9.1.2015 sowie ESMA 34-32-352 v. 14.6.2023), die zur Auslegung der Informationspflichten der KVG nach § 35 heranzuziehen sind.

4 Die BaFin hat darüber hinaus am 26.7.2014, zuletzt geändert am 30.6.2023, ein **„Merkblatt zu den Meldepflichten von AIF-Verwaltungsgesellschaften“** veröffentlicht. Zuletzt hat die BaFin darüber hinaus am 20.3.2024 ein **„Merkblatt zur Datenpflege registrierter AIF-Verwaltungsgesellschaften“** veröffentlicht. Zuletzt hat die BaFin darüber hinaus am 20.3.2024 ein **„Merkblatt zur Datenpflege registrierter AIF-Verwaltungsgesellschaften“** veröffentlicht. In diesen werden der Ablauf des Meldeverfahrens von AIF-KVG erläutert und das Format, der Meldeweg und der Beginn der Übermittlung der Daten an die BaFin spezifiziert.

Ziel der ESMA war es, mit der Einführung der Berichtspflichten eine Standardisierung und **Vereinheitlichung der Übermittlung der Meldungen** an die nationalen Aufsichtsbehörden und damit die Förderung des Austauschs von Informationen zwischen den Aufsichtsbehörden, wie in Art. 25 und 53 AIFM-RL bzw. §§ 9 IV, V, 215 vorgesehen, zu erreichen (Rn. 4 ESMA/2014/869DE). Hierzu werden in den Leitlinien die **Informationen,** die AIFM an ihre Aufsichtsbehörden berichten müssen, der **Zeitpunkt der Berichterstattung** sowie die zu befolgenden **Verfahren bei Änderungen der Berichtspflichten** präzisiert. **5**

Ergänzt werden die Leitlinien durch verschiedene ESMA-Spezifikationen. Dies sind insb.: **6**
- **Konsolidierte Meldeformulare** v. 15. 11. 2013 (ESMA 2013/1359),
- **IT-Anleitung** v. 23. 9. 2014 (ESMA 2013/1358),
- AIFMD Reporting – **Tabellen 1–7** v. 15. 11. 2013 (ESMA 2013/1586),
- Anh. 2 VO (EU) Nr. 213/2013 **ergänzenden Tabellen 8, 9 und 10** v. 15. 11. 2013 (ESMA 2013/1360)
- **XML-Dokumente** v. 25. 3. 2014 (ESMA 2013/1361).

Die jeweils aktuellen Versionen der XML-Dokumente werden auf der ESMA-Homepage (https://www.esma.europa.eu/) veröffentlicht. Vgl. auch „Merkblatt zu den Meldepflichten von AIF-Verwaltungsgesellschaften" idF v. 30. 6. 2023, das Links zu unterschiedlichen **„AIFMD Reporting IT Technical Guidance"** für Meldungen bis November 2023 und ab November 2023 enthält.

Durch das OGAW-V-UmsG wurde § 35 um die Abs. 9 und 10 ergänzt. Abs. 9 stellt klar, dass die betreffenden Meldungen nach § 35 **elektronisch über das Melde- und Veröffentlichungsportal („MVP-Portal")** der BaFin zu übermitteln sind. Abs. 10 enthält eine **Ermächtigungsgrundlage** für die BaFin, die technischen Einzelheiten zu den Meldungen (zB Format und Übertragungsweg der Meldungen) im Wege der **Allgemeinverfügung** zu konkretisieren. **7**

b) Anwendungsbereich. Die Meldepflichten des § 35 betreffen **allein AIF-KVG** und die von ihnen verwalteten **AIF, nicht aber OGAW-KVG und OGAW.** Die Meldeverpflichtung trifft nach § 35 KAGB alle AIF-Verwaltungsgesellschaften **8**
- mit Sitz in Deutschland, die AIF im Inland verwalten oder zu verwalten beabsichtigen,
- mit Sitz in Deutschland, die AIF in einem Staat der EU oder des EWR verwalten oder zu verwalten beabsichtigen,
- mit Sitz in Deutschland, die einen AIF, auch soweit dieser seinen Sitz nicht innerhalb der EU oder dem EWR hat, innerhalb der EU oder des EWR vertreiben, sowie
- ausländische AIF-Verwaltungsgesellschaften nach Maßgabe des § 35 VI.

Für AIF-KVG, die an Stelle einer Erlaubnis zum Geschäftsbetrieb **lediglich über eine Registrierung** verfügen, folgt die Meldepflicht aus § 44 I Nr. 4 und VII. Für OGAW müssen keine Meldungen abgegeben werden. Falls eine AIF-KVG neben der Verwaltung von AIF zusätzlich **geschlossene und vor dem 21. 7. 2013 ausinvestierte Altfonds,** die die Voraussetzungen des § 353 I erfüllen, verwaltet, bestehen für diese Altfonds keine Meldepflichten. Dementsprechend ist für diese Altfonds keine AIF-Meldung abzugeben. Zudem müssen die Anlagen des Altfonds nicht in der AIFM-Meldung berücksichtigt werden. **9**

c) Systematik der Berichtspflichten. Systematisch untergliedert sich § 35 wie folgt: **10**

- **Abs. 1:** Informationspflichten zu **Märkten** und **Instrumenten** auf bzw. mit denen die AIF-KVG handelt, sowie zur **Diversifizierung** der Portfolios der verwalteten AIF;
- **Abs. 2:** Informationspflichten zu **illiquiden Vermögenswerten,** zur **Liquiditätssteuerung,** zu den eingesetzten **Risikomanagementsystemen,** zum **Risikoprofil** der AIF – unterteilt in das **Marktrisikoprofil** und das **Liquiditätsprofil** der Anlagen der AIF –, zu den wichtigsten **Kategorien von Vermögenswerten,** in die die AIF investiert sind, einschl. dem **Marktwert** von Short- und Long-Positionen, dem **Umsatz** und der **Wertentwicklung** in der Berichtsperiode sowie zu den Ergebnissen von **Stresstests;**
- **Abs. 3:** Vorlage der **Jahresberichte** der AIF sowie **Aufstellung** sämtlicher verwalteter AIF **auf Verlangen** der BaFin;
- **Abs. 4:** Informationspflichten für AIF-KVG, die **in beträchtlichem Umfang Leverage** einsetzen;
- **Abs. 5:** Festlegung von zusätzlichen **regelmäßigen** und **Ad-hoc-Informationspflichten** zur Überwachung von Systemrisiken;
- **Abs. 6:** Informationspflichten von **ausländischen AIF-Verwaltungsgesellschaften,** deren **Referenzmitgliedsstaat** die BRD ist oder die ausländische AIF im Geltungsbereich des KAGB **vertreiben** und
- **Abs. 7:** Pflicht zur Vorlage der Jahresberichte für EU-AIF- und ausländischen Verwaltungsgesellschaften **auf Verlangen** der BaFin.
- **Abs. 8–10:** Prozessuale Vorgaben Übermittlung der Meldungen über das BaFin-MVP-Portal sowie Ermächtigungsgrundlage zum Erlass von näheren Bestimmungen über Art, Umfang, Form und Turnus der einzureichenden Meldungen und über die zulässigen Datenträger, Datenstrukturen und Übertragungswege durch Allgemeinverfügung.

11 Die Informationspflichten nach § 35 unterscheiden darüber hinaus zwischen Informationspflichten für **erlaubnispflichtige AIF-KVG** (iSd § 22), **registrierungspflichtige AIF-KVG** (iSd § 44) und **ausländische AIF-Verwaltungsgesellschaften.** Einen Überblick über die Systematik der Berichtspflichten gibt Anhang 1 ESMA/2014/869DE, S. 33–35.

12 **2. Form und Umfang der Informationsübermittlung.** Die AIF-KVG hat der BaFin die nach § 35 I, II und IV zu übermittelnden Informationen gem. § 35 VIII iVm Art. 110 VI VO (EU) Nr. 231/2013 mit Hilfe des Formblatts des Anh. IV VO (EU) Nr. 231/2013 zu übersenden.

13 Art. 110 VI VO (EU) Nr. 231/2013 verweist dabei allein auf Anh. IV VO (EU) Nr. 231/2013 und nicht auf die von ESMA veröffentlichten konsolidierten Meldeformulare (ESMA/2013/1359). AIF-KVG haben daher in ihrer Meldung grundsätzlich nur die Angaben gem. Anh. IV VO (EU) Nr. 231/2013 zu tätigen und müssen darüber hinausgehende Angaben gem. ESMA/2013/1359 nicht tätigen. Im Hinblick auf die in der ESMA-Opinion vorgestellten zusätzlichen Meldungen (ESMA 2013/1340 v. 1.10.2013) stellt die BaFin im Merkblatt v. 5.8.2015 dementsprechend folgerichtig klar, dass diese nicht angefordert werden. Die BaFin behält sich aber vor, diese Meldungen zu einem späteren Zeitpunkt anzufordern.

14 Die Daten können ausschließlich im XML-Format entspr. der von ESMA publizierten Spezifikation an die BaFin gemeldet werden. Die aktuellen Versionen der XSD-Dokumente sind auf der ESMA- und der BaFin-Homepage veröffentlicht. Diese Version ist für die Meldungen zu verwenden. Die Meldung umfasst hierbei eine XML-Datei für die AIFM-Meldungen sowie eine XML-Datei, in der sämt-

liche AIF-Meldungen zusammengefasst werden. Die Übermittlung einer einzelnen XML-Datei für jeden AIF ist nicht zulässig. Um das Ausfüllen der verschiedenen Datenfelder zu erleichtern, hat ESMA eine technische Anleitung veröffentlicht (ESMA 2013/1361).

3. Häufigkeit der Informationsübermittlung. Die Reporting-Periode und damit auch der Zeitpunkt der Informationsübermittlung richtet sich gem. § 35 VIII iVm Art. 110 III VO (EU) Nr. 231/2013 nach der **Höhe des von der AIF-KVG verwalteten AIF-Portfolios.** Die AIF-KVG hat die nach § 35 zu übermittelnden Informationen für jede Reporting-Periode nur **einmalig und konsolidiert** für die **gesamte Reporting-Periode** zum Meldestichtag (→ Rn. 23) zu übermitteln (Rn. 13 ESMA/2014/869DE). Hat die AIF-KVG bspw. gem. § 35 I die wichtigsten Märkte und Instrumente zu melden, sind die wichtigsten Märkte und Instrumente für **die gesamte Reporting-Periode,** ermittelt auf dem Wert der Instrumente zum Meldstichtag, zu melden, auch wenn sich während der Reporting-Periode Änderungen ergeben haben (Rn. 40 ESMA/2014/869DE). 15

Liegen die nach § 35 zu übermittelnden Informationen für einen AIF **zu einem Meldestichtag nicht vor** (bspw. Verzögerung nach Auflage eines AIF bis zu dessen erster Investition), so hat die AIF-KVG gleichwohl eine Meldung an die BaFin vorzunehmen. Sie hat der BaFin in diesem Fall mitzuteilen, dass die nach § 35 zu übermittelnden Informationen für den betreffenden AIF nicht vorliegen (Rn. 11 ESMA/2014/869DE). 16

a) Halbjährliche Informationsübermittlung. AIF-KVG, die AIF-Portfolios verwalten, deren nach Art. 2 VO (EU) Nr. 231/2013 berechnete **verwaltete Vermögenswerte** insges. **über den Schwellenwert** von entweder **100 Mio. EUR** oder **500 Mio. EUR** gem. Art. 3 Abs. 2 Buchst. a bzw. Buchst. b der AIFM-RL, **nicht** aber **über 1 Mrd. EUR** hinausgehen, haben der BaFin die in Art. 110 I, II benannten Informationen gem. § 35 VIII iVm Art. 110 III Buchst. a VO (EU) Nr. 231/2013 **halbjährlich** für **jeden** von ihr **verwalteten AIF** und für **jeden** von ihr **in der EU vertriebenen AIF** vorzulegen. 17

Sofern die Vermögenswerte einschl. etwaiger unter Einsatz von Hebelfinanzierungen erworbener Vermögenswerte eines der von der AIF-KVG verwalteten AIF **über 500 Mio. EUR** hinausgehen, muss die AIF-KVG die Informationen **für diesen AIF** gem. § 35 VIII iVm Art. 110 III Buchst. c VO (EU) Nr. 231/2013 **zusätzlich vierteljährlich** der BaFin vorlegen. 18

b) Vierteljährliche Informationsübermittlung. Übersteigt die nach Art. 2 VO (EU) Nr. 231/2013 berechnete Höhe der von der AIF-KVG verwalteten **Vermögenswerte insges. 1 Mrd. EUR,** hat die AIF-KVG ihre Meldung gem. § 35 VIII iVm Art. 110 III Buchst. b VO (EU) Nr. 231/2013 **vierteljährlich** für jeden von ihr **verwalteten AIF** und für **jeden** von ihr **in der EU vertriebenen AIF** vorzunehmen. 19

c) Jährliche Informationsübermittlung. Für jeden von der AIF-KVG verwalteten **nicht hebelfinanzierten AIF,** der gem. seiner Hauptanlagestrategie in **nicht börsennotierte Unternehmen** und **Emittenten** investiert, **um** die **Kontrolle** über sie **zu erlangen,** hat die AIF-KVG gem. § 35 VIII iVm Art. 110 III d) VO (EU) Nr. 231/2013 eine **jährliche Meldung** vorzunehmen. Art. 110 III Buchst. d VO (EU) Nr. 231/2013 ist nicht als Ausnahmevorschrift formuliert. Infolgedessen steht die Pflicht zur jährlichen Informationsübermittlung neben den Regelungen des Art. 110 III Buchst. a–c VO (EU) Nr. 231/2013. Sie enthält eine 20

zusätzliche Meldepflicht, aber nur für die AIF-KVG, die die Meldungen nicht bereits viertel- oder halbjährlich abgeben müssen.

21 **d) Häufigere Informationsübermittlung.** Erachtet es die BaFin für die **Ausübung ihrer Funktion für zweckdienlich** oder **erforderlich,** kann sie gem. § 35 VIII iVm Art. 110 IV VO (EU) Nr. 231/2013 eine **häufigere Unterrichtung** über alle oder einen Teil der Informationen verlangen. Die Häufigkeit liegt in einem solchen Fall **im Ermessen der BaFin.**

22 **e) Erstmalige Informationsübermittlung.** Zu welchem Zeitpunkt die Informationen nach § 35 erstmals an die BaFin übersandt werden müssen, ergibt sich weder aus den Regelungen des KAGB noch aus der AIFM-RL und auch nicht aus der VO (EU) Nr. 231/2013. Gemäß Rn. 12 ESMA/2014/869DE hat die AIF-KVG die Informationen nach § 35 **erstmals** für den Zeitraum beginnend mit dem 1. Kalendertag eines **Quartals,** für das die Informationen **während des gesamten Quartals** zur Verfügung stehen, bis zum **Ende der Reporting-Periode** zu übersenden. Nachdem eine AIF-KVG mit dem **Zeitpunkt der Einreichung des Erlaubnisantrages** iSd § 22 die Regelungen des KAGB einzuhalten hat, ist von dem Zeitpunkt der Einreichung des Erlaubnisantrages an von einem solchen Vorliegen der Informationen auszugehen. Schlüssig hierzu ist nach Ziff. 5 des BaFin-Merkblatts v. 5.3.2015 der **Referenzzeitpunkt** für den Beginn der Meldepflicht für AIF-KVG, die die Übergangsvorschriften des KAGB anwenden, das **Eingangsdatum des Registrierungs- bzw. Erlaubnisantrages der BaFin.** Für alle anderen AIF-KVG ist der Referenzzeitpunkt das **Datum der Erlaubniserteilung bzw. Datum der Registrierung.** Die Meldepflicht beginnt dann ab dem 1. Quartal nach dem Referenzzeitpunkt. Der Meldezeitraum ist abhängig von der jeweiligen Meldesequenz.

23 **Beispiel:** Einreichung Erlaubnisantrag einer existierenden AIF-KVG am 13.2.2023. Referenzzeitpunkt ist daher der 13.2.2023 und Beginn der ersten Meldeperiode der 1.4.2023. Bei **quartalsweiser Reporting-Periode** umfasst der rückwirkende Meldezeitraum eine Meldung betreffend den Meldezeitraum 1.4.2023–30.6.2023, eine Meldung betreffend den Meldezeitraum 1.7.2023–30.9.2023 und eine Meldung betreffend den Meldezeitraum 1.10.2023–31.12.2023. Bei einer **halbjährlichen Reporting-Periode** wären die Meldezeiträume 1.4.2023–30.6.2023 sowie 1.7.2023–31.12.2023. Bei einer **jährlichen Meldepflicht** wäre der Meldezeitraum 1.4.2023–31.12.2023. Anschließend sind die Informationen mit der in § 110 IV VO (EU) Nr. 231/2013 geregelten Häufigkeit zu übermitteln (vgl. → Rn. 14ff.).

24 **4. Meldestichtag und Meldefrist. Meldestichtag** ist immer der **letzte Werktag** einer Reporting-Periode. Die Reporting-Perioden beziehen sich jeweils auf den **„Trans-European Automated Real-time Gross Settlement Express Transfer"-(TARGET)Kalender** und enden am **letzten Werktag** der Monate **März, Juni, September** und **Dezember** jeden Jahres. **Jährliche Reporting-Perioden** enden demnach am letzten Werktag des Dezembers, **halbjährliche Reporting-Perioden** enden am letzten Werktag der Monate Juni und Dezember, **quartalsweise Reporting-Perioden** enden am letzten Werktag der Monate März, Juni, September und Dezember. Fällt der letzte Werktag einer Reporting-Periode auf einen **Bankfeiertag** und sind daher für diesen Tag keine Daten vorhanden, sind die Daten des **letzten vorangegangenen Werktags** heranzuziehen. Meldestichtag bleibt gleichwohl der letzte Werktag (Rn. 8f. ESMA/2014/869DE).

25 Die AIF-KVG hat die Informationen gem. § 35 VIII iVm Art. 110 I und II VO (EU) Nr. 231/2013 **unverzüglich, spätestens einen Monat nach Ablauf der**

Reporting-Periode (Meldefrist) der BaFin vorzulegen. Ist der AIF ein **Dachfonds, kann** dieser Zeitraum um **15 Tage verlängert** werden. Die AIF-KVG hat sämtliche nach §35 zu übermittelnden Informationen in einem einzigen **konsolidierten Report** an die BaFin zu übersenden, der die gesamte Reporting-Periode beinhaltet (Rn. 13 ESMA/2014/869DE). Abweichend hiervon kann die BaFin eine **häufigere Unterrichtung** über alle oder einen Teil der Informationen vorschreiben, wenn sie es für die Ausübung ihrer Funktion für **zweckdienlich** oder **erforderlich** erachtet.

Ändert sich die **Reporting-Periode** infolge einer Änderung der Höhe der verwalteten Vermögenswerte, ist eine Meldung für den neuen Zeitraum erstmals ab dem Ende des **Ablaufs der nächsten vollständige Reporting-Periode** vorzunehmen (bspw. Änderung in Q1 = Reporting Ende Q2 für Reporting-Periode Q1 und Q2). Die AIF-KVG hat die Informationen für die neue Reporting-Periode in einer Meldung ohne Unterscheidung in frühere Reporting-Perioden zu übermitteln. Eine Ausnahme hiervon besteht nur, wenn sich die Reporting-Periode infolge einer Veränderung der verwalteten Vermögenswerte in **Q4 und damit zum Ende eines Kalenderjahres** ändert. In diesem Fall hat die AIF-KVG eine Übermittlung der Informationen für die ablaufende Reporting Periode (bspw. jährlich) vorzunehmen (vgl. Bsp. in Rn. 18ff. ESMA/2014/869DE). 26

Die **Änderung der Reporting-Periode** ist der BaFin iRd Übermittlung in den Zeilen 10–13 des Formblatts des Anh. IV VO (EU) Nr. 231/2013 idF v. 15.11.2013 **anzuzeigen** (→ Rn. 29; Rn. 17 ESMA/2014/869DE). 27

5. Wechsel der AIF-KVG/Verschmelzung/Liquidation des AIF. Erfolgt während einer Reporting-Periode ein **Wechsel** der **verwaltenden KVG,** ist die Meldung für diesen AIF **für die gesamte Reporting-Periode durch die neue AIF-KVG** vorzunehmen. Die neue AIF-KVG hat sich von der übertragenden AIF-KVG die hierzu erforderlichen Informationen übermitteln zu lassen. Die **übertragende AIF-KVG** soll dagegen für diese Reporting-Periode **keine** Informationen mehr an die BaFin übermitteln. Entsprechendes gilt im Falle einer **Verschmelzung** von zwei AIF während einer Reporting-Periode betreffend den **übernehmenden AIF** (Rn. 14 ESMA/2014/869DE). 28

Im Falle einer **Liquidation** eines AIF sowie bei einer **Verschmelzung** eines AIF auf einen anderen AIF, hat die **auflösende** bzw. **übertragende AIF-KVG** der BaFin **unverzüglich** nach der Liquidation bzw. Verschmelzung letztmalig Informationen nach §35 für das **aufgelöste** bzw. **übertragene Investmentvermögen** zu übermitteln (Rn. 15 ESMA/2014/869DE). Damit wird der **Meldezeitpunkt vorgezogen** und die AIF-KVG hat die Informationen für eine verkürzte Reporting-Periode zu übermitteln. 29

Erfolgt die **Liquidation** dagegen **nicht durch die AIF-KVG** (bspw. im Falle eines Publikums-AIF durch die Verwahrstelle, vgl. §100), so hat die AIF-KVG **letztmalig zum letzten Werktag ihres Verwaltungsrechts** und Übertragung desselben auf den Liquidator die Übermittlung von Informationen nach §35 vorzunehmen (Rn. 16 ESMA/2014/869DE). Die Formulierung „before the liquidator takes over the responsibility for the liquidation of the AIF" ist ungenau. Sie könnte auch dahingehend interpretiert werden, dass der BaFin zum Zeitpunkt der Übernahme der Verwaltung des AIF durch den Liquidator bereits die Informationen iSd §35 vorliegen müssen. Dies würde jedoch bedeuten, dass die Reporting-Periode noch weiter verkürzt werden müsste, da der AIF-KVG auch eine Bearbeitungszeit für die Zusammenstellung der Informationen zuzubilligen ist. Die BaFin dagegen wird die Informationen für den letzten Meldezeitpunkt bis zur Übertra- 30 gung des Verwaltungsrechts auf den Liquidator verlangen. Infolgedessen hat die AIF-KVG die Informationen der BaFin **unverzüglich** nach Übertragung des Verwaltungsrechts auf den Liquidator **zum letzten Tag ihres Verwaltungsrechts (vorgezogener Meldestichtag)** zu übermitteln.

II. Meldepflichten gem. § 35 I

31 § 35 I beinhaltet Meldepflichten **betreffend die AIF-KVG** (→ Rn. 32 ff.) als auch **Meldepflichten zu den einzelnen von ihr verwalteten AIF-Investmentvermögen** (→ Rn. 47 ff.).

32 **1. Informationen zur AIF-KVG.** Betreffend die AIF-KVG sind der BaFin folgende Informationen zu übermitteln:

33 **a) Identität der AIF-KVG.** Die konsolidierten ESMA-Meldeformulare sehen die Übermittlung von **Informationen zur Identität der AIF-KVG** wie folgt vor (Anhang IV VO (EU) Nr. 231/2013):

AIFM-specific information to be reported (Article 3 (3)(d) and Article 24 (1) of Directive 2011/61/EU)			
	AIFM – Header file		
1	Reporting Member state		
2	Version		
3	Creation date and time of the file		
	AIFM – Header section		
4	Filing type		
5	AIFM content type		
6	Reporting period start date		
7	Reporting period end date		
8	Reporting period type		
9	Reporting period year		
10	Change in AIFM reporting obligation frequency Code		
11	Change in AIFM reporting obligation contents Code		
12	Change in AIFM reporting obligation Quarter		
13	Last reporting flag		
	AIFM – Assumption description		
		14 **Question Number**	**15** **Assumption description**
	Item number		
	Item number		
	…		

AIFM-specific information to be reported (Article 3 (3)(d) and Article 24 (1) of Directive 2011/61/EU)		
16	AIFM reporting code	
17	AIFM jurisdiction	
18	AIFM National Code	
19	AIFM Name	
20	AIFM EEA Flag	
21	AIFM no reporting flag	
	AIFM – Identifiers	
22	AIFM LEI Code	
23	AIFM BIC Code	
24	Old AIFM national identifier – Reporting Member State	
25	Old AIFM national identifier – National Code	

Anhang IV VO (EU) Nr. 231/2013 enthält keine Spezifizierung der Angaben zur Identität der AIF-KVG in einem solchen Detaillierungsgrad. Vor dem Hintergrund der Zuordnung der Meldung zum meldepflichtigen AIF-KVG und zum Meldezeitraum erscheint die Angabe dieser Daten gleichwohl der Beschränkung auf den in Anhang IV VO (EU) Nr. 231/2013 vorgegebenen Inhalt (vgl. › Rn. 12) geboten. 34

Als **„AIFM jurisdiction"** ist in **Zeile 17** der Gerichtsstand der AIF-KVG anzugeben (Rn. 39 ESMA/2014/869DE). 35

In **Zeile 19** hat die AIF-KVG ihre **Firma** iSd § 17 HGB, also ihren Namen, unter dem sie ihre Geschäfte betreibt, sie ihre Unterschriften abgibt und unter der sie im Handelsregister eingetragen ist **(„AIFM Name")** anzugeben (Rn. 37 ESMA/2014/869DE). 36

Als **„AIFM reporting code"** ist in **Zeile 16** die **Registrierungsnummer der BaFin** anzugeben. Kumulativ hierzu sieht die **Zeile 22** die Angabe der Unternehmenskennziffer **LEI** („Legal Entity Identifyer") vor. Existiert kein LEI, hat die AIF-KVG an Stelle dessen die vorläufige Unternehmenskennung **IEI** („International Entity Identifyer") oder, falls auch dieser nicht existiert, in **Zeile 23** die internationale Bankleitzahl **BIC** („Bank Identifier Code) anzugeben. Im Falle einer **Änderung des „AIFM reporting code"** ist sowohl in **Zeile 24** bzw. **25** der alte als auch in den **Zeilen 16** bzw. **22** und **23** der neue Code anzugeben (Rn. 37f. ESMA/2014/869DE). 37

b) Angaben zu Märkten und Instrumenten. Informationen zu Märkten und Instrumenten auf bzw. mit denen die **AIF-KVG für die von ihr verwalteten AIF** handelt, sind gem. der konsolidierten ESMA-Meldeformularen wie folgt zu melden (Anhang IV VO (EU) Nr. 231/2013): 38

39

Five principal markets in which it trades on behalf of the AIFs it manages				
	26	27	28	29
	Ranking	Code of type of market	Market Code	Aggregated value of the market
1st	1			
2nd	2			
3rd	3			
4th	4			
5th	5			

40 Die konsolidierten ESMA-Meldeformulare unterscheiden sich diesbzgl. allein im Hinblick auf die Darstellung, nicht aber im Hinblick auf den Inhalt von Anhang IV VO (EU) Nr. 231/2013.

41 AIF-KVG haben ihre getätigten Handelsgeschäfte nach den während der Reporting-Periode genutzten **Handelsplätzen** („Märkte") zusammenzustellen und die **fünf wichtigsten Handelsplätze** anzugeben. Maßgeblich für die Ermittlung der fünf wichtigsten Handelsplätze ist das **aggregierte Handelsvolumen** während der gesamten Reporting-Periode. Die Angabe hat aggregiert **auf Ebene der AIF-KVG** und nicht für jeden AIF einzeln zu erfolgen. Mit der Angabe der fünf wichtigsten Handelsplätze ist jeweils das **Volumen** der in der Reporting-Periode **auf dem jeweiligen Handelsplatz getätigten Handelsgeschäfte** mitzuteilen. Der Angabe des Volumens ist die Bewertung der Instrumente **zum Meldestichtag** zugrunde zu legen. Wo möglich, ist die relevante Handelsplatz-Identifikationsnummer **MIC** (Market Identifier Code) anzugeben (Rn. 40 ESMA/2014/869DE).

42 Instrumente, die an **keinem speziellen Handelsplatz** gehandelt werden, sind unter einem spezifischen Market Code **„xxx"** zusammenzufassen. Hierzu gehören ua Investmentvermögen, die nicht über einen Handelsplatz, sondern im Wege der Zeichnung bei einer KVG erworben werden (Rn. 41 ESMA/2014/869DE). Für **OTC-Transaktionen** („Over the Counter") ist der Market Code **„OTC"** zu verwenden (Rn. 42 ESMA/2014/869DE). Handelt eine AIF-KVG während einer Reporting-Periode auf **weniger als 5 Märkten,** ist neben den Angaben zu den genutzten Märkten der Market Code **„Not"** anzugeben (Rn. 44 ff. ESMA/2014/869DE).

43

Five principle instruments in which it trades on behalf of the AIFs it manages				
	30	31	32	
	Ranking	Sub-asset type code	Aggregated value of the sub-asset type	
1st				
2nd				
3rd				
4th				
5th				

Auch hier unterscheiden sich die konsolidierten ESMA-Meldeformulare allein im Hinblick auf die Darstellung, nicht aber im Hinblick auf den Inhalt von Anhang IV VO (EU) Nr. 231/2013. 44

Für die Meldung der **fünf meistinvestierten Vermögensgegenstände** („Instruments") enthält Annex II der ESMA/2014/869DE eine Liste von **„sub-asset type codes"** und **„sub-asset type labels"**, die von der AIF-KVG zu verwenden sind. Die AIF-KVG hat die Instrumente in die dort dargestellten Subasset-Klassen (dh höchst verfügbarer Detaillierungsgrad – zB Einlagenzertifikate, ABS, auf Einzelnamen lautende Finanz-CDS etc.) zu gruppieren und die fünf größten Subasset-Klassen zu berichten. Zusammen mit der Angabe der meistinvestierten Vermögensgegenstände hat die AIF-KVG das **aggregierte Volumen** der Investitionen der AIF in die benannten Vermögensgegenstände mitzuteilen (Rn. 48ff. ESMA/2014/869DE). 45

c) Assets under Management. Gemäß Rn. 51 ESMA/2014/869DE hat die AIF-KVG bei ihrer Meldung nach § 35 I den nach Art. 2 und 10 VO (EU) Nr. 231/2013 berechneten **Gesamtwert der von ihr verwalteten Vermögenswerte** zum Meldestichtag (→ Rn. 23) anzugeben **(„Assets under Management")**. Dies entspricht der von Anhang IV VO (EU) Nr. 231/2013 vorgesehenen Angaben zum AIFM: „Verwaltete Vermögenswerte aller verwalteten AIF, berechnet gem. Artikel 2". Der Gesamtwert ist **in EUR** mitzuteilen. Sofern eine Umrechnung in EUR erfolgt, ist diese nach den **EUR-Referenzkursen** der Europäischen Zentralbank (ECB) vorzunehmen. Existiert kein EUR-Referenzkurs, hat die AIF-KVG zu erläutern, welchen Umrechnungskurs sie herangezogen hat. Allein wenn **alle von der AIF-KVG verwalteten AIF** in derselben Währung verwaltet werden, braucht keine Umrechnung in EUR zu erfolgen, sondern es kann die originäre Währung der AIF mitgeteilt werden. 46

Die konsolidierten ESMA-Meldeformulare sehen die Übermittlung der Assets under Management wie folgt vor (Anhang IV VO (EU) Nr. 231/2013): 47

	Values of assets under management for all AIFs managed, calculated as set out in Article 2	
33	Total AuM Amount in Euro	
34	Total AuM amount in base currency (if the same for all AIFs and different than Euro)	
35	AIFM base currency (if the same for all AIFs)	
36	Base currency/EUR FX reference rate type	
37	Base currency/EUR FX rate	
38	Base currency/EUR FX reference rate description for no ECB rates	

2. Informationen zu den verwalteten AIF (§ 35 I). Folgende Informationen haben AIF-KVG bezüglich der von ihnen verwalteten AIF zu übermitteln: 48

Gemäß § 35 I, VIII iVm Art. 110 I und VI VO (EU) Nr. 231/2013 hat die AIF-KVG der BaFin Informationen zur **Identität der einzelnen AIF** zu übersenden. Das Formblatt des Anh. IV VO (EU) Nr. 231/2013 idF v. 15.11.2013 benennt neben den in Art. 110 VO (EU) Nr. 231/2013 benannten Informationen ua den Namen des jeweiligen AIF, den Fondsmanager, das Auflagedatum und den Sitz des AIF, Angaben zum Primebroker und zum AIF-Typ sowie zur Anlagestrategie und **konkretisiert** damit die zu übermittelnden Informationen: 49

50

AIF-specific information to be provided (Article 3 (3)(d) and Article 24 (1) of Directive 2011/61/EU)			
	AIF – Header file		
1	Reporting Member state		
2	Version		
3	Creation date and time of the file		
	AIF – Header section		
4	Filing type		
5	AIF content type		
6	Reporting period start date		
7	Reporting period end date		
8	Reporting period type		
9	Reporting period year		
10	Change in AIF reporting obligation frequency Code		
11	Change in AIF reporting obligation contents Code		
12	Change in AIF reporting obligation Quarter		
13	Last reporting flag		
	AIFM – Assumption description		
		14	**15**
		Question Number	**Assumption description**
	Item number		
	Item number		
	…		
16	AIFM national code		
17	AIF national code		
18	AIF name		
19	AIF EEA flag (Yes/No)		
20	AIF reporting code		
21	Domicile of the AIF		
22	Inception Date of the AIF		
23	AIF no reporting flag		

51 In **Zeile 18** hat die AIF-KVG den vollständig **rechtlichen Namen** des AIF **(„AIF name")** anzugeben, wie er von der BaFin genehmigt bzw. er bei Spezial-AIF mit den Anlegern vertraglich vereinbart ist. Bei **Umbrella-Fonds** sind sowohl der Name des Umbrella-Fonds als auch der Name der Teilfonds anzugeben (Rn. 52

ESMA/2014/869DE). Auch bei rechtlich selbstständigen **Anteilklassen** und **Subfonds** eines AIF sind sowohl der Name des AIF als auch die Anteilklassen bzw. Subfonds zu benennen.

Angaben zu AIF sind nur für **rechtlich selbständige** Fonds, Master-Feeder-AIF, Fund of Funds und Umbrella-AIF vorzunehmen. **Zu unterscheiden** hiervon sind AIF, die in **rechtlich unselbständige Segmente** bzw. **Subfonds** unterteilt sind, bspw. im Rahmen einer Master-KVG-Struktur. In diesem Fall sind die Angaben nach § 35 nur für den AIF und nicht für jedes einzelne Segment bzw. jeden einzelnen Subfonds vorzunehmen. 52

Bei **Dachfonds** („Fund of Funds") ist im Hinblick auf den Umfang der Meldepflicht **auf jedes Investmentvermögen einzeln** abzustellen. Das heißt, AIF-KVG haben **nicht durch den Zielfonds hindurchzuschauen,** sondern haben die Informationen nur für den investierenden Dachfonds zu erstellen (Rn. 35 ESMA/2014/869DE). 53

Ist ein AIF als **Umbrella mit mehreren Teilgesellschaftsvermögen (Compartments)** oder **Subfonds** aufgelegt, sind die Informationen nach § 35 auf Ebene der Teilgesellschaftsvermögen/Subfonds für jedes einzelne Teilgesellschaftsvermögen bzw. jeden einzelnen Subfonds gesondert zu erstellen (Rn. 36 ESMA/2014/869DE). 54

„Domicile of the AIF" (Zeile 21) ist dessen **Herkunftsmitgliedsstaat** iSd Art. 4 I Buchst. p AIFM-RL, also der Mitgliedstaat, in dem der AIF nach den geltenden nat. Rechtsvorschriften **zugelassen oder registriert** ist, im Falle einer **mehrfachen Zulassung** oder **Registrierung** der Mitgliedstaat, in dem der AIF zum ersten Mal zugelassen oder registriert wurde, oder, wenn der AIF **in keinem Mitgliedstaat zugelassen** oder **registriert** ist, der Mitgliedstaat, in dem der AIF seinen Sitz hat (Rn. 56 ESMA/2014/869DE). 55

Das **Auflagedatum** des AIF **(„inception date"; Zeile 22)** ist das Datum, an dem der AIF seine Geschäftstätigkeit aufnimmt, also der Tag der ersten Investition eines Anlegers in den AIF (Rn. 55 ESMA/2014/869DE). 56

57

	Identification of the AIF	
	Fund identification codes, as applicable	
24	AIF LEI code	
25	AIF ISIN code	
26	AIF CUSIP code	
27	AIF SEDOL code	
28	AIF Bloomberg code	
29	AIF Reuters code	
30	AIF ECB code	
31	Old AIF national identifier – Reporting Member State	
32	Old AIF national identifier – National Code	

Als **AIF national code** bzw. **Identifikationscode des AIF** ist nach Rn. 53 ESMA/2014/869DE in den **Zeilen 17, 24–32** anzugeben: 58
– die **BaFin-Registrierungsnummer** des AIF;

– sofern vorhanden die **ISIN** des AIF sowie **andere internationale Codes** (bspw. GEI, CICI, …). Sind für einen AIF, bspw. für unterschiedliche Anteilklassen, mehrere ISIN bzw. andere internationale Codes vorhanden, sind alle Identifikationscodes anzugeben;
– die Unternehmenskennziffer **LEI** („Legal Entity Identifyer") bzw. vorläufige Unternehmenskennung **IEI** („International Entity Identifyer") des AIF.

59 **Ändert** sich der „AIF national code" oder ein Identifikationscode, sind sowohl der neue als auch der alte Identifikationscode anzugeben (sowohl in der auf die Änderung folgenden Meldung als auch **jeder nachfolgenden Meldung;** Rn. 54 ESMA/2014/869DE).

60

	Share class identification codes, as applicable							
33	AIF share class flag (Yes/No)							
	If 'yes' to item 33, then please indicate for each share class, all share class identification, as applicable							
		34	35	36	37	38	39	40
		Share class national code	**Share class ISIN code**	**Share class SEDOL code**	**Share class CUSIP code**	**Share class Bloomberg code**	**Share class Reuters code**	**Share class name**
	Share class							
	Share class							
	…							
	Master feeder structure							
41	Master feeder status							
	If 'FEEDER' to item 41, then please indicate for each feeder AIF, all master AIFs identification, as applicable							
		42	43	44				
		Master AIF name	**Master AIF national identifier – Reporting Member State**	**Master AIF national identifier – National code**				
	Master AIF							
	Master AIF							
	…							

61 Im Falle von Master-Feeder-AIF hat die AIF-KVG die Informationen **gesondert für jeden Feeder-AIF** sowie den **Master-AIF einzeln** zu übermitteln. Nicht zulässig ist eine Konsolidierung der verschiedenen Feeder-AIF mit dem Master-AIF. Die AIF-KVG hat den Master-AIF zu identifizieren, nicht aber durch den Master-AIF hindurch auf die Vermögensanlagen des Master-AIF zu schauen (Rn. 33f. ESMA/2014/869DE).

Identification of prime broker(s) of the AIF				
For each prime broker				
	45	**46**	**47**	
	Prime Broker name	**Prime Broker LEI Code**	**Prime Broker BIC code**	
Prime broker				
Prime broker				
...				

62

Erfolgt für einen AIF eine Mandatierung eines **Primebrokers** (vgl. § 31), so ist in den **Zeilen 45–47** dessen **Firma** iSd § 17 HGB **(„Prime Broker name")** sowie, soweit vorhanden, dessen **LEI** oder **IEI** anzugeben. Sind diese nicht vorhanden, ist der **BIC** des Primebrokers anzugeben (Rn. 57 ESMA/2014/869DE). 63

	Base currency information
48	Total AuM amount of the AIF in base currency
49	Base currency of the AIF according to ISO 4217
50	Base currency/EUR FX rate
51	Base currency/EUR FX reference rate type
52	Base currency/EUR FX reference rate description for no ECB rates
53	Total Net Asset Value of the AIF (NAV)

64

Für jeden AIF ist in den **Zeilen 48–52 nur eine Basiswährung** zu verwenden. Auch wenn verschiedene Anteilklassen eines AIF auf verschiedene Währungen lauten, ist eine Basiswährung nach Maßgabe der **ISO 4217** festzulegen und in der Meldung anzugeben (Rn. 58 ESMA/2014/869DE). 65

In **Zeile 48** ist der **Gesamtwert des verwalteten Vermögens des AIF** darzustellen. Die Angabe hat ebenfalls in der Basiswährung des AIF zu erfolgen. Sofern eine Umrechnung in EUR erforderlich ist, ist diese nach den **EUR-Referenzkursen** der EZB vorzunehmen. Ergänzend ist in **Zeile 53** der **Nettoinventarwert („NAV", „Net Asset Value")** mitzuteilen. Die Angaben sind zum **Meldestichtag** (→ Rn. 22) vorzunehmen (Rn. 59 ESMA/2014/869DE). 66

	Jurisdiction of the three main funding sources (excluding units of shares of the AIF bought by investors)	
54	First funding source country	
55	Second funding source country	
56	Third funding source country	

67

In den **Zeilen 54–56** sind die **Rechtsordnungen** der **drei wichtigsten Finanzierungsquellen** des AIF anzugeben. AIF-KVG haben hierzu das **Herkunftsland der Finanzierungsquelle** zu ermitteln und anzugeben. Handelt es sich bei 68 einer Finanzierung bspw. um einen Kredit, ist die Rechtsordnung des Kreditgebers anzugeben (Rn. 60 ESMA/2014/869DE).

69

	AIF type	
57	Predominant AIF type *(select one)* – *„Hedge Fund"* – *„Private Equity Fund"* – *„Real Estate Fund"* – *„Fund of Funds"* – *„Other"* – *„None"*	

70 In **Zeile 57** ist der jeweilige vorherrschende **AIF-Typ** mitzuteilen **(„Hedge Fonds", „Private Equity Fonds", „Immobilienfonds", „Dachfonds", „Andere" oder „Keine").** Anzugeben ist jeweils **nur ein** AIF-Typ. Ist kein vorherrschender AIF-Typ vorhanden, ist an Stelle dessen **„None"** („Keine") anzugeben (Rn. 61 f. ESMA/2014/869DE).

71 **3. Aufschlüsselung der Anlagestrategien.** Gemäß den konsolidierten ESMA-Meldeformularen v. 15.11.2013 sowie § 35 I, VIII iVm Art. 110 I VO (EU) Nr. 231/2013 und Anh. IV VO (EU) Nr. 231/2013, hat die AIF-KVG der BaFin die **Anlagestrategien eines jeden AIF** wie folgt zu übermitteln:

	Breakdown of investment strategies					
	(***Provide a breakdown of the investment strategies of the AIF depending on the predominant AIF type selected in item 57. See guidelines for further information on how to complete this question.***)					
		58	**59**	**60**	**61**	
		Investment strategie code	**Indicate whether the sub strategy best describes the AIF's strategy**	**Share in NAV (%)**	**Description for strategy type Other**	
	a) Hedge Fund Strategies					
	(Complete this question if you selected „Hedge Fund" as the predominant AIF type in item 57. Report only relevant sub strategies.)					
	Equity: Long Bias	EQTY_LGBS				
	Equity: Long/Short	EQTY_LGST				
	Equity: Market Neutral	EQTY_MTNL				
	Equity: Short Bias	EQTY_STBS				

	Breakdown of investment strategies					
	Relative Value: Fixed Income Arbitrage	RELV_FXIA				
	Relative Value: Convertible Bond Arbitrage	RELV_CBAR				
	Relative Value: Volatility Arbitrage	RELV_VLAR				
	Event Driven: Distressed/Restructuring	EVDR_DSRS				
	Event Driven: Risk Arbitrage/Merger Arbitrage	EVDR_RAMA				
	Event Driven: Equity Special Situations	EVDR_EYSS				
	Credit Long/Short	CRED_LGST				
	Credit Asset Based Lending	CRED_LGST				
	Macro	MACR_ MACR				
	Managed Futures/CTA: Fundamental	MANF_CTAF				
	Managed Futures/CTA: Quantitative	MANF_CTAQ				
	Multi strategy-hedge fund	MULT_HFND				
	Other hedge fund strategy	OTHR_HFND				
	b) Private Equity Strategies					
	(Complete this question if you selected „Private Equity" as the predominant AIF type in item 57. Report only relevant sub strategies.) Indicate the private equity strategies that best describes the AIF's strategies					
	Venture Capital	VENT_CAPL				
	Growth Capital	GRTH_CAPL				
	Mezzanine Capital	MZNE_CAPL				
	Multi-strategy private equity fund	MULT_PEQF				
		OTHR_PEQF				

	Breakdown of investment strategies					
	Other private equity fund strategy					
	c) Real Estate Strategies					
	(Complete this question if you selected „Real Estate" as the predominant AIF type in item 57. Report only relevant sub strategies.) Indicate the real estate strategies that best describes the AIF's strategies					
	Residential real estate	RESL_REST				
	Commercial real estate	COML_REST				
	Industrial real estate	INDL_REST				
	Multi-strategy real estate fund	MULT_REST				
	Other real estate strategy	OTHR_REST				
	d) Fund of Fund Strategies					
	(Complete this question if you selected „Fund of Funds" as the predominant AIF type in item 57. Report only relevant sub strategies.) Indicate the „fund of fund" strategy that best describes the AIF's strategy					
	Fund of hedge funds	FOFS_FHFS				
	Fund of private equity	FOFS_PRIV				
	Other fund of funds	OTHR_FOFS				
	e) Other Strategies					
	(Complete this question if you selected „Other" as the predominant AIF type in item 57. Report only relevant sub strategies.) Indicate the „other" strategy that best describes the AIF's strategies					
	Commodity fund	OTHR_COMF				
	Equity fund	OTHR_EQYF				

	Breakdown of investment strategies					
	Fixed income fund	OTHR_FXIF				
	Infrastructure fund	OTHR_INFF				
	Other fund	OTHR_OTHF				
62	Number of transactions under HFT					
63	Market value of buys and sells in base currency under HFT					

72 Die Angabe der **Anlagestrategie** muss schlüssig mit der Angabe des vorherrschenden **AIF-Typen** (→Rn. 66f.) sein. Ein AIF, für den der vorherrschende AIF-Typ „Hedgefonds" angegeben ist, kann daher nur eine der im Formblatt unter Buchst. a angegebenen Hedgefondsstrategien verfolgen. Die im Formblatt vorgesehenen Anlagestrategien sind grds. abschließend. Allein wenn für einen AIF der AIF-Typ **„None"** angegeben wird, hat die AIF-KVG aus allen Strategien auszuwählen. Anzugeben ist im Falle der Verfolgung **mehrerer Anlagestrategien** stets der Prozentsatz, zu dem die jeweilige Anlagestrategie verfolgt wird. Die Summe der angewandten Anlagestrategien muss **100%** betragen (vgl. Rn. 63ff. ESMA/2014/869DE mit Bsp.).

73 Wird eine Anlagestrategie der Kategorie **„Other"** ausgewählt, ist eine kurze Erläuterung der verwandten Anlagestrategie aufzunehmen (vgl. Rn. 65 ESMA/2014/869DE).

74 Für **Geldmarktfonds** ist die Anlagestrategie **Fixed-Income-Fonds** („festverzinslich") anzugeben (Rn. 67 ESMA/2014/869DE).

75 § 35 I verpflichtet AIF-KVG zur Information zu den **Märkten und Instrumenten,** auf denen sie für Rechnung der von ihr verwalteten AIF handeln. Die AIF-KVG hat gem. § 35 I, VIII iVm Art. 110 I VO (EU) Nr. 231/2013 der BaFin für **jeden** verwalteten **inländischen AIF, EU-AIF** und **ausländischen AIF** folgende Informationen vorzulegen:

- die **wichtigsten Instrumente,** mit denen sie handelt, inkl. einer Aufschlüsselung von Finanzinstrumenten ua Vermögenswerten, der Anlagestrategien der AIF sowie ihrem geographischen und sektoralen Anlageschwerpunkt;
- die **Märkte,** in denen die AIF-KVG Mitglied ist oder am Handel aktiv teilnimmt;
- die **Diversifizierung der Portfolios** der AIF, darunter ua deren größte Engagements und Portfoliokonzentrationen.

76 **a) Wichtigste Instrumente des AIF.** In den **Zeilen 64–77** hat die AIF-KVG die **fünf wichtigsten Instrumente,** mit denen der AIF handelt, anzugeben. Die Angaben haben für jeden AIF und im Falle einer Anteilklasse oder eines Subfonds für jedes Teil-Sondervermögen/Teilgesellschaftsvermögen zu erfolgen. Sie sind in der **Reihenfolge der Höhe des Wertes des jeweiligen Instruments** nach der **Bewertung zum Meldestichtag** (→Rn. 23) vorzunehmen (Rn. 77 ESMA/2014/869DE).

77 Die konsolidierten ESMA-Meldeformulare sehen die Übermittlung der fünf wichtigsten Instrumente in folgender Form vor (Anhang IV VO (EU) Nr. 231/2013):

Principal exposures and most important concentration									
Main instruments in which the AIF is trading									
	64	**65**	**66**	**67**	**68**	**69–74**	**75**	**76**	**77**
	Ranking	**Sub-asset type code of the instrument**	**Instrument code type**	**Instrument name**	**Instrument ISIN code**	**Instrument AII code** - Exchange Code - Exchange Product Code - Derivative type - Put/Call Identifier - Expiry Date - Strike Price	**Position type (Long/Short)**	**Instrument position value (as calculated under Article 3 AIFMD)**	**Hedging % for short position**
Most important instrument	1								
2nd most important instrument	2								
3rd most important instrument	3								
4th most important instrument	4								
5th most important instrument	5								

78 Die AIF-KVG hat jeweils den **„Sub-Asset-Type-Code“** entspr. Annex II – Table 1 ESMA/2014/869DE zu ermitteln und anzugeben. Anzugeben ist darüber hinaus der **„instrument code type“** und, wo vorhanden, die **ISIN** bzw. im Falle

von Derivaten die **AII.** Existiert im Einzelfall kein „instrument code type", hat die Angabe **„None"** zu erfolgen. Beispiel:

	Sub-asset type code1	Instrument name	Instrument code type	Instrumentencode (ISIN or AII)	Value	Long/Short-Position
Most important instrument	SEQ_LEQ_IFIN (Listed equity issued by financial institution)	BANK XYZ	ISIN	DE0000000000	10.000.000,00	Long
2nd most important instrument	SEC_LEQ_OT HR (Other Listed Equity)	XYZ SA	ISIN	DE0000000000	3.500.000,00	Short
3rd most important instrument	Vineyard		NONE			

b) Geographischer Schwerpunkt des AIF. Die Übermittlung des **geographischen Schwerpunkts** des AIF hat gem. den konsolidierten ESMA-Meldeformularen in folgender Form zu erfolgen (Anhang IV VO (EU) Nr. 231/2013): 79

Geographical focus		
Provide a geographical breakdown of the investments held by the AIF by percentage of the total net asset value of the AIF		
		% of NAV
78	Africa	
79	Asia and Pacific (other than Middle East)	
80	Europe (other than EEA)	
81	Europe (EEA)	
82	Middle East	
83	North America	
84	South America	
85	Supranational/multiple region	
Provide a geographical breakdown of the investments held by the AIF by percentage of the total aggregated value		
		% of Aggregated value
86	Africa	
87	Asia and Pacific (other than Middle East)	

Geographical focus		
88	Europe (other than EEA)	
89	Europe (EEA)	
90	Middle East	
91	North America	
92	South America	
93	Supranational/multiple region	

80 Die **geographischen Schwerpunkte** richten sich nach dem **Sitz der Zielinvestments.** Die Auflistung der möglichen geographischen Schwerpunkte der Investitionen des AIF ist **abschließend** und die einzelnen Schwerpunkte schließen sich jeweils gegenseitig aus. Anzugeben ist der jeweilige **prozentuale Anteil** der angegebenen geographischen Schwerpunkte **am Nettobestandswert (NAV)** des AIF. Die Summe der prozentualen Schwerpunkte hat 100% zu ergeben (Rn. 82 ESMA/2014/869DE).

81 Können Instrumente nicht eindeutig einem geographischen Schwerpunkt zugeordnet werden, ist der Schwerpunkt **„Supranational/multiple region"** zu wählen. Gleiches gilt für Investitionen des AIF in **Zielfonds,** bei denen das Portfolio des Zielfonds nicht eindeutig einem geographischen Schwerpunkt zugeordnet werden kann oder keine für eine Zuordnung erforderlichen Informationen vorliegen. **Derivate** (sowohl listed als auch OTC) sind nach ihrem Underlying zuzuordnen. Im Falle von **Bankguthaben** und **Termingeldern** ist als geographischer Schwerpunkt die Währung der Vermögensanlage zu wählen. Gleiches gilt für **Kreditaufnahmen** (Annex III der ESMA/2014/869DE).

82 **c) Größte Engagements des AIF.** Für die Übermittlung der **zehn größten Engagements des AIF** sehen die konsolidierten Meldeformulare folgende Form vor (Anhang IV VO (EU) Nr. 231/2013):

Ten principal exposures of the AIF at the reporting date (most valuable in absolute terms):									
	94	**95**	**96**	**97**	**98**	**99**	**100**	**101**	**102**
	Ranking	**Macro asset type**	**Sub-asset type**	**Position type (Long/Short)**	**Aggregated value**	**Aggregated value percentage**	**Counterparty Name**	**Counterparty LEI code**	**Counterparty BIC code**
1st	1								
2nd	2								
3rd	3								
4th	4								
5th	5								
6th	6								
7th	7								

Ten principal exposures of the AIF at the reporting date (most valuable in absolute terms):									
8th	8								
9th	9								
10th	10								

Die Angabe der **zehn größten Engagements** des AIF in den **Zeilen 94–102** hat unter Verwendung der in Annex II-Table 1 ESMA/2014/869DE definierten Makro-Asset-Type- und Sub-Asset-Type-Codes **für den Meldestichtag** (→ Rn. 23) zu erfolgen. Ein **Netting von Beständen** desselben Sub-Asset-Types ist **unzulässig.** Für den Kontrahenten ist dessen LEI oder IEI anzugeben. Nicht als Kontrahent anzugeben sind CCPs. Existieren für einen Sub-Asset-Type mehrere Kontrahenten, ist kein Kontrahent anzugeben (vgl. Rn. 88–94 ESMA/ 2014/869DE). 83

Beispiel: 84

Ranking	Macro Asset type code	Sub-asset type code	Aggregated Value)	% of the total value of AuM of the AIF	Long/ short-position	Counter-party (where relevant)
1st	SEC (Securities)	SEC_CSH: CODP (Certificates of deposit)	10.000.000	2,5%	Long	
2nd	DER (Derivatives)	DER_EQD_ OTHD (Other equity derivatives)	20.000.000	5%	Long	XYC Bank

Die Angabe eines Kontrahenten in der Spalte „Counterparty (where relevant)" hat nur zu erfolgen, soweit alle Positionen des „Macro Asset type codes", die in der betreffenden Zeile gemeldet werden, **denselben Kontrahenten** haben. Kontrahenten, die einer Unternehmensgruppe (Konzern) angehören, sind dabei als ein Kontrahent zu behandeln. Werden in einer Zeile Positionen mit **mehreren Kontrahenten** gemeldet, ist die Spalte leer zu lassen (vgl. Rn. 94 ESMA/ 2014/869DE).

d) Portfoliokonzentrationen des AIF. In den **Zeilen 103–112** sind die **fünf wichtigsten Portfoliokonzentrationen** unter Angabe der Assettyp-Codes nach Annex II – Table 1 ESMA/2014/869DE, des Markttyps (MIC), des Marktcodes, des aggregierten Volumens sowie prozentualen Anteils am Gesamtportfolio, Long/Short-Positionen und Kontrahenten in folgende Form anzugeben (vgl. Rn. 95–101 ESMA/2014/869DE): 85

86

	103	104	105	106	107	108	109	110	111	112
	Ranking	**Asset type**	**Position type (Long/ Short)**	**Market code type**	**Market code**	**Aggregated value**	**Aggregated value percentage**	**Counterparty Name**	**Counterparty LEI code**	**Counterparty BIC code**
1st	1									
2nd	2									
3rd	3									
4th	4									
5th	5									

Typical deal/position size		
(Complete this question if you selected as your predominant AIF type 'private equity fund' in item 57)		
113	[Select one position size] Very small Small Lower mid market Upper mid market Large cap Mega cap	

87 Die Angabe der **typischen Geschäfts-/Positionsgröße (Zeile 113)** braucht **nur** für AIF des vorherrschenden AIF-Typs **„Private Equity Fonds"** (→ Rn. 68f.), nicht aber für andere AIF-Typen zu erfolgen. Die Angabe der Höhe hat nach Annex II – Table 4 ESMA/2014/869DE nach der Höhe der typischen Transaktion wie folgt zu erfolgen (Rn. 102 ESMA/2014/869DE): **Sehr klein** (< 5 Mio. EUR); **Klein** (5 Mio.–25 Mio. EUR); **Unteres/mittleres Marktsegment** (25 Mio.–150 Mio. EUR); **Oberes mittleres Marktsegment** (150 Mio.–500 Mio. EUR); **Standardwert („Large cap")** (500 Mio.–1 Mrd. EUR) und **Mega cap** (1 Mrd. EUR und mehr). Für jeden AIF darf **nur eine Angabe** einer typischen Geschäfts-/Portfoliogröße vorgenommen werden.

88

Principal markets in which AIF trades				
	114	**115**	**116**	**117**
	Ranking	**Market code type**	**Market code**	**Aggregated value**
Market with greatest exposure	1			
Market with second greatest exposure	2			
Market with third greatest exposure	8			

Zu den Hauptmärkten, in die der AIF investiert **(Zeile 114–117)** vgl. → Rn. 37–42.

	Investor Concentration		89
118	Specify the approximate percentage of the AIF's equity that is beneficially owned by the five beneficial owners that have the largest equity interest in the AIF (as a percentage of outstanding units/shares of the AIF; look-through to the beneficial owners where known or possible)		
119	Professional clients (as defined in Directive 2004/39/EC)		
120	Retail investors:		

Im Falle der Unterteilung des AIF in mehrere Anteilklassen oder **Subfonds** ist deren Anteil am Gesamt-NAV anzugeben, um so die **fünf wirtschaftlichen Eigentümer mit der höchsten Kapitalbeteiligung** zu ermitteln. Investoren derselben Unternehmensgruppe (Konzern) sind als ein wirtschaftlicher Eigentümer zu behandeln (**Zeile 118;** Rn. 104 ESMA/2014/869DE). 90

Die Summe der prozentualen Beteiligung von **Privatkunden** und **professionellen Kunden** in den **Zeilen 119, 120** muss 100% ergeben (Rn. 105 ESMA/2014/869DE). 91

III. Informationspflichten zu illiquiden Vermögenswerten, zum Liquiditätsmanagement, zum Risikoprofil, zu den wichtigsten Kategorien von Vermögenswerten und zu den Ergebnissen von Stresstests (§ 35 II)

Über die allg. Informationspflichten nach § 35 I hinaus hat die AIF-KVG der BaFin gem. § 35 II, VIII iVm Art. 110 II VO (EU) Nr. 231/2013 folgende Informationen **für jeden** von ihr verwalteten **inländischen AIF, EU-AIF** sowie alle **ausländischen AIF,** der **in der EU oder im EWR vertrieben** wird, vorzulegen: 92

- den **prozentualen Anteil** der Vermögensgegenstände des AIF, die **schwer zu liquidieren** sind und für die deshalb **besondere Regelungen** gelten (→ Rn. 93);
- jegliche **neuen Vorkehrungen zum Liquiditätsmanagement** des AIF (→ Rn. 95);
- das **aktuelle Risikoprofil** des AIF sowie **Angaben zu den Risikomanagementsystemen,** die von der AIF-KVG zur Steuerung des **Marktrisikos,** des **Liquiditätsrisikos,** des **Kontrahentenrisikos** sowie **sonstiger Risiken, einschl. des operationellen Risikos,** eingesetzt werden (→ Rn. 96 ff.);
- Angaben zu den **wichtigsten Kategorien von Vermögensgegenständen,** in die der AIF investiert hat (→ Rn. 123 ff.), und
- die Ergebnisse der nach § 29 III Nr. 2 und § 30 II durchgeführten Stresstests (→ Rn. 160 f.).

§ 35 II dient der Umsetzung von Art. 24 II AIFM-RL. 93

1. Illiquide Vermögensgegenstände. Die KVG hat der BaFin nach § 35 II Nr. 1 den **prozentualen Anteil** der Vermögenswerte des AIF, die **schwer zu liquidieren** sind und für die deshalb **„besondere Regelungen“** iSd Art. 1 Nr. 5 94

VO (EU) Nr. 231/2013 gelten, zu melden. „Besondere Regelungen" sind nach der dortigen Definition **alle Regelungen,** die sich **unmittelbar aus der Illiquidität der Vermögenswerte** eines AIF ergeben, sich **auf die speziellen Rückgaberechte der Anleger** bei einer bestimmten Art von AIF-Anteilen **auswirken** und die **maßgeschneidert** oder **von der Regelung der allg. Rückgaberechte** der Anleger **abgetrennt** sind.

95 Die konsolidierten ESMA-Meldeformulare sehen die Übermittlung dieser Informationen in folgender Form vor (Anhang IV VO (EU) Nr. 231/2013):

	Special arrangements and preferential treatment	
	a) As at the reporting date, what percentage of the AIFs NAV is subject to the following arrangements:	
197	Side pockets (in %)	
198	Gates (in %)	
199	Suspension of dealing (in %)	
200	Other arrangements type	
201	Other arrangements for managing illiquid assets (in %)	
	b) Indicate the percentage of net asset value of AIF's assets that are currently subject to the special arrangements arising from their illiquid nature under Article 23 (4) (a) of the AIFMD including those in items 197 to 201?	
202	Special arrangements as a % of NAV	
203	**c) Are there any investors who obtain preferential treatment or the right to preferential treatment (e. g. through a side letter) and therefore are subject to disclosure to the investors in the AIF in accordance with Article 23(1)(j) of the AIFMD?**	
	d) If 'yes' to letter c) then please indicate all relevant preferential treatment:	
204	Concerning different disclosure/reporting to investors	
205	Concerning different investor liquidity terms	
206	Concerning different fee terms for investors	
207	Preferential treatment other than that specified above	

Breakdown of the ownership of units in the AIF by investor group			
as % of NAV of AIF assets; look-through to the beneficial owners where known or possible			
For each investor group type			
	208 **Investor Group Type**	**209** **Investor group NAV rate**	
Non-financial corporations (leave blank if not applicable)	NFCO		
Banks (leave blank if not applicable)	BANK		

	Special arrangements and preferential treatment			
	Other collective investment undertaking (e. g. fund of funds or master) (leave blank if not applicable)	OCIU		
	Other financial institutions (leave blank if not applicable)	OFIN		
	Insurance corporations (leave blank if not applicable)	INSC		
	Pension funds (leave blank if not applicable)	PFND		
	General government (leave blank if not applicable)	GENG		
	Households (leave blank if not applicable)	HHLD		
	Unknown (leave blank if not applicable)	UNKN		
	None (leave blank if not applicable)	NONE		

2. Liquiditätsmanagement der AIF. Gemäß § 35 II Nr. 2, VIII iVm Art. 110 II Buchst. b VO (EU) Nr. 231/2013 hat die AIF-KVG **jegliche neuen Vorkehrungen zum Liquiditätsmanagement** des AIF und damit Änderungen des Liquiditätsmanagements iSd § 30 mitzuteilen. Um ein ausuferndes Meldewesen zu vermeiden, dürfte die Regelung restriktiv auszulegen und dürften **nur wesentliche Änderungen** anzugeben sein. Wie sich ua aus den Regelungen des § 34 I und § 273 S. 2 ergibt und wie es auch für die Mitteilung von Änderungen des Liquiditätsmanagements ggü. Anlegern in Art. 108 III Buchst. a VO (EU) Nr. 231/2013 vorgesehen ist, sehen das KAGB und die VO (EU) Nr. 231/2013 Meldepflichten grds. nur bei „wesentlichen Änderungen" vor. Diese gesetzgeberische Wertung ist auch im Fall des § 35 II Nr. 2 bzw. Art. 110 II Buchst. b VO (EU) Nr. 231/2013 anzuwenden (zur Wesentlichkeit vgl. → § 29 Rn. 141 ff.; → § 30 Rn. 48). 96

3. Risikoprofil und Risikomanagementsysteme. a) Marktrisikoprofil. 97
Nach § 35 I Nr. 3, VIII iVm Art. 110 II Buchst. c und d VO (EU) Nr. 231/2013 hat die AIF-KVG im Rahmen der Darstellung des **aktuellen Risikoprofils** das **Marktrisikoprofil der Anlagen** des AIF einschl. der unter normalen Marktbedingungen erwarteten **Rendite** und **Volatilität des AIF** anzugeben.

Gemäß den konsolidierten ESMA-Meldeformularen ist die Übermittlung in folgender Form vorzunehmen (Anhang IV VO (EU) Nr. 231/2013): 98

	Risk Profile of the AIF							
	1. Market Risk Profile							
	Measure of risks							
137	**Expected annual investment return/ IRR in normal market conditions (in %)**							
	please complete for each risk measure (Net Equity Delta, Net DV01, Net CS01, VAR, Vega exposure*, Net FX Delta* and Net Commodity Delta*)*	**138**	**139**	**140 to 142**	**143 to 145**	**302**	**146**	**147**
		Risk measure type	**Risk measure value**	**Risk measure value for buckets:** – < 5 years – 5–15 years – > 15 years	**Risk measure value for Vega exposure at:** – current market levels* – market levels 10% lower * – market levels 10% higher	**VAR Value**	**VAR Calculation Method Code Type**	**Risk Measure description**

	Risk Profile of the AIF						
	Net Equity Delta	NET_EQTY_DELTA					
	Net DV01	NET_DV01					
	Net CS01	NET_CS01					
	Vega exposure	VEGA_EXPO					
	VAR *	VAR					
	Net FX Delta	NET_FX_DELTA					
	Net Commodity Delta	NET_CTY_DELTA					
* additional information that NCAs could require AIFMs to report on a periodic basis pursuant to Article 24(5).							

Sofern die AIF-KVG für ein Risiko „0" angibt, hat sie dieses zu begründen (Rn. 115 ESMA/2014/869DE). 99

b) Kontrahentenrisiko. Das **Kontrahentenrisiko** des AIF beinhaltet das **Verlustrisiko** eines Investmentvermögens, das aus der Tatsache resultiert, dass der **Kontrahent** eines Geschäfts bei der Abwicklung von Leistungsansprüchen **seinen Verpflichtungen möglicherweise nicht nachkommen kann** (entspr. Definition in § 3 III Nr. 3 KaVerOV). Folgende Angaben sind nach den ESMA-Meldeformularen vorzunehmen (Anhang IV VO (EU) Nr. 231/2013): 100

	2. Counterparty Risk Profile	
	Trading and clearing mechanisms	
	a) Estimated % (in terms of market value) of securities traded:	
	(leave blank if no securities traded)	
148	On a regulated exchange	
149	OTC	
	b) Estimated % (in terms of trade volumes) of derivatives that are traded:	
	(leave blank if no derivatives traded)	
150	On a regulated exchange	
151	OTC	
	c) Estimated % (in terms of trade volumes) of derivatives transactions cleared:	
	(leave blank if no derivatives traded)	

	2. Counterparty Risk Profile	
152	By a CCP	
153	Bilaterally	
	d) Estimated % (in terms of market value) of repo trades cleared:	
	(leave blank if no repos traded)	
154	By a CCP	
155	Bilaterally	
156	Tri-party	

101 Im Rahmen der Angaben zu **Pensionsgeschäften („Repo-Geschäften")** sind auch **Reverse-Repo-Geschäfte** einzubeziehen (Rn. 117 ESMA/2014/869DE).

102

	Value of collateral and other credit support that the AIF has posted to all counterparties	
157	**a) Value of collateral posted in the form of cash and cash equivalents**	
158	**b) Value of collateral posted in the form of other securities (excluding cash and cash equivalents)**	
159	**c) Value of other collateral and credit support posted (including face amount of letters of credit and similar third party credit support)**	

103 Zu berücksichtigen sind **alle Sicherheiten (collateral),** die zwischen den Kontrahenten ausgetauscht werden, einschl. der Vermögensgegenstände, die im Zusammenhang mit **Repo-** oder **Wertpapierleihegeschäften** verkauft oder verpfändet sind. Repo- und Reverse-Repo-Geschäfte dürfen **genettet** werden, vorausgesetzt, sie sind **in der gleichen Art und Weise besichert.** Der Wert der Sicherheiten ist nach der **Mark-to-market-Methode** zum Meldestichtag (→ Rn. 23) zu ermitteln (Rn. 118 ESMA/2014/869DE).

104

281	**Rehypothecation flag**	
282	**Of the amount of collateral and other credit support that the reporting fund has posted to counterparties: what percentage has been re-hypothecated by counterparties?**	

105 Anzugeben ist der **prozentuale Anteil** an Sicherheiten und anderen Arten der Kreditunterlegung, die der AIF **bei Kontrahenten hinterlegt** und der Kontrahent **weiterverpfändet** hat. Der prozentuale Anteil ist zu ermitteln aus dem nach der Mark-to-market-Methode ermittelten Wert der Sicherheiten, die vom Kontrahenten weiterverpfändet wurden und dem Wert der in der Reporting-Periode durch den AIF gestellten Sicherheiten. Ist dem Kontrahenten **keine Verpfändung** der gestellten Sicherheiten **erlaubt,** ist **„no"** anzugeben (Rn. 119 ESMA/2014/869DE).

a) Identify the top five counterparties to which the AIF has the greatest mark-to-market net counterparty credit exposure, measured as a % of the NAV of the AIF							106
	160	161	162	163	164	165	
	Ranking	Counterparty exposure flag	Name of counterparty	LEI code of counterparty	BIC code of counterparty	NAV percentage of the total exposure value of the counterparty	
Counterparty 1	1						
Counterparty 2	2						
Counterparty 3	3						
Counterparty 4	4						
Counterparty 5	5						
b) Identify the top five counterparties that have the greatest mark-to-market net counterparty credit exposure to the AIF, measured as a percentage of the NAV of the AIF.							
	166	167	168	169	170	171	
	Ranking	Counterparty exposure flag	Name of counterparty	LEI code of counterparty	BIC code of counterparty	NAV percentage of the total exposure value of the counterparty	
Counterparty 1	1						
Counterparty 2	2						
Counterparty 3	3						
Counterparty 4	4						
Counterparty 5	5						

Die **fünf wichtigsten Kontrahenten** sind anhand der größten **Gegenpartei-Netto-Kreditrisiken** zu ermitteln. Erhaltene **Sicherheiten** sind dabei **außer Betracht** zu lassen, dh sie mindern das Netto-Kreditrisiko nicht. Sind Kontrahenten Teil einer **Unternehmensgruppe (Konzern),** sind die Netto-Kreditrisiken zu 107 aggregieren und nicht als eigene Kontrahenten zu behandeln (Rn. 120 ESMA/2014/869DE).

108

	Direct clearing through central clearing counterparties (CCPs)					
172	**a) During the reporting period, did the AIF clear any transactions directly through a CCP?**					
	if no, skip remainder of the question and go to item 178					
	b) If you answered ‚yes' in 172, identify the top three central clearing counterparties (CCPs) in terms of net credit exposure					
		173	**174**	**175**	**176**	**177**
		Ranking	**Name of CCP**	**LEI code of CCP**	**BIC code of CCP**	**Exposure value of CCP**
	CCP 1 (leave blank if not applicable)	1				
	CCP 2 (leave blank if not applicable)	2				
	CCP 3 (leave blank if not applicable)	3				

109 Eine Ermittlung und Angabe der größten drei Central Clearing Counterparties (CCPs) hat **nur** zu erfolgen, wenn AIF-KVG **Konten bei solchen eröffnet** haben. In diesem Fall sind die größten Netto-Kreditrisiken zu ermitteln (vgl. → Rn. 105) und in den **Zeilen 173–177** sind der **Name, LEI** oder **IEI** und der **BIC** sowie das **Netto-Kreditrisiko** der drei größten CCPs anzugeben (Rn. 121 ESMA/2014/869DE).

110 **c) Liquiditätsprofil.** Zur Darstellung des Risikoprofils des AIF ist ua dessen Liquiditätsprofil darzustellen. Gemäß § 35 I Nr. 3, VIII iVm Art. 110 II VO (EU) Nr. 231/2013 gehören hierzu das **Liquiditätsprofil des AIF,** die **Rücknahmebedingungen** sowie die **Finanzierungsliquidität** des AIF. Sie sind der BaFin wie folgt zu melden:

aa) Portfolio-Liquiditätsprofil.

111

	3. Liquidity Profile	
	Portfolio Liquidity Profile	
	Percentage of portfolio capable of being liquidated within:	
178	1 day or less	
179	2 – 7 days	
180	8 – 30 days	

	3. Liquidity Profile	
181	31 – 90 days	
182	91 – 180 days	
183	181 – 365 days	
184	more than 365 days	
185	**Value of unencumbered cash**	

Jeder Vermögenswert des AIF darf nur einer der in den **Zeilen 178–184** definierten Fälligkeiten zugeordnet werden. Die Zuordnung hat nach der jeweiligen **frühestmöglichen Liquidierbarkeit** zu erfolgen. Der Gesamtwert der angegebenen Prozentsätze muss 100% ergeben. Sind mehrere Vermögensgegenstände **Teil einer einzigen Anlage,** sind sie unter einer Fälligkeit zusammenzufassen, dh bspw. bei einem Convertible-Bond-Arbitrage-Geschäft muss die Zuordnung der Short Position identisch mit der Zuordnung des Convertible Bonds sein (Rn. 122f. ESMA/2014/869DE). **112**

bb) Anleger-Liquiditätsprofil.

113

	Investor Liquidity Profile	
	Percentage of investor equity that can be redeemed within (as % of AIF's NAV):	
186	1 day or less	
187	2–7 days	
188	8–30 days	
189	31–90 days	
190	91–180 days	
191	181–365 days	
192	more than 365 days	

In den **Zeilen 186–192** hat die AIF-KVG anzugeben, innerhalb welcher Fristen welcher prozentuale Anteil des **Anlegerkapitals rückzahlbar** ist. Kosten und Rücknahmeabschläge sind außer Betracht zu lassen. Die Summe der Prozentangaben muss 100% ergeben (Rn. 124 ESMA/2014/869DE). **114**

cc) Rücknahmebedingungen.

115

	Investor redemptions	
193	**a) Does the AIF provide investors with withdrawal/redemption rights in the ordinary course?**	
194	**b) What is the frequency of investor redemptions (if multiple classes of shares or units, report for the largest share class by NAV)** *[Select one]* *Daily* *Weekly*	

	Investor redemptions	
	Fortnightly *Monthly* *Quarterly* *Half-yearly* *Yearly* *Other* *None*	
195	**c) What is the notice period required by investors for redemptions in days**	
	(report asset weighted notice period if multiple classes or shares or units)	
196	**d) What is the investor ‚lock-up' period in days (report asset weighted notice period if multiple classes or shares or units)**	

116 Die AIF-KVG hat zwischen den folgenden Werten für die Rücknahmehäufigkeit zu wählen: **„Täglich", „Wöchentlich", „Zweiwöchentlich", „Monatlich", „Vierteljährlich", „Halbjährlich", „Jährlich", „Andere"** und **„Keine".** „Keine" ist anzugeben, wenn zB der AIF den Investoren keine Möglichkeit zur Rückzahlung einräumt. Besteht der AIF aus verschiedenen Anlageklassen mit **unterschiedlichen Rücknahmefrequenzen,** sind nur Informationen zur **größten Anlageklasse** zu berichten (Rn. 125f. ESMA/2014/869DE).

dd) Finanzierungsliquidität.

117

	Financing liquidity	
210	**a) Provide the aggregate amount of borrowing and cash financing available to the AIF (including all drawn and undrawn, committed and uncommitted lines of credit as well as any term financing)**	
	b) Divide the amount reported in letter a) among the periods specified below depending on the longest period for which the creditor is contractually committed to provide such financing:	
211	1 day or less	
212	2–7 days	
213	8–30 days	
214	31–90 days	
215	91–180 days	
216	181–365 days	
217	more than 365 days	

118

	Borrowing and Exposure Risk				
	Value of borrowings of cash or securities represented by:				
283	Unsecured cash borrowing:				
284	Collateralised/secured cash borrowing – Via Prime Broker:				
285	Collateralised/secured cash borrowing – Via (reverse) repo:				
286	Collateralised/secured cash borrowing – Via Other:				
	Value of borrowing embedded in financial instruments				
287	Exchange-traded Derivatives: Gross Exposure less margin posted				
288	OTC Derivatives: Gross Exposure less margin posted				
289	Value of securities borrowed for short positions				
	Gross exposure of financial and, as the case may be, or legal structures controlled by the AIF as defined in Recital 78 of the AIFMD				
		290	291	292	293
		Controlled structure Name	**Controlled structure LEI code**	**Controlled structure BIC code**	**Controlled structure Exposure value**
	Financial and, as the case may be, or legal structure				
	Financial and, as the case may be, or legal structure				
	...				
	Leverage of the AIF				
294	**a) as calculated under the Gross Method**				
295	**b) as calculated under the Commitment Method**				

d) Operationelle und sonstige Risiken. In entspr. Anwendung der Definition des §5 III Nr. 4 KaVerOV beinhalten **operationelle Risiken** die **Verlustrisiken** für ein Investmentvermögen, die aus **unzureichenden internen Prozessen** sowie aus **menschlichem** oder **Systemversagen** bei der KVG oder aus **externen Ereignissen** resultieren. Darin inbegriffen sind **Rechts-, Dokumentations-** und **Reputationsrisiken** sowie Risiken, die aus den für ein Investmentvermögen betriebenen **Handels-, Abrechnungs-** und **Bewertungsverfahren** resultieren. **Sonstige Risiken** beinhalten bspw. **Länder-** und **Transferrisiken, Schlüsselpersonenrisiken, Verwahrrisiken in Folge von Haftungsfreistellung** nach §77 IV oder §88 IV und **steuerliche Risiken.** 119

120 Im Hinblick auf operationelle und sonstige Risiken sind der BaFin gem. den konsolidierten ESMA-Meldeformularen v. 15.11.2013 folgende Informationen mitzuteilen (Anhang IV VO (EU) Nr. 231/2013):

	4. Operational and Other Risk Aspects	
218	**Total number of open positions**	
	Historical risk profile	
	a) Gross Investment returns or IRR of the AIF over the reporting period (in %, gross of management and performance fees)	
219	January	
220	February	
221	March	
222	April	
223	May	
224	June	
225	July	
226	August	
227	September	
228	October	
229	November	
230	December	
	b) Net Investment returns or IRR of the AIF over the reporting period (in %, net of management and performance fees)	
231	January	
232	February	
233	March	
234	April	
235	May	
236	June	
237	July	
238	August	
239	September	
240	October	
241	November	
242	December	
	c) Change in Net Asset Value of the AIF over the reporting period (in %, including the impact of subscriptions and redemptions)	
243	January	
244	February	
245	March	

	4. Operational and Other Risk Aspects	
246	April	
247	May	
248	June	
249	July	
250	August	
251	September	
252	October	
253	November	
254	December	
	d) Subscriptions over the reporting period	
255	January	
256	February	
257	March	
258	April	
259	May	
260	June	
261	July	
262	August	
263	September	
264	October	
265	November	
266	December	
	e) Redemptions over the reported period	
267	January	
268	February	
269	March	
270	April	
271	May	
272	June	
273	July	
274	August	
275	September	
276	October	
277	November	
278	December	

121 Die Ermittlung der **Anzahl der offenen Positionen** erfolgt auf **Positionsebene** (und nicht auf Emittentenebene), da diese Frage einen operationellen Hintergrund hat. Die Berechnung hat zum Meldestichtag (→ Rn. 23) zu erfolgen (Rn. 132 ESMA/2014/869DE).

122 Die **Bruttoerträge** sind von der AIF-KVG für jeden Monat des Berichtszeitraums zu berichten. Dies gilt auch für **Nettoerträge.** Für AIF mit mehreren Anteilsklassen sind sowohl die Brutto- als auch die Nettoerträge auf Ebene des AIF, nicht jedoch für jede einzelne Anlageklasse anzugeben (Rn. 133 ESMA/2014/869DE).

123 Bei einer **Veränderung des NAV** ist die Änderung für jeden Monat des Berichtszeitraums zu berichten. Die Berechnung hat „nach Gebühren" zu erfolgen und die Auswirkungen von Aufstockungen und Rücklösungen sind zu berücksichtigen (Rn. 134 ESMA/2014/869DE).

124 Für AIF mit **Private Equity als vorherrschendem AIF-Typ** (→ Rn. 68 f.) hat die Anzahl der Zeichnungen auf der tatsächlich von den Anlegern in den einzelnen Monaten bezahlten Summen zu basieren, nicht auf dem in Aussicht gestellten Kapital (Rn. 135 ESMA/2014/869DE).

125 **4. Wichtigste Kategorien von Vermögensgegenständen.** Nach § 35 I Nr. 4, VIII iVm Art. 110 II Buchst. e VO (EU) Nr. 231/2013 sind Angaben zu den **wichtigsten Kategorien von Vermögenswerten,** in die der AIF investiert hat, einschl. des entspr. **Marktwertes** von **Short**- und **Long-Positionen,** des **Umsatzes** und der **Wertentwicklung** in der **Reporting-Periode** zu machen. Die Angaben zu den gehandelten Instrumenten und Einzelrisiken sind in der **Basiswährung** (vgl. → Rn. 61 ff.) vorzunehmen und haben **so detailliert wie möglich** zu erfolgen (Rn. 106 ESMA/2014/869DE). Die ESMA definiert die wichtigsten Kategorien von Vermögenswerten folgendermaßen (Rn. 106 ESMA/2014/869DE):

126 **Zahlungsmittel und Zahlungsmitteläquivalente („Cash and cash equivalents"):** Engagements in Anlageklassen der Kategorie Zahlungsmittel und Zahlungsmitteläquivalente wie zB Einlagenzertifikaten, Bankakzepten und ähnlichen Instrumenten für Investitionszwecke, die keine Rendite höher als die einer dreimonatigen Staatsanleihe mit hoher Kreditqualität abwerfen.

127 **Börsennotierte Aktien („Listed equities"):** Alle Investitionen des AIF in börsennotierten Aktien bzw. Aktien, die an einem geregelten Markt gehandelt werden. In diese Kategorie fallen keine synthetischen oder durch Derivate eingegangenen Engagements (diese fallen unter die Kategorie „Aktienderivate").

128 **Nicht börsennotierte Aktien („Unlisted equities"):** Nicht börsennotierte Aktien sind Aktien, die nicht an einem geregelten Markt notiert sind oder dort gehandelt werden. In diese Kategorie gehören keine synthetisch oder durch Derivate eingegangenen Engagements (diese fallen unter die Kategorie „Aktienderivate").

129 **Unternehmensanleihen („Corporate bonds"):** Alle Investitionen des AIF in Unternehmensanleihen. In diese Kategorie gehören keine synthetisch oder durch Derivate eingegangenen Engagements (diese fallen unter die Kategorie „Festverzinsliche Derivate").

130 **Staatsanleihen („Sovereign bonds"):** Eine Staatsanleihe ist eine Anleihe, die von einer nationalen Regierung (einschließlich Zentralregierungen, staatlichen Stellen, anderen Regierungen und Zentralbanken) in der Landes- oder in einer Fremdwährung ausgegeben wird. Dazu gehören auch supranationale Anleihen in der Kategorie der Nicht-G10-Staatsanleihen. Supranationale EU-Anleihen gehören für individuelle Engagements in die Kategorie „EU-Anleihen" und für den Umsatz in die Kategorie „Anleihen der EU-Mitgliedstaaten".

131 **Nicht-EU-G10-Staatsanleihen („Non-EU G10 sovereign bonds"):** Investitionen in allen nicht-EU-G10-Staatsanleihen.

Kommunalanleihen („Municipal bonds"): Investitionen in Kommunalanleihen, für die von nationalen Regierungen nicht gebürgt wird. 132

Wandelanleihen („Convertible bonds"): Investitionen in allen Wandelanleihen bzw. Wandelschuldverschreibungen des AIF (die noch nicht in Aktien oder Bargeld umgewandelt wurden). 133

Hebelfinanzierte Kredite („Leveraged loans"): Nennwert aller hebelfinanzierter Kredite des AIF. In der Praxis bilden diese Kredite üblicherweise einen Teil der Finanzstruktur eines LBO und verfügen über ein höheres Kreditrisiko. In diese Kategorie gehören keine Positionen über LCDS. Diese werden in der CDS-Kategorie erfasst. 134

Andere Kredite („Other loans"): Nennwert aller anderen Kredite, einschließlich bilateraler oder Konsortialkredite, Finanz-Factoring bzw. Finanz-Forfaitierung sowie die Diskontierung von Rechnungen. In diese Kategorie gehören keine Positionen über LCDS. Diese werden in der CDS-Kategorie erfasst. 135

Strukturierte/besicherte Produkte – ABS („Structured/securities products – ABS"): Nennwert aller Investitionen des AIF in strukturierte Produkte und forderungsbesicherte Wertpapiere, einschließlich (jedoch nicht beschränkt auf) Kfz-Darlehen, Kreditkartendarlehen, Kundenkredite, Studentenkredite, Lombardkredite, CDOs (Cashflow und synthetisch) sowie die Verbriefungen sämtlicher Erträge eines Unternehmens. Positionen aus MBS, RMBS, CMBS und CDS gehören nicht in diese Kategorie. Diese werden in den Kategorien MBS, RMBS, CMBS und CDS erfasst. 136

Strukturierte/besicherte Produkte – MBS/RMBS/CMBS („Structured/securities products – MBS/RMBS/CMBS"): Nennwert aller AIF-Investitionen in hypothekarisch besicherte Wertpapiere, in durch private Wohnimmobilien besicherte Wertpapiere und in durch Gewerbeimmobilien besicherte Wertpapiere. In diese Kategorie gehören keine Positionen über CDS. Diese werden in der CDS-Kategorie erfasst. 137

Strukturierte/besicherte Produkte – ABCP („Structured/securities products – ABCP"): Nennwert aller AIF-Investitionen in besicherte Geldmarktpapiere, einschließlich (jedoch nicht beschränkt auf) strukturierte Anlageninstrumente, Single-Seller-Conduit- sowie Multi-Seller-Conduit-Programme. In diese Kategorie gehören keine Positionen über CDS. Diese werden in der CDS-Kategorie erfasst. 138

Strukturierte/besicherte Produkte – CDO/CLO („Structured/securities products – CDO/CLOs"): Nennwert aller AIF-Investitionen in Collateralised Debt Obligations (Cashflow und synthetisch) bzw. Collateralised Loan Obligations. In diese Kategorie gehören keine Positionen über CDS. Diese werden in der CDS-Kategorie erfasst. 139

Strukturierte/besicherte Produkte – Andere („Structured/securities products – Other"): Nennwert aller AIF-Investitionen in andere Arten von strukturierten Investitionen, die nicht von einer anderen Kategorie abgedeckt werden. In diese Kategorie gehören keine Positionen über CDS. Diese werden in der CDS-Kategorie erfasst. 140

Aktienderivate („Equity derivatives"): Wert aller Investitionen des AIF in synthetisch oder durch Derivate gehaltenen Aktien. Dieser ermittelt sich aus der Summe des Gesamtnennwertes von Termingeschäften und des Delta-bereinigten Nennwerts von Optionen. Beinhalten Aktienindexfutures sowie Single-Stock-Derivate. Dividendenswaps und Optionen sind ebenfalls in dieser Kategorie enthalten. 141

Festverzinsliche Derivate („Fixed income derivatives"): Wert aller Investitionen des AIF in synthetisch oder durch Derivate gehaltenen festverzinslichen Derivaten (Gesamtnennwert für Termingeschäfte). In diese Kategorie gehören keine Positionen über CDS. Diese werden in der CDS-Kategorie erfasst. 142

Kreditausfallderivate – auf Einzelnamen lautende CDS („Credit default derivatives – Single name CDS"): Nennwert von CDS, die sich auf einzelnes Unternehmen beziehen. Der Wert einer Long-Position entspricht dem Nennwert der geschriebenen oder verkauften Sicherung. Der Wert einer Short-Position entspricht dem Nennwert der gekauften Sicherung. Diese Berechnung beinhaltet alle auf einzelne Unternehmen lautende LCDS. Eine 143

Aufschlüsselung der auf Unternehmen, Staaten, den Finanzsektor und andere Einheiten lautenden Kreditsicherungen ist erforderlich.

144 **Kreditausfallderivate – Index-CDS („Credit default derivatives – Index CDS"):** Nennwert von CDS, die sich auf einen Standardwarenkorb von Kreditinstituten beziehen, zB die Indizes CDX und iTraxx. Eingeschlossen sind Indizes, die sich auf hebelfinanzierte Kredite beziehen (wie zB iTraxx und der LevX Senior Index). Der Wert einer Long-Position entspricht dem Nennwert der geschriebenen oder verkauften Sicherung. Der Wert einer Short-Position entspricht dem Nennwert der gekauften Sicherung.

145 **Kreditausfallderivate – Exotisch (inklusive Credit Default Tranche) CDS („Credit default derivatives – Exotic (including credit default tranche) CDS"):** Nennwert von CDS mit Bezug auf genannte Warenkörbe oder Tranchen von CDO, CLO und anderen strukturierten Instrumenten. Der Wert einer Long-Position entspricht dem Nennwert der geschriebenen oder verkauften Sicherung. Der Wert einer Short-Position entspricht dem Nennwert der gekauften Sicherung.

146 **Rohstoffderivate – Erdöl („Commodity derivatives – Crude oil"):** Wert aller Investitionen des AIF in Erdöl, entweder synthetisch oder durch Derivate gehalten (unabhängig davon, ob die Derivate physisch geliefert oder bar erfüllt werden). Eingeschlossen sind der Gesamtnennwert von Termingeschäften sowie der Delta-bereinigte Nennwert von Optionen. Andere Arten von Öl- oder Energieerzeugnissen (abgesehen von Erdgas) wie zB Ethanol, Heizöl, Propangas und Benzin werden in der Kategorie „Andere Rohstoffe" angegeben.

147 **Rohstoffderivate – Erdgas („Commodity derivatives – Natural gas"):** Wert aller Investitionen des AIF in Erdgas, entweder synthetisch oder durch Derivate gehalten (unabhängig davon, ob die Derivate physisch geliefert oder bar erfüllt werden). Eingeschossen sind der Gesamtnennwert von Termingeschäften sowie der Delta-bereinigte Nennwert von Optionen. Andere Arten von Öl oder Energieerzeugnissen (abgesehen von Erdgas) wie zB Ethanol, Heizöl, Propangas und Benzin werden in der Kategorie „Andere Rohstoffe" angegeben.

148 **Rohstoffderivate – Gold („Commodity derivatives – Gold"):** Wert aller Investitionen des AIF in Gold, entweder synthetisch oder durch Derivate gehalten (unabhängig davon, ob die Derivate physisch geliefert oder bar erfüllt werden). Eingeschlossen sind der Gesamtnennwert von Termingeschäften sowie der Delta-bereinigte Nennwert von Optionen.

149 **Rohstoffderivate – Strom („Commodity derivatives – Power"):** Wert aller Investitionen des AIF in Strom (alle Regionen), entweder synthetisch oder durch Derivate gehalten (unabhängig davon, ob die Derivate physisch geliefert oder bar erfüllt werden). Eingeschlossen sind der Gesamtnennwert von Termingeschäften sowie der Delta-bereinigte Nennwert von Optionen.

150 **Rohstoffderivate – Andere Rohstoffe („Commodity derivatives – Other commodities"):** Wert aller Investitionen des AIF in anderen Rohstoffen (falls diese nicht von den obigen Kategorien abgedeckt wurden), entweder synthetisch oder durch Derivate gehalten (unabhängig davon, ob die Derivate physisch geliefert oder bar erfüllt werden). Eingeschlossen sind der Gesamtnennwert von Termingeschäften sowie der Delta-bereinigte Nennwert von Optionen.

151 **Fremdwährung („Foreign exchange"):** Bruttogesamtnennwert der offenen Kontrakte des AIF. Es wird nur eine Währungsseite jeder Transaktion gezählt. Eingeschlossen sind nur Kontrakte zu Investitionszwecken (dh nicht für das Hedging von verschiedenen Anlageklassen).

152 **Zinsderivate („Interest rate derivatives"):** Bruttogesamtnennwert der offenen derivativen Zinskontrakte des AIF. Eingeschlossen sind der Gesamtnennwert von Termingeschäften und der Delta-bereinigte Nennwert von Optionen.

153 **Andere Derivate („Other derivatives"):** Bruttogesamtnennwert der offenen Kontrakte des AIF im Zusammenhang mit allen exotischen Derivaten (zB Wetter- oder Emissionsderivate); beinhalten Volatilitäts-, Varianz- und Korrelationsderivate.

154 **Immobilien/Sachwerte („Real estate/tangible assets"):** Wert von Immobilien. Hierzu gehören keine Immobilienengagements, die via Aktien gehalten werden, wie zB Aktien

börsennotierter Unternehmen (oder ihre verwandten Derivate) bzw. Beteiligungen an nicht börsennotierten Immobilienfonds (REITs), es sei denn, die Immobilienfirma wurde ausdrücklich für den Zweck gegründet, die Immobilieninvestition für den AIF zu halten, und die Hauptvermögenswerte und der Zweck der Firma besteht in der Anlage in dieser Immobilie sowie wenn der AIF beherrschend an dieser Firma beteiligt ist. Im gegenteiligen Fall wird das Engagement in der Kategorie „Börsennotierte Aktien" oder „Nicht börsennotierte Aktien" angegeben. Die Bezeichnung Immobilien bezieht sich auf Grundstücke sowie auf jegliches physisches Eigentum oder andere Einrichtungen auf Grundbesitz und schließt Häuser, Gebäude, Landschaftsbau, Abzäunung usw. mit ein. In dieser Kategorie werden auch Abbaurechte für die Liegenschaft angegeben. Es wird der Wert der Immobilieninvestition ausgewiesen, der in der aktuellen Finanzberichterstattung des AIF ausgewiesen wurde. Falls diese Information nicht vorliegt, wird der Zeitwert verwendet. Zu Berichtszwecken müssen AIF-KVG keine neue Schätzung des Wertes der Immobilie vornehmen.

Rohstoffe („Commodities"): Wert der in physischer oder unbearbeiteter Form gehalte- 155
nen Rohstoffe. Rohstoffengagements über Derivate werden hier nicht angegeben, auch dann nicht, wenn sie in Zukunft wahrscheinlich physisch erfüllt werden. Eingeschlossen sind Rohstoffengagements, die ursprünglich über Derivate erworben und ausgeübt wurden und aktuell in physikalischer oder roher Form gehalten werden.

Investitionen in Fonds („Investments in funds"): Für Geldmarktfonds und für Inves- 156
titionen in AIF zu Cash-Management- Zwecken sind alle Investitionen des AIF unterteilt nach Geldmarkt-AIF und Cash-Management-AIF anzugeben. Dabei ist zwischen AIF zu unterschieden, die von der AIF-KVG und AIF, die von externen unabhängigen Verwaltungsgesellschaften verwaltet werden. Für andere AIF werden alle Investitionen des AIF in andere AIF angegeben (ohne Geldmarkt oder Cash-Management), einschl. (jedoch nicht beschränkt auf) Hedgefonds, Private-Equity-Fonds und Publikumsfonds (dh Investmentfonds und/oder OGAW). Es ist zwischen AIF zu unterschieden, die von der AIF-KVG verwaltet werden, und AIF, die von externen unabhängigen Verwaltungsgesellschaften verwaltet werden.

Investitionen in andere Vermögenklassen („Investment in other asset classes"): In- 157
dividuelle Engagements in Nicht-EU-G10-Staatsanleihen sind mit einzubeziehen.

a) Gehandelte Vermögenswerte.

158

Instruments Traded and Individual Exposures					
Individual Exposures in which it is trading and the main categories of assets in which the AIF invested as of the reporting date:					
		121	**122**	**123**	**124**
		Sub-asset type code	**Gross value**	**Long value**	**Short value**
	a) Securities				
	Cash and cash equivalents (of which are:)				
	Certificates of deposit	SEC_CSH_CODP			
	Commercial papers	SEC_CSH_COMP			
	Other deposits	SEC_CSH_OTHD			
	Other cash and cash equivalents (excluding government securities)	SEC_CSH_OTHC			
	Listed equities (of which are:)				
		SEC_LEQ_IFIN			

Instruments Traded and Individual Exposures				
	Issued by financial institutions			
	Other listed equity	SEC_LEQ_OTHR		
	Unlisted equities	SEC_UEQ_UEQY		
	Corporate bonds not issued by financial institutions (of which are:)			
	Investment grade	SEC_CPN_INVG		
	Non-investment grade	SEC_CPN_NIVG		
	Corporate bonds issued by financial institutions (of which are:)			
	Investment grade	SEC_CPI_INVG		
	Non-investment grade	SEC_CPI_NIVG		
	Sovereign bonds (of which are:)			
	EU bonds with a 0–1 year term to maturity	SEC_SBD_EUBY		
	EU bonds with a 1+ year term to maturity	SEC_SBD_EUBM		
	Non-G10 bonds with a 0–1 year term to maturity	SEC_SBD_NOGY		
	Non-G10 bonds with a 1+ year term to maturity	SEC_SBD_NOGM		
	G10 non-EU bonds with a 0–1 year term to maturity	SEC_SBD_EUGY		
	G10 non-EU bonds with a 1+ year term to maturity	SEC_SBD_EUGM		
	Municipal bonds			
	Municipal bonds	SEC_MBN_MNPL		
	Convertible bonds not issued by financial institutions (of which are:)			
	Investment grade	SEC_CBN_INVG		
	Non-investment grade	SEC_CBN_NIVG		
	Convertible bonds issued by financial institutions (of which are:)			
	Investment grade	SEC_CBI_INVG		
	Non-investment grade	SEC_CBI_NIVG		
	Loans (of which are:)			
	Leveraged loans	SEC_LON_LEVL		
	Other loans	SEC_LON_OTHL		
	Structure of the securitized products (of which are:)			
	ABS	SEC_SSP_SABS		
	RMBS	SEC_SSP_RMBS		
	CMBS	SEC_SSP_CMBS		

Instruments Traded and Individual Exposures				
	Agency MBS	SEC_SSP_AMBS		
	ABCP	SEC_SSP_ABCP		
	CDO/CLO	SEC_SSP_CDOC		
	Structured certificates	SEC_SSP_STRC		
	ETP	SEC_SSP_SETP		
	Other	SEC_SSP_OTHS		
	b) Derivatives			
	Equity derivatives (of which are:)			
	Related to financial institutions	DER_EQD_FINI		
	Other equity derivatives	DER_EQD_OTHD		
	Fixed income derivatives	DER_FID_FIXI		
	CDS (of which are:)			
	Single name financial CDS	DER_CDS_SNFI		
	Single name sovereign CDS	DER_CDS_SNSO		
	Single name other CDS	DER_CDS_SNOT		
	Index CDS	DER_CDS_INDX		
	Exotic (incl. credit default tranche)	DER_CDS_EXOT		
	Foreign exchange (for investment purposes)	DER_FEX_INVT		
	Foreign exchange (for hedging purposes)	DER_FEX_HEDG		
	Interest rate derivatives	DER_IRD_INTR		
	Commodity derivatives (of which are:)			
	Energy (of which are:)			
	Crude oil	DER_CTY_ECOL		
	Natural gas	DER_CTY_ENNG		
	Power	DER_CTY_ENPW		
	Other Energy	DER_CTY_ENOT		
	Precious metals (of which are:)			
	Gold	DER_CTY_PMGD		
	Other precious metals	DER_CTY_PMOT		
	Other commodities (of which are:)			
	Industrial metals	DER_CTY_OTIM		
	Livestock	DER_CTY_OTLS		

Instruments Traded and Individual Exposures				
	Agricultural products	DER_CTY_OTAP		
	Other Other commodities	DER_CTY_OTHR		
	Other derivatives			
	Other derivatives	DER_OTH_OTHR		
	c) Physical (Real/Tangible) Assets			
	Physical: Real estate (of which are:)			
	Residential real estate	PHY_RES_RESL		
	Commercial real estate	PHY_RES_COML		
	Physical: Commodities	PHY_CTY_PCTY		
	Physical: Timber	PHY_TIM_PTIM		
	Physical: Art and collectables	PHY_ART_PART		
	Physical: Transportation assets	PHY_TPT_PTPT		
	Physical: Other	PHY_OTH_OTHR		
	d) Collective Investment Undertakings			
	Investments in CIU operated/managed by the AIFM (of which are:)			
	Money Market Funds and Cash management CIU	CIU_OAM_MMFC		
	ETF	CIU_OAM_AETF		
	Other CIU	CIU_OAM_OTHR		
	Investments in CIU not operated/managed by the AIFM (of which are:)			
	Money Market Funds and Cash management CIU	CIU_NAM_MMFC		
	ETF	CIU_NAM_AETF		
	Other CIU	CIU_NAM_OTHR		
	e) Other asset classes			
	Total Other	OTH_OTH_OTHR		

159 Zu den **Definitionen** und **Beschreibungen** der benannten Vermögensgegenstände vgl. → Rn. 124 ff.

b) Umsätze des AIF.

Value of turnover in each asset class over the reporting months					160
		125	126	127	
		Sub-asset type code	**Market value**	**Notional value**	
	a) Securities				
	Cash and cash equivalents	SEC_CSH_CSH			
	Listed equities	SEC_LEQ_LEQ			
	Unlisted equities	SEC_UEQ_UEQ			
	Corporate bonds not issued by financial institutions (of which are:)				
	Investment grade	SEC_CPN_IVG			
	Non-investment grade	SEC_CPN_NIG			
	Corporate bonds issued by financial institutions	SEC_CPI_CPI			
	Sovereign bonds (of which are:)				
	EU Member State bonds	SEC_SBD_EUB			
	Non EU Member State bonds	SEC_SBD_NEU			
	Municipal bonds	SEC_MUN_MUN			
	Convertible bonds	SEC_CBD_CBD			
	Loans	SEC_LON_LON			
	Structured/securitised products	SEC_SSP_SSP			
	b) Derivatives				
	Equity derivatives	DER_EQD_EQD			
	Fixed income derivatives	DER_FID_FID			
	CDS	DER_CDS_CDS			
	Foreign exchange (for hedging purposes)	DER_FEX_HED			
	Foreign exchange (for investment purposes)	DER_FEX_INV			
	Interest rate derivatives	DER_IRD_IRD			
	Commodity derivatives	DER_CTY_CTY			
	Other derivatives	DER_OTH_OTH			
	c) Physical (Real/Tangible) Assets				
	Physical: Commodities	PHY_CTY_CTY			
	Physical: Real estate	PHY_RES_RES			

Value of turnover in each asset class over the reporting months				
	Physical: Timber	PHY_TIM_TIM		
	Physical: Art and collectables	PHY_ART_ART		
	Physical: Transportation assets	PHY_TPT_TPT		
	Physical: Other	PHY_OTH_OTH		
d) Collective investment undertakings				
	Collective investment undertakings	CIU_CIU_CIU		
e) Other asset classes				
	Total other	OTH_OTH_OTH		

Currency of Exposures			
	128	**129**	**130**
	Currency of the exposure	**Currency Long Position Value**	**Currency Short Position Value**
Total long and short value of exposures (before currency hedging)			

Dominant Influence [see Article 1 of Directive 83/349/EEC]

(Complete this question if you selected as your predominant AIF type 'private equity fund' in item 57, please complete for each company over which the AIF has a dominant influence (leave blank if none) as defined in Article 1 of Directive 83/349/EEC)

	131	**132**	**133**	**134**	**135**	**136**
	Dominant influence company name	**Dominant influence company LEI code**	**Dominant influence company BIC code**	**Transaction Type**	**Description of other transaction type**	**% Voting Rights**
Company over which the AIF has a dominant influence						
Company over which the AIF has a dominant influence						

Value of turnover in each asset class over the reporting months							
	Company over which the AIF has a dominant influence						

Zu den **Definitionen** und **Beschreibungen** der benannten Vermögensgegenstände vgl. →Rn. 124ff. 161

5. Ergebnisse von Stresstests. Nach §29 III Nr. 2 muss eine AIF-KVG im Rahmen ihres **Risikomanagements** gewährleisten, dass die mit den einzelnen Anlagepositionen des Investmentvermögens verbundenen Risiken sowie deren jeweilige Wirkung auf das Gesamtrisikoprofil des Investmentvermögens laufend ordnungsgemäß erfasst, gemessen, gesteuert und überwacht werden können. Hierfür hat sie ua angemessene Stresstests durchzuführen (→§29 Rn. 50ff.). Regelmäßige Stresstests sind darüber hinaus gem. §30 II im Rahmen des **Liquiditätsmanagements** der AIF-KVG durchzuführen. Dabei sind sowohl normale als auch außergewöhnliche Liquiditätsbedingungen zugrunde zu legen, die die Bewertung und Überwachung der Liquiditätsrisiken der Investmentvermögen ermöglichen (→§30 Rn. 29ff.). Gemäß §35 II Nr. 5 hat die AIF-KVG die Ergebnisse dieser Stresstests zu melden. 162

Die konsolidierten ESMA-Meldeformulare sehen für die Übermittlung folgende Form vor (Anhang IV VO (EU) Nr. 231/2013): 163

	Results of stress tests	
279	Please provide the **results of the stress tests** performed in accordance with point (b) of **Article 15(3) of Directive 2011/61/EU** *[risks associated with each investment position of the AIF and their overall effect on the AIF's portfolio can be properly identified, measured, managed and monitored on an on-going basis, including through the use of appropriate stress testing procedures;] (free text)*	
280	Please provide the **results of the stress tests** performed in accordance with the **second subparagraph of Article 16(1) of Directive 2011/61/EU.** *[AIFMs shall regularly conduct stress tests, under normal and exceptional liquidity conditions, which enable them to assess the liquidity risk of the AIFs and monitor the liquidity risk of the AIFs accordingly.] (free text)*	

IV. Informationspflichten auf Verlangen der BaFin (§35 III)

Nur **auf Verlangen der BaFin** hat die AIF-KVG die folgenden Unterlagen vorzulegen: 164

- die **Jahresberichte** nach §67 I 1, §101 I 1, §120 I, §135 I 1, §148 I oder §158 über **jeden** von der AIF-KVG verwalteten **inländischen Spezial-AIF** und **EU-AIF** sowie für **jeden AIF,** der von ihr in der EU oder im EWR **vertrieben wird,** sowie

– **zum Ende jedes Quartals** eine **detaillierte Aufstellung** sämtlicher von der AIF-KVG **verwalteten AIF.**

V. Informationspflichten für AIF, die in beträchtlichem Umfang Leverage einsetzen (§ 35 IV)

165 AIF-KVG, die einen oder mehrere AIF verwalten, die **in beträchtlichem Umfang Hebelfinanzierungen (Leverage) einsetzen,** haben der BaFin folgende Informationen zur Verfügung zu stellen:
– Angaben zum **Gesamtumfang** der eingesetzten Hebelfinanzierungen;
– eine **Aufschlüsselung** nach Leverage, der durch **Kreditaufnahme** oder **Wertpapierleihe** begründet wird, und Leverage, der durch den Einsatz von Derivaten oder auf andere Weise zustande kommt;
– Angaben zu dem **Umfang,** in dem die Vermögenswerte der AIF im Rahmen von Hebelfinanzierungen **wiederverwendet** wurden, sowie
– Angaben zur **Identität der fünf größten Kreditgeber** bzw. **Wertpapierverleiher** sowie zur **jeweiligen Höhe** der aus diesen Quellen **erhaltenen Hebelfinanzierungen** für jeden verwalteten AIF.

166 **Leverage von beträchtlichem Umfang** wird nach Art. 111 I VO (EU) Nr. 231/2013 eingesetzt, wenn das nach der **„Commitment-Methode" („Netto-Methode")** berechnete Engagement eines AIF seinen NAV **dreifach übersteigt.** Die Höhe des Brutto-Hebels ist irrelevant. Gemäß Art. 8 I VO (EU) Nr. 231/2013 beinhaltet das nach der Commitment-Methode berechnete Risiko eines AIF, vorbehaltlich der in Art. 8 II–IX genannten Kriterien, die Summe der absoluten Werte aller Positionen, die gem. Art. 19 der AIFM-RL und den dazugehörigen Rechtsakten bewertet werden (→ § 29 Rn. 112ff.).

167 § 35 IV 1 dient der Umsetzung von Art. 24 IV AIFM-RL. Die Informationen sind **für jeden** von der AIF-KVG **verwalteten AIF vorzulegen,** sofern die AIF-KVG **einen AIF** verwaltet, der in beträchtlichem Umfang Leverage einsetzt. Die AIF-KVG muss daher die Meldepflichten nach § 35 IV in einem solchen Fall nicht nur für AIF, die in beträchtlichem Umfang Leverage einsetzen, sondern **für alle von ihr verwalteten AIF** erfüllen. Eine Ausnahme hiervon besteht gem. § 35 VI nur für **ausländische AIF-Verwaltungsgesellschaften,** deren Referenzmitgliedstaat die BRD ist oder die ausländische AIF im Geltungsbereich des KAGB vertreiben. Diese haben die Informationen nach § 35 IV nur im nach § 35 VI definierten beschränkten Umfang an die BaFin zu übermitteln (vgl. → Rn. 172).

168 Weder KAGB, AIFM-RL, VO (EU) Nr. 231/2013 noch ESMA/2014/869DE enthalten eine Aussage darüber, ob eine Meldepflicht bereits entsteht, wenn ein AIF **lediglich einmal in einer Reporting-Periode** Leverage in beträchtlichem Umfang einsetzt, oder ob weitere Anforderungen (bspw. eine gewisse Dauer oder Nachhaltigkeit) erfüllt sein müssen Auch wird keine Aussage darüber getroffen, ob auf das **tatsächlich eingesetzte Leverage** oder auf das für den AIF iRd Risikomanagements festgelegte und dem Anleger gem. § 307 I Nr. 5 mitgeteilte **maximal zulässige Leverage** abzustellen ist. Nach dem Wortlaut „Leverage in beträchtlichem Umfang einsetzt" wird auf den **tatsächlichen Einsatz** abzustellen sein und die Meldepflicht entsteht, wenn ein AIF **zu irgendeinem Zeitpunkt** während einer Reporting-Periode einen **Commitment-Hebel von drei** überschreitet.

169 Die Informationen nach § 35 IV sind der BaFin nach § 35 VIII iVm Art. 110 V VO (EU) Nr. 231/2013 **zeitgleich mit den Informationen nach § 35 II** (→ Rn. 91ff.) zu übermitteln.

Die konsolidierten ESMA-Meldeformulare sehen für die Übermittlung in fol- 170
gender Form vor (Anhang IV VO (EU) Nr. 231/2013):

281	**Rehypothecation flag**				
282	**Of the amount of collateral and other credit support that the reporting fund has posted to counterparties: what percentage has been re-hypothecated by counterparties?**				
	Borrowing and Exposure Risk				
	Value of borrowings of cash or securities represented by:				
283	Unsecured cash borrowing:				
284	Collateralised/secured cash borrowing – Via Prime Broker:				
285	Collateralised/secured cash borrowing – Via (reverse) repo:				
286	Collateralised/secured cash borrowing – Via Other:				
	Value of borrowing embedded in financial instruments				
287	Exchange-traded Derivatives: Gross Exposure less margin posted				
288	OTC Derivatives: Gross Exposure less margin posted				
289	Value of securities borrowed for short positions				
	Gross exposure of financial and, as the case may be, or legal structures controlled by the AIF as defined in Recital 78 of the AIFMD				
		290	**291**	**292**	**293**
		Controlled structure Name	**Controlled structure LEI code**	**Controlled structure BIC code**	**Controlled structure Exposure value**
	Financial and, as the case may be, or legal structure				
	Financial and, as the case may be, or legal structure				
	...				
	Leverage of the AIF				
294	**a) as calculated under the Gross Method**				

295	b) as calculated under the Commitment Method						
	Five largest sources of borrowed cash or securities (short positions):						
		296	**297**	**298**	**299**	**300**	**301**
		Ranking	**Borrowing source flag**	**Name of the source**	**LEI code of the source**	**BIC code of the source**	**Received leverage amount**
	Largest:	1					
	2nd largest:	2					
	3rd largest:	3					
	4th largest:	4					
	5th largest:	5					

171 Die BaFin hat diese Informationen nach § 35 IV 3 dazu zu nutzen, um festzustellen, inwieweit die Nutzung von Leverage zur Entstehung von **Systemrisiken im Finanzsystem,** zur Entstehung des **Risikos von Marktstörungen** oder zur Entstehung von **Risiken für das langfristige Wirtschaftswachstum** beiträgt. § 35 IV 3 dient der Umsetzung von Art. 25 I AIFM-RL. Die BaFin hat die Informationen gem. § 9 an die dort benannten Stellen weiterzuleiten.

VI. Informationspflichten zur Überwachung von Systemrisiken (§ 35 V)

172 § 35 V dient der Umsetzung von Art. 24 V AIFM-RL. **Die BaFin** wird durch § 35 V legitimiert, für AIF-KVG **regelmäßig** oder **ad hoc zusätzliche Meldepflichten** festlegen, **sofern**

– dies für die **wirksame Überwachung von Systemrisiken** erforderlich ist oder
– die BaFin durch die **ESMA ersucht** wurde, solche zusätzlichen Meldepflichten aufzuerlegen. Art. 24 V 2. UAbs. AIFM-RL legitimiert die ESMA, **bei Vorliegen außergewöhnlicher Umstände** und soweit dies **zur Sicherung der Stabilität und Integrität des Finanzsystems** oder zur **Förderung eines langfristigen nachhaltigen Wachstums** erforderlich ist, die zuständigen Behörden des Herkunftsmitgliedsstaates zu ersuchen, zusätzliche Berichtspflichten aufzuerlegen.

173 Die BaFin kann sowohl **aus eigener Initiative** als auch auf **Ersuchen der ESMA** tätig werden. Macht sie von ihrem Recht Gebrauch, hat sie die ESMA über die den AIF-KVG zusätzlich auferlegten Meldepflichten nach § 35 V 2 **zu informieren.**

VII. Informationspflichten von ausländischen AIF-Verwaltungsgesellschaften (§ 35 VI)

Durch § 35 VI wird Art. 24 IV UAbs. 3 AIFM-RL in nationales Recht umgesetzt. **Ausländische AIF-Verwaltungsgesellschaften** iSd § 1 XVIII (Unternehmen mit Sitz in einem Drittstaat, die den Anforderungen an einen AIFM iSd AIFM-RL entsprechen), deren **Referenzmitgliedstaat die BRD** (§ 56) ist, oder die nach § 317 oder § 330 **ausländische AIF im Geltungsbereich des KAGB** vertreiben, sind bereits nach § 58 XI, § 317 I Nr. 3, § 330 I verpflichtet, Meldungen nach § 35 abzugeben. § 35 VI enthält diesbezüglich allein eine Klarstellung. Darüber hinaus dient § 35 VI der Einschränkung der Meldepflicht von § 35 IV, der grds. die Meldung für alle AIF verlangen würde (Gesetzesbegr. zu § 35 VI). Ausländische AIF-Verwaltungsgesellschaften müssen, sofern der betreffende AIF **Leverage in beträchtlichem Umfang** einsetzt, die Informationen gem. § 35 IV nicht für alle verwalteten AIF, sondern **nur** für AIF, die **im Geltungsbereich der AIFM-RL vertrieben** werden, an die BaFin übermitteln. Im Übrigen gelten die Regelungen des § 35 I–V für ausländische AIF-Verwaltungsgesellschaften uneingeschränkt. 174

VIII. Vorlage des Jahresberichts durch EU-AIF- und ausländische Verwaltungsgesellschaften (§ 35 VII)

Nach § 35 VII haben **EU-AIF-Verwaltungsgesellschaften** und **ausländische AIF-Verwaltungsgesellschaften** der BaFin auf Verlangen für **jeden** verwalteten **inländischen Spezial-AIF** und für **jedes Geschäftsjahr** einen nach den für den AIF einschlägigen Regelungen aufgestellten **Jahresbericht** (§ 101 I 1, § 120 I, § 135 I 1, § 148 I oder § 158) vorzulegen. 175

§ 35 VII dient der Umsetzung von Art. 22 I UAbs. 1 S. 3 AIFM-RL. Die Jahresberichte müssen der BaFin **nur auf Verlangen** vorgelegt werden. Die Vorschrift richtet sich an EU-AIF-Verwaltungsgesellschaften und ausländische AIF-Verwaltungsgesellschaften, die inländische Spezial-AIF im Inland verwalten. Dabei sind jedoch ausländische AIF-Verwaltungsgesellschaften, deren Referenzmitgliedstaat die BRD ist, aufgrund des § 58 XI bereits von der Vorschrift des § 35 III 1 erfasst, so dass Abs. 7 die **ausländischen AIF-Verwaltungsgesellschaften, für die die BRD kein Referenzmitgliedstaat iSd § 56 ist und die inländische Spezial-AIF verwalten,** betrifft. Die Regelung beschränkt sich auf die Verwaltung von Spezial-AIF, da die Möglichkeit der Verwaltung von inländischen AIF durch EU-AIF-Verwaltungsgesellschaften oder ausländische AIF-Verwaltungsgesellschaften für Publikums-AIF nicht besteht (Gesetzesbegr. zu § 35 VII). 176

IX. MVP-Portal, Allgemeinverfügung (§ 35 IX, X)

1. MVP-Portal (§ 35 IX). Gemäß § 35 IX müssen AIF-KVG die Meldungen nach den Abs. 1, 2 und 3 Nr. 2 und den Abs. 4–6 **elektronisch** über das **Melde- und Veröffentlichungssystem der BaFin (MVP-Portal)** übermittelt werden. Ein anderer Übertragungsweg ist nicht zulässig. Insbesondere ist weder eine Übermittlung der Dateien per E-Mail noch ein Eintragen der Daten in eine Online-Maske möglich. Die technischen Spezifikationen werden über die Informationsseiten des MVP-Portals zur Verfügung gestellt. Weitere detaillierte Aussagen zu den 177 technischen Grundlagen, dem Meldeweg, und der MVP-Plattform enthält das BaFin-Merkblatt.

178 AIF-KVG müssen sich für das entspr. **Fachverfahren „AIFMD-Berichtswesen"** freischalten lassen. Falls die Übermittlung der Daten nicht durch die AIF-KVG erfolgt, ist dem Antrag auf Freischaltung zum Fachverfahren eine gültige Vollmacht beizufügen. Der Status der übermittelten Daten ist dem MVP-Portal zu entnehmen. Formale und inhaltliche Fehler werden von der BaFin über das MVP-Portal mitgeteilt. Die Information über fehlerhafte Meldungen erfolgt ausschließlich über das MVP-Portal. Es erfolgt keine darüberhinausgehende oder automatisierte Weiterleitung der im MVP-Portal vorgehaltenen Informationen an die AIF-KVG. Fehlerhafte Meldungen sind zu korrigieren und vollständig zu wiederholen, dh, es hat eine erneute Mitteilung der gesamten Datei einschl. aller enthaltenen AIF/AIFM zu erfolgen (Abschn. II BaFin-Merkblatt idF v. 5.3.2015).

179 **2. Allgemeinverfügung (§ 35 IV).** Durch das OGAV-V-UmsG wurde § 35 um eine Ermächtigungsgrundlage für die BaFin ergänzt, die technischen Einzelheiten zu den Meldungen (zB Format und Übertragungsweg der Meldungen) im Wege von Allgemeinverfügungen zu konkretisieren.

§ 36 Auslagerung; Verordnungsermächtigung

(1) [1]**Die Kapitalverwaltungsgesellschaft kann Aufgaben auf ein anderes Unternehmen (Auslagerungsunternehmen) unter den folgenden Bedingungen auslagern:**

1. **die Kapitalverwaltungsgesellschaft muss in der Lage sein, ihre gesamte Auslagerungsstruktur anhand von objektiven Gründen zu rechtfertigen;**
2. **das Auslagerungsunternehmen muss über ausreichende Ressourcen für die Ausführung der ihm übertragenen Aufgaben verfügen und die Personen, die die Geschäfte des Auslagerungsunternehmens tatsächlich leiten, müssen zuverlässig sein und über ausreichende Erfahrung verfügen;**
3. **sofern die Auslagerung bei einer OGAW-Kapitalverwaltungsgesellschaft die Portfolioverwaltung und bei einer AIF-Kapitalverwaltungsgesellschaft die Portfolioverwaltung oder das Risikomanagement betrifft, dürfen damit nur Auslagerungsunternehmen beauftragt werden, die für die Zwecke der Vermögensverwaltung oder Finanzportfolioverwaltung zugelassen oder registriert sind und einer Aufsicht unterliegen; § 2 Absatz 6 Satz 1 Nummer 5 des Kreditwesengesetzes findet insoweit keine Anwendung; kann diese Bedingung bei AIF-Kapitalverwaltungsgesellschaften nicht erfüllt werden, kann eine Auslagerung nach Genehmigung durch die Bundesanstalt erfolgen;**
4. **wird die Portfolioverwaltung oder das Risikomanagement auf ein Unternehmen mit Sitz in einem Drittstaat ausgelagert, muss die Zusammenarbeit zwischen der Bundesanstalt und der zuständigen Aufsichtsbehörde des Drittstaates sichergestellt sein;**
5. **die Auslagerung darf die Wirksamkeit der Beaufsichtigung der Kapitalverwaltungsgesellschaft nicht beeinträchtigen; insbesondere darf sie weder die Kapitalverwaltungsgesellschaft daran hindern, im Interesse ihrer Anleger zu handeln, noch darf sie verhindern, dass das Investmentvermögen im Interesse der Anleger verwaltet wird;**

6. die Kapitalverwaltungsgesellschaft muss darlegen können, dass das Auslagerungsunternehmen
   a) unter Berücksichtigung der ihm übertragenen Aufgaben über die erforderliche Qualifikation verfügt,
   b) in der Lage ist, die übernommenen Aufgaben ordnungsgemäß wahrzunehmen und
   c) sorgfältig ausgewählt wurde;
7. die Kapitalverwaltungsgesellschaft muss in der Lage sein, die ausgelagerten Aufgaben jederzeit wirksam zu überwachen; sie hat sich insbesondere die erforderlichen Weisungsbefugnisse und die Kündigungsrechte vertraglich zu sichern; darüber hinaus hat sie bei einer Auslagerung auf ein Unternehmen in einem Drittstaat vertraglich sicherzustellen, dass das Auslagerungsunternehmen einen inländischen Zustellungsbevollmächtigten zu benennen hat, an den Bekanntgaben und Zustellungen durch die Bundesanstalt bewirkt werden können, und
8. die Kapitalverwaltungsgesellschaft überprüft fortwährend die vom Auslagerungsunternehmen erbrachten Dienstleistungen.

[2]Die Genehmigung der Auslagerung nach Satz 1 Nummer 3 durch die Bundesanstalt ist innerhalb einer Frist von vier Wochen nach Eingang des Genehmigungsantrags zu erteilen, wenn die Voraussetzungen für die Genehmigung erfüllt sind. [3]Sind die Voraussetzungen für die Genehmigung nicht erfüllt, hat die Bundesanstalt dies dem Antragsteller innerhalb der Frist nach Satz 2 unter Angabe der Gründe mitzuteilen und fehlende oder geänderte Angaben oder Unterlagen anzufordern. [4]Mit dem Eingang der angeforderten Angaben oder Unterlagen beginnt der Lauf der in Satz 2 genannten Frist erneut.

(2) [1]Die Kapitalverwaltungsgesellschaft hat der Bundesanstalt eine Auslagerung anzuzeigen, bevor die Auslagerungsvereinbarung in Kraft tritt. [2]Sie hat der Bundesanstalt darüber hinaus wesentliche Änderungen einer Auslagerung anzuzeigen.

(3) Die Portfolioverwaltung oder das Risikomanagement darf nicht ausgelagert werden auf

1. die Verwahrstelle oder einen Unterverwahrer oder
2. ein anderes Unternehmen, dessen Interessen mit denen der Kapitalverwaltungsgesellschaft oder der Anleger des Investmentvermögens im Konflikt stehen könnten, außer wenn ein solches Unternehmen
   a) die Ausführung seiner Aufgaben bei der Portfolioverwaltung oder dem Risikomanagement funktional und hierarchisch von seinen anderen potenziell dazu im Interessenkonflikt stehenden Aufgaben trennt und
   b) die potenziellen Interessenkonflikte ordnungsgemäß ermittelt, steuert, beobachtet und den Anlegern des Investmentvermögens gegenüber offenlegt.

(4) Die Kapitalverwaltungsgesellschaft hat ein Verschulden des Auslagerungsunternehmens in gleichem Umfang zu vertreten wie eigenes Verschulden.

(5) Die Kapitalverwaltungsgesellschaft darf Aufgaben nicht in einem Umfang übertragen, der dazu führt, dass sie nicht länger als Verwaltungsgesellschaft angesehen werden kann und zu einer Briefkastenfirma wird.

(5a) **Die Bundesanstalt kann im Einzelfall unmittelbar gegenüber Auslagerungsunternehmen Anordnungen treffen, die geeignet und erforderlich sind, um die Ordnungsmäßigkeit der Tätigkeit der Kapitalverwaltungsgesellschaft zu gewährleisten, insbesondere um zu verhindern, dass die Kapitalverwaltungsgesellschaft zu einer Briefkastenfirma im Sinne des Absatzes 5 wird.**

(6) [1]**Das Auslagerungsunternehmen darf die auf ihn ausgelagerten Aufgaben unter den folgenden Bedingungen weiter übertragen (Unterauslagerung):**
1. **die Kapitalverwaltungsgesellschaft hat der Unterauslagerung vorher zuzustimmen,**
2. **die Kapitalverwaltungsgesellschaft hat der Bundesanstalt die Unterauslagerung anzuzeigen, bevor die Unterauslagerungsvereinbarung in Kraft tritt,**
3. **die in Absatz 1 Nummer 2 bis 8 festgelegten Bedingungen werden auf das Verhältnis zwischen Auslagerungsunternehmen und Unterauslagerungsunternehmen entsprechend angewendet.**

[2]**Satz 1 gilt entsprechend bei jeder weiteren Unterauslagerung.**

(7) **Absatz 3 gilt entsprechend bei jeder Unterauslagerung der Portfolioverwaltung oder des Risikomanagements.**

(8) **Bei OGAW-Kapitalverwaltungsgesellschaften muss die Auslagerung mit den von der OGAW-Kapitalverwaltungsgesellschaft regelmäßig festgesetzten Vorgaben für die Verteilung der Anlagen in Einklang stehen.**

(9) **Die Kapitalverwaltungsgesellschaft hat im Verkaufsprospekt nach § 165 oder § 269 die Aufgaben aufzulisten, die sie ausgelagert hat.**

(10) [1]**Im Hinblick auf AIF-Kapitalverwaltungsgesellschaften bestimmen sich die Bedingungen zur Erfüllung der Anforderungen nach den Absätzen 1 bis 3 und 6 und 7 sowie die Umstände, unter denen angenommen wird, dass die AIF-Kapitalverwaltungsgesellschaft im Sinne von Absatz 5 ihre Funktionen in einem Umfang übertragen hat, der sie zu einer Briefkastenfirma werden lässt, so dass sie nicht länger als Verwalter des AIF angesehen werden kann, nach den Artikeln 75 bis 82 der Delegierten Verordnung (EU) Nr. 231/2013.** [2]**Für OGAW-Kapitalverwaltungsgesellschaften sind die Artikel 75 bis 82 der Delegierten Verordnung (EU) Nr. 231/2013 hinsichtlich der Bedingungen zur Erfüllung der Anforderungen nach den Absätzen 1 bis 3 und 6 und 7 sowie der Umstände, unter denen angenommen wird, dass die OGAW-Kapitalverwaltungsgesellschaft im Sinne von Absatz 5 ihre Funktionen in einem Umfang übertragen hat, der sie zu einer Briefkastenfirma werden lässt, so dass sie nicht länger als Verwalter des OGAW angesehen werden kann, entsprechend anzuwenden.**

(11) [1]**Das Bundesministerium der Finanzen wird ermächtigt, durch Rechtsverordnung, die nicht der Zustimmung des Bundesrates bedarf, nähere Bestimmungen zu erlassen über**
1. **Art, Umfang, Zeitpunkt und Form der nach diesem Gesetz vorgesehenen Anzeigen und einzureichenden Unterlagen,**
2. **die zulässigen Datenträger, Übertragungswege und Datenformate und**

3. zu verwendende und anzuzeigende Zusatzinformationen zu den Hauptinformationen, etwa besondere Rechtsträgerkennungen sowie Angaben zu deren Aktualität oder Validität.

[2]Das Bundesministerium der Finanzen wird weiterhin ermächtigt, durch Rechtsverordnung, die nicht der Zustimmung des Bundesrates bedarf, die bestehenden Anzeigepflichten durch die Verpflichtung zur Erstellung von Sammelanzeigen und zur Einreichung von Sammelaufstellungen zu ergänzen, soweit dies zur Erfüllung der Aufgaben der Bundesanstalt erforderlich ist, insbesonder um einheitliche Unterlagen zur Beurteilung der von den Kapitalverwaltungsgesellschaften durchgeführten Geschäften zu erhalten. [3]In der Rechtsverordnung können ebenfalls nähere Bestimmungen erlassen werden für die Führung eines öffentlichen Registers durch die Bundesanstalt sowie über die Zugriffsmöglichkeiten auf dieses öffentliche Register und über die Zuweisung von Verantwortlichkeiten für die Richtigkeit und Aktualität des öffentlichen Registers. [4]Das Bundesministerium der Finanzen kann die Ermächtigung durch Rechtsverordnung auf die Bundesanstalt übertragen.

Inhaltsübersicht

Rn.
I. Allgemeines 1
II. Auslagerung iSd KAGB 4
1. Auslagerung 4
a) Definition 4
b) Auslagerung von Anlageverwaltungsfunktionen 5
c) Auslagerung der Ausgabe und Rücknahme von Anteilscheinen, der Führung eines Anlegerregisters und der Gewinnausschüttungen 10
d) Auslagerung bei Immobilien-Sondervermögen 12
e) Auslagerung von IT-Dienstleistungen sowie Auslagerungen an Cloud-Anbieter 15
2. Keine Auslagerung – Fremdbezug von Dienstleistungen 25
3. Wesentliche Auslagerung 29
4. Auslagerung durch registrierte KVG 31
5. Abgrenzung zur externen Verwaltung eines Investmentvermögens 32
6. Anlageberatung 35
III. Grenzen der Auslagerung (§ 36 III) 36
1. Auslagerung von zentralen Leitungsfunktionen 36
a) Auslagerung von Compliance-Aufgaben 37
b) Auslagerung des Geldwäschebeauftragten 41
c) Auslagerung der Internen Revision 44
2. Verwahrstelle und Unterverwahrer 47
3. Interessenkonflikte 50
a) Verbot der Auslagerung bei Interessenkonflikten 50
b) Ausnahme vom Verbot der Auslagerung bei Interessenkonflikten 51
IV. Auslagerungsanzeige 52
1. Neue Auslagerung 52
2. Änderungsanzeige 57
3. Auslagerungsanzeige bei Unterauslagerung 58
4. Anzeige erlaubnisrelevanter Änderungen 59

Rn.
V. Auslagerungskonzept und Auslagerungscontrolling 60
1. Zentrales Auslagerungsmanagement 61
2. Risikoanalyse 63
3. Auslagerungskonzept (§ 36 I Nr. 1) 66
a) Anforderungen an das auslagernde Unternehmen (KVG) 66
b) Objektive Rechtfertigungsgründe 68
4. Auslagerungscontrolling (§ 36 I Nr. 7, 8) 72
a) Überwachung des Auslagerungsunternehmens 72
b) Fortwährende Überprüfung des Auslagerungsunternehmens 76
VI. Anforderungen an Auslagerungsunternehmen 80
1. Ressourcen (§ 36 I Nr. 2) 80
2. Auslagerung der Portfolioverwaltung oder des Risikomanagements (§ 36 I Nr. 3) 82
3. Auslagerung an Drittstaat (§ 36 I Nr. 4) 86
4. Wirksamkeit der Beaufsichtigung (§ 36 I Nr. 5) 88
5. Dokumentation (§ 36 I Nr. 6) 90
a) Due Diligence des Auslagerungsunternehmens 91
b) Auslagerungsvertrag 92
VII. Haftung für Auslagerungsunternehmen (§ 36 IV) 93
VIII. Verbot der Briefkastenfirma (§ 36 V) 94
1. Briefkastenfirma iSd Art. 82 I VO (EU) Nr. 231/2013 94
2. Auslagerung von Portfolioverwaltung und Risikomanagement 99
3. Master-KVG-Modell 101
IX. Unterauslagerung (§ 36 VI) 103

I. Allgemeines

1 § 36 regelt, **in welchem Umfang** und **unter welchen Voraussetzungen** die KVG Dienstleistungen an Dritte auslagern darf. Die Vorschrift setzt Art. 20 AIFM-RL um und soll darüber hinaus im Wesentlichen **auch für OGAW-KVG** gelten (vgl. BT-Drs. 17/12294, 220). Ergänzend finden die Regelungen der Art. 75–82 VO (EU) Nr. 231/2013 Anwendung.

2 Die BaFin hat darüber hinaus eine Reihe von Veröffentlichungen zu ihren Erwartungen und ihrer Verwaltungspraxis betreffend die Auslagerung von Dienstleistungen durch KVG veröffentlicht. Zu nennen sind hier insb.:

- **„Häufige Fragen zum Thema Auslagerung gemäß § 36 KAGB“** idF v. 15.11.2017;
- **„Mindestanforderungen an das Risikomanagement von KVGen (KAMaRisk)“** idF v. 10.1.2017;
- „**Kapitalverwaltungsaufsichtliche Anforderungen an die IT (KAIT)** idF v. 1.10.2019;
- **„Mindestanforderungen and die Compliance-Funktion und weitere Verhaltens-, Organisations- und Transparenzpflichten (MaComp)“** idF v. 28.2.2024;
- **„Auslegungs- und Anwendungshinweise zum Geldwäschegesetz“** idF v. Oktober 2021;
- **„Aufsichtsmitteilung zu Auslagerungen an Cloud-Anbieter“** idF Februar 2024.

2a Durch das Finanzmarktintegritätsgesetz v. 3.6.2021 wurde in § 36 die Pflicht zur Anzeige von Auslagerungen reformiert. Diese reformierte Anzeigepflicht gilt mit Inkrafttreten der **KAGB-Auslagerungsanzeigeverordnung (KAGBAuslAnzV)** am 24.11.2022 und zielt darauf ab, der Aufsicht einen umfassenden Überblick über die ausgelagerten Aktivitäten und Prozesse der beaufsichtigten KVG zu verschaffen. Dies soll auch der Gefahr begegnen, dass durch die Auslagerung auf ein Auslagerungsunternehmen Risiken entstehen, die nicht mehr ausreichend überwacht werden können. Daneben können Konzentrationsrisiken für den gesamten Finanzmarkt identifizierbar gemacht werden, die ggf. durch Auslagerungen auf einige wenige Auslagerungsunternehmen entstehen. Durch zu frühzeitige Eindämmung dieser Risiken soll es nach Auffassung des Gesetzgebers und der BaFin einer detaillierten Erfassung der Daten, die in Verbindung mit den einzelnen Auslagerungen stehen, und einer systematischen Auswertbarkeit der Daten bedürfen.

Im Rahmen dieser Novellierung des Anzeigeverfahrens nach § 36 hat die BaFin **2b**
eine Reihe von weiteren Veröffentlichungen getätigt. Zu nennen sind hier insb.

- **„Auslagerungsanzeigen: BaFin beantwortet Fragen zur Nutzung des MVP-Portals“** v. 8.2.2023;
- **„Informationen zum Meldeverfahren für Auslagerungen“** v. 1.3.2023;
- **„Informationen zum Meldeverfahren für wesentliche Auslagerungen“** v. 12.12.2023; und zuletzt der
- **„Hinweise zur Einreichung der Auslagerungsanzeigen im MVP-Fachverfahren: Anzeige von Auslagerungen nach § 36 Kapitalanlagegesetzbuch sowie der Verordnung über die Anzeigen und die Vorlage von Unterlagen nach § 36 des Kapitalanlagegesetzbuchs (KAGB-Auslagerungsanzeigenverordnung – KAGBAuslAnzV)“** v. 25.1.2024.

Im Unterschied zur vorherigen Regelung des § 16 InvG unterscheidet § 36 **3**
nicht zwischen einer **wesentlichen** und einer **unwesentlichen Auslagerung,** infolgedessen grds. jede Auslagerung unter § 36 fällt (→ Rn. 29).

II. Auslagerung iSd KAGB

1. Auslagerung. a) Definition. Gemäß Ziff. 10 Tz. 1 KAMaRisk liegt eine **4**
Auslegung vor, wenn eine KVG **ein anderes Unternehmen („Auslagerungsunternehmen“) mit den Wahrnehmungen von Aufgaben beauftragt,** die **ansonsten von der Gesellschaft selbst zu erbringen wären.** Ob eine Auslagerung iSd KAGB vorliegt, ist **unabhängig von möglichen zivilrechtlichen Ausgestaltungen.** Maßgeblich ist die tatsächliche Erbringung von Aufgaben durch Dritte, die ansonsten von der KVG zu erbringen wären.

b) Auslagerung von Anlageverwaltungsfunktionen. Anhang I der AIFM- **5**
RL benennt **Anlageverwaltungsfunktionen,** die ein AIFM (KVG) bei der Verwaltung eines AIF **mindestens übernehmen muss (Portfolioverwaltung** und **Risikomanagement;** Anh. I Nr. 1) sowie **andere Aufgaben,** die ein AIFM (KVG) iRd kollektiven Verwaltung eines AIF **zusätzlich ausüben kann (administrative Tätigkeiten, Vertrieb** und **Tätigkeiten im Zusammenhang mit den Vermögenswerten des AIF;** Anh. I Nr. 2).

aa) Auslagerung der Portfolioverwaltung und Risikomanagement. Eine **6**
Übertragung der Anlageverwaltungsfunktionen **Portfolioverwaltung** und **Risikomanagement** stellt **stets eine Auslagerung** dar.

bb) Auslagerung von administrativen Tätigkeiten. Auch die Übertragung **7**
der in Anh. I Nr. 1 AIFM-RL benannten **administrativen Tätigkeiten**

– in Form von **rechtlichen Dienstleistungen** sowie Dienstleistungen der **Fondsbuchhaltung** und **Rechnungslegung,**
– der **Bearbeitung von Kundenanfragen,**
– der **Bewertung** und **Preisfestsetzung,** einschl. **Steuererklärungen,**
– **der Überwachung** der Einhaltung der Rechtsvorschriften,
– der Führung eines **Anlegerregisters,**
– der Vornahme von **Gewinnausschüttungen,**
– die Entscheidung über die grds. **Ausgabe** und **Rücknahme** von Anteilen,
– der Vornahme von **Kontraktabrechnungen,** einschl. **Versand von Zertifikaten,**
– der Führung von **Aufzeichnungen**

sollen **stets eine Auslagerung** beinhalten. Auch wenn eine KVG administrative Tätigkeiten nicht zwingend selbst erbringen muss, soll es sich um **originäre Aufgaben** handeln, deren Übertragung daher als Auslagerung zu bewerten sei. Die KVG bleibt für die ordnungsgemäße Erfüllung dieser Aufgaben durch Dritte verantwortlich (zur Begr.: Ziffer 1 BaFin-FAQ zur Auslagerung idF v. 15.11.2017).

8 Gleiches gilt nach Auffassung der BaFin grds. auch für eine Übertragung der in Anh. I Nr. 2 Buchst. c AIFM-RL genannten **Tätigkeiten im Zusammenhang mit der Verwaltung von Vermögenswerten:**
– Dienstleistungen, die **zur Erfüllung der treuhänderischen Pflichten** des AIFM (KVG) erforderlich sind,
– **Facility Management,**
– **Immobilienverwaltung,**
– **Beratung von Unternehmen** über die **Kapitalstruktur,** die **industrielle Strategie** und damit **verbundene Fragen,**
– **Beratungs-** und **Dienstleistungen** im Zusammenhang mit **Fusionen** und dem **Erwerb von Unternehmen** und
– **weitere Dienstleistungen** iVm der Verwaltung der AIF und der Unternehmen und anderer Vermögenswerte, in die die AIF investiert haben.

Auch eine Übertragung dieser Tätigkeiten stellt daher **eine Auslagerung** dar (vgl. zur Erbringung von Dienstleistungen auf Sachwerte Ziffer 15 BaFin-FAQ zur Auslagerung idF v. 15.11.2017).

9 Der in **Anh. I Nr. 2 Buchst. b AIFM-RL** genannte **Vertrieb von Investmentanteilen** durch Intermediäre gehört nach der Verwaltungsauffassung der BaFin dagegen nicht zu den originären Tätigkeiten der KVG und stellt daher regelmäßig **keinen Fall einer Auslagerung** dar (Ziffer 1 BaFin-FAQ zur Auslagerung idF v. 15.11.2017). Ein Investmentvermögen, bspw. ein Spezial-AIF, bedarf nicht zwingend eines Vertriebs und der Vertrieb gehört auch nicht zwingend zu den Kernkompetenzen einer KVG. Auch unterscheidet das KAGB strukturell zwischen Auslagerung und Vertrieb (zB Auslagerungsanzeige gem. § 36 II und der Vertriebsanzeige bspw. gem. § 316 oder § 320).

10 **c) Auslagerung der Ausgabe und Rücknahme von Anteilscheinen, der Führung eines Anlegerregisters und der Gewinnausschüttungen.** Umstritten war, ob die **Ausgabe und Rücknahme von Anteilscheinen**, die **Führung eines Anlegerregisters** und die Vornahme der **Gewinnausschüttungen durch die Verwahrstelle** nach § 36 (anders als vormals nach § 16 InvG) eine Auslagerung darstellt. Die BaFin hat ihre zwischenzeitliche Rechtsauffassung, nach der in diesen Fällen eine Auslagerung vorliegen würde, wieder geändert und kommt danach zu einer vergleichbaren Verwaltungsauffassung wie vormals nach dem InvG.

Die BaFin sieht danach nur noch die **Entscheidung über die grundsätzliche Aufnahme,** den **Umfang** und die **Einstellung der Anteilsausgabe** in einem Investmentvermögen als **originäre Aufgabe der KVG** an, welche nur unter den Voraussetzungen eines Auslagerungsverhältnisses und bei **Einhaltung der Divisionslösung** auf die Verwahrstelle oder einen Dritten übertragen werden dürfe. Das im Rahmen dieser Vorgaben durchgeführte börsentägliche Geschäft der **Entgegennahme einzelner Kundenaufträge** und deren **Bedienung** seien dagegen als ein Tatbestand der **technischen Abwicklung** und damit **nicht als Auslagerung** zu betrachten. Es kann daher durch die Verwahrstellen durchgeführt werden, ohne dass es dazu der Begründung eines gesonderten Auslagerungsverhältnisses bedarf. 11

d) Auslagerung bei Immobilien-Sondervermögen. Die BaFin stellt durch Ziff. 14 ihres FAQ zur Auslagerung idF v. 15.11.2017 klar, dass auch **in Bezug auf Immobilien-Sondervermögen** die **Portfolioverwaltung** ausgelagert werden und die **Anlageentscheidung zum Kauf oder Verkauf einer Immobilie** durch ein Auslagerungsunternehmen getroffen werden kann. Insofern sei, auch die Dispositionsbefugnis als Kernkompetenz des Auslagerungsunternehmens auslagerungsfähig. In solchen Auslagerungsfällen soll aber der **Kompetenz des Auslagerungsunternehmens besondere Bedeutung** zukommen. Die Eignung des Auslagerungsunternehmens werde, sofern nicht eine entspr. Zulassung des Auslagerungsunternehmens vorliegt, im BaFin-Genehmigungsverfahren nach § 36 I Nr. 3 entspr. geprüft. Insbesondere der **Umfang der Auslagerung** sowie das **Risiko der Auslagerung auf die KVG und das Immobilien-Sondervermögen** würden durch die BaFin bewertet. Vor dem Hintergrund der Bedeutung einer Entscheidung zum Kauf/Verkauf von Objekten bzw. Sachwerten stelle die Gesetzesbegr. zu § 36 I Nr. 3 den Genehmigungsfall einer umfangreichen Auslagerung auf ein nicht zugelassenes Auslagerungsunternehmen als **Ausnahme gegenüber der Regel** dar. 12

Abzugrenzen ist die Auslagerung der Portfolioverwaltung bei Immobilien-Sondervermögen von bloßen **Dienstleistungen in Bezug auf Sachwerte.** Tätigkeiten, die **keine Dispositionsbefugnis** über den Vermögensgegenstand umfassen (bspw. Facility Management), sind nicht als Teilbereich der Portfolioverwaltung anzusehen, infolgedessen die Anforderungen des § 36 I Nr. 3 nicht erfüllt sein müssen. Gleichwohl sollen nach Erwgr. 82 VO (EU) Nr. 231/2013 die Anforderungen an Auslagerungen **für alle in Anh. I der AIFM-RL benannten Verwaltungsfunktionen** gelten, so dass die Übertragung von Verwaltungstätigkeiten wie das Facility-Management zwar nicht als Teil der Portfolioverwaltung, aber als **Tätigkeiten im Zusammenhang mit der Verwaltung von Vermögenswerten** eine Auslagerung darstellen (vgl. Ziffer 15 BaFin-FAQ zur Auslagerung idF v. 15.11.2017). 13

Ein **Fremdbezug von Dienstleistungen** ist regelmäßig dann **nicht gegeben,** wenn dem Vertragspartner hinsichtlich der Leistungserbringung ein **wesentlicher Entscheidungsspielraum** eingeräumt ist. In diesem Fall ist stets von einer Auslagerung auszugehen. 14

e) Auslagerung von IT-Dienstleistungen sowie Auslagerungen an Cloud-Anbieter. aa) Auslagerung und sonstiger Fremdbezug von IT-Dienstleistungen. Nachdem die BaFin bereits am 6.11.2017 „Bankaufsichtliche Anforderungen an die IT (BAIT)" veröffentlicht und diese am 14.9.2018 aktualisiert hatte, hat sie am 1.10.2019 darüber hinaus **„Kapitalverwaltungsaufsichtliche Anforderungen an die IT (KAIT)"** (BaFin-Rundschreiben 11/2019) veröffentlicht. Sie erläutert mit der KAIT auf **prinzipienbasierter Basis Mindestanforderungen, insb. an die IT-Governance und Informationssicherheit,** die von 15

KVG mit Erlaubnis nach § 20 einzuhalten seien. Abschnitt 2.8 KAIT enthält Anforderungen an die Auslagerung von IT-Dienstleistungen und den sonstigen Fremdbezug von IT-Dienstleistungen. Ab dem 17.1.2025 wird mit der VO (EU) 2022/2554 über die digitale operationale Resilienz im Finanzsektor (Digital Operational Resilience Act, DORA) eine den gesamten europäischen Finanzsektor betreffende Regulierung für die Themen Cybersicherheit, Risiken der Industrie- und Kommunikationstechnologie (IKT) und digitale operationale Resilienz zu beachten sein, die den bestehenden Regelungen als *lex specialis* vorgeht bzw. diese ergänzt (BaFin, Aufsichtsmitteilung zu Auslagerungen an Cloud-Anbieter, S. 6).

16 **(1) Auslagerung von IT-Dienstleistungen.** Eine **Auslagerung von IT-Dienstleistungen** liegt vor, wenn ein anderes Unternehmen mit der Wahrnehmung von Aufgaben beauftragt wird (Auslagerungsunternehmen), die ansonsten von der KVG selbst erbracht würden. **IT-Dienstleistungen** umfassen nach Abschn. 2.8 Tz. 63 KAIT alle Ausprägungen des Bezugs von IT. Hierzu zählen insb. die Bereitstellung von IT-Systemen, Projekte/Gewerke oder Personalgestellung. Hierzu zählen auch IT-Dienstleistungen, die der KVG durch ein Dienstleistungsunternehmen über ein Netz bereitgestellt werden (zB Rechenleistung, Speicherplatz, Plattformen oder Software) und deren Angebot, Nutzung und Abrechnung ggf. dynamisch und an den Bedarf angepasst über definierte technische Schnittstellen sowie Protokolle erfolgen **(Cloud-Dienstleistungen).** Die Auslagerungen der IT-Dienstleistungen haben die Anforderungen nach Ziff. 10 KAMaRisk und BaFin-FAQ „Häufige Fragen zum Thema Auslagerung gemäß § 36 KAGB" zu erfüllen.

17 Beispiele der Auslagerung von IT-Dienstleistungen sind:

- Anpassung der Software an die Erfordernisse der KVG **(Parametrisierung bzw. Customising),**
- entwicklungstechnische Erstellung von Programmen oder Programmteilen und die Umsetzung von Änderungswünschen **(Programmierung),**
- das **Testen,** die **Freigabe** und die **Implementierung** der Software in die Produktionsprozesse beim erstmaligen Einsatz und bei wesentlichen Veränderungen, insb. von programmtechnischen Vorgaben,
- die **Fehlerbehebungen** gem. der Anforderungs-/Fehlerbeschreibung des Auftraggebers oder Herstellers,
- **sonstige Unterstützungsleistungen** (wie zB der Betrieb und die Wartung von IT-Systemen durch Dritte), sofern diese längerfristig angelegt sind oder erhebliche oder kritische Auswirkungen auf die Portfolioverwaltung, das Risikomanagement oder sonstige geschäftskritische Prozesse haben oder haben können.

18 **(2) Sonstiger Fremdbezug von IT-Dienstleistungen.** Von der Auslagerung von IT-Dienstleistungen ist der **sonstige Fremdbezug von IT-Dienstleistungen abzugrenzen, die keine Auslagerung darstellt.** Beim **sonstigen Fremdbezug von IT-Dienstleistungen** haben KVG die allgemeinen Anforderungen an die Ordnungsmäßigkeit der Geschäftsorganisation gem. §§ 28–30 zu beachten (vgl. Erl. zu Ziff. 10 Tz. 1 KAMaRisk). Bei jedem Bezug von Software sind die damit verbundenen Risiken angemessen zu bewerten (vgl. Ziff. 4.3 Tzn. 7, 9 und 15 KAMaRisk). Als sonstiger Bezug von IT-Dienstleistungen gilt laut Erl. zu Abschn. 2.8 Tz. 64 KAIT idR auch der isolierte Bezug von handelsüblicher Standard-Software, dh von Software ohne unternehmensspezifische Anpassungen (einschließlich automatischer Updates und Patches) und die auf diese bezogene Inanspruchnahme von Software-Anbietern für Ad-hoc-Hilfe beim Betrieb dieser Systeme (vgl. Erwgr. 82

VO (EU) Nr. 231/2013). Eine Personalgestellung zu Gunsten der KVG ist in der Regel als sonstiger Fremdbezug einzustufen, wenn die Tätigkeit auf den Systemen der KVG und nach deren Weisung und unter ihrer Kontrolle erfolgt.

Wegen der grundlegenden Bedeutung der IT für die KVG ist auch für jeden sonstigen Fremdbezug von IT-Dienstleistungen vorab eine **Risikobewertung** durchzuführen. Der sonstige Fremdbezug von IT-Dienstleistungen ist im Einklang mit den Strategien unter Berücksichtigung der Risikobewertung der KVG **zu steuern.** Die Erbringung der vom Dienstleister geschuldeten Leistung ist entspr. der Risikobewertung **zu überwachen.** Die Risikobewertungen in Bezug auf den sonstigen Fremdbezug von IT-Dienstleistungen sind regelmäßig und anlassbezogen **zu überprüfen** und **ggf. inkl. der Vertragsinhalte anzupassen.** 19

bb) Auslagerung an Cloud-Anbieter. Am 8.11.2018 hat die BaFin eine **„Orientierungshilfe zur Auslagerung an Cloud-Anbieter"** veröffentlicht, die dann im Februar 2024 in eine (leicht ergänzte) „Aufsichtsmitteilung zu Auslagerungen an Cloud-Anbieter" überführt wurde. Mit der Aufsichtsmitteilung wollen BaFin und Bundesbank nach eigenem Bekunden Inhalte zur Governance von Cloud-Auslagerungen, zu Einführungsprozessen und vertraglichen Mindeststandards darstellen und außerdem Hinweise zu Entwicklung, Betrieb und Cybersicherheit in der Cloud sowie zur konkreten Überwachung und Kontrolle von Leistung und Sicherheit von Cloud-Anbietern geben. Eine Auslagerung dürfe insb. nicht dazu führen, dass die Verantwortung der Geschäftsleiter an den Cloud-Anbieter übertragen wird. Eine KVG bleibe bei einer Auslagerung an einen Cloud-Anbieter dafür verantwortlich, dass die aufsichtsrechtlichen Anforderungen an die KVG und die Investmentvermögen eingehalten werden. Auf europäischer Ebene haben 20

- die EBA am 28.3.2018 „Empfehlungen zur Auslagerung an Cloud-Anbieter" (EBA/REC 2017/03),
- die EIOPA Leitlinien zum Outsourcing an Cloud-Anbieter (EIOPA-BoS-20–002 vom 6.2.2020) und
- die ESMA Leitlinien zur Auslagerung an Cloud-Anbieter (ESMA50-164-4285 vom 10.5.2021)

veröffentlicht.

Cloud-Dienste sind Dienste, die mit Hilfe von Cloud-Computing erbracht werden, dh ein Modell, das ortsunabhängigen, komfortablen und bedarfsgesteuerten Netzwerkzugriff auf einen gemeinsamen Pool konfigurierbarer Rechenressourcen ermöglicht (wie Netzwerke, Server, Speicher, Anwendungen und Services) und sich schnell sowie mit einem Mindestmaß an Verwaltungsaufwand oder geringer Interaktion des Dienstleisters bereitstellen lässt (BaFin, Aufsichtsmitteilung zu Auslagerungen an Cloud-Anbieter, S. 7). Cloud-Dienste werden dabei idR als 21

- **Infrastructure as a Service** (IaaS, Bereitstellung von Rechenleistungen und Speicherplatz),
- **Platform as a Service** (PaaS, Bereitstellung von Entwicklerplattformen) oder
- **Software as a Service** (SaaS, Bereitstellung von Softwareapplikationen/Webanwendungen)

zur Verfügung gestellt. Je höher die Komplexität des Dienstleistungsmodells, desto geringer sind idR die Kontrollmöglichkeiten des Nutzers in der Cloud. Entsprechend der Bereitstellung der Cloud-Dienste wird außerdem zwischen

- Cloud-Infrastrukturen, die ausschließlich von einem einzelnen Unternehmen genutzt werden können **(Private Cloud),**

- Cloud-Infrastrukturen, die ausschließlich von einer konkreten Unternehmensgemeinschaft (einschließlich mehrerer beaufsichtigter Unternehmen innerhalb einer einzelnen Gruppe) genutzt werden können **(Community Cloud),**
- Cloud-Infrastrukturen, die von der Öffentlichkeit frei genutzt werden können **(Public Cloud)** und
- Cloud-Infrastrukturen, die sich aus zwei oder mehreren speziellen Cloud-Infrastrukturen zusammensetzen **(Hybrid Cloud)**

unterschieden. Die BaFin betont, dass ein Verlust von Kontrollmöglichkeiten aber nicht gleichzusetzen ist mit einem Verlust von Verantwortlichkeit im aufsichtsrechtlichen Sinn.

22 Die KVG soll für die Nutzung der Cloud (Entwicklung von Cloud-Anwendungen, Betrieb) geeignete Vorgaben in ihrer schriftlich fixierten Ordnung ergänzen. Die Vorgaben zur Cloud-Nutzung sollen zumindest die Themen

- Cloud-Compliance,
- Identitäts- und Rechtemanagement,
- Verschlüsselung und Schlüsselverwaltung,
- Entwicklung und Betrieb,
- Härtung der Anwendungen,
- Schnittstellen und Umgebungen,
- Steuerung von Subunternehmen und
- IT-Notfallmanagement

umfassen (vgl. zu den Anforderungen an die Risikoanalyse im Einzelnen BaFin, Aufsichtsmitteilung zu Auslagerungen an Cloud-Anbieter, S. 12). Die KVG hat ihre Überlegungen zur Nutzung von Cloud-Diensten **in ihrer IT-Strategie abzubilden.** Sie hat einen Prozess zu entwickeln und zu dokumentieren, der alle für die Auslagerung an den Cloud-Anbieter relevanten Schritte von der Strategie über die Migration in die Cloud bis hin zur Exit-Strategie abdeckt. Im Rahmen einer **Risikoanalyse** sind alle für die KVG wesentlichen Belange im Zusammenhang mit der Auslagerung an den Cloud-Anbieter zu berücksichtigen, wobei bei der Analyse der **Proportionalitätsgrundsatz** zu berücksichtigen ist und die Intensität der Analyse von Art, Umfang, Komplexität und Risikogehalt der ausgelagerten Sachverhalte abhängt (vgl. zu den Anforderungen an die Risikoanalyse im Einzelnen BaFin, Aufsichtsmitteilung zu Auslagerungen an Cloud-Anbieter, S. 10 ff.). Die laufende Überwachung des Cloud-Anbieters soll insb. durch regelmäßig stattfindende Austausche zwischen dem beaufsichtigten Unternehmen und dem Cloud-Anbieter (zB zu den Themen Leistungs- und Kapazitätsmanagement oder Lebenszyklusmanagement) und die risikobasierte und ggf. automatisierte Auswertung von Meldungen des Cloud-Anbieters, auftretenden Fehler- und Warnmeldungen sowie die Überwachung der Integrität der Cloud-Konfigurationen sichergestellt werden (Aufsichtsmitteilung, Abschnitt IV, 1.4).

23 Die **Auslagerungsvereinbarung** hat folgende Mindestinhalte zu enthalten:

- **Leistungsgegenstand** (Beschreibung des auszulagernden Sachverhalts, Anpassungsmöglichkeiten der Dienstleistung für den Fall einer Bedarfsänderung während der Vertragslaufzeit, Unterstützungsleistungen, Zuständigkeiten, Mitwirkungs- und Bereitstellungspflichten, Beginn und Ende der Auslagerung, Risikokennzahlen zur Überwachung der Servicequalität);
- **Informations- und Prüfungsrechte der KVG** (Gewährung uneingeschränkten Zugriffs auf Informationen und Daten sowie Zugang zu den Geschäftsräumen des Cloud-Anbieters; Vor-Ort Due Diligence-Prüfungen der KVG, effektive Kontroll- und Prüfungsmöglichkeiten der gesamten Auslagerungskette).

Informations- und Prüfungsrechte der KVG dürfen vertraglich weder unmittelbar noch mittelbar eingeschränkt werden;
- **Informations- und Prüfungsrechte der BaFin** (Verpflichtung des Cloud-Anbieters zur uneingeschränkten Zusammenarbeit mit der BaFin, Gewährung uneingeschränkten Zugriffs auf Informationen und Daten sowie Zugang zu den Geschäftsräumen des Cloud-Anbieters, effektive Kontroll- und Prüfungsmöglichkeit der gesamten Auslagerungskette). **Informations- und Prüfungsrechte sowie Kontrollmöglichkeiten der BaFin dürfen vertraglich weder unmittelbar noch mittelbar eingeschränkt werden;**
- **Weisungsrechte der KVG** ggü. dem Cloud-Anbieter (insb. im Hinblick auf die Berichtigung, Löschung und Sperrung von Daten sowie Umfang der Erhebung, Verarbeitung und Nutzung der Daten);
- **Datensicherheit/-schutz** (Einhaltung datenschutzrechtlicher Bestimmungen sowie sonstige Sicherheitsanforderungen durch den Cloud-Anbieter, Ort der Leistungserbringung);
- **Kündigungsmodalitäten** (Kündigungsrechte und angemessene Kündigungsfristen, Rückübertragung der Daten im Falle der Beendigung der Dienstleistungen, Notfallpläne und Ausstiegsstrategien);
- **Weiterverlagerung/Unterauslagerung** (insb. Gewährleistung der Informations- und Prüfungsrechte der KVG und BaFin);
- **Informationspflichten** des Cloud-Anbieters über wesentliche die Dienstleistung betreffende (und beeinträchtigende) Sachverhalte und
- **Anwendbares Recht** (deutsches Recht oder zumindest Recht eines EU- oder EWR-Staates).

Vergleiche zur vertraglichen Ausgestaltung im Einzelnen BaFin, Aufsichtsmitteilung zu Auslagerungen an Cloud-Anbieter, S. 13ff.

Gemäß den „Empfehlungen zur Auslagerung an Cloud-Anbieter" der EBA v. 28.3.2018 (EBA/REC 2017/03) soll eine KVG darüber hinaus ein **stets aktuelles Informationsverzeichnis mit allen wesentlichen und nicht wesentlichen Tätigkeiten** führen, die auf Instituts- und Gruppenebene an Cloud-Anbieter übertragen wurden. Das Informationsverzeichnis soll mindestens folgenden Inhalt aufweisen: 24

- **Allgemeine Informationen zur Auslagerung** (Namen des Cloud-Anbieters und ggf. dessen Mutterunternehmen, Umfang der Auslagerung, Land der Dienstleistungserbringung und Ort der Datenspeicherung, Beginn und Ende der Dienstleistungserbringung, anwendbares Recht);
- **Art der Auslagerung** (Cloud-Dienst und Cloud-Implementierungsmodell, dh öffentliche/private/Hybrid- oder Community-Cloud);
- **Vertragsparteien,** die im Rahmen der Auslagerungsvereinbarung Cloud-Dienste erhalten;
- ggf. **Nachweis der Genehmigung der Auslagerung** durch das Leitungsorgan oder von ihm bevollmächtigter Ausschüsse;
- ggf. Sub-Auslagerung und **Namen des Sub-Dienstleisters;**
- **Sitzland des Cloud-Anbieters/Hauptunterauftragnehmers;**
- Bewertung der **Wesentlichkeit der Auslagerung (ja/nein)** inkl. **Datum der letzten Wesentlichkeitsbewertung;**
- Bewertung, ob der Cloud-Anbieter/Unterauftragnehmer **zeitkritische Geschäftsabläufe unterstützt (ja/nein);**
- **Einstufung der Ersetzbarkeit** des Cloud-Anbieters (**problemlos, schwierig** oder **unmöglich), Nennung alternativer Dienstleister;**

– **Datum der letzten Risikobewertung** der Auslagerung oder der Unterauftragsvergabe.

Im Zuge der 2024 erfolgten Überführung der BaFin-Empfehlungen in eine Aufsichtsmitteilung wurden Vorgaben zur sicheren Anwendungsentwicklung und zum IT-Betrieb in der Cloud (Abschnitt IV der Aufsichtsmitteilung) und zur Überwachung und Kontrolle der Leistungserbringung des Cloud-Anbieters (Abschnitt V der Aufsichtsmitteilung) ergänzt.

25 **2. Keine Auslagerung – Fremdbezug von Dienstleistungen. Nicht als Auslagerung zu qualifizieren** ist nach Erl. zu Ziff. 10 Tz. 1 KAMaRisk grds. der **„Sonstige Fremdbezug von Leistungen".** Ob eine Tätigkeit der kollektiven Vermögensverwaltung originär oder im Wege der Auslagerung erbracht wird, ist nach Ziff 13 BaFin-FAQ zur Auslagerung danach zu beurteilen, wer die Verantwortung ggü Dritten **(Verantwortung im Außenverhältnis)** für die Tätigkeit trägt. Wenn die Portfolioverwaltung im Wege der Auslagerung erbracht wird, löst dies bspw. keine Erlaubnispflicht zur kollektiven Vermögensverwaltung aus, weil die Verantwortung im Außenverhältnis weiterhin bei dem auslagernden Unternehmen bleibt.

26 Nicht als Auslagerung, sondern als sonstiger Fremdbezug von Leistungen zu behandeln sind nach Erl. zu Ziff 10 Tz. 1 KAMaRisk

– ein **Fremdbezug von Leistungen,** die typischerweise von einem Unternehmen bezogen und aufgrund tatsächlicher Gegebenheiten oder rechtl. Vorgaben **regelmäßig weder zum Zeitpunkt des Fremdbezugs noch in der Zukunft von der KVG selbst erbracht werden** oder **erbracht werden können** (zB die Nutzung von Clearingstellen iRd Zahlungsverkehrs und der Wertpapierabwicklung, die Einschaltung von Korrespondenzbanken oder der **Vertrieb von Investmentanteilen**);
– die **Entgegennahme von Informationen oder Empfehlungen Dritter in Bezug auf Vermögensgegenstände, die die KVG für Anlageentscheidungen benötigt** (zB die Nutzung von Reuters oder die Annahme von Anlageempfehlungen), sofern die **qualifizierte Anlageentscheidung** auf Basis der **eigenen Analyse der Anlage** für das Investmentvermögen beruht. Eine eigene qualifizierte Anlageentscheidung auf Basis einer Anlageempfehlung soll zB dann nicht vorliegen, wenn die Anlageempfehlung lediglich einer formalen Kontrolle – zB im Hinblick auf die Einhaltung von Anlagegrenzen – unterzogen wird;
– die **Ausführung von Aufträgen durch Dritte** (zB Broker oder Verwahrstelle), soweit sich der Ermessensspielraum des ausführenden Dritten auf die Sicherstellung der bestmöglichen Ausführung und die Art und Weise der Ausführung (zB Timing der Ausführung oder Ausführungsplatz) iRd Ausführungsgrundsätze beschränkt und keinen Einfluss auf die Anlagestrategie hat;
– wenn die KVG ein anderes Unternehmen mit der Wahrnehmung von **Aufgaben** beauftragt, **die zur Durchführung der Geschäfte der KVG nicht wesentlich sind.** Nach Erwgr. 82 VO (EU) Nr. 231/2013 gehören hierzu zB die logistische Unterstützung in Form von Reinigungsdiensten, Catering und Beschäftigung von Dienstleistungen oder Gütern des Grundbedarfs. Dagegen sind zB Aufgaben des Risikomanagements/Risikocontrollings, des Rechnungswesens, des Managementinformationssystems, der internen Revision oder der Compliance als wesentlich einzustufen.

27 Keine Auslagerung liegt darüber hinaus bei der Übertragung von Aufgaben an Dritte vor, die die Verwaltungsfunktion der KVG **allein unterstützen** (insb. **administrativer** und **technischer Funktionen;** → Rn. 29).

Auch wenn es sich bei den vorgenannten Konstellationen um keine Auslagerung iSd § 36 KAGB handelt, sind von der KVG auch beim sonstigen Fremdbezug von Leistungen sowie bei der Übertragung von Unterstützungsleistungen auf Dritte die allgemeinen Anforderungen an die Ordnungsmäßigkeit der Geschäftsorganisation zu beachten (vgl. Erl. zu Ziff. 10 Tz. 1 KAMaRisk). 28

3. Wesentliche Auslagerung. Nach § 16 InvG zählte als Auslagerung nur die Übertragung von für die Durchführung der Geschäfte der KVG wesentlichen Aufgaben (vgl. BSL/*Steck* InvG § 16 Rn. 9ff.). Der Begriff der **Wesentlichkeit** wird in § 36 nicht mehr genutzt, infolgedessen die EU-Vorgaben eine **Verschärfung der Auslagerungsregeln** ggü. der früheren BaFin-Verwaltungspraxis bedeuteten (Ziff. 3 BaFin-FAQ zur Auslagerung idF v. 15.11.2017). Ungeachtet dessen soll nach der BaFin-Verwaltungspraxis auch nach dem KAGB **nicht jeder Fremdbezug** von Leistungen als Auslagerung iSd § 36 zu qualifizieren sein. Entsprechende Einschränkungen beinhaltet Erwgr. 82 VO (EU) Nr. 231/2013, auf den auch Ziffer 3 BaFin-FAQ zur Auslagerung idF v. 15.11.2017 verweist. Die Einschränkungen und Anforderungen für die Übertragung von Aufgaben sollen danach für die in Anh. I der AIFM-RL benannten **Verwaltungsfunktionen** gelten, wohingegen **unterstützende Aufgaben** wie **administrative** oder **technische Funktionen,** die **bei den Verwaltungsaufgaben eine Hilfe darstellen,** etwa logistische Unterstützung in Form von Reinigungsdiensten, Catering und Beschaffung von Dienstleistungen oder Gütern des Grundbedarfs **nicht** als Übertragung der Aufgaben der KVG gelten. Andere Bsp. für technische oder administrative Funktionen sind der Kauf handelsüblicher Standard-Software, die Inanspruchnahme von Software-Anbietern für Hilfe beim Betrieb handelsüblicher Systeme, die Inanspruchnahme personeller Unterstützung durch Zeitarbeitskräfte und die Durchführung der Lohn- und Gehaltsabrechnung. 29

Die Aussage im Erwgr. 82 VO (EU) Nr. 231/2013 zu handelsüblicher Standard-Software führt nach der Verwaltungsauffassung der BaFin im Umkehrschluss dazu, dass die Inanspruchnahme von Dienstleistern beim Betrieb **nicht handelsüblicher Software** nicht grds. vom Anwendungsbereich des § 36 ausgenommen sind. Hier ist von der KVG eine **Einzelfallbetrachtung** vorzunehmen (Ziff. 3 BaFin-FAQ zur Auslagerung idF v. 15.11.2017). 30

4. Auslagerung durch registrierte KVG. Die auf registrierte KVG anwendbaren Vorschriften des KAGB ergeben sich aus § 2 V. Dort nicht enthalten ist ein Verweis auf die Auslagerungsvorschrift des § 36. Der fehlende Verweis bedeutet, dass die in § 36 vorgesehenen einschränkenden Voraussetzungen für eine Auslagerung für registrierte KVG nicht Anwendung finden. Das heißt aber nicht, dass eine nach § 2 V registrierte KVG ohne jegliche Einschränkung Tätigkeiten auslagern darf. Vielmehr hat auch die registrierte KVG die **allgemeinen Organisationsanforderungen des § 28** zu beachten, auf die § 2 V verweist. Dies bedeutet, dass das Auslagerungsunternehmen zumindest **personell** und **organisatorisch** so aufgestellt sein muss, dass sie die eingelagerten Aufgaben ordnungsgemäß wahrnehmen kann. Ferner gehört zur ordnungsgemäßen Organisation ein entsprechendes **Auslagerungscontrolling.** 31

5. Abgrenzung zur externen Verwaltung eines Investmentvermögens. Abzugrenzen ist die Auslagerung einzelner Aufgaben der KVG von der **Verwaltung einer Investmentgesellschaft durch die KVG als externe Verwaltungsgesellschaft** (§ 1 XIII). Ob eine Tätigkeit der kollektiven Vermögensverwaltung originär oder im Wege der Auslagerung erbracht wird, ist danach zu beurteilen, 32 wer die Verantwortung ggü. Dritten für die Tätigkeit trägt (**Verantwortung im Außenverhältnis;** Ziffer 13 BaFin-FAQ zur Auslagerung idF v. 15.11.2017).

33 Die **Verwaltung von Investmentvermögen** selbst hat zwingend durch eine externe Verwaltungsgesellschaft zu erfolgen und stellt daher **keine Auslagerung** dar. Gemäß § 129 I 3 bzw. § 154 I 3 stellt die Tätigkeit einer KVG für eine **offene** und **geschlossene InvKG,** gem. § 112 I 3 bzw. § 144 S. 3 die Tätigkeit einer KVG für eine **InvAG** mit **veränderlichem** bzw. **fixem Kapital keine Auslagerung** iSd § 36 dar. Die KVG kann aber einen Teil ihrer Tätigkeiten an Dritte auslagern.

34 Nach Auffassung der BaFin (Ziff. 2 BaFin-FAQ zur Auslagerung idF v. 15.11.2017) dürfen **extern verwaltete Investmentgesellschaften keine Tätigkeiten nach Anh. I Nr. 2 AIFM-RL** (administrative Tätigkeiten, Vertrieb und Tätigkeiten im Zusammenhang mit den Vermögenswerten des AIF) **selbst ausüben.** Wenn eine InvAG mit veränderlichem Kapital eine externe KVG bestellt, obliegt dieser externen KVG gem. § 112 I die Ausführung der allg. Verwaltungstätigkeit und die Anlage und Verwaltung der Mittel der InvAG. Gleiches gilt nach §§ 125 II, 129 I, 142, 144, 150 II und 154 I auch für InvAG mit fixem Kapital und offenen und geschlossenen InvKG. Eine extern verwaltete Investmentgesellschaft führt daher selbst, mit Ausnahme der nach dem KAGB vorgesehenen Aufgaben der Organe, keine Tätigkeiten durch. Eine **„Einlagerung" der Aufgaben** in die Investmentgesellschaft soll nicht in Betracht kommen, was ua mit Anlegerschutzgesichtspunkten begründet wird. Bei einer externen Investmentgesellschaft handele es sich um ein Fondsvehikel und nicht gleichzeitig um eine operativ tätige Gesellschaft (die die Verwaltung erbringt). Der Anleger solle daher keinen wesentlichen operationellen Risiken ausgesetzt sein.

35 **6. Anlageberatung.** Von der Auslagerung der Portfolioverwaltung zu unterscheiden ist die **Anlageberatung**. Die BaFin stellt in Ziff. 12 FAQ zur Auslagerung idF v. 15.11.2017 klar, dass sog. „Advisory-Modelle" nach dem KAGB **zulässig sind.** Die Entgegennahme von Informationen oder Empfehlungen Dritter in Bezug auf Vermögensgegenstände, die die Gesellschaft für Anlageentscheidungen benötigt, qualifizieren danach immer dann nicht als Auslagerung iSv § 36, wenn die **qualifizierte Anlageentscheidung von der KVG auf Basis der eigenen Analyse der Anlage für das Investmentvermögen beruht.** Es soll aber **nicht ausreichen,** dass die Anlageempfehlung lediglich einer **formalen Kontrolle** – zB im Hinblick auf die Einhaltung von Anlagegrenzen – unterzogen wird und die Gesellschaft im Übrigen die Empfehlung ohne eigene Beurteilung der Anlage durchführt.

III. Grenzen der Auslagerung (§ 36 III)

36 **1. Auslagerung von zentralen Leitungsfunktionen.** Die KVG selbst muss in der Lage bleiben, die ausgelagerten Tätigkeiten selbst erbringen zu können und selbst erbringen zu dürfen. Sie muss in der Lage sein, die ausgelagerten Aufgaben jederzeit zu überwachen. Hieraus ergibt sich, dass der KVG bei der Übertragung von Aufgaben an Dritte Grenzen gesetzt sind. **Eine Auslagerung von zentralen Leitungsfunktionen ist nicht zulässig,** da dieses die vorbeschriebenen Grenzen der Fähigkeit, die ausgelagerten Tätigkeiten selbst erbringen sowie effektiv überwachen zu können, zuwiderlaufen würde. Insofern gilt nichts anderes als gem. § 25a KWG. Die Auslagerung darf nicht zu einer Delegation der Verantwortung der Geschäftsleitung an das Auslagerungsunternehmen führen. Maßnahmen der **Unternehmensplanung,** der **Unternehmensorganisation,** der **Unternehmenssteuerung,** der

Besetzung der Führungskräfte sowie die **Entscheidung über die Auflage oder Einstellung eines Investmentvermögens** können **nicht** auf externe Dienstleister übertragen werden (vgl. BFS/*Braun/Wolfgarten* KWG § 25 a Rn. 886).

a) Auslagerung von Compliance-Aufgaben. Gemäß den Erl. zu Ziff. 10 Tz. 3 KAMaRisk haben KVGen bei Auslagerungen von erheblicher Tragweite, wie zB der Voll- oder Teilauslagerung der Risikocontrolling-Funktion (bei AIF-Kapitalverwaltungsgesellschaften), **der Compliance-Funktion** oder der Internen Revision bei einer größeren Gesellschaft, entsprechend intensiv zu prüfen, ob und wie eine Einbeziehung der ausgelagerten Aufgaben in das Risikomanagement sichergestellt werden kann. Eine Auslagerung von Compliance-Aufgaben ist somit **grundsätzlich möglich.** Allerdings enthält die KAMaRisk keine weitergehenden Ausführungen zu den Anforderungen im Einzelnen. 37

Anforderungen an eine **Auslagerung von Compliance-Aufgaben** enthält dagegen BT 1.3.4 MaComp. Auch wenn diese Vorgaben gem. AT 3.1 MaComp **keine Anwendung auf eine KVG** finden (auch dann nicht, wenn diese Dienst- oder Nebendienstleistungen iSv § 20 II Nr. 1, 2 und 3 und III Nr. 2, 3, 4 und 5 KAGB erbringen) können die dortigen Ausführungen als Anhaltspunkt dafür herangezogen werden, was eine KVG bei einer Auslagerung von Compliance-Aufgaben im Rahmen ihrer Risikoanalyse berücksichtigen sollte. 38

Gemäß BT 1.3.4 MaComp sind an eine Auslagerung folgende Anforderungen zu stellen: 39

- Die **Einrichtung der Compliance-Funktion** (= Entwicklung und Einführung einer institutsindividuellen Organisation, angemessener Grundsätze und Verfahren) und die **Ernennung eines Compliance-Beauftragten** selbst sind nicht delegierbar und nicht auslagerbare **Leitungsaufgaben der Geschäftsleiter.** Es besteht eine korrespondierende Organisationspflicht, wobei sich die Geschäftsleiter interner oder externer Unterstützung bedienen können;
- Die **Verantwortung des Compliance-Beauftragten** für die Durchführung der gesamten Compliance-Funktion kann auch im Falle der Auslagerung nicht auf mehrere Personen verteilt werden. Als Compliance-Beauftragter kann auch ein Mitarbeiter des Auslagerungsunternehmens oder ein Freiberufler bestellt werden;

  Die **Durchführung der Compliance-Funktion** kann **arbeitsteilig** erfolgen, wenn die **aufsichtsrechtlichen Anforderungen für eine Auslagerung** nachhaltig erfüllt werden;
- Die Anforderungen an eine **aufsichtskonforme Wahrnehmung der Compliance-Funktion** insgesamt oder einzelner Compliance-Aufgaben nachhaltig gegeben sind, insb. die Anforderungen an die Rechtsstellung und die Tätigkeiten des Compliance-Beauftragten, der ihm zuzuordnenden Compliance-Mitarbeiter sowie an die jeweils erforderlichen sachlichen und EDV-technischen Ressourcen. Der Compliance-Beauftragte kann sowohl von der KVG als auch vom Auslagerungsunternehmen verlangen, ihm diejenigen organisatorischen, sachlichen, personellen und finanziellen Ressourcen zur Verfügung zu stellen, die für eine ordnungsgemäße Erfüllung seiner Funktion und Verantwortung nach vernünftiger Einschätzung erforderlich sind;
- **Überwachungslücken, Überwachungsdefizite** oder **nennenswerte Qualitätsverluste** in der Wahrnehmung der Compliance-Funktion und der einzelnen Compliance-Aufgaben nach den organisatorischen Vorkehrungen nachhaltig **nicht zu erwarten** sind;

– **Unabhängige Ausübung der Compliance-Funktion.** Weder der Compliance-Beauftragte noch die ihm unterstellten Compliance-Mitarbeiter unterliegen in ihrer Funktion Weisungen des Auslagerungsunternehmens;
– **Eindeutige und transparente Regelung** über das Zusammenwirken des Compliance-Beauftragten und des Auslagerungsunternehmens vor der Durchführung, insb. in einer institutsspezifischen Policy oder einem SLA;
– Eine **Fragmentierung der Compliance-Funktion** durch Auslagerung und/oder Weiterverlagerung auf mehr als ein Auslagerungsunternehmen und/oder durch sonstigen ergänzenden Fremdbezug darf nur bei unabweisbarer fachlicher und/oder technischer Notwendigkeit erfolgen.

40 Zivilrechtliche Gestaltungen oder Vereinbarungen sollen die jeweils relevanten aufsichtsrechtlichen Anforderungen nicht ändern oder modifizieren; sie können insb. nicht das Vorliegen einer aufsichtsrechtlichen Auslagerung ausschließen. Die Geschäftsleitung ist für die Erfüllung der Anforderungen, insb. für eine individuelle, eindeutige und transparente Einrichtung der ganz oder teilweise ausgelagerten Compliance-Funktion, verantwortlich.

41 **b) Auslagerung des Geldwäschebeauftragten.** Soweit eine KVG die Funktion des Geldwäschebeauftragten gem. § 6 VII GwG auslagert, sind neben den Anforderungen des § 36 die Anforderungen des GwG zu berücksichtigen. Danach muss trotz der Auslagerung im Unternehmen ein Ansprechpartner für Fragen im Zusammenhang mit der ausgelagerten Funktion des Geldwäschebeauftragten bestehen und sichergestellt sein, dass das zuständige Mitglied der Leitungseben direkt beim Dienstleister Auskünfte einholen kann. Eine Auslagerung des Geldwäschebeauftragten soll nach der Verwaltungspraxis der BaFin auch die Wahrnehmung von Aufgaben durch eine ausländische Muttergesellschaft darstellen (BaFin, Auslegungs- und Anwendungshinweise zum Geldwäschegesetz, S. 21).

42 § 17 GwG unterscheidet zwischen der Durchführung der Sorgfaltspflichten durch Dritte, für die **keine gesonderte vertragliche Auslagerungsvereinbarung** erforderlich ist (vgl. § 17 I-IV GwG; BaFin, Auslegungs- und Anwendungshinweise zum Geldwäschegesetz, S. 66ff.) sowie der Übertragung von Sorgfaltspflichten **auf vertraglicher Basis** gem. § 17 V–IX GwG (BaFin, Auslegungs- und Anwendungshinweise zum Geldwäschegesetz, S. 68f.).

43 In beiden Fällen werden die beauftragten Personen und Unternehmen lediglich als Erfüllungsgehilfe der KVG tätig, dh die KVG bleibt für die Erfüllung der Sorgfaltspflichten nach dem GwG verantwortlich.

44 **c) Auslagerung der Internen Revision.** Nicht zu den zentralen Leitungsfunktionen gezählt wird die **Interne Revision.** Diese ist auslagerungsfähig (BFS/*Braun/Wolfgarten* KWG § 25a Rn. 893). Soweit die Interne Revision **vollständig** ausgelagert wird, hat die Geschäftsleitung der KVG einen **Revisionsbeauftragten** zu benennen, der eine ordnungsgemäße Interne Revision gewährleisten muss (Ziff. 10 Tz. 7 KAMaRisk).

45 Der Revisionsbeauftragte hat den **Prüfungsplan** gemeinsam mit dem beauftragten Dritten des Auslagerungsunternehmens zu erstellen. Er hat ggf. **gemeinsam** mit dem beauftragten Dritten zudem den **Gesamtbericht** zu **verfassen** und zu **prüfen,** ob die festgestellten Mängel **beseitigt wurden.** Die Aufgaben des Revisionsbeauftragten können in Abhängigkeit von Art, Umfang, Komplexität und Risikogehalt der Geschäftsaktivitäten der KVG von einer **Organisationseinheit,** einem **Mitarbeiter** oder einem **Geschäftsleiter** wahrgenommen werden. Ausrei-

chende Kenntnisse und die erforderliche Unabhängigkeit sind sicherzustellen (Erl. zu Ziff. 10 Tz. 7 KAMaRisk).

Der Grundsatz des Verbots der Auslagerung von zentralen Leitungsfunktionen spiegelt sich darüber hinaus auch im **Verbot der Briefkastenfirma** wider (→ Rn. 94ff.). **46**

2. Verwahrstelle und Unterverwahrer. Gemäß § 36 III Nr. 1 darf eine KVG die **Portfolioverwaltung** oder das **Risikomanagement nicht auf** die **Verwahrstelle** oder einen **Unterverwahrer auslagern**. Originäre Aufgabe der Verwahrstelle ist ihre Kontrollfunktion nach § 83. Zur Vermeidung von Interessenkonflikten zwischen Verwahrstelle und Portfolioverwaltung und/oder Risikomanagement und zur Gewährleistung einer uneingeschränkten Kontrolle durch die Verwahrstelle wird eine Auslagerung an die Verwahrstelle **grundsätzlich untersagt.** Auch eine funktionale und hierarchische Trennung **(„Chinese Wall")** zwischen der Verwahrstelle und den mit der Portfolioverwaltung bzw. dem Risikomanagement betrauten Einheiten führt nicht zur Zulässigkeit einer Auslagerung. **47**

Das Verbot der Auslagerung der Portfolioverwaltung oder des Risikomanagements ist aber dahingehend begrenzt, als dass es Investmentvermögen betrifft, für die der Dritte die Verwahrstellenfunktion wahrnimmt. Eine Auslagerung an Verwahrstellen und Unterverwahrer, die von der KVG **für anderen Investmentvermögen** beauftragt sind, ist **zulässig.** **48**

Darüber hinaus darf eine KVG unter bestimmten Voraussetzungen **andere Leistungen als die Portfolioverwaltung und das Risikomanagement** an die Verwahrstelle auslagern. Sie hat dabei aber die **Kontrollfunktion der Verwahrstelle** und hieraus resultierende **Interessenkonflikte** zu berücksichtigen. KVG und Verwahrstelle müssen daher nach der Verwaltungspraxis der BaFin vereinbaren, dass **49**

- die Verwahrstelle zur Vermeidung von Interessenkonflikten entsprechende organisatorische Vorkehrungen schafft (sog. **Divisionslösungen**) und
- die Verwahrstelle einen **Eskalationsprozess** festlegt.

Darüber hinaus müssen beide Parteien dafür sorgen, dass die von ihnen getroffenen Vereinbarungen sowohl im Hinblick auf die Ausgestaltung der Divisionslösung als auch auf den Eskalationsprozess den Verwahrstellenrundschreiben der BaFin gesetzten Anforderungen genügt (vgl. Ziff. 10 Tz. 5 KAMaRisk).

3. Interessenkonflikte. a) Verbot der Auslagerung bei Interessenkonflikten. Ein Verbot der Auslagerung besteht darüber hinaus gem. § 36 III Nr. 2 in Bezug auf Unternehmen, deren Interessen mit denen der KVG oder der Anleger eines Investmentvermögens im Konflikt stehen könnten (**Interessenkonflikte,** vgl. Ziffer 6 BaFin-FAQ zur Auslagerung idF v. 15.11.2017). Gemäß Art. 80 I VO (EU) Nr. 231/2013 sind bei der Bewertung, ob Interessenkonflikte vorliegen, **mindestens folgende Kriterien** zu berücksichtigen: **50**

- der **Umfang,** in dem **das Auslagerungsunternehmen** die KVG **kontrolliert** oder sein **Handeln beeinflussen** kann, wenn es sich bei der KVG und dem Auslagerungsunternehmen um **Konzernunternehmen** handelt oder diese in einer **sonstigen Vertragsbeziehung** stehen;
- der **Umfang,** in dem **ein Anleger** das Auslagerungsunternehmen **kontrolliert** oder sein **Handeln beeinflussen** kann, wenn der **Anleger** und das **Auslagerungsunternehmen** demselben **Konzern** angehören oder diese in einer **sonstigen Vertragsbeziehung** stehen;
- die Wahrscheinlichkeit, dass das Auslagerungsunternehmen **zu Lasten eines Investmentvermögens** oder der **Anleger** eines Investmentvermögens einen **finanziellen Vorteil erzielt** oder einen **finanziellen Verlust vermeidet;**

– die **Wahrscheinlichkeit,** dass das Auslagerungsunternehmen ein **Interesse** am Ergebnis einer für die KVG oder für ein Investmentvermögen erbrachten **Dienstleistung** oder eines für die KVG oder für ein Investmentvermögen getätigten **Geschäfts** hat;
– die **Wahrscheinlichkeit,** dass für das Auslagerungsunternehmen ein **finanzieller** oder **sonstiger Anreiz** besteht, die **Interessen eines anderen Kunden** über die Interessen eines Investmentvermögens oder der Anleger eines Investmentvermögens zu stellen;
– die **Wahrscheinlichkeit,** dass das Auslagerungsunternehmen **aktuell oder künftig** von einer anderen Person als der KVG in Bezug auf Leistungen der gemeinsamen Portfolioverwaltung, die für die KVG und das von ihr verwaltete Investmentvermögen erbracht werden, **zusätzlich** zu der hierfür **üblichen Provision** oder **Gebühr** einen **Anreiz** in Form von Geld, Gütern oder Dienstleistungen erhält.

51 **b) Ausnahme vom Verbot der Auslagerung bei Interessenkonflikten.** Eine **Ausnahme vom Verbot der Auslagerung bei Interessenkonflikten** besteht gem. § 36 III Nr. 2, wenn **(kumulativ)**
– das Auslagerungsunternehmen die Ausführung seiner Aufgaben bei der Portfolioverwaltung und dem Risikomanagement funktionell und hierarchisch von seinen anderen potenziell dazu im Interessenkonflikt stehenden Aufgaben trennt **(Funktionstrennung).** Anders als im Fall des § 36 III Nr. 1 (→ Rn. 47) ist eine solche Auslagerung im Falle der Funktionstrennung **zulässig;**
– die potenziellen Interessenkonflikte ordnungsgemäß ermittelt, **gesteuert, beobachtet** und den Anlegern des Investmentvermögens gegenüber **offengelegt** werden **(Interessenkonfliktmanagement).** Ein solches gilt gem. Art. 80 III VO (EU) Nr. 231/2013 **nur dann** als gegeben, wenn
  a) die KVG **sicherstellt,** dass das Auslagerungsunternehmen alle **angemessenen Maßnahmen** zur Ermittlung, Steuerung und Beobachtung potenzieller Interessenkonflikte zwischen **ihm** und der **KVG** sowie dem **betroffenen Investmentvermögen** und dessen **Anlegern** trifft. Die KVG hat sicherzustellen, dass das Auslagerungsunternehmen die in den Art. 31–34 VO (EU) Nr. 231/2013 geforderten Verfahren (**Grundsätze für den Umfang mit Interessenkonflikten;** Interessenkonflikte **im Zusammenhang mit der Rücknahme von Anlagen;** Verfahren und Maßnahmen zur **Prävention und Steuerung von Interessenkonflikten**) geschaffen hat und
  b) die KVG sicherstellt, dass der Beauftragte potenzielle Interessenkonflikte sowie die zur Steuerung solcher Interessenkonflikte zu schaffenden Verfahren und Maßnahmen **der KVG gegenüber offenlegt,** der diese dem **betroffenen Investmentvermögen** und **dessen Anlegern** offenlegt.

IV. Auslagerungsanzeige

52 **1. Neue Auslagerung.** Gemäß § 36 II hat die KVG der BaFin eine neue Auslagerung anzuzeigen, **bevor die Auslagerungsvereinbarung in Kraft tritt**. Auslagerungsanzeigen müssen **einen Tag vor Inkrafttreten der Auslagerungsvereinbarung** der BaFin zur Kenntnis gegeben werden.

53 Stellt die BaFin nach dem Wirksamwerden der Auslagerung fest, dass die Angaben der KVG nicht zutreffend waren oder dass die Voraussetzungen für die Auslagerung aus anderen Gründen nicht gegeben waren, wird sie die Auslagerung ex

post aufgreifen und der KVG auferlegen, die Auslagerung rückgängig zu machen oder die gesetzlichen Voraussetzungen dadurch zu erfüllen, dass die Aufgaben auf ein anderes, geeignetes Unternehmen ausgelagert werden (Ziff. 6 BaFin-FAQ zur Auslagerung idF v. 15.11.2017)

Die **Auslagerungsanzeige** hat gem. Ziff. 6 BaFin-FAQ zur Auslagerung idF v. 15.11.2017 folgendes zu beinhalten: 54

- **Eindeutige Benennung** des Auslagerungsunternehmens, insb. Namensnennung der juristischen Person mit Angabe des Sitzes;
- **Beschreibung** der ausgelagerten Funktion bzw. Tätigkeit;
- **Angabe des/der Investmentvermögen(s)** (sofern relevant; bei fondsspezifischen Auslagerungen) und des **spezifischen Vermögensgegenstandes** (sofern relevant; bei objektspezifischen Auslagerungen, bspw. der Verwaltung einer Immobilie);
- **Zeitpunkt des Inkrafttretens** der Auslagerung;
- Angabe und Erläuterung der **objektiven Rechtfertigungsgründe** für die Auslagerung iSd Art. 76 I 1 VO (EU) Nr. 231/2013 (Rn. 68ff.).

Soll die Portfolioverwaltung oder das Risikomanagement auf ein **Auslagerungsunternehmen mit Sitz im Ausland** ausgelagert werden, ist unter Berücksichtigung der Vorgaben des Art. 78 VO (EU) Nr. 231/2013 darzulegen, ob das Auslagerungsunternehmen zum Zwecke der Vermögensverwaltung **zugelassen** oder **registriert** ist und **einer Aufsicht unterliegt.** Die KVG hat in diesen Fällen die zuständige Aufsichtsbehörde und die jeweilige **Zulassungs-** oder **Registrierungsnummer** des Auslagerungsunternehmens anzugeben. Soweit die zuständige, ausländische Aufsichtsbehörde solche Zulassungs- oder Registrierungsnummer nicht vergibt, soll die KVG **in sonstiger geeigneter Weise** die Zulassung oder Registrierung des Auslagerungsunternehmens nachweisen. 55

Auslagerungsverträge müssen bei der Anzeige nach § 36 II **nicht eingereicht** werden. Zwar muss die KVG **darlegen** können, dass die Voraussetzungen des § 36 und der Art. 75–82 VO (EU) Nr. 231/2013 eingehalten sind. Weitere Unterlagen hierzu (bspw. auch zur Zuverlässigkeit der Eignung der Geschäftsleiter) sind der Anzeige jedoch nicht beizufügen. **Die BaFin kann jedoch jederzeit weitere Unterlagen nachfordern.** 56

2. Änderungsanzeige. § 36 enthält seinem Wortlaut nach eine Anzeigepflicht für neue Auslagerungen und neue Unterauslagerungen, nicht jedoch für Änderungen bzgl. bestehender, bereits angezeigter Auslagerungen. Nach der Verwaltungspraxis der BaFin sind aber auch **Änderungen der Auslagerungsanzeige** (insb. Auslagerungsunternehmen und Funktion) **als neue Auslagerung anzusehen** und damit gem. § 36 II mit Darlegung der Änderung bzw. Bezug auf die ursprüngliche Anzeige anzuzeigen (Ziff. 7 BaFin-FAQ zur Auslagerung idF v. 15.11.2017). Als Änderung idS und damit anzeigepflichtig dürfte auch eine **Beendigung einer Auslagerung** sein. 57

3. Auslagerungsanzeige bei Unterauslagerung. Zur Ermöglichung einer effektiven Aufsicht hat die KVG der BaFin **auch eine Unterauslagerung** durch das Auslagerungsunternehmen (→ Rn. 103) **vorab anzuzeigen.** Die vorstehenden Ausführungen zur Auslagerungsanzeige gelten diesbezüglich entsprechend. Die auslagernde KVG muss daher sicherstellen (ua durch vertragliche Vereinbarung), dass sie vom Auslagerungsunternehmen **rechtzeitig über eine Unterauslagerung informiert** wird, sie die Möglichkeit hat, der **Unterauslagerung zu widersprechen** (insb. sollte die BaFin der Unterauslagerung widersprechen) und die Unterauslagerung **nicht vor der Abgabe einer Auslagerungsanzeige erfolgen** darf. 58

59 **4. Anzeige erlaubnisrelevanter Änderungen.** Unabhängig von der Auslagerungsanzeige nach § 36 II besteht nach § 34 I, II eine Anzeigepflicht gegenüber der BaFin, sofern die **Auslagerung/Unterauslagerung Erlaubnisrelevanz** hat (bspw. zur Qualifikation als Briefkastenfirma führen kann; → Rn. 94ff.). Der Erlaubnisantrag einer AIF-KVG hat gem. § 22 I Nr. 9 Angaben zu den Auslagerungsvereinbarungen nach § 36 zu enthalten und diese sind damit Grundlage der AIF-KVG-Erlaubnis. Wesentliche Änderungen der Voraussetzungen der Erlaubnis hat die AIF-KVG der BaFin nach § 34 I, II anzuzeigen (**Absichtsanzeige;** → § 34 Rn. 22f.). Solche Änderungen können somit **nicht vor einem Monat nach entsprechende Anzeige** nach § 34 wirksam werden oder bedürfen im Falle eines früheren Inkrafttretens der Abstimmung mit der BaFin (§ 34 Rn. 5ff.; Ziffer 7 BaFin-FAQ zur Auslagerung idF v. 15.11.2017).

V. Auslagerungskonzept und Auslagerungscontrolling

60 Die KVG muss jederzeit in der Lage sein, der BaFin ihre **gesamte Auslagerungsstruktur** darzulegen und nachzuweisen, inwieweit diese durch **objektive Gründe** iSd Art. 76 I VO (EU) Nr. 231/2013 gerechtfertigt ist. Die KVG muss demnach ein **Auslagerungskonzept** erstellen, das geeignet ist, diesen Nachweis erbringen zu können (§ 36 I Nr. 1).

61 **1. Zentrales Auslagerungsmanagement.** Anders als die MaRisk (vgl. AT 9.12f. MaRisk) beinhaltet die KAMaRisk keine Verpflichtung zur Einrichtung eines zentralen Auslagerungsmanagements. Auch das KAGB und die VO (EU) 231/2013 beinhalten keine solche Verpflichtung. Die BaFin hatte im Rahmen der Konsultation 02/2016 über den Entwurf einer neuen MaRisk 2016 hervorgehoben: „Zusätzlich sehe ich zumindest bei Instituten mit umfangreichen Auslagerungslösungen ein zentrales Auslagerungsmanagement für geboten, um sicherzustellen, dass eine Stelle im Institut einen Gesamtüberblick über ausgelagerte Prozesse und Aktivitäten hat und so ein möglichst einheitlicher Umgang mit den besonderen Risiken aus Auslagerungen und deren Überwachung sichergestellt werden kann." Gleichwohl wurde in die später veröffentlichte KAMaRisk keine der MaRisk vergleichbare Regelung aufgenommen.

62 Jedenfalls im Falle von umfangreichen Auslagerungslösungen sollte von einer KVG damit gleichwohl in Erwägung gezogen werden, ein zentrales Auslagerungsmanagement einzurichten. AT 9.12 sieht für dieses folgende Aufgaben vor:

a) die Implementierung und Weiterentwicklung eines angemessenen Auslagerungsmanagements und entspr. Kontroll- und Überwachungsprozesse,
b) Erstellung und Pflege einer vollständigen Dokumentation der Auslagerungen (einschließlich Weiterverlagerungen),
c) Überwachung der Einhaltung der institutsinternen und gesetzlichen Anforderungen bei Auslagerungen und
d) Koordination und **Überprüfung** der durch die zuständigen Bereiche durchgeführten **Risikoanalyse.**

63 **2. Risikoanalyse.** Eine KVG muss auf der **Grundlage einer Risikoanalyse** eigenverantwortlich **festlegen,** welche Aufgaben unter Risikogesichtspunkten überhaupt ausgelagert werden können. Auf dieser Basis soll über eine Auslagerung beschlossen werden. Die **maßgeblichen Organisationseinheiten** sind bei der Erstellung der Risikoanalyse einzubeziehen. Im Rahmen ihrer Aufgaben ist auch die Interne Revision zu beteiligen. Soweit sich **wesentliche Änderungen der**

Risikosituation ergeben, ist die Risikoanalyse **anzupassen** und die **Auslagerung ggf. zu beenden** (vgl. Ziff. 10 Tz. 2 KAMaRisk).

Bei der Risikoanalyse sind nach den Erläuterungen der BaFin zu Ziff. 10 Tz. 2 KAMaRisk **alle für die Gesellschaft relevanten Aspekte im Zusammenhang mit der Auslagerung** zu berücksichtigen (zB Risiken der Auslagerung, Eignung des Umfangs des Auslagerungsunternehmens), wobei die Intensität der Analyse von Art, Umfang, Komplexität und Risikogehalt der ausgelagerten Aufgaben abhängt. Daher ist bei der Auslagerung von erheblicher Tragweite, wie zB der Voll- oder Teilauslagerung der Risikocontrolling-Funktion (bei AIF-KVG), der Compliance-Funktion oder der Internen Revision bei einer größeren Gesellschaft, entspr. intensiv zu prüfen, ob und wie eine Einbeziehung der ausgelagerten Aufgaben in das Risikomanagement sichergestellt werden kann. Bei der **Auslagerung der dauerhaften Risikocontrollingfunktion** (→ § 29 Rn. 10ff.) ist vor der Auslagerung immer eine angemessene Sorgfaltsprüfung durchzuführen. Insbesondere sind Verfahren einzurichten, die gewährleisten, dass das Auslagerungsunternehmen über die Fähigkeit und Kapazität verfügt, die Risikomanagementaufgaben nach §§ 29 und 30 ordnungsgemäß und effektiv durchzuführen. Die vom Auslagerungsunternehmen verwendeten Systeme, Methoden und Informationen sowie potenzielle Interessenkonflikte sind hierbei zu berücksichtigen. 64

Bei **gruppeninternen Auslagerungen** können wirksame Vorkehrungen, insb. ein Risikomanagement auf Gruppenebene sowie Durchgriffsrechte bei der Erstellung und Anpassung der Risikoanalyse risikomindernd berücksichtigt werden (Erl. zu Ziff. 10 Tz. 2 KAMaRisk). 65

3. Auslagerungskonzept (§ 36 I Nr. 1). a) Anforderungen an das auslagernde Unternehmen (KVG). Nach dem **Auslagerungskonzept** der KVG muss diese im Falle einer **Auslagerung einer Anlageverwaltungs-** oder **Steuerungs- und Kontrollfunktion** die **Fähigkeit** besitzen, die ausgelagerte Dienstleistung selbst erbringen **zu können** und erbringen **zu dürfen.** Eine Auslagerung in Kernbereichen und in den wichtigen Kontrollbereichen ist (nur) dann zulässig, wenn in diesen Bereichen weiterhin **fundierte Kenntnisse** und **Erfahrungen** vorgehalten werden, die es ermöglichen, **die Steuerung** dieser ausgelagerten Bereiche **effektiv wahrzunehmen,** die Auslagerungsunternehmen **effektiv zu überwachen** sowie bei Bedarf auch eine Rückverlagerung ohne Störungen des Betriebsablaufs zu gewährleisten. Besonderes Augenmerk ist dabei auf die Portfolioverwaltung und die Kontrollbereiche Risikocontrolling, Compliance und Interne Revision und damit die Anlageverwaltungsfunktionen sowie die Steuerungs- und Kontrollinstrumente der Geschäftsleitung zu richten. Die KVG muss in der Lage sein, sowohl die Portfolioverwaltung als auch das Risikomanagement ausüben zu können, jedoch **muss sie diese Tätigkeit nicht tatsächlich selbst ausführen** (BT-Drs. 17/12294, 216). 66

Nach Art. 75 S. 1 Buchst. g VO (EU) Nr. 231/2013 hat eine AIF-KVG sicherzustellen, dass die Kontinuität und Qualität der übertragenen Funktionen und Aufgaben auch im Falle der Beendigung der Übertragung gewährleistet sind, indem die KVG entweder die übertragenen Funktionen oder Aufgaben einem anderen Dritten überträgt oder sie selbst ausführt (Ziff. 10 Tz. 3 KAMaRisk). Das Auslagerungskonzept hat daher auch ein **Notfallkonzept** für den Fall zu enthalten, dass die ausgelagerte Leistung nicht mehr durch das Auslagerungsunternehmen erbracht wird. In diesem ist festzulegen, auf welche Weise **(Übertragung auf ein anderes Unternehmen oder Eingliederung in die Gesellschaft)** und in welchem Zeitrahmen 67 die Übertragung oder die Eingliederung stattfinden soll. Sieht das Notfallkonzept die Möglichkeit zur Übertragung des ausgelagerten Bereichs auf ein anderes Unternehmen vor, hat die KVG bereits im Vorfeld festzustellen und zu dokumentieren, welche Unternehmen über die entsprechenden Qualifikationen verfügen, um die in Frage stehenden Aufgaben zügig einzulagern (Erl. Ziff. 10 Tz. 3 KAMaRisk).

68 **b) Objektive Rechtfertigungsgründe.** Zum **Nachweis der Auslagerungsstruktur** gehört weiter eine detaillierte Beschreibung, Erläuterung und der Nachweis **objektiver Rechtfertigungsgründe**. Im Rahmen der **Auslagerungsanzeige** nach § 36 II muss die KVG sowohl die objektiven Rechtfertigungsgründe **bei der einzelnen Auslagerung erläutern** als auch eine Rechtfertigung **in Bezug auf die gesamte Auslagerungsstruktur** vornehmen (Ziff. 10 BaFin-FAQ zur Auslagerung idF v. 15.11.2017).

69 Gemäß Art. 76 I VO (EU) Nr. 231/2013 und Ziff. 9 BaFin-FAQ zur Auslagerung idF v. 15.11.2017 hat die KVG bei der Überprüfung der objektiven Rechtfertigungsgründe folgende Kriterien zu berücksichtigen:

- **Optimierung von Geschäftsfunktionen** und **-verfahren,**
- **Kosteneinsparungen/Erzielung betriebswirtschaftlicher Vorteile,**
- **Fachkenntnisse des Beauftragten** im Bereich der **Verwaltung** oder auf **bestimmten Märkten** oder mit **bestimmten Anlagen,**
- **Zugang** des Beauftragten **zu den globalen Handelsmöglichkeiten.**

70 **Auf Verlangen** hat die KVG der BaFin gem. Art. 76 II VO (EU) Nr. 231/2013 jederzeit **weitere Erläuterungen und Dokumente** vorzulegen, die belegen, dass die gesamte Struktur zur Übertragung von Funktionen durch objektive Gründe gerechtfertigt ist. Die KVG muss jederzeit in der Lage sein, der BaFin die gesamte Auslagerungsstruktur darzulegen und nachzuweisen, inwieweit diese durch objektive Gründe gem. Art. 76 VO (EU) Nr. 231/2013 gerechtfertigt ist.

71 Die BaFin betont in ihrem FAQ zur Auslagerung v. 15.11.2017 (Ziff. 10), dass die gesamte Auslagerungsstruktur der KVG und damit auch die obj. Rechtfertigungsgründe **Bestandteil der Prüfung des Abschlussprüfers** gem. den §§ 38 III, 121 III auch iVm § 148 I und § 136 III auch iVm § 159 sind. Der Prüfungsbericht habe insofern Angaben darüber zu enthalten, inwieweit die Auslagerungsstruktur Art. 76 VO (EU) Nr. 231/2013 entspricht.

72 **4. Auslagerungscontrolling (§ 36 I Nr. 7, 8). a) Überwachung des Auslagerungsunternehmens.** Gemäß § 36 I Nr. 7 muss die KVG in der Lage sein, die ausgelagerten Aufgaben **jederzeit wirksam zu überwachen.** Dieses ist durch entspr. Regelungen im **Auslagerungsvertrag** sicherzustellen (zum Mindestinhalt des Auslagerungsvertrages vgl. Ziff. 10 Tz. 4 KAMaRisk nebst Erläuterungen):

73 Eine wirksame Überwachung des Auslagerungsunternehmens durch die KVG erfordert die Vereinbarung eines **jederzeitigen Auskunftsrechts** der KVG. Die KVG muss vom Auslagerungsunternehmen jederzeit die Auskünfte verlangen können, die sie zur Überwachung des Auslagerungsunternehmens benötigt. Über das Auskunftsrecht hinaus ist es auch zweckdienlich, dass eine KVG ein Auslagerungsunternehmen zur **unverzüglichen Mitteilung von jeglichen Tatsachen und Feststellungen** mit Bezug und insb. mit Auswirkungen auf die Erbringung der ausgelagerten Dienstleistungen (bspw. Wegfall der Erlaubnis gem. § 32 KWG, Anlagegrenzverletzungen, wesentliche Feststellungen der Innenrevision/Wirtschaftsprüfer) verpflichtet.

74 Im Auslagerungsvertrag ist darüber hinaus ein **allgemeines und uneingeschränktes vertragliches Weisungsrecht der KVG** ggü. dem Auslagerungs-

unternehmen zu vereinbaren. Im Auslagerungsvertrag ist damit nicht nur zu vereinbaren, dass das Auslagerungsunternehmen die vertraglichen und gesetzlichen Vorgaben im Hinblick auf die ausgelagerte Tätigkeit einzuhalten hat. Liegen bspw. unterschiedliche Auffassungen über die Auslegung des KAGB oder mit dem Anleger vereinbarter Anlagerichtlinien vor, so muss die KVG durch das Weisungsrecht in die Lage versetzt werden, ihre Auffassung durchzusetzen. Auf eine explizite Vereinbarung von Weisungsrechten im Auslagerungsvertrag kann nach den Erläuterungen zu Ziff. 10 Tz. 4 KAMaRisk nur **verzichtet werden,** wenn die vom Auslagerungsunternehmen zu erbringenden Leistungen hinreichend klar im Auslagerungsvertrag spezifiziert sind.

Um der KVG die notwendige Reaktionsmöglichkeit zu geben, hat sie sich vertraglich ein **jederzeitiges ordentliches Kündigungsrecht** einräumen zu lassen. Für eine **Kündigung durch das Auslagerungsunternehmen** ist dagegen eine **angemessene Kündigungsfrist** zu vereinbaren, die es der KVG im Falle einer Kündigung ermöglicht, entweder die ausgelagerte Dienstleistung selbst zu erbringen oder die Dienstleistung an einen anderen Dritten auszulagern. 75

b) Fortwährende Überprüfung des Auslagerungsunternehmens. aa) Interne Überprüfung durch die KVG. Gemäß § 36 I Nr. 8 hat die KVG die vom Auslagerungsunternehmen erbrachten Dienstleistungen **fortwährend zu überprüfen.** Dies beinhaltet insb. folgende Maßnahmen: 76

Im Rahmen des Risikomanagements/Investmentcontrolling überwacht die KVG fortwährend die Einhaltung der gesetzlichen und vertraglichen Anlagegrenzen des Investmentvermögens (Ex-post-Anlagegrenzprüfung). Sofern iRd Ex-post-Prüfung Anlagegrenzverletzungen festgestellt werden oder die KVG Kenntnis von sonstigen Tatsachen erhält, die die Geeignetheit des Auslagerungsunternehmens in Frage stellen, hat sie dies zu berücksichtigen. 77

Darüber ist die iRd **Due Diligence eingeholte Dokumentation** regelmäßig zu aktualisieren. Analog § 29 II 2 hat die KVG eine entspr. Überprüfung **mindestens einmal jährlich** vorzunehmen und die Bewertung des Auslagerungsunternehmens **ggf. anzupassen.** 78

bb) Externe Überprüfung durch Abschlussprüfer. Bei Bedarf hat eine KVG darüber hinaus ihren externen Abschlussprüfer zu beauftragen, eigene Prüfungshandlungen in dem Auslagerungsunternehmen vorzunehmen. Diese soll nach der Verwaltungspraxis der BaFin insb. gelten, wenn der Abschlussprüfer der KVG oder der Investmentvermögen anhand des Prüfungsberichts des Abschlussprüfers des Auslagerungsunternehmens nicht oder nicht vollständig beurteilen kann, ob die erbrachten Dienstleistungen ordnungsgemäß iSd KAGB durchgeführt wurden (Ziff. 10 Tz. 6 KAMaRisk). 79

VI. Anforderungen an Auslagerungsunternehmen

1. Ressourcen (§ 36 I Nr. 2). Das Auslagerungsunternehmen muss gem. § 36 I Nr. 2 nicht nur über ausreichende Substanz verfügen, sondern darüber hinaus auch über **ausreichende Ressourcen**. Die **Personen, die die Geschäfte des Auslagerungsunternehmens tatsächlich leiten,** müssen **zuverlässig** sein und über **ausreichende Erfahrung** verfügen. Eine Konkretisierung dieser Vorgaben findet sich in Art. 77 VO (EU) Nr. 231/2013: 80

– Das Auslagerungsunternehmen muss ausreichende Ressourcen vorhalten, **in ausreichender Stärke Mitarbeiter mit Kompetenzen, Kenntnissen und**

Fähigkeiten beschäftigen, die zur ordnungsgemäßen Erfüllung der ihnen zugewiesenen Aufgaben erforderlich sind, sowie über eine für die Ausführung der übertragenen Aufgaben **geeignete Organisationsstruktur** verfügen.

– Personen, die die von der KVG übertragenen Tätigkeiten **tatsächlich ausführen,** müssen über **ausreichend Erfahrung, angemessene theoretische Kenntnisse** und **geeignete praktische Erfahrungen** in der Ausführung der betreffenden Aufgaben verfügen. Ihre **berufliche Ausbildung** und die **Art der von ihnen in der Vergangenheit ausgeübten Funktionen** müssen für die Art der geführten Geschäfte **angemessen** sein.

– Personen, die die Geschäfte des Auslagerungsunternehmens **tatsächlich führen,** gelten **nicht als ausreichend gut beleumdet,** wenn sie in Fragen, die sowohl für ihr **Leumundszeugnis** als auch die **ordnungsgemäße Ausführung der übertragenen Aufgaben relevant** sind, negativ bewertet wurden oder wenn **andere relevante Informationen** vorliegen, die sich negativ auf ihren Leumund auswirken. Als negative Bewertung gelten ua strafbare Handlungen sowie gerichtliche Verfahren oder Verwaltungssanktionen mit Bezug auf die Ausführung der übertragenen Aufgaben. Besondere Aufmerksamkeit gilt Finanzvergehen, ua Verstößen gegen Verpflichtungen zur Verhinderung von Geldwäsche, Unredlichkeit, Betrug oder Finanzkriminalität, Konkurs oder Insolvenz. Andere relevante Informationen sind beispielsweise solche, die darauf schließen lassen, dass eine Person nicht vertrauenswürdig oder ehrlich ist.

81 Unterliegt das Auslagerungsunternehmen im Hinblick auf berufliche Dienstleistungen der **Regulierung eines EU-Mitgliedsstaates,** so gelten die in → Rn. 80 3. Spiegelstrich genannten **Anforderungen an den Leumund** als gegeben, wenn die zuständige Aufsichtsbehörde das Kriterium des „guten Leumundes" **iRd Zulassungsverfahrens geprüft** hat und solange **keine gegenteiligen Nachweise** vorliegen.

82 **2. Auslagerung der Portfolioverwaltung oder des Risikomanagements (§ 36 I Nr. 3).** Gemäß § 17 III kann **nur eine KVG für die Einhaltung des KAGB zuständig und verantwortlich sein.** Ist demnach die Portfolioverwaltung oder das Risikomanagement für ein Investmentvermögen an eine KVG ausgelagert, so bleibt gleichwohl **nur die auslagernde KVG** für die Einhaltung der Anforderungen des KAGB verantwortlich.

83 Sofern die Auslagerung bei einer **OGAW-KVG** die **Portfolioverwaltung** bzw. bei einer **AIF-KVG** die **Portfolioverwaltung** oder das **Risikomanagement** betrifft, dürfen damit gem. § 36 I Nr. 3 grds nur Auslagerungsunternehmen beauftragt werden, die hierfür **zugelassen** oder **registriert** sind **und** einer **Aufsicht unterliegen.**

84 Eine Auslagerung der Portfolioverwaltung oder des Risikomanagements auf ein Unternehmen, das **keine Zulassung oder Registrierung** hat und **keiner Aufsicht unterliegt,** ist möglich, bedarf aber der **Genehmigung der BaFin.** Die Genehmigungsvoraussetzungen entsprechen den in § 36 und Art. 75–82 VO (EU) Nr. 231/2013 festgelegten Voraussetzungen. Insbesondere muss das Auslagerungsunternehmen über ausreichende Ressourcen für die Auslagerungsaufgaben verfügen und die Geschäftsleiter müssen zuverlässig sein sowie über ausreichend Erfahrung verfügen. Das Vorliegen der Voraussetzungen ist in einem **schriftlichen Genehmigungsantrag** darzulegen. **Beizufügen** sind der Auslagerungsvertrag sowie die notwendigen Unterlagen zur Beurteilung und Eignung der Geschäftsleiter (Ziff. 4 u. 5 BaFin-FAQ zur Auslagerung idF v. 15.11.2017).

Im Falle der Auslagerung der Portfolioverwaltung oder des Risikomanagements muss das Auslagerungsunternehmen darüber hinaus ein **Vergütungssystem entspr. § 37** vorhalten. Unterfällt das Auslagerungsunternehmen nicht dem Anwendungsbereich des § 37, ist eine **vergleichbare Regulation** ausreichend. Ist auch dieses nicht erfüllt, muss die KVG das Auslagerungsunternehmen **vertraglich** zur Vorhaltung eines § 37 entspr. Vergütungssystems verpflichten und deren Einhaltung im Rahmen ihres Auslagerungscontrolling überwachen. 85

3. Auslagerung an Drittstaat (§ 36 I Nr. 4). Wird die **Portfolioverwaltung** oder das **Risikomanagement** auf ein **Unternehmen mit Sitz in einem Drittstaat** ausgelagert, muss die Zusammenarbeit zwischen der BaFin und der zuständigen Aufsichtsbehörde des Drittstaates sichergestellt sein. Gemäß Art. 78 III VO (EU) Nr. 231/2013 bedarf dies einer schriftlichen Vereinbarung zwischen den zuständigen Behörden des Herkunftsmitgliedstaats der KVG und der Aufsichtsbehörde des Auslagerungsunternehmens **(schriftliches Kooperationsabkommen)** und das Kooperationsabkommen muss den in Art. 78 III VO (EU) Nr. 231/2013 **definierten Mindestinhalt** aufweisen. 86

Die BaFin hat am 22.7.2013, zuletzt geändert am 10.2.2014, ein „Merkblatt zu Vereinbarungen über die Zusammenarbeit zwischen der BaFin und zuständigen Stellen eines Drittstaats iRd AIFM-RL 2011/61/EU" veröffentlicht. Stand 10.2.2014 sind danach Kooperationsvereinbarungen mit den Aufsichtsbehörden der Länder **Australien** (ASIC), **Bermuda** (BMA), **Cayman Islands** (CIMA), **Guernsey** (GFSC), **Hong Kong** (SFC), **Hong Kong** (HKMA), **Indien** (SEBI), **Japan** (JFSA), **Japan** (METI), **Japan** (MAFF), **Jersey** (JFSC), **Kanada** (AMF), **Kanada** (OSC), **Kanada** (ASC), **Kanada** (BCSC), **Kanada** (OSFI), **Schweiz** (FINMA), **Singapur** (MAS), **USA** (SEC), **USA** (CFTC) und **USA** (FED/CC) geschlossen. Der Abschluss weiterer Kooperationsvereinbarungen würde in Zukunft nur stattfinden, wenn ein tatsächlicher, für die AIFM-RL relevanter Geschäftskontakt mit dem betroffenen Drittstaat bestehen würde oder wenigstens geplant sei. Die BaFin empfiehlt deshalb, bei Auslagerungen der Portfolioverwaltung oder des Risikomanagements an Dienstleister aus Drittstaaten, mit denen noch keine Kooperationsvereinbarung besteht, sich im Vorfeld an den für die KVG zuständigen BaFin-Sachbearbeiter zu wenden. Gleiches wird für die geplante Übernahme von Verwaltungsmandaten für ausländische AIF durch eine KVG nach § 55 empfohlen. 87

4. Wirksamkeit der Beaufsichtigung (§ 36 I Nr. 5). Gemäß § 36 I Nr. 5 darf die Auslagerung **die Wirksamkeit der Beaufsichtigung der KVG durch die Aufsichtsbehörde nicht beeinträchtigen.** Insbesondere darf sie weder die KVG daran hindern, **im Interesse ihrer Anleger zu handeln,** noch darf sie verhindern, dass ein Investmentvermögen **im Interesse der Anleger verwaltet** wird. § 36 I Nr. 5 setzt Art. 20 I 2 AIFM-RL um und entspricht derjenigen nach Art. 13 I Buchst. b der OGAW-RL sowie dem früheren § 16 I 3 InvG. 88

Die Voraussetzungen einer wirksamen Beaufsichtigung ergeben sich aus einem Umkehrschluss aus Art. 79 VO (EU) Nr. 231/2013. Sind die nachfolgenden Voraussetzungen erfüllt, ist davon auszugehen, dass eine wirksame Beaufsichtigung iSd § 36 I Nr. 5 möglich ist: 89

– Die **KVG,** ihr **Abschlussprüfer** und die **BaFin** müssen einen tatsächlichen Zugang zu den mit den übertragenen Funktionen **zusammenhängenden Daten** und zu den **Geschäftsräumen des Auslagerungsunternehmens** haben und die BaFin muss in der Lage sind, **von diesen Zugangsrechten Gebrauch zu**

machen. Ein entspr. Zugangs- bzw. Duldungsrecht ist im **Auslagerungsvertrag** zu vereinbaren;

- Das Auslagerungsunternehmen **arbeitet** im Zusammenhang mit den übertragenen Funktionen mit der BaFin **zusammen;**
- Die KVG stellt der BaFin **auf deren Verlangen alle Informationen zur Verfügung,** die diese zur Überwachung benötigen, ob bei der Ausübung der übertragenen Funktionen die Anforderungen des KAGB, der VO (EU) Nr. 231/2013 und anderer aufsichtsrechtlicher Durchführungsmaßnahmen eingehalten werden.

90 **5. Dokumentation (§ 36 I Nr. 6).** Die KVG hat eine **angemessene Dokumentation** vorzuhalten, nach der die **Auslagerungsunternehmen** die Anforderungen des § 36 erfüllen. Gleiches gilt im Hinblick auf **Unterauslagerungen,** sofern die KVG einer solchen zustimmt (→ Rn. 102).

91 **a) Due Diligence des Auslagerungsunternehmens.** § 36 I Nr. 6 führt aus, dass eine KVG darlegen können muss, dass das Auslagerungsunternehmen unter Berücksichtigung der ihm übertragenen Aufgaben über die **erforderliche Qualifikation** verfügt, in der Lage ist, die übernommenen Aufgaben **ordnungsgemäß wahrzunehmen** und **sorgfältig ausgewählt** wurde. In der Praxis empfiehlt es sich für eine KVG, vor jeder Auslagerung eine **Due Diligence des Auslagerungsunternehmens** anhand eines Fragenkataloges durchzuführen und auf Basis der Antworten des Auslagerungsunternehmens eine Bewertung **vorzunehmen** und zu **dokumentieren,** ob bzw. dass das Auslagerungsunternehmen die an dieses gestellten Anforderungen erfüllt.

92 **b) Auslagerungsvertrag.** Nach Ziff. 10 Tz. 4 KAMaRisk sind im Auslagerungsvertrag insb. folgende Punkte zu vereinbaren:

i) Eindeutige Festlegung und Zuteilung der **Rechte und Pflichten der KVG und des Auslagerungsunternehmens,** Art. 75 I Buchst. h VO (EU) Nr. 231/2013,
ii) Festlegung von **Informations- und Prüfungsrechten der Internen Revision** sowie **externer Prüfer,** Art. 75 Buchst. h VO (EU) Nr. 231/2013,
iii) Sicherstellung der **Informations- und Prüfungsrechte** sowie der **Kontrollmöglichkeiten der BaFin,**
iv) **Weisungs- und Überwachungsrechte,** Art. 75 Buchst. f VO (EU) Nr. 231/2013,
v) Regelungen, die sicherstellen, dass **datenschutzrechtliche Bestimmungen** beachtet werden,
vi) **Kündigungsrechte** und **angemessene Kündigungsfristen,** Art. 75 Buchst. h VO (EU) Nr. 231/2013,
vii) Regelungen über die Möglichkeit und über die Modalitäten einer **Weiterverlagerung,** die sicherstellen, dass eine Weiterverlagerung nur mit Zustimmung der Gesellschaft erfolgen kann und dass die Gesellschaft die aufsichtsrechtlichen Anforderungen weiterhin einhält,
viii) Verpflichtung des Auslagerungsunternehmens, die Gesellschaft über Entwicklungen **zu informieren,** die die ordnungsgemäße Erledigung der ausgelagerten Aufgaben beeinträchtigen können.

VII. Haftung für Auslagerungsunternehmen (§ 36 IV)

Die KVG hat ein **Verschulden des Auslagerungsunternehmens** in gleichem Umfang **zu vertreten wie eigenes Verschulden.** § 36 IV stellt klar, dass, anders als eine externe Verwaltungsgesellschaft iSd § 1 XIII, das Auslagerungsunternehmen **Erfüllungsgehilfe** der KVG ist. **Gegenüber dem Anleger** haftet die KVG somit auch für ein Verschulden des Auslagerungsunternehmens. Das Verschulden des Auslagerungsunternehmens wird der KVG zugerechnet. Durch die Auslagerung wird **weder die zivilrechtliche Haftung** der KVG **noch die aufsichtsrechtliche Verantwortung** der KVG reduziert. Die KVG kann ihr Haftungsrisiko allein durch vertragliche Regelungen mit dem Auslagerungsunternehmen im **Innenverhältnis** reduzieren. Im **Außenverhältnis** ggü. Anlegern bleibt die KVG verantwortlich. 93

VIII. Verbot der Briefkastenfirma (§ 36 V)

1. Briefkastenfirma iSd Art. 82 I VO (EU) Nr. 231/2013. Gemäß § 36 V darf eine KVG Aufgaben **nicht in einem Umfang übertragen,** der dazu führt, dass sie nicht länger als Verwaltungsgesellschaft angesehen werden kann und zu einer **Briefkastenfirma („letter box entity")** wird. Die Beurteilung, inwiefern eine Briefkastenfirma vorliegt, richtet sich nach Art. 82 I VO (EU) Nr. 231/2013. Danach gelten bezüglich der Auslagerung der Portfolioverwaltung und des Risikomanagements **quantitative** und **qualitative** Kriterien. 94

Eine KVG wird als Briefkastenfirma und nicht als Verwaltungsgesellschaft eines Investmentvermögens angesehen, wenn 95

- die KVG nicht über die **Fachkenntnisse** und **Ressourcen** verfügt, die für eine **wirksame Überwachung** der übertragenen Aufgaben und die **Steuerung** der mit der Übertragung verbundenen Risiken erforderlich sind;
- die KVG in **zentralen Angelegenheiten,** die in die Zuständigkeit der Geschäftsleitung fallen, **keine Entscheidungsgewalt mehr hat** oder die KVG – insb. im Zusammenhang mit der Umsetzung der allg. Anlagepolitik und der Anlagestrategien – nicht mehr befugt ist, **Geschäftsleitungsfunktionen** auszuüben;
- die KVG ihre vertraglichen **Rechte auf Einsichtnahme, Ermittlung,** seine **Zugangsrechte** oder das **Weisungsrecht** an seine Beauftragten verliert oder die Wahrnehmung dieser Rechte **in der Praxis nicht mehr möglich** ist;
- die KVG **Funktionen der Anlageverwaltung** (Portfolioverwaltung und Risikomanagement; → Rn. 6) in einem Umfang überträgt, der die Wahrnehmung solcher Funktionen **durch die KVG selbst deutlich überschreitet (quantitative Kriterien).**

Bei der Ermittlung des Übertragungsumfangs bewerten die zuständigen Behörden (BaFin) die gesamte Übertragungsstruktur, wobei sie neben den iRd Übertragung verwalteten Vermögenswerten auch folgenden **qualitativen Aspekten** Rechnung trägt: 96

- **Arten von Vermögenswerten,** in die das Investmentvermögen oder die für das Investmentvermögen handelnde KVG investiert hat und deren **Bedeutung für das Risiko-** und **Renditeprofil** des Investmentvermögens;
- **Bedeutung** der iRd Auslagerung verwalteten Vermögenswerte **für den Erfolg der Anlagestrategie** des Investmentvermögens;
- **geografischen** und **sektoralen Verteilung** der Anlagen des Investmentvermögens;
- **Risikoprofil** des Investmentvermögens;

– **Art der Anlagestrategien** des Investmentvermögens und der für dieses handelnden KVG;
– Arten der übertragenen Aufgaben im Vergleich zu den verbleibenden Aufgaben und
– **Konfiguration des Auslagerungsunternehmens** und deren Unterbeauftragten, ihres geographischen Tätigkeitsbereichs und ihrer Unternehmensstruktur, wozu auch zählt, ob die Aufgaben einem Unternehmen übertragen werden, das der gleichen Unternehmensgruppe angehört wie die KVG.

97 Die Regelungen des Art. 82 I VO (EU) Nr. 231/2013 finden mangels anderslautender Regelungen für OGAW-KVG entspr. Anwendung (vgl. BT-Drs. 17/12294, 220).

98 Gemäß Art. 82 II VO (EU) Nr. 231/2013 überwacht die EU-Kommission die Anwendung des Art. 82 im Lichte der Marktentwicklung. Sie überprüft die Situation und trifft, falls notwendig, angemessene Maßnahmen, um näher festzulegen, unter welchen Bedingungen davon ausgegangen wird, dass die KVG Aufgaben in einem Maße abgegeben hat, dass sie zu einer Briefkastenfirma wird und nicht mehr als Verwaltungsgesellschaft des Investmentvermögens angesehen werden kann.

99 **2. Auslagerung von Portfolioverwaltung und Risikomanagement.** Grundsätzlich ist es möglich, dass **entweder die Portfolioverwaltung oder das Risikomanagement** ausgelagert wird. Es ist auch möglich, dass jeweils Teile ausgelagert werden. Sofern den qualitativen Kriterien des Art. 82 I Buchst. d i–vii VO (EU) Nr. 231/2013 Rechnung getragen ist, ist es darüber hinaus auch möglich, dass eine **KVG, die mehrere Investmentvermögen verwaltet,** bzgl. **eines oder mehrerer dieser Investmentvermögen** die Portfolioverwaltung und das Risikomanagement **vollständig auslagert.** Allerdings dürfen iRd **gesamten Auslagerungsstruktur** der KVG quantitativ die ausgelagerten Anlageverwaltungsfunktionen die zurückbehaltenen Portfolioverwaltungs- und Risikomanagementfunktionen **insgesamt nicht deutlich übersteigen.** Dabei sind die für bestimmte Fondsarten und -kategorien unterschiedlichen Anforderungen an die Portfolioverwaltung und das Risikomanagement ebenfalls in die Gewichtung einzubeziehen (Ziff. 11 BaFin-FAQ zur Auslagerung idF v. 15.11.2017).

100 **Nicht zulässig** ist dagegen eine Auslagerung der Portfolioverwaltung oder des Risikomanagements, wenn vorstehende **quantitative Grenze überschritten** wird, so dass die KVG bspw. für alle Investmentvermögen nur administrative Tätigkeiten (→Rn. 7) ausübt. Diese administrativen Tätigkeiten sind zwar ebenfalls Kernfunktionen und Bestandteil der kollektiven Vermögensverwaltung. Die Beurteilung nach Art. 82 I Buchst. d VO (EU) Nr. 231/2013 bezieht sich jedoch auch **in quantitativer Hinsicht ausschließlich** auf die **Anlageverwaltungsfunktionen,** dh auf die **Portfolioverwaltung** und das **Risikomanagement.** Die administrativen Tätigkeiten können eine ausgelagerte Portfolioverwaltung und ein ausgelagertes Risikomanagement daher nicht aufwiegen bzw. können für die quantitative Beurteilung iSd Art. 82 I Buchst. d VO (EU) Nr. 231/2013 nicht herangezogen werden (Ziff. 11 BaFin-FAQ zur Auslagerung idF v. 15.11.2017).

101 **3. Master-KVG-Modell.** Bei einem sog. **Master-KVG-Modell** stellt eine KVG einem Dritten (Anleger) die **Fondsstruktur** und **insb. administrative Funktionen** (bspw. Reporting, Fondsbuchhaltung) zur Verfügung. Die Portfolioverwaltung dagegen wird regelmäßig zumindest für Teile des verwalteten Vermögens an ausgelagerte Portfolioverwalter übertragen. Üblicherweise handelt es sich bei den Dritten um institutionelle Anleger, die sich von der KVG ein oder mehrere Investmentvermögen auflegen lassen, die nach ihren Vorstellungen durch den externen Portfolioverwalter verwaltet werden. Für die Anleger hat dies ua den Vorteil, dass sie einen einzigen Ansprechpartner für die administrative Verwaltung seines Vermögens sowie ein gemeinsames Reporting erhalten. Gleichwohl können sie die Verwaltung auf unterschiedliche, regelmäßig auf bestimmte Asset-Klassen spezialisierte Portfolioverwalter übertragen. Das Master-KVG-Modell kann je nach den Bedürfnissen des Anlegers strukturiert werden. Möglich ist bspw. ein Master-KVG-Modell bestehend aus einem einzigen Investmentvermögen mit mehreren Segmenten/Subfonds. Möglich ist aber bspw. auch eine Master-KVG-Struktur, bei dem verschiedene Investmentvermögen administrativ zusammengefasst werden und der Anleger ein konsolidiertes Reporting für alle seine Vermögensanlagen erhält.

Master-KVG-Modelle sind auch nach dem KAGB und der VO (EU) Nr. 231/2013 möglich. Ein Master-KVG-Modell bedeutet nicht automatisch, dass die Master-KVG nur administrative Funktionen erbringt, regelmäßig wird die Master-KVG auch das **Risikomanagement und Risikocontrolling der Master-KVG-Struktur** (nicht nur ein Auslagerungscontrolling) übernehmen. In diesem Fall wird nur die Portfolioverwaltung an verschiedene spezialisierte Portfoliomanager ausgelagert. Für die Auslagerung liegt ein obj. Rechtfertigungsgrund in Form von „Fachkenntnisse des Beauftragten im Bereich der Verwaltung oder auf bestimmten Märkten oder mit bestimmten Anlagen" vor (→ Rn. 68ff.). Selbst wenn die Master-KVG für einen **Teil der von ihr verwalteten Investmentvermögen** sowohl die Portfolioverwaltung als auch das Risikomanagement auslagert, kann das Master-KVG-Modell zulässig sein. Es dürfen allein iRd gesamten Auslagerungsstruktur der KVG quantitativ die ausgelagerten Anlagerverwaltungsfunktionen die zurückbehaltenen Portfolioverwaltungs- und Risikomanagementfunktionen insgesamt nicht deutlich übersteigen (vgl. → Rn. 94ff.). Allein Master-KVG-Modelle, bei denen **sowohl die Portfolioverwaltung als auch das Risikomanagement in einem höheren Maß** ausgelagert sind, werden vom Verbot einer Briefkastenfirma betroffen. 102

IX. Unterauslagerung (§ 36 VI)

Gemäß § 36 VI darf das Auslagerungsunternehmen die auf ihn ausgelagerten Aufgaben (nur) unter den folgenden Bedingungen weiter übertragen (**Unterauslagerung**): 103

- Die KVG hat der Unterauslagerung vorher **zuzustimmen.** Gemäß Art. 81 I VO (EU) Nr. 231/2013 wird die Unterbeauftragung erst wirksam, wenn die KVG seine Zustimmung **schriftlich** bezeugt. Eine allg. vorherige Zustimmung der KVG reicht nicht aus;
- Die KVG hat der BaFin die Unterauslagerung **anzuzeigen bevor** die Unterauslagerungsvereinbarung **in Kraft tritt („Unter-Auslagerungsanzeige").** Die Mitteilung hat **Angaben zum Beauftragten,** den **Namen der zuständigen Behörde,** bei der der Unterbeauftragte zugelassen oder registriert ist, Angaben zu den **übertragenen Funktionen** und den von der Unterbeauftragung **betroffenen Investmentvermögen,** eine **Kopie der schriftlichen Zustimmung** der KVG und das geplante **Datum des Wirksamwerdens** der Unterbeauftragung zu enthalten (Art. 81 II VO (EU) Nr. 231/2013).
- Die in **§ 36 I Nr. 2–8 festgelegten Bedingungen** finden auf das Verhältnis zwischen Auslagerungsunternehmen und Unterauslagerungsunternehmen entspr. Anwendung. Dies gilt entspr. **bei jeder weiteren Unterauslagerung.**

104 Einer **Anzeige einer Unterauslagerung ggü. der BaFin** bedarf es aber nur, wenn die ausgelagerte Tätigkeit selbst unterausgelagert werden soll. Einer Anzeige bedarf es dagegen nicht, wenn das Auslagerungsunternehmen andere Tätigkeiten auslagert, selbst dann nicht, wenn sie einen Bezug auf die ausgelagerte Tätigkeit haben. Nicht anzeigepflichtig sind somit bspw. im Falle der Auslagerung der Portfolioverwaltung die Auslagerung von Backoffice-Tätigkeiten oder die Auslagerung von Compliance-Funktionen durch das Auslagerungsunternehmen.

§ 37 Vergütungssysteme; Verordnungsermächtigung

(1) [1]**Kapitalverwaltungsgesellschaften legen jeweils für Geschäftsleiter, Mitarbeiter, deren Tätigkeiten einen wesentlichen Einfluss auf das Risikoprofil der Verwaltungsgesellschaft oder der verwalteten Investmentvermögen haben (Risikoträger), Mitarbeiter mit Kontrollfunktionen und alle Mitarbeiter, die eine Gesamtvergütung erhalten, auf Grund derer sie sich in derselben Einkommensstufe befinden wie Geschäftsleiter und Risikoträger, ein Vergütungssystem fest, das mit einem soliden und wirksamen Risikomanagementsystem vereinbar und diesem förderlich ist, keine Anreize setzt zur Eingehung von Risiken, die nicht mit dem Risikoprofil, den Anlagebedingungen, der Satzung oder dem Gesellschaftsvertrag der von ihnen verwalteten Investmentvermögen vereinbar sind und das die Kapitalverwaltungsgesellschaft nicht daran hindert, pflichtgemäß im besten Interesse des Investmentvermögens zu handeln.** [2]**Die Kapitalverwaltungsgesellschaften wenden das Vergütungssystem an.**

(2) **Die Anforderungen an das Vergütungssystem bestimmen sich für AIF-Kapitalverwaltungsgesellschaften näher nach Anhang II der Richtlinie 2011/61/EU und für OGAW-Kapitalverwaltungsgesellschaften näher nach Artikel 14a Absatz 2 und Artikel 14b Absatz 1, 3 und 4 der Richtlinie 2009/65/EG.**

(3) [1]**Das Bundesministerium der Finanzen wird ermächtigt, durch Rechtsverordnung, die nicht der Zustimmung des Bundesrates bedarf, zur Ausgestaltung und Ergänzung der Vorgaben nach Anhang II der Richtlinie 2011/61/EU sowie nach Artikel 14a Absatz 2 und Artikel 14b der Richtlinie 2009/65/EG nähere Bestimmungen zu erlassen über**

1. **die Ausgestaltung der Vergütungssysteme, einschließlich der Entscheidungsprozesse und Verantwortlichkeiten, der Zusammensetzung der Vergütung, der Ausgestaltung positiver und negativer Vergütungsparameter, der Leistungszeiträume sowie der Berücksichtigung der Anlagestrategie, der Ziele, der Werte und der langfristigen Interessen der Kapitalverwaltungsgesellschaften und der verwalteten Investmentvermögen,**
2. **die Überwachung der Angemessenheit und Transparenz der Vergütungssysteme durch die Kapitalverwaltungsgesellschaft und die Weiterentwicklung der Vergütungssysteme,**
3. **die Möglichkeit, die Auszahlung variabler Vergütungsbestandteile zu untersagen oder auf einen bestimmten Anteil des Jahresergebnisses zu beschränken,**
4. **die Offenlegung der Ausgestaltung der Vergütungssysteme und der Zusammensetzung der Vergütung sowie das Offenlegungsmedium und die Häufigkeit der Offenlegung.**

[2]Die Regelungen haben sich insbesondere an Größe und Vergütungsstruktur der Kapitalverwaltungsgesellschaft und der von ihr verwalteten Investmentvermögen sowie ihrer internen Organisation und der Art, des Umfangs, der Komplexität, des Risikogehalts und der Internationalität ihrer Geschäfte zu orientieren. [3]Im Rahmen der Bestimmungen nach Satz 1 Nummer 4 müssen die auf Offenlegung der Vergütung bezogenen handelsrechtlichen Bestimmungen nach § 340a Absatz 1 und 2 in Verbindung mit § 340l Absatz 1 Satz 1 des Handelsgesetzbuchs unberührt bleiben. [4]Das Bundesministerium der Finanzen kann die Ermächtigung durch Rechtsverordnung auf die Bundesanstalt übertragen.

Inhaltsübersicht

Rn.
I. Allgemeines . . . 1
1. Gesetzgeberischer Hintergrund . . . 1
a) AIF-Kapitalverwaltungsgesellschaften . . . 1
b) OGAW-Kapitalverwaltungsgesellschaften . . . 3
c) VergütungsVO . . . 4
2. Anwendungsbereich . . . 6
3. Umgehungsverbot . . . 8
4. Auslagerung des Portfolio- oder Risikomanagements . . . 9
5. Regelmäßige Überprüfung der Vergütungssysteme . . . 11
II. Identifizierte Mitarbeiter und Risikoträger . . . 13
III. Vergütung . . . 17
1. Feste/Variable Vergütung . . . 19
2. Freiwillige Altersversorgungsleistungen . . . 27
3. Abfindungen . . . 29
IV. Proportionalitätsgrundsatz . . . 30
1. Grundsatz der Verhältnismäßigkeit . . . 30
2. Anwendung des Proportionalitätsgrundsatzes . . . 33
a) Größe der AIF-KVG . . . 34
b) Interne Organisation . . . 36
c) Art, Umfang und Komplexität der Geschäfte . . . 37
3. Unterschiedliche Mitarbeiterkategorien und -gruppen . . . 38
V. Vergütungsgrundsätze . . . 39
VI. Zuerkennungs- und Auszahlungsverfahren . . . 58
1. Zuerkennungsverfahren . . . 58
2. Auszahlungsverfahren . . . 61
a) Zurückstellung/Zurückstellungszeitraum . . . 61
b) Ex-post-Risikoanpassung/Malus- und Rückforderungsvereinbarung . . . 66
VII. Vergütungsausschuss . . . 69
1. Einrichtung eines Vergütungsausschusses . . . 69
2. Zusammensetzung des Vergütungsausschusses . . . 75
3. Aufgaben des Vergütungsausschusses . . . 76
VIII. Offenlegung der Vergütungssysteme . . . 78

I. Allgemeines

1. Gesetzgeberischer Hintergrund. a) AIF-Kapitalverwaltungsgesellschaften. Um den potenziell schädlichen Auswirkungen schlecht gestalteter Vergütungsstrukturen auf ein solides Risikomanagement und auf die Kontrolle des risi- 1 kobereiten Verhaltens von Einzelpersonen entgegenzuwirken, normiert Art. 13 AIFM-RL **Anforderungen an die Vergütungssysteme von AIFM.** Gemäß Erwgr. 24 AIFM-RL sollen AIFM ausdr. dazu verpflichtet werden, für diejenigen Kategorien von Mitarbeitern, deren berufliche Tätigkeit sich wesentlich auf die Risikoprofile der verwalteten AIF auswirkt, eine **Vergütungspolitik** und **-praxis festzulegen** und **anzuwenden,** die mit einem **soliden** und **wirksamen Risikomanagement** in Einklang steht. Insoweit bestehen Ähnlichkeiten zu den Anforderungen an die Vergütungssysteme von Kredit- und Finanzdienstleistungsinstituten gem. InstitutsVergV sowie von Versicherungen gem. VersVergV.

2 Artikel 13 AIFM-RL ist durch § 37 in nat. Recht umgesetzt. Über den Verweis des § 37 II findet auf AIF- KVG darüber hinaus Anh. II AIFM-RL Anwendung. Zu berücksichtigen sind weiter die „Leitlinien für solide Vergütungspolitiken unter Berücksichtigung der AIFMD" der ESMA v. 3.7.2013 (ESMA/2013/232; deutsche Übersetzung der „Leitlinien für solide Vergütungspolitiken unter Berücksichtigung der AIFMD" v. 3.7.2013, zuletzt geändert am 31.3.2016 und übersetzt am 14.10.2016) sowie die „ESMA-FAQ zur Anwendung der AIFMD" der ESMA, zuletzt überarbeitet am 16.6.2023 (ESMA-34-32-352).

3 **b) OGAW-Kapitalverwaltungsgesellschaften.** Durch das OGAW-V-UmsG wurde der **Anwendungsbereich des § 37 auf OGAW-KVG erweitert.** Die Änderungen der Abs. 1 und 2 dienen der Umsetzung des in der RL 2009/65/EG eingefügten Art. 14a. Die Vorgaben an die Vergütungssysteme in den in die RL 2009/65/EG eingefügten Art. 14a und 14b entsprechen im Wesentlichen den Vorgaben in Art. 13 und Anh. II der RL 2011/61/EU. Entsprechend wurde der Anwendungsbereich des bisher nur für AIF-KVG geltenden § 37 auf OGAW-KVG erweitert (vgl. „Schreiben der BaFin zur Anwendung der „Leitlinien für solide Vergütungspolitiken unter Berücksichtigung der OGAW-Richtlinien und der AIFMD" von ESMA v. 22.7.2013, geändert am 1.11.2016). Die in § 37 darüber hinaus durch das OGAW-V-UmsG vorgenommenen Ergänzungen nehmen den entspr. Wortlaut des Art. 14a RL 2009/65/EG auf. Diese Ergänzungen haben ggü. der vorherigen Fassung des § 37 lediglich klarstellende Bedeutung. Zu berücksichtigen sind für OGAW-KVG die „Leitlininien für solide Vergütungspolitiken unter Berücksichtigung der OGAW-Richtlinien" v. 14.10.2016.

4 **c) VergütungsVO.** Nach der Gesetzesbegründung zu § 37 III sollen darüber hinaus nähere Bestimmungen über die **Ausgestaltung, Überwachung** und **Weiterentwicklung der Vergütungssysteme** sowie über die **Offenlegungspflichten** im Wege einer RechtsVO ergehen. Dies gilt sowohl für die Anforderungen an die Vergütungssysteme von AIF- als auch von OGAW-KVG (vgl. Gesetzesbegr. OGAW-V-UmsG zu § 37 III und Schreiben der BaFin zur Anwendung der „Leitlinien für solide Vergütungspolitiken unter Berücksichtigung der OGAW-Richtlinien und der AIFMD" von ESMA idF v. 1.11.2016). Zum Erlass einer solchen **VergütungsVO** wird durch § 37 III das BMF legitimiert. In ihr sollen nähere Einzelheiten hinsichtlich der **Entscheidungsprozesse** und **Verantwortlichkeiten,** der **Zusammensetzung der Vergütung,** der **Ausgestaltung der Vergütungsparameter** und der **Leistungszeiträume** geregelt werden. Auch Vorgaben für die Überwachung der Umsetzung und die **Weiterentwicklung der Vergütungssysteme** sollen in der VergütungsVO enthalten sein. Die BaFin soll durch die VergütungsVO befugt werden, im Fall der **Unterschreitung** oder **drohenden Unterschreitung** bestimmter aufsichtsrechtlicher Anforderungen, die Auszahlung variabler Vergütungsbestandteile **zu untersagen** oder **zu beschränken.**

Das BMF hat die Veröffentlichung der VergütungsVO der BaFin übertragen. Durch **Allgemeinverfügung** v. 22.7.2013 (WA 41-Wp 2137-2013/0037) hat die BaFin mitgeteilt, dass sie im Rahmen ihrer Verwaltungspraxis bis zum Erlass einer VergütungsVO die Guidelines ESMA/2013/232 zur Konkretisierung der in § 37 vorgesehenen Pflichten heranziehen wird und diese damit, vorbehaltlich der Übergangsvorschriften des KAGB, für die Vergütungssysteme **von AIF-KVG** gelten. Mit Schreiben der BaFin zur Anwendung der „Leitlinien für solide Vergütungspolitiken unter Berücksichtigung der OGAW-Richtlinien und der AIFMD" von ESMA idF v. 1.11.2016 hat die BaFin betr. § 37 III klargestellt, dass die Norm eine Ermächtigung zum Erlass einer VO zur näheren Ausgestaltung der Vergütungssysteme von KVG vorsieht. Diese Ermächtigung, die sich vormals nur auf die Vergütungssysteme von AIF-KVG bezog, soll seit Inkrafttreten des OGAW-V-Umsetzungsgesetzes auch OGAW-KVG einschließen. 5

2. Anwendungsbereich. Der Anwendungsbereich des § 37 gibt Vorgaben für die Vergütungssysteme sowohl von AIF- als auch von OGAW-KVG. Er gilt **für alle Arten von Vergütungen,** die **von der KVG gezahlt** werden, für jeden **direkt von dem AIF selbst gezahlten Betrag,** einschl. carried interest, und für **jede Übertragung von Anteilen des Investmentvermögens,** die zugunsten derjenigen Mitarbeiterkategorien (einschl. Geschäftsleitung, Risikoträger, Mitarbeiter mit Kontrollfunktionen und aller Mitarbeiter, die eine Gesamtvergütung erhalten, aufgrund derer sie sich in derselben Einkommensstufe befinden wie Mitglieder der Geschäftsleitung und Risikoträger) vorgenommen werden, deren berufliche Tätigkeit sich **wesentlich auf ihr Risikoprofil** oder auf die **Risikoprofile der von ihnen verwalteten Investmentvermögens auswirkt** (Ziff. 2 Anh. II AIFM-RL). Die Anforderungen an die Vergütungssysteme von AIF-KVG kamen grundsätzlich **erstmals im Frühjahr 2016 für das Geschäftsjahr 2015** zum Tragen (Frage 1 „ESMA-FAQ zur Anwendung der AIFMD" idF v. 14.6.2023). Für OGAW-KVG finden sie erstmals Anwendung auf das Geschäftsjahr 2017, so dass sie erstmals in 2018 für variable Vergütungsbestandteile für 2017 zum Tragen kamen. 6

Die Anforderungen des § 37 finden Anwendung auf **extern verwaltende KVG** sowie auf Investmentvermögen selbst, wenn die Rechtsform des Investmentvermögens eine **interne Verwaltung** zulässt und das Leitungsgremium entscheidet, keine externe KVG zu bestellen. AIF und OGAW, die nicht intern verwaltet werden und eine externe KVG bestellt haben, unterliegen nicht den Vergütungsgrundsätzen (Rn. 2 ESMA/2013/232). Sie finden darüber hinaus auch uneingeschränkt Anwendung, wenn die AIF-KVG Bestandteil einer **Banken-, Versicherungs-, Anlagegruppe oder Finanzkonglomeraten,** bspw. eine Tochtergesellschaft eines Kreditinstitutes, ist (Rn. 32f. ESMA/2013/232). 7

3. Umgehungsverbot. Die Vergütungssysteme einer KVG sollen die Ausrichtung der von den Mitarbeitern eingegangenen Risiken auf diejenigen von ihr verwalteten AIF und OGAW, die Anleger der AIF bzw. OGAW und die KVG selbst fördern. Eine KVG darf keine Vergütungssysteme implementieren und keine variable Vergütung zahlen, die zu einer Umgehung der Anforderungen des § 37 führen **(Umgehungsverbot).** Die ESMA sieht bei folgenden Sachverhalten ein erhöhtes Risiko einer Umgehung des § 37 als gegeben (Rn. 15 ESMA/2013/232): 8

- **Umwandlung von Teilen der variablen Vergütung** in Bezüge, die normalerweise keinen Anreiz im Hinblick auf Risikopositionen bieten;
- **Auslagerung von professionellen Dienstleistungen** an Unternehmen, die nicht unter den Anwendungsbereich des § 37 fallen;

– **Einsatz vertraglich gebundener Vermittler** oder anderer Personen, die aus rechtlicher Sicht nicht als „Mitarbeiter" betrachtet werden;
– **Transaktionen zwischen der AIF-KVG** und **Dritten,** an denen die identifizierten Mitarbeiter ein materielles Interesse haben;
– Einrichtung von Strukturen oder Verfahren, über welche die **Vergütung in Form von Dividenden oder ähnlichen Zahlungen** erfolgt (dh die missbräuchliche Verwendung der erfolgsabhängigen Vergütung) und
– **nicht in Geldform gewährte materielle Bezüge,** die als erfolgsabhängiger Anreiz gewährt werden.

9 **4. Auslagerung des Portfolio- oder Risikomanagements.** Beauftragt eine KVG einen Dritten mit der Übernahme der **Portfolioverwaltung** oder des **Risikomanagements** eines AIF bzw. OGAW **(Auslagerung),** muss sie gem. Rn. 18 ESMA/2013/232 folgendes **sicherstellen:**
– Das Auslagerungsunternehmen unterliegt **regulatorischen Anforderungen** bzgl. der Vergütung, die **ebenso wirksam** sind wie diejenigen, die auf die AIF-KVG selbst gem. § 37 anwendbar sind, oder
– Durch **angemessene vertragliche Vereinbarungen** im **Auslagerungsvertrag** wird sichergestellt, dass es zu keiner Umgehung des § 37 kommt. Diese vertraglichen Vereinbarungen müssen **sämtliche Zahlungen** umfassen, die **an die identifizierten Mitarbeiter des beauftragten Dritten** als Ausgleich für die Erbringung von Portfolioverwaltungs- oder Risikomanagementtätigkeiten im Auftrag der KVG geleistet werden.

10 Die Vergütungssysteme eines Auslagerungsunternehmens müssen somit nicht zwingend die Anforderungen des § 37 erfüllen, soweit das Auslagerungsunternehmen selbst **regulatorischen Anforderungen** unterliegt, die vergleichbar § 37 ein **solides Risikomanagement** gewährleisten und einem **risikobereiten Verhalten von Einzelpersonen entgegenwirken.** Dieses ist in jedem Fall erfüllt, wenn das Auslagerungsunternehmen einer **Regulierung in Umsetzung der AIFM- bzw. OGAW-RL** unterliegt. Auch wenn das Auslagerungsunternehmen ein Vergütungssystem nach Maßgabe der **InstitutsVergV** implementiert hat, dürfte dieses zu bejahen sein. Bei einer **Regulierung durch Rechtssysteme außerhalb des Anwendungsbereichs der AIFM- bzw. OGAW-RL** kann dies erfüllt sein. Hier bedarf es einer Einzelfallbetrachtung der Art und des Umfangs der Regulierung. Nur wenn eine solche Regulierung des Auslagerungsunternehmens nicht vorliegt, muss die KVG das Auslagerungsunternehmen durch **vertragliche Vereinbarungen** verpflichten, ein Vergütungssystem entspr. § 37 vorzuhalten.

11 **5. Regelmäßige Überprüfung der Vergütungssysteme.** Die Umsetzung der auf Grundlage des § 37 festgelegten Vergütungssysteme der KVG ist **mindestens einmal jährlich** zu überprüfen. Im Rahmen der Überprüfung ist festzustellen, ob das Vergütungssystem insgesamt wie beabsichtigt **funktioniert** (insb., ob alle vereinbarten Pläne/Programme abgedeckt sind, ob die Vergütung angemessen ist und dem Risikoprofil und den langfristigen Zielsetzungen und Vorgaben der KVG angemessen gerecht wird) und es mit den **nationalen** und **internationalen Vorschriften, Grundsätze** und **Standards vereinbar** ist. An der Prüfung **zu beteiligen** sind die sog. **Kontrollabteilungen der KVG** (Interne Revision, Risikomanagement, Compliance, usw.) sowie andere **Schlüsselausschüsse,** soweit vorhanden (Prüfungs-, Risiko- und Nominierungsausschüsse) (Rn. 48 ff. ESMA/2013/232).

12 Die Überprüfung der Vergütungssysteme **kann ganz oder teilweise auf einen Dritten übertragen werden.** Voraussetzung ist, dass dies nach dem Kriterium der

Verhältnismäßigkeit angemessen und gleichwohl eine unabhängige Überprüfung gewährleistet ist. **Größere** und **komplexere KVG** sollen die Überprüfung nach Ansicht der ESMA intern vornehmen. **Kleinere** und **weniger komplexe KVG** sollen auch die gesamte Überprüfung an einen Dritten übertragen dürfen, sollen dann aber **mindestens einmal jährlich** zusätzlich eine **eigene Beurteilung der Prüfungsergebnisse** des Dritten vornehmen (vgl. Rn. 51 ESMA/2013/232).

II. Identifizierte Mitarbeiter und Risikoträger

Die KVG hat eine **Analyse der Aufgaben und Verantwortlichkeiten** zum Zwecke einer angemessenen Bewertung der Funktionen vorzunehmen und hierdurch diejenigen Mitarbeiter zu **identifizieren,** die einen **wesentlichen Einfluss auf das Risikoprofil der KVG** oder der von dieser **verwalteten AIF/OGAW** haben. Zu berücksichtigen ist dabei, dass auch Mitarbeiter ohne hohe Vergütung in Folge ihrer Aufgaben und Verantwortlichkeiten einen wesentlichen Einfluss auf das Risikoprofil der KVG und/oder eines AIF bzw. OGAW haben können. Auf die so **identifizierten Mitarbeiter** und **Risikoträger** finden die Vorgaben des § 37 Anwendung. 13

§ 37 findet Anwendung auf die Vergütung von **sämtlichen Kategorien von Mitarbeitern,** einschl. der Führungskräfte und Mitarbeiter, deren Tätigkeiten einen wesentlichen Einfluss auf das Risikoprofil der KVG oder der AIF/OGAW haben **(Risikoträger),** Mitarbeiter mit Kontrollfunktionen und aller Mitarbeiter, die eine **Gesamtvergütung** erhalten, aufgrund derer sie sich in derselben Einkommensstufe befinden wie die Führungskräfte und Risikoträger **(„identifizierte Mitarbeiter").** Voraussetzung ist, dass sich die berufliche Tätigkeit der Mitarbeiter **wesentlich auf die Risikoprofile der KVG** oder auf **die Risikoprofile der von ihr verwalteten AIF/OGAW** auswirkt. Der Anwendungsbereich ist darüber hinaus eröffnet für die Kategorien von Mitarbeitern von Auslagerungsunternehmen, an die die **Portfolioverwaltung** oder das **Risikomanagement übertragen** sind und **deren berufliche Tätigkeit** sich **wesentlich auf die Risikoprofile der vom KVG verwalteten AIF/OGAW auswirkt.** Bei der Identifizierung der Mitarbeiter, die sich in **derselben Einkommensstufe** wie die Führungskräfte und Risikoträge befinden, ist die Bandbreite der Gesamtvergütung eines jeden Mitarbeiters der Kategorie Führungskräfte und Risikoträger (von der höchsten bis zur niedrigsten Vergütung der jeweiligen Kategorie) zu berücksichtigen (Begriffsbestimmung „Identifizierung Mitarbeiter" gem. ESMA/2013/232 und ESMA/2016/575-DE). 14

Für folgende Mitarbeiter besteht eine **widerlegliche Vermutung,** dass es sich um Risikoträger handelt: 15

- an der Geschäftsführung beteiligte und nicht an der Geschäftsführung beteiligte **Mitglieder des Leitungsorgans der KVG,** bspw. Direktoren, CEO und geschäftsführende und nichtgeschäftsführende Gesellschafter;
- **Geschäftsleitung;**
- **Kontrollfunktionen/Kontrollabteilung** (Mitarbeiter (außer Führungskräfte), die für das **Risikomanagement,** die **Compliance,** die **interne Kontrolle** und **ähnliche Aufgaben** zuständig sind (zB der Chief Financial Officer (CFO), sofern dieser für die Ausarbeitung der Jahresabschlüsse verantwortlich ist));
- Mitarbeiter, die an der **Spitze der Portfolioverwaltung,** der **Verwaltung,** des **Marketings,** der **Personalabteilung** stehen;
- **Sonstige Risikoträger,** insb. Mitarbeiter, deren berufliche Tätigkeit – individuell oder kollektiv als Mitglieder einer Gruppe (zB einer Einheit oder Teil einer

Abteilung) – sich **wesentlich auf das Risikoprofil** der KVG oder eines von ihr verwalteten AIF/OGAW auswirkt, einschl. **Personen, die in der Lage sind, Verträge/Positionen abzuschließen** und **Entscheidungen zu treffen, die sich wesentlich auf die Risikopositionen** auswirken (bspw. **Mitarbeiter des Vertriebes, Fondsmanager** und **Handelsabteilungen**).

16 Ob ein Fondsmanager ein Risikoträger ist, richtet sich nach dem Umfang seines von der KVG eingeräumten Handlungsspielraums. Ist der Handlungsspielraum begrenzt, bspw. weil ein Fondsmanager nur vorgegebene Muster-Portfolien umsetzt, handelt es sich um keinen Risikoträger. Die Beurteilung liegt grds. im Ermessen der jeweiligen KVG. Die BaFin erwartet jedoch bei Einreichung des AIF- bzw. OGAW-KVG-Erlaubnisantrages, dass die KVG begründet nachweisen kann, warum bestimmte Personen (insb. Fondsmanager) nicht als Risikoträger eingestuft werden. Hierbei können auch Begründungen für bestimmte Kategorien von Mitarbeitern zusammengefasst werden.

III. Vergütung

17 Der Begriff der Vergütung iSd § 37 und Anh. II AIFM-RL umfasst nach Rn. 10 ESMA/2013/232 und Rn. 11 ff. ESMA/2016/575-DE
- **alle** von der **KVG** bezahlten Formen von **Zahlungen** oder **Leistungen,**
- **alle** vom **AIF/OGAW** selbst bezahlten **Beträge** einschl. **Carried Interest** (dh des Anteils an den Gewinnen des AIF/OGAW, der den Mitarbeitern als Vergütung für die Verwaltung des AIFs gewährt wird) und
- **sämtliche Übertragungen von Anteilen** des AIF/OGAW

im Austausch für berufliche Dienste, die **von identifizierten Mitarbeitern** (Rn. 13 ff.) der KVG erbracht werden.

18 Keine Vergütung sind dagegen **Nebenzahlungen** oder **-leistungen,** die **Teil einer allgemeinen nichtdiskretionären Politik** auf der Ebene der KVG sind und **keinen Anreiz im Hinblick auf die Übernahme von Risiken** schaffen. In diesem Fall besteht nach dem vom Gesetzgeber verfolgten Ziel der Schaffung spezifischer Anforderungen an die Risikoanpassung kein Anlass für eine Regulierung der Vergütungssysteme (Rn. 11 ESMA/2013/232). Ebenfalls nicht unter § 37 fallen Zahlungen, die direkt von einem AIF/OGAW geleistet werden, die aus einer anteiligen **Rendite** einer vom Mitarbeiter getätigten **Anlage in das Investmentvermögen** bestehen (Rn. 12 ESMA/2013/232 und Rn. 11 ff. ESMA/2016/575-DE).

19 **1. Feste/Variable Vergütung.** Zu unterscheiden ist zwischen einer **festen Vergütung** (Zahlungen oder Leistungen **ohne Berücksichtigung von Leistungskriterien**) und einer **variablen Vergütung** (zusätzliche Zahlungen oder Leistungen, die **auf der Grundlage von Leistungskriterien** oder in bestimmten Fällen von **anderen vertraglichen Kriterien** gewährt werden). Beide Vergütungsbestandteile (fest und variabel) können **Geldzahlungen** oder **-leistungen** umfassen (zB Bargeld, Anteile, Optionsscheine, Tilgung von Darlehen an Mitarbeiter bei Entlassung, Rentenbeiträge, Vergütung durch AIF/OGAW, bspw. als Carried interest) oder **Nicht-(direkte)Geldleistungen** (zB Rabatte, Gehaltsnebenleistungen oder Sondervergütungen für Fahrzeuge, Mobiltelefone usw.) (Rn. 11 ESMA/2013/232 und Rn. 11 ff. ESMA/2016/575-DE).

20 Die KVG hat bei der Zuerkennung, der Auszahlung und dem Bezug einer **variablen Vergütung** ihre eigene finanzielle Lage zu berücksichtigen. Zu gewährleisten ist, dass die KVG eine **solide finanzielle Lage bewahrt** und diese durch die

Auszahlung der variablen Vergütung **nicht negativ beeinflusst** wird. Ist eine KVG nicht in der Lage, eine solide finanzielle Lage zu bewahren oder besteht die Gefahr einer solchen Situation, hat sie eine Reduzierung des **variablen Vergütungspools** für den Bemessungszeitraum sowie Leistungsanpassungsmaßnahmen **(Malus- und Rückforderungsvereinbarungen)** für den Bemessungszeitraum vorzunehmen. Anstatt eine variable Vergütung zuzuerkennen, auszuzahlen und deren Bezug zuzulassen, ist der Nettogewinn der KVG für das betreffende Jahr und ggf. auch für Folgejahre dazu zu verwenden, die eigene finanzielle Lage zu verbessern (Rn. 36 ESMA/2013/232 und Rn. 36 ESMA/2016/575-DE). Zur Einschränkung der übermäßigen Risikoübernahme muss die variable Vergütung **erfolgsabhängig** und **risikogewichtet** sein (**Risikoausrichtungsverfahren;** Rn. 95 ESMA/ 2013/232). Der der variablen Vergütung zugrunde liegende **Abgrenzungszeitraum** muss **mindestens ein Jahr** betragen.

Die Höhe der variablen Vergütung muss sich darüber hinaus nach der **persönlichen Leistung des Mitarbeiters,** nach der **Leistung seines Geschäftsbereichs** sowie nach dem **Ergebnis der KVG** im Abgrenzungszeitraum richten. Der Einfluss dieser einzelnen Ebenen der Leistungskriterien auf die Höhe der variablen Vergütung ist von der KVG **vorab festzulegen,** um die Position und die Verantwortlichkeiten des Mitarbeiters zu berücksichtigen (Rn. 101 ESMA/2013/232). Basiert die Höhe der variablen Vergütung auf einer **Beurteilung,** hat die KVG diese nach Rn. 105 ESMA/2013/232 auf folgender Grundlage zu erstellen: 21

- **klare schriftliche Bestimmungen,** in denen die Parameter und Schlüsselüberlegungen definiert sind, auf denen die Beurteilung basiert;
- **klare und vollständige Dokumentation** des endgültigen Beschlusses betreffend die Risiko- und Leistungsbewertung;
- gegebenenfalls **Einbeziehung von Experten** der betreffenden Kontrollabteilung;
- **Einholung der Zustimmung** auf angemessener Ebene, zB des Leitungsorgans oder der Aufsichtsfunktion oder des Vergütungsausschusses und
- Berücksichtigung **persönlicher Anreize derjenigen, die die Beurteilung abgeben.**

Bei der **Bewertung der persönlichen (individuellen) Leistung** der Mitarbeiter hat eine KVG sowohl **quantitative (finanzielle)** als auch **qualitative (nichtfinanzielle) Kriterien** zu verwenden. Die quantitativen und qualitativen Kriterien sowie deren Verhältnis zueinander hängen von den Aufgaben und der Position des jeweiligen Mitarbeiters ab. **Beispiele für quantitative Kriterien** sind die interne Rentabilitätsziffer (IRR), der Gewinn vor Zinsen, Steuern und Abschreibungen (EBITDA), der Alphafaktor, die absolute und relative Rendite, die Sharp-Ratio und die aufgebrachten Vermögenswerte (Rn. 112 ESMA/2013/232). **Beispiele für qualitative Kriterien** sind die Erreichung strategischer Zielsetzungen, die Zufriedenheit der Anleger, die Einhaltung der Risikomanagementpolitik, die Einhaltung interner und externer Vorschriften, Führungsqualitäten, das Management, die Teamarbeit, Kreativität, Motivation und die Zusammenarbeit mit anderen Geschäftseinheiten und mit der Kontrollabteilung (Rn. 113 ESMA/ 2013/232). 22

Neben den quantitativen und qualitativen Kriterien können zur Ermittlung der Höhe der variablen Vergütung relative/absolute und interne/externe Indikatoren **(Leistungsindikatoren)** herangezogen werden. **Absolute Leistungsindikatoren** sind Indikatoren, die von der KVG auf Grundlage der eigenen Strategie festgelegt und für die gesamte Kette der Geschäftsebenen ausgearbeitet werden sowie das Risikoprofil 23 und die Risikobereitschaft der KVG und der von ihr verwalteten Investmentvermögen umfassen. **Relative Leistungsindikatoren** sind Indikatoren, bei denen die Leistung mit „internen Peers" (dh innerhalb der Organisation) oder mit „externe Peers" (vergleichbare KVG) verglichen wird. **Interne Variablen** können durch Festlegung von Gewinnzielen, **externe Variablen** durch Zielvereinbarungen über einen zu erzielenden Marktpreis der Anteile eines AIF/OGAW herangezogen werden.

24 Die variable Vergütung hat gem. Anh. II Ziff. 1m AIFM-RL und Rn. 132ff. ESMA/2013/232 zu **mindestens 50%** aus **Anteilen des betreffenden Investmentvermögens** oder **gleichwertigen Beteiligungen** oder mit **Anteilen verknüpfter Instrumente** oder **gleichwertigen unbaren Instrumenten** zu bestehen, sofern nicht weniger als 50% des von der KVG verwalteten Gesamtportfolios auf AIF/OGAW entfallen und dies nicht zu Interessendivergenzen führt oder die Übernahme von Risiken fördert, die unvereinbar sind mit den Risikoprofilen, Vertragsbedingungen oder Satzungen des/der betreffenden AIF/OGAW. Die Anteile bzw. Instrumente sollen hauptsächlich mit Investmentvermögen in Zusammenhang stehen, in Bezug auf welche die Mitarbeiter ihre Tätigkeit erbringen, außer dies führt zu einem Interesse eines Mitarbeiters an einem Investmentvermögen, an dem er variable Anteile oder Instrumente erhält, die zu einer Interessenskollision führen können. **Vor Bezug** dürfen **keine Dividenden** oder **Zinsen** auf die Anteile bzw. Instrumente ausgezahlt werden.

25 KVG haben eine **Sperrfrist** festzulegen, während der eine variable Vergütung, die erworben und in Form von Anteilen/Instrumente ausbezahlt wurde, nicht verkauft werden darf. Sie muss darüber hinaus darlegen können, in welchem Zusammenhang die Sperrfrist mit **anderen Risikoausrichtungsmechanismen** der Vergütungssysteme stehen. Die Sperrfrist ist **unabhängig von einem Zurückbehaltungszeitraum.** Bei einer Vorausauszahlung von Anteilen/Instrumenten mit einer Sperrfrist von bspw. drei Jahren ist dies nicht gleichwertig mit einer Zurückstellung von Anteilen/Instrumenten mit einem Rückstellungszeitraum von drei Jahren (Rn. 61ff.; Rn. 137 ESMA/2013/232).

26 Um die Zielsetzung der Auszahlung einer variablen Vergütung nur bei Vorliegen ihrer Voraussetzungen zu gewährleisten und eine Umgehung zu verhindern, hat die KVG mit ihren Mitarbeitern **wirksame Vereinbarungen** zu treffen, nach denen ein **persönliches Hedging der variablen Vergütung** verhindert wird. Eine persönliche Hedging-Strategie eines Mitarbeiters zur Absicherung des Risikos der Reduzierung der Vergütung liegt bei **jeder Vereinbarung eines Mitarbeiters mit einem Dritten** vor, nach der ein Dritter **direkt** oder **indirekt Zahlungen** an den Mitarbeiter erbringt, die mit den Beträgen **verknüpft** sind, um welche die variable Vergütung des Mitarbeiters **reduziert werden** bzw. **diesen entsprechen.**

27 **2. Freiwillige Altersversorgungsleistungen. Freiwillige Altersversorgungsleistungen** („discretionary pension benefits"; fest wie variabel) sind auf die **langfristigen Interessen der KVG** auszurichten. Eine Definition, was unter „freiwilligen Altersversorgungsleistungen" fällt, enthalten weder § 37 noch Anh. II AIFM-RL noch ESMA/2013/232. Vor diesem Hintergrund stellt sich die Frage, wann eine **freiwillige** Altersversorgungsleistung vorliegt. Dieses wird immer dann **nicht** der Fall sein, wenn ein **verbindlicher Rechtsanspruch** des Mitarbeiters auf die Altersversorgungsleistung besteht. Voraussetzung ist demnach, dass die KVG ein **Ermessen** über die Gewährung/Auszahlung und die Höhe der Auszahlung haben muss.

Für freiwillige Altersversorgungsleistungen gelten im Wesentlichen dieselben Anforderungen wie für die laufende Vergütung, dh, im Hinblick auf die Zuerkennung, Auszahlung und den Bezug von freiwilligen variablen Altersversorgungsleistungen sind die **wirtschaftliche Situation der KVG** und die vom Mitarbeiter **übernommenen Risiken** zu berücksichtigen. ESMA empfiehlt, dass freiwillige Altersversorgungsleistungen aus diesem Grund, sofern rechtlich zulässig, in **Anteilen an von der KVG verwalteten AIF/OGAW** oder **gleichwertigen Beteiligungen** ausgezahlt werden. Bei **Eintritt in den Ruhestand** soll für die dem Mitarbeiter gewährten freiwilligen Altersversorgungsleistungen eine **fünfjährige Sperrfrist** gelten, in dem als freiwillige Altersversorgungsleistungen erworbene Anteile oder gleichwertige Beteiligungen **nicht verkauft werden dürfen.** Verlässt ein Mitarbeiter die KVG **vor Eintritt in den Ruhestand,** dürfen die freiwilligen Altersversorgungsleistungen nicht vor Ablauf eines Zeitraums von fünf Jahren gewährt werden und diese müssen vor der Auszahlung einer **Leistungsbewertung** und einer Ex-post-**Risikoanpassung** unterzogen werden (§ 37 II iVm Anh. II Ziff. 1 p AIFM-RL; Rn. 82ff. ESMA/2013/232). 28

3. Abfindungen. Bei der Zuerkennung, Auszahlung und dem Bezug von **Abfindungen** ist der persönlichen Leistung des Mitarbeiters besonders Rechnung zu tragen. Diese darf nicht zu einem „goldenen Handschlag" führen. Gemäß Anh. II Ziff. 1 Buchst. k AIFM-RL muss eine Zahlung im Zusammenhang mit der vorzeitigen Beendigung eines Vertrages **die im Laufe der Zeit erzielten Ergebnisse widerspiegeln** und so gestaltet sein, dass sie **kein Versagen belohnt.** Eine KVG soll einen Rahmen zur Bestimmung und Genehmigung festlegen, der mit ihren **Corporate-Governance-Strukturen** vereinbar ist, und muss in der Lage sein, der BaFin die Kriterien zu erläutern, die zur Bestimmung einer Abfindungshöhe verwendet werden (Rn. 87ff. ESMA/2013/232). 29

IV. Proportionalitätsgrundsatz

1. Grundsatz der Verhältnismäßigkeit. Gemäß § 37 II bestimmen sich die Anforderungen an die Vergütungssysteme einer AIF-KVG näher nach den in Anh. II AIFM-RL festgelegten **Vergütungsgrundsätzen** (Rn. 39ff.). Für die Umsetzung dieser Vergütungsgrundsätze gilt gem. § 37 III 2 und § 37 II iVm Anh. II Ziff. 1 AIFM-RL der sog. **Proportionalitätsgrundsatz,** dh der Umfang der Umsetzung der Vergütungsgrundsätze durch die KVG hat ihrer **Größe,** ihrer **internen Organisation** sowie der **Art,** dem **Umfang** und der **Komplexität ihrer Geschäfte** zu entsprechen. Aufgrund des Proportionalitätsgrundsatzes müssen KVG die Anforderungen an ihre Vergütungssysteme iSd § 37 **nicht gleichermaßen** und **nicht in gleichem Ausmaß** umsetzen. Einige KVG müssen komplexere Politiken und Praktiken anwenden, um die Anforderungen zu erfüllen. Andere dagegen können den Anforderungen des § 37 auf einfachere oder weniger aufwendige Weise nachkommen. Dies kann auch dazu führen, dass einige der Anforderungen des § 37 II iVm Anh. II AIFM-RL von einer KVG **nicht angewendet** werden müssen, sofern dies mit dem **Risikoprofil,** der **Risikobereitschaft** und der **Strategie** der KVG und der von ihr verwalteten Investmentvermögen sowie den **Anforderungen des § 37** vereinbar ist (Rn. 24f. ESMA/2013/232). Es obliegt primär der Verantwortung der KVG, die eigenen Merkmale zu **prüfen,** Vergütungssysteme und -praktiken zu **entwickeln** und **umzusetzen** und so eine angemessene Ausrichtung der Risiken und einen angemessenen und effektiven Anreiz für ihre Mitarbeiter zu schaffen. Die KVG muss **nachwei-** 30

sen können, dass die von ihr implementierten Vergütungssysteme, ggf. unter Berücksichtigung des Proportionalitätsgrundsatzes, die Anforderungen des § 37 erfüllt. Die **BaFin** soll nach Rn. 28 ESMA/2013/232 bei ihrer Prüfung der Einhaltung der Anforderungen des § 37 und ihrer Prüfung der Einhaltung des Proportionalitätsgrundsatzes die **Erreichung der regulatorischen Zielsetzung** und den Bedarf der **Wahrung gleicher Wettbewerbsbedingungen** für die verschiedenen KVG und Gerichtsbarkeiten Rechnung tragen. Für OGAW vgl. Abschn. 7 ESMA/2016/575-DE.

31 Der **Anwendungsbereich** des Proportionalitätsgrundsatzes ist dadurch beschränkt, dass die nachfolgenden Vergütungsgrundsätze die einzigen sind, deren **Nichtanwendung** möglich ist (Rn. 26 ESMA/2013/232):

– **Anforderungen an das Auszahlungsverfahren** (variable Vergütung in Form von Anteilen an den von der KVG verwalteten Investmentvermögen oder gleichwertigen Beteiligungen; Sperrfrist; Zurückstellung; Ex-post-Berücksichtigung des Risikos der variablen Vergütung);
– **Einrichtung eines Vergütungsausschusses.**

32 Der **Mindestrückstellungszeitraum** von drei bis fünf Jahren, der **zurückzustellende Mindestanteil** von 40–60% der variablen Vergütung (Rn. 53; Anh. II Ziff. 1 Buchst. n AIFM-RL) und der **Mindestanteil** von 50% der variablen Vergütung in Form von **Anteilen am AIF** oder **gleichwertigen Beteiligungen** (Rn. 52; Anh. II Ziff. 1 Buchst. m AIFM-RL) dürfen, sofern der Proportionalitätsgrundsatz eine Nichtanwendung rechtfertigt, **nur insgesamt nicht angewendet werden.** Die Anwendung niedrigerer Schwellenwerte ist nicht zulässig (Rn. 27 ESMA/2013/232).

33 **2. Anwendung des Proportionalitätsgrundsatzes.** Die verschiedenen Risikoprofile und Merkmale der KVG rechtfertigt eine verhältnismäßige Umsetzung der Vergütungsgrundsätze. IRd Proportionalitätsgrundsatzes zu berücksichtigen sind die **Größe,** die **interne Organisation** sowie **Art, Umfang** und **Komplexität der Geschäfte** der AIF-KVG. Gemäß Rn. 29ff. ESMA/2013/232 und Abschnitt 7 ESMA 2016/575-DE gilt hierfür Folgendes:

34 **a) Größe der KVG.** Für das **Kriterium der Größe** sind der **Wert des Kapitals der KVG** und der **Wert der verwalteten Vermögenswerte** der von der KVG verwalteten Investmentvermögen (einschl. der unter Einsatz von Hebelfinanzierungen erworbenen), inkl. der **Verbindlichkeiten** oder **Risikopositionen** der KVG und der von ihr verwalteten Investmentvermögen sowie die **Anzahl** der **Mitarbeiter, Filialen** und **Tochtergesellschaften** heranzuziehen. Die Größe der KVG und der von ihr verwalteten Investmentvermögen sollte bei Anwendung des Proportionalitätsgrundsatzes nicht isoliert betrachtet werden. Eine KVG kann im Hinblick auf die Anzahl ihrer Mitarbeiter oder Tochtergesellschaften als „klein" betrachtet werden, sich aber durch eine hohe Risikobereitschaft auszeichnen. Eine KVG sollte sich streng an die Vergütungsgrundsätze halten, sofern die von ihr verwalteten Investmentvermögen – die für sich genommen jeweils als „klein" betrachtet würden – insges. potenziell systemische Bedeutung erlangen (zB im Hinblick auf die verwalteten Gesamtvermögenswerte) oder zu komplexen Portfolioverwaltungstätigkeiten führen.

35 Die **allg. Verpflichtung** zu **soliden Vergütungspolitiken** und **-praktiken** gilt für alle KVG ohne Berücksichtigung ihrer Größe oder systemischen Bedeutung.

b) Interne Organisation. Im Rahmen der Beurteilung des **Kriteriums der internen Organisation** sind die **rechtliche Struktur** der KVG und der von ihr verwalteten Investmentvermögen, die **Komplexität der internen Corporate-Governance-Strukturen** und, soweit sie vorliegt, eine **Börsennotierung auf regulierten Märkten** zu berücksichtigen. Das Kriterium der internen Organisation ist im Hinblick auf die **gesamte Organisation der KVG** zu bewerten, einschl. aller von ihr verwalteten Investmentvermögen. Dies bedeutet, dass bspw. eine Börsennotierung eines AIF/OGAW allein nicht ausreichend ist, um davon auszugehen, dass eine KVG eine komplexe interne Organisation hat. Die Beurteilung der gesamten internen Organisation kann gleichwohl zu einem anderen Ergebnis gelangen. 36

c) Art, Umfang und Komplexität der Geschäfte. Bei der Beurteilung des **Kriteriums „Art, Umfang und Komplexität der Geschäfte"** der KVG und der von ihr verwalteten Investmentvermögen sind die **Risikoprofile der ausgeführten Geschäfte**, insb. folgende Merkmale, zu bewerten: 37

- **Art der genehmigten Geschäfte** (nur Portfolioverwaltung der OGAW/AIF oder auch Funktionen iSd Anh. I Ziff. 2 AIFM-RL bzw. Art. 6 III der OGAW-RL (→ § 36 Rn. 6ff.) und/oder Dienst- und Nebendienstleistungen iSd § 20 III bzw. § 21 III);
- **Art der Anlagepolitiken und -strategien** der von der KVG verwalteten AIF;
- **nationale oder grenzüberschreitende Natur der Geschäfte** (KVG, die AIF/OGAW in einem oder mehreren EU- oder Nicht-EU-Staaten verwalten und/oder vermarkten) und
- zusätzliche **Verwaltung von AIF/OGAW.**

3. Unterschiedliche Mitarbeiterkategorien und -gruppen. Die Vergütungsgrundsätze können nach dem Proportionalitätsgrundsatz für **unterschiedliche Mitarbeiterkategorien und -gruppen zu unterschiedlichen Vergütungssystemen** führen. Die KVG muss daher **keine** für alle identifizierten Mitarbeiter und Risikoträger (Rn. 13ff.) **einheitlichen Vergütungssysteme** schaffen. IRd Anwendung des Proportionalitätsgrundsatzes sind für die unterschiedlichen Mitarbeiterkategorien und -gruppen gem. Rn. 31 ESMA/2013/232 bzw. Rn. 27 ESMA/2016/575-DE ua folgende Elemente zu berücksichtigen: 38

- **Höhe der Verpflichtungen,** die ein Mitarbeiter im Namen der KVG eingehen kann;
- **Größe der Gruppe von Mitarbeitern,** die nur kollektiv wesentliche Auswirkungen auf das Risikoprofil der KVG haben;
- **Vergütungsstruktur** (zB festes Gehalt mit variabler Vergütung kontra Gewinnbeteiligungsvereinbarungen), insb. folgende Elemente:
  - **Höhe** der **bezogenen variablen Vergütung;**
  - **Prozentsatz** der **variablen Vergütung** ggü. der **festen Vergütung.**

V. Vergütungsgrundsätze

Bei der Festlegung und Anwendung der Vergütungssysteme und Vergütungspolitik für die identifizierten Mitarbeiter und Risikoträger (Rn. 13ff.) hat die KVG unter Berücksichtigung des **Proportionalitätsgrundsatzes** nachfolgende **Vergütungsgrundsätze** anzuwenden: 39

Rn.	Anhang II AIFM-RL bzw. *Art. 14b OGAW-RL*	Vergütungsgrundsatz	Anwendungsbereich	Proportionalitätsgrundsatz
40	Ziff. 1 a) *I a)*	Die Vergütungssysteme sind mit einem **soliden und wirksamen Risikomanagement** vereinbar und diesem förderlich und ermutigt nicht zur Übernahme von Risiken, die unvereinbar sind mit den Risikoprofilen, Vertragsbedingungen/Satzungen der verwalteten AIF.	**Nur identifizierte Mitarbeiter;** ESMA empfiehlt Anwendung auf alle Mitarbeiter. Gegebenenfalls muss AIF-KVG nachweisen können, warum Vergütungsgrundsätze nicht auf alle Mitarbeiter angewandt werden.	Nein
41	Ziff. 1 b) *I b)*	Die Vergütungssysteme stehen mit **Geschäftsstrategie, Zielen, Werten** und **Interessen** der AIF-KVG und der von ihr verwalteten AIF oder der Anleger solcher AIF in Einklang und umfasst auch Maßnahmen zur **Vermeidung von Interessenkonflikten.**	**Nur identifizierte Mitarbeiter;** ESMA empfiehlt Anwendung auf alle Mitarbeiter. Gegebenenfalls muss AIF-KVG nachweisen können, warum Vergütungsgrundsätze nicht auf alle Mitarbeiter angewandt werden.	Nein
42	Ziff. 1 c) *I c)*	Das Leitungsorgan der AIF-KVG **legt** in seiner Aufsichtsfunktion die **allg. Grundsätze der Vergütungspolitik fest, überprüft** sie regelmäßig und ist für ihre **Umsetzung** verantwortlich.	Obligatorisch auf **Ebene der gesamten AIF-KVG** vorgeschrieben.	Nein
43	Ziff. 1 d) *I d)*	**Mindestens einmal jährlich** stellt die AIF-KVG iR einer **zentralen und unabhängigen internen Überprüfung** fest, ob die Vergütungssysteme gem. den vom Leitungsorgan festgelegten Vergütungsvorschriften und -verfahren umgesetzt sind.	Obligatorisch auf **Ebene der gesamten AIF-KVG** vorgeschrieben.	Nein

Ziff. 1 e) *I e)*	Mitarbeiter mit Kontrollfunktionen werden **entspr. der Erreichung der mit ihren Aufgaben verbundenen Ziele entlohnt,** unabhängig von den Leistungen in den von ihnen kontrollierten Geschäftsbereichen.	Obligatorisch auf **Ebene der gesamten AIF-KVG** vorgeschrieben.	Nein	**44**
Ziff. 1 f) *I f)*	Die Vergütung höherer Führungskräfte der Bereiche **Risikomanagement** und **Compliance** wird **vom Vergütungsausschuss unmittelbar überprüft.**	Obligatorisch auf **Ebene der gesamten AIF-KVG** vorgeschrieben.	Nein	**45**
Ziff. 1 g) *I g)*	Bei erfolgsabhängiger Vergütung liegt der Vergütung insges. eine Bewertung sowohl der **Leistung des Mitarbeiters,** seiner **Abteilung** bzw. des **betreffenden AIF** als auch des Gesamtergebnisses der AIF-KVG zugrunde, und bei der Bewertung der individuellen Leistung werden **finanzielle** und **nicht finanzielle Kriterien** berücksichtigt.	**Nur identifizierte Mitarbeiter;** ESMA empfiehlt Anwendung auf alle Mitarbeiter.	Nein	**46**
Ziff. 1 h) *I h)*	Zur Gewährleistung, dass die Beurteilung auf die **längerfristige Leistung** abstellt und die tatsächliche **Auszahlung** erfolgsabhängiger Vergütungskomponenten über einen **Zeitraum verteilt** ist, der der Rücknahmepolitik der verwalteten AIF und ihren Anlagerisiken Rechnung trägt, erfolgt die **Leistungsbeurteilung in einem mehrjährigen Rahmen,** der dem Lebenszyklus der verwalteten AIF entspricht.	**Nur identifizierte Mitarbeiter;** Anwendung für alle Mitarbeiter möglich.	Nein	**47**
Ziff. 1 i) *I i)*	Eine **garantierte variable Vergütung** darf nur in Ausnahmefällen im Zusammenhang mit den Einstellungen neuer Mitarbeiter und beschränkt **auf das erste Jahr** gezahlt werden.	Obligatorisch auf **Ebene der gesamten AIF-KVG** vorgeschrieben.	Nein	**48**

49	Ziff. 1 j) *I j)*	Bei der Gesamtvergütung stehen **feste und variable Bestandteile in einem angemessenen Verhältnis.** Der Anteil der festen Komponente an der Gesamtvergütung ist genügend hoch, so dass eine **flexible Politik** bezüglich der **variablen Komponente** uneingeschränkt möglich ist und auch ganz auf die Zahlung einer variablen Komponente verzichtet werden kann.	**Nur identifizierte Mitarbeiter;** ESMA empfiehlt Anwendung auf alle Mitarbeiter.	Nein
50	Ziff. 1 k) *I k)*	**Zahlungen im Zusammenhang mit der vorzeitigen Beendigung eines Vertrags** spiegeln die im Laufe der Zeit erzielten Ergebnisse wider und sind so gestaltet, dass sie Versagen nicht belohnen.	**Nur identifizierte Mitarbeiter;** ESMA empfiehlt Anwendung auf alle Mitarbeiter. Gegebenenfalls muss AIF-KVG nachweisen können, warum Vergütungsgrundsätze nicht auf alle Mitarbeiter angewandt werden.	Nein
51	Ziff. 1 l) *I l)*	Die Erfolgsmessung, anhand derer variable Vergütungskomponenten oder Pools derselben berechnet werden, enthält einen **umfassenden Berichtigungsmechanismus für alle einschlägigen Arten von laufenden und künftigen Risiken.**	**Nur identifizierte Mitarbeiter;** ESMA empfiehlt Anwendung auf alle Mitarbeiter.	Nein
52	Ziff. 1 m) *I m)*	Je nach rechtlicher Struktur des AIF und seiner Vertragsbedingungen/Satzung muss ein **erheblicher Anteil der variablen Vergütungskomponenten (mindestens 50%),** aus **Anteilen des betreffenden AIF** oder **gleichwertigen Beteiligungen** oder mit **Anteilen verknüpfter Instrumente** oder **gleichwertigen unbaren Instrumenten** bestehen. Der Mindestwert von 50% findet keine Anwendung, wenn **weniger als 50% des von der AIF-KVG verwalteten Gesamtportfolios auf AIF** entfallen. Für die Instrumente nach die-	**Nur identifizierte Mitarbeiter;** Anwendung für alle Mitarbeiter möglich.	Ja

	sem Buchstaben gilt eine geeignete Rückstellungspolitik, die darauf abstellt, die Anreize an den Interessen der AIF-KVG und der von ihr verwalteten AIF sowie an den Interessen der Anleger der AIF auszurichten. Die Mitgliedstaaten bzw. die zuständigen nationalen Behörden können Einschränkungen betreffend die Arten und Formen dieser Instrumente beschließen oder, sofern dies angemessen ist, bestimmte Instrumente verbieten. Dies gilt sowohl für den Anteil der variablen Vergütungskomponenten, der gem. Buchstabe n zurückgestellt wird, als auch auf den Anteil der nicht zurückgestellten variablen Vergütungskomponenten.			
Ziff. 1 n) *I n)*	Ein **wesentlicher Anteil der variablen Vergütungskomponente** (mindestens 40%) ist über einen **Zeitraum zurückzustellen,** der angesichts des **Lebenszyklus** und der **Rücknahmegrundsätze** des betreffenden AIF **angemessen** und ordnungsgem. **auf die Art der Risiken dieses AIF ausgerichtet** ist. Der Zeitraum soll **mindestens drei–fünf Jahre** betragen, es sei denn, der Lebenszyklus des betreffenden AIF ist kürzer. Die im Rahmen von Regelungen zur Zurückstellung der Vergütungszahlung zu zahlende Vergütung wird nicht rascher als auf anteiliger Grundlage erworben. Macht die variable Komponente einen besonders hohen Betrag aus, ist die Auszahlung von mindestens 60% des Betrags zurückzustellen.	**Nur identifizierte Mitarbeiter;** Anwendung für alle Mitarbeiter möglich.	Ja	**53**
Ziff. 1 o) *I o)*	Die variable Vergütung (inkl. des zurückgestellten Anteils) ist nur auszuzahlen/wird nur erworben, wenn sie nach der **Finanzlage der AIF-KVG insgesamt tragbar** und nach der Leistung des betr. **Fachbereiches,** des	**Nur identifizierte Mitarbeiter;** Anwendung für alle Mitarbeiter möglich.	Ja	**54**

		AIF und der **betr. Person gerechtfertigt** ist. Eine schwache oder negative finanzielle Leistung der AIF-KVG oder der betreffenden AIF führt idR zu einer **erheblichen Schrumpfung** der gesamten variablen Vergütung, wobei sowohl laufende Kompensationen als auch Verringerungen bei Auszahlungen von zuvor erwirtschafteten Beträgen (ua durch **Malus**- oder **Rückforderungsvereinbarungen**) berücksichtigt werden.		
55	Ziff. 1 p) *I p)*	**Altersversorgungsregelungen** stehen mit der **Geschäftsstrategie** sowie den **Zielen, Werten** und **langfristigen Interessen der AIF-KVG** und der **verwalteten AIF** in Einklang. Verlässt ein Mitarbeiter die AIF-KVG vor Eintritt in den Ruhestand, sollten freiwillige Altersversorgungsleistungen von der AIF-KVG **fünf Jahre** zurückbehalten werden. Tritt ein Mitarbeiter in den Ruhestand, sollten die freiwilligen Altersversorgungsleistungen dem Mitarbeiter erst nach einer **Wartezeit von fünf Jahren** ausgezahlt werden.	**Nur identifizierte Mitarbeiter;** ESMA empfiehlt Anwendung auf alle Mitarbeiter. Gegebenenfalls muss AIF-KVG nachweisen können, warum Vergütungsgrundsätze nicht auf alle Mitarbeiter angewandt werden.	Nein
56	Ziff. 1 q) *I q)*	Verpflichtung der Mitarbeiter, nach der diese auf **keine persönlichen Hedging-Strategien oder vergütungs- und haftungsbezogene Versicherungen** zurückgreifen, um die in ihren Vergütungsregelungen verankerte Ausrichtung am Risikoverhalten zu unterlaufen.	**Nur identifizierte Mitarbeiter;** ESMA empfiehlt Anwendung auf alle Mitarbeiter. Gegebenenfalls muss AIF-KVG nachweisen können, warum Vergütungsgrundsätze nicht auf alle Mitarbeiter angewandt werden.	Nein
57	Ziff. 1 r) *I r)*	Die variable Vergütung wird nicht in Form von Instrumenten oder Verfahren gezahlt, die eine **Umgehung der Anforderungen** des § 37 sowie der Regelungen der AIFM-RL erleichtern.	Obligatorisch auf **Ebene der gesamten AIF-KVG** vorgeschrieben.	Nein

VI. Zuerkennungs- und Auszahlungsverfahren

1. Zuerkennungsverfahren. Im **Zuerkennungsverfahren** setzt die KVG **nach Abschluss eines Abgrenzungszeitraums** die Leistungsbeurteilung in die variable Vergütungskomponente eines jeden Mitarbeiters um. Hierzu bildet die KVG einen **Vergütungspool**, der erst bestimmt und später den Mitarbeitern zugeteilt wird. Bei der Festsetzung hat die KVG sämtliche aktuell bestehenden und potenziellen (unerwarteten) Risiken im Zusammenhang mit den durchgeführten Aktivitäten zu berücksichtigen und somit eine fortwährende solide Finanzlage zu gewährleisten. 58

Da nicht alle **Leistungs**- und **Risikoindikatoren** zur Anwendung auf Ebene der KVG, der Fachbereiche und aller Mitarbeiter geeignet sind, hat die KVG im Wege einer **Ex-ante-Risikoanpassung** die Risiken auf der jeweiligen Ebene zu identifizieren und sicherzustellen, dass bei der Risikogewichtung dem Ausmaß und der Dauer des Risikos auf jeder Ebene angemessen Rechnung getragen wird (Rn. 97 ESMA/2013/232). Zu unterscheiden ist zwischen der quantitativen und der qualitativen Ex-ante-Risikoanpassung. Die Messung der Wirtschaftlichkeit der AIF-KVG und seiner Fachbereiche sowie der von ihr verwalteten Investmentvermögen **(quantitative Ex-ante-Risikoanpassung)** sollte ausgehend von den Nettoeinahmen (einschl. aller direkten und indirekten Kosten, die im Zusammenhang mit der Aktivität stehen) erfolgen. Die KVG sollte dabei IT-Kosten, Forschungsausgaben, Anwaltskosten, Marketingkosten und Kosten für ausgelagerte Aktivitäten berücksichtigen. Sicherzustellen ist, dass die Vergütungspools nicht „nachträglich" dem Vergütungsbedarf angepasst werden (Rn. 121 ESMA/2013/232 bzw. Rn. 123 ESMA/2016/575-DE). Eine **qualitative Ex-ante-Risikoanpassungen** beinhaltet die Zuordnung/Bestimmung der Vergütung der Mitarbeiter ausgehend von Beurteilungen, welche explizit Risiko- und Kontrollüberlegungen umfassen können, wie Verstöße gegen Verpflichtungen, Verstöße gegen Risikogrenzen und Probleme bei der internen Kontrolle (zB ausgehend von den Ergebnissen der internen Kontrolle) (Rn. 123 ESMA/2013/232). 59

Die KVG hat **schriftliche „Grundsätz des Zuerkennungsverfahrens"** festzulegen sowie eine **schriftliche Dokumentation** über die Bildung des Vergütungspools anzufertigen. 60

2. Auszahlungsverfahren. a) Zurückstellung/Zurückstellungszeitraum. 61
Im **Auszahlungsverfahren** werden die Vergütungskomponenten **kurzfristigen** und **langfristigen Vergütungskomponenten** zugeordnet und wird so dem Lebenszyklus und der Rücknahmepolitik der von der KVG verwalteten Investmentvermögen Rechnung getragen. Die langfristigen Vergütungskomponenten dienen dem Bestreben der KVG auf die Erzielung eines **nachhaltigen und langfristigen Ergebnisses.**

Die **kurzfristigen Vergütungskomponenten** werden direkt nach Abschluss des Abgrenzungszeitraumes ausbezahlt. Sie belohnen die Leistung des Mitarbeiters im Abrechnungszeitraum. Die **langfristigen Vergütungskomponenten** sind dem Mitarbeiter dagegen erst während des **Zurückbehaltungszeitraums** zuzuerkennen und hinausgeschoben auszubezahlen. Sie belohnen die Mitarbeiter für die Leistungen im Abrechnungszeitraum, die zu einem nachhaltigen und langfristigen Ergebnis geführt haben. Vor der Auszahlung des zurückgestellten Teils der variablen Vergütung hat die KVG eine **erneute Beurteilung der Leistung** und ggf. eine **Risikoanpassung** vorzunehmen, um die variable Vergütung auf die Risiken und 62

Fehler der Leistung und der Risikobeurteilungen auszurichten, die bekannt wurden, nachdem den Mitarbeitern die variable Vergütungskomponente zuerkannt wurde **(Ex-post-Risikoanpassung).**

63 Um eine ordnungsgemäße Bewertung der Leistungen sicherzustellen und eine ordnungsgemäße Ex-post-Risikoanpassung durzuführen, sollte der erste zurückgestellte Anteil nicht zu früh nach Ende des Abgrenzungszeitraums ausbezahlt werden. Damit die Zurückstellung wirklich in Bezug auf die Anreize für die Mitarbeiter wirksam ist, sollte der erste Betrag **nicht früher als 12 Monate nach Ende des Abgrenzungszeitraums** bezogen werden (Rn. 131 ESMA/2013/232 und Darstellung in Anh. III der ESMA-Guidelines bzw. Rn. 130f. ESMA/2016/575-DE).

64 Die **Höhe der Zurückbehaltung** der variablen Vergütung ist nach Rn. 126 ESMA/2013/232 bzw Rn. 132ff. ESMA/2016/575-DE ausgehend von verschiedenen Elementen zu ermitteln:

– dem **zeitlichen Horizont der Zurückbehaltung.** Der Mindestzurückbehaltungszeitraum beträgt **drei bis fünf Jahre,** sofern die KVG nicht nachweisen kann, dass der Lebenszyklus des AIF/OGAW kürzer ist. Der Zurückbehaltungszeitraum ist nach dem Lebenszyklus des AIF/OGAW, den Rücknahmegrundsätzen und der potenziellen Einflussnahme des Mitarbeiters auf das Risikoprofil des AIF/OGAW zu definieren;
– dem **zurückbehaltenen Anteil** der variablen Vergütung **zwischen 40 und 60%,** je nach Einfluss des Mitarbeiters/der Mitarbeiterkategorie auf das Risikoprofil der verwalteten Investmentvermögen und je nach Verantwortlichkeiten und ausgeführten Aufgaben sowie dem Betrag der variablen Vergütung);
– der Geschwindigkeit, mit der die zurückbehaltene Vergütung bezogen wird **(Zeitpunkt des Bezugs).** Der Bezug je Teilvergütung sollte **höchstens jährlich** (nicht halbjährlich) erfolgen;
– der **Zeitspanne zwischen der Gewährung bis zur Zahlung** des ersten zurückbehaltenen Betrags und
– der **Form** der zurückbehaltenen variablen Vergütung.

65 Die Art und Weise der Berücksichtigung dieser Elemente ist von der KVG zu definieren und soll zu einer sinnvollen **Zurückbehaltungsvereinbarung** führen, bei der die Anreize zur langfristigen Risikoausrichtung klar sind.

66 **b) Ex-post-Risikoanpassung/Malus- und Rückforderungsvereinbarung.** Im Rahmen der **Ex-post-Risikoanpassung (Leistungsanpassung)** soll die KVG in der Lage sein, auch eine **bereits zuerkannte** und **ausgezahlte variable Vergütung anzupassen,** dh bspw. auch zu reduzieren, wenn sich die Ergebnisse der Tätigkeit des Mitarbeiters materialisieren. Eine Ex-post-Risikoanpassung ist nach Rn. 148f. ESMA/2013/232 bzw. Rn. 151ff. ESMA/2016/575-DE ein **Mechanismus zur expliziten Risikoausrichtung,** über den die AIF-KVG die Vergütung der Mitarbeiter mittels **Malus-** und **Rückforderungsvereinbarungen** anpasst. Die Ex-post-Risikoanpassung muss **leistungsabhängig** sein. Im Rahmen der Ex-post-Risikoanpassung ist eine Prüfung vorzunehmen, ob die Ex-ante-Risikoanpassung (Rn. 59) zutreffend war, und ist diese ggf. anzupassen.

67 KVG können nach Rn. 151 ESMA/2013/232 bzw. Rn. 153 ESMA/2016/575-DE **spezifische Kriterien** zur Anwendung von **Malus-** und **Rückforderungsvereinbarungen** (sowohl im Hinblick auf den Baranteil als auch auf den Anteil der zurückgestellten Vergütung) verwenden. Diese Kriterien sollten nach Ansicht der ESMA bspw. Folgendes umfassen:

- Beweise für **Fehlverhalten** oder **schwerwiegende Fehler** eines Mitarbeiters (zB Bruch des Corporate Governance Codex oder sonstiger interner, insb. risikorelevanter Vorschriften);
- Berücksichtigung, wenn ein AIF/OGAW, die KVG und/oder der Fachbereich in der Folge einen **wesentlichen Rückgang der finanziellen Leistung** erlitten hat (inkl. spezifischer Indikatoren);
- Berücksichtigung der Tatsache, ob ein AIF/OGAW, die KVG und/oder der Fachbereich des Mitarbeiters ein **wesentliches Versagen des Risikomanagements** erlitten hat;
- wesentliche **Änderungen der finanziellen Situation der KVG insgesamt.**

Malus- und **Rückforderungsvereinbarungen** nehmen Bezug auf den **Zeitpunkt des Bezugs** und dürfen **nur während des Zurückstellungszeitraums** greifen. Beispiele für den Anwendungsbereich von **Malus-** und **Rückforderungsvereinbarungen** sind die nachträgliche Feststellung eines Betrugs eine Irreführung durch einen Mitarbeiter oder wenn die Auszahlung der variablen Vergütung gegen die Vorgaben des § 37 bzw. Anh. II AIFM-RL und ESMA/2013/232 erfolgt ist. 68

VII. Vergütungsausschuss

1. Einrichtung eines Vergütungsausschusses. KVG, die aufgrund ihrer Größe und/oder der Größe der verwalteten AIF, ihrer internen Organisation und der Art, des Umfangs und der Komplexität ihrer Geschäfte **von erheblicher Bedeutung** sind, haben gem. § 37 II iVm Nr. 3 S. 1 Anh. II AIFM-RL bzw. Abschn. 11.2 ESMA/2016/575-DE einen **Vergütungsausschuss** einzurichten. Es findet insofern der **Proportionalitätsgrundsatz** und finden die iRd heranzuziehenden Kriterien Anwendung (→ Rn. 30ff.). Eine **Pflicht zur Einrichtung eines Vergütungsausschusses** besteht nur, wenn die AIF-KVG im Hinblick auf den Proportionalitätsgrundsatz **alle drei Kriterien** (Größe, interne Organisation sowie Art, Umfang und Komplexität der Geschäfte; → Rn. 33ff.) erfüllt. Eine AIF-KVG, die nur im Hinblick auf einen oder zwei der Kriterien von erheblicher Bedeutung ist, ist nicht verpflichtet, einen Vergütungsausschuss einzurichten (Rn. 53 ESMA/2013/232 bzw. Rn. 58 ESMA/2016/575-DE). 69

Im Rahmen der Prüfung nach dem Proportionalitätsgrundsatz sind neben den Kriterien Größe, interne Organisation sowie Art, Umfang und Komplexität der Geschäfte folgende (nicht abschließende) Punkte zu berücksichtigen: **Börsennotierung** der KVG, **Rechtsstruktur** der KVG, **Anzahl der Mitarbeiter** der KVG, von der KVG verwaltete **Vermögenswerte** sowie, ob die KVG auch als **OGAW-KVG** tätig ist bzw. anders herum. 70

Nach Rn. 55 ESMA/2013/232 ist unter Berücksichtigung des Proportionalitätsgrundsatzes bei KVG mit folgenden Eigenschaften **keine Einrichtung eines Vergütungsausschusses** erforderlich: 71

Beispiel 1: KVG, bei denen der Wert der Portfolios der verwalteten AIF **unter 1,25 Milliarden EUR** liegt und die **weniger als 50 Mitarbeiter** haben, einschl. derjenigen, die für die Verwaltung von AIF/OGAW und die Erbringung der Dienst- und Nebendienstleistungen iSd § 20 III verantwortlich sind. 72

Beispiel 2: KVG, die **Teil von Banken-, Versicherungs-** und **Anlagegruppen** oder **Finanzkonglomeraten** sind, innerhalb welcher eine Einrichtung verpflichtet ist, einen **Vergütungsausschuss** einzurichten, der seine Aufgaben und Pflichten **für die gesamte Gruppe** erbringt, vorausgesetzt, die Vorschriften bzgl. der Zusammensetzung, Rolle und Kompetenzen des Vergütungsausschusses sind 73

mit den für KVG geltenden Regelungen vergleichbar und vorausgesetzt, der bestehende Vergütungsausschuss ist für die Prüfung der Einhaltung der Regelungen seitens der KVG **verantwortlich.**

74 Auch bei **Überschreiten der in den Beispielen benannten Kriterien** kann ein Sachverhalt vorliegen, nach dem in Anwendung des Proportionalitätsgrundsatzes kein Vergütungsausschuss eingerichtet zu werden braucht. In diesem Fall soll die AIF-KVG jedoch bes. Sorgfalt walten lassen, ob nicht doch ein Vergütungsausschuss geboten ist (Rn. 57 ESMA/2013/232 bzw. Rn. 58 ESMA/2016/575-DE).

75 **2. Zusammensetzung des Vergütungsausschusses.** Gemäß § 37 II iVm Ziff. 3 S. 2, 4f. Anh. II AIFM-RL bzw. Rn. 60ff. ESMA/2016/575-DE ist der Vergütungsausschuss auf eine Weise zu errichten, die es ihm ermöglicht, **kompetent** und **unabhängig** über die **Vergütungsregelungen** und **-praxis** sowie die für das **Management der Risiken geschaffenen Anreize** zu urteilen. Den **Vorsitz im Vergütungsausschuss** soll ein unabhängiges Mitglied führen, das in der betreffenden AIF-KVG keine Führungsaufgaben wahrnimmt. Um unabhängig von den Führungskräften tätig werden zu können, soll der Vergütungsausschuss aus **Mitgliedern der Aufsichtsfunktion** (Personen oder das Organ oder die Organe, die verantwortlich sind für die Aufsicht über die Geschäftsführung der AIF-KVG und für die Bewertung und regelmäßige Überprüfung der Angemessenheit und Wirksamkeit des Risikomanagementverfahrens und der Politiken, Vereinbarungen und Verfahren zur Einhaltung der Verpflichtungen gem. § 37; „Begriffsbestimmungen" ESMA/2013/232 bzw. ESMA/2016/575-DE) bestehen, die **keine Führungsaufgaben wahrnehmen** und **zumindest mehrheitlich** als **unabhängig** eingestuft werden können.

76 **3. Aufgaben des Vergütungsausschusses.** Der Vergütungsausschuss ist gem. § 37 II iVm Nr. 3 S. 3 Anh. II AIFM-RL und Rn. 62 ESMA/2013/232 bzw. Rn. 64 ESMA 2016/575-DE zuständig für

- die **Ausarbeitung von Empfehlungen** für Entscheidungen über die Vergütung von Mitgliedern der Geschäftsführung der KVG sowie deren höchstbezahlte Mitarbeiter, einschl. derjenigen mit Auswirkungen auf das Risiko und das Risikomanagement der KVG und/oder der AIF/OGAW;
- die **Unterstützung und Beratung** bei der Gestaltung der Vergütungspolitik der KVG;
- die **Prüfung der Ernennung externer Vergütungsberater,** die von der Aufsichtsfunktion evtl. beratend oder unterstützend hinzugezogen werden;
- die **Unterstützung der Aufsichtsfunktion** in deren Auftrag bei der Überwachung der Gestaltung und der Umsetzung der Vergütungssysteme;
- die Beurteilung der Mechanismen, die zur Sicherstellung angewandt werden, dass:
  - das Vergütungssystem alle Arten von Risiken sowie die Liquidität und die verwalteten Vermögenswerte angemessen berücksichtigt und
  - die Vergütungspolitik insges. mit der Geschäftsstrategie, den Zielen, Werten und Interessen der KVG und der von ihr verwalteten AIF oder der Anleger solcher Investmentvermögen vereinbar ist und
- die formelle Prüfung eine Reihe möglicher Szenarien, um zu testen, wie das Vergütungssystem auf zukünftige externe und interne Ereignisse reagieren wird (inkl. einem Rückvergleich).

Der Vergütungsausschuss darf sich intern und extern beraten lassen, wobei diese Beratung unabhängig ist von derjenigen, die (von) der Geschäftsführung erteilt wird. 77

VIII. Offenlegung der Vergütungssysteme

ESMA schließt sich in seinen Guidelines ESMA/2013/232 und ESMA/2016/575-DE den „Empfehlungen der Kommission zur Vergütung im Finanzdienstleistungssektor" v. 30.9.2009 (2009/384/EG) an und **empfiehlt** KVG in Rn. 160ff. bzw. Rn. 161ff. **zu erwägen,** die einschlägigen Informationen über ihre Vergütungspolitik unter Berücksichtigung des **Verhältnismäßigkeitsgrundsatzes** und unter Beachtung einschlägiger **Vertraulichkeits-** und **Datenschutzbestimmungen extern** in Form einer **getrennten Erklärung zur Vergütungspolitik,** einer regelmäßigen **Offenlegung im Jahresabschluss** oder auf eine **sonstige Art und Weise** offenzulegen. Die Offenlegung soll auf klare und leicht verständliche Art und Weise erfolgen und folgende Informationen beinhalten: 78

- Informationen über den **Beschlussfassungsprozess,** auf den sich die Vergütungspolitik stützt, ggf. einschl. der Informationen über die Zusammensetzung und das Mandat des Vergütungsausschusses, Name des externen Beraters, dessen Dienste bei der Festlegung der Vergütungspolitik in Anspruch genommen wurden, und Rolle der beteiligten Kreise;
- Informationen über die **Verbindung zwischen Vergütung und Leistung;**
- Informationen über die **Kriterien,** die für die **Leistungsbemessung** und die **Risikoanpassung** zugrunde gelegt werden;
- Informationen über die Leistungskriterien, auf die sich der Anspruch auf den Bezug von **Aktien, Optionen** oder **anderen variablen Vergütungsbestandteilen** gründet;
- **Wichtigste Parameter** und Begründung etwaiger **jährlicher Bonusregelungen** und anderer unbarer Leistungen.

Nach Rn. 163f. ESMA/2013/232 bzw. Rn. 164 ESMA/2016/575-DE sollten die Informationen **mindestens jährlich** offengelegt werden, sobald sie verfügbar sind und unbeschadet sonstiger nach dem KAGB bestehender Informations- und Offenlegungspflichten. 79

Die Vergütungspolitik der KVG sollte darüber hinaus auch **intern allen Mitarbeitern zugänglich** gemacht werden. Es sollte sichergestellt werden, dass die Informationen über die Vergütungspolitik, die intern offengelegt werden, mindestens dieselben Informationen enthalten, die extern bekanntgegeben werden. Die Mitarbeiter der KVG sollen bereits **vorab wissen, welche Kriterien zur Bestimmung ihrer Vergütung herangezogen werden.** Der **Bewertungsprozess** sollte **angemessen dokumentiert** und für jeden betroffenen Mitarbeiter transparent sein. **Vertrauliche quantitative Aspekte** der Vergütung der Mitarbeiter sollten nicht Gegenstand der internen Offenlegung sein (Rn. 170 ESMA/2013/232 bzw. Rn. 170 ESMA/2016/575-DE). 80

Soweit Regelungen zur Offenlegung in Betracht kommen, bleiben die **handelsrechtlichen Regelungen unberührt,** deren Schwerpunkt die **Vergütungshöhe und nicht die Vergütungssystematik** betreffen, insb. § 285 Nr. 9 Buchst. a iVm § 340a I und 340l iVm § 325 HGB (§ 37 III 3 und Gesetzesbegr. zu § 37 III). 81

§ 38 Jahresabschluss, Lagebericht, Prüfungsbericht und Abschlussprüfer der externen Kapitalverwaltungsgesellschaft; Verordnungsermächtigung

(1) [1]**Für den Jahresabschluss, den Lagebericht und den Prüfungsbericht einer externen Kapitalverwaltungsgesellschaft gelten die §§ 340a bis 340o des Handelsgesetzbuchs entsprechend. [2]§ 26 des Kreditwesengesetzes ist mit der Maßgabe entsprechend anzuwenden, dass die dort geregelten Pflichten gegenüber der Deutschen Bundesbank nicht gelten und der festgestellte Jahresabschluss sowie der Lagebericht der Bundesanstalt auf Verlangen zu übermitteln sind.**

(2) **Auf die Bestellung eines Abschlussprüfers ist § 28 des Kreditwesengesetzes mit der Maßgabe entsprechend anzuwenden, dass die dort geregelten Pflichten gegenüber der Deutschen Bundesbank nicht gelten.**

(3) [1]**Bei der Prüfung des Jahresabschlusses hat der Abschlussprüfer auch die wirtschaftlichen Verhältnisse der externen Kapitalverwaltungsgesellschaft zu prüfen. [2]Er hat festzustellen, ob die externe Kapitalverwaltungsgesellschaft ihren Verpflichtungen nach dem Geldwäschegesetz nachgekommen ist und die Anzeigepflichten nach den §§ 34, 35, 49 und 53, die Anforderungen nach den §§ 25 bis 28, 29, 30, 36 und 37 sowie die Anforderungen nach**

1. **Artikel 4 Absatz 1, 2 und 3 Unterabsatz 2, Artikel 4a und 9 Absatz 1 bis 4 sowie Artikel 11 Absatz 1 bis 10, 11 Unterabsatz 1 und Absatz 12 der Verordnung (EU) Nr. 648/2012 des Europäischen Parlaments und des Rates vom 4. Juli 2012 über OTC-Derivate, zentrale Gegenparteien und Transaktionsregister (ABl. L 201 vom 27.7.2012, S. 1; L 321 vom 30.11.2013, S. 6), die zuletzt durch die Verordnung (EU) 2019/2099 (ABl. L 322 vom 12.12.2019, S. 1) geändert worden ist,**
2. **den Artikeln 4 und 15 der Verordnung (EU) 2015/2365,**
3. **Artikel 16 Absatz 1 bis 4, Artikel 23 Absatz 3 und 10 und Artikel 28 Absatz 2 der Verordnung (EU) 2016/1011,**
4. **Artikel 28 Absatz 1 bis 3 der Verordnung (EU) Nr. 600/2014 des Europäischen Parlaments und des Rates vom 15. Mai 2014 über Märkte für Finanzinstrumente und zur Änderung der Verordnung (EU) Nr. 648/2012 (ABl. L 173 vom 12.6.2014, S. 84; L 6 vom 10.1.2015, S. 6; L 270 vom 15.10.2015, S. 4; L 278 vom 27.10.2017, S. 54), die zuletzt durch die Verordnung (EU) 2022/2554 (ABl. L 333 vom 27.12.2022, S. 1) geändert worden ist,**
5. **den Artikeln 4 bis 6, 9 bis 21, 23 bis 34 und 36 der Verordnung (EU) 2017/1131,**
6. **den Artikeln 6 bis 9 und 18 bis 27 der Verordnung (EU) 2017/2402,**
7. **den Artikeln 3 bis 10 und 12 bis 13 der Verordnung (EU) 2019/2088 sowie**
8. **den Artikeln 5 bis 7 der Verordnung (EU) 2020/852**

erfüllt hat. [3]§ 29 Absatz 3 des Kreditwesengesetzes ist mit der Maßgabe entsprechend anzuwenden, dass die dort geregelten Pflichten gegenüber der Deutschen Bundesbank nicht gelten. [4]Die Bundesanstalt kann die Prüfung nach Satz 1 und 2 ohne besonderen Anlass anstelle des Prüfers selbst oder

durch Beauftragte durchführen. [5]Die Kapitalverwaltungsgesellschaft ist hierüber rechtzeitig zu informieren.

(4) **[1]Soweit die externe Kapitalverwaltungsgesellschaft Nebendienstleistungen nach §20 Absatz 2 oder 3 erbringt, hat der Abschlussprüfer diese Nebendienstleistungen besonders zu prüfen. [2]Werden Nebendienstleistungen im Sinne des §20 Absatz 2 Nummer 1 bis 3 oder Absatz 3 Nummer 2 bis 5 erbracht, umfasst die Prüfung auch die Einhaltung der in §5 Absatz 2 Satz 1 genannten Vorschriften und der in §5 Absatz 2 Satz 2 und 3 genannten Anforderungen an das Anfangskapital. [3]Die Prüfung kann auch ein geeigneter Prüfer im Sinne des §89 Absatz 1 Satz 6 des Wertpapierhandelsgesetzes vornehmen. [4]§89 Absatz 4 und 5 des Wertpapierhandelsgesetzes gilt entsprechend. [5]Die Bundesanstalt kann auf Antrag von der gesonderten Prüfung der in §5 Absatz 2 genannten Vorschriften des Wertpapierhandelsgesetzes, mit Ausnahme der Prüfung der Einhaltung der Anforderungen nach §84 des Wertpapierhandelsgesetzes ganz oder teilweise absehen, soweit dies aus besonderen Gründen, insbesondere wegen der Art und des Umfangs der betriebenen Geschäfte, angezeigt ist.**

(4a) **[1]Unbeschadet der besonderen Pflichten des Abschlussprüfers nach den Absätzen 3 und 4 kann die Bundesanstalt auch gegenüber der Kapitalverwaltungsgesellschaft Bestimmungen über den Inhalt der Prüfung treffen, die vom Abschlussprüfer im Rahmen der Jahresabschlussprüfung zu berücksichtigen sind. [2]Sie kann insbesondere Schwerpunkte für die Prüfungen festlegen.**

(5) **[1]Das Bundesministerium der Finanzen wird ermächtigt, im Einvernehmen mit dem Bundesministerium der Justiz und für Verbraucherschutz durch Rechtsverordnung, die nicht der Zustimmung des Bundesrates bedarf, nähere Bestimmungen über den Zeitpunkt der Prüfung, den Gegenstand der Prüfung nach den Absätzen 3 und 4, weitere Inhalte, Umfang und Darstellungen des Prüfungsberichts sowie zur Art und Weise seiner Einreichung bei der Bundesanstalt zu erlassen, soweit dies zur Erfüllung der Aufgaben der Bundesanstalt erforderlich ist, insbesondere um einheitliche Unterlagen zur Beurteilung der Tätigkeit der externen Kapitalverwaltungsgesellschaft zu erhalten. [2]Das Bundesministerium der Finanzen kann die Ermächtigung durch Rechtsverordnung auf die Bundesanstalt übertragen.**

Inhaltsübersicht

Rn.
I. Allgemeines 1
II. Jahresabschluss, Lagebericht und Prüfungsbericht (§38 I) 2
1. Allgemeines 2
2. Jahresabschluss, Lage- und Prüfungsbericht 4
a) Aufstellung des Jahresabschlusses und des Lageberichts 4
b) Einreichung des aufgestellten Jahresabschlusses und des Lagerberichts 9
c) Prüfung des aufgestellten Jahresabschlusses und Lageberichts (Prüfungsbericht) 10
d) Einreichung des Prüfungsberichts 12
e) Feststellung des geprüften Jahresabschlusses 13
f) Einreichung des geprüften und festgestellten Jahresabschlusses und des Lageberichts 15
g) Offenlegung des Jahresabschlusses und des Lageberichts 16

Rn.
3. Konzernabschluss und Konzernprüfungsbericht 17
III. Bestellung des Abschlussprüfers (§ 38 II) 21
1. Bestellung des Abschlussprüfers 21
2. Bestellung des Abschlussprüfers in besonderen Fällen 23
a) Eingriffsrechte der BaFin 23
b) Bestellung durch das Registergericht 26
IV. Besondere Pflichten des Abschlussprüfers und Verordnungsermächtigung (§ 38 III–V) 28
1. Verordnungsermächtigung/KAPrüfbV (§ 38 V) 28
2. Prüfung der wirtschaftlichen Verhältnisse (§ 38 III 1) 29
3. Prüfung der Anzeigepflichten (§ 38 III 2 Hs. 1) 31
4. Prüfung der Einhaltung aufsichtsrechtlicher Vorgaben 33
a) Prüfung der Organisationspflichten (§ 38 III 2 Hs. 2) 33
b) Prüfung der Pflichten gem. GwG (§ 38 IV 1) 36
c) Prüfung der Nebendienstleistungen gem. § 20 II, III („WpHG-Prüfung"; § 38 IV 2) 39
d) Prüfungsanordnungen der BaFin (§ 38 IVa) 43
5. Anzeige schwerwiegender Prüfungsfeststellungen (§ 38 IV 7) 44

I. Allgemeines

1 § 38 hat die Regelungen der §§ 19d InvG (§ 38 I; Jahresabschluss, Lagebericht und Prüfungsbericht), 19e InvG (§ 38 II; Bestellung des Abschlussprüfers in bes. Fällen) und 19f InvG (§ 38 III-V; Bes. Pflichten des Abschlussprüfers) in das KAGB übernommen. § 38 findet Anwendung sowohl auf **externe AIF-** als auch externe **OGAW-KVG.** Die Vorschrift wurde mehrfach geändert, zuletzt mWv 31.12.2023 iRd Kreditzweitmarktförderungsgesetzes (BGBl. 2023 I Nr. 411).

II. Jahresabschluss, Lagebericht und Prüfungsbericht (§ 38 I)

2 **1. Allgemeines.** Sowohl die AIFM- als auch die OGAW-RL beinhalten allein die Pflicht zur Aufstellung von Jahres- und Halbjahresberichten für die von der KVG verwalteten Investmentvermögen. § 38 I verpflichtet die KVG darüberhinausgehend in entspr. Anwendung des § 26 KWG und der §§ 340a–340o HGB zur Aufstellung eines **Jahresabschlusses,** eines **Lage-** und eines **Prüfungsberichts für die KVG.** Jahresabschluss, Lage- und Prüfungsbericht sind wesentliche Informationsquellen für die BaFin, um Einblick in die Vermögens-, Finanz- und Ertragslage sowie die Risikosituation der KVG zu erlangen. Insbesondere der Prüfungsbericht enthält auf Basis einer **risikoorientierten Berichterstattung** nicht nur eine Aussage über die **wirtschaftliche Lage der KVG,** sondern ebenfalls ein **Urteil über seine Risikotragfähigkeit,** die **Ordnungsmäßigkeit der Geschäftsorganisation** einschl. der Einrichtung eines **angemessenen Risikomanagements** und über die Einhaltung der **weiteren aufsichtsrechtlichen Vorgaben.** Dies ermöglicht es der BaFin, sich ein aktuelles Bild von der KVG zu machen und bei Fehlentwicklungen rechtzeitig notwendige Gegenmaßnahmen einleiten zu können (vgl. FS/*Wolfgarten* KWG § 26 Rn. 5).

3 Um einer Bürokratisierung entgegenzuwirken, muss die KVG den Jahresabschluss sowie den Lage- und den Prüfungsbericht **nur der BaFin,** gem. § 38 I 2 iVm § 26 KWG aber **nicht der Bundesbank** einreichen.

2. Jahresabschluss, Lage- und Prüfungsbericht. a) Aufstellung des Jahresabschlusses und des Lageberichts. Gemäß §38 I iVm §26 I KWG und §340a HGB haben KVG, unabhängig von ihrer Größe, **in den ersten drei Monaten eines Geschäftsjahres** für das vorangegangene Geschäftsjahr einen Jahresabschluss sowie einen Lagebericht nach den für **große Kapitalgesellschaften** geltenden Regelungen der §§264–289a HGB **aufzustellen.** 4

Der **Jahresabschluss** setzt sich gem. §264 I KAGB iVm §242 III HGB zusammen aus einer **Bilanz,** einer **Gewinn- und Verlustrechnung (GuV)** sowie einem **Anhang** iSd §284 HGB. Im Anhang sind die in §284 II HGB benannten sowie gem. §284 I HGB diejenigen Angaben aufzunehmen, die zu den einzelnen Posten der Bilanz oder der GuV vorgeschrieben oder im Anhang zu machen sind, weil sie **in Ausübung eines Wahlrechts** nicht in der Bilanz oder in der GuV aufgenommen wurden. Der Jahresabschluss hat gem. §264 II HGB unter Beachtung der **Grundsätze ordnungsgemäßer Buchführung** ein **den tatsächlichen Verhältnissen entspr. Bild** der **Vermögens-, Finanz-** und **Ertragslage** der KVG zu vermitteln. Gemäß §340a II HGB hat die KVG statt der Gliederung in §§265, 275 HGB für die Bilanz sowie die GuV nach §340a II HGB die durch §2 RechKredV bestimmten **Formblätter** zu verwenden (vgl. FS/*Wolfgarten* KWG §26 Rn. 26ff.). In Folge des Verweises des §38 I auf §26 KWG sowie die §§340a–340o HGB haben KVG ihren Jahresabschluss nach den **für Kreditinstitute geltenden Anforderungen** aufzustellen. 5

Im **Lagebericht** sind gem. §289 I HGB der **Geschäftsverlauf** einschließlich des **Geschäftsergebnisses** und die **Lage der KVG** so darzustellen, dass ein den **tatsächlichen Verhältnissen entspr. Bild** vermittelt wird. Der Lagebericht hat eine ausgewogene und umfassende, dem Umfang und der Komplexität der Geschäftstätigkeit der KVG entspr. **Analyse des Geschäftsverlaufs** und der **Lage der KVG** zu enthalten. In die Analyse sind die für die Geschäftstätigkeit bedeutsamsten finanziellen Leistungsindikatoren einzubeziehen und unter Bezugnahme auf die im Jahresabschluss ausgewiesenen Beträge und Angaben **zu erläutern.** Ferner ist im Lagebericht die **voraussichtliche Entwicklung** mit ihren wesentlichen **Chancen** und **Risiken** zu beurteilen und zu erläutern. Zugrunde liegende Annahmen sind anzugeben. Die **gesetzlichen Vertreter** der KVG haben **zu versichern,** dass der Geschäftsverlauf einschl. des Geschäftsergebnisses und die Lage der KVG im Lagebericht nach bestem Wissen so dargestellt sind, dass ein den tatsächlichen Verhältnissen entspr. Bild vermittelt wird und dass die wesentlichen Chancen und Risiken der voraussichtlichen Entwicklung der KVG beschrieben sind. 6

Der Lagebericht soll gem. §289 II HGB eingehen auf: 7

- **Vorgänge von besonderer Bedeutung,** die **nach dem Schluss des Geschäftsjahrs** eingetreten sind;
- jeweils in Bezug auf die Verwendung von Finanzinstrumenten durch die KVG und sofern dies für die Beurteilung der Lage oder der voraussichtlichen Entwicklung von Belang ist
  - die **Risikomanagementziele und -methoden** der KVG einschl. ihrer Methoden zur Absicherung aller wichtigen Arten von Transaktionen, die iRd Bilanzierung von Sicherungsgeschäften erfasst werden, sowie
  - die **Preisänderungs-, Ausfall- und Liquiditätsrisiken** sowie die **Risiken aus Zahlungsstromschwankungen,** denen die KVG ausgesetzt ist;
- den Bereich Forschung und Entwicklung;
- bestehende **Zweigniederlassungen** der Gesellschaft;

– die **Grundzüge der Vergütungssysteme** der Gesellschaft für die in § 285 Nr. 9 HGB genannten Gesamtbezüge, **soweit** es sich um eine **börsennotierte AG** handelt. Werden dabei auch Angaben entspr. § 285 Nr. 9 Buchst. a S. 5–8 HGB gemacht, können diese im Anhang unterbleiben.

8 Die Aufstellung des Jahresabschlusses ist **abgeschlossen,** wenn der aufgestellte Jahresabschluss und der Lagebericht soweit fertiggestellt sind, dass sie ein Stadium erreicht haben, zu dem sich der Vorstand bzw. die Geschäftsführung bekennt und er soweit fertiggestellt ist, dass er **prüfbereit** ist und **dem Wirtschaftsprüfer zur Prüfung vorgelegt werden kann.** Der aufgestellte Jahresabschluss und Lagebericht ist von **allen gesetzlichen Vertretern zu unterzeichnen,** die im Aufstellungszeitpunkt diese Funktion innehatten. Es ist davon auszugehen, dass der Jahresabschluss und der Lagebericht **spätestens mit ihrer Einreichung** bei den Aufsichtsbehörden aufgestellt sind (vgl. FS/*Wolfgarten* KWG § 26 Rn. 24ff.).

9 **b) Einreichung des aufgestellten Jahresabschlusses und des Lagerberichts.** Gemäß § 38 I KAGB iVm § 26 I KWG hat die KVG den aufgestellten (und unterzeichneten) Jahresabschluss und den Lagebericht **unverzüglich** (ohne schuldhaftes Zögern, § 121 I BGB) nach Aufstellung **bei der BaFin einzureichen**. Die Einreichung des aufgestellten Jahresabschlusses und Lageberichts hat unabhängig von der späteren Einreichung des festgestellten Jahresabschlusses und Lageberichts zu erfolgen. Die Einreichung allein des späteren festgestellten Jahresabschlusses und Lageberichts reicht nicht aus.

10 **c) Prüfung des aufgestellten Jahresabschlusses und Lageberichts (Prüfungsbericht).** Die KVG hat den aufgestellten Jahresabschluss und den Lagebericht gem. § 38 I KAGB iVm § 340 I HGB **spätestens vor Ablauf des fünften Monats nach Ende des dem Abschlussstichtag nachfolgenden Geschäftsjahres** von einem Wirtschaftsprüfer oder einer Wirtschaftsprüfungsgesellschaft (**„Abschlussprüfer";** § 340k I 1 KAGB iVm § 319 I 1 HGB) prüfen zu lassen. Die Prüfung des Jahresabschlusses hat sich gem. § 317 I 2 HGB darauf zu erstrecken, ob die **gesetzlichen Vorschriften** und die sie ergänzenden Bestimmungen **des Gesellschaftsvertrages/der Satzung** beachtet worden sind. Der Lagebericht ist gem. § 317 II HGB darauf zu prüfen, ob er mit dem Jahresabschluss sowie mit den bei der Prüfung **gewonnenen Erkenntnissen des Abschlussprüfers in Einklang** steht und ob der Lagebericht insges. eine zutreffende Vorstellung von der **Lage des Unternehmens** vermittelt. Dabei ist auch zu prüfen, ob die **Chancen** und **Risiken der künftigen Entwicklung** zutreffend dargestellt sind. Über das Ergebnis der Prüfung hat der Abschlussprüfer einen Prüfungsbericht nach Maßgabe des § 321 HGB zu erstellen, soweit § 38 III–V iVm der KAPrüfbV nicht einen abweichenden Inhalt regeln (vgl. → Rn. 28ff.).

11 Hat im Zusammenhang mit einer **Sicherungseinrichtung** (bei KVG **EdW;** vgl. zu § 32) eine zusätzliche Prüfung stattgefunden, hat der Abschlussprüfer den Bericht über diese Prüfung gem. § 38 I iVm § 26 II KWG **unverzüglich** der BaFin **einzureichen.**

12 **d) Einreichung des Prüfungsberichts. Der Abschlussprüfer** hat das Ergebnis der Prüfung des **aufgestellten Jahresabschlusses** und Lageberichts gem. § 38 I iVm § 26 I 3 KWG **unverzüglich** nach Beendigung der Prüfung der **BaFin einzureichen.** In der Praxis werden der BaFin drei Berichtsexemplare eingereicht, von denen die BaFin ein Exemplar an die Bundesbank weitergibt. Die Prüfung ist beendet **(Abschluss der Prüfung),** wenn den gesetzlichen Vertretern der KVG

(bzw. falls zuständig dem AR) der Prüfungsbericht in seiner endgültigen Form (dh unterschrieben) vorgelegt worden ist (FS/*Wolfgarten* KWG § 26 Rn. 53 f.).

e) Feststellung des geprüften Jahresabschlusses. Der Jahresabschluss ist gem. § 38 I KAGB iVm § 340 I 3 HGB **unverzüglich nach Abschluss der Prüfung festzustellen.** Die Feststellung des Jahresabschlusses darf daher erst erfolgen, wenn die Jahresabschlussprüfung beendet ist und der Prüfungsbericht vorliegt. Gemäß § 172 AktG bzw. § 42 a GmbHG erfolgt die **Feststellung** des Jahresabschlusses bei einer AG durch den **AR** bzw. im Falle einer GmbH durch die **Gesellschafterversammlung.** Gemäß § 173 AktG können bei einer AG-KVG der Vorstand und der AR beschließen, dass die Feststellung des Jahresabschlusses **der Hauptversammlung überlassen** wird. 13

Der festgestellte Jahresabschluss muss nicht gleichlautend mit dem aufgestellten Jahresabschluss sein. Änderungen und Ergänzungen sind möglich und zT sogar geboten, zB um den Feststellungen des Abschlussprüfers gerecht zu werden. 14

f) Einreichung des geprüften und festgestellten Jahresabschlusses und des Lageberichts. Gemäß § 38 I iVm § 26 I 1 KWG muss die KVG den geprüften und **festgestellten Jahresabschluss** und **Lagebericht unverzüglich** der BaFin **einreichen.** Auch der festgestellte Jahresabschluss muss von den **gesetzlichen Vertretern** der KVG **im Original unterzeichnet** sein. 15

g) Offenlegung des Jahresabschlusses und des Lageberichts. Die KVG muss gem. § 38 I KAGB iVm § 3401 HGB den **Jahresabschluss** und den **Lagebericht** nach Maßgabe der Vorschriften der §§ 325 II–V, 328, 329 I–IV HGB **offenlegen.** Die gesetzlichen Vertreter der KVG müssen den Jahresabschluss und den Lagebericht danach **unverzüglich nach Vorlage,** spätestens **vor Ablauf des zwölften Monats** des nach dem Abschlussstichtag nachfolgenden Geschäftsjahrs mit dem Bestätigungsvermerk des Abschlussprüfers oder dem Vermerk über dessen Versagung beim Betreiber des **BAnz** zur Veröffentlichung **einreichen.** Bei **kapitalmarktorientierten AG-KVG** beträgt die Einreichungsfrist gem. § 325 HGB **4 Monate.** AG-KVG haben darüber hinaus die Erklärung des Vorstandes und AR gem. § 161 AktG zur Einhaltung der **Corporate-Governance-Grundsätze** offenzulegen. 16

3. Konzernabschluss und Konzernprüfungsbericht. Nach § 38 I KAGB iVm §§ 340 i und 290 HGB haben KVG **(Mutterunternehmen) unabhängig von ihrer Größe** in den **ersten fünf Monaten** des Konzerngeschäftsjahres für das vorangegangene Konzerngeschäftsjahr einen **Konzernabschluss** (bestehend aus **Konzernbilanz, Konzern-GuV, Konzernanhang, Kapitalflussrechnung** und **EK-Spiegel;** § 297 I HGB) und einen **Konzernlagebericht** aufzustellen, wenn die KVG auf ein anderes Unternehmen (Tochtergesellschaft) **unmittelbar** oder **mittelbar** einen **beherrschenden Einfluss** ausüben kann. Der Konzernabschluss kann um eine **Segmentberichterstattung** erweitert werden. Der **Konzernlagebericht** ist nach den Vorgaben des § 315 HGB aufzustellen. 17

Ein beherrschender Einfluss besteht, wenn 18

- der KVG bei einem anderen Unternehmen die **Mehrheit der Stimmrechte** der Gesellschafter zusteht;
- der KVG bei einem anderen Unternehmen das Recht zusteht, die **Mehrheit der Mitglieder** der die Finanz- und Geschäftspolitik bestimmenden **Verwaltungs-, Leitungs-** oder **Aufsichtsorgane** zu bestellen oder abzuberufen, und sie **gleichzeitig Gesellschafterin** ist;

- ihr das Recht zusteht, die Finanz- und Geschäftspolitik aufgrund eines mit einem anderen Unternehmen geschlossenen **Beherrschungsvertrags** oder aufgrund einer **Bestimmung in der Satzung** des anderen Unternehmens zu bestimmen, oder
- die KVG bei **wirtschaftlicher Betrachtung** die **Mehrheit der Risiken und Chancen** eines Unternehmens trägt, das zur Erreichung eines eng begrenzten und genau definierten Ziels des Mutterunternehmens dient **(Zweckgesellschaft).**

19 § 290 III 1 HGB beinhaltet die Pflicht zur Aufstellung eines Konzernabschlusses und eines Konzernlagerberichts **auch für KVG, die selbst Tochterunternehmen sind.** In diesem Fall braucht die KVG aber gem. § 291 I HGB einen Konzernabschluss und einen Konzernlagebericht **nicht aufzustellen,** wenn ein **Konzernabschluss und Konzernlagebericht ihres Mutterunternehmens** einschl. des Bestätigungsvermerks des Abschlussprüfers oder des Vermerks über dessen Versagung in deutscher Sprache **offengelegt** ist. Gemäß § 294 HGB werden grds. das Mutterunternehmen und **alle in- und ausländischen Tochterunternehmen** ohne Rücksicht auf den Sitz des Tochterunternehmens einbezogen, sofern die Einbeziehung nicht nach § 296 HGB unterbleiben kann.

20 Sowohl der **Konzernabschluss** als auch der **Konzernlagebericht** sind sowohl **unverzüglich** nach ihrer **Aufstellung** als auch **unverzüglich** nach ihrer **Feststellung** bei der BaFin einzureichen sowie nach der Feststellung durch den BAnz. zu **veröffentlichen.** Überdies ist durch den Abschlussprüfer ein **Konzernprüfungsbericht** zu erstellen und nach Abschluss der Prüfung **unverzüglich** bei der BaFin einzureichen. Für die Aufstellung des Konzernabschlusses, des Konzernlagerberichts und des Konzernprüfungsberichts gelten die Regelungen für den Jahresabschluss (→ Rn. 5), den Lagebericht (→ Rn. 6 f.) und den Prüfungsbericht (→ Rn. 10) entsprechend.

III. Bestellung des Abschlussprüfers (§ 38 II)

21 **1. Bestellung des Abschlussprüfers.** Die KVG hat der BaFin gem. § 38 II iVm § 28 I 1 KWG **unverzüglich** (ohne schuldhaftes Zögern, § 121 I BGB) **nach seiner Bestellung** den Abschlussprüfer **anzuzeigen**. Nach § 318 I HGB wird der Prüfer **von den Gesellschaftern des prüfungspflichtigen Unternehmens,** hier also von den Gesellschaftern der KVG, gewählt. Handelt es sich um eine **AG-KVG,** erfolgt die Wahl des Abschlussprüfers auf Vorschlag des AR durch die Hauptversammlung. Bei **GmbH-KVG** ist die Gesellschafterversammlung für die Wahl des Abschlussprüfers zuständig, sofern der Gesellschaftsvertrag nichts anderes bestimmt. Gemäß § 318 I 4 HGB haben die gesetzlichen Vertreter, bei Zuständigkeit des AR dieser, sodann **unverzüglich** den Prüfungsauftrag zu erteilen. Nimmt der Wirtschaftsprüfer/die Wirtschaftsprüfungsgesellschaft den Auftrag an, gilt er/sie **als bestellt** und erlangt die gesetzlich geregelte Stellung des Abschlussprüfers.

22 Wie auch § 38 I im Hinblick auf die Einreichung von Jahresabschluss, Lage- und Prüfungsbericht statuiert § 38 II zur Entbürokratisierung, dass die Anzeige des Abschlussprüfers **nur an die BaFin,** nicht aber an die Bundesbank zu erfolgen hat.

23 **2. Bestellung des Abschlussprüfers in besonderen Fällen. a) Eingriffsrechte der BaFin.** Gemäß § 38 II KAGB iVm § 28 I 2 KWG kann die BaFin **innerhalb eines Monats** nach Zugang der Anzeige der Bestellung des Abschlussprüfers durch die KVG die **Bestellung eines anderen Prüfers verlangen,** wenn die-

ses **zur Erreichung des Prüfungszwecks geboten** ist. Prüfungszweck ist zum einen die ordnungsgemäße Aufstellung des Jahresabschlusses, Lage- und Prüfungsberichts. Darüber hinaus obliegt es dem Abschlussprüfer, eine Prüfung der Einhaltung aufsichtsrechtlicher Vorschriften vorzunehmen. Die BaFin soll sich auf Basis dieser Informationen ein aktuelles Bild von der Lage des Unternehmens machen und ggf. Gegenmaßnahmen einleiten können. Ist dieses nicht gewährleistet, fehlt also entweder die **fachliche** oder die **persönliche Eignung des Prüfers,** gibt § 38 II KAGB iVm § 28 I 2 KWG der BaFin die Möglichkeit, einen Wechsel des Abschlussprüfers zu erwirken und damit die erforderlichen Informationen zur Beaufsichtigung der KVG zu erhalten. Grundsätzlich gilt ein öffentlich bestellter Wirtschaftsprüfer bis zum Beweis des Gegenteils als befähigt, den seinem Berufsstand vorbehaltenen Aufgaben nachzukommen. Für eine Ablehnung des Abschlussprüfers müssen **objektivierbare und nachprüfbare Erkenntnisse** vorliegen, die die Annahme rechtfertigen, dass die Aufsichtstätigkeit der BaFin durch die Prüfung und den Prüfungsbericht vereitelt wird (FS/*Winter* KWG § 28 Rn. 26).

Das Verlangen der BaFin auf Bestellung eines anderen Prüfers muss **innerhalb eines Monats** nach Zugang der Anzeige der KVG in Form eines **belastenden Verwaltungsaktes** erfolgen. Das Verlangen bedarf damit der **Schriftform** sowie einer **Begründung** und einer **Rechtsmittelbelehrung.** Die BaFin kann **nur einen anderen,** nicht aber einen bestimmten Abschlussprüfer verlangen (FS/*Winter* KWG § 28 Rn. 18). Die KVG muss dem Verlangen nach Bestellung eines anderen Prüfers unverzüglich nachkommen. Nach Bestellung eines anderen Wirtschaftsprüfers ist erneut eine **Anzeige der Bestellung** ggü. der BaFin abzugeben. Kommt die KVG dem Verlangen der BaFin nicht nach, kann diese die Bestellung durch das Registergericht verlangen (→ Rn. 26f.). 24

Hat die KVG einen Wirtschaftsprüfer oder eine Wirtschaftsprüfungsgesellschaft zum Abschlussprüfer bestellt, der/die in den **beiden vorangegangenen Geschäftsjahren** Abschlussprüfer der KVG war, kann die BaFin den **Wechsel des verantwortlichen Prüfungspartners** verlangen, wenn die **vorangegangene Prüfung,** einschl. des Prüfungsberichts, den **Prüfungszweck nicht erfüllt** hat (vgl. → Rn. 23). 25

b) Bestellung durch das Registergericht. Gemäß § 38 III iVm § 28 II KWG kann die **BaFin** in den folgenden Fällen die Bestellung des Abschlussprüfers durch das **für die KVG zuständige Registergericht beantragen:** 26

- die **Anzeige des Abschlussprüfers** erfolgt **nicht unverzüglich** nach Abschluss des Geschäftsjahres der KVG;
- die KVG ist dem Verlangen der BaFin auf Bestellung eines anderen Abschlussprüfers gem. § 38 II KAGB iVm § 28 I 2 KWG **nicht unverzüglich nachgekommen;**
- der von der KVG gewählte Abschlussprüfer hat die **Annahme des Prüfungsauftrags abgelehnt,** der **Abschlussprüfer** ist **weggefallen** oder **am rechtzeitigen Abschluss der Prüfung verhindert** und die KVG hat **nicht unverzüglich** einen **anderen Abschlussprüfer bestellt.**

Die Bestellung des Abschlussprüfers durch das Registergericht ist **endgültig.** Wie im Falle des Verlangens auf Bestellung eines anderen Abschlussprüfers kann die BaFin beim Registergericht nur die Bestellung eines Abschlussprüfers, **nicht** aber die **Bestellung eines bestimmten Abschlussprüfers** verlangen. Das Verfahren zur Bestellung des Abschlussprüfers erfolgt nach § 12 FGG. Das Registergericht hat den Sachverhalt **von Amts wegen** zu prüfen. 27

IV. Besondere Pflichten des Abschlussprüfers und Verordnungsermächtigung (§ 38 III–V)

28 **1. Verordnungsermächtigung/KAPrüfbV (§ 38 V).** Durch § 38 V wird das BMF ermächtigt, im Einvernehmen mit dem BMJ durch RechtsVO, die nicht der Zustimmung des Bundesrates bedarf, nähere Bestimmungen über den **Zeitpunkt und Gegenstand der Prüfung,** weitere **Inhalte, Umfang** und **Darstellungen des Prüfungsberichts** zu erlassen, soweit dies zur Erfüllung der Aufgaben der BaFin erforderlich ist, insb. um einheitliche Unterlagen zur Beurteilung der Tätigkeit der beaufsichtigten Gesellschaften und Investmentvermögen zu erhalten. Das BMF hat seine diesbezügliche Ermächtigung auf die BaFin übertragen. Basierend auf dieser Ermächtigung hat die BaFin im Einvernehmen mit dem BMJ die **KAPrüfbV** erlassen, die gem. § 1 KAPrüfbV
- den **Gegenstand der Prüfung** von externen KVG, InvAG, InvKG und Sondervermögen nach dem KAGB;
- den **Inhalt der Prüfungsberichte** sowie
- die **Art und den Umfang der Berichterstattung**

regelt.

29 **2. Prüfung der wirtschaftlichen Verhältnisse (§ 38 III 1).** Nach § 38 III 1 hat der Abschlussprüfer die **wirtschaftlichen Verhältnisse** der KVG zu prüfen. Der Umfang des Prüfungsgegenstandes ergibt sich aus der KAPrüfbV. Der Abschlussprüfer hat danach gem. § 8 II KAPrüfbV die **wesentlichen Änderungen** der **rechtlichen, wirtschaftlichen** und **organisatorischen Grundlagen** der KVG im Berichtszeitraum darzustellen und insb. zu berichten über
- Änderungen der **Rechtsform** und der **Satzung** oder des **Gesellschaftsvertrages;**
- Änderungen der **Kapital-** und der **Gesellschafterverhältnisse;**
- Änderungen in der personellen Zusammensetzung der **Geschäftsleitung** und Änderungen der **Zuständigkeit der einzelnen Geschäftsleiter;**
- Änderungen der **Struktur des Geschäftsbetriebs** der KVG sowie Änderungen der **Struktur der erbrachten Dienst- und Nebendienstleistungen;**
- eine **bevorstehende Aufnahme neuer Geschäftszweige;**
- Änderungen der rechtlichen und geschäftlichen Beziehungen zu **verbundenen Unternehmen** und über **wirtschaftlich bedeutsame Verträge geschäftspolitischer Natur,** die die zwischenbetriebliche Zusammenarbeit regeln, wobei insb. Angaben über **Art und Umfang der vereinbarten Leistungen** zu machen sind. Die Berichterstattung kann entfallen, soweit für den Berichtszeitraum ein Abhängigkeitsbericht nach § 312 AktG erstellt und der BaFin eingereicht wird;
- Änderungen im **organisatorischen Aufbau** der KVG und Änderungen der **unter Risikoaspekten bedeutsamen Ablauforganisation.** Das aktuelle Organigramm ist dem Prüfungsbericht als Anlage beizufügen.

30 Gemäß § 8 III und IV KAPrüfbV hat der Abschlussprüfer darüber hinaus im Prüfungsbericht über **wesentliche auf andere Unternehmen ausgelagerte Aufgaben** zu berichten, soweit es sich nicht um die Auslagerung der Portfolioverwaltung handelt, über die nach § 22 V KAPrüfbV zu berichten ist. Die **Ordnungsmäßigkeit der Geschäftsorganisation,** insb. die Geeignetheit der Regelungen bei **persönlichen Geschäften der Mitarbeiter** zur Verhinderung von Missbrauch sowie die Angemessenheit der Kontroll- und Sicherheitsvorkehrungen für den Ein-

satz der **elektronischen Datenverarbeitung,** ist vom Abschlussprüfer zu beurteilen, soweit dies nicht die Verwaltung der Investmentvermögen betrifft.

3. Prüfung der Anzeigepflichten (§ 38 III 2 Hs. 1). Der Abschlussprüfer hat im Prüfungsbericht die **Organisation des Anzeigewesens** der KVG zu beurteilen. Prüfungsinhalt ist die **Sicherstellung,** dass das Anzeigewesen der KVG **ordnungsgemäß** arbeitet und die aufsichtlich geforderten Informationen **zeitgerecht, vollständig** und **korrekt ermittelt** und **weitergegeben** werden (Begr. zu § 11 KAPrüfbV). § 38 III 2 Hs. 1 benennt insb. die Anzeigepflichten nach den §§ 34, 35, 49 und 53. Gemäß § 11 KAPrüfbV hat der Abschlussprüfer darauf einzugehen, ob insb. die Anzeigen nach § 34 sowie die Meldungen nach §§ 12 und 35 vollständig und richtig sind. Die Benennung der Anzeigen und Meldungen ist nicht abschließend, dh die Prüfung des Abschlussprüfers umfasst auch weitere, nicht in § 38 III 2 Hs. 1 benannte Meldungen und Anzeigen, bspw. die Anzeige der Bestellung des Abschlussprüfers gem. § 38 II iVm § 28 1 1 KWG. 31

Das zu prüfenden Anzeigewesen umfasst **allein das Anzeigewesen der KVG.** Nicht Gegenstand der Prüfung des Abschlussprüfers sind dagegen Anzeigen, die die KVG für die Anleger der OGAW und AIF vorbereitet oder erstellt (bspw. **VAG-Reporting**). 32

4. Prüfung der Einhaltung aufsichtsrechtlicher Vorgaben. a) Prüfung der Organisationspflichten (§ 38 III 2 Hs. 2). § 38 III 2 Hs. 2 hat mit redaktionellen Änderung die Regelung des § 19f I 2 InvG übernommen. Gemäß § 38 III 2 Hs. 2 hat der Abschlussprüfer festzustellen, ob die KVG die Anforderungen nach den §§ 25–30 **(Kapitalanforderungen, allgemeine Verhaltensregeln, Interessenkonflikte, allgemeine Organisationspflichten, Risiko- und Liquiditätsmanagement),** nach § 36 **(Auslagerung)** und nach § 37 **(Vergütung)** erfüllt. 33

§ 38 III 2 Hs. 2 erweitert den Prüfungsgegenstand darüber hinaus um die Regelungen der VO (EU) Nr. 648/2012 v. 4.7.2012 über **OTC-Derivate, zentrale Gegenparteien und Transaktionsregister,** dort Art. 4 I, II und III UAbs. 2 **(Clearingpflicht),** Art. 9 I bis IV **(Meldepflicht)** sowie Art. 11 I–X, XI UAbs. 1 (**Risikominderungstechniken für nicht durch** die **zentrale Gegenpartei geclearte OTC-Derivatekontrakte**) und Abs. 12 **(Sanktionen).** Die VO (EU) Nr. 648/2012 enthält eine Clearingplicht für standardisierte OTC-Derivate. Diese Clearingpflicht gilt ua für finanzielle Gegenparteien, die in der EU beaufsichtigt werden und zu denen auch OGAW und AIF sowie die sie verwaltenden KVG gehören. Daneben besteht nach Art. Nr. 9 VO (EU) 648/2012 eine Pflicht zur Meldung aller Derivate (gelistet und OTC) an ein Transaktionsregister. Durch die Erfassung der Transaktionsdaten sollen die Aufsichtsbehörden in die Lage versetzt werden, einen Überblick über alle Derivatepositionen aller Marktteilnehmer zu erhalten und die den Derivaten inhärenten Risiken zu erkennen. Soweit OTC-Derivatekontrakte nicht einer Clearingpflicht unterliegen, hat jede Gegenpartei mit der gebührenden Sorgfalt zu gewährleisten, dass angemessene Verfahren und Vorkehrungen bestehen, um das operationelle Risiko und das Gegenparteiausfallrisiko zu messen, zu beobachten und zu mindern (Begr. zu § 14 KAPrüfbV). 34

Der Abschlussprüfer hat zu prüfen, zu beurteilen und festzustellen, ob die KVG die sich aus der VO (EU) Nr. 648/2012 für sie ergebenden Pflichten erfüllt. Gemäß § 14 KAPrüfbV hat der Abschlussprüfer iRd die **Verfahren zur Ermittlung aller OTC-Derivate-Kontrakte,** die einer Clearingpflicht durch eine zentrale Gegenpartei unterliegen, und die **Einhaltung der Clearingpflicht** zu beurteilen. Sind **gruppeninterne Transaktionen** von der Clearingpflicht durch die BaFin befreit, 35 so sind die organisatorischen Maßnahmen zur Einhaltung der damit verbundenen Voraussetzungen durch den Abschlussprüfer zu beurteilen. Er hat die Erfüllung der Meldepflichten und Risikominderungstechniken darzustellen und zu beurteilen. Dazu hat er die **Prozesse zur Identifizierung** und **Klärung** bei **Geschäften,** die **nicht von einer Gegenpartei bestätigt** wurden, und die Prozesse zum Abgleich von Portfolios **(Portfolio Reconciliation)** zu beurteilen und darzustellen, ob und in welchem Umfang von der Möglichkeit der **Portfoliokomprimierung** Gebrauch gemacht wurde. Der Abschlussprüfer hat die **Besicherung bilateraler Kontrakte** darzustellen und zu beurteilen. Soweit die **Besicherung gruppeninterner Transaktionen** nach Art. 11 XI VO (EU) Nr. 648/2013 als nicht notwendig erachtet wurde, ist zu beurteilen, ob die Voraussetzungen für die Ausnahme von der Besicherungspflicht vorliegen. Wurde eine gruppeninterne Transaktion **von der Besicherungspflicht durch die BaFin befreit,** ist zu beurteilen, ob die organisatorischen Maßnahmen angemessen sind zur Gewährleistung, dass die Voraussetzungen für diese Befreiung vorliegen, einschl. der diesbezüglichen **Veröffentlichungspflichten.**

36 **b) Prüfung der Pflichten gem. GwG (§ 38 IV 1).** Gemäß § 2 VII sind KVG **Verpflichtete iSd GwG**. Der Abschlussprüfer hat gem. § 38 IV 1 zu prüfen, dass die KVG die ihr nach dem GwG obliegenden Pflichten erfüllt. Zu den **allg. Sorgfaltspflichten** der KVG gehören gem. § 3 GwG insb. die Pflicht zur **Identifizierung des Vertragspartners** nach Maßgabe des § 4 III und IV GwG, die Pflicht zur Einholung von Informationen über den **Zweck** und die **angestrebte Art der Geschäftsbeziehung,** die Identifizierung eines **wirtschaftlich Berechtigten** gem. § 4 V GwG, soweit vorhanden, sowie die **kontinuierliche Überwachung der Geschäftsbeziehung.** Weiterhin bestehen gem. § 8 GwG besondere **Aufzeichnungs-** und **Aufbewahrungspflichten** und die KVG ist gem. § 9 GwG verpflichtet, **angemessene interne Sicherungsmaßnahmen** dagegen zu treffen, dass sie zur Geldwäsche und zur Terrorismusfinanzierung missbraucht werden kann. In diesem Rahmen hat sie gem. § 9 II Nr. 1 GwG einen **Geldwäschebeauftragten** zu bestellen. Gemäß § 11 hat die KVG **Verdachtsmeldungen** abzugeben.

37 Der Abschlussprüfer ist gem. § 13 KAPrüfbV verpflichtet, im Rahmen seines Prüfungsauftrages die von der KVG getroffenen **Vorkehrungen zur Verhinderung von Geldwäsche und Terrorismusfinanzierung** zu beurteilen. Hierzu hat er im Prüfungsbericht zu beurteilen und festzustellen, ob die **Gefährdungsanalyse** der KVG ihrer tatsächlichen Risikosituation entspricht. Der Abschlussprüfer hat **darzustellen,** welche **organisatorischen Maßnahmen** zur Verhinderung der Geldwäsche und Terrorismusfinanzierung getroffen wurden und hat zu **beurteilen,** ob die Maßnahmen **angemessen** sind (vgl. zum Umfang der Prüfungspflicht weiter § 13 KAPrüfbV).

38 Gemäß § 12 I KAPrüfbV hat der Abschlussprüfer die Prüfung gem. § 38 IV 1 erstmals für das **erste volle Geschäftsjahr** nach der Aufnahme des erlaubnispflichtigen Geschäftsbetriebs und danach in einem **zweijährigen Turnus** vorzunehmen, es sei denn, die Risikolage der KVG erfordert ein kürzeres Prüfungsintervall. Grundsätzlich ist bei einer KVG von einem eher geringeren geldwäschebezogenen Risiko auszugehen. Die Ausgabe und Rückgabe der Anteilscheine erfolgt zumeist über die Verwahrstelle, infolgedessen diese die unmittelbaren Identifikationspflichten treffen.

39 **c) Prüfung der Nebendienstleistungen gem. § 20 II, III („WpHG-Prüfung"; § 38 IV 2). Erbringt** die KVG Nebendienstleistungen nach § 20 II oder III, hat der Abschlussprüfer diese Nebendienstleistungen besonders zu prüfen. Wer-

den Nebendienstleistungen iSd § 20 II Nr. 1–3 oder III Nr. 2–5 erbracht, umfasst die Prüfung auch die Einhaltung der in § 5 II genannten §§ 31–31 b **(Allg. Verhaltensregeln, Kunden, Geschäfte mit geeigneten Gegenparteien),** § 31 d **(Zuwendungen)** und §§ 33–34 a WpHG **(Organisationspflichten, Bestmögliche Ausführung von Kundenaufträgen, Mitarbeiter und Mitarbeitergeschäfte, Aufzeichnungs- und Aufbewahrungspflicht, Getrennte Vermögensverwahrung).** Zum **Inhalt des Prüfungsberichts** vgl. § 23 II und IV KAPrüfbV. **Prüfungsgegenstand** sind **ausschließlich** die von der KVG erbrachten Nebendienstleistungen, nicht aber die Verwaltung von Investmentvermögen, für die die KVG die KVG-Funktion ausübt.

40 Nach § 23 III KAPrüfbV kann der Abschlussprüfer **auf Einzeldarstellungen verzichten,** soweit bei den Feststellungen iRd letzten Prüfung keine Mängel festgestellt wurden und sich bei der laufenden Prüfung keine Änderungen der Prüfungsergebnisse ergeben haben. Ist in **drei aufeinanderfolgenden Jahren** keine Einzeldarstellung einzelner Bereiche erfolgt, kann die BaFin für die folgende Prüfung eine Einzeldarstellung dieser Bereiche **verlangen,** auch wenn keine Änderung eingetreten ist.

41 Die Prüfung hat gem. § 24 IV KAPrüfbV **spätestens drei Monate** nach dem Abschluss des für sie maßgeblichen Berichtszeitraums **zu beginnen.** Der Abschlussprüfer hat den Bericht über die Prüfung **unverzüglich nach Beendigung** der Prüfung bei der **BaFin einzureichen.** Die BaFin kann im Einzelfall aus wichtigem Grund eine **andere Frist** bestimmen.

42 Auf **Antrag der KVG** kann die BaFin gem. § 38 IV 5 von der gesonderten Prüfung der in § 5 II genannten Vorschriften des WpHG **ganz oder teilweise absehen,** soweit dies aus **besonderen Gründen,** insb. wegen der **Art** und des **Umfangs der betriebenen Geschäfte,** angezeigt ist. Eine Befreiung wird in der Regel gewährt, wenn keine allg. Ausschlusskriterien vorliegen und die KVG die Dienstleistungen und Nebendienstleistungen nach § 20 II Nr. 1–3 oder III Nr. 2–5 ausschließlich ggü. professionellen Kunden iSd § 67 II erbringt. Vgl. zu den Voraussetzungen einer Befreiung von Prüfungspflichten sowie deren Ausschlusskriterien BaFin-Rundschreiben 10/2019 (WA) idF v. 9.3.2023.

43 **d) Prüfungsanordnungen der BaFin (§ 38 IVa).** Der iRd Kreditzweitmarktförderungsgesetzes mWv 30.12.2023 neu aufgenommene § 38 IVa ermöglicht es der BaFin, sachgerecht durch entsprechende inhaltliche Prüfungsanordnungen unternehmensindividuelle, teilweise oder vollständig branchenweite Prüfungsinhalte zeitnah und risikoorientiert vorzugeben (BT-Drs. 20/9093, 166).

44 **5. Anzeige schwerwiegender Prüfungsfeststellungen (§ 38 IV 7).** Im Falle **schwerwiegender Prüfungsfeststellungen** hat der Abschlussprüfer diese **der BaFin anzuzeigen.** Gemäß § 38 IV 7 iVm § 29 III KWG hat der Abschlussprüfer der BaFin **unverzüglich** (auch wenn die Prüfung noch nicht abgeschlossen ist) anzuzeigen, wenn ihm bei der Prüfung Tatsachen bekannt werden, welche die **Einschränkung** oder **Versagung des Bestätigungsvermerks** rechtfertigen, die den **Bestand der KVG gefährden** oder seine **Entwicklung wesentlich beeinträchtigen** können, die einen **erheblichen Verstoß** gegen die Vorschriften über die **Zulassungsvoraussetzungen** der KVG oder die Ausübung einer **Tätigkeit nach dem KAGB** darstellen oder die schwerwiegende **Verstöße** der Geschäftsleiter gegen **Gesetz, Satzung** oder **Gesellschaftsvertrag** erkennen lassen.

45 **Auf Verlangen** der BaFin hat der Abschlussprüfer ihr den Prüfungsbericht zu **erläutern** und sonstige bei der Prüfung bekannt gewordene Tatsachen **mitzutei-**

len, die gegen eine ordnungsmäßige Durchführung der Geschäfte der KVG sprechen.

46 Die vorstehenden Anzeige-, Erläuterungs- und Mitteilungspflichten bestehen auch in Bezug auf ein Unternehmen, das **mit der KVG in enger Verbindung** steht, sofern dem Abschlussprüfer die Tatsachen iRd Prüfung der KVG bekannt werden.

47 Der Abschlussprüfer **haftet** kraft Gesetzes (ipso iure) **nicht** für die Richtigkeit von Tatsachen, die er nach den Regelungen des § 38 IV 7 iVm § 29 III KWG **in gutem Glauben** anzeigt, auch wenn sich im Nachhinein der Vorwurf gegen die KVG, die Geschäftsleiter bzw. das verbundene Unternehmen als unbegründet herausstellt. Es soll im Sinne einer effektiven Aufsicht vermieden werden, dass ein Abschlussprüfer aus Haftungsgründen von einer Anzeige absieht und eine frühzeitige Information der BaFin über drohende Gefahren oder Missstände sichergestellt werden, die ihr eine umgehende Entscheidung hinsichtlich des weiteren Vorgehens ermöglicht (vgl. dazu FS/*Winter* KWG § 29 Rn. 54).

Unterabschnitt 3. Weitere Maßnahmen der Aufsichtsbehörde

§ 39 Erlöschen und Aufhebung der Erlaubnis

(1) **[1]Die Erlaubnis erlischt, wenn die Kapitalverwaltungsgesellschaft**

1. **von ihr nicht innerhalb eines Jahres seit ihrer Erteilung Gebrauch macht,**
2. **den Geschäftsbetrieb, auf den sich die Erlaubnis bezieht, seit mehr als sechs Monaten nicht mehr ausübt,**
3. **ausdrücklich auf sie verzichtet oder**
4. **im Zuge einer Umwandlung nach § 305, § 320 oder § 333 des Umwandlungsgesetzes ihren satzungsmäßigen Sitz ins Ausland verlegt.**

[2]Bei Investmentaktiengesellschaften mit veränderlichem Kapital, bei Investmentaktiengesellschaften mit fixem Kapital, bei offenen Investmentkommanditgesellschaften oder bei geschlossenen Investmentkommanditgesellschaften muss der Verzicht im Sinne von Satz 1 Nummer 3 gegenüber der Bundesanstalt durch Vorlage eines Handelsregisterauszuges nachgewiesen werden, aus dem sich die entsprechende Änderung des Unternehmensgegenstandes wie auch die Änderung der Firma ergibt.

(2) **Soweit die externe Kapitalverwaltungsgesellschaft auch über die Erlaubnis zur Finanzportfolioverwaltung nach § 20 Absatz 2 Nummer 1 oder Absatz 3 Nummer 2 verfügt, erlischt diese Erlaubnis, wenn die Kapitalverwaltungsgesellschaft nach § 11 des Anlegerentschädigungsgesetzes von der Entschädigungseinrichtung ausgeschlossen wird.**

(3) **Die Bundesanstalt kann die Erlaubnis außer nach den Vorschriften des Verwaltungsverfahrensgesetzes aufheben oder, soweit dies im Einzelfall ausreichend ist, aussetzen, wenn**

1. **die Kapitalverwaltungsgesellschaft die Erlaubnis auf Grund falscher Erklärungen oder auf sonstige rechtswidrige Weise erwirkt hat,**
2. **die Eigenmittel der Kapitalverwaltungsgesellschaft unter die in § 25 vorgesehenen Schwellen absinken und die Gesellschaft nicht innerhalb einer von der Bundesanstalt zu bestimmenden Frist diesen Mangel behoben hat,**
3. **der Bundesanstalt Tatsachen bekannt werden, die eine Versagung der Erlaubnis nach § 23 Nummer 2 bis 11 rechtfertigen würden,**

4. die externe Kapitalverwaltungsgesellschaft auch über die Erlaubnis zur Finanzportfolioverwaltung nach § 20 Absatz 2 Nummer 1 oder Absatz 3 Nummer 2 verfügt und die Anforderungen gemäß § 5 Absatz 2 Satz 2 oder 3 dieses Gesetzes in Verbindung mit § 17 Absatz 1 Nummer 2 oder 3 des Wertpapierinstitutsgesetzes nicht mehr erfüllt,

5. gegen die Kapitalverwaltungsgesellschaft auf Grund einer Ordnungswidrigkeit nach § 340 Absatz 1 Nummer 1, 4 oder 5 oder Absatz 2 Nummer 1 Buchstabe a, d, e oder f, Nummer 3 bis 7, 9, 10, 13, 35, 76, 77 oder 81 oder auf Grund einer wiederholten Ordnungswidrigkeit nach § 340 Absatz 1 Nummer 2 oder 3 oder Absatz 2 Nummer 24, 31, 32, 37, 38, 40, 41, 49, 50 bis 63, 65, 72, 73, 78 oder 79 oder auf Grund einer Ordnungswidrigkeit oder auf Grund einer wiederholten Ordnungswidrigkeit nach § 120 Absatz 10 und § 120a Absatz 1 und 2 des Wertpapierhandelsgesetzes eine Geldbuße festgesetzt werden kann,

6. die Kapitalverwaltungsgesellschaft nachhaltig gegen die Bestimmungen dieses Gesetzes verstößt,

7. die Kapitalverwaltungsgesellschaft schwerwiegend, wiederholt oder systematisch gegen die Bestimmungen des Geldwäschegesetzes verstoßen hat.

(4) **§ 38 des Kreditwesengesetzes ist entsprechend anzuwenden, wenn die Bundesanstalt die Erlaubnis der Kapitalverwaltungsgesellschaft aufhebt oder die Erlaubnis erlischt.**

Inhaltsübersicht

Rn.

A. Allgemeines 1
B. Erlöschen der Erlaubnis 3
I. Erlöschen aufgrund von Untätigkeit oder Verzicht 4
1. Untätigkeit (Abs. 1 S. 1 Nr. 1 und Nr. 2) 4
2. Verzicht (Abs. 1 S. 1 Nr. 3, S. 2) 6
II. Erlöschen der Erlaubnis zur Finanzportfolioverwaltung 7
C. Aufhebung oder Aussetzung der Erlaubnis 8
I. Erwirken der Erlaubnis aufgrund falscher Erklärungen oder auf sonstige rechtswidrige Weise (Abs. 3 Nr. 1) 11
II. Unzureichende Eigenmittel (Abs. 3 Nr. 2 und Nr. 4) 13
III. Versagungsgründe nach § 23 Nr. 2–11 (Abs. 3 Nr. 3) 15
IV. Zusätzliche Konsequenz zu einer Geldbuße (Abs. 3 Nr. 5) 16
V. Nachhaltiger Verstoß gegen die Bestimmungen des KAGB (Abs. 3 Nr. 6) 17
VI. Verstoß gegen das GwG (Abs. 3 Nr. 7) 18
D. Folgen der Aufhebung und des Erlöschens der Erlaubnis 19
I. Anordnung der Abwicklung (§ 38 I KWG) 23
II. Allgemeines Weisungsrecht der BaFin 25
III. Bestellung der Abwickler 26

A. Allgemeines

§ 39 ersetzt §§ 17, 17b und 97 II, III InvG und dient daneben der Umsetzung 1
von Art. 11 Buchst. a–e der RL 2011/61/EU sowie Art. 7 V der RL 2009/65/EG. Während die Absätze 1 und 2 Sachverhalte aufführen, die zum automatischen Erlöschen der Erlaubnis zum Geschäftsbetrieb einer KVG führen, ergänzt § 39 III

die Aufhebungsgründe der §§ 48, 49 VwVfG um spezifische Tatbestände und räumt der BaFin die Befugnis ein, die der KVG erteilte Erlaubnis aufzuheben. Daneben wurde durch das OGAW-V-UmsG die Möglichkeit normiert, dass die BaFin im Rahmen ihrer Ermessensausübung im Einzelfall anstelle einer Aufhebung die Erlaubnis auch aussetzen kann, wenn es sich bei der Aussetzung um eine gleich effiziente Maßnahme handelt. Dies kann bspw. bei einem vorübergehenden Verstoß der Fall sein (BT-Drs. 18/6744, 48). Der Katalog der Aufhebungs- bzw. Aussetzungsgründe des § 39 III ist als Ergänzung zu den Tatbeständen des VwVfG abschließend (BSV/*Beckmann* § 39 Rn. 4). § 39 ist systematisch eng angelehnt an § 35 KWG, auf den in der frühen Fassung dieser Regelung im InvG (2004) direkt verwiesen worden ist. Durch die Regelungen des § 39 I und II soll verhindert werden, dass durch nicht ausgenutzte Genehmigungen die Übersicht über den Bestand an arbeitenden KVG erschwert wird (so auch schon BT-Drs. 3/1114, 40 zu § 34 KWG). Absatz 4 verweist hinsichtlich der Rechtsfolgen der Aufhebung und des Erlöschens der Erlaubnis sowie hinsichtlich erlaubter Abwicklungsmaßnahmen auf § 38 KWG.

2 § 39 regelt die öffentlich-rechtlichen Konsequenzen der Sachverhalte, die zum Erlöschen oder zur Aufhebung der Erlaubnis zum Geschäftsbetrieb führen. Die zivilrechtlichen Folgen des Erlöschens oder des Entzugs der Erlaubnis einer KVG sind in §§ 99, 100 geregelt.

B. Erlöschen der Erlaubnis

3 Nach § 39 I und II erlischt die der KVG erteilte Erlaubnis automatisch kraft Gesetzes, sofern die dort genannten Voraussetzungen vorliegen. Der Erlass eines Verwaltungsakts durch die BaFin ist in diesem Fall nicht erforderlich. Ein Rechtsmittelverfahren gegenüber der BaFin ist daher nicht möglich. Sofern die BaFin jedoch das Erlöschen der Erlaubnis förmlich feststellt, kann dagegen Feststellungsklage nach § 43 VwGO erhoben werden. Die Feststellungsklage ist grundsätzlich zulässig, da ein rechtlich geschütztes Feststellungsinteresse der bisherigen KVG am Fortbestand der Erlaubnis besteht (BFS/*Fischer/Müller* KWG § 35 Rn. 2; WBA/*Weitnauer* § 39 Rn. 4). Im Fall des § 39 II können daneben Rechtsmittel gegen den Ausschluss von der Entschädigungseinrichtung eingelegt werden (BFS/*Fischer/Müller* KWG § 35 Rn. 64).

I. Erlöschen aufgrund von Untätigkeit oder Verzicht

4 **1. Untätigkeit (Abs. 1 S. 1 Nr. 1 und Nr. 2).** Sofern die KVG nicht innerhalb eines Jahres seit ihrer Erteilung Gebrauch von der Erlaubnis macht, erlischt die ihr erteilte Erlaubnis. Die Jahresfrist berechnet sich nach den allgemeinen Vorschriften der §§ 187, 188 BGB. Sie beginnt mit Zugang des Erlaubnisbescheids. „Gebrauch machen" bedeutet Aufnahme des Geschäftsbetriebs iSd § 20 (BSL/*Steck* InvG § 17 Rn. 3), dh eines erlaubnispflichtigen Geschäfts, wobei es dabei nicht auf den Umfang der Geschäfte ankommt. Ausreichend sind konkrete Aktivitäten im Hinblick auf ein von ihr zu verwaltendes Investmentvermögen, etwa das Konzipieren sowie die Erstellung von Anlagebedingungen und Verkaufsprospekt (BSV/*Beckmann* § 39 Rn. 3). Nicht ausreichend ist die Ausübung einer Dienst- oder Nebendienstleistung nach § 20 II und III, da diese nur neben der kollektiven Vermögensverwaltung ausgeübt werden dürfen. Auch nicht ausreichend sind den Geschäftsbetrieb iSd § 20

vorbereitende Tätigkeiten wie die Anmietung von Geschäftsräumen oder die Einstellung von Personal (BFS/*Fischer/Müller* KWG § 35 Rn. 5). Nicht erfasst von Abs. 1 S. 1 Nr. 1 sind die Fälle, in denen von der Erlaubnis anfänglich Gebrauch gemacht wurde, die Geschäftstätigkeit aber später eingestellt wurde (MKJ/*Kloyer* § 39 Rn. 5).

Hat die KVG den Geschäftsbetrieb, auf den sich die Erlaubnis bezieht, einmal aufgenommen und dann seit sechs Monaten nicht mehr ausgeübt, erlischt die Erlaubnis ebenfalls. Die Nichtausübung des Geschäftsbetriebs muss sich auch hier auf die kollektive Vermögensverwaltung beziehen, denn die Ausübung einer Dienst- oder Nebendienstleistung nach § 20 II, III verschafft keine unabhängige Rechtsposition, sondern hängt von der Erlaubnis zur kollektiven Vermögensverwaltung ab (BSV/*Beckmann* § 39 Rn. 28). Übt die KVG seit sechs Monaten nur noch Dienst- oder Nebendienstleistungen aus, führt das Erlöschen der Erlaubnis dazu, dass die KVG auch diese Dienst- oder Nebendienstleistungen nicht mehr ausüben darf. Erbringt die KVG dennoch weiterhin (die bislang als Dienst- oder Nebendienstleistung erlaubte) Anlageberatung, Anlagevermittlung oder Finanzportfolioverwaltung, machen sich die Geschäftsleiter nach § 54 I Nr. 2 KWG strafbar und können mit Freiheitsstrafe oder Geldstrafe bestraft werden. 5

2. Verzicht (Abs. 1 S. 1 Nr. 3, S. 2). Die Erlaubnis erlischt auch, wenn die KVG ausdrücklich auf sie verzichtet. Das Recht der KVG, auf die ihr erteilte Erlaubnis zu verzichten, ergibt sich bereits aus allgemeinen verwaltungsrechtlichen Grundsätzen (EDDH/*Holzapfel* InvG § 17 Rn. 4); insoweit hat § 39 I 1 Nr. 3 nur eine klarstellende Funktion. Die KVG muss den Verzicht ausdrücklich gegenüber der BaFin erklären. Der Verzicht hat bei der Investmentaktiengesellschaft mit veränderlichem oder fixem Kapital und bei der offenen oder geschlossenen InvKG eine Änderung des Unternehmensgegenstands und der Firma zur Folge, welche im Handelsregister zu dokumentieren ist; gegenüber der BaFin hat die Investmentaktiengesellschaft mit veränderlichem oder fixem Kapital und die offene oder geschlossene InvKG den Verzicht durch Vorlage eines entsprechenden Handelsregisterauszugs nachzuweisen. 6

II. Erlöschen der Erlaubnis zur Finanzportfolioverwaltung

Kapitalverwaltungsgesellschaften, die gem. § 20 II Nr. 1 oder III Nr. 2 Finanzportfolioverwaltung erbringen, sind nach § 1 I Nr. 4 und § 6 des Einlagensicherungs- und Anlegerentschädigungsgesetzes einer Entschädigungseinrichtung bei der Kreditanstalt für Wiederaufbau zugeordnet. Sofern eine KVG die Beitrags- oder Mitwirkungspflichten nach §§ 8 oder 9 EAEG nicht, nicht richtig, nicht vollständig oder nicht rechtzeitig erfüllt, hat die betroffene Entschädigungseinrichtung die BaFin und die Deutsche Bundesbank zu unterrichten. Erfüllt die KVG auch innerhalb eines Monats nach Aufforderung durch die BaFin ihre Verpflichtungen nicht, kann die Entschädigungseinrichtung der KVG mit einer Frist von zwölf Monaten den Ausschluss aus der Entschädigungseinrichtung ankündigen. Nach Ablauf dieser Frist kann die Entschädigungseinrichtung mit Zustimmung der BaFin die KVG von der Entschädigungseinrichtung ausschließen, wenn die Verpflichtungen von der KVG weiterhin nicht erfüllt werden. Nach dem Ausschluss haftet die Entschädigungseinrichtung nur noch für Verbindlichkeiten der KVG, die vor Ablauf dieser Frist begründet wurden. Die Erlaubnis der KVG zur Finanzportfolioverwaltung nach § 20 II Nr. 1 oder III Nr. 2 erlischt, wenn die KVG nach § 11 EAEG aus- 7 geschlossen wird, mit Bestandskraft der Ausschließungsentscheidung. Die Erlaubnis zur kollektiven Vermögensverwaltung bleibt davon unberührt. Die BaFin kann die Erlaubnis der KVG jedoch insgesamt entziehen, wenn die unterlassene Zahlung der Beiträge an die Entschädigungseinrichtung auf einen grundsätzlichen Missstand in der KVG hindeutet oder Rückschlüsse auf die Unzuverlässigkeit ihrer Geschäftsleiter zulässt (BT-Drs. 16/5576, 62).

C. Aufhebung oder Aussetzung der Erlaubnis

8 Die Aufhebung der Erlaubnis steht im pflichtgemäßen Ermessen der BaFin und ist das stärkste Eingriffsmittel, das der BaFin zu Verfügung steht. Daher hat die Aufhebung der Erlaubnis stets unter Berücksichtigung des Verhältnismäßigkeitsgrundsatzes zu erfolgen. Insbesondere hat die BaFin abzuwägen, ob nicht mildere Mittel (wie etwa die Abberufung von Geschäftsleitern nach § 40) zur Beseitigung vorhandener Missstände ausreichend und angemessen sind. § 39 ergänzt die Befugnisse der BaFin zur Rücknahme und zum Widerruf der Erlaubnis nach §§ 48, 49 VwVfG. Die Aufhebungsfrist von einem Jahr gem. § 48 IV bzw. § 49 II 2 VwVfG ist anwendbar, so dass die Aufhebung der Erlaubnis nur innerhalb eines Jahres nach Kenntniserlangung durch die BaFin von den die Aufhebung rechtfertigenden Gründen zulässig ist (BSV/*Beckmann* § 39 Rn. 80).

9 Der europäische Gesetzgeber hat in Art. 99 VI Buchst. c der RL 2009/65/EG vorgesehen, dass die Aufsichtsbehörde neben der Erlaubnisaufhebung auch die Möglichkeit haben soll, die Erlaubnis vorübergehend auszusetzen. Eine Aussetzung stellt einen auflösend bedingten Entzug der Erlaubnis dar, von der die BaFin dann Gebrauch machen kann, wenn die Aussetzung aufgrund besonderer Umstände im Rahmen der Ermessensausübung eine ebenso effiziente, aber verhältnismäßigere Maßnahme darstellt (BT-Drs. 18/6744, 40).

10 Aufhebung und Aussetzung der Erlaubnis sind Verwaltungsakte, gegen die die KVG als Rechtsmittel Widerspruch einlegen und Anfechtungsklage erheben kann. Nach § 7 haben Widerspruch und Anfechtungsklage keine aufschiebende Wirkung. Die Erlaubnisentziehung und die vorübergehende Aussetzung der Erlaubnis durch die BaFin sind daher wirksam und vollziehbar, sofern nicht im Wege des einstweiligen Rechtsschutzes die aufschiebende Wirkung von Widerspruch oder Anfechtungsklage gewährt wird.

I. Erwirken der Erlaubnis aufgrund falscher Erklärungen oder auf sonstige rechtswidrige Weise (Abs. 3 Nr. 1)

11 Hat die KVG die Erlaubnis aufgrund falscher Erklärungen oder auf sonstige rechtswidrige Weise erwirkt, kann die BaFin die Erlaubnis aufheben. § 39 III Nr. 1 setzt ebenso wie § 48 II 3 Nr. 2 VwVfG voraus, dass die Unrichtigkeit der Erklärungen für den Erlass der Erlaubnis kausal ist. Unerheblich ist, ob die falschen Erklärungen schuldhaft gemacht worden sind, solange die Ursache für die falsche Erklärung in der Sphäre der KVG liegt (SBS/*Sachs* VwVfG § 48 Rn. 156). Das Tatbestandsmerkmal „auf sonstige rechtswidrige Weise" ist erfüllt bei arglistiger Täuschung, Drohung oder Bestechung durch die KVG bzw. der für sie handelnden Personen (EDDH/*Holzapfel* InvG § 17 Rn. 10). Die Voraussetzung des Erwirkens der Erlaubnis setzt ein zielgerichtetes Handeln des Begünstigten voraus (SBS/*Sachs* VwVfG § 48 Rn. 150, 157).

§ 39 III Nr. 1 hat neben § 48 VwVfG nur insoweit eigenständige Bedeutung, als es sich trotz falscher Erklärungen oder sonstiger rechtswidriger Handlungen um eine rechtmäßig erteilte Erlaubnis handelt. In diesem Fall geht die Regelung des § 39 III Nr. 1 über die Widerrufsgründe des § 49 II VwVfG hinaus. Wurde die Erlaubnis rechtswidriger Weise erteilt, greift bereits § 48 I 2 iVm II–IV VwVfG, wobei sich die KVG bzw. die für sie handelnden Personen insoweit nicht auf Vertrauensschutz nach § 48 II 3 Nr. 1 und 2 VwVfG berufen kann (BSL/*Steck* InvG § 17 Rn. 13). 12

II. Unzureichende Eigenmittel (Abs. 3 Nr. 2 und Nr. 4)

§ 25 legt die Kapitalanforderungen an die KVG fest. Die BaFin kann die Erlaubnis der KVG aufheben, wenn die nach § 25 erforderlichen Eigenmittel bei der KVG nicht vorhanden sind. Bevor die BaFin die Erlaubnis aufheben kann, muss sie der KVG eine Frist zur Beseitigung dieses Mangels setzen. Nur wenn diese Frist verstrichen ist, ohne dass die KVG die erforderlichen Eigenmittel aufbringt, darf die BaFin die Erlaubnis aufheben. § 39 III Nr. 2 ergänzt § 41. Die Aufhebung der Erlaubnis kommt erst dann in Betracht, wenn Maßnahmen nach § 41, die insoweit mildere Eingriffsmittel darstellen, ohne Erfolg geblieben sind oder keine Aussicht auf Erfolg haben. 13

Sofern es sich bei der KVG um eine externe KVG handelt, die über eine Erlaubnis zur Finanzportfolioverwaltung nach § 20 II Nr. 1 oder III Nr. 2 verfügt, hat diese zusätzlich zu den Kapitalanforderungen nach § 25 auch die Eigenmittelanforderungen nach dem WpIG zu erfüllen. Daneben kann das WpIG auch Auswirkungen auf die Eigenmittel der KVG haben, wenn diese Teil eines Gruppen-Konsolidierungskreises ist und damit einer aufsichtlichen Konsolidierung unterliegt. 14

III. Versagungsgründe nach § 23 Nr. 2–11 (Abs. 3 Nr. 3)

Die der KVG erteilte Erlaubnis kann von der BaFin auch aufgehoben werden, wenn Gründe vorliegen, die im Genehmigungsverfahren einer Erlaubniserteilung entgegengestanden hätten, und diese nach Erlaubniserteilung bekannt werden. Insoweit ist unerheblich, ob die Gründe bereits zum Genehmigungszeitpunkt vorlagen, da es auf den Zeitpunkt der Kenntniserlangung der BaFin ankommt. Unproblematisch liegt auch dann ein Versagungsgrund vor, wenn die BaFin aufgrund eigener Fahrlässigkeit von den fraglichen Tatsachen im Zeitpunkt der Erlaubniserteilung noch keine bewusste Kenntnis hatte (MKJ/*Kloyer* § 39 Rn. 33). Im Rahmen der Ausübung des pflichtgemäßen Ermessens hat die BaFin zu prüfen, ob zur Beseitigung der in § 23 Nr. 2–11 genannten Mängel nicht mildere Mittel als die Erlaubnisaufhebung in Betracht kommen. 15

IV. Zusätzliche Konsequenz zu einer Geldbuße (Abs. 3 Nr. 5)

Die im Rahmen des OGAW-V-UmsG eingefügten Aussetzungs- und Aufhebungsgründe der Nr. 5 sind aus Sicht des Gesetzgebers derartig schwerwiegende Verstöße, die neben einer Geldbuße die zeitweise Aussetzung oder sogar den Entzug der Erlaubnis der KVG rechtfertigen. Die BaFin muss im Rahmen ihrer Ermessensentscheidung alle maßgeblichen Umstände berücksichtigen, etwa Schwere und Dauer des Verstoßes, Grad der Verantwortung der für den Verstoß verantwortlichen Personen, Schaden für Dritte und das Funktionieren der Märkte und der Wirtschaft 16 allgemein, die Bereitschaft der Zusammenarbeit mit der Behörde, frühere Verstöße und weitere präventive Maßnahmen nach dem Verstoß zur Verhinderung wiederholter Verstöße (siehe Art. 99c der RL 2009/65/EG). Absatz 3 Nr. 5 ergänzt insoweit §§ 40 III, 340 VII sowie §§ 5, 15, 16, 40–43 (BT-Drs. 18/6744, 49).

V. Nachhaltiger Verstoß gegen die Bestimmungen des KAGB (Abs. 3 Nr. 6)

17 Die BaFin kann die Erlaubnis der KVG auch dann aufheben, wenn die KVG nachhaltig gegen die Bestimmungen des KAGB verstößt. Diese Vorschrift ist ein Auffangtatbestand für alle Fälle, die im Abs. 3 nicht ausdrücklich genannt werden.

Nachhaltig sind Gesetzesverstöße dann, wenn sie eine gewisse Zeit andauern und eine Wiederholungsabsicht oder zumindest Wiederholungsgefahr begründen oder die Gefahr der Nachahmung durch Wettbewerber besteht. Nachhaltige Verstöße sind gravierend, fallen ins Gewicht und wirken sich nachteilig aus (Baur/Tappen/*Heck/Goldbach/Kloster* § 39 Rn. 38). Ein Indiz für einen nachhaltigen Gesetzesverstoß kann etwa eine förmliche Abmahnung durch die BaFin oder eine Rüge verbunden mit der Aufforderung, den Missstand zu beseitigen, sein. Als nachhaltige Verstöße sind auch Handlungen und Unterlassungen anzusehen, die einer Erlaubniserteilung entgegenstehen. Der Entzug der Erlaubnis ist auch bei einem nachhaltigen Verstoß gegen die Bestimmungen des KAGB *ultima ratio.* In vielen Fällen wird die BaFin als milderes Mittel etwa die Abberufung der Geschäftsleiter in Erwägung ziehen können (EDDH/*Holzapfel* InvG § 17 Rn. 14).

VI. Verstoß gegen das GwG (Abs. 3 Nr. 7)

18 Mit der Umsetzung der 4. Geldwäscherichtlinie wurde Nr. 7 in den Katalog der Aufhebungs- und Aussetzungsgründe aufgenommen. Tatbestandserfüllend sind grundsätzlich alle Verstöße gegen das GwG, sofern sie schwerwiegend, wiederholt oder systematisch sind. Hier dürften va Verstöße gegen die Sorgfaltspflichten sowie gegen Meldepflichten bei Verdachtsfällen maßgeblich sein. Wichtig ist daher für die KVG, interne Prozesse zur Geldwäscheprävention vorzuhalten und entsprechend zu dokumentieren.

D. Folgen der Aufhebung und des Erlöschens der Erlaubnis

19 § 39 IV verweist auf § 38 KWG, der entsprechend anzuwenden ist, wenn die BaFin die Erlaubnis der KVG aufhebt oder die Erlaubnis erlischt. Auch wenn die Erlaubnis erlischt, besteht die Gesellschaft zunächst fort und hat Forderungen und Verbindlichkeiten zu erfüllen. Die Abwicklung ist grundsätzlich Aufgabe der Gesellschaft. Nach § 38 KWG kann aber auch die BaFin, wenn sie Erlaubnis aufhebt oder diese erlischt, bestimmen, dass die KVG abzuwickeln ist. Die BaFin kann für die Abwicklung der KVG oder ihrer Geschäfte Weisungen erlassen. Sofern die sonst zur Abwicklung der Geschäfte berufenen Personen keine Gewähr für die ordnungsmäßige Abwicklung bieten, hat das Registergericht auf Antrag der BaFin einen Abwickler zu bestellen. Außerdem macht die BaFin das Erlöschen oder die Aufhebung der Erlaubnis im Bundesanzeiger bekannt.

20 Während der Abwicklung bleibt die KVG solange der Aufsicht unterworfen, wie Geschäfte im erlaubnispflichtigen Umfang betrieben werden. Welche Geschäfte während der Abwicklung zulässig bleiben, hängt davon ab, ob sie zur geordneten Erfüllung der vertraglichen Pflichten noch erforderlich sind. Sofern dies der Abwicklungszweck notwendig macht, dürfen im Ausnahmefall neue Geschäfte eingegangen werden. Angesichts der grundsätzlichen Erlaubnispflicht der Geschäfte ist allerdings ein strenger Maßstab an die Zulässigkeit solcher Geschäfte anzulegen (BFS/*Fischer/Müller* KWG § 38 Rn. 5).

Gegen die Abwicklungsanordnung, die Erteilung allgemeiner Weisungen, die Bestellung eines Abwicklers und die damit verbundenen Kostenbescheide der BaFin sind belastende Verwaltungsakte, gegen die **Widerspruch und Anfechtungsklage** statthaft sind. Gegen die Bestellung eines Abwicklers durch das Registergericht kann **sofortige Beschwerde** nach §§ 58ff. FamFG eingelegt werden. 21

Die BaFin hat die Aufhebung oder das Erlöschen der Erlaubnis **im Bundesanzeiger bekannt zu machen.** Hierdurch soll die Öffentlichkeit informiert werden. Aus Zweckmäßigkeitserwägungen und aus Gründen der Rechtssicherheit sollte die BaFin die Aufhebung oder das Erlöschen der Erlaubnis erst bekannt machen, wenn der entsprechende Bescheid rechtskräftig geworden ist. Sofern die KVG eine Zweigniederlassung in einem anderen Staat des EWR errichtet hat oder im Wege des grenzüberschreitenden Dienstleistungsverkehrs tätig gewesen ist, hat die BaFin auch die zuständigen Stellen der anderen Staaten des Europäischen Wirtschaftsraums über die Aufhebung oder das Erlöschen der Erlaubnis zu unterrichten. Die **Kosten der Bekanntmachung** kann die BaFin sich von der KVG nach § 15 I Nr. 10a FinDAG erstatten oder vorschießen lassen. 22

I. Anordnung der Abwicklung (§ 38 I KWG)

Die KVG hat nach Erlöschen oder Aufhebung der Erlaubnis die Investmentgeschäfte abzuwickeln. Es ist grundsätzlich möglich, die Gesellschaft als solche zu erhalten und weiterzuführen, sofern diese keine erlaubnispflichtigen Geschäfte mehr ausübt (BSL/*Steck* InvG § 17b Rn. 2). Die Änderung des Gesellschaftszwecks und der Firma erfolgen dann nach den allgemeinen gesellschaftsrechtlichen Grundsätzen. Die BaFin kann zusätzlich bestimmen, dass auch die KVG selbst abzuwickeln ist. 23

Die **Abwicklungsanordnung** wirkt nach § 38 I 2 KWG wie ein **Auflösungsbeschluss** der Gesellschafter bzw. der zuständigen Organe, führt also zur Liquidation der Gesellschaft. Die Anordnung ist dem Registergericht durch die BaFin mitzuteilen und von diesem in das Handelsregister einzutragen. Die Anordnung der Abwicklung ist eine **Ermessensentscheidung** der BaFin, für die kein Bedarf besteht, wenn eine ordnungsgemäße Abwicklung durch die KVG selbst erfolgt. 24

II. Allgemeines Weisungsrecht der BaFin

Die BaFin kann nach § 38 II 1 KWG für die Abwicklung der KVG allgemeine Weisungen erlassen. Das Weisungsrecht hat die BaFin auch in den Fällen, in denen sie keine Abwicklungsanordnung erlassen hat (BT-Drs. 10/1441, 50 zu § 38 KWG), und sowohl gegenüber den gesetzlich oder von den Gesellschaftern berufenen Abwicklern als auch gegenüber den vom Registergericht bestellten Abwicklern (EDDH/*Holzapfel* InvG § 17b Rn. 14). Zulässig sind allgemeine Weisungen an die abzuwickelnde KVG, die jedoch nicht einzelne Geschäfte betreffen dürfen (BT-Drs. 10/1441, 50 zu § 38 KWG), etwa Weisungen zur Beschleunigung der Abwicklung, zur Behandlung bestimmter Geschäftsarten, zur Beschränkung von Zah- 25 lungen, die Vorgabe für Fristen für die Abwicklung oder zur Ausübung von Kündigungsrechten (BSV/*Beckmann* § 39 Rn. 261).

III. Bestellung der Abwickler

26 Die **Antragsbefugnis der BaFin** zur Bestellung eines Abwicklers besteht nur dann, wenn die sonst für die Abwicklung zuständigen Personen eine geordnete Abwicklung nicht gewährleisten können. Dies kann insb. dann der Fall sein, wenn die Geschäftsleiter der KVG die KVG erst in die Lage gebracht haben, die zur Aufhebung der Erlaubnis und somit zur Abwicklung der KVG geführt hat (EDDH/*Holzapfel* InvG § 17b Rn. 9). Der vom Registergericht bestellte Abwickler übernimmt faktisch die Rolle der Geschäftsleiter und muss daher selbst **zuverlässig und fachlich geeignet** sein. Jedoch sind an den Abwickler nicht die gleichen Anforderungen zu stellen wie an einen Geschäftsleiter einer noch werbend tätigen KVG. Als Abwickler kommen insb. Personen in Betracht, die Erfahrung in der Abwicklung von Unternehmen haben, wie etwa Wirtschaftsprüfer oder Rechtsanwälte, die als Insolvenzberater Expertise aufweisen.

27 Bestellt das Registergericht einen Abwickler, der nicht dem Vorschlag der BaFin entspricht, begründet das kein Beschwerderecht. Ist der bestellte Abwickler nicht geeignet, müsste die BaFin die Abberufung und erneut eine Bestellung nach § 38 II 2 KWG beim Registergericht beantragen (BFS/*Fischer/Müller* KWG § 38 Rn. 20).

28 Bei der Vergütung des Abwicklers und dem Ersatz seiner Aufwendungen wollte der Gesetzgeber sicherstellen, dass die im Gesetz angelegte Unabhängigkeit des Abwicklers nicht durch eine finanzielle Abhängigkeit von der KVG vereitelt wird. Grundsätzlich erhält der Abwickler, der auf Antrag der BaFin vom Registergericht bestellt worden ist, daher nach § 38 IIa KWG eine **angemessene Vergütung und Ersatz seiner Aufwendungen** von der BaFin, die sich diese wiederum von der KVG erstatten oder vorschießen lässt. Sofern eine Beeinflussung der Unabhängigkeit des Abwicklers nicht zu erwarten ist, kann die BaFin die KVG auch anweisen, den von der BaFin festgesetzten Betrag für die Vergütung direkt an den Abwickler zu leisten. Eine weitere Rechtsgrundlage für die Kostenerstattung der BaFin durch die KVG findet sich in § 15 I Nr. 10a FinDAG.

§ 40 Maßnahmen gegen Geschäftsleiter und Aufsichtsorganmitglieder

(1) **In den Fällen des § 39 Absatz 3 kann die Bundesanstalt, statt die Erlaubnis aufzuheben, die Abberufung der verantwortlichen Geschäftsleiter verlangen und diesen auch die Ausübung ihrer Tätigkeit bei Kapitalverwaltungsgesellschaften untersagen.**

(2) [1]**Die Bundesanstalt kann die Organbefugnisse abberufener Geschäftsleiter so lange auf einen geeigneten Sonderbeauftragten übertragen, bis die Kapitalverwaltungsgesellschaft über neue Geschäftsleiter verfügt, die den in § 23 Nummer 3 genannten Anforderungen genügen.** [2]**§ 45c Absatz 6 und 7 des Kreditwesengesetzes ist entsprechend anzuwenden.**

(2a) [1]**Die Bundesanstalt kann einen Geschäftsleiter verwarnen, wenn dieser verstoßen hat gegen**

1. **dieses Gesetz,**
2. **das Kreditwesengesetz,**

3. **das Wertpapierhandelsgesetz,**
4. **das Wertpapierinstitutsgesetz,**
5. **das Geldwäschegesetz,**
6. **die Rechtsverordnungen, die aufgrund der in den Nummern 1 bis 5 genannten Gesetze erlassen wurden,**
7. **die Verordnung (EU) Nr. 583/2010 der Kommission vom 1. Juli 2010 zur Durchführung der Richtlinie 2009/65/EG des Europäischen Parlaments und des Rates im Hinblick auf die wesentlichen Informationen für den Anleger und die Bedingungen, die einzuhalten sind, wenn die wesentlichen Informationen für den Anleger oder der Prospekt auf einem anderen dauerhaften Datenträger als Papier oder auf einer Website zur Verfügung gestellt werden (ABl. L 176 vom 10.7.2010, S. 1; L 108 vom 28.4.2011, S. 38),**
8. **die Verordnung (EU) Nr. 584/2010,**
9. **die Verordnung (EU) Nr. 231/2013,**
10. **die Verordnung (EU) Nr. 345/2013,**
11. **die Verordnung (EU) Nr. 346/2013,**
12. **die Verordnung (EU) Nr. 694/2014,**
13. **die Verordnung (EU) Nr. 1286/2014,**
14. **die Verordnung (EU) 2015/760,**
15. **die Verordnung (EU) 2016/438,**
16. **die Verordnung (EU) 2017/1131,**
17. **die Verordnung (EU) 2019/2088,**
18. **die Verordnung (EU) 2019/1156 des Europäischen Parlaments und des Rates vom 20. Juni 2019 zur Erleichterung des grenzüberschreitenden Vertriebs von Organismen für gemeinsame Anlagen und zur Änderung der Verordnungen (EU) Nr. 345/2013, (EU) Nr. 346/2013 und (EU) Nr. 1286/2014 (ABl. L 188 vom 12.7.2019, S. 55),**
19. **die Verordnung (EU) 2019/1238 oder die zu ihrer Durchführung erlassenen Rechtsakte,**
20. **die Verordnung (EU) 2020/852,**
21. **die Verordnung (EU) Nr. 575/2013,**
22. **die Verordnung (EU) Nr. 648/2012,**
23. **die Verordnung (EU) Nr. 596/2014,**
24. **die Verordnung (EU) Nr. 600/2014,**
25. **die Verordnung (EU) 2015/2365,**
26. **die Verordnung (EU) 2016/1011,**
27. **die Verordnung (EU) 2017/2402,**
28. **die zur Durchführung der in den Nummern 21 bis 27 genannten Verordnungen erlassenen Rechtsakte,**
29. **die Verordnung (EU) 2019/2033,**
30. **die sonstigen zur Durchführung der Richtlinie 2009/65/EG erlassenen Rechtsakte,**
31. **die sonstigen zur Durchführung der Richtlinie 2011/61/EU erlassenen Rechtsakte,**
32. **die zur Durchführung der Richtlinie 2013/36/EU des Europäischen Parlaments und des Rates vom 26. Juni 2013 über den Zugang zur Tätigkeit von Kreditinstituten und die Beaufsichtigung von Kreditinstituten, zur Änderung der Richtlinie 2002/87/EG und zur Aufhebung der Richtlinien 2006/48/EG und 2006/49/EG (ABl. L 176**

vom 27.6.2013, S. 338; L 208 vom 2.8.2013, S. 73; L 20 vom 25.1.2017, S. 1; L 203 vom 26.6.2020, S. 95; L 436 vom 28.12.2020, S. 77), die zuletzt durch die Richtlinie (EU) 2022/2556 (ABl. L 333 vom 27.12.2022, S. 153) geändert worden ist, erlassenen Rechtsakte,

33. die zur Durchführung der Verordnung (EU) Nr. 909/2014 des Europäischen Parlaments und des Rates vom 23. Juli 2014 zur Verbesserung der Wertpapierlieferungen und -abrechnungen in der Europäischen Union und über Zentralverwahrer sowie zur Änderung der Richtlinien 98/26/EG und 2014/65/EU und der Verordnung (EU) Nr. 236/2012 (ABl. L 257 vom 28.8.2014, S. 1; L 349 vom 21.12.2016, S. 5), die zuletzt durch die Verordnung (EU) 2022/2554 (ABl. L 333 vom 27.12.2022, S. 1) geändert worden ist, erlassenen Rechtsakte oder

34. Anordnungen der Bundesanstalt.

[2]Gegenstand der Verwarnung ist die Feststellung des entscheidungserheblichen Sachverhaltes und des hierdurch begründeten Verstoßes. [3]Die Bundesanstalt kann auch die Abberufung eines Geschäftsleiters verlangen und diesem Geschäftsleiter die Ausübung seiner Tätigkeit bei Kapitalverwaltungsgesellschaften untersagen, wenn dieser gegen die in Satz 1 genannten Rechtsakte oder gegen Anordnungen der Bundesanstalt verstoßen hat und trotz Verwarnung nach Satz 1 dieses Verhalten vorsätzlich oder leichtfertig fortsetzt.

(3) **[1]Die Bundesanstalt kann die Abberufung eines Aufsichtsorganmitglieds verlangen und einer solchen Person auch die Ausübung ihrer Tätigkeit untersagen, wenn Tatsachen vorliegen, aus denen sich ergibt, dass ihrer Persönlichkeit oder ihrer Sachkunde nach die Wahrung der Interessen der Anleger nicht gewährleistet ist. [2]Die Abberufung von Arbeitnehmervertretern im Aufsichtsorgan erfolgt allein nach den Vorschriften der Mitbestimmungsgesetze.**

I. Allgemeines

1 § 40 ersetzt mit redaktionellen Anpassungen § 17a InvG. § 40 I ermöglicht es der BaFin, in den in § 39 III genannten Fällen aufsichtsrechtliche Konsequenzen nicht gegenüber der KVG, sondern gegenüber ihren Geschäftsleitern anzuordnen, indem die BaFin statt der Aufhebung der Erlaubnis die Abberufung der verantwortlichen Geschäftsleiter verlangen und ihnen die Ausübung ihrer Tätigkeit untersagen kann. Damit impliziert der Gesetzgeber einerseits die Verantwortlichkeit der Geschäftsleiter für die in § 39 III aufgeführten Missstände der KVG und hat andererseits mit der Möglichkeit der Abberufung der Geschäftsleiter ein milderes Mittel und einen weniger einschneidenden Eingriff als den Entzug der Erlaubnis der KVG normiert (BT-Drs. 16/5576, 63). Mit dem OGAW-V-UmsG ist der Adressatenkreis eines möglichen Tätigkeitsverbots entsprechend Art. 99 VI Buchst. d der RL 2009/65/EG auf andere verantwortliche Personen innerhalb der KVG, die nicht als faktische Geschäftsleiter qualifizieren, ausgedehnt worden. Mit dem FoStoG wurden mit Wirkung zum 2.8.2021 die Aufsichtsorganmitglieder in den Anwendungsbereich des § 40 aufgenommen (BT-Drs. 19/27631, 11f., 89). § 40 II sieht entsprechend der Konzeption des § 45c KWG die Möglichkeit der BaFin zur Bestellung eines Sonderbeauftragten vor. Die Regelung ist erforderlich, um die Zeit zwischen der Abberufung der alten und der Bestellung der neuen Geschäftsleiter zu überbrü-

cken. Die Möglichkeit der BaFin zur Bestellung eines Sonderbeauftragten beschränkt sich damit auf einen kurzen Übergangszeitraum (BT-Drs. 16/5576, 63).

II. Abberufungsverlangen und Tätigkeitsverbot (Abs. 1)

§ 40 I gewährt der BaFin zwei Eingriffsbefugnisse: das Abberufungsverlangen, welches an die KVG zu adressieren ist, und das Tätigkeitsverbot, welches gegenüber dem Geschäftsleiter auszusprechen ist. Diese aufsichtsrechtlichen Maßnahmen nach § 40 I sind an **drei Voraussetzungen** geknüpft: 2

a) Es muss ein Missstand iSd § 39 III vorliegen, der die Aufhebung der Erlaubnis der KVG rechtfertigen würde.
b) Die Maßnahme der BaFin muss sich gegen den verantwortlichen Geschäftsleiter oder eine andere verantwortliche Person in der KVG richten.
c) Die Abberufung des Geschäftsleiters erfolgt anstelle der Aufhebung der Erlaubnis und muss daher als milderes Eingriffsmittel ebenso geeignet sein, den Missstand zu beheben.

Erfasst sind hier also die Fälle, in denen die KVG die Erlaubnis aufgrund falscher Erklärungen oder auf sonstige rechtswidrige Weise erwirkt hat, die Eigenmittelanforderungen nicht eingehalten werden, ein Erlaubnisversagungsgrund nach § 23 Nr. 2–11 vorliegt oder die KVG nachhaltig gegen die Bestimmungen des KAGB verstößt.

Die aufsichtsrechtliche Maßnahme der BaFin kann sich zum einen gegen den **verantwortlichen Geschäftsleiter** richten. Geschäftsleiter sind in § 1 XIX Nr. 15 legal definiert. Umfasst sind die formal bestellten Geschäftsleiter, aber auch solche, die faktisch die Geschäfte der KVG leiten. Der jeweils relevante Sorgfaltsmaßstab richtet sich in Abhängigkeit von der Rechtsform der KVG nach § 93 I AktG oder § 43 I GmbHG (BSL/*Steck* InvG § 17a Rn. 3). Danach gilt, dass die Geschäftsleiter in Angelegenheiten der KVG die Sorgfalt eines ordentlichen und gewissenhaften Geschäftsleiters anzuwenden haben. Als solche sind sie auch verantwortlich für die Einhaltung der Vorschriften des KAGB. Die Verantwortlichkeit des Geschäftsleiters setzt nicht voraus, dass er selbst gehandelt hat. Auch ein Unterlassen (etwa unterlassene Überwachung oder eine unterlassene Umsetzung von Anordnungen durch die BaFin) kann eine Verantwortlichkeit iSd § 40 I auslösen. Eine Verantwortlichkeit iSd § 40 I kann also grds. dann angenommen werden, wenn der Missstand in die **Ressortverantwortlichkeit** des Geschäftsleiters fällt (EDDH/*Holzapfel* InvG § 17a Rn. 7). Eine interne Geschäftsverteilung führt nicht automatisch dazu, dass die einzelnen Geschäftsleiter nur noch ihre eigenen Geschäftsbereiche verfolgen dürfen, denn sie führen die Geschäfte der KVG auch mit Wirkung für die Gesamtgeschäftsleitung. Sofern ein hier relevanter Missstand einem Geschäftsleiter nicht eindeutig zugeordnet werden kann, kann aufgrund des **Prinzips der Gesamtverantwortung der Geschäftsleiter** ein solcher Missstand sämtlichen Geschäftsleitern zugeordnet werden. Adressat des Tätigkeitsverbots kann aber neben dem Geschäftsleiter auch eine andere verantwortliche Person in der KVG sein. Die RL 2009/65/EG legt dem Wortlaut nach nahe, dass sich die Ausweitung auf andere verantwortliche Personen auf solche bezieht, die auch Leitungsaufgaben wahrnehmen. Der deutsche Gesetzgeber hat es bei der Verantwortlichkeit belassen. Da es sich bei einem Tätigkeitsverbot um einen schweren Eingriff in das Grundrecht der Berufsfreiheit handelt, wird man auch in der deutschen Umsetzung die Verantwortlichkeit so auslegen müssen, dass die betroffene Person unterhalb der Geschäftsleiterebene mit Leitungsaufgaben betraut sein muss (etwa der Leiter Risikomanagement oder der Leiter des Front Office). 3

4 Bei § 40 I handelt es sich um eine **Ermessensvorschrift,** dh die BaFin muss den Grundsatz der Verhältnismäßigkeit beachten. Entsprechend den allgemeinen Grundsätzen hat die BaFin auch bei ihrer Entscheidung alle maßgeblichen Umstände zu berücksichtigen, wie etwa die im Rahmen von OGAW V im neu eingefügten Art. 99c der RL 2009/65/EG aufgeführten Kriterien der Schwere und Dauer des Verstoßes, des Grads der Verantwortung der für den Verstoß verantwortlichen Person, des Schadens für Dritte oder für das Funktionieren der Märkte und der Wirtschaft allgemein, der Bereitschaft zur Zusammenarbeit mit der zuständigen Behörde, der früheren Verstöße und der Maßnahmen nach dem Verstoß zur Verhinderung einer Wiederholung des Verstoßes. Bei der Ermessensausübung muss die BaFin beachten, dass wegen der hohen verfassungsrechtlichen Anforderungen an ein dauerhaftes Berufsverbot ein dauerhaftes Tätigkeitsverbot auch nur bei besonders schwerwiegenden Verstößen in Betracht kommen kann (BT-Drs. 18/6744, 49). Sowohl bei dem Abberufungsverlangen als auch bei dem Tätigkeitsverbot handelt es sich um einen belastenden Verwaltungsakt, gegen den die allgemeinen verwaltungsrechtlichen Rechtsmittel eingelegt werden können. **Widerspruch** und **Anfechtungsklage** gegen das Abberufungsverlangen und das Tätigkeitsverbot haben nach § 7 I **keine aufschiebende Wirkung.**

5 **1. Abberufungsverlangen.** Abberufung bedeutet **Widerruf der organschaftlichen Bestellung** nach § 84 AktG oder § 38 GmbHG. Das Abberufungsverlangen hat keinen unmittelbaren Einfluss auf die Organstellung des betreffenden Geschäftsführers, sondern erfordert einen weiteren Rechtsakt durch die zuständigen Organe der KVG (etwa die Gesellschafterversammlung oder der Aufsichtsrat je nach Rechtsform der KVG). Demnach hat die BaFin das Abberufungsverlangen an die KVG zu richten (so auch WBA/*Weitnauer* § 40 Rn. 3f.). Der Widerruf der organschaftlichen Stellung als Geschäftsleiter der KVG ist zu unterscheiden von dem zivilrechtlichen Anstellungsverhältnis des Geschäftsleiters mit der KVG. Das zivilrechtliche Anstellungsverhältnis endet also nicht automatisch aufgrund des Widerrufs der Bestellung zum Geschäftsleiter; es ist von dem Abberufungsverlangen der BaFin nur insoweit berührt, als das Abberufungsverlangen regelmäßig einen **außerordentlichen Kündigungsgrund** iSd § 626 BGB darstellen wird (BTMB/*Heck/Goldbach/Kloster* § 40 Rn. 9).

6 **2. Tätigkeitsverbot.** Die BaFin kann dem verantwortlichen Geschäftsleiter oder einer anderen verantwortlichen Person in der KVG die Ausübung der Tätigkeit nach § 40 I auch direkt untersagen. Das Tätigkeitsverbot kann sich dem Wortlaut nach sowohl auf die konkrete Tätigkeit bei der KVG, bei der die Missstände nach § 39 III aufgetreten sind, als auch generell auf die Tätigkeit als Geschäftsleiter einer (auch anderen) KVG beziehen (so die Gesetzesbegründung zu dem vergleichbaren § 36 KWG, BT-Drs. 13/7142, 91) und kann insoweit über das Abberufungsverlangen hinausgehen. Jedoch ist die Hürde für letzteren Fall für die BaFin hoch anzusetzen und wird nur bei besonders schweren Verstößen verhältnismäßig sein. Das Tätigkeitsverbot betrifft weder die Organstellung noch das Anstellungsverhältnis des betroffenen Geschäftsleiters, stellt aber regelmäßig einen außerordentlichen Widerrufs- und Kündigungsgrund dar.

7 Das Tätigkeitsverbot wirkt sofort (insbesondere auch, weil Widerspruch und Anfechtungsklage dagegen keine aufschiebende Wirkung haben) und bedarf gerade nicht zusätzlich des Widerrufs der Organstellung als Geschäftsleiter durch die KVG. Das bedeutet, dass der Adressat des Tätigkeitsverbots auch dann seine Tätigkeit als Geschäftsleiter nicht mehr ausüben darf, wenn formal die Bestellung zum Ge-

schäftsleiter noch wirksam ist. Das Tätigkeitsverbot hat **keine Drittwirkung,** dh Geschäfte, die entgegen dieser Anordnung der BaFin durchgeführt werden, sind grundsätzlich wirksam (BFS/*Fischer/Müller* KWG § 36 Rn. 4). Der Adressat des Tätigkeitsverbots handelt jedoch ordnungswidrig, wenn er entgegen der vollziehbaren Anordnung durch die BaFin Geschäfte als Geschäftsleiter abschließt. Die BaFin kann in einem solchen Fall ein Bußgeld iHv bis zu 100.000 EUR verhängen (§ 340 I Nr. 1, V). Der Gesetzgeber hat der BaFin durch die Befugnis, ein bußgeldbewehrtes Tätigkeitsverbot auszusprechen, eine direkte Handhabe gegen Geschäftsleiter einer KVG gewährt, um die Geschäftstätigkeit des betroffenen Geschäftsleiters sofort beenden zu können. Das Tätigkeitsverbot nimmt damit faktisch die Wirksamkeit des Widerrufs der organschaftlichen Bestellung des Geschäftsleiters vorweg.

Das **Tätigkeitsverbot** kann als Sofortmaßnahme **neben dem Abberufungsverlangen** ausgesprochen werden, um die Einstellung der Geschäftstätigkeit des betroffenen Geschäftsleiters zu beschleunigen. Die BaFin kann das Verbot jedoch auch aussprechen, ohne gleichzeitig die Abberufung des Geschäftsleiters zu verlangen (so auch MKJ/*Kloyer* § 40 Rn. 13; im Rahmen des § 36 KWG wird in der Literatur zT vertreten, dass das Tätigkeitsverbot nicht isoliert angeordnet werden kann, s. etwa BFS/*Fischer/Müller* KWG § 36 Rn. 5 mwN). Erfasst sind hiervon etwa die Fallgruppen, in denen das Tätigkeitsverbot gegenüber den anderen verantwortlichen natürlichen Personen (und faktischen Geschäftsleitern) ergeht, die formal keine Geschäftsleiterstellung innehaben. Sofern das **Tätigkeitsverbot isoliert** ergeht, obliegt es allein der KVG, die organschaftliche Bestellung des betroffenen Geschäftsleiters zu widerrufen. In Fällen, in denen die BaFin sicherstellen möchte, dass der Widerruf der organschaftlichen Bestellung zeitnah mit dem Tätigkeitsverbot vorgenommen wird, wird sie beide Anordnungen treffen. Dies erscheint insb. vor dem Hintergrund, dass die Tätigkeiten des Geschäftsleiters auch trotz Tätigkeitsverbot Dritten gegenüber wirksam sind, angebracht. **8**

III. Übertragung der Organbefugnisse auf einen Sonderbeauftragten (Abs. 2)

Die BaFin kann die Organbefugnisse abberufener Geschäftsleiter so lange auf einen geeigneten Sonderbeauftragten übertragen, bis die KVG über neue zuverlässige und fachlich geeignete Geschäftsleiter verfügt. § 40 II 2 soll eine ordnungsgemäße Geschäftsleitung der KVG für die Übergangszeit bis zur Neubestellung eines Geschäftsleiters sicherstellen. Der Sonderbeauftragte tritt also an die Stelle des abberufenen Geschäftsleiters und übernimmt dessen Funktion innerhalb der KVG. Es handelt sich daher nur um eine **vorübergehende Maßnahme.** Für die Qualifikation des Sonderbeauftragten gelten insoweit dieselben Anforderungen wie für Geschäftsleiter einer KVG. Entgegen des weiten Wortlauts des § 40 II ist dieser in Zusammenhang mit Abs. 1 zu sehen und umfasst nur die Fälle, in denen der Geschäftsleiter, dessen Organbefugnisse auf den Sonderbeauftragen übertragen werden, durch die BaFin abberufen worden ist (EDDH/*Holzapfel* InvG § 17a Rn. 10; aA etwa MKJ/*Kloyer* § 40 Rn. 19). **9**

Nach § 40 II 2 KAGB iVm § 45c VI KWG trägt die durch die Bestellung des Sonderbeauftragten entstehenden **Kosten** einschließlich der diesem zu gewährenden angemessenen Auslagen und der Vergütung die KVG. Die BaFin setzt die Höhe der Vergütung des Sonderbeauftragten fest und schießt die Auslagen und die Vergütung auf Antrag des Sonderbeauftragten vor. Die BaFin hat insofern einen **10**

Erstattungsanspruch gegen die KVG. Bei der Höhe der Vergütung sollte der Umfang, die Komplexität und Schwierigkeit der übertragenen Aufgabe, die Größe und Komplexität der KVG sowie die feste Vergütung (ohne ggf. vereinbarte variable Vergütungsanteile) des zu ersetzenden Geschäftsleiters berücksichtigt werden (so die Regierungsbegründung zu § 45 c KWG, BT-Drs. 17/3024, 60). Die **Haftung** des Sonderbeauftragten richtet sich nach § 45 c VII KWG, wonach der Sonderbeauftragte für Vorsatz und Fahrlässigkeit haftet. Bei fahrlässigem Handeln ist die Ersatzpflicht des Sonderbeauftragten regelmäßig auf 1 Mio. EUR beschränkt.

IV. Maßnahmen gegen Aufsichtsorganmitglieder (Abs. 3)

11 Absatz 3 regelt die Befugnis der BaFin in Anlehnung an § 36 I Nr. 2 und 2 KWG, die Aufsichtsorganmitglieder einer KVG bei Vorliegen bestimmter Tatsachen zu verwarnen, abzuberufen und die Ausübung ihrer Tätigkeit zu untersagen. Voraussetzung für diese Maßnahmen ist, dass das Aufsichtsorganmitglied nicht länger zuverlässig ist oder nicht die erforderliche Sachkunde hat. Hinsichtlich der Zuverlässigkeit ist auch § 34 V zu beachten. Der Maßstab an die Zuverlässigkeit der Aufsichtsorganmitglieder ist zwar vergleichbar mit den Zuverlässigkeitsanforderungen an die Geschäftsleiter nach § 23 Nr. 3. Da diese jedoch vorwiegend eine Kontrollfunktion ausüben, wird im Zweifelsfall die Zuverlässigkeit eines Aufsichtsratsmitglieds für zurückliegende Verstöße allein aufgrund der unterschiedlichen Verantwortlichkeiten zu Geschäftsleitern etwas milder bewertet werden können. Die Verwaltungspraxis der BaFin, veröffentlicht im Merkblatt zu den Mitgliedern von Verwaltungs- und Aufsichtsorganen gemäß KWG und KAGB, findet hier eine gesetzliche Verankerung.

12 Die Verwarnung und das Abberufungsverlangen sind direkt an die Aufsichtsorganmitglieder, also Aufsichtsrats- und Beiratsmitglieder, selbst zu richten, wobei die KVG und das Gesamtaufsichtsgremium hier entsprechend informiert werden müssen. Eine Tätigkeitsuntersagung ist an die KVG und, sofern gesellschaftsrechtlich geboten, auch an die Gesellschafter der KVG zu richten. Die BaFin wird entsprechend die KVG auffordern, das ausscheidende Aufsichtsorganmitglied zu ersetzen, sofern das Tätigkeitsverbot die gesetzlich geforderte Mindestzahl an Aufsichtsorganmitglieder unzulässig reduziert.

§ 41 Maßnahmen bei unzureichenden Eigenmitteln

[1]Entsprechen bei einer Kapitalverwaltungsgesellschaft die Eigenmittel nicht den Anforderungen des § 25 oder im Fall des § 5 Absatz 2 Satz 1 nach § 5 Absatz 2 Satz 2 oder 3 dieses Gesetzes in Verbindung mit § 17 Absatz 1 Nummer 2 oder 3 des Wertpapierinstitutsgesetzes, kann die Bundesanstalt Anordnungen treffen, die geeignet und erforderlich sind, um Verstöße gegen § 25 oder im Fall des § 5 Absatz 2 Satz 1 gegen § 5 Absatz 2 Satz 2 oder 3 dieses Gesetzes in Verbindung mit § 17 Absatz 1 Nummer 2 oder 3 des Wertpapierinstitutsgesetzes zu unterbinden. [2]Sie kann insbesondere Entnahmen durch Gesellschafter und die Ausschüttung von Gewinnen untersagen oder beschränken. [3]Beschlüsse über die Gewinnausschüttung sind insoweit nichtig, als sie einer Anordnung nach Satz 1 widersprechen. [4]§ 45 Absatz 5 Satz 1 des Kreditwesengesetzes ist entsprechend anzuwenden.

A. Allgemeines

1 § 41 ersetzt mit redaktionellen Änderungen § 19i InvG und gewährt der BaFin Befugnisse in den Fällen, in denen die KVG die Kapitalanforderungen des § 25, die sie zu jeder Zeit einzuhalten hat, nicht (mehr) erfüllt. § 41 ermöglicht der BaFin durch eine Beschränkung der Geschäftstätigkeit und durch die Blockierung der Eigenmittel der KVG (etwa durch die Untersagung von Gesellschafterentnahmen oder Gewinnausschüttungen), einer potentiellen Gläubigergefährdung entgegenzuwirken. Durch das Gesetz zur Umsetzung der Richtlinie (EU) 2019/2034 über die Beaufsichtigung von Wertpapierinstituten sind die Verweise auf die Eigenmittelanforderungen des WpIG aufgenommen worden. Die in § 41 genannten Maßnahmen sind nicht abschließend, sondern als Beispiele zu verstehen. Die BaFin kann bei unzureichenden Eigenmitteln auch andere geeignete und erforderliche Maßnahmen anordnen. Denkbar sind insb. Maßnahmen, wie sie in § 45 II KWG aufgezählt sind.

2 § 41 ist **lex specialis zur allgemeinen Anordnungsbefugnis** des § 5 VI. Weitere Eingriffsbefugnisse der BaFin bei unzureichender Eigenmittelausstattung der KVG ist die Aufhebung der Erlaubnis nach § 39 III sowie die Abberufung der Geschäftsleiter nach § 40. Im Vergleich zu § 39 III und § 40 greift § 41 weniger in die Rechte und in den Geschäftsbetrieb der KVG ein und ermöglicht gleichzeitig der BaFin, Entwicklungen entgegenzuwirken, die die Erfüllung der Verpflichtung der KVG gegenüber ihren Gläubigern gefährden könnten (BT-Drs. 16/5576). Nicht erfasst von § 41 wird der Fall **mangelnder Liquidität** der KVG. Sofern die mangelnde Liquidität eine Gefahr für die Erfüllung der Verpflichtung der KVG gegenüber ihren Gläubigern darstellt, kann die BaFin erforderliche Maßnahmen nach § 42 ergreifen (BSV/*Beckmann* § 41 Rn. 10).

3 Anordnungen der BaFin nach § 41 sind belastende Verwaltungsakte, gegen die **Widerspruch und Anfechtungsklage** zulässig sind. Nach § 7 I haben Widerspruch und Anfechtungsklage in diesem Fall keine aufschiebende Wirkung.

B. Anordnungen der BaFin

I. Anordnungsbefugnis

4 Voraussetzung für die Anordnung der BaFin im Rahmen des § 41 ist eine **Unterschreitung der in § 25 geforderten Eigenmittel.** Das ist der Fall, wenn das Anfangskapital nach § 25 I Nr. 1 unterschritten wird, die zusätzlichen Eigenmittel nach § 25 I Nr. 2 nicht vorhanden sind, ohne dass das Gesetz hierzu eine Erleichterung gewährt, oder die Eigenmittel nach § 25 IV–VI der KVG nicht zur Verfügung stehen. Rechtsgrundlage für die Anordnung der BaFin wegen unzureichender Eigenmittel ist § 40 S. 1, da S. 2 nur Beispiele aufführt. Das ergibt sich systematisch außerdem aus S. 3, der auch von einer „Anordnung nach Satz 1" ausgeht.

5 § 41 ist eine Ermessensvorschrift, dh die BaFin muss bei der Anordnung der Maßnahme stets den **Verhältnismäßigkeitsgrundsatz** wahren. Der Wortlaut des § 41 verlangt bereits, dass nur geeignete und erforderliche Anordnungen getroffen werden. Die angeordnete Maßnahme muss also zunächst geeignet sein, Verstöße gegen § 25 zu unterbinden. Das ist dann der Fall, wenn mit der Maßnahme der angestrebte Erfolg zumindest gefördert wird, dh die Kapitalausstattung der Gesell-

schaft erhöht wird oder das verwaltete Investmentvermögen entsprechend verringert wird. Erforderlich ist die angeordnete Maßnahme dann, wenn sie die mildeste von mehreren geeigneten Maßnahmen ist und somit die KVG am wenigsten belastet. Das ist jedoch nur dann relevant, wenn mehrere ebenso geeignete Maßnahmen denkbar sind, unter denen die BaFin auswählen kann. Schließlich muss die BaFin sicherstellen, dass die angeordnete Maßnahme für die KVG angemessen (also verhältnismäßig im engeren Sinn) ist.

6 Die BaFin kann im Rahmen des § 41 auch **mehrere geeignete und erforderliche Maßnahmen nebeneinander** anordnen, sofern diese Verstöße gegen die Eigenmittelanforderungen des § 25 unterbinden.

II. Fristerfordernis

7 Nach § 41 S. 4 ist § 45 V 1 KWG entsprechend anwendbar, dh die BaFin darf die Anordnungen nach § 41 S. 1 und 2 erst treffen, wenn die KVG den Mangel nicht innerhalb einer von der BaFin zu bestimmenden Frist behoben hat. Die Dauer der Frist steht im Ermessen der BaFin. Nach Sinn und Zweck dieses Fristerfordernisses muss die Frist so bemessen sein, dass die KVG aus eigener Kraft innerhalb der Frist geeignete Maßnahmen ergreifen kann, um die gesetzlich geforderte Eigenmittelausstattung wieder zu erreichen. Die Frist sollte jedoch auch nicht zu lang sein, denn die Ausschöpfung der Frist sollte nicht dazu führen, dass nach ergebnislosem Ablauf der Frist nur noch Maßnahmen zur Abwendung der Insolvenz sinnvoll erscheinen (BFS/*Lindemann* KWG § 45 Rn. 48).

8 Die BaFin kann mit der Fristsetzung bereits mitteilen, welche konkreten Schritte sie zur Abwendung der unzureichenden Eigenmittel erwartet. Dabei handelt es sich jedoch noch nicht um eine durchsetzbare Anordnung (und mangels Regelungsgehalts auch nicht um einen Verwaltungsakt), sondern um Teil der Absprachen zwischen BaFin und KVG während des Verwaltungsverfahrens (so auch BFS/*Lindemann* KWG § 45 Rn. 49). Erst nach Ablauf der Frist kann die BaFin durchsetzbare Anordnungen treffen.

III. Beschränkung von Entnahmen durch Gesellschafter

9 § 41 nennt als eine geeignete Maßnahme, um Verstöße gegen § 25 zu unterbinden, die Möglichkeit, **Entnahmen durch Gesellschafter** zu unterbinden oder zu beschränken. Da eine Beschränkung der Gesellschafterentnahmen gegenüber der Unterbindung von Gesellschafterentnahmen das mildere Mittel ist, ist stets abzuwägen, ob eine Beschränkung zur Vermeidung der Verstöße gegen § 25 ausreicht. Erst wenn dies nicht der Fall ist, erscheint eine vollständige Unterbindung der Gesellschafterentnahmen erforderlich. Die Beschränkung der Gesellschafterentnahme wird erst ab dem Zeitpunkt der entsprechenden Anordnung durch die BaFin wirksam; eine Rückgewährpflicht für vorher an Gesellschafter ausgezahlte Beträge besteht nicht.

10 § 41 S. 2 bezieht sich nicht nur auf gesellschaftsrechtlich zulässige Entnahmen durch die Gesellschafter, sondern grundsätzlich auf **sämtliche Kapitalentnahmen durch Gesellschafter,** denen keine adäquate Gegenleistung entgegenstehen und die so zu einer Minderung des Kapitals der KVG führen (MKJ/*Kloyer* § 41 Rn. 9f.). Die vertragsgemäße Vergütung der Gesellschafter stellt folglich keine Entnahme iSd § 41 S. 2 dar.

IV. Beschränkung der Gewinnausschüttung

Als eine weitere geeignete Maßnahme, um Verstöße gegen § 25 zu unterbinden, nennt das Gesetz die Einschränkung oder Unterbindung der Gewinnausschüttung (§ 29 GmbHG bzw. § 60 AktG), um die Rücklagen der KVG zu erhöhen. Gewinnverwendungsbeschlüsse, die einer Anordnung der BaFin über die Einschränkung oder Unterbindung der Ausschüttung von Gewinnen der KVG widersprechen, sind nichtig. Gewinnausschüttungen umfassen begrifflich nicht nur **Ausschüttungen des Bilanzgewinns,** sondern auch **Vorabauskehrungen** während des Geschäftsjahres; ebenso sind **verdeckte Gewinnausschüttungen** von § 40 S. 2 erfasst (WBA/*Weitnauer* § 41 Rn. 10). 11

§ 42 Maßnahmen bei Gefahr

Die Bundesanstalt kann zur Abwendung einer Gefahr in folgenden Fällen geeignete und erforderliche Maßnahmen ergreifen:

1. **bei einer Gefahr für die Erfüllung der Verpflichtungen einer Kapitalverwaltungsgesellschaft gegenüber ihren Gläubigern,**
2. **bei einer Gefahr für die Sicherheit der Vermögensgegenstände, die der Kapitalverwaltungsgesellschaft anvertraut sind, oder**
3. **beim begründeten Verdacht, dass eine wirksame Aufsicht über die Kapitalverwaltungsgesellschaft nach den Bestimmungen dieses Gesetzes nicht möglich ist.**

A. Allgemeines

§ 42 ersetzt § 19j InvG und dient daneben der Umsetzung von Art. 98 II Buchst. f der RL 2009/65/EG und Art. 46 II Buchst. f der RL 2011/61/EU. Die Regelung ist angelehnt an § 46 KWG und dient sowohl dem Gläubigerschutz als auch der Sicherstellung einer wirksamen Aufsicht durch die BaFin. Als Eingriffsbefugnis ermöglicht es § 42 der BaFin, geeignete Maßnahmen zur Abwendung der im Wortlaut der Vorschrift genannten Gefahren zu ergreifen und so eine Erlaubnisaufhebung nach § 39 abzuwenden. Im Vergleich zu § 19j InvG stellt § 42 neben der Gefahr für eine wirksame Aufsicht nicht nur auf die Gefahr für die Gläubiger der KVG ab, sondern auch ausdrücklich auf die Gefahr für die Sicherheit der anvertrauten Vermögensgegenstände. 1

Im **Verhältnis zu den Vorschriften** des § 39 oder § 40 sind Maßnahmen nach § 42 das mildere Mittel. § 41 ist für den Fall der unzureichenden Eigenmittel *lex specialis* zu § 42. Die Zielrichtung der §§ 41, 42 unterscheiden sich insoweit, dass § 42 bereits eine konkrete Gefahr für die Gläubigerinteressen voraussetzt, während § 41 auf unzureichende Eigenmittel abstellt, woraus sich möglicherweise eine Gefahr für die Gläubigerinteressen ergeben könnte (so auch BSV/*Beckmann* § 42 Rn. 10). § 42 ist außerdem *lex specialis* zur allgemeinen Eingriffsbefugnis des § 5 VI. 2

B. Voraussetzungen für Eingriffe der BaFin

I. Gefahr für die Erfüllung der Verpflichtungen gegenüber ihren Gläubigern

3 Eine Voraussetzung für die Anordnung von Maßnahmen nach § 42 ist eine **konkrete Gefahr** für die Erfüllung der Verpflichtungen der KVG gegenüber der **Gesamtheit der Gläubiger.** Eine Gefahr für die Erfüllung der Verpflichtungen liegt nicht erst vor, wenn die KVG mit ihren Verpflichtungen in Verzug gerät oder wenn bereits ein Gläubiger geschädigt worden ist, sondern bereits dann, wenn die begründete Besorgnis besteht, dass die KVG in erheblichen wirtschaftlichen Schwierigkeiten steckt, etwa die Liquidität zur Erfüllung der fälligen oder bald fälligen Verbindlichkeiten nicht ausreicht, (BFS/*Lindemann* KWG § 46 Rn. 49). Die Gläubigerinteressen sind daneben durch die Regelungen der §§ 92, 93 geschützt. Jedoch geht der Anwendungsbereich des § 42 über Gläubiger, die dem Anlegerkreis angehören, hinaus (so auch BSV/*Beckmann* § 42 Rn. 23). Der Wortlaut der Regelung enthält insoweit keinerlei Einschränkung, so dass in den Kreis der Gläubiger auch solche einzubeziehen sind, deren Verpflichtungen nicht aus dem Investmentgeschäft der KVG resultieren (zB Vermieter der Geschäftsräume). Die Maßnahmebefugnis der BaFin zum Schutz der Gläubigerinteressen wird etwa auch relevant, wenn die KVG sich gegenüber einem Anleger wegen Verletzung vertraglicher Bestimmungen schadenersatzpflichtig macht (BT-Drs. 16/5576, 66) und diese Schadenersatzpflicht dazu führt, dass die KVG ihren Verpflichtungen gegenüber ihren Gläubigern insgesamt nicht mehr nachkommen kann.

II. Gefahr für die Sicherheit der anvertrauten Vermögensgegenstände

4 Die Gefahr für die Sicherheit der anvertrauten Vermögensgegenstände ist ein Unterfall der Gefahr für die Erfüllung der Verpflichtungen der KVG gegenüber ihren Gläubigern. Die KVG ist gegenüber ihren Gläubigern auch dazu verpflichtet, die ihr anvertrauten Vermögensgegenstände sicher zu verwahren bzw. verwahren zu lassen. Deutlicher formuliert ist dies in § 46 I KWG, an den § 42 KAGB angelehnt ist. Anvertraute Vermögenswerte können etwa zur Verwahrung oder Verwaltung anvertraute Wertpapiere sein (BFS/*Lindemann* KWG § 46 Rn. 47) oder treuhänderisches Vermögen, das die KVG im Rahmen ihrer erlaubten Dienstleistungen und Nebendienstleistung annehmen darf. Die Sicherheit der anvertrauten Vermögenswerte kann zB dann gefährdet sein, wenn sich die Eigenmittel der KVG so verringern, dass eine Überschuldung zu befürchten ist.

III. Gefährdung einer wirksamen Aufsicht

5 Neben der Absicherung der Gläubigeransprüche dient § 42 auch der Aufsichtseffizienz. Im Fall der Gefährdung einer wirksamen Aufsicht kann die BaFin bereits vor Entstehen einer konkreten Gefahr der Gläubigerinteressen entsprechend geeignete und erforderliche Maßnahmen anordnen. Die Gesetzesbegründung zur Vorgängervorschrift nennt als Beispiel für den Anwendungsbereich den Fall, dass eine wirksame Aufsicht über eine KVG aufgrund ihrer Einbindung in eine undurchsichtige Konzernstruktur nicht möglich ist. In diesem Fall könne die BaFin

im Vorfeld in das Verhalten der KVG steuernd eingreifen (BT-Drs. 16/5576, 66). Der Wortlaut des § 42 schränkt die Eingriffsbefugnis der BaFin im Fall der Gefährdung einer wirksamen Aufsicht (anders als die Parallelvorschrift des § 46 KWG) gerade nicht auf bestimmte Fälle ein, sondern ist insoweit weit auszulegen.

C. Maßnahmen der BaFin

Anders als § 46 I KWG enthält § 42 KAGB keinen Maßnahmenkatalog, an dem die BaFin sich orientieren kann, sondern schreibt nur vor, dass die von der BaFin angeordneten Maßnahmen geeignet und erforderlich sein müssen. Weitere Einschränkungen der Maßnahmen sieht die Regelung nicht vor. Der Verweis auf den Verhältnismäßigkeitsgrundsatz in § 42 hat lediglich deklaratorische Bedeutung, da die BaFin ohnehin nur geeignete, erforderliche und verhältnismäßige Maßnahmen anordnen darf. Die von der BaFin angeordneten Maßnahmen müssen zur Abwehr der Gefahr ergehen und dürfen nur so lange aufrechterhalten bleiben, bis entweder die Gefahr abgewendet worden ist oder eine Abwendung der Gefahr nicht mehr aussichtsreich erscheint. Die Gesetzesbegründung zum AIFM-UmsG nennt als eine mögliche Maßnahme bei drohender Gefahr für Anlegergelder das Einfrieren oder die Beschlagnahme von Vermögensgegenständen (BT-Drs. 17/12294, 223). Es können mehrere Maßnahmen nebeneinander ergehen. Anders als in § 41 ist aufgrund der konkreten Gefahrenlage eine Fristsetzung vor der Anordnung bestimmter geeigneter Maßnahmen durch die BaFin nicht erforderlich. 6

Sofern die Sicherheit der anvertrauten Vermögenswerte aufgrund unzureichender Eigenmittel der KVG gefährdet ist, kann die BaFin bis zum Zeitpunkt des Vorliegens einer konkreten Gefahr ihre Maßnahme auf § 41 stützen. Der Übergang zwischen der Gefährdung und einer konkreten Gefahr ist jedoch fließend, so dass hier zwischen dem Anwendungsbereich des § 41 und dem des § 42 keine klare Grenze gezogen werden kann. Da eine Maßnahme nach § 42 jedoch ohne Fristsetzung angeordnet werden und insoweit einschneidender sein kann als eine angekündigte Maßnahme, wird man aus rechtsstaatlichen Gesichtspunkten von der BaFin eine Begründung für die Auswahl der Rechtsgrundlage verlangen können. 7

Anordnungen der BaFin nach § 42 sind belastende Verwaltungsakte, gegen die **Widerspruch und Anfechtungsklage** zulässig sind. Nach § 7 I haben Widerspruch und Anfechtungsklage in diesem Fall keine aufschiebende Wirkung. 8

Sofern eine KVG einer vollziehbaren Anordnung nach § 42 zuwiderhandelt, begeht sie eine **Ordnungswidrigkeit,** die mit einer Geldbuße bis zu 200.000 EUR geahndet werden kann (§ 340 II Nr. 1 Buchst. d, VII Nr. 3). 9

§ 43 Insolvenzantrag, Unterrichtung der Gläubiger im Insolvenzverfahren

(1) **Auf den Fall der Zahlungsunfähigkeit, der Überschuldung oder der drohenden Zahlungsunfähigkeit einer Kapitalverwaltungsgesellschaft ist § 46b Absatz 1, 1a und 3 des Kreditwesengesetzes entsprechend anzuwenden.**

(2) **Die Gläubiger sind über die Eröffnung des Insolvenzverfahrens in entsprechender Anwendung des § 46f des Kreditwesengesetzes zu unterrichten.**

A. Allgemeines

1 § 43 I ersetzt § 19k InvG und § 96 VI 2 InvG und erklärt im Fall der Zahlungsunfähigkeit, der Überschuldung oder der drohenden Zahlungsunfähigkeit einer KVG § 46b I KWG anwendbar. Die Vorschrift ist erforderlich, um die BaFin als Aufsichtsbehörde vom Bestehen eines Insolvenzgrundes bei der KVG in Kenntnis zu setzen. § 99 III regelt gerade nicht die Benachrichtigung der BaFin von der Insolvenz, sondern knüpft an die Insolvenz an und entzieht der KVG das Verwaltungsrecht mit Eröffnung des Insolvenzverfahrens oder mit Rechtskraft des Gerichtsbeschlusses, durch den der Antrag auf Eröffnung des Insolvenzverfahrens mangels Masse abgelehnt wird. § 43 I ist daher zeitlich § 99 III vorgelagert. § 43 II ersetzt § 19l InvG und verweist hinsichtlich der Benachrichtigung der Gläubiger der KVG über die Eröffnung des Insolvenzverfahrens auf § 46f KWG.

B. Anzeigepflicht der KVG bei Bestehen eines Insolvenzgrundes (Abs. 1)

2 Wird die KVG zahlungsunfähig oder tritt Überschuldung ein, sind die Geschäftsleiter der KVG nach § 43 I KAGB iVm § 46b I 1 KWG verpflichtet, dies der BaFin unter Beifügung aussagekräftiger Unterlagen **unverzüglich anzuzeigen.** Eine entsprechende Anzeige ist der BaFin auch dann zu erstatten, wenn der KVG die Zahlungsunfähigkeit droht. Somit liegt eine Anzeigepflicht dann vor, wenn ein Insolvenzgrund besteht. Soweit die Geschäftsleiter der KVG nach anderen Rechtsvorschriften (etwa der InsO) verpflichtet sind, bei Zahlungsunfähigkeit oder Überschuldung die Eröffnung des Insolvenzverfahrens zu beantragen, tritt an die Stelle der Antragspflicht die Anzeigepflicht (§ 46b I 2 KWG). Die Anzeigepflicht ist Voraussetzung dafür, dass die BaFin in wirksamer Weise ihr Insolvenzantragsrecht ausüben kann.

3 **Zahlungsunfähigkeit** liegt nach § 17 II InsO vor, wenn die KVG nicht in der Lage ist, die fälligen Zahlungspflichten zu erfüllen. Zahlungsunfähigkeit ist in der Regel dann anzunehmen, wenn die KVG ihre Zahlungen eingestellt hat. **Überschuldung** liegt nach § 19 II InsO dann vor, wenn das Vermögen der KVG die bestehenden Verbindlichkeiten nicht mehr deckt, es sei denn, die Fortführung der KVG ist nach den Umständen überwiegend wahrscheinlich. **Drohende Zahlungsfähigkeit** liegt nach § 46b I 1 KWG vor, wenn die KVG voraussichtlich nicht mehr in der Lage sein wird, bestehende Zahlungspflichten im Zeitpunkt der Fälligkeit zu erfüllen.

4 Welchen Stellenwert der Gesetzgeber der Anzeigepflicht der KVG gegenüber der BaFin bei Vorliegen eines Insolvenzgrundes beimisst, wird allein dadurch deutlich, dass nach § 339 II mit **Freiheitsstrafe** bis zu drei Jahren oder mit **Geldstrafe** bestraft wird, wer die Anzeige nicht, nicht richtig, nicht vollständig oder nicht rechtzeitig erstattet. Bei fahrlässigem Handeln der Geschäftsleiter ist die Strafe auf Freiheitsstrafe von einem Jahr oder Geldstrafe verringert (§ 339 III 2). Die Anzeigepflicht tritt damit an die Stelle der nach § 15a IV InsO strafbewehrten Insolvenzantragspflicht. Sie ist die Konsequenz der gesetzgeberischen Entscheidung, die Insolvenzantragsbefugnis bei Instituten und KVG bei der BaFin zu monopolisieren. Denn um die Antragsbefugnis angemessen und zweckentsprechend ausüben zu

können, ist die BaFin auf die Information der KVG angewiesen, dass ein Insolvenzeröffnungsgrund besteht. Die Antragspflicht verfolgt damit die gleiche Zweck- und Schutzrichtung wie § 15a InsO, denn es soll im Interesse der Gläubiger der KVG gewährleistet sein, dass die für die Eröffnung eines Insolvenzverfahrens erforderlichen Schritte seitens der Geschäftsleiter der KVG unverzüglich eingeleitet werden (BT-Drs. 17/12294, 295f.) Das InvG sah bei einem Verstoß gegen die Anzeigepflicht keine Strafbarkeit vor, sondern ahndete den Verstoß lediglich als Ordnungswidrigkeit mit einer Geldbuße iHv bis zu 100.000 EUR (§ 143 III Nr. 5 InvG). Insoweit hat das AIFM-UmsG eine erhebliche Verschärfung bewirkt, die die Geschäftsleiter der KVG jetzt den Geschäftsleitern von Kreditinstituten und Finanzdienstleistungsunternehmen gleichstellt (§ 55 KWG).

C. Insolvenzantrag und Insolvenzeröffnung

Der **Antrag auf Eröffnung des Insolvenzverfahrens** über das Vermögen der KVG kann nur von der BaFin gestellt werden. Im Fall der drohenden Zahlungsunfähigkeit darf die BaFin den Antrag jedoch nur mit Zustimmung der KVG stellen (§ 46b I 4, 5 KWG) und muss außerdem sicher sein, dass Maßnahmen nach § 42 nicht erfolgversprechend sind. Denn die Anordnung von Maßnahmen nach § 42 wäre insoweit das mildere Eingriffsmittel. Sofern eine Maßnahme nach § 42 nicht geeignet oder nicht erfolgversprechend ist, ist die BaFin verpflichtet, einen Antrag auf Eröffnung des Insolvenzverfahrens zu stellen. Das Ermessen der BaFin wird sich regelmäßig auf null reduzieren, wenn tatsächlich ein Eröffnungsgrund vorliegt und die wirtschaftliche Situation der KVG aussichtslos ist. Ein Antrag der Geschäftsleiter der KVG oder der Gläubiger der KVG auf Eröffnung des Insolvenzverfahrens ist folglich unzulässig. 5

Die KVG kann als **Rechtsbehelf** gegen die Eröffnung des Insolvenzverfahrens die sofortige Beschwerde einlegen. 6

Vor der Bestellung eines Insolvenzverwalters hat das Insolvenzgericht die BaFin zu dessen Eignung zu hören (§ 46b I 6 KWG). Dadurch soll sichergestellt werden, dass der Insolvenzverwalter die erforderliche Eignung und sachliche Fähigkeit im Hinblick auf die Tätigkeit der KVG erfüllt; es ist jedoch nicht erforderlich, dass der Insolvenzverwalter ebenso qualifiziert ist wie die Geschäftsleiter der KVG. Der Eröffnungsbeschluss ist zum einen nach § 30 II InsO der KVG zuzustellen, daneben auch der BaFin. Das Insolvenzgericht übersendet der BaFin auch alle weiteren das Verfahren betreffenden Beschlüsse und erteilt auf Anfrage der BaFin Auskünfte zum Stand und Fortgang des Verfahrens. Die BaFin ist auch berechtigt, Einsicht in die Insolvenzakten zu nehmen (§ 46b I 7–9 KWG). 7

D. Unterrichtung der Gläubiger (Abs. 2)

Adressat des § 43 II ist nicht die KVG selbst, sondern das Insolvenzgericht und die Gläubiger. Das Insolvenzgericht ist verpflichtet, die Gläubiger der KVG entsprechend § 46f KWG von der Eröffnung des Insolvenzverfahrens gegen die KVG mittels eines Formblatts zu unterrichten. Das Gericht hat keine Nachforschungspflicht hinsichtlich der Gläubiger der KVG; erhält das Insolvenzgericht später Kenntnis von weiteren Gläubigern, holt es die Unterrichtung nach (BFS/*Linde-* 8 *mann* KWG § 46f Rn. 1). Diese **Unterrichtungspflicht über die Eröffnung des Insolvenzverfahrens** gilt auch bei grenzüberschreitenden Sachverhalten.

9 Mit dem Eröffnungsbeschluss ist den Gläubigern von der Geschäftsstelle des zuständigen Insolvenzgerichts ein **Formblatt** zu übersenden, mit dem auf die Möglichkeit der Anmeldung von Forderungen hingewiesen wird. Das Formblatt ist in sämtlichen Amtssprachen der Staaten des EWR mit den Worten „Aufforderung zur Anmeldung und Erläuterung einer Forderung. Frist beachten!" überschrieben. Das Formblatt wird vom Bundesministerium der Justiz im Bundesanzeiger veröffentlicht und enthält Angaben über die einzuhaltenden Fristen und die Folgen der Fristversäumnisse, über die Zuständigkeit für die Entgegennahme der Anmeldung und Erläuterung einer Forderung, über die weiteren vorgeschriebenen Maßnahmen und über die Bedeutung und Notwendigkeit der Anmeldung der Forderung für bevorrechtigte oder dinglich gesicherte Gläubiger.

10 Sofern die Gläubiger, die eine Forderung anmelden wollen, ihren gewöhnlichen Aufenthalt, Sitz oder Wohnsitz nicht in Deutschland, sondern in einem anderen Staat des EWR haben, können sie ihre Forderung auch in der Amtssprache dieses Staates anmelden. Die Anmeldung muss jedoch immer in deutscher Sprache mit den Worten „Anmeldung und Erläuterung einer Forderung" überschrieben sein. Der Gläubiger hat auf Verlangen eine Übersetzung der Anmeldung und der Erläuterung der Forderung vorzulegen, die von einer dazu befugten Stelle zu beglaubigen ist.

11 Neben dem Recht der Gläubigerversammlung (§ 79 InsO) und des Gläubigerausschusses (§ 69 S. 2 InsO) auf **Unterrichtung über den Fortgang des Insolvenzverfahrens** normiert auch § 46 III KWG die Pflicht des Insolvenzverwalters, die Gläubiger regelmäßig in geeigneter Form über den Fortgang des Insolvenzverfahrens zu unterrichten.

Unterabschnitt 4. Pflichten für registrierungspflichtige AIF-Kapitalverwaltungsgesellschaften

§ 44 Registrierung und Berichtspflichten

(1) [1]**AIF-Kapitalverwaltungsgesellschaften, bei denen die Voraussetzungen nach § 2 Absatz 4 Satz 2 vorliegen,**

1. sind zur Registrierung bei der Bundesanstalt verpflichtet,

2. weisen sich und die von ihnen zum Zeitpunkt der Registrierung verwalteten AIF gegenüber der Bundesanstalt aus,

3. legen der Bundesanstalt zum Zeitpunkt ihrer Registrierung Informationen zu den Anlagestrategien der von ihnen verwalteten AIF vor,

4. unterrichten die Bundesanstalt regelmäßig über die wichtigsten Instrumente, mit denen sie handeln und die größten Risiken und die Konzentrationen der von ihnen verwalteten AIF,

a) die wichtigsten Instrumente, mit denen sie handeln und

b) die größten Risiken und die Konzentrationen der von ihnen verwalteten AIF,

um der Bundesanstalt eine effektive Überwachung der Systemrisiken zu ermöglichen,

5. teilen der Bundesanstalt unverzüglich mit, wenn die in § 2 Absatz 4 genannten Voraussetzungen nicht mehr erfüllt sind,

6. müssen juristische Personen oder Personenhandelsgesellschaften sein und
7. dürfen nur AIF in der Rechtsform
a) einer juristischen Person oder
b) einer Personenhandelsgesellschaft, bei der persönlich haftender Gesellschafter ausschließlich eine Aktiengesellschaft, eine Gesellschaft mit beschränkter Haftung oder eine Kommanditgesellschaft ist, bei der persönlich haftender Gesellschafter ausschließlich eine Gesellschaft mit beschränkter Haftung ist, und

bei der die Nachschusspflicht der Anleger ausgeschlossen ist, verwalten.

[2]Wird der AIF als offener AIF in der Rechtsform der Investmentaktiengesellschaft mit veränderlichem Kapital oder der offenen Investmentkommanditgesellschaft aufgelegt, gelten die §§ 108 bis 123 oder die §§ 124 bis 138. [3]Wird der AIF als geschlossener AIF in der Rechtsform der Investmentaktiengesellschaft mit fixem Kapital oder als geschlossene Investmentkommanditgesellschaft aufgelegt, gelten die §§ 140 bis 148 oder die §§ 149 bis 161.

(2) **AIF-Kapitalverwaltungsgesellschaften, bei denen die Voraussetzungen nach § 2 Absatz 4 Satz 2 vorliegen, übermitteln der Bundesanstalt mit dem Antrag auf Registrierung zusätzlich zu den in Absatz 1 genannten Angaben eine Erklärung, nach der**

1. die Voraussetzungen nach Absatz 1 Satz 1 Nummer 7 und § 2 Absatz 4 Satz 2 und 3 erfüllt sind und
2. die eingereichten Unterlagen im Hinblick auf die Angaben nach Absatz 1 Nummer 2 und 3 sowie auf das Vorliegen der Voraussetzungen nach Absatz 1 Nummern 6 und 7 vollständig und richtig sind.

(3) ***(aufgehoben)***

(4) **[1]Die Bundesanstalt bestätigt der AIF-Kapitalverwaltungsgesellschaft die Registrierung innerhalb einer Frist von zwei Wochen nach Eingang des vollständigen Registrierungsantrags, wenn die Voraussetzungen für die Registrierung erfüllt sind. [2]Die Bundesanstalt versagt der AIF-Kapitalverwaltungsgesellschaft die Registrierung, wenn**

1. nicht alle zum Zeitpunkt der Registrierung erforderlichen Informationen und Unterlagen gemäß den Absätzen 1, 2 und 7 übermittelt oder nicht in der erforderlichen Form übermittelt wurden,
2. die AIF-Kapitalverwaltungsgesellschaft keine juristische Person oder Personenhandelsgesellschaft ist,
3. die AIF-Kapitalverwaltungsgesellschaft AIF in einer anderen als den in Absatz 1 Nummer 7 genannten Rechtsformen verwaltet oder
4. die Hauptverwaltung oder der satzungsmäßige Sitz der AIF-Kapitalverwaltungsgesellschaft sich nicht im Inland befindet.

(5) **[1]Die Bundesanstalt kann die Registrierung außer nach den Vorschriften des Verwaltungsverfahrensgesetzes aufheben, wenn**

1. die AIF-Kapitalverwaltungsgesellschaft die Registrierung auf Grund falscher Erklärungen oder auf sonstige rechtswidrige Weise erwirkt hat,
2. der Bundesanstalt Tatsachen bekannt werden, die eine Versagung der Registrierung nach Absatz 4 rechtfertigen würden,

3. die AIF-Kapitalverwaltungsgesellschaft nachhaltig gegen die Bestimmungen dieser Vorschrift oder die weiteren gemäß § 2 Absatz 4 anzuwendenden Bestimmungen dieses Gesetzes verstößt,

4. die AIF-Kapitalverwaltungsgesellschaft schwerwiegend, wiederholt oder systematisch gegen die Bestimmungen des Geldwäschegesetzes verstoßen hat.

[2]Statt der Aufhebung der Registrierung kann die Bundesanstalt die Abberufung der verantwortlichen Geschäftsleiter verlangen und ihnen auch die Ausübung ihrer Tätigkeit bei Kapitalverwaltungsgesellschaften untersagen. [3]§ 40 Absatz 2 findet entsprechend Anwendung.

(5a) **[1]Die Registrierung erlischt, wenn die AIF-Kapitalverwaltungsgesellschaft**

1. von ihr nicht innerhalb eines Jahres seit ihrer Erteilung Gebrauch macht,

2. den Geschäftsbetrieb, auf den sich die Registrierung bezieht, seit mehr als sechs Monaten nicht mehr ausübt,

3. ausdrücklich auf sie verzichtet oder

4. im Zuge einer Umwandlung nach § 305, § 320 oder § 333 des Umwandlungsgesetzes ihren satzungsmäßigen Sitz ins Ausland verlegt.

[2]§ 39 Absatz 1 Satz 2 findet entsprechend Anwendung.

(6) **Sind die in § 2 Absatz 4 genannten Voraussetzungen nicht mehr erfüllt, hat die AIF-Kapitalverwaltungsgesellschaft die Erlaubnis nach den §§ 20 und 22 innerhalb von 30 Kalendertagen zu beantragen.**

(7) **Nähere Bestimmungen zu den Pflichten der AIF-Kapitalverwaltungsgesellschaften zur Registrierung und zur Vorlage von Informationen, um eine effektive Überwachung von Systemrisiken zu ermöglichen und zur Mitteilungspflicht gegenüber den zuständigen Behörden nach Absatz 1 ergeben sich aus den Artikeln 2 bis 5 der Delegierten Verordnung (EU) Nr. 231/2013.**

(8) **AIF-Kapitalverwaltungsgesellschaften haben die Meldungen nach Absatz 1 Nummer 4 elektronisch über das Melde- und Veröffentlichungssystem der Bundesanstalt zu übermitteln.**

(9) **Die Bundesanstalt kann durch Allgemeinverfügung nähere Bestimmungen über Art, Umfang, Form und Turnus der einzureichenden Meldungen nach Absatz 8 und über die zulässigen Datenträger, Datenstrukturen und Übertragungswege festlegen.**

Inhaltsübersicht

	Rn.
A. Allgemeines	1
B. Pflichten nach Abs. 1	5
I. Registrierungspflicht (Nr. 1)	5
II. Ausweispflicht und Mitteilung des Gesamtwertes der verwalteten Vermögensgegenstände (Nr. 2)	7
III. Informationen zur Anlagestrategie (Nr. 3)	12
IV. Berichtspflicht (Nr. 4)	14
V. Überschreiten der relevanten Schwellenwerte, Erlaubnisantragspflicht (Nr. 5, Abs. 6)	16
VI. Rechtsformerfordernis (Nr. 6 und 7)	19

Rn.
C. Registrierungsverfahren (Abs. 4) 22
D. Aufhebung und Erlöschen der Registrierung (Abs. 5, 5a) 23

A. Allgemeines

Das KAGB sieht ein **reduziertes Aufsichtsregime** für bestimmte „kleine" AIF-KVG vor. Das sind AIF-KVG nach § 2 IV („kleine" Spezial-AIF-KVG), bei denen das Vermögen der verwalteten AIF zusammengenommen 100 Mio. EUR nicht übersteigt, oder bei denen, die nur nicht hebelfinanzierte AIF verwalten und die ihren Anlegern für einen Zeitraum von fünf Jahren keine Rückgaberechte einräumen, das Vermögen der verwalteten AIF zusammengenommen 500 Mio. EUR nicht übersteigt. Diese fallen grundsätzlich auch in den Anwendungsbereich der Richtlinie 2011/61/EU, unterliegen jedoch nach den Vorgaben des europäischen Gesetzgebers aufgrund des Verhältnismäßigkeitsgrundsatzes deutlich geringeren Anforderungen als „normale" KVG. Wenngleich die Tätigkeiten dieser AIF-KVG sich einzeln nicht erheblich auf die Finanzstabilität auswirken dürften, besteht die Möglichkeit, dass ein Zusammenwirken ihrer Aktivitäten Systemrisiken nach sich zieht. Daher sollten diese AIF-KVG nicht der vollen Erlaubnispflicht nach § 20 unterliegen, sondern nur **registrierungspflichtig** sein und der BaFin einschlägige Informationen bezüglich der wichtigsten Instrumente, mit denen sie handeln, und zu den größten Risiken und Konzentrationen der von ihnen verwalteten AIF liefern. § 44 enthält entsprechend Vorgaben für diese sog. kleinen Spezial-AIF-KVG, dient der Umsetzung von Art. 3 III der RL 2011/61/EU und normiert Anforderungen, die „kleine" AIF-KVG erfüllen müssen. 1

Artikel 3 III UAbs. 2 der RL 2011/61/EU räumt den Mitgliedsstaaten das Wahlrecht ein, für kleine AIF-KVG strengere nationale Regelungen einzuführen. Davon hat der deutsche Gesetzgeber zumindest teilweise Gebrauch gemacht (vgl. § 44 III). Nähere Bestimmungen zur Registrierung, zur Vorlage von Informationen und zur Mitteilungspflicht gegenüber den zuständigen Behörden ergeben sich auch aus den Art. 2–5 der Delegierten Verordnung (EU) Nr. 231/2013, auf welche § 44 VII verweist. 2

Für eine AIF-KVG, die nach § 337 I die Voraussetzungen nach § 2 VI erfüllt **(Europäische Risikokapitalfonds),** sowie für eine AIF-KVG, die nach § 338 I die Voraussetzungen nach § 2 VII erfüllt **(Europäische Fonds für soziales Unternehmertum),** richtet sich die Registrierung nach § 44 I Nr. 1, 2, 5–7 und IV–VII entsprechend iVm Art. 2–5 der Delegierten Verordnung (EU) 231/2013. 3

Ein **Verstoß gegen die Registrierungspflicht** führt zur **Strafbarkeit.** Nach § 339 I Nr. 2 wird mit Freiheitsstrafe bis zu fünf Jahren oder mit Geldstrafe bestraft, wer ohne Registrierung nach § 44 I Nr. 1 das Geschäft einer dort genannten „kleinen" AIF-KVG betreibt. Der Gesetzgeber hat bei einem Verstoß gegen die Registrierungspflicht eine erleichterte Strafbarkeit für Fahrlässigkeit vorgesehen. In diesen Fällen reduziert sich nach § 339 III die Höchstgrenze der Freiheitsstrafe auf drei Jahre. Damit wird der Verstoß gegen die Registrierungspflicht einem Verstoß gegen die Erlaubnispflicht gleichgestellt. 4

B. Pflichten nach Abs. 1

I. Registrierungspflicht (Nr. 1)

5 Eine „kleine" Spezial-AIF-KVG, welche die Voraussetzungen des § 2 IV (s. insoweit Kommentierung zu § 2) erfüllt und von den erleichterten Bedingungen des § 44 Gebrauch machen möchte, benötigt keine Erlaubnis nach § 20 I 1. Die bloße Registrierung bei der BaFin ist ausreichend. Die Norm konstituiert somit erstmals neben der Erlaubnispflicht nach § 20 eine **reine Registrierungspflicht** im deutschen Investmentrecht, die es bislang nicht gab. Eine solche Registrierung setzt lediglich die Mitteilung voraus, dass die KVG eine Tätigkeit als „kleine" AIF-KVG aufzunehmen beabsichtigt. Die BaFin hat insoweit kein dem § 20 innewohnendes Prüfungsrecht, sondern kann im Rahmen der Registrierung nur prüfen, ob die beabsichtigte Tätigkeit der kleinen AIF-KVG die in § 2 genannten relevanten Schwellenwerte unterschreitet.

6 Der Antrag auf Registrierung ist bei der BaFin dann einzureichen, wenn eine hinreichend konkrete Absicht besteht, als KVG unterhalb der Schwellenwerte des § 2 tätig zu werden. Der **Zeitpunkt der Registrierung** sollte jedoch spätestens vier Wochen vor Auflage des ersten AIF liegen (s. BaFin Hinweise zur Registrierung nach § 44 KAGB iVm Art. 2–5 der Delegierten Verordnung (EU) 231/2013 vom 30.8.2013).

II. Ausweispflicht und Mitteilung des Gesamtwertes der verwalteten Vermögensgegenstände (Nr. 2)

7 § 44 I Nr. 2 setzt Art. 3 III Buchst. b der AIFM-RL in deutsches Recht um. Die „kleine" AIF-KVG muss die BaFin über sich und die von ihr zum Registrierungszeitpunkt verwalteten AIF in Kenntnis setzen. Nach § 44 VII iVm Art. 5 I der Delegierten Verordnung (EU) 231/2013 ist der BaFin zusätzlich zu den verwalteten AIF der Gesamtwert der verwalteten Vermögenswerte mitzuteilen. Um feststellen zu können, ob die relevanten Schwellenwerte überschritten werden, ist in Art. 2 der Delegierten Verordnung (EU) Nr. 231/2013 festgelegt, wie der Gesamtwert der verwalteten Vermögenswerte berechnet werden soll. Der Gesamtwert der verwalteten Vermögenswerte muss mind. einmal jährlich und anhand aktueller Informationen berechnet werden. Nur durch die Vorlage dieser Informationen ist es der BaFin überhaupt möglich, zu überprüfen, ob die relevanten Schwellenwerte des § 2 tatsächlich unterschritten werden. Die BaFin kann im Rahmen des Registrierungsverfahrens weitere Angaben und Unterlagen in Bezug auf die Berechnung des Gesamtwertes der verwalteten Vermögenswerte anfordern.

8 Bei der **Berechnung des Gesamtwertes der verwalteten Vermögenswerte** nach Art. 2 der Delegierten Verordnung (EU) 231/2013 muss die AIF-KVG für jeden verwalteten AIF die Portfoliowerte feststellen und anhand der in den Rechtsvorschriften des AIF-Sitzlandes sowie ggf. in der Satzung des AIF festgelegten Bewertungsregeln den Wert der verwalteten Vermögenswerte (inklusive der durch Hebelwirkung erworbenen Vermögenswerte) bestimmen. Sofern der Sitz des verwalteten AIF in Deutschland ist, sind die verwalteten Vermögenswerte nach den handelsrechtlichen Buchführungsvorschriften zu bestimmen. Anschließend sind die auf diese Weise ermittelten Werte aller durch die AIF-KVG verwalteten AIF zu aggregieren und den daraus resultierenden Gesamtwert der verwalteten Vermögenswerte mit dem relevanten Schwellenwert nach § 2 zu vergleichen.

Die BaFin verlangt, dass – soweit für die einzelnen AIF eine gesetzliche Pflicht zur Erstellung eines Jahresabschlusses nach dem HGB oder zB der AO besteht, aus denen sich der Wert der verwalteten Vermögensgegenstände in nachvollziehbarer Weise ergibt – diese Dokumente in ihrer zuletzt erstellten aktuellen Version bei der Registrierung vorgelegt werden. Soweit diese Dokumente von einem Wirtschaftsprüfer geprüft wurden, ist der BaFin die geprüfte Version vorzulegen. Dies umfasst auch die Dokumente, aus denen sich ergibt, dass der Wirtschaftsprüfer die Richtigkeit des ermittelten Vermögenswertes bestätigt hat (zB Jahresabschluss mit Testat oder Prüfbericht). 9

Besteht keine gesetzliche Pflicht zur Erstellung eines Jahresabschlusses oder anderer Aufzeichnungen, muss die Berechnung des mitgeteilten Gesamtwertes der verwalteten Vermögenswerte zumindest nachvollziehbar mit folgenden Mindestangaben dargelegt und auf Anforderung der BaFin durch geeignete Nachweise belegt werden. Die Mindestangaben bestehen aus: 10

1. dem Vermögenswert eines jeden AIF, der nach Art. 2 der Delegierten Verordnung (EU) 231/2013 in die Berechnung des Gesamtwertes der verwalteten Vermögenswerte einzubeziehen ist,
2. der Nennung der Vermögensgegenstände, in die die einzelnen AIF investiert sind,
3. dem Wert der einzelnen Vermögensgegenstände und
4. dem Bewertungsverfahren, das der Wertermittlung zugrunde liegt, und dem Bewertungszeitpunkt.

Wird die Richtigkeit des Vermögenswertes von einem Wirtschaftsprüfer bestätigt, wird dies im Registrierungsverfahren von der BaFin als geeigneter Nachweis für die Richtigkeit des betreffenden Vermögenswertes anerkannt und der geringere Prüfungsumfang der BaFin bei der Höhe der Registrierungsgebühren berücksichtigt. In diesem Fall sind auch die eben genannten Nr. 2–4 genannten Angaben nicht erforderlich, sondern nur die Mindestangaben im Sinne der Nr. 1 (s. BaFin Hinweise zur Registrierung nach § 44 KAGB iVm Art. 2–5 der Delegierten Verordnung (EU) 231/2013 vom 30.8.2013).

KVG, die bisher noch nicht tätig waren, sondern ihre Tätigkeit erst nach der Registrierung aufnehmen wollen, müssen nachvollziehbar darlegen, welchen Gesamtwert der Vermögenswerte sie anstreben. 11

III. Informationen zur Anlagestrategie (Nr. 3)

§ 44 I Nr. 3 geht ebenfalls auf die RL 2011/61/EU zurück (Art. 3 III Buchst. c). Die „kleine" AIF-KVG muss die BaFin über die **Anlagestrategien** der von ihr verwalteten AIF unterrichten. Gemäß Art. 5 II der Delegierten Verordnung (EU) 231/2013 umfasst diese Unterrichtungspflicht für jeden AIF zusätzlich die Übergabe der **Emissionsunterlagen,** einen maßgeblichen Auszug aus der Emissionsunterlage oder eine allgemeine Beschreibung der Anlagestrategie. Möglicherweise verfügen nicht alle „kleinen" AIF-KVG über Emissionsunterlagen, die die jüngsten Entwicklungen in Bezug auf die von ihnen verwalteten AIF widerspiegeln, und möglicherweise ist es für derartige AIF-KVG praktischer, die geforderten Informationen in einem separaten Dokument niederzulegen, in dem die Anlagestrategie des Fonds dargelegt wird. Dies könnte bei Private-Equity- oder Risikokapital-Fonds der Fall sein, die sich ihre Gelder oftmals im Wege von Verhandlungen mit potenziellen Anlegern beschaffen (siehe Erwägungsgrund 9 der Delegierten Verordnung (EU) 231/2013). 12

Der maßgebliche Auszug aus der Emissionsunterlage und die Beschreibung der Anlagestrategie müssen **mindestens folgende Angaben** enthalten:
a) die wichtigsten Vermögenswertkategorien, in die der AIF investieren darf,
b) alle industriellen, geografischen oder sonstigen Marktsektoren oder speziellen Vermögenswertgattungen, die im Mittelpunkt der Anlagestrategie stehen und
c) eine Beschreibung der Grundsätze, die der AIF in Bezug auf Kreditaufnahme und Hebelfinanzierung anwendet.

13 Der Aufsichtsbehörde soll auf diese Weise ermöglicht werden, systemische Risiken, welche von bestimmten Anlagestrategien ausgehen, zu erfassen und ggf. deren Eingehung zu verbieten. Denn wenngleich die Tätigkeiten dieser „kleinen" AIF-KVG sich einzeln nicht erheblich auf die Finanzstabilität auswirken dürften, besteht zumindest die Möglichkeit, dass ein Zusammenwirken aller Aktivitäten Systemrisiken nach sich zieht (Erwägungsgrund 17 der RL 2011/61/EU).

IV. Berichtspflicht (Nr. 4)

14 Nach § 44 I Nr. 4, welcher auf Art. 3 III Buchst. d der RL 2011/61/EU zurückgeht, muss die „kleine" AIF-KVG der BaFin regelmäßig mitteilen, welches die wichtigsten Instrumente sind, mit denen sie handelt, und die größten Risiken und Konzentrationen je von ihr verwaltetem AIF. Die vorzulegenden Informationen sind in Art. 110 der Delegierten Verordnung (EU) 231/2013 konkretisiert. Wie der letzte Halbsatz dieser Norm klarstellt, bezweckt diese Vorschrift ausschließlich die Überwachung systemischer Risiken.

15 So sind etwa auch der geografische und sektorale Anlageschwerpunkt, die Märkte, in denen die AIF-KVG Mitglied ist oder am Handel aktiv teilnimmt, sowie die Diversifizierung des Portfolios des AIFs inklusive dessen größte Engagements und Konzentration der BaFin mitzuteilen. Auch sind die Marktrisikoprofile, die Liquiditätsprofile der Anlagen des AIF, das Profil der Rücknahmebedingungen und der Bedingungen zur Finanzierung des AIF durch Gegenparteien zu benennen. Je nach Art der AIF-KVG ist die BaFin halbjährlich bzw. vierteljährlich mittels des im Anhang IV der Delegierten Verordnung (EU) 231/2013 abgedruckten Formblatts zu unterrichten (Art. 110 III und VI der Delegierten Verordnung (EU) 231/2013). Die Meldungen sind gem. § 44 VIII elektronisch über das Melde- und Veröffentlichungssystem der BaFin zu übermitteln. § 44 IX ermächtigt die BaFin, hinsichtlich Art, Umfang, Form und Turnus der einzureichenden Meldungen sowie hinsichtlich der zulässigen Datenträger, Datenstrukturen und Übertragungswege eine nähere Bestimmung in Form einer Allgemeinverfügung festzulegen. Davon hat die BaFin bislang keinen Gebrauch gemacht.

V. Überschreiten der relevanten Schwellenwerte, Erlaubnisantragspflicht (Nr. 5, Abs. 6)

16 Da die Erleichterungen für „kleine" AIF-KVG an die Schwellenwerte in § 2 geknüpft sind, muss der Gesamtwert der verwalteten Vermögenswerte laufend beobachtet werden. Die AIF-KVG hat zu diesem Zweck nach Art. 3 der Delegierten Verordnung (EU) 231/2013 ein entsprechendes internes Verfahren zu etablieren und anzuwenden. Die Überwachung soll einen aktuellen Überblick über die verwalteten Vermögenswerte verschaffen und für jeden AIF die **Beobachtung** der Zeichnungen, Rücknahmen, Kapitalabrufe, Kapitalausschüttungen und des Wertes der Anlageobjekte ermöglichen. Sofern die in § 2 IV genannten Voraussetzungen

nicht mehr erfüllt sind, hat die AIF-KVG dies der BaFin unverzüglich mitzuteilen. Eine solche Mitteilungspflicht besteht also bei Überschreiten der jeweiligen Schwellenwerte. Dazu normiert Art. 4 der Delegierten Verordnung (EU) 231/2013 besondere Voraussetzungen, auf welche § 2 IV 2 verweisen.

Art. 4 der Delegierten Verordnung (EU) Nr. 231/2013 differenziert dabei zwischen **vorübergehenden und nicht vorübergehenden Überschreitungen der Schwellenwerte.** Falls die „kleine" AIF-KVG zu der Auffassung gelangt, die Überschreitung der Schwelle sei nicht nur vorrübergehend, teilt sie dies der BaFin umgehend mit und muss innerhalb von 30 Kalendertagen eine Erlaubnis gem. § 20 beantragen (Art. 4 II der Delegierten Verordnung (EU) 231/2013). Werden die Schwellenwerte innerhalb eines Kalenderjahres nur gelegentlich überschritten und werden diese Zustände als vorübergehend angesehen, ist die AIF-KVG nicht verpflichtet, eine Erlaubnis nach § 20 zu beantragen. Dies ist dann entsprechend der BaFin darzulegen. 17

Gemäß Art. 4 IV der Delegierten Verordnung (EU) 231/2013 ist die Überschreitung dann nicht mehr als vorübergehend zu betrachten, wenn sie voraussichtlich länger als drei Monate andauern wird. Bei der **Beurteilung** der Wahrscheinlichkeit, dass eine Überschreitung des relevanten Schwellenwertes nur vorübergehend ist, hat die AIF-KVG die Arten der verwalteten AIF und die verschiedenen Vermögensgattungen, in die investiert werden, sowie antizipierte Zeichnungen und Rücknahmen oder, falls anwendbar, Kapitalabrufe und Ausschüttungen zu berücksichtigen. Nach Erwägungsgrund 7 der Delegierten Verordnung (EU) 231/2013 sind antizipierte Marktbewegungen nicht in die Beurteilung einzubeziehen. Sollte die „kleine" AIF-KVG die Überschreitung der Schwellenwerte lediglich für vorübergehend halten, teilt sie dies der BaFin umgehend mit. Dabei sind dieser Mitteilung Belege für die Einschätzung der „kleinen" AIF-KVG beizufügen, aus denen hervorgeht, dass die Situation vorübergehend ist, sowie eine Situationsbeschreibung und eine Erläuterung der Gründe, aus denen die Situation nur als vorübergehend betrachtet wird (Art. 4 III der Delegierten Verordnung (EU) 231/2013). Gelingt ihr diese Darlegung nicht, so ist sie verpflichtet, innerhalb von 30 Kalendertagen einen Erlaubnisantrag nach § 20 zu stellen (§ 44 VI). 18

VI. Rechtsformerfordernis (Nr. 6 und 7)

Nach § 44 I Nr. 6 muss eine „kleine" AIF-KVG in der Rechtsform einer juristischen Person oder einer Personenhandelsgesellschaft ausgestaltet sein. Juristische Personen des Privatrechts sind entweder Körperschaften des Privatrechts (Verein, AK, KGaA, GmbH, UG, eingetragene Genossenschaft und die Europäischen Aktiengesellschaft) oder Stiftungen des bürgerlichen Rechts (MKJ/*Hartrott* § 44 Rn. 30). Für eine erlaubnispflichtige KVG gilt § 18 I. Diese dürfen nur in der Rechtsform der AG, der GmbH oder der GmbH & Co. KG errichtet werden. Für die „kleinen" AIF-KVG gilt dieser Rechtsformzwang nicht. 19

Die „kleine" AIF-KVG darf nach § 44 I Nr. 7 nur AIF in der Rechtsform einer juristischen Person oder einer Personenhandelsgesellschaft, bei der der persönlich haftende Gesellschafter ausschließlich eine AG, eine GmbH oder eine GmbH & Co. KG ist und bei der die Nachschusspflicht der Anleger ausgeschlossen ist, verwalten. § 44 I Nr. 7 dient dem Anlegerschutz. Hierdurch soll ausgeschlossen werden, dass eine unbegrenzte persönliche Haftung der Anleger konstituiert wird. AIF, die von AIF-KVG verwaltet werden, die die Voraussetzungen von § 2 IV erfüllen, unterliegen nicht den Rechtsformanforderungen der §§ 91 ff. Um jedoch auch für 20 diese AIF auszuschließen, dass Anleger unbegrenzt persönlich haften, wird in § 44 I Nr. 7 die Anforderung aufgestellt, dass die AIF die Rechtsform der juristischen Person oder einer Personenhandelsgesellschaft, bei der der persönlich haftende Gesellschafter ebenfalls haftungsbeschränkt ist, haben müssen. Die Rechtsform einer Gesellschaft bürgerlichen Rechts ist damit ausgeschlossen. Ferner wird gefordert, dass auch die Nachschusspflicht des Anlegers ausgeschlossen sein muss. Danach ist zB die Rechtsform der Genossenschaft nur zulässig, wenn in der Satzung der Genossenschaft eine Nachschusspflicht ausgeschlossen wurde (BT-Drs. 17/13395, 403), wobei Genossenschaften in der Regel nicht als Investmentvermögen qualifizieren (s. Auslegungsschreiben der BaFin zum Anwendungsbereich des KAGB und zum Begriff des Investmentvermögens, Stand: 9.3.2015). Aber auch in der Satzung der GmbH muss darauf geachtet werden, dass keine Nachschusspflicht in diese aufgenommen wird.

21 Neu eingefügt wurden durch das FinMarktAnpG § 44 II 2–4. Durch die Änderung wird klargestellt, dass der Verweis in Buchst. a und b auf juristische Personen und bestimmte Personenhandelsgesellschaften auch die Rechtsformen der Investmentaktiengesellschaft und Investmentkommanditgesellschaft umfasst. Werden AIF, die unter die Regelungen in § 2 IV fallen, als Investmentaktiengesellschaft oder Investmentkommanditgesellschaft aufgelegt, gelten die jeweiligen Vorschriften für diese Rechtsformen (BT-Drs. 18/1305, 46). Im Umkehrschluss bedeutet das, dass die von den „kleinen" AIF-KVG verwalteten AIF keinem Rechtsformzwang unterliegen.

C. Registrierungsverfahren (Abs. 4)

22 § 44 IV regelt das Registrierungsverfahren. Die BaFin bestätigt der AIF-KVG die Registrierung innerhalb einer Frist von zwei Wochen nach Eingang des vollständigen Registrierungsantrags. Sofern die BaFin sich innerhalb dieser Frist nicht meldet, gilt die Registrierung als bestätigt. Die Bestätigung der Registrierung durch die BaFin stellt dabei ein Verwaltungsakt iSd § 35 S. 1 VwVfG dar. Dies ergibt sich bereits aus dem systematischen Gesichtspunkt des Abs. 4 S. 3 und Abs. 5. Danach kann die BaFin die Registrierung versagen oder nach den Vorschriften des VwVfG aufheben. Es handelt es sich bei der Bestätigung der Registrierung um einen sog. feststellenden Verwaltungsakt. Die Regelungswirkung resultiert daher, dass die komplexe materielle Rechtslage für den Einzelfall verbindlich festgestellt und somit das Ergebnis des behördlichen Subsumtionsvorgangs festgeschrieben wird (SBS/*Stelkens* VwVfG § 35 Rn. 219 mwN). Die BaFin kann die Registrierung versagen, wenn eine der Voraussetzungen des § 44 IV 3 vorliegt. Die Versagung der Registrierung ist ebenfalls ein Verwaltungsakt.

D. Aufhebung und Erlöschen der Registrierung (Abs. 5, 5 a)

23 Die BaFin kann die Registrierung der AIF-KVG aufheben sowohl nach den allgemeinen verwaltungsrechtlichen Vorschriften des VwVfG als auch nach § 44 V, der eine spezielle Eingriffsbefugnis der BaFin normiert. Als milderes Mittel ermöglicht § 44 V 2 der BaFin auch die Abberufung der Geschäftsleiter der AIF-KVG und die Befugnis der Untersagung der Ausübung ihrer Geschäftsleitertätigkeit (vgl. insoweit die Kommentierung zu § 40). Letzteres sieht der Gesetzgeber nach dem Grundsatz

der Verhältnismäßigkeit und vor dem Hintergrund der Gefahrenabwehr gerechtfertigt (BT-Drs. 17/13395, 404). Mit dem FoStoG ist nun auch als weiteres milderes Mittel eine Verwarnung der Geschäftsleiter gesetzlich verankert. Zwar ist mit Wegfall des Abs. 3 zum 16.8.2021, der bis zur Änderung durch das Gesetz zur weiteren Stärkung des Anlegerschutzes auch Angaben zur Zuverlässigkeit und zur fachlichen Eignung der Geschäftsleiter bei Einreichung der Registrierungsunterlagen vorsah, ein direktes Prüfungsrecht der BaFin gegenüber den Geschäftsleitern entfallen. Dennoch wird die BaFin auch weiterhin die Maßnahmen gegenüber den Geschäftsleitern an genau diesem Maßstab orientieren. Daneben steht der BaFin weiterhin die allgemeine Anordnungsbefugnis nach § 5 zur Verfügung.

Die BaFin hat außerdem das Recht, bei Abberufung eines Geschäftsleiters die Organbefugnisse dieses Geschäftsleiters vorübergehend auf einen geeigneten Sonderbeauftragten zu übertragen. Vergleiche insoweit die Kommentierung zu § 40 II. **24**

Sofern die registrierten KVG nicht innerhalb eines Jahres nach Bestätigung der Registrierung ihre Geschäftstätigkeit aufnimmt, erlöscht die Registrierung automatisch. Insoweit wird auf die Kommentierung zu § 39 verwiesen. Die Geschäftstätigkeit gilt mit der Erstellung der Fondsdokumentation, dem Konzipieren und Konkretisieren der Anlagestrategie und dem gezielten Ansprechen von potenziellen Investoren als aufgenommen. **25**

§ 45 Jahresabschluss und Lagebericht von registrierungspflichtigen AIF-Kapitalverwaltungsgesellschaften

[1]Bei einer Kapitalverwaltungsgesellschaft, bei der die Voraussetzungen nach § 2 Absatz 4 Satz 2 vorliegen und auf die § 44 Absatz 1 Nummer 7 Satz 2 und 3 nicht anzuwenden ist, sind für den Jahresabschluss die Bestimmungen des Ersten Unterabschnitts des Zweiten Abschnitts des Dritten Buches des Handelsgesetzbuchs und für den Lagebericht die Bestimmungen des § 289 des Handelsgesetzbuchs einzuhalten, soweit sich nichts anderes ergibt

1. **aus dem entsprechend anwendbaren § 120 Absatz 2 bis 8 bei internen Kapitalverwaltungsgesellschaften, die Gelddarlehen nach § 285 Absatz 2 oder § 292a Absatz 2 vergeben, und in der Rechtsform einer juristischen Person betrieben werden;**
2. **aus dem entsprechend anwendbaren § 135 Absatz 3 bis 11 bei internen Kapitalverwaltungsgesellschaften, die Gelddarlehen nach § 285 Absatz 2 oder § 292a Absatz 2 vergeben und in der Rechtsform einer Personenhandelsgesellschaft betrieben werden.**

[2]§ 264 Absatz 1 Satz 4 erster Halbsatz, Absatz 3 und 4 sowie § 264b des Handelsgesetzbuchs sind nicht anzuwenden.

A. Allgemeines und Anwendungsbereich

Abweichend von den Regelungen des § 38 stellt § 45 erleichterte Vorgaben auf für die Erstellung und Bekanntmachung von Jahresberichten für KVG von registrierten Spezial-AIF nach § 2 Abs. 4, für die nach dem HGB keine Verpflichtung zur Offenlegung eines Jahresabschlusses besteht. Die aktuelle Fassung des § 45 beruht auf der Neuregelung durch das Gesetz zur weiteren Stärkung des Anleger- **1** schutzes und trat mit Wirkung zum 16.8.2021 in Kraft. Es handelt sich hier um eine Rechnungslegungsvorschrift für sog. kleine Spezial-AIF-KVG, die in Abweichung von § 38 nicht zwischen einer internen und einer externen Verwaltung unterscheidet (BT-Drs. 19/29804, 40).

2 Der Anwendungsbereich des § 45 ist klein und läuft in vielen Fällen leer, denn erfasst sind nur solche inländischen Spezial-AIF, die nicht bereits ohnehin einer Offenlegungspflicht nach dem HGB unterliegen, bei denen es sich also nicht um Kapitalgesellschaften handelt. Sofern der Anwendungsbereich erfüllt ist, müssen diese KVG einen Jahresabschluss und Lagebericht nach Vorschriften für Kapitalgesellschaften erstellen.

B. Einzelheiten

3 Der Jahresabschluss umfasst nach § 264 I HGB grundsätzlich die **Bilanz, die Gewinn- und Verlustrechnung und den Anhang** (Baumbach/Hopt/*Merkt* HGB § 264 Rn. 3f.). Die Aufstellung von Jahresabschluss und Lagebericht hat abweichend von § 264 I HGB innerhalb der ersten neun Monate des Geschäftsjahres für das vergangene Geschäftsjahr zu erfolgen. Die Neunmonatsfrist gibt den KVG hier mehr Zeit, als es das HGB mit drei bzw. sechs Monaten täte. Die Aufstellung des Jahresabschlusses und des Lageberichts ist Teil der Geschäftsführung und obliegt damit den Geschäftsleitern der AIF-KVG im Rahmen ihrer Gesamtverantwortung. Von der Aufstellung des Jahresabschlusses und des Lageberichts zu unterscheiden ist die Prüfung dieser Dokumente durch den Abschlussprüfer.

4 Nicht anzuwenden auf den Jahresabschluss und den Lagebericht nach § 45 sind Erleichterungen für kleine Kapitalmarktgesellschaften nach § 264 I 4 HGB, Erleichterungen für Kapitalmarktgesellschaften, die nicht kapitalmarktorientiert sind, und Erleichterungen, wenn bereits ein Konzernabschluss besteht. Auch die Erleichterungen für gewisse offene Handelsgesellschaften und Kommanditgesellschaften nach § 264b HGB sind nicht anwendbar.

5 § 45 konkretisiert die Anforderungen an den Jahresbericht. Der Jahresbericht besteht aus einem nach deutschem Recht aufgestellten und geprüften Jahresabschluss und Lagebericht, einer den Vorgaben des § 264 II 3, des § 289 I 5 HGB entsprechenden Erklärung der gesetzlichen Vertreter des inländischen Spezial-AIF sowie der Bestätigung des Abschlussprüfers. Mit der unterschriebenen Erklärung versichert der gesetzliche Vertreter des Spezial-AIF, dass nach bestem Wissen der Jahresabschluss ein den tatsächlichen Verhältnissen entsprechendes Bild vermittelt und dass ebenfalls nach bestem Wissen im Lagebericht der Geschäftsverlauf einschließlich des Geschäftsergebnisses und die Lage des Spezial-AIF so dargestellt sind, dass ein den tatsächlichen Verhältnissen entsprechendes Bild vermittelt wird. Jahresabschluss und Lagebericht gewähren einen Einblick in die Vermögens-, Finanz- und Ertragslage des kleinen Spezial-AIF und stellen daher eine wichtige Informationsquelle für den Anleger dar, um sich über die Entwicklung seiner Investition zu informieren. Ein Jahresbericht, dem einer der geforderten Bestandteile fehlt, ist unvollständig.

6 Für eine registrierte, intern verwaltete Kapitalgesellschaft, die Geldarlehen nach § 285 II oder § 292a II vergibt, aber nicht als Investmentgesellschaft aufgelegt wurde, gelten durch den Verweis auf § 120 II–VIII bzw. § 135 III–XI unabhängig von der Rechtsform die Regelungen des § 101. Andernfalls wäre die Ausgabe der Gelddarlehen in dem Abschluss nicht erkennbar. Der Gesetzgeber hat hier eine

erweiterte Transparenzpflicht eingefügt, die die Besonderheit der Vergabe von Gelddarlehen durch das Investmentrecht Rechnung tragen soll (so auch AWZ/*Schliemann* § 45 Rn. 6).

§ 45a Abschlussprüfung bei registrierungspflichtigen AIF-Kapitalverwaltungsgesellschaften; Verordnungsermächtigung

(1) **[1]Der Jahresabschluss und der Lagebericht einer Kapitalverwaltungsgesellschaft im Sinne des § 45 sind durch einen Abschlussprüfer nach Maßgabe der Bestimmungen des Dritten Unterabschnitts des Zweiten Abschnitts des Dritten Buches des Handelsgesetzbuchs zu prüfen. [2]Die Prüfung ist spätestens vor Ablauf des neunten Monats des dem Abschlussstichtag nachfolgenden Geschäftsjahrs vorzunehmen.**

(2) **Auf die Bestellung eines Abschlussprüfers ist § 28 des Kreditwesengesetzes mit der Maßgabe entsprechend anzuwenden, dass die dort geregelten Pflichten gegenüber der Deutschen Bundesbank nicht gelten.**

(3) **[1]Der Abschlussprüfer hat auch zu prüfen, ob die Kapitalverwaltungsgesellschaft ihren Verpflichtungen nach dem Geldwäschegesetz nachgekommen ist und die Bestimmungen dieses Gesetzes beachtet hat. [2]Das Ergebnis dieser Prüfung hat der Abschlussprüfer im Prüfungsbericht gesondert wiederzugeben.**

(4) **[1]Bei Kapitalverwaltungsgesellschaften im Sinne von § 45 Satz 1 Nummer 1 oder 2 hat der Abschlussprüfer auch festzustellen, ob die Bestimmungen des Gesellschaftsvertrags oder der Satzung beachtet worden sind. [2]Bei Kapitalverwaltungsgesellschaften im Sinne von § 45 Satz 1 Nummer 2 hat der Abschlussprüfer darüber hinaus die Zuweisung von Gewinnen, Verlusten, Einlagen und Entnahmen zu den einzelnen Kapitalkonten zu prüfen und deren Ordnungsmäßigkeit zu bestätigen. [3]Dies gilt auch für den Fall, dass der Anteil am AIF für den Anleger durch einen Treuhänder gehalten wird.**

(4a) **[1]Unbeschadet der besonderen Pflichten des Abschlussprüfers nach den Absätzen 3 und 4 kann die Bundesanstalt auch gegenüber der Kapitalverwaltungsgesellschaft Bestimmungen über den Inhalt der Prüfung treffen, die vom Abschlussprüfer im Rahmen der Jahresabschlussprüfung zu berücksichtigen sind. [2]Sie kann insbesondere Schwerpunkte für die Prüfungen festlegen.**

(5) **Der Abschlussprüfer hat den Bericht über die Prüfung der Kapitalverwaltungsgesellschaft nach Absatz 1 nach Beendigung der Prüfung unverzüglich der Bundesanstalt zu übermitteln.**

(6) **[1]Das Bundesministerium der Finanzen wird ermächtigt, im Einvernehmen mit dem Bundesministerium der Justiz und für Verbraucherschutz durch Rechtsverordnung, die nicht der Zustimmung des Bundesrates bedarf, nähere Bestimmungen über den Gegenstand der Prüfung nach den Absätzen 3 und 4 und über weitere Inhalte, Umfang und Darstellung des Prüfungsberichts sowie zur Art und Weise seiner Einreichung bei der Bundesanstalt zu erlassen, soweit dies zur Erfüllung der Aufgaben der Bundesanstalt erforderlich ist, insbesondere um einheitliche Unterlagen zur Beurteilung der Tätigkeit der Kapitalverwaltungsgesellschaften zu er-**

halten, die die Voraussetzungen von § 2 Absatz 4 Satz 2 erfüllen. [2]Das Bundesministerium der Finanzen kann die Ermächtigung durch Rechtsverordnung auf die Bundesanstalt übertragen.

A. Allgemeines

1 § 45a wurde erst durch das Gesetz zur weiteren Stärkung des Anlegerschutzes mWv 16.8.2021 (BGBl. 2021 I 2570) in das KAGB eingeführt. Durch den Verweis in § 45a I auf „Kapitalverwaltungsgesellschaften im Sinne des § 45" wird klargestellt, dass für die Prüfung intern verwalteter Investmentgesellschaften vorrangig die §§ 121 und 136 (iVm § 44 I Nr. 7 S. 2, 3) anzuwenden sind. Für interne Kapitalverwaltungsgesellschaften, die Gelddarlehen nach § 285 II oder § 292a II vergeben, aber nicht als Investmentgesellschaft aufgelegt wurden, wird in Abs. 4 in Anlehnung an die bisherige Regelung in § 47 II, III klargestellt, dass auch die Einhaltung der Bestimmungen der Satzung oder des Gesellschaftsvertrags und – im Fall einer Personenhandelsgesellschaft – zusätzlich die Zuweisung von Gewinnen, Verlusten, Einlagen und Entnahmen zu den einzelnen Kapitalkonten zu prüfen und deren Ordnungsmäßigkeit zu bestätigen sind (BT-Drs. 19/29804, 40).

B. Abschlussprüfer (Abs. 2 und 5)

2 Die KVG hat der BaFin den von ihr bestellten Prüfer unverzüglich nach der Bestellung anzuzeigen. Die BaFin kann innerhalb von zwei Monaten nach Zugang der Anzeige die Bestellung eines anderen Prüfers verlangen, wenn dies zur Erreichung des Prüfungszwecks geboten ist. Das wird nur in besonders schwerwiegenden Fällen Anwendung finden, da dies ein aktiver Eingriff der BaFin in die Geschäftstätigkeit der KVG darstellt.

3 Der Prüfer hat den Prüfbericht nach Beendigung der Prüfung unverzüglich an die BaFin zu übermitteln, damit diese sich ein Bild von der Tätigkeit und der Compliance der KVG machen kann. Da die BaFin bei registrierten KVG nur eine begrenzte Aufsichtstätigkeit ausübt, sind die Abschlussberichte der Wirtschaftsprüfer ein wichtiges Aufsichtsinstrument. Die Wichtigkeit dieses Aufsichtsinstruments zeigt auch die entsprechende Bußgeldvorschrift. Die Nichtvorlage des Berichts ist nach § 340 II Nr. 15a eine Ordnungswidrigkeit und kann nach § 340 VII Nr. 1 mit einer Geldbuße von bis zu 5 Mio. EUR geahndet werden. Wird die Ordnungswidrigkeit von einer juristischen Person oder einer Personenvereinigung begangen, kann über diesen Betrag hinaus eine Geldbuße in Höhe bis zu 10% des jährlichen Gesamtumsatzes verhängt werden. Adressat dieser Vorschrift ist nicht die KVG, sondern der Prüfer selbst.

C. Geldwäscheprüfung (Abs. 3)

4 Neu ist auch der besondere Fokus der Prüfung auf der Einhaltung der Vorgaben des GwG. Registrierte KVG sind Verpflichtete nach § 2 Nr. 9 GwG. Der Gesetzgeber erläutert diese Neuerung mit der Feststellung der ersten Nationalen Risikoanalyse 2018/2019 sowie der Geldwäscheaufsicht, dass kein flächendeckendes Bewusstsein für die Risiken der Geldwäsche und Terrorismusfinanzierung im

Subsektor der registrierten Kapitalverwaltungsgesellschaften vorhanden sei. Die registrierte KVG könne Spezial-AIFs verwalten, von denen ein potenziell erhöhtes Risiko für Geldwäsche und Terrorismusfinanzierung ausgehe. Sie sei nach dem GwG für die Risikosteuerung verantwortlich. Insofern sei dem risikobasierten Ansatz folgend die Basisaufsicht geboten, die die Berichterstattung insb. zu den von der externen oder internen KVG getroffenen Vorkehrungen zur Verhinderung von Geldwäsche und von Terrorismusfinanzierung im Turnus vorsehe. Der Prüfungsbericht samt Bericht über die Einhaltung der geldwäscherechtlichen Pflichten zur Bekämpfung der Geldwäsche und Terrorismusfinanzierung sei ein bewährtes Mittel zum Erkenntnisgewinn (BT-Drs 19/29804, 40).

D. Verordnungsermächtigung (Abs. 6)

§ 45a VI enthält eine Verordnungsermächtigung, um der BaFin die notwendigen Informationen zur Überwachung der durch registrierte KVG verwaltete Investmentvermögen in einheitlicher Form bereitzustellen. Von dieser ist bislang noch nicht Gebrauch gemacht worden. 5

§ 46 Jahresabschluss und Lagebericht von extern verwalteten Spezial-AIF, für deren Rechnung Gelddarlehen nach § 285 Absatz 2 oder § 292a Absatz 2 vergeben werden

[1]Bei einem extern verwalteten geschlossenen inländischen Spezial-AIF, für dessen Rechnung eine AIF-Kapitalverwaltungsgesellschaft, die die Voraussetzungen des § 2 Absatz 4 Satz 2 erfüllt, Gelddarlehen gemäß § 285 Absatz 2 oder § 292a Absatz 2 vergibt, und auf den § 44 Absatz 1 Nummer 7 Satz 3 nicht anzuwenden ist, sind für den Jahresabschluss die Bestimmungen des Ersten Unterabschnitts des Zweiten Abschnitts des Dritten Buches des Handelsgesetzbuchs und für den Lagebericht die Bestimmungen des § 289 des Handelsgesetzbuchs einzuhalten, soweit sich nichts anderes ergibt
1. aus dem entsprechend anwendbaren § 120 Absatz 2 bis 8 bei geschlossenen Spezial-AIF in der Rechtsform einer juristischen Person oder
2. dem entsprechend anwendbaren § 135 Absatz 3 bis 11 bei geschlossenen Spezial-AIF in der Rechtsform einer Personenhandelsgesellschaft.

[2]§ 264 Absatz 1 Satz 4 erster Halbsatz, Absatz 3 und 4 sowie § 264b des Handelsgesetzbuchs sind nicht anzuwenden.

A. Allgemeines

Die Vorschrift wurde zuletzt durch das Gesetz zur weiteren Stärkung des Anlegerschutzes vom 9.7.2021 (BGBl. 2021 I 2570) mWv 16.8.2021 geändert. Sie ist eine Parallelregelung zu § 45, der Vorgaben für interne KVG enthält, die Gelddarlehen vergeben, sowie auch sonst für alle intern registrierten KVG. § 46 gilt nur für geschlossene extern verwaltete Investmentvermögen, die nicht in der Rechtsform der Investmentgesellschaft aufgelegt wurden und für deren Rechnung Gelddarlehen vergeben werden. Wird ein AIF in einer Rechtsform iSv § 44 I Nr. 7 S. 3, dh als Investmentgesellschaft, aufgelegt, gelten vorrangig die Spezialvorschriften gem. 1

§ 120 iVm § 148 (Investmentaktiengesellschaft mit fixem Kapital) bzw. § 135 iVm § 158 (geschlossene Investmentkommanditgesellschaft). Wird er nicht als Investmentgesellschaft aufgelegt, sondern zB als GmbH oder GmbH & Co. KG, wird für juristische Personen die entsprechende Geltung von § 120 II–VIII und für Personenhandelsgesellschaften die entsprechende Geltung von § 135 III–XI angeordnet (BT-Drs. 19/29804, 40f.).

B. Inhaltliche Anforderungen an den Jahresbericht und den Lagebericht

2 Der **Jahresabschluss** für die hier relevanten inländischen Spezial-AIF ist unter Berücksichtigung der §§ 264–288 HGB aufzustellen, soweit sich aus § 135 III–XI nichts Abweichendes ergibt (BSV/*Klebeck/Kunschke* § 46 Rn. 6). Nicht anwendbar sind jedoch § 264 I 4 Hs. 1, III und IV HGB. Das bedeutet, dass die Pflicht zur Aufstellung des Lageberichts bestehen bleibt, auch wenn es sich bei der „kleinen" Spezial-AIF-KVG um eine kleine Kapitalgesellschaft iSd § 267 I HGB handelt. Ebenso kann sich die „kleine" Spezial-AIF-KVG nicht auf die Erleichterungen für Kapitalgesellschaften, die Tochterunternehmen eines nach § 290 HGB zur Aufstellung eines Konzernabschlusses verpflichteten Mutterunternehmens oder Tochterunternehmen eines nach § 11 PublG zur Aufstellung eines Konzernabschlusses verpflichteten Mutterunternehmens sind, berufen. Auch gelten aufgrund des Ausschlusses von § 264b HGB Erleichterungen für Personenhandelsgesellschaften iSd § 264a I HGB nicht hinsichtlich ihrer Verpflichtung, einen Jahresabschluss und einen Lagebericht aufzustellen, prüfen zu lassen und offenzulegen. Der **Lagebericht** für die hier relevanten geschlossenen inländischen Spezial-AIF ist unter Berücksichtigung des § 289 HGB aufzustellen, soweit sich aus § 135 III–XI nichts Abweichendes ergibt.

3 Soweit sich aus § 135 III–XI abweichende Regelungen zu den §§ 264–289 HGB ergeben, gehen die Regelungen des § 135 III–XI vor. Daraus ergibt sich, dass die Bilanz in Staffelform aufzustellen ist. Hinsichtlich der detaillierten Angaben in der Bilanz, der Gewinn- und Verlustrechnung sowie des Lageberichts verweist § 135 auf einzelne Absätze und Sätze des § 101; vgl. insoweit die Kommentierung zu § 135. Die **Kapitalanlage-Rechnungslegungs- und -Bewertungsverordnung** (KARBV) ist nicht direkt auf die inhaltliche Ausgestaltung der Jahresabschlüsse von kleinen Spezial-AIF anwendbar, die von einer AIF-KVG verwaltet werden, die die Voraussetzungen des § 2 IV erfüllt. Die KARBV findet aber Anwendung über den Verweis auf § 135 XI, der die Verordnungsermächtigung für die KARBV enthält (so im Ergebnis auch AWZ/*Gottschling* § 46 Rn. 16). Dies ist insoweit auch sinnvoll, da dadurch ein vergleichbarer Standard für die Inhalte der Jahresabschlüsse sowohl für „große" als auch für „kleine" Spezial-AIF-KVG gewährleistet ist.

4 Die Aufstellung des Jahresabschlusses und des Lageberichts ist Teil der Geschäftsführung und obliegt damit den Geschäftsleitern der AIF-KVG im Rahmen ihrer Gesamtverantwortung. Von der Aufstellung des Jahresabschlusses und des Lageberichts zu unterscheiden ist die Prüfung dieser Dokumente durch den Abschlussprüfer.

§47 Abschlussprüfung bei extern verwalteten Spezial-AIF, für deren Rechnung Gelddarlehen nach §285 Absatz 2 oder §292a Absatz 2 vergeben werden; Verordnungsermächtigung

(1) **Der Jahresabschluss und der Lagebericht eines geschlossenen inländischen Spezial-AIF im Sinne des §46 sind durch einen Abschlussprüfer nach Maßgabe der Bestimmungen des Dritten Unterabschnitts des Zweiten Abschnitts des Dritten Buches des Handelsgesetzbuchs zu prüfen.**

(2) **Der Abschlussprüfer hat bei seiner Prüfung auch festzustellen, ob der Spezial-AIF im Sinne des §46 sowohl die Bestimmungen dieses Gesetzes als auch jene eines dem AIF zugrundeliegenden Gesellschaftsvertrags oder einer dem AIF zugrundeliegenden Satzung beachtet hat.**

(3) **[1]Bei einem geschlossenen inländischen Spezial-AIF in der Rechtsform einer Personenhandelsgesellschaft hat der Abschlussprüfer auch die Zuweisung von Gewinnen, Verlusten, Einlagen und Entnahmen zu den einzelnen Kapitalkonten zu prüfen und deren Ordnungsmäßigkeit zu bestätigen. [2]Dies gilt auch für den Fall, dass der Anteil am AIF für den Anleger durch einen Treuhänder gehalten wird.**

(3a) **[1]Unbeschadet der besonderen Pflichten des Abschlussprüfers nach den Absätzen 2 und 3 kann die Bundesanstalt auch gegenüber Spezial-AIF im Sinne des §46 Bestimmungen über den Inhalt der Prüfung treffen, die vom Abschlussprüfer im Rahmen der Jahresabschlussprüfung zu berücksichtigen sind. [2]Sie kann insbesondere Schwerpunkte für die Prüfungen festlegen.**

(4) **Der Prüfungsbericht ist der Bundesanstalt auf Verlangen vom Abschlussprüfer einzureichen.**

(5) **[1]Das Bundesministerium der Finanzen wird ermächtigt, im Einvernehmen mit dem Bundesministerium der Justiz und für Verbraucherschutz durch Rechtsverordnung, die nicht der Zustimmung des Bundesrates bedarf, nähere Bestimmungen über den Gegenstand der Prüfung nach den Absätzen 2 und 3 und über weitere Inhalte, Umfang und Darstellung des Prüfungsberichts des Abschlussprüfers sowie zur Art und Weise der Einreichung des Prüfungsberichts des Abschlussprüfers bei der Bundesanstalt zu erlassen, soweit dies zur Erfüllung der Aufgaben der Bundesanstalt erforderlich ist, insbesondere um einheitliche Unterlagen zur Beurteilung der Tätigkeit von geschlossenen inländischen Spezial-AIF zu erhalten, für deren Rechnung AIF-Kapitalverwaltungsgesellschaften, die die Voraussetzungen des §2 Absatz 4 Satz 2 erfüllen, Gelddarlehen gemäß §285 Absatz 2 oder §292a Absatz 2 vergeben. [2]Das Bundesministerium der Finanzen kann die Ermächtigung durch Rechtsverordnung auf die Bundesanstalt übertragen.**

A. Allgemeines

§47 ist durch das Gesetz zur weiteren Stärkung des Anlegerschutzes vom 9.7.2021 (BGBl. 2021 I 2570) mWv 16.8.2021 neu gefasst worden. Die Änderung des §47 I stellt klar, dass die Vorgaben für die Prüfung nur für geschlossene Spezial- **1**

AIF iSv § 46 gelten. Wird ein AIF in einer Rechtsform iSv § 44 I Nr. 7 S. 3, dh als Investmentgesellschaft, aufgelegt, gelten vorrangig die Spezialvorschriften gem. § 44 I Nr. 7 S. 3 iVm §§ 121, 148 I oder mit §§ 136, 159. Wird er nicht als Investmentgesellschaft aufgelegt, sondern zB als GmbH oder GmbH & Co. KG, gilt § 47. Für interne registrierte Kapitalverwaltungsgesellschaften sind die Vorgaben für die Prüfung in § 45a geregelt (BT-Drs. 19/29804, 41).

2 § 47 ist das Pendant zu § 45a für extern verwaltete, darlehensgebende Spezial-AIF. Insoweit verweist § 47 I auch auf § 46 – und nicht wie § 45a auf § 45 – für den Maßstab des Jahresabschlusses und des Lageberichts. §§ 316–324a HGB sind folglich anzuwenden.

B. Gegenstand der Prüfung

3 Gegenstand der Prüfung sind die Vorgaben des KAGB sowie der Gesellschaftsvertrag bzw. die Satzung des AIF (Abs. 2). Abweichend zu § 45a III enthält § 47 keine explizite Vorgabe für die Prüfung der Erfüllung aus den geldwäscherechtlichen Pflichten. Hier kann es sich nur um ein Versehen des Gesetzgebers handeln. Denn die Gesetzesbegründung zur Einführung des § 45a III (BT-Drs. 19/29804, 40) gilt hier gleichermaßen.

Abweichend von § 45a V hat der Abschlussprüfer den Abschlussbericht nach § 47 IV nur auf Verlangen der BaFin vorzulegen.

4 Von der Verordnungsermächtigung des § 47 V ist bislang noch nicht Gebrauch gemacht worden. Die KAPrüfbV und die KARBV erwähnen in der Eingangsformel beide die Ermächtigung des § 47 V nicht.

§ 48 [aufgehoben]

§ 48a [aufgehoben]

Unterabschnitt 5. Grenzüberschreitender Dienstleistungsverkehr bei OGAW-Verwaltungsgesellschaften

§ 49 Zweigniederlassung und grenzüberschreitender Dienstleistungsverkehr durch OGAW-Kapitalverwaltungsgesellschaften; Verordnungsermächtigung

(1) [1]**Eine OGAW-Kapitalverwaltungsgesellschaft hat der Bundesanstalt die Absicht, eine Zweigniederlassung in einem anderen Mitgliedstaat der Europäischen Union oder in einem anderen Vertragsstaat des Abkommens über den Europäischen Wirtschaftsraum zu errichten, um die kollektive Vermögensverwaltung oder Tätigkeiten nach § 20 Absatz 2 Nummer 1, 2, 3 oder 4 auszuüben, unverzüglich anzuzeigen.** [2]**Das Anzeigeschreiben muss neben der Erklärung der Absicht nach Satz 1 Folgendes enthalten:**

1. **die Bezeichnung des Staates, in dem die Zweigniederlassung errichtet werden soll,**
2. **einen Geschäftsplan,**

a) aus dem die geplanten Dienstleistungen und Nebendienstleistungen gemäß Artikel 6 Absatz 2 und 3 der Richtlinie 2009/65/EG und der organisatorische Aufbau der Zweigniederlassung hervorgehen,
b) der eine Beschreibung des Risikomanagementverfahrens umfasst, das von der OGAW-Kapitalverwaltungsgesellschaft erarbeitet wurde und
c) der eine Beschreibung der Verfahren und Vereinbarungen zur Einhaltung von Artikel 15 der Richtlinie 2009/65/EG enthält,

3. die Anschrift, unter der Unterlagen der OGAW-Kapitalverwaltungsgesellschaft im Aufnahmemitgliedstaat angefordert und Schriftstücke zugestellt werden können und
4. die Namen der Personen, die die Zweigniederlassung leiten werden.

(2) [1]Besteht in Anbetracht der geplanten Tätigkeiten kein Grund, die Angemessenheit der Organisationsstruktur und der Finanzlage der OGAW-Kapitalverwaltungsgesellschaft anzuzweifeln, übermittelt die Bundesanstalt die Angaben nach Absatz 1 Satz 2 innerhalb von zwei Monaten nach Eingang der vollständigen Unterlagen den zuständigen Stellen des Aufnahmemitgliedstaates der OGAW-Kapitalverwaltungsgesellschaft und teilt dies der anzeigenden OGAW-Kapitalverwaltungsgesellschaft unverzüglich mit. [2]Sie unterrichtet die zuständigen Stellen des Aufnahmemitgliedstaates der OGAW-Kapitalverwaltungsgesellschaft gegebenenfalls über die Sicherungseinrichtung, der die OGAW-Kapitalverwaltungsgesellschaft angehört. [3]Lehnt die Bundesanstalt es ab, die Anzeige nach Absatz 1 an die zuständigen Stellen des Aufnahmemitgliedstaates der OGAW-Kapitalverwaltungsgesellschaft weiterzuleiten, teilt sie dies der OGAW-Kapitalverwaltungsgesellschaft unverzüglich, spätestens jedoch innerhalb von zwei Monaten nach Eingang der vollständigen Anzeige nach Absatz 1 Satz 2 unter Angabe der Gründe mit. [4]Die Bundesanstalt teilt den zuständigen Stellen des Aufnahmemitgliedstaates der OGAW-Kapitalverwaltungsgesellschaft Änderungen ihrer Einschätzung der Angemessenheit der Organisationsstruktur und der Finanzlage der OGAW-Kapitalverwaltungsgesellschaft sowie Änderungen der Sicherungseinrichtung unverzüglich mit.

(3) Die OGAW-Kapitalverwaltungsgesellschaft darf erst die Zweigniederlassung errichten und ihre Tätigkeit aufnehmen, wenn ihr eine Mitteilung der zuständigen Stelle des Aufnahmemitgliedstaates über die Meldepflichten und die anzuwendenden Bestimmungen zugegangen ist oder, sofern diese Stelle sich nicht äußert, wenn seit der Übermittlung der Angaben durch die Bundesanstalt an die zuständige Stelle des Aufnahmemitgliedstaates der OGAW-Kapitalverwaltungsgesellschaft nach Absatz 2 Satz 1 zwei Monate vergangen sind.

(4) [1]Ändern sich die Verhältnisse, die nach Absatz 1 Satz 2 Nummer 2 bis 4 angezeigt wurden, hat die OGAW-Kapitalverwaltungsgesellschaft der Bundesanstalt und den zuständigen Stellen des Aufnahmemitgliedstaates der OGAW-Kapitalverwaltungsgesellschaft die Änderungen mindestens einen Monat vor dem Wirksamwerden der Änderungen anzuzeigen. [2]Die Bundesanstalt entscheidet darüber, ob hinsichtlich der Änderungen nach Satz 1 Gründe bestehen, die Angemessenheit der Organisationsstruktur und der Finanzlage der OGAW-Kapitalverwaltungsgesellschaft anzuzweifeln.

(4a) [1]**Verstößt die OGAW-Kapitalverwaltungsgesellschaft infolge einer in Absatz 4 Satz 1 genannten Änderung nunmehr gegen dieses Gesetz oder aufgrund dieses Gesetzes erlassene Bestimmungen, so teilt die Bundesanstalt der OGAW-Kapitalverwaltungsgesellschaft innerhalb von 15 Arbeitstagen nach Eingang der in Absatz 4 Satz 1 genannten Anzeige mit, dass sie die Änderung nicht durchführen darf.** [2]**In diesem Fall setzt die Bundesanstalt die zuständigen Behörden des Aufnahmemitgliedstaates der OGAW-Kapitalverwaltungsgesellschaft entsprechend in Kenntnis.**

(4b) **Wird eine in Absatz 4 Satz 1 genannte Änderung nach einer Mitteilung gemäß Absatz 4a Satz 1 durchgeführt und verstößt die OGAW-Kapitalverwaltungsgesellschaft infolge dieser Änderung nunmehr gegen dieses Gesetz oder aufgrund dieses Gesetzes erlassene Bestimmungen, so trifft die Bundesanstalt geeignete Maßnahmen und setzt die zuständigen Behörden des Aufnahmemitgliedstaates der OGAW-Kapitalverwaltungsgesellschaft unverzüglich über die getroffenen Maßnahmen in Kenntnis.**

(5) [1]**Absatz 1 Satz 1 gilt entsprechend für die Absicht, im Wege des grenzüberschreitenden Dienstleistungsverkehrs in einem anderen Mitgliedstaat der Europäischen Union oder einem anderen Vertragsstaat des Abkommens über den Europäischen Wirtschaftsraum die kollektive Vermögensverwaltung oder Tätigkeiten nach § 20 Absatz 2 Nummer 1, 2, 3 oder 4 auszuüben.** [2]**Die Anzeige muss neben der Erklärung der Absicht nach Satz 1 Folgendes enthalten:**

1. **die Bezeichnung des Staates, in dem die grenzüberschreitende Dienstleistung ausgeübt werden soll und**
2. **einen Geschäftsplan,**
   a) **aus dem die geplanten Dienstleistungen und Nebendienstleistungen gemäß Artikel 6 Absatz 2 und 3 der Richtlinie 2009/65/EG hervorgehen,**
   b) **der eine Beschreibung des Risikomanagementverfahrens umfasst, das von der OGAW-Kapitalverwaltungsgesellschaft erarbeitet wurde und**
   c) **der eine Beschreibung der Verfahren und Vereinbarungen zur Einhaltung von Artikel 15 der Richtlinie 2009/65/EG enthält.**

(6) [1]**Die Bundesanstalt übermittelt die Angaben nach Absatz 5 Satz 2 innerhalb eines Monats nach Eingang der vollständigen Unterlagen den zuständigen Stellen des Aufnahmemitgliedstaates der OGAW-Kapitalverwaltungsgesellschaft und teilt dies der anzeigenden OGAW-Kapitalverwaltungsgesellschaft unverzüglich mit.** [2]**Die Bundesanstalt unterrichtet die zuständigen Stellen des Aufnahmemitgliedstaates der OGAW-Kapitalverwaltungsgesellschaft gegebenenfalls über die Sicherungseinrichtung, der die OGAW-Kapitalverwaltungsgesellschaft angehört.** [3]**Unmittelbar nachdem die Bundesanstalt die zuständigen Stellen des Aufnahmemitgliedstaates der OGAW-Kapitalverwaltungsgesellschaft unterrichtet hat, kann die OGAW-Kapitalverwaltungsgesellschaft ihre Tätigkeit im Aufnahmemitgliedstaat aufnehmen.** [4]**Ändern sich die Verhältnisse, die nach Absatz 5 Satz 2 Nummer 2 angezeigt wurden, hat die OGAW-Kapitalverwaltungsgesellschaft der Bundesanstalt und den zuständigen Stellen des Aufnahmemitgliedstaates der OGAW-Kapitalverwaltungsgesellschaft die Änderungen vor dem Wirksamwerden der Änderungen anzuzeigen.**

(7) **OGAW-Kapitalverwaltungsgesellschaften, die beabsichtigen, gemäß Absatz 1 eine Zweigniederlassung zu errichten oder gemäß Absatz 5 im Wege des grenzüberschreitenden Dienstleistungsverkehrs Tätigkeiten nach § 20 Absatz 2 Nummer 1, 2, 3 oder 4 auszuüben, müssen mindestens einen OGAW verwalten.**

(8) **Das Bundesministerium der Finanzen wird ermächtigt, durch Rechtsverordnung, die nicht der Zustimmung des Bundesrates bedarf, zu bestimmen, dass die Absätze 1 bis 4 für die Errichtung einer Zweigniederlassung in einem Drittstaat entsprechend anzuwenden sind, soweit dies im Bereich des Niederlassungsrechts auf Grund von Abkommen der Europäischen Union mit Drittstaaten erforderlich ist.**

Inhaltsübersicht

	Rn.
A. Allgemeines	1
B. Errichtung einer Zweigniederlassung	4
I. Anzeigepflicht und Anzeigeverfahren (Abs. 1)	5
1. Anzeigepflichtiger Sachverhalt	5
2. Inhalt der Absichtsanzeige	6
II. Bearbeitung durch die BaFin (Abs. 2)	7
1. Prüfungsumfang der BaFin und Übermittlung der Angaben (Abs. 2 S. 1 und 2)	7
2. Erlaubtes Tätigwerden in einem anderen EU-/EWR-Staat (Abs. 3)	10
3. Versagung der Übermittlung (Abs. 2 S. 3)	12
III. Änderungsanzeige (Abs. 4, 4a und 4b)	13
IV. Anwendbares Recht	16
C. Erbringung grenzüberschreitender Dienstleistungen	17
I. Anzeigepflicht und Anzeigeverfahren (Abs. 5)	18
II. Anzeigeverfahren (Abs. 6)	20
D. Sanktionen	23

A. Allgemeines

1 Verwaltet die EU-Verwaltungsgesellschaft OGAW, genügt es, wenn die Erlaubnis, die die EU-Verwaltungsgesellschaft in ihrem Herkunftsmitgliedstaat hält, die in Deutschland beabsichtigten Tätigkeiten abdeckt und die zuständige Stelle im Herkunftsmitgliedstaat der BaFin anzeigt, dass die betreffende EU-Verwaltungsgesellschaft eine Zweigniederlassung in Deutschland errichten möchte bzw. grenzüberschreitend kollektive Verwaltungstätigkeit ausüben möchte. Gleiches gilt, wenn die EU-Verwaltungsgesellschaft die Dienstleistungen oder Nebendienstleistungen der Finanzportfolioverwaltung, die Anlageberatung, die Verwahrung und Verwaltung von Anteilen an Investmentvermögen für andere erbringen oder Anteile oder Aktien an fremden Investmentvermögen vertreiben möchte. § 49 ermöglicht also der OGAW-KVG, von ihrer Erlaubnis in anderen EU-/EWR-Staaten im Rahmen des **europäischen Passes** Gebrauch zu machen und regelt das Anzeigeverfahren für die grenzüberschreitende Tätigkeit von OGAW-KVG mit Sitz in Deutschland in einem anderen EU-/EWR-Staat im Wege der Gründung einer **Zweigniederlassung** (Abs. 1–4) oder des **grenzüberschreitenden Dienstleistungsverkehrs** (Abs. 5 und 6). § 49 ersetzt § 12 InvG und setzt Art. 17, 18 der RL 2009/65/EG

um. Eine OGAW-KVG, die grenzüberschreitend tätig werden will, muss mind. einen OGAW verwalten (Abs. 7). Von der Verordnungsermächtigung des § 49 VIII hat der Gesetzgeber bislang keinen Gebrauch gemacht. Die Regelung des § 49 wurde erstmals mit dem InvModG eingeführt.

2 Regelungsvorbild des § 49 KABG ist § 24a KWG (BT-Drs. 15/1553, 80), der ebenfalls das Anzeigeverfahren für die Errichtung einer Zweigniederlassung und Erbringung grenzüberschreitender Dienstleistungen in anderen Staaten des EWR regelt, jedoch auf CRR-Kreditinstitute und Wertpapierhandelsunternehmen beschränkt ist. § 24a KWG kann in Zweifelsfragen zur Auslegung herangezogen werden, da auch er der Harmonisierung des Anzeigeverfahrens dient (BSV/*Klebeck/Kunschke* § 49 Rn. 3). Wie auch in § 24a KWG setzt der Gesetzgeber höhere Anforderungen an die Errichtung einer Zweigniederlassung als an die Erbringung grenzüberschreitender Dienstleistungen.

3 § 49 wird durch § 51 ergänzt, der den spiegelbildlichen Fall der Errichtung von Zweigniederlassungen und der Erbringung von grenzüberschreitenden Dienstleistungen in Deutschland durch eine in einem EU-/EWR-Staat ansässige EU-OGAW-Verwaltungsgesellschaft regelt.

B. Errichtung einer Zweigniederlassung

4 Eine **Zweigniederlassung** ist nach § 1 XIX Nr. 38 in Bezug auf eine OGAW-KVG eine Betriebsstelle, die einen rechtlich unselbstständigen Teil der OGAW-KVG bildet und die die Dienstleistung erbringt, für die der OGAW-KVG eine Zulassung oder Genehmigung nach §§ 20, 21 erteilt wurde, wobei alle Betriebsstellen einer OGAW-KVG in einem anderen Mitgliedstaat, die sich in ein und demselben Mitgliedstaat befinden, als eine einzige Zweigniederlassung gelten. Eine Zweigniederlassung setzt eine dauerhafte physische Präsenz voraus.

I. Anzeigepflicht und Anzeigeverfahren (Abs. 1)

5 **1. Anzeigepflichtiger Sachverhalt.** Anzuzeigen ist bereits die **Absicht einer OGAW-KVG,** eine Zweigniederlassung in einem anderen EU-/EWR-Staat zu errichten, um dort die kollektive Vermögensverwaltung, Finanzportfolioverwaltung oder Anlageberatung anzubieten und auszuüben oder Anteile an inländischen Investmentvermögen, EU-Investmentvermögen oder ausländischen AIF für andere zu verwahren und zu verwalten oder Anteile oder Aktien an fremden Investmentvermögen zu vertreiben. Dies setzt voraus, dass der OGAW-KVG für die Tätigkeiten, die sie über eine Zweigniederlassung erbringen möchte, eine Erlaubnis nach §§ 20, 21 von der BaFin erteilt worden ist. Nach dem Wortlaut des § 49 I 1 ist es einer OGAW-KVG möglich, auch nur die Nebendienstleistungen nach § 20 II Nr. 1–4 über eine Zweigniederlassung in einem anderen EU-/EWR-Staat zu erbringen, ohne gleichzeitig auch die kollektive Vermögensverwaltung anzubieten und auszuüben.

6 **2. Inhalt der Absichtsanzeige.** Die inhaltlichen Anforderungen an die Absichtsanzeige sind in § 49 I 2 festgelegt. In der Anzeige muss dargelegt werden, in welchem **EU-/EWR-Staat** die Zweigniederlassung errichtet werden soll. Daneben muss ein **Geschäftsplan** vorgelegt werden, aus dem die geplanten Dienstleistungen und Nebendienstleistungen sowie der organisatorische Aufbau der Zweigniederlassung hervorgeht. Der Geschäftsplan muss ferner eine Beschreibung

des Risikomanagementverfahrens für die Zweigniederlassung sowie eine Beschreibung der Verfahren und Vereinbarungen gem. Art. 15 der RL 2009/65/EG (OGAW-RL) enthalten. Die Beschreibung der Verfahren und Vereinbarungen gem. Art. 15 der RL 2009/65/EG betrifft einerseits Maßnahmen, die sicherstellen sollen, dass die Anteilsinhaber im Aufnahmemitgliedstaat in den Genuss der Zahlungen, des Rückkaufs und der Rücknahme der Anteile kommen und die vom OGAW zu liefernden entsprechenden Informationen erhalten. Andererseits müssen im Geschäftsplan geeignete Verfahren und Vorkehrungen beschrieben werden, die einen ordnungsgemäßen Umgang mit Anlegerbeschwerden vorsehen. Daneben muss in der Absichtsanzeige eine **zustellfähige Anschrift** angegeben werden, unter der Unterlagen der OGAW-KVG im Aufnahmemitgliedstaat angefordert und Schriftstücke zugestellt werden können. Außerdem sind die Namen der **Leiter der Zweigniederlassung** anzugeben.

II. Bearbeitung durch die BaFin (Abs. 2)

1. Prüfungsumfang der BaFin und Übermittlung der Angaben (Abs. 2 S. 1 und 2). Die BaFin prüft die Vollständigkeit der Absichtsanzeige. Die Bearbeitungsfrist der BaFin beginnt erst mit Eingang der vollständigen Unterlagen bei der BaFin zu laufen. Das Gesetz sieht hingegen nicht explizit vor, dass die BaFin die Vollständigkeit der Absichtsanzeige gegenüber der OGAW-KVG bestätigt. Daneben prüft die BaFin die Angemessenheit der Organisationsstruktur und der Finanzlage der OGAW-KVG. Die Prüfungspflicht der BaFin verwirklicht das Prinzip der Heimatstaatkontrolle. Danach darf der Aufnahmemitgliedstaat auf eine kompetente Prüfung der zuständigen Heimatstaatkontrolle vertrauen (BT-Drs. 15/1553, 81). 7

Sofern die Organisationsstruktur und die Finanzlage der OGAW-KVG einer Errichtung der Zweigniederlassung nicht entgegenstehen, übermittelt die BaFin die Angaben, die in der Absichtsanzeige dargelegt worden sind, innerhalb von zwei Monaten nach Eingang der vollständigen Unterlagen an die zuständigen Stellen des Aufnahmemitgliedstaates und teilt der OGAW-KVG die Übermittlung der Angaben unverzüglich mit. Die Organisationsstruktur der OGAW-KVG ist dann angemessen, wenn die OGAW-KVG die Fähigkeit nachweisen kann, eine ausländische Zweigniederlassung hinreichend zu leiten und zu überwachen. Hierfür ist geeignetes und qualifiziertes Personal sowie eine adäquate Aufbau- und Ablauforganisation erforderlich (BSL/*Blankenheim* InvG § 12 Rn. 8). Die Anforderungen an die Geschäftsleitung der Zweigniederlassung werden nicht so hoch sein wie bei dem originären Erlaubnisträger. Allerdings sollten die Kernqualifikationen für die Ausübung der geplanten Tätigkeiten der Zweigniederlassung bei dem Geschäftsleiter vorhanden sein. Gehört die OGAW-KVG einer Einlagensicherungs- oder Anlegerentschädigungseinrichtung an, weil sie Finanzportfolioverwaltung nach § 20 II Nr. 1 erbringt, teilt die BaFin dies den zuständigen Stellen des Aufnahmemitgliedstaates ebenfalls mit. 8

Entscheidet die BaFin, dass aufgrund der geplanten Änderungen Zweifel an der Angemessenheit der Organisationsstruktur und der Finanzlage der OGAW-KVG bestehen, teilt sie die Änderung ihrer Einschätzung den zuständigen Stellen des Aufnahmemitgliedstaates mit. Sofern die geplante Änderung auch Auswirkungen auf die Einlagensicherungs- und Anlegerentschädigungseinrichtung hat, der die OGAW-KVG angehört, teilt die BaFin dies ebenfalls den zuständigen Stellen des Aufnahmemitgliedstaates mit. 9

10 **2. Erlaubtes Tätigwerden in einem anderen EU-/EWR-Staat (Abs. 3).** Die Zweigniederlassung darf erst errichtet und die Tätigkeit in dem Aufnahmemitgliedstaat aufgenommen werden, wenn der OGAW-KVG eine Mitteilung der zuständigen Stellen des Aufnahmemitgliedstaates über Meldepflichten und die anzuwendenden Bestimmungen im Aufnahmemitgliedstaat zugegangen ist. Sofern die OGAW-KVG eine solche Mitteilung nicht erhält, weil sich die zuständige Stelle des Aufnahmemitgliedstaates nicht äußert, darf sie die Zweigniederlassung auch dann errichten und ihre Tätigkeit aufnehmen, wenn seit der Übermittlung der Angaben durch die BaFin an die zuständige Behörde des Aufnahmemitgliedstaates zwei Monate vergangen sind. Die OGAW-KVG kann die Zwei-Monatsfrist anhand der Mitteilung der BaFin über die Übermittlung der Angaben an die zuständige Behörde des Aufnahmemitgliedstaates berechnen.

11 Das Abwarten der Zwei-Monatsfrist wegen einer fehlenden Äußerung der zuständigen Behörde des Aufnahmemitgliedstaates kann dazu führen, dass das zwischenstaatliche Passporting-Verfahren zur Errichtung einer Zweigniederlassung bis zu vier Monate nach Eingang der vollständigen Anzeigeunterlagen bei der BaFin dauern kann, wenn die BaFin die Zwei-Monatsfrist für die Prüfung und die Übermittlung der Angaben ausschöpft.

12 **3. Versagung der Übermittlung (Abs. 2 S. 3).** Die BaFin kann die Übermittlung der Angaben der Absichtsanzeige an die zuständigen Stellen des Aufnahmemitgliedstaates ablehnen, wenn ihre Prüfung ergibt, dass die Organisationsstruktur und die Finanzlage der OGAW-KVG nicht angemessen sind. Sie hat diese Entscheidung der OGAW-KVG unverzüglich und begründet mitzuteilen, spätestens jedoch innerhalb von zwei Monaten nach Eingang der vollständigen Anzeige. Damit gilt die Erlaubnis zur Errichtung einer Zweigniederlassung als nicht erteilt, dh eine Zweigniederlassung darf im Aufnahmemitgliedstaat nicht errichtet werden (so auch BFS/*Braun* KWG § 24a Rn. 44). Die ablehnende Entscheidung der BaFin ist ein Verwaltungsakt und kann mit Widerspruch und Verpflichtungsklage (in Form der Versagungsgegenklage) angegriffen werden.

III. Änderungsanzeige (Abs. 4, 4a und 4b)

13 § 49 IV, IVa und IVb regeln die Anzeige- und Meldepflichten der OGAW-KVG und der BaFin, wenn sich die ursprünglich angezeigten Verhältnisse bei grenzüberschreitenden Tätigkeiten der OGAW-KVG durch eine Zweigniederlassung geändert haben. Hier wurde durch das FoStoG Art. 17 Abs. 8 der RL 2009/65/EG umgesetzt (BT-Drs. 19/27631, 89f.). Die OGAW-KVG hat der BaFin und den zuständigen Stellen des Aufnahmemitgliedstaates jede Änderung der Verhältnisse, die sie in der Absichtsanzeige dargelegt hat, mindestens einen Monat vor dem Wirksamwerden der Änderung schriftlich anzuzeigen. Anzuzeigen sind damit Änderungen im Vergleich zum ursprünglich angezeigten Geschäftsplan (und damit auch die Einstellung der Tätigkeit und Schließung der Zweigniederlassung im Aufnahmemitgliedstaat), jede Änderung der zustellfähigen Anschrift sowie Änderungen hinsichtlich der Leitung der Zweigniederlassung.

14 Durch die Neuregelungen der Abs. 4a und 4b ergibt sich nun ein zweistufiges Verfahren. Sofern die BaFin nach der Änderungsanzeige zu dem Ergebnis kommt, dass die OGAW-KVG durch die geplante Änderung gegen gesetzliche Bestimmungen verstößt, teilt die BaFin innerhalb einer Frist von 15 Arbeitstagen nach Erhalt der Anzeige der OGAW-KVG mit, dass die geplante Maßnahme durch-

geführt werden darf. Auch die Aufsichtsbehörde des Aufnahmestaates wird entsprechend informiert. Sofern die OGAW-KVG diese Maßnahme dennoch umsetzt, greift in einem zweiten Schritt Abs. 4b, der die BaFin zum Einsatz geeigneter Maßnahmen ermächtigt. Sofern keine milderen Mittel bestehen, kann das bis hin zum Verbot des grenzüberschreitenden Geschäftsverkehrs führen. Auch hier wird die Aufsichtsbehörde des Aufnahmestaates entsprechend durch die BaFin informiert.

Auch wenn das Gesetz dies nicht ausdrücklich vorschreibt, wird die OGAW- 15 KVG aus rechtsstaatlichen und allgemeinen verwaltungsrechtlichen Grundsätzen heraus von der BaFin verlangen können, dass sie die Änderung ihrer Einschätzung, die sie den zuständigen Stellen des Aufnahmemitgliedstaates mitteilt, auch der OGAW-KVG selbst gegenüber bekanntgibt. Denn nur so kann die OGAW-KVG Kenntnis davon erlangen, dass die geplante Änderung nicht wie vorgesehen umgesetzt werden kann. Das ist insb. bei einer Erweiterung der Geschäftstätigkeit der Zweigniederlassung zwingend erforderlich, um Rechtssicherheit für die OGAW-KVG zu schaffen. Gegen eine solche, ihr bekanntgegebene negative Entscheidung kann die OGAW-KVG verwaltungsrechtliche Rechtsmittel einlegen.

IV. Anwendbares Recht

Die OGAW-KVG unterliegt im Hinblick auf ihre eigene Organisation dem 16 KAGB und der Aufsicht des Herkunftsstaates, also der BaFin. Diese Herkunftsstaataufsicht umfasst nach Art. 19 I und II der RL 2009/65/EG zB auch die Übertragungsvereinbarungen, Risikomanagementverfahren, internes Controlling, Interessenkonfliktmanagement, Buchhaltung und die Anforderungen an die IT. Im Hinblick auf die Gründung und die Geschäftstätigkeit der von ihr im Aufnahmemitgliedstaat verwalteten OGAW gilt das Recht des Aufnahmemitgliedstaates, dh, diese richten sich nach dem Recht des Herkunftsstaates des OGAW (Art. 19 III der RL 2009/65/EG). Das gilt etwa auch für die Vorschriften zur Vermeidung von Geldwäsche und Terrorismusfinanzierung.

C. Erbringung grenzüberschreitender Dienstleistungen

Der Begriff des **grenzüberschreitenden Dienstleistungsverkehrs** ist nicht 17 legal definiert, kann aber in Anlehnung an das Bankaufsichtsrecht als Tätigkeit verstanden werden, mit der sich die OGAW-KVG zielgerichtet an den ausländischen Markt wendet, um gegenüber Unternehmen und/oder Personen, die ihren Sitz oder gewöhnlichen Aufenthalt im Ausland haben, wiederholt und geschäftsmäßig die entsprechenden Dienstleistungen und Nebendienstleistungen anzubieten. Sofern sich ein Unternehmen und/oder eine Person mit Sitz im Ausland aus eigener Initiative an eine OGAW-KVG mit Sitz in Deutschland wendet und der Geschäftskontakt allein von dem Unternehmen und/oder der Person im Ausland ausgeht und die OGAW-KVG daraufhin gegenüber diesem Unternehmen und/oder dieser Person grenzüberschreitend tätig wird, ist dies von der passiven Dienstleistungsfreiheit erfasst und bedarf keiner Anzeige an die BaFin und keiner zusätzlichen Erlaubnis.

I. Anzeigepflicht und Anzeigeverfahren (Abs. 5)

18 Nach § 49 V **anzeigepflichtig** ist ebenfalls bereits die **Absicht einer OGAW-KVG,** im Wege des grenzüberschreitenden Dienstleistungsverkehrs in einem anderen EU-/EWR-Staat die kollektive Vermögensverwaltung, Finanzportfolioverwaltung oder Anlageberatung anzubieten und auszuüben oder Anteile an inländischen Investmentvermögen, EU-Investmentvermögen oder ausländischen AIF für andere zu verwahren und zu verwalten oder Anteile oder Aktien an fremde Investmentvermögen zu vertreiben. Dies setzt voraus, dass der OGAW-KVG für die Tätigkeiten, die sie im Wege des grenzüberschreitenden Dienstleistungsverkehrs erbringen möchte, eine Erlaubnis nach §§ 20, 21 von der BaFin erteilt worden ist. Nach dem Wortlaut des § 49 V 1 ist es einer OGAW-KVG möglich, auch nur die Nebendienstleistungen nach § 20 II Nr. 1–4 im Wege des grenzüberschreitenden Dienstleistungsverkehrs in einem anderen EU-/EWR-Staat zu erbringen, ohne gleichzeitig auch die kollektive Vermögensverwaltung anzubieten und auszuüben.

19 Das Anzeigeverfahren nach § 49 V 2 ist gegenüber dem Anzeigeverfahren zur Errichtung einer Zweigniederlassung vereinfacht. Die OGAW-KVG muss mitteilen, **in welchem EU-/EWR-Staat** sie grenzüberschreitend tätig sein möchte, und sie muss einen **Geschäftsplan** vorlegen, der inhaltlich denselben Anforderungen unterliegt wie der nach § 49 I 2 (vgl. → Rn. 6). Eine dauerhafte physische Präsenz im EU-/EWR-Staat, in dem grenzüberschreitend Dienstleistungen erbracht werden sollen, ist gerade zu vermeiden.

II. Anzeigeverfahren (Abs. 6)

20 Die BaFin prüft zunächst die Vollständigkeit der Unterlagen und **übermittelt die Angaben** der Absichtsanzeige der OGAW-KVG **innerhalb eines Monats** nach Eingang der vollständigen Unterlagen bei den zuständigen Stellen des Aufnahmemitgliedstaates. Sofern die OGAW-KVG im Wege des grenzüberschreitenden Dienstleistungsverkehrs Finanzportfolioverwaltung nach § 20 II Nr. 1 erbringt, unterrichtet die BaFin die zuständigen Stellen des Aufnahmemitgliedstaates auch über die Einlagensicherungs- oder Anlegerentschädigungseinrichtung, der die OGAW-KVG angehört. Im Gegensatz zum Verfahren zur Errichtung einer Zweigniederlassung beträgt die gesetzlich vorgesehene Bearbeitungsdauer für die BaFin nur einen Monat, ist also um die Hälfte verkürzt. Im Rahmen des OGAW-IV-UmsG hat der Gesetzgeber bewusst auf eine Normierung einer Prüfungspflicht der BaFin bei der Anzeige für Erbringung von grenzüberschreitenden Dienstleistungen in Anlehnung an Art. 18 II UAbs. 1 der RL 2009/65/EG verzichtet, da diese Vorschrift lediglich die Weiterleitung der Anzeige an die zuständigen Stellen des Aufnahmemitgliedstaates vorsieht, nicht aber eine Prüfung. Die Überwachung der OGAW-KVG (auch im Hinblick auf die Erbringung der grenzüberschreitenden Dienstleistungen) erfolgt im Rahmen des § 5 (BT-Drs. 17/4510, 63).

21 Die OGAW-KVG erhält von der BaFin daraufhin unverzüglich die **Mitteilung,** dass sie die Angaben der Absichtsanzeige an die zuständigen Stellen des Aufnahmemitgliedstaates übermittelt hat. Die OGAW-KVG darf unmittelbar nachdem die BaFin die zuständigen Stellen des Aufnahmemitgliedstaates unterrichtet hat, ihre Tätigkeit im Aufnahmemitgliedstaat aufnehmen. Damit ist das Anzeigeverfahren für die Erbringung grenzüberschreitender Dienstleistungen gegenüber dem Verfahren zur Errichtung einer Zweigniederlassung nach § 49 II und III wesentlich erleichtert.

Auch die OGAW-KVG, die im Wege des grenzüberschreitenden Dienstleistungsverkehrs tätig wird, muss die **Änderung von Verhältnissen** gegenüber der ursprünglichen Absichtsanzeige der BaFin und den zuständigen Stellen des Aufnahmemitgliedstaates schriftlich anzeigen. Anders als im Verfahren zur Errichtung einer Zweigniederlassung hat der Gesetzgeber hier keine Frist vorgesehen, die zwischen der Änderungsanzeige und dem Wirksamwerden der Änderungen eingehalten werden muss. 22

D. Sanktionen

Wer entgegen § 49 I 1 und V, IV 1 und VI 4 eine Absichtsanzeige zur Errichtung einer Zweigniederlassung oder zur Erbringung grenzüberschreitender Dienstleistungen oder eine entsprechende Änderungsanzeige nicht, nicht richtig, nicht vollständig, nicht in der vorgeschriebenen Weise oder nicht rechtzeitig erstattet, handelt nach § 340 II Nr. 16 ordnungswidrig. Diese Ordnungswidrigkeit kann nach § 340 VII Nr. 2 mit einer Geldbuße von bis zu 1 Mio. EUR geahndet werden. Sofern die Geldbuße gegenüber einer juristischen Person verhängt wird (was in der Praxis regelmäßig der Fall sein wird), kann über diesen Betrag hinaus eine Geldbuße iHv 2% des jährlichen Gesamtumsatzes verhängt werden. Sofern der wirtschaftliche Vorteil höher ist, kann auch ein Betrag iHd Zweifachen des aus dem Verstoß gezogenen wirtschaftlichen Vorteils geahndet werden. 23

§50 Besonderheiten für die Verwaltung von EU-OGAW durch OGAW-Kapitalverwaltungsgesellschaften

(1) **[1]Beabsichtigt eine OGAW-Kapitalverwaltungsgesellschaft, über eine Zweigniederlassung oder im Wege des grenzüberschreitenden Dienstleistungsverkehrs EU-OGAW zu verwalten, fügt die Bundesanstalt der Anzeige nach §49 Absatz 1 Satz 2 oder §49 Absatz 5 Satz 2 eine Bescheinigung darüber bei, dass die OGAW-Kapitalverwaltungsgesellschaft eine Erlaubnis zum Geschäftsbetrieb erhalten hat, die einer Zulassung gemäß der Richtlinie 2009/65/EG entspricht, sowie eine Beschreibung des Umfangs dieser Erlaubnis. [2]In diesem Fall hat die OGAW-Kapitalverwaltungsgesellschaft den zuständigen Stellen des Aufnahmemitgliedstaates darüber hinaus folgende Unterlagen zu übermitteln:**

1. **den in Textform geschlossenen Vertrag mit der Verwahrstelle im Sinne des § KAGB §68 Absatz 1 Satz 2 und**
2. **Angaben über die Auslagerung von Aufgaben nach §36 bezüglich der Aufgaben der Portfolioverwaltung und der administrativen Tätigkeiten im Sinne des Anhangs II der Richtlinie 2009/65/EG.**

[3]Verwaltet die OGAW-Kapitalverwaltungsgesellschaft in diesem Aufnahmemitgliedstaat bereits EU-OGAW der gleichen Art, ist ein Hinweis auf die bereits übermittelten Unterlagen ausreichend, sofern sich keine Änderungen ergeben.

(2) **[1]Die Bundesanstalt unterrichtet die zuständigen Stellen des Aufnahmemitgliedstaates der OGAW-Kapitalverwaltungsgesellschaft über jede Änderung des Umfangs der Erlaubnis der OGAW-Kapitalverwaltungsgesellschaft. [2]Sie aktualisiert die Informationen, die in der Bescheinigung**

nach Absatz 1 Satz 1 enthalten sind. [3]Alle nachfolgenden inhaltlichen Änderungen zu den Unterlagen nach Absatz 1 Satz 2 hat die OGAW-Kapitalverwaltungsgesellschaft den zuständigen Stellen des Aufnahmemitgliedstaates unmittelbar mitzuteilen.

(3) **Fordert die zuständige Stelle des Aufnahmemitgliedstaates der OGAW-Kapitalverwaltungsgesellschaft von der Bundesanstalt auf Grundlage der Bescheinigung nach Absatz 1 Satz 1 Auskünfte darüber an, ob die Art des EU-OGAW, dessen Verwaltung beabsichtigt ist, von der Erlaubnis der OGAW-Kapitalverwaltungsgesellschaft erfasst ist oder fordert sie Erläuterungen zu den nach Absatz 1 Satz 2 übermittelten Unterlagen an, gibt die Bundesanstalt ihre Stellungnahme binnen zehn Arbeitstagen ab.**

(4) **[1]Auf die Tätigkeit einer OGAW-Kapitalverwaltungsgesellschaft, die EU-OGAW verwaltet, sind die §§ 1 bis 43 sowie die im Herkunftsmitgliedstaat des EU-OGAW anzuwendenden Vorschriften, die Artikel 19 Absatz 3 und 4 der Richtlinie 2009/65/EG umsetzen, entsprechend anzuwenden. [2]Soweit diese Tätigkeit über eine Zweigniederlassung ausgeübt wird, sind § 26 Absatz 2 in Verbindung mit einer Rechtsverordnung nach § 26 Absatz 8 sowie § 27 Absatz 1 in Verbindung mit einer Rechtsverordnung nach § 27 Absatz 6 nicht anzuwenden.**

A. Allgemeines

1 § 50 ergänzt § 49 in den Fällen, in denen eine OGAW-KVG im Aufnahmemitgliedstaat einen EU-OGAW verwalten möchte, und erweitert insoweit die Reichweite des europäischen Passes. Nach § 1 VIII sind EU-OGAW Investmentvermögen, die dem Recht eines anderen Mitgliedstaates der EU oder eines anderen Vertragsstaates des EWR unterliegen. § 50 ersetzt § 12a InvG und setzt Art. 17 III–V und IX, Art. 18 II und IV, Art. 19 I und II, Art. 20 I, II und IV der RL 2009/65/EG um (BT-Drs. 17/4510, 63). Durch diese Vorschrift wird die OGAW-KVG auch zur Auflage und Verwaltung neuer, im Aufnahmestaat ansässiger (daher „EU-“) OGAW über die Zweigniederlassung oder im Wege des grenzüberschreitenden Dienstleistungsverkehrs ermächtigt (MJK/*Daemgen* § 50 Rn. 5). Damit gilt § 49 für die Fälle, in denen eine KVG grenzüberschreitend inländische OGAW verwaltet oder Nebendienstleistungen nach § 20 II Nr. 1–4 erbringt, und § 50 iVm § 49 I 2 oder § 49 V 2 für die Fälle, in denen eine KVG im Aufnahmestaat EU-OGAW verwaltet. § 50 regelt kein eigenständiges Anzeigeverfahren, sondern ergänzt die Regelungen des § 49 entsprechend (Baur/Tappen/*Tusch* § 50 Rn. 5). Bis zur Einführung des entsprechenden § 12a InvG war lediglich der Vertrieb bereits existenter, inländischer OGAW im Aufnahmestaat möglich, dh die Einrichtung und Verwaltung eines EU-OGAW in einer anderen Rechtsordnung als dem Herkunftsstaat der OGAW-KVG war nicht gestattet. Das Anzeigeverfahren nach § 12a InvG regelte bereits zusätzliche Anzeigepflichten gegenüber den zuständigen Stellen des Aufnahmemitgliedsstaates.

B. Ergänzendes Anzeigeverfahren für die grenzüberschreitende kollektive Vermögensverwaltung

I. Absichtsanzeige und zusätzlich vorzulegende Unterlagen (Abs. 1)

2 Sofern die OGAW-KVG beabsichtigt, entweder über ihre Zweigniederlassung oder im Wege des grenzüberschreitenden Dienstleistungsverkehrs **EU-OGAW aufzulegen und zu verwalten,** hat sie dies der BaFin im Rahmen des Anzeigeverfahrens nach § 49 mitzuteilen. Die BaFin ergänzt die Anzeige nach § 49 I oder § 49 V in diesem Fall bei der Übermittlung der Absichtsanzeige an die zuständigen Stellen des Aufnahmemitgliedstaates um eine Bescheinigung darüber, dass und in welchem Umfang die OGAW-KVG eine Erlaubnis zum Geschäftsbetrieb iSd RL 2011/65/EG hält. Im Übrigen gelten die Anforderungen an das Anzeigeverfahren nach § 49, dh, die BaFin prüft anhand der mit der Absichtsanzeige eingereichten Unterlagen, ob die Organisationsstruktur und die Finanzlage der OGAW-KVG hinsichtlich der im Aufnahmestaat geplanten Tätigkeiten angemessen sind (§ 49 II). Sie nimmt jedoch keine Prüfung dahingehend vor, ob die Verwaltung des EU-OGAW im Aufnahmemitgliedstaat von der der OGAW-KVG erteilten Erlaubnis gedeckt ist. Das ergibt sich aus dem Wortlaut des Gesetzes, wonach nur eine Bescheinigung über Status und Umfang der Erlaubnis für die zuständigen Stellen im Aufnahmemitgliedstaat auszustellen ist. Diese Prüfung obliegt den zuständigen Stellen des Aufnahmemitgliedstaates (→ Rn. 5).

3 Daneben hat auch die OGAW-KVG weitere Unterlagen an die zuständigen Stellen des Aufnahmemitgliedstaates zu übermitteln: Zum einen muss sie eine schriftliche Vereinbarung mit der Verwahrstelle, die für den EU-OGAW bestellt wird bzw. bestellt wurde, vorlegen. Zum anderen müssen Angaben über die Auslagerung von Aufgaben nach § 36 bezüglich der Portfolioverwaltung und der administrativen Tätigkeiten in Bezug auf den EU-OGAW übermittelt werden. Diese Unterlagen sind sowohl im Fall der Errichtung einer Zweigniederlassung als auch im Fall des grenzüberschreitenden Dienstleistungsverkehrs vorzulegen. Sofern die OGAW-KVG bereits in dem Aufnahmemitgliedstaat EU-OGAW der gleichen Art verwaltet, ist ein Hinweis auf die bereits übermittelten Unterlagen ausreichend, es sei denn, es ergeben sich für den neuen EU-OGAW Änderungen zu dem bereits verwalteten EU-OGAW. In diesem Fall sind lediglich die Änderungen mitzuteilen.

II. Anzeigepflicht bei Änderungen (Abs. 2)

4 Die BaFin ist verpflichtet, die zuständigen Stellen des Aufnahmemitgliedstaates über jegliche Änderungen des Umfangs der Erlaubnis der OGAW-KVG zu unterrichten und die Informationen in der Bescheinigung nach § 50 I 1 im Bedarfsfall zu aktualisieren. Diese Pflicht ist ein Ausfluss der Heimatstaatskontrolle, wonach die zuständigen Stellen des Aufnahmemitgliedstaates auf eine kompetente und zuverlässige Aufsicht der BaFin vertrauen dürfen.

Die OGAW-KVG ist daneben ihrerseits verpflichtet, inhaltliche Änderungen zu den Unterlagen, die sie nach § 50 I 2 den zuständigen Stellen des Aufnahmemitgliedstaates übermittelt hat, diesen unmittelbar anzuzeigen. Das betrifft Änderungen hinsichtlich der Verwahrstelle sowie Änderungen der Auslagerungsvereinbarungen. Eine entsprechende Anzeige an die BaFin ist nicht erforderlich, da insoweit nur der OGAW im Aufnahmemitgliedstaat betroffen ist und die Produktaufsicht im Aufnahmemitgliedstaat erfolgt.

III. Auskunftsrechte der zuständigen Stellen des Aufnahmemitgliedstaates gegenüber der BaFin (Abs. 3)

5 § 50 III regelt die Zusammenarbeit der beteiligten Aufsichtsbehörden. Die zuständige Aufsichtsbehörde des Aufnahmemitgliedstaates ist nach § 50 III berechtigt, von der BaFin auf Grundlage der Bescheinigung nach § 50 I 1 weitere Auskünfte darüber zu verlangen, ob die Art des EU-OGAW, dessen Auflegung und Verwaltung durch die OGAW-KVG im Aufnahmemitgliedstaat beabsichtigt ist, von der durch die BaFin der OGAW-KVG gewährten Erlaubnis erfasst ist. Auch ist die zuständige Aufsichtsbehörde des Aufnahmemitgliedstaates berechtigt, von der BaFin Erläuterungen zu der schriftlichen Vereinbarung mit der für den EU-OGAW zuständigen Verwahrstelle und zu den Auslagerungsverträgen anzufordern. Für beide Fälle hat der Gesetzgeber der BaFin eine Frist von 10 Arbeitstagen gesetzt, innerhalb derer die BaFin sich gegenüber der zuständigen Stelle des Aufnahmemitgliedstaates äußern muss (Art. 20 II der RL 2009/65/EG). Sinn und Zweck der Vorschrift ist, dass die zuständige Stelle des Aufnahmemitgliedstaates, der wiederum Herkunftsmitgliedstaat des EU-OGAW ist, prüfen muss, ob die Erlaubnis zur kollektiven Vermögensverwaltung für OGAW durch die BaFin die Verwaltung des EU-OGAW umfasst. Diese Prüfung ist nicht Aufgabe der BaFin (MKJ/*Daemgen* § 50 Rn. 13).

C. Anwendbares Recht (Abs. 4)

6 § 50 IV normiert die Reichweite des Herkunftsstaatprinzips für grenzüberschreitend tätige OGAW-KVG. Danach gelten hinsichtlich der organisatorischen Anforderungen an die OGAW-KVG, die grenzüberschreitend durch eine Zweigniederlassung oder im Wege des grenzüberschreitenden Dienstleistungsverkehrs tätig wird, die §§ 1–43. Dieses Prinzip wird ergänzt um die produktbezogene Aufsicht, die sich nach dem Herkunftsstaat des EU-OGAW selbst richtet.

7 Daher unterliegt die grenzüberschreitend tätige OGAW-KVG den Bestimmungen des Herkunftsmitgliedstaates des EU-OGAW, also des Aufnahmemitgliedstaates, in Bezug auf die Gründung und die Geschäftstätigkeit des EU-OGAW, insb. in Bezug auf

a) die Errichtung und Zulassung des EU-OGAW;
b) die Ausgabe und Veräußerung von Anteilen und Aktien;
c) Anlagepolitik und Beschränkungen einschließlich der Berechnung des gesamten Kreditrisikos und der Verschuldung;
d) Beschränkungen in Bezug auf Kreditaufnahme, Kreditgewährung und Leerverkäufe;
e) die Bewertung der Vermögenswerte und die Rechnungsführung des EU-OGAW;
f) die Berechnung des Ausgabepreises und/oder des Auszahlungspreises sowie für den Fall fehlerhafter Berechnungen des Nettobestandswerts und für entsprechende Entschädigungen der Anleger;
g) die Ausschüttung oder Wiederanlage der Erträge;

h) die Offenlegungs- und Berichtspflicht des EU-OGAW einschl. des Prospekts, der wesentlichen Informationen für die Anleger und der regelmäßigen Berichte;
i) die Modalitäten der Vermarktung;
j) die Beziehung zu den Anteilinhabern;
k) Verschmelzung und Umstrukturierung des EU-OGAW;
l) die Auflösung und Liquidation des EU-OGAW;
m) gegebenenfalls Inhalt des Verzeichnisses der Anteilinhaber;
n) die Gebühren für Zulassung und Aufsicht des EU-OGAW und
o) Ausübung der Stimmrechte der Anteilinhaber und weiterer Rechte der Anteilinhaber im Zusammenhang mit den Buchstaben a–m (Art. 19 III der RL 2009/65/EG).

Die OGAW-KVG ist außerdem an die Vertragsbedingungen oder in der Satzung des EU-OGAW enthaltenen Verpflichtungen sowie an die im Prospekt für den EU-OGAW enthaltenen Verpflichtungen gebunden (Art. 19 IV der RL 2009/65/EG).

Sofern die OGAW-KVG einen EU-OGAW im Aufnahmemitgliedstaat über eine Zweigniederlassung verwaltet, sind §§ 26 II, 27 I nicht anwendbar. Die Kapitalanlage-Verhaltens- und -Organisationsverordnung (KAVerOV, v. 16.7.2013, BGBl. 2012 I 2460) ist entsprechend nicht anwendbar. Insoweit gelten die entsprechenden Regeln des Herkunftsstaates des OGAW. 8

§ 51 Inländische Zweigniederlassungen und grenzüberschreitender Dienstleistungsverkehr von EU-OGAW-Verwaltungsgesellschaften

(1) [1]Eine EU-OGAW-Verwaltungsgesellschaft darf ohne Erlaubnis der Bundesanstalt über eine inländische Zweigniederlassung oder im Wege des grenzüberschreitenden Dienstleistungsverkehrs im Inland die kollektive Vermögensverwaltung von inländischen OGAW sowie Dienstleistungen und Nebendienstleistungen nach § 20 Absatz 2 Nummer 1, 2, 3 oder 4 erbringen, wenn die zuständigen Stellen des Herkunftsmitgliedstaates der EU-OGAW-Verwaltungsgesellschaft

1. durch ihre Erlaubnis die im Inland beabsichtigten Tätigkeiten abgedeckt haben und

2. der Bundesanstalt eine Anzeige über die Absicht der EU-OGAW-Verwaltungsgesellschaft übermittelt haben,
   a) eine inländische Zweigniederlassung im Sinne des Artikels 17 Absatz 3 Unterabsatz 1 der Richtlinie 2009/65/EG zu errichten oder
   b) Tätigkeiten im Wege des grenzüberschreitenden Dienstleistungsverkehrs im Sinne des Artikels 18 Absatz 2 Unterabsatz 1 der Richtlinie 2009/65/EG zu erbringen.

[2]Beabsichtigt eine EU-OGAW-Verwaltungsgesellschaft, die Anteile eines von ihr verwalteten EU-OGAW im Inland zu vertreiben, ohne eine inländische Zweigniederlassung zu errichten oder im Wege des grenzüberschreitenden Dienstleistungsverkehrs über diesen Vertrieb hinaus weitere Tätigkeiten zu erbringen, unterliegt dieser Vertrieb lediglich den §§ 293, 294, 295a, 295b, 297, 298, 301 bis 306a sowie 309 bis 311. [3]§ 53 des Kreditwesengesetzes ist im Fall des Satzes 1 nicht anzuwenden.

(2) [1]Die Bundesanstalt hat eine EU-OGAW-Verwaltungsgesellschaft, die beabsichtigt, eine Zweigniederlassung im Inland zu errichten, innerhalb

von zwei Monaten nach Eingang der Anzeige gemäß Absatz 1 Satz 1 auf Folgendes hinzuweisen:

1. **die Meldungen an die Bundesanstalt, die für ihre geplanten Tätigkeiten vorgeschrieben sind und**
2. **die nach Absatz 4 Satz 1 anzuwendenden Bestimmungen.**

[2]Nach Eingang der Mitteilung der Bundesanstalt, spätestens nach Ablauf der in Satz 1 genannten Frist, kann die Zweigniederlassung errichtet werden und ihre Tätigkeit aufnehmen. [3]Ändern sich die Verhältnisse, die die EU-OGAW-Verwaltungsgesellschaft entsprechend Artikel 17 Absatz 2 Buchstabe b bis d der Richtlinie 2009/65/EG der zuständigen Stelle ihres Herkunftsmitgliedstaates angezeigt hat, hat die EU-OGAW-Verwaltungsgesellschaft dies der Bundesanstalt mindestens einen Monat vor dem Wirksamwerden der Änderungen anzuzeigen. [4]§ 35 Absatz 3 und 5 des Wertpapierhandelsgesetzes sowie die §§ 293, 294, 309 bis 311 bleiben unberührt.

(3) **[1]Die Bundesanstalt hat eine EU-OGAW-Verwaltungsgesellschaft, die beabsichtigt, im Inland im Wege des grenzüberschreitenden Dienstleistungsverkehrs tätig zu werden, innerhalb eines Monats nach Eingang der Anzeige gemäß Absatz 1 Satz 1 auf Folgendes hinzuweisen:**

1. **die Meldungen an die Bundesanstalt, die für ihre geplanten Tätigkeiten vorgeschriebenen sind, und**
2. **die nach Absatz 4 Satz 3 anzuwendenden Bestimmungen.**

[2]Die EU-OGAW-Verwaltungsgesellschaft kann ihre Tätigkeit unmittelbar nach Unterrichtung der Bundesanstalt durch die zuständigen Stellen des Herkunftsmitgliedstaates der EU-OGAW-Verwaltungsgesellschaft aufnehmen. [3]Ändern sich die Verhältnisse, die die EU-OGAW-Verwaltungsgesellschaft entsprechend Artikel 18 Absatz 1 Buchstabe b der Richtlinie 2009/65/EG der zuständigen Stelle ihres Herkunftsmitgliedstaates angezeigt hat, hat die EU-OGAW-Verwaltungsgesellschaft dies der Bundesanstalt vor dem Wirksamwerden der Änderungen anzuzeigen. [4]§ 35 Absatz 3 und 5 des Wertpapierhandelsgesetzes sowie die §§ 293, 294 und die §§ 309 bis 311 bleiben unberührt.

(4) **[1]Auf die Zweigniederlassungen im Sinne des Absatzes 1 Satz 1 sind § 3 Absatz 1, 4 und 5, die §§ 14, 26 Absatz 2, auch in Verbindung mit einer Rechtsverordnung nach § 26 Absatz 8, und § 27 Absatz 1, auch in Verbindung mit einer Rechtsverordnung nach § 27 Absatz 6, die §§ 33, 34 Absatz 3 Nummer 8 sowie die §§ 293, 294, 295 Absatz 1 bis 5 und 8, die §§ 297, 301 bis 306, 306b und 312 bis 313a dieses Gesetzes anzuwenden. [2]Soweit diese Zweigniederlassungen Dienst- und Nebendienstleistungen im Sinne des § 20 Absatz 2 Nummer 1, 2, 3 oder 4 erbringen, sind darüber hinaus §§ 63 bis 68, 70, 82 Absatz 1 bis 9 und 13 und § 83 des Wertpapierhandelsgesetzes sowie § 18 des Gesetzes über die Deutsche Bundesbank mit der Maßgabe entsprechend anzuwenden, dass mehrere Niederlassungen derselben EU-OGAW-Verwaltungsgesellschaft als eine Zweigniederlassung gelten. [3]Soweit diese Zweigniederlassungen Dienst- und Nebendienstleistungen im Sinne des § 20 Absatz 2 Nummer 1, 2, 3 oder 4 erbringen, hat ein geeigneter Prüfer mindestens einmal jährlich zu prüfen, ob sie die in Satz 2 genannten Vorschriften des Wertpapierhandelsgesetzes einhalten; § 38 Absatz 4 Satz 3 bis 5 und Absatz 5 gilt entsprechend. [4]Auf die Tätigkeiten im Wege des grenzüberschreitenden Dienstleistungsver-**

kehrs nach Absatz 1 Satz 1 sind die §§ 14, 293, 294, 295 Absatz 1 bis 5 und 8, die §§ 297, 301 bis 306, 306b und 312 bis 313a dieses Gesetzes entsprechend anzuwenden.

(5) [1]**Kommt eine EU-OGAW-Verwaltungsgesellschaft ihren Verpflichtungen nach Absatz 4 und § 52 Absatz 4 nicht nach, fordert die Bundesanstalt diese auf, den Mangel innerhalb einer bestimmten Frist zu beheben.** [2]**Kommt die EU-OGAW-Verwaltungsgesellschaft der Aufforderung nicht nach, unterrichtet die Bundesanstalt die zuständigen Stellen des Herkunftsmitgliedstaates der EU-OGAW-Verwaltungsgesellschaft.** [3]**Ergreift der Herkunftsmitgliedstaat keine Maßnahmen oder erweisen sich die Maßnahmen als unzureichend, kann die Bundesanstalt**

1. **nach der Unterrichtung der zuständigen Stellen des Herkunftsmitgliedstaates der EU-OGAW-Verwaltungsgesellschaft die erforderlichen Maßnahmen selbst ergreifen und falls erforderlich die Durchführung neuer Geschäfte im Inland untersagen sowie**
2. **die Europäische Wertpapier- und Marktaufsichtsbehörde unterrichten, wenn die zuständige Stelle des Herkunftsmitgliedstaates der EU-OGAW-Verwaltungsgesellschaft nach Ansicht der Bundesanstalt nicht in angemessener Weise tätig geworden ist.**

(6) [1]**In dringenden Fällen kann die Bundesanstalt vor Einleitung des in Absatz 5 vorgesehenen Verfahrens die erforderlichen Maßnahmen ergreifen.** [2]**Sie hat die Europäische Kommission und die zuständigen Stellen des Herkunftsmitgliedstaates der EU-OGAW-Verwaltungsgesellschaft hiervon unverzüglich zu unterrichten.** [3]**Die Bundesanstalt hat die Maßnahmen zu ändern oder aufzuheben, wenn die Europäische Kommission dies nach Anhörung der zuständigen Stellen des Herkunftsmitgliedstaates der EU-OGAW-Verwaltungsgesellschaft und der Bundesanstalt beschließt.**

(7) [1]**Die zuständigen Stellen des Herkunftsmitgliedstaates der EU-OGAW-Verwaltungsgesellschaft können nach vorheriger Unterrichtung der Bundesanstalt selbst oder durch ihre Beauftragten die Informationen, die für die aufsichtliche Überwachung der Zweigniederlassung erforderlich sind, bei der Zweigniederlassung prüfen.** [2]**Auf Ersuchen der zuständigen Stellen des Herkunftsmitgliedstaates der EU-OGAW-Verwaltungsgesellschaft hat die Bundesanstalt**

1. **die Richtigkeit der Daten zu überprüfen, die von der EU-OGAW-Verwaltungsgesellschaft für die zuständigen Stellen des Herkunftsmitgliedstaates der EU-OGAW-Verwaltungsgesellschaft zu aufsichtlichen Zwecken übermittelt wurden, oder**
2. **zu gestatten, dass die ersuchende Stelle, ein Wirtschaftsprüfer oder ein Sachverständiger diese Daten überprüft.**

[3]**Die Bundesanstalt kann nach pflichtgemäßem Ermessen gegenüber Aufsichtsstellen in Drittstaaten entsprechend verfahren, wenn Gegenseitigkeit gewährleistet ist.** [4]**§ 5 Absatz 2 des Verwaltungsverfahrensgesetzes über die Grenzen der Amtshilfe gilt entsprechend. Die EU-OGAW-Verwaltungsgesellschaften im Sinne des Absatzes 1 Satz 1 haben die Prüfung zu dulden.**

(8) **Die §§ 24c und 25h bis 25m des Kreditwesengesetzes sowie § 93 Absatz 7 und 8 in Verbindung mit § 93b der Abgabenordnung gelten für die Zweigniederlassungen im Sinne des Absatzes 1 Satz 1 entsprechend.**

Inhaltsübersicht

Rn.

A. Allgemeines 1
B. Errichtung einer Zweigniederlassung 2
I. Marktzugang ohne Erlaubnispflicht (Abs. 1 S. 1) 3
II. Anzeigeverfahren (Abs. 1 S. 1 Nr. 2a, Abs. 2) 4
III. Anwendbares Recht (Abs. 2 S. 4, Abs. 4 S. 1–3, Abs. 8) 8
IV. Prüfung von Informationen durch Behörden des Herkunftsstaates (Abs. 7) 12
C. Erbringung grenzüberschreitender Dienstleistungen 14
I. Marktzugang ohne Erlaubnispflicht (Abs. 1 S. 1) 15
II. Anwendbares Recht (Abs. 3 S. 4, Abs. 4 S. 4) 18
D. Vertrieb von Anteilen von selbst verwalteten EU-OGAW im Inland (Abs. 1 S. 2) 19
E. Maßnahmen bei Nichteinhaltung der aufsichtsrechtlichen Pflichten 20
I. Verfahren bei Verletzung von Verpflichtungen (Abs. 5) 21
II. Verfahren bei dringenden Verstößen (Abs. 6) 23

A. Allgemeines

1 § 51 regelt spiegelbildlich zu § 49 das Recht einer EU-OGAW-Verwaltungsgesellschaft, im Rahmen des **europäischen Passes** ohne weitere Erlaubnis durch die BaFin die ihr in ihrem Herkunftsmitgliedstaat erteilte Erlaubnis grenzüberschreitend in Deutschland zu nutzen. Die EU-OGAW-Verwaltungsgesellschaft kann in Deutschland entweder durch eine Zweigniederlassung oder im Wege des grenzüberschreitenden Dienstleistungsverkehrs tätig werden. § 51 KAGB ersetzt § 13 InvG und ist in seiner Konzeption § 53b KWG vergleichbar, der nur auf Einlagenkreditinstitute und Wertpapierhandelsgesellschaften Anwendung findet (BT-Drs. 15/1553, 81). § 14 GewO bleibt von dieser Regelung unberührt. Nicht privilegiert von § 51 wird die Gründung einer Tochtergesellschaft der EU-OGAW-Verwaltungsgesellschaft.

B. Errichtung einer Zweigniederlassung

2 Eine **Zweigniederlassung** ist nach § 1 XIX Nr. 38 in Bezug auf eine EU-OGAW-Verwaltungsgesellschaft eine Betriebsstelle, die einen rechtlich unselbstständigen Teil der EU-OGAW-Verwaltungsgesellschaft bildet und die die Dienstleistung erbringt, für die der EU-OGAW-Verwaltungsgesellschaft eine Zulassung oder Genehmigung im Herkunftsmitgliedstaat erteilt wurde, wobei alle Betriebsstellen einer EU-OGAW-Verwaltungsgesellschaft in einem anderen Mitgliedstaat, die sich in ein und demselben Mitgliedstaat befinden, als eine einzige Zweigniederlassung gelten. Eine Zweigniederlassung setzt eine dauerhafte physische Präsenz voraus.

I. Marktzugang ohne Erlaubnispflicht (Abs. 1 S. 1)

3 Eine EU-OGAW-Verwaltungsgesellschaft darf ihre im Herkunftsmitgliedstaat gewährte Erlaubnis nutzen, um in Deutschland eine Zweigniederlassung zu errichten und über die Zweigniederlassung die kollektive Vermögensverwaltung und als

Nebendienstleistungen Finanzportfolioverwaltung oder Anlageberatung anzubieten und auszuüben oder Anteile an inländischen Investmentvermögen, EU-Investmentvermögen oder ausländischen AIF für andere zu verwahren und zu verwalten oder Anteile oder Aktien an fremde Investmentvermögen zu vertreiben. Dies setzt voraus, dass die Erlaubnis des Herkunftsmitgliedstaates die Tätigkeiten, die in Deutschland erbracht werden sollen, umfasst. Ebenso wie in § 49 steht es der EU-OGAW-Verwaltungsgesellschaft frei, in Deutschland nur die genannten Nebendienstleistungen zu erbringen, ohne gleichzeitig die kollektive Vermögensverwaltung anzubieten und auszuüben.

II. Anzeigeverfahren (Abs. 1 S. 1 Nr. 2 a, Abs. 2)

Um von dem Europäischen Pass profitieren zu können, muss die EU-OGAW- 4 Verwaltungsgesellschaft in ihrem Herkunftsmitgliedstaat ein Anzeigeverfahren durchlaufen. Sie zeigt der für sie zuständigen Aufsichtsbehörde im Herkunftsmitgliedstaat nach Art. 17 II der RL 2009/65/EG die **Absicht** an, **in Deutschland eine Zweigniederlassung zu errichten.** Zusammen mit dieser Absichtsanzeige muss ein **Geschäftsplan** vorgelegt werden, aus dem die geplanten Dienstleistungen und Nebendienstleistungen sowie der organisatorische Aufbau der Zweigniederlassung hervorgeht. Der Geschäftsplan muss ferner eine Beschreibung des Risikomanagementverfahrens für die Zweigniederlassung sowie eine Beschreibung der Verfahren und Vereinbarungen gem. Art. 15 der RL 2009/65/EG enthalten. Daneben muss in der Absichtsanzeige eine **zustellfähige Anschrift** in Deutschland angegeben werden, unter der Unterlagen der EU-OGAW-Verwaltungsgesellschaft in Deutschland angefordert und Schriftstücke zugestellt werden können. Außerdem sind die Namen der **Leiter der Zweigniederlassung** anzugeben. Die fachliche Eignung der Niederlassungsleiter wird nicht überprüft.

Nach Art. 17 III der RL 2009/65/EG hat die zuständige Aufsichtsbehörde nach 5 Eingang der vollständigen Absichtsanzeige innerhalb von zwei Monaten die Angemessenheit der Organisationsstruktur und der Finanzlage der EU-OGAW-Verwaltungsgesellschaft zu prüfen. Die Prüfungspflicht der Aufsichtsbehörde des Herkunftsmitgliedstaates verwirklicht das Prinzip der Heimatstaatkontrolle. Danach darf die BaFin auf eine kompetente Prüfung der zuständigen Aufsichtsbehörde des Herkunftsmitgliedstaates vertrauen. Sie wird keine eigene Prüfung vornehmen.

Nach § 51 I 1 Nr. 2 a übermittelt die zuständige Aufsichtsbehörde des Her- 6 kunftsmitgliedstaates der BaFin eine Anzeige über die Absicht der EU-OGAW-Verwaltungsgesellschaft, eine Zweigniederlassung in Deutschland zu errichten, zusammen mit den ihr vorgelegten Unterlagen. Die BaFin muss die EU-OGAW-Verwaltungsgesellschaft, die beabsichtigt, in Deutschland eine Zweigniederlassung zu errichten, innerhalb von zwei Monaten nach Eingang der Absichtsanzeige bei ihr auf die erforderlichen Meldepflichten sowie die anzuwendenden Bestimmungen des deutschen Aufsichtsrechts hinweisen. Nach Eingang der Mitteilung der BaFin bei der EU-OGAW-Verwaltungsgesellschaft, spätestens nach Ablauf von zwei Monaten nach Eingang der Absichtsanzeige bei der BaFin, darf die Zweigniederlassung errichtet und ihre Tätigkeit wie geplant aufgenommen werden. Der Gesetzgeber hat es versäumt, festzulegen, dass die EU-OGAW-Verwaltungsgesellschaft darüber informiert wird, wenn die Absichtsanzeige mit den entsprechenden Unterlagen bei der BaFin eingeht.

Die EU-OGAW-Verwaltungsgesellschaft hat der BaFin und der zuständigen 7 Aufsichtsbehörde im Herkunftsmitgliedstaat jede Änderung der Verhältnisse, die sie in der Absichtsanzeige dargelegt hat, mindestens einen Monat vor dem Wirksamwerden der Änderung schriftlich anzuzeigen. Anzuzeigen sind damit Änderungen im Vergleich zum ursprünglich angezeigten Geschäftsplan (und damit auch die Einstellung der Tätigkeit und Schließung der Zweigniederlassung in Deutschland), jede Änderung der zustellfähigen Anschrift sowie Änderungen hinsichtlich der Leiter der Zweigniederlassung.

III. Anwendbares Recht (Abs. 2 S. 4, Abs. 4 S. 1–3, Abs. 8)

8 Grundsätzlich unterliegt die EU-OGAW-Verwaltungsgesellschaft im Hinblick auf ihre eigene Organisation dem Recht und der Aufsicht des Herkunftsmitgliedstaates. Diese Herkunftsstaataufsicht umfasst nach Art. 19 I und II der RL 2009/65/EG zB auch die Übertragungsvereinbarungen, Risikomanagement-Verfahren, internes Controlling, Interessenkonfliktmanagement, Buchhaltung und die Anforderungen an die IT. Im Hinblick auf die Gründung und die Geschäftstätigkeit der von ihr im Aufnahmemitgliedstaat verwalteten OGAW gilt das Recht des Aufnahmemitgliedstaates, dh, diese richten sich nach dem Recht des Herkunftsstaates des OGAW (Art. 19 III der RL 2009/65/EG), hier nach deutschem Recht.

9 Zunächst regelt § 51 II 4, dass bei der Tätigkeit der Zweigniederlassung die Vorschriften über die Ausübung der Stimmrechte aus den zu einem Sondervermögen gehörenden Aktien nach § 94 III unberührt bleiben. Ebenfalls unberührt bleiben die §§ 293, 294 und 309–311, die – sofern anwendbar – zu beachten sind.

In § 51 IV 1 sind daneben die **Vorschriften des KAGB** explizit aufgeführt, die eine Zweigniederlassung einer EU-OGAW-Verwaltungsgesellschaft bei ihrer Tätigkeit in Deutschland einzuhalten hat. Das sind Vorschriften über:

– den Bezeichnungsschutz nach § 3 I, IV und V;
– Auskunftspflichten und Prüfungsbefugnisse der BaFin nach § 14;
– allgemeine Verhaltensregeln nach § 26 II und § 27 I sowie der KAVerOV;
– Werbung nach § 33;
– Anzeigepflicht bei der Einstellung des Geschäftsbetriebs nach § 34 III Nr. 8;
– Vertriebsvorgaben nach § 294 I und §§ 297, 302, 304, 312 und 313.

10 Sofern die Zweigniederlassung der EU-OGAW-Verwaltungsgesellschaft Dienstleistungen und Nebendienstleistungen iSd § 20 II Nr. 1–4, soweit es sich um den Vertrieb fremder Investmentvermögen handelt, erbringt, gelten außerdem durch den Verweis in § 51 IV 2 bestimmte Verhaltens- und Organisationspflichten nach dem **WpHG.** Das ist sinnvoll, da alle anderen Institute, die die entsprechenden Dienstleistungen erbringen, diese Vorgaben ebenfalls einhalten müssen und es für den Kunden insoweit keinen Unterschied machen darf, ob die Dienstleistung von einer Zweigniederlassung einer EU-OGAW-Verwaltungsgesellschaft oder einem inländischen Institut oder einer inländischen KVG erbracht wird. Das Schutzniveau muss dasselbe sein. Neben den allgemeinen Verhaltensregeln (wie zB die Offenlegung von Interessenkonflikten, Einhaltung von Transparenzvorgaben über das eigene Unternehmen, Geeignet- und Angemessenheitsprüfung bei der Erbringung von Anlageberatung und Finanzportfolioverwaltung) sind auch die Vorgaben über die Annahme von Zuwendungen sowie Grundsätze für Best Execution zu beachten. Auch die Aufzeichnungs- und Aufbewahrungspflichten nach dem WpHG gelten entsprechend. Aufgrund der Verweiskette gilt die WpDVerOV ebenfalls entsprechend. Konsequenterweise hat der Gesetzgeber in § 51 IV 3 eine Prüfungspflicht eingefügt, wonach die Zweigniederlassung mindestens einmal jährlich prüfen lassen muss, dass die in § 51 IV 2 genannten Vorschriften des WpHG auch eingehalten werden. Ferner gilt für statistische Erhebungen § 18 BBankG.

§ 24c KWG (automatisierter Abruf von Kontoinformationen) und §§ 25g–25l KWG gelten nach § 51 VIII KAGB für Zweigniederlassungen entsprechend. Damit gelten für deutsche Zweigniederlassungen von EU-OGAW-Verwaltungsgesellschaften neben den Vorschriften des Geldwäschegesetzes (§ 2 I Nr. 6 GwG) die verschärften Pflichten des KWG ua hinsichtlich der Anforderungen zur Verhinderung von Geldwäsche und Terrorismusfinanzierung, die sonst für Kreditinstitute gelten. Außerdem sind § 93 VII, VIII AO iVm § 93b AO für Zweigniederlassungen von EU-OGAW-Verwaltungsgesellschaften auch entsprechend anwendbar. 11

IV. Prüfung von Informationen durch Behörden des Herkunftsstaates (Abs. 7)

Die Aufsicht über die Zweigniederlassung obliegt grundsätzlich der zuständigen Aufsichtsbehörde des Herkunftsmitgliedstaats der EU-OGAW-Verwaltungsgesellschaft. Vor diesem Hintergrund regelt § 51 VII das Recht der zuständigen Aufsichtsbehörde des Herkunftsmitgliedstaates der EU-OGAW-Verwaltungsgesellschaft, nach vorheriger Unterrichtung der BaFin selbst oder durch ihre Beauftragten (zB Wirtschaftsprüfer) die Informationen, die für die aufsichtsrechtliche Überwachung der Zweigniederlassung erforderlich sind, bei der Zweigniederlassung zu prüfen. Diese Regelung ist insoweit konsequent, weil die Zweigniederlassung im territorialen Zuständigkeitsbereich der BaFin liegt. Sie entspricht dem § 53b VI KWG. 12

§ 51 VII 2 enthält eine weitere Regelung der Zusammenarbeit zwischen der BaFin und der zuständigen Aufsichtsbehörde des Herkunftsmitgliedstaates der EU-OGAW-Verwaltungsgesellschaft. Auf Ersuchen der zuständigen Aufsichtsbehörde des Herkunftsmitgliedstaates der EU-OGAW-Verwaltungsgesellschaft ist die BaFin verpflichtet, die Richtigkeit der Daten zu überprüfen, die von der EU-OGAW-Verwaltungsgesellschaft in Bezug auf die Zweigniederlassung für die zuständigen Aufsichtsbehörde des Herkunftsmitgliedstaates der EU-OGAW-Verwaltungsgesellschaft zu aufsichtsrechtlichen Zwecken übermittelt wurde, oder zu gestatten, dass die zuständige Aufsichtsbehörde des Herkunftsmitgliedstaates der EU-OGAW-Verwaltungsgesellschaft, ein Wirtschaftsprüfer oder ein Sachverständiger diese Daten überprüft. Dabei haben die Zweigniederlassungen und die EU-OGAW-Verwaltungsgesellschaft die Prüfung zu dulden. § 5 II VwVfG über die Grenzen der Amtshilfe gilt entsprechend. Danach darf die BaFin keine Hilfe leisten, wenn sie hierzu aus rechtlichen Gründen nicht in der Lage ist oder durch die Hilfeleistung dem Wohl des Bundes oder eines Landes erhebliche Nachteile bereitet würden. Die BaFin ist insbesondere zur Vorlage von Urkunden oder Akten sowie zur Erteilung von Auskünften nicht verpflichtet, wenn die Vorgänge nach einem Gesetz oder ihrem Wesen nach geheim gehalten werden müssen. Für diese Fälle sind Beispiele aus der Praxis schwer zu finden. 13

C. Erbringung grenzüberschreitender Dienstleistungen

Der Begriff des **grenzüberschreitenden Dienstleistungsverkehrs** ist nicht legal definiert, kann aber in Anlehnung an das Bankaufsichtsrecht als Tätigkeit verstanden werden, mit der sich die EU-OGAW-Verwaltungsgesellschaft zielgerichtet 14 an den deutschen Markt wendet, um gegenüber Unternehmen und/oder Personen, die ihren Sitz oder gewöhnlichen Aufenthalt im Inland haben, wiederholt und geschäftsmäßig die entsprechenden Dienstleistungen und Nebendienstleistungen anzubieten. Sofern sich ein Unternehmen und/oder eine Person mit Sitz im Inland aus eigener Initiative an eine EU-OGAW-Verwaltungsgesellschaft mit Sitz im Ausland wendet und der Geschäftskontakt allein von dem Unternehmen und/oder der Person im Inland ausgeht und die EU-OGAW-Verwaltungsgesellschaft daraufhin gegenüber diesem Unternehmen und/oder Person grenzüberschreitend tätig wird, ist dies von der passiven Dienstleistungsfreiheit gedeckt und bedarf keiner Anzeige an die zuständige Aufsichtsbehörde und keiner zusätzlichen Erlaubnis.

I. Marktzugang ohne Erlaubnispflicht (Abs. 1 S. 1)

15 Eine EU-OGAW-Verwaltungsgesellschaft darf auch im Wege des grenzüberschreitenden Dienstleistungsverkehrs im Inland die kollektive Vermögensverwaltung, Finanzportfolioverwaltung oder Anlageberatung anbieten und ausüben oder Anteile an inländischen Investmentvermögen, EU-Investmentvermögen oder ausländischen AIF für andere verwahren und verwalten oder Anteile oder Aktien an fremde Investmentvermögen vertreiben. § 51 I 1 ermöglicht es einer EU-OGAW-Verwaltungsgesellschaft im Rahmen des Europäischen Passes ohne Erlaubnis der BaFin in Deutschland grenzüberschreitend ohne physische Präsenz tätig zu werden.

Dies setzt voraus, dass der EU-OGAW-Verwaltungsgesellschaft für die Tätigkeiten, die sie im Wege des grenzüberschreitenden Dienstleistungsverkehrs erbringen möchte, eine Erlaubnis von der zuständigen Aufsichtsbehörde im Herkunftsmitgliedstaat erteilt worden ist. Auch im Wege des grenzüberschreitenden Dienstleistungsverkehrs ist es möglich, dass die EU-OGAW-Verwaltungsgesellschaft auch nur die Nebendienstleistungen nach § 20 II Nr. 1–4 in Deutschland erbringt, ohne gleichzeitig auch die kollektive Vermögensverwaltung anzubieten und auszuüben.

16 Das **Anzeigeverfahren** entspricht dem zur Errichtung eine Zweigniederlassung (→ Rn. 4ff.) mit der Maßgabe, dass die EU-OGAW-Verwaltungsgesellschaft zusammen mit der Absichtsanzeige an die zuständige Aufsichtsbehörde des Herkunftsmitgliedstaates nur den Geschäftsplan einreichen und den Aufnahmestaat benennen muss und dass die Frist zur Übermittlung der Absichtsanzeige durch die zuständige Aufsichtsbehörde des Herkunftsmitgliedstaates an die BaFin nur einen Monat beträgt (Art. 18 I und II der RL 2009/65/EG). Nach § 51 III muss BaFin die EU-OGAW-Verwaltungsgesellschaft, die beabsichtigt, in Deutschland im Wege des grenzüberschreitenden Dienstleistungsverkehrs tätig zu werden, innerhalb eines Monats nach Eingang der Absichtsanzeige bei ihr auf die erforderlichen Meldepflichten sowie die anzuwendenden Bestimmungen des deutschen Aufsichtsrechts hinweisen.

17 Die EU-OGAW-Verwaltungsgesellschaft kann ihre **Tätigkeit unmittelbar nach Unterrichtung der BaFin** durch die zuständige Aufsichtsbehörde des Herkunftsmitgliedstaates aufnehmen (§ 51 III 2). Auch die EU-OGAW-Verwaltungsgesellschaft, die im Wege des grenzüberschreitenden Dienstleistungsverkehrs tätig wird, muss die **Änderung von Verhältnissen** gegenüber der ursprünglichen Absichtsanzeige der BaFin und den zuständigen Stellen des Aufnahmemitgliedstaates schriftlich anzeigen. Anders als im Verfahren zur Errichtung einer Zweigniederlassung hat der Gesetzgeber hier keine Frist vorgesehen, die zwischen der Änderungsanzeige und dem Wirksamwerden der Änderungen eingehalten werden muss.

II. Anwendbares Recht (Abs. 3 S. 4, Abs. 4 S. 4)

18 Sofern die EU-OGAW-Verwaltungsgesellschaft nur im Wege des grenzüberschreitenden Dienstleistungsverkehrs in Deutschland tätig wird, richtet sich die ausgeübte Geschäftstätigkeit nach den Verhaltensregeln des Herkunftsmitgliedstaates (Art. 18 III der RL 2009/65/EG) (sog. **Heimatstaatsprinzip**). § 51 III 4 stellt klar, dass aber auch bei der Tätigkeit im Wege des grenzüberschreitenden Dienstleistungsverkehrs die Vorschriften über die Ausübung der Stimmrechte aus den zu einem Sondervermögen gehörenden Aktien nach § 94 III unberührt bleiben. Ebenfalls unberührt bleiben die §§ 293, 294 und 309–311, die – sofern anwendbar – zu beachten sind. Daneben gelten nach § 51 IV 4 die Auskunftspflichten und Prüfungsbefugnisse der BaFin nach § 14 und ausdrücklich die Vertriebsvorgaben nach § 294 I und §§ 297, 302, 304, 312 und 313.

D. Vertrieb von Anteilen von selbst verwalteten EU-OGAW im Inland (Abs. 1 S. 2)

19 Sofern eine EU-OGAW-Verwaltungsgesellschaft beabsichtigt, die Anteile eines von ihr verwalteten EU-OGAW in Deutschland zu vertreiben, ohne eine Zweigniederlassung zu gründen oder im Wege des grenzüberschreitenden Dienstleistungsverkehrs im Rahmen des Europäischen Passes über diesen Vertrieb hinaus weitere Tätigkeiten zu erbringen, gelten für den Vertrieb die Anforderungen nach §§ 293, 294, 297, 298, 301–306 und 309–311. Der Gesetzgeber stellt in § 51 I 2 klar, dass in diesem Fall die Regelungen für Zweigstellen von Unternehmen mit Sitz im Ausland nach § 53 KWG nicht anzuwenden sind und insoweit nur die genannten Vertriebsvorschriften gelten.

E. Maßnahmen bei Nichteinhaltung der aufsichtsrechtlichen Pflichten

20 § 51 V und VI normieren Eingriffsbefugnisse der BaFin gegenüber einer EU-OGAW-Verwaltungsgesellschaft, die die in § 51 IV und § 52 IV festgelegten anwendbaren Vorschriften nicht einhält. Diese Regelungen sind konsequent, da es sich bei der Überwachung der anwendbaren Vorschriften bei der grenzüberschreitenden Tätigkeit im Rahmen des Europäischen Passes hinsichtlich der einzuhaltenden deutschen aufsichtsrechtlichen Vorschriften auch um die Aufsichtspflicht der BaFin handelt. Insoweit wird das Zusammenwirken der Aufsichtsbehörden im Herkunftsmitgliedstaat und im Aufnahmemitgliedstaat festgelegt. § 51 V, VI KAGB ist mit § 53b IV, V KWG vergleichbar.

I. Verfahren bei Verletzung von Verpflichtungen (Abs. 5)

21 Sofern eine EU-OGAW-Verwaltungsgesellschaft Rechtsverstöße gegen § 51 IV und § 52 IV begeht, dh die Zweigniederlassung der EU-OGAW-Verwaltungsgesellschaft oder die EU-OGAW-Verwaltungsgesellschaft selbst, wenn sie im Wege des grenzüberschreitenden Dienstleistungsverkehrs agiert, bei der Geschäftstätigkeit in Deutschland nicht die anwendbaren aufsichtsrechtlichen Vorschriften einhält, ist die BaFin nach § 51 V befugt, die EU-OGAW-Verwaltungsgesellschaft aufzufor-

dern, diesen **Mangel innerhalb einer bestimmten Frist zu beheben.** Die Dauer der Frist liegt im Ermessen der BaFin. Es handelt sich insoweit zunächst nur um eine Aufforderung der BaFin. Das Recht, Maßnahmen gegen die EU-OGAW-Verwaltungsgesellschaft zu ergreifen, obliegt grundsätzlich der zuständigen Aufsichtsbehörde des Herkunftsmitgliedstaates der EU-OGAW-Verwaltungsgesellschaft.

22 Kommt die EU-OGAW-Verwaltungsgesellschaft dieser Aufforderung der BaFin nicht nach, unterrichtet die BaFin die zuständige Aufsichtsbehörde im Herkunftsmitgliedstaat der EU-OGAW-Verwaltungsgesellschaft. Dann ist es zunächst Aufgabe der zuständigen Aufsichtsbehörde im Herkunftsmitgliedstaat, Maßnahmen gegen die EU-OGAW-Verwaltungsgesellschaft zu ergreifen, die den Rechtsverstößen Abhilfe schaffen. Erst wenn die zuständige Aufsichtsbehörde im Herkunftsmitgliedstaat der EU-OGAW-Verwaltungsgesellschaft keine oder unzureichende Maßnahmen ergreift, kann die BaFin erneut tätig werden. Sie kann nach erneuter Unterrichtung der zuständigen Aufsichtsbehörde im Herkunftsmitgliedstaat der EU-OGAW-Verwaltungsgesellschaft die erforderlichen **Maßnahmen selbst ergreifen** und – falls erforderlich – als stärkstes Eingriffsmittel der EU-OGAW-Verwaltungsgesellschaft die Durchführung neuer Geschäfte in Deutschland im Rahmen des **Europäischen Passes untersagen.** Daneben kann die BaFin auch die **ESMA** darüber unterrichten, dass die zuständige Aufsichtsbehörde im Herkunftsmitgliedstaat der EU-OGAW-Verwaltungsgesellschaft ihrer Ansicht nach nicht in angemessener Weise tätig geworden ist.

II. Verfahren bei dringenden Verstößen (Abs. 6)

23 In dringenden Fällen ist die BaFin befugt, vor Einleitung des Verfahrens nach § 51 V die erforderlichen Maßnahmen zu ergreifen, ohne der zuständigen Aufsichtsbehörde im Herkunftsmitgliedstaat der EU-OGAW-Verwaltungsgesellschaft ein erstes Eingriffsrecht einzuräumen. Ein dringender Fall liegt vor, wenn das Ergreifen der Maßnahme keinen Aufschub duldet, etwa wenn eine konkrete Gefahr iSd § 42 vorliegt (MKJ/*Daemgen* § 51 Rn. 59, der für die Begründung einer besonderen Dringlichkeit auch die Fälle des § 46 KWG entsprechend heranzieht). Die BaFin hat sowohl die zuständige Aufsichtsbehörde im Herkunftsmitgliedstaat der EU-OGAW-Verwaltungsgesellschaft als auch die Europäische Kommission unverzüglich hiervon in Kenntnis zu setzen. Die Europäische Kommission führt daraufhin eine Anhörung der BaFin und der zuständigen Aufsichtsbehörde im Herkunftsmitgliedstaat der EU-OGAW-Verwaltungsgesellschaft durch. Wenn die Europäische Kommission aufgrund des Anhörungsverfahrens beschließt, dass die von der BaFin verhängten Maßnahmen zu ändern oder aufzuheben sind, ist die BaFin verpflichtet, diese Maßnahmen entsprechend zu ändern oder aufzuheben.

§ 52 Besonderheiten für die Verwaltung inländischer OGAW durch EU-OGAW-Verwaltungsgesellschaften

(1) [1]**Die Verwaltung eines inländischen OGAW durch eine EU-OGAW-Verwaltungsgesellschaft über eine Zweigniederlassung oder im Wege des grenzüberschreitenden Dienstleistungsverkehrs setzt voraus, dass die zuständigen Stellen des Herkunftsmitgliedstaates der EU-OGAW-Verwaltungsgesellschaft der Anzeige nach § 51 Absatz 1 Satz 1 eine Bescheini-**

gung darüber beigefügt haben, dass die EU-OGAW-Verwaltungsgesellschaft in ihrem Herkunftsmitgliedstaat eine Zulassung gemäß der Richtlinie 2009/65/EG erhalten hat, eine Beschreibung des Umfangs dieser Zulassung sowie Einzelheiten darüber, auf welche Arten von OGAW diese Zulassung beschränkt ist. [2]Die EU-OGAW-Verwaltungsgesellschaft hat der Bundesanstalt darüber hinaus folgende Unterlagen zu übermitteln:

1. **die in Textform geschlossene Vereinbarung mit der Verwahrstelle im Sinne des Artikels 22 Abs. 2 der Richtlinie 2009/65/EG und**
2. **Angaben über die Auslagerung von Aufgaben bezüglich der Portfolioverwaltung und der administrativen Tätigkeiten im Sinne des Anhangs II der Richtlinie 2009/65/EG.**

[3]Verwaltet die EU-OGAW-Verwaltungsgesellschaft bereits inländische OGAW der gleichen Art, ist ein Hinweis auf die bereits übermittelten Unterlagen ausreichend, sofern sich keine Änderungen ergeben. [4]Die §§ 162 und 163 bleiben unberührt. [5]Satz 2 findet keine Anwendung, sofern die EU-OGAW-Verwaltungsgesellschaft im Inland lediglich EU-OGAW vertreiben will.

(2) **Soweit es die Ausübung der Aufsicht über die EU-OGAW-Verwaltungsgesellschaft bei der Verwaltung eines inländischen OGAW erfordert, kann die Bundesanstalt von den zuständigen Stellen des Herkunftsmitgliedstaates der EU-OGAW-Verwaltungsgesellschaft Erläuterungen zu den Unterlagen nach Absatz 1 anfordern sowie auf Grundlage der Bescheinigung nach Absatz 1 Satz 1 Auskünfte darüber anfordern, ob die Art des inländischen OGAW, dessen Verwaltung beabsichtigt ist, von der Zulassung der EU-OGAW-Verwaltungsgesellschaft erfasst ist.**

(3) **Die EU-OGAW-Verwaltungsgesellschaft hat der Bundesanstalt alle nachfolgenden inhaltlichen Änderungen zu den Unterlagen nach Absatz 1 Satz 2 unmittelbar mitzuteilen.**

(4) **[1]Die Bundesanstalt kann die Verwaltung eines inländischen OGAW untersagen, wenn**

1. **die EU-OGAW-Verwaltungsgesellschaft den Anforderungen des Artikels 19 Absatz 3 und 4 der Richtlinie 2009/65/EG nicht entspricht,**
2. **die EU-OGAW-Verwaltungsgesellschaft von den zuständigen Stellen ihres Herkunftsmitgliedstaates keine Zulassung zur Verwaltung der Art von OGAW erhalten hat, deren Verwaltung im Inland beabsichtigt wird, oder**
3. **die EU-OGAW-Verwaltungsgesellschaft die Unterlagen nach Absatz 1 nicht eingereicht hat.**

[2]Vor einer Untersagung hat die Bundesanstalt die zuständigen Stellen des Herkunftsmitgliedstaates der EU-OGAW-Verwaltungsgesellschaft anzuhören.

(5) **Auf die Tätigkeit einer EU-OGAW-Verwaltungsgesellschaft, die inländische OGAW verwaltet, sind ungeachtet der Anforderungen nach § 51 Absatz 4 die §§ 68 bis 79, 91 bis 123, 162 bis 213, 293, 294, 301 bis 306, 312 bis 313a entsprechend anzuwenden.**

A. Allgemeines

1 § 52 ergänzt – spiegelbildlich zu § 50 – § 51 in den Fällen, in denen eine EU-OGAW-Verwaltungsgesellschaft im Inland einen OGAW verwalten möchte, und erweitert insoweit die Reichweite des Europäischen Passes. Durch diese Vorschrift wird die EU-OGAW-Verwaltungsgesellschaft zur Auflage und Verwaltung neuer, im Inland ansässiger OGAW über die Zweigniederlassung oder im Wege des grenzüberschreitenden Dienstleistungsverkehrs ermächtigt. § 52 ersetzt § 13a InvG und setzt Art. 17 III und IX, 18 II und IV, Art. 19 III–V und Art. 20 I–IV der RL 2009/65/EG um (BT-Drs. 17/4510, 64).

B. Zusätzliches Anzeigeverfahren für die grenzüberschreitende kollektive Vermögensverwaltung (Abs. 1–3)

I. Im Inland vorzulegende Unterlagen

2 Eine EU-OGAW-Verwaltungsgesellschaft ist befugt, über eine Zweigniederlassung oder im Wege des grenzüberschreitenden Dienstleistungsverkehrs einen OGAW im Inland aufzulegen und zu verwalten, wenn die Anzeigeerfordernisse des § 52 I–III eingehalten werden. Die EU-OGAW-Verwaltungsgesellschaft muss der für sie zuständigen Aufsichtsbehörde des Herkunftsmitgliedstaates zusammen mit der Absichtsanzeige nach § 51 mitteilen, wenn sie im Rahmen des Europäischen Passes in Deutschland einen OGAW auflegen und verwalten möchte. Die zuständige Aufsichtsbehörde des Herkunftsmitgliedstaates übermittelt dann neben den Unterlagen nach § 51 an die BaFin auch eine Bescheinigung darüber, dass die EU-OGAW-Verwaltungsgesellschaft in ihrem Herkunftsmitgliedstaat über eine Erlaubnis nach der RL 2009/65/EG verfügt. Die Bescheinigung enthält außerdem eine Beschreibung des Umfangs dieser Erlaubnis sowie Einzelheiten darüber, ob und auf welche Arten von OGAW die Erlaubnis beschränkt ist.

3 Daneben hat auch die EU-OGAW-Verwaltungsgesellschaft weitere Unterlagen an die BaFin zu übermitteln: Zum einen muss sie eine schriftliche Vereinbarung mit der Verwahrstelle, die für den inländischen OGAW bestellt wird bzw. bestellt wurde, vorlegen. Zum anderen müssen Angaben über die Auslagerung von Aufgaben nach Anhang II der RL 2009/65/EG bezüglich der Portfolioverwaltung und der administrativen Tätigkeiten in Bezug auf den OGAW übermittelt werden. Der Übermittlung dieser Unterlagen an die BaFin bedarf es nicht, wenn die EU-OGAW-Verwaltungsgesellschaft im Inland lediglich Anteile von EU-OGAW vertreiben und nicht grenzüberschreitend einen inländischen OGAW verwalten will. Sofern die EU-OGAW-Verwaltungsgesellschaft bereits in Deutschland OGAW der gleichen Art verwaltet, ist ein Hinweis auf die bereits übermittelten Unterlagen ausreichend, es sei denn, es ergeben sich für den neuen OGAW Änderungen zu dem bereits verwalteten OGAW. In diesem Fall sind lediglich die Änderungen mitzuteilen.

II. Auskunftspflicht und Anzeigepflicht bei Änderungen

§ 52 II regelt die Zusammenarbeit der beteiligten Aufsichtsbehörden. Die Prüfung, ob die Verwaltung des geplanten OGAW von der Erlaubnis der EU-OGAW-Verwaltungsgesellschaft im Herkunftsmitgliedstaat umfasst ist, nimmt die BaFin vor. Die BaFin ist nach § 52 II aber auch berechtigt, von der zuständigen Aufsichtsbehörde des Herkunftsmitgliedstaates der EU-OGAW-Verwaltungsgesellschaft auf Grundlage der Bescheinigung nach § 52 I 1 weitere Auskünfte darüber zu verlangen, ob die Art des OGAW, dessen Auflegung und Verwaltung durch die EU-OGAW-Verwaltungsgesellschaft in Deutschland beabsichtigt ist, von der durch die zuständige Aufsichtsbehörde des Herkunftsmitgliedstaates der EU-OGAW-Verwaltungsgesellschaft gewährten Erlaubnis erfasst ist. 4

Auch wenn sich dies aus dem Wortlaut des § 52 nicht ergibt, ist die zuständige Aufsichtsbehörde des Herkunftsmitgliedstaates der EU-OGAW-Verwaltungsgesellschaft grundsätzlich im Rahmen der grenzüberschreitenden Zusammenarbeit verpflichtet, die BaFin über jegliche Änderungen des Umfangs der Erlaubnis der EU-OGAW-Verwaltungsgesellschaft zu unterrichten und die Informationen in der Bescheinigung nach § 52 I 1 im Bedarfsfall zu aktualisieren. Diese Pflicht ist ein Ausfluss der Heimatstaatskontrolle, wonach die BaFin auf eine kompetente und zuverlässige Aufsicht der zuständigen Aufsichtsbehörde des Herkunftsmitgliedstaates der EU-OGAW-Verwaltungsgesellschaft vertrauen darf. In § 13a III 1 InvG war dies auch ausdrücklich normiert. 5

Die EU-OGAW Verwaltungsgesellschaft ist ihrerseits verpflichtet, inhaltliche Änderungen zu den Unterlagen, die sie nach § 52 I 2 der BaFin übermittelt hat, dieser unmittelbar anzuzeigen. Das betrifft Änderungen hinsichtlich der Verwahrstelle sowie Änderungen der Auslagerungsvereinbarungen. Eine entsprechende Anzeige an die zuständige Aufsichtsbehörde des Herkunftsmitgliedstaates der EU-OGAW-Verwaltungsgesellschaft ist nicht erforderlich, da insoweit nur der inländische OGAW betroffen ist und die Produktaufsicht durch die BaFin erfolgt. 6

C. Untersagungsbefugnis der BaFin (Abs. 4)

§ 52 IV räumt der BaFin eine Untersagungsbefugnis nach vorheriger Anhörung der zuständigen Aufsichtsbehörde des Herkunftsmitgliedstaates der EU-OGAW-Verwaltungsgesellschaft im Hinblick auf die Verwaltung eines inländischen OGAW ein, wenn 7

a) die EU-OGAW-Verwaltungsgesellschaft den Anforderungen von Art. 19 III und IV der RL 2009/65/EG nicht mehr entspricht, dh die deutschen produktbezogenen Vorgaben hinsichtlich des OGAW nicht mehr erfüllt,
b) die EU-OGAW-Verwaltungsgesellschaft von der zuständigen Aufsichtsbehörde des Herkunftsmitgliedstaates der EU-OGAW-Verwaltungsgesellschaft keine Erlaubnis zur Verwaltung der Art von OGAW erhalten hat, deren Verwaltung im Inland beabsichtigt wird, dh, die Voraussetzungen für den Europäischen Pass in Bezug auf den geplanten OGAW nicht oder nicht mehr vorliegen, und
c) die EU-OGAW-Verwaltungsgesellschaft die Unterlagen nach § 51 I nicht eingereicht hat.

Da die Produktaufsicht der BaFin unterliegt, ist die Normierung der produktbezogenen Untersagungsbefugnis für inländische OGAW nur konsequent. Die Untersagungsbefugnis der BaFin ist eine Ermessensentscheidung und unterliegt insoweit dem Grundsatz der Verhältnismäßigkeit. Folglich stehen der BaFin neben der Untersagung auch andere geeignete und angemessene mildere Eingriffsmittel zur Verfügung, auch wenn das nicht ausdrücklich normiert ist.

D. Anwendbare Vorschriften

8 Vom Grundsatz her gilt auch hier, dass auf die EU-OGAW-Verwaltungsgesellschaft die Vorschriften des Herkunftsmitgliedstaates anwendbar sind, während der von ihr in Deutschland verwalteten OGAW deutschem Recht unterliegt. Entsprechend bleiben nach § 52 I 4 die §§ 163 und 164 über die Genehmigung Anlagebedingungen und die Erstellung des Verkaufsprospekts und den wesentlichen Anlegerinformationen für offene Publikumsinvestmentvermögen unberührt.

9 Nach Art. 19 III und IV der RL 2009/65/EG unterliegt die grenzüberschreitend tätige EU-OGAW-Verwaltungsgesellschaft den Bestimmungen des Herkunftsmitgliedstaates des OGAW, also des Aufnahmemitgliedstaates, in Bezug auf die Gründung und die Geschäftstätigkeit des OGAW, insb. in Bezug auf

a) die Errichtung und Zulassung des OGAW;
b) die Ausgabe und Veräußerung von Anteilen und Aktien;
c) Anlagepolitik und Beschränkungen einschl. der Berechnung des gesamten Kreditrisikos und der Verschuldung;
d) Beschränkungen in Bezug auf Kreditaufnahme, Kreditgewährung und Leerverkäufe;
e) die Bewertung der Vermögenswerte und die Rechnungsführung des OGAW;
f) die Berechnung des Ausgabepreises und/oder des Auszahlungspreises sowie für den Fall fehlerhafter Berechnungen des Nettobestandswerts und für entsprechende Entschädigungen der Anleger;
g) die Ausschüttung oder Wiederanlage der Erträge;
h) die Offenlegungs- und Berichtspflicht des OGAW einschließlich des Prospekts, der wesentlichen Informationen für die Anleger und der regelmäßigen Berichte;
i) die Modalitäten der Vermarktung;
j) die Beziehung zu den Anteilinhabern;
k) Verschmelzung und Umstrukturierung des OGAW;
l) die Auflösung und Liquidation des OGAW;
m) gegebenenfalls Inhalt des Verzeichnisses der Anteilinhaber;
n) die Gebühren für Zulassung und Aufsicht des OGAW und
o) Ausübung der Stimmrechte der Anteilinhaber und weiterer Rechte der Anteilinhaber im Zusammenhang mit den Buchst. a–m.

Die grenzüberschreitend tätige EU-OGAW-Verwaltungsgesellschaft ist außerdem an die Vertragsbedingungen oder in der Satzung des inländischen OGAW enthaltene Verpflichtungen sowie an die im Prospekt für den OGAW enthaltenen Verpflichtungen gebunden.

10 Ungeachtet dieser Vorgaben der RL 2009/65/EG bestimmt § 52 V, dass sämtliche Vorschriften für die OGAW-Verwahrstelle gem. §§ 68–79, der produktbezogenen Vorschriften der §§ 91–123 (für offene inländische Investmentvermögen), der §§ 162–213 (für Publikumsinvestmentvermögen) sowie der vertriebsbezogenen Vorschriften der §§ 294 I, 297, 306, 312 und 313 entsprechend Anwendung finden.

Unterabschnitt 6. Grenzüberschreitender Dienstleistungsverkehr und Drittstaatenbezug bei AIF-Verwaltungsgesellschaften

§ 53 Verwaltung von EU-AIF durch AIF-Kapitalverwaltungsgesellschaften

(1) **Beabsichtigt eine AIF-Kapitalverwaltungsgesellschaft, die über eine Erlaubnis nach den §§ 20, 22 verfügt, erstmals im Wege des grenzüberschreitenden Dienstleistungsverkehrs oder über eine Zweigniederlassung EU-AIF zu verwalten oder Dienst- und Nebendienstleistungen nach § 20 Absatz 3 Nummer 2 bis 5 zu erbringen, so übermittelt sie der Bundesanstalt folgende Angaben:**
1. den Mitgliedstaat der Europäischen Union oder den Vertragsstaat des Abkommens über den Europäischen Wirtschaftsraum, in dem sie EU-AIF im Wege des grenzüberschreitenden Dienstleistungsverkehrs oder über eine Zweigniederlassung zu verwalten oder Dienst- und Nebendienstleistungen nach § 20 Absatz 3 Nummer 2 bis 5 zu erbringen beabsichtigt,
2. einen Geschäftsplan, aus dem insbesondere hervorgeht, welche EU-AIF sie zu verwalten oder welche Dienst- und Nebendienstleistungen sie zu erbringen beabsichtigt.

(2) **Beabsichtigt die AIF-Kapitalverwaltungsgesellschaft, eine Zweigniederlassung in einem anderen Mitgliedstaat der Europäischen Union oder in einem anderen Vertragsstaat des Abkommens über den Europäischen Wirtschaftsraum zu errichten, so hat sie der Bundesanstalt zusätzlich zu den Angaben nach Absatz 1 folgende Informationen zu übermitteln:**
1. den organisatorischen Aufbau der Zweigniederlassung,
2. die Anschrift, unter der im Herkunftsmitgliedstaat des EU-AIF Unterlagen angefordert werden können, sowie
3. die Namen und Kontaktangaben der Geschäftsführer der Zweigniederlassung.

(3) **Besteht kein Grund zur Annahme, dass die Verwaltung des EU-AIF durch die AIF-Kapitalverwaltungsgesellschaft oder die Erbringung von Dienst- und Nebendienstleistungen nach § 20 Absatz 3 Nummer 2 bis 5 gegen dieses Gesetz verstößt oder verstoßen wird, übermittelt die Bundesanstalt binnen eines Monats nach dem Eingang der vollständigen Unterlagen nach Absatz 1 oder binnen zwei Monaten nach dem Eingang der vollständigen Unterlagen nach Absatz 2 diese zusammen mit einer Bescheinigung über die Erlaubnis der betreffenden AIF-Kapitalverwaltungsgesellschaft an die zuständigen Behörden des Aufnahmemitgliedstaates der AIF-Kapitalverwaltungsgesellschaft.**

(4) **Die Bundesanstalt unterrichtet die AIF-Kapitalverwaltungsgesellschaft unverzüglich über die Übermittlung der Unterlagen. Die AIF-Kapitalverwaltungsgesellschaft darf erst unmittelbar nach dem Eingang der Übermittlungsmeldung in dem jeweiligen Aufnahmemitgliedstaat mit der Verwaltung von EU-AIF oder der Erbringung von Dienst- und Nebendienstleistungen beginnen.**

(5) **Eine Änderung der nach Absatz 1 oder Absatz 2 übermittelten Angaben hat die AIF-Kapitalverwaltungsgesellschaft der Bundesanstalt mindestens einen Monat vor der Durchführung der geplanten Änderungen schriftlich anzuzeigen. Im Fall von ungeplanten Änderungen hat die AIF-Kapitalverwaltungsgesellschaft die Änderung der Bundesanstalt unmittelbar nach dem Eintritt der Änderung anzuzeigen.**

(6) **Würde die geplante Änderung dazu führen, dass die AIF-Kapitalverwaltungsgesellschaft, die Verwaltung des EU-AIF oder die Erbringung der Dienst- und Nebendienstleistungen gegen dieses Gesetz oder aufgrund dieses Gesetzes erlassene Bestimmungen verstößt, untersagt die Bundesanstalt der AIF-Kapitalverwaltungsgesellschaft innerhalb von 15 Arbeitstagen nach Eingang sämtlicher in Absatz 5 genannten Angaben die Änderung.**

(7) **Wird eine geplante Änderung ungeachtet der Absätze 5 und 6 durchgeführt oder würde eine durch einen unvorhersehbaren Umstand ausgelöste Änderung dazu führen, dass die AIF-Kapitalverwaltungsgesellschaft, die Verwaltung des EU-AIF oder die Erbringung der Dienst- und Nebendienstleistungen nunmehr gegen dieses Gesetz oder aufgrund dieses Gesetzes erlassene Bestimmungen verstößt, ergreift die Bundesanstalt geeignete Maßnahmen und setzt unverzüglich die zuständigen Behörden des Aufnahmemitgliedstaates der AIF-Kapitalverwaltungsgesellschaft entsprechend in Kenntnis.**

(8) **Über Änderungen, die im Einklang mit diesem Gesetz stehen, unterrichtet die Bundesanstalt unverzüglich die zuständigen Stellen des Aufnahmemitgliedstaates der AIF-Kapitalverwaltungsgesellschaft.**

Inhaltsübersicht

	Rn.
I. Allgemeines	1
II. Erstmalige Aufnahme der Tätigkeit	9
1. Verwaltung eines EU-AIF (Abs. 1)	14
a) Begriffe	14
b) Unterlagen	17
2. Errichtung einer Zweigniederlassung (Abs. 2)	23
III. Übermittlung der erforderlichen Unterlagen (Abs. 3)	27
IV. Unterrichtung der AIF-Kapitalverwaltungsgesellschaft (Abs. 4)	30
V. Änderung der übermittelten Daten (Abs. 5–8)	31
VI. Verstöße gegen die Anzeigepflichten	32

I. Allgemeines

1 Die Vorschrift des § 53 setzt die rechtlichen Vorgaben des Art. 33 AIFM-RL um und erfasst die Fallgruppe der Verwaltung eines EU-AIF oder die Erbringung von Dienst- oder Nebendienstleistungen iSv § 20 III Nr. 2–5 in einem anderen EU-Mitgliedsstaat oder einem EWR-Vertragsstaat durch eine AIF-KVG („Outbound"). Zur Anwendbarkeit auf EWR-Vertragsstaaten vgl. die Übergangsvorschrift des § 344 II.

2 Die Komplementärvorschrift zu § 53 findet sich in § 54, der die „Inbound" gerichtete Verwaltung von Spezial-AIF oder die Erbringung von Dienst- und Nebendienstleistungen durch eine AIF-Verwaltungsgesellschaft mit Sitz in einem anderen

EU-Mitgliedstaat oder EWR-Vertragsstaat im Inland behandelt. Die Parallelvorschriften für EU-OGAW finden sich in den §§ 49, 50.

Sinn und Zweck der Vorschrift ist nach Erwägungsgrund 4 AIFM-RL die Schaffung eines einheitlichen Binnenmarktes für AIFM sowie die Harmonisierung des Regelungsrahmens für die Tätigkeit aller AIFM innerhalb der Europäischen Union. Dies gilt für AIF-Verwaltungsgesellschaften, die ihren Sitz in einem Mitgliedstaat oder einem Drittland haben. § 53 entspricht methodisch dem insgesamt im Finanzdienstleistungsrecht zur Erbringung von Dienstleistungen in anderen EU/EWR-Staaten verfolgten Konzept der Dienstleistungsfreiheit. Es handelt sich insoweit um eine Variante des sog. EU-Passports für Dienstleistungen (Passports für Bank- und Wertpapierdienstleistungen finden sich zB in § 24a KWG, §§ 70, 71 WpIG („Outbound") oder in § 53b KWG, §§ 73, 74 WpIG („Inbound"), der insb. von dem Produktpassport (s. zB §§ 312ff. für den Vertrieb von OGAW und §§ 331ff. für den Vertrieb von AIF in anderen EU- oder EWR-Mitgliedstaaten), welcher den Vertrieb von EU-AIF regelt, zu unterscheiden ist (zum Passporting-Regime insgesamt Fischer/Schulte-Mattler/Vahldiek KWG § 53b Rn. 1ff.; anschauliche Darstellung bei CESR „The Passport under MiFID", Public Consultation, CESR 06-669, Figure 2, Rn. 33). 3

Weder für die Outbound noch für die Inbound gerichtete Verwaltung eines EU-AIF oder die Erbringung von Dienst- oder Nebendienstleistungen iSv § 20 III Nr. 2–5 in einem anderen EU-/EWR-Staat durch eine AIF-KVG bedarf diese einer erneuten Erlaubnis ihres Herkunftslandes oder ihres Aufnahmelandes. Die der AIF-KVG erteilte Erlaubnis deckt die gesamte Tätigkeit in sämtlichen EU-/EWR-Ländern bezogen auf die Art von AIF, für die die AIF-KVG zugelassen ist, ab. Das in §§ 53 und 54 dargestellte Verfahren stellt lediglich ein Anzeige- bzw. Notifizierungsverfahren dar (vgl. FK-KapAnlR/*Engler* § 53 Rn. 2). § 53 löst damit das früher erforderliche gesonderte Erlaubnisverfahren ab. 4

§ 53 verfügt über zwei Regelungsbereiche: Die Abs. 1–4 zählen die Anforderungen für die erstmalige Verwaltung von EU-AIF oder die Erbringung von Dienst- und Nebendienstleistungen nach § 20 III Nr. 2–5 durch die AIF-KVG auf, während die Abs. 5–8 die Folgen (nachträglicher) Änderungen der nach den Abs. 1 und 2 zu übermittelnden Angaben behandeln. 5

Absatz 1 listet die erforderlichen Angaben auf, die eine AIF-KVG für die grenzüberschreitende Verwaltung eines EU-AIF oder die Erbringung von Dienst- oder Nebendienstleistungen nach § 20 III Nr. 2–5 ohne physische Präsenz im Aufnahmemitgliedstaat der BaFin einzureichen hat. Absatz 2 stellt zusätzliche Anforderungen auf, falls die Verwaltung oder die Erbringung von Dienst- oder Nebendienstleistungen nach § 20 III Nr. 2–5 durch eine Zweigniederlassung, mithin mit physischer Präsenz im Aufnahmemitgliedstaat, erfolgen soll. Das zwischenstaatliche Verfahren wird in den Abs. 3 und 4 geregelt.

Mit der Ergänzung des § 53 I um die Erbringung von Dienst- und Nebendienstleistungen iSv Art. 6 IV AIFM-RL im Rahmen des FinMarktAnpG wurde klargestellt, dass § 53 nicht nur die Verwaltung von EU-AIF erfasst, sondern auch die Erbringung der Dienst- und Nebendienstleistungen iSv Art. 6 IV AIFM-RL gestattet. Durch den Hinweis, dass der EU-Pass auch die Dienst- und Nebendienstleistungen iSv § 20 III Nr. 2–5 erfasst, sollen die Änderungen von Art. 33 AIFM-RL umgesetzt werden (vgl. BT-Drs. 18/1305, 46), die wiederum aus Art. 92 Nr. 2 der Richtlinie 2014/65 (MiFID II) stammen. 6

Artikel 33 AIFM-RL sprach zuvor lediglich von der Verwaltung von AIF und beinhaltete keine Referenz zu den Dienst-/Nebendienstleistungen nach Art. 6 IV 7

AIFM-RL. Aus § 17 I S. 2 folgt, dass „Verwaltung" mindestens die Portfolioverwaltung oder das Risikomanagement umfasst. Eine weitere Definition von Portfolioverwaltung oder Risikomanagement findet sich weder im KAGB noch in der AIFM-RL. Jedoch ist unter § 1 Nr. 24 der Begriff der kollektiven Vermögensverwaltung definiert, der die Portfolioverwaltung, das Risikomanagement, administrative Tätigkeiten, den Vertrieb von eigenen Investmentanteilen sowie bei AIF Tätigkeiten im Zusammenhang mit den Vermögensgegenständen des AIF umfasst. Er deckt somit auch die Dienst- und Nebendienstleistungen des § 20 III Nr. 2–5 mit ab. Fraglich ist daher, ob der Begriff der Verwaltung dem der kollektiven Vermögensverwaltung entspricht und somit bereits vor der Änderung des § 53 die Dienst- und Nebendienstleistungen des § 20 III Nr. 2–5 umfasste. Dem steht zumindest der Wortlaut des § 49 I entgegen, der für OGAW ausdrücklich auf die kollektive Vermögensverwaltung verweist. Letztlich ist aber mit der Anpassung des § 53 im Rahmen des FinMarktAnpG klargestellt, dass Dienst- und Nebendienstleistungen iSv § 20 III Nr. 2–5 umfasst sind (vgl. zur Diskussion FK-KapAnlR/*Engler* § 53 Rn. 11 ff.).

8 Der EU-Pass ermöglicht damit auch die individuelle Vermögensverwaltung, die Anlageberatung, die Verwahrung und die Verwaltung im Zusammenhang mit Anteilen an Organismen für gemeinsame Anlagen sowie die Annahme und Übermittlung von Aufträgen, die Finanzinstrumente zum Gegenstand haben, soweit die AIF-KVG über eine entsprechende Erlaubnis verfügt.

II. Erstmalige Aufnahme der Tätigkeit

9 Hat die AIF-KVG die Absicht der Verwaltung von EU-AIF in einem anderen EU-Mitgliedsstaat oder einem anderen EWR-Vertragsstaat oder der Erbringung von Dienst- oder Nebendienstleistungen iSv § 20 III Nr. 2–5 gegenüber ihrem Herkunftsmitgliedstaat entsprechend angezeigt, so hat sie die Möglichkeit, EU-AIF entweder im Wege des grenzüberschreitenden Dienstleistungsverkehrs (§ 53 I) oder über eine Zweigniederlassung (§ 53 II) zu verwalten.

10 Die Abgrenzung, ob Aktivitäten einer AIF-KVG rein grenzüberschreitender Natur, also ohne physische Präsenz sind oder eine physische Präsenz in Form einer Zweigniederlassung erfordern, kann im Einzelfall problematisch sein. Die Prüfung, ob eine erlaubnispflichtige Dienstleistung in einem anderen EU/EWR-Staat erbracht wird, richtet sich regelmäßig nach dem Recht des Aufnahmemitgliedstaates. Möglich wäre auch, dass lediglich eine passive Dienstleistung erbracht wird, die kein Notifizierungsverfahren erforderlich macht. Dies ist insb. der Fall, wenn professionelle Investoren sich im Zusammenhang mit dem Vertrieb von AIF an eine KVG wenden („reverse solicitation"). Erforderlich ist in diesen Fällen vor allem eine aktive Dokumentation des Ursprungs der Initiative, da ansonsten neben erheblichen Haftungsrisiken auch die Gefahr der unerlaubten Erbringung erlaubnispflichtiger Dienstleistungen im jeweiligen EU-/EWR-Staat droht. Abgrenzungsschwierigkeiten ergeben sich weiterhin zum Pre-Marketing (s. § 306b).

11 Eine Zweigniederlassung ist gem. § 1 XIX Nr. 38 in Bezug auf eine Verwaltungsgesellschaft eine Betriebsstelle, die einen rechtlich unselbstständigen Teil einer Verwaltungsgesellschaft bildet und die Dienstleistungen erbringt, für die der Verwaltungsgesellschaft eine Zulassung oder Genehmigung erteilt wurde. Alle Betriebsstellen einer Verwaltungsgesellschaft mit satzungsmäßigem Sitz in einem anderen Mitgliedstaat der Europäischen Union, einem anderen Vertragsstaat des

Abkommens über den Europäischen Wirtschaftsraum oder einem Drittstaat, die sich in ein und demselben Mitgliedstaat oder Vertragsstaat befinden, gelten als eine einzige Zweigniederlassung. Es darf sich nicht um die Hauptverwaltung handeln.

Für die Einordnung als Betriebsstelle ist regelmäßig auch auf den Betriebsstättenbegriff nach § 12 AO zurückzugreifen. Dieser ist jedoch inhaltlich nicht deckungsgleich mit dem Zweigniederlassungsbegriff des KAGB. Soweit Entscheidungen zum Risiko- und Portfoliomanagement in der Zweigniederlassung getroffen werden, würde die Anwendung der allgemeinen Steuergrundsätze nach § 12 AO dazu führen, dass der AIF in der Jurisdiktion der Betriebsstätte steuerlich ansässig wäre. Da dieses Ergebnis nicht zielführend ist, wurde mit § 1 Ia InvStG eine abweichende Sonderregelung geschaffen. Danach ist von einem ausländischen Investmentvermögen dann auszugehen, wenn es durch eine ausländische KVG oder eine inländische Zweigniederlassung einer EU-KVG verwaltet wird (vgl. BTMB/*Geurts* InvG § 53 Rn. 7). 12

Für CRR-Institute ist im Übrigen nach Art. 35 II Buchst. c und d CRD und Art. 35 II Buchst. e und f MiFID II charakteristisches Kennzeichen einer Zweigniederlassung, das Bestehen einer festen Anschrift und das Vorhandensein einer lokalen Niederlassungsleitung. 13

1. Verwaltung eines EU-AIF (Abs. 1). a) Begriffe. Der Begriff der AIF-KVG lässt sich § 1 XVI entnehmen, welcher auf § 17 verweist. AIF-KVG sind gem. § 1 XVI Kapitalgesellschaften nach § 17, die mindestens einen AIF verwalten oder zu verwalten beabsichtigen. Kapitalgesellschaften sind wiederum nach der Legaldefinition in § 17 I Unternehmen mit satzungsmäßigem Sitz und Hauptverwaltung im Inland, deren Geschäftsbetrieb darauf gerichtet ist, inländische Investmentvermögen, EU-Investmentvermögen oder ausländische AIF zu verwalten. Verwaltung eines Investmentvermögens liegt vor, wenn mindestens die Portfolioverwaltung oder das Risikomanagement für ein oder mehrere Investmentvermögen erbracht wird. Gemäß §§ 20, 22 bedarf die AIF-KVG der schriftlichen Erlaubnis der BaFin, bevor sie ihre Tätigkeiten aufnehmen darf. Wurde der AIF-KVG die erforderliche Erlaubnis erteilt, kann sie frei entscheiden, ob sie die Verwaltung von EU-AIF im Wege des grenzüberschreitenden Dienstleistungsverkehrs oder über eine Zweigniederlassung vornimmt. 14

Zu beachten ist, dass auf die AIF-KVG, die nur einer Registrierungspflicht iSd § 44 I Nr. 1 unterliegt (Kleine Spezial-AIFM, Mini-AIFM/Bürgerbeteiligungsgesellschaften, Kleine Publikums-AIFM), § 53 keine Anwendung findet. Dies ergibt sich einerseits aus dem abschließenden Verweis auf die §§ 20, 22 und andererseits daraus, dass § 53 in der enumerativen Auflistung der auf die vorgenannten AIFM anwendbaren Regelungen (s. § 2 IV, IVa und V), nicht enthalten ist. Folglich können AIF-KVG iSv § 44 I Nr. 1 den vereinfachten Marktzugang zur Verwaltung eines EU-AIF oder die Erbringung von Dienst- oder Nebendienstleistungen iSv § 20 III Nr. 2–5 in einem anderen EU-Mitgliedsstaat oder einem EWR-Vertragsstaat durch eine AIF-KVG nicht nutzen. 15

Im KAGB wird der Begriff des EU-AIF nicht ausdrücklich definiert, er ergibt sich jedoch durch die Verbindung von § 1 III und § 1 VIII. Gemäß § 1 III ist ein AIF jedes Investmentvermögen, welches kein OGAW ist. Unterliegt ein solches Investmentvermögen dem Recht eines anderen Mitgliedstaates der EU oder eines anderen Vertragsstaates des EWR, so handelt es sich gem. § 1 VIII um EU-Investmentvermögen. Dies bedeutet, dass ein EU-AIF ein Investmentvermögen ist, das dem Recht eines anderen Staates der EU/EWR unterliegt, aber kein OGAW ist. Mit dieser Definition wird Art. 4 I Buchst. k AIFM-RL umgesetzt. 16

17 **b) Unterlagen.** Bevor die Verwaltung des EU-AIF aufgenommen werden kann, muss ein Anzeigeverfahren bei der BaFin durchgeführt werden. Anders als im Rahmen der OGAW, wonach eine solche Anzeige gem. § 49 I 1 bereits mit der Absicht der Errichtung einer Zweigniederlassung bzw. der Erbringung grenzüberschreitender Dienstleistungen unverzüglich einzureichen ist, ist das Erfordernis der Unverzüglichkeit im Zusammenhang mit AIFs nicht gegeben. Da aber bereits die Absicht der Aufnahme der Dienstleistung eine Anzeigepflicht auslöst und eine Aufnahme der Tätigkeit ohne Übermittlung im Aufnahmemitgliedstaat unzulässig wäre, § 53 IV 2, sollte eine solche Anzeige umgehend nach der Entscheidung, entsprechend tätig werden zu wollen, von der AIF-KVG eingereicht werden.

18 Die BaFin hat ein Musterformular für die abzugebende Anzeige entwickelt (vgl. BaFin, Notifikation letter on the Basis of Art. 33 of the AIFM Directive). Gemäß § 53 I Nr. 1 muss die AIF-KVG den Mitglieds- bzw. Vertragsstaat angeben, in dem die Verwaltung des EU-AIF, entweder über eine Zweigniederlassung oder im Wege des grenzüberschreitenden Dienstleistungsverkehrs, erbracht werden soll. Diese Anforderung resultiert aus Art. 33 II Buchst. a AIFM-RL. Weiterhin sind die geplanten Dienstleistungen, ein Geschäftsplan und die Investmentstrategien anzugeben. Die Vorgaben orientieren sich eng an der Parallelvorschrift für die Verwaltung von EU-OGAW iSd § 49 I 2 Nr. 2.

19 Aus dem Geschäftsplan, dessen Einreichung gem. § 53 I Nr. 2 erforderlich ist, muss hervorgehen, welche EU-AIF die AIF-KVG zu verwalten beabsichtigt bzw. welche Dienst- oder Nebendienstleistungen sie bezweckt zu erbringen. Weitere Anforderungen an den Geschäftsplan ergeben sich weder aus dem Gesetzeswortlaut des § 53 noch der Gesetzesbegründung noch aus der AIFM-RL.

20 Zwar sieht der Wortlaut des § 53 im Gegensatz zu § 49 I 2, V 2 für die grenzüberschreitende Verwaltung von EU-OGAWs sowie gem. § 54 I Nr. 2 für den Inbound-Fall bei der Verwaltung von Spezial-AIF, kein Anzeigeschreiben zur Mitteilung der Absicht der Erbringung entsprechender Dienstleistungen vor, diese ist jedoch mit dem Erfordernis zur Übermittlung relevanter Informationen dennoch erforderlich. Die BaFin macht dies nicht zuletzt mit ihrem „Notification Letter" deutlich, der im Übrigen an den Aufnahmemitgliedstaat weitergeleitet wird. Ein redaktionelles Versehen scheint insofern nicht vorzuliegen (so aber WBA/*Wilkowski/Grulke* KAGB § 53 Rn. 26).

21 Sobald ein AIFM die erforderliche Mitteilung an die BaFin gesendet hat, bedarf es keiner weiteren Mitteilung mehr, soweit die AIF-KVG im gleichen Mitgliedsstaat weitere AIF verwalten will.

22 Eine Mitteilungspflicht entsteht jedoch im Falle von Änderungen der in der Anzeige gemachten Angaben, § 53 V (vgl. ESMA, Questions and Answers Application of the AIFMD, Section IV, Question 3). Zu beachten ist jedoch, dass die Verwaltung nur für EU-AIF stattfinden darf, für deren Verwaltung die AIF-KVG auch zugelassen ist. Dies lässt sich aus der Formulierung des Art. 33 I AIFM-RL herleiten, wonach die Verwaltung von EU-AIF in einem anderen Mitgliedstaat nur möglich ist, „sofern der AIFM für die Verwaltung dieser Art von AIF zugelassen ist".

23 **2. Errichtung einer Zweigniederlassung (Abs. 2).** Eine andere Möglichkeit für eine AIF-Kapitalverwaltungsgesellschaft einen EU-AIF zu verwalten, ist die Errichtung einer Zweigniederlassung. § 53 II setzt dazu Art. 33 I, III AIFM-RL um.

24 Zusätzlich zu den in Abs. 1 an die BaFin geforderten Angaben bedarf es in der Anzeige der Darstellung des organisatorischen Aufbaus der Zweigniederlassung, der Angabe der Anschrift, unter der im Herkunftsmitgliedstaat des EU-AIF Unterlagen angefordert werden können und der Namen und Kontaktangaben der Geschäftsführer der Zweigniederlassung. Die Darstellung des organisatorischen Aufbaus erfordert im Regelfall auch Ausführungen zur Personalausstattung. Weiter wird analog zu den MiFID Passporting-Anforderungen für den Geschäftsplan auch eine Plan-GuV und eine Plan-Bilanz für die nächsten drei Jahre verlangt.

25 Die Bestimmung des Herkunftsmitgliedstaates richtet sich nach § 1 XIX Nr. 18. Hiernach ist Herkunftsmitgliedstaat entweder der Mitgliedstaat in der EU oder der Vertragsstaat des EWR, in dem der AIF zugelassen oder registriert ist, oder im Fall der mehrfachen Zulassung oder Registrierung der Mitgliedstaat oder der Vertragsstaat, in dem der AIF zum ersten Mal zugelassen oder registriert wurde, oder für den Fall, dass der AIF in keinem Mitgliedstaat der EU oder keinem Vertragsstaat des Abkommens über den Europäischen Wirtschaftsraum zugelassen oder registriert ist, der Mitgliedstaat der EU oder der Vertragsstaat des EWR, in dem der AIF seinen Sitz oder seine Hauptverwaltung hat. Die Zweigniederlassung kann ebenfalls grenzüberschreitend tätig werden und ist bei der Ausübung ihrer Tätigkeit nicht an das Aufnahmemitgliedsstaat gebunden. Dabei unterliegt sie ebenfalls der Anzeigepflicht nach § 53.

26 Ebenfalls erforderlich ist die Angabe der Namen und Kontaktangaben der Geschäftsführer der Zweigniederlassung, wobei mit Letzterem der oder die jeweiligen Niederlassungsleiter gemeint ist. Die Referenz auf den Geschäftsführer der Zweigniederlassung in § 53 II Nr. 3 beruht offensichtlich auf einem Fehler im Übersetzungstext zu Art 33 III Buchst. c der AIFM-RL. Die OGAW-Regelung verlangt hier in § 49 I 2 Nr. 4 korrekterweise lediglich die Angabe des Namens der Personen, die die Zweigniederlassung leiten. Entsprechend ist auch § 53 II zu verstehen.

III. Übermittlung der erforderlichen Unterlagen (Abs. 3)

27 Bestehen keine Gründe zur Annahme, dass die Verwaltung des EU-AIF durch die AIF-KVG oder die Erbringung von Dienst- und Nebendienstleistungen nach § 20 III Nr. 2–5 gegen das KAGB verstößt oder verstoßen wird, übermittelt die BaFin die vollständigen Unterlagen sowie die Bescheinigung über die Erlaubnis der betreffenden AIF-KVG („notification package") der zuständigen Behörde des Aufnahmemitgliedstaates der AIF-KVG. Bestehen hingegen Zweifel seitens der BaFin, kann sie die AIF-KVG auffordern, die Gesetzesverstöße einzustellen, die Verwaltung der EU-AIF aufzugeben oder die Errichtung einer Zweigniederlassung, bzw. die Erbringung der Dienst- oder Nebendienstleistungen nach § 20 III Nr. 2–5 zu beenden.

28 Unklar ist der genaue Prüfungsumfang der BaFin. Artikel 33 IV 2 AIFM-RL verlangt über die Prüfung einer Richtlinienkonformität hinaus auch, dass der AIFM sich im Allgemeinen an die Richtlinie hält. Folgt man diesem Ansatz, wäre eine Prüfung äußerst umfänglich und erfordert auch eine Prognose für die Zukunft. Dies wäre weder zeitlich realisierbar noch würde es mit dem Verständnis, dass es sich um ein Notifizierungsverfahren handelt, decken. Im Regelfall wird sich die BaFin daher an § 49 II orientieren und die Gesetzmäßigkeit der Organisationsstruktur und der Finanzlage in Betracht ziehen. In den Fällen, in denen die AIF-KVG die Errichtung einer Zweigniederlassung anzeigt, die in keinem Zusammenhang mit der

Übernahme der Verwaltung der EU-AIF oder der Erbringung von Dienst- und Nebendienstleistungen nach § 20 III Nr. 2–5 steht, beschränkt sich der Prüfungsmaßstab der BaFin auf die Gesetzmäßigkeit der Organisationsstruktur der Zweigniederlassung.

29 Die zeitlichen Vorgaben entsprechen Art. 33 IV AIFM-RL und betragen bei grenzüberschreitenden Sachverhalten gem. Abs. 1 einen Monat und im Falle der Errichtung einer Zweigniederlassung zwei Monate. Eine weitere Übermittlungspflicht, bspw. an die ESMA, findet sich weder im KAGB, der AIFM-RL noch in der Level-2-Verordnung. Allerdings besteht für die ESMA gem. Art. 33 VII, VIII AIFM-RL die Möglichkeit, technische Regulierungs- und Durchführungsstandards zu entwickeln.

IV. Unterrichtung der AIF-Kapitalverwaltungsgesellschaft (Abs. 4)

30 Die BaFin hat die AIF-KVG unverzüglich über die Weiterleitung an die Aufnahmelandbehörde zu informieren. Sobald die Mitteilung der BaFin der AIF-KVG zugegangen ist, dass die eingereichten Unterlagen sowie die Bescheinigung der Erlaubnis an die Aufsichtsbehörde des Aufnahmestaates übermittelt wurden, kann die AIF-KVG mit der geplanten Verwaltung oder den Dienst-/Nebendienstleistungen gem. § 53 IV beginnen. Hierzu sind keine weiteren Vorkehrungen mehr nötig, weder seitens der BaFin noch durch oder gegenüber der Aufsichtsbehörde des Aufnahmestaates.

V. Änderung der übermittelten Daten (Abs. 5–8)

31 Auch wenn ein EU-AIF in einem anderen EU-/EWR-Staat als Deutschland verwaltet wird, bleibt die BaFin über den gesamten Zeitraum die zuständige Aufsichtsbehörde. Verändern sich die Daten iSd Abs. 1 und 2, so löst dies eine erneute Anzeigepflicht gegenüber der BaFin gem. § 53 V aus. Geplante Änderungen sind nach § 53 V 1 mindestens einen Monat im Voraus zu ihrer Durchführung anzeigepflichtig. Stellt sich bei der Prüfung durch die BaFin heraus, dass die geplanten Änderungen gegen das KAGB verstoßen, so kann die BaFin gem. § 53 VI, soweit dies noch möglich ist, diese Änderungen untersagen, oder ergreift andernfalls sonstige ihr zur Verfügung stehende Maßnahmen. Dies können gem. § 5 VI Anordnungen sein, die zur Durchsetzung der Verbote und Gebote des KAGB geeignet und erforderlich sind, bis hin zur Aufhebung der Erlaubnis gem. § 39 III. Ungeplante Änderungen nach § 53 VII sind der BaFin gem. § 53 V 2 unmittelbar nach ihrem Eintritt anzuzeigen. Sofern die Änderungen im Einklang mit dem KAGB stehen, benachrichtigt die BaFin die zuständige Behörde des Herkunftsmitgliedsstaates des verwalteten EU-AIF entsprechend § 53 VIII.

VI. Verstöße gegen die Anzeigepflichten

32 Eine AIF-KVG handelt ordnungswidrig iSv § 340 II Nr. 5, 6 und 7, wenn sie vorsätzlich oder leichtfertig eine der in § 53 I, II, IV 2 oder V genannten Pflichten nicht, nicht richtig, nicht vollständig, nicht in der vorgeschriebenen Weise oder nicht rechtzeitig übermittelt hat. Nicht rechtzeitig bedeutet, wenn sie vor Eingang der Übermittlungsmeldung nach § 53 IV 2 die Verwaltungstätigkeit aufgenommen hat oder eine Änderungsanzeige nach § 53 V nicht, nicht richtig, nicht vollständig, nicht in der vorgeschriebenen Weise oder nicht rechtzeitig übermittelt hat. In diesen Fällen kann die BaFin ein Bußgeld gem. §340 II Nr. 17–19 iHv bis zu 100.000 EUR verhängen.

§54 Zweigniederlassung und grenzüberschreitender Dienstleistungsverkehr von EU-AIF-Verwaltungsgesellschaften im Inland

(1) Die Verwaltung eines inländischen Spezial-AIF oder die Erbringung von Dienst- und Nebendienstleistungen nach Artikel 6 Absatz 4 der Richtlinie 2011/61/EU durch eine EU-AIF-Verwaltungsgesellschaft im Inland über eine Zweigniederlassung oder im Wege des grenzüberschreitenden Dienstleistungsverkehrs setzt voraus, dass die zuständigen Stellen des Herkunftsmitgliedstaates der EU-AIF-Verwaltungsgesellschaft der Bundesanstalt folgende Angaben und Unterlagen übermittelt haben:

1. eine Bescheinigung darüber, dass die EU-AIF-Verwaltungsgesellschaft eine Zulassung gemäß der Richtlinie 2011/61/EU erhalten hat, durch die die im Inland beabsichtigten Tätigkeiten abgedeckt sind,

2. die Anzeige der Absicht der EU-AIF-Verwaltungsgesellschaft, in der Bundesrepublik Deutschland über eine Zweigniederlassung oder im Wege des grenzüberschreitenden Dienstleistungsverkehrs inländische Spezial-AIF zu verwalten oder Dienst- und Nebendienstleistungen nach Artikel 6 Absatz 4 der Richtlinie 2011/61/EU zu erbringen sowie

3. einen Geschäftsplan, aus dem insbesondere hervorgeht, welche inländischen Spezial-AIF die EU-AIF-Verwaltungsgesellschaft zu verwalten und welche Dienst- und Nebendienstleistungen nach Artikel 6 Absatz 4 der Richtlinie 2011/61/EU sie zu erbringen beabsichtigt.

(2) Die Errichtung einer Zweigniederlassung durch eine EU-AIF-Verwaltungsgesellschaft setzt voraus, dass die zuständigen Stellen des Herkunftsmitgliedstaates der EU-AIF-Verwaltungsgesellschaft der Bundesanstalt zusätzlich zu den Angaben nach Absatz 1 folgende Informationen übermittelt haben:

1. den organisatorischen Aufbau der Zweigniederlassung,

2. die Anschrift, unter der im Inland Unterlagen angefordert werden können, sowie

3. die Namen und Kontaktangaben der Geschäftsführer der Zweigniederlassung.

(3) Die EU-AIF-Verwaltungsgesellschaft kann unmittelbar nach dem Erhalt der Übermittlungsmeldung durch ihren Herkunftsmitgliedstaat gemäß Artikel 33 Absatz 4 der Richtlinie 2011/61/EU mit der Verwaltung von inländischen Spezial-AIF oder der Erbringung von Dienst- und Nebendienstleistungen nach Artikel 6 Absatz 4 der Richtlinie 2011/61/EU im Inland beginnen.

(4) Auf die Zweigniederlassungen im Sinne des Absatzes 1 sind §3 Absatz 1, 4 und 5, die §§14, 26 Absatz 2, 3 und 7, §27 Absatz 1 bis 4, §28 Absatz 1 Satz 4, die §§31, 33, 34 Absatz 3 Nummer 8 sowie die §§293, 294, §295 Absatz 1 bis 5 und 8, die §§297, 302 bis 308 entsprechend anzuwenden. Soweit diese Zweigniederlassungen Dienst- und Nebendienstleistungen im Sinne des Artikels 6 Absatz 4 der Richtlinie 2011/61/EU

erbringen, sind darüber hinaus §§ 63 bis 68, 70, 82 Absatz 1 bis 9 und 13 und § 83 des Wertpapierhandelsgesetzes sowie § 18 des Gesetzes über die Deutsche Bundesbank mit der Maßgabe entsprechend anzuwenden, dass mehrere Niederlassungen derselben EU-AIF-Verwaltungsgesellschaft als eine Zweigniederlassung gelten. Soweit diese Zweigniederlassungen Dienst- und Nebendienstleistungen im Sinne des Artikels 6 Absatz 4 der Richtlinie 2011/61/EU erbringen, hat ein geeigneter Prüfer mindestens einmal jährlich zu prüfen, ob sie die in Satz 2 genannten Vorschriften des Wertpapierhandelsgesetzes einhalten; § 38 Absatz 4 Satz 3 bis 5 und Absatz 5 gilt entsprechend. Auf die Tätigkeiten im Wege des grenzüberschreitenden Dienstleistungsverkehrs nach Absatz 1 Satz 1 sind die §§ 14, 294, § 295 Absatz 1 bis 5 und 8, die §§ 297, 302 bis 308 entsprechend anzuwenden.

(5) **Auf die Tätigkeit einer EU-AIF-Verwaltungsgesellschaft, die inländische Spezial-AIF verwaltet, sind ungeachtet der Anforderungen nach Absatz 4 die §§ 80 bis 161 und 273 bis 292c entsprechend anzuwenden.**

(6) **Die §§ 24c, 25h und 25j bis 25m des Kreditwesengesetzes sowie § 93 Absatz 7 und 8 in Verbindung mit § 93b der Abgabenordnung gelten für die Zweigniederlassungen im Sinne des Absatzes 1 entsprechend.**

Schrifttum: *Wallach,* Alternative Investment Funds Managers Directive – ein neues Kapitel des europäischen Investmentrechts, RdF 2011, 80.

Inhaltsübersicht

	Rn.
I. Allgemeines	1
II. Verwaltung eines inländischen Spezial-AIF (Abs. 1)	3
1. Anzeigepflichtiger Sachverhalt	6
2. Inhalt der Anzeige	8
3. Änderungen	9
4. Rechtsfolgen von Fehlern	10
III. Errichtung einer Zweigniederlassung (Abs. 2)	12
IV. Beginn der geschäftlichen Tätigkeit (Abs. 3)	15
V. Anzuwendende Vorschriften (Abs. 4)	17
VI. Besondere Vorschriften bei der Verwaltung inländischer Spezial-AIF (Abs. 5)	25
VII. Weitere anzuwendende Vorschriften (Abs. 6)	27

I. Allgemeines

1 § 54 setzt, wie § 53, Art. 33 AIFM-RL um und dient damit ebenfalls der grenzüberschreitenden Verwaltung von AIF. Die Norm behandelt spiegelbildlich zu § 53 den Inbound-Fall der Verwaltung von inländischen Spezial-AIF durch eine EU-AIF-Verwaltungsgesellschaft oder die Erbringung von Dienst- und Nebendienstleistungen gem. Art. 6 IV der RL 2011/61/EU. Die parallelen Vorschriften für OGAWs finden sich unter §§ 51, 52.

2 Die Verwaltung eines inländischen Spezial-AIF durch eine EU-AIF-Verwaltungsgesellschaft kann über eine Zweigniederlassung oder im Wege des grenzüberschreitenden Dienstleistungsverkehrs erbracht werden (zur Abgrenzung → § 53 Rn. 10ff.).

II. Verwaltung eines inländischen Spezial-AIF (Abs. 1)

Sofern die Voraussetzungen des § 54 erfüllt sind, kann eine EU-AIF-Verwaltungsgesellschaft ohne zusätzliche Erlaubnis der BaFin in Deutschland einen inländischen Spezial-AIF verwalten oder Dienst- und Nebendienstleistungen gem. Art. 6 IV der RL 2011/61/EU erbringen. 3

Die EU-AIF-Verwaltungsgesellschaft wird gem. § 1 XVII Nr. 2 definiert als ein Unternehmen mit Sitz in einem anderen Mitgliedstaat der EU oder einem anderen Vertragsstaat des EWR, das den Anforderungen an einen Verwalter alternativer Investmentfonds iSd AIFM-RL entspricht. 4

Der § 54 ist nur auf inländische Spezial-AIF anwendbar, dh gem. § 1 VI auf AIFs, deren Anteile auf Grund von schriftlichen Vereinbarungen mit der EU-AIF-Verwaltungsgesellschaft oder auf Grund der konstituierenden Dokumente des AIF nur von professionellen Anlegern iSd Abs. 19 Nr. 32 und semiprofessionellen Anlegern iSd Abs. 19 Nr. 33 erworben werden dürfen. Alle übrigen Investmentvermögen sind Publikumsinvestmentvermögen. Es stellt sich die Frage, warum im Rahmen des § 54 eine solche Unterscheidung bzw. Beschränkung vorgenommen worden ist, da sie sich nicht aus der AIFM-RL ergibt. Artikel 33 I AIFM-RL statuiert vielmehr, dass die Mitgliedstaaten sicherstellen sollen, dass ein zugelassener EU-AIFM die Verwaltung von EU-AIF in anderen Mitgliedstaaten vornehmen kann. Hieraus ergibt sich jedoch keine Einschränkung auf Spezial-AIF. Dies scheint umso fragwürdiger, als § 53, welcher ebenfalls Art. 33 AIFM-RL umsetzt, eine solche Einschränkung nicht enthält. Artikel 33 AIFM-RL enthält keinerlei Anhaltspunkte, dass eine Unterscheidung zwischen professionellen Anlegern und Privatanlegern vorzunehmen ist. Es kann jedoch nicht davon ausgegangen werden, dass es sich hierbei um einen redaktionellen Fehler handelt, schließlich wurde in § 53 eine vergleichbare Einschränkung nicht vorgenommen. Für eine solche Auslegung spricht auch die Gesetzbegründung, welche bzgl. des § 54 von einer richtlinienkonformen Umsetzung ausgeht (vgl. BT-Drs. 17/12294, 189). Hintergrund dieser Einschränkung ist aus Sicht des Gesetzgebers der Schutz privater Anleger. Professionelle und semiprofessionelle sind auf Grund ihrer umfangreicheren Kenntnis weniger schützenswert (WBA/*Wilkowski*/*Grulke* KAGB § 54 Rn. 10). Auf der anderen Seite führt dies zu einer Ungleichbehandlung der AIFM aus anderen Mitgliedstaaten (BTMB/*Geurts* InvG § 54 Rn. 19), so dass fraglich bleibt, ob § 54 europarechtskonform ist. 5

1. Anzeigepflichtiger Sachverhalt. Im Fall des § 54 ist Deutschland der sog. Aufnahmemitgliedstaat, welcher gem. § 1 XIX Nr. 4 ein anderer Mitgliedstaat der EU oder ein anderer Vertragsstaat des EWR ist, in dem eine AIF-Verwaltungsgesellschaft entweder einen EU-AIF verwaltet oder Dienstleistungen- und Nebendienstleistungen nach Art. 6 IV der AIFM-RL erbringt oder Anteile oder Aktien an einem AIF vertreibt. 6

Auch hier setzt sich das grundsätzliche Prinzip der Aufsicht durch den Herkunftsmitgliedstaat fort, da der BaFin zumindest bzgl. der EU-AIF-Verwaltungsgesellschaft nur eine sehr eingeschränkte aufsichtsrechtliche Kontrolle zusteht und diese sich auf bestimmte Wohlverhaltensregeln und Melde- und Anzeigepflichten beschränkt. Anders verhält es sich mit der regulatorischen Kontrolle bzgl. des inländischen Spezial-AIF, denn für diesen ist Deutschland der Herkunftsmitgliedstaat und unterliegt damit der vollständigen Kontrolle der BaFin. Dies führt dazu, dass die BaFin gem. § 5 IX 1 von einer EU-AIF-Verwaltungsgesellschaft (oder einer 7 ausländischen AIF-Verwaltungsgesellschaft, die im Inland AIF verwaltet oder vertreibt), die Vorlage der Informationen verlangen kann, die erforderlich sind, um zu überprüfen, ob die maßgeblichen Bestimmungen, für deren Überwachung die BaFin verantwortlich ist, durch die AIF-Verwaltungsgesellschaft eingehalten werden. Liegt ein Verstoß gegen die Bestimmungen, deren Einhaltung die BaFin zu überwachen hat, seitens der AIF- Kapitalverwaltungsgesellschaft vor, stehen ihr gegen diese die Rechte nach § 11 zu.

8 **2. Inhalt der Anzeige.** Bevor eine EU-AIF-Verwaltungsgesellschaft ihre Tätigkeit aufnehmen kann, müssen die zuständigen Stellen des Herkunftsmitgliedstaates der BaFin verschiedene Angaben und Unterlagen übermitteln. Zunächst muss die EU-AIF-Verwaltungsgesellschaft bescheinigen, dass sie eine Zulassung gem. der AIFM-RL erhalten hat, durch die die im Inland beabsichtigten Tätigkeiten abgedeckt sind. Des Weiteren muss sie ihre Absicht anzeigen, in Deutschland über eine Zweigniederlassung oder im Wege des grenzüberschreitenden Dienstleistungsverkehrs inländische Spezial-AIF zu verwalten oder Dienst- und Nebendienstleistungen nach Art. 6 IV AIFM-RL zu erbringen. Zudem muss sie einen Geschäftsplan übermitteln, aus dem insb. hervorgeht, welche inländischen Spezial-AIF die EU-AIF-Verwaltungsgesellschaft beabsichtigt zu verwalten und welche Dienst- und Nebendienstleistungen nach Art. 6 IV AIFM-RL sie zu erbringen beabsichtigt. Anforderungen bzgl. des weiteren Inhalts, des Aufbaus, des Umfangs oder des Detaillierungsgrads bestimmen sich nach dem Recht des Herkunftsstaates. Im Übrigen wird die BaFin auch kein gesteigertes Interesse an der Bestimmung dieser Angaben haben, da sie grundsätzlich keine aufsichtsrechtlichen Aufgaben hat, die eine solche Bestimmung erfordern würden.

9 **3. Änderungen.** Aus Abs. 1 lässt sich nicht entnehmen, dass die BaFin zu informieren ist, sollten Änderungen der übermittelten Daten oder des Geschäftsplans entstehen. Dies ergibt sich aus einer konsequenten Fortführung des Prinzips der Aufsicht des Herkunftsmitgliedstaats und einer richtlinienkonformen Umsetzung der AIFM-RL, nach der solche Änderungen lediglich der zuständigen Behörde des Herkunftsmitgliedstaats mitzuteilen sind. Hier findet sich auch eine Veränderung im Vergleich zu den Parallelvorschriften der im Inland verwalteten EU-OGAW. Gemäß § 51 II 3, III 3 müssen Änderungen in den bereits angezeigten Informationen innerhalb eines Monats bzw. vor dessen Wirksamwerden der BaFin schriftlich angezeigt werden. Im Falle des § 52 I 2 muss eine schriftliche Unterrichtung der BaFin sogar unverzüglich erfolgen.

10 **4. Rechtsfolgen von Fehlern.** § 54 ist nicht anwendbar, soweit ein Unternehmen über keine Zulassung im Herkunftsmitgliedstaat verfügt und im Inland erlaubnispflichtige Tätigkeiten ausübt. Liegt ein solcher Fall vor, kann die BaFin das Betreiben des Geschäfts nur nach allgemeinen Regeln, wie zB nach § 5, unterbinden (EDD/*Liebert*/*Vahldiek* KAGB § 54 Rn. 32).

11 Der BaFin steht kein materielles Prüfungsrecht hinsichtlich der Rechtmäßigkeit des Zulassungsverfahrens im Herkunftsmitgliedstaats zu. Viel eher muss sie eine Erlaubniserteilung der im Herkunftsmitgliedstaats ansässigen Aufsichtsbehörde akzeptieren (vgl. → § 53 Rn. 7).

III. Errichtung einer Zweigniederlassung (Abs. 2)

Entscheidet sich die EU-AIF-Verwaltungsgesellschaft für die Errichtung einer Zweigniederlassung im Inland, so muss sie zusätzlich zu den Angaben in Abs. 1 den organisatorischen Aufbau der Zweigniederlassung, die Anschrift, unter der im Inland Unterlagen angefordert werden können, sowie die Namen und Kontaktangaben der Geschäftsführer der Zweigniederlassung bei der für sie zuständigen Stelle im Herkunftsmitgliedstaat anzeigen. 12

Der Begriff des Geschäftsführers ist an dieser Stelle irreführend. Hier ist nicht der Geschäftsführer iSd deutschen Gesellschaftsrechts gemeint, sondern der Niederlassungsleiter, der von der zuständigen Behörde des Herkunftsmitgliedstaates genehmigt werden muss. 13

Das Anzeigeverfahren entspricht dem Verfahren nach Abs. 1 mit der Ausnahme, dass die Prüffrist der zuständigen Behörde des Herkunftsmitgliedstaates zwei Monate anstelle von einem Monat beträgt. Dies bedeutet, dass die zuständige Behörde des Herkunftsmitgliedstaates des AIFM die vollständigen Unterlagen innerhalb von zwei Monaten nach Erhalt an die BaFin übermitteln muss. 14

IV. Beginn der geschäftlichen Tätigkeit (Abs. 3)

Die EU-AIF-Verwaltungsgesellschaft darf mit der Verwaltung von inländischen Spezial-AIF oder der Erbringung von Dienst- und Nebendienstleistungen nach Art. 6 IV AIFM-RL im Inland beginnen, wenn sie von ihrem Herkunftsmitgliedstaat die Mitteilung erhalten hat, dass die für das Passport-Verfahren erforderlichen Unterlagen an die BaFin weitergeleitet wurden. 15

Wie auch im Rahmen der § 53 ist ein Zuwarten bis zum Erhalt des sog. Welcome Letters durch die BaFin nicht erforderlich. Auch hier besteht wiederum eine Abweichung gegenüber den Parallelvorschriften zur EU-OGAW-Verwaltungsgesellschaft, bei der gem. § 51 II 2 die Errichtung der Zweigniederlassung bzw. die Aufnahme der Tätigkeit erst mit dem Erhalt des Welcome Letters oder aber nach Ablauf der Zweimonatsfrist zulässig ist. 16

V. Anzuwendende Vorschriften (Abs. 4)

§ 54 IV zählt enumerativ die Vorschriften auf, welche auf EU-AIF-Verwaltungsgesellschaften Anwendung finden, wenn sie Tätigkeiten im Inland über eine Zweigniederlassung bzw. im Wege des grenzüberschreitenden Dienstleistungsverkehrs erbringen. Hierdurch werden die Art. 6 VI und Art. 45 II AIFM-RL in deutsches Recht umgesetzt. 17

Zwar statuiert Art. 33 V AIFM-RL, dass einem AIFM im Aufnahmemitgliedstaat keine zusätzlichen Anforderungen auferlegt werden dürfen, wenn es sich um von der AIFM-RL erfasste Bereiche handelt, jedoch betrifft dies zunächst den Zugang zum deutschen Markt selbst und nicht im Inland zu beachtende Vorschriften, die erst nach Zugang zum Markt relevant werden. 18

Auf die Zweigniederlassung im Rahmen der Verwaltung eines inländischen Spezial-AIFs finden die folgenden Vorschriften entsprechende Anwendung: 19

- § 3 I, IV und V: Bezeichnungsschutz;
- § 14: Auskunftspflichten und Prüfungsrechte der BaFin;
- § 26 II, III und VII: Allgemeine Verhaltensregelungen;
- § 27 I–IV: Maßnahmen und Vorkehrungen zur Vermeidung von Interessenkonflikten;

– § 28 I 4: Allgemeine Organisationspflichten;
– § 31: Inanspruchnahme von Dienstleistungen eines Prime Brokers;
– § 33: Werbung;
– § 34 III Nr. 8: Anzeigepflicht bei Einstellung des Geschäftsbetriebs;
– § 293: Allgemeine Vorschriften für den Vertrieb und den Erwerb von Investmentvermögen;
– § 294: Auf den Vertrieb und den Erwerb von OGAW anwendbare Vorschriften;
– § 295 I–V und VIII: Besonderheiten beim Vertrieb und Erwerb von AIF;
– § 297: Verkaufsunterlagen und Hinweispflichten;
– §§ 302: Werbung;
– § 303: Maßgebliche Sprachfassung;
– § 304: Kostenvorausbelastung;
– § 305: Widerrufsrecht;
– § 306: Prospekthaftung und Haftung für die wesentlichen Anlegerinformationen;
– § 306a: Einrichtung beim Vertrieb an Privatanleger;
– § 306b: Pre-Marketing durch eine AIF-Verwaltungsgesellschaft;
– § 307: Informationspflichten gegenüber semiprofessionellen und professionellen Anlegern und Haftung; und
– § 308: Sonstige Informationspflichten.

20 Soweit diese Zweigniederlassungen Dienst- und Nebendienstleistungen iSd Art. 6 IV AIFM-RL erbringen, sind darüber hinaus die folgenden Vorschriften mit der Maßgabe anwendbar, dass mehrere Niederlassungen derselben EU-AIF-Verwaltungsgesellschaft als eine Zweigniederlassung gelten:
– § 63 WpHG: Allgemeine Verhaltensregeln;
– § 64 WpHG: Besondere Verhaltensregeln bei der Erbringung von Anlageberatung und Finanzportfolioverwaltung;
– § 64a WpHG: Form der Kundenkommunikation;
– § 65 WpHG: Selbstauskunft bei der Vermittlung des Vertragsschlusses über eine Vermögensanlage iSd § 2a VermAnlG
– § 65a WpHG: Selbstauskunft bei der Vermittlung des Vertragsschlusses über Wertpapiere iSd § 6 WpPG;
– § 65b WpHG: Veräußerung nachrangiger berücksichtigungsfähiger Verbindlichkeiten und relevanter Kapitalinstrumente an Privatkunden;
– § 66 WpHG: Ausnahmen für Immobiliar-Verbraucherdarlehensverträge;
– § 67 WpHG: Kunden;
– § 68 WpHG: Geschäfte mit geeigneten Gegenparteien;
– § 70 WpHG: Zuwendungen und Gebühren;
– § 82 I–IX, XIII WpHG: Bestmögliche Ausführung von Kundenaufträgen;
– § 83 WpHG: Aufzeichnungs- und Aufbewahrungspflicht; und
– § 18 BBankG: Statistische Erhebungen.

21 Hinzu kommt, dass Zweigniederlassungen auch die allgemeinen Vorschriften des deutschen Rechts zu beachten haben. Hierzu gehören die Offenlegungsvorschriften des HGB und die Vorschriften der GewO, des BDSG, des AStG, der AWV sowie die Vorschriften zur Besteuerung.

22 Zudem unterliegt die Zweigniederlassung als Verpflichtete gem. § 2 I Nr. 9 GwG den Vorschriften des GwG.

23 Auf die Tätigkeiten im Wege des grenzüberschreitenden Dienstleistungsverkehrs sind die folgenden Vorschriften entsprechend anwendbar:
– § 14: Auskunftspflichten und Prüfungsrechte der BaFin;

- § 294 I: Auf den Vertrieb und den Erwerb von OGAW anwendbare Vorschriften;
- § 295 I–V, VIII: Besonderheiten beim Vertrieb und Erwerb von AIF;
- § 297: Verkaufsunterlagen und Hinweispflichten;
- §§ 302–306: Werbung, maßgebliche Sprachfassung, Kostenvorausbelastung, Widerrufsrecht, Prospekthaftung und Haftung für die wesentlichen Anlegerinformationen im Rahmen des Vertriebs und Erwerbs von AIF in Bezug auf Privatanleger;
- §§ 307, 308: Informationspflichten gegenüber semiprofessionellen und professionellen Anlegern und Haftung, sowie weitere damit verbundene Informationspflichten.

Zu beachten sind, obwohl in § 54 IV nicht ausdrücklich genannt, die:

- § 5 IV–IX: Allgemeine Aufsichts- und Anordnungsbefugnis;
- §§ 10, 11 I, II, V, VIII: Zusammenarbeit der Aufsichtsbehörden.

Mangels der inländischen physischen Präsenz der EU-AIF-Verwaltungsgesell- 24
schaft bei grenzüberschreitendem Tätigwerden im Dienstleistungsverkehr ist eine selbstständige Prüfung oder ein Auskunftsersuchen der EU-AIF nicht möglich. Sofern trifft die BaFin die Pflicht, bei grenzüberschreitendem Tätigwerden die Zusammenarbeit mit der zuständigen Aufsichtsbehörde des Mitgliedstaates nach § 10 I zu ersuchen.

Ferner unterliegen EU-AIF-Verwaltungsgesellschaften, die im Inland tätig werden, dem Aufsichtsrecht der zuständigen Behörde des Herkunftsmitgliedstaates.

Der BaFin sind gem. § 35 VII auf Verlangen Jahresberichte über jeden von der EU-AIF-Verwaltungsgesellschaft verwalteten inländischen Spezial-AIF vorzulegen, irrelevant, ob die Verwaltung über eine Zweigniederlassung oder im Wege des grenzüberschreitenden Dienstleistungsverkehrs geschieht.

VI. Besondere Vorschriften bei der Verwaltung inländischer Spezial-AIF (Abs. 5)

Gemäß § 54 V finden die fondsbezogenen Regelungen des KAGB auf die Ver- 25
waltung von inländischen Spezial-AIF durch EU-AIF-Verwaltungsgesellschaften entsprechende Anwendung. Zu beachten ist jedoch, dass im Gegensatz zu Publikums-AIF eine Produktregulierung bei Spezial-AIF nicht existiert.

Ungeachtet der Anforderungen nach Abs. 4 finden die folgenden Vorschriften 26
auf die Verwaltung eines inländischen Spezial-AIF durch eine EU-AIF-Verwaltungsgesellschaft Anwendung:

- §§ 80–90: Regeln für AIF-Verwahrstellen und
- §§ 91–161: Organisation von Investmentvermögen in den gem. § 91 in ihrer zulässigen Rechtsform beschränkten Vehikeln.

Hiernach ist sichergestellt, dass auch das Spezial-Sondervermögen ordnungsgemäß verwahrt und die Fondstruktur den nationalen Vorgaben entspricht, was vor allem bei einer Abwicklung und Verschmelzung von Investmentvermögen oder beim Wechsel der Verwaltungsgesellschaft besonders relevant ist.

- § 273: Schriftliche Festlegung der Anlagebedingungen vor der Ausgabe der Anteile oder Aktien.

Änderungen der Anlagebedingungen müssen der BaFin jedoch nicht direkt vorgelegt werden, was sich aus dem fehlenden Verweis auf § 273 S. 2 ergibt.

- §§ 274–292c: Vorschriften für inländische Spezial-AIF.

Darüber hinaus findet bei der Anwendbarkeit von Vorschriften für Verwahrstellen die entsprechende Verwaltungspraxis Beachtung.

VII. Weitere anzuwendende Vorschriften (Abs. 6)

27 Darüber hinaus finden auf Zweigniederlassungen nach § 54 I Vorschriften aus dem KWG und der AO entsprechend Anwendung. Im Einzelnen verweist § 54 VI auf die folgenden Vorschriften:
- § 24c KWG: Automatisierter Abruf von Kontoinformationen;
- § 25h KWG: Interne Sicherungsmaßnahmen;
- § 25j KWG: Zeitpunkt der Identitätsüberprüfung;
- § 25k KWG: Verstärkte Sorgfaltspflichten;
- § 25l KWG: Geldwäscherechtliche Pflichten für Finanzholding-Gesellschaften;
- § 25m KWG: Verbotene Geschäfte;
- § 93 VII und VIII iVm § 93b AO: Auskunftspflicht der Beteiligten und der automatisierte Abruf von Kontoinformationen.

§ 55 Bedingungen für AIF-Kapitalverwaltungsgesellschaften, welche ausländische AIF verwalten, die weder in den Mitgliedstaaten der Europäischen Union noch in den Vertragsstaaten des Abkommens über den Europäischen Wirtschaftsraum vertrieben werden

(1) **Die Verwaltung von ausländischen AIF, die weder in den Mitgliedstaaten der Europäischen Union noch in den Vertragsstaaten des Abkommens über den Europäischen Wirtschaftsraum vertrieben werden, durch eine nach diesem Gesetz zugelassene AIF-Kapitalverwaltungsgesellschaft ist zulässig, wenn**
1. **die AIF-Kapitalverwaltungsgesellschaft alle in der Richtlinie 2011/61/EU für diese AIF festgelegten Anforderungen mit Ausnahme der Anforderungen der §§ 67 und 80 bis 90 erfüllt und**
2. **geeignete Vereinbarungen über die Zusammenarbeit zwischen der Bundesanstalt und den Aufsichtsbehörden des Drittstaates bestehen, in dem der ausländische AIF seinen Sitz hat, durch die ein effizienter Informationsaustausch gewährleistet wird, der es der Bundesanstalt ermöglicht, ihre Aufgaben nach diesem Gesetz wahrzunehmen.**

(2) **Nähere Bestimmungen zu den in Absatz 1 Nummer 2 genannten Vereinbarungen über die Zusammenarbeit richten sich nach den Artikeln 113 bis 115 der Delegierten Verordnung (EU) Nr. 231/2013 sowie nach den Leitlinien der Europäischen Wertpapier- und Marktaufsichtsbehörde.**

Schrifttum: *Hitzer/Hause* ESMA – Ein Statusbericht, BKR 2015, 52; *Klebeck/Boxberger* Management von Offshore-Fonds unter dem KAGB, GWR 2014, 75; *Klebeck/Meyer* Drittstaatenregulierung der AIFM-Richtlinie, RdF 2012, 95; *Walla* Die Europäische Wertpapier- und Marktaufsichtsbehörde (ESMA) als Akteur bei der Regulierung der Kapitalmärkte Europas – Grundlagen, erste Erfahrungen und Ausblick, BKR 2012, 265; *Weitnauer* Die AIFM-Richtlinie und ihre Umsetzung, BKR 2011, 143.

I. Allgemeines

1 Die Vorschrift des § 55 dient der Umsetzung von Art. 34 AIFM-RL (vgl. BT-Drs. 17/12294, 225) und behandelt die Fallgruppe, in der eine deutsche AIF-KVG einen ausländischen AIF (vgl. § 1 IX) verwaltet, der weder in der EU noch im EWR vertrieben wird. Hier gilt mit Bezug auf den AIF und dessen Vertrieb

grundsätzlich das Recht des Staates in dem der AIF seinen Sitz hat, sofern jedenfalls die AIF-KVG in weiten Teilen die Anforderungen des KAGB erfüllt. Dies gilt, obwohl der Vertrieb des AIF nicht im Anwendungsbereich des KAGB erfolgt (vgl. Baur/Tappen/*Geurts* § 55 Rn. 2). Weiterhin müssen geeignete Vereinbarungen zwischen der BaFin und den Aufsichtsbehörden am Sitz des ausländischen AIF bestehen, die einen Informationsaustausch gewährleisten, der effizient genug ist, um es der BaFin zu ermöglichen, ihre Aufgaben nach dem KAGB wahrzunehmen. Hinsichtlich der Einzelheiten der Vereinbarungen zwischen den Aufsichtsbehörden verweist die Vorschrift schließlich auf die AIFM-VO und die Leitlinien der ESMA.

II. Zulässigkeitsvoraussetzungen

1. Allgemeines. Unter den Anwendungsbereich dieser Vorschrift fallen AIF-KVG, die ausländische AIF zwar verwalten, diese aber nicht in der EU oder dem EWR vertreiben. Der Bezug zum deutschen Aufsichtsrecht und damit die Regulierungsbedürftigkeit dieser Konstellation wird mit dem Sitz der AIF-KVG im Inland begründet. Weiterhin wird auch die Dienstleistung der Verwaltung der AIF von Deutschland aus erbracht. Darüber hinaus ist ein weiterer Bezug der Tätigkeit zu Deutschland, etwa durch deutsche Investoren in den ausländischen AIF, nicht erforderlich (vgl. WBA/*Wilkowski/Grulke* § 55 Rn. 4; *Klebeck/Boxberger* GWR 2014, 75 (76)). Es gilt insoweit das Herkunftslandprinzip. 2

2. Die einzelnen Voraussetzungen. a) AIF-KVG. Regelungsadressatin des § 55 ist eine AIF-KVG. Gemäß § 1 XVI handelt es sich dabei um eine KVG gem. § 17, die mindestens einen AIF verwaltet oder zu verwalten beabsichtigt. Erforderlich ist gem. § 17 I, dass sich satzungsmäßiger Sitz und Hauptverwaltung im Inland befinden. Weiterhin muss deren Geschäftsbetrieb darauf gerichtet sein, inländische Investmentvermögen, EU-Investmentvermögen oder ausländische AIF zu verwalten. § 17 I bejaht das Vorliegen der Verwaltung von Investmentvermögen, wenn mindestens die Portfolioverwaltung oder das Risikomanagement für ein oder mehrere Investmentvermögen erbracht wird. Fraglich ist allenfalls die Anwendbarkeit der Vorschrift auf einen intern verwalteten AIF. Vor dem Hintergrund der Systematik des Gesetzes, wonach die interne AIF-KVG ihren Sitz und Hauptverwaltung im Inland haben und der (intern verwaltete) AIF zugleich dem Recht eines ausländischen Staates unterliegen müsste, scheint eine solche Fallkonstellation zumindest unwahrscheinlich (so auch *Klebeck/Boxberger* GWR 2014, 75 (76); wohl aA WBA/*Wilkowski/Grulke* § 55 Rn. 5, die eine solche Konstellation zumindest für „theoretisch möglich" halten). 3

b) Kein Vertrieb in EU/EWR. Negatives Tatbestandsmerkmal des § 55 ist das Fehlen von Vertrieb im Raum der EU bzw. des EWR (so auch WBA/*Wilkowski/Grulke* § 55 Rn. 6ff.). Vertrieb meint grundsätzlich gem. § 293 I 1 das direkte oder indirekte Anbieten oder Platzieren von Anteilen oder Aktien eines Investmentvermögens. Weitere Konkretisierung hat der Vertriebsbegriff schließlich im Schreiben der BaFin vom 4.7.2013 (zuletzt überarbeitet im Juli 2016) gefunden. Der Vertriebsbegriff umfasst in der Unterart des „Anbietens" alle Angebote im juristischen und im weiteren Sinne. Das „Platzieren" eines Investmentvermögen ist dagegen nach Ansicht der BaFin nur bei einem aktiven Absatz von Anteilen oder Aktien eines Investmentvermögens gegeben. Bereits der Wortlaut lasse auf eine aktive Tätigkeit schließen (vgl. BaFin FAQ Vertrieb, Frage 1.1). 4

5 Erleichterungen ergeben sich gem. § 293 I 3 mit Hinblick auf semi-professionelle (§ 1 XIX Nr. 33) und professionelle Investoren (§ 1 XIX Nr. 32): Gegenüber solchen Kunden soll Vertrieb nur vorliegen, wenn dieser auf Initiative der Verwaltungsgesellschaft oder in deren Auftrag erfolgt und sich an solche Anleger mit Wohnsitz oder Sitz im Inland oder einem anderen Mitgliedstaat der EU oder des EWR richtet. Investierte oder investierende (semi-)professionelle Investoren aus der EU oder dem EWR schließen die Anwendbarkeit des § 55 jedenfalls dann nicht aus, wenn kein Vertrieb iSd § 293 an diese stattgefunden hat. Dies dürfte vor allem im Falle von Anlegern, die auf eigene Initiative in den AIF investieren, der Fall sein, sog. reverse soliciation (so auch WBA/*Wilkowski/Grulke* § 55 Rn. 7; FK-KapAnlR/*Engler* § 55 Rn. 12).

6 **c) Erfüllung der Vorschriften der AIFM-RL mit Ausnahmen der §§ 67 und 80–90.** § 55 I Nr. 1 ordnet als erste Voraussetzung an, dass die AIF-KVG für die ausländischen AIF alle Voraussetzungen der AIFM-RL mit Ausnahme der §§ 67, 80–90 erfüllt. Die Gesetzestechnik, hier auf die Vorschriften der AIFM-RL zu verweisen, erstaunt. Der Verweis auf Regelungen des KAGB für die Ausnahmen zeigt aber, dass der Gesetzgeber hier die nationale Umsetzung der Regelungen im Blick hatte. Dennoch schafft man so ohne Not Rechtsunsicherheiten (so auch WBA/*Wilkowski/Grulke* § 55 Rn. 10). Weiter problematisch ist die Verweisung, da die Regelungen der AIFM-RL zunächst nur für den Verwalter, nicht aber das Fondsprodukt gelten (vgl. FK-KapAnlR/*Engler* § 55 Rn. 27). Die Ausnahme von der Anwendung der §§ 67, 80–90 ist so zu verstehen, dass diejenigen Vorschriften aus der AIFM-RL nicht angewendet werden sollen, die die in §§ 67, 80–90 geregelten Materien betreffen (EDD/*Vahldiek* § 55 Rn. 8).

7 Die von der Anwendung des KAGB ausgenommenen §§ 67 und 80–90 gehen auf Art. 21 und 22 AIFM-RL zurück und behandeln die Verwahrung (Art. 21 AIFM-RL) und den Jahresbericht (Art. 22 AIFM-RL). Entsprechend stellt auch die Gesetzesbegründung klar, dass die Art. 21 und 22 der AIFM-RL hier nicht zur Anwendung kommen sollen (vgl. BT-Drs. 17/12294, 225).

Die Ausnahme von den Art. 21, 22 AIFM-RL (bzw. von deren nationaler Umsetzung) in § 55 I Nr. 1 folgt dem fragwürdigen Erwägungsgrund 61 der AIFM-RL, wonach diese Regelungen zum Schutz von Anlegern in der Union aufgenommen wurden und nicht gelten sollen, soweit ein Vertrieb innerhalb der Union nicht stattfindet. In der Gesetzesbegründung wird der Schutz der Anleger ausdrücklich auf solche in der Union beschränkt (BT-Drs. 17/12294, 225). Die übrigen Vorschriften der AIFM-RL (bzw. ihrer nationalen Umsetzung im KAGB) sind von der AIFM-KVG aber vollständig einzuhalten. Dies betrifft insb. die Regelungen zu Verhaltensvorschriften nach Kapitel III der AIFM-RL und die Outsourcing-Vorgaben nach Art. 20 AIFM-RL sowie Anforderungen an Anfangskapital und Eigenmittel.

8 **d) Kooperationsabkommen zwischen BaFin und ausländischer Aufsicht.** § 55 I Nr. 2 ist die Minimalumsetzung von Art. 34 I Buchst. b AIFM-RL. Hatte diese noch gefordert, dass „zumindest" ein effizienter Informationsaustausch gewährleistet wird, beschränkt sich die nationale Umsetzung schließlich auf diese eine Voraussetzung. Inhaltlich gibt die Regelung lediglich vor, dass die Abkommen „geeignet" sein müssen, einen so effizienten Informationsaustausch zu gewährleisten, der es der BaFin ermöglicht, ihre Aufgaben nach dem KAGB wahrzunehmen. Weitergehende Voraussetzungen oder Anforderungen an diese Kooperationsabkommen postuliert das KAGB nicht, sondern verweist auf in § 55 II schließlich

auf Art. 113–115 der Level-II-VO. Einfachgesetzlich eröffnet § 9 VIII der BaFin die Kompetenz, entsprechende Abkommen mit den ausländischen Aufsichtsbehörden abzuschließen. Entsprechende Musterabkommen werden zwischen den Drittstaaten und der ESMA ausgehandelt, bedürfen aber als zwischenstaatliche Abkommen auch noch der Ausfertigung zwischen den jeweiligen nationalen Aufsichtsbehörden (auch → Rn. 15).

Die BaFin informiert in ihrem „Merkblatt zu Vereinbarungen über die Zusammenarbeit zwischen der Bundesanstalt und zuständigen Stellen eines Drittstaats im Rahmen der AIFM Richtlinie 2011/61/EU" über den Abschluss derartiger Vereinbarungen. Entsprechende Abkommen („Memorandum of Understanding" oder „MoU") hat die BaFin (Stand: Februar 2014) mit Aufsichtsbehörden in Australien (ASIC), Bermuda (BMA), Cayman Islands (CIMA), Guernsey (GFSC), Hong Kong (SFC und KHMA), Indien (SEBI), Japan (JFSA, METI, MAFF), Jersey (JFSC), Kanada (AMF, OSC, ASC, BCSC und OSFI), Schweiz (FINMA), Singapur (MAS) und den USA (SEC, CFTC und FED/CC) abgeschlossen. Sofern sich Drittstaaten nicht auf dieser Liste befinden, empfiehlt die BaFin, sich im Rahmen des Verfahrens nach § 55 als KVG vor der geplanten Mandatsübernahme an die BaFin zu wenden. Nach ihrem Merkblatt beabsichtigt die BaFin, nur dann entsprechende Abkommen abzuschließen, wenn ein tatsächlicher Geschäftskontakt besteht oder zumindest geplant ist. Die BaFin empfiehlt, sich rechtzeitig im Vorfeld an die ausländische Aufsichtsbehörde und/oder die BaFin zu wenden, damit die geplanten Geschäfte nicht durch die Verhandlungen verzögert werden. 9

Wenn auch nicht ausdrücklich im og. Merkblatt aufgeführt, umfasst die Liste von Drittstaaten, mit denen ein entsprechendes Abkommen zur Zusammenarbeit geschlossen wurde, auch das **Vereinigte Königreich nach dem Austritt aus der Europäischen Union.** Ein entsprechendes Abkommen haben die BaFin und die britische Financial Conduct Authority (FCA) im April 2019 geschlossen (abrufbar unter: https://www.fca.org.uk/publication/mou/mou-bafin-boe-fca.pdf). 10

e) Inhaltliche Vorgaben an die Kooperationsabkommen, Level-II-VO. Hinsichtlich des Inhalts der Kooperationsabkommen verweist § 55 II vollständig auf die Art. 113–115 Level-II-VO, ohne selbst Vorgaben zu treffen. So trifft Art. 113 Level-II-VO allgemeine Vorgaben hinsichtlich derartiger Abkommen. Demnach müssen die Kooperationsabkommen grundsätzlich schriftlich geschlossen werden und alle in Kapitel VII der AIFM-RL genannten Situationen und Akteure unter Berücksichtigung des Niederlassungsortes der AIF-KVG, des Niederlassungsortes des AIF und der Tätigkeit der AIF-KVG abdecken. Weiterhin legen die Abkommen grundsätzlich den Rahmen für die Konsultation, Kooperation und den Informationsaustausch für Aufsichts- und Durchsetzungszwecke zwischen den zuständigen Behörden der EU und Drittland-Aufsichtsbehörden fest. 11

Art. 114 Level-II-VO legt inhaltliche Maßgaben für die Mechanismen, Instrumente und Verfahren fest, die gewährleisten, dass den zuständigen Behörden der Union alle zur Wahrnehmung ihrer Aufgaben erforderlichen Informationen zugänglich sind. Dies umfasst nach Art. 115 II Level-II-VO auch die Ermittlungen vor Ort (im Drittstaat) durch die EU-Aufsichtsbehörde und nach Art. 115 III Level-II-VO die Unterstützung der EU-Behörde durch die Aufsicht des Drittlands, wenn die Rechtsvorschriften der Union und die nationalen Durchführungsvorschriften, die von einer in dem Drittland niedergelassenen Einrichtung verletzt wurden, durchgesetzt werden müssen. 12

13 Art. 115 Level-II-VO behandelt den **Datenschutz** und fordert, dass die Übermittlung von Daten und Datenauswertungen an Drittländer stets im Einklang mit Art. 52 der RL 2011/61/EU steht. Dies erfordert, dass die Voraussetzungen des Art. 25 oder des Art. 26 der RL 95/46/EG erfüllt sind und die zuständige Behörde des Mitgliedsstaats sich vergewissert hat, dass die Übermittlung für die Zwecke der AIFM-RL erforderlich ist. Die deutsche Umsetzung in § 9 VIII verweist insoweit auf § 4c BDSG.

14 Schließlich verweist § 55 II hinsichtlich der Inhalte der Kooperationsabkommen auf die Leitlinien der ESMA. Artikel 34 III AIFM-RL ermächtigt die ESMA zum Erlass von **Leitlinien für die Gewährleistung der einheitlichen Anwendung von Art. 34 AIFM-RL.** Die ESMA hat hier bereits Leitlinien erlassen („Leitlinien für das Muster-MoU über Konsultation und Kooperation sowie den Austausch von Informationen im Zusammenhang mit der Beaufsichtigung von AIFMD-Unternehmen" vom 28.11.2013, ESMA/2013/998). Diese Leitlinien „geben ein Muster für das zwischen den EU- und Nicht-EU-Aufsichtsbehörden zu schließende Memorandum of Understanding (MoU) vor, in der die geeigneten Modalitäten der aufsichtlichen Zusammenarbeit" gem. der AIFM-RL festgelegt werden. Die ESMA erwartet, dass die nationalen Behörden das Muster-MoU der ESMA zur Grundlage der bilateralen Vereinbarungen machen. Zur Rechtsnatur von ESMA Leitlinien als sog. „soft law", vgl. *Walla* BKR 2012, 265 (267) und *Hitzer/Hauser* BKR 2015, 52.

15 Die ESMA hat bereits 38 Musterabkommen mit Drittstaaten abgeschlossen (vgl. Press Release „ESMA finalises supervisory co-operation agreements for alternative investment funds" vom 18.7.2013, ESMA/2013/992). Dies umfasst auch Länder, mit denen die BaFin noch keinen bilateralen Vertrag geschlossen hat (→ Rn. 9f.), so zB Mexiko, Brasilien, Marokko, Thailand, Mauritius und die Isle of Man. Entscheidend vor dem Hintergrund des § 55 I Nr. 2 ist aber nicht der Abschluss eines Musterabkommen zwischen ESMA und der Aufsichtsbehörde des Drittstaates, sondern ein bilaterales Abkommen zwischen der BaFin und der Aufsicht im Drittstaat. Dies betont auch die ESMA (vgl. Press Release „ESMA promotes global supervisory co-operation on alternative funds" vom 30.5.2013, ESMA/2013/629): Die Verantwortung zum Abschluss einzelner Abkommen liegt bei den Behörden der Mitgliedsstaaten.

§ 56 Bestimmung der Bundesrepublik Deutschland als Referenzmitgliedstaat einer ausländischen AIF-Verwaltungsgesellschaft

(1) **Die Bundesrepublik Deutschland ist Referenzmitgliedstaat einer ausländischen AIF-Verwaltungsgesellschaft,**

1. **wenn sie gemäß den in Artikel 37 Absatz 4 der Richtlinie 2011/61/EU genannten Kriterien Referenzmitgliedstaat sein kann und kein anderer Mitgliedstaat der Europäischen Union oder Vertragsstaat des Abkommens über den Europäischen Wirtschaftsraum als Referenzmitgliedstaat in Betracht kommt oder**
2. **falls gemäß den in Artikel 37 Absatz 4 der Richtlinie 2011/61/EU genannten Kriterien sowohl die Bundesrepublik Deutschland als auch ein anderer Mitgliedstaat der Europäischen Union oder ein anderer Vertragsstaat des Abkommens über den Europäischen Wirtschaftsraum als Referenzmitgliedstaat in Betracht kommt, wenn die Bundesrepublik**

Deutschland gemäß dem Verfahren nach Absatz 2 oder durch Entscheidung der ausländischen AIF-Verwaltungsgesellschaft nach Absatz 4 als Referenzmitgliedstaat festgelegt worden ist.

(2) [1]**In den Fällen, in denen gemäß Artikel 37 Absatz 4 der Richtlinie 2011/61/EU neben der Bundesrepublik Deutschland weitere Mitgliedstaaten der Europäischen Union oder weitere Vertragsstaaten des Abkommens über den Europäischen Wirtschaftsraum als Referenzmitgliedstaat in Betracht kommen, hat die ausländische AIF-Verwaltungsgesellschaft bei der Bundesanstalt zu beantragen, dass diese sich mit den zuständigen Stellen aller in Betracht kommenden Mitgliedstaaten der Europäischen Union oder Vertragsstaaten des Abkommens über den Europäischen Wirtschaftsraum über die Festlegung des Referenzmitgliedstaates für die ausländische AIF-Verwaltungsgesellschaft einigt.** [2]**Die Bundesanstalt und die anderen zuständigen Stellen legen innerhalb eines Monats nach Eingang eines Antrags nach Satz 1 gemeinsam den Referenzmitgliedstaat für die ausländische AIF-Verwaltungsgesellschaft fest.**

(3) **Wird die Bundesrepublik Deutschland nach Absatz 2 als Referenzmitgliedstaat festgelegt, setzt die Bundesanstalt die ausländische AIF-Verwaltungsgesellschaft unverzüglich von dieser Festlegung in Kenntnis.**

(4) **Wird die ausländische AIF-Verwaltungsgesellschaft nicht innerhalb von sieben Tagen nach Erlass der Entscheidung gemäß Absatz 2 Satz 2 ordnungsgemäß über die Entscheidung der zuständigen Stellen informiert oder haben die betreffenden zuständigen Stellen innerhalb der in Absatz 2 Satz 2 genannten Monatsfrist keine Entscheidung getroffen, kann die ausländische AIF-Verwaltungsgesellschaft selbst ihren Referenzmitgliedstaat gemäß den in Artikel 37 Absatz 4 der Richtlinie 2011/61/EU aufgeführten Kriterien festlegen.**

(5) **Die ausländische AIF-Verwaltungsgesellschaft muss in der Lage sein, ihre Absicht zu belegen, in einem bestimmten Mitgliedstaat der Europäischen Union oder einem bestimmten Vertragsstaat des Abkommens über den Europäischen Wirtschaftsraum einen leistungsfähigen Vertrieb aufzubauen, indem sie gegenüber den zuständigen Stellen des von ihr angegebenen Mitgliedstaates der Europäischen Union oder Vertragsstaates des Abkommens über den Europäischen Wirtschaftsraum ihre Vertriebsstrategie offenlegt.**

Inhaltsübersicht

Rn.

I. Allgemeines . . . 1
II. Voraussetzungen, unter denen Deutschland als Referenzmitgliedstaat in Betracht kommt . . . 4
1. Bestimmung des Referenzmitgliedstaats im Einigungsverfahren gem. Art. 37 IV AIFM-RL . . . 5
a) Nicht-EU-AIFM verwaltet einen oder mehrere EU-AIF mit Sitz im gleichen Mitgliedstaat/kein Vertrieb in der Union . . . 6
b) Nicht EU-AIFM verwaltet mehrere EU-AIF mit Sitz in unterschiedlichen Mitgliedstaaten/kein Vertrieb in der Union . . . 7
c) Nicht EU-AIFM vertreibt nur einen EU-AIF in nur einem Mitgliedstaat . . . 8

Rn.
d) Nicht-EU-AIFM vertreibt nur einen Nicht-EU-AIF in nur einem Mitgliedstaat 9
e) Nicht-EU-AIFM vertreibt nur einen EU-AIF in mehreren Mitgliedstaaten 10
f) Nicht-EU-AIFM vertreibt nur einen Nicht-EU-AIF in mehreren Mitgliedstaaten 11
g) Nicht-EU-AIFM vertreibt mehrere EU-AIF in der Union . . . 12
h) Nicht EU-AIFM vertreibt mehrere EU-AIF und Nicht-EU-AIF oder mehrere Nicht-EU-AIF in der Union 13
2. Auswahl unter mehreren möglichen Referenzmitgliedstaaten; Benachrichtigung 14
III. Eigenes Bestimmungsrecht der ausländischen AIF-Verwaltungsgesellschaft 20
IV. Beleg des leistungsfähigen Vertriebs 21
V. Übergangsregelung 23

I. Allgemeines

1 § 56 dient der Umsetzung von Art. 37 IV AIFM-RL (vgl. BT-Drs. 17/12294, 225f.). Art. 37 AIFM-RL ist die zentrale Norm hinsichtlich der Regulierung und laufenden Aufsicht über die Verwaltung und den Vertrieb von AIF durch ausländische AIFM. Derartige Drittstaatsverwalter sind aufgrund des Territorialprinzips des Aufsichtsrecht nicht der direkten Aufsicht durch nationale Aufsichtsbehörden unterworfen. Dennoch soll die Einhaltung AIFM-RL auch durch solche Verwalter sichergestellt werden. Dies kann aber nur effektiv erfolgen, wenn die Behörden innerhalb der EU die Aufsicht über die Einhaltung AIFM-RL führen. Die AIFM-RL hat daher das Konzept des Referenzmitgliedstaates eingeführt: Der sog. Referenzmitgliedstaat ist gem. Art. 4 I Buchst. z AIFM-RL der in einem Verfahren nach Art. 37 IV AIFM-RL festgelegte Mitgliedstaat. Für den ausländischen AIFM dient der Referenzmitgliedstaat als eine Art „Brückenkopf" in die Union. Auch dem ausländischen AIFM soll der Marktzugang mit einem europäischen Pass ermöglicht werden, allerdings unterfällt er dann dem Aufsichtsregime des gewählten Referenzmitgliedstaats, der die Einhaltung AIFM-RL überwacht (vgl. WBA/*Klebeck* § 56 Rn. 7ff.). Die Kriterien des Art. 37 IV AIFM-RL sind auch im Anwendungsbereich des KAGB relevant, da § 56 I direkt auf diese Regelungen verweist.

2 Für die ausländische AIF-Verwaltungsgesellschaft ist der Referenzmitgliedstaat von zentraler Bedeutung: Sie muss zum einen in diesem Staat einen gesetzlichen Vertreter zwingend bestellen, der in diesem Referenzmitgliedstaat seinen Sitz haben muss (vgl. § 57 III). Weiterhin muss sie auch die dortigen Regelungen zur Umsetzung der AIFM-RL einhalten, einschließlich ggf. vorhandenem nationalem „Gold Plating". Eine Ausnahme ergibt sich lediglich hinsichtlich den Vorschriften des Kapitels IV der AIFM-RL, die in §§ 53, 54, 321, 323 und 331 umgesetzt worden sind. Diese Vorschriften finden keine Anwendung (vgl. § 57 II 1).

3 Weiterhin hat die Kommission die DVO (EU) 448/2013 zur Bestimmung des Referenzmitgliedstaats eines Nicht-EU-AIFM gem. RL 2011/61/EU erlassen (im Weiteren: DVO), die Einzelheiten zum Verfahren regelt. Vereinfacht dargestellt wird derjenige EU-Mitgliedstaat Referenzmitgliedstaat für die ausländische AIF-Verwaltungsgesellschaft, der den nächsten Sachzusammenhang mit dem Verwalter aufweist. Eine völlig freie Wahl durch die ausländische AIF-Verwaltungsgesellschaft findet nicht statt und begrenzt insoweit Regulierungsarbitrage. § 56 gilt nur für die

erstmalige Festlegung des Referenzmitgliedstaates. Spätere Änderungen sind nach dem in § 61 geregelten Verfahren möglich.

II. Voraussetzungen, unter denen Deutschland als Referenzmitgliedstaat in Betracht kommt

Möglich ist die Wahl der Bundesrepublik Deutschland als Referenzmitgliedstaat 4 einer ausländischen AIF-Verwaltungsgesellschaft in zwei Konstellationen: Entweder qualifiziert Deutschland sich gem. den in Art. 37 IV AIFM-RL vorgegebenen Kriterien als einziger EU-Mitgliedstaat als Referenzmitgliedstaat (§ 56 I Nr. 1) oder es können neben Deutschland auch gem. den in Art. 37 IV AIFM-RL vorgegebenen Kriterien andere Mitgliedstaaten als Referenzmitgliedstaat in Betracht kommen. In diesem Fall kann Deutschland durch Abstimmung zwischen relevanten Aufsichtsbehörden gem. § 56 II oder, in bestimmten Fällen, durch Wahl der ausländischen AIF-Verwaltungsgesellschaft Referenzmitgliedstaat werden (§ 56 I Nr. 2). Im Falle von § 56 I Nr. 1 ist die Bundesrepublik ausschließlich zuständig; ansonsten bedarf es der Durchführung des Einigungsverfahrens gem. § 56 II. Schließlich kann unter bestimmten Voraussetzungen auch die AIF-Verwaltungsgesellschaft die Bundesrepublik als Referenzmitgliedstaat unter mehreren möglichen Staaten selbst auswählen (§ 56 IV).

1. Bestimmung des Referenzmitgliedstaats im Einigungsverfahren gem. Art. 37 IV AIFM-RL. Kommen mehrere Mitgliedstaaten als Referenzmitgliedstaat in Betracht, bestimmt sich der zuständige Staat nach der AIFM-RL. Art. 37 IV AIFM-RL gibt das System vor, mit dem der maßgebliche Referenzmitgliedstaat bestimmt wird. Zu diesem Zwecke bildet das Regelwerk acht Fallgruppen (mit Differenzierungen), die Leitlinien für die Bestimmung in verschiedenen Vertriebskombinationen bieten. Die Art und Weise der Bestimmung des Referenzmitgliedstaates verändert sich je nach einschlägiger Fallgruppe. 5

a) Nicht-EU-AIFM verwaltet einen oder mehrere EU-AIF mit Sitz im gleichen Mitgliedstaat/kein Vertrieb in der Union. Beabsichtigt der Nicht-EU-AIFM (in der Terminologie des KAGB: die ausländische AIF-Verwaltungsgesellschaft) einen oder mehrere EU-AIF mit Sitz in demselben Mitgliedstaat zu verwalten und beabsichtigt der Nicht-EU-AIFM nur, diese EU-AIF außerhalb der Union zu vertreiben, gilt der Sitzstaat der AIF gem. Art. 37 IV Buchst. a AIFM-RL als Referenzmitgliedstaat. Als Folge aus § 57 sind dann die Aufsichtsbehörden dieses Staates für die Aufsicht und Erlaubnis zuständig. 6

b) Nicht EU-AIFM verwaltet mehrere EU-AIF mit Sitz in unterschiedlichen Mitgliedstaaten/kein Vertrieb in der Union. Beabsichtigt der Nicht-EU-AIFM mehrere EU-AIF mit Sitz in unterschiedlichen Mitgliedstaaten zu verwalten und beabsichtigt der Nicht-EU-AIFM nur, diese EU-AIF außerhalb der Union zu vertreiben, so gilt gem. Art. 37 IV Buchst. b AIFM-RL als Referenzmitgliedstaat entweder (i) der Mitgliedstaat, in dem die meisten verwalteten EU-AIF ihren Sitz haben, oder (ii) der, in dem die meisten Vermögenswerte verwaltet werden. 7

c) Nicht EU-AIFM vertreibt nur einen EU-AIF in nur einem Mitgliedstaat. Beabsichtigt der Nicht-EU-AIFM einen EU-AIF nur in einem Mitgliedstaat zu vertreiben, so kommt es gem. Art. 37 IV Buchst. c AIFM-RL darauf an, ob der EU-AIF in einem Mitgliedstaat zum Vertrieb zugelassen oder registriert ist. Ist dies 8 der Fall, so ist Referenzmitgliedstaat der Herkunftsmitgliedstaat des AIF oder der Mitgliedstaat, in dem der AIFM den AIF zu vertreiben beabsichtigt. Andernfalls ist Referenzmitgliedstaat der Mitgliedstaat, in dem der AIFM den AIF zu vertreiben beabsichtigt.

9 **d) Nicht-EU-AIFM vertreibt nur einen Nicht-EU-AIF in nur einem Mitgliedstaat.** Beabsichtigt ein Nicht-EU-AIFM, einen Nicht-EU-AIF in nur einem Mitgliedstaat zu vertreiben, so gilt gem. Art. 37 IV Buchst. d AIFM-RL dieser als Referenzmitgliedstaat.

10 **e) Nicht-EU-AIFM vertreibt nur einen EU-AIF in mehreren Mitgliedstaaten.** Beabsichtigt der Nicht-EU-AIFM, nur einen EU-AIF in mehreren Mitgliedstaaten zu vertreiben, so ist es nach Art. 37 IV Buchst. e AIFM-RL für die Bestimmung des Referenzmitgliedstaates wiederum entscheidend, ob der EU-AIF in einem Mitgliedstaat zugelassen oder registriert ist. Ist dies der Fall, ist der Referenzmitgliedstaat der Herkunftsmitgliedstaat des AIF oder einer der Mitgliedstaaten, in denen der AIFM einen leistungsfähigen Vertrieb aufzubauen beabsichtigt. Andernfalls ist der Referenzmitgliedstaat einer der Mitgliedstaaten, in denen der AIFM einen leistungsfähigen Vertrieb aufzubauen beabsichtigt.

11 **f) Nicht-EU-AIFM vertreibt nur einen Nicht-EU-AIF in mehreren Mitgliedstaaten.** Für den Fall, dass der Nicht-EU-AIFM nur einen Nicht-EU-AIF in mehreren Mitgliedstaaten zu vertreiben beabsichtigt, ist der Referenzmitgliedstaat gem. Art. 37 IV Buchst. f AIFM-RL einer dieser Mitgliedstaaten.

12 **g) Nicht-EU-AIFM vertreibt mehrere EU-AIF in der Union.** Beabsichtigt der Nicht-EU-AIFM, mehrere EU-AIF in der Union zu vertreiben, so kommen gem. Art. 37 IV Buchst. g AIFM-RL wiederum zwei Anknüpfungspunkte für den Referenzmitgliedstaat in Betracht: Sind alle EU-AIF in demselben Mitgliedstaat zugelassen oder registriert, ist der Referenzmitgliedstaat der Herkunftsmitgliedstaat der AIF oder der Mitgliedstaat, in dem der AIFM einen leistungsfähigen Vertrieb der meisten der betreffenden AIF aufzubauen beabsichtigt. Sind die EU-AIF nicht sämtlich in demselben Mitgliedstaat registriert oder zugelassen, ist der Referenzmitgliedstaat der Mitgliedstaat, in dem der AIFM einen leistungsfähigen Vertrieb der meisten der betreffenden AIF aufzubauen beabsichtigt.

13 **h) Nicht EU-AIFM vertreibt mehrere EU-AIF und Nicht-EU-AIF oder mehrere Nicht-EU-AIF in der Union.** In dieser Konstellation ist gem. Art. 37 IV Buchst. h AIFM-RL wiederum auf das Kriterium des leistungsfähigen Vertriebs abzustellen: Referenzmitgliedstaat wird der Mitgliedstaat, in dem der AIFM einen leistungsfähigen Vertrieb der meisten der betreffenden AIF aufzubauen beabsichtigt.

14 **2. Auswahl unter mehreren möglichen Referenzmitgliedstaaten; Benachrichtigung.** Unter mehreren gem. Art. 37 IV AIFM-RL potenziell zuständigen Behörden wird der Referenzmitgliedstaat nach dem Einigungsverfahren zwischen den in Betracht kommenden Aufsichtsbehörden (§ 56 II) ausgewählt. Insoweit hat die ausländische AIF-Verwaltungsgesellschaft bei der BaFin die Durchführung des Einigungsverfahrens zu beantragen. Der zuständige Mitgliedstaat, der dann zum Referenzmitgliedstaat bestimmt wird, ist innerhalb eines Monats nach Beantragung festzulegen.

15 Weitere Regelungen zum Verfahren der Bestimmung des Referenzmitgliedstaates hält Art. 1 der DVO bereit: So ist der Antrag zur Bestimmung des Referenzmit-

gliedstaats schriftlich nicht nur an die BaFin, sondern an alle zuständigen Behörden der Mitgliedstaaten zu stellen, die als Referenzmitgliedstaat in Betracht kommen. Auch müssen diese Staaten im Antrag aufgelistet werden (Art. 1 I DVO). Dem Antrag sind die für die Bestimmung des Referenzmitgliedstaats erforderlichen Informationen und Unterlagen beizufügen (Art. 1 II DVO), wobei Art. 1 III–VI weitere Anforderungen an die Informationen und Unterlagen für bestimmte Fallgruppen des Art. 37 IV AIFM-RL stellen, insb. hinsichtlich der zu erbringenden Belege.

Das Verfahren selbst beginnt nach Einreichung der Unterlagen: Umgehend, spätestens aber innerhalb von drei Geschäftstagen, setzen sich die angesprochenen Aufsichtsbehörden miteinander und mit der ESMA in Verbindung, um zunächst zu entscheiden, ob noch weitere zuständige Behörden in der Union betroffen sind. Der ESMA ist auf Anfrage der vollständige Antrag zu übermitteln (Art. 1 VII DVO). Eventuell weitere Stellen werden von der ESMA umgehend informiert, auch stellt die ESMA sicher, dass die ausländische AIF-Verwaltungsgesellschaft auch diesen zusätzlichen Stellen den vollständigen Antrag übermittelt (Art. 1 VIII DVO). Alle beteiligten Behörden können gem. Art. 1 IX DVO relevante zusätzliche Informationen und Unterlagen anfordern, die für die Bestimmung des Referenzmitgliedstaats erforderlich sind. Eine solche Anforderung erfolgt unter Angabe von Gründen und wird allen Verfahrensbeteiligten mitgeteilt. Zusätzlich erhaltene Dokumente werden umgehend an die ESMA und die anderen beteiligten Behörden weitergeleitet. **16**

Binnen einer Woche nach Eingang des schriftlichen Antrags zur Bestimmung des Referenzmitgliedstaats übermitteln die beteiligten Behörden sich gegenseitig und der ESMA eigene Stellungnahmen zur Wahl des Referenzmitgliedstaates (Art. 1 X DVO). Nach der Übermittlung bestimmen alle zuständigen Behörden gemeinsam den Referenzmitgliedstaat (Art. 1 XI DVO). Dieser Entscheid ist innerhalb eines Monats zu fällen (Art. 37 IV UAbs. 2 AIFM-RL, Art. 1 XI DVO). In diesem Verfahren unterstützt ESMA die betreffenden zuständigen Behörden und erleichtert erforderlichenfalls gem. Art. 31 VO (EU) 1095/2010 die Bestimmung des Referenzmitgliedstaats. **17**

Gemäß Art. 1 XIV UAbs. 2 der DVO muss die ausländische AIF-Verwaltungsgesellschaft, die eine eigene Bestimmung des Referenzmitgliedstaats vorgenommen hat, umgehend alle ursprünglich angesprochenen zuständigen Behörden und die ESMA schriftlich über ihre Wahl des Referenzmitgliedstaats unterrichten. Weiterhin können die zuständigen Behörden auch nach der Wahl durch die ausländische AIF-Verwaltungsgesellschaft einen anderen Referenzmitgliedstaat als den ausgewählten Referenzmitgliedstaat bestimmen. Sie müssen ihre Entscheidung der ausländischen AIF-Verwaltungsgesellschaft aber spätestens innerhalb von zwei Tagen nach Mitteilung über die Wahl der ausländischen AIF-Verwaltungsgesellschaft mitteilen (Art. 1 XV der DVO). In diesem Fall geht die Entscheidung der Behörde vor. **18**

Sofern nach dem Verfahren nach § 56 II die Bundesrepublik als Referenzmitgliedstaat festgelegt wurde, obliegt es der BaFin gem. § 56 III, die ausländische Verwaltungsgesellschaft über die Entscheidung unverzüglich zu informieren. Die Dauer der Unverzüglichkeit, die im Rechtssinne grds. iSv § 276 BGB als „ohne schuldhaftes Zögern" interpretiert wird, wird durch die Regelung des § 56 IV faktisch begrenzt. Die Information der ausländischen AIF-Verwaltungsgesellschaft muss innerhalb von sieben Tagen erfolgen. Diese Frist fungiert daher als absolute Obergrenze zur Auslegung des Begriffs der Unverzüglichkeit. **19**

III. Eigenes Bestimmungsrecht der ausländischen AIF-Verwaltungsgesellschaft

20 Die Entscheidung nach § 56 II der beteiligten europäischen Aufsichtsbehörde muss binnen einer Monatsfrist getroffen werden. Die Frist verlängert sich nach Art. 1 XI UAbs. 2 DVO, soweit weitere Informationen oder Unterlagen angefordert werden. Kommt es innerhalb der (ggf. zu verlängernden) Monatsfrist zu keiner Einigung oder wird die ausländische AIF-Verwaltungsgesellschaft nicht binnen sieben Tage über eine zuvor fristgerechte Einigung der Aufsichtsbehörden informiert, kann die ausländische AIF-Verwaltungsgesellschaft ihren Referenzmitgliedstaat selbst gemäß den Kriterien des Art. 37 IV AIFM-RL festlegen. Durch den Verweis auf die Kriterien des Art. 37 IV AIFM-RL ist klargestellt, dass die Auswahl nur unter den nach der Richtlinie möglichen Referenzmitgliedstaaten erfolgen kann. Die ausländische AIF-Verwaltungsgesellschaft kann hier keine für sie besonders günstige Wahl treffen, wenn dieser Mitgliedstaat nicht ohnehin als Referenzmitgliedstaat für sie in Betracht gekommen wäre. Die ausländische AIF-Verwaltungsgesellschaft unterrichtet nach Art. 1 XIV UAbs. 2 DVO umgehend alle ursprünglich angesprochenen zuständigen Behörden und die ESMA schriftlich über ihre Wahl.

IV. Beleg des leistungsfähigen Vertriebs

21 Wie dargestellt ist in vielen Fallkonstellationen der Begriff des leistungsfähigen Vertriebs maßgeblich für die Festlegung des Referenzmitgliedstaates. Wohl auch um ein sog. „Forenshopping" zu vermeiden, muss die ausländische AIF-Verwaltungsgesellschaft in der Lage sein, ihre Absicht, einen leistungsfähigen Vertrieb in einem Mitgliedstaat aufzubauen, gegenüber dem jeweiligen Mitgliedstaat durch Offenlegung der (beabsichtigten) Vertriebsstrategie zu belegen (§ 56 V).

22 Das Merkmal des leistungsfähigen Vertriebs ist weder auf europäischer Ebene noch im KAGB klar definiert. Die ESMA hat diesen Begriff in ihrem Final Report weiter konkretisiert und die folgende, nicht abschließende Aufzählung von Kriterien gefunden (ESMA/2011/379, 245 f.). Ein leistungsfähiger Vertrieb soll demnach in dem Mitgliedstaat bestehen,

- in dem der Nicht-EU-AIFM oder von ihm genutzte Vertriebspartner vorhaben, die Mehrheit der Anteile an dem EU-AIF zu vertreiben;
- in dem die Mehrheit der (wohl wiederum vom Nicht-EU-AIFM oder seinen Vertriebspartnern) beabsichtigten Investoren ihren Wohnsitz haben;
- in dessen Landessprache die Prospekt- oder Informationsdokumente übersetzt werden; oder
- in dem der Vertrieb am sichtbarsten und häufigsten betrieben wird. In anderen Worten: der Mitgliedstaat, der im Zentrum der Werbeaktivitäten steht.

V. Übergangsregelung

23 § 344 I schreibt vor, dass § 56 erst ab dem in § 295 II Nr. 1 genannten Zeitpunkt anzuwenden ist. Dies meint den Zeitpunkt, der in einem delegierten Rechtsakt der Europäischen Kommission nach Art. 67 AIFM-RL für einzelne Drittstaaten bestimmt wird. Einem derartigen Rechtsakt muss nach Art. 67 I eine Stellungnahme der ESMA über die Funktionsweise des Passes für „EU-AIFM, die gemäß den Artikeln 32 und 33 EU-AIF verwalten und/oder vertreiben, sowie über die Funktionsweise des Vertriebs von Nicht-EU-AIF durch EU-AIFM in den Mitgliedstaaten

und die Verwaltung und/oder den Vertrieb von AIF durch Nicht-EU-AIFM in den Mitgliedstaaten gemäß den anwendbaren nationalen Regelungen" (Art. 67 I Buchst. a AIFM-RL) vorausgehen. Weiterhin muss die ESMA eine „Empfehlung zur Anwendung des Passes auf den Vertrieb von Nicht-EU-AIF durch EU-AIFM in den Mitgliedstaaten und zur Verwaltung und/oder zum Vertrieb von AIF durch Nicht-EU-AIFM in den Mitgliedstaaten" (Art. 67 I Buchst. b AIFM-RL) aussprechen.

Derartige Stellungnahmen hat die ESMA bisher für 12 Drittstaaten abgegeben (vgl. zuletzt ESMA/2016/1140). Die Methodik der Äquivalenzeinschätzung ist in der Literatur als „nicht nachvollziehbar" kritisiert worden (AWZ/*Zetzsche/München* vor §§ 56–66 Rn. 28). Da bisher delegierte Rechtsakte der Kommission ausstehen, steht der Drittstaatenpass jedenfalls für die nähere Zukunft nicht zur Verfügung. **24**

§ 57 Zulässigkeit der Verwaltung von inländischen Spezial-AIF und EU-AIF sowie des Vertriebs von AIF gemäß den §§ 325, 326, 333 oder 334 durch ausländische AIF-Verwaltungsgesellschaften

(1) [1]Eine ausländische AIF-Verwaltungsgesellschaft, für die die Bundesrepublik Deutschland Referenzmitgliedstaat nach § 56 ist und die beabsichtigt, inländische Spezial-AIF oder EU-AIF zu verwalten oder von ihr verwaltete AIF gemäß Artikel 39 oder 40 der Richtlinie 2011/61/EU in den Mitgliedstaaten der Europäischen Union oder Vertragsstaaten des Abkommens über den Europäischen Wirtschaftsraum zu vertreiben, bedarf der Erlaubnis der Bundesanstalt. [2]Die Bundesanstalt hat gegenüber ausländischen AIF-Verwaltungsgesellschaften, für die die Bundesrepublik Deutschland Referenzmitgliedstaat nach § 56 ist, die Befugnisse, die ihr nach diesem Gesetz gegenüber AIF-Kapitalverwaltungsgesellschaften zustehen. [3]Ausländische AIF-Verwaltungsgesellschaften, denen die Bundesanstalt eine Erlaubnis nach § 58 erteilt hat, unterliegen der Aufsicht der Bundesanstalt nach dem vorliegenden Gesetz.

(2) [1]Eine ausländische AIF-Verwaltungsgesellschaft, die beabsichtigt, eine Erlaubnis gemäß Absatz 1 einzuholen, ist verpflichtet, die gleichen Bestimmungen nach diesem Gesetz einzuhalten wie AIF-Kapitalverwaltungsgesellschaften, die Spezial-AIF verwalten, mit Ausnahme der §§ 53, 54, 321, 323, 331 und 331a. [2]Soweit die Einhaltung einer der in Satz 1 genannten Bestimmungen dieses Gesetzes mit der Einhaltung der Rechtsvorschriften des Drittstaates unvereinbar ist, denen die ausländische AIF-Verwaltungsgesellschaft oder der in den Mitgliedstaaten der Europäischen Union oder Vertragsstaaten des Abkommens über den Europäischen Wirtschaftsraum vertriebene ausländische AIF unterliegt, besteht für die ausländische AIF-Verwaltungsgesellschaft keine Verpflichtung, sich an die Bestimmungen dieses Gesetzes zu halten, wenn sie belegen kann, dass

1. es nicht möglich ist, die Einhaltung der Bestimmungen dieses Gesetzes mit der Einhaltung einer verpflichtenden Rechtsvorschrift, der die ausländische AIF-Verwaltungsgesellschaft oder der in den Mitgliedstaaten der Europäischen Union oder den Vertragsstaaten des Abkommens über den Europäischen Wirtschaftsraum vertriebene ausländische AIF unterliegt, zu verbinden

2. die Rechtsvorschriften des Drittstaates, denen die ausländische AIF-Verwaltungsgesellschaft oder der ausländische AIF unterliegt, eine gleichwertige Bestimmung mit dem gleichen Regelungszweck und dem gleichen Schutzniveau für die Anleger des betreffenden AIF enthalten und

3. die ausländische AIF-Verwaltungsgesellschaft oder der ausländische AIF die in Nummer 2 genannte gleichwertige Bestimmung erfüllt.

(3) [1]**Eine ausländische AIF-Verwaltungsgesellschaft, die beabsichtigt, eine Erlaubnis gemäß Absatz 1 einzuholen, muss über einen gesetzlichen Vertreter mit Sitz in der Bundesrepublik Deutschland verfügen.** [2]**Der gesetzliche Vertreter ist die Kontaktstelle für die ausländische AIF-Verwaltungsgesellschaft in den Mitgliedstaaten der Europäischen Union oder den Vertragsstaaten des Abkommens über den Europäischen Wirtschaftsraum.** [3]**Sämtliche Korrespondenz zwischen den zuständigen Stellen und der ausländischen AIF-Verwaltungsgesellschaft und zwischen den EU-Anlegern des betreffenden AIF und der ausländischen AIF-Verwaltungsgesellschaft gemäß der Richtlinie 2011/61/EU erfolgt über diesen gesetzlichen Vertreter.** [4]**Der gesetzliche Vertreter nimmt gemeinsam mit der ausländischen AIF-Verwaltungsgesellschaft die Compliance-Funktion in Bezug auf die von der ausländischen AIF-Verwaltungsgesellschaft gemäß der Richtlinie 2011/61/EU ausgeführten Verwaltungs- und Vertriebstätigkeiten wahr.**

Schrifttum: *Klebeck/Zollinger* Compliance-Funktion nach der AIFM-Richtlinie, BB 2013, 459.

I. Allgemeines

1 § 57 dient der Umsetzung von Art. 37 I–III der AIFM-RL (vgl. BT-Drs. 17/12294, 226). Die Vorschrift beschränkt Verwaltung und Vertrieb von AIF durch ausländische AIF-Verwaltungsgesellschaften im Inland (Abs. 1). So darf die ausländische AIF-Verwaltungsgesellschaft, für die die Bundesrepublik der Referenzmitgliedstaat ist, im Inland im Rahmen grenzüberschreitend erbrachter Tätigkeiten überhaupt ausschließlich Spezial-AIFs (vgl. § 1 VI) verwalten. Somit kommt eine ausländische AIF-Verwaltungsgesellschaft bei der Erbringung der Verwaltungsdienstleistungen nicht in Kontakt mit Privatanleger, da die Verwaltung inländischer Publikumsinvestmentvermögen nicht zulässig ist. Weiterhin statuiert § 57 Aufsichtskompetenzen der BaFin und legt fest, welche Vorgaben des KAGB von der ausländischen AIF-Verwaltungsgesellschaft einzuhalten sind und unter welchen Voraussetzungen ein Dispens von diesen erlangt werden kann (Abs. 2). Schließlich muss die ausländische Verwaltungsgesellschaft auch über einen gesetzlichen Vertreter in Deutschland verfügen (Abs. 3).

II. Erlaubnispflicht und Beaufsichtigung durch die BaFin

2 § 57 I 1 statuiert ein Verbot mit Erlaubnisvorbehalt für die Tätigkeit von ausländischen Verwaltungsgesellschaften, für die Deutschland Referenzmitgliedstaat ist: Die Verwaltung von Spezial-AIFs oder EU-AIFs sowie der Vertrieb der von ihr verwalteten AIFs bedarf der Erlaubnis der Bundesanstalt. Diese Vorschrift flankiert und ergänzt §§ 17, 20 I 1 für (inländische) KVG. Die spezifischen Erlaubnisvorausset-

zungen regelt dann im Weiteren § 58. Zugleich stellt die Vorschrift auch klar, dass lediglich inländische Spezial-AIF verwaltet werden können. Die Verwaltung von inländischen Publikumsfonds ist in dieser Konstellation nicht möglich (vgl. auch die ähnliche Regelung in § 54 I für EU-AIF-Verwaltungsgesellschaften).

Weiterhin stellt § 57 I 2, 3 folgerichtig auch klar, dass die ausländische AIF-Verwaltungsgesellschaft auch im Weiteren der deutschen Aufsicht unterliegt: Die BaFin, die für die Erteilung der Erlaubnis nach § 57 I 1 zuständig ist, ist auch für die Beaufsichtigung zuständig und hat die entsprechenden Befugnisse zur Eingriffsverwaltung. In der Literatur wird zurecht darauf hingewiesen, dass insb. die Vollziehung der Beaufsichtigung, etwa durch Vollstreckung von Verwaltungsmaßnahmen, in diesen grenzüberschreitenden Konstellationen auf Schwierigkeiten stoßen mag (EDD/*Vahldiek* § 57 Rn. 12). 3

III. Einhaltung der Vorschriften des KAGB

§ 57 II schreibt vor, dass die ausländische Verwaltungsgesellschaft, die beabsichtigt, eine Erlaubnis gem. § 57 I einzuholen, die gleichen Bestimmungen einzuhalten hat wie eine (inländische) AIF-Kapitalverwaltungsgesellschaft, die Spezial-AIF verwaltet. Lediglich die §§ 53, 54, 321, 323 und 331 sowie 331a sollen hiervon ausgenommen sein. Diese Vorschriften betreffen die Anzeige- bzw. Übermittlungsverfahren für die Betätigung von AIF-KVG und EU-AIF-Verwaltungsgesellschaften im Wege des grenzüberschreitenden Dienstleistungsverkehrs und der Errichtung von Zweigniederlassungen in anderen Mitgliedstaaten des EWR sowie Vertriebsanzeigepflichten. Hierfür gibt es mit den §§ 65, 66 bzw. §§ 321, 323 und 331 Sonderregeln für ausländische Verwaltungsgesellschaften. 4

Die Pflicht zur Einhaltung der KAGB-Vorschriften führt zu erheblichen Auswirkungen auf den Geschäftsbetrieb der ausländischen AIF-Verwaltungsgesellschaften. Durch diesen Umweg findet etwa der Rechtsformzwang des § 18 ebenso Anwendung wie auch die Eigenkapitalvorschriften des § 25 (so auch Baur/Tappen/*Geurts* § 57 Rn. 10). Folgerichtig schafft der Gesetzgeber in § 57 I 2 auch die Möglichkeit der Erteilung eines Dispenses. 5

Von Interesse ist in diesem Zusammenhang insb., dass Teile der Literatur eine Anwendbarkeit von Normen des KAGB nur bejahen, soweit diese nicht über die 1:1-Umsetzung der AIFM-RL hinausgehen. **Deutsches „Gold Plating“** soll hier aufgrund des Gebotes der Vollharmonisierung unbeachtet bleiben (so WBA/*Klebeck* § 57 Rn. 31 ff.). Dies überzeugt nicht. Sofern die überschießende Umsetzung der AIFM-RL im KAGB für inländische Kapitalverwaltungsgesellschaften akzeptiert wird, sollte hier keine Privilegierung der ausländischen Gesellschaften erfolgen, die im Wesentlichen den inländischen Kapitalverwaltungsgesellschaften gleichgestellt werden. Praktische Erfahrungen aus der Aufsichtspraxis stehen aber noch aus (→ Rn. 15). 6

Ein **Dispens von den Vorschriften des KAGB** kommt nach der gesetzlichen Regelung in Betracht, wenn die Einhaltung der gem. § 57 II 1 auf die ausländische Verwaltungsgesellschaft anwendbaren Vorschriften des KAGB mit der Einhaltung der rechtlichen Vorschriften des Drittstaates, dessen Regelungen die AIF-Verwaltungsgesellschaft oder der ausländische AIF unterliegen, unvereinbar ist (§ 57 II 2). In derartigen Fällen sieht die Regelung eine partielle Subsidiarität des KAGB vor. Hierfür bedarf es aber entsprechender Belege, mit denen die ausländische AIF-Verwaltungsgesellschaft darstellen muss, dass es (i) ihr nicht möglich ist, die Einhaltung von Vorschriften des KAGB mit der Einhaltung von Rechtsvorschriften, denen sie 7 oder der AIF unterliegen, zu verbinden, (ii) der entsprechende Drittstaat eine gleichwertige Bestimmung mit gleichem Regelungszweck und Schutzniveau für die Anleger des AIF aufweist und (iii) diese auch tatsächlich eingehalten wird. Die Beurteilung der Unvereinbarkeit und Gleichwertigkeit wird der BaFin obliegen.

8 § 57 II trifft aber keine Regelung zum Verfahren für den Dispens oder zur Erbringung des Belegs der Unvereinbarkeit. Allerdings zeigen § 58 IX Nr. 1 Buchst. b und c, dass hier schriftliche Belege für das Bestehen aller Dispensvoraussetzungen im Erlaubnisverfahren beizubringen sind. Zutreffend ist hier insb. auch die Beibringung eines Rechtsgutachtens zu fordern, dass die Inkompatibilität der Regelungen, das Bestehen einer vergleichbaren Regelung mit äquivalentem Schutzniveau und das Einhalten dieser bestätigt (so auch DJKT/*Klebeck/Frick* AIFM-Richtlinie Art. 37 Rn. 162).

9 Fraglich ist schließlich, ob nur eine rechtliche Unmöglichkeit einen Dispens zu begründen vermag oder ob hier auch wirtschaftliche Erwägungen eine Rolle spielen können. Eine Vielzahl der Anforderungen des KAGB/AIFMD erfordern insb. von ausländischen Verwaltungsgesellschaften erhebliche wirtschaftliche Investitionen, die eine Tätigkeit unrentabel machen können. Vor dem Hintergrund des regulatorischen Ziels, eine weitgehende Gleichstellung von EU- und Nicht-EU-AIF-Verwaltungsgesellschaften zu erreichen, kann aber eine sog. **„wirtschaftliche Unmöglichkeit"** (so WBA/*Klebeck* § 57 Rn. 37) nicht für einen Dispens ausreichen.

IV. Bestellung eines gesetzlichen Vertreters

10 § 57 III schreibt vor, dass eine ausländische AIF-Verwaltungsgesellschaft, die beabsichtigt, nach § 57 I eine Erlaubnis zu beantragen, über **einen gesetzlichen Vertreter mit Sitz in Deutschland** verfügen muss. Der Begriff des gesetzlichen Vertreters wird in § 1 XIX Nr. 16 definiert. Die Anforderungen in § 57 schränken die Regelung des § 1 XIX Nr. 16 ein, die als gesetzlichen Vertreter noch jede natürliche Person mit Wohnsitz in der Europäischen Union oder in einem anderen Vertragsstaat des Abkommens über den Europäischen Wirtschaftsraum oder jede juristische Person mit satzungsmäßigem Sitz oder satzungsmäßiger Zweigniederlassung in der Europäischen Union oder in einem anderen Vertragsstaat des Abkommens über den Europäischen Wirtschaftsraum genügen ließ. Diese Einschränkung ist sachgerecht, um die Korrespondenz mit der für die ausländische AIF-Verwaltungsgesellschaft zuständigen Aufsichtsbehörde zu vereinfachen. Insbesondere aber muss der gesetzliche Vertreter weder Kreditinstitut sein noch besonderen Anforderungen an seine Qualifikation kraft Gesetz genügen. Weder KAGB noch AIFM-RL stellen hier besondere Anforderungen auf, anders als noch die vergleichbare Regelung des § 136 I Nr. 2 InvG.

11 Das Gesetz führt aus, dass der gesetzliche Vertreter als **EWR-Kontaktstelle für die ausländische AIF-Verwaltungsgesellschaft** fungiert und Korrespondenz zwischen den zuständigen Stellen und der ausländischen AIF-Verwaltungsgesellschaft nach der AIFM-RL nur über diesen gesetzlichen Vertreter geführt wird. Aufgrund seiner Funktion ist ihm daher eine gesetzliche Empfangsvollmacht für und gegen die ausländische AIF-Verwaltungsgesellschaft zuzubilligen (vgl. WBA/*Klebeck* § 57 Rn. 59). Schließlich nimmt der gesetzliche Vertreter hinsichtlich der von der ausländischen Verwaltungsgesellschaft ausgeführten Verwaltungs- und Vertriebstätigkeiten auch noch die Compliance-Funktion wahr.

12 Die Art der Bestellung des gesetzlichen Vertreters schreiben weder KAGB noch AIFM-RL vor. Sie wird daher nach allgemeinen zivilrechtlichen Regeln gem.

§§ 164ff. BGB oder durch Geschäftsbesorgungsvertrag zu besorgen sein, auch wenn insoweit die Terminologie irreführend scheint, da dem gesetzlichen Vertreter ein rechtsgeschäftlicher Bestellungsakt zugrunde liegt. Seine Abberufung wird ebenso nach den allgemeinen zivilrechtlichen Regelungen erfolgen (vgl. aber FK-KapAnlR/*Engler* § 57 Rn. 64ff. zu verschiedenen Sonderproblemen). Aus Gründen der Rechtssicherheit sollte jede Änderung in der Person des gesetzlichen Vertreters zumindest der Aufsichtsbehörde zur Kenntnis gebracht werden (vgl. zum Risiko der nach außen kundgemachten Vollmacht allg. § 171 II BGB). Die Person des gesetzlichen Vertreters ist im Erlaubnisverfahren gem. § 58 VII Nr. 3 eine der Voraussetzungen für die Erteilung einer behördlichen Genehmigung. Insofern werden also Angaben zu der Person des gesetzlichen Vertreters zu machen sein. Zutreffend ist hier auch eine Bestätigung des gesetzlichen Vertreters zu fordern, der darlegen sollte, dass er die Rolle mit ihren Pflichten übernommen hat (vgl. Baur/Tappen/*Geurts* § 57 Rn. 20 mwN). Insbesondere wird zu erwarten sein, dass die BaFin im Rahmen ihrer Verwaltungspraxis die Vorlage einer „Vertretungsvereinbarung" erwartet und fordert.

Der gesetzliche Vertreter unterliegt keinen besonderen Anforderungen an die Qualifikation und wird auch nicht von der BaFin beaufsichtigt. Allerdings muss er hinreichend ausgestattet sein, auch um die **Aufgaben der Compliance-Funktion** gemeinsam mit der ausländischen AIF-Verwaltungsgesellschaft in Bezug auf die von der ausländischen AIF-Verwaltungsgesellschaft gemäß der RL 2011/61/EU ausgeführten Verwaltungs- und Vertriebstätigkeiten wahrzunehmen. Aufgabe der Compliance-Funktion ist insb. die Überwachung der Einhaltung der Vorschriften der AIFM-RL und die Etablierung angemessener Maßnahmen, um die Risiken der Nichteinhaltung zu minimieren (vgl. ESMA/2011/239, 102). Bereits Art. 37 VII Buchst. c AIFM-RL statuiert, dass die Compliance-Funktion zumindest hinreichend ausgestattet sein muss, um die Compliance-Funktion wahrnehmen zu können (zu den Aufgaben allgemein: *Klebeck/Zollinger* BB 2013, 459). Insoweit werden hier doch wieder erhebliche Anforderungen an die Qualifikation des gesetzlichen Vertreters gestellt, der zumindest über ausreichende Kompetenz verfügen muss, um die Pflichten der Compliance-Funktion wahrzunehmen (s. auch FK-KapAnlR/*Engler* § 57 Rn. 58). **13**

Nicht unumstritten ist die Frage, ob die **Verwahrstelle in Personalunion auch die Aufgaben des gesetzlichen Vertreters** wahrnehmen kann (zum Streitstand vgl. nur Baur/Tappen/*Geurts* § 57 Rn. 21 mwN). Befürworter führen ins Feld, dass die Möglichkeit der Wahrnehmung beider Rollen schließlich auch nach alter Rechtslage unter § 136 I InvG iVm § 138 InvG die wohl vorherrschende Auffassung war (vgl. EDDH/*Baum* InvG § 136 Rn. 20). Gegen die Möglichkeit einer Personalunion wird die gesteigerte Wichtigkeit der Rolle des gesetzlichen Vertreters ins Feld geführt, dem nun auch besondere Rechte als internem Akteur der Verwaltungsgesellschaft zukämen (vgl. *Klebeck/Zollinger* BB 2013, 459 (463)), sowie die Befürchtung, dass ausländische Institute nachlässig mit nationalen Melde- und Kontrollpflichten umgehen könnten (Baur/Tappen/*Geurts* § 58 Rn. 21). Die Bedenken überzeugen nicht: Dem gesetzlichen Vertreter kommt nur eine Mittler- und Compliance-Funktion zu (so auch WBA/*Klebeck* § 57 Rn. 42). Die Aufgaben von Vertreter und Verwahrstelle vermischen sich so nicht. Defizite für den Anlegerschutz sind in einer Doppelrolle auch nicht ersichtlich. Es gibt daher keinen Grund, der Verwahrstelle die Wahrnehmung dieser Aufgabe zu untersagen. **14**

V. Übergangsregelung

15 § 344 I schreibt vor, dass § 57 erst ab dem in § 295 II Nr. 1 genannten Zeitpunkt anzuwenden ist. Vergleiche → § 56 Rn. 24ff.

§ 58 Erteilung der Erlaubnis für eine ausländische AIF-Verwaltungsgesellschaft

(1) **Beabsichtigt eine ausländische AIF-Verwaltungsgesellschaft, inländische Spezial-AIF oder EU-AIF zu verwalten oder von ihr verwaltete AIF gemäß Artikel 39 oder 40 der Richtlinie 2011/61/EU in den Mitgliedstaaten der Europäischen Union oder Vertragsstaaten des Abkommens über den Europäischen Wirtschaftsraum zu vertreiben und gibt sie die Bundesrepublik Deutschland als Referenzmitgliedstaat an, hat sie bei der Bundesanstalt einen Antrag auf Erteilung einer Erlaubnis zu stellen.**

(2) **[1]Nach Eingang eines Antrags auf Erteilung einer Erlaubnis gemäß Absatz 1 beurteilt die Bundesanstalt, ob die Entscheidung der ausländischen AIF-Verwaltungsgesellschaft hinsichtlich ihres Referenzmitgliedstaates die Kriterien gemäß § 56 einhält. [2]Ist dies nicht der Fall, lehnt sie den Antrag der ausländischen AIF-Verwaltungsgesellschaft auf Erteilung einer Erlaubnis unter Angabe der Gründe für die Ablehnung ab. [3]Sind die Kriterien gemäß § 56 eingehalten worden, führt die Bundesanstalt das Verfahren nach den Absätzen 3 bis 6 durch.**

(3) **[1]Ist die Bundesanstalt der Auffassung, dass die Entscheidung einer ausländischen AIF-Verwaltungsgesellschaft hinsichtlich ihres Referenzmitgliedstaates die Kriterien gemäß Artikel 37 Absatz 4 der Richtlinie 2011/61/EU einhält, setzt sie die Europäische Wertpapier- und Marktaufsichtsbehörde von diesem Umstand in Kenntnis und ersucht sie, eine Empfehlung zu ihrer Beurteilung auszusprechen. [2]In ihrer Mitteilung an die Europäische Wertpapier- und Marktaufsichtsbehörde legt die Bundesanstalt der Europäischen Wertpapier- und Marktaufsichtsbehörde die Begründung der ausländischen AIF-Verwaltungsgesellschaft für deren Entscheidung hinsichtlich des Referenzmitgliedstaates und Informationen über die Vertriebsstrategie der ausländischen AIF-Verwaltungsgesellschaft vor.**

(4) **[1]Innerhalb eines Monats nach Eingang der Mitteilung gemäß Absatz 3 spricht die Europäische Wertpapier- und Marktaufsichtsbehörde eine an die Bundesanstalt gerichtete Empfehlung zu deren Beurteilung hinsichtlich des Referenzmitgliedstaates gemäß den in Artikel 37 Absatz 4 der Richtlinie 2011/61/EU genannten Kriterien aus. [2]Während die Europäische Wertpapier- und Marktaufsichtsbehörde gemäß Artikel 37 Absatz 5 Unterabsatz 3 der Richtlinie 2011/61/EU die Beurteilung der Bundesanstalt prüft, wird die Frist nach § 22 Absatz 2 Satz 1 oder 2 gehemmt.**

(5) **Schlägt die Bundesanstalt entgegen der Empfehlung der Europäischen Wertpapier- und Marktaufsichtsbehörde gemäß Absatz 4 vor, die Erlaubnis als Referenzmitgliedstaat zu erteilen, setzt sie die Europäische Wertpapier- und Marktaufsichtsbehörde davon unter Angabe ihrer Gründe in Kenntnis.**

(6) [1]**Wenn die Bundesanstalt entgegen der Empfehlung der Europäischen Wertpapier- und Marktaufsichtsbehörde gemäß Absatz 4 vorschlägt, die Erlaubnis als Referenzmitgliedstaat zu erteilen und die ausländische AIF-Verwaltungsgesellschaft beabsichtigt, Anteile von durch sie verwalteten AIF in anderen Mitgliedstaaten der Europäischen Union oder in anderen Vertragsstaaten des Abkommens über den Europäischen Wirtschaftsraum als der Bundesrepublik Deutschland zu vertreiben, setzt die Bundesanstalt davon auch die zuständigen Stellen der betreffenden Mitgliedstaaten der Europäischen Union und der betreffenden Vertragsstaaten des Abkommens über den Europäischen Wirtschaftsraum unter Angabe ihrer Gründe in Kenntnis. [2]Gegebenenfalls setzt die Bundesanstalt davon auch die zuständigen Stellen der Herkunftsmitgliedstaaten der von der ausländischen AIF-Verwaltungsgesellschaft verwalteten AIF unter Angabe ihrer Gründe in Kenntnis.**

(7) **Unbeschadet des Absatzes 9 erteilt die Bundesanstalt die Erlaubnis erst dann, wenn die folgenden zusätzlichen Bedingungen eingehalten sind:**

1. **die Bundesrepublik Deutschland wird als Referenzmitgliedstaat von der ausländischen AIF-Verwaltungsgesellschaft gemäß den Kriterien nach § 56 angegeben und durch die Offenlegung der Vertriebsstrategie bestätigt und das Verfahren gemäß den Absätzen 3 bis 6 wurde von der Bundesanstalt durchgeführt;**
2. **die ausländische AIF-Verwaltungsgesellschaft hat einen gesetzlichen Vertreter mit Sitz in der Bundesrepublik Deutschland ernannt;**
3. **der gesetzliche Vertreter ist, zusammen mit der ausländischen AIF-Verwaltungsgesellschaft, die Kontaktperson der ausländischen AIF-Verwaltungsgesellschaft für die Anleger der betreffenden AIF, für die Europäische Wertpapier- und Marktaufsichtsbehörde und für die zuständigen Stellen im Hinblick auf die Tätigkeiten, für die die ausländische AIF-Verwaltungsgesellschaft in den Mitgliedstaaten der Europäischen Union oder Vertragsstaaten des Abkommens über den Europäischen Wirtschaftsraum eine Erlaubnis hat und er ist zumindest hinreichend ausgestattet, um die Compliance-Funktion gemäß der Richtlinie 2011/61/EU wahrnehmen zu können;**
4. **es bestehen geeignete Vereinbarungen über die Zusammenarbeit zwischen der Bundesanstalt, den zuständigen Stellen des Herkunftsmitgliedstaates der betreffenden EU-AIF und den Aufsichtsbehörden des Drittstaates, in dem die ausländische AIF-Verwaltungsgesellschaft ihren satzungsmäßigen Sitz hat, damit zumindest ein effizienter Informationsaustausch gewährleistet ist, der es den zuständigen Stellen ermöglicht, ihre Aufgaben gemäß der Richtlinie 2011/61/EU wahrzunehmen;**
5. **der Drittstaat, in dem die ausländische AIF-Verwaltungsgesellschaft ihren satzungsmäßigen Sitz hat, steht nicht auf der Liste der nicht kooperativen Länder und Gebiete, die von der Arbeitsgruppe „Finanzielle Maßnahmen gegen die Geldwäsche und die Terrorismusfinanzierung" aufgestellt wurde;**
6. **der Drittstaat, in dem die ausländische AIF-Verwaltungsgesellschaft ihren satzungsmäßigen Sitz hat, hat mit der Bundesrepublik Deutschland eine Vereinbarung unterzeichnet, die den Standards gemäß Artikel 26 des OECD-Musterabkommens zur Vermeidung der Doppelbesteue-**

rung von Einkommen und Vermögen vollständig entspricht und einen wirksamen Informationsaustausch in Steuerangelegenheiten, gegebenenfalls einschließlich multilateraler Abkommen über die Besteuerung, gewährleistet;

7. die auf ausländische AIF-Verwaltungsgesellschaften anwendbaren Rechts- und Verwaltungsvorschriften eines Drittstaates oder die Beschränkungen der Aufsichts- und Ermittlungsbefugnisse der Aufsichtsbehörden dieses Drittstaates hindern die zuständigen Stellen nicht an der effektiven Wahrnehmung ihrer Aufsichtsfunktionen gemäß der Richtlinie 2011/61/EU.

(8) **Die in Absatz 7 Nummer 4 genannten Vereinbarungen über Zusammenarbeit werden durch die Artikel 113 bis 115 der Delegierten Verordnung (EU) Nr. 231/2013 sowie durch die Leitlinien der Europäischen Wertpapier- und Marktaufsichtsbehörde konkretisiert.**

(9) **[1]Die Erlaubnis durch die Bundesanstalt wird im Einklang mit den für die Erlaubnis von AIF-Kapitalverwaltungsgesellschaften geltenden Vorschriften dieses Gesetzes erteilt. [2]Diese gelten vorbehaltlich folgender Kriterien entsprechend:**

1. **die Angaben gemäß § 22 Absatz 1 Nummer 1 bis 9 werden durch folgende Angaben und Unterlagen ergänzt:**
   a) **eine Begründung der ausländischen AIF-Verwaltungsgesellschaft für die von ihr vorgenommene Beurteilung bezüglich des Referenzmitgliedstaates gemäß den Kriterien nach Artikel 37 Absatz 4 der Richtlinie 2011/61/EU sowie Angaben zur Vertriebsstrategie;**
   b) **eine Liste der Bestimmungen der Richtlinie 2011/61/EU, deren Einhaltung der ausländischen AIF-Verwaltungsgesellschaft unmöglich ist, da ihre Einhaltung durch die ausländische AIF-Verwaltungsgesellschaft gemäß § 57 Absatz 2 Satz 2 nicht vereinbar ist mit der Einhaltung einer zwingenden Rechtsvorschrift des Drittstaates, der die ausländische AIF-Verwaltungsgesellschaft oder der in den Mitgliedstaaten der Europäischen Union oder Vertragsstaaten des Abkommens über den Europäischen Wirtschaftsraum vertriebene ausländische AIF unterliegt;**
   c) **Belege in Textform auf der Grundlage der von der Europäischen Wertpapier- und Marktaufsichtsbehörde ausgearbeiteten technischen Regulierungsstandards gemäß Artikel 37 Absatz 23 Buchstabe b der Richtlinie 2011/61/EU, dass die betreffenden Rechtsvorschriften des Drittstaates Vorschriften enthalten, die den Vorschriften, die nicht eingehalten werden können, gleichwertig sind, denselben regulatorischen Zweck verfolgen und den Anlegern der betreffenden AIF dasselbe Maß an Schutz bieten und dass die ausländische AIF-Verwaltungsgesellschaft sich an diese gleichwertigen Vorschriften hält; diese Belege in Textform werden durch ein Rechtsgutachten zum Bestehen der betreffenden inkompatiblen zwingenden Vorschrift im Recht des Drittstaates untermauert, das auch eine Beschreibung des Regulierungszwecks und der Merkmale des Anlegerschutzes enthält, die mit der Vorschrift angestrebt werden, und**
   d) **den Namen des gesetzlichen Vertreters der ausländischen AIF-Verwaltungsgesellschaft und den Ort, an dem er seinen Sitz hat;**

2. die Angaben gemäß § 22 Absatz 1 Nummer 10 bis 14 können beschränkt werden auf die inländischen Spezial-AIF oder EU-AIF, die die ausländische AIF-Verwaltungsgesellschaft zu verwalten beabsichtigt, und auf die von der ausländischen AIF-Verwaltungsgesellschaft verwalteten AIF, die sie mit einem Pass in den Mitgliedstaaten der Europäischen Union oder Vertragsstaaten des Abkommens über den Europäischen Wirtschaftsraum zu vertreiben beabsichtigt;
3. § 23 Nummer 7 findet keine Anwendung;
4. ein Erlaubnisantrag gilt als vollständig, wenn zusätzlich zu den in § 22 Absatz 3 genannten Angaben und Verweisen die Angaben gemäß Nummer 1 vorgelegt wurden;
5. die Bundesanstalt beschränkt die Erlaubnis in Bezug auf die Verwaltung von inländischen AIF auf die Verwaltung von inländischen Spezial-AIF; in Bezug auf die Verwaltung von EU-AIF kann die Bundesanstalt die Erlaubnis auf die Verwaltung von bestimmten Arten von EU-AIF und auf Spezial-EU-AIF beschränken.

(10) **Hinsichtlich des Erlöschens oder der Aufhebung der Erlaubnis einer ausländischen AIF-Verwaltungsgesellschaft gilt § 39 entsprechend.**

(11) **Ausländische AIF-Verwaltungsgesellschaften, denen die Bundesanstalt die Erlaubnis nach den Vorschriften dieses Gesetzes erteilt hat, haben die für AIF-Kapitalverwaltungsgesellschaften, die Spezial-AIF verwalten, geltenden Vorschriften entsprechend einzuhalten, soweit sich aus diesem Gesetz nichts anderes ergibt.**

I. Allgemeines

1 Die Vorschrift des § 58 dient der Umsetzung von Art. 37 AIFM-RL und regelt den Fall, dass eine ausländische AIF-Verwaltungsgesellschaft beabsichtigt, inländische Spezial-AIF oder EU-AIF zu verwalten oder von ihr verwaltete AIF gem. Art. 39 oder 40 der RL 2011/61/EU in den Mitgliedstaaten der Europäischen Union oder Vertragsstaaten des Abkommens über den Europäischen Wirtschaftsraum zu vertreiben und Deutschland als Referenzmitglied anzugeben. In diesem Fall hat sie bei der BaFin einen Antrag auf Erteilung einer Erlaubnis gem. § 58 I zu stellen. Es besteht insoweit ein Verbot mit Erlaubnisvorbehalt (so auch Baur/Tappen/*Geurts* § 58 Rn. 5).

2 § 58 II–VI regeln das Verfahren hinsichtlich der Prüfung der Erteilung der nach Abs. 1 beantragten Erlaubnis. In § 58 VII–IX sind die Bedingungen für die Erteilung einer Erlaubnis geregelt und in § 58 X das Erlöschen und die Aufhebung der erteilten Erlaubnis. § 58 IX 1 stellt klar, dass die Erlaubniserteilung im Einklang mit den für AIF-Kapitalverwaltungsgesellschaften geltenden Vorschriften dieses Gesetzes gelten muss. Spiegelbildlich ordnet § 58 XI an, dass ausländische AIF-Kapitalverwaltungsgesellschaften, denen die Erlaubnis von der Bundesanstalt erteilt worden ist, die Vorschriften des KAGB einhalten müssen, die für AIF-Kapitalverwaltungsgesellschaften gelten, die Spezial-AIF verwalten. Mit der einschränkenden Formulierung „soweit sich aus diesem Gesetz nichts anderes ergibt" wird darauf hingewiesen, dass ausländische AIF-Verwaltungsgesellschaften gem. § 57 II 2 von der Einhaltung bestimmter Vorschriften der AIFM-RL bzw. des KAGB befreit werden können (vgl. BT-Drs. 17/12294, 226).

II. Erteilung der Erlaubnis; Voraussetzungen

3 Die Erlaubnis wird in einem förmlichen Verwaltungsverfahren von der BaFin unter Mitwirkung der ESMA erteilt. Die Erteilung der Erlaubnis nach § 58 I stellt einen begünstigenden Verwaltungsakt dar. Dies hat zur Folge, dass die ausländische AIF-Verwaltungsgesellschaft bei Vorliegen der Voraussetzungen einen Anspruch auf die Erteilung der begehrten Erlaubnis hat. Die formellen Anforderungen an den Antrag auf Erlaubniserteilung ergeben sich mittelbar aus § 58 IX, der auf die allgemeinen Vorschriften für die Erlaubniserteilung für AIF-Kapitalverwaltungsgesellschaften verweist. Insoweit ergeben sich zentrale Anforderungen aus § 22, der aber insb. durch § 58 IX 2 in formeller und § 58 VII und IX in materieller Hinsicht ergänzt wird.

4 Für die Angaben im Erlaubnisverfahren gelten die allgemeinen Anforderungen des Verfahrens für eine AIF-Kapitalverwaltungsgesellschaft, § 58 IX 1. Ausgangspunkt ist insofern zunächst § 22. § 58 IX 2 führt zudem enumerativ auf, welche ergänzenden Belege dem Antrag von der AIF-Verwaltungsgesellschaft beizufügen sind. Der Katalog gliedert sich in managerbezogene Angaben und fondsbezogene Angaben und erinnert an den Katalog des § 329. Insbesondere sind aber auch Angaben zum gesetzlichen Vertreter, zur Wahl des gesetzlichen Vertreters und, sofern einschlägig, Listen und Begründungen derjenigen europäischen Rechtsvorschriften oder Regulierungsstandards, die die Verwaltungsgesellschaft nicht einhalten kann.

5 Anforderungen an den Drittstaat postulieren insb. § 58 VII Nr. 4–7: So muss eine geeignete Vereinbarung über die Zusammenarbeit zwischen der Bundesanstalt und den zuständigen Stellen im Drittstaat vorliegen. Dies wird in Art. 113–115 der Delegierten Verordnung (EU) Nr. 231/2013 und den Leitlinien der ESMA konkretisiert. Auch muss ein effizienter Informationsaustausch zwischen den zuständigen Stellen für eine wirksame Wahrnehmung ihrer Aufgaben iSd RL 2011/61/EU gewährleistet sein. Der Drittstaat, in dem die ausländische AIF-Verwaltungsgesellschaft ihren satzungsmäßigen Sitz hat, darf nicht auf der Liste der nicht-kooperativen Länder und Gebiete stehen, die von der Arbeitsgruppe „Finanzielle Maßnahmen gegen die Geldwäsche und die Terrorismusfinanzierung" (FATFA) aufgestellt wurde. Außerdem muss der Drittstatt, in dem die ausländische AIF-Verwaltungsgesellschaft ihren Sitz hat, mit Deutschland eine Vereinbarung unterzeichnet haben, die den Standards des Art. 26 des OECD-Musterabkommens zur Vermeidung der Doppelbesteuerung von Einkommen und Vermögen vollständig entspricht und einen wirksamen Informationsaustausch in Steuerangelegenheiten gewährleistet.

6 Gemäß § 58 IX 2 Nr. 4 gilt der Erlaubnisantrag erst als vollständig, wenn neben den in § 22 III genannten Angaben und Verweise auch die hier einschlägigen speziellen Angaben gem. § 58 IX 2 Nr. 1 vorliegen. Erst dann beginnt auch die dreimonatige Entscheidungsfrist der BaFin gem. § 22 II zu laufen.

7 Gesetzlich ist nicht geregelt, wer den Antrag für die ausländische Verwaltungsgesellschaft einreichen kann. Neben der ausländischen Verwaltungsgesellschaft selbst oder einem von ihr bevollmächtigten Vertreter, häufig einem Anwalt, kommt hier auch der gesetzliche Vertreter gem. § 57 III in Betracht, dessen Aufgabe es ja gerade ist, Kontaktstelle für Behörden zu sein. Schließlich auch nicht explizit geregelt ist, ob der Antragsteller eine **Vollständigkeitsbestätigung von der BaFin** verlangen kann. Von besonderer Bedeutung ist diese, da die AIF-Verwaltungsgesellschaft nicht weiß, wann die Entscheidungsfrist zu laufen beginnt. Eine Aufnahme des Vertriebs ist aber nur mit explizit erteilter Erlaubnis möglich. Vor dem Hinter-

grund der Bedeutung der Vollständigkeit dürfte dies aber zu bejahen sein (so auch WBA/*Klebeck* § 58 Rn. 13).

III. Erlaubnisverfahren

Über die Erteilung der beantragten Erlaubnis entscheidet die BaFin im Rahmen eines eigenständigen, in den Abs. 2–6 geregelten vierstufigen Verwaltungsverfahrens. Die Verfahrensdauer gibt insoweit § 22 vor: Die BaFin erteilt der ausländischen AIF-Verwaltungsgesellschaft innerhalb von drei Monaten die Erlaubnis. Die Frist beginnt erst mit **vollständigem Eingang der Unterlagen** bei der BaFin und kann um bis zu drei weitere Monate verlängert werden, wenn das aufgrund der besonderen Umstände des Einzelfalls und nach einer entsprechenden Information an den Antragsteller der Bundesanstalt notwendig erscheint. Im ungünstigsten Fall entscheidet die BaFin demnach erst nach einer sechsmonatigen Entscheidungsfrist über den Antrag. Eine Genehmigungsfiktion bei Untätigkeit besteht nicht. 8

Das Verfahren wird durch einen Antrag gem. § 58 I durch die ausländische Verwaltungsgesellschaft eingeleitet. Daraufhin prüft die BaFin, ob die Entscheidung der ausländischen AIF-Verwaltungsgesellschaft, dass **Deutschland Referenzmitgliedstaat** sein soll, die Kriterien nach § 56 erfüllt, und teilt dies der ESMA unter Weiterleitung des Antrags mit. Die ESMA soll dann eine Empfehlung hinsichtlich der Entscheidung der BaFin zum Referenzmitgliedstaat treffen. Während der Prüfung durch die ESMA sind die Fristen des Erlaubnisverfahrens gehemmt (s. § 58 IV 2). Sind die nach § 56 nötigen Kriterien nicht erfüllt, lehnt die BaFin den Antrag bereits ab (§ 58 II 2). Nur, wenn die BaFin der Meinung ist, dass die Kriterien gem. § 56 eingehalten wurden, teilt sie die Wahl als Referenzmitgliedstaat der ESMA mit und ersucht diese, eine Empfehlung zu ihrer Beurteilung auszusprechen. Hierbei legt die Bundesanstalt der ESMA die Begründung der ausländischen Verwaltungsgesellschaft zur Wahl des Referenzmitgliedstaates und Informationen zur Vertriebsstrategie vor. Die ESMA beurteilt dann die Wahl des Referenzmitgliedstaats. Hierfür hat sie einen Monat ab Eingang der Mitteilung der BaFin nach § 58 III Zeit. Sie überprüft die Beurteilung der BaFin gem. Art. 37 Abs. 4 der RL 2011/61/EU. Während dieser Überprüfung ist gem. § 59 IV 2 die Frist nach § 22 II 1 oder 2 gehemmt. 9

Teilt die ESMA die Empfehlung der BaFin, so wird das **weitere Verfahren nach § 22** durchgeführt. Stimmen die Beurteilung der BaFin und die Empfehlung der ESMA hingegen nicht überein, so kann sich die BaFin unter den Voraussetzungen in § 58 V, VI über die Empfehlung der ESMA hinwegsetzen. Erforderlich ist hierbei, dass die BaFin die ESMA und gegebenenfalls auch die zuständigen Stellen der Herkunftsmitgliedstaaten der von der ausländischen AIF-Verwaltungsgesellschaft verwalteten AIF unter Angabe ihrer Gründe hiervon in Kenntnis setzt. 10

Das Erlaubnisverfahren endet entweder mit der begehrten Erteilung der Erlaubnis oder einer Ablehnung. Die Möglichkeiten, unter denen eine Ablehnung in Betracht kommt, sind in § 23 dargelegt. Vor dem Hintergrund des § 58 als Tätigkeitsverbot mit Erlaubnisvorbehalt muss die dortige Liste auch abschließend sein – bei Vorliegen aller Erlaubnisvoraussetzungen besteht ein Rechtsanspruch auf die beantragte Genehmigung. 11

Es ist unklar, ob die BaFin für die Erteilung einer Erlaubnis eine **Gebühr** erheben wird. Das Gebührenverzeichnis der FinDAGKostV sieht unter Ziffer 4.1.2.2.1.2 eine Gebühr zwischen 10.000 EUR und 40.000 EUR für die Erteilung einer „Erlaubnis zum Geschäftsbetrieb einer AIF-Kapitalverwaltungs- 12 gesellschaft" vor. Allerdings enthält das Gebührenverzeichnis keinen Gebührentatbestand für die Erteilung einer Erlaubnis an eine ausländische AIF-Verwaltungsgesellschaft. Es ist daher zu erwarten, dass die BaFin hier Ziffer 4.1.2.2.1.2 der FinDAGKostV entsprechend anwenden wird oder das Gebührenverzeichnis noch angepasst wird (so auch: FK-KapAnlR/*Engler* § 58 Rn. 83), wenn die Erlaubniserteilung an eine ausländische AIF-Verwaltungsgesellschaft eine realistische Option wird (→ Rn. 17).

IV. Erlöschen und Aufhebung der Erlaubnis

13 § 58 X weist hinsichtlich des Erlöschens oder der Aufhebung der Erlaubnis einer ausländischen AIF-Verwaltungsgesellschaft auf die Regelung des § 39 hin. Insoweit sollen hier keine besonderen Regelungen gelten, sondern die normalen, nationalen Regelungen Anwendung finden.

14 Der Rechtsschutz gegen das Erlöschen oder die Aufhebung der erteilten Erlaubnis richtet sich nach den allgemeinen Vorschriften (so auch WBA/*Klebeck* § 58 Rn. 41). Allerdings muss die Vorschrift des § 62 beachtet werden. Nach § 62 werden alle Streitigkeiten, die zwischen der ausländischen AIF-Verwaltungsgesellschaft und den zuständigen Behörden des Referenzmitgliedstaates aufkommen, nach deutschem Recht beigelegt und unterliegen deutscher Gerichtsbarkeit. Hier steht der Weg zu den deutschen Verwaltungsgerichten nach § 40 VwGO offen.

15 Zu beachten ist schließlich auch, dass das **Erlöschen oder die Aufhebung der Erlaubnis oder Registrierung im Drittstatt** nicht automatisch auch zu einem Wegfall der Erlaubnis nach § 58 führt (so auch WBA/*Klebeck* § 58 Rn. 40). Jedenfalls aber wird die BaFin in einem solchen Falle wohl gem. § 58 X iVm § 39 III tätig werden und die gewährte Erlaubnis widerrufen. Dies wird teilweise auch an die befürchteten Informationsdefizite geknüpft, die sich aus der Änderung des Status im Drittstaat ergeben können (vgl. WBA/*Klebeck* § 58 Rn. 40).

V. Straf- und Bußgeldvorschriften

16 Im KAGB finden sich keine Straf- oder Bußgeldvorschriften für einen Geschäftsbetrieb ohne die nach § 58 nötige Erlaubnis. Insofern unterscheidet sich der Rechtsrahmen für die ausländische Verwaltungsgesellschaft von der inländischen KVG, deren Geschäftsbetrieb ohne Erlaubnis in § 339 I Nr. 1 strafbar ist. Eine analoge Anwendung der Norm verbietet sich (Analogieverbot). Dennoch ist es unangemessen, die vermeintliche Straffreiheit zu hoch zu hängen: Die BaFin kann gem. §§ 15, 16 mit umfassenden Kompetenzen gegen unerlaubte Geschäfte vorgehen und den Vertrieb der betroffenen AIF nach § 11 IX untersagen. Für Führungspersonal steht zudem die eigene Zuverlässigkeit in Gefahr.

VI. Übergangsregelung

17 § 344 I schreibt vor, dass § 58 erst ab dem in § 295 II Nr. 1 genannten Zeitpunkt anzuwenden ist. Vergleiche → § 56 Rn. 24 ff.

§ 59 Befreiung einer ausländischen AIF-Verwaltungsgesellschaft von Bestimmungen der Richtlinie 2011/61/EU

(1) [1]**Ist die Bundesanstalt der Auffassung, dass die ausländische AIF-Verwaltungsgesellschaft gemäß § 57 Absatz 2 Satz 2 von der Einhaltung bestimmter Vorschriften der Richtlinie 2011/61/EU befreit werden kann, so setzt sie die Europäische Wertpapier- und Marktaufsichtsbehörde hiervon unverzüglich in Kenntnis.** [2]**Zur Begründung dieser Beurteilung zieht sie die von der ausländischen AIF-Verwaltungsgesellschaft gemäß § 58 Absatz 9 Nummer 1 Buchstabe b und c vorgelegten Angaben heran.**

(2) [1]**Innerhalb eines Monats nach Eingang der Mitteilung nach Absatz 1 spricht die Europäische Wertpapier- und Marktaufsichtsbehörde eine an die Bundesanstalt gerichtete Empfehlung hinsichtlich der Anwendung der Ausnahme von der Einhaltung der Richtlinie 2011/61/EU auf Grund der Unvereinbarkeit gemäß § 57 Absatz 2 Satz 2 aus.** [2]**Während der Überprüfung durch die Europäische Wertpapier- und Marktaufsichtsbehörde gemäß Artikel 37 Absatz 9 Unterabsatz 2 der Richtlinie 2011/61/EU wird die Frist nach § 22 Absatz 2 Satz 1 oder 2 gehemmt.**

(3) **Wenn die Bundesanstalt entgegen der Empfehlung der Europäischen Wertpapier- und Marktaufsichtsbehörde gemäß Absatz 2 vorschlägt, die Erlaubnis zu erteilen, setzt sie die Europäische Wertpapier- und Marktaufsichtsbehörde davon unter Angabe ihrer Gründe in Kenntnis.**

(4) **Wenn die Bundesanstalt entgegen der Empfehlung der Europäischen Wertpapier- und Marktaufsichtsbehörde gemäß Absatz 2 vorschlägt, die Erlaubnis zu erteilen und die ausländische AIF-Verwaltungsgesellschaft beabsichtigt, Anteile von durch sie verwalteten AIF in anderen Mitgliedstaaten der Europäischen Union oder Vertragsstaaten des Abkommens über den Europäischen Wirtschaftsraum als der Bundesrepublik Deutschland zu vertreiben, setzt die Bundesanstalt davon auch die zuständigen Stellen der betreffenden Mitgliedstaaten der Europäischen Union oder Vertragsstaaten des Abkommens über den Europäischen Wirtschaftsraum unter Angabe ihrer Gründe in Kenntnis.**

Schrifttum: *Moellers* Auf dem Weg zu einer neuen europäischen Finanzmarktaufsichtsstruktur – Ein systematischer Vergleich der Rating-VO (EG) Nr. 1060/2009 mit der geplanten ESMA-VO, NZG 2010, 285.

I. Allgemeines

§ 59 setzt Art. 37 IX der AIFM-RL um (BT-Drs. 17/12294, 226f.) und ergänzt insoweit § 57 II 2. Zusammen regeln beide Vorschriften das Verfahren, nach dem die BaFin eine ausländische AIF-Verwaltungsgesellschaft, für die die Bundesrepublik Deutschland Referenzmitgliedstaat nach § 56 ist und die beabsichtigt, inländische Spezial-AIF oder EU-AIF zu verwalten oder von ihr verwalte AIF im EWR zu vertreiben, von der Einhaltung bestimmter Vorschriften der AIFM-RL befreien kann. Dies setzt gem. § 57 II 2 voraus, dass die Einhaltung der Vorschriften der AIFM-RL (und ihrer Umsetzung im KAGB) mit der Einhaltung der Vorschriften 1 des Drittstaates, in dem die AIF-Verwaltungsgesellschaft oder der in der EU bzw. im EWR vertriebene ausländische AIF ihren Sitz haben, unvereinbar ist.

II. Vorgegebenes Verfahren bei der Befreiung von Bestimmungen der AIFM-RL durch die BaFin

2 § 59 trifft Bestimmungen hinsichtlich des einzuhaltenden **Verfahrens bei der Befreiung** und betrifft das Erlaubnisverfahren nach §§ 58, 22. Das vorgegebene Verfahren wird in Konsultation zwischen BaFin und ESMA durchgeführt, wobei die BaFin weitgehende Informations- und Begründungspflichten gegenüber der ESMA hat (sog. „dialogisches Verfahren", vgl. Baur/Tappen/*Geurts* § 59 Rn. 5ff.). Die ESMA schließlich spricht eine Empfehlung hinsichtlich der Anwendung der Ausnahme von der Einhaltung der AIFM-RL aufgrund der Unvereinbarkeit der Vorschriften der AIFM-RL mit denen des relevanten Drittstaates aus. Hiervon kann die BaFin abweichen, unterliegt dann aber weiteren Begründungs- und Informationspflichten.

3 **1. Informations- und Begründungspflicht der BaFin (Abs. 1).** § 59 I verpflichtet die BaFin, die ESMA unverzüglich in Kenntnis zu setzen, wenn sie der Auffassung ist, dass die ausländische AIF-Verwaltungsgesellschaft von bestimmten Vorschriften der AIFM-RL befreit werden kann. Zusätzlich zu dieser **Informationsobliegenheit** erwächst der BaFin aber auch eine **Begründungspflicht** hinsichtlich ihrer Beurteilung. So sind die der europäischen Behörde gem. § 58 IX Nr. 1 Buchst. b und c vorgelegten Angaben (Liste der von ihr nicht einzuhaltenden Bestimmungen der AIFM-Richtlinie und schriftliche Belege über äquivalenten Rechtsrahmen) als Grundlage für die Begründung der BaFin zu nutzen.

4 **2. Zwischenverfahren; Empfehlung der ESMA (Abs. 2).** Die Anordnung des § 59 I führt zu einem **Zwischenverfahren** innerhalb des Erlaubnisverfahrens gem. §§ 58, 22. Die BaFin legt eine eigene rechtliche Einschätzung der ESMA zur Überprüfung vor. § 59 II 1 sieht nun eine einmonatige Frist vor, innerhalb derer die ESMA eine eigene Empfehlung hinsichtlich der Anwendung der Ausnahme von der Einhaltung der AIFM-RL treffen muss. Diese Empfehlung ist an die BaFin gerichtet. Unklar ist sowohl in § 59 als auch in Art. 37 II AIFM-RL, welche Rechtsfolgen eine Nichteinhaltung dieser Frist durch die ESMA hat (wohl tendenziell in Richtung einer Genehmigungsfiktion: DJKT/*Klebeck/Frick* AIFM-RL Art. 37 Rn. 222). Vor dem Hintergrund des Art. 37 IX AIFM-RL, wonach die ESMA bemüht ist, eine gemeinsame europäische Aufsichtskultur und kohärente Aufsichtspraktiken zu schaffen, erscheint aber auch ein Zuwarten der Aufsichtsbehörde auf die Entscheidung der ESMA vertretbar, auch wenn die Monatsfrist überschritten wird.

5 Dieses Zwischenverfahren hat **Auswirkungen auf das Erlaubnisverfahren** bei der BaFin: Das Verfahren richtet sich – mit Modifikationen – nach den Vorschriften für die Erteilung der Erlaubnis von AIF-Kapitalverwaltungsgesellschaften (§ 58 IX, → § 58 Rn. 3). § 22 II 1 und 2 sehen für die Erteilung einer Erlaubnis durch die BaFin an die ausländische AIF-Verwaltungsgesellschaft eine Frist von drei Monaten vor, die in begründeten Ausnahmefällen um weitere drei Monate verlängert werden kann. Vor dem Hintergrund des in § 59 I vorgesehenen Zwischenverfahrens unter Einschaltung der ESMA ordnet § 59 II 2 eine Hemmung dieser Fristen an. Der Fristablauf wird für die Dauer des Zwischenverfahrens unterbrochen. Der Wortlaut der Vorschrift scheint nahezulegen, dass eine Fristhemmung

während des gesamten Prüfvorgangs besteht, auch wenn die ESMA insoweit die Monatsfrist überschreiten sollte (→ Rn. 4).

3. Auswirkungen einer negativen ESMA-Empfehlung (Abs. 3 und 4). 6 Ziel des vorgeschriebenen Verfahrens zwischen BaFin und ESMA ist gem. Art. 37 IX AIFM-RL, eine gemeinsame europäische Aufsichtskultur und kohärente Aufsichtspraktiken zu schaffen und bei den zuständigen Behörden eine kohärente Herangehensweise an die Dispensmöglichkeit zu schaffen. Dennoch ist das der ESMA zur Verfügung stehende Instrumentarium beschränkt: Bereits § 59 II bezeichnet die Entscheidung der ESMA über die Anwendung der Ausnahme nur als *Empfehlung*. Als solche hat sie selbst, wie auch von der ESMA verabschiedete Leitlinien, keine Rechtsverbindlichkeit. Dennoch unternehmen „die zuständigen Behörden alle erforderlichen Anstrengungen, um diesen Leitlinien und Empfehlungen nachzukommen" (Art. 16 III der VO (EU) Nr. 1095/2010). Eine Pflicht hierzu besteht aber nicht. Daher ist es konsequent, wenn § 59 III vorschreibt, dass die BaFin die ESMA informiert, wenn sie vorhat, **entgegen der Empfehlung der ESMA einen Dispens zu erteilen.** Wiederum unterliegt die BaFin hier einer Begründungspflicht („comply or explain"). Dies wird der Natur der Empfehlung als *sekundäre Rechtsquelle* gerecht, deren Befolgen durch die nationale Behörde erwartet ist, soweit die Behörde nicht bessere Gründe für eine Abweichung findet (vgl. *Moellers* NZG 2010, 285 (289)). Eingriffsbefugnisse der ESMA, um eine Entscheidung der BaFin entgegen ihrer Empfehlung zu verhindern, sehen weder die AIFM-RL noch das KAGB vor. Die ESMA veröffentlicht nach Art. 37 IX UAbs. 3 S. 3 ff. AIFM-RL die Tatsache, dass die BaFin ihrer Empfehlung nicht folgt oder nicht zu folgen beabsichtigt. In Einzelfällen kann auch die Begründung der BaFin für die Abweichung veröffentlicht werden. Die ESMA informiert die BaFin vor einer solchen Veröffentlichung. Dieses Verfahren findet sich auch in Art. 16 III UAbs. 2 der ESMA-VO (EU) Nr. 1095/2010.

Ein Dispens entgegen der Empfehlung der ESMA hat auch Auswirkungen auf 7 das **Verhältnis der BaFin zu anderen Aufsichtsbehörden:** Sofern die ausländische AIF-Verwaltungsgesellschaft beabsichtigt, den von ihr verwalteten AIF nicht nur in Deutschland, sondern auch in anderen Mitgliedstaaten der EU oder des EWR zu vertreiben, setzt die BaFin auch die zuständigen Behörden in diesen Mitgliedstaaten unter Angabe ihrer Gründe vom Abweichen der Empfehlung der ESMA in Kenntnis. Den übrigen Aufsichtsbehörden und der ESMA stehen Angriffsmöglichkeiten zur Verfügung: Art. 37 IX UAbs. 6 der AIFM-RL iVm Art. 19 der VO (EU) Nr. 1095/2010 sieht für Fälle, in denen es zwischen der BaFin und den Behörden der anderen EU-/EWR-Mitgliedstaaten über die Beurteilung einer Befreiung von Vorschriften der AIFM-Richtlinie kommt, ein **verbindliches Schlichtungsverfahren** durch die ESMA vor. Das Schlichtungsverfahren ist mehrstufig und sieht zunächst eine Beilegung der Meinungsverschiedenheit unter Einbeziehung der ESMA als Vermittler vor. Zur Durchführung dieser Verfahrensstufe setzt die ESMA den Beteiligten eine Frist für die Schlichtung ihrer Meinungsverschiedenheit und trägt dabei allen relevanten Fristen Rechnung (vgl. Art. 19 II der ESMA-VO (EU) Nr. 1095/2010). Dies umfasst auch die Entscheidungsfrist nach Art. 8 V AIFM-RL bzw. § 22 II. Dennoch wird eine Hemmung nicht ausdrücklich angeordnet. Die BaFin wird dies im Verwaltungsverfahren regelmäßig vor Schwierigkeiten stellen, da die Sechsmonatsfrist nach § 22 II 2 die absolute Obergrenze für die Verfahrensdauer darstellt. Sollte es nicht zu einer Einigung kommen, kann die ESMA einen Beschluss mit verbindlicher Wirkung treffen.

Fraglich bleibt allerdings, ob die Durchführung einer Schlichtung ebenfalls Auswirkungen auf die Frist des § 22 II hat (→ § 59 Rn. 4).

III. Übergangsregelung

8 § 344 I schreibt vor, dass § 59 erst ab dem in § 295 II Nr. 1 genannten Zeitpunkt anzuwenden ist. Weiterhin kann ein EWR-Mitgliedstaat erst als Referenzstaat gewählt werden, wenn die Voraussetzungen des § 344 II eingetreten sind.

§ 60 Unterrichtung der Europäischen Wertpapier- und Marktaufsichtsbehörde im Hinblick auf die Erlaubnis einer ausländischen AIF-Verwaltungsgesellschaft durch die Bundesanstalt

(1) **Die Bundesanstalt unterrichtet die Europäische Wertpapier- und Marktaufsichtsbehörde unverzüglich über das Ergebnis des Erlaubnisverfahrens, über Änderungen hinsichtlich der Erlaubnis der ausländischen AIF-Verwaltungsgesellschaft und über einen Entzug der Erlaubnis.**

(2) **[1]Die Bundesanstalt unterrichtet die Europäische Wertpapier- und Marktaufsichtsbehörde von den Erlaubnisanträgen, die sie abgelehnt hat und legt dabei Angaben zu den ausländischen AIF-Verwaltungsgesellschaften, die eine Erlaubnis beantragt haben sowie die Gründe für die Ablehnung vor. [2]Wenn die Europäische Wertpapier- und Marktaufsichtsbehörde, die ein zentrales Verzeichnis dieser Angaben führt, Informationen aus diesem Verzeichnis der Bundesanstalt auf Anfrage zur Verfügung gestellt hat, behandelt die Bundesanstalt diese Informationen vertraulich.**

I. Allgemeines und Einführung

1 Gemäß Art. 37 X AIFM-RL sind die Aufsichtsbehörden der Mitgliedstaten dazu verpflichtet, die ESMA unverzüglich über die (i) Erteilung einer Erlaubnis, (ii) die Erlaubnisversagung, (iii) die Änderung einer zuvor erteilten Erlaubnis sowie (iv) den Entzug einer zuvor erteilten Erlaubnis einer ausländischen AIF-Verwaltungsgesellschaft zu unterrichten. Demnach statuiert Art. 37 X AIFM-RL eine spezielle Kooperations- und Informationspflicht der zuständigen Aufsichtsbehörden eines jeden Referenzmitgliedstaates gegenüber der ESMA.

Mit § 60 wird Art. 37 X AIFM-RL nahezu wortgleich ins deutsche Recht umgesetzt (vgl. BT-Drs. 17/12294, 227).

2 Neben der Ergebnismitteilungspflicht gem. § 60 I trifft die BaFin gem. § 60 II eine zusätzliche Begründungspflicht für den Fall der erfolgten Ablehnung eines Erlaubnisantrags einer ausländischen AIF-Verwaltungsgesellschaft. Die ESMA führt ein zentrales Verzeichnis mit den von sämtlichen Aufsichtsbehörden der Mitgliedstaaten gemeldeten Angaben zu den ausländischen AIF-Verwaltungsgesellschaften sowie der Angaben zu den Erlaubnisversagungsgründen. Auf Anfrage stellt die ESMA der BaFin Informationen aus dieser zentralen Datenbank zur Verfügung. Die BaFin hat diese Informationen, insb. unter Berücksichtigung sämtlicher Datenschutzvorschriften, vertraulich zu behandeln.

II. Sinn und Zweck

Durch den in § 60 statuierten Informationsaustausch soll der deutsche aufsichtsbehördliche Beitrag zu dem Aufbau und der Pflege einer von der ESMA zentral geführten Datenbank über den Erlaubnisstand von ausländischen AIF-Verwaltungsgesellschaften sichergestellt werden (vgl. auch Baur/Tappen/*Geurts* Vor §§ 53ff. Rn. 34; FK-KapAnlR/*Engler* § 60 Rn. 5f.). Sowohl der ESMA als auch den zuständigen Aufsichtsbehörden der Mitgliedstaaten soll hierdurch die jederzeitige Überprüfung ermöglicht werden, ob und mit welchem Ergebnis eine ausländische AIF-Verwaltungsgesellschaft ein Erlaubnisverfahren innerhalb der EU durchlaufen hat. Darüber hinaus sollen durch die Datenbank auch (möglichst) aktuelle Änderungen sowie der Entzug einer einmal erteilten Erlaubnis nachvollzogen werden können. 3

III. Ergebnis, Änderungen und Entzug der Erlaubnis gem. § 60 I

1. Ergebnis des Erlaubnisverfahrens. Die BaFin ist gem. § 60 I dazu verpflichtet, die ESMA über das Ergebnis des Erlaubnisverfahrens (vgl. auch § 58) einer ausländischen AIF-Verwaltungsgesellschaft zu unterrichten. Dem Wortlaut entsprechend hat die Unterrichtung durch die BaFin unverzüglich, das bedeutet in diesem Zusammenhang *ohne schuldhaftes Zögern,* zu erfolgen (vgl. auch WBA/*Klebeck* § 60 Rn. 3; Baur/Tappen/*Geurts* § 60 Rn. 4). Die Vorschrift statuiert jedoch keinerlei Formerfordernisse darüber, wie die Mitteilung der BaFin gegenüber der ESMA zu erfolgen hat. Anders als im Fall einer Erlaubnisversagung (vgl. § 60 II), wird eine Begründung im Fall der Erlaubniserteilung nicht verlangt. 4

2. Änderungen einer Erlaubniserteilung. Nachträgliche Änderungen einer erteilten Erlaubnis sind der ESMA ebenfalls unverzüglich, dh ohne schuldhaftes Zögern der BaFin, mitzuteilen. Derartige nachträgliche Änderungen über den Inhalt bzw. Umfang der Erlaubnis könnten bspw. in der nachträglichen Beschränkung der Erlaubnis in Bezug auf die Verwaltung von inländischen Spezial-AIF oder auf die Verwaltung von bestimmten Arten von EU-AIF liegen (vgl. auch WBA/*Klebeck* § 60 Rn. 5). 5

3. Entzug der Erlaubnis. Auch im Falle des nachträglichen Entzugs einer zuvor erteilten Erlaubnis ist die ESMA unverzüglich, dh ohne schuldhaftes Zögern, von der BaFin zu unterrichten. Eine weitergehende Begründungspflicht der BaFin besteht auch in diesem Fall nicht. 6

Der Begriff „Entzug" wird in § 60 (und auch sonst im KAGB) nicht näher definiert. Der Wortlaut und die Systematik der Vorschrift sprechen – insb. unter Berücksichtigung der sonstigen Alternativen des § 60 I, dh die einen Verwaltungsakt der BaFin erfordernde Erlaubniserteilung/-versagung und Erlaubnisänderung – für eine enge Auslegung des Begriffs. Damit wäre die Anwendbarkeit dieser Alternative ausschließlich auf die verwaltungsrechtliche **Aufhebung der Erlaubnis** gem. § 39 III beschränkt. Bei dieser Auslegung wäre das von Art. 37 X AIFM-RL bzw. § 60 verfolgte Ziel, dh die zentralisierte und möglichst vollständige Erfassung des aktuellen Standes über die Erlaubnis(-verfahren) sämtlicher ausländischer AIF-Verwaltungsgesellschaften, nicht lückenlos erreichbar. Zudem dient bereits § 39 I 1, der mit der amtlichen Überschrift „Erlöschen und Aufhebung der Erlaubnis" versehen ist, ua der Umsetzung von Art. 11 AIFM-RL (vgl. BT-Drs. 17/12294, 222), welcher in der deutschen Sprachfassung der AIFM-RL selbst mit der amtlichen Überschrift „Entzug der Zulassung" geführt wird. Folgerichtig erfasst die Alternative des 7

Entzugs der Erlaubnis gem. § 60 I neben der Erfassung der **Aufhebung der Erlaubnis** durch einen Verwaltungsakt der BaFin (vgl. § 39 III) auch das **Erlöschen der Erlaubnis** kraft Gesetzes, dh ein Entzug der Erlaubnis ohne konstitutive Feststellung oder anderweitigen Verwaltungsakt der BaFin, vgl. § 39 I und II.

IV. Ablehnung der Erlaubnis (§ 60 II 1)

8 Die BaFin unterrichtet die ESMA gem. § 12 VI Nr. 4 iVm § 60 II über die Erlaubnisanträge ausländischer AIF-Verwaltungsgesellschaften, die sie abgelehnt hat. Der Mitteilung der BaFin sind sowohl die Angaben zu den ausländischen AIF-Verwaltungsgesellschaften, denen die Erlaubnis versagt wurde, als auch die Gründe für die Ablehnung beizufügen.

9 Die Begründungspflicht besteht sowohl im Falle einer Ablehnung wegen Unzuständigkeit als auch im Falle der Nichterteilung aus anderen Gründen (vgl. auch FK-KapAnlR/*Engler* § 60 Rn. 11 mwN).

V. Begründungspflicht

10 Dem Wortlaut entsprechend beschränkt sich die Pflicht der BaFin in den Fällen des § 60 I, dh im Falle der Erlaubniserteilung, der Erlaubnisänderung oder dem Entzug einer Erlaubnis, auf eine bloße Ergebnismitteilung gegenüber der ESMA. Lediglich im Falle der Ablehnung eines Erlaubnisantrages besteht gem. § 60 II eine weitergehende Begründungspflicht der BaFin. Die differenzierte Behandlung der von § 60 I und II erfassten Sachverhalte ist zwar dem Wortlaut der Vorschrift nach eindeutig, erscheint jedoch teleologisch befremdlich. Der Bedeutungsgehalt der gesetzlich geforderten Begründung über die Ablehnung eines Erlaubnisantrags dürfte im Wesentlichen mit dem möglichen Bedeutungsgehalt einer Begründung über den **nachträglichen Entzug** einer zuvor erteilten Erlaubnis gleichzusetzen sein. Dies ist bspw. dann der Fall, wenn der *nachträgliche* Entzug (zur Begriffsbestimmung → Rn. 8) auf den Wegfall wesentlicher Voraussetzungen für die zuvor erteilte Erlaubnis beruht oder aber wenn der Entzug einer zuvor erteilten Erlaubnis durch die Feststellung der BaFin, die AIF-Verwaltungsgesellschaft habe die Erlaubnis auf Grund falscher Erklärungen oder sonstiger rechtswidriger Handlungen erhalten (vgl. § 39 III Nr. 1), gerechtfertigt ist. Es ist nicht ersichtlich, warum sich die Aufsichtsbehörden der Mitgliedstaaten hinsichtlich der Versagungsgründe eines Erlaubnisantrags gem. § 60 II 2 informieren können (bspw. bei der erneuten Antragsstellung einer zuvor bereits abgelehnten ausländischen AIF-Verwaltungsgesellschaft in einem anderen Mitgliedstaat; vgl. auch WBA/*Klebeck* § 60 Rn. 8), ihnen die Aufhebungsgründe für den Entzug einer zuvor erteilen Erlaubnis in einem anderen Mitgliedstaat jedoch verborgen bleiben sollen (bspw. bei der erneuten Antragstellung einer ausländischen AIF-Verwaltungsgesellschaft, der ihre zuvor erteilte Erlaubnis in einem anderen Mitgliedstaat auf Grund rechtswidriger Handlungen entzogen wurde).

VI. Informationsrecht der BaFin (§ 60 II 2)

11 Der BaFin werden auf Anfrage Informationen aus dem von der ESMA geführten Verzeichnis zur Verfügung gestellt. Diese Informationen hat die BaFin vertraulich zu behandeln, dh unter Berücksichtigung aller anwendbaren Datenschutzvorschriften. Eine Anfrage der BaFin kann insb. dann in Betracht kommen, wenn eine

ausländische AIF-Verwaltungsgesellschaft bereits in einem anderen Referenzmitgliedstaat einen Erlaubnisantrag gestellt hat, dieser jedoch durch die zuständige ausländische Aufsichtsbehörde abgelehnt wurde. Die Prüfung des erneuten Antrags kann sich dann sinnvollerweise auch mit bisher festgestellten Ablehnungsgründen bzw. dessen Behebung durch die ausländische AIF-Verwaltungsgesellschaft befassen.

§61 Änderung des Referenzmitgliedstaates einer ausländischen AIF-Verwaltungsgesellschaft

(1) [1]**Die weitere Geschäftsentwicklung einer ausländischen AIF-Verwaltungsgesellschaft in den Mitgliedstaaten der Europäischen Union und den Vertragsstaaten des Abkommens über den Europäischen Wirtschaftsraum hat keine Auswirkungen auf die Bestimmung des Referenzmitgliedstaates.** [2]**Wenn eine durch die Bundesanstalt zugelassene ausländische AIF-Verwaltungsgesellschaft jedoch innerhalb von zwei Jahren nach ihrer Erstzulassung ihre Vertriebsstrategie ändert und wenn diese Änderung, falls die geänderte Vertriebsstrategie die ursprüngliche Vertriebsstrategie gewesen wäre, die Festlegung des Referenzmitgliedstaates beeinflusst hätte, hat die ausländische AIF-Verwaltungsgesellschaft die Bundesanstalt von dieser Änderung vor ihrer Durchführung in Kenntnis zu setzen und ihren neuen Referenzmitgliedstaatgemäß den Kriterien nach Artikel 37 Absatz 4 der Richtlinie 2011/61/EU und entsprechend der neuen Strategie anzugeben.** [3]**Die ausländische AIF-Verwaltungsgesellschaft hat ihre Beurteilung zu begründen, indem sie ihre neue Vertriebsstrategie der Bundesanstalt gegenüber offenlegt.** [4]**Zugleich hat die ausländische AIF-Verwaltungsgesellschaft Angaben zu ihrem gesetzlichen Vertreter, einschließlich zu dessen Name und dem Ort, an dem er seinen Sitz hat, vorzulegen.** [5]**Der gesetzliche Vertreter muss seinen Sitz in dem neuen Referenzmitgliedstaat haben.**

(2) [1]**Die Bundesanstalt beurteilt, ob die Festlegung durch die ausländische AIF-Verwaltungsgesellschaft gemäß Absatz 1 zutreffend ist und setzt die Europäische Wertpapier- und Marktaufsichtsbehörde von dieser Beurteilung in Kenntnis.** [2]**In ihrer Meldung an die Europäische Wertpapier- und Marktaufsichtsbehörde legt die Bundesanstalt die Begründung der ausländischen AIF-Verwaltungsgesellschaft für ihre Beurteilung hinsichtlich des Referenzmitgliedstaates und Informationen über die neue Vertriebsstrategie der ausländischen AIF-Verwaltungsgesellschaft vor.**

(3) **Nachdem die Bundesanstalt die Empfehlung der Europäischen Wertpapier- und Marktaufsichtsbehörde im Hinblick auf ihre Beurteilung gemäß Absatz 2 erhalten hat, setzt sie die ausländische AIF-Verwaltungsgesellschaft, deren ursprünglichen gesetzlichen Vertreter und die Europäische Wertpapier- und Marktaufsichtsbehörde von ihrer Entscheidung in Kenntnis.**

(4) [1]**Ist die Bundesanstalt mit der von der ausländischen AIF-Verwaltungsgesellschaft vorgenommenen Beurteilung einverstanden, so setzt sie auch die zuständigen Stellen des neuen Referenzmitgliedstaates von der Änderung in Kenntnis.** [2]**Die Bundesanstalt übermittelt den zuständigen**

Stellen des neuen Referenzmitgliedstaates unverzüglich eine Abschrift der Erlaubnis- und Aufsichtsunterlagen der ausländischen AIF-Verwaltungsgesellschaft. [3]Ab dem Zeitpunkt des Zugangs der Zulassungs- und Aufsichtsunterlagen sind die zuständigen Stellen des neuen Referenzmitgliedstaates für Zulassung und Aufsicht der ausländischen AIF-Verwaltungsgesellschaft zuständig.

(5) **Wenn die abschließende Entscheidung der Bundesanstalt im Widerspruch zu den Empfehlungen der Europäischen Wertpapier- und Marktaufsichtsbehörde gemäß Absatz 3 steht, gilt Folgendes:**

1. **die Bundesanstalt setzt die Europäische Wertpapier- und Marktaufsichtsbehörde davon unter Angabe ihrer Gründe in Kenntnis;**
2. **[1]wenn die ausländische AIF-Verwaltungsgesellschaft Anteile von durch sie verwalteten AIF in anderen Mitgliedstaaten der Europäischen Union oder Vertragsstaaten des Abkommens über den Europäischen Wirtschaftsraum als der Bundesrepublik Deutschland vertreibt, setzt die Bundesanstalt davon auch die zuständigen Stellen dieser anderen Mitgliedstaaten der Europäischen Union oder Vertragsstaaten des Abkommens über den Europäischen Wirtschaftsraum unter Angabe ihrer Gründe in Kenntnis. [2]Gegebenenfalls setzt die Bundesanstalt davon auch die zuständigen Stellen der Herkunftsmitgliedstaaten der von der ausländischen AIF-Verwaltungsgesellschaft verwalteten AIF unter Angabe ihrer Gründe in Kenntnis.**

(6) **[1]Erweist sich anhand des tatsächlichen Verlaufs der Geschäftsentwicklung der ausländischen AIF-Verwaltungsgesellschaft in den Mitgliedstaaten der Europäischen Union oder Vertragsstaaten des Abkommens über den Europäischen Wirtschaftsraum innerhalb von zwei Jahren nach Erteilung ihrer Erlaubnis, dass der von der ausländischen AIF-Verwaltungsgesellschaft zum Zeitpunkt ihrer Erlaubnis vorgelegten Vertriebsstrategie nicht gefolgt worden ist, die ausländische AIF-Verwaltungsgesellschaft diesbezüglich falsche Angaben gemacht hat oder die ausländische AIF-Verwaltungsgesellschaft sich bei der Änderung ihrer Vertriebsstrategie nicht an die Absätze 1 bis 5 gehalten hat, so fordert die Bundesanstalt die ausländische Verwaltungsgesellschaft auf, den Referenzmitgliedstaat gemäß ihrer tatsächlichen Vertriebsstrategie anzugeben. [2]Das Verfahren nach den Absätzen 1 bis 5 ist entsprechend anzuwenden. [3]Kommt die ausländische AIF-Verwaltungsgesellschaft der Aufforderung der Bundesanstalt nicht nach, so entzieht sie ihr die Erlaubnis.**

(7) **[1]Ändert die ausländische AIF-Verwaltungsgesellschaft ihre Vertriebsstrategie nach Ablauf der in Absatz 1 genannten Zeitspanne und will sie ihren Referenzmitgliedstaat entsprechend ihrer neuen Vertriebsstrategie ändern, so kann sie bei der Bundesanstalt einen Antrag auf Änderung ihres Referenzmitgliedstaates stellen. [2]Das Verfahren nach den Absätzen 1 bis 5 gilt entsprechend.**

(8) **[1]Sofern die Bundesrepublik Deutschland gemäß den Absätzen 1 bis 7 als neuer Referenzmitgliedstaat festgelegt wird, gilt die Zulassung des bisherigen Referenzmitgliedstaates als Erlaubnis im Sinne des § 58. [2]§ 39 ist entsprechend anzuwenden.**

I. Allgemeines und Einführung

Mit § 61 wird Art. 37 XI und XII AIFM-RL umgesetzt (vgl. BT-Drs. 17/12294, 227). Die Vorschrift regelt die Voraussetzungen, unter denen der gem. § 56 zuvor festgelegte Referenzmitgliedstaat einer ausländischen AIF-Verwaltungsgesellschaft geändert werden kann. Dabei statuiert Abs. 1 der Vorschrift den Grundsatz, dass eine rein faktische Geschäftsentwicklung der ausländischen AIF-Verwaltungsgesellschaft zunächst keine Auswirkungen auf die einmal nach § 56 getroffene formelle Entscheidung über den Referenzmitgliedstaat hat. Abweichend davon kann eine Änderung des Referenzmitgliedstaates jedoch aus zwingenden Gründen (vgl. Abs. 1 S. 2 und Abs. 6) erforderlich sein oder auf Antrag der Nicht-EU-Verwaltungsgesellschaft (vgl. Abs. 7) erfolgen. 1

Die Formulierung des § 61 I 2 ist etwas missglückt. Soweit die Vorschrift auf eine Änderung der Vertriebsstrategie der ausländischen AIF-Verwaltungsgesellschaft innerhalb von zwei Jahren nach ihrer Erstzulassung (dh durch die BaFin als zuständige Aufsichtsbehörde des nach § 56 festgelegten Referenzmitgliedstaates) abstellt, ist hiermit lediglich eine von der ausländischen AIF-Verwaltungsgesellschaft **intern** beschlossene Änderung gemeint. Dem ausdrücklichen Wortlaut nach verlangt die Vorschrift eine **Mitteilung** an die BaFin **vor der tatsächlichen Durchführung** einer Änderung der Vertriebsstrategie im Außenverhältnis. Damit verpflichtet die Regelung zu einer Absichtsanzeige der ausländischen AIF-Verwaltungsgesellschaft. 2

In Abgrenzung hierzu befasst sich Abs. 6 mit der Konstellation, dass der Nicht-EU-AIFM seine zum Erlaubniszeitpunkt vorgelegte Vertriebsstrategie innerhalb von zwei Jahren nach der Erlaubnis bereits tatsächlich nicht verfolgt, bei der Angabe der Strategie falsche Angaben gemacht oder sich im Rahmen einer Änderung nach Abs. 1 S. 2 nicht an das Verfahren der Abs. 1–5 gehalten hat. 3

Dagegen regelt Abs. 7 die Änderungsmöglichkeit auf Antrag, die ungeachtet einer tatsächlichen oder beabsichtigten Änderung der verfolgten Vertriebsstrategie erst dann einschlägig ist, wenn der Zeitraum von zwei Jahren nach der Erlaubnis bereits verstrichen ist. 4

II. Beabsichtigte Änderung der Vertriebsstrategie (Abs. 1 S. 2)

Eine zugelassene ausländische AIF-Verwaltungsgesellschaft ist während der ersten zwei Jahre nach der Erstzulassung grundsätzlich verpflichtet, die von ihr anlässlich der Zulassung aufgezeigte Vertriebsstrategie auch zu verfolgen (vgl. auch WBA/*Klebeck* § 61 Rn. 5). 5

Beabsichtigt eine ausländische AIF-Verwaltungsgesellschaft, innerhalb von zwei Jahren nach ihrer Erstzulassung durch die BaFin ihre Vertriebsstrategie zu ändern und hätte diese geänderte Vertriebsstrategie – wäre sie zum Zeitpunkt der Erstzulassung verfolgt worden – die Festlegung des Referenzmitgliedstaats beeinflusst, ist die ausländische AIF-Verwaltungsgesellschaft gem. Abs. 1 S. 2 dazu verpflichtet, (i) die BaFin von dieser Änderung *vor* ihrer tatsächlichen Durchführung in Kenntnis zu setzen und (ii) den neuen Referenzmitgliedstaat gem. den Kriterien nach Art. 37 IV der AIFM-RL (dh entsprechend der beabsichtigten Vertriebsstrategie) anzugeben (vgl. auch *Spindler/Tancredi* WM 2011, 1448; WBA/*Klebeck* § 61 Rn. 2). § 61 I 2 statuiert damit die Pflicht einer Absichtsanzeige gegenüber der BaFin. 6

Für das Vorliegen der von Abs. 1 S. 2 zunächst vorausgesetzten **Absicht** wird regelmäßig eine für die ausländische AIF-Verwaltungsgesellschaft intern verbind- 7 liche Willensbildung zu fordern sein. Eine solche ist jedenfalls dann anzunehmen, wenn die gesetzlichen Vertreter oder aber die intern zuständigen geschäftsführenden Organe der ausländischen AIF-Verwaltungsgesellschaft die Änderung gem. den für sie anwendbaren gesellschaftsrechtlichen Vorgaben beschlossen haben. Zu beachten ist, dass die einmal vorliegende Absicht, jedenfalls für sich genommen, zu keiner unverzüglichen Anzeigeverpflichtung gem. § 60 I 2 führt. Entscheidend für die fristgerechte Einreichung der Anzeige ist allein, dass die Absichtserklärung **vor** ihrer tatsächlichen **Durchführung** gem. den Vorgaben der § 62 I 3 und 4 bei der BaFin eingereicht wird und somit erst dann das Verfahren gem. den Abs. 2–5 in Gang gesetzt wird.

8 Die gesetzlich normierte Fristbestimmung anhand des Kriteriums der **Durchführung** einer beabsichtigten Änderung erscheint etwas fragwürdig. Richtig ist zwar, dass der bloßen **Absicht** zur Änderung einer Vertriebsstrategie isoliert betrachtet keine aufsichtsrechtliche Bedeutung zukommen kann, schließlich kann von dieser Absicht jederzeit vor ihrer Umsetzung wieder abgerückt werden. Gleichwohl ermöglicht das Abstellen der Vorschrift auf die Durchführung der beabsichtigten Änderung uU die Aushebelung des für die Fälle des Abs. 1 S. 2 zwingend erforderlichen Verfahrens gem. Abs. 2–5. Es stellt sich bereits unmittelbar die Frage, ab welchem Zeitpunkt und/oder bei Vorliegen welcher konkreten Handlung(en), von einer Durchführung iSd Abs 1 S. 2 ausgegangen werden kann oder sogar muss. Zweifellos sind aufsichtsrechtlich relevante Maßnahmen einer ausländischen AIF-Verwaltungsgesellschaft (bspw. die Einreichung einer AIF-Vertriebsanzeige bei einer zuständigen Aufsichtsbehörde eines anderen EU-Mitgliedstaates) sowie sämtliche andere Handlungen die als **Vertrieb** iSd derzeitigen § 293 I gelten, als Durchführungshandlung iSd Abs. 1 S. 2 zu bewerten. Gleiches dürfte wohl unstreitig für alle Handlungen gelten, die unter den (durch das Fondsstandortgesetz eingeführten) Voraussetzungen des § 306b (sog. Pre-Marketing) zu subsumieren sind. Dagegen sind solche Maßnahmen, die als notwendige Zwischenstufe zur Vorbereitung einer Vertriebstätigkeit (gem. § 293) oder eines Pre-Marketing (gem. § 306b) ergriffen werden (bspw. Verhandlungsgespräche mit externen Anlagevermittlern/-beratern über deren mögliche Vertriebstätigkeit zugunsten der ausländischen AIF-Verwaltungsgesellschaft, die Beauftragung von Maklern bei der Suche nach neuen Geschäftsräumlichkeiten zur künftigen Errichtung einer Zweig- oder Hauptniederlassung in einem anderen EU-Mitgliedstaat), richtigerweise nicht von Abs. 1 S. 2 erfasst. Ohnehin bleibt es einer jeden AIF-Verwaltungsgesellschaft vorbehalten, auch bei Vorliegen einer entsprechenden Absicht zur Änderung ihrer Vertriebsstrategie, sämtliche aktiven Durchführungshandlungen bis zum Ablauf der Zweijahresfrist aufzuschieben. Die Verpflichtung zur Absichtsanzeige und dem damit einhergehenden Verfahren gem. Abs. 2–5 entfällt dann insgesamt (vgl. § 61 VII als „Kann"-Vorschrift nach Ablauf der Zweijahresfrist nach Erstzulassung).

9 Die (Neu-)Beurteilung und Angabe des entsprechend geänderten Referenzmitgliedstaates ist durch die ausländische AIF-Verwaltungsgesellschaft durch die Offenlegung der **beabsichtigten** Vertriebsstrategie zu begründen. Zugleich hat die ausländische AIF-Verwaltungsgesellschaft Angaben zu ihrem gesetzlichen Vertreter, einschließlich zu dessen Name und dem Ort, an dem er seinen Sitz hat, vorzulegen. Der gesetzliche Vertreter muss seinen Sitz in dem neuen Referenzmitgliedstaat haben.

III. Änderungsverfahren (Abs. 2–5)

10 Angestoßen durch die Absichtsanzeige gem. Abs. 1, richtet sich das weitere Änderungsverfahren nach den Abs. 2–5. Demnach prüft die BaFin die Beurteilung der ausländischen AIF-Verwaltungsgesellschaft zunächst in eigener Zuständigkeit und setzt die ESMA, ungeachtet eines positiven oder negativen Prüfungsergebnisses und unter Beifügung einer eigenen Begründung sowie sämtlichen Informationen zur beabsichtigten Vertriebsstrategie, von ihrer Entscheidung in Kenntnis (vgl. Abs. 2). Auf der Grundlage der übermittelten Informationen spricht die ESMA nach erfolgter eigener Prüfung eine Empfehlung über die Beurteilung der BaFin aus.

11 Besteht zwischen der Beurteilung der ausländischen AIF-Verwaltungsgesellschaft, den Prüfungsergebnissen der BaFin und der Empfehlung der ESMA Einvernehmen, wird die ausländische AIF-Verwaltungsgesellschaft (einschließlich deren bisheriger gesetzlicher Vertreter) sowie die zuständige Aufsichtsbehörde des **neuen Referenzmitgliedstaates** von der Änderung in Kenntnis gesetzt (vgl. Abs. 3 und Abs. 4 S. 1). Soweit die BaFin damit auch dazu verpflichtet ist, der zuständigen Aufsichtsbehörde des neuen Referenzmitgliedstaates unverzüglich eine Abschrift der Erlaubnis- und Aufsichtsunterlagen zu übermitteln (Abs. 4 S. 2), vollzieht sich die Änderung der Festlegung des Referenzmitgliedstaats formell ab dem Zeitpunkt des Zugangs dieser Unterlagen bei der zuständigen Aufsichtsbehörde (Abs. 4 S. 3).

12 Abs. 5 regelt die Konstellation, in der das Prüfungsergebnis der BaFin und die Empfehlung der ESMA voneinander abweichen.

13 Die ESMA veröffentlicht die Tatsache, dass die BaFin ihrer Empfehlung nicht folgt oder nicht zu folgen beabsichtigt. Soweit eine andere Aufsichtsbehörde mit der Festlegung durch die BaFin nicht einverstanden ist, wird im Wesentlichen das Verfahren zur Beilegung von Meinungsverschiedenheiten zwischen den zuständigen nationalen Aufsichtsbehörden gem. § 19 der VO (EU) Nr. 1095/2010 in Gang gesetzt (vgl. auch § 63).

IV. Abs. 6

14 Im Falle einer von Abs. 6 erfassten Konstellation kann die BaFin die ausländische AIF-Verwaltungsgesellschaft zur Benennung des **neuen** Referenzmitgliedstaates unter Angabe der Vertriebsstrategie auffordern. Das durch die Aufforderung angestoßene Verfahren richtet sich ebenfalls nach den Abs. 1–5 in entsprechender Anwendung.

15 Kommt die ausländische AIF-Verwaltungsgesellschaft der Aufforderung der BaFin nicht nach, normiert Abs. 6 S. 3 den Entzug der Erlaubnis. Es handelte sich dabei um eine gebundene Entscheidung der BaFin. Sofern auch im Falle von Falschangaben hinsichtlich der Vertriebsstrategie ein Entzug der Erlaubnis ohne weiteres Ermessen der BaFin vorgesehen ist, bleibt bislang umstritten, ob lediglich objektiv auf eine Falschangabe abzustellen sei oder ob der AIF-Verwaltungsgesellschaft bereits aus Gründen der Verhältnismäßigkeit auch (zusätzlich) vorsätzliches Verhalten als ungeschriebene Tatbestandsvoraussetzung nachgewiesen werden muss (wohl zustimmend hierzu auch Baur/Tappen/*Geurts* § 61 Rn. 9 unter Berufung auf den Verhältnismäßigkeitsgrundsatz). Richtigerweise dürfte es hier jedoch ausschließlich auf das objektive Vorliegen von Falschangaben ankommen. Die BaFin ermöglicht der ausländischen AIF-Verwaltungsgesellschaft durch ihre

Aufforderung gem. Abs. 6 S. 1 die Möglichkeit, vormals erfolgte Falschangaben (gleichwohl, ob diese bewusst oder unbewusst abgegeben wurden) richtig zu stellen. Der Grundsatz der Verhältnismäßigkeit setzt in diesem Zusammenhang lediglich voraus, dass der Entzug der Erlaubnis erst dann erfolgen kann, wenn die ausländische Verwaltungsgesellschaft bewusst (bzw. vorsätzlich) selbst der Aufforderung zur Richtigstellung durch die BaFin nicht nachkommt.

V. Änderungsverfahren nach Ablauf der Zweijahresfrist (Abs. 7)

16 Absatz 7 regelt das Änderungsverfahren, soweit die AIF-Verwaltungsgesellschaft ihre Vertriebsstrategie erst nach Ablauf von zwei Jahren nach Erstzulassung ändert (bzw. geändert hat) und nunmehr den Referenzmitgliedstaat entsprechend dieser Änderung neu benennen will. Das auf Antrag angestoßene Verfahren liegt, im Unterschied zu Abs. 1 S. 2 bzw. Abs. 6, im Ermessen der ausländischen AIF-Verwaltungsgesellschaft („kann sie bei der Bundesanstalt einen Antrag auf Änderung ihres Referenzmitgliedstaates stellen"). Wird der Antrag jedoch gestellt, richtet sich das weitere Verfahren ebenfalls nach den Abs. 1–5.

VI. Abs. 8

17 Durch Abs. 8 wird klargestellt, dass bei Änderung des Referenzmitgliedstaats und Festlegung der Bundesrepublik Deutschland als neuer Referenzmitgliedstaat einer ausländischen AIF-Verwaltungsgesellschaft die Durchführung eines neuen Erlaubnisverfahrens nicht notwendig ist. Vielmehr soll immer dann, wenn die BRD im Wege einer Änderung erstmals zum Referenzmitgliedstaat einer ausländischen AIF-Verwaltungsgesellschaft wird, die Zulassung der Aufsichtsbehörde des bisherigen Referenzmitgliedstaats als Erlaubnis iSd § 58 gelten. Sofern der BaFin in dieser Konstellation zunächst die ihr gem. § 58 statuierte Prüfungskompetenz im Erlaubnisverfahren genommen wird, kann die BaFin die Erlaubnis jedoch weiterhin unter den Voraussetzungen des § 39 aufheben oder einen entsprechenden Erlöschensgrund kraft Gesetzes geltend machen. Damit wird sichergestellt, dass die Änderung des Referenzmitgliedstaats einer ausländischen AIF-Verwaltungsgesellschaft auf die BRD keine fortlaufende bestandsschützende Wirkung entfaltet. Sofern bspw. die zuständige Aufsichtsbehörde des vorherigen Referenzmitgliedstaats trotz Vorliegen von Aufhebungs- oder Erlöschensgründen untätig geblieben ist, kann die BaFin diese Untätigkeit bei Fortbestand der Aufhebungs- oder Erlöschensgründe auch nach Änderung des Referenzmitgliedstaats in eigener Zuständigkeit **heilen.**

§ 62 Rechtsstreitigkeiten

(1) **Sofern die Bundesrepublik Deutschland Referenzmitgliedstaat einer ausländischen AIF-Verwaltungsgesellschaft ist oder als solcher in Betracht kommt, werden alle zwischen der Bundesanstalt und der ausländischen AIF-Verwaltungsgesellschaft auftretenden Streitigkeiten nach deutschem Recht beigelegt und unterliegen deutscher Gerichtsbarkeit.**

(2) **Alle Streitigkeiten, die zwischen der ausländischen AIF-Verwaltungsgesellschaft oder dem AIF einerseits und Anlegern des jeweiligen AIF, die ihren Sitz in der Europäischen Union oder in einem Vertragsstaat**

des Abkommens über den Europäischen Wirtschaftsraum haben, andererseits auftreten, werden nach dem Recht des jeweiligen Mitgliedstaates der Europäischen Union oder des Vertragsstaates des Abkommens über den Europäischen Wirtschaftsraum beigelegt, in dem der Anleger seinen Sitz hat und unterliegen dessen Gerichtsbarkeit.

I. Allgemeines und Einführung

§ 62 dient der Umsetzung von Art. 37 XIII UAbs. 1 und 2 AIFM-RL in deutsches Recht (vgl. auch BT-Drs. 17/12294, 227). Die vorwiegend prozessuale Vorschrift enthält Regelungen zum Gerichtsstand und dem anwendbaren Recht im Falle von Streitigkeiten zwischen einer ausländischen AIF-Verwaltungsgesellschaft und der zuständigen Aufsichtsbehörde des Referenzmitgliedstaates sowie im Falle von Streitigkeiten zwischen einer ausländischen AIF-Verwaltungsgesellschaft oder dem von ihr verwalteten AIF und solchen Anlegern des AIF, die ihren Sitz in der EU oder dem EWR haben. 1

II. Sinn und Zweck

Nach § 62 I unterliegen alle zwischen der BaFin und einer ausländischen AIF-Verwaltungsgesellschaft auftretenden Rechtsstreitigkeiten der deutschen Gerichtsbarkeit und werden nach deutschem Recht beigelegt. Voraussetzung für die Anwendbarkeit des § 62 ist, dass die Bundesrepublik Deutschland der Referenzmitgliedsstaat der ausländischen AIF-Verwaltungsgesellschaft ist oder als solcher in Betracht kommt (vgl. § 56 zur Bestimmung der Bundesrepublik Deutschland als Referenzmitgliedstaat einer ausländischen AIF-Verwaltungsgesellschaft). Zudem werden gem. § 62 II alle auftretenden Streitigkeiten zwischen der ausländischen AIF-Verwaltungsgesellschaft oder aber dem AIF, der von ihr verwaltet wird, und den EU-Anlegern des AIF nach dem Recht und der Gerichtsbarkeit des Mitgliedstaates, in dem der jeweilige Anleger seinen Sitz hat, beigelegt. 2

Die Vorschrift des § 62 I bezweckt die Vereinfachung der Rechtsverfolgung durch die BaFin als zuständige Aufsichtsbehörde, solange der Referenzmitgliedstaat der ausländischen AIF-Verwaltungsgesellschaft die Bundesrepublik Deutschland ist. § 62 II ist als Anlegerschutzvorschrift zu verstehen und bezweckt dem Wortlaut entsprechend die Vereinfachung der (zivilrechtlichen) Rechtsverfolgung durch die EU-Anleger eines AIF, der von einer ausländischen AIF-Verwaltungsgesellschaft verwaltet wird, deren Referenzmitgliedstaat die BRD ist. Anderweitige Streitigkeiten, insb. solche, die zwischen der ausländischen AIF-Verwaltungsgesellschaft und sonstigen Dritten (bspw. beratende Dienstleister oder Unterauslagerungsunternehmen) oder anderen Behörden auftreten, werden von der Vorschrift nicht erfasst. Insoweit begründet § 62 auch keinen allgemeinen Gerichtsstand der ausländischen AIF-Verwaltungsgesellschaft (vgl. auch FK-KapAnlR/*Engler* § 62 Rn. 6). 3

III. Rechtsstreitigkeiten zwischen der BaFin und einer ausländischen AIF-Verwaltungsgesellschaft (§ 62 I)

Gemäß § 62 I besteht bei Rechtsstreitigkeiten zwischen der BaFin und einer ausländischen AIF-Verwaltungsgesellschaft, deren Referenzmitgliedsstaat die Bundesrepublik Deutschland ist, keine Rechtswahl. Für die Beilegung der Streitigkeit gelten demnach die territorialen Regelungen des Referenzmitgliedstaates (vgl. Baur/ 4

Tappen/*Geurts* § 62 Rn. 2). Gleiches gilt nach § 62 I, sofern die Bundesrepublik Deutschland als Referenzmitgliedstaat lediglich in Betracht kommt. Mit dieser erweiterten Anwendbarkeit geht die Regelung des § 62 I auch über eine reine Umsetzung des enger gefassten Art. 37 XIII UAbs. 1 AIFM-RL hinaus.

5 Die Vorschrift bezieht sich auf jedwede Form von Rechtsstreitigkeit. Sofern sich die Rechtsstreitigkeit bspw. um die der Erteilung oder Aufhebung (zB nach § 58 X iVm § 39) einer Erlaubnis handelt, sind bei Rechtsstreitigkeiten im Zusammenhang mit diesen Verwaltungsakten der BaFin die Verpflichtungs- bzw. Anfechtungsklagen gem. §§ 42 ff. VwGO statthafte Rechtsmittel im Rahmen des verwaltungsgerichtlichen Rechtsschutzes. Dagegen wäre das Erlöschen einer Erlaubnis kraft Gesetzes (vgl. § 39) mittels der Feststellungsklage gerichtlich überprüfbar sowie im Rahmen etwaiger Staatshaftungsansprüche relevant (vgl. auch WBA/*Klebeck* § 62 Rn. 3).

6 Die Zuständigkeit bezieht sich nur allgemein auf die deutsche Gerichtsbarkeit und begründet keine ausschließliche Zuständigkeit am Sitz des gesetzlichen Vertreters der ausländischen AIF-Verwaltungsgesellschaft oder dem der BaFin (vgl. auch FK-KapAnlR/*Engler* § 62 Rn. 9).

7 Der in Abs. 1 enthaltene Verweis auf die Geltung deutschen Rechts bezieht sich formell auf das deutsche Prozessrecht und materiell auf die gem. § 57 II anwendbaren Vorschriften für ausländische AIF-Verwaltungsgesellschaften (vgl. Kommentierung zu § 57 II für weitere Einzelheiten zu den materiellrechtlich anwendbaren bzw. von ausländischen AIF-Verwaltungsgesellschaften zu beachtenden Vorschriften, sofern und solange deren Referenzmitgliedstaat die Bundesrepublik Deutschland ist).

IV. Rechtstreitigkeiten zwischen ausländischer AIF-Verwaltungsgesellschaft bzw. jeweiligem AIF und EU-Anleger (§ 62 II)

8 Bei der in § 62 II vorzufindenden Umsetzung des Art. 13 UAbs. 2 AIFM-RL geht der deutsche Gesetzgeber über die Vorgaben der AIFM-RL hinaus.

9 Art. 37 XIII UAbs. 2 AIFM-RL sieht vor, dass alle Rechtstreitigkeiten zwischen der AIF-Verwaltungsgesellschaft oder dem AIF einerseits und EU-Anlegern des jeweiligen AIF andererseits nach dem Recht „eines" Mitgliedstaats beigelegt werden und „dessen" Gerichtsbarkeit unterliegen. Dagegen bestimmt der Wortlaut des § 62 II ganz konkret, dass das Recht sowie die Gerichtsbarkeit desjenigen Referenzmitgliedsstaates maßgeblich sind, in welchem der EU-Anleger auch seinen Sitz hat.

10 Die Regelung des § 62 II ist vor dem Hintergrund des Anlegerschutzes bzw. dessen vorrangiger Bedeutung zu verstehen und dient dementsprechend dem Schutz des EU-Anlegers in dessen privatrechtlicher Beziehung zu der ausländischen AIF-Verwaltungsgesellschaft bzw. zu dem jeweiligen AIF der von ihr verwaltet wird. Eine dem § 62 II vergleichbare Regelung fand sich bereits in der mittlerweile aufgehobenen Regelung des § 138 II InvG. Danach war das Gericht zuständig, in dessen Bezirk der Repräsentant einer ausländischen Investmentgesellschaft seinen Sitz bzw. Wohnsitz hatte.

11 In der Praxis stellt sich (wiederholt – vgl. ua BSL/*Erhard* InvG § 138 Rn. 8 ff.) die Frage, ob der Gesetzgeber mit § 62 II einen ausschließlichen Gerichtsstand begründen wollte. Von entscheidender Relevanz ist dies vor allem dann, wenn die Satzung, der Gesellschaftsvertrag oder der einem AIF zugrundeliegende Prospekt eine (privatrechtliche) Gerichtsstandklausel enthält, die den Gerichtsstand für Streitigkeit zwischen den Anlegern und dem AIF oder der ausländischen AIF-Verwaltungsgesellschaft in einem anderen EU-Land oder einem Drittstand verortet. Würde § 62 II einen ausschließlichen Gerichtsstand begründen, hätte dies zur Folge, dass der alleinige Gerichtsstand in solchen Konstellationen der Sitz des Anlegers wäre. Die vorab (privatrechtlich) vereinbarte Gerichtsstandklausel zwischen den streitenden Parteien wäre damit kraft Gesetzes obsolet bzw. ex tunc nichtig. Sofern § 62 II jedoch vorwiegend iSd Anlegerschutzes auszulegen ist, kann von einem solchen ausschließlichen Gerichtsstand nicht ausgegangen werden. Zum einen muss die Zuständigkeit der Gerichtsbarkeit des EU-/EWR-Mitgliedstaates, in dem der EU-Anleger seinen Sitz hat, nicht zwingend „günstiger" für den EU-Anleger sein. Zum anderen dürfte es dem deutschen Gesetzgeber bereits an der notwendigen Gesetzgebungskompetenz fehlen, um eine nach dem Recht eines anderen EU-/EWR-Mitgliedstaates oder eines Drittstaates (privatrechtlich) wirksam zustande gekommene Gerichtsstandklausel auszuhebeln (vgl. überzeugend und mwN WBA/*Klebeck* § 62 Rn. 5 und 7; FK-KapAnlR/*Engler* § 62 Rn. 21). Folgerichtig ist § 62 II unter Berücksichtigung eines möglichst weit gefassten Anlegerschutzes so auszulegen, dass es einem betroffenen EU-Anleger weiterhin frei steht, seine Rechte ebenfalls in dem Drittstaat bzw. dem Sitz der ausländischen AIF-Verwaltungsgesellschaft geltend zu machen, sofern dies (privatrechtlich) in der jeweiligen Satzung bzw. im jeweiligen Gesellschaftsvertrag oder dem zugrundeliegenden Prospekt des AIF geregelt ist. Durch § 62 entsteht daher lediglich ein weiterer Gerichtsstand zu Gunsten des EU-Anlegers.

§ 63 Verweisungsmöglichkeiten der Bundesanstalt an die Europäische Wertpapier- und Marktaufsichtsbehörde

Die Bundesanstalt kann die folgenden Angelegenheiten der Europäischen Wertpapier- und Marktaufsichtsbehörde zur Kenntnis bringen, die im Rahmen der ihr durch Artikel 19 der Verordnung (EU) Nr. 1095/2010 übertragenen Befugnisse tätig werden kann:

1. **wenn die Bundesanstalt nicht mit der Entscheidung einer ausländischen AIF-Verwaltungsgesellschaft hinsichtlich ihres Referenzmitgliedstaates einverstanden ist,**
2. **wenn die Bundesanstalt nicht mit der Bewertung der Anwendung von Artikel 37 Absatz 7 Unterabsatz 1 Buchstabe a bis e und g der Richtlinie 2011/61/EU durch die zuständigen Stellen des Referenzmitgliedstaates einer ausländischen AIF-Verwaltungsgesellschaft einverstanden ist,**
3. **wenn eine für einen EU-AIF zuständige Stelle die gemäß Artikel 37 Absatz 7 Unterabsatz 1 Buchstabe d der Richtlinie 2011/61/EU geforderten Vereinbarungen über Zusammenarbeit nicht innerhalb eines angemessenen Zeitraums abschließt,**
4. **wenn die Bundesanstalt nicht mit einer von den zuständigen Stellen des Referenzmitgliedstaates einer ausländischen AIF-Verwaltungsgesellschaft erteilten Zulassung einverstanden ist,**
5. **wenn die Bundesanstalt nicht mit der Bewertung der Anwendung von Artikel 37 Absatz 9 der Richtlinie 2011/61/EU durch die zuständigen Stellen des Referenzmitgliedstaates einer ausländischen AIF-Verwaltungsgesellschaft einverstanden ist,**

6. wenn die Bundesanstalt nicht mit der Beurteilung hinsichtlich der Festlegung des Referenzmitgliedstaates nach Artikel 37 Absatz 11 oder Absatz 12 der Richtlinie 2011/61/EU einverstanden ist,

7. von Artikel 37 Absatz 17 der Richtlinie 2011/61/EU von der Europäischen Kommission erlassenen technischen Regulierungsstandards ablehnt.

Schrifttum: *Manger-Nestler* Rechtsschutz in der europäischen Bankenaufsicht, Zeitschrift für das gesamte Kreditwesen 2012, 528; *Sonder* Rechtsschutz gegen Maßnahmen der neuen europäischen Finanzaufsichtsagenturen, BKR 2012, 8.

I. Allgemeines und Einführung

1 Treten zwischen zwei oder mehreren zuständigen Aufsichtsbehörden Meinungsverschiedenheiten über das aufsichtsrechtliche Vorgehen, den Inhalt einer aufsichtsrechtlichen Maßnahme oder die Untätigkeit einer Aufsichtsbehörde auf, kann die ESMA nach Maßgabe der ihr gem. Art. 19 VO (EU) Nr. 1095/2010 übertragenen Befugnisse zur Beilegung der Meinungsverschiedenheit eingeschaltet werden. Grundvoraussetzung hierfür ist ein an die ESMA gerichtetes Ersuchen („Verweisung") einer der beteiligten Aufsichtsbehörden.

II. Sinn und Zweck

2 Mit § 63 setzt der deutsche Gesetzgeber verschiedene Regelungen aus Art. 37 VI–IX, XII und XIX AIFM-RL um (vgl. BT-Drs. 17/12294, 227). Damit wird der BaFin die Möglichkeit eröffnet, bestimmte Angelegenheiten der ESMA zur Kenntnis zu bringen und von ihr verbindlich klären zu lassen.

3 Sofern § 63 die in Art. 37 AIFM-RL enthaltenen Verweisungsmöglichkeiten zusammenfasst, ist diese Aufzählung nicht abschließend. Vielmehr wird den nationalen Aufsichtsbehörden durch die AIFM-RL auch an anderen Stellen eine Verweisungsmöglichkeit an die ESMA eingeräumt (vgl. ua auch Art. 35 I UAbs. 2 AIFM-RL bei Meinungsverschiedenheiten beim Vertriebspass für ausländische AIF-Verwaltungsgesellschaften oder Art. 21 VI UAbs. 2 bei Meinungsverschiedenheiten in Bezug auf die Verwahrstelle).

III. Befugnisse der ESMA

4 Nach Art. 19 I der VO (EU) Nr. 1095/2010 soll die ESMA als Vermittlerin streitschlichtend dabei helfen, eine Einigung zwischen den Aufsichtsbehörden zu erzielen. Hierzu setzt sie den beteiligten Aufsichtsbehörden eine Frist nach Maßgabe des Art. 19 II VO (EU) Nr. 1095/2010.

5 Das auf Empfehlung (22) des sog. Larosière-Reports v. 25.2.2009 basierende Schlichtungsverfahren ist als europarechtliches Zwischenverfahren zu verstehen (vgl. „Larosière-Report" – The High-Level Group on Financial Supervision in the EU, Chaired by Jacques de Larosière" (25.2.2009) S. 62ff., abrufbar unter: https://ec.europa.eu/economy_finance/publications/pages/publication14527_en.pdf; zuletzt abgerufen imAugust 2021). Die Kommission führt hierzu in Erwägungsgrund (32) der VO (EU) Nr. 1095/2010 aus, dass die ESMA

> *„zur Gewährleistung einer effizienten und wirksamen Aufsicht und einer ausgewogenen Berücksichtigung der Positionen der zuständigen Behörden in den verschiedenen*

Mitgliedstaaten in grenzübergreifenden Fällen bestehende Differenzen zwischen diesen zuständigen Behörden – auch in den Aufsichtskollegien – verbindlich schlichten können [soll]. Es sollte eine Schlichtungsphase vorgesehen werden, in der die zuständigen Behörden eine Einigung erzielen können. Die Befugnis [der ESMA] sollte sich dabei auf Meinungsverschiedenheiten in Bezug auf das Verfahren oder den Inhalt einer Maßnahme oder das Nichttätigwerden einer zuständigen Behörde eines Mitgliedstaats in den Fällen, die in den verbindlichen Rechtsakten der EU nach der der VO (EU) Nr. 1095/2010 genannt sind, erstrecken. In solchen Fällen sollte eine der betroffenen Aufsichtsbehörden befugt sein, [die ESMA] mit der Frage zu befassen [...].

(Vgl. zum Schlichtungsverfahren auch DJKT/*Klebeck/Frick* AIFM-RL Art. 37 Rn. 179ff.)

Lässt sich eine Einigung nicht innerhalb der gesetzten Frist erzielen, kann die ESMA die beteiligten Aufsichtsbehörden im Wege eines Beschlusses (vgl. Art. 19 III iVm Art. 44 VO (EU) Nr. 1095/2010) dazu verpflichten, zur Beilegung der Angelegenheit bestimmte Maßnahmen zu treffen oder von solchen abzusehen. Aus dem rechtsverbindlichen Charakter der Schlichtungsentscheidung (Handlungs- oder Unterlassungspflichten) durch die ESMA folgt, dass eine konkrete Zuständigkeit der betroffenen Aufsichtsbehörde als Grundvoraussetzung für das Schlichtungsverfahren begründet sein muss (so auch WBA/*Klebeck* § 63 Rn. 6). 6

Der im Wege des Beschlusses getroffenen Schlichtungsentscheidung der ESMA wird gem. Art. 19 V der VO (EU) Nr. 1095/2010 ein Anwendungsvorrang vor allen in gleicher Sache zuvor erlassenen Beschlüssen nationaler Aufsichtsbehörden eingeräumt. Ob damit auch zuvor erlassene bestandskräftige Entscheidungen der BaFin aufzuheben sind, bleibt bislang ungeklärt (vgl. WBA/*Klebeck* § 63 Rn. 8 mwN, insb. den überzeugenden Hinweis, dass selbst die primärrechtlich statuierte Loyalitätspflicht der Mitgliedstaaten gem. Art. 4 III EUV keine unbedingte Aufhebung europarechtswidriger Verwaltungsakte erfordert). 7

Kommt eine Aufsichtsbehörde einem Beschluss der ESMA nicht nach, kann die ESMA im Einzelfall einen Beschluss an den betreffenden Finanzmarktteilnehmer richten und ihn so dazu verpflichten, die zur Einhaltung seiner Pflichten im Rahmen des Unionsrechts erforderlichen Maßnahmen, einschließlich der Einstellung jeder Tätigkeit, zu treffen (vgl. Art. 19 IV VO EU Nr. 1095/2010). Ein solcher Beschluss darf ausweislich Erwägungsgrund (32) der VO (EU) Nr. 1095/2010 nur als ultima ratio „zur Sicherstellung einer korrekten und kohärenten Anwendung des Unionsrechts." Soweit gegen solche Beschlüsse der Rechtsweg zu den nationalen Verwaltungsgerichten nicht eröffnet ist und lediglich die Rechtsschutzmöglichkeiten des Primärrechts verbleiben (sa die Sogelma-Entscheidung – EuG 8.10.2008 – T-411/06, Slg. 2008, II-2271 Rn. 37ff.), stellt sich für betroffene Finanzmarktteilnehmer nicht zu Unrecht die Frage eines *effektiven* Rechtsschutzes (vgl. *Sonder* BKR 2012, 8 und *Manger-Nestler* ZfgG 2012, 528) 8

IV. Verweisung durch die BaFin

Gemäß § 63 steht der BaFin in folgenden Fällen ein Verweisungsrecht an die ESMA im eigenen Ermessen zu: 9

1. Nr. 1. Zur Umsetzung des Art. 37 VI AIFMD betrifft § 63 S. 1 Nr. 1 den Fall, dass die ausländische AIF-Verwaltungsgesellschaft die Bundesrepublik Deutschland für den Referenzmitgliedstaat hält, die BaFin dies jedoch anders bewertet. Auch der 10 umgekehrte Fall wird von Nr. 1 erfasst, dh, wenn die BaFin die Bundesrepublik Deutschland für den richtigen Referenzmitgliedstaat hält, die ausländische AIF-Verwaltungsgesellschaft dies jedoch nicht in Betracht gezogen hat.

11 **2. Nr. 2.** Zur Umsetzung des Art. 37 VII UAbs. 2 AIFMD räumt § 63 S. 1 Nr. 2 der BaFin ein Verweisungsrecht für den Fall ein, in dem sie die Einhaltung der in Art. 37 VII UAbs. 1 Buchst. a–e und g normierten Voraussetzungen für die Erlaubniserteilung durch einen anderen zuständigen Referenzmitgliedstaat in Frage stellt. Ausweislich der Verweisung in Nr. 2 betrifft dies jedoch nicht die Frage, ob der zuständige Referenzmitgliedstaat mit dem Sitzstaat der ausländischen AIF-Verwaltungsgesellschaft ein Abkommen gem. Art. 26 des OECD-Musterabkommens zur Vermeidung von Doppelbesteuerung abgeschlossen hat oder aber ein Informationsaustausch zwischen den jeweiligen Staaten gewährleistet ist.

12 **3. Nr. 3.** Zur Umsetzung des Art. 37 VII UAbs. 3 AIFM-RL betrifft § 63 S. 1 Nr. 3 den Fall, in dem die BaFin feststellt, dass eine der in Art. 37 VII UAbs. 1 Buchst. d AIFM-RL genannten Kooperationsvereinbarung zum effizienten Informationsaustausch als Voraussetzung für die Erlaubniserteilung an den Nicht-EU-AIFM nicht vorliegen oder nicht innerhalb eines angemessenen Zeitraums abgeschlossen werden. Erfasst werden dabei auch die bei der Verwaltung eines EU-AIF erforderlichen Kooperationsvereinbarungen zwischen dem Sitzstaat der ausländischen AIF-Verwaltungsgesellschaft und dem Herkunftsstaat des EU-AIF (vgl. BT-Drs. 17/12294, 227, so auch FK-KapAnlR/*Engler* § 63 Rn. 14ff.).

13 **4. Nr. 4.** Zur Umsetzung von Art. 37 VIII UAbs. 2 AIFMD räumt § 63 S. 1 Nr. 4 der BaFin ein Verweisungsrecht ein, um einen (oder mehrere) konkrete Rechtsverstöße bei der Erlaubniserteilung durch einen anderen Referenzmitgliedstaat zu beanstanden.

14 **5. Nr. 5.** Art. 37 IX AIFM-RL eröffnet den zuständigen Aufsichtsbehörden der Referenzmitgliedstaaten die Möglichkeit, ausländische AIF-Verwaltungsgesellschaften von bestimmten Voraussetzungen für die Erlaubniserteilung zu befreien (vgl. § 59 für die Umsetzung in deutsches Recht). Zur Umsetzung von Art. 37 IX UAbs. 6 AIFM-RL kann die BaFin die konkrete Befreiung durch den zuständigen Referenzmitgliedstaat beanstanden, sofern zumindest Anteile eines der von der ausländischen AIF-Verwaltungsgesellschaft verwalteten AIF auch in Deutschland vertrieben werden soll.

15 **6. Nr. 6.** Art. 37 XI und XII AIFM-RL bestimmen das Verfahren und die Voraussetzung für die nachträgliche Neufestlegung des Referenzmitgliedstaats (vgl. § 61 für die Umsetzung in deutsches Recht). Zur Umsetzung des Art. 37 XII UAbs. 3 AIFM-RL räumt § 63 S. 1 Nr. 6 der BaFin das Recht ein, diese Neufestlegung zu beanstanden.

16 **7. Nr. 7.** Zur Umsetzung des Art. 37 XIX AIFMD betrifft § 63 S. 1 Nr. 7 den Fall, in dem ein Antrag auf Informationsaustausch abgelehnt wurde. Dies gilt dem Wortlaut der Vorschrift nach auch dann, wenn der Antrag von einer anderen „zuständigen Stelle" (dh nicht die BaFin) gestellt wurde.

§ 64 Vergleichende Analyse der Zulassung von und der Aufsicht über ausländische AIF-Verwaltungsgesellschaften

(1) **Sofern die Europäische Wertpapier- und Marktaufsichtsbehörde nach Artikel 38 Absatz 4 der Richtlinie 2011/61/EU Leitlinien und Empfehlungen herausgibt, um einheitliche, effiziente und wirksame Praktiken für die Aufsicht über ausländische AIF-Verwaltungsgesellschaften zu schaffen, unternimmt die Bundesanstalt alle erforderlichen Anstrengungen, um diesen Leitlinien und Empfehlungen nachzukommen.**

(2) **[1]Die Bundesanstalt bestätigt binnen zwei Monaten nach der Herausgabe einer Leitlinie oder Empfehlung, ob sie dieser Leitlinie oder Empfehlung nachkommt oder nachzukommen beabsichtigt. [2]Wenn sie der Leitlinie oder Empfehlung nicht nachkommt oder nachzukommen beabsichtigt, teilt sie dies der Europäischen Wertpapier- und Marktaufsichtsbehörde unter Angabe der Gründe mit.**

I. Allgemeines

Gemäß Art. 38 I AIFM-RL ist die ESMA zur jährlichen Erstellung einer verglei- 1
chenden Analyse über die Aufsichtstätigkeit der zuständigen Behörden der Mitgliedstaaten in Bezug auf die Zulassung und die Überwachung ausländischer AIF-Verwaltungsgesellschaften gem. Art. 37, 39–41 AIFM-RL verpflichtet. Auf der Grundlage der Ergebnisse dieser vergleichenden Analyse kann die ESMA gem. Art. 16 der VO (EU) Nr. 1095/2010 Leitlinien und Empfehlungen herausgeben, um einheitliche, effiziente und wirksame Praktiken für die Aufsicht über ausländische AIF-Verwaltungsgesellschaften zu schaffen. Die zuständigen Behörden sind sodann gem. Art. 38 V AIFM-RL dazu verpflichtet, den Leitlinien und Empfehlungen der ESMA bei ihrer tatsächlichen Aufsichtstätigkeit nachzukommen. Spätestens zwei Monate nach Herausgabe (dh Veröffentlichung) einer Leitlinie oder Empfehlung, haben die zuständigen Behörden die Befolgung (gleichwohl, ob bereits tatsächlich erfolgt oder beabsichtigt) der ESMA mitzuteilen. Für den Fall, dass eine Leitlinie oder Empfehlung nicht befolgt wird (dies auch nicht beabsichtigt wird), ist die zuständige Behörde verpflichtet, ihre Haltung gegenüber der ESMA zu begründen (vgl. Art. 38 VI AIFM-RL). § 64 dient somit der Umsetzung von Art. 38 IV–VI AIFM-RL in deutsches Recht (vgl. auch BT-Drs. 17/12294, 227).

II. Sinn und Zweck

Die gem. Art. 30 der VO (EU) Nr. 1095/2010 als „Peer Review" bezeichnete 2
vergleichende Analyse sowie die daraus resultierenden Leitlinien und Empfehlungen zielen auf eine größere Angleichung der nationalen Ergebnisse bei der Aufsichtstätigkeit zur Vermeidung einer aufsichtsrechtlichen Arbitrage ab. Artikel 38 V und VI der VO (EU) Nr. 1095/2010 bzw. deren Umsetzung in § 64 KAGB sind somit als rechtstechnisches Bindeglied zwischen europäischer und deutscher Aufsichtsbehörde zu verstehen (vgl. Baur/Tappen/*Geurts* § 64 Rn. 2). Der Vorschrift des Art. 38 I AIFM-RL entsprechend dient die vergleichende Analyse somit der dauerhaften Kohärenz der Aufsichtstätigkeit der zuständigen Behörden der Mitgliedstaaten.

III. Vergleichende Analyse

3 Die vergleichende Analyse der ESMA ist im Wesentlichen in Art. 30 der VO (EU) Nr. 1095/2010 geregelt. Dabei werden gem. Art. 30 III der VO (EU) Nr. 1095/2010 insb. folgende Parameter bewertet:

„a) die Angemessenheit der Regelungen hinsichtlich der Ausstattung und der Leitung der zuständigen Behörde mit besonderem Augenmerk auf der wirksamen Anwendung der technischen Regulierungs- und Durchführungsstandards gemäß den Artikeln 10 bis 15 und der in Artikel 1 Absatz 2 genannten Rechtsakte sowie der Fähigkeit, auf Marktentwicklungen zu reagieren;

b) der Grad der Angleichung, der bei der Anwendung des Unionsrechts und bei den Aufsichtspraktiken, einschließlich der nach den Artikeln 10 bis 16 festgelegten technischen Regulierungs- und Durchführungsstandards, Leitlinien und Empfehlungen, erzielt wurde, sowie der Umfang, in dem mit den Aufsichtspraktiken die im Unionsrecht gesetzten Ziele erreicht werden;

c) vorbildliche Vorgehensweisen einiger zuständiger Behörden, deren Übernahme für andere zuständige Behörden von Nutzen sein könnte;

d) die Wirksamkeit und der Grad an Angleichung, die in Bezug auf die Durchsetzung der im Rahmen der Durchführung des Unionsrechts erlassenen Bestimmungen, wozu auch Verwaltungsmaßnahmen und Strafen gegen Personen, die für die Nichteinhaltung dieser Bestimmungen verantwortlich sind, gehören, erreicht wurden."

IV. Bindungswirkung

4 Gemäß § 64 I hat die BaFin **alle erforderlichen Anstrengungen** zu unternehmen, um den Leitlinien und Empfehlungen der ESMA nachzukommen. Sofern die Leitlinien und/oder Empfehlungen der ESMA jedoch für die BaFin rechtlich nicht bindend sind, muss die BaFin bei der Umsetzung sämtlicher Leitlinien und/oder Empfehlung weiterhin zwingendes (deutsches) Recht beachten. Im Einzelfall kann dies dazu führen, dass eine Leitlinie und/oder Empfehlung gerade nicht umgesetzt wird, bspw., wenn ein zuvor ergangener Verwaltungsakt auf Grund der gesetzlichen Grenzen der §§ 48, 49 VwVfG nicht mehr widerrufen oder zurückgenommen werden kann (vgl. auch EDD/*Vahldiek* § 64 Rn. 2–4).

5 § 64 II setzt das für Maßnahmen ohne rechtliche Bindungswirkung bekannte europarechtliche Prinzip „comply or explain" um (vgl. auch EDD/*Vahldiek* § 64 Rn. 5). Demnach ist die BaFin zur Begründung einer tatsächlich erfolgten oder beabsichtigten Nichteinhaltung einer Leitlinie oder Empfehlung verpflichtet. Zu beachten ist in diesem Zusammenhang insb. die Möglichkeit der ESMA, die Begründung einer Behörde im Falle der Nichteinhaltung einer Leitlinie oder Empfehlung zu veröffentlichen (vgl. Art. 38 VII AIFM). Der gegenüber der ESMA bestehende Rechtfertigungsdruck sowie die mögliche Übertragung dieses Drucks in einen öffentlichen Diskurs lässt den unverbindlichen (nach hM als *soft law* qualifizierten) Leitlinien und Empfehlungen der ESMA eine hohe faktische Bindungswirkung zukommen (vgl. auch zum Rechtsschutz im Falle der Nichteinhaltung Baur/Tappen/*Geurts* § 64 Rn. 3).

V. Übergangsvorschrift

6 § 344 schreibt vor, dass der § 64 erst ab dem in § 295 II Nr. 1 genannten Zeitpunkt anzuwenden ist.

§ 65 Verwaltung von EU-AIF durch ausländische AIF-Verwaltungsgesellschaften, für die die Bundesrepublik Deutschland Referenzmitgliedstaat ist

(1) Die Verwaltung eines EU-AIF durch eine ausländische AIF-Verwaltungsgesellschaft, für die die Bundesrepublik Deutschland gemäß § 56 Referenzmitgliedsstaat ist und die über eine Erlaubnis nach § 58 verfügt, im Wege des grenzüberschreitenden Dienstleistungsverkehrs oder über eine Zweigniederlassung setzt voraus, dass sie der Bundesanstalt folgende Angaben übermittelt hat:

1. den Mitgliedstaat der Europäischen Union oder den Vertragsstaat des Abkommens über den Europäischen Wirtschaftsraum, in dem sie EU-AIF im Wege des grenzüberschreitenden Dienstleistungsverkehrs oder über eine Zweigniederlassung zu verwalten beabsichtigt;

2. einen Geschäftsplan, aus dem insbesondere hervorgeht, welche Arten von EU-AIF sie zu verwalten beabsichtigt.

(2) Die Errichtung einer Zweigniederlassung durch eine ausländische AIF-Verwaltungsgesellschaft in einem anderen Mitgliedstaat der Europäischen Union oder einem anderen Vertragsstaat des Abkommens über den Europäischen Wirtschaftsraum setzt voraus, dass sie der Bundesanstalt zusätzlich zu den Angaben nach Absatz 1 folgende Informationen übermittelt hat:

1. den organisatorischen Aufbau der Zweigniederlassung,

2. die Anschrift, unter der im Herkunftsmitgliedstaat des EU-AIF Unterlagen angefordert werden können sowie

3. die Namen und Kontaktangaben der Geschäftsführer der Zweigniederlassung.

(3) Besteht kein Grund zur Annahme, dass die ausländische AIF-Verwaltungsgesellschaft oder die Verwaltung des EU-AIF durch diese gegen dieses Gesetz verstößt oder verstoßen wird, übermittelt die Bundesanstalt die vollständigen Unterlagen binnen eines Monats nach dem Eingang der vollständigen Unterlagen nach Absatz 1 oder gegebenenfalls binnen zwei Monaten nach dem Eingang der vollständigen Unterlagen nach Absatz 2 zusammen mit einer Bescheinigung über die Erlaubnis der betreffenden ausländischen AIF-Verwaltungsgesellschaft an die zuständigen Stellen des Aufnahmemitgliedstaates der ausländischen AIF-Verwaltungsgesellschaft.

(4) [1]Die Bundesanstalt unterrichtet die ausländische AIF-Verwaltungsgesellschaft unverzüglich über die Übermittlung der Unterlagen. [2]Die ausländische AIF-Verwaltungsgesellschaft darf erst nach Eingang der Übermittlungsmeldung mit der Verwaltung von EU-AIF im jeweiligen Aufnahmemitgliedstaat beginnen. [3]Die Bundesanstalt teilt zudem der Europäischen Wertpapier- und Marktaufsichtsbehörde mit, dass die ausländische AIF-Verwaltungsgesellschaft in den jeweiligen Aufnahmemitgliedstaaten mit der Verwaltung des EU-AIF beginnen kann.

(5) Eine Änderung der nach Absatz 1 oder gegebenenfalls nach Absatz 2 übermittelten Angaben hat die ausländische AIF-Verwaltungsgesellschaft der Bundesanstalt mindestens einen Monat vor der Durchführung der Än-

derung, oder, bei ungeplanten Änderungen, unverzüglich nach Eintreten der Änderung, anzuzeigen.

(6) **Sollte die geplante Änderung dazu führen, dass die ausländische AIF-Verwaltungsgesellschaft oder die Verwaltung des EU-AIF durch diese nunmehr gegen dieses Gesetz verstößt, untersagt die Bundesanstalt der ausländischen AIF-Verwaltungsgesellschaft unverzüglich die Änderung.**

(7) **Wird eine geplante Änderung ungeachtet der Absätze 5 und 6 durchgeführt oder führt eine durch einen ungeplanten Umstand ausgelöste Änderung dazu, dass die ausländische AIF-Verwaltungsgesellschaft oder die Verwaltung des EU-AIF durch diese nunmehr gegen dieses Gesetz verstößt, so ergreift die Bundesanstalt alle erforderlichen Maßnahmen.**

(8) **Über Änderungen, die im Einklang mit diesem Gesetz stehen, unterrichtet die Bundesanstalt unverzüglich die zuständigen Behörden des Aufnahmemitgliedstaates der ausländischen AIF-Verwaltungsgesellschaft von diesen Änderungen.**

Literatur: *Klebeck/Loff* Gesetzliche Vertreter und Repräsentanten im KAGB, DB 2014, 2635; *Klebeck/Meyer* Drittstaatenregulierung der AIFM-Richtlinie, RdF 2012, 95; *Loff/Klebeck* Fundraising nach der AIFM-Richtlinie und Umsetzung in Deutschland durch das KAGB, BKR 2012, 353; *Loff/Lembke* Zugang von Drittstaaten-Finanzmarktakteuren in die EU, RdF 2016, 101; *Spindler/Tancredi,* Die Richtlinie über Alternative Investmentfonds (AIFM-Richtlinie), Teil II, WM 2011, 1441; *Wallach* Umsetzung der AIFM-Richtlinie in deutsches Recht – erste umfassende Regulierung des deutschen Investmentrechts, RdF 2013, 92.

I. Allgemeines

1 Die Vorschrift ist eine der wesentlichen Bestimmungen des **AIFM-Drittstaatenregimes** (vgl. AWZ/*Zetsche/München* Vor §§ 56 bis 66 Rn. 2ff.). In Umsetzung von Art. 41 AIFM-RL ermöglicht sie sog. Drittstaaten-AIFM die Teilnahme am EU-Binnenmarkt in Bezug auf ein Tätigwerden als Verwalter von EU-AIF bzw. über eine Zweigniederlassung in einem anderen Mitgliedstaat der EU oder einem anderen Vertragsstaat des EWR auf der Grundlage eines Anzeigeverfahrens (vgl. EDD/*Liebert/Vahldiek* § 65 Rn. 2ff.). Sie gilt seit Inkrafttreten des KAGB in mehr oder weniger unveränderter Form, lediglich § 65 V wurde iRd FoStoG geringfügig geändert (→ Rn. 16). Inhaltlich knüpft § 65 an den früheren § 14 InvG an (vgl. WBA/*Klebeck* § 65 Rn. 5). Aus dem Wortlaut des § 65 I ergibt sich, dass die Anzeigepflicht bereits an das Vorliegen einer entsprechenden **Absicht** der ausländischen AIF-Verwaltungsgesellschaft anknüpft (EDD/*Liebert/Vahldiek* § 65 Rn. 7). Bezüglich der durch die AIFM-RL (abschließend) geregelten Rechtsbereiche darf die Tätigkeit des Drittstaaten-AIFM im Aufnahmemitgliedstaat grundsätzlich keinen weiteren Beschränkungen unterworfen werden (vgl. WBA/*Klebeck* § 65 Rn. 28f.).

II. Ausländische AIF-Verwaltungsgesellschaften, für die die Bundesrepublik Deutschland Referenzmitgliedstaat ist

2 Bei ausländischen AIF-Verwaltungsgesellschaften handelt es sich gem. § 1 XVIII um Unternehmen mit Sitz in einem Drittstaat, die den Anforderungen an einen Verwalter alternativer Investmentfonds iSd AIFM-RL entsprechen (→ § 1 Rn. 65). Sie unterliegen gem. § 5 IV der **eingeschränkten Inlandsaufsicht** durch die BaFin (→ § 5 Rn. 21). § 65 findet freilich nur auf solche ausländischen AIF-Verwal-

tungsgesellschaften Anwendung, die über eine **Erlaubnis** zur Verwaltung von AIF iSv § 58 verfügen (s. die Kommentierung zu § 58). Unklar bleibt insoweit, ob die nach § 65 erforderliche Anzeige bereits zusammen mit dem Antrag nach § 58 gestellt werden kann (vgl. WBA/*Klebeck* § 65 Rn. 7). Schließlich muss für die ausländische AIF-Verwaltungsgesellschaft die Bundesrepublik Deutschland der Referenzmitgliedstaat sein (s. die Kommentierung zu § 56).

III. Grenzüberschreitende Verwaltung von EU-AIF (§ 65 I, III, IV)

1. Anzeigepflicht (§ 65 I). Die Anzeigepflicht des § 65 I knüpft an die Verwaltung von EU-AIF durch eine ausländische AIF-Verwaltungsgesellschaft an, für die die Bundesrepublik Deutschland **Referenzmitgliedstaat** ist. EU-AIF sind – wie sich mittelbar aus § 1 VIII ergibt – solche AIF (iSv § 1 III), die dem Recht eines anderen Mitgliedstaates der EU oder eines anderen Vertragsstaates des Abkommens über den EWR unterliegen. Ein „Verwalten" iSd § 65 I liegt dann vor, wenn Leistungen des Portfolio- und/oder Risikomanagements erbracht werden (vgl. WBA/*Klebeck* § 65 Rn. 14). Diese Leistungen müssen **grenzüberschreitend,** dh aus einem anderen Staat heraus, erbracht werden; erfolgt die Erbringung der Verwaltungsleistungen originär (dh über eine physische Präsenz) im Ausland, dann liegt kein Fall des § 65 I, sondern des § 65 II vor (vgl. zur Abgrenzung WBA/*Klebeck* § 65 Rn. 8ff.). Ein Anzeigeverfahren nach § 65 I ist auch dann nicht durchzuführen, wenn lediglich ein grenzüberschreitender Vertrieb von Anteilen an AIF erfolgen soll (EDD/*Liebert/Vahldiek* § 65 Rn. 11). 3

In der Anzeige gem. § 65 I muss zunächst der Mitgliedstaat der EU bzw. der Vertragsstaat des Abkommens über den EWR benannt werden, in dem EU-AIF im Wege des grenzüberschreitenden Dienstleistungsverkehrs verwaltet werden sollen **(Aufnahmemitgliedstaat).** Hierbei handelt es sich um den Herkunftsmitgliedstaat des betreffenden AIF, dh gem. § 1 XIX Nr. 18 4

- den Mitgliedstaat der EU, in dem der AIF zugelassen oder registriert ist (bzw. im Fall der mehrfachen Zulassung oder Registrierung den Mitgliedstaat, in dem der AIF zum ersten Mal zugelassen oder registriert wurde), oder
- falls der AIF in keinem Mitgliedstaat der EU zugelassen oder registriert ist, den Mitgliedstaat der EU, in dem der AIF seinen Sitz oder seine Hauptverwaltung hat.

Des Weiteren muss die Anzeige einen Geschäftsplan beinhalten, aus dem insb. hervorgeht, welche Arten von EU-AIF verwaltet werden sollen. Gemäß Art. 41 IIb AIFM-RL sind darüber hinaus Angaben zu machen, welche Dienstleistungen neben der Verwaltung von EU-AIF beabsichtigt werden. 5

2. Information der zuständigen Stellen im Aufnahmemitgliedstaat (§ 65 III). Die Kommunikation mit dem Aufnahmemitgliedstaat erfolgt auf **Behördenebene.** Sofern die BaFin nach Prüfung der ihr vorliegenden Anzeige zu der Erkenntnis gelangt, dass die ausländische AIF-Verwaltungsgesellschaft oder die Verwaltung des EU-AIF durch diese nicht gegen das KAGB verstößt oder verstoßen wird, übermittelt sie gem. § 65 III die vollständigen Unterlagen **binnen eines Monats** nach dem Eingang der vollständigen Unterlagen an die zuständigen Stellen des Aufnahmemitgliedstaates der ausländischen AIF-Verwaltungsgesellschaft. Sie fügt dann auch eine Bescheinigung über die der betreffenden ausländischen AIF-Verwaltungsgesellschaft nach § 58 erteilte Erlaubnis bei. 6

7 **3. Information der ausländischen AIF-Verwaltungsgesellschaft (§ 65 IV).** Nachdem die Übermittlung gem. § 65 III durch die BaFin erfolgt ist, unterrichtet diese gem. § 65 IV die ausländische AIF-Verwaltungsgesellschaft unverzüglich über die Übermittlung der Unterlagen **(Übermittlungsmitteilung).** Des Weiteren informiert die BaFin auch die ESMA, dass die ausländische AIF-Verwaltungsgesellschaft im Aufnahmemitgliedstaat mit der Verwaltung des EU-AIF beginnen kann.

8 Sobald der ausländischen AIF-Verwaltungsgesellschaft die Übermittlungsmeldung zugegangen ist, darf sie mit der Verwaltung von EU-AIF im Aufnahmemitgliedstaat beginnen. Auf den tatsächlichen Zugang der nach § 65 III erfolgten Übermittlung bei den zuständigen Stellen des Aufnahmemitgliedstaates kommt es insoweit nicht an. Sofern die BaFin ihrer Verpflichtung zur Erstellung einer Übermittlungsmitteilung nicht nachkommt, muss ggf. der **Verwaltungsrechtsweg** beschritten werden; eine wie auch immer geartete Fiktionswirkung ist weder in der AIFM-RL noch im KAGB vorgesehen (vgl. WBA/*Klebeck* § 65 Rn. 26f.).

IV. Errichtung einer Zweigniederlassung (§ 65 II, III, IV)

9 **1. Anzeigepflicht (§ 65 II).** Die Anzeigepflicht des § 65 II knüpft an die Absicht einer ausländischen AIF-Verwaltungsgesellschaft, für die die Bundesrepublik Deutschland **Referenzmitgliedstaat** ist, an, eine Zweigniederlassung in einem anderen Mitgliedstaat der EU oder einem anderen Vertragsstaat des Abkommens über den EWR zu errichten. Eine „Zweigniederlassung" in diesem Sinne liegt grundsätzlich dann vor, wenn zumindest wenigstens Teilfunktionen der Portfolioverwaltung oder des Risikomanagements durch eine **physische Präsenz** im Ausland erbracht werden (vgl. WBA/*Klebeck* § 65 Rn. 12ff.). Ein Tätigwerden unterhalb dieser Schwelle kann ggf. eine Anzeigepflicht nach § 65 I auslösen.

10 Auch in der Anzeige gem. § 65 II muss zunächst der Mitgliedstaat der EU bzw. der Vertragsstaat des Abkommens über den EWR benannt werden, in dem EU-AIF im Wege des grenzüberschreitenden Dienstleistungsverkehrs verwaltet werden sollen (→ Rn. 4). Des Weiteren muss in der Anzeige der organisatorische Aufbau der Zweigniederlassung dargestellt werden. Sofern der Drittstaaten-AIFM in dem Aufnahmemitgliedstaat **mehrere Betriebsstellen** unterhält, sind diese gem. Art. 4 I Buchst. c AIFM-RL als eine Zweigniederlassung anzusehen. Schließlich müssen in der Anzeige die Anschrift, unter der im Herkunftsmitgliedstaat des EU-AIF Unterlagen angefordert werden können, sowie die Namen und Kontaktangaben der Geschäftsführer der Zweigniederlassung genannt werden.

11 **2. Information der zuständigen Stellen im Aufnahmemitgliedstaat (§ 65 III).** Auch iRd Anzeigeverfahrens nach § 65 II erfolgt die Kommunikation mit dem Aufnahmemitgliedstaat auf **Behördenebene.** Sofern die BaFin nach Prüfung der ihr vorliegenden Anzeige zu der Erkenntnis gelangt, dass die ausländische AIF-Verwaltungsgesellschaft oder die Verwaltung des EU-AIF durch diese nicht gegen das KAGB verstößt oder verstoßen wird, übermittelt sie gem. § 65 III die vollständigen Unterlagen **binnen zwei Monaten** nach dem Eingang der vollständigen Unterlagen an die zuständigen Stellen des Aufnahmemitgliedstaates der ausländischen AIF-Verwaltungsgesellschaft. Sie fügt dann auch eine Bescheinigung über die nach § 58 erteilte Erlaubnis bei.

12 **3. Information der ausländischen AIF-Verwaltungsgesellschaft (§ 65 IV).** Nachdem die Übermittlung gem. § 65 III durch die BaFin erfolgt ist, unterrichtet diese gem. § 65 IV die ausländische AIF-Verwaltungsgesellschaft unverzüglich über

die Übermittlung der Unterlagen **(Übermittlungsmitteilung).** Des Weiteren informiert die BaFin auch die ESMA, dass die ausländische AIF-Verwaltungsgesellschaft im Aufnahmemitgliedstaat mit der Verwaltung des EU-AIF beginnen kann.

Sobald der ausländischen AIF-Verwaltungsgesellschaft die Übermittlungsmel- 13
dung zugegangen ist, darf sie mit der Verwaltung von EU-AIF im Aufnahmemitgliedstaat beginnen. Auf den tatsächlichen Zugang der nach § 53 III erfolgten Übermittlung bei den zuständigen Stellen des Aufnahmemitgliedstaates kommt es insoweit nicht an. Bei Untätigkeit der BaFin muss ggf. der Verwaltungsrechtsweg beschritten werden; eine wie auch immer geartete Fiktionswirkung ist weder in der AIFM-RL noch im KAGB vorgesehen (→ Rn. 8).

V. Änderungen (§ 65 V–VIII)

1. Änderungsanzeigen (§ 65 V). Mit § 65 V wurde Art. 41 VI UAbs. 1 AIFM- 14
RL umgesetzt. Die ausländische AIF-KVG hat danach der BaFin etwaige Änderungen der ihr nach § 65 I übermittelten Angaben zur grenzüberschreitenden Verwaltung von EU-AIF bzw. der nach § 65 II übermittelten Angaben zur Errichtung einer ausländischen Zweigniederlassung anzuzeigen.

Vorhersehbare (geplante) Änderungen sind mindestens einen Monat vor der 15
Durchführung, **ungeplante Änderungen** unverzüglich nach ihrem Eintreten anzuzeigen. Für die Abgrenzung zwischen den Begriffen „geplant" und „ungeplant" dürfte danach zu unterscheiden sein, ob die Änderungen für die ausländische AIF-KVG überraschend eingetreten sind oder nicht. Letzteres sollte insb. dann der Fall sein, wenn die Änderungen von dieser bewusst herbeigeführt werden. Ist dies nicht der Fall, dann sollte es sich grundsätzlich um ungeplante Änderungen iSd § 65 V handeln. „Unverzüglich" iSd § 65 V ist eine Anzeige im Zweifel nur dann, wenn sie ohne schuldhaftes Zögern des Drittstaaten-AIFM erfolgt (vgl. § 121 I 1 BGB).

Bis zum 1.8.2021 mussten Anzeigen nach § 65 V in schriftlicher Form erfolgen. 16
Durch das FoStoG ist dieses Erfordernis entfallen, um den geänderten Bedürfnissen im Zuge des digitalen Wandels Rechnung zu tragen (vgl. BT-Drs. 19/27631, 91). Nachdem – anders als zB iRd ebenfalls durch das FoStoG geänderten § 58 IX 2 Nr. 1 Buchst. c – auch keine andere Form vorgeschrieben wurde, können Anzeigen nach Abs. 5 daher grundsätzlich **in beliebiger Form** (zB auch per E-Mail) erfolgen.

2. Untersagung von Änderungen (§ 65 VI). Mit § 65 VI wurde Art. 41 VI 17
UAbs. 2 AIFM-RL umgesetzt. Die Vorschrift gibt der BaFin nicht nur das Recht, sondern verpflichtet sie sogar dazu, Änderungen unverzüglich zu untersagen, wenn diese dazu führen, dass durch sie ein Verstoß gegen die Vorschriften des KAGB herbeigeführt würde.

3. Sanktionierungsmöglichkeiten (§ 65 VII). Mit § 65 VII wurde Art. 41 VI 18
UAbs. 3 AIFM-RL umgesetzt. Die Vorschrift ermächtigt die BaFin dazu, weitergehende Maßnahmen zu ergreifen, wenn

- eine geplante Änderung unter Missachtung der Pflicht zur Erstattung einer Änderungsanzeige nach Abs. 5 bzw. einer Untersagung durch die BaFin nach Abs. 6 durchgeführt wird, oder
- eine ungeplante Änderung zu einem Verstoß gegen die Vorschriften des KAGB führt.

Diese weitergehenden Maßnahmen müssen in jedem Fall verhältnismäßig sein (vgl. WBA/*Klebeck* § 65 Rn. 32).

19 **4. Information anderer Behörden (§ 65 VIII).** Mit § 65 VIII wurde Art. 41 VI UAbs. 4 AIFM-RL umgesetzt. Nach dieser Vorschrift hat die BaFin die zuständigen Behörden des Aufnahmemitgliedstaates unverzüglich über Änderungen zu informieren, die im Einklang mit den Bestimmungen des KAGB stehen. Hierbei handelt es sich um Änderungen, die der BaFin nach § 65 V angezeigt und von ihr nicht beanstandet wurden. Änderungen, die der BaFin nicht angezeigt wurden, können wegen des Verstoßes gegen § 65 V nicht im Einklang mit dem KAGB stehen und sind daher auch nicht Gegenstand der Informationspflicht der BaFin.

§ 66 Inländische Zweigniederlassung und grenzüberschreitender Dienstleistungsverkehr von ausländischen AIF-Verwaltungsgesellschaften, deren Referenzmitgliedstaat nicht die Bundesrepublik Deutschland ist

(1) **Beabsichtigt eine ausländische AIF-Verwaltungsgesellschaft, deren Referenzmitgliedstaat nicht die Bundesrepublik Deutschland ist, erstmals im Wege des grenzüberschreitenden Dienstleistungsverkehrs oder über eine Zweigniederlassung inländische Spezial-AIF zu verwalten, so ist dies nur zulässig, wenn die zuständigen Stellen des Referenzmitgliedstaates der ausländischen AIF-Verwaltungsgesellschaft der Bundesanstalt folgende Angaben und Unterlagen übermittelt haben:**

1. **eine Bescheinigung darüber, dass die ausländische AIF-Verwaltungsgesellschaft eine Zulassung gemäß der Richtlinie 2011/61/EU erhalten hat, durch die die im Inland beabsichtigten Tätigkeiten abgedeckt sind,**
2. **die Anzeige der Absicht der ausländischen AIF-Verwaltungsgesellschaft, in der Bundesrepublik Deutschland im Wege des grenzüberschreitenden Dienstleistungsverkehrs oder über eine Zweigniederlassung inländische Spezial-AIF zu verwalten sowie**
3. **einen Geschäftsplan, aus dem insbesondere hervorgeht, welche inländischen Spezial-AIF die ausländische AIF-Verwaltungsgesellschaft zu verwalten beabsichtigt.**

(2) **Beabsichtigt die ausländische AIF-Verwaltungsgesellschaft die Errichtung einer Zweigniederlassung, so ist dies nur zulässig, wenn die zuständigen Stellen des Referenzmitgliedsstaates der Bundesanstalt zusätzlich zu den Angaben nach Absatz 1 folgende Informationen übermittelt haben:**

1. **den organisatorischen Aufbau der Zweigniederlassung,**
2. **die Anschrift, unter der im Inland Unterlagen angefordert werden können sowie**
3. **die Namen und Kontaktangaben der Geschäftsführer der Zweigniederlassung.**

(3) **Die ausländische AIF-Verwaltungsgesellschaft kann unmittelbar nach dem Erhalt der Übermittlungsmeldung durch ihren Referenzmitgliedstaat gemäß Artikel 41 Absatz 4 der Richtlinie 2011/61/EU mit der Verwaltung von inländischen Spezial-AIF im Inland beginnen.**

(4) [1]**Auf die Zweigniederlassungen im Sinne des Absatzes 1 sind § 3 Absatz 1, 4 und 5, die §§ 14, 26 Absatz 2, 3 und 7, § 27 Absatz 1 bis 4, § 28**

Absatz 1 Satz 4, die §§ 33, 34 Absatz 3 Nummer 8 sowie die §§ 293, 295 Absatz 5, §§ 307 und 308 entsprechend anzuwenden. [2]Auf die Tätigkeiten im Wege des grenzüberschreitenden Dienstleistungsverkehrs nach Absatz 1 Satz 1 sind die §§ 14, 293, 295 Absatz 5, §§ 307 und 308 entsprechend anzuwenden.

(5) **Auf die Tätigkeit einer ausländischen AIF-Verwaltungsgesellschaft, deren Referenzmitgliedstaat nicht die Bundesrepublik Deutschland ist und die inländische Spezial-AIF verwaltet, sind ungeachtet der Anforderungen nach Absatz 4 die §§ 80 bis 161 und 273 bis 292c entsprechend anzuwenden.**

I. Einführung und Allgemeines

Als Spiegelbild zur Regelung des § 65 (sog. Outbound) wird die Vorschrift des § 66 in den Fällen relevant, in denen eine ausländische AIF-Verwaltungsgesellschaft-, deren Referenzmitgliedstaat nicht Deutschland ist, entweder grenzüberschreitend oder über eine Zweigniederlassung in Deutschland tätig werden möchte (sog. **Inbound;** vgl. § 54 zu den Begrifflichkeiten der **Zweigniederlassung** und des **grenzüberschreitenden Dienstleistungsverkehrs**). 1

Die Vorschrift gewährt somit Zugang zum deutschen Markt und betrifft diejenigen Fälle, in denen Deutschland als Aufnahmemitgliedstaat für die Tätigkeit einer ausländischen AIF-Verwaltungsgesellschaft fungieren soll. Unter Einhaltung seiner Voraussetzungen ermöglicht § 66 ausländischen AIF-Verwaltungsgesellschaften, ohne gesonderte BaFin-Erlaubnis die Verwaltung von inländischen Spezial-AIF zu übernehmen. 2

Neben den entsprechenden Vorgaben in Art. 41 AIFM-RL setzt § 66 auch Art. 6 VI AIFM-RL um (vgl. BT-Drs. 17/12294, 228), der für die in Art 6 IV AIFM-RL genannten (Neben-)Dienstleistungen die Geltung bestimmter Vorschriften aus der MiFID anordnet. 3

II. Zulässigkeitsvoraussetzungen

Das in § 66 I und II geregelte Anzeigeverfahren setzt voraus, dass die ausländische AIF-Verwaltungsgesellschaft über eine bestehende Erlaubnis in einem Referenzmitgliedstaat verfügt, dh als eine ausländische AIF-Verwaltungsgesellschaft iSd § 1 XVIII qualifiziert. Eine solche Erlaubnis kann und wird durch § 66 nicht ersetzt. Demnach reicht es für das in § 66 normierte Verfahren und dem damit verbundenen Marktzugang in Deutschland nicht aus, wenn sich die Verwaltungsgesellschaft *nur* rein tatsächlich als ausländische AIF-Verwaltungsgesellschaft qualifiziert (vgl. auch FK-KapAnlR/*Engler* § 66 Rn. 18). 4

Nach Art. 41 AIFM-RL ist die zuständige Aufsichtsbehörde des Referenzmitgliedstaates für die Prüfung der Zulässigkeit der Verwaltung eines AIF im Wege des grenzüberschreitenden Dienstleistungsverkehrs oder mittels einer deutschen Zweigniederlassung zuständig. Das Verfahren wird demnach erst durch die Absichtsanzeige (inklusive der Einreichung aller erforderlichen Unterlagen) der ausländischen AIF-Verwaltungsgesellschaft bei der zuständigen Aufsichtsbehörde ihres Referenzmitgliedstaates in Gang gesetzt. Diese Aufsichtsbehörde hat zu prüfen, ob die Angaben und Unterlagen der ausländischen AIF-Verwaltungsgesellschaft (i) vollständig sind, (ii) ob die beabsichtigte Verwaltung des AIF der AIFM-RL entspricht bzw. weiterhin entsprechen wird und (iii) ob die ausländische AIF-Ver- 5 waltungsgesellschaft sich allgemein an die AIFM-RL hält. Dabei richtet sich der tatsächliche Umfang der Prüfung an der nationalen Umsetzung des Art. 41 IV AIFM-RL im jeweiligen Referenzmitgliedstaat.

6 Im Falle einer beabsichtigten grenzüberschreitenden Tätigkeit hat die Aufsichtsbehörde des Referenzmitgliedstaates die in § 66 I Nr. 1–3 genannten Angaben und Unterlagen an die BaFin zu übermitteln. Sofern die Errichtung einer Zweigniederlassung in Deutschland beabsichtigt ist, müssen zusätzlich auch die in Abs. 2 Nr. 1–3 genannten Unterlagen übermittelt werden.

7 Die Übermittlungsfristen von einem Monat (im Falle der beabsichtigten grenzüberschreitenden Tätigkeit) bzw. von zwei Monaten (im Falle der beabsichtigten Errichtung einer Zweigniederlassung) beginnen mit der positiven Feststellung der Vollständigkeit der Anzeige und der Entsprechung mit der AIFM-RL.

8 Einzelheiten zu den formellen und inhaltlichen Voraussetzungen an diese Übermittlung enthaltenweder Art. 41 AIFM-RL noch § 66 KAGB. Es ist jedoch davon auszugehen, dass die nationalen Aufsichtsbehörden sich im Hinblick auf diese Einzelheiten selbst abstimmen werden (so zum Beispiel auch bislang die BaFin und FCA in Bezug auf die in § 329 II geforderte Bescheinigung).

9 Gemäß § 66 III kann die ausländische AIF-Verwaltungsgesellschaft ihre Verwaltungstätigkeit erst nach Erhalt der Übermittlungsmeldung durch die Aufsichtsbehörde ihres Referenzmitgliedstaates aufnehmen. Auf den tatsächlichen Zugang bzw. eine Bestätigung der BaFin kommt es nicht an. Insofern erhält die ausländische AIF-Verwaltungsgesellschaft auch keinen vorherigen Hinweis von der BaFin über die auf deutsche Zweigniederlassungen anwendbaren Vorschriften (anders bei EU-OGAW-Verwaltungsgesellschaften, vgl. § 51 II).

III. Anwendbare Vorschriften des KAGB

10 § 66 IV verweist auf die weiteren Regelungen des KAGB, die von einer ausländischen AIF-Verwaltungsgesellschaft im Falle der Errichtung einer Zweigniederlassung (S. 1) oder im Falle des grenzüberschreitenden Dienstleistungsverkehrs (S. 2) zu beachten sind.

11 Danach sind auf Zweigniederlassungen (iSd § 66 I) die Bestimmungen des § 3 I, IV und V, die §§ 14, 26 II, III und VII, 27 I–IV, 28 I 4, 33, 34 III Nr. 8 sowie die §§ 293, 295 V, 307 und 308 entsprechend anwendbar (vgl. § 66 IV 1). Hervorzuheben ist dabei insb., dass ein Verstoß gegen § 66 IV 1 iVm § 28 I 4 (Verweise auf die Geldwäsche-Compliance-Vorschriften im KWG), seit dem FinMarktAnpG eine Ordnungswidrigkeit iSd § 340 III Nr. 4 darstellt. Im Falle eines solches Verstoßes droht ein Bußgeld von bis zu 50.000 EUR.

12 Auf die Tätigkeiten im Wege des grenzüberschreitenden Dienstleistungsverkehrs (iSd § 66 I 1) sind zudem die §§ 14, 293, 295 V, 307 und 308 entsprechend anwendbar.

13 Ungeachtet der Regelung des Abs. 4 sind die Vorschriften der §§ 80–161 und 273–292c ebenfalls entsprechend anzuwenden und von der ausländische AIF-Verwaltungsgesellschaft zu beachten (vgl. § 66 Abs. V).

14 Durch die Erklärung der Anwendbarkeit bestimmter Regelungen des KAGB darf der deutsche Gesetzgeber jedenfalls keine zusätzlichen Beschränkungen für ausländische AIF-Verwaltungsgesellschaft statuieren, die bereits im Bereich der AIFM-RL geregelt sind.

IV. Übergangsvorschrift

15 § 344 schreibt vor, dass der § 66 erst ab dem in § 295 II Nr. 1 genannten Zeitpunkt anzuwenden ist.

§ 67 Jahresbericht für EU-AIF und ausländische AIF

(1) [1]Jede AIF-Kapitalverwaltungsgesellschaft ist verpflichtet, für jeden von ihr verwalteten EU-AIF und für jeden von ihr in der Europäischen Union oder in einem anderen Vertragsstaat des Abkommens über den Europäischen Wirtschaftsraum vertriebenen EU-AIF oder ausländischen AIF für jedes Geschäftsjahr spätestens sechs Monate nach Ende des Geschäftsjahres einen Jahresbericht gemäß Absatz 3 zu erstellen. [2]Dieser Jahresbericht ist den Anlegern auf Anfrage vorzulegen.

(2) [1]Ist der EU-AIF oder ausländische AIF nach der Richtlinie 2004/109/EG des Europäischen Parlaments und des Rates vom 15. Dezember 2004 zur Harmonisierung der Transparenzanforderungen in Bezug auf Informationen über Emittenten, deren Wertpapiere zum Handel auf einem geregelten Markt zugelassen sind (ABl. L 390 vom 31. 12. 2004, S. 38), verpflichtet, Jahresfinanzberichte zu veröffentlichen, so sind Anlegern auf Anfrage lediglich die Angaben nach Absatz 3 Nummer 4 bis 6 zusätzlich vorzulegen. [2]Die Vorlage kann gesondert spätestens vier Monate nach Ende des Geschäftsjahres oder in Form einer Ergänzung bei der Veröffentlichung des Jahresfinanzberichts erfolgen.

(3) [1]Der Jahresbericht muss mindestens Folgendes enthalten:

1. eine Bilanz oder eine Vermögensübersicht;
2. eine Aufstellung der Erträge und Aufwendungen des Geschäftsjahres;
3. einen Bericht über die Tätigkeiten im abgelaufenen Geschäftsjahr;
4. jede während des abgelaufenen Geschäftsjahres eingetretene wesentliche Änderung hinsichtlich der nach § 307 Absatz 1 oder Absatz 2 Satz 1 zur Verfügung zu stellenden Informationen;
5. die Gesamtsumme der im abgelaufenen Geschäftsjahr gezahlten Vergütungen, gegliedert in feste und variable von der Kapitalverwaltungsgesellschaft an ihre Mitarbeiter gezahlte Vergütungen, die Zahl der Begünstigten und gegebenenfalls die vom AIF gezahlten Carried Interest;
6. die Gesamtsumme der im abgelaufenen Geschäftsjahr gezahlten Vergütungen, aufgegliedert nach Führungskräften und Mitarbeitern der Kapitalverwaltungsgesellschaft, deren Tätigkeit sich wesentlich auf das Risikoprofil des AIF auswirkt.

[2]Inhalt und Form des Jahresberichts bestimmen sich im Übrigen nach den Artikeln 103 bis 107 der Delegierten Verordnung (EU) Nr. 231/2013.

(4) [1]Die im Jahresbericht enthaltenen Zahlenangaben werden gemäß den Rechnungslegungsstandards des Herkunftsmitgliedstaates des AIF oder gemäß den Rechnungslegungsstandards des Drittstaates, in dem der ausländische AIF seinen Sitz hat, oder gemäß den in den Anlagebedingungen, der Satzung oder dem Gesellschaftsvertrag des AIF festgelegten Rechnungslegungsstandards erstellt. [2]Dies gilt nicht im Fall des Absatzes 2.

(5) [1]**Die im Jahresbericht enthaltenen Zahlenangaben werden von einer oder mehreren Personen geprüft, die gemäß der Richtlinie 2006/43/EG des Europäischen Parlaments und des Rates vom 17. Mai 2006 über Abschlussprüfungen von Jahresabschlüssen und konsolidierten Abschlüssen (ABl. L 157 vom 9.6.2006, S. 87) gesetzlich zur Abschlussprüfung zugelassen sind. [2]Der Abschlussprüfer hat das Ergebnis der Prüfung in einem Bestätigungsvermerk zusammenzufassen. [3]Der Bestätigungsvermerk des Abschlussprüfers einschließlich etwaiger Einschränkungen ist in jedem Jahresbericht vollständig wiederzugeben. [4]Abweichend von den Sätzen 1 und 2 können AIF-Kapitalverwaltungsgesellschaften, die ausländische AIF verwalten, die Jahresberichte dieser AIF einer Prüfung entsprechend den internationalen Prüfungsstandards unterziehen, die in dem Staat verbindlich vorgeschrieben oder zugelassen sind, in dem der ausländische AIF seinen satzungsmäßigen Sitz hat.**

I. Allgemeines

1 Mit § 67 setzt der Gesetzgeber die Vorgaben des Art. 22 AIFM-RL für Jahresberichte von EU-AIF und ausländischen AIF nahezu wortgleich in deutsches Recht um. Die Vorschrift bestimmt den Mindestinhalt der durch die AIF-Verwaltungsgesellschaft zu erstellenden Jahresberichten, welche den Anlegern auf Anfrage vorzulegen sind. Die zusätzlich von Art. 22 I AIFM-RL geforderte Vorlage der Jahresberichte für nicht-inländische AIF, die im Rahmen des grenzüberschreitenden Dienstleistungsverkehrs oder über eine Zweigniederlassung von einer AIF-Verwaltungsgesellschaft verwaltet oder innerhalb der EU vertrieben werden, wird in § 35 III Nr. 1 und IV umgesetzt (vgl. Kommentierung zu § 35).

II. Zweck der Vorschrift

2 Die Vorschrift dient vor allem der Erhöhung der Transparenz alternativer Investmentfonds sowohl zugunsten der Anleger als auch zugunsten der verbesserten Wahrnehmung aufsichtsrechtlicher Kontrolltätigkeiten durch die zuständigen Behörden der Mitgliedstaaten (vgl. DJKT/*Dornseifer* Vorbemerkung Kapitel IV Rn. 5; EDD/*Hornschu/Neuf* § 67 Rn. 1).

III. Anwendungsbereich

3 Gemäß § 67 I hat eine inländische AIF-Verwaltungsgesellschaft, dh eine AIF-Verwaltungsgesellschaft, die im Hoheitsgebiet der Bundesrepublik Deutschland ansässig ist, einen Jahresbericht für (i) die von ihr **verwalteten EU-AIF,** (ii) die von ihr in der EU oder einem Abkommensstaat **vertriebenen EU-AIF** und (iii) die von ihr in der EU oder einem Abkommensstaat **vertriebenen ausländischen** (dh Nicht-EU) **AIF** zu erstellen. Von der Vorschrift nicht erfasst sind ausländische AIF, die zwar von der inländischen AIF-Verwaltungsgesellschaft **verwaltet** werden, jedoch nicht innerhalb der EU oder einem Abkommensstaat vertrieben werden.

4 Die von Abs. 1 geforderte **Verwaltung** liegt gemäß der Legaldefinition des § 17 I 2 dann vor, wenn die Tätigkeit der AIF-Verwaltungsgesellschaft mindestens die Portfolioverwaltung oder das Risikomanagement umfasst. Dagegen richtet sich die von Abs. 1 erfasste Tätigkeit des **Vertriebs** nach den Vorgaben der §§ 293 ff. Mit der Einführung des § 1 XIX Nr. 29a durch das FoStoG und der damit verbundenen

gesetzlichen Erfassung von „Pre-Marketing" Tätigkeiten, dh solche Tätigkeiten, die vor dem eigentlichen Vertrieb eines Investmentvermögens iSd §§ 293 ff. vorgenommen werden, dürfte der sachliche Anwendungsbereich des § 67 I an bis dahin mangelnder Bestimmtheit gewonnen haben (bspw. knüpft die Klassifizierung von Vorbereitungstätigkeit als Vertrieb iSd §§ 293 ff. oder als zulässiges Pre-Marketing fortan nicht mehr ausschließlich an der Auslegung/Verwaltungspraxis der BaFin).

Sofern sich der Anknüpfungspunkt der Anwendbarkeit des § 67 auf inländische AIF-Verwaltungsgesellschaften sachlich auf die Tätigkeiten der **Verwaltung** bzw. des **Vertriebs** (in den unter → Rn. 4 bezeichneten Fällen) beschränkt, kann die Vorschrift für die von ihr erfassten AIF-Verwaltungsgesellschaften einen hohen administrativen Aufwand zur Folge haben. Die Übernahme der **Verwaltungs**tätigkeit iSd § 17 I 2 oder der **Vertriebs**tätigkeit iSd §§ 293 ff. durch eine inländische AIF-Verwaltungsgesellschaft, bedeutet nicht zugleich, dass diese auch regelmäßigen Zugang zu den für die Erstellung des Jahresberichts notwendigen Unterlagen oder Kennzahlen hat. Dies dürfte insb. für die Tätigkeit des Vertriebs gelten (vgl. so auch EDD/*Hornschu/Neuf* § 67 Rn. 5). Zur Erfüllung ihrer aus § 67 entstehenden Pflichten müssen inländische AIF-Verwaltungsgesellschaften stets darauf achten, dass die vertragliche Grundlage für die Übernahme der von § 67 I erfassten Verwaltungs- und/oder Vertriebstätigkeiten, ihnen auch gleichermaßen fristgerechten Zugang zu den notwendigen Daten für die Erstellung des Jahresberichts gem. den Vorgaben des § 67 zusichern. **5**

IV. Inhalt des Jahresberichts

Der Mindestinhalt des gem. Abs 1 zu erstellenden Jahresberichts ergibt sich aus den Vorgaben des Abs. 3 (bzw. in Ausnahmefällen nach Abs. 2). Entsprechend Art. 22 II AIFM-RL muss der Jahresbericht mindestens aus den folgenden (Pflicht-) Bestandteilen bestehen: **6**

1. eine Bilanz oder eine Vermögensübersicht,
2. eine Ertrags- und Aufwandsaufstellung für das Geschäftsjahr,
3. ein Tätigkeitsbericht,
4. Angabe wesentlicher Änderungen bei bestimmten Informationen,
5. an Mitarbeiter der Verwaltungsgesellschaft gezahlte Vergütungen mit Untergliederung,
6. desgleichen an Führungskräfte und Risikoträger gezahlten Vergütungen,
7. der Bestätigungsvermerk des Abschlussprüfers.

Der Pflichtbestandteile des Jahresberichts gem. § 67 orientieren sich an die Parallelvorschriften für OGAW. Hinsichtlich der Form und des Inhalts zu den einzelnen Bestandteilen verweist § 67 III 2 auf die Vorgaben der Art. 103–107 der DVO (EU) 231/2013. Gemäß den in Art. 103 DVO (EU) 231/2013 statuierten Grundsätzen für die Erstellung des Jahresberichts sind alle darin enthaltenen Informationen in einer Form darzustellen, die relevante, zuverlässige, vergleichbare und klare Informationen für den Anleger bietet. Zudem hat der Jahresbericht sämtliche von Anlegern benötigten Informationen zu besonderen AIF-Strukturen zu enthalten. Folgerichtig sind die Inhalte der Art. 103 ff. DVO (EU) 231/2013 nicht abschließend zu betrachten (vgl. auch EDD/*Hornschu/Neuf* § 67 Rn. 12). **7**

Die Rechtsform des gegenständlichen AIF entscheidet letztlich über die Frage der gem. § 67 III Nr. 1 geforderten Erstellung einer Bilanz (Rechtsform: Gesellschaft) oder einer Vermögensübersicht (Rechtsform: Vertragsform). Gemäß **8**

Art. 104 I DVO (EU) 231/2013 enthält die Bilanz oder die Vermögensübersicht **zumindest** folgende Elemente und Einzelposten:

I. Vermögenswerte
   1. Anlagen
   2. Barmittel und Barmitteläquivalente
   3. Forderungen
II. Verbindlichkeiten
   1. zahlbare Beträge
   2. Kredite
   3. sonstige Verbindlichkeiten
III. Nettoinventar als Residualanspruch am Vermögen nach Abzug aller Verbindlichkeiten.

Bei der Ertrags- und Aufwandsaufstellung (vgl. § 67 III Nr. 2) hat die Aufstellung gem. Art. 104 I DVO (EU) 231/2013 mindestens folgende Elemente und Einzelposten zu enthalten:

I. Erträge
   1. Anlageerträge
      a) Dividendenerträge
      b) Zinserträge
      c) Mieterträge
   2. realisierte Anlagegewinne
   3. nichtrealisierte Anlagegewinne
   4. sonstige Erträge
II. Aufwendungen
   1. Entgelte für Anlageberatung oder Anlageverwaltung
   2. sonstige Aufwendungen
   3. realisierte Anlageverluste
   4. nichtrealisierte Anlageverluste
III. Nettoertrag oder Nettoaufwand.

Grundsätzlich haben die Gliederung, Nomenklatur und Terminologie der Einzelposten den für den AIF geltenden Rechnungslegungsstandards zu entsprechen. Gemäß Art. 104 IV DVO (EU) 231/2013 sind zusätzliche Einzelposten, Zwischenüberschriften und Zwischensummen anzugeben, sofern dies für das Verständnis des Anlegers über die finanzielle Position eines AIF in der Bilanz oder der Vermögens- und Verbindlichkeitenübersicht oder für das Verständnis des Anlegers über die Wertentwicklung eines AIF im Hinblick auf Format und Inhalt der Aufstellung der Erträge und Aufwendungen erforderlich ist.

9 Der Tätigkeitsbericht muss die gem. Art. 105 der DVO (EU) 231/2013 vorgegebenen (Mindest-)Inhalte enthalten. Dies bedeutet im Einzelnen:

I. eine Übersicht über die Anlagegeschäfte während des Jahres oder des Berichtszeitraums und eine Übersicht über das Portfolio des AIF am Ende des Jahres oder des Berichtszeitraums
II. eine Übersicht über die Wertentwicklung des AIF während des Jahres oder des Berichtszeitraums und
III. Angaben zu den in Art. 106 der DVO (EU) 231/2013 definierten wesentlichen Änderungen der Anlegerinformationen gem. Art. 23 AIFM-RL, die in den Abschlüssen nicht bereits enthalten sind.

Als eigenständiger Teil des Jahresberichts hat der Tätigkeitsbericht die gesamten Tätigkeiten und die Wertentwicklung des AIF **fair** und **ausgewogen** darzustellen und die Hauptanlagerisiken und wirtschaftlichen Unsicherheiten, die für den AIF bestehen und für den Anleger von Bedeutung sind, zu beschreiben.

Wesentliche Änderungen liegen entsprechend Art. 106 DVO (EU) 231/2013 dann vor, wenn ein rationaler Anleger in Kenntnis der Änderung seine Anlage **mit hoher Wahrscheinlichkeit** überdenken würde. Dies gilt zusätzlich zu jedweden – sich aus der Änderung ergebenden – wirtschaftlichen Erwägungen auch dann, wenn durch die Änderung die Fähigkeit des Anlegers seine Rechte bezüglich der Anlage wahrzunehmen oder sonstige Interessen beeinträchtigt werden. 10

Für die Angaben hinsichtlich der Vergütung (Abs. 3 Nr. 5 und Nr. 6) sind die Vorgaben des Art. 107 der DVO (EU) 231/2013 entsprechend zu beachten. Wird die Vergütung auf Ebene des AIFM offengelegt, sollten diese Angaben ergänzt und die Gesamtvergütung für den betreffenden AIF aufgeschlüsselt oder diesem zugewiesen werden (vgl. auch Erwägungsgrund 127 der DVO (EU) 231/2013 für entsprechende Darstellungsmöglichkeiten). Die Aufschlüsselung der Vergütung ist zudem nach der Klassifizierung der Begünstigten zu untergliedern (Mitarbeiter gem. Nr. 5 sowie Führungskräfte und Risikoträger gem. Nr. 6). Bei den von Nr. 6 genannten **Risikoträgern** handelt es sich um solche Personen, deren Tätigkeit sich auf das Risikoprofil des AIF auswirkt. Wer hierzu konkret zählt, ist gesetzlich nicht näher definiert. Dazu dürften jedoch idR für den gegenständlichen AIF verantwortliche Mitarbeiter des Portfoliomanagements und des Risikomanagements gehören (vgl. auch Baur/Tappen/*Geurts* § 67 Rn. 22, EDD/Hornschu/Neuf § 67 Rn. 25). 11

V. Erstellungspflicht, Vorlagepflicht und Frist

Die inländische AIF-Verwaltungsgesellschaft hat den Jahresbericht innerhalb von sechs Monaten nach Ende des Geschäftsjahres des jeweiligen AIF zu erstellen. Die Pflicht zur Vorlage des Jahresberichts entsteht gem. § 67 I 2 auf Anfrage der Anleger. Parallel dazu entsteht eine Vorlagepflicht auf Anfrage der BaFin gem. § 35 III Nr. 1. Weitere Vorlagepflichten können gem. den gesetzlichen Bestimmungen des Herkunftslandes des AIF bestehen (bspw. ggü. den zuständigen Aufsichtsbehörden im Herkunftsland). Der Jahresbericht muss geprüft und mit einem Bestätigungsvermerk versehen sein. 12

VI. Verkürzter Inhalt und Frist gem. Abs. 2

Qualifiziert ein von § 67 erfasster AIF als Emittent iSd RL 2004/109/EG, dessen Wertpapiere zum Handel an einem geregelten Markt zugelassen sind, sind die Inhalte des § 67 III Nr. 1–3 bereits in dem von solchen AIF zur veröffentlichenden Jahresfinanzbericht enthalten. Folgerichtig entsteht diesbezüglich keine doppelte (bzw. redundante) Veröffentlichungspflicht. Vielmehr verkürzt § 67 II die zusätzlichen Veröffentlichungspflichten der inländischen AIF-Verwaltungsgesellschaft in solchen Fällen auf die Inhalte des § 67 III Nr. 4–6. Zudem besteht die Vorlagepflicht in Fällen des Abs. 2 ebenfalls nur auf Anfrage eines Anlegers und innerhalb einer verkürzten Frist von vier Monaten nach Ende des Geschäftsjahres. 13

VII. Rechnungslegungsstandards und Abschlussprüfung

14 Gemäß § 67 IV sind die im Jahresbericht (gem. § 67 I iVm III) enthaltenen Zahlenangaben entweder gem. den Rechnungslegungsstandards des Herkunftsmitgliedstaates (im Falle von EU-AIF) oder gem. den Rechnungslegungsstandards des Drittstaates, in dem der AIF seinen Sitz hat (im Falle von ausländischen AIF), oder aber gem. den in den Anlagebedingungen, der Satzung oder dem Gesellschaftsvertrag des AIF normierten Rechnungslegungsstandards zu erstellen.

15 Gemäß § 67 V sind die **Zahlenangaben** des Jahresberichts von einer oder mehreren Personen durchzuführen, die gem. RL 2006/43/EG gesetzlich zur Abschlussprüfung zugelassen sind. Die Prüfung weiterer Inhalte, wie zB die Ausführungen zum Tätigkeitsbericht der AIF-Verwaltungsgesellschaft, sind demnach nicht **zwingend** von der Prüfung erfasst. Für die Jahresberichte ausländischer AIF (dh aus Drittstaaten) gilt nach § 67 V 4, dass die verwaltende AIF-Verwaltungsgesellschaft diese einer Prüfung unterziehen lassen kann, die nach den internationalen Prüfungsstandards des Staates, in dem der AIF seinen satzungsmäßigen Sitz hat, verbindlich vorgeschrieben oder zugelassen sind.

Abschnitt 3. Verwahrstelle

Unterabschnitt 1. Vorschriften für OGAW-Verwahrstellen

§ 68 Beauftragung und jährliche Prüfung; Verordnungsermächtigung

(1) [1]**Die OGAW-Kapitalverwaltungsgesellschaft hat sicherzustellen, dass für jeden von ihr verwalteten OGAW eine Verwahrstelle im Sinne des Absatzes 2 beauftragt wird.** [2]**Die Beauftragung der Verwahrstelle ist in einem in Textform geschlossenen Vertrag zu vereinbaren.** [3]**Der Vertrag regelt unter anderem den Informationsaustausch, der für erforderlich erachtet wird, damit die Verwahrstelle nach den Vorschriften dieses Gesetzes und gemäß den anderen einschlägigen Rechts- und Verwaltungsvorschriften ihren Aufgaben für den OGAW, für den sie als Verwahrstelle beauftragt wurde, nachkommen kann.**

(2) **Die Verwahrstelle ist ein Kreditinstitut im Sinne des Artikels 4 Absatz 1 Nummer 1 der Verordnung (EU) Nr. 575/2013 mit satzungsmäßigem Sitz in der Europäischen Union oder in einem anderen Vertragsstaat des Abkommens über den Europäischen Wirtschaftsraum, das gemäß § 32 des Kreditwesengesetzes oder den im Herkunftsmitgliedstaat des EU-OGAW anzuwendenden Vorschriften, die die Richtlinie 2013/36/EU umsetzen, zugelassen ist.**

(3) [1]**Verwaltet die OGAW-Kapitalverwaltungsgesellschaft inländische OGAW, muss die Verwahrstelle ihren Sitz im Geltungsbereich dieses Gesetzes haben.** [2]**Bei der Verwahrstelle für einen inländischen OGAW muss es sich um ein CRR-Kreditinstitut im Sinne des § 1 Absatz 3d des Kreditwesengesetzes handeln, das über die Erlaubnis zum Betreiben des Depotgeschäfts nach § 1 Absatz 1 Satz 2 Nummer 5 des Kreditwesengesetzes verfügt.** [3]**Als Verwahrstelle für inländische OGAW kann auch eine Zweigniederlassung eines CRR-Kreditinstitut im Sinne des § 53b Absatz 1 Satz 1 des Kreditwesengesetzes im Geltungsbereich dieses Gesetzes beauftragt werden.**

(4) [1]**Mindestens ein Geschäftsleiter des Kreditinstituts, das als Verwahrstelle beauftragt werden soll, muss über die für die Verwahrstellenaufgaben erforderliche Erfahrung verfügen. [2]Das Kreditinstitut muss bereit und in der Lage sein, die für die Erfüllung der Verwahrstellenaufgaben erforderlichen organisatorischen Vorkehrungen zu schaffen. [3]Diese umfassen einen Prozess, der es den Mitarbeitern unter Wahrung der Vertraulichkeit ihrer Identität ermöglicht, potenzielle oder tatsächliche Verstöße gegen dieses Gesetz oder gegen auf Grund dieses Gesetzes erlassene Rechtsverordnungen sowie etwaige strafbare Handlungen innerhalb der Verwahrstelle an geeignete Stellen im Sinne des § 25a Absatz 1 Satz 6 Nummer 3 des Kreditwesengesetzes zu melden.**

(5) [1]**Die Verwahrstelle muss ein Anfangskapital von mindestens 5 Millionen Euro haben. [2]Hiervon unberührt bleiben etwaige Eigenmittelanforderungen nach dem Kreditwesengesetz.**

(6) [1]**Für nähere Einzelheiten zum Mindestinhalt des Vertrags nach Absatz 1 wird auf Artikel 2 der Delegierten Verordnung (EU) 2016/438 verwiesen. [2]Der Vertrag unterliegt dem Recht des Herkunftsmitgliedstaates des OGAW.**

(7) [1]**Die ordnungsgemäße Erfüllung der gesetzlichen oder vertraglichen Pflichten als Verwahrstelle durch das Kreditinstitut oder die Zweigniederlassung ist durch einen geeigneten Abschlussprüfer einmal jährlich zu prüfen. [2]Geeignete Prüfer sind Wirtschaftsprüfer, die hinsichtlich des Prüfungsgegenstandes über ausreichende Erfahrung verfügen. [3]Die Verwahrstelle hat den Prüfer spätestens zwei Monate nach Ablauf des Kalenderjahres zu bestellen, auf das sich die Prüfung erstreckt. [4]Die Verwahrstelle hat den Prüfer vor der Erteilung des Prüfungsauftrags der Bundesanstalt anzuzeigen. [5]Die Bundesanstalt kann innerhalb eines Monats nach Zugang der Anzeige die Bestellung eines anderen Prüfers verlangen, wenn dies zur Erreichung des Prüfungszwecks geboten ist. [6]In der Regel ist die Bestellung eines anderen Prüfers zur Erreichung des Prüfungszwecks geboten, wenn eine Verwahrstelle, die kein Unternehmen von öffentlichem Interesse nach § 316a Satz 2 Nummer 1 oder 2 des Handelsgesetzbuchs ist, der Bundesanstalt für mindestens elf aufeinanderfolgende Geschäftsjahre denselben Prüfer angezeigt hat. [7]Der Prüfer hat den Prüfungsbericht unverzüglich nach Beendigung der Prüfung der Bundesanstalt einzureichen.**

(7a) [1]**Die Prüfung nach Absatz 7 ist insbesondere auf die ordnungsgemäße Erfüllung der in den §§ 70 bis 79 genannten Pflichten zu erstrecken. [2]Die für diese Aufgaben vorgehaltene Organisation ist in Grundzügen zu beschreiben und auf ihre Angemessenheit zu beurteilen. [3]Die beauftragenden Kapitalverwaltungsgesellschaften sowie die Anzahl der für diese verwahrten inländischen Investmentvermögen und das Netto-Fondsvermögen sind zu nennen. [4]Über wesentliche Vorkommnisse, insbesondere bei der Ausgabe und Rücknahme von Anteilen eines Investmentvermögens, bei aufgetretenen Interessenkollisionen im Sinne des § 70, der Ausübung der Kontrollfunktionen nach § 76 und der Belastung der Investmentvermögen mit Vergütungen und Aufwendungsersatz nach § 79 ist zu berichten. [5]Sofern Anleger gegenüber der Verwahrstelle oder durch die Verwahrstelle gegenüber einer Kapitalverwaltungsgesellschaft Ansprüche nach § 78 geltend gemacht haben, ist auch hierüber zu berichten.**

(7b) [1]**Unbeschadet der besonderen Pflichten des Abschlussprüfers nach Absatz 7a kann die Bundesanstalt auch gegenüber der Verwahrstelle Bestimmungen über den Inhalt der Prüfung treffen, die vom Abschlussprüfer im Rahmen der Prüfung zu berücksichtigen sind.** [2]**Sie kann insbesondere Schwerpunkte für die Prüfungen festlegen.**

(8) [1]**Das Bundesministerium der Finanzen wird ermächtigt, durch Rechtsverordnung, die nicht der Zustimmung des Bundesrates bedarf, nähere Bestimmungen über den Gegenstand der Prüfung nach Absatz 7 und über Art, Umfang und Zeitpunkt der Prüfung nach Absatz 7 Satz 1 sowie zur Art und Weise der Einreichung des Prüfungsberichts bei der Deutschen Bundesbank und der Bundesanstalt zu erlassen, soweit dies zur Erfüllung der Aufgaben der Bundesanstalt erforderlich ist, insbesondere um einheitliche Unterlagen zur Beurteilung der Tätigkeit als Verwahrstelle zu erhalten.** [2]**Das Bundesministerium der Finanzen kann die Ermächtigung durch Rechtsverordnung auf die Bundesanstalt übertragen.**

Schrifttum: *Patz* Das Zusammenwirken zwischen Verwahrstelle, Bewerter, Abschlussprüfer und BaFin bei der Aufsicht über Investmentvermögen nach dem KAGB – Zuständigkeiten bei der Überprüfung der Einhaltung der Bewertungsmaßstäbe und -verfahren für Vermögensgegenstände von AIF und OGAW, BKR 2015, 193; *Wibbeke/Moroni* AIF Verwahrstellen als Dienstleister im institutionellen Asset Management, Absolut Report 05/2014, 45.

Zur Haftung der Verwahrstelle siehe auch OLG Frankfurt 19.12.1996 – 16 U 109/96, ZIP 1997, 319 und BGH 18.09.2001 – XI ZR 337/00, NJW 2001, 3633 (dazu *Balzer* EWiR 2002, 117).

Inhaltsübersicht

	Rn.
I. Allgemeines	1
II. Beauftragung der Verwahrstelle (§ 68 I)	5
III. Institutionelle Anforderungen an die Verwahrstelle (§ 68 II)	9
IV. Belegenheits-Anforderungen an die Verwahrstelle (§ 68 III)	10
V. Personelle und organisatorische Anforderungen an die Verwahrstelle (§ 68 IV)	12
1. Personelle Anforderungen (§ 68 IV 1)	12
2. Organisatorische Anforderungen (§ 68 IV 2 u. 3)	14
a) Organisatorische Vorkehrungen (§ 68 IV 2)	14
b) Whistleblowing (§ 68 IV 3)	16
VI. Kapitalanforderungen an die Verwahrstelle (§ 68 V)	17
VII. Inhaltliche Anforderungen an den Verwahrstellenvertrag (§ 68 VI)	19
VIII. Jährliche Prüfung der Verwahrstelle (§ 68 VII, VIIa, VIIb)	21
IX. Verordnungsermächtigung (§ 68 VIII)	25

I. Allgemeines

1 § 68 statuiert für die KVG die Pflicht, für ihre OGAW Verwahrstellen zu beauftragen und gibt den Rahmen für ihre Beauftragung sowie ihre Prüfung durch den Abschlussprüfer vor. Der Gesetzgeber verfolgt damit die Intention, den Anlegerschutz durch eine **präventive Kontrollinstanz** zu optimieren (vgl. *Wibbeke/Moroni* Absolut Report 05/2014, 47). Anders als die BaFin oder der Abschlussprüfer ist die Verwahrstelle nämlich sowohl zeitlich als auch sachlich die nächste Kontrollinstanz der Kapitalverwaltungsgesellschaft, weshalb ihr eine herausragende Bedeu-

tung zukommt (BaFin-Rundschreiben 05/2020 (WA) I.; BKR 2015, 193). Dabei erfüllt die Verwahrstelle drei wesentliche Funktionen: **Verwahr-, Zahlstellen- und Kontrollfunktion.** Durch die **Verwahrfunktion** wird der KVG der unmittelbare Zugriff auf und dadurch die Verfügungsmöglichkeit über die Vermögensgegenstände des OGAW entzogen. Damit kann zum einem im Interesse der Anleger sichergestellt werden, dass sich die Vermögensgegenstände tatsächlich im Besitz des OGAW befinden und dass sie vor kriminellen Handlungen wie zB einer Unterschlagung zu Lasten der Anleger geschützt werden (AWZ/*Kunschke/Bachmann* Vor §§ 68 Rn. 61). Zum anderen werden die Vermögensgegenstände durch die Trennung gegen das Insolvenzrisiko der KVG abgeschirmt. Unter die **Zahlstellenfunktion** fällt sowohl die Überwachung sämtlicher Zahlungseingänge als auch die Abwicklung aller Zahlungsausgänge des OGAW. Das dient dem Schutz vor Schneeballsystemen, der Abschirmung des Insolvenzrisikos, der Sicherstellung der Anteilsausgabe nur Zug-um-Zug gegen volle Leistung sowie dem Schutz vor Pflichtverletzungen der KVG (DJKT/*Tollmann* AIFM-RL Art. 21 Rn. 144ff.). Mit der **Kontrollfunktion** sollen Verstöße gegen das Aufsichtsrecht sowie gegen die vertraglichen Regelungen des OGAW verhindert werden, um den Anleger vor rechtswidrigen Handlungen zu schützen (DJKT/*Tollmann* AIFM-RL Art. 21 Rn. 257).

Um den Schutz des Investmentvermögens zu gewährleisten, wird der Anfor- **2**
derungskatalog des § 68 insb. im Bereich von potenziellen Interessenkonflikten durch § 70 konkretisiert. Hervorzuheben ist, dass die Verwahrstelle **unabhängig** von der KVG und **ausschließlich im Interesse der Anleger** handeln soll. Für die (Rechts-) Beziehungen zwischen der Verwahrstelle, der KVG und dem Anleger wird häufig der Begriff „Investmentdreieck" verwendet. Das Schaubild des Investmentdreiecks spiegelt jedoch nicht alle möglichen investmentrechtlichen Konstellationen wider. Zu beachten ist hier insb. die immer bedeutsamer werdende Rolle von Master-Service-KVG, die ua durch ihr Zusammenspiel mit Asset Managern nicht in das Gebilde des einfachen Investmentdreiecks passen (vgl. WBA/*Klusak* § 68 Rn. 3).

Während hinsichtlich der Einordnung der Rechtsbeziehung zwischen Verwahr- **3**
stelle und KVG Einigkeit besteht (→ Rn. 8), ist die zivilrechtliche Einordnung des Rechtsverhältnisses zwischen Anleger und Verwahrstelle im Schrifttum umstritten. Heute besteht Einigkeit, dass den Anlegern gegenüber der Verwahrstelle keine Leistungsansprüche zustehen, sondern nur Schadensersatzansprüche (BSV/*Beckmann* § 68 Rn. 50). Ein Vertrag zugunsten Dritter iSv § 328 BGB, wie die frühere herrschende Lehre annahm, scheidet daher aus. Vieles spricht dafür, dass es sich bei dem Verwahrstellenvertrag im Wege einer ergänzenden Vertragsauslegung iSd § 157 BGB um einen **Vertrag mit Schutzwirkung zugunsten Dritter** handelt. Anders als beim Vertrag nach § 328 BGB, wird bei dem Rechtsinstitut des Vertrages mit Schutzwirkung zugunsten Dritter lediglich vereinbart, dass ein Dritter (Anleger) in den Schutzbereich des Vertrages zwischen Versprechungsempfänger (KVG) und Versprechendem (Verwahrstelle) einbezogen werden soll, ohne dass an den Anleger eine Leistung erfolgen muss. Damit entstehen dem Anleger keine eigenen Primäransprüche gegen die Verwahrstelle, gleichwohl kommen ihm auf sekundärer Ebene Schadensersatzansprüche zu, die sowohl aus vertraglichen als auch gesetzlichen Schuldverhältnissen resultieren können. Für die Annahme eines Vertrages mit Schutzwirkung zugunsten Dritter spricht, dass die Voraussetzungen dieses Rechtsinstituts erfüllt sind. So kommen die Anleger sowohl mit der Leistung als auch den Gefahren aus dem Verwahrstellenvertrag in Berührung, da eine Verletzung des Verwahrstellenvertrages eine direkte Einflussnahme auf den Wert des Investmentvermögens haben kann. Des Weiteren sind die Leistungen des Verwahrstellenvertrages

erkennbar drittbezogen, weil sowohl die KVG nach § 26 I als auch die Verwahrstelle nach § 70 I ausschließlich im Interesse des Anlegers handeln. Ferner ist der Anleger schutzbedürftig. Die Schutzbedürftigkeit folgt bereits aus der Daseinsberechtigung der Verwahrstelle und stellt die Grundlage diverser Normen des KAGB dar.

4 Nach weiteren Auffassungen handelt es sich bei dem Verhältnis zwischen Verwahrstelle und Anleger um eine Sonderverbindung iSd Rechtsinstituts der **„culpa in contrahendo"** nach den §§ 241 II BGB iVm § 311 II Nr. 3 BGB (jedoch verneint vom OLG Frankfurt 16 U 109/96, ZIP 1997, 319 (320)) oder um ein **gesetzliches Schuldverhältnis** (ua WBA/*Klusak* § 68 Rn. 10), das sich direkt aus dem Pflichtenkatalog des KAGB erstreckt. Auf die Herleitung der Schwächen der beiden letztgenannten Auffassungen kommt es aus zweierlei Hinsicht nicht an: Zum einen führen beide Auffassungen hinsichtlich ihrer Ansprüche, wie der Vertrag mit Schutzwirkung zugunsten Dritter, zu Ansprüchen aus einem (vertraglichen oder gesetzlichen) Schuldverhältnis nach § 280 I BGB oder den „schwächeren" deliktischen Ansprüchen nach § 823 II BGB (zB bei Verletzung eines Schutzgesetzes wie § 76 I). Zum anderen ist durch die Haftungsregelungen nach § 77 die Rechtsfrage nach dem Charakter des Rechtsverhältnisses zwischen Verwahrstelle und Anleger entschärft, wenngleich nicht obsolet geworden.

II. Beauftragung der Verwahrstelle (§ 68 I)

5 Nach § 68 I 1 hat die KVG sicherzustellen, dass für jeden von ihr verwalteten OGAW eine Verwahrstelle beauftragt wird. Die Terminologie **„sicherstellen"** soll den gesetzgeberischen Willen konkretisieren, dass auch in den Fällen, in denen die Verwahrstelle idR nicht von der KVG selbst, sondern von einer extern verwalteten InvAG mit veränderlichen Kapital beauftragt wird, die KVG dafür zuständig und verantwortlich ist, dass eine Beauftragung einer Verwahrstelle stattfindet (BT-Drs. 17/12294, 229). Dahinter verbirgt sich der Gedanke, dass die operationellen Risiken bei der KVG verbleiben sollen. Nichts anderes gilt zB auch bei der Beauftragung von Bewertern, Steuerberatern und Rechtsanwälten. Die KVG hat für die Auswahl und Bestellung der Verwahrstelle einen Entscheidungsfindungsprozess zu implementieren, der auf objektiven, vorab festgelegten Kriterien basiert und den alleinigen Interessen des OGAW und seiner Anleger entspricht (Art. 22 DelVO (EU) 2016/438). Die Auswahl der Verwahrstelle ist gegenüber der BaFin nachzuweisen, weshalb der Entscheidungsprozess zu dokumentieren ist (Art. 22 DelVO (EU) 2016/438).

6 Seit dem Inkrafttreten des Fondsstandortgesetzes ist die Beauftragung der Verwahrstelle nicht mehr in Schriftform erforderlich, sondern in Textform iSv § 126b BGB ausreichend (§ 68 I 2). Daraus resultiert, dass der Verwahrstellenvertrag nunmehr zB auch per E-Mail wirksam geschlossen werden kann. In der Praxis schließt die KVG mit der Verwahrstelle einen **Rahmenvertrag.** Im Laufe der Geschäftsbeziehung zwischen den beiden Akteuren wird im Falle der Beauftragung der Verwahrstelle für neue Investmentvermögen ein Nachtrag vereinbart, der idR nur die Aufnahme des neuen Investmentvermögens vorsieht und ebenfalls die Textform erfordert. Eine zeitliche Beschränkung für den Vertragsschluss des Verwahrstellenvertrages gibt es nicht. Daher kann der Vertrag auch vor der erforderlichen Genehmigung der BaFin nach § 69 I geschlossen werden. Damit die Vertragsparteien ihre wesentlichen Pflichten erfüllen können, ist eine zeitlich nachgelagerte Genehmigung der BaFin dennoch erforderlich. In der Praxis hat es sich etabliert, dass gerade die Nachträge zur Aufnahme weiterer Investmentvermögen vor Genehmigung der BaFin unterschrieben werden. Der Verwahrstellenvertrag dient dann ua als Nach-

weis für eine bereits erfolgte Auswahl der Verwahrstelle (vgl. BaFin-Rundschreiben 05/2020 (WA) II 4.). Sofern die BaFin eine Genehmigung versagt, wird der Vertrag dann nicht wirksam, wenn die Genehmigung der BaFin als aufschiebende Bedingung in den Verwahrstellenvertrag aufgenommen wurde. Fehlt eine derartige Klausel zur aufschiebenden Bedingung, liegt ein Fall rechtlicher Unmöglichkeit nach § 275 I BGB vor, der ua Rücktritts- als auch Kündigungsrechte zur Folge hat (FK-KapAnlR/*Koch* § 69 Rn. 4).

Die Rechtsnatur des Verwahrstellenvertrages stellt einen **gemischttypischen Vertrag** dar, dessen mehrheitlicher Inhalt einem Geschäftsbesorgungsvertrag nach den §§ 675 ff. BGB gleicht (hL). Der Mindestinhalt des Verwahrstellenvertrages ergibt sich insb. aus dem § 68 VI, der hierzu auf Art. 2 der DelVO (EU) 2016/438 verweist. Darüber hinaus besteht für den Verwahrstellenvertrag weitestgehend Gestaltungsfreiheit. In der Praxis hat es sich bewährt, die Prozesse der Zusammenarbeit zwischen Verwahrstelle und KVG nicht im Verwahrstellenvertrag selbst, sondern in einer separaten Vereinbarung (sog. **Service-Level-Agreement, SLA**) zu regeln. Das SLA wird als Anlage des Verwahrstellenvertrages in das Vertragskonstrukt zwischen Verwahrstelle und KVG aufgenommen. 7

§ 68 I 3 zeichnet sich nach berechtigter Kritik durch *Klusak* als überflüssig ab, da der darin geforderte Informationsaustausch in § 68 VI durch den Verweis auf den Art. 2 der DelVO (EU) 2016/438 detaillierter beschrieben wird (WBA/*Klusak* § 68 Rn. 13). 8

III. Institutionelle Anforderungen an die Verwahrstelle (§ 68 II)

Mit der Verwahrstellenfunktion für einen OGAW kann nur ein **Kreditinstitut** iSv Art. 4 I Nr. 1 der VO (EU) Nr. 575/2013 mit satzungsmäßigem Sitz in der EU oder einem Sitz in einem EWR-Staat beauftragt werden. Kreditinstitute sind danach Unternehmen, deren Tätigkeit darin besteht, Einlagen oder andere rückzahlbare Gelder des Publikums entgegenzunehmen und Kredite für eigene Rechnung zu gewähren. Die Definition setzt restriktivere Maßstäbe an das Kreditinstitut als die des KWG, das für die Qualifikationen eines Unternehmens als Kreditinstitut das Betreiben eines einzigen Bankgeschäfts aus dem Katalog des § 1 I 2 KWG genügen lässt. Eine Isolation des Einlagen- oder Kreditgeschäfts ist nach Art. 4 I der EU (VO) Nr. 575/2013 jedoch nicht möglich. Im Gegenteil: Durch § 68 III 2 kommt noch eine weitere Voraussetzung hinzu, wonach neben dem **Einlagen-** und **Kreditgeschäft** die Verwahrstelle über eine Erlaubnis zum Betreiben des **Depotgeschäfts** nach § 1 I 2 Nr. 5 KWG verfügen muss (dies gilt auch für Zweigniederlassungen eines CRR-Kreditinstituts mit Sitz in einem EU-/EWR-Staat; → Rn. 11). Darüber hinaus muss die Verwahrstelle nach § 32 KWG zugelassen sein oder über eine Erlaubnis nach dem Recht eines anderen Staates der EU oder des EWR verfügen, das die Anforderungen der CRD IV abhängig vom Herkunftsmitgliedstaat des EU-OGAW beachtet. Dadurch soll verhindert werden, dass Unternehmen, die keiner Finanzaufsicht unterliegen (zB nach § 2 IV KWG freigestellte Unternehmen), als Verwahrstelle qualifiziert werden (BTMB/*Karcher* § 68 Rn. 20). 9

IV. Belegenheits-Anforderungen an die Verwahrstelle (§ 68 III)

Für Verwahrstellen inländischer OGAW enthält § 68 III eine Konkretisierung dahingehend, dass die Verwahrstelle ihren Sitz im Inland und eine **Erlaubnis nach § 1 IIId KWG** haben muss (§ 68 III 1). Ferner muss die Verwahrstelle zusätzlich 10 über die **Erlaubnis zum Betreiben des Depotgeschäfts nach § 1 I Nr. 5 KWG** verfügen (§ 68 III 2). Nur durch den Betrieb des Depotgeschäfts wird sichergestellt, dass die Verwahrstelle die Vermögensgegenstände des Investmentvermögens verwahren kann (BT-Drs. 17/12294, 229).

11 Mit der Verwahrstellenfunktion für einen inländischen OGAW kann auch eine deutsche Zweigniederlassung eines CRR-Kreditinstitutes mit Sitz in einem EU-/EWR-Staat iSd § 53b KWG beauftragt werden (§ 68 III 3). Da diese Norm unglücklicherweise nur auf Einlagenkreditinstitute und Wertpapierhandelsunternehmen abstellt, fehlt nach dem Wortlaut des Gesetzes die Erfordernis der Erlaubnis zum Betrieb eines Depotgeschäfts nach § 68 III 2. Um die Zweigniederlassungen der CRR-Kreditinstitute mit Sitz in einem EU-/EWR-Staat nicht gegenüber den inländischen Kreditinstituten zu bevorzugen, muss die Verweisung auf **§ 53 b KWG** einer **teleologischen Auslegung** unterzogen werden. Nach Sinn und Zweck des Investmentrechts muss die im Inland ansässige Zweigniederlassung für das Depotgeschäft ebenfalls zugelassen sein, damit sie als Verwahrstelle eines inländischen OGAW beauftragt werden kann. Ungeachtet der beschriebenen Diskriminierung kann eine Zweigniederlassung keine Kernaufgaben, die für die ordnungsgemäße Erfüllung der OGAW-Verwahrstellenaufgaben maßgeblich sind (ua Depotgeschäfte), durch eine Niederlassung im Ausland wahrnehmen lassen (BaFin-Rundschreiben 05/2020 (WA) II.3). Die BaFin sieht hierin einen Verstoß gegen § 68 III 1.

V. Personelle und organisatorische Anforderungen an die Verwahrstelle (§ 68 IV)

12 **1. Personelle Anforderungen (§ 68 IV 1).** Gemäß § 68 IV 1 muss mindestens ein **Geschäftsleiter** des Kreditinstituts über die für die Verwahrstellenaufgaben **erforderliche Erfahrung** verfügen. Die Legaldefinition des Geschäftsleiters aus § 1 XIX Nr. 15 ist in diesem Fall nicht einschlägig, da sich diese Vorschrift auf Geschäftsleiter einer KVG beschränkt. Gleichwohl entspricht diese Definition inhaltlich dem bankaufsichtsrechtlichen Geschäftsleiterbegriff nach § 1 II KWG, weshalb die Definition auf den Geschäftsleiter einer Verwahrstelle, die als Kreditinstitut dem KWG unterliegt, anzuwenden ist.

13 Für die **erforderliche Erfahrung** wird laut BaFin vorausgesetzt, dass beim Geschäftsleiter insb. die **theoretischen** und **praktischen Fachkenntnisse** bezüglich der Vermögensgegenstände, die für ein Investmentvermögen erworben werden sollen, vorhanden sein müssen und das für jede Jurisdiktion, in denen die Vermögensgegenstände verwahrt sind (BaFin Rundschreiben 05/2020 (WA) II.2). Die Erfahrung und damit die personelle Besetzung des Geschäftsleiters muss daher auf das von der Verwahrstelle wahrgenommene Geschäft zugeschnitten sein. Die Geschäftsleitung muss insgesamt den qualitativen Anforderungen gerecht werden. Damit kann die Verantwortung für die Verwahrstellenfunktion auf zwei oder mehr Geschäftsleiter des Kreditinstituts aufgeteilt werden. Bei mehr als einem Geschäftsleiter prüft die BaFin die erforderliche Erfahrung dahingehend, dass jeder einzelne Geschäftsleiter über die seinem Zuständigkeitsbereich entsprechende spezifische Erfahrung verfügt. Wird eine Zweigniederlassung eines EU-Kreditinstituts als Verwahrstelle beauftragt, sind diese Maßstäbe auf den Niederlassungsleiter der Zweigniederlassung auszudehnen (BaFin Rundschreiben 05/2020 (WA) II.2).

14 **2. Organisatorische Anforderungen (§ 68 IV 2 u. 3). a) Organisatorische Vorkehrungen (§ 68 IV 2).** Die Verwahrstelle muss bereit und **in der Lage**

sein, die für die Erfüllung der Verwahrstellenaufgaben erforderlichen organisatorischen Vorkehrungen zu treffen. Das „bereit sein" sollte stets durch den Schluss des Verwahrstellenvertrages bzw. eines Nachtrags konkludent zum Ausdruck kommen, ohne dass es hierzu einer gesonderten Erklärung bedarf. Viel entscheidender ist, dass die Verwahrstelle in der Lage ist, ihrer Funktionen gerecht zu werden. Dafür sind die implementierten Prozesse und technischen Systeme so einzurichten, dass die ordnungsgemäße Abwicklung der Geschäfte, die sichere Verwahrung des Investmentvermögens und die Ausübung aller Kontrollfunktionen nach dem KAGB gewährleistet sind (BaFin Rundschreiben 05/2020 (WA) II.3). Neben der notwendigen IT-Infrastruktur erfordert dies insb. eine ausreichende Personalausstattung, die auch unterhalb der Leitungsebene die erforderliche Qualifikation vorhält, um den Verwahrstellenaufgaben ordnungsgemäß und zu jederzeit nachkommen zu können (BaFin Rundschreiben 05/2020 (WA) II.3).

Die organisatorischen Vorkehrungen sind nicht nur auf die **Zweigniederlassung** eines ausländischen Instituts auszudehnen, sondern gelten insb. auch dann, wenn einzelne Verwahrstellenaufgaben von einer **Haupt- oder Schwesterniederlassung im Ausland** wahrgenommen werden (BaFin Rundschreiben 05/2020 (WA) II.3). Im letztgenannten Fall hat die KVG den Nachweis zu erbringen, dass die Verwahrstellenaufgaben durch die Haupt- oder Schwesterniederlassung im Ausland im Einklang mit dem KAGB wahrgenommen werden. Zur Sicherstellung hat die KVG in diesen Fällen eine Bestätigung der Zweigniederlassung beizubringen, wonach sich die ausländische Niederlassung dem Prüfungsauftrag nach § 68 VII unterwirft. Ferner ist eine Auslagerung von Verwahrstellenaufgaben von einer inländischen Niederlassung auf ausländische Haupt- oder Schwesterniederlassungen unzulässig, wenn sie Aufgaben betrifft, die für die ordnungsgemäße Erfüllung der OGAW-Verwahrstellenaufgaben maßgeblich sind. Nach Auffassung der BaFin liegt in der Auslagerung wesentlicher Verwahrstellenaufgaben an eine ausländische Niederlassung ein Verstoß gegen § 68 III 1, wonach die Verwahrstelle ihren Sitz im Inland haben muss. 15

b) Whistleblowing (§ 68 IV 3). Durch das OGAW-V-Umsetzungsgesetz und angelehnt an § 25a I 6 Nr. 3 KWG wurde die **Whistleblower-Regelung** eingefügt. Diese Regelung soll es Mitarbeitern der Verwahrstelle ermöglichen, potenzielle Gesetzesverstöße sowie etwaige strafbare Handlungen innerhalb der Verwahrstelle anonymisiert an eine geeignete Stelle zu melden. Es bleibt der Verwahrstelle überlassen, ob die Anlaufstelle intern oder extern zur Verfügung gestellt wird. Bei einer Auslagerung gelten die allgemeinen Anforderungen des KAGB. Insbesondere hat die Verwahrstelle dafür Sorge zu tragen, dass die Identität des berichtenden Mitarbeiters geschützt wird (BSV/*Beckmann* § 68 Rn. 163). 16

VI. Kapitalanforderungen an die Verwahrstelle (§ 68 V)

Nach § 68 V muss die Verwahrstelle ein Anfangskapital von **mindestens 5 Mio. EUR** haben. Dieser Betrag entspricht dem Anfangskapital nach Art. 9 I der Bankenrichtlinie sowie § 33 I 1 Nr. 1 Buchst. d KWG (BT-Drs. 17/12294, 229), das für die Erteilung einer Erlaubnis an ein CRR-Kreditinstitut erforderlich ist. § 68 V bezieht sich nicht auf das handels-, sondern auf das **aufsichtsrechtliche Eigenkapital,** das nach den Regelungen des KWG zu ermitteln ist (WBA/*Klusak* § 68 Rn. 23). Die Höhe des Anfangskapitals ist losgelöst von der Anzahl und der jeweiligen Größen der OGAW, für die die Verwahrstelle beauftragt worden ist. Auf 17

Zweigniederlassungen von CRR-Kreditinstituten sind die Anforderungen an das Anfangskapital nach dieser Vorschrift nicht anzuwenden (FK-KapAnlR/*Koch* KAGB § 68 Rn. 23). Gleichwohl gelten die jeweiligen Anforderungen im Sitzstaat des CRR-Kreditinstituts, die idR einen Betrag von 5 Mio. EUR als Anfangskapital verlangen (vgl. Art. 9 der RL 2006/48/EG), sodass der hierdurch bezweckte Anlegerschutz auch in diesen Fällen sichergestellt wird.

18 Es ist nicht mehr erforderlich, dass die Verwahrstelle einer Einrichtung zur Einlagensicherung angehört. Das Erfordernis der Zugehörigkeit der Verwahrstelle zu einer **Einlagensicherungseinrichtung** ist mit Einführung des § 60 III InvG aF und der durch im KAGB in § 206 IV abgelösten und aktuellen Fassung **entfallen.** Danach darf die KVG nur bis zu 20% des Wertes des inländischen OGAW in Guthaben bei demselben Kreditinstitut anlegen, worunter auch die Verwahrstelle fällt. Das Ausfallrisiko durch eine zu starke Konzentration der Guthaben bei ein und derselben Verwahrstelle soll dadurch gemindert werden. Die daraus resultierende Risikodiversifikation lässt die zusätzliche Zugehörigkeit zu einer Einlagensicherungseinrichtung obsolet werden (vgl. BSV/*Beckmann* § 68 Rn. 94). Konsequenterweise stellen Einlagen von Organismen für gemeinsame Anlagen iSd Art. 4 I Nr. 7 der VO (EU) 575/2013 nach § 6 Nr. 8 EinSiG keine entschädigungsfähigen Einlagen dar.

VII. Inhaltliche Anforderungen an den Verwahrstellenvertrag (§ 68 VI)

19 Im Sinne des Anlegerschutzes hat der Verwahrstellenvertrag zwischen der KVG und der Verwahrstelle alle notwendigen Einzelheiten für die angemessene Verwahrung aller Vermögenswerte des OGAW zu beinhalten, damit die Verwahrstelle ihre Aufsichts- und Kontrollfunktionen ordnungsgemäß erfüllen kann. Um das zu gewährleisten, sollten alle Rechte und Pflichten der Verwahrstelle eindeutig definiert werden. Daher verweist der deutsche Gesetzgeber in § 68 V hinsichtlich des **Mindestinhalts** auf den **Art. 2 der DelVO (EU) 2016/438.** Danach muss ein Verwahrstellenvertrag mindestens folgenden Inhalt vorsehen:

- eine Beschreibung der Dienstleistungen, die von der Verwahrstelle zu erbringen sind, sowie der Verfahren, die von der Verwahrstelle für jeden der verschiedenen Vermögenswerte, in die der OGAW investieren kann und die der Verwahrstelle anvertraut werden, zu übernehmen sind;
- eine Beschreibung der Art und Weise, wie die Verwahrungs- und Aufsichtsfunktionen in Abhängigkeit von den verschiedenen Vermögenswerten und den geografischen Regionen, in denen der OGAW zu investieren beabsichtigt, einschließlich in Bezug auf die Verwahrungspflichten, Länderlisten und Verfahren zum Hinzufügen oder Streichen von Ländern aus den Listen, durchzuführen sind. Dies steht im Einklang mit den Informationen, die in den Regeln, der Satzung und dem Emissionsprospekt des OGAW in Bezug auf die Vermögenswerte, in die der OGAW investieren kann, enthalten sind;
- den Gültigkeitszeitraum und die Bedingungen für die Änderung und Kündigung des Vertrags, einschließlich der Situationen, die zur Kündigung des Vertrags führen könnten, sowie Einzelheiten in Bezug auf das Kündigungsverfahren und das Verfahren, im Rahmen dessen die Verwahrstelle alle relevanten Informationen an ihren Nachfolger übermittelt;
- die Geheimhaltungspflichten, die gemäß den einschlägigen Rechtsvorschriften für die Parteien gelten. Diese Pflichten verhindern nicht den Zugang der zuständigen Behörden zu den relevanten Dokumenten und Informationen;

- die Mittel und Verfahren, die von der Verwahrstelle eingesetzt werden, um der Verwaltungs- oder Investmentgesellschaft alle relevanten Informationen zu übermitteln, die diese zur Erfüllung ihrer Pflichten, einschließlich der Ausübung der an die Vermögenswerte geknüpften Rechte, benötigt, und ferner um der Verwaltungs- oder Investmentgesellschaft einen zeitnahen und exakten Überblick über die Konten des OGAW zu ermöglichen;
- die Mittel und Verfahren, die von der Verwaltungs- oder Investmentgesellschaft zur Übermittlung aller relevanten Informationen eingesetzt werden und mit denen sie sicherstellt, dass die Verwahrstelle Zugang zu allen für die Erfüllung ihrer Pflichten erforderlichen Informationen hat. Hierin eingeschlossen sind die Verfahren, um zu gewährleisten, dass die Verwahrstelle Informationen von anderen Parteien, die von der Verwaltungs- oder Investmentgesellschaft bestellt wurden, erhält;
- die zu beachtenden Verfahren, wenn eine Änderung der Regeln, der Satzung oder des Emissionsprospekts des OGAW in Betracht gezogen wird, unter detaillierter Beschreibung der Situationen, in denen die Verwahrstelle zu informieren ist oder die vorherige Genehmigung der Verwahrstelle erforderlich ist, um mit der Änderung fortfahren zu können;
- alle erforderlichen Informationen, die zwischen der Investment- oder Verwaltungsgesellschaft oder Dritten, die im Namen des OGAW einerseits und der Verwahrstelle andererseits handeln, im Zusammenhang mit dem Verkauf, der Zeichnung, der Auszahlung, der Ausgabe, der Annullierung und der Rücknahme von Anteilen des OGAW ausgetauscht werden müssen;
- alle erforderlichen Informationen, die zwischen der Investment- oder Verwaltungsgesellschaft oder Dritten, die im Namen des OGAW und der Verwahrstelle handeln, im Zusammenhang mit der Erfüllung der Pflichten der Verwahrstelle ausgetauscht werden müssen;
- sofern die Vertragsparteien die Bestellung von Dritten für die Erfüllung eines Teils ihrer Pflichten bestellen, eine Verpflichtung zur regelmäßigen Bereitstellung der Angaben zu den bestellten Dritten sowie auf Anfrage von Informationen über die Kriterien, die bei der Auswahl solcher Dritten herangezogen wurden, sowie die geplanten Maßnahmen zur Überwachung der von den ausgewählten Dritten durchgeführten Tätigkeiten;
- Informationen über die Aufgaben und Verantwortlichkeiten der Vertragsparteien in Bezug auf die Pflichten, um Geldwäsche und Terrorismusfinanzierung zu verhindern;
- Informationen über alle Geldkonten, die auf den Namen der Investment- oder Verwaltungsgesellschaft, die im Namen des OGAW handelt, eröffnet wurden, sowie der Verfahren, um zu gewährleisten, dass die Verwahrstelle von der Eröffnung neuer Konten in Kenntnis gesetzt wird;
- Einzelheiten über die Eskalationsverfahren der Verwahrstelle, einschl. der Identifizierung der Personen, die von der Verwahrstelle innerhalb der Verwaltungs- oder Investmentgesellschaft zu kontaktieren sind, wenn sie ein solches Verfahren einleitet;
- eine Verpflichtung vonseiten der Verwahrstelle anzuzeigen, dass die Sonderverwahrung von Vermögenswerten nicht mehr ausreicht, um die Absicherung gegenüber der Insolvenz von Dritten, denen die Verwahrungsfunktionen gem. Art. 22a der OGAW-RL in einem bestimmten Rechtskreis übertragen wurden, zu gewährleisten; die Verfahren zur Gewährleistung, dass die Verwahrstelle in Bezug auf ihre Pflichten die Möglichkeit hat, das Verhalten der Verwaltungs-

oder Investmentgesellschaft zu überprüfen und die Qualität der erhaltenen Informationen, einschl. durch Zugang zu den Büchern der Verwaltungs- oder Investmentgesellschaft und durch Vor-Ort-Besuche, zu bewerten;
– die Verfahren, um sicherzustellen, dass die Verwaltungs- oder Investmentgesellschaft in der Lage ist, die Leistung der Verwahrstelle im Hinblick auf ihre Pflichten zu überprüfen.

20 Den Parteien steht es iSd privaten Vertragsautonomie frei, **zusätzliche Vereinbarungen** über den angezeigten Mindestinhalt hinaus im Verwahrstellenvertrag zu treffen. Hierbei müssen die Verwahrstelle und die KVG beachten, dass der Verantwortung, für eine den hohen Standards und Ansprüchen gerecht werdende Ausstattung, Funktionsfähigkeit und wirtschaftliche Tragfähigkeit der Verwahrstellenfunktion sorgen zu müssen, ausreichend Sorge getragen wird (BaFin Rundschreiben 05/2020 (WA) I).

VIII. Jährliche Prüfung der Verwahrstelle (§ 68 VII, VIIa, VIIb)

21 Gemäß § 68 VII ist die **ordnungsgemäße Erfüllung der gesetzlichen und vertraglichen Pflichten der Verwahrstelle durch einen geeigneten Abschlussprüfer einmal jährlich zu prüfen,** der innerhalb von zwei Monaten nach Ablauf des zu prüfenden Kalenderjahres zu bestellen ist. Zu prüfen sind auch Zweigniederlassungen, die die Verwahrstellenfunktion übernommen haben, sowie Auslagerungsunternehmen, die von der Verwahrstelle mit der Wahrnehmung bestimmter Verwahrstellenaufgaben beauftragt wurden. Vor Erteilung des Prüfungsauftrags hat die Verwahrstelle den Prüfer bei der BaFin anzuzeigen, die innerhalb eines Monats nach Zugang der Anzeige die Bestellung eines anderen Prüfers verlangen kann. Das Abbestellungsrecht steht der BaFin nur dann zu, wenn es zur Erreichung des Prüfungszwecks geboten ist. Der Begriff der Gebotenheit wird nicht legaldefiniert, weshalb aufgrund seiner Unbestimmtheit ein gewisser Auslegungsspielraum besteht. Nach S. 6 ist in der Regel die Bestellung eines anderen Prüfers zur Erreichung des Prüfungszwecks zumindest dann geboten, wenn eine Verwahrstelle, die kein Unternehmen von öffentlichem Interesse nach § 316a S. 2 Nr. 1 oder 2 HGB ist, der BaFin für mind. elf aufeinanderfolgende Geschäftsjahre denselben Prüfer angezeigt hat.

22 Das Verlangen der BaFin darf sich nicht auf die Bestellung eines bestimmten Prüfers beschränken. Der Abschlussprüfer selbst muss über spezifische Kenntnisse der Verwahrstellentätigkeiten und derer Pflichten und Aufgaben verfügen. Zu unterscheiden ist die Prüfung nach § 68 VII von der handelsrechtlichen Abschlussprüfung, da sie sich ausschließlich auf die investmentrechtlichen Inhalte der Verwahrstellentätigkeit begrenzt (WBA/*Klusak* § 68 Rn. 26). Adressaten des Prüfungsberichts sind dementsprechend nicht die Gesellschafter oder Organe des Kreditinstituts, sondern die BaFin, die dadurch Kenntnisse über die Verwahrstelle erlangt und der so das Ausüben ihrer Aufsichtspflicht ermöglicht wird (WBA/*Klusak* § 68 Rn. 26). Der BaFin ist daher der Prüfungsbericht unverzüglich durch den Prüfer nach Beendigung der Prüfung einzureichen.

23 Der durch das 2. FiMaNoG neu eingefügte § 68 VIIa **konkretisiert die Prüfung** der Verwahrstelle **durch den Abschlussprüfer.** So beinhaltet die neue Vorschrift, dass die Prüfung insb. auf die ordnungsgemäße Erfüllung der in den §§ 70–79 genannten Pflichten zu erstrecken ist, was jedoch im Grundsatz auch schon vor der Einführung dieser Norm der Fall gewesen sein sollte. Neu ist, dass die für die Verwahrstellenaufgaben vorgehaltene Organisation in Grundzügen zu

beschreiben und auf ihre Angemessenheit zu prüfen ist. Dieser erweiterte Prüfungsmaßstab wird durch die in dieser Norm genannten weiteren Berichtspflichten in den S. 3–5 flankiert.

§ 68 VIIb wurde durch das Inkrafttreten des Kreditzweitmarktförderungsgesetzes (KrZwMGEG) hinzugefügt. Danach kann die BaFin unbeschadet des Abs. 7a gegenüber der Verwahrstelle Bestimmungen treffen, die vom Abschlussprüfer iRd Prüfung zu berücksichtigen sind. Der BaFin werden somit weitreichende Befugnisse in Bezug auf die inhaltliche Ausgestaltung der Prüfung zugestanden. Insbesondere kann die BaFin die Schwerpunkte für die Prüfung festlegen. 24

IX. Verordnungsermächtigung (§ 68 VIII)

§ 68 VIII befugt das BMF, durch Rechtsverordnung nähere Bestimmungen über Art, Umfang und Zeitpunkt der Prüfung nach § 68 VII zu erlassen. Von dieser Verordnungsermächtigung wurde bis dato kein Gebrauch gemacht. 25

§ 69 Aufsicht

(1) [1]**Die Auswahl sowie jeder Wechsel der Verwahrstelle bedürfen der Genehmigung der Bundesanstalt.** [2]**Die Bundesanstalt kann die Genehmigung mit Nebenbestimmungen verbinden.** [3]**Erlässt die Bundesanstalt eine Übertragungsanordnung nach § 107 Absatz 1 des Sanierungs- und Abwicklungsgesetzes gegenüber einer Verwahrstelle mit der Folge, dass deren Verwahrstellenaufgaben auf einen übernehmenden Rechtsträger übergehen, gilt der durch die Anordnung herbeigeführte Verwahrstellenwechsel als genehmigt, sobald der Verwahrstelle die Anordnung gemäß § 114 Absatz 1 des Sanierungs- und Abwicklungsgesetzes bekannt gegeben wird.** [4]**Die Bundesanstalt hat die OGAW-Verwaltungsgesellschaften, die die Verwahrstelle beauftragt haben, unverzüglich nach Bekanntgabe der Übertragungsanordnung über den Wechsel der Verwahrstelle zu unterrichten.**

(2) [1]**Die Bundesanstalt kann der OGAW-Kapitalverwaltungsgesellschaft jederzeit einen Wechsel der Verwahrstelle auferlegen.** [2]**Dies gilt insbesondere dann, wenn die Verwahrstelle ihre gesetzlichen oder vertraglichen Pflichten nicht ordnungsgemäß erfüllt oder ihr Anfangskapital die nach § 68 Absatz 5 vorgeschriebene Mindesthöhe unterschreitet.** [3]**Für nähere Einzelheiten zu den Meldepflichten der OGAW-Kapitalverwaltungsgesellschaft gegenüber der Bundesanstalt oder der EU-OGAW-Verwaltungsgesellschaft gegenüber der zuständigen Behörde in Bezug auf die Vorgaben des § 73 Absatz 1 Nummer 4 Buchstabe d sowie zu den Pflichten der OGAW-Kapitalverwaltungsgesellschaft oder der EU-OGAW-Verwaltungsgesellschaft zur Prüfung angemessener Maßnahmen zum Schutz der Vermögenswerte des inländischen OGAW wird auf Artikel 15 Absatz 9 der Delegierten Verordnung (EU) 2016/438 verwiesen.**

(3) [1]**Die Verwahrstelle stellt der Bundesanstalt auf Anfrage alle Informationen zur Verfügung, welche die Verwahrstelle im Rahmen der Erfüllung ihrer Aufgaben erhalten hat und die die Bundesanstalt oder die zuständigen Behörden des Herkunftsmitgliedstaates des OGAW oder der OGAW-Verwaltungsgesellschaft benötigen können.** [2]**Im Fall eines EU-OGAW oder**

einer EU-OGAW-Verwaltungsgesellschaft stellt die Bundesanstalt den zuständigen Behörden des Herkunftsmitgliedstaates des EU-OGAW oder der EU-OGAW-Verwaltungsgesellschaft die erhaltenen Informationen unverzüglich zur Verfügung.

(4) [1]**Erlässt die Bundesanstalt gegenüber der Verwahrstelle Maßnahmen auf Grundlage des § 46 Absatz 1 Satz 2 Nummer 4 bis 6 des Kreditwesengesetzes oder wird ein Moratorium nach § 46 g des Kreditwesengesetzes erlassen, hat die OGAW-Kapitalverwaltungsgesellschaft unverzüglich eine neue Verwahrstelle zu beauftragen; Absatz 1 bleibt unberührt.** [2]**Bis zur Beauftragung der neuen Verwahrstelle kann die OGAW-Kapitalverwaltungsgesellschaft mit Genehmigung der Bundesanstalt bei einem anderen Kreditinstitut im Sinne des § 68 Absatz 3 ein Sperrkonto errichten, über das die OGAW-Kapitalverwaltungsgesellschaft Zahlungen für Rechnung des inländischen OGAW tätigen oder entgegennehmen kann.**

I. Allgemeines

1 Der Verwahrstelle kommt für den Anlegerschutz eine hohe Bedeutung zu (→ § 68 Rn. 1). Wenn auch die Auswahlmöglichkeit der Verwahrstelle grundsätzlich den KVG zusteht, gibt § 69 der BaFin zugleich einige **Steuerungsmöglichkeiten,** um auf die Auswahl sowie deren Fortbestand einen Einfluss zu nehmen. Dahinter steht der gesetzgeberische Wille, die Bonität, Qualität und Neutralität der Verwahrstelle zu gewährleisten (FK-KapAnlR/*Koch* § 69 Rn. 2). § 69 gilt grundsätzlich für OGAW-Verwahrstellen. Für AIF-Verwahrstellen tritt ua eine Genehmigungspflicht nach § 87 iVm § 69 I bei der Beauftragung hinsichtlich von Publikums-AIF ein.

II. Genehmigung der BaFin bei Auswahl und Wechsel der Verwahrstelle (§ 69 I)

2 **1. Genehmigung der BaFin (§ 69 I 1 u. 2).** Nach § 69 I bedarf die Auswahl sowie jeder Wechsel der OGAW-Verwahrstelle der **Genehmigung der BaFin.** Der Antrag auf Genehmigung ist von der OGAW-KVG ohne Beachtung einer bestimmten Form zu stellen (BaFin Rundschreiben 05/2020 (WA) II.4). Die vorzulegenden Unterlagen (ua Lebensläufe der zuständigen Geschäftsleiter der Verwahrstelle, Geschäftsplan, Verwahrstellenvertrag, Darstellung der organisatorischen und personellen Vorkehrungen) sind aus dem Verwahrstellenrundschreiben in Ziffer 2.4. zu entnehmen. Die Vorlage der Unterlagen ist entbehrlich, wenn die Verwahrstelle bereits mit Genehmigung der BaFin als Verwahrstelle für weitere Investmentvermögen der gleichen Art tätig ist und die BaFin die Unterlagen nicht ausdrücklich anfordert (BaFin Rundschreiben 05/2020 (WA) II.4).

3 Zum Teil wird in der Literatur als Voraussetzung einer Genehmigung der Verwahrstelle die Vorlage eines Verwahrstellenvertrages vorausgesetzt, der den gesetzlichen Vorgaben (→ § 68 Rn. 19) entspricht und von der BaFin im Genehmigungsverfahren zu prüfen ist (BSV/*Beckmann* § 69 Rn. 13; FK-KapAnlR/*Koch* § 69 Rn. 3; BTMB/*Karcher* § 69 Rn. 5). Für diese Ansicht wird aufgeführt, dass eine nachträgliche Auferlegung zu einem Wechsel der Verwahrstelle gem. § 69 II vermieden werden kann, wenn nach vollumfänglicher und vorzeitiger Prüfung ein Versagungsgrund zur Genehmigung zu Tage tritt. Sie verkennt jedoch, dass für die Genehmigung der Verwahrstelle im Gesetz kein Prüfungsmaßstab vorgegeben ist.

Zweifellos müssen die Anforderungen des § 68 II–VII erfüllt sein, jedoch lässt sich daraus im Zusammenhang mit der Genehmigung einer Verwahrstelle noch keine Prüfung des Verwahrstellenvertrages gesetzlich ableiten. Die BaFin sieht in ihrem Verwahrstellenrundschreiben die **Vorlage** der Unterlagen und damit auch des **Verwahrstellenvertrages** als **entbehrlich** an, wenn die Verwahrstelle der BaFin aus anderen Investmentvermögen bekannt ist (→ Rn. 2). Für diese Vorgehensweise spricht, dass die Verwahrstellen ua durch die jährlichen Prüfungen der Abschlussprüfer, deren Adressat die BaFin ist, bekannt und im besten Fall bewährt sind. Ferner beruhen die Verwahrstellenverträge idR auf den erarbeiteten Mustern der Branchenverbände, weshalb von inhaltlichen Mängeln, gerade bei bewährten Verwahrstellen mit bekannten Verwahrstellenverträgen nicht ausgegangen werden kann. Gleichwohl behält sich die BaFin die Vorlage bestimmter Unterlagen wie dem Verwahrstellenvertrag vor, um im Zweifelsfall weitere Prüfungen vollziehen zu können. Ein Widerspruch zu § 69 II besteht insb. deshalb nicht, da diese Vorschrift selbst der BaFin ein Ermessen einräumt. Eine Vorlagepflicht des Verwahrstellenvertrages bei Genehmigung der BaFin existiert daher jedenfalls dann nicht, wenn die Verwahrstelle der BaFin bereits bekannt ist.

Sofern die Voraussetzungen nach § 68 II–VII erfüllt sind, besteht für die KVG ein **Rechtsanspruch auf Genehmigung** (WBA/*Klusak* § 69 Rn. 5). Als Verwaltungsakt und nach § 68 I 2 kann die Genehmigung mit einer Nebenbestimmung verbunden werden. Eine Versagung der Genehmigung oder eine Nebenbestimmung können sowohl durch die KVG als auch von der Verwahrstelle angefochten werden (ausführlich EDD/*Dreibus* § 69 Rn. 11). 4

2. Übertragungsanordnung (§ 69 I 3 u. 4). Die BaFin kann nach § 69 I 3 die Übertragung der Investmentvermögen von einer Verwahrstelle auf eine andere Verwahrstelle veranlassen, wenn die Verwahrstelle in ihrem Bestand gefährdet ist, die Durchführung der Übertragungsanordnung erforderlich und verhältnismäßig ist sowie die Bestandsgefährdung nicht durch anderweitige Abwicklungsmaßnahmen in dem zur Verfügung stehenden Zeitrahmen beseitigt werden kann (ausführlicher zu den Voraussetzungen s. §§ 62ff. SAG). Ist die Übertragungsanordnung gegenüber der Verwahrstelle wirksam, tritt eine **Genehmigungsfiktion** ein. Das Vermögen der betreuten OGAW der bestandsgefährdeten Verwahrstelle geht dann auf einen Dritten (Instrument der Unternehmensveräußerung), ein Brückeninstitut (Instrument der Übertragung auf ein Brückeninstitut) oder eine Vermögensverwaltungsgesellschaft (Instrument der Übertragung auf eine Vermögensgesellschaft) über (s. § 107 SAG). 5

Die Übertragungsanordnung stellt nach § 137 I 1 SAG eine **Allgemeinverfügung** dar. Eine gesonderte Bekanntgabe an die Beteiligten ist grds. nicht erforderlich (§ 137 I 2 SAG). Nach dem als lex specialis anzusehenden § 69 I 4 hat die BaFin jedoch die KVG unverzüglich nach Bekanntgabe der Übertragungsanordnung über den Wechsel der Verwahrstelle zu unterrichten. 6

III. Auferlegung eines Wechsels der Verwahrstelle (69 II)

Nach § 69 II 1 kann die BaFin der KVG jederzeit einen Wechsel der Verwahrstelle auferlegen. Hinter dieser Vorschrift steht die gesetzgeberische Intention, auch nach erfolgter Genehmigung gem. Abs. 1 der Aufsichtsbehörde einen Einfluss auf die Mandatierung einer Verwahrstelle sicherzustellen. Als **Ermessensvorschrift** darf die BaFin ihre Entscheidung entsprechend dem Zweck der Ermächtigung aus- 7 üben, wobei sie die gesetzlichen Grenzen des Ermessens zu beachten hat (§ 40 VwVfG). Der primäre Zweck der Ermächtigung liegt im Schutz der Anteilinhaber und sekundär im Vertrauen der Allgemeinheit in den Finanzmarkt (s. EDD/*Dreibus* § 69 Rn. 17; BTMB/*Karcher* § 69 Rn. 17).

8 Die Ermessensmaßnahmen der BaFin haben bei einer Auferlegung zum Wechsel der Verwahrstelle den **Grundsatz der Verhältnismäßigkeit** zu berücksichtigen. Daher hat die BaFin zunächst mildere Mittel zu prüfen und die Interessen der Anleger und des Finanzsystems in die Entscheidung einer Wechselauflage einzubeziehen. Insbesondere ist der Schutz der Anteilinhaber und der Allgemeinheit unter Beachtung der Schwere des Verstoßes gegen die Folgen der Wechselanordnung abzuwägen (EDD/*Dreibus* § 69 Rn. 17; BTMB/*Karcher* § 69 Rn. 17). § 69 II 3 nennt exemplarisch zwei Beispiele, die eine Anordnung der BaFin rechtfertigen können: Danach kann ein Wechsel insb. bei Verletzung der gesetzlichen oder vertraglichen Pflichten der Verwahrstelle oder bei Unterschreitung des nach § 68 V vorgeschriebenen Anfangskapitals erfolgen. Die Auferlegung eines Wechsels der Verwahrstelle kann allerdings auch aus Verstößen gegen andere Gesetze wie zB das KWG, DepotG, WpHG oder GwG resultieren. Als Anhaltspunkte für potenzielle Verstöße dienen ua die Prüfungsberichte der Abschlussprüfer nach § 68 VII, VIIa (EDD/*Dreibus* § 69 Rn. 17).

9 Weitere Anhaltspunkte für eine Wechselanordnung können sich durch die in § 69 II 3 konkretisierten **Meldepflichten zu einem Fall der Unterverwahrung** ergeben. So muss die KVG bei Erhalt der Information der **Insolvenz des Unterverwahrers** diese Information unverzüglich der zuständigen Aufsichtsbehörde mitteilen, nachdem sie selbst die Kenntnis von der Verwahrstelle erhalten hat (Art. 15 VIII, IX DelVO (EU) 2016/438). Sofern das für den Unterverwahrer geltende Insolvenzrecht nicht sicherstellt, dass die Vermögenswerte der Anleger eines OGAW vor Zugriff im Insolvenzfall abgesichert sind, hat die KVG entsprechende Maßnahmen in Bezug auf die Vermögenswerte des OGAW zu leisten, die im besten Interesse der Anleger sind. Als mögliche angemessene Maßnahme kommt ein Wechsel der Verwahrstelle in Betracht (zB wenn eine anderweitige Verwahrstelle mit einem anderweitigen Unterverwahrer arbeitet), der im Zweifel von der BaFin auferlegt werden kann.

10 Bei der Auferlegung eines Wechsels der Verwahrstelle handelt es sich um einem **belastenden Verwaltungsakt** gegenüber der KVG. Gegenüber der Verwahrstelle entfaltet der Verwaltungsakt eine ebenfalls belastende **Drittwirkung** (WBA/*Klusak* § 69 Rn. 11). Gegen den Verwaltungsakt ist somit ua der Rechtsbehelf der Anfechtungsklage sowohl durch die KVG als auch die Verwahrstelle statthaft.

11 Eine Wechselanordnung der BaFin führt nicht zur einer Beseitigung des bestehenden Verwahrstellenvertrages (FK-KapAnlR/*Koch* § 69 Rn. 20). Die KVG muss den **Verwahrstellenvertrag** daher ordentlich (wenn die von der BaFin festgelegte Frist ausreichend ist) oder außerordentlich kündigen. Die Wechselanordnung durch die BaFin stellt aber auch einen wichtigen Kündigungsgrund nach § 314 I BGB dar, der zur außerordentlichen Kündigung berechtigt (EDD/*Dreibus* § 69 Rn. 19). Gleichwohl empfiehlt es sich, eine klarstellende Klausel für den Fall einer Wechselanordnung in den Verwahrstellenvertrag aufzunehmen, was auch praxisüblich ist.

IV. Informationspflichten der Verwahrstelle gegenüber der BaFin (§ 69 III)

Als präventive Kontrollinstanz (→ § 68 Rn. 1) hat die Verwahrstelle den bestmöglichen Zugang zu Informationen über den OGAW. Da die Verwahrstelle eine von der KVG unabhängige und neutrale Kontrollfunktion ausübt, dient sie nach § 69 III den Aufsichtsbehörden, um diesen einen **neutralen Zugang zu Informationen** über das Investmentvermögen zu ermöglichen. Die Informationen müssen nur auf Anfrage der BaFin zur Verfügung gestellt werden. Nach S. 2 haben ausländische Behörden bei einem EU-OGAW oder einer EU-OGAW-Verwaltungsgesellschaft kein Auskunftsrecht gegenüber der Verwahrstelle. Die Informationen müssen stets indirekt über die BaFin erfragt werden. 12

V. Gesetzliche Wechselpflicht (§ 69 IV)

Zum Schutz der Anleger ist die KVG verpflichtet, die Verwahrstelle zu wechseln, wenn die BaFin gegenüber der Verwahrstelle Maßnahmen auf der Grundlage der § 46 I 2 Nr. 4–6 KWG trifft oder wenn durch Rechtsverordnung der Bundesregierung nach § 46 KWG für die Verwahrstelle ein Moratorium angeordnet wird. § 69 IV 1 stellt damit eine weitere Schutzmaßnahme neben der Übertragungsanordnung nach § 69 I 3 oder der Wechselauferlegung nach § 69 II dar. Sofern die KVG ihrer gesetzlichen Pflicht rechtzeitig nachkommt, bedarf es eines Einschreitens der BaFin nicht (EDD/*Dreibus* § 69 Rn. 20). Damit soll diese Vorschrift die **kurzfristige Handlungsfähigkeit** der KVG sicherstellen, wenn die Verwahrstelle ihre Tätigkeit für das Investmentvermögen nicht mehr ordnungsgemäß ausüben kann (WBA/*Klusak* § 69 Rn. 13). Die Beauftragung der neuen Verwahrstelle ist durch die BaFin gem. § 69 I 1 zu genehmigen. 13

Nach § 69 IV 2 kann die KVG mit Genehmigung der BaFin in der **Übergangsphase ein Sperrkonto bei einem anderen Kreditinstitut iSd § 68 III errichten,** über das die KVG Zahlungen für Rechnung des inländischen OGAW tätigen oder entgegennehmen kann. Das Guthaben auf dem Sperrkonto der Verwahrstelle kann jedoch wegen des Zahlungsverbots im Fall des Moratoriums nicht auf das Sperrkonto des neuen Kreditinstitutes überwiesen werden (BT-Drs. 17/4510, 66). Gleichwohl kann die KVG den Verkauf von zum Investmentvermögen gehörenden Vermögengegenständen veranlassen und die Käufer zur Zahlung des Kaufpreises auf das Sperrkonto des neuen Kreditinstituts anweisen (BT-Drs. 17/4510, 66). Die dort beschaffte Liquidität auf dem neuen Sperrkonto darf die KVG zB für Zahlung des Kaufpreises neuer Vermögensgegenstände verwenden. Aufgrund des Sperrkontos kann die KVG über die Guthaben jedoch nicht frei verfügen (aA WBA/*Klusak* § 69 Rn. 14), da dies einen Verstoß des § 75 I Nr. 2 (Zustimmungspflicht der Verwahrstelle über Bankguthaben bei anderen Kreditinstituten) zur Folge hätte. § 69 IV 2 verfolgt die Sicherstellung der Liquidität, jedoch ohne auf die Anlegerschutznorm des § 75 zu verzichten. Da das neue Kreditinstitut in der Übergangsphase noch keine Verwahrstellenfunktion übernommen haben wird, kann eine Verfügung über das Guthaben auf dem neuen Sperrkonto nur **mit Zustimmung der bisherigen Verwahrstelle** erfolgen (BTMB/*Karcher* § 69 Rn. 26). Das Sperrkonto sollte daher technisch mit einem Zustimmungsvorbehalt zugunsten der bisherigen Verwahrstelle eingerichtet werden. 14

§ 70 Interessenkollision

(1) Die Verwahrstelle handelt bei der Wahrnehmung ihrer Aufgaben ehrlich, redlich, professionell, unabhängig und ausschließlich im Interesse des inländischen OGAW und seiner Anleger.

(2) [1]Die Verwahrstelle darf keine Aufgaben in Bezug auf den inländischen OGAW oder die für Rechnung des inländischen OGAW tätige OGAW-Verwaltungsgesellschaft wahrnehmen, die Interessenkonflikte zwischen dem inländischen OGAW, den Anlegern des inländischen OGAW, der OGAW-Verwaltungsgesellschaft und ihr selbst schaffen könnten. [2]Dies gilt nicht, wenn eine funktionale und hierarchische Trennung der Ausführung ihrer Aufgaben als Verwahrstelle von ihren potenziell dazu in Konflikt stehenden Aufgaben vorgenommen wurde und die potenziellen Interessenkonflikte ordnungsgemäß ermittelt, gesteuert, beobachtet und den Anlegern des inländischen OGAW gegenüber offengelegt werden. [3]Die Verwahrstelle hat durch Vorschriften zu Organisation und Verfahren sicherzustellen, dass bei der Wahrnehmung ihrer Aufgaben Interessenkonflikte zwischen der Verwahrstelle und der OGAW-Verwaltungsgesellschaft vermieden werden. [4]Die Einhaltung dieser Vorschriften ist von einer bis auf Ebene der Geschäftsführung unabhängigen Stelle zu überwachen.

(3) Zur Vermeidung von Interessenkonflikten zwischen der Verwahrstelle, der OGAW-Kapitalverwaltungsgesellschaft oder dem inländischen OGAW oder seinen Anlegern darf eine OGAW-Kapitalverwaltungsgesellschaft nicht die Aufgaben einer Verwahrstelle und eine Verwahrstelle nicht die Aufgaben einer OGAW-Kapitalverwaltungsgesellschaft wahrnehmen.

(4) Für nähere Einzelheiten zu den Anforderungen an Verwahrstellen zur Erfüllung ihrer Pflicht, im Sinne des Absatzes 1 bei der Wahrnehmung ihrer Aufgaben unabhängig von der OGAW-Kapitalverwaltungsgesellschaft zu handeln, wird auf Artikel 21 Buchstabe a bis c und e, Artikel 22 Absatz 5, die Artikel 23 und 24 der Delegierten Verordnung (EU) 2016/438 verwiesen.

(5) [1]Die von der Verwahrstelle verwahrten Vermögensgegenstände dürfen nur wiederverwendet werden, sofern die Verwahrstelle sicherstellt, dass

1. die Wiederverwendung der Vermögensgegenstände für Rechnung des inländischen OGAW erfolgt,
2. die Verwahrstelle den Weisungen der im Namen des inländischen OGAW handelnden OGAW-Verwaltungsgesellschaft Folge leistet,
3. die Wiederverwendung dem inländischen OGAW zugutekommt sowie im Interesse der Anleger liegt und
4. die Transaktion durch liquide Sicherheiten hoher Qualität gedeckt ist,
   a) die der inländische OGAW gemäß einer Vereinbarung über eine Vollrechtsübertragung erhalten hat und
   b) deren Verkehrswert jederzeit mindestens so hoch ist wie der Verkehrswert der wiederverwendeten Vermögensgegenstände zuzüglich eines Zuschlags.

[2]Als Wiederverwendung gilt jede Transaktion verwahrter Vermögensgegenstände, einschließlich Übertragung, Verpfändung, Verkauf und Leihe; hinsichtlich der Weiterverwendung von als Sicherheit erhaltenen Finanzinstrumenten wird auf Artikel 15 der Verordnung (EU) 2015/2365 verwiesen.

Schrifttum: *Wibbeke/Moroni* AIF Verwahrstellen als Dienstleister im institutionellen Asset Management, Absolut Report 05/2014, 45.
Zur Zweckmäßigkeitskontrolle des Investmentfondshandelns durch die Verwahrstelle s. auch OLG Frankfurt 19.12.1996 – 16 U 109/96, ZIP 1997, 319.

I. Allgemeines

Die Vorschrift dient der Sicherstellung der **Neutralität** der Verwahrstelle und der **unabhängigen Kontrolle** der Tätigkeiten der KVG, um die Interessen des inländischen OGAW und seiner Anleger sicherzustellen und zu schützen. Dazu stellt die Norm in § 70 I auf allgemeine Verhaltenspflichten ab, die in den darauffolgenden Absätzen durch Ge- und Verbote konkretisiert werden. Mit diesen Vorgaben versucht der Gesetzgeber die Interessenkonflikte in dem Konstrukt des Investmentdreiecks (→ § 68 Rn. 2ff.) zu vermeiden. 1

II. Unabhängigkeit der Verwahrstelle und Wahrung der Anlegerinteressen (§ 70 I)

Nach den allgemeinen Verhaltenspflichten des § 70 I hat die Verwahrstelle ihre Aufgaben ehrlich, redlich, professionell, **unabhängig und ausschließlich im Interesse** des inländischen OGAW und seiner Anleger wahrzunehmen. Die Verhaltenspflichten „ehrlich, redlich und professionell" wurden aufgrund des OGAW-V-UmsG neu in den Verhaltenskodex des § 70 I aufgenommen (BT-Drs. 18/6744, 51). Jedoch sind diesen Begrifflichkeiten keine zusätzlichen Anforderungen zu entnehmen, die die Verwahrstelle bei bestehender Rechtslage nicht bereits ausüben musste (FK-KapAnlR/*Koch* § 70 Rn. 9) und die zur Wahrung der Integrität des Marktes auch zuvor ohne gesonderte Erwähnung im Gesetz vorausgesetzt wurden. Ein hohes Gewicht kommt daher weiterhin den Begrifflichkeiten der Unabhängigkeit und der ausschließlichen Anlegerinteressen zu. Die große Bedeutung der zwei zuvor genannten Eigenschaften wird durch § 26 I bekräftigt, wonach auch die KVG unabhängig von der Verwahrstelle und ausschließlich im Interesse der Anleger ihre Aufgaben wahrnehmen soll. 2

1. Unabhängigkeit der Verwahrstelle. § 70 I verlangt die Unabhängigkeit der Verwahrstelle, ohne diesen Begriff legal zu definieren. Nach der Literatur ist der unbestimmte Rechtsbegriff der Unabhängigkeit ua dahingehend zu verstehen, dass die Verwahrstelle bei der Ausübung ihrer Funktion für das Investmentvermögen etwaige Eigeninteressen der KVG nicht zu berücksichtigen hat (WBA/*Klusak* § 70 Rn. 2). Daher ist die Verwahrstelle im Rahmen ihrer Verwahrungs- und Kontrollfunktion grundsätzlich weisungsunabhängig. Nach § 76 II hat die Verwahrstelle jedoch die Weisungen der KVG auszuführen, die nicht gegen gesetzliche Vorschriften, die Anlagebedingungen oder die Satzung verstoßen. Um keine Eigeninteressen der KVG zu berücksichtigen und damit die Unabhängigkeit der Verwahrstelle zu wahren, muss es sich bei der Verwahrstelle und der KVG um zwei voneinander getrennte und rechtlich selbstständige Gesellschaften handeln (BSV/*Beckmann* § 70 Rn. 42). Eine **konzernrechtliche Verbindung** zwischen Verwahrstelle und KVG ist nach dem Gesetzgeber nicht zu beanstanden. Kritische Stimmen sehen hierin ein inkonsequentes Handeln des Gesetzgebers, weshalb gesellschaftsrechtliche Beziehungen zwischen der KVG und der Verwahrstelle zu untersagen seien, um die Unabhängigkeit zu stärken (WBA/*Klusak* § 70 Rn. 2). Dieser Auffassung ist zumindest soweit zuzustimmen, dass eine bestehende Interessenkollision aus einer „Mutter- 3

Tochter-Beziehung“ bewusst Aufrechterhalten und damit nicht vermieden wird. Nach dem Gesetzgeber wird diesem Interessenskonflikt durch § 70 IV iVm den einschlägigen Normen der DelVO (EU) 2016/438 entgegengewirkt, indem ua bestimmte personelle Verflechtungen zwischen der KVG und der Verwahrstelle untersagt werden. Des Weiteren wurden für die Verwahrstelle die Restriktionen nach § 70 II (→ Rn. 6ff.) bei Übernahme von Aufgaben für das Investmentvermögen verschärft.

4 **2. Ausschließliches Anlegerinteresse.** Die Verwahrstelle hat **ausschließlich** im Interesse des inländischen OGAW und seiner Anleger zu handeln. Daraus folgt, dass die Verwahrstelle die Interessen des inländischen OGAW und seiner Anleger vorrangig gegenüber etwaigen Eigeninteressen oder Interessen der KVG zu stellen hat. Die Beachtung dieser Interessenkollision erfolgt insb. unter dem Aspekt, dass die KVG die Verwahrstelle beauftragt und vergütet und zwischen beiden Parteien eine geschäftliche Beziehung besteht (*Wibbeke/Moroni* Absolut Report 05/2014, 45). Die Ausschließlichkeit ist allerdings derart zu verstehen, dass die Verwahrstelle als wirtschaftliches Unternehmen ebenfalls Eigeninteressen verfolgen darf, soweit dadurch keine Nachteile für die Anleger eintreten (WBA/*Klusak* § 70 Rn. 3; BSV/*Beckmann* § 70 Rn. 62). Ins Gewicht sollte dieser Rechtsgedanke ua dann fallen, wenn die Verwahrstelle zB aus monetärer Sicht auch lukrative Wertpapiergeschäfte als Broker ausübt (FK-KapAnlR/*Koch* § 70 Rn. 7).

5 Bei der Ausübung der Verwahrstellenkontrollen hat die Verwahrstelle die **Rechtmäßigkeit** der Transaktionen zu überprüfen. Die Kontrolle der Verwahrstelle erstreckt sich jedoch nicht auf Zweckmäßigkeitserwägungen, weshalb die Verwahrstelle nicht kontrollieren muss, ob die KVG wirtschaftlich die beste Transaktion für den OGAW durchführt (OLG Frankfurt 16 U 109/96, ZIP 1997 319 (320)). Diese Einschätzungsprärogative obliegt nur der KVG, die insoweit auch das operative Risiko trägt.

III. Vermeidung von Interessenskonflikten und organisatorische Anforderungen (§ 70 II)

6 Eine Verwahrstelle nimmt primär die originären Verwahrstellenaufgaben im Interesse der Anleger und des inländischen OGAW wahr. Als Kreditinstitut kann sie jedoch zusätzliche Aufgaben ua der **allgemeinen Banktätigkeit** (Einlagen-, Kredit-, Depot-, Broker- und sonstige Wertpapierhandelsgeschäfte usw.) wahrnehmen, die im Zweifel von Eigeninteressen geprägt sind. Zu dieser Interessenkollision bezieht der § 70 II insoweit Stellung, als Interessenkonflikte grundsätzlich zu vermeiden sind. Gleichwohl berücksichtigt der Gesetzgeber, dass es bei hinreichender Überwachung und Steuerung von Interessenkonflikten sinnvoll sein kann, wenn nicht ein Dritter, sondern die ohnehin mit dem Investmentvermögen betraute Verwahrstelle als Broker, Gegenpartei etc. handelt (BTMB/*Herring* § 70 Rn. 6).

7 **1. Übernahme von Aufgaben bei potenziellen Interessenkonflikten (Abs. 2 S. 1 und 2).** Die allgemeine Pflicht der Verwahrstelle zur Unabhängigkeit und zur Interessenwahrung nach § 70 I wird in § 70 II 1 u. 2 konkretisiert. § 70 II 1 statuiert den **Grundsatz,** wonach die **Übernahme von Aufgaben verboten** ist, die in Bezug auf den inländischen OGAW bzw. seiner Anleger oder hinsichtlich der für Rechnung des OGAW tätigen KVG das Potenzial eines **Interessenkonflikts** in sich tragen. Die Regelung stellt eine Verschärfung zum InvG dar und spielt ua in dem → Rn. 3 erwähnten Konflikt einer konzernrechtlichen Verbindung zwischen

Verwahrstelle und KVG als Korrektiv eine wichtige Rolle. Ziel ist die Vermeidung von Interessenkonflikten der Verwahrstelle, damit diese ihre Aufgaben unabhängig und innerhalb des ihr festgesetzten investmentrechtlichen Rahmens erfüllen kann.

§ 70 II 2 beinhaltet eine **Ausnahmeregelung** zu dem Grundsatz nach S. 1. Danach kann die Verwahrstelle auch Aufgaben mit einem potenziellen Interessenkonflikt übernehmen, wenn sie die **hohen Anforderungen der in Abs. 2 S. 2 genannten Voraussetzungen erfüllt.** Hierzu hat sie ihre Aufgaben funktional und hierarchisch der im Interessenskonflikt stehenden Aufgaben zu trennen. Die funktionale Trennung erfolgt dadurch, dass keine personellen und inhaltlichen Überschneidungen zwischen den originären Verwahrstellenaufgaben und den in Konflikt stehenden Aufgaben bestehen (EDD/*Dreibus* § 70 Rn. 7). Die hierarchische Trennung beinhaltet, dass sich die funktionale Trennung bis einschließlich auf die Geschäftsleitungsebene der Verwahrstelle erstreckt. Ferner hat die Verwahrstelle die Pflicht, die konfliktträchtigen Aufgaben ordnungsgemäß zu ermitteln, zu steuern, zu beobachten und den Anlegern gegenüber offenzulegen. 8

a) Ermittlung potenzieller Interessenskonflikte. Die Verwahrstelle hat die **Umstände** zu ermitteln, die eine Grundlage für Interessenkonflikte bereiten könnten. Hierfür hat sie zu untersuchen, unter welchen Umständen bei der Erbringung ihrer Dienstleistungen als Verwahrstelle sowie ihrer weiteren Bankdienstleistungen Interessenkonflikte entstehen können, die den Anlegerinteressen schaden könnten (BSV/*Beckmann* § 70 Rn. 120). 9

b) Steuerung und Beobachtung der potenziellen Interessenkonflikte. Die Steuerung der potenziellen Interessenskonflikte ist vergleichbar mit der Risikosteuerung eines Risikomanagements. Daher hat die Verwahrstelle **geeignete Strategien** für die ermittelten Risiken zu definieren und daraus **Maßnahmen** zum Umgang mit den Risiken abzuleiten. Damit soll die Verwahrstelle proaktiv und präventiv einen Einfluss auf die Eintrittswahrscheinlichkeit der Interessenkonflikte nehmen, um das Risiko des Eintritts eines Interessenkonflikts zu vermeiden oder zu mindern. Die Beobachtung findet dann ua durch die Schaffung einer wirksamen Compliance Organisation statt, die ihre Kontrollaufgaben unabhängig ausführen kann (BSV/*Beckmann* § 70 Rn. 124). 10

c) Offenlegung der potenziellen Interessenkonflikte. Die Offenlegung potenzieller Interessenkonflikte sollte einmalig vor der Zeichnung durch den Anleger erfolgen (WBA/*Klusak* § 70 Rn. 8). In der Regel ist der Verkaufsprospekt das geeignete Format, um dieser Pflicht nachzukommen. Bei nachträglichen Interessenskollisionen, die im Verkaufsprospekt nicht bedacht wurden, kann eine Offenlegung bspw. mit dem Jahresbericht erfolgen. Dafür müssen die Interessenkonflikte jedoch besonders hervorgehoben werden, weil sie nicht zum typischen Bestandteil eines solchen Berichts gehören (WBA/*Klusak* § 70 Rn. 8). Alternativ kann die Offenlegung auf einer Website zur Verfügung gestellt werden (BSV/*Beckmann* § 70 Rn. 133). An diese Form der Offenlegung sind hohe Maßstäbe zu setzen. Unter anderem sollte der Anleger diesem Weg der Offenlegung explizit zugestimmt haben und die Informationen müssen stets auf dem neuesten Stand sein. 11

Die Ausnahmeregelungen vom Grundsatz der vollständigen Vermeidung von Interessenkonflikten sind **restriktiv zu handhaben** (FK-KapAnlR/*Koch* § 70 Rn. 12). Unterstrichen wird dieser Ansatz durch die Aufgabe der noch im InvG bestehenden Selbstregulierung zur konkreten Ausgestaltung der Vermeidung von In- 12 teressenkonflikten (BT-Drs. 16/5576, 67). Weitere eher allgemeine Regelungen zu Interessenkollisionen sind Art. 23f. der DelVO (EU) 2016/438 zu entnehmen.

13 **2. Organisation und Verfahren (Abs. 2 S. 3 und 4).** § 70 II 3 dient ebenfalls dem Ziel, Interessenskonflikte zu vermeiden, wobei sich die dort beschriebenen Maßnahmen auf die Organisation und die Verfahren in der Verwahrstelle selbst beziehen. Diesbezüglich unterstehen Verwahrstellen weiterhin einer **Selbstregulierung,** weshalb sie **weitgehende Gestaltungsfreiheiten** haben (EDD/*Dreibus* § 70 Rn. 8). In der Praxis wird die Verwahrstelle entsprechend Art, Komplexität und Umfang ihrer Geschäfte schriftliche Grundsätze für den Umgang mit Interessenkonflikten festlegen und für die personellen und technischen Ressourcen sorgen (BSV/*Beckmann* § 70 Rn. 92).

IV. Keine gleichzeitige Übernahme von Aufgaben der KVG und der Verwahrstelle (§ 70 III)

14 Nach § 70 III ist es ausgeschlossen, dass eine KVG zugleich die Aufgaben einer Verwahrstelle und umgekehrt übernimmt. Diese Norm ist nicht nur eine **Ausprägung zur Interessenswahrung bei Interessenkonflikten** während der Ausübung von bestimmten Aufgaben (WBA/*Klusak* § 70 Rn. 11). Vielmehr unterstreicht die Vorschrift als **Konkretisierung** zu § 70 I die Pflicht der Verwahrstelle zur **Unabhängigkeit** (vgl. FK-KapAnlR/*Koch* § 70 Rn. 16, der eine Ausprägung der Pflicht zur Interessenswahrung nicht kumulativ zur Unabhängigkeit sieht). Zu beachten ist, dass durch diese Regelung des § 70 III eine Konzernverbundenheit der Verwahrstelle und KVG nicht ausgeschlossen ist.

V. Konkretisierung der personellen Unabhängigkeit durch Verweis auf DelVO (§ 70 IV)

15 Im Zuge des 2. FiMaNoG wurde im Jahr 2017 der ursprüngliche Abs. 4 durch einen Verweis auf die in 2015 in Kraft getretene DelVO (EU) 2016/438 ersetzt. Das Zusammentreffen einer **Personalunion zwischen KVG und Verwahrstelle wird durch den Verweis weiter konkretisiert.** Ausgeschlossen bleibt weiterhin, dass eine Person als Leitungsorgan der Verwahrstelle oder der KVG weitere Funktionen bei der jeweils anderen Unternehmung ausführen darf. Nicht mehr ausgeschlossen ist, dass eine Person, ohne dem Leitungsorgan anzugehören, sowohl bei der Verwahrstelle als auch der OGAW-KVG als Mitarbeiter tätig ist. Für die daraus möglichen Interessenskonflikte greifen als Korrektiv die Regelungen des § 70 I, II sowie Art. 23 der DelVO (EU) 2016/438, die bestimmte Verfahren zum Umgang mit Interessenskonflikten vorsehen. Insbesondere Art. 23 der DelVO (EU) 2016/438 soll sicherstellen, dass ua bei einer selben Konzernzugehörigkeit der Verwahrstelle und der KVG (das wird der praktisch relevante Fall sein, in dem ein Mitarbeiter auf beiden Seiten tätig sein wird) Verfahren implementiert sind, die das Erkennen und die Steuerung der Interessenkonflikte zum Schutze der Anleger regeln. Sollte als oberste Priorität der Interessenkonflikt nicht vermieden werden können, so muss der Interessenskonflikt zumindest überwacht und den Anlegern offengelegt werden (→ Rn. 8ff.). Mit Art. 24 der DelVO (EU) 2016/438 wird der Personenkreis zur personellen Unabhängigkeit auf Aufsichtsgremien erweitert.

VI. Wiederverwendung von Vermögengegenständen (§ 70 V)

Nach § 70 V dürfen verwahrte Vermögensgegenstände von der Verwahrstelle wiederverwendet werden, wenn der abschließende Katalog des S. 1 sichergestellt ist. Nach S. 2 gilt als Wiederverwendung jede Transaktion verwahrter Vermögensgegenstände, einschl. Übertragung, Verkauf und Leihe. Um die zuvor genannten Geschäfte insb. zwischen der KVG und der Verwahrstelle zu ermöglichen, wurde das KAGB durch OGAW V dahingehend verändert, dass die Wiederverwendung von verwahrten Vermögensgegenständen zugelassen worden ist (WBA/*Klusak* § 70 Rn. 14). 16

§ 71 Ausgabe und Rücknahme von Anteilen oder Aktien eines inländischen OGAW

(1) [1]**Die Verwahrstelle hat die Anteile oder Aktien eines inländischen OGAW auszugeben und zurückzunehmen.** [2]**Anteile oder Aktien dürfen nur gegen volle Leistung des Ausgabepreises ausgegeben werden.** [3]**Sacheinlagen sind vorbehaltlich von § 180 Absatz 4 sowie § 190 Absatz 1 und 2 unzulässig.**

(2) [1]**Der Preis für die Ausgabe von Anteilen oder Aktien (Ausgabepreis) muss dem Nettoinventarwert des Anteils oder der Aktie am inländischen OGAW zuzüglich eines in den Anlagebedingungen festzusetzenden Aufschlags gemäß § 165 Absatz 2 Nummer 8 entsprechen.** [2]**Der Ausgabepreis ist an die Verwahrstelle zu entrichten und von dieser abzüglich des Aufschlags unverzüglich auf einem für den inländischen OGAW eingerichteten gesperrten Konto zu verbuchen.** [3]**Bei Anwendung des Swing Pricing ist dem Ausgabepreis statt des Nettoinventarwertes der modifizierte Nettoinventarwert zugrunde zu legen.**

(3) [1]**Der Preis für die Rücknahme von Anteilen oder Aktien (Rücknahmepreis) muss dem Nettoinventarwert des Anteils oder der Aktie am inländischen OGAW abzüglich eines in den Anlagebedingungen festzusetzenden Abschlags gemäß § 165 Absatz 2 Nummer 8 entsprechen.** [2]**Der Rücknahmepreis ist, abzüglich des Abschlags, von dem gesperrten Konto an den Anleger zu zahlen.** [3]**Bei Anwendung des Swing Pricing ist dem Rücknahmepreis statt des Nettoinventarwertes der modifizierte Nettoinventarwert zugrunde zu legen.**

(4) **Der Ausgabeaufschlag nach Maßgabe von Absatz 2 Satz 1 und der Rücknahmeabschlag nach Maßgabe von Absatz 3 Satz 1 können an die OGAW-Verwaltungsgesellschaft ausgezahlt werden.**

Schrifttum: *Einmahl* Die Preispolitik großer deutscher Investmentfondsgesellschaften im Licht des AGB-Rechts, ZIP 2002, 381; *Ruppel* Stärkung des Fondsstandorts Deutschland, Börsen-Zeitung, Ausgabe 57, 21.3.2020, 9.

I. Allgemeines

Die Vorschrift regelt die Ausgabe und Rücknahme von Anteilen und Aktien durch die Verwahrstelle und bezweckt dadurch die Trennung zwischen dem Eigenvermögen der KVG und dem Vermögen des OGAW. Des Weiteren wird infolge der Ausgabe und Rücknahme durch die Verwahrstelle der KVG der unmittelbare Zugriff auf die von den Anlegern eingezahlten Gelder verwehrt, um den **Anleger-** 1

schutz auf maximaler Ebene zu erreichen. Als weiteres Schutzinstrumentarium definiert die Norm die Preisbildung für die Anteile und Aktien sowie die Zug-um-Zug-Leistung bei deren Ausgabe.

II. Ausgabe und Rücknahme von Anteilen und Aktien (§ 71 I)

2 **1. Anteilsausgabe und Anteilsrücknahme (§ 71 I 1).** Nach § 71 I 1 hat die Ausgabe und Rücknahme von Anteilen und Aktien (kurz: Anteilscheingeschäft) durch die Verwahrstelle zu erfolgen. Damit sollen die bei den Anteilscheingeschäften zugeflossenen Gelder ohne Umweg über das Eigenvermögen der KVG in den OGAW gelangen bzw. bei Rücknahme der Anteile wird der Anleger direkt aus dem Sperrkonto des OGAW ausgezahlt (EDD/*Stabenow/Dreibus* § 71 Rn. 4). Auf diese Weise wird die nach § 92 I 2 vorgeschriebene **Trennung des Sondervermögens vom Eigenvermögen** der KVG auch bei den Anteilscheingeschäften sichergestellt (EDD/*Stabenow/Dreibus* § 71 Rn. 4). Ergänzt wird diese Vorschrift durch § 76 I 1, wonach die Ausgabe und Rücknahme von Anteilen oder Aktien des inländischen OGAW den gesetzlichen Vorschriften des KAGB sowie den vertraglichen Vorschriften des OGAW entsprechen muss. Durch die alleinige Zuständigkeit der Verwahrstelle für das Anteilscheingeschäft, hat die Verwahrstelle jederzeit einen Überblick über die im Verkehr befindlichen Anteile (BSV/*Beckmann* § 71 Rn. 2), und damit den relevanten Divisor zur Berechnung des Wertes des jeweiligen Anteils bzw. der jeweiligen Aktie.

3 **a) Rechtliche Qualifizierung.** Wurde früher hinsichtlich der rechtlichen Qualifizierung der Rolle der Verwahrstelle in wenigen Teilen noch eine andere Ansicht vertreten (zumindest zeitweise von der BaFin im Entwurf des Verwahrstellenrundschreibens 08/2015 als Auslagerung betrachtet), besteht nunmehr die einhellige Auffassung, dass die Verwahrstelle bei dem Anteilscheingeschäft der gesetzliche Vertreter der KVG ist (detaillierte Ausführungen in EDD/*Stabenow/Dreibus* § 71 Rn. 6 ff.; BTMB/*Karcher* § 71 Rn. 2 f.). Die Anteile an einem OGAW stellen eine Mitberechtigung am Sondervermögen in der Rechtsform des **Bruchteilseigentums** oder **Miteigentums** dar (WBA/*Klusak* § 71 Rn. 3). Vertragspartner der verbrieften Anteilscheine sind die Anleger und die KVG als Emittent der verbrieften Anteilscheine. Insoweit ist der Wortlaut des § 70 I 1 missverständlich, der ua nur von Anteilen spricht und entgegen des § 95 I 1 die verbrieften und elektronischen Anteilscheine außen vor lässt.

4 Der Anteil entsteht mit Eingang des Ausgabepreises auf dem Geschäftskonto der Verwahrstelle (BTMB/*Karcher* § 71 Rn. 12). Zu diesem Zeitpunkt erlangt nämlich die KVG gegen die Verwahrstelle einen Anspruch auf Umbuchung des Ausgabepreises auf das geführte Sperrkonto des OGAW (*Canaris* Rn. 2400). Zu beachten ist, dass trotz eines bereits entstandenen Anteils die **Gefahr einer nicht ordnungsgemäßen Verbuchung** auf das Sperrkonto durch die Verwahrstelle noch zulasten der KVG geht (BTMB/*Karcher* § 71 Rn. 12). Der Anleger erwirbt nämlich seinen Anteil erst mit Verbuchung des Anteils auf seinem Wertpapierdepot bei der depotführenden Stelle und mit Ausgabe des verbrieften Anteilscheins (BTMB/*Karcher* § 71 Rn. 12).

5 **b) Technische Abwicklung.** Da verbriefte Anteile in effektiven Stücken kaum noch praktische Relevanz haben (detailliert BTMB/*Karcher* § 71 Rn. 15 ff.; EDD/*Stabenow/Dreibus* § 71 Rn. 16 ff.), werden idR die Anteile oder Aktien von Investmentvermögen in einer bei der Clearstream Banking AG hinterlegten Globalurkunde verbrieft. Die Verwahrstelle bucht bei der Girosammelverwahrung die

ausgegebenen Anteile auf einem Sperrkonto des inländischen OGAW. Spätestens mit Ausgabe der Anteile erfolgt auch die Entgegennahme des Ausgabepreises, der abzüglich eines Ausgabeaufschlags ebenfalls auf dem Sperrkonto zu verbuchen ist. Da der Anleger sein Wertpapierdepot losgelöst von der Verwahrstelle bei einer Drittbank als depotführende Stelle führen kann, wird mit Buchung der Ausgabe der Anteile auf dem Sperrkonto des OGAWs die Globalurkunde bei der Clearstream Banking AG übereinstimmend „hochgeschrieben" (BTMB/*Karcher* § 71 Rn. 14). Auf dem Clearstream-Konto der depotführenden Stelle des Anlegers wird im Gegenzug die entsprechende Anzahl von Anteilen verbucht. Die depotführende Stelle des Anlegers bucht ihrerseits die passende Anzahl von Anteilen auf dem Wertpapierdepot des Anlegers.

Bei der **Rücknahme** von Anteilen bzw. Aktien des Investmentvermögens 6
wird die Globalurkunde in Höhe der zurückgenommenen Anteile valutiert und „heruntergeschrieben" (BTMB/*Karcher* § 71 Rn. 20). In diesem Zuge werden die zurückgenommenen Anteile von dem Clearstream-Konto der depotführenden Stelle des Anlegers auf das Clearstream-Konto der KVG verbucht. Die depotführende Stelle des Anlegers bucht ihrerseits diesen Vorgang auf dem Depot des zurückgebenden Anlegers. Die Verwahrstelle verbucht die zurückgenommenen Anteile bzw. Aktien auf das Sperrkonto des inländischen OGAW und führt die Auszahlung des Rücknahmepreises abzüglich eines etwaigen Rücknahmeabschlags an den Anleger aus.

2. Zug-um-Zug-Leistung beim Anteilscheingeschäft (§ 71 I 2). Nach 7
§ 70 I 2 dürfen Anteile und Aktien nur **gegen volle Leistung des Ausgabepreises** ausgegeben werden. Hierin ist eine weitere Schutzmaßnahme zugunsten der Anleger zu sehen, wonach sichergestellt werden soll, dass bei Ausführung des Anteilscheingeschäfts Zug um Zug der Ausgabepreis dem Investmentvermögen zukommt. Ratenzahlungen oder Stundungsvereinbarungen für die Zeit nach dem Anteilscheingeschäft sind nicht zulässig. Sollten dennoch Anteile in den Verkehr gelangen, ohne dass der jeweilige Anteilswert dem Investmentvermögen zugeflossen ist, so hat die KVG den fehlenden Betrag aus ihrem Eigenvermögen in das Investmentvermögen einzulegen (§ 93 VII). Da die Verwahrstelle die Pflicht hat, die Zug-um-Zug-Entrichtung des Ausgabepreises bei Ausführung des Anteilscheingeschäfts zu überprüfen, kann sie bei Verletzung dieser Pflicht von der KVG in Regress genommen werden.

3. Unzulässige Sacheinlagen; Ausnahmeregelungen (§ 71 I 3). Gemäß 8
§ 70 I 3 sind Sacheinlagen bis auf die explizit genannten Ausnahmeregelungen (§§ 180 IV, 190 I, II) unzulässig. Damit soll der Gefahr entgegengewirkt werden, dass eine fehlerhafte Bewertung einer einzubringenden Sacheinlage eine wertmäßige Verwässerung der Beteiligung für den einbringenden oder den bereits investierten Anleger zur Folge haben kann (EDD/*Stabenow/Dreibus* § 71 Rn. 22). Das **Sacheinlageverbot** dient daher dem **Anlegerschutz.** Nach dem Gesetz ist eine Sacheinlage **ausnahmsweise zulässig,** sofern die Anteilsausgabe im Rahmen einer Umwandlung eines OGAW in einen Feederfonds erfolgt (§ 180 IV). Der Anlegerschutz wird dadurch nicht gemindert, da bei der Umwandlung eines Sondervermögens in einen Feederfonds die einzubringenden Vermögensgegenstände in den Masterfonds bereits einer Bewertung nach KAGB und KARBV unterlegen haben (EDD/*Stabenow/Dreibus* § 71 Rn. 22). Bei der zweiten gesetzlichen Ausnahmeregelung der Verschmelzung nach § 190 I, II ist die Sacheinlage bereits aus logischen Denkansätzen zulässig, da eine Verschmelzung ohne Sacheinlage idR nicht

zu bewerkstelligen wäre und zudem der Anlegerschutz ausreichend gewährleistet ist.

9 Von der unzulässigen Sacheinlage (keine Bareinlage bzw. kein gesetzlicher Ausnahmefall nach §§ 180 IV, 190 I, II) ist die **Sachübernahme** zu unterscheiden. Zwar erwirbt die KVG von dem Anleger für Rechnung des inländischen OGAW Vermögengegenstände gegen Zahlung eines Kaufpreises. Dieses Geschäft erfolgt jedoch nicht als Gegenleistung bei der Abwicklung des Anteilscheingeschäfts. Der Anleger zahlt bereits vor der Sachübernahme der KVG den Ausgabepreis als Bareinlage. Sprich, der Erwerb von Vermögensgegenständen des Anlegers ist im investmentrechtlichen Rahmen des OGAW möglich, er darf nur nicht in unmittelbare Verbindung als Gegenleistung mit der Ausgabe von Anteilen und Aktien gebracht werden. Der praxisrelevante Fall der Sachübernahme ist der Creation/Redemption-Prozess, der bei der Schaffung neuer ETF-Anteile bzw. bei geringerer Nachfrage auch bei der Rücknahme der ETF-Anteile zum Tragen kommt (ausführlich BTMB/*Karcher* § 71 Rn. 7; EDD/*Stabenow/Dreibus* § 71 Rn. 24).

III. Ausgabepreis (§ 71 II)

10 Gemäß § 71 II 1 hat der Ausgabepreis dem Nettoinventarwert des Anteils oder der Aktie am inländischen OGAW zuzüglich eines in den Anlagebedingungen und in den Verkaufsprospekten (§ 165 II Nr. 8) festzusetzenden Aufschlags zu entsprechen. Im **ersten Schritt** knüpft der Ausgabepreis damit an den Anteilswert des OGAW an, dessen Ermittlung sich nach den Vorschriften des KAGB (insb. §§ 168, 169) und der KARBV richtet. Dieser feste Bestandteil ist aufgrund der klaren Vorgaben zur Bewertung des Anteilswertes nicht beeinflussbar. Die Möglichkeit des Forderns eines Ausgabeaufschlags im **zweiten Schritt** ermöglicht es jedoch, den Endpreis für die Ausgabe eines Anteils oder einer Aktie zu beeinflussen. So steht es der KVG frei, ob und in welcher Höhe sie einen Ausgabeaufschlag erhebt. Voraussetzung ist jedoch, dass der Ausgabeaufschlag in den Anlagebedingungen sowie dem Verkaufsprospekt enthalten ist. Dabei stellt der in den Anlagebedingungen und dem Verkaufsprospekt genannte Ausgabeaufschlag die Obergrenze dessen dar, was die KVG verlangen darf. In der Regel wird der Ausgabeaufschlag als Beitrag zur Deckung der Vertriebskosten der KVG gerechtfertigt (*Einmahl* ZIP 2002, 381 (382)).

11 Der Ausgabepreis und der Ausgabeaufschlag werden vom Anleger an die Verwahrstelle gezahlt. Die Verwahrstelle zieht den Aufgabeaufschlag von der Zahlung des Anlegers ab, leitet diesen an die KVG weiter und verbucht den Restbetrag auf einem für das Investmentvermögen eingerichteten Sperrkonto (§ 71 II 2, IV). Dadurch soll sichergestellt werden, dass der Ausgabepreis nach etwaigem Abzug des Ausgabeaufschlags **ohne Verfügungsmöglichkeit der KVG** in das Vermögen des OGAW gelangt (BSV/*Beckmann* § 71 Rn. 69).

12 § 71 II 3 wurde im Rahmen des im März 2020 in Kraft getretenen Gesetzes zur Einführung von Sondervorschriften für Sanierung und Abwicklung von zentralen Gegenparteien und zur Anpassung des Wertpapierhandelsgesetzes an die Unterrichtungs- und Nachweispflichten in das KAGB eingefügt. Hierin enthalten ist das Verfahren des **Swing Pricing,** das durch die verursachergerechte Belastung der einzelnen Anleger bei deren Ein- und Ausstieg eine Anlegergleichbehandlung zum Ziel hat. Im Falle der Ausgabe von Anteilen steigt ein Anleger in den OGAW ein, weshalb bei Anwendung des Swing Pricing die KVG den Nettoinventarwert nach oben korrigieren wird, wenn an einem Tag mehr Anleger Fondsanteile kaufen als zurückgeben. Hierbei handelt es sich um den modifizierten Nettoinventarwert,

der die verursachten Kosten durch die einsteigenden Anleger berücksichtigt (*Ruppel* in Börsen-Zeitung v. 21.3.2020, 9). Durch den höheren Anteilswert, den die einsteigenden Anleger zu entrichten haben, tragen sie unmittelbar die Kosten des durch sie verursachten Anteilscheingeschäfts, während die am Einstieg nicht beteiligten Anleger von der mittelbaren Belastung der Kosten durch eine Verschlechterung des Nettoinventarwerts verschont bleiben. Das sog. „Schwingen" des Nettoinventarwerts kann bei jedweder Abweichung oder bei Überschreitung eines zuvor festgesetzten Schwellenwertes des Netto-Überschusses eingesetzt werden. Richtig angewandt wird die Performance der langfristig orientierten Anleger nicht zu stark durch hohe Transaktionskosten der kurzfristen Anleger verwässert (*Ruppel* Börsen-Zeitung v. 21.3.2020, 9).

IV. Rücknahmepreis (§ 71 III)

Bezogen auf den Rücknahmepreis ist § 71 III die spiegelbildliche Norm zu § 71 II. Insoweit kann auf → Rn. 10f. mit dem Unterschied verwiesen werden, dass beim Rücknahmepreis kein Aufschlag, sondern ein Abschlag erfolgen kann. Ferner ist der **Zweck** des Rücknahmeabschlags anders als beim Abgabeaufschlag zumindest **nicht eindeutig** (BSL/*Köndgen* § 71 Rn. 11). Nach *Stabenow/Dreibus* dient der Rücknahmeabschlag dazu, den Anleger zu einem langfristigen Engagement zu bewegen sowie eine Kompensation für die entstehenden Aufwendungen bei Rücknahme der Anteile oder Aktien zu gewährleisten (EDD/*Stabenow/Dreibus* § 71 Rn. 34). Daher wird zum Teil und zu Recht vertreten, dass die Höhe des Rücknahmepreises anders als die des Ausgabepreises bei einem OGAW nicht völlig frei gestaltet werden kann (WBA/*Klusak* § 71 Rn. 8). Diese Einschränkung ist damit zu begründen, dass ein zu hoher Rücknahmeabschlag eine aufsichtsrechtlich ermöglichte Rücknahme nach § 98 I zumindest faktisch erschweren würde (WBA/*Klusak* § 71 Rn. 8). Aufgrund des daraus folgenden Verstoßes gegen das gesetzliche Leitbild des § 98, ist ein zu hoher Rücknahmeabschlag nach § 307 BGB iSd AGB-Rechts rechtswidrig (vgl. auch BSL/*Köndgen* § 23 Rn. 11). § 71 III 3 beinhaltet die umgekehrte Einführung des Swing Pricing für den Fall des Ausstiegs. 13

V. Auszahlung Ausgabeaufschlag und Rücknahmeabschlag (§ 71 IV)

§ 71 IV hat hinsichtlich der Auszahlung des Ausgabeaufschlags bzw. des Rücknahmeabschlags an die KVG maximal eine klarstellende Funktion, wonach die Auf- bzw. Abschläge an die KVG ausgezahlt werden können. 14

§ 72 Verwahrung

(1) **Die Verwahrstelle hat die Vermögensgegenstände des inländischen OGAW oder der für Rechnung des inländischen OGAW handelnden OGAW-Verwaltungsgesellschaft wie folgt zu verwahren:**

1. **für Finanzinstrumente im Sinne des Anhangs I Abschnitt C der Richtlinie 2014/65/EU des Europäischen Parlaments und des Rates vom 15. Mai 2014 über Märkte für Finanzinstrumente sowie zur Änderung der Richtlinien 2002/92/EG und 2011/61/EU (ABl. L 173 vom 12.6.2014, S. 349), die in Verwahrung genommen werden können, gilt:**

a) die Verwahrstelle verwahrt sämtliche Finanzinstrumente, die im Depot auf einem Konto für Finanzinstrumente verbucht werden können, und sämtliche Finanzinstrumente, die der Verwahrstelle physisch übergeben werden können;

b) die Verwahrstelle stellt sicher, dass alle Finanzinstrumente, die im Depot auf einem Konto für Finanzinstrumente verbucht werden können, nach den in Artikel 16 der Richtlinie 2006/73/EG der Kommission vom 10. August 2006 zur Durchführung der Richtlinie 2014/65/EU des Europäischen Parlaments und des Rates in Bezug auf die organisatorischen Anforderungen an Wertpapierfirmen und die Bedingungen für die Ausübung ihrer Tätigkeit sowie in Bezug auf die Definition bestimmter Begriffe für die Zwecke der genannten Richtlinie (ABl. L 241 vom 2.9.2006, S. 26) festgelegten Grundsätzen in den Büchern der Verwahrstelle auf gesonderten Konten, die im Namen des inländischen OGAW oder der für ihn tätigen OGAW-Verwaltungsgesellschaft eröffnet wurden, registriert werden, sodass die Finanzinstrumente jederzeit nach geltendem Recht eindeutig als zum inländischen OGAW gehörend identifiziert werden können;

2. für sonstige Vermögensgegenstände gilt:

a) die Verwahrstelle prüft das Eigentum des inländischen OGAW oder der für Rechnung des inländischen OGAW tätigen OGAW-Verwaltungsgesellschaft an solchen Vermögensgegenständen und führt Aufzeichnungen derjenigen Vermögensgegenstände, bei denen sie sich vergewissert hat, dass der inländische OGAW oder die für Rechnung des inländischen OGAW tätige OGAW-Verwaltungsgesellschaft an diesen Vermögensgegenständen das Eigentum hat;

b) die Beurteilung, ob der inländische OGAW oder die für Rechnung des inländischen OGAW tätige OGAW-Verwaltungsgesellschaft Eigentümer ist, beruht auf Informationen oder Unterlagen, die vom inländischen OGAW oder von der OGAW-Verwaltungsgesellschaft vorgelegt werden und, soweit verfügbar, auf externen Nachweisen;

c) die Verwahrstelle hält ihre Aufzeichnungen auf dem neuesten Stand;

3. die Verwahrstelle übermittelt der OGAW-Verwaltungsgesellschaft regelmäßig eine umfassende Aufstellung sämtlicher Vermögensgegenstände des inländischen OGAW.

(2) [1]Die zum inländischen OGAW gehörenden Guthaben nach § 195 sind auf Sperrkonten zu verwahren. [2]Die Verwahrstelle ist berechtigt und verpflichtet, auf Anweisung der OGAW-Verwaltungsgesellschaft auf den Sperrkonten vorhandene Guthaben nach § 195

1. auf andere Sperrkonten bei Kreditinstituten mit Sitz in einem Mitgliedstaat der Europäischen Union oder einem anderen Vertragsstaat des Abkommens über den Europäischen Wirtschaftsraum oder
2. auf andere Sperrkonten bei Kreditinstituten mit Sitz in Drittstaaten, deren Aufsichtsbestimmungen nach Auffassung der Bundesanstalt denjenigen des Rechts der Europäischen Union gleichwertig sind,

zu übertragen.

(3) Für nähere Einzelheiten zu den Verwahrpflichten nach Absatz 1 wird auf die Artikel 12 bis 14 der Delegierten Verordnung (EU) 2016/438 verwiesen.

I. Allgemeines

1 Wie schon die Bezeichnung des § 72 vermuten lässt, statuiert diese Vorschrift eine der wesentlichen Aufgaben der Verwahrstelle, nämlich die Verwahrung der Vermögensgegenstände des inländischen OGAW oder der für Rechnung des inländischen OGAW handelnden KVG. Dabei unterscheidet die Norm zwischen verwahrfähigen Finanzinstrumenten (§ 72 I Nr. 1) und sonstigen Vermögensgegenständen (§ 72 I Nr. 2), deren Differenzierung wichtig für die Ausgestaltung der Verwahrung ist und die im Fall der Nr. 2 im eigentlichen Sinn eine Überwachungsfunktion darstellt. Schutzzweck der Norm ist die **Integrität des Sondervermögens.** Diese wird dadurch erreicht, dass die Vermögensgegenstände des OGAW von dem Vermögen der KVG getrennt und vor deren Zugriff gesichert werden. Dadurch wird ein hoher Anlegerschutz gewährleistet, da ein Zugriff unberechtigter Dritter auf das Fondsvermögen verhindert wird und dieses gerade im Insolvenzfall der KVG auch nicht von den Insolvenzgläubigern angetastet werden kann. Ferner wird der Verwahrstelle durch die notwendige Führung von Sperrdepots und Sperrkonten die **tatsächliche Verfügungsgewalt** über das Sondervermögen verschafft, womit ihr die Ausübung der Kontrollfunktion nach § 76 ermöglicht wird (BSV/*Beckmann* § 72 Rn. 3).

II. Verwahrung (§ 72 I)

2 **1. Verwahrung von verwahrfähigen Finanzinstrumenten (§ 72 I Nr. 1).** § 72 I wurde **im Rahmen der Umsetzung von OGAW V wesentlich detaillierter verfasst.** Die ursprüngliche Version sah lediglich vor, dass die Verwahrstelle die zum inländischen OGAW gehörenden Wertpapiere und Einlagenzertifikate in ein gesperrtes Depot zu legen hat. Aufgrund seiner Unbestimmtheit gab es in der Literatur verschiedene Auffassungen, ob die Norm auf den formellen Wertpapierbegriff (Wertpapiere verwahrfähig iSd DepotG; hM) oder den wirtschaftlichen Wertpapierbegriff (BSV/*Beckmann* § 72 Rn. 40) abstellt. Der geänderte § 72 I stellt nunmehr auf den Begriff des Finanzinstruments ab, der zwar ebenfalls nicht legal definiert ist. Durch den Verweis auf den in Anhang I Abschnitt C der RL 2014/65/EU enthaltenen Katalog von Finanzinstrumenten, sind diese jedoch nun iSd § 72 I Nr. 1 eindeutig bestimmt bzw. bestimmbar. Eine Auseinandersetzung mit den beiden Auffassungen zum formellen oder wirtschaftlichen Wertpapierbegriff ist damit obsolet geworden.

3 Die Verwahrung von verwahrfähigen Finanzinstrumenten lässt sich in zwei Alternativen untergliedern. Bei der **ersten Alternative** handelt es sich um Finanzinstrumente, die im Depot auf einem Konto für Finanzinstrumente verbucht werden können. Das sind Finanzinstrumente, die nicht verbrieft sind und deshalb stückelos auf einem Konto durch Buchung übertragen werden (BSV/*Beckmann* § 72 Rn. 32). Hierbei hat die Verwahrstelle sicherzustellen, dass die Finanzinstrumente nach festgelegten Grundsätzen in den Büchern der Verwahrstelle auf gesonderten Konten, die im Namen des inländischen OGAW oder der für ihn tätigen KVG eröffnet wurden, registriert werden. Auf diese Weise sollen die Finanzinstrumente jederzeit nach geltendem Recht eindeutig als zum inländischen OGAW gehörend identifiziert werden können. Die **zweite Alternative** betrifft verwahrfähige Finanzinstrumente, die der Verwahrstelle physisch übergeben werden können. Darunter fallen alle für den OGAW erwerbbaren Urkunden, die ein Recht verbriefen und der Verwahrstelle physisch zur Verwahrung übergeben werden kön-

nen (BSV/*Beckmann* § 72 Rn. 40). Auch diese Finanzinstrumente sind von der Verwahrstelle gesondert von ihren eigenen Beständen und von denen Dritter zu verwahren. Darunter fällt nicht nur die physische Verwahrung, sondern auch die ordnungsgemäße Verbuchung der Finanzinstrumente in einem Verwahrungsbuch nach § 14 DepotG (BSV/*Beckmann* § 72 Rn. 48).

4 Nach der Umsetzung von OGAW V verlangt der modifizierte § 72 I von der Verwahrstelle, dass diese die Finanzinstrumente zu verwahren hat. Eine Erläuterung zur Verwahrung durch den Gesetzgeber findet nicht statt. Obwohl der § 72 I seinem Wortlaut nach ein gesperrtes Depot zur Verwahrung nicht mehr vorsieht, sind die Gegenstände des OGAW weiterhin auf **gesperrten Konten bzw. Depots** zu verwahren. Für Bankguthaben gilt dies unmittelbar nach § 72 II. Für die weiteren verwahrfähigen Finanzinstrumente ist diese Pflicht erst in Verbindung mit § 74 erkennbar, wonach die Zahlung und Lieferung bestimmter Transaktionen (zB Zahlung des Kaufpreises beim Erwerb von Wertpapieren) aus gesperrten Konten oder Depots heraus vorgenommen werden muss.

5 Ein Sperrdepot ist ein Depot mit beschränkter Verfügungsmacht des Berechtigten (FK-KapAnlR/*Koch* § 72 Rn. 9). Die Verfügungsbeschränkung im Sperrdepot erfolgt in drei Abstufungen (WBA/*Klusak* § 72 Rn. 4). Auf der ersten Stufe und aus dem allgemeinen Grundsatz heraus, wonach die KVG als Treuhänderin die Verfügungsbefugnis über sämtliche Vermögensgegenstände des OGAW innehat, sind Verfügungen der Anleger des OGAW vollständig ausgeschlossen. Auf der zweiten Stufe kann die KVG ihre Verfügungsmacht nicht uneingeschränkt selbst ausüben. Hierzu bedarf sie der Unterstützung der Verwahrstelle, die die Verfügungen vornimmt. Diese zweite Verfügungsbeschränkung ist in einem **Sperrvermerk zu Gunsten der Verwahrstelle** des OGAW festzuhalten. Der Sperrvermerk muss zum Ausdruck bringen, dass die KVG lediglich im gesetzlichen und vertraglichem Rahmen sowie mit Zustimmung der Verwahrstelle über die Depots verfügen kann (BTMB/*Moericke* § 72 Rn. 6). Verletzt die Verwahrstelle ihre Kontrollpflichten im Zusammenhang mit dem Sperrvermerk und resultiert dem Anleger daraus ein Schaden, kann die Verwahrstelle in Haftung genommen werden (BTMB/*Moericke* § 72 Rn. 8). Auf der dritten und letzten Stufe kann die Verwahrstelle auch nicht frei über die Vermögensgegenstände des OGAW verfügen. Um eine Verfügung vornehmen zu können, bedarf die Verwahrstelle vielmehr einer entsprechenden Weisung der KVG. Die Weisung ist nur nach einer beanstandungslosen Rechtmäßigkeitskontrolle nach § 76 II auszuführen. Anders als die ersten beiden Verfügungsbeschränkungen wirkt die letzte Verfügungsbeschränkung nicht gegenüber Dritten (WBA/*Klusak* § 72 Rn. 5). Verfügungen der Verwahrstelle ohne oder aufgrund nichtiger Weisung der KVG sind daher gegenüber Dritten wirksam.

6 Die Verwahrung der Vermögensgegenstände des Sondervermögens unterliegt einem **Trennungsgebot.** Nach § 92 I 2 sind die Vermögensgegenstände des Sondervermögens einerseits von dem eigenen Vermögen der KVG getrennt zu halten. Das Trennungsgebot gilt andererseits auch für die jeweiligen Sondervermögen der KVG untereinander (§ 92 III). Um eine tatsächliche Trennung mit eigenen oder fremden verwahrfähigen Vermögensgegenständen sicherzustellen, ist grundsätzlich für jedes Investmentvermögen ein gesondertes und gesperrtes Konto bzw. Depot bei der Verwahrstelle zu führen (Ausnahme: Unterverwahrung nach § 73), weshalb die allgemeinen Regelungen des DepotG gelten. Entsprechend ist eine Sonder- oder Streifbandverwahrung nach § 2 DepotG bzw. eine Sammelverwahrung nach § 5 DepotG möglich und die Führung eines Verwahrungsbuchs nach § 14 DepotG notwendig.

2. Überwachung sonstiger Vermögensgegenstände (§ 72 I Nr. 2). Sonstige Vermögensgegenstände nach § 72 I Nr. 2 **sind nicht verwahrfähige Vermögensgegenstände.** Darunter fallen bspw. unverbriefte Forderungen aus Derivaten, Wertpapierdarlehen, Wertpapierpensionsgeschäften, Schuldscheindarlehen sowie Anteile an geschlossenen Investmentfonds (detailliertere Aufzählung im BaFin Rundschreiben 05/2020 (WA) IV.3). Anteile an ausländischen Investmentfonds sind ebenfalls nicht verwahrfähig, wenn deren Eigentum entsprechend der jeweiligen Rechtsordnung des Herkunftslandes über ein Anteilinhaberregister dem OGAW oder der KVG zugeordnet wird (WBA/*Klusak* § 72 Rn. 8; BaFin Rundschreiben 05/2020 (WA) IV.3). 7

Mangels Verwahrfähigkeit wandelt sich bei den sonstigen Vermögensgegenständen die Verwahrpflicht in eine **Eigentumsprüfungs- und Aufzeichnungspflicht** um (vgl. § 72 I Nr. 2 Buchst. a), die wiederum gem. § 72 I Nr. 2 Buchst. b und c auf vor- und nachgelagerten **Informationsbeschaffungspflichten** beruht. Durch die oben genannten „Verwahrungssurrogate" wird der Verwahrstelle eine **Überwachungsfunktion** mit dem Ziel zugestanden, den Schutz der Anleger als auch die Sicherstellung der Kontrollfunktion der Verwahrstelle dem Schutzniveau des § 71 I Nr. 1 anzupassen, obwohl sich die Vermögensgegenstände nicht physisch und damit auch nicht im Zugriffsbereich der Verwahrstelle befinden. 8

Bei der **Eigentumsprüfungspflicht** hat die Verwahrstelle zu prüfen, ob der inländische OGAW oder die für Rechnung des inländischen OGAW tätige KVG wirksam Eigentum an dem sonstigen Vermögensgegenstand erworben hat. Die Verwahrstelle hat hierzu etwaige signifikante Rechte von Dritten auf Übereinstimmung mit den rechtlichen Bedingungen des Erwerbsgeschäfts zu überprüfen (BaFin Rundschreiben 05/2020 (WA) IV.3). In der Praxis erfolgt dies idR dadurch, dass die KVG der Verwahrstelle regelmäßig detaillierte Aufstellungen der sonstigen Vermögensgegenstände mit den geeigneten Eigentumsnachweisen übersendet (WBA/*Klusak* § 72 Rn. 9). Soweit die Nachweise nach Ansicht der Verwahrstelle zur Bestimmung der Eigentumslage nicht ausreichen, kann die Verwahrstelle von der KVG weitere Unterlagen verlangen. Alternativ kann die Verwahrstelle eigenständig externe Nachweise einholen (BaFin Rundschreiben 05/2020 (WA) IV.3). Da der Erwerb der sonstigen Vermögensgegenstände vom Gesetzgeber nicht unter den knappen und abschließenden Katalog der zustimmungspflichtigen Geschäfte nach § 75 gefasst wurde, handelt es sich bei der Eigentumsprüfung zeitlich um eine **ex-post-Prüfung.** Zu Recht wird die nachgelagerte Eigentumsprüfung von Teilen der Literatur kritisch gesehen (vgl. WBA/*Klusak* § 72 Rn. 10), da es zumindest fraglich ist, ob der Anlegerschutz bei einer ausbleibenden ex-ante-Prüfung vergleichbar dem Schutzniveau des § 71 I Nr. 1 nahe kommt. Nicht überzeugend ist die Argumentation, dass nur zu einem nachgelagerten Zeitpunkt verlässlich ermittelt werden kann, ob dem OGAW oder der für Rechnung des OGAW handelnden KVG der Vermögensgegenstand gehört (so ua EDD/*Dreibus/Stabenow* § 72 Rn. 16). 9

Nachdem sich die Verwahrstelle vergewissert hat, dass der inländische OGAW bzw. die für Rechnung des inländischen OGAW tätige KVG an dem jeweiligen Vermögensgegenstand Eigentum erworben hat, hat sie dies entsprechend aufzuzeichnen (§ 72 I Nr. 2 Buchst. a). Gemäß § 72 I Nr. 2 Buchst. b hat sie darüber hinaus die **Pflicht,** die **Aufzeichnungen** auf dem neuesten Stand zu halten, weshalb sie in regelmäßigen Abständen die Eigentumsverhältnisse dieser Vermögensgegenstände überprüfen und nachvollziehen muss. Hierzu sind der Verwahrstelle mindestens einmal jährlich Nachweise zu den Vermögenswerten vorzulegen (Art. 14 Nr. 2c DelVO (EU) 2016/438). Da die Verwahrstelle nach Art. 14 der 10

DelVO (EU) 2016/438 jederzeit in der Lage sein muss, ein aktuelles Bestandsverzeichnis der Vermögenswerte des OGAW vorzulegen, hat sie entsprechend ein Verfahren einzurichten, mit Hilfe dessen registrierte Vermögenswerte nicht ohne Kenntnis der Verwahrstelle (oder des beauftragten Unterverwahrers) zugeordnet, übertragen, ausgetauscht oder übergeben werden können. Die Führung des aktuellen Bestandsverzeichnisses unterliegt der Beachtung der Grundsätze ordnungsgemäßer Buchführung (BaFin Rundschreiben 05/2020 (WA) IV.3).

11 Die **Informationsbeschaffungspflicht** ist elementar zu Erfüllung der Eigentumsprüfungs- und Aufzeichnungspflicht. Sie obliegt jedoch nicht der Verwahrstelle, sondern der KVG. So hat die KVG nach § 72 I Nr. 2 Buchst. b der Verwahrstelle die Informationen oder Unterlagen zukommen zu lassen, anhand derer die Verwahrstelle ihren Pflichten und Prüfungen nachkommen kann. Die Verwahrstelle darf den Informationen und Unterlagen der KVG vertrauen und muss nur bei Unschlüssigkeit eigenständige Untersuchungen in die Wege leiten (WBA/*Klusak* § 72 Rn. 9; BaFin Rundschreiben 05/2020 (WA) IV.3).

12 **3. Übermittlung einer Aufstellung sämtlicher Vermögensgegenstände (§ 72 I Nr. 3).** § 72 I Nr. 3 stellt eine missglückte Vorschrift dar, da sie weder in den Kontext des Abs. 1 passt noch der verfolgte Zweck klar aus der Norm hervorsticht. So stellt Abs. 1 durch seine Formulierung „wie folgt zu verwahren" vor den darauf folgenden Nrn. 1–3 darauf ab, was die Verwahrpflicht für die Verwahrstelle umfasst. Die Ziffer 3 berührt jedoch diese originäre Verwahrpflicht nicht, sondern statuiert eine davon losgelöste Pflicht der Verwahrstelle, der KVG regelmäßig eine umfassende Aufstellung sämtlicher Vermögensgegenstände des inländischen OGAW zu übermitteln. Was infolge der Übermittlung der Aufstellung zu erfolgen hat, wird in der Norm nicht konkretisiert. Intendiert kann nur eine **Abstimmung der Verwahrstelle und der KVG hinsichtlich ihrer Aufzeichnungen** iSd Art. 14 Ziff. 3 der DelVO (EU) 2016/438 sein. Nach der DelVO hat die Verwahrstelle jedoch die Übereinstimmung der Positionen in den Aufzeichnungen des OGAW mit dem eigenen Bestandsverzeichnis zu überprüfen. Da nach § 72 I Nr. 3 lediglich die Verwahrstelle die Aufzeichnungen an die KVG zu liefern hat und nicht auch umgekehrt, bleibt diese Vorschrift die Information schuldig, wie die Verwahrstelle den Abgleich vollziehen soll. Schließlich ist die Verwahrstelle nicht der Adressat der Aufzeichnungen des inländischen OGAW. Die Verwahrstellen behelfen sich hierzu in der Praxis häufig mit Online-Reporting-Systemen, die eine tägliche Abstimmung mit der KVG hinsichtlich des Nettoinventarwerts sowie sämtlicher Vermögensgegenstände des inländischen OGAW ermöglichen (vgl. EDD/*Dreibus/Stabenow* § 72 Rn. 22).

III. Verwahrung von Bankguthaben (§ 72 II)

13 Durch die getrennte Aufführung des Bankguthabens (§ 195) in Abs. 2 unterscheidet das Gesetz das **Bankguthaben als liquide Anlage** von den Geldmitteln, die für die laufende Tätigkeit der KVG erforderlich ist und deren Handhabung in § 74 geregelt ist (vgl. EDD/*Dreibus/Stabenow* § 72 Rn. 21). Bankguthaben sind nach § 72 II auf Sperrkonten zu verwahren. Für Geldmittel nach § 74 gilt ebenfalls die Pflicht zur Führung von Sperrkonten, auch wenn der Terminus des Gesetzes wie auch schon in § 25 InvG gesperrte Konten lautet. Diese Vorschriften sind dahingehend zu differenzieren, dass die Bankguthaben nach § 72 II auch bei Drittbanken gehalten werden können (→ Rn. 14), während die Geldmittel nach § 74 zwingend bei der Verwahrstelle zu führen sind (Details in → § 74 Rn. 2f.).

Nach §72 II 2 ist die Verwahrstelle berechtigt und verpflichtet, auf Anweisung der KVG auf den Sperrkonten vorhandene Bankguthaben auf Sperrkonten bei anderen Kreditinstituten zu übertragen. Die Kreditinstitute müssen ihren Sitz in der EU, in einem EWR-Vertragsstaat oder einem Drittstaat haben, dessen Aufsichtsbestimmungen nach Auffassung der BaFin gleichwertig zu denen der EU sind. Leider ist die BaFin in ihrem neuen Rundschreiben 05/2020 (WA) nicht der Empfehlung von *Kunschke/Bachmann* gefolgt, in dem Verwahrstellenrundschreiben einen Link zu einer Liste herzustellen, der die nach ihrer Auffassung gleichwertigen Drittstaaten benennt (AWZ/*Kunschke/Bachmann* §72 Rn. 13). Die Terminologie „übertragen" ist insoweit unglücklich, als dass die Bankguthaben ohne Umwege eines Verwahrstellenkontos direkt auf das Drittbankkonto gezahlt werden können (WBA/*Klusak* §72 Rn. 12). Daher ist es entscheidend mit einem **Sperrvermerk** sicherzustellen, dass die KVG über die bei anderen Kreditinstituten angelegten Bankguthaben **nur mit Zustimmung der Verwahrstelle** nach §75 I Nr. 2 verfügen kann und eine Trennung der Bankguthaben gewährleistet ist (BaFin Rundschreiben 05/2020 (WA) V.1). Da die Verwahrstelle ua aufgrund des Sperrvermerks ihre Verwahrstellenpflichten beibehält, stellt die Kontoführung eines anderen Kreditinstituts bezüglich Bankguthaben keine Auslagerung dar. Ansonsten gilt für das Sperrkonto das zu Sperrdepots Gesagte (vgl. BaFin Rundschreiben 05/2020 (WA) V.1 sowie Rn. 5). 14

Mit der Möglichkeit zur Übertragung von Bankguthaben auf andere Kreditinstitute wird der KVG die Möglichkeit eröffnet, das **Ausfallrisiko zu diversifizieren** sowie die **Rendite der Liquiditätsanlagen zu optimieren.** Nach §206 IV wird die Option zur Pflicht, wenn die KVG mehr als 20% des Wertes des inländischen OGAW in Bankguthaben anlegt. Um das Ausfallrisiko zu minimieren, sieht der Gesetzgeber nämlich vor, dass nur bis zu 20% des Wertes des inländischen OGAW in Bankguthaben nach §195 bei demselben Kreditinstitut angelegt sein dürfen. 15

IV. Verweis auf die DelVO (§72 III)

Abs. 3 wurde im Zuge des 2. FiMaNoG im Jahr 2017 nachträglich eingefügt. Durch den Verweis auf die Art. 12–14 der DelVO (EU) 2016/438 werden sowohl die zu verwahrenden Finanzinstrumente als auch die damit zusammenhängenden Verwahrungspflichten konkretisiert, ohne jedoch die Verwahrstellenpraxis in besonderem Maße zu erweitern oder zu verschärfen (vgl. WBA/*Klusak* §72 Rn. 14). 16

§73 Unterverwahrung

(1) **Die Verwahrstelle kann die Verwahraufgaben nach §72 unter den folgenden Bedingungen auf ein anderes Unternehmen (Unterverwahrer) auslagern:**

1. **die Aufgaben werden nicht in der Absicht übertragen, die Vorschriften dieses Gesetzes zu umgehen;**
2. **die Verwahrstelle kann darlegen, dass es einen objektiven Grund für die Unterverwahrung gibt;**
3. **die Verwahrstelle geht mit der gebotenen Sachkenntnis, Sorgfalt und Gewissenhaftigkeit vor**
   a) **bei der Auswahl und Bestellung eines Unterverwahrers, dem sie Teile ihrer Aufgaben übertragen möchte, und**

b) bei der laufenden Kontrolle und regelmäßigen Überprüfung von Unterverwahrern, denen sie Teile ihrer Aufgaben übertragen hat, und von Vorkehrungen des Unterverwahrers hinsichtlich der ihm übertragenen Aufgaben;

4. die Verwahrstelle stellt sicher, dass der Unterverwahrer jederzeit bei der Ausführung der ihm übertragenen Aufgaben die folgenden Bedingungen einhält:

a) der Unterverwahrer verfügt über eine Organisationsstruktur und die Fachkenntnisse, die für die Art und die Komplexität der ihm anvertrauten Vermögensgegenstände des inländischen OGAW oder der für dessen Rechnung handelnden OGAW-Verwaltungsgesellschaft angemessen und geeignet sind,

b) in Bezug auf die Verwahraufgaben nach § 72 Absatz 1 Nummer 1 unterliegt der Unterverwahrer einer wirksamen Regulierung der Aufsichtsanforderungen, einschließlich Mindesteigenkapitalanforderungen, und einer Aufsicht in der betreffenden Jurisdiktion sowie einer regelmäßigen externen Rechnungsprüfung durch die sichergestellt wird, dass sich die Finanzinstrumente in seinem Besitz befinden,

c) der Unterverwahrer trennt die Vermögensgegenstände der Kunden der Verwahrstelle von seinen eigenen Vermögensgegenständen und von den Vermögensgegenständen der Verwahrstelle in einer solchen Weise, dass sie zu jeder Zeit eindeutig den Kunden einer bestimmten Verwahrstelle zugeordnet werden können,

d) der Unterverwahrer unternimmt alle notwendigen Schritte, um zu gewährleisten, dass im Fall seiner Insolvenz die von ihm unterverwahrten Vermögensgegenstände des inländischen OGAW nicht an seine Gläubiger ausgeschüttet oder zu deren Gunsten verwendet werden können,

e) der Unterverwahrer hält die Pflichten und Verbote nach § 68 Absatz 1 Satz 2 und 3 und nach den §§ 70 und 72 ein.

(2) **Wenn nach den Rechtsvorschriften eines Drittstaates vorgeschrieben ist, dass bestimmte Finanzinstrumente von einer ortsansässigen Einrichtung verwahrt werden müssen und wenn es keine ortsansässigen Einrichtungen gibt, die die Anforderungen für eine Beauftragung nach Absatz 1 Nummer 4 Buchstabe b erfüllen, dass der Unterverwahrer in Bezug auf die Verwahraufgaben nach § 72 Absatz 1 Nummer 1 einer wirksamen Regulierung der Aufsichtsanforderungen, einschließlich Mindesteigenkapitalanforderungen, und einer Aufsicht in der betreffenden Jurisdiktion unterliegt, darf die Verwahrstelle ihre Verwahraufgaben an eine solche ortsansässige Einrichtung nur insoweit und so lange übertragen, als es von dem Recht des Drittstaates gefordert wird und es keine ortsansässigen Einrichtungen gibt, die die Anforderungen für eine Unterverwahrung erfüllen; der erste Halbsatz gilt vorbehaltlich der folgenden Bedingungen:**

1. die OGAW-Verwaltungsgesellschaft hat die Anleger des jeweiligen inländischen OGAW vor Tätigung ihrer Anlage ordnungsgemäß unterrichtet

a) darüber, dass eine solche Unterverwahrung auf Grund rechtlicher Vorgaben im Recht des Drittstaates erforderlich ist,

b) über die Risiken, die mit einer solchen Übertragung verbunden sind, und

c) über die Umstände, die die Übertragung rechtfertigen und

2. **der inländische OGAW oder die für Rechnung des inländischen OGAW tätige OGAW-Verwaltungsgesellschaft muss die Verwahrstelle anweisen, die Verwahrung dieser Finanzinstrumente einer solchen ortsansässigen Einrichtung zu übertragen.**

(3) [1]**Der Unterverwahrer kann unter den Voraussetzungen nach den Absätzen 1 und 2 die Verwahraufgaben nach § 72 auf ein anderes Unternehmen unterauslagern.** [2]**§ 77 Absatz 3 und 4 gilt entsprechend für die jeweils Beteiligten.**

(4) **Mit Ausnahme der Verwahraufgaben nach § 72 darf die Verwahrstelle ihre nach diesem Unterabschnitt festgelegten Aufgaben nicht auslagern.**

(5) [1]**Die Erbringung von Dienstleistungen nach der Richtlinie 98/26/EG durch Wertpapierliefer- und Abrechnungssysteme, wie es für die Zwecke jener Richtlinie vorgesehen ist, oder die Erbringung ähnlicher Dienstleistungen durch Wertpapierliefer- und Abrechnungssysteme von Drittstaaten wird für Zwecke dieser Vorschrift nicht als Auslagerung von Verwahraufgaben angesehen.**

(6) [1]**Für nähere Einzelheiten zu den Pflichten einer Verwahrstelle nach Absatz 1 Nummer 3 sowie zu der Trennungspflicht nach Absatz 1 Nummer 4 Buchstabe c wird auf Artikel 15 Absatz 1 bis 8 und Artikel 16 der Delegierten Verordnung (EU) 2016/438 verwiesen.** [2]**Für nähere Einzelheiten zu den notwendigen Schritten, die der Unterverwahrer sowie die ein Unternehmen, auf das der Unterverwahrer Verwahraufgaben nach Absatz 3 unterausgelagert hat, nach Absatz 1 Nummer 4 Buchstabe d unternehmen muss, wird auf Artikel 17 der Delegierten Verordnung (EU) 2016/438 verwiesen.** [3]**Für nähere Einzelheiten zu den Pflichten der Verwahrstelle zur Sicherstellung, dass der Unterverwahrer die Bedingungen nach Absatz 1 Nummer 4 Buchstabe d einhält, wird auf Artikel 15 Absatz 1 bis 8, die Artikel 16 und 17 der Delegierten Verordnung (EU) 2016/438 verwiesen.**

Schrifttum: *Habermas* Technik und Wissenschaft als „Ideologie", 4. Aufl. Edition 287, Suhrkamp, Frankfurt [1965 Merkur] 1970, S. 150; *Kapteina/Davis* Die ordnungsgemäße Verwahrung durch Verwahrstellen und Unterverwahrer nach dem neuen Kapitalanlagegesetzbuch, WM 2013, 1977; *Moroni/Wibbeke* OGAW V: Die Sprunglatte für OGAW-Verwahrstellen liegt höher, RdF 3/2015, 187.

Inhaltsübersicht

	Rn.
I. Allgemeines	1
II. Bedingungen der Unterverwahrung (§ 73 I)	3
1. Umgehungsverbot (§ 73 I Nr. 1)	4
2. Objektiver Grund (§ 73 I Nr. 2)	5
a) Grund	6
b) Objektivität	7
3. Sorgfältige Auswahl, Bestellung und Kontrolle eines Unterverwahrers (§ 73 I Nr. 3)	8
a) Gebotene Sachkenntnis, Sorgfalt und Gewissenhaftigkeit	9
b) Auswahl und Bestellung eines Unterverwahrers	12
c) Laufende Kontrolle und Überprüfung eines Unterverwahrers	14

Rn.
4. Bedingungen an den Unterverwahrer (§ 73 I Nr. 4) 18
a) Organisationsstruktur und Fachkenntnisse des Unterverwahrers (§ 73 I Nr. 4 Buchst. a) 19
b) Aufsichts-, Mindestkapital- und Rechnungsprüfungsanforderungen (§ 73 I Nr. 4 Buchst. b) 20
c) Trennungsgebot (§ 73 I Nr. 4 Buchst. c) 22
d) Insolvenzschutz (§ 73 I Nr. 4 Buchst. d) 23
e) Einhaltung der gesetzlichen Pflichten und Verbote (§ 73 I Nr. 4 Buchst. e) 25
III. Unterverwahrung bei zwingend ortsansässigen Einrichtungen (§ 73 II) 26
IV. Verwahrketten (§ 73 III) 29
V. Keine weitergehende Auslagerung von Aufgaben der Verwahrstelle (§ 73 IV) 31
VI. Besonderheiten für Wertpapierliefer- und Abrechnungssysteme (§ 73 V) 32
VII. Verweis auf die DelVO (§ 73 VI) 33

I. Allgemeines

1 § 73 gestattet es der Verwahrstelle, ihre Verwahraufgabe nach § 72 und damit eine ihrer wesentlichen Aufgaben auf ein anderes Unternehmen zu **übertragen** (§ 73 verwendet statt des Begriffs „übertragen" den Terminus „auslagern", der jedoch kritisch zu betrachten ist; → Rn. 31). Dass dies eine Besonderheit ist, verdeutlicht § 73 IV, wonach alle weiteren im KAGB festgelegten Verwahraufgaben nicht übertragen werden dürfen. Hinter dem gesetzgeberischen Willen dieser Ausnahme verbergen sich **praktische Gründe.** Ein Grund findet sich in der effizienten Verwahrung von Wertpapieren sowie deren Abwicklung bei Wertpapiertransaktionen. Das ist wichtig, da die Verwahrung von Wertpapieren ein Massengeschäft darstellt und sich nur wenige Dienstleister (Zentralverwahrer), die auch in der Lage sind, das Clearing vorzunehmen, darauf spezialisiert haben (*Moroni/Wibbeke* RdF 3/2015, 187 (189)). Des Weiteren erfordern manche Jurisdiktionen, dass dort emittierte Wertpapiere von einer lokalen Verwahrstelle verwahren werden (WBA/*Klusak* § 73 Rn. 2). Die Auslagerung der Verwahrung darf allerdings nur unter bestimmten Bedingungen erfolgen, die insb. den Schutz der Anleger gewährleisten sollen. So ist es erforderlich, dass die Übertragung der Verwahrung objektiv gerechtfertigt ist (§ 73 I Nr. 1–3) und der Unterverwahrer bestimmte Kriterien zur Ausführung der ihm übertragenen Aufgaben einhält (§ 73 I Nr. 4).

2 Die Unterverwahrung ist identisch zur Drittverwahrung iSd § 3 I DepotG. Für eine rechtswirksame Unterverwahrung ist der Abschluss eines Unterverwahrungsvertrags erforderlich. Die Verwahrstelle erhält gegenüber dem Unterverwahrer die Rechtsstellung eines Hinterlegers (BaFin Rundschreiben 05/2020 (WA) V.2) und in der Verwahrkette die Funktion eines Zwischenverwahrers gem. § 3 II DepotG. Als Zwischenverwahrer ist die Verwahrstelle im Wege der sog. Ermächtigungstreuhand **treuhänderischer Depotinhaber** beim Unterverwahrer und verschafft dadurch den Anlegern des OGAW das Miteigentum am Depotbestand (BTMB/*Moericke* § 73 Rn. 4). Im Inland sind die zu verwahrenden Wertpapiere idR zur Girosammelverwahrung zugelassen, weshalb die Übertragung der Verwahrung grundsätzlich auf einen Zentralverwahrer (zB Clearstream Banking AG) erfolgt (BTMB/*Moericke* § 73 Rn. 4).

II. Bedingungen der Unterverwahrung (§ 73 I)

Die Verwahrstelle kann nur unter Zugrundelegung der Bedingungen des Katalogs des Abs. 1 Nr. 1–4 Verwahraufgaben auf einen Unterverwahrer auslagern. Die Bedingungen müssen kumulativ erfüllt werden. 3

1. Umgehungsverbot (§ 73 I Nr. 1). Die Verwahraufgabe darf nicht in der Absicht übertragen werden, die Vorschriften des KAGB zu umgehen. Angesichts der umfangreichen spezielleren Regelungen in den darauffolgenden Nummern ist es unklar, welche Umstände zu einer Umgehung iSd der Nr. 1 führen können (FK-KapAnlR/*Koch* § 73 Rn. 7). Daher wird die **praktische Relevanz** dieser Klausel zu Recht in **Zweifel** gezogen (EDD/*Dreibus* § 73 Rn. 10). 4

2. Objektiver Grund (§ 73 I Nr. 2). Für eine rechtmäßige Unterverwahrung bedarf es eines objektiven Grundes, der von der Verwahrstelle dargelegt werden kann. Der **objektive Grund** stellt einen **unbestimmten Rechtsbegriff** dar, der weder im KAGB noch in den europäischen Verordnungen definiert wird, weshalb er entsprechend auszulegen ist. 5

a) Grund. Ein Grund kann jeder Umstand sein, der zu einer Entscheidung **kausal** beiträgt, und idS die Verwahrstelle zu der Entscheidung einer Unterverwahrung veranlasst hat (FK-KapAnlR/*Koch* § 73 Rn. 10). Für die Verwahrstelle dürften das idR betriebswirtschaftliche Erwägungen jedweder Art sein (WBA/*Klusak* § 73 Rn. 7; bspw. finanzieller Natur, Konzentration auf andere Tätigkeiten, Mangel an geeigneten Mitarbeitern). 6

b) Objektivität. Der Begriff der Objektivität ist vielmehr ein philosophischer als ein rechtlich definierter Begriff und stellt ua **in den Wissenschaften ein Ideal dar, dass in seiner Absolutheit nicht erreicht werden kann** (*Habermas* Technik und Wissenschaft als „Ideologie", 4. Aufl. Edition 287, Suhrkamp, Frankfurt [1965 Merkur] 1970, S. 150). Gleichwohl bedarf es bei der Gesetzesanwendung und aus Gründen der Rechtssicherheit einer Definition der Objektivität, an der sich der Rechtsanwender orientieren kann. Die Literatur versucht dem Dilemma des unerreichbaren Zieles mit diversen Definitionen entgegengetreten. Nach *Klusak* ist auf das Vorliegen nachvollziehbarer Kriterien abzustellen (WBA/*Klusak* § 73 Rn. 9; das Vorliegen eines nachvollziehbaren Kriteriums begründet die Möglichkeit einer Unterverwahrung) und nach *Koch* dürfen der Entscheidung zur Unterverwahrung gemessen an dem Schutzweck der Verwahrung keine sachfremden Erwägungen zugrunde liegen (FK-KapAnlR/*Koch* § 73 Rn. 10). Wenn auch diese Herangehensweisen zur Bestimmung des Begriffs der Objektivität unterschiedlich sind, führen beide zu dem Ergebnis, dass ein marktübliches Verwahrverhalten das Fehlen sowohl sachfremder Erwägungen als auch nachvollziehbarer Kriterien indiziert. Daraus resultiert, dass nur eine willkürliche Unterverwahrung mit dem Ziel einer Umgehung nach § 73 I Nr. 1 die Vermutung des Bestehens eines objektiven Grundes widerlegt, was in der Praxis kaum vorstellbar sein dürfte (WBA/*Klusak* § 73 Rn. 9). 7

3. Sorgfältige Auswahl, Bestellung und Kontrolle eines Unterverwahrers (§ 73 I Nr. 3). Durch § 73 I Nr. 3 wird sichergestellt, dass eine Unterverwahrung nur unter dem Maßstab der gebotenen Sachkenntnis, Sorgfalt und Gewissenhaftigkeit der Verwahrstelle erfolgen darf. Dieser Maßstab ist von Beginn an sowohl bei der Auswahl und Bestellung **(Auswahlverschulden)** als auch anschließend bei 8 der laufenden Kontrolle und Überwachung **(Überwachungsverschulden)** des Unterverwahrers anzuwenden.

9 **a) Gebotene Sachkenntnis, Sorgfalt und Gewissenhaftigkeit.** Die Verwahrstelle geht mit der **gebotenen Sachkenntnis** bei der Auslagerung auf den Unterverwahrer vor, wenn in die jeweiligen Auswahl-, Bestell- oder Kontrollprozesse die Bereiche der Verwahrstelle eingebunden sind, die über die ausreichende Expertise in Bezug auf die Verwahrung der Vermögensgegenstände verfügen. Eine fehlende Sachkenntnis kann durch die Beauftragung externer Berater ausgeglichen werden.

10 Die **gebotene Sorgfalt** geht einher mit der Sorgfalt eines ordentlichen Kaufmanns iSd § 347 I HGB (EDD/*Dreibus* § 73 Rn. 12). Zwischen der Sorgfalt und der **Gewissenhaftigkeit** ist kein Unterschied ersichtlich, weshalb die Gewissenhaftigkeit als Synonym zur Sorgfalt ein redundantes Kriterium darstellt (WBA/*Klusak* § 73 Rn. 12).

11 Aus der Terminologie **„geboten"** ist zu entnehmen, dass der Verwahrstelle hinsichtlich der erforderlichen Sachkenntnis als auch Sorgfalt ein **Beurteilungsspielraum** zugestanden wird, um den Einzelfall seinen Umständen nach bewerten zu können (EDD/*Dreibus* § 73 Rn. 12). Allerdings hat die Verwahrstelle die Anwendung der gebotenen Sachkenntnis und Sorgfalt nach Art. 15 Nr. 1 der DelVO (EU) 2016/438 zu dokumentieren.

12 **b) Auswahl und Bestellung eines Unterverwahrers.** Bevor die Verwahrstelle einen Unterverwahrer mit der Verwahrung eines Vermögensgegenstandes beauftragen kann, hat sie ein **Auswahlverfahren** durchzuführen. Die zu berücksichtigenden Einzelheiten zum Auswahlverfahren sind Art. 15 Nr. 2 der DelVO (EU) 2016/438 zu entnehmen. Da Kreditinstitute mit Sitz in der EU umfangreichen aufsichtsrechtlichen Regelungen unterliegen und durch die zuständigen Aufsichtsbehörden wie zB die BaFin überwacht werden, kann bei einer Beauftragung der Unterverwahrung durch eines der zuvor genannten Kreditinstitute grundsätzlich von einer sorgfältigen Auswahl ausgegangen werden (BaFin Rundschreiben 05/2020 (WA) V.5). Die Verwahrstelle hat jedoch von der Beauftragung abzusehen, wenn ihr organisatorische oder finanzielle Missstände bei dem als Unterverwahrer vorgesehenen Kreditinstitut bekannt sind (BaFin Rundschreiben 05/2020 (WA) V.5). Um den Anlegerschutz zu gewährleisten, darf die Auswahl des Unterverwahrers nicht mit den sonstigen Bestimmungen des KAGB kollidieren (zB Interessenkonflikte nach § 70).

13 Nach der Auswahl des Unterverwahrers folgt dessen **Bestellung,** die sich auf die vertraglichen Vereinbarungen bezieht. Hierbei hat die Verwahrstelle nach Art. 15 Nr. 7 der DelVO (EU) 2016/438 sicherzustellen, dass der Unterverwahrvertrag ein außerordentliches Kündigungsrecht für die Verwahrstelle für solche Fälle vorsieht, in denen das geltende Recht und die Rechtsprechung die Sonderverwahrung der Vermögenswerte des OGAW im Falle einer Insolvenz nicht mehr anerkennt oder deren Bedingungen nicht mehr erfüllt sind.

14 **c) Laufende Kontrolle und Überprüfung eines Unterverwahrers.** Um auf Veränderungen in der **(Rechts-)Sphäre des Unterverwahrers** zum Schutze der Anleger rechtzeitig reagieren zu können, ist die Verwahrstelle zu einer laufenden Kontrolle und einer regelmäßigen Überprüfung von Unterverwahrern verpflichtet. Die konkretisierten Anforderungen sind in Art. 15 Nr. 3 der DelVO (EU) 2016/438 festgehalten.

Eine erforderliche **laufende Kontrolle** sollte bereits durch die Dokumentation der Bestände, Transaktionen und Veränderungen gegeben sein, sofern die Verwahrstelle diese zumindest einer Stichprobenkontrolle unterzieht (WBA/*Klusak* § 73 Rn. 15). Hierzu hat die Verwahrstelle einen regelmäßigen Abgleich zwischen ihren Konten und Aufzeichnungen und denen des Unterverwahrers zu vollziehen (BaFin Rundschreiben 05/2020 (WA) IV. 1.1). Die Regelmäßigkeit hängt von der Frequenz der normalen Handelstätigkeit des OGAW ab, was idR taggleich sein sollte (BaFin Rundschreiben 05/2020 (WA) V. 1.1). 15

Die **regelmäßige Überprüfung** des Unterverwahrers kann die Verwahrstelle selbst vornehmen oder einem Dritten überlassen. Für die Überprüfung genügt es bereits, wenn die Verwahrstelle zB diejenigen Passagen eines Berichtes eines Abschlussprüfers des Unterverwahrers einer Überprüfung unterzieht, die sich auf die Unterverwahrung beziehen (WBA/*Klusak* § 73 Rn. 16). Die Regelmäßigkeit der Überprüfung ist vom Gesetzgeber nicht näher bestimmt, weshalb ein konkreter Zeitrahmen fehlt. Hieraus folgt ein gewisser Ermessensspielraum für die Verwahrstelle, wobei es an der erforderlichen Sorgfalt mangeln sollte, wenn die Überprüfungen zu lange auseinanderfallen. Eine jährliche Überprüfung kann grundsätzlich noch als ausreichend anzusehen sein (WBA/*Klusak* § 73 Rn. 16). Bei Eintreten von Marktturbulenzen oder der Identifizierung eines Risikos kann jedoch ein kürzeres Überprüfungsintervall geboten sein (Art. 15 Nr. 3c der DelVO (EU) 2016/438). 16

Sofern sich im Rahmen der laufenden Kontrolle oder der regelmäßigen Überprüfung herausstellt, dass ein Unterverwahrer die **Anforderungen** nach der DelVO (EU) 2016/438 **nicht mehr erfüllt,** muss die Verwahrstelle nach Art. 15 Nr. 6 der DelVO (EU) 2016/438 Maßnahmen im besten Interesse des OGAW und seiner Anleger ergreifen. In der Verordnung als einzige Maßnahme exemplarisch genannt ist die Vertragskündigung. Die Vertragskündigung sollte jedoch die ultima ratio darstellen, weshalb zunächst mildere Mittel durch die Verwahrstelle in Betracht zu ziehen sind (EDD/*Dreibus* § 73 Rn. 21). Zu denken wäre an eine Eskalation der Verwahrstelle gegenüber dem Unterverwahrer, um das fehlende Erfordernis – sofern seitens des Unterverwahrers möglich – wieder zeitnah einzufordern. 17

4. Bedingungen an den Unterverwahrer (§ 73 I Nr. 4). Um das Schutzniveau zu Gunsten der Anleger bei einer Unterverwahrung hochzuhalten, muss die Verwahrstelle sicherstellen, dass der Unterverwahrer bei der Ausführung der ihm übertragenen Aufgaben jederzeit die Bedingungen nach § 73 I Nr. 4 Buchst. a–e einhält. Durch die **Einhaltung dieser Bedingungen** soll gewährleistet werden, dass die Anforderungen an den Unterverwahrer nicht geringer sind als die an die Verwahrstelle selbst gestellten. 18

a) Organisationsstruktur und Fachkenntnisse des Unterverwahrers (§ 73 I Nr. 4 Buchst. a). Die Organisationsstruktur und die Fachkenntnisse des Unterverwahrers müssen hinsichtlich der Art und Komplexität der ihm anvertrauten Vermögensgegenstände **angemessen** und **geeignet** sein. Daher sollte der Unterverwahrer die erforderlichen technischen Systeme sowie ausreichend qualifizierte personelle Ressourcen aufweisen können (BTMB/*Moericke* § 73 Rn. 17). Hiervon hat sich die Verwahrstelle ein Bild zu machen, indem sie sich zB Unterlagen wie ein Organigramm oder ein Organisationshandbuch vorlegen lässt und ein Fachgespräch mit dem Unterverwahrer führt (WBA/*Klusak* § 73 Rn. 17). Die praktikablere und idR gelebte Praxis ist die Vorlage einer Zertifizierung des Unterverwahrers durch einen externen Prüfer oder Dienstleister (WBA/*Klusak* § 73 Rn. 17). 19

20 **b) Aufsichts-, Mindestkapital- und Rechnungsprüfungsanforderungen (§ 73 I Nr. 4 Buchst. b).** Die Anforderungen des § 73 I Nr. 4 Buchst. b gelten ausschließlich für die unterverwahrten verwahrfähigen Finanzinstrumente nach § 72 I Nr. 1. Danach hat der Unterverwahrer in Bezug auf die Verwahraufgaben der verwahrfähigen Finanzinstrumente einer **wirksamen Regulierung** und **Aufsicht,** einschließlich Mindestkapitalanforderungen, zu unterliegen und eine regelmäßige externe Rechnungsprüfung sicherzustellen. Für Unternehmen innerhalb der EU, die für das betreffende Investmentvermögen – abgesehen von ihrer Belegenheit – selbst als Verwahrstelle beauftragt werden könnten oder die als Wertpapiersammelbanken oder als Zentralverwahrer zugelassen sind, gelten die Bedingungen als grundsätzlich erfüllt (BaFin Rundschreiben 05/2020 (WA) V.2). Unterverwahrer eines Drittstaats müssen das Erfüllen dieser Anforderungen im Einzelfall darlegen, wenn nicht eine Ausnahme nach Abs. 2 greift (→ Rn. 26 ff.).

21 Die Erfordernisse an einen Unterverwahrer in einem Drittstaat sollten aufgrund begrenzter Überprüfbarkeit im Ausland idR ausreichend dargelegt sein, wenn der Unterverwahrer einer Regulierung und Aufsicht unterliegt und es keine positive Kenntnis gibt, die gegen deren Wirksamkeit spricht (WBA/*Klusak* § 73 Rn. 18). Bei Zweifeln sollte die Verwahrstelle ein **Rechtsgutachten** heranziehen. Mindestkapitalanforderungen wie im Inland können nicht verlangt werden. Gleichwohl sollte das Mindestkapital zum Schutz der Anleger eine Größe erreichen, die in einem angemessenen Verhältnis zu den Risiken steht, die sich aus der Unterverwahrung ergeben können (WBA/*Klusak* § 73 Rn. 19). Für die regelmäßige externe Rechnungsprüfung sollte mangels gesetzlicher Konkretisierung eine jährliche Prüfung reichen, die sicherstellt, dass die verwahrten Finanzinstrumente im Besitz des Unterverwahrers sind.

22 **c) Trennungsgebot (§ 73 I Nr. 4 Buchst. c).** Das Trennungsgebot zum Schutz der Anleger gilt nach § 92 I auf Ebene der KVG und nach den §§ 72, 73 gleichermaßen für die Ebene der Verwahrstelle (→ § 72 Rn. 6) und des Unterverwahrers (BSV/*Beckmann* § 73 Rn. 130). Auf der Ebene des Unterverwahrers hat die Verwahrstelle sicherzustellen, dass die Vermögensgegenstände der Kunden der Verwahrstelle von den eigenen Vermögensgegenständen des Unterverwahrers und von den eigenen Vermögensgegenständen der Verwahrstelle zu trennen sind. Eine Trennung ist dann vollzogen, wenn die Vermögensgegenstände zu jeder Zeit eindeutig den Kunden einer bestimmten Verwahrstelle zugeordnet werden können. Für die Zuordnung nicht ausreichend ist eine Trennung auf rein buchhalterischer Stufe, weshalb die verwahrfähigen Vermögensgegenstände auf Ebene des Unterverwahrers in getrennten Depots verwahrt werden müssen (BaFin Rundschreiben 05/2020 (WA) V.2). Zulässig ist allerdings die gemeinsame Verwahrung von Vermögensgegenständen der OGAW mit den Vermögensgegenständen anderer Kunden der Verwahrstelle in einem **Omnibuskonto** (BaFin Rundschreiben 05/2020 (WA) V.2). Dies setzt jedoch voraus, dass es sich um die Kunden ein und derselben Verwahrstelle handelt und die Vermögensgegenstände eindeutig identifiziert und damit ausgesondert zu den weiteren OGAW im Verwahrungsbuch (§ 14 DepotG) geführt werden.

23 **d) Insolvenzschutz (§ 73 I Nr. 4 Buchst. d).** Nach § 73 I Nr. 4 Buchst. d muss die Verwahrstelle sicherstellen, dass der Unterverwahrer alle notwendigen Maßnahmen ergreift, um im Falle seiner Insolvenz den Zugriff der Insolvenzgläubiger auf die unterverwahrten Vermögensgegenstände zu verhindern. Welche notwendigen Maßnahmen das sein können, hängt von dem jeweiligen nationalen

Rechtsrahmen ab, dem der Unterverwahrer unterliegt. Daher hat die Verwahrstelle bei der Auswahl und der Bestellung eines Unterverwahrers den nationalen Rechtsrahmen auf sein jeweiliges **insolvenzrechtliches Risiko** und die **Durchsetzbarkeit des Unterverwahrvertrages zu bewerten** (BaFin Rundschreiben 05/2020 (WA) V.2). Ist der Unterverwahrer in einem Drittland ansässig, ist von einem unabhängigen Dritten eine Rechtsauskunft einzuholen, in der bestätigt wird, dass nach geltendem Insolvenzrecht des Drittlandes die gesonderte Verwahrung und daraus resultierend die Aussonderbarkeit der Vermögensgegenstände des OGAW den EU-Anforderungen nach Art. 16 der DelVO (EU) 2016/438 entsprechen (*Moroni/Wibbeke* RdF 3/2015, 187 (191); BaFin Rundschreiben 05/2020 (WA) V.2).

Bei einer **Unterverwahrung der Vermögensgegenstände im Ausland** ist 24
ferner das anwendbare Recht zur beschränkten Geltendmachung von Pfand- und Zurückbehaltungsrechten nach § 4 I DepotG zu beachten. Daher hat die Verwahrstelle bei Eingehung des Unterverwahrverhältnisses mit Auslandsbezug eine **Drei-Punkte-Erklärung** zu vereinbaren (vgl. BaFin Rundschreiben 05/2020 (WA) V.2), wonach die nachfolgenden drei Punkte sicherzustellen sind. Erstens hat der Unterverwahrer die Vermögensgegenstände als dem Kunden der Verwahrstelle gehörend zu verwahren. Zweitens können vom Unterverwahrer Pfand- und Zurückbehaltungsrechte sowie ähnliche Rechte nur wegen solcher Forderungen geltend gemacht werden, die mit Bezug auf die eingebrachten Vermögensgegenstände entstanden sind oder für die diese Vermögensgegenstände aufgrund von mit Ermächtigung des Hinterlegers abgeschlossenen Rechtsgeschäften haften sollen. Drittens muss die Verwahrstelle über Pfändungen Dritter oder sonstige Zwangsvollstreckungsmaßnahmen unterrichtet werden. Es ist zumindest fraglich, ob die von der BaFin geforderte Drei-Punkte-Erklärung im Stande ist, den Schutz der verwahrfähigen Vermögensgegenstände tatsächlich zu gewährleisten (vgl. WBA/*Klusak* § 73 Rn. 22). Selbst die BaFin lässt – aus praktikablen Gründen sinnvoll – eine Ausnahme zu, wenn sich der Unterverwahrer weigert, eine solche Erklärung zu unterschreiben und keine andere Verwahrmöglichkeit, eine nachvollziehbare Dokumentation und eine unverzügliche Mitteilung an die OGAW-KVG vorliegen (BaFin Rundschreiben 05/2020 (WA) V.2).

**e) Einhaltung der gesetzlichen Pflichten und Verbote (§ 73 I Nr. 4 25
Buchst. e).** Nach § 73 I Nr. 4 Buchst. e hat die Verwahrstelle ferner sicherzustellen, dass der Unterverwahrer die Pflichten und Verbote nach § 68 I 2 (schriftlicher Vertrag), § 68 I 3 (Regelung des erforderlichen Informationsaustausches im schriftlichen Vertrag), § 70 (Interessenkollision) und § 72 (Verwahrung) einhält (s. die Kommentierungen zu §§ 68, 70 und 72).

III. Unterverwahrung bei zwingend ortsansässigen Einrichtungen (§ 73 II)

Von der grundsätzlich erforderlichen Sicherstellung der Bedingungen an den 26
Unterverwahrer nach § 73 I Nr. 4 Buchst. b **kann aus praktischen Gründen nach dem Abs. 2 abgewichen werden,** wenn die Vermögensgegenstände von einer ortsansässigen Verwahrstelle verwahrt werden müssen und es keine anderweitige ortsansässige Einrichtung gibt, die die Anforderung der Unterverwahrung nach der zuvor genannten Vorschrift erfüllen kann.

27 Um die Ausnahme allerdings ins Anspruch nehmen zu können, hat die KVG nach Abs. 2 Nr. 1 die Anleger des OGAW vor Tätigung der Anlage über eine solche Unterverwahrung aufgrund rechtlicher Vorgaben im Recht des Drittstaates sowie über deren Risiken und Umstände ordnungsgemäß zu unterrichten. Inhaltlich sollten die in der Vorschrift genannten Voraussetzungen zur Unterrichtung keine Fragen aufwerfen. Der Rechtsbegriff der **ordnungsgemäßen Unterrichtung** ist jedoch hinsichtlich der Art und Weise der Unterrichtung durch die KVG unbestimmt. Aufgrund des Wortlauts erscheint es als ausreichend, darunter jede Möglichkeit einer Kenntnisnahme durch den Anleger vor der Investition zu verstehen (vgl. FK-KapAnlR/*Koch* § 73 Rn. 25). Um jedoch sicher zu gehen und der KVG den größtmöglichen Handlungsspielraum zu gewährleisten, ist die Aufnahme einer Generalklausel in den Anlagebedingungen empfehlenswert, wonach die potenzielle Unterverwahrung von vornherein und idealerweise ohne Beschränkung auf bestimmte Staaten vereinbart wird (WBA/*Klusak* § 73 Rn. 24).

28 Nach Abs. 2 Nr. 2 darf die Verwahrstelle die Finanzinstrumente nicht ohne eine **Weisung** der KVG an eine ortsansässige Einrichtung übertragen. Bei einer Zuwiderhandlung handelt die Verwahrstelle pflichtwidrig und ist unter Umständen schadensersatzpflichtig (BTMB/*Moericke* § 73 Rn. 34). Eine Haftung könnte jedoch dadurch ausgeschlossen sein, dass sie aufgrund eines zwingenden rechtlichen Rahmens des jeweiligen Staates zur Unterverwahrung bei einer ortsansässigen Einrichtung verpflichtet ist und ihr damit keine andere Wahl verbleibt (BTMB/*Moericke* § 73 Rn. 34). Um das Risiko der offenen Rechtsfrage zu umgehen und gleichzeitig der KVG einen größtmöglichen Handlungsspielraum zu ermöglichen, sollte die Weisung in einer Generalklausel im Verwahrstellenvertrag erteilt werden (WBA/*Klusak* § 73 Rn. 25).

IV. Verwahrketten (§ 73 III)

29 Unter Einhaltung der Voraussetzungen der Abs. 1 u. 2 kann der Unterverwahrer seine ihm von der Verwahrstelle übertragenen Verwahraufgaben auf ein anderes Unternehmen übertragen (Verwahrkette). Durch die Bezugnahme auf die ersten beiden Absätze in der Vorschrift soll sichergestellt werden, dass die aufsichtsrechtliche Schutzfunktion der Verwahrstelle durch Bildung von Verwahrketten nicht ausgehöhlt wird. Daher verlangt die BaFin von der Verwahrstelle, dass sie mit ihrem unmittelbaren Unterverwahrer vereinbart, dass dieser mit seinem Unterverwahrer einen Vertrag abzuschließen hat, wonach die aufsichtsrechtlichen Vorschriften (§ 73; Art. 15 der DelVO (EU) 2016/438) zu berücksichtigen sind (BaFin Rundschreiben 05/2020 (WA) V.3). In der Praxis erfolgt dies idR durch die sog. **Drei-Punkte-Erklärung** zwischen Unterverwahrer 1 und Unterverwahrer 2 (FK-KapAnlR/*Koch* § 73 Rn. 27), die der Verwahrstelle zukommen muss und darüber hinaus bei jedem weiteren Unterverwahrverhältnis abgeschlossen werden soll (BaFin Rundschreiben 05/2020 (WA) V.3). Aus der Fortführung für alle weiteren Unterverwahrverhältnisse ist die Ansicht der BaFin abzuleiten, dass die Verwahrkette mit beliebig vielen Unterverwahrern bestückt werden kann (so auch WBA/*Klusak* § 73 Rn. 26; aA FK-KapAnlR/*Koch* § 73 Rn. 27). Dem ist zuzustimmen, da der Wortlaut des § 73 III ebenfalls keine Begrenzung auf die Anzahl der Unterverwahrer vorsieht.

30 Durch den in Abs. 3 S. 2 enthaltenen Verweis auf § 77 III, IV bekräftigt der Gesetzgeber seinen Willen des hohen Anlegerschutzes bei Verwahrketten, indem auch bei der **mehrstufigen Unterverwahrung** die Haftungskette ununterbrochen bleiben muss und nicht durch Vereinbarung der jeweiligen Parteien aufgehoben oder begrenzt werden darf.

V. Keine weitergehende Auslagerung von Aufgaben der Verwahrstelle (§ 73 IV)

Nach § 73 IV darf die Verwahrstelle mit Ausnahme der Verwahraufgaben nach § 72 keine Aufgaben auslagern. Der Begriff der „Auslagerung" ist in Anbetracht seiner Übersetzung aus den europäischen Vorgaben nicht unumstritten und dessen Auslegung für die Praxis von enormer Bedeutung. Die Verwendung des Terminus „auslagern" folgt der englischen Bezeichnung „delegate", was der deutsche Gesetzgeber teilweise mit „auslagern" (so in § 73) und teilweise mit „übertragen" (so Art. 21 Abs. 11 RL 2011/61/EU) übersetzt hat (BTMB/*Moericke* § 73 Rn. 42; WBA/*Klusak* § 73 Rn. 27). Ein Auslagerungsverbot der Aufgaben der Verwahrstelle würde beinhalten, dass alle weiteren Aufgaben zwingend von der Verwahrstelle durchzuführen wären. Bei einem Übertragungsverbot verbleibt die Verantwortung und Kontrolle für die Aufgabe bei der Verwahrstelle, wobei sie sich zur Erfüllung der Aufgaben Dritter bedienen darf. Würde man den Wortlaut der Vorschrift also **eng auslegen,** hätte das zur Folge, dass die Verwahrstelle in den verschiedensten Bereichen sich keiner Dienste Dritter bedienen dürfte, da dies eine **Auslagerung** darstellen würde. Administrative Aufgaben wie zB Software- und IT-Dienstleistungen könnten dann von Dritten nicht mehr bezogen werden (BTMB/*Moericke* § 74 Rn. 44). Bei einer **weiten Auslegung** der Norm und Anlehnung an den Begriff der **„Übertragung"** könnten zwar die Kerntätigkeiten (zB Verwahrung, Anlagegrenzprüfung, Cash-Flow-Monitoring) der Verwahrstelle nicht übertragen werden, die Ausführung von Hilfstätigkeiten durch Dritte wäre dennoch möglich (BTMB/*Moericke* § 73 Rn. 42). Für die weite Auslegung ist anzuführen, dass diese der gelebten Praxis entspricht, wonach einzelne Hilfstätigkeiten von Dritten bereits erbracht werden (WBA/*Klusak* § 73 Rn. 27). Ferner hat die BaFin hinsichtlich der Anlagegrenzprüfung der Verwahrstelle das Modell 1 erlaubt, sodass die Verwahrstelle für diese Kontrollfunktion unter Einhaltung bestimmter Voraussetzungen auf die Systeme der KVG zugreifen darf (zum Modell 1 s. BaFin Rundschreiben 05/2020 (WA) VII. 4.1.1). 31

VI. Besonderheiten für Wertpapierliefer- und Abrechnungssysteme (§ 73 V)

Wertpapierliefer- und Abrechnungssysteme sind als Hilfsmittel für die Verwahrung anzusehen, weshalb sie selbst keine Verwahrung und kein Unterverwahrverhältnis im eigentlichen Sinne darstellen und deshalb folgerichtig auch nicht als Auslagerung angesehen werden (WBA/*Klusak* § 73 Rn. 29). Für diese Qualifizierung ist jedoch Voraussetzung, dass es sich um Dienstleistungen handelt, die **in ihrer Eigenschaft** als Wertpapierliefer- und Abrechnungssystem erbracht werden (BaFin Rundschreiben 05/2020 (WA) V.6; zur Frage, unter welchen Voraussetzungen Zentralverwahrer als Unterverwahrer anzusehen sind, nimmt EDD/*Dreibus* § 73 Rn. 45 ff. ausführlich Stellung; die Abgrenzung spielt eine erhebliche Rolle für den Haftungsumfang der Verwahrstelle nach § 77 III). 32

VII. Verweis auf die DelVO (§ 73 VI)

33 Absatz 6 wurde im Zuge des 2. FiMaNoG im Jahr 2017 nachträglich eingefügt. Durch den Verweis auf die Art. 15–17 der DelVO (EU) 2016/438 werden die Anforderungen an die Unterverwahrung als auch den damit in Verbindung stehenden Insolvenzschutz europarechtlich konkretisiert.

§ 74 Zahlung und Lieferung

(1) **Die Verwahrstelle hat folgende Geldbeträge auf einem für den inländischen OGAW eingerichteten gesperrten Konto zu verbuchen:**
1. den Kaufpreis aus dem Verkauf von Vermögensgegenständen des inländischen OGAW,
2. die anfallenden Erträge,
3. Entgelte für Wertpapier-Darlehen und
4. den Optionspreis, den ein Dritter für das ihm eingeräumte Optionsrecht zahlt, sowie
5. sonstige dem inländischen OGAW zustehende Geldbeträge.

(2) **Aus den gesperrten Konten oder Depots führt die Verwahrstelle auf Weisung der OGAW-Verwaltungsgesellschaft oder eines Unternehmens, das die Aufgaben der OGAW-Verwaltungsgesellschaft nach Maßgabe von § 36 Absatz 1 Satz 1 Nummer 3 oder 4 wahrnimmt, folgende Tätigkeiten durch:**
1. die Bezahlung des Kaufpreises beim Erwerb von Wertpapieren oder sonstigen Vermögensgegenständen, die Leistung und Rückgewähr von Sicherheiten für Derivate, Wertpapier-Darlehen und Pensionsgeschäfte, Zahlungen von Transaktionskosten und sonstigen Gebühren sowie die Begleichung sonstiger durch die Verwaltung des inländischen OGAW bedingter Verpflichtungen,
2. die Lieferung beim Verkauf von Vermögensgegenständen sowie die Lieferung bei der darlehensweisen Übertragung von Wertpapieren sowie etwaiger weiterer Lieferpflichten,
3. die Ausschüttung der Gewinnanteile an die Anleger.

(3) **[1]Die gesperrten Konten sind auf den Namen des inländischen OGAW, auf den Namen der OGAW-Verwaltungsgesellschaft, die für Rechnung des inländischen OGAW tätig ist, oder auf den Namen der Verwahrstelle, die für Rechnung des inländischen OGAW tätig ist, zu eröffnen und gemäß den in Artikel 16 der Richtlinie 2006/73/EG festgelegten Grundsätzen zu führen. [2]Sofern Geldkonten auf den Namen der Verwahrstelle, die für Rechnung des inländischen OGAW handelt, eröffnet werden, sind keine Geldmittel der Verwahrstelle selbst auf solchen Konten zu verbuchen.**

(4) **Für nähere Einzelheiten zu den Anforderungen an die Überwachung der Zahlungsströme des OGAW wird auf Artikel 10 Absatz 1 der Delegierten Verordnung (EU) 2016/438 verwiesen.**

I. Allgemeines

1 Die Vorschrift normiert die Aufgaben der Verwahrstelle, die sie im Rahmen ihrer **Zahlstellenfunktion** für den inländischen OGAW wahrzunehmen hat (AWZ/*Kunschke/Bachmann* § 74 Rn. 1). Wie § 72 verhindert sie den Zugriff der KVG auf

die Gelder des OGAW und dient somit dem Anlegerschutz. Im Gegensatz zu §72 stellt §74 auf den laufenden Zahlungsverkehr für Rechnung des inländischen OGAW ab und nicht auf Bankguthaben als Kapitalanlage. Ferner versetzt die Vorschrift die Verwahrstelle in die Lage, ihren Kontrollpflichten gem. §76 nachzukommen (BSV/*Beckmann* §74 Rn. 13).

II. Verbuchung von Geldbeträgen (§74 I)

Gemäß §74 I hat die Verwahrstelle die in den Nr. 1–5 genannten Gelbeträge auf einem für den inländischen OGAW eingerichteten gesperrten Konto zu verbuchen. Aus der Generalklausel in Nr. 5 folgt, dass alle sonstigen und damit sämtliche Geldbeträge, die dem inländischen OGAW zustehen, von der Verwahrstelle auf dem Sperrkonto zu verbuchen sind. Insoweit hätte man auf die beispielhafte Aufzählung der Nr. 1–4 verzichten können (WBA/*Klusak* §74 Rn. 2). 2

Nach der Intention des Gesetzgebers obliegt der OGAW-Verwahrstelle die Zahlstellenfunktion, weshalb sie sich nicht wie eine AIF-Verwahrstelle auf die Überwachung des Zahlungsverkehrs beschränken kann (BT-Drs. 18/6744, 53). **Aus diesem Grund ist das Sperrkonto zur Verbuchung und Abwicklung der Geldbeträge zwingend von der OGAW-Verwahrstelle zu führen** (hM: ua EDD/*Dreibus* §74 Rn. 4; BSV/*Beckmann* §74 Rn. 11; FK-KapAnlR/*Schäfer* §74 Rn. 7; aA WBA/*Klusak* §74 Rn. 3). Für die hM spricht zunächst der Wortlaut des §74, wonach die Verwahrstelle die Geldbeträge zu verbuchen hat. Die Verbuchung könnte die Verwahrstelle nicht selbst vornehmen, wenn das Sperrkonto bei einer Drittbank wäre und sie aufgrund eines Sperrvermerks lediglich die Zahlung überwachen könnte. Ferner hat der Gesetzgeber im KAGB Ausnahmen statuiert, aufgrund derer Geldbeträge bei Drittbanken geführt werden dürfen. Dies betrifft zum einen nach §72 II das Bankguthaben iSd §195 (→ §72 Rn. 13ff.) und zum anderen die nach §69 IV erfolgten Maßnahmen auf Grundlage des §46 I 2 Nr. 4–6 KWG oder des Moratoriums nach §46 KWG (→ §69 Rn. 13). Aufgrund der fehlenden Ausnahmeregelung in §74 folgt im Umkehrschluss, dass Geldbeträge nach §74 nicht auf Drittbanken übertragen werden können (AWZ/*Kunschke/Bachmann* §74 Rn. 5). 3

III. Zahlung und Lieferung nach Weisung (§74 II)

1. Weisung der OGAW-Verwaltungsgesellschaft oder eines Portfolioverwalters. Bei der Abwicklung von Zahlungen und Lieferungen von Geschäften des inländischen OGAW hat die Verwahrstelle keine Verfügungsbefugnis über die Konten und Depots des OGAW (EDD/*Dreibus* §74 Rn. 7). Zwar besteht aufgrund der Sperrkonten und Sperrdepots ein **Sperrvermerk zu ihren Gunsten,** womit die Kontrollfunktionen nach §76 sichergestellt werden sollen. Allerdings kann sie die Handlungen nach den Nr. 1–3 nicht selbst initiieren, sondern erst **auf Weisung der KVG** vornehmen. Sofern die Portfolioverwaltung nach §36 I 1 Nr. 3 oder 4 ausgelagert wurde, kann die Weisung auch durch den Portfolioverwalter erfolgen. Für wirksame Weisungen des Portfolioverwalters sollte sich die Verwahrstelle von der KVG die übertragene Weisungsbefugnis nachweisen lassen (FK-KapAnlR/*Schäfer* §74 Rn. 12). Die Verwahrstelle hat die Weisung auf ihre Rechtmäßigkeit hin zu überprüfen. Diese Rechtmäßigkeitskontrolle beinhaltet die Prüfung, ob die Weisungen den gesetzlichen Bestimmungen des Aufsichtsrechts und den vertraglichen Regelungen des inländischen OGAW entsprechen bzw. ihr nicht zuwiderlaufen (BTMB/*Karcher* §74 Rn. 11). Sofern die Weisung der Rechtmäßigkeitskon- 4 trolle standhält, hat die Verwahrstelle die Weisung auszuführen (§ 76 II). Ob bestimmte Anlageentscheidungen wirtschaftlich sinnvoll sind, unterfällt Zweckmäßigkeitserwägungen, die nicht unter die Kontrollpflichten der Verwahrstelle fallen (AWZ/*Kunschke/Bachmann* § 74 Rn. 7).

5 **2. Ausführung von Zahlungen (§ 74 II Nr. 1 u. 3).** In § 74 II Nr. 1 werden **beispielhaft** verpflichtende Geschäfte zur Auszahlung durch die Verwahrstelle aufgeführt, die aufgrund der am Ende eingefügten Generalklausel („und sonstigen Gebühren sowie die Begleichung sonstiger durch die Verwaltung des inländischen OGAW bedingten Verpflichtungen") obsolet werden. Insoweit ist die Existenz der Nr. 3 nicht nachvollziehbar. Bei der Ausschüttung von Gewinnanteilen an die Anleger handelt es sich ebenfalls um Zahlungen, die zumindest unter die Generalklausel am Ende der Nr. 1 fallen. Andersartige Ausschüttungen als in Geld dürften kaum oder nie vorkommen, weshalb der Nr. 3 letztlich keine eigenständige Bedeutung zukommt (WBA/*Klusak* § 74 Rn. 4).

6 Bei der Ausführung der Zahlungen hat die Verwahrstelle die **allgemeine Rechtmäßigkeit** zu beachten. So hat sie zB im Fall der Bezahlung des Kaufpreises beim Erwerb von Wertpapieren zunächst zu prüfen, ob ein Erwerb tatsächlich stattgefunden hat. Ferner hat sie festzustellen, ob der Vermögensgegenstand innerhalb der gesetzlichen und vertraglichen Rahmenbedingungen erworben wurde (FK-KapAnlR/*Schäfer* § 74 Rn. 13).

7 **3. Erfüllung von Lieferpflichten (§ 74 II Nr. 2).** Nach § 74 II Nr. 2 hat die Verwahrstelle die durch die Transaktionen des OGAW begründeten Lieferpflichten zu erfüllen, wenn sie entsprechend von der KVG oder einem wirksam angezeigten Portfolioverwalter zur Lieferung angewiesen wurde (EDD/*Dreibus* § 74 Rn. 9). Die Lieferungsverpflichtungen sind aus den gesperrten Konten oder Depots zu erfüllen, weshalb sie sich nur auf verwahrfähige Vermögensgegenstände beziehen können (EDD/*Dreibus* § 74 Rn. 9). Bei dem Begriff der Lieferung handelt es sich um einen unbestimmten Rechtsbegriff, der entsprechend auszulegen ist. Da verwahrfähige Vermögensgegenstände zu liefern sind, sollte unter **Lieferung** die **Verschaffung des Besitzes** zu verstehen sein (AWZ/*Kunschke/Bachmann* § 74 Rn. 9). Weil die Verwahrstelle in den überwiegenden Fällen die verwahrfähigen Vermögensgegenstände nicht selbst verwahrt, ist der Besitz mittelbar zu verschaffen. Beispielsweise werden im Rahmen der Girosammelverwahrung effektive Wertpapierurkunden durch Zentralverwahrer wie die Clearstream Banking AG verwahrt (FK-KapAnlR/*Schäfer* § 74 Rn. 19). Um die Rechte an den Urkunden zu übermitteln, erteilt die Verwahrstelle eine Umbuchungsinstruktion direkt an den Zentralverwahrer, der das entsprechend in seinen Büchern verbucht (FK-KapAnlR/*Schäfer* § 74 Rn. 19). Danach hat die Verwahrstelle die Eigentumsposition anhand der Umbuchungsinstruktion in ihrem internen System zu verbuchen.

8 Die allgemeine Rechtmäßigkeitskontrolle findet bei der Lieferung von Vermögensgegenständen ebenfalls Anwendung. Für die Lieferung von Wertpapieren bedeutet dies, dass die Verwahrstelle im Rahmen von Wertpapierdarlehen gem. § 200 II hinsichtlich der Lieferung zu überprüfen hat, ob die Übertragung der Wertpapiere **Zug um Zug gegen die Bestellung der Sicherheiten** erfolgt ist (EDD/*Dreibus* § 74 Rn. 9). Die Sicherstellung der Zug-um-Zug-Lieferung stellt eine Kontrollpflicht nach § 76 Abs. 1 Nr. 2 dar, wonach sich die Verwahrstelle stets zu vergewissern hat, dass der Gegenwert innerhalb der üblichen Fristen übermittelt wird (AWZ/*Kunschke/Bachmann* § 74 Rn. 11). Dies gilt im Übrigen auch bei der Verbuchung der Geldbeträge nach der Nr. 1 und 3.

IV. Zusätzliche Anforderungen an die Sperrkonten (§ 74 III)

§ 74 III wurde im Rahmen des OGAW-V-UmsG neu eingeführt. Danach müssen die gesperrten Konten auf den Namen des inländischen OGAW, auf den Namen der KVG, die für Rechnung des inländischen OGAW tätig ist, oder auf den Namen der Verwahrstelle, die für Rechnung des inländischen OGAW tätig ist, eröffnet werden. Ferner sind die Sperrkonten nach Maßgabe des Art. 16 der RL 2006/73/EG zu führen. Art. 16 der RL 2006/73/EG hat ua den Schutz der Finanzinstrumente und Gelder der Anleger zum Ziel. Erreicht werden soll dies, indem Aufzeichnungen und Konten derart geführt werden müssen, dass die Rechte des Kunden an ihren Finanzinstrumenten und Geldern von denen Dritter zu unterscheiden sind. Dieser Leitgedanke des **Trennungsgebots** wird in S. 2 konkretisiert, wonach keine Geldmittel der Verwahrstelle selbst auf Konten verbucht werden dürfen, die auf den Namen der Verwahrstelle und für Rechnung des inländischen OGAW eröffnet werden. 9

V. Verweis auf die DelVO (§ 74 IV)

Absatz 4 wurde im Zuge des 2. FiMaNoG im Jahr 2017 nachträglich eingefügt. Durch den Verweis auf den Art. 10 der DelVO (EU) 2016/438 werden die Regelungen im Zusammenhang mit der Überwachung der Cashflows des OGAW konkretisiert, ohne wesentlich über die gewöhnliche Ausprägung der üblichen Sorgfaltspflichten einer Verwahrstelle hinauszugehen (vgl. WBA/*Klusak* § 74 Rn. 12). 10

§ 75 Zustimmungspflichtige Geschäfte

(1) **Die OGAW-Kapitalverwaltungsgesellschaft darf die nachstehenden Geschäfte nur mit Zustimmung der Verwahrstelle durchführen:**
1. **die Aufnahme von Krediten nach Maßgabe des § 199, soweit es sich nicht um valutarische Überziehungen handelt,**
2. **die Anlage von Mitteln des inländischen OGAW in Bankguthaben bei anderen Kreditinstituten sowie Verfügungen über solche Bankguthaben.**

(2) [1]**Die Verwahrstelle hat den Geschäften nach Absatz 1 zuzustimmen, wenn diese den dort genannten Anforderungen entsprechen und mit den weiteren Vorschriften dieses Gesetzes und mit den Anlagebedingungen übereinstimmen.** [2]**Stimmt sie einer Verfügung zu, obwohl die Bedingungen von Satz 1 nicht erfüllt sind, berührt dies nicht die Wirksamkeit der Verfügung.** [3]**Eine Verfügung ohne Zustimmung der Verwahrstelle ist gegenüber den Anlegern unwirksam.** [4]**Die Vorschriften zugunsten derjenigen, welche Rechte von einem Nichtberechtigten herleiten, sind entsprechend anzuwenden.**

I. Allgemeines

§ 75 befasst sich mit den Geschäften, die die KVG nur mit Zustimmung der Verwahrstelle durchführen darf. Das übergeordnete Ziel des KAGB, der Anlegerschutz, wird mit dem Erfordernis der Zustimmung durch die Verwahrstelle deutlich hervorgehoben. Zugleich stellt die Norm für die Verwahrstelle die **deutlichste Ausprägung der Kontrolltätigkeit** gegenüber der KVG dar (FK-KapAnlR/ 1

Schäfer § 75 Rn. 1). Der Katalog der zustimmungspflichtigen Geschäfte ist abschließend (WBA/*Klusak* § 75 Rn. 2). Abs. 2 der Vorschrift sind die Rechtsfolgen für die Fallkonstellationen zu entnehmen, in denen die Voraussetzungen einer Zustimmung gegeben sind, eine rechtswidrige Zustimmung erteilt wurde oder eine Verfügung ohne Zustimmung der Verwahrstelle erfolgt ist.

II. Zustimmungspflichtige Geschäfte (§ 75 I)

2 **1. Die Zustimmung.** Für den Rechtsbegriff der Zustimmung sind die **§§ 182 ff. BGB** heranzuziehen. Danach unterteilt sich die Zustimmung in zwei Arten: die Zustimmung vor der Verfügung als **Einwilligung** iSd § 183 BGB und die Zustimmung nach der Verfügung als **Genehmigung** iSd § 184 BGB (BTMB/*Herring* § 75 Rn. 3). In § 75 wird ein Zeitpunkt für die Zustimmung nicht genannt. Nach dem Verwahrstellenrundschreiben soll die Verwahrstelle im Grundsatz ihre Zustimmung vor der Verfügung in Form der Einwilligung erteilen (BaFin Rundschreiben 05/2020 (WA) VI. 1.). Eine Genehmigung soll nur dann möglich sein, wenn die Zustimmung selbst erst nach der Verfügung möglich ist. Ausgangspunkt für die Zustimmung ist das Erfüllungsgeschäft, weshalb es auf die zugrundeliegende vertragliche Verpflichtung nicht ankommt (BaFin Rundschreiben 05/2020 (WA) VI.). Das könnte jedoch zu dem Problem führen, dass dem vorausgehenden und nicht zustimmungspflichtigen Verpflichtungsgeschäft im Nachgang von der Verwahrstelle im Rahmen der Rechtmäßigkeitsprüfung des Erfüllungsgeschäfts nicht zugestimmt würde. Damit sich hier die KVG zB bei einer rechtmäßig verweigerten Zustimmung und der daraus resultierenden Rückabwicklung des Verpflichtungsvertrages nicht schadensersatzpflichtig macht, wird eine Einbindung der Verwahrstelle vor dem Verpflichtungsgeschäft empfohlen.

3 Nach § 182 II BGB bedarf die Zustimmung **keiner für das Rechtsgeschäft bestimmten Form,** weshalb sie auch konkludent erteilt werden kann (zB durch Ausführung einer Überweisung; siehe BaFin Rundschreiben 05/2020 (WA) VI.). Gleichwohl sollte die konkludente Zustimmung eindeutig genug sein, damit die KVG zumindest hinsichtlich den für die Zustimmung zu erfüllenden Rahmenbedingungen nicht gegen kaufmännische Sorgfaltspflichten verstößt (WBA/*Klusak* § 75 Rn. 11). Sofern die zustimmungspflichtigen Geschäfte den gesetzlichen und vertraglichen Anforderungen entsprechen, hat die Verwahrstelle nach ihrer allgemeinen Rechtmäßigkeitskontrolle die Zustimmung zu erteilen (BaFin Rundschreiben 05/2020 (WA) VI.).

4 **2. Aufnahme von kurzfristigen Krediten (§ 75 I Nr. 1).** Die Aufnahme von kurzfristigen Krediten (§ 199) fällt unter die Zustimmungspflicht der Verwahrstelle. Hiervon ausgenommen sind valutarische Überziehungen. Bevor die Verwahrstelle der Aufnahme eines kurzfristigen Kredites nach § 199 eine Zustimmung erteilt, hat sie die **allgemeine Rechtmäßigkeit** dieses zustimmungspflichtigen Geschäfts **zu überprüfen.** Dies beinhaltet durch die Verwahrstelle die Kontrolle der vertraglichen Zulässigkeit der **Kreditaufnahme in den Anlagebedingungen, der Kurzfristigkeit der Kreditaufnahme, der Einhaltung der 10%-Grenze nach § 199 sowie der Marktüblichkeit der Kreditbedingungen** (BaFin Rundschreiben 05/2020 (WA) VI. 2.1.1). Die Kurzfristigkeit eines Kredits ist im Gesetz nicht näher beschrieben. Nach Auffassung der BaFin ist bei der Kreditaufnahme auf die Umstände des Einzelfalles abzustellen, wobei Kredite mit einer Laufzeit von maximal einem Jahr als kurzfristig angesehen werden (siehe BaFin Fragenkatalog zu § 53

InvG, WA 41-WP 2136–2008/0053, II.). Die Marktüblichkeit der Kreditbedingungen ist anhand von vergleichbaren Kreditangeboten oder anhand interner Mechanismen (zB auf Grundlage von Referenzzinssätzen für die jeweils relevante Laufzeit) zu beurteilen (BaFin Rundschreiben 05/2020 (WA) VI. 2.1.1). Alternativ können der Verwahrstelle Kreditangebote von der KVG vorgelegt werden, wobei die Verwahrstelle weitere Recherchen zu vollziehen hat, wenn die von der KVG vorgelegten Angebote nicht plausibel erscheinen (EDD/*Dreibus* § 75 Rn. 5; FK-KapAnlR/*Schäfer* § 75 Rn. 8).

Die allgemeine Rechtmäßigkeitsprüfung zur Aufnahme eines Kredits hat grundsätzlich **ex ante,** also in Form der Einwilligung zu erfolgen (BaFin Rundschreiben 05/2020 (WA) VI. 2.1.1). Wird jedoch ein kurzfristiger Kredit in der Form eines **Kontokorrentkredits** oder einer anderen gewährten **Kreditlinie** beansprucht, können die Merkmale der Kurzfristigkeit und der 10%-Grenze erst nach Inanspruchnahme des Kredits im Rahmen einer **ex-post-Kontrolle** überprüft und nachträglich genehmigt werden. Mit der ex-post-Prüfung wird dem Umstand Rechnung getragen, dass es der Verwahrstelle bei einer gewährten Kreditlinie nicht möglich ist, die Kurzfristigkeit sowie die Einhaltung der 10%-Grenze vorab (ex ante) zu überprüfen (FK-KapAnlR/*Schäfer* § 75 Rn. 9). 5

3. Anlage in Bankguthaben (§ 75 I Nr. 2). Die Anlage in Mitteln von Bankguthaben ist nach § 72 II auf Sperrkonten zu führen, weshalb die Guthaben bei ihrer Übertragung auf oder von dem Sperrkonto bereits der allgemeinen Rechtmäßigkeitskontrolle unterliegen (WBA/*Klusak* § 75 Rn. 6). Die Zustimmungspflicht nach § 75 I Nr. 2 ist damit **ohne unmittelbare Bedeutung,** da eine Übertragung von Bankguthaben aufgrund des Sperrvermerks auf den Konten des inländischen OGAW ohne Mitwirkung der Verwahrstelle ohnehin nicht möglich ist (BSV/*Beckmann* § 75 Rn. 33). Aus den Regelungen zu den Rechtsfolgen einer Zustimmung oder deren Fehlen ergibt sich für die Zustimmungspflicht eine zumindest **mittelbare Bedeutung** (vgl. WBA/*Klusak* § 75 Rn. 6). So ist zB eine Verfügung über das Bankguthaben ohne Zustimmung der Verwahrstelle gegenüber den Anlegern unwirksam (mehr → Rn. 9 ff.). 6

Die durch die Verwahrstelle zu prüfenden **Voraussetzungen** im Rahmen der allgemeinen Rechtmäßigkeitskontrolle für eine Zustimmung bei der Anlage in Bankguthaben bei anderen Kreditinstituten sind dem **Verwahrstellenrundschreiben** zu entnehmen (BaFin Rundschreiben 05/2020 (WA)). Danach hat die Verwahrstelle zu kontrollieren, ob das Bankguthaben auf ein Sperrkonto für Rechnung des inländischen OGAW iSd § 72 II gezahlt wird und ob die Anlagegrenzen des § 206 IV, V sowie die Voraussetzungen des § 195 (insb. Kurzfristigkeit = max. 12 Monate) eingehalten werden (BaFin Rundschreiben 05/2020 (WA) VI. 2.2.2). Die allgemeine Rechtmäßigkeitskontrolle hat die Verwahrstelle ex ante durchzuführen. Hierzu lässt sich die Verwahrstelle einmalig und vor der Ausführung der ersten Überweisung von dem anderen Kreditinstitut bestätigen, dass es sich bei dem Konto des inländischen OGAW um ein Sperrkonto handelt. Die folgenden Überweisungen sind anschließend zB anhand von Kontoauszügen zu kontrollieren. Hinsichtlich der Anlagegrenzen nach § 206 IV, V und der Voraussetzungen nach § 195 erfolgt eine ex-ante Prüfung, sofern es sich um Festgelder handelt. Bei Sichteinlagen reicht eine ex-post-Kontrolle aus (BaFin Rundschreiben 05/2020 (WA) VI. 2.2.2). 7

4. Voraussetzungen und Wirksamkeit der Zustimmung (§ 75 II). a) Voraussetzungen der Zustimmung (§ 75 II 1). Der Verwahrstelle steht hinsichtlich der zustimmungspflichtigen Geschäfte nach § 75 I kein Ermessensspielraum zu. Lie- 8 gen die Voraussetzungen der Geschäfte nach Abs. 1 vor und stimmen sie mit den weiteren Vorschriften des KAGB und mit den vertraglichen Anlagebedingungen überein, hat die Verwahrstelle zuzustimmen. Die Prüfung der zuvor genannten Voraussetzungen unterliegt der allgemeinen Rechtmäßigkeitskontrolle. Eine Kontrolle der wirtschaftlichen Zweckmäßigkeit ist nicht Aufgabe der Verwahrstelle (BaFin Rundschreiben 05/2020 (WA) VI.).

9 **b) Wirksamkeit der Zustimmung (§ 75 II 2–4).** Liegen die Voraussetzungen einer Zustimmung wie in der → Rn. 8 beschrieben nicht vor, berührt dies nicht die Wirksamkeit der Verfügung. Sollte die wirksame Verfügung jedoch zu Nachteilen bei dem Anleger führen, kann **gegen die Verwahrstelle ein Schadensersatzanspruch** nach § 77 II iVm § 75 geltend gemacht werden (FK-KapAnlR/*Schäfer* § 75 Rn. 19; nach *Dreibus* wegen Verletzungen von Pflichten aus dem gesetzlichen Schuldverhältnis bzw. der Verletzung des § 75 als Schutzgesetz iSd § 823 II BGB, EDD/*Dreibus* § 75 Rn. 11). Daneben bestehen für den Anleger **Schadensersatzansprüche gegen die KVG,** da die fehlerhafte Zustimmung der Verwahrstelle zwangsläufig auf einer Verletzung der investmentrechtlichen Regeln (KAGB oder Anlagebedingungen) für den inländischen OGAW beruhen muss (FK-KapAnlR/*Schäfer* § 75 Rn. 19).

10 Nach § 75 II 3 ist eine Verfügung ohne Zustimmung der Verwahrstelle gegenüber den Anlegern unwirksam. Sofern noch eine Stellungnahme zu einer bereits erfolgten Verfügung aussteht, ist die Verfügung schwebend unwirksam. Erfolgt auch im Nachgang der Verfügung keine Genehmigung, so wird die zunächst schwebende unwirksame Verfügung endgültig unwirksam. Daraus folgt eine **relative Unwirksamkeit** der Verfügung iSd § 135 BGB, da die Unwirksamkeit nur im Verhältnis zu den Anlegern gilt (BSV/*Beckmann* § 75 Rn. 83). Im Verhältnis zu Dritten hängt die Wirksamkeit der Verfügung nach § 75 II 4 davon ab, ob der Dritte gutgläubig iSd BGB war. Sollte die Verfügung gegenüber einem Dritten aufgrund der entsprechenden Herleitung der Rechte eines Nichtberechtigten wirksam sein, so können die Anleger aufgrund der relativen Unwirksamkeit die KVG bei potenziellen Schäden in Regress nehmen.

11 § 75 II 3 sollte eher **untergeordnete praktische Relevanz** haben. So handelt es sich bei der Kreditaufnahme nach § 75 I Nr. 1 und der Anlage in Bankguthaben bei Drittbanken nach § 75 I Nr. 2 nicht um Verfügungen (BSL/*Köndgen* § 26 Rn. 22). Zum Teil wird hierin ein redaktionelles Versehen des Gesetzgebers vermutet, der die Rechtsfolgen des Abs. 2 auf die in Abs. 1 genannten Geschäfte angewendet wissen wollte, ohne diese auf Verfügungen zu beschränken (WBA/*Klusak* § 75 Rn. 12). Ferner gebietet der Anlegerschutz, dass die entsprechenden Schuldverträge relativ unwirksam sind (BSL/*Köndgen* § 26 Rn. 22). Dagegen spricht allerdings, dass der Verweis auf die Vorschriften über den gutgläubigen Erwerb nach §§ 932ff. BGB nicht auf schuldrechtliche Ansprüche anzuwenden ist, da diese nur für Verfügungen über dingliche Rechte gelten (FK-KapAnlR/*Schäfer* § 75 Rn. 21). Dafür spricht auch, dass der Gesetzgeber bei Verstößen der KVG gegen § 75 II 3 der OGAW-Verwahrstelle keine Prozessstandschaft im § 78 gewährt, anders als dies für eine AIF-Verwahrstelle nach § 89 I 1 Nr. 2 der Fall ist (FK-KapAnlR/*Schäfer* § 75 Rn. 21). Daraus kann der Schluss gezogen werden, dass bei fehlender Zustimmung der Verwahrstelle entgegen § 75 grundsätzlich auch gegenüber den Anlegern eine Wirksamkeit des zustimmungspflichtigen Geschäfts anzunehmen ist, weshalb ihnen nur noch mögliche Schadensersatzansprüche gegen die KVG verbleiben (FK-KapAnlR/*Schäfer* § 75 Rn. 21). Zu weit geht jedoch die Ansicht von *Schäfer,* wo-

nach für § 75 II 3 und 4 kein Anwendungsbereich besteht (FK-KapAnlR/*Schäfer* § 75 Rn. 21). Klar ist, dass der Vorgängernorm des § 26 InvG durch die fehlende Trennung von OGAW und AIF einen größeren Anwendungsbereich hatte, als dies nun in der reinen OGAW-Vorschrift in § 75 der Fall ist. Insoweit ist § 75 II 3 aber auf den eher theoretischen, aber nicht auszuschließenden Fall anzuwenden, dass die KVG über Bankguthaben bei einer Drittbank verfügt und die Drittbank der Verfügung Folge leistet, ohne den Sperrvermerk zugunsten der Verwahrstelle beachtet zu haben (BTMB/*Herring* § 75 Rn. 13).

§ 76 Kontrollfunktion

(1) **Die Verwahrstelle hat sicherzustellen, dass**

1. **die Ausgabe und Rücknahme von Anteilen oder Aktien des inländischen OGAW und die Ermittlung des Wertes der Anteile oder Aktien des inländischen OGAW den Vorschriften dieses Gesetzes und den Anlagebedingungen oder der Satzung entsprechen,**
2. **bei den für gemeinschaftliche Rechnung der Anleger getätigten Geschäften mit Vermögenswerten des inländischen OGAW der Gegenwert innerhalb der üblichen Fristen an den inländischen OGAW oder für Rechnung des inländischen OGAW überwiesen wird,**
3. **die Erträge des inländischen OGAW gemäß den Vorschriften dieses Gesetzes und den Anlagebedingungen oder der Satzung verwendet werden und**
4. **die erforderlichen Sicherheiten für Wertpapier-Darlehen nach Maßgabe des § 200 Absatz 2 rechtswirksam bestellt und jederzeit vorhanden sind.**

(2) **Die Verwahrstelle hat die Weisungen der OGAW-Verwaltungsgesellschaft auszuführen, sofern diese nicht gegen gesetzliche Vorschriften, die Anlagebedingungen oder die Satzung verstoßen.**

(3) **Für nähere Einzelheiten zu den Pflichten der Verwahrstelle nach den Absätzen 1 und 2 wird auf die Artikel 3 bis 8 der Delegierten Verordnung (EU) 2016/438 verwiesen.**

Schrifttum: *Patz* Das Zusammenwirken zwischen Verwahrstelle, Bewerter, Abschlussprüfer und BaFin bei der Aufsicht über Investmentvermögen nach dem KAGB – Zuständigkeiten bei der Überprüfung der Einhaltung der Bewertungsmaßstäbe und -verfahren für Vermögensgegenstände von AIF und OGAW, BKR 2015, 193.
Zum Umfang der Kontrollaufgaben der Verwahrstelle s. auch BGH 18.9.2001 – XI ZR 337/00, NJW 2001, 3633; dazu Balzer EWiR 2002, 117.

Inhaltsübersicht

	Rn.
I. Allgemeines	1
II. Kontrollpflichten (§ 76 I)	2
1. Ausgabe und Rücknahme von Anteilen sowie Anteilswertermittlung (§ 76 I Nr. 1)	3
2. Fristgerechte Abwicklung von Transaktionen (§ 76 I Nr. 2)	6
3. Ordnungsgemäße Ertragsverwendung (§ 76 I Nr. 3)	8
4. Bestellung von Sicherheiten bei Wertpapierdarlehen (§ 76 I Nr. 4)	9
III. Ausführung von Weisungen (§ 76 II)	12
1. Weisungen	12

Rn.
2. Allgemeine Rechtmäßigkeitskontrolle bei Weisungen 13
a) Systematische Einordnung 13
b) Prüfungsmaßstab 14
c) Prüfungszeitpunkt 17
3. Kontrolle der Anlagegrenzen 18
IV. Verweis auf die DelVO (§ 76 III) 21

I. Allgemeines

1 § 76 I enthält **keine abschließende Auflistung der Kontrollfunktionen** einer Verwahrstelle. Vielmehr stellt die Vorschrift eine Ergänzung zu den bereits bestehenden Kontrollpflichten nach den §§ 71, 72, 74 und 75 dar. Die verpflichtende **Anlagegrenzkontrolle** wird anders als in der Vorgängervorschrift des § 27 I InvG im KAGB nicht mehr explizit geregelt. Diese Kontrolle wird nunmehr aufgrund des **§ 76 II innerhalb der allgemeinen Rechtmäßigkeitskontrolle** durchgeführt (BT-Drs. 17/12294, 230).

II. Kontrollpflichten (§ 76 I)

2 Allen Kontrollpflichten ist gemein, dass sie nur nach entsprechender Zulieferung von Informationen ordnungsgemäß erfüllt werden können. Daher unterliegt die KVG einer **Informationspflicht** gegenüber der Verwahrstelle für die Informationen, die aus ihrer Sphäre stammen (WBA/*Klusak* § 76 Rn. 3). Bei Informationen, die die Verwahrstelle gesondert von Dritten gegen ein entsprechendes Entgelt beschaffen kann, besteht keine Informationspflicht der KVG (BaFin Rundschreiben 05/2020 (WA) VII.).

3 **1. Ausgabe und Rücknahme von Anteilen sowie Anteilswertermittlung (§ 76 I Nr. 1).** § 76 I Nr. 1 regelt für die Verwahrstelle zwei Kontrollaufgaben. Nach der **ersten Kontrollaufgabe** hat die Verwahrstelle die ordnungsgemäße Ausgabe und Rücknahme von Anteilen sicherzustellen. Da die Verwahrstelle die Ausgabe und Rücknahme nach § 71 I 1 selbst durchzuführen hat, ist die Vorschrift für diese Kontrollaufgabe **obsolet** (WBA/*Klusak* § 76 Rn. 4).

4 **Eigenständige Bedeutung** erlangt die Nr. 1 nur dann, wenn die Ermittlung des Anteilwertes als **zweite Kontrollaufgabe** nach § 212 Alt. 2 nicht durch die Verwahrstelle, sondern durch die KVG erfolgt (BTMB/*Herring* § 76 Rn. 2). Der Prüfungsmaßstab der Verwahrstelle ist die Überwachung der Ermittlung des Anteilwerts iSd gesetzlichen und vertraglichen Regelungen. Unter die gesetzlichen Regelungen fallen das KAGB (§§ 168, 169), die KARBV (§§ 26 ff.) und Art. 94 der Level-II-VO (DelVO (EU) Nr. 231/2013). Nach Letzterem hat die Verwahrstelle ein angemessenes Verfahren einzusetzen, mit dem sie die von der KVG vorgenommene Anteilwertermittlung hinsichtlich derer Plausibilität überprüfen kann (BaFin Rundschreiben 05/2020 (WA) VII.2). Daraus kann ua das Erfordernis entstehen, die interne Bewertungsrichtlinie der KVG zu prüfen (*Patz* BKR 2015, 193 (195); WBA/*Klusak* § 76 Rn. 4). Das Ergebnis der Kontrolle ist der KVG unverzüglich mitzuteilen (FK-KapAnlR/*Koch* § 76 Rn. 4).

5 Die **technische Umsetzung** der Kontrolle der Anteilwertermittlung kann durch Zugriff der Verwahrstelle auf die Systeme der KVG **(Modell 1)** oder ein eigenes Schattenbuchhaltungssystem **(Modell 2)** erfolgen. Für die zwei Modelle setzt die BaFin unterschiedliche rechtliche und technische Voraussetzungen. Sollte

die Verwahrstelle das Modell 1 wählen, darf das nicht dazu führen, dass die Verwahrstelle die Kontrollaufgabe aus der Hand gibt, was einer Auslagerung gleichkäme und nach § 73 IV verboten ist (BaFin Rundschreiben 05/2020 (WA) VII. 2 iVm VII. 4.1.1). Für das Modell 1 sieht die BaFin Ergänzungen im Verwahrstellenvertrag vor (BaFin Rundschreiben 05/2020 (WA) VII. 2 iVm 4.1.1). Für das Modell 2 ist eine ausreichende Informationsversorgung der Verwahrstelle durch die KVG erforderlich.

2. Fristgerechte Abwicklung von Transaktionen (§ 76 I Nr. 2). § 76 I Nr. 2 ergänzt die Vorschriften des § 72 (Verwahrung) und § 74 (Zahlung und Lieferung). Sie dient der Verminderung eines Verlustrisikos hinsichtlich der Vermögensgegenstände für den Zeitraum zwischen Rechtsgeschäft und Inverwahrnahme, indem der Zugriff Dritter oder der KVG in der Abwicklungsphase zeitlich beschränkt wird (WBA/*Klusak* § 75 Rn. 5). Daher ist der Gegenwert bei Geschäften für gemeinschaftliche Rechnung der Anleger **innerhalb der üblichen Fristen** zu überweisen. Der Begriff der Überweisung ist nicht technisch zu verstehen, da in den Gewahrsam der Verwahrstelle nicht nur Bankguthaben (§ 72 II) oder sonstige Geldbeträge (§ 74 I), sondern alle Leistungen an den OGAW aufgrund von Zahlungs- und Lieferungsansprüchen (§ 74 I, II) gehören (BSV/*Beckmann* § 76 Rn. 51). Zur Erreichung des Ziels einer möglichst kurzen Abwicklungsphase ist der Gegenwert möglichst **unverzüglich** unter Beachtung des Gebots der **Zug-um-Zug-Leistung** nach § 320 BGB zu überweisen (BSL/*Köndgen* § 27 Rn. 6). Allerdings sind die Marktusancen des jeweiligen Geschäfts und seiner Abwicklung zu berücksichtigen, weshalb eine Abweichung der Zug-um-Zug-Abwicklung möglich ist (BSL/*Köndgen* § 27 Rn. 6; WBA/*Klusak* § 76 Rn. 6). Praktisches Beispiel ist die vollständige Abwicklung von Wertpapiertransaktionen, die nicht selten zwei bis drei Börsentage andauert. 6

Es ist nicht erforderlich, dass der Gegenwert unmittelbar bei der Verwahrstelle eingeht (FK-KapAnlR/*Koch* § 76 Rn. 9). Nach §§ 72 II, 73 ist anstelle bei der Verwahrstelle auch ein **Eingang beim Unterverwahrer ausreichend,** wenn dieser rechtmäßig bestellt wurde (Baur/Tappen/*Herring* § 76 Rn. 3). Bleibt die Überweisung innerhalb der üblichen Fristen aus, muss die Verwahrstelle die KVG darüber informieren (EDD/*Dreibus* § 76 Rn. 13). Falls keine Abhilfe erfolgt, hat die KVG die Rückabwicklung des Geschäfts vom Vertragspartner zu verlangen (EDD/*Dreibus* § 76 Rn. 13). 7

3. Ordnungsgemäße Ertragsverwendung (§ 76 I Nr. 3). § 76 I Nr. 3 ist die ergänzende Vorschrift zu den §§ 74 II Nr. 3, 76 II, die bereits eine Kontrolle von Ausschüttungen hinsichtlich ihrer Rechtmäßigkeit bestimmen. Dabei ist § 74 II Nr. 3 hinsichtlich der Ertragsverwendungsform der Ausschüttung lex specialis zur Nr. 3. Die Entscheidung über die **Verwendung der Erträge** liegt als **Geschäftsführungsmaßnahme** bei der KVG (EDD/*Dreibus* § 76 Rn. 14). Nach §§ 162 II Nr. 6, 165 II Nr. 14–16 haben die Anlagebedingungen und der Verkaufsprospekt zu regeln, wie die Erträge zu verwenden sind, weshalb sich die Entscheidung der KVG insb. im Rahmen dieser vertraglichen Regelungen bewegen muss. Das ist zugleich auch der Prüfungsmaßstab der Verwahrstelle, die die Entscheidung der KVG auf ihre **Rechtmäßigkeit** hin zu überprüfen hat. Ferner ist die Verwahrstelle verpflichtet, die Ermittlung der Erträge zu kontrollieren (BTMB/*Herring* § 76 Rn. 4; EDD/*Dreibus* § 76 Rn. 15). Zwar ist dies nicht unmittelbar aus dem Wortlaut des Gesetzes zu entnehmen, jedoch ist die vorhergehende Feststellung, dass die Erträge sowohl dem Umfang als auch ihrer Art nach bestimmt sein müssen, eine wesent- 8 liche Voraussetzung für eine Ertragsverwendungskontrolle (BTMB/*Herring* § 76 Rn. 4; s. auch Art. 8 der DelVO(EU) 2016/438).

9 **4. Bestellung von Sicherheiten bei Wertpapierdarlehen (§ 76 I Nr. 4).** Schließt die KVG für Rechnung des OGAW ein Wertpapier-Darlehen ab, hat die Verwahrstelle nach § 76 I Nr. 4 die rechtswirksame Bestellung der erforderlichen Sicherheiten sowie deren fortlaufende Existenz zu kontrollieren. Als erforderliche Sicherheit gelten nach § 200 II Geldzahlungen, Verpfändungen und Abtretungen von Guthaben sowie Wertpapiere, die verpfändet oder zur Sicherheit übereignet werden. Die Kontrolle der Verwahrstelle hinsichtlich der Bestellung der erforderlichen Sicherheiten umfasst den wirksamen Erwerb der Sicherheiten für Rechnung des OGAW und die Prüfung, dass diese in einem Sperrdepot des OGAW tatsächlich vorhanden sind (BaFin Rundschreiben 05/2020 (WA) VII.3). Des Weiteren müssen sowohl die Sicherheiten als auch ihre Übertragung den Anforderungen des § 200 II entsprechen, weshalb die Übertragung der Sicherheiten nur **vor der oder Zug um Zug** gegen die Übertragung der Wertpapiere erfolgen darf. Die sonstigen Regelungen zu Sperrkonten, Währung der Sicherheiten etc. sind ebenfalls zu beachten. Die bestellten Sicherheiten müssen ferner ihrer Höhe nach ausreichen, weshalb die Sicherheitsleistung nach § 200 III 3 nicht den Sicherungswert zuzüglich eines marktüblichen Aufschlags unterschreiten darf.

10 Die Verwahrstelle hat ihre Prüfung beim originären Wertpapierdarlehensgeschäft im Sinne einer **ex-ante-Kontrolle** vorzunehmen (BaFin Rundschreiben 05/2020 (WA) VII.3). Im Nachgang ist die Verwahrstelle jedoch zur laufenden **täglichen Kontrollen** der zuvor genannten Voraussetzungen verpflichtet. Tritt zB nach Erwerb der Sicherheiten eine Untersicherung ein, weil die verliehenen Wertpapiere an Wert gewonnen haben, hat die Verwahrstelle zu prüfen, ob die als Nachbesicherung dienenden Wertpapiere erwerbbar und der Höhe nach ausreichend auf dem Sperrdepot des OGAW vorhanden sind (BaFin Rundschreiben 05/2020 (WA) VII.3).

11 Werden Wertpapiere als Sicherheit verpfändet, müssen diese nach § 200 II 5 von einem geeigneten Kreditinstitut verwahrt werden, ohne dass dieses die Anforderungen an einen Unterverwahrer erfüllen muss (WBA/*Klusak* § 76 Rn. 10). Die Verwahrstelle hat auch dann die Kontrollfunktion zur rechtswirksamen Bestellung von Sicherheiten zu erfüllen, wenn sich die KVG der Unterstützung eines sog. „Collateral Managers" bedient (BTMB/*Herring* § 76 Rn. 6).

III. Ausführung von Weisungen (§ 76 II)

12 **1. Weisungen.** Weisungen sind **verbindliche Aufforderungen** der KVG an die Verwahrstelle, im Rahmen ihrer Verwahrstellenfunktion Geschäfte auszuführen, die unmittelbare Auswirkungen auf den Bestand des Investmentvermögens haben (BaFin Rundschreiben 05/2020 (WA) VII.1.3). Hiervon abzugrenzen sind Weisungen, die der Verwahrstelle aufgrund anderer gesetzlicher oder vertraglicher Beziehungen mit der KVG erteilt werden. Die hierzu exemplarisch aufgeführte Aufzählung der BaFin (Auslagerungsverträge, Finanzkommissionär, Stimmrechtsvertreter) weist Fälle auf, in denen die Verwahrstelle in einer Vertreter- oder allgemeinen Bankenfunktion Aufgaben für die KVG wahrnimmt (FK-KapAnlR/*Moroni* § 83 Rn. 10) und die nicht unter die Kontrolle des § 76 II fallen.

13 **2. Allgemeine Rechtmäßigkeitskontrolle bei Weisungen. a) Systematische Einordnung.** Nach § 70 I handelt die Verwahrstelle bei der Wahrnehmung ihrer Aufgaben unabhängig. Das Unabhängigkeitsprinzip wird allerdings durch

§ 76 II durchbrochen, da die Verwahrstelle auf Weisung der KVG zu handeln hat. Die **Durchbrechung des Unabhängigkeitsprinzips** wird jedoch dadurch relativiert, dass die Weisungen nur dann auszuführen sind, wenn diese rechtmäßig sind (EDD/*Dreibus* § 76 Rn. 17). Zu beachten ist, dass sich die Rechtmäßigkeitskontrolle nicht auf die Zweckmäßigkeit des Handelns der KVG erstreckt (BaFin Rundschreiben 05/2020 (WA) VII. 1.3). Daher hat die Verwahrstelle in die Kontrollerwägungen nicht einzubeziehen, ob die Weisung der KVG wirtschaftlich sinnvoll ist. Damit verbleibt die Anlageentscheidung und damit auch das operative Risiko vollumfänglich bei der KVG. Für den Gesetzgeber schließt sich durch die Durchbrechung des Unabhängigkeitsprinzips der Kreis. Wenn er aus Anlegerschutzgründen der KVG die unmittelbare Zugriffsmöglichkeit auf die Vermögensgegenstände des OGAW durch die zwingende Vorgabe von Sperrkonten und Sperrdepots zu Gunsten der Verwahrstelle entzieht, dann muss er es im Gegenzug auch ermöglichen, dass die Verwahrstelle der KVG in der Abwicklung als ausführendes Organ unterstützt (BTMB/*Herring* § 76 Rn. 10).

b) Prüfungsmaßstab. Weisungen unterliegen einem **breiten Prüfungsmaßstab,** da sie sowohl an den gesetzlichen Vorschriften als auch den Anlagebedingungen oder der Satzung zu messen sind. Die gesetzlichen Vorschriften umfassen das KAGB und alle darunter erlassenen Rechtsverordnungen sowie ua Verordnungen der EU auf Grundlage der OGAW-RL (BaFin Rundschreiben 05/2020 (WA) VII. 1.2). Die Prüfung der Anlagebedingungen ist entgegen des Wortlauts des Abs. 2 weiter zu verstehen und auf die Gesamtheit sämtlicher schriftlicher Vereinbarungen anzuwenden, die das Rechtsverhältnis zwischen der KVG bzw. dem Investmentvermögen und dem Anleger in Bezug auf den jeweiligen OGAW regeln (BaFin Rundschreiben 05/2020 (WA) VII. 1.2). 14

Wie bereits in → Rn. 13 erwähnt, beschränkt sich die Kontrolle der Verwahrstelle auf die allgemeine Rechtmäßigkeit. Die Zweckmäßigkeit einer Weisung ist keine Kontrollaufgabe der Verwahrstelle (EDD/*Dreibus* § 76 Rn. 24). Die wirtschaftliche Sinnhaftigkeit der Weisung ist daher nicht zu prüfen (BSV/*Beckmann* § 76 Rn. 77; BGH XI ZR 337/00, WM 2001, 2053). Zu Recht wird in Teilen der Literatur hierzu ergänzt, dass die Verwahrstellte trotz Abgrenzung der Zweckmäßigkeitsprüfung nicht davon entbunden ist, wirtschaftliche Aspekte zu prüfen (FK-KapAnlR/*Moroni* § 83 Rn. 13; BSV/*Böckelmann* § 83 Rn. 28; aA BSV/*Beckmann* § 76 Rn. 78; BTMB/*Herring* § 76 Rn. 10; WBA/*Klusak* § 76 Rn. 14). Die **Prüfung der wirtschaftlichen Aspekte** hat sich jedoch im Rahmen der allgemeinen Rechtmäßigkeitsprüfung auf einen **formell rechtlichen Kern** zu konzentrieren, damit der KVG ausreichend Raum für die Umsetzung der Anlagestrategie des OGAW belassen wird (FK-KapAnlR/*Moroni* § 83 Rn. 13). Daraus resultiert, dass die Verwahrstelle nicht zu beurteilen hat, ob die KVG wirtschaftlich vorteilhaft agiert **(Zweckmäßigkeitsprüfung),** sondern ausschließlich, ob Sie die Usancen des jeweiligen Marktes ausreichend beachtet hat **(Rechtmäßigkeitsprüfung).** Die Usancen des jeweiligen Marktes sind im Rahmen der Rechtmäßigkeitsprüfung anhand der Ausübung einer ordnungsgemäßen Geschäftsführung durch die KVG iSd § 26 II zu messen (FK-KapAnlR/*Moroni* § 83 Rn. 13). Auch die BaFin fordert eine Marktgerechtigkeitskontrolle, wenn die Verwahrstelle im Rahmen der allgemeinen Rechtmäßigkeitskontrolle nach § 76 II Weisungen über die Verfügung von Geldmitteln oder Vermögengegenständen zur Erfüllung von Portfoliogeschäften überprüft oder die Zahlungsströme auf den Geldkonten der Investmentvermögen überwacht (BaFin Rundschreiben 05/2020 (WA) VII.7). 15

16 Grundsätzlich sieht der Wortlaut des § 76 II eine uneingeschränkte Kontrollpflicht für alle Weisungen vor (BaFin Rundschreiben 05/2020 (WA) VII. 1.3). Die **Kontrollpflicht** findet jedoch auch ihre **Grenzen.** Da die Verwahrstelle die Rechtmäßigkeit und nicht die Zweckmäßigkeit der Weisung zu überprüfen hat, endet die Prüfung zum einen dort, wo ein **Entscheidungsspielraum der KVG** besteht (BaFin Rundschreiben 05/2020 (WA) VII.5). Aus diesem Grund erfolgt durch die Verwahrstelle keine Überprüfung der Anlagegrundsätze des OGAW. Als Anlagegrundsätze sind auch Anlageziele, finanzielle Ziele oder die Anlagepolitik des Investmentvermögens zu qualifizieren, da diese der KVG einen Entscheidungsspielraum einräumen (BaFin Rundschreiben 05/2020 (WA) VII.5; WBA/*Klusak* § 76 Rn. 15). Eine weitere Grenze der Rechtmäßigkeitskontrolle besteht dort, wo die **Kosten oder der Aufwand der Kontrolltätigkeit außer Verhältnis zu dem Nutzen der Anleger** stehen und daher wirtschaftlich unvertretbar erscheinen (BaFin Rundschreiben 05/2020 (WA) VII. 1.3).

17 **c) Prüfungszeitpunkt.** Nach dem Wortlaut des § 76 II hat die Verwahrstelle die Prüfung einer Weisung der KVG vor deren Ausführung im Sinne einer **ex-ante-Kontrolle** vorzunehmen (EDD/*Dreibus* § 76 Rn. 26). Die Kontrollpflicht knüpft damit nicht an das Verpflichtungsgeschäft (Kauf oder Verkauf von Wertpapieren) an, sondern setzt erst beim **Erfüllungsgeschäft** (Abwicklung des Wertpapiergeschäfts) ein. **Ausnahmsweise** ist eine **ex-post-Kontrolle** möglich, wenn die jeweiligen Geschäfte üblicherweise innerhalb kurzer Zeiträume abgeschlossen und abgewickelt werden müssen (BaFin Rundschreiben 05/2020 (WA) VII.1.4; die einschlägige DelVO (EU) 2016/438 geht in Art. 3 II ebenfalls von einer ex-post-Kontrolle aus). Das kann zB bei kurzfristigen Wertpapiergeschäften zu dem Resultat führen, dass Wertpapiere für den OGAW erworben werden, die nicht oder nicht in dieser Menge hätten erworben werden dürfen (BTMB/*Herring* § 76 Rn. 14). Stellt die Verwahrstelle bei der ex-post-Kontrolle einen rechtswidrigen Zustand fest, kann sie von der KVG die Herstellung des rechtmäßigen Zustandes verlangen (BTMB/*Herring* § 76 Rn. 14). Führt die Wiederherstellung des rechtmäßigen Zustandes zu einem Verlust (die unzulässiger Weise gekauften Wertpapiere konnten nur zu einem geringeren Wert wieder veräußert werden), hat die KVG die Kosten zu tragen (BTMB/*Herring* § 76 Rn. 14). Ein möglicher Gewinn ist an den OGAW nach § 667 BGB abzuführen (BTMB/*Herring* § 76 Rn. 14).

18 **3. Kontrolle der Anlagegrenzen.** Die in § 27 I Nr. 5 InvG normierte Pflicht, wonach die gesetzlichen und vertraglich festgelegten Anlagegrenzen eingehalten werden mussten, wurde nicht in das KAGB (insb. § 76 I) als explizit erwähnte Kontrollfunktion übernommen (BT-Drs. 17/12294, 230). Zu begründen ist dies damit, dass der Gesetzgeber in der Anlagegrenzprüfung einen **Unterfall der allgemeinen Rechtmäßigkeitskontrolle iSd Abs. 2** sieht (BT-Drs. 17/12294, 230). Im Rahmen der Rechtmäßigkeitskontrolle hat die Verwahrstelle nach § 76 II zu kontrollieren, ob die für das jeweilige Investmentvermögen geltenden gesetzlichen und vertraglich festgelegten Anlagegrenzen eingehalten werden (BaFin Rundschreiben 05/2020 (WA) VII. 4). Sollte die Ausführung einer Weisung zur einer Anlagegrenzverletzung führen, darf die Verwahrstelle das jeweilige Geschäft nicht abwickeln.

19 Hinsichtlich des Zeitpunkts der vorzunehmenden Anlagegrenzkontrolle wird auf die Ausführungen → Rn. 17 verwiesen (siehe auch BaFin Rundschreiben 05/2020 (WA) VII.4 iVm VII.1.4). Ergänzend hierzu ist davon auszugehen, dass

die Anlagegrenzprüfung auch **fortlaufend** zu erfolgen hat. Zwar fehlt eine ausdrückliche gesetzliche Normierung für dieses Erfordernis. Gleichwohl setzte die Terminologie „Anlagegrenzen eingehalten werden" der Vorgängervorschrift des §27 I Nr. 5 InvG voraus, dass eine **fortlaufende Prüfung** stattfindet. Durch die Aussage des Gesetzgebers in seiner Gesetzesbegründung, dass er die Anlagegrenzprüfung als Unterfall des §76 II ansieht (→Rn. 18), dabei jedoch weiterhin die gesetzlichen und vertraglichen Anlagegrenzen einzuhalten sind, verortet er die Anlagegrenzprüfung nur an einer anderen Stelle im Gesetz, ohne diese inhaltlich verändern zu wollen (BTMB/*Herring* §76 Rn. 15). Bei Publikumsfonds bietet sich daher weiterhin eine börsentägliche Anlagegrenzkontrolle an. Bei Spezialfonds kann mitunter ein längeres Intervall in Frage kommen.

Hinsichtlich der technischen Umsetzung der Anlagegrenzkontrolle wird auf die 20
Ausführungen in →Rn. 5 verwiesen.

IV. Verweis auf die DelVO (§76 III)

Absatz 3 wurde im Zuge des 2. FiMaNoG im Jahr 2017 nachträglich eingefügt. 21
Durch den Verweis auf die Art. 3–8 der DelVO (EU) 2016/438 wird auf die europarechtlichen Pflichten der Verwahrstelle Bezug genommen. Im Ergebnis stellen sie lediglich eine Ausformulierung der üblichen Sorgfaltspflichten einer Verwahrstelle dar, ohne die etablierten Prüfungsprozesse deutscher Verwahrstellen zu erweitern oder zu verschärfen (vgl. WBA/*Klusak* §76 Rn. 20).

§77 Haftung

(1) [1]**Die Verwahrstelle haftet gegenüber dem inländischen OGAW oder gegenüber den Anlegern des inländischen OGAW für das Abhandenkommen eines verwahrten Finanzinstrumentes durch die Verwahrstelle oder durch einen Unterverwahrer, dem die Verwahrung von Finanzinstrumenten nach §72 Absatz 1 Nummer 1 übertragen wurde.** [2]**Im Fall eines solchen Abhandenkommens hat die Verwahrstelle dem inländischen OGAW oder der für Rechnung des inländischen OGAW handelnden OGAW-Verwaltungsgesellschaft unverzüglich ein Finanzinstrument gleicher Art zurückzugeben oder einen entsprechenden Betrag zu erstatten.** [3]**Die Verwahrstelle haftet nicht, wenn sie nachweisen kann, dass das Abhandenkommen auf äußere Ereignisse zurückzuführen ist, deren Konsequenzen trotz aller angemessenen Gegenmaßnahmen unabwendbar waren.** [4]**Weitergehende Ansprüche, die sich aus den Vorschriften des bürgerlichen Rechts auf Grund von Verträgen oder unerlaubten Handlungen ergeben, bleiben unberührt.**

(2) **Die Verwahrstelle haftet auch gegenüber dem inländischen OGAW oder den Anlegern des inländischen OGAW für sämtliche sonstigen Verluste, die diese dadurch erleiden, dass die Verwahrstelle fahrlässig oder vorsätzlich ihre Verpflichtungen nach diesem Gesetz nicht erfüllt.**

(3) **Die Haftung der Verwahrstelle bleibt von einer etwaigen Übertragung gemäß §73 unberührt.**

(4) **Eine Vereinbarung, mit der die Haftung der Verwahrstelle nach den Absätzen 1, 2 oder 3 aufgehoben oder begrenzt werden soll, ist nichtig.**

(5) [1]**Für nähere Einzelheiten zu den Voraussetzungen, unter denen verwahrte Finanzinstrumente als abhandengekommen anzusehen sind, wird auf Artikel 18 der Delegierten Verordnung (EU) 2016/438 verwiesen.** [2]**Für nähere Einzelheiten zu Voraussetzungen, unter denen die Verwahrstelle nach Absatz 1 Satz 3 von einer Haftung befreit ist, wird auf Artikel 19 der Delegierten Verordnung (EU) 2016/438 verwiesen.**

Schrifttum: *Moroni/Wibbeke* OGAW V: Die Sprunglatte für OGAW-Verwahrstellen liegt höher, RdF 3/2015, 187.

I. Allgemeines

1 Die Vorschrift enthält **zwei Haftungstatbestände,** die an die Verwahrstelle adressiert sind. Gemäß Abs. 1 haftet die Verwahrstelle verschuldensunabhängig für das Abhandenkommen verwahrter Finanzinstrumente, nach Abs. 2 haftet sie für sonstige Verluste durch fahrlässige oder vorsätzliche sonstige Pflichtverletzungen. Im Zuge der OGAW-V-RL wurden die Haftungsregelungen und § 77 dahingehend verschärft, dass vertragliche Haftungsbeschränkungen (ua für den Fall der Unterverwahrung) nicht mehr möglich sind (WBA/*Klusak* § 77 Rn. 3). Mit dieser Einschränkung der Privatautonomie verfolgt der Gesetzgeber das Ziel, den Anlegerschutz umfänglich zu gewährleisten, indem die Anleger bei Verlust eines Finanzinstruments grundsätzlich einen Schadensersatzanspruch gegen die Verwahrstelle geltend machen können.

II. Haftung bei Abhandenkommenverwahrter Finanzinstrumente (§ 77 I)

2 **1. Abhandenkommen eines Finanzinstruments. a) Verwahrtes Finanzinstrument.** Für die **verschuldensunabhängige Haftung** der Verwahrstelle nach Absatz 1 muss ein verwahrtes Finanzinstrument abhandengekommen sein. Zum Begriff des **Finanzinstruments** wird auf die Ausführungen zu § 72 Rn. 2 und hinsichtlich dessen **Verwahrfähigkeit** auf → § 72 Rn. 3ff. verwiesen. Das Finanzinstrument muss vor seinem Abhandenkommen dem OGAW zugehörig gewesen sein. Dazu zählen alle verwahrfähigen Finanzinstrumente des OGAW einschließlich derer, an denen Dritte lediglich ein Pfandrecht haben oder die dem OGAW als Sicherheit übereignet wurden (FK-KapAnlR/*Schäfer* § 77 Rn. 12). Sofern die Finanzinstrumente in das Eigentum eines Dritten übergegangen sind (zB in Form einer Sicherungsübereignung bei Besicherung von Derivaten), unterliegen sie nicht mehr der Verwahrpflicht der Verwahrstelle und fallen somit auch nicht mehr unter das Haftungsregime des § 77 I (FK-KapAnlR/*Schäfer* § 77 Rn. 12).

3 **b) Abhandenkommen.** Ein Finanzinstrument kommt nach Art. 18 Nr. 1 der DelVO (EU) Nr. 2016/438 abhanden, wenn ein angegebenes **Eigentumsrecht** des OGAW **nicht gültig** ist. Das ist der Fall, wenn es entweder erloschen ist oder niemals existiert hat, der OGAW sein Eigentumsrecht an dem Finanzinstrument verloren hat oder der OGAW außerstande ist, über ein Finanzinstrument zu verfügen. Ein Finanzinstrument kann zB erlöschen, wenn es nach einer nicht zu berichtigenden Fehlbuchung verschwunden ist (Erwägungsgrund Nr. 25 der DelVO (EU) Nr. 2016/438). Niemals existiert hat ein Finanzinstrument, wenn das Eigentum zu Gunsten des OGAW auf der Grundlage gefälschter Dokumente eingetragen wurde (Erwägungsgrund Nr. 25 der DelVO (EU) Nr. 2016/438).

Als verloren gilt ein Finanzinstrument nur dann, wenn keine Aussicht auf Rückerlangung des Finanzinstruments besteht, der **Zustand** also **dauerhaft** ist (Erwägungsgrund Nr. 24 der DelVO (EU) Nr. 2016/438). Ein Verlust liegt nach Art. 18 Nr. 3 der DelVO (EU) Nr. 2016/438 nicht vor, solange das Finanzinstrument durch ein oder mehrere andere Finanzinstrumente ersetzt oder in solche Finanzinstrumente umgewandelt wird. Gemäß Art. 18 Nr. 4 der DelVO (EU) Nr. 2016/438 wird im Falle der Insolvenz des Unterverwahrers der Verlust eines verwahrten Finanzinstruments von der KVG festgestellt, sobald eine der in Abs. 1 genannten Bedingungen mit Sicherheit erfüllt ist. Ob die Bedingungen mit Sicherheit erfüllt sind, bestimmt die Verwahrstelle in Zusammenarbeit mit der OGAW-Verwaltungsgesellschaft im Rahmen einer engmaschigen Überwachung des Insolvenzverfahrens. Zu beachten sind bspw. Aussonderungsrechte, die ein Abhandenkommen verhindern. Im Zweifel ist dies spätestens zum Abschluss des Insolvenzverfahrens festzustellen, da ein ggf. länger anhaltendes Insolvenzverfahren noch nicht den dauerhaften Verlust bekräftigt. Dasselbe gilt, solange gegen die Entscheidungen im Insolvenzverfahren Rechtsmittel eingelegt werden können bzw. bereits anhängig sind und diese nicht offensichtlich unzulässig oder unbegründet sind (EDD/*Dreibus* § 77 Rn. 9). 4

Für den Verlust eines verwahrten Finanzinstruments kommt es nicht darauf an, ob er auf Betrug, Fahrlässigkeit oder sonstiges vorsätzliches oder nicht vorsätzliches Verhalten zurückzuführen ist (Art. 18 Nr. 5 der DelVO (EU) Nr. 2016/438). Sofern der Verlust festgestellt wurde, hat ein **dokumentierter Prozess** zu erfolgen, der für die zuständigen Behörden jederzeit einsehbar ist (Art. 18 Nr. 2 der DelVO (EU) Nr. 2016/438). Ferner sind die Anleger unverzüglich nach Kenntnisnahme über den Verlust des Finanzinstruments zu benachrichtigen (Art. 18 Nr. 5 der DelVO (EU) Nr. 2016/438). 5

2. Haftung. a) Grundsätzliche Haftung. Sobald ein verwahrtes Finanzinstrument abhandenkommt, haftet die Verwahrstelle verschuldensunabhängig dem OGAW und seinen Anlegern gegenüber. Insbesondere ist es nach Absatz 1 unerheblich, ob das Finanzinstrument einem Unterverwahrer nach § 73 abhandengekommen ist. 6

b) Rechtsfolgen der Haftung. Nach § 77 I 2 hat die Verwahrstelle im Falle des Abhandenkommens eines verwahrten Finanzinstruments dem inländischen OGAW oder der für Rechnung des inländischen OGAW handelnden KVG unverzüglich ein Finanzinstrument gleicher Art zurückzugeben oder einen entsprechenden Betrag zu erstatten. Dem Wortlaut ist nicht zu entnehmen, wem das **Wahlrecht** hinsichtlich der Art des Schadensersatzes zusteht. Zum Teil wird vertreten, dass die Verwahrstelle als Adressat der Vorschrift das Wahlrecht bezüglich der Form der Schadensersatzpflicht hat (FK-KapAnlR/*Schäfer* § 77 Rn. 25). Dem ist entgegenzuhalten, dass nach dem allgemeinen Zivilrecht der Gläubiger nach § 249 II BGB das Recht hat, zwischen der Naturalrestitution oder der Zahlung des Geldbetrages zu entscheiden (EDD/*Dreibus* § 77 Rn. 12; BSV/*Beckmann* § 77 Rn. 61). Des Weiteren würde der Anleger bei einem Wahlrecht der Verwahrstelle und einem zwischenzeitlichen Wertverfall des Finanzinstruments nach dessen Abhandenkommen nur auf den Ersatz des geringeren Geldbetrages sowie auf die weiteren vertraglichen oder deliktischen Ansprüche verwiesen, was nicht sachgerecht erscheint (WBA/*Klusak* § 77 Rn. 20). Aus diesem Grund verweist die Vorschrift in § 77 I 4 auch nicht primär auf die allgemeinen Vorschriften des BGB (WBA/*Klusak* § 77 7

Rn. 20). Zivilrechtliche Ansprüche auf Grund von Verträgen oder unerlaubter Handlung bleiben von der Haftungsregelung des Abs. 1 unberührt.

8 Die Erfüllung der Schadensersatzpflicht hat durch die Verwahrstelle unverzüglich, sprich ohne schuldhaftes Zögern zu erfolgen. Voraussetzung ist jedoch, dass das Finanzinstrument dauerhaft als abhandengekommen gelten muss, weshalb keine Aussicht auf Rückerlangung des Finanzinstruments bestehen darf. Bis zu diesem Zeitpunkt darf die Verwahrstelle die Schadensersatzleistung verweigern, wenngleich sie dann bei nachträglicher Erkenntnis der Schadensersatzpflicht womöglich weitere Schäden wegen der verspäteten Leistung ersetzen muss (FK-KapAnlR/*Schäfer* § 77 Rn. 26).

9 **c) Haftungsausschluss der Verwahrstelle.** Die verschuldensunabhängige Haftung nach Abs. 1 sieht einen Ausnahmetatbestand vor, für den die Verwahrstelle von der Haftung befreit wird. Nach § 77 I 3 ist das der Fall, wenn das Abhandenkommen auf **äußere Ereignisse** zurückzuführen ist, deren Konsequenzen trotz aller angemessenen Gegenmaßnahmen unabwendbar waren und die Verwahrstelle diese Punkte nachweisen kann. Konkretisiert wird diese Norm durch Art. 19 der DelVO (EU) 2016/438. Die Verwahrstelle wird daher von der verschuldensunabhängigen Haftung befreit, wenn folgende vier Voraussetzungen kumulativ gegeben sind:

10 **aa) Keine kausale Handlung oder Unterlassung.** Nach Art. 19 Nr. 1 Buchst. a der DelVO (EU) 2016/438 darf zur Haftungsbefreiung der Verwahrstelle das äußere Ereignis, das zum Abhandenkommen des verwahrten Finanzinstruments geführt hat, nicht das Ergebnis einer Handlung oder Unterlassung der Verwahrstelle oder des Unterverwahrers gewesen sein. Hierzu sieht der Art. 19 der DelVO (EU) 2016/438 sowohl **Positivbeispiele** (Art. 19 Nr. 2) als auch **Negativbeispiele** (Art. 19 Nr. 3) vor. So gilt Art. 19 Nr. 2 Buchst. a der DelVO (EU) 2016/438 als erfüllt, wenn das Abhandenkommen auf einem Naturereignis beruht, dass sich der Kontrolle oder dem Einfluss des Menschen entzieht. Weitere Positivbeispiele sind nach Art. 19 Nr. 2 Buchst. b der DelVO (EU) 2016/438 neue Gesetze, Verordnungen oder Beschlüsse, die sich auf die verwahrten Finanzinstrumente auswirken. Dies gilt ebenso nach Art. 19 Nr. 2 Buchst. c der DelVO (EU) 2016/438 für Kriege und Unruhen sowie andere bedeutende Umwälzungen. Dagegen ist eine kausale Handlung oder Unterlassung nach Art. 19 Nr. 3 der DelVO (EU) 2016/438 stets bei Buchungsfehlern, operativem Versagen, Betrug sowie bei Nichteinhalten der Trennungspflicht seitens der Verwahrstelle oder des Unterverwahrers gegeben.

11 **bb) Unabwendbarkeit des Abhandenkommens.** Für eine Haftungsbefreiung der Verwahrstelle muss das Abhandenkommen des verwahrten Finanzinstruments auf einem **unabwendbaren Ereignis** beruhen (Art. 19 Nr. 1 Buchst. b der DelVO (EU) 2016/438). Erneut kann hinsichtlich des Ereignisses auf die beispielhafte Aufzählung der Positiv- und Negativbeispiele des Art. 19 Nr. 2 und Nr. 3 der DelVO (EU) 2016/438 Bezug genommen werden. Das Abhandenkommen darf jedoch bei Anwendung aller branchenüblichen Schutzvorkehrungen durch die Verwahrstelle nicht abwendbar gewesen sein. Dies erfordert von der Verwahrstelle ua präventive Maßnahmen (WBA/*Klusak* § 77 Rn. 14). So hat die Verwahrstelle zB von vorneherein die Eintrittswahrscheinlichkeit von allgemein zu erwartenden Naturereignissen miteinzubeziehen und alle (orts-)üblichen Vorsichtsmaßnahmen und Schutzvorkehrungen zu treffen (WBA/*Klusak* § 77 Rn. 15). Bei Hoheitsakten wie zB einem neuen Gesetz kann die Schutzvorkehrung dergestalt aussehen, dass

die Verwahrstelle bereits im Gesetzgebungsverfahren Maßnahmen ergreift, die eine Gefährdung des Finanzinstruments bei Inkrafttreten des Gesetzes beseitigen (WBA/*Klusak* § 77 Rn. 16).

cc) Einhaltung aller Sorgfaltspflichten. Nach Art. 19 Nr. 1 Buchst. c der DelVO (EU) 2016/438 ist für eine Haftungsbefreiung weiterhin notwendig, dass die Verwahrstelle das Abhandenkommen trotz gebührender und umfassender Sorgfalt nicht verhindern konnte. Dafür muss sich die Verwahrstelle hinsichtlich ihrer Organisation durch Einrichtung, Umsetzung, Anwendung und Erhaltung von Strukturen sowie angesichts der Art und Komplexität der Finanzinstrumente derart aufstellen, dass die **Risiken präventiv und fortlaufend angemessen gesteuert** werden können. Eine weitere Voraussetzung ist die Kommunikation der Risiken an die KVG. Geht die KVG auf die kommunizierten Risiken und einen etwaigen Lösungsvorschlag nicht ein, so ist die Verwahrstelle von der Haftung befreit (WBA/*Klusak* § 77 Rn. 18). 12

dd) Nachweis durch Verwahrstelle. Zuletzt muss die Verwahrstelle die fehlende kausale Handlung oder Unterlassung, die Unabwendbarkeit des Abhandenkommens sowie die Einhaltung der Sorgfaltspflichten nachweisen, um sich der Haftung entledigen zu können. Somit obliegt die **Darlegungs- und Beweislast** der Verwahrstelle. Da die Maßnahmen in Art. 19 der DelVO (EU) 2016/438 auf unbestimmte Rechtsbegriffe wie „umsichtige Verwahrstelle; gängige Branchenpraxis; gebührende Sorgfalt; angemessene Maßnahmen; erhebliches Risiko" gestützt werden, besteht hinsichtlich der Exkulpation der Verwahrstelle ein erhebliches Maß an Rechtsunsicherheit (FK-KapAnlR/*Schäfer* § 77 Rn. 23). Die Verwahrstelle wird es daher schwer haben, die Maßnahmen rechtssicher zu definieren, damit sie sich bei entsprechenden Schutzvorkehrungen von der Haftung befreien kann. 13

III. Haftung bei sonstigen Verlusten (§ 77 II)

Nach § 77 II haftet die Verwahrstelle für sämtliche sonstigen Verluste, die der OGAW bzw. dessen Anleger dadurch erleiden, dass die Verwahrstelle schuldhaft ihren Verpflichtungen nach dem KAGB nicht nachgekommen ist. Daher kann grundsätzlich jede Verletzung einer im KAGB normierten Pflicht der Verwahrstelle die Haftung auslösen (WBA/*Klusak* § 77 Rn. 5). Die Haftung ist anders als in Abs. 1 **verschuldensabhängig,** was auch sachgerecht ist, da die Verwahrstelle bei nicht verwahrfähigen Vermögensgegenständen nur Bestand hält. Eine verschuldensabhängige Haftung würde somit missachten, dass die Verwahrstelle keine Handhabe auf die nichtverwahrfähigen Vermögensgegenstände hat (*Moroni/Wibbeke* RdF 3/2015, 187 (192)). Zwischen dem sonstigen Verlust und der Pflichtverletzung muss ein kausaler Zusammenhang bestehen. Nach dem Wortlaut der Vorschrift beginnt die Haftung bei Fahrlässigkeit und findet ihren Maßstab in der Sorgfalt des ordentlichen Kaufmanns (WBA/*Klusak* § 77 Rn. 6). Die Darlegungs- und Beweislast für die schuldhafte Pflichtverletzung liegt aufgrund eines Umkehrschlusses beim Anspruchsberechtigten, da in Abs. 2, anders als in Abs. 1, ein Nachweis der Verwahrstelle zur Exkulpation nicht gefordert wird (EDD/*Dreibus* § 77 Rn. 19). Eine Abbedingung der gesetzlichen Haftung nach Abs. 2 ist gem. Abs. 4 nicht möglich (aA BSV/*Beckmann* § 77 Rn. 82). 14

Bei lediglich **vertraglichen Pflichtverletzungen** der Verwahrstelle ist die Haftungsregelung des § 77 II nicht anzuwenden. Heranzuziehen sind dann neben den vertraglichen Regelungen die zivilrechtlichen Haftungsvorschriften (EDD/*Dreibus* § 77 Rn. 20). 15

IV. Haftung bei Unterverwahrung (§ 77 III)

16 Eine Unterverwahrung ist für die Haftung der Verwahrstelle ohne Belang. Insofern hat die Verwahrstelle ein Verschulden des Unterverwahrers, dessen sie sich zur Erfüllung ihrer Verwahraufgabe bedient, in gleichem Umfang zu vertreten **wie ein eigenes Verschulden** (§ 278 BGB). Aufgrund dieser Regelung ist die Verwahrstelle gut beraten, den Unterverwahrer sorgfältig auszusuchen und fortlaufend zu kontrollieren. Ferner kann die Verwahrstelle im vertraglichen Verhältnis zum Unterverwahrer Haftungsregelungen bilateral vereinbaren, um bei Verschulden des Unterverwahrers Regressansprüche geltend machen zu können.

V. Kein Abbedingung der Haftung (§ 77 IV)

17 Die Haftung der Verwahrstelle gegenüber dem OGAW und dessen Anlegern kann nach dieser Vorschrift **nicht abbedungen** werden, weshalb eine Aufhebung oder Begrenzung der Haftung stets nichtig wäre. Um sich schadlos zu halten, hat die Verwahrstelle die Möglichkeit, im Innenverhältnis mit der KVG eine abweichende Vereinbarung über die Verteilung der Haftungsrisiken zu treffen (EDD/*Dreibus* § 77 Rn. 24). Dies ergibt jedoch nur Sinn für die verschuldensunabhängige Haftung nach Abs. 1. Eine Freistellung der Haftung der Verwahrstelle kommt nämlich in den Fällen in Betracht, die der Risikosphäre der KVG zuzuordnen sind (EDD/*Dreibus* § 77 Rn. 24).

VI. Verweis auf die DelVO (§ 77 V)

18 Der Verweis auf die DelVO (EU) 2016/438 konkretisiert die jeweiligen Voraussetzungen für das Abhandenkommen der verwahrten Finanzinstrumente und der Haftungsbefreiung. Die Voraussetzungen wurden in den obigen Ausführungen entsprechend berücksichtigt.

§ 78 Geltendmachung von Ansprüchen der Anleger; Verordnungsermächtigung

(1) [1]**Die Verwahrstelle ist berechtigt und verpflichtet, im eigenen Namen**

1. **Ansprüche der Anleger wegen Verletzung der Vorschriften dieses Gesetzes oder der Anlagebedingungen gegen die OGAW-Kapitalverwaltungsgesellschaft geltend zu machen und**
2. **im Wege einer Klage nach § 771 der Zivilprozessordnung Widerspruch zu erheben, wenn in einen inländischen OGAW wegen eines Anspruchs vollstreckt wird, für den der inländische OGAW nicht haftet; die Anleger können nicht selbst Widerspruch gegen die Zwangsvollstreckung erheben.**

[2]**Satz 1 Nummer 1 schließt die Geltendmachung von Ansprüchen gegen die OGAW-Kapitalverwaltungsgesellschaft durch die Anleger nicht aus.**

(2) [1]**Die OGAW-Kapitalverwaltungsgesellschaft ist berechtigt und verpflichtet, im eigenen Namen Ansprüche der Anleger gegen die Verwahrstelle geltend zu machen.** [2]**Satz 1 schließt die Geltendmachung von Ansprüchen gegen die Verwahrstelle durch die Anleger nicht aus.**

(3) [1]Die OGAW-Kapitalverwaltungsgesellschaft hat unter Beteiligung der Verwahrstelle für die Fälle einer fehlerhaften Berechnung von Anteilswerten und ohne Beteiligung der Verwahrstelle für die Fälle einer Verletzung von Anlagegrenzen oder Erwerbsvorgaben bei einem inländischen OGAW geeignete Entschädigungsverfahren für die betroffenen Anleger vorzusehen. [2]Die Verfahren müssen insbesondere die Erstellung eines Entschädigungsplans umfassen sowie die Prüfung des Entschädigungsplans und der Entschädigungsmaßnahmen durch einen Wirtschaftsprüfer vorsehen. [3]Das Bundesministerium der Finanzen wird ermächtigt, durch Rechtsverordnung, die nicht der Zustimmung des Bundesrates bedarf, nähere Bestimmungen zu den Entschädigungsverfahren und deren Durchführung zu erlassen, insbesondere zu

1. **Einzelheiten des Verfahrens einschließlich der Beteiligung der depotführenden Stellen des Anlegers und einer Mindesthöhe der fehlerhaften Berechnung des Anteilswertes, ab der das Entschädigungsverfahren durchzuführen ist, sowie gegebenenfalls zu den Einzelheiten eines vereinfachten Entschädigungsverfahrens bei Unterschreitung einer bestimmten Gesamtschadenshöhe,**
2. **den gegenüber einem betroffenen Anleger oder inländischen OGAW vorzunehmenden Entschädigungsmaßnahmen sowie gegebenenfalls zu Bagatellgrenzen, bei denen solche Entschädigungsmaßnahmen einen unverhältnismäßigen Aufwand verursachen würden,**
3. **Meldepflichten gegenüber der Bundesanstalt und gegebenenfalls gegenüber den zuständigen Stellen des Herkunftsstaates der einen inländischen OGAW verwaltenden EU-OGAW-Verwaltungsgesellschaft,**
4. **Informationspflichten gegenüber den betroffenen Anlegern,**
5. **Inhalt und Aufbau des zu erstellenden Entschädigungsplans und Einzelheiten der Entschädigungsmaßnahmen sowie**
6. **Inhalt und Umfang der Prüfung des Entschädigungsplans und der Entschädigungsmaßnahmen durch einen Wirtschaftsprüfer.**

[4]Das Bundesministerium der Finanzen kann diese Ermächtigung durch Rechtsverordnung auf die Bundesanstalt übertragen.

Schrifttum: *Reiss* Pflichten der Kapitalanlagegesellschaft und der Depotbank gegenüber dem Anleger und die Rechte der Anleger bei Pflichtverletzungen, 2006.

Inhaltsübersicht

	Rn.
I. Allgemeines	1
II. Geltendmachung von Ansprüchen gegen die KVG	5
1. Geltendmachung von Ansprüchen durch die Verwahrstelle (§ 78 I 1 Nr. 1)	5
2. Geltendmachung von Ansprüchen durch die Anleger (§ 78 I 2)	8
III. Drittwiderspruchsklage durch die Verwahrstelle (§ 78 I 1 Nr. 2)	11
IV. Ansprüche gegen die Verwahrstelle (§ 78 II)	14
1. Geltendmachung von Ansprüchen durch die KVG (§ 78 II 1)	14
2. Geltendmachung von Ansprüchen durch die Anleger (§ 78 II 2)	17
V. Entschädigungsverfahren für Anteilwertfehler und Anlagegrenzverletzungen (§ 78 III)	18

Rn.
1. Allgemeines 18
2. Entschädigungsverfahren für fehlerhafte Berechnung von Anteilswerten 20
3. Entschädigungsverfahren für Anlagegrenz- oder Erwerbsvorgabenverletzungen 24
4. Zivilrechtliche Haftung 28

I. Allgemeines

1 Das KAGB sieht in vielen Vorschriften, insb. denen zur Verwahrstelle, den Schutz der Anleger vor. Dennoch kann es zu Schäden der Anleger durch Pflichtverletzungen der KVG oder der Verwahrstelle kommen. § 78 dient insoweit der **Sicherstellung, dass Schadensersatzansprüche durchgesetzt werden können.** Der Gesetzgeber hat bei der Vorschrift berücksichtigt, dass die Anleger an der Verwaltung und Verwahrung des OGAW nicht beteiligt sind. In der Regel resultiert daraus, dass sowohl die notwendigen Kenntnisse als auch die Sachnähe zur Durchsetzung der Ansprüche nicht vorhanden sind (BSV/*Beckmann* § 78 Rn. 10). Dem trägt die Vorschrift in ihren ersten beiden Absätzen insoweit Rechnung, als dass die Verwahrstelle und die KVG dazu berechtigt und verpflichtet werden, die Interessen und Ansprüche der Anleger im eigenen Namen gegenüber der jeweils anderen Partei im Rahmen einer gesetzlichen Prozessstandschaft wahrzunehmen (EDD/*Alfes* § 78 Rn. 1). Den Anlegern bleibt es gleichwohl vorbehalten, ihre Ansprüche in Eigenregie geltend zu machen.

2 Da Verwahrstellen und KVG bisher als Prozessstandschafter in Gerichtsprozessen nicht in Erscheinung getreten sind, wird der Zweck der beiden ersten Absätze zum Teil als verfehlt angesehen (so EDD/*Alfes* § 78 Rn. 3). Begründet wird dies mit der oftmals vorhandenen konzernrechtlichen Verflechtung der KVG und der Verwahrstelle und den damit einhergehenden **fehlenden ökonomischen Anreizen zur Schadensregulierung** (EDD/*Alfes* § 78 Rn. 3). Diese Begründung sollte allerdings bereits dadurch widerlegt sein, dass durch den vermehrten Markteintritt internationaler Verwahrer (sog. „Global Custodians") der Anteil von OGAW, die innerhalb einer konzernrechtlichen Verflechtung verwaltet und verwahrt werden, stark abgenommen hat, ohne dass Klagen zugenommen haben, wie das der Fall nach der Begründung sein müsste (FK-KapAnlR/*Schäfer* § 78 Rn. 4).

3 Die **Gründe** für die **fehlenden Prozesse** dürften woanders liegen. Zum einen können die gesteigerten regulatorischen Anforderungen (KAGB, KWG, GwG etc.) ihren Zweck dahingehend erfüllt haben, dass der Kontrollmechanismus insb. der Verwahrstellen funktioniert. Die Verwahrstellen haben neben dem KAGB auch noch weitere aufsichtsrechtliche Vorschriften zu beachten. So müssen sie bereits bei Eingehung und später in der Pflege der Kundenbeziehung diverse geldwäscherechtliche Verpflichtungen berücksichtigen, was den Kundenstamm professioneller werden lässt. Ferner haben sich die KVG als auch die Verwahrstellen jedes Jahr einer Abschlussprüfung durch einen Wirtschaftsprüfer zu unterziehen, was einen präventiven Schutzcharakter aufweist (WBA/*Klusak* § 78 Rn. 3). Ein weiterer Grund für die fehlenden Schadensersatzprozesse dürfte darin liegen, dass der Verursacher bei Eintritt eines Schadens regelmäßig versuchen wird, sich außergerichtlich zu einigen, um ein zeitaufwändiges, kostspieliges sowie womöglich reputationsschädigendes Gerichtsverfahren zu vermeiden (FK-KapAnlR/*Schäfer* § 78 Rn. 6). Zudem verleiht die potenzielle Prozessstandschaft der jeweiligen Partei, die die Ansprüche

der Anleger durchsetzen will, eine stärkere Rechtsposition in der außergerichtlichen Einigung. § 78 I, II sollten gerade aufgrund der zuletzt genannten stärkeren Position in der außergerichtlichen Einigung ihren Zweck zumindest nicht gänzlich verfehlt haben, zumal ein Eskalationsprozess zu definieren ist, der zuerst einen Austausch zwischen Verwahrstelle und KVG zur außergerichtlichen Einigung bei Regelverstößen vorsieht (vgl. BaFin Rundschreiben 05/2020 (WA) X.).

§ 78 III verpflichtet die KVG, im Voraus Entschädigungsverfahren für den nicht seltenen Fall zu implementieren, dass durch eine **fehlerhafte Berechnung des Anteilwertes** oder eine **Anlagegrenzverletzung** den Anlegern ein Schaden verursacht wird. 4

II. Geltendmachung von Ansprüchen gegen die KVG

1. Geltendmachung von Ansprüchen durch die Verwahrstelle (§ 78 I 1 Nr. 1). Nach § 78 I 1 Nr. 1 können Ansprüche gegen die KVG wegen Verletzungen des KAGB oder der Anlagebedingungen durch die Verwahrstelle geltend gemacht werden. Allerdings ist der Wortlaut der Vorschrift in zweierlei Hinsicht verunglückt. Zum einen würde eine restriktive Auslegung des Wortlauts **„dieses Gesetzes"** zur Folge haben, dass nur Ansprüche aus der Verletzung des KAGB resultieren könnten (so FK-KapAnlR/*Schäfer* § 78 Rn. 14; AWZ/*Zetsche* § 78 Rn. 20). Erlangt die Verwahrstelle jedoch in Ausübung ihrer Verwahrstellentätigkeiten Kenntnis von einer Rechtsverletzung aus dem allgemeinen Zivilrecht, können gleichwohl zB Ansprüche aus den Vorschriften zur Geschäftsbesorgung als Anspruchsgrundlage dienen und das selbst dann, wenn die Anleger bereits aus dem KAGB ihre Rechte herleiten können (WBA/*Klusak* § 78 Rn. 8). Das gilt insb. auch für deliktische Ansprüche aus dem Zivilrecht, wenn Anlegerschutzvorschriften aus dem KAGB verletzt worden sind (WBA/*Klusak* § 78 Rn. 7). Zum anderen beschränkt die Vorschrift die Ansprüche auf die **Anlagebedingungen,** was nicht dem Willen des Gesetzgebers entspricht (ebenfalls EDD/*Alfes* § 78 Rn. 15). Aus der Gesetzesbegründung geht hervor, dass der Gesetzgeber den damaligen § 28 I Nr. 1 InvG im Wesentlichen übernehmen wollte, weshalb auf den früheren Begriff „Vertragsbedingungen" abzustellen ist (vgl. BT-Drs. 17/12294, 231). Daher sollten nicht nur Verletzungen der Anlagebedingungen, sondern des gesamten Vertragsverhältnisses zwischen Anleger und KVG von der Verwahrstelle geltend gemacht werden können (EDD/*Alfes* § 78 Rn. 15; aA *Zetsche*/AWZ § 78 Rn. 20). 5

Die Verwahrstelle ist nicht nur berechtigt, sondern auch verpflichtet, die Ansprüche der Anleger wegen Pflichtverletzungen der KVG im eigenem Namen im Rahmen der Prozessstandschaft geltend zu machen. Ihr steht hinsichtlich der Prozessstandschaft daher **kein Ermessenspielraum** zu, wenngleich sie unter Berücksichtigung des Eskalationsprozesses (siehe BaFin Rundschreiben 05/2020 (WA) X.) nicht gleich den gerichtlichen Weg einzuschlagen hat. Da der KVG nach § 36 IV ein Verschulden des Auslagerungsunternehmens in gleichem Umfang zuzurechnen ist, ist in diesem Fall die Verwahrstelle ebenfalls zur Schadensnachverfolgung und Geltendmachung berechtigt und verpflichtet. Die Berechtigung und Verpflichtung der Verwahrstelle im Rahmen der Prozessstandschaft setzt keine umfassende Überwachungspflicht voraus (BTMB/*Herring* § 78 Rn. 10). Daher ist die Ausübung der Prozessstandschaft durch die Verwahrstelle grundsätzlich auf deren Kontrollaufgaben beschränkt und nur für Ansprüche der Anleger gegen die KVG, nicht jedoch gegen Dritte, vorgesehen (FK-KapAnlR/*Schäfer* § 78 Rn. 15). Sofern die KVG 6 allerdings bei Schäden der Anleger außerhalb der Überwachungspflicht der Verwahrstelle nicht abhilft, kann die Verwahrstelle Folgeschäden geltend machen, wenn die verspätete oder unterlassene Handlung der KVG die Verletzung einer Verhaltenspflicht iSe ordnungsgemäßen Geschäftsführung gem. § 26 I darstellt (FK-KapAnlR/*Schäfer* § 78 Rn. 15).

7 Die Prozessstandschaft umfasst nur die **Kollektiv**- und **nicht die Individualansprüche** der Anleger (BSV/*Beckmann* in § 78 Rn. 70; FK-KapAnlR/*Schäfer* § 78 Rn. 16; EDD/*Alfes* § 78 Rn. 17; aA WBA/*Klusak* § 78 Rn. 9). Ein möglicher und von der Verwahrstelle nicht geltend zu machender Individualanspruch kommt zB wegen einer Prospekthaftung gegenüber einem einzelnen Anleger nach § 306 oder durch Informationsansprüche gem. § 297 in Betracht. Zum Teil wird die Ansicht vertreten, dass im Wege der Prozessstandschaft die Verwahrstelle auch die Individualansprüche der Anleger geltend machen kann, um den Zweck der Vorschrift durch eine Begrenzung auf Kollektivansprüche nicht zu torpedieren (WBA/*Klusak* § 78 Rn. 9). Allerdings ist zu beachten, dass die Verwahrstelle ihre Vergütung aus dem OGAW erhält und aus diesem Grund nur mittelbar von allen Anlegern bezahlt wird. Es wäre nicht sachgerecht, wenn aus diesem kollektiven Charakter heraus Individualansprüche einzelner Anleger verfolgt werden würden (FK-KapAnlR/*Schäfer* § 78 Rn. 16; *Reiss* S. 347). Ferner verweist der Gesetzeswortlaut auf eine Mehrzahl von Anlegern, weshalb der Individualanspruch nicht unter diese Norm fällt.

8 **2. Geltendmachung von Ansprüchen durch die Anleger (§ 78 I 2).** Nach § 78 I 2 können **Anleger** unabhängig vom Tätigwerden der Verwahrstelle Ansprüche gegen die KVG geltend machen. Zunächst ist unstreitig, dass Anleger ihre **Individualansprüche** geltend machen können, da diese nicht von der Prozessstandschaft der Verwahrstelle umfasst werden und den Anlegern der ordentliche Rechtsweg offen bleiben muss.

9 Die **Geltendmachung der Kollektivansprüche durch die Anleger ist seit jeher umstritten.** In der Literatur kommt hier stets die Frage auf, ob der einzelne Anleger einen Kollektivanspruch durch Klage auf Leistung an sich selbst oder nur im Wege der actio pro socio nach §§ 432, 1011, 2039 BGB analog geltend machen kann (WBA/*Klusak* § 78 Rn. 11; EDD/*Alfes* § 78 Rn. 27; FK-KapAnlR/*Schäfer* § 78 Rn. 20; AWZ/*Zetsche* § 78 Rn. 27, BTMB/*Herring* § 78 Rn. 15ff.). Diese Frage wurde bereits unter den Vorgängervorschriften diskutiert: Zum KAGG bestand die hM darin, dass der Anleger nur im Wege der actio pro socio die Leistung an die Anlegergemeinschaft verlangen konnte (AWZ/*Zetsche* § 78 Rn. 27 inkl. detaillierter Aufzählung der Gründe). Im Rahmen der zwischenzeitlichen Einführung des InvG und letztendlich des KAGB drehte sich dann das Meinungsbild (AWZ/*Zetsche* § 78 Rn. 28). Zwar bestand im Wortlaut immer noch der Unterschied in den Abs. 1 und 2, wonach Abs. 1 S. 2 durch die Verwendung des Plurals den Anlegern erlaubte, Ansprüche gegen die KVG geltend zu machen, während nach Abs. 2 S. 2 dieses Recht gegenüber der Verwahrstelle nur dem einzelnen Anleger zugebilligt wurde. Die zwischenzeitlich neu aufgekommene hM sah in der Differenzierung jedoch keinen sachlichen Grund. Aus den Gesetzesmaterialien sei auch kein Wille des Gesetzgebers zur Differenzierung der Geltendmachung der Ansprüche durch die Anleger gegen die KVG (Abs. 1 S. 2) und gegen die Verwahrstelle (Abs. 2 S. 2) zu entnehmen (BSL/*Köndgen* InvG § 28 Rn. 17; FK-KapAnlR/*Schäfer* § 78 Rn. 20; WBA/*Klusak* § 78 Rn. 12; BTMB/*Herring* Rn. 19). Die neue hM setzte sich somit über den Wortlaut des Gesetzes hinweg, wenngleich die Argumentation

durchaus schlüssig und die Intention nachzuvollziehen ist (Aufzählung der Gründe: AWZ/*Zetsche* § 78 Rn. 28).

Ungeachtet der nachvollziehbaren Gründe der neuen hM sprach sich der Gesetzgeber im Rahmen der **Änderung des Abs. 2 S. 2** durch das OGAW-V-UmsG für die ursprüngliche hM und damit für die **„actio pro socio"-Lösung** aus (EDD/*Alfes* § 78 Rn. 28). Seit dieser Gesetzesänderung des Abs. 2 S. 2 wird nicht mehr von dem einzelnen Anleger, sondern den Anlegern gesprochen. Insoweit wurde die Terminologie der beiden Absätze bewusst angepasst und auf die bis dato stets bestehende Differenzierung verzichtet. Der Wille des Gesetzgebers ist bereits durch diese Änderung des Gesetzes klar erkennbar und kann mit Blick auf die Gesetzesbegründung nicht mehr angezweifelt werden: **10**

> *„Die bisherige Regelung des § 78 Abs. 2 Satz 2, wonach der Anleger neben der Geltendmachung nach Satz 1 einen eigenen Anspruch gegen die Verwahrstelle geltend machen konnte, entfällt ersatzlos. Aus dieser Regelung wurde teilweise gefolgert, dass die Ansprüche nicht von der Gemeinschaft der Anleger, sondern nur von der OGAW-Kapitalverwaltungsgesellschaft geltend gemacht werden können. Zudem konnten aus der bisherigen Regelung des § 78 Absatz 2 Satz 2 praktische Probleme entstehen, wenn ein Anleger aufgrund dieser Regelung den auf seinen Anteil entfallenden Teil der Ansprüche der Gemeinschaft der Anleger als eigenen Anspruch geltend machte und daneben die OGAW-Kapitalverwaltungsgesellschaft die Ansprüche der Gemeinschaft der Anleger durchsetzte" (BT-Drs. 18/6744, 54).*

Damit ist die „actio pro socio"-Lösung anzuwenden, da für eine andere Auffassung aufgrund der Gesetzesänderung und der Gesetzesbegründung kein Raum mehr besteht.

III. Drittwiderspruchsklage durch die Verwahrstelle (§ 78 I 1 Nr. 2)

Während die Verwahrstelle nach Abs. 1 S. 1 Nr. 1 grundsätzlich auf die Geltendmachung von Schadensersatzansprüchen gegenüber der KVG beschränkt wird, stellt Abs. 1 S. 1 Nr. 2 eine **Ausnahmeregelung** dar. Danach ist es der Verwahrstelle im Rahmen einer **Drittwiderspruchsklage** gestattet, Rechte des OGAW gegenüber Dritten geltend zu machen, wenn eine unberechtigte Zwangsvollstreckung in das Vermögen des OGAW droht. Die Ausnahmeregelung soll dem Schutz der Anleger dienen und dem Interessenkonflikt der KVG entgegensteuern, dass diese aus Eigeninteresse (Befreiung eigener Verbindlichkeit) einer Zwangsvollstreckung nicht widerspricht (WBA/*Klusak* § 78 Rn. 15). **11**

Die Erhebung einer Drittwiderspruchsklage durch die Anleger ist nach § 78 I 1 Nr. 2 Hs. 2 untersagt, weshalb es sich vorliegend – und anders als bei Abs. 1 S. 1 Nr. 1 – um eine **verdrängende Prozessstandschaft** handelt (EDD/*Alfes* § 78 Rn. 19). Diese Vorgehensweise ist aus praktischen Gründen sinnvoll, da den Anlegern idR die Kenntnis von dem Zwangsvollstreckungsverfahren fehlt und der Verwahrstelle durch Verwahrung der Vermögensgegenstände des OGAW die Bewahrung des Fondsvermögens obliegt (FK-KapAnlR/*Schäfer* § 78 Rn. 23). **12**

Die Vorschrift ist auf jede unberechtigte Zwangsvollstreckung anzuwenden, wobei sich die praktische Relevanz auf die Vollstreckung durch Gläubiger der KVG beschränken dürfte (WBA/*Klusak* § 78 Rn. 15). Aufgrund der Regelungskompetenz des deutschen Gesetzgebers **beschränkt** sich die Anwendung der Vor- **13** schrift des Weiteren nur **auf die Zwangsvollstreckung nach inländischem Recht** (WBA/*Klusak* § 78 Rn. 16). Bei Vollstreckung in einer anderweitigen Jurisdiktion obliegt es daher der KVG, in ihrer Treuhandfunktion der Zwangsvollstreckung zu widersprechen. Bei fehlendem oder nicht ausreichendem Widerspruch der KVG kommt eine Verletzung der Verhaltenspflicht des ordentlichen Kaufmanns nach § 26 I in Betracht. Das würde der Verwahrstelle die Möglichkeit eröffnen, einen Schadensersatzanspruch gegen die KVG nach Abs. 1 S. 1 Nr. 1 geltend zu machen.

IV. Ansprüche gegen die Verwahrstelle (§ 78 II)

14 **1. Geltendmachung von Ansprüchen durch die KVG (§ 78 II 1).** § 78 II 1 stellt einen weiteren Fall einer gesetzlichen Prozessstandschaft dar. Anders als iRd Abs. 1 S. 1 ist hier **Inhaber der Prozessstandschaft die KVG,** die berechtigt und verpflichtet wird, Ansprüche der Anleger im eigenen Namen gegen die Verwahrstelle geltend zu machen. Aus der Verpflichtung neben der Berechtigung zur Prozessstandschaft folgt, dass der KVG hinsichtlich der Geltendmachung von Ansprüchen der Anleger kein Ermessensspielraum zusteht. Unterlässt die KVG Maßnahmen, obwohl sie den Anspruch der Anleger hätte erkennen können, oder sind die getroffenen Maßnahmen nicht ausreichend zur Geltendmachung der Anlegeransprüche, kann dies einen Haftungsfall begründen (FK-KapAnlR/*Schäfer* § 78 Rn. 28).

15 Die Prozessstandschaft der KVG ist anders als die Prozessstandschaft der Verwahrstelle nicht auf bestimmte Ansprüche beschränkt. In der Praxis sollten die Ansprüche vor allem aus der **Verletzung der in §§ 69ff. normierten Schutzpflichten** der Verwahrstelle herrühren (WBA/*Klusak* § 78 Rn. 18). Für eine derartige und zumindest fahrlässige Verletzung haftet die Verwahrstelle nach § 77 II verschuldensabhängig und unmittelbar gegenüber den Anlegern (→ § 77 Rn. 14). Ferner kommt eine verschuldensunabhängige Haftung nach § 77 I für das Abhandenkommen der von der Verwahrstelle oder ihrem Unterverwahrer verwahrten Finanzinstrumente in Betracht. Denkbar sind auch Sekundaransprüche der Anleger aus dem Verwahrstellenvertrag, der als Vertrag mit Schutzwirkung zugunsten Dritter zu qualifizieren ist (→ § 68 Rn. 3).

16 § 78 II 1 stützt sich ebenso wie § 78 I 1 **nur auf Kollektiv- und nicht auf Individualansprüche** der Anleger.

17 **2. Geltendmachung von Ansprüchen durch die Anleger (§ 78 II 2).** Durch das OGAW-V-UmsG wurde § 78 II 2 dahingehend geändert, dass die Vorschrift sich nicht mehr auf einen einzelnen Anleger, sondern auf die Anleger in ihrer Gesamtheit bezieht (zur Gesetzesbegründung der Änderung → Rn. 10). Der einzelne Anleger kann bei Geltendmachung eines Kollektivanspruchs somit nicht mehr auf Leistung an sich selbst klagen, sondern es verbleibt ihm nur die Möglichkeit im Wege der **actio pro socio** nach §§ 432, 1011, 2039 BGB analog vorzugehen. Da die Vorschrift lediglich Kollektivansprüche umfasst, sind Individualansprüche auf die übliche Art und Weise durch Leistung an sich selbst einzuklagen.

V. Entschädigungsverfahren für Anteilwertfehler und Anlagegrenzverletzungen (§ 78 III)

1. Allgemeines. Entstandene Schäden beim Anleger aufgrund einer fehlerhaften Anteilspreisberechnung oder einer Anlagegrenzverletzung können auf dem ordentlichen Zivilrechtsweg durch den Anleger selbst oder im Rahmen der Prozessstandschaft durch die Verwahrstelle bzw. die KVG gem. § 78 I, II geltend gemacht werden. Der Gesetzgeber erachtet die Geltendmachung von Ansprüchen durch den Anleger selbst in den Fällen der fehlerhaften Anteilspreisberechnung und der Anlagegrenzverletzung jedoch im Grunde nach als ausgeschlossen, da der Anleger von derartigen Verletzungen bei der Portfolioverwaltung im Regelfall keine Kenntnis erlangt (BT-Drs. 17/4510, 67). Zum Schutz der Anleger hat das Aufsichtsrecht daher **Regelungen zur einheitlichen Entschädigung** der Anleger bei den bereits genannten Verletzungen sicherzustellen (BT-Drs. 17/4510, 67). § 78 III 1 greift dieses Erfordernis auf, indem es der KVG vorschreibt, für die Fälle einer fehlerhaften Berechnung von Anteilswerten und einer Verletzung von Anlagegrenzen oder Erwerbsvorgaben geeignete Entschädigungsverfahren für die betroffenen Anleger zu implementieren. Das Entschädigungsverfahren für die Fälle der fehlerhaften Berechnung von Anteilswerten sieht darüber hinaus die Beteiligung der Verwahrstelle vor. Werden die Anleger nach Durchführung des Entschädigungsverfahrens hinsichtlich ihrer Schäden kompensiert, erübrigt sich eine Pflicht zur Vornahme von Maßnahmen nach § 78 I, II durch die Verwahrstelle oder die KVG (FK-KapAnlR/*Schäfer* § 78 Rn. 30). 18

Entschädigungsverfahren haben nach § 78 III 2 die Erstellung eines Entschädigungsplans sowie dessen Prüfung samt Entschädigungsmaßnahmen durch einen Wirtschaftsprüfer vorzusehen. Nähere Bestimmungen zu den Entschädigungsverfahren und deren Durchführung sind nach § 78 III 3 durch das BMF zu erlassen, das diese Ermächtigung nach § 78 III 4 durch Rechtsverordnung auf die BaFin übertragen kann. Die BaFin hat im Jahr 2011 einen ersten Entwurf einer Verordnung zur Konkretisierung des vorgesehenen Entschädigungsverfahrens (AntAnlVerV) für den damals noch einschlägigen § 28 InvG zu Konsultation gestellt (FK-KapAnlR/*Schäfer* § 78 Rn. 32; BaFin Konsultation 09/2011, WA 41-Wp 2169–2011/0004). Die Verordnung wurde bis heute nicht erlassen und ein baldiges Inkrafttreten ist nicht in Sicht. Der **AntAnlVerV-DiskE** dient allerdings zusammen mit dem § 78 III 3 als **Richtschnur** für die Gestaltung des Entschädigungsverfahrens, wenngleich die Parteien an die Vorgaben der VO mangels Inkrafttretens nicht gebunden sind (FK-KapAnlR/*Schäfer* § 78 Rn. 33). 19

2. Entschädigungsverfahren für fehlerhafte Berechnung von Anteilswerten. Nach § 2 I AntAnlVerV-DiskE liegt ein Berechnungsfehler der Anteilwertermittlung vor, wenn sich zwischen dem zu einem bestimmten Stichtag nach § 170 (im Entwurf besteht noch die Bezugnahme auf die Vorgängervorschrift § 36 VI InvG) veröffentlichten Anteilwert und einem in Nachhinein zu demselben Stichtag ermittelten Anteilwert eine Differenz ergibt. Das Entschädigungsverfahren nach den §§ 3–9 AntAnlVerV-DiskE findet nur auf einen **wesentlichen Berechnungsfehler** Anwendung. Nach § 2 AntAnlVerV-DiskE ist ein wesentlicher Berechnungsfehler gegeben, wenn der Differenzbetrag nach Abs. 1 0,5% des im Nachhinein ermittelten korrekten Anteilwertes überschreitet, wobei hinsichtlich Geldmarktfonds bereits eine Überschreitung von 0,25% als wesentlich angesehen wird. 20

21 Bei Vorliegen eines wesentlichen Berechnungsfehlers kommt es hinsichtlich der Ausgleichszahlung auf eine **Über- oder Unterbewertung** der Anteilwerte an. Nach § 4 I AntAnlVerV-DiskE erfolgt bei einer Überbewertung eine Ausgleichszahlung zugunsten derjenigen Anleger, die zum überhöhten Wert gezeichnet haben. Wurden während der Fehlerperiode Anteile zurückgegeben, ist eine Ausgleichszahlung an das Sondervermögen zu leisten. Im Falle einer Unterbewertung sind die Ausgleichzahlungen nach § 5 I 1 AntAnlVerV-DiskE zugunsten der Anleger zu leisten, die vor der Fehlerperiode Anteile am Sondervermögen gezeichnet und die Anteile während der Fehlerperiode zum zu niedrigen Ausgabepreis zurückgegeben haben. Wurden während der Unterbewertung Anteile gezeichnet, ist gem. § 5 I 2 AntAnlVerV-DiskE eine Ausgleichzahlung an das Sondervermögen zu leisten.

22 Gemäß § 7 AntAnlVerV-DiskE ist bei wesentlichen Berechnungsfehlern von der KVG ein **Entschädigungsplan** zu erstellen, der unverzüglich bei der BaFin einzureichen ist. Der Entschädigungsplan hat Maßnahmen zur Neuberechnung der Anteilwerte, Bestimmungen zu den Ausgleichzahlungen, finanzielle Ausgleichzahlungen im Innenverhältnis zwischen KVG und Verwahrstellte sowie den voraussichtlichen Zeitpunkt der Übermittlung der Entschädigungsinformation an die Anleger vorzusehen. Nach § 8 I AntAnlVerV-DiskE sind die Informationen über den wesentlichen Berechnungsfehler mittels den im Verkaufsprospekt bezeichneten elektronischen Informationsmedien bekannt zu machen und die auszugleichenden Anleger sind mittels eines dauerhaften Datenträgers über das Vorliegen des wesentlichen Berechnungsfehlers zu unterrichten.

23 Die **Auszahlung der Ausgleichsbeträge** hat gem. § 9 I AntAnlVerV-DiskE **unverzüglich nach der Erklärung des Wirtschaftsprüfers** iSd § 17 II AntAnlVerV-DiskE zu erfolgen, nachdem dieser die korrekte Nachberechnung der Anteilwerte und der Verfahren zur Bestimmung der finanziellen Ausgleichsbeträge bestätigt hat. Eine Einbindung des Wirtschaftsprüfers, aber auch der BaFin, ist nach § 18 AntAnlVerV-DiskE nicht erforderlich, wenn die Ausgleichszahlung weniger als 25.000 EUR beträgt und pro Anleger weniger als 2.500 EUR als Entschädigungsbetrag anfällt.

24 **3. Entschädigungsverfahren für Anlagegrenz- oder Erwerbsvorgabenverletzungen.** Der AntAnlVerV-DiskE sieht auch Ausgleichszahlungen für Schäden vor, die aufgrund von **Anlagegrenzverletzungen** entstanden sind. Zunächst betrifft die Ausgleichpflicht nach § 10 I AntAnlVerV-DiskE nur aktive Anlagegrenzverletzungen. Eine passive Anlagegrenzverletzung ist jedoch gem. § 15 AntAnlVerV-DiskE der aktiven Anlagegrenzverletzung gleichzusetzen, wenn die Verletzung nicht innerhalb eines Zeitraumes zurückgeführt wird, der mit den Interessen der Anleger vereinbar ist. Bei Bestehen der passiven Anlagegrenzverletzung von mehr als zehn Börsentagen, wird vermutet, dass der Rückführung die Interessen der Anleger nicht mehr entgegenstehen.

25 Nach § 10 II AntAnlVerV-DiskE ist ein Entschädigungsverfahren nur durchzuführen, wenn die Anlagegrenzverletzung zu einem **wesentlichen Berechnungsfehler** bei der Anteilwertermittlung geführt hat. Das Entschädigungsverfahren gilt nur zu Gunsten des Anlegers, der seine Anteile zwischen dem Zeitpunkt des Auftretens einer Anlagegrenzverletzung und dem Zeitpunkt der Rückführung der Anlagegrenzverletzung zurückgegeben hat.

26 Auch bei Durchführung eines Entschädigungsverfahren nach § 10 AntAnlVerV-DiskE ist die KVG gem. § 11 I AntAnlVerV-DiskE in der Pflicht, einen **Entschädigungsplan** zu erstellen. Der Entschädigungsplan ist unverzüglich bei der BaFin

einzureichen und soll die Informationen über die Anlagegrenzverletzung enthalten sowie die Maßnahmen darstellen, die zur Beseitigung der Anlagegrenzverletzung ergriffen worden sind bzw. zum Ausgleich des Schadens noch ergriffen werden sollen. Nach § 11 II AntAnlVerV-DiskE muss der Entschädigungsplan Folgendes beinhalten: Die Angabe der von der Anlagegrenzverletzung betroffenen Vermögensgegenstände, die Dauer der Anlagegrenzverletzung und ihrer Gründe, die Berechnung der Ausgleichzahlung sowie den voraussichtlichen Zeitpunkt der Übermittlung der Entschädigungsinformation. Die Entschädigungsinformation folgt § 12 AntAnlVerV-DiskE und entspricht dergleichen im Fall der fehlehrhaften Berechnung von Anteilwerten (→ Rn. 22).

Gemäß § 14 AntAnlVerV-DiskE ist die **Auszahlung des Schadensersatzes nach entsprechender Erklärung des Wirtschaftsprüfers unverzüglich** vorzunehmen. Eine Einbindung des Wirtschaftsprüfers, aber auch der BaFin, ist nach § 18 AntAnlVerV-DiskE nicht erforderlich, wenn die Ausgleichszahlung weniger als 25.000 EUR beträgt und pro Anleger weniger als 2.500 EUR als Entschädigungsbetrag anfällt. 27

4. Zivilrechtliche Haftung. Nach § 3 II AntAnlVerV-DiskE bleiben **zivilrechtlichen Ansprüche** von den Entschädigungsverfahren **unberührt.** Ausgleichzahlungen aufgrund des Entschädigungsplans müssen allerdings im Rahmen des Vorteilsausgleichs angerechnet werden (FK-KapAnlR/*Schäfer* § 78 Rn. 43). 28

§ 79 Vergütung, Aufwendungsersatz

(1) **Die Verwahrstelle darf der OGAW-Verwaltungsgesellschaft aus den zu einem inländischen OGAW gehörenden Konten nur die für die Verwaltung des inländischen OGAW zustehende Vergütung und den ihr zustehenden Ersatz von Aufwendungen auszahlen.**

(2) **Die Verwahrstelle darf die Vergütung, die ihr für die Verwahrung des inländischen OGAW und die Wahrnehmung der Aufgaben nach Maßgabe dieses Gesetzes zusteht, nur mit Zustimmung der OGAW-Verwaltungsgesellschaft entnehmen.**

I. Allgemeines

Verwahrstelle und KVG entnehmen ihre jeweilige Verwaltungs- bzw. Verwahrungsvergütung direkt aus dem Fondsvermögen. Damit das Fondsvermögen indes nicht ungerechtfertigt und zu Ungunsten der Anleger belastet wird, haben sich die KVG und die Verwahrstelle bei den Auszahlungen der Vergütungen gegenseitig zu kontrollieren. § 79 befasst sich daher ausschließlich mit den **Zahlungsmodalitäten** der Vergütungen und des Aufwendungsersatzes der KVG und der Verwahrstelle, ohne jedoch als Anspruchsgrundlage zu dienen (EDD/*Dreibus* § 79 Rn. 1). 1

II. Vergütung und Aufwendungsersatz der OGAW-Verwaltungsgesellschaft (§ 79 I)

Der Anspruch auf Vergütung und Aufwendungsersatz ist nach § 162 II Nr. 11 in den Anlagebedingungen festzuhalten. Die dort getroffene Vereinbarung über die Methode, Höhe und Berechnungsgrundlage stellt für die KVG die Anspruchsgrundlage für ihre Vergütungen und Aufwendungsersatzansprüche dar. Die Ver- 2 gütung kann iSd **Privatautonomie** frei gestaltet werden. In der Regel wird die Verwaltungsvergütung als Prozentsatz anhand des Volumens des Investmentvermögens berechnet und monatlich erhoben (FK-KapAnlR/*Schäfer* § 79 Rn. 6). Ferner kann eine Mindestgebühr vereinbart werden, die sämtliche oder nur definierte Teile der Aufwendungen inkludiert (BSV/*Beckmann* § 79 Rn. 2). Erfolgsabhängige Vergütungen, die zB an die Wertentwicklung des Anteilswertes in einer definierten Abrechnungsperiode gekoppelt sind (Outperformance über Vergleichsindex; Übersteigung der Hurdle Rate), sind ebenfalls möglich (FK-KapAnlR/*Schäfer* § 79 Rn. 6). Um jedoch Aufwendungsersatzansprüche geltend machen zu können, sollten die Aufwendungen und ihre Kosten aus Gründen des Anlegerschutzes in den Anlagebedingungen (§ 162 II Nr. 11) und dem Verkaufsprospekt (§ 165 II Nr. 8) abschließend angegeben sein (WBA/*Klusak* § 79 Rn. 5). Aufwendungen, die keinen Einzug in die Anlagebedingungen finden, sind nicht erstattungsfähig, auch wenn möglicherweise ein Erstattungsanspruch nach den Vorschriften des Bürgerlichen Rechts (§§ 670, 675 BGB) in Frage kommt (WBA/*Klusak* § 79 Rn. 5). Ansonsten wäre die Regelung des § 162 II Nr. 11 ohne Bedeutung.

3 Obwohl die Anleger die Vertragspartner der Kapitalverwaltungsgesellschaft sind, haften sie gem. § 93 III nicht persönlich. Daher hat sich die KVG zur Befriedigung der Ansprüche auf Vergütung und Ersatz der Aufwendungen an das Sondervermögen zu halten.

4 Vor Auszahlung der Verwaltungsvergütung hat die Verwahrstelle anhand der in den Anlagebedingungen festgesetzten Berechnungsgrundlage die **konkrete Berechnung** der betroffenen Zahlung zu überprüfen. Die Überprüfung des abstrakten Berechnungsprozesses ist nach Auffassung der BaFin nicht ausreichend (BaFin Rundschreiben 05/2020 (WA) VII. 6.1.). Im Rahmen ihrer Mitwirkungspflicht hat die KVG deshalb die erforderlichen Informationen zur Überprüfung des konkreten Falls zur Verfügung zu stellen (BaFin Rundschreiben 05/2020 (WA) VII. 6.1.). So müsste die Verwahrstelle zB bei einer Performance Fee die Informationen von der KVG erhalten, auf derer Grundlage die Verwahrstelle die Outperformance über den Vergleichsindex oder die Übersteigung der Hurdle Rate auf ihre korrekte Berechnung hin überprüfen kann. Eine Vereinbarung, wonach die Prüfpflicht hinsichtlich der konkreten Berechnung der Verwaltungsvergütung eingeschränkt wird, ist nicht zulässig. Die Kontrollfunktion der Verwahrstelle beschränkt sich allerdings bei Aufwendungsersatzansprüchen auf eine Überprüfung der rechnerischen Richtigkeit der vorgelegten Rechnungen und iÜ auf Plausibilität (BaFin Rundschreiben 05/2020 (WA) VII. 6.2.). Eine Plausibilitätskontrolle erfordert weitere Nachfragen bei Unstimmigkeiten bzw. Auffälligkeiten, wobei dies nicht die Prüfung der Zweckmäßigkeit von Geschäftsführungsmaßnahmen beinhaltet (EDD/*Dreibus* § 79 Rn. 5).

5 Ausgabeaufschläge und Rücknahmeabschläge stellen keine Vergütung bzw. Aufwendung iSd § 79 I dar, da für sie § 71 II–IV als lex specialis vorgehen (EDD/*Dreibus* § 79 Rn. 6).

III. Vergütung der Verwahrstelle (§ 79 II)

6 Die Verwahrstelle darf nach § 79 II die ihr zustehende Vergütung dem OGAW selbst entnehmen, indes **nur mit Zustimmung der KVG.** Die Zustimmung ist an keine Form geknüpft, sollte jedoch zu ihrer Nachvollziehbarkeit (zB für Wirtschaftsprüfer) in Textform erfolgen (FK-KapAnlR/*Schäfer* § 79 Rn. 16). Immerhin handelt es sich bei dem Zustimmungserfordernis um ein wichtiges Instrumentarium des Angelegerschutzes, hat doch die Verwahrstelle den unmittelbaren Zugriff

auf das Vermögen des OGAW. Die Zustimmung folgt den Vorschriften §§ 182ff. BGB. Sie kann daher im Voraus als Einwilligung oder nachträglich als Genehmigung erfolgen (EDD/*Dreibus* § 79 Rn. 9).

Der Anspruch auf Vergütung ergibt sich aus dem Verwahrstellenvertrag und kann der Höhe nach grundsätzlich **frei vereinbart** werden, wobei die **KVG** hierbei **kaufmännische Sorgfalt** zu beachten hat. Eine Grenze der Vergütung sollte zumindest bei einer deutlich oberhalb der marktüblichen Vergütung anzunehmen sein, was in der Praxis insb. bei der gleichen Konzernzugehörigkeit von Verwahrstelle und KVG nicht ohne Belang ist (WBA/*Klusak* § 79 Rn. 9). In der Regel orientiert sich die Verwahrstellenvergütung mit einem vereinbarten Prozentsatz an dem Volumen des OGAW und/oder einer Mindestgebühr. Nach § 162 II Nr. 11 ist die Vergütung in den Anlagebedingungen aufzuführen, wobei ein Fehlen nicht zulasten der Verwahrstelle geht. Vertragspartner der Verwahrstelle ist schließlich die KVG, die für die Zahlung der Vergütung bei fehlender Regelung in den Anlagebedingungen einspringen müsste, um sich dann selbst nach den §§ 670, 675 BGB schadlos zu halten (EDD/*Dreibus* § 79 Rn. 7). 7

§ 79 II zählt anders als der § 79 I nicht die Zahlung von Aufwendungsersatz auf. Hier ist jedoch von einem **redaktionellen Versehen** auszugehen, da § 162 II Nr. 11 gleichwohl vorsieht, dass Aufwendungserstattungen an die Verwahrstelle in den Anlagebedingungen enthalten sein müssen (EDD/*Dreibus* § 79 Rn. 8). An der Zahlungsmodalität des § 79 I sollte daher auch bei Erstattungen von Aufwendungen festgehalten werden, da es umständlich und nicht nachvollziehbar wäre, wenn die Verwahrstelle ihren Aufwendungsersatz über einen Umweg gegen die KVG geltend machen müsste, die dann selbst den Aufwendungsersatz vom OGAW verlangen würde (BTMB/*Herring* § 79 Rn. 5). 8

Unterabschnitt 2. Vorschriften für AIF-Verwahrstellen

§ 80 Beauftragung

(1) [1]**Die AIF-Kapitalverwaltungsgesellschaft hat sicherzustellen, dass für jeden von ihr verwalteten AIF eine Verwahrstelle im Sinne des Absatzes 2 oder, sofern die Voraussetzungen nach den Absätzen 3 und 4 erfüllt sind, eine Verwahrstelle im Sinne des Absatzes 3 beauftragt wird; § 55 bleibt unberührt.** [2]**Die Beauftragung der Verwahrstelle ist in einem in Textform geschlossenen Vertrag zu vereinbaren.** [3]**Der Vertrag regelt unter anderem den Informationsaustausch, der für erforderlich erachtet wird, damit die Verwahrstelle nach den Vorschriften dieses Gesetzes und gemäß den anderen einschlägigen Rechts- und Verwaltungsvorschriften ihren Aufgaben für den AIF, für den sie als Verwahrstelle beauftragt wurde, nachkommen kann.**

(2) **Die Verwahrstelle ist**

1. **ein Kreditinstitut im Sinne des Artikels 4 Absatz 1 Nummer 1 der Verordnung (EU) Nr. 575/2013 mit satzungsmäßigem Sitz in der Europäischen Union oder in einem anderen Vertragsstaat des Abkommens über den Europäischen Wirtschaftsraum, das gemäß § 32 des Kreditwesengesetzes oder den im Herkunftsmitgliedstaat des EU-AIF anzuwendenden Vorschriften, die die Richtlinie 2013/36/EU umsetzen, zugelassen ist;**

2. eine Wertpapierfirma im Sinne des Artikels 4 Absatz 1 Nummer 2 der Verordnung (EU) Nr. 575/2013 mit satzungsmäßigem Sitz in der Europäischen Union oder in einem anderen Vertragsstaat des Abkommens über den Europäischen Wirtschaftsraum, für die die Eigenkapitalanforderungen gemäß Artikel 92 der Verordnung (EU) Nr. 575/2013, einschließlich der Kapitalanforderungen für operationelle Risiken, gelten, die gemäß den Vorschriften, die die Richtlinie 2014/65/EU umsetzen, zugelassen ist und die auch die Nebendienstleistungen wie Verwahrung und Verwaltung von Finanzinstrumenten für Rechnung von Kunden gemäß Anhang I Abschnitt B Nummer 1 der Richtlinie 2014/65/EU erbringt; solche Wertpapierfirmen müssen in jedem Fall über Eigenmittel verfügen, die den in Artikel 28 Absatz 2 der Richtlinie 2013/36/EU genannten Betrag des Anfangskapitals nicht unterschreiten oder
3. eine andere Kategorie von Einrichtungen, die einer Beaufsichtigung und ständigen Überwachung unterliegen und die am 21. Juli 2011 unter eine der von den Mitgliedstaaten der Europäischen Union oder den anderen Vertragsstaaten des Abkommens über den Europäischen Wirtschaftsraum gemäß Artikel 23 Absatz 3 der Richtlinie 2009/65/EG festgelegten Kategorien von Einrichtungen fallen, aus denen eine Verwahrstelle gewählt werden kann.

(3) [1]Abweichend von Absatz 2 kann die Verwahrstelle für geschlossene AIF anstelle der in § 80 Absatz 2 Nummer 1 bis 3 genannten Einrichtungen auch ein Treuhänder sein, der die Aufgaben einer Verwahrstelle im Rahmen seiner beruflichen oder geschäftlichen Tätigkeit wahrnimmt, wenn
1. bei den geschlossenen AIF innerhalb von fünf Jahren nach Tätigung der ersten Anlagen keine Rücknahmerechte ausgeübt werden können,
2. die geschlossenen AIF im Einklang mit ihrer Hauptanlagestrategie in der Regel
   a) nicht in Vermögensgegenstände investieren, die nach § 81 Absatz 1 Nummer 1 verwahrt werden müssen, oder
   b) in Emittenten oder nicht börsennotierte Unternehmen investieren, um nach § 261 Absatz 7, den §§ 287, 288 möglicherweise die Kontrolle über solche Unternehmen zu erlangen.

[2]In Bezug auf die berufliche oder geschäftliche Tätigkeit muss der Treuhänder
1. einer gesetzlich anerkannten obligatorischen berufsmäßigen Registrierung oder
2. Rechts- und Verwaltungsvorschriften oder berufsständischen Regeln unterliegen,

die ausreichend finanzielle und berufliche Garantien bieten können, um es ihm zu ermöglichen, die relevanten Aufgaben einer Verwahrstelle wirksam auszuführen und die mit diesen Funktionen einhergehenden Verpflichtungen zu erfüllen. [3]Die ausreichende finanzielle und berufliche Garantie ist laufend zu gewährleisten. [4]Der Treuhänder hat Änderungen, die seine finanziellen und beruflichen Garantien betreffen, der Bundesanstalt unverzüglich anzuzeigen. [5]Sofern der Treuhänder zum Zwecke der finanziellen Garantie eine Versicherung abschließt, ist das Versicherungsunternehmen im Versicherungsvertrag zu verpflichten, der Bundesanstalt den Beginn und die Beendigung oder Kündigung des Versicherungsvertrages sowie Umstände, die den vorgeschriebenen Versicherungsschutz beeinträchtigen, unverzüglich über ein von ihr bereitgestelltes elektronisches Kommunikationsverfahren mitzuteilen.

(4) [1]Der Treuhänder im Sinne von Absatz 3 muss der Bundesanstalt vor Beauftragung benannt werden. [2]Hat die Bundesanstalt gegen die Beauftragung Bedenken, kann sie verlangen, dass binnen angemessener Frist ein anderer Treuhänder benannt wird. [3]Unterbleibt dies oder hat die Bundesanstalt auch gegen die Beauftragung des neu vorgeschlagenen Treuhänders Bedenken, so hat die AIF-Kapitalverwaltungsgesellschaft eine Verwahrstelle im Sinne von Absatz 2 zu beauftragen.

(5) Unbeschadet von Absatz 6 Satz 3 kann die Verwahrstelle für ausländische AIF auch ein Kreditinstitut oder ein Unternehmen sein, das den in Absatz 2 Satz 1 Nummer 1 und 2 genannten Unternehmen vergleichbar ist, sofern die Bedingungen des Absatzes 8 Satz 1 Nummer 2 eingehalten sind.

(6) [1]Verwaltet die AIF-Kapitalverwaltungsgesellschaft einen inländischen AIF, muss die Verwahrstelle ihren satzungsmäßigen Sitz oder ihre satzungsmäßige Zweigniederlassung im Geltungsbereich dieses Gesetzes haben. [2]Verwaltet die AIF-Kapitalverwaltungsgesellschaft einen EU-AIF, muss die Verwahrstelle ihren satzungsmäßigen Sitz oder ihre satzungsmäßige Zweigniederlassung im Herkunftsmitgliedstaat des EU-AIF haben. [3]Bei ausländischen AIF kann die Verwahrstelle ihren satzungsmäßigen Sitz oder ihre satzungsmäßige Zweigniederlassung in dem Drittstaat haben, in dem der ausländische AIF seinen Sitz hat oder im Geltungsbereich dieses Gesetzes, wenn die AIF-Kapitalverwaltungsgesellschaft einen ausländischen AIF verwaltet oder in dem Referenzmitgliedstaat der ausländischen AIF-Verwaltungsgesellschaft, die den ausländischen AIF verwaltet; § 55 bleibt unberührt.

(7) [1]Wird für den inländischen AIF eine Verwahrstelle im Sinne des Absatzes 2 Nummer 1 beauftragt, muss es sich um ein CRR-Kreditinstitut im Sinne des § 1 Absatz 3d des Kreditwesengesetzes handeln, das über die Erlaubnis zum Betreiben des Depotgeschäfts nach § 1 Absatz 1 Satz 2 Nummer 5 des Kreditwesengesetzes oder zur Erbringung des eingeschränkten Verwahrgeschäfts nach § 1 Absatz 1a Satz 2 Nummer 12 des Kreditwesengesetzes verfügt. [2]Wird für den inländischen AIF eine Verwahrstelle im Sinne des Absatzes 2 Nummer 2 beauftragt, muss es sich um ein Finanzdienstleistungsinstitut handeln, das über die Erlaubnis zum eingeschränkten Verwahrgeschäft nach § 1 Absatz 1a Satz 2 Nummer 12 des Kreditwesengesetzes verfügt; wird das in § 83 Absatz 6 Satz 2 aufgeführte Geldkonto bei der Verwahrstelle eröffnet, muss es sich bei der Verwahrstelle um ein Kreditinstitut handeln, das über die Erlaubnis zum Betreiben des Einlagengeschäfts nach § 1 Absatz 1 Satz 2 Nummer 1 des Kreditwesengesetzes verfügt.

(8) [1]Unbeschadet der Anforderungen der Absätze 2 bis 5 unterliegt die Beauftragung einer Verwahrstelle mit Sitz in einem Drittstaat den folgenden Bedingungen:

1. zwischen den zuständigen Behörden des Mitgliedstaates der Europäischen Union oder des anderen Vertragsstaates des Abkommens über den Europäischen Wirtschaftsraum, in dem die Anteile des auslän-

dischen AIF gehandelt werden sollen, und, falls es sich um unterschiedliche Behörden handelt, den Behörden des Herkunftsmitgliedstaates der AIF-Kapitalverwaltungsgesellschaft oder der EU-AIF-Verwaltungsgesellschaft bestehen Vereinbarungen über die Zusammenarbeit und den Informationsaustausch mit den zuständigen Behörden der Verwahrstelle,

2. die Verwahrstelle unterliegt einer wirksamen Regulierung der Aufsichtsanforderungen, einschließlich Mindesteigenkapitalanforderungen, und einer Aufsicht, die jeweils den Rechtsvorschriften der Europäischen Union entsprechen und die wirksam durchgesetzt werden,

3. der Drittstaat, in dem die Verwahrstelle ihren Sitz hat, steht nicht auf der Liste der nicht kooperativen Länder und Gebiete, die von der Arbeitsgruppe „Finanzielle Maßnahmen gegen die Geldwäsche und die Terrorismusfinanzierung" aufgestellt wurde,

4. die Mitgliedstaaten der Europäischen Union oder die anderen Vertragsstaaten des Abkommens über den Europäischen Wirtschaftsraum, in denen die Anteile des ausländischen AIF vertrieben werden sollen, und, soweit verschieden, der Herkunftsmitgliedstaat der AIF-Kapitalverwaltungsgesellschaft oder EU-AIF-Verwaltungsgesellschaft haben mit dem Drittstaat, in dem die Verwahrstelle ihren Sitz hat, eine Vereinbarung abgeschlossen, die den Standards des Artikels 26 des OECD-Musterabkommens zur Vermeidung der Doppelbesteuerung von Einkommen und Vermögen vollständig entspricht und einen wirksamen Informationsaustausch in Steuerangelegenheiten, einschließlich multilateraler Steuerabkommen, gewährleistet,

5. die Verwahrstelle haftet vertraglich gegenüber dem ausländischen AIF oder gegenüber den Anlegern des ausländischen AIF entsprechend § 88 Absatz 1 bis 4 und erklärt sich ausdrücklich zur Einhaltung von § 82 bereit.

[2]Ist eine zuständige Behörde eines anderen Mitgliedstaates der Europäischen Union oder eines anderen Vertragsstaates des Abkommens über den Europäischen Wirtschaftsraum nicht mit der Bewertung der Anwendung von Satz 1 Nummer 1, 3 oder 5 durch die zuständigen Behörden des Herkunftsmitgliedstaates der AIF-Kapitalverwaltungsgesellschaft oder EU-AIF-Verwaltungsgesellschaft einverstanden, kann die betreffende zuständige Behörde die Angelegenheit der Europäischen Wertpapier- und Marktaufsichtsbehörde zur Kenntnis bringen; diese kann nach den ihr durch Artikel 19 der Verordnung (EU) Nr. 1095/2010 übertragenen Befugnisse tätig werden.

(9) **[1]Mindestens ein Geschäftsleiter der Einrichtung, die als Verwahrstelle beauftragt werden soll, muss über die für die Verwahrstellenaufgaben erforderliche Erfahrung verfügen. [2]Diese Einrichtung muss bereit und in der Lage sein, die für die Erfüllung der Verwahrstellenaufgaben erforderlichen organisatorischen Vorkehrungen zu schaffen. [3]Wird eine natürliche Person als Treuhänder nach den Absätzen 3 und 4 mit der Verwahrstellenfunktion beauftragt, muss dieser über die für die Verwahrstellenaufgaben erforderliche Erfahrung verfügen sowie die für die Erfüllung der Verwahrstellenaufgaben notwendigen organisatorischen Vorkehrungen schaffen.**

(10) **Die in den in Absatz 1 genannten Vertrag aufzunehmenden Einzelheiten und die allgemeinen Kriterien zur Bewertung, ob die Anforderungen an die aufsichtliche Regulierung und an die Aufsicht in Drittstaaten nach Absatz 8 Satz 1 Nummer 2 den Rechtsvorschriften der Europäischen Union entsprechen und wirksam durchgesetzt werden, bestimmen sich nach den Artikeln 83 und 84 der Delegierten Verordnung (EU) Nr. 231/2013.**

Schrifttum: *Baas/Buck-Heeb/Werner (Hrsg.)* Anlegerschutzgesetze: Kunden- und Anlegerschutz im Bank- und Investmentrecht, Berlin 2018; *Cieslok* Die Regulierung der Verwahrstelle nach Madoff, 2023; *Bühne/Inderwies* Kryptoverwahrgeschäft – Risiken und Abwehrmechanismen von Beginn an klar dokumentieren, Die Bank 09/2020, 54–57; *Janzen* AIF-Verwahrstellen nach dem Kapitalanlagegesetzbuch (KAGB), ZBB 2015, 230; *Thomas* Cash-Monitoring einer AIF-Verwahrstelle – Ein Beitrag zur Nutzung der intelligenten Datenanalyse unter Beachtung von Risiko- und Compliance-Aspekten, Hamburg 2018; *Trautwein/Ewel* Ordnungsmäßigkeit der Kryptoverwahrung i. S. d. § 1 Abs. 1a Satz 2 Nr. 6 KWG- technologische Besonderheiten, Corporate Finance (CF) 2020, 361; *Wibbeke/Moroni* OGAW V: Die Sprunglatte für OGAW-Verwahrstellen liegt höher, RdF 2015, 187–195.

Inhaltsübersicht

	Rn.
I. Allgemeines	1
II. Bestellung/Beauftragung einer Verwahrstelle (§ 80 I 1)	2
III. Inhalt des Verwahrstellenvertrages (§ 80 II 2, 3)	3
1. Überblick über den Regelungsgehalt	4
2. Inhalt des Verwahrstellenvertrags nach Art. 83 der Delegierten VO (EU) Nr. 231/2013	6
IV. Einrichtungen, die als Verwahrstelle beauftragt werden können	25
1. Kreditinstitut (§ 80 II Nr. 1, VII)	26
2. Drittstaaten-Zweigstellen und EU-Zweigniederlassungen	27
3. Wertpapierfirmen (§ 80 II 2, VII)	28
4. Andere Kategorie von Einrichtungen (§ 80 II Nr. 3)	29
5. Treuhänder als Verwahrstelle für geschlossene AIF	30
a) Geschlossene AIF und Hauptanlagestrategie (§ 80 III 1 Nr. 1, 2)	31
b) Anforderungen an die berufliche oder geschäftliche Tätigkeit (§ 80 III 2 Nr. 1, 2)	32
c) Anzeige der Beauftragung des Treuhänders an die BaFin (§ 80 IV)	38
6. Sitz der Verwahrstelle (§ 80 VI)	39
7. Verwahrstelle im Drittstaat (§ 80 VIII)	40
8. Anforderungen an Geschäftsleiter (§ 80 IX)	41
9. Vergleichbarkeit der Aufsicht in Drittstaaten (§ 80 X)	44

I. Allgemeines

Der Regelungsgehalt des § 80 entspricht im Wesentlichen § 68. Während die Verwahrstelle von OGAW bereits in den Vorläufern des KAGB detailliert geregelt war und diese Regelung vom KAGB weitgehend unverändert aus den §§ 20–29 InvG übernommen werden konnte (jetzt UAbschn. 1, §§ 68–79), verlangte die Umsetzung der AIFM-RL eine den Besonderheiten von AIF angepasste Neuregelung (UAbschn. 2, §§ 80–90), insb. im Hinblick auf bisher nicht in dieser 1

Form regulierte geschlossene Investmentfonds, welche zumeist auch keine verwahrungsfähigen Vermögensgegenstände halten. Entsprechend enthält auch § 80 von § 68 abweichende Regelungen, die diesen Besonderheiten Rechnung tragen (insb. zur Bestellung von Treuhändern als Verwahrstelle).

II. Bestellung/Beauftragung einer Verwahrstelle (§ 80 I 1)

2 In Umsetzung der Vorgaben der AIFM-RL stellt die Vorschrift klar, dass für jeden verwalteten AIF **eine Verwahrstelle** zu **bestellen** ist. *Eine* bedeutet in diesem Fall auch *einzige;* die Bestellung von zwei oder mehr Verwahrstellen für einen AIF ist unzulässig. Verantwortlich für die Bestellung ist die AIF-KVG; dies gilt auch für den Fall, dass die Verwahrstelle nicht unmittelbar, sondern von der extern verwalteten Investmentgesellschaft beauftragt wird. Als Regelfall vorgesehen ist die Bestellung einer Verwahrstelle iSv Abs. 2, also ein Kreditinstitut, eine Wertpapierfirma oder eine andere Kategorie von beaufsichtigter Einrichtung (→ Rn. 29). Ein nicht einer Finanzmarktregulierung und -beaufsichtigung unterliegender Treuhänder kann als Verwahrstelle unter den Voraussetzungen von Abs. 3 und Abs. 4 beauftragt werden. Diese Möglichkeit geht auf Art. 21 III UAbs. 3 der AIFM-RL zurück.

Da § 55 unberührt bleibt, ist eine Verwahrstelle nicht erforderlich für den Fall der Verwaltung von ausländischen, also Drittstaaten-AIF, die weder in der EU noch im EWR vertrieben werden.

III. Inhalt des Verwahrstellenvertrages (§ 80 II 2, 3)

3 Detaillierte Vorgaben zum Inhalt des Verwahrstellenvertrages zwischen der Verwahrstelle und AIF-KVG bzw. dem AIF macht Art. 83 I der VOVO (EU) Nr. 231/2013. Darüber hinaus werden Teilaspekte im Verwahrstellenrundschreiben (Rundschreiben 05/2020 (WA)) der BaFin behandelt. Im Verwahrstellenvertrag muss zum Ausdruck kommen, dass die Verwahrstelle einen hohen Anlegerschutzstandard sicherzustellen hat.

4 **1. Überblick über den Regelungsgehalt.** In der Praxis basiert die Ausgestaltung der Verwahrstellenverträge idR auf drei **Musterverträgen,** die von den Fonds- und Bankenverbänden für OGAW, für geschlossene AIF und für offene AIF erstellt wurden. Die Unterscheidung von geschlossenen und offenen AIF erfolgte aus Praktikabilitäts-, nicht aus rechtlichen Gründen. Die Muster geben Aufschluss darüber, was grds. Inhalt einer vertraglichen Pflichtenzuweisung sein soll, ohne jedoch abschließend zu sein. Weitere Konkretisierungen und Spezifizierungen sind zu verhandeln, wie sich aus den Verweisen auf ergänzend abzuschließende Leistungs- und Prozessbeschreibungen sog. Service Level Agreements (SLA) ergibt.

5 Der Verwahrstellenvertrag hat alle für eine ordnungsgemäße Wahrnehmung der Abwicklungs-, Aufsichts- und Kontrollfunktionen der Verwahrstelle erforderlichen Regelungen zu enthalten sowie die damit korrespondierenden Rechte und Pflichten der AIF-KVG und ggf. des AIF. Der Verwahrstellenvertrag soll alle Rechte und Pflichten eindeutig festlegen (Erwägungsgrund (94) der Delegierten VO (EU) Nr. 231/2013), sodass der Vertragstext (einschließlich SLA) ausreichend detailliert sein muss, damit das Verwahrrisiko bewertet und ordnungsgemäß überwacht werden kann. Dazu gehören zB Vermögenswertkategorien, in die der AIF investieren darf, und geografische Regionen, in denen der AIF investiert. Ebenso ist ein Eska-

lationsverfahren aufzunehmen. Die AIF-KVG und die Verwahrstelle können in einer Rahmenvereinbarung alle oder mehrere vom betreffenden die AIF-KVG verwalteten AIF auflisten, für welche die Vereinbarung gilt.

2. Inhalt des Verwahrstellenvertrags nach Art. 83 der Delegierten VO (EU) Nr. 231/2013. Artikel 83 der Delegierten VO (EU) Nr. 231/2013 listet den erforderlichen Mindestinhalt des Verwahrstellenvertrags auf. Um eine ordnungsgemäße Dokumentation sicherzustellen, sieht Art. 83 III der Delegierten VO (EU) Nr. 231/2013 Schriftform vor; § 80 I 2 sieht dagegen nunmehr Textform vor. Textform meint hier Textform iSd § 126b BGB, welche den europarechtlichen Vorgaben der Schriftform genügt. Die Textform wurde durch das FoStoG eingefügt, zuvor war hier ebenfalls Schriftform vorgesehen. Darüber hinaus werden Einzelheiten regelmäßig im SLA (→ Rn. 4) festgehalten. Diese beziehen sich meist auf die Besonderheiten der jeweiligen Asset-Klasse und regeln die Abläufe und Zusammenarbeit zwischen der Verwahrstelle und der AIF-KVG, einschließlich der Informationspflichten der AIF-KVG, um die Verwahrstelle in die Lage zu versetzen, ihre spiegelbildlichen Kontrollpflichten ordnungsgemäß zu erfüllen. Laut Art. 83 IV der Delegierten VO (EU) Nr. 231/2013 können sich AIF-KVG und Verwahrstelle darauf einigen, die zwischen ihnen ausgetauschten Informationen ganz oder teilweise elektronisch zu übermitteln, sofern eine ordnungsgemäße Aufzeichnung dieser Informationen gewährleistet ist. 6

Der Verwahrstellenvertrag muss eine Beschreibung der von der Verwahrstelle zu erbringenden **Dienstleistungen** und der anzuwendenden **Verfahren** für jede Art von Vermögenswerten, in die der AIF investieren kann und die der Verwahrstelle anvertraut werden, enthalten. Typische Dienstleistungen im Rahmen der Verwahrstellenfunktion sind die Verwahrung verwahrfähiger Vermögensgegenstände, die Eigentumsprüfung nicht verwahrfähiger Vermögensgegenstände, die Zahlstellenfunktion einschließlich der Überwachung der Zahlungsströme und die Anteilsscheinadministration. Letztere wird in anderen Ländern oft auch als „Transfer-Agent"-Funktion bezeichnet, welche vielfach einhergeht mit der Funktion des Registerführers, insb. bei nicht in das Girosammelverwahrungssystem einer Wertpapiersammelbank einbezogenen Fondsanteilen. 7

Erforderlich ist eine Beschreibung der **Art und Weise,** wie die Verwahr- und Aufsichtsfunktionen je nach Art der Vermögenswerte und der geografischen Regionen, in denen der AIF zu investieren beabsichtigt, auszuüben sind. Diese Beschreibung muss im Hinblick auf die Verwahraufgaben Länderlisten und Verfahren für die Aufnahme sowie ggf. der Streichung von Ländern in diese bzw. aus dieser Liste umfassen. Dies muss mit den in den Vertragsbedingungen, der Satzung und den Emissionsunterlagen des AIF gemachten Angaben zu den Vermögenswerten, in die der AIF investieren darf, übereinstimmen. 8

Weiter ist eine Erklärung erforderlich, dass die Haftung der Verwahrstelle von einer etwaigen Übertragung ihrer Verwahrfunktionen unberührt bleibt, es sei denn, sie hat sich gem. § 88 IV von der Haftung befreit. Bei Verträgen im Geltungsbereich des KAGB, die deutschem Recht unterliegen, dürfte etwa ein Verweis auf eine Haftung nach den gesetzlichen Bestimmungen ausreichend sein, weil § 88 III als gesetzliche Norm genau dies zwingend regelt. Im Wesentlichen muss die Verwahrstelle im Fall des § 88 IV einen sog. „objektiven Grund" für die Haftungsdelegation angeben können und diesen in dem Vertrag mit dem AIF, durch welchen die Haftungsbefreiung ausdrücklich gestattet ist, festschreiben (vgl. § 88 IV Nr. 3). Darüber hinaus muss gem. § 88 IV Nr. 2 ein schriftlicher Vertrag zwischen Verwahr- 9 stelle und Unterverwahrer abgeschlossen werden, in welchem die Haftung der Verwahrstelle ausdrücklich auf den Unterverwahrer übertragen wird.

10 Der Verwahrstellenvertrag muss Einzelheiten zur Laufzeit und **Bedingungen für Änderungen und die Kündigung** wie Kündigungsgründe und Kündigungsverfahren sowie ggf. zur Informationsübermittlung an die neue Verwahrstelle enthalten. Erwägungsgrund 94 der Delegierten VO (EU) Nr. 231/2013 stellt klar, dass die Verwahrstelle den Verwahrstellenvertrag in letzter Konsequenz kündigen können muss, wenn sie nicht davon überzeugt ist, dass die Vermögenswerte angemessenen Schutz genießen. Zu den in der Praxis relevanten Situationen, die in einer Kündigung sowohl der Verwahrstelle als auch der AIF-KVG münden können, gehört bspw., dass Zielfonds, in die der AIF investiert ist, schließen. In diesen Fällen übernimmt die Verwahrstelle die Verwaltung des Sondervermögens, bis sich eine neue AIF-KVG findet. Andernfalls kommt es zur Abwicklung des Sondervermögens durch die Verwahrstelle gem. § 100. Im Hinblick auf die im deutschen Recht unabdingbare außerordentliche Kündigungsmöglichkeit von Dauerschuldverhältnissen hat die Vorschrift nur klarstellende Funktion, da sowohl die Verwahrstelle als auch die AIF-KVG bei gravierenden Verstößen gegen den Verwahrstellenvertrag diesen außerordentlich kündigen können. Gründe für ein Kündigungsrecht sind insb. die dauerhafte oder wiederholte Nichteinhaltung von Anlagegrenzen oder Informationspflichten durch die AIF-KVG, welche die Verwahrstelle überhaupt in die Lage versetzen, ihren Kontrollpflichten nachzukommen. Es ist eine Einzelfallentscheidung, wann eine Vertragsverletzung als gravierend idS eingestuft werden kann. Ein Indikator ist insb. die mangelnde Bereitschaft, moniertes Fehlverhalten zu korrigieren. Besonders wichtig für die effektive Ausübung der Verwahrstellenfunktion ist auch die Möglichkeit, die Existenz und Anwendung von Risikomanagement- oder Bewertungsverfahren zu überprüfen. Ein ultimativer Kündigungsgrund ist es für beide Parteien, wenn sich aus dem Fehlverhalten eine signifikante Steigerung des Risikos ergibt. Für die Verwahrstelle liegt dieses in der Steigerung ihres Haftungsrisikos gegenüber den Anlegern. Seitens der AIF-KVG steigt das Risiko insb. dann, wenn sich herausstellt, dass die Kapitalisierung der Verwahrstelle für eine mögliche Haftung unzureichend ist.

11 Der Verwahrstellenvertrag muss die für die Vertragsparteien geltenden **Geheimhaltungspflichten** enthalten. Diese Pflichten dürfen den Zugang der zuständigen Behörden zu relevanten Unterlagen und Informationen nicht beeinträchtigen. Geheimhaltungspflichten können sich aus den einschlägigen Datenschutzgesetzen ergeben und sind dann ohnehin verbindlich. Darüber hinaus können aber auch Informationen, zB über die Preisgestaltung oder geschäftspolitischer Natur, Gegenstand einer Geheimhaltungspflicht sein, wenn dies vereinbart wird.

12 Der Verwahrstellenvertrag soll diejenigen Informationen aufführen, welche die Verwahrstelle an die AIF-KVG übermitteln muss, damit diese etwaige mit Vermögenswerten verbundene Rechte ausüben kann. Daneben sind die Mittel und Verfahren, welche der AIF-KVG oder dem AIF Zugang zu zeitnahen und genauen Informationen über die Konten des AIF ermöglichen, abzustimmen.

13 Gegenstand des Verwahrstellenvertrages sollen weiterhin auch die Mittel und Verfahren sein, mit denen die AIF-KVG oder der AIF alle einschlägigen **Informationen an die Verwahrstelle** übermittelt oder sicherstellt, dass die Verwahrstelle Zugang zu allen Informationen hat, die sie zur Erfüllung ihrer Aufgaben benötigt. Dazu gehören neben der unverzüglichen Bereitstellung von Informationen über sämtliche Barmittelströme, auch auf Geldkonten des AIF bei Dritten, sicherlich auch Eigentumsnachweise, dass der AIF bzw. die für ihn handelnde AIF-KVG

tatsächlich Eigentümer der Vermögenswerte ist, so Erwägungsgrund (104) der Delegierten VO (EU) Nr. 231/2013. Der Eigentumsnachweis kann zB anhand einer Kopie eines amtlichen Eigentumsnachweises oder einem von der Verwahrstelle als angemessen betrachteten sonstigen förmlichen und verlässlichen Nachweis geführt werden. Falls notwendig, sollte die Verwahrstelle vom AIF, AIF-KVG oder ggf. von einem Dritten zusätzliche Nachweise verlangen. Eine weitere gesetzliche Präzisierung dieser Informationspflicht enthält Art. 92 IV Delegierten VO (EU) Nr. 231/2013, wonach die AIF-KVG der Verwahrstelle bei Beginn der Wahrnehmung ihrer Pflichten und danach kontinuierlich alle relevanten Informationen zur Ausübung der Verwahrstellenfunktion übermittelt. Dies umfasst auch Informationen, die der Verwahrstelle von Dritten vorzulegen sind. Hierzu gehören insb. Informationen über Konten, die bei Drittbanken geführt werden, und über bzw. von externen Bewertern (s. auch BaFin Rundschreiben 05/2020 (WA) – Anforderungen bei der Bestellung externer Bewerter für Immobilien und Immobilien-Gesellschaften). Zum Informationsverfahren regelt Art. 92 IV Delegierte VO (EU) Nr. 231/2013, dass die AIF-KVG sicherzustellen hat, dass die Verwahrstelle Zugang zu den Büchern hat und in den Geschäftsräumen der AIF-KVG und von ihr bestellten Dienstleister wie Verwaltern oder externen Bewertern Besuche vor Ort abstatten kann. Alternativ können Berichte und Erklärungen qualifizierter unabhängiger Prüfer oder Sachverständiger geprüft werden, um Angemessenheit und Relevanz der vorhandenen Verfahren sicherzustellen. Soweit die AIF-KVG über Objektgesellschaften investiert, ist dafür Sorge zu tragen, dass die AIF-KVG sich verpflichtet, in Verträgen mit Objektgesellschaften und von diesen beauftragten Dritten die Informations- und Kontrollbefugnisse mit aufzunehmen, um der Verwahrstelle auch hier die Kontrolle zu ermöglichen (siehe auch § 81). Die Verwahr- und Kontrollpflichten ergeben sich aus Art. 89 III bzw. Art. 90 V der Delegierten VO (EU) Nr. 231/2013.

Der Verwahrstellenvertrag soll Angaben darüber enthalten, ob die Verwahrstelle oder ein Dritter, dh ein Unterverwahrer, einschließlich Collateral Manager und Primebroker der mit Verwahrfunktionen betraut wird, die anvertrauten Vermögenswerte wiederverwenden darf und, falls ja, welchen Bedingungen eine solche **Wiederverwendung** unterliegt. 14

Erwägungsgrund 100 der Delegierten VO (EU) Nr. 231/2013 spezifiziert insoweit, dass, sofern die Voraussetzungen, unter denen Finanzinstrumente verwahrt werden sollten, erfüllt sind, auch Finanzinstrumente, die einem Dritten als Sicherheit gestellt werden oder von einem Dritten zugunsten des AIF bereitgestellt werden, von der Verwahrstelle selbst oder von einem Dritten, auf den Verwahrfunktionen übertragen werden, zu verwahren sind, solange sie Eigentum des AIF oder des für den AIF handelnden AIFM sind. Auch bleiben Finanzinstrumente, die Eigentum des AIF oder des für den AIF handelnden AIFM sind und zu deren Wiederverwendung durch die Verwahrstelle der AIF oder der für den AIF handelnde AIFM seine Zustimmung erteilt hat, in Verwahrung, solange das Recht auf Wiederverwendung noch nicht ausgeübt wurde.

Der Verwahrstellenvertrag sollte die Verfahren für die Prüfung etwaiger **Änderungen** der Vertragsbedingungen, der Satzung oder der Emissionsunterlagen des AIF enthalten. Dabei sollen auch Fälle angegeben werden, in denen die Verwahrstelle unterrichtet oder die vorherige Zustimmung der Verwahrstelle eingeholt werden muss, ehe eine Änderung vorgenommen werden darf. Nach Erwägungsgrund 109 der Delegierten VO (EU) Nr. 231/2013 sollte die Verwahrstelle Kraft ihrer Aufsichtspflicht ein Verfahren schaffen, mit dem nachträglich überprüft 15 wird, ob der AIF die geltenden Rechts- und Verwaltungsvorschriften sowie seine Vertragsbedingungen und Satzung eingehalten hat. Dabei sollte bspw. regelmäßig überprüft werden, ob die Anlagen des AIF mit den in seinen Vertragsbedingungen und Emissionsunterlagen dargelegten Anlagestrategien in Einklang stehen, und sollte gewährleistet werden, dass der AIF nicht gegen etwaige für ihn geltende Anlagebeschränkungen verstößt. Die Verwahrstelle sollte die Transaktionen des AIF überwachen und jeder ungewöhnlichen Transaktion nachgehen. Bei einem Verstoß gegen die in den geltenden nationalen Rechts- und Verwaltungsvorschriften und in den Vertragsbedingungen und der Satzung des AIF festgelegten Obergrenzen oder Beschränkungen sollte die Verwahrstelle bspw. von der AIF-KVG die Weisung erhalten, diese Transaktion auf seine eigenen Kosten rückgängig zu machen. Diese VO hindert die Verwahrstelle nicht daran, vorab tätig zu werden, wenn sie dies für angemessen hält und die AIF-KVG ihr Einverständnis erteilt hat.

16 Der Verwahrstellenvertrag soll eine Auflistung aller Informationen enthalten, die in Bezug auf Verkauf, Zeichnung, Auszahlung, Ausgabe, Löschung und Rücknahme von **Anteilen** des AIF zwischen dem AIF, der AIF-KVG, einem für den AIF oder der AIF-KVG handelnden Dritten einerseits und der Verwahrstelle andererseits ausgetauscht werden müssen. Nach Erwägungsgrund 107 der Delegierten VO (EU) Nr. 231/2013 sollte die Verwahrstelle überprüfen, ob die Zahl der ausgegebenen Anteile den Zeichnungserlösen entspricht und solche Anteilscheingeschäfte ordnungsgemäß verbucht und abgewickelt werden (s. § 83 VI 1). Im Hinblick auf die im deutschen Markt bei AIF in der Rechtsform des Sondervermögens übliche Abwicklung von Zeichnungen und Rücknahmen über das Girosammelverwahrsystem der Clearstream Banking AG und die Rolle der Verwahrstelle dabei, werden die aufsichtsrechtlich geforderten Vorgaben durch die Form der Abwicklung bereits erfüllt. Bei AIF in der Gesellschaftsform, insb. der Investment-Kommanditgesellschaft, hat die AIF-KVG aber sicherzustellen, dass die Verwahrstelle mit den relevanten Informationen versorgt wird, die sie benötigt, um den Eingang der Zahlungen von Anlegern ordnungsgemäß zu überwachen.

17 Der Verwahrstellenvertrag soll eine Auflistung aller Informationen enthalten, die in Bezug auf die Wahrnehmung der **Aufsichts- und Kontrollfunktionen** durch die Verwahrstelle zwischen dem AIF, dem AIFM, einem für den AIF oder den AIFM handelnden Dritten sowie der Verwahrstelle ausgetauscht werden müssen. Diese Pflichten lassen sich insb. aus § 83 I Nr. 1–3 ableiten und richten sich nach der jeweiligen Anlagestrategie des AIF.

18 Beabsichtigen die Vertragsparteien die **Bestellung von Dritten,** um diesen einen Teil ihrer Pflichten zu übertragen, soll der Verwahrstellenvertrag eine Verpflichtung enthalten, regelmäßig Einzelheiten zu jedem bestellten Dritten sowie auf Verlangen zu den Kriterien für die Auswahl des Dritten und die Schritte, die zur Überwachung der Tätigkeiten des ausgewählten Dritten geplant sind, mitzuteilen. Der Verwahrstellenvertrag muss folglich Details zur Auslagerung einerseits der Verwahrstelle und andererseits der AIF-KVG enthalten. Im Hinblick auf die Verwahrstelle ist der Anwendungsbereich jedoch begrenzt, da die Kontrollfunktionen der Verwahrstelle ohnehin nicht auf Dritte übertragen werden dürfen (s. § 82 IV). Eine Auslagerung von Aufgaben der AIF-KVG richtet sich im Übrigen nach § 36.

19 Der Verwahrstellenvertrag soll Informationen über die Aufgaben und Zuständigkeiten der Vertragsparteien bezüglich der Pflichten zur Bekämpfung von **Geldwäsche und Terrorismusfinanzierung** enthalten. Die Pflichten selbst ergeben sich für die AIF-KVG aus § 2 I Nr. 6 GwG. Zudem sollte die AIF-KVG Vorkehrungen dagegen treffen, dass sie nicht zur Geldwäsche oder Terrorismusfinanzierung missbraucht werden kann. Für die Verwahrstelle kann sich diese Pflicht aus verschiedenen Absätzen des § 2 GwG ergeben, je nachdem, ob es sich um ein Kreditinstitut, ein Finanzdienstleistungsinstitut oder etwas anderes handelt. Insbesondere ein Treuhänder ist nicht an eine bestimmte Form gebunden. Vielmehr kann es sich um einen Wirtschaftsprüfer, Rechtsanwalt oder Treuhänder iSd Nr. 9 handeln. Insbesondere hinsichtlich der Kernpflicht des GwG, das Know-Your-Customer-Prinzip anzuwenden, sollte der Verwahrstellenvertrag die entsprechenden Pflichten dort verorten, wo ein tatsächlicher Kontakt mit dem Anleger strukturell vorgesehen ist. Bei girosammelverwahrten Publikumsfonds kann diese Funktion nur die depotführende Stelle des Anlegers effektiv wahrnehmen. Allerdings kann dies auch die Verwahrstelle sein, sofern der Anleger dort ein sog. Investorendepot unterhält.

Der Verwahrstellenvertrag soll Informationen über alle **Geldkonten bei Drittbanken** enthalten, die im Namen des AIF oder der für ihn handelnden AIF-KVG eröffnet wurden, und die Verfahren, durch welche die Unterrichtung der Verwahrstelle über jedes neue Konto, das im Namen des AIF oder der für ihn handelnden AIF-KVG eröffnet wird, gewährleistet wird. Damit die Verwahrstelle unter allen Umständen einen klaren Überblick über die ein- und ausgehenden Barmittelströme des AIF hat, sollte die AIF-KVG nach Erwägungsgrund 97 Delegierte VO (EU) Nr. 231/2013 sicherstellen, dass die Verwahrstelle unverzüglich genaue Informationen über sämtliche Barmittelströme erhält, auch von etwaigen Dritten, bei denen ein Geldkonto des AIF eröffnet wird. Mit der Informationspflicht hinsichtlich Drittkonten wird die Grundlage für das Cashflow-Monitoring nach Art. 85–87 der Delegierten VO (EU) Nr. 231/2013 geschaffen. Zum Hintergrund für das Informationsbedürfnis wird in Erwägungsgrund 99 der Delegierten VO (EU) Nr. 231/2013 ausgeführt, dass die Verwahrstelle sicherzustellen hat, dass sämtliche Zahlungen von Anlegern oder im Namen von Anlegern bei der Zeichnung von Anteilen eines AIF geleistet und gem. der AIFM-RL auf einem oder mehreren Geldkonten verbucht wurden. Die AIF-KVG sollte daher sicherstellen, dass die Verwahrstelle mit den relevanten Informationen versorgt wird, die sie benötigt, um den Eingang der Zahlungen von Anlegern ordnungsgemäß zu überwachen. Die AIF-KVG hat sicherzustellen, dass der Verwahrstelle diese Informationen unverzüglich zukommen, wenn der Dritte einen Auftrag zur Rücknahme oder Ausgabe von Anteilen eines AIF erhält. Die Informationen sollten daher bei Geschäftsschluss von dem für die Zeichnung und Rücknahme der Anteile eines AIF zuständigen Unternehmen an die Verwahrstelle übermittelt werden, um jeglichen Missbrauch von Anlegerzahlungen zu vermeiden. 20

Der Verwahrstellenvertrag soll Einzelheiten zu den **Eskalationsverfahren** der Verwahrstelle, einschließlich der Angabe der Personen beim AIF und ggf. bei der AIF-KVG, die von der Verwahrstelle bei Einleitung eines solchen Verfahrens zu kontaktieren sind, enthalten. Auch sollte die Gefahr des „Moral Hazard" unterbunden werden, bei der eine AIF-KVG Anlageentscheidungen unabhängig vom Verwahrrisiko treffen würde, da die Verwahrstelle in den meisten Fällen haftbar wäre. Um einen hohen Anlegerschutzstandard zu wahren, sollten die detaillierten Anforderungen für die Überwachung von Dritten für die gesamte Verwahrkette gelten. Damit die Verwahrstelle ihren Pflichten nachkommen kann, sollte sie für den Umgang mit Unregelmäßigkeiten ihr eigenes Eskalationsverfahren schaffen (hierzu auch Rundschreiben 05/2020 (WA) – Aufgaben und Pflichten der Verwahrstelle nach Kapitel 1 Abschnitt 3 des Kapitalanlagegesetzbuches). Dieses Verfahren sollte sicherstellen, dass die zuständigen Behörden über alle wesentlichen Verstöße in Kenntnis gesetzt werden. Von den in der VO niedergelegten Aufsichtspflichten der 21

Verwahrstelle gegenüber Dritten unberührt bleiben die Pflichten, die der AIF-KVG nach der RL 2011/61/EU obliegen.

22 Der Verwahrstellenvertrag soll eine Verpflichtung der Verwahrstelle enthalten, die AIF-KVG zu unterrichten, wenn sie Kenntnis davon erhält, dass die **Trennung der Vermögenswerte** nicht oder nicht mehr in ausreichendem Maße gegeben ist, um im Falle der **Insolvenz eines Dritten,** dem gem. Art. 21 XI der RL 2011/61/EU in einer bestimmten Rechtsordnung Verwahrfunktionen übertragen wurden, Schutz zu gewährleisten. Nach Erwägungsgrund 112 der Delegierten VO (EU) Nr. 231/2013 sollte die Verwahrstelle bei der Übertragung von Verwahrfunktionen sicherstellen, dass die Anforderungen des Art. 21 XI Buchst. d Nr. iii der AIFM-RL erfüllt und die Vermögenswerte ihrer AIF-Kunden ordnungsgemäß voneinander getrennt sind.

23 Der Verwahrstellenvertrag soll eine Beschreibung der Verfahren enthalten, mit denen die Verwahrstelle im Rahmen der Ausübung ihrer Pflichten die Möglichkeit hat, Nachforschungen zum **Wohlverhalten** der AIF-KVG und/oder des AIF anzustellen und die Qualität der übermittelten Informationen zu bewerten, unter anderem durch Zugang zu den Büchern des AIF und/oder der AIF-KVG oder durch Besuche vor Ort. Gegenstand dieser Prüfung sind die BVI-Wohlverhaltensregeln oder zumindest der 1. Teil davon, den die BaFin ausdrücklich für die Auslegung des InvG heranzog. Darüber hinaus liegen die zu überprüfenden Wohlverhaltenspflichten in der Einhaltung der internen Governance-Grundsätze wie den Bewertungsverfahren. Dies ist iÜ auch im Rahmen der Bewertungskontrolle nach Art. 94 der Delegierten Verordnung (EU) Nr. 231/2013 erforderlich.

24 Der Verwahrstellenvertrag soll eine Beschreibung der Verfahren enthalten, mit denen die AIF-KVG und oder der AIF die **Leistung der Verwahrstelle** in Bezug auf deren vertragliche Verpflichtungen überprüfen kann.

IV. Einrichtungen, die als Verwahrstelle beauftragt werden können

25 Im Gegensatz zu OGAW können für AIF neben Kreditinstituten gem. § 32 KWG und den entsprechenden Regelungen in den anderen Mitgliedstaaten auch Wertpapierfirmen und andere Einrichtungen als Verwahrstelle beauftragt werden. Zudem ist die Bestellung eines Treuhänders als Verwahrstelle möglich.

26 **1. Kreditinstitut (§ 80 II Nr. 1, VII).** Als Verwahrstelle für inländische AIF ist nach § 80 II Nr. 1, VI und VII ein CRR-Kreditinstitut mit satzungsmäßigem Sitz im Inland oder mit deutscher Zweigniederlassung geeignet. Dieses muss aber nicht über eine Erlaubnis für das Depotgeschäft verfügen, wenn es die mit dem AIFM-Umsetzungsgesetz eingeführte Finanzdienstleistung des eingeschränkten Verwahrgeschäfts – also die Verwahrung und Verwaltung von Wertpapieren ausschließlich für AIF – erbringen darf. Für EU-AIF kann die Verwahrstellenfunktion laut § 80 II Nr. 1 Hs. 2 von Kreditinstituten mit Sitz in der EU ausgeübt werden, die über eine in der EU erteilte Bankerlaubnis verfügen. Der Gesetzestext nimmt dabei auf die RL 2013/36/EU und die VO (EU) 575/2013 Bezug. Entscheidend ist, dass die Verwahrstelle – wie Erwägungsgrund (35) der AIFM-RL hervorhebt – ihren Sitz oder eine Filiale in demselben Land wie der AIF hat. § 80 VII 1, 2 legen die Anforderungen fest, die ein inländisches Institut erfüllen muss, wenn es als Verwahrstelle fungieren soll. Soll für den inländischen AIF eine Verwahrstelle iSd Abs. 2 Nr. 1 beauftragt werden, muss es sich um ein CRR-Kreditinstitut iSd § 1 IIId KWG handeln. Das CRR-Kreditinstitut muss zusätzlich zum Betreiben des Depotgeschäfts

nach § 1 I 2 Nr. 5 KWG zugelassen sein oder alternativ das eingeschränkte Verwahrgeschäft nach § 1 Ia 2 Nr. 12 KWG erbringen dürfen. Diese Anforderung ergibt sich zwar nicht aus § 80 II oder aus der AIFM-RL, sie ist aber deshalb notwendig, weil eine Verwahrstelle die zum Investmentvermögen gehörenden Vermögensgegenstände verwahrt und damit die erlaubnispflichtige Finanzdienstleistung des eingeschränkten Verwahrgeschäfts nach § 1 Ia 2 Nr. 12 KWG und generell das Depotgeschäft nach § 1 I 2 Nr. 5 KWG erbringt. Kreditinstitute, welche die Erlaubnis zum Depotgeschäft nach § 1 I 2 Nr. 5 KWG besitzen, benötigen keine zusätzliche Erlaubnis für das eingeschränkte Verwahrgeschäft für AIF, da es sich dabei um einen Unterfall des Depotgeschäfts handelt.

2. Drittstaaten-Zweigstellen und EU-Zweigniederlassungen. Die Verwahrstellenfunktion kann auch von EU-Zweigniederlassungen nach § 53b I 1 KWG und von Drittstaatenzweigstellen nach § 53 oder § 53c KWG ausgeübt werden. Dies folgt unmittelbar aus § 80 VI 1. Soll eine Zweigniederlassung eines ausländischen CRR-Kreditinstituts als Verwahrstelle beauftragt werden und ist vorgesehen, dass einzelne Verwahrstellenaufgaben von einer Haupt- oder Schwesterniederlassung im Ausland wahrgenommen werden, so muss die AIF-KVG nach dem Verwahrstellenrundschreiben für einen Nachweis der Zweigniederlassung sorgen, dass die organisatorischen Vorkehrungen der ausländischen Niederlassung geeignet sind, die jeweilige Verwahrstellenaufgaben im Einklang mit den Vorschriften des KAGB wahrzunehmen. Ferner hat eine OGAW-KVG in diesen Fällen eine Bestätigung der Zweigniederlassung beizubringen, wonach die in § 68 VII 1 vorgesehene Verwahrstellenprüfung auch die Prüfung der Systeme und organisatorischen Vorkehrungen der ausländischen Niederlassung insoweit umfasst, wie diese – anstelle der Zweigniederlassung – bestimmte Verwahrstellenaufgaben erbringen soll. Der Prüfungsauftrag der Zweigniederlassung zur Verwahrstellenprüfung hat daher auch die für sie in der ausländischen Niederlassung erbrachten Verwahrstellentätigkeiten zu umfassen. § 80 VI 1 ist nach Sinn und Zweck so auszulegen, dass die bloße Existenz einer inländischen Zweigstelle nicht ausreicht, wenn diese nicht auch selbst mit den Kernaufgaben der AIF-Verwahrstellenfunktion betraut ist. So dürfen zB das Abwicklungskonto, das Depotkonto oder das Bestandsverzeichnis über die nicht verwahrfähigen Vermögensgegenstände nicht von der Hauptniederlassung im Ausland geführt werden. Ferner muss die Kontrollfunktion als solche durch die Zweigniederlassung im Inland wahrgenommen werden. Es können lediglich Teilprozesse für die Durchführung der jeweiligen Kontrollaufgabe (zB die erforderlichen EDV-Systeme zur Prüfung der Einhaltung der Anlagegrenzen) auch von der im Ausland sitzenden Niederlassung durchgeführt werden (→ Rn. 39ff.). Verwaltet eine AIF-KVG einen ausländischen AIF, der nicht in der Union vertrieben werden soll, ist sie nicht verpflichtet eine Verwahrstelle zu beauftragen, vgl. § 55. 27

3. Wertpapierfirmen (§ 80 II 2, VII). Eine Verwahrstelle iSd § 80 II Nr. 2 ist nach dem Wortlaut eine Wertpapierfirma mit satzungsmäßigem Sitz in der EU, die gem. der RL 2014/65/EU (MiFID) zugelassen ist, und die auch die Nebendienstleistungen wie Verwahrung und Verwaltung von Finanzinstrumenten für Rechnung von Kunden für andere gem. der MiFID erbringt und bestimmte Anfangskapital- und Eigenmittelanforderungen erfüllt. Für diesen Verweis auf die Wertpapierfirma in § 80 II Nr. 2 gilt das oben Gesagte entsprechend. Als Verwahrstelle iSd § 80 II 2 Nr. 1 und 2 kann es sich gem. § 80 VII neben einem CRR Kreditinstitut auch um ein Finanzdienstleistungsinstitut handeln. Für inländische AIF 28 kommt dementsprechend keine Wertpapierfirma aus dem EU-Ausland, sondern lediglich ein CRR Kreditinstitut oder ein Finanzdienstleistungsinstitut in Betracht, das zumindest zum Betreiben des eingeschränkten Verwahrgeschäfts nach § 1 Ia 2 Nr. 12 KWG als Finanzdienstleistung oder abgespeckte Variante des Depotgeschäfts nach § 1 I 2 Nr. 5 KWG zugelassen ist. § 2 I Nr. 12 KWG stellt dementsprechend klar, dass Unternehmen, die lediglich das eingeschränkte Verwahrgeschäft als Unterfall des Depotgeschäfts erbringen, nicht als Kreditinstitute, sondern als Finanzdienstleistungsinstitute gelten. Soll das in § 83 VI 2 aufgeführte Geldkonto bei der Verwahrstelle geführt werden, muss es sich bei der Verwahrstelle allerdings zwingend um ein Kreditinstitut handeln, das zum Betreiben des Einlagengeschäfts nach § 1 I 1 Nr. 1 KWG zugelassen ist. Hintergrund für die Aufnahme des eingeschränkten Verwahrgeschäfts als neuer Tatbestand der Finanzdienstleistung ins KWG ist, dass die in Art. 21 III Buchst. b AIFM-RL vorgesehene Möglichkeit, eine breitere Auswahl an Verwahrstellen zu schaffen, aufgrund von zusätzlichen nationalen Anforderungen nicht leerlaufen soll. Im Hinblick auf die Verweiskette dürfte ein Wertpapierinstitut iSd WertpapierinstitutsgesetzesWpIG die Anforderungen nicht erfüllen.

29 **4. Andere Kategorie von Einrichtungen (§ 80 II Nr. 3).** § 80 II Nr. 3 greift eine Vorschrift aus der OGAW-IV-RL auf, von der in Deutschland – anders als bspw. in Irland oder im Vereinigten Königreich – kein Gebrauch gemacht wurde. Vor diesem Hintergrund ist die Aufnahme ins KAGB überflüssig. Grundsätzlich ist danach vorgesehen, dass die Mitgliedstaaten weitere Kategorien von Einrichtungen als taugliche Verwahrstelle im Rahmen der nationalen Umsetzung vorsehen können, sofern diese einer Beaufsichtigung und ständigen Überwachung unterliegen sowie ausreichende finanzielle und berufliche Garantien bieten, um die ihnen als Verwahrstelle obliegenden Tätigkeiten ordnungsgemäß ausführen zu können und den sich daraus ergebenden Verpflichtungen nachzukommen.

30 **5. Treuhänder als Verwahrstelle für geschlossene AIF.** Schließlich besteht auch die Möglichkeit, einen sog. Treuhänder als Verwahrstelle zu beauftragen. Die Voraussetzungen hierfür werden im „Merkblatt zu den Anforderungen an Treuhänder als Verwahrstelle nach § 80 III KAGB" der BaFin vom 18.7.2013 erläutert.

31 **a) Geschlossene AIF und Hauptanlagestrategie (§ 80 III 1 Nr. 1, 2).** Zunächst wird festgelegt, dass ein Treuhänder nach § 80 III 1 als Verwahrstelle nur für geschlossene AIF in Betracht kommt.

Das KAGB sieht in Nr. 1 weiterhin als Voraussetzung für die Einschaltung eines Treuhänders vor, dass der geschlossene AIF kein Rückgaberecht für die Fondsanteile innerhalb der ersten fünf Jahre gewährt. Diese Definition des geschlossenen AIF ist allerdings nicht im Einklang mit der Delegierten VO (EU) 694/2014, wonach jeder Fonds, der vorseinem Laufzeitende Rückgaben ermöglicht, als offener Fonds eingestuft wird. Außerdem muss der geschlossene AIF nach der Nr. 2 entweder in seinen Anlagebedingungen auf eine Hauptanlagestrategie festgelegt sein, nach der er idR nicht in verwahrfähige Finanzinstrumente iSd AIFM-RL investiert. Verwahrfähige Finanzinstrumente dürfen daher bei diesen Fonds nur in Ausnahmefällen und dann auch nur in – gemessen am Fondsvolumen – geringem Umfang erworben werden. Alternativ kann es sich um einen geschlossenen AIF handeln, dessen Hauptanlagestrategie auf die Investition in Emittenten oder nicht börsennotierte Unternehmen mit dem Ziel der möglichen Kontrollerlangung gerichtet ist;

bei diesen Investmentvermögen ist der Erwerb von Finanzinstrumenten in Form von Unternehmensanteilen kein Ausnahmefall. Lassen die Anlagebedingungen des AIF eine Investition in Finanzinstrumente – wenn auch nur in geringem Umfang – zu, so muss der Treuhänder sicherstellen, dass die Finanzinstrumente des AIF gem. §81 I auf Depots von entsprechend lizenzierten Kreditinstituten oder bei einer sonstigen nach §80 II zulässigen Verwahrstelle verbucht werden. Hierzu muss er vertraglich ein Unterverwahrverhältnis mit einer solchen Stelle begründen.

b) Anforderungen an die berufliche oder geschäftliche Tätigkeit (§80 III 2 Nr. 1, 2). Voraussetzung für die Beauftragung eines Treuhänders ist, dass dieser die Aufgaben einer Verwahrstelle im Rahmen seiner beruflichen oder geschäftlichen Tätigkeit wahrnimmt, für die er einer gesetzlich anerkannten obligatorischen berufsmäßigen Registrierung oder Rechts- und Verwaltungsvorschriften oder berufsständischen Regeln unterliegt. Diese müssen ausreichend finanzielle und berufliche Garantien bieten, um es ihm zu ermöglichen, die relevanten Aufgaben einer Verwahrstelle wirksam auszuführen und die mit diesen Funktionen einhergehenden Verpflichtungen zu erfüllen. Die Ausnahmeregelung soll dazu dienen, die gegenwärtigen Praktiken bei bestimmten Arten von geschlossenen Fonds zu berücksichtigen. Als Beispiel für eine solche Stelle nennt Erwägungsgrund 34 der AIFM-RL einen Notar, Rechtsanwalt oder eine Registrierstelle. §80 III verwendet in Anlehnung an das Treuhänder-Modell nach den §§128ff. VAG den Begriff „Treuhänder" für die Stelle, die als Verwahrstelle für geschlossene AIF fungieren kann. Durch die Verwendung dieses Begriffes soll zudem deutlich werden, dass die Verwahrstellenfunktion für geschlossene AIF iSd Abs. 3 nicht auf bestimmte Berufsgruppen beschränkt ist. Vielmehr kommen grds. mehrere Berufsgruppen in Betracht. Ob die jeweilige Person, die als Treuhänder beauftragt werden soll, dann tatsächlich die Voraussetzungen der §§80ff. und insb. die in §80 III genannten Anforderungen erfüllt (zB Vorhandensein von ausreichenden finanziellen und beruflichen Garantien, Unabhängigkeit, Vorliegen von erforderlichen Fachkenntnissen), um die Verwahrstellenfunktion für geschlossene AIF iSd Abs. 1 ausüben zu können, ist im Einzelfall zu entscheiden. §80 IV legt fest, dass ein Treuhänder nach Abs. 3 erst beauftragt werden darf, wenn er zuvor von der Bundesanstalt benannt worden ist und diese gegen die Beauftragung keine Bedenken geäußert hat. Die Regelung ist an §128 IV VAG angelehnt, wonach der Treuhänder, der für das Sicherungsvermögen bestellt werden soll, vor der Bestellung der Aufsichtsbehörde benannt werden muss. Die Einzelheiten des Benennungsverfahrens (zB Nachweis der Fachkenntnisse und der beruflichen und finanziellen Garantien, Angaben zur Unabhängigkeit) werden im Wege einer Verlautbarung der Bundesanstalt konkretisiert. 32

Treuhänder müssen gem. §80 III 2 über ausreichende **finanzielle Garantien** verfügen, die es ihnen ermöglichen, die relevanten Aufgaben einer Verwahrstelle wirksam auszuführen und die mit diesen Funktionen einhergehenden Verpflichtungen zu erfüllen. Die aufgrund einer Pflichtverletzung des Treuhänders drohenden Vermögensschäden bei den Anlegern des betreffenden AIF können so erheblich sein, dass dieses Risiko abgesichert werden muss. Unterläuft dem Treuhänder bspw. ein Fehler bei der Verifikation des Eigentums an einem von nur wenigen Sachwerten in einem geschlossenen Fonds, kann ein Großteil des Fondsvermögens verloren sein. Um diese Risiken abzusichern, muss der Treuhänder über eine entsprechende Haftpflichtversicherung zuzüglich eines fixen Kapitals verfügen. 33

Inwieweit die reguläre **Berufshaftpflichtversicherung** für Rechtsanwälte, Notare, Steuerberater, Wirtschaftsprüfer oder vereidigte Buchprüfer das Risiko aus einer Tätigkeit als Verwahrstelle abdeckt, muss der Treuhänder mit seiner Versicherungsgesellschaft im Einzelfall klären. Die notwendige finanzielle Absicherung wird ggf. nur durch eine ergänzende Haftpflichtversicherung zu erzielen sein, die entweder auf einen bestimmten Fonds bezogen ist (sog. „Objektversicherung") oder auf Gesellschaftsebene die Verwahrstellentätigkeit für alle Fonds gemeinsam abdeckt. Zum Nachweis des Versicherungsschutzes für die Tätigkeit als Verwahrstelle ist der BaFin eine explizite Bestätigung der Versicherungsgesellschaft vorzulegen.

Die Versicherungsbedingungen müssen den Anlegern des betreffenden Fonds im Schadensfall unter entsprechend § 115 (mit Ausnahme von Abs. 1 Nr. 1) VAG geregelten Voraussetzungen direkte Ansprüche gegen die Versicherungsgesellschaft einräumen. Der Treuhänder muss sich der BaFin gegenüber damit einverstanden erklären, dass diese den Anlegern Auskunft über Name und Anschrift der Versicherungsgesellschaft sowie die Versicherungsnummer erteilt.

Im Versicherungsvertrag ist die Versicherungsgesellschaft gem. § 80 III 5 zu verpflichten, der BaFin unverzüglich den Beginn und die Beendigung oder Kündigung des Versicherungsvertrages sowie Umstände, die den vorgeschriebenen Versicherungsschutz beeinträchtigen, unverzüglich über ein von ihr bereitgestelltes elektronisches Kommunikationsverfahren mitzuteilen. Dies gilt unbeschadet der Verpflichtung des Treuhänders nach § 80 III 4, Änderungen betreffend die Gewährleistung der notwendigen finanziellen und beruflichen Garantien unverzüglich selbst der BaFin mitzuteilen. Wie bei Pflichtversicherungen auch üblich, kann so in der laufenden Aufsicht das Fortbestehen des ausreichenden Versicherungsschutzes kontrolliert werden.

Als Mindestversicherungssumme sind für die Gesamtheit der Ansprüche aller Anleger derjenigen AIF, für die der Treuhänder als Verwahrstelle fungiert, 10% des in die AIF eingezahlten Kapitals, mindestens jedoch 1 Mio. EUR pro Fonds anzusetzen und mit der Versicherungsbestätigung nachzuweisen. Im ersten Jahr ist das für diesen Zeitraum angestrebte Kapitalvolumen zugrunde zu legen. In den Folgejahren ist der Versicherungsschutz soweit im Hinblick auf das geplante Kapitalvolumen erforderlich anzupassen und der BaFin gegenüber im Rahmen der Anzeige nach § 80 III 4 nachzuweisen. Gelingt es dem Treuhänder nicht, den Versicherungsschutz aufrechtzuerhalten oder ggf. anzupassen, bspw. weil keine Versicherungsgesellschaft diesen Schutz bereitstellen will oder der Treuhänder die Versicherung nicht (mehr) finanzieren kann, kann die Tätigkeit als Treuhänder nicht fortgesetzt werden und die KVG muss eine andere Verwahrstelle beauftragen.

Bei einer Versicherung auf Gesellschaftsebene ist sicherzustellen, dass der Versicherungsschutz für die Verwahrstellentätigkeit nicht durch die Abdeckung von Haftpflichtrisiken aus der sonstigen Tätigkeit der Gesellschaft so verwässert wird, dass für die Fonds die genannte Mindestabsicherung nicht mehr gewährleistet ist. Zudem ist im Schadensfall zu prüfen, ob nach Inanspruchnahme der Versicherung noch ausreichender Schutz für alle Fonds gegeben ist.

Eine Haftpflichtversicherung würde Schäden aus vorsätzlicher Pflichtverletzung des Treuhänders nicht abdecken. Hierfür sowie zur Gewährleistung eines wirtschaftlich abgesicherten Geschäftsbetriebes benötigt der Treuhänder angemessenes fixes Kapital von mindestens 150.000 EUR, das zusätzlich zu der Haftpflichtversicherung vorzuhalten ist.

Sollte die Haftpflichtversicherung Risiken aus der Verwahrung von Finanzinstrumenten nicht abdecken, eine Investition in Finanzinstrumente aber nicht in den Anlagebedingungen der vom Treuhänder übernommenen Fonds ausgeschlossen sein, erhöht sich dieser fixe Betrag auf 730.000 EUR.

Das fixe Kapital ist entweder in liquiden Mitteln zu halten oder in Vermögensgegenstände zu investieren, die kurzfristig unmittelbar in Bankguthaben umgewandelt werden können und keine spekulativen Positionen enthalten. Diese Anforderungen werden entsprechend der Verwaltungspraxis zu § 25 VII ausgelegt. Bei der Beauftragung des Treuhänders und danach einmal jährlich ist die Einhaltung dieser Vorschriften gegenüber der BaFin nachzuweisen.

Ein Treuhänder kann nicht die Funktion einer Verwahrstelle übernehmen, 34
wenn er nicht die hierfür erforderliche persönliche **Zuverlässigkeit** aufweist. Hier sind insb. Verstöße gegen Straf- oder Ordnungswidrigkeitentatbestände, insb. solche, die im Zusammenhang mit Tätigkeiten bei Unternehmen stehen, von besonderer Relevanz. Der Treuhänder bzw. zuständige Gesellschafter oder das zuständige Organmitglied muss hierzu eine eigenhändig unterzeichnete Erklärung vorlegen, ob derzeit gegen ihn ein Strafverfahren geführt wird, ob zu einem früheren Zeitpunkt ein Strafverfahren wegen eines Verbrechens oder Vergehens gegen ihn geführt worden ist oder ob er oder ein von ihm geleitetes Unternehmen als Schuldner in ein Insolvenzverfahren oder in ein Verfahren zur Abgabe einer eidesstattlichen Versicherung oder ein vergleichbares Verfahren verwickelt ist oder war. Daneben ist ein Polizeiliches Führungszeugnis der Belegart „O" zur Vorlage bei einer Behörde beizubringen.

Der Treuhänder muss mit der AIF-KVG gem. § 80 I 2 und 3 einen **Verwahr-** 35
stellenvertrag in Textform schließen, in welchem die organisatorischen Abläufe, Rechte und Pflichten, insb. ein effektiver Informationsaustausch beider Seiten im Hinblick auf die jeweiligen AIF, so klar geregelt sind, dass der Treuhänder seinen Aufgaben als Verwahrstelle, insb. seinen Kontrollfunktionen, jederzeit nachkommen kann. Einzelheiten zum notwendigen Inhalt des Verwahrstellenvertrages sind in Art. 83 der Delegierten VO (EU) Nr. 231/2013 geregelt.

Der Verwahrstellenvertrag muss festlegen, dass der Treuhänder frühzeitig auf etwaige Änderungen der Anlagebedingungen und auf den beabsichtigten Erwerb von Vermögensgegenständen hinzuweisen ist, damit er die notwendigen Vorkehrungen zur Übernahme der Verwahrstellenaufgaben in Bezug auf die Änderungen oder die betreffenden Vermögensgegenstände treffen kann. Treuhänder und AIF-KVG stimmen in diesen Fällen einen gemeinsamen Zeitplan ab, damit der Treuhänder diese Vorkehrungen rechtzeitig vor Inkrafttreten der Änderung bzw. des Erwerbs implementiert hat. Der Verwahrstellenvertrag muss dem Treuhänder geeignete Ansprechpersonen oder zuständige Einheiten bei der AIF-KVG benennen sowie den Zugang zu allen für die Wahrnehmung seiner Aufgaben notwendigen Informationen und Dokumenten im Hause der Kapitalverwaltungsgesellschaft und ggf. der von ihr beauftragten Unternehmen bereiten. Es ist ein Eskalationsprozess für den Fall zu vereinbaren, dass der Treuhänder nicht oder nicht rechtzeitig Zugang zu diesen Informationen oder Dokumenten erhält oder dass er im Rahmen der Rechtmäßigkeitskontrolle an ihn gerichteter Weisungen Anhaltspunkte für Verstöße gegen die gesetzlichen oder vertraglichen Pflichten der AIF-KVG erkennt.

Der Treuhänder muss so organisiert sein, dass er jederzeit alle Pflichten nach 36
KAGB und Delegierter VO (EU) Nr. 231/2013 ordnungsgemäß erfüllen kann. Hierzu gehört, dass auch natürliche Personen oder kleine Gesellschaften, die eine Verwahrstellenaufgabe übernehmen wollen, die notwendige **technische Struktur** und quantitativ wie qualitativ ausreichende **personelle Ressourcen** aufbauen müssen, um den Anforderungen der täglichen Kontrolle der Aktivitäten der AIF-KVG gerecht zu werden. Der Treuhänder muss in der Lage sein, seine Kontrollauf-

gaben trotz seiner sonstigen beruflichen Verpflichtungen jederzeit wahrnehmen zu können. Jede Änderung der Anschrift des Treuhänders ist der BaFin unverzüglich mitzuteilen.

37 Die Aufgaben einer Verwahrstelle werden durch den Treuhänder gem. § 80 III 1 im Rahmen seiner beruflichen oder geschäftlichen Tätigkeit wahrgenommen. Damit ist dem Treuhänder zugestanden, dass die Erfüllung der Aufgaben nach dem KAGB weder zeitlich noch wirtschaftlich den Schwerpunkt seiner Erwerbstätigkeit bilden müssen, sondern quasi im Nebenerwerb erfolgen darf. Übt der Treuhänder die Verwahrstellenfunktion für mehrere Fonds aus und hat er die dafür notwendigen organisatorischen Voraussetzungen geschaffen, kann die Treuhändertätigkeit auch seine sonstige Berufs-/Geschäftstätigkeit an Umfang übertreffen.

Bei den vorrangig in Betracht kommenden Berufsgruppen – Rechtsanwälte, Notare, Steuerberater, Wirtschaftsprüfer und vereidigte Buchprüfer – ist gewährleistet, dass die Treuhandaufgabe eine ausreichende inhaltliche Nähe zur sonstigen Tätigkeit aufweist, sodass idR von einer Verwahrung „im Rahmen der beruflichen oder geschäftlichen Tätigkeit" gesprochen werden kann. Eine Geschäftstätigkeit ohne inhaltlichen Bezug, bspw. ein Handels- oder Produktionsunternehmen, bietet dagegen keinen geeigneten Rahmen in diesem Sinne.

Der Treuhänder muss plausibel darlegen können, dass ihm seine nicht-treuhänderischen Verpflichtungen im beruflich-geschäftlichen, aber auch ehrenamtlichen Bereich ausreichend Kapazitäten für eine solide Wahrnehmung der Verwahrstellenfunktion lassen. Diese Voraussetzung muss im Rahmen der Arbeitsorganisation laufend eingehalten werden.

38 **c) Anzeige der Beauftragung des Treuhänders an die BaFin (§ 80 IV).** Hinsichtlich der Anzeigepflichten gegenüber der BaFin ist nach Spezial- und Publikums-AIF zu unterscheiden.

Ein Treuhänder benötigt keine Genehmigung der BaFin, solange er die Funktion ausschließlich für **geschlossene Spezial-AIF** mit den genannten Spezifikationen ausübt. § 80 IV sieht in diesem Falle vor, dass der Treuhänder gegenüber der BaFin lediglich durch die AIF-KVG benannt werden muss. Hat die BaFin gegen die Beauftragung Bedenken, verlangt sie die Benennung eines alternativen Treuhänders. Sofern auch der alternative Treuhänder Bedenken hervorruft, hat die AIF-KVG eine Verwahrstelle nach § 80 II zu beauftragen. Eine positive Bescheinigung der Unbedenklichkeit des Treuhänders ist hingegen gesetzlich nicht vorgesehen. Die BaFin gibt im sog. Treuhänder-Merkblatt (Merkblatt zu den Anforderungen an Treuhänder als Verwahrstelle nach § 80 III vom 18.7.2013) Auskunft, welche Unterlagen erforderlich sind. Der Treuhänder und die AIF-KVG der betroffenen Spezial-AIF sollten in einem gemeinsamen, erläuternden Schreiben unter Bezugnahme auf die beigefügten Unterlagen das Vorliegen aller gesetzlichen Voraussetzungen für die Beauftragung dieser Verwahrstelle begründen. Die Unterlagen sollten der BaFin (ggf. in finaler Entwurfsfassung) idR mindestens vier Wochen vor der beabsichtigten Bestellung eingereicht werden, um ausreichend Spielraum für etwaige Nachfragen oder die Wahl eines alternativen Treuhänders innerhalb der angemessenen Frist nach § 80 IV zu gewährleisten.

Bei **Publikums-AIF** reicht eine bloße Benennung des Treuhänders gegenüber der BaFin nicht aus. Vielmehr schreibt § 87 iVm § 69 I, II und IV hier ein Genehmigungsverfahren vor, wie es auch Kreditinstitute als Verwahrstellen von OGAW durchlaufen müssen.

Antragstellerin ist die AIF-KVG, die den Treuhänder für einen bestimmten Publikums-AIF mit den genannten Spezifikationen beauftragen will. Sie hat idR die unter Buchst. a im Rahmen des Benennungsverfahrens genannten Unterlagen einzureichen, damit die Genehmigungsvoraussetzungen geprüft werden können. Ist der Treuhänder der BaFin bereits als genehmigter oder benannter Treuhänder eines anderen AIF bekannt, kann auf die bereits aus diesem Sachverhalt vorliegenden Unterlagen verwiesen werden, soweit diese noch auf aktuellem Stand sind.

6. Sitz der Verwahrstelle (§ 80 VI). Sitz der Verwahrstelle für inländische, 39
EU- und ausländische AIF muss entsprechend dem eingangs genannten Grundsatz im jeweiligen Sitzstaat des AIF sein. In § 80 VI 2, 3 wird dementsprechend klargestellt, dass die Verwahrstelle eines EU-AIF ihren Sitz im Herkunftsmitgliedsstaat des EU-AIF und bei ausländischen AIF den Sitz in dem Drittstaat oder Herkunftsmitgliedsstaates des AIFM, der den ausländischen AIF verwaltet oder in dem Referenzmitgliedsstaat des AIFM der den ausländischen AIF verwaltet, hat. Diese Vorgaben sind nahezu wortgleich aus Art. 21 V AIFM-RL übernommen worden. Weshalb dieser Text aus der Richtlinie so ins KAGB übernommen wurde, ist allerdings unklar. Fragen zu regulatorischen Anforderungen im EU-Ausland oder in Drittstaaten haben nur im Zusammenhang mit Fragen der Unterverwahrung für inländische AIF oder des Vertriebs von ausländischen AIF Bedeutung.

7. Verwahrstelle im Drittstaat (§ 80 VIII). § 80 VIII beschäftigt sich mit den 40
Anforderungen an die Beauftragung einer Verwahrstelle in einem Drittstaat. Für inländische AIF ist das nicht relevant, weil die Verwahrstelle für diese Fonds im Inland gewählt werden muss. Ein Inlandsbezug hinsichtlich regulatorischer Anforderungen in Drittstaaten wird erst hergestellt, wenn Fragen der Unterverwahrung von Vermögensgegenständen eines inländischen AIF im nicht EU-Ausland oder des Vertriebs von Drittstaaten-AIF in Deutschland behandelt werden. Der Fall der Unterverwahrung ist hier wohl nicht betroffen, denn die entsprechenden Anforderungen an Unternehmen in Drittstaaten werden explizit und abschließend in § 82 behandelt. Dass an dieser Stelle Vertriebsvoraussetzungen geregelt werden, ist allerdings aus der im KAGB gewählten Systematik heraus nicht stringent. Auch hier ist der Richtlinientext nahezu wortgleich übernommen worden, ohne zu berücksichtigen, dass die Perspektive der Richtlinie, die sich an die Gesamtheit der Mitgliedsstaaten richtet, eine völlig andere ist als die des KAGB, das sich an die inländische Industrie und Finanzaufsicht richtet. Dementsprechend kommt es in § 80 VIII nur auf die Konstellation an, dass ein ausländischer AIF im Inland vertrieben soll. Dass der Wortlaut weiter gefasst ist, spielt keine Rolle. Für den Vertrieb sind kurz gefasst folgende Bedingungen einzuhalten: (1) Vereinbarung zwischen der BaFin und der zuständigen Drittstaaten-Behörde über die Zusammenarbeit und den Informationsaustausch untereinander (Memorandum of Understanding – MoU), (2) wirksame Regulierung der Verwahrstelle, die den EU-Standards entspricht, (3) der Drittstaat praktiziert die Geldwäscheprävention und setzt Maßnahmen gegen Terrorfinanzierung um, (4) der Drittstaat kooperiert mit Deutschland nach den OECD-Standards zum Austausch von Steuerdaten, (5) die Verwahrstelle (im Drittstaat) haftet so, als sei sie unter dem KAGB reguliert.

Diese Voraussetzungen sind ausschließlich auf den Vertrieb eines ausländischen AIF im Inland anwendbar und von der BaFin zu prüfen. In dem Fall, dass ein inländischer AIF in einen ausländischen AIF investiert, sind diese Voraussetzungen von der (inländischen) Verwahrstelle hinsichtlich Erwerbbarkeit nicht zu prüfen. Auch im Rahmen des § 80 VIII 2 wurde der Richtlinientext (Art. 21 VI 2 AIF-RL) ohne die erforderlichen Anpassungen in deutsches Recht übernommen. Adressiert wird die Konstellation, dass die Behörde eines Mitgliedsstaates mit der Einstufung eines Drittstaates hinsichtlich der Einhaltung der eben genannten Voraussetzungen durch die Behörde eines anderen Mitgliedsstaats nicht einverstanden ist. Dies kann sie dann im Rahmen des in Art. 19 der ESMA-VO (1095/2010/EU) vorgesehenen Verfahrens einer einvernehmlichen Klärung zuführen.

41 **8. Anforderungen an Geschäftsleiter (§ 80 IX).** Absatz 9 übernimmt im Wesentlichen die Regelung des § 20 IIa InvG.

Parallel zur OGAW-Regel in § 68 IV 1 muss nach § 80 IX 1 zumindest ein Geschäftsleiter des Kredit- oder Finanzdienstleistungsinstituts oder des Treuhänders, das/der als Verwahrstelle bestellt werden soll, über die hierfür erforderliche Erfahrung verfügen. Während die Zuverlässigkeit und die fachliche Eignung zur Leitung eines Kredit- oder Finanzdienstleistungsinstituts bereits Voraussetzungen für die Erteilung der Erlaubnis nach § 32 I Nr. 3, 4 und § 33 I Nr. 2, 4 KWG sind, verlangt das KAGB eine darüber hinausgehende fachliche Erfahrung der Geschäftsleiter für die Leitung der Verwahrstellenfunktionen. Dies folgt zudem aus Art. 92 der Delegierten VO (EU) Nr. 231/2013, da die Verwahrstelle nur bei entsprechenden Kompetenzen auch auf Leitungsebene Verfahren entwickeln und anwenden kann, die den Vermögensgegenständen angemessen sind. Soll die Verantwortung für die Verwahrstellenfunktionen auf zwei oder mehr Geschäftsleiter des Instituts aufgeteilt werden, müssen diese nach dem Verwahrstellenrundschreiben jeweils über die ihrem Zuständigkeitsbereich entsprechend spezifische Erfahrung verfügen; damit muss die Geschäftsleitung insgesamt den qualitativen Anforderungen gerecht werden. Die Frage, ob die Geschäftsleitung über die erforderliche Erfahrung verfügt, entscheidet die BaFin im Einzelfall. Dabei berücksichtigt sie die speziellen Anforderungen an Fachkenntnisse der Geschäftsleiter über die Anlage in die zulässigen Vermögensgegenstände der betroffenen Investmentvermögen sowie über die Abwicklung von Transaktionen und die Verwahrung. Entsprechendes gilt für den/die Niederlassungsleiter der Zweigniederlassung eines ausländischen Kreditinstituts, das als Verwahrstelle beauftragt wird.

Die durch die AIFM-RL neu von der Regulierung erfassten Asset-Klassen stellen insb. für die Geschäftsleiter von klassischerweise auf das Wertpapiergeschäft ausgerichteten Depotbanken uU eine ernstzunehmende Herausforderung dar, der durch aktiven und gegenüber der BaFin belegbaren Wissensaufbau begegnet werden muss. Interne Schulungen durch entsprechend qualifizierte Branchenvertreter sind insoweit ein anerkanntes Mittel zum Nachweis dieser Kompetenzen.

42 Ebenfalls parallel zu § 68 IV 2 muss nach § 80 IX 2 das Kredit- oder Finanzdienstleistungsinstitut bereit und in der Lage sein, die für die Erfüllung der Verwahrstellenaufgaben erforderlichen organisatorischen Maßnahmen zu treffen. Insbesondere die Personalausstattung, die implementierten Prozesse und die technischen Systeme müssen nach dem Verwahrstellenrundschreiben die ordnungsgemäße Abwicklung der Geschäfte, die sichere Verwahrung des Investmentvermögens und die uneingeschränkte Ausübung aller Kontrollfunktionen nach dem KAGB und der Delegierten VO (EU) Nr. 231/2013 sowie unter Berücksichtigung der im Verwahrstellenrundschreiben aufgestellten Grundsätze gewährleisten.

Die Verwahrstelle muss nach dem Verwahrstellenrundschreiben ausreichend mit Personal ausgestattet sein, das auch unterhalb der Leitungsebene über die notwendige Qualifikation verfügt, um den gesetzlichen Aufgaben jederzeit ordnungsgemäß nachkommen zu können. Mit Blick auf mögliche Prüfungen ist anzuraten, hierfür – auch interne – Schulungsnachweise vorzuhalten.

Das Treuhänder-Merkblatt stellt klar, dass sowohl eine natürliche Person als auch eine Gesellschaft Treuhänder sein kann. 43

Eine natürliche Person nach § 80 IX 3 kommt danach als Verwahrstelle in Betracht, wenn sie die übrigen Voraussetzungen eines Treuhänders selbst und aufgrund der von ihr getroffenen organisatorischen Vorkehrungen erfüllt. Eine Gesellschaft kann als Treuhänder eingesetzt werden, wenn sie selbst sowie ihre Gesellschafter oder zuständigen Organmitglieder gem. § 80 III 2 Nr. 1, 2 einer gesetzlich anerkannten obligatorischen berufsmäßigen Registrierung oder Rechts- und Verwaltungsvorschriften oder berufsständischen Regeln unterliegen. Dies kann auf Rechtsanwalts-, Steuerberater- sowie Wirtschafts- und Buchprüfungsgesellschaften zutreffen. Wirtschaftsunternehmen, die diese Voraussetzungen nicht erfüllen, können auch dann nicht als Treuhänder beauftragt werden, wenn einzelne Angestellte fachlich als Treuhänder qualifiziert sind.

Nach § 80 IX 3 muss eine natürliche Person, die als Treuhänder beauftragt wird, über die für die Verwahrstellenaufgaben erforderliche Erfahrung verfügen. Wird eine Gesellschaft als Treuhänder eingesetzt, muss diese Erfahrung zumindest bei einem Gesellschafter oder einem zuständigen Organmitglied vorhanden sein, der bzw. das auch organisatorisch innerhalb der Gesellschaft die Verantwortung für die Erfüllung der Verwahrstellenaufgaben trägt.

Ob eine Person die notwendige Erfahrung nachweisen kann, kann nur im Einzelfall entschieden werden. Für das Vorhandensein ausreichender Erfahrung spricht eine mehrjährige Tätigkeit als Treuhänder in vergleichbaren Sachverhalten, als Mittelverwendungskontrolleur oder Berater für einen geschlossenen Fonds oder in der Verwaltung geschlossener Fonds. Das Verwahrstellenrundschreiben verlangt hier einschlägige theoretische und praktische Fachkenntnisse bezüglich der Vermögensgegenstände, die für ein Investmentvermögen erworben werden sollen, sowie deren Verwahrung im In- und Ausland. Wie weitrechend diese einschlägigen Fachkenntnisse nun genau sein sollten, ist offen. Zumindest müssen mit den vorhandenen Fähigkeiten die Risiken bemessen werden können, die für die Verwahrung der Vermögensgegenstände im In- und Ausland einhergehen.

Für eine Eignung als Treuhänder spricht darüber hinaus die nachgewiesene Fähigkeit zur Prüfung der Organisation und der Abläufe in einem Unternehmen, um die dem Treuhänder zugewiesenen Kontrollpflichten etwa nach Art. 92 I und II der Delegierten VO (EU) Nr. 231/2013 ausüben zu können.

9. Vergleichbarkeit der Aufsicht in Drittstaaten (§ 80 X). Absatz 10 regelt den Fall der Beauftragung einer Verwahrstelle in einem Drittstaat. Die Norm verweist für die Einzelheiten des Verwahrstellenvertrages im Hinblick auf die Anforderungen an die Regulierung und die Aufsicht in dem jeweiligen Drittstaat auf Abs. 8 S. 1 Nr. 2. Ob die Rechtsvorschriften des Drittstaates dem einschlägigen Unionsrecht entsprechen und wirksam durchgesetzt werden, bestimmt sich nach Art. 83, 84 der Delegierten VO (EU) Nr. 231/2013. 44

§ 81 Verwahrung

(1) **Die Verwahrstelle hat die Vermögensgegenstände des inländischen AIF oder der für Rechnung des inländischen AIF handelnden AIF-Verwaltungsgesellschaft wie folgt zu verwahren:**

1. für Finanzinstrumente im Sinne der Richtlinie 2011/61/EU, die in Verwahrung genommen werden können, gilt:

a) die Verwahrstelle verwahrt sämtliche Finanzinstrumente, die im Depot auf einem Konto für Finanzinstrumente verbucht werden können, und sämtliche Finanzinstrumente, die der Verwahrstelle physisch übergeben werden können;

b) zu diesem Zweck stellt die Verwahrstelle sicher, dass alle Finanzinstrumente, die im Depot auf einem Konto für Finanzinstrumente verbucht werden können, nach den in Artikel 16 der Richtlinie 2006/73/EG festgelegten Grundsätzen in den Büchern der Verwahrstelle auf gesonderten Konten, die im Namen des inländischen AIF oder der für ihn tätigen AIF-Verwaltungsgesellschaft eröffnet wurden, registriert werden, so dass die Finanzinstrumente jederzeit nach geltendem Recht eindeutig als zum inländischen AIF gehörend identifiziert werden können;

2. für sonstige Vermögensgegenstände gilt:

a) die Verwahrstelle prüft das Eigentum des inländischen AIF oder der für Rechnung des inländischen AIF tätigen AIF-Verwaltungsgesellschaft an solchen Vermögensgegenständen und führt Aufzeichnungen derjenigen Vermögensgegenstände, bei denen sie sich vergewissert hat, dass der inländische AIF oder die für Rechnung des inländischen AIF tätige AIF-Verwaltungsgesellschaft an diesen Vermögensgegenständen das Eigentum hat;

b) die Beurteilung, ob der inländische AIF oder die für Rechnung des inländischen AIF tätige AIF-Verwaltungsgesellschaft Eigentümer oder Eigentümerin ist, beruht auf Informationen oder Unterlagen, die vom inländischen AIF oder von der AIF-Verwaltungsgesellschaft vorgelegt werden und, soweit verfügbar, auf externen Nachweisen;

c) die Verwahrstelle hält ihre Aufzeichnungen auf dem neuesten Stand.

(2) **Die Bedingungen für die Ausübung der Aufgaben einer Verwahrstelle nach Absatz 1, einschließlich**

1. der Art der Finanzinstrumente, die nach Absatz 1 Nummer 1 von der Verwahrstelle verwahrt werden sollen,

2. der Bedingungen, unter denen die Verwahrstelle ihre Verwahraufgaben über bei einem Zentralverwahrer registrierte Finanzinstrumente ausüben kann, und

3. der Bedingungen, unter denen die Verwahrstelle in nominativer Form emittierte und beim Emittenten oder bei einer Registrierstelle registrierte Finanzinstrumente nach Absatz 1 Nummer 2 zu verwahren hat,

bestimmen sich nach den Artikeln 85 bis 97 der Delegierten Verordnung (EU) Nr. 231/2013.

Schrifttum: *Janzen* AIF-Verwahrstellen nach dem Kapitalanlagegesetzbuch (KAGB), ZBB 2015, 230.

I. Allgemeines

Im Rahmen des § 81 I werden zwei verschiedene Pflichtenkreise der Verwahrstelle unterschieden: zum einen Pflichten im Rahmen der originären Verwahrung von Finanzinstrumenten und zum anderen Pflichten in Bezug auf sonstige Vermögensgegenstände, also insb. Sachwerte, Forderungen und Derivate, sofern diese nicht verbrieft sind. Letzteres indiziert die Pflicht zur Überprüfung der Eigentumsverhältnisse und die Aufzeichnungspflicht. 1

II. In Verwahrung gegebene Vermögensgegenstände (§ 81 I 1)

Es gibt zwei Kategorien von Vermögensgegenständen, die in Verwahrung genommen werden müssen: Finanzinstrumente, die in einem Depot verbucht werden, und Finanzinstrumente, die der Verwahrstelle physisch übergeben werden können. Nach EG 100 der Delegierten Verordnung (EU) Nr. 231/2013 sollte die Verwahrstelle die Verwahrfunktion in Bezug auf alle Finanzinstrumente des AIF oder der AIF-KVG ausüben, die direkt im Namen der Verwahrstelle oder indirekt über einen Dritten, der für die Verwahrstelle handelt, im Depot auf einem Konto am Ende der Verwahrkette verbucht oder gehalten werden könnten. Das ist idR eine Wertpapiersammelbank, auch als Zentralverwahrer bezeichnet (engl. Central Securities Depository, CSD). 2

Um die **depotverwahrten Finanzinstrumente** zu bestimmen, wird in § 81 I Nr. 1 Buchst. a S. 1 auf die AIFM-RL Bezug genommen. In Art. 4 I 1 Buchst. n der AIFM-RL wird wiederum auf Anhang I Abschnitt C der MiFID (Richtlinie 2004/39/EG) Bezug genommen. Die dort aufgeführten Finanzinstrumente unterliegen aber nur der Verwahrpflicht, wenn sie die Voraussetzungen des Art. 88 I Buchst. a und b der Delegierten Verordnung (EU) Nr. 231/2013 erfüllen. Das erfordert, dass es sich um Wertpapiere, einschließlich Wertpapieren, in die in Art. 51 III letzter UAbs. der RL 2009/65/EG und Art. 10 der RL 2007/16/EG der Kommission genannte Derivate eingebettet sind, sowie Geldmarktinstrumente und Anteile an OGAW handelt unddass diese direkt oder indirekt im Namen der Verwahrstelle auf einem Konto verbucht oder gehalten werden können. Verwahrfähige Finanzinstrumente sind danach übertragbare Wertpapiere, einschließlich verbriefter Derivate, Geldmarktinstrumente und Anteile an OGAW. 3

Es gibt jedoch einige **Sonderfälle.** Sofern die Voraussetzungen, unter denen Finanzinstrumente verwahrt werden sollten, erfüllt sind, sind auch Finanzinstrumente, die einem Dritten als **Sicherheit** gestellt werden oder von einem Dritten zugunsten des AIF bereitgestellt werden, von der Verwahrstelle selbst oder von einem Dritten, auf den Verwahrfunktionen übertragen werden (§ 82), zu verwahren, solange sie Eigentum des AIF oder der AIF-KVG sind. Auch bleiben Finanzinstrumente im Eigentum des AIF oder der AIF-KVG, zu deren Wiederverwendung die Verwahrstelle ermächtigt wurde, solange *in Verwahrung,* solange das Recht auf Wiederverwendung von der Verwahrstelle tatsächlich ausgeübt wird. In der Praxis werden Sicherheiten etwa im Rahmen von Wertpapierleihegeschäften regelmäßig von einem sog. **Collateral Manager** verwahrt, der als Dienstleister aufgrund eines Auslagerungsvertrags für die AIF-KVG handelt. Dies führt im Lichte der oben genannten Anforderungen dazu, dass der Collateral Manager von der Verwahrstelle als **Unterverwahrer** mandatiert werden muss. Die Tätigkeit eines solchen Collateral Managers ist grds. nicht als Portfoliomanagement zu klassifizieren, weil dieser an enge Vorgaben hinsichtlich der Sicherheiten gebunden ist und der 4

AIF nicht das Wertänderungsrisiko der Sicherheiten zu tragen hat. Andernfalls würde das Auslagerungsverbot des § 36 III greifen. Dies gilt entsprechend auch für die Einschaltung eines **Primebrokers,** sofern dieser Sicherheiten verwahrt. Voraussetzung ist dann, dass der Primebroker oder der Collateral Manager die Anforderungen an einen Unterverwahrer nach § 82 erfüllen.

Darüber hinaus sollten nach EG100der DelVO (EU) Nr. 231/2013 jene Finanzinstrumente verwahrt werden, die nur beim Emittenten selbst oder bei dessen Beauftragten **im Namen der Verwahrstelle** oder eines Dritten, auf den Verwahrfunktionen übertragen werden, direkt **registriert** werden. Das Rechtsverhältnis der Verwahrstelle zum Emittenten bzw. beauftragten Registerführer ist wie bei Zentralverwahrern im Regelfall nicht als Unterverwahrung iSd § 82 zu qualifizieren. Dennoch ist die Verwahrstelle im Hinblick auf ihre allgemeine Sorgfaltspflicht gehalten, mit dem Registerführer regelmäßige Abgleiche der auf sie für Rechnung der AIF bzw. der AIF-KVG eingetragenen Finanzinstrumente durchzuführen, auch im Hinblick auf ihre Haftung für ein Abhandenkommen der so registrierten Finanzinstrumente nach § 88 I (→ Rn. 6).

5 § 81 I Nr. 1 Buchst. a 2. Hs. steht im Zusammenhang mit Art. 88 III der Delegierten Verordnung (EU) Nr. 231/2013, nach dem Finanzinstrumente des AIF, die der Verwahrstelle **in physischer Form übergeben** werden können, in jedem Fall den Verwahrpflichten der Verwahrstelle unterliegen.

6 Die **Pflichten der Verwahrstelle** oder des von ihr beauftragten Dritten in Bezug auf Finanzinstrumente, die den Verwahrpflichten (im Gegensatz zur Pflicht der Eigentumsprüfung) unterliegen, werden in **Art. 89 I** der Delegierten Verordnung (EU) Nr. 231/2013 konkretisiert. Wird die Verwahrfunktionen an einen Dritten übertragen, unterliegt die Verwahrstelle nach Art. 89 II der DelVO (EU) Nr. 231/2013 weiterhin diesen Anforderungen. Sie stellt zudem sicher, dass der Dritte die gleichen Anforderungen sowie auch die Trennungspflicht nach Art. 99 der DelVO (EU) Nr. 231/2013 erfüllt (§ 82 I Nr. 4 Buchst. c). Damit eine Eigentumszuordnung der Finanzinstrumente zum AIF jederzeit vorgenommen werden kann, sieht § 81 I Nr. 1 Buchst. b vor, dass diese getrennt von den Vermögensgegenständen der Verwahrstelle verbucht werden. Hierzu verweist die Norm auf die in Art. 16 der MiFID-Durchführungsrichtlinie 2006/73/EG genannten Grundsätze. Die Verwahrstelle muss danach die notwendigen **Aufzeichnungen und Konten** führen, die es ihr jederzeit ermöglicht, die für die einzelnen Kunden gehaltenen Vermögensgegenstände unverzüglich sowohl voneinander als auch von ihren eigenen Vermögensgegenständen zu unterscheiden. Die Aufzeichnungen und Konten müssen stets korrekt sein sowie insb. mit den für Kunden gehaltenen Finanzinstrumenten und Geldern in Einklang stehen. Im Rahmen der Pflicht zum **Kontenabgleich** muss die Verwahrstelle ihre internen Konten und Aufzeichnungen regelmäßig mit den Konten von allen Dritten, die diese Vermögensgegenstände halten, abstimmen. Dritte sind in diesem Fall Unterverwahrer iSd § 82 sowie Registerführer und Zentralverwahrer, die nicht als Unterverwahrer im Sinne dieser Norm gelten. Der im Zusammenhang mit verwahrten Finanzinstrumenten anzuwendende **Sorgfaltsmaßstab** muss einen hohen Anlegerschutzstandard gewährleisten. Dazu müssen alle bei einem Dritten hinterlegten Kundenfinanzinstrumente durch unterschiedliche Benennung der in den Büchern des Dritten geführten Konten oder vergleichbare Maßnahmen, die ein gleich hohes Maß an Schutz gewährleisten, von den Finanzinstrumenten der Verwahrstelle und den Finanzinstrumenten des Unterverwahrers oder Zentralverwahrers unterschieden werden können. Zur **Minimierung von Verwahrrisiken** ist die Verwahrstelle verpflichtet, über die gesamte Ver-

wahrkette hinweg alle relevanten Verwahrrisiken zu bewerten und zu überwachen. Zudem muss die AIF-KVG über jedes festgestellte wesentliche Risiko unterrichtet werden. Die Verwahrstelle ist weiter gehalten, **angemessene organisatorische Vorkehrungen** zu treffen, um das Risiko, dass die Vermögenswerte der Kunden oder die damit verbundenen Rechte aufgrund einer missbräuchlichen Verwendung oder Betrugs, schlechter Verwaltung, unzureichender Aufzeichnungen oder Fahrlässigkeit verlorengehen oder geschmälert werden, so gering wie möglich gehalten werden. Im Rahmen der Eigentumsprüfung ist die Verwahrstelle verpflichtet, das Eigentumsrecht des AIF oder der AIF-KVG an den Vermögenswerten nachzuprüfen. Die eben aufgeführten Verwahrpflichten des Art. 89 I und II der Delegierten Verordnung (EU) Nr. 231/2013 gelten nach dem **Look-Through-Ansatz** auch für Vermögenswerte, die direkt oder indirekt von Finanz- und ggf. Rechtsstrukturen gehalten werden, die der AIF oder die AIF-KVG direkt oder indirekt kontrollieren. Kontrolle ist in diesem Zusammenhang als einfache Stimmrechtsmehrheit zu verstehen, dh 50% plus 1 Anteil. Mit Finanz- oder Rechtsstrukturen sind zB Zweckgesellschaften, Beteiligungsgesellschaften oder Investmentfonds zu verstehen. Die Durchschaupflicht gilt nach dem Wortlaut des Art. 89 III und des EG (102) der DelVO (EU) Nr. 231/2013 nicht für Dachfonds oder Master-Feeder-Strukturen, wenn die Zielfonds über eine Verwahrstelle verfügen, die die Vermögenswerte dieser Fonds verwahrt.

III. Sonstige Vermögensgegenstände (§ 81 I 2)

Vermögensgegenstände, bei denen es sich nicht um in Verwahrung genommene Finanzinstrumente handelt, sind nach EG 103 der DelVO (EU) Nr. 231/2013 **physische Vermögenswerte,** die nach der AIFM-RL nicht als Finanzinstrumente anzusehen sind oder der Verwahrstelle nicht physisch übergeben werden können. Dazu gehören **Finanzkontrakte** wie **Derivate, Bareinlagen, Forderungen** oder **Beteiligungen an Privatunternehmen** und **Anteile an Personengesellschaften.** Hierzu sollte die Verwahrstelle nach EG 105 der DelVO (EU) Nr. 231/2013 über alle Vermögenswerte einen Nachweis führen, bei denen sie sich der Eigentümerschaft des AIF vergewissert hat. Eigentum ist hier in einem weiteren, nicht ausschließlich sachenrechtlichen Sinne zu verstehen: Bei Derivaten meint Eigentümerschaft eine schuldrechtliche Position, die Gewinne – wenn es welche gibt – aus der derivativen Position abschöpfen zu können. Die AIF-KVG muss also den in Rede stehenden Kontrakt wirksam abgeschlossen haben. 7

Nach Art. 88 II der DelVO (EU) Nr. 231/2013 werden Finanzinstrumente, die nach geltendem nationalen Recht beim Emittenten oder seinem Beauftragten (zB Register- oder Übertragungsstelle) ausschließlich **direkt auf den Namen des AIF registriert** sind, nicht verwahrt. Nach EG 100 der DelVO (EU) Nr. 231/2013 sollten Finanzinstrumente, die nach geltendem nationalen Recht beim Emittenten oder seinem Beauftragten ausschließlich auf den Namen des AIF registriert sind, wie Anlagen von sog. Private Equity Fonds in nicht börsennotierte Unternehmen, nicht verwahrt werden. Sie lösen also nicht die Verwahrpflichten des Art. 89 der DelVO (EU) Nr. 231/2013 aus. Wie der Sachverhalt behandelt wird, wenn die Verwahrstelle im Register eines Zielfonds bei einem sog. **Transfer Agent** (TA) steht (im Regelfall in Irland oder Luxemburg), ist nach wie vor unklar. Gegen die Annahme, dass dies als verwahrfähiges Finanzinstrument klassifiziert werden soll und damit die einhergehenden Pflichten für die Verwahrstelle Anwendung finden würden, spricht, dass eine Einordnung, ob ein verwahrfähiges Finanzinstrument oder ein 8 sonstiger Vermögensgegenstand vorliegt, nicht allein von einem beliebig ausgestaltbaren Registereintrag abhängen kann. In solchen Sachverhalten kann die Verwahrstelle lediglich im Rahmen einer Risikoabwägung entscheiden, wie sie hier verfährt.

9 Die Verwahrstelle muss zu jeder Zeit einen umfassenden **Überblick über alle Vermögenswerte** besitzen, bei denen es sich nicht um in Verwahrung genommene Finanzinstrumente handelt. Bei diesen Vermögenswerten müssen die Eigentumsverhältnisse überprüft und Aufzeichnungen geführt werden. Sachwerte unterliegen sehr unterschiedlichen Voraussetzungen hinsichtlich der Eigentumsübertragung. Hier kann sowohl der zu übertragende Gegenstand als auch die jeweilige Rechtsordnung prägend sein. Ähnliches gilt beim Zweiterwerb von Forderungen wie etwa Kredit- und Darlehensforderungen. Bei Derivaten wird der AIF bzw. die AIF-KVG regelmäßig den Kontrakt originär abschließen; entsprechend hat die Verwahrstelle hier die Aufgabe festzustellen, ob der schuldrechtliche Anspruch (zB Lieferung im Rahmen eines Termingeschäfts, Zahlung von Beträgen im Rahmen eines Devisen-Swaps etc.) wirksam begründet wurde. Die Prüfung bezieht sich also auf das wirksame Zustandekommen von Kontrakten.

10 **1. Aufzeichnungspflicht hinsichtlich der im Eigentum des AIF stehenden Vermögensgegenstände (§ 81 I Nr. 2 Buchst. a, c).** Die Vermögensgegenstände des AIF sind in einem fortlaufend zu aktualisierenden Verzeichnis zu führen (sog. Vermögensverzeichnis), das keiner Formvorschrift unterliegt. Entscheidend ist, dass der jeweilige Vermögensgegenstand eindeutig zu einem AIF zuordenbar ist. Inhaltlich entspricht diese Aufgabe dem Führen eines Bestandsverzeichnisses, welches die BaFin bereits seit dem Depotbankrundschreiben (Rundschreiben (WA) 6/2010) für erforderlich hielt (s. BaFin Rundschreiben 05/2020 Ziffer VII 3).

11 **2. Verifizierung der Eigentumsrechte anhand diverser Unterlagen (§ 81 I Nr. 2 Buchst. b).** Die Feststellung, ob der AIF wirksam Eigentum oder einen schuldrechtlichen Anspruch erworben hat, gehört – im Detail abhängig von dem jeweiligen Vermögensgegenstand – grds. zu den aufwendigsten Pflichten im Rahmen der Verwahrstellenfunktion. Diese Prüfung dürfte zumindest faktisch mit der **Anlagegrenzprüfung** zusammenfallen (vgl. §§ 230 ff.). Die Prüfungspflicht der Verwahrstelle korrespondiert mit den Informationspflichten des AIF bzw. der AIF-KVG, wonach die Verwahrstelle sicherstellen soll, dass sie alle eigentumsrelevanten Informationen erhält. Dabei kann es sich um die Kopie eines amtlichen Eigentumsnachweises handeln, der belegt, dass der AIF oder der für ihn handelnde AIF-KVG Eigentümer des Vermögenswerts ist, oder einen von der Verwahrstelle als angemessen betrachteten sonstigen förmlichen und verlässlichen Nachweis. Falls notwendig, sollte die Verwahrstelle vom AIF oder der AIF-KVG oder ggf. von einem Dritten zusätzliche Nachweise verlangen.

12 Grundbuchauszüge oder auch Flugrollen sind etwa verlässliche Eigentumsnachweise. Anders hingegen ist dies bei Assetklassen wie zB Infrastruktur AIF zu betrachten. Mannigfaltige externe Nachweise sind dabei heranzuziehen, um final eine Eigentumsprüfung durchführen zu können und um Gewissheit hinsichtlich der Eigentumsrechte zu erlangen. Kaufverträge können zumindest als Indikation dienen, ob das Eigentum auf den AIF übergegangen ist. Klarstellend sei erwähnt, dass die von der AIF-KVG eingeholten Nachweise, wie externe Rechtsgutachten, von der Verwahrstelle herangezogen werden können und diese im Rahmen der Informationspflicht der AIF-KVG der Verwahrstelle zur Verfügung gestellt werden müssen. Die Verwahrstelle ist idR nicht verpflichtet, eigene unabhängige Rechtsgutachten hinsichtlich des Eigentumserwerbs zu erstellen. Um festzustellen, ob

eine **Immobilie im Inland** wirksam erworben wurde, sind zunächst Grundbuchauszüge heranzuziehen. Darüber hinaus sind auch die Grundstückskaufverträge daraufhin zu überprüfen, ob das Grundstück insgesamt lastenfrei erworben werden soll und ob **Sach- oder Rechtsmängel** bestehen. Möglich ist auch, dass bestimmte Belastungen, etwa weil sie für den AIF nicht relevant sind, in den Kaufvertrag aufgenommen werden.

Beim Erwerb **ausländischer Immobilien** kann nicht immer auf mit dem Grundbuchauszug vergleichbare Dokumente zurückgegriffen werden. Stattdessen ist die jeweilige Rechts- und Dokumentationslage der betreffenden Jurisdiktion zu berücksichtigen. Gängig ist es in diesem Fall, ein lokales **Rechtsgutachten** einzuholen, welches den (lastenfreien) Eigentumserwerb klar bestätigt. Eine Rechtspflicht, für ein solches Gutachten eine renommierte Kanzlei zu beauftragen, besteht jedoch nicht. Aufgrund der Verpflichtung der Verwahrstelle Sorgfaltsstandards einzuhalten, ist jedoch von einer **qualifizierten Plausibilitätsprüfung** des Gutachtens und einer vollständigen Würdigung auszugehen. Dazu gehört auch, bei im Gutachten geäußerten Zweifeln die Tragbarkeit der Risiken für den AIF abzuwägen.

Im Rahmen der **Übereignung eines Flugzeugs** oder einzelner luftfahrttechnischer Erzeugnisse ist auf die Vollständigkeit der luftfahrtrechtlichen Flugzeugpapiere abzustellen.

Bei der Prüfung der Eigentumsverhältnisse von Anteilen an nicht börsennotierten Unternehmen **(Private Equity)** kann auf Registerauszüge oder im Ausland bei Fehlen von offiziellen Quellen wie Registern, ggf. auf Rechtsgutachten, beigebracht durch die AIF-KVG, zurückgegriffen werden. Auch hier ist die Prüfung der beigebrachten Unterlagen auf Plausibilität vorzunehmen.

Nach dem Treuhänder-Merkblatt ist eine der zentralen Aufgaben des **Treuhänders** die Pflicht zur Eigentumsverifikation nach § 81 I Nr. 2 Buchst. a nebst weiteren Detailregelungen in Art. 90 der Delegierten Verordnung (EU) Nr. 231/201. Der Treuhänder muss sich Gewissheit verschaffen über die Eigentumsrechte des AIF in Bezug auf alle erworbenen Vermögensgegenstände. Zur Eigentumsverifikation gehört die Kontrolle etwaiger Rechte Dritter, die an dem Vermögensgegenstand bestehen oder seine Nutzbarkeit beschränken, bspw. Belastungen eines Grundstücks. Soweit der Treuhänder die Rechtslage nicht in eigener Person hinreichend überprüfen kann, muss er sich die notwendige Unterstützung qualifizierter und unabhängiger Dritter einholen. Der Treuhänder muss seine Prüfung unter Berücksichtigung der einschlägigen Rechtslage, ggf. ausländischen Rechts, vornehmen. Aus § 81 I Nr. 2 Buchst. b ergibt sich, dass er grds. die Prüfung auf Informationen, Urkunden, Gutachten oder sonstige Unterlagen stützen kann, die ihm vom inländischen AIF oder von der AIF-Verwaltungsgesellschaft vorgelegt werden. Soweit diese nicht ausreichen, um die Eigentumslage zur hinreichenden Überzeugung des Treuhänders zu belegen, verlangt er von der Kapitalverwaltungsgesellschaft weitere Unterlagen oder holt ggf. vermittels eigenständiger Einschaltung Dritter auch externe Nachweise ein. 13

IV. Bedingungen für die Ausübung der Aufgaben einer Verwahrstelle gem. § 81 I (§ 81 II Nr. 1–3)

Die Bedingungen für die Ausübung der Aufgaben einer Verwahrstelle bestimmten sich ausschließlich nach den Art. 85–97 der DelVO (EU) Nr. 231/2013. Hier sind insb. die Vorgaben zum Cashflow-Monitoring zu nennen, das vorgeschrieben ist, sobald liquide Assets auf einem Geldkonto gebucht werden. Das Geldkonto 14 muss bei einem Kreditinstitut geführt werden, wenn die Verwahrstellenfunktion von einem Finanzdienstleistungsinstitut oder einem Treuhänder wahrgenommen wird. In jedem Fall ist der kontoführenden Stelle von der AIF-KVG Zugang zu allen Informationen über alle Geldkonten des AIF zu gewähren (Art. 85 der DelVO (EU) Nr. 231/2013). Das Cashflow-Monitoring durch die Verwahrstelle muss wirksam und ordnungsgemäß durchgeführt werden. Artikel 86 der Delegierten Verordnung (EU) Nr. 231/2013 zeigt hierzu die Mindestanforderungen auf. In der Praxis aufkommende Fragen zum **Cashflow-Monitoring** wurden zum Teil durch die von der ESMA regelmäßig aktualisierten Q&A (ESMA/2015/1873) beantwortet, so auch die Frage, welche Aufgaben von der Verwahrstelle ausgelagert werden dürfen, nämlich nur solche, die unterstützende Dienstleistungen sind, zB administrative oder technische Aufgaben.

§ 82 Unterverwahrung

(1) **Die Verwahrstelle kann die Verwahraufgaben nach § 81 auf ein anderes Unternehmen (Unterverwahrer) unter den folgenden Bedingungen auslagern:**

1. die Aufgaben werden nicht in der Absicht übertragen, die Vorschriften dieses Gesetzes zu umgehen;

2. die Verwahrstelle kann darlegen, dass es einen objektiven Grund für die Unterverwahrung gibt;

3. die Verwahrstelle geht mit der gebotenen Sachkenntnis, Sorgfalt und Gewissenhaftigkeit vor

a) bei der Auswahl und Bestellung eines Unterverwahrers, dem sie Teile ihrer Aufgaben übertragen möchte, und

b) bei der laufenden Kontrolle und regelmäßigen Überprüfung von Unterverwahrern, denen sie Teile ihrer Aufgaben übertragen hat, und von Vorkehrungen des Unterverwahrers hinsichtlich der ihm übertragenen Aufgaben;

4. die Verwahrstelle stellt sicher, dass der Unterverwahrer jederzeit bei der Ausführung der ihm übertragenen Aufgaben die folgenden Bedingungen einhält:

a) der Unterverwahrer verfügt über eine Organisationsstruktur und die Fachkenntnisse, die für die Art und die Komplexität der ihm anvertrauten Vermögensgegenstände des inländischen AIF oder der für dessen Rechnung handelnden AIF-Verwaltungsgesellschaft angemessen und geeignet sind,

b) in Bezug auf die Verwahraufgaben nach § 81 Absatz 1 Nummer 1 unterliegt der Unterverwahrer einer wirksamen aufsichtlichen Regulierung, einschließlich Mindesteigenkapitalanforderungen, und einer Aufsicht in der betreffenden Jurisdiktion sowie einer regelmäßigen externen Rechnungsprüfung, durch die sichergestellt wird, dass sich die Finanzinstrumente in seinem Besitz befinden,

c) der Unterverwahrer trennt die Vermögensgegenstände der Kunden der Verwahrstelle von seinen eigenen Vermögensgegenständen und von den Vermögensgegenständen der Verwahrstelle in einer solchen Weise, dass sie zu jeder Zeit eindeutig den Kunden einer bestimmten Verwahrstelle zugeordnet werden können,

d) im Hinblick auf Spezial-AIF darf der Unterverwahrer die Vermögensgegenstände nicht ohne vorherige Zustimmung des inländischen Spezial-AIF oder der für Rechnung des inländischen Spezial-AIF tätigen AIF-Verwaltungsgesellschaft und vorherige Mitteilung an die Verwahrstelle verwenden; bei Publikums-AIF ist eine Wiederverwendung nur unter den Voraussetzungen des § 70 Absatz 5 zulässig; hinsichtlich der Weiterverwendung von als Sicherheit erhaltenen Finanzinstrumenten wird auf Artikel 15 der sowohl für Spezial-AIF als auch für Publikums-AIF verwiesen und
e) der Unterverwahrer hält die Pflichten und Verbote nach den §§ 81 und 85 Absatz 1, 2 und 5 ein.

(2) Wenn es nach den Rechtsvorschriften eines Drittstaates vorgeschrieben ist, dass bestimmte Finanzinstrumente von einer ortsansässigen Einrichtung verwahrt werden müssen und wenn es keine ortsansässigen Einrichtungen gibt, die die Anforderungen für eine Beauftragung nach Absatz 1 Nummer 4 Buchstabe b erfüllen, darf die Verwahrstelle ihre Verwahrstellenaufgaben an eine solche ortsansässige Einrichtung nur insoweit und so lange übertragen, als es von dem Recht des Drittstaates gefordert wird und es keine ortsansässigen Einrichtungen gibt, die die Anforderungen für eine Unterverwahrung erfüllen; der erste Halbsatz gilt vorbehaltlich der folgenden Bedingungen:

1. die AIF-Verwaltungsgesellschaft hat die Anleger des jeweiligen inländischen AIF vor Tätigung ihrer Anlage ordnungsgemäß unterrichtet
   a) darüber, dass eine solche Unterverwahrung auf Grund rechtlicher Vorgaben im Recht des Drittstaates erforderlich ist, und
   b) über die Umstände, die die Übertragung rechtfertigen, und
2. der inländische AIF oder die für Rechnung des inländischen AIF tätige AIF-Verwaltungsgesellschaft muss die Verwahrstelle anweisen, die Verwahrung dieser Finanzinstrumente einer solchen ortsansässigen Einrichtung zu übertragen.

(3) [1]Der Unterverwahrer kann unter den Voraussetzungen nach den Absätzen 1 und 2 die Verwahraufgaben nach § 81 auf ein anderes Unternehmen unterauslagern. [2]§ 88 Absatz 3 und 4 gilt entsprechend für die jeweils Beteiligten.

(4) Mit Ausnahme der Verwahraufgaben nach § 81 darf die Verwahrstelle ihre nach diesem Unterabschnitt festgelegten Aufgaben nicht auslagern.

(5) Die Erbringung von Dienstleistungen nach der Richtlinie 98/26/EG durch Wertpapierliefer- und Abrechnungssysteme, wie es für die Zwecke jener Richtlinie vorgesehen ist, oder die Erbringung ähnlicher Dienstleistungen durch Wertpapierliefer- und Abrechnungssysteme von Drittstaaten wird für Zwecke dieser Vorschrift nicht als Auslagerung von Verwahraufgaben angesehen.

(6) [1]Die Sorgfaltspflichten von Verwahrstellen nach Absatz 1 Nummer 3 sowie die Trennungspflicht nach Absatz 1 Nummer 4 Buchstabe c bestimmen sich nach den Artikeln 98 und 99 der Delegierten Verordnung (EU) Nr. 231/2013. [2]Für Verwahrstellen, die Vermögenswerte von Publikums-AIF verwahren, gelten zudem § 73 Absatz 1 Nummer 4 Buchstabe d, Artikel 15 Absatz 1 bis 8 und die Artikel 16 und 17 der Delegierten Verordnung (EU) 2016/438 entsprechend.

I. Allgemeines

1 Die Vorschrift dient der Umsetzung von Art. 21 XI UAbs. 2 AIFM-RL. Im früheren Investmentgesetz fanden sich in § 24 I 2 InvG bereits rudimentäre Regelungen zur Unterverwahrung. Im Zuge der Umsetzung der AIFM-RL wurde diese Vorschrift umfassend überarbeitet und an die europäischen Vorgaben angepasst und auf OGAW erweitert. Entsprechend findet sich eine dem § 82 nahezu identische Regelung in § 73, sodass insoweit bezüglich der allgemeinen Anforderungen auf die dortige Kommentierung verwiesen werden kann.

II. Auslagerung von Verwahraufgaben

2 Abs. 1 stellt klar, dass die Verwahraufgaben auf ein anderes Unternehmen übertragen werden dürfen. Dieses wird als „Dritter" oder „Unterverwahrer" bezeichnet. In Umsetzung der AIFM-RL ist eine Übertragung der Verwahraufgaben allerdings nur zulässig, wenn die dort aufgeführten Bedingungen erfüllt sind (Abs. 1).

3 **1. Bedingungen für die Auslagerung (§ 82 I).** Die **allgemeinen Anforderungen einer Auslagerung** ergeben sich bei Kreditinstituten grds. aus § 25b KWG, präzisiert durch AT 9 des BaFin Rundschreibens 10/2021 (BA) (MaRisk). Dabei geht es im Wesentlichen darum, dass die mit der Auslagerung verbundenen Risiken angemessen berücksichtigt werden und weder die Ordnungsmäßigkeit dieser Geschäfte und Dienstleistungen noch die Geschäftsorganisation iSd § 25a I KWG beeinträchtigt werden. Unklar ist aber, ob die Übertragung der Verwahraufgaben überhaupt eine „Auslagerung" idS darstellt, oder ob die Übertragung von Verwahraufgaben an einen Unterverwahrer gem. § 82 I gegenüber § 25b KWG lediglich lex specialis ist. Für die erstgenannte Auffassung spricht, dass jedenfalls die Übertragung der Verwahrung auf eine in- oder ausländische Wertpapiersammelbank oder einen ausländischen Unterverwahrer nach den Erläuterungen zu AT 9 MaRisk eine Leistung ist, die typischerweise von einem beaufsichtigten Unternehmen bezogen und aufgrund tatsächlicher Gegebenheiten oder rechtlicher Vorgaben regelmäßig weder zum Zeitpunkt des Fremdbezugs noch in der Zukunft vom Institut selbst erbracht werden kann und damit als sog. sonstiger Fremdbezug von Leistungen und nicht als Auslagerung einzuordnen ist (s. Baur/Tappen/*Moericke* § 82 Rn. 44). Nach der hier vertretenen Auffassung stellt die Übertragung der Verwahrung nach § 81 I keine Auslagerung iSd § 25b KWG dar. Damit sind die bankaufsichtlichen Vorgaben aus dem KWG und der MaRisk nicht ergänzend heranzuziehen.

4 Die Verwahrung von dem AIF gestellten Sicherheiten durch einen **Collateral Manager** war nach allgemeiner Meinung vor der Einführung des KAGB nicht als Übertragung von Verwahraufgaben iSd § 24 I 2 InvG anzusehen. Gestützt wurde diese Ansicht im Wesentlichen auf § 54 II 3 InvG, wonach die im Rahmen einer Wertpapierleihe zur Sicherheit übereigneten Wertpapiere auch mit Zustimmung der Depotbank bei einem geeigneten Kreditinstitut verwahrt werden konnten. Als geeignete Kreditinstitute kamen Kreditinstitute mit Sitz in einem EU-/EWR- oder Drittstaat in Betracht, dessen Aufsichtsbestimmungen nach Auffassung der BaFin denjenigen des Gemeinschaftsrechts gleichwertig sind.

Seit der Umsetzung der AIFM-RL sind Sicherheiten, die dem AIF übereignet werden, von der Verwahrstelle zu verwahren; eine dem § 54 II 3 InvG entsprechende Ausnahme existiert nicht mehr. Damit ist eine Verwahrung bei einem Collateral Manager nur noch unter Beachtung der Vorgaben des § 82 zulässig. Dies schließt allerdings nicht die Möglichkeit der Bestellung eines Pfandrechts an einem bei einem anderen Kreditinstitut verwahrten Finanzinstrument aus. Der Sicherungsgeber wird in diesem Fall nicht zum Unterverwahrer der Verwahrstelle, da der AIF nicht Eigentümer der Sicherheiten wird, welche nach §§ 81, 82 verwahrt werden müssten.

Die Bestellung eines Collateral Managers ist im Regelfall für die AIF-Verwaltungsgesellschaft als Auslagerung iSd § 36 anzusehen. Für das Verhältnis der Verwahrstelle zum Collateral Manager regelt § 82 nur einen Teilbereich. Nach Abs. 4 ist eine Übertragung von Überwachungsfunktionen der Verwahrstelle auf den Collateral Manager zwar unzulässig, dennoch sind Prozesse zwischen AIF-Verwaltungsgesellschaft, Collateral Manager und AIF-Verwahrstelle zu etablieren, welche eine ausreichende Kontrolle durch die Verwahrstelle ermöglichen. Das Depotbankrundschreiben der BaFin (Rundschreiben 06/2010 (WA)) enthielt hierzu noch Ausführungen, welche aber im aktuellen Verwahrstellen-Rundschreiben (Rundschreiben 08/2015 (WA)) nicht mehr enthalten sind. Insoweit besteht zu einem gewissen Maß Unklarheit, welche Anforderungen die BaFin andersartige Prozesse stellt.

Das Unterverwahrverhältnis darf (selbstverständlich) auch **nicht zu Umgehungszwecken** eingegangen werden, so **Nr. 1.** Diese Regelung ist vor allem vor dem Hintergrund zu verstehen, dass es vor Umsetzung der AIFM-RL möglich war, Verwahrpflichten relativ einfach auf einen Dritten zu übertragen, ohne dass dies mit einer umfänglichen Haftung für Pflichtverletzungen dieses Dritten für die Verwahrstelle verbunden war. Angesichts des neuen regulatorischen Rahmens ist die Bedeutung dieser Vorschrift gering. 5

Während es vor Umsetzung der AIFM-RL nur erforderlich war, die Geeignetheit eines Unterverwahrers zu überprüfen, muss nach **§ 82 I Nr. 2** nun auch ein **objektiver Grund** für die Einschaltung eines Unterverwahrers vorliegen. Wann dies der Fall ist, wird in den Gesetzesmaterialien nicht näher erläutert. Zu bejahen ist wohl, dass ein objektiver Grund für die Unterverwahrung immer schon dann gegeben ist, wenn die Verwahrstelle in dem Land, in dem die Anlage getätigt werden soll, keine eigene Filiale unterhält. Ein objektiver Grund für die Unterverwahrung könnte auch darin bestehen, dass die Unterverwahrung kostengünstiger ist als eine Verwahrung durch die Verwahrstelle. Zweifelhaft ist jedoch, ob ein objektiver Grund lediglich darin begründet liegen kann, dass eine Unterverwahrung der Verwahrstelle Vorteile bringt. In Ermangelung einer näheren Definition ist jedoch grds. davon auszugehen, dass ein objektiver Grund für die Unterverwahrung immer dann besteht, wenn diese im Interesse der Anleger erfolgt. 6

Die Übertragung von Verwahrstellenaufgaben nach **§ 82 I Nr. 3** wird laut EG 111 der DelVO (EU) Nr. 231/2013 in den meisten Fällen administrative Aufgaben wie zB Aufzeichnungsfunktionen betreffen, bei denen ein angemessenes und dokumentiertes Verfahren eingeführt und angewandt werden soll, das gewährleistet, dass der Dritte kontinuierlich die Anforderungen des § 82 I erfüllt.

Die laufende Kontrolle des Unterverwahrers wird durch regelmäßige Abgleiche zwischen den internen Konten und den Aufzeichnungen der Verwahrstelle mit denen des Dritten durchgeführt. Entsprechend ist hier ein ordnungsgemäß **dokumentiertes Verfahren** zur Einhaltung der Sorgfaltspflichten bei der Auswahl und laufenden Kontrolle des Beauftragten zu schaffen und anzuwenden. Das Verfahren wird regelmäßig, mindestens aber einmal jährlich, geprüft.

Um für die Vermögenswerte einen ausreichend hohen Schutz zu gewährleisten, 7
müssen bestimmte Grundsätze zur Sicherstellung der **gebotenen Sachkenntnis,**

Sorgfalt und Gewissenhaftigkeit bei der Auswahl und der Kontrolle des Unterverwahrers festgelegt werden. Details bestimmt Art. 98 der DelVO (EU) Nr. 231/2013. Hierbei hat die Verwahrstelle bestimmte Schritte festzulegen. Um eine gewisse Flexibilität in Bezug auf die konkreten Umstände eines jeden Einzelfalls zu gewährleisten, sieht EG 111 der DelVO (EU) Nr. 231/2013 vor, dass die Festlegung dieser Prozesse als nicht abschließend anzusehen ist. Im Grunde bezieht sich diese Anforderung auf eine Selbstverständlichkeit. Derartige Fragestellungen ergeben sich ohnehin im Zuge der internen organisatorischen Risikobetrachtung und müssen dort gelöst werden. Entscheidend ist, dass die intern mit der Administration des jeweiligen Unterverwahrverhältnisses betrauten Mitarbeiter die notwendige Expertise, Erfahrung und Motivation aufbringen, um Haftungsrisiken effizient zu minimieren. Die Einhaltung der Auswahlkriterien ist von der Verwahrstelle regelmäßig zu überwachen.

Sie bewertet den regulatorischen und rechtlichen Rahmen unter Berücksichtigung von Länderrisiko, Verwahrrisiko und Durchsetzbarkeit der Verträge des Dritten. Diese Bewertung muss die Verwahrstelle in die Lage versetzen, die potenziellen Auswirkungen einer Insolvenz des Dritten auf die Vermögenswerte und Rechte des AIF zu bestimmen. Kommt die Verwahrstelle zur Erkenntnis, dass aufgrund der Rechtsvorschriften des Landes, in dem der Dritte sich befindet, die Trennung der Vermögenswerte nicht ausreicht, um im Insolvenzfall Schutz zu bieten, so unterrichtet sie den AIFM umgehend darüber.

8 Insbesondere zwei Punkte sind in der Praxis noch nicht abschließend geklärt: zum einen der Umgang mit der Insolvenzfestigkeit der Vermögensgegenstände und zum anderen der Umstand, welche Kontenstrukturen beim Unterverwahrer vorgehalten werden müssen. Der letztgenannte Punkt wird unter dem Stichwort „asset segregation" diskutiert (→ Rn. 15).

9 **2. Zwingende Unterverwahrung im Drittstaat (§ 82 II).** Soweit ein Unterverwahrer nicht alle in Abs. 1 Nr. 4 Buchst. b genannten Anforderungen erfüllt, ist eine Beauftragung durch die Verwahrstelle in den in Abs. 2 genannten Fällen und den dort bezeichneten Voraussetzungen ausnahmsweise dennoch zulässig.

Die Verwahrstelle hat dabei zu prüfen, ob die Verwahrung im Drittstaat eine zwingende Voraussetzung ist und ob es keine im Drittstaat ortsansässige Einrichtung gibt, die die vom Gesetzgeber gestellten Anforderungen an die Unterverwahrung erfüllt. Die Prüfung beider Voraussetzungen ist zu dokumentieren. Zudem hat die Verwahrstelle sicherzugehen, dass ihr entweder im Rahmen des Verwahrstellenvertrages oder in einer gesonderten Vereinbarung die Einhaltung der in Nr. 1 und 2 an die AIF-Verwaltungsgesellschaft gerichteten Anforderungen von der AIF-Verwaltungsgesellschaft zugesichert werden. Entsprechendes gilt für die konkrete Anweisung der AIF-Verwaltungsgesellschaft, die Verwahrung bestimmter Finanzinstrumente in einer solchen in einem Drittstaat ortsansässigen Einrichtung zu übertragen.

10 **3. Unterverwahrung in der Kette (§ 82 III).** Der Unterverwahrer darf seinerseits die Verwahraufgaben auf einen weiteren Unterverwahrer übertragen. Die Voraussetzungen der Abs. 1, 2 sind bei einer sog. mehrstufige Unterverwahrung oder Verwahrkette einzuhalten. Zusätzlich fordert die BaFin vertragliche Regelungen mit dem Unterverwahrer zur Sicherstellung bestimmter Rechtspositionen des AIF. Dazu reicht auch die Abgabe der **sog. Drei-Punkte-Erklärung** aus. Diese Erklärung geht auf Ziffer 3 (4) der „Bekanntmachung über die Anforderungen an die Ordnungsmäßigkeit des Depotgeschäfts und der Erfüllung von Wertpapier-

lieferverpflichtungen" der BaFin v. 21.12.1998 zurück und soll primär die Schutzmechanismen des DepotG vertraglich widerspiegeln.

Entsprechend existiert kein amtlicher Wortlaut der **Drei-Punkte-Erklärung,** sie muss lediglich folgende Punkte abdecken: (i) Pfand-, Zurückbehaltungs- und ähnliche Rechte darf der Unterverwahrer nur wegen solcher Forderungen geltend machen, die sich für die jeweiligen Wertpapiere aus Rechtsgeschäften ergeben, die mit Ermächtigung des Hinterlegers zwischen dem Verwahrer und dem Dritten über diese Wertpapiere vorgenommenen worden sind; (ii) ohne Zustimmung des Hinterlegers dürfen die Wertpapiere einem Dritten nicht anvertraut oder in ein anderes Lagerland verbracht werden; und (iii) der Unterverwahrer hat den Hinterleger unverzüglich zu benachrichtigen, sollte das Recht des Hinterlegers im Ausland durch Pfändungen oder andere Eingriffe beeinträchtigt werden.

In der Praxis kann es vorkommen, dass ein Unterverwahrer aufgrund gegenteiliger nationaler Regelungen die Drei-Punkte-Erklärung nicht unterzeichnen darf oder möchte. In diesen Fällen hat die Verwahrstelle die Möglichkeit, anderweitig die Anforderungen an eine Unterverwahrung sicherzustellen. Die Verwahrstelle hat überdies sicherzustellen, dass keine rechtlichen Hindernisse ihrem Anspruch auf Auslieferung der Vermögensgegenstände entgegenstehen.

Das Haftungsrisiko kann nicht mit der Unterverwahrung auf den Unterverwahrer übertragen werden. Vielmehr haftet die Verwahrstelle grds. für ein Verschulden des Unterverwahrers. Die Verwahrstelle hat jedoch die Möglichkeit, mit dem Unterverwahrer eine den Anforderungen des § 88 III, IV genügende Vereinbarung zur Haftungsübertragung zu schließen. 11

4. Auslagerungsverbot (§ 82 IV). Eine Auslagerung von Aufgaben, die der Verwahrstelle gem. §§ 80ff. übertragen werden, ist mit Ausnahme der Aufgaben gem. § 81 nicht zulässig. Die Vorschrift ist inhaltsgleich mit den Vorgaben für OGAW. Es kann insoweit auf die Kommentierung des § 73 vollumfänglich verwiesen werden. 12

5. Wertpapierliefer- und Abrechnungssysteme (§ 82 V). Soweit die Verwahrstelle Dienstleistungen von Wertpapierliefer- und Abrechnungssystemen in Anspruch nimmt, gilt dies nicht als Übertragung der Verwahrung iSd § 82. Auch hier kann auf die Kommentierung zu § 73 verwiesen werden. 13

6. Sorgfalts- und Trennungspflichten (§ 82 VI). Im Hinblick auf die unmittelbare Wirkung der DelVO (EU) Nr. 231/2013 wird in **Abs. 6** ausdrücklich klargestellt, dass die Sorgfaltspflichten der Verwahrstelle nach Abs. 1 Nr. 3 sowie die Trennungspflicht nach Abs. 1 Nr. 4 Buchst. c sich nach den Art. 98 und 99 der DelVO (EU) Nr. 231/2013 richten. Bei **Publikums-AIF** sind die für **OGAW** geltenden **Regelungen** des § 73 I Nr. 4 Buchst. d und Art. 15 I–VIII, Art. 16 und Art. 17 der DelVO (EU) 2016/438 **entsprechend anwendbar** (Abs. 6 S. 2). Satz 2 wurde durch das Zweite FiMaNoG in das KAGB aufgenommen; die Angleichung dient dazu, ein einheitliches Anlegerschutzniveau für Privatanleger sicherzustellen. Insoweit wird auf die Kommentierung zu § 73 verwiesen. 14

Bezüglich der in Art. 99 der DelVO (EU) Nr. 231/2013 näher ausgeführten Trennungspflicht wurde auf europäischer Ebene diskutiert, welcher Grad der kontenmäßigen Trennung erforderlich ist. Dabei ging es maßgeblich um die Frage, ob **Omnibuskonten** der Verwahrstelle beim Unterverwahrer, bei denen keine Unterscheidung nach AIF, OGAW oder Drittkundenbeständen der Verwahrstelle vorgenommen wird, zulässig sind. Ergebnis der Diskussion war eine am 30.10.2018 im 15

Amtsblatt der Europäischen Union veröffentlichte und seit dem 1.4.2020 geltende delegierte Verordnung in Bezug auf die Verwahrpflichten von Verwahrstellen bei AIF **(DelVO (EU) 2018/1618);** um den Gleichklang zu OGAW sicherzustellen, wurde am selben Tag eine entsprechende delegierte Verordnung für OGAW im Amtsblatt veröffentlicht (Delegierte Verordnung (EU) 2018/1619). Insbesondere wurde darin **klargestellt,** dass **Omnibuskonten** bei einem Unterverwahrer, dem die Verwahrstelle Finanzinstrumente verschiedener eigener Kunden- und Kundengruppen anvertraut hat, **zulässig sind.** Erforderlich ist aber ein regelmäßiger Abgleich zwischen den internen Konten und Aufzeichnungen der Verwahrstelle und dem bei dem Unterverwahrer geführten Omnibuskonto. Dies entspricht im Wesentlichen der in Deutschland bereits jetzt gelebten Praxis.

§ 83 Kontrollfunktion

(1) **Die Verwahrstelle hat sicherzustellen, dass**

1. die Ausgabe und Rücknahme von Anteilen oder Aktien des inländischen AIF und die Ermittlung des Wertes der Anteile oder Aktien des inländischen AIF den Vorschriften dieses Gesetzes und den Anlagebedingungen, der Satzung oder dem Gesellschaftsvertrag des inländischen AIF entsprechen,

2. bei den für gemeinschaftliche Rechnung der Anleger getätigten Geschäften der Gegenwert innerhalb der üblichen Fristen an den inländischen AIF oder für Rechnung des inländischen AIF überwiesen wird,

3. die Erträge des inländischen AIF nach den Vorschriften dieses Gesetzes und nach den Anlagebedingungen, der Satzung oder dem Gesellschaftsvertrag des inländischen AIF verwendet werden.

(2) **Verwahrt die Verwahrstelle Vermögenswerte von Publikums-AIF, hat sie zusätzlich zu den Kontrollpflichten nach Absatz 1 sicherzustellen, dass die erforderlichen Sicherheiten für Wertpapier-Darlehen nach Maßgabe des § 200 Absatz 2 rechtswirksam bestellt und jederzeit vorhanden sind.**

(3) [1]**Hält der Publikums-AIF Anteile oder Aktien an einer Gesellschaft im Sinne des § 1 Absatz 19 Nummer 22 oder des § 261 Absatz 1 Nummer 3, hat die Verwahrstelle die Vermögensaufstellung dieser Gesellschaft zum Bewertungszeitpunkt zu überprüfen.** [2]**Bei einem offenen Publikums-AIF, der Beteiligungen an einer Immobilien-Gesellschaft hält, hat die Verwahrstelle zudem zu überwachen, dass der Erwerb einer Beteiligung unter Beachtung der §§ 234 bis 238 erfolgt.**

(4) **Um die Verfügungsbeschränkung nach § 84 Absatz 1 Nummer 3 sicherzustellen, hat die Verwahrstelle Folgendes zu überwachen:**

1. bei inländischen Immobilien die Eintragung der Verfügungsbeschränkung in das Grundbuch,

2. bei EU- oder ausländischen Immobilien die Sicherstellung der Wirksamkeit der Verfügungsbeschränkung,

3. bei den sonstigen Vermögensgegenständen im Sinne des § 261 Absatz 2 Nummer 2 bis 8,

a) sofern ein Register für den jeweiligen Vermögensgegenstand besteht, die Eintragung der Verfügungsbeschränkung in dieses Register oder,

b) wenn kein Register besteht, die Sicherstellung der Wirksamkeit der Verfügungsbeschränkung.

(5) **Die Verwahrstelle hat die Weisungen der AIF-Verwaltungsgesellschaft auszuführen, sofern diese nicht gegen gesetzliche Vorschriften oder die Anlagebedingungen verstoßen.**

(6) **[1]Die Verwahrstelle hat sicherzustellen, dass die Zahlungsströme der inländischen AIF ordnungsgemäß überwacht werden und sorgt insbesondere dafür, dass sämtliche Zahlungen von Anlegern oder im Namen von Anlegern bei der Zeichnung von Anteilen eines inländischen AIF geleistet wurden. [2]Die Verwahrstelle hat dafür zu sorgen, dass die gesamten Geldmittel des inländischen AIF auf einem Geldkonto verbucht wurden, das für Rechnung des inländischen AIF, im Namen der AIF-Verwaltungsgesellschaft, die für Rechnung des inländischen AIF tätig ist, oder im Namen der Verwahrstelle, die für Rechnung des inländischen AIF tätig ist, bei einer der folgenden Stellen eröffnet wurde:**

1. **einer Stelle nach Artikel 18 Absatz 1 Buchstabe a, b und c der Richtlinie 2006/73/EG oder**
2. **einer Stelle der gleichen Art in dem entsprechenden Markt, in dem Geldkonten verlangt werden, solange eine solche Stelle einer wirksamen Regulierung der Aufsichtsanforderungen und einer Aufsicht unterliegt, die jeweils den Rechtsvorschriften der Europäischen Union entsprechen, wirksam durchgesetzt werden und insbesondere mit den Grundsätzen nach Artikel 16 der Richtlinie 2006/73/EG übereinstimmen.**

[3]Sofern Geldkonten im Namen der Verwahrstelle, die für Rechnung des inländischen AIF handelt, eröffnet werden, sind keine Geldmittel der in Satz 2 genannten Stelle und keine Geldmittel der Verwahrstelle selbst auf solchen Konten zu verbuchen.

(7) **Die Bedingungen für die Ausübung der Aufgaben einer Verwahrstelle nach den Absätzen 1, 5 und 6 bestimmen sich nach den Artikeln 85 bis 97 der Delegierten Verordnung (EU) Nr. 231/2013.**

Schrifttum: *Janzen* AIF-Verwahrstellen nach dem Kapitalanlagegesetzbuch (KAGB), ZBB 2015, 230; *Müller* Die Überwachung der Geschäftstätigkeit der Kapitalanlagegesellschaft durch die Depotbank DB 1975, 785; *Patz* Das Zusammenwirken zwischen Verwahrstelle, Bewerter, Abschlussprüfer und BaFin bei der Aufsicht über Investmentvermögen nach dem KAGB – Zuständigkeiten bei der Überprüfung der Einhaltung der Bewertungsmaßstäbe und -verfahren für Vermögensgegenstände von AIF und OGAW, BKR 2015, 193; *Reiss* Pflichten der Kapitalanlagegesellschaft und der Depotbank gegenüber dem Anleger und die Rechte des Anlegers bei Pflichtverletzungen, 2006.

I. Allgemeines

Die Vorschrift geht insb. auf §§ 27 I, 22 I 2 InvG zurück und dient daneben der Umsetzung der Vorgaben der AIFM-RL in deutsches Recht. Mit § 76 existiert eine entsprechende Vorschrift für OGAW-Verwahrstellen. Daher wird hinsichtlich des Regelungszwecks und der Entstehungsgeschichte auf die Kommentierung zu § 76 verwiesen. 1

Die gesetzliche **Ausgestaltung der Kontrollfunktion** der Verwahrstelle in Bezug auf AIF erstreckt sich neben § 83 über **eine Reihe von Vorschriften im** 2

KAGB und der DelVO (EU) Nr. 231/2013; im Hinblick auf die unmittelbare Wirkung Letzterer wird in **Abs. 7** ausdrücklich klargestellt, dass die Regelungen der Abs. 1, 5 und 6 nunmehr trotz ihrer Entsprechung im InvG im Lichte der unmittelbar geltenden europäischen Vorgaben zu betrachten sind.

II. Pflichten bezüglich Zeichnung, Rücknahme und Wertermittlung (Abs. 1 Nr. 1)

3 Nach Abs. 1 Nr. 1 hat die Verwahrstelle sicherzustellen, dass die **Zeichnung und Rückgabe** von Anteilen des AIF mit den **geltenden Rechtsvorschriften** und den **Vertragsbedingungen** oder der **Satzung** des AIF **im Einklang stehen.** Art. 93 I der Delegierten Verordnung (EU) Nr. 231/2013 sieht dabei vor, dass sie insb. die **Ordnungsmäßigkeit** der von der AIF-KVG etablierten **Verfahren** zu prüfen hat.

4 Zudem hat die Verwahrstelle regelmäßig die Übereinstimmung zwischen der Gesamtzahl der Anteile in den Büchern des AIF bzw. der AIF-KVG und der Gesamtzahl ausstehender Anteile im AIF-Register zu überprüfen; da in Deutschland die Ausgabe der Anteile im Regelfall über das **Girosammelverwahrsystem** der Clearstream Banking AG und ein Korrespondenzdepot der Verwahrstelle erfolgt, erübrigt sich dieser Schritt meist (→ Rn. 5).

Dabei erstreckt sich die **Kontrolle** über die **Verfahren zur grundsätzlichen Entscheidung** der Anteilsausgabe und -rücknahme hinaus auch auf die **Einzelauftragsbearbeitung,** insb. wenn dieses Tagesgeschäft nicht von der Verwahrstelle, sondern von einem Drittdienstleister (sog. Transfer Agent) durchgeführt wird. Die Einschaltung eines solchen **Transfer Agent** ist in Deutschland allerdings, anders als in Luxemburg, unüblich.

Die Häufigkeit der Prüfungen der Verwahrstelle ist auf die Häufigkeit der Zeichnungen und Auszahlungen abzustimmen.

5 Statt eines Abgleichs von ausgegebenen Anteilen, Zeichnungserlösen und Rücknahmebeträgen kann die Sicherstellung der Ordnungsmäßigkeit von Zeichnung und Rücknahmen aber auch schlicht durch die **Selbstvornahme** dieser Vorgänge durch die **Verwahrstelle** erfolgen, auch wenn dadurch eine zusätzliche Kontrollebene entfällt (s. BaFin Rundschreiben 05/2020 (WA), Ziffer 9).

Nach der viel diskutierten Verwaltungspraxis der BaFin ist die Entscheidung über die grundsätzliche Aufnahme, den Umfang und die Einstellung der Anteilsausgabe eines AIF als originäre Aufgabe der AIF-KVG anzusehen; eine Ausführung dieser Tätigkeiten durch Dritte einschließlich der Verwahrstelle stellt danach eine Auslagerung iSd § 36 dar (s. BaFin Rundschreiben 05/2020 (WA), Ziffer 9). Das im Rahmen dieser Vorgaben durchgeführte börsentägliche Geschäft der **Entgegennahme einzelner Kundenaufträge** und deren **Bedienung** ist auch nach der Verwaltungspraxis der BaFin als **bloße technische Abwicklung** anzusehen und kann daher entsprechend der in Deutschland seit Jahren geübten Praxis durch die Verwahrstelle durchgeführt werden, ohne dass die besonderen Anforderungen des § 36 zu beachten sind. Auch bei näherer Betrachtung der Teilschritte des Ausgabe- und Rücknahmeprozesses, insb. im Hinblick auf die in Deutschland übliche Einbeziehung der Anteile in das Girosammelverwahrsystem der Clearstream Banking AG, erscheint dies als praxisgerechte Lösung.

III. Zeitnahe Abwicklung von Transaktionen und Ertragsverwendung (Abs. 1 Nr. 2 und 3)

Nach Abs. 1 Nr. 2 hat die Verwahrstelle sicherzustellen, dass bei den für gemeinschaftliche Rechnung der Anleger getätigten Geschäften der Gegenwert innerhalb der üblichen Fristen an den inländischen AIF überwiesen wird. Entsprechend Art. 96 I der Delegierten Verordnung (EU) Nr. 231/2013 hat die Verwahrstelle hierzu im Falle des **Ausbleibens von Zahlungen** die AIF- Kapitalverwaltungsgesellschaft entsprechend **zu unterrichten** und, sofern möglich, die **Rückgabe** der an die Gegenpartei gelieferten Finanzinstrumente **zu verlangen.** Unseres Erachtens hat die Verwahrstelle hierzu aber zunächst die AIF-KVG zu informieren (etwa im Rahmen sog. Failed Trade Reports) und im Anschluss zu weiteren Maßnahmen aufzufordern, nicht hingegen die **Gegenparteien** selbst **anzumahnen.** Dies **obliegt** dem AIF bzw. der **AIF-KVG** als Vertragspartner der Gegenpartei. 6

Nach Abs. 1 Nr. 3 iVm Art. 97 der Delegierten Verordnung (EU) Nr. 231/2013 hat die Verwahrstelle zudem die Ertragsverwendung des AIF zu kontrollieren; im Hinblick auf den **Gleichklang** der Vorschrift mit **§ 76 I Nr. 3** und Art. 8 der Delegierten Verordnung (EU) 2016/438 (sog. OGAW-V-VO), wird im Übrigen auf die **Kommentierung** zu **§ 76** verwiesen. 7

Eine **Besonderheit** folgt allerdings bei Spezial-AIF daraus, dass die Ertragsausschüttung regelmäßig nicht über das Girosammelverwahrsystem der Clearstream Banking AG erfolgt, weil die Ausschüttungsdaten nicht (zB über WM-Daten) veröffentlicht werden und der Clearstream Banking AG mithin nicht vorliegen, sondern die **AIF-KVG** der Verwahrstelle einen oder mehrere **Aufträge erteilt,** den auf den jeweiligen Anleger entfallenden **Ausschüttungsbetrag** vom Fondskonto auf das Konto des Anlegers **zu überweisen.** Im Rahmen ihrer Prüfung hat die Verwahrstelle die Zahlung zu plausibilisieren, insb. dahingehend, ob der **Anleger** tatsächlich in dem **Umfang** an dem Spezial-AIF **beteiligt** ist.

IV. Sicherheiten für Wertpapierdarlehen (Abs. 2)

Nach Abs. 2 hat die Verwahrstelle bei Publikums-AIF sicherzustellen, dass die erforderlichen Sicherheiten gem. § 200 II rechtswirksam bestellt und jederzeit vorhanden sind. Im Hinblick auf die **gleichlautende Vorschrift** des **§ 76 I Nr. 4** wird auf die dortige Kommentierung verwiesen. 8

Bei Spezial-AIF findet Abs. 2 keine unmittelbare Anwendung. Soweit allerdings die Anlagebedingungen des Spezial-AIF vorsehen, dass die Anforderungen des § 200 II zu erfüllen sind, könnte aus der **uneingeschränkten Rechtmäßigkeitskontrolle** des Abs. 5 (→ Rn. 12) folgen, dass die Verwahrstelle im Ergebnis **ähnliche Prüfungsschritte** vorzunehmen hat. Daher ist zu erwägen, in den Anlagebedingungen oder der sog. Dreiervereinbarung eine Klarstellung hinsichtlich § 200 II und der Prüfpflicht der Verwahrstelle aufzunehmen.

V. Kontrolle der Vermögensaufstellung (Abs. 3)

Absatz 3 regelt die **Kontrollpflichten** der Verwahrstelle hinsichtlich indirekt über **Immobilien-Gesellschaften** nach § 1 XIX Nr. 22 oder **Sachwerte-Objektgesellschaften** nach § 261 I Nr. 3 für Rechnung von Publikums-AIF gehaltener Vermögensgegenstände. Die **Vermögensaufstellung** einer solchen Objekt- 9 gesellschaft ist von der Verwahrstelle an jedem **Bewertungszeitpunkt** zu überprüfen.

Bei offenen Publikums-AIF muss zusätzlich vor einem Erwerb einer Immobilien-Gesellschaft die Einhaltung der Voraussetzungen des §§ 234–238 überprüft werden. Hierzu sei auf die dortige Kommentierung verwiesen. Die Vorschrift gilt grds. nicht für Spezial-AIF; folgt man der weiten Auslegung der BaFin im Hinblick auf die uneingeschränkte Rechtmäßigkeitskontrolle nach Abs. 5 (→ Rn. 13) hat diese Einschränkung allerdings kaum praktische Relevanz, da die Verwahrstelle auch bei Spezial-AIF vergleichbare Prüfungen vorzunehmen hat.

VI. Kontrolle der Verfügungsbeschränkungen (Abs. 4)

10 Nach § 84 I Nr. 3–5 bedürfen **Verfügungen** über bestimmte zu einem **Publikums-AIF** gehörende **Immobilien, Sachwerte** und Beteiligungen der **Zustimmung** der Verwahrstelle. Diese Beschränkung der Verfügungsbefugnis ist nach Maßgabe des Abs. 4 Nr. 1–3 zu überwachen und möglichst mit dinglicher Wirkung sicherzustellen.

11 Nach Ansicht der BaFin folgt aus der Systematik des § 284 I, wonach grds. für offene inländische Spezial-AIF mit festen Anlagebedingungen die für Publikumsinvestmentvermögen geltenden Vorschriften entsprechende Anwendung finden, auch die Anwendbarkeit der in § 246 niedergelegte Verpflichtung der AIF-KVG eine Verfügungsbeschränkung zugunsten der Verwahrstelle eintragen zu lassen. Vorbehaltlich einer Abbedingung der Regelung des § 284 II, folge daraus auch die Anwendbarkeit der §§ 84 I Nr. 3 und 83 IV Nr. 1 (BaFin „Zur Frage der Genehmigungspflicht für die Auswahl der Verwahrstelle nach Maßgabe des § 284 Abs. 1 und 2 KAGB“ Gz. WA 42-Wp 2136–2013/0284 v. 7.10.2013). Diese Argumentation entspricht der gelebten Praxis, da der Gesetzgeber diese Verpflichtung aber explizit nicht für Spezial-AIF vorgesehen hat und Spezialfonds bereits nach dem InvG in Immobilien investieren durften, weist sie einen – hinnehmbaren – systematischen Bruch auf.

VII. Weisungsgebundenheit der AIF-Verwahrstelle (Abs. 5)

12 Im Hinblick auf die **gleichlautende Vorschrift** des **§ 76 II** wird auf die dortige Kommentierung verwiesen.

13 Für Spezial-AIF von besonderer Relevanz ist aber die aus dieser Vorschrift abgeleitete **uneingeschränkte Rechtmäßigkeitskontrolle,** die im Ergebnis nach dem Verwahrstellenrundschreiben (BaFin Rundschreiben 05/2020 (WA), Ziffer 7.1.3) nur durch den **Grundsatz der Verhältnismäßigkeit** eingeschränkt wird. Kritisch zu bewerten ist insoweit, wenn die für Spezial-AIF gesetzlich vorgesehene geringere Prüfdichte durch eine ausufernde Auslegung des Abs. 5 konterkariert wird. Nach der hier vertretenen Ansicht ist in diesen Fällen die **gesetzliche Wertung** bei der Frage der **Verhältnismäßigkeit** einer geforderten Prüfungshandlung besonders **zu berücksichtigen.**

VIII. Überwachung der Zahlungsströme (Abs. 6)

14 Abs. 6 setzt nach der Regierungsbegründung Art. 21 VII AIFM-RL um. Danach ist Teil der Kontrollfunktion der Verwahrstelle auch die **Überwachung der Zahlungsströme** des AIF das sog. **Cashflow-Monitoring.** Hierzu enthalten Art. 85 und 86 der DelVO (EU) Nr. 231/2013 weitere Vorgaben:

Art. 85 Bargeldüberwachung – allgemeine Anforderungen

(1) Wird bei einer in Artikel 21 Absatz 7 der Richtlinie 2011/61/EU genannten Stelle ein Geldkonto im Namen des AIF, des für ihn handelnden AIFM oder der für ihn handelnden Verwahrstelle eröffnet oder beibehalten, so stellt der AIFM sicher, dass die Verwahrstelle bei Beginn der Wahrnehmung ihrer Pflichten und danach kontinuierlich alle relevanten Informationen erhält, die sie zur Erfüllung ihrer Verpflichtungen benötigt.

(2) Damit die Verwahrstelle Zugang zu allen Informationen über die Geldkonten des AIF und einen klaren Überblick über dessen Cashflows hat, erhält die Verwahrstelle zumindest:
a) bei ihrer Bestellung Informationen über alle bestehenden Geldkonten, die im Namen des AIF oder des für ihn handelnden AIFM eröffnet wurden;
b) Informationen über jede Eröffnung eines neuen Geldkontos durch den AIF oder den für ihn handelnden AIFM;
c) Informationen über sämtliche bei Dritten eröffneten Geldkonten, die von diesen Dritten direkt übermittelt werden.

Art. 86 Überwachung der Cashflows des AIF

Die Verwahrstelle gewährleistet eine wirksame und ordnungsgemäße Überwachung der Cashflows des AIF und muss zumindest
a) sicherstellen, dass die gesamten Geldmittel des AIF auf Konten verbucht werden, die bei einer der in Artikel 18 Absatz 1 Buchstaben a, b und c der Richtlinie 2006/73/EG genannten Stellen auf dem entsprechenden Markt, wo für die Geschäftstätigkeiten des AIF Geldkonten verlangt werden, eröffnet wurden, und solche Stellen einer aufsichtlichen Regulierung und Aufsicht unterliegen, die die gleiche Wirkung wie die Rechtsvorschriften der Union haben, wirksam durchgesetzt werden und den Grundsätzen nach Artikel 16 der Richtlinie 2006/73/EG entsprechen;
b) über wirksame und angemessene Verfahren zum Abgleich aller Cashflows verfügen und diesen Abgleich täglich oder bei geringer Häufigkeit der Bargeldbewegungen bei deren Eintreten vornehmen;
c) über geeignete Verfahren verfügen, um bei Ende des Geschäftstags signifikante Cashflows zu ermitteln, insb. solche, die mit den Geschäften des AIF unvereinbar sein könnten;
d) in regelmäßigen Abständen die Eignung dieser Verfahren überprüfen, das Abgleichsverfahren zu diesem Zweck zumindest einmal jährlich einer vollständigen Überprüfung unterziehen und sicherstellen, dass das Abgleichsverfahren die im Namen des AIF, des für ihn handelnden AIFM oder der für ihn handelnden Verwahrstelle eröffneten Konten erfasst;
e) kontinuierlich die Ergebnisse des Abgleichs und von Maßnahmen, die infolge der Feststellung jeglicher bei den Abgleichverfahren zutage tretenden Diskrepanzen ergriffen werden, überwachen und bei jeder Abweichung, die nicht unverzüglich behoben wurde, den AIFM und, wenn die Situation nicht geklärt und ggf. korrigiert werden kann, die zuständigen Behörden unterrichten;
f) die Übereinstimmung ihrer eigenen Barposition-Aufzeichnungen mit denen des AIFM überprüfen. Der AIFM stellt sicher, dass der Verwahrstelle alle Anweisungen und Informationen im Zusammenhang mit bei einem Dritten eröffneten Geldkonten übermittelt werden, damit die Verwahrstelle ihr eigenes Abgleichsverfahren durchführen kann.

Im Ergebnis hat die Verwahrstelle sämtliche eingehenden und ausgehenden Zahlungen des AIF zu überwachen, wobei anders als bei der umfassenden Rechtmäßigkeitskontrolle nach Abs. 5 grds. eine **ex-post** Prüfung **ausreichend** ist. Bei sog. Modell-2-Verwahrstellen, die über ein eigenes (Schatten-)Fondsbuchhaltungssystem verfügen, erfolgt die umfassende Prüfung der Zahlungsströme regelmäßig im Rahmen des täglichen oder wöchentlichen Bestandsabgleichs (→ § 81 Rn. 11) und der Abstimmung des Nettoinventarwerts. **15**

16 Die Frage der Durchschau (sog. Look-Through) ist insb. im Hinblick auf Private Equity und Immobilienfonds relevant, da diese häufig indirekt über Immobilien- und Objektgesellschaften investieren. Nach Ansicht der ESMA erstreckt sich die Kontrolle der Zahlungsströme nach Art. 85 und 86 der DelVO (EU) Nr. 231/2013 nicht auf Konten von Gesellschaften, an denen der AIF lediglich eine Beteiligung hält (s. *ESMA* Questions and Answers [on the] Application of the AIFMD, ESMA Dokument 34-32-352, Section VI Depositaries, Question 1, Stand: 4.10.2018).

17 Anders als für OGAW ist für AIF weder nach dem KAGB noch nach europäischen Vorgaben die Einrichtung eines Sperrkontos vorgesehen. Insoweit bedürfen Verfügungen über Guthaben, die bei der Verwahrstelle oder bei Dritten geführt werden, grds. nicht der Zustimmung durch die Verwahrstelle. Davon unberührt bleibt eine etwaige Prüfpflicht im Rahmen der umfassenden Rechtmäßigkeitskontrolle nach Abs. 5; nach Ansicht der BaFin erstreckt diese sich in jedem Fall auf bei die Verwahrstelle geführte Konten (s. Ziffer 4.2 BaFin Rundschreiben 05/2020 (WA)).

Dritte, bei denen Konten im Namen oder für Rechnung des AIF eröffnet werden, müssen zudem bestimmte qualitative Anforderungen erfüllen. Es muss sich um eine Zentralbank, ein gem. der RL 2000/12/EG zugelassenes Kreditinstitut oder eine in einem Drittland zugelassene Bank handeln. Der Verwahrstelle sind hinsichtlich dieser Konten umfassende Informationen zur Verfügung zu stellen (etwa elektronische Umsatzmeldungen, Kontoauszüge oder Zugang zum Online-Banking System).

18 Daneben enthält Abs. 6 S. 3 die Verpflichtung der Verwahrstelle zur Vermögenstrennung, sofern sie Konten im eigenen Namen für Rechnung des AIF eröffnet. Die Anforderungen ähnelt den Vorgaben für Unterverwahrer nach § 83 I Nr. 4c).

IX. Verweis auf DelVO (EU) Nr. 231/2013 (Abs. 7)

19 Der Verweis auf Art. 85–97 der DelVO (EU) Nr. 231/2013 hat wegen der unmittelbaren Anwendbarkeit von EU-Verordnungen nur deklaratorischen Charakter, beinhaltet aber die Klarstellung, dass die Pflichten der Verwahrstelle nach § 83 trotz ihrer Entsprechung im InvG im Lichte der europäischen Vorgaben zu betrachten sind (→ Rn. 2).

§ 84 Zustimmungspflichtige Geschäfte

(1) **Die AIF-Kapitalverwaltungsgesellschaft darf die nachstehenden Geschäfte im Hinblick auf Publikums-AIF nur mit Zustimmung der Verwahrstelle durchführen:**

1. die Aufnahme von Krediten nach Maßgabe der §§ 199, 221 Absatz 6, der §§ 254 und 263 Absatz 1, soweit es sich nicht um valutarische Überziehungen handelt,

2. die Anlage von Mitteln des Publikums-AIF in Bankguthaben bei anderen Kreditinstituten sowie Verfügungen über solche Bankguthaben,

3. die Verfügung über zum Immobilien-Sondervermögen gehörende Immobilien und zum geschlossenen Publikums-AIF gehörende Vermögensgegenstände im Sinne des § 261 Absatz 1 Nummer 1,

4. die Belastung von in Nummer 3 genannten Vermögensgegenständen sowie die Abtretung von Forderungen aus Rechtsverhältnissen, die sich auf diese Vermögensgegenstände beziehen und

5. **Verfügungen über Beteiligungen an Gesellschaften im Sinne des § 1 Absatz 19 Nummer 22 oder des § 261 Absatz 1 Nummer 3 oder, wenn es sich nicht um eine Minderheitsbeteiligung handelt, die Verfügung über zum Vermögen dieser Gesellschaften gehörende Vermögensgegenstände im Sinne des § 231 Absatz 1 oder des § 261 Absatz 1 Nummer 1 sowie Änderungen des Gesellschaftsvertrages oder der Satzung.**

(2) [1]**Die Verwahrstelle hat den Geschäften nach Absatz 1 zuzustimmen, wenn diese den dort genannten Anforderungen entsprechen und mit den weiteren Vorschriften dieses Gesetzes und mit den Anlagebedingungen übereinstimmen.** [2]**Stimmt sie einer Verfügung zu, obwohl die Bedingungen von Satz 1 nicht erfüllt sind, berührt dies nicht die Wirksamkeit der Verfügung.** [3]**Eine Verfügung ohne Zustimmung der Verwahrstelle ist gegenüber den Anlegern unwirksam.** [4]**Die Vorschriften zugunsten derjenigen, welche Rechte von einem Nichtberechtigten herleiten, sind entsprechend anzuwenden.**

I. Allgemeines

Die Norm geht weitgehend auf § 26 des aufgehobenen InvG zurück und statuiert als höchste Form der Kontrolle ein Zustimmungserfordernis der Verwahrstelle zu bestimmten Geschäften. Für OGAW enthält § 75 eine entsprechende Vorschrift, welche freilich keine Regelungen zu den nur für AIF erwerbbaren illiquiden Vermögensgegenständen (§ 84 I Nr. 3–5) enthält. Insoweit wird hinsichtlich der Entstehungsgeschichte der Norm und des Abs. 1 Nr. 1, 2 und Abs. 2 auf die **Kommentierung § zu75** verwiesen. 1

Die aufgeführten zustimmungspflichtigen Geschäfte sind **abschließend;** das Zustimmungserfordernis ist **ausschließlich** bei **Publikums-AIF** zu beachten. Jedoch kann aus der **uneingeschränkten Rechtmäßigkeitskontrolle** nach § 83 V ein **faktisches Zustimmungserfordernis** der Verwahrstelle folgen (→ Rn. 12). 2

Nach Ansicht der BaFin folgt aus der **Systematik** des **§ 284 I,** wonach grds. für offene inländische Spezial-AIF mit festen Anlagebedingungen die für Publikumsinvestmentvermögen geltenden Vorschriften entsprechende Anwendung finden, auch die Anwendbarkeit der in § 246 niedergelegten Verpflichtung der AIF-Kapitalverwaltungsgesellschaft, eine Verfügungsbeschränkung zugunsten der Verwahrstelle eintragen zu lassen. Vorbehaltlich einer Abbedingung dieser Regelung nach § 284 II folge daraus auch die **Anwendbarkeit** der **§ 84 I Nr. 3 und § 83 IV Nr. 1** für Spezial-AIF (BaFin Schreiben „Zur Frage der Genehmigungspflicht für die Auswahl der Verwahrstelle nach Maßgabe des § 284 Abs. 1 und 2 KAGB" Gz WA 42-Wp 2136–2013/0284 vom 7.10.2013). Diese Argumentation entspricht der gelebten Praxis, da der Gesetzgeber diese Verpflichtung aber explizit nicht für Spezial-AIF vorgesehen hat und Spezialfonds bereits nach dem InvG in Immobilien investieren durften, weist sie einen – hinnehmbaren – systematischen Bruch auf. 3

Die Zustimmung folgt den Prinzipien der **§§ 182 ff. BGB** und kann vor **(Einwilligung)** oder nach **(Genehmigung)** der Verfügung erteilt werden. Eine nach der Verfügung erfolgte Zustimmung wirkt auf den Zeitpunkt der Vornahme der Verfügung zurück; bis dahin ist die Verfügung schwebend unwirksam (Abs. 2). Als **einseitiges Rechtsgeschäft** gelten für ihr Zustandekommen und ihre Wirksamkeit die allgemeinen **Regeln** über **Willenserklärungen** des **BGB,** insb. die über Willensmängel, Zugang und Vertretung. Die Zustimmung kann damit auch **kon-** 4

kludent erteilt werden. Zumindest in Form der Einwilligung kann die Zustimmung auch unter einer **Bedingung** iSv § 158 BGB erteilt werden (s. BeckOK BGB/*Bub* § 182 Rn. 16). Bei der Zustimmung zur Verfügung über Immobilien und Beteiligungen an Immobilien-Gesellschaften (Nr. 3, 4) ist dies sogar der Regelfall. Dort wird häufig die Zustimmung auf Basis fast finaler Vertragsentwürfe unter der Bedingung erteilt, dass der Verkaufspreis nicht den nach § 249 I ermittelten Wert unterschreitet (§ 260 I 1 Nr. 2).

5 Nach Ansicht der BaFin (s. Rundschreiben 05/2020 (WA) – Ziff. VI.) sollte die Verwahrstelle ihre Zustimmung bereits vor der Verfügung erteilen. Eine **Genehmigung** kann ausnahmsweise in einzelnen Fällen erteilt werden, wenn eine Überprüfung erst nach der Verfügung möglich ist. Für die AIF-Kapitalverwaltungsgesellschaft ist es insoweit naheliegend, die Verwahrstelle **vor** Abschluss des **Verpflichtungsgeschäfts** einzubinden, um eine möglicherweise Versagung der Zustimmung zu verhindern; im Falle einer versagten Zustimmung wäre die AIF-Kapitalverwaltungsgesellschaft nämlich ggf. **Schadensersatzforderungen** des **Vertragspartners** ausgesetzt. Ob daraus ein Recht zur Einbindung bereits bei Vertragsverhandlungen folgt, ist umstritten. Dies erscheint als zu weitgehend, da der Verwahrstelle nach dem Wortlaut des Gesetzes nur eine Kontrolle der Rechtmäßigkeit des Verfügungsgeschäftes zugestanden wird.

II. Zustimmungspflichtige Geschäfte (Abs. 1 Nr. 3–5)

6 **1. Verfügung über und Belastung von Immobilien (Abs. 1 Nr. 3 und 4).** Bei der **Verfügung über Immobilien** eines Immobilien-Sondervermögens und über zu einem geschlossenen Publikums-AIF gehörende **Sachwerte** (Abs. 1 Nr. 3) durch die AIF-Kapitalverwaltungsgesellschaft, zB im Wege einer Veräußerung, muss die Verwahrstelle prüfen (s. Abs. 2), ob die Anlagebedingungen einer solchen Verfügung entgegenstehen und ob die erhaltene Gegenleistung den Vorgaben von § 260 I entspricht. Beide Punkte sind vor dem **Erfüllungsgeschäft** auf Basis der **Wertverhältnisse** zum **Zeitpunkt** des Abschlusses des **Verpflichtungsgeschäftes** zu prüfen.

Ebenso ist auf dieser Basis eine **Belastung von Immobilien** (Abs. 1 Nr. 4) anhand eines Abgleichs mit den Anlagebedingungen, der Vereinbarkeit mit den Grundsätzen einer ordnungsgemäßen Wirtschaftsführung, der Marktüblichkeit der Belastungsbedingungen sowie der Einhaltung der 30%-Grenze nach § 260 III zu prüfen.

7 **2. Verfügung über Immobilien-Gesellschaften und Objektgesellschaften (Abs. 1 Nr. 5).** Nach Abs. 1 Nr. 5 ist die **Zustimmung** der Verwahrstelle auch für **Verfügung über Beteiligungen** an Immobilien-Gesellschaften (§ 1 XIX Nr. 2) und Sachwerte-Objektgesellschaften (§ 261 I Nr. 3) erforderlich. Auch dabei hat die Verwahrstelle einen Abgleich mit den **Anlagebedingungen** und der **Werthaltigkeit** der **Gegenleistung** vor Abschluss des Verfügungsgeschäfts **(ex-ante)** und nach den **Wertverhältnissen** zum **Zeitpunkt** des Abschlusses des **Verpflichtungsgeschäftes** vorzunehmen. Dies gilt auch für Verfügungen über von Mehrheitsbeteiligungen gehaltene Immobilien und Sachwerte. Um die Kontrolle über die indirekten Aktivitäten eines Publikums-AIF zu vervollständigen, bedarf zudem die Änderung des Gesellschaftsvertrages oder der Satzung der Beteiligungsgesellschaft der Zustimmung der Verwahrstelle.

§85 Interessenkollision

(1) **Bei der Wahrnehmung ihrer Aufgaben handelt die Verwahrstelle ehrlich, redlich, professionell, unabhängig und im Interesse des inländischen AIF und seiner Anleger.**

(2) **[1]Die Verwahrstelle darf keine Aufgaben in Bezug auf den inländischen AIF oder die für Rechnung des inländischen AIF tätige AIF-Verwaltungsgesellschaft wahrnehmen, die Interessenkonflikte zwischen dem inländischen AIF, den Anlegern des inländischen AIF, der AIF-Verwaltungsgesellschaft und ihr selbst schaffen könnten. [2]Dies gilt nicht, wenn eine funktionale und hierarchische Trennung der Ausführung ihrer Aufgaben als Verwahrstelle von ihren potenziell dazu in Konflikt stehenden Aufgaben vorgenommen wurde und die potenziellen Interessenkonflikte ordnungsgemäß ermittelt, gesteuert, beobachtet und den Anlegern des inländischen AIF gegenüber offengelegt werden. [3]Die Verwahrstelle hat durch Vorschriften zu Organisation und Verfahren sicherzustellen, dass bei der Wahrnehmung ihrer Aufgaben Interessenkonflikte zwischen der Verwahrstelle und der AIF-Verwaltungsgesellschaft vermieden werden. [4]Die Einhaltung dieser Vorschriften ist von einer bis einschließlich der Ebene der Geschäftsführung unabhängigen Stelle zu überwachen. [5]Wird eine natürliche Person als Treuhänder nach §80 Absatz 3 und 4 mit der Verwahrstellenfunktion beauftragt, gilt nur Satz 1.**

(3) **Im Hinblick auf Spezial-AIF darf die Verwahrstelle die in §81 genannten Vermögensgegenstände nicht ohne vorherige Zustimmung des inländischen Spezial-AIF oder der für Rechnung des inländischen Spezial-AIF tätigen AIF-Verwaltungsgesellschaft wiederverwenden; bei Publikums-AIF ist eine Wiederverwendung nur unter den Voraussetzungen des §70 Absatz 5 zulässig; hinsichtlich der Weiterverwendung von als Sicherheit erhaltenen Finanzinstrumenten wird auf Artikel 15 der Verordnung (EU) 2015/2365 sowohl für Spezial-AIF als auch für Publikums-AIF verwiesen.**

(4) **Zur Vermeidung von Interessenkonflikten zwischen der Verwahrstelle und der AIF-Kapitalverwaltungsgesellschaft oder dem inländischen AIF oder seinen Anlegern**

1. **darf eine AIF-Kapitalverwaltungsgesellschaft nicht die Aufgaben einer Verwahrstelle wahrnehmen,**
2. **darf ein Primebroker, der als Kontrahent bei Geschäften für Rechnung des inländischen AIF auftritt, nicht die Aufgaben einer Verwahrstelle für diesen inländischen AIF wahrnehmen; dies gilt nicht, wenn eine funktionale und hierarchische Trennung der Ausführung seiner Aufgaben als Verwahrstelle von seinen Aufgaben als Primebroker vorliegt und die potenziellen Interessenkonflikte ordnungsgemäß ermittelt, gesteuert, beobachtet und den Anlegern des inländischen AIF offengelegt werden. Unter Einhaltung der Bedingungen nach § 82 ist es zulässig, dass die Verwahrstelle einem solchen Primebroker ihre Verwahraufgaben überträgt.**

(5) **[1]Geschäftsleiter, Prokuristen und die zum gesamten Geschäftsbetrieb ermächtigten Handlungsbevollmächtigten der Verwahrstelle dürfen nicht gleichzeitig Angestellte der AIF-Kapitalverwaltungsgesellschaft sein. [2]Geschäftsleiter, Prokuristen und die zum gesamten Geschäftsbetrieb**

ermächtigten Handlungsbevollmächtigten der AIF-Kapitalverwaltungsgesellschaft dürfen nicht gleichzeitig Angestellte der Verwahrstelle sein. [3]Wird eine natürliche Person als Treuhänder nach § 80 Absatz 3 und 4 mit der Verwahrstellenfunktion beauftragt, darf dieser nicht gleichzeitig Mitglied des Vorstands oder des Aufsichtsrats, Gesellschafter oder Angestellter der AIF-Kapitalverwaltungsgesellschaft oder eines mit ihr verbundenen Unternehmens sein. [4]Für die Anforderungen an die Verwahrstelle, die Vermögenswerte von Publikums-AIF verwahrt, zur Erfüllung ihrer Pflicht, im Sinne des Absatzes 1 bei der Wahrnehmung ihrer Aufgaben unabhängig von der AIF-Kapitalverwaltungsgesellschaft zu handeln, gelten Artikel 21 Buchstabe a bis c und e, Artikel 22 Absatz 5, die Artikel 23 und 24 der Delegierten Verordnung (EU) 2016/438 entsprechend.

Schrifttum: *Fragos* OTC-Wertpapiergeschäfte zwischen Kapitalanlagegesellschaft und der Depotbank, ZBB 2005, 183; *Herring/Cristea* Die Umsetzung der Finanzsicherheiten-Richtlinie und ihre Folgen für Kapitalanlagegesellschaften, deutsche Single-Hedgefonds und Prime Broker ZIP 2004, 1627; *Janzen* AIF-Verwahrstellen nach dem Kapitalanlagegesetzbuch (KAGB), ZBB 2015, 230; *Müller* Die Überwachung der Geschäftstätigkeit der Kapitalanlagegesellschaft durch die Depotbank, DB 1975, 485; *Schmoltke* Die Regelungen von Interessenkonflikten im neuen Investmentrecht, Reformvorschläge im Lichte des Regierungsentwurfs zur Änderung des Investmentgesetzes WM 2007, 1909.

I. Allgemeines

1 § 85 beinhaltet **besondere Vorgaben** für Verwahrstellen von AIF im **Umgang mit Interessenkonflikten** und statuiert in Abs. 1 auch besondere Pflichten der Verwahrstelle gegenüber den Anlegern der AIF. Absatz 5 macht demgegenüber Vorgaben hinsichtlich der Unabhängigkeit zwischen AIF-KVG und Verwahrstelle.

Als solche ist die **Vorschrift** aber **nicht autark** zu sehen. Regelungen zum Umgang mit **Interessenkonflikten** sind heute in **vielen Rechtsbereichen,** insb. im Wertpapier- und Kapitalmarktrecht, üblich. Da Verwahrstellen in den meisten Fällen andere Tätigkeiten und (Wertpapier-)Dienstleistungen erbringen, allen voran die Verwahrstellenfunktion auch für OGAW übernehmen, und als Verwahrstelle eine besondere **Rolle im Investmentdreieck** einnehmen, sind sie in **besonderem Maße gefordert,** Interessenkonflikte zu identifizieren, zu steuern und *idealiter* zu vermeiden.

Hierzu sind **robuste Verfahren und Richtlinien** (sog. *Conflict of Interest Policies*) erforderlich (→ Rn. 8), die sämtliche Geschäftsbereiche der Verwahrstelle erfassen und allen anwendbaren Spezialgesetzen Rechnung tragen. Bei Treuhänderverwahrstellen stellen sich dabei zwar andere Herausforderungen als bei Kreditinstituten, weil diese bestimmte Dienstleistung gar nicht anbieten können und dürfen. Nichtsdestoweniger müssen auch diese Prozesse definieren, die verhindern, dass Beratungs- und/oder Prüfungsmandate ihre Interessenwahrnehmungspflichten als Verwahrstelle beeinträchtigen können.

II. Allgemeine Pflichten der Verwahrstelle (Abs. 1)

2 Die Vorschrift beschreibt die **Rolle der Verwahrstelle** allgemein und bildet damit zusammen mit den konkreten Ge- und Verboten der §§ 80ff. die **Basis** für das **Verständnis** des **Investmentdreiecks.**

Nach der Gesetzesbegründung setzt Abs. 1 den nahezu gleich lautenden Art. 21 X UAbs. 1 AIFM-RL um, hatte aber mit § 22 I 1 InvG, der in § 70 I KAGB aufgegangen ist, eine ähnlich lautende Entsprechung im InvG. Im Zuge der Umsetzung der OGAW-V-RL wurde die Vorschrift des § 70 I (→ § 70 Rn. 1) angepasst und entspricht nunmehr Abs. 1. Beide Normen haben damit einen nahezu identischen Wortlaut; im Vergleich zu § 22 I 1 InvG wurden die Begriffe „ehrlich", „redlich" und „professionell" ergänzt und das Postulat der Unabhängigkeit nicht mehr lediglich auf eine Unabhängigkeit von der Verwaltungsgesellschaft begrenzt. 3

Die Begriffe „ehrlich", „redlich" und „professionell" sind bereits in Art. 19 I MiFID enthalten, stehen dort aber nicht unter der Überschrift „Interessenkonflikte", sondern unter „Wohlverhaltensregeln". Die teilweise geäußerte Kritik an der Unschärfe der Begriffe (WBA/*Boxberger* § 85 Rn. 4) vermag im Ergebnis nicht vollumfassend zu überzeugen, können die Begriffe doch im Tagesgeschäft als allgemeine Handlungsmaxime dienen und so für die Auslegung spezieller Regelungen der §§ 80 ff. hilfreich sein.

Da Art. 25 II OGAW-RL nunmehr wortlautidentisch mit Art. 21 X UAbs. 1 AIFM-RL ist, scheint der europäische Gesetzgeber bei der Neufassung im Rahmen der OGAW-V-RL eine Angleichung beider Vorschriften gewollt zu haben. Insoweit wird im Hinblick auf den weiteren Inhalt auf die § 70 verwiesen. 4

III. Tätigkeitsverbote, Funktionstrennung und Organisationspflichten (Abs. 2)

1. Vermeidung von Interessenkonflikten und Funktionstrennung (S. 1, 2). Absatz 2 dient der Umsetzung von Art. 21 X UAbs. 2 AIFM-RL. Absatz 2 S. 2 entspricht im Wesentlichen der Regelung des § 22 I 3 InvG, Abs. 2 S. 3 der Regelung des § 22 I 4 InvG. 5

a) Grundsatz: Verbot. Absatz 2 S. 1 statuiert zunächst ein **Verbot** der Verwahrstelle, **Aufgaben** wahrzunehmen, die **Interessenkonflikte** zwischen dem inländischen AIF, den Anlegern des inländischen AIF, der AIF-Verwaltungsgesellschaft und ihr selbst schaffen könnten. Gemeint sind dabei freilich **nur** solche **Tätigkeiten,** die **nicht** zur eigentlichen **Verwahrstellenfunktion** gehören. 6

Die **Abgrenzun**g kann hier im Einzelfall **schwierig** sein, weil die Verwahrstelle neben der Verwahrung und Kontrolle der AIF-Verwaltungsgesellschaft auch **Dienstleistungen** im Zusammenhang mit der **Abwicklung von (Wertpapier-) Transaktionen** und Anteilscheingeschäften erbringt, die als **Annex** zur eigentlichen Verwahrstellenfunktion anzusehen sind. Beispielhaft sei hier nur die mit der Verwahrung verbundenen Wertpapierverwaltungstätigkeit (s. *Scherer* DepotG Vor § 1 Rn. 23 f.) oder die mit der Abwicklung von Transaktionen in Fremdwährung verbundene automatische Währungskonvertierung erwähnt. Auch bei **solchen Tätigkeiten** erscheinen Interessenkonflikte nicht ausgeschlossen. Da sie aber derart eng mit der Verwahrung verknüpft sind, dass sie ohne diese gar nicht sinnvollerweise erbracht werden könnten, werden diese Tätigkeiten uE von dem präventiven Verbot des S. 1 ebenfalls **nicht umfasst.** 7

b) Ausnahme: Funktionstrennung (sog. Divisionslösung). Das allgemeine Verbot gilt nach **Abs. 2 S. 2** aber dann nicht, wenn durch eine **funktionale und hierarchische Trennung** der jeweiligen Aufgaben von der Verwahrstellenfunktion eine **organisatorische Begrenzung** der Interessenkonflikte erreicht wird. 8

Die funktionale Trennung bedeutet zunächst, dass unternehmensorganisatorische **verschiedene Abteilungen oder Bereiche** eingerichtet werden und einzelne handelnde **Personen nicht beiden Bereichen** zugeordnet sein dürfen.

Hierarchische Trennung bedeutet Trennung zumindest der unmittelbar nächsten Leitungsebenen in einer Stabs-Linienorganisation. Soweit Aufgaben betroffen sind, die von der AIF-KVG auf die Verwahrstelle im Wege der **Auslagerung** übertragen worden sind, verlangt die BaFin in Fortführung der bisherigen Praxis (BaFin Rundschreiben 05/2020 (WA) Ziff. 9) sogar eine funktionale und hierarchische **Trennung** bis auf die **Leitungsebene.**

Nicht erforderlich sind hingehen ein **striktes Verbot** des **Informationsaustauschs** zwischen beiden Abteilungen. Auch die BaFin erkennt die Notwendigkeit des Informationsaustauscht zwischen den einzelnen Abteilungen an, allein schon, um die Kontrollfunktion ausüben zu können (BaFin Rundschreiben 05/2020 (WA) Ziff. 9). Dies gilt grds. auch, soweit Bereiche betroffen sind, die nicht von der AIF-KVG im Wege der Auslagerung nach § 36 auf die Verwahrstelle übertragenen wurden, sondern andere Dienstleistungen oder gar die Rolle der Verwahrstelle als Gegenpartei der AIF-KVG betreffen.

9 Gegenüber der Regelung des § 22 I InvG sind die Anforderungen in Umsetzung der AIFM-RL verschärft worden. Nunmehr ist explizite **Voraussetzung** der Übernahme einer Tätigkeit durch die Verwahrstelle, dass die potenziellen **Interessenkonflikte ermittelt, gesteuert, beobachtet** und den **Anlegern** gegenüber **offengelegt** werden. Nach allgemeinen Regelungen hat die Offenlegung bei Publikums-AIF im Verkaufsprospekt zu erfolgen (§ 165 II Nr. 38, bei geschlossenen Publikums-AIF iVm § 269 I). Soweit teilweise eine Offenlegung sogar in den Anlagebedingungen gefordert wird, ist dies abzulehnen. In Ausnahmefällen kann wegen der **Dringlichkeit** auch eine Offenlegung durch Bekanntmachung in **alternativen Medien** erfolgen, zB im **Halbjahres- oder Jahresbericht** (s. WBA/*Klusak* § 70 Rn. 8). Bei **Spezial-AIF** kann die Information der Anleger innerhalb eines in Ansehung des § 307 I 2 erstellten Dokuments erfolgen. Es reicht aber aus, wenn in den Zeichnungsdokumenten oder der sog. **Dreiervereinbarung** auf die Interessenkonflikte explizit hingewiesen wird. Üblicherweise wird die Bestellung der Verwahrstelle etwa als Collateral Manager auch im Anlageausschuss thematisiert.

10 **2. Organisationspflichten (S. 3, 4).** Absatz 2 S. 3, 4 sehen eine Verpflichtung der Verwahrstelle vor, **organisatorische Vorkehrungen** zu treffen, um **Interessenkonflikte zu vermeiden,** dh diesbezüglich Verfahren und Richtlinien (sog. Conflict of Interest Policies) zu etablieren. Inhaltlich regeln Abs. 2 S. 3, 4 an sich eine Selbstverständlichkeit. Da eine allgemeine Pflicht der Verwahrstelle zur Vermeidung und Steuerung von Interessenkonflikten besteht (s. Abs. 1, Abs. 2 S. 1, 2), hat diese die Einhaltung nach allgemeinen Prinzipien auch organisatorische sicherstellen (s. AT 5 (Organisationsrichtlinien) Rundschreiben 10/2021 (BA) – Mindestanforderungen an das Risikomanagement – MaRisk). Bei **grenzüberschreitend tätigen Verwahrstellen** sind dabei uU nicht nur deutsche, sondern auch **ausländische Normen** und **Verhaltenskodizes** (sog. Codes of Conduct) zu beachten. Wegen der mannigfaltigen interessenkonfliktrelevanten Betätigungsfelder von Verwahrstellen als Kreditinstitute ist dabei auch die **generelle strategische Ausrichtung** eines Instituts **zu bedenken** und zu bewerten. Vor diesem Hintergrund bedarf es keiner weiteren Konkretisierung von Maßnahmen zur Vermeidung von Interessenkonflikten, wie sie § 26 II Nr. 3 für Kapitalverwaltungsgesellschaften vor-

sieht; dies würde nur zu einer Doppelregulierung führen. Auch Treuhänderverwahrstellen müssen insoweit Prozesse definieren, die verhindern, dass Beratungs- und/oder Prüfungsmandate ihre Interessenwahrnehmungspflichten als Verwahrstelle beeinträchtigen können und mit den standesrechtlichen Vorgaben übereinstimmen.

Die Einhaltung und **Wirksamkeit** der Verfahren und Richtlinien zur Vermeidung und Steuerung von Interessenkonflikten ist von einer **unabhängigen Stelle** zu **überprüfen.** Dies kann durch die sog. **Compliance-Abteilung** erfolgen. Möglich ist aber auch, dass die **Interne Revision** diese Rolle übernimmt. Dies hat den Vorteil, dass die Compliance-Abteilung, die üblicherweise Verfasserin der entsprechenden Richtlinien ist, ebenfalls kontrolliert wird (sog. Vier-Augen-Prinzip). Möglich ist aber auch eine Auslagerung, wie sie im Bereich des Datenschutzes in der Praxis häufig anzutreffen ist. 11

IV. Wiederverwendung von Vermögensgegenständen (Abs. 3)

1. Einleitung. Nach Abs. 3 ist eine **Wiederverwendung** von Vermögensgegenständen des AIF durch die Verwahrstelle nur unter **bestimmten Voraussetzungen** zulässig. Während bei Spezial-AIF eine Wiederverwendung in Umsetzung des Art. 21 X UAbs. 3 AIFM-RL einer Zustimmung der AIF-KVG bedarf, wird bei Publikums-AIF das bisher geltende generelle Verbot der Wiederverwendung durch das OGAW-V-UmsG in Umsetzung der OGAW-V-RL aufgeweicht. Nunmehr dürfen Vermögensgegenstände von Publikums-AIF nach Maßgabe des § 70 V unter bestimmten Voraussetzungen von der Verwahrstelle wiederverwendet werden. 12

Neben der AIFM-RL und der OGAW-RL macht die VO (EU) Nr. 2015/2365 über die Meldung und Transparenz von Wertpapierfinanzierungsgeschäften (sog. SFTR-VO) weitere Vorgaben an die **Weiterverwendung** von Wertpapiersicherheiten und die Transparenz solcher Vereinbarungen gegenüber Anlegern von OGAW und AIF. Die Begriffe *Weiterverwendung* iSd SFTR-VO und der Begriff der *Wiederverwendung* nach der AIFM-RL/OGAW-RL sind inhaltlich jedoch nicht deckungsgleich (s. EG 25 SFTR-VO). Zwar dürften es gewisse Überschneidungen geben. Da Ziel der SFTR-VO aber eine Erhöhung der Transparenz ist und nicht die Vermeidung von Interessenkonflikten, stehen beide Regelungen autark nebeneinander. Durch das 2. FiMaNoG wurde in Abs. 3 ein expliziter Verweis auf die besonderen Anforderungen des Art. 15 SFTR-VO im Hinblick auf die Weiterverwendung von als Sicherheit erhaltener Finanzinstrumente eingefügt. Danach muss insb. ein ordnungsgemäßer Hinweis auf die Risiken und Folgen einer Weiterverwendung erfolgen und die sicherungsgebende Partei muss der Weiterverwendung explizit zustimmen. 13

2. Begriff der Wiederverwendung. Die **AIFM-RL** enthält **keine Definition** oder Erläuterung, was als Wiederverwendung anzusehen ist. Abweichend hiervon enthält **§ 70 V** in Umsetzung des **Art. 22 VII OGAW-V-RL** nunmehr eine **Legaldefinition** des Begriffs der Wiederverwendung. Danach gilt als Wiederverwendung **jede Transaktion verwahrter Vermögensgegenstände, einschließlich Übertragung, Verpfändung, Verkauf und Leihe.** Diese Definition dürfte trotz der unterschiedlichen Entstehungsgeschichte auch für AIF gelten. 14

Wesentliches Element der Wiederverwendung ist, dass sich die Verwahrstelle aus dem Vermögen des AIF für eigenen Zwecke bedient, also **Verfügungen und verfügungsähnliche Geschäfte im eigenen Namen und auf eigene Rechnung** 15 mit der Wirkung vornimmt, dass der verwahrte Vermögensgegenstand zumindest temporär oder partiell aus dem Vermögen des AIF ausscheidet (s. § 70). Im Ergebnis kommt es dabei zu einer Vermischung der für eigene und für fremde Rechnung verwahrten Vermögensgegenstände (s. DJKT/*Tollmann* AIFM-RL Art. 21 Rn. 303). Allerdings scheinen Art. 22 VII OGAW-V-RL und das KAGB auch **für Rechnung des „OGAW"** eingegangene Geschäft als **Wiederverwendung** einzuordnen – im Gegensatz zu solchen Geschäften, die die Verwahrstelle für eigene Rechnung eingeht, sind nur diese zulässig. Art. 22 VII 1 OGAW-V-RL enthält hier eine in der Klarheit nicht ins KAGB übernommene Formulierung.

16 Da das Verbot der **Wiederverwendung** nur hinsichtlich von der Verwahrstelle iSd § 81 ***verwahrter* Vermögensgegenstände** gilt (s. die Formulierung in § 70 V 1), liegt eine Wiederverwendung **nicht** mehr vor, soweit derartige Vermögensgegenstände der Verwahrstelle **endgültig übertragen** wurden, etwa zur Erfüllung eines zwischen für Rechnung des AIF handelnden AIF-KVG mit der Verwahrstelle abgeschlossenen Veräußerungsgeschäfts. Damit scheiden aus dem Anwendungsbereich der Norm auch der Verwahrstelle als Gegenpartei im Rahmen der Wertpapierleihe übertragene Wertpapiere aus (s. Baur/Tappen/*Herring* § 85 Rn. 9 mit Verweis auf den ESMA Abschlussbericht zu möglichen Level-2-Maßnahmen zur Einführung der AIFM-RL v. 16.11.2011, ESMA ESMA/2011/379). Ob sich aus § 70 V etwas anders ergibt, ist noch nicht abschließend geklärt.

17 Etwas anderes gilt nach der wohl vorherrschenden **Ansicht im Schrifttum,** wenn **Vermögensgegenstände** des AIF der Verwahrstelle **zur Sicherung übereignet** wurden und diese die zur Sicherheit übereigneten Vermögensgegenstände wiederverwendet (sog.) *‚Rehypothication'* etwa um eigene Einschussverpflichtungen gegenüber Börsen und zentralen Gegenparteien zu erfüllen (s. Baur/Tappen/*Herring* § 85 Rn. 10; DJKT/*Tollmann* AIFM-RL Art. 21 Rn. 306). Formaljuristisch werden die Vermögensgegenstände zwar gar nicht mehr für den AIF verwahrt, da Sinn und Zweck einer sog. Vollrechtsübertragung es gerade ist, dass der Sicherungsnehmer die volle nicht treuhänderische gebundene Rechtsposition innehat (s. *Herring/Cristea* ZIP 2004, 1627 (1629)). Da der AIF nunmehr lediglich einen schuldrechtlichen Rückanspruch hat, ist aber zuzugeben, dass der AIF einem Gegenparteirisiko der Verwahrstelle ausgesetzt ist.

V. Primebroker und KVG

18 Absatz 4 enthält **Sondervorschriften** zu zwei besonderen Konstellationen, die dem Gesetzgeber als besonders interessenkonfliktbehaftet erschienen und daher einer besonderen Regelung bedurften.

Zum einen (S. 1 Nr. 1) darf eine AIF-KVG nicht die Tätigkeit einer Verwahrstelle übernehmen. Dies folgt im Ergebnis bereits daraus, dass die AIF-KVG neben der kollektiven Vermögensverwaltung nur einen Numerus Clausus an Tätigkeiten ausüben darf und darin nicht die Tätigkeiten einer Verwahrstelle enthalten sind (§ 20 II, III). Nicht erfasst von S. 1 Nr. 1 ist die umgekehrte Konstellation, dass die Verwahrstelle Tätigkeiten der AIF-KVG nach § 36 einlagert (s. WBA/*Klusak* § 70 Rn. 13; Baur/Tappen/*Herring* § 85 Rn. 15). Der vollständigen Übertragung der Funktion der AIF-KVG wird dadurch begegnet, dass eine Auslagerung von Portfolioverwaltung oder Risikomanagement auf die Verwahrstelle nicht zulässig ist (§ 36 III Nr. 1).

19 Wegen der besonderen Rolle von Primebrokern (s. §§ 1, 31), die gegenüber dem inländischen AIF sogar als Gegenpartei auftreten, stellt das Gesetz besondere Anforderungen auf. Es ordnet ein grundsätzliches Verbot der Bestellung eines

Primebrokers als Verwahrstelle an. Soweit jedoch eine ausreichende funktionale und hierarchische Trennung der Verwahrstellenfunktion von der Primebroker-Tätigkeit sichergestellt ist (→ Rn. 6), ist eine Bestellung dennoch zulässig.

VI. Personelle Verflechtungen auf Leitungsebene

Absatz 5 statuiert ein Verbot von personellen Verflechtungen auf Leitungsebene der Verwahrstelle. Geschäftsleiter, Prokuristen (§§ 48ff. HGB) und Generalhandlungsbevollmächtigte (§ 54 HGB) der Verwahrstelle dürfen nicht gleichzeitig Angestellte der AIF-KVG und umgekehrt sein. Absatz 5 ist daher im Hinblick auf die personelle Unabhängigkeit der Verwahrstelle lex specialis im Verhältnis zu Abs. 1. Inhaltlich entspricht Abs. 5 im Wesentlichen der Vorschrift des § 22 II InvG. 20

Durch das 2. FiMNoG wurde S. 4 angefügt. Nunmehr sind die in der für OGAW geltenden DelVO (EU) 2016/438 festgelegten Bedingungen zur Erfüllung des Gebotes der Unabhängigkeit zwischen Verwaltungsgesellschaft und Verwahrstelle auch auf Verwahrstellen, die Vermögenswerte von Publikums-AIF verwalten, entsprechend anzuwenden. Dies schien dem Gesetzgeber vor dem Hintergrund der gleichen Schutzwürdigkeit und Schutzbedürftigkeit der Anleger angezeigt (s. Regierungsentwurf 2. FiMaNoG, BT-Drs. 813/16, 332). Noch im Regierungsentwurf zum OGAW-V-UmsG (BT-Drs. 18/6744) war vorgesehen, für sämtliche Verwahrstellen auf die Delegierte Verordnung (EU) 2016/438 zu verweisen. Die Abkehr (s. Beschlussempfehlung des Finanzausschusses BT-Drs. 18/7393, 29) ist insoweit zu begrüßen, als die entsprechenden Vorschriften für OGAW (s. § 70 V) wesentlich umfangreichere Vorgaben zu Interessenkonflikten im Konzern vorsieht als die AIFM-RL und somit auf nationaler Ebene sog. Gold Plating betrieben worden wäre.

§ 86 Informationspflichten gegenüber der Bundesanstalt

[1]Die Verwahrstelle stellt der Bundesanstalt auf Anfrage alle Informationen zur Verfügung, die sie im Rahmen der Erfüllung ihrer Aufgaben erhalten hat und die die zuständigen Behörden des AIF oder der AIF-Verwaltungsgesellschaft benötigen können. [2]Ist die Bundesanstalt nicht die zuständige Behörde des AIF oder der AIF-Verwaltungsgesellschaft, stellt sie den zuständigen Behörden des AIF und der AIF-Verwaltungsgesellschaft die erhaltenen Informationen unverzüglich zur Verfügung.

Schrifttum: *Auerbach* Banken- und Wertpapieraufsicht, 1. Auflage 2015; *Janzen* AIF-Verwahrstellen nach dem Kapitalanlagegesetzbuch (KAGB), ZBB 2015, 230.

I. Allgemeines

Die Vorschrift beinhaltet umfangreiche Informationspflichten von AIF-Verwahrstellen gegenüber der BaFin und dient der Umsetzung des Art. 21 XVI AIFM-RL (Begr. AIFM-UmsG BT-Drs. 17/12294, 234). Die Vorschrift ist nahezu deckungsgleich mit § 69 III, welcher seinerseits an Art. 21 XVI AIFM-RL angelehnt ist (s. § 69) und eine inhaltliche Entsprechung in § 21 III InvG hatte. 1

Für inländische Verwahrstellen inländischer AIF ist die Bedeutung von § 86 gering, da die BaFin bereits nach der allgemeinen Ermächtigung des § 5 VI ein ausreichendes Instrumentarium hat, Auskünfte einzuholen bzw. Auskunftsersuchen auch 2 zwangsweise durchzusetzen. Da sie danach bei Inlandssachverhalten im Hinblick auf die Einhaltung der Vorschriften des KAGB sogar von jedermann Auskünfte und Information einholen darf, kommt es nicht einmal darauf an, dass inländische (AIF-)Verwahrstellen unter der Aufsicht der BaFin stehen.

Erst soweit Behörden verschiedener Staaten die Aufsicht über den AIF, die AIF-Verwaltungsgesellschaft und die Verwahrstelle ausüben, bedarf es der Vorschrift. Da bei inländischen AIF und EU-AIF der Sitz der Verwahrstelle in Deutschland bzw. dem Herkunftsmitgliedstaat des EU-AIF liegen muss (s. § 80 VI 2 und Art. 21 V AIFM-RL), ist der Anwendungsbereich der Vorschrift zusätzlich begrenzt. Es sind im Wesentlichen vier Konstellationen jeweils mit einer inländischen Verwahrstelle möglich: (1) die Verwaltung inländischer AIF durch eine EU-AIF-Verwaltungsgesellschaft (§ 54 I 1 Alt. 1), (2) die Verwaltung ausländischer AIF durch eine (inländische) Kapitalverwaltungsgesellschaft (§ 80 VI 3 Alt. 1), (3) die Verwaltung eines ausländische AIF durch eine EU-AIF-Verwaltungsgesellschaft und (4) die Verwaltung eines ausländische AIF durch eine ausländische AIF-Verwaltungsgesellschaften, deren Referenzmitgliedstaat nach § 56 Deutschland ist (§ 80 VI 3 Alt. 2).

3 In den vorgenannten Konstellationen soll die Vorschrift eine effektive Aufsicht sicherstellen und ausländischen Aufsichtsbehörden in Zusammenarbeit mit der BaFin ermöglichen, Informationen von der Verwahrstelle zu erhalten (WBA/*Boxberger* § 86 Rn. 1 ff.; DJKT/*Tollmann* AIFM-RL Art. 21 Rn. 460). Da ausländische Aufsichtsbehörden gegenüber einer inländischen Verwahrstelle nämlich nach der internationalen und europäischen Aufsichtsarchitektur keine originären Informationsbefugnisse haben, müssen Informationsersuchen über die nationalen Behörden, hier die BaFin, erfolgen.

II. Auskunftsanspruch der BaFin (S. 1)

4 Die Norm statuiert eine Pflicht der Verwahrstelle, einem Auskunftsersuchen der BaFin nachzukommen. Nach allgemeiner Meinung beinhaltet die Norm wegen des klaren Wortlauts keine Verpflichtung der Verwahrstelle, ihrerseits proaktiv bestimmte Sachverhalte der BaFin anzuzeigen oder mitzuteilen (s. § 69; WBA/*Boxberger* § 86 Rn. 4).

Die Verwahrstelle hat nur solche Informationen zur Verfügung zu stellen, die sie im Rahmen der Erfüllung ihrer Aufgaben erhalten hat. Dies impliziert eine Begrenzung des Auskunftsanspruchs auf externe Information etwa zu Geschäftsabschlüssen eines AIF oder Weisungen der AIF-Verwaltungsgesellschaft, nicht hingegen verwahrstelleninterne Informationen, wie beispielsweise die Herausgabe der Prüfergebnisse der eigenen internen Revision (vgl. DJKT/*Tollmann* AIFM-RL Art. 21 Rn. 464). Dies entspricht auch dem Sinn und Zweck der Vorschrift, soll sie doch die effektive Aufsicht über den AIF/die AIF-Verwaltungsgesellschaft sicherstellen und nicht über die Verwahrstelle. Ferner betrifft dies nur solche Information, die sie gerade in ihrer Funktion als Verwahrstelle erhalten hat.

5 Zweck des Auskunftsersuchens muss die Erlangung von Informationen sein, die die Aufsichtsbehörde des AIF bzw. der AIF-Verwaltungsgesellschaft benötigen „können". Die Art der Informationen, die unter diesen unbestimmten Rechtsbegriff zu subsumieren sind, erscheint recht weit; letztlich muss nur die abstrakte Möglichkeit bestehen, dass die angeforderten Informationen einer wirksamen Beaufsichtigung zuträglich sind. Dies erscheint für sämtliche Informationen zuzutreffen, die die Verwahrstelle im Rahmen der Erfüllung ihrer Aufgaben erhalten hat. Nicht erforderlich ist grds. ein konkreter Anlass für das Informationsersuchen.

Keine Voraussetzung für den Auskunftsanspruch ist das Vorliegen einer konkreten Anfrage einer EU- oder ausländischen Aufsichtsbehörde. Der BaFin steht insoweit ein eigenes Ermessen zu, tätig zu werden. Soweit aber eine konkrete Anfrage einer zuständigen Behörde des AIF oder der AIF-Verwaltungsgesellschaft vorliegt, ist diese jedoch im Rahmen ihrer Ermessensentscheidung zu berücksichtigen.

6 Eine bestimmte Form des Informationsersuchens durch die BaFin ist nicht vorgesehen; es erfolgt daher als formfreier Verwaltungsakt (§ 37 II VwVfG). Dieser unterliegt allerdings, insb. hinsichtlich des Umfangs der Mitwirkungspflicht, nach allgemeinen Regeln dem Verhältnismäßigkeitsgrundsatz. Bei umfangreichen Auskunftsersuchen, für deren Bearbeitung die Verwahrstelle erhebliche personelle Ressourcen benötigt, ist daher im Einzelfall durchaus auch der Zweck der Maßnahme bei der Überprüfung von deren Rechtmäßigkeit zu würdigen. Daher im Ergebnis zutreffend *Boxberger,* der „Fishing Expeditions" für unzulässig hält (WBA/*Boxberger* § 86 Rn. 4).

III. Pflicht der BaFin zu Weiterleitung der Informationen (S. 2)

7 Die BaFin hat ihrerseits nach S. 2 die Verpflichtung, die durch das Auskunftsersuchen erhaltenen Informationen der zuständigen Aufsichtsbehörde des AIF oder der AIF-Verwaltungsgesellschaft weiterzuleiten. Dies erscheint nur folgerichtig, da das Auskunftsersuchen gerade die wirksame Aufsicht dieser Aufsichtsbehörden ermöglichen soll.

Nicht in § 86 geregelt ist hingegen, ob die BaFin verpflichtet ist, einem Auskunftsersuchen nachzukommen. Diese Frage ist im Ergebnis anhand des § 10 bzw. der diesem zugrundeliegenden europäischen Vorgaben und etwaiger sog. Memoranda of Understanding mit ausländischen Aufsichtsbehörden (zB der Vereinbarung zwischen der FINMA und der BaFin) zu bestimmen.

§ 87 Anwendbare Vorschriften für Publikums-AIF

[1]Für Verwahrstellen, die mit der Verwahrung von Publikums-AIF beauftragt sind, gelten zusätzlich zu den Vorschriften dieses Unterabschnitts die Regelungen des § 68 Absatz 7, 7 a und 8 sowie des § 69 Absatz 1, 2 und 4 entsprechend. [2]Die Bundesanstalt kann auf Antrag von der Prüfung nach § 68 Absatz 7 und 7 a eines Treuhänders gemäß § 80 Absatz 3 ganz oder teilweise absehen, soweit dies aus besonderen Gründen, insbesondere wegen der Art und des Umfangs der betriebenen Geschäfte, und wenn in der letzten Prüfung des Treuhänders keine wesentlichen Feststellungen getroffen wurden, angezeigt ist

1 AIF-Verwahrstellen von Publikums-AIF unterliegen zusätzlich den Anforderungen, die die Aufsicht bei der Auswahl oder bei einem Wechsel an OGAW-Verwahrstellen stellt. Damit ist jede Auswahl und jeder Wechsel einer AIF-Verwahrstelle durch die BaFin ebenfalls genehmigungspflichtig.

2 Die Genehmigungspflicht erstreckt sich jedoch nicht auf die getroffene Wahl einer konkreten AIF-Verwahrstelle durch die KVG, sondern lediglich auf die verbindlich durch einen Verwahrstellenvertrag festgelegte **Auswahl** einer AIF-Verwahrstelle. Beim **Wechsel** der Verwahrstelle ist zwischen einem freiwilligen Wechsel, initiiert entweder durch die Verwahrstelle oder die KVG, und einem auf-

sichtsbehördlich angeordneten Wechsel der Verwahrstelle zu unterscheiden (§ 69 I 3, II und IV). Ausführlich siehe § 69.

3 Ein Wechsel der Verwahrstelle ist jedenfalls unverzüglich in den Verkaufsprospekten, Anlegerinformationen und ggf. in den Gesellschaftsverträgen festzuhalten.

4 Der Verweis auf § 68 VII, VIIa und VIII wurde durch das FoStoG eingefügt. Ausweislich der Gesetzesbegründung (BT-Drs. 19/27631, 92) wird aus Gleichbehandlungsgründen eine Verwahrstellenprüfungspflicht im Gleichklang mit OGAW-Verwahrstellen auch für Publikums-AIF eingeführt.

5 Satz 2 wurde ebenfalls durch das FoStoG eingefügt. Im Hinblick auf das eingeschränkte Geschäftsmodell von Treuhändern iSv § 80 III hielt es der Gesetzgeber nicht für verhältnismäßig, eine uneingeschränkte Prüfpflicht zu etablieren (BT-Drs. 19/27631, 92).

§ 88 Haftung

(1) [1]**Die Verwahrstelle haftet gegenüber dem inländischen AIF oder gegenüber den Anlegern des inländischen AIF für das Abhandenkommen eines verwahrten Finanzinstrumentes durch die Verwahrstelle oder durch einen Unterverwahrer, dem die Verwahrung von Finanzinstrumenten nach § 81 Absatz 1 Nummer 1 übertragen wurde.** [2]**Im Fall eines solchen Abhandenkommens hat die Verwahrstelle dem inländischen AIF oder der für Rechnung des inländischen AIF handelnden AIF-Verwaltungsgesellschaft unverzüglich ein Finanzinstrument gleicher Art zurückzugeben oder einen entsprechenden Betrag zu erstatten.** [3]**Die Verwahrstelle haftet nicht, wenn sie nachweisen kann, dass das Abhandenkommen auf äußere Ereignisse zurückzuführen ist, deren Konsequenzen trotz aller angemessenen Gegenmaßnahmen unabwendbar waren.** [4]**Weitergehende Ansprüche, die sich aus den Vorschriften des bürgerlichen Rechts auf Grund von Verträgen oder unerlaubten Handlungen ergeben, bleiben unberührt.**

(2) **Die Verwahrstelle haftet auch gegenüber dem inländischen AIF oder den Anlegern des inländischen AIF für sämtliche sonstigen Verluste, die diese dadurch erleiden, dass die Verwahrstelle ihre Verpflichtungen nach diesem Gesetz fahrlässig oder vorsätzlich nicht erfüllt.**

(3) **Die Haftung der Verwahrstelle bleibt von einer etwaigen Übertragung gemäß § 82 unberührt.**

(4) **Unbeschadet des Absatzes 3 kann sich die Verwahrstelle bei einem Abhandenkommen von Finanzinstrumenten eines inländischen Spezial-AIF, die von einem Unterverwahrer nach § 82 verwahrt wurden, von der Haftung befreien, wenn sie nachweisen kann, dass**

1. **alle Bedingungen für die Auslagerung ihrer Verwahraufgaben nach § 82 erfüllt sind,**
2. **es einen in Textform geschlossenen Vertrag zwischen der Verwahrstelle und dem Unterverwahrer gibt,**
   a) **in dem die Haftung der Verwahrstelle ausdrücklich auf diesen Unterverwahrer übertragen wird und**
   b) **der es dem inländischen Spezial-AIF oder der für Rechnung des inländischen Spezial-AIF handelnden AIF-Verwaltungsgesellschaft ermöglicht, seinen oder ihren Anspruch wegen des Abhandenkom-**

mens von Finanzinstrumenten gegenüber dem Unterverwahrer geltend zu machen oder der es der Verwahrstelle ermöglicht, solch einen Anspruch für sie geltend zu machen und
3. es einen schriftlichen Vertrag zwischen der Verwahrstelle und dem inländischen Spezial-AIF oder der für Rechnung des inländischen Spezial-AIF handelnden AIF-Verwaltungsgesellschaft gibt, in dem eine Haftungsbefreiung der Verwahrstelle ausdrücklich gestattet ist und ein objektiver Grund für die vertragliche Vereinbarung einer solchen Haftungsbefreiung angegeben wird.

(5) Wenn nach den Rechtsvorschriften eines Drittstaates vorgeschrieben ist, dass bestimmte Finanzinstrumente von einer ortsansässigen Einrichtung verwahrt werden müssen und es keine ortsansässigen Einrichtungen gibt, die die Anforderungen für eine Auslagerung nach § 82 Absatz 1 Nummer 4 Buchstabe b erfüllen, kann die Verwahrstelle sich bei der Verwahrung von Vermögenswerten von Spezial-AIF von der Haftung befreien, sofern die folgenden Bedingungen eingehalten sind:
1. die Anlagebedingungen, die Satzung oder der Gesellschaftsvertrag des betreffenden inländischen Spezial-AIF erlauben ausdrücklich eine Haftungsbefreiung unter den in diesem Absatz genannten Voraussetzungen,
2. die AIF-Verwaltungsgesellschaft hat die Anleger des entsprechenden inländischen Spezial-AIF vor Tätigung ihrer Anlage ordnungsgemäß über diese Haftungsbefreiung und die Umstände, die diese Haftungsbefreiung rechtfertigen, unterrichtet,
3. der inländische Spezial-AIF oder die für Rechnung des inländischen Spezial-AIF tätige AIF-Verwaltungsgesellschaft hat die Verwahrstelle angewiesen, die Verwahrung dieser Finanzinstrumente einer ortsansässigen Einrichtung zu übertragen,
4. es gibt einen in Textform geschlossenen Vertrag zwischen der Verwahrstelle und dem inländischen Spezial-AIF oder der für Rechnung des inländischen Spezial-AIF tätigen AIF-Verwaltungsgesellschaft, in dem solch eine Haftungsbefreiung ausdrücklich gestattet ist und
5. es gibt einen schriftlichen Vertrag zwischen der Verwahrstelle und dem Unterverwahrer,
   a) in dem die Haftung der Verwahrstelle ausdrücklich auf den Unterverwahrer übertragen wird und
   b) der es dem inländischen Spezial-AIF oder der für Rechnung des inländischen Spezial-AIF tätigen AIF-Verwaltungsgesellschaft ermöglicht, seinen oder ihren Anspruch wegen des Abhandenkommens von Finanzinstrumenten gegenüber dem Unterverwahrer geltend zu machen oder der es der Verwahrstelle ermöglicht, solch einen Anspruch für sie geltend zu machen.

(6) Die Artikel 100 bis 102 der Delegierten Verordnung (EU) Nr. 231/2013 bestimmen näher
1. die Bedingungen und Umstände, unter denen verwahrte Finanzinstrumente als abhandengekommen anzusehen sind,
2. was unter äußeren Ereignissen, deren Konsequenzen trotz aller angemessenen Gegenmaßnahmen nach Absatz 1 unabwendbar gewesen wären, zu verstehen ist sowie

3. die Bedingungen und Umstände, unter denen ein objektiver Grund für die vertragliche Vereinbarung einer Haftungsbefreiung nach Absatz 4 vorliegt.

Schrifttum: *Janzen* AIF-Verwahrstellen nach dem Kapitalanlagegesetzbuch (KAGB), ZBB 2015, 230; *Kobbach/Anders* Umsetzung der AIFM-Richtlinie aus Sicht der Verwahrstellen NZG 2012, 1170; *Müller* Die Überwachung der Geschäftstätigkeit der Kapitalanlagegesellschaft durch die Depotbank DB 1975, 485; *Schultheiß* Die Haftung von Verwahrstellen und externen Bewertern unter dem KAGB WM 2015, 603.

I. Allgemeines

1 Mit § 88 wurde in Umsetzung der AIFM-RL durch das AIFM-UmsG erstmals ein spezielles Haftungsregime für (AIF-)Verwahrstellen (ehemals Depotbanken) gesetzlich im KAGB verankert. § 88 beinhaltet ein **gesetzliches Sonderhaftungsrecht** der Verwahrstelle gegenüber der Verwaltungsgesellschaft und den Anlegern eines AIF (s. Baur/Tappen/*Moericke* § 77 Rn. 1 und 28; *Schultheiß* WM 2015, 603 (606)).

Das **InvG** sah **keinen** diesbezüglichen **spezialgesetzlichen Haftungstatbestand** vor (s. EDD/*Dreibus/Stabenow* InvG § 24 Rn. 63). Die **OGAW-IV-RL,** die nur für OGAW verbindliche Vorgaben enthält, aber deren Systematik vielfach im Rahmen der nationalen Umsetzung auf Nicht-OGAW erweitert wurde, machte in Art. 24 I OGAW-IV-RL nur wenige Vorgaben hinsichtlich der Haftung der Verwahrstelle. Danach haftete die Verwahrstelle für Verluste von verwahrten Finanzinstrumenten nur, wenn diese durch eine **schuldhafte Nicht- oder Schlechterfüllung** der Pflichten der Verwahrstelle verursacht wurden. Bereits in Art. 22 II OGAW-IV-RL war allerdings geregelt, dass die Haftung der Verwahrstelle durch eine Übertragung der Verwahrung auf einen Dritten unberührt bleiben soll. Die weitere Ausgestaltung der Haftung war der jeweiligen nationalen Rechtsordnung vorbehalten.

2 Für OGAW wurde mit Einführung des § 77 im Zuge des **AIFM-UmsG** ein dem **§ 88** nahezu **identisches Haftungsregime** in Vorwegnahme der Regelungen der OGAW-V-RL in das KAGB eingeführt. Durch das OGAW-V-UmsG wurde § 77 an die nunmehr finale Fassung des Art. 24 OGAW-V-RL angepasst und im Ergebnis gegenüber den Vorgaben der AIFM-RL noch verschärft. Anders als bei Verwahrstellen von Spezial-AIF ist bei OGAW-Verwahrstellen die Möglichkeit einer vertraglichen Haftungsbefreiung, in Umsetzung des Art. 24 III, IV der OGAW-V-RL, explizit ausgeschlossen (§ 77 IV).

3 Mit **Ausnahme** der Haftungserleichterungen nach **§ 88 IV, V** wird für die Kommentierung des § 88 vollumfänglich auf die Kommentierung zu **§ 77 verwiesen.** Wegen des engen entstehungsgeschichtlichen Zusammenhangs beider Haftungsregime berücksichtigt die Kommentierung in § 77 vollumfänglich die für AIF relevanten Aspekte.

II. Verlagerung der Haftung für das Abhandenkommen auf den Unterverwahrer (Abs. 4)

4 Absatz 4 enthält in Umsetzung des Art. 21 XIII UAbs. 2 AIFM-RL eine Möglichkeit der vertraglichen **Befreiung und Verlagerung** der **(Gefährdungs-)Haftung** für das **Abhandenkommen** eines Finanzinstruments nach Abs. 1 auf den

Unterverwahrer. Nach dem **Wortlaut** gilt diese Haftungsprivilegierung seit dem OGAW-V-UmsG **nur** für die Haftung bei **Spezial-AIF;** für Publikums-AIF ist eine vertragliche Haftungsbefreiung damit ebenso ausgeschlossen wie für OGAW. Ausweislich der Regierungsbegründung dient dies der Schaffung eines **gleichen Schutzniveaus** für sämtliche **Privatanleger** (s. RegBegr. OGAW-V-UmsG, BT-Drs. 18/6744, 55). Hinsichtlich der verschuldensabhängigen Haftung für sonstige Pflichtverletzungen ist eine Enthaftung nach Abs. 4 nicht möglich; dies ergibt sich ua aus dem klaren Wortlaut der Vorschrift.

Neben der Einhaltung der allgemeinen Voraussetzungen für die Bestellung eines Unterverwahrers nach § 82 ist daher ein Vertrag in Textform erforderlich, in welchem der Unterverwahrer sich bereit erklärt, die verschuldensunabhängige Haftung auch direkt gegenüber dem Spezial-AIF zu übernehmen, und ein schriftlicher Vertrag, in welchem die Kapitalverwaltungsgesellschaft der Haftungsübertragung zustimmt. In Abs. 4 Nr. 4 wurde durch das FoStoG Textform statt der Schriftform eingeführt. Da der Verwahrstellenvertrag (s. § 80) aber nunmehr ebenfalls lediglich der Textform bedarf, scheint es ein **Redaktionsversehen** zu sein, dass die Haftungsfreistellung in Abs. 4 Nr. 5 dennoch schriftlich zu erfolgen hat. In Abs. 5 hingegen ist Voraussetzung für eine Haftungsfreistellung nach wie vor ein schriftlicher Vertrag der Verwahrstelle mit dem Unterverwahrer, wohingegen hier die Gestattung durch den inländischen Spezial-AIF bzw. der AIF-Verwaltungsgesellschaft lediglich der Textform bedarf.

Die **Verwahrstelle** trägt die **Beweislast** für die Einhaltung des § 82; dies ergibt sich zum einen aus dem Wortlaut, zum anderen aus allgemeinen Regeln.

1. Vertrag mit dem Unterverwahrer. Inhalt der Vereinbarung ist die **Übertragung** der **originären Haftung** der Verwahrstelle nach § 88 I auf den Unterverwahrer. Die verschuldensunabhängige Haftung für das Abhandenkommen muss demnach vollumfänglich übertragen werden; nicht ausreichend ist insoweit, wenn die Haftungsübernahme dem Grunde oder der Höhe nach eingeschränkt ist. Es bietet sich daher an, in der Vereinbarung direkt auf die Haftung nach § 88 I zu verweisen. 5

Die **Übertragung** muss dem **Spezial-AIF** oder der Verwaltungsgesellschaft einen **unmittelbar durchsetzbaren Anspruch** gegen den Unterverwahrer gewähren. Die Rechtsstellung muss dem eines Begünstigten eines **echten Vertrages zugunsten Dritter** iSd § 328 I BGB vergleichbar sein. Nach dem Wortlaut **ausreichend** ist aber, wenn der Anspruch durch die Verwahrstelle im Rahmen einer **Einziehungsermächtigung** geltend gemacht werden kann. Nach der hier vertretenen Ansicht ist es aus rechtlicher Sicht nicht erforderlich, dass die Haftungsübertragung durch eine vertragliche befreiende Schuldübernahme iSd § 415 BGB erfolgt (aA DJKT/*Specht* AIFM-RL Art. 21 Rn. 424). Eine materiell vergleichbare Stellung ohne Regress ist aber sicherlich im Interesse der Verwahrstelle.

Die Vereinbarung der Haftungsübernahme mit dem Unterverwahrer bedarf der Schriftform (zur Schriftform → Rn. 4); dabei ist unerheblich, ob, wie bei der Drei-Punkte-Erklärung, eine gesonderte Vereinbarung getroffen wird oder die Haftungsübernahme unmittelbar im Text des Unterverwahrvertrages nach § 82 enthalten ist.

2. Vertrag mit dem Spezial-AIF/der Verwaltungsgesellschaft. Die Verwaltungsgesellschaft bzw. der **Spezial-AIF** muss der **Übertragung** der Haftung in einem schriftlichen Vertrag **zustimmen.** Dies kann auch im Verwahrstellenvertrag erfolgen (zur Schriftform → Rn. 4). Die vertragliche Zustimmung muss in Ansehung **bestimmter Unterverwahrer** erfolgen, weil die Verwaltungsgesellschaft 6 nur so das **Bonitätsrisiko** des neuen Haftungsschuldners bewerten kann. Ausreichend ist aber, dass die von der Haftungsbefreiung betroffenen Unterverwahrer in einem entsprechenden Anhang bezeichnet werden.

Zusätzlich muss in dem Vertrag ein **objektiver Grund** für die vertragliche Vereinbarung einer solchen Haftungsbefreiung angegeben werden. Da das Vorliegen eines solchen Grundes sich nach **Art. 102 der DelVO (EU) Nr. 231/2013** auf „die genauen und konkreten Umstände einer bestimmten Tätigkeit beschränken" (Abs. 1 Buchst. a) und „mit den Grundsätzen und Entscheidungen der Verwahrstelle vereinbar sein muss" (Abs. 1 Buchst. b) und „jedes Mal festzustellen [ist], wenn sich die Verwahrstelle von der Haftung befreien will" (Abs. 2), ist eine **gesonderte Regelung** für jeden **Unterverwahrer** aufzunehmen. Daher verbieten sich schematische Angaben.

Nach Art. 102 der (DelVO EU) Nr. 231/2013 liegt insb. dann ein objektiver Grund vor, wenn die Verwahrstelle keine andere Wahl hatte, als ihre Verwahraufgaben auf einen Dritten zu übertragen:

Art. 102 Objektive Gründe für die vertragliche Vereinbarung einer Haftungsbefreiung seitens der Verwahrstelle

(1) Die objektiven Gründe für die vertragliche Vereinbarung einer Haftungsbefreiung gemäß Artikel 21 Absatz 13 der Richtlinie 2011/61/EU müssen

a. sich auf die genauen und konkreten Umstände einer bestimmten Tätigkeit beschränken;
b. mit den Grundsätzen und Entscheidungen der Verwahrstelle vereinbar sein.

(2) Die objektiven Gründe werden jedes Mal festgestellt, wenn sich die Verwahrstelle von der Haftung befreien will.

(3) Es wird davon ausgegangen, dass die Verwahrstelle objektive Gründe für die vertragliche Vereinbarung einer Haftungsbefreiung gemäß Artikel 21 Absatz 13 der Richtlinie hat, wenn sie nachweisen kann, dass sie keine andere Wahl hatte, als ihre Verwahraufgaben einem Dritten zu übertragen. Dies ist insbesondere der Fall, wenn

a. die Rechtsvorschriften eines Drittlands vorschreiben, dass bestimmte Finanzinstrumente von einer lokalen Einrichtung verwahrt werden, und es lokale Einrichtungen gibt, die den Kriterien für eine Beauftragung gemäß Artikel 21 Absatz 11 der Richtlinie 2011/61/EU genügen oder
b. der AIFM darauf besteht, Anlagen in einem besonderen Rechtsraum zu belassen, obwohl die Verwahrstelle vor dem damit verbundenen erhöhten Risiko gewarnt hat.

7 § 88 IV KAGB bzw. Art. 21 XIII AIFM-RL sind insoweit **unglücklich formuliert,** als der objektive Grund nach dem Wortlaut nur in den **Vertrag aufzunehmen** ist; darüber hinaus muss dieser aber auch **vorliegen.** Die vertragliche **Fixierung des objektiven Grundes** führt aber zu einer **Umkehr der Beweislast** der im Vertrag dazu angegebenen Tatsachen. Die Rechtsfrage, ob diese Tatsachen einen objektiven Grund darstellen, wird hiervon hingegen nicht berührt.

III. Vollumfängliche Verlagerung der Haftung auf den Unterverwahrer (Abs. 5)

8 Anders als Abs. 4 eröffnet **Abs. 5** in Umsetzung des Art. 21 XIV AIFM-RL bei Spezial-AIF die Möglichkeit einer vollumfänglichen Übertragung der Haftung auf den Unterverwahrer. Wie bei Abs. 4 besteht die Möglichkeit der Haftungsübertragung seit dem OGAW-V-UmsG nur noch für Spezial-AIF (→ Rn. 4). Der Wortlaut sieht keine Begrenzung der Übertragung der Haftung wegen des Abhandenkommens von Finanzinstrumenten vor.

Vorgesehen ist die Haftungsübertragung aber nur, soweit in einem Drittstaat **kein ortsansässiger Verwahrer** vorhanden ist, der einer **ausreichenden Regulierung** unterliegt und in diesem Staat **absolute Zugangsbarrieren** für nicht ortsansässige rechtliche Einheiten bestehen. Die Vorschrift steht in **systematischem Zusammenhang** mit **§ 82 II,** wonach die Verwahrstelle in bestimmten Fällen ihre Verwahraufgaben auf die lokale Einrichtung übertragen darf, obwohl § 81 I nicht vollständig erfüllt ist. Absatz 5 und Abs. 4 schließen sich daher bereits tatbestandlich aus.

Da die Stellung des **lokalen Unterverwahrers** damit nicht der eines freigewählten Unterverwahrers entspricht, sondern dieser wie ein Zentralverwahrer der **lokalen Marktinfrastruktur** zuzurechnen ist, soll die Verwahrstelle nicht die Haftung für den Unterverwahrer übernehmen müssen.

1. Zulässigkeit der Haftungsübertragung nach den Anlagebedingungen des Spezial-AIF. Die Haftungsübertragung nach Abs. 5 muss in den Anlagebedingungen oder der Satzung des Spezial-AIF vorgesehen sein. Die Verwahrstelle und die Verwaltungsgesellschaft werden dadurch **vertraglich** teilweise von ihren **Allgemeinen Sorgfaltspflichten** hinsichtlich der Vermeidung von Verwahrrisiken **entbunden.** Da die Anlagebedingungen von Spezial-AIF und deren wesentliche Änderungen nach § 273 S. 2 der **BaFin** vorzulegen sind, erhält diese zudem **Kenntnis** von Haftungsübertragungen und kann so ggf. deren Zulässigkeit überprüfen. Ausreichend ist dabei die abstrakte Möglichkeit der Haftungsübertragung nach Abs. 5; nicht erforderlich ist es, konkrete Märkte und Umstände in den Anlagebedingungen zu benennen. Dies erfolgt im Rahmen der Unterrichtungspflicht der Anleger nach Abs. 5 S. 1 Nr. 2 (→ Rn. 10). 9

2. Unterrichtung der Anleger. Die **Verwaltungsgesellschaft** hat die **Anleger** des Spezial-AIF ordnungsgemäß über die Haftungsbefreiung **zu unterrichten.** Erforderlich ist es dabei, über die **konkreten Umstände des Einzelfalls** aufzuklären. Die **Information** ist den Anlegern **vor** der **Übertragung** der Haftung zur Verfügung zu stellen. Das Gesetz macht allerdings **keine Vorgabe** hinsichtlich der **Form** der Unterrichtung; ausreichend ist, im sog. Dokument nach § 307 I oder im Jahresbericht über eine anstehende Übertragung zu unterrichten. Wegen der begrenzten Anzahl von Anlegern in Spezial-AIF dürfte, obwohl gesetzlich nicht gefordert, die Unterrichtung regelmäßig durch Übersendung eines dauerhaften Datenträgers erfolgen. 10

War die Unterrichtung durch die Verwaltungsgesellschaft **nicht ordnungsgemäß,** ist die Haftungsübertragung den betroffenen Anlegern ggü. **unwirksam.** Dies stellt im Regelfall auch eine vertragliche (Neben-)Pflichtverletzung gegenüber der Verwahrstelle dar (so auch DJKT/*Specht* AIFM-RL Art. 21 Rn. 444), welche Schadens- bzw. Freistellunganspüche der Verwahrstelle begründen kann.

3. Weisung des Spezial-AIF/der Verwaltungsgesellschaft. Zudem sieht Abs. 5 als **Voraussetzung** der Haftungsbefreiung die **Weisung** des Spezial-AIF/der Verwaltungsgesellschaft vor, Finanzinstrumente bei einem bestimmten **ortsansässigen Verwahrer** verwahren zu lassen. Die **Relevanz** dieser Voraussetzung ist **gering,** weil die Verwahrstelle ohnehin Finanzinstrumente nur im Auftrag der Verwaltungsgesellschaft anschafft und in dem Auftrag selbst, anders als im Privatkundenbereich, auch die sog. Lagerstelle bezeichnet wird. Zudem ist Tatbestandsmerkmal des Abs. 5 ohnehin, dass in den betroffenen Drittstaaten eine andere Verwahrung des Finanzinstruments gerade nicht möglich sein darf. Unseres Erachtens 11 ist auch eine **inzidente Weisung** im Rahmen eines Auftrags zur Abwicklung eines Erwerbsgeschäfts **ausreichend.**

12 **4. Vertrag mit dem Spezial-AIF/der Verwaltungsgesellschaft.** Die Verwaltungsgesellschaft bzw. der **Spezial-AIF** muss der **Übertragung** der Haftung in einem in Textform (zur Form → Rn. 4) geschlossenen Vertrag **zustimmen.** Dies kann auch im Verwahrstellenvertrag erfolgen. Die vertragliche Zustimmung muss wie bei Abs. 4 in Ansehung **bestimmter Unterverwahrer** bzw. rechtlichen Situation **bestimmter Staaten** erfolgen. Insoweit gilt das unter → Rn. 6 Gesagte entsprechend.

13 **5. Vertrag mit dem Unterverwahrer.** Auch nach Abs. 5 muss der Unterverwahrer sich in einem schriftlichen Vertrag (zur Schriftform → Rn. 4) mit der Verwahrstelle verpflichten, die **verschuldensunabhängige Haftung** der Verwahrstelle nach § 88 I für das Abhandenkommen von Finanzinstrumenten zu übernehmen. Anders als nach Abs. 4 ist jedoch das Vorliegen eines objektiven Grundes nicht erforderlich. Im Übrigen gelten jedoch dieselben Anforderung an den schriftlichen Vertrag und die Übertragung wie bei Abs. 4 (→ Rn. 6).

Praktisch besteht jedoch die Herausforderung, dass der lokale Unterverwahrer als Monopolist häufig nicht Willens sein wird, die verschuldensunabhängige Haftung zu übernehmen.

IV. Verweis auf AIFM-Durchführungsverordnung (Abs. 6)

14 Der Verweis auf Art. 100–102 der DelVO (EU) Nr. 231/2013 hat wegen der unmittelbaren Anwendbarkeit von EU-Verordnungen nur deklaratorischen Charakter.

§ 89 Geltendmachung von Ansprüchen der Anleger; Verordnungsermächtigung

(1) [1]Die Verwahrstelle ist berechtigt und verpflichtet, im eigenen Namen

1. Ansprüche der Anleger wegen Verletzung der Vorschriften dieses Gesetzes oder der Anlagebedingungen gegen die AIF-Kapitalverwaltungsgesellschaft geltend zu machen,
2. im Fall von Verfügungen nach Maßgabe des § 84 Absatz 2 Satz 3 und 4 Ansprüche der Anleger gegen den Erwerber eines Gegenstandes des Publikums-AIF im eigenen Namen geltend zu machen und
3. im Wege einer Klage nach § 771 der Zivilprozessordnung Widerspruch zu erheben, wenn in einen inländischen AIF wegen eines Anspruchs vollstreckt wird, für den der inländische AIF nicht haftet; die Anleger können nicht selbst Widerspruch gegen die Zwangsvollstreckung erheben.

[2]Satz 1 Nummer 1 schließt die Geltendmachung von Ansprüchen gegen die AIF-Kapitalverwaltungsgesellschaft durch die Anleger nicht aus.

(2) [1]Die AIF-Kapitalverwaltungsgesellschaft ist berechtigt und verpflichtet, im eigenen Namen Ansprüche der Anleger gegen die Verwahrstelle geltend zu machen. [2]Satz 1 schließt die Geltendmachung von Ansprüchen gegen die Verwahrstelle durch die Anleger nicht aus.

(3) [1]**Die AIF-Kapitalverwaltungsgesellschaft hat für die Fälle einer fehlerhaften Berechnung von Anteilswerten oder einer Verletzung von Anlagegrenzen oder Erwerbsvorgaben bei einem inländischen AIF geeignete Entschädigungsverfahren für die betroffenen Anleger vorzusehen.** [2]**Die Verfahren müssen insbesondere die Erstellung eines Entschädigungsplans umfassen sowie die Prüfung des Entschädigungsplans und der Entschädigungsmaßnahmen durch einen Wirtschaftsprüfer vorsehen.** [3]**Das Bundesministerium der Finanzen wird ermächtigt, durch Rechtsverordnung, die nicht der Zustimmung des Bundesrates bedarf, nähere Bestimmungen zu den Entschädigungsverfahren und deren Durchführung zu erlassen, insbesondere zu**

1. **Einzelheiten des Verfahrens einschließlich, soweit erforderlich, der Beteiligung der depotführenden Stellen des Anlegers und einer Mindesthöhe der fehlerhaften Berechnung des Anteilswertes, ab der das Entschädigungsverfahren durchzuführen ist sowie gegebenenfalls zu den Einzelheiten eines vereinfachten Entschädigungsverfahrens bei Unterschreitung einer bestimmten Gesamtschadenshöhe,**
2. **den gegenüber einem betroffenen Anleger oder inländischen AIF vorzunehmenden Entschädigungsmaßnahmen sowie gegebenenfalls zu Bagatellgrenzen, bei denen solche Entschädigungsmaßnahmen einen unverhältnismäßigen Aufwand verursachen würden,**
3. **Meldepflichten gegenüber der Bundesanstalt und gegebenenfalls gegenüber den zuständigen Stellen des Herkunftsstaates der einen inländischen AIF verwaltenden EU-AIF-Verwaltungsgesellschaft,**
4. **Informationspflichten gegenüber den betroffenen Anlegern,**
5. **Inhalt und Aufbau des zu erstellenden Entschädigungsplans und zu den Einzelheiten der Entschädigungsmaßnahmen sowie**
6. **Inhalt und Umfang der Prüfung des Entschädigungsplans und der Entschädigungsmaßnahmen durch einen Wirtschaftsprüfer.**

[4]**Das Bundesministerium der Finanzen kann diese Ermächtigung durch Rechtsverordnung auf die Bundesanstalt übertragen**

Schrifttum: *Janzen* AIF-Verwahrstellen nach dem Kapitalanlagegesetzbuch (KAGB), ZBB 2015, 230; *Reiss* Die Pflichten der Kapitalanlagegesellschaft und der Depotbank gegenüber dem Anleger und die Rechte des Anlegers bei Pflichtverletzungen, 2006; *Jauernig/Berger* Zwangsvollstreckungsrecht und Insolvenzrecht, 23. Aufl. 2010.

I. Allgemeines

1. Entstehungsgeschichte. Die Vorschrift des § 89 findet ihre Entsprechung in § 28 InvG, welche wiederum auf § 12c II 1 KAGG basiert (vgl. RegBegr. InvestmentModG BT-Drs. 15/1553, 84). Gleiches gilt für § 78, der nahezu identisch die Geltendmachung von Ansprüchen der Anleger durch die Verwahrstelle und OGAW-Kapitalverwaltungsgesellschaft bei OGAW regelt (→ § 78 Rn. 1). Absatz 3 wurde in Umsetzung des Art. 19 III Buchst. f der OGAW-IV-RL durch das OGAW-IV-UmsG in § 28 InvG eingefügt und gilt auch nach Einführung des KAGB weiterhin für AIF. Der deutsche Gesetzgeber hat seine Entscheidung zum sog. gold plating durch Weitergeltung für AIF im KAGB perpetuiert; in der AIFM-RL fehlt eine entsprechende Regelung. 1

Die in **Abs. 3 S. 3** enthaltene **VO-Ermächtigung** zur Konkretisierung des Inhalts des Entschädigungsplans wurde durch das Bundesministerium der Finanzen auf die BaFin übertragen; bisher hat diese jedoch trotz Konsultation **keine diesbezügliche VO** erlassen.

2 **2. Regelungszweck.** Zweck der Norm ist es, die **präventiven Kontrollrechte** der Verwahrstelle gegenüber der AIF-Kapitalverwaltungsgesellschaft und umgekehrt um die Befugnis und Verpflichtung zur **kollektiven Rechtsverfolgung** bei Pflichtverletzung zu ergänzen und so die **Interessenwahrnehmungspflicht** (s. § 85 I und § 26 I) im Investmentdreieck zu **komplementieren.**

Diese Komplementierung ist für eine **wirksame Rechtsdurchsetzung erforderlich,** weil die individuelle Geltendmachung durch die Anleger strukturell erschwert wird. Pflichtverletzungen der Verwahrstelle und der AIF-Verwaltungsgesellschaft sind insb. bei Publikums-AIF für die **Anleger** in den meisten Fällen wegen des **Informationsdefizits** nur schwer erkennbar. Der **Jahresbericht,** einschließlich der Angaben des Abschlussprüfers nach § 102 S. 4 zur Einhaltung des KAGB und der Anlagebedingungen, ermöglicht insoweit auch **keine individualisierte Prüfung** etwaiger Schadensersatzverpflichtungen (s. § 78). Zudem erschwert die geringe Höhe des auf den einzelnen Anleger entfallenden Schadenersatzanspruchs eine individuelle Geltendmachung aus Wirtschaftlichkeitsgesichtspunkten; eine kollektive Geltendmachung durch die Gemeinschaft scheitert an fehlenden kollektiven Willensbildungsorganen (s. § 78). Wegen des geringen Streitwerts erscheint eine faktische Kollektivierung durch Einreichung zahlreicher Einzelklagen durch sog. Anlegerschutzanwälte in den meisten Fällen auch kein probates Mittel zu sein.

3 Bei **Spezial-AIF** ist die Situation differenzierter. Hier werden den Anlegern, insb. Versicherungen und Versorgungswerke, häufig **zusätzliche Informationen** zur Verfügung gestellt, um diesen mittels einer Durchschau auf Vermögensgegenstände des Spezial-AIF die Einhaltung (versicherungs-)aufsichtsrechtlicher Anforderung zu ermöglichen. Hierdurch verringert sich auch das vorerwähnte strukturelle Informationsdefizit der Anleger.

4 Die **gerichtliche Geltendmachung** von Ansprüchen von AIF-Kapitalverwaltungsgesellschaft oder Verwahrstelle ist indes bislang von **untergeordneter Bedeutung** (s. § 78). Dies mag an einer nicht hinreichend garantierten wechselseitigen institutionellen Unabhängigkeit von AIF-Kapitalverwaltungsgesellschaft und Verwahrstelle bei Publikums-AIF liegen, dürfte aber auch dem Umstand geschuldet sein, dass sich Verwahrstelle und AIF-Kapitalverwaltungsgesellschaft in der Praxis bei erkannten Pflichtverletzungen über den entstandenen **Schaden ins Benehmen setzen** und dem **AIF** eine entsprechende **Kompensation** zufließen lassen. Bei Spezial-AIF ist die institutionelle Unabhängigkeit von AIF-Kapitalverwaltungsgesellschaft und Verwahrstelle hingegen häufig gegeben, da Investoren großen faktischen Einfluss auf die AIF-KVG (insb. bei sog. Master-KVG) bei der Auswahl der Verwahrstelle ausüben.

II. Verfolgung und Durchsetzung von Ansprüchen der Anleger gegen die KVG (Abs. 1)

5 **1. Übersicht.** Die Vorschrift sieht vor, dass die Verwahrstelle bestimmte Ansprüche der Anleger im eigenen Namen und kraft **gesetzlicher Prozessstandschaft** gegenüber der AIF-KVG geltend machen kann und hierzu auch verpflichtet ist (→ Rn. 2).

Nummer 1 **konkretisiert** und **begrenzt** die **Rechtsgründe,** wegen derer der Verwahrstelle eine Rechtsverfolgungsbefugnis für Ansprüche gegenüber einer AIF-KVG zusteht. Ausweislich der Gesetzesbegründung hat die Verwahrstelle **keine umfassende Überwachungspflicht** gegenüber der AIF-KVG (RegBegr. InvestmentModG BT-Drs. 15/1553, 84). Mit der Begrenzung der gesetzlichen Prozessstandschaft einher geht damit auch eine Begrenzung der Verpflichtung der Verwahrstelle. Diese ist nur verpflichtet solche Ansprüche geltend zu machen, die sich aus einer Verletzung der Kontroll- und Treuhandaufgaben des KAGB und der Anlagebedingungen ergeben. 6

Nach der hier vertretenen, aber umstrittenen Auffassung, ist eine **Klage** der Verwahrstelle schon aus Gründen der Gleichbehandlung der Anleger jeweils **auf Leistung in den AIF** zu richten (→ § 78 Rn. 11 mwN zum Meinungsstand). Absatz 1 S. 2 stellt überdies klar, dass Anleger gegenüber der Verwahrstelle zusätzlich aktivlegitimiert sind. Dies war vor Einfügung des S. 2 in § 28 InvG durch das InvestModG in Rechtsprechung und Literatur umstritten. 7

Zum weiteren Inhalt der gesetzlichen Prozessstandschaft und der Anspruchsgrundlagen des Abs. 1 Nr. 1 und Nr. 3 und der individuelle Rechtsverfolgung durch die Anleger wird wegen des nahezu identischen Wortlauts und der Entstehungsgeschichte auf die Kommentierung zu § 78 verwiesen.

2. Ansprüche gegen den Erwerber eines Gegenstandes aus Immobilien-Sondervermögen (Abs. 1 S. 1 Nr. 2). Absatz 1 S. 1 Nr. 2 stellt klar, dass die Verwahrstelle in den Fällen, in denen die AIF-KVG entgegen § 84 I Nr. 3 über eine Immobilie eines (Publikums-)Immobilien-Sondervermögens und Sachwerte eines geschlossenen Publikums-AIF (§ 261 I Nr. 1, II) ohne die erforderliche Zustimmung der Verwahrstelle verfügt hat, berechtigt ist, Ansprüche der Anleger, die aus der relativen Unwirksamkeit einer solchen Verfügung resultieren (§ 84 II 3), gegen den Erwerber im eigenen Namen geltend zu machen. Der Anspruch (→ Rn. 11) richtet sich zwar nicht gegen die AIF-KVG, sondern gegen den Erwerber, dient aber ebenso mittelbar der Sicherstellung der Rechte der Anleger gegenüber der AIF-KVG. Damit kann nämlich einem etwaigen Interesse der AIF-KVG an einer Nichtgeltendmachung begegnet werden (s. EDD/*Hölscher* InvG § 28 Rn. 23, wonach die Gefahr bestehe, dass die AIF-KVG es wegen der damit verbundenen Offenlegung ihrer Pflichtverletzung unterlässt, Anlegeransprüche geltend zu machen). 8

Über den Wortlaut hinaus ist die Vorschrift auch auf Spezial-AIF mit festen Anlagebedingungen und Investitionsschwerpunkt Immobilien anzuwenden, soweit in den Anlagebedingungen § 246 nicht abbedungen wurde, weil in diesem Fall über § 284 die Vorschrift des § 246 und damit auch die Regelung des § 84 I Nr. 3 grds. Anwendung findet (vgl. das Schreiben der BaFin „Zur Frage der Genehmigungspflicht für die Auswahl der Verwahrstelle nach Maßgabe des § 284 Abs. 1 und 2 KAGB" v. 7. 10. 2013). Auch in diesen Fällen ist eine Verfügung ohne Zustimmung der Verwahrstelle den Anlegern gegenüber nach § 84 II 3 relativ unwirksam. Die Begrenzung auf Publikums-AIF hat insoweit keine eigenständige Bedeutung, sondern greift lediglich den Wortlaut des § 84 I Nr. 3 auf. 9

Der praktische Anwendungsbereich der Vorschrift ist indes gering, da die Rechte der Verwahrstelle durch die Eintragung einer Verfügungsbeschränkung in das Grundbuch, ein Register oder anderer Maßnahmen sicherzustellen sind (§§ 246, 264 iVm § 84 I Nr. 3) und die Verwahrstelle schon wegen der erforderlichen Mitwirkung bei einer Kaufpreiszahlung vom Erwerb von Vermögensgegenständen für den AIF Kenntnis hat und im Übrigen nach § 83 IV auch verpflichtet ist,

Sicherstellung der Verfügungsbeschränkung zu überwachen (WBA/*Boxberger* § 89 Rn. 45).

10 Auch nach Abs. 1 S. 1 Nr. 2 kann die Verwahrstelle die Ansprüche der Anleger gegen den Erwerber mittels einer gesetzlichen Prozessstandschaft geltend machen (WBA/*Boxberger* § 89 Rn. 2). Dabei kommt es nicht darauf an, ob der Vermögensgegenstand bei Sondervermögen im Eigentum der AIF-KVG (§ 92 I 1 Alt. 1) oder im Miteigentum der Anleger steht bzw. bei geschlossenen AIF in der Gesellschaftsform der (teil-)rechtsfähigen Gesellschaft zugeordnet wird (jeweils § 92 I 1 Alt. 2). Zwar sieht § 245 vor, dass bei Immobilien-Sondervermögen nur die sog. Treuhandlösung (§ 92 I 1 Alt. 1) zulässig ist, bei Spezial-AIF kann hiervon jedoch abgewichen werden, sodass auch diese Alternative vorkommen kann. Der Wortlaut der Vorschrift differenziert jedenfalls nicht zwischen den vorgenannten Alternativen.

11 Die relative Unwirksamkeit ist je nach Art des Gegenstandes unterschiedlich geltend zu machen. Bei (deutschen) Grundstücken haben die Anleger einen Anspruch gegen den Erwerber auf Zustimmung zur Löschung der Eintragung des Erwerbers. Da die Verfügung nur relativ unwirksam ist, wird durch die Eintragung des Erwerbers das Grundbuch nämlich wie bei vormerkungswidrigen Verfügungen nach §§ 883 II, 888 BGB nicht unrichtig (vgl. MüKoBGB/*Armbrüster* § 135 Rn. 38), sodass gerade kein Anspruch auf Berichtigung des Grundbuchs besteht.

Bei anderen Vermögensgegenständen, insb. anderen Sachwerten als Immobilien nach § 261 I Nr. 1 und II, entspricht der Inhalt des Anspruchs wegen der anderen Ausgangslage nicht den §§ 883 II, 888 BGB. Umstritten ist dabei, wie der Anspruch unter Berücksichtigung des Rechtsverhältnisses zwischen Verfügendem und Erwerber geltend zu machen ist. Bei beweglichen Sachen wird vertreten, der Geschützte müsse von dem Verfügenden die Abtretung gem. § 931 BGB eines obligatorischen Herausgabeanspruchs analog §§ 326 IV, 283 S. 2, 281 V BGB des verbotswidrig Verfügenden gegen den Erwerber verlangen bzw. ihm stünde ein unmittelbarer Anspruch gegen den Erwerber zu (zum Streitstand MüKoBGB/*Armbrüster* § 135 Rn. 39 mwN).

Über diese Problematik hinaus sind bei Auslandssachverhalten die Regeln des Internationalen Privatrechts zu beachten.

III. Verfolgung und Durchsetzung von Ansprüchen der Anleger gegen die Verwahrstelle (Abs. 2)

12 Ebenso wie die Verwahrstelle gegenüber der AIF-Kapitalverwaltungsgesellschaft ist Letztere berechtigt und verpflichtet, Ansprüche der Anleger gegen die Verwahrstelle geltend zu machen. Hierbei handelt es sich ebenfalls um einen Fall der gesetzlichen Prozessstandschaft.

Inhaltlich ist der Anspruch auf Verletzungen der Pflichten der Verwahrstelle in ihrer Verwahrstellenfunktion beschränkt. Nicht erfasst sind etwa Ansprüche, welche die Verwahrstelle neben dieser Funktion erbringt, wie etwa im Rahmen der sog. Fondsadministration. Ansprüche aus einer Pflichtverletzung eines solchen Auslagerungsvertrages, hat die AIF-KVG in eigenem Namen und für eigene Rechnung geltend zu machen; ggü. dem AIF haftet sie gem. § 36 IV allerdings selbst. Das Einschreiten der AIF-KVG gegen die Verwahrstelle ist der BaFin anzuzeigen (Allgemeinverfügung des BAKred v. 18.7.1990, abgedr. BSV 438 Nr. 54).

Absatz 2 S. 2 wurde durch das 2. FiMaNoG neu gefasst. Diese Änderung entspricht der in § 78 II 2 vorgenommen Änderung. Nach dem bisherigen Wortlaut konnte *der Anleger* neben der Geltendmachung nach S. 1 einen eigenen Anspruch gegen die Verwahrstelle geltend machen. Daraus wurde jedoch teilweise abgeleitet, dass diese Ansprüche nicht von der Gemeinschaft der Anleger, sondern nur von der AIF-KVG geltend gemacht werden können, was nicht der Fall ist. Die Änderung hat keine Auswirkungen auf das Recht der Anleger, Individualansprüche gegen die Verwahrstelle geltend zu machen, weil sich auch Abs. 1 nur auf Kollektivansprüche der Anleger bezieht (s. BT-Drs. 178/6744, Regierungsbegründung zum 2. FiMaNoG S. 55).

IV. Sonstiges

Hinsichtlich Fragen zur Anspruchskonkurrenz und dem Entschädigungsverfahren (Abs. 3) wird auf die Kommentierung zu § 78 verwiesen. 13

§ 89a Vergütung, Aufwendungsersatz

(1) [1]**Die Verwahrstelle darf der AIF-Verwaltungsgesellschaft aus den zu einem inländischen AIF gehörenden Konten nur die für die Verwaltung des inländischen AIF zustehende Vergütung und den ihr zustehenden Ersatz von Aufwendungen auszahlen.** [2]**Werden die Konten bei einer anderen Stelle nach § 83 Absatz 6 Satz 2 geführt, bedarf die Auszahlung der der AIF-Verwaltungsgesellschaft für die Verwaltung des inländischen AIF zustehenden Vergütung und des ihr zustehenden Ersatzes von Aufwendungen der Zustimmung der Verwahrstelle.**

(2) [1]**Die Verwahrstelle darf die Vergütung, die ihr für die Verwahrung des inländischen AIF und die Wahrnehmung der Aufgaben nach Maßgabe dieses Gesetzes zusteht, nur mit Zustimmung der AIF-Verwaltungsgesellschaft entnehmen.** [2]**Entsprechendes gilt, wenn die zu einem inländischen AIF gehörenden Konten bei einer anderen Stelle nach § 83 Absatz 6 Satz 2 geführt werden.**

Schrifttum: *Auerbach* Banken- und Wertpapieraufsicht, 1. Auflage 2015; *Janzen* AIF-Verwahrstellen nach dem Kapitalanlagegesetzbuch (KAGB), ZBB 2015, 230; *Insam/Heisterhagen/Hinrichs* Neue Vergütungsregelungen für Manager von Kapitalverwaltungsgesellschaften: Variable Vergütung (to be) reloaded, DStR 2014, 913; *Hassold* Zur Leistung im Dreipersonenverhältnis, 1981.

I. Allgemeines

§ 89a wurde durch das Gesetz zur Anpassung von Gesetzen auf dem Gebiet des Finanzmarktes vom 15.7.2014 (BGBl. 2017 I 934) in das KAGB eingefügt und entspricht ausweislich der Gesetzesbegründung (BT-Drs. 18/1305, 47) im Wesentlichen § 79. Die **(Wieder-)Einführung** schien sachgerecht, da eine derartige Regelung für AIF-Verwahrstellen im KAGB bisher fehlte. Vor dem Hintergrund, dass § 79 nahezu wörtlich § 29 InvG entspricht und letztere Vorschrift auch für Depotbanken von Spezialinvestmentvermögen und Publikumsinvestmentvermögen galt, scheint das ursprüngliche Fehlen der Vorschrift ein **Redaktionsversehen** darzustellen (vgl. EDD/*Dreibus* § 29 InvG Rn. 2; Baur/Tappen/*Karcher* § 89a Rn. 1); die Interessenlage hat sich durch die Umsetzung der AIFM-RL jedenfalls nicht geändert. 1

2 Zusammen mit §§ 83, 84 und 89 bildet die Vorschrift den Nukleus der **gegenseitigen Kontrolle** der Verwahrstelle und der AIF-Verwaltungsgesellschaft im Investmentdreieck (sog. Checks *and* Balances). Die Vorschrift geht dabei über die organisatorische Selbstkontrolle innerhalb einer Stelle im Sinne eines Vier-Augen-Prinzips (vgl. WBA/*Klusak* § 79 Rn. 1) hinaus.

Nach einhelliger Auffassung beinhaltet die Vorschrift damit auch **keine Anspruchsgrundlage** für Vergütungs- und Aufwendungsersatzansprüche der AIF-Verwaltungsgesellschaft bzw. der Verwahrstelle, sondern setzt jeweils eine vertragliche oder gesetzliche Anspruchsgrundlage voraus. Im Regelfall ist die Verwaltungsvergütung der AIF-Verwaltungsgesellschaft in den Anlagebedingungen festgelegt. Bei Spezial-AIF existiert vielfach eine gesonderte Vergütungsvereinbarung, die zusätzlich heranzuziehen ist. Rechtsgrund der Vergütung der Verwahrstelle ist zwar der Verwahrstellenvertrag, was einem AIF in Rechnung gestellt werden darf, ist aber ebenso in den Anlagebedingungen oder bei Spezial-AIF in einer gesonderten vertraglichen Vereinbarung mit den Anlegern (meist als Anhang zur sog. Dreiervereinbarung) festzulegen. Bei Ansprüchen auf **Aufwendungsersatz** sind ergänzend aber in gewissen Grenzen die Regelungen des **Geschäftsbesorgungsrechts** (§§ 675 I, 670 BGB) heranzuziehen. Insoweit gelten für **AIF** im Wesentlichen **dieselben Prinzipien** wie für **OGAW.**

3 Beide Absätze wurden am Ende gegenüber § 79 ergänzt und dahingehend **erweitert,** dass von der Regelung auch **Fremdkonten von AIF** bei anderen Kreditinstituten erfasst sind. Im Gegensatz zu OGAW, für die § 72 II vorsieht, dass die Geldkonten bei der Verwahrstelle oder auf Sperrdepots bei anderen Kreditinstituten zu führen sind, sieht das KAGB in Umsetzung der AIFM-RL keine solche Begrenzung vor. Nach § 83 VI 2 können nämlich Geldkonten des AIF auch bei anderen Kreditinstituten als der Verwahrstelle geführt werden.

Da Geldkonten von AIF **nicht zwingend** als **Sperrkonten** ausgestaltet sein müssen, ist die Ergänzung in **Abs. 1** erforderlich, um das gleiche **Schutzniveau** wie bei OGAW zu erreichen. In **Abs. 2** hat sie hingegen eher **deklaratorischen Charakter,** kann die Verwahrstelle im Regelfall ohnehin nicht ohne Mitwirkung der AIF-Verwaltungsgesellschaft über bei anderen Kreditinstituten geführte sog. Auslagerungskonten verfügen. In der Praxis dürfte die Ergänzung allenfalls dann relevant werden, sollte die Verwahrstelle über Auslagerungskonten eigenständig verfügen können, etwa weil sie als Nebendienstleistung das sog. Cash Management übernommen hat.

II. Vergütungs- und Aufwendungsersatzansprüche der KVG (Abs. 1)

4 Absatz 1 beinhaltet eine Prüfungspflicht der Verwahrstelle hinsichtlich der Rechtmäßigkeit („zustehend") und damit auch eine immanente Begrenzung des Verfügungsrechts der AIF-Verwaltungsgesellschaft über Guthaben auf bei der AIF-Verwahrstelle für Rechnung von AIF geführten Konten.

5 **1. Inhalt der Prüfpflicht.** Hinsichtlich des Inhalts der Prüfung ist zwischen Vergütungsansprüchen der AIF-Verwaltungsgesellschaft und Aufwendungsersatzansprüchen zu unterscheiden. Während Erstere dem Grunde nach in den Anlagebedingungen bzw. im Investmentvertrag festgelegt sind und sich deren Höhe meist exakt berechnen lässt, sind Aufwendungsersatzansprüche **zu plausibilisieren** (BaFin Rundschreiben 05/2020 (WA) Ziffer 6.2.) und im Hinblick auf ihre **Erfor-**

derlichkeit zu würdigen, ohne in die Verwaltungsbefugnis der AIF-Verwaltungsgesellschaft einzugreifen und eigene Zweckmäßigkeitserwägungen anzustellen. Die Prüfung umfasst insoweit auch die **Fälligkeit.**

Der Inhalt und Umfang der Prüfpflicht steht nach der Systematik des KAGB nicht zur Disposition der Parteien des Investmentdreiecks, entsprechend sind abweichende Vereinbarungen etwa in der sog. „Dreiervereinbarung" bei Spezial-AIF unbeachtlich (BaFin Rundschreiben 05/2020 (WA) Ziffer 6.1.).

Im Ergebnis grds. zu verneinen ist die Frage, ob die Prüfung der Verwahrstelle auch die rechtliche Wirksamkeit von Vergütungsklauseln umfasst. Dies erscheint insoweit allein schon deshalb fragwürdig, weil bislang rechtlich noch nicht abschließend geklärt ist, ob bzw. inwieweit Vergütungsklauseln in Anlagebedingungen der AGB-Inhaltskontrolle unterliegen (s. BSV/*Beckmann* 410 § 43 Rn. 99) und wann bloße, der vollen AGB-Inhaltskontrolle unterliegende Preisnebenabreden vorliegen. 6

Die Verwahrstelle hat die von der AIF-Verwaltungsgesellschaft dem AIF in Rechnung gestellte Vergütung auf deren Berechtigung, also insb. deren Übereinstimmung mit den Anlagebedingungen bzw. vertraglichen Grundlagen, hin zu überprüfen. Im Rahmen ihrer Prüfung muss die Verwahrstelle über die reine rechnerische Richtigkeit der einzelnen Positionen hinaus die Berechnung als solche überprüfen und nachvollziehen. 7

Dies umfasst insb. die tatsächlichen Anknüpfungspunkte der Berechnung, also ob stichtags- oder periodenbezogen das korrekte Anlagevermögen zugrunde gelegt, die Performance-Ziele bei einer erfolgsabhängigen Vergütung tatsächlich erreicht wurden oder sog. High Watermarks berücksichtigt worden sind (BaFin Rundschreiben 05/2020 (WA) Ziffer 6.1.) Die hierzu erforderlichen Daten, wie der abgestimmte Fondspreis und das Fondsvolumen, liegen der Verwahrstelle im Regelfall vor. Eine darüber hinausgehende Prüfung etwa im Hinblick auf die Angemessenheit der Vergütung ist seitens der Verwahrstelle nicht vorzunehmen, weil sie das Äquivalenzverhältnis betrifft, welches die AIF-Verwaltungsgesellschaft und die Anleger im Rahmen der Vertragsfreiheit festgelegt haben; eine Marktgerechtigkeitsprüfung ist in diesem Zusammenhang weder erforderlich noch geboten.

Die Prüfung von Aufwendungsersatzansprüchen ist aufgrund deren Verschiedenartigkeit differenzierter. Zum einen hat die Verwahrstelle zu prüfen, ob sie dem Grunde nach ersatzfähig sind, dh nach Maßgabe des Investmentvertrages dem Investmentvermögen belastet werden dürfen, zum anderen, ob die Ausgaben als solche plausibel sind. Eher formeller Natur ist dabei die Anforderung der BaFin, von der AIF-Verwaltungsgesellschaft vorgelegte Rechnungen nochmals auf rechnerische Richtigkeit zu überprüfen (BaFin Rundschreiben 05/2020 (WA) Ziffer 6.2.). 8

Nach allgemeinen Grundsätzen sind nur solche Aufwendungen ersatzfähig, welche die AIF-Verwaltungsgesellschaft in Ausführung ihrer Verwaltungstätigkeit den Umständen nach für erforderlich halten durfte. Da Aufwendungen von gesetzes- und weisungswidrig ausgeführten Geschäften grds. als nicht erforderlich angesehen werden (mwN MüKoBGB/*Seiler* § 670 Rn. 10), darf die AIF-Verwaltungsgesellschaft solche Aufwendungen, die aus Geschäften unter Verstoß gegen das Gesetz oder die Anlagebedingungen entstehen, nicht für erforderlich halten. Daher hat die Verwahrstelle Aufwendungen zunächst im Hinblick auf ihre Vereinbarkeit mit dem KAGB und den Anlagebedingungen bzw. Investmentvertrag hin zu überprüfen.

Der allgemeine geschäftsbesorgungsvertragliche Begriff der Erforderlichkeit ist jedoch zu modifizieren, da die AIF-Verwaltungsgesellschaft wegen ihrer besonderen Rolle im Investmentdreieck eine weiten Ermessensspielraum hat (s. § 26;

Bauer/Tappen/*Steffen* in Baur§ 26 Rn. 87; WBA/*Herresthal* § 26 Rn. 11), dieser Ermessenspielraum wird allerdings durch das Gebot der **Vermeidung unangemessener Kosten** (§ 26 V und Art. 17 II Level-II-VO) wieder begrenzt.

9 Bei Sondervermögen **ersatzfähig** sind aus der **Natur der Sache** heraus die Erfüllung von nach den Anlagebedingungen zulässigen **Transaktion selbst** (zB die Eigentumsübertragung eines Grundstücks oder Wertpapiers); wegen der fehlenden Rechtspersönlichkeit des Sondervermögens ist nämlich zunächst die AIF-Verwaltungsgesellschaft aus dem Kaufvertrag zur Verschaffung des Eigentums am Kaufgegenstand bzw. Zahlung des Kaufpreises verpflichtet (vgl. § 93 III Hs. 1HS). In diesen Fällen erfolgt die Erfüllung des obligatorischen Geschäfts mittels einer abgekürzten Lieferung unmittelbar aus dem Sondervermögen ohne Zwischenerwerb der AIF-Verwaltungsgesellschaft. Wegen der besonderen Stellung der AIF-Verwaltungsgesellschaft und den auf Sondervermögen anwendbaren Bestimmungen der §§ 92, 93 weicht das Deckungs- und Valutaverhältnis von anderen Dreieckskonstellationen und den sog. Anweisungsfällen ab (s. MüKoBGB/*Schwab* § 812 Rn. 60). Aus dogmatischer Sicht ist dies bei Sondervermögen, deren Vermögensgegenstände nach § 92 I 1 Alt. 2 im Miteigentum der Anleger stehen, unumgänglich.

10 Es hat daher **keine** gesonderte **Prüfung der Erforderlichkeit zu erfolgen,** sondern lediglich die allgemeine Rechtmäßigkeitskontrolle nach § 83 V iVm Art. 95 Level-II-VO. Bei anderen Arten von Aufwendungen, also etwa Prüfungskosten des Investmentvermögens, Transaktionskosten (zB Broker-, Liefer-, Fremdwährungskosten oder Notargebühren) ist zunächst zu überprüfen, ob die konkrete Art der Aufwendung in den Anlagebedingungen bzw. der gesonderten Gebührenvereinbarung als ersatzfähig vorgesehen ist. Andersfalls scheint eine Zustimmung der Verwahrstelle prima facie ausgeschlossen. Daraus folgt im Umkehrschluss, dass keine besonders hohen Anforderungen an die Überprüfung der Erforderlichkeit durch die Verwahrstelle zu stellen sind, weil in den Anlagebedingungen vorgesehene Aufwendungen prima facie als erforderlich einzustufen sind. Die Positionen sind vielmehr zu plausibilisieren. Insbesondere ist auch bei Aufwendungsersatzansprüchen keine Marktgerechtigkeitskontrolle vorzunehmen. Dies ginge weit über die Kompetenz der Verwahrstelle hinaus und wäre im Übrigen auch nicht praktikabel.

11 Anders als bei der allgemeinen Rechtmäßigkeitskontrolle nach § 83 V iVm Art. 95 Level-II-VO erstreckt sich das Erfordernis einer Zustimmung durch die Verwahrstelle nach SS. 2 auch auf Konten eines AIF, die nicht bei der Verwahrstelle geführt werden. Diese Vorgabe kann nur mittels einer vertraglichen Vereinbarung mit der kontoführenden Drittbank umgesetzt werden. Da diese idR nicht feststellen kann, ob eine Zahlungsanweisung der AIF-Verwaltungsgesellschaft Vergütungs- oder Aufwendungsersatzansprüche umfasst, werden solche Konten im Regelfall mit einem Sperrvermerk versehen. Dies ist allerdings auch nach dem Verwahrstellrundschreiben bei AIF nicht zwingend.

12 **2. Zeitpunkt und Form der Zustimmung.** Die Prüfung und Zustimmung der Verwahrstelle hat grds. vor der Auszahlung bzw. Belastung des Fondskontos zu erfolgen. Bei Aufwendungsersatzansprüchen ist aber eine nachträgliche Kontrolle zulässig und ausreichend, soweit eine Einwilligung wegen des mit der Art der Aufwendung einhergehenden engen zeitlichen Rahmens nicht möglich ist. Dies betrifft insb. Transaktionskosten, wie Gebühren für Broker.

Eine bestimmte Form der Zustimmung ist nicht erforderlich. Daher kann die Zustimmung auch konkludent durch Abwicklung des Auszahlungsauftrages erteilt werden, was in der Praxis den Regelfall darstellen dürfte.

3. Konten bei Drittbanken (S. 2). Soweit eine Zahlung von Konten eines AIF erfolgen soll, die nicht bei der Verwahrstelle geführt werden (S. 2), sind verschiedene Möglichkeiten denkbar, die Zustimmung zu erteilen. Die Schriftform dürfte dabei in der Praxis die Ausnahme darstellen; im Regelfall dürfte die Zustimmung nach Maßgabe der Vereinbarung mit der Drittbank in Textform oder elektronisch erfolgen. Jedenfalls für Aufwendungsersatzansprüche aus Transaktionen einschließlich der Transaktionsnebenkosten reicht entsprechend der oben dargelegten Grundsätze auch eine nachträgliche Zustimmung (Genehmigung) der Verwahrstelle aus. 13

III. Vergütungs- und Aufwendungsersatzansprüche der Verwahrstelle (Abs. 2)

1. Allgemeines. Abs. 2 beinhaltet eine Begrenzung der Berechtigung der Verwahrstelle, ihre Ansprüche auf Vergütung aus dem Verwahrstellenvertrag den für Rechnung des AIF geführten Konten zu entnehmen; dh, im Regelfall die entsprechende Forderung in das laufende Konto einzubeziehen. Andererseits folgt aus dem Wortlaut auch, dass es keiner gesonderten Zahlungsanweisung der AIF-Verwaltungsgesellschaft bedarf, sondern die Verwahrstelle das Recht zur Selbstentnahme hat, welches aber unter Zustimmungsvorbehalt durch die AIF-Verwaltungsgesellschaft steht. 14

Spiegelbildlich zur Prüfpflicht der Verwahrstelle darf die AIF-Verwaltungsgesellschaft ihre Zustimmung nur erteilen, sofern die Forderungen gerechtfertigt sind. Dies folgt bereits aus der allgemeine Interessenwahrnehmungspflicht der AIF-Verwaltungsgesellschaft. Rechtsgrund der Vergütung ist der Verwahrstellenvertrag. Daneben regeln die Anlagebedingungen, welche Gebühren und Aufwendungen dem AIF entnommen werden dürfen. Bei Spezial-AIF wird meist als Anhang zur sog. Dreiervereinbarung eine gesonderte Vergütungsvereinbarung getroffen. 15

2. Zeitpunkt und Form der Zustimmung. Vorgaben hinsichtlich der Form und des Zeitpunkts der Zustimmung existieren weder im KAGB noch nach der im Rundschreiben 05/2020 (WA) niedergelegten Verwaltungspraxis der BaFin. Entsprechend kann die Zustimmung nach wohl hM gem. §§ 183f. BGB als vorherige Einwilligung oder als nachträgliche Genehmigung erfolgen. Daher ist auch die Vereinbarung eine Fiktion der Zustimmung, sofern der ordnungsgemäß übermittelten Rechnung bzw. Abrechnung nicht innerhalb einer mit der AIF-Verwaltungsgesellschaft vereinbarten Frist widersprochen wird, möglich. Die Zustimmung kann auch konkludent mittels der Übermittlung einer an sich nicht erforderlichen (→ Rn. 14) Zahlungsanweisung erfolgen. 16

3. Sachlicher Anwendungsbereich. Der sachliche Anwendungsbereich der Vorschrift ist ausweislich des Wortlauts auf Ansprüche, die sich aus der Verwahrung und den Aufgaben der Verwahrstelle nach dem KAGB ergeben, begrenzt. Nach wohl hM erstreckt sich der Anwendungsbereich über den Wortlaut hinaus auch auf Aufwendungsersatzansprüche. 17

Im Hinblick auf die vergleichbare Interessenlage ist dem grds. zuzustimmen. Da die Verwahrstelle jedoch auch eine Abwicklungsfunktion hat, ist im Hinblick hierauf eine Modifikation erforderlich. Die Verwahrstelle erwirbt etwa bei einer Zahlung an Dritte lediglich einen Anspruch auf Aufwendungsersatz gegen die AIF-Verwaltungsgesellschaft, soweit ein Zahlungsauftrag der AIF-Verwaltungsgesellschaft vorliegt. In diesen Fällen liegt im Auftrag der AIF-Verwaltungsgesellschaft bereits die konkludente Einwilligung zur Entnahme, dh Belastung des Kontos des AIF iSd Abs. 2.

Nicht vom Anwendungsbereich erfasst werden aber Ansprüche der Verwahrstelle aus Nebendienstleistungen; hier sind jedoch insb. die Vorgaben der § 80 I und IV zu beachten.

18 **4. Konten bei Drittbanken (S. 2).** Der Anwendungsbereich des S. 2 ist begrenzt, da die Verwahrstelle über Guthaben bei Drittbanken ohnehin nicht eigenständig verfügen kann und damit eine Selbstvornahme ausgeschlossen ist.

§ 90 Anwendbare Vorschriften für ausländische AIF

Verwaltet eine AIF-Kapitalverwaltungsgesellschaft einen ausländischen AIF und beauftragt sie eine Verwahrstelle mit Sitz in der Bundesrepublik Deutschland oder verwaltet eine ausländische AIF-Verwaltungsgesellschaft, deren Referenzmitgliedstaat die Bundesrepublik Deutschland nach § 56 ist, einen ausländischen AIF und beauftragt eine Verwahrstelle mit Sitz in der Bundesrepublik Deutschland, gelten die Vorschriften dieses Unterabschnitts entsprechend; § 55 bleibt unberührt.

1 Die Vorschrift unterscheidet **zwei Fallgestaltungen** hinsichtlich der Beauftragung einer inländischen Verwahrstelle für einen ausländischen AIF: zum einen den Fall, dass eine inländische AIF-Kapitalverwaltungsgesellschaft einen ausländischen AIF verwaltet und für diesen eine inländische Verwahrstelle beauftragt, zum anderen den Fall, dass eine ausländische AIF-Kapitalverwaltungsgesellschaft mit Referenzmitgliedstaat Deutschland (vgl. § 56) einen ausländischen AIF verwaltet und für diesen wiederum eine inländische Verwahrstelle beauftragt. Unter einer ausländischen AIF-Kapitalverwaltungsgesellschaft sind solche aus einem Drittstaat, § 1 XVIII, XIX Nr. 5, zu verstehen.

2 In beiden Fallgestaltungen gelten die Vorschriften dieses Unterabschnitts ausschließlich für solche ausländische AIF, die in den EWR-Staaten vertrieben werden sollen. Dies bedeutet, dass, soweit ein ausländischer AIF von einer inländischen KVG unter Beauftragung einer inländischen Verwahrstelle verwaltet wird, ohne auch in der EU oder den EWR-Staaten vertrieben zu werden, die Vorschriften des Unterabschnitts keine Anwendung finden sollen, also keine inländische Verwahrstelle beauftragt werden muss, wie aus EG (61) der AIFM-RL hervorgeht.

3 Dies erscheint zunächst insoweit inkonsequent, als ein Anleger auch einen ausländischen AIF erwerben kann, ohne dass dieser offiziell im EWR vertrieben wird., zB über Reverse Solicitation. Insoweit äußert *Boxberger* (WBA/*Boxberger* § 90 Rn. 3), dass diese Regelung lediglich die Stärkung der Attraktivität des Finanzstandortes Deutschland zum Ziel haben kann, während *Vadolas/Kunschke* (AWZ/*Vadolas/Kunschke* § 90 Rn. 4) richtigerweise darauf hinweisen, dass ein Erwerb im Rahmen der Reverse Solicitation die aktive Ausübung der allgemeinen Handlungsfreiheit ist, Art. 3 GG, und damit wissentlich auf den europäischen Anlegerschutz verzichtet.

Abschnitt 4. Offene inländische Investmentvermögen

Unterabschnitt 1. Allgemeine Vorschriften für offene inländische Investmentvermögen

§91 Rechtsform

(1) **Offene inländische Investmentvermögen dürfen nur als Sondervermögen gemäß den Vorschriften des Unterabschnitts 2 oder als Investmentaktiengesellschaft mit veränderlichem Kapital gemäß den Vorschriften des Unterabschnitts 3 aufgelegt werden.**

(2) **Abweichend von Absatz 1 dürfen offene inländische Investmentvermögen, die nicht inländische OGAW sind und deren Anteile nach dem Gesellschaftsvertrag ausschließlich von professionellen und semiprofessionellen Anlegern erworben werden dürfen, zusätzlich als offene InvKG gemäß den Vorschriften des Unterabschnitts 4 aufgelegt werden.**

(3) **Abweichend von Absatz 1 dürfen offene inländische Investmentvermögen, die nach den Anlagebedingungen das bei ihnen eingelegte Geld in Immobilien oder Beteiligungen an Infrastruktur-Projektgesellschaften anlegen, nur als Sondervermögen oder offene InvKGen aufgelegt werden, sofern die offenen InvKGen als Spezial-AIF aufgelegt werden.**

Schrifttum: *Emde/Dreibus* Der Regierungsentwurf für ein Kapitalanlagegesetzbuch, BKR 2013, 89; *Loritz/Uffmann* Der Geltungsbereich des Kapitalanlagegesetzbuches (KAGB) und Investmentformen außerhalb desselben, WM 2013, 2193; *Zetzsche* Was ist ein AIF?, WM 20213, 2101; *v. Kann/Redeker/Keiluweit* Überblick über das Kapitalanlagegesetzbuch (KAGB), DStR 2013, 1483; *Niewerth/Rybaz* Änderung der Rahmenbedingungen für Immobilienfonds – das AIFM-Umsetzungsgesetz und seine Folgen, WM 2013, 1154; *Krause/Klebeck* Fonds(anteils)begriff nach der AIFM-Richtlinie und dem Entwurf des KAGB, Recht der Finanzinstrumente 2013, 4.

I. Allgemeines

1. Rechtsentwicklung. Die Regelungen in § 91 I und II sind erstmals durch das AIFM-UmsG in das deutsche Investmentrecht eingefügt wurden. Im vor dem KAGB geltenden InvG gab es keine entsprechenden Vorschriften. Allerdings sah das InvG schon mittelbar vor, dass offene Immobilienfonds nur als Sondervermögen aufgelegt werden dürfen (vgl. § 99 III InvG). Durch das Gesetz zur Stärkung des Fondsstandorts Deutschland (FoStoG) sind Infrastruktur-Sondervermögen in das KAGB eingeführt worden, um Publikumsanlegern ein Fondsvehikel zur Investition in Infrastruktur-Projektgesellschaften zur Verfügung zu stellen. Absatz 3 wurde entsprechend ergänzt. 1

2. Regelungsgegenstand und -zweck. Anders als das InvG folgt das KAGB einem materiellen Investmentfondsbegriff. §§ 91 und 139 regeln daher abschließend, in welchen Rechtsformen inländische Investmentvermögen aufgelegt werden dürfen. § 139 regelt die zulässigen Rechtsformen für geschlossene Investmentvermögen und § 91 die zulässigen Rechtsformen für offene Investmentvermögen. 2

3. Anwendungsbereich. § 91 gilt für alle offenen inländischen Investmentvermögen. 3

II. Offene inländische Investmentvermögen (Abs. 1)

4 Gemäß § 91 I dürfen offene inländische Investmentvermögen grds. nur als Sondervermögen oder als InvAG mit veränderlichem Kapital aufgelegt werden. § 91 II und III enthalten Sonderregelungen für Spezialfonds, Infrastruktur- und Immobilienfonds.

5 Investmentvermögen ist gem. der Definition in § 1 I jeder Organismus für gemeinsame Anlagen, der von Anlegern Kapital einsammelt, um es gem. einer festgelegten Anlagestrategie zum Nutzen dieser Anleger zu investieren und der kein operativ tätiges Unternehmen außerhalb des Finanzsektors ist (vgl. etwa das Auslegungsschreiben der BaFin zum Anwendungsbereich des KAGB und zum Begriff des „Investmentvermögens" v. 14.6.2013). Offene Investmentvermögen sind gem. § 1 IV definiert als OGAW und AIF, die die Voraussetzungen von Art. 1 II DelVO (EU) Nr. 694/2014 erfüllen. Ein Investmentvermögen gilt danach schon als offen, wenn es eine Rücknahme vor Liquidation oder Laufzeitende zulässt. Ursprünglich war auf europäischer Ebene das Kriterium für die Abgrenzung von offenen Fonds zu geschlossenen Fonds ein unterjähriges Rückgaberecht. Nunmehr verweist § 1 IV Nr. 2 zur Definition von offenen AIF auf Art. 1 II DelVO (EU) Nr. 694/2014, wonach ein offener AIF schon dann vorliegt, wenn Anteilsinhaber ihre Anteile vor Liquidation oder Laufzeitende zurückgeben können. OGAW und Publikums-AIF-Rücknahmen müssen gem. § 170 (der Art. 32 V Buchst. c RL 2009/65/EG umsetzt) allerdings mindestens zweimal im Monat den Nettoinventarwert je Anteil veröffentlichen. Daraus hat der Gesetzgeber abgeleitet, dass für diese Fonds mindestens zweimal im Monat eine Rückgabemöglichkeit vorgesehen werden muss (Gesetzesbegründung zum Finanzmarktanpassungsgesetz v. 15.7.2014 zu Art. 2 Nr. 25), vgl. § 98 I.

6 Während das InvG für Zwecke der Festlegung seines Anwendungsbereichs noch einer formellen Betrachtungsweise folgte (vgl. Auslegungsschreiben des BMF v. 2.6.2005, BStBl. I 2005, 728 Rn. 2; dazu BSL/*Schmitz* Vor §§ 30–45 Rn. 5f.), liegt dem KAGB ein **materieller Investmentfondsbegriff** zugrunde. Fonds müssen entweder den Anforderungen an OGAW oder an AIF entsprechen. Entsprechen sie diesen Anforderungen nicht, sind sie unzulässig (zum materiellen Investmentfondsbegriff siehe etwa BSV/*Krause* vor 405 Rn. 2ff.; *Niewerth/Rybaz* WM 2013, 1154 (1156f.); *Krause/Klebeck* Recht der Finanzinstrumente, 2013, 4ff.; *Loritz/Uffmann* WM 2013, 2193; *Zetzsche* WM 2013, 2101; *Emde/Dreibus* BKR 2013, 89 (90)). Dagegen sah das InvG vor, dass Fonds, die nicht den Anforderungen des InvG entsprachen, dennoch zulässig waren (und ggf. anderen Gesetzen unterfielen).

III. Spezialfonds (Abs. 2)

7 § 91 II sieht für Spezialfonds eine Ausnahme vom Grundsatz vor, dass offene inländische Investmentvermögen nur als Sondervermögen oder InvAG mit veränderlichem Kapital aufgelegt werden dürfen. Inländische Investmentvermögen, die nicht inländische OGAW sind und deren Anteile nach dem Gesellschaftsvertrag ausschließlich von professionellen und semiprofessionellen Anlegern erworben werden dürfen (also Spezial-AIF iSd § 1 VI), dürfen auch als offene InvKGInvKG aufgelegt werden. Professionelle Anleger sind gem. § 1 XIX Nr. 32 solche iSv Anhang II der RL 2004/39/EG. Semiprofessionelle Anleger sind solche, die die Voraussetzungen des § 1 XIX Nr. 33 erfüllen.

Grund für diese Ausnahmeregelung ist ausweislich der Gesetzesbegründung zum KAGB, dass die Bündelung von betrieblichen Altersvorsorgevermögen international tätiger Unternehmen in Deutschland attraktiver gestaltet werden soll. Die offene InvKG wird dafür als bevorzugtes Fondsvehikel angesehen, da sie als transparent iSv Doppelbesteuerungsabkommen gilt (vgl. S. 412 der Gesetzesbegründung). 8

IV. Offene Immobilien- und Infrastrukturfonds (Abs. 3)

Schon das InvG sah vor, dass für offene Immobilienfonds nur das Sondervermögen als Rechtsform zur Verfügung steht (vgl. § 99 III InvG). Diese Regelung schreibt § 91 III fort. Zur Abgrenzung von geschlossenen Vehikeln für Immobilieninvestitionen – etwa Immobilien-AG oder REIT – vgl. WBA/*Anders* § 91 Rn. 8f. mwN. Seit Inkrafttreten des FoStoG steht für offene Immobilienfonds nun auch die offene Kommanditgesellschaft (als Spezial-AIF) zur Verfügung. Gleiches gilt für Infrastrukturfonds. 9

Unterabschnitt 2. Allgemeine Vorschriften für Sondervermögen

Vorbemerkungen zu §§ 92–107

Schrifttum: *Barocka* Investment-Sparen und Investment-Gesellschaften, 1956; *Gericke* Rechtsfragen zum Investmentsparen, DB 1959, 1276; *Klenk* Die rechtliche Behandlung des Investmentanteils, 1967; Staudinger, Kommentar zum BGB; *Ruda* Ziele privater Kapitalanleger, 1988; *K. Schmidt,* Gesellschaftsrecht; *Zinkeisen/Walter* Seminar F: Abkommensberechtigung von Investmentfonds, IStR 2007, 583.

Inhaltsübersicht

	Rn.
I. Überblick	1
II. Das Sondervermögen	5
1. Begriff	5
2. Rechtsnatur	8
3. Entstehung	10
4. Arten von Sondervermögen	12
III. Das Investmentdreieck	15
IV. Das Rechtsverhältnis zwischen KVG und Anleger	18
1. Der Investmentvertrag	19
2. Zeichnungsvertrag und sonstige Individualabreden	31
3. Vertragsverletzungen	33
V. Rechtsbeziehung der Anleger untereinander	36

I. Überblick

Investmentvermögen können in Deutschland nur in der Rechtsform einer Investmentaktiengesellschaft, einer InvKG oder als Sondervermögen aufgelegt werden. Andere inländische Investmentvehikel zur kollektiven Vermögensanlage sind unzulässig (vgl. §§ 91, 139). Die Auflage von Sondervermögen ist ausschließlich der von der BaFin beaufsichtigten KVG iSd §§ 17ff. vorbehalten. 1

2 Im Gegensatz zur InvAG (§§ 108ff.) handelt es sich bei Sondervermögen um **Investmentvermögen** (vgl. zum Begriff § 1 I) **in Vertragsform.** Der Anleger hält keine Aktien an einer AG, sondern ist an einem aufgrund eines schuldrechtlichen Vertrages (→ Rn. 19ff.) zwischen KVG und Anleger gebildeten Vermögen beteiligt. Dieses Sondervermögen ist vom übrigen Vermögen der KVG getrennt und steht wirtschaftlich den Anlegern zu.

3 Auch im Ausland finden sich vertragliche und gesellschaftsrechtliche Organisationsstrukturen für regulierte Investmentvermögen (so etwa in Luxemburg: SICAV als gesellschaftsrechtlich organisiertes Investmentvermögen und FCP als Investmentvermögen in Vertragsform). Daneben sehen ausländische Rechtsordnungen als dritte Organisationsform für Investmentvermögen teilweise auch besondere Treuhandgesellschaften (Trusts) vor (etwa in England und Irland). Während sich Investmentgesellschaften im Ausland zumeist der gesellschaftsrechtlichen Organisationsform für die Auflegung von regulierten Investmentvermögen bedienen, ist in Deutschland das Sondervermögen die in der Praxis vorherrschende Organisationsform.

4 Den gesetzlichen Rahmen für die Auflegung von Sondervermögen bildet in Deutschland das KAGB, das das bis zum 21.7.2013 geltende InvG abgelöst hat. Der Gesetzgeber hat sich bei der Schaffung des KAGB der sog. Klammertechnik bedient. Die in den §§ 92–107 enthaltenen Regelungen gelten für alle von einer KVG aufgelegten Sondervermögen iSd § 1 X, soweit keine Spezialvorschriften eingreifen. Sie sind daher den besonderen Regelungen für einzelne Investmentvermögen (§§ 162ff.) vorangestellt.

II. Das Sondervermögen

5 **1. Begriff.** Das Sondervermögen ist die **zentrale Rechtsfigur** des KAGB. Nach der Definition in § 1 X sind Sondervermögen inländische Investmentvermögen in Vertragsform, die von einer KVG für Rechnung der Anleger nach Maßgabe des KAGB und der Anlagebedingungen verwaltet werden.

6 Ob ein Sondervermögen vorliegt, bestimmt sich nach dem Willen der Parteien des Investmentvertrages (KVG und Anleger). Angesichts des gem. § 20 eingeschränkten Tätigkeitsbereichs einer KVG werden sich aus praktischer Sicht **Abgrenzungsfragen** nur mit Blick auf die individuelle Vermögensverwaltung stellen. Es ist einer KVG gem. § 20 II Nr. 1 erlaubt, Vermögen für andere zu verwalten (individuelle Vermögensverwaltung). In § 92 V ist klargestellt, dass solchermaßen verwaltete Vermögen keine Sondervermögen iSd KAGB sind (vgl. § 92 Rn. 40f.). Die Abgrenzung zwischen Sondervermögen und sonstigen von der KVG gem. § 20 II Nr. 1 verwalteten Vermögen erfolgt anhand des Willens der Parteien (zustimmend EDDH/*Nietsch* InvG Vor §§ 30–39 Rn. 14). In Fällen der individuellen Vermögensverwaltung schließen die Parteien regelmäßig einen bloßen Vermögensverwaltungsvertrag ab, während Sondervermögen mittels sog. Allgemeiner und Besonderer Anlagebedingungen, die einer Genehmigung der BaFin bedürfen, gebildet werden. Hinsichtlich der inhaltlichen Ausgestaltung des Investmentvertrages über die Verwaltung eines Sondervermögens sind KVG und Anleger nicht frei, sondern unterliegen den Schranken des KAGB.

7 Der Begriff Sondervermögen ist enger als der des **Investmentvermögens.** Investmentvermögen ist gem. § 1 I jeder Organismus für gemeinsame Anlagen, der von Anlegern Kapital einsammelt, um es gemäß einer festgelegten Anlagestrategie zu deren Nutzen zu investieren und der kein operativ tätiges Unternehmen außer-

halb des Finanzsektors ist. Das KAGB unterscheidet zwischen offenen und geschlossenen Investmentvermögen (vgl. § 1 IV und V). Vor Inkrafttreten des FoStoG konnten Sondervermögen nur als offene Investmentvermögen aufgelegt werden (vgl. §§ 91 und 139 aF), dh die Anleger mussten das Recht haben, ihre Anteile mindestens einmal vor Liquidation oder Laufzeitende des Fonds zurückgeben zu können (vgl. § 1 IV und § 98 I). Nunmehr können geschlossene Spezial-AIF ebenfalls als Sondervermögen aufgelegt werden (§ 139 nF).

2. Rechtsnatur. Das Sondervermögen ist eine **nichtrechtsfähige Vermögensmasse,** die aus den von den Anlegern eingelegten Geldern (bzw. eingelegten Vermögensgegenständen) und den damit angeschafften Vermögensgegenständen (bzw. solchen Vermögensgegenständen, die als Ersatz für die erstmalig angeschafften Vermögensgegenstände erworben werden) besteht (zu der von der zivilrechtlichen abweichenden steuerrechtlichen Einordnung vgl. § 11 I InvStG; sa *Zinkeisen/Walter* IStR 2007, 583). Die KVG ist gem. § 93 I berechtigt, im eigenen Namen über die zum Sondervermögen gehörenden Vermögensgegenstände (einschließlich aller Rechte) zu verfügen. Wirtschaftlich gehören diese jedoch zum Vermögen des Anlegers (Brinkhaus/Scherer/*Zeller* § 6 Rn. 2; BSV/*Beckmann* 410 § 30 Rn. 4). 8

Grundsätzlich kann eine (juristische oder natürliche) Person nur ein einheitliches Vermögen haben (vgl. ausführlich EDDH/*Nietsch* InvG Vor §§ 30–39 Rn. 1 ff.). Die KVG kann jedoch aufgrund der Vorschriften des KAGB vom eigenen Vermögen getrennte Sondervermögen auflegen, die wirtschaftlich den Anlegern zustehen. Eine Reihe von Vorschriften des KAGB stellt die Abgrenzung des Sondervermögens vom Vermögen der KVG sicher. So ist das Sondervermögen nach § 93 vor Belastungen, Aufrechnungen und vor jeglicher Haftung für Verbindlichkeiten der KVG geschützt und es gehört nach § 99 III nicht zur Insolvenzmasse der KVG. Die Verwahrung und Überwachung der Vermögensgegenstände des Sondervermögens obliegt der Verwahrstelle. Erlischt das Recht der KVG, das Sondervermögen zu verwalten, geht das Verfügungsrecht auf die Verwahrstelle über (§ 100 I). Somit ist das Sondervermögen zwar Anknüpfungspunkt für zahlreiche Verwaltungsvorschriften, aber es ist nicht selbst Träger von Rechten und Pflichten. Das Sondervermögen besitzt daher keine eigene Rechtspersönlichkeit. 9

3. Entstehung. Gebildet werden Sondervermögen durch einen **Vertrag** mit einem oder mehreren Anlegern (→ Rn. 18 ff.). Dieser Vertrag – der die **zwingenden Regelungen** des KAGB beachten muss – regelt die grundsätzlichen Rechtsbeziehungen zwischen Anleger und KVG. Die Anlagebedingungen bedürfen regelmäßig der Genehmigung durch die BaFin (vgl. § 163). Das Sondervermögen entsteht mit Abschluss des Vertrages zwischen KVG und (mindestens einem) Anleger sowie der Erbringung der vom Anleger vertragsgemäß geschuldeten Leistung (also Zahlung des Ausgabepreises auf ein gesperrtes Fondskonto bei der Verwahrstelle). Die Verbriefung der vertraglichen und ggf. dinglichen Rechte der Anleger in Anteilscheinen bzw. die Begebung elektronischer Anteilscheine (vgl. § 95) ist für die Entstehung des Sondervermögens nicht erforderlich (zustimmend EDD/*Stabenow* § 95 Rn. 8; WBA/*Anders* § 95 Rn. 1; aA BSV/*Beckmann* InvG 410 § 30 Rn. 4). Der Anleger hat jedoch ein Recht auf Verbriefung seiner Anteile bzw. auf Begebung elektronischer Anteilscheine. 10

In der Praxis werden Sondervermögen auf zwei verschiedene Arten gebildet. Teilweise wird zunächst Kapital von der KVG oder einem mit ihr verbundenen Unternehmen für das Sondervermögen bereitgestellt *(seed money)*. Dieses Verfahren bietet sich insb. dann an, wenn zunächst ein Erfolgsnachweis *(track record)* für die 11

Anlagestrategie des Sondervermögens erstellt bzw. diese zunächst in der Praxis getestet werden soll, bevor der Fonds dem breiten Publikum zugänglich gemacht wird. In diesem Fall erhält die KVG (für den Eigenbestand) oder das mit ihr verbundene Unternehmen Anteile an dem neu gegründeten Sondervermögen als Gegenleistung für die Kapitalaufbringung. Diese werden dann später an andere Anleger veräußert oder gegen Auszahlung des Rücknahmepreises von der KVG für Rechnung des Sondervermögens zurückgenommen. Eine andere Form der Gründung ist das Einwerben von Geldern bei Anlegern während einer festgelegten Zeichnungsperiode. Nach Ablauf der Zeichnungsfrist werden die Gelder dann dem Sondervermögen zur Verfügung gestellt und die Anleger erhalten Anteile an diesem.

12 **4. Arten von Sondervermögen.** Das KAGB sieht verschiedene **Arten von Sondervermögen** vor. Mit Blick auf den Kreis der Anleger unterscheidet das KAGB zwischen Publikums- und Spezial-Sondervermögen. Letztere sind solche, an denen aufgrund einer Vereinbarung zwischen KVG und Anleger nur professionelle bzw. semiprofessionelle Anleger beteiligt sein dürfen (vgl. § 1 VI). Dem Kriterium „Anzahl von Anlegern" in § 1 I könnte man entnehmen, dass ein Sondervermögen mindestens zwei Anleger haben muss. Dies ist jedoch nicht der Fall. Ein Sondervermögen (insb. Spezial-Sondervermögen iSd § 1 VI) kann auch für nur **einen Anleger** aufgelegt werden, solange die Anlagebedingungen die mögliche Zahl der Anleger nicht auf eins begrenzen (§ 1 I 2). Es ist der KVG unbenommen, Zeichnungsanträge anderer Anleger abzulehnen.

13 Mit Blick auf zulässige Anlagegegenstände und Anlagegrenzen unterscheidet das KAGB zunächst zwischen OGAW-Sondervermögen (vgl. § 1 II und §§ 192ff.) und -AIF (vgl. § 1 III). AIF in der Form von Sondervermögen werden im KAGB wiederum unterteilt in Immobilien-Sondervermögen (§§ 230ff.), Infrastruktur-Sondervermögen (§§ 260a ff.), Gemischte Sondervermögen (§§ 218ff.), Sonstige Sondervermögen (§§ 220ff.), Dach-Hedgefonds (§§ 225ff.) sowie Hedgefonds (§ 283). Eine Sonderform sind Feederfonds (vgl. §§ 171ff.). Die §§ 92–107 finden auf all diese Arten Anwendung, soweit keine spezielleren Regelungen eingreifen. Der Abschnitt „Allgemeine Vorschriften für Sondervermögen" (§§ 92ff.) enthält keine für alle Sondervermögen geltenden Regelungen zu Anlagegrundsätzen, zulässigen Vermögensgegenständen, Anlagegrenzen oÄ. Solche Regelungen finden sich für die verschiedenen Arten der Sondervermögen in den für diese jeweils geltenden Abschnitten.

14 Bis zum Inkrafttreten des FoStoG durften Sondervermögen aufgrund der Regelung in § 139 aF nur als offene Sondervermögen aufgelegt werden; geschlossene Sondervermögen waren unzulässig. Nunmehr dürfen auch geschlossene inländische Spezial-AIF als Sondervermögen aufgelegt werden (§ 139 S. 2).

III. Das Investmentdreieck

15 Neben der KVG kommt der Verwahrstelle eine zentrale Rolle im Investmentgeschäft zu. Anleger, KVG und Verwahrstelle bilden das sog. **Investmentdreieck.** Die KVG hat das Sondervermögen zu verwalten. Aufgabe der Verwahrstelle ist, die zum Sondervermögen gehörenden Vermögensgegenstände zu verwahren (soweit diese verwahrfähig sind) sowie die Tätigkeiten der KVG für das Sondervermögen gem. § 76 bzw. § 83 zu kontrollieren. Diese Aufgabenteilung zwischen KVG und Verwahrstelle dient dem Schutz der Anleger.

Das Rechtsverhältnis zwischen KVG und Anleger wird durch den Investmentvertrag geregelt. Der Verwahrstellenvertrag, der die Verwahr- und Kontrollaufgaben der Verwahrstelle regelt, wird zwischen KVG und der Verwahrstelle geschlossen. Die Anleger sind nicht Partei dieses Vertrages; er entfaltet jedoch Schutzwirkung zugunsten der Anleger (aA EDDH/*Nietsch* InvG Vor §§ 30–39 Rn. 28 mwN). 16

Neben der KVG und der Verwahrstelle sind häufig noch weitere Parteien am Investmentgeschäft beteiligt. Insbesondere kann die KVG Portfolioverwaltungstätigkeiten (für das gesamte Sondervermögen oder auch für einzelne Segmente eines Sondervermögens) auf Dritte auslagern (zu den Voraussetzungen vgl. § 36). Auch der Vertrieb der Anteile an Publikumssondervermögen wird häufig nicht von der KVG selbst, sondern von Vertriebspartnern übernommen. 17

IV. Das Rechtsverhältnis zwischen KVG und Anleger

Die Anleger sind aufgrund des mit der KVG geschlossenen Investmentvertrages am Sondervermögen beteiligt. Der Investmentvertrag besteht regelmäßig aus sog. Allgemeinen und Besonderen Anlagebedingungen. Diese sind Allgemeine Geschäftsbedingungen iSd BGB und regeln insbesondere die für das Sondervermögen erwerbbaren Vermögensgegenstände sowie die Anlagegrenzen. Die jeweiligen Regelungen sind zu einem großen Teil durch zwingendes Gesetzesrecht (im KAGB) vorgegeben. Die Allgemeinen und Besonderen Anlagebedingungen sind für alle Anleger in einem Sondervermögen identisch, so dass diese gegenüber der KVG **inhaltsgleiche Ansprüche** haben. Aufgrund des Investmentvertrages ist die KVG verpflichtet, das Sondervermögen für Rechnung der Anleger zu verwalten. Für diese Tätigkeit erhält die KVG eine Vergütung, die aus dem Sondervermögen gezahlt wird. Der Anleger hat die Pflicht, den vereinbarten Kaufpreis für seine Anteile auf ein Konto des Sondervermögens bei der Verwahrstelle einzuzahlen. Der Anleger hat das Recht, seine Anteile gegen Auszahlung des Anteilswertes an die KVG zurückzugeben. Diese (vorzeitige) **Rückgabemöglichkeit** unterscheidet die „offenen" Sondervermögen von sog. geschlossenen Fonds, bei denen der Anleger seine Beteiligung erst am Ende der Laufzeit liquidieren kann. Die Anteile des Anlegers am Sondervermögen werden in einer Globalurkunde **verbrieft** oder als elektronische Anteilscheine begeben. Auch im Ausland ist eine Verbriefung von Fondsanteilen häufig nicht erforderlich; stattdessen wird vielfach die Führung eines Anteilregisters vorgesehen (etwa in Luxemburg). 18

1. Der Investmentvertrag. a) Allgemeines. Zwischen der KVG und jedem einzelnen Anleger im Sondervermögen besteht ein Vertrag, aufgrund dessen die KVG gegen Zahlung einer Vergütung verpflichtet ist, das Sondervermögen treuhänderisch zu verwalten. Dieser Investmentvertrag ist nach allgemeiner Ansicht ein Geschäftsbesorgungsvertrag gem. § 675 BGB, der eine Dienstleistung gem. § 611 BGB zum Inhalt hat (vgl. BGH XI ZB 3/16, NJW-RR 2019, 301 Rn. 56; OLG Frankfurt am Main 23 Kap 1/14, GWR 2016, 97; aA SBL/*Köndgen/Schmies* § 113 Rn. 115: Vertrag *sui generis*). Die Rechte und Pflichten aus diesem Vertrag sind wertpapiermäßig verbrieft oder durch Eintragung in einem Register vermittelt (vgl. § 95). Dadurch ist die Rechtsposition des Anlegers fungibel. 19

In der Ausgestaltung des Vertragsverhältnisses sind die Parteien nicht frei. Das KAGB enthält zahlreiche Vorschriften über den Inhalt des Investmentvertrages, die den allgemeinen Vorschriften der §§ 675 ff. BGB als *leges speciales* vorgehen. Inso- 20 weit strahlen die öffentlich-rechtlichen Vorschriften des KAGB auf das zivilrechtliche Vertragsverhältnis zwischen KVG und Anleger aus. Diese Ausstrahlungswirkung der öffentlich-rechtlichen Normen hat jedoch nicht zur Folge, dass diese automatisch Bestandteil des Investmentvertrages werden. Erforderlich ist vielmehr nach allgemeinen Vertragsgrundsätzen, dass sich die Parteien über die Einbeziehung einig sind (wobei man nach allgemeinen Auslegungsgrundsätzen regelmäßig wird annehmen können, dass die Parteien den Vertrag KAGB-konform ausgestalten wollten). Lediglich in den Fällen, in denen das KAGB keine Spezialregelungen enthält, greifen die allgemeinen Regeln der §§ 675 ff. BGB. So ist etwa die KVG verpflichtet, einem Interessenten unverzüglich mitzuteilen, wenn Anteile an einem Sondervermögen nicht mehr ausgegeben werden (vgl. § 663 BGB). Für die Auslagerung von Tätigkeiten auf Dritte gilt § 664 BGB iVm § 36 KAGB.

21 Mit Blick auf das Zustandekommen des Investmentvertrages gelten die allgemeinen zivilrechtlichen Regeln. Regelmäßig gibt der Anleger ein Angebot (§§ 145 ff. BGB) auf Abschluss desselben ab. Werbung seitens der KVG für das Sondervermögen und auch die Veröffentlichung eines Prospekts sind kein Angebot auf Abschluss eines Investmentvertrages, sondern lediglich *invitatio ad offerendum*. Die Annahme des Angebots durch die KVG erfolgt bei Publikumsfonds regelmäßig durch Übersendung einer Kaufabrechnung (vgl. auch § 297 IX). Im Falle von Spezialfonds schließen die Parteien eine sog. Dreiervereinbarung (der die Allgemeinen und Besonderen Anlagebedingungen beigefügt sind), aufgrund derer der Investmentvertrag zustande kommt. Die Verwahrstelle ist nicht Partei des Investmentvertrages.

22 Regelmäßig erwirbt der Anleger in einem Publikums-Sondervermögen seinen Anteil durch Einschaltung Dritter (etwa Vertriebsgesellschaften oder Banken) und tritt nicht unmittelbar mit der KVG in Kontakt. Hier sind unterschiedliche Konstellationen denkbar und in der Praxis anzutreffen. Teilweise übermittelt der Vertriebspartner der KVG lediglich das Angebot auf Abschluss des Investmentvertrages als Bote des Anlegers an die KVG. In diesem Fall kommt mit Annahme des Angebots durch die KVG der Investmentvertrag unmittelbar zwischen Anleger und KVG zustande. Der Vertriebspartner kann aber auch als Kommissionär des Anlegers bzw. der KVG tätig werden. In diesem Fall ist der Vertriebspartner zur Lieferung des verbrieften bzw. elektronischen Anteils (vgl. § 95) an den Anleger verpflichtet. Zwischen Vertriebspartner und Anleger besteht in diesen Fällen ein Kaufvertrag über den Anteil. Insbesondere bei ausländischen Anbietern finden sich zudem sog. Aggregationsmodelle, bei denen (rechtlicher) Anteilinhaber der Vertriebspartner ist und nur dieser gegenüber der Fondsgesellschaft berechtigt und verpflichtet ist. Der Vertriebspartner hält den Anteil treuhänderisch für den Anleger, der seine Ansprüche nur gegenüber diesem geltend machen kann.

23 **b) Allgemeine und Besondere Anlagebedingungen.** Kernbestandteil des Investmentvertrages sind die Anlagebedingungen. Darin sind die vertraglichen Rechte und Pflichten der Anleger und der KVG geregelt. Der Mindestinhalt der Anlagebedingungen ergibt sich in erster Linie aus § 162. Dieser ist jedoch **nicht abschließend.** So müssen Anlagebedingungen für die jeweiligen Arten von Sondervermögen zusätzliche bestimmte fondsspezifische Angaben enthalten.

24 Durch vereinheitlichte Anlagebedingungen wird **praktischen Erwägungen** Rechnung getragen, da es bei Publikumsfonds der Gesellschaft unmöglich wäre, mit jedem einzelnen Anleger einen individuellen Investmentvertrag abzuschließen. Zudem kann nur durch die Gleichheit der Investmentverträge dem Zweck der **kollektiven Kapitalanlage** (Investmentsparen) und dem Gedanken, dass alle verbrieften bzw. elektronischen Anteile am Sondervermögen gleiche Rechte gewähren, ausreichend Rechnung getragen werden (vgl. Brinkhaus/Scherer/*Schödermeier/Baltzer* KAGG § 15 Rn. 10). In der Praxis werden inzwischen durchweg und mit nur geringen Abweichungen vom BVI vereinheitlichte und mit der BaFin abgestimmte Anlagebedingungen verwendet. Regelmäßig sind die Anlagebedingungen in „Allgemeine Anlagebedingungen" und „Besondere Anlagebedingungen" aufgegliedert. Die Allgemeinen Anlagebedingungen werden idR von der BaFin einmal für alle Sondervermögen der KVG genehmigt; die Besonderen Anlagebedingungen regeln jeweils nur die für das jeweilige Sondervermögen geltenden Grundsätze (vgl. Brinkhaus/Scherer/*Schödermeier/Baltzer* KAGG § 15 Rn. 12).

Investmentverträge sind **Formularverträge kraft gesetzlicher Anordnung,** 25
da die KVG durch § 162 verpflichtet wird, das „Rechtsprodukt" Investmentanteil in ihren Anlagebedingungen zu definieren und diese Bedingungen dem Vertragsschluss zugrunde zu legen (SBL/*Köndgen/Schmies* § 113 Rn. 116). Die Anlagebedingungen sind also **Allgemeine Geschäftsbedingungen** iSv § 305 I BGB und unterliegen als solche grundsätzlich der **AGB-Inhaltskontrolle.** Nicht der AGB-Inhaltskontrolle unterliegen die Anlagebedingungen allerdings, soweit ihr Inhalt durch das KAGB vorgegeben ist (§ 307 III BGB) (vgl. SBL/*Köndgen/Schmies* § 113 Rn. 116) bzw. mit Blick auf die Vergütungsansprüche (Preisabreden iSv § 307 III BGB, zustimmend BGH III ZR 399/14, ZIP 2016, 2227; zur Abgrenzung von Kostenpauschalen, die der Inhaltskontrolle unterliegen, vgl. BGH III ZR 264/15, NZG 2016, 1382 Rn. 23). Praktisch ist eine inhaltliche Prüfung der Anlagebedingungen nach den §§ 307–309 BGB daher nur in sehr eingeschränktem Umfang erforderlich. In diesem Zusammenhang ist zu berücksichtigen, dass behördlich genehmigten AGB nach der Rechtsprechung des BGH nur aus sehr gewichtigen Gründen die Anerkennung versagt werden kann (BGH IV ZR 550/68 (Köln), NJW 1969, 1384 (1385)).

§ 305 II BGB regelt, wie die **Anlagebedingungen** als allgemeine Geschäfts- 26
bedingungen in den Investmentvertrag **einbezogen** werden. Danach ist ein ausdrücklicher Hinweis der KVG sowie die Möglichkeit der Kenntnisnahme durch den Anleger erforderlich. Gemäß § 297 I 1 hat die KVG dem Anleger die wesentlichen Anlegerinformationen kostenlos zur Verfügung zu stellen. Diese enthalten einen Hinweis auf den Verkaufsprospekt, dem die Allgemeinen und Besonderen Anlagebedingungen gem. § 297 III beizufügen sind. Dieses Verfahren genügt den Anforderungen des § 305 II BGB. Die Frage der Einbeziehung stellt sich im Übrigen nur beim Ersterwerb. Liegen insoweit die Einbeziehungsvoraussetzungen vor, sind die Bedingungen Inhaltsbestandteil des Wertpapiers geworden und gelangen als solche auch gegenüber jedem Folgeerwerber zur Anwendung, ohne dass es auf das Einverständnis des Erwerbers ankommt (vgl. zur vergleichbaren Problematik bei Schuldverschreibungen MüKoBGB/*Habersack* § 793 Rn. 47).

c) Schriftformerfordernis. Die Anlagebedingungen sind vor Ausgabe der 27
Anteile schriftlich festzulegen. Dieses Erfordernis in § 162 I war schon im Entwurf des KAGG von 1953 enthalten (vgl. § 13 I KAGG) und dient dem Anlegerschutz und der Rechtssicherheit. Die Wiedergabe der Anlagebedingungen auf den verbrieften Anteilscheinen ist nicht erforderlich (anders noch § 14 I KAGG). Das Schriftformerfordernis besteht auch bei Spezialfonds.

d) Änderung der Anlagebedingungen. Mit Blick auf die Zulässigkeit von 28
Änderungen muss zwischen der öffentlich-rechtlichen Zulässigkeit und der Zulässigkeit nach zivilrechtlichen Grundsätzen unterschieden werden. Aus § 163 I ergibt sich, dass Änderungen grundsätzlich der Genehmigung der BaFin bedürfen und

zwar unabhängig davon, ob es sich um den Anleger begünstigende oder benachteiligende Änderungen handelt (vgl. zu § 15 II KAGG Brinkhaus/Scherer/*Schödermeier/Baltzer* KAGG § 15 Rn. 19).

29 Die Genehmigung der Änderungen gem. § 163 durch die BaFin hat jedoch keine unmittelbaren Auswirkungen auf das zivilrechtliche Rechtsverhältnis der KVG zu den Anlegern. Es bedarf vielmehr einer Vereinbarung zwischen den am Investmentvertrag beteiligten Parteien. Mit Blick auf neu abzuschließende Investmentverträge sind die Änderungen insoweit unproblematisch, da zum Zeitpunkt des Vertragsschlusses die jeweils aktuellen Vertragsbedingungen gelten.

30 Schon **bestehende Investmentverträge** bedürfen jedoch ebenfalls einer Anpassung. Dies ist insb. im Hinblick auf Publikumsfonds nicht unproblematisch. Zur rechtsgeschäftlichen Änderung des Investmentvertrages bedarf es grundsätzlich eines **Änderungsvertrages** zwischen der KVG und jedem einzelnen Anteilinhaber (vgl. zu Änderungsverträgen im Allgemeinen Grünberg/*Grüneberg* BGB § 311 Rn. 3), der den ursprünglichen Investmentvertrag unter Wahrung seiner Identität fortbestehen lässt. Dies würde jedoch insbesondere bei Publikumsfonds zu praktisch kaum lösbaren Problemen führen. Die KVG sehen daher in den Anlagebedingungen regelmäßig eine **Vorbehaltsklausel** vor, die eine einseitige Abänderung der Vertragsbedingungen zivilrechtlich ermöglichen soll (vgl. § 23 I des BVI-Musters Allgemeine Anlagebedingungen für OGAW: „Die Gesellschaft kann die Anlagebedingungen ändern."). Solche Vorbehaltsklauseln sind vor dem Hintergrund des § 308 Nr. 4 BGB nicht unbedenklich. Die grundsätzliche AGB-rechtliche **Zulässigkeit** eines Änderungsvorbehalts in den Vertragsbedingungen ergibt sich nicht schon daraus, dass andernfalls eine Änderung der Vertragsbedingungen für Publikums-Sondervermögen praktisch unmöglich wäre und § 163 III und IV ansonsten keinen Anwendungsbereich hätte (so jedoch zu § 15 II KAGG Brinkhaus/Scherer/*Schödermeier/Baltzer* KAGG § 15 Rn. 18; vgl. auch BGH XI ZR 26/20, NJW 2021, 2273). Die Normierung einer öffentlich-rechtlichen Genehmigungsfähigkeit hat nicht automatisch auch die zivilrechtliche Zulässigkeit zur Folge. § 308 Nr. 4 BGB gilt grds. für Verträge jeder Art und anders als § 308 Nr. 3 auch für Dauerschuldverhältnisse (Grüneberg/*Grüneberg* BGB § 308 Rn. 22). Demnach ist eine Änderungsklausel nur wirksam, wenn die Änderung unter Berücksichtigung der Interessen des Verwenders für den Kunden **zumutbar** ist. Diese Voraussetzung ist nur erfüllt, wenn für die Änderung ein triftiger Grund vorliegt (BGH, NJW 2005, 3420 (3421)). Voraussetzung und Umfang der Änderung müssen außerdem in den AGB möglichst konkretisiert sein, und zwar umso konkreter, je einschneidender die Änderung ist (BGH, NJW 2004, 1588). Der vom BVI in den Mustervertragsbedingungen geregelte „Änderungsvorbehalt" entspricht diesem Konkretisierungserfordernis nicht (vgl. auch *Einmahl* ZIP 2002, 387; VG Berlin VG 25 A 243.99, BKR 2003, 128; zur vergleichbaren Problematik bei Schuldverschreibungen vgl. MüKoBGB/*Habersack* § 793 Rn. 51). Allerdings ist in diesem Zusammenhang § 307 III BGB zu beachten, wonach eine AGB-Prüfung nur insoweit stattfindet, als von Rechtsvorschriften abweichende oder ergänzende Regelungen vereinbart werden. Nun regelt § 163 seinem Wortlaut nach nur das öffentlich-rechtliche Genehmigungserfordernis. Allerdings wird man diese Regelungen so auslegen müssen, dass Änderungen damit grds. auch zivilrechtlich zulässig sind und daher eine Rechtsvorschrift iSd § 307 III BGB vorliegt. Auch der BGH hat schon länger anerkannt, dass es bei Dauerschuldverhältnissen möglich sein muss, Anpassungen an sich ändernde Verhältnisse durch Änderungsvorbehalte zu ermöglichen (BGH IV ZR 15/70, VersR 1971, 1116). Auch hat der BGH (BGH XI ZR 72/90 (KG), NJW 1991,

2559 (2564)) entschieden, dass es keiner weiteren Konkretisierung mit Blick auf mögliche Änderungen bedarf, wenn die Leistungsänderung unter dem Vorbehalt der aufsichtsbehördlichen Genehmigung steht. Die hoheitliche Genehmigung ist daher zumindest ein Indiz für die Zumutbarkeit einer Vertragsänderung iSd § 308 Nr. 4 (vgl. MüKoBGB/*Kieninger* BGB § 308 Nr. 4 Rn. 10).

2. Zeichnungsvertrag und sonstige Individualabreden. Es steht KVG und Anleger grds. frei, zusätzlich zum Investmentvertrag weitere Abreden zu treffen. Solche Individualabreden sind nicht Bestandteil des Investmentvertrages (aA BSV/*Beckmann* 410 § 43 Rn. 11). Dieser regelt für alle Anleger einheitlich die Verwaltung des Sondervermögens durch die KVG. Individualabreden dagegen betreffen nicht die Verwaltung des Sondervermögens, sondern Rechte und Pflichten, die das Sondervermögen nicht berühren. Typisches Beispiel einer solchen Individualabrede ist etwa der Zeichnungsschein oder der Abschluss eines Sparplans. Aber auch Vereinbarungen, wonach etwa eine KVG einen Teil der von ihr einbehalten Vergütung für die Verwaltung des Sondervermögens an einen (institutionellen) Anleger zurückzahlt (sog. *rebates*) oder wonach ein Investor (etwa in einem Spezialfonds) die Vergütung direkt an die KVG zahlt (diese also nicht aus dem Sondervermögen entnommen wird), sind zulässig. 31

Im Zusammenhang mit dem Abschluss von Individualvereinbarungen hat die KVG zu berücksichtigen, dass sie alle ihre Anleger mit Blick auf deren Rechte in Bezug auf das Sondervermögen gleich zu behandeln hat. So wäre etwas eine Vereinbarung unzulässig, aufgrund derer ein bestimmter Investor mehr bzw. frühzeitigere Informationen über das Sondervermögen erhält als die übrigen Anleger. 32

3. Vertragsverletzungen. Aufgrund des Investmentvertrages in Verbindung mit dem Zeichnungsschein ist der Anleger verpflichtet, den Preis für den erworbenen Anteil (ggf. zzgl. eines Ausgabeaufschlags) auf ein Konto des Sondervermögens bei der Verwahrstelle zu zahlen. Im Gegenzug erwirbt er einen Anspruch gegen die KVG auf Verwaltung des Sondervermögens in Übereinstimmung mit den Anlagebedingungen und dem KAGB, auf Rechnungslegung, auf Verbriefung seines Anteils (bzw. Begebung elektronischer Anteilscheine) sowie ggf. auf Ausschüttungen in Übereinstimmung mit den Anlagebedingungen. Darüber hinaus steht ihm das Recht zu, Auszahlung seines Anteils am Sondervermögen zu verlangen. 33

Mit Blick auf Erfüllungs- und Schadensersatzansprüche der KVG bzw. des Anlegers gelten die allgemeinen zivilrechtlichen Vorschriften. So kann jeder einzelne Anleger die KVG etwa wegen der Verletzung der Anlagebedingungen auf Schadensersatz in Anspruch nehmen (aA BSV/*Beckmann,* 410, § 43 Rn. 9). Ein solcher Anspruch steht ggf. neben prospekthaftungsrechtlichen Ansprüchen aus § 306. Die Gegenansicht, die eine solche Haftung der KVG mit Verweis auf § 28 InvG (jetzt §§ 78, 89) ablehnt (vgl. BSV/*Beckmann* 410 § 43 Rn. 9), überzeugt nicht. Denn solche Schadensersatzansprüche sind weder unteilbar noch stehen sie der „Anlegergemeinschaft" zu. Die Anlegergemeinschaft hat keine eigene Rechtspersönlichkeit und kann daher nicht Träger von Rechten bzw. Inhaber von Ansprüchen sein. Die Frage der Teilbarkeit der Ansprüche stellt sich lediglich im Zusammenhang mit der Schadensberechnung. Auch §§ 78, 89 geht davon aus, dass Anlegern individuelle Schadensersatzansprüche gegenüber der KVG zustehen. So spricht § 78 S. 1 Nr. 1 (ebenso § 89 S. 1 Nr. 1) ausdrücklich von Ansprüchen „der Anleger wegen Verletzung der Vorschriften dieses Gesetzes oder der Anlagebedingungen gegen die Kapitalanlagegesellschaft". §§ 78, 89 regeln zum einen Fälle der Prozessstandschaft. Die Verwahrstelle ist berechtigt, Ansprüche der Anleger geltend zu machen. Zum ande- 34 ren verpflichten diese Vorschriften die Verwahrstelle, solche Ansprüche geltend zu machen, um gerade bei Publikumsfonds auftretenden „Principal/Agent"-Problemen entgegenzuwirken. § 78 I 2 (ebenso § 89 I 2) regelt ausdrücklich, dass die Geltendmachung von Ansprüchen gegen die KVG durch die Anleger von § 78 S. 1 Nr. 1 gerade nicht ausgeschlossen wird (ebenso § 89 S. 1 Nr. 1).

35 Bei der Schadensberechnung ist zu unterscheiden: Hat die KVG den allen Anlegern entstandenen Schaden durch Zahlung in das Sondervermögen ausgeglichen, ist auch der Schaden des einzelnen Anlegers durch Anwachsung seines Anteils behoben und ihm steht mangels Schadens auch kein Anspruch gegenüber der KVG zu. Hat die KVG keine Zahlungen in das Sondervermögen geleistet, kann der Anleger den auf seinen Anteil entfallenden Schaden direkt gegenüber der KVG geltend machen.

V. Rechtsbeziehung der Anleger untereinander

36 Das KAGB spricht in Ansehung der Anleger in einem Sondervermögen von einer „Gemeinschaft" (etwa in § 99 V). Die Gemeinschaft der Anleger im Sondervermögen ist eine **schlichte Rechtsgemeinschaft eigener Art.** Rechtsgeschäftliche, insb. vertragliche, Beziehungen bestehen zwischen den Anlegern nicht (vgl. BSV/*Beckmann* 410 § 30 Rn. 21).

37 Eine Gesamthandsgemeinschaft besteht zwischen den Anlegern schon deswegen nicht, weil es an einer Verbindung der Anleger zur Erreichung eines gemeinschaftlichen Zwecks fehlt. Der Annahme einer Gesamthandsgemeinschaft steht außerdem – zumindest im Fall der Ermächtigungstreuhand – § 95 II entgegen. Bei einer Gesamthandsgemeinschaft kann es keine Anteile an den der Gesamthand zugeordneten Vermögensgegenständen geben (vgl. BSV/*Beckmann* 410 § 30 Rn. 21 mwN).

38 Die wohl hM sieht die Anlegergemeinschaft als Bruchteilsgemeinschaft iS v §§ 741 ff., 1008 BGB an (etwa BGH III ZR 399/14, NJW-RR 2016, 1385 Rn. 31; III ZR 264/15, NZG 2016, 1382 Rn. 29; MüKoBGB/Schmidt § 741 Rn. 50). Das gelte jedenfalls für den Fall der Ermächtigungstreuhand (§ 92 I Fall 1). Für den Fall der Vollrechtstreuhand (§ 92 I Fall 2) ist innerhalb der h M umstritten, ob im Verhältnis der Anleger untereinander eine Bruchteilsgemeinschaft nach den §§ 1008, 741 ff. BGB besteht (dafür etwa BSV/*Beckmann* 410 § 30 Rn. 23f. mwN; Brinkhaus/Scherer/*Zeller* KAGG § 6 Rn. 7; dagegen: *Barocka* Investment-Sparen und Investment-Gesellschaften, S. 68; *Gericke* DB 1959, S. 1276; *Klenk* Die rechtliche Behandlung des Investmentanteils, S. 10; vgl. auch Staudinger/*Langhein* BGB § 741 Rn. 196 ff.).

39 Gegen die Einordnung der Gemeinschaft der Anleger als Bruchteilsgemeinschaft iSd §§ 1008, 741 ff. BGB spricht jedoch zum einen, dass das KAGB eine Reihe von Regelungen vorsieht, die von den §§ 741 ff. BGB abweichen. So steht weder dem Anleger noch einem Pfand- bzw. Pfändungsgläubiger entgegen §§ 749, 751 BGB ein Recht zur Kündigung der Gemeinschaft zu (§ 99 V). Auch können die Anleger entgegen § 747 S. 1 BGB nicht über ihren Miteigentumsanteil an einzelnen Gegenständen des Sondervermögens verfügen (§ 95 IV 3). Auch das Stimmrecht aus Aktien wird von der KVG ausgeübt, ohne dass eine Stimmrechtsvollmacht erteilt wird (§ 94). Schließlich erfolgt die Verfügung über den Miteigentumsanteil unter Durchbrechung des sachenrechtlichen Spezialitätsgrundsatzes (wonach ein dinglicher Anteil an jeden einzelnen Rechtsgegenstand geknüpft ist) ausschließlich durch Übertragung der in den Anteilscheinen verbrieften Ansprüche (§ 95 IV 1).

Zum anderen spricht gegen eine Bruchteilsgemeinschaft auch folgende Überlegung: Charakteristisch für eine zivilrechtliche Bruchteilsgemeinschaft ist das gemeinsame Innehaben eines Gegenstandes (vgl. *K. Schmidt* Gesellschaftsrecht, § 1 I 2. b)). Nun kann auch mit Blick auf einen Vorrat von Sachen eine Bruchteilsgemeinschaft bestehen, so dass man eine Bruchteilsgemeinschaft der Anleger nicht schon deswegen ablehnen kann, weil das Sondervermögen aus mehreren Sachen und Rechten besteht. Charakteristisch für die Gemeinschaft der Anleger in einem Sondervermögen ist aber nicht das bloße gemeinsame Innehaben mehrerer Gegenstände, sondern das Pooling von Anlagekapital, die Fremdverwaltung desselben durch die KVG unter Beachtung des Grundsatzes der Risikomischung sowie die Bündelung der Rechte der Anleger in Anteilen. Insbesondere der Grundsatz der Fremdverwaltung (Verfügungsbefugnis der KVG über das Sondervermögen) und die Bündelung der Rechte der Anleger in Anteilen rückt das Sondervermögen in die Nähe der Gesamthand und macht den Unterschied zur Bruchteilsgemeinschaft deutlich. Allerdings sind auch die Kriterien einer Gesamthandsgemeinschaft nicht erfüllt, weil es an einer gemeinschaftlichen Verbindung der Anleger zu Erreichung eines gemeinsamen Zwecks fehlt. **40**

Man wird der gesetzlichen Regelung daher wohl am ehesten gerecht, wenn man die Gemeinschaft der Anleger als schlichte Rechtsgemeinschaft eigener Art einordnet (aA noch EDDH/*Nietsch* InvG Vor §§ 30–39 Rn. 29ff.). Die Gemeinsamkeit der Anleger liegt darin, dass sie gegenüber der KVG und der Verwahrstelle inhaltsgleiche Rechte haben. Dabei entsprechen sich diese Rechte nicht zufällig, sondern die Anleger sind aufgrund zwingender gesetzlicher Regelungen gleich zu behandeln. Trotz inhaltsgleicher Rechte sind die Interessen der Anleger jedoch nicht zwingend gleichgerichtet. Die Interessen der Anleger können durchaus unterschiedlich sein (zur Heterogenität der Anlegerinteressen im Allgemeinen vgl. etwa *Ruda* Ziele privater Kapitalanleger). Bei den Anlegern handelt es sich somit nicht um eine Gemeinschaft von Teilnehmern mit parallelen Interessen (so aber BSV/*Beckmann* 410 § 30 Rn. 21), sondern um eine Gemeinschaft von Teilnehmern mit parallelen Rechten. **41**

§ 92 Sondervermögen

(1) [1]**Die zum Sondervermögen gehörenden Vermögensgegenstände können nach Maßgabe der Anlagebedingungen im Eigentum der Kapitalverwaltungsgesellschaft oder im Miteigentum der Anleger stehen.** [2]**Das Sondervermögen ist von dem eigenen Vermögen der Kapitalverwaltungsgesellschaft getrennt zu halten.**

(2) **Zum Sondervermögen gehört auch alles, was die Kapitalverwaltungsgesellschaft auf Grund eines zum Sondervermögen gehörenden Rechts oder durch ein Rechtsgeschäft erwirbt, das sich auf das Sondervermögen bezieht, oder was derjenige, dem das Sondervermögen zusteht, als Ersatz für ein zum Sondervermögen gehörendes Recht erwirbt.**

(3) [1]**Die Kapitalverwaltungsgesellschaft darf mehrere Sondervermögen bilden.** [2]**Diese haben sich durch ihre Bezeichnung zu unterscheiden und sind getrennt zu halten.**

(4) **Auf das Rechtsverhältnis zwischen den Anlegern und der Kapitalverwaltungsgesellschaft ist das Depotgesetz nicht anzuwenden.**

(5) **Vermögen, die von der Kapitalverwaltungsgesellschaft gemäß § 20 Absatz 2 Nummer 1 oder gemäß § 20 Absatz 3 Nummer 1 oder 2 verwaltet werden, bilden keine Sondervermögen.**

Schrifttum: *Barocka* Investment-Sparen und Investment-Gesellschaften, 1956; *Gericke* Rechtsfragen zum Investmentsparen, DB 1959, 1276; *Klenk* Die rechtliche Behandlung des Investmentanteils, 1967.

Inhaltsübersicht

	Rn.
I. Allgemeines	1
1. Rechtsentwicklung	1
2. Regelungsgegenstand und -zweck	2
3. Anwendungsbereich	3
II. Eigentum an den Vermögensgegenständen (Abs. 1)	4
1. Gesetzliches Wahlrecht zwischen Vollrechtstreuhand und Ermächtigungstreuhand	4
2. Vollrechtstreuhand	9
3. Ermächtigungstreuhand	12
4. Trennung des Sondervermögens vom Betriebsvermögen (Abs. 1 S. 2)	15
III. Bestandteile des Sondervermögens und Surrogation (Abs. 2)	22
1. Zum Sondervermögen gehörende Sachen und Rechte	22
2. Surrogation	28
IV. Mehrere Sondervermögen der KVG (Abs. 3)	31
V. Unanwendbarkeit des Depotgesetzes (Abs. 4)	36
VI. Abgrenzung zur individuellen Vermögensverwaltung (Abs. 5)	39

I. Allgemeines

1 **1. Rechtsentwicklung.** Die Regelungen in § 92 waren bereits in § 30 InvG und davor in § 6 KAGG sowie § 9 VII KAGG (idF der Bekanntmachung v. 9.9.1998) enthalten und gehen im Kern auf die erste Fassung des KAGG aus dem Jahre 1957 zurück. Das AIFM-UmsG hat den Regelungsgehalt der jeweiligen Vorschriften nicht verändert.

2 **2. Regelungsgegenstand und -zweck.** Das KAGB ermöglicht einer KVG, haftungsrechtlich separierte Sondervermögen für Rechnung der Anleger zu bilden. Da nach allgemeinen zivilrechtlichen Grundsätzen eine (juristische oder natürliche) Person nur ein (einheitliches) Vermögen hat, stellen sich mit Blick auf Sondervermögen ua die Fragen, wie diese vom Vermögen der KVG abzugrenzen sind, welche Vermögensgegenstände dem Sondervermögen zuzuordnen sind und in wessen Eigentum die dem Sondervermögen zugeordneten Vermögensgegenstände stehen. § 92 regelt diesen Fragenkreis.

3 **3. Anwendungsbereich.** Die in den §§ 92–107 enthaltenen Regelungen gelten für alle von einer KVG aufgelegten Sondervermögen iSd § 1 X, soweit keine Spezialvorschriften eingreifen (→ Vor §§ 92–107 Rn. 4).

II. Eigentum an den Vermögensgegenständen (Abs. 1)

4 **1. Gesetzliches Wahlrecht zwischen Vollrechtstreuhand und Ermächtigungstreuhand.** Das KAGB sieht in § 92 I 1 vor, dass die zum Sondervermögen gehörenden Vermögensgegenstände entweder im Eigentum der KVG (sog. Treu-

handlösung, besser: Vollrechtstreuhand) oder im Miteigentum der Anleger (sog. Miteigentumslösung, besser: Ermächtigungstreuhand) stehen können. Welche Lösung für ein Sondervermögen gewählt wird, ist in den Anlagebedingungen mit den Anlegern zu vereinbaren. In der Praxis ist die Miteigentumslösung die vorherrschende Form (vgl. zu möglichen Gründen EDDH/*Nietsch* InvG §30 Rn. 7ff.). Verwaltet eine KVG mehrere Sondervermögen, kann sie für jedes Sondervermögen gesondert regeln, ob die Vermögensgegenstände im Eigentum der KVG oder im Miteigentum der Anleger stehen (vgl. Baustein 5 der Besonderen Anlagebedingungen des BVI für OGAW-Sondervermögen).

§92 I 1 sieht vor, dass die Vermögensgegenstände im Eigentum der KVG stehen **5** können, wenn die Anlagebedingungen dies vorsehen. Diese Alternative wird herkömmlich als sog. Treuhandlösung bezeichnet (vgl. die Überschrift zu §245 sowie Brinkhaus/Scherer/*Zeller* KAGG §6 Rn. 7; *Baur* KAGG §6 Rn. 14; BSV/*Beckmann* 410 §30 Rn. 4). Die Bezeichnung als Treuhandlösung darf allerdings nicht den Blick dafür verstellen, dass die KVG auch im Falle der Miteigentumslösung als Treuhänderin für die Anleger tätig wird. Ihre **Treuhänderstellung** folgt aus dem mit den Anlegern geschlossenen Investmentvertrag (vgl. etwa auch die Überschrift zu §93). Aufgrund dessen unterliegt die KVG fiduziarischen Bindungen, und zwar unabhängig davon, welche Alternative des §92 I 1 gewählt wird. Diese Vorschrift regelt also nicht die Stellung der KVG als Treuhänderin, sondern lediglich die Frage, ob die KVG als Eigentümerin (im Falle des §92 I 1 Fall 1) oder als Ermächtigte iSd §185 BGB (im Falle des §92 I 1 Fall 2) über die zum Sondervermögen gehörenden Vermögensgegenstände verfügen darf (vgl. auch §93 I). In jedem dieser Fälle hat die KVG bei der Ausübung ihrer Verfügungsberechtigung und bei der Verwaltung des Sondervermögens die Interessen der Anleger (Treugeber) zu wahren (vgl. auch EDDH/*Nietsch* InvG §30 Rn. 3ff.).

Nach anerkannten **zivilrechtlichen Grundsätzen** überträgt der Treugeber in **6** einem Treuhandverhältnis dem Treuhänder Vermögensgegenstände oder räumt ihm diesbezüglich Verfügungsmacht ein, beschränkt jedoch den Treuhänder in der Ausübung der sich daraus im Außenverhältnis (zwischen Treuhänder und Dritten) ergebenden Rechtsmacht im Innenverhältnis (zwischen Treuhänder und Treugeber) nach Maßgabe einer schuldrechtlichen Treuhandvereinbarung. Terminologisch wird bei der Treuhand zwischen fiduziarischer Vollrechtstreuhand und Ermächtigungstreuhand unterschieden. Diese Begriffe bezeichnen rechtlich unterschiedliche Gestaltungen, die sich auch in §92 I widerspiegeln. Bei der Vollrechtstreuhand wird der Treuhänder Inhaber der von ihm zu verwaltenden Rechte: Der Treuhänder erwirbt das Eigentum zu vollem Recht nach den für die jeweilige Sache geltenden Übereignungsvorschriften und ist gegenüber dem Treugeber schuldrechtlich gebunden, das Eigentumsrecht nur nach Maßgabe der Treuhandvereinbarung auszuüben. Verfügungen des Treuhänders über das Treugut erfolgen in eigenem Namen und aus eigenem Recht. Bei der Ermächtigungstreuhand werden dem Treuhänder treuhänderische Befugnisse verliehen, die er in eigenem Namen ausüben kann (s. §185 BGB und §93 I; vgl. etwa Grüneberg/*Bassenge* BGB §903 Rn. 33ff.). Nach anerkannter zivilrechtlicher Terminologie handelt sich bei §92 I 1 Fall 1 also um eine Vollrechtstreuhand, während §92 I 2 Fall 2 eine Ermächtigungstreuhand regelt.

§92 I 1 ist zwingendes Recht. Anleger und KVG müssen sich auf eine der dort **7** geregelten Treuhandformen einigen. Andere Lösungen (etwa eine Vollmachtstreuhand, bei der die KVG die Rechte im fremden Namen ausüben würde) sind unzulässig. Eine von §92 I 1 abweichende Regelung in den Anlagebedingungen darf von der BaFin nicht genehmigt werden und wäre zivilrechtlich gem. § 134 BGB nichtig.

8 Durch § 245 wird das Wahlrecht der KVG nach § 92 I 1 mit Blick auf **Immobilien-Sondervermögen** eingeschränkt. Zum Immobilien-Sondervermögen gehörende Vermögensgegenstände können nur im Eigentum der AIF-KVG stehen (Vollrechtstreuhand). Die Ermächtigungstreuhand ist in diesem Fall also ausgeschlossen. Diese Regelung hat praktische Gründe: Soweit es sich bei den Vermögensgegenständen um Grundstücke oder grundstücksgleiche Rechte handelt, müssten im Falle der Ermächtigungstreuhand alle Anleger als Miteigentümer ins Grundbuch eingetragen werden. Im Falle der Beteiligung an Grundstücksgesellschaften müssten alle Anleger als Gesellschafter benannte werden. Dies ist angesichts der ggf. großen Zahl und zudem häufig wechselnden Anleger praktisch nicht durchführbar (vgl. Brinkhaus/Scherer/*Lindner-Figura* KAGG § 30 Rn. 1; *Baur* KAGG § 25f Rn. 1; BBE/*Bödecker/Kuhn* InvG § 75 S. 347; anders für als Spezial-Sondervermögen aufgelegte Immobilienfonds EDDH/*Nietsch* InvG § 30 Rn. 11).

9 **2. Vollrechtstreuhand.** Im Falle der Vollrechtstreuhand gem. § 92 I 1 Fall 1 stehen die Vermögensgegenstände des Sondervermögens im **(Allein-)Eigentum der KVG;** die Vermögensgegenstände gehören lediglich wirtschaftlich zum Vermögen des Anlegers (Brinkhaus/Scherer/*Zeller* KAGG § 6 Rn. 7; *Baur* KAGG § 6 Rn. 14; BSV/*Beckmann* 410 § 30 Rn. 19). Aufgrund des zwischen Anleger und KVG geschlossenen Investmentvertrages ist die KVG Treuhänderin der Anleger und bei der Verwaltung des Sondervermögens deren Interessen verpflichtet (vgl. BSV/*Beckmann* 410 § 30 Rn. 19).

10 Dass die Anleger im Fall der Vollrechtstreuhand kein Eigentum an den Vermögensgegenständen haben, bedeutet jedoch nicht, dass sie lediglich auf schuldrechtliche Ansprüche gegenüber der KVG angewiesen sind (unklar Brinkhaus/Scherer/*Zeller* KAGG § 6 Rn. 7). Folge der wirtschaftlichen Zuordnung der Vermögensgegenstände zum Vermögen der Anleger ist vielmehr, dass ihnen in bestimmten Situationen **quasidingliche Rechte** an den Vermögensgegenständen zustehen. So sind die Anleger bei Insolvenz der KVG und Zwangsvollstreckung in Gegenstände des Sondervermögens durch Aussonderungs- (§ 47 InsO) bzw. Drittwiderspruchsrechte nach § 771 ZPO geschützt. Gemäß § 99 III 2 gehören die Vermögensgegenstände eines Sondervermögens nicht zur Insolvenzmasse der KVG. Dies gilt nicht nur für Wertpapiere und Immobilien, sondern auch für Ansprüche (etwa aus OTC-Geschäften oder auf Auszahlung von Kontoguthaben). Gemäß § 93 V 1 sind die dort genannten Verfügungen gegenüber den Anlegern unwirksam.

11 Die quasidingliche Rechtsposition der Anleger (vgl. BSV/*Beckmann* 410 § 30 Rn. 20) wird durch die – nicht nur wirtschaftliche, sondern auch dingliche – Trennung des Sondervermögens vom übrigen Vermögen der KVG noch verstärkt. So hat die KVG das Sondervermögen von ihrem eigenen Vermögen getrennt zu halten (§ 92 I 2) und verwahrfähige Vermögensgegenstände sind von der Verwahrstelle zu verwahren.

12 **3. Ermächtigungstreuhand.** § 92 I 1 Fall 2 sieht vor, dass die zum Sondervermögen gehörenden Vermögensgegenstände im **Miteigentum der Anleger** stehen können. Miteigentum im Sinne dieser Vorschrift bedeutet nach hM zugleich auch Mitberechtigung und Mitgläubigerschaft an Forderungen und sonstigen Rechten, je nachdem, ob der betreffende Vermögensgegenstand eine Sache, eine Forderung oder ein sonstiges Recht ist (Brinkhaus/Scherer/*Zeller* KAGG § 6 Rn. 6 mwN;

Baur KAGG § 6 Rn. 12). Dies ist jedoch zweifelhaft, denn die KVG ist zur Vertretung der Anleger nicht berechtigt (vgl. § 93 II). Außerdem führt diese Ansicht im Fall eines schuldrechtlichen Vertrages (etwa über Derivategeschäfte) zu einem Auseinanderfallen von Forderung (der Anlegergemeinschaft) und Verpflichtung (nur der KVG, vgl. → § 93 Rn. 14). „Miteigentum" in § 92 I 1 Fall 2 bezieht sich somit nur auf das sachenrechtliche Eigentum an den zum Sondervermögen gehörenden Vermögensgegenständen. Mit Blick auf in das Sondervermögen fallende Forderungen gelten die Ausführungen zur Vollrechtstreuhand entsprechend. Solche Forderungen gehören auch nicht zur Insolvenzmasse der KVG (vgl. § 99 III 2). Zur Aufrechnung vgl. noch → § 93 Rn. 36.

Trotz ihrer formalen Stellung als Miteigentümer an den zum Sondervermögen gehörenden Vermögensgegenständen sind die Anleger in der Ausübung ihrer Rechte aus dem Miteigentum beschränkt. So können sie gem. § 95 I 3 über die Vermögensgegenstände weder verfügen noch haben sie ein Besitzrecht (vgl. §§ 72, 81). Auch das Stimmrecht von zum Sondervermögen gehörenden Aktien können die Anleger nicht ausüben (vgl. § 94). Zur Erhebung einer Klage nach § 771 ZPO sind die Anleger ebenfalls nicht befugt (vgl. §§ 78 I Nr. 2, 89 I Nr. 3). All diese Rechte werden zwingend von der Verwahrstelle bzw. der KVG ausgeübt. 13

Auch im Falle von § 92 I 1 Fall 2 wird die KVG als Treuhänderin für die Anleger tätig. Ihre Treuhänderstellung folgt aus dem mit den Anlegern geschlossenen Investmentvertrag. Die KVG ist allerdings nicht (Mit-)Eigentümerin der Vermögensgegenstände. 14

4. Trennung des Sondervermögens vom Betriebsvermögen (Abs. 1 S. 2). § 92 I 2 schreibt vor, dass das Sondervermögens vom eigenen Vermögen der KVG getrennt zu halten ist. § 92 III 2 ergänzt diese Regelung insoweit, als danach auch mehrere von einer KVG gebildete Sondervermögen voneinander getrennt zu halten sind. 15

Das eigene Vermögen der KVG ist deren Betriebsvermögen, das der KVG dazu dient, ihre Geschäftstätigkeit auszuüben und eigenen Verpflichtungen nachzukommen. Die Gegenstände des Sondervermögens, die wirtschaftlich den Anlegern zugeordnet sind, sind von Gesellschaftsmitteln der KVG getrennt zu halten. § 92 I 2 ist erweiternd auszulegen, als das Sondervermögen nicht nur von den wirtschaftlich der KVG zuzuordnenden Gesellschaftsmitteln, sondern auch vom übrigen Vermögen der KVG getrennt zu halten ist. So ist das Sondervermögen etwa auch von solchen Vermögen, die die KVG ggf. gem. § 20 II Nr. 1 bzw. III Nr. 1 für andere verwaltet, getrennt zu halten. Darüber hinaus ordnet § 92 III 2 ausdrücklich die Trennung von anderen Sondervermögen an. 16

„Getrennt halten" iSv § 92 I 2 bedeutet dabei zum einen die **gegenständliche Trennung** der Vermögensgegenstände. Dies setzt voraus, dass etwa keine Vermischung der verschiedenen Vermögen stattfindet (vgl. zu § 34a WpHG BVerwG 6 C 2.02, ZIP 2002, 1569 (1571)). Gewährleistet wird dies schon dadurch, dass gem. §§ 68, 80 die Verwahrstelle mit der Verwahrung der zum Sondervermögen gehörenden verwahrfähigen Gegenstände betraut ist. Die Verwahrstelle hat etwa sicherzustellen, dass die Gelder und Wertpapiere in getrennten Konten und Depots verwahrt werden. Gemeinschaftskonten bzw. -depots sind nicht zulässig (*Baur* KAGG § 6 Rn. 30). Mit Blick auf nicht verwahrfähige Vermögensgegenstände (etwa Ansprüche aus OTC-Geschäften) erfordert § 92 I 2, dass die KVG in der jeweiligen Vertragsdokumentation deutlich macht, dass die jeweiligen Ansprüche für ein bestimmtes, näher bezeichnetes Sondervermögen erworben werden. 17

18 Neben der gegenständlichen Trennung erfordert das Trennungsprinzip auch eine **organisatorische Trennung** des Sondervermögens vom übrigen Vermögen der KVG. Diese organisatorische Trennung erfolgt auf Ebene der Buchhaltung und des Rechnungswesens (BSV/*Beckmann* 410 § 30 Rn. 15f.). So hat die KVG etwa gem. § 101 für jedes Sondervermögen einen Jahresbericht zu erstellen, der ua eine Aufstellung der zum Sondervermögen gehörenden Vermögensgegenstände und Verbindlichkeiten enthält.

19 Das Trennungsprinzip in § 92 I 2 und III 2 verbietet allerdings nicht, dass die KVG etwa gebündelte Wertpapier-Orders mit Blick auf mehrere Sondervermögen abgibt. Es muss lediglich gewährleistet sein, dass bei der dinglichen Übertragung der Wertpapiere diese dem jeweiligen Sondervermögen eindeutig zugeordnet werden können (durch Lieferung in das jeweilige Depot bei der Verwahrstelle). Gleichfalls durch § 92 I 2 und III 2 nicht ausgeschlossen ist, dass die KVG Vermögensgegenstände von einem Sondervermögen auf ein anderes überträgt. Auch die **Übertragung von Vermögensgegenständen** eines Sondervermögens in das Gesellschaftsvermögen der KVG ist zulässig (vgl. *Baur* KAGG § 6 Rn. 30). Das Trennungsprinzip regelt nur die gegenständliche und organisatorische Trennung der verschiedenen Vermögen, nicht die Frage, ob Vermögensgegenstände zwischen diesen übertragen werden können. In der Kommentarliteratur findet sich teilweise die Formulierung, dass „rechtsgeschäftliche Beziehungen zwischen den Sondervermögen einer KVG bestehen können" (vgl. BSV/*Beckmann* 410 § 30 Rn. 32; Brinkhaus/Scherer/*Zeller* KAGG § 6 Rn. 19). Dies ist ungenau. Da das Sondervermögen keine eigene Rechtspersönlichkeit besitzt, kann es auch keine Rechtsgeschäfte tätigen. Vielmehr handelt die KVG für das Sondervermögen. Diese wird im Falle einer Übertragung von Vermögensgegenständen sowohl für Rechnung des übertragenden als auch für Rechnung des übernehmenden Sondervermögens tätig. § 181 BGB kann in diesen Fällen nicht analog herangezogen werden (so aber BSV/*Beckmann* 410 § 30 Rn. 32). Denn diese Regelung will Interessenkonflikte bei Insichgeschäften des Vertreters verhindern. Die Verhinderung von Interessenkonflikten im Falle des Tätigwerdens der KVG wird jedoch schon durch § 26ff. sichergestellt. Die KVG hat danach im Interesse der Anleger zu handeln. Somit fehlt es an einer Regelungslücke, die für eine analoge Anwendung des § 181 BGB erforderlich wäre. Auch hat die KVG evtl. bestehende Interessenkonflikte zwischen den Anlegern der betroffenen Sondervermögen gem. § 27 zu berücksichtigen und zu verhindern.

20 In der Kommentarliteratur findet sich teilweise der Hinweis, dass in der Trennung des Sondervermögens vom Gesellschaftsvermögen der KVG ein wesentlicher Unterschied zur ausländischen Investmentpraxis liege, die nicht zwischen dem Fondsvermögen und dem Vermögen der Verwaltungsgesellschaft unterscheide (*Baur* KAGG § 6 Rn. 17; Brinkhaus/Scherer/*Zeller* KAGG § 6 Rn. 8). Dies ist jedoch nur für gesellschaftsrechtlich organisierte Investmentfonds der Fall. Wie auch bei der InvAG findet bei entsprechend organisierten ausländischen Investmentfonds keine Trennung zwischen dem den Anleger zuzuordnenden Vermögen und dem Gesellschaftsvermögen statt (wohl aber hinsichtlich der einzelnen Teilgesellschaftsvermögen). Bei vertraglich organisierten Investmentfonds (die dem Sondervermögen vergleichbar sind) sehen auch ausländische Rechtsordnungen regelmäßig eine Trennung zwischen Gesellschaftsvermögen und Sondervermögen vor.

21 Verstößt die Verwahrstelle bzw. die KVG gegen § 92 I 2 und III 2, kann die BaFin Trennung verlangen und – wenn diesbzgl. Auflagen nicht erfüllt werden – ggf. die Erlaubnis zum Geschäftsbetrieb zurücknehmen (*Baur* KAGG § 6 Rn. 30).

III. Bestandteile des Sondervermögens und Surrogation (Abs. 2)

1. Zum Sondervermögen gehörende Sachen und Rechte. Zunächst bilden die von den Anlegern bei der Verwahrstelle eingelegten Gelder das Sondervermögen. Im KAGG war dies in § 6 I noch ausdrücklich geregelt. Durch den Wegfall dieser Vorschrift hat sich daran nichts geändert. Sacheinlagen durch die Anleger sind bei OGAW grundsätzlich unzulässig (§ 71 I 3) und werden daher – außerhalb des Anwendungsbereichs der §§ 180, 190 – nicht Bestandteil des Sondervermögens (ein entsprechendes Verbot gilt für Publikumsinvestmentaktiengesellschaften (§§ 109 V, 141 II) und geschlossene Publikumskommanditgesellschaften (§ 152 VII)). Eine Ausnahme gilt für Spezialfonds. Dies war früher in § 95 VIII InvG geregelt und ergibt sich im KAGB daraus, dass eine dem § 71 I 3 vergleichbare Regelung in den Vorschriften für AIF-Verwahrstellen (§§ 80ff.) fehlt. Auch Schenkungen (etwa eines Spezialfondsanlegers an den Spezialfonds) werden vom Verbot der Sacheinlage nicht erfasst. 22

Gemäß § 92 II Fall 2 gehört zum Sondervermögen auch alles, was die KVG durch ein Rechtsgeschäft erwirbt, das sich auf das Sondervermögen bezieht. Dies versteht sich nicht von selbst, da es sich bei dem Sondervermögen nicht um Gesamthandsvermögen handelt und das Sondervermögen mangels eigener Rechtspersönlichkeit nicht selbst Träger von Rechten und Pflichten sein kann (→ Vor §§ 92–107 Rn. 10ff.; anders ist dies etwa bei der Gesellschaft bürgerlichen Rechts und der dem § 92 II ähnlichen Vorschrift des § 718 II BGB – vgl. etwa *K. Schmidt,* Gesellschaftsrecht, § 59 IV 3b). Erwirbt die KVG einen Vermögensgegenstand für das Sondervermögen, wird dieser Bestandteil des Sondervermögens. In diesem Zusammenhang ist zwischen schuldrechtlichen und dinglichen Rechtsgeschäften zu unterscheiden. Schuldrechtliche Rechtsgeschäfte, die sich auf das Sondervermögen beziehen, sind etwa die von der KVG für das Sondervermögen abgeschlossenen Wertpapiergeschäfte. Die aus diesen entstehenden Zahlungs- und Lieferungsansprüche, aber auch Ansprüche auf Übereignung von Grundstücken oder auf Übertragung von Erbbaurechten, fallen in das Sondervermögen (vgl. *Baur* KAGG § 6 Rn. 22). Ein in Erfüllung solcher schuldrechtlichen Ansprüche gelieferter Vermögensgegenstand wird Bestandteil des Sondervermögens, wenn sich das dingliche Rechtsgeschäft (Einigung) zwischen KVG und Vertragspartner auf das Sondervermögen bezieht. 23

Entscheidend ist sowohl bei dinglichen als auch bei schuldrechtlichen Rechtsgeschäften der erkennbar gewordene **Wille der KVG,** den Gegenstand bzw. Anspruch für das Sondervermögen zu erwerben. Nicht ausreichend ist, dass ein Gegenstand mit Mitteln des Sondervermögens erworben wird (zur Gegenansicht → Rn. 30). Der rechtsgeschäftliche Erwerb in das Sondervermögen erfordert nach allgemeinen zivilrechtlichen Regeln, dass die KVG im Rahmen der dinglichen Einigung für Rechnung des Sondervermögens handeln wollte. Dieser Wille kommt etwa darin zum Ausdruck, dass die KVG die Lieferung von Wertpapieren in ein Depot des Sondervermögens bzw. die Zahlung eines Geldbetrages auf ein Konto des Sondervermögens bei der Verwahrstelle veranlasst hat. Vor allem der Erlös bei der Veräußerung von Vermögensgegenständen fällt also nicht automatisch in das Sondervermögen (→ Rn. 30). 24

Welche Vermögensgegenstände für ein Sondervermögen erworben werden dürfen, hängt von der Art des jeweiligen Investmentvermögens ab (für OGAW gelten etwa die §§ 192ff., für gemischte Investmentvermögen § 219, für sonstige Investmentvermögen § 221, für Immobilien-Sondervermögen § 231). Außerdem können die Anlagebedingungen weitere Einschränkungen enthalten. 25

26 Auch gemäß den Vorschriften des KVG bzw. der Anlagebedingungen unzulässige Vermögensgegenstände werden Bestandteil des Sondervermögens, wenn diese von der KVG für das Sondervermögen erworben werden. Die KVG hat jedoch beim Erwerb von gem. den Vorschriften des KAGB unzulässigen Vermögensgegenständen ordnungswidrig gehandelt (§ 340 III Nr. 9). Diese Ordnungswidrigkeit kann nach § 340 V mit einer Geldbuße von bis zu 50. 000 EUR geahndet werden. Außerdem kann die BaFin den Verkauf solcher unzulässigen Vermögensgegenstände anordnen. Schließlich kommen Schadensersatzansprüche der Anleger wegen Verletzung der Pflichten aus dem Investmentvertrag gegen die KVG (gerichtet auf Leistung in das Sondervermögen) in Betracht. Auch können die Anleger Beseitigungsansprüche geltend machen. Werden Vermögensgenstände (nur) unter Verstoß gegen die Anlagebedingungen erworben, greifen weder die Ordnungswidrigkeitstatbestände noch kann die BaFin den Verkauf anordnen. Allerdings haben die Anleger Beseitigungs- und Schadensersatzansprüche wegen Verletzung des Investmentvertrages. Ein Verstoß gegen die Vorschriften über zulässige Vermögensgegenstände im KAGB oder in den Anlagebedingungen ist jedoch ohne Einfluss auf die rechtliche Wirksamkeit des von der KVG abgeschlossenen schuldrechtlichen Rechtsgeschäfts über den Erwerb sowie des dinglichen Erwerbsgeschäfts (vgl. Brinkhaus/Scherer/*Zeller* KAGG § 6 Rn. 3; *Baur* KAGG § 6 Rn. 6). Die gleichen Erwägungen gelten in dem Fall, in dem die KVG gegen gesetzliche oder vertragliche Anlagegrenzen verstößt.

27 Zum Sondervermögen gehört gem. § 92 II Fall 1 auch alles, was die KVG auf Grund eines zum Sondervermögen gehörenden Rechts erwirbt. Darunter fallen unmittelbare und mittelbare Sach- und Rechtsfrüchte, wie zB Zinsen, Dividenden, Freiaktien oder Bezugsrechte, auch eine Ersitzung nach §§ 937 ff. BGB, oder Verbindung und Vermischung nach §§ 946 ff. BGB (BSV/*Beckmann* 410 § 30 Rn. 11; *Baur* KAGG § 6 Rn. 21). Die Regelung in § 92 II Fall 1 entfaltet unmittelbare dingliche Wirkung; auf den Willen der KVG kommt es hierbei nicht an.

28 **2. Surrogation.** Gemäß § 92 II Fall 3 werden die Surrogate des Sondervermögens automatisch Bestandteile dieses Vermögens (dingliche Surrogation). Zum Sondervermögen gehört danach alles, was derjenige, dem das Sondervermögen zusteht, als Ersatz für ein zum Sondervermögen gehörendes Recht erwirbt. Dies sind etwa Versicherungs- und Entschädigungsleistungen, Schadensersatzansprüche oder Ansprüche und Leistungen aus ungerechtfertigter Bereicherung.

29 Die h M sieht wohl alle Fälle des § 92 II als Surrogationsvorschriften an (vgl. *Baur* KAGG § 6 Rn. 19; Brinkhaus/Scherer/*Zeller* KAGG § 6 Rn. 12). Dies leuchtet nicht ein. Nach herkömmlicher zivilrechtlicher Sichtweise tritt im Falle der dinglichen Surrogation bei einem Eingriff in einen Gegenstand (etwa durch eine rechtsgeschäftliche Verfügung) kraft Gesetzes sein Surrogat (dafür erworbener Gegenstand, Ersatzstück, Entschädigungsforderung, Ersatzanspruch oder Versicherungsforderung) an dessen Stelle. Bei der schuldrechtlichen Surrogation besteht nur ein Anspruch auf Einräumung einer Rechtsstellung am Surrogat, die der am ursprünglichen Gegenstand entspricht (Grüneberg/*Bassenge* BGB Einl. v. § 854 Rn. 16). Der Fall der Ersetzung ist nur in § 92 II Fall 3 geregelt. Die übrigen Fälle dieser Vorschrift betreffen dagegen den originären Rechtserwerb. Gemäß § 92 II Fall 1 gehören Sach- und Rechtsfrüchte, wie zB Zinsen und Dividenden, zum Sondervermögen. Dieser Fall regelt somit die Zuordnung von Früchten zum Sondervermögen. Auch § 92 II Fall 2 regelt einen originären Rechtserwerb. Danach wird dem Sondervermögen all das zugeordnet, was die KVG durch ein auf das Son-

dervermögen bezogenes Rechtsgeschäft erwirbt. Die Vorschrift regelt gerade nicht, dass all das zum Sondervermögen gehört, was die KVG als Ersatz für einen Vermögensgegenstand erhält oder mit Mitteln des Sondervermögens erwirbt. Somit handelt es sich nur bei der Regelung des § 92 II Fall 3 um eine echte Surrogation, bei der sich der Erwerb des Surrogats kraft Gesetzes unmittelbar für das Sondervermögen vollzieht, ohne dass es auf den Willen der Beteiligten ankommt.

Werden von einer KVG Wertpapiere, Beteiligungen oder Grundstücke eines Sondervermögens veräußert oder Rechtsgeschäfte mit Barmitteln des Sondervermögens abgeschlossen, so soll nach hM der Gegenwert auch dann in das Sondervermögen fallen, wenn die KVG das Rechtsgeschäft für sich und nicht für das Sondervermögen abschließen wollte. Nur bei einem Erwerb mit fremden Mitteln (etwa mit Mitteln der KVG) ist nach hM der subjektive Wille der KVG maßgebend, für das der Verwaltung unterliegende Sondervermögen und nicht für das eigene Vermögen erwerben zu wollen (BSV/*Beckmann* 410 § 30 Rn. 12 mwN sowie Brinkhaus/Scherer/*Zeller* KAGG § 6 Rn. 13 mwN). Diese Unterscheidung findet keine Stütze im Gesetz. Nach allgemeinen zivilrechtlichen Grundsätzen sind vertragswidrige Verfügungen eines Treuhänders grundsätzlich wirksam, da der Treuhänder als dinglich Berechtigter (bzw. Ermächtigter) verfügt (hier also erwirbt) und die Bindung gegenüber dem Treugeber nur schuldrechtlich wirkt. Mit Blick auf die dingliche Einigung ist also in jedem Fall der (erkennbare gewordene) Wille der KVG entscheidend, für Rechnung des Sondervermögens erwerben zu wollen. Zwar enthält das KAGB eine Reihe von Schutzvorschriften zugunsten der Anleger (etwa das Belastungsverbot in § 93 V), es enthält jedoch keine Sonderregelung, die besagt, dass beim Erwerb mit Mitteln des Sondervermögens der Erwerbsgegenstand unabhängig vom Willen des Treuhänders (also der KVG) für das Sondervermögen erworben wird (anders ist dies etwa in Fällen der Erbschaft – vgl. die ausdrücklichen Regelungen in §§ 2019, 2111 BGB; aA EDDH/*Nietsch* InvG § 30 Rn. 24, der Gründe des Anlegerschutzes sowie die objektive Beziehung zum Sondervermögen bei typischen Maßnahmen der Verwaltung anführt). 30

IV. Mehrere Sondervermögen der KVG (Abs. 3)

Gemäß § 92 III darf eine KVG mehrere Sondervermögen auflegen. Dies ermöglicht der KVG, verschiedene Sondervermögen gleichzeitig zu verwalten. Für jedes Sondervermögen können unterschiedliche Treuhandlösungen (§ 92 I) gewählt werden. Im Übrigen hat die KVG mit Blick auf jedes von ihr aufgelegte Sondervermögen die besonderen Anlagebedingungen und -grenzen für die jeweiligen Investmentvermögen (etwa für OGAW die §§ 192ff., für gemischte Investmentvermögen § 219, für sonstige Investmentvermögen § 221, für Immobilien-Sondervermögen § 231) zu beachten. Für jedes Sondervermögen ist eine gesonderte Genehmigung etwa nach §§ 162ff. erforderlich. 31

Die Möglichkeit, mehrere (Sonder-)Vermögen auflegen zu können, unterscheidet die KVG grundsätzlich von der InvAG. Diese hat als Aktiengesellschaft nur ein Vermögen. Aus praktischer Sicht ist diese Unterscheidung jedoch nicht bedeutsam, da die InvAG als Umbrella mit mehreren Teilfonds aufgelegt werden kann (vgl. § 117). Teilfonds sind funktionell mit Sondervermögen vergleichbar. Auch ein Sondervermögen einer KVG kann als Umbrella mit mehreren Teilsondervermögen aufgelegt werden (vgl. → § 96 Rn. 26ff.). 32

Die Sondervermögen sind voneinander getrennt zu halten. Somit sind Gemeinschaftskonten oder Gemeinschaftsdepots – insb. bei der Verwahrstelle – nicht zuläs- 33 sig. Auch mit Blick auf die Organisation der Buchführung und des Rechnungswesens der KVG ist das Trennungsprinzip zu beachten. Ergibt die Abschlussprüfung, die sich nach § 102 S. 5 auch auf die Einhaltung des Trennungsprinzips erstreckt, dass die Sondervermögen nicht hinreichend getrennt gehalten werden, kann die BaFin die Trennung verlangen und bei Nichtbefolgung entsprechender Auflagen die Erlaubnis zum Geschäftsbetrieb zurücknehmen (vgl. Brinkhaus/Scherer/*Zeller* KAGG § 6 Rn. 17 f.).

34 Die Sondervermögen haben sich zudem durch ihre Bezeichnung zu unterscheiden. Die Bezeichnung darf nicht irreführend sein (§ 4 I); die KVG muss das Gebot der Wahrheit und Klarheit mit Blick auf die Bezeichnung sowie die BaFin Richtlinien zur Fondskategorisierung beachten (vgl. § 4).

35 Zur Übertragung von Vermögensgegenstände von einem Sondervermögen auf ein anderes vgl. → Rn. 19.

V. Unanwendbarkeit des Depotgesetzes (Abs. 4)

36 Mit Blick auf die Anwendbarkeit des Depotgesetzes ist streng zwischen den Rechtsverhältnissen der am Investmentdreieck beteiligten Personen zu unterscheiden.

37 Das Depotgesetz enthält im Wesentlichen zwingende Bestimmungen zum Schutz der Kunden, die einem Verwahrer handelbare Wertpapiere unverschlossen zur Verwahrung und Verwaltung anvertrauen (§§ 2 ff. DepotG) oder diese durch einen Kommissionär anschaffen lassen (§§ 18 ff. DepotG). Zumindest in Fällen, in denen die Anleger Miteigentümer der im Sondervermögen vorhandenen Wertpapiere sind, stellt sich daher die Frage nach dem Verhältnis von KAGB und DepotG, da die KVG ggf. als Zwischenverwahrer oder Kommissionärin iSd Depotgesetzes angesehen werden kann. Daher regelt § 92 IV, dass auf das Rechtsverhältnis zwischen den Anlegern und der KVG das Depotgesetz nicht anzuwenden ist. Der Schutz der Anleger im Verhältnis zur KVG wird allein durch die Vorschriften des KAGB gewährleistet.

38 Außerhalb des Rechtsverhältnisses zwischen den Anlegern und der KVG (Investmentvertrag) gilt § 92 IV jedoch nicht. So finden die Vorschriften des Depotgesetzes etwa im Verhältnis von KVG zur Verwahrstelle oder zum für die Anschaffung von Wertpapieren eingeschalteten Kommissionär Anwendung. Auch wenn die KVG etwa gem. § 20 II Nr. 3 oder III Nr. 4 als Verwahrer von Investmentanteilen tätig wird, gelten die Regeln des Depotgesetzes. Dies ist etwa dann der Fall, wenn die KVG im Rahmen von Sparplänen die Verwahrung der Investmentanteile übernimmt (sog. Investmentkonten).

VI. Abgrenzung zur individuellen Vermögensverwaltung (Abs. 5)

39 Die KVG darf gem. § 20 II Nr. 1 und III Nr. 1 oder 2 neben der Verwaltung von Sondervermögen ua einzelne in Finanzinstrumenten iSd § 1 XI KWG oder etwa in Immobilien angelegte Vermögen für andere mit Entscheidungsspielraum verwalten. Durch § 92 V wird klargestellt, dass Vermögen, die Gegenstand einer solchen individuellen Vermögensverwaltung sind, keine Sondervermögen sind (BT-Drs. 13/8933, 99). In Fällen der individuellen Vermögensverwaltung finden also die Schutzvorschriften des KAGB für Sondervermögen aber auch die jeweiligen Anlagebestimmungen und -grenzen keine Anwendung.

Die Abgrenzung zwischen Sondervermögen und sonstigen von der KVG gem. § 20 II Nr. 1 und III Nr. 1 oder 2 verwalteten Vermögen erfolgt anhand des Willens der Parteien. In Fällen der individuellen Vermögensverwaltung schließen die Parteien regelmäßig einen bloßen Vermögensverwaltungsvertrag ab, während Sondervermögen mittels sog. Allgemeiner und Besonderer Anlagebedingungen, die einer Genehmigung der BaFin bedürfen, gebildet werden (vgl. etwa § 162f.). 40

§ 93 Verfügungsbefugnis, Treuhänderschaft, Sicherheitsvorschriften

(1) **Die Kapitalverwaltungsgesellschaft ist berechtigt, im eigenen Namen über die zu einem Sondervermögen gehörenden Gegenstände nach Maßgabe dieses Gesetzes und der Anlagebedingungen zu verfügen und alle Rechte aus ihnen auszuüben.**

(2) **[1]Das Sondervermögen haftet nicht für Verbindlichkeiten der Kapitalverwaltungsgesellschaft; dies gilt auch für Verbindlichkeiten der Kapitalverwaltungsgesellschaft aus Rechtsgeschäften, die sie für gemeinschaftliche Rechnung der Anleger tätigt. [2]Die Kapitalverwaltungsgesellschaft ist nicht berechtigt, im Namen der Anleger Verbindlichkeiten einzugehen. [3]Von den Vorschriften dieses Absatzes abweichende Vereinbarungen sind unwirksam.**

(3) **Die Kapitalverwaltungsgesellschaft kann sich wegen ihrer Ansprüche auf Vergütung und auf Ersatz von Aufwendungen aus den für gemeinschaftliche Rechnung der Anleger getätigten Geschäften nur aus dem Sondervermögen befriedigen; die Anleger haften ihr nicht persönlich.**

(4) **[1]Gegenstände, die zu einem Sondervermögen gehören, dürfen nicht verpfändet oder sonst belastet, zur Sicherung übereignet oder zur Sicherung abgetreten werden; eine unter Verstoß gegen diese Vorschrift vorgenommene Verfügung ist gegenüber den Anlegern unwirksam. [2]Satz 1 ist nicht anzuwenden, wenn für Rechnung eines Sondervermögens nach den §§ 199, 221 Absatz 6, §§ 254, 274, 283 Absatz 1 Satz 1 Nummer 1, § 284 Absatz 4 Kredite aufgenommen, einem Dritten Optionsrechte eingeräumt oder Wertpapier-Pensionsgeschäfte nach § 203 oder Finanzterminkontrakte, Devisenterminkontrakte, Swaps oder ähnliche Geschäfte nach Maßgabe des § 197 abgeschlossen werden oder wenn für Rechnung eines Sondervermögens nach § 283 Absatz 1 Satz 1 Nummer 2 Leerverkäufe getätigt oder einem Sondervermögen im Sinne des § 283 Absatz 1 Wertpapier-Darlehen gewährt werden; hinsichtlich der Weiterverwendung von als Sicherheit erhaltenen Finanzinstrumenten wird auf Artikel 15 der Verordnung (EU) 2015/2365 verwiesen.**

(5) **[1]Forderungen gegen die Kapitalverwaltungsgesellschaft und Forderungen, die zu einem Sondervermögen gehören, können nicht gegeneinander aufgerechnet werden. [2]Dies gilt nicht für Rahmenverträge über Geschäfte nach § 197 Absatz 1 Satz 1, nach den §§ 200 und 203 oder mit Primebrokern, für die vereinbart ist, dass die auf Grund dieser Geschäfte oder des Rahmenvertrages für Rechnung des Sondervermögens begründeten Ansprüche und Forderungen selbsttätig oder durch Erklärung einer Partei aufgerechnet oder im Fall der Beendigung des Rahmenvertrages wegen Nichterfüllung oder Insolvenz durch eine einheitliche Ausgleichsforderung ersetzt werden.**

(6) **Werden nicht voll eingezahlte Aktien in ein Sondervermögen aufgenommen, so haftet die Kapitalverwaltungsgesellschaft für die Leistung der ausstehenden Einlagen nur mit dem eigenen Vermögen.**

(7) **Sind Anteile in den Verkehr gelangt, ohne dass der Anteilswert dem Sondervermögen zugeflossen ist, so hat die Kapitalverwaltungsgesellschaft aus ihrem eigenen Vermögen den fehlenden Betrag in das Sondervermögen einzulegen.**

Schrifttum: *Lindemann* Einsatz von Primebrokern bei inländischen Hedgefonds, BB 2004, 2137; *Möllers* Umfang und Grenzen des Anlegerschutzes im Investmentgesetz, BKR 2011, 353; *Siara/Tormann* Gesetz über Kapitalanlagegesellschaften, 1957.

Inhaltsübersicht

	Rn.
I. Allgemeines	1
1. Rechtsentwicklung	1
2. Regelungsgegenstand und -zweck	3
3. Anwendungsbereich	4
II. Verfügungsbefugnis (Abs. 1)	5
1. Ermächtigung	5
2. Grenzen der Verfügungsmacht	9
a) Schuldrechtliche Rechtsgeschäfte	12
b) Verfügungsverbote	13
III. Haftungsausschluss und Schutz der Anleger (Abs. 2)	14
1. Haftungsrechtliche Separierung des Sondervermögens (Satz 1)	14
2. Abschirmung der Anleger (Satz 2)	19
IV. Vergütungs- und Aufwendungsersatzanspruch der KVG (Abs. 3)	21
V. Belastungsverbot (Abs. 4)	26
VI. Aufrechnungsverbot (Abs. 5)	32
VII. Haftung der KVG für Volleinzahlung von Aktien (Abs. 6)	37
VIII. Ohne Gegenleistung in Verkehr gelangte Anteile (Abs. 7)	39

I. Allgemeines

1 **1. Rechtsentwicklung.** § 93 entspricht im Wesentlichen § 31 InvG und die Regelungen waren größtenteils schon in den §§ 9, 10 KAGG (in der Fassung der Bekanntmachung vom 9.9.1998) enthalten.

2 Durch das InvÄndG wurden § 31 V 2 und VI 1 und 2 InvG geändert. Da im Rahmen von § 31 V 2 InvG (jetzt § 93 V 2 KAGB) die Ausnahmen für Hedgefonds als zu eng empfunden wurde, wurde die Ausnahmeregelung auf sonstige Sondervermögen (§§ 90h VI InvG; jetzt § 221 VI KAGB) erweitert (BT-Drs. 16/5576, 67). Auch wurde klargestellt, dass – im Einklang mit der bisherigen Verwaltungspraxis – die Besicherung von Wertpapier-Pensionsgeschäften zulässig ist (BT-Drs. 16/6874, 163). Durch die Regelung in § 31 VI InvG (jetzt § 93 VI KAGB) wurde zudem festgelegt, dass das Aufrechnungsverbot nicht bei Netting-Vereinbarungen mit einem Primebroker im Zusammenhang mit von diesem erbrachten Leistungen gilt (BT-Drs. 16/5576, 67). Die einzige materielle Änderung der Vorschrift durch das KAGB ist die Einfügung eines neuen Abs. 8, der der Regelung in § 36 VII InvG entspricht. Das ursprünglich in Abs. 4 enthaltene generelle Verbot der Gewährung von Gelddarlehen bzw. der Eingehung von Bürgschafts- oder Garantie-

verträgen ist durch das OGAW-V-Umsetzungsgesetz aufgehoben worden. Damit hat der Gesetzgeber auf die Entwicklung von Darlehensfonds in der EU reagiert.

2. Regelungsgegenstand und -zweck. Nach der Konzeption des KAGB ist die KVG für die Verwaltung des Sondervermögens zuständig. Um diesem Auftrag nachkommen zu können, muss sie über die Vermögensgegenstände verfügen können (§ 93 I). Die übrigen Regelungen in § 93 dienen dem Schutz der Anleger vor Ansprüchen Dritter und der KVG. So geht die KVG Verpflichtungsgeschäfte im eigenen Namen ein, die Anleger haften nicht persönlich (§ 93 II 2). Der Aufwendungsersatzanspruch der KVG gegen die Anleger kann nur aus dem Sondervermögen befriedigt werden (§ 93 III). Das Sondervermögen ist haftungsrechtlich von dem eigenen Vermögen der KVG und den anderen durch die KVG verwalteten Sondervermögen separiert (→ § 92 Rn. 15f.); Gläubiger der KVG können auf das Sondervermögen nicht zugreifen (§ 93 II 1). Auch die Verfügungsmacht der KVG ist zum Schutz der Anleger in bestimmten Fällen beschränkt (§ 93 IV und V). § 93 VI und VII regeln schuldrechtliche Haftungsfragen für bestimmte Sonderfälle. 3

3. Anwendungsbereich. Vgl. die Erläuterungen in → § 92 Rn. 3. 4

II. Verfügungsbefugnis (Abs. 1)

1. Ermächtigung. Gemäß § 93 I ist die KVG berechtigt, **im eigenen Namen** über die zum Sondervermögen gehörenden Gegenstände zu verfügen und alle Rechte aus ihnen auszuüben. Für den Fall der Vollrechtstreuhand (§ 93 I 1 Alt. 1), bei der die zum Sondervermögen gehörenden Vermögensgegenstände im Eigentum der KVG stehen, versteht sich dies von selbst. Die Verfügungsbefugnis der KVG ergibt sich in diesem Fall schon aus ihrer Stellung als Eigentümerin der Vermögensgegenstände. Insoweit hat § 93 I nur deklaratorische Wirkung (vgl. *Baur* KAGG § 9 Rn. 3 und 6; Brinkhaus/Scherer/*Scherer* KAGG § 9 Rn. 6; BSV/*Beckmann* 410 § 31 Rn. 3, spricht § 93 I auch im Rahmen der Vollrechtstreuhand insoweit Bedeutung zu, als dass § 93 I die KVG im Innenverhältnis zu den Anlegern zu Verfügungen im eigenen Namen legitimiere). 5

Bedeutung erlangt die Regelung des § 93 I jedoch für den Fall der Ermächtigungstreuhand (§ 92 I 1 Alt. 2), bei der die zum Sondervermögen gehörenden Vermögensgegenstände im Miteigentum der Anleger stehen. Hier fallen Rechtsträgerschaft und Verfügungsmacht auseinander. § 93 I verleiht der KVG auch in diesem Fall eine umfassende Verfügungsmacht über die Gegenstände des Sondervermögens. Die Verfügungsbefugnis der KVG gem. § 93 I ist eine durch Gesetz zugewiesene Ermächtigung iSd § 185 BGB (*Baur* KAGG § 9 Rn. 7; Brinkhaus/Scherer/*Scherer* KAGG § 9 Rn. 7 mw N; BSV/*Beckmann* 410, § 31 Rn. 4; aA *Siara/Tormann* Gesetz über Kapitalanlagegesellschaften, S. 40: Fall der mittelbaren Stellvertretung – dagegen spricht jedoch die Prozessführungsbefugnis der KVG). Aufgrund der gesetzlichen Regelung muss die Ermächtigung im Vertrag mit den Anlegern nicht enthalten sein. In den Anlagebedingungen kann die Ermächtigung aber auch nicht ausgeschlossen werden, noch können die Anleger diese widerrufen (vgl. Brinkhaus/Scherer/*Scherer* KAGG § 9 Rn. 7). 6

Eine gesetzliche **Verpflichtungsermächtigung** lässt sich § 93 I nicht entnehmen (zustimmend EDDH/*Nietsch* InvG § 31 Rn. 18; aA BSV/*Beckmann* 410 § 31 Rn. 5). Der Wortlaut der Vorschrift bietet dafür keine Anhaltspunkte. Verbindlichkeiten zu Lasten der Anleger darf die KVG gem. Abs. 2 nicht eingehen. Das Sondervermögen hat keine eigene Rechtspersönlichkeit und ist insoweit kein ge- 7 eigneter Anknüpfungspunkt für eine Verpflichtungsermächtigung. Dafür besteht auch kein Bedürfnis. Verpflichtungen geht die KVG im eigenen Namen ein. Sie ist aufgrund des Investmentvertrages mit den Anlegern allerdings berechtigt, die jeweiligen Verbindlichkeiten aus dem Sondervermögen zu befriedigen (§ 93 III). Der Vertragspartner kann diesen Aufwendungsersatzanspruch der KVG gegenüber den Anlegern (soweit er besteht, dh soweit die KVG in Übereinstimmung mit dem KAGB und den Anlagebedingungen gehandelt hat) ggf. pfänden und sich zur Einziehung überweisen lassen. Dem Vertragspartner steht darüber hinaus regelmäßig auch das (übrige) eigene Vermögen der KVG als Haftungsmasse zur Verfügung. Eine Beschränkung der Haftungsmasse im Verhältnis zum Vertragspartner auf den Aufwendungsersatzanspruch gegenüber den Anlegern wird man regelmäßig nicht annehmen können, da dem Vertragspartner nicht zugemutet werden kann, zu prüfen, ob die KVG in Übereinstimmung mit dem KAGB und den Anlagebedingungen gehandelt hat (ob ein solcher aus dem Sondervermögen zu befriedigender Aufwendungsersatzanspruch gegenüber den Anlegern also tatsächlich besteht). Die KVG ist zwar aufgrund § 93 I 2 verpflichtet, in den Verträgen, die sie für ein Sondervermögen abschließt, deutlich zu machen, dass sie für Rechnung der Anleger handelt (vgl. → § 92 Rn. 17). Entsprechende Regelungen in den Verträgen (etwa „handelnd für Rechnung des Sondervermögens") werden aber regelmäßig – ohne ausdrückliche Regelung – nicht als Haftungsbegrenzung zugunsten der KVG ausgelegt werden können, sondern stellen lediglich die gegenständliche Trennung des Sondervermögens vom eigenen Vermögen der KVG und von anderen Sondervermögen sicher (vgl. § 92 I 2 u. III 2).

8 Eine Pflicht der KVG, Verfügungen im eigenen Namen vorzunehmen, lässt sich dem Wortlaut des § 93 I nicht entnehmen. Die Vorschrift spricht nur von einer Berechtigung der KVG. Allerdings darf die KVG mangels Vollmacht nicht als Vertreter der Anleger auftreten. Eine Vollmachtstreuhand wäre unzulässig (vgl. → § 92 Rn. 8). Auch regelt § 93 II, dass das Sondervermögen nicht für eigene Verbindlichkeiten der KVG haftet, selbst wenn diese für gemeinschaftliche Rechnung der Anleger eingegangen werden.

9 **2. Grenzen der Verfügungsmacht.** Die KVG ist berechtigt, über die Gegenstände des Sondervermögens „nach Maßgabe dieses Gesetzes und der Anlagebedingungen" zu verfügen. Diese Formulierung beschränkt nicht die Verfügungsbefugnis der KVG im Außenverhältnis, sondern nur die **obligatorische Bindung** der KVG im Innenverhältnis (zustimmend WBA/*Anders* § 93 Rn. 4; EDDH/*Nietsch* InvG § 31 Rn. 11; *Baur* KAGG § 9 Rn. 8 mwN; aA BSV/*Beckmann* 410 § 31 Rn. 8).

10 Verstößt die KVG gegen die Anlagebedingungen bzw. das KAGB, gilt Folgendes: **Verstöße gegen die Anlagebedingungen** begründen nur eine allgemeine vertragliche Haftung der KVG gegenüber den Anlegern (aus §§ 280ff. BGB); sowohl das schuldrechtliche als auch das dingliche Rechtsgeschäft der KVG mit dem Dritten sind wirksam. Allerdings ist die KVG im Verhältnis zu den Anlegern nicht berechtigt, solche den Anlagebedingungen widersprechende Verpflichtungen gegenüber Dritten aus dem Sondervermögen zu befriedigen. Tut sie dies trotzdem, ist sie den Anlegern gegenüber zum Schadensersatz verpflichtet – regelmäßig durch Leistung in das Sondervermögen (§§ 280ff., 249ff. BGB).

11 Gleiches gilt grundsätzlich auch bei **Verstößen gegen Bestimmungen des KAGB,** es sei denn, der Gesetzgeber hat aufgrund spezieller Regelungen im KAGB etwas anderes vorgesehen. Hier ist zu unterscheiden:

a) Schuldrechtliche Rechtsgeschäfte. Das schuldrechtliche Rechtsgeschäft zwischen KVG und Drittem ist regelmäßig wirksam – das KAGB enthält keine Regelungen mit Blick auf die Wirksamkeit der von der KVG eingegangenen schuldrechtlichen Rechtsgeschäfte (aA wohl Brinkhaus/Scherer/*Scherer* KAGG § 9 Rn. 7). Für solche Regelungen bestünde auch kein Bedürfnis, da die KVG schon nicht berechtigt ist, im Namen der Anleger Verbindlichkeiten einzugehen (Abs. 2). Außerdem kann das Sondervermögen mangels eigener Rechtspersönlichkeit nicht selbst verpflichtet werden. Die Verbindlichkeiten aus von der KVG eingegangenen Rechtsgeschäften treffen also im Außenverhältnis zum Dritten immer die KVG. Allerdings ist die KVG bei Verstößen gegen das KAGB nicht berechtigt, ihre Verbindlichkeiten gegenüber Dritten mit Vermögensgegenständen des Sondervermögens zu erfüllen (es besteht also kein Aufwendungsersatzanspruch der KVG gegenüber den Anlegern). Sie hat die Verbindlichkeiten aus eigenem Vermögen zu begleichen. Erfüllt die KVG die Verbindlichkeiten trotzdem aus dem Sondervermögen, ist das dingliche Rechtsgeschäft mit dem Vertragspartner zwar wirksam, die KVG ist den Anlegern jedoch zum Schadensersatz wegen Verletzung des Investmentvertrages verpflichtet. 12

b) Verfügungsverbote. Für bestimmte Fälle sieht das KAGB absolute bzw. relative Verfügungsverbote vor. Ein **absolutes Verfügungsverbot** findet sich in § 93 V. Danach können Forderungen gegen die KVG und Forderungen, die zu einem Sondervermögen gehören, regelmäßig nicht gegeneinander aufgerechnet werden. Aufrechnungserklärungen der KVG bzw. des Vertragspartners sind gem. § 134 BGB nichtig. **Relative Verfügungsverbote** greifen mit Blick auf Verfügungen ohne Zustimmung der Verwahrstelle (§§ 75 II 3, 84 II 3) bzw. Belastungen von Gegenständen des Sondervermögens (§ 93 IV). Solche Verfügungen sind nicht gegenüber jedermann, sondern nur gegenüber den Anlegern unwirksam (§ 135 BGB). Verfügt die KVG unter Verstoß gegen § 84 II oder verpfändet sie einen Gegenstand des Sondervermögens entgegen § 93 IV, fällt der Herausgabe- bzw. Befreiungsanspruch gegenüber dem Dritten in das Sondervermögen (vgl. zu den im Einzelnen äußerst umstrittenen Rechtsfolgen des § 135 BGB etwa MüKoBGB/*Mayer-Maly/Armbrüster* BGB § 135 Rn. 37 ff.) und ist von der Verwahrstelle geltend zu machen (§ 89 I Nr. 2, vgl. auch → Rn. 31). 13

III. Haftungsausschluss und Schutz der Anleger (Abs. 2)

1. Haftungsrechtliche Separierung des Sondervermögens (Satz 1). Bei allen Geschäften, die die KVG für eigene Rechnung oder für Rechnung der Anleger mit Dritten abschließt, ist nach § 93 II 1 eine **Haftung des Sondervermögens ausgeschlossen.** Dies ergibt sich schon daraus, dass das Sondervermögen mangels eigener Rechtspersönlichkeit nicht selbst Träger von Rechten und Pflichten sein kann. Allein die KVG ist Vertragspartei der Rechtsgeschäfte (so auch BSV/*Beckmann* 410 § 31 Rn. 14). Schließt die KVG etwa einen Vertrag über die Veräußerung von Vermögensgegenständen eines Sondervermögens, ist nur die KVG aus diesem Vertrag verpflichtet. Dies gilt selbst dann, wenn sich der Vertrag auf ganz bestimmte Vermögensgegenstände im Sondervermögen bezieht (aA BSV/*Beckmann* 410 § 31 Rn. 16). Allerdings hat die KVG einen Aufwendungsersatzanspruch gegenüber den Anlegern, wenn das jeweilige Rechtsgeschäft mit dem Dritten den Anlagebedingungen und dem KAGB entspricht. Den Aufwendungsersatzanspruch kann die KVG gem. § 93 III nur aus dem Sondervermögen befriedigen (sie kann also 14 nicht auf das sonstige Vermögen der Anleger zugreifen, → Rn. 21). Aufgrund dieses Aufwendungsersatzanspruchs kann die KVG ihre Verbindlichkeiten gegenüber den Gläubigern im Wege der abgekürzten Zahlung/Lieferung direkt aus Mitteln des Sondervermögens befriedigen (per Weisung an die Verwahrstelle gem. § 74 II).

15 Die eigentliche Bedeutung des § 93 II 1 liegt darin, das Sondervermögen vor Zugriffen der Gläubiger der KVG zu schützen. Die KVG kann etwa mit Blick auf ihr eigenes Vermögen oder im Rahmen ihrer Tätigkeit gem. § 20 II, III Verbindlichkeiten für eigene Rechnung eingehen. Aber auch wenn die KVG für andere von ihr verwaltete Sondervermögen tätig wird, geht sie Verbindlichkeiten im eigenen Namen ein (→ Rn. 7). § 93 1 I 1. Hs. stellt klar, dass die Gläubiger zur Befriedigung solcher Verbindlichkeiten nicht auf das Sondervermögen zugreifen können, selbst wenn die jeweiligen Vermögensgegenstände gem. § 93 I 1 Alt. 1 (Vollrechtstreuhand) im Eigentum der KVG stehen. Auch wenn die KVG (wie regelmäßig) im Rahmen der Verwaltung des Sondervermögens Verbindlichkeiten für gemeinschaftliche Rechnung der Anleger eingeht, können die Gläubiger nicht unmittelbar auf das Sondervermögen zugreifen. Dies schließt § 93 II 1 2. Hs. aus. Sie müssen vielmehr – wenn das eigene Vermögen der KVG nicht ausreicht – den vertraglichen Aufwendungsersatzanspruch der KVG gegenüber den Anlegern (der gem. § 93 III nur aus dem Sondervermögen befriedigt werden darf) gem. §§ 829, 835 ZPO pfänden und sich überweisen lassen. Der Aufwendungsersatzanspruch besteht nicht gegenüber der Verwahrstelle (so aber wohl Brinkhaus/Scherer/*Schödermeier/Baltzer,* KAGG § 10 Rn. 37; *Baur* KAGG § 10 Rn. 37). Ein pfändbarer Aufwendungsersatzanspruch besteht natürlich nur, wenn die KVG in Übereinstimmung mit den Anlagebedingungen und den Vorschriften des KAGB tätig geworden ist. Dadurch sind die Anleger mittelbar gegen vertrags- bzw. rechtswidrige Geschäfte der KVG geschützt.

16 Dies bedeutet zugleich, dass – wenn das Vermögen des Sondervermögens zur Befriedigung des Schuldners nicht ausreicht – die KVG mit ihrem eigenen Vermögen haftet (eine Beschränkung der Haftungsmasse auf den Aufwendungsersatzanspruch der KVG wird man regelmäßig nicht annehmen können; vgl. → Rn. 7). Dies ist im Falle einer extern verwalteten InvAG anders. Dort steht dem Gläubiger nur das freie Vermögen der InvAG (also nicht das Vermögen anderer Teilgesellschaftsvermögen) zur Verfügung, da die InvAG selbst Vertragspartner des Gläubigers ist. Die Verwaltungsgesellschaft steht lediglich in schuldrechtlicher Beziehung zur InvAG (s. § 112).

17 § 93 I 1 2. Hs. stellt also die Ermächtigungstreuhand und die Vollrechtstreuhand aus haftungsrechtlicher Sicht gleich. In beiden Fällen kann ein Gläubiger der KVG nur gegen diese vorgehen und nur in deren Vermögen vollstrecken. Auf das Sondervermögen kann der Gläubiger nur zugreifen, wenn ein (pfändbarer) Aufwendungsersatzanspruch der KVG gegenüber den Anlegern besteht und ihm dieser überwiesen wurde. Der Aufwendungsersatzanspruch kann nur aus dem Sondervermögen befriedigt werden. Die Anleger haften nicht persönlich (§ 93 III).

18 § 93 II 1 ist nicht disponibel; abweichende Vereinbarung sind nach § 93 II 3 unwirksam.

19 **2. Abschirmung der Anleger (Satz 2).** Gemäß § 93 II 2 ist die KVG nicht berechtigt, im Namen der Anleger Verbindlichkeiten einzugehen. Dies ergibt sich schon aus allgemeinen Rechtsgrundsätzen, da die Anleger der KVG regelmäßig keine entsprechende Vollmacht erteilen. Bedeutung erlangt diese Vorschrift allerdings im Zusammenhang mit § 93 II 3, wonach abweichende Vereinbarungen unwirksam sind. Eine Vollmachterteilung durch die Anleger wäre also gem. § 134 BGB nichtig (so auch im Ergebnis WBA/*Anders* § 93 Rn. 7).

Im Zusammenspiel mit § 93 III 2. Hs. schirmen § 93 II 2 u. 3 die Anleger vollständig vor Ansprüchen der KVG bzw. Dritter ab. Die KVG handelt immer im eigenen Namen. Eine Stellvertretung ist unzulässig. Ansprüche der KVG (einschl. von Dritten gepfändeter Ansprüche) können nur aus dem Sondervermögen befriedigt werden; eine persönliche Haftung der Anleger ist ausgeschlossen. Dies gilt im Ergebnis auch für deliktische Ansprüche. 20

IV. Vergütungs- und Aufwendungsersatzanspruch der KVG (Abs. 3)

Gemäß § 93 III kann die KVG ihren Vergütungsanspruch aus §§ 675, 611 BGB iVm den Anlagebedingungen sowie ihre Aufwendungsersatzansprüche aus §§ 675, 670 BGB iVm den Anlagebedingungen nur aus dem Sondervermögen befriedigen. Eine **persönliche Haftung der Anleger ist ausgeschlossen.** Außerdem ist eine Mitwirkung der Verwahrstelle gem. § 79 erforderlich. 21

Nach allgemeinen Grundsätzen werden der KVG nur solche Aufwendungen ersetzt, die diese in Ausführung ihrer Verwaltungstätigkeit den Umständen nach für erforderlich halten durfte (vgl. BGH II ZR 399/14, ZIP 2016, 2227 Rn. 27; *Baur* KAGG § 10 Rn. 49; ausführlich BSV/*Beckmann* 410 § 31 Rn. 40). Darunter fallen insb. Verbindlichkeiten, die die KVG im eigenen Namen (vgl. § 93 II) im Zusammenhang mit der Verwaltung des Sondervermögens eingeht (etwa die Verpflichtung zur Lieferung von Wertpapieren). § 257 BGB ist in diesem Zusammenhang nicht anwendbar (aA BSV/*Beckmann* 410 § 31 Rn. 40). Denn ein solcher Befreiungsanspruch hätte zur Folge, dass die Anleger (mangels eigener Rechtspersönlichkeit nicht das Sondervermögen) für Verbindlichkeiten persönlich einzustehen hätten. Dies ist schon gem. § 93 II 2 ausgeschlossen. § 93 III ist insoweit Spezialregelung zu § 257 BGB. 22

Nicht ersatzfähig sind Aufwendungen, die aufgrund von Geschäften der KVG entstehen, die gegen die Anlagebedingungen bzw. Regelungen des KAGB verstoßen (etwa beim Erwerb unzulässiger Vermögensgegenstände). Diese durfte die KVG nicht für erforderlich halten (so auch EDDH/*Nietsch* InvG § 31 Rn. 23). Auch wegen anderer Ansprüche als Vergütungs- und Aufwendungsersatzansprüche (etwa aus Bereicherung) kann sich die KVG angesichts des Wortlauts des § 93 III nicht aus dem Sondervermögen befriedigen (BSV/*Beckmann* 410, § 31 Rn. 39; aA Brinkhaus/Scherer/*Schödermeier*/*Baltzer* KAGG § 10 Rn. 38). Der KVG steht **kein allgemeines Entnahmerecht** zu und die Verwahrstelle darf insoweit keine Auszahlungen vornehmen. 23

Die KVG muss ihre Ansprüche unverzüglich im Sondervermögen verbuchen, um jederzeit eine richtige Bewertung zu ermöglichen. Kommt die KVG dieser Verpflichtung nicht nach, macht sie sich ggf. gegenüber den Anlegern wegen falscher Anteilpreisermittlung schadensersatzpflichtig (Brinkhaus/Scherer/*Schödermeier*/*Baltzer* KAGG § 10 Rn. 38; BSV/*Beckmann* 410 § 31 Rn. 41). Folge dieser Schadenersatzpflicht ist aber nicht, dass die KVG ihren Vergütungs- bzw. Aufwendungsersatzanspruch verwirkt (so aber Brinkhaus/Scherer/*Schödermeier*/*Baltzer* KAGG § 10 Rn. 38; BSV/*Beckmann* 410 § 31 Rn. 41). Dafür findet sich keine Stütze im Gesetz. Die Schadensermittlung erfolgt vielmehr nach allgemeinen Grundsätzen (§§ 249 ff. BGB). Allerdings ist es der KVG unbenommen, in solchen Fällen auf ihren Anspruch zu verzichten mit der Folge, dass bei den Anlegern kein Schaden eintritt. 24

25 Sind die Ansprüche der KVG gegenüber den Anlegern höher als der Bestand des Sondervermögens, hat die KVG den Ausfall zu tragen. Eine Insolvenz des Sondervermögens oder eine **Nachschusspflicht der Anleger ist ausgeschlossen** (vgl. *Baur* KAGG § 10 Rn. 49). Die KVG kann ihre Ansprüche gegenüber den Anlegern verpfänden und abtreten (BSV/*Beckmann* 410, § 31 Rn. 43). Auch können Gläubiger der KVG diese Ansprüche pfänden. Befriedigt werden können diese Ansprüche aber immer nur aus dem Sondervermögen; die Anleger haften nicht persönlich.

V. Belastungsverbot (Abs. 4)

26 Nach § 93 IV 1 dürfen zum Sondervermögen gehörende Gegenstände nicht belastet werden. Vom Belastungsverbot erfasst werden Verpfändungen (§ 1205 BGB) und alle sonstigen Belastungen, Sicherungsübereignungen (§ 930 BGB) und Sicherungsabtretungen (§ 398 BGB). Laut der Begründung des Gesetzgebers sollen alle Finanzsicherheiten iSd RL 2002/47/EG vom 6.6.2002 unter § 93 IV 1 fallen (BT-Drucks. 15/1553, 85 zu § 31 V 1 InvG). Damit unterliegen Finanzsicherheiten in Form der Vollrechtsübertragung oder in Form eines beschränkt dinglichen Sicherungsrechts und auch Barsicherheiten dem Belastungsverbot. Dem Belastungsverbot unterliegen allerdings nur Gegenstände, die zum Sondervermögen gehören. Aufwendungsersatzansprüche der KVG können also verpfändet werden. Auch von Dritten an die KVG geleistete Sicherheiten (etwa aufgrund von Derivatgeschäften oder im Zusammenhang mit einer Wertpapierleihe) können zugunsten anderer Dritter verpfändet werden. Solche der KVG gestellten Sicherheiten gehören nicht zum Sondervermögen, was sich auch darin zeigt, dass sie bei der Ermittlung des Nettoinventarwertes des Sondervermögens nicht berücksichtigt werden (bevor der Sicherungsfall eintritt).

27 Nicht erfasst sind außerdem **gesetzliche Pfandrechte** (wie zB das Pfandrecht aus der Zwangsvollstreckung nach § 804 ZPO oder das Pfandrecht des Kommissionärs nach § 397 HGB). Abs. 4 S. 1 gilt angesichts seines Wortlauts nur für rechtsgeschäftliche Pfandrechte. Mit Blick auf gesetzliche Pfandrechte soll nach der hM allerdings die allgemeine Haftungsfreistellungsklausel des § 93 II 1 eingreifen, so dass auch gesetzliche Pfandrechte an den Gegenständen des Sondervermögens nicht entstehen können (vgl. Brinkhaus/Scherer/*Scherer* KAGG § 9 Rn. 18; BSV/*Beckmann* 410, § 31 Rn. 2f.). Dies ist zweifelhaft, da Abs. 4 eine Spezialregelung enthält und auch nach ausländischen Rechtordnungen (etwa beim Erwerb von Wertpapieren im Ausland) ggf. ein gesetzliches Pfandrecht entstehen kann (so im Ergebnis auch EDDH/*Nietsch* InvG § 38 Rn. 35).

28 Rechtfolge eines Verstoßes gegen Abs. 4 Satz 1 ist die Unwirksamkeit der Verfügung gegenüber den Anlegern (**relative Unwirksamkeit** iSd § 135 BGB). Der Befreiungsanspruch der Anleger fällt ins Sondervermögen (vgl. zu den Rechtsfolgen des § 135 BGB etwa MüKoBGB/*Mayer-Maly/Armbrüster* BGB § 135 Rn. 37ff.). Fraglich ist, ob entsprechend § 135 II BGB zugunsten eines Erwerbers die Vorschriften über den gutgläubigen Erwerb anwendbar sind. Dagegen spricht, dass eine dem § 75 II 4 entsprechende Regelung fehlt (BSV/*Beckmann* 410 § 31 Rn. 28). Selbst wenn man jedoch die Regeln über den gutgläubigen Erwerb für anwendbar hält, dürften die praktischen Konsequenzen gering sein. Zunächst ist zu beachten, dass in Fällen der Belastung von Vermögensgegenständen (soweit sie dem deutschen Recht unterliegt) zumeist die Mitwirkung (§ 74) oder gar Zustimmung (§§ 75, 84) der Verwahrstelle erforderlich sein dürfte, da Pfandrechte und ähnliche Belastungen regelmäßig die Verschaffung des (ggf. mittelbaren) Besitzes

bzw. im Falle von Grundstücken die Eintragung im Grundbuch (vgl. auch § 246) erfordern. Ihre Mitwirkung bzw. Zustimmung hat die Verwahrstelle zu verweigern, wenn eine Verfügung gegen das Belastungsverbot des § 93 IV verstößt. Außerdem ist für den gutgläubigen Erwerb eines Pfandrechts (nach deutschem Recht) erforderlich, dass der Begünstigte gutgläubig in der Annahme war, dass kein Verfügungsverbot existiert. Mit Blick auf Wertpapiere und andere bewegliche Sachen hindert wegen § 932 II BGB schon grobfahrlässige Unkenntnis des Belastungsverbots einen gutgläubigen Erwerb. Der gutgläubige Erwerb von Forderungen sowie eine Verpfändung bzw. Einräumung eines Nießbrauchs an einer Forderung ist schon nach allgemeinen zivilrechtlichen Grundsätzen nicht möglich.

Der Erwerb schon belasteter Vermögensgegenstände für Rechnung des Sondervermögens wird – angesichts seines Wortlauts – durch Abs. 4 nicht ausgeschlossen (BSV/*Beckmann* 410, § 31 Rn. 26; aA *Baur* KAGG § 9 Rn. 23; Brinkhaus/Scherer/*Scherer* KAGG § 9 Rn. 19). **29**

Ausnahmen vom Belastungsverbot ergeben sich aus § 93 IV 2 sowie aus den materiellen Vorschriften für die einzelnen Arten von Sondervermögen (etwa § 260 III). Die Möglichkeit, Sicherheiten aus dem Sondervermögen zu leisten, besteht zum einen im Zusammenhang mit einer nach dem KAGB zulässigen Kreditaufnahme für das Sondervermögen (§§ 199, 221 VI, 254, 274, 283 I 1 Nr. 1 oder 284 IV). Zum anderen können auch im Zusammenhang mit etwa nach § 197 zulässigen Derivatgeschäften (etwa Optionsgeschäften, Finanz- und Devisentermingeschäfte, Swaps oder Derivatgeschäfte unter ISDA oder Deutschen Rahmenverträgen) Sicherheiten geleistet werden. Die Aufzählung der Derivate in § 93 IV 2 ist nicht abschließend. Soweit andere Derivate aufgrund des § 197 II und III iVm der Derivateverordnung zulässig sind, dürfen in diesem Zusammenhang auch Sicherheiten geleistet werden (BT-Drs. 15/1553, 85). Zudem greift das Belastungsverbot nicht bei Wertpapier-Pensionsgeschäften gem. § 203 sowie bei Leerverkäufen und Wertpapierdarlehensgeschäften von Hedgefonds (§ 283) (andere Sondervermögen als Hedgefonds dürfen Wertpapierdarlehensgeschäfte nicht als Darlehensnehmer eingehen, so dass diesbzgl. auch keine Ausnahme vom Belastungsverbot greift – unklar BSV/*Beckmann* 410 § 31 Rn. 24). **30**

Hintergrund der Ausnahmeregelungen zum Belastungsverbot ist, dass bei den in Abs. 4 S. 2 genannten Geschäften die Leistung von Sicherheiten marktüblich ist. Würde das Belastungsverbot auch für die dort genannten Geschäfte gelten, hätte dies praktisch zur Folge, dass die KVG solche Geschäfte trotz ihrer Zulässigkeit nach KAGB – mangels der Möglichkeit, Sicherheiten zu leisten – für ein Sondervermögen nicht abschließen könnte. § 93 IV 2 ist daher so zu lesen, dass alle nach dem KAGB zulässigen Verpflichtungsgeschäfte mit herausgeschobenem Erfüllungstermin erfasst sind (vgl. BMF-Merkblatt, Auslegung des BMF zur Thematik Primebroker nach dem InvG vom 26.5.2005; dazu *Lindemann* BB 2004, 2137 (2140)). Insbesondere bei Options- und anderen Terminkontrakten soll es der KVG ermöglicht werden, die bei diesen Geschäften üblicherweise zu leistende Margin durch Verpfändung oder Sicherungsübereignung von Wertpapieren zu erbringen (vgl. BT-Drs. 13/8933, 111). Die nach S. 2 zulässigen Belastungen müssen sich nicht zwingend auf einzelne konkrete Gegenstände am Sondervermögen beziehen (so aber Brinkhaus/Scherer/*Scherer* KAGG § 9 Rn. 19). Denn der für diese Ansicht angeführte sachenrechtliche Bestimmtheitsgrundsatz gilt nur für Vermögensgegenstände, die dem deutschen Recht unterliegen. **31**

VI. Aufrechnungsverbot (Abs. 5)

32 Gemäß § 93 V können Forderungen gegen die KVG und Forderungen, die zu einem Sondervermögen gehören, nicht gegeneinander aufgerechnet werden. Dies ist eine Konsequenz aus dem Grundsatz der Trennung von Sondervermögen und Vermögen der KVG.

33 Es wird vertreten, dass das Aufrechnungsverbot bei der Ermächtigungstreuhand gem. § 92 I 1 2. Alt. nur deklaratorische Bedeutung habe, da es in diesen Fällen an der in § 387 BGB geforderten Gegenseitigkeit der Forderungen fehle und schon aus diesem Grund eine Aufrechnung nicht möglich sei (vgl. Brinkhaus/Scherer/*Scherer* KAGG § 9 Rn. 32; *Baur* KAGG § 10 Rn. 36; BSV/*Beckmann* 410, § 31 Rn. 30). Diese Ansicht setzt voraus, dass im Falle der Ermächtigungstreuhand die Gemeinschaft der Anleger (und nicht die KVG) Inhaber der jeweiligen Forderung ist (→ § 92 Rn. 14). Dies ist zweifelhaft, da die KVG zur Vertretung der Anleger nicht berechtigt ist und eine solche Lösung bei gegenseitigen Verträgen zu einem Auseinanderfallen von Forderungsberechtigung und Verpflichtung führt (aA *Möllers* BKR 2011, 353 (356); in FK-KapAnlR/Moroni § 93 Rn. 22). Auch in Fällen der Ermächtigungstreuhand ist die KVG aus den für das Sondervermögen eingegangenen Verbindlichkeiten selbst gegenüber dem Dritten verpflichtet (sie hat lediglich einen aus dem Sondervermögen zu befriedigenden Aufwendungsersatzanspruch gegenüber den Anlegern). Das Sondervermögen kann mangels eigener Rechtspersönlichkeit nicht selbst verpflichtet werden. Mit Blick auf die Anleger gilt § 93 II 2, so dass auch diese nicht verpflichtet werden. Die für die Aufrechnung von Forderungen gem. §§ 387 ff. BGB erforderliche Gegenseitigkeit ist also in diesen Fällen durchaus gegeben. Denn alle Verbindlichkeiten treffen – nicht anders als bei der Vollrechtstreuhand gem. § 92 I 1 Alt. 1 – die KVG selbst. Forderungsgläubiger ist gleichfalls die KVG (als Treuhänder der Anleger).

34 Ein Gläubiger der KVG ist also durch Abs. 5 selbst bei bestehender Aufrechnungslage gezwungen, die KVG in Anspruch zu nehmen (und etwa die aus dem Sondervermögen zu befriedigende Ausgleichsforderung der KVG gegenüber den Anlegern zu pfänden). Das Aufrechnungsverbot gem. Abs. 5 gilt nicht nur in dem Fall, in dem sich die Forderung gegen das Vermögen der KVG richtet und die Gegenforderung zu einem Sondervermögen gehört, sondern auch, wenn Forderung und Gegenforderung sich auf unterschiedliche Sondervermögen beziehen. Eine entgegen Abs. 5 abgegebene Aufrechnungserklärung des Dritten (oder der KVG) ist gem. § 134 BGB unwirksam.

35 Das Aufrechnungsverbot des Abs. 5 gilt nicht, wenn sich sowohl die Forderung des Dritten als auch die der KVG auf das eigene Vermögen der KVG beziehen. Darüber hinaus ist das Aufrechnungsverbot **einschränkend auszulegen.** Da sich alle Forderungen Dritter immer gegen die KVG und nicht gegen das Sondervermögen richten (und diese lediglich einen Aufwendungsersatzanspruch hat), ist eine Aufrechnung nach dem Wortlaut des Abs. 5 selbst dann ausgeschlossen, wenn sowohl die Forderung als auch die Gegenforderung für Rechnung des Sondervermögens entstanden sind. Da Abs. 5 nur die Trennung von Sondervermögen und Gesellschaftsvermögen der KVG (bzw. die Trennung unterschiedlicher Sondervermögen) sicherstellen will, gilt das Aufrechnungsverbot dann nicht, wenn die KVG berechtigt ist, die Forderung des Dritten aus dem Sondervermögen zu befriedigen und die Forderung der KVG zu eben diesem Sondervermögen gehört.

36 Das Aufrechnungsverbot gilt auch nicht für Rahmenverträge über Derivate (§ 197 I 1), Wertpapierdarlehens- (§ 200) und Wertpapierpensionsgeschäfte (§ 203)

sowie für Geschäfte mit Prime Brokern. Hintergrund für die Ausnahme mit Blick auf Derivate ist die Praxis an den OTC-Märkten, Geschäfte regelmäßig auf Grundlage standardisierter, international gebräuchlicher Rahmenverträge zu tätigen (etwa die Rahmenverträge der ISDA oder der Rahmenvertrag des Bundesverbandes deutscher Banken). Diese Rahmenverträge regeln die Rechtsbeziehungen zwischen den Vertragsparteien sowie die Abwicklungsmodalitäten und enthalten regelmäßig ausgewogene Aufrechnungsklauseln (sog. Netting). Zweck solcher Aufrechnungsklauseln ist die Saldierung gegenläufiger Forderungen zu einer Nettoposition. Geschäfte mit Derivaten am OTC-Markt wären der KVG ohne die Ausnahmeregelung des § 93 V 2 praktisch nicht möglich (BSV/*Beckmann* 410, § 31 Rn. 31; vgl. ausführlich *Möllers* BKR 2011, 353 (356ff.); zu an der Börse gehandelten Derivaten WBA/*Anders* § 93 Rn. 16). Auch Pensionsgeschäfte werden nach § 203 I 1 auf der Grundlage standardisierter Rahmenverträge abgeschlossen; bei Wertpapierdarlehen nach § 200 ist ein Vertragsschluss durch standardisierte Rahmenverträge ebenfalls möglich (sog. OSLA, GMSLA, MEFISLA). § 93 V 2 ermöglicht auch insoweit eine Aufrechnung und den gegenseitigen Ausgleich aller Forderungen im Fall der Beendigung des Rahmenvertrags wegen Nichterfüllung oder Insolvenz (BSV/*Beckmann* 410, § 31 Rn. 32). Primebrokerage-Vereinbarungen werden regelmäßig nur von Hedgefonds (§§ 283) abgeschlossen.

VII. Haftung der KVG für Volleinzahlung von Aktien (Abs. 6)

Die Haftungsbeschränkung des Abs. 6 vervollständigt den Schutz des Sonderver- **37**
mögens vor unmittelbaren Ansprüchen Dritter (Brinkhaus/Scherer/*Schödermeier/Baltzer* KAGG § 10 Rn. 39). Werden nicht voll eingezahlte Aktien erworben, kann die AG vom Inhaber dieser Papiere die Einzahlung noch ausstehender Einlagen fordern (§ 69 II AktG). Wenn – wie im Fall der Vollrechtstreuhand – die KVG Eigentümerin der Aktien ist, würde sie auch ohne die Regelung in Abs. 6 mit ihrem eigenen Vermögen haften, weil das Sondervermögen mangels eigener Rechtspersönlichkeit und die Anleger gem. § 93 II nicht haften. Im Fall der Ermächtigungstreuhand, bei der das Sondervermögen im Miteigentum der Anleger steht, würden diese ohne die Regelung des Abs. 6 nach § 69 II AktG für die ausstehende Einlage als Gesamtschuldner haften. Abs. 6 ist *lex specialis* zu § 69 II AktG, so dass nicht die Anleger, sondern die KVG in jedem Fall für noch ausstehende Einlagen haftet.

Aufwendungen der KVG im Rahmen des Abs. 6 fallen allerdings unter Abs. 3. **38**
Nicht ausgeschlossen wird also der Rückgriff der KVG auf das Sondervermögen gem. dem Investmentvertrag mit den Anlegern, so dass die Schutzwirkung des § 93 VI nur im Außenverhältnis zur AG besteht (BSV/*Beckmann* 410 § 31 Rn. 35 und 36; Brinkhaus/Scherer/*Schödermeier/Baltzer* KAGG § 10 Rn. 39; *Baur* KAGG § 10 Rn. 50). Abs. 6 ist analog auf andere gesetzliche Haftungstatbestände anwendbar, die an das Eigentum (an Gegenständen des Sondervermögens) anknüpfen (BSV/*Beckmann* 410 § 31 Rn. 36; Brinkhaus/Scherer/*Schödermeier/Baltzer* KAGG § 10 Rn. 39), sowie auf Beteiligungen an ausländischen Personengesellschaften (etwa Private Equity Fonds, Hedgefonds), bei denen häufig Rückgriffsmöglichkeiten (sog. „claw-back"-Klauseln) der jeweiligen Gesellschaft im Gesellschaftsvertrag vereinbart werden.

VIII. Ohne Gegenleistung in Verkehr gelangte Anteile (Abs. 7)

39 Sind Anteile am Sondervermögen ausgegeben worden, ohne dass deren Gegenwert dem Sondervermögen zugeflossen ist, hat die KVG gem. Abs. 7, den Fehlbetrag dem Sondervermögen aus ihrem eigenen Vermögen zuzuführen. Dies ist etwa denkbar in Fällen, in denen Anteile einem Investor gutgeschrieben werden, bevor dieser den Kaufpreis gezahlt hat. Ob die Anteilscheine mit oder ohne Willen der KVG in den Verkehr gelangt sind, ist für ihre Haftung unerheblich. Diese Vorschrift begründet also eine (verschuldensunabhängige) Schadensersatzpflicht der KVG. Mit ihr soll einer Verwässerung des Sondervermögens entgegengewirkt werden. Den Schadensersatzanspruch hat gegebenenfalls die Verwahrstelle gem. § 78 geltend zu machen.

§ 94 Stimmrechtsausübung

[1]Die Kapitalverwaltungsgesellschaft bedarf zur Ausübung des Stimmrechts aus den zu einem Sondervermögen gehörenden Aktien keiner schriftlichen Vollmacht der Anleger. [2]§ 129 Absatz 3 des Aktiengesetzes ist entsprechend anzuwenden. [3]Die Kapitalverwaltungsgesellschaft soll das Stimmrecht aus Aktien von Gesellschaften, die ihren Sitz im Geltungsbereich dieses Gesetzes haben, im Regelfall selbst ausüben. [4]Das Stimmrecht kann für den Einzelfall durch einen Bevollmächtigten ausgeübt werden; dabei sollen ihm Weisungen für die Ausübung erteilt werden. [5]Ein unabhängiger Stimmrechtsvertreter kann auf Dauer und ohne Weisungen für die Stimmrechtsausübungen bevollmächtigt werden.

Schrifttum: *Cahn* Aktien der herrschenden AG in Fondsvermögen abhängiger Investmentgesellschaften, WM 2001, 1928; *Kempf* Die Novellierung des Investmentrechts, 2004; *Schäcker* Entwicklung und System des Investmentsparens, 1961.

I. Allgemeines

1 **1. Rechtsentwicklung.** § 94 entspricht im Wesentlichen § 32 I InvG. Diese Vorschrift wiederum war größtenteils bereits in den §§ 9, 10 KAGG (idF der Bekanntmachung vom 9.9.1998) enthalten. § 94 S. 1 u. 2 entsprechen der Regelung in § 9 I 2 und 3 KAGG. Die S. 3–5 entsprechen der Regelung in § 10 I 3–5 KAGG.

2 Die in § 94 II–V aF vormals enthaltenen Zurechnungstatbestände sind durch das Gesetz zur Umsetzung der Transparenzrichtlinie-Änderungsrichtlinie v. 20.11.2015 auf Grund des Sachzusammenhangs ins WpHG und WpÜG überführt worden (vgl. § 22 a III–V WpHG und § 29 II WpÜG; zur alten Rechtslage vgl. BSL/*Schmitz* InvG § 32 Rn. 18 ff.).

3 **2. Regelungsgegenstand und -zweck.** § 93 I regelt, dass die KVG alle Rechte aus Vermögensgegenständen des Sondervermögens ausüben darf. § 94 erhält ergänzende Regelungen zur Ausübung von Stimmrechten aus Aktien, die die KVG für Rechnung von Sondervermögen hält.

4 **3. Anwendungsbereich.** Vgl. die Erläuterungen zu → § 92 Rn. 3.

II. Ausübung des Stimmrechts durch die KVG

1. Vollmacht und Aktionärsverzeichnis. Zur **ordnungsgemäßen Verwaltung** des Sondervermögens gehört, dass die KVG die Aktionärsrechte an den zum Sondervermögen gehörenden Aktien im Interesse der Anleger ausübt (ebenso EDDH/*Weinrich* InvG §32 Rn. 14). §94 I regelt in diesem Zusammenhang, dass die KVG zur Ausübung der mit den Aktien verbundenen Stimmrechte auf der Hauptversammlung der jeweiligen Zielgesellschaft keiner schriftlichen Vollmacht bedarf (zu den materiellen Vorgaben, wie das Stimmrecht auszuüben ist, etwa gem. Art. 37 AIFM-DV, vgl. FK-KapAnlR/*Schäfer* §94 Rn. 7ff.). 5

Im Falle einer Vollrechtstreuhand (→ §92 Rn. 10ff.) kommt §94 S. 1 u. 2 lediglich deklaratorische Wirkung zu. Die KVG ist in diesem Falle Eigentümer der Aktien und mithin als Aktionärin ohnehin befugt, die jeweiligen Stimmrechte auszuüben. Im Falle der Ermächtigungstreuhand (→ §92 Rn. 13ff.) ist die KVG nicht Aktionärin, jedoch aufgrund §93 I berechtigt, alle Rechte aus den im Sondervermögen gehaltenen Aktien, also auch Stimmrechte, auszuüben. §94 S. 1 stellt in diesem Zusammenhang klar, dass eine KVG einer (schriftlichen) Vollmacht (auch im Falle der Ermächtigungstreuhand) nicht bedarf. Ob diese Klarstellung angesichts der Regelung in §93 I 1 und der Tatsache, dass eine KVG nicht als Kreditinstitut zu qualifizieren ist (nach §135 I 1 AktG benötigt ein Kreditinstitut zur Stimmrechtsausübung für Aktien, die ihm nicht gehören, eine Vollmacht), noch erforderlich ist, kann dahinstehen (vgl. etwa BSV/*Beckmann* 410 §32 Rn. 4). 6

Bei **ausländischen Aktiengesellschaften** richtet sich die Frage einer wirksamen Vollmachtserteilung für die Ausübung des Stimmrechts in der Hauptversammlung nach dem jeweiligen ausländischen Recht. §94 S. 1 greift insoweit nicht. Auch mit Blick auf eine inländische **GmbH** oder **KG** ist §94 nicht anwendbar. Die Ermächtigung zur Stimmrechtsausübung ergibt sich insoweit aus §93 I. 7

In der Hauptversammlung hat die Aktiengesellschaft ein **Verzeichnis** der erschienenen bzw. vertretenen Aktionäre mit Angaben zur Zahl bzw. dem Betrag der gehaltenen Aktien zu erstellen (§129 I AktG). Die KVG hat zum Sondervermögen gehörende Aktien gesondert von einem evtl. Eigenbestand zur Aufnahme in dieses Verzeichnis anzumelden (§94 S. 2 iVm §129 III AktG). Dies gilt sowohl im Falle der Ermächtigungs- als auch im Falle der Vollrechtstreuhand. Auch ist eine Aufgliederung nach den einzelnen Sondervermögen erforderlich (vgl. BSV/*Beckmann* 410 §32 Rn. 16). 8

2. Einzelheiten der Stimmrechtsausübung durch die KVG. a) Selbstausübung durch die KVG. Die KVG soll das Stimmrecht aus Aktien von Gesellschaften, die ihren Sitz im Geltungsbereich des KAGB haben, im Regelfall selbst ausüben (§94 S. 3). „Selbst“ übt die KVG ihre Stimmrechte aus, wenn die Stimmabgabe durch ein Organ, einen Prokuristen oder einen bevollmächtigten Mitarbeiter der KVG erfolgt (Brinkhaus/Scherer/*Schödermeier/Baltzer* KAGG §10 Rn. 21). Nicht unter §94 S. 3 fällt, wenn die KVG einen Dritten ohne eigenen Entscheidungsspielraum mit der Abgabe der Stimmen in der Hauptversammlung betraut (sog. Erklärungs- oder **Stimmbote;** dazu etwa MüKoAktG/*Volhard* AktG §134 Rn. 70; *Hüffer* AktG §134 Rn. 33; aA *Kempf* Die Novellierung des Investmentrechts Rn. 65). Einen Stimmboten sieht das Aktienrecht nicht vor. Der Stimmbote gibt keine eigene Erklärung ab, sondern überbringt lediglich die Abstimmungserklärung des abwesenden Aktionärs. Die Stimmabgabe erfolgt in diesem Fall außerhalb der Hauptversammlung und ist daher nach §118 AktG unzulässig. 9

10 Streitig ist, ob eine Pflicht der KVG zur Ausübung des Stimmrechts besteht (bejahend *Schäcker* Entwicklung und System des Investmentsparens S. 154). Die Ausübung des Stimmrechts ist jedenfalls bei Angelegenheiten, die die Interessen der Anleger nachteilig beeinflussen können, geboten. Die wohl hM sieht jedoch auch die Nichtausübung des Stimmrechts als mögliche und adäquate Entscheidung der Nutzung des Stimmrechts an (*Baur* KAGG § 10 Rn. 44; Brinkhaus/Scherer/*Schödermeier/Baltzer* KAGG § 10 Rn. 20; BSV/*Beckmann* 410, § 32 Rn. 5; *Kempf* Die Novellierung des Investmentrechts, 65). Dafür spricht der Wortlaut des § 94 S. 3 („soll"). Allerdings müssen für die Nichtausübung des Stimmrechts besondere Gründe vorliegen (vgl. auch EDDH/*Weinrich* InvG § 32 Rn. 22ff.).

11 Die **Sollvorschrift** des § 94 S. 3 gilt nur mit Blick auf Aktiengesellschaften, die ihren Sitz im Inland haben. Diese haben ihre Hauptversammlung regelmäßig an ihrem Sitz (im Inland) abzuhalten (vgl. § 121 V AktG). Bei Auslandsgesellschaften muss die KVG also regelmäßig die Stimmrechte nicht selbst ausüben. Sie kann vielmehr einen Bevollmächtigten für den Einzelfall oder auf Dauer mit oder ohne Weisung bestellen. Die Einschränkungen der S. 3 u. 4 gelten in diesem Falle nicht, da diese Vorschriften in erster Linie die Verbesserung der Corporate Governance deutscher Zielgesellschaften zum Zweck haben (→ Rn. 17).

12 Auch auf GmbH bzw. KG bzw. vergleichbare ausländische Gesellschaften ist § 94 nicht anwendbar. Allerdings ist die KVG auch in diesen Fällen aufgrund ihrer Pflicht zur ordnungsgemäßen Verwaltung des Sondervermögens regelmäßig verpflichtet, ihre Stimmrechte in den jeweiligen Gesellschafterversammlungen zumindest durch Bevollmächtigte auszuüben.

13 **b) Stimmrechtsausübung durch Bevollmächtigte.** Die KVG kann im Einzelfall (als Ausnahme zum Regelfall des S. 3) einen Bevollmächtigten auswählen, der das Stimmrecht ausübt. Gemäß § 94 S. 4 ist ausschließlich eine **Einzelvollmacht** zulässig. Eine Generalvollmacht kann nur unter den Voraussetzungen des § 94 S. 5 erteilt werden (→ Rn. 16f.; vgl. auch Brinkhaus/Scherer/*Schödermeier/Baltzer* KAGG § 10 Rn. 23 mwN). Außerdem hat die KVG im Regelfall **Weisungen** für die Ausübung des Stimmrechts zu erteilen (S. 4). Dieses Erfordernis dient dem Anlegerschutz. Bei fehlender Weisung ist der ergangene Beschluss nicht nichtig. Allerdings kommt uU eine Schadenersatzpflicht der KVG gegenüber den Anlegern aus § 280 I BGB in Betracht (vgl. Brinkhaus/Scherer/*Schödermeier/Baltzer* KAAG § 10 Rn. 24).

14 Hinsichtlich der Person des weisungsgebundenen Vertreters enthalten weder das Aktienrecht noch das KAGB Einschränkungen. Der gem. S. 4 Bevollmächtigte muss nicht unabhängig iSv S. 5 sein (→ Rn. 16; zustimmend EDDH/*Weinrich* InvG § 32 Rn. 27). Zulässig wäre etwa die Bevollmächtigung eines Kreditinstituts, das auch im Aufsichtsrat der Aktiengesellschaft vertreten ist. Grund ist, dass dem Bevollmächtigten regelmäßig Weisungen zu erteilen sind und dadurch evtl. Interessenkonflikte vermindert werden. Wird ein Kreditinstitut bevollmächtigt, ist ergänzend § 135 AktG zu beachten.

15 Folge der Nichtbeachtung der Vorschrift (etwa eine über einen Einzelfall hinausgehende Ermächtigung) ist nicht die Nichtigkeit der Ermächtigung (so aber Brinkhaus/Scherer/*Schödermeier/Baltzer* KAGG § 10 Rn. 22). Dies wäre weder dem Bevollmächtigten noch der Zielgesellschaft zumutbar. Die KVG hat die Ermächtigung jedoch zu widerrufen und die BaFin kann ggf. aufsichtsrechtliche Maßnahmen ergreifen.

c) Stimmrechtsausübung durch unabhängige Stimmrechtsvertreter. Es 16
kann von der KVG auch ein unabhängiger Stimmrechtsvertreter auf Dauer und ohne Weisungen zur Ausübung des Stimmrechts bevollmächtigt werden (Satz 5). **Unabhängig** ist ein Stimmrechtsvertreter, wenn er keine Eigeninteressen mit Blick auf die Zielgesellschaft hat. Insbesondere darf er keine eigenen Aktien an dieser halten. Daher sind Kreditinstitute als Stimmrechtsvertreter regelmäßig nicht geeignet (vgl. BSV/*Beckmann* 410 § 32 Rn. 12). Die Unabhängigkeit soll aber auch mit Blick auf bestimmte Dritte bestehen, insb. gegenüber Gesellschaftern der KVG (Brinkhaus/Scherer/*Schödermeier/Baltzer* KAGG § 10 Rn. 40; BT-Drs. 14/8769, 29f.). Die Verwahrstelle kommt als Stimmrechtsvertreter nicht in Betracht, da diese Funktion im Widerspruch zur ihren Überwachungsaufgaben nach dem KAGB steht (vgl. BSV/*Beckmann* 410 § 32 Rn. 12).

Ziel dieser durch das 4. FMFG eingeführten Regelung war es, die Ausübung der 17
mit solchen Aktien verbundenen Stimmrechte zu fördern, die für Sondervermögen gehalten werden, und die Entwicklung des Marktes für professionelle unabhängige Stimmrechtsvertreter zu unterstützen (BT-Drs. 14/8769, 29). Die vom Gesetzgeber damit bezweckte Erhöhung der Präsenz in der Hauptversammlung und informierte Stimmrechtsausübung durch spezialisierte Finanzdienstleister dient außerdem der Gewährleistung guter Corporate Governance bei inländischen Aktiengesellschaften. Die Möglichkeit, auch dauerhaft einen Stimmrechtsvertreter zur Ausübung des Stimmrechts zu bevollmächtigen, entbindet die KVG jedoch nicht von der Pflicht zur sorgfältigen Verwaltung des Sondervermögens und der damit verbundenen Verpflichtung, das Abstimmungsverhalten des Vertreters, zB durch allgemeine Richtlinien oder Abstimmungsvorgaben oder in besonderen Fällen auch durch konkrete Einzelweisungen, zu lenken, generell zu beobachten und zu kontrollieren (BT-Drs. 14/8769, 30).

§ 95 Anteilscheine; Verordnungsermächtigung

(1) [1]**Die Anteile an Sondervermögen werden in Anteilscheinen verbrieft oder als elektronische Anteilscheine begeben.** [2]**Die Anteilscheine können auf den Inhaber oder, soweit sie nicht elektronisch begeben werden, auf den Namen lauten.**

(2) [1]**Lauten verbriefte Anteilscheine auf den Inhaber, sind sie in einer Sammelurkunde zu verbriefen und ist der Anspruch auf Einzelverbriefung auszuschließen.** [2]**Lauten verbriefte Anteilscheine auf den Namen, so gelten für sie die §§ 67 und 68 des Aktiengesetzes entsprechend.** [3]**Die Anteilscheine können über einen oder mehrere Anteile desselben Sondervermögens ausgestellt werden.** [4]**Die Anteilscheine sind von der Kapitalverwaltungsgesellschaft und von der Verwahrstelle zu unterzeichnen.** [5]**Die Unterzeichnung kann durch mechanische Vervielfältigung erfolgen.**

(3) [1]**Auf elektronische Anteilscheine im Sinne von Absatz 1 sind § 2 Absatz 1 Satz 2, Absatz 2 und 3, die §§ 3 und 4 Absatz 1 Nummer 1, Absatz 2, 4 bis 6, 8 bis 10, die §§ 6 bis 8 Absatz 1, Abschnitt 4, § 31 Absatz 2 Nummer 1 bis 12, Absatz 3 und 4 und § 33 sowie die §§ 9 bis 15 mit Ausnahme von § 13 Absatz 1 Nummer 2 und 3 des Gesetzes über elektronische Wertpapiere mit der Maßgabe entsprechend anzuwenden, dass**

1. **an die Stelle des elektronischen Wertpapiers der elektronische Anteilschein tritt,**

2. an die Stelle der Emissionsbedingungen die Anlagebedingungen treten,
3. an die Stelle des Berechtigten der Anleger tritt.

[2]Satz 1 gilt nicht, soweit sich aus den Vorschriften dieses Gesetzes etwas anderes ergibt.

(4) **[1]Stehen die zum Sondervermögen gehörenden Gegenstände den Anlegern gemeinschaftlich zu, so geht mit der Übertragung der durch den Anteilschein vermittelten Ansprüche auch der Anteil des Veräußerers an den zum Sondervermögen gehörenden Gegenständen auf den Erwerber über. [2]Entsprechendes gilt für sonstige rechtsgeschäftliche Verfügungen sowie für Verfügungen, die im Wege der Zwangsvollstreckung oder Arrestvollziehung erfolgen. [3]Über den Anteil an den zum Sondervermögen gehörenden Gegenständen kann in keiner anderen Weise verfügt werden.**

(5) **[1]Das Bundesministerium der Finanzen und das Bundesministerium der Justiz und für Verbraucherschutz können durch gemeinsame Rechtsverordnung, die nicht der Zustimmung des Bundesrates bedarf, die entsprechende oder teilweise entsprechende Anwendung von § 4 Absatz 11, § 8 Absatz 2, den §§ 16 bis 23 mit Ausnahme von § 17 Absatz 1 Nummer 2 und 3, sowie den §§ 30 und 31 Absatz 1 und 2 Nummer 13 bis 15 des Gesetzes über elektronische Wertpapiere auf elektronische Anteilscheine im Sinne von Absatz 1 bestimmen. [2]Soweit dies aufgrund der Besonderheiten bei elektronischen Anteilscheinen erforderlich ist, können in der Rechtsverordnung nach Satz 1 auch Abweichungen von den vorgenannten Regelungen bestimmt werden, insbesondere für die Regelungen betreffend die Verwahrstelle.**

Schrifttum: *Canaris* Bankvertragsrecht, 2. Auflage, 1981; *Geßler* Das Recht der Investmentgesellschaften und ihrer Zertifikatsinhaber, WM 1957 Sonderbeilage Nr. 4; *Klenk* Die rechtliche Behandlung des Investmentanteils, 1967.

Inhaltsübersicht

	Rn.
I. Allgemeines	1
1. Rechtsentwicklung	1
2. Regelungsgegenstand und -zweck	2
3. Anwendungsbereich	4
II. Verbriefung von Anteilen (Abs. 1 u. 2)	5
1. Der Anteil	6
2. Der verbriefte Anteilschein	9
3. Stückelung der verbrieften Anteilscheine	12
4. Formerfordernis	16
III. Elektronische Anteilscheine (Abs. 3)	18
IV. Erwerb und Übertragung von Anteilen (Abs. 4)	20
1. Ersterwerb von verbrieften Anteilscheinen	21
2. Zweiterwerb von verbrieften Anteilscheinen	25
a) Kausalgeschäft	25
b) Anteilsübertragung	27
c) Rechtsfolgen der Übertragung	30
3. Erwerb und Übertragung von elektronischen Anteilscheinen	33
4. Erwerb von Anteilen durch die KVG	35
V. Verordnungsermächtigung (Abs. 5)	38

I. Allgemeines

1. Rechtsentwicklung. Die Regelungen in § 95 entsprechen im Wesentlichen § 33 InvG und waren größtenteils bereits in § 18 KAGG (idFd Bekanntmachung v. 9.9.1998) enthalten. Durch das OGAW-V-UmsG wurde die Einzelverbriefung von Inhaberanteilen ausgeschlossen. Ausweislich der Gesetzesbegründung dient diese Regelung dazu, für Sondervermögen Konformität mit dem FACTA-Abkommen zwischen der Bundesrepublik Deutschland und den USA herzustellen (vgl. ausführlich FK-KapAnlR/*Höring* § 95 Rn. 37ff.). Nach dem FACTA-Abkommen gelten Investmentvermögen grundsätzlich als sog. „meldende Finanzinstitute", dh sie wären verpflichtet, in den USA meldepflichtige Anleger zu identifizieren und an das BZSt zu melden. Investmentvermögen sind jedoch dann von der Meldepflicht befreit, wenn sämtliche Beteiligungen von Finanzinstituten, die keine nicht teilnehmenden Finanzinstitute iSd Abkommens sind, gehalten werden. Um diese Voraussetzungen zu erfüllen, musste gewährleistet werden, dass auf den Inhaber lautende Anteilscheine und dazugehörige Gewinnanteilscheine nicht mehr als effektive Stücke im Umlauf sind (vgl. auch § 356). Durch die zwingende Vorgabe des Ausschlusses des Anspruchs auf Einzelverbriefung in den Anlagebedingungen ist gewährleistet, dass ein Anleger sich auch nicht nachträglich eine effektive Urkunde ausliefern lassen kann (vgl. §§ 7 I, 8, 9a III 2 DepotG). Außerdem gewährleistet der Ausschluss der Einzelverbriefung von Inhaberanteilen eine erhöhte Transparenz hinsichtlich der Anlegerstruktur mit Blick auf die Verhinderung von Geldwäsche. Dies war von der Financial Action Task Force (FATF) hinsichtlich Inhaberaktien nicht börsennotierter Gesellschaften empfohlen worden (vgl. den daraufhin geänderten § 10 AktG). Durch das Gesetz zur Einführung von elektronischen Wertpapieren vom 3.6.2021 (eWpG, BGBl. 2021 I 1423) wurde KVG die Möglichkeit eingeräumt, Anteile an Sondervermögen als elektronische Anteilscheine zu begeben. 1

2. Regelungsgegenstand und -zweck. Die Anteile am Sondervermögen sind in Anteilscheinen zu verbriefen oder als elektronische Wertpapiere zu begeben. § 95 II trifft Regelungen über die Art und Form der Verbriefung, § 95 III über die Begebung als elektronische Wertpapiere. § 95 IV befasst sich mit den Auswirkungen der Übertragung der in den Anteilscheinen vermittelten Ansprüche. 2

Die Anleger haben gem. § 98 ein Andienungsrecht, das ihnen die Liquidation ihres Investments ermöglicht. Die Verbriefung der Anteile in Anteilscheinen bzw. die Begebung als elektronische Wertpapiere macht jene zudem handelbar und bietet den Anlegern daher eine weitere Verwertungsmöglichkeit (vgl. *Geßler* WM 1957, Sonderbeilage Nr. 4). 3

3. Anwendungsbereich. Zum Anwendungsbereich → § 92 Rn. 3. Bildet ein Sondervermögen Anteilklassen oder Teilsondervermögen, sind im Falle einer Verbriefung die Anteile an diesen jeweils in gesonderten Urkunden zu verbriefen, da sie den Anlegern unterschiedliche Rechte gewähren. Auf eine InvAG ist § 95 nicht anwendbar (vgl. § 108). Die Ausgabe von Aktien einer InvAG richtet sich nach dem AktG (vgl. § 108 II). 4

II. Verbriefung von Anteilen (Abs. 1 u. 2)

Gemäß § 95 I 1 ist die KVG verpflichtet, die Anteile an einem Sondervermögen entweder in Anteilscheinen zu verbriefen oder als elektronische Anteilscheine zur begeben. Der Anleger hat aufgrund dieser Vorschrift einen **Anspruch auf Ver-** 5

briefung bzw. elektronische Begebung seines Anteils. Außerdem hat der Anleger im Falle der Verbriefung einen Anspruch auf Übertragung des Eigentums an der Urkunde (regelmäßig erhält der Anleger einen Miteigentumsanteil an der Globalurkunde bzw. dem Sammelbestand gem. § 6 DepotG).

6 **1. Der Anteil.** Das KAGB unterscheidet zwischen dem Anteil und seiner Verbriefung in einem Anteilschein bzw. der Begebung als elektronisches Wertpapier (durch Eintragung in ein elektronisches Register gem. § 2 eWpG). Der Begriff „Anteil" umfasst **alle Rechte des Anlegers** in Bezug auf das Sondervermögen. Verbrieft bzw. begeben werden also zum einen die schuldrechtlichen Ansprüche der Anleger gegenüber der KVG aus dem mit dieser geschlossenen Investmentvertrag (.→ Vor §§ 92–107 Rn. 19ff.). Im Falle der Ermächtigungstreuhand wird zum anderen aber auch die Position der Anleger als Miteigentümer der zum Sondervermögen gehörenden Vermögensgegenstände erfasst. Ob ggf. der Wortlaut des § 95 IV 1 gegen eine Einbeziehung auch der dinglichen Rechte der Anleger (im Falle der Ermächtigungstreuhand) in den Anteilsbegriff spricht, kann letztlich dahinstehen, da diese Vorschrift jedenfalls klarstellt, dass der Miteigentumsanteil an den Vermögensgegenständen immer gemeinsam mit der Urkunde bzw. dem elektronischen Anteilschein übertragen wird (für eine Einbeziehung der Miteigentümerstellung in den Anteilsbegriff die hM; EDDH/*Schott* InvG § 33 Rn. 4; vgl. Brinkhaus/Scherer/*Schödermeier/Baltzer* KAGG § 18 Rn. 8, 24; *Baur* KAGG § 18 Rn. 30f.; BSV/*Beckmann* 410 § 33 Rn. 16; *Canaris* Bankvertragsrecht Rn. 2372). Der Begriff „Anteil" umfasst schließlich auch die Rechtsstellung der Anleger gegenüber der Verwahrstelle (vgl. §§ 78 II, 89 II), unabhängig von der Frage, ob man diese Rechte dogmatische aus einem zwischen der Verwahrstelle und der KVG zugunsten der Anleger geschlossenen Vertrag gem. § 328 BGB oder aus einem gesetzlichen Schuldverhältnis herleitet.

7 Der Anteil umfasst also die **gesamte Rechtsstellung der Anleger** mithin alle Rechte, die dem Anleger in einem Sondervermögen aus Investmentvertrag oder Gesetz zustehen. Zu beachten ist in diesem Zusammenhang, dass Rechte zwischen den Anlegern nicht bestehen. Insbesondere besteht zwischen den Anlegern keine derartige Rechte begründende Bruchteilsgemeinschaft gem. §§ 741ff., 1008ff. BGB (→ Vor §§ 92–107 Rn. 36ff. – dort auch zur Gegenmeinung; Auch die Ansicht, die eine Bruchteilsgemeinschaft annimmt, geht davon aus, dass Ansprüche im Verhältnis der Anteilinhaber untereinander nicht bestehen. So ausdrücklich BSV/*Beckmann* 410, § 33 Rn. 15).

8 Der Anteil an einem Sondervermögen entsteht mit dem Abschluss des Investmentvertrages zwischen Anleger und KVG und der Verbuchung des Ausgabepreises (abzüglich des Ausgabeaufschlags) auf dem gesperrten Fondskonto bei der Verwahrstelle. Der Anteil entsteht damit **unabhängig** von seiner Verbriefung im Anteilschein bzw. einer Begebung als elektronisches Wertpapier (BSV/*Beckmann* 410 § 33 Rn. 19; EDDH/*Schott* InvG § 33 Rn. 3).

9 **2. Der verbriefte Anteilschein.** Die Anteile an Sondervermögen werden nach § 95 I 1 in Anteilscheinen verbrieft. Bei den Anteilscheinen handelt es sich um **Wertpapiere,** da die Geltendmachung der Ansprüche an die Vorlegung des Papiers geknüpft ist (*Baur* KAGG § 18 Rn. 2 mwN). Da die Anteilscheine keine der herkömmlichen Wertpapierarten zugeordnet werden können, werden sie als Wertpapiere *sui generis* betrachtet (vgl. etwa WBA/*Anders* § 95 Rn. 4 mwN). Zwar sind Anteilscheine den Schuldverschreibungen iSd §§ 793ff. BGB insoweit ähnlich, als sie im Wesentlichen einen Auszahlungsanspruch (§ 98 I) gegenüber der KVG als

Emittent verbriefen. Verwaltungs- oder Stimmrechte stehen den Anlegern nicht zu. Auch verbriefen die Anteilscheine keine Mitgliedschaftsrechte in Bezug auf die Gemeinschaft der Anleger (so aber BSV/*Beckmann* 410 § 33 Rn. 24 mit Nachweisen zur Gegenansicht). Im Unterschied zu Schuldverschreibungen verbriefen die Anteilscheine aber nicht nur Zahlungsansprüche gegenüber dem Emittenten, sondern auch Miteigentumsanteile (im Falle der Ermächtigungstreuhand) sowie Ansprüche gegenüber der Verwahrstelle.

Der Anteilschein ist ein **deklaratorisches Wertpapier,** da der Anteil unabhängig von seiner Verbriefung entsteht, die Verbriefung somit nicht konstitutiv für die Recht der Anleger ist (BSV/*Beckmann* 410 § 33 Rn. 24). 10

Die Anteilscheine können als **Inhaber- oder Namensanteilscheine** ausgestaltet sein. Andere Verbriefungsformen sind unzulässig. Inhaberanteilscheine stellen in der Praxis den Regelfall dar (Brinkhaus/Scherer/*Schödermeier/Baltzer* KAGG § 18 Rn. 5; BGH III ZR 56–98, NJW 1999, 1393). Inhaberanteilscheine sind echte Inhaberpapiere, also Urkunden, die ein subjektives vermögenswertes Recht verbriefen, ohne den Namen des Berechtigten zu nennen. Deshalb kann jeder Inhaber der Urkunde das Recht geltend machen, es sei denn, dass er zur Verfügung über die Urkunde nicht berechtigt ist. Für den Besitzer der Urkunde spricht also die widerlegbare Vermutung der materiellen Berechtigung (sog. **Legitimation des Inhabers;** vgl. BGH XI ZB 1/16, BeckRS 2017, 120527 Rn. 16; MüKoBGB/*Habersack* Vor § 793 Rn. 14). Im Fall von Inhaberanteilen ist eine Einzelverbriefung gem. § 95 II 1 ausgeschlossen (vgl. zum Hintergrund dieser durch das OGAW-V-UmsG eingeführten Regelung → Rn. 2). Werden Anteilscheine als Namensanteilscheine ausgegeben, sind sie nach § 95 II 2 wie Namensaktien zu behandeln. Namensanteilscheine sind Orderpapiere. Nach § 67 AktG sind sie in das Namensanteilscheinbuch, das wie ein Aktienbuch zu führen ist, einzutragen und nach § 68 I AktG durch Indossament zu übertragen. Orderpapiere sind Urkunden, die den Namen des ursprünglich Berechtigten nennen, aber auch denjenigen zur Rechtsausübung zulassen, der durch eine Order des vor ihm Berechtigten als Rechtsinhaber ausgewiesen wird. Das Innehaben der Urkunde allein genügt also nicht, um darin verbriefte Rechte geltend machen zu können. Es muss vielmehr eine ununterbrochene Reihe von Übertragungsvermerken (Indossamenten) hinzutreten, die vom namentlich Benannten zum jetzigen Inhaber führt (MüKoBGB/*Habersack* Vor § 793 Rn. 15). 11

3. Stückelung der verbrieften Anteilscheine. Die verbrieften Anteilscheine können über einen oder mehrere Anteile desselben Sondervermögens ausgestellt werden (§ 95 II 3). Zulässig ist also die Verbriefung mehrerer Anteile in einem Anteilschein. Diese gesetzliche Regelung ist insoweit zu ergänzen, als dass mehrere Anteile desselben Sondervermögens nur dann in einer Urkunde verbrieft werden können, wenn sich diese Anteile auch auf **dieselbe Anteilklasse** beziehen. Nach § 96 I können mit Blick auf ein Sondervermögen verschiedene Anteilklassen gebildet werden. Jede Anteilklasse gewährt unterschiedliche Rechte. Da in einer Urkunde nur Anteile derselben Art verbrieft werden können (vgl. § 9a DepotG), können Anteilscheine über mehrere Anteile nur dann ausgestellt werden, wenn sich die Anteile auf dieselbe Anteilklasse des jeweiligen Sondervermögens beziehen. 12

In der Praxis werden Anteilscheine zB über 1, 5, 10, 100, 500 und 1000 Anteile ausgegeben (Sammelurkunden gem. § 9a DepotG). Die Stückelung ist jeweils im Verkaufsprospekt anzugeben (vgl. § 165 II Nr. 25). Alle Anteile eines Sonderver- 13 mögens bzw. einer Anteilklasse können auch in einer einzigen Globalurkunden verbrieft werden (vgl. BT-Drs. 15/1553, 86). Verbrieft ein Anteilschein mehrere Anteile, ist die jeweilige Sammelurkunde bei der Clearstream Banking AG zu verwahren (vgl. § 9a DepotG, → § 97 Rn. 4ff.).

14 Die Anteilscheine lauten nicht auf einen Nennwert; sie verbriefen eine **quotale Beteiligung** am Sondervermögen (bzw. an der Anteilklasse). Der Wert eines Anteils ermittelt sich durch Division vom Wert des Sondervermögens und der Zahl der außenstehenden, also ausgegebenen aber noch nicht zurückgenommenen, Anteile. Der Wert eines Anteilscheins ergibt sich aus dem gem. vorstehendem Satz ermittelten Quotienten multipliziert mit der Anzahl der in dem jeweiligen Anteilschein verbrieften Anteile.

15 Die Anteilscheine dürfen nur auf volle Anteile lauten (vgl. Brinkhaus/Scherer/*Schödermeier/Baltzer* KAGG § 18 Rn. 7; BSV/*Beckmann* 410 § 33 Rn. 9; *Baur* KAGG § 18 Rn. 28; anders für die InvAG § 109 I 4 aE; unklar Reg.-Begr. BT-Drs. 16/5576, 83). Der Erwerb von Anteilsbruchteilen ist relevant, wenn der Anleger Anteile an einem Sondervermögen für einen festen Geldbetrag erwirbt, wie zB bei Fondssparplänen. Dabei wird der Anleger jedoch nicht Eigentümer eines Anteilsbruchteils und die KVG begibt auch keine Bruchteile an Anteilen. Vielmehr werden von der Verwahrstelle des Anlegers die jeweiligen Anteile (die mehreren Anlegern nach Bruchteilen zustehen) in einem Gemeinschaftsdepot verwahrt. Dementsprechend ist auch eine Auslieferung der Bruchteile nicht möglich (vgl. zum Vorstehenden *Baur* Einl. I Rn. 84).

16 **4. Formerfordernis.** Die formale Ausgestaltung der Anteilscheine bleibt weitgehend der KVG bzw. dem Zentralverwahrer (Clearstream Banking AG) überlassen. Einzige Vorgabe des KAGB nach § 95 II 4 ist das Erfordernis, dass sowohl die KVG als auch die Verwahrstelle die Anteilscheine unterzeichnen müssen. Üblicherweise werden Wertpapiere nur vom Aussteller unterzeichnet. Sinn der erweiterten Formvorschrift für die Anteilscheine am Sondervermögen ist zum einen, dass durch die **Unterschrift der Verwahrstelle** eine Umgehung dieser bei Ausgabe der Anteilscheine ausgeschlossen wird; zum anderen wird so dokumentiert, dass die unterzeichnende Verwahrstelle die ihr gesetzlich und vertraglich obliegenden Pflichten in Bezug auf das Sondervermögen übernommen hat. Wenn eine der beiden Unterschriften fehlt, ist der Anteilschein unwirksam und verbrieft keine Rechte (BSV/*Beckmann* 410 § 33 Rn. 6; Brinkhaus/Scherer/*Schödermeier/Baltzer* KAGG § 18 Rn. 6).

17 Das Gesetz sieht eine Erleichterung des Unterschriftenerfordernisses vor, indem die Unterzeichnung durch mechanische Vervielfältigung erfolgen kann (§ 95 II 5). Diese Vorschrift steht in Einklang mit entsprechenden Vorschriften anderer Gesetze (zB § 793 II BGB, § 13 S. 1 AktG, § 30 III 2 HypBG). Neben der gesetzlichen Erlaubnis, die Unterschriften mechanisch zu vervielfältigen, kann vertraglich ein strengeres Formerfordernis vereinbart werden. Das hat zur Folge, dass die Anteilscheine erst bei Einhaltung eines solchen wirksam sind. So wird in der Praxis häufig eine handschriftliche Kontrollsignatur vorgesehen, um das sich für die KVG und die Verwahrstelle ergebende Risiko zu vermindern, bei unbeabsichtigtem Inverkehrbringen der Anteilscheine dem Sondervermögen ersatzpflichtig zu sein (§ 93 VII) (BSV/*Beckmann* 410 § 33 Rn. 7).

III. Elektronische Anteilscheine (Abs. 3)

Mit der Einführung des eWpG beabsichtigte der Gesetzgeber, das deutsche Wertpapierrecht zu modernisieren – zum einen durch die Einführung dematerialisierter Schuldverschreibung, bei der die Verbriefung in einer Urkunde durch Eintragung in ein Wertpapierregister ersetzt wird, und zum anderen durch die Schaffung von Kryptowertpapieren, die in einem dezentralen Register eingetragen werden (sog. Distributed Ledger). §95 III eröffnet die Möglichkeit der elektronischen Begebung von Anteilscheinen auch für Anteilscheine an Sondervermögen. Kryptofondsanteile sind derzeit nicht zulässig und einer Rechtsverordnung gem. Abs. 5 vorbehalten (→Rn. 38). 18

Absatz 3 erklärt die Regelungen des eWpG für auf elektronische Anteilscheine endsprechend anwendbar, mit Ausnahme der Vorschriften, die sich auf Kryptowertpapiere beziehen oder Eigenschaften von Schuldverschreibungen betreffen, die auf Fondsanteile nicht anwendbar sind (Gesetzesbegründung BT-Drs. 19/26925, 76). Auch die Vorschriften über die Zugänglichmachung von Emissionsbedingungen (sog. Niederlegung) in §5 eWpG findet keine Anwendung. Die Veröffentlichungspflichten für Anlagebedingungen von Publikumsfonds im KAGB und die Informationsmöglichkeiten für Spezialfondsanleger wurden insoweit als ausreichend angesehen (vgl. BT-Drs. 19/26925, 76). 19

IV. Erwerb und Übertragung von Anteilen (Abs. 4)

Die verbrieften Anteile werden nach allgemeinen **wertpapierrechtlichen Grundsätzen** übertragen. Im Falle der Begebung elektronischer Anteilscheine erfolgt die Übertragung gem. §25 eWpG (Umtragung im Register auf Weisung des Berechtigten). Folge der Übertragung eines Wertpapiers ist, dass mit Übertragung desselben auch die in dem Wertpapier verbrieften Rechte auf den Erwerber übergehen (für elektronische Wertpapiere vgl. §25 II eWpG). Abs. 4 regelt, dass mit der Übertragung des Anteilscheins bzw. der Übereignung des elektronischen Anteilsscheins auch evtl. Miteigentumsanteile an den Vermögensgegenständen des Sondervermögens auf den Erwerber des Anteilscheins übergehen. Diese Regelung hat lediglich klarstellende Funktion, da die – nur bei der Ermächtigungstreuhand iSd §92 I 1 Alt. 2 bestehenden – Miteigentumsanteile bereits im Anteilschein verbrieft sind (bzw. durch den elektronischen Anteilschein vermittelt werden) und daher – ebenso wie die übrigen Rechte des Anlegers – mit Übertragung des Wertpapiers bzw. der Übereignung des elektronischen Anteilsscheins übergehen. Hilfreich ist diese Klarstellung des Gesetzgebers jedoch deshalb, weil Wertpapiere regelmäßig keine (Mit-)Eigentumsrechte, sondern lediglich schuldrechtliche Ansprüche (vgl. Schuldverschreibungen) und Mitgliedschaftsrechte (vgl. Aktien) verbriefen bzw. vermitteln. Außerdem legt Abs. 4 S. 3 fest, dass über die Miteigentumsanteile nur durch Übertragung des Anteilscheins bzw. der Übereignung des elektronischen Anteilsscheins verfügt werden kann. Damit ist sichergestellt, dass Miteigentumsrechte und schuldrechtliche Ansprüche der Anleger nicht auseinanderfallen können. 20

1. Ersterwerb von verbrieften Anteilscheinen. Aufgrund des zwischen dem Anleger und der KVG geschlossenen **Investmentvertrages** (ausführlich zur rechtlichen Einordnung des Investmentvertrags →Vor §§92–107 Rn. 19ff.) hat der Anleger einen Anspruch auf Übereignung des Anteilscheins bzw. Eintragung in ein elektronisches Wertpapierregister gem. §2 eWpG. Rechtsgrund für den Ersterwerb 21 des Anteilscheins ist also der zwischen Anleger und KVG geschlossene Investmentvertrag (vgl. BGH XI ZB 3/16, WM 2019, 20 Rn. 56). Der Anteilschein wird nach sachenrechtlichen Grundsätzen (§§ 929ff. BGB) durch Einigung und Übergabe übereignet. Hierzu sind ein von der KVG als Ausstellerin der Urkunde mit dem Ersterwerber zu schließender Begebungsvertrag (Einigung) und die Übergabe der Urkunde erforderlich (BSV/*Beckmann* 410 § 33 Rn. 29).

22 Der **Begebungsvertrag** (dazu *Canaris* Bankvertragsrecht Rn. 2374; ausführlich *Klenk* Die rechtliche Behandlung des Investmentanteils, 36ff.) ist ein abstraktes dingliches Rechtsgeschäft und aufgrund des Abstraktionsprinzips von dem obligatorischen Investmentvertrag zu unterscheiden. Mängel im Investmentvertrag haben daher keinen Einfluss auf die Wirksamkeit des dinglichen Begebungsvertrags (*Canaris* Bankvertragsrecht Rn. 2376; Brinkhaus/Scherer/*Schödermeier/Baltzer* KAGG § 18 Rn. 14). Jedoch kommen bei Mängeln des Investmentvertrages ggf. Bereicherungsansprüche der KVG nach §§ 812ff. BGB in Betracht. Die Ausgabe eines Anteils ohne Erhalt des Ausgabepreises führt ebenfalls nicht zur Nichtigkeit des Begebungsvertrages (so aber EDDH/*Schott* InvG § 33 Rn. 22; Brinkhaus/Scherer/*Schödermeier/Baltzer* KAGG § 18 Rn. 14; BSV/*Beckmann* 410 § 33 Rn. 31, die wegen Verstoßes gegen § 23 I InvG (jetzt § 71 I KAGB) eine Nichtigkeit des Begebungsvertrages gem. § 134 BGB annehmen). In diesen Fällen gilt vielmehr § 93 VIII, wonach die KVG den fehlenden Betrag aus eigenem Vermögen in das Sondervermögen einzulegen hat. Im Übrigen gelten mit Blick auf Mängel im Begebungsvertrag grundsätzlich die allgemeinen wertpapierrechtlichen Regeln.

23 Die Übergabe der Urkunde wird in der Praxis durch **Einräumung eines Miteigentumsanteils** an der Globalurkunde gemäß den Vorschriften des Depotgesetzes ersetzt. Bei Namensanteilscheinen wird der Erwerber zudem in das Anteilscheinregister eingetragen.

24 Die Mitberechtigung am Sondervermögen erwirbt der Anleger (im Rahmen des Ersterwerbs) nicht erst durch den Begebungsvertrag und Einräumung eines Miteigentumsanteils an der Globalurkunde, sondern bereits durch Annahme des Zeichnungsauftrags durch die KVG und Einzahlung des Ausgabepreises (vgl. Brinkhaus/Scherer/*Schödermeier/Baltzer* KAGG § 18 Rn. 16). Rechtsgrund für die Zahlung des Ausgabepreises ist der Investmentvertrag.

25 **2. Zweiterwerb von verbrieften Anteilscheinen. a) Kausalgeschäft.** Jeder Anleger hat das Recht, seinen Anteil am Sondervermögen gem. § 98 gegen Auszahlung des anteiligen Nettoinventarwerts zurückzugeben. Regelmäßig liquidiert der Anleger sein Investment in einem Sondervermögen also durch Rückgabe seines Anteils an die KVG. Daneben kann der Anleger seinen Anteil aber auch an einen Dritten nach allgemeinen wertpapierrechtlichen Grundsätzen übertragen. Praktische Bedeutung hat diese Möglichkeit vor allem bei sog. Exchange Traded Funds, also börsengehandelten Anteilen an Sondervermögen. Besondere Regelungen gelten bei Spezialsondervermögen. Anteile an diesen dürfen gem. zwingenden Regelungen im Investmentvertrag nur an professionelle und semiprofessionelle Anleger übertragen werden (§ 277).

26 Anders als beim Ersterwerb (→ Rn. 19ff.) liegt dem Zweiterwerb eines Anteils regelmäßig ein **Rechtskauf** gem. § 453 BGB zugrunde, auf den die Vorschriften über den Kauf von Sachen nach § 433 BGB entsprechend anzuwenden sind. Der Veräußerer verpflichtet sich, dem Erwerber gegen Zahlung des Anteilpreises durch Übertragung seines Anteils die Rechtsposition zu übertragen, die jener mit Blick auf das Sondervermögen innehat. Nach § 453 III BGB ist der Veräußerer auch ver-

pflichtet, dem Erwerber den Anteilschein zu übergeben (BSV/*Beckmann* 410 § 33 Rn. 33; *Canaris* Bankvertragsrecht Rn. 2380).

b) Anteilsübertragung. Mit Blick auf das dingliche Übertragungsgeschäft ist zwischen der Übertragung von Inhaberanteilscheinen und Namensanteilscheinen zu unterscheiden. Die Übertragung von **Inhaberanteilscheinen** erfolgt nach den Vorschriften über die Übereignung beweglicher Sachen gem. §§ 929ff. BGB. Möglich ist nach wohl allgemeiner Meinung auch eine Übertragung durch Abtretung des durch den Anteilschein verbrieften Rechts gem. §§ 398, 413 BGB ohne Übergabe des Anteilscheins (vgl. *Baur* KAGG § 18 Rn. 9 mwN). Ein gutgläubiger Erwerb eines Anteilscheins ist im Falle von Inhaberanteilscheinen grundsätzlich möglich (*Canaris* Bankvertragsrecht Rn. 2387). In den Fällen, in denen der Anteil wegen eines mangelhaften Begebungsvertrags nicht wirksam entstanden ist oder der KVG gegenüber dem Ersterwerber Einwendungen oder Einreden zustehen, ist nach Rechtsscheingrundsätzen ein gutgläubiger Erwerb durch den Zweit- oder Dritterwerber möglich (vgl. *Baur* KAGG § 18 Rn. 1c). Das gilt nicht, wenn sich die den Begebungsvertrag betreffenden Einreden aus dem Inhalt des Anteilscheins ergeben oder wenn es an einer zurechenbaren Rechtscheinsetzung fehlt (in Brinkhaus/Scherer/*Schödermeier/Baltzer* KAGG § 18 Rn. 21). Kein Schutz des guten Glaubens besteht bei einer Abtretung ohne Vorlage des Anteilscheins. 27

Die Übertragung von **Namensanteilscheinen** erfolgt gem. § 68 I AktG analog durch Indossament und Übergabe. Das Indossament richtet sich nach Art. 12, 13 und 16 WG. Die Übertragung durch Indossament lässt sich nicht ausschließen. Ist das Indossament bei der Veräußerung vergessen worden, kann die Übertragung durch Abtretung gem. § 95 IV 2 zugleich die dingliche Rechtsstellung verschaffen (*Baur* KAGG § 18 Rn. 17). Blankoindossamente sind zulässig (Art. 13 II WG); dadurch wird der Namensanteilschein in seiner Übertragbarkeit praktisch den Inhaberanteilscheinen gleichgestellt. Gegenüber der KVG gilt gem. § 67 II AktG analog der Eingetragene als Berechtigter. Ein Rechtsübergang ist daher der KVG zu melden und der Anteilschein vorzulegen. Die KVG prüft die Indossamente lediglich hinsichtlich ihrer formalen Ordnungsmäßigkeit. Ist diese gegeben, vermerkt sie den Rechtsübergang in dem von ihr geführten Anteilscheinbuch. Für Blankoindossamente besteht die Möglichkeit der Übertragung nach den Regelungen des DepotG. Bei der Übertragung des Anteilscheins durch Abtretung wird der gute Glaube an das Eigentum bzw. an die Veräußerungsbefugnis nicht geschützt. Der Gutglaubensschutz bei einer Übertragung durch Indossament ergibt sich aus § 95 I 3 KAGB iVm § 68 I 2 AktG, Art. 16 II WG. Bei bestehenden Einwendungen und Einreden hinsichtlich des Begebungsvertrags zwischen der KVG und dem Ersterwerber ist ein gutgläubiger Erwerb nach allgemeinen Rechtsscheingrundsätzen wie bei den Inhaberanteilscheinen möglich. 28

Die Übertragung der Anteilscheine erfolgt in der Praxis regelmäßig nach den Regeln des **DepotG.** Schaltet der Erwerber einen Kommissionär ein, ist § 18 III DepotG anzuwenden, wonach das Eigentum an den gekauften Anteilscheinen spätestens mit Versendung des Stückeverzeichnisses auf den Anleger übergeht (*Baur* KAGG § 18 Rn. 11). Befinden sich die Anteilscheine (wie regelmäßig) in Sammelverwahrung gem. §§ 6, 9a DepotG iVm § 97 I wird das Eigentum durch Begründung eines vorweggenommenen Besitzmittlungsverhältnisses verschafft (§ 24 DepotG). 29

c) Rechtsfolgen der Übertragung. Mit Übertragung des Anteilscheins gehen die darin verbrieften Ansprüche gegen die KVG sowie die Verwahrstelle auf den Erwerber über. Absatz 4 S. 1 regelt, dass im Fall der Ermächtigungstreuhand mit 30 der Übertragung der in dem Anteilschein verbrieften schuldrechtlichen Ansprüche auch der Miteigentumsanteil auf den Erwerber übergeht. Diese Vorschrift hat nur klarstellende Funktion, da der Anteilschein auch den Miteigentumsanteil des Anteilinhabers an den Gegenständen des Sondervermögens verbrieft (→ Rn. 7). Die Regelung des Absatzes 4 S. 1 verhindert zudem ein Auseinanderfallen von schuldrechtlichen Ansprüchen und Mitberechtigung und damit eine unterschiedliche Behandlung von Treuhand- und Miteigentumslösung.

31 In § 95 IV 2 wird der für die Übertragung geltende Grundsatz, dass bei der Veräußerung mit der Übertragung des Anteilscheins neben den schuldrechtlichen Ansprüchen auch der Miteigentumsanteil an den Gegenständen des Sondervermögens auf den Erwerber übergeht, auf die sonstigen rechtsgeschäftlichen Verfügungen sowie auf im Wege der Zwangsvollstreckung (§§ 808 ff. ZPO) oder Arrestvollziehung (§§ 916 ff. ZPO) erfolgten Verfügungen erweitert (*Baur* KAGG § 18 Rn. 32).

32 § 95 IV 3 schließt jede andere als die in § 95 IV genannten Übertragungsmöglichkeiten für Anteilscheine aus. Der einzelne Anleger ist nicht befugt, unmittelbar über seinen Miteigentumsanteil an den Gegenständen des Sondervermögens zu verfügen. Das bedeutet zugleich, dass der einzelne Anleger auch die Rechte an den Gegenständen des Sondervermögens nicht selbst ausüben darf (Bödecker/*Braun* S. 211). Die alleinige Geschäftsführungsbefugnis der KVG trägt der praktischen Erwägung Rechnung, dass andernfalls die Geschäftstätigkeit der KVG stark erschwert wäre (Brinkhaus/Scherer/*Schödermeier/Baltzer* KAGG § 18 Rn. 26). Diese Regelung gilt insb. auch für Spezialfonds, selbst wenn alle Anteile an einem solchen Fonds von nur einem Anleger gehalten werden (ebenso WBA/*Anders* § 95 Rn. 12).

33 **3. Erwerb und Übertragung von elektronischen Anteilscheinen.** Elektronische Anteilscheine werden ähnlich wie verbriefte Anteilscheine begeben. Rechtsgrund für den Ersterwerb des Anteilscheins ist der zwischen Anleger und KVG geschlossene Investmentvertrag. Da gem. § 2 III eWpG der elektronische Anteilschein als Sache iSd BGB gilt, wird er nach sachenrechtlichen Grundsätzen (§§ 929 ff. BGB) durch Einigung (Begebungsvertrag) und Übergabe übereignet. Anstelle der Übergabe einer Urkunde erfolgt eine Eintragung des Anlegers als Berechtigten (§ 3 eWpG) in ein elektronisches Wertpapierregister (sog. zentrales Register gem. § 12 eWpG). Eine Niederlegung der Anlagebedingungen gem. § 5 eWpG ist nicht erforderlich. Mit Eintragung im elektronischen Wertpapierregister entsteht der elektronische Anteilschein.

34 Da der elektronische Anteilschein nach der gesetzlichen Fiktion in § 2 III eWpG als Sache gilt, erfolgt eine Übertragung nach sachenrechtlichen Grundsätzen. Unterschiedliche Regelungen gelten mit Blick auf einzeleingetragene Anteilscheine (§ 8 I Nr. 2 eWpG) und Anteilscheine in Sammeleintragung (§ 8 I Nr. 1 eWpG). Für der letzteren Fall regelt § 9 eWpG, dass die Anleger Miteigentümer nach Bruchteilen an dem elektronischen Anteilschein sind. Eine Übertragung des Miteigentumsanteils erfolgt daher nach den Vorschriften des DepotG (vgl. § 9b DepotG). Die Übertragung einzeleingetragener elektronischer Anteilscheine richtet sich nach § 25 eWpG (Umtragung im Register auf Weisung des Berechtigten).

35 **4. Erwerb von Anteilen durch die KVG.** Die KVG kann auch Anteile an von ihr verwalteten Sondervermögen für eigene Rechnung erwerben. Gemäß § 20 V darf die KVG Geschäfte zur Verwaltung ihres eigenen Vermögens tätigen. Dabei ist es unerheblich, ob die KVG die Anteile direkt oder von Dritten erwirbt. Die Anteile sind in diesem Fällen dem (vom Sondervermögen getrennten) eigenen Vermögen der KVG zuzuordnen. Interessenkonflikte sind in diesen Fällen nicht zu befürchten. Vielmehr dürfte die Anlage eigenen Vermögens potenzielle Interessenkonflikte zwischen KVG und Anleger („Principal/Agent"-Probleme) sogar verringern (zustimmend EDDH/*Schott* InvG § 33 Rn. 26).

Der Auszahlungsanspruch des § 98 wandelt sich in den Fällen, in denen die KVG Anteile an von ihr verwalteten Sondervermögen hält, in ein Entnahmerecht um. Der Anspruch erlischt also nicht durch Kollusion, sondern die KVG erhält gegenüber den übrigen Anlegern die Berechtigung, bei Rückgabe des Anteils ihren Anteil aus dem Sondervermögen zu entnehmen. In Fällen des § 92 I 1 Alt. 2 erhält die KVG in einem solchen Fall außerdem Miteigentum an den Vermögensgegenständen des Sondervermögens. 36

Mit Blick auf die Frage, ob eine KVG den Zeichnungsantrag eines Kunden mittels Lieferung eines eigenen Anteils erfüllen darf, ist zu unterscheiden: Sieht der regelmäßig von der KVG erstellte Zeichnungsschein nicht vor, dass Zeichnungsaufträge auch durch Lieferung schon existierender Anteile erfüllt werden können, kann die KVG den Zeichnungsauftrag nur durch Schaffung und Lieferung eines neuen Anteils erfüllen. Allerdings wird der Kunde Anteile regelmäßig durch die Einschaltung eines Dritten erwerben. Dieser leitet regelmäßig nicht bloß den Zeichnungsauftrag weiter, sondern zeichnet im Auftrag des Kunden und überträgt den so erworbenen Anteil. In einem solchen Szenario können also auch bereits existierende Anteile übertragen werden. 37

V. Verordnungsermächtigung (Abs. 5)

Die Verordnungsermächtigung in Abs. 5 wurde aufgenommen, um eine spätere Ausweitung des Anwendungsbereichs weiterer Vorschriften des eWpG auf elektronische Anteilscheine im Wege einer Rechtsverordnung zu ermöglichen. Insbesondere soll die Einführung von Kryptofondsanteilen, die in ein dezentrales Kryptoregister eingetragen sind, ermöglicht werden (Beschlussempfehlung des Finanzausschusses, BT-Drs. 19/29372, 61). 38

§ 96 Anteilklassen und Teilsondervermögen; Verordnungsermächtigung

(1) [1]Die Anteile an einem Sondervermögen können unter Berücksichtigung der Festlegungen in der Rechtsverordnung nach Absatz 4 nach verschiedenen Ausgestaltungsmerkmalen, insbesondere hinsichtlich der Ertragsverwendung, des Ausgabeaufschlags, des Rücknahmeabschlags, der Währung des Anteilswertes, der Verwaltungsvergütung, der Mindestanlagesumme oder einer Kombination dieser Merkmale unterteilt werden (Anteilklassen). [2]Anteile einer Anteilklasse haben gleiche Ausgestaltungsmerkmale. [3]Die Kosten bei Einführung neuer Anteilklassen für bestehende Sondervermögen müssen zulasten der Anteilpreise der neuen Anteilklasse in Rechnung gestellt werden. [4]Der Wert des Anteils ist für jede Anteilklasse gesondert zu errechnen.

(2) [1]Unter Berücksichtigung der Festlegung in der Rechtsverordnung nach Absatz 4 können mehrere Sondervermögen, die sich hinsichtlich der Anlagepolitik oder eines anderen Ausstattungsmerkmals unterscheiden (Teilsondervermögen), zusammengefasst werden (Umbrella-Konstruktion). [2]Die Kosten für die Auflegung neuer Teilsondervermögen dürfen nur zulasten der Anteilpreise der neuen Teilsondervermögen in Rechnung

gestellt werden. [3]Bei Publikumsteilsondervermögen sind die Anlagebedingungen und deren Änderungen durch die Bundesanstalt nach Maßgabe der §§ 162 und 163 zu genehmigen. [4]Bei Spezialteilsondervermögen sind die Anlagebedingungen und deren wesentliche Änderungen bei der Bundesanstalt gemäß § 273 vorzulegen.

(3) **[1]Die jeweiligen Teilsondervermögen einer Umbrella-Konstruktion sind von den übrigen Teilsondervermögen der Umbrella-Konstruktion vermögensrechtlich und haftungsrechtlich getrennt. [2]Im Verhältnis der Anleger untereinander wird jedes Teilsondervermögen als eigenständiges Zweckvermögen behandelt. [3]Die Rechte von Anlegern und Gläubigern im Hinblick auf ein Teilsondervermögen, insbesondere dessen Auflegung, Verwaltung, Übertragung und Auflösung, beschränken sich auf die Vermögensgegenstände dieses Teilsondervermögens. [4]Für die auf das einzelne Teilsondervermögen entfallenden Verbindlichkeiten haftet nur das betreffende Teilsondervermögen. [5]Absatz 1 Satz 4 gilt entsprechend.**

(4) **[1]Das Bundesministerium der Finanzen wird ermächtigt, durch Rechtsverordnung, die nicht der Zustimmung des Bundesrates bedarf, nähere Bestimmungen zur buchhalterischen Darstellung, Rechnungslegung und Ermittlung des Wertes jeder Anteilklasse oder jedes Teilsondervermögens zu erlassen. [2]Das Bundesministerium der Finanzen kann die Ermächtigung durch Rechtsverordnung auf die Bundesanstalt übertragen.**

Schrifttum: *Fischer* Aktienklassen einer Investmentaktiengesellschaft, NZG 2007, 133; *Kempf* Die Novellierung des Investmentrechts, 2004; *Köndgen/Schmies* Die Neuordnung des deutschen Investmentrechts, WM 2004, Sonderbeilage 1; *Kugler/Rittler* Viertes Finanzmarktförderungsgesetz – Aufbruch zu neuen Ufern im Investmentrecht?, BB 2002, 1001; *Steck/Schmitz* Die Investmentaktiengesellschaft mit veränderlichem und fixem Grundkapital, AG 2004, 658.

Inhaltsübersicht

	Rn.
I. Allgemeines	1
1. Rechtsentwicklung	1
2. Regelungsgegenstand und -zweck	3
3. Anwendungsbereich	5
II. Anteilklassen (Abs. 1)	6
1. Begriff und Arten von Anteilklassen	6
2. Bildung, Bezeichnung und Schließung von Anteilklassen	13
3. Wertermittlung und Rechnungslegung	19
III. Teilsondervermögen	26
1. Umbrella-Konstruktion (Abs. 2)	26
2. Allgemeine Vorschriften für Teilsondervermögen	29
3. Vermögens- und haftungsrechtliche Trennung (Abs. 3)	33
IV. Verordnungsermächtigung (Abs. 4)	38

I. Allgemeines

1 **1. Rechtsentwicklung.** Durch das 4. FMFG (v. 21.6.2002, BGBl. 2002 I 2010) wurde erstmals die Möglichkeit geschaffen, für ein Sondervermögen verschiedene Anteilklassen zu bilden (vgl. § 18 II 2–4 KAGG). Das InvModG hat die Möglichkeiten zur Bildung von Anteilklassen dann erweitert und weitere Ausstattungsmerkmale zugelassen (§ 34 I 1 InvG: „insbesondere“). Damit wurde dem Bedürfnis der Praxis

entsprochen, Anteilsklassen auch hinsichtlich der Mindestanlagesumme sowie weiterer Ausgestaltungsmerkmalen zu differenzieren (BT-Drs. 16/5576, 68). § 96 entspricht im Wesentlichen § 34 InvG.

Die Möglichkeit, mehrere Sondervermögen zu einem Umbrella zusammen- 2
zufassen bzw. Teilgesellschaftsvermögen für eine InvAG zu bilden (§ 96 II), wurde ebenfalls durch das InvModG eingeführt.

2. Regelungsgegenstand und -zweck. Vor dem 4. FMFG konnten die An- 3
teile an einem Sondervermögen nur einheitlich ausgestaltet werden. Das hatte zur Folge, dass zB thesaurierende und ausschüttende Sondervermögen getrennt aufgelegt werden mussten. Die Einführung verschiedener Anteilklassen ermöglicht es der KVG nunmehr, unterschiedliche Anteilklassen innerhalb eines Sondervermögens zu bilden (BT-Drs. 14/8017, 66). Das führt zu einer Reduzierung der mit der Auflage eines Sondervermögens verbundenen Kosten (BT-Drs. 14/8017, 103). Diese Kostenreduzierung soll deutsche Fonds attraktiver und im internationalen Vergleich wettbewerbsfähiger machen.

§ 96 sieht ferner die Möglichkeit einer sog. Umbrella-Konstruktion vor, bei der 4
ein Sondervermögen verschiedene Teilsondervermögen umfasst, die sich in ihrer Anlagepolitik oder hinsichtlich anderer Ausstattungsmerkmale unterscheiden. Ausweislich der Gesetzesbegründung zum InvModG wollte der Gesetzgeber eine Anlagemöglichkeit schaffen, die bereits in Luxemburg, Großbritannien und Irland erfolgreich praktiziert wird (BT-Drs. 15/1553, 86). Für den Anleger soll eine Umbrella-Konstruktion insoweit vorteilhaft sein, als sie eine kostengünstige Möglichkeit eröffnet, zwischen einzelnen Teilfonds zu wechseln. Mit Blick auf Sondervermögen hat die Umbrella-Konstruktion bisher allerdings keine praktische Bedeutung erlangt. Erheblich bedeutsamer ist sie aber für Teilgesellschaftsvermögen einer InvAG (vgl. § 100 InvG; jetzt § 117 KAGB).

3. Anwendungsbereich. Vgl. die Erläuterungen zu → § 92 Rn. 3. Auch eine 5
InvAG darf Anteilklassen und Teilgesellschaftsvermögen bilden (§§ 108 IV). Sonderregelungen für InvAG in Form einer Umbrella-Konstruktion finden sich in § 117.

II. Anteilklassen (Abs. 1)

1. Begriff und Arten von Anteilklassen. § 96 I 1 eröffnet der KVG die Mög- 6
lichkeit, verschiedene Anteilklassen mit Blick auf ein Sondervermögen zu bilden. Anteilklassen sind **Gattungen von Anteilen,** die sich zwar auf dasselbe Sondervermögen beziehen, sich jedoch hinsichtlich bestimmter Merkmale unterscheiden. Verschiedene Anteilklassen können insb. mit Blick auf die Ertragsverwendung, den Ausgabeauf- bzw. Rücknahmeabschlag, die Währung des Anteilwertes, die Verwaltungsvergütung, die Mindestanlagesumme oder eine Kombination dieser Merkmale gebildet werden.

Die Aufzählung in § 96 I 1 ist **nicht abschließend.** Mit der Einfügung des 7
Wortes „insbesondere" durch das InvModG ist es einer KVG nunmehr erlaubt, Anteilklassen auch mit anderen als den in § 96 I 1 genannten Merkmalen zu bilden. In der Praxis finden sich etwa häufig gegen Währungskursschwankungen gesicherte Anteilklassen. Unzulässig ist allerdings die Bildung von Anteilklassen, die sich hinsichtlich der Anlagepolitik (vgl. dazu *Kempf* Die Novellierung des Investmentrechts, S. 67) oder der zugeordneten Vermögensgegenstände unterscheiden. Das Sondervermögen als solches (also die diesem zugeordneten Vermögensgegenstände und

dessen Anlagepolitik) bleibt für alle Anteilklassen einheitlich; trotz der unterschiedlichen Ausgestaltung und einer damit ggf. verbundenen unterschiedlichen wertmäßigen Entwicklung handelt es sich bei den Anteilen der verschiedenen Anteilklassen um Anteile an demselben Sondervermögen. Lediglich mit Blick auf die Rechte der Anleger an diesem einheitlichen Sondervermögen können unterschiedliche Anteilklassen begeben werden (mit Blick auf unterschiedliche Vermögensgegenstände oder eine unterschiedliche Anlagepolitik können jedoch Teilsondervermögen gebildet werde; → Rn. 26ff.).

8 Die Zulassung neuer Anteilklassen steht im **pflichtgemäßen Ermessen der BaFin.** Gleiches gilt auch für die Ausgestaltung im Einzelnen. So ist etwa eine Anteilklasse, bei der die Ertragsverwendung in das Ermessen der KVG gestellt ist, nicht genehmigungsfähig (vgl. BaFin, Fragenkatalog zu Anteilklassen v. 6.11.2007, Ziff. III.2). Anteile einer Anteilklasse müssen gleiche Rechte gewähren (Abs. 1 S. 2). In einer Anteilklasse können also nur solche Anteile eines Sondervermögens zusammengefasst werden, die rechtlich gleich ausgestaltet sind.

9 Neben den in § 96 I ausdrücklich genannten findet sich in der (bisher vornehmlich ausländischen) Fondspraxis eine Reihe weiterer Merkmale, nach denen Anteilklassen gebildet werden. So werden häufig mit Blick auf ausländische steuerrechtliche Besonderheiten bestimmte Anteilklassen für Investoren aus den jeweiligen Ländern gebildet (etwa eine besondere „distribution share class" für Investoren aus Großbritannien). Auch sehen einige Fonds nicht nur eine Mindestanlagesumme vor, sondern differenzieren nach anfänglicher Mindestanlagesumme und einem zu haltenden Mindestinvestment. Teilweise wird auch hinsichtlich der Börsennotierung oder Kostenstruktur differenziert. In Betracht kommt etwa auch eine Differenzierung mit Blick auf die Verwahrstellevergütung. Regelmäßig erfolgt die Bildung der jeweiligen Anteilklasse mit Blick auf besondere Investorengruppen (institutionelle Investoren, Privatanleger oder etwa auch Vertriebsgesellschaften, die Anteile für Rechnung ihrer Kunden halten (sog. „nominee structures" oder „omnibus accounts"). Die Bildung solcher Anteilklassen ist aufgrund der Reglung in § 96 I auch für deutsche Sondervermögen möglich.

10 Eine besondere praktische Bedeutung kommt der Schaffung von Anteilklassen zu, die gegen Wechselkursrisiken abgesichert sind. Sind die Vermögensgegenstände eines Sondervermögens in einer anderen Währung als der Währung denominiert, in der Auszahlungen an den Anleger erfolgen (Fondswährung), trägt dieser ein Wechselkursrisiko. Dieses Risiko kann durch geeignete Sicherungsgeschäfte (OTC currency forwards, swaps oder Optionen) abgesichert werden. Ausländische Fonds legen dabei häufig gesonderte Anteilklassen auf, bei denen das Währungskursrisiko abgesichert ist, während die Anleger in anderen Anteilklassen das volle Wechselkursrisiko tragen. Dies ist auch deutschen Sondervermögen gestattet. Die BaFin hat schon nach alter Rechtslage die Ansicht vertreten, dass solche währungsgeschützten Anteilklassen unter das Merkmal „Währung des Anteilwertes" subsumiert werden können (sog. **Währungsanteilklassen,** vgl. BaFin, Fragenkatalog zu Anteilklassen v. 6.11.2007, Ziff. II.11). Dies war zumindest zweifelhaft, da dieses Merkmal lediglich die Währung bezeichnet, in der Auszahlungen an die Anleger vorgenommen werden.

11 Die Besonderheit währungsgesicherter Anteilklassen ist, dass die notwendigen Währungskurssicherungsgeschäfte ausschließlich zugunsten dieser Anteilklasse abgeschlossen werden. Mit anderen Worten werden die zur Währungskurssicherung erforderlichen Vermögensgegenstände (Devisentermingeschäfte, Währungs-Futures etc.) wirtschaftlich nur für die währungsgesicherte Anteilklasse erworben. Andere Anteilklassen profitieren davon nicht. Dies bedeutet entgegen der Ansicht der BaFin (vgl. BaFin, Fragenkatalog zu Anteilklassen vom 6.11.2007, Ziff. II.12) eine Abweichung von dem og Grundsatz, dass Anteilklassen nicht mit Bezug auf die jeweils zu erwerbenden Vermögensgegenstände gebildet werden dürfen.

Als Währungskurssicherungsinstrumente sind nur Devisentermingeschäfte, 12
Währungs-Futures, Währungsoptionsgeschäfte, Währungsswaps sowie sonstige Derivate iSd § 197 zulässig (vgl. BaFin, Fragenkatalog zu Anteilklassen vom 6.11.2007, Ziff. II.10). Außerdem müssen die Anlagebedingungen die Zulässigkeit solcher Geschäfte ausdrücklich vorsehen. Sie dürfen zudem nur zur Währungssicherung und nicht zu Spekulationszwecken eingesetzt werden. Es dürfen also nur im Sondervermögen vorhandene Währungskursrisiken für die jeweilige Anteilklasse abgesichert werden. Gegebenenfalls können – bei einer für den Anleger positiven Entwicklung der betroffenen Währung – solche Geschäfte Wertsteigerungen der gesicherten Anteilklasse (im Vergleich zu ungesicherten Anteilklassen) verhindern. Allerdings ist auch eine dynamische Währungskurssicherung, bei der Absicherungsgeschäfte nur bei unvorteilhafter Entwicklung der Wechselkurse getätigt werden, nicht aber bei vorteilhafter Entwicklung der Kurse, zulässig (unklar insoweit BaFin, Fragenkatalog zu Anteilklassen vom 6.11.2007). Ausgaben und Einnahmen aus Währungskurssicherungsgeschäften werden ausschließlich der betreffenden Anteilklasse zugeordnet. Sie haben keine wirtschaftliche Auswirkung auf andere Anteilklassen.

2. Bildung, Bezeichnung und Schließung von Anteilklassen. Die mit je- 13
der Anteilklasse verbundenen Rechte und Pflichten sind in den Anlagebedingungen festzulegen (§ 162 II Nr. 9). Die KVG hat dabei ein **Wahlrecht,** ob sie bereits in den Besonderen Anlagebedingungen die unterschiedlichen Anteilklassen im Einzelnen ausführlich beschreibt oder ob dort lediglich in Form einer Generalklausel die Zulässigkeit der Bildung von Anteilklassen vereinbart und die Ausgestaltung im Einzelnen dann im Verkaufsprospekt beschrieben wird (vgl. BaFin, Fragenkatalog zu Anteilklassen vom 6.11.2007, Ziff. 7). Entscheidet sich die KVG für eine Generalklausel, ist jedoch zu beachten, dass nach Ansicht der BaFin in den Anlagebedingungen zumindest die die Anteilklassen kennzeichnenden Ausstattungsmerkmale angegeben werden müssen. In der Praxis führt die KVG die in § 96 I genannten Merkmale in den Allgemeinen Anlagebedingungen auf (vgl. § 16 II der Allgemeinen Muster-Anlagebedingungen des BVI) und beschränken die Auswahlmöglichkeiten mit Blick auf ein Sondervermögen dann ggf. in den Besonderen Anlagebedingungen (vgl. Baustein 4 der Besonderen Muster-Anlagebedingungen des BVI). Lassen sich die Merkmale der einzelnen Anteilklassen nicht eindeutig aus den Anlagebedingungen ableiten, ist ihre Bildung nach Ansicht der BaFin unzulässig (BaFin, Fragenkatalog zu Anteilklassen vom 6.11.2007). Die Erweiterung der Merkmale für einzelne Anteilsklassen durch das InvModG hat an diesem Erfordernis nichts geändert. Beabsichtigt die KVG Anteilklassen mit anderen als den in § 96 I aufgezählten Merkmalen (etwa währungsgesicherte Anteilklassen) aufzulegen, müssen diese ebenfalls in den (Besonderen) Anlagebedingungen genannt werden. Ist die Bildung von (bestimmten) Anteilklassen nicht bereits in den Anlagebedingungen angelegt, können jene nur durch entsprechende Änderung der Anlagebedingungen gebildet werden (BaFin, Fragenkatalog zu Anteilklassen vom 6.11.2007, Ziff. I.16).

Die **Bildung von Anteilklassen** hängt davon ab, wie die Anlagebedingungen 14
ausgestaltet sind. Werden in den Anlagebedingungen die unterschiedlichen Anteilklassen ausführlich beschrieben und vollständig aufgezählt, erfolgt die Bildung der

Anteilklassen vor Ausgabe der Anteile bereits mit der schriftlichen Festlegung der Anlagebedingungen (vgl. BaFin, Fragenkatalog zu Anteilklassen v. 6.11.2007, Ziff. 2). Allerdings steht es in diesen Fällen im Ermessen der KVG, ob sie Anteile an der jeweiligen Anteilklasse ausgibt. Eine besondere Frist, in denen solche Anteile ausgegeben werden müssen, ist nicht einzuhalten (insb. gilt § 35 I 1 KWG nicht analog). Auch eine Mitteilung an die BaFin ist bei erstmaliger Ausgabe von Anteilen, die bereits in den Anlagebedingungen ausführlich beschrieben sind, nicht erforderlich.

15 Ergibt sich aus den Anlagebedingungen nur die generelle Zulässigkeit der Bildung von Anteilklassen, wird eine Anteilklasse durch Ausgabe des ersten Anteils, dessen Ausstattungsmerkmale diese Anteilklasse kennzeichnen, gebildet. Die jeweiligen Ausstattungsmerkmale werden im Verkaufsprospekt offengelegt (§ 165 II Nr. 27). In den Fällen, in denen sich aus den Anlagebedingungen nur eine generelle Zulässigkeit der Bildung von Anteilklassen ergibt und die Anteilklasse durch die Ausgabe der Anteile gebildet wird, ist der Verkaufsprospekt um die ausführliche, eindeutige und leicht verständliche Beschreibung der neu gebildeten Anteilklasse zu ergänzen und nach erster Verwendung unverzüglich bei der BaFin einzureichen (BaFin, Fragenkatalog zu Anteilklassen v. 6.11.2007, Ziff. 8). In diesen Fällen steht nicht nur die Ausgabe der Anteile der jeweiligen Anteilklasse, sondern schon die Bildung derselben im Ermessen der KVG.

16 Die für ein Sondervermögen gebildeten Anteilklassen müssen unterschiedlich bezeichnet sein (ASB KapAnlR-HdB/*Baur* § 20 Rn. 176). Grundsätzlich kann die **Bezeichnung einer Anteilklasse** ebenso frei gewählt werden wie die Bezeichnung des Sondervermögens selbst. Insbesondere ist der Name der KVG oder des Sondervermögens nicht zwingender Bestandteil der Bezeichnung der Anteilklasse. Eine Anteilklasse muss dem jeweiligen Sondervermögen jedoch zweifelsfrei zugeordnet werden können. Das kann etwa dadurch gewährleistet werden, dass etwa der Name der KVG oder des Sondervermögens bei jeder Nennung der Anteilklasse optisch und drucktechnisch zusammen mit dieser angegeben wird. Bei der Bezeichnung der Anteilklasse gilt § 4 I analog. Die Bezeichnung der Anteilklasse darf also nicht irreführend sein und außerdem dürfen die Vorgaben der Richtlinie zur Festlegung von Fondskategorien gem. § 4 II v. 14.12.2004 (soweit anwendbar) nicht umgangen werden (vgl. BaFin, Fragenkatalog zu Anteilklassen v. 6.11.2007, Ziff. II.3). Ähnliches gilt im Zusammenhang mit sog. „white label"-Sondervermögen, bei denen eine Master-KVG Dritten (etwa Portfoliomanagern oder Vertriebsgesellschaften) ihre Organisationsstruktur zur Verfügung stellt, für diese ein Sondervermögen auflegt und der Name dieses Dritten in die Bezeichnung der Anteilklasse aufgenommen wird. In diesen Fällen muss nach ständiger Verwaltungspraxis der BaFin entweder der Name der KVG oder des Sondervermögens Namensbestandteil der Anteilklasse sein oder der Name des Sondervermögens bzw. der KVG ist bei jeder Verwendung des Namens der Anteilklasse zusammen mit diesem anzugeben (BaFin, Fragenkatalog zu Anteilklassen v. 6.11.2007).

17 Grundsätzlich kann eine KVG für alle Sondervermögen Anteilklassen bilden. So können etwa für Spezial-, Dach- oder Hedgefonds Anteilklassen gebildet werden. Auch InvAG können Anteilklassen (ggf. auch für ihre Teilfonds) bilden, wenn entsprechende Angaben in die Satzung aufgenommen werden (*Fischer* NZG 2007, 133ff.). Es ist zudem möglich, ein Sondervermögen mit nur einer Anteilklasse aufzulegen (BaFin, Fragenkatalog zu Anteilklassen v. 6.11.2007, Ziff. I.15). Umgekehrt ist die Anzahl der Anteilklassen, die für ein Sondervermögen gebildet werden können, unbeschränkt. Allerdings bilden alle Anteile, die gleiche Rechte gewähren, eine Anteilklasse.

Die KVG kann eine Anteilklasse jederzeit schließen. Die **Schließung** hat in entsprechender Anwendung des § 99 I 1 unter Einhaltung einer Kündigungsfrist von 6 Monaten zu erfolgen, es sei denn, die Anlagebedingungen sehen eine längere Kündigungsfrist vor. Die Schließung erfolgt durch Bekanntmachung im elektronischen Bundesanzeiger und Jahres-/Halbjahresbericht. Bei Spezial-Sondervermögen kann in analoger Anwendung des § 99 I 3 eine kürzere Kündigungsfrist in den Anlagebedingungen vereinbart werden (vgl. BaFin, Fragenkatalog zu Anteilklassen v. 6.11.2007, Ziff. II.14). Der Einhaltung einer Kündigungsfrist bedarf es dann nicht, wenn keine Anteile an der zu schließenden Anteilklasse (mehr) von Anlegern gehalten werden. Im Falle der Schließung ist die KVG nicht verpflichtet, den Anlegern Anteile einer anderen Anteilklasse desselben Sondervermögens zum Umtausch anzubieten. Eine **Zusammenlegung** bzw. „Verschmelzung" mehrerer Anteilklassen eines Sondervermögens ist mangels gesetzlicher Regelung nicht möglich. In Betracht kommt lediglich eine Schließung verbunden mit einem (freiwilligen) Umtauschangebot der KVG. Auch ein **Wechsel zwischen Anteilklassen** ist als Rückgabe von Anteilen einer Anteilklasse verbunden mit der Ausgabe von Anteilen einer anderen Anteilklasse zu behandeln und bedarf somit der Zustimmung der Anleger mit Blick auf die Rückgabeerklärung bzgl. des alten Anteils und den Erwerb des neuen Anteils (vgl. dazu und zur Ermittlung der jeweiligen Anteilpreise in diesen Fällen BaFin, Fragenkatalog zu Anteilklassen v. 6.11.2007, Ziff. II.4). 18

3. Wertermittlung und Rechnungslegung. Die unterschiedliche Ausgestaltung der Anteilklassen hat regelmäßig zur Folge, dass sich die Anteile verschiedener Anteilklassen **wirtschaftlich unterschiedlich entwickeln.** So werden etwa bei einer thesaurierenden Anteilklasse keine Ausschüttungen vorgenommen, sondern die Erträge zugunsten dieser Anteilklasse wiederangelegt. Somit entwickelt sich der Wert der Anteile einer thesaurierenden Anteilklasse anders als der Wert einer ausschüttenden Anteilklasse. Gleiches gilt etwa auch mit Blick auf Anteilklassen, die sich hinsichtlich der Höhe der Verwaltungsvergütung unterscheiden. Daher sieht die KARBV eine nach Anteilklassen getrennte Ertrags- und Aufwandsrechnung (§ 15 I KARBV iVm §§ 11 KARBV) sowie Wertermittlung (§ 15 KARBV) vor. 19

Die KVG muss sicherstellen, dass die nur eine Anteilklasse betreffenden Geschäftsvorfälle voneinander abgegrenzt und der jeweiligen Anteilklasse zugerechnet werden können. Nähere Vorgaben bzgl. der Buchführung mit Blick auf einzelne Anteilklassen bestehen nicht (vgl. BaFin, Fragenkatalog zu Anteilklassen v. 6.11.2007, Ziff. IV.1). 20

Die gem. §§ 101ff. für ein Sondervermögen zu erstellenden Jahres- und Halbjahresberichte haben eine Ertrags- und Aufwandsrechnung für jede Anteilklasse zu enthalten sowie eine Übersicht über die Entwicklung der einzelnen Anteilklassen. Zudem sind die tatsächlich ausgegebenen Anteilklassen und ihre Ausgestaltungsmerkmale nach § 15 KARBV im Jahres- und Halbjahresbericht ausführlich, eindeutig und leicht verständlich zu beschreiben sowie einzeln aufzulisten. 21

Die Berechnung des Wertes einer Anteilklasse ergibt sich aus § 15 KARBV. Bei erstmaliger Ausgabe von Anteilen einer Anteilklasse ist deren Wert auf der Grundlage des für das gesamte Sondervermögen ermittelten Wertes zu berechnen. Die KVG muss sicherstellen, dass alle die Anteilwertentwicklung beeinflussenden Geschäftsvorfälle, sobald sie entstehen, bewertungstäglich voneinander abgegrenzt werden, damit die Ergebnisse den unterschiedlichen Anteilklassen zugeordnet wer- 22 den können (BaFin, Fragenkatalog zu Anteilklassen v. 6.11.2007, Ziff. IV.3). Der Wert einer Anteilklasse ergibt sich gem. § 15 II KARBV aus der Summe der der jeweiligen Anteilklasse zuzuordnenden Nettowertveränderungen des Sondervermögens im Vergleich zum vorangegangenen Bewertungstag. Der Wert eines Anteils einer Anteilklasse ergibt sich wiederum aus der Teilung des Wertes der Anteilklasse durch die Zahl der ausgegebenen Anteile dieser Anteilklasse. Die Erträge des Sondervermögens werden also zunächst entsprechend dem Wertverhältnis der Anteilklassen auf diese und anschließend auf die Anteile der jeweiligen Anteilklassen verteilt (BaFin, Fragenkatalog zu Anteilklassen vom 6.11.2007, III.3). Allerdings wird im Falle einer währungsgesicherten Anteilklasse das Ergebnis der Währungssicherungsgeschäfte nur dieser zugerechnet. Die Anteile verschiedener Anteilklassen partizipieren also ggf. in unterschiedlichem Umfang an den Erträgen eines Sondervermögens. Gleiches gilt für Kosten und Ausgaben. So partizipieren die jeweiligen Anteilklassen etwa mit Blick auf unterschiedlich hohe Verwaltungsgebühren oder Kosten im Zusammenhang mit Währungskurssicherungsgeschäften für eine währungsgesicherte Anteilklasse ggf. in unterschiedlicher Höhe an den Kosten und Ausgaben. Wird nach den Anlagebedingungen ein Ertragsausgleichsverfahren durchgeführt, ist der Ertragsausgleich für jede einzelne Anteilklasse zu berechnen.

23 Anders als bei der Berechnung des Nettoinventarwertes des Sondervermögens wird bei der Berechnung des Wertes einer Anteilklasse also nicht der Wert der jeweils zuzuordnenden Vermögensgegenstände abzgl. der Verbindlichkeiten zu Grunde gelegt. Dies ergibt sich daraus, dass einer einzelnen Anteilklasse keine Vermögensgegenstände zugeordnet werden, sondern nur dem Sondervermögen insgesamt. Allerdings werden etwa bei thesaurierenden Anteilklassen oder Anteilklassen mit einer niedrigeren Verwaltungsgebühr Vermögensgegenstände nur mit Blick auf diese angeschafft (dh, deren Wertentwicklung wirkt sich nur bei der jeweiligen Anteilklasse aus) (vgl. BaFin, Fragenkatalog zu Anteilklassen v. 6.11.2007, Ziff. III.3).

24 Der Wert einer Anteilklasse ist gem. § 15 II 3 KARBV bei jeder Berechnung des Nettoinventarwertes des Sondervermögens zu ermitteln (also grds. bei jeder Möglichkeit zur Ausgabe oder Rückgabe von Anteilen (vgl. §§ 212, 217, 286).

25 Die Kosten der Einführung neuer Anteilklassen für bestehende Sondervermögen müssen zulasten der Anteilpreise der neuen Anteilklasse in Rechnung gestellt werden (§ 96 I 3). Diese Regelung gewährleistet, dass die Anteilinhaber bestehender Sondervermögen durch die Einführung neuer Anteilklassen keinen Nachteil erleiden (BT-Drs. 14/8017, 103). Aber auch sonstige, nur mit Blick auf eine Anteilklasse entstehende laufende Kosten (etwa für Währungskurssicherungsgeschäfte oder besondere Benchmarks) sind nur der betreffenden Anteilklasse in Rechnung zu stellen.

III. Teilsondervermögen

26 **1. Umbrella-Konstruktion (Abs. 2).** § 96 II eröffnet der KVG die Möglichkeit, mehrere Sondervermögen, die sich hinsichtlich der Anlagepolitik oder eines anderen Ausstattungsmerkmals unterscheiden, (Teilsondervermögen) in einer sog. Umbrella-Konstruktion zusammenzufassen. Im Gegensatz zu Anteilklassen iSv § 96 I, die sich nur durch bestimmte andere Merkmale (→ Rn. 6 ff.), nicht jedoch durch eine unterschiedliche Portfoliostruktur unterscheiden, dürfen sich Teilsondervermögen auch mit Blick auf die Vermögensgegenstände und die Anlagepolitik unterscheiden.

27 Im Falle einer Umbrella-Konstruktion wird das Vermögen jedes Teilsondervermögens entsprechend dessen jeweiliger Anlagepolitik investiert und getrennt vom Vermögen der anderen Teilsondervermögen verwaltet (ASB KapAnlR-HdB/*Baur* § 20 Rn. 177). Hintergrund für die Einführung von Teilsondervermögen durch den Gesetzgeber war, den Anlegern Strukturen anzubieten, die es ermöglichen, kostengünstig zwischen den einzelnen Teilsondervermögen zu wechseln (vgl. Begr. InvModG zu § 34 II InvG). In der Praxis hat diese Vorschrift für Sondervermögen jedoch bisher keine Bedeutung erlangt (so auch WBA/*Anders* § 97 Rn. 11). Es ist auch nicht ersichtlich, worin der Vorteil einer Umbrella-Konstruktion im Vergleich zur Auflage mehreren Sondervermögen liegen soll. Denn auch ein Wechsel zwischen Teilsondervermögen ist als Rückgabe verbunden mit dem Erwerb eines Anteils an einem anderen Sondervermögen zu behandeln.

28 Erheblich praktische Relevanz haben Teilfonds (in Form von Teilgesellschaftsvermögen) allerdings im Rahmen der InvAG erlangt (vgl. § 100 InvG). § 34 II InvG iVm § 100 InvG haben der InvAG die Auflage von **Teilgesellschaftsvermögen** ermöglicht. Diese sind mit einem von einer KVG aufgelegten Sondervermögen vergleichbar. Bereits vor der Klarstellung durch das InvÄndG sind Teilgesellschaftsvermögen einer InvAG gem. §§ 34 II, 99 III aF InvG von der BaFin genehmigt worden. Dafür sprach ein erhebliches praktisches Bedürfnis, da andernfalls nur ein Fonds pro InvAG hätte aufgelegt werden können (vgl. zur alten Rechtslage *Steck/Schmitz* AG 2004, 658). Durch das KAGB ist eine Sonderregelung für Teilgesellschaftsvermögen einer InvAG in § 117 eingeführt und der Verweis auf Teilsondervermögen abgeschafft worden. Inhaltliche Änderungen wurden nicht vorgenommen.

29 **2. Allgemeine Vorschriften für Teilsondervermögen.** Die Auflegung, Verwaltung, Übertragung und Auflösung eines Teilsondervermögens richtet sich nach den **allgemeinen Vorschriften** für Sondervermögen (§§ 92ff.). Denn formal handelt es sich bei einem Teilsondervermögen um ein aufsichtsrechtlich eigenständiges Sondervermögen (vgl. BT-Drs. 16/5576, 68). Dieses ist lediglich als Teilsondervermögen Bestandteil eines Umbrella. Die Anlagebedingungen eines Teilsondervermögens und deren Änderungen sind schon nach allgemeinen Grundsätzen **genehmigungsbedürftig** (§ 163). § 96 II 3 hat mit Blick auf Teilsondervermögen nur klarstellende Funktion.

30 Der ausführliche **Verkaufsprospekt** muss nach § 165 II Nr. 26 Angaben darüber enthalten, ob das Sondervermögen verschiedene Teilsondervermögen umfasst und unter welchen Voraussetzungen Anteile an verschiedenen Teilsondervermögen ausgegeben werden. Daneben sind die Anlageziele und die Anlagepolitik der Teilsondervermögen nebst etwaiger Konkretisierungen und Beschränkungen zu beschreiben. Außerdem ist zu erläutern, welche Rechte nach § 96 II den Teilsondervermögen zugeordnet werden, und eine Beschreibung des Verfahrens zur Errechnung des Wertes der Anteile der Teilsondervermögen in den Verkaufsprospekt aufzunehmen.

31 Die Rechnungslegung der Teilsondervermögen entspricht der für andere Sondervermögen. Für jedes Teilsondervermögen ist ein gesonderter **Jahresbericht** nach § 101 anzufertigen. In der Regel werden die Jahresberichte der Teilsondervermögen in einem gemeinsamen Dokument veröffentlicht. Bei einer gesonderten Veröffentlichung ist zumindest neben dem Hinweis, dass es sich um den Jahresbericht eines Teilsondervermögen handelt, der Hinweis auf die Verfügbarkeit des Gesamtberichts erforderlich (*Kempf* Die Novellierung des Investmentrechts, 68).

32 § 96 II 2 stellt klar, dass **Kosten,** die im Rahmen der Auflegung neuer Teilsondervermögen entstehen, nur dem jeweiligen Teilsondervermögen bzw. dessen Anlegern in Rechnung gestellt werden können. Eine Kostenbelastung zu Lasten anderer Teilsondervermögen ist nicht zulässig.

33 **3. Vermögens- und haftungsrechtliche Trennung (Abs. 3).** Ein Teilsondervermögen ist ein Sondervermögen und verfügt als solches über keine eigene Rechtspersönlichkeit (BT-Drs. 16/5576, 68). Die vermögens- und haftungsrechtliche Trennung des Sondervermögens in der Form eines Teilsondervermögens vom eigenen Vermögen der KVG und von anderen Sondervermögen (einschl. Teilsondervermögen) wird über die allgemeinen Regeln in den §§ 92, 93 gewährleistet. § 96 III konkretisiert die strenge vermögens- und haftungsrechtliche Trennung der Teilsondervermögen, die nicht nur im Verhältnis der Anleger untereinander gilt, sondern auch gegenüber Dritten (BT-Drs. 16/5576, 68). Auch insolvenzrechtlich sind die einzelnen Teilsondervermögen getrennt zu behandeln. Ob es der Reglung in § 96 III angesichts der Anwendbarkeit der allgemeinen Regeln für Sondervermögen bedurft hätte, kann dahinstehen. Grund für die Einführung der Vorgängervorschrift des § 96 III KAGB (§ 34 II a InvG) durch das InvÄndG war nicht, eine Klarstellung für Teilsondervermögen zu erreichen, sondern mit Blick auf Teilgesellschaftsvermögen einer InvAG die vermögens- und haftungsrechtliche Trennung festzuschreiben (dazu jetzt § 132 KAGB, vormals § 100 InvG).

34 Gemäß § 93 II 1 haftet ein Sondervermögen/Teilsondervermögen nicht für die Verbindlichkeiten der KVG. Auch für Verbindlichkeiten eines anderen Sondervermögens bzw. Teilsondervermögens haftet ein (Teil-)Sondervermögen nicht. Dies ergibt sich zwar nicht ausdrücklich aus den §§ 92, 93, jedoch mittelbar daraus, dass die KVG mehrere Sondervermögen bilden darf, die getrennt zu halten sind (§ 92 III). Diese vermögens- und haftungsrechtliche Trennung der Teilsondervermögen wird in § 96 III 1 nochmals klargestellt. Die Bedeutung des § 96 III 2 ist dagegen unklar. Insbesondere ist unklar, warum der Gesetzeswortlaut von „Zweckvermögen" spricht. Jedes Teilsondervermögen ist ein eigenständiges Sondervermögen (§ 96 II 1), an dem den Anlegern durch Vertrag näher ausgestaltete Rechte zustehen. Ein Rechtsverhältnis zwischen den Anlegern besteht nicht. Die Regelung in § 96 III 2 lässt sich wohl nur mit Blick auf die Entstehungsgeschichte erklären. Sie ist auf InvAG zugeschnitten. Damit sollte klargestellt werden, dass den Aktionären einer InvAG nur Rechte an dem ihnen jeweils zugeordneten Teilgesellschaftsvermögen (und nicht am gesamten Gesellschaftsvermögen der InvAG) zustehen. Für Teilsondervermögen hat § 96 III 2 keine besondere Bedeutung.

35 Unklar ist auch die Bedeutung der Regelung in § 96 III 3. Danach sollen sich ua die Rechte von Gläubigern im Hinblick auf ein Teilsondervermögen auf die Vermögensgegenstände dieses Teilsondervermögens beschränken. Nach herkömmlicher Ansicht schließen Dritte Verträge mit der KVG (mangels Rechtspersönlichkeit nicht mit dem Sondervermögen bzw. dem Teilsondervermögen) und die KVG kann sich bzgl. ihrer Aufwendungen aus dem Sondervermögen befriedigen (→ § 93 Rn. 21 ff.). Gläubiger haben kein direktes Zugriffsrecht auf die Vermögensgegenstände eines Teilsondervermögens/Sondervermögens; sie können ggf. lediglich den Aufwendungsersatzanspruch der KVG gegenüber den Anlegern (der ausschließlich aus dem Sondervermögen zu befriedigen ist) pfänden und sich zur Einziehung überweisen lassen (→ § 93 Rn. 14 ff.). Außerdem haftet die KVG ggf. mit ihrem eigenen Vermögen. Der Gesetzgeber wollte durch die Einführung des § 96 III 3 (vormals § 34 II a 3 InvG) an diesen Grundsätzen nichts ändern. Insbeson-

dere kann eine KVG durch die Auflage eines Umbrella ihr eigenes Vermögen den Zugriffen der Gläubiger nicht entziehen. Diese Vorschrift ist wiederum nur vor dem Hintergrund der InvAG zu verstehen. Für Teilgesellschaftsvermögen einer InvAG sollte diese Regelung erreichen, dass Gläubiger und Anleger der InvAG nur auf die Vermögensgegenstände des ihnen jeweils zugeordneten Teilgesellschaftsvermögens (und nicht auf die anderer Teilgesellschaftsvermögen) zugreifen können. Für Teilsondervermögen ergibt sich dies schon aus § 93 II 1 (bzgl. der Gläubiger) sowie aus dem Investmentvertrag (bzgl. der Anleger). Somit ist auch die Regelung in § 96 III 3 für Teilsondervermögen bedeutungslos.

36 *Köndgen/Schmies* (Die Neuordnung des deutschen Investmentrechts, 10) weisen zu Recht auf die unglückliche Formulierung der Haftungsverhältnisse bei Teilsondervermögen in § 96 III 4 hin. Danach soll für die auf ein einzelnes Teilsondervermögen entfallenden Verbindlichkeiten nur das betreffende Teilsondervermögen haften. Verbindlichkeiten kann allerdings nicht das (nicht rechtsfähige) Sondervermögen eingehen, sondern nur die das Sondervermögen verwaltende KVG. Für Verbindlichkeiten der KVG haftet das Sondervermögen jedoch gem. § 93 II 1 1. Hs. gerade nicht. Die Haftung des Teilsondervermögens erscheint vor diesem Hintergrund befremdlich und kann vom Gesetzgeber so nicht gewollt sein. § 96 III 4 ist dahingehend auszulegen, dass sich die KVG wegen Verpflichtungen, die sie für Rechnung eines Teilsondervermögens eingegangen ist, nur aus diesem Teilsondervermögen befriedigen kann (so auch ASB KapAnlR-HdB/*Baur* § 20 Rn. 177).

37 Jedes Teilsondervermögen ist nicht nur organisatorisch, sondern auch vermögensrechtlich eigenständig (BT-Drs. 16/5576, 68). So erfolgt die **Wertermittlung** – wie auch bei einem selbstständigen Sondervermögen – für jedes Teilsondervermögen gesondert (§ 96 III 5). Für den übergeordneten Umbrella wird kein Wert ermittelt (*Kempf* Die Novellierung des Investmentrechts, 68).

IV. Verordnungsermächtigung (Abs. 4)

38 Die Verordnungsermächtigung des Abs. 4 in Bezug auf Anteilklassen wurde umgesetzt in der KARBV. Die vormals geltende Verordnung über die buchhalterische Darstellung, Rechnungslegung und Wertermittlung der Anteilklassen von Sondervermögen (AntKlV) vom 24.3.2005 ist mit Wirkung zum 25.11.2009 im Zuge der Schaffung der InvRBV (dem Vorläufer der KARBV) abgeschafft worden. Eine entsprechende Verordnung mit Blick auf Teilsondervermögen ist bisher nicht erlassen worden.

§ 97 Sammelverwahrung, Verlust von Anteilscheinen

(1) [1]**Namensanteilscheine sowie dem jeweiligen Namensanteilschein zugehörige, noch nicht fällige Gewinnanteilscheine dürfen in Sammelverwahrung im Sinne des Depotgesetzes nur genommen werden, wenn sie blanko indossiert sind.** [2]**Inhaberanteilscheine sowie dem jeweiligen Inhaberanteilschein zugehörige, noch nicht fällige Gewinnanteilscheine sind einer der folgenden Stellen zur Sammelverwahrung anzuvertrauen:**

1. **einer Wertpapiersammelbank im Sinne des § 1 Absatz 3 Satz 1 des Depotgesetzes,**
2. **einem zugelassenen Zentralverwahrer oder einem anerkannten Drittland-Zentralverwahrer gemäß der Verordnung (EU) Nr. 909/2014 oder**

3. einem sonstigen ausländischen Verwahrer, der die Voraussetzungen des § 5 Absatz 4 Satz 1 des Depotgesetzes erfüllt.

(2) [1]**Ist ein Anteilschein abhanden gekommen oder vernichtet, so kann die Urkunde, wenn nicht das Gegenteil darin bestimmt ist, im Aufgebotsverfahren für kraftlos erklärt werden.** [2]**§ 799 Absatz 2 und § 800 des Bürgerlichen Gesetzbuchs gelten sinngemäß.** [3]**Sind Gewinnanteilscheine auf den Inhaber ausgegeben, so erlischt mit der Kraftloserklärung des Anteilscheins auch der Anspruch aus den noch nicht fälligen Gewinnanteilscheinen.**

(3) [1]**Ist ein Anteilschein infolge einer Beschädigung oder einer Verunstaltung nicht mehr zum Umlauf geeignet, so kann der Berechtigte, wenn der wesentliche Inhalt und die Unterscheidungsmerkmale der Urkunde noch mit Sicherheit erkennbar sind, von der Gesellschaft die Erteilung einer neuen Urkunde gegen Aushändigung der alten verlangen.** [2]**Die Kosten hat er zu tragen und vorzuschießen.**

(4) [1]**Neue Gewinnanteilscheine dürfen an den Inhaber des Erneuerungsscheins nicht ausgeben werden, wenn der Besitzer des Anteilscheins der Ausgabe widerspricht.** [2]**In diesem Fall sind die Scheine dem Besitzer des Anteilscheins auszuhändigen, wenn er die Haupturkunde vorlegt.**

Schrifttum: *Decker* Depotgeschäft, Bankrecht und Bankpraxis, Band 4; *Heinsius/Horn/Than* Depotgesetz, 1975.

Inhaltsübersicht

	Rn.
I. Allgemeines	1
1. Rechtsentwicklung	1
2. Regelungsgegenstand und -zweck	2
3. Anwendungsbereich	3
II. Verwahrung von Anteilscheinen (Abs. 1)	4
III. Verlust von Anteilscheinen (Abs. 2)	9
1. Anwendungsbereich	10
2. Voraussetzungen für ein Aufgebotsverfahren	11
3. Das Aufgebotsverfahren	13
4. Vorläufige Sicherungsmöglichkeiten beim Verlust von Anteilscheinen	17
IV. Beschädigung von Anteilscheinen (Abs. 3)	19
V. Ausgabe neuer Gewinnanteilscheine (Abs. 4)	21

I. Allgemeines

1 **1. Rechtsentwicklung.** Die Regelungen in § 97 entsprechen im Wesentlichen § 35 InvG und waren bereits weitgehend in § 24 KAGG (idF der Bekanntmachung v. 9.9.1998) enthalten. Sie gehen im Kern auf die erste Fassung des KAGG aus dem Jahre 1957 zurück. Das InvModG sowie das InvÄndG haben den Regelungsgehalt der Vorschrift nicht verändert. Absatz 1 in der vorliegenden Fassung ist durch das OGAW-V-UmsG in das KAGB aufgenommen worden.

2 **2. Regelungsgegenstand und -zweck.** Die Anteile am Sondervermögen sind gem. § 95 I in Wertpapieren zu verbriefen oder als elektronische Anteilscheine zu begeben. § 97 regelt, wie verbriefte Anteilscheine zu verwahren sind und welche

Rechte der Anleger im Falle des Verlusts bzw. der Beschädigung des verbrieften Wertpapiers und der Nebenpapiere geltend machen kann. Diese Regelungen sind notwendig, weil Anteilscheine aufgrund ihres Wertpapiercharakters nicht ohne Weiteres ersetzt werden können. Die praktische Bedeutung dieser Vorschriften ist jedoch gering, da die Anteile regelmäßig in einer bei der Clearstream Banking AG verwahrten Globalurkunde verbrieft werden und keine Einzelverbriefung oder Selbstverwahrung durch den Anleger erfolgt.

3. Anwendungsbereich. Vgl. die Erläuterungen in →§ 92 Rn. 3. Auf die 3
InvAG findet § 97 keine Anwendung (vgl. § 108). Es gelten die Vorschriften des AktG.

II. Verwahrung von Anteilscheinen (Abs. 1)

Die Anteile am Sondervermögen werden gem. § 95 I 1 in Anteilscheinen ver- 4
brieft oder als elektronische Wertpapiere begeben. Die Anleger haben einen Anspruch auf Verbriefung bzw. elektronische Begebung ihrer Anteile (→§ 95 Rn. 5) und (im Falle der Verbriefung) Übertragung des Eigentums an der Urkunde. Die verbrieften Anteilscheine können (theoretisch) als effektive Stücke ausgegeben und zur Eigenverwahrung an den Anteilinhaber geliefert werden (sog. **Tafelgeschäft**) (vgl. *Baur* KAGG § 24 Rn. 1). Dies ist seit dem OGAW-V-UmsG nur noch für Namensanteilscheine möglich. § 95 II schließt die Einzelverbriefung bei Inhaberanteilen aus (→ Rn. 2). In der Praxis werden jedoch keine effektiven Stücke ausgegeben, sondern die Anteile werden regelmäßig in einer oder mehreren **Globalurkunden** (§ 9a DepotG) verbrieft. Die KVG hinterlegt die Globalurkunden regelmäßig gem. § 9a DepotG bei der Clearstream Banking AG, Frankfurt am Main. Die Anleger sind gem. §§ 9a, 6 DepotG Miteigentümer (nach Bruchteilen) der Globalurkunde bzw. des Sammelbestands.

Die Verbriefung mehrere Anteile in einer (Global-)Urkunde ist gem. §§ 95 I 3, 5
97 I zulässig. Die hM geht davon aus, dass die Vorschrift des § 97 I 1 nur deklaratorische Bedeutung hat, da eine Sammelverwahrung gem. § 5 DepotG ohnehin nur für blanko indossierte Namensanteilscheine zulässig ist (vgl. Brinkhaus/Scherer/*Schödermeier/Baltzer* KAGG § 24 Rn. 2; BSV/*Beckmann* 410, § 35 Rn. 3). Dies ist richtig. Die eigentliche Bedeutung des § 97 I 1 liegt allerdings darin, der KVG zu ermöglichen, den Anspruch der Anleger auf Übertragung des Eigentums an den verbrieften Namensanteilen durch Verschaffung eines Miteigentumsanteils am Sammelbestand zu erfüllen. Mit Blick auf Inhaberanteile gilt, dass die KVG die Einzelverbriefung in den Anlagebedingungen auszuschließen hat (§ 95 II). Bei blanko indossierten Namensanteilen kann sie die Einzelverbriefung ausschließen (vgl. auch § 9a III 2 DepotG).

Ist keine Globalurkunde ausgestellt worden, können die Anteilscheine gem. 6
§ 97 I iVm § 5 DepotG in Sammelverwahrung gegeben werden, wenn sie entweder als Inhaberanteilscheine oder als blanko indossierte Namensanteilscheine ausgegeben werden. Gemäß § 5 III DepotG gelten die Vorschriften über die Sammelverwahrung auch, wenn mehrere Globalurkunden mit Blick auf Anteile an einem Sondervermögen ausgestellt wurden. Bei der Sammelverwahrung werden alle Wertpapiere derselben Wertpapiergattung für sämtliche Depotkunden, die Wertpapiere dieser Gattung hinterlegt haben, ungetrennt in einem einheitlichen Sammelbestand verwahrt. Die KVG kann die Sammelurkunde bei sämtlichen in Abs. 1 S. 2 Nr. 1–3 genannten Stellen hinterlegen (→ Rn. 2). Die KVG sollte sicherstellen, dass sie eine FACTA-konforme Stelle auswählt (→ § 95 Rn. 2).

7 Für Namensanteilscheine, die nicht blanko indossiert sind und denen damit die Sammelverwahrung nicht offensteht, kommt die Sonderverwahrung nach § 2 DepotG in Betracht. Bis zum 2. FMFG war die Sonderverwahrung die Regelform der depotgeschäftlichen Aufbewahrung. Bei dieser Verwahrart sind die Wertpapiere gesondert von den eigenen Beständen des Kreditinstituts und von denen Dritter in geeigneter Form – insb. in Streifbändern oder Mappen – aufzubewahren (daher in der Praxis auch als Streifbandverwahrung bezeichnet) (*Decker* Bankrecht und Bankpraxis Bd. 4 Rn. 8/46).

8 Nicht sammelverwahrungsfähig sind auch sog. Rückflussstücke, also zurückgegebene Anteilscheine. Diese existieren zwar noch als Urkunde, verbriefen aber keine Ansprüche mehr. Sie sind daher keine Wertpapiere iSd DepotG (mehr) und somit aus dem Girosammeldepot auszusondern und in einem Vorratsdepot gesondert zu halten (*Baur* KAGG § 24 Rn. 1).

III. Verlust von Anteilscheinen (Abs. 2)

9 § 97 II regelt das Verfahren beim Verlust von verbrieften Anteilscheinen. Wegen der wertpapierrechtlichen Ausgestaltung der Anteilscheine ist es nicht möglich, diese nach Belieben zu ersetzen, sondern sie müssen in einem besonderen Verfahren (sog. **Aufgebotsverfahren**) für kraftlos erklärt werden.

10 **1. Anwendungsbereich.** Der Anteilschein besteht idR nicht nur aus der Haupturkunde (dem eigentlichen Anteilschein), in der das Anteilrecht aus dem Investmentvertrag verbrieft ist (sog. **Mantel**), sondern auch aus den Nebenpapieren, wie Gewinnanteilscheinen (sog. **Bögen**) sowie einem Erneuerungsschein (sog. **Talon**), der zum Bezug eines neuen Bogens berechtigt. Mantel und Bogen sind nicht miteinander verbunden. Der Verlust kann demnach nur den Mantel, nur den Bogen oder beide umfassen. Die Regelung des § 97 II betrifft nur den Verlust des Mantels. Nur in diesem Fall findet also ein Aufgebotsverfahren statt (*Baur* KAGG § 24 Rn. 2; Brinkhaus/Scherer/*Schödermeier/Baltzer* KAGG § 24 Rn. 3; BSV/*Beckmann* 410 § 35 Rn. 1, 8).

11 **2. Voraussetzungen für ein Aufgebotsverfahren.** Um einen Anteilschein für kraftlos erklären zu lassen, muss dieser abhandengekommen oder vernichtet sein. Abhandengekommen ist ein Anteilschein, wenn der Eigentümer oder sein Besitzmittler den unmittelbaren Besitz am Anteilschein ohne seinen Willen verloren hat. Es sind hier die Grundsätze des § 935 I 1 BGB anzuwenden. Vernichtet ist ein Anteilschein nicht erst bei seiner völligen Zerstörung, sondern bereits dann, wenn er nicht mehr nur beschädigt iSd § 97 III ist. Das Tatbestandsmerkmals der Vernichtung ist also dann erfüllt, wenn der Anteilschein in seiner Substanz so stark beeinträchtigt ist, dass sein wesentlicher Inhalt und seine Unterscheidungsmerkmale (etwa Aussteller, Serie, Nummer) nicht mehr mit Sicherheit erkennbar sind (Brinkhaus/Scherer/*Schödermeier/Baltzer* KAGG § 24 Rn. 4; *Baur* KAGG § 24 Rn. 5; BSV/*Beckmann* 410 § 35 Rn. 6, 7).

12 Weitere Voraussetzung des § 97 II ist, dass der Anteilschein keine Klausel enthält, die eine Kraftloserklärung durch ein Aufgebotsverfahren ausschließt. Hintergrund ist, dass entsprechend § 799 I 1 BGB die KVG befugt ist, die Kraftloserklärung in der Urkunde auszuschließen, was gleichzeitig die Anwendung des § 97 II ausschließt (vgl. *Baur* KAGG § 24 Rn. 3).

3. Das Aufgebotsverfahren. Sind die Voraussetzungen des § 97 II erfüllt, erfolgt die Kraftloserklärung im Rahmen eines gerichtlichen Aufgebotsverfahrens nach FamFG. Das Verfahren ist in §§ 466ff. FamFG (früher §§ 1003ff. ZPO) geregelt. In dem Aufgebot wird der Inhaber des Anteilscheins aufgefordert, zu dem im Aufgebot genannten Termin vor dem Amtsgericht sein Recht anzumelden und die Urkunde vorzulegen, weil sonst die Urkunde für kraftlos erklärt wird (§ 469 FamFG). Sachlich zuständig ist das Amtsgericht (§ 23 Nr. 2 h GVG), örtlich zuständig ist das Gericht des Erfüllungsorts, soweit ein solcher im Anteilschein bezeichnet ist. Da das in der Praxis regelmäßig nicht der Fall ist, ist das Gericht des allgemeinen Gerichtsstandes der KVG zuständig (§ 466 I FamFG). Antragsberechtigt ist bei Inhaberanteilscheinen und Namensanteilscheinen mit Blankoindossament der bisherige Inhaber. Bei Namensanteilscheinen ohne Blankoindossament ist derjenige, der das Recht aus der Urkunde geltend machen kann, also der Anteilinhaber oder derjenige, auf dessen Namen der Anteilschein lautet oder der ihn durch Indossament erhalten hat, antragsberechtigt (§ 467 FamFG). Bei Abhandenkommen oder Vernichtung des Anteilscheins (Mantels) soll zwischen dem Aufgebotstermin, in dem das Ausschlussurteil verkündet wird, und der vorhergehenden gerichtlichen Bekanntgabe eine Frist von höchstens einem Jahr liegen (§ 476 FamFG). 13

Mit dem **Ausschlussurteil** verliert der verbriefte Anteilschein seine Eigenschaft als Rechtsträger. Das Urteil ist wegen des gesetzlichen Ausschlusses von Rechtsmitteln (§ 957 ZPO) sofort mit Verkündigung rechtskräftig. Derjenige, der das Urteil erwirkt hat, kann gegenüber der KVG die Rechte eines Anteilinhabers geltend machen und zB die Ausstellung einer neuen Urkunde verlangen (§ 479 FamFG, § 800 BGB) (*Decker* Bankrecht und Bankpraxis Bd. 4 Rn. 8/368). Die neue Urkunde ist nur lieferbar, wenn sie mit dem Vermerk „Ersatzurkunde" gekennzeichnet ist, es sei denn, sie wird anstelle eines vernichteten Anteilscheins ausgestellt. Ein vor der Kraftloserklärung erfolgter gutgläubiger Erwerb durch einen Dritten wird vom Ausschlussurteil nicht betroffen und ist daher auch nach der Kraftloserklärung des Anteilscheins wirksam. Bei Inhaberpapieren ist ein gutgläubiger Erwerb des Anteilscheins auch während des Aufgebotsverfahrens oder nach dem Ausschlussurteil möglich, weil § 935 BGB nicht auf Inhaberpapiere anwendbar ist. Auf Namensanteilscheine (auch blanko indossierte) ist § 935 BGB jedoch anwendbar (*Baur* KAGG § 24 Rn. 10; *Decker* Bankrecht und Bankpraxis Bd. 4 Rn. 8/639; ausführlich BSV/*Beckmann* 410 § 35 Rn. 20ff.). 14

Mit Kraftloserklärung des Anteilscheins erlöschen auch evtl. Ansprüche aus noch nicht fälligen Gewinnanteilscheinen (§ 97 II 3). 15

Sind sowohl der Anteilschein als auch der Bogen abhandengekommen oder vernichtet worden, kann der Aufgebotstermin erst nach Ablauf eines mitunter sehr langen Zeitraums anberaumt werden. Einschlägige Fristen finden sich in §§ 471, 472 und 474 FamFG. Das Gesetz unterscheidet bei dem Verlust von Mantel und Bögen zwischen Wertpapieren mit Bogenerneuerung, für die von Zeit zu Zeit neue Gewinnanteilscheine ausgegeben werden, und solchen ohne Bogenerneuerung. Im erstgenannten Fall darf der Aufgebotstermin nach § 471 FamFG nicht vor Ablauf von sechs Monaten seit der ersten Kuponfälligkeit eines nach dem Verlust erneuerten Bogens bestimmt werden. Im zweiten Fall muss nach § 474 FamFG abgewartet werden, bis sechs Monate seit Fälligkeit des letzten Kupons abgelaufen sind. Diese Fristen gelten jedoch nach § 472 FamFG nur bei bis zum Ablauf von vier Jahren seit der Glaubhaftmachung des Verlusts fällig werdenden Gewinnanteilscheinen (vgl. ausführlich *Baur* KAGG § 24 Rn. 8; BSV/*Beckmann* 410 § 35 Rn. 15f.). 16

17 **4. Vorläufige Sicherungsmöglichkeiten beim Verlust von Anteilscheinen.** Zur vorläufigen Sicherung seiner Rechte kann der Anteilscheininhaber bei Verlust des Anteilscheins durch gesonderten Antrag zusätzlich eine Zahlungssperre nach § 480 FamFG beantragen. Diese kann vor Einleitung des Aufgebotsverfahrens vom Gericht verfügt werden. Durch die Zahlungssperre wird der KVG und der Verwahrstelle als Zahlstelle verboten, an den Anteilscheininhaber zu leisten. Die Zahlungssperre gem. § 802 BGB, § 480 III FamFG bewirkt die Sperrung der Auszahlung der im Anteilschein verbrieften Leistung und ein Verbot der Ausgabe eines neuen Gewinnanteilscheinbogens. Nicht geschützt ist dagegen die Einlösung von Gewinnanteilscheinen. Außerdem kommt die Zahlungssperre nur bei einer Rückgabe der Anteilscheine an die KVG nach § 98 I zum Tragen. Sie verhindert nicht, dass der unredliche Inhaber den Anteilschein an einen gutgläubigen Dritten wirksam weiterveräußert (Brinkhaus/Scherer/*Schödermeier/Baltzer* KAGG § 24 Rn. 8).

18 Um einen gutgläubigen Erwerb abhanden gekommener Inhaberanteilscheine oder blanko indossierter Namensanteilscheine durch berufsmäßige Wertpapierhändler für ein Jahr zu verhindern, kann eine Veröffentlichung des Verlusts im BAnz (§ 367 HGB) oder in den Wertpapier-Mitteilungen erfolgen. Der Gutglaubensschutz von Privatpersonen ist dadurch jedoch nicht ausgeschlossen (Brinkhaus/Scherer/*Schödermeier/Baltzer* KAGG § 24 Rn. 10; BSV/*Beckmann* 410, § 35 Rn. 23).

IV. Beschädigung von Anteilscheinen (Abs. 3)

19 Ist ein Anteilschein so stark beschädigt oder verunstaltet, dass er zum Umlauf nicht mehr geeignet ist, kann der Berechtigte von der KVG auf seine Kosten die Erteilung einer neuen Urkunde gegen Aushändigung der alten verlangen. § 97 III KAGB entspricht § 798 BGB und § 74 AktG. Die Notwendigkeit der Regelung des Abs. 3 ergibt sich daraus, dass in der Praxis des Wertpapierhandels beschädigte oder verunstaltete Wertpapiere als nicht lieferbar angesehen werden. § 97 III setzt voraus, dass der wesentliche Inhalt und die Unterscheidungsmerkmale der Urkunde (va die Serie, Nummer und die Zahl der verbrieften Anteile) noch mit Sicherheit erkennbar sind. Fehlt es an der sicheren Erkennbarkeit, ist § 97 II einschlägig.

20 Die Berechtigung ist nachzuweisen. Der Nachweis erfolgt bei einem Inhaberanteilschein oder einem blanko indossierten Namensanteilschein durch Vorlage des Anteilscheins, andernfalls durch Nennung im Anteilschein oder durch Vollindossament. Das Ersatzpapier, das nur gegen Aushändigung des alten Anteilscheins erteilt wird, tritt unmittelbar an die Stelle der zurückgegebenen Urkunde. Damit wird sowohl eine Doppelverbriefung als auch eine Unterbrechung der Verbriefung verhindert (*Baur* KAGG § 24 Rn. 15; Brinkhaus/Scherer/*Schödermeier/Baltzer* KAGG § 24 Rn. 16).

V. Ausgabe neuer Gewinnanteilscheine (Abs. 4)

21 Kommen Gewinnanteilscheine für sich allein abhanden oder werden sie vernichtet (ohne Verlust des Mantels), können sie weder aufgeboten noch für kraftlos erklärt werden. Mangels spezieller Vorschriften im KAGB gelten die Vorschriften des BGB entsprechend. Einschlägig sind §§ 804 I, 801 II BGB. An die Stelle des Aufgebotsverfahrens tritt die **Anzeige des Verlusts** an die KVG. Werden die Gewinnanteilscheine nicht innerhalb einer vierjährigen Vorlegungsfrist vorgelegt, kann der bisherige Inhaber nach Ablauf der Frist von der KVG Leistung verlangen.

Ein Anspruch auf Erteilung neuer Gewinnanteilscheine besteht nicht (Brinkhaus/Scherer/*Schödermeier/Baltzer* KAGG § 24 Rn. 14; *Baur* KAGG § 24 Rn. 14; BSV/*Beckmann* 410 § 35 Rn. 17).

Bei **Verlust des Erneuerungsscheins,** der nach hM lediglich Legitimationspapier ist, kommt weder eine Kraftloserklärung noch ein Anzeigeverfahren in Betracht. Nach § 97 IV 1 kann der Besitzer des Anteilscheins der Ausgabe von Gewinnanteilscheinen an den Vorleger eines Erneuerungsscheins widersprechen. Für das Widerspruchsrecht ist mittelbarer Besitz ausreichend. Der Widerspruch ist eine einseitig empfangsbedürftige Willenserklärung iSd § 130 I BGB und an den Vorstand bzw. die Geschäftsführung der KVG zu richten. In diesem Fall sind die neuen Gewinnscheine nach § 97 IV 2 dem Besitzer des Anteilscheins auszuhändigen, wenn er die Haupturkunde vorlegt (Brinkhaus/Scherer/*Schödermeier/Baltzer* KAGG § 24 Rn. 15; *Baur* KAGG § 24 Rn. 14, 16). Abs. 4 betrifft nur die Legitimation zur Empfangnahme der Ertragsscheine, er entscheidet nicht über die sachliche Berechtigung (*Baur* KAGG § 24 Rn. 17). 22

§ 98 Rücknahme von Anteilen, Aussetzung

(1) [1]**Jeder Anleger kann mindestens zweimal im Monat verlangen, dass ihm gegen Rückgabe des Anteils sein Anteil an dem Sondervermögen aus diesem ausgezahlt wird; die Einzelheiten sind in den Anlagebedingungen festzulegen.** [2]**Für ein Spezialsondervermögen kann abweichend von Satz 1 vereinbart werden, dass die Rücknahme von Anteilen nur zu bestimmten Rücknahmeterminen erfolgt.**

(1a) [1]**In den Anlagebedingungen kann vorgesehen werden, dass die Rückgabe von Anteilen durch eine unwiderrufliche Rückgabeerklärung gegenüber der Kapitalverwaltungsgesellschaft unter Einhaltung einer in den Anlagebedingungen festgelegten Rückgabefrist erfolgen muss, die höchstens einen Monat betragen darf.** [2]**Die Rückgabefrist von höchstens einem Monat nach Satz 1 gilt nicht für Spezial-AIF.** [3]**Die Regelungen in § 223 Absatz 1 und 2, § 227 Absatz 1 und 2, § 255 Absatz 2 bis 4 sowie § 283 Absatz 3 bleiben unberührt.** [4]**Die Anteile, auf die sich die Rückgabeerklärung bezieht, sind bis zur tatsächlichen Rückgabe von der depotführenden Stelle zu sperren.** [5]**Bei nicht im Inland in einem Depot verwahrten Anteilen wird die Rückgabeerklärung erst wirksam und beginnt die Frist erst zu laufen, wenn die Verwahrstelle die zurückgegebenen Anteile in ein Sperrdepotübertragen hat.** [6]**Die Anlagebedingungen können abweichend von den Sätzen 4 und 5 eine andere Form für den Nachweis vorsehen, dass die Rückgabe in Einklang mit Satz 1 erfolgt.**

(1b) [1]**In den Anlagebedingungen kann vorgesehen werden, dass die Kapitalverwaltungsgesellschaft die Rücknahme der Anteile abweichend von Absatz 1 beschränken kann, wenn die Rückgabeverlangen der Anleger einen zuvor festgelegten Schwellenwert erreichen, ab dem die Rückgabeverlangen aufgrund der Liquiditätssituation der Vermögensgegenstände des Sondervermögens nicht mehr im Interesse der Gesamtheit der Anleger ausgeführt werden können.** [2]**Die Beschränkung der Rücknahme der Anteile darf höchstens 15 Arbeitstage dauern.** [3]**Die Kapitalverwaltungsgesellschaft hat die Bundesanstalt unverzüglich über die Beschränkung der Rücknahme der Anteile sowie deren Aufhebung zu informieren.** [4]**Die Ka-**

pitalverwaltungsgesellschaft hat die Beschränkung der Rücknahme der Anteile sowie deren Aufhebung zudem unverzüglich auf ihrer Internetseite zu veröffentlichen. [5]Satz 4 findet auf Spezial-AIF keine Anwendung. [6]§ 223 Absatz 1 und 2, § 227 Absatz 1 und 2, § 255 Absatz 2 bis 4 sowie § 283 Absatz 3 bleiben unberührt.

(2) [1]In den Anlagebedingungen kann vorgesehen werden, dass die Kapitalverwaltungsgesellschaft die Rücknahme der Anteile aussetzen darf, wenn außergewöhnliche Umstände vorliegen, die eine Aussetzung unter Berücksichtigung der Interessen der Anleger erforderlich erscheinen lassen. [2]Solange die Rücknahme ausgesetzt ist, dürfen keine Anteile ausgegeben werden. [3]Die Kapitalverwaltungsgesellschaft hat der Bundesanstalt und den zuständigen Stellen der anderen Mitgliedstaaten der Europäischen Union oder der anderen Vertragsstaaten des Abkommens über den Europäischen Wirtschaftsraum, in denen sie Anteile des Sondervermögens vertreibt, die Entscheidung zur Aussetzung der Rücknahme unverzüglich anzuzeigen. [4]Die Kapitalverwaltungsgesellschaft hat die Aussetzung und die Wiederaufnahme der Rücknahme der Anteile im Bundesanzeiger und darüber hinaus in einer hinreichend verbreiteten Wirtschafts- oder Tageszeitung oder in den in dem Verkaufsprospekt bezeichneten elektronischen Informationsmedien bekannt zu machen. [5]Die Anleger sind über die Aussetzung und Wiederaufnahme der Rücknahme der Anteile unverzüglich nach der Bekanntmachung im Bundesanzeiger mittels eines dauerhaften Datenträgers zu unterrichten. [6]Satz 4 findet auf Spezial-AIF keine Anwendung.

(3) [1]Die Bundesanstalt kann anordnen, dass die Kapitalverwaltungsgesellschaft die Rücknahme der Anteile auszusetzen hat, wenn dies im Interesse der Anleger oder der Öffentlichkeit erforderlich ist; die Bundesanstalt soll die Aussetzung der Rücknahme anordnen, wenn die AIF-Kapitalverwaltungsgesellschaft bei einem Immobilien-Sondervermögen oder Infrastruktur-Sondervermögen im Fall des Absatzes 2 Satz 1 die Aussetzung nicht vornimmt oder im Fall des § 257 der Verpflichtung zur Aussetzung nicht nachkommt. [2]Absatz 2 Satz 2 und 4 bis 6 ist entsprechend anzuwenden.

Schrifttum: *Lindemann* Einsatz von Primebrokern bei inländischen Hedgefonds, BB 2004, 2137; *Reiter/Plumridge* Das neue Investmentgesetz – Teil II, WM 2012, 388.

Inhaltsübersicht

	Rn.
I. Allgemeines	1
1. Rechtsentwicklung	1
2. Regelungsgegenstand und -zweck	2
3. Anwendungsbereich	3
II. Rückgaberecht des Anlegers (Abs. 1)	4
1. Voraussetzungen	5
2. Technische Abwicklung der Rücknahme	9
3. Rechtsfolgen	10
III. Rückgabefristen (Abs. 1 a)	13
IV. Rücknahmebeschränkungen (Abs. 1 b)	16

Rn.
V. Aussetzung der Rücknahme (Abs. 2) 20
1. Voraussetzungen 20
2. Ermessensausübung 21
3. Rechtsfolgen 23
4. Fallgruppen 24
VI. Aussetzung der Rücknahme durch die BaFin (Abs. 3) 25

I. Allgemeines

1. Rechtsentwicklung. Die Regelungen in § 98 waren im Wesentlichen in § 37 InvG und davor bereits in § 11 KAGG (idFd Bekanntmachung v. 9.9.1998) enthalten. § 98 I wurde durch das Finanzmarktanpassungsgesetz v. 15.7.2014 geändert und an die geänderte Definition von offenen Investmentvermögen in § 1 angepasst. Ein Investmentvermögen gilt danach schon als offen, wenn es eine Rücknahme vor Liquidation oder Laufzeitende zulässt. OGAW und Publikums-AIF-Rücknahmen müssen gem. § 170 (der Art. 32 V Buchst. c der Richtlinie 2009/65/EG umsetzt) allerdings mindestens zweimal im Monat den Nettoinventarwert je Anteil veröffentlichen. Daraus hat der Gesetzgeber abgeleitet, dass für diese Fonds mindestens zweimal im Monat eine Rückgabemöglichkeit vorgesehen werden muss (vgl. Gesetzesbegründung zum Finanzmarktanpassungsgesetz v. 15.7.2014 zu Art. 2 Nr. 25). Die Sonderregelung für Rücknahme von Anteilen an Spezialsondervermögen in § 98 I 2 war vor Inkrafttreten des KAGB in § 95 IV 3 InvG enthalten (Rücknahme mindestens einmal innerhalb von zwei Jahren). § 98 I KAGB aF sah noch eine jährliche Rücknahmeverpflichtung vor. Dies beruhte auf bei Inkrafttreten des KAGB geltender Definition von offenen AIF. Nunmehr verweist § 1 IV Nr. 2 zur Definition von offenen AIF auf Art. 1 II DelVO (EU) Nr. 694/2014, wonach ein offener AIF schon dann vorliegt, wenn Anteilsinhaber ihre Anteile vor Liquidation oder Laufzeitende zurückgeben können. 1

Die Abs. 1 a und 1 b sind durch das Gesetz zur Einführung von Sondervorschriften für die Sanierung und Abwicklung von zentralen Gegenparteien und zur Anpassung des Wertpapierhandelsgesetzes v. 19.3.2020 (BGBl. 2021 I 529) in das KAGB eingefügt worden. Die dort geregelten Rücknahmefristen und -beschränkungen sind auf der Basis von Empfehlungen der Internationalen Organisation der Wertpapieraufsichtsbehörden (IOSCO) und des Financial Stability Boards (FSB) in das KAGB aufgenommen worden, um den Fondsstandort Deutschland sicherer, moderner und attraktiver zu gestalten (Beschlussempfehlung des Finanzausschusses, BT-Drs. 19/17139, 45).

2. Regelungsgegenstand und -zweck. Das Recht des Anlegers, seinen Anteil am Sondervermögen gegen Auszahlung des anteiligen Nettoinventarwertes zurückgeben zu können, ist wesentliches Merkmal des Sondervermögens. Dieses Recht ist Ausgleich dafür, dass der Anleger von der Verwaltung des Sondervermögens ausgeschlossen ist. § 98 regelt das Rückgaberecht des Anlegers sowie die eng auszulegenden Voraussetzungen, unter denen dieses Recht ausnahmsweise eingeschränkt werden kann. 2

Die in Abs. 1 a und 1 b geregelten Rücknahmefristen und -beschränkungen können von der KVG zum Zwecke der Liquiditätssteuerung im Sondervermögen genutzt werden.

3 **3. Anwendungsbereich.** Zum Anwendungsbereich vgl. die Erläuterungen zu → § 92 Rn. 3. § 98 gilt grundsätzlich für alle Arten von Sondervermögen (mit Ausnahme von als Sondervermögen aufgelegten geschlossenen Spezial-AIF (§ 139 S. 2)). Allerdings enthalten §§ 255, 257 f. Spezialregelungen für Immobilien-Sondervermögen. Für Sonstige Investmentvermögen enthalten § 223, für Dach-Hedgefonds § 227 und für Hedgefonds § 283 III Spezialregelungen. Für Spezialfonds gelten Sonderregelungen gem. § 98 I 2 (Häufigkeit der Rücknahme) und mit Blick auf Bekanntmachungspflichten bei Aussetzung der Rücknahme durch die KVG gem. § 98 II 6. Auf eine InvAG ist § 98 I nicht anwendbar. Ein vergleichbarer Rückgabeanspruch für die Aktionäre einer InvAG findet sich jedoch in § 116 II 1. Für diesen gelten die Einschränkungen des § 98 Ia, Ib, II und III entsprechend (§ 116 II 6).

II. Rückgaberecht des Anlegers (Abs. 1)

4 Zentrales Merkmal eines Sondervermögens ist, dass der Anleger seinen Anteil gegen Auszahlung des Anteilswerts an die KVG zurückgegeben kann. § 98 I normiert dieses Rückgaberecht des Anlegers. Damit unterscheiden sich Sondervermögen wesentlich von geschlossenen Fonds (bei denen der Anleger nur am Ende der Laufzeit seinen Anteil ausgezahlt erhält) und anderen Investmentinstrumenten mit fester Laufzeit, wie etwa Zertifikaten, bei denen der Anleger regelmäßig nur durch Veräußerung an Dritte sein Investment vorzeitig liquidieren kann. Das Rückgaberecht macht den Anleger unabhängig von einem (effizienten) Markt für Anteile am Sondervermögen. Er kann sein Investment unabhängig von Marktgegebenheiten durch Rückgabe seines Anteils zum gem. § 168 ermittelten Wert (ggf. abzgl. eines Rücknahmeabschlags – vgl. § 71 III) an die KVG liquidieren. Dieses Rückgaberecht schließt jedoch nicht aus, dass der Anleger seinen Anteil auch an Dritte veräußern kann. Auch die KVG selbst darf Anteile an von ihr verwalteten Sondervermögen von Anlegern ankaufen. Ein solcher Ankauf durch die KVG ist jedoch keine Rücknahme iSd § 98 (vgl. → § 95 Rn. 35 ff.). In der Praxis ist die (börsenmäßige) Veräußerung des Anteils an Dritte bei sog. Exchange Traded Funds (ETFs) sogar die Regel. Aber auch bei ETFs (zumindest, soweit sie als deutsche Sondervermögen aufgelegt sind) ist eine Rückgabe des Anteils an die KVG möglich.

5 **1. Voraussetzungen.** Der Anleger hat aufgrund des Investmentvertrages einen schuldrechtlichen Anspruch gegenüber der KVG auf Rücknahme seines Anteils zum gem. § 168 ermittelten Wert (ggf. abzgl. eines in den Anlagebedingungen festgelegten Rücknahmeabschlags – vgl. § 71 III). Dieser Anspruch kann aufgrund der zwingenden Regelung in § 98 I vertraglich nicht ausgeschlossen werden. Er tritt an die Stelle eines Rechts des Anlegers zur Kündigung des mit der KVG geschlossenen Investmentvertrages. § 98 I widersprechende Vereinbarungen sind gem. § 134 BGB nichtig. Macht der Anleger seinen Anspruch auf Rückgabe des Anteils geltend, kann die KVG ihre Rücknahmepflicht – ohne Zustimmung des Anlegers – auch nicht durch einen Rückkauf oder durch Verweis auf ankaufswillige Dritte (Rückkaufgesellschaften) erfüllen. Dies gilt selbst dann, wenn der Ankaufspreis dem Rücknahmepreis gem. § 71 III entspricht.

6 Der Anspruch auf Rücknahme richtet sich gegen die das Sondervermögen verwaltende KVG als Vertragspartner des Anlegers. Kündigt die KVG die Verwaltung des Sondervermögens oder erlischt das Recht der KVG zur Verwaltung desselben

aus einem anderen Grund, hat der Anleger einen Anspruch auf das Auseinandersetzungsguthaben gem. § 100 II. Übernimmt eine andere KVG die Verwaltung des Sondervermögens (vgl. § 100 III), geht das Vertragsverhältnis mit dem Anleger auf diese über (Novation) und der Rücknahmeanspruch des Anlegers richtet sich gegen die übernehmende KVG.

§ 98 I regelt nicht ausdrücklich, wann der Anleger sein Rückgaberecht geltend machen kann. Aus S. 1 ergibt sich, dass die KVG es dem Anleger ermöglichen muss, seine Anteile mindestens zweimal im Monat zurückzugeben (zum Hintergrund vgl. → Rn. 1). Die KVG kann in den Anlagebedingungen aus Gründen der Praktikabilität bestimmte Zeitpunkte für die Rückgabe und die Auszahlung des Rücknahmepreises festlegen (→ Rn. 8f.). Die Anlagebedingungen dürfen das Rückgaberecht des Anlegers jedoch nicht wesentlich einschränken. Für Spezialsondervermögen sieht § 98 I 2 eine Sonderregelung vor: Danach kann für diese vereinbart werden, dass die Rückgabe von Anteilen nur zu bestimmten Terminen möglich ist. Allerdings muss auch der Anleger in einem Spezialfonds die Möglichkeit haben, seine Anteile mindestens einmal vor Liquidation oder Laufzeitende zurückzugeben (zum Hintergrund dieser Regelung vgl. → Rn. 1). 7

Gemäß § 98 I 1 aE sind die Einzelheiten der Anteilsrückgabe in den Anlagebedingungen festzulegen (vgl. § 17 der Allgemeinen Muster-Anlagebedingungen des BVI). Der Gesetzgeber hat bewusst davon abgesehen, Einzelheiten der Rücknahme (mit Ausnahme der Ermittlung des Rücknahmepreises gem. § 168) gesetzlich festzuschreiben und auf den Wettbewerb zwischen den KVG sowie auf die BaFin vertraut, für den Anleger ungünstige Rücknahmebedingungen zu verhindern (vgl. BSV/*Beckmann* 410, § 37 Rn. 10; EDDH/*Gutsche* InvG § 37 Rn. 14). Die Muster-Anlagebedingungen des BVI haben sich als Marktstandard in Deutschland etabliert und sind mit der BaFin abgestimmt. Gemäß § 162 II Nr. 4 muss in den Anlagebedingungen vereinbart sein, unter welchen Voraussetzungen, zu welchen Bedingungen und bei welchen Stellen der Anleger die Rücknahme der Anteile verlangen kann und unter welchen Voraussetzungen die Rücknahme der Anteile von der KVG ausgesetzt werden kann (zum Letzteren → Rn. 13ff.). § 212 regelt, dass der Wert eines OGAW und der Nettoinventarwert bei jeder Möglichkeit zur Ausgabe und Rücknahme von Anteilen zu ermitteln ist. Für Publikumssondervermögen hat die Wertermittlung also grds. börsentäglich zu erfolgen, da die Anleger ihre Anteile in der Praxis regelmäßig börsentäglich zurückgeben können. Der Rücknahmepreis wird börsentäglich für einen in den Anlagebedingungen festgelegten Bewertungszeitpunkt festgestellt. Die KVG legt einen vor dem Bewertungszeitpunkt liegenden Order-Annahmeschluss fest. Rücknahmeanträge, die vor diesem Order-Annahmeschluss eingehen, werden zu dem für diesen Tag festgestellten Rücknahmepreis abgerechnet. Rücknahmeanträge, die nach dem Order-Annahmeschluss eingehen, werden zum nächsten festgestellten Rücknahmepreis (also regelmäßig am nächsten Börsentag) abgerechnet. Die Zahlung des Rücknahmepreises auf das Konto des Anlegers erfolgt dann regelmäßig ein bis drei Tage nach Abrechnung. 8

2. Technische Abwicklung der Rücknahme. Für die technische Abwicklung der Rücknahme von Anteilen ist gem. § 71 I die Verwahrstelle verantwortlich. Einzelheiten sind regelmäßig in dem zwischen der Verwahrstelle und der KVG geschlossenen Vertrag geregelt. Dadurch ist gewährleistet, dass die Verwahrstelle ihrer Kontrollfunktion bezüglich der Rücknahme von Anteilen und der Wertermittlung gem. § 76 I Nr. 1 nachkommen kann. Die Verwahrstelle ist auch deshalb für die 9 technische Abwicklung der Rücknahme zuständig, weil regelmäßig die Verwahrstelle die die Anteile verbriefende Globalurkunde (§ 95) bei der Clearstream Banking AG hinterlegt. Die KVG ist regelmäßig gem. den Bedingungen der Clearstream Banking AG zur Hinterlegung von Globalurkunden nicht berechtigt und muss sich deshalb der Verwahrstelle als bei der Clearstream Banking AG zur Hinterlegung berechtigtem Institut bedienen. Die Verwahrstelle darf dritte Banken bei der Abwicklung der Rücknahme von Anteilscheinen einschalten. Erforderlich ist aber, dass die Verwahrstelle jederzeit über die Anzahl der umlaufenden Anteile informiert ist.

10 **3. Rechtsfolgen.** Die Auszahlung des gem. § 71 III 3 zu ermittelnden Rücknahmepreises erfolgt Zug um Zug (§ 322 BGB) gegen Rückgabe des Anteils (vgl. § 98 I). Der Anleger hat also seine gesamte auf dem Investmentvertrag mit der KVG und den Vorschriften des KAGB basierende Rechtsposition (zum Begriff des Anteils vgl. → § 95 Rn. 6ff.) auf die KVG zurück zu übertragen. Der Auszahlungsanspruch aus dem Investmentvertrag mit der KVG erlischt durch Erfüllung mit Zahlung des Rücknahmepreises. Mit Rückgabe des Anteils endet zudem der Investmentvertrag zwischen KVG und Anleger; Ansprüche aus diesem können die Parteien nach Rückgabe des Anteils nicht mehr geltend machen. Allerdings bleiben evtl. vor Rückgabe des Anteils entstandene und noch nicht erfüllte Ansprüche (etwa auf Schadensersatz wegen einer Pflichtverletzung der KVG) bestehen. Mit Rückgabe des Anteils an die KVG erlischt dieser durch Kollusion (anders ist dies beim Erwerb des Anteils mit eigenen Mitteln durch die KVG: in diesem Fall hat die KVG ein Entnahmerecht aus dem Sondervermögen; vgl. → § 95 Rn. 36). Seine Rückgabeverpflichtung bzgl. des Anteils erfüllt der Anleger regelmäßig durch Rückübertragung des Anteilscheins bzw. Rückübertragung des Miteigentumsanteils an der Globalurkunde. Denn mit der dinglichen Übertragung der Urkunde gehen die darin verbrieften Rechte auf die KVG über und erlöschen durch Kollusion. Sind neben der Stammurkunde auch Bögen ausgegeben worden, muss der Anleger zur Erfüllung seiner Rückgabepflicht auch diese zurückgeben (vgl. *Baur* KAGG § 11 Rn. 13; BSV/*Beckmann* 410 § 37 Rn. 9).

11 Die Auszahlung des Anteilwerts erfolgt aus dem Sondervermögen. Das eigene Vermögen der KVG bzw. andere Sondervermögen stehen dem Anleger angesichts des Wortlauts des § 98 I als Haftungsmasse für seinen Auszahlungsanspruch nicht zur Verfügung (vgl. *Baur* KAGG § 11 Rn. 9; BSV/*Beckmann* 410 § 37 Rn. 16 mit Nachweisen zur Gegenansicht). Dies gilt auch dann, wenn das Sondervermögen nicht über ausreichende liquide Mittel verfügt. In diesen Fällen kommt lediglich eine Aussetzung der Rücknahme gem. Abs. 2 bzw. eine Beschränkung der Rücknahme gem. Abs. 1b in Betracht (zu den Voraussetzungen → Rn. 16ff.). Der Rücknahmepreis entspricht dem anteiligen Nettoinventarwert des Sondervermögens (bzw. im Falle der Anwendung des Swing Pricing dem modifizierten Nettoinventarwert je Anteil – § 168 I) abzgl. eines ggf. in den Anlagebedingungen festgelegten Rücknahmeabschlags (§ 71 III 3). Zu beachten ist in diesem Zusammenhang, dass Schadensersatzansprüche wegen Verletzung des KAGB oder der Anlagebedingungen durch die KVG ins Sondervermögen fallen und bei der Berechnung des Nettoinventarwertes zu berücksichtigen sind (aA wohl *Lindemann* BB 2004, 2137 (2140)).

12 Der Anleger hat gem. § 98 I lediglich einen Anspruch auf Auszahlung seines Anteils in Geld. Eine (anteilige) Sachauskehrung kann er nicht beanspruchen. Allerdings ist es dem Anleger grds. unbenommen (etwa bei Spezialfonds), sich mit der KVG außerhalb des Anwendungsbereiches des § 98 I auf eine Sachauskehrung gegen Rückgabe des Anteils zu einigen.

III. Rückgabefristen (Abs. 1a)

Die KVG kann in den Anlagebedingungen Rückgabefristen vorsehen. Sie muss dann den Auszahlungsanspruch des Anlegers erst nach Ablauf der Frist erfüllen. In Abweichung zu § 271 II BGB darf die KVG aus Gründen der Gleichbehandlung der Anleger den Rückzahlungsanspruch nicht vorzeitig erfüllen. Die Rückgabeerklärung kann vom Anleger während der Laufzeit der Frist nicht widerrufen werden. Für die Fristberechnung gelten die §§ 186ff. BGB. Die Rückgabefrist darf höchstens einen Monat betragen. Die Länge der Frist ist von der KVG in pflichtgemäßem Ermessen unter Berücksichtigung der Anlegerinteressen und des Liquiditätsprofils der im Sondervermögen enthaltenen Vermögensgegenstände festzulegen. Die Höchstfrist von einem Monat gilt nicht für Spezial-AIF – professionelle und semiprofessionelle Anleger (vgl. § 1 VI) sollen selbst entscheiden können, ob sie längere Rücknahmefristen eingehen wollen. Für Sonstige Investmentvermögen, Dach-Hedgefonds, Immobilien-Sondervermögen und Hedgefonds gelten Spezialregelungen hinsichtlich der Rückgabefristen (→ Rn. 3). 13

Da die Rückgabeerklärung unwiderruflich ist, ist der Anleger vertraglich verpflichtet, seinen Anteil mit Ablauf der Frist zurückzugeben. Um die Übertragung der Anteile durch den Anleger an Dritte während der Frist zu verhindern (die Rückgabeerklärung bindet nur den Anleger, der die Erklärung abgegeben hat), sind die Anteile von der (inländischen) Bank des Anlegers, bei der dieser die Anteile im Depot hält, zu sperren. Da die Regelung in S. 4 für ausländische Banken nicht bindend ist, sieht S. 5 vor, dass im Fall von im Ausland verwahrten Anteilen die Frist erst dann zu laufen beginnt, wenn die Verwahrstelle des Sondervermögens die Anteile in ein Sperrdepot übertragen hat. Auch wird die Rückgabeerklärung des Anlegers in Abweichung von § 130 BGB erst zu diesem Zeitpunkt wirksam. 14

Rückgabefristen müssen ausdrücklich in den Anlagebedingungen vorgesehen werden. In der Praxis finden sich solche in den Besonderen Anlagebedingungen der KVG für bestimmte Fonds. Sollen Rückgabefristen nachträglich eingeführt werden, ist eine Mitteilung mittels dauerhaftem Datenträger gem. § 163 IV 2 erforderlich. 15

IV. Rücknahmebeschränkungen (Abs. 1b)

Abs. 1b erlaubt es der KVG, die Rücknahme von Anteilen für bis zu 15 aufeinander folgende Arbeitstage zu beschränken, wenn ein zuvor festgelegter Schwellenwert an Anteilsrückgaben für ein Sondervermögen überschritten wird (sog. Redemption Gates). Die deutsche Fondsindustrie hat sich bei der Umsetzung dieser Regelung mit der BaFin auf einen Pro-rata-Ansatz mit Verfall der Restorder verständigt. In Fällen des Abs. 1b ist die KVG lediglich verpflichtet, Rückgabeverlangen der Anleger anteilig (bis zur Höhe des Schwellenwertes) zu erfüllen. Der Schwellwert wird als Prozentsatz vom Nettoinventarwert des Sondervermögens ausgedrückt. Anders als bei einer Aussetzung der Rücknahme gem. Abs. 2, bei der die KVG keine Anteile zurücknimmt, werden im Falle von Rücknahmebeschränkungen gem. Abs. 1a Rücknahmeverlangen anteilig auf Basis einer von der KVG ermittelten Quote ausgeführt (Quotient aus dem mit dem Schwellenwert multiplizierten NAV am jeweiligen Tag und der Summe der Rückgaben an diesem Tag). Der nicht ausgeführte Teil der Rückgabeorder verfällt und der Anleger muss für diesen Teil erneut ein Rückgabeverlangen stellen. Auch darf die KVG – anders als bei der Aussetzung der Rücknahme – weiterhin neue Anteile ausgeben. Eine 16 dem Abs. 2 S. 2 vergleichbare Regelung gibt es bei der Rücknahmebeschränkung nicht.

17 Sehen die Besonderen Anlagebedingungen Rücknahmebeschränkungen vor, liegt die Entscheidung, ob die KVG davon Gebrauch macht, in deren pflichtgemäßem Ermessen. Nach allgemeinen Grundsätzen hat die KVG bei Ausübung ihres Ermessens zu prüfen, ob vor dem Hintergrund der Liquiditätssituation im Sondervermögen eine Beschränkung der Anteilsrücknahme zur Wahrung der Interessen der Gesamtheit der Anleger geeignet, erforderlich und im Übrigen unter Berücksichtigung der Interessen aller Parteien angemessen ist. Geeignet ist die Aussetzung nur, wenn die realistische Aussicht besteht, dass sich die Liquiditätssituation des Sondervermögens in 15 Arbeitstagen so verbessert, dass danach wieder alle Rücknahmeverlangen in voller Höhe erfüllt werden können. Erforderlich ist eine Beschränkung der Rücknahme nur dann, wenn tatsächlich die Interessen der Gesamtheit der Anleger durch unbeschränkte Rücknahmen verletzt zu werden drohen. Außerdem darf der KVG kein anderes geeignetes Mittel zur Verfügung stehen (etwa die Aufnahme von Krediten zur Überbrückung vorübergehender Liquiditätsengpässe). Im Rahmen der Angemessenheitsprüfung sind schließlich die Interessen der Gesamtheit der Anleger gegenüber den Interessen der rückgabewilligen Anleger im Einzelnen abzuwägen, wobei aufgrund der in Abs. 1b zum Ausdruck gebrachten gesetzgeberischen Wertung den Interessen der Gesamtheit der Anleger Vorrang vor den Interessen der rückgabewilligen Anleger einzuräumen ist. Eigene Interessen der KVG dürfen im Rahmen dieser Abwägung nicht berücksichtigt werden. Die KVG kann zur Steuerung der Liquidität im Sondervermögen Rückgabefristen und Rücknahmebeschränkungen kumulativ nutzen.

18 Wie sich Rücknahmebeschränkungen in der Praxis auswirken werden, bleibt abzuwarten. Beschränkungen in Abhängigkeit von der Ordergröße können evtl. Anreize für Anleger schaffen, möglichst hohe Rücknahmeverlangen zu stellen (in der Erwartung, dass diese nur zu einem (geringen) Teil erfüllt werden). Auch ist der Wortlaut des Abs. 1b hinsichtlich der Frage unklar, ob der Schwellenwert nur einmal überschritten werden muss, um die Rücknahmebeschränkung für 15 Tage in Kraft zu setzen, oder ob jener an jedem Tag, an dem von einer Rücknahmebeschränkung Gebrauch gemacht werden soll, überschritten sein muss. Die Marktpraxis geht zZt von Ersterem aus, was dem Ziel der Regelung, der KVG ausreichend Zeit zu geben, Liquidität zu schaffen, Rechnung trägt. Die KVG ist nicht verpflichtet, die 15-Tage-Frist auszuschöpfen und kann die unbegrenzte Rücknahme im pflichtgemäßen Ermessen vor Ablauf der Frist wieder aufnehmen. Angesichts des Wortlauts des Abs. 1b („höchstens") kann die KVG die Frist jedoch nicht verlängern. Absatz 1b schließt jedoch eine erneute Beschränkung der Rücknahme nach Ablauf einer ersten Frist von 15 Tagen nicht ausdrücklich aus. Allerdings sind an die erneute Ermessensentscheidung der KVG erhöhte Anforderung zu stellen und die KVG hat die gesetzgeberische Wertung, dass Rücknahmen gem. Abs. 1b nur für höchsten 15 Tage beschränkt werden sollen, im Rahmen der Angemessenheitsprüfung zu berücksichtigen. Den Interessen der Gesamtheit der Anleger darf in diesen Fällen nicht ohne Weiteres Vorrang vor den Interessen der rückgabewilligen Anleger eingeräumt werden und eine (zweite) Beschränkung der Rücknahme dürfte nur in Ausnahmefällen zulässig sein.

19 Die KVG hat die BaFin über die Aussetzung zu informieren und die Beschränkung auf ihrer Internetseite zu veröffentlichen. Zudem wird der Anleger gem. § 2 III KAVerOV über die (Teil-)Ausführung von Rücknahmeaufträgen informiert. Die Pflicht zur Veröffentlichung im Internet gilt nicht für Spezial-AIF, da die KVG professionelle und semi-professionelle Anleger in Spezial-AIF individuell informieren kann. Die Spezialregelungen für Sonstige Investmentvermögen, Dach-Hedgefonds, Immobilien-Sondervermögen und Hedgefonds bleiben unberührt (→ Rn. 3).

V. Aussetzung der Rücknahme (Abs. 2)

20 **1. Voraussetzungen.** Gemäß § 98 II kann in den Anlagebedingungen vereinbart werden, dass die KVG bei Vorliegen außergewöhnlicher Umstände die Rücknahme aussetzen darf, wenn dies im Interesse der Anleger erforderlich ist. Eine Aussetzung der Rücknahme nach dieser Vorschrift ist also nur möglich, wenn dies in den Anlagebedingungen mit dem Anleger ausdrücklich vereinbart ist. Die Möglichkeit der Aussetzung in solchen Fällen ergibt sich nicht schon aus allgemeinen Rechtsgrundsätzen (so aber BSV/*Beckmann* 410, § 37 Rn. 17). Nach allgemeinen Vertragsgrundsätzen mag die KVG berechtigt sein, den Anspruch der Anleger auf Rücknahme (endgültig oder vorübergehend) nicht zu erfüllen, wenn einer solcher Erfüllung tatsächliche oder rechtliche Leistungshindernisse entgegenstehend oder der KVG die Erfüllung unzumutbar ist, ohne dass es einer entsprechenden Regelung in den Anlagebedingungen bedarf. § 98 II 1 regelt jedoch den Fall, dass die KVG die Rücknahme im Interesse der übrigen Anleger aussetzen darf, ohne dass Leistungshindernisse in der Sphäre der KVG vorliegen müssen. Diese Regelung besteht also in erster Linie im Interesse der übrigen Anleger. Hintergrund ist, dass die KVG nicht nur gegenüber dem seinen Anteil zurückgebenden Anleger vertragliche Treuepflichten zu beachten hat, sondern auch gegenüber den übrigen Anlegern. Im Falle von Interessenkollisionen ist die KVG bei Vorliegen außergewöhnlicher Umstände also berechtigt, den Interessen der Anlegergemeinschaft Vorrang vor den Interessen des rückgabewilligen Anlegers einzuräumen. Die BaFin verlangt zudem aus Anlegerschutzgründen die vorherige Zustimmung des Aufsichtsrates der KVG zur Aussetzung der Rücknahme (vgl. EDDH/*Gutsche* InvG § 37 Rn. 30). Dies gilt nicht bei Spezial-Sondervermögen.

21 **2. Ermessensausübung.** § 98 II stellt die Aussetzung der Rücknahme in den dort genannten Fällen ins Ermessen der KVG. Dieses hat sie pflichtgemäß unter Berücksichtigung der Interessen der rückgabewilligen Anleger und der übrigen Anlegergemeinschaft auszuüben. Voraussetzung ist zunächst, dass außergewöhnliche Umstände vorliegen. Nach allgemeinen Grundsätzen hat die KVG dann bei Ausübung ihres Ermessens zu prüfen, ob vor dem Hintergrund dieser außergewöhnlichen Umstände die Aussetzung der Rücknahme zur Wahrung der Interessen der übrigen Anleger geeignet, erforderlich und im Übrigen unter Berücksichtigung der Interessen aller Parteien angemessen ist. Geeignet ist die Aussetzung nur, wenn sie mögliche Verletzung der Interessen der Anleger auch tatsächlich verhindern kann. Erforderlich ist eine Aussetzung der Rücknahme nur dann, wenn tatsächlich die Interessen anderer Anleger durch eine Rücknahme verletzt zu werden drohen und diese Interessen nicht auch unter gewöhnlichen Umständen beeinträchtigt worden wären. Außerdem darf der KVG kein anderes geeignetes Mittel zur Verfügung stehen (etwa die Aufnahme von Krediten zur Überbrückung vorübergehender Liquiditätsengpässe; vgl. BSV/*Beckmann* § 37 Rn. 22). Zudem muss die KVG prüfen, ob ggf. eine Rücknahmebeschränkung gem. Abs. 1b als milderes Mittel in Betracht kommt. Im Rahmen der Angemessenheitsprüfung sind schließlich die Interessen der übrigen Anleger gegenüber den Interessen der rückgabewilligen Anle-

ger im Einzelnen abzuwägen. Dabei ist zu berücksichtigen, dass das Rückgaberecht ein wesentliches Recht der Anleger im Sondervermögen ist, in das nur unter außergewöhnlichen Umständen eingegriffen werden darf (vgl. BSV/*Beckmann* 410 § 37 Rn. 19). Eigene Interessen der KVG dürfen im Rahmen dieser Abwägung nicht berücksichtigt werden. Unerheblich ist auch, ob die außergewöhnlichen Umstände durch ein vorangegangenes Verhalten der KVG bei der Verwaltung des Sondervermögens verursacht wurden (aA wohl BSV/*Beckmann* 410 § 37 Rn. 25).

22 Unter Umständen kann das Ermessen der KVG bezüglich der Aussetzung der Rücknahme auf null reduziert sein. In solchen Fällen ist die KVG verpflichtet, die Rücknahme auszusetzen. Rechtsgrund für eine solche Verpflichtung ist die entsprechende Bestimmung in den Anlagebedingungen (iVm § 98 II), nicht die Pflicht zur ordnungsgemäßen Verwaltung des Sondervermögens aus § 26 I (so aber BSV/*Beckmann* 410 § 37 Rn. 18 mit Blick auf § 9 InvG). Fehlt also eine entsprechende Regelung in den Anlagebedingungen, besteht auch keine Pflicht der KVG zur Aussetzung der Rücknahme. In solchen Fällen kann die KVG dem Rücknahmeanspruch des Anlegers schlicht kein Gegenrecht entgegenhalten. Die Verpflichtung zur ordnungsgemäßen Verwaltung des Sondervermögens berührt das Verhältnis zwischen den Anlegern nicht, sondern beschreibt nur die Pflichten der KVG bei der Verwaltung des Sondervermögens.

23 **3. Rechtsfolgen.** Solange die Rücknahme der Anteile ausgesetzt ist, darf die KVG keine Anteile an dem betroffenen Sondervermögen ausgeben (§ 98 II 2). Trotz dieses Verbots ausgegebene Anteile sind wirksam begeben worden. Allerdings macht sich die KVG gegenüber dem neuen Anleger schadensersatzpflichtig (§ 823 II BGB). Das Verbot des § 98 II 2 gilt nicht für die Veräußerung schon begebener, eingezahlter und im eigenen Vermögen der KVG (bzw. von Dritten) gehaltener Anteile (aA BSV/*Beckmann* 410 § 37 Rn. 26). Der Wortlaut des § 98 II 2 spricht nur von der Ausgabe von Anteilen, nicht der Veräußerung. Auch ist nicht ersichtlich, warum die KVG in solchen Fällen die mit der Aussetzung der Rücknahme im Interesse aller Anleger verbundenen Risiken tragen soll. Weitere Rechtsfolge der Aussetzung der Rücknahme ist, dass die KVG die BaFin sowie die Aufsichtsbehörden der EU-/EWR-Länder, in denen die Anteile vertrieben werden (vgl. §§ 312f., 331ff.), von der Aussetzung zu unterrichten hat. Die Aussetzung der Rücknahme von Anteilen ist im BAnz bekannt zu machen. Darüber hinaus hat die KVG die Bekanntmachung in einer hinreichend verbreiteten Wirtschafts- oder Tageszeitung oder auf ihrer Internetseite (soweit im Verkaufsprospekt vorgesehen) zu veröffentlichen. Gleiches gilt mit Blick auf die Bekanntmachung der Wiederaufnahme der Rücknahme. Diese Bekanntmachungspflichten gelten nur für Publikumsfonds und nicht für Spezialfonds (vgl. § 98 II 6). Außerdem sind die Anleger mittels eines dauerhaften Datenträgers (zum Begriff siehe § 1 XIX Nr. 8) zu unterrichten (§ 98 II 5); dies gilt auch mit Blick auf Anleger in einem Spezialfonds. Die Anteilsrücknahme muss wieder aufgenommen, sobald die außergewöhnlichen Umstände iSd Abs. 2 S. 1 wegfallen (WBA/*Anders* § 98 Rn. 16).

24 **4. Fallgruppen.** In Betracht kommt eine Aussetzung der Rücknahme etwa dann, wenn aufgrund außergewöhnlicher Umstände eine hinreichend genaue Ermittlung des Anteilwertes unmöglich ist (BSV/*Beckmann* 410, § 37 Rn. 22; *Baur* KAGG § 11 Rn. 14; Brinkhaus/Scherer/*Schödermeier/Baltzer* KAGG § 11 Rn. 12). Dies ist insb. der Fall, wenn für die Ermittlung des Wertes von im Sondervermögen enthaltenen Vermögensgegenständen maßgebliche Börsen oder Märkte aufgrund außergewöhnlicher wirtschaftlicher oder politischer Entwicklungen geschlossen

sind. Eine Aussetzung der Rücknahme kommt auch in Betracht, wenn Vertragsparteien der KVG (etwa für Derivatgeschäfte) insolvent sind und aufgrund dessen der Anteilwert nicht genau ermittelt werden kann, weil unklar ist, ob bzw. in welcher Höhe die insolvente Vertragspartei ihre Ansprüche zugunsten des Sondervermögens erfüllen wird. Nicht ausreichend für eine Aussetzung der Rücknahme ist eine bloße überdurchschnittlich hohe Anzahl von Anteilsrückgaben (wie hier BSV/*Beckmann* 410, § 37 Rn. 21; aA WBA/*Anders* § 98 Rn. 14; EDDH/*Gutsche* § 37 Rn. 21; Brinkhaus/Scherer/*Schödermeier/Baltzer* KAGG § 11 Rn. 12; vgl. auch LG Frankfurt 2 – 19 O 124/06, WM 2007, 2108). Solange die KVG die Rücknahmeansprüche der Anleger alle tatsächlich erfüllen kann (etwa auch durch Liquidation überdurchschnittlich vieler Vermögensgegenstände), ist eine Aussetzung der Rücknahme nicht gerechtfertigt, selbst wenn die Gefahr einer wirtschaftlich nicht sinnvollen Veräußerung von Vermögensgegenständen (zustimmend FK-KapAnlR/*Behme* § 98 Rn. 22; vgl. auch Brinkhaus/Scherer/*Schödermeier/Baltzer* KAGG § 11 Rn. 12) besteht. Andernfalls könnte die KVG insb. bei stark fallenden Märkten die Rücknahme aussetzen und den Anleger die Möglichkeit verwehren, ihr Investment zu liquidieren. Ob es in solchen Situationen wirtschaftlich sinnvoll ist, Vermögensgegenstände des Sondervermögens zu veräußern, ist kein geeignetes Kriterium für die Frage, ob die KVG die Rücknahme aussetzen darf (vgl. BSV/*Beckmann* 410 § 37 Rn. 21). Die Gegenansicht verkennt, dass der Gesetzgeber in § 257 eine Spezialvorschrift für Immobilien-Sachvermögen geschaffen hat, die anderenfalls nicht notwendig wäre. Zudem hat der Gesetzgeber jetzt mit der Möglichkeit der Einführung von Redemption Gates in Abs. 1b der KVG ein Liquiditätssteuerungsinstrument für den Fall überdurchschnittlicher Rückgaben an die Hand gegeben. Lediglich, wenn die KVG faktisch nicht alle Rücknahmeansprüche erfüllen kann, weil die notwendige Liquidation der Vermögensgegenstände etwa aufgrund der Schließung bestimmter Börsen oder Märkte, der Insolvenz von Vertragsparteien (etwa bei Derivatgeschäften) oder aufgrund der Tatsache, dass sich für bestimmte Vermögensgegenstände schlicht keine Käufer finden lassen, unmöglich ist, kann die KVG die Rücknahme insgesamt aussetzen. Andernfalls würden Anleger, die ihren Rücknahmeantrag zuerst gestellt haben, gegenüber späteren bevorzugt. Somit kann die KVG jedenfalls dann die Rücknahme aussetzen, wenn sie nicht alle Rücknahmeanträge für den jeweiligen Tag erfüllen kann. Aber auch, wenn die KVG nach vernünftigem kaufmännischen Ermessen absehen kann, dass sie nicht alle zukünftigen Rücknahmeanträge aufgrund der Marktsituation erfüllen kann, kann sie die Rücknahme solange aussetzen, bis sie die notwendige Liquidität geschaffen hat.

VI. Aussetzung der Rücknahme durch die BaFin (Abs. 3)

Gemäß § 98 III kann auch die BaFin die Aussetzung der Rücknahme anordnen. 25
Diese Anordnung ist ein Verwaltungsakt und unterliegt den allgemeinen Regeln etwa mit Blick auf dessen Wirksamkeit und Anfechtbarkeit. Daher kann sowohl die KVG als Adressat als auch ein rückgabewilliger Anleger die Anordnung anfechten (ebenso FK-KapAnlR/*Behme* § 98 Rn. 29). Die Anordnungsbefugnis steht der BaFin auch mit Blick auf Spezialfonds zu.

Voraussetzung für eine Aussetzung der Rücknahme durch die BaFin ist lediglich, 26
dass eine solche im Interesse der Anleger oder der Öffentlichkeit erforderlich ist. Anders als bei § 98 II ist nicht erforderlich, dass außergewöhnliche Umstände vorliegen. Außerdem ist die Anordnungsbefugnis der BaFin insoweit weiter als das

Aussetzungsrecht der KVG in § 98 II, als dass die BaFin die Aussetzung der Rücknahme auch dann anordnen kann, wenn diese zwar nicht im Interesse der Anleger, aber im Interesse der Öffentlichkeit erforderlich ist. Die Entscheidung über die Aussetzung steht im pflichtgemäßen Ermessen der BaFin. Mit Blick auf Immobilien- und Infrastruktur-Sondervermögen regelt § 98 III 1 aE, dass die BaFin die Aussetzung der Rücknahme anordnen soll, wenn die KVG die Aussetzung im Falle des Vorliegens außerordentlicher Umstände nicht selbst vornimmt oder ihrer Verpflichtung zur Aussetzung gem. § 257 nicht nachkommt (vgl. *Reiter/Plumridge* WM 2012, 388 (393ff.)). Soweit ersichtlich hat die BaFin bisher von der Anordnungsbefugnis des Abs. 3 keinen Gebrauch gemacht (so EDDH/*Gutsche* InvG § 37 Rn. 38).

27 Die Bekanntmachungs- bzw. Unterrichtungspflichten der KVG gem. § 98 II 4–6 gelten bei der Aussetzung der Rücknahme durch die BaFin entsprechend (§ 98 III 2).

§ 99 Kündigung und Verlust des Verwaltungsrechts

(1) [1]**Die Kapitalverwaltungsgesellschaft ist berechtigt, die Verwaltung eines Sondervermögens unter Einhaltung einer Kündigungsfrist von sechs Monaten durch Bekanntmachung im Bundesanzeiger und darüber hinaus im Jahresbericht oder Halbjahresbericht zu kündigen.** [2]**Die Anlagebedingungen können eine längere Kündigungsfrist vorsehen.** [3]**Die Anleger sind über eine nach Satz 1 bekannt gemachte Kündigung mittels eines dauerhaften Datenträgers unverzüglich zu unterrichten.** [4]**Abweichend von Satz 1 kann für ein Spezialsondervermögen in den Anlagebedingungen auch eine kürzere Kündigungsfrist vereinbart werden; bei Spezialsondervermögen ist eine Bekanntmachung der Kündigung im Bundesanzeiger und im Jahresbericht nicht erforderlich.**

(2) **Die Kapitalverwaltungsgesellschaft kann ihre Auflösung nicht für einen früheren als den Zeitpunkt beschließen, in dem ihr Recht zur Verwaltung aller Sondervermögen erlischt.**

(3) [1]**Das Recht der Kapitalverwaltungsgesellschaft, die Sondervermögen zu verwalten, erlischt ferner mit der Eröffnung des Insolvenzverfahrens über das Vermögen der Kapitalverwaltungsgesellschaft oder mit der Rechtskraft des Gerichtsbeschlusses, durch den der Antrag auf die Eröffnung des Insolvenzverfahrens mangels Masse nach § 26 der Insolvenzordnung abgewiesen wird.** [2]**Die Sondervermögen gehören nicht zur Insolvenzmasse der Kapitalverwaltungsgesellschaft.**

(4) **Wird die Kapitalverwaltungsgesellschaft aus einem in den Absätzen 2 und 3 nicht genannten Grund aufgelöst oder wird gegen sie ein allgemeines Verfügungsverbot erlassen, so hat die Verwahrstelle das Recht, hinsichtlich eines bei ihr verwahrten Sondervermögens für die Anleger deren Vertragsverhältnis mit der Kapitalverwaltungsgesellschaft ohne Einhaltung einer Kündigungsfrist zu kündigen.**

(5) **Kein Anleger kann die Aufhebung der in Ansehung des Sondervermögens bestehenden Gemeinschaft der Anleger verlangen; ein solches Recht steht auch nicht einem Gläubiger, Pfandgläubiger, Pfändungsgläubiger oder dem Insolvenzverwalter über das Vermögen eines Anlegers zu.**

Schrifttum: *König* Auflösung und Übertragung von Publikumsfonds in Deutschland, Arbeitspapier Nr. 77 des Instituts für Handels- und Wirtschaftsrecht der Universität Osnabrück.

Inhaltsübersicht

	Rn.
I. Allgemeines	1
1. Rechtsentwicklung	1
2. Regelungsgegenstand und -zweck	2
3. Anwendungsbereich	3
II. Kündigung durch die KVG (Abs. 1)	4
III. Auflösung der KVG durch Gesellschafterbeschluss (Abs. 2)	11
IV. Insolvenz der KVG (Abs. 3)	15
V. Sonstige Auflösungsgründe (Abs. 4)	18
VI. Kein Aufhebungsanspruch des Anlegers (Abs. 5)	22

I. Allgemeines

1. Rechtsentwicklung. Die Regelungen in § 99 waren im Wesentlichen schon in § 38 InvG und davor bereits in den §§ 11, 13 KAGG (idF der Bekanntmachung v. 9.9.1998) enthalten. Die Kündigungsfrist wurde durch das InvÄndG von 13 Monaten auf sechs Monate verkürzt und somit der dreimonatigen Kündigungsfrist des § 13 I KAGG aF wieder angenähert (BT-Drs. 16/6874, 39). Die Verkürzung der Kündigungsfrist soll der KVG die schnellere Schließung von wegen ihres zu geringen Volumens unrentablen Sondervermögen ermöglichen, was auch den Interessen der Anleger dient (vgl. BT-Drs. 16/6874, 164). 1

2. Regelungsgegenstand und -zweck. § 99 ist eine Schutzvorschrift zugunsten der Anleger. Sie regelt, unter welchen Voraussetzungen die KVG die Verwaltung des Sondervermögens kündigen kann und wann sie ihr Verwaltungsrecht verliert. Der Investmentvertrag zwischen Anleger und KVG ist grds. nach allgemeinen Regeln kündbar. Zum Schutz der Anleger sieht § 99 I grds. eine Mindestkündigungsfrist von sechs Monaten für eine Kündigung durch die KVG vor. § 99 II soll verhindern, dass die Kündigungsfrist durch eine Auflösung der KVG umgangen wird. § 99 III u. IV regeln zum Schutz der Anleger, in welchen Fällen die KVG ihr Recht zur Verwaltung des Sondervermögens verliert. § 99 V stellt schließlich klar, dass die Anleger die Aufhebung des Sondervermögens nicht verlangen können. 2

3. Anwendungsbereich. Zum Anwendungsbereich vgl. die Erläuterungen zu → § 92 Rn. 3. § 99 gilt grundsätzlich für alle Fondsarten. Für Spezialfonds enthält § 99 I 4 eine Spezialregelung mit Blick auf die Kündigungsfrist sowie die Bekanntmachung der Kündigung. Bei sog. Laufzeitfonds, die für eine bestimmte Laufzeit aufgelegt sind, bedarf es keiner Kündigung durch die KVG gem. § 99 I. Vielmehr haben die Anlagebedingungen gem. § 162 II Nr. 7 Regelungen dazu zu enthalten, wie das Sondervermögen abgewickelt und an die Anleger verteilt wird. Zu beachten ist in diesem Zusammenhang, dass Publikumssondervermögen mit einer bestimmten Laufzeit als offene Fonds konzipiert werden und daher Rückgabemöglichkeiten der Anleger vorsehen müssen, da gem. § 139 geschlossene Investmentvermögen nur als InvAG mit fixem Kapital, geschlossene Investmentkommanditgesellschaften bzw. geschlossene Spezial-AIF aufgelegt werden dürfen. § 99 gilt auch für Teilsondervermögen iSv § 96 II, da es sich bei diesen auch um Sondervermögen handelt. Auf die InvAG findet § 99 keine Anwendung. Allerdings findet sich für Teilgesellschaftsvermögen einer InvAG in § 117 VIII eine dem § 99 I vergleich- 3 bare Regelung. Da die InvAG eigenes Vermögen verwaltet, findet sich im Recht der InvAG keine Entsprechung zu den Regelungen in § 99 II–V.

II. Kündigung durch die KVG (Abs. 1)

4 Der Investmentvertrag zwischen KVG und Anleger ist wie jeder andere Vertrag grundsätzlich kündbar. Anstelle des Kündigungsrechts des Anlegers tritt allerdings das Rückgaberecht gem. § 98 I. Das Kündigungsrecht der KVG wiederum ist in § 99 I geregelt. Danach kann die KVG die Verwaltung des Sondervermögens unter Einhaltung einer Frist von **sechs Monaten** kündigen, wenn die Anlagebedingungen keine längere Kündigungsfrist vorsehen (zur Verlängerung der Kündigungsfrist bei Wertpapierfond mit illiquiden Vermögensgegenständen siehe EDDH/*Gutsche* InvG § 38 Rn. 11). Die Vereinbarung einer kürzeren Kündigungsfrist ist für Publikumsfonds unzulässig; bei Spezialfonds kann gem. § 99 I 4 eine kürzere Frist vereinbart werden. Eines Zugangs der Kündigungserklärung beim Anleger bedarf es zu deren Wirksamkeit nicht (Abweichung von § 130 BGB). Stattdessen hat die KVG die Kündigung im Bundesanzeiger und im Jahres- bzw. Halbjahresbericht bekannt zu machen. Außerdem sind die Anleger über die Kündigung mittels eines dauerhaften Datenträgers zu unterrichten. Im Falle von Spezialfonds ist die Bekanntmachung der Kündigung gem. § 99 I 4 nicht erforderlich; stattdessen bedarf es des Zugangs der Kündigungserklärung bei den Anlegern gem. § 130 BGB (zustimmend EDDH/*Gutsche* InvG § 38 Rn. 13). Die Kündigung hat auch bei Spezialfonds mittels eines dauerhaften Datenträgers (zum Begriff § 1 XIX Nr. 8) zu erfolgen. Außerdem hat die KVG den Beschluss des Leitungsorgans der KVG über die Kündigung der BaFin mitzuteilen (vgl. BSV/*Beckmann* 410 § 38 Rn. 15, 21 mwN).

5 Das Kündigungsrecht der KVG kann nur mit Wirkung für das gesamte Sondervermögen, mithin mit Wirkung für alle Anleger und nicht nur mit Blick auf einzelne Investmentverträge mit bestimmten Anlegern ausgeübt werden (vgl. BSV/*Beckmann* 410 § 38 Rn. 16).

6 Die Ausgabe neuer Anteile sollte bereits im Zeitpunkt der Beschlussfassung durch das zuständige Organ der KVG über die Kündigung eingestellt werden. Jedenfalls ist neuen Anlegern der Beschluss der KVG über die Kündigung mitzuteilen (*König* Auflösung und Übertragung von Publikumsfonds in Deutschland; ebenso FK-KapAnlR/*Behme* § 98 Rn. 22). Andernfalls macht sich die KVG gegenüber neuen Anlegern wegen Verletzung ihrer Aufklärungspflicht aus § 165 I ggf. schadensersatzpflichtig. Lehnt die KVG neue Zeichnungen ab, hat sie die Ablehnung den Interessenten gem. § 663 BGB unverzüglich mitzuteilen (vgl. zur Anwendbarkeit der §§ 675ff. BGB im Allgemeinen → Vor §§ 92–107 Rn. 19ff.). Spätestens mit Bekanntmachung der Kündigung gem. § 99 I hat die KVG die Ausgabe neuer Anteile einzustellen, da andernfalls mit Blick auf die neuen Anleger die Kündigungsfrist des § 99 I verletzt wird (vgl. BSV/*Beckmann* 410, § 38 Rn. 16). Die bloße Kündigung des Verwaltungsrechts berechtigt die KVG nicht, die Rücknahme der Anteile gem. § 98 II auszusetzen (so aber BSV/*Beckmann* 410 § 38 Rn. 17). Vielmehr müssen auch die übrigen Voraussetzungen für eine Aussetzung der Rücknahme erfüllt sein (vgl. → § 98 Rn. 13ff.; wie hier mit Hinweis auf § 258 I WBA/*Anders* in § 99 Rn. 9; differenzierend EDDH/*Gutsche* InvG § 38 Rn. 18).

7 Besondere Kündigungsgründe sieht das Gesetz nicht vor. Mithin bedarf die Kündigung des Investmentvertrages durch die KVG auch keiner Begründung (zustimmend WBA/*Anders* § 99 Rn. 5; EDDH/*Gutsche* InvG § 38 Rn. 8). Unbeacht-

lich ist daher auch, ob die KVG die Kündigung im eigenen Interesse (etwa wegen eines zu geringen Fondsvolumens, wegen der beabsichtigten Einstellung des Geschäftsbetriebs oder wegen Unerreichbarkeit der Anlageziele) oder im Interesse Dritter (etwa Gesellschafter der KVG) vornimmt (aA BSV/*Beckmann* 410 § 38 Rn. 13). Die KVG kann die Verwaltung des Sondervermögens jederzeit kündigen. Die Gefahr einer Kündigung zur „Unzeit" besteht angesichts der Kündigungsfrist von sechs Monaten nicht (aA BSV/*Beckmann* 410, § 38 Rn. 23); das Verbot einer Kündigung zur Unzeit gilt regelmäßig nur bei Verträgen, die mit sofortiger Wirkung gekündigt werden können (vgl. etwa § 671 BGB). Beabsichtigt die KVG, die Verwaltung des Sondervermögens auf eine andere KVG zu übertragen, konnte dies bisher nur im Wege der Kündigung und anschließender Beauftragung einer anderen KVG durch die Verwahrstelle mit Zustimmung der BaFin gem. § 100 III erfolgen (vgl. → § 100 Rn. 15ff.). Durch das OGAW-V-UmsG wurde jedoch in § 100a eine neue Regelung eingeführt, die die Übertragung der Verwaltung eines Sondervermögens direkt von einer KVG auf eine andere KVG ermöglicht.

Das Verwaltungsrecht der KVG sowie die ihr gem. § 93 I zustehende Verfügungsmacht über die Vermögensgegenstände des Sondervermögens erlöschen mit Ablauf der Kündigungsfrist. Rechtsfolge ist gem. § 100 I, dass das Verfügungsrecht der KVG über die Vermögensgegenstände auf die Verwahrstelle übergeht. Diese ist gem. § 100 II verpflichtet, das Sondervermögen abzuwickeln und an die Anleger zu verteilen (vgl. → § 100 Rn. 10ff.). Außerdem erlöschen alle Ansprüche der KVG aus den mit den Anlegern vereinbarten Anlagebedingungen, soweit sie nicht vor Ablauf der Kündigungsfrist entstanden und noch nicht erfüllt sind (etwa Vergütungs- oder Aufwendungsersatzansprüche). Bei Ablauf der Kündigungsfrist noch nicht erfüllte Aufwendungsersatzansprüche der KVG hat die Verwahrstelle der KVG gegenüber aus dem Sondervermögen zu erfüllen. Zu beachten ist, dass von der KVG ggf. abgeschlossene Verträge (etwa ISDA oder andere Rahmenverträge für Finanztermingeschäfte) nicht auf die Verwahrstelle übergehen. Diese sind also von der KVG zu kündigen. Aufwendungsersatzansprüche der KVG mit Blick auf unter diesen Rahmenverträgen abgeschlossene Transaktionen können nur bis zum Übergang des Verwaltungsrechts auf die Verwahrstelle entstehen. Weitere Rechtsfolgen sind an die Kündigung nicht geknüpft. Insbesondere hat diese keine Auswirkungen auf die Erlaubnis der KVG gem. § 20 I. Im Falle von Publikumsfonds verbindet die KVG die Kündigung des Verwaltungsrechts häufig mit einem Umtauschangebot (ohne erneuten Ausgabeaufschlag) für Anteile an einem anderen Sondervermögen. Dies hat für die KVG den Vorteil, dass sie ihre Investoren nicht verliert, und für die Anleger, dass sie kostengünstig in einen anderen Fonds wechseln können. Eine Pflicht, ein solches Umtauschangebot abzugeben, besteht allerdings nicht. Bei Spezialfonds übernimmt die KVG in der Praxis häufig selbst die Abwicklung während der Kündigungsfrist. Da nach erfolgreicher Abwicklung in diesen Fällen zumeist kein (Sonder-)Vermögen verbleibt, kommt es auch zu keinem Übergang des Verwaltungsrechts gem. § 100 I. Die KVG muss in solchen Fällen sicherstellen, dass bei Auszahlung des Anteilwertes an den Spezialfondsanleger ausreichende Rückstellungen für ggf. noch offene Verbindlichkeiten des Fondsvermögens gebildet werden, da die KVG andernfalls diese Verbindlichkeiten (als Vertragspartner) aus eigenem Vermögen begleichen muss und keinen Rückgriffsanspruch gegen das (nicht mehr bestehende) Sondervermögen bzw. den Spezialfondsanleger hat. Gegebenenfalls kann aber auch ein Freistellungsanspruch zwischen KVG und Spezialfondsanleger individualvertraglich vereinbart werden (zu Individualabreden im Allgemeinen vgl. → Vor §§ 92–107 Rn. 31f.). **8**

9 Neben der ordentlichen Kündigung gem. § 99 I steht der KVG grds. auch das Recht einer außerordentlichen Kündigung aus wichtigem Grund gem. § 314 BGB zu. Der Einhaltung einer Kündigungsfrist bedarf es in diesen Fällen nicht. Allerdings besteht ein solches außerordentliches Kündigungsrecht nur, wenn der KVG die Einhaltung der Kündigungsfrist in § 99 I nicht zugemutet werden kann (vgl. § 314 I 2 aE BGB). Diese Voraussetzung dürfte in der Praxis kaum erfüllt werden können, da aufgrund der Wertung des Gesetzgebers in § 99 II selbst im Falle der Auflösung der der KVG die Frist des § 99 I einzuhalten ist (zustimmend WBA/*Anders* § 99 Rn. 8).

10 Zur Übertragung des Sondervermögens auf eine andere KVG vgl. → § 100 Rn. 15 ff.

III. Auflösung der KVG durch Gesellschafterbeschluss (Abs. 2)

11 Um zu verhindern, dass die in § 99 I vorgesehene Kündigungsfrist faktisch durch eine Auflösung der KVG umgangen wird, sieht § 99 II vor, dass die Auflösung der KVG nicht für einen früheren Zeitpunkt beschlossen werden kann, als dem, an dem das Recht der KVG zur Verwaltung aller Sondervermögen erlischt. Mithin muss die KVG vor Auflösung alle Sondervermögen wirksam gem. § 99 I gekündigt haben. Der Auflösungsbeschluss darf nicht vor Wirksamkeit der Kündigung gem. § 99 I wirksam werden.

12 Der Wortlaut des § 99 II ist unglücklich gewählt. Die KVG kann als GmbH oder AG (vgl. § 18 I) ihre Auflösung nicht selbst beschließen (also durch Beschluss des Vorstands bzw. der Geschäftsführung als gesetzliche Vertreter), sondern es bedarf eines Beschlusses der Aktionäre bzw. Gesellschafter (vgl. § 262 I AktG, § 60 I GmbHG). § 99 II ist also so auszulegen, dass der Beschluss der Gesellschafter nicht vor Erlöschen des Verwaltungsrechtes bzgl. aller Sondervermögen wirksam werden darf. Ein unter Verstoß gegen § 99 II zustande gekommener Beschluss ist gem. § 241 Nr. 3 AktG nichtig, da § 99 II eine Vorschrift zum Schutz der Anleger als Gläubiger der Gesellschaft ist. Entsprechendes gilt für die GmbH.

13 § 99 II gilt auch für Fälle, in denen die KVG durch Verschmelzung gem. §§ 2 ff. UmwG (vgl. BSV/*Beckmann* 410 § 38 Rn. 10), Aufspaltung gem. § 123 I UmwG oder Vermögensübertragung gem. §§ 174 ff. UmwG aufgelöst wird (zustimmend EDDH/*Gutsche* InvG § 38 Rn. 19).

14 Beabsichtigen die Gesellschafter die Auflösung bzw. Verschmelzung der KVG, haben sie dies der BaFin gem. § 34 III Nr. 8, 9 bzw. Nr. 11 unverzüglich anzuzeigen.

IV. Insolvenz der KVG (Abs. 3)

15 Das Recht zur Verwaltung des Sondervermögens kann nicht nur durch Kündigung seitens der KVG, sondern auch durch Eröffnung des Insolvenzverfahrens über das Vermögen derselben erlöschen. Der Eröffnung des Insolvenzverfahrens ist gem. § 99 III die Ablehnung der Eröffnung mangels Masse gem. § 26 InsO gleichgestellt. Ein Antrag auf Eröffnung des Insolvenzverfahrens kann gem. § 43k KWG iVm § 46b I KWG im Falle der Zahlungsunfähigkeit, der Überschuldung oder der drohenden Zahlungsunfähigkeit der KVG nur von der BaFin gestellt werden.

16 Die Folgen des Erlöschens des Verwaltungsrechts gem. § 99 II ergeben sich aus § 100 (vgl. → Rn. 8 f. und → § 100 Rn. 4 ff.).

17 § 99 III 2 stellt klar, dass die Vermögensgegenstände des Sondervermögens nicht zur Insolvenzmasse der KVG gehören. Dies gilt unabhängig davon, ob die Vermögensgegenstände gem. § 92 I im Eigentum der KVG (Vollrechtstreuhand, → § 92 Rn. 10ff.) oder im Miteigentum der Anleger (Ermächtigungstreuhand, → § 92 Rn. 13ff.) stehen. Die Anleger haben ein Aussonderungsrecht gem. § 47 InsO, das von der Verwahrstelle gem. §§ 78, 89 geltend zu machen ist. Dadurch sind die Anleger wirksam vor Zugriffen Dritter geschützt.

V. Sonstige Auflösungsgründe (Abs. 4)

Wird die KVG auf andere Weise als durch Gesellschafterbeschluss (vgl. § 99 II) **18** oder Insolvenz (vgl. § 99 III) aufgelöst, hat die Verwahrstelle gem. § 99 IV das Recht, das Vertragsverhältnis der Anleger mit der KVG für jene ohne Einhaltung einer Kündigungsfrist zu kündigen. In diesen Fällen erlischt das Verwaltungsrecht der KVG also nicht automatisch, sondern es bedarf einer Kündigung durch die Verwahrstelle. Die Kündigung steht im pflichtgemäßen Ermessen der Verwahrstelle. Sie handelt dabei als gesetzlicher Vertreter der Anleger. Da Folge der Auflösung der AG bzw. GmbH regelmäßig deren Abwicklung ist (vgl. §§ 264ff. AktG), die der Beendigung der laufenden Geschäfte dient, hat die Verwahrstelle bei der Ausübung ihres Ermessens abzuwägen, ob die Abwicklung des Sondervermögens durch die KVG als AG/GmbH in Abwicklung oder im Falle der Kündigung die Abwicklung gem. § 100 II durch die Verwahrstelle selbst im besten Interesse der Anleger ist. Im Falle der Kündigung gelten die Bekanntmachungspflichten des § 99 I analog für die Verwahrstelle (BSV/*Beckmann* 410, § 38 Rn. 32).

Zu den von § 99 IV erfassten sonstigen Auflösungsgründen gehören ua der Ab- **19** lauf einer in der Satzung der AG bzw. dem Gesellschaftsvertrag der GmbH bestimmten Zeit, andere in der Satzung bzw. dem Gesellschaftsvertrag festgelegte Auflösungsgründe sowie die Auflösung durch gerichtliches Urteil (vgl. §§ 262 I, 396 I AktG, §§ 60ff. GmbHG). § 99 IV gilt auch bei einer Abwicklungsanordnung der BaFin in Fällen der Aufhebung der Erlaubnis der KVG bzw. dem Erlöschen derselben. Eine solche Abwicklungsanordnung ist einem Auflösungsbeschluss gleichgestellt. Jedoch gilt § 99 II in diesen Fällen nicht, da es der BaFin sonst verwehrt wäre, bei Gefahr für die Anleger sofort gem. den §§ 39ff. tätig zu werden. Vielmehr kann die Verwahrstelle das Vertragsverhältnis für die Anleger kündigen.

Das Kündigungsrecht der Verwahrstelle gem. § 99 IV greift auch, wenn gegen **20** die KVG ein allgemeines Verfügungsverbot erlassen wurde. In Betracht kommt in erster Linie ein allgemeines Verfügungsverbot durch das Insolvenzgericht gem. § 21 II Nr. 2 InsO zum vorläufigen Schutz der Gläubiger der KVG. Ein weiterer Anwendungsfall ist ein Veräußerungs- und Zahlungsverbot der BaFin gem. § 42 (vgl. BSV/*Beckmann* 410 § 38 Rn. 37f.; *Baur* KAGG § 13 Rn. 13). Keine allgemeinen Verfügungsverbote sind Zahlungssperren nach § 480 FamFG oder im Einzelfall ergangene einstweilige Verfügungen, weil diese sich nur auf einzelne Gegenstände beziehen und die Verfügungsbefugnis der KVG über ihr Vermögen nicht insgesamt beschränken.

In anderen Fällen als den in § 99 IV ausdrücklich genannten steht der Verwahr- **21** stelle kein Kündigungsrecht zu. Diese Vorschrift ist angesichts ihres Ausnahmecharakters nicht analogiefähig. Insbesondere greift sie nicht bei sonstigen Maßnahmen der BaFin zur Gefahrenabwehr für die Anleger (vgl. BSV/*Beckmann* 410 § 38 Rn. 39).

VI. Kein Aufhebungsanspruch des Anlegers (Abs. 5)

22 Gemäß § 99 V kann weder der Anleger noch ein Pfand- oder Pfändungsgläubiger bzw. ein Gläubiger des Anlegers oder ein Insolvenzverwalter die Aufhebung der in Ansehung des Sondervermögens bestehenden Gemeinschaft der Anleger verlangen. Diese Vorschrift stellt klar, dass niemand einen Aufhebungsanspruch gem. §§ 749, 751 S. 2 BGB oder § 84 II InsO mit Blick auf das Sondervermögen geltend machen kann. Dies gilt selbst dann, wenn die Vermögensgegenstände gem. § 92 I im Miteigentum der Anleger stehen (vgl. § 1008 BGB). Der Anleger kann Auszahlung seines Anteils am Sondervermögen somit nur durch Rückgabe gem. § 98 I erreichen. § 99 V zeigt, dass die Anleger keine Bruchteilsgemeinschaft gem. §§ 741 ff., 1008 BGB bilden, sondern lediglich eine Gemeinschaft von Personen mit gleichgerichteten Ansprüchen (vgl. → §§ 92–107 Rn. 41).

23 § 99 V schließt jedoch nicht aus, dass KVG, Verwahrstelle und alle Anleger eines (Spezial-)Sondervermögens durch einvernehmlichen Vertrag die Aufhebung des Sondervermögens beschließen (*Baur* KAGG § 13 Rn. 2; EDDH/*Gutsche* InvG § 38 Rn. 34; Brinkhaus/Scherer/*Schödermeier/Baltzer* KAGG § 13 Rn. 5; aA BSV/*Beckmann* 410 § 38 Rn. 41). Es ist den Anlegern unbenommen, auf ihre Rechte gem. § 98 I zu verzichten und sich mit den übrigen Parteien etwa auf eine Teilung des Sondervermögens in Natur (Sachauskehrung) zu verständigen. Die Barauszahlung des anteiligen Nettoinventarwertes ist ein Recht des Anlegers und umgekehrt ist die KVG nicht zur Sachauskehrung verpflichtet. Den Parteien ist es jedoch unbenommen, nach Entstehung dieser Rechte außerhalb der Allgemeinen und Besonderen Anlagebedingungen etwas anderes zu vereinbaren.

§ 100 Abwicklung des Sondervermögens

(1) **Erlischt das Recht der Kapitalverwaltungsgesellschaft, ein Sondervermögen zu verwalten, so geht,**

1. **wenn das Sondervermögen im Eigentum der Kapitalverwaltungsgesellschaft steht, das Sondervermögen auf die Verwahrstelle über,**
2. **wenn es im Miteigentum der Anleger steht, das Verwaltungs- und Verfügungsrecht über das Sondervermögen auf die Verwahrstelle über.**

(2) **Die Verwahrstelle hat das Sondervermögen abzuwickeln und an die Anleger zu verteilen.**

(3) **[1]Mit Genehmigung der Bundesanstalt kann die Verwahrstelle von der Abwicklung und Verteilung absehen und einer anderen Kapitalverwaltungsgesellschaft die Verwaltung des Sondervermögens nach Maßgabe der bisherigen Anlagebedingungen übertragen. [2]Die Bundesanstalt kann die Genehmigung mit Nebenbestimmungen verbinden. [3]§ 415 des Bürgerlichen Gesetzbuchs ist nicht anzuwenden. [4]Abweichend von Satz 1 bedarf die Übertragung der Verwaltung eines Spezialsondervermögens auf eine andere AIF-Kapitalverwaltungsgesellschaft keiner Genehmigung der Bundesanstalt; die Übertragung ist der Bundesanstalt anzuzeigen. [5]Die Bundesanstalt hat der Kapitalverwaltungsgesellschaft das Datum des Eingangs der Anzeige zu bestätigen.**

Schrifttum: *Canaris* Bankvertragsrecht, 2. Auflage, 1981; *König* Auflösung und Übertragung von Publikumsfonds in Deutschland, Arbeitspapier Nr. 77 des Instituts für Handels- und Wirtschaftsrecht der Universität Osnabrück.

I. Allgemeines

1. Rechtsentwicklung. Die Regelungen in § 100 waren im Wesentlichen bereits in § 39 InvG und davor in § 14 KAGG (idF der Bekanntmachung v. 9.9.1998, BGBl. 1998 I 127) enthalten. Durch das OGAW-V-UmsG wurde in Abs. 1 Nr. 1 klargestellt, dass nicht nur im Falle der Treuhandlösung, sondern auch im Falle der Miteigentumslösung neben dem Verfügungsrecht auch das Verwaltungsrecht auf die Verwahrstelle übergeht. Denn eine ordnungsgemäße Abwicklung des Sondervermögens durch die Verwahrstelle setzt voraus, dass die Verwahrstelle beide Rechte ausüben kann (vgl. Gesetzesbegründung zum OGAW-V-UmsG zu Art. 1 Nr. 40). Nach dem durch das OGAW-V-UmsG neu eingefügten Abs. 3 S. 5 hat die BaFin der KVG das Datum des Eingangs der Anzeige über die Übertragung der Verwaltung eines Spezialsondervermögens auf eine andere AIF-KVG zu bestätigen. Grund dafür ist, dass eine solche Übertragung nicht der Genehmigung der BaFin bedarf, jedoch an die Anzeige der Übertragung bestimmte Rechtsfolgen geknüpft sind (zB Wirksamwerden des Wechsels bei Spezialsondervermögen nach § 100b III 1). Diese Regelung dient somit der Rechtssicherheit (vgl. Gesetzesbegründung zum OGAW-V-UmsG zu Art. 1 Nr. 40). 1

2. Regelungsgegenstand und -zweck. In § 99 sind Fälle geregelt, in denen das Verwaltungsrecht der KVG erlischt. Da in diesen Fällen das Sondervermögen „herrenlos" ist (insb. sind die Anleger nicht zur Verwaltung des Sondervermögens berechtigt), regelt § 100, dass die Verwahrstelle die Abwicklung desselben übernimmt. Da die Verwahrstelle als Verwahrer des Sondervermögens Besitz an den Vermögensgegenständen hat, ist es sachgerecht, sie auch mit der Abwicklung zu betrauen (zur rechtspolitischen Bedeutung vgl. WBA/*Anders* § 100 Rn. 8ff.). Unter Umständen kann die Verwahrstelle gem. § 100 III aber auch die Verwaltung des Sondervermögens auf eine neue KVG übertragen. 2

3. Anwendungsbereich. Vergleiche die Erläuterungen zu → § 92 Rn. 3. § 100 gilt grundsätzlich für alle Fondsarten. § 100 IV enthält eine Sonderregel für Spezialfonds mit Blick auf das Genehmigungserfordernis der BaFin für die Übertragung der Verwaltungsbefugnis auf eine andere KVG. Für Immobilien-Sachvermögen sind Spezialregelungen in den §§ 257, 258 enthalten. Auf eine InvAG ist § 100 nicht anwendbar. Allerdings gilt § 100 I u. II für die Abwicklung von Teilgesellschaftsvermögen entsprechend (§ 117 VIII 4). Mit Blick auf eine Übertragung der Verwaltung eines Teilgesellschaftsvermögens auf eine andere InvAG verweist § 112 I auf § 100. 3

II. Übergang der Verfügungsbefugnis auf die Verwahrstelle (Abs. 1)

Gemäß § 100 I geht das Verwaltungs- und Verfügungsrecht der KVG bzw. das Sondervermögen auf die Verwahrstelle über, wenn das Verwaltungsrecht der KVG erlischt. Das Verwaltungsrecht der KVG kann durch Kündigung der KVG (§ 99 I), Insolvenz (§ 99 II) oder Kündigung der Verwahrstelle in Vertretung der Anleger (§ 99 III) erlöschen (s. § 99). Um zu verhindern, dass das Sondervermögen in diesen Fällen „herrenlos" wird, ordnet § 100 I an, dass die Verwahrstelle nunmehr über das Sondervermögen verfügen kann. Sie ist zudem zur Verwaltung des Sondervermögens befugt. Die Verwaltungsbefugnis ist allerdings insoweit beschränkt, als dass sie nur zum Zweck der Abwicklung des Sondervermögens ausgeübt werden darf. 4

5 Um ihrem Abwicklungsauftrag gem. § 100 II nachkommen zu können, bedarf die Verwahrstelle der Befugnis, über die Vermögensgegenstände des Sondervermögens verfügen zu können. Daher regelt § 100 I, dass in Fällen der Vollrechtstreuhand gem. § 92 I 1 Alt. 1 das Sondervermögen – also das Eigentum an den einzelnen Vermögensgegenständen – und in den Fällen der Ermächtigungstreuhand gem. § 92 I 1 Alt. 2 die Verfügungsbefugnis aus § 93 I auf die Verwahrstelle übergeht. In beiden Fällen ist die Verwahrstelle mit Blick auf die Vermögensgegenstände Treuhänder der Anleger. Auch bei Übertragung des Eigentums an den Vermögensgegenständen sind die Anleger im Falle der Insolvenz der Verwahrstelle geschützt. Da die Verwahrstelle das Eigentum an den Vermögensgegenständen nur treuhänderisch für die Anleger hält, sind diese gem. § 47 InsO geschützt. Die Verwahrstelle hat die Vermögensgegenstände gem. §§ 72, 81 in getrennten Sperrdepots bzw. Sperrkonten zu verwahren, so dass das Sondervermögen vom Vermögen der Verwahrstelle hinreichend getrennt ist. Im Falle der Ermächtigungstreuhand bleiben die Anleger Miteigentümer der Vermögensgegenstände. Das Eigentum an diesen geht nicht auf die Verwahrstelle über. Einer dem § 99 III 2 vergleichbaren klarstellenden Regelung oder einer analogen Anwendung dieser Vorschrift (so BSV/*Beckmann* 410 § 39 Rn. 6; *Baur* KAGG § 14 Rn. 2; Brinkhaus/Scherer/*Schödermeier*/*Baltzer* KAGG § 14 Rn. 3) bedarf es daher nicht. Das Sondervermögen fällt schon aufgrund allgemeiner Regeln (§ 47 InsO) nicht in die Insolvenzmasse der Verwahrstelle.

6 Im Falle des 100 I Alt. 1 (Übertragung des Eigentums) bedarf es keiner einzelnen Übertragungsakte. Dieser Tatbestand regelt einen Eigentumsübergang per Gesetz, so dass keine zusätzlichen Übertragungsakte notwendig sind. Bei Grundstücken ist lediglich das Grundbuch zu berichtigen (BSV/*Beckmann* 410 § 39 Rn. 1).

7 Gemäß § 100 I geht nur die Verfügungsbefugnis bzw. das Treuhandeigentum auf die Verwahrstelle über. Sie tritt nicht kraft Gesamtrechtsnachfolge in die gesamte Rechtsstellung der KVG ein (WBA/*Anders* § 100 Rn. 12ff.; BSV/*Beckmann* 410, § 39 Rn. 1; aA *Baur* KAGG § 14 Rn. 1; *Canaris* Bankvertragsrecht Rn. 2478; EDDH/*Gutsche* InvG § 39 Rn. 5; Brinkhaus/Scherer/*Schödermeier*/*Baltzer* KAGG § 14 Rn. 3). Dies ergibt sich zum einen aus dem Wortlaut des § 100 I, zum anderen ist der gesetzliche Auftrag an die Verwahrstelle verschieden zu dem der KVG. Die KVG hat das Sondervermögen entsprechend den Anlagezielen und der Anlagepolitik des Sondervermögens anzulegen. Die Verwahrstelle dagegen hat das Sondervermögen gem. § 100 II abzuwickeln und an die Anleger zu verteilen. Sie muss daher die Vermögensgegenstände in Geld umsetzen und dieses an die Anleger verteilen. Mit Erlöschen des Rechts der KVG zur Verwaltung des Sondervermögens ändert sich dessen Zweck von der gemeinsamen Kapitalanlage in Abwicklung und Verteilung des Vermögens gem. § 100 (so im Ergebnis auch *König* Auflösung und Übertragung von Publikumsfonds in Deutschland Abschnitt III; BSV/*Beckmann* 410 § 39 Rn. 8ff.).

8 Für eine Gesamtrechtsnachfolge besteht auch kein Bedürfnis. Für vor Verlust des Verwaltungsrechts bei der KVG entstandene Verbindlichkeiten bleibt es bei den allgemeinen Regeln (vgl. → § 93 Rn. 21). Die KVG schließt Verträge mit Dritten im eigenen Namen ab. Sie hat lediglich einen aus dem Sondervermögen zu befriedigenden Aufwendungsersatzanspruch gegenüber den Anlegern. Sie kann also auch noch nach Verlust des Verwaltungsrechts bereits entstandene, aber noch nicht erfüllte Aufwendungsersatzansprüche geltend machen und von der nunmehr verfügungsberechtigten Verwahrstelle Ersatz aus dem Sondervermögen verlangen. Entsteht die Verbindlichkeit gegenüber dem Dritten erst nach Verlust des Verwal-

tungsrechts, hat die KVG auch keinen Aufwendungsersatzanspruch gegenüber den Anlegern, da der Investmentvertrag mit Verlust des Verwaltungsrechts endet. Gleiches gilt in Bezug auf Vergütungsansprüche der KVG. Daher wird die KVG schon im eigenen Interesse alle Verträge mit Dritten zugunsten des Sondervermögens (etwa ISDA-Verträge oder sonstige Rahmenverträge bzw. offene OTC-Geschäfte) vor Beendigung des Verwaltungsrechts kündigen, da sie für nach Beendigung des Verwaltungsrechts entstehende Verbindlichkeiten aus solchen Verträgen keinen Aufwendungsersatz verlangen kann. Alle Ansprüche und sonstigen Berechtigungen aus diesen Verträgen gehen analog zu § 100 I auf die Verwahrstelle über, soweit sie im Zeitpunkt des Verlusts des Verwaltungsrechts durch die KVG dem Sondervermögen zuzuordnen sind (vgl. § 92 II).

Grundsätzlich unberührt vom Übergang des Eigentums bzw. der Verfügungsmacht auf die Verwahrstelle bleibt der rechtliche Status des Vermögens als Sondervermögen iSd KAGB. So spricht auch § 100 I davon, dass das „Sondervermögen" bzw. das Verfügungsrecht über dieses übergeht. Die an den Begriff „Sondervermögen" zugunsten des Anlegers anknüpfenden Schutzvorschriften entfalten also weiterhin Wirkung (ebenso BSV/*Beckmann* 410 § 39 Rn. 11; Brinkhaus/Scherer/*Schödermeier/Baltzer* KAGG § 14 Rn. 3). So hat die Verwahrstelle etwa das Sondervermögen gem. § 92 I 2 vom eigenen Vermögen getrennt zu halten, das Sondervermögen haftet gem. § 93 II 1 nicht für Verbindlichkeiten der Verwahrstelle und die Verwahrstelle ist gem. § 93 II 2 nicht berechtigt, im Namen der Anleger Verbindlichkeiten einzugehen. Außerdem gilt das Surrogationsprinzip des § 92 II sowie das Aufrechnungsverbot gem. § 93 VI. 9

III. Abwicklung durch die Verwahrstelle (Abs. 2)

Gemäß § 100 II hat die Verwahrstelle das Sondervermögen abzuwickeln und an die Anleger zu verteilen. Die Anleger haben gem. dieser Vorschrift einen gesetzlichen Anspruch auf Abwicklung und Verteilung. Andere Ansprüche stehen ihnen gegenüber der Verwahrstelle nicht zu. Insbesondere tritt die Verwahrstelle nicht in die Rechtsstellung der KVG ein (→ Rn. 7 f.), so dass die Anleger keine Ansprüche aus dem Investmentvertrag gegenüber der Verwahrstelle geltend machen können. Soweit Ansprüche aus dem Investmentvertrag vor dessen Beendigung (durch Verlust des Verwaltungsrechts seitens der KVG) entstanden und noch nicht erfüllt sind (etwa Schadensersatzansprüche), können die Anleger diese gegenüber der KVG geltend machen. Nach Beendigung des Investmentvertrages können naturgemäß keine vertraglichen Ansprüche der Anleger gegenüber der KVG mehr entstehen. Allerdings mögen in bestimmten Fällen nachvertragliche Pflichten der KVG mit Blick auf die Unterstützung der Verwahrstelle bei der Abwicklung des Sondervermögens (insb. Informationspflichten) bestehen, bei deren Verletzung Anleger (bzw. die Verwahrstelle gem. §§ 78, 89) Schadensersatzansprüche aus dem Investmentvertrag geltend machen können. 10

§ 100 regelt keine Einzelheiten der Abwicklung und Verteilung des Sondervermögens (zur Verwaltungspraxis der BaFin vgl. die Hinweise bei WBA/*Anders* § 100 Rn. 27 ff. und FK-KapAnlR/*Behme* § 100 Rn. 15). Auch können weder die §§ 749 ff. BGB noch die §§ 731 ff. BGB angewandt werden, da es sich bei dem Sondervermögen weder um eine Bruchteilsgemeinschaft (vgl. → Vor §§ 92–107 Rn. 26) noch um eine Gesellschaft bürgerlichen Rechts handelt. Auch eine analoge Anwendung dieser Vorschriften kommt mangels vergleichbarer Interessenlage nicht in Betracht (vgl. aber BSV/*Beckmann* 410 § 39 Rn. 14; *Baur* KAGG § 14 Rn. 3; 11

König Auflösung und Übertragung von Publikumsfonds in Deutschland Abschnitt III.1; Brinkhaus/Scherer/*Schödermeier/Baltzer* KAGG § 14 Rn. 5). Zudem ist der Begriff „Abwicklung" dem BGB fremd. Er findet sich allerdings im AktG (§§ 264 ff. AktG), so dass dort niedergelegte Rechtsgedanken auch für die Abwicklung von Sondervermögen herangezogen werden können (vgl. BSV/*Beckmann* 410 § 39 Rn. 15). Die Verwahrstelle hat also die Gläubiger zu befriedigen, laufende Geschäfte zu beenden (dies dürfte nur für von der Verwahrstelle für Rechnung des Sondervermögens eingegangene Geschäfte gelten, da die KVG die von ihr für das Sondervermögen abgeschlossenen Geschäfte selbst beenden muss; → Rn. 8), Forderung einzuziehen (das Einzugsrecht geht gem. § 100 I analog von der KVG auf die Verwahrstelle über) sowie die übrigen Vermögensgegenstände in Geld umzusetzen (ebenso FK-KapAnlR/*Behme* § 100 Rn. 15; zu illiquiden Vermögensgegenständen vgl. EDDH/*Gutsche* § 39 Rn. 14). Auch ist sie verpflichtet, dem Sondervermögen zuzuordnende Rechte (etwa Stimmrechte aus Aktien) auszuüben und sonstige Ansprüche (etwa aus Wertpapieren) geltend zu machen. Ziel ist, ein verteilungsfähiges Geldvermögen zu schaffen. Soweit es für die Abwicklung erforderlich ist, darf die Verwahrstelle im eigenen Namen für Rechnung des Sondervermögens neue Geschäfte eingehen. Die Anleger haben einen Anspruch auf Auszahlung des ihnen gem. § 100 II zustehenden Betrages. Eine Verteilung *in natura* ist grds. nicht möglich (BSV/*Beckmann* 410 § 39 Rn. 17; aA *Baur* KAGG § 14 Rn. 3; *Canaris* Bankvertragsrecht Rn. 2479). Dies ergibt sich aus dem Begriff „Abwicklung" in § 100 II sowie § 98 I, wonach die Anleger mit einer Verteilung der Vermögensgegenstände *in natura* nicht rechnen müssen. Allerdings ist es den Anlegern (etwa in einem Spezialfonds) unbenommen, auf ihren Zahlungsanspruch zu verzichten und sich mit der Verwahrstelle auf eine Sachauskehrung zu einigen.

12 Die Verwahrstelle ist nicht berechtigt, das Sondervermögen fortzuführen (vgl. → Rn. 7 f.). Zwar darf sie für die Abwicklung erforderliche neue Geschäfte im eigenen Namen für Rechnung des Sondervermögens eingehen, sie ist aber nicht berechtigt, Maßnahmen zu ergreifen, die über die Abwicklung des Sondervermögens hinausgehen (zustimmend EDDH/*Gutsche* InvG § 39 Rn. 13). Mit Blick auf berechtigterweise eingegangene neue Geschäfte hat die Verwahrstelle einen Aufwendungsersatzanspruch aus § 683 BGB. Melde- oder Publizitätspflichten (etwa aus §§ 170 oder 107) treffen die Verwahrstelle nicht. Mangels gesetzlicher Regelung hat die Verwahrstelle auch keinen über den Aufwendungsersatzanspruch gem. § 683 BGB und den Entgeltanspruch aus dem Verwahrstellevertrag hinausgehenden Vergütungsanspruch (aA BSV/*Beckmann* 410 § 39 Rn. 22, der § 265 IV 1 AktG analog anwenden will; zu in den Anlagebedingungen vereinbarten Fortgeltungsklauseln, die der Verwahrstelle für die Abwicklungsphase eine Vergütung zusprechen vgl. WBA/*Anders* § 100 Rn. 76 f. mwN). Die Verwahrstelle kann weder neue Anteile ausgeben noch Anteile am Sondervermögen gegen Zahlung des anteiligen Nettoinventarwertes zurücknehmen. § 98 I gibt den Anlegern nur einen Anspruch gegenüber der KVG und die Verwahrstelle ist gem. § 100 II nur berechtigt, den Liquidationserlös zu verteilen.

13 Die Verwahrstelle hat die Verteilung gem. § 100 II nach Maßgabe der Beteiligung der Anleger am Sondervermögen vorzunehmen. Die Verteilung erfolgt Zug um Zug gegen Rückgabe der Anteile. Können die Anleger nicht erreicht werden, kommt eine die Verwahrstelle von ihren Pflichten befreiende Hinterlegung des nicht geltend gemachten Liquidationserlöses gem. §§ 372 ff. BGB in Betracht (dazu *König* Auflösung und Übertragung von Publikumsfonds in Deutschland Abschnitt III.1. sowie BSV/*Beckmann* 410 § 39 Rn. 16).

Trotz der Übernahme der Aufgaben aus § 100 II bleibt die Verwahrstelle weiterhin „Verwahrstelle" iSd des KAGB. Die ihr nach den Vorschriften des KAGB und des Verwahrstellevertrages obliegenden Rechte und Pflichten bleiben also grds. bestehen. So hat die Verwahrstelle ggf. etwa den Wert des Sondervermögens weiterhin zu ermitteln. Ausnahmen gelten nur mit Blick auf solche Vorschriften, die durch § 100 I gegenstandlos geworden sind (etwa §§ 75, 84, 212). Auch die Rechte der Anleger bzgl. der Übertragung ihres Anteils am Sondervermögen bleiben unberührt. 14

IV. Übertragung der Verwaltung des Sondervermögens (Abs. 3)

Anstelle der Abwicklung des Sondervermögens gem. § 100 II kann die Verwahrstelle die Verwaltung desselben gem. § 100 III auf eine andere KVG übertragen. Auf diese Weise wird der Fortbestand des Sondervermögens gesichert. Unerheblich ist dabei, ob die neue KVG bereits andere Sondervermögen verwaltet oder gerade zur Übernahme des Sondervermögens gegründet wurde. Die übernehmende KVG kann auch mit der KVG, die das Sondervermögen ursprünglich aufgelegt hat, konzernmäßig verbunden sein. Erforderlich ist allerdings, dass die Verwaltung des Sondervermögens insgesamt (und nicht nur in Teilen) auf die neue KVG übertragen wird. Daher kann die Verwaltung des Sondervermögens auch nicht auf verschiedene KVG aufgespalten werden. 15

Der Wortlaut des § 100 III 1 ist ungenau. Insbesondere kann die Verwahrstelle nicht die Verwaltung des Sondervermögens auf die neue KVG „übertragen". Denn die Verwahrstelle selbst ist zur Verwaltung nur im Rahmen der Abwicklung berechtigt. Was § 100 III 1 aussagt, ist zum einen, dass die Verwahrstelle die Verfügungsbefugnis bzw. das treuhänderische Eigentum an den Vermögensgegenständen (vgl. § 100 I) auf die neue KVG überträgt. Es bedarf dazu keiner Einzelrechtsübertragung (vgl. § 100 I und → Rn. 6; anders die hM: BSV/*Beckmann* 410, § 39 Rn. 30; *Baur* KAGG § 14 Rn. 8; *Canaris* Bankvertragsrecht Rn. 2480; Brinkhaus/Scherer/*Schödermeier/Baltzer* KAGG § 14 Rn. 8). Zum anderen regelt § 100 III 1 auch, dass die Verwahrstelle der neuen KVG die Berechtigung zur Verwaltung des Sondervermögens nach Maßgabe der bisherigen Anlagebedingungen verleihen kann. Wie diese Verleihung der Verwaltungsbefugnis dogmatisch zu begründen ist, ist in der Kommentarliteratur umstritten. Nach einer Ansicht gehen sämtliche Rechte und Pflichten der bisherigen KVG auf die neue KVG über, diese tritt also in die Rechtsstellung der bisherigen KVG gegenüber den Anleger ein (vgl. *Baur* KAGG § 14 Rn. 8; Brinkhaus/Scherer/*Schödermeier/Baltzer* KAGG § 14 Rn. 8). Diese Ansicht vermag zu erklären, warum der Gesetzgeber in § 100 III 3 die Anwendbarkeit des § 415 BGB ausgeschlossen hat. Dies lässt sich nur erklären, wenn man annimmt, dass die neue KVG die Verpflichtungen der alten KVG gegenüber den Anlegern übernimmt. Eine solche Schuldübernahme würde nach der allgemeinen Regel des § 415 BGB der Zustimmung der Anleger als Gläubiger der KVG erfordern. Problematisch an dieser Ansicht ist jedoch, dass unklar bleibt, wie sich die Übertragung der Rechtsstellung von der alten auf die neuer KVG dogmatisch begründen lässt. Da die alte KVG an dieser Übertragung regelmäßig nicht beteiligt ist, wird man annehmen müssen, dass die Verwahrstelle als deren Vertreter tätig wird. Es lassen sich im KAGB jedoch keine Anhaltspunkte dafür finden, dass die Verwahrstelle in diesen Fällen als (gesetzlicher) Vertreter der bisherigen KVG fungieren darf (BSV/*Beckmann* 410 § 39 Rn. 27). Außerdem sind die alten Invest- 16 mentverträge der bisherigen KVG mit dem Erlöschen des Verwaltungsrechts beendet, so dass keine Rechtsposition der alten KVG mehr besteht, die übertragen werden könnte. Nach aA schließt die Verwahrstelle daher im eigenen Namen einen Vertrag mit der neuen KVG, aufgrund dessen der neuen KVG die Rechte und Pflichten der Verwaltung des Sondervermögens nach Maßgabe der bisherigen Anlagebedingungen auferlegt werden (BSV/*Beckmann* 410 § 39 Rn. 28). Dieser Geschäftsbesorgungsvertrag sei ein Vertrag zugunsten der Anleger iSd § 328 BGB. Diese Ansicht löst das Problem, dass die Verwahrstelle regelmäßig nicht als Vertreterin der bisherigen KVG auftreten kann, vermag die Regelung in § 100 III 3 jedoch nicht zu erklären. Welcher dogmatischen Begründung im Einzelnen zu folgen ist, kann dahinstehen, da beide Ansichten in der Praxis wohl zum gleichen Ergebnis führen. Für die Praxis empfiehlt sich in dem jedenfalls notwendigen Vertrag zwischen Verwahrstelle und neuer KVG schlicht auf § 100 III Bezug zu nehmen und – wie der Wortlaut dieser Vorschrift auch – von „Übertragung der Verwaltung des Sondervermögens" zu sprechen. Auch nach der erstgenannten Ansicht wird man wohl kaum annehmen können, dass die neue KVG auch die Rechte und Pflichten der bisherigen KVG gegenüber Dritten (etwa der Verwahrstelle oder sonstigen Vertragspartnern) übernimmt. Daher muss die übernehmende KVG mit der Verwahrstelle einen neuen Verwahrstellenvertrag abschließen. Gleiches gilt für Verträge mit anderen Parteien (etwa ISDA-Rahmenverträge oÄ).

17 Die Übertragung steht im pflichtgemäßen Ermessen der Verwahrstelle und bedarf bei Publikumsfonds der Genehmigung der BaFin. Die Erteilung der Genehmigung steht im Ermessen der BaFin. Sie kann gem. § 100 III 2 mit Nebenbestimmungen (Auflagen uä) versehen werden. Die Genehmigung ist Wirksamkeitsvoraussetzung. Eine ohne Genehmigung vorgenommene Übertragung der Verwaltung (einschl. einer evtl. Eigentumsübertragung) ist unwirksam. Die Genehmigung muss vor Übertragung der Verwaltungsbefugnis vorliegen (Einwilligung) (vgl. BSV/*Beckmann* 410 § 39 Rn. 35 mwN). Sie ist ein Verwaltungsakt, der mit Bekanntgabe gegenüber der antragstellenden Verwahrstelle wirksam wird (vgl. BSV/*Beckmann* 410 § 39 Rn. 38 ff.). Mit Blick auf Spezialfonds ist gem. § 100 III 3 eine Genehmigung der BaFin nicht erforderlich. Die Übertragung ist in diesen Fällen allerdings anzeigepflichtig. Aus Gründen der Rechtssicherheit hat die BaFin der KVG das Datum des Eingangs der Anzeige (wegen der damit verbundenen Rechtsfolgen) zu bestätigen.

18 Die Übertragung der Verwaltungsbefugnis ist den Anlegern als wesentliche Tatsache in einem geänderten Prospekt und auf andere in den Anlagebedingungen genannte Weise bekannt zu machen.

19 Gemäß § 100 III kann nur die Verwahrstelle unter den dort genannten Voraussetzungen das Sondervermögen (einschl. des Verwaltungsrechts) auf eine andere KVG übertragen. Die KVG hat aber gem. § 99 I die Möglichkeit, die Verwaltung eines Sondervermögens zu kündigen bzw. alle Vermögensgegenstände eines Sondervermögens auf ein anderes Sondervermögen im Wege der Verschmelzung (§§ 181 ff.) oder seit Inkrafttreten des OGAW-V-UmsG die Verwaltung eines Sondervermögens direkt gem. § 100b auf eine andere (übernehmende) KVG zu übertragen; zur Abgabe eines Umtauschangebots durch eine andere KVG vgl. BSL/*Schmitz* InvG § 39 Rn. 19.

§ 100a Grunderwerbsteuer beim Übergang eines Immobilien-Sondervermögens

[1]Erwerbsvorgänge im Sinne des § 1 des Grunderwerbsteuergesetzes, die sich aus dem Übergang eines Immobilien-Sondervermögens auf die Verwahrstelle gemäß § 100 Absatz 1 Nummer 1 ergeben, sind von der Grunderwerbsteuer befreit, wenn sie fristgerecht und vollständig im Sinne der §§ 18 bis 20 des Grunderwerbsteuergesetzes angezeigt werden. [2]Für Erwerbsvorgänge im Sinne des Satzes 1 findet die Vorschrift des § 17 Absatz 3 des Grunderwerbsteuergesetzes entsprechende Anwendung. [3]Satz 1 gilt nur, wenn der Übergang des Immobilien-Sondervermögens auf die Verwahrstelle gemäß § 100 Absatz 1 Nummer 1 erfolgt, weil das Recht der AIF-Kapitalverwaltungsgesellschaft, das Immobilien-Sondervermögen zu verwalten,

1. **gemäß § 99 Absatz 1 aufgrund der Kündigung des Verwaltungsrechts während einer Aussetzung der Rücknahme gemäß § 257 oder**
2. **gemäß § 257 Absatz 4**

erloschen ist, und das Immobilien-Sondervermögen gemäß § 100 Absatz 2 abgewickelt und an die Anleger verteilt wird. [4]Die Befreiung von der Grunderwerbsteuer entfällt rückwirkend für die Grundstücke bzw. die Anteile an Immobilien-Gesellschaften oder Beteiligungen am Gesellschaftsvermögen von Immobilien-Gesellschaften, die von der Verwahrstelle nicht innerhalb von drei Jahren durch einen der Grunderwerbsteuer unterliegenden Erwerbsvorgang veräußert oder übertragen werden. [5]Die Verwahrstelle hat innerhalb von zwei Wochen nach Ablauf der Frist nach Satz 4 den Verbleib aller inländischen erhaltenen Grundstücke sowie der Anteile an Immobilien-Gesellschaften oder Beteiligungen am Gesellschaftsvermögen von Immobilien-Gesellschaften dem zuständigen Finanzamt nachzuweisen. [6]Wird die Nachweispflicht nach Satz 5 nicht erfüllt, entfällt die Befreiung rückwirkend.

Schrifttum: *Viskorf* Grunderwerbsteuergesetz, 20. Aufl. 2021; *Häuselmann* Investmentanteile, München 2019; *Spranger* Grunderwerbsteuer bei Fondsinvestments in deutsche Immobilien – Zugleich eine grunderwerbsteuerliche Einordnung des Luxemburger FCP, RdF 2016, 57.

Inhaltsübersicht

	Rn.
I. Allgemeines	1
II. Befreiungstatbestand und Befreiungsvoraussetzungen	5
1. Erwerbsvorgang iSd § 1 GrEStG	6
2. Übergang des Immobilien-Sondervermögens auf die Verwahrstelle	10
3. Fristgerechte und vollständige Anzeige des Erwerbsvorgangs nach §§ 18–20 GrEStG	13
4. Tatsächliche Abwicklung des Sondervermögens	17
III. Rückausnahme von der Befreiung	19

I. Allgemeines

1 § 100a wurde durch das Gesetz zum automatischen Austausch von Informationen über Finanzkonten in Steuersachen und zur Änderung weiterer Gesetze vom 21.12.2015 (BGBl. 2015 I 2531) in das KAGB eingefügt. Der Gesetzgeber verfolgt mit der Norm das Ziel, den Übergang von inländischen Immobilien-Sondervermögen von einer KVG auf die Verwahrstelle nach § 100 I Nr. 1 von der GrESt zu befreien, um so einen **doppelten Anfall** von GrESt zu verhindern (BT-Drs. 18/6667, 23). Bei der Abwicklung offener Immobilienfonds kommt es zu einem **zweimaligen Rechtsträgerwechsel.** Zum einen bei dem Übergang des inländischen Immobilien-Sondervermögens von der KVG auf die Verwahrstelle und zum anderen bei der Abwicklung des Immobilien-Sondervermögens durch die Verwahrstelle. Der Gesetzgeber hält eine Grunderwerbsteuerbefreiung beim Übergang auf die Verwahrstelle für sachgerecht, da durch die Verpflichtung, das Sondervermögen abzuwickeln, bei Veräußerung der Immobilien ein weiterer grunderwerbsteuerbarer Tatbestand verwirklicht wird (BT-Drs. 18/6667, 23).

2 Die Verortung der Grunderwerbsteuerbefreiung im 4. Abschnitt des 1. Kapitels des KAGB und nicht innerhalb des GrEStG lässt erkennen, dass der Gesetzgeber den Anwendungsbereich der Norm auf offene inländische Investmentvermögen **beschränken** wollte (MKJ/*Geurts/Schubert* § 100a Rn. 1; EDD/*Kempf* § 100a Rn. 4; WBA/*Anders* § 100a Rn. 5).

3 Diese Einschränkung stößt im Hinblick auf den allgemeinen Gleichheitssatz des Art. 3 GG auf verfassungsrechtliche Bedenken (MKJ/*Geurts/Schubert* § 100a Rn. 1; WBA/*Anders* § 100a Rn. 4; AWZ/*Zetsche/Nast* § 100a Rn. 13). Zudem ist die Steuervergünstigung europarechtlichen Bedenken ausgesetzt, da sie eine Beihilfe iSd Art. 107, 108 AEUV darstellen könnte (MKJ/*Geurts/Schubert* § 100a Rz. 1; WBA/*Anders* § 100a Rn. 4; EDD/*Kempf* § 100a Rn. 5; Viskorf/*Viskorf* Anhang 2 zu § 4 Rn. 17f.).

4 Gemäß § 357 S. 1 ist § 100a mWv 31.12.2015 anzuwenden. Maßgeblicher Zeitpunkt ist der **Übergang des Sondervermögens** auf die Verwahrstelle, wie sich aus § 357 S. 2 ergibt (EDD/*Kempf* § 100a Rn. 5). Der Gesetzgeber hat die zweimalige Entstehung von GrESt für vor diesem Zeitpunkt verwirklichte Erwerbsvorgänge bewusst in Kauf genommen (FG Hbg 12.6.2018 – 3 K 266/17, BeckRS 2018, 17742). Nach Auffassung des FG Hbg kann die GrESt-Befreiung auch nicht im Billigkeitswege nach § 163 AO auf Übergänge vor dem 31.12.2015 angewendet werden, da andernfalls der ausdrückliche gesetzgeberische Wille unterlaufen würde (FG Hbg 12.6.2018 – 3 K 266/17, BeckRS 2018, 17742).

II. Befreiungstatbestand und Befreiungsvoraussetzungen

5 Die GrESt-Befreiung ist zu gewähren, wenn die in S. 1–3 genannten Voraussetzungen **kumulativ** erfüllt sind.

6 **1. Erwerbsvorgang iSd § 1 GrEStG.** Erste Voraussetzung ist, dass der Übergang des Immobilien-Sondervermögens von der KVG auf die Verwahrstelle einen **Erwerbsvorgang iSd § 1 GrEStG** darstellt.

7 Nach § 100 I Nr. 1 führt die Abwicklung des Immobilien-Sondervermögens **kraft Gesetzes** zu einem Übergang des zivilrechtlichen Eigentums an den inländischen Grundstücken von der KVG auf die Verwahrstelle. Durch den unmittelbaren Übergang inländischer Grundstücke iSd § 2 GrEStG kraft Gesetzes wird der grund-

erwerbsteuerliche Erwerbstatbestand des § 1 I Nr. 3 S. 1 GrEStG verwirklicht (BT-Drs. 18/6667, 23).

Weiterhin kann sich eine Steuerpflicht aus den **fiktiven Erwerbstatbeständen** 8
der § 1 IIa, IIb, III, IIIa GrEStG ergeben, insbesondere wenn Beteiligungen iHv mindestens 90%, die die KVG an Gesellschaften mit inländischem Grundbesitz hält, auf die Verwahrstelle übergehen (BT-Drs. 18/6667, 23; EDD/*Kempf* § 100a Rn. 9).

Die **Steuerschuldnerschaft** und damit auch die **Anzeigepflicht** nach § 19 9
GrEStG (→ Rn. 13ff.) bestimmt sich gem. § 13 GrEStG nach dem verwirklichten Erwerbstatbestand. Bei Eigentumsübertragungen kraft Gesetzes nach § 1 I Nr. 3 S. 1 GrEStG sind grds. der bisherige Eigentümer und der Erwerber zur Abgabe einer grunderwerbsteuerlichen Anzeige verpflichtet. Allerdings dürfte die Anzeigepflicht ausschließlich auf die Verwahrstelle übergehen, weil die KVG nicht mehr verwaltungsberechtigt ist (AWZ/*Zetsche*/*Nast* § 100a Rn. 9).

2. Übergang des Immobilien-Sondervermögens auf die Verwahrstelle. 10
Ein Sondervermögen kann mangels eigener Rechtspersönlichkeit kein Rechtsträger sein und somit auch kein Eigentum haben. Die dem Sondervermögen zuzuordnenden Vermögensgegenstände stehen nach Maßgabe der Anlagebedingungen entweder im treuhänderischen Eigentum der das Vermögen verwaltenden KVG (§ 92 I 1 Alt. 1) (sog. **Treuhandlösung**) oder im (Mit-)Eigentum der Anleger (§ 92 I 1 Alt. 2) (sog. **Miteigentumslösung**). Nach § 245 können bei Immobilien-Sondervermögen die Vermögensgegenstände grds. nur im Eigentum der KVG stehen. Bei Spezial-AIF kann abweichend davon auch die Miteigentumslösung gewählt werden (→ § 284 II). Da sich in den Fällen des § 100 I Nr. 2 (Miteigentumslösung) das Eigentum an den Immobilien durch die Abwicklung nicht ändert, bezieht sich § 100a nur auf den Fall des § 100 Nr. 1, dh die Treuhandlösung.

Nach dem Wortlaut des § 100a kommt eine Grunderwerbsteuerbefreiung nur in 11
Betracht, wenn das Recht der KVG das Immobilien-Sondervermögen zu verwalten, gem. § 99 I aufgrund der **Kündigung des Verwaltungsrechts** während einer Aussetzung der Rücknahme gem. § 257 (§ 100 I 3 Nr. 1) oder gem. § 257 IV (§ 100 I 3 Nr. 2) erloschen ist (§ 100a S. 3). Über die ausschließliche Anknüpfung an § 257 bezweckt der Gesetzgeber, dass die GrESt-Befreiung nur für Fälle der **Abwicklung offener Immobilienfonds** in den Fällen gewährt wird, in denen die Rücknahme der Anteile am Sondervermögen ausgesetzt ist, weil zu viele Anleger Anteile am Sondervermögen zurückgeben möchten. Hierdurch soll berücksichtigt werden, dass aufgrund der Anwendung des § 257 bereits eine Wertminderung der Anteile eingetreten ist, über die hinaus der Anleger nicht noch doppelt mit GrESt belastet werden soll (BT-Drs. 18/6667, 23f.; WBA/*Anders* § 100a Rn. 9; AWZ/*Zetsche*/*Nast* § 100a Rn. 1).

Freiwillige Kündigungen durch die KVG oder Fälle, in denen die Verwaltung 12
des Sondervermögens auf eine andere KVG übertragen wird, werden nach dem Willen des Gesetzgebers von der GrESt-Befreiung **nicht erfasst** (BT-Drs. 18/6667, 23; kritisch MKJ/*Geurts*/*Schubert* § 100a Rn. 10).

3. Fristgerechte und vollständige Anzeige des Erwerbsvorgangs nach 13
§§ 18–20 GrEStG. Die Verwahrstelle muss die Erwerbsvorgänge, die sich aus dem Übergang des Immobilien-Sondervermögens ergeben, entspr. § 19 GrEStG **vollständig** und **fristgerecht** (grds. innerhalb von 2 Wochen, nachdem der oder die Steuerschuldner von dem anzeigepflichtigen Vorgang Kenntnis erhalten haben) dem nach § 17 GrEStG örtlich zuständigen FA anzeigen.

14 Dabei ordnet § 100 a S. 2 eine **entsprechende Anwendung** des § 17 III GrEStG an. In diesem Zusammenhang dürfte insb. § 17 III Nr. 2 GrEStG eine entscheidende Rolle spielen. Wird ein Erwerbsvorgang nach § 1 IIa, IIb, III oder IIIa GrEStG verwirklicht, so ist das FA zuständig, in dem sich die Geschäftsleitung befindet. Sind in verschiedenen FA-Bezirken liegende Grundstücke oder in verschiedenen Bundesländern liegende Grundstücksteile betroffen, so stellt nach § 17 II GrEStG das FA die Besteuerungsgrundlagen fest, in dessen Bezirk das wertvollste Grundstück liegt.

15 Der Anzeige ist eine **Liste der inländischen Grundstücke,** die in das Eigentum der Verwahrstelle übergegangen sind, sowie die auf diese **übergegangenen Anteile** an Kapitalgesellschaften oder Beteiligungen am Vermögen von Personengesellschaften beizufügen.

16 Eventuelle Grundstücksverkäufe bzw. Anteilsübertragungen der Verwahrstelle auf Dritte innerhalb des **Drei-Jahres-Zeitraums** des § 100 a S. 4 sind von der Verwahrstelle unmittelbar dem zuständigen FA anzuzeigen (BT-Drs. 18/6667, 24).

17 **4. Tatsächliche Abwicklung des Sondervermögens.** Für die Verwahrstelle besteht nach § 100 II die gesetzliche Verpflichtung, das Sondervermögen **abzuwickeln** und den Erlös an die Anleger zu verteilen.

18 Werden dabei die Grundstücke an **Dritte veräußert,** so wird der grunderwerbsteuerliche Tatbestand des § 1 I Nr. 1 GrEStG verwirklicht. **Verändert sich der Gesellschafterbestand** einer Personengesellschaft oder Kapitalgesellschaft oder werden **Anteile** an einer Kapitalgesellschaft **übertragen,** so können die Erwerbstatbestände des § 1 IIa, IIb, III oder IIIa GrEStG verwirklicht werden.

III. Rückausnahme von der Befreiung

19 Die GrESt-Befreiung soll nach § 100 a S. 4 **rückwirkend** für die Grundstücke bzw. die Anteile an Immobilien-Gesellschaften oder Beteiligungen am Gesellschaftsvermögen von Immobilien-Personengesellschaften entfallen, wenn diese von der Verwahrstelle **nicht innerhalb von drei Jahren** durch einen der GrESt unterliegenden Erwerbsvorgang veräußert oder übertragen werden.

20 Der Drei-Jahres-Zeitraum knüpft an die in § 257 IV gesetzlich vorgesehenen **36 Monate** an, nach denen das Recht der KVG erlischt, ein Immobilien-Sondervermögen zu verwalten, wenn nach der Aussetzung der Rücknahme auch dann die Bankguthaben und die liquiden Mittel nicht ausreichen, alle Rückgabeverlangen der Anleger zu bedienen (BT-Drs. 18/6667, 24).

21 Erforderlich ist ferner, dass die Abwicklung einem **weiteren grunderwerbsteuerbaren Vorgang** unterliegt.

22 Da nach dem Willen des Gesetzgebers die Grunderwerbsteuerbefreiung für den Übergang des Sondervermögens auf die Verwahrstelle nur in den Fällen zu gewähren ist, in denen durch die Verpflichtung zur Abwicklung des Sondervermögens durch dessen Veräußerung ein weiterer grunderwerbsteuerbarer Tatbestand verwirklicht wird, ist die **Rückausnahme** in § 100 a S. 4 **folgerichtig.**

23 In der Literatur wird kritisiert, dass der Drei-Jahres-Zeitraum **zu eng** gegriffen ist (AWZ/*Zetsche*/*Nast* § 100 a Rn. 14). Nach dem Willen des Gesetzgebers dient die Begrenzung dazu, die Gewährung der Grunderwerbsteuerbefreiung für die Verwaltung **zeitlich überschaubar** zu gestalten (BT-Drs. 18/6667, 24).

24 Da es sich bei der Nichteinhaltung der Frist um ein **rückwirkendes Ereignis** iSd § 175 I Nr. 2 AO handelt, muss die GrESt nachträglich festgesetzt werden

(EDD/*Kempf* § 100a Rn. 15; AWZ/*Zetsche/Nast* § 100a Rn. 11). Die **Festsetzungsfrist** beginnt nach § 175 I 2 AO mit Ablauf des Kalenderjahres, in dem das rückwirkende Ereignis eingetreten ist.

Nach S. 5 hat die Verwahrstelle innerhalb von **zwei Wochen** nach Ablauf der Drei-Jahres-Frist nach S. 4 den Verbleib aller inländischen erhaltenen Grundstücke sowie der Anteile an Immobilien-Gesellschaften oder Beteiligungen am Gesellschaftsvermögen von Immobilien-Personengesellschaften dem zuständigen FA **nachzuweisen.** Wird diese Nachweispflicht nicht erfüllt, so entfällt die Befreiung rückwirkend. 25

§ 100b Übertragung auf eine andere Kapitalverwaltungsgesellschaft

(1) [1]**Anstelle der Kündigung des Verwaltungsrechts und Abwicklung des Sondervermögens durch die Verwahrstelle nach den §§ 99 und 100 kann die Kapitalverwaltungsgesellschaft mit Genehmigung der Bundesanstalt das Sondervermögen, wenn dieses im Eigentum der Kapitalverwaltungsgesellschaft steht, oder das Verwaltungs- und Verfügungsrecht über das Sondervermögen, wenn dieses im Miteigentum der Anleger steht, nach Maßgabe der bisherigen Anlagebedingungen auf eine andere Kapitalverwaltungsgesellschaft (aufnehmende Kapitalverwaltungsgesellschaft) übertragen.** [2]**Die aufnehmende Kapitalverwaltungsgesellschaft muss über eine Erlaubnis zur Verwaltung solcher Arten von Investmentvermögen verfügen.** [3]**§ 100 Absatz 3 Satz 2 bis 5 gilt entsprechend.** [4]**Die Genehmigung nach Satz 1 ist innerhalb einer Frist von acht Wochen nach Eingang des Genehmigungsantrags zu erteilen, wenn die gesetzlichen Voraussetzungen für die Genehmigung vorliegen und der Antrag von der übertragenden Kapitalverwaltungsgesellschaft gestellt wurde.** [5]**§ 163 Absatz 2 Satz 2 und 4 gilt entsprechend.**

(2) [1]**Die Kapitalverwaltungsgesellschaft hat für Publikumsinvestmentvermögen die Übertragung im Bundesanzeiger und darüber hinaus im Jahresbericht oder Halbjahresbericht sowie in den in dem Verkaufsprospekt bezeichneten elektronischen Informationsmedien bekannt zu machen.** [2]**Die Bekanntmachung darf erst erfolgen, wenn die Bundesanstalt die Genehmigung nach Absatz 1 erteilt hat.**

(3) [1]**Der Zeitpunkt, zu dem die Übertragung wirksam wird, bestimmt sich nach der vertraglichen Vereinbarung zwischen der Kapitalverwaltungsgesellschaft und der aufnehmenden Kapitalverwaltungsgesellschaft.** [2]**Die Übertragung darf bei Publikumssondervermögen frühestens mit Ablauf von drei Monaten nach der Bekanntmachung im Bundesanzeiger nach Absatz 2 Satz 1 und bei Spezialsondervermögen frühestens mit der Anzeige der Übertragung bei der Bundesanstalt wirksam werden.**

(4) **Ein Wechsel der Verwahrstelle bedarf bei Publikumssondervermögen der Genehmigung der Bundesanstalt.**

I. Allgemeines

§ 100b wurde durch das OGAW-V-UmsG v. 3.3.2016 (BGBl. 2016 I 348) in das KAGB eingefügt. § 100b enthält eine spezielle Regelung für den Fall, dass die KVG **direkt die Verwaltung** eines Sondervermögens auf eine andere KVG **über-** 1

tragen will (BT-Drs 18/6744, 56). Der Wortlaut des Abs. 1 S. 1 macht deutlich, dass § 100b **alternativ** neben der Kündigung des Verwaltungsrechts und der Abwicklung des Sondervermögens durch die Verwahrstelle nach §§ 99, 100 in Betracht kommt.

II. Übertragung des Sondervermögens (Abs. 1)

2 Abs. 1 regelt die Möglichkeit der Übertragung des Sondervermögens von einer KVG auf eine andere KVG (aufnehmende KVG). Dabei stellt Abs. 1 zunächst klar, dass die Übertragung an die in § 92 geregelten **Eigentumsverhältnisse** anknüpft und somit eine Übertragung des Sondervermögens (Treuhandlösung, § 92 I 1 Alt. 1) oder Übertragung des Verwaltungs- und Verfügungsrechts (Miteigentumslösung, § 92 I 1 Alt. 2) alternativ zur Kündigung des Verwaltungsrechts und Abwicklung des Sondervermögens durch die Verwahrstelle nach den § 99 und § 100 steht (BT-Drs 18/6744, 57). § 100b gilt dabei für jede inländische KVG iSd § 17 I (WBA/*Anders* § 100b Rz. 5).

3 Wie sich aus S. 1 ergibt, findet die Übertragung nach Maßgabe der bisherigen **Anlagebedingungen** auf eine andere Kapitalverwaltungsgesellschaft statt, so dass die bisherigen Anlagebedingungen unberührt bleiben. Jedoch können diese nach Abschluss der Übertragung geändert werden (WBA/*Anders* § 100b Rn. 7).

4 Nach S. 1 bedarf die Übertragung eines Publikumssondervermögens jedoch der **Genehmigung der BaFin.** Hierbei handelt es sich um einen begünstigenden Verwaltungsakt (EDD/*Dreibus* § 100b Rn. 4), der nach S. 3 iVm § 100 III 2 mit Nebenbestimmungen verbunden werden kann. Nach S. 3 iVm § 100 III 4 bedarf die **Übertragung** der Verwaltung **eines Spezialsondervermögens** auf eine andere KVG jedoch **keiner Genehmigung** der BaFin. Die Übertragung ist der BaFin lediglich **anzuzeigen.** Die BaFin hat der KVG das Datum des Eingangs der Anzeige nach S. 3 iVm § 100 III 5 zu bestätigen.

5 Nach S. 2 muss die aufnehmende KVG über eine **Erlaubnis** zur Verwaltung solcher Arten von Investmentvermögen verfügen, dh die Erlaubnis muss auch die Art von Sondervermögen umfassen, auf die sich die Übertragung bezieht (BT-Drs. 18/6744, 57).

6 Nach S. 4 ist die Genehmigung nach S. 1 innerhalb einer Frist von **acht Wochen** nach Eingang des Genehmigungsantrags zu erteilen, wenn die gesetzlichen Voraussetzungen für die Genehmigung vorliegen und der Antrag von der übertragenden KVG gestellt wurde. Der BaFin steht insoweit **kein Ermessen** zu, so dass diese einzig prüfen darf, ob die Tatbestandsvoraussetzungen erfüllt sind. Es besteht somit ein Anspruch auf Erteilung, wenn die Tatbestandsvoraussetzungen erfüllt sind (WBA/*Anders* § 100b Rn. 11).

7 Sind die Voraussetzungen für die Genehmigung nicht erfüllt, hat die BaFin nach S. 5 iVm § 163 II 2 dies dem Antragsteller innerhalb einer Frist von **acht Wochen** nach Eingang des Genehmigungsantrags unter Angabe der Gründe mitzuteilen und fehlende oder geänderte Angaben oder Unterlagen anzufordern. Mit dem Eingang der angeforderten Angaben oder Unterlagen beginnt nach S. 5 iVm § 163 II 4 der Lauf der achtwöchigen Frist erneut.

8 § 415 BGB ist nach S. 3 iVm § 100 III 3 nicht anzuwenden, so dass eine **Zustimmung der Gläubiger nicht erforderlich** ist. Andernfalls hinge die Übertragung insbesondere auch von der Zustimmung der Anleger ab, was gerade bei einer Vielzahl von Anlegern erheblichen Aufwand und Unsicherheiten begründen könnte (EDD/*Dreibus* § 100b Rn. 7). Vertragsverhältnisse der übertragenden KVG

mit Dritten (zB Wertpapierleiheverträge) dürften hingegen einem Zustimmungserfordernis nach § 415 BGB unterliegen (EDD/*Dreibus* § 100b Rn. 8).

III. Publizitätserfordernis (Abs. 2)

Abs. 2 legt fest, dass die KVG die Übertragung im BAnz sowie im Jahresbericht oder Halbjahresbericht des Sondervermögens bekannt zu machen hat und statuiert somit ein **Publizitätserfordernis.** Durch die Bekanntmachung soll den Anlegern die Möglichkeit gegeben werden, ihre Anteile frühzeitig zurückzugeben, falls sie mit dem Wechsel nicht einverstanden sind (BT-Drs. 18/6744, 57). 9

Durch das **Fondsstandortgesetz (FoStoG)** v. 3.6.2021 (BGBl. 2021 I 1498 (1503)) wurde § 100b II 1 dahingehend erweitert, dass die Übertragung auch in den in dem Verkaufsprospekt bezeichneten elektronischen Informationsmedien bekannt zu machen ist. 10

Durch den Verweis in Abs. 2 S. 3 auf § 99 I 3 waren die Anleger bisher mittels eines dauerhaften Datenträgers über den Wechsel zu unterrichten. Dieses Erfordernis entfällt zukünftig, da der Verweis auf § 99 I 3 in der Neufassung des Abs. 2 durch das FoStoG nicht mehr enthalten ist. Dadurch sollen den Anlegern **Kosten erspart** werden (BT-Drs. 19/27631, 92). 11

Das Publizitätserfordernis gilt **nur für Publikumsfonds.** Für Spezial-AIF entfällt eine aufsichtsrechtlich angeordnete Bekanntmachungspflicht ganz. Der Gesetzgeber hält die Unterscheidung zwischen Publikumsfonds und Spezial-AIF aufgrund der **unterschiedlichen Anlegerstruktur** für sachgerecht, da professionelle und semiprofessionelle Anleger ohnehin über eine Übertragung informiert seien (BT-Drs. 19/27631, 92). 12

Wie in der Regelung des § 99 I 1 gilt auch im Rahmen des Abs. 2 bezüglich der Bekanntmachung im Jahres- oder Halbjahresbericht, dass derjenige Bericht auszuwählen ist, der **als nächstes zu erstellen** ist (BT-Drs. 18/6744, 57). 13

IV. Wirksamwerden der Übertragung (Abs. 3)

Abs. 3 regelt den Zeitpunkt des **Wirksamwerdens der Übertragung.** Dieser richtet sich nach der vertraglichen Vereinbarung, darf jedoch bei Publikumssondervermögen frühestens zum Ablauf von drei Monaten nach der Bekanntmachung im BAnz und bei Spezialsondervermögen frühestens zum Zeitpunkt der Anzeige nach Abs. 1 S. 3 iVm § 100 III 4 vorgesehen werden (BT-Drs. 18/6744, 57). 14

V. Wechsel der Verwahrstelle (Abs. 4)

Sofern auch ein Wechsel der Verwahrstelle stattfinden soll, stellt Abs. 4 klar, dass der Wechsel der Genehmigung bedarf. Die Genehmigungspflicht gilt allerdings entsprechend der Regelungen von §§ 69 I 1, 87 nur für den Wechsel von Verwahrstellen, die mit der Verwahrung von **Publikumssondervermögen** beauftragt sind (BT-Drs. 18/6744, 57). 15

Vorbemerkungen zu §§ 101ff.

I. Zielsetzung der investmentrechtlichen Rechnungslegung

1 Die Rechnungslegung dient im Wesentlichen der Bereitstellung von Informationen. Die investmentrechtliche Rechnungslegung muss dabei verschiedenen Anforderungen gerecht werden, nämlich insb. der Einhaltung (allgemeiner) rechtlicher und (spezieller) industriebezogener Normen, der Unterstützung einer angemessenen Aufsicht durch die **Offenlegung von Informationen** sowie dem Informationsbedürfnis der Anleger.

Da jedes in Wertpapiere angelegte Investmentvermögen unter Rechnungslegungsgesichtspunkten zugleich als Zweckgesellschaft iSd § 290 II Nr. 4 HGB behandelt werden kann, entsteht ein Spannungsfeld aus allgemeinen handelsrechtlichen und besonderen der Investmentbranche geschuldeten Normen. Dies ist grds. unabhängig davon, ob es sich um ein UCITS, ein AIF, ein Spezial- oder Publikumsinvestmentvermögen handelt. Der deutsche Gesetzgeber hat bei der handelsrechtlichen Rechnungspflicht daher in § 290 II HGB eine Ausnahme von der Konsolidierungspflicht für bestimmte Investmentvermögen geschaffen. Im Gegensatz zu den Vorschriften der handelsrechtlichen Rechnungslegung ist die Behandlung von Investmentvermögen gem. IFRS nicht ganz so eindeutig. Gemäß IFRS hängt es von der Ausgestaltung des jeweiligen Investmentvermögens ab, ob es sich um eine konsolidierungspflichtige Beteiligung oder eine Geldanlage handelt. Für Anleger hat die Einstufung des Investmentvermögens bei ihrem eigenen Rechnungswesen eine wesentliche Bedeutung. Und auch für die KVG spielt die Einordnung der von ihr verwalteten Investmentvermögen gemäß IFRS eine Rolle, da sie regelmäßig den Anforderungen verschiedener gesetzlicher Vorgaben, aber auch den Bedürfnissen der Anleger Rechnung tragen muss.

2 Sowohl das **Informationsbedürfnis der Anleger** als auch das der Aufsicht liegen auf der Hand (EDD/*Hornschu*/*Neuf* § 101 Rn. 4). Anleger benötigen vor der Zeichnung von Anteilen an Investmentvermögen Informationen, um eine passende Anlageentscheidung zu treffen. Nach der Zeichnung von Anteilen benötigen sie Informationen, um ihre Anlage in das Investmentvermögen zu überwachen.

3 Die BaFin benötigt Informationen, um ihrem **Aufsichtsauftrag** zur Wahrung der Marktintegrität und des Anlegerschutzes gerecht zu werden (EDD/*Hornschu*/*Neuf* § 101 Rn. 4). Hingegen hat eine KVG das Bedürfnis, bestimmte Details ihrer Entscheidungsfindung nicht der Öffentlichkeit offenzulegen, um ihre Betriebsgeheimnisse zu wahren. Gleichzeitig darf sie ggf. bestimmte Umstände gar nicht offenlegen, weil dann das Risiko der Ermöglichung von Insidergeschäften besteht. Diesen unterschiedlichen Interessen sollen die Vorschriften über die investmentrechtliche Rechnungslegung gerecht werden.

II. Gesetzgeberischer Wille

4 Der Gesetzgeber hat den Erwartungen der Anleger das größte Gewicht eingeräumt, indem § 101 I 2 ausdrücklich bestimmt, dass die Rechnungslegung den Anlegern ermöglichen soll, sich ein Urteil über die **Tätigkeit der KVG und die Ergebnisse des Sondervermögens** zu bilden. Wenngleich damit der Auftrag an die Rechnungslegung und damit auch an ihre rechtlichen Vorgaben klar ist, bleibt fraglich, ob das Informationsbedürfnis des Anlegers durch die investmentrechtliche

Rechnungslegung tatsächlich erfüllt wird. Vor dem Hintergrund, dass Anleger regelmäßig kurzfristig und aktuelle Informationen benötigen, um ihre Investitionsentscheidungen zu treffen, bestehen Zweifel daran, ob zumindest bei Wertpapierfonds oder anderen Investmentvermögen mit einem hohen Umschlag an Vermögensgegenständen die investmentrechtliche Rechnungslegung diesen Zweck erfüllt.

Dies mag bei Immobilienfonds mit weitaus weniger Änderungen bei den Anlagegegenständen anders sein. Dort wird die Aktualität von Jahresberichten in der Regel länger andauern. Die grundsätzlichen **Zweifel an der Zweckerfüllung** werden umso deutlicher, wenn man bedenkt, dass sowohl die Ausgabe als auch die Rückgabe von Anteilen an Investmentvermögen täglich erfolgen können, wenn auch die Rückgabe ggf. unter Einhaltung einer festgelegten Ankündigungsfrist. Dies würde – Sinn und Zweck der Rechnungslegung vor Augen – bedeuten, dass auf täglicher Basis akutelle Informationen für den Anleger zur Verfügung gestellt werden müssten. Eine solche Vorgabe gibt es aber nur in Bezug auf den Anteilpreis von Publikumsinvestmentvermögen. Für Spezialinvestmentvermögen ist die tägliche Anteilpreisberechnung nicht zwingend vorgeschrieben. Die Tagesaktualität von Jahresberichten wird also nie vorliegen, die des Basisinformationsblatts oder des Prospekts bzw. der Informationen gem. § 307 bei Spezialfonds (sog. § 307er-Dokument) nur zufällig.

Wenn also § 101 I 2 festlegt, dass die Anleger anhand des Jahresberichts die Mög- 5
lichkeit haben sollen, sich ein Urteil über die Tätigkeit der KVG und die Performance des Investmentvermögens zu bilden, muss damit allein die **ex-post Beurteilung** gemeint sein. Auch hierbei ist aber zu berücksichtigen, dass, wenn der Jahresbericht veröffentlicht wird, die Geschäfte, über die berichtet wird, regelmäßig schon eine erhebliche Zeit zurückliegen. Auch die Allokation der Vermögensgegenstände ist ggf. nicht mehr aktuell. Dennoch ermöglicht die Darstellung der getätigten Geschäfte den Anlegern einen Überblick über die Tätigkeit der KVG. Dem Anleger wird es so zumindest theoretisch ermöglicht, die KVG auf Grundlage der Angaben im Jahresbericht im Falle eines Schadens in Anspruch zu nehmen. Die Geltendmachung von Schadensersatzansprüchen ist dann jedoch mit den üblichen zivilrechtlichen Schwierigkeiten verbunden, nämlich der Beweislast des Anlegers, dass ein ihm entstandener Schaden auf einer Pflichtverletzung der KVG und nicht bspw. auf einer allgemeinen Marktentwicklung beruht.

III. Bedeutung der KARBV

Neben den Anforderungen des KAGB konkretisiert die **KARBV** dessen Vor- 6
gaben und schafft zusätzliche Anforderungen an eine ordnungsgemäße, investmentrechtliche Rechnungslegung. So verlangt die KARBV teilweise sehr detaillierte Darstellungen von Sachverhalten. Dies betrifft bspw. den Bereich der Entwicklungsrechnungen. Sie sollen es den Anlegern ermöglichen, die Entwicklung seiner Anlage nachzuvollziehen.

Aufgrund der umfangreichen Anforderungen der KARBV kann durchaus behauptet werden, dass nicht das KAGB, sondern die KARBV die investmentrechliche Rechnungslegung bestimmt. Die Anforderungen der KARBV konkretisieren die Regeln für den Jahresbericht bspw. dahingehend, dass die Berichte klar und übersichtlich gestaltet sein müssen. Damit soll entsprechend der in § 101 I 2 normierten gesetzgeberischen Intention gewährleistet werden, dass Anleger sich im Hinblick auf ihre **Anlageentscheidung,** aber auch hinsichtlich der **laufenden**

Beurteilung der Anlage ein umfassendes Bild der tatsächlichen Verhältnisse und Entwicklung des Investmentvermögens machen können.

Zudem normiert § 6 II Nr. 2 KARBV als Zweckbestimmung des Jahresberichts die Information über den Wert des Sondervermögens. Damit muss sich die KVG im Rahmen der Erstellung des Halbjahres- und Jahresberichts mind. zweimal im Jahr mit der Bewertung des (Publikums-)Investmentvermögens auseinandersetzen. Der Umfang der Auseinandersetzung mit der Bewertung geht im Rahmen der Rechnungslegung deutlich über die bloße Anteilpreisermittlung hinaus, die dem Anleger von Publikumsfonds täglich die Information über den Wert seiner Investition verschafft. Die Berichte können damit weiterhin als Kontrolle der häufig erfolgenden Anteilpreisermittlung angesehen werden. Wenn die Rechnungslegung im Rahmen der Erstellung der Jahres- und Halbjahresberichte die tägliche Anteilpreisermittlung bestätigt, kann vermutet werden, dass die Organisation der KVG und die von ihr implementierten Prozesse sachgerecht sind, um das Investmentvermögen zu bewerten.

7 Letztlich mag darin auch der hauptsächliche Wert der **periodischen Berichterstattung** in Form des Halbjahres- und Jahresberichts liegen, wohingegen die Unterstützung bei der Entscheidungsfindung des Anlegers, der Überwachung der Anlage und der Geltendmachung von Haftungsansprüchen nur sehr begrenzt ist.

IV. § 101 als Zentralnorm der Rechnungslegung

8 Wenngleich sich die einzelnen im KAGB geregelten Typen von Investmentvermögen teilweise erheblich voneinander unterscheiden, orientiert sich deren Rechnungslegung im Wesentlichen am § 101. Es handelt sich bei § 101 um die **zentrale Vorschrift für Investmentvermögen** in Form von Sondervermögen. Für Investmentvermögen in anderen Rechtsformen gelten neben den Vorschriften des KAGB ergänzend die handelsrechtlichen Vorschriften.

9 Die rechnungslegungsbezogenen Regeln eint, dass sie mit **„Ansatz, Bewertung und Ausweis"** dem klassischen Dreiklang des Rechnungswesens folgen. Zumindest in Bezug auf die Bewertung ist dies nicht selbstverständlich, da bei einem OGAW gem. § 212 die Verwahrstelle unter Mitwirkung der KVG oder die KVG selbst für die Ermittlung des Anteilpreises zuständig ist. Damit beruht sie in großem Maße auf den bspw. in den IFRS normierten international vergleichbaren Grundsätzen ordnungsgemäßer Buchführung.

§ 101 Jahresbericht

(1) [1]**Die Kapitalverwaltungsgesellschaft hat für jedes OGAW-Sondervermögen für den Schluss eines jeden Geschäftsjahres spätestens vier Monate nach Ende des Geschäftsjahres und für jedes AIF-Sondervermögen für den Schluss eines jeden Geschäftsjahres spätestens sechs Monate nach Ende des Geschäftsjahres einen Jahresbericht nach den Sätzen 2 und 3 zu erstellen.** [2]**Der Jahresbericht muss einen Bericht über die Tätigkeit der Kapitalverwaltungsgesellschaft im abgelaufenen Geschäftsjahr und alle wesentlichen Angaben enthalten, die es den Anlegern ermöglichen, sich ein Urteil über diese Tätigkeit und die Ergebnisse des Sondervermögens zu bilden.** [3]**Der Jahresbericht muss enthalten:**

1. [1]eine Vermögensaufstellung der zum Sondervermögen gehörenden Vermögensgegenstände sowie der Verbindlichkeiten aus Kreditaufnahmen, Pensionsgeschäften, Wertpapier-Darlehensgeschäften und der sonstigen Verbindlichkeiten. [2]Die Vermögensgegenstände sind nach Art, Nennbetrag oder Zahl, Kurs und Kurswert aufzuführen. [3]Der Wertpapierbestand ist zu untergliedern in Wertpapiere mit einer Zulassung zum Handel an einer Börse, an einem organisierten Markt zugelassene oder in diesen einbezogene Wertpapiere, Wertpapiere aus Neuemissionen, die an einer Börse zum Handel zugelassen oder an einem organisierten Markt zugelassen oder in diesen einbezogen werden sollen, sonstige Wertpapiere gemäß § 198 Absatz 1 Nummer 1 und 3 und verbriefte Geldmarktinstrumente sowie Schuldscheindarlehen, wobei eine weitere Gliederung nach geeigneten Kriterien unter Berücksichtigung der Anlagepolitik nach prozentualen Anteilen am Wert des Sondervermögens vorzunehmen ist. [4]Für jeden Posten der Vermögensaufstellung ist sein Anteil am Wert des Sondervermögens anzugeben. [5]Für jeden Posten der Wertpapiere, Geldmarktinstrumente und Investmentanteile sind auch die während des Berichtszeitraums getätigten Käufe und Verkäufe nach Nennbetrag oder Zahl aufzuführen. [6]Der Wert des Sondervermögens ist anzugeben. [7]Es ist anzugeben, inwieweit zum Sondervermögen gehörende Vermögensgegenstände Gegenstand von Rechten Dritter sind;
2. [1]die während des Berichtszeitraums abgeschlossenen Geschäfte, die Finanzinstrumente zum Gegenstand haben, Pensionsgeschäfte und Wertpapier-Darlehen, soweit sie nicht mehr in der Vermögensaufstellung erscheinen. [2]Die während des Berichtszeitraums von Spezialsondervermögen nach § 283 getätigten Leerverkäufe in Wertpapieren sind unter Nennung von Art, Nennbetrag oder Zahl, Zeitpunkt der Verkäufe und Nennung der erzielten Erlöse anzugeben;
3. die Anzahl der am Berichtsstichtag umlaufenden Anteile und der Wert eines Anteils gemäß § 168 Absatz 1;
4. [1]eine nach Art der Erträge und Aufwendungen gegliederte Ertrags- und Aufwandsrechnung. [2]Sie ist so zu gestalten, dass aus ihr die Erträge aus Anlagen, sonstige Erträge, Aufwendungen für die Verwaltung des Sondervermögens und für die Verwahrstelle, sonstige Aufwendungen und Gebühren und der Nettoertrag sowie Erhöhungen und Verminderungen des Sondervermögens durch Veräußerungsgeschäfte ersichtlich sind. [3]Außerdem ist eine Übersicht über die Entwicklung des Sondervermögens während des Berichtszeitraums zu erstellen, die auch Angaben über ausgeschüttete und wieder angelegte Erträge, Mehr- oder Minderwerte bei den ausgewiesenen Vermögensgegenständen sowie Angaben über Mittelzuflüsse aus Anteilverkäufen und Mittelabflüsse durch Anteilrücknahmen enthalten muss;
5. die von der Kapitalverwaltungsgesellschaft beschlossene Verwendung der Erträge des Sondervermögens;
6. bei Publikumssondervermögen eine vergleichende Übersicht der letzten drei Geschäftsjahre, wobei zum Ende jedes Geschäftsjahres der Wert des Publikumssondervermögens und der Wert eines Anteils anzugeben sind.

(2) **Im Jahresbericht eines Publikumssondervermögens sind ferner anzugeben:**

1. eine als Prozentsatz auszuweisende Gesamtkostenquote im Sinne des § 166 Absatz 5 Satz 1; sofern in den Anlagebedingungen eine erfolgsabhängige Verwaltungsvergütung oder eine zusätzliche Verwaltungsvergütung für den Erwerb, die Veräußerung oder die Verwaltung von Vermögensgegenständen nach § 231 Absatz 1 und § 234 vereinbart wurde, ist diese darüber hinaus gesondert als Prozentsatz des durchschnittlichen Nettoinventarwertes des Publikumssondervermögens anzugeben;

2. die an die Kapitalverwaltungsgesellschaft, die Verwahrstelle oder an Dritte geleisteten Vergütungen, falls in den Anlagebedingungen für die Vergütungen und Kosten eine Pauschalgebühr vereinbart wird; der Anleger ist darauf hinzuweisen, ob und welche Kosten dem Publikumssondervermögen gesondert in Rechnung gestellt werden;

3. eine Beschreibung, ob der Kapitalverwaltungsgesellschaft Rückvergütungen der aus dem Sondervermögen an die Verwahrstelle und an Dritte geleisteten Vergütungen und Aufwendungserstattungen zufließen und ob je nach Vertriebsweg ein wesentlicher Teil der aus dem Sondervermögen an die Kapitalverwaltungsgesellschaft geleisteten Vergütungen für Vergütungen an Vermittler von Anteilen des Sondervermögens auf den Bestand von vermittelten Anteilen verwendet werden;

4. der Betrag der Ausgabeaufschläge und Rücknahmeabschläge, die dem Sondervermögen im Berichtszeitraum für den Erwerb und die Rücknahme von Anteilen im Sinne der §§ 196 und 230 berechnet worden sind sowie die Vergütung, die dem Sondervermögen von der Kapitalverwaltungsgesellschaft selbst, einer anderen Kapitalverwaltungsgesellschaft oder einer Gesellschaft, mit der die Kapitalverwaltungsgesellschaft durch eine wesentliche unmittelbare oder mittelbare Beteiligung verbunden ist oder einer EU-Verwaltungsgesellschaft oder ausländischen AIF-Verwaltungsgesellschaft als Verwaltungsvergütung für die im Sondervermögen gehaltenen Anteile berechnet wurde;

5. die Angaben nach § 134c Absatz 4 des Aktiengesetzes oder ein Verweis auf die Internetseite, auf der diese Angaben veröffentlicht sind.

(3) **Der Jahresbericht eines AIF muss zusätzlich folgende Angaben enthalten:**

1. die Gesamtsumme der im abgelaufenen Geschäftsjahr gezahlten Vergütungen, gegliedert in feste und variable von der Kapitalverwaltungsgesellschaft an ihre Mitarbeiter gezahlte Vergütungen, die Zahl der Begünstigten und gegebenenfalls der vom inländischen AIF gezahlten Carried Interest;

2. die Gesamtsumme der im abgelaufenen Geschäftsjahr gezahlten Vergütungen, aufgeteilt nach Führungskräften und Mitarbeitern der Kapitalverwaltungsgesellschaft, deren berufliche Tätigkeit sich wesentlich auf das Risikoprofil des inländischen AIF ausgewirkt hat;

3. bei Publikumssondervermögen jede während des abgelaufenen Geschäftsjahres eingetretene wesentliche Änderung der im Verkaufsprospekt aufgeführten Informationen und bei Spezialsondervermögen jede während des abgelaufenen Geschäftsjahres eingetretene wesentliche

Änderung hinsichtlich der nach § 307 Absatz 1 oder Absatz 2 Satz 1 und § 308 Absatz 4 zur Verfügung zu stellenden Informationen.

Die näheren Anforderungen zu Inhalt und Form des Jahresberichts bestimmen sich für AIF nach den Artikeln 103 bis 107 der Delegierten Verordnung (EU) Nr. 231/2013.

(4) **Der Jahresbericht eines inländischen OGAW-Sondervermögens muss zusätzlich folgende Angaben enthalten:**

1. **die Gesamtsumme der im abgelaufenen Geschäftsjahr gezahlten Vergütungen, gegliedert in feste und variable von der Kapitalverwaltungsgesellschaft an ihre Mitarbeiter gezahlte Vergütungen und gegebenenfalls alle direkt von dem inländischen OGAW-Sondervermögen selbst gezahlte Beträge, einschließlich Anlageerfolgsprämien unter Angabe der Zahl der Begünstigten;**
2. **die Gesamtsumme der im abgelaufenen Geschäftsjahr gezahlten Vergütungen, aufgeteilt nach Geschäftsleitern, Mitarbeitern oder anderen Beschäftigten, deren Tätigkeiten einen wesentlichen Einfluss auf das Risikoprofil der Verwaltungsgesellschaft oder der verwalteten Investmentvermögen haben (Risikoträger), Mitarbeitern oder anderen Beschäftigten mit Kontrollfunktionen sowie Mitarbeitern oder anderen Beschäftigten, die eine Gesamtvergütung erhalten, auf Grund derer sie sich in derselben Einkommensstufe befinden wie Geschäftsleiter und Risikoträger;**
3. **eine Beschreibung darüber, wie die Vergütung und die sonstigen Zuwendungen berechnet wurden;**
4. **das Ergebnis der in Artikel 14b Absatz 1 Buchstabe c und d der Richtlinie 2009/65/EG genannten Überprüfungen, einschließlich aller festgestellten Unregelmäßigkeiten;**
5. **wesentliche Änderungen an der festgelegten Vergütungspolitik.**

Inhaltsübersicht

	Rn.
I. Inhalt des Jahresberichts (§ 101 I–IV)	1
1. Fristen für die Erstellung des Jahresberichts	6
2. Tätigkeitsbericht	8
3. Vermögensaufstellung	12
4. Abgeschlossene Geschäfte	24
5. Anteilumlauf	25
6. Ertrags- und Aufwandsrechnung	26
7. Entwicklungsrechnung	33
8. Ertragsverwendung	34
9. Vergleichende Übersicht	36
II. Sonstige Pflichtangaben (§ 101 II)	37
III. Zusatzangaben für AIF (§ 101 III)	39
IV. Sonstige Angaben eines inländischen OGAW-Sondervermögens (§ 101 IV)	40
V. Zusätzliche Angaben im Anhang	42
VI. Nachhaltigkeit im Jahresbericht	43

I. Inhalt des Jahresberichts (§ 101 I–IV)

1 Zentrales Dokument der Rechnungslegung für Investmentvermögen in der Form von Sondervermögen ist der Jahresbericht, für dessen Erstellung die KVG verantwortlich ist. Der Jahresbericht muss einen Bericht über die **Tätigkeit der KVG** im abgelaufenen Geschäftsjahr enthalten. Damit beschreibt der Jahresbericht immer den Teil der Organisation der KVG, der sich auf die Verwaltung der betreffenden Investmentvermögen bezieht, und enthält folglich auch eine Aussage zu deren Ordnungsmäßigkeit. Dies korrespondiert mit § 25 V KAPrüfBV, wonach der Abschlussprüfer des Sondervermögens die Ergebnisse der Prüfung der KVG insb. hinsichtlich der in §§ 26–28 genannten Verhaltensregeln und Organisationspflichten zu verwerten hat.

§ 101 I gilt grundsätzlich für alle Sondervermögen, enthält bspw. in Nr. 6 aber auch gesonderte Vorgaben für Publikumssondervermögen. Die Struktur der Vorgaben für den Jahresbericht ist nicht identisch mit denen der delegierten AIFM-VO.

2 § 101 I bestimmt den **Inhalt des Jahresberichts.** Demnach muss der Jahresbericht enthalten:

– Einen Bericht über die Tätigkeit der Kapitalverwaltungsgesellschaft im abgelaufenen Geschäftsjahr (Tätigkeitsbericht; § 101 I 2),
– eine Vermögensaufstellung der zum Sondervermögen gehörenden Vermögensgegenstände sowie der Verbindlichkeiten aus Kreditaufnahmen, Pensionsgeschäften, Wertpapier-Darlehensgeschäften und der sonstigen Verbindlichkeiten (Vermögensaufstellung; § 101 I 3 Nr. 1),
– die während des Berichtszeitraums abgeschlossene Geschäfte, die Finanzinstrumente zum Gegenstand haben, Pensionsgeschäfte und Wertpapier-Darlehen, soweit sie nicht mehr in der Vermögensaufstellung erscheinen (Geschäftsaufstellung; § 101 I 3 Nr. 2),
– die Anzahl der am Berichtsstichtag umlaufenden Anteile und der Wert eines Anteils gem. § 168 I (Anteilsumlauf; § 101 I 3 Nr. 3),
– eine nach Art der Erträge und Aufwendungen gegliederte Ertrags- und Aufwandsrechnung (§ 101 I 3 Nr. 4),
– die von der Kapitalverwaltungsgesellschaft beschlossene Verwendung der Erträge des Sondervermögens (Ertragsverwendung; § 101 I 3 Nr. 5),
– bei Publikumssondervermögen eine vergleichende Übersicht der letzten drei Geschäftsjahre (§ 101 I 3 Nr. 6).

3 Für Publikumssondervermögen normiert § 101 II weitere **Pflichtangaben.** Für AIF bestimmt § 101 III zusätzliche Angaben, die im Jahresbericht enthalten sein müssen. Aus § 101 IV ergeben sich weitere Angaben für Jahresberichte von inländischen OGAW-Sondervermögen.

Die Liste der geforderten Inhalte des Jahresberichts weicht von den Anforderungen des § 7 KARBV ab. Die **KARBV** enthält bspw. über die Regelungen des KAGB hinausgehend noch die Anforderungen

– der Einführung einer Vermögensübersicht,
– der Einführung eines Anhangs gem. den Vorgaben des § 7 Nr. 9 KARBV sowie
– die Forderung nach Wiedergabe des besonderen Vermerks über das Ergebnis der Prüfung.

4 Darüber hinaus normiert die KARBV teils ergänzende, teils abweichende Angaben für Immobilien-Sondervermögen. Dies ist auf die Besonderheiten der **Assetklasse „Immobilien"** als illiquide Vermögensgegenstände zurückzuführen und wirkt sich auch auf den Inhalt der Rechnungslegung aus. So enthält die

KARBV für Immobilien-Sondervermögen abweichend Regelungen zu bestimmten Punkten, nämlich

- § 7 Nr. 8 KARBV zu den Bestandteilen des Jahresberichts,
- § 9 III KARBV zur Vermögensübersicht,
- § 10 IV zur Vermögensaufstellung,
- § 11 II, VI KARBV zur Ertrags- und Aufwandsrechnung,
- § 12 III zur Verwendungsrechnung für das Sondervermögen,
- § 13 II zur Entwicklungsrechnung für das Sondervermögen.

Die speziellen Anforderungen sind nur für Investmentvermögen, die direkt oder indirekt in Immobilien investieren, sinnvoll, da es nur bei solchen Investmentvermögen objektbezogene Sachverhalte gibt.

Weder aus den Regelungen der europarechtlichen Grundlagen noch aus der 5
Umsetzung ins deutsche Recht ergeben sich allgemeinverbindliche Standards, wie sie aus der Rechnungslegung des HGB bekannt sind. Als **Branchenstandard** hat sich vielmehr die Erstellung der Jahresberichte auf Basis des vom BVI erstellten Musterjahresberichts etabliert (vgl. EDD/*Hornschu/Neuf* § 101 Rn. 5, wonach es sich beim Musterjahresbericht um einen Mindeststandard handelt, der weitergehende Informationen jedoch erlaubt und ggf. sogar erfordert). Jahresberichte, die diesem Musterjahresbericht folgen, können daher als branchen- und damit marktübliche Berichterstattung angesehen werden.

1. Fristen für die Erstellung des Jahresberichts. § 101 I 1 bestimmt, dass der 6
Jahresbericht für OGAW-Sondervermögen für den Schluss eines jeden Geschäftsjahres spätestens **vier Monate** nach Ende des Geschäftsjahres und für AIF-Sondervermögens spätestens **sechs Monate** nach Ende des Geschäftsjahres zu erstellen ist. Damit ist lediglich die Erstellung des Berichts geregelt; die Veröffentlichungspflichten normiert § 107. Das Ende sowohl der Erstellungs- als auch der Veröffentlichungsfrist fallen zusammen.

Aus der Regelung ergibt sich weiterhin, dass die Länge der Rechnungslegungsperiode dem Geschäftsjahr entsprechen soll. Dies entspricht auch dem handelsrechtlichen Bezugszeitraum gemäß § 240 II 2 HGB.

Die **Erstellungsfristen** differenzieren zwischen OGAW, also Publikumswert- 7
papierfonds, und AIF, also allen anderen Arten von Investmentvermögen. Letztere haben zwei Monate länger Zeit, ihre Jahresberichte zu erstellen. Der Grund für die Differenzierung ergibt sich nicht aus dem Gesetz. Da Publikumsfonds, sofern es sich nicht um OGAW handelt, ebenfalls von der längeren Erstellungsfrist für AIF-Sondervermögen profitieren, kann die längere Frist wohl nicht als Ausdruck des geringeren Überwachungsbedarfs von Spezialfonds interpretiert werden.

Aufgrund der Länge der Fristen für die Erstellung stellt sich die Frage, ob der Jahresbericht tatsächlich dazu in der Lage ist, die Ordnungsmäßigkeit der Fondsverwaltung aktuell zu belegen.

2. Tätigkeitsbericht. Der Tätigkeitsbericht kann als Äquivalent des handels- 8
rechtlichen Lageberichts angesehen werden. Auf Grundlage des Tätigkeitsberichts erhalten Anleger Informationen, anhand derer sie die **Tätigkeit der KVG** und die **Performance des Investmentvermögens** beurteilen können. Anders als der handelsrechtliche Lagebericht, zu deren Erstellung nicht alle Unternehmen, die unter das HGB fallen, verpflichtet sind, muss der Tätigkeitsbericht für alle Investmentvermögen in Form des Sondervermögens erstellt werden. Zudem ist der Tätigkeitsbericht Teil des Jahresberichts und steht nicht wie der handelsrechtliche Lagebericht außerhalb des Jahresabschlusses.

§ 101 I 2 stellt keine besonderen inhaltlichen Vorgaben für den Tätigkeitsbericht auf. Auch hierin unterscheidet er sich vom handelsrechtlichen Lagebericht, für den inhaltliche Vorgaben im HGB geregelt sind. Für den Tätigkeitsbericht einer KVG im Rahmen des Jahresberichts für Sondervermögen käme ein Verweis auf DRSC 20 in Frage, woraus sich Vorgaben für den Lagebericht von verwandten Branchen wie bspw. den Finanzportfolioverwaltern ergeben.

9 § 8 KARBV konkretisiert die **Anforderungen an den Tätigkeitsbericht.** Neben den regelmäßig an Tätigkeits- oder auch Lageberichte gestellten Anforderungen wie eine Verständlichkeit aus sich heraus werden weitere Vorgaben normiert. So wird konkretisiert, dass sich der Tätigkeitsbericht auf die Tätigkeit der KVG einschließlich der Unternehmen, die von ihr mit der Portfolioverwaltung betraut sind, in Bezug auf das verwaltete Sondervermögen beziehen muss. Für Publikumssondervermögen wird normiert, dass die Anlageziele sowie die Anlagepolitik, die wesentlichen Risiken im Berichtszeitraum, die Struktur der Portfolios im Hinblick auf die Anlageziele sowie wesentliche Veränderung und sonstige für den Anleger wesentliche Ereignisse aufgeführt werden müssen.

Da sich die geforderten Angaben in großen Teilen mit den Angaben im Verkaufsprospekt bzw. dem § 307er-Dokument decken, erhält der Anleger über den Tätigkeitsbericht gleichzeitig eine Art aktualisierte Fassung des Verkaufsprospekts bzw. des § 307er-Dokuments.

10 Über die gesetzlichen Vorgaben hinaus hat sich als **Branchenstandard** etabliert, Angaben zum Marktumfeld in der Berichtsperiode, zu assetspezifischen Kennzahlen, zu Risikokennzahlen sowie zur Anlagepolitik in der Zukunft zu machen.

11 Anders als beim handelsrechtlichen Lagebericht enthält der Jahresbericht **keine Prognosen.** Über Ereignisse, die bis zum Abschluss des Geschäftsjahres aufgetreten und für den Anleger relevant sind, wird im Tätigkeitsbericht berichtet. Über Ereignisse, die nach dem Abschluss des Geschäftsjahres aufgetreten sind, wird grundsätzlich im Tätigkeitsbericht des Folgejahres berichtet. Damit wird der Eindruck vermieden, dass Aussagen über die zukünftige Entwicklung des Investmentvermögens getroffen werden.

12 **3. Vermögensaufstellung.** Die Vermögensaufstellung soll dem Anleger einen Überblick über die zum **Stichtag** im Bestand des Sondervermögens befindlichen Vermögensgegenstände geben. Auch wenn das KAGB keine feste Gliederungsstruktur für die Vermögensaufstellung vorgibt, lässt sich aus den gesetzlichen Vorgaben folgende Gliederung ableiten:

- Vermögensgegenstände,
- Art,
- Nennbetrag oder Zahl,
- Kurs,
- Kurswert,
- Verbindlichkeiten,
- Verbindlichkeiten aus Kreditaufnahme,
- Pensionsgeschäfte,
- Wertpapier-Darlehensgeschäfte,
- sonstige Verbindlichkeiten.

Sofern es sich bei den Vermögensgegenständen um Wertpapiere handelt, ist der Wertpapierbestand weiter zu untergliedern in:

- Wertpapiere mit Zulassung zum Handel an einer Börse,
- an einem organisierten Markt zugelassene oder in diesen einbezogene Wertpapiere,

- Wertpapiere aus Neuemissionen, die an einer Börse zum Handel zugelassen oder an einem organisierten Markt zugelassen oder in diesen einbezogen werden sollen,
- sonstige Wertpapiere gem. § 198 I Nr. 1, 3,
- verbriefte Geldmarktinstrumente sowie Schuldscheindarlehen.

Der Wertpapierbestand muss weiterhin nach geeigneten Kriterien unter Berücksichtigung der **Anlagepolitik** gegliedert werden. Hierfür kommen Regionen, Branchen oder sonstige Anlageschwerpunkte in Betracht. 13

Die Vermögensaufstellung muss für jeden ihrer Posten den Anteil am Wert des Sondervermögens angeben. Zusätzlich sind für Wertpapiere, Geldmarktinstrumente und Investmentanteile getätigte Käufe und Verkäufe nach Zahl oder Nennbetrag anzugeben. Zudem muss auch der Gesamtwert des Sondervermögens angegeben werden. 14

Anhand der Vermögensaufstellung erhält der Anleger einen Überblick über die **Zusammensetzung des Sondervermögens.** Mit Ausnahme der bloßen Zusammensetzung erhält der Anleger aber keine Informationen bspw. über die Liquidität der einzelnen Vermögensgegenstände oder im Falle von Wertpapieren bspw. über die Bonität ihrer Emittenten. Die Liquidität kann allenfalls noch aus der Börsennotierung oder ihrem Fehlen abgeleitet werden. Eine Einschätzung zum Liquiditätsrisiko des Sondervermögens insgesamt lässt sich aus der Vermögensaufstellung allein nicht erkennen. Eine Angabe von Ratings oder gar die Gliederung nach Ratings ist ebenfalls nicht vorgesehen. Derartige Risiken können allenfalls aus der Beschreibung der wesentlichen Risiken im Tätigkeitsbericht entnommen werden.

Pensionsgeschäfte in Bezug auf **in Pension gegebene** Wertpapiere werden in der Vermögensaufstellung ausgewiesen, wenn eine Rückabwicklung vorgesehen ist. In diesem Fall verbleibt das Risiko aus dem Wertpapier im Sondervermögen. Dies entspricht auch der handelsrechtlichen Auslegung. 15

Pensionsgeschäfte in Bezug auf **in Pension genommene** Wertpapiere werden wahlweise als Wertpapierbestand oder als Rückzahlungsforderung aus in Pension genommenen Wertpapieren aufgeführt. Da anders als bei in Pension gegebenen Wertpapieren aufgrund der Rückabwicklung in der Zukunft das Risiko aus den Wertpapieren nicht im Sondervermögen verbleibt, erscheint ein Ausweis im Wertpapierbestand irreführend. Auch das Handelsrecht würde dieser Vorgehensweise nicht folgen. Rückzahlungsverpflichtungen aus erhaltenen Zahlungen werden diskontiert als Verbindlichkeit ausgewiesen.

Der Ausweis der **Wertpapierleihe** entspricht wieder der handelsrechtlichen Vorgehensweise. Das Sondervermögen tritt als Darlehensnehmer eines Sachdarlehens auf und erwirbt hierbei die Verfügungsgewalt über die Wertpapiere. Diese Wertpapiere werden folglich im Bestand des Sondervermögens aufgeführt. 16

Der Ausweis von **Derivaten** wird im KAGB nicht erwähnt, sondern lediglich in der KARBV. Damit ist nicht klar, ob sie unter den Begriff der Vermögensgegenstände fallen. Ihr Ausweis in der Vermögensaufstellung des Sondervermögens ist somit auf Ebene des KAGB nicht geregelt. Der Musterjahresbericht des BVI sieht den Ausweis von Derivaten jedoch vor.

In der Vermögensaufstellung müssen weiterhin Vermögensgegenstände, die mit **Rechten Dritter** belastet sind, ausgewiesen werden. Darunter können Wertpapiere fallen, auf die Dritte ein Optionsrecht haben oder Dritten als Sicherheit dienen. 17

Die grobe **Gliederungsstruktur** der Vermögensaufstellung kann man entweder als Unschlüssigkeit des Gesetzgebers im Hinblick auf die Zielsetzung des Jahres- 18 berichts interpretieren. Sie kann jedoch auch als Verständnis des Gesetzgebers für die Vielzahl der unterschiedlichen Typen von Investmentvermögen ausgelegt werden, bei der eine zu starre oder zu detaillierte Gliederungsstruktur nicht in der Lage wäre, allen Typen gerecht zu werden.

Die Vermögensaufstellung muss weiterhin Angaben zu getätigten **Käufen und Verkäufen** nach Nennbetrag oder Zahl enthalten. Diese Angaben ermöglichen es dem Anleger, die Umschlagshäufigkeit und folglich die Angemessenheit der dem Sondervermögen belasteten Transaktionsgebühren einzuschätzen. Zudem kann sich der Anleger ein Urteil darüber bilden, inwieweit die Anlagestrategie mittels der ausgeführten Transaktionen umgesetzt wird.

Letztlich ist auch der **Wert des Sondervermögens** anzugeben.

19 Insgesamt legt das KAGB nur **grobe Anforderungen** an die investmentrechtliche Rechnungslegung fest. Die bestehenden Lücken werden teilweise durch die Vorgaben der KARBV gefüllt, insb. § 9 KARBV „Vermögensübersicht" sowie § 10 KARBV „Vermögensaufstellung". Diese sind für alle Sondervermögen anzuwenden.

20 § 9 KARBV **konkretisiert** die Anforderungen an die Vermögensaufstellung, indem sie eine vom KAGB nicht geforderte Vermögensübersicht verlangt. Diese ist der Vermögensaufstellung voranzustellen und stellt quasi das Inventar des Sondervermögens dar. § 9 I 2 KARBV bestimmt, dass die Vermögensübersicht nach geeigneten Kriterien unter Berücksichtigung der Anlagepolitik sowie nach prozentualen Anteilen am Wert des Sondervermögens zu gliedern ist. § 9 II KARBV legt zudem die Gliederungspunkte fest, die mindestens in der Vermögensübersicht enthalten sein müssen, wobei Leerposten entfallen können.

Hierbei handelt es sich um

- Vermögensgegenstände,
- Aktien,
- Anleihen,
- Derivate,
- Forderungen,
- kurzfristig liquidierbare Anlagen,
- Bankguthaben,
- sonstige Vermögensgegenstände,
- Verbindlichkeiten,
- Fondsvermögen.

21 § 9 KARBV schreibt damit keine bilanzorientierte Ausweisform vor, sondern legt vielmehr die **Staffel- oder Inventarform** nahe. Zudem ist in Abweichung von der handelsrechtlichen Rechnungslegung kein Ausweis nach zu- bzw. abnehmender Liquidität notwendig, sondern es ist ein Ausweis nach Assetklassen gefordert. Da für ein Sondervermögen aufgrund des regelmäßig jederzeitigen Rückgaberechts der Anleger das Vorhalten von Liquidität eine große Rolle spielt, hätte dieser Gedanke auch eine größere Bedeutung in der Rechnungslegung spielen können. Jedoch kann argumentiert werden, dass diesem Aspekt schon durch die übrigen Liquiditätsvorgaben Rechnung getragen wird. Durch den Ausweis der Vermögensgegenstände nach Assetklassen kann der Anleger zumindest schnell erkennen, ob deren Auswahl mit der versprochenen Anlagestrategie übereinstimmt.

22 Insgesamt weist ein Sondervermögen kein Eigenkapital im bilanziellen Sinn aus. Vielmehr lässt sich der **Vermögensaufstellung** das Fondsvermögen entnehmen, das sich aus der Summe der Vermögensgegenstände und Verbindlichkeiten ergibt. Der Wert des einzelnen Anteils ergibt sich wiederum aus dem Verhältnis von

Fondsvermögen und ausgegebenen Anteilen. Folglich entwickeln sich der Wert des Fondsvermögens und der Wert der ausgegebenen Anteile genau parallel.

Neben den Vorgaben des § 9 KARBV enthält auch § 10 KARBV Regelungen, die mit Ausweis- und Bewertungsvorschriften den § 101 ergänzen. Als explizite Zusatzangabe fordert § 10 KARBV „Vermögensaufstellung" die aus dem KAGB bekannte Gliederung nach Arten von Vermögensgegenständen, jetzt aber ergänzt um Märkte. Auf eine Definition des Begriffs „Markt" verzichtet die KARBV allerdings. Vermutlich umfasst diese Regelung neben Vermögensgegenständen auch Verbindlichkeiten, auch wenn dies nicht explizit erwähnt wird. 23

Gemäß dem **Muster-Jahresbericht des BVI** hat sich in der Praxis auch ohne gesetzliche Vorgabe bei der Darstellung der Wertpapieranlagen eine Trennung nach Emittenten sowie bei Emissionen eines Emittenten nach Serien und damit Laufzeiten etabliert.

§ 10 II KARBV verbietet die Saldierung von Vermögensgegenständen mit Verbindlichkeiten. Zudem sind Forderungen und Verbindlichkeiten aus dem Anteilumsatz als sonstige Vermögensgegenstände oder als sonstige Verbindlichkeiten auszuweisen. Damit werden die Transparenz der Vermögensaufstellung erhöht und handelsrechtliche Grundsätze auch für die investmentrechtliche Rechnungslegung angewendet.

Selbst wenn die vom Gesetz- bzw. Verordnungsgeber normierten Anforderungen an die Vermögensaufstellung nicht allumfassend, sondern im Einzelfall der Auslegung zugänglich sind, gewährt die Vermögensaufstellung eines Sondervermögens in der Praxis dem Anleger einen aussagekräftigen Einblick in die Vermögensgegenstände des Sondervermögens.

4. Abgeschlossene Geschäfte. § 101 I 3 Nr. 2 erfordert eine Aufstellung der während des Berichtszeitraums abgeschlossenen Geschäfte, die **Finanzinstrumente** zum Gegenstand haben. Diese muss auch Pensionsgeschäfte und Wertpapier-Darlehen umfassen, soweit sie nicht mehr in der Vermögensaufstellung gezeigt werden. Weder aus dem KAGB noch aus der KARBV ergeben sich besondere Anforderungen an die Form des Ausweises. § 7 Nr. 8 KARBV bestimmt ergänzend, dass bei Wertpapieren, soweit möglich, die Wertpapierkennnummer oder die ISIN angegeben werden. Bei Immobilien-Sondervermögen und Spezial-Sondervermögen mit Anlagen in Immobilien oder Immobilien-Gesellschaften müssen die getätigten Käufe und Verkäufe von Immobilien und Beteiligungen an Immobilien-Gesellschaften in einer Anlage nach § 247 I 2 angegeben werden. 24

Aus dem Jahresbericht insgesamt erhält der Anleger damit zum einen eine Stichtagsbetrachtung, indem er erfährt, welche Vermögensgegenstände noch Bestandteil des Fondsvermögens sind. Zum anderen erhält er Einsicht in die während des Berichtszeitraums abgeschlossenen Geschäfte.

5. Anteilumlauf. § 101 I 3 Nr. 3 fordert die Angabe der Anzahl der am Berichtsstichtag umlaufenden Anteile und des Werts eines Anteils. Der Anteilwert wird gem. § 168 I anhand der Teilung des Wertes des Investmentvermögens durch die Zahl der in den Verkehr gelangten Anteile ermittelt. Dies entspricht dem Nettoinventarwert, der auch unterjährig festgestellt wird, nämlich entweder täglich bei Investmentvermögen, die täglich Anteile ausgeben oder zurücknehmen, mindestens aber jährlich, vgl. § 217 II iVm Art. 67–74 der Delegierten Verordnung (EU) Nr. 231/2013. Der im Jahresbericht zum Berichtsstichtag ausgewiesene Anteilpreis ermöglicht es dem Anleger, im Mehrjahresvergleich die **stichtagsbezogene Rendite** des Sondervermögens zu berechnen. 25

26 **6. Ertrags- und Aufwandsrechnung.** § 101 I 3 Nr. 4 verlangt eine nach Art der Erträge und Aufwendungen gegliederte Ertrags- und Aufwandsrechnung und ist mit der vom HGB geforderten **Gewinn- und Verlustrechnung** vergleichbar.

Die Struktur dieser Ertrags- und Aufwandsrechnung wird im KAGB nicht geregelt. Inhaltlich wird gefordert, dass sich anhand der Ertrags- und Aufwandsrechnung
- Erträge aus Anlagen,
- sonstige Erträge,
- Aufwendungen für die Verwaltung des Sondervermögens,
- Aufwendungen für die Verwahrstelle,
- sonstige Aufwendungen und Gebühren,
- der Nettoertrag sowie
- Erhöhungen und Verminderungen des Sondervermögens durch Veräußerungsgeschäfte

ergeben.

Da Erträge aus Veräußerungsgeschäften gesondert genannt werden, wird deutlich, dass sie weder unter die Erträge aus Anlagen noch unter sonstige Erträge fallen. Der Nettoertrag ist als Zwischensumme zu verstehen.

27 § 11 KARBV konkretisiert die **Anforderungen** an die Darstellung der Ertrags- und Aufwandsrechnung. Unter die darzustellenden Erträge fallen:
- Dividenden inländischer Aussteller,
- Dividenden ausländischer Aussteller (vor Quellensteuer),
- Zinsen aus inländischen Wertpapieren,
- Zinsen aus ausländischen Wertpapieren (vor Quellensteuer),
- Zinsen aus Liquiditätsanlagen im Inland,
- Zinsen aus Liquiditätsanlagen im Ausland (vor Quellensteuer),
- Erträge aus Investmentanteilen,
- Erträge aus Wertpapier-Darlehen- und -Pensionsgeschäften,
- Abzug ausländischer Quellensteuer,
- sonstige Erträge.

Abschließend ist die Summe der Erträge zu nennen.

28 Unter Aufwendungen fallen:
- Zinsen aus Kreditaufnahmen,
- Verwaltungsvergütung,
- Verwahrstellenvergütung,
- Prüfungs- und Veröffentlichungskosten,
- sonstige Aufwendungen.

Auch die Summe der Aufwendungen ist zu nennen. Im Anschluss daran ist der Ordentliche Nettoertrag anzugeben.

29 In Bezug auf die Veräußerungsgeschäfte sind sowohl die **realisierten Gewinne** als auch die **realisierten Verluste** anzugeben sowie abschließend das Ergebnis aus Veräußerungsgeschäften. Zudem ist das realisierte Ergebnis des Geschäftsjahres, unterteilt in die Nettoveränderung der nicht realisierten Gewinne und die Nettoveränderung der nicht realisierten Verluste darzustellen. Diese Anforderung ergibt sich nicht direkt aus dem KAGB, sondern aus Art. 104 der Delegierten Verordnung (EU) Nr. 231/2013. Auf die Angabe des nicht realisierten Ergebnisses des Geschäftsjahres folgt das Ergebnis des Geschäftsjahres.

30 Die detaillierteren Vorgaben der KARBV umfassen im Unterschied zu denen des KAGB insb. die Angabe des nicht realisierten Ergebnisses. Hierin findet sich

auch ein Unterschied zur Rechnungslegung gem. HGB, wonach das realisierte Ergebnis relevant ist. Hingegen findet sich eine ähnliche Angabe in der Rechnungslegung nach IFRS, wonach „Other Comprehensive Income" auszuweisen ist.

Bei der Darstellung der Erträge fällt die Unterscheidung nach **in- und ausländischen Erträgen** auf. Der Anleger kann aus der Verteilung der Erträge schließen, ob diese konsistent mit der lokalen Verteilung der Vermögensgegenstände sind oder bspw. bei geringer Allokation von Vermögensgegenständen im Ausland dennoch disproportional hohe Erträge im Ausland erzielt werden. Aus der lokalen Verteilung der Erträge kann aber vermutlich nicht geschlossen werden, ob es sich um vermeintlich sicherere lokale Anlagen und weniger transparente ausländische Anlagen handelt. Für die weiteren Ertragsarten wird keine vergleichbare Unterscheidung in in- und ausländische Erträge gefordert. 31

Die Struktur des **Ausweises der Aufwendungen** bleibt hinsichtlich der Gebühren, die an die KVG zu zahlen sind, eher intransparent. Diese ergeben sich regelmäßig erst aus dem Anhang der Ertrags- und Aufwandsrechnung. Aus den Buchungen der sonstigen Aufwendungen ergibt sich unter anderem, ob – sofern nach den Anlagebedingungen zulässig – bspw. Kosten für Research dem Investmentvermögen belastet wurden (vgl. auch EDD/*Hornschu/Neuf* § 101 Rn. 59).

Da Wertpapiere zum Mischeinstandskurs bewertet werden, können Erträge aus Veräußerungsgeschäften sowie das nicht realisierte Ergebnis **fiktive Bestandteile** enthalten. Der Verkaufserlös errechnet sich aus der Differenz zwischen Verkaufskurs und Mischeinstandskurs, die mit der Stückzahl der betreffenden Wertpapiere multipliziert und um die Transaktionskosten reduziert wird. Wird der Bestand eines Wertpapiers in mehreren Transaktionen aufgebaut, wird der Verkaufserlös aufgrund des Mischeinstandspreises nicht einzelnen Transaktionen gegenübergestellt.

Die Berechnung eines **Ertragsausgleichs** ist nicht aus der Ertrags- und Aufwandsrechnung erkennbar und führt insofern zu einer teilweisen Intransparenz der Ertragslage. Ein Ertragsausgleich wird dann durchgeführt, wenn – wie insb. bei Publikumssondervermögen üblich – Anleger zu unterschiedlichen Zeitpunkten Anteile an den Investmentvermögen erwerben. Dies kann zur Folge haben, dass ein Anleger, der kurz vor einer Ausschüttung Anteile erwirbt, trotz seiner kurzen Beteiligung in voller Höhe an der Ausschüttung partizipiert. Die Berechnung des Ertragsausgleichs führt dazu, dass der neue Anleger quasi Erträge des Sondervermögens erwirbt und ein Teil seines Kapitals in die Ausschüttungsmasse einfließt. Sein eingezahltes Eigenkapital wird rechnerisch also anteilig auf die bestehenden Ertragspositionen umgebucht (zum Ertragsausgleich vgl. auch EDD/*Hornschu/Neuf* § 101 Rn. 60). 32

7. Entwicklungsrechnung. § 101 I 3 Nr. 4 letzter Satz verlangt die Erstellung einer Übersicht über die Entwicklung des Sondervermögens während des Berichtszeitraums. Diese muss Angaben über ausgeschüttete und wieder angelegte Erträge, Mehr- oder Minderwerte bei den ausgewiesenen Vermögensgegenständen sowie Angaben über Mittelzuflüsse aus Anteilverkäufen und Mittelabflüsse durch Anteilrücknahmen enthalten. Hinsichtlich ihrer Bedeutung der handelsrechtlichen Eigenkapitalüberleitungsrechnung vergleichbar, leitet die Entwicklungsrechnung das Nettokapital zu Beginn des Berichtszeitraums zum Nettokapital am Ende des Berichtszeitraums über. 33

§ 13 KARBV konkretisiert die Anforderungen an die Entwicklungsrechnung, indem die zu berücksichtigenden Posten genannt werden. Zusätzlich zu den Anforderungen des KAGB verlangt die KARBV den Ausweis des Steuerabschlags für das

Vorjahr, Zwischenausschüttungen, Ertragsausgleich/Aufwandsausgleich sowie der unrealisierten Gewinne und Verluste als Teil des Ergebnisses des Geschäftsjahres.

Anhand der Entwicklungsrechnung ist dem Anleger möglich, die **Entwicklung seiner Anlage** in das betreffende Sondervermögen nachzuvollziehen.

34 **8. Ertragsverwendung.** Gemäß § 101 I 3 Nr. 5 muss der Jahresbericht Informationen über die von der KVG beschlossene **Verwendung der Erträge** des Sondervermögens enthalten. § 12 KARBV legt die Struktur der Verwendungsrechnung fest und bestimmt folgende Darstellung:

- Für die Ausschüttung verfügbar
  - Vortrag aus dem Vorjahr
  - Realisiertes Ergebnis des Geschäftsjahres
  - Zuführung aus dem Sondervermögen
- Nicht für die Ausschüttung verwendet
  - Der Wiederanlage zugeführt
  - Vortrag auf neue Rechnung
- Gesamtausschüttung
  - Zwischenausschüttung
    - Barausschüttung
    - Einbehaltene Kapitalertragsteuer
    - Einbehaltener Solidaritätszuschlag
  - Endausschüttung
    - Barausschüttung
    - Einbehaltene Kapitalertragsteuer
    - Einbehaltener Solidaritätszuschlag

Für thesaurierende Sondervermögen müssen folgende Posten dargestellt werden:

- Für die Wiederanlage verfügbar
  - Realisiertes Ergebnis des Geschäftsjahres
  - Zuführung aus dem Sondervermögen
  - Zur Verfügung gestellter Steuerabzugsbetrag.
- Wiederanlage.

35 Die Bedeutung der Ertragsverwendung kann in erster Linie in dem **Ausweis der steuerlichen Angaben** gesehen werden. Alle anderen Angaben sind im Wesentlichen auch schon an anderer Stelle des Jahresberichts enthalten.

36 **9. Vergleichende Übersicht.** Für Publikumssondervermögen ist eine **Übersicht der letzten drei Geschäftsjahre** auszuweisen. Dies erscheint vor dem Hintergrund, dass die Entwicklung von Finanzanlageprodukten regelmäßig über einen längeren Zeitraum dargestellt wird, nicht überraschend. Üblicherweise steht dann die Renditeentwicklung im Vordergrund. Dies korrespondiert mit der Darstellung der Entwicklung des Anteilpreises. Die Entwicklung des absoluten Wertes des Sondervermögens ist für den Anleger regelmäßig wenig aussagekräftig, da ein größeres Fondsvolumen nicht notwendigerweise mit einer besseren Performance des Investmentvermögens verbunden sein muss.

Die KARBV verlangt über die Vorgaben des § 101 I 3 Nr. 6 hinaus, dass für Sondervermögen, die weniger als drei Geschäftsjahre vollendet haben, die Wertentwicklung für die **Zeit seit der Auflegung** anzugeben ist, vgl. § 14 S. 1 KARBV. Bei mehreren Anteilklassen ist die Wertentwicklung mindestens für die Anteilklasse mit der höchsten Gesamtkostenquote darzustellen, vgl. § 14 S. 2 KARBV. Dem liegt vermutlich zugrunde, dass die Wertentwicklung der Anteilklasse mit der höchsten Gesamtkostenquote die geringste sein wird, so dass jeder Anleger Eindruck von der mindestens eingetretenen Wertentwicklung erhält. Diese Information ist stichtagsbezogen, da sich die Gesamtkostenquoten zwischen den Anteilklassen auch verändern können.

II. Sonstige Pflichtangaben (§ 101 II)

§ 101 II fordert über die in § 101 I beschriebenen Angaben **weitere Informationen,** die im Jahresbericht eine Publikumssondervermögens enthalten sein müssen. Hierbei handelt es sich um 37
- die Gesamtkostenquote,
- erfolgsabhängige Verwaltungsvergütungen,
- Vergütungen an die KVG, die Verwahrstelle Dritte, falls diese pauschaliert vereinbart sind,
- Angaben zu Rückvergütungen, die an die KVG fließen, sowie Vergütungen an Vermittler von Anteilen des Sondervermögens auf den Bestand der vermittelten Anteile,
- Ausgabeaufschläge und Rücknahmeabschläge, die dem Sondervermögen im Berichtszeitraum für den Erwerb und die Rücknahme von Anteilen iSd §§ 196 und 230 berechnet worden sind,
- Vergütung, die dem Sondervermögen für die im Sondervermögen gehaltenen Anteile berechnet wurde (Zielfondskosten) sowie
- Angaben nach § 134c IV AktG oder ein Verweis auf die Fundstelle dieser Informationen im Internet.

Der Anleger erhält so einen Überblick über die dem Sondervermögen belasteten 38
und damit vom Anleger getragenen **Vergütungen und Gebühren** und machen die Vergleichbarkeit von ähnlichen Sondervermögen in Bezug auf ihre Kosten möglich (AWZ/*Schliemann* KAGB § 101 Rn. 123; MKJ/*Koch* KAGB § 101 Rn. 19). Bei denen in der Gesamtkostenquote berücksichtigten Kosten handelt es sich jedoch nicht um alle Kosten. So sind insb. die Transaktionskosten, die bei Immobiliensondervermögen einen erheblichen Teil der Kosten ausmachen können, nicht Teil der Gesamtkostenquote. Bei Wertpapiersondervermögen, bei denen die Verwaltungsvergütung der Hauptkostenfaktor für den Anleger ist, ist die Gesamtkostenquote hingegen aussagekräftiger. Aufgrund der anderen Kostenpositionen, die ausgewiesen werden müssen, ist die Übersicht über die dem Sondervermögen belasteten Vergütungen dennoch insgesamt geeignet, einem potenziellen Anleger bei seiner Anlageentscheidung zu unterstützen.

III. Zusatzangaben für AIF (§ 101 III)

§ 101 III bestimmt, dass der Jahresbericht eines **AIF** zusätzlich folgende Angaben 39
enthalten muss:
- Die Gesamtsumme der im abgelaufenen Geschäftsjahr gezahlten Vergütungen, gegliedert in feste und variable von der Kapitalverwaltungsgesellschaft an ihre Mitarbeiter gezahlte Vergütungen,
- die Zahl der Begünstigten und ggf. der vom inländischen AIF gezahlten Carried Interest;
- die Gesamtsumme der im abgelaufenen Geschäftsjahr gezahlten Vergütungen, aufgeteilt nach Führungskräften und Mitarbeitern der KVG, deren berufliche

Tätigkeit sich wesentlich auf das Risikoprofil des inländischen AIF ausgewirkt hat.

Bei Publikums-AIF ist darüber hinaus jede während des Berichtszeitraums eingetretene wesentliche Änderung der im Verkaufsprospekt aufgeführten Informationen und bei Spezialsondervermögen während des Berichtszeitraums jede eingetretene wesentliche Änderung der nach §§ 307 I oder II 1, 308 IV zur Verfügung zu stellenden Informationen anzugeben. Die näheren Anforderungen an Inhalt und Form des Jahresberichts richten sich gem. dem Verweis in § 101 III 2 nach den Art. 103–107 der Delegierten Verordnung (EU) Nr. 231/2013.

IV. Sonstige Angaben eines inländischen OGAW-Sondervermögens (§ 101 IV)

40 Die gem. § 101 IV erforderlichen **Zusatzangaben** ähneln grundsätzlich denen für AIF, die Vorgaben sind jedoch detaillierter. Der Musterjahresbericht des BVI umfasst ebenfalls die Angaben gem. § 101 IV und sieht Folgendes vor:

– Gesamtsumme der im abgelaufenen Wirtschaftsjahr der KVG gezahlten Mitarbeitervergütung
  o davon feste Vergütung
  o davon variable Vergütung
– Direkt aus dem Fonds gezahlte Vergütungen
– Zahl der Mitarbeiter der KVG
– Höhe des gezahlten Carried Interest
– Gesamtsumme der im abgelaufenen Wirtschaftsjahr der KVG gezahlten Vergütung an Risktaker
  o davon Geschäftsleiter
  o davon andere Führungskräfte
  o davon andere Risktaker
  o davon Mitarbeiter mit Kontrollfunktionen
  o davon Mitarbeiter mit gleicher Einkommensstufe.

Die Informationen werden tabellarisch unter Verwendung von Zahlenangaben erfasst, und die Tabelle soll außerdem Angaben zur Vergütungspolitik enthalten.

41 Mögliche **Konflikte mit Datenschutzvorschriften** werden durch die seit dem 1.1.2017 anwendbare „Leitlinie für solide Vergütungspolitik unter Berücksichtigung der OGAW-Richtlinie" dahingehend zugunsten der Offenlegung gelöst. Die Richtlinie bestimmt, dass die KVG die „detaillierten Informationen über Vergütungspolitik und -praktiken für Mitarbeiter, deren berufliche Tätigkeit sich wesentlich auf das Risikoprofil der von ihnen verwalteten OGAW auswirkt", offenlegen muss (Leitlinie für solide Vergütungspolitik unter Berücksichtigung der OGAW-Richtlinie, Az 14/10/2016/ESMA/2016/575-DE, Rn. 162f.). Hinsichtlich des Grads der Offenlegung haben die Kapitalverwaltungsgesellschaften ein gewisses Ermessen.

V. Zusätzliche Angaben im Anhang

42 In Ergänzung zu den Vorgaben des § 101 bestimmt § 7 Nr. 9 KARBV zudem, dass in einem **Anhang** zum Jahresbericht zusätzlich die folgenden Angaben gemacht werden müssen:

– die nach der Derivate-VO erforderlichen Angaben,
– die weiteren nicht vorstehend genannten Angaben gem. § 16 KARB,

– bei einem AIF die gem. § 101 III 1 Nr. 1 und 2 erforderlichen Angaben, solche zu den wesentlichen Veränderungen gem. § 101 III 1 Nr. 3 und die zusätzlich nach § 300 I–III aufzuführenden Angaben sowie
– alle weiteren zum Verständnis des Jahresberichts erforderlichen Angaben.

Die im Anhang aufgeführten Information umfassen insb. solche zur Vergütung der Geschäftsleiter und Mitarbeiter, zu den Bewertungsverfahren, den wesentlichen sonstigen Erträgen und Aufwendungen sowie Informationen hinsichtlich der Transaktionskosten.

VI. Nachhaltigkeit im Jahresbericht

Das KAGB enthält bislang noch keine Vorgaben in Bezug auf die erforderlichen Angaben in den Pflichtberichten zur **Nachhaltigkeit von Investmentvermögen.** Die Verpflichtung, solche Angaben zu veröffentlichen, ergibt sich vielmehr aus europäischen Rechtsakten bzw. Standards der europäischen Aufsichtsbehörden (zu den europarechtlichen Grundlagen für die Berichterstattung zu Nachhaltigkeitsaspekten vgl. BSV/*Lindauer* KAGB § 101 Rn. 8). **43**

Berichtspflichten ergeben sich zum einen aus der VO (EU) 2019/2088, der sog. OffenlegungsVO. Diese verpflichtet ua Kapitalverwaltungsgesellschaften zur umfassenden Transparenz in Bezug auf Nachhaltigkeitsrisiken und nachteiligen Nachhaltigkeitsauswirkungen im Zusammenhang mit den von ihr verwalteten Investmentvermögen. Die Transparenzpflichten sind weitgehend durch Informationen auf der Internetseite (Art. 3–5, 10 der OffenlegungsVO), in vorvertraglichen Informationen (Art. 6 der OffenlegungsVO) sowie Marketingmaterialien (Art. 13 der OffenlegungsVO) zu erfüllen. Allein Art. 11 der OffenlegungsVO fordert Erläuterungen in regelmäßigen Berichten zur Erfüllung ökologischer oder sozialer Merkmale, sofern es sich um sog. Art. 8-Fonds handelt, sowie in Bezug auf die Gesamtnachhaltigkeitswirkung bzw. den Vergleich zu einem gewählten Index im Falle von sog. Art. 9-Fonds. Der Jahresbericht eines Investmentvermögens zählt gem. Art. 11 II OffenlegungsVO iVm Art. 22 der RL 2011/61/EU zu diesen regelmäßigen Berichten.

Art. 11 IV OffenlegungsVO verweist hinsichtlich der in den regelmäßigen Berichten zu veröffentlichenden Informationen auf zu erlassende **technische Regulierungsstandards.** Hierin sollen Einzelheiten zu Inhalt und Darstellung dieser Informationen festgelegt werden. Im Februar 2021 wurde der „Final Report on draft Regulatory Technical Standards" des Joint Committee der European Supervisory Authorities (ESAs) veröffentlicht, der unter anderem Informationen in regelmäßigen Berichten behandelt. Sowohl Kapitel V „Product disclosure in periodic reports" sowie die in den Anhängen 4 und 5 enthaltenen Muster für eine regelmäßige Offenlegung für Finanzprodukte gem. Art. 8 und 9 der OffenlegungsVO enthalten dahingehende Vorgaben.

Daraus ergibt sich zum einen, dass die Informationen in einem eigenen **Abschnitt des Jahresberichts** aufgeführt werden sollen. Der Inhalt dieses Abschnitts unterscheidet sich danach, ob es sich um einen sog. Art. 6-, Art. 8- oder Art. 9-Fonds handelt. Für **Art. 8-Fonds** muss der betreffende Abschnitt des Jahresberichts ua die Fragen beantworten, **44**

– inwieweit die geförderten ökologischen und/oder sozialen Merkmale erfüllt wurden,
– wie hoch der Anteil der nachhaltigen Investitionen war und
– welche Maßnahmen ergriffen wurden, um die jeweiligen Merkmale während des Berichtszeitraums zu erfüllen.

45 **Art. 9-Fonds** müssen ua darüber berichten,
– inwieweit nachhaltige Anlageziel des Fonds erreicht wurde,
– wie hoch der Anteil der nachhaltigen Investitionen war,
– welche Maßnehmen ergriffen wurden, um das Ziel einer nachhaltigen Anlage im Berichtszeitraum zu erreichen und
– wie das Ziel einer Reduzierung der CO_2-Emission mit dem Pariser Abkommen in Einklang gebracht wurde.

Die Offenlegungspflichten sowie die Anforderungen an ihre Erfüllung werden sich in den kommenden Jahren weiter konkretisieren.

§ 102 Prüfung

[1]Der Jahresbericht des Sondervermögens ist durch einen Abschlussprüfer zu prüfen. [2]Der Abschlussprüfer wird von den Gesellschaftern der Kapitalverwaltungsgesellschaft gewählt und von den gesetzlichen Vertretern, bei Zuständigkeit des Aufsichtsrats oder des Beirats von diesem, beauftragt; § 318 Absatz 1 Satz 2, 4 und 5 des Handelsgesetzbuchs bleibt unberührt. [3]§ 318 Absatz 3 bis 8 sowie die §§ 319, 319b und 323 des Handelsgesetzbuchs gelten entsprechend. [4]Das Ergebnis der Prüfung hat der Abschlussprüfer in einem besonderen Vermerk zusammenzufassen; der Vermerk ist in vollem Wortlaut im Jahresbericht wiederzugeben. [5]Bei der Prüfung hat der Prüfer auch festzustellen, ob bei der Verwaltung des Sondervermögens
1. die Vorschriften dieses Gesetzes,
2. die Anforderungen nach
a) Artikel 13 Absatz 2 in Verbindung mit Anhang Abschnitt A zur Verordnung (EU) 2015/2365,
b) Artikel 11 der Verordnung (EU) 2019/2088 und
c) den Artikeln 5 bis 7 der Verordnung (EU) 2020/852 sowie
3. die Bestimmungen der Anlagebedingungen
beachtet worden sind. [6]Unbeschadet der besonderen Pflichten des Prüfers nach Satz 5 kann die Bundesanstalt auch gegenüber der Kapitalverwaltungsgesellschaft Bestimmungen über den Inhalt der Prüfung treffen, die vom Prüfer im Rahmen der Prüfung des Jahresberichts zu berücksichtigen sind. [7]Sie kann insbesondere Schwerpunkte für die Prüfungen festlegen. [8]Der Abschlussprüfer hat den Bericht über die Prüfung des Publikumssondervermögens unverzüglich nach Beendigung der Prüfung der Bundesanstalt einzureichen, der Bericht über die Prüfung des Spezialsondervermögens ist der Bundesanstalt auf Verlangen einzureichen.

I. Allgemeines

1 § 102 S. 1 legt fest, dass der Jahresbericht eines Sondervermögens durch einen **Abschlussprüfer** zu prüfen ist. Daraus folgt, dass allein Wirtschaftsprüfer bzw. Wirtschaftsprüfungsgesellschaften diese Aufgabe übernehmen dürfen. Damit sind die Berufsgrundsätze für Wirtschaftsprüfer mit der Folge anwendbar, dass aufgrund von Interessenkonflikten ua solche Prüfer von der Prüfung des Jahresberichts ausgeschlossen sind, die bspw. bei der Bewertung von Vermögensgegenständen des Sondervermögens mitgewirkt haben (EDD/*Hornschu/Neuf* § 102 Rn. 3).

§ 102 wird hinsichtlich des Inhalts der Prüfungsberichte sowie in Bezug auf die Art und den Umfang der Berichterstattung durch die Vorgaben der KAPrüfbV **konkretisiert,** vgl. § 1 KAPrüfbV. Daneben gelten die einschlägigen berufsrechtlichen und berufsüblichen Vorgaben, die für alle Abschlussprüfer anwendbar sind. Die Prüfung muss gem. § 2 KAPrüfbV den Grundsätzen der risikoorientierten Prüfung und der Wesentlichkeit Rechnung tragen.

II. Auswahl und Bestellung des Prüfers

Aus der Formulierung des § 102 S. 1 ergibt sich, dass Prüfer des Sondervermögens nicht notwendigerweise identisch mit dem Prüfer der KVG sein müssen, denn sie bezieht sich auf Jahresberichte **(Trennung der Prüferfunktion).** Dennoch erscheint das Zusammenfallen der Prüferfunktion für KVG und Sondervermögen derzeit noch marktüblich, wenngleich sich allein aufgrund der Pflicht zur Rotation des Prüfers auf KVG-Ebene ein Wandel ankündigt. 2

Ein Argument für die Trennung der Prüferunktion kann sein, dass die Prüfung des Sondervermögens im Interesse der Anleger erfolgt. Insofern könnte ein vom Prüfer der KVG unabhängiger Prüfer der Sondervermögen eine Prüfung allein im **Anlegerinteresse** fördern. Wenn derselbe Prüfer auch die Prüfung der KVG durchführt, könnte sich dieser möglicherweise auch der KVG verpflichtet fühlen und dies einen Einfluss auf seine Prüfung der Sondervermögen haben. Andererseits ist der Abschlussprüfer gesetzlich zur Unabhängigkeit und Überparteilichkeit verpflichtet, und seine Bestellung beruht auf Qualität und Fachkenntnis. Außerdem lässt sich genauso argumentieren, dass die Prüfung eines Sondervermögens effizienter erfolgen kann, wenn sie durch den Prüfer der KVG durchgeführt wird. Denn dieser kennt sowohl die KVG als auch deren Prozesse und kann die Rechtmäßigkeit der kollektiven Vermögensverwaltung zuverlässig beurteilen Auch dieses Argument ist jedoch keinesfalls zwingend, wird doch in anderen Ländern die Prüferfunktion für AIFM und Investmentvermögen häufig von unterschiedlichen Prüfern wahrgenommen. Letztlich ergeben sich damit weder zwingenden Argumente für die Trennung noch für eine Vereinigung der Prüferfunktion. Da die KAPrüfbV sowohl für die Prüfung der Sondervermögen als auch für die Prüfung der KVG selbst gilt, ist so gewährleistet, dass auch bei einem Auseinanderfallen der Prüferfunktion die Prüfung auf Grundlage derselben Verordnung erfolgt.

Die **Wahl des Abschlussprüfers** erfolgt durch die Gesellschafter der KVG. Die Beauftragung erfolgt je nach den Vorgaben des Gesellschaftsvertrags bzw. der Satzung im Einzelfall entweder durch die gesetzlichen Vertreter der KVG oder im Falle von dessen Zuständigkeit durch den Aufsichtsrat oder Beirat (vgl. auch EDD/*Hornschu/Neuf* § 102 Rn. 3; BSV/*Lindauer* KAGB § 102 Rn. 3). 3

Die **Kostenallokation** richtet sich immer nach dem Gegenstand der Prüfung. Die Kosten für die Prüfung des Jahresberichts der Sondervermögen iSd § 102 können diesen belastet werden. Geht es hingegen um die Prüfung der KVG selbst, sind die Kosten dafür von dieser zu tragen. 4

Hinsichtlich der Prüfung des Abwicklungsberichts gem. § 105 II verweist § 105 III 2 auf § 102 und bestimmt dessen entsprechende Anwendbarkeit. Daraus ergibt sich, dass der Abwicklungsbericht im Umfang des § 102 zu prüfen ist. Es wird jedoch keine ausdrückliche Aussage über die Zuständigkeit für die Bestellung des Abschlussprüfers getroffen. Da bereits zum Zeitpunkt der Erstellung des ersten Abwicklungsberichts das Verwaltungsrecht der KVG seit einem Jahr erloschen ist, bestehen keine Anhaltspunkte für eine Zuständigkeit der KVG für die Bestellung 5 des Abschlussprüfers. Vielmehr ist die Verwahrstelle als die das Sondervermögen abwickelnde Einheit für die Bestellung des Abschlussprüfers zuständig. Das zuständige Organ ergibt sich aus dem Gesellschaftsvertrag bzw. der Satzung der Verwahrstelle (so auch EDD/*Hornschu/Neuf* § 102 Rn. 3).

III. Gegenstand der Prüfung

6 § 102 S. 1 bestimmt, dass der Jahresbericht und damit alle seine gesetzlich vorgeschriebenen Bestandteile einschließlich des Tätigkeitsberichts zu prüfen sind. Dessen Bestandteile ergeben sich aus § 101. Gemäß § 102 muss der Abschlussprüfer feststellen, ob bei der Verwaltung des Sondervermögens die Vorschriften des KAGB sowie die Bestimmungen der Anlagebedingungen beachtet wurden. Das Ergebnis der Prüfung ist in einem **besonderen Vermerk** zusammenzufassen, der im vollen Wortlaut im Jahresbericht wiederzugeben ist.

Da der Jahresbericht sich in wesentlichen Teilen mit der **Buchführung** beschäftigt, erstreckt sich auch die Prüfung insb. auf die Buchführung. Diese ist Grundlage der Prüfung (EDD/*Hornschu/Neuf* § 102 Rn. 6). § 25 KAPrüfbV konkretisiert Umfang und Gegenstand der Prüfung sowie der Prüfungsberichterstattung. Zudem ist die BaFin befugt, im Einzelfall gegenüber der KVG **Prüfungsschwerpunkte** festzusetzen oder gegenüber der KVG weitere Anordnungen über den Prüfungsinhalt zu treffen, die vom Abschlussprüfer gem. § 3 III KAPrüfbV zu berücksichtigen sind. Für Zwischen-, Auflösungs- und Abwicklungsberichte gilt der Gegenstand der Prüfung gleichermaßen, wie sich aus den Verweisen in §§ 104 und 105 ergibt.

7 Enthält der Jahresbericht nicht gesetzlich vorgeschriebene Informationen, muss der Abschlussprüfer diese zumindest daraufhin prüfen, ob sie im Einklang mit den gesetzlichen Vorschriften oder den Anlagebedingungen stehen. Dies betrifft wohl hauptsächlich den Tätigkeitsbericht, da dieser weitgehend beschreibende Ausführungen enthält. Steuerrechtlich relevante Angaben, sofern sie nicht Gegenstand des § 101 sind, gehören nicht zum Prüfungsgegenstand.

Bei Spezial-AIF muss der Abschlussprüfer zudem feststellen, ob die Anlagebedingungen den Vorschriften des KAGB entsprechen. Dies gilt auch für sonstige Vereinbarungen, insb. soweit sie die Anlagepolitik und die Anlagegrundsätze des Investmentvermögens betreffen. Der Prüfungsgegenstand erfasst auch zumindest implizit den organisatorischen Aufbau der KVG sowie die Prüfung bspw. der Einhaltung von Verordnungen, wie der KARBV sowie der KAVerOV.

Der Umfang der Prüfung der Bestimmungen der Anlagebedingungen hängt im Einzelfall auch davon ab, inwieweit diese sich nach den vom BVI zur Verfügung gestellten **Musteranlagebedingungen** richten. Je enger sich diese am Muster für den jeweiligen Typ des Investmentvermögens orientieren, desto standardisierter wird die Prüfung und desto überschaubarer wird der Umfang der prüfungsrelevanten Angaben sein.

8 Der Wortlaut des besonderen Vermerks richtet sich regelmäßig nach dem **Vermerkmuster des IDW,** da der Großteil der Wirtschaftsprüfer dort Mitglied ist.

9 § 25 V KAPrüfbV schreibt vor, dass der Abschlussprüfer des Sondervermögens die Ergebnisse der Prüfung der externen Kapitalverwaltungsgesellschaft insb. in Bezug auf die in den §§ 26–28 genannten **Verhaltensregeln und Organisationspflichten** zu verwerten hat. Damit wird eine doppelte Prüfung derselben Umstände durch den Abschlussprüfer der KVG und den der Sondervermögen vermieden. Die KVG bzw. ihr Abschlussprüfer sind damit verpflichtet, die betreffenden Prüfungsergebnisse dem Abschlussprüfer der Sondervermögen zur Verfügung zu stellen.

§ 27 I KAPrüfbV bestimmt, dass der Abschlussprüfer zu prüfen hat, ob der jeweils zu prüfende Bericht **vollständig und richtig** ist. Dabei hat er die Vermögensaufstellung, die Ertrags- und Aufwandsrechnung, die Entwicklungsrechnung, den Anhang und den Tätigkeitsbericht zu prüfen. § 27 II KAPrüfbV schreibt ausdrücklich vor, dass zur vertragsgemäßen Belastung des Sondervermögens Stellung zu nehmen ist. 10

Die §§ 28–34 KAPrüfbV regeln **weitere Prüfungsgegenstände,** die die in § 102 normierte Prüfungspflicht konkretisieren. Hierzu zählen die bereits erwähnte Einhaltung von Gesetz und Anlagebedingungen gem. § 28 KAPrüfbV, die Einhaltung von Anlagevorschriften und die Verletzung von Anlagegrenzen gem. § 29 KAPrüfbV sowie die ordnungsgemäße Geschäftsorganisation gem. § 30 KAPrüfbV. Die in § 30 KAPrüfbV beschriebenen Prüfungshandlungen, die sich auf die Organisation des Sondervermögens beziehen (zB Bewertungsmethoden, Risikomanagementmaßnahmen, Compliance-Themen etc.), müssen in der Regel nur einmal mit Wirkung für alle Sondervermögen einer KVG vorgenommen werden. Sie können vor dem Hintergrund der Annahme einheitlicher Prozesse für vergleichbare Sondervermögen unabhängig von dem einzelnen Sondervermögen erfolgen. Sollte diese Annahme nicht zutreffen, verlangt § 30 III KAPrüfbV im Prüfungsbericht eine Darstellung und Erläuterung dieser Besonderheiten. 11

§ 31 KAPrüfbV schreibt weiterhin die Prüfung der von der KVG getroffenen **organisatorischen Vorkehrungen** zur Ermittlung der Anteilwerte vor. Über unwesentliche Fehler bei der Ermittlung der Anteilwerte muss nicht berichtet werden. Ausweislich der Begründung zu § 31 KAPrüfbV gilt ein Fehler bei der Anteilpreisermittlung „als wesentlich, wenn die prozentuale Differenz zwischen dem zuerst und dem im Nachhinein ermittelten, korrekten gerundeten Inventarwert bzw. Ausgabe- oder Rücknahmepreis 0,5% überschreitet. Bei Geldmarktfonds gilt ein Wert von 0,25%" (abzurufen unter https://www.bafin.de/SharedDocs/Veroeffentlichungen/DE/Aufsichtsrecht/Verordnung/KAPruefbV_Begruendung.html). 12

Aufgrund der Volumina mancher Investmentvermögen können diese klein erscheinenden **Grenzwerte** bei Fehlern zu Beträgen in erheblicher Höhe führen. Bei Beträgen solcher Größenordnung, die aufgrund von Fehlern in der Ertrags- und Aufwandsrechnung auftreten, liegen erhebliche Zweifel an der Ordnungsmäßigkeit des Kontrollsystems nahe. Es erscheint somit gerechtfertigt, bereits prozentual kleine Abweichungen als wesentlich zu definieren. Im Falle einer fehlerhaften Berechnung von Anteilwerten muss die KVG einen Entschädigungsplan erstellen und diesen sowie die Entschädigungsmaßnahmen einem Wirtschaftsprüfer gem. § 89 III zur Prüfung vorlegen. 13

§ 31 I KAPrüfbV verlangt ausdrücklich die Darstellung und Beurteilung der nach § 168 III verwendeten **Bewertungsmodelle.** Damit sind auch Bewertung und Bewertungsprozesse Teil der Abschlussprüfung. Hinsichtlich der Bewertung und bewertungsrelevanter Fragen wird auf die Kommentierung zu §§ 168, 216 verwiesen. Sofern Anteilwerte nicht durch die KVG, sondern durch die Verwahrstelle ermittelt werden, bezieht sich die Prüfung lediglich auf die Mitwirkung der KVG. 14

IV. Prüfungsmethodik

Prüfungsgegenstand, Art und Umfang bedingen die Prüfungsmethodik. Wie erwähnt, betreffen einige Prüfungshandlungen sondervermögenübergreifende Sachverhalte. Andere wiederum beziehen sich nur auf ein oder eine Gruppe von Sondervermögen, die ein bestimmtes Merkmal wie bspw. die Art der verwalteten 15

Vermögensgegenstände eint. Zu den **sondervermögenübergreifenden Prüfungsgegenständen** zählen die Verwaltungsaufgaben der KVG wie bspw. die Implementierung und Aufrechterhaltung eines auf die Sondervermögen bezogenen internen Kontrollsystems. Diese dienen ua der Einhaltung der gesetzlichen Anlagegrenzen. Prüfungshandlungen bspw. in Form von Stückzinsberechnungen etwa in Bezug auf zinstragende Wertpapiere beziehen sich nur auf die Sondervermögen, für deren Rechnung diese Vermögensgegenstände gehalten werden.

16 Die Prüfungshandlungen beziehen sich nur auf die **Verwaltungsaufgaben der KVG.** Tätigkeiten, die im Zusammenhang mit der Verwaltung eines Sondervermögens vorgenommen werden, aber im Verantwortungsbereich der Verwahrstelle liegen, werden vom Prüfer der Verwahrstelle beurteilt.

Sofern Verwaltungstätigkeiten von der KVG auf Dritte **ausgelagert** werden, muss der Prüfer entweder auf die Kontrollberichte des Auslagerungsunternehmens zugreifen oder selbst beim Auslagerungsunternehmen Prüfungshandlungen vornehmen. Als Prüfungsnachweis bieten sich die Berichte gem. den Standards PS 951 oder ISAE 3402 an (vgl. Rundschreiben 05/2020 (WA) – Aufgaben und Pflichten der Verwahrstelle nach Kapitel 1 Abschnitt 3 des Kapitalanlagegesetzbuches; Kapitel 4 „Kontrolle der Anlagegrenzen). Die KVG muss sich daher sowohl Informations- als auch Prüfungsrechte der externen Prüfer beim Auslagerungsunternehmen vertraglich einräumen lassen (vgl. Rundschreiben 01/2017 (WA) – Mindestanforderungen an das Risikomanagement von Kapitalverwaltungsgesellschaften – „KAMaRisk").

Regelmäßig umfasst die Prüfung je nach Aufbau- und Ablauforganisation der KVG bzw. der zu prüfenden Sondervermögen eine Mischung aus der Prüfung **operativer Prozesse** sowie des **internen Kontrollsystems.**

Neben den hoheitlich vorgegebenen Regelwerken, zu deren Einhaltung die KVG verpflichtet ist, hält eine KVG zunehmend häufig aufgrund freiwilliger Entscheidung weitere Regelwerke ein. Hierbei handelt es sich bspw. um Industriestandards wie die Global Investment Performance Standards oder die Wohlverhaltensregeln des BVI. Diese sind jedoch nicht gem. § 102 prüfungspflichtig.

V. Berichterstattung

17 Die Berichterstattung über die Prüfungen richtet sich ebenfalls nach den Vorgaben der **KAPrüfbV.** Der notwendige Inhalt des Prüfungsberichts ergibt sich aus § 26 KAPrüfbV. Prüfungsberichten für Publikums-Sondervermögen sind die in § 26 I KAPrüfbV genannten Angaben voranzustellen, wobei die Portfolioumschlagsrate für Immobilien-Sondervermögen nicht darzustellen ist. Zu diesen Angaben gehören neben dem Namen des Sondervermögens bspw. WKN/ISIN, Geschäftsjahr, Name und Sitz der Verwahrstelle, Änderungen der Anlagebedingungen während des Geschäftsjahres sowie Daten mit besonderer Relevanz für das Sondervermögen, zB bei Übernahme des Rechts zur Verwaltung.

§ 102 S. 5 bestimmt, dass der Bericht über die Prüfung von Publikumssondervermögen bei der **BaFin** vom Abschlussprüfer unverzüglich einzureichen ist. Für Spezialsondervermögen gilt, dass der Prüfungsbericht nur auf Verlangen einzureichen ist.

Der BaFin wird durch die Prüfungsberichte die Aufsicht über die Publikumssondervermögen ermöglicht (vgl. BSV/*Lindauer* KAGB § 102 Rn. 19). Das Spezialsondervermögen grundsätzlich einer geringeren Überwachung unterliegen, sind die betreffenden Prüfungsberichte nur auf Anforderung der BaFin dort einzureichen.

Gemäß § 3 V KAPrüfbV ist der Prüfungsbericht vom Abschlussprüfer eigenhändig zu **unterzeichnen.** Eine Kopie des unterzeichneten Exemplars ist der BaFin ausschließlich über die von der BaFin bereitgestellte elektronische Melde- und Veröffentlichungsplattform einzureichen.

Die Anleger werden über das Ergebnis der Prüfung über den im Jahresbericht wiedergegebenen Vermerk informiert. Dieser ist gem. § 102 S. 4 in vollem Umfang im Jahresbericht wiederzugeben. Einen Einblick in den Prüfungsbericht selbst erhalten die Anleger von Publikumssondervermögen idR nicht. Wenn einzelne Anleger einen solchen Einblick fordern, müssten die Prüfungsberichte zur Einhaltung des Gleichbehandlungsgrundsatzes allen Anlegern zur Verfügung gestellt werden. Dies könnte aus Praktikabilitätsgründen nur über ein Anlegerportal erfolgen, dessen Zugang von der Anlegerstellung abhängig gemacht werden müsste.

Anleger von Spezialsondervermögen erhalten im Umfang ihres investment- **18**
rechtlichen Auskunftsanspruchs ggf. Einblick in die Prüfungsberichte selbst. Da diese Anleger jedoch regelmäßig ohnehin umfangreich von der KVG über ihr Investment informiert werden, ist der Mehrwert eines Einblicks in den Prüfungsbericht zumindest fraglich.

Da die Anleger von Publikumssondervermögen also regelmäßig **keinen Einblick in den Prüfungsbericht** erhalten, werden sie keine Kenntnis von Feststellungen des Abschlussprüfers, die keinen Einfluss auf den Bestätigungsvermerk haben, erhalten. Es ist aber zumindest möglich, dass solche Feststellungen die Entscheidung des Anlegers beeinflussen, Anteile des Sondervermögens zu erwerben oder zurückzugeben. Der Abschlussprüfer ist gem. § 28 KAPrüfbV dazu verpflichtet, im Rahmen seiner Prüfung festgestellte Verstöße nach Art und Auswirkungen für das Sondervermögen, die Anleger und die KVG sowie die zur Vermeidung zukünftiger Verstöße eingeleiteten Maßnahmen zu beschreiben und die Wirksamkeit dieser Maßnahmen zu beurteilen. Die BaFin hat nach Erhalt des Jahresberichts im Rahmen ihrer Missbrauchsaufsicht die Möglichkeit, die Beseitigung der Verstöße und die Durchführung der Maßnahmen nachzuhalten.

§ 29 II KAPrüfbV legt zudem in Bezug auf Anlagegrenzverstöße die berichts- **19**
pflichtige, **materielle Grenze** auf 0,5% des Fondsvermögens fest. Der Prüfer hat damit kein Ermessen bei der Festlegung der Materialitätsgrenzen. § 29 III KAPrüfbV zählt weitere Verstöße auf, die die BaFin als berichtspflichtig ansieht. Hierzu gehören Verstöße gegen folgende Ver- und Gebote:

- Verbot der Gewährung von Gelddarlehen und des Abschlusses von Bürgschafts- und Garantiegeschäften nach § 93 IV,
- Verbot der Verpfändung, Belastung, Sicherheitsabtretung und Sicherheitsübereignung von Vermögensgegenständen, die zum Sondervermögen gehören, nach § 93 V,
- Aufrechnungsverbot nach § 93 VI,
- Einhaltung der Kreditaufnahmegrenzen des Kapitalanlagegesetzbuches,
- Leerverkaufsverbot nach § 205,
- Vergabe von Wertpapier-Darlehen nach den §§ 200–202 und
- Pensionsgeschäfte nach § 203.

Gemäß § 30 I KAPrüfbV ist es weiterhin Aufgabe des Prüfers zu beurteilen, ob für das Sondervermögen geeignete Maßnahmen getroffen wurden, durch die sichergestellt wird, dass die mit den einzelnen Anlagepositionen verbundenen Risiken sowie die jeweilige Wirkung auf das Gesamtrisikoprofil des Sondervermögens in angemessener Weise und unter Verwendung von hinreichend fortgeschrittenen Risikomanagementtechniken fortlaufend erfasst, gemessen, bewertet und gesteuert werden. Die vorstehend genannten Aspekte muss der Prüfer im Rahmen seines Berichts ausreichend würdigen.

§ 103 Halbjahresbericht

[1]Die Kapitalverwaltungsgesellschaft hat für die Publikumssondervermögen für die Mitte des Geschäftsjahres einen Halbjahresbericht zu erstellen, der die Angaben nach § 101 Absatz 1 Satz 3 Nummer 1 bis 3 sowie für OGAW die in Artikel 13 Absatz 2 in Verbindung mit Anhang Abschnitt A der Verordnung (EU) 2015/2365 genannten Informationen enthalten muss. [2]Sind für das Halbjahr Zwischenausschüttungen erfolgt oder vorgesehen, sind außerdem die Angaben nach § 101 Absatz 1 Satz 3 Nummer 4 aufzunehmen.

1 § 103 bestimmt, dass für Publikumssondervermögen neben dem Jahres- auch ein Halbjahresbericht zu erstellen ist. Für Spezialfonds entfällt diese Vorgabe. Jedoch wäre vermutlich ein Halbjahresbericht auch nicht zwingend für Anleger von Spezialfonds notwendig, da diese ohnehin regelmäßig in noch sehr viel kürzeren Intervallen von der KVG über die Entwicklung ihrer Anlage informiert werden, wenn auch nicht notwendigerweise mit denselben Angaben, wie sie im Jahres- oder Halbjahresbericht enthalten sein müssen.

Sinn und Zweck des Halbjahresberichts kann zum einen die **Rechtfertigung der KVG** und damit der **Schutz vor Haftungsansprüchen** der Anleger sein. Zum anderen kann er der unterjährigen Information von Bestands- und potenziellen Anlegern dienen. Wie der Jahresbericht vermag aber wohl auch der Halbjahresbericht allein regelmäßig das Informationsbedürfnis der Anleger vor dem Hintergrund des schnelllebigen Kapitalmarkts nicht zu befriedigen. Zusammen mit den vorvertraglichen Informationen wie Verkaufsprospekt und Basisinformationsblatt runden die periodischen Berichte wie auch der Halbjahresbericht jedoch das Bild eines Investmentvermögens gerade für potenzielle Anleger ab. Damit dient der Halbjahresbericht ua auch dem erhöhten Schutz und Informationsbedürfnis von Privatanlegern (BSV/*Lindauer* KAGB § 103 Rn. 1).

2 Der Halbjahresbericht ist **weniger umfangreich** als der Jahresbericht. So sind nur eine Vermögensaufstellung, die abgeschlossenen Geschäfte sowie die Anzahl der umlaufenden Anteile und der Anteilwert zu berichten. Informationen über die Ertragsverwendung sind bspw. nicht erforderlich. Für OGAW sind zusätzlich noch die in Art. 13 II iVm mit Anhang Abschnitt A der VO (EU) 2015/2365 genannten Informationen aufzunehmen. Diese betreffen Wertpapierfinanzierungsgeschäfte und Gesamtrendite-Swaps. Sind für das Halbjahr Zwischenausschüttungen erfolgt oder vorgesehen, muss der Halbjahresbericht gem. § 102 S. 2 eine Ertrags- und Aufwandsrechnung sowie eine Übersicht über die Entwicklung des Sondervermögens gem. § 101 I 3 Nr. 4 enthalten.

Im Gegensatz zum Jahresbericht unterliegt der Halbjahresbericht **keiner Prüfungspflicht.** Damit sind Prüfungskosten für die Anleger auf den Jahresbericht begrenzt.

§ 104 Zwischenbericht

(1) [1]**Wird das Recht zur Verwaltung eines Sondervermögens während des Geschäftsjahres von der Kapitalverwaltungsgesellschaft auf eine andere Kapitalverwaltungsgesellschaft übertragen oder ein Sondervermögen während des Geschäftsjahres auf ein anderes Sondervermögen oder einen EU-OGAW verschmolzen, so hat die übertragende Gesellschaft auf den Übertragungsstichtag einen Zwischenbericht zu erstellen, der den Anforderungen an einen Jahresbericht gemäß § 101 entspricht.** [2]**Der Zwischenbericht ist der übernehmenden Kapitalverwaltungsgesellschaft oder der Kapitalverwaltungsgesellschaft des übernehmenden Sondervermögens oder EU-OGAW unverzüglich auszuhändigen.**

(2) **Zwischenberichte sind ebenfalls durch einen Abschlussprüfer zu prüfen. Auf die Prüfung nach Satz 1 ist § 102 entsprechend anzuwenden.**

Geht das Verwaltungsrecht für ein Sondervermögen von einer KVG auf eine andere KVG über oder findet eine Verschmelzung statt, so ist auf den **Übertragungsstichtag** ein Zwischenbericht zu erstellen. Die Pflicht trifft die übertragende KVG, und die Anforderungen an den Zwischenbericht entsprechen denen an einen Jahresbericht. Die Pflicht zu Erstellung eines Zwischenberichts ist Teil des Übertragungs- bzw. Verschmelzungsprozesses. Damit wird auf den Übertragungsstichtag der **Status quo** in Bezug auf das Sondervermögen festgehalten. Sowohl für die übertragende als auch für die aufnehmende KVG besteht damit die Möglichkeit, die Sachverhalte, für die sie in Bezug auf das Sondervermögen haften, voneinander abzugrenzen. 1

Im Unterschied zum Jahres- und Halbjahresbericht richtet sich der Zwischenbericht vornehmlich an die übernehmende KVG. Der Zwischenbericht ermöglicht ihr eine Einschätzung des zu übernehmenden Sondervermögens. Der Zwischenbericht trägt zu einer **ordnungsgemäßen Übernahme** des zu verschmelzenden Sondervermögens bzw. zu einer ordnungsgemäßen Übertragung des Verwaltungsrechts für ein Sondervermögen bei (EDD/*Hornschu*/*Neuf* § 104 Rn. 3). Dennoch ist der Zwischenbericht nur ein Teil der Dokumentation, den die übernehmende KVG erhält. Zur Fortführung der Verwaltung des Sondervermögens sind darüber hinaus noch umfangreiche weitere Unterlagen bspw. in Form von Saldenlisten, Ergebnisvorträgen und Skontros sowie – je nach Art der für Rechnung des Sondervermögens gehaltenen Vermögensgegenstände – Verträge (zB Mietverträge, Verträge mit Dienstleistern, Darlehensverträge) zu übergeben. Der Zwischenbericht ermöglicht der übernehmenden KVG trotz des begrenzten Inhalts und Umfangs jedoch eine Plausibilisierung der weiteren übernommenen Unterlagen, so dass sie daraus Anhaltspunkte für die Klärung offener Punkte erhält. 2

Gemäß § 104 II sind Zwischenberichte durch einen Abschlussprüfer zu **prüfen.** Für diese Prüfung gilt § 102 entsprechend. Somit steht auch der Zwischenbericht für die Einhaltung der gesetzlichen Vorgaben und damit Zuverlässigkeit, auf die die übernehmende KVG angewiesen ist. Bei Fehlern im Zwischenbericht stehen der übernehmenden KVG sowohl gegenüber der abgebenden KVG als auch dem Prüfer des Zwischenberichtes ggf. Haftungsansprüche zu.

Eine Pflicht zur Veröffentlichung des Zwischenberichts besteht nicht. Zwischenberichte müssen jedoch unter den Voraussetzungen des § 107 III, also bei Publikumssondervermögen bei erstmaliger Verwendung bei der BaFin eingereicht werden. 3

§ 105 Auflösungs- und Abwicklungsbericht

(1) **Wird ein Sondervermögen aufgelöst, so hat die Kapitalverwaltungsgesellschaft auf den Tag, an dem ihr Verwaltungsrecht nach Maßgabe des § 99 erlischt, einen Auflösungsbericht zu erstellen, der den Anforderungen an einen Jahresbericht entspricht.**

(2) **Wird ein Sondervermögen abgewickelt, hat die Verwahrstelle jährlich sowie auf den Tag, an dem die Abwicklung beendet ist, einen Abwicklungsbericht zu erstellen, der den Anforderungen an einen Jahresbericht nach § 101 entspricht.**

(3) **[1]Auflösungs- und Abwicklungsberichte nach den Absätzen 1 und 2 sind ebenfalls durch einen Abschlussprüfer zu prüfen. [2]Auf die Prüfung nach Satz 1 ist § 102 entsprechend anzuwenden.**

I. Allgemeines

1 Bei Auflösung eines Sondervermögens ist ein Auflösungsbericht zu erstellen. Stichtag für den Bericht ist der Tag, an dem das Verwaltungsrecht der KVG gem. § 99 erlischt. Damit wird sichergestellt, dass für die Abwicklungstätigkeit der Verwahrstelle ein **ordnungsgemäßer Abschluss** vorliegt (EDD/*Hornschu/Neuf* § 105 Rn. 2).

Auch bei Auflösung des Sondervermögens und dem Erlöschen des Verwaltungsrechts der KVG lebt das Sondervermögen häufig noch ökonomisch weiter. Üblicherweise bestehen noch **nachlaufende Verbindlichkeiten,** wie bspw. die Kosten für die Prüfung des Auflösungsberichts oder aber auch mögliche Gewährleistungsansprüche des Käufers der vor Auflösung des Sondervermögens gehaltenen Vermögensgegenstände.

Daher schließt sich an die Auflösung des Sondervermögens die **Abwicklungsphase** an, die von der Verwahrstelle übernommen wird. Diese erstellt daher auch den Abwicklungsbericht. Stichtag hierfür ist der Tag, an dem die Abwicklung beendet ist.

II. Auflösungsbericht (§ 105 I)

2 Der Auflösungsbericht umfasst den Zeitraum zwischen dem Stichtag des letzten Jahresberichts und der Auflösung des Fonds. Für diesen Zeitraum legt die KVG im Auflösungsbericht Rechnung. Die Anleger werden damit in die Lage versetzt, zu sehen, ob und in welchem Umfang die für Rechnung des Sondervermögens gehaltenen Vermögensgegenstände veräußert und die Erlöse und bis dahin aufgelaufene Erträge an sie ausgekehrt werden. Bei illiquiden Vermögensgegenständen wie bspw. Immobilien kann die Abwicklung des Sondervermögens je nach Marktlage mehrere Jahre andauern.

3 Der Auflösungsbericht ist auf den Stichtag des **Erlöschens des Verwaltungsrechts** der KVG zu erstellen, vgl. § 105 I. Zu diesem Zeitpunkt ist das Sondervermögen aufgelöst und die Regelungen der Anlagebedingungen gelten nicht mehr. Daraus lässt sich ableiten, dass dann auch das gewählte Fondsgeschäftsjahr nicht mehr relevant ist. Vielmehr beginnt mit Auflösung des Sondervermögens und der Abwicklungstätigkeit der Verwahrstelle der „jährliche" Zeitraum, an dessen Ende die Verwahrstelle ihren ersten jährlichen Abwicklungsbericht iSd § 105 II erstellen

muss. Ein anderes Verständnis, nämlich dass das laufende Geschäftsjahr des Sondervermögens fortgesetzt wird, steht zum einen nicht im Einklang mit dem Wortlaut des Gesetzes. Zum anderen führt es dazu, dass ein Bericht sowohl die Tätigkeit der KVG als auch der Verwahrstelle darstellen müsste und es dadurch an Transparenz mangelt (zum Meinungsstreit vgl. EDD/*Hornschu*/*Neuf* § 105 Rn. 3). Zudem müssten sowohl KVG als auch Verwahrstelle ggf. auf Informationen der jeweils anderen Einheit zugreifen, um vollständig berichten zu können. Auch wären dann beide Einheiten zur Beauftragung von Prüfern verpflichtet, die nicht notwendigerweise identisch wären.

III. Abwicklungsbericht (§ 105 II)

Gemäß § 105 II ist die Verwahrstelle verpflichtet, im Falle der Abwicklung eines 4
Sondervermögens jährlich und auf den Tag, an dem die Abwicklung beendet ist, einen Abwicklungsbericht zu erstellen. § 19 II KARBV bestimmt als Ausnahme von diesem Grundsatz, dass ein Abwicklungsbericht nicht zu erstellen ist, wenn zum Abschlussstichtag des Auflösungsberichts **alle Anteile zurückgegeben** wurden. Dies erscheint nicht immer im Interesse der Anleger, da bei Sondervermögen, die illiquide Vermögensgegenstände wie bspw. Immobilien halten, die vollständige Abwicklung des Sondervermögens innerhalb der Frist für die Rückgabe der Anteile sehr unwahrscheinlich ist (BSV/*Lindauer* KAGB § 105 Rn. 2, wonach die Vorschrift in diesem Fällen theoretisch bleibt). Dennoch mag es Fälle geben, in denen auch bei Immobilien die Marktliquidität so hoch ist und die Bedingungen so verkäuferfreundlich sind, dass eine vollständige Abwicklung des Verkaufs realisiert werden kann. Dies wird umso mehr der Fall sein, wenn ein Sondervermögen planmäßig abgewickelt wird. Gleiches wird bei liquiden Vermögensgegenständen wie Wertpapieren gelten. Zumindest in diesen Konstellationen ist ein Abwicklungsbericht seinem Sinn nach entbehrlich, wenn die Rückgabe aller Anteile bereits erfolgt ist.

IV. Prüfungspflicht (§ 105 III)

Sowohl für den Auflösungs- als auch für den Abwicklungsbericht gelten die An- 5
forderungen, die das KAGB an einen Jahresbericht stellt. § 105 III bestimmt, dass beide Berichte von einem **Abschlussprüfer** zu prüfen sind und § 102 entsprechend anwendbar ist. Während der Auflösungsbericht von der KVG erstellt und dessen Prüfung durch sie beauftragt wird, erfolgt die Erstellung und die **Beauftragung der Prüfung** des Abwicklungsbericht durch die Verwahrstelle. Zur Beauftragung des Abwicklungsberichts wäre die KVG nach Erlöschen ihres Verwaltungsrechts auch nicht mehr befugt.

§ 106 Verordnungsermächtigung

[1]Das Bundesministerium der Finanzen wird ermächtigt, im Einvernehmen mit dem Bundesministerium der Justiz und für Verbraucherschutz durch Rechtsverordnung, die nicht der Zustimmung des Bundesrates bedarf, nähere Bestimmungen über den Gegenstand der Prüfung nach § 102 Satz 5 und über weitere Inhalte, Umfang und Darstellung der Berichte nach den §§ 101, 103, 104 und 105 sowie über den Inhalt der Prüfungsberichte für Sondervermögen sowie zur Art und Weise der Einreichung der zuvor genannten Berichte bei der Bundesanstalt zu erlassen, soweit

dies zur Erfüllung der Aufgaben der Bundesanstalt erforderlich ist, insbesondere um einheitliche Unterlagen zur Beurteilung der Tätigkeit der Kapitalverwaltungsgesellschaften bei der Verwaltung von Sondervermögen zu erhalten. [2]Das Bundesministerium der Finanzen kann die Ermächtigung durch Rechtsverordnung auf die Bundesanstalt übertragen.

1 § 106 ermächtigt zum Erlass von Verordnungen und ist damit Ermächtigungsgrundlage für die KARBV, KAPrüfbV, DerivateVO etc.

§ 107 Veröffentlichung der Jahres-, Halbjahres-, Zwischen-, Auflösungs- und Abwicklungsberichte

(1) **[1]Der Jahresbericht**

1. eines OGAW-Sondervermögens ist spätestens vier Monate nach Ablauf des Geschäftsjahres,

2. eines AIF-Publikumssondervermögens spätestens sechs Monate nach Ablauf des Geschäftsjahres

im Bundesanzeiger bekannt zu machen. 2Der Halbjahresbericht eines Publikumssondervermögens ist spätestens zwei Monate nach dem Stichtag im Bundesanzeiger bekannt zu machen.

(2) **Der Auflösungs- und der Abwicklungsbericht eines Publikumssondervermögens sind spätestens drei Monate nach dem Stichtag im Bundesanzeiger bekannt zu machen.**

(3) **[1]Für die Publikumssondervermögen ist der Bundesanstalt der nach § 103 zu erstellende Halbjahresbericht unverzüglich nach erstmaliger Verwendung zu übermitteln. [2]Auf Anfrage sind der Bundesanstalt der Jahresbericht, Halbjahresbericht, Zwischenbericht, Auflösungsbericht sowie Abwicklungsbericht für EU-OGAW, die von einer OGAW-Kapitalverwaltungsgesellschaft nach den §§ 49 und 50 verwaltet werden, zur Verfügung zu stellen.**

(4) **Die Berichte nach den Absätzen 1 und 2 müssen dem Publikum an den Stellen zugänglich sein, die im Verkaufsprospekt und in den wesentlichen Anlegerinformationen angegeben sind.**

(5) **Einem Anleger des Sondervermögens wird der Jahresbericht auf Anfrage vorgelegt.**

1 § 107 legt die Fristen für die **Veröffentlichung** der einzelnen Berichte fest. Absatz 1 unterscheidet zwischen OGAW und AIF, bezieht sich jedoch dem Wortlaut nach ausschließlich auf Publikums-Sondervermögen. Während der Jahresbericht für OGAW spätestens vier Monate nach Ablauf des Geschäftsjahres bekannt gemacht werden muss, gilt für AIF-Publikumssondervermögen eine Frist von sechs Monaten nach Ende des Geschäftsjahres. Die Berichte sind jeweils im Bundesanzeiger bekannt zu machen. Hintergrund für die längere Bekanntmachungsfrist bei AIF kann eine gewollte Arbeitserleichterung der KVG sein, oder sie kann als Ausdruck eines geringeren Überwachungsbedarfs angesehen werden. Bei Ausnutzung der gesetzlichen Fristen können wegen der in § 101 genannten Frist für die Erstellung des Jahresberichts Erstellungs- und Veröffentlichungsdatum zusammenfallen.

Die Frist für die Bekanntmachung von Halbjahresberichten eines Publikumssondervermögens – gleich, ob OGAW oder AIF – beträgt gem. § 107 II zwei Monate nach dem Stichtag.

2 Da sowohl die Halbjahres- als auch die Auflösungs- und Abwicklungsberichte grundsätzlich eine geringere Menge an Daten verarbeiten müssen, erklärt dies auch die kürzere Bekanntmachungsfrist.

3 Absatz 3 bestimmt die Frist für die **Einreichung** von Jahresbericht, Halbjahresbericht, Zwischenbericht, Auflösungsbericht sowie Abwicklungsbericht bei der BaFin. Diese sind unverzüglich nach erstmaliger Verwendung bei der BaFin einzureichen. Dies meint grundsätzlich die Veröffentlichung der jeweiligen Berichte. Die Form der Einreichung regelt § 4 KARBV. Demnach sind die Berichte über das elektronische Kommunikationsverfahren bei der BaFin einzureichen. Die Vorgabe gilt nach dem Wortlaut der Vorschrift nur für Publikumssondervermögen.

Für den Fall, dass inländische Kapitalverwaltungsgesellschaften EU-OGAW verwalten, sind die Berichte iSd § 107 III 1 der BaFin auf Anfrage zur Verfügung zu stellen.

4 Das Publikum, also sowohl Anleger als auch andere Personen, erhalten die Berichte gem. § 107 IV an den Stellen, die im Verkaufsprospekt und dem Basisinformationsblatt (vor 2023: in den wesentlichen Anlegerinformationen) genannt sind. Ein Anleger hat einen Anspruch auf Erhalt des Jahresberichts auf Anfrage, vgl. § 107 V.

Unterabschnitt 3. Allgemeine Vorschriften für Investmentaktiengesellschaften mit veränderlichem Kapital

Vorbemerkungen zu § 108

1 Die InvAG blickt inzwischen auf eine zwanzigjährige Historie im deutschen Kapitalanlagerecht zurück. In mehreren Gesetzesreformen wurden die Vorschriften über die InvAG überarbeitet und modifiziert. Leider nicht immer zum Vorteil für das Vehikel und somit auch nicht immer zum Vorteil für Deutschland als Fondsstandort. So ist der InvAG verwehrt, die Nebendienstleistung der Finanzportfolioverwaltung zu erbringen (*Blankenheim* ZBB 2011, 344 (346)). Auch die ehemals als Super-InvAG bekannte Multiplattform für OGAW und AIF ist unter dem aktuellen Recht nicht mehr zulässig.

Die InvAG wurde erstmals im Zuge des 3. FMFG 1998 in das damalige KAGG aufgenommen. Vor dem Hintergrund eines stetigen Kapitalabflusses nach Luxemburg sah sich der deutsche Gesetzgeber damals in der Pflicht, dem deutschen Kapitalanlagemarkt neben dem herkömmlichen Sondervermögen ein weiteres durch das deutsche Investmentrecht reguliertes Vehikel für Kapitalanlageprodukte zur Verfügung zu stellen (BT-Drs. 13/8933, 62). Die InvAG des KAGG war jedoch lediglich als Plattform für geschlossene Investmentfonds mit Wertpapieren und stillen Beteiligungen als zulässige Anlagegegenstände vorgesehen. Sie war nur als InvAG mit fixem Kapital gründbar und die Aktionäre hatten keinen Anspruch auf Rücknahme ihrer Aktien durch die InvAG (ausführlich *Gstädtner/Elicker* BKR 2006, 91 (94)).

Die InvAG sollte den Anlegern eine gegenüber herkömmlichen Investmentfonds langfristige und von Börsenzyklen unabhängige Anlage in Unternehmensbeteiligungen ermöglichen (BT-Drs. 13/8933, 2, 62, 126). Der Gesetzgeber hat hier jedoch die Themen Vehikel und Fondstypus vermischt. Die InvAG ist lediglich eine gesellschaftsrechtliche Hülle für ein reguliertes Investmentvermögen und gerade kein Fondstyp, der Rahmen für ein Anlageuniversum sein soll. Noch heute leidet die InvAG unter diesem vor 20 Jahren begründeten Fehldenken.

2 Im Zuge der Neufassung des deutschen Kapitalanlagerechts wurde bei der Einführung des InvG auch die InvAG umfassend durch das InvModG (BT-Drs. 15/1553, 1 ff.) überarbeitet. Zum einen wurde die InvAG mit veränderlichem Kapital als weitere Alternative für regulierte Investmentfonds dem herkömmlichen Sondervermögen zur Seite gestellt. Ferner wurden die bestehenden steuerlichen Nachteile behoben (*Fock* BB 2006, 2371; *Eckbold* ZGR 2007, 654).

3 Das InvModG brachte die für die erstmalige Auflage eines deutschen Fonds im gesellschaftsrechtlichen Kleid notwendigen Reformen. Seit dem InvModG kann eine InvAG

- als offene Fondsform jederzeit von den Aktionären angediente Aktien zurücknehmen,
- Teilgesellschaftsvermögen (sog. Teilfonds) bilden,
- Aktienklassen bilden,
- mit anderen Fondsformen verschmolzen werden und
- jederzeit Aktien begeben und zurücknehmen.

4 Dem Gesetzgeber war damit in Anlehnung an das Luxemburger Vorbild der SICAV eine weitgehende Gleichschaltung von herkömmlichen Sondervermögen und InvAG gelungen. Wenngleich unmittelbar nach Inkrafttreten des InvModG die ersten InvAG ua auch als Umbrella-Konstruktion mit mehreren Teilfonds aufgelegt wurden, wurde das neue Regime von der Praxis als zu unpräzise angesehen (*Lang* WM 2004, 53 (59)). Insbesondere offene handels- und bilanzrechtliche Fragestellungen wurden als Hindernis für den Durchbruch der InvAG in der Praxis identifiziert.

5 Erst das InvÄG von 2007 verhalf der InvAG schließlich zu ihrem eigentlichen Durchbruch als praxistaugliches Fondsvehikel. Der rechtliche Rahmen der InvAG wurde nachgebessert und präzisiert (EDD/*Dornseifer* Vor §§ 96–106b Rn. 5 f.). Bestehende Unsicherheiten wurden iSd Praxis beseitigt. Im Rahmen des InvÄndG wurde die InvAG mit fixem Kapital aus dem InvG ersatzlos gestrichen (*Fock* BB 2006, 2371 (2372)). Die InvAG mit fixem Kapital wurde erst mit der nochmaligen umfassenden Überarbeitung des deutschen Kapitalanlagerechts durch das KAGB 2013 wieder in das deutsche Investmentrecht in den §§ 140–148 aufgenommen.

§ 108 Rechtsform, anwendbare Vorschriften

(1) **Investmentaktiengesellschaften mit veränderlichem Kapital dürfen nur in der Rechtsform der Aktiengesellschaft betrieben werden.**

(2) **[1]Die Investmentaktiengesellschaften mit veränderlichem Kapital unterliegen den Vorschriften des Aktiengesetzes mit Ausnahme des § 23 Absatz 5, der §§ 150 bis 158, 161, 182 bis 240 und 278 bis 290 des Aktiengesetzes, soweit sich aus den Vorschriften dieses Unterabschnitts nichts anderes ergibt. [2]§ 3 Absatz 2 des Aktiengesetzes und § 264d des Handelsgesetzbuchs sind auf Anlageaktien einer extern verwalteten Investmentaktiengesellschaft mit veränderlichem Kapital nicht anzuwenden.**

(3) **Auf OGAW-Investmentaktiengesellschaften ist § 19 dieses Gesetzes mit der Maßgabe anzuwenden, dass**

1. der beabsichtigte Erwerb einer Beteiligung nach § 19 Absatz 1 nur anzuzeigen ist, wenn die Schwelle von 50 Prozent der Stimmrechte oder des Kapitals erreicht oder überschritten wird oder die Gesellschaft unter die Kontrolle des Erwerbers der Beteiligung gerät und
2. die beabsichtigte Aufgabe einer Beteiligung nach § 19 Absatz 5 nur anzuzeigen ist, wenn diese Beteiligung die Schwelle von 50 Prozent der Stimmrechte oder des Kapitals erreicht oder überschritten hat oder die Gesellschaft kontrolliertes Unternehmen ist.

(4) **Auf die Investmentaktiengesellschaft mit veränderlichem Kapital sind § 93 Absatz 7 und § 96 entsprechend anwendbar.**

(5) **Auf die Tätigkeit der Investmentaktiengesellschaft mit veränderlichem Kapital ist das Wertpapiererwerbs- und Übernahmegesetz nicht anzuwenden.**

I. Einleitung

1 In Abschn. 4 UAbschn. 3 des KAGB, dh den §§ 108 ff., finden sich die allgemeinen Vorschriften für die InvAG mit veränderlichem Kapital. Die Vorschriften entsprechen weitgehend den ehemaligen Regelungen der InvAG in den §§ 96 ff. InvG.

2 Die InvAG ist in erster Linie ein Vehikel für die gemeinsame Kapitalanlage. Wenngleich diese in der Rechtsform einer AG gegründet wird und grundsätzlich das AktG auf sie Anwendung findet, ist die InvAG in erster Linie doch ein Fondsvehikel für die gemeinsame Kapitalanlage. Insoweit bedingt das KAGB für die InvAG immer dann das allgemeine sowie das besondere Gesellschaftsrecht, wenn dies für die besonderen Anforderungen eines Kapitalanlagevehikels erforderlich ist. Das KAGB und die hier befindlichen Vorschriften über die InvAG sind insoweit stets lex specialis. Das besondere Verwaltungsrecht wird damit teilweise auch zu besonderem Gesellschaftsrecht.

II. Rechtsform (Abs. 1)

3 Gemäß § 108 I darf eine InvAG unter Fortführung des § 96 I 1 InvG aF nur in der Rechtsform der AG betrieben werden. Wenngleich auf der Basis der OGAW-RL Investmentgesellschaften nicht zwingend als AG des jeweiligen mitgliedstaatlichen Rechts ausgestaltet werden müssen, hat sich der deutsche Gesetzgeber vor dem Hintergrund der Fungibilität der Aktien für die AG als Rechtsform für den deutschen Investmentfonds des gesellschaftsrechtlichen Typs entschieden. Eine InvAG ist damit eine vollwertige AG iSd herkömmlichen gesellschaftsrechtlichen Verständnisses. Als Folge finden gem. § 108 II 1 die Vorschriften des AktG auf eine InvAG grundsätzlich Anwendung, soweit das InvG keine Spezialregelungen beinhaltet. Die InvAG ist im ersten Rang ein Vehikel zur gemeinsamen Kapitalanlage, ein Investmentvermögen und erst auf der zweiten Betrachtungsebene eine Kapitalgesellschaft. Im Falle eines inhaltlichen Widerstreits geht das KAGB als lex specialis den im Übrigen anzuwenden Regelungen vor (BT-Drs. 16/5567, 83).

III. Eingeschränkte Anwendung des AktG (Abs. 2)

4 Gemäß § 108 II finden die Vorschriften des AktG weitgehend auf die InvAG Anwendung, soweit sich aus dem Abschn. 4 UAbschn. 3 des KAGB nichts anderes ergibt.

5 Aufgrund der Zuhilfenahme der Verweistechnik auf bekannte und bewährte Regelungen war es dem Gesetzgeber möglich, die InvAG als Kapitalanlagevehikel mit einem schlanken rechtlichen Rahmen in das KAGB aufzunehmen.

6 Die rechtliche Ausgestaltung der InvAG als grundsätzlich vollwertige AG wird in Abs. 2 nochmals bestätigt. Hiernach unterliegt die InvAG den Vorschriften des AktG mit Ausnahme des § 23 V, der §§ 152, 158, 161, 182–240 und §§ 278–290 AktG, soweit sich aus den Spezialvorschriften des KAGB über die InvAG nichts anderes ergibt. Damit findet das herkömmliche Aktienrecht auf eine InvAG grundsätzlich Anwendung, soweit dies nicht durch KAGB-Spezialregelungen überlagert wird. Insbesondere die Ausführungen zum Gesellschaftskapital unter → § 115 Rn. 18 zeigen, dass sich die InvAG im Rahmen des InvÄndG organisationsrechtlich nochmals vom herkömmlichen Bild einer AG entfernt hat.

7 **1. Keine Satzungsstrenge.** Um der InvAG in der Praxis noch mehr Flexibilität einräumen zu können, wurde ausdrücklich der in § 23 V AktG normierte Grundsatz der aktienrechtlichen Satzungsstrenge für nicht anwendbar erklärt (BT-Drs. 16/5576, 83). Damit kann die Satzung einer InvAG nun auch dann von den Regelungen des Aktienrechts abweichen, wenn dies nicht ausdrücklich zugelassen ist. **Die Loslösung von der aktienrechtlichen Satzungsstrenge** gibt der InvAG für ihre investmentspezifischen Aktivitäten die hierzu erforderliche Flexibilität (BT-Drs. 16/5576, 86). Wenngleich die Satzung einer InvAG somit von den zwingenden Vorschriften des AktG abweichen kann, ist gleichwohl sicherzustellen, dass die Regelungen der Satzung der InvAG im Einklang mit den Vorschriften des KAGB stehen (BT-Drs. 16/5576, 86).

8 **2. Aufsichtsrechtliche Anforderung zu Corporate Governance.** Aufgrund der in den §§ 110–111 a aufgenommenen Spezialregelungen zum Jahresabschluss einer InvAG sind die tradierten Regelungen der §§ 152, 158 AktG über die Bilanz und die Gewinn- und Verlustrechnung einer herkömmlichen AG auf die InvAG nicht anzuwenden. Ebenso wenig ist die Entsprechenserklärung nach § 161 AktG auf die InvAG anzuwenden (BT-Drs. 16/5576, 86). Das InvG enthielt bereits eigene Vorschriften zur Corporate Governance.

9 **3. Eingeschränkter Unternehmensgegenstand.** Der Unternehmensgegenstand und die Tätigkeit der InvAG sind in § 110 II bereits derart beschränkt, dass die Anwendung des Deutschen Corporate Governance Kodex keinen zusätzlichen Nutzen für die Marktteilnehmer bringen würde (BT-Drs. 16/5576, 87).

10 Schließlich finden die Regelungen über die Maßnahmen der Kapitalbeschaffung und Kapitalherabsetzung der §§ 182–240 AktG auf eine InvAG keine Anwendung (BT-Drs. 16/5576, 87). Die §§ 115, 116 sehen mit den Regelungen über das **veränderliche Gesellschaftskapital** und der Möglichkeit der Ausgabe und Rücknahme von Aktien auf der Basis eines Vorstandsbeschlusses innerhalb der Grenzen des in der Satzung festgelegten **Mindest- und Höchstkapitals** iSd § 116 I aufsichtsrechtliche Spezialregelungen vor. Wenngleich die Regelungen der §§ 182ff. AktG auf die InvAG keine Anwendung finden, bedeutet dies nicht, dass eine InvAG im Falle des Erreichens des in der Satzung festgesetzten Höchstkapitals gehindert ist, den Betrag der Höchstkapitalziffer durch eine Änderung der Satzung auf der Basis eines entsprechenden Beschlusses der Hauptversammlung zu erhöhen (BSL/*Fischer*/*Steck* InvG § 105 Rn. 2).

11 In der Satzung bzw. den Anlagebedingungen des TGV ist festzulegen, ob die Erträge (das TGV, dessen Summe dem Bilanzgewinn entspricht) auszuschütten

oder wieder anzulegen sind. Die Entscheidung über die Verwendung des Bilanzgewinns wird somit bereits in der Satzung bzw. den Anlagebedingungen des TGV getroffen. Insoweit kann die Hauptversammlung über diesen Punkt nicht mehr beschließen (EDDH/*Dornseifer* InvG § 96 Rn. 54). Die Regelung des § 174 I 1 AktG findet insoweit auf InvAG keine direkte Anwendung.

Der Betrag des Höchstkapitals kann auf der Grundlage eines die Satzung ändernden Hauptversammlungsbeschlusses frei angehoben werden (EDDH/*Dornseifer* InvG § 105 Rn. 1). Die Regelungen der §§ 182ff. AktG finden auf die InvAG an dieser Stelle somit zutreffend keine Anwendung, da der Fall der Erhöhung des satzungsmäßig bestimmten Höchstkapitals einer InvAG nicht mit dem Fall der in § 182 AktG geregelten Kapitalerhöhung gegen Einlagen vergleichbar ist. Bei der Erhöhung der Höchstkapitalziffer handelt es sich dem Grunde nach gerade nicht um eine Maßnahme der Kapitalbeschaffung durch Kapitalerhöhung im herkömmlichen aktienrechtlichen Verständnis (BT-Drs. 16/5576, 87). Die eigentliche Erhöhung des Gesellschaftskapitals der InvAG findet hier erst durch den entsprechenden Beschluss des Vorstands zur Ausgabe junger Aktien statt (BSL/*Fischer/Steck* InvG § 104 Rn. 11). Die Änderung der Satzung schafft lediglich den hierfür erforderlichen statutarischen Rahmen. **12**

Schließlich wurden auch die aktienrechtlichen Vorschriften zur KGaA ausdrücklich von ihrer Anwendung auf die InvAG ausgeschlossen. Ausweislich des ausdrücklichen Willens des Gesetzgebers ist die KGaA – anders als in Luxemburg für die SICAV SCA – nicht als Rechtsform für die InvAG vorgesehen (BT-Drs. 16/5576, 87). **13**

IV. Besondere Beteiligungsschwellen (Abs. 3)

Gemäß § 108 III iVm § 19 I und V ist im Falle einer OGAW-InvAG der beabsichtigte Erwerb sowie die beabsichtigte Aufgabe einer Beteiligung anzuzeigen, wenn die Schwelle von 50% der Stimmrechte oder des Kapitals erreicht oder überschritten wird oder die Gesellschaft unter die Kontrolle des Erwerbers der Beteiligung gerät bzw. der Aufgebende die InvAG zuvor kontrolliert hat. Diese Anzeigepflicht zielt in Gleichlauf mit den Regelungen über die KAG auf eine Beaufsichtigung der Unternehmensaktionäre durch die BaFin ab. Für den Fall einer InvAG wird lediglich die 50%-Schwelle als bedeutende Beteiligung angesehen. Im Rahmen der Beteiligungsanzeige sind nach § 19 Angaben zur Beurteilung der Zuverlässigkeit des Mehrheitsaktionärs zu machen. Die BaFin kann weitere Angaben oder Unterlagen verlangen, falls dies für die Beurteilung der Zuverlässigkeit des Inhabers der bedeutenden Beteiligung (Unternehmensaktionär) erforderlich ist (EDD/*Dornseifer* § 108 Rn. 62). Da im Regelfall lediglich die Unternehmensaktien Stimmrechte gewähren und zur Teilnahme an der HV berechtigen, ist es folgerichtig, dass in § 108 III für die Frage einer bedeutenden Beteiligung insbesondere auf die Stimmrechte abgestellt wird. Missglückt ist hingegen die alternative Nennung des Kapitals. Ein Anlageaktionär, der in der Regel stimmrechtslose Anlageaktien erwirbt, ist faktisch nicht in der Lage, zu überprüfen, ob er die 50%-Schwelle des Abs. 3 über- bzw. unterschreitet. Da es auch im Falle von Beteiligungsschwellen an einem Sondervermögen keine entsprechenden Anzeigepflichten gibt, ist davon auszugehen, dass der Gesetzgeber bei den Anzeigepflichten des Abs. 3 lediglich auf die stimmberechtigten Unternehmensaktien abstellt. Macht eine InvAG von der Möglichkeit des § 108 III 2 in ihrer Satzung Gebrauch, dh, auch die Anlageaktien gewähren Stimmrechte und berechtigen zur Teilnahme an der HV, so findet **14**

§ 108 III auch auf stimmberechtigten Anlageaktien Anwendung. Auf stimmrechtslose Anlageaktien findet § 108 III hingegen keine Anwendung.

V. Ausschluss: Wertpapiererwerbs- und Übernahmegesetz

15 Ausweislich der Gesetzesbegründung zum InvÄndG macht es die Stellung der InvAG als Investmentvehikel mit einem besonderen Rechnungslegungsregime auf der einen Seite und deren teilweise gesellschaftsrechtliche Loslösung von aktienrechtlichen Vorschriften auf der anderen Seite erforderlich, dass eine InvAG nur durch Neugründung errichtet werden kann und nach Errichtung nicht mit anderen Gesellschaftsformen, auch nicht mit einer KAG, verschmolzen oder in anderer Weise zusammengeführt werden kann (BT-Drs. 16/5576, 87). Die nach dem UmwG möglichen Maßnahmen sind somit auf InvAG weder im Rahmen der Errichtung noch nach der Errichtung anwendbar. Das UmwG findet somit gem. § 108 V auch unter der Geltung des neugefassten KAGB auf eine InvAG keine Anwendung. Lediglich die in § 181 normierten Verschmelzungsfälle sind für eine InvAG und ihre TGV zulässig.

§ 109 Aktien

(1) [1]**Die Aktien einer Investmentaktiengesellschaft mit veränderlichem Kapital bestehen aus Unternehmensaktien und Anlageaktien; eine Investmentaktiengesellschaft, die als Spezialinvestmentaktiengesellschaft mit veränderlichem Kapital errichtet wurde, kann auf die Begebung von Anlageaktien verzichten.** [2]**Die Aktien der Investmentaktiengesellschaft mit veränderlichem Kapital lauten auf keinen Nennbetrag.** [3]**Sie müssen als Stückaktien begeben werden und am Vermögen der Investmentaktiengesellschaft mit veränderlichem Kapital (Gesellschaftskapital) in gleichem Umfang beteiligt sein, es sei denn, die Investmentaktiengesellschaft lässt in der Satzung auch eine Beteiligung nach Bruchteilen zu.**

(2) [1]**Die Personen, die die Investmentaktiengesellschaft mit veränderlichem Kapital unter Leistung der erforderlichen Einlagen gründen, müssen die Unternehmensaktien übernehmen.** [2]**Nach der Gründung können weitere Personen gegen Leistung von Einlagen und Übernahme von Unternehmensaktien beteiligt werden.** [3]**Die Unternehmensaktien müssen auf Namen lauten.** [4]**Die Unternehmensaktionäre sind zur Teilnahme an der Hauptversammlung der Investmentaktiengesellschaft mit veränderlichem Kapital berechtigt und haben ein Stimmrecht.** [5]**Eine Übertragung der Unternehmensaktien ist nur zulässig, wenn der Erwerber sämtliche Rechte und Pflichten aus diesen Aktien übernimmt.** [6]**Die Unternehmensaktionäre und jeder Wechsel in ihrer Person sind der Bundesanstalt anzuzeigen, es sei denn, die Investmentaktiengesellschaft ist eine Spezialinvestmentaktiengesellschaft mit veränderlichem Kapital.**

(3) [1]**Anlageaktien können erst nach Eintragung der Investmentaktiengesellschaft mit veränderlichem Kapital in das Handelsregister begeben werden.** [2]**Sie berechtigen nicht zur Teilnahme an der Hauptversammlung der Investmentaktiengesellschaft und gewähren kein Stimmrecht, es sei denn, die Satzung der Investmentaktiengesellschaft sieht dies ausdrücklich**

vor. [3]Auf Anlageaktien findet § 139 Absatz 2 des Aktiengesetzes keine Anwendung.

(4) **Aktien dürfen nur gegen volle Leistung des Ausgabepreises ausgegeben werden.**

(5) **Bei Publikumsinvestmentaktiengesellschaften mit veränderlichem Kapital sind Sacheinlagen unzulässig.**

Schrifttum: *Fischer* Die Investmentaktiengesellschaft aus aufsichtsrechtlicher und gesellschaftsrechtlicher Perspektive, 2008.

I. Einleitung

Die Regelung des § 109 schreibt die ehemaligen Vorschriften des § 96 I 2–4, Ib u. Ic InvG sowie § 103 InvG fort. Die Regelungsinhalte wurden hier identisch übernommen. Aus gesellschaftsrechtlicher Perspektive kommt der Vorschrift des § 109 eine zentrale Bedeutung zu. In unterschiedlicher Form wird hier von den allgemeinen Vorschriften für Aktien einer herkömmlichen Aktiengesellschaft (§§ 1–22 AktG) abgewichen, um den Besonderheiten der InvAG als Plattform für offene Investmentvermögen gerecht zu werden. Der deutsche Gesetzgeber hat sich hier am rechtlichen Rahmen der Luxemburger SICAV orientiert, die wiederrum im Wesentlichen den durch die OGAW-RL vorgegebenen Rahmen nutzt. 1

Die Ausgestaltung von Aktien einer InvAG als Unternehmens- und Anlageaktien wurde in Anlehnung an das schweizerische Investmentrecht geschaffen. Unternehmens- und Anlageaktien sind dem luxemburger Investmentrecht hingegen fremd. Dies ist als Standortvorteil für den Fondsstandort Deutschland zu werten (EDD/*Dornseifer* § 109 Rn. 7). Eine feindliche Übernahme einer Publikums-InvAG ist somit grds. ausgeschlossen, da die Anleger lediglich stimmrechtslose Anlageaktien erwerben können und der Fondsinitiator die stimmberechtigten Unternehmensaktien hält (BSL/*Fischer/Steck* InvG § 96 Rn. 5). Im Fall einer SICAV halten hingegen die Anleger alle stimmberechtigten Anteile, so dass im Falle von entsprechenden Mehrheiten der Verwaltungsrat bzw. Vorstand einer SICAV ausgetauscht und somit die SICAV von den Anlegern „feindlich übernommen" werden könnte. 2

II. Das Gesellschaftskapital

In § 109 I 3 wird das Vermögen der InvAG als das **„Gesellschaftskapital"** definiert. In Abkehr vom tradierten Aktienrecht wurde im Rahmen des InvÄG der bislang auch für die InvAG verwendete **Begriff des Grundkapitals durch den neu geschaffenen Begriff des Gesellschaftskapitals ersetzt,** um die investmentrechtliche Besonderheit des veränderlichen Kapitals der InvAG hervorzuheben und es vom Grundkapital einer herkömmlichen AG abzugrenzen (BT-Drs. 16/5576, 98). Diese investmentrechtliche Novität ist sowohl mit dem deutschen Gesellschaftsrecht als auch mit den europarechtlichen Vorgaben vereinbar. So sind auf eine InvAG (mit veränderlichem Kapital) die Vorschriften über die Kapitalaufbringung und -erhaltung nach der zweiten gesellschaftsrechtlichen Richtlinie (RL 77/91/EWG des Rates v. 13.12.1976 idF v. 23.9.2003) nicht anwendbar. Auch die Anforderungen der OGAW-RL werden durch den Begriff des Gesellschaftskapitals gewahrt. 3

4 Der Begriff der **Veränderlichkeit des Kapitals** einer InvAG hat damit eine weitergehende Bedeutung erhalten. Das Gesellschaftskapital einer InvAG verändert ihren Betrag künftig nicht nur bei der **Ausgabe und der Rücknahme von Aktien,** sondern zusätzlich aufgrund von **Schwankungen der Verkehrswerte** der von der InvAG gehaltenen Anlagegegenstände. Die Kapitalziffer der InvAG unterscheidet sich daher grundlegend von der Kapitalziffer einer herkömmlichen AG, so dass die Verwendung des Begriffs „Grundkapital" im Falle einer InvAG im Rechtsverkehr als irreführend angesehen werden könnte, zumal mit dem Grundkapital einer herkömmlichen AG oftmals die Geltung der Vorschriften über Kapitalaufbringung und -erhaltung in Verbindung gebracht wird, was bei einer InvAG jedoch nicht der Fall ist (BT-Drs. 16/5576, 84).

III. Unternehmensaktien

5 Im Rahmen des InvÄndG wurden in Anlehnung an das schweizerische und liechtensteinische Investmentrecht erstmals die Aktientypen der **Unternehmens- und Anlageaktien** für eine InvAG eingeführt. Insoweit beschreitet der deutsche Gesetzgeber im Vergleich zum luxemburgischen und irischen Recht einen anderen Weg. Beide Aktientypen lauten auf keinen Nennbetrag (§ 109 I 2), müssen als **Stückaktien** begeben werden und sind am Vermögen der InvAG (Gesellschaftskapital) in gleichem Umfang beteiligt (§ 109 I 3). Als Ausnahme von diesem Grundsatz kann die Satzung eine Regelung vorsehen, dass von der InvAG Aktien begeben werden, die nur einen **Bruchteil eines vollen Anteils** repräsentieren. Damit ist die InvAG auch als Anlagevehikel für sog. **Sparpläne** geeignet. Dies stellt eine Abweichung der allgemeinen Regelungen für InvAG von den allgemeinen Regelungen für Sondervermögen dar. Für Anteile an einem Sondervermögen sieht das InvG keine Bruchteile vor.

6 Gemäß § 109 II 1 müssen die **Unternehmensaktien** vom Initiator übernommen werden. Eine InvAG kann auch von mehreren Initiatoren errichtet werden. Nach der Gründung können weitere Personen gegen Leistung von Einlagen und Übernahme von Unternehmensaktien als Unternehmensaktionäre an der InvAG beteiligt werden. Die Unternehmensaktien müssen stets auf den Namen lauten (§ 109 II 3). **Unternehmensaktien berechtigen zur Teilnahme an der Hauptversammlung** der InvAG und gewähren dort Stimmrechte (§ 109 II 4). Die Übertragung der Unternehmensaktien ist nur zulässig, wenn der Erwerber sämtliche Rechte und Pflichten aus diesen Aktien übernimmt (§ 109 II 5). Die Unternehmensaktionäre und Wechsel in ihrer Person sind der BaFin anzuzeigen (§ 109 II 6). Diese **Anzeigepflicht** entfällt, wenn die InvAG als eine **Spezial-InvAG** errichtet worden ist (§ 109 II 6 Hs. 2). Während die Unternehmensaktien grundsätzlich dem Initiator der InvAG vorbehalten sind, sind die **Anlageaktien** den eigentlichen Investoren als Anlagegegenstände zugedacht. Wird die InvAG als Spezial-InvAG errichtet, so kann auf die Begebung von Anlageaktien verzichtet werden (§ 109 I 1).

7 Die Einführung von Unternehmens- und Anlageaktien trägt dem Umstand Rechnung, dass grundsätzlich nur dem hinter der InvAG stehenden Sponsor an einer echten unternehmerischen Beteiligung im herkömmlichen Verständnis – insb. über die **Ausübung gesellschaftsrechtlicher Mitbestimmungsrechte,** wie Stimmrechte in der Hauptversammlung – gelegen ist. Der eigentliche Anleger einer InvAG ist hingegen grds. nicht an einer Ausübung gesellschaftsrechtlicher Leitungsmacht interessiert; ihm ist lediglich an einer passiven Kapitalanlage gelegen.

Die Erfahrungen in anderen Jurisdiktionen – wie bspw. in den USA – haben gezeigt, dass unzufriedene Aktionäre einer Investmentgesellschaft ihren Unmut nicht in der Hauptversammlung äußern, sondern **„mit den Füßen abstimmen"**, also abwandern, indem sie ihre Anteile an der Investmentgesellschaft veräußern oder diese zurückgeben. Daneben ist die Einführung der beiden Aktientypen als Lösung für das vermeintliche Problem einer **„feindlichen Übernahme"** der InvAG durch einen Mitbewerber anzusehen.

Für die Unternehmensaktien kann ein separates TGV errichtet werden. In der Regel werden die Unternehmensaktien jedoch nicht auf ein separates TGV lauten, sondern die InvAG wird für mindestens ein TGV Anlage- und Unternehmensaktien begeben. Ist die InvAG nicht als **Umbrella-Konstruktion** errichtet, so stellt sich dieses Problem nicht. In diesem Fall partizipieren die Unternehmens- und Anlageaktien gleichermaßen an dem einen Gesellschaftsvermögen der InvAG. Das Verhältnis der Unternehmens- und Anlageaktien ist in diesem Fall dem Verhältnis von **Stamm- und Vorzugsaktien einer herkömmlichen AG vergleichbar,** mit dem einzigen Unterschied, dass die Unternehmensaktien grds. im gleichen Umfang wie die Anlageaktien am Erfolg des Gesellschaftsvermögens partizipieren. Es besteht insoweit grds. kein Vorzug für die Anlageaktien. Beabsichtigt der Initiator die Unternehmensaktien nicht am Erfolg des Gesellschaftsvermögens zu beteiligen, so besteht die Möglichkeit, für die Unternehmens- und die Anlageaktien jeweils getrennte **Aktienklassen** zu bilden (zu der Bildung von Aktienklassen s. *Fischer* NZG 20007, 133). 8

IV. Anlageaktien

Gemäß § 109 I 1 gibt die InvAG neben den Unternehmensaktien Anlageaktien aus, die von den eigentlichen Anlegern quasi als „Anteilsschein" des Investmentfonds des gesellschaftsrechtlichen Typs erworben werden. Nach § 109 III 1 können Anlageaktien im Unterschied zu den Unternehmensaktien erst nach Eintragung der InvAG in das Handelsregister begeben werden. Diese Regelung dient vornehmlich dem **Anlegerschutz.** Gemäß § 109 III 2 **berechtigen die Anlageaktien grds. nicht zur Teilnahme an der Hauptversammlung und gewähren insbesondere kein Stimmrecht.** Allerdings kann in der **Satzung** der InvAG eine Regelung aufgenommen werden, wonach auch die Anlageaktien Stimmrechte gewähren und zur Teilnahme an der Hauptversammlung berechtigen. Die Regelung des § 139 II AktG findet auf Anlageaktien ausdrücklich keine Anwendung (§ 109 III 3). Damit können stimmrechtslose Anlageaktien betragsmäßig auch mehr als bis zur Hälfte des Gesellschaftskapitals der InvAG ausgegeben werden. Im Regelfall werden die stimmrechtslosen Anlageaktien den weitaus größeren Teil der von einer InvAG emittierten Aktien ausmachen. 9

V. Auf den Namen lautende Anlageaktien

Gemäß § 109 I 1 begibt eine InvAG grds. Unternehmens- und Anlageaktien. 10
Während die Unternehmensaktien nach § 109 II 1 dem Initiator der InvAG vorbehalten sind, sind die **Anlageaktien für die eigentlichen Investoren** vorgesehen. Ausweislich der ausdrücklichen Regelung des § 109 II 3 müssen die Unternehmensaktien auf den Namen lauten. Es handelt sich somit um Namensaktien im herkömmlichen aktienrechtlichen Verständnis. Für die Ausgestaltung der Anlageaktien sieht das Investmentgesetz keine vergleichbare Regelung vor. Aufgrund

des Verweises in § 108 II auf die allgemeinen aktienrechtlichen Bestimmungen finden hier folglich die einschlägigen Regelungen des Aktienrechts Anwendung. Gemäß § 10 I AktG besteht bei der Ausgestaltung der Aktien einer herkömmlichen AG eine **Wahlfreiheit, ob die Gesellschaft Inhaber- oder Namensaktien begibt.** Auch beide Formen können von einer AG nebeneinander ausgegeben werden. Diese Vorschrift findet in Ermangelung einer spezialgesetzlichen Regelung im InvG auf eine InvAG über § 108 II entsprechende Anwendung. Eine InvAG kann damit auf den Namen lautende Anlageaktien begeben.

VI. Bezugsrechtsausschluss im Falle von Anlageaktien mit Stimmrechten

11 Nach § 109 II 3 müssen lediglich die **Unternehmensaktien auf den Namen lauten.** Die Anlageaktien werden in der Regel als Inhaberaktien ausgegeben. Gemäß § 109 II iVm § 10 I AktG können auch die Anlageaktien einer InvAG auf den Namen lauten (→ Rn. 10). Es sind gewisse Anlagestrategien denkbar, bei denen es sich für den Initiator einer InvAG empfiehlt, wenn auch die Anlageaktien auf den Namen lauten (etwa bei einer auf den US-amerikanischen Aktienmarkt ausgerichteten Anlagestrategie, um die konkrete Zusammensetzung der Anlegerschaft für steuerliche Zwecke nachweisen zu können). Gewähren die Anlageaktien das Recht zur Teilnahme an der HV sowie Stimmrechte gem. § 109 III 2, so besteht für diese Anlageaktionäre im Fall einer Kapitalerhöhung (durch die Ausgaben junger Aktien) grds. ein Bezugsrecht gem. § 186 AktG.

12 Nach § 115 wird im Falle einer InvAG das „Gesellschaftskapital" wiederholt durch die Ausgabe neuer Aktien auf der Basis eines Beschlusses des Vorstands der InvAG erhöht. Im Falle einer InvAG erfolgt die Kapitalerhöhung aufgrund von Praktikabilitätserwägungen somit nicht durch den Beschluss der Hauptversammlung, sondern durch einen Beschluss des Vorstands (*Fischer* 2008, 61 f.). Nach Maßgabe des § 186 III 1 AktG kann das Bezugsrecht der Altaktionäre im Beschluss über die Erhöhung des Grundkapitals – im Falle einer InvAG im Beschluss des Vorstands über die Erhöhung des Gesellschaftskapitals – ausgeschlossen werden. Insoweit kann der Vorstand einer InvAG im Rahmen seines Beschlusses über die Ausgabe neuer Aktien und der damit einhergehenden Erhöhung des Gesellschaftskapitals das Bezugsrecht der Altaktionäre ausschließen.

VII. Die Verbriefung der Aktien

13 Sowohl die Unternehmens- als auch die Anlageaktien werden jeweils durch eine sog. **„Bis-zu-Globalurkunde"** verbrieft. Der Text lautet im Falle von Anlageaktien wie folgt:

> *„Globalurkunde zur Verbriefung der Anlageaktien am TGV [Bezeichnung] über bis zu [Anzahl] auf den Inhaber lautende Stückaktien."*

14 Die Anzahl der jeweils konkret durch die Globalurkunde verbrieften und begebenen Aktien ergibt sich aus dem jeweils aktuellen Auszug des Aktienregisters bzw. Aktienverzeichnisses als Bestandteil der Globalurkunde. Da sich aus der **„Bis-zu-Globalurkunde"** idR aufgrund der Veränderlichkeit des Gesellschaftskapitals die konkrete Anzahl der zu einem bestimmten Zeitpunkt begebenen Aktien nicht ergeben wird, ist es erforderlich, dass zusätzlich zur Globalurkunde ein **Aktien-**

register im Fall von Namensaktien sowie ein **Aktienverzeichnis im Falle von Inhaberaktien** erstellt und geführt wird. Aus der Kombination von Globalurkunde und Aktienverzeichnis bzw. Aktienregister ergibt sich die jeweils konkrete Zahl der begebenen Aktien. Ist die InvAG als Umbrella-Konstruktion ausgestaltet, so wird für jedes TGV eine separate Globalurkunde erstellt. Im Falle der Bildung von TGV sollte die Globalurkunde idealerweise einen Hinweis enthalten, dass die Inhaber von Miteigentumsanteilen an dieser Globalurkunde als Aktionäre der InvAG lediglich an dem TGV, auf das sie lauten, nach Maßgabe der Satzung beteiligt sind. Damit ist die vermögensrechtliche Beteiligung auch in der Globalurkunde als auf das jeweilige TGV beschränkt dokumentiert. Sollten die Unternehmensaktien auf ein TGV lauten, für das auch Anlageaktien begeben werden, so sind die beiden Aktientypen dennoch durch unterschiedliche Globalurkunden zu verbriefen, wie es bereits für Stämme und Vorzüge einer herkömmlichen AG üblich ist.

Die Globalurkunde ist vom Vorstand der InvAG in vertretungsberechtigter Anzahl zu unterzeichnen. 15

VIII. Verbot der Sacheinlage

In Gleichlauf zu § 71 I 3 normiert § 109 V ein Sacheinlageverbot für den Fall der Publikums-InvAG mit veränderlichem Kapital. Das Verbot der Sacheinlage gilt somit auf für jeden Form eines Publikums-TGV, das unter dem Umbrella einer InvAG gebildet wird. 16

§ 110 Satzung

(1) [1]Die Satzung der Investmentaktiengesellschaft mit veränderlichem Kapital muss die Bestimmung enthalten, dass der Betrag des Gesellschaftskapitals dem Wert des Gesellschaftsvermögens entspricht. [2]Der Wert des Gesellschaftsvermögens entspricht der Summe der jeweiligen Verkehrswerte der zum Gesellschaftsvermögen gehörenden Vermögensgegenstände abzüglich der aufgenommenen Kredite und sonstigen Verbindlichkeiten.

(2) [1]Satzungsmäßig festgelegter Unternehmensgegenstand der Investmentaktiengesellschaft mit veränderlichem Kapital muss ausschließlich die Anlage und Verwaltung ihrer Mittel nach einer festen Anlagestrategie und dem Grundsatz der Risikomischung zur gemeinschaftlichen Kapitalanlage

1. **bei OGAW-Investmentaktiengesellschaften mit veränderlichem Kapital nach Kapitel 2 Abschnitt 1 und 2,**
2. **bei AIF-Publikumsinvestmentaktiengesellschaften mit veränderlichem Kapital nach Kapitel 2 Abschnitt 1 und 3 und**
3. **bei Spezialinvestmentaktiengesellschaften mit veränderlichem Kapital gemäß Kapitel 3 Abschnitt 1 und 2 und, sofern es sich um einen offenen Entwicklungsförderungsfonds handelt, gemäß den §§ 292a bis 292c**

zum Nutzen ihrer Aktionäre sein. [2]Die Satzung hat vorzusehen, dass die Aktionäre ein Recht zur Rückgabe ihrer Aktien nach den Vorgaben dieses Gesetzes haben.

(3) **Die Satzung von Spezialinvestmentaktiengesellschaften mit veränderlichem Kapital muss zusätzlich festlegen, dass die Aktien ausschließlich von professionellen Anlegern und semiprofessionellen Anlegern erworben werden dürfen.**

(4) **[1]Die Änderungen der Satzung einer OGAW-Investmentaktiengesellschaft bedürfen der Genehmigung. [2]§ 163 Absatz 2 Satz 1, 2 und 4 bis 8 gilt entsprechend.**

1 **1. Gesellschaftskapital.** In Abkehr vom tradierten Aktienrecht wurde bereits im Rahmen des InvÄG der bis dato auch für die InvAG verwendete Begriff des Grundkapitals durch den neu geschaffenen Begriff des Gesellschaftskapitals ersetzt. Es handelt sich insoweit um eine aufsichtsrechtliche **lex specialis.** Dies zeigt nochmals, dass die InvAG zuerst ein Vehikel für die gemeinsame Kapitalanlage ist und nur nachgelagert eine Aktiengesellschaft. Zudem wird hiermit die investmentrechtliche Besonderheit des veränderlichen Kapitals der InvAG hervorgehoben und dieses so vom Grundkapital einer herkömmlichen AG abgegrenzt (BT-Drs. 16/5576, 83).

2 In § 109 I 3 wird das Vermögen der InvAG als das **„Gesellschaftskapital"** definiert. Gemäß § 110 I 1 muss die Satzung der InvAG eine Bestimmung enthalten, dass der Betrag des Gesellschaftskapitals dem Wert des Gesellschaftsvermögens entspricht.

Das Gesellschaftskapital als investmentrechtliche Sonderregelung ist sowohl mit dem deutschen Gesellschaftsrecht als auch mit den europarechtlichen Vorgaben vereinbar. So sind auf eine InvAG mit veränderlichem Kapital die Vorschriften über die Kapitalaufbringung und -erhaltung nach der Zweiten gesellschaftsrechtlichen Richtlinie (RL 77/91/EWG des Rates v. 13.12.1976 idF v. 23.9.2003) nicht anwendbar. Auch die Anforderungen der OGAW-RL werden durch den Begriff des Gesellschaftskapitals gewahrt.

3 Der Begriff der **Veränderlichkeit des Kapitals** einer InvAG hat damit eine weitergehende Bedeutung erhalten. Das Gesellschaftskapital einer InvAG verändert ihren Betrag nicht nur bei der **Ausgabe und der Rücknahme von Aktien,** sondern zusätzlich aufgrund von **Schwankungen der Verkehrswerte** der von der InvAG gehaltenen Anlagegegenstände. Die Kapitalziffer der InvAG unterscheidet sich daher grundlegend von der Kapitalziffer einer herkömmlichen AG, so dass die Verwendung des Begriffs „Grundkapital" im Falle einer InvAG im Rechtsverkehr als irreführend angesehen werden könnte, zumal mit dem Grundkapital einer herkömmlichen AG oftmals die Geltung der Vorschriften über Kapitalaufbringung und -erhaltung in Verbindung gebracht wird, was bei einer InvAG jedoch nicht der Fall ist (BT-Drs. 16/5576, 84).

4 **2. Passive Kapitalanlage.** Gemäß Abs. 2 ist der aufsichtsrechtlich zulässige satzungsmäßig festgelegte Unternehmensgegenstand der InvAG mit veränderlichem Kapital ausschließlich auf die Anlage und Verwaltung ihrer Mittel nach einer festen Anlagestrategie und dem Grundsatz der Risikomischung zur gemeinschaftlichen Kapitalanlage beschränkt. Auch diese Vorschrift verdeutlicht, dass die InvAG mit veränderlichem Kapital vornehmlich eine Kapitalsammelstelle für die passive Kapitalanlage ist. Es ist einem Investmentfonds grds. wesensimmanent, dass dieser bzw. sein Management keinen Einfluss auf investierte Zielgesellschaften nimmt. Eine Ausnahme hiervon sind sog. Private Equity oder Venture Capital Fonds. Solche sind jedoch in der Rechtsform einer InvAG mit veränderlichem Kapital grundsätz-

lich nicht errichtbar, jedenfalls dann nicht, wenn hierdurch die für die jeweilige Fondsform anzuwendenden Anlagegrenzen gerissen werden würden.

3. Qualifizierte Anleger. Die Satzung einer Spezial-InvAG mit veränderlichem Kapital muss zudem festlegen, dass die Aktien ausschließlich von professionellen Anlegern und semiprofessionellen Anlegern erworben werden dürfen. Damit gelten auch für einen Spezialfonds im Rechtskleid einer InvAG die im Rahmen der Schaffung des KAGB neu entwickelten Anforderungen an die Anlegerschaft eines solchen. Die Begriffe (1) professioneller Anleger gem. § 1 XIX Nr. 33 und (2) semiprofessioneller Anleger gemäß § 1 XIX Nr. 32 gehen auf die MiFID-RL zurück. 5

4. Genehmigung der BaFin. Die Änderungen der Satzung einer OGAW-Investmentaktiengesellschaft bedürfen nach Abs. 4 einer Genehmigung durch die BaFin. Im Umkehrschluss bedarf die Änderung der Satzung einer AIF-InvAG keiner Genehmigung durch die Bundesanstalt (EDD/*Dornseifer* § 110 Rn. 47). 6

§ 111 Anlagebedingungen

[1]Die Anlagebedingungen der Investmentaktiengesellschaft mit veränderlichem Kapital sind zusätzlich zur Satzung zu erstellen. [2]Die Anlagebedingungen sind nicht Bestandteil der Satzung; eine notarielle Beurkundung ist nicht erforderlich. [3]In allen Fällen, in denen die Satzung veröffentlicht, ausgehändigt oder in anderer Weise zur Verfügung gestellt werden muss, ist auf die jeweiligen Anlagebedingungen zu verweisen und sind diese ebenfalls zu veröffentlichen oder zur Verfügung zu stellen.

I. Anlagebedingungen als gesetzliche Pflicht

Gemäß § 111 S. 1 ist die InvAG verpflichtet, zusätzlich zur Satzung Anlagebedingungen zu erstellen. Die Vorschrift des § 111 S. 1 folgt dem ehemaligen § 96 Id InvG nach. Allerdings wurde die Regelung im Rahmen der Schaffung des KAGB verschärft. Während die InvAG unter dem InvG ein Wahlrecht (kann) bzgl. der Schaffung von Anlagebedingungen hatte, sind diese nun unter dem KAGB zwingend erforderlich (muss). Die **Anlagebedingungen sind nicht Bestandteil der Satzung;** eine notarielle Beurkundung ist auch unter dem KAGB nicht erforderlich (§ 111 S. 2). Ferner bedürfen die Anlagebedingungen grds. der **Genehmigung** durch die BaFin, es sei denn, es liegt ein sog. Spezial-AIF-TGV iSd § 273 vor. In diesem Fall sind die Anlagebedingungen der BaFin vorzulegen. Auch dieses Erfordernis wurde mit der Schaffung des KAGB neu aufgenommen. Auf die Genehmigung der Anlagebedingungen finden die Regelungen des § 163 Anwendung, soweit es sich bei einem TGV um ein offenes Publikumsinvestmentvermögen handelt. Damit findet insb. auch die **Genehmigungsfiktion** des § 163 II 5 auf die Anlagebedingungen einer InvAG bzw. eines TGV einer InvAG Anwendung. Ferner hat auch die InvAG den gesetzlichen Anspruch, sich den Eintritt der Fiktion schriftlich von der BaFin bestätigen zu lassen. Im Übrigen ist auch der Antrag auf Genehmigung von Anlagebedingungen durch den Vorstand der InvAG gem. § 163 II 7 zu unterschreiben. Die Bevollmächtigung eines Mitarbeiters oder eines anwaltlichen Vertreters ist zulässig. Beantragt die InvAG jedoch die Genehmigung einer Änderung der Satzung der InvAG, so findet diese Regelung (§ 163 II 7) keine Anwen- 1 dung, da über die Satzungsänderung nicht der Vorstand, sondern die Hauptversammlung der InvAG beschließt. An dieser Stelle zeigt sich ein zentraler Unterschied zwischen der Satzung einer InvAG und den Anlagebedingungen. **Die Hoheit über die Satzung** bleibt wie bei einer herkömmlichen AG bei den stimmberechtigten Aktionären. Über die Anlagebedingungen entscheidet hingegen grds. der Vorstand nach pflichtgemäßem Ermessen alleine. Wird die InvAG als Umbrella-Konstruktion ausgestaltet, so sind vom Vorstand für jedes TGV Anlagebedingungen zu erstellen und diese bei der BaFin zur Genehmigung einzureichen.

II. TGV im Vergleich

2 Die Schaffung von Anlagebedingungen als Äquivalent zu den Allgemeinen Anlagebedingungen und Besonderen Anlagebedingungen eines herkömmlichen Sondervermögens war ein wesentlicher Schritt hin zur Praxistauglichkeit und Gleichstellung der InvAG als deutsches Fondsvehikel. Die Satzung einer InvAG kann heute bzgl. der unter ihrem Dach zulässigen Anlagestrategien sehr schlank ausgestaltet sein. Die eigentlich relevanten Regelungen können somit alle in den Anlagebedingungen geregelt werden. Im europäischen Wettbewerb zeigt die InvAG hier sogar ein Mehr an Spielraum und Flexibilität als ihr luxemburger Gegenstück, die SICAV. Dies gilt weiterhin insb. auf dem Gebiet der Spezialfonds. Hier bedarf ein Spezialinvestmentfonds unter dem Dach einer SICAV weiterhin der Genehmigung der luxemburger Finanzaufsicht CSSF (Commission de Surveillance du Secteur Financier), während im Falle eines Spezial-AIF unter dem Dach einer InvAG dessen Anlagebedingungen der BaFin nur vorzulegen sind.

§ 112 Verwaltung und Anlage

(1) [1]Die Investmentaktiengesellschaft mit veränderlichem Kapital kann eine ihrem Unternehmensgegenstand entsprechende externe Kapitalverwaltungsgesellschaft bestellen. [2]Dieser obliegt neben der Ausführung der allgemeinen Verwaltungstätigkeit insbesondere auch die Anlage und Verwaltung der Mittel der Investmentaktiengesellschaft mit veränderlichem Kapital. [3]Die Bestellung einer externen Kapitalverwaltungsgesellschaft ist kein Fall des § 36 und auch nicht als Unternehmensvertrag im Sinne des Aktiengesetzes anzusehen. [4]§ 99 ist entsprechend anzuwenden. [5]§ 100 ist entsprechend anzuwenden mit der Maßgabe, dass das Verwaltungs- und Verfügungsrecht über das Gesellschaftsvermögen nur dann auf die Verwahrstelle zur Abwicklung übergeht, wenn

1. die Investmentaktiengesellschaft mit veränderlichem Kapital
   a) sich nicht in eine intern verwaltete Investmentaktiengesellschaft mit veränderlichem Kapital umwandelt oder
   b) keine andere Kapitalverwaltungsgesellschaft bestellt und

2. dies
   a) bei Publikumsinvestmentaktiengesellschaften mit veränderlichem Kapital jeweils von der Bundesanstalt genehmigt wird und
   b) bei Spezialinvestmentaktiengesellschaften mit veränderlichem Kapital jeweils der Bundesanstalt angezeigt wird.

[6]Im Fall der Bestellung einer anderen Kapitalverwaltungsgesellschaft ist § 100b entsprechend anzuwenden.

(2) **[1]Eine intern verwaltete Investmentaktiengesellschaft mit veränderlichem Kapital darf bewegliches und unbewegliches Vermögen erwerben, das für den Betrieb der Investmentaktiengesellschaft notwendig ist (Investmentbetriebsvermögen). [2]Den Erwerb darf sie nicht mit Kapital aus der Begebung von Anlageaktien bestreiten. [3]Als Publikumsinvestmentaktiengesellschaften mit veränderlichem Kapital darf sie maximal Kredite in Höhe von bis zu 10 Prozent ihres Gesellschaftsvermögens aufnehmen, soweit dies den Erwerb von unbeweglichem Vermögen ermöglichen soll, das für die Ausübung ihrer Tätigkeit notwendig ist; die Kreditaufnahme darf jedoch zusammen mit der Kreditaufnahme gemäß § 199 nicht mehr als 15 Prozent oder zusammen mit der Kreditaufnahme gemäß § 221 Absatz 6 nicht mehr als 25 Prozent des Gesellschaftsvermögens betragen.**

I. Einleitung

Bereits unter der Geltung des aufgehobenen InvG konnte eine InvAG nach § 96 IV 1 seit dem InvÄndG eine KVG als Verwaltungsgesellschaft benennen. Dieser Sachverhalt wurde im InvG als fremdverwaltete InvAG legaldefiniert. Die Fremdverwaltung durch eine KVG ging auf die OGAW-RL zurück. Hier ist in Art. 13a I OGAW-RL neben der selbstverwalteten InvAG auch die Fremdverwaltung eines Fonds im gesellschaftsrechtlichen Kleid vorgesehen. In den meisten Fondsindustriestaaten hat die Fremdverwaltung der Investmentgesellschaft mit veränderlichem Kapital Einzug gefunden und stellt dort idR die am meisten verbreitete Fondsform dar. So sind bspw. in Luxemburg ca. 90% der bestehenden SICAV durch eine Verwaltungsgesellschaft fremdverwaltet. 1

Mit der Einführung des KAGB wurde einerseits der ehemalige Begriff der Kapitalanlagegesellschaft durch den Begriff der Kapitalverwaltungsgesellschaft (KVG) ersetzt. Anderseits wird als Folge der Umsetzung der AIFM-RL nun zwischen OGAW-KVG und AIF-KVG unterschieden. Schließlich wurden die Formen der sog. internen KVG und der externen KVG eingeführt. Eine interne KVG ist nach § 17 II Nr. 1 das Investmentvermögen selbst, wenn dieses nach seiner Rechtsform eine interne Verwaltung zulässt und keine externe KVG von der Geschäftsleitung bestellt wurde. Der Begriff der externen Verwaltung des InvG wurde somit im Rahmen der Neufassung des deutschen Investmentrechts durch das KAGB zur sog. externen Verwaltung. Inhaltlich hat sich durch den Wechsel der Bezeichnung hingegen nichts geändert. 2

II. Externe Verwaltung

Eine InvAG kann eine ihrem Unternehmensgegenstand entsprechende externe KVG bestellen. Das heißt, eine extern verwaltete OGAW-InvAG muss mit der externen Verwaltung eine OGAW-KVG und eine extern verwaltete AIF- oder Spezial-InvAG muss eine AIF-KVG mandatieren. Gemäß § 112 I 2 obliegen der KVG im Rahmen der externen Verwaltung neben der Ausführung der allgemeinen Administration grundsätzlich auch die Anlage und Verwaltung der Mittel dieser InvAG. Im Übrigen ist die Benennung einer KVG als Verwaltungsgesellschaft ausdrücklich nicht als Auslagerungssachverhalt iSd § 36 und auch nicht als Unternehmensvertrag iSd § 291 I 1 AktG anzusehen (§ 112 I 3). Der Regelfall der externen 3

Verwaltung stellt somit die Erbringung aller für die InvAG anfallenden Tätigkeiten – und damit insb. auch die Vermögensverwaltung – durch die KVG dar.

III. Externe Verwaltung und Auslagerung

4 Die externe Verwaltung einer InvAG stellt keine Auslagerung iSd § 36 dar. Vielmehr handelt es sich hierbei um einen Vertrag sui generis. Die InvAG überträgt im Falle der Bestellung einer externen KVG – bis auf einige Prinzipalgeschäfte wie die Bestellung der Verwahrstelle – die gesamte Leitungskompetenz, einschließlich der damit verbundenen Verantwortung, auf die externe KVG (WBA/*M. Lorenz* § 112 Rn. 5). Wie schon die Regierungsbegründung zum InvÄndG klarstellte, wird die Möglichkeit zur Auslagerung durch die Benennung einer externen KVG nicht ausgeschlossen. Neben der externen Verwaltung sind damit **zusätzlich verschiedene Auslagerungsszenarien** möglich (EDD/*Dornseifer* § 112 Rn. 13f.) Zunächst kann die externe KVG, nachdem ihr alle Tätigkeiten auf der Basis des Vertrags über die externe Verwaltung übertragen wurden, einzelne oder mehrere Funktionen auf externe Dienstleister auslagern. Hierbei würde es sich um einen Fall der Auslagerung gem. § 36 für die externe KVG handeln. Im Vertrag über die externe Verwaltung können sich Regelungen befinden, die einen Zustimmungsvorbehalt zugunsten der InvAG für den Fall einer solchen Auslagerung durch die KVG vorsehen. Es ist jedoch auch denkbar, dass dieser Zustimmungsvorbehalt sich nur auf die für die InvAG wesentlichen Tätigkeiten, wie insb. die Vermögensverwaltung, bezieht und alle übrigen Tätigkeiten mangels Interesse ohne Zustimmung der InvAG von der externen KVG ausgelagert werden können.

5 Wenngleich die externe Verwaltung über eine Auslagerung, bei der einzelne Tätigkeiten an externe Dienstleister übertragen werden, bei der aber die Verantwortlichkeit für die übertragenen Tätigkeiten bei der auslagernden InvAG verbleiben, deutlich hinausgeht, lässt die externe Verwaltung die Organisationsstruktur der InvAG im Übrigen jedoch als solche unberührt (BT-Drs. 16/5567, 85; *Campbell/Müchler* ILF Working Paper Series No. 101, 4/2009). Auch wenn auf der Basis des **externen Verwaltungsvertrags** ein wesentlicher Teil der Rechte und Pflichten des Vorstands der InvAG auf die externe KVG übertragen wird, bleiben die **Prinzipal-Rechte und -Pflichten der Organe** der InvAG unberührt. Insbesondere bleibt es grundsätzlich bei der **eigenverantwortlichen Leitung der InvAG** durch den Vorstand gem. § 108 II KAGB iVm § 76 I AktG. Die externe KVG übernimmt keine aktienrechtlichen oder sonstigen allgemeinen Zuständigkeiten und Aufgaben der InvAG, insb. nicht deren Vertretung. Damit bleibt die InvAG organschaftlich durch ihren Vorstand vertreten. Auf der Basis des Vertrags über die externe Verwaltung wird die externe KVG lediglich **rechtsgeschäftlich zur Vertretung der InvAG ermächtigt.** Dennoch geht auf der Basis des externen Verwaltungsvertrags das Tagesgeschäft der InvAG und die damit einhergehende Verantwortlichkeit auf die externe KVG über. Mit Blick auf die externe Verwaltung verbleiben beim Vorstand der InvAG neben seinen originären aktien- und investmentrechtlichen Pflichten somit insb. **Auswahl**- (im Vorfeld) **und Überwachungspflichten** bezüglich der externen KVG.

6 Gemäß § 112 I 3 ist die Benennung einer externen KVG nicht als Unternehmensvertrag iSd § 291 I 1 AktG anzusehen. Der Vertrag über die externe Verwaltung qualifiziert damit auch nicht als Beherrschungsvertrag iSd § 291 I 1 AktG. Zwischen der InvAG und der externen KVG besteht damit kein Beherrschungsverhältnis (WBA/*M. Lorenz* § 112 Rn. 8). Die Leitung der InvAG als solche wird da-

mit nicht iSd herkömmlichen aktienrechtlichen Verständnisses auf die KVG übertragen. Vielmehr verbleibt zumindest die Entscheidung über die **Prinzipalgeschäfte** bei den Organen der InvAG. Hierzu zählen bspw. die Entscheidung des Vorstands über die Auflage neuer TGV im Falle einer Umbrella-Konstruktion, über die inhaltliche Ausgestaltung der Anlagebedingungen der TGV, die Auflösung/Liquidation eines TGV sowie die Entscheidung über die Verwendung des Bilanzgewinns auf Ebene der TGV.

IV. Haftungsverfassung der externen Verwaltung (Investmentviereck)

Im Zusammenhang mit der fremdverwalteten InvAG sind verschiedene Haftungsszenarien denkbar. Unstreitig sind hier etwaige **Ersatzansprüche der InvAG** gegenüber der externen KVG. Denn der Vertrag über die externe Verwaltung stellt einen Geschäftsbesorgungsvertrag dar, aus dessen schuldhafter Verletzung ein Anspruch der InvAG aus § 280 I BGB gegen die externe KVG resultiert. 7

Eine **Zurechnung (fremden) Verschuldens der externen KVG** auf die InvAG und damit eine Ersatzpflicht der InvAG gegenüber ihren Aktionären für die Pflichtverletzung der externen KVG ist nur unter den tatbestandlichen Voraussetzungen des § 278 BGB anzunehmen. Die externe KVG ist nur als Erfüllungsgehilfin der InvAG anzusehen, soweit sie Pflichten ausführt, die der InvAG schuldrechtlich gegenüber Dritten obliegen (s. umfassend *Campbell/Müchler* ILF Working Paper Series No. 101, 4/2009). 8

Unmittelbare Schadensersatzansprüche der Aktionäre gegenüber der externen KVG beurteilen sich nach §§ 280 I, 31 BGB analog, da infolge des investmentrechtlichen Pflichtenprogramms der externen KVG ein gesetzliches Schuldverhältnis zwischen der externen KVG und den Aktionären der InvAG besteht (*Campbell/Müchler* ILF Working Paper Series No. 101, 4/2009). Für einen Rückgriff auf das Institut des Vertrags mit Schutzwirkung zugunsten Dritter besteht insoweit regelmäßig kein Raum. In Betracht kommen indes in Ausnahmefällen Ansprüche aus § 823 I BGB wegen Verletzung des Mitgliedschaftsrechts der Aktionäre und aus § 823 II BGB wegen Verletzung eines (Anleger-)Schutzgesetzes. 9

V. Investmentbetriebsvermögen

Bereits im Zuge des InvÄndG wurde für intern verwaltete InvAG das sog. Investmentbetriebsvermögen geschaffen. Während im Falle einer extern verwalteten InvAG alle Aktien auf ein TGV lauten müssen, kann eine intern verwaltete InvAG auch Unternehmensaktien begeben, die nicht auf ein TGV lauten. Diese Unternehmensaktien verkörpern das Investmentbetriebsvermögen. Die bereits unter dem InvG bestehende Regelung wurde im KAGB fortgeschrieben. 10

Unter dem Investmentbetriebsvermögen ist nach der Legaldefinition des Abs. 2 S. 1 das bewegliche und unbewegliche Vermögen zu verstehen, das die InvAG erwirbt, weil es für den Betrieb der InvAG notwendig ist. Den Erwerb dieser Gegenstände darf die InvAG nicht mit Kapital aus der Begebung von Anlageaktien bestreiten. Im Falle einer Publikums-InvAG ist die Kreditaufnahme zudem beschränkt. 11

§ 113 Erlaubnisantrag und Erlaubniserteilung bei der extern verwalteten OGAW-Investmentaktiengesellschaft

(1) [1]**Eine extern verwaltete OGAW-Investmentaktiengesellschaft bedarf zum Geschäftsbetrieb der Erlaubnis durch die Bundesanstalt.** [2]**Die Erlaubnis darf der extern verwalteten OGAW-Investmentaktiengesellschaft nur erteilt werden, wenn**

1. **sie eine externe OGAW-Kapitalverwaltungsgesellschaft benannt hat,**
2. **die Geschäftsleiter der OGAW-Investmentaktiengesellschaft zuverlässig sind und die zur Leitung der OGAW-Investmentaktiengesellschaft erforderliche fachliche Eignung haben, auch in Bezug auf die Art des Unternehmensgegenstandes der OGAW-Investmentaktiengesellschaft, und**
3. **die Satzung der OGAW-Investmentaktiengesellschaft den Anforderungen dieses Gesetzes entspricht.**

[3]**Dem Antragsteller ist binnen zwei Monaten nach Einreichung eines vollständigen Antrags mitzuteilen, ob eine Erlaubnis erteilt wird.** [4]**Die Ablehnung des Antrags ist zu begründen.**

(2) [1]**Die Bundesanstalt kann die Erlaubnis außer nach den Vorschriften des Verwaltungsverfahrensgesetzes insbesondere dann aufheben oder, soweit dies im Einzelfall ausreichend ist, aussetzen, wenn**

1. **die OGAW-Investmentaktiengesellschaft die Erlaubnis auf Grund falscher Erklärungen oder auf sonstige rechtswidrige Weise erhalten hat,**
2. **die Voraussetzungen nach Absatz 1 nicht mehr erfüllt sind,**
3. **gegen die OGAW-Investmentgesellschaft auf Grund einer Ordnungswidrigkeit nach § 340 Absatz 1 Nummer 1 oder Absatz 2 Nummer 1 Buchstabe a oder Nummer 3 oder auf Grund einer wiederholten Ordnungswidrigkeit nach § 340 Absatz 2 Nummer 24 Buchstabe c oder Nummer 32 eine Geldbuße festgesetzt werden kann oder**
4. **die OGAW-Investmentaktiengesellschaft nachhaltig gegen die Bestimmungen dieses Gesetzes verstößt.**

[2]**Die §§ 15, 16 und 39 Absatz 4 gelten entsprechend.**

(3) **In den Fällen des Absatzes 2 kann die Bundesanstalt statt der Aufhebung der Erlaubnis die Abberufung der verantwortlichen Geschäftsleiter verlangen und ihnen oder einer anderen verantwortlichen natürlichen Person, die in der OGAW-Investmentaktiengesellschaft tätig ist, die Ausübung ihrer Tätigkeit untersagen.**

I. Einleitung

1 Mit der Einführung des KAGB wurde der ehemalige Begriff der Kapitalanlagegesellschaft durch den Begriff der Kapitalverwaltungsgesellschaft (KVG) in § 17 I ersetzt. Zudem wird als Folge der Umsetzung der AIFM-RL nun zwischen OGAW-KVG und AIF-KVG unterschieden. Schließlich wurden die Formen der sog. internen KVG und der externen KVG eingeführt. Eine interne KVG ist nach § 17 II Nr. 1 das Investmentvermögen selbst, wenn dieses nach seiner Rechtsform eine interne Verwaltung zulässt und keine externe KVG von der Geschäftsleitung bestellt wurde. Das Investmentvermögen nimmt also selbst die Aufgaben einer

KVG wahr. Als interne KVG kommen allein die gesellschaftsrechtlichen Fondsvehikel, die InvAG und die InvKG in Betracht. Die Norm des § 113 sieht nun besondere Anforderungen für die Erlaubnis einer extern verwalteten OGAW-InvAG vor. Eine extern verwaltete AIF-InvAG kann erlaubnisfrei errichtet werden (BT-Drs. 17/12294, 238; EDD/*Dornseifer* § 113 Rn. 3). Nach dem Verständnis der AIFM-RL soll es hier ausreichend sein, wenn die extern verwaltende KVG über eine entsprechende Erlaubnis verfügt.

II. Die extern verwaltete OGAW-InvAG

Eine extern verwaltete OGAW-InvAG bedarf gem. § 113 I 1 zur Aufnahme des Geschäftsbetriebs einer **schriftlichen Erlaubnis der BaFin.** Die InvAG ist hier grds. sowohl Vehikel (Substitut der KVG) als auch Fondsprodukt (Substitut des Sondervermögens). Eine InvAG kann als einzelner Investmentfonds oder aber als Umbrella-Konstruktion – in diesem Fall kann sie unter ihrem Dach eine unbegrenzte Zahl von haftungs- und insolvenzrechtlich separierten TGV bilden – errichtet werden. Soweit die InvAG als **Umbrella-Konstruktion** ausgestaltet ist, bedürfen auch die **Anlagebedingungen** der einzelnen TGV einer **Genehmigung der BaFin,** da es sich hierbei stets um OGAW-Fonds handelt. 2

III. Voraussetzungen der Erlaubniserteilung

Die Regelung des § 113 I folgt im Wesentlichen für die extern verwaltete OGAW-InvAG der ehemaligen Vorschrift des § 97 I 3 InvG aF nach. Die meisten der im Folgenden genannten Anforderungen sind auf die OGAW-RL zurückzuführen. Unabhängig von der späteren Anlagepolitik der InvAG bzw. ihrer TGV muss die gesellschaftsrechtliche Hülle stets die Anforderungen der OGAW-RL erfüllen. 3

Gemäß § 113 I 2 Nr. 2 müssen die Vorstände der InvAG zuverlässig sein und über die zur Leitung der InvAG erforderliche fachliche Eignung verfügen, auch in Bezug auf die Art des Unternehmensgegenstands der InvAG. Der 2. Hs. dieser Regelung wurde im Rahmen des InvÄndG ergänzt (BT-Drs. 16/6676, 29). Die Regelung trägt dem Umstand Rechnung, dass eine InvAG eine **Vielzahl von möglichen OGAW-konformen Anlagestrategien** verfolgen kann. Bei einer entsprechenden Konkretisierung und Beschränkung der Anlagepolitik in den Anlagebedingungen kann dies ggf. für einen Vorstandskandidaten den erleichterten Zugang zur fachlichen Eignung aufgrund des Nachweises von spezifischem Know-how in einem speziellen Gebiet bedeuten. Nach Maßgabe des § 99 II InvG aF idF des InvModG beurteilte sich die fachliche Eignung aufgrund einer entsprechenden Anwendung nach § 33 I 1 Nr. 3 und 4 KWG. Seit dem InvÄndG findet das KWG auf die InvAG keine Anwendung mehr. Gleichwohl gelten die hierzu von der BaFin herausgearbeiteten Verwaltungsgrundsätze nach wie vor in der Praxis fort. So muss die **fachliche Eignung des Vorstands** im ausreichenden Maße durch theoretische und praktische Kenntnisse in den betreffenden Geschäften sowie durch Leitungserfahrung mit Personalverantwortung nachgewiesen werden. Für den Nachweis der persönlichen Zuverlässigkeit der Vorstände gibt es grundsätzlich keine positiven Kriterien. Vielmehr wird die Zuverlässigkeit unterstellt, wenn keine Tatsachen erkennbar sind, die eine Unzuverlässigkeit begründen (WBA/*M. Lorenz* § 113 Rn. 7). In praxi wird die persönliche Zuverlässigkeit durch die Unterzeich- 4 nung einer Straffreiheiterklärung durch den Vorstandskandidaten sowie die Übersendung eines polizeilichen Führungszeugnisses nachgewiesen.

5 Nach § 113 I 2 Nr. 3 darf einer InvAG die Erlaubnis zur Aufnahme des Geschäftsbetriebs nur erteilt werden, wenn die Satzung den Anforderungen des InvG entspricht. Die Satzung muss somit zunächst den Anforderungen des § 110 genügen. Soweit eine InvAG als **Umbrella-Konstruktion** errichtet wurde, ist es ausreichend, wenn die gem. §§ 111, 162, 192ff. erforderlichen Inhalte in den Anlagebedingungen der einzelnen TGV verankert werden. Insbesondere ist es in diesem Fall nicht erforderlich, die Anlagegegenstände und Anlagegrenzen der einzelnen TGV in die Satzung der InvAG aufzunehmen.

IV. Die Bescheidungsfrist

6 Gemäß § 113 I 3 ist dem Antragsteller binnen **zwei Monaten** nach Einreichung eines vollständigen Antrags mitzuteilen, ob eine Erlaubnis erteilt wird. Diese Bescheidungsfrist ist somit deutlich kürzer als die sechsmonatige Frist des § 21 II für das Erlaubnisverfahren betreffend eine KVG. Diese Zweimonatsfrist ist unter Wettbewerbsgesichtspunkten im europäischen Vergleich weiterhin viel zu lange bemessen. Wenngleich es bspw. in Luxemburg keine Bescheidungsfrist für das Genehmigungsverfahren einer SICAV gibt, wird die aufsichtliche Erlaubnis dort idR innerhalb von vier bis acht Wochen erteilt. Damit läuft die vom Gesetzgeber mit der Schaffung dieser Regelung beabsichtigte Rechtssicherheit für die Fondsinitiatoren grundsätzlich ins Leere und führt im schlimmsten Fall zur Abwanderung eines potenziellen Initiators in das benachbarte europäische Ausland.

V. Die Aufhebung der Erlaubnis

7 Die neu gefasste Regelung des § 113 II 1 nennt eine nicht abschließende Aufzählung von Beispielsfällen, die die Aufhebung der Erlaubnis durch die BaFin rechtfertigen. Die Erlaubnis wird der InvAG ua dann entzogen, wenn sie diese aufgrund **falscher Erklärungen** oder auf sonstige **rechtswidrige Weise** erhalten hat (§ 113 II 1 Nr. 1). Ferner hat die BaFin das Recht, die Erlaubnis aufzuheben, wenn die Voraussetzungen nach Abs. 1 nicht mehr vorliegen. **Verstößt die InvAG nachhaltig gegen Bestimmungen des KAGB,** so erfolgt ebenfalls eine Entziehung der aufsichtlichen Erlaubnis (§ 113 II 1 Nr. 4). Die §§ 15, 16 und 39 IV gelten entsprechend.

VI. Abberufung des Vorstands

8 Im Rahmen der Einführung wurde die Regelung des § 113 III neu geschaffen. Hiernach kann die BaFin statt der Aufhebung der Erlaubnis die Abberufung eines oder aller Mitglieder des Vorstands einer extern verwalteten OGAW-InvAG verlangen. Diese Maßnahme stellt insoweit das mildere Mittel iSd Eingriffsverwaltung dar (EDD/*Dornseifer* § 113 Rn. 36).

§ 114 Unterschreitung des Anfangskapitals oder der Eigenmittel

[1]Die intern verwaltete Investmentaktiengesellschaft mit veränderlichem Kapital hat der Bundesanstalt und den Aktionären unverzüglich anzuzeigen, wenn das Gesellschaftsvermögen den Wert des Anfangskapitals oder den Wert der zusätzlich erforderlichen Eigenmittel gemäß § 25 unterschreitet. [2]Mit der Anzeige gegenüber den Aktionären ist durch den Vorstand eine Hauptversammlung einzuberufen.

I. Anzeigepflicht gegenüber BaFin

1 Die Regelung des § 114 entspricht dem ehemaligen § 96 VI InvG. Hiernach besteht eine **Anzeigepflicht** gegenüber der BaFin, wenn das gesamte Gesellschaftsvermögen der InvAG den Wert des Anfangskapitals oder den Wert der zusätzlich erforderlichen Eigenmittel gem. § 25 unterschreitet. Die Anzeigepflicht des § 114 gegenüber der BaFin gilt auch im Fall des Eintritts der Zahlungsunfähigkeit oder der Überschuldung der InvAG (WBA/*M. Lorenz* § 114 Rn. 4). Das Gesetz beinhaltet an dieser Stelle keine Regelung, inwieweit eine Anzeigepflicht der InvAG für den Fall der Zahlungsunfähigkeit oder Überschuldung eines einzelnen TGV im Falle der **Umbrella-Konstruktion** besteht. Aufgrund der **haftungsrechtlichen Separierung der TGV** und der separierten Vermögensmassen der TGV besteht jedenfalls in der Theorie die Möglichkeit der Zahlungsunfähigkeit oder der Überschuldung der InvAG mit Blick auf ein einzelnes TGV. Für diesen Fall ist die Regelung des § 114 S. 1 dahingehend zu interpretieren, dass auch diese Fälle der BaFin anzuzeigen sind.

II. Anzeigepflicht gegenüber Aktionären

2 Die vorgenannten Anzeigepflichten bestehen gem. S. 2 auch gegenüber den Aktionären der InvAG. Mit der Anzeige gegenüber den Aktionären ist durch den Vorstand eine Hauptversammlung einzuberufen. Nach dem erklärten Willen des Gesetzgebers soll dies den Aktionären die Möglichkeit gewähren, selbst über geeignete Maßnahmen in der Krise entscheiden zu können (BT-Drs. 16/5576, 85). Da in der Regel die Anleger stimmrechtslose Anlageaktien erwerben werden, läuft diese Vorschrift insoweit ins Leere.

§ 115 Gesellschaftskapital

[1]Der Vorstand einer Investmentaktiengesellschaft mit veränderlichem Kapital ist ermächtigt, das Gesellschaftskapital wiederholt durch Ausgabe neuer Anlageaktien gegen Einlagen zu erhöhen. [2]Unternehmensaktionäre und Anlageaktionäre haben ein Bezugsrecht entsprechend § 186 des Aktiengesetzes; Anlageaktionäre haben jedoch nur dann ein Bezugsrecht, wenn ihnen nach Maßgabe des § 109 Absatz 3 Satz 2 ein Stimmrecht zusteht. [3]Mit der Ausgabe der Aktien ist das Gesellschaftskapital erhöht.

I. Einleitung

1 Die Regelung des § 115 entspricht in großen Teil der ehemaligen Fassung des aufgehobenen § 104 InvG.

II. Ausgabe neuer Aktien durch Vorstandsbeschluss

2 Da für eine InvAG das für eine herkömmliche AG geltende Verfahren der Kapitalerhöhung eines Hauptversammlungsbeschlusses mit den Quoren der §§ 182, 133 AktG sowie das Abwarten der Monatsfrist des § 123 AktG zu aufwändig und zeitintensiv wäre, um die Nachfrage nach Aktien der Gesellschaft am Markt zeitnah befriedigen zu können, ist im Falle einer InvAG ein Hauptversammlungsbeschluss für die Ausgabe neuer Aktien entbehrlich. Die Entscheidung über die Ausgabe neuer Aktien wurde in § 115 I auf den **Vorstand** übertragen, der als operatives Leitungsorgan der Gesellschaft ohne zeitaufwändiges Verfahren somit rasch auf Nachfrage reagieren kann. Ergänzt wird dies durch den Ausschluss des Bezugsrechts entsprechend § 186 AktG für stimmrechtslose Anlageaktien. Trotz dieses vermeintlichen Rechtsverlusts steht der Aktionär einer InvAG im Vergleich zum Aktionär einer klassischen AG keineswegs schlechter (BT-Drs. 16/5576, 88). Zum einen stellt sich im Falle einer InvAG das Bedürfnis nach einer Mitentscheidung über die Stimmrechtsausübung in der Hauptversammlung grundsätzlich nicht, da der Aktionär einer InvAG den Erwerb der Aktien prinzipiell als reine Kapitalanlage betrachtet und er im Unterschied zum Aktionär einer herkömmlichen AG nicht an der Ausübung von unternehmerischer Leitungsmacht interessiert ist (*Fischer* Die Investmentaktiengesellschaft aus aufsichtsrechtlicher und gesellschaftsrechtlicher Perspektive, 2008, 53ff.). Sieht ein Aktionär seine Kapitalanlage durch eine Kapitalerhöhung oder durch sonstige Maßnahmen der Gesellschaft als gefährdet an, so kann er jederzeit sein Andienungsrecht aus § 116 II 1 ausüben und von der Gesellschaft die Rücknahme der von ihm gehaltenen Aktien verlangen. Dies wird in der Praxis ua als **„Abstimmung mit den Füßen"** bezeichnet.

3 **1. Das Erfordernis des Bezugsrechtsausschlusses.** Der Ausschluss des Bezugsrechts ist unter kapitalanlagerechtlichen Gesichtspunkten im Falle einer InvAG erforderlich (WBA/*M. Lorenz* § 115 Rn. 5). Nur wenn das Bezugsrecht der Altaktionäre ausgeschlossen ist, kann die Nachfrage nach Aktien einer InvAG wie beim herkömmlichen Sondervermögen ohne zeitliche Verzögerung bedient werden (BT-Drs. 15/1553, 106). Der Bezugsrechtsausschluss hat mit dem Anspruch der Aktionäre auf Rücknahme der Aktien in § 116 II 1 einen angemessenen Ausgleich zur Wahrung der Rechte der Aktionäre erhalten. Auch dem herkömmlichen Aktienrecht ist der Ausschluss des Bezugsrechts nicht völlig fremd. So finden sich in §§ 186 III 1, 203 II AktG Regelungen, nach denen die Hauptversammlung – und bei einer entsprechenden Ermächtigung im Falle des genehmigten Kapitals auch der Vorstand – den Ausschluss des Bezugsrechts der Altaktionäre anordnen kann. Insoweit ist der Bezugsrechtsausschluss keine Besonderheit des Investmentrechts.

4 **2. Vereinbarkeit mit höherrangigem Recht.** Der Ausschluss des Bezugsrechts ist gem. § 108 II eine Lex-specialis-Regelung, die insoweit das allgemeine Aktienrecht verdrängt.

5 Der Bezugsrechtsausschluss verstößt nicht gegen das europarechtliche Erfordernis eines Bezugsrechts für Altaktionäre gem. Art. 29 **Kapitalrichtlinie,** da die

deutsche InvAG grundsätzlich als **Investmentgesellschaft mit veränderlichem Kapital** iSd **Art. 1 II Kapitalrichtlinie** qualifiziert und insoweit ein Bezugsrecht nicht erforderlich ist. Wenngleich die ausdrückliche **Pflicht zum öffentlichen Angebot** in § 101 gestrichen wurde, wendet sich die InvAG dennoch an einen **unbestimmten Personenkreis** und bietet ihre Aktien somit öffentlich an (*Fischer* 2008, 56ff.)

Wenngleich das Bundesverfassungsgericht das **Bezugsrecht der Altaktionäre als Teil des mitgliedschaftlichen Aktieneigentums** ansieht und insoweit dem Schutz des Art. 14 I GG unterstellt, begründet der Bezugsrechtsausschluss des § 115 keinen Verstoß gegen die **Eigentumsfreiheit,** da es sich bei dieser Regelung um eine zulässige Inhalts- und Schrankenbestimmung iSv Art. 14 I 2 GG handelt. Der Bezugsrechtsausschluss verletzt weder die Institutsgarantie des Eigentums noch ist der Ausschluss des Bezugsrechts mit Blick auf das Andienungsrecht des § 116 II 1 als unverhältnismäßig anzusehen (BVerfGE 100, 289 (302); *BVerfG,* NJW 2001, 279; *Baums/Kiem* FS Walther Hadding, 2004, 741 (749); *Fischer* 2008, 58ff.). 6

III. Sonderfall: Bezugsrecht

Während unter der Fassung des InvModG das Bezugsrecht grundsätzlich für alle Altaktionäre ausgeschlossen war, ist seit den Reformen des InvÄndG das Bezugsrecht per Gesetz nur für die stimmrechtslosen Anlageaktien ausgeschlossen. Für **Unternehmensaktien** sowie für **Anlageaktien, die Stimmrechte gewähren,** besteht insoweit für den Fall der Ausgabe neuer Aktien gegen Einlagen ein entsprechendes Bezugsrecht. Ist die InvAG als Umbrella ausgestaltet und hat sie für ein TGV gleichzeitig Unternehmensaktien und **stimmrechtslose Anlageaktien** begeben, so besteht ein Bezugsrecht für die alten Unternehmensaktionäre nur dann, wenn neue Unternehmensaktien von der Gesellschaft ausgegeben werden. Gibt die Gesellschaft hingegen stimmrechtslose Anlageaktien für dieses TGV aus, so wird hierdurch kein Bezugsrecht der Unternehmensaktionäre ausgelöst (EDD/*Dornseifer* § 115 Rn. 17). Werden für ein TGV gleichzeitig Unternehmensaktien und Anlageaktien, die Stimmrechte gewähren, ausgegeben, so besteht grundsätzlich ein Anspruch der Altaktionäre auf Beibehaltung der bestehenden Beteiligungsverhältnisse. Hieraus folgt, dass im Fall der Ausgabe neuer Aktien sowohl den Unternehmensaktionären als auch den stimmberechtigten Anlageaktionären ein entsprechendes Bezugsrecht auf Unternehmensaktien bzw. stimmberechtigte Anlageaktien zu gewähren ist, damit diese ihr Beteiligungsverhältnis beibehalten können. 7

IV. Ausgabe und Rücknahme von Unternehmensaktien

Ausweislich ihres Wortlauts ermächtigt die Regelung des § 115 S. 1 den Vorstand lediglich zur Ausgabe neuer Anlageaktien. Ist eine InvAG als reine Spezial-InvAG iSd § 1 XI ausgestaltet, so kann **gem. § 116 I in die Satzung der Gesellschaft eine Legitimation zur Ausgabe neuer Unternehmensaktien aufgenommen werden.** In diesem Fall wird der Vorstand also zur Ausgabe von neuen Unternehmensaktien über die Generalklausel des § 116 I iVm der entsprechenden Regelung in der Satzung der Gesellschaft ermächtigt. Folglich kann der Vorstand im Falle einer solchen Regelung in den von der Satzung festgelegten Grenzen von Mindest- und Höchstkapital Unternehmensaktien ausgeben (kritisch WBA/*M. Lorenz* § 115 Rn. 3). Fehlt eine entsprechende Regelung in der Satzung, so ist die Ausgabe neuer 8

Unternehmensaktien nur über einen entsprechenden Beschluss in der Hauptversammlung möglich. Darüber hinaus besteht keine Legitimation zur Ausgabe von neuen Unternehmensaktien.

9 Um den Anforderungen eines offenen Fonds an die Ausgabe und Rücknahme der Aktien gerecht zu werden, erfolgte durch das InvÄG die vollständige Entkoppelung von den aktienrechtlichen Vorschriften über Kapitalbeschaffungsmaßnahmen. Seither finden die §§ 182–240 AktG auf die InvAG keine Anwendung. Mit der Ausgabe der Aktien ist das Gesellschaftskapital automatisch erhöht; mit der Rücknahme der Aktien ist das Gesellschaftskapital automatisch herabgesetzt (BT-Drs. 16/5576, 88). Damit erfolgen die Ausgabe und die Rücknahme der Aktien einer InvAG nunmehr entsprechend dem Verfahren der Ausgabe und Rücknahme von Anteilen an einem Sondervermögen.

10 Die **Verpflichtung der InvAG zur Rücknahme von Aktien** regelt § 116 II. Danach können Aktionäre von der InvAG verlangen, dass ihnen gegen Rückgabe von Aktien ihr Anteil am Gesellschaftskapital ausgezahlt wird. Das Erlöschen der Rechte und Pflichten infolge der Rückgabe der Unternehmensaktien impliziert, dass eine Rückgabe aller Unternehmensaktien nicht möglich ist (BT-Drs. 4510, 81f.; EDD/*Dornseifer* § 115 Rn. 17). Andernfalls bestünde keinerlei unternehmerische Beteiligung an der InvAG mehr und es gäbe im Regelfall keinen in der Hauptversammlung stimmberechtigten Aktionär mehr.

11 Die Verpflichtung zur Rücknahme besteht im Falle einer intern verwalteten InvAG allerdings nur, wenn durch die Rücknahme das Gesellschaftsvermögen die Summe aus Anfangskapital und den zusätzlich erforderlichen Eigenmitteln gem. § 25 nicht unterschreitet. Für die Rückgabe von Unternehmensaktien gilt zusätzlich Abs. 2 S. 3. Hiernach ist insb. für die Rückgabe von Unternehmensaktien die Zustimmung aller Unternehmensaktionäre erforderlich. Im Falle einer extern verwalteten InvAG darf bezogen auf alle Einlagen der Unternehmensaktionäre ein Betrag von 50.000 EUR nicht unterschritten werden.

V. Ausgabe neuer Anlageaktien in der Praxis

12 Die Ausgabe neuer Aktien gem. § 115 1 ist eine **originäre Aufgabe des Vorstands** einer InvAG. Der Vorstand bedarf zur Ausgabe neuer Aktien nicht der Zustimmung des Aufsichtsrats oder der Hauptversammlung. Die Regelung des § 115 S. 1 ist im Verhältnis zu § 71 I 1 lex specialis. Ähnlich wie bei Anteilen an einem Sondervermögen wird zwar der Beschluss über die Ausgabe neuer Aktien vom Vorstand gefasst, der Vollzug des Beschlusses erfolgt in der Regelung jedoch durch **die Depotbank,** die insoweit nicht nur die **Überwachung der ordnungsgemäßen Ausgabe** der neuen Aktien übernimmt, wie von Art. 14 III Buchst. a OGAW-RL verlangt. Die Kapitalerhöhung erfolgt in der Regel entweder über einen **Vorratsbeschluss** oder auf der Basis von **Einzelbeschlüssen** (WBA/*M. Lorenz* § 115 Rn. 7f.). Im Falle eines sog. Vorratsbeschlusses hat der Vorstand die Möglichkeit, mit einem einzigen Beschluss den in der Satzung bezifferten Höchstbetrag voll auszuschöpfen. In diesem Fall beschließt der Vorstand grundsätzlich nur eine einzige Kapitalerhöhung. Entsprechend der Nachfrage am Markt werden unter Ausübung des Vorratsbeschlusses die neuen Aktien an die jeweiligen Anleger begeben. Im Unterschied zum genehmigten Kapital einer herkömmlichen AG besteht keine Frist für die Umsetzung der Kapitalerhöhung (*Fischer* 2008, 62). Der Vorratsbeschluss unterliegt im Übrigen auch **keiner Verjährung** oder Beschränkungen im Umfang, wie für eine klassische AG in § 202 III 1 AktG normiert. Daneben kann der Vorstand in einer Vielzahl von Einzelbeschlüssen den satzungsmäßigen Höchstbetrag aufbrauchen. Auch hier gibt es für die einzelnen Beschlüsse **keine zeitlichen oder mengenmäßigen Begrenzungen.**

§ 116 Veränderliches Kapital, Rücknahme von Aktien

(1) **Die Investmentaktiengesellschaft mit veränderlichem Kapital kann in den Grenzen eines in der Satzung festzulegenden Mindestkapitals und Höchstkapitals nach Maßgabe der folgenden Bestimmungen jederzeit ihre Aktien ausgeben und zurücknehmen.**

(2) **[1]Aktionäre können von der Investmentaktiengesellschaft mit veränderlichem Kapital verlangen, dass ihnen gegen Rückgabe von Aktien ihr Anteil am Gesellschaftskapital ausgezahlt wird; bei einer Publikumsinvestmentaktiengesellschaft besteht dieses Recht mindestens zweimal im Monat. [2]Die Verpflichtung zur Rücknahme besteht bei einer intern verwalteten Investmentaktiengesellschaft mit veränderlichem Kapital nur, wenn durch die Erfüllung des Rücknahmeanspruchs das Gesellschaftsvermögen den Betrag des Anfangskapitals und der zusätzlich erforderlichen Eigenmittel gemäß §25 nicht unterschreitet. [3]Unternehmensaktionäre können die Rücknahme ihrer Aktien ferner nur verlangen, wenn alle Unternehmensaktionäre zustimmen und bezogen auf alle Einlagen der Unternehmensaktionäre der Betrag des Anfangskapitals und der zusätzlich erforderlichen Eigenmittel gemäß § 25 nicht unterschritten wird; bei einer extern verwalteten Investmentaktiengesellschaft mit veränderlichem Kapital darf bezogen auf alle Einlagen der Unternehmensaktionäre ein Betrag von 50 000 Euro nicht unterschritten werden. [4]Die Einzelheiten der Rücknahme regelt die Satzung. [5]Die Zahlung des Erwerbspreises bei der Rücknahme von Aktien gilt nicht als Rückgewähr von Einlagen. [6]Für die Beschränkung des Rechts der Aktionäre auf Rückgabe der Aktien in der Satzung gelten §98 Absatz 1a, 1b, 2 und 3, die §§223, 227 oder 283 Absatz 3 entsprechend.**

(3) **Mit der Rücknahme der Aktien ist das Gesellschaftskapital herabgesetzt.**

I. Allgemeines

In § 116 ist das veränderliche Kapital der InvAG näher geregelt. Aufgrund der Veränderlichkeit des Gesellschaftskapitals einer InvAG ist es dem Vorstand innerhalb der Grenzen des in der Satzung festzulegenden **Mindest- und Höchstkapitals** grundsätzlich jederzeit möglich, Aktien auszugeben und zurückzunehmen. Da die Grenzen des Gesellschaftskapitals in der Satzung festzulegen sind, wird in diesem Zusammenhang auch vom **statutarisch genehmigten Gesellschaftskapital** gesprochen. Erst die Ergänzung des allgemeinen Gesellschaftsrechts durch diese **Spezialregelung** ermöglichte die Einführung eines Investmentvermögens im gesellschaftsrechtlichen „Kleid" als **Ausnahme vom Prinzip des starren Grundkapitals** der herkömmlichen AG in das deutsche Kapitalanlagerecht. §§ 115 und 116 begründen gemeinsam die Basis für die investmentrechtliche Gleichstellung von InvAG und herkömmlichen Sondervermögen. Die InvAG ist folglich ein offenes, reguliertes Investmentvermögen, dessen Anteilsscheine – Aktien – fließend 1 ausgegeben und zurückgenommen werden können. Insoweit wird ua auch von einem „atmenden" Gesellschaftskapital gesprochen.

II. Mindest- und Höchstkapital

2 Das Erfordernis des § 116 I, in der Satzung ein Mindest- und Höchstkapital festlegen zu müssen, geht auf Art. 1 II Kapitalrichtlinie zurück. Bereits bei Erlass der Kapitalrichtlinie sah der europäische Gesetzgeber einen abschließenden Katalog von Anforderungen vor, bei deren Vorliegen die Kapitalrichtlinie auf Investmentgesellschaften mit veränderlichem Kapital keine Anwendung findet. Unter anderem setzt **Art. 1 II Kapitalrichtlinie** voraus, dass die Satzung einer Investmentgesellschaft mit veränderlichem Kapital bestimmt, dass ihre Aktien in den Grenzen eines Mindest- und Höchstkapitals jederzeit von der Gesellschaft ausgegeben, zurückgekauft oder weiter veräußert werden können. Dieses Erfordernis wurde in § 116 aufgenommen. Für das Mindestanfangskapital einer InvAG gilt über Abs. 2 die Regelung des § 25 I. Für das Höchstkapital hingegen gibt es keine Grenzen. Schöpft der Vorstand das in der Satzung festgelegte Höchstkapital durch Ausgabe von Aktien aus, so kann die Hauptversammlung durch einen satzungsändernden Beschluss das Höchstkapital anheben.

III. Der Rücknahmeanspruch der Aktionäre

3 Eine weitere investmentrechtliche Besonderheit im Vergleich zum herkömmlichen Aktienrecht findet sich in § 116 II 1. Als Ausfluss des besonderen **investmentrechtlichen Anlegerschutzes** können die Aktionäre von der InvAG grundsätzlich jederzeit die Rücknahme der von ihnen gehaltenen Aktien gegen Auszahlung jedes Anteils am Gesellschaftskapital verlangen. Aufgrund dieser jederzeitigen Rückgabemöglichkeit qualifiziert die InvAG als offener Investmentfonds. Gemäß § 116 II 4 sind die Einzelheiten der Rücknahme in der Satzung zu regeln. Die Zahlung des Rücknahmepreises im Falle der Rücknahme von Aktien durch die Gesellschaft gilt nicht als Rückgewehr von Einlagen (§ 116 II 5). **Die Ermittlung des Aktienwerts** erfolgt gem. § 116 II 6 iVm § 223. § 116 II 1 ist auf Art. 1 II, 2. Spiegelstrich OGAW-RL zurückzuführen. Nach dieser Regelung setzt ein richtlinienkonformer Fonds die Rücknahme der Anteile auf Verlangen des Anteilsinhabers zu Lasten des Fondsvermögens voraus. Der Rücknahmeanspruch der Aktionäre ist damit auch ein Wesensmerkmal für einen richtlinienkonformen Investmentfonds. Aufgrund des Rückgaberechts werden diese Anlageformen auch als offene Investmentvermögen bezeichnet **(Open-End-Prinzip).** Das Gegenstück bildet der sog. geschlossene Fonds **(Closed-End-Prinzip).** Bei Letzterem besteht gerade kein Rücknahmeanspruch der Anteilsinhaber gegenüber der begebenden Gesellschaft, wie etwa im Fall der InvAG mit fixem Kapital nach §§ 140ff.

IV. Grenzen des Rücknahmeanspruchs

4 Mit dem Anspruch der Aktionäre auf Rücknahme der gehaltenen Aktien korrespondiert die **Rücknahmepflicht** der InvAG. Die Rücknahmepflicht ist grundsätzlich zwingend und kann nur in engen gesetzlichen Grenzen eingeschränkt werden. Weitere Beschränkungen des Rücknahmeanspruchs sind unzulässig; die gesetzlichen Bestimmungen sind abschließend.

1. Die Mindesthaftungsmasse. Der Rücknahmeanspruch der Aktionäre besteht nicht unbegrenzt. Gemäß § 116 II 2 besteht im Fall einer intern verwalteten InvAG die Verpflichtung zur Rücknahme nur insoweit, als durch die Rücknahme von Anlageaktien das Gesellschaftsvermögen der Betrag **des Anfangskapitals und der zusätzlich erforderlichen Eigenmittel gem. § 25 nicht unterschreitet.** Für die Rückgabe von Unternehmensaktien gilt zusätzlich Abs. 2 S. 3. Hiernach ist insb. für die Rückgabe von Unternehmensaktien die Zustimmung aller Unternehmensaktionäre erforderlich. Im Falle einer extern verwalteten InvAG darf bezogen auf alle Einlagen der Unternehmensaktionäre ein Betrag von 50.000 EUR nicht unterschritten werden. Diese Summe soll den Gläubigern der InvAG als **Haftungsmasse** verbleiben. Folglich ist der Wortlaut der Vorschrift ungenau, da dieser lediglich die Verpflichtung zur Rücknahme entfallen lässt. Wird dieser Schwellenwert unterschritten, so ist der InvAG eine Rücknahme durch § 116 II 2 untersagt. Der InvAG sind somit keine weiteren Rücknahmen über die gesetzliche Rücknahmepflicht hinaus möglich. 5

2. Aussetzung der Rücknahme. Über § 116 II 6 findet auch § 98 II Anwendung. Hiernach kann in der Satzung vorgesehen werden, dass die InvAG die Rücknahme aussetzen darf, wenn **außergewöhnliche Umstände** vorliegen, die eine Aussetzung unter Berücksichtigung der Interessen der Aktionäre erforderlich erscheinen lassen. Ein außergewöhnlicher Umstand iSd § 98 II 1 wird bspw. bei der Schließung einer oder mehrerer für die Ermittlung des Aktienwerts maßgeblichen Börsen oder bei der Schließung der Devisenmärkte aufgrund starker monetärer Turbulenzen angenommen. Ferner kann auch die Ausübung des Andienungsrechts durch eine besonders große Zahl von Aktionären einen außergewöhnlichen Umstand begründen, falls die InvAG hierdurch gezwungen wäre, die von ihr gehaltenen Finanzinstrumente weit unter Wert veräußern zu müssen. Die Annahme eines außergewöhnlichen Umstands ist mit Blick auf das Recht und das Interesse der Aktionäre, die gehaltenen Aktien jederzeit zurückgeben zu können, an besonders strenge Anforderungen zu stellen. Dem Interesse der Aktionäre wird auch dann Rechnung getragen, wenn etwa die Rücknahme ausgesetzt wird, weil eine **ordnungsgemäße Veräußerung** der von der InvAG gehaltenen Vermögensgegenstände im Zeitpunkt des Rücknahmeverlangens **nicht gewährleistet** werden kann. Ein Verkauf der Finanzinstrumente deutlich unter Marktpreis ist nicht im Interesse der Aktionäre, da dies im gleichen Umfang einen Wertverlust für die Aktien der InvAG mit sich bringt. Des Weiteren kann eine vorübergehende Aussetzung der Rücknahme zulässig sein, wenn sich die aus der Rücknahme ergebenden Rücknahmepflichten nicht aus den liquiden Mitteln der InvAG decken lassen. In diesem Fall ist die InvAG jedoch verpflichtet, unverzüglich und unter angemessener Wahrung der Rechte aller Aktionäre – auch derer, die ihre Aktien nicht angedient haben – entsprechende Vermögensgegenstände zu veräußern, um den Rücknahmeanspruch der Aktionäre befriedigen zu können. Grundvoraussetzung des § 98 II 1 ist jedoch die konkrete **Festlegung der außergewöhnlichen Umstände in der Satzung** der InvAG. Solange eine InvAG die Rücknahme aussetzt, darf sie nach §§ 116 II 6, 98 II 2 keine neuen Aktien ausgeben. Werden bei einer InvAG mehr Aktien angedient als sie gem. § 116 II 2 zulässigerweise zurücknehmen darf, so hat die Abwicklung dieses Überangebots an Aktien nach Maßgabe der Bestimmungen der Satzung zu erfolgen. Hierbei ist insb. der aktienrechtliche Gleichbehandlungsgrundsatz des § 53a AktG zu beachten. Dieser tritt neben die investmentrechtliche Pflicht zur Gleichbehandlung der Anleger. Unter gewissen 6

Umständen wird hier die Regelung des § 53a AktG sogar zur lex specialis, falls nämlich rein investmentrechtlich ein lediglich reduzierter Gleichbehandlungsgrundsatz anzuwenden sein sollte.

7 Kann eine InvAG aufgrund der Regelung des § 116 II 2 keine weiteren Aktien zurücknehmen, so verbleibt den übrigen Aktionären über § 108 II die Möglichkeit, nach den allgemeinen aktienrechtlichen Vorschriften aus der Gesellschaft auszusteigen. Hier besteht jedoch grds. nur die Möglichkeit, nach §§ 262ff. AktG im Wege der Auflösung und Abwicklung das Engagement in der InvAG zu beenden.

V. Kapitalherabsetzung

8 Seit den Reformen des Investmentänderungsgesetzes hält die InvAG im Falle einer Rücknahme von eigenen Aktien diese nicht mehr bis zur Einziehung auf den eigenen Büchern, sondern es **gelten die Aktien bereits mit der Rücknahme als eingezogen** und das Gesellschaftskapital als herabgesetzt.

§ 117 Teilgesellschaftsvermögen; Verordnungsermächtigung

(1) [1]Die Investmentaktiengesellschaft mit veränderlichem Kapital kann Teilgesellschaftsvermögen bilden. [2]Die Bildung neuer Teilgesellschaftsvermögen durch den Vorstand bedarf der Zustimmung des Aufsichtsrats; die Zustimmung der Hauptversammlung ist nicht erforderlich.

(2) [1]Die Teilgesellschaftsvermögen sind haftungs- und vermögensrechtlich voneinander getrennt. [2]Im Verhältnis der Aktionäre untereinander wird jedes Teilgesellschaftsvermögen als eigenständiges Gesellschaftsvermögen behandelt. [3]Die Rechte von Aktionären und Gläubigern im Hinblick auf ein Teilgesellschaftsvermögen, insbesondere dessen Bildung, Verwaltung und Auflösung, beschränken sich auf die Vermögensgegenstände dieses Teilgesellschaftsvermögens. [4]Für die auf das einzelne Teilgesellschaftsvermögen entfallenden Verbindlichkeiten haftet nur das betreffende Teilgesellschaftsvermögen. [5]Die haftungs- und vermögensrechtliche Trennung gilt auch für den Fall der Insolvenz der Investmentaktiengesellschaft mit veränderlichem Kapital und die Abwicklung eines Teilgesellschaftsvermögens.

(3) § 109 Absatz 1 Satz 3 gilt bei der Investmentaktiengesellschaft mit Teilgesellschaftsvermögen mit der Maßgabe, dass die Aktien eines Teilgesellschaftsvermögens denselben Anteil an dem jeweiligen Teilgesellschaftsvermögen oder Bruchteile davon verkörpern.

(4) [1]Die Kosten für die Auflegung neuer Teilgesellschaftsvermögen dürfen nur zulasten der Anteilpreise der neuen Teilgesellschaftsvermögen in Rechnung gestellt werden. [2]Der Wert des Anteils ist für jedes Teilgesellschaftsvermögen gesondert zu errechnen.

(5) [1]Für jedes Teilgesellschaftsvermögen sind Anlagebedingungen zu erstellen. [2]Bei Publikumsteilgesellschaftsvermögen müssen diese Anlagebedingungen mindestens die Angaben nach § 162 enthalten. [3]Die Anlagebedingungen sowie deren Änderungen sind gemäß § 163 von der Bundesanstalt zu genehmigen. [4]Bei Spezialteilgesellschaftsvermögen sind die Anlagebedingungen sowie wesentliche Änderungen der Anlagebedingungen gemäß § 273 der Bundesanstalt vorzulegen.

(6) **Für jedes Teilgesellschaftsvermögen ist eine Verwahrstelle zu benennen.**

(7) [1]**Eine Investmentaktiengesellschaft mit veränderlichem Kapital, die Teilgesellschaftsvermögen bildet, hat in ihre Satzung einen Hinweis aufzunehmen, dass für die Teilgesellschaftsvermögen besondere Anlagebedingungen gelten.** [2]**In allen Fällen, in denen die Satzung veröffentlicht, ausgehändigt oder in anderer Weise zur Verfügung gestellt werden muss, sind die jeweiligen Anlagebedingungen ebenfalls zu veröffentlichen, auszuhändigen oder in anderer Weise zur Verfügung zu stellen.**

(8) [1]**Die Satzung der Investmentaktiengesellschaft mit veränderlichem Kapital, die Teilgesellschaftsvermögen bildet, kann vorsehen, dass der Vorstand mit Zustimmung des Aufsichtsrats oder der Verwahrstelle die Auflösung eines Teilgesellschaftsvermögens beschließen kann.** [2]**Der Auflösungsbeschluss des Vorstands wird sechs Monate nach seiner Bekanntgabe im Bundesanzeiger wirksam.** [3]**Der Auflösungsbeschluss ist in den nächsten Jahresbericht oder Halbjahresbericht aufzunehmen.** [4]**Für die Abwicklung des Teilgesellschaftsvermögens gilt § 100 Absatz 1 und 2 entsprechend.**

(9) [1]**Das Bundesministerium der Finanzen wird ermächtigt, durch Rechtsverordnung, die nicht der Zustimmung des Bundesrates bedarf, nähere Bestimmungen zur buchhalterischen Darstellung, Rechnungslegung und Ermittlung des Wertes jedes Teilgesellschaftsvermögens zu erlassen.** [2]**Das Bundesministerium der Finanzen kann die Ermächtigung durch Rechtsverordnung auf die Bundesanstalt übertragen.**

I. Einleitung

Die Möglichkeit, TGV unter dem Dach einer InvAG aufzulegAber en und diese somit als sog. Umbrella-Kontruktion auszugestalten, war ein wesentlicher Erfolgsfaktor für die ersten Gründungen von InvAG nach der vollständigen Neufassung des deutschen Investmentrechts zum 1.1.2004. Wäre es der InvAG versagt geblieben, im Gleichlauf zur Luxemburger SICAV ebenfalls Teilfonds bzw. Teilgesellschaftsvermögen zu bilden, wären sicherlich viele der größeren Publikums-InvAG von ihren Initiatoren nicht gegründet worden. Der Einmalaufwand und die Fixkosten einer solchen „ein Fonds-Plattform" wäre wirtschaftlich schlicht nicht sinnvoll gewesen. 1

Genauso wichtig wie die Möglichkeit der Bildung von TGV ist die Anordnung ihrer haftungsrechtlichen Trennung in § 117 II. Diese gilt auch für den Fall der Insolvenz der InvAG oder der Überschuldung eines ihrer TGV im Verhältnis zu den übrigen TGV. Ein echter Wettbewerbsvorteil der InvAG im Vergleich zu ihrer Luxemburger Schwester, der SICAV, aber auch zu vielen anderen europäischen Fondsvehikeln im gesellschaftsrechtlichen Kleid, ist die in § 117 VI enthaltene Möglichkeit, für jedes TGV eine andere Verwahrstelle zu benennen. Eine SICAV kann nur für sich und damit für alle von ihr gebildeten Teilfonds eine einzige Verwahrstelle benennen. Gerade im Fall von besonders großen Umbrella-Strukturen kann jedoch diese durch § 117 VI eröffnete Flexibilität für die InvAG als Fondsplattform, aber auch für die Anleger vorteilhaft sein. 2

II. TGV als eigenständiges Investmentvermögen

3 Nach § 117 III gilt § 109 I, III bei einer InvAG mit der Maßgabe, dass die Aktien eines TGV denselben Anteil an dem jeweiligen TGV oder Bruchteile davon verkörpern. Auch bei dieser Regelung handelt es sich um eine investmentrechtliche lex specialis, die erforderlich ist, um der InvAG in Abweichung vom herkömmlichen Aktienrecht als Fondsvehikel zu genügen. Die Regelung des § 117 III geht damit auch über die aus dem Aktienrecht bekannte aktienrechtliche Sonderbehandlung von sog. Tracking Stocks hinaus. Letztere gewähren lediglich ein Sonderrecht betreffend die Erträge eines getrennt betrachteten Unternehmensteils. Eine haftungs- oder insolvenzrechtliche Separierung besteht hingegen wie im Falle von TGV nicht. Unternehmens- oder Anlageaktien, die auf ein TGV lauteten, werden jeweils durch eine gesonderte Globalurkunde verbrieft. Die auf ein TGV lautenden Aktien verbriefen wirtschaftlich nur Rechte an den Vermögensgegenständen, die diesem eigenständigen (Teil-)Gesellschaftsvermögen zugeordnet sind. Insoweit ist jedes TGV gesellschaftsrechtlich betrachtet ein eigens Gesellschaftsvermögen. Aufsichtsrechtlich qualifiziert ein jedes TGV als getrennt zu betrachtendes, eigenständiges Investmentvermögen.

4 **1. Zustimmung des Aufsichtsrats.** In § 117 I 2 Hs. 2 ist klargestellt, dass die Auflegung eines TGV auch nach Errichtung der InvAG nicht der Zustimmung der Hauptversammlung bedarf. Dies entspricht auch dem Rechtsverständnis vor dem Inkrafttreten des InvAndG (vgl. *Fischer* S. 101). **Die Auflegung eines neuen TGV** liegt damit grundsätzlich im **Ermessen des Vorstands.** Während unter der Geltung des InvG in der Satzung der InvAG iSd Privatautonomie **Zustimmungserfordernisse** aufgenommen werden konnten – in der Praxis unter dem InvG bedurfte die Auflegung eines TGV oftmals der vorherigen Zustimmung des Aufsichtsrates (*Dornseifer* AG 2008, 53 (54)) –, normiert § 117 I 2 nun ausdrücklich das Erfordernis der Zustimmung des Aufsichtsrats für die Auflage eines neuen TGV. Die Loslösung der Auflegung von TGV von einem Zustimmungserfordernis durch die Hauptversammlung ist erforderlich, damit die InvAG durch ihre Leitungsorgane effizient und zeitnah auf aktuelle Marktentwicklungen reagieren und bei Bedarf jederzeit ein neues TGV auflegen kann (kritisch *Eckhold* ZGR 2007, 654 (665)). Neben dem Primärbeschluss des Vorstands über die Auflage eines neuen TGV tritt ein weiterer Beschluss über die Festlegung der konkreten Anlagebedingungen für dieses TGV gem. § 111. Die **Anlagebedingungen sind kein Bestandteil der Satzung.** Sie bedürfen keiner notariellen Beurkundung. Ferner beschließt der Vorstand die Ausgabe neuer Aktien. Um auch hier flexibel auf die Bedürfnisse des Markts reagieren zu können, wird in der Regel ein sog. Bis-zu-Beschluss gefasst, der den möglichen Rahmen der Bis-zu-Globalurkunde voll ausschöpft.

5 Da die Unternehmensaktien als Namensaktien auszugestalten sind, wird die **Globalurkunde durch das Aktienregister ergänzt.** Werden die Anlageaktien als nennwertlose Stückaktien begeben, so ergibt sich die konkrete Anzahl der durch die **Bis-zu-Globalurkunde** verbrieften Aktien über das sog. **Aktienverzeichnis.**

6 **2. Anteilswertermittlung.** In § 117 IV 2 ist nun ausdrücklich klargestellt, dass der Wert des Anteils für jedes TGV gesondert zu errechnen ist. Dies ist aufgrund der vermögens- und haftungsrechtlichen Separierung nur folgerichtig. In Fortsetzung dieser Konsequenz dürfen die Kosten für die Auflegung eines neuen TGV nur zulasten der Anteilpreise eben dieses neuen TGV in Rechnung gestellt werden. Mit

dieser Regelung des § 117 IV 1 stellt der Gesetzgeber ausdrücklich sicher, dass die Auflage eines neuen TGV durch bereits bestehende TGV wirtschaftlich quersubventioniert wird. Dieser Regelung ist ebenfalls konsequent und dient insb. dem Schutz der Anleger der bereits bestehenden TGV.

III. Haftungs- und vermögensrechtliche Trennung

§ 117 II 5 stellt nun ausdrücklich klar, dass die haftungs- und vermögensrechtliche Trennung der TGV unter dem Dach einer InvAG auch für den Fall der Insolvenz der InvAG oder der Abwicklung eines TGVs gilt. Wenngleich eine entsprechende Klarstellung im InvG vor dem InvÄndG fehlte, galt diese Regelung bereits unter der Geltung der Fassung des InvModG. Die eigentliche vermögens- und haftungsrechtliche Trennung der TGV folgt jedoch aus § 96 III 1 InvG aF. Bei entsprechender Lesart folgte bereits unter der Geltung des InvG hieraus, dass die jeweiligen TGV einer InvAG in Form der Umbrella-Konstruktion von den übrigen TGV dieser InvAG vermögens- und haftungsrechtlich getrennt sind. Im Verhältnis der Aktionäre untereinander wird seit der Einführung des KAGB nach § 117 II 2 jedes Teilgesellschaftsvermögen als **eigenständiges Gesellschaftsvermögen** behandelt. Unter der Geltung des InvG aF wurde nach § 96 III 2 InvG aF ein TGV noch als ein **eigenständiges Zweckvermögen** behandelt. 7

Das InvG in der Fassung des InvModG von 2004 war an dieser Stelle aufgrund der missglückten Formulierung des damaligen § 99 III Nr. 2 InvG aF missverständlich. Dennoch wurde bereits damals ein Teilfonds (TGV) einer InvAG als ein in sich geschlossenes, wirtschaftlich unabhängiges Segment im Sinne eines isolierbaren Bereichs innerhalb des Gesellschaftsvermögens der InvAG verstanden (*Fischer* 2008, S. 104). Die haftungsrechtliche Separierung wurde insb. mit § 99 III INvG aF iVm § 34 II 2 InvG aF begründet, wonach für die auf den einzelnen Teilfonds (TGV) entfallenden Verbindlichkeiten nur der betreffende Teilfonds (TGV) haftete. 8

Die Anordnung der haftungsrechtlichen Separierung findet sich nun ausdrücklich in § 117 II 1. Als weiteren Ausfluss der haftungsrechtlichen Separierung ordnet § 117 II 3 an, dass die Rechte von Aktionären und Gläubigern im Hinblick auf ein TGV, insb. dessen Auflegung, Verwaltung, Übertragung und Auflösung sich auf die für Rechnung dieses TGV gehaltenen Vermögensgegenstände beschränken. Auch diese Regelung hat lediglich klarstellenden Charakter. Die Separierung der Vermögensmassen war auch vor dem InvAndG als Ausfluss der Regelung des §§ 99 III, 34 II 2 InvG aF gegeben (*Fischer* 2008, S. 108). Die aus der haftungsrechtlichen Separierung folgende Schlechterstellung der Gläubiger einer InvAG im Verhältnis zu Gläubigern einer herkömmlichen AG muss im Lichte des **investmentrechtlichen Anlegerschutzes als vorrangiges Ziel** hingenommen werden. Der Gläubiger wird insoweit insb. über die Regelungen des § 118 über die Firma der InvAG und Angabepflichten auf Geschäftsbriefen sowie über die Regelung des § 114 geschützt. 9

IV. Anlagebedingungen

Die Regelung des § 117 V ergänzt ua § 111 sowie § 96 III. Aufgrund der bereits seit dem InvModG herrschenden Kritik an dem für zu knapp und unpräzise erachteten rechtlichen Rahmen für TGV unter dem Dach einer InvAG wurden die Regelungen über die Umbrella-Konstruktion des gesellschaftsrechtlichen Fondstyps mehrfach im KAGB konkretisiert. So sind gem. § 117 V 1 für jedes TGV Anlagebedingungen zu erstellen. Im Sinne der Gleichstellung der Investmentvermö- 10 gen des gesellschaftsrechtlichen Typs mit jenen des gesellschaftsrechtlichen Typs müssen die Anlagebedingungen eines sog. Publikums-TGV mindestens die Angaben nach § 162 enthalten. Die Anlagebedingungen sowie deren Änderungen sind zudem im Falle eines Publikums-TGV gem. § 163 von der BaFin zu genehmigen. Im Falle eines sog. Spezial-TGV sind die Anlagebedingungen sowie wesentliche Änderungen der Anlagebedingungen gem. § 273 lediglich der BaFin vorzulegen.

11 **1. Umbrella-Konstruktion.** Bereits in der Begründung zum InvÄndG stellt der Gesetzgeber nochmals ausdrücklich klar, dass die **Anlagebedingungen eines TGV kein Satzungsbestandteil** sind (BT-Drs. 16/5576, 86). Die Anlagebedingungen normieren für jedes TGV das Rechtsverhältnis der Anleger in Bezug auf das jeweilige TGV. Missverständlich spricht die Begründung hier von der Regelung des Rechtsverhältnisses auf einer „vertraglicher Ebene". Dies ist insoweit fehlerhaft, als die Aktionäre einer InvAG mit dieser grundsätzlich keine rechtsgeschäftliche Beziehung eingehen, sondern es stets bei einer gesellschaftsrechtlichen Beteiligung bleibt. Richtig ist hingegen, dass die Anlagebedingungen aus gesellschaftsrechtlicher Perspektive kein Bestandteil der Satzung sind und damit auch keiner notariellen Beurkundung bedürfen (BT-Drs. 16/5576, 86).

12 Aufgrund der nach altem Investmentrecht knappen Regelungen über die Umbrella-Konstruktion und aufgrund des Verweises in § 99 III InvG aF auf § 34 II InvG aF herrschte zu Beginn unter der Geltung des InvG in der Praxis Rechtsunsicherheit, inwieweit die Anlagebedingungen eines jeden TGV in die Satzung aufzunehmen waren. In der Praxis wurde es jedoch schon damals von der BaFin als ausreichend angesehen, wenn in der Satzung ein abstrakt genereller rechtlicher Rahmen für potenzielle Anlagebedingungen, insb. zulässige Anlagegegenstände und Anlagegrenzen vorgegeben waren. Für die einzelnen TGV wurden jeweils konkrete Anlagebedingungen auf der Basis der in der Satzung vordefinierten Anlagepolitik in den Anlagebedingungen als ein den herkömmlichen Vertragsbedingungen vergleichbares Dokument festgelegt.

13 Die Anlagebedingungen der einzelnen TGV sind keine Bestandteile der Satzung. Da die Anlagebedingungen jedoch die Satzung ergänzen, normiert § 97 V 1 die Pflicht, im Falle der Umbrella-Konstruktion einen Hinweis in die Satzung aufzunehmen, dass für die einzelnen TGV jeweils besondere Anlagebedingungen gelten. In allen Fällen, in denen die Satzung veröffentlicht, ausgehändigt oder in anderer Weise zur Verfügung gestellt werden muss, ist auf die jeweiligen Anlagebedingungen zu verweisen und sind diese ebenfalls zu veröffentlichen oder zur Verfügung zu stellen.

14 **2. Besondere Regelungen für Anlagebedingungen.** § 117 VII stellt deklaratorisch klar, dass im Falle der Bildung von TGV unter dem Dach einer InvAG in der Satzung der Hinweis aufzunehmen ist, dass für das TGV besondere Anlagebedingungen gelten. Für die Anlagebedingungen eines TGV gelten zudem die Veröffentlichungspflichten der Satzung zum Schutz der Anleger entsprechend.

15 **3. Auflösung eines TGV.** Ist es einer InvAG gem. ihrer Satzung erlaubt, unter ihrem Dach TGV zu bilden, so kann in der Satzung ebenfalls vorgesehen werden, dass der Vorstand mit Zustimmung des Aufsichtsrats oder der Verwahrstelle die Auflösung eines TGV beschließen kann. Diese in § 117 VIII enthaltene klarstellende Regelung entspricht ebenfalls dem vollständigen Gleichlauf von Sondervermögen und TGV. Es gilt jedoch auch hier zu beachten, dass der Auflösungsbeschluss erst

sechs Monate nach seiner Bekanntgabe im BAnz wirksam wird. Für die Abwicklung eines TGV gilt zudem die Regelung des § 100 I, II entsprechend.

V. Freie Wahl der Verwahrstelle

In § 117 VI findet sich eine der wenigen verbliebenen regulatorischen Vorteile einer deutschen Investmentgesellschaft im europäischen Wettbewerb der Fondsstandorte. Die meisten Vorteile waren im Zuge der Umsetzung der AIFM-RL leider vom deutschen Gesetzgeber gestrichen worden; als Beispiel sei die sog. Super-InvAG genannt, die noch unter der Geltung des InvG aF unter ihrem Dach sowohl OGAW- als auch AIF-TGV bilden konnte. Die freie Wahl einer eigenen Verwahrstelle in § 117 VI ist jedoch geblieben. 16

§ 118 Firma und zusätzliche Hinweise im Rechtsverkehr

(1) [1]**Die Firma einer Investmentaktiengesellschaft mit veränderlichem Kapital muss abweichend von § 4 des Aktiengesetzes die Bezeichnung „Investmentaktiengesellschaft" oder eine allgemein verständliche Abkürzung dieser Bezeichnung enthalten; auf allen Geschäftsbriefen im Sinne des § 80 des Aktiengesetzes muss zudem ein Hinweis auf die Veränderlichkeit des Gesellschaftskapitals gegeben werden.** [2]**Die Firma einer Investmentaktiengesellschaft mit Teilgesellschaftsvermögen muss darüber hinaus den Zusatz „mit Teilgesellschaftsvermögen" oder eine allgemein verständliche Abkürzung dieser Bezeichnungen enthalten.**

(2) **Wird die Investmentaktiengesellschaft mit Teilgesellschaftsvermögen im Rechtsverkehr lediglich für ein oder mehrere Teilgesellschaftsvermögen tätig, so ist sie verpflichtet, dies offenzulegen und auf die haftungsrechtliche Trennung der Teilgesellschaftsvermögen hinzuweisen.**

I. Die Firma

Die Regelung des § 118 über die Bezeichnung der InvAG und die erforderlichen Angaben auf Geschäftsbriefen entspricht der ehemaligen Regelung des aufgehobenen § 98 InvG. Der Regelungsinhalt dieser Norm wurde im Rahmen des InvÄndG neu gefasst, um den eigentlichen Charakter der InvAG als Fondsvehikel auch in der Bezeichnung der Gesellschaft zu verfestigen. Abweichend von § 4 AktG muss die Firma einer InvAG die **Bezeichnung „Investmentaktiengesellschaft"** oder eine **allgemein verständliche Abkürzung** dieser Bezeichnung enthalten. Die Gesetzesbegründung schlägt als Abkürzung für die Rechtsform **„InvAG"** vor (BT-Drs. 16/5576, 86). Daneben hat sich in der Praxis **„Investment-AG" oder auch „InvestmentAG"** herausgebildet. Wenig geeignet ist hingegen die Abkürzung „Investment AG", denn schon heute führen Kapitalgesellschaften den Namenszusatz „Investment" in der Firma vor der Gesellschaftsform der AG. Hierbei handelt es sich idR jedoch gerade nicht um InvAG iSd KAGB. Die drei genannten Abkürzungen sind als gleichwertig anzusehen und wurden sowohl von der BaFin als auch von mehreren Registergerichten als zulässig angesehen bzw. in das Handelsregister eingetragen. 1

II. Geschäftsbriefe

2 Ferner ist die InvAG auch in Zukunft verpflichtet, auf allen Geschäftsbriefen iSd § 80 AktG einen Hinweis auf die Veränderlichkeit des Gesellschaftskapitals aufzunehmen. Hier empfiehlt sich die Ergänzung **„mit veränderlichem Kapital"**.

III. Hinweis auf haftungsrechtliche Separierung

3 Da InvAG mit TGV bei den Anlegern in Deutschland idR als Fondsvehikel weiterhin weitgehend unbekannt sind, beinhaltet S. 3 für eine InvAG mit TGV die Pflicht, in der Firma darüber hinaus den Zusatz „mit Teilgesellschaftsvermögen" oder eine allgemeine verständliche Abkürzung dieser Bezeichnung zu führen (EDD/*Dornseifer* § 118 Rn. 7). Die Begründung zum InvÄndG schlägt die Abkürzung **„InvAG TGV"** vor. Mit der Regelung des § 118 beabsichtigt der Gesetzgeber, den Anforderungen an Publizität und Transparenz im Falle der Rechtsform der InvAG Genüge zu tun. Die Hinweise in der Firma auf das veränderliche Gesellschaftskapital und auf die Möglichkeit zur Bildung von TGV sollen Anlegern und Gläubigern die besondere Konstruktion des veränderlichen Gesellschaftskapitals im Verhältnis zum herkömmlichen Grundkapital sowie die Besonderheit der Haftungsseparierung der einzelnen TGV vor Augen führen. Entsprechende Pflichten bestehen auch in anderen europäischen Jurisdiktionen, wie bspw. in Irland (BT-Drs. 16/5576, 86).

§ 119 Vorstand, Aufsichtsrat

(1) [1]**Der Vorstand einer Investmentaktiengesellschaft mit veränderlichem Kapital besteht aus mindestens zwei Personen.** [2]**Er ist verpflichtet,**

1. bei der Ausübung seiner Tätigkeit im ausschließlichen Interesse der Aktionäre und der Integrität des Marktes zu handeln,

2. seine Tätigkeit mit der gebotenen Sachkenntnis, Sorgfalt und Gewissenhaftigkeit im besten Interesse des von ihm verwalteten Vermögens und der Integrität des Marktes auszuüben und

3. sich um die Vermeidung von Interessenkonflikten zu bemühen und, wenn diese sich nicht vermeiden lassen, dafür zu sorgen, dass unvermeidbare Konflikte unter der gebotenen Wahrung der Interessen der Aktionäre gelöst werden.

[3]**Der Vorstand hat bei der Wahrnehmung seiner Aufgaben unabhängig von der Verwahrstelle zu handeln.**

(2) [1]**Die Mitglieder des Vorstands der Investmentaktiengesellschaft mit veränderlichem Kapital müssen zuverlässig sein und die zur Leitung der Investmentaktiengesellschaft mit veränderlichem Kapital erforderliche fachliche Eignung haben, auch in Bezug auf die Art des Unternehmensgegenstandes der Investmentaktiengesellschaft mit veränderlichem Kapital.** [2]**Die Bestellung und das Ausscheiden von Mitgliedern des Vorstands ist der Bundesanstalt unverzüglich anzuzeigen.**

(3) [1]**Die Persönlichkeit und die Sachkunde der Mitglieder des Aufsichtsrats müssen Gewähr dafür bieten, dass die Interessen der Aktionäre gewahrt werden.** [2]**Für die Zusammensetzung des Aufsichtsrats gilt § 18 Absatz 3 entsprechend.** [3]**Die Bestellung und das Ausscheiden von Mitglie-**

dern des Aufsichtsrats ist der Bundesanstalt unverzüglich anzuzeigen. [4]Auf Aufsichtsratsmitglieder, die als Vertreter der Arbeitnehmer nach den Vorschriften der Mitbestimmungsgesetze gewählt werden, sind die Sätze 1 und 3 nicht anzuwenden.

(4) **[1]Mitglieder des Vorstands oder des Aufsichtsrats der Investmentaktiengesellschaft mit veränderlichem Kapital dürfen Vermögensgegenstände weder an die Investmentaktiengesellschaft veräußern noch von dieser erwerben. [2]Erwerb und Veräußerung von Aktien der Investmentaktiengesellschaft durch die Mitglieder des Vorstands und des Aufsichtsrats sind davon nicht erfasst.**

(5) **Die Bundesanstalt kann die Abberufung des Vorstands oder von Mitgliedern des Vorstands verlangen und ihnen die Ausübung ihrer Tätigkeit untersagen, wenn**
1. **Tatsachen vorliegen, aus denen sich ergibt, dass der Vorstand oder Mitglieder des Vorstands nicht zuverlässig sind oder die zur Leitung erforderliche fachliche Eignung gemäß Absatz 2 nicht haben oder**
2. **der Vorstand oder Mitglieder des Vorstands nachhaltig gegen die Bestimmungen dieses Gesetzes oder des Geldwäschegesetzes verstoßen.**

(6) **Der Vorstand einer OGAW-Investmentaktiengesellschaft mit veränderlichem Kapital hat einen angemessenen Prozess einzurichten, der es den Mitarbeitern unter Wahrung der Vertraulichkeit ihrer Identität ermöglicht, potenzielle oder tatsächliche Verstöße gegen dieses Gesetz oder gegen auf Grund dieses Gesetzes erlassene Rechtsverordnungen sowie etwaige strafbare Handlungen innerhalb der Gesellschaft an eine geeignete Stelle zu melden.**

I. Einleitung

Die Regelung des § 119 folgt im Wesentlichen dem ehemaligen § 106 InvG nach. Durch das OGAW-V-UmsG wurden Abs. 2 S. 2 und Abs. 6 ergänzt. 1

II. Der Vorstand der InvAG

1. Allgemeines. Der Vorstand einer InvAG muss aus **mindestens zwei natürlichen Personen** bestehen. Das ursprünglich für Kreditinstitute auf der Basis der ersten Bankrechtskoordinierungsrichtlinie sowie der Wertpapierdienstleistungsrichtlinie in das KWG aufgenommene Erfordernis hat sich in der Vergangenheit auch für KAG und InvAG durchgesetzt. Die Formulierungen „mindestens" zwei Personen bedeutet, dass im Falle einer InvAG mit einem besonders großen Gesellschaftsvermögen sowie im Falle von besonders komplexen Anlagestrategien die BaFin die Erlaubniserteilung von der Bestellung von mehr als zwei Vorständen abhängig machen kann (WBA/*M. Lorenz* § 119 Rn. 3). Dies entspricht der Verwaltungspraxis für KAG. Es sind jedoch sowohl im Fall der intern wie auch der extern verwalteten InvAG Gestaltungsvarianten möglich, bei denen die InvAG neben den beiden Vorständen keine weiteren Angestellten hat (*Fischer* 2008, 46). Im Falle der extern verwalteten InvAG ist dies der in praxi anzutreffende Regelfall. 2

2. Anforderungsprofil. Wenngleich seit dem InvÄndG die Regelungen des KWG auf die InvAG keine Anwendung mehr finden, da die InvAG seitdem zutreffenderweise als Gesellschaft sui generis qualifiziert (BT-Drs. 16/5576, 84), müssen 3 die Vorstände dennoch grundsätzlich den von der BaFin zu § 32 I 2 Nr. 2–4 KWG entwickelten Grundsätzen an die **fachliche Eignung** und die **persönliche Zuverlässigkeit** eines Geschäftsleiters genügen. Der Vorstand muss in ausreichendem Maße über **theoretische und praktische Kenntnisse** in den betreffenden Geschäften sowie über **Leitungserfahrung mit Personalverantwortung** verfügen (BFS/*Fischer* KWG § 33 Rn. 52). Nach der ständigen Verwaltungspraxis der BaFin ist regelmäßig von einer fachlichen Eignung auszugehen, wenn mindestens eine dreijährige leitende Tätigkeit bei einer Gesellschaft von vergleichbarer Größe und Geschäftsart nachgewiesen wird (EDD/*Dornseifer* § 119 Rn. 13). Die Leitungserfahrung soll die persönliche Eignung für eine verantwortliche und kompetente Führung sicherstellen und grundsätzlich in der Geschäftsführung oder in der Ebene unmittelbar darunter erworben worden sein. Soweit einem Kandidaten teilweise die erforderliche Kompetenz fehlt, kann diese im Rahmen einer entsprechenden inhaltlichen Tätigkeit aufgebaut und angeeignet werden. In der Regel kann entsprechende Expertise über einen Zeitraum von zwölf Monaten aufgebaut werden.

4 Grundsätzlich bestehen diese persönlichen Anforderungen auch an den Vorstand einer extern verwalteten InvAG. Da im Falle einer fremdverwalteten InvAG jedoch ein nicht unerheblicher Teil der Leitungsverantwortung auf die fremdverwaltende KAG übergeht (*Dornseifer* AG 2008, 53 (59)), sind die persönlichen Anforderungen an den Vorstand einer extern verwalteten InvAG im Vergleich zum Vorstand einer intern verwalteten InvAG als niedriger anzusiedeln (WBA/*M. Lorenz* § 119 Rn. 3). Einzelne Defizite können durch entsprechende Kompetenzen bei den Mitvorständen sowie durch die Geschäftsleiter der fremdverwaltenden KAG ausgeglichen werden.

5 **3. Pflichten.** § 119 I 2 nennt einen nicht abschließenden Katalog von Vorstandspflichten. In Ergänzung des in § 110 II 1 vorgegebenen Unternehmensgegenstands regelt § 119 I 2 Nr. 1, dass der Vorstand bei der Ausübung seiner Tätigkeit im ausschließlichen Interesse der Aktionäre und der Integrität des Markts zu handeln hat. Im Falle von Interessenkonflikten sind diese unter der gebotenen Wahrung der Interessen der Aktionäre zu lösen. Für den Fall einer Umbrella-Konstruktion folgt hieraus, dass im Falle von widerstreitenden Interessen der Aktionäre verschiedener TGV auch hier unter Wahrung der Interessen beider Aktionärsgruppen eine interessengerechte Lösung herbeizuführen ist. Die Regelung des S. 3 ist insoweit von deklaratorischer Natur (WBA/*M. Lorenz* § 119 Rn. 8), als der Vorstand bereits gem. § 108 II KAGB iVm § 76 I 1 AktG zur eigenverantwortlichen Leitung der InvAG verpflichtet ist, da insoweit keine Weisungsbefugnisse der Gesellschafter gegenüber dem Vorstand bestehen.

6 **4. Zuverlässigkeit.** Gemäß § 119 II müssen die Vorstände der InvAG zuverlässig sein und über die zur Leitung der InvAG erforderliche fachliche Eignung verfügen, auch in Bezug auf die Art des Unternehmensgegenstands der InvAG. Der 2. Hs. dieser Regelung wurde im Rahmen des InvÄG ergänzt. Die Regelung trägt dem Umstand Rechnung, dass eine InvAG eine **Vielzahl von möglichen Anlagestrategien** verfolgen kann. Bei einer entsprechenden Konkretisierung und Beschränkung der Anlagepolitik in den Anlagebedingungen kann dies ggf. für einen Vorstandskandidaten den erleichterten Zugang zur fachlichen Eignung aufgrund des Nachweises von spezifischem Know-how in einem speziellen Gebiet bedeuten. So muss die **fachliche Eignung des Vorstands** im ausreichenden Maße durch theoretische und praktische Kenntnisse in den betreffenden Geschäften sowie durch Leitungserfahrung mit Personalverantwortung nachgewiesen werden. Für den

Nachweis der persönlichen Zuverlässigkeit der Vorstände gibt es grds. keine positiven Kriterien. Vielmehr wird die Zuverlässigkeit unterstellt, wenn keine Tatsachen erkennbar sind, die eine Unzuverlässigkeit begründen. In der Praxis wird die persönliche Zuverlässigkeit durch die Unterzeichnung einer Straffreiheiterklärung durch den Vorstandskandidaten sowie die Übersendung eines polizeilichen Führungszeugnisses nachgewiesen. Der im Rahmen des OGAW-V-UmsG neu eingefügte S. 2 sieht vor, dass entsprechend der Anzeigepflicht in Abs. 3 S. 3 für Mitglieder des Aufsichtsrats auch die Bestellung und das Ausscheiden von Mitgliedern des Vorstands der BaFin anzuzeigen ist. In der Praxis hat die neue Vorschrift Relevanz für eine extern verwaltete InvAG: In diesem Falle erhält die BaFin bereits nach § 22 II 1 iVm § 34 I von der Änderung Kenntnis (BT-Drs. 18/6744, 58).

III. Der Aufsichtsrat

1. Allgemeines. In der Reglung des § 119 III hat der Aufsichtsrat der InvAG eine eigenständige Regelung gefunden. In Gleichlauf zu § 18 IV 1 sollen die Mitglieder des Aufsichtsrats einer InvAG ihrer **Persönlichkeit** und ihrer **Sachkunde** nach die Wahrung der **Interessen der Aktionäre** der InvAG gewährleisten. Die Regelung des § 18 IV 1 (ehemals § 6 III InvG/§ 4 I 1 KAGG) sollte ursprünglich dem Umstand gerecht werden, dass die Anleger auf die Wahl des Aufsichtsrats keinen Einfluss haben (*Geßler* WM 1957, Sonderbeilage Nr. 4, 13). Da im Regelfall die Anleger einer InvAG stimmrechtslose Anlageaktien erwerben, ist die Ausgangslage insoweit vergleichbar. Die Persönlichkeit eines Aufsichtsratsmitglieds sollte von fachlicher Autorität, Ansehen und Integrität geprägt sein. Eine solche Eignung ist jedenfalls dann nicht gegeben, wenn eine Person wegen Eigentums- oder Wirtschaftsdelikten verurteilt worden ist (EDD/*Dornseifer* § 119 Rn. 19). Ferner sollte die Sachkunde des Aufsichtsratsmitglieds nicht nur von theoretischer Natur sein. Idealerweise sollte ein Aufsichtsratsmitglied auch über gewisse praktische Erfahrungen verfügen. Im Falle von Hochschullehrern sowie von Mitgliedern der beratenden Berufe einschlägiger Berufserfahrung ist von der erforderlichen Sachkunde auszugehen. Gemäß § 108 II KAGB iVm § 111 I AktG ist der Aufsichtsrat zur Überwachung der Geschäftsführung verpflichtet. Nach § 108 II KAGB iVm § 90 III AktG hat der Aufsichtsrat die Möglichkeit, vom Vorstand die Vorlage eines Berichts über die Verwaltung des Gesellschaftsvermögens bzw. der einzelnen TGV zu verlangen. § 119 III qualifiziert nicht als Schutzgesetz iSd § 823 II BGB, da er keinen Individualschutz im engeren Sinn verfolgt. 7

2. Unabhängiges Aufsichtsratsmitglied. Gemäß S. 2 findet § 18 III auf den Aufsichtsrat der InvAG entsprechende Anwendung. Somit muss auch im Falle einer InvAG grundsätzlich mindestens ein **unabhängiges Mitglied in den Aufsichtsrat** aufgenommen werden. Aufgrund des Gleichlaufs zwischen KVG und InvAG kann für die Frage der Unabhängigkeit insoweit auf die Ausführungen unter → § 18 Rn. 9 verwiesen werden. Dennoch sind im Rahmen der entsprechenden Anwendung des § 18 III im Falle einer InvAG einige Besonderheiten zu beachten: Soweit das unabhängige Aufsichtsratsmitglied unabhängig von den Aktionären der InvAG sein muss, meint dies lediglich die Unabhängigkeit von den Unternehmensaktionären, **falls unter dem Dach dieser InvAG auch Publikums-TGV gebildet werden** (WBA/*M. Lorenz* § 119 Rn. 14). Ratio legis des § 18 III ist eine Unabhängigkeit von dem „Betreiber“ der InvAG zu gewährleisten. Ist die InvAG als reine **Spezial-InvAG** ausgestaltet, so ist nach § 18 III 3 entsprechend ein **un-** 8

abhängiges Aufsichtsratsmitglied entbehrlich. Ausweislich der Regierungsbegründung zum InvÄG (BT-Drs. 16/5576, 60) ist es **zulässig, dass das unabhängige Aufsichtsratsmitglied in wirtschaftlicher Abhängigkeit von der KVG (bzw. der InvAG) steht.** Aufgrund der ausdrücklichen Nennung der Spezial-InvAG in § 18 III 3 und der Einbeziehung der externen Verwaltung einer InvAG als mögliche Haupttätigkeit einer KVG in den § 18 I 1 folgt, dass im Falle einer extern verwalteten InvAG das unabhängige Aufsichtsratsmitglied in wirtschaftlicher Abhängigkeit von der extern verwaltenden KVG stehen kann. Ausweislich der Regierungsbegründung (BT-Drs. 16/6676, 60) sind in diesem Fall die Gründe für die Auswahl dieses unabhängigen Aufsichtsratsmitglieds nachvollziehbar zu dokumentieren.

9 **3. Anzeigepflicht.** Gemäß S. 3 sind die Bestellung und das Ausscheiden von Mitgliedern des Aufsichtsrats der BaFin unverzüglich anzuzeigen. Der Begriff der Unverzüglichkeit (ohne schuldhaftes Zögern) ist hier wie in § 121 BGB und damit unter Anwendung der hierzu ergangenen höchstrichterlichen Rechtsprechung zu verstehen.

IV. Geschäftsverbot

10 Das Geschäftsverbot des § 119 IV entspricht weitgehend der bisherigen Regelung des aufgehobenen § 98 InvG. Als weitere investmentrechtliche Besonderheit normiert § 119 IV, dass Mitglieder des Vorstands und des Aufsichtsrats Vermögensgegenstände **weder an die InvAG veräußern noch von dieser erwerben dürfen.** Die Regelung will Geschäften der Mitglieder der Organe mit der InvAG vorbeugen, die sich nachteilig auf das Gesellschaftsvermögen bzw. die einzelnen TGV auswirken könnten (BT-Drs. 13/8933, 127) – etwa die Veräußerung verlustträchtiger Finanzinstrumente an die InvAG. Da es sich bei der Regelung des § 119 IV um ein gesetzliches Verbot iSd § 134 BGB handelt, ist ein gegen das Geschäftsverbot verstoßendes Rechtsgeschäft nichtig und grundsätzlich nach bereicherungsrechtlichen Grundsätzen rückabzuwickeln (EDD/*Dornseifer* § 119 Rn. 27).

11 Allerdings ist es den Mitgliedern der Organe gem. § 119 IV 2 **erlaubt, Unternehmens- und Anlageaktien der InvAG zu erwerben und zu veräußern.** Indem der Gesetzgeber den Vorständen und den Aufsichtsratsmitgliedern die Möglichkeit gewährt, selbst eigene Aktien der InvAG zu erwerben, will er die Interessen der Organmitglieder und der Anleger an einer möglichst erfolgreichen Verwaltung des Gesellschaftsvermögens gleichschalten (BT-Drs. 15/1553, 104) – ein Mechanismus, der sich bereits bei herkömmlichen Aktiengesellschaften, dort bspw. in Form von Aktienoptionsprogrammen, bewährt hat. Daneben ist es denkbar, dass ein Vorstand als Initiator und damit als alleiniger Unternehmensaktionär einer InvAG fungiert. Auch dies wird durch § 119 IV 2 ermöglicht.

V. Whistleblower-Prozess

12 Der neu eingefügte Abs. 5 setzt Art. 99d V RL 2009/65/EG in Bezug auf OGAW-InvAG um. Auf eine Ausdehnung dieser Regelung auf Publikums-AIF-InvAG wurde im Rahmen des Gesetzgebungsverfahrens zum OGAW-V-UmsG ausdrücklich verzichtet.

§ 120 Jahresabschluss und Lagebericht; Verordnungsermächtigung

(1) [1]Auf den Jahresabschluss und den Lagebericht einer Investmentaktiengesellschaft mit veränderlichem Kapital sind die Vorschriften des Ersten Unterabschnitts des Zweiten Abschnitts des Dritten Buches des Handelsgesetzbuchs anzuwenden, soweit sich aus den folgenden Vorschriften nichts anderes ergibt. [2]Die gesetzlichen Vertreter einer OGAW-Investmentaktiengesellschaft mit veränderlichem Kapital haben den Jahresabschluss und den Lagebericht spätestens vier Monate und die gesetzlichen Vertreter einer AIF-Publikumsinvestmentaktiengesellschaft mit veränderlichem Kapital und einer Spezialinvestmentaktiengesellschaft mit veränderlichem Kapital spätestens sechs Monate nach Ende des Geschäftsjahres aufzustellen. [3]§ 264 Absatz 1 Satz 4, Absatz 3 und 4 des Handelsgesetzbuchs ist nicht anzuwenden.

(2) [1]Die Bilanz ist in Staffelform aufzustellen. [2]Auf Gliederung, Ansatz und Bewertung von dem Sondervermögen vergleichbaren Vermögensgegenständen und Schulden (Investmentanlagevermögen) ist § 101 Absatz 1 Satz 3 Nummer 1 anzuwenden.

(3) Auf die Gliederung und den Ausweis der Aufwendungen und Erträge in der Gewinn- und Verlustrechnung ist § 101 Absatz 1 Satz 3 Nummer 4 anzuwenden.

(4) [1]Der Anhang ist um die Angaben nach § 101 Absatz 1, bei Spezialinvestmentaktiengesellschaften mit veränderlichem Kapital ohne die Angabe nach § 101 Absatz 1 Satz 3 Nummer 6, zu ergänzen, die nicht bereits nach den Absätzen 3, 5 und 6 zu machen sind. [2]Bei Publikumsinvestmentaktiengesellschaften mit veränderlichem Kapital sind in den Anhang die Angaben nach § 101 Absatz 2 aufzunehmen.

(5) [1]Zusätzlich zu den in den Absätzen 1 bis 4 und 6 genannten Angaben sind im Anhang des Jahresabschlusses einer AIF-Investmentaktiengesellschaft mit veränderlichem Kapital noch die Angaben nach § 101 Absatz 3 zu machen. [2]§ 101 Absatz 3 Satz 2 ist anzuwenden. [3]Zusätzlich zu den in den Absätzen 1 bis 4 und 6 genannten Angaben sind im Anhang des Jahresabschlusses einer OGAW-Investmentaktiengesellschaft mit veränderlichem Kapital noch die Angaben nach § 101 Absatz 4 zu machen mit der Maßgabe, dass an die Stelle des inländischen OGAW-Sondervermögens in § 101 Absatz 4 Nummer 1 die OGAW-Investmentaktiengesellschaft mit veränderlichem Kapital tritt.

(6) [1]Der Lagebericht ist um die Angaben nach § 101 Absatz 1 Satz 2 zu ergänzen. [2]Die Tätigkeiten einer Kapitalverwaltungsgesellschaft, die diese als externe Kapitalverwaltungsgesellschaft ausübt, sind gesondert aufzuführen.

(7) [1]Soweit die AIF-Investmentaktiengesellschaft mit veränderlichem Kapital nach § 114 des Wertpapierhandelsgesetzes verpflichtet ist, einen Jahresfinanzbericht zu erstellen, sind den Anlegern auf Antrag lediglich die Angaben nach den Absätzen 3 bis 6 zusätzlich vorzulegen. [2]Die Übermittlung dieser Angaben kann gesondert oder in Form einer Ergänzung zum Jahresfinanzbericht erfolgen. [3]Im letzteren Fall ist der Jahresfinanz-

bericht spätestens vier Monate nach Ende des Geschäftsjahres zu veröffentlichen.

(8) [1]**Das Bundesministerium der Finanzen wird ermächtigt, im Einvernehmen mit dem Bundesministerium der Justiz und für Verbraucherschutz durch Rechtsverordnung, die nicht der Zustimmung des Bundesrates bedarf, nähere Bestimmungen über weitere Inhalte, Umfang und Darstellung des Jahresabschlusses und des Lageberichts sowie zur Art und Weise ihrer Einreichung bei der Bundesanstalt zu erlassen, soweit dies zur Erfüllung der Aufgaben der Bundesanstalt erforderlich ist, insbesondere, um einheitliche Unterlagen zur Beurteilung der Tätigkeit der Investmentaktiengesellschaft mit veränderlichem Kapital zu erhalten.** [2]**Das Bundesministerium der Finanzen kann die Ermächtigung durch Rechtsverordnung auf die Bundesanstalt übertragen.**

Schrifttum: *Dietrich/Malsch* KAGB-Übergangsregelungen und ihre Auswirkungen auf die Rechnungslegung geschlossener Investmentvermögen, RdF 2014, 240; *Sedlmaier* Die Investment-Rechnungslegungs- und Bewertungsverordnung – Überblick und kritische Würdigung, WM 2010, 1437.

Inhaltsübersicht

	Rn.
I. Allgemeines	1
II. Anwendbarkeit von Rechtsnormen zur Rechnungslegung	4
III. Rechnungslegung	8
IV. Instrumente der Rechnungslegung	12
1. Übersicht	12
2. Bilanz (§ 120 II)	15
3. Gewinn- und Verlustrechnung (§ 120 III)	36
4. Anhang (§ 120 IV, V)	41
5. Lagebericht (§ 120 VI)	45
6. Jahresfinanzbericht (§ 120 VII)	51
V. Fristen	52
1. Aufstellung Jahresabschluss	52
2. Vorlegen des Jahresfinanzberichts	54
VI. Verordnungsermächtigung (§ 120 VIII)	56

I. Allgemeines

1 § 120 enthält spezielle Regelungen für die Rechnungslegung der InvAG mvK und knüpft weitestgehend an den früheren § 110 InvG an. Bereits dieser zielte darauf ab, eine möglichst weite **Angleichung an die für Sondervermögen geltenden Rechnungslegungsvorschriften** zu erreichen (vgl. BSL/*Fischer/Steck* InvG § 110 Rn. 2; WBA/*Lorenz* § 120 Rn. 2).

2 Gemäß § 1 XI stellen Investmentaktiengesellschaften (InvAG) Investmentvermögen dar und werden auch als Investmentgesellschaft bezeichnet. Als Sonderform treten einerseits extern verwaltete und andererseits intern verwaltete Investmentgesellschaften auf, wobei Letztere keine externe Verwaltungsgesellschaft bestellt haben. Aus § 112 ergibt sich, dass die intern verwaltete InvAG mvK die Grundform der InvAG darstellt. Diese Differenzierung spielt für die Rechnungslegung insofern eine Rolle, als dadurch zwingend für die Rechnungslegung zwischen dem Betriebsvermögen und dem Investmentvermögen zu unterscheiden ist. Die InvAG

mvK stellt die Antwort des deutschen Gesetzgebers auf die UCITS (Undertakings for Collective Investments in Transferable Securities) dar. Es erscheint fraglich, ob es eine gute Idee war, hierfür die Rechtsform der Aktiengesellschaft zu wählen. Durch diese Wahl ist die InvAG mvK zunächst an die handelsrechtliche Rechnungslegung gebunden. Diese eignet sich bereits wegen des bevorzugten Anschaffungskostenprinzips kaum für ein Investmentvehikel, das nach dem Marktpreisprinzip bewertet. Somit ist es unabdinglich, dass eine Vorschrift wie § 120 Ausnahme- und Verweisregeln enthält, die diese Schwächen beseitigen. Vorteile der Rechtsform der Aktiengesellschaft bestehen allenfalls dann, wenn ein Investor die InvAG im Rahmen der Konsolidierung in seinen Abschluss aufnehmen muss. Dieser Fall dürfte in der Praxis nur selten auftreten.

Die InvAG mvK gehört zu den in Abschnitt 4 des KAGB geregelten **offenen inländischen Investmentvermögen.** Da ein Ziel der Rechnungslegung Vergleichbarkeit ist, weisen die verschiedenen in Abschnitt 4 geregelten offenen inländischen Investmentvermögen starke Überschneidungen in Bezug auf die Rechnungslegungsnormen auf. 3

II. Anwendbarkeit von Rechtsnormen zur Rechnungslegung

§ 120 regelt den Jahresabschluss und Lagebericht und damit die Rechnungslegung der InvAG mvK, nicht jedoch die Rechnungslegung einer externen Verwaltungsgesellschaft, für die § 38 maßgeblich ist. 4

§ 120 I regelt zunächst das **Verhältnis von HGB und KAGB** in Bezug auf die Rechnungslegung der InvAG mvK. Es handelt sich überwiegend um eine Verweisvorschrift. Sie führt im Ergebnis dazu, dass die zentralen Rechtsnormen für die Rechnungslegung der InvAG sich nicht im HGB, sondern in dem KAGB einschl. der KARBV finden. Die **Nichtanwendbarkeit bestimmter handelsrechtlicher Vorschriften** gem. § 120 I 3 spielt bei der Bestimmung der relevanten Gesetzesnormen eine überragende Rolle, da dadurch verhindert wird, dass bestimmte Befreiungstatbestände des HGB anzuwenden sind. Insbesondere wird verhindert, dass eine InvAG mvK zB wie eine kleine Kapitalgesellschaft Rechnung legt. Daraus folgt, dass alle Instrumente des Jahresabschlusses einer Kapitalgesellschaft, aber auch der Lagebericht, zu erstellen sind. 5

Die § 120 II–IV verweisen auf **§ 101** („Jahresbericht") als Gestaltungsvorschrift für die Bilanz, Gewinn- und Verlustrechnung (GuV) sowie Anhang (s. die Kommentierung zu § 101). Die § 120 V–VII, die ebenfalls im Wesentlichen Verweise zu investmentrechtlichen Vorschriften enthalten, verlangen **ergänzende Angaben zu Anhang, Lagebericht und Jahresfinanzbericht.** Damit spielen von den Verweisketten her betrachtet handelsrechtliche Vorschriften in Bezug auf die Rechnungslegung der InvAG mvK eine dem Investmentrecht deutlich untergeordnete Rolle. Lediglich bei der **Darstellung des Investmentbetriebsvermögens** spielt die **handelsrechtliche Rechnungslegung** eine größere Rolle. Aufgrund der Verordnungsermächtigung gem. § 120 VIII finden für die InvAG auch die DerivateVO sowie die KARBV Anwendung. Anwendbarkeit finden können auch ergänzende Regeln aus dem AktG, dem WpHG (Bilanzeid für Inlandsemittenten gem. § 2 II WpHG, Jahresfinanzbericht gem. § 114 WpHG). Hierbei handelt es sich jedoch nicht primär um Vorschriften bzgl. der Rechnungslegung. 6

Ohne ausdrücklichen Verweis im KAGB hat der deutsche Gesetzgeber die detaillierte Ausgestaltung der Rechnungslegung für InvAGen mvK faktisch in den **Abschnitt 2 „Rechnungslegung" der KARBV** verlagert. Die §§ 20ff. KARBV 7 regeln speziell die Anwendung auf die InvAG. § 20 I 1 KARBV verweist wiederum im Einklang mit § 120 I durch Bezug auf die für Sondervermögen geltenden Vorschriften des § 101 sowie der §§ 6ff. KARBV.

III. Rechnungslegung

8 Die Rechnungslegung der InvAG mvK findet gem. § 120 I ihren äußeren Ausdruck in dem **Jahresabschluss** und **Lagebericht,** also gem. HGB in Bilanz, GuV, Anhang und Lagebericht. Verantwortlich für die Aufstellung des Jahresabschlusses und des Lageberichtes sind die gesetzlichen Vertreter. Gemäß Abschn. 2 KARBV besteht der Jahresabschluss (wie auch handelsrechtlich vorgesehen) aus Bilanz, GuV und Anhang. Hinzu tritt der Lagebericht. Die zahlreichen Verweise in § 120 auf § 101 zeigen, dass der dort geregelte Jahresbericht mit Jahresabschluss und Lagebericht zumindest verwandt ist. Dies spiegelt den gemeinsamen Charakter als offenes Kollektivanlagevehikel wider (→ Rn. 3).

9 Die Instrumente der Rechnungslegung entstehen aus den Arbeitsschritten **Ansatz, Bewertung und Ausweis von Vermögensgegenständen und Verbindlichkeiten** in einem weiten Sinn. Für die Rechnungslegung ist es relevant, die Chronologie der Arbeitsschritte beizubehalten, damit nur das bewertet und ausgewiesen wird, was auch anzusetzen ist. Für die intern verwaltete InvAG mvK ist die Frage des Ansatzes auch deswegen von besonderer Bedeutung, da sie sich in Bezug auf die Rechnungslegung aus dem Investmentbetriebsvermögen sowie zumindest einem Investmentanlagevermögen zusammensetzt. Vermögensgegenstände und Verbindlichkeiten müssen den beiden Vermögensarten eindeutig zugeordnet werden, um einen ordnungsmäßen Ausweis zu erreichen. § 21 I KARBV weist ausdrücklich darauf hin, dass dies auch für den Fall der Bildung von **Teilgesellschaftsvermögen** (TGV) gilt. Bei mehreren TGV muss die Ausgestaltung bei allen gleich erfolgen. Im Umkehrschluss bedeutet dies, dass für eine extern verwaltete InvAG kein Investmentbetriebsvermögen im Rahmen der Rechnungslegung der InvAG auszuweisen ist und naturgemäß auch nicht ausgewiesen werden kann. § 22 I KARBV führt dies entsprechend für die GuV aus. Bezüglich des Ausweises gilt die Besonderheit, dass das Investmentbetriebs- und Investmentanlagevermögen zwar getrennt voneinander, aber in einem Jahresabschluss ausgewiesen werden.

10 § 120 greift für den Jahresabschluss einerseits auf die Instrumente der handelsrechtlichen Rechnungslegung zurück, modifiziert andererseits aber Form und Inhalt. Am deutlichsten wird dies in § 120 II der eine **Bilanz in Staffelform** verlangt. Das widerspricht § 266 I HGB, der als äußere Form der Bilanz die Kontoform verlangt.

11 Die übrigen Absätze des § 120 spielen aufgrund des Verweischarakters für die Rechnungslegung keine eigenständige Rolle.

IV. Instrumente der Rechnungslegung

12 **1. Übersicht.** Die Art der Instrumente der Rechnungslegung der InvAG mvK finden sich in § 120. Durch Verweise in § 101 findet sich der Inhalt der Instrumente dort wieder, was einen inhaltlichen Gleichlauf der Rechnungslegung mit Sondervermögen sicherstellt (vgl. BT-Drs. 16/5576, 83, 89). Die KARBV folgt in ihrer Struktur dem § 120 und nennt detaillierte Vorschriften in der bereits dort aufgeführten Reihenfolge.

Zunächst erscheint es so, als ob sich der Jahresabschluss aus den klassischen handelsrechtlichen Instrumenten Bilanz, GuV, Anhang und zusätzlich dem Lagebericht zusammensetzt. Unzweifelhaft gehören Bilanz, GuV, Anhang und zusätzlich der Lagebericht zu den Elementen des Jahresabschlusses. Durch den Verweis auf § 101 treten jedoch die von Sondervermögen verlangten Instrumente **13**
- Tätigkeitsbericht,
- Vermögensaufstellung,
- Geschäftsaufstellung,
- Anteilsumlauf,
- Ertrags- und Aufwandsrechnung (der GuV vergleichbar),
- Entwicklungsrechnung,
- Ertragsverwendung,
- Vergleichende Übersicht (ausschließlich für Publikumssondervermögen),
- Wertpapierfinanzierungsgeschäfte,
- Sonstige Pflichtangaben und Zusatzangaben

hinzu. Bezüglich einer detaillierten Darstellung dieser Instrumente wird an dieser Stelle auf die Kommentierung zu §§ 101 ff. verwiesen.

Diese Elemente stellen bei der InvAG jedoch keine isolierten Elemente dar, sondern müssen in die handelsrechtlichen integriert werden. **14**

2. Bilanz (§ 120 II). Die Bilanz ist gem. § 120 II 1 in **Staffelform** aufzustellen. § 120 II 2 konkretisiert dies durch den Hinweis, dass auf die Gliederung, Ansatz und Bewertung von dem Sondervermögen vergleichbaren Vermögensgegenständen und Schulden (Investmentanlagevermögen) § 101 I 3 Nr. 1 anzuwenden sind. Dieser Verweis auf den Jahresbericht erscheint auf den ersten Blick sinnvoll, da er zu einem Gleichlauf zwischen Sondervermögen und Investmentgesellschaft führt. Allerdings gilt es zu bedenken, dass die im Jahresbericht enthaltene Vermögensaufstellung eine wesentlich tiefere Struktur aufweist, als dies in einer Bilanz darstellbar ist. Zudem enthält § 101 I 3 Nr. 1 keine Bewertungsvorschriften, sodass der Verweis nicht wörtlich umsetzbar ist. **15**

Der Gesetzgeber hat in § 21 KARBV konkretisiert, was die Bilanz enthalten soll. Dies war nicht zuletzt deswegen erforderlich, weil § 101 aufgrund seiner Stellung im KAGB lediglich die Gliederung der Investmentanlage, nicht jedoch die des Investmentbetriebsvermögens regeln kann. Auch erweckt § 120 den Anschein, dass die Bilanz des Investmentbetriebsvermögens und die des Investmentanlagevermögens vergleichbar strukturiert wären. Aus § 21 KARBV ergibt sich ein deutlich abweichendes Bild. **16**

Für das **Investmentbetriebsvermögen** erfolgt gem. § 21 II KARBV sowohl in Bezug auf die Bilanzierung als auch die Aktienpreisermittlung eine ausschließliche Anwendung der Grundsätze des Dritten Buches des HGB. Es kann davon ausgegangen werden, dass der Begriff Bilanzierung in diesem Zusammenhang Ansatz, Bewertung und Ausweis umfasst. Der **Verweis auf die Aktienpreisermittlung,** insb. mit Bezug auf den Verkehrswert iSd § 168 Abs. 1 ist dagegen zumindest als ungewöhnliche zu bezeichnen Es fehlt schlicht der Bedarf, für das Investmentbetriebsvermögen einen solchen Wert zu ermitteln. Die Bewertung der InvAG als Unternehmung würde wohl weniger über das Investmentbetriebsvermögen als vielmehr über die Qualität des Portfoliomanagements, der Systeme etc., also als eine klassische Unternehmensbewertung erfolgen. **17**

Eine ungewöhnliche Vorschrift stellt auch § 21 III KARBV dar, da dieser dem Wortlaut nach eine Bewertungsvorschrift ist. Bezüglich der Details verweist diese **18**

Vorschrift auf die §§ 26–31 sowie § 34 KARBV. Diese Vorschrift der KARBV steht in unmittelbarer Konkurrenz zu § 120 II 2, die zumindest in Teilen ebenfalls eine Bewertungsvorschrift darstellt. Auch diese verweist jedoch, und zwar auf § 101 I 3 Nr. 1. Vermutlich hat der Regelungsgeber den Weg über die KARBV in der nach Abschluss des Gesetzgebungsverfahrens gewonnenen Erkenntnis gewählt, dass § 101 I 3 Nr. 1 gar keine Bewertungsvorschriften enthält.

19 Auch § 26 KARBV enthält mit Ausnahme des Verbotes von Bewertungseinheiten keine Vorschriften zur Bewertung, sondern klärt lediglich, dass sowohl die Verwahrstelle als auch die InvAG die Bewertung vornehmen dürfen. Zudem wird die **regelmäßige Überprüfung** der Anforderungen des § 26b KARBV durch die **Interne Revision** verlangt.

20 Als zentrale Vorschriften für die Bewertung können die §§ 27 ff. KARBV gelten. Die Details ergeben sich unmittelbar aus der KARBV, so dass im Folgenden lediglich die Grundprinzipien dargestellt werden. Interessanterweise stellt die KARBV hier zumindest vordergründig eine Bewertungshierarchie zur Verfügung. Diese ähnelt der zB aus den IFRS bekannten Vorgehensweise.

21 § 27 KARBV schreibt die **Marktbewertung** für solche Vermögensgegenstände vor, für die ein Marktwert zur Verfügung steht. Eine Modifikation stellt § 30 KARBV dar, der für Immobilien von einer Ermittlung des Verkehrswertes mittels eine Wertermittlungsverfahrens (Ertragswertverfahren) ausgeht.

22 Sofern Marktwerte nicht vorliegen, regelt § 28 KARBV, dass **Verkehrswerte auf Basis geeigneter Bewertungsmodelle** unter Berücksichtigung der aktuellen Marktgegebenheiten zu verwenden sind. Bei der Verwendung eines Bewertungsmodells nach S. 1 sind die Anforderungen nach Art. 71 VO (EU) Nr. 231/2013 zu beachten. Die Bewertung eines Over-the-Counter-Derivats (OTC-Derivat) ist gem. Art. 8 IV Buchst. b RL 2007/16/EG zu überprüfen.

23 Für Beteiligungen an anderen Investmentvermögen **(Zielfonds)** finden gem. § 29 KARBV die letzten festgestellten Rücknahmepreise Verwendung. Alternativ kann ein aktueller Kurs nach § 27 I herangezogen werden.

24 Die Bewertung von **Bankeinlagen** erfolgt zu ihrem Nennwert zuzüglich zugeflossener Zinsen.

25 **Verbindlichkeiten** sind mit ihrem Rückzahlungsbetrag anzusetzen.

26 Bei Beteiligungen an **Immobiliengesellschaften** dient die Ankaufsbewertung gem. § 236 I dazu, die Angemessenheit der Gegenleistung in sinngemäßer Anwendung des § 231 II festzustellen. Der externe Bewerter gem. § 236 III hat die wesentlichen Grundlagen und Annahmen seiner Bewertung der Immobilien, insb. alle wertbeeinflussenden Faktoren, im Gutachten darzulegen.

27 Die ganz entscheidende Regelung des § 21 KARBV findet sich in IV mit der Abbildung der Einzelposten der Bilanz getrennt nach **Investmentbetriebs- und Investmentanlagevermögen.** Auffallend ist zunächst, dass das Investmentbetriebsvermögen in lediglich zwei Punkte gegliedert ist, die Aktiva (Vermögenswerte) und die Passiva (Verbindlichkeiten). Diese Darstellung ist fehlerhaft und missverständlich. Fehlerhaft ist die Darstellung, da auch das Investmentbetriebsvermögen das hier fehlende Eigenkapital ausweisen muss. Missverständlich ist die Darstellung, da die in § 20 II KARBV geforderte ausschließliche Anwendung des HGB zu einer deutlich tieferen Gliederungsstruktur gem. § 266 HGB führt.

28 Der **Ausweis des Eigenkapitals** wird in der Praxis dadurch erreicht, dass Aktiva und Passiva in Staffelform, also untereinander ausgewiesen werden. Die Passiva werden in die Verbindlichkeiten im weiteren Sinn sowie das Eigenkapital un-

terteilt. Sowohl für Aktiva als auch Passiva wird eine Summe gebildet, die der Bilanzsumme bei Darstellung in Kontoform entspricht.

§ 21 IV KARBV führt im Ergebnis dazu, dass das **Investmentbetriebsvermögen** der Struktur einer dem HGB unterliegenden Kapitalgesellschaft unterliegt. Diese Vorgehensweise des Gesetzgebers ist nicht nachvollziehbar. Die von der Struktur her vergleichbare externe KVG unterliegt gem. § 38 KAGB iVm § 340a HGB bzgl. ihrer **Rechnungslegung der RechKredV.** Dort ist ein Bilanzschema normiert, das in besonderer Weise auf die Finanzindustrie ausgelegt ist. Die Bilanz ist im Gegensatz zu der Bilanz nach § 266 HGB nach absteigender Liquidität sortiert. Sie berücksichtigt zudem Risikoelemente. Durch den Verzicht auf die Anwendung der RechKredV hat sich der Gesetzgeber die Möglichkeit genommen, eine industriespezifische Bilanzstruktur zu wählen. Auch für das Investmentanlagevermögen hat sich der Gesetzgeber nicht der Struktur der RechKredV bedient. Hier hätte es sich aufgrund der Identität des Geschäftszwecks mit der Bilanz einer vermögensbildenden oder Investmentbank geradezu aufgedrängt, diese Struktur zu übernehmen. Entstanden ist vielmehr ein Bilanzschema, dass keine erkennbar mit dem Geschäftszweck verbundene Struktur aufweist. Hoch liquide Aktiva stehen in der Mitte der Bilanz (Position 4, 5, 6) hinter den in der Regel schwach liquiden Beteiligungen und vor den in Bezug auf Liquidität eher unbestimmten Sonstigen Vermögensgegenständen. 29

Der Posten **Sachanlagen** betrifft in erster Linie nicht finanzielle Anlagen, jedoch ohne Anzahlungen, die unter den sonstigen Vermögensgegenständen auszuweisen sind. 30

Auf den ersten Blick ungewöhnlich erscheint der Posten der **Anschaffungsnebenkosten.** Bei der im Rahmen der Bewertungshierarchie bevorzugten Markt- oder Ertragswertbewertung erfolgt eine Abschreibung der Anschaffungsnebenkosten. Derr Posten kann somit nur im Zusammenhang mit Immobilien bzw. sonstigen Sachwerten verstanden werden und ermöglicht von dem zugehörigen Vermögensgegenstand abweichende Abschreibungsverläufe für die Anschaffungsnebenkosten. 31

Zu den **Beteiligungen** gehören insb. nicht in Wertpapieren verbriefte Anteile an Kapital- und Personengesellschaften. 32

Eine Besonderheit stellt noch der Posten **Sonstige Vermögensgegenstände** dar, der im Gegensatz zu dem Gliederungsschema in § 266 HGB deutlich getrennt von den Forderungen steht. Er dient neben der Aufnahme von Anzahlungen auch dem Ausweis von antizipativen Forderungen, zB Zins- oder Dividendenabgrenzungen. 33

Die **Gliederung der Passiva** weicht sowohl in Struktur als auch Inhalt deutlich von der Gliederung nach § 266 HGB ab. Dies trägt den investmentrechtlichen Geschäftsmodellen Rechnung. 34

Die Aufstellungsvorschrift des § 21 V KARBV gibt annähernd wörtlich den § 268 I HGB wieder. Der Sinn dieser Vorschrift besteht entsprechend darin, diese Aufstellungsform (Berücksichtigung der Gewinnverwendung) auch dem Investmentanlagevermögen zugänglich zu machen. 35

3. Gewinn- und Verlustrechnung (§ 120 III). Auf die Gewinn- und Verlustrechnung (GuV) ist gem. § 120 III die **Gliederung und der Ausweis der Aufwendungen und Erträge** gem. § 101 I 3 Nr. 4 anzuwenden. Darüber hinaus hat der Gesetzgeber auch für die GuV den Weg einer weitergehenden Konkretisierung in § 22 KARBV gewählt. Ähnlich der Bilanz gibt es zwei Posten für die betrieb- 36 liche, hier **Verwaltungstätigkeit,** und weitere Posten für die **Investmenttätigkeit.**

37 Sowohl § 120 III als auch § 101 I 3 Nr. 4 fehlt die **Differenzierung zwischen Investmentbetriebs- und -anlagevermögen.** Somit kommt hier das Gliederungsschema des § 275 HGB für das Investmentbetriebsvermögen zum Tragen, da in der Regel Positionen wie zB Personalaufwand benötigt werden. Diese finden sich naturgemäß nicht im Investmentanlagevermögen. Die handelsrechtlichen Vorschriften des § 277 HGB sind ebenfalls zu berücksichtigen.

38 Diese Konkretisierung stellt für die Investmenttätigkeit einerseits eine Präzisierung dar, weil zB in § 22 III Nr. II. 2 KARBV eine deutlich stärkere Auffächerung der Aufwandsarten erfolgt. Die Vorschrift stellt andererseits auch eine Ergänzung des § 101 I 3 Nr. 4 dar, da zB ausdrücklich **Zeitwertänderungen** als Position aufgeführt werden.

39 Unglücklicherweise vermischen sich jedoch in dem Gliederungsschema Begrifflichkeiten verschiedener Anlagearten. Der Begriff Zeitwertänderung setzt eine Änderung durch Zeitverlauf voraus, was nur bei genutzten oder länger für die Anlage gedachten Vermögensgegenständen denkbar ist. Dagegen weist der Begriff „Summe des nicht realisierten Ergebnisses des Geschäftsjahres" auf die Erfassung aller nicht realisierten Wertveränderungen, also zB aufgrund von Marktpreisschwankungen hin.

40 In einer Gesamtbetrachtung zeigt sich, dass die KARBV keine zusätzlichen Angaben im Vergleich zum KAGB fordert, aber sehr wohl einen höheren **Detaillierungsgrad.**

41 **4. Anhang (§ 120 IV, V).** In den Anhang sind gem. § 120 IV, V zunächst die handelsrechtlichen Angaben aufzunehmen. Diese sind dann um die Angaben nach § 101 I 3 Nr. 6 zu ergänzen soweit diese Angaben nicht bereits aufgrund anderslautender Vorgaben des § 101 gemacht wurde. Auf den ersten Blick handelt sich bei der Vorschrift des § 120 IV somit um einen Auffangtatbestand. Allerdings besteht nicht die Möglichkeit, die hier vorzunehmenden Angaben willkürlich an anderer Stelle zu platzieren, da § 120 iVm § 101 zugleich eine **Ausweisvorschrift** ist.Die Bedeutung dieser Vorschrift zeigt sich am deutlichsten daran, dass die in → Rn. 13i aufgeführten Instrumente des Rechnungswesens, mit Ausnahme der Ertrags- und Aufwandsrechnung, den Anhang formen.

42 Wie auch für die anderen Instrumente des Jahresabschlusses finden sich die Detailregeln für den Anhang ganz überwiegend in der KARBV. Dabei stellt § 25 II KARBV klar, dass § 285 HGB nur für das Investmentbetriebsvermögen Anwendung findet. Die KARBV beschreibt in einem hohen **Detaillierungsgrad** die zu machenden Angaben, so dass diesbezüglich Erläuterungen an dieser Stelle unterbleiben.

43 Angesichts der derzeit zahlreichen Krisensituationen, aber auch wegen der umfangreichen Gesetzgebungsverfahren mit umfassenden Änderungen für die Investmentbranche, erscheint es wichtig, darauf hinzuweisen, dass in Einklang mit § 10 V 3 iVm § 20 I 1 KARBV **Erkenntnisse nach dem Stichtag des Jahresberichtes** bzw. des Jahresabschlusses der InvAG bei Wertermittlungen nicht zu berücksichtigen sind. (vgl. Fachl. Hinweis des IDW Fachausschusses Investment (FAIN), 25.3.2022). Dies steht nicht im Widerspruch zu § 8 KARBV, der zB für AIF-Sondervermögen iVm Art. 105 II VO (EU) Nr. 231/2013 verlangt, dass Hauptanlagerisiken und wirtschaftliche Unsicherheiten im **Tätigkeitsbericht** zu beschreiben sind. Allerdings findet das Stichtagsprinzip dort seine Grenze, wo Ereignisse nach

dem Berichtsstichtag eingetreten sind, wenn nur durch eine Berichterstattung Fehlinterpretationen vermieden werden können.

Die Anhangangaben nach § 285 HGB finden gem. § 25 II KARBV jedoch nur auf das Investmentbetriebsvermögen Anwendung. Hier muss im Einzelfall überlegt werden, ob über krisenhafte Entwicklungen, die erst nach dem Schluss des Geschäftsjahres eingetreten sind, zu berichten ist. Allerdings kann es sinnvoll sein, auf eine nicht erfolgte Berichterstattung mit Bezug auf den Stichtag hinzuweisen bzw. entsprechend zu berichten. (vgl. Fachl. Hinweis des IDW Fachausschusses Investment (FAIN), 25.3.2022). **44**

5. Lagebericht (§ 120 VI). In den Lagebericht sind gem. § 120 VI zunächst die handelsrechtlichen Angaben aufzunehmen. Er richtet sich somit nach § 289 HGB sowie gegebenenfalls DRS 20 aus. Dabei ist allerdings zu berücksichtigen, dass HGB § 289 I S. 4 („voraussichtliche Entwicklung mit ihren wesentlichen Chancen und Risiken") nur auf das **Investmentbetriebsvermögen** anzuwenden sind. **45**

Diese Angaben sind dann um die Angaben nach KAGB § 101 I 2 zu ergänzen. Sofern die KVG eine Tätigkeit als externe KVG ausübt, sind diese Tätigkeiten gesondert aufzuführen. **46**

Die Angaben nach § 289 I 4 HGB zur **voraussichtlichen Entwicklung der Gesellschaft** erfolgen gem. § 23 V 1 KARBV nur für das Investmentbetriebsvermögen. Mögliche Wechselwirkungen mit dem bzw. den Investmentanlagevermögen sollten hierbei nicht außer Acht gelassen werden. **47**

Für eine AIF-Publikums-InvAG richtet sich der nähere **Inhalt des Tätigkeitsberichts** im Übrigen nach Art. 105 der VO (EU) Nr. 231/2013 und bei einem Spezial-InvAG ausschließlich nach Art. 105 der VO (EU) Nr. 231/2013. Inhaltlich werden die Anforderungen durch die deutschen investmentrechtlichen Bestimmungen abgedeckt. **48**

Wie auch für die anderen Instrumente des Jahresabschlusses finden sich die Detailregeln für den Anhang ganz überwiegend in der KARBV. Dabei stellt § 23 KARBV klar, dass der Lagebericht unabhängig von den Größenklassen der §§ 267, 267 a HGB aufzustellen ist. Die KARBV beschreibt in einem **hohen Detaillierungsgrad** die zu machenden Angaben, so dass diesbezüglich Erläuterungen an dieser Stelle unterbleiben. Es sei allerdings darauf hingewiesen, dass bei **Aussagen zur Wertentwicklung des Investmentanlagevermögens** §§ 165 II Nr. 9, 4 IV–VII WpDVerOV entsprechend anzuwenden sind (§ 23 V 2 KARBV). Konkret bedeutet dies, dass ua Aussagen zu der früheren Wertentwicklung eines Finanzindexes nicht im Vordergrund der Information stehen dürfen. Zudem müssen geeignete Angaben zur Wertentwicklung sich auf die unmittelbar vorausgegangenen fünf Jahre beziehen, innerhalb derer bspw. der Finanzindex festgestellt wird. Angaben über einen längeren Zeitraum müssen in Zwölfmonatszeiträumen erfolgen. Informationsquellen sind eindeutig anzugeben. Im Fall einer Bezugnahme auf die Bruttowertentwicklung ist anzugeben, wie sich Provisionen, Gebühren und andere Entgelte auswirken. Simulationen einer früheren Wertentwicklung oder Verweise auf eine solche Simulation dürfen sich nur auf ein Finanzinstrument, den einem Finanzinstrument zugrunde liegenden Basiswert oder einen Finanzindex beziehen. Sie müssen auf der tatsächlichen früheren Wertentwicklung mindestens eines Finanzinstrumentes, eines Basiswertes oder eines Finanzindexes beruhen, die mit dem betreffenden Finanzinstrument übereinstimmen oder diesem zugrunde liegen und die Voraussetzungen des § 4 IV WpDVerOV erfüllen. Angaben zu einer künftigen Wertentwicklung dürfen nicht auf einer simulierten früheren Wertentwicklung **49** beruhen oder auf eine solche Simulation Bezug nehmen. Die Angaben müssen auf angemessenen, durch objektive Daten gestützten Annahmen beruhen und für den Fall, dass sie auf der Bruttowertentwicklung beruhen, deutlich angeben, wie sich Provisionen, Gebühren und andere Entgelte auswirken. Die dargestellten Wertentwicklungen müssen jeweils deutliche Hinweise enthalten, auf welche Zeiträume sich die Angaben beziehen und dass frühere Wertentwicklungen, Simulationen oder Prognosen kein verlässlicher Indikator für die künftige Wertentwicklung sind. Insbesondere der letztgenannte Aspekt macht deutlich, dass die Zukunftsaussagen im Lagebericht ein besonderes Informationsmaß besitzen (vgl. EDD/*Hornschu/Neuf* InvG § 110 Rn. 42).

50 Eine Besonderheit stellt die Anforderung des § 23 IV KARBV dar, einen **Tätigkeitsbericht** gem. § 8 KARBV zu erstellen. Der Tätigkeitsbericht enthält Elemente, die sich so auch in einem nach handelsrechtlichen Vorgaben erstellten Jahresabschluss wiederfinden. Die Anforderungen sind jedoch wesentlich spezieller auf das Geschäftsmodell der InvAG ausgerichtet. Die explizit genannten Risiken, auf die der Ersteller eingehen soll, entsprechen zugleich den üblichen Risikokategorien im Bankaufsichtsrecht.

51 **6. Jahresfinanzbericht (§ 120 VII).** Sofern eine AIF-InvAG mvK als Inlandsemittent **börsennotierte Wertpapiere** begibt, unterliegt sie bereits nach § 114 WpHG der Verpflichtung, einen Jahresfinanzbericht zu erstellen. Dieser enthält mindestens den Jahresabschluss und Lagebericht, den „Bilanzeid" nach §§ 264 II 2 3, 289 I 5 sowie eine Bescheinigung der Wirtschaftsprüferkammer gem. § 134 IIa WPO über die Eintragung des Abschlussprüfers oder eine Bestätigung der Wirtschaftsprüferkammer gem. § 134 IV 8 WPO über die Befreiung von der Eintragungspflicht. § 120 VII, dessen Verweisung richtigerweise als eine solche auf Abs. 2–6 zu lesen ist (MKJ/*Boxberger* § 120 Rn. 39), regelt, dass die zusätzlichen investmentrechtlichen Pflichtangaben auch in einem gesonderten Dokument vorgelegt werden können. Im Ergebnis liegt die Bedeutung des § 120 VII vor allem in der Klarstellung, dass ein Anleger keine weiteren Unterlagen (wie zB handelsrechtliche Abschlüsse) fordern kann.

V. Fristen

52 **1. Aufstellung Jahresabschluss.** Die gesetzlichen Vertreter einer OGAW-InvAG stellen gem. § 120 I 2 den Jahresabschluss spätestens **vier Monate** nach Ende des Geschäftsjahres, die einer AIF-Publikums-InvAG mit veränderlichem Kapital sowie einer Spezial-InvAG spätestens nach **sechs Monaten** auf.

53 Diese Fristen erscheinen im **Abgleich mit § 123** merkwürdig. Dieser regelt, dass die Frist zur Offenlegung nach § 325 Ia 1 HGB bei einer OGAW-Investmentaktiengesellschaft vier Monate und bei einer AIF-Publikumsinvestmentaktiengesellschaft mit veränderlichem Kapital sechs Monate beträgt.Bei Ausschöpfung der Frist zur Erstellung entsteht somit zugleich ein Verstoß gegen die Frist zur Veröffentlichung. In diesem Fall wäre die Frist zur Veröffentlichung im Moment der Erstellung abgelaufen.

54 **2. Vorlegen des Jahresfinanzberichts.** Ebenso **vier Monate** nach Ende des Geschäftsjahres sind gem. § 120 VII 3 die gegebenenfalls zu erstellenden Jahresfinanzberichte vorzulegen.

55 Außerdem muss jedes Unternehmen, das als Inlandsemittent Wertpapiere begibt, spätestens vier Monate nach Ablauf eines jeden Geschäftsjahres eine **Bekannt-**

machung darüber veröffentlichen, ab welchem Zeitpunkt und unter welcher Internetadresse die vorstehend genannten Rechnungslegungsunterlagen zusätzlich zu ihrer Verfügbarkeit im Unternehmensregister öffentlich zugänglich sind.

VI. Verordnungsermächtigung (§ 120 VIII)

§ 120 VIII enthält eine Ermächtigung, durch Rechtsverordnung weitergehende Bestimmungen zum Jahresabschluss und Lagebericht zu treffen, von der das BMF im Rahmen der KARBV und der DerivateV Gebrauch gemacht hat. 56

§ 121 Prüfung des Jahresabschlusses und des Lageberichts; Verordnungsermächtigung

(1) [1]**Der Aufsichtsrat hat den Jahresabschluss und den Lagebericht der Investmentaktiengesellschaft mit veränderlichem Kapital zu prüfen und über das Ergebnis seiner Prüfung einen schriftlichen Bericht zu erstatten. Er hat seinen Bericht innerhalb eines Monats, nachdem ihm der Jahresabschluss und der Lagebericht zugegangen sind, dem Vorstand und dem Abschlussprüfer zuzuleiten.** [2]**Billigt der Aufsichtsrat den Jahresabschluss und den Lagebericht, so ist dieser festgestellt.**

(2) [1]**Der Jahresabschluss und der Lagebericht der Investmentaktiengesellschaft mit veränderlichem Kapital sind durch einen Abschlussprüfer nach Maßgabe der Bestimmungen des Dritten Unterabschnitts des Zweiten Abschnitts des Dritten Buches des Handelsgesetzbuchs zu prüfen.** [2]**Bei einer Investmentaktiengesellschaft mit veränderlichem Kapital mit Teilgesellschaftsvermögen darf der Bestätigungsvermerk nur erteilt werden, wenn für jedes einzelne Teilgesellschaftsvermögen eine Bestätigung erteilt werden kann.** [3]**§ 28 des Kreditwesengesetzes gilt entsprechend mit der Maßgabe, dass die Anzeige nur gegenüber der Bundesanstalt zu erfolgen hat.**

(3) [1]**Der Abschlussprüfer hat bei Investmentaktiengesellschaften mit veränderlichem Kapital auch zu prüfen, ob bei der Verwaltung des Vermögens der Investmentaktiengesellschaft mit veränderlichem Kapital**
1. die Vorschriften dieses Gesetzes,
2. die Anforderungen
   a) nach Artikel 4 Absatz 1, 2 und 3 Unterabsatz 2, Artikel 4a und 9 Absatz 1 bis 4 sowie Artikel 11 Absatz 1 bis 10, 11 Unterabsatz 1 und Absatz 12 der Verordnung (EU) Nr. 648/2012,
   b) nach den Artikeln 4 und 15 der Verordnung (EU) 2015/2365,
   c) nach Artikel 16 Absatz 1 bis 4, Artikel 23 Absatz 3 und 10 und Artikel 28 Absatz 2 der Verordnung (EU) 2016/1011,
   d) nach Artikel 28 Absatz 1 bis 3 der Verordnung (EU) Nr. 600/2014,
   e) nach den Artikeln 5 bis 9, 18 bis 27 und 43 Absatz 5 und 6 der Verordnung (EU) 2017/2402,
   f) nach Artikel 3 bis 13 der Verordnung (EU) 2019/2088 und
   g) nach den Artikeln 5 bis 7 der Verordnung (EU) 2020/852 sowie
3. die Bestimmungen der Satzung und der Anlagebedingungen

beachtet worden sind. [2]**Bei der Prüfung hat er insbesondere festzustellen, ob die Investmentaktiengesellschaft mit veränderlichem Kapital die An-**

zeigepflicht nach § 34 Absatz 1, 3 Nummer 1 bis 3, 5, 7 bis 11, Absatz 4, 5 und § 35 sowie die Anforderungen nach den §§ 36 und 37 erfüllt hat und ihren Verpflichtungen nach dem Geldwäschegesetz nachgekommen ist. [3]Das Ergebnis dieser Prüfung hat der Abschlussprüfer im Prüfungsbericht gesondert wiederzugeben. [4]Der Abschlussprüfer hat den Bericht über die Prüfung der Publikumsinvestmentaktiengesellschaft mit veränderlichem Kapital unverzüglich nach Beendigung der Prüfung der Bundesanstalt einzureichen, der Bericht über die Prüfung der Spezialinvestmentaktiengesellschaft mit veränderlichem Kapital ist der Bundesanstalt auf Verlangen einzureichen. [5]§ 29 Absatz 3 des Kreditwesengesetzes ist mit der Maßgabe entsprechend anzuwenden, dass die dort geregelten Pflichten gegenüber der Deutschen Bundesbank nicht gelten. [6]Die Bundesanstalt kann die Prüfung nach Satz 1 und 2 ohne besonderen Anlass anstelle des Prüfers selbst oder durch Beauftragte durchführen. [7]Die Investmentaktiengesellschaft mit veränderlichem Kapital ist hierüber rechtzeitig zu informieren.

(3a) **[1]Unbeschadet der besonderen Pflichten des Abschlussprüfers nach Absatz 3 kann die Bundesanstalt auch gegenüber der Investmentaktiengesellschaft mit veränderlichem Kapital Bestimmungen über den Inhalt der Prüfung treffen, die vom Abschlussprüfer im Rahmen der Jahresabschlussprüfung zu berücksichtigen sind. [2]Sie kann insbesondere Schwerpunkte für die Prüfungen festlegen.**

(4) **[1]Das Bundesministerium der Finanzen wird ermächtigt, im Einvernehmen mit dem Bundesministerium der Justiz und für Verbraucherschutz durch Rechtsverordnung, die nicht der Zustimmung des Bundesrates bedarf, nähere Bestimmungen über den Gegenstand der Prüfung nach Absatz 3 und über weitere Inhalte, Umfang und Darstellungen des Prüfungsberichts des Abschlussprüfers sowie zur Art und Weise der Einreichung des Prüfungsberichts des Abschlussprüfers bei der Bundesanstalt zu erlassen, soweit dies zur Erfüllung der Aufgaben der Bundesanstalt erforderlich ist, insbesondere, um einheitliche Unterlagen zur Beurteilung der Tätigkeit der Investmentaktiengesellschaften mit veränderlichem Kapital zu erhalten. [2]Das Bundesministerium der Finanzen kann die Ermächtigung durch Rechtsverordnung auf die Bundesanstalt übertragen.**

Inhaltsübersicht

	Rn.
I. Einleitung	1
II. Anzuwendende Rechtsnormen	6
III. Prüfung durch den Abschlussprüfer (§ 121 II und III)	12
1. Verfahren zur Bestimmung des Abschlussprüfers, gesetzliche Grundlagen	12
2. Prüfung durch den Abschlussprüfer	14
3. Berichterstattung und Fristen	16
IV. Prüfung durch den Aufsichtsrat (§ 121 I)	23

I. Einleitung

1 § 121 nimmt Bezug auf § 120 und behandelt ausschließlich die **Prüfung** des Jahresabschlusses und die diesbezügliche **Berichterstattung** einer Investmentaktiengesellschaft mit veränderlichem Kapital (InvAG mvK).

§ 121 enthält **Anforderungen** sowohl an die Prüfung durch den Aufsichtsrat als auch durch den Abschlussprüfer. 2

Das Verhältnis dieser beiden Prüfungen und insb. der zeitliche Ablauf stellt eine Merkwürdigkeit dar, die auch in der Literatur für unterschiedliche Interpretationen gesorgt hat. Bei einem wörtlichen Verständnis der Vorschrift prüft zunächst der Aufsichtsrat und lässt dem Abschlussprüfer sowie dem Vorstand einen schriftlichen Bericht über die das Ergebnis zukommen. 3

Dies steht jedoch in einem **Spannungsverhältnis zu den §§ 170, 171 AktG.** Nach diesen Vorschriften legt der Vorstand den Jahresabschluss und den Lagebericht unverzüglich nach ihrer Aufstellung dem Aufsichtsrat zur Prüfung vor. Ist der Jahresabschluss durch einen Abschlussprüfer zu prüfen, so hat dieser über die wesentlichen Ergebnisse seiner Prüfung, insb. wesentliche Schwächen des internen Kontroll- und des Risikomanagementsystems bezogen auf den Rechnungslegungsprozess, zu berichten. Es stellt sich damit aber die Frage, wann die Prüfung durch den Abschlussprüfer stattfinden soll, denn gem. § 121 erhält der Abschlussprüfer den Abschluss erst nach dem Aufsichtsrat. 4

Neben der Annahme, dass es sich hier wohl eher um ein redaktionelles Versehen handelt, findet sich auch die Ansicht, dass der Aufsichtsrat Gelegenheit haben soll, in den Entstehungsprozess des Abschlusses selbst einzugreifen (EDD/*Hornschu/Neuf* § 121 Rn. 5). Das wäre jedoch kaum mit seiner Rolle als Kontrollorgan vereinbar. Dieser Ansicht kann auch deswegen nicht zustimmt werden, da bei Weiterleitung des Jahresabschlusses und des Lageberichtes diese Dokumente formal und aus Sicht des Vorstandes formal und final aufgestellt sein müssen. Unabhängig von den möglichen Interpretationen des zeitlichen Ablaufes ist festzuhalten, dass der Aufsichtsrat zeitnah zur beendeten Aufstellung des Jahresabschlusses eine Prüfung mit zugehöriger Berichterstattung vorzunehmen hat. 5

II. Anzuwendende Rechtsnormen

Da es sich bei einer InvAG mvK rechtlich um eine eigenständige Aktiengesellschaft handelt und das Aktienrecht nicht in dem Maße wie das Handelsrecht in § 120 eingeschränkt wird, findet das **Aktienrecht** im Umkehrschluss auf die InvAG mvK weitgehend Anwendung. Hier spielt natürlich die Funktion des Aufsichtsrates eine wichtige Rolle.Hinzu tritt das HGB, da zB der Abschlussprüfer gem. § 121 II iVm § 318 I 4 HGB **vom Aufsichtsrat beauftragt** werden muss. 6

Darüber hinaus gelten selbstverständlich die zugehörigen investmentrechtlichen Vorschriften. Hierzu gehört gem. § 121 IV auch die **KAPrüfbV,** insb. § 43 KAPrüfbV. 7

Welche Vorschriften der KAPrüfbV zu berücksichtigen sind, hängt maßgeblich davon ab, ob es sich um eine extern verwaltete oder um eine intern verwaltete InvAG handelt. Je nach Ausprägung lehnen sich die gesetzlichen Anforderungen an die Abschlussprüfung und die Berichterstattung an die Vorgaben für eine externe KVG oder an die für Sondervermögen an. Diesbezüglich sei auf die Kommentierung zu § 38 und § 102 verwiesen. 8

Explizit listet § 121 III Anforderungen aus nachstehenden Vorschriften als **prüfungspflichtig** auf: 9

- Verordnung über OTC-Derivate, zentrale Gegenparteien und Transaktionsregister (VO (EU) Nr. 648/2012),
- Verordnung über die Transparenz von Wertpapierfinanzierungsgeschäften und der Weiterverwendung (VO (EU) Nr. 2015/2365),

- Verordnung über Indizes, die bei Finanzinstrumenten und Finanzkontrakten als Referenzwert oder zur Messung der Wertentwicklung eines Investmentfonds verwendet werden (VO (EU) 2016/1011),
- die Pflicht zum Handel von Derivaten über geregelte Märkte, MTF oder OTF (Art. 28 I–III der VO (EU) Nr. 600/2014),
- Verordnung zur Festlegung eines allgemeinen Rahmens für Verbriefungen und zur Schaffung eines spezifischen Rahmens für einfache, transparente und standardisierte Verbriefung (VO (EU) 2017/2402),
- Verordnung über nachhaltigkeitsbezogene Offenlegungspflichten im Finanzdienstleistungssektor (VO (EU) 2019/2088),
- Verordnung über Märkte für Finanzinstrumente (VO (EU) Nr. 600/2014),
- Verordnung über die Einrichtung eines Rahmens zur Erleichterung nachhaltiger Investitionen (VO (EU) 2020/852),
- Einhaltung der Bestimmungen der Satzung sowie der Anlagebedingungen,
- die Anzeigepflichten gegenüber der Bundesanstalt nach § 34 I, III Nr. 1–3, 5, 7–11 (ausgenommen ist die unverzügliche Anzeigepflicht bei Änderung der Rechtsform und der Firma sowie die unverzügliche Anzeigepflicht bei der Absenkung der Eigenmittel unter die in § 25 vorgesehenen Schwellen),
- die Meldepflichten von AIF-Verwaltungsgesellschaften nach § 35,
- die Anforderungen an Auslagerung nach § 36,
- die Anforderungen an Vergütungssysteme nach § 37,
- Verpflichtungen nach dem GwG.

10 Fraglich ist, ob darüber hinaus die Regelungen gem. **§ 264 d HGB** für kapitalmarktorientierte Gesellschaften einschlägig und anwendbar sein könnten. Aufgrund des verstärkten Umsatzes von börsengehandelten Investmentvermögen könnte dies
durchaus bejaht werden. Derzeit kann diese Einordnung nach hM jedoch nicht für die **Investmentanlageaktien** gelten, da diese keine Teilhabe an den Eigentümerrechten der InvAG iSd AktG verkörpern (vgl. EDD/*Hornschu/Neuf/Bordt* § 121 Rn. 9).

11 Die **Aktien des Investmentbetriebsvermögens** wiederum werden in der Regel nicht an organisierten Märkten gehandelt und fallen damit auch nicht unter diese Regeln.

III. Prüfung durch den Abschlussprüfer (§ 121 II und III)

12 **1. Verfahren zur Bestimmung des Abschlussprüfers, gesetzliche Grundlagen.** Gemäß § 121 II wird bei InvAG mvK der Abschlussprüfer auf **Vorschlag des Aufsichtsrats** von der **Hauptversammlung** gewählt und vom **Aufsichtsrat** beauftragt. § 28 KWG gilt entsprechend mit der Maßgabe, dass die Anzeige des Abschlussprüfers nur gegenüber der BaFin zu erfolgen hat. § 318 III–VIII sowie §§ 319, 319b und 323 HGB gelten entsprechend.

13 Nach § 119 I Nr. 5 AktG bestellt die Hauptversammlung den Abschlussprüfer. Gemäß § 111 II AktG erteilt der Aufsichtsrat dem Abschlussprüfer in Folge den Prüfungsauftrag. Im Ergebnis stimmen die investment-, handels- und aktienrechtlichen Vorschriften überein.

14 **2. Prüfung durch den Abschlussprüfer.** Die Prüfung umfasst zum einen die **Prüfung des Investmentanlagevermögens** und bei der intern verwalteten InvAG zum anderen das **Investmentbetriebsvermögen.** Sofern es sich um eine

extern verwaltete InvAG handelt, hat der Abschlussprüfer die Ergebnisse der Prüfung der externen KVG zu verwerten. Das bedeutet zugleich, dass der Abschluss der extern verwalteten InvAG vor dem Abschluss der KVG nicht abschließend geprüft werden kann.

Die **Prüfung der Investmentanlagen** folgt im Wesentlichen der für Sondervermögen und insofern analog zu § 102, die Prüfung der KVG analog zu § 38. Bezüglich der Durchführung wird daher auf die Kommentierungen zu diesen Vorschriften verwiesen. 15

3. Berichterstattung und Fristen. Die meisten Wirtschaftsprüfer werden bei ihrer Berichterstattung oberhalb des KAGB die Grundsätze ordnungsmäßiger Berichterstattung sowie insb. **IDW PS 450 nF** „Grundsätze ordnungsmäßiger Erstellung von Prüfungsberichten" des Instituts der Wirtschaftsprüfer in Deutschland eV, Düsseldorf, berücksichtigen. Insbesondere die Berücksichtigung des IDW PS 450 kann natürlich nicht als verbindlich angesehen werden, da das IDW nur einer von mehreren Verbänden von Wirtschaftsprüfern ist. 16

Bei der Investmentgesellschaft mit **Teilgesellschaftsvermögen** ist die Berichterstattung getrennt nach den Teilgesellschaftsvermögen und bei der intern verwalteten Investmentgesellschaft getrennt nach Betriebs- und Anlagevermögen vorzunehmen. 17

Der Hinweis in § 121 III 2 auf Sachverhalte, bezüglich derer der Abschlussprüfer festzustellen hat, ob die InvAG mvK den dort genannten Anforderungen nachgekommen ist, bedeutet im Umkehrschluss nicht, dass über die Ergebnisse der Prüfung des § 121 III 1 nicht zu berichten sei. Allerdings ist S. 2 als Hinweis auf den Umfang der Berichterstattung zu verstehen. Der Abschlussprüfer stellt die in S. 2 genannten Sachverhalte in gesonderten Abschnitten seines **Prüfungsberichtes** dar. Die in S. 1 genannten Sachverhalte sind etwa sehr weit gefasst („die Vorschriften dieses Gesetzes") oder kommen nicht zwingend bei einer InvAG mvK vor. Der Abschlussprüfer hat entsprechend einen höheren **Gestaltungsspielraum** in der Ausgestaltung des Berichtes. 18

Bezüglich des Vermerks des Abschlussprüfers gibt es für **Umbrella-Konstruktionen** eine Besonderheit dadurch, dass die InvAG nur dann einen uneingeschränkten Vermerk erhalten darf, wenn dieser auch bei allen Teilgesellschaftsvermögen uneingeschränkt ist. 19

Bei Publikumsinvestmentaktiengesellschaften mvK ist der Prüfungsbericht **unverzüglich** nach Beendigung der Prüfung bei der BaFin einzureichen. Bei Spezialinvestmentaktiengesellschaften mvK ist der Prüfungsbericht **auf Verlangen** bei der BaFin einzureichen. 20

Die Berichterstattung des Abschlussprüfers endet mit dem besonderen **Vermerk.** In diesem hat der Abschlussprüfer das Ergebnis der Prüfung zusammenzufassen. In der Regel wird sich eine etwas ausführlichere Zusammenfassung und die Details der Prüfung in dem Prüfungsbericht finden. Bezüglich der Durchführung wird daher an dieser Stelle auf die Kommentierung zu § 102 verwiesen. 21

Der Vermerk ist in vollem Wortlaut im Jahresabschluss wiederzugeben. 22

IV. Prüfung durch den Aufsichtsrat (§ 121 I)

Je nach Interpretation prüft der Aufsichtsrat **zweimal,** da er einmal vor und ua für den Abschlussprüfer prüft und zum anderen nach der Prüfung des Abschlussprüfers aktiv wird. Nach der zweiten Prüfung kann der Aufsichtsrat den Jahres- 23 abschluss und Lagebericht billigen. Dieser ist dann festgestellt. Die Möglichkeit den Feststellungsbeschluss auf die Hauptversammlung zu verlagern, besteht investmentrechtlich nicht.

24 Der Inhalt der ersten Prüfung ergibt sich nicht eindeutig aus dem Investmentrecht. Der Inhalt der zweiten Prüfung folgt dem Aktienrecht.

25 Bei der ersten Prüfung kann es sich nur um eine **Ordnungsmäßigkeitsprüfung** handeln. Der Aufsichtsrat ist verantwortlich für die Überwachung des Rechnungslegungsprozesses sowie des rechnungslegungs-bezogenen internen Kontrollsystems der Gesellschaft zur Aufstellung des Jahresabschlusses und des Lageberichts.

26 Sofern ein **Prüfungsausschuss** gebildet wurde, wird dieser möglicherweise die Prüfung schwerpunktmäßig durchführen.

§ 122 Halbjahres- und Liquidationsbericht

(1) [1]**Soweit die Publikumsinvestmentaktiengesellschaft mit veränderlichem Kapital zur Aufstellung eines Halbjahresfinanzberichts nach § 115 des Wertpapierhandelsgesetzes verpflichtet ist, ist § 120 entsprechend anzuwenden.** [2]**Dabei gelten die Verweise in § 120 Absatz 3 bis 6 auf § 101 nur in dem für den Halbjahresbericht gemäß § 103 erforderlichen Umfang. Soweit eine Prüfung oder prüferische Durchsicht durch den Abschlussprüfer erfolgt, gilt § 121 Absatz 2 und 3 entsprechend.** [3]**Anderenfalls hat die Halbjahresberichterstattung nach Maßgabe der §§ 103 und 107 zu erfolgen.**

(2) **Im Fall der Auflösung und Liquidation der Publikumsinvestmentaktiengesellschaft mit veränderlichem Kapital sind die §§ 120 und 121 entsprechend anzuwenden.**

I. Einleitung

1 § 122 bringt die Halbjahresberichterstattung sowie das Vorgehen bei der Auflösung, Abwicklung und Liquidation von Publikumsinvestmentaktiengesellschaften mit veränderlichem Kapital in Gleichklang mit dem Vorgehen bei Sondervermögen.Ergänzend bestimmt § 20 KARBV, dass die für Sondervermögen geltenden Vorschriften entsprechend für den Halbjahresbericht und den Liquidationsbericht einer Investmentgesellschaft anzuwenden sind.

II. Halbjahresberichterstattung (§ 122 I)

2 Eine Publikumsinvestmentaktiengesellschaft mit veränderlichem Kapital, die als **Inlandsemittent** Aktien oder Schuldtitel iSd § 2 I WpHG begibt, ist gem. § 115 WpHG verpflichtet, einen Halbjahresfinanzbericht zu erstellen. Dies gilt dann, wenn die Aktien der Publikumsinvestmentaktiengesellschaft an einem organisierten Markt zugelassen sind. Der Bericht wird in § 122 als **Halbjahresbericht** bezeichnet. Durch den Verweis auf § 120 werden die Anforderungen des § 115 WpHG durch die investmentrechtlichen Anforderungen des § 120 ersetzt. Auch wenn die InvAG nicht Inlandsemittent ist, muss sie aufgrund § 122 I 4 einen Halbjahresbericht nach den §§ 103, 107 erstellen.

Für einen Halbjahresbericht gelten die §§ 103 und 107. Aus § 108 II ergibt sich darüber hinaus die Anwendbarkeit aktienrechtlicher Vorschriften. Entsprechend wird an dieser Stelle auf die Kommentierungen zu diesen Vorschriften verwiesen. 3

Eine InvAG mit **Teilgesellschaftsvermögen** (TGV) erstellt aufgrund des Verweises auf § 103 den Halbjahresfinanzbericht für die AG sowie aufgegliedert für die TGV (EDD/*Hornschu/Neuf/Bordt* § 122 Rn. 8). Dies gilt allerdings lediglich für Publikums-TGV. 4

Nicht explizit geregelt ist die Erstellung eines Zwischenberichtes für den Fall, dass bei einer extern verwalteten KVG das **Verwaltungsrecht gekündigt** wird. Hier kommt dann § 104 I zur Anwendung. Die Modifizierung der Berichterstattung erfolgt dann in § 17 KARBV durch eine aufwandsmindernde Einschränkung der Berichterstattung. Insbesondere kann die Halbjahresberichterstattung ohne 5

– Tätigkeitsbericht,
– Entwicklungsrechnung,
– Verwendungsrechnung,
– besonderen Vermerk des Abschlussprüfers und
– vergleichende Übersicht der letzten drei Geschäftsjahre

erfolgen.

Der Hinweis auf die Berichterstattung ohne besonderen Vermerk des Abschlussprüfers bedeutet nicht zwingend, dass keine Prüfung erfolgt. Allerdings besteht **keine investmentrechtliche Prüfungspflicht.** Eine freiwillige Prüfung oder prüferische Durchsicht erfolgt entsprechend den Vorgaben des § 121. Sofern eine Prüfung oder prüferische Durchsicht zB auf Grundlage des § 115 WpHG erfolgt, unterliegt diese auch einer Berichtspflicht. In diesem Fall muss der besondere Vermerk des Abschlussprüfers wohl zumindest dann Teil der Berichterstattung sein, wenn er Einschränkungen oder Ergänzungen enthält. Ohne diese Information wäre die Berichterstattung als fehlerhaft anzusehen. 6

Die vorstehenden Anforderungen sind gleichermaßen für alle TGV umzusetzen. Dies gilt bei einer InvAG, die sowohl Publikums- als auch Spezial-InvAGen gebildet hat, zunächst für beide Gruppen. Da allerdings § 103 nur Vorschriften für **Publikums-Sondervermögen** kennt, ist in der Gesamtsicht von einem Wegfallen der Pflicht für Spezial-InvAG auszugehen. 7

III. Auflösung und Liquidation (§ 122 II)

Die Auflösung einer InvAG unterscheidet sich von der eines Sondervermögens durch die rechtliche Selbstständigkeit der InvAG und damit verbunden anderen Zuständigkeiten für Teile des Abwicklungsprozesses. § 122 II stellt hierfür jedoch nur eine Teillösung dar. Der Verweis auf die Anwendung der §§ 120 und 121 lässt zunächst die **intern verwaltete InvAG** außer Acht (vgl. EDD/*Hornschu/Neuf/Bordt* § 122 Rn. 10). Externe und interne InvAG sind demnach in gleicher Weise zu liquidieren (EDD/*Hornschu/Neuf* § 122 Rn. 10; aA WBA/*Lorenz* § 122 Rn. 8). Für diese Annahme spricht, dass die Frage der externen oder internen Verwaltung keinen erkennbaren Bezug zu der Liquidation hat. 8

Als Folge dieser Annahme ergibt sich, dass sowohl bei der intern als auch der extern verwalteten InvAG § 112 I Anwendung findet. Das Gesellschaftsvermögen verbleibt zwar im Eigentum der InvAG, das **Verfügungsrecht über das Gesellschaftsvermögen** geht jedoch auf die **Verwahrstelle** über. Der Geschäftszweck der InvAG ändert sich dahingehend, dass er sich in dieser Phase auf die Abwicklung beschränkt. Diese Lösung führt allerdings zu einem **Konflikt mit dem Aktien-** 9

recht, da in § 265 I AktG die Vorstandsmitglieder als Abwickler benannt werden. § 268, 269 AktG verlangen Vermögensdispositionen sowie Vertretungen der AG, die ohne Verfügungsgewalt über das Vermögen nicht durchführbar sind. Weitere Pflichten dagegen, wie Anmeldung der Abwickler (§ 266) und der Aufruf der Gläubiger (§ 267), lassen sich vom Vorstand umsetzen.

10 Ebenso hat der Vorstand in seiner Eigenschaft als Abwickler gem. § 270 AktG für den Beginn der Abwicklung eine Bilanz **(Eröffnungsbilanz)** und einen die Eröffnungsbilanz erläuternden Bericht sowie für den Schluss eines jeden Jahres einen Jahresabschluss und einen Lagebericht aufzustellen. Dies dürfte aufgrund der dem Vorstand zugänglichen Informationen möglich sein. Die Eröffnungsbilanz enthält wesentliche Angaben des zusätzlich gem. § 105 I zu erstellenden **Auflösungsberichtes.** Auf die Eröffnungsbilanz ist § 120 mit den dort genannten investmentrechtlichen Modifikationen anzuwenden. Das bedeutet auch, dass die investmentrechtlichen Bewertungsvorschriften Anwendung finden (EDD/*Hornschu/Neuf/Bordt* § 122 Rn. 12).

11 Als nicht durchführbar muss jedoch Pflicht zur Erstellung eines Jahresabschlusses und Lageberichtes zum Jahresende sowie zum Schluss der Abwicklung gesehen werden. Die einzige Möglichkeit zur Umsetzung der aktienrechtlichen Pflichten besteht in einer engen Zusammenarbeit des Vorstandes der InvAG mit der Verwahrstelle. Eine solche Zusammenarbeit könnte in der Beauftragung der InvAG mit der Durchführung der Abwicklung durch die Verwahrstelle bestehen (EDD/*Hornschu/Neuf/Bordt* § 122 Rn. 12). Dies würde auch mit dem veränderten Geschäftszweck der InvAG im Einklang stehen.

12 Dabei ist zwischen der intern und der extern verwalteten InvAG zu unterscheiden. Die **Kündigung der externen Verwaltung** erfolgt entsprechend § 99. Sofern die InvAG keine andere Verwaltungsstellung benennt oder sich in eine intern verwaltete InvAG umbildet, geht das Verfügungsrecht auf die Verwahrstelle über. Im Fall einer Umbrella-Konstruktion kann jedes TGV einzeln gem. § 100 gekündigt und abgewickelt werden. Das Gesellschaftsvermögen bleibt erhalten.Bei einer **intern verwalteten InvAG** geht in analoger Anwendung das Verfügungsrecht unmittelbar auf die Verwahrstelle über.

13 Aus dieser Konstellation entsteht jedoch ein Konflikt dahingehend, dass aktienrechtlich gem. § 265 I AktG der Vorstand für die Abwicklung zuständig ist. Wenn er jedoch keine Verfügungsgewalt hat, ist dies faktisch nicht möglich.In Konsequenz obliegt es dem Vorstand im Zeitpunkt der Auflösung auf den Zeitpunkt des Beginns der Abwicklung eine Bilanz zu erstellen. Bei einer extern verwalteten InvAG stellt der Auflösungsbericht der KVG einen Teil dieser Bilanz dar. Aufgrund des Verweises in § 122 II finden auf diese Bilanz die Vorschriften der §§ 120 und 121 Anwendung.In Folge erstellt der **Vorstand** zu jedem Jahresende und zum Schluss der Abwicklung einen Jahresabschluss sowie einen Lagebericht gem. § 290 I AktG. Aufgrund von § 122 II finden auch auf diese Abschlüsse die §§ 120 und 121 Anwendung.

14 Sämtliche Verfügungen in dieser Zeit müssen allerdings im Rechnungswesen der Verwahrstelle erfasst werden. Letztlich erfordert die Auflösung eine **enge Zusammenarbeit zwischen Vorstand und Verwahrstelle.** Eine hierfür vorgeschlagene Lösung könnte in der Beauftragung der InvAG mit der Abwicklung durch die KVG liegen. Allerdings müsste die Verwahrstelle zumindest noch kontrollierend tätig werden.

15 Bei der **Auflösung und der Abwicklung** eines TGV sind die §§ 120 und 121 ebenfalls anzuwenden. Für die Abwicklung von TGV gilt § 100 I und II entsprechend (§ 117 VIII 4). Da es nicht zu einer Auflösung der InvAG kommt, sind aktienrechtliche Vorschriften für die Rechnungslegung im Liquidationsfall nicht relevant und die investmentrechtlichen Bestimmungen maßgeblich. Es ist dann ein Auflösungsbericht zu erstellen, der auch Gegenstand einer Prüfung ist (§ 122 II; § 20 II 2 KARBV).

Nicht eindeutig geklärt ist die Berichterstattung einer **Spezial-InvAG mvK.** 16
Hier finden im Falle der Auflösung und Liquidation die nach § 120 bestimmten Inhalte keine Anwendung. Entsprechend sind ausschließlich die relevanten aktienrechtlichen und handelsrechtlichen Vorschriften zur Rechnungslegung zu berücksichtigen. Hiergegen wird eingewendet, dass eine unterschiedliche Behandlung aufgrund der Gesetzesbegründung zu § 122 nicht gewollt sei (vgl. EDD/*Hornschu/Neuf/Bordt* § 122 Rn. 12). Auch wäre eine unterschiedliche Rechnungslegung einer InvAG, die sich nur durch die Eigenschaft des Anlegers unterscheidet, schwer einsichtig. Zudem käme eine solche Vorgehensweise einer Beschränkung der BaFin in ihren aufsichtlichen Aufgaben gleich. Aus diesen Argumenten wird geschlossen, dass die für die Publikums-InvAG mvK nach § 122 II wörtlich bestimmten Vorgaben der §§ 120 und 121 auch für die Spezial-InvAG mvK Gültigkeit haben. Allerdings erscheinen diese Argumente nicht überzeugend. Zunächst ist der Verweis auf die Gesetzesbegründung nicht zwingend, wenn sich aus dem Wortlaut des Gesetzes etwas Abweichendes ergibt. Die beiden anderen Argumente, die Eigenschaft des Anlegers und die Beschränkung der aufsichtlichen Möglichkeiten der BaFin sprechen geradezu für eine abweichende Handhabung. Ansonsten wäre die Spezialinvestmentgesellschaft als solche schwer zu begründen.

1. Zwischen- und Auflösungsbericht. § 20 KARBV bestimmt, dass bei der 17
Kündigung der Verwaltung des Investmentvermögens einer **extern verwalteten Investmentgesellschaft** ein **Zwischenbericht** zu erstellen ist. Bei Auflösung eines Teilgesellschaftsvermögens ist über dieses Teilgesellschaftsvermögen ein **Auflösungsbericht** zu erstellen. Die hierfür maßgeblichen Regeln finden sich in § 120 KAGB sowie in § 18 KAPrüfBV.

Mit Blick auf § 117 VIII KAGB ist nach § 20 II 2 KARBV ein Auflösungsbericht 18
unter Berücksichtigung der Regelungen für Sondervermögen unter Beachtung von § 20 I 1 zu erstellen. Auf den Auflösungsbericht sind insoweit die Vorschriften für den Jahresbericht entsprechend anzuwenden. Dies kann allerdings nur für das Investmentanlagevermögen gelten, da auf das Investmentbetriebsvermögen nach § 21 II 1 für Zwecke der Bilanzierung ausschließlich nach den Grundsätzen des Dritten Buches des HGB anzusetzen und zu bewerten ist. Gleiches gilt für den Abwicklungsbericht. Ergänzend ist für das Investmentanlagevermögen bestimmt, dass die Auflösungs- und Abwicklungsberichte eine Übersicht der im Geschäftsjahr an die Anleger durchgeführten Auszahlungen zu enthalten haben (§ 19 I 2 KARBV). Für die Berichterstattung bedeutet dies, dass die nach § 120 bestimmten Inhalte auf die nach aktienrechtlichen und handelsrechtlichen Vorschriften erforderliche Rechnungslegung in erforderlichem Umfang Berücksichtigung finden müssen. Gleiches gilt für erforderliche Prüfungen nach den Vorgaben des § 121 (→ § 121 Rn. 18).

2. Prüfung von Auflösungs- und Liquidationsberichten. Es besteht für die 19
im Rahmen der Auflösung und Liquidation gem. § 122 II zu erstellenden Berichte eine **Prüfungspflicht** sowohl für den Aufsichtsrat als auch den Abschlussprüfer. § 121 ist entsprechend anzuwenden. Eine Befreiung gem. § 270 III AktG scheidet aus.

20 Der Inhalt der Prüfung oder der prüferischen Durchsicht richtet sich nach § 121 II und III. Dies bedeutet zudem bezüglich des Umfanges, dass die Prüfung auf Ebene der AG sowie aller TGV stattzufinden hat (vgl. WBA/*Lorenz* § 122 Rn. 3).

§ 123 Offenlegung und Vorlage des Jahresabschlusses und Lageberichts sowie des Halbjahresberichts

(1) [1]Auf die Offenlegung des Jahresabschlusses und des Lageberichts einer Investmentaktiengesellschaft mit veränderlichem Kapital sind die Vorschriften des Vierten Unterabschnitts des Zweiten Abschnitts des Dritten Buches des Handelsgesetzbuchs mit der Maßgabe anzuwenden, dass

1. die Frist zur Offenlegung nach § 325 Absatz 1a Satz 1 des Handelsgesetzbuchs bei einer OGAW-Investmentaktiengesellschaft vier Monate und bei einer AIF-Publikumsinvestmentaktiengesellschaft mit veränderlichem Kapital sechs Monate beträgt und

2. die größenabhängigen Erleichterungen bei der Offenlegung nach den §§ 326 und 327 des Handelsgesetzbuchs bei einer Investmentaktiengesellschaft, die in Nummer 1 genannt ist, nicht in Anspruch genommen werden dürfen.

[2]Die Ordnungsgeldvorschriften der §§ 335 bis 335b des Handelsgesetzbuchs sind auf die Verletzung von Pflichten der Mitglieder des vertretungsberechtigten Organs der Investmentaktiengesellschaft mit veränderlichem Kapital entsprechend anzuwenden.

(2) [1]Die Offenlegung des Halbjahresberichts erfolgt nach Maßgabe des § 115 des Wertpapierhandelsgesetzes. [2]Der Halbjahresbericht ist unverzüglich im Bundesanzeiger zu veröffentlichen.

(3) Der Jahresabschluss und der Lagebericht nach Absatz 1 sowIch hie der Halbjahresbericht nach Absatz 2 müssen dem Publikum an den Stellen zugänglich sein, die im Verkaufsprospekt und in den wesentlichen Anlegerinformationen angegeben sind.

(4) Einem Anleger der Investmentaktiengesellschaft mit veränderlichem Kapital sind der Jahresabschluss und der Lagebericht auf Anfrage vorzulegen.

(5) Die Publikumsinvestmentaktiengesellschaft mit veränderlichem Kapital hat der Bundesanstalt den Halbjahresbericht unverzüglich nach der Erstellung zu übermitteln.

I. Einleitung

1 Die Vorschrift regelt die Pflicht zur Offenlegung, Vorlage bzw. Einreichung des Jahresabschlusses und des Lageberichtes von InvAG mit veränderlichem Kapital.

2 Die Vorschrift gilt gleichermaßen für **Publikums- und AIF-InvAG.** Publikums-InvAG haben diese Dokumente zusätzlich der BaFin einzureichen.

3 Da **Spezial-InvAG mit veränderlichem Kapital** nicht erwähnt werden, folgt daraus, dass diese den Jahresabschluss und Lagebericht nicht veröffentlichen und auch nicht bei der BaFin einreichen müssen. Nur auf Anfrage der Anleger und/oder der BaFin müssen diese die Unterlagen vorlegen. Diese Regelung entspricht

dem geringeren Schutzerfordernis für Anleger in Spezial-InvAG. Da Anleger über Anlageausschusssitzungen oder ähnliche Kommunikationswege recht gute Informationsquellen haben und der Regelbedarf der BaFin bei ordnungsgemäßem Geschäftsverlauf gering sein dürfte, erscheint diese Ausnahme angemessen. Die Vorlage gem. § 123 IV hat insofern eine besondere Bedeutung für Anleger, da diese damit einen dem Aktienrecht entsprechenden expliziten Zugang zu den Dokumenten haben

II. Anzuwendende Rechtsnormen

Die Offenlegung erfolgt nach § 123 I gem. den **Vorschriften des HGB für Kapitalgesellschaften.** Die Offenlegungserleichterung nach § 326 I HGB greift allerdings nicht, da § 123 I explizit die Offenlegung von Jahresabschluss und Lagebericht vorschreibt. Ebenso richten sich die **Fristen** nicht nach dem HGB, sondern nach dem **KAGB.** 4

Die Offenlegung des Halbjahresberichtes erfolgt nach § 115 WpHG. 5

III. Offenlegung des Jahresabschlusses und Lageberichtes

Im Zentrum der Vorschrift stehen **Fristen und Ort der Offenlegung.** Während OGAW-InvAG die Offenlegung innerhalb von **vier Monaten** vornehmen müssen, verlängert sich die Frist für AIF-PublikumsInvAGen auf **sechs Monate.** 6

Das Auseinanderfallen der vorstehenden Fristen erscheint **willkürlich** sinnvoll. Gelegentlich wird argumentiert, dass OGAW-InvAG häufiger in hoch liquide Assetklassen investieren. Für diese steht arbeitstäglich eine Bewertung zur Verfügung, sodass auch die OGAW-InvAG ihren Abschluss zeitnah aufstellen und dann offenlegen kann. Eine AIF-PublikumsInvAG kann gem. dieser Argumentation in größerem Umfang in Assetklassen investieren, die schwach liquide sind und auch seltener bewertet werden. Dies können neben Immobilien zB auf nicht oder nur selten gehandelte Aktien oder Zinspapiere sein. Für diese muss dann zum Abschlussstichtag der InvAG eine belastbare Bewertung stattfinden. Diese Bewertung kann demnach zeitlich nur dem Abschlussstichtag nachgelagert erfolgen und bedarf einer entsprechenden Zeit. Auch wenn diese Argumentation auf den ersten Blick plausibel wirkt, verkennt sie, dass im Bereich der Anleihen die Marktliquidität häufig sehr gering ist. Immobilien können dagegen sehr wohl zeitnah zum Abschlussstichtag bewertet werden, da Mieterträge, Leerstände etc. feststehen. Lediglich für Hedgefonds-ähnliche Strategien oder Private-Equity-Investments mag daher die Begründung anhand der Liquidität und Bewertungsfrequenz überzeugen. 7

§ 123 führt zu einer weitgehend gleichen Behandlung mit Sondervermögen, bei denen die Veröffentlichung in § 107 geregelt ist. Die Zugänglichmachung gem. § 123 III findet sich wortgleich in § 107 IV. Das Vorlagerecht des Anlegers in § 123 IV findet sich wortgleich in § 107 V. Die Übermittlung an die BaFin in § 123 V findet ihre Entsprechung in § 107 III. 8

Die Offenlegung erfolgt an den Stellen, die im Verkaufsprospekt bzw. den wesentlichen Anlegerinformationen angegeben sind. Allerdings gilt zusätzlich § 325 I, der bestimmt, dass die Unterlagen beim **Betreiber des Bundesanzeigers** in einer Form einzureichen sind, der ihre Bekanntmachung ermöglicht. Dies dürfte aber eine nur unwesentliche logistische Herausforderung darstellen. 9

IV. Offenlegung des Halbjahresberichts

10 Die Offenlegung des Halbjahresberichtes erfolgt nach Maßgabe des § 115 WpHG. Somit müssen Halbjahresberichte, die dem § 123 unterliegen, unabhängig von der Eigenschaft der InvAG als Inlandsemittent iSd WpHG nach den dort festgehaltenen Regeln veröffentlicht werden.

11 Die Offenlegung erfolgt im **Bundesanzeiger.** Ersetzende Publikationsorte sind nicht zugelassen.

12 Die Veröffentlichung erfolgt spätestens **drei Monate nach Ablauf des Berichtszeitraums.** Diese auf den ersten Blick knappe Frist erklärt sich aus dem im Vergleich zu Jahresabschluss und Lagebericht geringeren Umfang.

13 Außerdem muss der Halbjahresbericht unverzüglich im Bundesanzeiger veröffentlicht werden. § 115 I WpHG sieht den Zeitraum von spätestens drei Monaten nach Ablauf des Berichtszeitraums noch als akzeptabel an.

V. Einreichung

14 Für **PublikumsInvAG** gibt es eine Pflicht zur **unverzüglichen Einreichung** des Jahresabschlusses und des Lageberichtes nach der Feststellung sowie des Halbjahresberichts (mangels Feststellung) nach Erstellung. Im Umkehrschluss bedeutet dies, dass die entsprechenden Dokumente einer Spezial-InvAG nicht bei der BaFin eingereicht werden müssen.

Unterabschnitt 4. Allgemeine Vorschriften für offene Investmentkommanditgesellschaften

§ 124 Rechtsform, anwendbare Vorschriften

(1) [1]**Offene Investmentkommanditgesellschaften dürfen nur in der Rechtsform der Kommanditgesellschaft betrieben werden.** [2]**Die Bestimmungen des Handelsgesetzbuchs sind anzuwenden, soweit sich aus den Vorschriften dieses Unterabschnitts nichts anderes ergibt.**

(2) **Auf die offene Investmentkommanditgesellschaft sind § 93 Absatz 7 und § 96 Absatz 1 entsprechend anwendbar.**

Schrifttum: *Elser/Stadler* Der Referentenentwurf zum AIFM-Steuer-Anpassungsgesetz – Ausweitung und Verschärfung der Besteuerung nach dem InvStG, DStR 2012, 2561; *Freitag* Die „Investmentkommanditgesellschaft" nach dem Regierungsentwurf für ein Kapitalanlagegesetzbuch, NZG 2013, 329; *Langenbucher/Bliesener/Spindler* (Hrsg.), Bankrechts-Kommentar, 3. Aufl. 2020; *Schewe* Kommanditgesellschaften im Regelungsbereich des Investmentrecht – Eine Analyse des Spannungsverhältnisses zwischenpersonengesellschaftsrechtlicher Organisationsverfassung und dem System der kollektiven Vermögensverwaltung im KAGB sowie dessen Auswirkungen im Steuerrecht, Schriften zum Wirtschaftsrecht, Band 292, 2017.

A. Einleitung und Hintergrund

1 Mit der InvKG hat der Gesetzgeber ein alternatives Anlagevehikel sowohl für offene als auch geschlossene Investmentfonds eingeführt. In der Rechtsform der offenen InvKG wird der Anlegerkreis durch die Vorschrift des § 127 I 1 auf professio-

nelle und semi-professionelle Anleger begrenzt. Als offene InvKG können deshalb nur inländische Spezial-AIF und keine Publikums-AIF aufgelegt werden. Hintergrund ist, dass der Gesetzgeber die offene InvKG nicht für Privatanleger, sondern primär als sog. Pension-Asset-Pooling-Vehikel, dh zur Bündelung betrieblicher Altersvorsorgevermögen, konzipiert hat. Ob das eine zwingende Einschränkung war, kann hier dahingestellt bleiben. Mit der Einführung der offenen InvKG soll in Deutschland erstmals ein steuertransparentes und steuerneutrales Asset-Pooling-Vehikel geschaffen werden, wodurch internationale Konzerne in die Lage versetzt werden sollen, ihre Pensionsvermögen einfacher im Inland zu verwalten und Deutschland als Standort für Fonds der betrieblichen Altersvorsorge an Attraktivität gewinnen soll. Ziel ist es, Anreize für international tätige Unternehmen zu schaffen, ihre betrieblichen Altersvorsorgevermögen zunehmend in Deutschland verwalten zu lassen (BT-Drs. 17/12294, 190, 242).

Auch wenn mit dem inländischen Sondervermögen und der InvAG bereits Vehikel für die Bündelung von Pensionsvermögen internationaler Unternehmen bestehen, sind diese für den Zweck des Pension Asset Pooling eher ungeeignet. Grund hierfür ist, auch wenn sie bei Vorliegen der jeweiligen Voraussetzungen des InvStG selbst praktisch keiner Steuerbelastung unterliegen, dass Sondervermögen und InvAG idR intransparente Steuersubjekte darstellen und mithin iRv DBA eine Erstattung von gezahlten Quellensteuern nicht in dem Maße möglich ist wie bei einer Direktanlage (*Elser/Stadler* DStR 2012, 2561 (2568)). Die offene InvKG ist für Zwecke der ESt und KSt transparent selbst nicht abkommensberechtigt. Die Anleger können aber bei einer Investition über eine InvKG von steuerlichen Begünstigungen nach einem DBA profitieren (BT-Drs. 17/12294, 235; *Elser/Stadler* DStR 2012, 2561 (2568)). Entsprechende steuerlich transparente Fondsvehikels sind bereits aus anderen europäischen Staaten bekannt. Auch dies machte aus Sicht des Gesetzgebers die Einführung einer offenen InvKG in Deutschland aus Wettbewerbsgründen notwendig (BT-Drs. 17/12294, 235). 2

B. Regelungen im Einzelnen

I. Rechtsform der offenen InvKG (Abs. 1)

In § 124 I wird die Rechtsform der offenen InvKG als eine der zulässigen Organisationsformen für offene inländische Investmentvermögen (neben den Organisationsformen des Sondervermögens gem. §§ 92ff. und der InvAG mit veränderlichem Kapital gem. §§ 108ff.) geregelt. Andere Gesellschaftsformen als die der KG – neben den anderen Organisationsformen des KAGB – sind unzulässig (zur Frage des „Typenzwangs der Beteiligungsformen" → § 127 Rn. 16f.). 3

Bei der InvKG handelt es sich wohl nicht um eine neu geschaffene Gesellschaftsform, sondern um eine reguläre KG iSd HGB. Das ist dogmatisch durchaus umstritten (grundlegend *Schewe,* 197ff.). Schewe spricht von einer „modifizierten KG" (vgl. *Schewe* S. 199). Der dogmatische Streit ist insoweit relevant, als es um die Ausfüllung der zahlreich vorhandenen Regelungslücken des KAGB geht. Vorbehaltlich ausdrücklicher aufsichtsrechtlicher Regelungen des KAGB sind daher die allgemeinen Vorschriften des HGB vollumfänglich auch auf die InvKG anzuwenden (BT-Drs. 17/12294, 241; LBS/*Jakovu* Kapitel 39 Rn. 155). Dies ergibt sich nicht zuletzt daraus, dass § 124 I 2 die Anwendung der Bestimmungen des HGB anordnet und ausdrücklich nur auf Abweichungen nach dem UAbschn. 4

verweist. Andere Abweichungen von den Bestimmungen des HBG sollten danach schon aus Gründen der Rechtssicherheit ausgeschlossen sein.

4 Die zirkulär anmutende Formulierung in § 124 I 1 bringt die gesetzgeberische Entscheidung für den investmentrechtlichen Rechtsformzwang zum Ausdruck. Bei einem Verstoß gegen den Rechtsformzwang ergeben sich sowohl strafrechtliche als auch gesellschaftsrechtliche Konsequenzen (dazu *Freitag* NZG 2013, 329 (330, 333)). Strafrechtlich wird bei einem Verstoß gegen den Rechtsformzwang § 339 I Nr. 1 bzw. Nr. 2 tatbestandlich erfüllt sein, da die Frage des Rechtsformzwangs unmittelbar mit der Verpflichtung zur Einholung einer Erlaubnis der BaFin (§ 20) bzw. zur Registrierung bei der BaFin (§ 44) verkoppelt ist. Im Hinblick auf gesellschaftsrechtliche Konsequenzen sind die Rechtsfolgen eines Verstoßes auf Grund des Anlegerschutzes weniger drastisch, wenngleich die BaFin die Abwicklung der Gesellschaft oder eine Umstrukturierung in eine nach dem KAGB zulässige Rechtsform anordnen könnte. Aufgrund des og Anlegerschutzes ist die Umstrukturierung das mildere und damit vorzugswürdige Mittel.

II. Anwendbare Vorschriften (Abs. 2)

5 Gemäß § 124 II sind die folgenden Vorschriften für Sondervermögen entsprechend auf die offene InvKG anwendbar:

- § 93 VII, wonach die Kapitalverwaltungsgesellschaft aus ihrem eigenen Vermögen den fehlenden Betrag in das Sondervermögen einzulegen hat, wenn Anteile in den Verkehr gelangt sind, ohne dass der Anteilswert dem Sondervermögen zugeflossen ist;
- § 96 I, betreffend die Unterteilung der Anteile an einem Sondervermögen in Anteilklassen.

Gleichlautende Verweisketten finden sich – mit Ausnahme für die InvAG mit veränderlichem Kapital (§ 108 IV), der auf § 96 insgesamt verweist – ebenfalls für die InvAG mit fixem Kapital (§ 140 III) und die geschlossene InvKG (§ 149 II).

6 Die Regelung des aufgehobenen § 93 IV geht bzgl. OGAW-Sondervermögen in dem neuen § 20 VIII auf. Die Zulässigkeit der Vergabe von Gelddarlehen bestimmt sich nach dem neuen § 20 IX (ggf. iVm § 2 IV, IVa und V) (insgesamt Kommentierung zu § 20).

7 Mit § 93 VII (vormals inhaltsgleich § 93 VIII) hat der Gesetzgeber die in § 36 VII InvG bestehende Regelung übernommen, die als verschuldensunabhängige Schadenersatzpflicht einer Verwässerung des Sondervermögens entgegenwirken soll, indem die KVG aus ihrem eigenen Vermögen denjenigen fehlenden Betrag in das Sondervermögen einzulegen hat, soweit Anteile in den Verkehr gelangt sind, ohne dass der Anteilswert dem Sondervermögen zugeflossen ist (so bereits SBL/*Schmitz* § 36 Rn. 35).

8 Dass Abs. 2 allein auf § 96 I und nicht auf § 96 insgesamt – eine Umbrella-Konstruktion – verweist, hat seinen Grund darin, dass § 132 für die offene InvKG bereits die Bildung von Teilgesellschaftsvermögen vorsieht und insoweit lex specialis ist (BTMB/*Hüwel* § 124 Rn. 33; EDD/*Schott* § 124 Rn. 8).

§ 125 Gesellschaftsvertrag

(1) **Der Gesellschaftsvertrag einer offenen Investmentkommanditgesellschaft bedarf der Textform.**

(2) [1]**Gesellschaftsvertraglich festgelegter Unternehmensgegenstand der offenen Investmentkommanditgesellschaft muss ausschließlich die Anlage und Verwaltung ihrer Mittel nach einer festgelegten Anlagestrategie und dem Grundsatz der Risikomischung zur gemeinschaftlichen Kapitalanlage nach den §§ 273 bis 284 und, sofern es sich um einen offenen Entwicklungsförderungsfonds handelt, nach den §§ 292a bis 292c zum Nutzen ihrer Anleger sein.** [2]**Der Gesellschaftsvertrag muss festlegen, dass die Kommanditisten das Recht zur Rückgabe ihrer Anteile im Wege der Kündigung nach § 133 haben und dass die Anteile der Gesellschaft ausschließlich von professionellen Anlegern und semiprofessionellen Anlegern erworben werden dürfen.**

(3) **Der Gesellschaftsvertrag hat vorzusehen, dass**
1. **Ladungen zu Gesellschafterversammlungen unter vollständiger Angabe der Beschlussgegenstände in Textform erfolgen und**
2. **über die Ergebnisse der Gesellschafterversammlung ein Protokoll in Textform anzufertigen ist, von dem die offene Investmentkommanditgesellschaft den Anlegern eine Kopie zu übersenden hat.**

(4) **Im Gesellschaftsvertrag darf nicht von § 130 Absatz 1 Nummer 3 und 4 sowie § 130 Absatz 3 des Handelsgesetzbuchs abgewichen werden.**

A. Einleitung

In § 125 I wird ein Textformerfordernis für den Gesellschaftsvertrag der offenen InvKG normiert, um die Transparenz des Gesellschaftsvertrags sicherzustellen (BT-Drs. 17/12294, 242). Dies stellt eine Abweichung von dem Grundsatz dar, dass Gesellschaftsverträge von Personengesellschaften keinen Formvorschriften unterliegen. Allerdings ist es in der Praxis ohnehin üblich, dass die vertraglichen Grundlagen von Fonds schriftlich dokumentiert werden, sei es aus Gründen des Vertriebs oder um zu belegen, dass die mit der Anmeldung der Gesellschaft zur Eintragung betraute Person vertretungsberechtigt ist (*Freitag* NZG 2013, 329 (333)). In der Praxis hat die Regelung des Abs. 1 daher keine besonderen Auswirkungen. 1

Das Textformerfordernis gilt ebenso für Änderungen des Gesellschaftsvertrags (sa BSV/*Klebeck/Kunschke* § 151 Rn. 13), wenngleich „Änderungen" vom Wortlaut des § 125 I nicht erfasst sind. Eine Änderung des Gesellschaftsvertrages durch schlüssiges Verhalten der Gesellschafter kommt nach den allgemeinen Regeln des Personengesellschaftsrechts auch bei gewillkürter Schriftform in Betracht (vgl. MHdB GesR I/*Möhrle* § 47 Rn. 95 mwN). Bei der InvKG liegt jedoch eine gesetzlich angeordnete Schriftform vor, welche sich auch auf Änderungen des Gesellschaftsvertrages erstreckt (AWZ/*Wallach* § 125 Rn. 5) Deshalb dürfte eine Änderung des Gesellschaftsvertrags bei der InvKG selbst dann nicht vorliegen, wenn die Gesellschafter über lange Zeit eine vom Gesellschaftsvertrag abweichende Praxis betreiben, die von den Gesellschaftern vorbehaltslos- und widerspruchslos hingenommen wird (vgl. BSV/*Klebeck/Kunschke* § 150 Rn. 13f. mwN). 2

B. Regelung im Einzelnen

I. Lehre der fehlerhaften Gesellschaft im Rahmen des KAGB (Abs. 1)

3 Fehlt es an der geforderten Schriftform des Gesellschaftsvertrags, wäre dieser grds. nach § 125 1 BGB wegen des bestehenden Formmangels nichtig. Bei Gesellschaftsverträgen ist indes die Lehre von der fehlerhaften Gesellschaft zu beachten. Die Rspr. behandelt hiernach in Vollzug gesetzte fehlerhafte Personengesellschaften sowohl im Innen- als auch Außenverhältnis trotz bestehender Formmängel weitgehend als wirksam und gestattet grds. lediglich eine Geltendmachung ex nunc des jeweiligen Mangels (Grüneberg/*Sprau* BGB § 705 Rn. 17 ff.). Dadurch soll sowohl im Interesse der Gläubiger der Gesellschaft als auch im Interesse der Gesellschafter verhindert werden, dass die Gesellschaft als von Anfang an nichtig zu behandeln und rückabzuwickeln ist. Die Anwendung dieser Grundsätze auf die offene InvKG erscheint vor dem Hintergrund des mit dem KAGB verfolgten Anlegerschutzes nicht nur möglich, sondern zwingend (in diesem Sinne auch *Freitag* NZG 2013, 329 (330, 333)).

4 Dies gilt auch im Übrigen: Sollte der Gesellschaftsvertrag einer geschlossenen InvKG die Anforderungen des Abs. 2 nicht erfüllen, so kann dies nach den Grundsätzen der Lehre von der fehlerhaften Gesellschaft und dem durch das KAGB bezweckten Anlegerschutz nicht unmittelbar zur Nichtigkeit des Vertrags gem. § 134 BGB führen, denn hierdurch würde der Anlegerschutz gerade konterkariert (in diesem Sinne auch *Freitag* NZG 2013, 329 (333)).

II. Die Bestimmung des Unternehmensgegenstandes (Abs. 2)

5 Die offene InvKG ist vom Gesetzgeber als offener Spezial-AIF iSd § 1 VI konzipiert, dh ihre Anteile dürfen nur von professionellen Anlegern iSd § 1 XIX Nr. 32 und von semi-professionellen Anlegern iSd § 1 XIX Nr. 33 erworben werden (BT-Drs. 17/12294, 242). Dementsprechend muss gem. § 125 II 1 der gesellschaftsvertraglich festgelegte Unternehmensgegenstand der offenen InvKG als offenes Investmentvermögen beschränkt sein auf (kumulativ) die (1) Anlage und Verwaltung eigener Mittel, (2) nach einer festgelegten Anlagestrategie, (3) nach dem Grundsatz der Risikomischung, (4) zur gemeinschaftlichen Kapitalanlage gem. den Vorschriften für offene inländische Spezial-AIF nach den §§ 273–284 und (5) zum Nutzen ihrer Anleger (BT-Drs. 17/12294, 242). Durch diese – im Gesellschaftsvertrag zu regelnde – Vorgaben wird deutlich, dass die Kommanditgesellschaft als investmentrechtliche Entität und nicht als bloße handelsrechtliche Gesellschaft zu betrachten ist (BTMB/*Kracke* § 125 Rn. 6).

6 Darüber hinaus muss der Gesellschaftsvertrag gem. § 125 II 2 ein Rückgaberecht der Kommanditisten durch Kündigung von Kommanditanteilen iSv § 133 vorsehen und den Erwerb von Gesellschaftsanteilen ausschließlich auf professionelle und semi-professionelle Anleger beschränken. Durch diese Regelungen wird sichergestellt, dass die offene InvKG als Spezial-AIF qualifiziert (BT-Drs. 17/12294, 242). Erfüllt der Gesellschaftsvertrag einer offenen InvKG die Anforderungen des Abs. 2 nicht, so kann dies, wie in → Rn. 3 ausgeführt, nach den Grundsätzen der Lehre von der fehlerhaften Gesellschaft und dem durch das KAGB bezweckten An-

legerschutz jedoch nicht unmittelbar zur Nichtigkeit des Vertrags gem. § 134 BGB führen, da dies dem hier gebotenen Anlegerschutz nicht entsprechen würde (in diesem Sinne auch *Freitag* NZG 2013, 329 (333)).

Insofern besteht ein Gleichlauf mit dem Kreditwesengesetz. Ohne Erlaubnis (vgl. § 32 KWG) abgeschlossene Rechtsgeschäfte sind zivilrechtlich wirksam. Das Verbot, solche Geschäfte ohne Erlaubnis zu betreiben, richtet sich nur gegen das Institut, nicht jedoch gegen den Geschäftspartner (BFS/*Fischer/Müller* KWG § 32 Rn. 30). Daher ist (auch hier) § 134 BGB nicht anwendbar (HessVGH 20.5.2009 – 6 A 1040/08, WM 2009, 1889; offen gelassen BGH 21.3.2005 – II ZR 310/03, NJW 2005, 1784). Dies gilt nicht für die Abwicklungsanordnung nach § 37 I 1 KWG, da es sich insofern um eine öffentlich-rechtliche Maßnahme im aufsichtsrechtlichen Verhältnis handelt, die unabhängig von zivilrechtlichen Vereinbarungen im Vertragsverhältnis des Unternehmens zu dessen Kunden (Einlegern) ergehen kann (vgl. BVerwG 15.12.2010 – 8 C 37/09, BKR 2011, 208 Rn. 27). 7

III. Transparenzvorschriften (Abs. 3)

Die Vorschriften in Abs. 3 zur gesellschaftsvertraglichen Regelung der Ladung zu und Protokollierung von Gesellschafterversammlungen dienen der Sicherstellung der Transparenz von Gesellschafterversammlungen im Anlegerinteresse (BT-Drs. 17/12294, 242). Das im ursprünglichen Gesetzentwurf der Bundesregierung für Ladungen zu Gesellschafterversammlungen vorgesehene Schriftformerfordernis (BT-Drs. 17/12294, 80) wurde nicht übernommen, es genügt die Textform; die Kopie des Protokolls über die Ergebnisse der Gesellschafterversammlung kann den Anlegern auch elektronisch übermittelt werden (vgl. zu alledem die Beschlussempfehlung des Finanzausschusses zum Gesetzentwurf der Bundesregierung, BT-Drs. 17/13395, 158, 405 (406)). 8

IV. § 130 I Nr. 3 und 4 sowie § 130 III HGB als zwingendes Recht

Durch Abs. 4 wird die an sich dispositive Regelung in § 130 I Nr. 3 und 4 sowie § 130 III HGB für die offene InvKG zwingendes Recht → § 150 Rn. 7f. Absatz 4 wurde durch die Änderungen des MoPeG redaktionell angepasst. Es soll der Fortbestand der Gesellschaft für den Fall sichergestellt werden, dass ein Gläubiger, Pfandgläubiger oder Pfändungsgläubiger eines Gesellschafters von seinem Kündigungsrecht Gebrauch macht oder das Insolvenzverfahren über das Vermögen eines Gesellschafters eröffnet wird (BT-Drs. 17/12294, 242). Eine derartige Regelung zum Ausscheiden eines Gesellschafters aus der Gesellschaft entspricht der heute bereits üblichen Vertragspraxis (s. *Wiedemann* NZG 2013, 1041 (1043f.)). Im Übrigen bleiben die Regelungen des § 130 I HGB auch iRd offenen InvKG dispositives Recht. Absatz I Nr. 4 entspricht der Regelung des § 99 V für das Sondervermögen, die aus § 38 V InvG übernommen wurde, und bewirkt insoweit die Gleichstellung der offenen InvKG mit dem Sondervermögen (BT-Drs. 17/12294, 242). 9

§ 126 Anlagebedingungen

[1]Die Anlagebedingungen der offenen Investmentkommanditgesellschaft sind zusätzlich zum Gesellschaftsvertrag zu erstellen. [2]Die Anlagebedingungen sind nicht Bestandteil des Gesellschaftsvertrags. [3]In allen Fällen, in denen der Gesellschaftsvertrag veröffentlicht, ausgehändigt oder in anderer Weise zur Verfügung gestellt werden muss, ist auf die jeweiligen Anlagebedingungen zu verweisen und sind diese ebenfalls zu veröffentlichen oder zur Verfügung zu stellen.

A. Allgemeines

1 Satz 1 fordert zusätzlich zum Gesellschaftsvertrag die Erstellung von Anlagebedingungen der offenen InvKG, wobei diese nicht Bestandteil desselben sind (Satz 2). Die Erstellung der Anlagebedingungen kann daher nicht durch die Einbeziehung der geforderten Angaben in den Gesellschaftsvertrag der InvKG übernommen werden (so auch BTMB/*Könnecke* § 151 Rn. 8). Durch diese Regelung wird das Konzept in Form eines Trennungsmodells der bereits unter dem InvG bestehenden InvAG auch für die InvKG umgesetzt, wonach das Investmentverhältnis und die investmentrechtlichen Bestimmungen von der Mitgliedschaft in der InvAG zu trennen sind (so auch BTMB/*Hüwel* § 126 Rn. 16).

2 Als inländischer Spezial-AIF hat die offene InvKG die Anlagebedingungen gem. § 273 zu erstellen (BT-Drs. 17/12294, 242). Sie sind demnach schriftlich festzuhalten und der BaFin vorzulegen. Dies gilt auch für wesentliche Änderungen der Anlagebedingungen. Genaue Anforderungen an den Inhalt der Anlagebedingungen sieht das KAGB allerdings nicht vor. Eine entsprechende Regelung enthält § 111 KAGB für die InvAG mit veränderlichem Kapital, die weitgehend aus § 96 Id InvG übernommen wurde; vergleichbare Regelungen finden sich für alle Fondsvehikel des KAGB (BT-Drs. 17/12294, 242, die jedoch fälschlicher Weise nicht auf § 111, sondern auf § 107 II verweist).

B. Das Verhältnis von Anlagebedingungen und Gesellschaftsvertrag

3 Eine – vor allem in der Praxis – bestehende Problematik bildet das Verhältnis von Gesellschaftsvertrag und Anlagebedingungen; allgemeiner von Gesellschaftsrecht und Investmentrecht. Wie bereits erörtert und gesetzlich geregelt, sind die Anlagebedingungen kein Bestandteil des Gesellschaftsvertrags. Dies hat zur Folge, dass es zu einem Auseinanderfallen des Kompetenzbereichs betreffend die Anlagebedingungen und den Gesellschaftsvertrag kommt (FK-KapAnlR/*Hoffert* § 151 Rn. 34). Sofern Änderungen der Anlagebedingungen vorgenommen werden, ist grundsätzlich – im Gegensatz zu Änderungen des Gesellschaftsvertrags – nicht die Gesellschafterversammlung, sondern die Geschäftsführung zuständig.

4 Dies führt zu der Frage, ob die Geschäftsführung auch solche Bestandteile der Anlagebedingungen einseitig ändern kann, die in den Kernbereich der Kommanditistenrechte fallen, zB die Änderung der Gewinn- oder Stimmquote (bspw. durch Änderung oder Streichung von Anteilsklassen). Zwar trägt im Falle eines Publikums-

AIF § 267 III 1 dieser Frage teilweise Rechnung, indem bestimmte Änderungen der Anlagebedingungen nur durch „Gesellschafterbeschluss" mit qualifizierter Mehrheit (mindestens zwei Drittel des Zeichnungskapitals) genehmigungsfähig sind. Sobald jedoch der Kernbereich betroffen wäre, wäre ein einstimmiger Gesellschafterbeschluss notwendig.

In den Fällen, in denen ein Kommanditist kraft Treuepflicht zur Zustimmung verpflichtet ist (vgl. BGH 19.10.2009 – II ZR 222/08, NJW 2010, 65), könnte auch ein Eingriff in den Kernbereich über diese Zustimmungspflicht gelöst werden, obwohl dies verfahrensrechtlich kein sehr praktischer Ansatz ist. Zudem ist zu bedenken, dass auch in diesem Kontext die Sonderregelungen des KAGB vorgehen können. So dürfte jedenfalls eine Nachschusspflicht bzw. eine Verpflichtung zum Ausscheiden bei Ablehnung der Nachschusspflicht im Hinblick auf § 127 II 1 und § 127 III 3 im Kontext der InvKG problematisch sein. In allen anderen Fällen ist der Kernbereichslehre jedoch Vorrang einzuräumen, mit der Folge, dass ein einstimmiger Beschluss erforderlich ist. Ein (bloßes) außerordentliches Austrittsrecht vermag keine angemessene Kompensation zu schaffen (so auch MüKoBGB/*Schäfer* § 709 Rn. 94). So hat das LG Kleve bspw. mit Urteil v. 6.10.2015 entschieden, dass § 152 abdingbar ist, solange nicht in den Kernbereich der Kommanditistenrechte des Treugebers eingegriffen wird (LG Kleve – 4 O 21/15, BeckRS 2015, 18504). Im Hinblick auf das Verhältnis zwischen KAGB und HGB betreffend die Vertretungsmacht s. auch das Urteil des OLG München 1.10.2015 – 23 U 1570/125, BKR 2016, 42, nach welchem die externe Kapitalverwaltungsgesellschaft keinerlei organschaftliche oder allgemeine Zuständigkeiten der InvKG, insb. nicht deren Vertretung, übernimmt (→ § 129 Rn. 10). 5

§ 127 Anleger

(1) [1]**Anteile an offenen Investmentkommanditgesellschaften und an Teilgesellschaftsvermögen von offenen Investmentkommanditgesellschaften dürfen ausschließlich von professionellen und semiprofessionellen Anlegern erworben werden.** [2]**Die Anleger dürfen sich an offenen Investmentkommanditgesellschaften nur unmittelbar als Kommanditisten beteiligen.**

(2) [1]**Eine Rückgewähr der Einlage oder eine Ausschüttung, die den Wert der Kommanditeinlage unter den Betrag der Einlage herabmindert, darf nur mit Zustimmung des betroffenen Kommanditisten erfolgen.** [2]**Vor der Zustimmung ist der Kommanditist darauf hinzuweisen, dass er den Gläubigern der Gesellschaft unmittelbar haftet, soweit die Einlage durch die Rückgewähr oder Ausschüttung zurückbezahlt wird.**

(3) [1]**Der Anspruch der offenen Investmentkommanditgesellschaft gegen einen Kommanditisten auf Leistung der Einlage erlischt, sobald er seine Kommanditeinlage erbracht hat.** [2]**Die Kommanditisten sind nicht verpflichtet, entstandene Verluste auszugleichen.** [3]**Eine Nachschusspflicht der Kommanditisten ist ausgeschlossen.** [4]**§ 707 des Bürgerlichen Gesetzbuchs ist nicht abdingbar.** [5]**Entgegenstehende Vereinbarungen sind unwirksam.**

(4) **Der Eintritt eines Kommanditisten in eine bestehende offene Investmentkommanditgesellschaft wird erst mit der Eintragung des Eintritts des Kommanditisten im Handelsregister wirksam.**

Schrifttum: *Eichhorn* Die offene Investmentkommanditgesellschaft nach dem Kapitalanlagegesetzbuch – Teil 1, WM 2016, 110; *Freitag* Die „Investmentkommanditgesellschaft" nach dem Regierungsentwurf für ein Kapitalanlagegesetzbuch, NZG 2013, 329; *Wallach* Die Regulierung von Personengesellschaften im Kapitalanlagegesetzbuch, ZGR 2014, 289; *Wiedemann* Alte und neue Kommanditgesellschaften, NZG 2013, 1041.

A. Allgemeines

1 Die offene InvKG ist vom Gesetzgeber als inländischer Spezial-AIF iSd § 1 VI konzipiert, dh ihre Anteile und Anteile an Teilgesellschaftsvermögen dürfen nur von professionellen Anlegern iSd § 1 XIX Nr. 32 und von semi-professionellen Anlegern iSd § 1 XIX Nr. 33 erworben werden (BT-Drs. 17/12294, 242). An dem ursprünglichen Wortlaut des Gesetzentwurfes der BReg., wonach Anteile an offenen InvKG ausschließlich von professionellen und semi-professionellen Anlegern „gehalten" (vgl. BT-Drs. 17/12294, 80) werden durften, hat der Gesetzgeber nicht festgehalten. Die heutige Fassung des Gesetzes geht auf die Beschlussempfehlung des Finanzausschusses zurück, nach der die Anteile ausschließlich von professionellen und semi-professionellen Anlegern „erworben" werden dürfen (Beschlussempfehlung des Finanzausschusses zum Gesetzentwurf der Bundesregierung, BT-Drs. 17/13395, 159, 405). Insoweit ist klargestellt, dass für die Qualifikation des Anlegers als professionell oder semi-professionell der Zeitpunkt der Zeichnung und nicht der Zeitraum des Haltens der Anteile maßgeblich ist (BT-Drs. 17/13395, 405). Diese Änderung erscheint insofern sachgerecht, als andernfalls regelmäßig überprüft werden müsste, ob die Anleger die gestellten Voraussetzungen auch zu späteren Zeitpunkten weiterhin erfüllen. Es ist daher unerheblich, wenn ein Anleger nach seinem Beitritt nicht mehr als professioneller oder semi-professioneller Anleger qualifiziert.

B. Regelung im Einzelnen

I. Beitritt eines nicht qualifizierten Anlegers (Abs. 1)

2 Offen lassen sowohl das KAGB als auch die Gesetzesbegründung, welche Folgen sich aus dem Beitritt eines nicht qualifizierten Anlegers zu einer offenen InvKG ergeben.

3 Nach hier vertretener Auffassung handelt es sich bei der Regelung des § 127 I 1 nicht um ein gesetzliches Verbot iSd § 134 BGB (AWZ/*Wallach* § 127 Rn. 20; aA unter bloßem Verweis auf den Anlegerschutz *Freitag* NZG 2013, 329 (334)). Die andernfalls bei einem Verstoß gegen diese Regelung zwingende Rechtsfolge der Nichtigkeit, hier sowohl des Verpflichtungs- als auch Verfügungsgeschäfts, wäre unbillig und unverhältnismäßig. Dies gilt insbesondere für den Fall, in dem sich ein Privatanleger durch falsche Angaben gegenüber der Verwaltungsgesellschaft Zugang zu einer offenen InvKG verschafft. Aber auch in Fällen, in denen die Verwaltungsgesellschaft schuldhaft einen Privatanleger fälschlich als professionellen oder semi-professionellen Anleger qualifiziert, wäre die Rechtsfolge der Nichtigkeit des Anteilserwerbs unbillig. Etwaige negative Folgen der Rückabwicklung des Anteilserwerbs träfen dann nicht die verantwortliche Verwaltungsgesellschaft, sondern die übrigen und insoweit auch schutzbedürftigen Kommanditisten der offenen InvKG.

Gemäß den Grundsätzen der Lehre von der fehlerhaften Gesellschaft (vgl. etwa Grüneberg/*Sprau* BGB § 705 Rn. 17ff.) ist vielmehr von einem zwar rechtswidrigen, aber wirksamen Anteilserwerb auch durch einen Privatanleger auszugehen (so auch, aber ohne Begründung, WBA/*Lorenz* § 127 Rn. 2; aA unter bloßem Verweis auf den Anlegerschutz *Freitag,* NZG 2013, 329 (334)). Nach Feststellung eines Verstoßes gegen die Regelung des § 127 I 1 ist der nicht qualifizierte Anleger jedoch zur Herstellung eines gesetzeskonformen Zustandes zwingend mit Wirkung ex nunc aus der offenen InvKG gegen Auszahlung des aktuellen NAV seines Anteils auszuschließen. Etwaige Schadensersatzforderungen hat der ausgeschlossene Anleger gegenüber der Verwaltungsgesellschaft geltend zu machen. 4

Die Regelung des § 127 I 2, nach der sich Anleger an einer offenen InvKG nur unmittelbar als Kommanditisten beteiligen dürfen, bezweckt den Ausschluss mittelbarer Beteiligungen über Treuhandkommanditisten zur Sicherung der Transparenz des Fondsvehikels iRd Registerpublizität des HR (BT-Drs. 17/12294, 242; *Eichhorn* WM 2016, 110 (115)). Nach diesem Sinn und Zweck der Regelung nicht ausgeschlossen sein können hingegen Anlagen durch andere Investmentvehikel oder im Rahmen von Treuhandkonstellationen auf Anlegerseite, wie bspw. Anlagen durch die im angelsächsischen Bereich weit verbreiteten Pension Trusts. Ein Ausschluss derartiger Anlagen würde das mit der Einführung der offenen InvKG verfolgte Ziel des Gesetzgebers, das Pension Asset Pooling iSd Bündelung von betrieblichem Altersvorsorgevermögen international tätiger Unternehmen in Deutschland attraktiver zu gestalten (BT-Drs. 17/12294, 242), entgegenstehen (in diesem Sinne auch schon *Wallach* ZGR 2014, 289 (305f.)). Vor dem Hintergrund dieser gesetzgeberischen Zielsetzung und mit Blick auf die rechtlichen sowie tatsächlichen Gegebenheiten und Bedürfnisse ausländischer betrieblicher Altersvorsorgeeinrichtungen kann § 127 I 2 sinnvoll nur dahingehend ausgelegt werden, dass durch die Regelung allein die Anlage über zur Beteiligungsstruktur der offenen InvKG zugehörigen Treuhandkommanditisten iSd § 152 I 2 (dh in der bei geschlossenen Publikums-InvKGen üblichen Ausgestaltung) ausgeschlossen ist (so auch *Wallach* ZGR 2014, 289 (306)). 5

II. Einlagenrückgewähr und Ausschüttung (Abs. 2)

Durch § 127 II soll sichergestellt werden, dass das Anlagevermögen iHd Einlagen der Kommanditisten gem. § 162 I HGB erhalten bleibt bzw. nur mit Zustimmung betroffener Kommanditisten herabgemindert wird (BT-Drs. 17/12294, 242; vgl. dazu auch *Eichhorn* WM 2016, 110 (115)). 6

Ebenso wie das HGB differenziert auch das KAGB nicht eindeutig zwischen dem Begriff der Einlage und der Haftsumme. Diese Unterscheidung ist allerdings erforderlich, da sich die Einlage auf das Innenverhältnis der Gesellschaft und die Haftsumme auf das Außenverhältnis gegenüber den Gläubigern der Gesellschaft bezieht. Unter einer Einlage versteht man die (erfüllte) Beitragspflicht eines Kommanditisten oder auch Pflichteinlage, die sich aus dem Gesellschaftsvertrag ergibt und individuell bestimmbar ist. Die Haftsumme dagegen wird in das HR eingetragen und bezeichnet den Betrag, bis zu dem ein Kommanditist persönlich haftet (vgl. MüKoHGB/*Schmidt* § 172 Rn. 7). Haftsumme und Einlage müssen nicht identisch sein und können voneinander abweichen. In der Praxis ist es daher üblich, dass der Betrag der Haftsumme erheblich unter der jeweiligen Beitragspflicht des Kommanditisten liegen kann. Während die Haftsumme zwingend in einem Geldbetrag zu bestehen hat, kann die Einlage sowohl in Geldleistungen, Sacheinlagen oder etwa 7 der Einbringung von Rechten erfolgen (EBJS/*Strohn* HGB, §§ 171 Rn. 5f., 172 Rn. 1).

8 Der Gesetzgeber verwendet im KAGB einheitlich den Terminus der Einlage, meint aber in einigen Fällen die (erfüllte) Einlageverpflichtung und in anderen wiederum die Haftsumme. Demnach ist in § 127 II 1 Hs. 1 auf die erfüllte Einlageverpflichtung abzustellen; in § 127 II 1 Hs. 2 ist mit dem Begriff der Einlage die Haftsumme zu verstehen.

9 Wird die Einlage eines Kommanditisten ganz oder teilweise zurückbezahlt, so gilt sie gegenüber den Gläubigern der Gesellschaft gem. §§ 172 IV 1, 171 I HGB als insoweit nicht geleistet; der Kommanditist haftet den Gläubigern insofern unmittelbar. Das Gleiche gilt gem. §§ 172 IV 2, 171 I HGB, soweit ein Kommanditist Gewinnanteile entnimmt, während sein Kapitalanteil durch Verlust unter den Betrag der geleisteten Einlage herabgemindert ist oder soweit durch die Entnahme der Kapitalanteil unter den bezeichneten Betrag herabgemindert wird.

10 Betroffene Kommanditisten sind gem. § 127 II 2 daher vor ihrer Zustimmung auf diese Rechtsfolgen hinzuweisen (vgl. zum Zeitpunkt der Zustimmung *Eichhorn* WM 2016, 110 (115)). Dies soll dem Schutz des jeweiligen Kommanditisten vor einem Eingriff in den Kernbereich seiner Rechtsposition dienen und den Minderheitenschutz im Recht der Personengesellschaften stärken (*Wiedemann* NZG 2013, 1041 (1043)).

11 Tatsächlich drückt der Gesetzgeber damit aus, dass er die Position des Anlegers einer InvKG (auch wenn diese immer professionelle oder semi-professionelle Anleger sein können) deutlich stärker gegen unerwartete Haftungsrisiken schützen möchte als den Kommanditisten einer KG, die nur den Bestimmungen des HGB unterliegt. Obwohl in Letzterer jedermann Kommanditist werden kann, soll hier wohl eine deutliche Unterscheidung zwischen dem Kommanditisten einer InvKG als bloßem Fondsanleger und einem Gesellschafter einer Handelsgesellschaft konstituiert werden.

12 Bleibt der erforderliche Hinweis aus, lässt dies das Haftungsregime des § 172 IV HGB zum Schutz der Gläubiger aber unberührt; dem betroffenen Kommanditisten stehen in diesem Fall jedoch analog § 31 BGB Schadenersatzansprüche gegenüber der offenen InvKG zu, die ihrerseits ggf. die Geschäftsführung in Regress nehmen kann (*Freitag* NZG 2013, 329 (335)).

III. Anspruch auf Einlage und Nachschusspflicht (Abs. 3)

13 In § 127 III KAGB wird die Innenhaftung der Anleger geregelt. Gemäß S. 1 erlischt die Einlageverpflichtung des Kommanditisten mit Erbringung der Kommanditeinlage. Eine Nachschusspflicht des Anlegers ist (wie bei allen anderen Fondsvehikeln für Investmentvermögen im Rahmen des KAGB) durch den nicht dispositiven Abs. 3 ausgeschlossen; § 707 BGB ist insoweit zwingendes Recht. Vereinbarungen, die den in § 127 III normierten Regelungen entgegenstehen, etwa eine antizipierte Zustimmung im Gesellschaftsvertrag zur nachträglichen Erhöhung der Einlagenpflicht, sind zum Schutz der Anleger unwirksam (in diesem Sinne auch *Wiedemann* NZG 2013, 1041 (1043)). Derart unwirksame Bestimmungen führen nicht zur Nichtigkeit des Gesellschaftsvertrags insgesamt gem. § 134 BGB, sondern lediglich zur Nichtigkeit der dem KAGB entgegenstehenden Regelung nach § 139 BGB aE (vgl. etwa MüKoBGB/*Schäfer* § 705 Rn. 333).

IV. Haftungsprivilegierung des Kommanditisten (Abs. 4)

14 Die Regelung des Abs. 4 begründet eine weitere Haftungsprivilegierung des Kommanditisten einer offenen InvKG gegenüber dem Haftungsregime des HGB. Aufgrund der im Rahmen des KAGB konstitutiven und nicht lediglich deklaratorischen Natur der Handelsregistereintragung des Eintritts des Kommanditisten ist eine unbeschränkte Haftung des Kommanditisten nach § 176 II HGB für die in der Zeit zwischen seinem Eintritt und der Eintragung der begründeten Verbindlichkeiten der Gesellschaft ausgeschlossen. Unberührt lässt das KAGB hingegen die Regelung nach den §§ 161 II, 130 HGB, wonach der eintretende Gesellschafter gleich den anderen Gesellschaftern auch für vor seinem Eintritt begründete Verbindlichkeiten der Gesellschaft haftet. Dies ist sachgerecht, denn der eintretende Gesellschafter profitiert im Gegenzug von etwaigen positiven Wertentwicklungen und haftet ohnehin nur in Höhe seiner Einlage (Haftsumme) (*Freitag* NZG 2013, 329 (335)).

V. Wirtschaftliche Beteiligung des Anlegers in der Beitrittsphase

15 Problematisch erscheint im Zusammenhang mit § 152 IV die Frage, ob eine gesellschaftsvertragliche Regelung, die eine bloß wirtschaftliche Beteiligung des Anlegers vorsieht, gegen § 152 IV verstößt. Eine solche Regelung könnte etwa wie folgt lauten und ist im Rahmen des Beitritts von Kommanditisten zu einer KG weit verbreitet: „Der Beitritt des Anlegers wird mit dinglicher Wirkung und im Außenverhältnis erst mit der Eintragung wirksam. Im Innenverhältnis wird der Anleger so behandelt, als wäre er bereits beigetreten". Der eintretende Investor soll damit ausdrücklich nicht vor der Eintragung der Gesellschaft beitreten. Ein Beitritt eines Kommanditisten vor Eintragung wäre – ohne § 152 IV – durchaus möglich, weil die Eintragung für den Beitritt der Gesellschaft grundsätzlich nicht konstitutiv ist. Deshalb bedarf es investmentrechtlich auch der Regelung des § 152 IV. Wenn der Investor danach also noch nicht der Gesellschaft beigetreten ist, liegt auch kein Verstoß gegen § 152 IV vor. Das Ergebnis steht auch nicht im Widerspruch zum Regelungszweck des § 152 IV. Der Regelungszweck ist ausweislich der Gesetzesbegründung die Verhinderung einer unbeschränkten Haftung der Investoren als Kommanditisten, deren Haftung nicht durch die Eintragung einer Haftsumme gem. § 172 I HGB begrenzt wurde (vgl. BR-Drs. 17/12294, 250).

16 Auch ein ggf. bestehender „Typenzwang der Beteiligungsformen" steht diesem Ergebnis nicht entgegen. Ob aus § 152 I tatsächlich ein „Typenzwang der Beteiligungsformen" (so bspw. BTMB/*Könnecke* § 152 Rn. 12, der insoweit von einem Rechtsformzwang spricht) folgt, ist nicht eindeutig. Wie bereits angesprochen, wird bspw. in § 152 I 2 ausdrücklich die mittelbare Beteiligung über einen Treuhandkommanditisten als Beteiligungsform zugelassen. § 152 I 3, 4 ordnen folgerichtig an, dass auch für die mittelbare Beteiligung als sog. mittelbarer Kommanditist die gleichen (Schutz-)Vorschriften wie für andere Investoren nach dem KAGB gelten (vgl. BR-Drs. 17/12294, 250; so auch BTMB/*Könnecke* § 152 Rn. 47 f.).

17 Aus dem KAGB folgt aber kein allgemeines Verbot, im Hinblick auf Beteiligungen an Investment-KGs oder Investment-AGs stille Beteiligungen oder Unterbeteiligungen zu vereinbaren. Für solche Konstruktionen fehlt lediglich der Investorenschutz des KAGB. Bei der InvKG wird es in den meisten Fällen auch zu Verstößen gegen die Vertriebsvorschriften des KAGB kommen, das grundsätzlich nur die di-

rekte Beteiligung von „Anlegern" vorsieht. Im vorliegenden Fall werden die beitretenden Gesellschafter aber für alle Zwecke des KAGB wie „Anleger" nach dem KAGB behandelt. Es liegt kein Verstoß gegen die investorenschützenden Vorschriften des KAGB vor, weil die Vertriebsvorschriften uneingeschränkt beachtet werden. Die dem KAGB zugrundeliegende Schutzrichtung der Anleger – und nicht des Marktes – manifestiert sich folgerichtig auch in der Rechtsprechung. So hat das LG Kleve mit Urteil v. 6.10.2015 (4 O 21/15, Rn. 19) in einem obiter dictum auf die Anlegergesichtspunkte abgestellt („[…] Der anlegerschützende Zweck des KAGB wird durch eine solche Vereinbarung nicht beeinträchtigt […]").

18 Jedoch muss im vorliegenden Zusammenhang nicht über einen etwaigen Typenzwang der Beteiligungsformen entschieden werden. Es werden keine Unterbeteiligungen, (atypische) stille Beteiligungen oder Anteile an BGB-Innengesellschaften vertrieben, sondern Kommanditanteile an einer InvKG. Der aufschiebend bedingte Beitritt und die lediglich schuldrechtliche Beteiligung an den Erträgen des Fonds erfolgt nur vorübergehend als Durchgangsstation vor dem Erwerb der Rechtsstellung als Kommanditist. Der betroffene „Anleger" erwirbt mit der wirksamen Beitrittsvereinbarung ein Anwartschaftsrecht im Hinblick auf die Kommanditistenstellung, das mit der Eintragung des „Anlegers" als Kommanditist in das Handelsregister zum Vollrecht erstarkt. Dem Durchgangsstadium liegt eine BGB-Gesellschaft mit dem (gemeinsamen) Zweck des Erwerbs der Kommanditistenstellung zugrunde. Die BGB-Gesellschaft endigt gem. § 726 Alt. 1 BGB mit Zweckerreichung, also der Eintragung des „Anlegers" als Kommanditist im Handelsregister. Es handelt sich ungeachtet der Gewinn- und Verlustbeteiligung mangels einer im Schuldverhältnis niedergelegten vermögensrechtlichen Beteiligung (sog. „Einlageverhältnis"; vgl. MüKoHGB/*Schmidt* § 230 Rn. 17) nicht um eine BGB-Gesellschaft in Form der (atypischen) stillen Beteiligung. Im Übrigen wird insgesamt nicht nur den allgemeinen anlegerschützenden Vorschriften des KAGB genügt, sondern insb. auch dem Schutzzweck des § 152 IV.

§ 128 Geschäftsführung

(1) [1]**Die Geschäftsführung der offenen Investmentkommanditgesellschaft besteht aus mindestens zwei Personen.** [2]**Die Voraussetzung nach Satz 1 ist auch dann erfüllt, wenn Geschäftsführer der offenen Investmentkommanditgesellschaft eine juristische Person ist, deren Geschäftsführung ihrerseits von zwei Personen wahrgenommen wird.** [3]**Die Geschäftsführung ist verpflichtet,**

1. **bei der Ausübung ihrer Tätigkeit im ausschließlichen Interesse der Gesellschafter und der Integrität des Marktes zu handeln,**
2. **ihre Tätigkeit mit der gebotenen Sachkenntnis, Sorgfalt und Gewissenhaftigkeit im besten Interesse des von ihr verwalteten Vermögens und der Integrität des Marktes auszuüben und**
3. **sich um die Vermeidung von Interessenkonflikten zu bemühen und, wenn diese sich nicht vermeiden lassen, dafür zu sorgen, dass unvermeidbare Konflikte unter der gebotenen Wahrung der Interessen der Gesellschafter gelöst werden.**

[4]**Die Geschäftsführung hat bei der Wahrnehmung ihrer Aufgaben unabhängig von der Verwahrstelle zu handeln.**

(2) [1]**Die Mitglieder der Geschäftsführung der offenen Investmentkommanditgesellschaft müssen zuverlässig sein und die zur Leitung der offenen Investmentkommanditgesellschaft erforderliche fachliche Eignung haben, auch in Bezug auf die Art des Unternehmensgegenstandes der offenen Investmentkommanditgesellschaft.** [2]**Die Bestellung und das Ausscheiden von Mitgliedern der Geschäftsführung sind der Bundesanstalt unverzüglich anzuzeigen.**

(3) [1]**Mitglieder der Geschäftsführung der offenen Investmentkommanditgesellschaft dürfen Vermögensgegenstände weder an die offene Investmentkommanditgesellschaft veräußern noch von dieser erwerben.** [2]**Erwerb und Veräußerung von Kommanditanteilen durch die Mitglieder der Geschäftsführung sind davon nicht erfasst.**

(4) **Die Bundesanstalt kann die Abberufung der Geschäftsführung oder von Mitgliedern der Geschäftsführung verlangen und ihnen die Ausübung ihrer Tätigkeit untersagen, wenn**

1. **Tatsachen vorliegen, aus denen sich ergibt, dass die Geschäftsführung oder Mitglieder der Geschäftsführung nicht zuverlässig sind oder die zur Leitung erforderliche fachliche Eignung gemäß Absatz 3 nicht haben oder**
2. **die Geschäftsführung oder Mitglieder der Geschäftsführung nachhaltig gegen die Bestimmungen dieses Gesetzes oder des Geldwäschegesetzes verstoßen.**

Schrifttum: *Eichhorn* Die offene Investmentkommanditgesellschaft nach dem Kapitalanlagegesetzbuch – Teil II, WM 2016, 145; *Elser/Stadler* Der Referentenentwurf zum AIFM-Steuer-Anpassungsgesetz – Ausweitung und Verschärfung der Besteuerung nach dem InvStG, DStR 2012, 2561; *Freitag* Die „Investmentkommanditgesellschaft" nach dem Regierungsentwurf für ein Kapitalanlagegesetzbuch, NZG 2013, 329.

A. Die Geschäftsführung innerhalb der offenen InvKG (Abs. 1)

Die Regelung des Abs. 1 entspricht im Wesentlichen der des § 119 I betreffend den Vorstand einer InvAG mit veränderlichem Kapital, die ihrerseits aus dem aufgehobenen § 106 InvG übernommen wurde. Hinsichtlich der Pflichten der Geschäftsführung kann insoweit auf die Kommentierung zu § 119 I verwiesen werden. 1

Weitergehend wird klargestellt, dass das Erfordernis der aus mindestens zwei Personen bestehenden Geschäftsführung neben einer Bestellung von zwei natürlichen Personen (sa *Eichhorn* WM 2016, 145) zu Geschäftsführern auch dadurch erfüllt werden kann, dass die Geschäftsführung von einer juristischen Person wahrgenommen wird, deren Geschäftsführung ihrerseits von mindestens zwei natürlichen Personen wahrgenommen wird (vgl. BT-Drs. 17/12294, 243). Letzteres wird aufgrund von Haftungserwägungen in der Praxis der Regelfall sein (ebenso *Eichhorn* WM 2016, 145). Soweit die Voraussetzungen für eine Befreiung von der Gewerbesteuer gem. § 53 I, II InvStG vorliegen, dürfte auch die Bestellung eines geschäftsführenden Kommanditisten zum Zwecke der steuerlichen Entprägung entbehrlich sein (→ Rn. 4). Die Geschäftsführer der offenen InvKG sind gesamtgeschäftsführungsbefugt. Hierfür spricht bereits das Erfordernis einer aus zwei Personen bestehenden 2

Geschäftsführung. Zwar sind nach §§ 161 II, 115 HGB mehrere Geschäftsführer einer KG grundsätzlich einzelgeschäftsführungsbefugt. Entscheidend muss jedoch sein, dass die Regelung der Geschäftsführung der offenen InvKG insoweit auf den aufgehobenen § 106 InvG betreffend die InvAG zurückgeht (BT-Drs. 17/12294, 243) und für den Vorstand einer AG gem. § 77 I AktG grundsätzlich Gesamtgeschäftsführungsbefugnis gilt (so auch *Freitag* NZG 2013, 329 (334); *Eichhorn* WM 2016, 145).

3 Aus denselben Gründen, und um ein Auseinanderfallen von Geschäftsführungsbefugnis und Vertretungsberechtigung zu vermeiden, muss iRd offenen InvKG dementsprechend Gesamtvertretungsberechtigung für die Geschäftsführer analog § 78 II 1 AktG gelten und eine Einzelvertretung nach §§ 161 II, 125 I HGB ausscheiden (so auch *Freitag* NZG 2013, 329 (334)).

4 Nach dem ursprünglichen Wortlaut des Diskussionsentwurfs v. 20.7.2012 wurde die Wahrnehmung der Geschäftsführung einer intern verwalteten offenen InvKG ausschließlich auf Komplementäre beschränkt. Der Kabinettsentwurf v. 12.12.2012 hat diese Einschränkung aufgehoben, sodass die Geschäftsführung einer offenen InvKG demnach auch durch einen Kommanditisten ausgeübt werden kann. Diese Änderung ist in erster Linie aus steuerlichen Aspekten von Bedeutung. Bei einem Fonds muss grundsätzlich zwischen einer gewerblichen und einer reinen vermögensverwaltenden Tätigkeit unterschieden werden. In § 15 III Nr. 2 EStG wird geregelt, dass die Tätigkeit einer Personengesellschaft als Gewerbebetrieb zu qualifizieren ist, sofern ausschließlich Kapitalgesellschaften persönlich haftende Gesellschafter sind und die Geschäftsführung nur von diesen oder Nichtgesellschaftern ausgeübt werden kann. In diesem Fall ist der Fonds gewerbesteuerpflichtig. Beabsichtigt eine Personengesellschaft jedoch von einer gewerblichen Prägung abzusehen, besteht die Möglichkeit der „gewerblichen Entprägung" iSd § 15 III Nr. 2 EStG der offenen InvKG, indem ein Kommanditist ebenso zur Geschäftsführung berufen wird. Unabhängig davon erfolgt bei einer offenen InvKG eine Befreiung von der Gewerbesteuer gem. § 11 I 3 InvStG, wenn sie den in § 1 Ib InvStG geforderten Anlagebestimmungens eines Investmentfonds nachkommt (vgl. *Stadler* DStR 2012, 2561 (2567)) bzw. nach dem Inkrafttreten der Novelle des InvStG, soweit die Voraussetzungen des § 53 I, II InvStG (Gesellschaftszweck ist ausschließlich auf die Abdeckung der betrieblichen Altersvorsorgeeinrichtungen der Anleger gerichtet) vorliegen. Dadurch kann die offene InvKG ein vollständig steuerlich transparentes Anlagevehikel darstellen.

B. Eignung der Geschäftsführer (Abs. 2)

5 Nach § 128 II 1 müssen die Geschäftsführer einer offenen InvKG sowohl zuverlässig als auch fachlich geeignet sein, insbesondere im Hinblick auf die Art des Unternehmensgegenstandes der InvKG (zur fachlichen Eignung siehe *Eichhorn,* WM 2016, 145; dieser kommentiert das Merkblatt für die Prüfung der fachlichen Eignung und Zuverlässigkeit von Geschäftsleitern gem. VAG, KWG, ZAG und InvG (nunmehr aktualisiert: Merkblatt zu den Geschäftsleitern gem. KWG, ZAG und KAGB v. 4.4.2016, abrufbar auf der Website der BaFin). Für die intern verwaltete offene InvKG hat Abs. 2 lediglich deklaratorischen Charakter, da sich diese Anforderungen insoweit bereits aus § 22 ergeben. Einen eigenständigen Regelungsgehalt entfaltet Abs. 2 mangels Geltung des § 22 jedoch für die Geschäftsführung der extern verwalteten offenen InvKG; entsprechende Regelungen gelten für alle extern

verwalteten Investmentgesellschaften iRd KAGB (BT-Drs. 17/12294, 243). Der im Wege des OGAW-V-UmsG hinzugekommene S. 2 dient lediglich der Vereinheitlichung dahingehend, dass entsprechend den Regelungen bei anderen Investmentgesellschaften (vgl. §§ 119 II 2, 147 II 2 und 153 II 2) die Bestellung und das Ausscheiden von Mitgliedern der Geschäftsführung der Bundesanstalt anzuzeigen ist (BT-Drs. 18/6744, 59).

C. Erwerbs- und Veräußerungsverbot (Abs. 3)

Absatz 3 entspricht der Regelung des § 119 IV für Mitglieder des Vorstands und Aufsichtsrats der InvAG mit veränderlichem Kapital, die ihrerseits aus dem aufgehobenen § 106b InvG übernommen wurde (BT-Drs. 17/12294, 243). Es ist den Geschäftsführern der offenen InvKG untersagt, Vermögensgegenstände an die Gesellschaft zu veräußern oder von dieser zu erwerben. Das Verbot derartiger Insichgeschäfte dient der Vermeidung von Interessenkonflikten. Ausdrücklich ausgenommen von diesem Verbot sind der Erwerb und die Veräußerung von Kommanditanteilen an der offenen InvKG durch die Geschäftsführer, wobei ein Geschäftsführer, der Komplementär der offenen InvKG ist, in jedem Fall seine Stellung als Komplementär beibehält und nicht zum Kommanditisten wird (BT-Drs. 17/12294, 243). 6

D. Maßnahmen der BaFin (Abs. 4)

Nach Abs. 4 ist die BaFin berechtigt, nicht hinreichend qualifizierten oder unzuverlässigen Geschäftsführern die Ausübung ihres Amtes zu untersagen und ihre Abberufung zu verlangen, wenn einer der in Abs. 4 Nr. 1 oder 2 normierten Fälle vorliegt. Der Verweis in Abs. 4 Nr. 1 auf Abs. 3 ist ein Redaktionsversehen und müsste richtigerweise auf Abs. 2 lauten. Für die intern verwaltete offene InvKG hat Abs. 4 lediglich deklaratorischen Charakter, da sich diese Befugnis der BaFin insoweit bereits aus § 40 ergibt. Einen eigenständigen Regelungsgehalt entfaltet Abs. 4 mangels Geltung des § 40 jedoch für die Geschäftsführung der extern verwalteten offenen InvKG; eine entsprechende Regelung gilt für alle extern verwalteten Investmentgesellschaften iRd KAGB (BT-Drs. 17/12294, 243). 7

Ist Geschäftsführer der offenen InvKG eine juristische Person und verfügt diese nach der Geschäftsführerabberufung nicht mehr über mindestens zwei Geschäftsführer, so ist für diese nach § 128 I eine entsprechende Zahl neuer Geschäftsführer zu ernennen. Handelt es sich bei dem nach Abs. 4 abberufenen Geschäftsführer der offenen InvKG um eine natürliche Person und Gesellschafter der InvKG, was freilich aufgrund Haftungserwägungen in der Praxis kaum jemals der Fall sein wird, kommt eine gerichtliche Notbestellung eines Gesellschaftergeschäftsführers analog § 85 AktG nicht in Betracht, da dies einen Eingriff in die Gesellschafterstruktur bedeuten würde (*Freitag* NZG 2013, 329 (334)). Sachgerecht erscheint insoweit, auf die Grundsätze zur zwischenzeitlichen Geschäftsführungskompetenz für die KG zurückzugreifen (MüKoHGB/*Jickeli* § 117 Rn. 78). 8

§ 129 Verwaltung und Anlage

(1) [1]**Die offene Investmentkommanditgesellschaft kann eine ihrem Unternehmensgegenstand entsprechende externe Kapitalverwaltungsgesellschaft bestellen. [2]Dieser obliegt insbesondere die Anlage und Verwaltung des Kommanditanlagevermögens. [3]Die Bestellung der externen AIF-Kapitalverwaltungsgesellschaft ist kein Fall des § 36. [4]Die externe AIF-Kapitalverwaltungsgesellschaft ist berechtigt, die Verwaltung der Mittel der offenen Investmentkommanditgesellschaft zu kündigen. [5]§ 99 Absatz 1 bis 4 gilt entsprechend.**

(2) [1]**§ 100 ist entsprechend anzuwenden mit der Maßgabe, dass das Verwaltungs- und Verfügungsrecht über das Gesellschaftsvermögen nur dann auf die Verwahrstelle zur Abwicklung übergeht, wenn die offene Investmentkommanditgesellschaft sich nicht in eine intern verwaltete offene Investmentkommanditgesellschaft umwandelt oder keine andere externe AIF-Kapitalverwaltungsgesellschaft benennt und dies jeweils der Bundesanstalt angezeigt wurde. [2]Im Fall der Bestellung einer anderen externen AIF-Kapitalverwaltungsgesellschaft ist § 100b Absatz 1 Satz 1 bis 3, Absatz 2 und 3 entsprechend anzuwenden.**

Schrifttum: *Herring/Loff* Die Verwaltung alternativer Investmentvermögen nach dem KAGB-E, DB 2012, 2029; *Sedlak* Vertretung der extern verwalteten Investmentkommanditgesellschaft, GWR 2015, 497; *Weiser/Hüwel* Verwaltung alternativer Investmentfonds und Auslagerung nach dem KAGB-E, BB 2013, 1091.

A. Externe Verwaltung

1 Eine offene InvKG kann sowohl intern als auch extern verwaltet werden (ausführlich zur Bestellung externer Verwalter *Eichhorn* WM 2016, 145 (147ff.)). Bei der internen Verwaltung bestellt die offene InvKG keine zusätzliche Kapitalverwaltungsgesellschaft, sondern übernimmt die Verwaltung des Kommanditanlagevermögens selbst. Alternativ kann die offene InvKG nach § 129 I, entsprechend der Regelung für die InvAG in § 112 I und der Regelung des aufgehobenen § 96 IV InvG, eine ihrem Unternehmensgegenstand entsprechende externe KVG mit der Anlage und der Verwaltung des Kommanditanlagevermögens betrauen. Aufgaben, die aus der gesellschaftsrechtlichen Organisationsstruktur und den damit verbundenen Rechten und Pflichten der AIF-Investmentgesellschaft resultieren, bleiben hiervon jedoch unberührt und werden weiterhin von den Organen der AIF-Investmentgesellschaft in eigener Zuständigkeit wahrgenommen (vgl. BaFin, Entwurf des Auslegungsschreibens zu den Tätigkeiten einer Kapitalverwaltungsgesellschaft und der von ihr extern verwalteten AIF-Investmentgesellschaft zur Konsultation (01/2017), Ziff. 2c)).

2 Hierzu hat die BaFin in ihrem Schreiben „Häufige Fragen zum Thema Auslagerung gem. § 36 KAGB" (WA 41-Wp 2137-2013/0036, Ziff. 2.) klargestellt, dass eine „Rückeinlagerung" der Aufgaben in die offene InvKG unzulässig sei; für die Verwaltung und Anlage des Investmentvermögens einer extern verwalteten offenen InvKG sei ausschließlich die hierfür verantwortliche KVG zuständig. Die BaFin betont insoweit, dass eine extern verwaltete offene InvKG keine Tätigkeiten (mit Ausnahme der gesetzlich vorgesehenen Organaufgaben) ausführe (s. aber ein-

schränkend insb. zur organschaftlichen Vertretung → Rn. 10). Eine extern verwaltete offene InvKG stelle gerade keine Gesellschaft mit operativem Geschäft dar, sondern sei bloßes Fondsvehikel, das Verwaltungsaufgaben nicht selbst wahrnehme. Das Verbot der „Rückeinlagerung" diene insoweit dem Anlegerschutz; ebenso wie der Anleger in einem Sondervermögen solle der Anleger in einer extern verwalteten offenen InvKG vor operationellen Risiken geschützt werden.

B. Abgrenzung der externen Verwaltung zur (bloßen) Auslagerung

3 Von einer externen Verwaltung zu unterscheiden ist nach § 129 I 3 die bloße Auslagerung einzelner Aufgaben der offenen InvKG auf ein anderes Unternehmen nach § 36. Bedeutung hat diese Unterscheidung vor allem in Bezug auf haftungsrechtliche Fragen. Während bei einer externen Verwaltung die zivil- sowie aufsichtsrechtliche Verantwortlichkeit und Haftung gegenüber der offenen InvKG und deren Anlegern auf die externe KVG übergeht, ist dies bei einer bloßen Auslagerung einzelner Aufgaben auf ein Auslagerungsunternehmen nicht der Fall. Insoweit bleibt lediglich ein etwaiger Regressanspruch gegenüber dem Auslagerungsunternehmen iRd Innenverhältnisses, etwa einem Dienstvertrag, nach allgemeinen Grundsätzen (zu alledem *Weiser/Hüwel* BB 2013, 1091 (1092ff.)).

4 Zu beachten ist, dass in der in der Praxis häufigen Struktur einer GmbH & Co. InvKG die Komplementär-GmbH, wenn sie mit der Geschäftsführung der KG betraut ist, als Organ der KG weder externe noch interne Kapitalverwaltungsgesellschaft ist. Wird für die Verwaltung der offenen InvKG keine externe Kapitalverwaltungsgesellschaft bestellt, so ist die InvKG zugleich interne KVG nach § 17 II Nr. 2 (dies ergibt sich mittelbar auch aus S. 3, 4 der Gesetzesbegründung zu § 129 II, BT-Drs. 17/12294, 243; s. *Herring/Loff* DB 2012, 2029; *Weiser/Hüwel* BB 2013, 1091 (1093)). Entsprechendes gilt, wenn ein Kommanditist der offenen InvKG im Gesellschaftsvertrag nach §§ 163, 164 HGB mit der organschaftlichen Geschäftsführung der offenen InvKG betraut wird. Wird ein Kommanditist hingegen etwa iRe Dienstvertrags außerhalb des Gesellschaftsvertrags zur Geschäftsführung bestellt, kommt mangels organschaftlicher Stellung des Kommanditisten je nach Art und Umfang der Geschäftsführungsbefugnis eine Qualifizierung des Kommanditisten als externe Kapitalverwaltungsgesellschaft in Betracht (MüKoHGB/*Grunewald* § 164 Rn. 27ff.; *Weiser/Hüwel* BB 2013, 1091 (1093)).

C. Kündigungs-, Verwaltungs- und Verfügungsrechte der extern bestellten Kapitalverwaltungsgesellschaft

5 Die für eine offene InvKG bestellte externe Kapitalverwaltungsgesellschaft ist berechtigt, die Verwaltung des Kommanditanlagevermögens entsprechend der Regelung für Sondervermögen in § 99 I–IV zu kündigen.

6 Erlischt das Recht der für eine offene InvKG bestellten externen KVG zur Verwaltung derselben, so gilt die für Sondervermögen aus dem aufgehobenen § 39 InvG übernommene Regelung des § 100 entsprechend, wonach das Verwaltungs- und Verfügungsrecht über das Anlagevermögen grds. auf die Verwahrstelle zur Abwicklung übergeht. Dies gilt jedoch nicht, wenn sich die offene InvKG in eine in-

tern verwaltete offene InvKG umwandelt bzw. eine andere externe KVG benennt und dies jeweils der BaFin anzeigt. Dass sowohl das Verwaltungs- als auch das Verfügungsrecht erfasst sind, ergibt sich bereits aus § 100. Die Aufnahme des „Verwaltungsrechts" im Rahmen der Umsetzung des OGAW-V-Gesetzes diente dazu, die bisherige Verwaltungspraxis der BaFin insoweit zu kodifizieren, dass nicht nur im Fall der Treuhandlösung, sondern auch im Falle der Miteigentumslösung sowohl das Verwaltungsrecht als auch das Verfügungsrecht über das Sondervermögen auf die Verwahrstelle übergeht (BT-Drs. 18/6744, 56). Hintergrund ist, dass eine ordnungsgemäße Abwicklung des Sondervermögens durch die Verwahrstelle voraussetzt, dass die Verwahrstelle beide Rechte (Verwaltungs- und Verfügungsrecht) ausüben kann (BT-Drs. 18/6744, 56).

7 Bestellt die offene InvKG eine andere externe AIF-KVG, gilt die Regelung des § 100b I–III entsprechend. Da die Rechtsform der offenen InvKG nach § 91 II nur für Spezialfonds in Betracht kommt, bedarf die Übertragung entsprechend § 100b II 3iVm § 99 I 4 keiner Bekanntmachung im BAnz, Jahres- und Halbjahresbericht. Entsprechend § 100b III wird die Übertragung entsprechend der vertraglichen Vereinbarung, aber frühestens zum Zeitpunkt der Anzeige bei der Bundesanstalt wirksam (BT-Drs. 18/6744, 59; soweit in der BT-Drs. 18/6744, 59, jeweils von § 100a die Rede ist, handelt es sich um ein Redaktionsversehen, BT-Drs. 18/7393, 76).

8 Durch das MoPeG wurde, wie bei § 154 II 1 Nr. 2 HGB (→ § 154 Rn. 1), der Anwendungsausschluss des § 147 HGB aus der Norm entfernt. So ist § 129 II 3 weggefallen.

D. Keine Vertretungsbefugnis der externen Kapitalverwaltungsgesellschaft

9 Eine externe KVG kann eine geschlossene Investmentfondsgesellschaft in der Rechtsform der GmbH & Co. KG nicht gem. § 51 ZPO gesetzlich vertreten (Leitsatz des Urteils des OLG München 1.10.2015 – 23 U 1570/15, BKR 2016, 42). Damit stellt das OLG München zunächst fest, dass auch für dem KAGB unterfallende InvKG der gesellschaftsrechtliche Grundsatz der Selbstorganschaft gilt. Hieraus folgt, dass die organschaftliche Vertretung stets bei einem Gesellschafter liegen muss (*Sedlak* GWR 2015, 497). Daran ändern folglich auch eine schuldrechtliche Beauftragung oder Regelungen des KAGB nichts. Die praktische Bedeutung der Entscheidung liegt darin, dass sie die Eigenständigkeit einer InvKG betont. Obwohl sie wichtige Befugnisse hinsichtlich der Verwaltung ihres eigenen Vermögens an eine Kapitalverwaltungsgesellschaft abgeben muss, verbleibt ihr ein eigener Handlungsspielraum (*Sedlak* GWR 2015, 497).

§ 130 Unterschreitung des Anfangskapitals oder der Eigenmittel

[1]Eine intern verwaltete offene Investmentkommanditgesellschaft hat der Bundesanstalt und den Anlegern unverzüglich anzuzeigen, wenn das Gesellschaftsvermögen den Wert des Anfangskapitals oder den Wert der zusätzlich erforderlichen Eigenmittel gemäß § 25 unterschreitet. [2]Mit der Anzeige gegenüber den Anlegern ist durch die Geschäftsführung eine Gesellschafterversammlung einzuberufen.

A. Allgemeines

1 Eine intern verwaltete offene InvKG ist zugleich interne KVG und unterliegt insoweit den Vorschriften nach Abschn. 2 KAGB betreffend KVG (BT-Drs. 17/12294, 243). Dementsprechend normiert § 130 die Verpflichtung der intern verwalteten offenen InvKG, sowohl der BaFin also auch den Anlegern unverzüglich anzuzeigen, wenn das Gesellschaftsvermögen den Wert des Anfangskapitals bzw. den Wert der zusätzlich erforderlichen Eigenmittel nach § 25 unterschreitet. Die Regelung beruht auf dem aufgehobenen § 96 VI 1 und 3 InvG; eine dem aufgehobenen § 96 VI 2 InvG vergleichbare Bestimmung findet sich hingegen nunmehr in § 43 (BT-Drs. 17/12294, 243). Mit Gesellschaftsvermögen ist hier bei einer intern verwalteten InvKG das Betriebsvermögen und das Kommanditanlagevermögen gemeint (AWZ/*Wallach* § 131 Rn. 6). Dies ergibt sich aus den §§ 131, 165 und aus den Bestimmungen zur Beschränkung der Kündigung durch Kommanditisten in § 133 I 2 (vgl. auch BTMB/*Könnecke* § 155 Rn. 9 mwN).

B. Regelung im Einzelnen unter Bezugnahme auf § 25

2 Hinsichtlich der extern verwalteten offenen InvKG bedurfte es keiner gesonderten Regelung, da diese gerade nicht KVG ist und die externe KVG den Bestimmungen von Abschn. 2 KAGB unterliegt (so auch WBA/*Lorenz* § 130 Rn. 5 mit dem abstrakten Hinweis, die Vorschrift gelte insofern nicht). Intern verwalteten offenen InvKG wird eine Anzeigepflicht auferlegt, sofern es zur Unterschreitung des anfänglichen Gesellschaftskapitals von 300.000 EUR oder des Wertes der zusätzlich erforderlichen Eigenmittel kommt (vgl. auch FK-KapAnlR/*Eichhorn* § 130 Rn. 6ff.). Diese Anzeigepflicht dient dazu, der BaFin die Möglichkeit einzuräumen, zu entscheiden welche Maßnahmen im jeweiligen Fall zu ergreifen sind. Die BaFin kann entsprechend des § 39 III Nr. 3 für KVG die Erlaubnis zum Geschäftsbetrieb entziehen, wenn die Eigenmittel der offenen intern verwalteten InvKG unter die in § 25 vorgesehene Schwelle absinken. Allerdings kommt eine Aufhebung der Erlaubnis nur dann in Betracht, wenn vorherige Maßnahmen der BaFin iSd § 41 wirkungslos geblieben sind. § 25 I Buchst. a enthält zwar Mindestanforderungen an das Anfangskapital zum Zeitpunkt der Erlaubniserteilung, macht jedoch keine Angaben in Bezug auf die Erhaltung dieses Anfangskapitals und mögliche Rechtsfolgen bei Unterschreitung.

3 Demzufolge sind der BaFin auch solche Fälle anzuzeigen, in denen sich die offene intern verwaltete InvKG überschuldet oder zahlungsunfähig wird. Eine derartige Anzeigepflicht besteht allerdings nicht nur gegenüber der BaFin, sondern gem. § 43 II auch gegenüber den Gläubigern.

4 Kommt es zu einer Anzeige gegenüber den Anlegern, sind die Geschäftsführer der offenen intern verwalteten InvKG zur Einberufung einer Gesellschafterversammlung verpflichtet, Anleger in Zeiten der Krise in die Entscheidungsprozesse miteinzubeziehen. Die Ladung zur Gesellschaftsversammlung hat gem. § 125 III unter vollständiger Angabe der Beschlussgegenstände zu erfolgen. Als mögliche Beschlussgegenstände im Falle einer Überschuldung oder Zahlungsunfähigkeit sind etwa die Abwicklung der Gesellschaft oder eine Kapitalerhöhung denkbar, um eben die Abwicklung der Gesellschaft zu verhindern.

5 Da die offene InvKG die Möglichkeit zur Bildung von Teilgesellschaftsvermögen hat, stellt sich die Frage, inwieweit sie bei Eintritt einer Überschuldung oder Zahlungsunfähigkeit eines einzelnen Teilgesellschaftsvermögens ebenso verpflichtet ist, diese der BaFin anzuzeigen. Da bei Teilgesellschaftsvermögen eine haftungs- und vermögensrechtliche Trennung gilt, ist es möglich, dass eine Zahlungsunfähigkeit oder Überschuldung der offenen InvKG eintritt, und zwar nur hinsichtlich eines einzelnen Teilgesellschaftsvermögens. Auch wenn in den Vorschriften zur Anzeigepflicht bei Zahlungsunfähigkeit und Überschuldung keine Angaben zu Teilgesellschaftsvermögen gemacht werden, ist der Wortlaut des § 43 so auszulegen, dass auch in diesen Fällen eine Anzeigepflicht gegenüber der BaFin zu bestehen hat.

§ 131 Gesellschaftsvermögen

(1) [1]**Eine intern verwaltete offene Investmentkommanditgesellschaft darf bewegliches und unbewegliches Vermögen erwerben, das für den Betrieb der Investmentkommanditgesellschaft notwendig ist.** [2]**Hierfür hat sie ein Betriebsvermögen zu bilden, das rechnerisch bei den Kapitalanteilen der geschäftsführenden Gesellschafter zu erfassen ist.** [3]**Den Erwerb darf sie nicht mit Kapital aus der Begebung von Kommanditanteilen an Anleger bestreiten.**

(2) [1]**Die Einlagen der Anleger, die sich als Kommanditisten beteiligen, die im Zusammenhang mit der Anlagetätigkeit erhaltenen und verwalteten Vermögensgegenstände, für die Vermögensgegenstände erhaltene Sicherheiten sowie liquide Mittel werden rechnerisch dem Kommanditkapital zugeordnet.** [2]**Sie bilden das Kommanditanlagevermögen.**

A. Das Investmentbetriebsvermögen (Abs. 1)

1 Eine intern verwaltete offene InvKG ist zugleich interne KVG und unterliegt insoweit den Vorschriften nach Abschn. 2 KAGB betreffend KVG (BT-Drs. 17/12294, 243). Dementsprechend normiert § 130 die Verpflichtung der intern verwalteten offenen InvKG, sowohl der BaFin als auch den Anlegern unverzüglich anzuzeigen, wenn das Kommanditanlagevermögen den Wert des Anfangskapitals bzw. den Wert der zusätzlich erforderlichen Eigenmittel nach § 25unterschreitet. Die Regelung beruht auf dem aufgehobenen § 96 VI 1, 3 InvG; eine dem aufgehobenen § 96 VI 2 InvG vergleichbare Bestimmung findet sich hingegen nunmehr in § 43 (BT-Drs. 17/12294, 243).

2 Die für den Betrieb eines Investmentvermögens erforderlichen Mittel werden grds. von der KVG bereitgestellt. Da die intern verwaltete offene InvKG aber zugleich Investmentvermögen und KVG ist, setzt sich ihr Gesellschaftsvermögen aus einem Betriebsvermögen einerseits und einem Kommanditanlagevermögen andererseits zusammen. Das Betriebsvermögen ist aus Einlagen der geschäftsführenden Gesellschafter bzw. des geschäftsführenden Gesellschafters zu bilden und iRd Rechnungslegung den Kapitalkonten der geschäftsführenden Gesellschafter zuzuordnen (zu alledem BT-Drs. 17/12294, 244).

3 Um das Anlagevermögen der intern verwalteten offenen InvKG wie iRd Verwaltung einer offenen InvKG durch eine externe KVG vom Betriebsvermögen der

KVG zu trennen, darf der Erwerb des Betriebsvermögens einer intern verwalteten offenen InvKG nicht mit Kapital aus der Begebung von Kommanditanteilen an Anleger bestritten werden (BT-Drs. 17/12294, 244). Zulässig muss nach Sinn und Zweck der Regelung jedoch die Bildung von Betriebsvermögen aus der Kommanditeinlage eines geschäftsführenden Kommanditisten sein. Gegebenenfalls sind für den geschäftsführenden Gesellschafter zwei getrennte Kapitalkonten für den Betriebsvermögensanteil und den Anlagevermögensanteil zu führen.

Das im ursprünglichen Gesetzentwurf der Bundesregierung vorgesehene Erfordernis, nach dem das Betriebsvermögen „vollständig" aus den Einlagen der geschäftsführenden Gesellschafter zu erwerben war (BT-Drs. 17/12294, 81), wurde nicht übernommen. Insoweit ist klargestellt, dass für den Erwerb von Betriebsvermögen auch die Aufnahme von Darlehen zulässig ist (s. Beschlussempfehlung des Finanzausschusses zum Gesetzentwurf der Bundesregierung, BT-Drs. 17/13395, 161, 405). 4

B. Das Kommanditanlagevermögen (Abs. 2)

Absatz 2 definiert das Kommanditanlagevermögen der offenen InvKG als Summe der Kommanditeinlagen der Anleger, der aus der Anlagetätigkeit hervorgehenden Vermögensgegenstände und Sicherheiten für Vermögensgegenstände sowie liquiden Mittel. Durch diese – das Kommanditanlagevermögen bildende – Posten und deren Buchungen werden entsprechende Konten notwendig. Hierbei handelt es sich jedoch um eine rechnerische Abgrenzung des rechtlich, insb. in Hinblick auf die Haftung, ungetrennten Gesellschaftsvermögens (*Wallach* ZGR 2014, 289 (308)). Zur Herstellung einer vollständigen haftungs- und vermögensmäßigen Trennung ist anzuraten, ungeachtet der Regelung in § 131 Teilgesellschaftsvermögen nach § 132 zu bilden, um das Kommanditbetriebsvermögen und das Kommanditanlagevermögen auch haftungsmäßig zu separieren (WBA/*Lorenz* § 131 Rn. 7; sa FK-KapAnlR/*Eichhorn* § 131 Rn. 7). 5

§ 132 Teilgesellschaftsvermögen; Verordnungsermächtigung

(1) [1]Der Gesellschaftsvertrag kann die Bildung von Teilgesellschaftsvermögen vorsehen. [2]Die Teilgesellschaftsvermögen sind haftungs- und vermögensrechtlich voneinander getrennt. [3]Im Verhältnis der Anleger untereinander wird jedes Teilgesellschaftsvermögen als eigenständiges Gesellschaftsvermögen behandelt. [4]Die Rechte von Anlegern und Gläubigern im Hinblick auf ein Teilgesellschaftsvermögen, insbesondere auf dessen Bildung, Verwaltung und Auflösung, beschränken sich auf die Vermögensgegenstände dieses Teilgesellschaftsvermögens. [5]Für die auf das einzelne Teilgesellschaftsvermögen entfallenden Verbindlichkeiten haftet nur das betreffende Teilgesellschaftsvermögen. [6]Die haftungs- und vermögensrechtliche Trennung gilt auch für den Fall der Insolvenz der offenen Investmentkommanditgesellschaft und die Abwicklung eines Teilgesellschaftsvermögens.

(2) [1]Für jedes Teilgesellschaftsvermögen sind Anlagebedingungen zu erstellen. [2]Die Anlagebedingungen eines Teilgesellschaftsvermögens und deren wesentliche Änderungen sind der Bundesanstalt nach Maßgabe von § 273 vorzulegen.

(3) [1]**Die Kosten für die Auflegung neuer Teilgesellschaftsvermögen dürfen nur zulasten der Anteilspreise der neuen Teilgesellschaftsvermögen in Rechnung gestellt werden.** [2]**Der Wert des Anteils ist für jedes Teilgesellschaftsvermögen gesondert zu errechnen.**

(4) **Für jedes Teilgesellschaftsvermögen ist eine Verwahrstelle zu benennen.**

(5) [1]**Die persönlich haftenden Gesellschafter haften für die Verbindlichkeiten sämtlicher Teilgesellschaftsvermögen.** [2]**Die Kommanditisten haften gemäß den §§ 171 bis 176 des Handelsgesetzbuchs in Verbindung mit den Vorschriften dieses Unterabschnitts nur für Verbindlichkeiten des sie betreffenden Teilgesellschaftsvermögens.**

(6) **Der Gesellschaftsvertrag muss vorsehen, dass über Angelegenheiten, die die offene Investmentkommanditgesellschaft insgesamt betreffen, in einer Gesellschafterversammlung entschieden wird, zu der Anleger sämtlicher Teilgesellschaftsvermögen geladen werden.**

(7) [1]**Der Gesellschaftsvertrag kann vorsehen, dass die Geschäftsführung die Auflösung eines Teilgesellschaftsvermögens mit Zustimmung der Verwahrstelle beschließen kann.** [2]**Der Auflösungsbeschluss wird sechs Monate nach Mitteilung des Beschlusses an die Anleger des betreffenden Teilgesellschaftsvermögens wirksam, es sei denn, die Anleger stimmen einer früheren Auflösung zu.** [3]**Der Auflösungsbeschluss ist in den nächsten Jahresbericht aufzunehmen.** [4]**Für die Abwicklung des Teilgesellschaftsvermögens gilt § 100 Absatz 1 und 2 entsprechend.**

(8) [1]**Das Bundesministerium der Finanzen wird ermächtigt, durch Rechtsverordnung, die nicht der Zustimmung des Bundesrates bedarf, nähere Bestimmungen zur buchhalterischen Darstellung, Rechnungslegung und Ermittlung des Wertes jedes Teilgesellschaftsvermögens zu erlassen.** [2]**Das Bundesministerium der Finanzen kann die Ermächtigung durch Rechtsverordnung auf die Bundesanstalt übertragen.**

Schrifttum: *Wallach* Die Regulierung von Personengesellschaften im Kapitalanlagegesetzbuch, ZGR 2014, 289.

A. Bildung von Teilgesellschaftsvermögen (Abs. 1)

1 Anders als bei der geschlossenen InvKG kann der Gesellschaftsvertrag der offenen InvKG nach § 132 I die Bildung von haftungs- sowie vermögensrechtlich voneinander getrennten Teilgesellschaftsvermögen vorsehen (sog. Umbrella-Fonds mit einem oder mehreren Teilgesellschaftsvermögen). Der besondere Vorteil ist darin zu sehen, dass unter einem „Schirm" mehrere Anlagestrategien angeboten werden können – somit eine effiziente und kostengünstige Möglichkeit, eine organisationsrechtliche Struktur für mehrere Anlageprodukte zu nutzen (AWZ/*Wallach* § 132 Rn. 1). Die Regelungen in Abs. 1 entsprechen jenen für die InvAG mit veränderlichem Kapital in § 117 II, die wiederum aus dem aufgehobenen § 100 II InvG übernommen wurden (BT-Drs. 17/12294, 244) sowie Sondervermögen gem. § 96 II–IV. Dabei dient der Begriff des „Teilgesellschaftsvermögens" der Unterscheidbarkeit zum Begriff der „Teilfonds" (bei Sondervermögen) (BTMB/*Hüwel* § 132 Rn. 9 mwN).

B. Teilgesellschaftsvermögen und Anlagebedingungen (Abs. 2)

Die Regelungen in Abs. 2 zur gesonderten Erstellung von Anlagebedingungen für jedes Teilgesellschaftsvermögen entsprechen jenen für Spezialteilgesellschaftsvermögen iRd InvAG mit veränderlichem Kapital in § 117 V, die wiederum aus dem aufgehobenen § 97 IV 1 und 2 InvG übernommen wurden (BT-Drs. 17/12294, 244). Nach Maßgabe des § 273 sind die Anlagebedingungen vor Ausgabe der Anteile sowie wesentliche Änderungen schriftlich festzuhalten und der BaFin vorzulegen. 2

C. Auflegungskosten und Wertermittlung von Anteilen (Abs. 3)

Die Regelungen in Abs. 3 zu Auflegungskosten und Wertermittlung von Anteilen von Teilgesellschaftsvermögen entsprechen jenen für Teilgesellschaftsvermögen iRd InvAG mit veränderlichem Kapital in § 117 IV, die weitgehend aus den aufgehobenen §§ 34 I–III, 100 II InvG übernommen wurden (BT-Drs. 17/12294, 244). Mit der Regelung wird der Grundsatz, dass jedes Teilgesellschaftsvermögen für die bei ihm anfallenden Verbindlichkeiten selbst aufkommen muss, konsequent bereits auf das Stadium der Auflegung angewendet (AWZ/*Wallach* § 132 Rn. 42). 3

D. Verwahrstelle und Haftung der Kommanditisten (Abs. 4 u. 5)

Die Pflicht zur Benennung einer Verwahrstelle für jedes Teilgesellschaftsvermögen nach Abs. 4 entspricht der Bestimmung für Teilgesellschaftsvermögen iRd InvAG mit veränderlichem Kapital in § 117 VI, die aus dem aufgehobenen § 97 IV 3 InvG übernommen wurde. 4

Absatz 5 dient der Klarstellung, dass die Anleger einer offenen InvKG als Kommanditisten in Einklang mit der haftungs- und vermögensrechtlichen Trennung nach Abs. 1 ausschließlich nach den allgemeinen Regeln der §§ 171–176 HGB iVm den allgemeinen Vorschriften für offene InvKG für die Verbindlichkeiten des Teilgesellschaftsvermögen haften, an dem sie beteiligt sind (BT-Drs. 17/12294, 244). Komplementäre einer offenen InvKG haften nach den allgemeinen Vorschriften in Bezug auf sämtliche Teilgesellschaftsvermögen. 5

E. Gesellschafterversammlung, Geschäftsführung und Verordnungsermächtigung (Abs. 6–8)

Gesellschaftsvertragliche Regelungen, nach denen über Beschlussgegenstände, die nur ein Teilgesellschaftsvermögen betreffen, ausschließlich die Anleger dieses Teilgesellschaftsvermögen gemeinsam mit dem oder den Komplementären der offenen InvKG iRe Gesellschafterversammlung abstimmen, sind zulässig (BT-Drs. 6

17/12294, 244; so auch *Wallach* ZGR 2014, 289 (311)). Soweit es sich hingegen um Angelegenheiten handelt, die die offene InvKG insgesamt betreffen, ist im Gesellschaftsvertrag zwingend die Einberufung einer Gesellschafterversammlung aller Anleger, dh sämtlicher Teilgesellschaftsvermögen, zwecks Beschlussfassung vorzusehen.

7 Nach Abs. 7 ist eine gesellschaftsvertragliche Regelung zulässig, nach der die Geschäftsführung der offenen InvKG die Auflösung eines Teilgesellschaftsvermögen ohne Zustimmung der betroffenen Anleger beschließen kann; dies entspricht der für die InvAG mit veränderlichem Kapital geltenden Rechtslage nach § 117 VIII. Anleger werden insoweit durch das Erfordernis einer entsprechenden gesellschaftsvertraglichen Ermächtigung der Geschäftsführung sowie durch das Zustimmungserfordernis seitens der Verwahrstelle geschützt (BT-Drs. 17/12294, 244). Für die Abwicklung eines Teilgesellschaftsvermögen gelten die Bestimmungen zur Abwicklung eines Sondervermögens nach § 100 I, II entsprechend, die ihrerseits aus dem aufgehobenen § 39 InvG übernommen wurden.

8 Die Verordnungsermächtigung in Abs. 8 entspricht der für Sondervermögen geltenden Ermächtigung nach § 96 IV.

§ 133 Veränderliches Kapital, Kündigung von Kommanditanteilen

(1) **[1]Kommanditisten können ihre Kommanditbeteiligung in voller Höhe oder zu einem Teilbetrag kündigen. [2]Kündigt ein Kommanditist, erhält er einen Abfindungsanspruch gegen die offene Investmentkommanditgesellschaft in Höhe seines gekündigten Anteils am Wert des Gesellschaftsvermögens, gegebenenfalls abzüglich der Aufwendungen, die der offenen Investmentkommanditgesellschaft entstanden sind. [3]Das Recht zur Kündigung nach Satz 1 besteht bei der intern verwalteten offenen Investmentkommanditgesellschaft nur, wenn durch die Erfüllung des Abfindungsanspruchs das Gesellschaftsvermögen den Betrag des Anfangskapitals und der zusätzlich erforderlichen Eigenmittel gemäß § 25 nicht unterschreitet. [4]Die Einzelheiten der Kündigung regelt der Gesellschaftsvertrag. [5]Für die Beschränkung des Rechts der Anleger auf Kündigung nach Satz 1 im Gesellschaftsvertrag gelten § 98 Absatz 1a, 1b, 2 und 3 und § 283 Absatz 3 entsprechend.**

(2) **[1]Die Erfüllung des Abfindungsanspruchs gilt nicht als Rückzahlung der Einlage des Kommanditisten. [2]Ab dem Zeitpunkt des Ausscheidens haftet der ausgeschiedene Kommanditist nicht für Verbindlichkeiten der offenen Investmentkommanditgesellschaft.**

Schrifttum: *Wallach* Die Regulierung von Personengesellschaften im Kapitalanlagegesetzbuch, ZGR 2014, 289.

A. Kündigung (Abs. 1)

1 Als Anleger einer offenen InvKG können die Kommanditisten ihre Kommanditbeteiligung ganz oder teilweise gem. den im Gesellschaftsvertrag getroffenen Regelungen kündigen. Das ursprünglich in Abs. 1 normierte jährliche Recht zur Kündigung wurde in Folge der Neufassung der Definition des offenen AIF durch das Gesetz zur Anpassung von Gesetzen auf dem Gebiet des Finanzmarktes vom 15.7.2014 gestrichen. Die Kündigung führt in Übereinstimmung mit § 131 III Nr. 3 HGB nicht zur Auflösung der offenen InvKG, sondern zum Ausscheiden des Anlegers als Kommanditist. Der Anleger erhält einen Abfindungsanspruch gegen die offene InvKG in Höhe seines gekündigten Anteils am Wert des Gesellschaftsvermögens abzüglich tatsächlich entstandener Aufwendungen der offenen InvKG.

Adressat der Kündigung ist grundsätzlich der Komplementär oder die geschäftsführende Kommanditistin. Im Falle einer extern verwalteten offenen InvKG kann allerdings auch die KVG geeigneter Adressat sein (BTMB/*Kracke* § 133 Rn. 6). Sodann empfiehlt sich im Gesellschaftsvertrag eine Regelung, welche eine Empfangszuständigkeit und eine Ermächtigung der KVG bei einer Abwicklung vorsieht (so auch *Wallach* ZGR 2014, 289 (310)). Dies empfiehlt sich insb. im Hinblick auf die Entscheidung des OLG München 1.10.2015 – 23 U 1570/15, BKR 2016, 42, wonach der externen KVG eine organschaftliche Vertretungsmacht fehlt (→ § 129 Rn. 10). 2

Im Fall einer intern verwalteten offenen InvKG ist das Kündigungsrecht des Anlegers ausgeschlossen, wenn durch die Erfüllung des Abfindungsanspruchs das Gesellschaftsvermögen unter den Betrag des erforderlichen Anfangskapitals und der zusätzlich erforderlichen Eigenmittel gem. § 25 fallen würde. Die Regelung, durch die eine Mindesthaftmasse sichergestellt werden soll, entspricht derjenigen in § 116 II für die InvAG mit veränderlichem Kapital (BT-Drs. 17/12294, 245). Im Übrigen darf der Gesellschaftsvertrag Beschränkungen des Kündigungsrechts entsprechend § 98 II (Aussetzung der Anteilsrücknahme bei außergewöhnlichen Umständen), § 98 III (Aussetzung der Anteilsrücknahme auf Anordnung der BaFin) sowie § 283 III (Anteilsrücknahme nur zu bestimmten Terminen und unter Einhaltung bestimmter Kündigungsfristen) vorsehen. 3

Auf die Aufnahme eines neuen Kommanditisten in die offene InvKG finden die allgemeinen Regelungen des HGB für die KG iVm dem jeweiligen Gesellschaftsvertrag Anwendung (BT-Drs. 17/12294, 245). Der ergänzte Verweis am Ende des ersten Absatzes berücksichtigt die neu eingefügten Abs. 1a und 1b in § 98, sodass die Möglichkeiten zur Einführung von Rücknahmefristen und Redemption Gates auch für offene Kommanditgesellschaften gelten (BT-Drs. 19/17139, 46). 4

B. Abfindungsanspruch und Einlagenrückgewähr (Abs. 2)

Die Regelungen in § 133 II KAGB dienen dem vollumfänglichen Ausschluss der Nachhaftung des aus der offenen InvKG ausscheidenden Kommanditisten, insb. dem Ausschluss der Rechtsfolge des § 172 IV HGB (s. *Fischer/Friedrich* ZBB 2013, 153 (161)). Als bloßer Anleger eines Investmentvermögens soll der Kommanditist entsprechend dem Aktionär einer InvAG mit veränderlichem Kapital gem. § 116 II behandelt werden, der insoweit dem aufgehobenen § 105 II InvG entspricht (BT-Drs. 17/12294, 245). 5

§ 134 Firma und zusätzliche Hinweise im Rechtsverkehr

(1) **Die Firma der offenen Investmentkommanditgesellschaft muss abweichend von § 19 Absatz 1 Nummer 3 des Handelsgesetzbuchs die Bezeichnung „offene Investmentkommanditgesellschaft“ oder eine allgemein verständliche Abkürzung dieser Bezeichnung enthalten.**

(2) [1]**Die Firma einer offenen Investmentkommanditgesellschaft mit Teilgesellschaftsvermögen muss darüber hinaus den Zusatz „mit Teilgesellschaftsvermögen“ oder eine allgemein verständliche Abkürzung dieser Bezeichnung enthalten.** [2]**Wird die Investmentkommanditgesellschaft im Rechtsverkehr lediglich für ein oder mehrere Teilgesellschaftsvermögen tätig, ist sie verpflichtet, dies offenzulegen und auf die haftungsrechtliche Trennung der Teilgesellschaftsvermögen hinzuweisen.**

1 In Anbetracht des für die offene InvKG geltenden, von den Vorschriften des HGB abweichenden, Haftungsregimes bedarf es zum Schutz des Rechtsverkehrs der besonderen Firmierungsvorschriften des § 134. Die Vorschrift verfolgt damit eine Informations- und Warnfunktion (BTMB/*Hüwel* § 134 Rn. 6). Die Regelungen entsprechen weitgehend jenen des § 118 für die InvAG mit veränderlichem Kapital, die ihrerseits aus dem aufgehobenen § 98 InvG übernommen wurden.

2 Entsprechend den in der Praxis etablierten Abkürzungen für die InvAG bieten sich hier – abweichend von § 19 I Nr. 3 HGB – die Abkürzungen „offene InvKG“ oder „offene Investment-KG“ bzw. bei Teilgesellschaftsvermögen „offene InvKG TGV“ oder „offene Investment-KG TGV“ an.

3 Haftet in einer offenen InvKG, wie im Regelfall, keine natürliche Person persönlich, so muss die Firma nach der allgemeinen Vorschrift des § 19 II HGB darüber hinaus eine Bezeichnung enthalten, welche die Haftungsbeschränkung kennzeichnet, wie bspw. „GmbH & Co. offene InvKG“ (vgl. auch FK-KapAnlR/*Eichhorn* § 134 Rn. 5).

§ 135 Jahresbericht; Verordnungsermächtigung

(1) [1]**Die Kapitalverwaltungsgesellschaft hat für die offene Investmentkommanditgesellschaft, auch wenn auf diese § 264 a des Handelsgesetzbuchs nicht anzuwenden ist, für den Schluss eines jeden Geschäftsjahres spätestens sechs Monate nach Ende des Geschäftsjahres einen Jahresbericht nach Maßgabe der folgenden Absätze zu erstellen.** [2]**Der Jahresbericht besteht mindestens aus**

1. **dem nach Maßgabe der folgenden Absätze aufgestellten und von einem Abschlussprüfer geprüften Jahresabschluss,**
2. **dem nach Maßgabe der folgenden Absätze aufgestellten und von einem Abschlussprüfer geprüften Lagebericht,**
3. **einer den Vorgaben von § 264 Absatz 2 Satz 3, § 289 Absatz 1 Satz 5 des Handelsgesetzbuchs entsprechenden Erklärung der gesetzlichen Vertreter der offenen Investmentkommanditgesellschaft sowie**
4. **den Bestätigungen des Abschlussprüfers nach § 136.**

(2) [1]**Auf den Jahresabschluss der offenen Investmentkommanditgesellschaft sind die Bestimmungen des Ersten Unterabschnitts des Zweiten**

Abschnitts des Dritten Buches des Handelsgesetzbuchs und für den Lagebericht die Bestimmungen des § 289 des Handelsgesetzbuchs anzuwenden, soweit sich aus den folgenden Vorschriften nichts anderes ergibt. [2]§ 264 Absatz 1 Satz 4, Absatz 3, 4 und § 264b des Handelsgesetzbuchs sind nicht anzuwenden.

(3) **[1]Die Bilanz ist in Staffelform aufzustellen. [2]Auf Gliederung, Ansatz und Bewertung der dem Sondervermögen vergleichbaren Vermögensgegenstände und Schulden ist § 101 Absatz 1 Satz 3 Nummer 1 anzuwenden.**

(4) **Auf die Gliederung und den Ausweis der Aufwendungen und Erträge in der Gewinn- und Verlustrechnung ist § 101 Absatz 1 Satz 3 Nummer 4 anzuwenden.**

(5) **Der Anhang ist um die Angaben nach § 101 Absatz 1, ohne die Angabe nach § 101 Absatz 1 Satz 3 Nummer 6, zu ergänzen, die nicht bereits nach den Absätzen 3, 4, 6 und 7 zu machen sind.**

(6) **[1]Der Anhang hat zusätzlich die Angaben nach § 101 Absatz 3 zu enthalten. [2]§ 101 Absatz 3 Satz 2 ist anzuwenden.**

(7) **[1]Der Lagebericht ist um die Angaben nach § 101 Absatz 1 Satz 2 zu ergänzen. [2]Die Tätigkeiten einer Kapitalverwaltungsgesellschaft, die diese als externe Kapitalverwaltungsgesellschaft ausübt, sind gesondert aufzuführen.**

(8) **Soweit die offene Investmentkommanditgesellschaft nach § 114 des Wertpapierhandelsgesetzes verpflichtet ist, einen Jahresfinanzbericht zu erstellen, sind den Anlegern auf Antrag lediglich die ergänzenden Angaben nach den Absätzen 5 bis 7 zusätzlich vorzulegen. [2]Die Übermittlung dieser Angaben kann gesondert spätestens vier Monate nach Ende des Geschäftsjahres oder in Form einer Ergänzung zum Jahresfinanzbericht erfolgen.**

(9) **Das sonstige Vermögen der Gesellschafter (Privatvermögen) darf nicht in die Bilanz und die auf das Privatvermögen entfallenden Aufwendungen und Erträge dürfen nicht in die Gewinn- und Verlustrechnung aufgenommen werden.**

(10) **Bei der intern verwalteten offenen Investmentkommanditgesellschaft im Sinne des Absatzes 1 Satz 1 hat in der Bilanz und in der Gewinn- und Verlustrechnung ein gesonderter Ausweis des Investmentbetriebsvermögens und des Investmentanlagevermögens sowie der diesen zuzuordnenden Aufwendungen und Erträge zu erfolgen.**

(11) **[1]Das Bundesministerium der Finanzen wird ermächtigt, im Einvernehmen mit dem Bundesministerium der Justiz und für Verbraucherschutz durch Rechtsverordnung, die nicht der Zustimmung des Bundesrates bedarf, nähere Bestimmungen über weitere Inhalte, Umfang und Darstellung des Jahresabschlusses und des Lageberichts sowie zur Art und Weise ihrer Einreichung bei der Bundesanstalt zu erlassen, soweit dies zur Erfüllung der Aufgaben der Bundesanstalt erforderlich ist, insbesondere, um einheitliche Unterlagen zur Beurteilung der Tätigkeit der offenen Investmentkommanditgesellschaft zu erhalten. [2]Das Bundesministerium der Finanzen kann die Ermächtigung durch Rechtsverordnung auf die Bundesanstalt übertragen.**

Inhaltsübersicht

Rn.

I. Aufstellungsfrist und Mindestbestandteile des Jahresberichtes (Abs. 1) . . . 1
II. Auf Jahresabschluss und Lagebericht anwendbare handelsrechtliche Vorschriften (Abs. 2) . . . 7
III. Ergänzende Vorschriften zur Bilanz (Abs. 3) . . . 12
1. Vorschriften bezüglich der Bilanzgliederung . . . 12
2. Gliederung des Eigenkapitals . . . 14
3. Vorschriften bezüglich der Bewertung . . . 20
IV. Ergänzende Vorschriften zur Gewinn- und Verlustrechnung (Abs. 4) . . . 23
V. Ergänzende Vorschriften zum Anhang (Abs. 5) . . . 26
VI. Ergänzende Vorschriften zum Lagebericht (Abs. 6 u. 7) . . . 29
VII. Pflicht zur Vorlage von Angabe bei Erstellung des Jahresberichtes nach § 114 WpHG (Abs. 8) . . . 34
VIII. Weitere Vorschriften zur Bilanz und Gewinn- und Verlustrechnung (Abs. 9 u. 10) . . . 36
IX. Verordnungsermächtigung (Abs. 11) . . . 42

I. Aufstellungsfrist und Mindestbestandteile des Jahresberichtes (Abs. 1)

1 Die Norm dient dem Schutz der Anleger in offenen InvKG somit der Verbesserung der Finanzmarktstabilität (*Bielenberg* DB 2014, 1091) und benennt dafür den Jahresbericht als zentrales Element der Rechnungslegung. Durch Verweis in § 158 S. 1 auch anzuwenden auf geschlossene InvKG. Ferner ist die Norm zu beachten von AIF-KVG, die offene InvKG verwalten und bei denen die Voraussetzungen nach § 2 IV 2 und vorliegen.

2 Dabei regelt § 135 I nur, was der Jahresbericht „mindestens" zu beinhalten hat, dh ein Mehr an Informationen aus wettbewerblichen Gründen ist möglich.

3 Für offene InvKG ist innerhalb von sechs Monaten nach dem entsprechenden Geschäftsjahresende ein Jahresbericht zu erstellen. Demnach liegt es in der Verantwortung der KVG, dafür Sorge zu tragen, dass innerhalb dieses sechsmonatigen Zeitraumes ein Jahresabschluss sowie ein Lagebericht entsprechend den Vorschriften für KapGes aufgestellt und von einem Abschlussprüfer geprüft wird.

4 Die Norm richtet sich nach ihrem Wortlaut und unter Berücksichtigung von § 17 II Nr. 1 S. 2 sowohl an die externen KVG als auch an die intern verwalteten InvKG und ist, gerade bei Jahresberichten von extern verwalteten InvKG, auf die Erstellung beschränkt. Es wird nicht eingegangen auf die Unterzeichnung des Jahresberichts, mit der bei Personenhandelsgesellschaften sämtliche persönlich haftenden Gesellschafter zwecks Dokumentation ihrer Verantwortung gegenüber sämtlichen Jahresabschlussadressaten zu unterzeichnen haben. Da eine externe KVG aber lediglich aufgrund eines schuldrechtlichen Investment- bzw. Verwaltungsvertrages für die offene InvKG tätig wird, kommt ihr keine Organstellung bei dieser zu. Demnach sollte die Komplementär-GmbH, vertreten durch ihre Geschäftsführer, ggf. der geschäftsführende Kommanditist den Jahresbericht der offenen InvKG zu unterzeichnen haben, da die Verantwortung für den Jahresbericht – entgegen dem Gesetzeswortlaut – bei ihnen verbleibt (vgl. EBJS/*Böcking/Gros/Dietrich* § 135 Rn. 23).

5 Ferner hat der Jahresbericht einen – wiederum durch die Komplementär-GmbH und ggf. den geschäftsführenden Kommanditisten abzulegenden – Bilanz-

eid zu umfassen. Durch den Bilanzeid wird schriftlich versichert, dass der Jahresabschluss nach bestem Wissen ein den tatsächlichen Verhältnissen entsprechendes Bild vermittelt oder, sollten besondere Umstände dazu geführt haben, dass der Jahresabschluss ein den tatsächlichen Verhältnissen entsprechendes Bild nicht vermittelt, dass der Anhang entsprechende, zusätzliche Angaben enthält. Diese Erklärung hat nach explizitem Wortlaut des § 135 I 2 Nr. 3 auch den Lagebericht zu umfassen, wodurch versichert wird, dass die wesentlichen Chancen und Risiken der offenen InvKG den tatsächlichen Verhältnissen entsprechend dargestellt sind. Entsprechend der Formulierung „nach bestem Wissen" sollten nur vorsätzliche Verstöße gegen den Lageberichtseid sanktionierbar sein; jedoch sollen die gesetzlichen Vertreter dafür Sorge tragen müssen, ein möglichst vollständiges Wissen zu erlangen (vgl. MüKoBilanzR/*Kleindiek* HGB § 289 Rn. 68ff.).

§ 135 I 2 Nr. 4 sieht vor dem Hintergrund von Anlegerschutzinteressen in dem **6**
Verweis auf § 136 zudem vor, dass Bewegungen im Eigenkapital der offenen InvKG wie die Zuweisung von Gewinnen, Verlusten, Einlagen und Entnahmen zu den einzelnen Kapitalkonten durch den Abschlussprüfer geprüft und deren Ordnungsmäßigkeit unter Beachtung von IDW PH 9.400.15 bestätigt wird.

II. Auf Jahresabschluss und Lagebericht anwendbare handelsrechtliche Vorschriften (Abs. 2)

Vorbehaltlich anderslautender Vorschriften des KAGB sowie der Verordnung **7**
über Inhalt, Umfang und Darstellung der Rechnungslegung von Sondervermögen, Investmentaktiengesellschaften und Investmentkommanditgesellschaften sowie über die Bewertung der zu dem Investmentvermögen gehörenden Vermögensgegenstände (Kapitalanlage-Rechnungslegungs- und -Bewertungsverordnung – KARBV) sind die handelsrechtlichen Vorschriften für Kapitalgesellschaften für den Jahresabschluss gem. §§ 264–288 HGB und den Lagebericht (§ 289 HGB) als Teile des Jahresberichtes grds. anzuwenden.

Da der Vorbehalt von KAGB und KARBV aber nach dem eindeutigen Wortlaut **8**
der Norm sich begrenzt auf den Ersten Unterabschnitt des Zweiten Abschnitts des Dritten Buches des HGB, dh auf §§ 264–288, 289 HGB, kommen nach § 124 I 2 im Hinblick auf die Offenlegungspflichten die allgemeinen handelsrechtlichen Vorschriften des Vierten Unterabschnittes des Zweiten Abschnittes des Dritten Buches zur Anwendung (vgl. EBJS/*Böcking/Gros/Dietrich* § 137 Rn. 8; aA EDD/*Hornschu/Neuf* § 137 Rn. 1).

Vor dem gleichen Hintergrund sind durch die offene InvKG auch die Vorschrif- **9**
ten zur Konzernrechnungsregelung nach §§ 290ff. HGB zu berücksichtigen (vgl. EBJS/*Böcking/Gros/Dietrich* § 135 Rn. 16).

Innerhalb des Ersten Unterabschnitts des Zweiten Abschnitts des Dritten Bu- **10**
ches des HGB kommen die größenabhängige Befreiungsvorschrift des § 264 I 4 HGB zur Aufstellung des Lageberichtes bei kleinen Kapitalgesellschaften, die Befreiung von der Pflicht zur Aufstellung eines Jahresabschlusses infolge der Einbeziehung in den geprüften Konzernabschluss eines persönlich haftenden Gesellschafters oder eines Mutterunternehmens mit Sitz in einem Mitgliedstaat der EU oder einem EWR-Staat nach § 264 III HGB oder § 264b HGB nicht zur Anwendung.

Durch die Anwendung der §§ 264–288 HGB hat der Jahresabschluss unter Be- **11**
achtung der Grundsätze ordnungsmäßiger Buchführung und der Generalklausel (vgl. Baumbach/Hopt/*Merkt* HGB § 264 Rn. 12) des § 267 II 1 HGB folgend, ein

den tatsächlichen Verhältnissen entsprechendes Bild der Vermögens-, Finanz- und Ertragslage der Kapitalgesellschaft zu vermitteln.

III. Ergänzende Vorschriften zur Bilanz (Abs. 3)

12 **1. Vorschriften bezüglich der Bilanzgliederung.** Entgegen § 266 I 1 HGB ist die Bilanz der offenen InvKG in Staffelform aufzustellen. Die verpflichtend vorzunehmende Gliederung der Bilanz der offenen InvKG (sowie der Bilanz eines ggf. gebildeten Teilgesellschaftsvermögens) nach § 21 IV KARBV führt zu einem gesonderten Ausweis der Aktiva und Passiva des Investmentbetriebsvermögens (§ 21 IV I. KARBV) (lediglich bei intern verwalteten geschlossenen InvKG) und des Investmentanlagevermögens (§ 21 IV II. KARBV).

13 Nach § 21 IV KARBV ist die Bilanz der Investmentkommanditgesellschaft wie folgt zu gliedern, wobei Leerposten entfallen können:

I. Investmentbetriebsvermögen
A. Aktiva
Vermögenswerte
B. Passiva
Verbindlichkeiten
II. Investmentanlagevermögen
A. Aktiva
1. Sachanlagen
2. Anschaffungsnebenkosten
3. Beteiligungen
4. Wertpapiere
5. Barmittel und Barmitteläquivalente
a) Täglich verfügbare Bankguthaben
b) Kurzfristige liquide Anlagen
c) Andere
6. Forderungen
a) Forderungen aus der Bewirtschaftung
b) Forderungen an Beteiligungsgesellschaften
c) Zins- und Dividendenansprüche
d) Eingeforderte ausstehende Pflichteinlagen
e) Andere Forderungen
7. Sonstige Vermögensgegenstände
8. Aktive Rechnungsabgrenzung
B. Passiva
1. Rückstellungen
2. Kredite
a) von Kreditinstituten
b) von Gesellschaftern
c) Andere
3. Verbindlichkeiten aus Lieferungen und Leistungen
a) aus dem Erwerb von Investitionsgütern
b) aus anderen Lieferungen und Leistungen
c) aus der Rücknahme von Anteilen
4. Sonstige Verbindlichkeiten
a) gegenüber Gesellschaftern
b) aus Wertpapierleihegeschäften
c) aus Pensionsgeschäften
d) Andere

5. Passive Rechnungsabgrenzung
6. Eigenkapital
   a) Kapitalanteile beziehungsweise gezeichnetes Kapital
   b) Kapitalrücklage
   c) Gewinnrücklage
      aa) Gesetzliche Rücklage
      bb) Rücklage für eigene Anteile
      cc) Satzungsmäßige Rücklagen
      dd) Andere Gewinnrücklagen
   d) Nicht realisierte Gewinne/Verluste aus der Neubewertung
   e) Gewinnvortrag/Verlustvortrag
   f) Realisiertes Ergebnis des Geschäftsjahres.

2. Gliederung des Eigenkapitals. Die Einzelpositionen des Eigenkapitals folgen in ihren Nomenklatur weitgehend § 266 III HGB. Nach § 21 IV KARBV ist das Eigenkapital der offenen InvKG entsprechend § 264c HGB auszuweisen, dh die Kapitalanteile der persönlich haftenden Gesellschafter sind getrennt von den Kapitalanteilen der Kommanditisten zu zeigen, wobei jeweils alle persönlich haftenden Gesellschafter bzw. alle Kommanditisten für Zwecke des Eigenkapitalausweises zu einer Gruppe zusammengefasst werden dürfen. 14

Grundsätzlich werden entsprechend § 120 II HGB iVm § 161 II HGB zum Geschäftsjahresende die Gewinnanteile den Kapitalanteilen der Gesellschafter zugeschrieben. Bei Kommanditisten sind Beträge, die nach Zuschreibung die bedungene Einlage übersteigen, als auszahlungspflichtig unter den Sonstigen Verbindlichkeiten auszuweisen. Verlustanteile werden den Kapitalkonten der Gesellschafter belastet. Sofern der Gesellschaftsvertrag dies vorsieht, bleibt ein Teil des Jahresüberschusses unverteilt und wird vorab (gemeinsamen) Rücklagen zugeführt. Ist es gesellschaftsvertraglich vorgesehen, dass über die Verwendung eines positiven realisierten Ergebnisses des Geschäftsjahres die Gesellschafterversammlung zu beschließen hat, hat die Bilanz ein Realisiertes Ergebnis des Geschäftsjahres auszuweisen. 15

§ 21 V KARBV lässt die Bilanzerstellung zudem unter Berücksichtigung der vollständigen Verwendung des Jahresergebnisses zu (nach ihrem Wortlaut jedoch nicht, wie § 268 I 1 HGB, die teilweise Jahresergebnisverwendung). Die Eigenkapitalpositionen Gewinnvortrag/Verlustvortrag und Realisiertes Ergebnis des Geschäftsjahres werden dann als Bilanzgewinn bzw. Bilanzverlust ausgewiesen. Die KARBV verlangt in § 24 I KARBV eine Ergebnis-Verwendungsrechnung nach folgendem Schema (wobei Leerposten entfallen können): 16

1. Realisiertes Ergebnis des Geschäftsjahres
2. Gutschrift/Belastung auf Rücklagenkonten
3. Gutschrift/Belastung auf Kapitalkonten
4. Gutschrift/Belastung auf Verbindlichkeitenkonten
5. Bilanzgewinn/Bilanzverlust.

Dabei bildet das Realisierte Ergebnis des Geschäftsjahres die Ausgangsgröße der Verwendungsrechnung. Demnach werden die nicht realisierten Ergebnisanteile den Kapitalkonten der Gesellschafter grds. (so auch EDD/*Hornschu/Neuf* § 135 Rn. 23) nicht belastet bzw. gutgeschrieben, sondern werden als „Nicht realisierte Gewinne/Verluste aus der Neubewertung" in einer gesonderten Eigenkapitalposition ausgewiesen. 17

18 Ein das Kapitalkonto des Komplementärs übersteigender Verlust wäre in dem ggf. theoretisch denkbaren, aber wenig praxisrelevanten Fall des Bestehens einer Ausgleichsverpflichtung unter den Forderungen gesondert auszuweisen. Üblicherweise besteht aber keine Zahlungsverpflichtung und demnach hat der Ausweis des Verlustüberhanges am Schluss der Bilanz auf der Aktivseite zu erfolgen und ist als „Nicht durch Vermögenseinlagen gedeckter Verlustanteil persönlich haftender Gesellschafter" zu benennen. Haben aber Entnahmen des Komplementärs, die nicht wieder eingezahlt werden müssen, dazu geführt, dass dessen Kapitalkonto negativ wird, ist auf der Aktivseite am Schluss der Bilanz die Positionen „Nicht durch Vermögenseinlagen gedeckte Entnahmen persönlich haftender Gesellschafter" auszuweisen. Bei Kommanditisten ist, da eine Ausgleichsverpflichtung in § 127 III 2 ausgeschlossen wird, ein das Kapitalkonto übersteigender Verlust am Ende der Bilanz auf der Aktivseite der Ausweis des „Nicht durch Vermögenseinlagen gedeckter Verlustanteil von Kommanditisten" bzw. der „Nicht durch Vermögenseinlagen gedeckte Entnahmen von Kommanditisten" ausweisen.

19 Die Eigenkapitalposition „d) Nicht realisierte Gewinne/Verluste aus der Neubewertung" ist die Besonderheit des investmentrechtlichen Eigenkapitals (vgl. EDD/*Hornschu/Neuf* § 135 Rn. 20), da diese vor dem Hintergrund des in § 252 I Nr. 4 HGB verankerten Realisationsprinzips, also dem Grundsatz, dass Gewinne erst dann berücksichtigt werden dürfen, wenn sie am Abschlussstichtag realisiert sind, in einer Bilanz nach HGB nicht vorkommen kann. Dieses investmentrechtliche Eigenkapital ist zudem im Rahmen des Jahresberichtes in das auf den Kommanditisten und die Komplementäre entfallende Eigenkapital aufzuteilen, wobei auch, entgegen dem Kapitalausweis in der Bilanz, die Neubewertungsreserve auf die Gruppe der Komplementäre und Kommanditisten aufgeteilt wird. Hierfür sieht § 24 II KARBV folgende Gliederung vor (wobei Leerposten wieder entfallen können):

I. Wert des Eigenkapitals am Beginn des Geschäftsjahres
   1. Entnahmen für das Vorjahr
   2. Zwischenentnahmen
   3. Mittelzufluss (netto)
      a) Mittelzuflüsse aus Gesellschaftereintritten
      b) Mittelabflüsse wegen Gesellschafteraustritten
   4. Realisiertes Ergebnis des Geschäftsjahres nach Verwendungsrechnung
   5. Nicht realisiertes Ergebnis des Geschäftsjahres
II. Wert des Eigenkapitals am Ende des Geschäftsjahres.

20 **3. Vorschriften bezüglich der Bewertung.** Das Investmentbetriebsvermögen ist nach den Grundsätzen der §§ 252–256a HGB zu bewerten. Die Bewertung des Investmentanlagevermögens hat gem. § 21 III iVm §§ 27ff. KARBV grds. den Verkehrswerten zu folgen, wobei gem. § 30 I KARBV bei Anlagen in Immobilien auf den nach einem an dem jeweiligen Immobilienmarkt anerkannten Bewertungsverfahren ermittelten Ertragswert abgestellt wird.

21 Die Bildung von Bewertungseinheiten iSd § 254 HGB ist grds. nicht zulässig (§ 21 III iVm § 26 III KARBV).

22 Für Vermögensgegenstände und Schulden, die von der offenen InvKG für Rechnung der Anleger und nicht für eigene Rechnung erworben werden, muss der Jahresbericht gem. § 101 I 3 Nr. 1 ergänzend eine verkehrswertbasierte Vermögensaufstellung für die diesem Sondervermögen gehörenden Vermögensgegenstände weiter untergliedert nach der Art des hierin enthaltenen Wertpapierbestandes sowie der Verbindlichkeiten aus Kreditaufnahmen, Pensionsgeschäften, Wertpapier-Dar-

lehensgeschäften und der sonstigen Verbindlichkeiten enthalten und hierbei ergänzende Angaben bereitstellen. Hierin sind auch die prozentualen Anteile jedes Posten der Vermögensaufstellung am Wert des Sondervermögens anzugeben. Infolge des Umstandes, dass die Gliederungsvorschrift des § 101 I 3 Nr. 1 der allgemeineren, aber verpflichtend anzuwendenden Gliederungsvorschrift des § 21 IV I. KARBV gegenübersteht, erfordert die Vermögensaufstellung gem. § 101 I 3 Nr. 1 eine separate Darstellung im Anhang.

IV. Ergänzende Vorschriften zur Gewinn- und Verlustrechnung (Abs. 4)

Bei der Gewinn- und Verlustrechnung der offenen InvKG sind die Gliederungsvorschriften gem. § 101 I 3 Nr. 4 KAGB zu beachten, dh dass die Gliederung der Erträge und Aufwendungen so zu gestalten ist, dass die Erträge aus Anlagen, sonstige Erträgen, Aufwendungen für die Verwaltung des Sondervermögens und für die Verwahrstelle, sonstige Aufwendungen und Gebühren und der Nettoertrag sowie Erhöhungen und Verminderungen des Sondervermögens durch Veräußerungsgeschäfte ersichtlich sind. Dieser Ausweis wird durch die zu beachtende Gliederung nach § 11 KARBV gewährleistet. Die Gliederung der Gewinn- und Verlustrechnung nach § 11 I KARBV stellt sich wie folgt dar: **23**

I. Erträge

1. Dividenden inländischer Aussteller
2. Dividenden ausländischer Aussteller (vor Quellensteuer)
3. Zinsen aus inländischen Wertpapieren
4. Zinsen aus ausländischen Wertpapieren (vor Quellensteuer)
5. Zinsen aus Liquiditätsanlagen im Inland
6. Zinsen aus Liquiditätsanlagen im Ausland (vor Quellensteuer)
7. Erträge aus Investmentanteilen
8. Erträge aus Wertpapier-Darlehen- und -Pensionsgeschäften
9. Abzug ausländischer Quellensteuer
10. Sonstige Erträge

Summe der Erträge

II. Aufwendungen

1. Zinsen aus Kreditaufnahmen
2. Verwaltungsvergütung
3. Verwahrstellenvergütung
4. Prüfungs- und Veröffentlichungskosten
5. Sonstige Aufwendungen

Summe der Aufwendungen

III. Ordentlicher Nettoertrag

IV. Veräußerungsgeschäfte

1. Realisierte Gewinne
2. Realisierte Verluste

Ergebnis aus Veräußerungsgeschäften

V. Realisiertes Ergebnis des Geschäftsjahres

1. Nettoveränderung der nicht realisierten Gewinne
2. Nettoveränderung der nicht realisierten Verluste

VI. Nicht realisiertes Ergebnis des Geschäftsjahres

24 Die Gliederungsgrundsätze sind im Falle von gebildeten Teilgesellschaftsvermögen über die summarische Gewinn- und Verlustrechnung hinaus auch auf die Gewinn- und Verlustrechnungen für die einzelnen Teilgesellschaftsvermögen anzuwenden.

25 Bei intern verwalteten offenen InvKG sind gem. § 22 I KARBV die dem Investmentbetriebsvermögen und die dem Investmentanlagevermögen jeweils zuzuordnenden Aufwendungen und Erträge gesondert auszuweisen.

V. Ergänzende Vorschriften zum Anhang (Abs. 5)

26 Vor dem Hintergrund des § 135 II sind grds. die handelsrechtlichen Vorschriften zum Anhang zu berücksichtigen (also §§ 264, 264c, 265, 268, 274a, 277, 284, 285 HGB (jedoch nur bezogen auf das Investmentbetriebsvermögen nach § 21 I 1 KARBV) und § 286 HGB).

27 Neben die anwendbaren handelsrechtlichen Vorschriften zum Anhang tritt nach § 135 V die Verpflichtung, sämtliche Angaben nach § 101 I, soweit anwendbar, die nicht bereits nach § 135 III, IV, VI und VII zu machen sind, in den Anhang aufzunehmen. Demnach hat der Anhang eine Vermögensaufstellung (§ 101 I 3 Nr. 1), eine Aufstellung der während des Berichtszeitraums abgeschlossenen Geschäfte, die nicht mehr in der Vermögensaufstellung ausgewiesen sind (§ 101 I 3 Nr. 2), eine Darstellung der Anzahl der am Berichtsstichtag umlaufenden Anteile und der Wert eines Anteils (§ 101 I 3 Nr. 3), eine Verwendungsrechnung (§ 101 I 3 Nr. 5) sowie Informationen über Wertpapierfinanzierungsgeschäfte und Gesamtrendite-Swaps sowie Informationen bezüglich der Erfüllung von ökologischen oder sozialen Merkmalen bzw. bezüglich der Gesamtnachhaltigkeitswirkung von Investments (§ 101 I 3 Nr. 7) zu enthalten.

28 Zudem ergibt sich aus § 24 KARBV, dass die Entwicklungsrechnung für das Vermögen getrennt nach Kommanditisten und Komplementäre vorzunehmen ist. Ferner benennt § 25 KARBV im Falle von offenen InvKG mit Teilgesellschaftsvermögen weitere verpflichtend im Anhang zu machende Angaben (getrennt nach Teilgesellschaftsvermögen). So sind nach § 25 IV KARBV die Kapitalkonten der Kommanditisten sowie der Komplementäre der Investmentkommanditgesellschaft entsprechend der gesellschaftsvertraglichen Regelung darzustellen.

VI. Ergänzende Vorschriften zum Lagebericht (Abs. 6 u. 7)

29 Gemäß § 135 II ist § 289 HGB auf den Lagebericht der offenen InvKG anzuwenden.

30 Zudem ist nach § 23 III KARBV bei offenen InvKG die Anzahl der gebildeten Teilgesellschaftsvermögen sowie deren Fondskategorie, die Anzahl der umlaufenden Anteile (soweit Teilgesellschaftsvermögen gebildet wurden wiederum unterteilt in Teilgesellschaftsvermögen), Angaben zur KVG bzw. des mit der KVG geschlossenen Verwaltungsvertrages sowie die Belastung mit Verwaltungskosten (ggf. je Teilgesellschaftsvermögen) auszuweisen.

31 Der Lagebericht muss zudem einen Bericht über die Tätigkeit der KVG sowie wesentliche Angaben zu den Ergebnissen des Sondervermögens enthalten. Als externe KVG ausgeführte Tätigkeit sind separat darzustellen. Dabei gibt § 23 IV iVm § 8 KARBV die Inhalte des Berichtes über die Tätigkeit der KVG vor (soweit Teilgesellschaftsvermögen gebildet wurden, gesondert für jedes Teilgesellschaftsvermögen).

Der Lagebericht muss gem. § 23 V 1 KARBV lediglich bezüglich des Investmentbetriebsvermögens Angaben zur voraussichtlichen Entwicklung und wesentlichen Chancen und Risiken darstellen und der dieser Darstellung zugrunde liegenden Annahmen machen. Macht der Jahresbericht Aussagen zur Wertentwicklung des Investmentanlagevermögens, ist der Lagebericht um einen Hinweis zu ergänzen, dass die bisherige Wertentwicklung kein Indikator für die zukünftige Wertentwicklung des Investmentanlagevermögens ist. 32

Nach § 135 VII 2 hat der Lagebricht ferner einzugehen auf die im abgelaufenen Geschäftsjahr an die KVG gezahlten Vergütungen unter Angabe, an wen (Führungskräfte oder Mitarbeiter) wiederum die KVG welche Vergütungen (fest oder variabel) zahlt sowie die Anzahl der dadurch begünstigten Personen. 33

VII. Pflicht zur Vorlage von Angabe bei Erstellung des Jahresberichtes nach § 114 WpHG (Abs. 8)

Absatz 8 dient der Vermeidung einer redundanten Verpflichtung zur Erstellung eines Jahresbericht nach § 135 und eines Jahresfinanzberichtes nach § 114 WpHG. Insoweit tritt die Verpflichtung zur Erstellung eines Jahresberichtes nach § 135 zurück, wenn die offene InvKG – im kaum denkbaren Fall (vgl. WBAM/*Lorenz* § 135 Rn. 8) – als Inlandsemittent Wertpapiere begibt. 34

Die offene InvKG hat dann lediglich vier Monate nach Geschäftsjahresende Zeit, die in § 135 V–VII geforderten ergänzenden Angaben zum Anhang und zum Lagebericht den Anlegern auf Antrag zur Verfügung zu stellen. 35

VIII. Weitere Vorschriften zur Bilanz und Gewinn- und Verlustrechnung (Abs. 9 u. 10)

Die Gesetzesbegründung (vgl. BT-Drs. 17/12294, 246) verweist hier auf § 5 IV PublG. Grund für diese gesetzliche Vorgabe ist, dass handelsrechtlich nur für den betrieblichen Bereich Rechnung zu legen ist, von der die Privatsphäre des Unternehmers (bestehend aus Privatvermögen und Privatausgaben) abzugrenzen ist (vgl. Nomos-BR/Schäfer PublG § 5 Rn. 26). 36

Die Norm sieht für intern verwaltete offene InvKG eine Spezifikation der Bilanzgliederung des § 266 II HGB vor mit dem Ziel, Einblick in deren Vermögenslage getrennt nach Vermögen und Schulden, die für den Betrieb der InvKG notwendig sind, und dem restlichen Vermögen und den restlichen Passiva zu ermöglichen. Nach § 21 I 2 KARBV ist diese Bilanzgliederung auch zudem auf ggf. gebildete Teilgesellschaftsvermögen der offene InvKG anzuwenden. 37

Aufgrund § 21 IV KARBV sind die Aktiva und die Passiva des Investmentbetriebsvermögens jeweils zu einer Position kumuliert auszuweisen. Der Aggregationsgrad der Positionen „Vermögenswerte" und „Verbindlichkeiten" ist hoch. So findet sich für die Position „Vermögenswerte" weder in § 266 II HGB noch im gesamten Ersten Unterabschnitt des Zweiten Abschnitts des Dritten Buches des HGB, dh in den gesamten handelsrechtlichen Jahresabschlussvorschriften für Kapitalgesellschaften, keine begriffliche Entsprechung. Dies dient vor dem Hintergrund der üblicherweise unwesentlichen Beträge des Investmentbetriebsvermögens der Vereinfachung, da bspw. ein unterschiedlicher Bilanzausweis in Abhängigkeit von der Dauer der betrieblichen Zweckbestimmung des Vermögensgegenstandes unterbleiben kann. 38

39 Da die intern verwaltete offene InvKG den Erwerb des Investmentbetriebsvermögens nicht mit Kapital aus der Begebung von Kommanditanteilen an Anleger bestreiten darf (vgl. § 131 I 3), hat sie das Investmentbetriebsvermögen rechnerisch bei den Kapitalanteilen der geschäftsführenden Gesellschafter zu erfassen.

40 Bei den Passiva des Investmentbetriebsvermögens wird zudem nicht unterschieden, ob die Verbindlichkeiten hinsichtlich ihrer Entstehung oder Höhe ungewiss sind (also handelsrechtlich als Rückstellungen qualifizieren) oder nicht.

41 Im Weiteren sieht Abs. 10 für die Gewinn- und Verlustrechnung der intern verwalteten offenen InvKG den gesonderten Ausweis der dem Investmentbetriebsvermögen und dem Investmentanlagevermögen jeweils zuzuordnenden Aufwendungen und Erträgen vor. Die dem Investmentbetriebsvermögen zuzuordnenden Aufwendungen und Erträge sind, jeweils aggregiert unter der Position „Verwaltungstätigkeit", den wiederum tiefer untergliederten Aufwendungen und Erträgen aus der „Investmenttätigkeit" voranzustellen. In den Aufwendungen und Erträgen aus der „Investmenttätigkeit" sind dabei für Zwecke einer besseren Transparenz der einzelnen Bereiche der Investmenttätigkeit deutlich mehr Zwischensummen vorgesehen als im Gliederungsschema zur Gewinn- und Verlustrechnung nach § 275 II HGB auszuweisen („Ergebnis nach Steuern"), namentlich Zwischensummen für „Ordentlichen Nettoertrag", „Ergebnis aus Veräußerungsgeschäften", „Realisiertes Ergebnis des Geschäftsjahres" sowie „Summe der nicht realisierten Ergebnisses des Geschäftsjahres". Nach § 22 I 2 KARBV ist diese Gliederung der Gewinn- und Verlustrechnung zudem auf ggf. gebildete Teilgesellschaftsvermögen der offenen InvKG anzuwenden.

IX. Verordnungsermächtigung (Abs. 11)

42 Absatz 11 sieht die Ermächtigung des BMF vor, weitere Bestimmungen über Inhalte, Umfang und Darstellung des Jahresabschlusses und des Lageberichtes durch Rechtsverordnung zu erlassen. Die BaFin hat hierauf im Einvernehmen mit dem Bundesministerium der Justiz die KARBV vom 16.7.2013 (BGBl. 2013 I 2483), letztmalig geändert durch Art. 18 II des Gesetzes vom 3.6.2021 (BGBl. 2021 I 1498), erlassen.

§ 136 Abschlussprüfung; Verordnungsermächtigung

(1) **Der Jahresabschluss und der Lagebericht der offenen Investmentkommanditgesellschaft sind durch einen Abschlussprüfer nach Maßgabe der Bestimmungen des Dritten Unterabschnitts des Zweiten Abschnitts des Dritten Buches des Handelsgesetzbuchs zu prüfen.**

(2) **Die Zuweisung von Gewinnen, Verlusten, Einlagen und Entnahmen zu den einzelnen Kapitalkonten ist vom Abschlussprüfer zu prüfen und deren Ordnungsmäßigkeit zu bestätigen.**

(3) [1]**Der Abschlussprüfer hat bei seiner Prüfung auch festzustellen, ob die offene Investmentkommanditgesellschaft die Bestimmungen dieses Gesetzes und des zugrunde liegenden Gesellschaftsvertrags sowie der Anlagebedingungen beachtet hat.** [2]**Bei der Prüfung hat er insbesondere festzustellen, ob die offene Investmentkommanditgesellschaft die Anzeigepflichten nach § 34 Absatz 1, 3 Nummer 1 bis 3, 5, 7 bis 11, Absatz 4**

und 5, § 35 und die Anforderungen nach den §§ 36 und 37 sowie die Anforderungen nach

1. **Artikel 4 Absatz 1, 2 und 3 Unterabsatz 2, Artikel 4a und 9 Absatz 1 bis 4 sowie Artikel 11 Absatz 1 bis 10, 11 Unterabsatz 1 und Absatz 12 der Verordnung (EU) Nr. 648/2012,**
2. **den Artikeln 4 und 15 der Verordnung (EU) 2015/2365,**
3. **Artikel 16 Absatz 1 bis 4, Artikel 23 Absatz 3 und 10 und Artikel 28 Absatz 2 der Verordnung (EU) 2016/1011,**
4. **Artikel 28 Absatz 1 bis 3 der Verordnung (EU) Nr. 600/2014,**
5. **den Artikeln 5 bis 9, 18 bis 27 und 43 Absatz 5 und 6 der Verordnung (EU) 2017/2402,**
6. **den Artikeln 3 bis 13 der Verordnung (EU) 2019/2088 sowie**
7. **den Artikeln 5 bis 7 der Verordnung (EU) 2020/852**

erfüllt hat und ihren Verpflichtungen nach dem Geldwäschegesetz nachgekommen ist. [3]Das Ergebnis dieser Prüfung hat der Abschlussprüfer im Prüfungsbericht gesondert wiederzugeben. [4]Der Bericht über die Prüfung der offenen Investmentkommanditgesellschaft ist der Bundesanstalt auf Verlangen vom Abschlussprüfer einzureichen. [5]§ 29 Absatz 3 des Kreditwesengesetzes ist mit der Maßgabe entsprechend anzuwenden, dass die dort geregelten Pflichten gegenüber der Deutschen Bundesbank nicht gelten. [6]Die Bundesanstalt kann die Prüfung nach Satz 1 und 2 ohne besonderen Anlass anstelle des Prüfers selbst oder durch Beauftragte durchführen. [7]Die offene Investmentkommanditgesellschaft ist hierüber rechtzeitig zu informieren.

(3a) **[1]Unbeschadet der besonderen Pflichten des Abschlussprüfers nach den Absätzen 2 und 3 kann die Bundesanstalt auch gegenüber der offenen Investmentkommanditgesellschaft Bestimmungen über den Inhalt der Prüfung treffen, die vom Abschlussprüfer im Rahmen der Jahresabschlussprüfung zu berücksichtigen sind. [2]Sie kann insbesondere Schwerpunkte für die Prüfungen festlegen.**

(4) **[1]Das Bundesministerium der Finanzen wird ermächtigt, im Einvernehmen mit dem Bundesministerium der Justiz und für Verbraucherschutz durch Rechtsverordnung, die nicht der Zustimmung des Bundesrates bedarf, nähere Bestimmungen über den Gegenstand der Prüfung nach den Absätzen 2 und 3 und über weitere Inhalte, Umfang und Darstellungen des Prüfungsberichts des Abschlussprüfers sowie zur Art und Weise der Einreichung des Prüfungsberichts bei der Bundesanstalt zu erlassen, soweit dies zur Erfüllung der Aufgaben der Bundesanstalt erforderlich ist, insbesondere, um einheitliche Unterlagen zur Beurteilung der Tätigkeit der offenen Investmentkommanditgesellschaft zu erhalten. [2]Das Bundesministerium der Finanzen kann die Ermächtigung durch Rechtsverordnung auf die Bundesanstalt übertragen.**

I. Prüfungspflicht des Jahresabschluss und des Lageberichtes, Vermerk des Abschlussprüfers (Abs. 1)

1 Ausweislich der Gesetzesbegründung (BT-Drs. 17/12294, 246) ist das Ziel der Norm die Sicherstellung, dass der Jahresbericht alle erforderlichen Angaben enthält und dass die Prüfung dem Anleger die notwendige Sicherheit über die Ordnungs-

mäßigkeit der Rechnungslegung und der Verwaltung des Investmentvermögens verschafft.

2 Die Norm sieht die Pflicht zur Prüfung des Jahresabschlusses und des Lageberichtes als Teile des Jahresberichtes vor. Andere Bestandteile des Jahresabschlussberichtes sind nach dem Wortlaut des § 136 I nicht von der Prüfungspflicht umfasst. Die in § 316 I HGB vorgesehene größenabhängige Ausnahme von der Prüfungspflicht für kleine Kapitalgesellschaften findet vor dem Hintergrund des klaren Wortlautes „*… sind zu prüfen …*" keine Anwendung.

3 Dabei kommt § 317 I HGB eine zentrale Bedeutung zu, da er den Prüfungsgegenstand bestimmt. Einzubeziehen ist die Buchführung nebst Nebenbücher sowie das aufgestellte Inventar. Der Abschlussprüfer hat zu prüfen, ob die gesetzlichen Vorschriften und sie ergänzende Bestimmungen des Gesellschaftsvertrages eingehalten worden sind. Zudem hat der Abschlussprüfer nach § 43 I KAPrüfBV zu prüfen und festzustellen, ob bei der Verwaltung des Vermögens der InvKG die Vorschriften des KAGB und die Anlagebestimmungen eingehalten worden sind.

4 Die Prüfung ist ferner im Fall von gebildeten Teilgesellschaftsvermögen jeweils nach diesen Teilgesellschaftsvermögen getrennt vorzunehmen. Der Abschlussprüfers hat über das Investmentbetriebsvermögen getrennt zu berichten (§ 43 II KAPrüfBV). Sollte die InvKG extern verwaltet werden, hat der Abschlussprüfer nach § 43 III KAPrüfBV die Ergebnisse über die Prüfung der KVG zu verwerten.

5 Der Prüfungsbericht einer geschlossenen InvKG hat zudem Angaben nach § 46 KAPrüfBV zu beinhalten. Demnach sind bei einem Erwerb von Vermögensgegenständen iSd § 261 II der vor dem Erwerb nach § 261 V und VI ermittelte Wert, die vertraglich vereinbarte und die tatsächlich aus dem Investmentvermögen erbrachte Gegenleistung und die Anschaffungsnebenkosten darzustellen (§ 46 I Nr. 1 KAPrüfBV). Bei einer Veräußerung dieser Vermögensgegenständen im Berichtsjahr sind die bei der Veräußerung nach den §§ 271 und 272 ermittelten Werte der vergangenen zwei Jahre einschließlich des Berichtsjahres sowie die vertraglich vereinbarte und die tatsächlich dem Investmentvermögen zugeflossene Gegenleistung (§ 46 I Nr. 2 KAPrüfBV) anzugeben.

6 Nach § 46 III, IV KAPrüfBV hat der Bericht zudem die Verkehrswerte oder Kaufpreise der Sachwerte, die für das Investmentvermögen direkt oder indirekt gehalten werden, einzeln für das Berichtsjahr und für das Vorjahr anzugeben, sowie sämtliche Sachwerte, deren Verkehrswert sich im Vergleich zum Vorjahr um mehr als 5% oder um mehr als 5 Mio. EUR verändert hat. Dazu sind dann die wesentlichen Parameter, die zu dieser Wertveränderung geführt haben, anzugeben.

7 Der Abschlussprüfer hat die Prüfung grds. so vorzunehmen, dass Unrichtigkeiten und Verstöße gegen gesetzliche Bestimmungen und die ergänzenden Bestimmungen des Gesellschaftsvertrages, die sich auf die Darstellung der Vermögens-, Finanz- und Ertragslage der offenen InvKG wesentlich auswirken, bei gewissenhafter Berufsausübung erkannt werden.

8 Zudem ist durch den Abschlussprüfer zu prüfen, ob der Lagebericht mit dem Jahresabschluss in Einklang steht und ob der Lagebericht insgesamt ein zutreffendes Bild von der Lage der offenen InvKG vermittelt und ob Chancen und Risiken der künftigen Entwicklung zutreffend dargestellt sind.

9 Da die Bestätigung des Abschlussprüfers nach § 136 iVm § 135 I 2 Nr. 4 ein Mindestbestandteil des Jahresberichtes darstellt, hat diese nach § 135 I 1 spätestens sechs Monate nach Ende des Geschäftsjahres der offenen InvKG vorzuliegen.

II. Gesonderte Pflicht zur Prüfung der Kapitalkonten (Abs. 2)

Da die korrekte Kapitalkontenentwicklung entscheidend ist für den Wert des Anteils eines Anlegers an der offenen InvKG, verlangt § 136 II aus Anlegerschutzinteressen die Prüfung und die Bestätigung der Ordnungsmäßigkeit der Zuweisung von Gewinnen und Verlusten sowie von Einlagen und Entnahmen zu den einzelnen Kapitalkonten. Die Gesetzesbegründung zu § 136 weist explizit auf die dem Prüfer hieraus zukommende besondere Bedeutung hin (BT-Drs. 17/12294, 246). 10

Die geforderte Bestätigung erfolgt innerhalb des Vermerkes unter der gesonderten Überschrift „Sonstige Gesetzliche und andere rechtliche Anforderungen" (IDW Prüfungshinweis 9.400.15, S. 14). 11

III. Weitere Prüfungsfeststellungen (Abs. 3)

Der Abschlussprüfer hat festzustellen, ob die offene InvKG die Bestimmungen des KAGB, ihres Gesellschaftsvertrages, der Anlagebedingungen sowie bestimmte in §§ 34 und 35 geregelte Anzeige- und Meldepflichten wie bspw. gegenüber der Bundesanstalt und der Bundesbank sowie die für die Auslagerung von Dienstleistungen bzw. die für die Vergütungssystem geltenden Regelungen in §§ 36 und 37 erfüllt hat. Daneben ist die Einhaltung von bestimmten aufsichtsrechtsrechtlichen Vorgaben aus der (1.) „European Market Infrastructure Regulation"-VO, (2.) „Securities Financing Transactions Regulation"-VO, (3.) Benchmark-VO, (4.) „Markets in Financial Instruments Regulation"-VO, (5.) „Simple, Transparent and Standardised Securitisation"-VO, (6.) „Sustainable Finance Disclosure Regulation"-VO und (7.) „Securities Finance Transactions"-VO zu prüfen. 12

Der auf der Grundlage der Prüfungsfeststellungen zu erstellende Prüfungsbericht, in dem gesondert die Ergebnisse dieser erweiterten Prüfung (vgl. EDD/*Hornschu/Neuf* § 136 Rn. 12) auszuweisen sind (§ 136 III 3), ist auf Verlangen bei der Bundesanstalt durch den Abschlussprüfer einzureichen (§ 136 III 4). Das Ergebnis dieser erweiterten Prüfung ist aber nicht Gegenstand des besonderen Vermerkes und somit nicht (Mindestbestand-)Teil des Jahresberichtes. 13

Der Prüfer hat unverzüglich der Bundesanstalt anzuzeigen, wenn ihm bei der Prüfung Tatsachen bekannt werden, dass die offene InvKG gegen Bestimmungen des KAGB, ihres Gesellschaftsvertrages, der Anlagebedingungen sowie die in Abs. 3 genannten Anzeige- und Meldepflichten wesentlich verstoßen hat. Die Frage der Wesentlichkeit des Verstoßes ist anhand der Frage zu beantworten, ob dieser Verstoß in dem Vermerk benannt werden müsste, ob der Bestand der Gesellschaft gefährdet ist oder ob die Entwicklung der Gesellschaft wesentlich beeinträchtigt wird (§ 136 III 5 iVm § 29 III KWG). 14

Der Bundesanstalt steht nach § 136 III 6 ein eigenes, anlassunabhängiges Prüfungsrecht zu. 15

IV. Bestimmungen über den Inhalt der Prüfung

Mit dem im Rahmen des Kreditzweitmarktförderungsgesetzes eingefügten Abs. 3a wird die Aufsichtsbehörde in die Lage versetzt, sachgerecht durch entsprechende inhaltliche Prüfungsanordnungen unternehmensindividuelle, teilweise oder vollständig branchenweite Prüfungsinhalte zeitnah und risikoorientiert vorgeben zu können. Durch die Aufnahme der Anordnungsbefugnis soll ferner ein nachvollziehbarer Gleichlauf mit § 30 KWG, § 89 IV 1 und 2 WpHG, § 78 IV 16

WpIG und mit dem im Rahmen des Kreditzweitmarktförderungsgesetzes eingeführten § 35a VAG hergestellt werden.

V. Verordnungsermächtigung (Abs. 4)

17 Absatz 4 enthält eine Verordnungsermächtigung für das BMF, weitere Bestimmungen über den Gegenstand der Prüfung nach den Abs. 2 und 3 und Inhalte, Umfang und Darstellung des Prüfungsberichtes und die Einreichung desselben bei der Bundesanstalt zu erlassen. Die Verordnungsermächtigung entspricht § 38 V und § 117 IX, wodurch für sämtliche Investmentvermögen einheitliche Anforderungen für die Erstellung der Prüfungsberichte zu gewährleisten sind.

18 Die BaFin hat vor dem Hintergrund des § 136 IV im Einvernehmen mit dem BMJ die KAPrüfbV vom 24.7.2013 (BGBl. 2013 I 2777), letztmalig geändert durch Art. 17 IV des Gesetzes vom 3.6.2021 (BGBl. 2021 I 1498), erlassen.

§ 137 Vorlage von Berichten

Einem Anleger wird der Jahresbericht auf Anfrage vorgelegt.

1 Ausweislich der Gesetzesbegründung setzt die Vorschrift Art. 22 I UAbs. 1 S. 3 der RL 2011/61/EU um.

2 Durch die Vorschrift erhalten die Anleger als Kommanditisten der offenen InvKG (vgl. § 127 I 2) das Recht auf Einsichtnahme in den Jahresbericht, wie es § 166 I HGB im Hinblick auf den Jahresabschluss der Kommanditgesellschaft für deren Kommanditisten vorsieht. Das Recht auf Einsichtnahme ist notwendig, da die offene InvKG vor dem Hintergrund des Wortlautes des § 135 II, der den Vierten Unterabschnitt des Zweiten Abschnittes des Dritten Buches des HGB nicht aufführt und der damit einhergehenden Einschränkung des § 124 I, ihren Jahresbericht nicht veröffentlichen muss (ebenso: EDD/*Hornschu/Neuf* § 137 Rn. 1; aA EBJS/*Böcking* § 137 Rn. 7).

3 Im Gegensatz zu § 166 I HGB ist es nicht vorgesehen, dass die Anleger die Richtigkeit des Jahresberichtes unter Einsicht der Bücher und Papiere prüfen. Ferner ist der Bericht des Abschlussprüfers dem Anleger nach dem klaren Wortlaut der Vorschrift und unter Verweis auf § 135 I 2 Nr. 4, nach dem die Bestätigung des Abschlussprüfers nach § 136 (Mindest-)Bestandteil des Jahresberichtes ist, hingegen nicht vorzulegen.

4 Entsprechend zu § 166 I 1 HGB sollte der Begriff „vorgelegt" dahingehend ausgelegt werden, dass der Jahresbericht dem Anleger ausgehändigt wird, so dass der Anleger dauerhaft über den Jahresbericht verfügen kann. Nur so kann seinem Informations- und Prüfungsinteresse genüge getan werden. Der Vorschrift ist aber nicht zu entnehmen, welches Medium hierfür zu verwenden ist (Jahresbericht in Papierform oder als Datei).

5 Die Vorlage des Jahresberichtes hat lediglich auf Antrag zu erfolgen, wodurch die Norm wiederum § 166 I 1 HGB entspricht, da hieraus der Kommanditist berechtigt ist, die abschriftliche Mitteilung des Jahresabschlusses zu verlangen.

6 Neben dem Recht des Anlegers auf Einsichtnahme in den Jahresbericht sollte er als Kommanditist nach den Grundsätzen des Senatsurteils vom 29.3.1996 (BGH II ZR 263/94, NJW 1996, 1678), das die Feststellung des Jahresabschlusses einer Personengesellschaft als „Grundlagengeschäft" qualifiziert, das vorbehaltlich einer an-

derweitigen Regelung im Gesellschaftsvertrag der Zustimmung aller Gesellschafter einschließlich der Kommanditisten bedarf, den Jahresabschluss für den Feststellungsbeschluss erhalten.

§ 138 Auflösung und Liquidation

(1) [1]**Ein Gesellschafter der offenen Investmentkommanditgesellschaft kann die Gesellschaft vor dem Ablauf der für ihre Dauer bestimmten Zeit oder bei einer für unbestimmte Zeit eingegangenen Gesellschaft außerordentlich kündigen und aus ihr ausscheiden, wenn ein wichtiger Grund vorliegt.** [2]**§ 132 Absatz 2 Satz 2 und Absatz 6 des Handelsgesetzbuchs ist entsprechend anzuwenden.**

(2) **Die Kommanditisten haften nach Beendigung der Liquidation nicht für die Verbindlichkeiten der offenen Investmentkommanditgesellschaft.**

A. Ausschluss der Auflösungsklage

Bis zum 1.1.2024 stellte § 138 I 1 ausdrücklich klar, dass dem einzelnen Anleger kein Recht zur Auflösung der Gesellschaft zusteht, indem die Auflösungsklage nach § 133 I HGB aF explizit ausgeschlossen wurde (BT-Drs. 17/12294, 253). Im Rahmen der Anpassung der Vorschrift an die Änderungen des HGB durch das MoPeG entfiel der Verweis. Ausweislich der Gesetzesbegründung geht der Gesetzgeber irrtümlich davon aus, dass der explizite Ausschluss obsolet geworden sei (Begr. RegE MoPeG, BT-Drs. 19/27635, 285f.). Da jedoch in der Sache keine Änderung gewollt war, bleibt es bei dem Grundsatz des § 99 V, wonach kein Anleger die Auflösung eines Investmentvermögens verlangen kann, und dem Ausschluss der Auflösungsklage nach § 139 HGB (→ § 161 Rn. 1). 1

B. Ordentliches und außerordentliches Kündigungsrecht (Abs. 1 S. 2)

Im Rahmen der Begriffsbestimmung des **„wichtigen Grundes"** findet § 132 II 2 HGB entsprechende Anwendung. Danach ist ein wichtiger Grund insb. dann gegeben, wenn ein anderer Gesellschafter eine ihm nach dem Gesellschaftsvertrag obliegende wesentliche Verpflichtung vorsätzlich oder grob fahrlässig verletzt oder wenn die Erfüllung einer solchen Verpflichtung unmöglich wird. Im Übrigen gilt § 132 VI HGB entsprechend, wonach eine Vereinbarung, durch welche das Recht des Gesellschafters zur außerordentlichen Kündigung und zum Ausscheiden ausgeschlossen oder beschränkt wird, nichtig ist. 2

Eine dem § 161 I entsprechende Regelung bedarf es bei der offenen InvKG nicht. Im Rahmen der offenen InvKG kann der Anleger gem. § 133 I ordentlich kündigen. Ungeachtet der verschiedenen Begrifflichkeiten der §§ 133 I und 138 I 2 (Kündigung der Kommanditbeteiligung bzw. Kündigung der Gesellschaft) ist über § 133 I die ordentliche, über § 138 I 2 die außerordentliche Kündigung möglich. Die außerordentliche Kündigung bietet im Gegensatz zur ordentlichen Kündigung die „Erleichterung", dass der Anleger aus der Gesellschaft ausscheiden kann, 3 ohne dass der Erhalt des Eigenkapitals und der zusätzlich erforderlichen Eigenmittel sichergestellt sein muss (vgl. FK-KapAnlR/*Eichhorn* § 138 Rn. 6).

C. Haftungsausschluss (Abs. 2)

4 Eine Nachhaftung der Kommanditisten für die Verbindlichkeiten der offene InvKG – nach Beendigung der Liquidation – ist gem. § 138 II ausgeschlossen. Die Liquidation ist mit der Verteilung des – nach Begleichung aller Schulden – verbleibenden Vermögens beendet (vgl. FK-KapAnlR/*Jesch* § 161 Rn. 31). Die Regelung ist in Fortsetzung zu § 133 II 2 zu sehen, die bereits die Haftung des Kommanditisten für Verbindlichkeiten der offenen InvKG ab dem Zeitpunkt des Ausscheidens ausschließt. Es handelt sich bei § 138 II (und § 133 II 2) um eine vom Grundsatz der (strengeren) §§ 172 IV, 171 I, 161 II HGB, § 151 HGB abweichende Regelung, die vor allem dem Anlegerschutz dient. § 138 II enthält insb. eine in zeitlicher Hinsicht vorrangige Regelung, da die Verjährungsreglung nach § 151 HGB keine Anwendung findet (vgl. BTMB/*Könnecke* KAGB§ 161 Rn. 56ff.).

Abschnitt 5. Geschlossene inländische Investmentvermögen

Unterabschnitt 1. Allgemeine Vorschriften für geschlossene inländische Investmentvermögen

§ 139 Rechtsform

[1]Geschlossene inländische Investmentvermögen dürfen nur als Investmentaktiengesellschaft mit fixem Kapital gemäß den Vorschriften des Unterabschnitts 2 oder als geschlossene Investmentkommanditgesellschaft gemäß den Vorschriften des Unterabschnitts 3 aufgelegt werden. [2]Geschlossene inländische Spezial-AIF dürfen auch als Sondervermögen aufgelegt werden; die §§ 92 bis 97, 99 bis 107 und 144 Satz 4, 5 Nummer 1 Buchstabe b und Nummer 2 Buchstabe b gelten entsprechend.

I. Hintergrund und Regelungszweck

1 Eine zentrale Aufgabe iRd Umsetzung der AIFM-RL und der Neufassung des deutschen Investmentrechts war die Aufnahme der bis dahin weitgehend unregulierten geschlossenen Fondsformen in das KAGB. Insbesondere die seit vielen Jahrzehnten in Deutschland sehr erfolgreiche und tausendfach aufgelegte geschlossene InvKG erfuhr durch das KAGB erstmals investmentrechtliche Rahmenbedingungen und Beschränkungen.

2 Die InvAG mfK nimmt hingegen mit ihrer Aufnahme in das KAGB den dritten Anlauf für eine praxistaugliche Ausgestaltung eines geschlossenen Fondsvehikels in der Rechtsform einer Kapitalgesellschaft, hier: AG. Leider bleiben der InvAG mfK auch hierbei jene steuerliche Rahmenbedingungen – insb. eine Befreiung einer Steuerpflicht auf der Eingangsstufe, also auf Ebene des Fonds selbst – versagt (EDD/*Dornseifer* § 139 Rn. 30).

II. Zulässige geschlossene Fondsformen

3 Die nun im KAGB aufgenommen und geregelten geschlossenen inländischen Investmentvermögen dürfen ausschließlich als geschlossene InvKG oder als InvAG mfK gegründet werden. Die verbleibenden deutschen Gesellschaftsformen können somit in Ermangelung einer Nennung in § 139 nicht als Investmentvermögen aufgelegt werden (BT-Drs. 17/12294, 246).

Unterabschnitt 2. Allgemeine Vorschriften für Investmentaktiengesellschaften mit fixem Kapital

§ 140 Rechtsform, anwendbare Vorschriften

(1) [1]**Investmentaktiengesellschaften mit fixem Kapital dürfen nur in der Rechtsform der Aktiengesellschaft betrieben werden.** [2]**Die Vorschriften des Aktiengesetzes sind anzuwenden, soweit sich aus den Vorschriften dieses Unterabschnitts nichts anderes ergibt.**

(2) **§ 23 Absatz 5, die §§ 150 bis 158, 161 und 278 bis 290 des Aktiengesetzes sind nicht anzuwenden.**

(3) [1]**Auf Investmentaktiengesellschaften mit fixem Kapital sind § 93 Absatz 7, § 96 Absatz 1, § 117 Absatz 1, 2, 4 und 6 bis 9 sowie § 118 Absatz 1 Satz 2 und Absatz 2 entsprechend anwendbar.** [2]**Für jedes Teilgesellschaftsvermögen sind Anlagebedingungen zu erstellen.** [3]**Bei Publikumsteilgesellschaftsvermögen müssen diese Anlagebedingungen mindestens die Angaben nach § 266 Absatz 2 enthalten.** [4]**Die Anlagebedingungen sowie deren Änderungen sind gemäß § 267 von der Bundesanstalt zu genehmigen.** [5]**Bei Spezialteilgesellschaftsvermögen sind die Anlagebedingungen sowie wesentliche Änderungen der Anlagebedingungen gemäß § 273 der Bundesanstalt vorzulegen.**

I. Hintergrund

1 Die InvAG mfK war die erste geschlossene regulierte Fondsform im deutschen Investmentrecht. Bereits im Rahmen des dritten Finanzmarktförderungsgesetzes wurde die InvAG mfK als erstes deutsches reguliertes Fondsvehikel im Rechtskleid einer Aktiengesellschaft in die §§ 51–67 KAGG aufgenommen (BT-Drs. 13/8933, 126). In Ermangelung einer steuerlichen Gleichstellung zur damals üblichen Fondsform, dem Sondervermögen, wurde jedoch unter dem KAGG keine InvAG mfK errichtet. Auch das zum 1.1.2004 neue geschaffene InvG idF des Investmentmodernisierungsgesetzes führte die Fondsform der InvAG mfK in § 96 II 1 InvG fort. Allerdings blieb der geschlossenen InvAG mfK auch hier eine steuerliche Gleichbehandlung verwehrt. Da die InvAG mfK weiterhin dem Steuerregime einer gewöhnlichen AG unterlag, blieben auch unter der Geltung des InvG entsprechende Gründungen aus (EDD/*Dornseifer* § 140 Rn. 7). Als Folge einer vollständigen Regulierung des deutschen Fondswesens iRd Umsetzung der AIFM-RL wurde die InvAG mfK als eine von zwei zulässigen geschlossenen Fondsformen in das KAGB aufgenommen.

II. Rechtsformzwang

2 Gemäß § 140 I 1 dürfen InvAG mfK nur in der Rechtsform der AG betrieben werden. Nach § 140 I 2 finden die Vorschriften des AktG auf die InvAG mfK grundsätzlich Anwendung, soweit das KAGB keine Spezialregelungen enthält. Die InvAG mfK ist folglich als vollwertige AG iSd AktG ausgestaltet. Die Regelung des § 140 I 1 ist im Hinblick auf die InvAG mfK insoweit wortgleich mit derjenigen des § 108 I für die InvAG mvK. Eine entsprechende Regelung zu § 140 I 2 findet sich in § 108 II 1.

3 Ebenso wie § 108 II 1 sieht § 140 II Ausnahmen zum Grundsatz der Anwendbarkeit des AktG vor. Hiernach finden § 23 V, §§ 150–158, 161 und 278–290 AktG keine Anwendung auf die InvAG mfK. Diese Ausnahmen entsprechen weitgehend den für die InvAG mvK in § 108 II 1 vorgesehenen Ausnahmen.

III. Weitergehende Anwendbarkeit des AktG

4 Abweichend von § 108 II 1 ist die Anwendbarkeit der §§ 182–240 AktG im Hinblick auf die InvAG mfK in § 140 II nicht ausgeschlossen. Für die InvAG mfK gelten folglich die allgemeinen aktienrechtlichen Vorschriften zur Kapitalbeschaffung und Kapitalherabsetzung. Nach Ansicht des Gesetzgebers bedarf die InvAG mfK insoweit keiner investmentrechtlichen Sonderregelung (BT-Drs. 17/12294, 247). Die daraus resultierenden gesteigerten Formerfordernisse beeinträchtigen die InvAG mfK jedoch in ihrer Flexibilität (*Fischer/Friedrich* ZBB/JBB 3/2013, 160).

IV. Keine Unternehmens- und Anlageaktien

5 Im Vergleich zur InvAG mvK finden § 3 II AktG und § 264d HGB auf die InvAG mfK Anwendung, da es in den §§ 140ff. keine dem § 108 II 3 entsprechende Regelung gibt. Eine Differenzierung zwischen Anlageaktien und Unternehmensaktien ist für die InvAG mfK nicht vorgesehen (BT-Drs. 17/12294, 247).

§ 141 Aktien

(1) **Aktien dürfen nur gegen volle Leistung des Ausgabepreises ausgegeben werden.**

(2) **Bei Publikumsinvestmentaktiengesellschaften mit fixem Kapital sind Sacheinlagen unzulässig.**

I. Hintergrund

1 Im Gegensatz zur InvAG mvK erfolgt bei der InvAG mfK keine Aufteilung der Aktien in Unternehmens- und Anlageaktien, da eine mit § 109 I–III vergleichbare Regelung fehlt. Die mit den Aktien verbundenen Rechte der Anleger und Initiatoren richten sich daher allein nach dem AktG (*Fischer/Friedrich* ZBB/JBB 3/2013, 160). Ebenso wie die Unternehmensaktionäre bei einer InvAG mvK sind die Anleger einer InvAG mfK zur Teilnahme an der Hauptversammlung der InvAG berechtigt und haben ein Stimmrecht. Die Anleger sind bei der InvAG mfK also grundsätzlich unternehmerisch beteiligt. Nach der Gesetzesbegründung soll dadurch ein

notwendiger Ausgleich geschaffen werden für das Fehlen einer jederzeitigen Rückgabemöglichkeit der Aktien (BT-Drs. 17/12294, 247).

II. Pflicht zur Bareinlage (§ 141 I)

Nach § 141 I dürfen Aktien der InvAG mfK nur gegen volle Leistung des Ausgabepreises ausgegeben werden. Damit soll die Wertgleichheit von Gesellschaftsvermögen und Eigenkapital im Ausgabezeitpunkt hergestellt werden (BT-Drs. 17/12294, 127). 2

Eine entsprechende Regelung für die InvAG mvK enthält § 109 IV. 3

III. Verbot der Sacheinlage (§ 141 II)

Für Publikumsinvestmentaktiengesellschaften mfK besteht nach § 141 II ein 4
Verbot von Sacheinlagen. Die Regelung entspricht derjenigen des § 109 V für die InvAG mvK. Die übrigen Anleger sollen auf diese Weise vor einer wertmäßigen Verwässerung ihrer Beteiligung an der InvAG geschützt werden (BT-Drs. 17/12294, 247).

§ 142 Satzung

[1]Satzungsmäßig festgelegter Unternehmensgegenstand der Investmentaktiengesellschaft mit fixem Kapital muss ausschließlich die Anlage und Verwaltung ihrer Mittel nach einer festgelegten Anlagestrategie zur gemeinschaftlichen Kapitalanlage

1. **bei Publikumsinvestmentaktiengesellschaften mit fixem Kapital nach den §§ 261 bis 272 und**
2. **bei Spezialinvestmentaktiengesellschaften mit fixem Kapital nach den §§ 273 bis 277 und 285 bis 292c**

zum Nutzen der Aktionäre sein. [2]Die Satzung von Spezialinvestmentaktiengesellschaften mit fixem Kapital muss zusätzlich festlegen, dass die Aktien der Gesellschaft ausschließlich von professionellen Anlegern und semiprofessionellen Anlegern erworben werden dürfen.

I. Beschränkter Unternehmensgegenstand

Satzungsmäßig festgelegter Unternehmensgegenstand der InvAG mfK muss 1
gem. § 142 S. 1 die Anlage und Verwaltung ihrer Mittel nach einer festgelegten Anlagestrategie zur gemeinschaftlichen Kapitalanlage zum Nutzen der Aktionäre sein. Eine parallele Regelung für die InvAG mvK enthält § 110 II 1. Bezüglich weiterer Anforderungen wird in § 142 S. 1 Nr. 1 und 2 auf die jeweiligen Produktvorschriften für Publikums-Fonds und Spezial-Fonds verwiesen. Die Satzung der InvAG mfK muss daher klarstellen, ob es sich um eine Publikumsinvestmentaktiengesellschaft mfK oder eine Spezialinvestmentaktiengesellschaft mfK handelt.

II. Keine Risikomischung bei Spezial-InvAG mfK

Der in § 110 II 1 enthaltene Hinweis auf den Grundsatz der Risikomischung 2
findet sich in § 142 S. 1 Nr. 2 nicht wieder. Somit können unter dem Dach einer Spezial-InvAG mfK auch sog. Ein-Objekt-Fonds aufgelegt werden. In Bezug auf

Publikumsinvestmentaktiengesellschaften mfK ist auf Grund der Verweisung des § 142 S. 1 Nr. 1 auf die Produktvorschriften der §§ 261– 272 der Grundsatz der Risikomischung nach § 262 aber gleichwohl einzuhalten (WBA/*M. Lorenz* § 142 Rn. 4 mwN).

3 Nach § 142 S. 2 ist in der Satzung von Spezial-InvAG mfK zusätzlich festzulegen, dass die Aktien der Gesellschaft ausschließlich von professionellen und semiprofessionellen Anlegern erworben werden dürfen. Damit soll eine Beteiligung von Privatanlegern (§ 1 XIX Nr. 31) an der InvAG mfK ausgeschlossen werden (BT-Drs. 17/12294, 248). Die Regelung entspricht derjenigen des § 110 III für Spezial-InvAG mvK.

§ 143 Anlagebedingungen

[1]Die Anlagebedingungen der Investmentaktiengesellschaft mit fixem Kapital sind zusätzlich zur Satzung zu erstellen. [2]Die Anlagebedingungen sind nicht Bestandteil der Satzung; eine notarielle Beurkundung ist nicht erforderlich. [3]In allen Fällen, in denen die Satzung veröffentlicht, ausgehändigt oder in anderer Weise zur Verfügung gestellt werden muss, ist auf die jeweiligen Anlagebedingungen zu verweisen und sind diese ebenfalls zu veröffentlichen, auszuhändigen oder in anderer Weise zur Verfügung zu stellen.

1 Gemäß § 143 sind zusätzlich zur Satzung der InvAG mfK Anlagebedingungen zu erstellen. Die Vorschrift ist wortlautgleich mit der des § 111 für die InvAG mvK. Es wird somit auf die dortige Kommentierung verwiesen, die für § 143 ebenfalls gilt.

§ 144 Verwaltung und Anlage

[1]Die Investmentaktiengesellschaft mit fixem Kapital kann eine ihrem Unternehmensgegenstand entsprechende externe Kapitalverwaltungsgesellschaft bestellen. [2]Dieser obliegt neben der Ausführung der allgemeinen Verwaltungstätigkeit insbesondere auch die Anlage und Verwaltung der Mittel der Investmentaktiengesellschaft mit fixem Kapital. [3]Die Bestellung einer externen AIF-Kapitalverwaltungsgesellschaft als Verwaltungsgesellschaft ist kein Fall des § 36 und auch nicht als Unternehmensvertrag im Sinne des Aktiengesetzes anzusehen. [4]§ 99 ist mit den folgenden Maßgaben entsprechend anzuwenden:

1. **eine Kündigung kann nur aus wichtigem Grund erfolgen;**
2. **die Kündigungsfrist muss im angemessenen Verhältnis zu dem Zeitraum stehen, der erforderlich ist, um die zum Investmentvermögen gehörenden Vermögensgegenstände zu liquidieren; bei Publikumsinvestmentaktiengesellschaften muss die Kündigungsfrist jedoch mindestens sechs Monate betragen.**

[5]§ 100 ist entsprechend anzuwenden mit der Maßgabe, dass das Verwaltungs- und Verfügungsrecht über das Gesellschaftsvermögen nur dann auf die Verwahrstelle zur Abwicklung übergeht, wenn

1. die Investmentaktiengesellschaft mit fixem Kapital
a) sich nicht in eine intern verwaltete Investmentaktiengesellschaft mit fixem Kapital umwandelt oder
b) keine andere externe AIF-Kapitalverwaltungsgesellschaft bestellt und
2. dies
a) bei Publikumsinvestmentaktiengesellschaften mit fixem Kapital jeweils von der Bundesanstalt genehmigt wird und
b) bei Spezialinvestmentaktiengesellschaften mit fixem Kapital jeweils der Bundesanstalt angezeigt wird.

[6]Im Fall der Bestellung einer anderen externen AIF-Kapitalverwaltungsgesellschaft ist § 100b Absatz 1, 3 und 4 entsprechend anzuwenden mit der Maßgabe, dass die Übertragung bei Publikumsinvestmentaktiengesellschaften frühestens mit Erteilung der Genehmigung wirksam wird.

I. Verwaltung durch eine externe KVG

1 Gemäß § 144 S. 1 kann die InvAG mfK durch eine ihrem Unternehmensgegenstand entsprechende externe KVG iSv § 17 II Nr. 1 verwaltet werden (sog. extern verwaltete InvAG mfK). Die Bestellung einer externen AIF-KVG als Verwaltungsgesellschaft stellt gem. § 144 S. 3 keinen Fall einer Auslagerung iSv § 36 dar und ist auch nicht als Unternehmensvertrag iSd AktG anzusehen.

2 Die Vorschrift des § 144 entspricht insoweit in den S. 1–3 und 5 der Regelung des § 112 I für die InvAG mvK. Eine abweichende Regelung enthält S. 4 der Vorschrift. Danach soll die Kündigungsvorschrift des § 99 nur unter den normierten Maßgaben zur Anwendung kommen. Im Vergleich ist § 99 auf die InvAG mvK ohne Einschränkung anwendbar.

II. Kündigung aus wichtigem Grund

3 Nach § 144 S. 4 Nr. 1 kann die externe KVG einer InvAG mfK abweichend von § 99 I nur aus wichtigem Grund kündigen. Daneben muss nach § 144 S. 4 Nr. 2 die Kündigungsfrist in einem angemessenen Verhältnis zu dem Zeitraum stehen, der erforderlich ist, um die zum Investmentvermögen gehörenden Vermögensgegenstände zu liquidieren. Bei Publikumsinvestmentaktiengesellschaften muss die Kündigungsfrist jedoch mindestens sechs Monate betragen. Mit dieser Regelung soll dem Umstand Rechnung getragen werden, dass geschlossene Investmentvermögen überwiegend in Vermögensgegenstände investieren, die nicht liquide sind (s. Gesetzesbegründung/BVI zu § 144, Fn. 929). Die angepasste Kündigungsfrist soll es ermöglichen, gerade solche Vermögensgegenstände wirtschaftlich sinnvoll zu veräußern (FK-KapAnlR/*Boxberger* § 144 Rn. 8; EDD/*Dornseifer* § 144 Rn. 2).

III. Wechsel der externen KVG

4 Im Fall der Bestellung einer anderen externen AIF-KVG findet gem. § 144 S. 6 auf die InvAG mfK die Regelung des § 100b I, III u. IV Anwendung. Abweichend dazu gilt § 100b für die InvAG mvK nach § 112 I 6 ohne Einschränkung. Die Regelung des § 100b wurde durch das OGAW-V-UmsG (v. 3.3.2016, BGBl. 2016 I 348) in das KAGB eingefügt und ermöglicht es, die externe KVG ohne entsprechende Kündigung gegen eine andere externe KVG auszutauschen. § 100b II, der

die vorzeitige Bekanntmachung der Übertragung vorsieht, findet auf die InvAG mfK nach Maßgabe des § 144 S. 6 keine Anwendung. Durch die Bekanntmachung soll es Anlegern ermöglicht werden, ihre Anteile frühzeitig zurückzugeben. Dieser Regelungszweck liefe bei einem geschlossenen Investmentvermögen wie der InvAG mfK leer (s. Gesetzesbegründung/BVI zu § 144, Fn. 932).

§ 145 Unterschreitung des Anfangskapitals oder der Eigenmittel

[1]Die intern verwaltete Investmentaktiengesellschaft mit fixem Kapital hat der Bundesanstalt und den Aktionären unverzüglich anzuzeigen, wenn das Gesellschaftsvermögen den Wert des Anfangskapitals oder den Wert der zusätzlich erforderlichen Eigenmittel gemäß § 25 unterschreitet. [2]Mit der Anzeige gegenüber den Aktionären ist durch den Vorstand eine Hauptversammlung einzuberufen.

I. Hintergrund

1 Die Vorschrift des § 145 regelt ausdrücklich nur den Fall der intern verwalteten InvAG mfK und ist demnach nicht auf die extern verwaltete InvAG mfK (iSv § 144) anwendbar. Eine intern verwaltete InvAG mfK ist nach § 17 II Nr. 2 zugleich interne AIF-KVG.

II. Anfangskapital und Eigenmittel

2 Sie unterliegt folglich den Vorschriften für AIF-KVG, einschließlich der Vorschriften zum Anfangskapital und zu den zusätzlichen Eigenmitteln gem. § 25. Unterschreitet das Gesellschaftsvermögen den Wert des Anfangskapitals oder den Wert der zusätzlich erforderlichen Eigenmittel gem. § 25, hat die intern verwaltete InvAG mfK dies der BaFin und den Aktionären nach Maßgabe des § 145 S. 1 unverzüglich (iSv § 121 I 1 BGB „ohne schuldhaftes Zögern") anzuzeigen. Mit der Anzeige gegenüber den Aktionären ist nach § 145 S. 2 durch den Vorstand eine Hauptversammlung einzuberufen. Die Aktionäre sollen auf diese Weise die Möglichkeit bekommen, selbst über geeignete Maßnahmen entscheiden zu können (BT-Drs. 16/5576, 85). Da im Falle der InvAG mfK im Gegensatz zur InvAG mvK nicht zwischen (meist stimmrechtslosen) Anlageaktien und Unternehmensaktien unterschieden wird, erfüllt die Regelung des § 145 S. 2 im Hinblick auf die InvAG mfK ihren Zweck (s. auch Kommentierung zu § 114).

3 Die Regelung des § 145 entspricht derjenigen des § 114 bezüglich der intern verwalteten InvAG mvK.

§ 146 Firma

Die Firma einer Investmentaktiengesellschaft mit fixem Kapital muss abweichend von § 4 des Aktiengesetzes die Bezeichnung „Investmentaktiengesellschaft" oder eine allgemein verständliche Abkürzung dieser Bezeichnung enthalten.

1 Eine Regelung zur Firma der InvAG mfK enthält § 146. Danach muss die Firma der InvAG mfK abweichend von § 4 AktG die Bezeichnung „Investmentaktien-

gesellschaft" oder eine allgemein verständliche Abkürzung dieser Bezeichnung enthalten. Die allgemeine aktienrechtliche Regelung des § 4 AktG wird im Hinblick auf die InvAG mfK demnach spezifiziert. Diese Spezifizierung dient dem Schutz des Rechtsverkehrs.

Eine dem § 146 entsprechende Regelung für die InvAG mvK ist in § 118 enthalten. Allerdings sind nach § 118, abweichend von § 146 (BT-Drs. 17/12294, 248), bei einer InvAG mvK darüber hinausgehend noch weitere Hinweise im Rechtsverkehr erforderlich (s. Kommentierung zu § 118). 2

§ 147 Vorstand, Aufsichtsrat

(1) [1]Der Vorstand einer Investmentaktiengesellschaft mit fixem Kapital besteht aus mindestens zwei Personen. [2]Er ist verpflichtet,

1. bei der Ausübung seiner Tätigkeit im ausschließlichen Interesse der Aktionäre und der Integrität des Marktes zu handeln,
2. seine Tätigkeit mit der gebotenen Sachkenntnis, Sorgfalt und Gewissenhaftigkeit im besten Interesse des von ihm verwalteten Vermögens und der Integrität des Marktes auszuüben und
3. sich um die Vermeidung von Interessenkonflikten zu bemühen und, wenn diese sich nicht vermeiden lassen, dafür zu sorgen, dass unvermeidbare Konflikte unter der gebotenen Wahrung der Interessen der Aktionäre gelöst werden.

[3]Der Vorstand hat bei der Wahrnehmung seiner Aufgaben unabhängig von der Verwahrstelle zu handeln.

(2) [1]Die Mitglieder des Vorstands der Investmentaktiengesellschaft mit fixem Kapital müssen zuverlässig sein und die zur Leitung der Investmentaktiengesellschaft erforderliche fachliche Eignung haben, auch in Bezug auf die Art des Unternehmensgegenstandes der Investmentaktiengesellschaft mit fixem Kapital. [2]Die Bestellung und das Ausscheiden von Mitgliedern des Vorstands sind der Bundesanstalt unverzüglich anzuzeigen.

(3) [1]Die Persönlichkeit und die Sachkunde der Mitglieder des Aufsichtsrats müssen Gewähr dafür bieten, dass die Interessen der Aktionäre gewahrt werden. [2]Für die Zusammensetzung des Aufsichtsrats gilt § 18 Absatz 3 entsprechend. [3]Die Bestellung und das Ausscheiden von Mitgliedern des Aufsichtsrats ist der Bundesanstalt unverzüglich anzuzeigen. [4]Auf Aufsichtsratsmitglieder, die als Vertreter der Arbeitnehmer nach den Vorschriften der Mitbestimmungsgesetze gewählt werden, sind die Sätze 1 und 3 nicht anzuwenden.

(4) [1]Mitglieder des Vorstands oder des Aufsichtsrats der Investmentaktiengesellschaft mit fixem Kapital dürfen Vermögensgegenstände weder an die Investmentaktiengesellschaft veräußern noch von dieser erwerben. [2]Erwerb und Veräußerung von Aktien der Investmentaktiengesellschaft mit fixem Kapital durch die Mitglieder des Vorstands und des Aufsichtsrats sind davon nicht erfasst.

(5) Die Bundesanstalt kann die Abberufung des Vorstands oder von Mitgliedern des Vorstands verlangen und ihnen die Ausübung ihrer Tätigkeit untersagen, wenn

1. Tatsachen vorliegen, aus denen sich ergibt, dass der Vorstand oder Mitglieder des Vorstands nicht zuverlässig sind oder die zur Leitung erforderliche fachliche Eignung gemäß Absatz 2 nicht haben oder
2. der Vorstand oder Mitglieder des Vorstands nachhaltig gegen die Bestimmungen dieses Gesetzes oder des Geldwäschegesetzes verstoßen.

I. Regelungszweck

1 Die Vorschrift des § 147 enthält Anforderungen an den Vorstand und den Aufsichtsrat der InvAG mfK. Diese entsprechen in den Abs. 1–5 den in § 119 normierten Anforderungen für die InvAG mvK. Eine dem § 119 VI entsprechende Regelung findet sich in § 147 nicht wieder.

II. Vorstand und Aufsichtsrat

2 Gemäß § 147 II 1 müssen die Mitglieder des Vorstands einer InvAG mfK zuverlässig sein und die zur Leitung der InvAG erforderliche fachliche Eignung haben. Für die intern verwaltete InvAG mfK ergeben sich diese Anforderungen bereits aus § 22, da auf sie die Vorschriften über AIF-KVG Anwendung finden. Insoweit hat Abs. 2 nur eine klarstellende Funktion (s. Gesetzesbegründung/BVI zu § 147, Fn. 936; BT-Drs. 17/12294, 249; EDD/*Dornseifer* § 147 Rn. 4). Die extern verwaltete InvAG mfK ist hingegen nicht zugleich AIF-KVG und unterliegt infolgedessen nicht der Regelung des § 22. In diesem Fall richten sich die Anforderungen an den Vorstand und Aufsichtsrat ausschließlich nach § 147 II. Ebenso hat auch die in § 147 II 2 normierte Anzeigepflicht bei der Bestellung oder dem Ausscheiden von Mitgliedern des Vorstands (identische Regelung für Aufsichtsratsmitglieder in § 147 III 3) nur im Hinblick auf die extern verwaltete InvAG mfK eine praktische Bedeutung. Die intern verwaltete InvAG mfK, die zugleich AIF-KVG ist, hat der BaFin dahingehende Änderungen bereits auf Grund des § 22 I iVm § 34 I anzuzeigen. Bei einer extern verwalteten InvAG mfK trifft diese originäre Pflicht die von der InvAG zu unterscheidende AIF-KVG (s. Gesetzesbegründung/BVI zu § 147, Fn. 937; BT-Drs. 17/12294, 249).

III. Abberufung des Vorstands durch die BaFin

3 Entsprechendes gilt auch für das in § 147 V geregelte Recht der BaFin zur Abberufung der Mitglieder des Vorstands, welches sich bei der intern verwalteten InvAG mfK bereits aus § 40 ergibt (s. Gesetzesbegründung/BVI zu § 147, Fn. 940; BT-Drs. 17/12294, 249).

§ 148 Rechnungslegung

(1) [1]**Auf den Jahresabschluss und den Lagebericht einer Investmentaktiengesellschaft mit fixem Kapital sind die §§ 120 bis 123 entsprechend anzuwenden.** [2]**Bei Publikumsinvestmentaktiengesellschaften mit fixem Kapital, bei denen die Hauptversammlung den Jahresabschluss feststellt, ist § 123 Absatz 1 mit der Maßgabe entsprechend anzuwenden, dass die Offenlegung des Jahresabschlusses und des Lageberichts spätestens neun Monate nach Ablauf des Geschäftsjahres zu erfolgen hat.** [3]**In diesem Fall ist spätestens sechs Monate nach Ende des Geschäftsjahres die Hauptversammlung zur Feststellung des Jahresabschlusses einzuberufen**

(2) [1]Zusätzlich zu den Angaben nach Absatz 1 sind bei einer Publikumsinvestmentaktiengesellschaft mit fixem Kapital bei einer Beteiligung nach § 261 Absatz 1 Nummer 2 bis 6 im Anhang des Jahresabschlusses anzugeben:

1. **die Firma, die Rechtsform und der Sitz der Gesellschaften im Sinne des § 261 Absatz 1 Nummer 2 bis 6,**
2. **das jeweilige Gesellschaftskapital dieser Gesellschaften,**
3. **die Höhe der Beteiligung und der Zeitpunkt ihres Erwerbs durch die AIF-Kapitalverwaltungsgesellschaft.**

[2]Als Verkehrswert der Beteiligung ist der nach § 271 Absatz 3 Satz 3 ermittelte Wert anzusetzen.

I. Allgemeines

Die Investmentaktiengesellschaft mit fixem Kapital wurde mangels Annahme in der Praxis aus dem InvG gestrichen (vgl. BT-Drs. 16/5576, 87). Mit der Umsetzung der RL 2011/61/EU erfolgte die Wiedereinführung diese Investmentvehikels und auch der Ausbau des Investitionsspektrums. 1

Es gilt, dass bei einer Publikums-InvAG mfK bei einer Beteiligung nach § 261 I Nr. 2–6 bestimmte Anhangangaben zu machen sind. § 148 I regelt zusätzlich die Variante, dass die Feststellung des Jahresabschlusses der Hauptversammlung obliegt. 2

Die Regelung des Abs. 2 betrifft nur geschlossene Publikums-AIF und sorgt für Transparenz bei Beteiligungen. Der Wortlaut der Regelung entspricht weitest gehend dem ehemaligen § 79 InvG (Immobilien-Sondervermögen) und wurde auf weitere Beteiligungsmöglichkeiten ausgedehnt. Die Einbeziehung von geschlossenen Spezial-AIF in eine vergleichbare Regelung war nicht erforderlich, da die Anleger eines geschlossenen Spezial-AIF von der KVG mittels Anlageausschusssitzungen ausreichend informiert werden. 3

Da die Bildung von Teilgesellschaftsvermögen nicht vorgesehen ist, ergibt sich die zusammenhängende Darstellung von Bilanz, GuV, Anhang und Lagebericht ohne den entsprechenden Bedarf einer gesonderten Darstellung für Teilgesellschaftsvermögen, die bei der InvAG mvK mit Teilgesellschaftsvermögen erforderlich ist. 4

II. Jahresabschluss und Lagebericht (§ 148 I iVm § 120 sowie § 148 II)

1. Bilanz. Abweichend zu dem nach § 110 II bestimmten Unternehmensgegenstand einer InvAG mvK ist die InvAG mfK auf bestimmte Vermögensgegenstände der geschlossenen AIF fokussiert. Dies beinhaltet bei der geschlossenen Publikums-InvAG mfK neben den Sachwerten iSd § 261 I Nr. 1 auch die Anlagen iSd § 261 I Nr. 2–6 und bei der geschlossenen Spezial-InvAG mfK nach § 285 alle Vermögensgegenstände, deren Verkehrswert ermittelt werden kann. 5

Im Unterschied zur InvAG mvK sind die aktienrechtlichen Vorschriften für die Kapitalbeschaffung und -herabsetzung nicht abbedungen. Der Gesetzgeber sah hier keine Notwendigkeit einer investmentspezifischen Sonderregelung (vgl. BT-Drs. 17/12294, 247). Die Unveränderlichkeit des Kapitals führt nicht allein dazu, dass auch Nennbetragsaktien ausgegeben werden können, sondern auch dazu, dass die Bestimmungen über die inhaltliche Zuordnung der Sachverhalte zu Posten in der Bilanz-GuV sich in Teilen an den Vorschriften des AktG orientieren müssen. Im 6

Wesentlichen betrifft dies den Ausweis des Eigenkapitals. So ist das Grundkapital der Gesellschaft als **gezeichnetes Kapital** auszuweisen. Die **Kapitalrücklage** weist Kapitaleinzahlungen der Aktionäre aus, die nicht dem gezeichneten Kapital zuzuweisen sind und nicht aus dem Ergebnis des Geschäftsjahres resultieren. In Betracht kommen vereinbarungsgemäße Einzahlungen der Anteilseigner über den Nennbetrag hinaus. **Gewinnrücklagen** bilden sich aus dem realisierten Ergebnis im Geschäftsjahr oder einem früheren Geschäftsjahr und mindern sich aufgrund beschlossener Entnahme von in Vorjahren eingestellten Beträgen. Sie sind im Gegensatz zur Kapitalrücklage innenfinanziert. Der Ausweis einer gesetzlichen Rücklage scheidet aufgrund der abbedungenen Vorgabe des § 150 I AktG aus. Nach § 272 IV HGB sind unter den Gewinnrücklagen Rücklagen für **eigene Anteile** mit dem Betrag auszuweisen, der dem auf der Aktivseite für die eigenen Anteile anzusetzenden Betrag zum Erwerbszeitpunkt entspricht. Zeitwertänderungen des Vermögensgegenstandes sind unter den nicht realisierten Gewinnen und Verlusten aus der Neubewertung auszuweisen. Der wechselseitige Abhängigkeit des Werts der eigenen Anteile von den nicht realisierten Gewinnen und Verlusten aus der Neubewertung ist im Rahmen der Wertfindung Rechnung zu tragen, da dies durch eine investmentrechtliche Sonderregelung nicht ausgeschlossen ist. Zum Ausweis einer **satzungsmäßigen Rücklage** kommt es dann, wenn die Satzung eine entsprechende Bestimmung vorsieht. Ein Organbeschluss ist hierfür nicht ausreichend. **Andere Gewinnrücklagen** berücksichtigen Sachverhalte wie:

– Einstellung aufgrund eines satzungsgemäß bestimmten Hauptversammlungsbeschlusses oder Ermächtigung des Vorstands/Aufsichtsrates (§ 58 I, II AktG),
– Einstellung aufgrund des Beschlusses der Hauptversammlung über die Verwendung des Bilanzgewinns (§ 58 III AktG).

7 **2. Gewinn- und Verlustrechnung.** Für die Gliederung und den Ausweis normiert § 22 III KARBV eine besondere Darstellung für die InvAG mfK und die geschlossenen InvKG. Die Gliederungsvorgabe unterscheidet zwischen Erträgen und Aufwendungen aus der Verwaltungstätigkeit und aus der Investmenttätigkeit. Was unter dieser Abgrenzung zu verstehen ist, wurde vom Verordnungsgeber nicht erläutert. Analog zu den Vorgaben der Bilanz ist hierunter die Unterscheidung in Investmentbetriebsvermögen und Investmentanlagevermögen zu verstehen.

8 Für die laufende Bewertung der Vermögensgegenstände und Schulden ist ein gesonderter Posten vorgesehen. In diesem sind die unrealisierten Bewertungsergebnisse unsaldiert darzustellen. Abschreibungen sind aufgrund der Zeitwertbewertung des Investmentanlagevermögens nur für die Anschaffungsnebenkosten von Sachwerten bei Publikums-InvAG mfK vorgesehen. Diese sind gesondert im Posten Zeitwertänderung auszuweisen. Investmentrechtlich dürfen Anschaffungsnebenkosten über längstens zehn Jahre abgeschrieben werden (§ 271 I Nr. 2). Durch die zeitliche Verteilung der im Rahmen des Erwerbs anfallenden Kosten wird erreicht, dass Anleger, die sich nach der Sachwertinvestition beteiligt haben, keinen Renditevorteil gegenüber Anlegern haben, die sich vor der Investition beteiligen. Sich später beteiligende Anleger kaufen sich damit in die Nebenkosten der Anschaffung ein und teilen sich zeitanteilig die in der Vergangenheit abgeflossenen Investitionsmittel mit den bereits investierten Anlegern. Dem professionellen/semi-professionellen Anleger, der in der Regel der einzige sein wird, wird diese besondere Vorgehensweise nicht ermöglicht, obgleich es vor dem Hintergrund der Gleichbehandlung der Anleger wünschenswert wäre.

Für andere Vermögensgegenstände sieht das Gesetz keine Ausnahmen vor. Gleichwohl kommen in der Praxis wesentliche Erwerbsnebenkosten vor, die im sachlichen und unmittelbaren Zusammenhang mit dem Erwerb von Vermögensgegenständen iSd § 261 I Nr. 2–6 stehen. So ist es vorstellbar, dass die Anschaffungsnebenkosten einer Private-Equity-Beteiligung, die mit Kontrollabsicht erworben wurde, ebenfalls einen wesentlichen Teil im Erwerbsvorgang ausmachen. Eine analoge Anwendung der Regelung zur gesonderten Aktivierung und Abschreibung und eine Ausweitung der Bestimmungen des § 30 II Nr. 1 KARBV auf diesen Vermögensgegenstand und damit eine Berücksichtigung von investmentrechtlichen Besonderheiten ist allerdings verwehrt. Damit scheiden nach investmentrechtlichen Besonderheiten bestimmte Kosten als Anschaffungsnebenkosten aus, die im Vorfeld des Erwerbs angefallen sind. Allerdings sind hierbei die handelsrechtlichen Bestimmungen zu berücksichtigen, so dass bei Private-Equity-Investments unter anderem Kosten, die nach der Entscheidung (bspw. dokumentiert mit einem „letter of intent") für die beabsichtigte Investition anfallen. Hierunter fallen bspw. Kosten für eine Due Diligence (bspw. Financial, Tax, Legal), Kosten der Strukturierung des Investitionsvehikels, Kosten einer Jahresabschluss-/Konzernabschlusserstellung, Bewertungsgutachten und Rechtsberatungskosten wie bspw. die Ausarbeitung des Sales Purchase Agreements oder auch die Ausarbeitung von Beschlüssen und Beschlussvorlagen. Nicht dazu gehören Kosten für die Suche des Investitionsobjektes und Kosten der Beschaffung von Finanzierungsmitteln. Letztere sind ggf. im laufenden Aufwand über die Zeit unter Anwendung des Effektivzinses gesondert zu berücksichtigen. 9

3. Anhang. Besonderheiten für Angaben im Anhang ergeben sich zum einen aus dem Umstand, dass eine Bildung von Teilgesellschaftsvermögen bei einer InvAG mfK ausgeschlossen ist und zum anderen aus § 148 II 1, wonach bei einer Publikums-InvAG mfK zusätzliche Angaben in den Anhang für den Fall aufzunehmen sind, dass eine Beteiligung nach § 261 I Nr. 2–6 erworben wurde. 10

Als erforderliche Angabe ist gem. § 25 III 5 KARBV für die InvAG mfK wie auch bei der geschlossenen InvKG lediglich eine vergleichende Übersicht der letzten drei Geschäftsjahre nach § 14 KARBV in den Anhang aufzunehmen. Diese Angabe kann analog der Regelungen zu Sondervermögen nur für Publikums-InvAG mfK und geschlossene Publikums-InvKG gelten. 11

§ 148 II 1 weitet die Anwendung auf alle Beteiligungen nach § 261 I Nr. 2–6 aus. Nach § 148 II 1 sind folgende Angaben in den Anhang aufzunehmen: 12

1. die Firma, die Rechtsform und der Sitz der Gesellschaften iSd § 261 I Nr. 2–6,
2. das jeweilige Gesellschaftskapital dieser Gesellschaften und
3. die Höhe der Beteiligung sowie der Zeitpunkt ihres Erwerbs durch die AIF-KVG.

Bei Sachwerten, die mittelbar nach § 261 I Nr. 3, 5 und 6 gehalten werden, sind die nach § 25 V 1 KARBV bestimmten Detailinformationen nachrichtlich aufzuführen und besonders zu kennzeichnen. Da bei einer Spezial-InvAG mfK auch weitere Investitionsobjekte in Frage kommen, sind diese Angaben jedoch nicht als abschließend zu verstehen oder nur für Publikums-InvAG mfK anzuwenden. 13

4. Lagebericht. Für den Lagebericht der InvAG mfK gelten die gleichen Regelungen wie für den der InvAG mvK. Zu berücksichtigen sind allerdings die weiteren Angabepflichten nach§ 23 II 2 KARBV sowie der Wegfall der Unterscheidung in Unternehmens- und Anlageaktien sowie die Bildung von Teilgesellschaftsvermögen. 14

III. Abschlussprüfung (§ 148 iVm § 121)

15 **1. Einleitung.** Für die Prüfung sind nach § 148 die gleichen Bestimmungen maßgebend wie für die InvAG mvK. Aufgrund der Gültigkeit der Verordnungsermächtigung nach § 121 IV sind die nach § 46 KAPrüfbV geforderten Besonderheiten zu beachten.

16 **2. Besonderheiten bei der Investmentaktiengesellschaft mit fixem Kapital (§ 46 KAPrüfbV).** Werden im Berichtsjahr für das Investmentvermögen diese Vermögensgegenstände erworben, sind der **vor dem Erwerb** nach § 261 V und VI ermittelte Wert, die vertraglich vereinbarte und die tatsächlich aus dem Investmentvermögen erbrachte Gegenleistung und die Anschaffungsnebenkosten im Prüfungsbericht darzustellen. Im Falle der Veräußerung von diesen Vermögensgegenständen im Berichtsjahr sind die **bei der Veräußerung** nach den §§ 271, 272 ermittelten Werte der vergangenen zwei Jahre einschließlich des Berichtsjahres sowie die vertraglich vereinbarte und die tatsächlich dem Investmentvermögen zugeflossene Gegenleistung im Prüfungsbericht darzustellen (§ 46 I KAPrüfbV).

17 Für Sachwerte, die für das Investmentvermögen **direkt** oder **indirekt** gehalten werden, sich also bereits im Bestand befinden, sind die Verkehrswerte oder Kaufpreise der Sachwerte für das Berichtsjahr und für das Vorjahr anzugeben. Die Angabe hat einzeln je Sachwert zu erfolgen (§ 46 II KAPrüfbV).

Die Angabe ist nur für die Sachwerte notwendig, deren Verkehrswert sich im Vergleich zum Vorjahr um mehr als 5% oder um mehr als 5 Mio. EUR verändert hat. In den Fällen, in denen die Grenzwerte für eine Angabe im Prüfungsbericht einschlägig werden, sind die wesentlichen Parameter, die zu dieser Wertveränderung geführt haben, ebenfalls anzugeben (§ 46 III KAPrüfbV). Die wesentlichen Parameter ergeben sich aus den der Bewertung zugrundeliegenden Informationen. Hier wird sich der Abschlussprüfer der InvAG mfK insb. auf die Ergebnisse des externen Bewerters bzw. des Abschlussprüfers einer Gesellschaft iSd § 261 I Nr. 2–6, an der ein geschlossener Publikums-AIF eine Beteiligung hält, stützen.

Unterabschnitt 3. Allgemeine Vorschriften für geschlossene Investmentkommanditgesellschaften

§ 149 Rechtsform, anwendbare Vorschriften

(1) **[1]Geschlossene Investmentkommanditgesellschaften dürfen nur in der Rechtsform der Kommanditgesellschaft betrieben werden. [2]Die Bestimmungen des Handelsgesetzbuchs sind anzuwenden, soweit sich aus den Vorschriften dieses Unterabschnitts nichts anderes ergibt.**

(2) **[1]Auf geschlossene Investmentkommanditgesellschaften sind § 93 Absatz 7, § 96 Absatz 1, § 132 Absatz 1 und 3 bis 8 sowie § 134 Absatz 2 entsprechend anzuwenden. [2]Für jedes Teilgesellschaftsvermögen sind Anlagebedingungen zu erstellen. [3]Bei Publikumsteilgesellschaftsvermögen müssen diese Anlagebedingungen mindestens die Angaben nach § 266 Absatz 2 enthalten. [4]Die Anlagebedingungen sowie deren Änderungen sind gemäß § 267 von der Bundesanstalt zu genehmigen. [5]Bei Spezialteilgesellschaftsvermögen sind die Anlagebedingungen sowie wesentliche Änderungen der Anlagebedingungen gemäß § 273 der Bundesanstalt vorzu-**

legen. [6]§ 132 Absatz 7 Satz 4 ist mit der Maßgabe anzuwenden, dass für die Abwicklung des Teilgesellschaftsvermögens auch § 154 Absatz 2 Satz 1 Nummer 2 gilt.

Schrifttum: *Freitag* Die „Investmentkommanditgesellschaft" nach dem Regierungsentwurf für ein Kapitalanlagegesetzbuch, NZG 2013, 329; *Schewe* Kommanditgesellschaften im Regelungsbereich des Investmentrecht – Eine Analyse des Spannungsverhältnisses zwischenpersonengesellschaftsrechtlicher Organisationsverfassung und dem System der kollektiven Vermögensverwaltung im KAGB sowie dessen Auswirkungen im Steuerrecht, Schriften zum Wirtschaftsrecht, Band 292, 2017.

A. Rechtsform der geschlossenen InvKG

In § 149 I wird die Rechtsform der geschlossenen InvKG als eine der zulässigen 1
Organisationsformen für geschlossene inländische Investmentvermögen (neben der Organisationsform der InvAG mit fixem Kapital gem. §§ 140ff.) geregelt.

Bei der InvKG handelt es sich wohl nicht um eine neu geschaffene Gesell- 2
schaftsform, sondern um eine reguläre Kommanditgesellschaft iSd HGB (strittig, → § 124 Rn. 3f. mwN; AWZ/*Wallach* § 149 Rn. 3). *Schewe* spricht von einer „modifizierten KG" (vgl. *Schewe,* 199). Andere Gesellschaftsform als die der KG sind unzulässig (→ § 124 Rn. 4, zur Frage des „Typenzwangs der Beteiligungsformen" → § 127 Rn. 6f.). Bei einem Verstoß gegen den Rechtsformzwang ergeben sich sowohl strafrechtliche als auch gesellschaftsrechtliche Konsequenzen (dazu *Freitag* NZG 2013, 329 (330, 333); auch → § 124 Rn. 4). Vorbehaltlich abweichender aufsichtsrechtlicher Regelungen des KAGB sind daher die allgemeinen Vorschriften des HGB auch auf die InvKG anzuwenden (BT-Drs. 17/12294, 249). Siehe jedoch → § 126 Rn. 3ff. zum Verhältnis KAGB und Gesellschaftsrecht, insb. im Hinblick auf die Kernbereichslehre. Ausweislich der Gesetzesbegründung wird mit den letzten Änderungen des zweiten Absatzes die bisher nur für die offenen Investmentvermögen bestehende Möglichkeit zur Bildung von Teilgesellschaftsvermögen auch für geschlossene Investmentvermögen eingeführt. Es habe sich gezeigt, dass in der Praxis diese Ausgestaltungsmöglichkeit der Fondsauflage nicht nur für offene Fonds, sondern auch für geschlossene Fonds nachgefragt wird. Mit der Einführung werde der Gestaltungsspielraum bei der Auflage von Fondsvehikeln erweitert und Nachteile gegenüber anderen Fondsstandorten beseitigt (BT-Drs. 19/17139, 47).

B. Anwendbare Vorschriften

Gemäß § 149 II sind die folgenden Vorschriften für Sondervermögen entspre- 3
chend auf die geschlossene InvKG anwendbar:

- § 93 VII, wonach die Kapitalverwaltungsgesellschaft aus ihrem eigenen Vermögen den fehlenden Betrag in das Sondervermögen einzulegen hat, wenn Anteile in den Verkehr gelangt sind, ohne dass der Anteilswert dem Sondervermögen zugeflossen ist; und
- § 96 I, betreffend die Unterteilung der Anteile an einem Sondervermögen in Anteilklassen.

Gleichlautende Verweisketten finden sich – mit Ausnahme für die InvAG mit veränderlichem Kapital (§ 108 IV, der auf § 96 insgesamt verweist) – ebenfalls für die InvAG mit fixem Kapital (§ 140 III) und die offene InvKG (§ 124 II). Im Übrigen ist auf → § 124 Rn. 6f. zu verweisen.

4 Dass Abs. 2 allein auf § 96 I und nicht auf § 96 insgesamt – eine Umbrella-Konstruktion – verweist, hat seinen Grund darin, dass § 132 für die offene InvKG bereits die Bildung von Teilgesellschaftsvermögen vorsieht und insoweit lex specialis ist (BTMB/*Hüwel* § 124 Rn. 28).

§ 150 Gesellschaftsvertrag

(1) [1]**Der Gesellschaftsvertrag einer geschlossenen Investmentkommanditgesellschaft bedarf der Schriftform.** [2]**Abweichend von Satz 1 ist bei geschlossenen Spezialinvestmentkommanditgesellschaften die Textform ausreichend.**

(2) [1]**Gesellschaftsvertraglich festgelegter Unternehmensgegenstand der geschlossenen Investmentkommanditgesellschaft muss ausschließlich die Anlage und Verwaltung ihrer Mittel nach einer festgelegten Anlagestrategie zur gemeinschaftlichen Kapitalanlage**

1. **bei geschlossenen Publikumsinvestmentkommanditgesellschaften nach den §§ 261 bis 272 und**
2. **bei geschlossenen Spezialinvestmentkommanditgesellschaften nach den §§ 273 bis 277 und 285 bis 292c**

zum Nutzen der Anleger sein. [2]**Der Gesellschaftsvertrag von geschlossenen Spezialinvestmentkommanditgesellschaften muss zusätzlich festlegen, dass die Anteile der Gesellschaft ausschließlich von professionellen Anlegern und semiprofessionellen Anlegern erworben werden dürfen.**

(3) **Der Gesellschaftsvertrag hat vorzusehen, dass**

1. **Ladungen zu Gesellschafterversammlungen unter vollständiger Angabe der Beschlussgegenstände in Textform erfolgen und**
2. **über die Ergebnisse der Gesellschafterversammlung ein Protokoll in Textform anzufertigen ist, von dem die geschlossene Investmentkommanditgesellschaft den Anlegern eine Kopie zu übersenden hat.**

(4) **Im Gesellschaftsvertrag darf nicht von § 130 Absatz 1 Nummer 3 und 4 sowie Absatz 3 des Handelsgesetzbuchs abgewichen werden.**

A. Das Schriftformerfordernis des Gesellschaftsvertrags

1 In § 150 I wird ein Schriftformerfordernis (§ 126 BGB) für den Gesellschaftsvertrag der geschlossenen InvKG normiert, um die Transparenz des Gesellschaftsvertrags und damit den Schutz der Anleger sicherzustellen (BT-Drs. 17/12294, 249; AWZ/*Wallach* § 150 Rn. 2).

2 Das Schriftformerfordernis gilt ebenso für Änderungen des Gesellschaftsvertrags (sa BSV/*Klebeck*/*Kunschke* § 151 Rn. 13; AWZ/*Wallach* § 150 Rn. 5), wenngleich „Änderungen" vom Wortlaut des § 150 I nicht erfasst sind. Dies würde dem Sinn und Zweck des § 150 I, dem Anlegerschutz, zuwiderlaufen. Eine Änderung des Gesellschaftsvertrages durch schlüssiges Verhalten der Gesellschafter kommt nach

den allgemeinen Regeln des Personengesellschaftsrechts auch bei gewillkürter Schriftform in Betracht (vgl. MHdB GesR I/*Möhrle* § 47 Rn. 95 mwN). Bei der InvKG liegt jedoch eine gesetzlich angeordnete Schriftform vor. Eine Änderung des Gesellschaftsvertrags dürfte deshalb bei der InvKG auch dann nicht vorliegen, wenn die Gesellschafter über lange Zeit eine vom Gesellschaftsvertrag abweichende Praxis betreiben, die von den Gesellschaftern vorbehaltslos- und widerspruchslos hingenommen wird (vgl. BSV/*Klebeck/Kunschke* § 150 Rn. 13f. mwN).

Zu den Rechtsfolgen der Nichtbeachtung der Schriftform → § 125 Rn. 2f. **3**

B. Die Bestimmung des Unternehmensgegenstandes

I. Allgemeines

Der Unternehmensgegenstand einer geschlossenen InvKG darf ausschließlich **4** (kumulativ) die (1) Anlage und Verwaltung eigener Mittel, (2) nach einer festgelegten Anlagestrategie, (3) zur gemeinschaftlichen Kapitalanlage und (4) zum Nutzen der Anleger sein. Je nachdem, ob es sich um eine geschlossene Publikums-InvKG oder um eine geschlossene Spezial-InvKG handelt, ist der Unternehmensgegenstand gem. den jeweils anwendbaren Produktvorschriften zu spezifizieren. Im Falle einer geschlossenen Publikums-InvKG erfolgt die Spezifizierung durch die Produktvorschriften für geschlossene inländische Publikums-AIF gem. §§ 261–272 KAGB; im Falle einer geschlossenen Spezial-InvKG durch die Produktvorschriften für geschlossene inländische Spezial-AIF gem. §§ 285–292.

II. (Semi-)Professionelle Anleger

Der Gesellschaftsvertrag einer geschlossenen Spezial-InvKG muss den Erwerb **5** von Gesellschaftsanteilen auf professionelle Anleger iSd § 1 XIX Nr. 32 und semiprofessionelle Anleger iSd § 1 XIX Nr. 33 beschränken. Hierdurch wird sichergestellt, dass die geschlossene Spezial-InvKG als Spezial-AIF iSd § 1 VI qualifiziert. An dem ursprünglichen Wortlaut des Gesetzentwurfes der Bundesregierung, wonach Anteile an der geschlossenen Spezial-InvKG ausschließlich von professionellen und semi-professionellen Anlegern „gehalten" werden durften, hat der Gesetzgeber nicht festgehalten (vgl. BT-Drs. 17/12294, 85). Die heutige Fassung des Gesetzes geht auf die Beschlussempfehlung des Finanzausschusses zurück, nach der die Anteile ausschließlich von professionellen und semi-professionellen Anlegern „erworben" werden dürfen (Beschlussempfehlung des Finanzausschusses zum Gesetzentwurf der Bundesregierung, BT-Drs. 17/13395, 169, 406).

Insoweit ist klargestellt, dass für die Qualifikation des Anlegers als professionell **6** oder semi-professionell der Zeitpunkt der Zeichnung und nicht der Zeitraum des Haltens der Anteile maßgeblich ist (vgl. BT-Drs. 17/13395, 406). Diese Änderung ist insofern sachgerecht, als dass andernfalls regelmäßig überprüft werden müsste, ob die Anleger die gestellten Voraussetzungen auch zu späteren Zeitpunkten weiterhin erfüllen. Es ist daher unerheblich, wenn ein Anleger nach seinem Beitritt nicht mehr als professioneller oder semi-professioneller Anleger qualifiziert. Offen lassen sowohl das KAGB als auch die Gesetzesbegründung, welche Folgen sich aus dem Beitritt eines nicht qualifizierten Anlegers zu einer geschlossenen Spezial-InvKG ergeben. Nach hier vertretener Auffassung handelt es sich bei der Regelung des

§ 150 II 2 nicht um ein gesetzliches Verbot iSd § 134 BGB; es finden die Grundsätze der Lehre von der fehlerhaften Gesellschaft Anwendung (vgl. etwa Grüneberg/*Sprau* BGB § 705 Rn. 17ff.). Zur entsprechende Problematik iRd offenen InvKG → § 127 Rn. 3.

III. Sonstiges

7 Im Übrigen ist darauf hinzuweisen, dass der Gesellschaftsvertrag hier, bei der geschlossenen InvKG, keine „unbestimmte", genauer: unbegrenzte, Laufzeit vorsehen darf (BT-Drs. 437/15, 73; vgl. auch → § 161 Rn. 3). Zu den Abs. 3, 4 → § 125 Rn. 6f. Absatz 4 wurde durch die Änderungen des MoPeG redaktionell angepasst. Hinsichtlich des Zeitpunkts des Ausscheidens des Gesellschafters wurde klarstellend der Verweis auf § 130 III HGB aufgenommen (Begr. RegE MoPeG, BT-Drs. 19/27635, 286).

§ 151 Anlagebedingungen

[1]Die Anlagebedingungen der geschlossenen Investmentkommanditgesellschaft sind zusätzlich zum Gesellschaftsvertrag zu erstellen. [2]Die Anlagebedingungen sind nicht Bestandteil des Gesellschaftsvertrages. [3]In allen Fällen, in denen der Gesellschaftsvertrag veröffentlicht, ausgehändigt oder in anderer Weise zur Verfügung gestellt werden muss, ist auf die jeweiligen Anlagebedingungen zu verweisen und sind diese ebenfalls zu veröffentlichen, auszuhändigen oder in anderer Weise zur Verfügung zu stellen.

A. Allgemeines

1 § 151 fordert zusätzlich zum Gesellschaftsvertrag die Erstellung von Anlagebedingungen der geschlossenen InvKG, wobei diese nicht Bestandteil desselben sein dürfen. Der praktische Vorteil des Trennungsgebots liegt darin, dass Gesellschaftsvertrag einerseits und Anlagebedingungen andererseits ihren eigenen Regeln über Wirksamwerden und Abänderung unterfallen (AWZ/*Wallach* § 151 Rn. 4). Die Anlagebedingungen der geschlossenen Publikums-InvKG sind gem. §§ 266, 267, diejenigen der geschlossenen Spezial-InvKG gem. § 273 zu erstellen (BT-Drs. 17/12294, 250). Das Rechtsverhältnis der Anleger und der InvKG soll sich aus den Anlagebedingungen „in Verbindung mit dem Gesellschaftsvertrag" ergeben (vgl. §§ 266 I Nr. 2, 273 S. 1 Nr. 3).

2 Die Anlagebedingungen sind schriftlich festzuhalten. Im Falle der geschlossenen Publikums-InvKG sind sie von der BaFin genehmigen zu lassen. Im Falle der geschlossenen Spezial-InvKG sind sie der BaFin vorzulegen. Dies gilt auch für alle Änderungen der Anlagebedingungen der geschlossenen Publikums-InvKG sowie für wesentliche Änderungen der Anlagebedingungen der geschlossenen Spezial-InvKG. Die inhaltlichen Anforderungen an die Anlagebedingungen bestimmen sich für die geschlossene Publikums-InvKG insb. nach § 266. Entsprechende Anforderungen an den Inhalt der Anlagebedingungen der geschlossenen Spezial-InvKG sieht das KAGB hingegen nicht vor (so auch BTMB/*Könnecke* § 151 Rn. 3).

Eine § 151 entsprechende Regelung enthält § 143 für die InvAG mit fixem Kapital, die weitgehend aus § 96 Id InvG übernommen wurde (BT-Drs. 17/12294, 250); vergleichbare Regelungen finden sich im Übrigen für alle Fondsvehikel des KAGB. 3

B. Das Verhältnis von Anlagebedingungen und Gesellschaftsvertrag

Betreffend das Verhältnis von Anlagebedingungen und Gesellschaftsvertrag → § 126 Rn. 3ff. 4

§ 152 Anleger

(1) [1]Anleger dürfen sich an der geschlossenen Investmentkommanditgesellschaft nur unmittelbar als Kommanditisten beteiligen. [2]Abweichend von Satz 1 dürfen sich Anleger an der geschlossenen Publikumsinvestmentkommanditgesellschaft auch mittelbar über einen Kommanditisten (Treuhandkommanditisten) beteiligen. [3]Bei mittelbarer Beteiligung über einen Treuhandkommanditisten hat der mittelbar beteiligte Anleger im Innenverhältnis der Gesellschaft und der Gesellschafter zueinander die gleiche Rechtsstellung wie ein Kommanditist. [4]Der mittelbar beteiligte Anleger oder der am Erwerb einer mittelbaren Beteiligung Interessierte gilt als Anleger oder am Erwerb eines Anteils Interessierter im Sinne dieses Gesetzes.

(2) [1]Eine Rückgewähr der Einlage oder eine Ausschüttung, die den Wert der Kommanditeinlage unter den Betrag der Einlage herabmindert, darf nur mit Zustimmung des betroffenen Kommanditisten erfolgen. [2]Vor der Zustimmung ist der Kommanditist darauf hinzuweisen, dass er den Gläubigern der Gesellschaft unmittelbar haftet, soweit die Einlage durch die Rückgewähr oder Ausschüttung zurückbezahlt wird. [3]Bei mittelbarer Beteiligung über einen Treuhandkommanditisten bedarf die Rückgewähr der Einlage oder eine Ausschüttung, die den Wert der Kommanditeinlage unter den Betrag der Einlage herabmindert, zusätzlich der Zustimmung des betroffenen mittelbar beteiligten Anlegers; Satz 2 gilt entsprechend.

(3) [1]Der Anspruch der geschlossenen Investmentkommanditgesellschaft gegen einen Kommanditisten auf Leistung der Einlage erlischt, sobald er seine Kommanditeinlage erbracht hat. [2]Die Kommanditisten sind nicht verpflichtet, entstandene Verluste auszugleichen. [3]Eine Nachschusspflicht der Kommanditisten ist ausgeschlossen. [4]§ 707 des Bürgerlichen Gesetzbuchs ist nicht abdingbar. [5]Entgegenstehende Vereinbarungen sind unwirksam.

(4) Der Eintritt eines Kommanditisten in eine bestehende geschlossene Investmentkommanditgesellschaft wird erst mit der Eintragung des Eintritts des Kommanditisten im Handelsregister wirksam.

(5) Bei geschlossenen Publikumsinvestmentkommanditgesellschaften können die Kommanditisten dem Geschäftsbeginn nicht zustimmen, bevor die Gesellschaft in das Handelsregister eingetragen ist.

(6) [1]**Scheidet ein Kommanditist während der Laufzeit der Investmentkommanditgesellschaft aus der Investmentkommanditgesellschaft aus, gilt die Erfüllung des Abfindungsanspruchs nicht als Rückzahlung der Einlage des Kommanditisten.** [2]**Ab dem Zeitpunkt des Ausscheidens haftet der ausgeschiedene Kommanditist nicht für Verbindlichkeiten der Investmentkommanditgesellschaft.**

(7) **Bei geschlossenen Publikumsinvestmentkommanditgesellschaften sind Sacheinlagen unzulässig.**

Schrifttum: *Wiedemann* Alte und neue Kommanditgesellschaften, NZG 2013, 1041.

A. Unmittelbare Beteiligung (Abs. 1)

1 Die Regelung des § 152 I 1 KAGB, nach der sich Anleger an einer geschlossenen InvKG nur unmittelbar als Kommanditisten beteiligen dürfen, bezweckt den Ausschluss mittelbarer Beteiligungen über Treuhandkommanditisten zur Sicherung der Transparenz des Fondsvehikels iRd Registerpublizität des Handelsregisters (vgl. zur entsprechenden Regelung für die offene InvKG in § 127 I 2, BT-Drs. 17/12294, 242). Da die geschlossene Publikums-InvKG gem. § 152 I 2 von dieser Vorschrift ausgenommen ist, gilt die Regelung des § 152 I 1 im Ergebnis allein für die geschlossene Spezial-InvKG.

2 Nach Sinn und Zweck der Regelung nicht ausgeschlossen sein können hingegen auch im Rahmen der geschlossenen Spezial-InvKG Anlagen durch andere Investmentvehikel oder im Rahmen von Treuhandkonstellationen auf Anlegerseite. Insofern ist – wie schon iRd § 127 I – lediglich von einem Ausschluss mittelbarer Anlagen über zur Beteiligungsstruktur der geschlossenen Spezial-InvKG zugehörige Treuhandkommanditisten iSd § 152 I 2 auszugehen (vgl. → § 127 Rn. 5).

3 Die Zulässigkeit der mittelbaren Beteiligung über einen Treuhandkommanditisten iRd geschlossenen Publikums-InvKG gem. § 152 I 2 wird mit den praktischen Schwierigkeiten und hohen Kosten begründet, die angesichts der bei Publikums-Investmentvermögen typischen Vielzahl von Anlegern mit einer Handelsregistereintragung aller Kommanditisten verbunden wären (BT-Drs. 17/12294, 250). Gemäß § 152 I 3 u. 4wird der mittelbar beteiligte Anleger (bzw. der am Erwerb einer mittelbaren Beteiligung Interessierte) im Innenverhältnis der Gesellschaft und der Gesellschafter zueinander einem Kommanditisten sowie für die Zwecke des KAGB allgemein einem unmittelbaren Anleger rechtlich gleichgestellt. Damit gelten insb. die Anlegerschutz- und Informationsvorschriften des KAGB auch für mittelbar beteiligte Anleger bzw. für am Erwerb einer mittelbaren Beteiligung Interessierte (so etwa die Vorschriften für den Vertrieb und den Erwerb von Investmentvermögen in Kapitel 4 des KAGB) (BT-Drs. 17/12294, 250).

B. Einlagenrückgewähr und Ausschüttung (Abs. 2)

4 Durch § 152 II soll sichergestellt werden, dass das Anlagevermögen iHd Einlagen der Kommanditisten gem. § 162 I HGB erhalten bleibt bzw. nur mit Zustimmung betroffener Kommanditisten herabgesetzt wird (BT-Drs. 17/12294, 250).

Wird die Einlage eines Kommanditisten ganz oder teilweise zurückbezahlt, so gilt sie gegenüber den Gläubigern der Gesellschaft gem. §§ 172 IV 1, 171 I HGB als insoweit nicht geleistet; der Kommanditist haftet den Gläubigern insoweit unmittelbar. Das Gleiche gilt gem. §§ 172 IV 2, 171 I HGB, soweit ein Kommanditist Gewinnanteile entnimmt, während sein Kapitalanteil durch Verlust unter den Betrag der geleisteten Einlage herabgemindert ist, oder soweit durch die Entnahme der Kapitalanteil unter den bezeichneten Betrag herabgemindert wird. 5

Betroffene Kommanditisten sind gem. § 152 II 2 daher vor ihrer Zustimmung auf diese Rechtsfolgen hinzuweisen. Dies soll dem Schutz des jeweiligen Kommanditisten vor einem Eingriff in den Kernbereich seiner Rechtsposition dienen und den Minderheitenschutz im Recht der Personengesellschaften stärken (*Wiedemann* NZG 2013, 1041 (1043)). Unter anderem in dieser Regelung kommt eine deutliche Unterscheidung zwischen dem Kommanditisten einer InvKG als bloßem Fondsanleger und einem Gesellschafter einer Handelsgesellschaft zum Ausdruck (auch → § 127 Rn. 10). 6

Bleibt der erforderliche Hinweis aus, lässt dies das Haftungsregime des § 172 IV HGB zum Schutz der Gläubiger aber unberührt; dem betroffenen Kommanditisten stehen in diesem Fall jedoch analog § 31 BGB Schadenersatzansprüche gegenüber der geschlossenen InvKG zu, die ihrerseits ggf. die Geschäftsführung in Regress nehmen kann (*Freitag* NZG 2013, 329 (335)). 7

Im Falle einer mittelbaren Beteiligung an einer geschlossenen Publikums-InvKG über einen Treuhandkommanditisten gem. § 152 I 2 ist zwar eine unmittelbare Außenhaftung gem. §§ 128, 171, 172 HGB des Anlegers ausgeschlossen. Jedoch droht dem Anleger im Falle einer Rückgewähr der Einlage oder einer Ausschüttung, die den Wert der Kommanditeinlage unter den Betrag der Einlage herabmindert, auf Grund des Geschäftsbesorgungs- und Treuhandvertrages mit dem Treuhandkommanditisten insoweit eine Inregressnahme durch Letzteren. Zum Schutz des mittelbaren Anlegers bedarf es daher gem. § 152 II 3, entsprechend der Regelung für unmittelbar beteiligte Kommanditisten, zusätzlich eines diesbezüglichen Hinweises und der Zustimmung des betroffenen mittelbaren Anlegers (BT-Drs. 17/12294, 250). 8

C. Anspruch auf Einlage und Nachschusspflicht (Abs. 3)

In § 152 III wird die Innenhaftung der Anleger geregelt. Gemäß Abs. 3 S. 1 erlischt die Einlageverpflichtung des Kommanditisten mit Erbringung der Kommanditeinlage. Eine Nachschusspflicht des Anlegers ist (wie bei allen anderen Fondsvehikeln für Investmentvermögen im Rahmen des KAGB) durch den nicht dispositiven Abs. 3 ausgeschlossen; § 707 BGB ist insoweit zwingendes Recht. Vereinbarungen, die den in § 152 III normierten Regelungen entgegenstehen, etwa eine antizipierte Zustimmung im Gesellschaftsvertrag zur nachträglichen Erhöhung der Einlagenpflicht, sind zum Schutz der Anleger unwirksam (in diesem Sinne auch *Wiedemann* NZG 2013, 1041 (1043)). Derart unwirksame Bestimmungen führen nicht zur Nichtigkeit des Gesellschaftsvertrags insgesamt gem. § 134 BGB, sondern lediglich zur Nichtigkeit der dem KAGB entgegenstehenden Regelung nach § 139 BGB aE (vgl. etwa MüKoBGB/*Schäfer* § 705 Rn. 333ff.). 9

D. Haftungsprivilegierung des Kommanditisten (Abs. 4)

10 Die Regelung in § 152 IV begründet eine weitere Haftungsprivilegierung des Kommanditisten einer geschlossenen InvKG gegenüber dem Haftungsregime des HGB. Aufgrund der im Rahmen des KAGB konstitutiven und nicht lediglich deklaratorischen Natur der Handelsregistereintragung des Eintritts des Kommanditisten ist eine unbeschränkte Haftung des Kommanditisten nach § 176 II HGB für die in der Zeit zwischen seinem Eintritt und der Eintragung begründeten Verbindlichkeiten der Gesellschaft ausgeschlossen. Unberührt lässt das KAGB hingegen die Regelung nach den §§ 161 II, 130 HGB, wonach der eintretende Gesellschafter gleich den anderen Gesellschaftern auch für vor seinem Eintritt begründete Verbindlichkeiten der Gesellschaft haftet. Dies ist sachgerecht, denn der eintretende Gesellschafter profitiert im Gegenzug von etwaigen positiven Wertentwicklungen und haftet ohnehin nur in Höhe seiner Einlage (Haftsumme) (*Freitag* NZG 2013, 329 (335)).

11 Zu der Beteiligung eines Kommanditisten während der Beitrittsphase → § 127 Rn. 5ff.

E. Geschäftsbeginn, Abfindungsanspruch und Sacheinlagen (Abs. 5)

12 § 152 V dient dem Schutz der regelmäßig besonders schutzbedürftigen (Privat-) Anleger einer geschlossenen Publikums-InvKG vor einer unbeschränkten Haftung nach § 176 I HGB des dem Geschäftsbeginn zustimmenden Kommanditisten für bis zur Eintragung der Gesellschaft in das Handelsregister.

13 Die Regelungen in § 152 VI dienen dem vollumfänglichen Ausschluss der Nachhaftung des aus der geschlossenen InvKG ausscheidenden Kommanditisten, insb. dem Ausschluss der Rechtsfolge des § 172 IV HGB. Als bloßer Anleger eines Investmentvermögens soll der Kommanditist entsprechend dem Aktionär einer InvAG mit veränderlichem Kapital gem. § 116 II behandelt werden, der insoweit dem aufgehobenen § 105 II InvG entspricht (BT-Drs. 17/12294, 250f.).

14 Das Sacheinlagenverbot gem. § 152 VII dient dem Schutz der regelmäßig besonders schutzbedürftigen (Privat-)Anleger einer geschlossenen Publikums-InvKG vor einer Verwässerung der Werthaltigkeit ihrer Beteiligung (BT-Drs. 17/12294, 251). Die Regelung entspricht derjenigen des § 109 V für die Publikums-InvAG mit veränderlichem Kapital, die ihrerseits aus §§ 99 III, 23 I InvG übernommen wurde.

§ 153 Geschäftsführung, Beirat

(1) [1]**Die Geschäftsführung der geschlossenen Investmentkommanditgesellschaft besteht aus mindestens zwei Personen.** [2]**Die Voraussetzung nach Satz 1 ist auch dann erfüllt, wenn Geschäftsführer der geschlossenen Investmentkommanditgesellschaft eine juristische Person ist, deren Geschäftsführung ihrerseits von zwei Personen wahrgenommen wird.** [3]**Die Geschäftsführung ist verpflichtet,**

1. bei der Ausübung ihrer Tätigkeit im ausschließlichen Interesse der Gesellschafter und der Integrität des Marktes zu handeln,
2. ihre Tätigkeit mit der gebotenen Sachkenntnis, Sorgfalt und Gewissenhaftigkeit im besten Interesse des von ihr verwalteten Vermögens und der Integrität des Marktes auszuüben und
3. sich um die Vermeidung von Interessenkonflikten zu bemühen und, wenn diese sich nicht vermeiden lassen, dafür zu sorgen, dass unvermeidbare Konflikte unter der gebotenen Wahrung der Interessen der Gesellschafter gelöst werden.

[4]Die Geschäftsführung hat bei der Wahrnehmung ihrer Aufgaben unabhängig von der Verwahrstelle zu handeln.

(2) **[1]Die Mitglieder der Geschäftsführung müssen zuverlässig sein und die zur Leitung der geschlossenen Investmentkommanditgesellschaft erforderliche fachliche Eignung haben, auch in Bezug auf die Art des Unternehmensgegenstandes der geschlossenen Investmentkommanditgesellschaft. [2]Die Bestellung und das Ausscheiden von Mitgliedern der Geschäftsführung sind der Bundesanstalt unverzüglich anzuzeigen.**

(3) **[1]Die intern verwaltete geschlossene Publikumsinvestmentkommanditgesellschaft hat einen Beirat zu bilden, der die Geschäftsführung bei der Umsetzung der Anlagebedingungen überwacht. [2]§ 18 Absatz 2 Satz 4 und Absatz 3 Satz 2 und 4 gilt entsprechend. [3]Die Persönlichkeit und die Sachkunde der Mitglieder des Beirats müssen Gewähr dafür bieten, dass die Interessen der Anleger gewahrt werden. [4]Die Bestellung und das Ausscheiden von Mitgliedern des Beirats ist der Bundesanstalt unverzüglich anzuzeigen.**

(4) **[1]Mitglieder der Geschäftsführung oder des Beirats der geschlossenen Investmentkommanditgesellschaft dürfen Vermögensgegenstände weder an die Investmentkommanditgesellschaft veräußern noch von dieser erwerben. [2]Erwerb und Veräußerung von Kommanditanteilen durch die Mitglieder der Geschäftsführung sind davon nicht erfasst.**

(5) **Die Bundesanstalt kann die Abberufung der Geschäftsführung oder von Mitgliedern der Geschäftsführung verlangen und ihnen die Ausübung ihrer Tätigkeit untersagen, wenn**
1. Tatsachen vorliegen, aus denen sich ergibt, dass die Geschäftsführung oder Mitglieder der Geschäftsführung nicht zuverlässig sind oder die zur Leitung erforderliche fachliche Eignung gemäß Absatz 3 nicht haben oder
2. die Geschäftsführung oder Mitglieder der Geschäftsführung nachhaltig gegen die Bestimmungen dieses Gesetzes oder des Geldwäschegesetzes verstoßen.

Schrifttum: *Freitag* Die „Investmentkommanditgesellschaft“ nach dem Regierungsentwurf für ein Kapitalanlagegesetzbuch, NZG 2013, 329.

A. Die Geschäftsführung innerhalb der geschlossenen InvKG (Abs. 1)

1 Die Regelung des Abs. 1 entspricht im Wesentlichen der des § 119 I betreffend den Vorstand einer InvAG mit veränderlichem Kapital, die ihrerseits aus dem aufgehobenen § 106 InvG übernommen wurde. Hinsichtlich der Pflichten der Geschäftsführung kann insoweit auf die Kommentierung zu § 119 verwiesen werden.

2 Weitergehend wird klargestellt, dass das Erfordernis der aus mindestens zwei Personen bestehenden Geschäftsführung neben einer Bestellung von zwei natürlichen Personen zu Geschäftsführern auch dadurch erfüllt werden kann, dass die Geschäftsführung von einer juristischen Person wahrgenommen wird, deren Geschäftsführung ihrerseits von mindestens zwei natürlichen Personen wahrgenommen wird (BT-Drs. 17/12294, 251). Letzteres wird aufgrund von Haftungserwägungen in der Praxis der Regelfall sein, wobei dann zum Zwecke der steuerlichen „Entprägung" iSv § 15 III Nr. 2 EStG ein geschäftsführender Kommanditist bestellt werden wird, soweit die Anlagestrategie für Zwecke der Est und GewSt als vermögensverwaltend eingestuft werden kann. Die Geschäftsführer der geschlossenen InvKG sind gesamtgeschäftsführungsbefugt. Hierfür spricht bereits das Erfordernis einer aus zwei Personen bestehenden Geschäftsführung. Zwar sind nach §§ 161 II, 115 HGB mehrere Geschäftsführer einer KG grundsätzlich einzelgeschäftsführungsbefugt. Entscheidend muss jedoch sein, dass die Regelung der Geschäftsführung der geschlossenen InvKG insoweit auf den aufgehobenen § 106 InvG betreffend die InvAG zurückgeht (BT-Drs. 17/12294, 251) und für den Vorstand einer AG gem. § 77 I AktG grundsätzlich Gesamtgeschäftsführungsbefugnis gilt (so auch *Freitag* NZG 2013, 329 (334)).

3 Aus denselben Gründen, und um ein Auseinanderfallen von Geschäftsführungsbefugnis und Vertretungsberechtigung zu vermeiden, muss iRd geschlossenen InvKG dementsprechend Gesamtvertretungsberechtigung für die Geschäftsführer analog § 78 II 1 AktG gelten und eine Einzelvertretung nach §§ 161 II, 125 I HGB ausscheiden (so auch *Freitag* NZG 2013, 329 (334); AWZ/*Wallach* § 153 Rn. 3).

B. Eignung der Geschäftsführer (Abs. 2)

4 Nach § 153 II müssen die Geschäftsführer einer geschlossenen InvKG sowohl zuverlässig als auch fachlich geeignet sein, insb. im Hinblick auf die Art des Unternehmensgegenstandes der InvKG (zur fachlichen Eignung siehe *Eichhorn* WM 2016, 145; dieser kommentiert das Merkblatt für die Prüfung der fachlichen Eignung und Zuverlässigkeit von Geschäftsleitern gem. VAG, KWG, ZAG und InvG (abrufbar auf der Website der BaFin). Für die intern verwaltete geschlossene InvKG hat § 153 II lediglich deklaratorischen Charakter, da sich diese Anforderungen insoweit bereits aus § 22 ergeben (vgl. BT-Drs. 17/12294, 243). Die BaFin hat hierzu ein Geschäftsleiter-Merkblatt v. 4.1.2016 veröffentlicht, zuletzt geändert am 31.1.2017 (AWZ/*Wallach* § 153 Rn. 20). Einen eigenständigen Regelungsgehalt entfaltet § 153 II mangels Geltung des § 22 jedoch für die Geschäftsführung der extern verwalteten geschlossenen InvKG; entsprechende Regelungen gelten für alle

extern verwalteten Investmentgesellschaften iRd KAGB (vgl. BT-Drs. 17/12294, 243). Entsprechend den Regelungen bei anderen Investmentgesellschaften (vgl. §§ 119 II 2, 128 II 2 und 147 II 2) sowie entsprechend der Anzeigepflicht in Abs. 3 S. 3 für die Mitglieder des Beirats sieht der angefügte S. 2 vor, dass die Bestellung und das Ausscheiden von Mitgliedern der Geschäftsführung der BaFin anzuzeigen ist (BT-Drs. 18/6744, 60).

C. Beirat (Abs. 3)

Während jede externe Kapitalverwaltungsgesellschaft nach § 18 II KAGB einen Aufsichtsrat bzw. Beirat bilden muss, gilt dies grundsätzlich nicht für intern verwaltete Investmentgesellschaften. Eine von diesem Grundsatz abweichende Regelung trifft § 153 III KAGB zum Schutz der Anleger für die intern verwaltete geschlossene Publikums-InvKG (BT-Drs. 17/12294, 251), wonach diese zur Überwachung der Umsetzung der Anlagebedingungen durch die Geschäftsführung einen Beirat zu bilden hat. Für die Zusammensetzung sowie die Rechte und Pflichten des Beirats gilt § 18 II 4, III 2 entsprechend. Im Übrigen entspricht § 153 III der Regelung des § 119 III für die InvAG mit veränderlichem Kapital; mangels Arbeitnehmermitbestimmungsrechten iRe KG entfällt lediglich eine § 119 III 4 entsprechende Regelung (BT-Drs. 17/12294, 251). 5

D. Erwerbs- und Veräußerungsverbot (Abs. 4)

§ 153 IV entspricht der Regelung des § 119 IV für Mitglieder des Vorstands und Aufsichtsrats der InvAG mit veränderlichem Kapital, die ihrerseits aus dem aufgehobenen § 106b InvG übernommen wurde (BT-Drs. 17/12294, 251). Es ist den Mitgliedern der Geschäftsführung und des Beirats der geschlossenen InvKG untersagt, Vermögensgegenstände an die Gesellschaft zu veräußern oder von dieser zu erwerben. Das Verbot derartiger Insichgeschäfte dient der Vermeidung von Interessenkonflikten (auch AWZ/*Wallach* § 153 Rn. 36). Ausdrücklich ausgenommen von diesem Verbot sind der Erwerb und die Veräußerung von Kommanditanteilen an der geschlossenen InvKG durch die Geschäftsführer, wobei ein Geschäftsführer, der Komplementär der geschlossenen InvKG ist, in jedem Fall seine Stellung als Komplementär beibehält und nicht zum Kommanditisten wird (BT-Drs. 17/12294, 251). Nach Sinn und Zweck der Regelung muss diese Ausnahme auch für die Mitglieder des Beirats gelten, vorbehaltlich der Einschränkung des § 153 III 2 iVm § 18 III 2. 6

E. Maßnahmen der BaFin (Abs. 5)

Nach § 153 V ist die BaFin berechtigt, nicht hinreichend qualifizierten oder unzuverlässigen Geschäftsführern die Ausübung ihres Amtes zu untersagen und ihre Abberufung zu verlangen, wenn einer der in Abs. 5 Nr. 1 oder Nr. 2 normierten Fälle vorliegt. Der Verweis in Abs. 5 Nr. 1 auf Abs. 3 ist ein Redaktionsversehen und müsste richtigerweise auf Abs. 2 lauten (so auch BTMB/*Könnecke* § 153 Rn. 79). Für die intern verwaltete geschlossene InvKG hat Abs. 5 lediglich deklaratorischen Charakter, da sich diese Befugnis der BaFin insoweit bereits aus § 40 er- 7 gibt. Einen eigenständigen Regelungsgehalt entfaltet Abs. 5 mangels Geltung des § 40 jedoch für die Geschäftsführung der extern verwalteten geschlossenen InvKG; eine entsprechende Regelung gilt für alle extern verwalteten Investmentgesellschaften iRd KAGB (BT-Drs. 17/12294, 251).

8 Ist Geschäftsführer der geschlossenen InvKG eine juristische Person und verfügt diese nach der Geschäftsführerabberufung nicht mehr über mindestens zwei Geschäftsführer, so ist für diese nach § 153 I eine entsprechende Zahl neuer Geschäftsführer zu ernennen. Handelt es sich bei dem nach Abs. 5 abberufenen Geschäftsführer der geschlossenen InvKG um eine natürliche Person und Gesellschafter der InvKG, was freilich aufgrund Haftungserwägungen in der Praxis kaum der Fall sein wird, kommt eine gerichtliche Notbestellung eines Gesellschaftergeschäftsführers analog § 85 AktG nicht in Betracht, da dies einen Eingriff in die Gesellschafterstruktur bedeuten würde (*Freitag* NZG 2013, 329 (334)). Sachgerecht erscheint insoweit, auf die Grundsätze zur zwischenzeitlichen Geschäftsführungskompetenz für die KG (vgl. MüKoHGB/*Jickeli* § 117 Rn. 78) zurückzugreifen.

§ 154 Verwaltung und Anlage

(1) [1]**Die geschlossene Investmentkommanditgesellschaft kann eine ihrem Unternehmensgegenstand entsprechende externe AIF-Kapitalverwaltungsgesellschaft bestellen. [2]Dieser obliegt insbesondere die Anlage und Verwaltung des Kommanditanlagevermögens. [3]Die Bestellung der externen AIF-Kapitalverwaltungsgesellschaft ist kein Fall des § 36. [4]Die AIF-Kapitalverwaltungsgesellschaft ist berechtigt, die Verwaltung der Mittel der geschlossenen Investmentkommanditgesellschaft zu kündigen. [5]§ 99 Absatz 1 bis 4 ist mit den folgenden Maßgaben entsprechend anzuwenden:**

1. **eine Kündigung kann nur aus wichtigem Grund erfolgen;**
2. **die Kündigungsfrist muss im angemessenen Verhältnis zu dem Zeitraum stehen, der erforderlich ist, um die zum Investmentvermögen gehörenden Vermögensgegenstände zu liquidieren; bei Publikumsinvestmentkommanditgesellschaften muss die Kündigungsfrist jedoch mindestens sechs Monate betragen.**

(2) [1]**§ 100 ist entsprechend anzuwenden mit den Maßgaben, dass**

1. **das Verwaltungs- und Verfügungsrecht über das Gesellschaftsvermögen nur dann auf die Verwahrstelle zur Abwicklung übergeht, wenn die geschlossene Investmentkommanditgesellschaft sich nicht in eine intern verwaltete geschlossene Investmentkommanditgesellschaft umwandelt oder keine andere externe AIF-Kapitalverwaltungsgesellschaft benennt und dies bei geschlossenen Publikumsinvestmentkommanditgesellschaften jeweils von der Bundesanstalt genehmigt wird und bei geschlossenen Spezialinvestmentkommanditgesellschaften jeweils der Bundesanstalt angezeigt wird;**
2. **die Gesellschafter die Bestellung eines anderen Liquidators als der Verwahrstelle beschließen können.**

[2]**Im Fall der Bestellung einer anderen externen AIF-Kapitalverwaltungsgesellschaft ist § 100b Absatz 1, 3 und 4 entsprechend anzuwenden mit der Maßgabe, dass die Übertragung bei Publikumsinvestmentkommanditgesellschaften frühestens mit Erteilung der Genehmigung der Bundesanstalt wirksam wird.**

(3) **Wird eine geschlossene Publikumsinvestmentkommanditgesellschaft aufgelöst, hat sie auf den Tag, an dem das Recht der AIF-Kapitalverwaltungsgesellschaft zur Verwaltung des Gesellschaftsvermögens erlischt, einen Auflösungsbericht zu erstellen, der den Anforderungen nach § 158 entspricht.**

Schrifttum: *Herring/Loff* Die Verwaltung alternativer Investmentvermögen nach dem KAGB-E, DB 2012, 2029; *Weiser/Hüwel* Verwaltung alternativer Investmentfonds und Auslagerung nach dem KAGB-E, BB 2013, 1091.

A. Externe Verwaltung

Eine geschlossene InvKG kann sowohl intern als auch extern verwaltet werden. 1 Bei der internen Verwaltung bestellt die geschlossene InvKG keine zusätzliche KVG, sondern übernimmt die Verwaltung des Kommanditanlagevermögens selbst. Alternativ kann die geschlossene InvKG nach § 154 I, entsprechend der Regelung für die InvAG in § 112 I und der Regelung des aufgehobenen § 96 IV InvG, eine ihrem Unternehmensgegenstand entsprechende externe KVG mit der Anlage und der Verwaltung des Kommanditanlagevermögens betrauen.

Hierzu hat die BaFin in ihrem Schreiben „Häufige Fragen zum Thema Aus- 2 lagerung gem. § 36 KAGB" (WA 41-Wp 2137-2013/0036, Ziff. 2.) klargestellt, dass eine „Rückeinlagerung" der Aufgaben in die geschlossene InvKG unzulässig sei; für die Verwaltung und Anlage des Investmentvermögens einer extern verwalteten geschlossenen InvKG sei ausschließlich die hierfür verantwortliche KVG zuständig. Die BaFin betont insoweit, dass eine extern verwaltete geschlossene InvKG keine Tätigkeiten (mit Ausnahme der gesetzlich vorgesehenen Organaufgaben) ausführe. Eine extern verwaltete geschlossene InvKG stelle gerade keine Gesellschaft mit operativem Geschäft dar, sondern sei bloßes Fondsvehikel, das Verwaltungsaufgaben nicht selbst wahrnehme (einschränkend insb. zur organschaftlichen Vertretung aber → § 129 Rn. 10). Das Verbot der „Rückeinlagerung" diene insoweit dem Anlegerschutz; ebenso wie der Anleger in einem Sondervermögen solle der Anleger in einer extern verwalteten geschlossenen InvKG vor operationelle Risiken geschützt werden.

B. Abgrenzung der externen Verwaltung zur (bloßen) Auslagerung

Von einer externen Verwaltung zu unterscheiden ist nach § 154 I 3 die bloße 3 Auslagerung einzelner Aufgaben der geschlossenen InvKG auf ein anderes Unternehmen nach § 36. Bedeutung hat diese Unterscheidung vor allem in Bezug auf haftungsrechtliche Fragen. Während bei einer externen Verwaltung die zivil- sowie aufsichtsrechtliche Verantwortlichkeit und Haftung gegenüber der geschlossenen InvKG und deren Anlegern auf die externe KVG übergeht, ist dies bei einer bloßen Auslagerung einzelner Aufgaben auf ein Auslagerungsunternehmen nicht der Fall. Insoweit bleibt lediglich ein etwaiger Regressanspruch gegenüber dem Auslagerungsunternehmen iRd Innenverhältnisses – etwa einem Dienstvertrag – nach allgemeinen Grundsätzen (zu alledem *Weiser/Hüwel* BB 2013, 1091 (1092ff.)).

4 Zu beachten ist, dass in der in der Praxis häufigen Struktur einer GmbH & Co. InvKG die Komplementär-GmbH, wenn mit der Geschäftsführung der KG betraut, als Organ der KG weder externe noch interne KVG ist. Wird für die Verwaltung der geschlossenen InvKG keine externe KVG bestellt, so ist die InvKG zugleich interne KVG nach § 17 II Nr. 2 (dies ergibt sich mittelbar auch aus S. 3 u. 4 der Gesetzesbegründung zu § 154 II, BT-Drs. 17/12294, 251; sa *Herring/Loff* DB 2012, 2029; *Weiser/Hüwel* BB 2013, 1091 (1093)). Entsprechendes gilt, wenn ein Kommanditist der geschlossenen InvKG im Gesellschaftsvertrag nach §§ 163, 164 HGB mit der organschaftlichen Geschäftsführung der InvKG betraut wird. Wird ein Kommanditist hingegen etwa iRe Dienstvertrags außerhalb des Gesellschaftsvertrags zur Geschäftsführung bestellt, kommt mangels organschaftlicher Stellung des Kommanditisten je nach Art und Umfang der Geschäftsführungsbefugnis eine Qualifizierung des Kommanditisten als externe KVG in Betracht (MüKoHGB/*Grunewald* § 164 Rn. 27 ff.; *Weiser/Hüwel* BB 2013, 1091 (1093)).

C. Kündigungs-, Verwaltungs- und Verfügungsrechte der extern bestellten Kapitalverwaltungsgesellschaft

5 Die für eine geschlossene InvKG bestellte externe KVG ist berechtigt, die Verwaltung des Kommanditanlagevermögens entsprechend der Regelung für Sondervermögen in § 99 I–IV zu kündigen, jedoch mit der Maßgabe, dass eine Kündigung nur aus wichtigem Grund erfolgen kann und die Kündigungsfrist in angemessenem Verhältnis zu dem Zeitraum stehen muss, der erforderlich ist, um die zum Investmentvermögen gehörenden Vermögensgegenstände zu liquidieren. Bei einer geschlossenen Publikums-InvKG muss die Kündigungsfrist mindestens sechs Monate betragen.

6 Hintergrund dieser Regelung ist, dass geschlossene Investmentvermögen schwerpunktmäßig in illiquide Vermögensgegenstände investieren. Den hieraus resultierenden längeren Liquidationszeitraum gilt es hinsichtlich der Dauer der Kündigungsfrist angemessen zu berücksichtigen (BT-Drs. 17/12294, 251).

7 Erlischt das Recht der für eine geschlossene InvKG bestellten externen KVG zur Verwaltung derselben, so gilt die für Sondervermögen aus dem aufgehobenen § 39 InvG übernommene Regelung des § 100 entsprechend, wonach das Verwaltungs- und Verfügungsrecht über das Anlagevermögen grds. auf die Verwahrstelle zur Abwicklung übergeht. Dies gilt jedoch nicht, wenn sich die geschlossene InvKG in eine intern verwaltete geschlossene InvKG umwandelt bzw. eine andere externe KVG benennt und dies bei einer geschlossenen Publikums-InvKG jeweils von der BaFin genehmigt, bei einer geschlossenen Spezial-InvKG jeweils der BaFin angezeigt wird (vgl. FK-KapAnlR/*Hoffert* § 154 Rn. 47 f.). Im Übrigen können die Gesellschafter die Bestellung eines anderen Liquidators als der Verwahrstelle beschließen. Durch das MoPeG wurde Abs. 2 S. 1 Nr. 2 angepasst, wonach § 147 HGB aF keine Anwendung fand. Nach der Gesetzesbegründung sollte damit klargestellt werden, dass die Abberufung der Verwahrstelle als Liquidator durch einfachen Mehrheitsbeschluss der Gesellschafter nicht möglich ist. Aus der Bezugnahme in Abs. 2 S. 1 Nr. 2 auf § 100 werde hinreichend deutlich, dass die gesetzliche Aufgabenzuweisung an die Verwahrstelle zur Durchführung der Liquidation nicht durch die handelsrechtlichen

Regelungen unterlaufen werden dürfe (Begr. RegE MoPeG, BT-Drs. 19/27635, 286).

Bestellt die geschlossene InvKG eine anderer externe AIF- KVG, wird durch den neuen S. 2, der im Wege der Umsetzung des OGAW-V-UmsG eingefügt wurde, klargestellt, dass § 100b I, III und IV entsprechend gelten (Entwurf OGAW-V-UmsG v. 24.9.2015, 75). Dagegen findet § 100a II (vorzeitige Bekanntmachung der Übertragung) keine entsprechende Anwendung, da durch die Bekanntmachung den Anlegern die Möglichkeit gegeben werden soll, ihre Anteile frühzeitig zurückzugeben. Dieser Regelungszweck kann aber nur bei offenen InvKGs erreicht werden. Der Zeitpunkt der Wirksamkeit der Übertragung richtet sich entsprechend § 100a III nach der vertraglichen Vereinbarung, darf bei Publikums-InvKGs jedoch frühestens zum Zeitpunkt der Erteilung der Genehmigung und bei Spezial-InvKGs frühestens zum Zeitpunkt der Anzeige bei der Bundesanstalt vorgesehen werden (s. BT-Drs. 18/6744, 60). 8

D. Auflösungsbericht

Gemäß § 154 III ist bei Auflösung einer geschlossenen Publikums-InvKG auf den Tag, an dem das Recht der Kapitalverwaltungsgesellschaft zur Verwaltung erlischt, ein Auflösungsbericht nach Maßgabe des für den Jahresbericht geltenden § 158 zu erstellen. 9

§ 155 Unterschreitung des Anfangskapitals oder der Eigenmittel

[1]Eine intern verwaltete geschlossene Investmentkommanditgesellschaft hat der Bundesanstalt und den Anlegern unverzüglich anzuzeigen, wenn das Gesellschaftsvermögen den Wert des Anfangskapitals oder den Wert der zusätzlich erforderlichen Eigenmittel gemäß § 25 unterschreitet. [2]Mit der Anzeige gegenüber den Anlegern ist durch die Geschäftsführung eine Gesellschafterversammlung einzuberufen.

Eine intern verwaltete geschlossene InvKG ist zugleich interne KVG und unterliegt insoweit den Vorschriften nach Abschn. 2 des KAGB betreffend KVG (BT-Drs. 17/12294, 252). Dementsprechend normiert § 155 die Verpflichtung der intern verwalteten geschlossenen InvKG, sowohl der BaFin als auch den Anlegern unverzüglich anzuzeigen, wenn das Gesellschaftsvermögen den Wert des Anfangskapitals bzw. den Wert der zusätzlich erforderlichen Eigenmittel nach § 25 unterschreitet. Die Regelung beruht auf dem aufgehobenen § 96 VI 1 und 3 InvG; eine dem aufgehobenen § 96 VI 2 InvG vergleichbare Bestimmung findet sich hingegen nunmehr in § 43 (BT-Drs. 17/12294, 252). Mit Gesellschaftsvermögen ist hier, bei einer intern verwalteten InvKG, das Betriebsvermögen und das Kommanditanlagevermögen gemeint. Dies ergibt sich aus den §§ 131, 156 und aus den Bestimmungen zur Beschränkung der Kündigung durch Kommanditisten in § 133 I 2 (vgl. auch BTMB/*Könnecke* § 155 Rn. 9). 1

Parallele Regelungen finden sich für die intern verwaltete InvAG mit veränderlichem Kapital gem. § 114, die intern verwaltete offene InvKG gem. § 130 und die intern verwaltete InvAG mit fixem Kapital (WBA/*Paul* § 155 Rn. 1). 2

3 Hinsichtlich der extern verwalteten geschlossenen InvKG bedurfte es keiner gesonderten Regelung, da diese gerade nicht KVG ist und die externe KVG den Bestimmungen von Abschn. 2 des KAGB unterliegt (vgl. auch FK-KapAnlR/*Jesch* § 155 Rn. 5).

§ 156 Gesellschaftsvermögen

(1) [1]**Eine intern verwaltete geschlossene Investmentkommanditgesellschaft darf bewegliches und unbewegliches Vermögen erwerben, das für den Betrieb der Investmentkommanditgesellschaft notwendig ist. [2]Hierfür hat sie ein Betriebsvermögen zu bilden, das rechnerisch bei den Kapitalanteilen der geschäftsführenden Gesellschafter zu erfassen ist. [3]Den Erwerb darf sie nicht mit Kapital aus der Begebung von Kommanditanteilen an Anleger bestreiten.**

(2) [1]**Die Einlagen der Anleger, die im Zusammenhang mit der Anlagetätigkeit erhaltenen und verwalteten Vermögensgegenstände, für die Vermögensgegenstände erhaltene Sicherheiten sowie liquide Mittel werden rechnerisch dem Kommanditkapital zugeordnet. [2]Sie bilden das Kommanditanlagevermögen.**

A. Das Investmentbetriebsvermögen

1 Die für den Betrieb eines Investmentvermögens erforderlichen Mittel werden grundsätzlich von der KVG bereitgestellt. Da die intern verwaltete geschlossene InvKG aber zugleich Investmentvermögen und KVG ist, setzt sich ihr Gesellschaftsvermögen aus einem Betriebsvermögen einerseits und einem Kommanditanlagevermögen andererseits zusammen (vgl. WBA/*Lorenz* § 131 Rn. 2ff.; BTMB/*Könnecke* § 156 Rn. 1ff.). Das Betriebsvermögen ist aus Einlagen der geschäftsführenden Gesellschafter bzw. des geschäftsführenden Gesellschafters zu bilden und iRd Rechnungslegung den Kapitalkonten der geschäftsführenden Gesellschafter zuzuordnen (zu alledem BT-Drs. 17/12294, 252).

2 Um das Anlagevermögen der intern verwalteten geschlossenen InvKG wie iRd Verwaltung einer geschlossenen InvKG durch eine externe KVG vom Betriebsvermögen der KVG zu trennen, darf der Erwerb des Betriebsvermögens einer intern verwalteten geschlossenen InvKG nicht mit Kapital aus der Begebung von Kommanditanteilen an Anleger bestritten werden (BT-Drs. 17/12294, 252). Zulässig muss nach Sinn und Zweck der Regelung jedoch die Bildung von Betriebsvermögen aus der Kommanditeinlage eines geschäftsführenden Kommanditisten sein. Gegebenenfalls sind für den geschäftsführenden Gesellschafter zwei getrennte Kapitalkonten für den Betriebsvermögensanteil und den Anlagevermögensanteil zu führen.

3 Das im ursprünglichen Gesetzentwurf der Bundesregierung vorgesehene Erfordernis, nach dem das Betriebsvermögen „vollständig" aus den Einlagen der geschäftsführenden Gesellschafter zu erwerben war (BT-Drs. 17/12294, 87), wurde nicht übernommen. Insoweit ist klargestellt, dass für den Erwerb von Betriebsvermögen auch die Aufnahme von Darlehen zulässig ist (s. die Beschlussempfehlung des Finanzausschusses zum Gesetzentwurf der Bundesregierung, BT-Drs. 17/13395, 173, 406).

B. Das Kommanditanlagevermögen

Zum Kommanditanlagevermögen → § 131 Rn. 5. 4

§ 157 Firma

Die Firma der geschlossenen Investmentkommanditgesellschaft muss abweichend von § 19 Absatz 1 Nummer 3 des Handelsgesetzbuchs die Bezeichnung „geschlossene Investmentkommanditgesellschaft" oder eine allgemein verständliche Abkürzung dieser Bezeichnung enthalten.

In Anbetracht des für die geschlossene InvKG geltenden, von den Vorschriften des HGB abweichenden Haftungsregimes bedarf es zum Schutz des Rechtsverkehrs der besonderen Firmierungsvorschriften des § 157. Die Regelung entspricht weitgehend der des § 118 für die InvAG mit veränderlichem Kapital, die ihrerseits aus dem aufgehobenen § 98 InvG übernommen wurde. Entsprechend den in der Praxis etablierten Abkürzungen für die InvAG bieten sich hier die Abkürzungen „geschlossene InvKG" oder „geschlossene Investment-KG" an (zu den Gestaltungsmöglichkeiten BTMB/*Könnecke* § 157 Rn. 15ff.). 1

Haftet in einer geschlossenen InvKG, wie im Regelfall, keine natürliche Person persönlich, so muss die Firma nach der allgemeinen Vorschrift des § 19 II HGB darüber hinaus eine Bezeichnung enthalten, welche die Haftungsbeschränkung kennzeichnet, wie bspw. „GmbH & Co. geschlossene InvKG" (vgl. auch FK-KapAnlR/*Eichhorn* § 157 Rn. 11). 2

§ 158 Jahresbericht

[1]Auf den Jahresbericht einer geschlossenen Investmentkommanditgesellschaft ist § 135 anzuwenden. [2]Zusätzlich zu Satz 1 sind bei geschlossenen Publikumsinvestmentkommanditgesellschaften die in § 101 Absatz 2 genannten Angaben und bei einer Beteiligung nach § 261 Absatz 1 Nummer 2 bis 6 die in § 148 Absatz 2 genannten Angaben im Anhang zu machen.

Der Jahresbericht einer geschlossenen InvKG ist entsprechend der für die offene InvKG geltenden Regelung des § 135 zu erstellen. Für die geschlossene Publikums-InvKG gelten ergänzend die Vorgaben des § 101 II, insb. zur Gesamtkostenquote, bei einem Investment in Anteile oder Aktien nach § 261 I Nr. 2–6 zudem die Vorgaben des für die Rechnungslegung einer Publikums-InvAG mit fixem Kapital geltenden § 148 II. 1

Bei der Erstellung der jeweiligen Bestandteile des Jahresabschlusses – Bilanz, Gewinn- und Verlustrechnung und Anhang – sind die spezifischen Bewertungsvorschriften des KAGB und der KARBV zu berücksichtigen und anzuwenden (BTMB/*Jessen* § 158 Rn. 3ff.). 2

§ 159 Abschlussprüfung

[1]§ 136 ist auf die geschlossene Investmentkommanditgesellschaft anzuwenden. [2]§ 136 Absatz 3 Satz 4 ist auf die geschlossene Publikumsinvestmentkommanditgesellschaft jedoch mit der Maßgabe anzuwenden, dass der Bericht über die Prüfung der geschlossenen Publikumsinvestmentkommanditgesellschaft unverzüglich nach Beendigung der Prüfung der Bundesanstalt einzureichen ist.

1 Die Vorschrift verweist auf die Regelungen zur Abschlussprüfung bei der offenen Investmentkommanditgesellschaft. Demnach hat die Prüfung durch einen Abschlussprüfer unabhängig von der Größe der geschlossenen InvKG zu erfolgen.

2 Jedoch sieht die Vorschrift im Gegensatz zum bei offenen InvKG anwendbaren § 136 III 4 vor, dass der Prüfungsbericht der Publikumsinvestmentkommanditgesellschaften (dh nicht bei Spezial-AIF) nicht erst auf Verlangen der BaFin bei dieser eingereicht wird, sondern unverzüglich nach Beendigung der Prüfung und nach Erhalt des finalen Prüfungsberichtes.

3 Zu den prüfungspflichtigen Teilen des Jahresberichtes, der Prüfungsdurchführung und dem Inhalt des Prüfungsbericht s. die Kommentierung zu § 136.

4 Von den Abschlussprüfern (ebenso: FK-KapAnlR/Eichhorn § 136 Rn. 13) der Publikumsinvestmentkommanditgesellschaften wird eine Einreichung des Prüfungsberichtes bei der BaFin „ohne schuldhaftes Zögern" verlangt. Unverzüglich erfolgt eine Handlung nur, wenn sie innerhalb einer nach den Umständen des Einzelfalls zu bemessenden Prüfungs- und Überlegungszeit vorgenommen wird (vgl. BGH- VII ZR 17/07, NJW 2008, 985 Rn. 18). Die Unverzüglichkeit verlangt demnach nicht, dass der Prüfungsbericht sofort – also etwa noch am Tag der Fertigstellung des Berichtes über die Prüfung – eingereicht werden muss. Bei der Feststellung der Unverzüglichkeit sind vielmehr die berechtigten Belange der Beteiligten angemessen zu berücksichtigen (OLG Hamm NJW 2012, 1156 (1157); *Stieper* NJW 2013, 2849 (2853)). Als Obergrenze für ein unverzügliches Handeln wird durch die Rechtsprechung in der Regel ein Zeitraum von zwei Wochen angesehen (vgl. OLG Schleswig BeckRS 2018, 48260 Rn. 18; OLG Oldenburg NJW 2004, 168 (169)). Verzögerungen der Einreichung des Prüfungsberichtes aufgrund von Organisationsmängeln gelten als schuldhaft.

§ 159a Feststellung des Jahresabschlusses

Der Jahresabschluss einer geschlossenen Publikumsinvestmentkommanditgesellschaft ist spätestens sechs Monate nach Ende des Geschäftsjahres den Gesellschaftern zur Feststellung vorzulegen.

I. Allgemeines

1 § 159a wurde iRd FoStoG mWv 2.8.2021 in das KAGB eingefügt, um (zusammen mit einer zeitgleich erfolgten Änderung des § 160 I) praktischen Problemen zu begegnen, die sich bei der Offenlegung des Jahresabschlusses der geschlossenen Publikumsinvestmentkommanditgesellschaft insb. mit Blick auf die vor der Einrei-

chung des Jahresabschlusses beim Betreiber des Bundesanzeigers erforderliche Gesellschafterversammlung ergaben (BT-Drs. 19/27631, 95).

II. Frist für die Vorlegung des Jahresabschlusses an die Gesellschafter

Für die geschlossenen Publikumsinvestmentkommanditgesellschaft liegt die Erstellungsfrist mit sechs Monaten deutlich über der viermonatigen Frist, die für OGAW-Sondervermögen gilt, und zeitgleich mit der sechsmonatigen Frist für Spezial-AIF-Sondervermögen (§ 101 S. 1). Da die Anleger einer geschlossenen Publikums-InvKG keinen besseren Informationsstand als die eines OGAW haben, erscheint dies ungewöhnlich. Wahrscheinlich hat der Gesetzgeber bei der Fristfestlegung eine größere Nähe der Investorengruppe der geschlossenen Publikums-InvKG zu einem AIF-Sondervermögen als zu einem OGAW-Sondervermögen gesehen. 2

Für die Feststellung des Jahresabschlusses der geschlossenen Spezial-Investmentkommanditgesellschaft verbleibt es mangels spezialgesetzlicher Regelung bei den allgemeinen Vorschriften des HGB (EDD/*Lochen* § 159a Rn. 1). 3

§ 160 Offenlegung und Vorlage von Berichten

(1) **Die Offenlegung des Jahresberichts einer geschlossenen Publikumsinvestmentkommanditgesellschaft erfolgt, auch wenn auf diese § 264a des Handelsgesetzbuchs nicht anzuwenden ist, spätestens neun Monate nach Ende des Geschäftsjahres nach Maßgabe des insoweit entsprechend anzuwendenden § 325 Absatz 1 Satz 2, Absatz 1b, 2a 2b, 5 und 6 des Handelsgesetzbuchs; die §§ 328, 329 Absatz 1, 2 und 4 und die §§ 335 bis 335b des Handelsgesetzbuchs sind entsprechend anzuwenden.**

(2) **Der Bericht einer geschlossenen Publikumsinvestmentkommanditgesellschaft nach Absatz 1 muss dem Publikum an den Stellen zugänglich sein, die im Verkaufsprospekt angegeben sind.**

(3) **Einem Anleger der geschlossenen Investmentkommanditgesellschaft wird der Jahresbericht auf Anfrage vorgelegt.**

I. Offenlegung des Jahresberichts einer geschlossenen Publikumsinvestmentkommanditgesellschaft (Abs. 1)

§ 160 I regelt die Offenlegung des Jahresberichtes der geschlossenen Publikumsinvestmentkommanditgesellschaften, dh InvKG, deren Anteile nicht nur von professionellen Anlegern iSd § 1 XIX Nr. 32 und von semiprofessionellen Anlegern iSd § 1 XIX Nr. 33 aufgrund von in Textform geschlossenen Vereinbarungen mit der Verwaltungsgesellschaft oder aufgrund der konstituierenden Dokumente des AIF erworben werden dürfen. 1

Der nach § 135 iVm § 158 zu erstellende Jahresbericht ist spätestens neun Monate nach Geschäftsjahresende in deutscher Sprache offenzulegen. Die verlängerte Offenlegungsfrist trägt dem gesteigerten Zeitaufwand einer Feststellung durch die Gesellschafterversammlung bei Publikumsinvestmentkommanditgesellschaften Rechnung. Bezüglich der Mindestbestandteile des Jahresberichtes s. die Kommentierung zu § 135. Durch den expliziten Verweis auf den Jahresbericht als zu ver- 2 öffentlichendes Dokument sowie die Nichtnennung des § 326 HGB kommt klar zum Ausdruck, dass keine größenabhängige Erleichterungsvorschriften im Rahmen der Veröffentlichung anwendbar sind.

3 Zur Offenlegung müssen die Unterlagen beim Betreiber des elektronischen BAnz als ausschließliches elektronisches Verkündigungs- und Bekanntmachungsorgan in deutscher Sprache eingereicht werden; daneben ist eine Bekanntmachung im elektronischen BAnz erforderlich. Letzteres liegt an sich in den Händen des Betreibers des BAnz (vgl. MüKoHGB/*Fehrenbacher* § 329 Rn. 10).

4 Grundsätzlich kann nach dem reinen Wortlaut der Norm durch den Verweis auf § 325 IIa HGB bei der Offenlegung des Jahresberichtes dieser einen nach internationalen Rechnungslegungsstandards aufgestellten Jahresabschluss beinhalten.

5 Zudem bleiben auf Gesetz, Gesellschaftsvertrag oder Satzung beruhende Pflichten der geschlossenen Publikumsinvestmentkommanditgesellschaft, den Jahresabschluss, den Einzelabschluss nach Abs. 2a oder den Lagebericht in anderer Weise bekannt zu machen, einzureichen oder Personen zugänglich zu machen, unberührt.

6 Neben den zum Handelsregister vor dem Hintergrund des § 184 GVG in deutscher Sprache einzureichenden Dokumente können gem. § 325 VI HGB iVm § 11 HGB zusätzlich in jeder Amtssprache eines Mitgliedstaats der Europäischen Union übermittelt werden.

7 Die durch den Verweis auf § 325 VI HGB grds. anwendbaren § 325a I 5 und § 340l II 6 sind für die geschlossenen Publikumskommanditgesellschaft irrelevant, da § 325a I 5 sich nur auf Kapitalgesellschaften und § 340l II 6 sich nur auf Kreditinstitute beziehen.

8 Ferner sind bei der Offenlegung des Jahresberichtes der geschlossenen Publikumsinvestmentkommanditgesellschaft hinsichtlich der Form und des Inhaltes der Unterlagen die Vorschriften des § 328 HGB entsprechend anzuwenden, so dass gegenüber dem aufgestellten Jahresbericht keine Kürzungen oder Erweiterungen vorgenommen werden dürfen. Größenabhängige Offenlegungserleichterungen iSd § 326 oder § 327 HGB sind nicht anwendbar. Das Datum der Feststellung des Jahresabschlusses ist bei Offenlegung des Jahresberichtes anzugeben. Zudem ist der Vorschlag über die Verwendung des Ergebnisses und den Beschluss über seine Verwendung entsprechend offenzulegen.

9 Erfolgen Veröffentlichungen und Vervielfältigungen des Jahresberichtes, die nicht durch Gesetz, Gesellschaftsvertrag oder Satzung vorgeschrieben sind, und werden dabei nicht die in der nach § 328 I HGB vorgeschriebene Form oder das vorgeschriebene Format eingehalten, so ist jeweils in einer Überschrift darauf hinzuweisen, dass es sich nicht um eine der gesetzlichen Form oder dem gesetzlichen Format entsprechende Veröffentlichung handelt. Einer solchen Veröffentlichung darf die Bestätigung des Abschlussprüfers nicht beigefügt werden, wenn der Jahresbericht nicht in der nach § 328 I HGB vorgeschriebenen Form wiedergegeben wird. Ferner ist in einer solchen Veröffentlichung anzugeben, dass Unterlagen bei dem Betreiber des Bundesanzeigers eingereicht worden sind. Dadurch wird es jedem Adressaten einer solchen Veröffentlichung, die nicht durch Gesetz, Gesellschaftsvertrag oder Satzung vorgeschrieben ist, ermöglicht, den Abschluss in der gesetzlich vorgeschriebenen vollständigen Form einzusehen (vgl. MüKoHGB/*Fehrenbacher* § 328 Rn. 33).

10 Infolge der entsprechenden Anwendung des § 329 HGB (exklusive des Abs. 3) erfolgt nach Einreichung des Jahresberichtes eine Prüfung durch den Betreiber des Bundesanzeigers im Hinblick auf Vollständigkeit der eingereichten Unterlagen und

die Einhaltung der Einreichungsfristen. Ergibt die Prüfung, dass die offenzulegenden Unterlagen nicht oder unvollständig eingereicht wurden, wird das Bundesamt für Justiz entsprechend unterrichtet, welches dann ggf. ein Ordnungsgeldverfahren nach § 335 HGB einleiten kann.

Da sich die Norm nach ihrem klaren Wortlaut lediglich auf geschlossene Publikumsinvestmentkommanditgesellschaften bezieht, kommen für Spezial-AIFs gemäß § 149 I 2 allein die handelsrechtlichen Offenlegungsvorschriften zum Jahresabschluss zur Anwendung, dh der Jahresabschluss (nicht der Jahresbericht) eines Spezial-AIF ist nach § 325 Ia spätestens ein Jahr nach dem Abschlussstichtag des Geschäftsjahres zur Veröffentlichung einzureichen. Zudem kommen durch die Anwendbarkeit der handelsrechtlichen Offenlegungsvorschriften für Spezial-AIF ggf. größenabhängige Erleichterungen nach § 326 I HGB zur Anwendung, wonach ua kleine Kapital & Co.-Gesellschaften nur eine Bilanz und den Anhang offenzulegen haben. Die Anwendung von § 326 II HGB sollte wegen § 267a III Nr. 1 HGB hingegen ausscheiden. 11

II. Zugänglichmachung des Jahresbericht der geschlossenen Publikumskommanditgesellschaft (Abs. 2)

Der Jahresbericht der geschlossenen Publikumskommanditgesellschaft, aber wiederum nicht des Spezial-AIF, ist dem Publikum an den im Verkaufsprospekt benannten Stellen zugänglich zu machen. 12

Durch den Begriff „Publikum" kommt im Gegensatz zum in dritten Absatz verwendeten Begriff des Anlegers zum Ausdruck, dass jeder Interessierte und nicht nur der Anleger ein Einsichtsrecht in den Jahresbricht hat und dadurch bspw. auch einem potenziellen Erwerber eines Kommanditanteils die Möglichkeit eingeräumt wird, sich durch die Einsicht in den Jahresbericht die für seine Erwerbsentscheidung benötigten Informationen zu beschaffen. 13

III. Vorlage des Jahresberichtes bei geschlossenen Investmentkommanditgesellschaft (Abs. 3)

Die Regelung ist im Gegensatz zu Abs. 1 und 2 sowohl auf geschlossenen Publikumskommanditgesellschaften sowie auf Spezial-AIF anzuwenden und entspricht § 137. Daher wird auf die diesbezügliche Kommentierung verwiesen. 14

§ 161 Auflösung und Liquidation

(1) **Das Recht zur ordentlichen Kündigung besteht bei der geschlossenen Investmentkommanditgesellschaft nicht.**

(2) [1]**Ein Gesellschafter der geschlossenen Investmentkommanditgesellschaft kann die Gesellschaft vor dem Ablauf der für ihre Dauer bestimmten Zeit außerordentlich kündigen und aus ihr ausscheiden, wenn ein wichtiger Grund vorliegt.** [2]**§ 132 Absatz 2 Satz 2 und Absatz 6 des Handelsgesetzbuchs ist entsprechend anzuwenden.**

(3) **Wird eine geschlossene Publikumsinvestmentkommanditgesellschaft abgewickelt, hat der Liquidator jährlich sowie auf den Tag, an dem die Abwicklung beendet ist, einen Abwicklungsbericht zu erstellen, der den Anforderungen nach § 158 entspricht.**

(4) **Die Kommanditisten haften nach Beendigung der Liquidation nicht für die Verbindlichkeiten der geschlossenen Investmentkommanditgesellschaft.**

I. Ausschluss des ordentlichen Kündigungsrechts

1 Die Regelung des § 161 I, die ausdrücklich das Recht der Anleger zur ordentlichen Kündigung ausschließt, hat im Rahmen der geschlossenen InvKG (lediglich) Klarstellungscharakter. Dies hat seinen Grund darin, dass die Anleger – im Gegensatz zur offenen InvKG – kein in der Fondsdokumentation vorgesehenes Rückgaberecht vor Beginn der Liquidations- bzw. Auslaufphase haben (vgl. § 1 IV Nr. 2 iVm Art. 1 II der Delegierten Verordnung (EU) Nr. 694/2014 der Kommission vom 17.12.2013 zur Ergänzung der Richtlinie 2011/61/EU des Europäischen Parlaments und des Rates im Hinblick auf technische Regulierungsstandards zur Bestimmung der Arten von Verwaltern alternativer Investmentfonds (ABl. 2014 L 183, 18) iVm § 1 V). Als Anleger gelten gem. § 152 I 4 auch mittelbar beteiligte Anleger (Treuhandkommanditisten), sodass für diese ebenfalls § 161 I gilt (so auch WBA/*Paul* KAGB § 161 Rn. 3). Eines ausdrücklichen Ausschlusses des § 132 I HGB bedarf es nicht, da § 132 I HGB die Kündigung eines Gesellschafters regelt, wenn die Gesellschaft für unbestimmte Zeit eingegangen ist. Dies ist hier nicht der Fall (→ Rn. 3).

II. Außerordentliches Kündigungsrecht

2 Die Regelung des § 161 II KAGB entspricht im Kern jener in § 99 V für Sondervermögen, die ihrerseits aus dem aufgehobenen § 38 V InvG übernommen wurde (vgl. BT-Drs. 17/12294, 253). Bis zum 1.1.2024 stellte § 161 I ausdrücklich klar, dass dem einzelnen Anleger kein Recht zur Auflösung der Gesellschaft zusteht, in dem die Auflösungsklage nach § 133 I HGB aF explizit ausgeschlossen wurde (BT-Drs. 17/12294, 253). Im Rahmen der Anpassung der Vorschrift an die Änderungen des HGB durch das MoPeG entfiel der Verweis. Ausweislich der Gesetzesbegründung soll der ausdrückliche Ausschluss der Auflösungsklage durch das neu eingeführte gesetzliche Recht des Kommanditisten zur außerordentlichen Kündigung nach § 132 II HGB nF obsolet geworden sein (Begr. RegE MoPeG, BT-Drs. 19/27635, 285 f.). Diese Begründung greift jedoch zu kurz, da es sich bei der außerordentlichen Kündigung und der Auflösungsklage um zwei unterschiedliche Rechtsinstitute handelt. Bei einer nicht dem KAGB unterliegenden, zeitlich befristeten KG besteht für einen Kommanditisten sowohl die Möglichkeit der außerordentlichen Kündigung nach § 132 II HGB als auch die Möglichkeit der Auflösungsklage nach § 139 HGB. Immerhin folgt aus der Gesetzbegründung, dass mit der Änderung keinesfalls eine Abkehr vom Grundsatz des § 99 V geschaffen werden sollte (so iE auch Ebenroth/Boujong/*Paefgen/Franke* KAGB § 161 Rn. 3). Es bleibt daher beim Ausschluss des Rechts des einzelnen Anlegers, die Auflösung der Gesellschaft zu verlangen. Eine ausdrückliche gesetzliche Klarstellung wäre allerdings wünschenswert. In der Praxis empfiehlt sich bis dahin der explizite gesellschaftsvertragliche Ausschluss.

3 Eine der Vorschrift des § 138 I 2 Alt. 2 („oder bei einer für unbestimmte Zeit eingegangenen Gesellschaft") vergleichbare Regelung findet sich in § 161 II nicht. Dies liegt darin begründet, dass der Gesellschaftsvertrag einer geschlossenen InvKG keine „unbestimmte", genauer: unbegrenzte, Laufzeit vorsehen darf (vgl. BT-Drs.

437/15, 73; vgl. auch WBA/*Schott/Lochen* KAGB § 161 Rn. 6). Die daraus resultierende Frage nach der zulässigen Höchstdauer einer geschlossenen InvKG wird sich zutreffenderweise nur unter Berücksichtigung der Umstände des Einzelfalls, insb. der Anlagestrategie und Vermögensgegenstände sowie dem Zeitraum, in dem die KVG die Zeichnungszusagen der Anleger abrufen kann, beurteilen lassen (vgl. WBA/*Schott/Lochen* § 161 Rn. 8 mit Verweis auf OLG München 9.6.2016 – 23 U 2661/15, GWR 2016, 363).

Da der Anleger iRe geschlossenen InvKG kein regelmäßiges Rückgaberecht hat (→ Rn. 1), kann er stattdessen bei Vorliegen eines wichtigen Grundes die Gesellschaft vor Ablauf der für ihre Dauer bestimmten Zeit außerordentlich kündigen und aus der Gesellschaft ausscheiden. Im Rahmen der Begriffsbestimmung des „wichtigen Grundes" findet § 132 II 2 HGB entsprechende Anwendung. Danach ist ein wichtiger Grund insb. dann gegeben, wenn ein anderer Gesellschafter eine ihm nach dem Gesellschaftsvertrag obliegende wesentliche Verpflichtung vorsätzlich oder grob fahrlässig verletzt oder wenn die Erfüllung einer solchen Verpflichtung unmöglich wird. Im Grundsatz ist daher auf die handelsrechtliche Rechtsprechung zurückzugreifen (so WBA/*Schott/Lochen* § 161 Rn. 4). Bei der Frage, ob dem Gesellschafter die Fortführung zumutbar ist, werden jedoch regelmäßig die im KAGB nicht geregelten, aber enorm praxisrelevanten Kündigungsgründe der Gesellschaft gegenüber einzelnen Gesellschaftern dazu führen, dass dem pflichtverletzenden Gesellschafter gekündigt wird, bevor es zu Kündigungen der anderen Gesellschafter kommt. Im Übrigen gilt § 132 VI HGB entsprechend, wonach eine Vereinbarung, durch welche das Recht des Gesellschafters zur außerordentlichen Kündigung und zum Ausscheiden ausgeschlossen oder beschränkt wird, nichtig ist. 4

III. Abwicklungsbericht

Für den gem. § 161 III seitens des Liquidators während der Abwicklung einer geschlossenen Publikums-InvKG jährlich sowie auf den Tag der Abwicklungsbeendigung zu erstellenden Abwicklungsbericht gelten die Vorgaben des § 158 zum Jahresbericht entsprechend. Diese Vorschrift stellt eine Besonderheit für die geschlossene InvKG dar. 5

Erstellt werden müssen ein jährlicher Abschlussbericht, der sowohl die inhaltlichen als auch die zeitlichen Anforderungen erfüllt (vgl. §§ 158, 135 I), sowie ein Abschlussbericht bei Abwicklungsbeendigung. Die Abwicklung ist dann beendet, wenn kein aktives Vermögen mehr vorhanden ist, dieses also eingezogen und verteilt ist (vgl. WBA/*Paul* § 161 Rn. 18). 6

IV. Haftungsausschluss

Die Regelung entspricht derjenigen des § 138 II für die offene InvKG. Eine Nachhaftung der Kommanditisten für die Verbindlichkeiten der geschlossenen InvKG – nach Beendigung der Liquidation – ist gem. § 161 IV ausgeschlossen. Sie ergänzt die Haftungsprivilegien von InvKG-Kommanditisten nach § 152 gegenüber dem Haftungsregime des HGB und sichert die Gleichbehandlung der Anleger von InvAG, InvKG und Sondervermögen. Die Liquidation ist mit der Verteilung des – nach Begleichung aller Schulden – verbleibenden Vermögens beendet (vgl. WBA/*Paul* § 161 Rn. 18). Nachhaftungsansprüche kommen daher lediglich gegen den Komplementär in Betracht. § 161 IV KA9GB enthält insb. eine in zeitlicher 7

Hinsicht vorrangige Regelung, da die Verjährungsreglung nach § 151 HGB keine Anwendung findet (vgl. BTMB/*Könnecke* § 161 Rn. 56ff.).

Kapitel 2. Publikumsinvestmentvermögen

Abschnitt 1. Allgemeine Vorschriften für offene Publikumsinvestmentvermögen

Unterabschnitt 1. Allgemeines

§ 162 Anlagebedingungen

(1) Die Anlagebedingungen, nach denen sich

1. das vertragliche Rechtsverhältnis der Kapitalverwaltungsgesellschaft zu den Anlegern eines Publikumssondervermögens oder der EU-OGAW-Verwaltungsgesellschaft zu den Anlegern eines inländischen OGAW-Sondervermögens bestimmt oder

2. in Verbindung mit der Satzung der Publikumsinvestmentaktiengesellschaft mit veränderlichem Kapital das Rechtsverhältnis dieser Investmentaktiengesellschaft zu ihren Anlegern oder der EU-OGAW-Verwaltungsgesellschaft zu den Anlegern einer inländischen OGAW-Investmentaktiengesellschaft bestimmt,

sind vor Ausgabe der Anteile oder Aktien in Textform festzuhalten.

(2) Die Anlagebedingungen müssen neben der Bezeichnung des Investmentvermögens sowie der Angabe des Namens und des Sitzes der Verwaltungsgesellschaft mindestens folgende Angaben enthalten:

1. nach welchen Grundsätzen die Auswahl der zu beschaffenden Vermögensgegenstände erfolgt, insbesondere, welche Vermögensgegenstände in welchem Umfang erworben werden dürfen, die Arten der Investmentvermögen, deren Anteile oder Aktien für das Investmentvermögen erworben werden dürfen sowie der Anteil des Investmentvermögens, der höchstens in Anteilen oder Aktien der jeweiligen Art gehalten werden darf; ob, in welchem Umfang und mit welchem Zweck Geschäfte mit Derivaten getätigt werden dürfen und welcher Anteil in Bankguthaben und Geldmarktinstrumenten gehalten wird; Techniken und Instrumente, von denen bei der Verwaltung des Investmentvermögens Gebrauch gemacht werden kann; Zulässigkeit von Kreditaufnahmen für Rechnung des Investmentvermögens;

2. wenn die Auswahl der für das Investmentvermögen zu erwerbenden Wertpapiere darauf gerichtet ist, einen Wertpapierindex im Sinne von § 209 nachzubilden, welcher Wertpapierindex nachgebildet werden soll und dass die in § 206 genannten Grenzen überschritten werden dürfen;

3. ob die zum Sondervermögen gehörenden Gegenstände im Eigentum der Verwaltungsgesellschaft oder im Miteigentum der Anleger stehen;

4. unter welchen Voraussetzungen, zu welchen Bedingungen und bei welchen Stellen die Anleger die Rücknahme, gegebenenfalls den Umtausch der Anteile oder Aktien von der Verwaltungsgesellschaft verlangen können; ob und unter welchen Voraussetzungen die Rücknahme und gegebenenfalls der Umtausch der Anteile oder Aktien beschränkt

werden kann sowie die maximale Dauer einer solchen Beschränkung; Voraussetzungen, unter denen die Rücknahme und gegebenenfalls der Umtausch der Anteile oder Aktien ausgesetzt werden kann;

5. **in welcher Weise und zu welchen Stichtagen der Jahresbericht und der Halbjahresbericht über die Entwicklung des Investmentvermögens und seine Zusammensetzung erstellt und dem Publikum zugänglich gemacht werden;**
6. **ob Erträge des Investmentvermögens auszuschütten oder wieder anzulegen sind und ob auf Erträge entfallende Teile des Ausgabepreises für ausgegebene Anteile oder Aktien zur Ausschüttung herangezogen werden können (Ertragsausgleichsverfahren); ob die Ausschüttung von Veräußerungsgewinnen vorgesehen ist;**
7. **wann und in welcher Weise das Investmentvermögen, sofern es nur für eine begrenzte Dauer gebildet wird, abgewickelt und an die Anleger verteilt wird;**
8. **ob das Investmentvermögen verschiedene Teilinvestmentvermögen umfasst, unter welchen Voraussetzungen Anteile oder Aktien an verschiedenen Teilinvestmentvermögen ausgegeben werden, nach welchen Grundsätzen die Teilinvestmentvermögen gebildet und welche Ausstattungsmerkmale ihnen gemäß § 96 Absatz 2 Satz 1 zugeordnet werden sowie das Verfahren gemäß § 96 Absatz 3 Satz 5 in Verbindung mit Absatz 4 oder § 117 Absatz 9 für die Errechnung des Wertes der Anteile oder Aktien der Teilinvestmentvermögen;**
9. **ob und unter welchen Voraussetzungen Anteile oder Aktien mit unterschiedlichen Ausgestaltungsmerkmalen ausgegeben werden und das Verfahren gemäß § 96 Absatz 1 Satz 4 in Verbindung mit Absatz 4 Satz 1 für die Errechnung des Wertes der Anteile oder Aktien jeder Anteil- oder Aktienklasse;**
10. **ob und unter welchen Voraussetzungen das Investmentvermögen in ein anderes Investmentvermögen aufgenommen werden darf und ob und unter welchen Voraussetzungen ein anderes Investmentvermögen aufgenommen werden darf;**
11. **nach welcher Methode, in welcher Höhe und auf Grund welcher Berechnung die Vergütungen und Aufwendungserstattungen aus dem Investmentvermögen an die Verwaltungsgesellschaft, die Verwahrstelle und Dritte zu leisten sind;**
12. **Höhe des Aufschlags bei der Ausgabe der Anteile oder Aktien oder der Abschlag bei der Rücknahme sowie sonstige vom Anleger zu entrichtende Kosten einschließlich deren Berechnung;**
13. **falls in den Anlagebedingungen für die Vergütungen und Kosten eine Pauschalgebühr vereinbart wird, die Angabe, aus welchen Vergütungen und Kosten sich die Pauschalgebühr zusammensetzt und den Hinweis, ob und welche Kosten dem Investmentvermögen gesondert in Rechnung gestellt werden;**
14. **dass im Jahresbericht und im Halbjahresbericht der Betrag der Ausgabeaufschläge und Rücknahmeabschläge offenzulegen ist, die dem Investmentvermögen im Berichtszeitraum für den Erwerb und die Rücknahme von Anteilen und Aktien im Sinne der §§ 196 und 230 berechnet worden sind, sowie die Vergütung offenzulegen ist, die dem Investmentvermögen von der Verwaltungsgesellschaft selbst, einer an-**

deren Verwaltungsgesellschaft oder einer Gesellschaft, mit der die Verwaltungsgesellschaft durch eine wesentliche unmittelbare oder mittelbare Beteiligung verbunden ist, als Verwaltungsvergütung für die im Investmentvermögen gehaltenen Anteile oder Aktien berechnet wurde;

15. die Voraussetzungen für eine Übertragung der Verwaltung auf eine andere Kapitalverwaltungsgesellschaft und für einen Wechsel der Verwahrstelle;

16. falls in den Anlagebedingungen Swing Pricing vereinbart wird, die Art des Swing Pricing (vollständiges oder teilweises Swing Pricing) sowie unter welchen Voraussetzungen diese Methode angewandt wird.

Inhaltsübersicht

	Rn.
I. Allgemeines	1
1. Rechtsentwicklung	1
2. Regelungsgegenstand und -zweck	2
II. Das Rechtsverhältnis zwischen Verwaltungsgesellschaft und Anleger (§ 162 I)	5
III. Mindestinhalt der Anlagebedingungen (§ 162 II)	9
1. Allgemeines	9
2. Mindestinhalte im Einzelnen	11
a) Auswahlgrundsätze (Nr. 1)	11
b) Wertpapierindex (Nr. 2)	19
c) Treuhandlösung oder Miteigentumslösung (Nr. 3)	20
d) Rücknahme, Umtausch und Rücknahmeaussetzung bzw. -beschränkungen (Nr. 4)	23
e) Jahres- und Halbjahresberichte (Nr. 5)	30
f) Ertragsverwendung (Nr. 6)	31
g) Abwicklung von Laufzeitfonds (Nr. 7)	37
h) Angaben über Teilfonds bei Umbrella-Fonds (Nr. 8)	41
i) Anteilklassen (Nr. 9)	42
j) Verschmelzung (Nr. 10)	44
k) Vergütungen und Aufwendungserstattungen (Nr. 11)	45
l) Ausgabeaufschlag und Rücknahmeabschlag (Nr. 12)	62
m) Pauschalgebühr (Nr. 13)	65
n) Angaben zu Kosten und Vergütung bei Zielfonds (Nr. 14)	69
o) Angaben zum Wechsel von Verwaltungsgesellschaft und/oder Verwahrstelle (Nr. 15)	72
p) Angaben zum Swing Pricing (Nr. 16)	73

I. Allgemeines

1. Rechtsentwicklung. § 162 dient nach BT-Drs. 17/12294, 253 der Umsetzung von Art. 7 III Buchst. c AIFM-RL sowie Art. 1 V OGAW-RL. § 162 I gilt für die Anlagebedingungen aller **inländischen** offenen Publikumsinvestmentvermögen, dh gem. den Definitionen in § 1 IV und VI für alle OGAW sowie alle Publikums-AIF. Soweit § 162 die **konkreten Mindestinhalte auch für Publikums-AIF** bestimmt, geht das Gesetz über die Vorgaben von Art. 7 III Buchst. c AIFM-RL hinaus (s. Baur/Tappen/*Ammon*/*Izzo-Wagner* § 162 Rn. 6–8), was gem. Art. 43 I AIFM-RL zulässig ist (s. FK-KapAnlR/*Jesch* AIFM-RL Art. 43 Rn. 22). Der deutsche Gesetzgeber geht ferner über Art. 7 III Buchst. c AIFM-RL hinaus, 1 da dieser eine Pflicht für den AIFM zur Vorlage von Vertragsbedingungen oder Satzungen lediglich zum **Zeitpunkt des Antrags auf Zulassung** als AIFM bestimmt. Die Formulierung ist an die des § 43 InvG angelehnt. § 162 wurde seit Inkrafttreten mehrfach geändert, ua durch das OGAW-V-UmsG (BGBl. 2016 I 348), das Gesetz zur Einführung von Sondervorschriften für die Sanierung und Abwicklung von zentralen Gegenparteien (BGBl. 2020 I 529) und das FoStoG (BGBl. 2021 I 1498).

2 **2. Regelungsgegenstand und -zweck.** § 162 bezeichnet die Bestimmungen, die das Rechtsverhältnis zwischen Verwaltungsgesellschaft und den Anlegern des Publikumsinvestmentvermögens regeln, als **Anlagebedingungen.** Artikel 23 AIFM-RL und Art. 69 II OGAW-RL verwenden synonym den Begriff Vertragsbedingungen, ebenso § 43 InvG, während § 96 Id InvG den Terminus „Anlagebedingungen" verwendete. Der terminologischen Vereinheitlichung kommt, wie BT-Drs. 17/12294, 190 (Ziff. 6a) mittelbar zu entnehmen ist, keine inhaltliche Bedeutung im Vergleich zur Rechtslage vor Inkrafttreten des KAGB zu.

3 Sofern das Publikumsinvestmentvermögens in Form einer Publikums-InvAG aufgelegt ist, bestimmt sich das Rechtverhältnis nach den Anlagebedingungen und der Satzung der Publikums-InvAG. In diesem Fall existiert zumindest mit Blick auf die Anlagebedingungen neben dem gesellschaftsrechtlichen Verhältnis zwischen InvAG und Anleger auch eine vertragliche Beziehung.

4 Durch die Definition eines Mindeststandards für die Anlagebedingungen dient § 162 zwar dem **Anlegerschutz.** In der vertrieblichen Praxis ist die effektive Bedeutung der Anlagebedingungen, ggf. iVm der Satzung einer Publikums-InvAG, als Bestandteil des Verkaufsprospektes aber aus der Sicht eines Privatanlegers beschränkt, da es sich um ein primär juristisches Dokument handelt. Das in der **vertrieblichen Praxis** bedeutendere Instrument sind daher die wesentlichen Anlegerinformationen gem. § 166.

II. Das Rechtsverhältnis zwischen Verwaltungsgesellschaft und Anleger (§ 162 I)

5 Die Anlagebedingungen sind vertragliche Grundlage zwischen Verwaltungsgesellschaft und Anleger (vgl. EDDH/*Rozok* InvG § 43 Rn. 5–31; BSL/*Schmitz* InvG § 43 Rn. 6–19; WBA/*Polifke* § 162 Rn. 2–9; AWZ/*Kloyer/Seidenschwann* § 162 Rn. 16–19).

6 Ob dieser Vertrag dogmatisch als **Geschäftsbesorgungsvertrag** iSd §§ 675 ff. BGB (s. EDDH/*Rozok* InvG § 43 Rn. 14; BSL/*Schmitz* InvG § 43 Rn. 6; wohl auch AWZ/*Kloyer/Seidenschwann* § 162 Rn. 20 ff.) oder als Vertrag sui generis (SBL/*Köndgen/Schmies* § 113 Rn. 6) einzuordnen ist, ist in der Praxis bedeutungslos (ebenso WBA/*Polifke* § 162 Rn. 2).

7 Die Vertragsparteien können die Anlagebedingungen nicht privatautonom aushandeln, da eine **öffentlich-rechtliche Überlagerung** stattfindet. Die wesentlichen Mindestinhalte sind zum einen vorgeschrieben (vgl. § 162 II). Diese prägen zwingend alle wesentlichen Inhalte des Vertragsverhältnisses.

8 Zum anderen hat sich im Zusammenwirken mit dem Genehmigungserfordernis gem. § 163 durch die BaFin eine Aufsichtspraxis etabliert, die explizite Inhaltsvorgaben zu den Anlagebedingungen bestimmt, wie zB zu erfolgsabhängigen Vergütungen (Performance Fee), enthalten in den sog. **Musterbausteinen,** vgl. → Rn. 47 (die sogar noch weiter zunehmen werden, vgl. → Rn. 55). Sie führen zu

einer weiteren Konkretisierung der Inhalte des Investmentvertrages. Die Nichteinhaltung der Standards hätte eine Genehmigungsverweigerung zur Folge.

Die Anlagebedingungen sind nach der Änderung durch das FoStoG **in Textform** (zuvor: schriftlich) festzuhalten. Der Verzicht auf das Schriftformerfordernis soll nach dem Willen des Gesetzgebers (Begr. RegE BT-Drs. 19/27631, 7) geänderten Bedürfnissen im Zuge des digitalen Wandels Rechnung tragen. Damit ist der ursprünglich mit der Schriftform assoziierte Zweck des **Anlegerschutzes** und der **Rechtssicherheit** (s. BTMB/*v. Ammon/Izzo-Wagner* § 162 Rn. 32, ähnlich AWZ/*Kloyer/Seidenschwann* § 162 Rn. 43: Überprüfung der AAB/BAB durch die BaFin) entfallen. Der Einspareffekt dürfte in der Praxis überschaubar sein und va den Genehmigungsprozess mit der BaFin leicht beschleunigen. 8a

III. Mindestinhalt der Anlagebedingungen (§ 162 II)

1. Allgemeines. Die konkrete Formulierung der Anlagebedingungen eines Publikumsinvestmentvermögens orientiert sich an den Musteranlagebedingungen (unterteilt in AAB und BAB), die zwischen der BaFin und dem BVI (berücksichtigte Fassung: 06/2021) abgestimmt sind (https://www.bvi.de/service/muster-und-arbeitshilfen/kapitalanlagegesetzbuch-muster-anlagebedingungen/). Zwar besitzt dieser Industriestandard juristisch keinen Normcharakter, hat aber in der Praxis erhebliche Bedeutung. 9

Eine rechtlich zulässige Abweichung von diesem Standard (soweit nicht in den Standards explizite gesetzliche Vorgaben des Gesetzes oder der BaFin verarbeitet sind) führt zumindest zu erhöhtem Abstimmungsbedarf mit der BaFin und damit zu Verzögerungen im Genehmigungsprozess. Dies wird seitens der Verwaltungsgesellschaften gemieden, so dass sich die Anlagebedingungen industriell stark ähneln. Dabei ist die **Aufsichtspraxis** der einzelnen Referate der Wertpapieraufsicht **unterschiedlich restriktiv.** Sie reicht von einer Orientierung an den Musteranlagebedingungen bis zu einem Insistieren auf einer wortgleichen textuellen Übernahme. 10

2. Mindestinhalte im Einzelnen. a) Auswahlgrundsätze (Nr. 1). Mit der Beschreibung, **nach welchen Grundsätzen die Auswahl der Vermögensgegenstände** erfolgt, konkretisiert die Verwaltungsgesellschaft ihre treuhänderische Pflicht zur Verwaltung des Publikumsinvestmentvermögens. Die Frage, wie detailliert diese Konkretisierung sein muss (also ob zB Anlagegrenzen nach Instrumenten, Branchen oder Regionen genannt werden müssen), ist eher theoretisch (Bezugnahme auf Gesetzestext ausreichend: BSL/*Schmitz* InvG § 43 Rn. 43, weil bereits im Prospekt enthalten; AWZ/*Kloyer/Seidenschwann* § 162 Rn. 55; aA BSV/*Beckmann* 410 § 43 Rn. 29). Zutreffend ist, dass rein aufsichtsrechtlich ein reiner Normverweis (auf die §§ 193–198) zulässig und genehmigungsfähig wäre (so auch §§ 5–10 AAB, WBA/*Polifke* § 162 Rn. 12). 11

Dies betrifft zunächst die Frage, **welche Vermögensgegenstände in welchem Umfang** erworben werden dürfen. Hier ist der Verweis auf §§ 193, 198 aufsichtsrechtlich ausreichend. Für den Vertrieb wird die Verwaltungsgesellschaft das Publikumsinvestmentvermögen aber als aussagekräftig bezeichnen. Unter dieser Voraussetzung müssen auch bereits in den Anlagebedingungen die Vorschriften des Art. 2 I Fondskategorien-RL erfüllt sein (ebenso AWZ/*Kloyer/Seidenschwann* § 162 Rn. 59). 12

Mit den **Arten der Investmentvermögen,** die erworben werden dürfen, ggf. in welchem Umfang, ist gemeint, ob die Verwaltungsgesellschaft alle in § 196 ge- 13 nannten Anteile bzw. Aktien soll erwerben dürfen und falls ja, ggf. in reduziertem Umfang (vgl. § 8 AAB).

14 Auch Angaben, ob und in welchem Umfang Geschäfte mit **Derivaten** getätigt werden dürfen, sind erforderlich. Um dem zu genügen, ist ein Verweis auf § 197 geeignet und ausreichend. Der maximale Umfang ergibt sich aus dem Gesetz (200% Marktrisikopotential), § 197 II. Sofern eine stärkere Begrenzung gewünscht ist, kann dies geregelt werden. Unbedingt aufgenommen werden muss, ob das Marktrisikopotential nach dem einfachen oder qualifizierten Ansatz gem. DerivateV ermittelt wird. Dementsprechend sind bei Verwendung des qualifizierten Ansatzes alle einfachen und komplexen Derivate zulässig, die sich auf einen in § 197 I genannten Basiswert beziehen. In diesem Fall ist schon technisch eine abschließende Beschreibung der zulässigen Derivate unmöglich. Bei Verwendung des einfachen Ansatzes sind ganz überwiegend nur Grundformen von Derivaten (vgl. § 5 III Nr. 3 DerivateV) zulässig. Eine enumerative Aufzählung ist möglich, aber nicht erforderlich (ebenso BSL/*Schmitz* InvG § 43 Rn. 45, wohl auch AWZ/*Kloyer/Seidenschwann* § 162 Rn. 61 „zu empfehlen"; aA BSV/*Beckmann* 410 § 43 Rn. 42; wohl auch WBA/*Polifke* § 162 Rn. 14), vielmehr ist der Verweis auf § 16 DerivateV schon deswegen ausreichend, weil auch beim einfachen Ansatz zumindest geringfügig komplexe Derivate verwendet werden können und auch bereits die Beschreibung in § 16 IX DerivateV einiger komplexer Derivate nicht abschließend sein kann. § 8 II AAB verwendet einen praktikablen Mittelweg, indem er beim einfachen Ansatz Grundformen von Derivaten beschreibt, aber klar bestimmt, dass neben den Grundformen auch Kombinationen hiervon zulässig sind, sowie nicht näher spezifizierte komplexe Derivate in dem zu vernachlässigenden Umfang.

15 Der **Zweck des Derivateeinsatzes** ist zu benennen. Um den denkbar weitesten Spielraum zu erhalten, ist eine Bezugnahme auf Art. 11 I Buchst. b RL 2007/16/EG sinnvoll (Absicherung, effiziente Portfoliosteuerung, Erzielung von Zusatzerträgen), so auch § 9 V AAB. Unter der Voraussetzung dieser weiten Formulierung ist auch die Verwendung von **Hedgefondstechniken** zulässig, solange hierdurch (a) die Anlagegrenzen nicht verletzt werden, (b) die gesetzliche Marktrisikogrenze (bzw. eine ggf. niedrigere in den Anlagebedingungen enthaltene Grenze) nicht überschritten wird und (c) § 2 I DerivateV eingehalten wird (keine Veränderung des Anlagecharakters, keine wesentlichen zusätzlichen Risiken).

16 Die aus Rn. 36 ff. ESMA/2014/937EN („Guidelines on ETF and other UCITS issues", Fassung v. 1.8.2014) folgenden Zusatzangaben müssen für OGAW nicht in den AAB/BAB abgebildet werden. Hinweise im Verkaufsprospekt sind ausreichend.

17 Welcher Anteil in **Bankguthaben** und **Geldmarktinstrumenten** gehalten werden darf, ist unter Verweis auf §§ 194, 195 darzustellen, die Möglichkeit der Kreditaufnahme unter Verweis auf § 199.

18 Für die Verwaltung zulässige **Techniken und Instrumente** sind zu benennen. Dies sind neben dem Derivateeinsatz vor allem Wertpapierdarlehens- und Wertpapierpensionsgeschäfte gem. §§ 200, 203.

19 **b) Wertpapierindex (Nr. 2).** Für einen Wertpapierindex-OGAW gem. § 209 ist der nachgebildete Index zu benennen, ferner die Zulässigkeit der Überschreitung der Emittentengrenzen aus § 206 (die 5/10/40-Regel).

20 **c) Treuhandlösung oder Miteigentumslösung (Nr. 3).** § 92 I 1 eröffnet der Verwaltungsgesellschaft, über die Anlagebedingungen von Sondervermögen frei zwischen beiden Formen auszuwählen, Nr. 3 begründet die korrespondierende

Verpflichtung, dies auch in den Anlagebedingungen zu regeln. Bei OGAW-Sondervermögen dominiert in der Praxis die **Miteigentumslösung** (s. Baustein 5 BAB).

Die Verpflichtung aus Nr. 3 besteht auch für den Ausnahmefall der Immobilien-Sondervermögen (nur Treuhandlösung möglich, § 245) trotz inhaltlich nicht bestehender Wahlmöglichkeit (ebenso WBA/*Polifke* § 162 Rn. 16; AWZ/*Kloyer/Seidenschwann* § 162 Rn. 73; unklar BSL/*Schmitz* InvG § 43 Rn. 49; aA EDDH/*Rozok* InvG § 43 Rn. 98), weil der Hinweis das zumindest abstrakte Risiko, dass nicht der Anleger, sondern die Verwaltungsgesellschaft sachenrechtlich Eigentümer der Immobilien wird, transparent macht und insofern dem Anlegerschutz dient. § 4 I AAB für Immobilien-Sondervermögen sieht dementsprechend eine Klarstellung vor. 21

Bei der InvAG ist ein Hinweis entbehrlich, da die Vermögensgegenstände gesellschaftsrechtlich zwingend im Eigentum der InvAG stehen (Baur/Tappen/*v. Ammon/Izzo-Wagner* § 162 Rn. 57; AWZ/*Kloyer/Seidenschwann* § 162 Rn. 74). 22

d) Rücknahme, Umtausch und Rücknahmeaussetzung bzw. -beschränkungen (Nr. 4). Ein wesentliches Recht des Anlegers aus dem Investmentvertrag ist, von der Verwaltungsgesellschaft verlangen zu können, den erworbenen Anteil zurückzunehmen, und so den Investmentvertrag zu beenden, vgl. § 17 III AAB. Dieses Prinzip wurde jedoch zuletzt vom Finanzausschuss (BT-Drs. 19/17139, 47) im Rahmen des „Gesetzes zur Einführung von Sondervorschriften für Sanierung und Abwicklung von zentralen Gegenparteien (…))" mit Wirkung zum 28.3.2020 modifiziert, um das Instrumentarium der Verwaltungsgesellschaft für eine verbesserte Liquiditätssteuerung durch **Rücknahmebeschränkungen** zu erweitern. 23

Die **Voraussetzungen** und **Bedingungen** der Rücknahme sind anzugeben. Dazu gehört zunächst die Selbstverständlichkeit, dass die Rücknahme zum jeweils gültigen Rücknahmepreis erfolgt. Ein **Rücknahmeabschlag** (in der Praxis üblich zB bei wertgesicherten Investmentvermögen, um die derivative Komponente nicht gehäuft adjustieren zu müssen, oder bei Sonstigen Investmentvermögen, die Private-Equity-nah investieren, ist auszuweisen (Baur/Tappen/*v. Ammon/Izzo-Wagner* § 162 Rn. 60; BSL/*Schmitz* InvG§ 43 Rn. 51, AWZ/*Kloyer/Seidenschwann* § 162 Rn. 78, Baustein 6 BAB). 24

Details zum **technischen Rücknahmeprozedere** sind darzulegen. In der Praxis geht es idR um Cut-off-Zeiten (s. BSL/*Schmitz* InvG § 43 Rn. 51). 25

Bezüglich der **Rücknahmefrequenz** ist auf das Recht des Anlegers hinzuweisen, bei offenen Publikumsinvestmentvermögen zumindest zweimal im Monat die Rücknahme der Anteile zu verlangen (§ 98 I 1). Bei Sonstigen Investmentvermögen (mind. einmal pro Jahr, höchstens einmal pro Halbjahr, § 223 I), Dachhedgefonds (mind. einmal pro Quartal, § 227 I) und Immobiliensondervermögen (mind. alle zwölf Monate, § 255 II) sind entsprechende abweichende Hinweise aufzunehmen, auch wenn sich die Regelung jeweils aus dem Gesetz ergibt (Grund: Anlegerschutz). 26

Üblicherweise werden Anteile an einem OGAW börsentäglich zurückgenommen. Die Verwaltungsgesellschaft muss sich aber zu dieser (für den Anleger günstigeren) Praxis in den Anlagebedingungen nicht verpflichten. 27

Es ist darauf hinzuweisen, über **welche Stellen** die Rücknahme erfolgt (Verwahrstelle bei OGAW, § 71 I 1; bei AIF über die Verwaltungsgesellschaft, vgl. §§ 224 I Nr. 5, 228 I Nr. 6, 256 I Nr. 1). 28

Voraussetzungen für eine eventuelle **Rücknahmeaussetzung** sind darzulegen. Eine solche Vorkehrung ist nicht zwingend (§ 98 II 1, § 116 II 6 „kann"), aber sowohl im Interesse der Anleger als auch der Verwaltungsgesellschaft ratsam und daher 29 durchweg üblich (§ 17 V AAB). Interessant ist, was bei theoretisch **fehlendem** Hinweis geschähe, wenn gleichzeitig zB die Marktliquidität nicht ausreichte oder wie in der Finanzmarktkrise keine NAV-Ermittlung zu aktuellen Marktpreisen („mark to market") möglich wäre. In diesem Fall müsste wohl die BaFin hoheitlich (ggf. in extensiver Auslegung gestützt auf § 42 Nr. 2) eine Rücknahmeaussetzung zum Schutz aller Anleger verfügen, da eine Liquidierung zu Schleuderpreisen („fire sales") nicht sinnhaft sein kann. Da die Verwaltungsgesellschaft den Hinweis zur Rücknahmeaussetzung nicht aufgenommen hätte, wäre sie rückgabewilligen Anlegern aber zum Schadensersatz verpflichtet (negatives Interesse). Diese Problematik hat sich in der Praxis durch die neuen Möglichkeiten zu Rücknahme- bzw. Umtauschbeschränkungen (→ Rn. 29a) jedoch entschärft.

29a Anzugeben ist auch, ob, unter welchen Voraussetzungen und wie lange von § 98 Ia und Ib und den dort ermöglichten Rücknahme- bzw. Umtauschbeschränkungen Gebrauch gemacht werden kann. Die Vorschrift dient dem **Anlegerschutz,** da die verbesserten Liquiditätssteuerungsmöglichkeiten vom Grundprinzip der freien Rückgabe abweichen und der Anleger hierüber aufgeklärt werden soll. § 17 IV AAB sieht als Regelfall eine Beschränkung für die Dauer von 15 Arbeitstagen vor. Die Beschränkung funktioniert in der Weise, dass ab einem Schwellenwert (der für die Liquiditätssituation des Publikumsinvestmentvermögens problematisch ist) Rücknahmeverlangen nur noch anteilig ausgeführt werden und die Restorder gestrichen wird.

30 **e) Jahres- und Halbjahresberichte (Nr. 5).** Die Anlagebedingungen müssen bestimmen, in welcher Weise und zu welchen Stichtagen die Berichte dem Anleger zugänglich gemacht werden. Normzweck ist der **Anlegerschutz:** Der Anleger soll informiert werden, dass und wann es die Berichte gibt, die ihm nähere Informationen über va die Wertentwicklung und die Kosten liefern (ebenso BSL/*Schmitz* InvG § 43 Rn. 54).

31 **f) Ertragsverwendung (Nr. 6).** Die Anlagebedingungen müssen zunächst Angaben enthalten, ob das Investmentvermögen **ausschüttet** oder **thesauriert,** also die Erträge wieder angelegt werden.

32 Dass der Anleger **im Voraus** verbindlich wissen muss, ob ausgeschüttet oder thesauriert wird (hM BSL/*Schmitz* InvG § 43 Rn. 57; WBA/*Polifke* § 162 Rn. 20; EDDH/*Rozok* InvG § 43 Rn. 103, AWZ/*Kloyer/Seidenschwann* § 162 Rn. 81; wohl auch Baur/Tappen/*v. Ammon/Izzo-Wagner* § 162 Rn. 64), ist schon aufgrund der unterschiedlichen steuerlichen Folgen interessengerecht. Eine Thesaurierung erfordert unter dem Regime der Abgeltungsteuer ggf. die Bereitstellung von Liquidität zur Abführung der Steuer auf die ausschüttungsgleichen Erträge, eine Ausschüttung erhöht die Liquidität.

33 Baustein 8 II BAB sieht vor, dass ein ausschüttendes Investmentvermögen Erträge vortragen darf, wobei die Summe der vorgetragenen Erträge 15% des Wertes des Investmentvermögens nicht übersteigen darf. Bei Immobilien-Sondervermögen ist auf § 252 hinzuweisen.

34 Auf das ggf. stattfindende **Ertragsausgleichverfahren** ist hinzuweisen, vgl. zur Berechnung das eingängige Beispiel bei BSL/*Berger* InvStG § 9 Rn. 9. Das Verfahren ist bei Publikumsinvestmentvermögen aufgrund des täglich wechselnden Anlegerbestandes sinnvoll, da Neuanleger das für Altanleger zur Verfügung stehende Ertragsvolumen nicht reduzieren (positiver Ertragsausgleich) und ausscheidende Anleger das Ertragsvolumen der verbleibenden Anleger nicht erhöhen (negativer Ertragsausgleich).

Ob die Ausschüttung von Veräußerungsgewinnen vorgesehen ist, muss bestimmt werden. Insofern hat die Verwaltungsgesellschaft **Ermessen** (ebenso EDDH/*Rozok* InvG § 43 Rn. 108; BSL/*Schmitz* InvG § 43 Rn. 59; AWZ/*Kloyer/Seidenschwann* § 162 Rn. 85; wohl auch Baur/Tappen/*v. Ammon/Izzo-Wagner* § 162 Rn. 66). Bei Immobilien-Sondervermögen sind § 252 und die dortigen Vorgaben für die AAB und BAB zu beachten. 35

Die Verwaltungsgesellschaft kann laufende Erträge und Veräußerungsgewinne aufgrund des klaren Wortlautes nach freiem Ermessen **unterschiedlich** behandeln. 36

g) Abwicklung von Laufzeitfonds (Nr. 7). Es sind Angaben zu machen, **wann** und **wie** ein Investmentvermögen mit bestimmter Laufzeit abgewickelt und an die Anleger verteilt wird. Zunächst ist va darzulegen, dass das Investmentvermögen (nur) eine bestimmte Laufzeit besitzt. Es ist ferner zwingend darzulegen, **wann** die Verwaltungsgesellschaft berechtigt sein soll, mit der Abwicklung zu beginnen, also die Vermögensgegenstände zu veräußern, einschließlich des zeitlichen Rahmens (aA EDDH/*Rozok* InvG § 43 Rn. 110 zum alten Wortlaut des § 43 IV Nr. 7 InvG, der eine Angabe zum „wann" nicht vorsah, aA auch AWZ/*Kloyer/Seidenschwann* § 162 Rn. 86 Fn. 152: keine Verpflichtung, aber hilfreich). Begründung hierfür ist die Planungssicherheit für den Anleger. 37

Zur Methodik der Abwicklung gelten die (Rahmen-)Vorgaben des § 100 II analog. Eine Konkretisierung dieses weiten Rahmens erscheint aus Transparenzgründen sinnvoll, ist aber nicht zwingend. 38

Darzulegen ist ferner der **Verteilungsmodus.** Die Verteilung hat durch Auszahlung der Anteile zu erfolgen (ebenso EDDH/*Rozok* InvG § 43 Rn. 109; BSL/*Schmitz* InvG § 43 Rn. 7). Die Sachauskehr ist bei Publikumsinvestmentvermögen unzulässig, da dies gegen den Grundgedanken von § 98 I 1 verstieße: Die Lage bei einer Rückgabe des Anteils ist mit der am Ende des Investmentvertrages durch reinen Zeitablauf vergleichbar. 39

Gegen das Prinzip des Verbots der Sachauskehr wird entgegen der allerdings nicht einheitlichen Verwaltungsmeinung **nicht verstoßen,** wenn die depotführende Stelle des Anlegers den ausgekehrten Barbetrag gem. ihrer AGB in Anteile an einem Geldmarktfonds (wieder-)anlegt. Es handelt sich um getrennte Rechtsverhältnisse (Investmentvertrag; Depotvertrag) und die Wiederanlage in risikofreien Geldmarktfonds; wozu der Anleger aufgrund der AGB den Auftrag erteilt hat, ist im besten Anlegerinteresse. 40

h) Angaben über Teilfonds bei Umbrella-Fonds (Nr. 8). Mit den Angaben soll der Anleger über das Vorliegen einer Umbrella-Konstruktion gem. § 96 II–IV und die jeweiligen Spezifika der Teilinvestmentvermögen aufgeklärt werden. 41

i) Anteilklassen (Nr. 9). Die Anlagebedingungen müssen angeben, **ob und unter welchen Voraussetzungen** Aktien oder Anteile mit unterschiedlichen Rechten ausgegeben werden. Die zulässigen unterschiedlichen Ausstattungsmerkmale von Anteilklassen sind in § 96 I bestimmt. 42

Die Praxis sieht in § 16 II AAB die allgemeine Möglichkeit zur Bildung von Anteilklassen vor und verweist hinsichtlich der Umsetzung dieser Möglichkeit auf die BAB, wobei dort nur die **Voraussetzungen** abstrakt dargelegt werden müssen. Weder AAB noch BAB müssen die Ausstattungsmerkmale nach dem klaren Wortlaut von Nr. 9 im Einzelnen darlegen (ebenso Baur/Tappen/*v. Ammon/Izzo-Wagner* § 162 Rn. 72; so auch bereits hM zu § 43 IV Nr. 9 trotz weitergehenden Wortlautes: 43

EDDH/*Rozok* InvG § 43 Rn. 112; BSL/*Schmitz* InvG § 43 Rn. 64; aA AWZ/*Kloyer/Seidenschwann* § 162 Rn. 88); dies folgt im Umkehrschluss aus § 165 II Nr. 27.

44 **j) Verschmelzung (Nr. 10).** Es ist zu erläutern, ob und unter welchen Voraussetzungen ein Investmentvermögen verschmolzen werden darf – sowohl aus Sicht des Übertragenden als auch des Aufnehmenden. § 12 AAB verweist auf die §§ 181–191 und beschreibt die zulässigen Möglichkeiten.

45 **k) Vergütungen und Aufwendungserstattungen (Nr. 11).** Der Punkt ist von hoher praktischer Relevanz, da hieran zahlreiche rechtspolitische Diskussionen (zB Performance Fee, Transaktionskostenausweis, Aufwandspauschale, Closet Tracking) anknüpfen. Darzulegen sind Methode, Höhe und Berechnung der Vergütungen bzw. Aufwandserstattungen für Verwaltungsgesellschaft, Verwahrstelle sowie Dritte.

46 Der Vergütungsanspruch ist der eigentliche **Gegenleistungsanspruch der Verwaltungsgesellschaft** gegenüber den Anlegern; der Anspruch auf Ersatz von Aufwendungen resultiert aus Kosten, die für Dienstleistungen Dritter entstehen, die die Verwaltungsgesellschaft für Rechnung des Investmentvermögens beauftragt hat. Typische Dritte sind Berater (Anlageberatung, Rechts- und Steuerberatung), Verwahrstelle und Portfoliomanager.

47 Die praktische Formulierung orientiert sich an den Musterbausteinen der BaFin v. 4.9.2012 für Investmentvermögen. In der Regel werden Abweichungen von diesen Mustertexten nicht bzw. nur mit erheblichen Schwierigkeiten genehmigt.

48 Der Vergütungsanspruch untergliedert sich in Teilkomponenten. Er kann gem. Nr. 13 ganz oder in Teilen zusammengefasst werden. Die wesentliche Komponente ist die eigentliche Verwaltungsvergütung (Management Fee, Ziff. 1 a Musterbausteine).

Weitere Vergütungen betreffen die Durchsetzung von streitigen Ansprüchen (Ziff. 1 b Musterbausteine).

49 Daneben ist die **Vergütung für Wertpapierdarlehens- und Wertpapierpensionsgeschäfte** möglich (Ziff. 1 b Musterbausteine). Die Musterbausteine werden hier teilweise durch Rn. 29 der „Guidelines on ETF and other UCITS issues" (ESMA/2014/937EN, Fassung v. 1.8.2014) überlagert: *„All the revenues arising from efficient portfolio management techniques, net of direct and indirect operational costs, should be returned to the UCITS"*. Danach war zwar eindeutig, dass Fremdaufwand (zB Brokerentgelte) für die Wertpapierdarlehens- und Wertpapierpensionsgeschäfte vom Investmentvermögen zu tragen sind. Während nach den Musterbausteinen aber auch eine Teilung des Reinerlöses im Verhältnis 51:49 (Investmentvermögen zu Verwaltungsgesellschaft) zulässig war, legte die Formulierung der ESMA nahe, die Verwaltungsgesellschaft hätte 100% der Reinerträge dem Investmentvermögen zu vergüten, ggf. nach Abzug der internen Kosten der Verwaltungsgesellschaft. Eine solche Auslegung wäre nicht im Anlegerinteresse, da sie dazu führen würde, dass das Investmentvermögen keinerlei Erträge aus Wertpapierdarlehens- und Wertpapierpensionsgeschäften erhielte. Als zulässig ist daher eine Pauschalierung der Reinerlöse (also vor Berücksichtigung der internen Kosten) anzusehen, die 49% der Reinerlöse der Verwaltungsgesellschaft zuweist, selbst wenn nach Abdeckung der internen Kosten ein Überschuss verbleiben sollte.

50 Als weitere **Vergütungskomponente,** die separat auszuweisen ist, sind auch Zahlungen an Dritte denkbar. Diese Komponente kann, muss aber nicht bereits in der Management Fee enthalten sein (Ziff. 2 Musterbausteine). In der Praxis geht es hier typischerweise um Vertriebsvergütungen.

51 Als weitere Kostenkomponente sind **erfolgsabhängige Vergütungen (Performance Fees)** bei Einhaltung der in den Musterbausteinen genannten Voraussetzungen zulässig. Im Grundsatz kommen zwei Typen in Betracht: Zum einen orientiert sich die Berechnung der erfolgsabhängigen Vergütung an der Überrendite (Outperformance) des Investmentvermögens nach Abzug aller dem Investmentvermögen belasteten Kosten gegenüber der Rendite des Vergleichindexes (Benchmark), der die Anlagepolitik zutreffend beschreibt und in den BAB entsprechend erwähnt ist. Bei Unterschreitung der Benchmark ist die entsprechende Minderrendite bis zu fünf Jahre vorzutragen, bis sich (wieder) eine Überrendite ergibt. Ist in fünf aufeinanderfolgenden Jahren nach dem ersten Jahr mit Minderrendite die Summe aus positiven und negativen Benchmarkabweichungen negativ, darf keine erfolgsabhängige Vergütung entnommen werden **(high watermark).** Nach fünf Jahren beginnt insofern ein neuer Berechnungszyklus, selbst wenn die Summe negativ sein sollte. Eine absolut positive Wertsteigerung kann, muss aber bei benchmarkorientierten Investmentvermögen nicht zur Entnahmevoraussetzung gemacht werden.

52 Das zweite Modell findet Anwendung bei nicht benchmarkorientierten Investmentvermögen (typischerweise mit absolutem Ertragsziel). Hier wird die Überrendite auf eine absolut positive Wertentwicklung oder den risikolosen Zins bezogen, die aber nach oben begrenzt ist **(hurdle rate).**

53 Die Formulierung für die **Aufwandspositionen** folgt den Musterbausteinen 3 und 4.

54 **Transaktionskosten** werden als eine **Kostenart sui generis** klassifiziert (so auch Musterbaustein 5), die weder Vergütung noch Aufwendungen ieS seien (hM BSL/*Schmitz* InvG § 41 Rn. 9; EDDH/*Rozok* InvG § 41 Rn. 33; WBA/*Polifke* § 165 Rn. 27). Dies folgt mittelbar aus der Definition in § 165 III Nr. 5/6, wonach die Transaktionskosten nicht in den der Gesamtkostenquote (total expense ratio, TER) oder den laufenden Kosten (ongoing charges) enthalten sein sollen. Unter Transparenzgesichtspunkten ist diese Bestimmung de lege ferenda verbesserbar. Transaktionskosten sind der Sache nach an Dritte zu zahlende Entgelte, für die die Verwaltungsgesellschaft einen Aufwandsersatzanspruch hat (→ § 166 Rn. 47). **Negativzinsen** sind daher definitionsgemäß als Transaktionskosten iwS zu verstehen (aA AWZ/*Kloyer/Seidenschwann* § 162 Rn. 95).

55 Auf europäischer Ebene (s. ESMA/2016/165 v. 2.2.2016) gibt es eine rechtspolitische Debatte um die sog. **Closet Trackers** oder **Index Huggers** (Investmentvermögen mit für aktive Manager typischen Vergütungsstrukturen, die aber sehr indexnah investieren und deswegen unter Anlegerschutzgesichtspunkten eine ETF-ähnliche Vergütung aufweisen sollten). Rechtlich geht es mithin darum, ob die Verwaltungsgesellschaft eine in der Anlagepolitik des Verkaufsprospektes und in den wesentlichen Anlegerinformationen als „aktives Management" beschriebene Geschäftsbesorgung auch tatsächlich erbringt. Irrelevant hingegen ist bei dieser Frage das Kriterium, ob ein Investmentvermögen tatsächlich eine aktive Rendite erzielt. Dies ist nämlich eine Erfolgskategorie (Performance), nicht aber eine Kategorie der vertraglich vereinbarten Geschäftsbesorgung.

56 Als maßgebliche Kennzahlen, anhand derer sich das Aktivitätsniveau bestimmen wird und bei deren Unterschreitung der sich als aktiv bezeichnenden Asset Manager seine vertraglichen Pflichten verletzt (va zur sachgerechten Information gem. § 166 III 2 in den wesentlichen Anlegerinformationen, s. Rn. 5 ESMA/2016/165), hat ESMA den **Active share** (Cremers/Petajisto „How active is your fund manager? A new measure that predicts performance", Yale, New Haven, Connecticut,

USA, 2009, 7) und den **Tracking Error** (also die Standardabweichung zwischen der Performance von Investmentvermögen und Benchmark) herangezogen. Schließlich wird auch die Kennziffer R^2 genannt, die die Korrelation des Investmentvermögens zu einer Benchmark misst (dh die prozentuale Angabe misst, wie viele der Bewegungen des Investmentvermögens durch eine Bewegung der Benchmark zu erklären sind). Eine Regulierung des Problems durch die Aufsicht ist zum Zweck des Anlegerschutzes **grundsätzlich** geeignet und erforderlich.

57 Weder Active Share noch Tracking Error (oder R^2) sind aber **allein** geeignet, eine Aussage über ein zu geringes Aktivitätsniveau zu rechtfertigen. Daher muss **kumulativ** eine Unterschreitung der jeweiligen Grenzwerte vorliegen und final eine qualitative Schlusskontrolle erfolgen. Die Kennziffern haben allenfalls Indizqualität.

58 Die Grenzwerte sollten **wissenschaftlichen Standards** entsprechen. Beim Active Share sollte der Grenzwert bei 50% liegen. *Cremers/Petajisto,* S. 13, begründen dies wie folgt:

> *„It is very hard to see how an active fund could justify investing in more than half of all stocks, because regardless of the manager's beliefs on individual stocks, he must know that no more than half of all stocks can beat the market. Thus a fund with an Active Share less than 50% is always a hybrid between a purely active and purely passive portfolio."*

Cremers/Petajisto gehen von 60% aus, benutzen aber in ihren Beispielrechnungen einen extrem diversifizierten Index wie den S&P 500, bei dem jede Aktie kalkulatorisch lediglich ein Gewicht von 0,2% besitzt. Dies wird den in Europa häufig verwendeten Indices wie dem DAX-30 oder dem EuroStoxx-50 nicht gerecht, da hier jeder Einzeltitel ein Gewicht von 3,3% bzw. 2% besitzt. Ein Abweichen ist hier schon wesentlich schwieriger. Zudem setzt der Active Share mathematisch jede „Abweichung" gleich. Dabei ist es qualitativ indessen ein großer Unterschied, ob ein Fondsmanager, der den DAX als Benchmark hat, zB statt in Daimler in Peugeot (nur anderer Hersteller, selbe Branche) investiert oder in Apple (andere Branche, andere Region, andere Währung). Für den Tracking Error werden in der Literatur unterschiedliche Größenordnungen genannt, die von 1% bis 4% reichen. Zum Ganzen auch *Morningstar Manager Research* "Active Share in European Equity Funds – The Activeness of Large-Cap European Fund Managers Through the Lens of Active Share", März 2016.

59 Die Kennziffern haben **Schwächen,** die es nicht gestatten, ihnen eine abschließende Bedeutung beizumessen. Zum einen kommt es stark auf die bereits genannte **Granularität der Benchmark** an (→ Rn. 58). Die Kennziffern messen weiter nur in Form einer **Momentaufnahme** eine Abweichung von der Benchmark. Würde die Verwaltungsgesellschaft einmalig das Portfolio benchmarkfern zusammensetzen und danach keine aktiven Änderungen mehr unternehmen, würden alle Kennziffern gleichwohl eine hohe Aktivität suggerieren. Ferner ist **die Zerlegung von Derivaten** vollständig ungeklärt: Es kann im Ergebnis keinen Unterschied machen, ob eine Verwaltungsgesellschaft ein Exposure gegenüber bestimmten Wertpapieren wie in der Benchmark physisch durch Einzeltitel darstellt oder synthetisch durch ein Derivat. Im ersten Fall wäre der Active Share 0%, im zweiten 100% (weil vollständig anderes Wertpapier). Auch der Tracking Error ist keinesfalls eindeutig aussagekräftig: Einige Verwaltungsgesellschaften verwenden zB für die Ermittlung des NAV die **12:00-Uhr-Kurse** des Referenzindexes. Steigt oder fällt die Benchmark im weiteren Handelsverlauf dieses Tages, wird dies nicht mehr berücksichtigt. Werden dagegen zur NAV-Bestimmung (wie es eigentlich methodisch allein korrekt ist), die Schlusskurse gezogen, ist jede Abweichung berücksichtigt. Im Ergebnis hat die Verwaltungsgesellschaft, deren Methodik hinterfragbar scheint, einen höheren Tracking Error als die methodisch korrekt arbeitende Verwaltungsgesellschaft.

Die ESMA hat in der vorgenannten Untersuchung von 2.600 OGAW (Aktienfonds iSd Art. 2 I Fondskategorien-RL) mit mehr als **0,65% Management Fee,** zehn Jahren Historie und mehr als 50 Mio. Euro Investmentvermögen drei Konstellationen untersucht: **60**

a) Active Share < 60% und Tracking Error < 4%,
b) Active Share < 50% und Tracking Error < 3%,
c) Active Share < 50%, Tracking Error < 3% und R^2 > 0,95%.

Dabei wurden diesen drei Konstellationen a) 15%, b) 7% und c) 5% der untersuchten OGAW als closet tracker identifiziert. Mit einer Regulierung im Hinblick auf die Darlegung der eigenen Anlagepolitik in Verkaufsprospekt bzw. wesentlichen Anlegerinformationen durch die ESMA zB in den „Guidelines on ETF and other UCITS issues", ist 2017/2018 zu rechnen, die die BaFin sodann in den Musterbausteinen umsetzen könnte (s. Rn. 16f. ESMA/2016/165). Die BaFin selbst hat in ihren Untersuchungen die Grundgesamtheit der ESMA deutlich erweitert, indem sich ihre Abfragen bei den Verwaltungsgesellschaften auf alle OGAW mit mehr als 51% Aktien (also ggf. auch Mischfonds), gleichgültig mit welcher Management Fee, fünf Jahren Historie und mehr als 10 Mio. EUR Investmentvermögen beziehen.

Zivilrechtlich unterliegen die Vergütungsvereinbarungen, die Art und Höhe der Vergütung und Aufwendungsersatzansprüche unmittelbar nicht der Inhaltskontrolle gem. § 307 III BGB (hM, s. WBA/*Polifke* § 162 Rn. 32; BSL/*Schmitz* InvG § 43 Rn. 11). Als problematisch im Hinblick auf Transparenzgebot und das Verbot überraschender Klauseln gem. § 305c I BGB werden teilweise die sog. **„bis zu"-Klauseln** diskutiert. Solche „bis zu"-Klauseln sind Bestandteil der Musterbausteine der BaFin, die sich selbst (aufsichtsrechtlich) am Anlegerschutz ausrichtet. Es ist eine Frage der Einheit der Rechtsordnung, dass nicht Klauseln, die aufsichtsrechtlich gerade im Interesse des Anlegerschutzes der Verwaltungsgesellschaft konkret vorgeschrieben sind, zivilrechtlich als für den Verbraucher überraschend oder intransparent bewertet werden können (im Ergebnis wohl ebenso: WBA/*Polifke* § 162 Rn. 32; AWZ/*Kloyer/Seidenschwann* § 162 Rn. 96, kritisch BSL/*Schmitz* InvG § 41 Rn. 11 – allerdings zur Rechtslage vor Veröffentlichung der Musterkostenklauseln). **61**

l) Ausgabeaufschlag und Rücknahmeabschlag (Nr. 12). Die Erhebung eines Ausgabeaufschlags nach Maßgabe der Anlagebedingungen ist in der Praxis üblich. Die Höhe schwankt typischerweise zwischen 0% für Geldmarktfonds und 5% für Aktienfonds, gemessen am NAV. Baustein 6 BAB sieht eine Formulierung vor, dass die Verwaltungsgesellschaft einen niedrigeren Ausgabeaufschlag berechnen kann. Das ist auch AGB-rechtlich unkritisch (ebenso WBA/*Polifke* § 162 Rn. 34; BSL/*Schmitz* InvG § 41 Rn. 13; Baur/Tappen/*v. Ammon/Izzo-Wagner* § 162 Rn. 82, da der Ausgabeaufschlag nicht dem Investmentvermögen zufließt). In gleicher Weise ist ein Rabatt durch die Vertriebsgesellschaft zulässig, da sie in der Praxis den Ausgabeaufschlag idR vollständig für ihre Vertriebsleistung erhält. **62**

Der Rücknahmeabschlag fließt in der Praxis dem Sondervermögen zu (s. EDDH/*Rozok* InvG § 41 Rn. 20f.; Baur/Tappen/*v. Ammon/Izzo-Wagner* § 162 Rn. 85; WBA/*Polifke* § 162 Rn. 35; AWZ/*Kloyer/Seidenschwann* § 162 Rn. 101). **63**

Daher ist hier ein Verzicht im Einzelfall unzulässig, da dies gegen die Gleichbehandlung der Anleger und den Treuhandauftrag verstieße. Juristisch ist auch eine Gestaltung zulässig, aber unüblich, bei der der Rücknahmeabschlag der Verwaltungsgesellschaft zufließt (Baustein 6 BAB).

64 Das 4. FMFG sah beim Rücknahmeabschlag für dessen Höhe eine besitzzeitanteilige Staffelung vor (s. BT-Drs. 14/8017, 103). Die Regelung ist praxisfern, weil kaum durchführbar. Der Gesetzgeber hat (wie verschiedentlich) verkannt, dass durch die Verbriefung der Anteile an Investmentvermögen in Anteilscheinen gem. § 95 I 2 Alt. 1 auf den Inhaber die Verwaltungsgesellschaft in aller Regel ihre Anleger nicht kennt und deswegen einen individualisierten Rücknahmeabschlag im Massengeschäft nicht vornehmen kann. Ein Nachweis der Besitzzeit durch den Anleger (WBA/*Polifke* § 162 Rn. 35) bzw. seine depotführende Stelle ist zwar rechtstheoretisch denkbar, verkennt aber den damit verbundenen erheblichen Initial- (Programmier-) und Prozessaufwand, weswegen solche Staffelungen bei breit vertriebenen Investmentvermögen nicht vorkommen. Anders ist die Lage bei einem beschränkten Anlegerkreis (semi-)institutioneller Anleger und Aktien an einer InvAG.

65 **m) Pauschalgebühr (Nr. 13).** Die Norm erlaubt der Verwaltungsgesellschaft die Zusammenfassung von Vergütungs- und Kostenbestandteilen in Form einer Pauschale. Diese Pauschale kann **beliebig viele Vergütungs- und Kostenbestandteile** enthalten, so dass eine vielfältige Kombinatorik denkbar und zulässig ist. Entsprechend ist darzulegen, welche Bestandteile in der Pauschale zusammengefasst sind und welche nicht (dh gesondert in Rechnung gestellt werden). Entsprechend sehen dies auch die Musterbausteine vor.

66 Die Norm beabsichtigt, für den Anleger in der Kaufsituation durch die Zusammenfassung eine höhere Transparenz zu schaffen (ebenso BSL/*Schmitz* InvG § 41 Rn. 28) durch Angabe einer **prozentualen Pauschale** statt der Einzelbestandteile gem. den Musterbausteinen der BaFin (vgl. → § 162 Rn. 47 ff.). Über die Einzelheiten der tatsächlich verauslagten Kosten kann sich der Anleger im Jahresbericht gem. § 101 II Nr. 1 sowie in den wesentlichen Anlegerinformationen gem. § 166 V 1 informieren. Zusätzlich wird der Anleger im Verkaufsprospekt gem. § 165 III Nr. 5 auf die Angabe der TER gem. § 165 III Nr. 5 im Jahresbericht bzw. den wesentlichen Anlegerinformationen hingewiesen.

67 Daher dürfen aufsichtsrechtlich bei einer Pauschalierung lediglich der Kosten („Aufwandspauschale" oder „Kostenpauschale") die pauschalierten von den tatsächlichen Kosten **auch dauerhaft auseinanderfallen.** Ein (potenzieller) Verstoß gegen § 26 II ist hierin nicht zu sehen (so aber ohne Begründung EDDH/*Rozok* InvG § 41 Rn. 44; Baur/Tappen/*v. Ammon/Izzo-Wagner* § 162 Rn. 92). Es entspricht dem Wesen der Pauschalierung, dass eben keine sachverhaltsspezifische Abrechnung bei der Belastung des Investmentvermögens erfolgt. Die (Aufwands-) Pauschale wird transparent ausgewiesen, so dass nicht ersichtlich ist, gegen welche konkrete Norm aus § 26 II iVm VIII und §§ 2, 3 KAVerOV, Art. 24 AIFM-DVO Nr. 231/2013 verstoßen sein soll. Andernfalls dürfte die Verwaltungsgesellschaft keine Marge erzielen – dies ist unrichtig – oder die Verwaltungsgesellschaft wäre nur berechtigt, in die Management Fee eine Marge einzuarbeiten. Auch dies überzeugt nicht. Dagegen steht der klare Wortlaut der Nr. 13, die eine Pauschalierung erlaubt und unter der Maßgabe der **Transparenz** die lex specialis zur Generalnorm des § 26 II ist. Des Weiteren gestattet Nr. 13 unstreitig auch die sog. All-in-fee, dh die Zusammenfassung aller Vergütungs- und Kostenkomponenten, bei der die

Margen bestimmten Positionen gerade nicht zugeordnet werden können. Zudem werden mit der Management Fee interne Kosten gedeckt, die nicht separat ausgewiesen werden, so dass die Marge je nach Verwaltungsgesellschaft unterschiedlich ausfällt (im Ergebnis ähnlich WBA/*Polifke* § 162 Rn. 37). Außerdem trägt die Verwaltungsgesellschaft das Risiko von **Kostensteigerungen,** da eine Verteuerung aufgrund erhöhter regulatorischer Anforderungen naheliegt, so dass bereits unter Chance-/Risiko-Gesichtspunkten eine implizite Marge legitim erscheint. Schließlich wäre eine solche Forderung auch **ökonomisch nicht im Interesse des Anlegers,** da die Verwaltungsgesellschaft – implizite Marge in der Kostenpauschale unterstellt – bei einer Umgliederung in die Management Fee diesen Bestandteil verdoppeln müsste. Denn aus der Management Fee erhält in der Praxis der Vertrieb eine Retrozession von um die 50%, nicht aber aus der Kostenpauschale.

Zivilrechtlich sind die §§ 305ff. BGB zu beachten. Die Pauschalgebühr unterliegt keiner AGB-rechtlichen Inhaltskontrolle, von Transparenzgebot und Verbot überraschender Klauseln abgesehen (s. zu den Argumenten auch EDDH/*Rozok* InvG § 41 Rn. 43; Baur/Tappen/*v. Ammon/Izzo-Wagner* § 162 Rn. 88; AWZ/*Kloyer/Seidenschwann* § 162 Rn. 106, WBA/*Polifke* § 162 Rn. 37; aA BSL/*Schmitz* InvG § 41 Rn. 30). 68

n) Angaben zu Kosten und Vergütung bei Zielfonds (Nr. 14). Nr. 14 regelt die Pflichten beim Erwerb von Anteilen an anderen (Ziel-)Investmentvermögen. Die Norm dient dem Anlegerschutz durch die Erhöhung von Kostentransparenz. Es ist darauf zu verweisen, dass der Betrag der Ausgabe- und Rücknahmeabschläge (nicht: der Empfänger) im Jahres- bzw. Halbjahresbericht offenzulegen ist (bei Erwerb von Anteilen an (Ziel-)Investmentvermögen ist bei derselben oder konzernverbundenen Verwaltungsgesellschaften § 196 II zu beachten). 69

Das Gleiche gilt für die Verwaltungsvergütungen **aller** (auch nicht verbundener) Verwaltungsgesellschaften (ebenso Baur/Tappen/*v. Ammon/Izzo-Wagner* § 162 Rn. 93f.; AWZ/*Kloyer/Seidenschwann* § 162 Rn. 109; BSL/*Schmitz* InvG § 41 Rn. 39; aA WBA/*Polifke* § 162 Rn. 38, weil nur bei im Konzernverbund gezahlten Verwaltungsvergütungen ein Interessenkonflikt bestehe, was aber wegen des Transparenzzwecks der Nr. 14 nicht überzeugt). 70

Eine teleologische Erweiterung der Nr. 14 dahingehend, dass es im Fall der Verwendung von Pauschalen nicht nur um die Verwaltungsvergütungen geht, sondern je nachdem um die All-in-fee oder die **Vergütungs- und Kostenpauschalen,** ist wegen § 165 III Nr. 9 nicht erforderlich, da der Verkaufsprospekt bereits auf die in den Pauschalen enthaltenen sonstigen Kostenbestandteile unter Angabe der Höchstbeträge hinweist. 71

o) Angaben zum Wechsel von Verwaltungsgesellschaft und/oder Verwahrstelle (Nr. 15). Nummer 15 wurde durch das OGAW-V-UmsG angefügt und dient der Umsetzung des neu gefassten Art. 26 der OGAW-RL, gilt aber auch für Publikums-AIF (→ § 162 Rn. 1). Verlangt ist eine Angabe zu den Voraussetzungen für die Übertragung der Verwaltung auf eine andere Verwaltungsgesellschaft. Bei der InvAG ist eine Nennung in der Satzung entbehrlich (Begr. RegE BT-Drs. 18/6744, 60). Eine Musterformulierung ist in § 22 AAB enthalten. Damit korrespondiert die Angabepflicht mit dem durch das OGAW-V-UmsG eingefügten § 100b. Da der Vorgang der Zustimmung der BaFin bedarf (vgl. § 100b I 1), wird auf diese Weise der Anlegerschutz gesichert. 72

73 **p) Angaben zum Swing Pricing (Nr. 16).** Die Angabepflicht wurde vom Finanzausschuss (BT-Drs. 19/17139, 47) im Rahmen des „Gesetzes zur Einführung von Sondervorschriften für Sanierung und Abwicklung von zentralen Gegenparteien (…)" mit Wirkung zum 28.3.2020 aufgenommen und korrespondiert inhaltlich mit der Einführung des **Swing Pricing** (vgl. Definition in § 1 XIX Nr. 34a), also eines Mittels zur verbesserten Liquiditätssteuerung, das die durch Anteilrückgaben verursachten Transaktionskosten an die betreffenden Anleger weitergibt. Die Angaben sollen sich auch darauf beziehen, ob ein vollständiges oder teilweises Swing Pricing (s. WBA/*Volhard/Jang* § 1 Rn. 121b) verwendet wird, sowie die Voraussetzungen erläutern, unter denen es zum Einsatz kommt.

§ 163 Genehmigung der Anlagebedingungen

(1) [1]Die Anlagebedingungen sowie deren Änderung bedürfen der Genehmigung der Bundesanstalt. [2]Die Genehmigung kann nur von folgenden Verwaltungsgesellschaften beantragt werden:

1. von Kapitalverwaltungsgesellschaften, die die betroffene Art von Investmentvermögen verwalten dürfen und

2. in Bezug auf inländische OGAW von EU-OGAW-Verwaltungsgesellschaften, die von den zuständigen Stellen ihres Herkunftsmitgliedstaates eine Zulassung zur Verwaltung von OGAW erhalten haben, deren Verwaltung im Inland beabsichtigt wird, die den Anforderungen des Artikels 19 Absatz 3 und 4 der Richtlinie 2009/65/EG entsprechen, das Anzeigeverfahren nach den §§ 51 und 52 erfolgreich durchlaufen und der Bundesanstalt darüber hinaus die in § 52 Absatz 1 Satz 2 aufgeführten Unterlagen für das betroffene Investmentvermögen vorgelegt oder auf diese gemäß § 52 Absatz 1 Satz 3 verwiesen haben.

(2) [1]Die Genehmigung ist innerhalb einer Frist von vier Wochen nach Eingang des Genehmigungsantrags zu erteilen, wenn die Anlagebedingungen den gesetzlichen Anforderungen entsprechen und der Antrag von einer Verwaltungsgesellschaft im Sinne von Absatz 1 Satz 2 gestellt wurde. [2]Sind die Voraussetzungen für die Genehmigung nicht erfüllt, hat die Bundesanstalt dies dem Antragsteller innerhalb der Frist nach Satz 1 unter Angabe der Gründe mitzuteilen und fehlende oder geänderte Angaben oder Unterlagen anzufordern. [3]Ist die Antragstellerin eine EU-OGAW-Verwaltungsgesellschaft, hört die Bundesanstalt vor einer Mitteilung nach Satz 2 die zuständigen Stellen des Herkunftsstaates der EU-OGAW-Verwaltungsgesellschaft an. [4]Mit dem Eingang der angeforderten Angaben oder Unterlagen beginnt der Lauf der in Satz 1 genannten Frist erneut. [5]Die Genehmigung gilt als erteilt, wenn über den Genehmigungsantrag nicht innerhalb der Frist nach Satz 1 entschieden worden und eine Mitteilung nach Satz 2 nicht erfolgt ist. [6]Auf Antrag der Verwaltungsgesellschaft hat die Bundesanstalt die Genehmigung nach Satz 5 zu bestätigen. [7]Die Bundesanstalt kann die Genehmigung mit Nebenbestimmungen versehen. [8]Die Verwaltungsgesellschaft darf die Anlagebedingungen dem Verkaufsprospekt nur beifügen, wenn die Genehmigung nach Absatz 1 Satz 1 erteilt worden ist. [9]Die von der Bundesanstalt genehmigten Anlagebedingungen sind dem Publikum in der jeweils geltenden Fassung auf der Internetseite der Kapitalverwaltungsgesellschaft oder der EU-OGAW-Ver-

waltungsgesellschaft zugänglich zu machen. [10]Bei offenen Publikums-AIF dürfen die Anlagebedingungen erst veröffentlicht werden, wenn die Verwaltungsgesellschaft mit dem Vertrieb des Investmentvermögens gemäß § 316 beginnen darf.

(3) **[1]Wenn die Änderungen der Anlagebedingungen mit den bisherigen Anlagegrundsätzen des Investmentvermögens nicht vereinbar sind, erteilt die Bundesanstalt die Genehmigung nur, wenn die Verwaltungsgesellschaft die Änderungen der Anlagebedingungen mindestens vier Wochen vor dem Inkrafttreten nach Absatz 4 bekannt macht und den Anlegern anbietet,**
1. **entweder die Rücknahme ihrer Anteile oder Aktien ohne weitere Kosten zu verlangen oder**
2. **soweit möglich, den Umtausch ihrer Anteile oder Aktien ohne weitere Kosten zu verlangen in Anteile oder Aktien eines anderen Investmentvermögens, das mit den bisherigen Anlagegrundsätzen vereinbar ist und von derselben Verwaltungsgesellschaft oder von einem Unternehmen, das zu der Verwaltungsgesellschaft in einer Verbindung im Sinne des § 290 des Handelsgesetzbuchs steht, verwaltet wird.**

[2]Dieses Recht nach Satz 1 Nummer 1 oder 2 besteht spätestens ab dem Zeitpunkt, in dem die Anleger über die geplante Änderung der Anlagebedingungen nach Absatz 4 unterrichtet werden. [3]Sind die Änderungen genehmigt oder gelten diese als genehmigt, dürfen sie frühestens vier Wochen nach der in Absatz 4 Satz 1 bestimmten Bekanntmachung in Kraft treten. [4]§ 255 Absatz 3 und 4 bleibt unberührt.

(4) **[1]Vorgesehene Änderungen der Anlagebedingungen, die von der Bundesanstalt genehmigt sind, sind im Bundesanzeiger und, sofern die Anteile oder Aktien des betreffenden Investmentvermögens im Geltungsbereich dieses Gesetzes vertrieben werden dürfen, darüber hinaus in einer hinreichend verbreiteten Wirtschafts- oder Tageszeitung oder in den in dem Verkaufsprospekt bezeichneten elektronischen Informationsmedien bekannt zu machen. [2]Im Fall von anlegerbenachteiligenden Änderungen von Angaben nach § 162 Absatz 2 Nummer 11 oder anlegerbenachteiligenden Änderungen von Angaben in Bezug auf wesentliche Anlegerrechte sowie im Falle von Änderungen im Sinne des Absatzes 3 Satz 1 sind den Anlegern zeitgleich mit der Bekanntmachung nach Satz 1 die wesentlichen Inhalte der vorgesehenen Änderungen der Anlagebedingungen und ihre Hintergründe in einer verständlichen Art und Weise mittels eines dauerhaften Datenträgers zu übermitteln; im Falle von Änderungen der bisherigen Anlagegrundsätze im Sinne des Absatzes 3 Satz 1 müssen die Anleger zusätzlich über ihre Rechte nach Absatz 3 informiert werden. [3]Dabei ist mitzuteilen, wo und auf welche Weise weitere Informationen über die Änderung der Anlagebedingungen erlangt werden können. [4]Die Übermittlung gilt drei Tage nach der Aufgabe zur Post oder Absendung als erfolgt. [5]Dies gilt nicht, wenn feststeht, dass der dauerhafte Datenträger den Empfänger nicht oder zu einem späteren Zeitpunkt erreicht hat. [6]Die Änderungen dürfen frühestens am Tag nach der Bekanntmachung im Bundesanzeiger in Kraft treten, im Fall von Änderungen der Angaben nach § 162 Absatz 2 Nummer 11 jedoch nicht vor Ablauf von vier Wochen nach der entsprechenden Bekanntmachung. [7]Mit Zustimmung der Bundesanstalt kann ein früherer Zeitpunkt bestimmt werden, soweit es sich um eine Änderung handelt, die den Anleger begünstigt.**

Inhaltsübersicht

Rn.
I. Genehmigung durch die BaFin ... 1
1. Genehmigungspflicht (§ 163 I) ... 1
2. Genehmigungsverfahren (§ 163 II) ... 4
II. Änderung der AAB/BAB (§ 163 III) ... 11
III. Bekanntmachung und Inkrafttreten der Änderungen ... 16

I. Genehmigung durch die BaFin

1 **1. Genehmigungspflicht (§ 163 I).** Die Verwaltungsgesellschaft muss die AAB/BAB der BaFin zur Genehmigung (einschließlich bei beabsichtigten Änderungen) **einreichen.** Pflichtenadressat sind somit nach § 163 I 2 Nr. 1 Verwaltungsgesellschaften in Bezug auf alle **inländischen** Investmentvermögen sowie nach § 163 I 2 Nr. 2 auch EU-OGAW-Verwaltungsgesellschaften in Bezug auf **inländische** OGAW.

2 Durch Nr. 2 wird Art. 20 III OGAW-RL umgesetzt. Die EU-OGAW-Verwaltungsgesellschaft darf die Genehmigung beantragen, sofern sie von der Aufsicht ihres Herkunftsmitgliedstaates die entsprechende Genehmigung („EU-Gesellschaftspass") besitzt und das Verfahren nach §§ 51, 52 inkl. der Vorlage bestimmter Unterlagen durchlaufen hat.

3 Soweit es sich bei einem Investmentvermögen im Fall von § 163 I 2 Nr. 1 um einen Publikums-AIF handelt, weist BT-Drs. 17/12994, 254 darauf hin, dass § 163 I über Art. 7 III Buchst. c AIFM-RL hinausgehe. Es wird ferner darauf verwiesen, dass dies zulässig sei und im Wesentlichen § 43 II InvG entspreche. Diese rein formale Begründung überzeugt nicht, da nicht ersichtlich ist, welcher zusätzliche Mehrwert gerade auch für den Privatanleger durch die formale Genehmigung jenseits der europarechtlich gebotenen reinen Vorlage erreicht wird (→ § 162 Rn. 1).

4 **2. Genehmigungsverfahren (§ 163 II).** Das eigentliche Verwaltungsverfahren wird in § 163 II geregelt. Ergänzend gelten die Vorschriften des VwVfG. Das Verfahren begann nach § 163 II 7 aF mit dem unterschriebenen Antrag der Verwaltungsgesellschaft. Das formale Unterschriftserfordernis wurde durch das Finanzmarktanpassungsgesetz (BGBl. 2018 I 2626) zu Recht gestrichen.

5 Die seinerzeitige Begründung für das **formale Unterschriftserfordernis** in BT-Drs. 15/1553, 91, nämlich die Erhöhung der Verlässlichkeit der im Genehmigungsantrag enthaltenen Angaben (s. WBA/*Polifke* § 163 Rn. 4; BSL/*Schmitz* InvG § 43 Rn. 22; EDDH/*Rozok* InvG § 43 Rn. 43; Baur/Tappen/*v. Ammon/Izzo-Wagner* § 163 Rn. 20; AWZ/*Kloyer/Seidenschwann* § 163 Rn. 11), war zu keinem Zeitpunkt rechtspolitisch haltbar. Diese Annahme war praxisfremd, kostete lediglich Zeit und Papier und führte zu keiner inhaltlichen Qualitätssicherung. Nunmehr ist endlich eine elektronische Zurverfügungstellung möglich. Im Antrag wird die Verwaltungsgesellschaft idR auf die Compliance mit den Muster-AAB/BAB verweisen und ggf. Abweichungen darlegen. Theoretisch möglich, aber praktisch unüblich ist auch eine Darlegung der Übereinstimmung mit den gesetzlichen Vorgaben (WBA/*Polifke* § 163 Rn. 4; BSL/*Schmitz* InvG § 43 Rn. 22; Baur/Tappen/*v. Ammon/Izzo-Wagner* § 163 Rn. 20; EDDH/*Rozok* InvG § 43 Rn. 44 mwN; wohl aA AWZ/*Kloyer/Seidenschwann* § 163 Rn. 12).

5a Mit dem FoStoG (BGBl. 2021 I 1498) ist nunmehr auch das Schriftformerfordernis in § 163 II 6 für die Bestätigung der Genehmigung durch die BaFin zugunsten digitaler Bestätigungen entfallen.

Die **materielle Genehmigungsfähigkeit** setzt voraus, dass die AAB/BAB den **aufsichtsrechtlichen** Anforderungen entsprechen (so auch die Verwaltungsmeinung der BaFin). Die BaFin prüft **nicht** die Übereinstimmung mit insb. zivilrechtlichen Vorschriften. Die wohl hL vertritt die Ansicht, dass die BaFin in ihrer Prüfung alle Vorschriften abdecken müsse, weil § 163 II 1 nur allg. von den „gesetzlichen Anforderungen" spreche (WBA/*Polifke* § 163 Rn. 5; BSL/*Schmitz* InvG § 43 Rn. 23; AWZ/*Kloyer/Seidenschwann* § 163 Rn. 14, *BSV/Beckmann* 410 § 43 Rn. 99; differenzierend Baur/Tappen/*v. Ammon/Izzo-Wagner* § 163 Rn. 21, der zwischen allg. öffentlich-rechtlichen Interessen, dann Prüfungsrecht der BaFin, und bloß subjektiven Rechten unterscheidet; ähnlich auch EDDH/*Rozok* InvG § 43 Rn. 50ff.). Dem ist nicht zuzustimmen, vielmehr ist der Wortlaut des § 163 II 1 teleologisch auf die konkrete Aufgabennorm zu reduzieren. Diese Aufgabe ist allein im öffentlichen Interesse (§ 4 IV FinDAG) die **Sicherstellung der Funktionsfähigkeit des Kapitalmarktes** und des **Anlegerschutzes** (§ 4 Ia FinDAG, vgl. zutreffend WBA/*Boxberger* § 5 Rn. 1). Es ist nicht Aufgabe der BaFin, die Einhaltung aller denkbaren Rechtsnormen durch die Verwaltungsgesellschaften zu überprüfen, auch wenn damit im Reflex auch objektive Rechte (Wettbewerb, Marken, Datenschutz usw.) geschützt werden. Insofern ist der Selbstbeschränkung der BaFin zB in den Musterbausteinen zu den Kostenklauseln zuzustimmen. 6

Die Aufgabe der BaFin zur Sicherstellung des Anlegerschutzes umfasst folglich auch die **Berücksichtigung der Interessen der Anteilinhaber** (Einhaltung der öffentlich-rechtlichen Pflichten aus § 26 II, § 5 IV), im Ergebnis ebenso WBA/*Polifke* § 163 Rn. 7; BSV/*Beckmann* 410 § 43 Rn. 92, 97; aA zum alten Recht: BSL/*Schmitz* InvG § 43 Rn. 24; EDDH/*Rozok* InvG § 43 Rn. 42 (zu eng und durch Rechtsentwicklung überholt). 7

Widerspricht die BaFin den eingereichten AAB/BAB binnen vier Wochen nicht, gelten diese als genehmigt (§ 163 II 5). Sind die Unterlagen **unvollständig** oder **unrichtig,** muss die BaFin innerhalb der Frist Ergänzung bzw. Änderung verlangen (§ 163 II 2), bei EU-OGAW-Verwaltungsgesellschaften nach Anhörung der Aufsicht des Herkunftsmitgliedstaates § 163 II 3. Die rechtstheoretisch interessengerecht erscheinende Fristregelung ist praktisch problematisch. Die BaFin verfährt teilweise so, dass einen Tag vor Fristablauf (angeblich für die Genehmigung erforderliche) weitere Unterlagen eingefordert werden, wodurch der Fristlauf erneut beginnt. Die Verwaltungsgesellschaft reicht diese Unterlagen idR nach, da eine Diskussion unnötigerweise noch mehr Zeit kosten würde. Danach moniert die BaFin häufig einen Tag vor Eintritt der Genehmigungsfiktion neuerlich einen (höchst formalen) Gesichtspunkt, so dass der Fristlauf erneut beginnt. In der industriellen Produktion rechnen die Verwaltungsgesellschaften daher mit einer **De-facto-Genehmigungsfrist** von drei Monaten. Diese behördliche Praxis führt dazu, dass eine Auflegung von OGAW für den deutschen Markt in Luxemburg oder Irland (mit Anzeigeverfahren nach § 310) genauso zeitnah möglich ist wie eine Auflegung in Deutschland. 8

Da eine Vollständigkeitskontrolle ohne Weiteres möglich ist und § 163 II 4 de facto regelmäßig zur Fristverlängerung benutzt wird, sollte der § 163 II 4 *de lege ferenda* dergestalt geändert werden, dass die Anforderung nach § 163 II 2 lediglich **den Fristlauf hemmt.** Hierdurch würde die BaFin veranlasst, bestehende Bedenken im ordnungsmäßigen Geschäftsgang unverzüglich vorzubringen und nicht künstlich mehrfach drei Wochen auf Wiedervorlage zu legen. 9

Erteilt die BaFin die Genehmigung, kann sie diesen Verwaltungsakt mit Nebenbestimmungen gem. § 163 II 7 iVm § 36 I VwVfG versehen, was idR geschieht. 10

Danach darf die Verwaltungsgesellschaft die AAB/BAB dem Verkaufsprospekt beifügen (§ 163 II 8) und muss sie im Internet in der aktuellen Fassung veröffentlichen (§ 163 II 9), bei Publikums-AIF erst nach Erteilung der Vertriebszulassung gem. § 316.

II. Änderung der AAB/BAB (§ 163 III)

11 Die Norm entspricht im Wesentlichen § 43 III InvG. Während gewöhnliche Änderungen der AAB/BAB dem allgemeinen Verfahren nach § 163 II unterfallen, gilt für bestimmte Änderungen der Anlagebedingungen zusätzlich § 163 III, wenn diese die **Anlagegrundsätze betreffen** und mit diesen **unvereinbar** sind. Die Norm dient dem **Anlegerschutz.**

12 Eine Änderung der **Anlagegrundsätze** ist (nur) dann anzunehmen, wenn sich Änderungen im Hinblick auf § 162 II Nr. 1 ergeben (s. BSL/*Schmitz* InvG § 43 Rn. 33; EDDH/*Rozok* InvG § 43 Rn. 61; WBA/*Polifke* § 163 Rn. 14). Zutreffenderweise ist zunächst nicht zu eng auszulegen, ob eine Berührung der Anlagegrundsätze gegeben ist.

13 Wann eine **Vereinbarkeit** der Änderung mit den (bisherigen) Anlagegrundsätzen gegeben ist, definiert § 163 III nicht näher. In der Regel wird auf die **Schwere im Einzelfall** abgestellt (s. BSL/*Schmitz* InvG § 43 Rn. 33; Baur/Tappen/*v. Ammon/Izzo-Wagner* § 163 Rn. 28). Diese sei quantitativ nicht gegeben, wenn die Änderung für den Anleger ökonomisch vorteilhaft oder weitgehend irrelevant sei (s. EDDH/*Rozok* InvG § 43 Rn. 62, ähnlich AWZ/*Kloyer/Seidenschwann* § 163 Rn. 24f.). Sinnvollerweise wird man unter **quantitativen Gesichtspunkten** auf den Value-at-Risk mit einem Konfidenzniveau von 99% und einer Haltedauer von einem Tag abstellen und dabei **analog** CESR 10-778, Box 12 (Rn. 45ff.) den Value-at-Risk des geplanten Portfolios im Backtesting mit dem des bisherigen Portfolios vergleichen. Wenn der Value-at-Risk des geplanten Portfolios mehr als 15% über dem des bisherigen Portfolios liegt, kann man von einer wesentlichen, nicht vereinbaren Änderung ausgehen (aA BSL/*Schmitz* InvG § 43 Rn. 33, der quantitativ auf eine Änderung der Anlagegrenzen um 15% (gemeint wohl Prozentpunkte, zweifelnd AWZ/*Kloyer/Seidenschwann* § 163 Rn. 25) abstellt, da ggf. ausgeweitete risikoreichere Anlagen durch zusätzliche Techniken abgesichert werden können und sich bestimmte Anlagen in bestimmten Phasen gänzlich unterschiedlich verhalten – entscheidend muss das Risikoprofil sein gemessen am Value-at-Risk). Demgemäß überzeugt es nicht, auch auf sogenannte **qualitative Kriterien** abzustellen (so EDDH/*Rozok* InvG § 43 Rn. 63). Allein die Tatsache, dass bestimmte Vermögensgegenstände (zusätzlich oder nicht mehr) erworben werden dürfen, machen ein Portfolio nicht per se risikoreicher oder -ärmer, was aber entscheidend für den Anleger ist (und darum geht es auch bei der nicht mathematischen Umschreibung in § 162 II Nr. 1). Beispielsweise muss es beim erweiterten Einsatz von Derivaten als zusätzliche Erlösquelle (bspw. bei Long-/Short-Strategien) darauf ankommen, ob sich dadurch der Value-at-Risk wirklich erhöht (oder nicht effektiv sogar sinkt). Entsprechend sollte auch im Rahmen von § 9 VI 1 DerivateV verfahren werden, wo ebenfalls auf eine wesentliche Änderung des (derivatefreien) Vergleichsvermögens abgestellt wird.

14 Liegen die Tatbestandsvoraussetzungen einer nicht vereinbaren Anlagegrundsatzänderung vor, sieht § 163 III als Rechtsfolge vor, dass die BaFin die Genehmigung nur erteilt, wenn die Verwaltungsgesellschaft die Änderungen **vier Wochen** vor Inkrafttreten bekannt gemacht hat (→ § 163 Rn. 16). Die Frist betrug ursprünglich drei Monate und wurde durch das FoStoG verkürzt (vgl. Begr. RegE BT-Drs. 19/27631, 97). Der Gesetzgeber verspricht eine schnellere Umsetzung von Änderungen der Anlagegrundsätze, mehr Flexibilität und damit eine höhere Standortattraktivität. In der Praxis ist mit dem in→ § 163 Rn. 8 beschriebenen Vorgehen der BaFin zu rechnen.

Die Verwaltungsgesellschaft muss den Anlegern ein **kostenfreies Angebot** zur Rücknahme **oder** zum Umtausch der Anteile oder Aktien in Anteile oder Aktien eines anderen Investmentvermögens der Verwaltungsgesellschaft (oder einer mit ihr konzernverbundenen), das den bisherigen Anlagegrundsätzen entspricht.

Bei **Immobilien-Sondervermögen** genügte in der bisherigen Gesetzesfassung des § 163 III 4 aF ein kostenloses Rücknahmeangebot nicht, vielmehr musste ein Umtauschangebot gem. § 163 III 2 Nr. 2 unterbreitet werden. Hier wurde durch das FoStoG eine praxisrelevante Verbesserung erzielt, indem § 163 III 4 aF gestrichen wurde. Hierdurch werden Änderungen der Anlagebedingungen von Immobilien-Sondervermögen gleichbehandelt (dh es genügt ein Rücknahmeangebot). Die Begründung der RegE BT-Drs. 19/27631, 97, weist zutreffend darauf hin, dass die Möglichkeit bei Immobilien-Sondervermögen, ein Umtauschangebot zu unterbreiten, praktisch nie gegeben war. **14a**

Zu häufig erörterten Frage der **zivilrechtlichen** Zulässigkeit der Änderung der AAB/BAB, die nach erfolgter BaFin-Genehmigung **rechtspraktisch** für die Industrie **bedeutungslos** ist, vgl. BSL/*Schmitz* InvG § 43 Rn. 38f.; Baur/Tappen/*v. Ammon/Izzo-Wagner* § 163 Rn. 30; EDDH/*Rozok* InvG § 43 Rn. 64–68; AWZ/*Kloyer/Seidenschwann* § 162 Rn. 26f. **15**

III. Bekanntmachung und Inkrafttreten der Änderungen

Alle genehmigten Änderungen der Anlagebedingungen sind im **Bundesanzeiger** und auf einer im Verkaufsprospekt benannten Webseite bekannt zu machen. Die sonstigen in § 163 I 1 alternativ vorgesehenen Publikationsmöglichkeiten sind in der Praxis aus Kostengründen ohne Bedeutung. **16**

Unter bestimmten Umständen war in der bisherigen Gesetzesfassung auch die zeitgleiche Benachrichtigung der Anleger mittels **dauerhaften Datenträgers** erforderlich: Dies war der Fall bei **Kostenänderungen** (§ 162 II Nr. 11, wobei es teleologisch zu reduzieren war, dass dies nur bei Kostenerhöhungen, nicht aber -ermäßigungen galt), im Fall einer wesentlichen Änderung der Anlagegrundsätze gem. § 163 III 1 und einer Änderung in Bezug auf **wesentliche Anlegerrechte.** Das Gesetz definierte dies nicht näher. **17**

Diese Bestimmung in § 163 IV 2 wurde durch das FoStoG neu gefasst. Sicher war bereits bei der aF, dass es bei wesentlichen Anlegerechten nicht um die bereits explizit enumerierten Anlagegrundsätze und die Kosten gehen konnte. Stattdessen musste es sich um den **Kernbestand des Rechtsverhältnisses** aus dem Investmentvertrag handeln. Nach hM sollte dies bei Änderungen bei der Rücknahmefrequenz der Fall sein (§ 162 II Nr. 4; WBA/*Polifke* § 163 Rn. 17; EDDH/*Rozok* InvG § 43 Rn. 116 AWZ/*Kloyer/Seidenschwann* § 163 Rn. 29); zu denken war auch an eine Umstellung von einem Sondervermögen auf eine InvAG bzw. umgekehrt oder von einer Miteigentums- auf eine Treuhandlösung im Fall von Sondervermögen (§ 162 II Nr. 3). § 163 IV 2 fordert nunmehr eine **anlegerbenachteiligende Änderung.** Der Gesetzgeber (BT-Drs. 19/27631, 97) definiert den Begriff nicht, erhofft sich aber Kostensenkungen, weil die Pflicht zum einen auf die Anlegerbenachteiligung eingeschränkt werde, zum anderen durch die Entkoppe- **17a** lung des dauerhaften Datenträgers von der Papierform (→ § 167 Rn. 5 a). Vergleicht man nur die bisherige Auslegung (Kernbestand des Rechtsverhältnisses) mit der nunmehrigen Normierung (anlegerbenachteiligende Änderung), wird damit wenig mehr an Klarheit erreicht. So lässt sich zB argumentieren, dass (Neu-)Einführung eines teilweisen Swing Pricing für bestimmte Altanleger benachteiligend sei. Die Praxis wird daher bei der Frage des „Ob" eines dauerhaften Datenträgers nichts ändern, bei „Wie" können sich allerdings Kosteneinspareffekte zugunsten aller Anleger ergeben (→ § 167 Rn. 5 c). Das FoStoG ist also auf halbem Wege stehen geblieben, idealiter sollten de lege ferenda auch § 164 IV 2–5 gestrichen werden.

18 Die scheinbar anlegerschützende Norm § 163 IV 2 aF ging bzgl. der Bekanntgabe mittels **dauerhaften Datenträgers** über die Vorgaben der OGAW-RL hinaus. Damit sollte nach dem Willen des historischen Gesetzgebers v. 24.1.2011 (BT-Drs. 17/4510, 73) sichergestellt werden, dass die Informationen den **Anleger rechtzeitig erreichen.** Denn die aufsichtsrechtliche Erfahrung habe gezeigt, dass auch Kleinanleger ein hohes Interesse an den Kostenstrukturen der Anlage hätten und (Kosten-)Änderungen immer wieder zu Beschwerden geführt hätten. Diese offenbar auf angebliche Erfahrungen der BaFin gestützte Norm war unverhältnismäßig und zuletzt gerade **nicht anlegerschützend.** Die angeführten Beschwerden bewegen sich im Promillebereich und zeigten phänomenologisch in der Praxis das genaue Gegenteil: fehlendes Interesse bei mehr als 99,9% der Anleger bis auf wenige (idR sehr allg. gehaltene) Beschwerden. Gerade angesichts der fortschreitenden Digitalisierung (BT-Drs. 17/4510 ist zehn Jahre überholt) und der jederzeitigen Erreichbarkeit der Informationen über Kostenerhöhungen wurde schon lange die Forderung erhoben, eine Veröffentlichung im Internet genügen zu lassen, was allen Anlegern wesentliche Kosteneffizienzen verschaffen würde (bei gleichzeitig weiterhin eröffneter Möglichkeit zu Beschwerden) und die Information mittels va papierhaften dauerhaften Datenträgers zurückzudrängen

19 Änderungen der Anlagebedingungen dürfen prinzipiell am Tag nach der Veröffentlichung im BAnz in Kraft treten. Kostenänderungen und wesentliche Änderungen der Anlagegrundsätze gem. § 163 III 1 dürfen erst **vier Wochen nach Veröffentlichung** und Bekanntgabe in Kraft treten. Letztgenannte Frist wurde durch das FoStoG verkürzt (in der aF waren es drei Monate). Handelt es sich bei Kostenänderungen um eine Begünstigung des Anlegers ist mit Zustimmung der BaFin theoretisch eine Fristverkürzung möglich (§ 163 IV 7), was aber nicht der Praxis entspricht, da mit Kostenänderungen häufig Strukturänderungen beabsichtigt sind, bei denen die Aufsicht idR auch einen belastenden Aspekt zu erkennen meint.

§ 164 Erstellung von Verkaufsprospekt, Basisinformationsblatt und wesentlichen Anlegerinformationen

(1) [1]**Die Kapitalverwaltungsgesellschaft oder die EU-OGAW-Verwaltungsgesellschaft hat für ein von ihr verwaltetes offenes Publikumsinvestmentvermögen den Verkaufsprospekt und, falls das offene Publikumsinvestmentvermögen nicht ausschließlich an professionelle Anleger vertrieben wird, das Basisinformationsblatt gemäß Verordnung (EU) Nr. 1286/2014 zu erstellen und dem Publikum die jeweils aktuellen Fassungen auf der Internetseite der Kapitalverwaltungsgesellschaft oder der EU-OGAW-Verwaltungsgesellschaft zugänglich zu machen.** [2]**Bei offenen AIF-Publikumsinvestmentvermögen dürfen Verkaufsprospekt und Basis-**

informationsblatt gemäß Verordnung (EU) Nr. 1286/2014 dem Publikum erst zugänglich gemacht werden, sobald die Verwaltungsgesellschaft mit dem Vertrieb des Investmentvermögens gemäß § 316 beginnen darf.

(1a) **Falls die Kapitalverwaltungsgesellschaft oder die EU-OGAW-Verwaltungsgesellschaft für einen inländischen OGAW ein Basisinformationsblatt gemäß Verordnung (EU) Nr. 1286/2014 abfasst, bereitstellt, überarbeitet und übersetzt, muss sie nicht zusätzlich die wesentlichen Anlegerinformationen erstellen.**

(2) **Für die einzelnen Teilinvestmentvermögen eines Umbrella-Investmentvermögens kann ein gemeinsamer Verkaufsprospekt erstellt werden, in dem die folgenden Angaben in klarer und übersichtlicher Art und Weise darzustellen sind:**

1. **für alle Teilinvestmentvermögen gemeinsam die in § 165 genannten Angaben, die bei allen Teilinvestmentvermögen identisch sind und**
2. **für jedes Teilinvestmentvermögen gesondert alle Angaben, bei denen sich für einzelne Teilinvestmentvermögen Unterschiede auf Grund einer besonderen Anlagepolitik oder anderer Ausstattungsmerkmale ergeben.**

(3) **Die Angaben in den wesentlichen Anlegerinformationen sowie die Angaben von wesentlicher Bedeutung im Verkaufsprospekt sind auf dem neusten Stand zu halten.**

(4) **[1]Die OGAW-Kapitalverwaltungsgesellschaft oder die EU-OGAW-Verwaltungsgesellschaft hat der Bundesanstalt für die von ihr verwalteten inländischen OGAW den Verkaufsprospekt und entweder das Basisinformationsblatt gemäß Verordnung (EU) Nr. 1286/2014 oder die wesentlichen Anlegerinformationen unverzüglich nach erstmaliger Verwendung einzureichen. [2]Auf Anfrage hat die OGAW-Kapitalverwaltungsgesellschaft der Bundesanstalt auch den Verkaufsprospekt für die von ihr nach den §§ 49 und 50 verwalteten EU-OGAW zur Verfügung zu stellen.**

(5) **Die OGAW-Kapitalverwaltungsgesellschaft oder die EU-OGAW-Verwaltungsgesellschaft hat der Bundesanstalt für die von ihr verwalteten inländischen OGAW alle Änderungen des Verkaufsprospekts und entweder des Basisinformationsblattes gemäß Verordnung (EU) Nr. 1286/2014 oder der wesentlichen Anlegerinformationen unverzüglich nach erstmaliger Verwendung einzureichen.**

I. Verkaufsprospekt, Basisinformationsblatt und wesentliche Anlegerinformationen (§ 164 I, Ia und II)

Die Verwaltungsgesellschaft ist nach § 164 I 1 verpflichtet, einen **Verkaufsprospekt** und, sofern der Vertrieb nicht ausschließlich an professionelle Anleger erfolgt, ein **Basisinformationsblatt** gemäß der PRIIPs-VO zu erstellen und auf ihrer Website die aktuelle Fassung für die (potenziellen) Anleger, also das „Publikum“, einzustellen (zur Verfügung zu stellen). Das Basisinformationsblatt ist zum 1.1.2023 teilweise an die Stelle der wesentlichen Anlegerinformationen getreten. Falls ein Basisinformationsblatt erstellt wird, müssen in Umsetzung von Art. 82a Ia der OGAW-RL die wesentlichen Anlegerinformationen nicht zusätzlich erstellt werden (§ 164 Ia); bei OGAW können gegenüber professionellen Anlegern auch 1 die **wesentlichen Anlegerinformationen** verwendet werden, bei AIF müssen professionellen Anlegern weder die wesentlichen Anlegerinformationen, noch ein Basisinformationsblatt zur Verfügung gestellt werden (vgl. BT-Drs. 20/1906, 42). **Adressaten** der Pflicht sind neben Kapitalverwaltungsgesellschaften auch EU-OGAW-Verwaltungsgesellschaften (vgl. § 1 XIV), wenn diese mittels Gesellschaftspass einen OGAW in Deutschland domizilieren.

2 **Aktuelle Fassung** bedeutet, dass die gem. § 164 III aktualisierten Dokumente zur Verfügung zu stellen sind.

3 Bei Publikums-AIF muss zunächst das **Anzeigeverfahren** nach § 316 durchlaufen sein (und die Vertriebserlaubnis vorliegen), bevor die Verwaltungsgesellschaft Verkaufsprospekt und wesentliche Anlegerinformationen zur Verfügung stellen darf.

4 Bei Umbrella-Konstruktionen stellt § 164 II eine Erleichterungsvorschrift dar, von der nicht Gebrauch gemacht werden muss („kann", s. BTMB/*v. Ammon/Izzo-Wagner* § 164 Rn. 18; WBA/*Polifke* § 164 Rn. 2; AWZ/*Kloyer/Seidenschwann* § 164 Rn. 17): Es darf ein **gemeinsamer** Verkaufsprospekt (nicht aber wesentliche Anlegerinformationen) veröffentlicht werden mit den gem. § 164 II Nr. 1 bei den Teilinvestmentvermögen gleichen Angaben gem. § 165 und gem. § 164 II Nr. 2 unter gesonderter Darstellung aller Angaben, bzgl. der sich die Teilinvestmentvermögen unterscheiden. Die Darstellung muss klar und übersichtlich erfolgen.

5 Auch für eine **Teilmenge** der Teilinvestmentvermögen ist bei Umbrella-Konstruktionen ein (teil-)gemeinsamer Verkaufsprospekt zulässig (WBA/*Polifke* § 164 Rn. 2; AWZ/*Kloyer/Seidenschwann* § 164 Rn. 17), solange dadurch **Klarheit** und **Übersichtlichkeit** nicht beeinträchtigt werden, was eine Frage der konkreten Ausgestaltung im Einzelfall ist.

II. Aktualisierungspflicht (§ 164 III)

6 Die Vorschrift entspricht im Wesentlichen § 42 V InvG. Sie verpflichtet die Verwaltungsgesellschaft, wesentliche Anlegerinformationen und Angaben von „wesentlicher Bedeutung" im Verkaufsprospekt zu aktualisieren.

7 Welche Angaben von **„wesentlicher Bedeutung"** sind, wird nicht näher definiert. Man wird im Umkehrschluss aus der Einführung der wesentlichen Anlegerinformationen in § 166, der VO 583/2010/EU und den CESR-Ausführungsvorschriften und deren Zielsetzung entnehmen, dass alle, aber **nur diese Angaben,** soweit sie (auch) im Verkaufsprospekt enthalten sind (vgl. zu der Frage, ob Angaben zu wesentlichen Anlegerinformationen **nicht** im Verkaufsprospekt enthalten sein können, § 166 Rn. 22), von „wesentlicher Bedeutung" sind, selbst wenn sie zu den sonstigen explizit erforderlichen Angaben in § 165 gehören. Demgegenüber sind die zahlreichen (für den durchschnittlichen Anleger weitgehend überflüssigen) Informationen nicht von wesentlicher Bedeutung. Unwesentlich sind demnach alle Änderungen bei § 165 II Nr. 1, 8, 9, 11–21, 23–24, 26–31, 33–40 und § 165 III Nr. 2, 4–6; **wesentlich sind § 165 II Nr. 2–7, 10, 22, 25, 32** (Letzteres wegen der neuen Regeln zur Unabhängigkeit der Verwahrstelle), **41, 42** und **§ 165 III 1, 3, 7–10** (unklar *BTMB/v. Ammon/Izzo-Wagner* § 164 Rn. 20; BSL/*Schmitz* InvG § 42 Rn. 33; EDDH/*Rozok* InvG § 42 Rn. 129; aA WBA/*Polifke* § 164 Rn. 4; AWZ/*Kloyer/Seidenschwann* § 164 Rn. 20, die auf § 165 I 1 verweisen, der zur Folge habe, dass es im Verkaufsprospekt keine unwesentlichen Informationen geben dürfe (jedenfalls nicht bei den Pflichtangaben), aber doch solche, die zwar rechtlich wesentlich seien, aber nicht so wesentlich, dass sie sofort aktualisiert werden müssten – das praktische Ergebnis ist das gleiche).

Unstreitig darf die Aktualisierung des Verkaufsprospekts bzgl. Angaben von wesentlicher Bedeutung durch eine **Neuerstellung oder** durch **Nachträge** erfolgen (s. BSL/*Schmitz* InvG § 42 Rn. 33; Baur/Tappen/*v. Ammon/Izzo-Wagner* § 164 Rn. 21; EDDH/*Rozok* InvG § 42 Rn. 129; AWZ/*Kloyer/Seidenschwann* § 164 Rn. 20). Dies ist indessen ein theoretisches Problem. Ein Zurverfügungstellen des aktualisierten Verkaufsprospekts im elektronischen Format ist wesentlich zeiteffizienter, rechtssicherer und anlegerfreundlicher als das Anfertigen von Nachträgen (ggf. in Ketten), weswegen zumindest die meisten Verwaltungsgesellschaften in Deutschland dazu übergegangen sind (ebenso WBA/*Polifke* § 164 Rn. 3). 8

III. Einreichungspflicht (§ 164 IV und V)

Die Verwaltungsgesellschaft ist verpflichtet, bzgl. eines inländischen OGAW den Verkaufsprospekt und das Basisinformationsblatt bzw. (im Fall eines Vertriebs an professionelle Anleger ohne ein Basisinformationsblatt nach der PRIIPs-VO) die wesentlichen Anlegerinformationen (erst) **nach** erstmaliger Verwendung bei der BaFin einzureichen. Das Gleiche gilt für Aktualisierungen nach § 164 V. Die wortlautkonforme Einreichung **nach** erstmaliger Verwendung ist Theorie; in der Praxis erfolgt eine Abklärung mit der BaFin **vor** erstmaliger Verwendung, zum einen, damit diese keine Untersagung gem. §§ 26 II–VIII, 5 IV 1, VI 1 ausspricht, zum anderen, weil die AAB/BAB nach § 163 I genehmigt werden müssen, diese aber wiederum nach Art. 71 I OGAW-RL dem Verkaufsprospekt beizufügen sind (vgl. auch MB, S. 81). Nach § 163 II 9 „dürfen" sie lediglich beigefügt werden, so dass idR beides zusammen eingereicht wird. 9

Für **Publikums-AIF** gilt das **Vertriebsanzeigeverfahren** gem. § 316 I 2 Nr. 4. 10

Sofern die BaFin dies verlangt, muss eine inländische Verwaltungsgesellschaft der BaFin nach § 164 IV 2 auch den Verkaufsprospekt für die von ihr im EU-Ausland verwalteten OGAW zur Verfügung stellen. Die Vorschrift bewirkt die Möglichkeit einer **nicht binnenmarktkonformen,** wenig sinnhaften Doppelkontrolle und sollte gestrichen werden. 11

§ 165 Mindestangaben im Verkaufsprospekt

(1) **[1]Der Verkaufsprospekt eines offenen Publikumsinvestmentvermögens muss mit einem Datum versehen sein und die Angaben enthalten, die erforderlich sind, damit sich die Anleger über die ihnen angebotene Anlage und insbesondere über die damit verbundenen Risiken ein begründetes Urteil bilden können. [2]Der Verkaufsprospekt muss redlich und eindeutig und darf nicht irreführend sein.**

(2) **Der Verkaufsprospekt muss neben dem Namen des Investmentvermögens, auf das er sich bezieht, mindestens folgende Angaben enthalten:**

1. **Zeitpunkt der Auflegung des Investmentvermögens sowie Angabe der Laufzeit;**
2. **an hervorgehobener Stelle eine Beschreibung der Anlageziele des Investmentvermögens einschließlich der finanziellen Ziele und Beschreibung der Anlagepolitik und -strategie, einschließlich etwaiger Konkretisierungen und Beschränkungen bezüglich dieser Anlagepolitik und -strategie; eine Beschreibung der Art der Vermögens-**

gegenstände, in die das Investmentvermögen investieren darf sowie die Angabe etwaiger Techniken und Instrumente, von denen bei der Verwaltung des Investmentvermögens Gebrauch gemacht werden kann und aller damit verbundenen Risiken, Interessenkonflikte und Auswirkungen auf die Wertentwicklung des Investmentvermögens; Beschreibung der wesentlichen Merkmale der für das Investmentvermögen erwerbbaren Anteile oder Aktien an Investmentvermögen einschließlich der maßgeblichen Anlagegrundsätze und -grenzen und des Sitzes der Zielinvestmentvermögen;

3. **eindeutige und leicht verständliche Erläuterung des Risikoprofils des Investmentvermögens;**
4. **Hinweis, dass der am Erwerb eines Anteils oder einer Aktie Interessierte Informationen über die Anlagegrenzen des Risikomanagements, die Risikomanagementmethoden und die jüngsten Entwicklungen bei den Risiken und Renditen der wichtigsten Kategorien von Vermögensgegenständen des Investmentvermögens verlangen kann und Angabe der Stellen, wo der am Erwerb eines Anteils oder einer Aktie Interessierte diese Informationen in welcher Form erhalten kann;**
5. **Zulässigkeit von Kreditaufnahmen für Rechnung des Investmentvermögens;**
6. **Umstände, unter denen das Investmentvermögen Leverage einsetzen kann, Art und Herkunft des zulässigen Leverage und die damit verbundenen Risiken, sonstige Beschränkungen für den Einsatz von Leverage sowie den maximalen Umfang des Leverage, die die Verwaltungsgesellschaft für Rechnung des Investmentvermögens einsetzen dürfen; bei inländischen OGAW kann die Angabe des maximalen Umfangs des Leverage durch die Angabe des maximalen Marktrisikopotenzials, gegebenenfalls ergänzt um die Angabe des erwarteten Leverage, ersetzt werden;**
7. **Handhabung von Sicherheiten, insbesondere Art und Umfang der geforderten Sicherheiten und die Wiederverwendung von Sicherheiten und Vermögensgegenständen, sowie die sich daraus ergebenden Risiken;**
8. **Angaben zu den Kosten einschließlich Ausgabeaufschlag und Rückgabeabschlag nach Maßgabe von Absatz 3;**
9. **gegebenenfalls bisherige Wertentwicklung des Investmentvermögens und gegebenenfalls der Anteil- oder Aktienklassen zusammen mit einem Warnhinweis, dass die bisherige Wertentwicklung kein Indikator für die zukünftige Wertentwicklung ist;**
10. **Profil des typischen Anlegers, für den das Investmentvermögen konzipiert ist;**
11. **Beschreibung der Verfahren, nach denen das Investmentvermögen seine Anlagestrategie oder seine Anlagepolitik oder beides ändern kann;**
12. **Voraussetzungen für die Auflösung und Übertragung des Investmentvermögens unter Angabe von Einzelheiten insbesondere bezüglich der Rechte der Anleger;**
13. **Beschreibung, in welcher Weise und zu welchem Zeitpunkt die gemäß § 300 erforderlichen Informationen offengelegt werden;**

14. **Beschreibung der Regeln für die Ermittlung und Verwendung der Erträge;**
15. **Kurzangaben über die für die Anleger bedeutsamen Steuervorschriften einschließlich der Angabe, ob ausgeschüttete Erträge des Investmentvermögens einem Quellensteuerabzug unterliegen;**
16. **Ende des Geschäftsjahres des Investmentvermögens; Häufigkeit der Ausschüttung von Erträgen;**
17. **Angabe der Stellen, bei denen die Jahresberichte und Halbjahresberichte über das Investmentvermögen erhältlich sind;**
18. **Name des Abschlussprüfers, der mit der Prüfung des Investmentvermögens einschließlich des Jahresberichtes beauftragt ist;**
19. **Regeln für die Vermögensbewertung, insbesondere eine Beschreibung des Verfahrens zur Bewertung des Investmentvermögens und der Kalkulationsmethoden für die Bewertung von Vermögenswerten, einschließlich der Verfahren für die Bewertung schwer zu bewertender Vermögenswerte nach den §§ 168 bis 170, 212, 216 und 217; bei offenen Publikums-AIF Nennung des externen Bewerters;**
20. **gegebenenfalls Angabe der Börsen oder Märkte, an denen Anteile oder Aktien notiert oder gehandelt werden; Angabe, dass der Anteilswert vom Börsenpreis abweichen kann;**
21. **Verfahren und Bedingungen für die Ausgabe und die Rücknahme sowie gegebenenfalls den Umtausch von Anteilen oder Aktien;**
22. **Beschreibung des Liquiditätsmanagements des Investmentvermögens, einschließlich der Rückgaberechte unter normalen und außergewöhnlichen Umständen, und der bestehenden Rücknahmevereinbarungen mit den Anlegern einschließlich der Voraussetzungen, unter denen die Rücknahme und gegebenenfalls auch der Umtausch von Anteilen oder Aktien beschränkt oder ausgesetzt werden kann; im Hinblick auf eine Beschränkung der Rücknahme von Anteilen oder Aktien ist zudem der Verfahrensablauf sowie deren maximale Dauer darzustellen;**
23. **die getroffenen Maßnahmen, um die Zahlungen an die Anleger, die Rücknahme der Anteile oder Aktien sowie die Verbreitung der Berichte und sonstigen Informationen über das Investmentvermögen vorzunehmen; falls Anteile oder Aktien in einem anderen Mitgliedstaat der Europäischen Union oder in einem anderen Vertragsstaat des Abkommens über den Europäischen Wirtschaftsraum vertrieben werden, sind Angaben über die in diesem Staat getroffenen Maßnahmen zu machen und in den dort bekannt zu machenden Verkaufsprospekt aufzunehmen;**
24. **eine Beschreibung der wichtigsten rechtlichen Auswirkungen der für die Tätigung der Anlage eingegangenen Vertragsbeziehung, einschließlich Informationen über die zuständigen Gerichte, das anwendbare Recht und das Vorhandensein oder Nichtvorhandensein von Rechtsinstrumenten, die die Anerkennung und Vollstreckung von Urteilen in dem Gebiet vorsehen, in dem das Investmentvermögen seinen Sitz hat;**
25. **Art und Hauptmerkmale der Anteile oder Aktien, insbesondere Art der durch die Anteile oder Aktien verbrieften oder verbundenen Rechte oder Ansprüche; Angaben, ob die Anteile oder Aktien durch Globalurkunden verbrieft oder ob Anteilscheine oder Einzelurkunden**

ausgegeben werden; Angaben, ob die Anteile auf den Inhaber oder auf den Namen lauten und Angabe der Stückelung;

26. gegebenenfalls Angabe des Investmentvermögens und seiner einzelnen Teilinvestmentvermögen und unter welchen Voraussetzungen Anteile an verschiedenen Teilinvestmentvermögen ausgegeben werden, einschließlich einer Beschreibung der Anlageziele und der Anlagepolitik der Teilinvestmentvermögen;
27. eine Beschreibung der Art und Weise, wie die Verwaltungsgesellschaft eine faire Behandlung der Anleger gewährleistet sowie Angaben darüber, ob und unter welchen Voraussetzungen Anteile oder Aktien mit unterschiedlichen Rechten ausgegeben werden und eine Erläuterung, welche Ausgestaltungsmerkmale gemäß § 96 Absatz 1 und 2 oder § 108 Absatz 4 den Anteil- oder Aktienklassen zugeordnet werden; eine Beschreibung des Verfahrens gemäß § 96 Absatz 1 Satz 4 oder § 108 Absatz 4 für die Errechnung des Wertes der Anteile oder Aktien jeder Anteil- oder Aktienklasse, einschließlich der Angaben, wenn ein Anleger eine Vorzugsbehandlung oder einen Anspruch auf eine solche Behandlung erhält, eine Erläuterung dieser Behandlung, der Art der Anleger, die eine solche Vorzugsbehandlung erhalten, sowie gegebenenfalls der rechtlichen oder wirtschaftlichen Verbindungen zwischen diesen Anlegern und dem Investmentvermögen oder der Verwaltungsgesellschaft;
28. Firma, Rechtsform, Sitz und, wenn sich die Hauptverwaltung nicht am Sitz befindet, Ort der Hauptverwaltung der Verwaltungsgesellschaft; Zeitpunkt ihrer Gründung;
29. Namen der Mitglieder des Vorstands oder der Geschäftsführung und des Aufsichtsrats oder gegebenenfalls des Beirats, jeweils unter Angabe der außerhalb der Verwaltungsgesellschaft ausgeübten Hauptfunktionen, wenn diese für die Verwaltungsgesellschaft von Bedeutung sind;
30. Höhe des gezeichneten und eingezahlten Kapitals;
31. Angabe der weiteren Investmentvermögen, die von der Verwaltungsgesellschaft verwaltet werden;
32. Identität der Verwahrstelle und Beschreibung ihrer Pflichten sowie der Interessenkonflikte, die entstehen können;
33. Beschreibung sämtlicher von der Verwahrstelle ausgelagerter Verwahrungsaufgaben, Liste der Auslagerungen und Unterauslagerungen und Angabe sämtlicher Interessenkonflikte, die sich aus den Auslagerungen ergeben können;
34. Erklärung, dass den Anlegern auf Antrag Informationen auf dem neuesten Stand hinsichtlich der Nummern 32 und 33 übermittelt werden.
35. die Namen von Beratungsfirmen, Anlageberatern oder sonstigen Dienstleistern, wenn ihre Dienste auf Vertragsbasis in Anspruch genommen werden; Einzelheiten dieser Verträge, die für die Anleger von Interesse sind, insbesondere Erläuterung der Pflichten der Dienstleister und der Rechte der Anleger; andere Tätigkeiten der Beratungsfirma, des Anlageberaters oder des sonstigen Dienstleistungsanbieters von Bedeutung;
36. eine Beschreibung sämtlicher von der Verwaltungsgesellschaft übertragener Verwaltungsfunktionen sowie sämtlicher von der Verwahrstelle übertragener Verwahrungsfunktionen, Bezeichnung des Beauf-

tragten sowie sämtlicher Interessenkonflikte, die sich aus der Aufgabenübertragung ergeben könnten;

37. **eine Beschreibung, in welcher Weise die AIF-Verwaltungsgesellschaft den Anforderungen des § 25 Absatz 6 gerecht wird;**
38. **Umstände oder Beziehungen, die Interessenkonflikte begründen können;**
39. **bei Investmentvermögen mit mindestens einem Teilinvestmentvermögen, dessen Anteile oder Aktien im Geltungsbereich dieses Gesetzes an eine, mehrere oder alle Anlegergruppen im Sinne des § 1 Absatz 19 Nummer 31 bis 33 vertrieben werden dürfen, und mit weiteren Teilinvestmentvermögen desselben Investmentvermögens, die im Geltungsbereich dieses Gesetzes nicht oder nur an eine oder mehrere andere Anlegergruppen vertrieben werden dürfen, den drucktechnisch an hervorgehobener Stelle herausgestellten Hinweis, dass die Anteile oder Aktien der weiteren Teilinvestmentvermögen im Geltungsbereich dieses Gesetzes nicht vertrieben werden dürfen oder, sofern sie an einzelne Anlegergruppen vertrieben werden dürfen, an welche Anlegergruppe im Sinne des § 1 Absatz 19 Nummer 31 bis 33 sie nicht vertrieben werden dürfen; diese weiteren Teilinvestmentvermögen sind namentlich zu bezeichnen;**
40. **die in Artikel 14 der Verordnung (EU) 2015/2365 sowie für OGAW die in Artikel 29 Absatz 2 der Verordnung (EU) 2016/1011 genannten Informationen;**
41. **falls Swing Pricing vorgesehen ist, Angaben zu dessen Art (vollständiges oder teilweises Swing Pricing) und Funktionsweise sowie zur Berechnung des modifizierten Nettoinventarwertes;**
42. **die in den Artikeln 6 bis 9 der Verordnung (EU) 2019/2088 und in den Artikeln 5 bis 7 der Verordnung (EU) 2020/852 genannten Informationen.**

(3) **Der Verkaufsprospekt hat in Bezug auf die Kosten einschließlich Ausgabeaufschlag und Rücknahmeabschlag folgende Angaben zu enthalten:**

1. **Berechnung der Ausgabe- und Rücknahmepreise der Anteile oder Aktien unter Berücksichtigung der Methode und Häufigkeit der Berechnung dieser Preise und der mit der Ausgabe und der Rücknahme der Anteile oder Aktien verbundenen Kosten;**
2. **Angaben über Art, Ort und Häufigkeit der Veröffentlichung der Ausgabe- und Rücknahmepreise der Anteile oder Aktien;**
3. **etwaige sonstige Kosten oder Gebühren, aufgeschlüsselt nach denjenigen, die vom Anleger zu zahlen sind und denjenigen, die aus dem Investmentvermögen zu zahlen sind;**
4. **Verwendung des Aufschlags bei der Ausgabe der Anteile oder Aktien oder des Abschlags bei der Rücknahme der Anteile oder Aktien;**
5. **Angabe, dass eine Gesamtkostenquote in Form einer einzigen Zahl, die auf den Zahlen des vorangegangenen Geschäftsjahres basiert, zu berechnen ist und welche Kosten einbezogen werden;**
6. **Erläuterung, dass Transaktionskosten aus dem Investmentvermögen gezahlt werden und dass die Gesamtkostenquote keine Transaktionskosten enthält;**

7. Angabe, aus welchen Vergütungen und Kosten sich die Pauschalgebühr zusammensetzt und Hinweis, ob und welche Kosten dem Investmentvermögen gesondert in Rechnung gestellt werden, falls in den Anlagebedingungen für die Vergütungen und Kosten eine Pauschalgebühr vereinbart wurde; die Nummern 5 und 6 bleiben unberührt;
8. Beschreibung, ob der Verwaltungsgesellschaft Rückvergütungen der aus dem Investmentvermögen an die Verwahrstelle und an Dritte geleisteten Vergütungen und Aufwendungserstattungen zufließen und ob je nach Vertriebsweg ein wesentlicher Teil der Vergütungen, die aus dem Investmentvermögen an die Verwaltungsgesellschaft geleistet werden, für Vergütungen an Vermittler von Anteilen oder Aktien des Investmentvermögens auf den Bestand von vermittelten Anteilen oder Aktien verwendet wird;
9. Angabe gemäß § 162 Absatz 2 Nummer 14; Art der möglichen Gebühren, Kosten, Steuern, Provisionen und sonstigen Aufwendungen unter Angabe der jeweiligen Höchstbeträge, die mittelbar oder unmittelbar von den Anlegern des Investmentvermögens zu tragen sind; Hinweis, dass dem Investmentvermögen neben der Vergütung zur Verwaltung des Investmentvermögens eine Verwaltungsvergütung für die im Investmentvermögen gehaltenen Anteile oder Aktien berechnet wird;
10. hinsichtlich der Vergütungspolitik der Verwaltungsgesellschaft:
    a) die Einzelheiten der aktuellen Vergütungspolitik, darunter eine Beschreibung darüber, wie die Vergütung und die sonstigen Zuwendungen berechnet werden, und die Identität der für die Zuteilung der Vergütung und sonstigen Zuwendungen zuständigen Personen, einschließlich der Zusammensetzung des Vergütungsausschusses, falls es einen solchen Ausschuss gibt, oder
    b) eine Zusammenfassung der Vergütungspolitik und eine Erklärung darüber, dass die Einzelheiten der aktuellen Vergütungspolitik auf einer Internetseite veröffentlicht sind, wie die Internetseite lautet und dass auf Anfrage kostenlos eine Papierversion der Internetseite zur Verfügung gestellt wird; die Erklärung umfasst auch, dass zu den auf der Internetseite einsehbaren Einzelheiten der aktuellen Vergütungspolitik eine Beschreibung der Berechnung der Vergütung und der sonstigen Zuwendungen sowie die Identität der für die Zuteilung der Vergütung und sonstigen Zuwendungen zuständigen Personen, einschließlich der Zusammensetzung des Vergütungsausschusses, falls es einen solchen Ausschuss gibt, gehört.

(4) Sofern die Verwaltungsgesellschaft für Rechnung des Investmentvermögens Geschäfte mit Derivaten tätigen darf, muss der Verkaufsprospekt an hervorgehobener Stelle erläutern, ob diese Geschäfte zu Absicherungszwecken oder als Teil der Anlagestrategie getätigt werden dürfen und wie sich die Verwendung von Derivaten möglicherweise auf das Risikoprofil des Investmentvermögens auswirkt.

(5) Weist ein Investmentvermögen durch seine Zusammensetzung oder durch die für die Fondsverwaltung verwendeten Techniken eine erhöhte Volatilität auf, muss im Verkaufsprospekt an hervorgehobener Stelle darauf hingewiesen werden.

(6) [1]Im Verkaufsprospekt eines Investmentvermögens, das einen anerkannten Wertpapierindex nachbildet, muss an hervorgehobener Stelle darauf hingewiesen werden, dass der Grundsatz der Risikomischung für dieses Investmentvermögen nur eingeschränkt gilt. [2]Zudem muss der Verkaufsprospekt die Angabe enthalten, welche Wertpapiere Bestandteile des Wertpapierindexes sind und wie hoch der Anteil der jeweiligen Wertpapiere am Wertpapierindex ist. [3]Die Angaben über die Zusammensetzung des Wertpapierindexes können unterbleiben, wenn sie für den Schluss oder für die Mitte des jeweiligen Geschäftsjahres im letzten bekannt gemachten Jahres- oder Halbjahresbericht enthalten sind.

(7) Der Verkaufsprospekt von AIF hat zusätzlich mindestens folgende weitere Angaben zu enthalten:
1. Identität des Primebrokers, Beschreibung jeder wesentlichen Vereinbarung zwischen dem Investmentvermögen und seinen Primebrokern, Art und Weise der Beilegung diesbezüglicher Interessenkonflikte;
2. Angaben über jede eventuell bestehende Haftungsübertragung auf den Primebroker.

(8) Die Bundesanstalt kann verlangen, dass in den Verkaufsprospekt weitere Angaben aufgenommen werden, wenn sie Grund zu der Annahme hat, dass die Angaben für die Erwerber erforderlich sind.

(9) Etwaige Prognosen im Verkaufsprospekt sind deutlich als solche zu kennzeichnen.

Inhaltsübersicht

Rn.
I. Allgemeines und Historie . . . 1
II. Grundlagen des Verkaufsprospekts (§ 165 I, VIII) . . . 5
III. Mindestangaben im Einzelnen (§ 165 II) . . . 13
1. Formale Angaben (§ 165 II Nr. 1, 8, 9, 11–21, 23, 24, 27–31, 35–41) . . . 13
2. Anlageziele, Anlagestrategie, Anleger (§ 165 II Nr. 2, 10, 42) . . . 16
3. Risikoprofil (§ 165 II Nr. 3, 4 und V) . . . 22
4. Leverage (§ 165 II Nr. 5, 6 und IV) . . . 25
5. Sicherheiten (§ 165 II Nr. 7, § 35 IV DerivateV) . . . 35
6. Beschreibung des Liquiditätsmanagements (§ 165 II Nr. 22) . . . 39
7. Verwahrstelle (§ 165 II Nr. 32–34) . . . 40
IV. Mindestangaben zu Kosten im Einzelnen (§ 165 III) . . . 49
1. Formale Angaben (Nr. 2, 4–6) . . . 49
2. Berechnung der Ausgabe- bzw. Rücknahmepreise (§ 165 III Nr. 1) . . . 50
3. Kostenangaben (§ 165 III Nr. 1, 3, 7, 9) . . . 51
4. Rückvergütungen (§ 165 III Nr. 8) . . . 57
5. Vergütungspolitik (§ 165 III Nr. 10) . . . 62
V. Angaben bei ETF (§ 165 VI, ESMA/2014/937/EN) . . . 63
VI. Zusätzliche Angaben bei AIF (§ 165 VII) . . . 65

I. Allgemeines und Historie

§ 165 regelt detailliert für alle offenen Publikumsinvestmentvermögen die notwendigen Angaben des Verkaufsprospektes. Ergänzende Vorschriften für Publikums-AIF folgen aus §§ 173 I, 224 I, 228 und 256 sowie § 35 DerivateV und § 4 Fondskategorie-RL. **1**

2 § 165 I ist *lex generalis* und setzt Art. 69 I OGAW-RL um. Der Normzweck des Verkaufsprospektes ist danach, dass sich der Anleger über die Anlage und die mit ihr verbundenen Risiken ein **begründetes Urteil** bilden können soll. Normziel ist daher **Transparenz** zum Zweck des **Anlegerschutzes.** Der Verkaufsprospekt ist zusammen mit den wesentlichen Anlegerinformationen sowie dem Jahres- und Halbjahresbericht eine zentrale **vorvertragliche** Informationsquelle für den (potenziellen) Anleger. Er ist daher dem Anleger vor Vertragsschluss (bei OGAW auf Verlangen) zur Verfügung zu stellen (§ 297 I 2, II). Sind Angaben unrichtig, dh nicht § 165 entsprechend, kann sich ein Anspruch aus § 306 ergeben. Der Verkaufsprospekt ist gleichwohl **nicht Bestandteil des Investmentvertrages** (WBA/*Polifke* § 165 Rn. 2; BSL/*Schmitz* InvG § 42 Rn. 11; AWZ/*Kloyer/Seidenschwann* § 165 Rn. 3).

3 § 165 II und III enthalten sodann enumerativ die entsprechenden Detailbestimmungen zu den Pflichtangaben. Diese werden bei AIF in § 165 VII ergänzt um Angaben zu Primebrokern. Die übrigen Absätze betreffen Sonderfragen (Derivate, Volatilitätshinweis, ETF, Ergänzungen ua)

4 Zur historischen Rechtsentwicklung vgl. Baur/Tappen/*v. Ammon/Izzo-Wagner* § 165 Rn. 6–12. Durch das OGAW-UmsG ergaben sich diverse Änderungen, va wurde § 165 II Nr. 34 neu eingefügt und Nr. 37 gestrichen – die seinerzeitigen Nr. 34–36 wurden Nr. 35–37. Durch das 2. FinMaNoG wurden § 165 II Nr. 39 geändert und Nr. 40 ergänzt. Durch das Gesetz zur Einführung von Sondervorschriften für die Sanierung und Abwicklung von zentralen Gegenparteien (BGBl. 2020 I 529) wurden § 165 II Nr. 22, 40 geändert und Nr. 41 ergänzt und durch das FoStoG (BGBl. 2021 I 1498) § 165 II Nr. 41 geändert und Nr. 42 ergänzt.

II. Grundlagen des Verkaufsprospekts (§ 165 I, VIII)

5 Nach § 165 I muss der Verkaufsprospekt zunächst mit einem **Datum** versehen sein (§ 42 I 3 Nr. 28 InvG). Das Datum ist wesentlich, weil sich auf diesen Zeitpunkt die Haftung des Erstellers auf Vollständigkeit und Richtigkeit nach § 306 bezieht.

6 Der Verkaufsprospekt muss **alle** Angaben enthalten, die erforderlich sind, damit sich der Anleger über die Anlage und die mit ihr verbundenen Risiken ein „begründetes Urteil" bilden kann. Artikel 69 I 1 OGAW-RL spricht davon, dass ein „fundiertes Urteil" ermöglicht werden soll.

7 Ein begründetes Urteil ist nur möglich, wenn neben den explizit vorgeschriebenen Mindestangaben der Gesamtcharakter der Angaben aus Sicht eines **objektiven, durchschnittlichen und verständigen Anlegers** (ebenso BTMB/*v. Ammon/Izzo-Wagner* § 165 Rn. 18; BSL/*Schmitz* InvG § 42 Rn. 10; AWZ/*Kloyer/Seidenschwann* § 165 Rn. 7) ein vollständiges und richtiges Gesamtbild (hinreichende Bedingung) ermöglicht. Die OGAW-RL verfolgt damit einen Anlegerbegriff, der sich zu Recht deutlich von der Perspektive des Verbraucherschutzansatzes unterscheidet.

8 Dies bedeutet einerseits, dass lediglich die Wiedergabe der Mindestbedingungen ausreichend sein kann, aber nicht muss, wenn lediglich mit Hilfe von **Zusatzangaben** die Anlage und die ihr zugehörigen Risiken zutreffend erfasst werden. Die BaFin kann nach § 165 VIII zusätzliche (und *a maiore ad minus* auch: geänderte, s. Baur/Tappen/*v. Ammon/Izzo-Wagner* § 165 Rn. 132; AWZ/*Kloyer/Seidenschwann* § 165 Rn. 64) Angaben verlangen, um das Normziel **Transparenz** zu erreichen.

9 Umgekehrt **verbietet sich** rechtlich die **Aufnahme von irrelevanten Informationen** (ebenso WBA/*Polifke* § 165 Rn. 3). Dies gilt namentlich für **werbende**

Angaben (differenziert BTMB/*v. Ammon/Izzo-Wagner* § 165 Rn. 20: nicht werblich, aber Betonung von Chancen zulässig, ebenso AWZ/*Kloyer/Seidenschwann* § 165 Rn. 8).

Gleichzeitig soll der Verkaufsprospekt **möglichst verständlich** formuliert sein (vgl. auch Art. 69 I 2 OGAW-RL zum Risikoprofil). Da es um sehr (rechts-)technische Angaben geht, darf dieses Erfordernis nicht überspannt werden (ebenso WBA/*Polifke* § 165 Rn. 4). 10

Die Ergänzung in § 165 I 2, dass die Angaben redlich, eindeutig und nicht irreführend sein sollen, hat lediglich deklaratorischen Charakter (BT-Drs. 17/12294, 255). 11

Da alle vorgenannten Kriterien sehr abstrakt sind (erforderlich, verständlich, durchschnittlicher Anleger) und der Verkaufsprospekt haftungsrelevant ist, wird der Ersteller sein Ermessen bei der Frage, ob eine Information aufgenommen wird, immer so ausüben, dass im Zweifel **Vollständigkeit** vor Erforderlichkeit und Verständlichkeit geht. Der Verkaufsprospekt hat sich in der Praxis basierend auf den Musterbausteinen (MB) des BVI zu einem formal-juristischen Dokument entwickelt, das aus Anlegersicht für die Frage, ob eine Anlage zu tätigen ist, unbrauchbar ist, während es sich aus Sicht der Verwaltungsgesellschaft hierbei um eine Pflichtübung handelt. Der Gesetzgeber hat dies erkannt und versucht, mit den wesentlichen Anlegerinformationen Abhilfe zu schaffen. 12

III. Mindestangaben im Einzelnen (§ 165 II)

1. Formale Angaben (§ 165 II Nr. 1, 8, 9, 11–21, 23, 24, 27–31, 35–41). 13
§ 165 II fordert, zahlreiche sehr technische Angaben in der Verkaufsprospekt aufzunehmen. Diese entsprechen weitgehend bis auf redaktionelle Anpassungen § 42 I 3 InvG. Anzugeben ist der Auflegungszeitpunkt und ob der Fonds eine unbegrenzte Laufzeit besitzt und, falls nein, das Laufzeitende **(Nr. 1)**. Zur **Nr. 8** s. Kommentierung zu § 165 III. Ferner sind die bisherigen Anteilwertentwicklungen anzugeben mit dem Warnhinweis, dass dies keine zukünftigen Wertentwicklungen indiziert **(Nr. 9),** womit Art. 23 I Buchst. n AIFM-RL umgesetzt wird; das Verfahren zur Änderung der Anlagestrategie bzw. -politik **(Nr. 11),** wodurch Art. 23 I Buchst. b AIFM-RL umgesetzt wurde (iE BTMB/*v. Ammon/Izzo-Wagner* § 165 Rn. 48); Voraussetzungen für die Auflösung und Übertragung des Investmentvermögens **(Nr. 12)** bezüglich der Anlegerrechte; Beschreibung, wie und wann der Anleger bestimmte Zusatzinformationen zB zu Liquiditäts- und Risikomanagement erhält **(Nr. 13),** wodurch Art. 23 I Buchst. p AIFM-RL umgesetzt wurde; Regeln für die Ermittlung und Verwendung der Erträge, also ausschüttend bzw. thesaurierend **(Nr. 14);** Angaben zu Steuervorschriften, namentlich zum Quellensteuerabzug zulasten des Investmentvermögens – diese „Kurz"angaben umfassen nach BVI-Muster ca. 20 Seiten **(Nr. 15);** Ende des Geschäftsjahres und Ausschüttungshäufigkeit **(Nr. 16),** also Regel- und ggf. Sonderausschüttungen; Stellen, bei denen Jahres- bzw. Halbjahresberichte erhältlich sind **(Nr. 17),** also idR der Verweis auf die Homepage der Verwaltungsgesellschaft; Name des WP für das Investmentvermögen **(Nr. 18);** Regeln für die Vermögensbewertung, bei Publikums-AIF (§ 216 I 1 Nr. 1) der externe Bewerter **(Nr. 19),** wodurch auch Art. 23 I Buchst. g AIFM-RL umgesetzt wurde; Angabe, an welchen Märkten Anteile bzw. Aktien des Investmentvermögens gehandelt werden **(Nr. 20),** wobei dies auf Veranlassung der Verwaltungsgesellschaft geschehen sein muss, da nur dies die Verwaltungsgesellschaft überprüfen kann (s. EDDH/*Rozok* InvG § 42 Rn. 32; aA WBA/

Polifke § 165 Rn. 6), reine Einbeziehung in den Freiverkehr oder Handel auf Plattformen genügt nicht; MB, S. 64, empfehlen reine Wissensangabe, dass Anteile ohne Zustimmung der Verwaltungsgesellschaft an bestimmten Märkten gehandelt werden (zweifelhaft, da ggf. unvollständig, trotz Hinweises auf die wahrscheinliche Unvollständigkeit); Verfahren und Bedingungen für Ausgabe, Rücknahme, Umtausch **(Nr. 21),** wodurch auch Art. 23 I Buchst. d AIFM-RL umgesetzt wurde.

14 Weiter anzugeben sind Maßnahmen, um ua Zahlungen an die Anleger, Rücknahme der Anteile vorzunehmen **(Nr. 23);** Beschreibung der wichtigsten rechtlichen Auswirkungen der eingegangenen Vertragsbeziehung, dh des Investmentvertrags (**Nr. 24,** vgl. BTMB/*v. Ammon/Izzo-Wagner* § 165 Rn. 51ff.; AWZ/*Kloyer/Seidenschwann* § 165 Rn. 22; ebenso WBA/*Polifke* § 165 Rn. 6), wodurch Art. 23 I Buchst. c AIFM-RL umgesetzt wurde; ggf. Angaben zu Spezifika bei Vorhandensein von Teilinvestmentvermögen **(Nr. 26);** Angaben, ob und ggf. unter welchen Voraussetzungen Anteile bzw. Aktien mit unterschiedlichen Rechten ausgegeben werden inkl. jeweilige Ausstattungsmerkmale und jeweiliges Verfahren für die Wertberechnung der Anteilklasse, ggf. Angaben zu einer eventuellen Vorzugsbehandlung und deren nähere Beschreibung sowie eine Beschreibung, wie die Verwaltungsgesellschaft eine faire Anlegerbehandlung gewährleistet **(Nr. 27),** wobei der letzte Hs. Art. 23 I Buchst. j AIFM-RL umsetzt – dies ergibt sich bereits aus § 26 VIII iVm § 2 II KAVerOV und ist daher redundant (aA mit Blick auf das „Wie“ BTMB/*v. Ammon/Izzo-Wagner* § 165 Rn. 63) – so dass MB, S. 64, im Kern mit Blick auf das Liquiditätsmanagement Art. 47 Buchst. e, 49 AIFM-DVO Nr. 231/2013 zitieren; Firma, Rechtsform, Sitz (ggf. Hauptverwaltungsort) und Gründungszeitpunkt der Verwaltungsgesellschaft **(Nr. 28),** wodurch auch Art. 23 I Buchst. d AIFM-RL umgesetzt wurde; Namen der Mitglieder der (ggf. fakultativen) Organe der Verwaltungsgesellschaft, ggf. einschließlich weiterer bedeutsamer Hauptfunktionen **(Nr. 29);** Höhe des Kapitals der Verwaltungsgesellschaft **(Nr. 30);** weitere von der Verwaltungsgesellschaft verwaltete Investmentvermögen **(Nr. 31),** wobei bei ebenfalls verwalteten Spezial-AIF lediglich die Angabe der Anzahl genügt (MB, S. 81; WBA/*Polifke* § 165 Rn. 17).

15 Erforderlich sind ferner Angaben zu Beratern und den mit ihnen abgeschlossenen Verträgen **(Nr. 35),** wenn diese für die Anleger im Hinblick auf Anlagepolitik und Risikoprofil wesentlich sind, wobei MB, S. 79, Kriterien für untergeordnete Bedeutung nennt (sa FK-KapAnlR/*Dornseifer* AIFM-RL Art. 23 Rn. 31); Beschreibung aller ausgelagerten Verwaltungs- und/oder Verwahrfunktionen inkl. der sich hieraus ggf. ergebenden Interessenkonflikte **(Nr. 36),** dabei sind die Spezifika im Zusammenhang mit Interessenkonflikten bereits bei Nr. 33 erledigt – nach MB, S. 76 (78) ist bei identifizierten Interessenkonflikten auch das Management derselben zu beschreiben; Beschreibung, wie die Verwaltungsgesellschaft § 25 VI einhält **(Nr. 37),** also die Abdeckung von möglichen Haftungsrisiken durch zusätzliche Eigenmittel oder eine Berufshaftpflichtversicherung; Umstände oder Beziehungen, die Interessenkonflikte begründen können **(Nr. 38),** womit ua nach BT-Drs. 17/12294 Vorschriften aus dem Bereich geschlossener Fonds (§§ 7, 12 VermVerkProspG) auf den offenen Bereich übertragen wurden; Hinweis bei Umbrella-Konstruktionen, welche Teilinvestmentvermögen in Deutschland an welche Anlegergruppen (nicht) vertrieben werden dürfen **(Nr. 39);** Angaben nach Art. 29 der VO (EU) Nr. 2016/2011 **(Nr. 40),** also Angaben für den Anbieter einer Benchmark und dessen Aufnahme im Benchmark-Register der ESMA (verfügbar unter: https://www.esma.europa.eu/policy-rules/benchmarks); Angaben zum **Swing Pricing** (vollständig/teilweise) einschließlich Berechnung des modifizierten NAV **(Nr. 41).**

2. Anlageziele, Anlagestrategie, Anleger (§ 165 II Nr. 2, 10, 42). Anzugeben sind zunächst die **Anlageziele** einschließlich der finanziellen Ziele des Investmentvermögens (MB, Anlageziele, -strategie, -grundsätze und -grenzen). Dazu gehören allg. Angaben wie absolute oder total return (nicht benchmarkorientierte Investmentvermögen) oder Erträge, die eine bestimmte Benchmark übertreffen, ggf. steuerliche Optimierungen. Ferner, ob die Erträge eher ausgeschüttet oder thesauriert werden sollen (BTMB/*v. Ammon/Izzo-Wagner* § 165 Rn. 31). 16

Zu erläutern sind weiter **Anlagepolitik und -strategie.** Hier muss der Verkaufsprospekt auf die Anlagebedingungen (§ 162 II Nr. 1) referenzieren, da sich die erforderlichen Angaben teilüberschneiden hinsichtlich Art und Umfang der erwerbbaren Vermögensgegenstände (einschließlich Anteilen an anderen Investmentvermögen), Techniken und Instrumente (ebenso WBA/*Polifke* § 165 Rn. 9, AWZ/*Kloyer/Seidenschwann* § 165 Rn. 12). 17

Zur Frage der Anlagestrategie iwS gehören auch die durch das FoStoG in Nr. **42** ergänzten Angaben nach Art. 5–7 der **Taxonomie-Verordnung** (VO 2020/852/EU), also Informationen über die sechs Umweltziele (definiert in Art. 9 der Taxonomie-Verordnung: Klimaschutz, Anpassung an den Klimawandel ua), zu deren Erreichung die getätigten Investitionen beitragen, und eine Beschreibung, wie und in welchem Umfang diese Investitionen in Wirtschaftstätigkeiten erfolgen, die nach Art. 3 der Taxonomie-Verordnung als ökologisch nachhaltig eingestuft werden. Weitere Details zur Aufbereitung der Informationen für Asset-Manager ergeben sich aus Art. 3 der Delegierten Verordnung (EU) 2021/2178 vom 6.7.2021 iVm den Annexen III, IV und XI. Im Kern soll eine Kennziffer berechnet werden, die im Zähler den gewichteten Durchschnitt der ökologisch nachhaltigen Aktivitäten in Relation zum NAV im Nenner ausweist. 17a

Zu beachten sind ferner Art. 8, 9 **Offenlegungsverordnung** (VO 2019/2088/EU), auch SFDR genannt, die die Angaben nach → Rn. 17 a) ergänzen: Werden mit einem Finanzprodukt unter anderem ökologische oder soziale Merkmale oder eine Kombination aus diesen Merkmalen beworben, sind Angaben dazu erforderlich, wie diese Merkmale erfüllt werden, und, wenn ein Index als Referenzwert bestimmt wurde, Angaben dazu, ob und wie dieser Index mit diesen Merkmalen vereinbar ist. Die Einzelheiten werden in einer delegierten Verordnung der Kommission geregelt, die im Entwurf auf Basis des Gemeinsamen Ausschusses der 3 ESAs vorliegt (https://www.esma.europa.eu/press-news/esma-news/three-european-supervisory-authorities-publish-final-report-and-draft-rts). Maßgeblich für die in Nr. 42 bestimmten Pflichten sind Art. 13–30 des vorgenannten Entwurfs. 17b

Lässt die Anlagepolitik das Investmentvermögen einer **Fondskategorie** zuordnen, ist dies wie bereits in den Anlagebedingungen (vgl. → § 162 Rn. 12) anzugeben. 18

Die Angaben im Verkaufsprospekt **gehen allerdings weiter** und sind wesentlich detaillierter als in den AAB und BAB (zB zu den Bedingungen der Erwerbbarkeit). Insbesondere sollen zusätzlich zu den verwendeten Techniken auch alle damit verbundenen Risiken, Interessenkonflikte und Auswirkungen auf die Wertentwicklung beschrieben werden. Diese Beschreibung erfolgt in den MB nicht unter MB, Anlageziele, -strategie, -grundsätze und -grenzen, sondern unter MB, Risikohinweise. Dem ist aus Gründen der Konsistenz zuzustimmen. Verstreute Risikoangaben würden die Transparenz nicht verbessern (ebenso Baur/Tappen/*v. Ammon/Izzo-Wagner* § 165 Rn. 35). 19

Anzugeben ist auch das Profil des „typischen" **Anlegers (Nr. 10),** das zu der konkreten Anlagestrategie bzw. dem Risikoprofil des Investmentvermögens passen 20 muss. MB, S. 33 sehen derzeit Angaben zum Anlagehorizont (Haltedauer), Erfahrung, Volatilitätstoleranz (Risikotoleranz) und Anteil der Anlage im fraglichen Investmentvermögen am Gesamtportfolio des **Anlegers.** Es handelt sich um einen idealtypisch gedachten Anleger (WBA/*Polifke* § 165 Rn. 15; Baur/Tappen/*v. Ammon/Izzo-Wagner* § 165 Rn. 47) vor dem Hintergrund der **ex ante** geplanten Anlage und der mit ihr verbundenen Risiken, nicht um eine konkrete Geeignetheitsprüfung bzw. -erklärung nach § 64 III, IV WpHG. Die Angaben zum typischen Anleger sollten kongruent zu eventuellen Angaben in den wesentlichen Anlegerinformationen sein, § 166 IV 1, Art. 7 II Buchst. f VO 583/2010/EU, s. MB S. 31.

21 Die Beschreibung sollte im Hinblick auf die Erfordernisse an die **Zielmarktdefinition** gem. Art. 24 II RL 2014/65/EU (MiFID II) und der Art. 10 I, II MiFID-Level II-RL widerspruchsfrei sein, selbst wenn die Verwaltungsgesellschaft formal nicht Adressat der Pflicht zur Zielmarktdefinition ist (sondern das Wertpapierdienstleistungsunternehmen). In der Praxis werden die Verwaltungsgesellschaften diese Pflicht übernehmen. Denn hierdurch wird sichergestellt, dass sich die Wertpapierdienstleistungsunternehmen gem. Art. 10 II UAbs. 3 S. 3 MiFID-Level II-RL auf öffentlich verfügbare Informationen stützen, die klar, verlässlich und zur Erfüllung regulatorischer Standards erstellt sind.

22 **3. Risikoprofil (§ 165 II Nr. 3, 4 und V).** Das **Risikoprofil** ist „eindeutig und leicht verständlich" zu beschreiben **(Nr. 3).** Gemeint ist eine Beschreibung analog § 166 II Nr. 3 in den wesentlichen Anlegerinformationen (MB, S. 32): WBA/*Polifke* § 165 Rn. 13; Baur/Tappen/*v. Ammon/Izzo-Wagner* § 165 Rn. 37; EDDH/*Rozok* InvG § 42 Rn. 19. Sinn der Darlegung des Risikoprofils ist es, die in den MB, Abschnitt Risikohinweise (S. 20 ff.), abstrakt beschriebenen Risiken im Hinblick auf das konkrete Anlageprofil des Investmentvermögens **realistisch zu gewichten** und ggf. Risikokorrelationen aufzuzeigen.

23 Ferner ist nach **Nr. 4** darauf hinzuweisen, dass (sowie wo und in welcher Form) ein **potenzieller** Anleger vorvertraglich bestimmte Informationen zum Risikomanagement und den jüngsten Entwicklungen bei Risiken und Renditen der wichtigsten Vermögensgegenständen erhalten kann. Der Hinweis klärt über die nach § 297 X bestehende Auskunftspflicht der Verwaltungsgesellschaft auf. Der Auskunftsanspruch zum Risikomanagement bezieht sich inhaltlich auf die **Methoden,** mit denen die Verwaltungsgesellschaft die Risiken steuert (BSL/*Ewers* InvG § 121 Rn. 26; BSV/*Schmies* 410 § 121 Rn. 34; EDDH/*Müchler* InvG § 121 Rn. 30, AWZ/*Kloyer/Seidenschwann* § 165 Rn. 18).

24 Bei **erhöhten Risiken** (Volatilität) ist nach § 165 V ein entsprechender Hinweis aufzunehmen (s. MB, S. 32 f.).

25 **4. Leverage (§ 165 II Nr. 5, 6 und IV).** Die Darstellung der Risiken umfasst auch die Frage von **Kreditaufnahmen (Nr. 5).** MB, S. 56 erläutern insb. in diesem Abschnitt das Zinsänderungsrisiko sowie das Risiko, keine oder eine ungünstige Prolongation zu finden. Die Vorschrift korrespondiert mit den Erläuterungen zur Möglichkeit der Kreditaufnahme aus der Anlagestrategie.

26 Die **Kreditaufnahme** kann zugleich ein **Wertpapierfinanzierungsgeschäft** iSv Art. 3 X (Lombardgeschäft, „margin lending transaction") VO 2015/2365/EU sein. In diesem Fall sind für bis zum 12.1.2016 aufgelegte Investmentvermögen ab 13.7.2017 Zusatzangaben im Verkaufsprospekt nach Anhang B VO 2015/2365/EU erforderlich (für neu aufgelegte ab Inkrafttreten). Erwägungsgrund (20) VO 2015/2365/EU begründet die Notwendigkeit von Zusatzangaben damit, dass An-

leger inhärente Risiken vor Anlageentscheidung erkennen und würdigen können. Diese Zusatzangaben sind rechtspolitisch verfehlt: Für den Anleger erhöhen die geforderten Angaben lediglich die Komplexität und wirken prohibitiv.

Anzugeben ist bei Investition in **Zielfondsvermögen** der „Sitz" desselben. Gemeint ist bei Sondervermögen gem. § 1 X das Recht des Staates, dem das Zielinvestmentvermögen unterliegt. 27

Aufzunehmen sind Angaben zu **Leverage** (Definition für AIF in § 1 XIX Nr. 25), vgl. MB, S. 56. Die Norm ist in hohem Maße praxisrelevant, durch das Ineinandergreifen teils widersprüchlicher Regelungen zu OGAW und AIF auf Level 2 und 3 misslungen. Methodische Vereinheitlichung wäre aus Transparenzgründen dringlich geboten. 28

Bezüglich der **Umstände,** unter denen der Einsatz möglich ist, kann auf die Beschreibungen unter Nr. 2 einerseits und das Risikoprofil andererseits (Nr. 3) verwiesen werden. Letzteres ergibt sich ergänzend aus § 165 IV, vgl. auch MB, S. 45ff. 29

Was Art und Herkunft der Erhöhung des Investitionsgrades des Investmentvermögens und der damit verbundenen Risiken (Derivate, Kreditaufnahme, Wertpapierdarlehens- und Wertpapierpensionsgeschäfte) betrifft, gilt für AIF die weite Definition, für OGAW § 5 II DerivateV (nur Derivate als Hebelmethode). 30

Anzugeben ist auch der **maximale Umfang des Leverage** (kann bei OGAW durch die Angabe des maximalen Marktrisikopotentials, vgl. § 197 II, also 200%) ersetzt werden. 31

Dies bedeutet für **OGAW:** Wird der **qualifizierte Ansatz** verwendet, muss zusätzlich auch der Leverage des OGAW **überwacht** werden, § 5 II 5 DerivateV. Der erwartete Leverage-Umfang ist anzugeben, § 35 VI DerivateV. Diese Veröffentlichung wiederum folgt den ESMA-Leitlinien 10-788. Dabei ist Leverage zu berechnen als Division des Gesamtexposures des OGAW durch dessen NAV ([Anrechnungsbetrag + NAV – Liquidität]/NAV). Gemäß der Konkretisierung der BaFin v. 22.12.2015 (WA 41-Wp 2137-2013/0029) darf dabei im Zähler Liquidität, konkret **Barmittel, Barmitteläquivalente und Barkredite, abgezogen** werden. Bei der Berechnung des Anrechnungsbetrages ist auf eine **Brutto**berechnung abzustellen. **Zusätzlich** (optional) kann der Leverage-Anrechnungsbetrag netto, dh unter Berücksichtigung von Absicherungsgeschäften, wie beim einfachen Ansatz erfolgen. In den MB, Anlageziele, Hebelwirkung wird weitgehend auf den Abschnitt Anlageziele, Derivate referenziert. 32

Für **AIF** bedeutet dies: Nach einer Stellungnahme zu beiden Berechnungsmethodiken (Bruttomethode gem. Art. 7 AIFM-DVO Nr. 231/2013 oder Commitment-Methode gem. Art. 8 AIFM-DVO Nr. 231/2013, dh unter Berücksichtigung von Netting-Positionen), sind die maximalen Werte nach beiden Methoden anzugeben. Brutto-Methode bei OGAW und AIF sind **nicht vergleichbar** (schon wegen der Unterschiede bei den berücksichtigten Instrumenten). Bei OGAW werden bei Derivaten anders als bei AIF neben den Anrechnungsbeträgen der Derivate auch die Marktwerte (als Teil des NAV) in die Leverageberechnung einbezogen. 33

Aus praktischen Gründen wird ein AIF nach der Commitment-Methode eine Grenze von 300% nennen, da darüber hinausgehende Werte als Leverage in beträchtlichem Umfang gelten, Art. 111 I AIFM-DVO Nr. 231/2013, mit der Konsequenz von Zusatzpflichten. 34

5. Sicherheiten (§ 165 II Nr. 7, § 35 IV DerivateV). Angaben zur Handhabung von Sicherheiten (Art, Umfang, Wiederverwendung und daraus resultierende Risiken) sind erforderlich, womit Art. 23 I Buchst. a AIFM-RL umgesetzt 35 wird. Ferner ist § 35 IV DerivateV zu beachten sowie Rn. 47 ESMA/2014/937/EN, wonach eine **Sicherheitenstrategie** im Verkaufsprospekt erforderlich ist, die Angaben zu zulässigen Sicherheiten (Bar- oder andere Sicherheiten), Umfang der Besicherung, Haircuts typischerweise bei volatileren Sicherheiten, und bei Barsicherheiten die Anlagestrategie einschließlich Risiken (s. dazu aber § 27 VIII Nr. 2 DerivateV) enthält. In Kombination der Rn. 43–48 ESMA/2014/937/EN für OGAW und des § 27 VI–XIV DerivateV, insb. § 27 VII DerivateV, wird der zulässige Rahmen für die Sicherheiten materiell deutlich enger.

36 Ferner sind nach Anhang B Nr. 4 VO 2015/2365/EU Beschreibungen der zulässigen Sicherheiten erforderlich. Diese decken sich mit § 35 IV DerivateV bzgl. Art und Emittent, erfordern aber auch weitere Angaben nämlich zu Laufzeit, Liquidität sowie Diversifikations- und Korrelationsregeln.

37 Nach Anhang B Nr. 5 VO 2015/2365/EU muss im Verkaufsprospekt ferner die Bewertungsmethode für Sicherheiten beschrieben und begründet werden. Diese scheinbare Methodenfreiheit wird jedoch durch Nr. 43 Buchst. b ESMA/2014/937/EN wieder eingeschränkt, da entgegengenommene Sicherheiten mindestens börsentäglich bewertet werden sollen.

38 Ein praktisches Problem ist das Verbot der **Wiederverwendung von Sicherheiten** („reuse of collateral", § 27 VIII 1 DerivateV, Anhang B Nr. 8 VO 2015/2365/EU), was im Fall möglicher Liquiditätsengpässe den Spielraum der Verwaltungsgesellschaft unnötig einschränkt.

39 **6. Beschreibung des Liquiditätsmanagements (§ 165 II Nr. 22).** Es sind die schriftlichen Grundsätze und Verfahren zu beschreiben, die es der Verwaltungsgesellschaft ermöglichen, die Liquiditätsrisiken des Investmentvermögens zu überwachen. Zentrale Aufgabe ist, dass das angegebene Liquiditätsprofil des Investmentvermögens (und der Vermögensgegenstände, in die es investiert) zur Mittelherkunftsseite passt, zB im Fall erhöhter Rücknahmeverlangen (Liquiditätsrisiken). Dazu sind Ausführungen zur Liquiditätsquote erforderlich. Ferner sind Angaben zu Liquiditätsstresstests erforderlich. Details sind in **Art. 46–49 AIFM-DVO Nr. 231/2013** konkretisiert. Auf diese wird für OGAW in § 6 KAVerOV verwiesen, für Publikums-AIF über den Verweis in § 30 IV.

Nr. 22 wurde durch das Gesetz zur Einführung von Sondervorschriften für die Sanierung und Abwicklung von zentralen Gegenparteien (BGBl. 2020 I 529) ergänzt, weil neben der Aussetzung der Rücknahme nunmehr auch die Beschränkung der Rücknahme in Betracht kommt (→ § 162 Rn. 23, 29a). Die Angaben umfassen die Voraussetzungen, den Verfahrensablauf sowie die maximale Dauer der Rücknahmebeschränkung.

40 **7. Verwahrstelle (§ 165 II Nr. 32–34). Nummer 32** wurde durch das OGAW-V-UmsG geändert.

41 Angaben sind zur **Identität** der Verwahrstelle zu machen. Ferner sind ihre **Pflichten** zu beschreiben sowie die potenziell entstehenden **Interessenkonflikte.** Hierdurch wird Anhang I Schema Nr. 2 OGAW-RL umgesetzt. Im Übrigen wird durch die Vorschrift auch Art. 23 I Buchst. d AIFM-RL umgesetzt.

42 Unter Identität ist nichts anderes zu verstehen als die bisherigen Angaben zu Firma, Rechtsform, Sitz (ggf. Hauptverwaltungsort) der Verwahrstelle (Nr. 32 aF).

43 Eine Beschreibung der Pflichten der Verwahrstelle ist erforderlich. Die MB, S. 18, stellen zu diesem Zweck eine Zusammenfassung der wesentlichen Elemente der §§ 68–80 für OGAW bzw. der §§ 81–90 für Publikums-AIF vor. Die Pflicht

entspricht im Wesentlichen der Nr. 33 aF, die eine Beschreibung der Haupttätigkeit vorsah.

Darzulegen sind mögliche **Interessenkonflikte.** Artikel 23 DelVO (EU) 2016/438 zur OGAW-V-RL sieht vor, dass bei einer **gesellschaftsrechtlichen Verbundenheit** zwischen Verwaltungsgesellschaft und Verwahrstelle (gem. Definition in Art. 1 Buchst. a DelVO (EU) 2016/438 mehr als 10% Stimmrechts- oder Kapitalanteil der Verwaltungsgesellschaft an der Verwahrstelle und/oder umgekehrt und/oder gemeinsame Konsolidierung) alle daraus resultierenden **Interessenkonflikte identifiziert** werden müssen und möglichst versucht werden muss, diese Interessenkonflikte zu vermeiden. So Letzteres nicht möglich ist, müssen Verwaltungsgesellschaft und Verwahrstelle diese Konflikte managen, beobachten und offenlegen. Die MB, S. 18, sehen dies vor. Da solche gesellschaftsrechtlichen Verbundenheiten in der deutschen Industriepraxis regelmäßig vorkommen, ist die Norm bedeutsam. 44

Zentraler Interessenkonflikt zwischen Verwaltungsgesellschaft und Verwahrstelle bei gesellschaftsrechtlicher Verbundenheit ist die Höhe der aus dem Investmentvermögen gezahlten **Vergütung.** 45

Dazu beschreibt die Verwaltungsgesellschaft in Umsetzung von Art. 22 DelVO (EU) 2016/438 den Prozess, durch den sie sicherstellt, dass die Auswahl der Verwahrstelle **allein** im **Interesse der Anleger** erfolgt. Art. 22 II DelVO (EU) 2016/438 verlangt dazu einen **Marktvergleich** zwischen den möglichen Verwahrstellen anhand vordefinierter Kriterien, zu denen **zumindest Kosten,** Fachkunde, Finanzkraft und Servicequalität zählen. Zwar ist die Verwaltungsgesellschaft grundsätzlich frei, die Kriterien des Auswahlprozesses und deren **Gewichtung** zu definieren; die prominente Nennung der Kosten zeigt aber, dass diese eine entscheidende Rolle spielen müssen. Insofern ist eine **Analogie** zu den „best execution"-Vorgaben gem. § 168 VII (auch iVm § 82 III 1 WpHG, Art. 27 I UAbs. 2 MiFID-II-RL) zu ziehen, wenngleich die dort genannten Kriterien abschließend sind: Zumindest für breit vertriebene Publikumsinvestmentvermögen (und damit idR für Privatanleger) steht der finanzielle Saldo klar im Vordergrund (s. EDDH/*Hölscher* InvG § 36 Rn. 85; ASM/*Koller* § 82 Rn. 9 (professionelle Anleger) und Rn. 16 (Privatanleger); unbestimmt WBA/*Polifke* § 168 Rn. 47; BTMB/*Schultheiß* § 168 Rn. 239). Der in der Praxis erprobte Auswahlprozess ist, dass 46

a) zunächst die relevanten qualitativen Kriterien definiert werden,
b) diese intern in einem Punkteschema gewichtet werden und ein Mindestqualitätsniveau in Punkten definiert wird,
c) die Anbieter angeschrieben und anhand ihrer Aussagen bewertet werden (long list),
d) die verbliebenen drei bis fünf Anbieter mit dem besten Qualitätsindex (short list) angeschrieben werden und
e) grundsätzlich der Anbieter mit dem **besten Preis** ausgewählt.

Die Ausschreibung kann entweder nach Assetklassen erfolgen oder gesamthaft, wenn zB durch die Bündelung Skaleneffekte erzielt werden können.

Nummer 33 wurde durch das OGAW-V-UmsG geändert (vgl. BT-Drs. 18/6744, 19). Zu beschreiben sind alle Auslagerungen und Unterauslagerungen der Verwahrstelle sowie sämtliche hieraus resultierenden Interessenkonflikte. MB, S. 19, nennen als einen solchen Interessenkonflikt prominent eine **gesellschaftsrechtliche Verbundenheit** zwischen Unterverwahrer, Verwahrstelle und/oder Verwaltungsgesellschaft. 47

Nummer 34 wird durch das OGAW-V-UmsG neu eingefügt. Er sieht formal vor, dass der Anleger auf Verlangen neueste Informationen zu den Nr. 32 und 33 48 übermittelt (MB, S. 19). Nr. 34 greift in der Formulierung zu kurz, denn nach Art. 23 IV Level-II-VO zur OGAW-V-RL ist der Anleger berechtigt, dass die Verwaltungsgesellschaft auf Verlangen auch ihre Auswahl der Verwahrstelle rechtfertigt. Die Rechtfertigung selbst muss nach dem eindeutigen Wortlaut nicht im Verkaufsprospekt erfolgen.

IV. Mindestangaben zu Kosten im Einzelnen (§ 165 III)

49 **1. Formale Angaben (Nr. 2, 4–6).** Anzugeben sind Art, Ort und Häufigkeit der Veröffentlichung der Ausgabe- und Rücknahmepreise (Nr. 2), Verwendung von Ausgabeaufschlag bzw. Rücknahmeabschlag (**Nr. 4,** → § 162 Rn. 60); Angabe, dass eine TER auf Basis der Vorjahreszahlen unter Berücksichtigung welcher Kosten berechnet wird (**Nr. 5,** → § 162 Rn. 54), wobei die Berechnung bei OGAW nach Maßgabe von CESR/10-674 erfolgt; Erläuterung, dass die TER aus dem Investmentvermögen gezahlt wird und keine Transaktionskosten enthält (Nr. 6).

50 **2. Berechnung der Ausgabe- bzw. Rücknahmepreise (§ 165 III Nr. 1).** Anzugeben sind Methode und Häufigkeit der Berechnung von Ausgabe- und Rücknahmepreis. Dazu stellen MB, S. 64f., die **Ermittlung des NAV** (Vermögensgegenstände abzgl. Verbindlichkeiten) dar und den daraus abgeleiteten Wert der Anteile oder Aktien (NAV dividiert durch Anzahl ausgegebener Anteile bzw. Aktien). Ferner wird angegeben, dass die Berechnung grds. börsentäglich erfolgt (Feiertage werden einzeln aufgeführt). Separat ist darauf zu verweisen, dass bei Aussetzung der Anteilrücknahme auch die **Berechnung ausgesetzt** werden kann.

51 **3. Kostenangaben (§ 165 III Nr. 1, 3, 7, 9).** Anzugeben sind ebenfalls nach **Nr. 1** die mit Ausgabe und Rücknahme der Anteile bzw. Aktien verbundenen Kosten (s. MB, S. 66). Darunter wird gewöhnlich der eigentliche **Ausgabe- bzw. Rücknahmepreis** verstanden (s. EDDH/*Rozok* InvG § 42 Rn. 38; WBA/*Polifke* § 165 Rn. 23).

52 **Nummer 3** erfordert, dass auf weitere **zusätzliche** Kosten hinzuweisen ist. MB, S. 67ff. sehen hier die Angabe der Kostenregelungen gem. BAB vor, also eine detaillierte Beschreibung aller Kostenbestandteile, namentlich Vergütungen für Verwaltungsgesellschaft und Dritte, erfolgsabhängige Vergütungen, Aufwendungsersatz und Transaktionskosten.

53 Ein Problem stellt hier die Angabe von **Höchstbeträgen** dar, die explizit nur bei AIF (Art. 23 I Buchst. i AIFM-RL) bzw. für (semi-)professionelle Anleger gem. § 307 I 2 Nr. 13 für alle Kostenbestandteile verbindlich ist. Somit würde das höhere Schutzniveau bei OGAW nicht gelten, sofern es nicht um **Kosten von Zielfonds** ginge, wo dies nach **Nr. 9** wiederum erforderlich ist.

54 MB, S. 67, folgert daher im Wege des Erst-recht-Schlusses, dass das Schutzniveau gerade bei Kosten bei Privatanlegern nicht geringer sein kann als bei (semi-)professionellen Anlegern, sodass analog § 307 I 2 Nr. 13 Höchstbeträge bei **allen** Kostenbestandteilen aller Investmentvermögen (inkl. OGAW) zu nennen seien. Dem ist aus Gründen des Anlegerschutzes zuzustimmen (unklar BTMB/*v. Ammon/Izzo-Wagner* § 165 Rn. 85 einerseits und Baur/Tappen/*Zingel* § 307 Rn. 13 andererseits).

55 **Nummer 7** entspricht inhaltlich weitgehend § 162 II Nr. 13 (→ § 162 Rn. 63ff.). Wird eine **Pauschalgebühr** in den AAB/BAB vereinbart, sind die einzelnen Be-

standteile anzugeben bzw. welche Kosten dem Investmentvermögen gesondert in Rechnung gestellt werden können (MB, S. 69; Baur/Tappen/*v. Ammon/Izzo-Wagner* § 165 Rn. 101; BSL/Schmitz InvG § 41 Rn. 29, AWZ/*Kloyer/Seidenschwann* § 165 Rn. 50; aA, aber unrichtig, weil gegen den eindeutigen Wortlaut, WBA/*Polifke* § 165 Rn. 25: im Verkaufsprospekt sei die Zusammensetzung nicht anzugeben).

Bezüglich **Zielinvestmentvermögen** sind nach **Nr. 9** zum einen die Angaben 56
gem. § 162 II Nr. 14 zu wiederholen. Zum anderen ist darauf hinzuweisen, dass neben der Verwaltungsvergütung für das Investmentvermögen auch auf Ebene des/der Zielinvestmentvermögen/s Verwaltungsvergütung erhoben wird. Ferner soll auf **sonstige Kosten** (jenseits von Ausgabeaufschlag, Rücknahmeabschlag und Verwaltungsvergütung) hingewiesen werden (unter Angabe jeweiliger **Höchstbeträge**), die der Anleger unmittelbar oder mittelbar zu tragen hat. Nummer 9 ergänzt insoweit § 162 II Nr. 14, der bereits auf Ausgabeaufschlag, Rücknahmeabschlag und Verwaltungsvergütung auf Ebene der Zielinvestmentvermögen transparent hinweist. Sonstige Kosten sind nach hM nicht die mit Erwerb bzw. Rückgabe der Anteile bzw. Aktien verbundenen (Transaktions-)Kosten (Baur/Tappen/*v. Ammon/Izzo-Wagner* § 165 Rn. 117; AWZ/*Kloyer/Seidenschwann* § 165 Rn. 54; EDDH/*Rozok* InvG § 42 Rn. 67; WBA/*Polifke* § 165 Rn. 30), weil diese von Nr. 6 erfasst werden.

4. Rückvergütungen (§ 165 III Nr. 8). Zur zivilrechtlichen Definition vgl. 57
Baur/Tappen/v. Ammon/Izzo-Wagner § 165 Rn. 108ff.; EDDH/*Rozok* InvG § 41 Rn. 46 unter Verweis auf BGH 27.10.2009 – XI ZR 338/08, ZIP 2009, 2380 (2383).

Zur zivilrechtlichen Problematik (Herausgabepflicht aus § 667 BGB) s. *BSL/* 58
Schmitz InvG § 41 Rn. 32; WBA/*Polifke* § 165 Rn. 27; Baur/Tappen/*v. Ammon/Izzo-Wagner* § 165 Rn. 110.

Ziel von Nr. 8 ist **Kostentransparenz.** Egal, ob die Verwaltungsgesellschaft eine 59
Rückvergütung aus dem Investmentvermögen mittelbar erhält (Nr. 8 Alt. 1) oder einem Vermittler für den Vertrieb der Anteile bzw. Aktien gewährt (Nr. 8 Alt. 2), besteht die Gefahr eines **Interessenkonfliktes.** Der Anleger soll beurteilen können, ob Rückvergütungen fließen, die allein im Anlegerinteresse sind und einem Marktvergleich standhalten oder ob damit auch Eigeninteressen der Verwaltungsgesellschaft verfolgt werden (s. BSL/*Schmitz* InvG § 41 Rn. 31; Baur/Tappen/*v. Ammon/Izzo-Wagner* § 165 Rn. 107; AWZ/*Kloyer/Seidenschwann* § 165 Rn. 51; EDDH/*Rozok* InvG § 41 Rn. 45; FK-KapAnlR/*Dornseifer* AIFM-RL Art. 23 Rn. 38). Es ist neben expliziten Zahlungen **jeder geldwerte Vorteil** von dem Schutzzweck (Bsp.: scheinbar kostenfreie Researchpapiere für überhöhte Brokerkommissionen) umfasst (ebenso BTMB/*v. Ammon/Izzo-Wagner* § 165 Rn. 109; AWZ/*Kloyer/Seidenschwann* § 165 Rn. 52; EDDH/*Rozok* InvG § 41 Rn. 47). MB, S. 77f., sehen einen entsprechenden Hinweis vor.

Darüber hinaus muss die Verwaltungsgesellschaft über die an den Vertrieb ge- 60
zahlten **Bestandsprovisionen** aufklären. Rückvergütungen **an** die Verwaltungsgesellschaft in Nr. 8 Alt. 1 aus anderen Rechtsverhältnissen, die nicht originär dem Investmentvermögen entnommen wurden, sind nicht betroffen (ebenso WBA/*Polifke* § 165 Rn. 29).

Ob in Nr. 8 Alt. 2 **(Zahlung von Bestandsprovisionen an Vermittler)** nur 61
der von der Verwaltungsgesellschaft offen ausgewiesene umsatzsteuerfreie Provisionsaufwand gemeint ist, erscheint zweifelhaft. Das Argument der hM, dann handele es sich bereits begrifflich nicht um eine „Rück"vergütung (s. EDDH/*Rozok*

InvG § 41 Rn. 58), da sie nicht aus dem Investmentvermögen geleistet werde (s. WBA/*Polifke* § 165 Rn. 29; wohl auch BTMB/*v. Ammon/Izzo-Wagner* § 165 Rn. 111), überzeugt wenig, da Aufwand in der Gewinn- und Verlustrechnung der Verwaltungsgesellschaft keiner spezifischen Einnahmeposition zugerechnet werden kann. Die Normzwecke Kostentransparenz und Offenlegung von Interessenkonflikten legen eine Offenlegung aller Zahlungen an Vermittler nahe, gleichgültig aus welchem Rechtsgrund und unabhängig von der Verbuchung bei der Verwaltungsgesellschaft, ob damit formal-juristisch eine erbrachte Vermittlungsleistung incentiviert werden soll. Da Nr. 8 Alt. 2 aber lediglich zu einem Hinweis dem Grunde nach verpflichtet (und **nicht zu einer expliziten Aufschlüsselung,** vgl. BSL/*Schmitz* InvG § 41 Rn. 34), kommt es im Ergebnis nicht darauf an. Vielmehr genügt der pauschale Satz in MB, S. 78.

62 **5. Vergütungspolitik (§ 165 III Nr. 10).** Die durch das OGAW-V-UmsG zur Umsetzung von Art. 69 I UAbs. 3 OGAW-RL neu eingefügte Nr. **10** gilt für alle Publikumsinvestmentvermögen und ermöglicht **alternativ** eine Beschreibung der Einzelheiten der Vergütungspolitik der Verwaltungsgesellschaft (Berechnung von Vergütung und Zuwendungen, Angabe der für die Zuteilung zuständigen Personen, ggf. Vergütungsausschuss) oder eine Zusammenfassung derselben und den **Verweis auf eine Internetseite** (mit der ausführlichen Version) sowie den Hinweis, dass auf Anfrage eine Papierversion zur Verfügung gestellt wird. MB, S. 71, schlägt praxisgerecht die zweite Alternative vor, da die Internetseite wegen § 166 III Nr. 6 ohnedies erstellt werden muss (ebenso WBA/*Polifke* § 165 Rn. 30 a). Welchen konkreten Nutzen dem Anleger das Mehr an Transparenz aus Nr. 10 bei der Beurteilung der Anlage in den Fonds und der damit verbundenen Risiken bringen soll, bleibt unklar.

V. Angaben bei ETF (§ 165 VI, ESMA/2014/937/EN)

63 Bei ETF (indexnachbildenden Investmentvermögen), vgl. Art. 3 Nr. 2 Buchst. b Fondskategorien-RL, muss an hervorgehobener Stelle darauf hingewiesen werden, dass der Grundsatz der Risikomischung nur eingeschränkt gilt. Ggf. sind Angaben zur Zusammensetzung des Indexes erforderlich, falls nicht im Jahres- oder Halbjahresbericht die Zusammensetzung erläutert wird. Rn. 9 a ESMA/2014/937/EN gestattet die Bezugnahme im Verkaufsprospekt auf eine Webseite.

64 Weitere, **zahlreiche Angabepflichten,** die aber nicht hervorgehoben werden müssen, resultieren für den Verkaufsprospekt aus Rn. 9 Buchst. b–e, 13 ESMA/2014/937/EN (für ETF mit Leverage), Rn. 17, 19–22 und 24 ESMA/2014/937/EN.

VI. Zusätzliche Angaben bei AIF (§ 165 VII)

65 § 165 VII setzt Art. 23 I Buchst. o AIFM-RL um. Bei AIF muss ergänzend zusätzliche Angaben zum **Primebroker** enthalten (Identität, Beschreibung jeder wesentlichen Vereinbarung (inkl. Haftungsübertragungen) zwischen Investmentvermögen und diesem, Art und Weise, wie nach § 165 II Nr. 38 offengelegte Interessenkonflikte gelöst werden, zB wenn der Primebroker auch als Verwahrstelle (vgl. § 85 IV Nr. 2) oder Unterverwahrer fungiert.

§ 166 Inhalt, Form und Gestaltung der wesentlichen Anlegerinformationen; Verordnungsermächtigung

(1) **Die wesentlichen Anlegerinformationen sollen den Anleger in die Lage versetzen, Art und Risiken des angebotenen Anlageproduktes zu verstehen und auf dieser Grundlage eine fundierte Anlageentscheidung zu treffen.**

(2) **Die wesentlichen Anlegerinformationen müssen folgende Angaben zu den wesentlichen Merkmalen des betreffenden Investmentvermögens enthalten:**

1. **Identität des Investmentvermögens und der für das Investmentvermögen zuständigen Behörde,**
2. **kurze Beschreibung der Anlageziele und der Anlagepolitik,**
3. **Risiko- und Ertragsprofil der Anlage,**
4. **Kosten und Gebühren,**
5. **bisherige Wertentwicklung und gegebenenfalls Performance-Szenarien,**
6. **eine Erklärung darüber, dass die Einzelheiten der aktuellen Vergütungspolitik auf einer Internetseite veröffentlicht sind, wie die Internetseite lautet und dass auf Anfrage kostenlos eine Papierversion der Internetseite zur Verfügung gestellt wird; die Erklärung umfasst auch, dass zu den auf der Internetseite einsehbaren Einzelheiten der aktuellen Vergütungspolitik eine Beschreibung der Berechnung der Vergütung und der sonstigen Zuwendungen sowie die Identität der für die Zuteilung der Vergütung und sonstigen Zuwendungen zuständigen Personen, einschließlich der Zusammensetzung des Vergütungsausschusses, falls es einen solchen Ausschuss gibt, gehört und**
7. **praktische Informationen und Querverweise.**

(3) **[1]Diese wesentlichen Merkmale muss der Anleger verstehen können, ohne dass hierfür zusätzliche Dokumente herangezogen werden müssen. [2]Die wesentlichen Anlegerinformationen müssen redlich und eindeutig und dürfen nicht irreführend sein. [3]Sie müssen mit den einschlägigen Teilen des Verkaufsprospekts übereinstimmen. [4]Sie sind kurz zu halten und in allgemein verständlicher Sprache abzufassen. [5]Sie sind in einem einheitlichen Format zu erstellen, um Vergleiche zu ermöglichen.**

(4) **Für die inländischen OGAW bestimmen sich die näheren Inhalte, Form und Gestaltung der wesentlichen Anlegerinformationen nach der Verordnung (EU) Nr. 583/2010.**

(5) **[1]Die Verwaltungsgesellschaft weist in den wesentlichen Anlegerinformationen eine Gesamtkostenquote aus. [2]Die Gesamtkostenquote stellt eine einzige Zahl dar, die auf den Zahlen des vorangegangenen Geschäftsjahres basiert. [3]Sie umfasst sämtliche vom Investmentvermögen im Jahresverlauf getragenen Kosten und Zahlungen im Verhältnis zum durchschnittlichen Nettoinventarwert des Investmentvermögens und wird in den wesentlichen Anlegerinformationen unter der Bezeichnung „laufende Kosten“ im Sinne von Artikel 10 Absatz 2 Buchstabe b der Verordnung (EU) Nr. 583/2010 zusammengefasst; sie ist als Prozentsatz auszuweisen. [4]Sofern in den Anlagebedingungen eine erfolgsabhängige Verwaltungsver-**

gütung oder eine zusätzliche Verwaltungsvergütung für den Erwerb, die Veräußerung oder die Verwaltung von Vermögensgegenständen nach § 231 Absatz 1 und § 234 vereinbart wurde, ist diese darüber hinaus gesondert als Prozentsatz des durchschnittlichen Nettoinventarwertes des Investmentvermögens anzugeben. [5]Das Bundesministerium der Finanzen wird ermächtigt, durch Rechtsverordnung, die nicht der Zustimmung des Bundesrates bedarf, nähere Bestimmungen zu Methoden und Grundlagen der Berechnung der Gesamtkostenquote zu erlassen. [6]Das Bundesministerium der Finanzen kann die Ermächtigung durch Rechtsverordnung auf die Bundesanstalt übertragen.

Inhaltsübersicht

	Rn.
I. Allgemeines	1
1. Europarechtliche Quellen inkl. Referenz zu PRIIPs	1
2. Historie	6
II. Zweck, Form und Gestaltung der wesentlichen Anlegerinformationen	7
1. Zweck der wesentlichen Anlegerinformationen (§ 166 I)	7
2. Form und Gestaltung der wesentlichen Anlegerinformationen (§ 166 III u. IV)	10
III. Inhalte des wesentliche Anlegerinformationen (§ 166 II und Art. 7–37 VO 583/2010/EU)	19
1. Voranzustellende Erklärungen und Identität des Investmentvermögens (§ 166 II Nr. 1)	19
2. Anlageziele und Anlagepolitik (§ 166 II Nr. 2, Art. 7 VO 583/2010/EU)	21
3. Sonderfall: Anlageziele und -politik strukturierter OGAW	27
4. Risiko- und Ertragsprofil (§ 166 II Nr. 3)	33
5. Kosten und Gebühren (§ 166 II Nr. 4, V)	44
6. Bisherige Wertentwicklung und ggf. Performance-Szenarien (§ 166 II Nr. 5)	55
7. Vergütungspolitik (§ 166 II Nr. 6)	60
8. Praktische Informationen und Querverweise (§ 166 II Nr. 7)	61
IV. Sonderregeln bei Immobilien- und Dachhedgefonds	62

I. Allgemeines

1 **1. Europarechtliche Quellen inkl. Referenz zu PRIIPs.** § 166 mit Vorgaben zu Inhalt, Form und Gestaltung der wesentlichen Anlegerinformationen dient der Umsetzung von Art. 78–82 OGAW-RL. Seit dem 1.1.2023 ist die praktische Bedeutung der Vorschrift freilich stark reduziert.

2 § 166 ist im Kern eine Blankettnorm, die exemplarisch die schwindende Relevanz des deutschen Gesetzgebers im Aufsichtsrecht zeigt: Zweck, Form, Inhalt und Gestaltung der wesentliche Anlegerinformationen werden neben Art. 78 ff. OGAW-RL durch die VO 583/2010/EU und die konkretisierenden praxisrelevanten CESR-Level-3-Bestimmungen bestimmt, namentlich:

– CESR's „Template for Key Investor Information document" v. 20.12.2010 (CESR/10-1321)
– CESR's „Guide to clear language and layout for the Key Investor Information document" v. 20.12.2010 (CESR/10-1320)

- CESR's „Selection and presentation of performance scenarios in the Key Investor Information document (KII) for structured UCITS" v. 20.12.2010 (CESR/10-1318)
- CESR's „Guidelines on the methodology for calculation of the ongoing charges figure in the Key Investor Information Document" v. 1.7.2010 (CESR/10-674)
- CESR's „Guidelines on the methodology for the calculation of the synthetic risk and reward indicator in the Key Investor Information Document" v. 1.7.2010 (CESR/10-673)
- ESMA "Questions and Answer Key Investor Information Document (KIID) for UCITS (2015/ESMA/631)" v. 25.3.2015

Die Empfehlungen und Stellungnahmen der ESMA (zuvor CESR), die kein Organ iSd AEUV ist, sind per se keine Rechtsakte und daher auch europarechtlich **formal unverbindlich** (vgl. EDDH/*Rozok* InvG § 42 Rn. 54). Allerdings bestimmt Art. 16 III 1 VO 1095/2010/EU v. 24.11.2010 „zur Errichtung einer Europäischen Aufsichtsbehörde (Europäische Wertpapier- und Marktaufsichtsbehörde) …", dass die nationalen Wertpapieraufsichtsbehörden alle Anstrengungen unternehmen, um den Leitlinien und Empfehlungen nachzukommen. Da die BaFin in der Praxis von diesen Leitlinien sehr selten abweicht, bedeutet dies, dass die Empfehlungen und Stellungnahmen der ESMA für die Praxis eine zentrale Rechtsquelle sind (**de facto** besitzen sie die **Qualität eines Rechtsakts**). 3

Bis zum 31.12.2022 waren OGAW nach Art. 32 I der PRIIPs-VO von der Verpflichtung zur Erstellung eines Basisinformationsblatts ausgenommen, da sie bereits die wesentlichen Anlegerinformationen zu erstellen hatten. Diese Befreiungsvorschrift galt nach Art. 32 II der PRIIPs-VO ferner für solche Produkte, auf die der Gesetzgeber der Mitgliedstaaten die Vorschriften der eigentlich nur für OGAW direkt geltenden Vorschriften der **VO 583/2010/EU analog anwendete.** Dies hatte der deutsche Gesetzgeber in § 166 IV 2 (mit Modifikationen in § 166 VI–VII für Immobilien- und Infrastruktur-Sondervermögen sowie Dach-Hedgefonds) für die offenen Publikums-AIF bestimmt, so dass VO 583/2010/EU und die CESR-Level-3-Bestimmungen vorbehaltlich der Modifikationen in § 166 VI–VII für alle Investmentvermögen galten. 4

Seit dem Auslaufen der Befreiungsvorschrift können wesentliche Anlegerinformationen zwar in jedem Fall erstellt werden, ihre Erstellung ist aber nur noch dann verpflichtend, wenn Anteile oder Aktien eines OGAW an professionelle Anleger vertrieben werden und kein Basisinformationsblatt gem. der PRIIPs-VO erstellt wird (vgl. BT-Drs. 20/1906, 42f.). In allen anderen Fällen ist die Erstellung eines Basisinformationsblatts gem. der PRIIPs-VO ausreichend (§ 164 Ia). 5

2. Historie. Die wesentliche Anlegerinformationen als vollständig europäisch harmonisiertes Dokument lösten in Deutschland den sog. Vereinfachten Verkaufsprospekt nach § 42 II InvG (idF vor dem OGAW-IV-UmsG, s. BT-Drs. 17/4510, 70) ab; sie wurden ihrerseits mit Auslaufen der in Art. 32 der PRIIPs-VO vorgesehenen Übergangsfrist weitestgehend durch das Basisinformationsblatt abgelöst (s. BT-Drs. 20/1906, 42f.). Zur Historie des Vereinfachten Verkaufsprospekts vgl. EDDH/*Rozok* InvG § 42 Rn. 6; WBA/*Polifke* § 166 Rn. 1. § 166 II wurde durch das OGAW-V-UmsG (vgl. BT-Drs. 18/6744, 20, 64) zu Fragen der Vergütungspolitik (vgl. → § 165 Rn. 59) adjustiert. Eine weitere inhaltliche Änderung in § 166 VI erfolgte durch das FoStoG, bevor § 166 IV 2, VI-VIII iRd 4. Corona-Steuerhilfegesetzes aufgehoben wurden. Durch das Kreditzweitmarktförderungsgesetz erfolgte schließlich noch eine eher redaktionelle Änderung in § 166 IV. 6

II. Zweck, Form und Gestaltung der wesentlichen Anlegerinformationen

7 **1. Zweck der wesentlichen Anlegerinformationen (§ 166 I).** Nach § 166 I (Umsetzung von Art. 78 II OGAW-RL) sollen die wesentlichen Anlegerinformationen den Anleger vorvertraglich in die Lage versetzen, Arten und Risiken seiner Anlage zu verstehen und auf dieser Grundlage eine fundierte Anlageentscheidung zu treffen. Diese Zwecksetzung verfolgt gem. § 165 I 1 auch der Verkaufsprospekt, so dass nach Ansicht des Gesetzgebers die wesentlichen Anlegerinformationen zwar dazu befähigen sollen, eine fundierte Anlageentscheidung zu treffen, nicht aber ausschließlich auf Basis der wesentlichen Anlegerinformationen, sondern ggf. ergänzt durch Verkaufsprospekt sowie Jahres- und Halbjahresberichte (ebenso WBA/*Polifke* § 166 Rn. 4, aA AWZ/*Wilhelmi* § 166 Rn. 15), wenngleich Art. 4 III VO 583/2010/EU suggeriert, dass die wesentlichen Anlegerinformationen ausreichen (kritisch dazu EDDH/*Rozok* InvG § 42 Rn. 60; WBA/*Polifke* § 166 Rn. 9).

8 In der Praxis stützt der typische Privatanleger seine Entscheidung idR **allein auf die wesentlichen Anlegerinformationen,** da ihm diese bei der Anlageberatung gem. § 64 II 1 und 4 WpHG ausgehändigt werden (s. ASM/*Koller* § 64 Rn. 52). Dadurch wird im Interesse der Vertriebsstelle bzw. mittelbar der Verwaltungsgesellschaft zivilrechtlich eine kaum widerlegliche Vermutung erzeugt, dass der Anleger über die Inhalte zumindest der wesentlichen Anlegerinformationen voll informiert war.

9 Die bessere Befähigung des Anlegers soll durch die wesentliche Anlegerinformationen nach dem Willen des Gesetzgebers va auch deswegen gegeben sein, weil sie europaweit stark standardisiert sind, sowohl bzgl. der Einzelangaben als auch der Risikometrik (SRRI). Durch Einfachheit, Klarheit und Verständlichkeit soll die **Vergleichbarkeit** erhöht werden (vgl. EG (59) und Art. 78 V 2 OGAW-RL, Erwägungsgrund (2) VO 583/2010/EU), was wiederum dem **Anlegerschutz** dient.

10 **2. Form und Gestaltung der wesentlichen Anlegerinformationen (§ 166 III u. IV).** Die wesentlichen Anlegerinformationen müssen nach § 166 III 1 ohne zusätzliche Dokumente verständlich sein (Art. 78 III 2 OGAW-RL). Dies bedeutet, dass Verweisungen nur zulässig sind, wenn die wesentlichen Anlegerinformationen trotzdem alle für die Anlageentscheidung relevanten Informationen beinhalten und sich Querverweise primär auf Verkaufsprospekt und die Berichte beziehen (Erwägungsgrund (10) und Art. 21 VO 583/2010/EU). Querverweise sind aus **Transparenzgründen** grundsätzlich auf ein **Minimum** zu beschränken (Art. 21 II 2 VO 583/2010/EU).

11 Nach § 166 III 2 (vgl. Art. 3 II VO 583/2010/EU) müssen die wesentlichen Anlegerinformationen (ebenso wie nach § 165 I 2 der Verkaufsprospekt) **redlich, eindeutig** und **nicht irreführend** sein.

12 Nach § 166 III 3 (vgl. Art. 79 I 3 OGAW-RL) müssen die Inhalte der wesentlichen Anlegerinformationen ferner mit den korrespondierenden Inhalten des Verkaufsprospekts **übereinstimmen.** Ist eine der letzteren beiden Bestimmungen nicht beachtet, kommt gem. § 306 II 1 ein Prospekthaftungsanspruch dem Grunde nach in Betracht.

13 Die wesentlichen Anlegerinformationen sind nach § 166 III 4 **kurz** zu halten und **allgemein verständlich** abzufassen (s. auch Art. 78 V OGAW-RL). Dies bedeutet nach Art. 5 VO 583/2010/EU va, dass die Buchstaben noch gut lesbar sein müssen, Jargon zu vermeiden und auf technische Termini zu verzichten ist, wenn stattdessen allg. verständliche Sprache verwendet werden kann.

Nach hL soll schon wegen des begrenzten Raumes die Verwendung von präziser Fachterminologie (va solcher des KAGB selbst) nicht immer vermeidbar sein (WBA/*Polifke* § 166 Rn. 6; BTMB/*v. Ammon/Izzo-Wagner* § 166 Rn. 50; EDDH/*Rozok* InvG § 42 Rn. 110). Part 2 CESR/10-1230 „using plain language" indessen ist (zu Recht, ebenso AWZ/*Wilhelmi* § 166 Rn. 108) wesentlich restriktiver und gewährt kein Privileg für die Verwendung juristischer Fachtermini („Few consumers will be lawyers or industry specialists …", „Writing in plain language may require the „unlearning" of habits inherited from the traditional formal or legalistic ways of writing fund documents."). 14

Die Verwendung **englischer Termini** (sofern solche unvermeidbar sind) wirkt, **sofern** sie weitaus verbreiteter und üblicher sind als die zuweilen umschreibend wirkende technische deutsche Gesetzessprache (vgl. auch § 9 II AAB), regelmäßig klarer (Bsp.: total return swap statt „Gesamtrenditeswap" im Anhang, Abschnitt A VO 2015/2365/EU oder Repo statt „einfaches Wertpapierpensionsgeschäft" in § 26 DerivateV, der selbst die englische Begrifflichkeit zur Definition verwendet). Anderer Ansicht WBA/*Polifke* § 166 Rn. 6; EDDH/*Rozok* InvG § 42 Rn. 110. 15

Die wesentlichen Anlegerinformationen sollten insgesamt so geschrieben sein, dass jeder Anleger, auch der sich zum ersten Mal mit Anlage in Investmentvermögen Beschäftigende (Part 2 CESR/10-1230: „It is best to assume that your audience is reading about an investment fund for the first time."), bei sorgfältigem einmaligem Lesen versteht, worum es geht. Der Verkaufsprospekt ist seiner faktischen Verwendung nach primär ein Haftungsdokument, das ein Anleger kaum verstehen kann und deshalb limitierten Verbreitungsgrad besitzt. 16

Die wesentliche Anlegerinformationen sind nach § 166 III 5 in einem **einheitlichen Format** zu erstellen, um Vergleiche zu ermöglichen, → Rn. 9. Dies wird durch die Vorgaben zur **Reihenfolge** der Angaben in Art. 4 VO 583/2010/EU sowie das Muster in **CESR/10-1321** sichergestellt, das den Verwaltungsgesellschaften bewusst und gewollt **minimalen Gestaltungsspielraum** lässt. Ferner sind die **Vorgaben zum Design** (Schriftgröße 10, 11 pt. und Font Arial oder Times New Roman) zu beachten, Part 3 CESR/10-1230 (unnötig kritisch EDDH/*Rozok* InvG § 42 Rn. 111, der das Ziel der Vergleichbarkeit zu gering gewichtet). 17

§ 166 IV iVm Art. 6 VO 583/2010/EU bestimmen, dass die wesentlichen Anlegerinformationen bei einfachen OGAW maximal 2, bei strukturierten OGAW maximal 3 Seiten (Art. 37 VO 583/2010/EU) umfassen dürfen. **Farben** dürfen zwar verwendet werden. Dies darf aber die Lesbarkeit bei einem Schwarz-Weiß-Ausdruck nicht beeinträchtigen, Art. 5 II VO 583/2010/EU. Durch die Verwendung des Unternehmenslogos darf der Anleger nicht abgelenkt oder der Text verschleiert werden, Art. 5 III VO 583/2010/EU. 18

III. Inhalte des wesentliche Anlegerinformationen (§ 166 II und Art. 7–37 VO 583/2010/EU)

1. Voranzustellende Erklärungen und Identität des Investmentvermögens (§ 166 II Nr. 1). Die wesentlichen Anlegerinformationen sind nach Art. 4 II VO 583/2010/EU entsprechend zu überschreiben. Danach ist die in Art. 4 III VO 583/2010/EU vorgesehene Erklärung abzudrucken. 19

Die Angabe zur **Identität** umfasst nach Art. 4 IV VO 583/2010/EU den Namen des Investmentvermögens (ggf. Teilfonds bzw. Anteilklasse) sowie die Angabe von WKN und ISIN. Ferner ist neben der reinen Bezeichnung auch eine **Einord-** 20

nung iSd Fondsnamensrichtlinie zwecks grds. strategischer Ausrichtung vorzunehmen. Nach Art. 4 VI VO 583/2010/EU kann neben dem verpflichtenden Namen der Verwaltungsgesellschaft auch eine Angabe zur **Unternehmensgruppe** oder **Unternehmensmarke** aufgenommen werden, sofern dies dem Anleger Verständnis und Vergleichbarkeit nicht erschwert. Letzteres wird praktisch nie der Fall sein. Vielmehr wird der Hinweis auf die Unternehmensgruppe für den Anleger jedenfalls bei den großen Verwaltungsgesellschaft-Gruppen in Deutschland hilfreicher sein (zB im Hinblick auf Finanzkraft, aber auch Interessenkonflikte) als die häufig aus rein technischen Gründen (Kapitalanforderungen, Beiträge an die Entschädigungseinrichtung der Wertpapierunternehmen, Grunderwerbsteuer, Organschaften, Kosten, Steuern usw.) gewählte konkrete Entität der Verwaltungsgesellschaft (ebenso WBA/*Polifke* § 166 Rn. 10; EDDH/*Rozok* InvG § 42 Rn. 62; AWZ/*Wilhelmi* § 166 Rn. 22).

21 **2. Anlageziele und Anlagepolitik (§ 166 II Nr. 2, Art. 7 VO 583/2010/EU).** Die Anlageziele bzw. die Anlagepolitik sind anhand eines **obligatorischen** (Art. 7 I VO 583/2010/EU) bzw. **fakultativen** Katalogs im Falle von Relevanz (Art. 7 I VO 583/2010/EU) von Angaben darzulegen. Dazu gehören im Einzelnen:

Die Angabe eines **Anlageziels.** Gemeint ist damit nach Erwägungsgrund (5) VO 583/2010/EU, ob Rendite in Form von Kapitalzuwachs, Erträgen oder beidem intendiert ist.

Die Angabe der Hauptkategorien an **erwerbbaren Vermögensgegenständen** (Finanzinstrumenten) nach Art. 7 I Buchst. a., II Buchst. a VO 583/2010/EU. Gemeint sind dabei die **Anlageschwerpunkte** (also Aktien, Renten usw.) in einem Satz, nicht die sehr extensiven Darlegungen im Verkaufsprospekt (s. MB, S. 35–53). Bei Anlagen in Fremdkapital sind die Emittentenkategorien (Staaten, Unternehmen oÄ), ggf. mit Mindestratinganforderungen anzugeben (Art. 7 II Buchst. a VO 583/2010/EU). Diese Anlageschwerpunkte können (müssen aber nicht) weiter nach Regionen, Branchen oder andere Marktsektoren oder in Bezug auf spezifische Vermögenswertkategorien konkretisiert werden, Art. 7 I Buchst. c. VO 583/2010/EU.

Die **Anlagepolitik** ist zu konkretisieren, Art. 7 I Buchst. d, ggf. II Buchst. b–d VO 583/2010/EU. Zu erläutern ist, ob die Anlagepolitik **aktiv** (Anlageentscheidung diskretionär) oder **passiv** (Anlageentscheidung indexgebunden) erfolgt. Auch eine **interne Benchmark,** also eine solche, die nicht im Verkaufsprospekt genannt ist, an der aber die Information Ratio (die Überrendite des Investmentvermögens gegenüber der Benchmark, dividiert durch den Tracking Error) des Fondsmanagers gemessen wird, ist zu nennen (so im Ergebnis auch WBA/*Polifke* § 166 Rn. 15).

22 Zweifelhaft erscheint, ob die wesentlichen Anlegerinformationen **mehr Informationen** enthalten können/dürfen als der Verkaufsprospekt (verneinend WBA/*Polifke* § 166 Rn. 15). Der europäische Gesetzgeber geht davon jedoch (zurecht) aus. Die aus Haftungsgründen für den Verkaufsprospekt wegen § 306 I 1 gezogene Konsequenz, dass der Verkaufsprospekt alle Informationen der wesentlichen Anlegerinformationen inkorporieren muss, führt in der Praxis regelmäßig dazu, dass Verwaltungsgesellschaften teilweise (nicht immer) eine dritte (interne) Benchmark zur Steuerung der Anlagepolitik verwenden.

23 **Filtert** die Anlagepolitik die Vermögensgegenstände nach **Kriterien** (Art. 7 II Buchst. c VO 583/2010/EU nennt bspw. Wachstum, Wert, hohe Dividende), ist dies zu benennen.

Werden **spezifische Techniken** verwendet (Art. 7 II Buchst. d VO 583/2010/EU nennt bspw. Hedging, Arbitrage, Leverage), ist dies anzugeben. Insbesondere bei der Verwendung von im Rahmen von OGAW zulässigen Hedgefondstechniken (zB „global macro“, „event driven“, „long/short“) darf man keine zu detaillierten Erläuterungen erwarten; diese sind im Übrigen auch nicht erforderlich, um den Kern zu verstehen. 24

Es sind Angaben zur **Rücknahmefrequenz** gem. Art. 7 I Buchst. b VO 583/2010/EU zu machen sowie zur Frage, ob die Erträge **ausgeschüttet** oder **thesauriert** werden (Art. 7 I Buchst. e VO 583/2010/EU). Sofern in Verkaufsprospekt oder anderen Marketingunterlagen eine bestimmte **Mindesthaltedauer** empfohlen wird (oder falls dies ein wichtiger Teil der Anlagestrategie ist, was va bei strukturierten OGAW denkbar ist), ist nach Art. 7 II Buchst. f VO 583/2010/EU der dort genannte Hinweis mit dem vorgegebenen Wortlaut aufzunehmen. Diese drei eher formalistischen Angaben passen nicht zum Kapitel Anlageziele und Anlagepolitik (zurecht kritisch WBA/*Polifke* § 166 Rn. 16; wohl auch EDDH/*Rozok* InvG § 42 Rn. 72). 25

Sofern sich **aufgrund der gewählten Anlagestrategie Transaktionskosten erheblich** auf die Rendite des OGAW auswirken, ist hierauf hinzuweisen, sowie darauf, dass die Transaktionskosten in den laufenden Kosten iSd Art. 10 VO 583/2010/EU nicht enthalten sind, vgl. Art. 7 II Buchst. e., Art. 12 II VO 583/2010/EU und Rn. 5d CESR/10-674. Der Kritik an dieser Bestimmung ist zuzugeben, dass der unbestimmte Rechtsbegriff „erheblich“ nicht weiterhilft (s. EDDH/*Rozok* InvG § 42 Rn. 71; WBA/*Polifke* § 166 Rn. 18). Der Verordnungsgeber müsste diesen Begriff quantitativ präzisieren (ebenso AWZ/*Wilhelmi* § 166 Rn. 31, Angabe zur Vermeidung von Haftungsrisiken zu empfehlen). 26

3. Sonderfall: Anlageziele und -politik strukturierter OGAW. Gehen Anlagepolitiken so weit, dass sie zur Einordnung des OGAW als **strukturiert** führen, sollen gem. Art. 7 II Buchst. b VO 583/2010/EU sämtliche Bestandteile erläutert werden, die für ein korrektes Verständnis des Ertrages und der für die Bestimmung der Wertentwicklung erwarteten Faktoren erforderlich sind. Wegen (mathematischer) Details darf auf den Verkaufsprospekt verwiesen werden. 27

Strukturierte OGAW iSd Art. 36 I 2 VO 583/2010/EU sind solche, bei denen für die Anleger zu bestimmten **vordefinierten Zeitpunkten** nach **Berechnungsformeln berechnete Erträge** erwirtschaftet werden. Diese Erträge sind an die **Wertentwicklung anderer Bezugsgrößen** gebunden. Es handelt sich also praktisch beschrieben um Strukturen, die zertifikatsähnlichen Charakter haben. So führt zB eine Aktienanleihe, wenn der Kurs des Referenzwertes bis zu einem bestimmten Zeitpunkt nicht unter x% des Basiswertes sinkt, zu einer vordefinierten erhöhten Verzinsung von x% (mit der impliziten Risikoprämie). Bei einem Erreichen des Schwellenwertes oder geringfügigen Unterschreitens (mittleres Szenario) führt sie zur physischen Andienung des Basiswertes plus Verzinsung, was ggf. immer noch eine neutrale Rendite bedeuten kann, bei einem starken Unterschreiten (negatives Szenario) ebenfalls zur physischen Andienung des Basiswertes plus Verzinsung, was in diesem Fall aber eine negative Rendite bedeutet. Die **Abgrenzung** von normalen zu strukturierten OGAW ist in hohem Maße **praktisch relevant.** 28

Die Abgrenzung wird entscheidend durch **Box 8 CESR 10/673** und die entsprechenden Erläuterungen konkretisiert. Die Anlagestrategie schließt grundsätzlich die Möglichkeit plötzlicher und erheblicher Änderungen der Marktexposition zu bestimmten Indizes oder Assetklassen und damit der Risikoprofile ein. Weder die 29 historische noch die aktuelle Portfoliovolatilität kommt daher als Werkzeug in Frage, ein aussagekräftiges Risikoprofil zu zeichnen. Optionales Merkmal ist eine vollständige oder teilweise **Kapitalgarantie,** die keinen oder bestimmten Bedingungen unterliegt oder auch vollständig entfallen kann.

30 Die Abgrenzung zB zwischen Total-return-OGAW (die nicht als strukturiert gelten) und strukturierten OGAW ist risikotechnisch nicht trivial. Der BVI empfiehlt eine Auslegung („Fondsklassifizierung im Rahmen der SRRI-Berechnung für die wesentliche Anlegerinformation" v. 1.7.2011, S. 14ff.), die im Wesentlichen als Abgrenzungsmerkmale für strukturiert bestimmen:

a) **asymmetrisches** und potenziell sehr schnell wechselndes **Rendite-/Risiko-Profil;**
b) ohne oder mit **stark begrenzter Pfadabhängigkeit;**
c) definiertes Auszahlungsprofil für unterschiedliche Marktentwicklungen und damit ein in Abhängigkeit von denselben (vorab) **berechenbares (Algorithmus-basiertes) Anlageergebnis;**
d) präziser Zeithorizontbezug für c).

31 **Statische Garantiefonds** sind demnach **keine** strukturierten OGAW (ausführliche Begründung: BVI „Fondsklassifizierung im Rahmen der SRRI-Berechnung für die wesentliche Anlegerinformation", S. 19–21), va weil sie kein **vollständig** asymmetrisches Auszahlungsprofil beinhalten und stattdessen durchaus eine weitgehende Pfadabhängigkeit aufweisen. Der Verweis auf die Kapitalgarantie als Ausstattungsmerkmal in **Box 8 CESR/10-673** kommt nur Beispielscharakter zu.

32 Liegt aber der (seltene) Fall eines strukturierten OGAW vor, konkretisiert Art. 36 II VO 583/2010/EU weiter, dass **zwingend** die Funktionsweise der Formel und die Berechnung der Erträge zu erläutern sind. Dazu sind zwingend **mindestens drei Wertentwicklungsszenarien** (hoch, mittel, niedrig) auf Basis vernünftiger und **konservativer Wertentwicklungsannahmen** beizufügen, die dem Anleger ein praktisches Verständnis der Formel und ihrer Auswirkungen ermöglichen (Art. 36 III–V VO 583/2010/EU). Diese Szenarien sind mit (Warn-) Hinweisen gem. Art. 36 VI VO 583/2010/EU zu verbinden. Details zur Gestaltung der Szenarien ergeben sich aus **CESR/10-1318.**

33 **4. Risiko- und Ertragsprofil (§ 166 II Nr. 3).** Artikel 8 und 9 VO 583/2010/EU definieren den in den wesentlichen Anlegerinformationen entsprechend zu bezeichnenden Abschnitt näher. Art. 8 I VO 583/2010/EU bestimmt im Kern, dass ein synthetischer Indikator (**SRRI** = synthetic risk and reward indicator) anzugeben ist und seine **Limitierungen** zu erläutern sind. Der SRRI und seine graphische Darstellung werden durch CESR/10-673 näher definiert. Eine der Hauptbeschränkungen des SRRI unter Anlegerschutzgesichtspunkten ist die rein **retrospektive volatilitätsbasierte** Definition von (Markt-)Risiko, die ESMA (bedauerlicherweise) 2010 verwendet hat, um insb. kleineren Verwaltungsgesellschaften die höheren Kosten für komplexere Risikometrik-Konzepte nicht aufzubürden.

34 Die **Zielsetzung** des SRRI besteht va darin, dem Anleger eine aussagekräftige, nicht manipulierbare und gleichzeitig relativ stetige Einordnung des Risiko-/Ertragsprofils zu ermöglichen (Rn. 5 CESR/10-673), und über alle verschiedenen Risikoklassen und OGAW-Formen hinweg. Der SRRI sollte ferner auch von Wirtschaftsprüfern, Beratern und dem Vertrieb leicht zu verstehen, von der Aufsicht leicht zu überwachen sein und von den Verwaltungsgesellschaften kosteneffizient umzusetzen sein.

Die Berechnung des SRRI erfolgt volatilitätsbasiert, indem die **Standardabweichung** σ auf zunächst wöchentlicher (hilfsweise: monatlicher) Basis berechnet wird. Dazu wird die bekannte Basisformel für das σ 35

$$\sigma = \sqrt{\frac{1}{n} \times \sum_{i=1}^{n} (R_i - \mu)^2}$$

in Box 1 Rn. 4 CESR/10-673 so angepasst, dass von der vergangenen täglichen Rendite des OGAW die ihres jeweiligen arithmetischen Mittels in der zugehörigen zurückliegenden Woche subtrahiert wird. Die Ergebnisse werden ins Quadrat gesetzt und addiert. Daraus ergibt sich eine Summe, die mit dem Betrachtungszeitraum multipliziert wird. So erhält man ein Ergebnis, aus dem wiederum die Wurzel zu ziehen ist. Um das σ auf annualisierter Basis zu erhalten, sind die Werte für σ zu addieren und durch 52 zu dividieren. Für die **Einordnung des SRRI in Risikoklassen** sollen als Basis (rollierend) das σüber die vergangenen fünf Jahre herangezogen werden, wobei ausgeschüttete Erträge bei der Rendite zu berücksichtigen sind, vgl. Box 1 Rn. 3 CESR/10-673; ein Bsp. findet sich in den Erläuterungen zu Box 1.

Zu dem Konzept des σ nach der Box 1 CESR/10-673 ist kritisch zu bemerken, dass es 1) vergangene Zeiträume von vor fünf Jahren mit dem von vor einem Jahr gleichgewichtet (obwohl auch ohne grundlegende Änderung der Anlagepolitik weiter zurückliegende Zeiträume geringere Aussagekraft haben als kürzer zurückliegende, zB aufgrund eines geänderten internen Ziel-Tracking-Errors); 2) dass σ lediglich die Volatilität der **Vergangenheit** misst anstelle auf Basis des aktuellen Portfolios die Ausfallwahrscheinlichkeit bei vorgegebenem Konfidenzniveau (kritisch auch WBA/*Polifke* § 166 Rn. 23; EDDH/*Rozok* InvG § 42 Rn. 78; AWZ/*Wilhelmi* § 166 Rn. 47) und 3) dass, wenn schon das σ der Renditen gemessen werden soll, der Vergleichsmaßstab mit dem arithmetischen Mittel der vergangenen Renditen des konkreten Fonds nicht überzeugend ist, da so ein gegenüber den Benchmarkrenditen sehr volatiler Fonds als relativ weniger volatil erscheinen kann, wenn das arithmetische Mittel der Fondsrenditen im Vergleich zu dem der Benchmarkrenditen signifikant abweicht. Jedoch ist bei allen Schwächen, die im Detail auch noch behoben werden könn(t)en, die Einführung eines mathematischen Indikators (bei allen Limitierungen) ein **erheblicher Fortschritt** in Richtung **Vergleichbarkeit** und **Anlegerschutz** gewesen (ebenso AWZ/*Wilhelmi* § 166 Rn. 47). Sicher **keine Alternative** ist eine deskriptive Beschreibung analog Verkaufsprospekt und § 166 VI, VII (aA EDDH/*Rozok* § 42 Rn. 78, der übersieht, dass ein Privatanleger nicht quantifizierte, deskriptive Prosa nicht liest). 36

Das erhaltene σ wird nach Box 2 CESR/10-673 in (zu Recht **nicht lineare) Volatilitätsintervalle** einsortiert (deren genaue Bänder lediglich empirisch fundiert sind), die **sieben Risikoklassen** entsprechen. Der risikoärmste OGAW hat danach bspw. ein σ von 0% bis < 0,5%. Die Wahl der Bänder für die Risikoklassen soll ua auch dem Umstand Rechnung tragen, dass zu häufige Revisionen der Einordnung des SRRI nicht erwünscht sind. 37

Eine Revision des SRRI und damit der wesentlichen Anlegerinformationen ist nach Box 3 Rn. 2 CESR/10-673 angezeigt, wenn sich seit **vier Monaten kontinuierlich** eine **Risikoklassenverschiebung** ergeben hat, was insofern das allg. Prinzip aus Art. 22 III VO 583/2010/EU für den SRRI konkretisiert. Damit soll verhindert werden, dass ein OGAW, der nahe an einem Ende des Volatilitätsbandes 38 einer Risikoklasse liegt, durch einen nicht nachhaltigen Einmaleffekt, den SRRI und damit den wesentliche Anlegerinformationen anpassen muss. Würde aber an jedem einzelnen Messpunkt in vier Monaten (also 16 verschiedenen) kontinuierlich eine Eingruppierung in eine andere Risikoklasse erforderlich sein, ist von einem nachhaltigen Effekt auszugehen.

39 Alle Berechnungen zum SRRI, die Risikoklasseneinordnung (und ggf. ihre Änderung) müssen **dokumentiert** und für **fünf Jahre aufbewahrt** werden, Art. 8 III VO 583/2010/EU, bei strukturierten OGAW fünf Jahre nach Fälligkeit.

40 Die Beschreibung des SRRI ist mit den in Art. 8 IV VO 583/2010/EU vorgesehenen Erläuterungen zu versehen. Dazu gehört auch die Erläuterung für die Einstufung in eine bestimmte Risikoklasse (also Klassifikation der Volatilität). Daneben müssen die Risiken verbal gem. Art. 8 V VO 583/2010/EU beschrieben werden, die der **SRRI nicht umfasst** (Liquiditätsrisiko, operationelles Risiko usw.). Der Katalog in Art. 8 V VO 583/2010/EU ist nicht abschließend, so dass auch sonstige relevante Risiken jenseits des Katalogs aufgenommen werden können und müssen (s. WBA/*Polifke* § 166 Rn. 24).

41 Kritisch zu sehen ist, dass aus Sicht des OGAW typische Marktrisiken (wie Kreditrisiko bei Anleihen, Hebelrisiko bei Derivaten), die aufgrund des Renditeeffekts im SRRI berücksichtigt sind, **zusätzlich** gem. Art. 8 V Buchst. a und e verbalisiert werden sollen. Dies führt zu einer nicht sachgerechten Überlappung (s. WBA/*Polifke* § 166 Rn. 25; EDDH/*Rozok* InvG § 42 Rn. 83; differenzierend AWZ/*Wilhelmi* § 166 Rn. 53).

42 Für die Berechnung des SRRI gelten spezifische Regeln bei fehlender Historie. **Fehlende Historie** (Box 4 CESR/10-673) kommt in Betracht bei **Neuauflegung** oder einer grundlegenden **Änderung der Anlagepolitik.** In diesem Fall wird die (teilweise) nicht verfügbare Zeitreihe aufgefüllt mit den historischen Renditen von Portfoliomodellen, Benchmarks oder einer anvisierten Diversifikation der Vermögensgegenstände.

43 Ferner gelten spezifische Regeln bei der Berechnung des SRRI bei Absolute Return OGAW, Total Return OGAW, Life-Cycle-OGAW und strukturierten OGAW auf Basis des **Value-at-Risk** (s. Box 5–8 CESR/10-673).

44 **5. Kosten und Gebühren (§ 166 II Nr. 4, V).** Der **Kostenausweis** im Einzelnen ist in Art. 10–14 VO 583/2010/EU geregelt und zur Angabe der „laufenden Kosten" gem. Art. 10 II Buchst. b VO 583/2010/EU weiter konkretisiert durch CESR/10-674. Die Kostendarstellung erfolgt anhand der in Art. 10 I iVm Anhang II VO 583/2010/EU vorgegebenen Tabelle. Diese gliedert den Kostenausweis in drei Teile:

a) die (einmaligen) Ausgabe- und Rücknahmeabschläge,
b) die laufenden Kosten und
c) die Performance Fee.

45 Bei den **einmaligen Kosten** nach Art. 10 II Buchst. a ist der höchste Prozentsatz zu nennen, der nach den Bestimmungen des aktuellen Verkaufsprospekts (nicht der Höchstgrenzen in den AAB/BAB) abgezogen werden kann. Dies ist um den Hinweis zu ergänzen, dass der Anleger ggf. weniger zahlen und er den exakten Wert von dem Vertriebspartner des OGAW erfahren kann (Art. 11 I Buchst. a VO 583/2010/EU).

46 Teilweise wird kritisiert, dass dieser vorgegebene Hinweis im Fall von **Rücknahmeabschlägen,** die dem OGAW zustehen, unzutreffend sei, da diese nicht disponibel sind (WBA/*Polifke* § 166 Rn. 27; EDDH/*Rozok* InvG § 42 Rn. 85).

Diese Kritik ist ungerechtfertigt, da der grundsätzliche Gehalt der Aussage aus dem Empfängerhorizont des Anlegers im Hinblick auf die mögliche Kostenvariabilität insgesamt zutrifft. Andernfalls müsste man zum Rücknahmeabschlag in Abhängigkeit von der konkreten Verwendung des Bausteins 6 BAB formulieren (AWZ/*Wilhelmi* § 166 Rn. 67 empfiehlt in diesem Fall, den eigentlich vorgeschriebenen Hinweis (Höchstwerte) zu modifizieren, da andernfalls Verstoß gegen Art. 3 II VO 583/2010/EU), dann aber verbunden mit der Aussage, dass sich dies aber ggf. auch bei Änderung der BAB ändern könnte und dann das jeweilige Gegenteil gelten würde. Das wäre juristische (Schein-)Präzision, die gegen den Grundsatz verstieße, dass die wesentliche Anlegerinformationen aus **Anlegerperspektive** zu formulieren sind (Part 2 CESR/10-1320).

Die **laufenden Kosten** („ongoing charges") umfassen vom OGAW getragene **47** Kosten, gleichgültig ob es sich zivilrechtlich um Vergütungen, Aufwandsersatz oÄ handelt. Es handelt sich um die in Rn. 4 CESR/10-674 konkretisierten Positionen. **Nicht** in die laufenden Kosten einzubeziehen sind die unter Rn. 5 CESR/10-674 genannten Positionen. Dazu gehören namentlich direkt vom Anleger getragene Kosten wie Ausgabeauf- und Rücknahmeabschläge. Auch ggf. wiederzuerstattende Zahlungen sind sinnhafterweise nicht einzubeziehen wie *Initial* und *Variation Margin* bei Derivategeschäften. Nicht einzubeziehen sind danach auch **Transaktionskosten** und Zinsen für Kreditaufnahmen des OGAW. Ob diese Ausnahme der Transaktionskosten auf Sicht haltbar ist, erscheint sehr fraglich (vgl. § 162 Rn. 54); der ratio legis nach (Transparenz, Vergleichbarkeit, Anlegerschutz) sollte die Position in die laufenden Kosten einfließen. Dies würde signifikant die Einhaltung der „Best execution"-Anforderungen gem. § 168 VII befördern.

Zur Berechnung der Kennziffer sind die Kosten des Vorjahres heranzuziehen, **48** Art. 10 II Buchst. b VO 583/2010/EU. Dies ist gem. Art. 11 I Buchst. b VO 583/2010/EU entsprechend zu erläutern. Sofern diese Zahlungen nicht aussagekräftig sind (zB infolge Vergütungsänderungen), kann und muss mit Schätzungen gearbeitet werden (Rn. 11 CESR/10-674). Diese Kosten werden ins Verhältnis zum durchschnittlichen NAV in % im fraglichen Zeitraum ausgedrückt (Rn. 10, 14 CESR/10-674). Bzgl. **neu aufgelegter OGAW** ist mit **Schätzungen** zu arbeiten, Art. 13 I VO 583/2010/EU sowie Rn. 17 ff. CESR/10-674. Spätestens zwölf Monate nach Auflegung ist die Validität der Schätzung auf Basis der echten Zahlen zu überprüfen und ggf. zu korrigieren.

Sonderfälle zu neu aufgelegten OGAW sind zum einen solche mit einer Pau- **49** schalgebühr gem. Art. 13 II Buchst. a VO 583/2010/EU. Dies kann nur gelten, wenn die Pauschalgebühr eine **echte All-in-Fee** ist, also **alle** denkbaren Kostenkomponenten (außer Transaktionskosten) umfasst. Denn nur dann ist gewährleistet, dass der OGAW keine (zusätzlichen) Kosten wird tragen müssen, so dass es keinen Bedarf für eine Schätzung gibt. Vor dem Hintergrund der deutschen Praxis gem. § 165 III Nr. 7, in Pauschalen nur bestimmte Aufwandserstattungspositionen zusammenzufassen, gleichzeitig aber weitere Positionen dem Investmentvermögen separat zu belasten, vgl. auch MB, S. 69, wird die Norm selten einschlägig sein. Zum anderen ist keine Schätzung erforderlich gem. Art. 13 II Buchst. b VO 583/2010/EU, wenn statt der laufenden Kosten eine **Obergrenze** genannt wird und die Verwaltungsgesellschaft sich verpflichtet, alle die Obergrenze übersteigenden Kosten für den OGAW zu übernehmen.

Bei Dach-OGAW gelten die in Rn. 8 CESR/10-674 bestimmten Besonderhei- **50** ten und ggf. Erleichterungen bei der Berechnung.

51 Schließlich sind **Performance Fees** offen zu legen, Art. 10 II Buchst. c, 12 III VO 583/2010/EU. Das Gesetz verwendet die umständliche Bezeichnung „unter bestimmten Bedingungen berechnete" Kosten. Die Kosten sind in % anzugeben. Grundlage (also Benchmark, Berechnungsmodus usw.) und Zeitpunkt der Berechnung sind zu erläutern.

52 Abschließend ist der vorgegebene **(Warn-)Hinweis** gem. Art. 11 III VO 583/2010/EU aufzunehmen, der im Kern aussagt, dass Kosten die Rendite schmälern.

53 Grundsätzlich müssen alle Elemente der Kostenstruktur so klar wie möglich dargestellt werden, Art. 12 VO 583/2010/EU. Ist dies der Fall, wäre der **Querverweis** gem. Art 14 VO 583/2010/EU auf den Verkaufsprospekt zu detaillierteren Erläuterungen nicht erforderlich. In der Praxis ist er gleichwohl üblich, da CESR/10-1321 den entsprechenden Querverweis (sogar in Fettdruck) im „Wesentliche Anlegerinformationen"-Muster abgedruckt hat.

54 Ein aus deutscher Sicht wesentlicher Mangel des Abschnitts über Kosten ist, dass die Form der Darstellung nach den europäischen Vorgaben abschließend ist. Es bleibt auch kein Raum zum Ausweis von Rückvergütungen als „davon"-Position. Dieser Ausweis ist wegen der zivilrechtlichen BGH-Rspr. (BGH XI ZR 586/07 und Folgeurteile) zum Behaltendürfen von Rückvergütungen einschließlich der Fragen von Beweislastverteilung, Verbotsirrtum und Verjährung aus Gründen der Rechtssicherheit für die Verwaltungsgesellschaft grds. unerlässlich. Deswegen ist die Verwaltungsgesellschaft gezwungen, neben den wesentlichen Anlegerinformationen Term Sheets zu erstellen, die die Rückvergütungen der Vertriebsstelle präzise ausweisen. Diese werden dem der Geeignetheitserklärung gem. § 64 IV WpHG (bis 2018 dem Beratungsprotokoll gem. § 34 IIa WpHG aF) in Anlage beigefügt (vgl. auch „Verzeichnis der Mindestaufzeichnungspflichten gemäß § 34 Abs. 5 WpHG" der BaFin WA 11-FR 4407–2007/0020) und konstituieren so (jenseits von Regelungen in den AGB zum Behaltendürfen) eine **individualvertragliche Vereinbarung** zwischen Vertriebsstelle und Anleger über das Recht zum Behaltendürfen der Rückvergütung. Es ist zwar nachvollziehbar, dass der europäische Gesetzgeber auf die Sonderheiten der deutschen (im Übrigen auch schweizerischen zu Art. 400 OR, vgl. BGE 4A_127/2012) Zivilrechtsprechung keine Rücksicht nehmen möchte; dies limitiert aber bedauerlicherweise den Wirkungsgrad der wesentliche Anlegerinformationen und führt zu Dokumentenverdoppelung.

55 **6. Bisherige Wertentwicklung und ggf. Performance-Szenarien (§ 166 II Nr. 5).** Die Einzelheiten werden in Art. 15–19 VO 583/2010/EU geregelt:

Die Darstellung der Wertentwicklung erfolgt grafisch in Form eines **Balkendiagramms** (Art. 15 I VO 583/2010/EU). Das Diagramm soll die Wertentwicklung der letzten zehn Jahre aufzeigen, ggf. fünf Jahre, wenn der Fonds noch keine zehn Jahre existiert. Liegt keine fünfjährige Historie vor, sind die entsprechenden Jahre in Form einer Blanko-Spalte anzugeben. Liegt bei neu aufgelegten Fonds keine Historie für ein ganzes **Kalenderjahr** (nicht: Geschäftsjahr des OGAW) vor, so ist darauf hinzuweisen, dass keine ausreichenden Daten vorliegen, Art. 15 I–IV VO 583/2010/EU. Soweit Balken für die Wertentwicklung des OGAW dargestellt werden können, ist die Wertentwicklung eines unter „Ziele und Anlagepolitik" genannten **Referenzwertes** (der Benchmark) ebenfalls jeweils als Balken neben der des OGAW in den betreffenden Kalenderjahren auszuweisen, Art. 18 VO 583/2010/EU. Das Diagramm ist um die vorgeschriebenen Erläuterungen in Art. 15 V VO 583/2010/EU zu ergänzen, die va eine Warnfunktion haben.

Bedenken, die Balkendarstellung der Wertentwicklung von OGAW und seiner Benchmark in den jeweiligen Kalenderjahren könnten **überfrachtet,** unübersichtlich und für den Anleger schwer verständlich ausfallen (so EDDH/*Rozok* InvG § 42 Rn. 96), sind **nicht nachvollziehbar.** Das Balkendiagramm ist eine bewährte und transparente Form der Darstellung, die sehr schnell die historische Über- oder Unterperformance des OGAW erkennbar werden lässt. Vor allem ist die graphische Darstellung einer etwaigen Verbalisierung klar überlegen. 56

Bei der **Berechnung** der Wertentwicklung soll nach Art. 16 VO 583/2010/EU auf dem NAV aufgesetzt werden, wobei simuliert wird, dass die Erträge ausschüttender Fonds wiederangelegt worden wären. Diese Fiktion dient der besseren Vergleichbarkeit von thesaurierenden bzw. ausschüttenden OGAW. Haben sich die Ziele und die Anlagepolitik des OGAW innerhalb des dargestellten Zeitraums **geändert,** so ist die historische Wertentwicklung weiterhin auszuweisen. Allerdings ist darauf hinzuweisen, dass diese unter Umständen erzielt wurde, die nicht mehr gültig sind, Art. 17 VO 583/2010/EU. 57

Ausnahmsweise kann mit einem **deutlich sichtbaren Hinweis** anstelle der historischen eine **simulierte Wertentwicklung** angegeben werden, sofern dies gem. Art. 19 I VO 583/2010/EU weiterhin redlich, eindeutig und nicht irreführend erfolgt, vgl. auch § 166 III 2. Die Ausnahmen sind **abschließend** aufgezählt (neuer Teilfonds oder neue Anteilklasse eines bereits bestehenden OGAW; ein Feeder-OGAW kann Wertentwicklung des Master-OGAW ausweisen, wenn der Feeder-OGAW lediglich Anteile an dem Master-OGAW und Liquidität halten darf und die Ausstattungsmerkmale von Master- und Feeder-OGAW vergleichbar sind, vgl. auch Art. 35 VO 583/2010/EU und bei **strukturierten Fonds** gem. Art. 36 I 1 VO 583/2010/EU). 58

Bei einer **Verschmelzung** durch Übernahme wird allein die Wertentwicklung des übernehmenden OGAW ausgewiesen, Art. 19 IV VO 583/2010/EU. 59

7. Vergütungspolitik (§ 166 II Nr. 6). Der durch das OGAW-V-UmsG zur Umsetzung von Art. 78 IV UAbs. 2 OGAW-RL neu eingefügte § 166 II Nr. 6 verpflichtet zur Aufnahme der vorgesehenen formalen Erklärung zur Vergütungspolitik (Verweis auf eine Internetseite mit den Einzelheiten zur Berechnung, sonstigen Zuwendungen usw.) in den wesentlichen Anlegerinformationen. Der Mehrwert dieses Verweises für den Anleger im Hinblick auf die Zwecksetzung der wesentliche Anlegerinformationen aus Art. 78 II OGAW-RL und § 166 I, Art und Risiken des angebotenen Anlageprodukts zu verstehen und auf dieser Grundlage eine fundierte Anlageentscheidung zu treffen, ist **zweifelhaft** und erscheint politisch motiviert. 60

8. Praktische Informationen und Querverweise (§ 166 II Nr. 7). Schließlich sind die in Art. 20 und 21 VO 583/2010/EU vorgesehenen formalen Hinweise aufzunehmen (Verwahrstelle usw.), deren Mehrwert im Einzelnen gering ist. Bei Teilfonds bzw. Anteilklassen sind zusätzliche Angaben vorgesehen. 61

IV. Sonderregeln bei Immobilien- und Dachhedgefonds

Gemäß § 166 V 4 ist bei Immobilien-Sondervermögen die sog. Investitionsvergütung als separate Kostenposition in den wesentlichen Anlegerinformationen auszuweisen. 62

§ 167 Information mittels eines dauerhaften Datenträgers

(1) Ist für die Übermittlung von Informationen nach diesem Gesetz die Verwendung eines dauerhaften Datenträgers vorgesehen, sind die Informationen elektronisch zu übermitteln, sofern der Kapitalverwaltungsgesellschaft oder der depotführenden Stelle entsprechende Zugangsmöglichkeiten des jeweiligen Anlegers bekannt sind.

(2) [1]Abweichend von Absatz 1 ist in den Fällen des § 179 Absatz 1 Satz 1, Absatz 6 Satz 1, des § 180 Absatz 1 Satz 2 und Absatz 2 Satz 1, des § 186 Absatz 3 Satz 3, des § 297 Absatz 4 Satz 1 und des § 298 Absatz 2 Nummer 4 und 5 die Verwendung eines anderen dauerhaften Datenträgers als Papier nur zulässig, wenn dies auf Grund der Rahmenbedingungen, unter denen das Geschäft ausgeführt wird, angemessen ist und der Anleger sich ausdrücklich für diese andere Form der Übermittlung von Informationen entschieden hat. [2]Eine elektronische Übermittlung von Informationen gilt im Hinblick auf die Rahmenbedingungen, unter denen das Geschäft ausgeführt wird oder werden soll, als angemessen, wenn der Anleger für die Ausführung dieses Geschäfts eine E-Mail-Adresse angegeben hat.

(3) [1]Soweit die Kapitalverwaltungsgesellschaft Anteile oder Aktien nicht selbst verwahrt oder die Übermittlung von Informationen nicht selbst vornehmen kann, hat sie den depotführenden Stellen der Anleger die Informationen in angemessener Weise für eine Übermittlung an die Anleger bereitzustellen. [2]Die depotführenden Stellen haben den Anlegern die Informationen unverzüglich nach der Bereitstellung zu übermitteln. [3]Die Kapitalverwaltungsgesellschaft hat der depotführenden Stelle die Aufwendungen zu erstatten, die diese für die Vervielfältigung von Mitteilungen und für die Verwendung des dauerhaften Datenträgers an die Anleger erbracht hat. [4]Für die Höhe des Aufwendungsersatzanspruchs gilt § 67f Absatz 1 des Aktiengesetzes und eine auf Grund der Ermächtigung in § 67f Absatz 3 des Aktiengesetzes erlassene Verordnung. [5]Bis zum Inkrafttreten einer solchen Verordnung, jedoch längstens bis einschließlich 3. September 2025, ist die Verordnung über den Ersatz von Aufwendungen der Kreditinstitute vom 17. Juni 2003 (BGBl. I S. 885), die durch Artikel 15 des Gesetzes vom 30. Juli 2009 (BGBl. I S. 2479) geändert worden ist, in der bis einschließlich 2. September 2020 geltenden Fassung weiter sinngemäß anwendbar.

I. Allgemeines

1 § 167 entsprach bei Einführung mit redaktionellen Änderungen ebenso im Wesentlichen § 42a InvG wie § 1 XIX Nr. 8 den **dauerhaften Datenträger** unverändert wie § 2 XXVIII InvG definierte. Hier haben sich va durch das FoStoG (BGBl. 2021 I 1498) relevante Änderungen ergeben.

2 § 167 regelt im Kern ein Verfahren für die Information mittels dauerhaften Datenträgers, sofern eine Norm auf § 167 verweist. Von diesen Normen zu nennen sind die wegen ihres häufigen Vorkommens bedeutsamen § 163 IV 2 (Änderung von Anlagebedingungen sowie die Änderung von Anlagegrundsätzen, Kostenregelungen oder wesentliche Anlegerrechte) und § 186 III 3 (Verschmelzungsinforma-

tionen). Zu weiteren Verweisungsnormen vgl. WBA/*Polifke* § 167 Rn. 3; Baur/Tappen/*v. Ammon/Izzo-Wagner* § 167 Rn. 4; AWZ/*Wilhelmi* § 167 Rn. 3.

In der Praxis geht es bei dem geregelten Verfahren um die Frage, ob der Anleger letztlich informiert werden muss oder nicht. § 167 führte bis zum FoStoG in aller Regel zum papierhaften Ergebnis. Dies hat der Gesetzgeber erfreulicherweise digitaler gestaltet. **3**

II. Das Verfahren (Abs. 1)

§ 167 I bestimmte vor dem FoStoG, dass ein anderer dauerhafter Datenträger, also jedes Medium, das es Anlegern gestattet, Informationen für eine zu ihrem Zweck angemessene Dauer zu speichern, einzusehen und wiederzugeben (s. EDDH/*Verführt* InvG § 2 Rn. 244), als Papier nur zulässig war, wenn dies **angemessen** war und der Anleger sich **ausdrücklich dafür entschieden hatte.** **4**

Erwägungsgrund (5) RL 2010/44/EU nannte bereits bei Einführung des KAGB die Übermittlung per E-Mail als eine mögliche Form (mit der Erwägung, dass dies kostengünstig sei). Da der deutsche Gesetzgeber jedoch die Entscheidung des Anlegers für die Übermittlung zB per E-Mail verlangte, der europäische Gesetzgeber die faktische Kenntnis der E-Mail-Adresse, war diese kostengünstige Variante nur möglich, sofern die E-Mail aufgrund der Angabe des Anlegers bekannt war (§ 167 II aF). **5**

Mit dem FoStoG verfolgt der Gesetzgeber die Absicht eines Paradigmenwechsels, indem er die elektronische Übermittlung an den Anleger als Regelfall definiert (Begr. RegE BT-Drs. 19/27631, 98). Er nennt ausdrücklich als mögliche Form der Übermittlung die Information per E-Mail oder eine Nachricht im **elektronischen Postfach,** wenn diese der Verwaltungsgesellschaft oder der depotführenden Stelle bekannt sind. Wo diese Möglichkeiten nicht vorliegen, soll es beim papierhaften Zugang per Post bleiben. Subsidiär kann der Anleger immer noch auch Papier verlangen, § 167 II iVm § 297 IV 1 ua. **5a**

Die kostengünstige und zeiteffiziente Einstellung einer nicht veränderbaren PDF-Datei auf der Homepage der Verwaltungsgesellschaft genügt grundsätzlich dem Wortlaut nach nicht, weil das Gesetz von einem „Übermitteln" an den Anleger und Art. 2 I Buchst. m OGAW-RL von an ihn „persönlich gerichteten Informationen" spricht, was bei der Einstellung auf einer Website nicht der Fall ist (auch die im Zweifel maßgebliche englische Fassung ergibt nichts anderes: „addressed personally to that investor"). **5b**

In Summe ist der gesetzgeberisch angestrebte Paradigmenwechsel zu begrüßen. In der Praxis wird er zunächst nicht zu einer sehr hohen Ersparnis führen, weil in der Praxis keineswegs der überwiegende Anteil der Anleger über die depotführenden Stellen elektronisch angebunden ist. Gleichwohl ist die Verantwortung hierfür der Industrie zuzuweisen. **5c**

III. Einschränkungen (Abs. 2)

§ 167 II sieht nunmehr rechtssystematisch Einschränkungen des Prinzips der elektronischen Übermittlung in den genannten Fällen vor: Verschmelzung, Abwicklung und Umwandlung bei Master-/Feederfonds, sonstige Verschmelzungen. Der Gesetzgeber verweist als Grund für diese Einschränkungen in den genannten Fällen auf EU-rechtliche Vorgaben zu Art und Weise der Versendung des dauerhaften Datenträgers. Gemeint sind Art. 7 iVm Erwägungsgrund 5 RL 2010/42/EU. **6**

§ 167 II sieht in diesen Fällen eine elektronische Übermittlung nur dann als angemessen an, wenn der Anleger für die Ausführung des Geschäfts eine E-Mail-Adresse angegeben hat. Zudem muss sich der Anleger ausdrücklich für diese Form der Übermittlung entschieden haben.

7 Dies kann zwar prinzipiell zu Kosteneffizienzen führen. Diese sind aber sehr beschränkt, weil eine **aktive Angabe** der E-Mail-Adresse durch den Anleger (gegenüber Verwaltungsgesellschaft oder depotführender Stelle, bei der dann weniger Aufwand anfiele) die Voraussetzung ist (vgl. zutreffend zu § 167 II aF: WBA/*Polifke* § 167 Rn. 4; EDDH/*Rozok/Feneis* InvG § 42a Rn. 22 jeweils unter Verweis auf § 3 II WpDVerOV). Das ist flächendeckend bei Weitem nicht der Fall.

8 Dies alles führt dazu, dass in den Fällen des § 167 II höchstvorsorglich alle Anleger flächendeckend schon aus Haftungsgründen mit Papier versorgt werden. Eine erhebliche Kostenersparnis wäre denkbar, wenn § 167 II insgesamt gestrichen würde. Eine Anpassung der RL 2010/42/EU zu diesem Zweck ist wünschenswert.

IV. Depotführende Stelle

9 § 167 III sieht vor, dass bei einer Verwahrung der Anteile oder Aktien durch eine depotführende Stelle (und nicht die Verwaltungsgesellschaft), was bei der üblichen Ausgestaltung als **Inhaberanteile** der Normalfall ist, die Verwaltungsgesellschaft den depotführenden Stellen die Informationen übermitteln muss, die diese dann aufgrund ihrer direkten Rechtsbeziehung an den Anleger weitergibt. Denn das zivilrechtliche Konstrukt des Investmentvertrages zwischen Verwaltungsgesellschaft und Anleger führt in der Praxis nicht dazu, dass die Verwaltungsgesellschaft die Identität der Anleger kennt (s. auch BT-Drs. 17/4510, 71; EDDH/*Rozok/Feneis* InvG § 42a Rn. 12, 29). Was die Art und Weise der Information betrifft, gilt § 167 II auch für die Information durch die depotführende Stelle, da diese im Auftrag der Verwaltungsgesellschaft tätig wird (BTMB/*v. Ammon/Izzo-Wagner* § 167 Rn. 16; AWZ/*Wilhelmi* § 167 Rn. 10; ebenso mit sehr umständlicher Begründung: EDDH/*Rozok/Feneis* InvG § 42a Rn. 28).

10 Die Verwaltungsgesellschaft muss den depotführenden Stellen deren Aufwand ersetzen (§ 167 III 3 und 4). Mit Aufwand sind **Selbstkosten** gemeint (s. Baur/Tappen/*v. Ammon/Izzo-Wagner* § 167 Rn. 23; EDDH/*Rozok/Feneis* InvG § 42a Rn. 35; AWZ/*Wilhelmi* § 167 Rn. 11).

11 § 167 III 4 betreffend die Höhe des Aufwendungsersatzanspruchs wurde durch das ARUG II (BGBl. 2019 I 2637) neu gefasst. Zugleich wurde mit § 167 III 5 eine Übergangsvorschrift eingefügt. Die Höhe des Anspruchs bemisst sich nunmehr nach § 67f I, III AktG iVm einer vom BMJV zu erlassenden Verordnung, die noch nicht existiert. Für die Übergangszeit soll die bisherige KredInstAufwV 2003 weiter (längstens bis zum 3.9.2025) Anwendung finden. Der Zweck dieser langen Übergangsfrist ist nach dem Willen des Gesetzgebers (BT-Drs. 19/9739, 72): „Vor Erlass einer solchen Verordnung ist jedoch zunächst die Entwicklung in der Praxis abzuwarten, damit angemessene Regelungen getroffen werden können. Es wäre vorzugswürdig, wenn die Praxis (Intermediäre und Gesellschaften) sich auf Kostenerstattungssätze einigen würde, da eine Verordnung hierfür möglicherweise zu schwerfällig und starr wäre." (Hüffer/Koch AktG § 67f Rn. 10).

§168 Bewertung; Verordnungsermächtigung

(1) [1]Der Nettoinventarwert je Anteil oder je Aktie ergibt sich aus der Teilung des Wertes des offenen Publikumsinvestmentvermögens durch die Zahl der in den Verkehr gelangten Anteile oder Aktien. [2]Der Wert eines offenen Publikumsinvestmentvermögens ist auf Grund der jeweiligen Verkehrswerte der zu ihm gehörenden Vermögensgegenstände abzüglich der aufgenommenen Kredite und sonstigen Verbindlichkeiten zu ermitteln. [3]Zur Bestimmung des Verkehrswertes des Vermögensgegenstandes ist das jeweilige gesetzliche oder marktübliche Verfahren zugrunde zu legen.

(1a) [1]Falls die Kapitalverwaltungsgesellschaft von der Möglichkeit des Swing Pricing Gebrauch macht, ist zusätzlich zum Nettoinventarwert der modifizierte Nettoinventarwert je Anteil oder je Aktie zu berechnen. [2]Die Vorgaben der §§ 170, 212, 216 Absatz 7, des § 217 Absatz 3 Satz 1 sowie des § 297 Absatz 2 Satz 1 gelten für den modifizierten Nettoinventarwert entsprechend mit der Maßgabe, dass jeweils anstelle des Nettoinventarwertes der modifizierte Nettoinventarwert zu veröffentlichen oder bekanntzugeben ist.

(2) Bei Vermögensgegenständen, die zum Handel an einer Börse zugelassen oder an einem anderen organisierten Markt zugelassen oder in diesen einbezogen sind, ist als Verkehrswert der Kurswert der Vermögensgegenstände anzusetzen, sofern dieser eine verlässliche Bewertung gewährleistet.

(3) Bei Vermögensgegenständen, für die die Voraussetzungen nach Absatz 2 nicht vorliegen oder für die kein handelbarer Kurs verfügbar ist, ist der Verkehrswert, der bei sorgfältiger Einschätzung nach geeigneten Bewertungsmodellen unter Berücksichtigung der aktuellen Marktgegebenheiten angemessen ist, zugrunde zu legen.

(4) Für die Bewertung von Schuldverschreibungen, die nicht zum Handel an einer Börse zugelassen oder nicht an einem anderen organisierten Markt zugelassen oder in diesen einbezogen sind, sowie für die Bewertung von Schuldscheindarlehen sind die für vergleichbare Schuldverschreibungen und Schuldscheindarlehen vereinbarten Preise und gegebenenfalls die Kurswerte von Anleihen vergleichbarer Emittenten und entsprechender Laufzeit und Verzinsung, erforderlichenfalls mit einem Abschlag zum Ausgleich der geringeren Veräußerbarkeit, zugrunde zu legen.

(5) Auf Derivate geleistete Einschüsse unter Einbeziehung der am Börsentag festgestellten Bewertungsgewinne und Bewertungsverluste sind dem Investmentvermögen zuzurechnen.

(6) [1]Bei schwebenden Verpflichtungsgeschäften ist anstelle des von der Kapitalverwaltungsgesellschaft zu liefernden Vermögensgegenstandes die von ihr zu fordernde Gegenleistung unmittelbar nach Abschluss des Geschäfts zu berücksichtigen. [2]Für die Rückerstattungsansprüche aus Wertpapier-Darlehen ist der jeweilige Kurswert der als Darlehen übertragenen Wertpapiere maßgebend.

(7) [1]Die Kapitalverwaltungsgesellschaft hat alle angemessenen Maßnahmen zu ergreifen, um bei Erwerb und Veräußerung von Vermögensgegen-

ständen das bestmögliche Ergebnis für das offene Publikumsinvestmentvermögen zu erzielen. [2]Dabei hat sie den Kurs oder den Preis, die Kosten, die Geschwindigkeit und Wahrscheinlichkeit der Ausführung und Abrechnung, den Umfang und die Art des Auftrags sowie alle sonstigen, für die Auftragsausführung relevanten Aspekte zu berücksichtigen. [3]Die Gewichtung dieser Faktoren bestimmt sich nach folgenden Kriterien:

1. **Ziele, Anlagepolitik und spezifische Risiken des offenen Publikumsinvestmentvermögens, wie sie im Verkaufsprospekt oder gegebenenfalls in den Anlagebedingungen dargelegt sind,**
2. **Merkmale des Auftrags,**
3. **Merkmale der Vermögensgegenstände und**
4. **Merkmale der Ausführungsplätze, an die der Auftrag weitergeleitet werden kann.**

[4]Geschäftsabschlüsse für das offene Publikumsinvestmentvermögen zu nicht marktgerechten Bedingungen sind unzulässig, wenn sie für das offene Publikumsinvestmentvermögen nachteilig sind.

(8) **[1]Das Bundesministerium der Finanzen wird ermächtigt, durch Rechtsverordnung, die nicht der Zustimmung des Bundesrates bedarf, weitere Bestimmungen über die Bewertung der Vermögensgegenstände und die Anteil- oder Aktienwertermittlung sowie über die Berücksichtigung ungewisser Steuerverpflichtungen bei der Anteil- oder Aktienwertermittlung zu erlassen. [2]Das Bundesministerium der Finanzen kann diese Ermächtigung durch Rechtsverordnung auf die Bundesanstalt übertragen.**

Inhaltsübersicht

Rn.

I. Allgemeines . . . 1
1. Wesentliche Inhalte der Regelung . . . 1
2. Anwendungsbereich . . . 6
II. NAV und Wert der Anteile (§ 168 I, Ia) . . . 10
1. Zuständigkeit . . . 10
2. Berechnung NAV . . . 14
3. Berechnung modifizierter NAV . . . 20a
III. Bewertung . . . 21
1. Allgemeines . . . 21
2. Bewertung zu Kurswerten (§ 168 II) . . . 24
3. Bewertung bei Vermögensgegenständen, die nicht an einem organisierten Markt gehandelt werden, oder ohne handelbaren Kurs (§ 168 III) . . . 34
4. Dokumentation, Überprüfungspflicht, Bewertung durch Dritte . . . 41
5. Sonderfälle der Bewertung (§ 168 IV–VI, §§ 29–34 KARBV) . . . 46
a) Schuldscheindarlehen . . . 46
b) Auf Derivate geleistete Einschüsse . . . 47
c) Schwebende Verpflichtungsgeschäfte und Wertpapierdarlehen . . . 48
d) Investmentanteile, Bankguthaben und Verbindlichkeiten . . . 50
e) Anlagen in Immobilien . . . 53
f) Vermögensgegenstände mit dem Charakter einer unternehmerischen Beteiligung und Sonstiges . . . 56
IV. Best execution (§ 168 VII) . . . 60
1. Allgemeines . . . 60
2. Einflussfaktoren . . . 62

Rn.
3. Gewichtung der Faktoren 67
4. Umsetzung in der Best Execution Policy 72
5. Marktgerechtigkeitsgebot 74

I. Allgemeines

1. Wesentliche Inhalte der Regelung. § 168 (wie bereits § 36 InvG) regelt die Bewertung der Vermögensgegenstände und die Berechnung des NAV je Anteil bzw. Aktie des Investmentvermögens rudimentär. Die Norm dient der Umsetzung von Art. 85 OGAW-RL sowie Art. 19 II AIFM-RL, die beide als reine Verweisungsnormen lediglich bestimmen, dass Bewertung und NAV-Berechnung nach Maßgabe nationaler Vorschriften (hilfsweise den in Satzung bzw. Vertragsbedingungen des Investmentvermögens aufgestellten Vorschriften) erfolgen. 1

Auch die gem. § 169 III anwendbaren Art. 67–74 AIFM-DVO Nr. 231/2013 enthalten für AIFM lediglich (formale) Vorgaben für die Aufstellung von Bewertungsgrundsätzen und -verfahren (Wertermittlungsverfahren) zB zu Dokumentation, Kontrollmechanismen, Zeitpunkt und Häufigkeit der Bewertung, aber keine materielle Vorgabe für die eigentliche Bewertungsmethodik (s. Erwägungsgrund (80) AIFM-DVO Nr. 231/2013). 2

Die nähere Konkretisierung erfolgt durch die auf Basis der Ermächtigungsnorm des § 168 VIII durch die BaFin erlassene KARBV (zur Qualifikation der KARBV als Rechtsverordnung vgl. BTMB/*Schultheiß* § 168 Rn. 267 f.), namentlich §§ 26 ff. KARBV. 3

Während § 168 I das sehr allg. Prinzip der Wertermittlung beschreibt, werden nähere Einzelheiten in § 168 II–VI geregelt. In § 168 VII ist schließlich die „Best execution"-Verpflichtung niedergelegt, die von hoher praktischer Relevanz ist. 4

Normzweck des § 168 ist der Anlegerschutz. Dazu zielt die Norm auf Transparenz bei der Bewertung der Vermögensgegenstände und auf dieser Basis der NAV-Berechnung sowie der Rechnungslegung im Jahresbericht gem. § 101, des Weiteren auf eine Bewertung der Anteile bzw. Aktien zu möglichst aktuellen Marktpreisen und schließlich auf ein Handeln im Anlegerinteresse und die Erzielung bestmöglicher Ergebnisse durch die Verwaltungsgesellschaft. 5

§ 168 Ia zur Berechnung des modifizierten NAV wurde im Zuge der Einführung des Swing Pricing (definiert in § 1 XIX Nr. 34 a) durch das Gesetz zur Einführung von Sondervorschriften für die Sanierung und Abwicklung von zentralen Gegenparteien (BGBl. 2020 I 529) eingefügt. Swing Pricing ist für Publikumsinvestmentvermögen und Spezial-AIF anwendbar, nicht aber bei Immobiliensondervermögen (§ 255 V) und Infrastruktur-Sondervermögen (§§ 260 a, 255 V). Der Grund dafür ist, dass eine verursachungsgerechte Zuweisung von Transaktionskosten als Mittel der Liquiditätssteuerung eher auf die Situation liquider Vermögensgegenstände abzielt, vgl. die Begr. in BT-Drs. 19/17139, 47. Hier hat die Liquiditätssteuerung mittels Mindesthalte- (§ 255 III) und Rückgabefristen (§ 255 IV) Priorität. 5a

2. Anwendungsbereich. § 168 I gilt für alle **inländischen offenen** Publikumsinvestmentvermögen, dies sind OGAW und Publikums-AIF. Für die Bewertung von Immobilien-Sondervermögen als Publikums-AIF gelten zusätzlich Spezifika gem. § 248. Dagegen gilt § 168 **nicht** für EU-Investmentvermögen. Dies ist systematisch zwingend, da sich Bewertung und NAV-Berechnung nach nationalen Normen und damit dem Recht des Mitgliedstaates richten, in dem das EU-Invest- 6 mentvermögen domiziliert ist (s. Baur/Tappen/*Schultheiß* § 168 Rn. 23; WBA/*Selkinski* § 168 Rn. 1; AWZ/*Paetzmann*/*Hoffmann* § 168 Rn. 14).

7 § 168 gilt gem. § 271 auch für **geschlossene** Publikums-AIF. Für offene Spezial-AIF gilt § 168 kraft Verweisung in § 278, für geschlossene Spezial-AIF in § 286.

8 Zu beachten ist, dass für die Frage, ob ein AIFM ein „kleiner AIFM" iSd § 2 IV–V ist, anstelle von § 168 vielmehr die handelsrechtlichen Rechnungslegungsvorschriften zur Anwendung kommen (s. WBA/*Selkinski* § 168 Rn. 12; AWZ/*Paetzmann*/*Hoffmann* § 168 Rn. 13).

9 Die Frage nach **Häufigkeit** von Bewertung und Berechnung bestimmt sich nach anderen Normen (§§ 212, 219, 272).

II. NAV und Wert der Anteile (§ 168 I, Ia)

10 **1. Zuständigkeit. Zuständig** für die Durchführung der Bewertung und Berechnung ist bei OGAW gem. § 212 iVm § 26 KARBV die Verwahrstelle (unter Mitwirkung der Verwaltungsgesellschaft) oder, was in der Praxis in Deutschland das gängige Modell ist, die **Verwaltungsgesellschaft selbst.** Industriell üblich, weil aufgrund der Skaleneffekte sinnvoll, ist die Auslagerung der Bewertungs- bzw. Berechnungstätigkeit als Teil der Fondsadministration auf große Anbieter. Die Erbringung der ausgelagerten Tätigkeit ist gem. § 4 Nr. 8 Buchst. h UStG (vgl. Abschn. 4.8.13 XVI 2–4, XVIII Nr. 4 Buchst. b UStAE idF v. 22.7.2021) umsatzsteuerbefreit.

11 Dass § 216 für Publikums-AIF den externen Bewerter (vgl. auch Art. 19 IV Buchst. a AIFM-RL und Art. 73 AIFM-DVO Nr. 231/2013) vorsieht, ändert nichts am Vorliegen eines (spezifischen) Auslagerungsverhältnisses (s. WBA/*Baum* § 216 Rn. 19–22). Die aufsichtsrechtliche Verantwortung verbleibt bei der Verwaltungsgesellschaft (WBA/*Selkinski* § 168 Rn. 21). Das heißt, § 36 ist bei der Auslagerung in jedem Fall zu beachten (s. auch BaFin WA 41-Wp 2137-2013/0036 „Häufige Fragen zum Thema Auslagerung gem. § 36 KAGB", Ziff. 1).

12 **Innerhalb der Verwaltungsgesellschaft** (auch im Fall der Auslagerung der Bewertung und Berechnung) muss die Bewertung gem. § 26 II KARBV durch eine funktional und aufbauorganisatorisch vom Portfoliomanagement getrennte Einheit erfolgen. Es wird damit bezweckt, **Interessenkonflikten vorzubeugen** (ebenso WBA/*Selkinski* § 168 Rn. 24), vgl. auch Ziffer 4.7. Rn. 4 und 5 KAMaRisk v. 10.1.2017. Im Normalfall führt die formalistische Vorgabe zu erhöhter Komplexität, unterschiedlichen IT-Systemen in Handel und Fondsadministration (ggf. auch unterschiedlichen Kursversorgungen) und in der Folge zu Abweichungen in Pre-Trade- und Post-Trade-Compliance mit erhöhter Wahrscheinlichkeit von Anlagegrenzverletzungen, die die BaFin in der Aufsichtspraxis moniert (obgleich sie das Problem in hohem Umfang mitverursacht). Dennoch sind diese durch die **Funktionstrennung** bedingten Nebeneffekte aufgrund der im Rahmen der Finanzkrise gewonnenen Erkenntnisse als unerlässlich hinzunehmen.

13 Zur **zivilrechtlichen** Konsequenz der Zuständigkeit für die Wertermittlung (Haftung) vgl. BSL/*Schmitz* InvG § 36 Rn. 11 ff.; BTMB/*Schultheiß* § 168 Rn. 85–97.

14 **2. Berechnung NAV.** Der **NAV** errechnet sich gem. § 168 I 1 als Quotient aus dem Wert des Investmentvermögens, dividiert durch die Zahl umlaufender Anteile oder Aktien. Bei börsengehandelten Indexfonds (ETF) gibt es einen **indikativen NAV** (vgl. Anm. 11 zu Art. 4 I Fondskategorien-RL), der der Intraday-Wert des Investmentvermögens auf Basis der neuesten Marktinformationen ist (sa WBA/*Selkinski* § 168 Rn. 17; BTMB/*Schultheiß* § 168 Rn. 28).

Der **Wert des Investmentvermögens** ist die Summe der Verkehrswerte der Vermögensgegenstände, die sich im Investmentvermögen befinden, abzüglich der aufgenommenen Kredite und sonstigen Verbindlichkeiten (vgl. iE → Rn. 21 ff.). 15

Die **Zahl der im Verkehr befindlichen Anteile bzw. Aktien** sind diejenigen, die von der Verwaltungsgesellschaft an Anleger ausgegeben (und nicht zwischenzeitlich zurückgenommen) worden sind (hM BSL/*Schmitz* InvG § 36 Rn. 5; WBA/*Selkinski* § 168 Rn. 16; EDDH/*Hölscher* InvG § 36 Rn. 13; AWZ/*Paetzmann/Hoffmann* § 168 Rn. 16), also die effektiv (netto) umlaufenden Anteile bzw. Aktien. 16

Im Massengeschäft sind (zu diversen Sonderfällen vgl. EDDH/*Hölscher* InvG § 36 Rn. 14; BSL/*Schmitz* InvG § 36 Rn. 5; BTMB/*Schultheiß* § 168 Rn. 34 ff.) die an einem Tag eingehenden Aufträge (Orders) wie folgt zu behandeln: Eine Order am Tag t, die **bis** zur Cut-off-Time (dem festgelegten Orderannahmeschluss eines Tages, vgl. MB, S. 61) eingeht, wird in der Praxis am gleichen Tag t+0 oder am **Folgetag** t+1 mit dem an t+1 maßgeblichen NAV abgerechnet (sog. **Forward Pricing;** unzutreffend BSL/*Schmitz* InvG § 36 Rn. 6 und AWZ/*Paetzmann/Hoffmann* § 168 Rn. 17, die offenbar grundsätzlich von Abrechnung t+0 ausgehen, was MB, S. 61, klar widerspricht und **Market Timing** (also den Erwerb von Anteilen oder Aktien zum Wert der Vermögensgegenstände des Vortrages, selbst wenn zwischenzeitlich der NAV signifikant zB gestiegen wäre, zulassen würde). Dies ist unzulässig, vgl. einerseits Art. 17 I und andererseits Erwägungsgrund (39) AIFM-DVO Nr. 231/2013. Zwar gilt diese Norm direkt nur für Spezial-AIF, allerdings gilt für OGAW und Publikums-AIF gem. § 2 II 1 KAVerOV das Gleiche (s. BTMB/*Schultheiß* § 168 Rn. 89, der bei der Möglichkeit zum Market Timing dennoch keinen formalen Verstoß bei taggleicher Verbuchung sieht, wohl aber einen materiellen). § 18 III AAB bestimmt daher auch, dass Abrechnungsstichtag für Aufträge „**spätestens** der auf den Eingang des Anteilabrufs- bzw. Rücknahmeauftrags folgende Wertermittlungstag ist", und Baustein 6 BAB sieht eine Ausdehnung dahingehend vor, dass Abrechnungsstichtag der Order spätestens der übernächste auf den Eingang der Order folgende Wertermittlungstag ist. 17

Dies bedeutet, dass die Orders des Tages t bei Forward Pricing nicht den Divisor dieses Tages t, sondern erst, aber auch bereits den des **t+1** erhöhen. Dies gilt deswegen, weil ab t+1 ein Anspruch des Investmentvermögens auf Zahlung des in der Abrechnung ausgewiesenen NAV gegenüber dem Anleger besteht. 18

Dagegen spricht auch nicht, dass zu diesem Zeitpunkt die **Valutierung** (der Eigentumstransfer der Stücke von der Verwahrstelle zur depotführenden Stelle als Teil des Settlements) noch nicht erfolgt ist, dh dem Investmentvermögen der Anteilwert noch nicht zugeflossen ist, da dies in der Praxis erst t+2 erfolgt (vgl. DESSUG – Deutsche SWIFT Securities User Group „Anteilscheingeschäft Investmentfonds", 10/2015, 6). 19

Geht die Order **nach** der Cut-Off-Time ein, erfolgt die Berücksichtigung erst bei t+1 bzw. t+2 (bei Forward Pricing), dh alles Vorgenannte ist um einen Tag verschoben. 20

3. Berechnung modifizierter NAV. Nach dem Willen des Gesetzgebers hat der **modifizierte NAV** Vorrang vor dem NAV (und ist dementsprechend auch zu veröffentlichen, vgl. Abs. 1a S. 2), falls sich die Verwaltungsgesellschaft für das **Swing Pricing** (vgl. Definition in § 1 XIX Nr. 34a) entschieden hat (vgl. BT-Drs. 19/17139, 47). Gleichwohl bleibt auch der (nicht modifizierte) NAV von Bedeutung. So weist Baustein 6 BAB darauf hin, dass zB bei der Verwendung einer Performance Fee die Bezugsgröße klar definiert sein muss, etwa dass der nicht-modifizierte NAV Grundlage für die Performance-Ermittlung ist. 20a

20b Zweck des Swing Pricing ist eine **verbesserte Liquiditätssteuerung.** Der Grundgedanke ist, dass im Normalfall des Tagesgeschäftes den Ausgaben eine annähernd gleich große Menge an Rückgaben gegenübersteht. Dies heißt, dass alle Anleger bei einer Abrechnung insb. mit t+0 (→Rn. 17) normalerweise den fairen NAV erhalten. In einer Stresssituation jedoch, bspw. bei einem hohen Überschuss an Rückgaben, muss das Investmentvermögen Assets liquidieren. Die hierdurch ausgelösten Kosten trägt das Fondsvermögen, werden also **zulasten der Altanleger** „sozialisiert", obgleich sie in der Substanz dem durch den Ausgabe- bzw. Rückgabenüberschuss ausgelösten Kauf- bzw. Verkaufsbedürfnis innerhalb des Investmentvermögens zuzuordnen sind. Zugleich kann dies bei einem Rückgabeüberhang einen Run zumindest verstärken, weil zuerst verkaufende Anleger ökonomisch einen zu hohen Rücknahmepreis erzielen. Das heißt Swing Pricing ist va für Investmentvermögen mit **liquiden Assets** ein Steuerungstool.

20c Durch das Swing Pricing werden die durch einen Überschuss an Rückgaben bzw. Ausgaben von Anteilen oder Aktien verursachten Transaktionskosten innerhalb des Investmentvermögens bei der Berechnung des NAV mittels eines **Swing Factors** berücksichtigt. Dies kann stets erfolgen (vollständiges Swing Pricing) oder nur dann, wenn bestimmte Schwellenwerte eines Netto-Überschusses an Aus- bzw. Rückgaben übertroffen werden (teilweises Swing Pricing). Es ist zu konstatieren, dass ein vollständiges Swing Pricing leichter zu kommunizieren sein dürfte. Auf der anderen Seite hat teilweises Swing Pricing den Vorzug, dass es erst ab einer problematischen Schwelle, also zB bei hohen Rückgaben, ein wirkliches materielles Bedürfnis gibt und auch erst dann eingegriffen wird. Entsprechend ist auch die Fehleranfälligkeit limitierter, allerdings der Aufwand zur Schwellenüberwachung uU höher.

20d In praktischer Hinsicht wird das Vorgehen zur Implementierung des Swing Pricing in den Guidelines der Luxemburgischen ALFI (Update 2022) hilfreich abgebildet (www.alfi.lu), da in Luxemburg das Verfahren seit Jahrzehnten etabliert ist.

20e Die Berechnung mittels des Swing Factors erfolgt unter Einbeziehung von Spreads (also bei Renten), Provisionen, ggf. ausgelösten Steuern (wie zB eine Finanztransaktionssteuer oder eine Stempelsteuer), Kosten für die Währungskonvertierung ua. Diese Nettotransaktionskosten bestimmen den Swing Factor in Relation zum NAV. Der Swing Factor wird **regelmäßig** (zB quartalsweise) **nachkalkuliert** und ggf. angepasst. Wenn der Faktor in einem vereinfachten Beispiel bei 3 Basispunkten (also 0,03%) liegt, der NAV bei 100 EUR und es beim teilweisen Swing Pricing ein Rückgabevolumen über dem definierten Schwellenwert gibt, wird der modifizierte NAV mit 99,97 EUR festgesetzt. Das heißt, alle Anleger erhalten als Gegenwert den modifizierten NAV, wodurch die verbliebenen Anleger zB vor den durch die rückgabewilligen Anleger ausgelösten Transaktionskosten geschützt werden.

III. Bewertung

21 **1. Allgemeines.** Zur Bestimmung des Verkehrswertes (Bewertung) ist gem. § 168 I 3 auf das **gesetzliche** bzw. **hilfsweise** auf **marktübliche Verfahren** abzustellen. Bezüglich. des Verfahrens ist zu beachten, dass nach § 26 III KARBV die Bildung von **Bewertungseinheiten** zwischen Grund- und Sicherungsgeschäft unzulässig ist. Andernfalls würde das Prinzip der **Einzelbewertung** zu Marktpreisen durchbrochen (s. Begründung zu § 26 III KARBV, EDDH/*Hölscher* InvG § 36 Rn. 26; BTMB/*Schultheiß* § 168 Rn. 104).

Des Weiteren bestimmt § 26 IV KARBV, dass die Einhaltung von §§ 26 I–III, 27, 28 KARBV jährlich von der **internen Revision** zu prüfen ist (was auch bereits in der Vorgängernorm, § 22 IV InvRBV aF so bestimmt war). Begründet wird dies pauschal mit der besonderen Bedeutung der Bewertung für die NAV-Berechnung. 22

Die Begründung zu § 26 IV KARBV verlangt des Weiteren, dass in **internen Richtlinien** die Bewertung und die Mitwirkung bei ihr zu regeln sind, um eine verlässliche und überprüfbare Bewertung sicherzustellen. Die interne Richtlinie soll Verantwortlichkeiten, Arbeitsabläufe, Preisquellen, Bewertungsmethoden und Kontrollen regeln bzw. beschreiben sowie mindestens einmal jährlich auf Aktualität überprüft und ggf. angepasst werden. Auf diese Begründung muss allerdings nicht mehr rekurriert werden, da § 169 I explizit die entsprechende Verpflichtung begründet. 23

2. Bewertung zu Kurswerten (§ 168 II). Bei Vermögensgegenständen, die zum Handel an einer Börse bzw. einem anderen **organisierten Markt** (iSd § 1 XIX Nr. 29 und § 2 XI WpHG) zugelassen sind, ist der jeweilige Kurswert anzusetzen. Das Gleiche gilt für Vermögensgegenstände, die zum Handel in den regulierten Markt oder Freiverkehr einer Börse einbezogen sind, § 27 I KARBV. Organisierter Markt idS sind sowohl die multilateralen Handelssysteme (MTF) als auch die durch VO 600/2014/EU eingeführte Kategorie der organisierten Handelssysteme (OTF), definiert in Art. 4 I Nr. 23 RL 2014/65/EU (MiFID II); auch wenn dem Betreiber ein diskretionärer Spielraum verbleibt, bestehen den Handel und die Preisbildung regelnde Normen (s. Erwägungsgründe (8), (9) VO 600/2014/EU). 24

Ein organisierter Markt ist auch das **zentrale Clearing von OTC-Derivaten,** da dies seit der VO 648/2012/EU in der EU ein durch staatliche Stellen genehmigtes, geregeltes und überwachtes multilaterales System ist, das Marktteilnehmer nach festgelegten Bestimmungen zum Handel der zugelassenen OTC-Derivate zusammenbringt (s. ASM/*Assmann* § 2 Rn. 210ff.). Zum zentralen Clearing zugelassen sind die von ESMA unter https://www.esma.europa.eu/regulation/post-trading/otc-derivatives-and-clearing-obligation genannten OTC-Derivate. Entsprechend führt die BaFin mit zuletzt am 21.5.2021 geändertem Schreiben (WA 43-Wp 2100-2013/0003) die regulierten OTC-Märkte in der Liste der geregelten Märkte gem. § 193 I 1 Nr. 2 und Nr. 4. Verwaltungsgesellschaften sind verpflichtet, insb. zentral geclearte OTC-Derivate an einem geregelten Markt, einem MTF, einem OTF oder einem Dritthandelsplatz abzuschließen (Art. 28 VO 600/2014/EU). Dort greift für den Betreiber die **Vorhandelstransparenzpflicht** (Art. 8 VO 600/2014/EU), die Kontrahenten der Verwaltungsgesellschaften sind zur **Nachhandelstransparenz** verpflichtet (Art. 21 VO 600/2014/EU). 25

Für die Bewertung ist nach § 27 I KARBV auf den **letzten verfügbaren, handelbaren Kurs** abzustellen (also den Schlusskurs). Der maßgebliche Zeitpunkt hierfür ist der Zeitpunkt der NAV-Berechnung (Begründung zu § 27 I KARBV). 26

Die Regel gilt nach der (missverständlichen) Begründung zu § 27 I KARBV nicht, wenn die Anteilsrücknahme für einen längeren Zeitraum ausgesetzt ist. Denn in diesem Fall kann es sein, dass zu den Kurswerten der Vermögensgegenstände, die der letzten Ermittlung des NAV zugrunde lagen, keine Veräußerung der Vermögensgegenstände mehr möglich ist. Dem liegt der Gedanke zugrunde, dass während der **Rücknahmeaussetzung** der Kurswert von Faktoren beeinflusst wird, die nicht zu einem sachgerechten NAV führen (s. BTMB/*Schultheiß* § 168 Rn. 119; WBA/*Selkinski* § 168 Rn. 27; AWZ/*Paetzmann/Hoffmann* § 168 Rn. 30). Das angeführte Beispiel ist freilich obsolet, weil nach Aussetzung der Rücknahme 27 der Anteile an einem Sondervermögen gem. § 98 II und anschließender erneuter Rücknahme wegen §§ 212, 217 (iVm Art. 72 I AIFM-DVO Nr. 231/2013) eine erneute Bewertung durchzuführen ist.

28 Eine **Handelbarkeit** ist nur dann gegeben, wenn de facto auch Orders zu dem **angegebenen Kurs ausgeführt werden können** (BTMB/*Schultheiß* § 168 Rn. 111; AWZ/*Paetzmann/Hoffmann* § 168 Rn. 30). Der bereits stattgefundene Umsatz begründet eine entsprechende Vermutungswirkung. Soweit Market Maker oder Designated Sponsors verbindliche (nicht: indikative) Kurse stellen, ist hiervon auszugeben. Ein praktisches Problem (Liquiditätsverknappung verursacht ua durch das Deleveraging der Handelsbücher bedingt durch CRR und Basel IV, s. auch IMF „Global Financial Stability Report“, 10/2015, 72f.) besteht darin, dass zwar Kurse (insb. in MTF) gestellt werden, diese aber nicht in den von den Verwaltungsgesellschaften verlangten Größenordnungen ausgeführt werden, es vielmehr umgehend zu (Teil-)Stornierungen kommt. Sofern aufgrund dieser Liquiditätsverknappung eine faktische Ausführung nicht möglich ist, kann die Bewertung mangels handelbaren (und auch aufgrund des Fehlens eines gängigen Preises, → Rn. 33) Kurses nicht auf § 168 II (aber ggf. auf § 168 III) gestützt werden.

29 Der Kurs muss eine **verlässliche Bewertung** zulassen. Nach Art. 2 I Buchst. c Ziff. I RL 2007/16/EG, auf den § 27 I KARBV verweist, ist dies der Fall, wenn **exakte, verlässliche** und **gängige** Preise existieren, die Marktpreise sind oder von einem emittentenunabhängigen Bewertungssystem gestellt werden.

30 **Exakt** ist danach ein Kurs, wenn er **eindeutig bestimmbar** ist (s. EDDH/*Hölscher* InvG § 36 Rn. 32; BTMB/*Schultheiß* § 168 Rn. 115; AWZ/*Paetzmann/Hoffmann* § 168 Rn. 30). Beim parallelen Handel an mehreren organisierten Märkten muss die Verwaltungsgesellschaft eine Festlegung treffen, die nach § 27 II 1 KARBV zu dokumentieren ist.

31 § 27 III KARBV regelt den Fall, dass für Vermögensgegenstände **Geld- und Briefkurse** gestellt werden. In diesem Fall ist der Geld- oder der Mittelkurs anzusetzen. Diese Regelung ist im Interesse des Anlegerschutzes sinnvoll, weil bei diesen Kursen davon auszugehen ist, dass eine Veräußerung der Vermögensgegenstände zu diesem Kurs möglich gewesen wäre (anders als beim Briefkurs).

32 **Verlässlich** ist ein Kurs, wenn er nachvollziehbar, nachweisbar und transparent ist. Das ist der Fall, wenn eine Veröffentlichung im Rahmen der Nachhandelstransparenz gem. Art. 6 I 1 und Art. 10 I 1 VO 600/2014/EU (also über stattgefundene Umsätze) erfolgt ist. Nach wohl hM soll ebenfalls genügen, wenn zu einem Kurs eine Transaktion **möglich gewesen wäre** (s. EDDH/*Hölscher* InvG § 36 Rn. 33; BTMB/*Schultheiß* § 168 Rn. 116).

33 Der Kurs ist **gängig,** wenn eine Transaktion zu ihm sofort hätte vollzogen werden können. Die Anforderung überschneidet sich mit dem Kriterium der Handelbarkeit, weswegen gem. § 27 II 2 KARBV indikative Kurse nicht gängig sind.

34 **3. Bewertung bei Vermögensgegenständen, die nicht an einem organisierten Markt gehandelt werden, oder ohne handelbaren Kurs (§ 168 III).** Wenn für einen Vermögensgegenstand kein handelbarer Kurs vorliegt und/oder dieser Kurs eine verlässliche Bewertung nicht zulässt (§ 28 I KARBV), muss der **angemessene Verkehrswert** nach **Bewertungsmodellen** ermittelt werden. Der Verkehrswert ist in Ermangelung realer Transaktionen der Betrag, zu dem der Vermögensgegenstand in einem Geschäft zwischen sachverständigen, vertragswilligen und unabhängigen Geschäftspartnern ausgetauscht werden könnte (Begründung zu § 28 I KARBV). Maßstab ist also der **Dritt- oder Fremdvergleich** (WBA/

Selkinski § 168 Rn. 39; EDDH/*Hölscher* InvG § 36 Rn. 102; BTMB/*Schultheiß* § 168 Rn. 126) wie er auch der **Fair-Value-Definition** nach IFRS 13.9 zugrunde liegt (Preis, „der in einem geordneten Geschäftsvorfall zwischen Marktteilnehmern am Bemessungsstichtag für den Verkauf eines Vermögenswertes ... gezahlt würde").

Welcher modellbasierte Verkehrswert **angemessen** ist, lässt sich bezogen auf das 35 materielle Ergebnis schwerlich validieren. Denn es ist der modellbasierten Ermittlung immanent, dass ein Abgleich mit der Realität gerade nicht möglich ist. Insofern ist davon auszugehen, dass der ermittelte Verkehrswert angemessen ist, wenn die tatbestandlichen Voraussetzungen des § 168 III, § 28 I KARBV eingehalten wurden, nämlich a) sorgfältige Einschätzung, b) geeignetes Bewertungsmodell und c) Berücksichtigung der aktuellen Marktgegebenheiten.

Bzgl. des Sorgfaltsmaßstabes gilt § 347 HGB. Das Bewertungsmodell muss nach 36 § 28 II 1 KARBV auf einer anerkannten und geeigneten Methodik beruhen. Es ist davon auszugehen, dass ein Bewertungsmodell **geeignet** ist, wenn es eine hinreichende wissenschaftliche-theoretische Grundlage besitzt, und dass es **anerkannt** ist, wenn es auch in der Praxis oft herangezogen wird (s. EDDH/*Hölscher* InvG § 36 Rn. 111).

Damit lässt der Gesetzgeber – auch angesichts der denkbar vielfältigen Konstella- 37 tionen – keine Präferenz für ein bestimmtes Modell erkennen. Das Gesetz bevorzugt lediglich dasjenige Modell, das sich in der konkreten Situation am stärksten auf **Marktdaten als Inputparameter** stützt (s. auch Baur/Tappen/*Schultheiß* § 168 Rn. 129; AWZ/*Paetzmann/Hoffmann* § 168 Rn. 40), bevor auf unternehmensspezifische Inputparameter zurückgegriffen wird (Begründung zu § 28 II KARBV).

Daher ist es sachgerecht auf das **Konzept des beizulegenden Zeitwertes** 38 **(Fair Value)** gem. IFRS 13 abzustellen, da dieses hinreichend wissenschaftlich fundiert, von allen kapitalmarktorientierten Unternehmen praktisch zu beachten ist (s. § 315 a HGB) und ein marktbasiertes Konzept ist (vgl. IFRS 13.2). Die Referenz auf IAS 39 ist durch die Verabschiedung von IFRS 13 und IFRS 9 überholt. IAS 39 wurde aufgesplittet und das hier relevante Konzept des beizulegenden Zeitwertes in IFRS 13 niedergelegt (zutreffend WBA/*Selkinski* § 168 Rn. 42 Fn. 54).

Inputparameter sind gem. IFRS 13 Anhang A die Annahmen, „die Marktteil- 39 nehmer bei der Preisbildung für den Vermögenswert ... zugrunde legen würden". Zur Klärung, welche **Bewertungsmethode** im konkreten Fall bevorzugt anzuwenden ist, kann auf die IFRS 13.38 festgelegte Reihenfolge zurückgegriffen werden (s. EDDH/*Hölscher* InvG § 36 Rn. 112 zu IAS 39). Primär in Betracht kommt der Preis für einen identischen, von einem Dritten gehaltenen Vermögensgegenstand, für den eine Preisnotierung in einem **aktiven** Markt besteht (IFRS 13.38 (a)). Sekundär wird der Preis für einen identischen, von einem Dritten gehaltenen Vermögensgegenstand, für den eine Preisnotierung in einem **nicht aktiven** Markt besteht, herangezogen (IFRS 13.38 (b)). Ist auch dies nicht möglich, sollen anderen Bewertungstechniken zum Einsatz kommen wie ein **einkommensbasierter** Ansatz (IFRS 13.B12-B30) oder ein **marktbasierter** Ansatz für **ähnliche** Finanzinstrumente (IFRS 13.B5-B7).

Die **einkommensbasierten Ansätze** sind in IFRS 13.B12-B30 ausführlich 40 beschrieben (sa die Darstellung bei BTMB/*Schultheiß* § 168 Rn. 129–130 und EDDH/*Hölscher* InvG § 36 Rn. 104–110).

4. Dokumentation, Überprüfungspflicht, Bewertung durch Dritte. Nach 41 § 28 II 3 KARBV sind die eingesetzten Bewertungsverfahren ausführlich zu dokumentieren und in regelmäßigen Abständen auf Angemessenheit zu überprüfen.

Dies ergibt sich bereits aus Art. 67ff. AIFM-DVO Nr. 231/2013 iVm § 169 III KAGB (→ § 169 Rn. 23).

42 Eine spezielle Überprüfungspflicht gilt für **OTC-Derivate** gem. § 28 II 5 KARBV iVm Art. 8 IV Buchst. b RL 2007/16/EG. Die Vorschrift ist durch die VO 648/2012/EU zum zentralen Clearing von OTC-Derivaten teilweise überholt und entsprechend teleologisch zu reduzieren, da bei zentralem Clearing eine Bewertung über Marktpreise des CCP iSd § 168 II grds. möglich ist (→ § 168 Rn. 25, BTMB/*Schultheiß* § 168 Rn. 148; EDDH/*Hölscher* InvG § 36 Rn. 126; AWZ/*Paetzmann/Hoffmann* § 168 Rn. 46). Bei bilateralem Clearing existiert für das Instrument selbst kein Marktpreis iSd § 168 II. Allerdings kann das OTC-Derivat idR aufgrund anderer marktbezogener Inputparameter gem. § 168 III bewertet werden. In diesem Fall ist eine zusätzliche Überprüfung erforderlich. Dies kann dadurch erfolgen, dass ein **unabhängiger** (zu den Erfordernissen Baur/Tappen/*Schultheiß* § 168 Rn. 150) Dritter oder eine innerhalb der Verwaltungsgesellschaft unabhängige Stelle die Überprüfung durchführt.

43 Auch die **Verwahrstelle** kann – als per se unabhängige Einheit – unabhängiger Dritter sein (s. EDDH/*Hölscher* InvG § 36 Rn. 127; aA BTMB/*Schultheiß* § 168 Rn. 151, der aber zu stark am Verweisungswortlaut orientiert argumentiert und diesen als abschließend ansieht: In § 28 III 2 KARBV sei die Verwahrstelle genannt, nicht aber in § 28 II 5 KARBV). Wenn der Gesetzgeber schon eine Kontrolle des Dritten bei (bilateralen) OTC-Derivaten durch die weniger unabhängige Verwaltungsgesellschaft gestatten wollte, muss dies umso mehr für die Verwahrstelle gelten.

44 Bei einer **Ermittlung des Verkehrswertes durch Dritte** (wie Emittenten oder Kontrahenten) ist gem. § 28 III 2 KARBV die **Plausibilität** durch die Verwaltungsgesellschaft, den ggf. eingesetzten externen Bewerter oder die Verwahrstelle zu prüfen. Dies kann durch einen Vergleich mit einer zweiten **verlässlichen** (→ Rn. 32) und aktuellen Preisquelle erfolgen, mit einer eigenen modellgestützten Bewertung oder über andere geeignete Verfahren. Generell besteht also eine **Plausibilisierungspflicht,** die entsprechend intensiver auszufallen hat, je weniger verlässlich die Bezugsquelle ist (s. BTMB/*Schultheiß* § 168 Rn. 143; AWZ/*Paetzmann/Hoffmann* § 168 Rn. 43f.). Die Begründung zu § 28 III KARBV sieht Datenzulieferungen durch **involvierte Makler** als weniger verlässlich an. Deswegen kann es erforderlich sein, um Art und Qualität der gelieferten Informationen zu verstehen, die ggf. von der Primärquelle zugrunde gelegten Bewertungsmethoden zu verstehen.

45 Primär soll die Plausibilisierung in der in § 28 III 2 KARBV genannten Reihenfolge erfolgen, dh **möglichst** durch eine **zweite verlässliche Preisquelle.** Die Überprüfung muss aber auch dann stattfinden, wenn ein mitgeteilter Preis gegenüber dem vorangegangenen unverändert ist oder wenn es zu auffälligen Abweichungen gekommen ist (s. Begründung zu § 28 III KARBV).

46 **5. Sonderfälle der Bewertung (§ 168 IV–VI, §§ 29–34 KARBV). a) Schuldscheindarlehen.** § 168 IV regelt die Bewertung von nicht fungiblen **Schuldscheindarlehen** und stellt insofern ein lex specialis zum Grundsatz des § 168 III dar. Der Sache nach wird die Anwendung von IFRS 13.38 (c) mit einem marktbasierten Ansatz, → Rn. 39, statuiert. Bei der Ermittlung des Vergleichspreises sind neben den im Gesetz unmittelbar genannten Aspekten (Emittent (und Bonität), Laufzeitkongruenz, Verzinsung, Abschlag für die fehlende Fungibilität) auch besondere Umstände zu berücksichtigen. Dazu gehören spezifische Ausstattungsmerkmale wie Options- und/oder Kündigungsrechte, Sicherheiten, Rangabreden

(s. EDDH/*Hölscher* InvG § 36 Rn. 195ff.; WBA/*Selkinski* § 168 Rn. 46; Baur/Tappen/*Schultheiß* § 168 Rn. 191f.; AWZ/*Paetzmann/Hoffmann* § 168 Rn. 49).

b) Auf Derivate geleistete Einschüsse. Nach § 168 V sind bei Derivaten neben den Bewertungsgewinnen und -verlusten auch die geleisteten Einschüsse dem Investmentvermögen zuzurechnen. Dies sind bei börsengehandelten Derivaten die Initial Margin als Sicherheitsleistung und die Variation Margin als Nachschuss. Das Gleiche gilt bei über eine zentrale Gegenpartei (CCP) gem. VO 648/2012/EU geclearten OTC-Derivaten; dies sind die von der ESMA unter https://www.esma.europa.eu/regulation/post-trading/otc-derivatives-and-clearing-obligation genannten Instrumente (unzutreffend bzw. überholt BSL/*Schmitz* InvG § 36 Rn. 27; WBA/*Selkinski* § 168 Rn. 49, der in OTC-Derivaten offenbar pauschal einen Fall des § 168 III sieht). Lediglich **bilateral geclearte** OTC-Derivate, die nach VO 2016/2055 zu besichern sind, sind noch ein Fall des § 168 III (zutreffend AWZ/*Paetzmann/Hoffmann* § 168 Rn. 53). 47

c) Schwebende Verpflichtungsgeschäfte und Wertpapierdarlehen. § 168 VI bestimmt zum einen, dass nach Abschluss eines (schuldrechtlichen) **Verpflichtungsgeschäftes** (und noch vor dem eigentlichen Eigentumstransfer durch das Verfügungsgeschäft) bereits der Gegenleistungsanspruch in der Bewertung zu berücksichtigen ist. Dadurch wird zB bei von der Verwaltungsgesellschaft verkauften Vermögensgegenständen vermieden, dass sich insb. bei einer längeren Abwicklungsdauer Kursbewegungen auf das Investmentvermögen auswirken. Dies wäre nicht sachgerecht, da dem Investmentvermögen die Gegenleistung nach vollendeter Abwicklung ohnedies zufließen wird und somit der **Risikoübergang** auch bereits erfolgt ist (s. EDDH/*Hölscher* InvG § 36 Rn. 41; BTMB/*Schultheiß* § 168 Rn. 198; AWZ/*Paetzmann/Hoffmann* § 168 Rn. 55). 48

Bei **Wertpapierdarlehen-** und Wertpapierpensionsgeschäften kommt es auf die **Kurswerte der verliehenen Wertpapiere** an. Auch dies ist sachgerecht, da das Investmentvermögen aufgrund des Rückerstattungsanspruchs aus dem Darlehensvertrag wirtschaftlich das Kursrisiko des übertragenen Wertpapiers trägt (s. BSL/*Schmitz* InvG § 36 Rn. 25). Nach hM gilt dies dann nicht, wenn die Rückerstattung durch den Darlehensnehmer zB durch Insolvenz gefährdet ist. Dem ist zuzustimmen, weil dann der Rückerstattungsanspruch wirtschaftlich betrachtet wertlos ist und an dessen Stelle der Anspruch auf Verwertung der gelieferten Sicherheiten tritt, die dann zu bewerten sin1(s. EDDH/*Hölscher* InvG § 36 Rn. 44; BTMB/*Schultheiß* § 168 Rn. 201; WBA/*Selkinski* § 168 Rn. 51; AWZ/*Paetzmann/Hoffmann* § 168 Rn. 58). 49

d) Investmentanteile, Bankguthaben und Verbindlichkeiten. Nach § 29 I KARBV erfolgt bei Investmentanteilen eine Bewertung mit dem letzten **Rücknahmepreis,** wobei dieser eine gewisse Aktualität aufweisen muss (s. Begründung zu § 29 I KARBV), oder mit dem **aktuellen Kurs** nach § 27 I KARBV (was sich insb. bei ETF anbietet). Stehen aktuelle Kurse nicht zur Verfügung, muss der Preis mit den Bewertungsmethoden nach § 28 KARBV und nach der dort verankerten Bewertungshierarchie (→ § 168 Rn. 39) ermittelt werden. 50

Bankguthaben (Einlagen) werden mit dem Rückzahlungsbetrag zzgl. zugeflossener Zinsen bewertet (§ 29 II 1 KARBV), zu Einzelheiten s. BTMB/*Schultheiß* § 168 Rn. 158. Bei (kündbaren) Festgeldern ist zum Verkehrswert bewerten, sofern bei Kündigung die Rückzahlung nicht zum Nominalbetrag zzgl. Zinsen erfolgt, § 29 II 2 KARBV. 51

52 Verbindlichkeiten sind mit dem Rückzahlungsbetrag anzusetzen, § 29 III KARBV, bei Fremdwährungen ist mit dem im Bewertungszeitpunkt aktuellen Kurs umzurechnen.

53 **e) Anlagen in Immobilien.** § 30 I 1 KARBV bestimmt, dass bei Immobilien zur Ermittlung des Verkehrswertes idR der **Ertragswert** mittels eines am Immobilienmarkt anerkannten Verfahrens zu ermitteln ist. Mit entsprechender Begründung kann in besonderen Fällen hiervon abgewichen werden (§ 30 I 2 und 3 KARBV). Alternative Verfahren sind in §§ 15 ff. ImmoWertV beschrieben.

54 In § 30 II KARBV werden Spezifika der Bewertung von **Immobilien-Sondervermögen** und der NAV-Berechnung geregelt (s. § 248).

55 In § 31 KARBV erfolgt eine Konkretisierung der Bewertung von **Beteiligungen an Immobiliengesellschaften** gem. § 248 IV.

56 **f) Vermögensgegenstände mit dem Charakter einer unternehmerischen Beteiligung und Sonstiges.** § 32 KARBV regelt Spezifika für die Ermittlung der Verkehrswerte von Unternehmensbeteiligungen gem. § 261 I Nr. 4. Dabei geht es um Beteiligungen, die **nicht** an einem **organisierten Markt** gehandelt werden (zutreffend BTMB/*Schultheiß* § 168 Rn. 166). Sachlogisch nicht erforderlich ist, dass ein Handel an einem organisierten Markt mangels Verbriefung nicht stattfinden kann (so aber EDDH/*Hölscher* InvG § 36 Rn. 137), so dass auch Aktien von nicht zum Handel einbezogenen Unternehmen unter § 32 KARBV fallen.

57 Als **Wertermittlungsverfahren** (zu den Begrifflichkeiten → § 169 Rn. 7) schreibt § 32 I 1 KARBV für den **Zeitpunkt des Erwerbs** als Verkehrswert den Ansatz von **Anschaffungskosten** zzgl. Nebenkosten vor (vor Investition ist der Wert gem. § 261 VI zu ermitteln). Spätestens nach einem Jahr (nach Erwerb oder nach der vorausgegangenen Bewertung) ist der Verkehrswert neu zu ermitteln, § 32 II 2 KARBV. Sofern aufgrund von Änderungen wesentlicher Bewertungsfaktoren der letzte Wert nicht mehr sachgerecht erscheint, ist gem. § 32 II 3 KARBV ebenfalls neu zu bewerten. Dabei ist das gewählte Wertermittlungsverfahren grds. **stetig** anzuwenden (s. Begründung zu § 32 II KARBV). Ferner muss die Verwaltungsgesellschaft die Beteiligungsgesellschaft verpflichten, ihr bzw. dem externen Bewerter die erforderlichen Daten in angemessenen Abständen zu übermitteln (s. Begründung zu § 32 II KARBV).

58 Die Verwaltungsgesellschaft muss ihre Erwägungen hierzu entsprechend **dokumentieren,** § 32 II 4 KARBV (BTMB/*Schultheiß* § 168 Rn. 184 bezieht diese Pflicht lediglich auf den Fall einer unterjährig erforderlichen Bewertung).

59 Zu Einzelheiten sowie zu den Spezialfällen von §§ 33 und 34 KARBV vgl. BTMB/*Schultheiß* § 168 Rn. 173–190.

IV. Best execution (§ 168 VII)

60 **1. Allgemeines.** § 168 VII übernimmt mit geringeren Anpassungen § 36 II InvG. Dies erklärt die Stellung der Norm in § 168. Die systematische Stellung innerhalb der Vorschriften zur Bewertung ist gleichwohl wenig sachgerecht. Die Verpflichtung der Verwaltungsgesellschaft zum **Handeln im besten Interesse des Anlegers** bzw. zur **Erzielung bestmöglicher Ergebnisse** bei Transaktionen für das Investmentvermögen ist eine Konkretisierung der allg. Sorgfaltspflicht als Treuhänder aus § 26 I iVm II Nr. 2. Dort wäre § 168 VII daher systematisch zu verorten, zumal die Norm bei (zutreffender) Auslegung von hoher ökonomischer Relevanz ist.

Zur Auslegung von § 168 VII kann für OGAW auch Art. 25 II, III RL 2010/43/ EU herangezogen werden. Für AIF gelten Art. 28, 27 AIFM-DVO Nr. 231/2013 teilweise direkt (Spezial-AIF), teilweise kraft Verweisung (Publikums-AIF gem. § 26 VII), für OGAW aufgrund der Verweisung in § 2 I KAVerOV. Ferner sind die Parallelnorm § 82 II, III WpHG und entsprechende Konkretisierungen (wie Ziffer 4.7. Rn. 4 KAMaRisk und BT 4.1 Rn. 3 MaComp) zur Auslegung heranzuziehen (zur rechtsdogmatischen Ableitung s. BTMB/*Schultheiß* § 168 Rn. 209f.; AWZ/*Paetzmann/Hoffmann* § 168 Rn. 62). **61**

2. Einflussfaktoren. § 168 VII 2 (wie Art. 27 II, Art. 28 II AIFM-DVO Nr. 231/2013) nennt als Einflussfaktoren explizit **Kurs** bzw. **Preis,** die **Kosten,** die Geschwindigkeit und Wahrscheinlichkeit der Ausführung und Abrechnung, den Umfang und die Art des Auftrags. Daneben sind alle sonstigen relevanten Aspekte zu berücksichtigen. Zur Detailerläuterung dieser Einflussfaktoren im Einzelnen s. BTMB/*Schultheiß* § 168 Rn. 234–240; EDDH/*Hölscher* InvG § 36 Rn. 68–79. **62**

Diese Einflussfaktoren sind immer relevant, wenn der Verwaltungsgesellschaft „verschiedene Ausführungsplätze" zur Verfügung stehen, da andernfalls Art. 27 VII AIFM-DVO Nr. 231/2013 bei direktem Handel oder Art. 28 V AIFM-DVO Nr. 231/2013 bei Beauftragung eines Intermediärs (Broker etc.) die Vorschrift zu den Einflussfaktoren für nicht anwendbar erklärt. **63**

Der Wortlaut **„verschiedene Ausführungsplätze" verkürzt dessen Bedeutung.** Sofern – im für die Verwaltungsgesellschaft typischen Fall – bei der Ausführung über Broker gem. Art. 28 AIFM-DVO Nr. 231/2013 ein Finanzinstrument an lediglich einem Handelsplatz (organisierter Markt) gehandelt werden könnte, aber über **unterschiedliche Broker,** bestehen nach der ratio legis des Art. 28 V AIFM-DVO Nr. 231/2013 verschiedene Ausführungsplätze. Denn dann können sich die Einflussfaktoren, va die Kosten, erheblich unterscheiden und damit auch die Ausführungsergebnisse für das Investmentvermögen. **64**

Art. 28 V und 27 VII AIFM-DVO Nr. 231/2013 sollen daher lediglich den (selbstverständlichen) Fall regeln, dass die Verwaltungsgesellschaft keine dokumentierte Auswahlentscheidung treffen muss, falls es **keine Wahl** (und damit auch **keine Chance auf unterschiedliche Ausführungsergebnisse**) gibt. Dann ist lediglich ebendies zu dokumentieren. Die in diesem Fall noch nach Art. 27 I und 28 I AIFM-DVO Nr. 231/2013 bestehende **allgemeine Pflicht,** im besten Interesse des Anlegers zu handeln, entspricht im Wesentlichen § 26 I iVm II Nr. 2 (zu Einzelheiten s. BTMB/*Schultheiß* § 168 Rn. 207). **65**

Deutlich wird dies, wenn man § 82 II, III WpHG und BT 4.1 Rn. 1, 3 S. 1 MaComp zur Auslegung heranzieht (s. ASM/*Koller* § 82 Rn. 16, zu eng WBA/*Selkinski* § 168 Rn. 53, unklar BTMB/*Schultheiß* § 168 Rn. 225f., EDDH/*Hölscher* InvG § 36 Rn. 53). Der wesentliche **ökonomische Gehalt** der Best-execution-Vorgabe ist (angesichts des Umstandes, dass idR alle Orders der Verwaltungsgesellschaften über Dritte platziert werden und die Qualität der Orderausführung angesichts der industriellen Standardisierung regelmäßig vollständig vergleichbar ist) der **Vergleich der Broker** im Hinblick auf Kosten (Kommissionsentgelte typischerweise bei Aktien und Execution plus Clearing Fee bei börsengehandelten Derivaten) oder Preisen (bei Fixed-Income-Instrumenten) sowie sonstigen Entgelten (zB sog. Drittabwicklungsentgelte). **66**

3. Gewichtung der Faktoren. Die als einschlägig ermittelten Faktoren sind im nächsten Schritt **nach Relevanz zu gewichten.** Dazu nennt § 168 VII 3 (ana- **67**

log zu Art. 27 II 2 AIFM-DVO Nr. 231/2013) abschließend vier Kriterien, die allerdings wenig aussagekräftig sind. Dies sind zum einen Ziele, Anlagepolitik und spezifische Risiken. Bzgl. der **Ziele** ist auf die in den wesentlichen Anlegerinformationen, Verkaufsprospekt (inkl. AAB/BAB) genannten abzustellen. Bei den **Merkmalen des Auftrags** sind insb. auch spezifische Instruktionen von Anlegern heranzuziehen (zB wenn bei Ein-Anleger-Spezial-AIF der Anleger für die Ausführung einen bestimmten Wunsch äußert, da gem. § 278 auch für Spezial-AIF § 168 VII anzuwenden ist). Es soll ferner auch auf die **Merkmale der Vermögensgegenstände** ankommen. Herangezogen werden sollen auch die **Merkmale der Ausführungsplätze,** also bspw., ob an den Handelsplätzen signifikant unterschiedliche Bedingungen in puncto Transparenz, Liquidität usw. herrschen (s. EDDH/*Hölscher* InvG § 36 Rn. 80 ff.; BTMB/*Schultheiß* § 168 Rn. 241–246).

68 Bei der Gewichtung der Einflussfaktoren (in der Praxis geht es va um die **Auswahlentscheidung für einen Broker** bezogen auf verschiedene Klassen an Vermögensgegenständen, weil Verwaltungsgesellschaften mit Ausnahme der Fondsbeschaffung bei Dachinvestmentvermögen alle Orders über Dritte platzieren, wird von der wohl **herrschenden Lehre** vertreten, dass der Verwaltungsgesellschaft ein **weites Ermessen** zukomme: Anders als in Umsetzung der Art. 27 I UAbs. 3 RL 2014/65/EG durch § 82 II, III WpHG bestimmt, habe § 168 VII gerade keine Vorgabe aufgestellt, welchem Einflussfaktor der Vorrang zu geben sei, obwohl sich die Norm im direkten Anwendungsbereich ausschließlich auf Publikumsinvestmentvermögen beziehe (so zB BTMB/*Schultheiß* § 168 Rn. 233, 241). Da zudem Publikumsinvestmentvermögen nicht mit Privatanlegern gleichzusetzen sei, vielmehr das Investmentvermögen als professionell verwaltetes Mandat auch qualitative Aspekte zu berücksichtigen habe und sich die qualitativen Einflussfaktoren ohnedies auf Preis bzw. Kosten auswirkten, könne für alle Investmentvermögen davon ausgegangen werden, dass eine „Gesamtoptimierung ohne primär monetären Fokus" (EDDH/*Hölscher* InvG § 36 Rn. 86) zulässig sein müsse.

69 Dem ist nicht zuzustimmen. Die Verwaltungsgesellschaft hat bei Publikumsinvestmentvermögen **keinen Ermessensspielraum,** sondern muss bei der Auswahlentscheidung **allein auf das Gesamtentgelt** analog Art. 27 I UAbs. 3 RL 2014/65/EU abstellen. Zum einen bestimmt **Erwägungsgrund (45) AIFM-DVO Nr. 231/2013,** dass Anleger in AIF im Hinblick auf die Erzielung bestmöglicher Ergebnisse einen vergleichbaren Schutz genießen sollen, wie er im Kontext von Wertpapierdienstleistungen (zB individuelle Vermögensverwaltung) für Kunden nach Art. 27 I UAbs. 3 RL 2014/65/EU vorgesehen ist. Dieser stellt allein auf das **Gesamtentgelt** ab, dh den Preis für das Finanzinstrument bzw. die mit der Auftragsausführung verbundenen Kosten (Auslagen einschließlich Ausführungsplatzgebühren, Clearing- und Abwicklungsgebühren sowie aller sonstigen Gebühren, die an Dritte gezahlt werden, die an der Ausführung des Auftrags beteiligt sind). Es entsprach also gerade dem gesetzgeberischen Willen, keine unterschiedlichen Ermessensspielräume einzuräumen. Dafür spricht auch, dass der Gesetzgeber bei den Einflussfaktoren Kosten bzw. Preis in § 168 VII 2 an **erster Stelle genannt** hat.

Zwar kann nicht sichergestellt werden, dass alle Anleger in Publikumsfonds auch durchgängig Privatkunden sind – aufgrund der Gebührenstrukturen ist dies jedoch empirisch (mit Ausnahme bei ETF) ganz überwiegend der Fall –, was das **Bedürfnis nach gleichen Schutzniveaus** unterstreicht.

70 Die häufig als relevant angeführten (qualitativen) Kriterien haben in der Praxis wenig Bedeutung, da die Orderabwicklung durch Broker ein **zunehmend vollelektronisch ausgeführter Service ohne manuelle Nacharbeiten und Quali-**

tätsunterschiede ist. Der Verweis auf angebliche Qualitätsdifferenzen (und deren Übergewichtung) dient häufig nur als Argument, um Aufträge an von vornherein präferierte Broker (insb. innerhalb von Gruppenstrukturen) zu übermitteln.

Die Annahme, **qualitative Einflussfaktoren** (wenn solche ausnahmsweise eine Differenzierung gestatteten) stünden empirisch in **Zusammenhang mit höheren Preisen,** ist **nicht belegbar.** Im Gegenteil liegen hohe Qualität mit hohem Grad an Automatisierung und niedrige Kosten nahe beieinander. Entsprechend stellen sich die Kommissionsentgelte bei einfacher Ausführung (ohne Research) zB bei Aktien für im europäischen Vergleich mittlere Verwaltungsgesellschaften (größer 100 Mrd. EUR und kleiner 500 Mrd. EUR verwaltetes Vermögen) grds. auf 0,015–0,03 EUR bei einfachen, hochvolumigen DMA-Orders, bis zu 0,07–0,08 EUR bei kleineren Orders mit manuellem Nachbearbeitungsbedarf („Care"), bei börsengehandelten Derivaten auf 0,25 EUR (Execution Fee ohne Clearing, Pledge, Carry, Stand: August 2018) je Order ein. 71

4. Umsetzung in der Best Execution Policy. Die Verwaltungsgesellschaft hat ex ante Ausführungsgrundsätze **(Best Execution Policy) festzulegen** und schriftlich zu **dokumentieren** (Art. 27 III 2, Art. 28 II UAbs. 2 AIFM-DVO Nr. 231/2013). Die Einhaltung und die Wirksamkeit ist zu **überwachen** (Art. 27 IV, Art. 28 III UAbs. 1 AIFM-DVO Nr. 231/2013). Diese sind turnusmäßig jährlich oder anlassbezogen zu überprüfen (gerade im Hinblick auf weitere Kostensenkungen), Art. 27 V, Art. 28 III UAbs. 2 AIFM-DVO Nr. 231/2013. BTMB/*Schultheiß* § 168 Rn. 229 schlägt dazu ein Back-Testing vor. Das ist praktisch nicht zielführend, wenn und weil es va um die Broker-Entgelte geht, vielmehr ist der nachstehende Prozess schlicht **jährlich zu wiederholen.** 72

Die Verwaltungsgesellschaft hat daher 73

a) zu evaluieren, welche Broker für bestimmte Anlageklassen überhaupt in Frage kommen.
b) Sie hat das ex ante in Rede stehende Handelsvolumen im Rahmen einer **Ausschreibung** bei einem hinreichend breiten Spektrum an Brokern anzufragen. Dieser Kreis darf nicht künstlich verknappt werden, indem nur inländische, etablierte oä vorselektierte Anbieter herangezogen werden. Sie muss dabei eine **realistische Verteilung über die Anlageklassen** hinweg ausschreiben, ebenso die **Art der Orders** („direct market access", DMA, wenn die Verwaltungsgesellschaft also direkt im Orderbuch des geregelten Marktes platziert und die Order lediglich durch den Broker ohne weiteren Aufwand durchgeleitet wird).
c) Sie muss des Weiteren anhand der Angebote die Auswahlliste verknappen (die drei bis fünf **preisgünstigsten** Anbieter) und mit den Anbietern entsprechende Preisverhandlungen führen. Die Verknappung ist zulässig, da bei der Allokation hinreichend großer Volumina bessere Preise pro Handels- bzw. Kontrakteinheit erzielt werden (im Ergebnis ebenso Baur/Tappen/*Schultheiß* § 168 Rn. 230).
d) Bei gleichen Preisen oder **minimalen Abweichungen** (vgl. MaComp BT 4.1. Rn. 3 S. 3) kann die Verwaltungsgesellschaft anhand von **qualitativen Maßstäben** entscheiden. Sofern die Verwaltungsgesellschaft Orders über die Verwahrstelle als Prime Broker platziert (zB weil diese Clearing Member an (Termin-) Börsen ist) muss diese in sog. **Give-Up-Agreements** (entsprechende Standards hält die ISDA vor) mit der Verwaltungsgesellschaft vorsehen, dass die Verwaltungsgesellschaft sich auch anderer Broker bedienen darf, um die Best Execution Policy einzuhalten.

74 **5. Marktgerechtigkeitsgebot.** § 168 VII 4 bestimmt, dass Geschäfte zu nicht marktgerechten Bedingungen **unzulässig** sind. Der Satz muss im Zusammenhang mit der Verpflichtung zur Aufstellung einer Best Execution Policy nach vorgenannten Kriterien gelesen werden. Durch § 168 VII 1–3 wird eine Handlungspflicht für die Verwaltungsgesellschaft begründet. Wird dieser Handlungspflicht nicht genügt, also keine zutreffende Best Execution Policy aufgestellt, diese nicht überprüft oder eingehalten, liegt eine Pflichtverletzung vor. Diese führt zu einem Schadensersatzanspruch des Investmentvermögens (ebenso BTMB/*Schultheiß* § 168 Rn. 258; EDDH/*Hölscher* InvG § 36 Rn. 93f.). Die **Order ist nicht nichtig,** die Verwaltungsgesellschaft hat lediglich den entstandenen Schaden dem Investmentvermögen zu ersetzen (s. EDDH/*Hölscher* InvG § 36 Rn. 94; WBA/*Selkinski* § 168 Rn. 58, AWZ/*Paetzmann/Hoffmann* § 168 Rn. 67).

75 § 168 VII 4 soll aber **nicht** eine zusätzliche **Ergebnishaftung** in dem Sinne begründen, dass, wenn im Einzelfall eine (kosten-)günstigere Order möglich gewesen wäre, die Verwaltungsgesellschaft schadensersatzpflichtig wäre (aA wohl WBA/*Selkinski* § 168 Rn. 58, „wenn in der Summe der Faktoren von marktüblichen Ergebnissen abgewichen wird“; aA BTMB/*Schultheiß* § 168 Rn. 247–258, der zwischen bestmöglichen Ergebnissen und marktgerechten Geschäftsabschlüssen unterscheiden will, daher § 168 VII 4 eigenständige Bedeutung zumisst und für die Marktgerechtigkeit auf den Preis- bzw. Kostenaspekt referenziert, so dass im Ergebnis eine zu teure Ausführung als zwar „bestmögliche Ausführung“, aber als nicht marktgerecht einstuft werden könne). Denn das Gesetz verlangt nicht die Aufstellung von Best Execution Policies, die den Preis- bzw. Kostenfaktor systematisch vernachlässigen können, deren Geschäftsergebnisse dann aber als nicht marktgerecht eingestuft werden, weil sie den Verkehrswert eines Vermögensgegenstandes verringern. Aus einem Verstoß gegen § 168 VII 4 ist daher kein eigenständiger, separater Schadensersatzanspruch abzuleiten (aA BTMB/*Schultheiß* § 168 Rn. 263f.) Zur Frage, ob auch die Verwahrstelle ggf. schadensersatzpflichtig sein kann, s. BTMB/*Schultheiß* § 168 Rn. 260; AWZ/*Paetzmann/Hoffmann* § 168 Rn. 68).

§ 169 Bewertungsverfahren

(1) [1]**Die Kapitalverwaltungsgesellschaft hat eine interne Bewertungsrichtlinie zu erstellen.** [2]**Die Bewertungsrichtlinie legt geeignete und kohärente Verfahren für die ordnungsgemäße, transparente und unabhängige Bewertung der Vermögensgegenstände des Investmentvermögens fest.** [3]**Die Bewertungsrichtlinie soll vorsehen, dass für jeden Vermögensgegenstand ein geeignetes, am jeweiligen Markt anerkanntes Wertermittlungsverfahren zugrunde zu legen ist und dass die Auswahl des Verfahrens zu begründen ist.**

(2) **Die Bewertung der Vermögensgegenstände hat unparteiisch und mit der gebotenen Sachkenntnis, Sorgfalt und Gewissenhaftigkeit zu erfolgen.**

(3) [1]**Die Kriterien für die Verfahren für die ordnungsgemäße Bewertung der Vermögensgegenstände und für die Berechnung des Nettoinventarwertes pro Anteil oder Aktie sowie deren konsistente Anwendung und die Überprüfung der Verfahren, Methoden und für Berechnungen bestimmen sich nach den Artikeln 67 bis 74 der Delegierten Verordnung (EU) Nr. 231/2013.** [2]**Für das Bewertungsverfahren bei inländischen OGAW sind die Artikel 67 bis 74 der Delegierten Verordnung (EU) Nr. 231/2013 entsprechend anzuwenden.**

Inhaltsübersicht

Rn.
I. Allgemeines 1
II. Interne Bewertungsrichtlinie (Abs. 1) 4
1. Begriffsdefinition 4
2. Wesentliche Anforderungen an die interne Bewertungsrichtlinie (§ 169 I 2 und 3, Art. 67 IV, 69 und 70 AIFM-DVO Nr. 231/2013) 9
III. Detaillierte Anforderungen an die Bewertungsrichtlinie (§ 169 III iVm Art. 67ff. AIFM-DVO Nr. 231/2013) 23
1. Art. 67 I–III AIFM-DVO Nr. 231/2013 23
2. Art. 68 AIFM-DVO Nr. 231/2013 29
3. Art. 71 AIFM-DVO Nr. 231/2013 34
IV. Anforderungen an den Bewerter (§ 169 II, III iVm Art. 73 AIFM-DVO Nr. 231/2013) 38

I. Allgemeines

§ 169 I dient nach BT-Drs. 17/12294, 258 der Umsetzung von Art. 19 I AIFM-RL. Die Norm soll eine ordnungsgemäße, transparente und unabhängige Bewertung sicherstellen und dient so dem Anlegerschutz. Da für OGAW (und Publikums-AIF) kein niedrigerer Standard gelten soll als für Spezial-AIF, wurde die Norm in den Abschnitt über offene Publikumsinvestmentvermögen aufgenommen. Das Gleiche gilt für § 169 II, der wiederum Art. 19 VIII AIFM-RL umsetzt. 1

§ 169 III verweist hinsichtlich der Kriterien für ein ordnungsgemäßes Verfahren zur Bewertung der Vermögensgegenstände und zur Berechnung des NAV je Anteil bzw. Aktie auf Art. 67–74 AIFM-DVO Nr. 231/2013 (s. aber BTMB/*Schultheiß* § 169 Rn. 61; AWZ/*Paetzmann/Hoffmann* § 169 Rn. 3). 2

§ 169 regelt die aufsichtlichen Anforderungen an das Bewertungsverfahren insgesamt, während § 168 iVm §§ 26 KARBV materielle Vorgaben an die Bewertung der Vermögensgegenstände und die Berechnung des NIV enthalten (zu den Begrifflichkeiten vgl. → Rn. 4ff.). Dies impliziert insb. die Aufstellung einer **internen Bewertungsrichtlinie,** die geeignete und einheitlich angewendete (kohärente) Verfahren für ordnungsgemäße, transparente und unabhängige Bewertung sicherstellt. Dazu soll die interne Bewertungsrichtlinie bestimmen, dass für jeden Vermögensgegenstand geeignete, am jeweiligen Markt anerkannte Wertermittlungsverfahren zugrunde zu legen sind und dass die Auswahl des Wertermittlungsverfahrens zu begründen ist. 3

II. Interne Bewertungsrichtlinie (Abs. 1)

1. Begriffsdefinition. Die Verwaltungsgesellschaft soll ein **Wertermittlungsverfahren** festlegen. Die im Gesetz, insb. auch die in Art. 67ff. AIFM-DVO Nr. 231/2013, verwendeten Termini werden wenig stringent gebraucht, so dass eine klare Zuordnung erschwert ist. 4

Der Terminus „Bewertung" im KAGB meint zunächst nicht allein das Bewertungs**ergebnis,** sondern auch den **Vorgang des Bewertens.** Dies wird sprachlich zB in § 169 II, aber auch in § 26 II KARBV deutlich. 5

Die **Bewertung** ist vom Begriff des **„Bewertungsverfahrens"** abzugrenzen. BTMB/*Schultheiß* § 168 Rn. 12 sieht zutreffend in der Bewertung einen Akt, in dem ein konkretes Wertermittlungsverfahren angewendet wird, um ein bestimmtes Ergebnis zu erzielen. Das Bewertungsverfahren (dem entspricht der **„Bewer-** 6

tungsprozess" iSd Art. 67 I UAbs. 1 AIFM-DVO Nr. 231/2013) ist demgegenüber abstrakter und stellt das institutionelle Prozedere dar, in dem sich der Bewertungsvorgang vollzieht.

7 Der deutsche Terminus **Wertermittlungsverfahren** ist vom Terminus des **Bewertungsverfahrens** (oder auch „Verfahrens" in § 168 I 3) sowie vom **Bewertungsmodell** (§ 168 III) oder **Bewertungsmethoden** abzugrenzen (Art. 67 I Uabs. 2 AIFM-DVO Nr. 231/2013). Wertermittlungsverfahren oder Bewertungsverfahren werden teilweise als synonyme Begriffe angesehen (WBA/*Selkinski* § 169 Rn. 12; AWZ/*Paetzmann/Hoffmann* § 169 Rn. 16), während wiederum teilweise die Begriffe Wertermittlungsverfahren und Bewertungsmethode als synonym angesehen werden (so wohl BTMB/*Schultheiß* § 168 Rn. 14). Letzterem ist zuzustimmen, da die Bezeichnung „Bewertungsverfahren" als Überschrift zu § 169 dafür spricht, dass es sich um die abstrakte Anforderung an den Prozess der Bewertung handelt. Das Wertermittlungsverfahren iSd § 169 I 3 entspricht dem der Bewertungsmethode nach Art. 67 I Uabs. 2 AIFM-DVO Nr. 231/2013. Dies wird deutlich an der Erläuterung in Erwägungsgrund (76) AIFM-DVO Nr. 231/2013.

8 **Bewertungsmodelle** sind die iRd § 168 III (subsidiär) in Ermangelung eines Marktpreises eingesetzten finanzmathematischen Schätzverfahren (auf Basis bestimmter Annahmen).

9 **2. Wesentliche Anforderungen an die interne Bewertungsrichtlinie (§ 169 I 2 und 3, Art. 67 IV, 69 und 70 AIFM-DVO Nr. 231/2013).** Der Inhalt der Bewertungsrichtlinie (im Duktus der Art. 67 ff. AIFM-DVO Nr. 231/2013: Festlegung von Bewertungsgrundsätzen und -verfahren) richtet sich im Grundsatz nach § 169 I 2 und 3, im Detail nach den Vorgaben der Art. 67 ff. AIFM-DVO Nr. 231/2013, → Rn. 23 ff.

10 Es müssen zunächst geeignete und kohärente (Wertermittlungs-)Verfahren (iE Bewertungsmethoden) für jeden Vermögensgegenstand festgelegt werden. Diese müssen geeignet und am jeweiligen Markt anerkannt sein.

11 **Geeignet** sind Bewertungsmethoden, wenn sie einen ordnungsgemäßen, transparenten und unabhängigen Bewertungsakt sicherstellen. Wann ein Bewertungsakt diese Voraussetzungen erfüllt, ist letztlich in § 168 II–VI (iVm § 26 KARBV) definiert (s. BTMB/*Schultheiß* § 168 Rn. 15). Zutreffenderweise sind diese Methoden nicht völlig abstrakt zu schildern, sondern gem. Art. 67 II 2 Buchst. b AIFM-DVO Nr. 231/2013 im Hinblick auf die spezifischen Anlagestrategien des Investmentvermögens und die Vermögensgegenstände, in die es investieren könnte (s. WBA/*Selkinski* § 169 Rn. 15).

12 **Kohärenz** bedeutet im Kern eine einheitliche Anwendung (FK-KapAnlR/*Tollmann* AIFM-RL Art. 19 Rn. 63 ff.; BTMB/*Schultheiß* § 168 Rn. 16). Während § 169 I 2 dies nur auf die Bewertungsrichtlinie bezieht (iSd Art. 67 ff. AIFM-DVO Nr. 231/2013 also Bewertungsgrundsätze und -verfahren), erweitert Art. 69 AIFM-DVO Nr. 231/2013 die Kohärenz-Anforderung auf die konkreten Bewertungsmethoden (Wertermittlungsverfahren).

13 Dieses Kohärenzerfordernis umfasst verschiedene Dimensionen: Art. 69 II AIFM-DVO Nr. 231/2013 fordert die einheitliche Anwendung auf alle Vermögensgegenstände eines Investmentvermögens. Gemeint ist damit, dass alle Vermögensgegenstände innerhalb einer **gleichartigen Gattung** einheitlich bewertet werden sollen. Dabei kommt es auf den Einzelfall an, wie eng der Gattungsbegriff sachgerechterweise zu ziehen ist. Sicherlich sind Aktien von an **organisierten Märkten** notierten Unternehmen eine gleichartige Gattung, keineswegs aber Im-

mobilien oder Schiffe (s. BTMB/*Schultheiß* § 169 Rn. 18), da allein gem. § 30 I KARBV, §§ 15 ff. ImmoWertV drei mögliche Bewertungsmethoden bei Immobilien in Betracht kommen. Diese (kohärente) Definition der Gattung liegt im **Ermessen** der Verwaltungsgesellschaft, deren Ermessensausübung freilich sachgerecht erfolgen muss.

Ferner setzt Kohärenz gem. Art. 69 III AIFM-DVO Nr. 231/2013 eine **Stetigkeit** voraus, was im Zeitablauf Quellen und Bewertungsregeln betrifft. 14

Dieses **Stetigkeitsgebot** steht in einem natürlichen **Spannungsverhältnis** zur zumindest jährlich **gebotenen Überprüfung** der Bewertungsrichtlinie auf Änderungsbedarf gem. Art. 70 I AIFM-DVO Nr. 231/2013. Eine Überprüfung ist auch geboten, wenn sich die Anlagestrategie ändert oder in eine neue Klasse von Vermögensgegenständen investiert wird. 15

Erwägungsgrund (78) AIFM-DVO Nr. 231/2013 erläutert, dass jede Veränderung in der Bewertungsrichtlinie besonders bzgl. der Bewertungsmethoden nach einem zuvor festgelegten **Schema** ablaufen soll. Daher bestimmt Art. 70 II 1 AIFM-DVO Nr. 231/2013, dass die Bewertungsrichtlinie festlegen soll, wie Bewertungsmethoden geändert werden können und wann dies angemessen ist. Zweck ist die Sicherstellung der objektiven Notwendigkeit solcher Änderungen (zutreffend WBA/*Selkinski* § 169 Rn. 50). Schließlich ist nach Art. 70 III AIFM-DVO Nr. 231/2013 bestimmt, dass die Risikomanagement-Funktion die Bewertungsrichtlinie zu überprüfen hat. 16

Kohärenz ist gem. Art. 69 IV AIFM-DVO Nr. 231/2013 erforderlich im Hinblick auf **mehrere von einer Verwaltungsgesellschaft verwaltete Investmentvermögen.** Sollte eine Verwaltungsgesellschaft Investmentvermögen in mehreren Mitgliedstaaten verwalten, gehen ggf. voneinander abweichende nationale Vorschriften zur Bewertungsmethode dem eher allg. Kohärenzgebot vor. Dieses ist so zu interpretieren, dass eine Verwaltungsgesellschaft **Kohärenz** herstellen soll, **soweit ihr dies möglich ist.** Wäre umgekehrt das Kohärenzprinzip allein dominant, könnte die Verwaltungsgesellschaft durch Auflage eines Investmentvermögens in einem beliebigen Mitgliedstaat nutzen, um unter Berufung auf das Kohärenzgebot missliebige (gesetzliche) Bewertungsmethoden zu vermeiden. 17

Eine Bewertung ist **ordnungsgemäß,** wenn die in der Bewertungsrichtlinie bestimmten Wertermittlungsverfahren die Vorgaben zum Vorgang der Bewertung selbst nach allen einschlägigen Rechtsquellen (inkl. Verkaufsprospekt mit AAB/BAB bzw. ggf. Satzung) einhalten. Zwar bestimmt Erwägungsgrund (79) AIFM-DVO Nr. 231/2013 missverständlich, dass die Vermögensgegenstände im Einklang mit der Bewertungsrichtlinie und damit „ordnungsgemäß" bewertet werden müssen. Diese Formulierung darf aber nicht darüber hinwegtäuschen, dass allein die Einhaltung der Bewertungsrichtlinie selbst kein Wertermittlungsverfahren als „ordnungsgemäß" legitimiert, wenn dieses nicht seinerseits die materiellen Anforderungen an die Bewertung einhält (s. BTMB/*Schultheiß* § 169 Rn. 23; ähnlich WBA/*Selkinski* § 169 Rn. 17, aber auf Basis einer anderen Begrifflichkeit; aA FK-KapAnlR/*Tollmann* AIFM-RL Art. 19 Rn. 73). 18

Transparent ist eine Bewertung, wenn die relevanten Inputfaktoren und ihre Quellen sowie ihre Anwendung auf die jeweiligen Vermögensgegenstände für einen objektiven Dritten (Aufsicht, Wirtschaftsprüfer, interne Revision, Compliance, auch Anleger, vgl. § 165 II Nr. 19) nachvollziehbar geregelt sind. 19

Eine Bewertung ist **unabhängig,** wenn die Objektivität aller die Bewertung durchführenden Einheiten gewährleistet ist. Dies setzt voraus, dass eine Einflussnahme auf den internen oder externen Bewerter durch andere Einheiten (zB das 20

Front-Office, das an einer bestimmten Verbuchung eines komplexen Instrumentes interessiert ist) ausgeschlossen ist. Dies setzt bei internen Bewertern eine entsprechende **Funktionstrennung** und **Weisungsfreiheit** bezogen auf die Bewertung voraus (vgl. → § 168 Rn. 40; WBA/*Selkinski* § 169 Rn. 23ff.). Artikel 67 IV AIFM-DVO Nr. 231/2013 bestimmt zusätzlich, dass in der Bewertungsrichtlinie die **Schutzvorkehrungen** zur **Sicherstellung der Unabhängigkeit** zu beschreiben sind.

21 Bei externen Bewertern sind zusätzliche die Schutzvorkehrungen zur Sicherstellung der rechtlichen Unabhängigkeit zu beschreiben (vgl. → § 168 Rn. 40). Die Forderung nach einer **wirtschaftlichen Unabhängigkeit** des externen Bewerters (s. BTMB/*Schultheiß* § 169 Rn. 25 und § 168 Rn. 50, 150f.). ist jedenfalls nicht analog der 30%-Grenze aus § 250 II 2 zu bestimmen (s. WBA/*Baum* § 216 Rn. 14; FK-KapAnlR/*Tollmann* AIFM-RL Art. 19 Rn. 76; WBA/*Selkinski* § 169 Rn. 23 sieht Unabhängigkeit aufgrund des Vorliegens eines Werkvertrages als indiziert an, was zweifelhaft ist), da andernfalls § 216 diese Spezialregelung zur Bewertung offener Immobilien-Sondervermögen hätte übernehmen müssen (was nicht geschehen ist). Insofern ist solange von wirtschaftlicher Unabhängigkeit auszugehen, als ein externer Bewerter nicht den **überwiegenden Teil seines Umsatzes** (mehr als 50%) mit einer Verwaltungsgesellschaft (bzw. ihr nahestehenden Personen) erzielt.

22 § 169 I 3 ergänzt § 169 I 2 in teils redundanter Weise. Eine zusätzliche inhaltliche Anforderung besteht darin, dass für jeden Vermögensgegenstand (nur) **ein** geeignetes Wertermittlungsverfahren in der Bewertungsrichtlinie ausgewählt wer den soll, soweit eine Auswahl möglich (und nicht bereits durch konkrete Vorgaben wie zB § 168 V und VI ausgeschlossen) ist. Wann ein Wertermittlungsverfahren **am Markt anerkannt** ist, ist analog § 28 II KARBV zu bestimmen (vgl. § 168 Rn. 36). Die Auswahlentscheidung muss begründet werden, dh die leitenden Erwägungen müssen in der Bewertungsrichtlinie dokumentiert und offengelegt werden.

III. Detaillierte Anforderungen an die Bewertungsrichtlinie (§ 169 III iVm Art. 67ff. AIFM-DVO Nr. 231/2013)

23 **1. Art. 67 I–III AIFM-DVO Nr. 231/2013.** Weitere Anforderungen an die Bewertungsrichtlinie (iSd AIFM-DVO Nr. 231/2013 „Bewertungsgrundsätze und -verfahren") ergeben sich aus Art. 67 I UAbs. 1 AIFM-DVO Nr. 231/2013. Sie muss **schriftlich** niedergelegt werden. Sie muss alle wesentlichen Gesichtspunkte „des Bewertungsprozesses, der Bewertungsverfahren und der Kontrollen" bzgl. des entsprechenden Investmentvermögens abdecken. Diese selbstreferenzielle Formulierung ist begrifflich misslungen und hat keinen weitergehenden Inhalt als ein **Vollständigkeitsgebot.**

24 Art. 67 I UAbs. 2 S. 1 AIFM-DVO Nr. 231/2013 bestimmt, dass die Anwendung fairer, angemessener und transparenter Bewertungsmethoden (Wertermittlungsverfahren) sicherzustellen ist. Damit ist keine weitergehende Anforderung als nach § 169 I 2 impliziert. Artikel 67 I UAbs. 2 S. 2 und 3 AIFM-DVO Nr. 231/2013 bestimmen des Weiteren, dass in der Bewertungsrichtlinie die **einschlägigen Methoden** zu ermitteln und umzusetzen sind. Dies muss erfolgen, **bevor** eine Verwaltungsgesellschaft erstmals in eine bestimmte Assetklasse investiert (sa WBA/*Selkinski* § 169 Rn. 28f.; BTMB/*Schultheiß* § 169 Rn. 9).

25 Nach Art. 67 I UAbs. 3 S. 1 und 2 AIFM-DVO Nr. 231/2013 muss die Bewertungsrichtlinie zu den einzelnen Bewertungsmethoden die Inputfaktoren, die Bewertungsmodelle und die Auswahlkriterien für die Preisfindung und die Marktdatenquellen behandeln. Dabei ist wesentlich, dass der Kursbezug – soweit möglich – aus unabhängigen Quellen erfolgt.

Sofern **mehrere Bewertungsmethoden** verfügbar sind, konkretisiert Art. 67 I UAbs. 3 S. 3 AIFM-DVO Nr. 231/2013 den Auswahlprozess wie folgt: Die verfügbaren Bewertungsmethoden müssen **analysiert** und **beurteilt** werden unter den Gesichtspunkten von **Sensitivität** bei Änderungen von Variablen und der Art und Weise, wie spezifische Strategien den relativen Wert von Vermögensgegenständen im Portfolio bestimmen.

Darunter ist zu verstehen, welche Bewertungsmethode, va welches Bewertungs- 26
modell, wie stark auf die Veränderung bestimmter Inputparameter reagiert. Dabei ist eine hohe bzw. niedrige Sensitivität per se weder richtig oder falsch. Entscheidend ist, dass das verwendete Bewertungsmodell zur gewählten spezifischen **Anlagestrategie** passt (sa Art. 67 II 3 Buchst. b AIFM-DVO Nr. 231/2013). Zu einem auf Langfristigkeit ausgerichteten Investmentvermögen passen Bewertungsmodelle eher schlecht, die aufgrund hoher Sensitivität starke Schwankungen zur Folge haben können (ähnlich BTMB/*Schultheiß* § 169 Rn. 28).

Nach Art. 67 II 1 AIFM-DVO Nr. 231/2013 sollen im Anschluss an Erwägungs- 27
grund (75) AIFM-DVO Nr. 231/2013 in der Bewertungsrichtlinie Pflichten, Aufgaben und Zuständigkeiten aller an der Bewertung beteiligter Personen (inkl. externer Bewerter), also **organisatorische Gesichtspunkte,** beschrieben werden. Dabei geht es va um die Darlegung der Unabhängigkeit der internen bzw. externen Bewerter (s. BTMB/*Schultheiß* § 169 Rn. 36). Beteiligte Personen in diesem Sinne sind auch Personen wie Datenlieferanten (wegen Art. 67 I UAbs. 3 AIFM-DVO Nr. 231/2013) oder interne (Teil-)Einheiten der Verwaltungsgesellschaft wie das Risikomanagement, Compliance bzw. die interne Revision (und ggf. die entsprechenden Teile der Gefährdungsanalysen bzw. Prüfungspläne) einschließlich der **Zuweisungen innerhalb dieser Einheiten** (aA BTMB/*Schultheiß* § 169 Rn. 37, der aus § 216 I bzgl. interner Einheiten lediglich die Sicherstellung der Unabhängigkeit als legitim ableitet). Denn nach § 28 I muss die Verwaltungsgesellschaft über eine **angemessene Geschäftsorganisation** und **eine schriftlich fixierte Ordnung** verfügen, weswegen die Detaillierung der Binnenstruktur gem. Ziffer 4.3 KAMaRisk ohnedies existiert und daher auch in der Bewertungsrichtlinie (zB über eine Verweisung) wiedergegeben werden sollte. Bei externen Bewertern ist zusätzlich ein **Informationsaustauschverfahren** (also Kommunikationswege, dh in der Praxis va IT-Schnittstellen) zu schildern und zu gewährleisten, dass die Verwaltungsgesellschaft im Hinblick auf dritte Dienstleister (externe Bewerter, Kursversorger) **Qualitätssicherungsmechanismen** implementiert hat (Art. 67 III AIFM-DVO Nr. 231/2013).

Daneben konkretisiert Art. 67 II 3 AIFM-DVO Nr. 231/2013 als **Mindest-** 28
anforderung neben den vorgenannten allg. Rahmenbedingungen spezifische Inhalte der Bewertungsrichtlinie, die im Wesentlichen selbsterklärend sind (zu Einzelheiten BTMB/*Schultheiß* § 169 Rn. 39ff.).

2. Art. 68 AIFM-DVO Nr. 231/2013. Artikel 68 AIFM-DVO Nr. 231/2013 29
bestimmt verfahrenstechnische Spezifika zur Ausgestaltung der Bewertungsrichtlinie, wenn als Bewertungsmethode nicht Kurswerte iSd § 168 II in Betracht kommen, sondern Bewertungsmodelle herangezogen werden müssen. Artikel 68 AIFM-DVO Nr. 231/2013 enthält keine materiellen Vorgaben für Bewertungsmodelle, da dies in nationalen Normen wie zB § 168 III iVm §§ 28ff. KARBV bestimmt ist (vgl. Erwägungsgrund (76) AIFM-DVO Nr. 231/2013).

30 Nach Art. 68 I 1 AIFM-DVO Nr. 231/2013 müssen bei Verwendung eines **Bewertungsmodells** dasselbe und seine Hauptmerkmale (also keine wissenschaftlichen Details) in der Bewertungsrichtlinie **erläutert** und **begründet** werden. Denn eine Bewertung zu Kurswerten ist praktisch selbsterklärend, während ein Bewertungsmodell in Ermangelung solcher mit Annahmen arbeiten muss, die mehr oder weniger zutreffend sein können, und daher erläuterungsbedürftig sind (s. BTMB/*Schultheiß* § 169 Rn. 29; FK-KapAnlR/*Tollmann* AIFM-RL Art. 19 Rn. 59; AWZ/*Paetzmann/Hoffmann* § 169 Rn. 37).

31 Ferner müssen nach Art. 68 I 2 AIFM-DVO Nr. 231/2013 die Gründe für die Wahl eines bestimmten Modells, die Inputfaktoren, die Prämissen (und die Gründe für deren Verwendung) und die Grenzen einer modellbasierten Bewertung im Allgemeinen **angemessen dokumentiert** werden. Eine angemessene Dokumentation ist **kein niedrigerer Begründungsstandard** als eine Erläuterung und Begründung (ebenso FK-KapAnlR/*Tollmann* AIFM-RL Art. 19 Rn. 60; aA BTMB/*Schultheiß* § 169 Rn. 29 unter Rekurs auf den Wortlaut; unklar WBA/*Selkinski* § 169 Rn. 43). Dem gegenüber Art. 68 I 1 AIFM-DVO Nr. 231/2013 abweichenden Wortlaut ist – wie regelmäßig bei EU-Normen mangels sprachlicher Systematik und Stringenz – nichts zu entnehmen. Der **Telos Anlegerschutz** gebietet jedoch gerade bei der Frage der konkreten Modellauswahl, Inputfaktoren und Prämissen und der vollzogenen Abwägung eine vertiefte Darlegung durch die Verwaltungsgesellschaft (Art. 68 I 2 AIFM-DVO Nr. 231/2013), während interessierte Dritte die abstrakte Funktionsweise eines Modells (Art. 68 I 1 AIFM-DVO Nr. 231/2013) überall nachlesen können und diese deswegen tendenziell kürzer ausfallen kann.

32 Art. 68 II AIFM-DVO Nr. 231/2013 bestimmt, dass ein verwendetes Bewertungsmodell vor Verwendung von einer unabhängigen (internen oder externen) **fachkundigen Person** entsprechend evaluiert wird (und die Evaluation in der Bewertungsrichtlinie dokumentiert wird). Mit dem Erfordernis der nochmaligen Kontrolle durch eine unabhängige (nicht an der Modellentwicklung beteiligte) Person sollen **Interessenkonflikte ausgeschlossen** werden. Zwar ist eine interne Person als Kontrollinstanz zulässig. Gerade bei kritischen Bewertungsentscheidungen empfiehlt sich aber sicherlich die Verwendung eines Externen (s. BTMB/*Schultheiß* § 169 Rn. 30; FK-KapAnlR/*Tollmann* AIFM-RL Art. 19 Rn. 61; wohl auch AWZ/*Paetzmann/Hoffmann* § 169 Rn. 38). Erwägungsgrund (77) AIFM-DVO Nr. 231/2013 sieht die hinreichende Fachkenntnis als gegeben an, wenn eine Person über angemessene Kompetenz und Erfahrung im Bereich der Bewertung von Vermögensgegenständen unter Verwendung von Bewertungsmodellen verfügt und nennt als Beispiel einen **Wirtschaftsprüfer.** In der Praxis läuft diese Vorgabe auf eine Beauftragung einer der vier großen Wirtschaftsprüfungsgesellschaften hinaus und die Inkorporation des entsprechenden Gutachtens als Anlage zur Bewertungsrichtlinie. Zur wenig praxisrelevanten zivilrechtlichen Frage einer eventuellen Haftung des Wirtschaftsprüfers im Fall einer Pflichtverletzung in diesem Kontext s. BTMB/*Schultheiß* § 169 Rn. 31 f.

33 Artikel 68 III AIFM-DVO Nr. 231/2013 schließlich bestimmt, dass das Modell vor dem Ersteinsatz von der Geschäftsleitung freigegeben werden muss. Bezweckt ist damit eine Art Warnfunktion, damit der Geschäftsleitung ggf. bestehende Unwägbarkeiten und Limitierungen solcher verwendeten Modelle und möglicher Effekte auf den NIV präsent sind (ebenso WBA/*Selkinski* § 169 Rn. 45). **„Geschäftsleitung“** ist in diesem Kontext iVm Art. 1 Nr. 3 AIFM-DVO Nr. 231/2013 nicht als Geschäftsführung insgesamt, sondern als die für die Portfolioverwaltung an

oberster Stelle zuständige Person zu interpretieren (s. BTMB/*Schultheiß* § 169 Rn. 33).

3. Art. 71 AIFM-DVO Nr. 231/2013. Artikel 71 I 1 AIFM-DVO Nr. 231/2013 regelt ein Überprüfungsverfahren, das die angestrebte **faire** und **angemessene Bewertung** der Vermögensgegenstände institutionell absichern und dokumentieren soll. Fairness und Angemessenheit der Bewertung referenzieren dabei auf verfahrenstechnische Kategorien und nicht auf materielle Bewertungsvorschriften, da diese in der Kompetenz des nationalen Gesetzgebers liegen (s. BTMB/*Schultheiß* § 169 Rn. 50). 34

Die Dokumentation muss nach Art. 71 I 2 AIFM-DVO Nr. 231/2013 **aufgeschlüsselt** nach Arten von Vermögensgegenständen erfolgen. Der Zweck ist, dass die Verwaltungsgesellschaft jederzeit in der Lage sein muss, die faire und angemessene Bewertung der Vermögensgegenstände **nachzuweisen** (Art. 71 I 3 AIFM-DVO Nr. 231/2013). 35

Artikel 71 II AIFM-DVO Nr. 231/2013 enthält sodann eine beispielhafte (nicht abschließende) Aufzählung von Fällen, bei denen das Risiko einer unangemessenen Bewertung bestehen soll (iE BTMB/*Schultheiß* BTMB§ 169 Rn. 52; WBA/*Selkinski* § 169 Rn. 54; AWZ/*Paetzmann/Hoffmann* § 169 Rn. 54) und bei denen deshalb ein **Überprüfungsverfahren** erforderlich ist. Zusammenfassend lässt sich sagen, dass Art. 71 II AIFM-DVO Nr. 231/2013 va solche Fälle meint, bei denen **kein Vier-Augen-Prinzip** besteht (Buchst. a, e) oder **Interessenkonflikte** naheliegen (Buchst. c, d, e, f). Art. 71 II Buchst. a AIFM-DVO Nr. 231/2013 erfasst nicht mehr den Fall zentral geclearter OTC-Derivate (→ § 168 Rn. 27). 36

Die Bewertungsrichtlinie muss nach Art. 71 III 1 AIFM-DVO Nr. 231/2013 das (ggf. gem. Art. 71 II AIFM-DVO Nr. 231/2013 erforderliche) Überprüfungsverfahren beschreiben, einschließlich **hinreichender** und **angemessener Kontrollen** bzgl. der **Plausibilität** des Werts der einzelnen Vermögensgegenstände. Plausibel ist nach Art. 71 III 2 AIFM-DVO Nr. 231/2013 eine Bewertung, wenn sie über ein angemessenes Maß an Objektivität verfügt. Die sprachliche Definition eines unbestimmten Rechtsbegriffs durch einen anderen ist gesetzgeberisch missglückt. In der Praxis ist es erforderlich, Überprüfungsverfahren zu implementieren, die im Kern **einzelwertbezogen** weitere, insb. **interessenkonfliktfreie Daten-/Bewertungsquellen heranziehen** und mit der risikobehafteten Bewertung abgleichen. Diese Anforderung wird sodann in Art. 71 III 3 AIFM-DVO Nr. 231/2013 iSv Mindestanforderungen detailliert (iE s. WBA/*Selkinski* § 169 Rn. 57; BTMB/*Schultheiß* § 169 Rn. 54 AWZ/*Paetzmann/Hoffmann* § 169 Rn. 55). 37

IV. Anforderungen an den Bewerter (§ 169 II, III iVm Art. 73 AIFM-DVO Nr. 231/2013)

§ 169 II wurde unverändert aus Art. 19 VIII AIFM-RL übernommen. Die Bewertung hat danach unparteiisch, sorgfältig (gewissenhaft) und mit der nötigen Fachkenntnis zu erfolgen. Adressat der Pflichten sind alle in das Bewertungsverfahren einbezogenen internen wie externen Einheiten. 38

Eine Bewertung ist dann **unparteiisch,** wenn ein objektiver, unabhängiger Dritter sie bei interner bzw. externer Bewertung (→ Rn. 27) ebenso vorgenommen hätte. Die Unabhängigkeit ist demnach sachlogische Voraussetzung der Unparteilichkeit. Gleichwohl kann theoretisch auch ein funktional unabhängiger Bewerter parteilich agieren. Man wird daher eine Bewertung als unparteiisch einstufen, 39 wenn sie im Interesse der gesamten Anlegergemeinschaft (ähnlich WBA/*Selkinski* § 169 Rn. 34) auf Basis der Bewertungsrichtlinie erfolgt.

40 **Sachkenntnis** wird durch Art. 73 II Buchst. c, d AIFM-DVO Nr. 231/2013 näher konkretisiert als adäquates Wissen und Verständnis in Bezug auf die Anlagestrategie und die Vermögensgegenstände sowie eine ausreichende Erfahrung bei der Bewertung.

41 **Sorgfalt** ist iSe abstrakten Maßstabes für einen ordentlichen Bewerter zu verstehen, der bei seiner Tätigkeit die Interessen der Anlegergemeinschaft wahren soll (s. WBA/*Selkinski* § 169 Rn. 38). Zu berücksichtigen ist der aktuelle Stand der Bewertungstechnik, sachfremde Erwägungen haben zu unterbleiben (Bsp.: aggressive Bewertung bestimmter Vermögensgegenstände zu einem Stichtag, der für die Berechnung einer erfolgsabhängigen Vergütung maßgeblich ist).

42 **Gewissenhaftigkeit** hat terminologisch keinen über das Kriterium der Sorgfalt und der Fachkenntnis weitergehenden Inhalt. Wer sorgfältig und mit Fachkenntnis bewertet, bewertet auch gewissenhaft.

43 Zu den sonstigen Anforderungen des Art. 73, insb. auch darauf, dass sich die Verweisung in § 169 III nicht auf Art. 73 und 74 AIFM-DVO Nr. 231/2013 beziehen kann, s. BTMB/*Schultheiß* § 169 Rn. 61.

§ 170 Veröffentlichung des Ausgabe- und Rücknahmepreises und des Nettoinventarwertes

[1]Gibt die Kapitalverwaltungsgesellschaft oder die Verwahrstelle den Ausgabepreis bekannt, so ist sie verpflichtet, auch den Rücknahmepreis bekannt zu geben; wird der Rücknahmepreis bekannt gegeben, so ist auch der Ausgabepreis bekannt zu geben. [2]Ausgabe- und Rücknahmepreis sowie der Nettoinventarwert je Anteil oder Aktie sind bei jeder Möglichkeit zur Ausgabe oder Rücknahme von Anteilen oder Aktien, für OGAW mindestens jedoch zweimal im Monat, in einer hinreichend verbreiteten Wirtschafts- oder Tageszeitung oder im Verkaufsprospekt oder in den in den wesentlichen Anlegerinformationen bezeichneten elektronischen Informationsmedien zu veröffentlichen.

1 § 170 übernimmt im Wesentlichen die Vorgängerregelung des 36 VI InvG. § 170 S. 1 verpflichtet alternativ Verwaltungsgesellschaft (was der gängigen Praxis entspricht) oder Verwahrstelle, Ausgabe- und Rücknahmepreis immer kombiniert bekannt zu geben. Anwendungsbereich sind analog § 168 die offenen **inländischen** Publikumsinvestmentvermögen. Für geschlossene inländische Publikums-AIF und offene inländische Spezial-AIF gelten spezielle Regelungen (§ 272 III bzw. § 279 III), für EU-OGAW und EU-AIF ebenfalls (§ 298 I 1 Nr. 5, § § 299 I 1 Nr. 5 Hs. 1).

2 Normzweck ist der **Anlegerschutz** durch die Publizität der bzw. Information über die Preise (s. BTMB/*Schultheiß* BTMB§ 170 Rn. 2).

3 § 170 S. 2 verpflichtet zu einem bestimmten **Veröffentlichungsturnus.** Die Verwaltungsgesellschaft hat Ausgabe- und Rücknahmepreis sowie den NAV je Anteil oder Aktie (weil der NAV dem Rücknahmepreis wegen möglicher Rücknahmeabschläge nicht entsprechen muss) für OGAW (nicht aber Publikums-AIF) bei jeder Möglichkeit zur Ausgabe oder Rücknahme zu veröffentlichen, mindestens aber **zweimal im Monat.**

Als **Veröffentlichungsmedium** bestimmt § 170 S. 2 die in den wesentlichen Anlegerinformationen (*und* dem Verkaufsprospekt, dazu EDDH/*Hölscher* InvG § 36 Rn. 224; BTMB/*Schultheiß* § 170 Rn. 10; AWZ/*Kloyer/Seidenschwann* § 170 Rn. 6) angegebenen elektronischen Informationsmedien (also eine Internetseite). Alternativ (aber auch kumulativ zulässig) kommt eine Veröffentlichung in hinreichend verbreiteten inländischen Wirtschafts- oder Tageszeitungen in Betracht. Letzteres wird idR kumulativ von den Verwaltungsgesellschaften praktiziert, wobei damit maximal eine imaginäre vertriebliche Wirkung beim (va älteren) Publikum bezweckt ist (zutreffend WBA/*Polifke* § 170 Rn. 1). In der Praxis geht es Verwaltungsgesellschaften bei der Veröffentlichung in Printmedien daher va darum, das eigene **Markenlogo** mit Angaben zu einigen besonders erfolgreichen Investmentvermögen zu veröffentlichen. 4

Die Preisveröffentlichung hat **keine Relevanz für den Preis,** zu dem eine Order eines Kunden abgerechnet wird. Selbst bei umgehender Order erhält der Kunde bei OGAW nicht den veröffentlichten Preis, sondern den des Abrechnungstages (t+0) oder wie häufig den des Folgetages (t+1, forward pricing), s. EDDH/*Hölscher* InvG § 36 Rn. 219; BTMB/*Schultheiß* § 170 Rn. 3). 5

Unterabschnitt 2. Master-Feeder-Strukturen

§ 171 Genehmigung des Feederfonds

(1) [1]**Die Anlage eines Feederfonds in einem Masterfonds bedarf der vorherigen Genehmigung durch die Bundesanstalt.** [2]**Die Anlage eines inländischen OGAW als Feederfonds in einem Masterfonds ist nur genehmigungsfähig, soweit es sich bei dem Masterfonds um einen OGAW handelt.** [3]**Die Anlage eines Sonstigen Investmentvermögens als Feederfonds in einem Masterfonds ist nur genehmigungsfähig, soweit es sich auch bei dem Masterfonds um ein Sonstiges Investmentvermögen handelt.**

(2) **Spezial-AIF dürfen nicht Masterfonds oder Feederfonds einer Master Feeder-Struktur sein, wenn Publikumsinvestmentvermögen Masterfonds oder Feederfonds derselben Master-Feeder-Struktur sind.**

(3) [1]**Die Kapitalverwaltungsgesellschaft, die den Feederfonds verwaltet, hat dem Genehmigungsantrag folgende Angaben und Unterlagen beizufügen:**

1. **die Anlagebedingungen oder die Satzung des Feederfonds und des Masterfonds,**
2. **den Verkaufsprospekt und entweder das Basisinformationsblatt gemäß Verordnung (EU) Nr. 1286/2014 oder die wesentlichen Anlegerinformationen des Feederfonds und des Masterfonds gemäß den §§ 164, 166 oder gemäß Artikel 78 der Richtlinie 2009/65/EG,**
3. **die Master-Feeder-Vereinbarung oder die entsprechenden internen Regelungen für Geschäftstätigkeiten gemäß § 175 Absatz 1 Satz 2 oder Artikel 60 Absatz 1 Unterabsatz 3 der Richtlinie 2009/65/EG,**
4. **die Verwahrstellenvereinbarung im Sinne des § 175 Absatz 2, wenn für den Masterfonds und den Feederfonds verschiedene Verwahrstellen beauftragt wurden,**
5. **die Abschlussprüfervereinbarung, wenn für den Masterfonds und den Feederfonds verschiedene Abschlussprüfer bestellt wurden und**
6. **gegebenenfalls die Informationen für die Anleger nach § 180 Absatz 1.**

[2]Bei einem EU-OGAW, der Anteile an mindestens einen OGAW-Feederfonds ausgegeben hat, selbst kein Feederfonds ist und keine Anteile eines Feederfonds hält (EU-Master-OGAW) hat die Kapitalverwaltungsgesellschaft, die den Feederfonds verwaltet, außerdem eine Bestätigung der zuständigen Stelle des Herkunftsstaates des Masterfonds beizufügen, dass dieser ein EU-OGAW ist, selbst nicht Feederfonds ist und keine Anteile an einem anderen Feederfonds hält. [3]Fremdsprachige Unterlagen sind mit einer deutschen Übersetzung vorzulegen.

(4) **[1]Der beabsichtigte Wechsel der Anlage in einen anderen Masterfonds bedarf der vorherigen Genehmigung durch die Bundesanstalt gemäß Absatz 1. [2]Dem Antrag auf Genehmigung sind folgende Angaben und Unterlagen beizufügen:**

1. **der Antrag auf Genehmigung der Änderung der Anlagebedingungen unter Bezeichnung des Masterfonds,**
2. **die vorgenommenen Änderungen des Verkaufsprospekts und entweder des Basisinformationsblattes gemäß Verordnung (EU) Nr. 1286/2014 oder der wesentlichen Anlegerinformationen und**
3. **die Unterlagen gemäß Absatz 3.**

(5) **[1]Die Bundesanstalt hat die Genehmigung nach Absatz 1 oder Absatz 4 abweichend von § 163 Absatz 2 Satz 1 innerhalb einer Frist von 15 Arbeitstagen zu erteilen, wenn alle in Absatz 3 oder Absatz 4 genannten Unterlagen vollständig vorliegen und der Feederfonds, seine Verwahrstelle und sein Abschlussprüfer sowie der Masterfonds die Anforderungen nach diesem Abschnitt erfüllen. [2]Liegen die Voraussetzungen für die Genehmigung nicht vor, hat die Bundesanstalt dies dem Antragsteller innerhalb der Frist nach Satz 1 unter Angabe der Gründe mitzuteilen und fehlende oder geänderte Angaben oder Unterlagen anzufordern. [3]Mit dem Eingang der angeforderten Angaben oder Unterlagen beginnt der Lauf der in Satz 1 genannten Frist erneut. [4]Die Genehmigung gilt als erteilt, wenn über den Genehmigungsantrag nicht innerhalb der Frist nach Satz 1 entschieden worden ist und eine Mitteilung nach Satz 2 nicht erfolgt ist. [5]Auf Antrag der Kapitalverwaltungsgesellschaft hat die Bundesanstalt die Genehmigung nach Satz 4 zu bestätigen.**

(6) **[1]Wird beabsichtigt, einen EU-OGAW, der mindestens 85 Prozent seines Vermögens in einem Masterfonds anlegt (EU-Feeder-OGAW), in einem inländischen OGAW als Masterfonds anzulegen, stellt die Bundesanstalt auf Antrag der EU-OGAW-Verwaltungsgesellschaft oder der Kapitalverwaltungsgesellschaft, die den Feederfonds verwaltet, eine Bescheinigung aus, mit der bestätigt wird, dass es sich bei diesem Masterfonds um einen inländischen OGAW handelt, der inländische OGAW selbst nicht ebenfalls Feederfonds ist und keine Anteile an einem Feederfonds hält. [2]Die Bescheinigung dient zur Vorlage bei den zuständigen Stellen des Herkunftsstaates eines EU-Feeder-OGAW und als Nachweis, dass es sich bei dem Masterfonds um einen inländischen OGAW handelt, dieser selbst nicht ebenfalls Feederfonds ist und keine Anteile an einem Feederfonds hält. [3]Zum Nachweis, dass keine Anteile an einem Feederfonds gehalten werden, hat die Verwahrstelle eine entsprechende Bestätigung auszustellen, die bei Antragstellung nicht älter als zwei Wochen sein darf.**

I. Allgemeines

Gegenstand des § 171 sind die formellen Anforderungen an die Genehmigung der Anlage eines Feederfonds in einen Masterfonds und das auf diese Genehmigung gerichtete Verfahren vor der BaFin. Dieses zusätzlich zu der Genehmigung der Anlagebedingungen des Feederfonds durchzuführende Verfahren ist erforderlich, da im Falle einer Master-Feeder-Struktur das Gebot der Risikodiversifizierung nur auf Ebene des Masterfonds, nicht jedoch durch den Feederfonds erfüllt wird. Absatz 1 und Abs. 3–6 übernahmen mit redaktionellen Anpassungen aufgrund der mit der Umsetzung der AIFM-RL einhergehenden terminologischen und strukturellen Änderungen die Regelungen des früheren § 45a I–VV InvG. Der Bezug auf Sondervermögen mit zusätzlichen Risiken (Hedgefonds) wurde aus Abs. 1 gestrichen, da Hedgefonds gem. diesem Gesetz nunmehr nur noch in Form von Spezial-AIF aufgelegt werden können und Spezial-AIF gem. Abs. 2 nicht als Master- oder Feederfonds an einer Master-Feeder-Struktur beteiligt sein dürfen, wenn an derselben Master-Feeder-Struktur ebenfalls ein Publikumsinvestmentvermögen beteiligt ist. 1

Absatz 2 hat, ebenfalls mit redaktionellen Anpassungen, den Wortlaut des ehemaligen § 95 VIII InvG übernommen. 2

II. Genehmigungserfordernis (§ 171 I, IV)

Gemäß Abs. 1 bedarf die Anlage eines Feederfonds in einen Masterfonds der vorherigen Genehmigung durch die BaFin. Diese Genehmigung ist grundsätzlich neben der gem. § 163 I 1 erforderlichen Genehmigung der Anlagebedingungen des Feederfonds zu beantragen. Es ist jedoch regelmäßig möglich, beide Verfahren parallel zu betreiben. 3

Handelt es sich bei dem potenziellen Feederfonds um einen inländischen OGAW, so ist die Anlage in einem Masterfonds nur dann genehmigungsfähig, sofern es sich bei dem potenziellen Masterfonds um einen OGAW gem. § 1 II handelt. Eine vergleichbare Einschränkung existiert ebenfalls, sofern es sich bei dem potenziellen Feederfonds um ein Sonstiges Investmentvermögen handelt. In diesem Fall ist nur die Anlage in einem Masterfonds zulässig, der ebenfalls als Sonstiges Investmentvermögen ausgestaltet ist. Die grenzüberschreitende Anlage eines Sonstigen Investmentvermögens als Feederfonds in einem Masterfonds ist somit nicht möglich. Aufgrund der jeweiligen Besonderheiten bezüglich ihrer zulässigen Vermögensgegenstände und Anlagevorschriften ist die Bildung von Master-Feeder-Strukturen im Bereich der Gemischten Investmentvermögen und der Immobilien-Sondervermögen ausgeschlossen. 4

Neben der erstmaligen Anlage eines Feederfonds in einem Masterfonds bedarf gem. Abs. 4 auch der Wechsel der Anlage in einen anderen Masterfonds der Genehmigung durch die BaFin. Der Wechsel des Masterfonds hat stets auch eine ebenfalls genehmigungsbedürftige Änderung der Anlagebedingungen des Feederfonds zur Folge. Das auf die Genehmigung der Änderung der Anlagebedingungen des Feederfonds gerichtete Verfahren wird zeitgleich mit dem Genehmigungsverfahren betreffend den Antrag auf Genehmigung des Wechsels des Masterfonds durchgeführt. 5

III. Einbeziehung von Spezialfonds (§ 171 II)

6 Aufgrund ihrer systematischen Stellung betreffen die §§ 171–180 ausschließlich offene Publikumsinvestmentvermögen. Dies wird nochmals durch Abs. 2 verdeutlicht. Absatz 2 legt fest, dass an Master-Feeder-Strukturen, welche Publikumsinvestmentvermögen enthalten, keine Spezialfonds beteiligt sein dürfen. Im Bereich der Spezialfonds können Master-Feeder-Strukturen weiterhin ohne Beachtung der §§ 171–180 errichtet werden. Eine Einbeziehung in den Rechtsrahmen der §§ 171–180 hielt der Gesetzgeber nicht für geboten, da für Spezialfonds aufgrund ihrer Anlagerstruktur kein Schutzregime entsprechend der OGAW-RL-RL erforderlich ist. Dies gilt im Grundsatz auch bei Spezial-AIF mit festen Anlagebedingungen. Es ist jedoch erforderlich, dass der Masterfonds nach dem Grundsatz der Risikomischung angelegt ist. Für diesen Fall enthielt der zwischenzeitlich aufgehobene § 280 eine § 171 IIII entsprechende Regelung.

IV. Dokumentation (§ 171 III, IV)

7 Absatz 3 entspricht inhaltlich dem früheren § 45a II InvG und setzt Art. 59 III der OGAW-RL in nationales Recht um.

8 Anhand der vom Antragsteller gem. Abs. 3 beizubringenden Unterlagen überprüft die BaFin, ob die Anforderungen der §§ 171–180 erfüllt sind. Zu diesem Zweck hat der Antragsteller der BaFin die folgenden Unterlagen zu übermitteln: die Anlagebedingungen oder die Satzung der beteiligten Investmentvermögen sowie deren Verkaufsprospekt und das Basisinformationsblatt gemäß der PRIIPs-VO oder die wesentlichen Anlegerinformationen gem. §§ 164, 166. Seit dem Auslaufen der nach Art. 32 der PRIIPs-VO vorgesehenen Übergangsfrist (am 31.12.2022) ist für alle Investmentvermögen, die nicht ausschließlich an professionelle Anleger vertrieben werden, zwingend ein Basisinformationsblatt zu erstellen; wesentliche Anlegerinformationen haben seitdem nur noch dann Relevanz, wenn Anteile oder Aktien eines OGAW ausschließlich an professionelle Anleger vertrieben werden und kein Basisinformationsblatt gemäß der PRIIPs-VO erstellt wird (BT-Drs. 20/1906, 42). Werden Masterfonds und Feederfonds von unterschiedlichen Verwaltungsgesellschaften verwaltet, so ist die Master-Feeder-Vereinbarung gem. § 175 I 2 einzureichen. Werden beide Investmentvermögen von derselben Verwaltungsgesellschaft verwaltet, so sind dem Antrag die entsprechenden internen Regelungen für die Geschäftstätigkeit gem. § 175 I 3 beizufügen. Darüber hinaus ist der BaFin die Verwahrstellenvereinbarung gem. § 175 II vorzulegen, sofern für Master- und Feederfonds verschiedene Verwahrstellen beauftragt wurden. Des Weiteren muss dem Antrag die Abschlussprüfervereinbarung gem. § 175 III beigefügt werden, falls für Master- und Feederfonds unterschiedliche Abschlussprüfer beauftragt wurden. Werden die Anlagebedingungen eines inländischen Investmentvermögens im Rahmen der Umwandlung in einen Feederfonds erstmals als Anlagebedingungen dieses Feederfonds genehmigt oder wird die Anlage eines Feederfonds in Anteile eines Masterfonds bei einem beabsichtigten Wechsel des Masterfonds erneut genehmigt, so ist der Antrag um die entsprechenden Informationen gem. § 180 II zu erweitern.

9 Handelt es sich bei dem Masterfonds um einen EU-OGAW, so ist es der BaFin nicht möglich, selbst zu prüfen, ob der Masterfonds den Anforderungen dieses Gesetzes bzw. der OGAW-RL entspricht. Daher ist der BaFin in einem solchen Fall gem. Abs. 3 S. 2 eine Bescheinigung der zuständigen Stelle des Herkunftsstaats des

Masterfonds vorzulegen, aus welcher sich ergibt, dass es sich bei dem Masterfonds um einen EU-OGAW handelt, welcher selbst kein Feederfonds ist und keine Aktien oder Anteile an einem Feederfonds hält.

Im Falle eines Antrags auf Genehmigung des Wechsels der Anlage in einen anderen Masterfonds sind der BaFin neben dem Antrag zusätzlich zu den Unterlagen gem. Abs. 3 weitere Informationen zu übermitteln. Gemäß Abs. 4 S. 2 ist der BaFin zusätzlich ein Antrag auf Genehmigung der Änderung der Anlagebedingungen des Feederfonds unter Bezeichnung des Masterfonds und die wesentlichen Änderungen in Verkaufsprospekt und das Basisinformationsblatt gemäß der PRIIPs-VO oder die wesentlichen Anlegerinformationen des Feederfonds zu übersenden. **10**

Fremdsprachige Unterlagen sind mit einer deutschen Übersetzung vorzulegen. Gemäß der bisherigen Verwaltungspraxis der BaFin muss es sich dabei um eine beglaubigte Übersetzung handeln. **11**

V. Genehmigungsverfahren (§ 171 V)

Absatz 5 beinhaltet Regelungen hinsichtlich des Ablaufs des auf die Genehmigung des Feederfonds gerichteten Verfahrens. Anders als die Genehmigung der Änderung der Anlagebedingungen gem. § 163 hat die BaFin den Antrag auf Genehmigung der Anlage eines Feederfonds in einem Masterfonds oder den Antrag auf Genehmigung des Wechsels der Anlage in einen anderen Masterfonds jeweils innerhalb von 15 Arbeitstagen zu bearbeiten. **12**

Sind die Anforderungen der §§ 171–180 erfüllt, erteilt die BaFin innerhalb dieser Frist die Genehmigung gem. Abs. 1 oder Abs. 4. Sofern die gem. Abs. 3 oder Abs. 4 vorzulegenden Unterlagen nicht vollständig sind oder die Anforderungen gem. §§ 171–180 nicht erfüllt sind, teilt die BaFin dies dem Antragsteller innerhalb der Frist von 15 Arbeitstagen mit. Die BaFin hat dem Antragsteller die Gründe bzw. Tatsachen mitzuteilen, aufgrund derer sie die eingereichten Dokumente für unvollständig erachtet oder die Voraussetzungen einer Genehmigung als nicht gegeben ansieht. In diesen Fällen kann die BaFin zusätzliche oder geänderte Unterlagen und Angaben anfordern. Mit Eingang der geänderten oder ergänzten Unterlagen und Angaben bei der BaFin beginnt die Frist von 15 Arbeitstagen erneut zu laufen. **13**

Wird der Antrag gem. Abs. 1 oder Abs. 4 nicht innerhalb der Frist von 15 Arbeitstagen verbeschiedet oder fordert die BaFin von dem Antragsteller nicht innerhalb der Frist von 15 Arbeitstagen geänderte oder ergänzte Unterlagen und Angaben an, so gilt die Genehmigung gem. Abs. 1 oder Abs. 4 als erteilt. Der Antragsteller kann von der BaFin eine Bestätigung der durch Zeitablauf als erteilt geltenden Genehmigung verlangen. **14**

VI. Anlage eines EU-Feeder-OGAW in einem inländischen OGAW als Masterfonds (§ 171 VI)

Absatz 6 hat die Anlage eines EU-Feeder-OGAW in einem inländischen OGAW als Masterfonds zum Gegenstand. **15**

Auf Antrag der EU-OGAW-Verwaltungsgesellschaft oder der inländischen Kapitalverwaltungsgesellschaft, welche den Feederfonds verwaltet, stellt die BaFin eine Bescheinigung über den potenziellen Masterfonds aus. Mit der Bescheinigung bestätigt die BaFin, dass es sich bei dem potenziellen Masterfonds um einen inländischen OGAW handelt, welcher selbst kein Feederfonds ist und keine Anteile an einem Feederfonds hält. Zum Nachweis, dass der potenzielle Masterfonds keine **16**

Anteile an einem Feederfonds hält, hat die Verwahrstelle des potenziellen Masterfonds eine entsprechende Bestätigung auszustellen. Diese ist bei Antragstellung einzureichen und darf in diesem Zeitpunkt nicht älter als zwei Wochen sein.

17 Diese Bescheinigung dient im Rahmen des Genehmigungsverfahrens des Feederfonds vor der zuständigen Stelle im Herkunftsstaat des Feederfonds als Nachweis, dass es sich bei dem potenziellen Masterfonds um einen geeigneten Masterfonds iSd OGAW-RL handelt. Es handelt sich somit um die „spiegelbildliche" Vorschrift zu Abs. 3 S. 2, welcher den umgekehrten Fall zum Gegenstand hat.

§ 172 Besondere Anforderungen an Kapitalverwaltungsgesellschaften

(1) **[1]Verwaltet eine Kapitalverwaltungsgesellschaft Masterfonds und Feederfonds, muss sie so organisiert sein, dass das Risiko von Interessenkonflikten zwischen Feederfonds und Masterfonds oder zwischen Feederfonds und anderen Anlegern des Masterfonds möglichst gering ist. [2]Die Kapitalverwaltungsgesellschaft muss insbesondere geeignete Regelungen zu den Kosten und Gebühren festlegen, die der Feederfonds zu tragen hat. [3]Sie muss gegebenenfalls geeignete Regelungen festlegen zu Rückerstattungen des Masterfonds an den Feederfonds sowie zu den Anteil- oder Aktienklassen des Masterfonds, die von Feederfonds erworben werden können.**

(2) **Bei der Anwendung von angemessenen Grundsätzen und Verfahren gemäß § 26 Absatz 6 zur Verhinderung von Beeinträchtigungen der Marktstabilität und Marktintegrität sind insbesondere angemessene Maßnahmen zur Abstimmung der Zeitpläne für die Berechnung und Veröffentlichung des Wertes von Investmentvermögen, insbesondere von Masterfonds und Feederfonds, zu treffen.**

I. Interessenkonflikte (§ 172 I)

1 Absatz 1 ist die – unter Berücksichtigung der terminologischen Anpassungen des KAGB – inhaltsgleiche Nachfolgeregelung des früheren § 9a III InvG. Sie dient der Umsetzung der Art. 15 und 16 der RL 2010/44/EU.

2 Grundsätzlich sind auch im Falle des Vorliegens einer Master-Feeder-Struktur die allgemeinen Vorschriften zur Vermeidung von Interessenkonflikten anwendbar. So ist die Kapitalverwaltungsgesellschaft verpflichtet, durch wirksame organisatorische und administrative Vorkehrungen und angemessene Maßnahmen zur Ermittlung, Vorbeugung, Beilegung und Beobachtung von Interessenkonflikten zu verhindern, dass Interessenkonflikte den Interessen der von ihr verwalteten Investmentvermögen und den Anlegern schaden (für Details s. die Kommentierung zu § 27).

3 Absatz 1 konkretisiert hierbei die allgemeinen Anforderungen an KGV hinsichtlich der Vermeidung von Interessenkonflikten für den besonderen Fall, dass eine KVG sowohl den Master- als auch den Feederfonds einer Master-Feeder-Struktur verwaltet. Das Risiko der Entstehung von Interessenkonflikten ist in dieser Situation erhöht, da keine zweite KVG vorhanden ist, die ggf. für die Interessen des von ihr verwalteten Investmentvermögens und die Interessen der Anleger dieses Investmentvermögens eintritt.

Daher ist die KVG, die beide beteiligten Investmentvermögen einer Master-Feeder-Struktur verwaltet, verpflichtet, durch ihren organisatorischen Aufbau Interessenkonflikte zwischen Feederfonds und Masterfonds oder zwischen Feederfonds und anderen Anlegern des Masterfonds möglichst zu vermeiden bzw. – wo dies nicht vollständig möglich ist – das Risiko solcher Konflikte möglichst gering zu halten. 4

Zum Schutz der wirtschaftlichen Interessen der Anleger des Feederfonds ist es insb. erforderlich, dass hinsichtlich der vom Feederfonds zu tragenden Kosten Regelungen getroffen werden. Diese Regelungen bezüglich der vom Feederfonds zu tragenden Kosten müssen objektiv begründbar und sachgerecht sein. Dem Feederfonds dürfen nur Kosten auferlegt werden, die durch sachgerechte Erwägungen zu rechtfertigen sind. Hierunter fallen bspw. solche Gebühren, die mit einer Anlage in den Masterfonds verbunden sind, wie dessen Verwaltungsvergütung oder Depotbankgebühren. Grundsätzlich dürfen dem Feederfonds keine Kosten auferlegt werden, die einem sonstigen dritten Anleger nicht auferlegt würden. Werden vom Masterfonds Rückvergütungen an den Feederfonds geleistet, so sind diese ebenfalls zu regeln. Zusätzlich sind des Weiteren noch Regelungen zu treffen, welche Anteilklassen des Masterfonds für Rechnung des Feederfonds erworben werden dürfen 5

Sinnvollerweise sind die oben genannten Regelungen in die internen Regelungen für Geschäftstätigkeiten gem. § 175 I 3 zu integrieren. In jedem Fall ist sicherzustellen, dass die getroffenen Regelungen nachvollziehbar dokumentiert werden. 6

II. Marktstabilität und Marktintegrität (§ 172 II)

Absatz 2 hat die Regelung des früheren § 9 IIIb 2 InvG übernommen und dient der Umsetzung von Art. 60 II der OGAW-RL. 7

Gemäß § 26 VI hat die KVG angemessene Grundsätze und Verfahren anzuwenden, um eine Beeinträchtigung der Marktstabilität und Marktintegrität – insb. durch missbräuchliche Marktpraktiken – zu verhindern. Über diese allgemeinen, für alle Kapitalverwaltungsgesellschaften geltenden Anforderungen hinaus, stellt Absatz 2 besondere Anforderungen an KVG, die einen Master- oder Feederfonds verwalten. In diesem Fall sind die Verwaltungsgesellschaften zusätzlich zu den nach § 26 VI zu treffenden Maßnahmen verpflichtet, sich hinsichtlich der Zeitpläne für die Berechnung und Veröffentlichung des Wertes von Masterfonds und Feederfonds abzustimmen. Auf diese Weise sollen insb. Praktiken wie das sog. Market Timing (das kurzfristige und systematische Spekulieren mit Anteilen an Investmentvermögen unter Ausnutzung von Kursdifferenzen zwischen unterschiedlichen Schlusskursen an verschiedenen Börsenplätzen) und andere Arbitrage-Möglichkeiten verhindert werden. 8

Hierbei ist insb. die sachgerechte Festlegung des Order-Annahmeschlusses von Bedeutung sowie die Berechnung und Veröffentlichung des Anteilwerts nach dem Orderannahmeschluss. Der Orderannahmeschluss des Feederfonds ist hierbei grundsätzlich zeitlich vor dem Orderannahmeschluss der Masterfonds und der Berechnung des Anteilwerts des Masterfonds festzulegen. 9

§ 173 Verkaufsprospekt, Anlagebedingungen, Jahresbericht

(1) Der Verkaufsprospekt eines Feederfonds hat über die Angaben nach § 165 hinaus mindestens folgende Angaben zu enthalten:

1. eine Erläuterung, dass es sich um den Feederfonds eines bestimmten Masterfonds handelt und er als solcher dauerhaft mindestens 85 Prozent seines Wertes in Anteile dieses Masterfonds anlegt,

2. die Angabe des Risikoprofils und die Angabe, ob die Wertentwicklung von Feederfonds und Masterfonds identisch ist oder in welchem Ausmaß und aus welchen Gründen sie sich unterscheiden sowie eine Beschreibung der gemäß § 174 Absatz 1 getätigten Anlagen,

3. eine kurze Beschreibung des Masterfonds, seiner Struktur, seines Anlageziels und seiner Anlagestrategie einschließlich des Risikoprofils und Angaben dazu, wo und wie der aktuelle Verkaufsprospekt des Masterfonds erhältlich ist sowie Angaben über den Sitz des Masterfonds,

4. eine Zusammenfassung der Master-Feeder-Vereinbarung nach § 175 Absatz 1 Satz 2 oder der entsprechenden internen Regelungen für Geschäftstätigkeiten nach § 175 Absatz 1 Satz 3,

5. die Möglichkeiten für die Anleger, weitere Informationen über den Masterfonds und die Master-Feeder-Vereinbarung einzuholen,

6. eine Beschreibung sämtlicher Vergütungen und Kosten, die der Feederfonds auf Grund der Anlage in Anteilen des Masterfonds zu zahlen hat, sowie der gesamten Gebühren von Feederfonds und Masterfonds und

7. eine Beschreibung der steuerlichen Auswirkungen der Anlage in den Masterfonds für den Feederfonds.

(2) [1]Handelt es sich bei dem Feederfonds um einen OGAW, hat die den Feederfonds verwaltende Kapitalverwaltungsgesellschaft der Bundesanstalt vorbehaltlich der Einreichungspflicht nach § 171 Absatz 3 auch Änderungen des Verkaufsprospekts und entweder des Basisinformationsblattes gemäß Verordnung (EU) Nr. 1286/2014 oder der wesentlichen Anlegerinformationen des Masterfonds unverzüglich nach erstmaliger Verwendung einzureichen. [2]Handelt es sich bei dem Feederfonds um ein Sonstiges Investmentvermögen, sind der Bundesanstalt auch die Änderungen des Verkaufsprospekts und des Basisinformationsblattes gemäß Verordnung (EU) Nr. 1286/2014 des Masterfonds gemäß § 316 Absatz 4 mitzuteilen.

(3) Die Anlagebedingungen des Feederfonds müssen die Bezeichnung des Masterfonds enthalten.

(4) [1]Der Jahresbericht eines Feederfonds muss zusätzlich zu den in § 101 Absatz 1 vorgesehenen Informationen eine Erklärung zu den zusammengefassten Gebühren von Feederfonds und Masterfonds enthalten. [2]Er muss ferner darüber informieren, wo der Jahresbericht des Masterfonds erhältlich ist. [3]Der Halbjahresbericht eines Feederfonds muss auch darüber informieren, wo der Halbjahresbericht des Masterfonds erhältlich ist.

(5) Kapitalverwaltungsgesellschaften, die einen Feederfonds verwalten, haben der Bundesanstalt auch für den Masterfonds den Jahres- und Halbjahresbericht unverzüglich nach erstmaliger Verwendung einzureichen.

(6) [1]Der Abschlussprüfer des Feederfonds hat in seinem Prüfungsbericht den Prüfungsvermerk und weitere Informationen nach Artikel 27 Absatz 1 Buchstabe a der Richtlinie 2010/44/EU der Kommission vom 1. Juli 2010 zur Durchführung der Richtlinie 2009/65/EG des Europäischen Parlaments und des Rates in Bezug auf Bestimmungen über Fondsverschmelzungen, Master-Feeder-Strukturen und das Anzeigeverfahren (ABl. L 176 vom 10.7.2010, S. 28, L 179 vom 14.7.2010, S. 16) des Abschlussprüfers des Masterfonds zu berücksichtigen. [2]Haben der Feederfonds und der Masterfonds unterschiedliche Geschäftsjahre, hat der Abschlussprüfer des Masterfonds einen Bericht über die Prüfung der von der Verwaltungsgesellschaft des Masterfonds zu erstellenden Informationen nach Artikel 12 Buchstabe b der Richtlinie 2010/44/EU für den Masterfonds zum Geschäftsjahresende des Feederfonds zu erstellen. [3]Der Abschlussprüfer des Feederfonds hat in seinem Prüfungsbericht insbesondere jegliche in den vom Abschlussprüfer des Masterfonds übermittelten Unterlagen festgestellten Unregelmäßigkeiten sowie deren Auswirkungen auf den Feederfonds zu nennen. [4]Zur Erfüllung der Aufgaben nach diesem Absatz darf der Abschlussprüfer des Masterfonds gegenüber dem Abschlussprüfer des Feederfonds auch personenbezogene Daten offenlegen [5]Die personenbezogenen Daten sind vor der Offenlegung zu pseudonymisieren, es sei denn, dass dies der Aufgabenerfüllung nach diesem Absatz entgegensteht. [6]Der Abschlussprüfer des Feederfonds darf ihm nach Satz 4 offengelegte personenbezogene Daten speichern und verwenden, soweit dies zur Erfüllung seiner Aufgaben nach diesem Absatz erforderlich ist.

Inhaltsübersicht

		Rn.
I.	Allgemeines	1
II.	Mindestangabe im Verkaufsprospekt eines Feederfonds (§ 173 I)	2
III.	Änderungen im Verkaufsprospekt des Masterfonds (§ 173 II)	10
IV.	Anlagebedingungen (§ 173 III)	13
V.	Jahres- und Halbjahresbericht (§ 173 IV)	14
VI.	Information der BaFin (§ 173 V)	18
VII.	Abschlussprüfung (§ 173 VI)	19

I. Allgemeines

1 § 173 betrifft den Verkaufsprospekt, die Anlagebedingungen und den Jahresbericht des Feederfonds. Die hier enthaltenen Regelungen waren unter der Geltung des InvG im Teil „Allgemeine Vorschriften für Sondervermögen" enthalten. Aus systematischen Gründen wurden diese Vorschriften im KAGB im Abschnitt „Master-Feeder-Strukturen" verortet.

II. Mindestangabe im Verkaufsprospekt eines Feederfonds (§ 173 I)

2 Absatz 1 hat mit redaktionellen Anpassungen aufgrund der mit der Umsetzung der AIFM-RL einhergehenden terminologischen und strukturellen Änderungen die Regelungen des früheren § 42 Ia InvG übernommen und geht auf Art. 63 I der OGAW-RL zurück. Die Vorschrift beinhaltet zahlreiche Master-Feeder-spezifische Angaben, die zusätzlich zu den gem. § 165 erforderlichen Informationen in dem

Verkaufsprospekt des Feederfonds enthalten sein müssen. Um ein hohes Schutzniveau für Anleger zu gewährleisten, soll der Anleger in die Lage versetzt werden, sich umfänglich über die besonderen Aspekte einer Master-Feeder-Konstruktion zu informieren.

3 Gemäß Abs. 1 Nr. 1 muss der Prospekt eines Feederfonds die Information enthalten, dass es sich um den Feederfonds eines bestimmten Masterfonds handelt und er als solcher dauerhaft mind. 85% seines Wertes in Anteile dieses Masterfonds anlegt. Dies soll dem Anleger das Grundprinzip einer Master-Feeder-Struktur erläutern sowie darauf hinweisen, dass die Entwicklung des Feederfonds wesentlich von der Entwicklung des Masterfonds abhängt.

4 Daneben muss die Angabe des Risikoprofils und die Angabe, ob die Wertentwicklung von Feederfonds und Masterfonds identisch ist oder in welchem Ausmaß und aus welchen Gründen sie sich unterscheiden, in den Prospekt des Feederfonds aufgenommen werden. Da der Feederfonds dauerhaft mind. 85% seines Werts in Anteile des Masterfonds investieren muss, sind hier regelmäßig weitgehende Übereinstimmungen zu erwarten. Diese Übereinstimmungen sind jedoch nicht zwingend, da die KVG bis zu 15% des Wertes des Feederfonds in Bankguthaben und zu Absicherungszwecken in Derivate anlegen darf. Auf diese Weise können Abweichungen zwischen den Risikoprofilen das Feederfonds und des Masterfonds zustande kommen. Die gem. § 174 I getätigten Anlagen sind in dem Prospekt des Feederfonds ebenfalls zu beschreiben.

5 Da die Entwicklung des Feederfonds im Wesentlichen von der Entwicklung des Masterfonds abhängt, ist es unter Anlegerschutzgesichtspunkten erforderlich, dass sich der Anleger vor einer Anlage in den Feederfonds ebenfalls umfassend über den Masterfonds informieren kann. Aus diesem Grund sieht Abs. 1 Nr. 3 vor, dass der Verkaufsprospekt des Feederfonds stets eine kurze Beschreibung des Masterfonds, seiner Struktur, seines Anlageziels und seiner Anlagestrategie einschließlich des Risikoprofils und Angaben dazu, wo und wie der aktuelle Verkaufsprospekt des Masterfonds erhältlich ist, sowie Angaben über den Sitz des Masterfonds enthalten muss.

6 Sofern der Masterfonds und der Feederfonds von unterschiedlichen KVG verwaltet werden, ist gem. Abs. 1 Nr. 4 eine Zusammenfassung der gem. § 175 I 3 abzuschließenden Master-Feeder-Vereinbarung in den Prospekt aufzunehmen. Werden Masterfonds und Feederfonds von der gleichen KVG verwaltet, so muss der Prospekt eine Zusammenfassung der Regelungen für Geschäftstätigkeiten § 175 II enthalten.

7 Im Interesse einer transparenten Information der Anleger muss der Prospekt gem. Abs. 1 Nr. 5 Möglichkeiten erläutern, wie der Anleger weitere Informationen über den Masterfonds und die Master-Feeder-Vereinbarung einzuholen kann. Da das Gesetz an dieser Stelle keine Vorgaben macht, obliegt es der KVG, einen Informationskanal auszuwählen.

8 Ebenfalls im Sinne größtmöglicher Transparenz dem Anleger gegenüber und um den Anleger vor ungewollten oder ungerechtfertigten Kosten zu schützen, sieht Abs. 1 Nr. 6 vor, dass der Prospekt des Feederfonds eine Beschreibung sämtlicher Vergütungen und Kosten, die der Feederfonds auf Grund der Anlage in Anteilen des Masterfonds zu zahlen hat, sowie der gesamten Gebühren von Feederfonds und Masterfonds enthalten muss.

9 Gemäß Abs. 1 Nr. 7 müssen dem Anleger im Prospekt des Feederfonds die steuerlichen Auswirkungen der Anlage in den Masterfonds für den Feederfonds erläutert werden.

III. Änderungen im Verkaufsprospekt des Masterfonds (§ 173 II)

Absatz 2 S. 1 hat (mit redaktionellen Anpassungen aufgrund der in § 1 enthaltenen Begriffsbestimmungen und der Neustrukturierung der Regelungen des InvG im KAGB) den Wortlaut des früheren § 42 VI 3 InvG übernommen. Dieser dient Umsetzung der Anforderungen gem. Art. 63 III der OGAW-RL. Absatz 2 S. 2 wurde integriert, um den besonderen Anzeigepflichten einer AIF-KVG beim beabsichtigten Vertrieb von inländischen Publikums-AIF im Inland Rechnung zu tragen. Die Regelung wurde aus systematischen Gründen in den Abschnitt Master-Feeder-Strukturen verschoben. **10**

Handelt es sich bei dem Feederfonds um einen OGAW, hat die den Feederfonds verwaltende KVG Änderungen des Verkaufsprospekts bzw. zukünftig des Basisinformationsblatts gem. VO (EU) 1286/2014, soweit ein solches erstellt wurde, der wesentlichen Anlegerinformationen des Masterfonds unverzüglich nach deren erstmaliger Verwendung bei der BaFin einzureichen. Diese Pflicht besteht auch nach der einmaligen Einreichung der für die Genehmigung des Feederfonds erforderlichen Unterlagen gem. § 171 III fort. Da die KVG des Feederfonds die Verantwortung für die Einreichung der entsprechenden Unterlagen des Masterfonds bei der BaFin trägt und somit ggf. Ziel von Sanktionen werden kann, empfiehlt es sich eine korrespondierende Pflicht der Verwaltungsgesellschaft des Masterfonds in die Master-Feeder-Vereinbarung aufzunehmen, wonach die Verwaltungsgesellschaft des Masterfonds die Verwaltungsgesellschaft des Feederfonds über Änderungen des Verkaufsprospekts und der wesentlichen Anlegerinformationen bzw. zukünftig des Basisinformationsblatts gem. VO (EU) 1286/2014, soweit ein solches erstellt wurde, stets informieren muss. **11**

Die KVG eines Feeder-AIF ist gem. Abs. 2 S. 2 verpflichtet, der BaFin auch die Änderungen des Verkaufsprospekts und des Basisinformationsblattes gemäß der PRIIPs-VO (das seit dem 1.1.2023 bei einem Vertrieb, der sich nicht ausschließlich an professionelle Anleger richtet, zwingend erforderlich ist) oder der wesentlichen Anlegerinformationen bzw. zukünftig des Basisinformationsblatts gem. VO (EU) 1286/2014, soweit ein solches erstellt wurde, des Masterfonds gem. § 316 Abs. 4 mitzuteilen. Die KVG muss der BaFin daher die Änderung schriftlich mitteilen und ggf. zeitgleich aktualisierte Angaben und Unterlagen übermitteln. Geplante Änderungen sind der BaFin mind. 20 Arbeitstage vor Durchführung der Änderung mitzuteilen, ungeplante Änderungen unverzüglich nach deren Eintreten. Der Verstoß gegen diese Bestimmungen kann unter Umständen dazu führen, dass die BaFin die Durchführung der Änderungen verbietet oder auch den Vertrieb der Anteile des betroffenen AIF einstweilen untersagt. **12**

IV. Anlagebedingungen (§ 173 III)

Absatz 3 hat den Wortlaut des ehemaligen § 43 IV Nr. 11 InvG in das KAGB übernommen. § 43 IVIV Nr. 11 InvG diente der Umsetzung von Art. 59 I der OGAW-RL. Demnach haben die zuständigen Behörden eine Anlage als Feederfonds in einen Masterfonds zu genehmigen. Hieraus ergibt sich auf zivilrechtlicher Ebene, dass die Vertragsbedingungen des Feederfonds eine entsprechende Festlegung beinhalten müssen, wonach es sich bei dem betreffenden Investmentvermögen um einen Feederfonds handelt, der mehr als 85% seines Vermögens in den jeweiligen Masterfonds angelegt. Dieser ist ebenfalls in den Vertragsbedingungen zu benennen. **13**

V. Jahres- und Halbjahresbericht (§ 173 IV)

14 In Abs. 4 wurden aus systematischen Gründen verschiedene Regelungen zusammengeführt, welche den Jahres- und Halbjahresbericht eines Feederfonds betreffen.

15 Absatz 4 S. 1 hat die Regelung des früheren § 41 VII InvG, welcher der Umsetzung von Art. 63 II UAbs. 2 der OGAW-RL-RL diente, in das KAGB übernommen. Der Jahresbericht eines Feederfonds muss grundsätzlich sämtliche gem. § 101 I erforderlichen Informationen erhalten. Eine Master-Feeder-Konstruktion bietet aufgrund der zwei unterschiedlichen Ebenen, der des Master- und der des Feederfonds, ein erhöhtes Risiko für hohe oder intransparente Kosten. Um diesem Risiko entgegenzuwirken bzw. um gegenüber dem Anleger volle Kostentransparenz zu schaffen, muss der Jahresbericht des Feederfonds zusätzlich zu den Angaben gem. § 101 I auch eine Erklärung zu den zusammengefassten Gebühren von Feederfonds und Masterfonds enthalten.

16 Absatz 4 S. 2 überführt den Wortlaut des aufzuhebenden § 44 II 4 InvG in das KAGB und dient damit der Umsetzung von Art. 63 II UAbs. 2 der OGAW-RL. Um dem Anleger den Zugriff auf weiterführende Unterlagen des Masterfonds zu erleichtern, muss der Jahresbericht des Feederfonds Informationen darüber enthalten, wo der Jahresbericht des Masterfonds erhältlich ist.

17 Absatz 4 S. 3 übernimmt wortgleich den Wortlaut von § 44 II 3 InvG und setzt ebenfalls Art. 63 II UAbs. 2 der OGAW-RL in deutsches Recht um. In Ergänzung zu Abs. 4 S. 2 bestimmt Abs. 4 S. 3, dass im Halbjahresbericht eines Feederfonds die Information enthalten sein muss, wo der Halbjahresbericht des Masterfonds erhältlich ist.

VI. Information der BaFin (§ 173 V)

18 Kapitalverwaltungsgesellschaften, die einen Feederfonds verwalten, sind verpflichtet, der BaFin auch für den Masterfonds den Jahres- und Halbjahresbericht unverzüglich nach erstmaliger Verwendung einzureichen. Aus diesem Grund empfiehlt es sich, innerhalb der Master-Feeder-Vereinbarung entsprechende vertragliche Abreden zu treffen, wonach der KVG des Feederfonds die erforderlichen Berichte stets zeitnah übermittelt werden.

VII. Abschlussprüfung (§ 173 VI)

19 Absatz 6 stellt die nahezu inhaltsgleiche Nachfolgenorm des früheren § 44 Va InvG dar. Mit dieser Vorschrift wird Art. 62 II der OGAW-RL in deutsches Recht umgesetzt. Demnach ist der Abschlussprüfer der Feederfonds stets verpflichtet, den Prüfungsvermerk des Abschlussprüfers des Masterfonds in seinem Prüfbericht zu berücksichtigen. Da ein Prüfungsbericht nach deutschem Muster in vielen Ländern unüblich ist bzw. meist aus einem Prüfungsvermerk besteht, existiert gem. Art. 12 Buchst. b RL 2010/42/EG die Möglichkeit, alle erforderlichen Informationen in die Abschlussprüfervereinbarung aufzunehmen und so dem Abschlussprüfer des Feederfonds den Zugang zu den erforderlichen Informationen zu sichern. Sofern die Geschäftsjahre von Master- und Feederfonds nicht übereinstimmen, muss der Abschlussprüfer des Masterfonds zum Geschäftsjahresende des Feederfonds einen Bericht erstellen, welcher die oben genannten Informationen beinhaltet. Anderenfalls könnte der Abschlussprüfer des Feederfonds seinen gesetzlichen Pflichten nicht

nachkommen. Diese Pflicht zur Erstellung eines zusätzlichen Berichts ist ggf. in der Abschlussprüfervereinbarung festzuhalten.

Zu diesen Informationen zählen insb. sämtliche Unregelmäßigkeiten auf Ebene des Masterfonds, wie Verstöße gegen Rechtsnormen oder die Vertragsbedingungen. Diese Unregelmäßigkeiten und ihre Auswirkungen auf den Feederfonds hat der Abschlussprüfer des Feederfonds in seinen Prüfbericht aufzunehmen. 20

Abschließend stellen S. 4–6 klar, dass unter deutschem Recht weder der Abschlussprüfer des Masterfonds noch der Abschlussprüfer des Feederfonds durch die mit der Übermittlung bzw. Entgegennahme der relevanten Informationen über den Masterfonds vertragliche oder durch Rechts- oder Verwaltungsvorschrift vorgesehene Bestimmungen verletzen, die die Offenlegung von Informationen einschränken oder die den Datenschutz betreffen. Insbesondere darf der Abschlussprüfer des Masterfonds gegenüber dem Abschlussprüfer des Feederfonds auch personenbezogene Daten offenlegen, soweit dies zur Erfüllung der Aufgaben des Abschlussprüfers des Feederfonds erforderlich ist – diese sind jedoch, soweit dies möglich ist, zu pseudonymisieren. Der Abschlussprüfer des Feederfonds ist im Rahmen seines Mandats zur Speicherung und Verwendung der Daten berechtigt. 21

§ 174 Anlagegrenzen, Anlagebeschränkungen, Aussetzung der Anteile

(1) [1]**Die Kapitalverwaltungsgesellschaft hat für einen Feederfonds ungeachtet der Anlagegrenzen nach § 207 Absatz 1, § 210 Absatz 3 und § 221 Absatz 3 mindestens 85 Prozent des Wertes des Feederfonds in Anteile eines Masterfonds anzulegen.** [2]**Der Feederfonds darf erst dann über die Anlagegrenzen nach § 207 Absatz 1, § 210 Absatz 3 und § 221 Absatz 3 hinaus in Anteile eines Masterfonds anlegen, wenn die Genehmigung nach § 171 erteilt worden ist und die Master-Feeder-Vereinbarung nach § 175 Absatz 1 und, falls erforderlich, die Verwahrstellenvereinbarung nach § 175 Absatz 2 und die Abschlussprüfervereinbarung nach § 175 Absatz 3 wirksam geworden sind.** [3]**Die Kapitalverwaltungsgesellschaft darf bis zu 15 Prozent des Wertes des Feederfonds anlegen in**

1. **Bankguthaben nach § 195, sofern diese täglich verfügbar sind, und**
2. **Derivate nach § 197 Absatz 1, sofern diese ausschließlich für Absicherungszwecke verwendet werden.**

[4]**§ 112 Absatz 2 Satz 1 und 2 bleibt unberührt.**

(2) **Die Kapitalverwaltungsgesellschaft darf für Rechnung eines Masterfonds keine Anteile an einem Feederfonds halten.**

(3) **Die Kapitalverwaltungsgesellschaft muss für die Zwecke der Einhaltung des § 197 Absatz 2 das Marktrisikopotenzial eines Feederfonds berechnen aus der Kombination seines Marktrisikopotenzials durch den Einsatz von Derivaten nach Absatz 1 Satz 3 Nummer 2 mit**

1. **dem tatsächlichen Marktrisikopotenzial des Masterfonds durch den Einsatz von Derivaten im Verhältnis zur Anlage des Feederfonds in dem Masterfonds oder**
2. **dem höchstmöglichen Marktrisikopotenzial des Masterfonds durch den Einsatz von Derivaten gemäß seiner Anlagebedingungen oder seiner Satzung im Verhältnis zur Anlage des Feederfonds in dem Masterfonds.**

(4) **Wird die Rücknahme der Anteile eines Masterfonds zeitweilig ausgesetzt, ist die den Feederfonds verwaltende Kapitalverwaltungsgesellschaft abweichend von § 98 Absatz 2 Satz 1 oder § 116 Absatz 2 Satz 6 dazu berechtigt, die Rücknahme der Anteile des Feederfonds während des gleichen Zeitraums auszusetzen.**

I. Allgemeines

1 § 174 hat aus systematischen Gründen die früheren §§ 63a, 50 III, 51 IIa und 37 IIa InvG einheitlich in einer gemeinsamen Norm im Abschnitt „Master-Feeder-Strukturen" zusammengeführt. Somit finden sich nun die Regelungen hinsichtlich Anlagegrenzen, Anlagebeschränkungen, Marktrisikopotenzial und der Aussetzung der Rücknahme von Anteilen am Feederfonds in einer Norm.

II. Anlagegrenzen und Anlagebeschränkungen (§ 174 I)

2 Absatz 1 S. 1 dient der Umsetzung von Art. 58 II der OGAW-RL. Er trägt der Besonderheit einer Master-Feeder-Konstruktion Rechnung, wonach der 85% des Werts des Feederfonds in Anteile an dem Masterfonds anzulegen sind. Insoweit stellt Abs. 1 S. 1 für die Investition in Anteile an dem Masterfonds eine Sonderegel zu den in den §§ 207 I, 210 III und 221 III normierten Anlagegrenzen dar. Für die übrigen, für einen Feederfonds zulässigerweise erwerbbaren Vermögensgegenstände gelten diese Normen – sofern anwendbar – jedoch grundsätzlich fort.

3 Absatz 1 Satz 2 dient der Umsetzung von Art. 60 I UAbs. 2 S. 1, 61 I UAbs. 2 und 62 I UAbs. 2 der OGAW-RL. Demnach ist ein Überschreiten der vorgenannten Anlagegrenzen hinsichtlich der Anteile an dem Masterfonds erst dann zulässig, wenn die BaFin die Genehmigung gem. § 171 erteilt hat.

4 Somit ist das Überschreiten der Anlagegrenzen nach §§ 207 I, 210 III und 221 III erst ab dem Zeitpunkt zulässig, ab welchem die BaFin die Genehmigung der Anlage des Feederfonds in Anteile am Masterfonds erteilt hat. Auf diese Weise wird sichergestellt, dass sämtliche Anforderungen an eine Master-Feeder-Struktur erfüllt sind, bevor der Feederfonds über die allgemeinen Anlagegrenzen hinaus Anteile am Masterfonds erwerben kann.

5 Die S. 3 und 4 setzen Art. 58 II UAbs. 1 der OGAW-RL in deutsches Recht um. Da auch ein Feederfonds stets ein gewisses Maß an Liquidität vorhalten muss, bspw. zur Erfüllung von Rücknahmeverlangen, darf die KVG einen Teil des Werts des Feederfonds als Bankguthaben halten. Das Bankguthaben muss dabei die Anforderungen des § 195 erfüllen. Dies bedeutet, dass das Bankguthaben eine max. Laufzeit von höchstens zwölf Monaten haben darf und auf Sperrkonten zu führen ist. Die Konten sind bei einem Kreditinstitut mit Sitz in einem Mitgliedstaat der EU, einem anderen Vertragsstaat des Abkommens über den EWR oder in einem Drittstaat, dessen Aufsichtsbestimmungen nach Auffassung der BaFin denjenigen des Rechts der EU gleichwertig sind, zu führen.

6 Daneben ist es zulässig, Derivate iSd § 197 I für Rechnung des Feederfonds abzuschließen. Da durch den Einsatz von Derivaten die grundsätzliche Nachbildung der Anlagepolitik des Masterfonds nicht verändert werden soll, dürfen Derivate ausschließlich zu Absicherungszwecken eingesetzt werden. Abgesichert werden dürfen jedoch grundsätzlich sowohl die eigenen Risiken des Feederfonds als auch solche des Masterfonds. Hierbei darf es sich nur um solche Derivate oder Finanzinstrument mit derivativer Komponente handeln, die von Wertpapieren, Geldmarktinstrumen-

ten, Investmentanteilen gem. § 196, Finanzindizes iSd Art. 9 I der RL 2007/16/EG, Zinssätzen, Wechselkursen oder Währungen, in die der Feederfonds nach seinen Anlagebedingungen investieren darf, abgeleitet sind.

Die kumulierten Werte des für Rechnung des Feederfonds gehaltenen Bankguthabens sowie der vorgenannten Derivate dürfen 15% des Werts des Feederfonds nicht übersteigen.

Unberührt bleiben die Regelungen des § 112 II 1 und 2. Demnach ist es auch 7 einer intern verwalteten Feeder-InvAG mit veränderlichem Kapital gestattet, ein Investmentbetriebsvermögen zu bilden, sofern zu dessen Bildung kein Kapital aus der Begebung von Anlageaktien genutzt wird.

III. Anlagebeschränkung hinsichtlich Anteilen an Feederfonds (§ 174 II)

Gemäß Abs. 2 darf eine KVG für Rechnung eines Masterfonds weder Anteile an 8 einem Feederfonds halten noch erwerben. Dies ergibt sich direkt aus Definition des Masterfonds bzw. Master-OGAW gem. Art. 58 III Buchst. c der OGAW-RL.

IV. Marktrisikopotenzial (§ 174 III)

Absatz 3 hat die Regelung des früheren § 51 IIa InvG übernommen und setzt 9 Art. 58 II UAbs. 2 der OGAW-RL in deutsches Recht um.Die KVG eines Feederfonds ist verpflichtet, sicherzustellen, dass sich das Marktrisikopotenzial des von ihr verwalteten Feederfonds durch den Einsatz von Derivaten und Finanzinstrumenten mit derivativer Komponente höchstens verdoppelt. Da der Feederfonds mind. 85% seines Fondsvermögens in Anteile am Masterfonds investieren muss, hängt das Marktrisikopotenzial des Feederfonds stark von demjenigen des Masterfonds ab. Vor diesem Hintergrund ist es zwingend, das Marktrisikopotenzial des Masterfonds in die Berechnung des Marktrisikopotenzials des Feederfonds einzubeziehen. Dies kann nach zwei unterschiedlichen Methoden erfolgen, deren Auswahl der KVG des Feederfonds obliegt.

Gemäß Abs. 3 Nr. 1 kann die KVG das Marktrisikopotenzial eines Feederfonds aus der Kombination des Marktrisikopotenzials des Feederfonds durch den Einsatz von Derivaten mit dem tatsächlichen Marktrisikopotenzial des Masterfonds durch den Einsatz von Derivaten berechnen. Hierbei muss zusätzlich das Verhältnis der Anlage des Feederfonds in den Masterfonds berücksichtigt werden.

Ebenfalls möglich ist es gem. Abs. 3 Nr. 2, das Marktrisikopotenzial des Feederfonds aus der Kombination seines Marktrisikopotenzials durch den Einsatz von Derivaten mit dem höchstmöglichen Marktrisikopotenzial des Masterfonds durch den Einsatz von Derivaten gem. seiner Anlagebedingungen oder seiner Satzung zu berechnen. Wie bei der Methode gem. Abs. 3 Nr. 1 ist der Berechnung das Verhältnis der Anlage des Feederfonds in dem Masterfonds zugrunde zu legen.

Die Berechnung als solche richtet sich auch für einen Feederfonds nach den Vor- 10 schriften der DerivateV. Demnach steht der KVG gem. § 7 DerivateV der qualifizierte Ansatz auf Basis eines Vergleichsvermögens (relativer „Value at Risk"-Ansatz) oder dem Wert des Feederfonds (absoluter „Value at Risk"-Ansatz) zur Verfügung. Nutzt die KVG den absoluten „Value at Risk"-Ansatz, so kann dies im Rahmen einer gesamthaften Berechnung auf Basis aller für Rechnung des Master- und des Feederfonds gehaltenen Vermögensgegenstände erfolgen. Alternativ können die verschiedenen Marktrisikopotenziale der beiden Investmentvermögen getrennt berechnet werden und auf Basis des Anteils der Anteile am Masterfonds am Wert des Feederfonds saldiert werden. Da der Feederfonds neben den Anteilen am Masterfonds nur in Liquidität und Derivate investieren darf, erscheint es bei Wahl des relativen „Value at Risk"-Ansatzes zweckmäßig, für den Feederfonds das gleiche Vergleichsmögen heranzuziehen wie für den Masterfonds und dieses entsprechend der Investitionsquote des Feederfonds in den Masterfonds dem Vergleich zugrunde zu legen.

11 Gemäß § 15 DerivateV kann zur Berechnung des Markrisikopotenzials auch der einfache Ansatz auf Basis des Werts des Investmentvermögens genutzt werden.

12 Bei der Auswahl der Methode erscheint es zweckmäßig, sich an der Berechnungsmethode des Masterfonds zu orientieren, dies ist jedoch nicht zwingend vorgeschrieben. In jedem Fall zwingend ist es jedoch, in der Master-Feeder-Vereinbarung sicherzustellen, dass die KVG entsprechend des von ihr gewählten Ansatzes zur Berechnung des Marktrisikopotenzials ausreichend Informationen von dem Masterfonds erhält, um eine ordnungsgemäße Berechnung des Marktrisikopotenzials des Feederfonds sicherzustellen.

V. Rücknahmeaussetzung (§ 174 IV)

13 Absatz 4 setzt wie seine inhaltsgleiche Vorgängerregelung (§ 31 IIa InvG) Art. 60 III der OGAW-RL in deutsches Recht um.

Da der Feederfonds mind. 85% seines Werts in Anteile am Masterfonds investieren muss, ist er im Falle von Rücknahmeanträgen seiner Anleger darauf angewiesen, seinerseits Anteile am Masterfonds zurückgeben zu können. Die Fähigkeit des Feederfonds, Anteile an seine Anleger zurückzugeben, ist damit untrennbar mit der Rücknahmefähigkeit des Masterfonds verbunden. Aus diesem Grund ist die KVG auch nicht verpflichtet, die ansonsten gem. § 98 II 1 bzw. § 116 II 6 im Fall der Aussetzung der Rücknahme erforderliche Interessenabwägung zwischen den Interessen der Anleger und den übrigen betroffenen Interessen vorzunehmen. Eine solche Abwägung wird regelmäßig bereits bei der Entscheidung über die Aussetzung der Rücknahme von Anteilen am Masterfonds getätigt und ist daher aufgrund der engen Verbindung von Master- und Feederfonds auf Ebene des Feederfonds nicht mehr erforderlich.

§ 175 Vereinbarungen bei Master-Feeder-Strukturen

(1) [1]**Die Kapitalverwaltungsgesellschaft des inländischen Masterfonds hat der Verwaltungsgesellschaft des Feederfonds alle Unterlagen und Informationen zur Verfügung zu stellen, die diese benötigt, um die Anforderungen an einen Feederfonds nach diesem Gesetz oder der zur Umsetzung der Richtlinie 2009/65/EG erlassenen Vorschriften des Herkunftsstaates des Feederfonds zu erfüllen.** [2]**Beide Verwaltungsgesellschaften haben hierüber eine Vereinbarung gemäß den Artikeln 8 bis 14 der Richtlinie 2010/44/EU abzuschließen (Master-Feeder-Vereinbarung).** [3]**Werden Masterfonds und Feederfonds von der gleichen Kapitalverwaltungsgesellschaft verwaltet, kann die Vereinbarung durch interne Regelungen für Geschäftstätigkeiten unter Berücksichtigung der in den Artikeln 15 bis 19 der Richtlinie 2010/44/EU genannten Inhalte ersetzt werden.**

(2) **Wenn für Masterfonds und Feederfonds unterschiedliche Verwahrstellen beauftragt wurden, haben diese eine Vereinbarung gemäß den Artikeln 24 bis 26 der Richtlinie 2010/44/EU über den Informationsaustausch abzuschließen, um sicherzustellen, dass beide ihre Pflichten erfüllen (Verwahrstellenvereinbarung).**

(3) **Wurden für Masterfonds und Feederfonds unterschiedliche Abschlussprüfer bestellt, haben diese eine Vereinbarung gemäß den Artikeln 27 und 28 der Richtlinie 2010/44/EU über den Informationsaustausch und die Pflichten nach § 173 Absatz 6 Satz 1 bis 3 abzuschließen, um sicherzustellen, dass beide Abschlussprüfer ihre Pflichten erfüllen (Abschlussprüfervereinbarung).**

Inhaltsübersicht

	Rn.
I. Allgemeines	1
II. Master-Feeder-Vereinbarung (§ 175 I 1, 2)	3
1. Allgemeines	3
2. Inhalt	4
a) Zugang zu Informationen	5
b) Anlage- und Veräußerungsbasis des Feederfonds	12
c) Standardvereinbarungen	15
d) Ereignisse mit Auswirkungen auf Handelsvereinbarungen	24
e) Standardvereinbarungen für den Prüfbericht	27
f) Änderungen von Dauervereinbarungen	30
III. Interne Regeln für Geschäftstätigkeit (§ 175 I 3)	38
IV. Verwahrstellenvereinbarung (§ 175 II)	41
1. Allgemeines	41
2. Inhalt	42
a) Informationsaustausch	42
b) Wahl des anzuwenden Rechts	49
c) Berichterstattung über Unregelmäßigkeiten	51
V. Abschlussprüfervereinbarung (§ 173 III)	54
1. Allgemeines	54
2. Inhalt	55
a) Informationsaustausch	55
b) Wahl des anzuwendenden Rechts	63

I. Allgemeines

§ 175 verpflichtet die an einer Master-Feeder-Struktur beteiligten Verwaltungsgesellschaften, Verwahrstellen und Abschlussprüfer zur Sicherstellung der Anforderungen der §§ 171–180 bzw. der Anforderungen der OGAW-RL, mit ihrer jeweiligen Gegenpartei entsprechende Vereinbarungen abzuschließen. Der Anwendungsbereich erstreckt sich über Master-Feeder-Strukturen, an welchen richtlinienkonforme Investmentvermögen beteiligt sind, auch auf Master-Feeder-Strukturen unter Beteiligung nicht-richtlinienkonformer Investmentvermögen. Die Verweise auf die RL 2010/44/EU finden insoweit entsprechend Anwendung. 1

§ 175 hat mit redaktionellen Anpassungen aufgrund der geänderten Terminologie den Wortlaut des früheren § 45b InvG übernommen. 2

II. Master-Feeder-Vereinbarung (§ 175 I 1, 2)

3 **1. Allgemeines.** Absatz 1 dient der Umsetzung von Art. 60 I der OGAW-RL. Adressat der Verpflichtung sind die Verwaltungsgesellschaften gem. § 1 XIV des Master- und des Feederfonds. Somit ist im Fall der externen Verwaltung die externe Verwaltungsgesellschaft betroffen, im Falle der internen Verwaltung das Investmentvermögen selbst.

4 **2. Inhalt.** Der Inhalt einer Master-Feeder-Vereinbarung ergibt sich aus den Art. 8–14 der RL 2010/44/EU. Es handelt sich hierbei jedoch nur um eine Definition der in jedem Fall erforderlichen Mindestinhalte. Den beteiligten Verwaltungsgesellschaften soll grds. bei der Gestaltung der Master-Feeder-Vereinbarung ein gewisser Spielraum zugestanden werden. Auf diese Weise soll sichergestellt werden, dass die Verwaltungsgesellschaften den Besonderheiten des Einzelfalls stets angemessen Rechnung tragen können.

5 **a) Zugang zu Informationen.** Im Sinne einer effektiven Überwachung der Aktivitäten des Masterfonds und um seine Anleger in abgemessener Weise gem. den gesetzlichen Anforderungen zu informieren, benötigt der Feederfonds verschiedene Informationen von und über den Masterfonds. Aus diesem Grund sind gem. Art. 8 der RL 2010/44/EG hinsichtlich des Zugangs zu Informationen die folgenden Mindestinhalte in die Master-Feeder-Vereinbarung aufzunehmen.

6 Aus der Master-Feeder-Vereinbarung muss sich ergeben, in welcher Form und zu welchem Zeitpunkt der Masterfonds dem Feederfonds Kopien seiner Vertragsbedingungen bzw. Satzung, des Prospekts und der wesentlichen Informationen für den Anleger zur Verfügung stellt.

7 Daneben ist festzulegen, in welcher Form und zu welchem Zeitpunkt der Masterfonds den Feederfonds über die Übertragung von Aufgaben des Investment- und Risikomanagements durch die Verwaltungsgesellschaft des Masterfonds bzw. den Masterfonds selbst an Dritte gem. Art. 13 der OGAW-RL unterrichtet.

8 Sofern relevant, sind Regelungen aufzunehmen, in welcher Form und zu welchem Zeitpunkt der Masterfonds dem Feederfonds interne Betriebsdokumente zur Verfügung stellt. Hierunter fallen insb. die Beschreibung des Risikomanagement-Verfahrens und Compliance-Berichte. Von Relevanz sind solche Dokument, sofern sie in Zusammenhang mit der Investition des Feederfonds in den Masterfonds stehen und der Feederfonds ein berechtigtes Interesse – bspw. aufgrund eigener Informationsverpflichtungen – an der Kenntnis dieser Informationen hat.

9 Zusätzlich muss vereinbart werden, welche Angaben zu Verstößen des Masterfonds gegen Rechtsvorschriften, Vertragsbedingungen oder Satzung und die Vereinbarung zwischen Masterfonds und Feederfonds der Masterfonds dem Feederfonds meldet. Insbesondere sind Regelungen hinsichtlich der Modalitäten und des Zeitpunkts (zB anlassbezogen unverzüglich oder turnusgemäß) einer solchen Meldung zu fixieren.

10 Investiert der Feederfonds zu Sicherungszwecken in derivative Finanzinstrumente, so ist der Feederfonds bei der Ermittlung seines eigenen Gesamtrisikos gem. Art. 58 II UAbs. 2 Buchst. a der OGAW-RL auch auf Informationen über die Risiken des Masterfonds angewiesen. Daher muss die Master-Feeder-Vereinbarung regeln, wie und wann der Masterfonds dem Feederfonds Informationen über seine tatsächliche Risikoexponierung gegenüber derivativen Finanzinstrumenten zur Verfügung stellt.

Des Weiteren muss die Master-Feeder-Vereinbarung eine Erklärung des Masterfonds bzw. dessen Verwaltungsgesellschaft enthalten, der zufolge der Feederfonds bzw. seine Verwaltungsgesellschaft über jegliche weitere Vereinbarungen des Masterfonds bzw. seiner Verwaltungsgesellschaft über den Informationsaustausch mit Dritten unterrichtet wird, und ggf. wie und wann diese Vereinbarungen über den Informationsaustausch übermittelt werden. 11

b) Anlage- und Veräußerungsbasis des Feederfonds. Da der Feederfonds mind. 85% seines Fondsvermögens in Anteile am Masterfonds investieren muss, finden naturgemäß die meisten Kauf- und Verkaufshandlungen des Feederfonds in diesem Verhältnis statt. Aufgrund dessen enthält die RL 2010/44/EG besondere Vorgaben hinsichtlich der Modalitäten dieser Geschäfte. Hinsichtlich der Anlage- und Veräußerungsbasis des Feederfonds muss die Master-Feeder-Vereinbarung ua die Angabe beinhalten, in welche Anteilklassen des Masterfonds der Feederfonds investieren darf. 12

Zur Verhinderung von Interessenkonflikten und zur Herstellung einer transparenten Kostenstruktur ist es erforderlich, Kosten und Aufwendungen, die vom Feederfonds zu tragen sind, sowie Nachlässe oder Rückvergütungen von Gebühren oder Aufwendungen des Masterfonds in der Master-Feeder-Vereinbarung im Vorhinein festzulegen. 13

Sofern die Übertragung von Sacheinlagen grds. möglich ist, sind die Modalitäten für jegliche anfängliche oder spätere Übertragung von Sacheinlagen vom Feederfonds auf den Masterfonds festzulegen. 14

c) Standardvereinbarungen. Unter dem Sammelbegriff der Standardvereinbarungen formuliert die RL 2010/44/EG Anforderungen an die Master-Feeder-Vereinbarung, welche die grundsätzliche Funktionalität der Master-Feeder-Struktur im Innenverhältnis zwischen Master- und Feederfonds bzw. den jeweiligen Verwaltungsgesellschaften betreffen. 15

Um missbräuchliche Marktpraktiken wie bspw. Market Timing zu verhindern, müssen sich die beteiligen Verwaltungsgesellschaften bzw. die Investmentvermögen selbst in der Master-Feeder-Vereinbarung hinsichtlich der Häufigkeit und des Zeitplans für die Berechnung des Nettoinventarwerts und die Veröffentlichung der Anteilpreise des Master- und des Feederfonds abstimmen. 16

Daneben ist eine Abstimmung hinsichtlich der Weiterleitung von Aufträgen durch den Feederfonds, ggf. einschließlich einer Beschreibung der Rolle der für die Weiterleitung zuständigen Personen oder Dritter, erforderlich. 17

Sind Masterfonds, Feederfonds oder beide Investmentvermögen auf einem Sekundärmarkt notiert oder werden dort gehandelt, so muss dies in der Master-Feeder-Vereinbarung entsprechend unter Berücksichtigung der jeweiligen Regularien, denen der betreffende Sekundärmarkt unterworfen ist, berücksichtigt werden. 18

Sofern im Rahmen des jeweiligen konkreten Einzelfalls erforderlich, sind weitere angemessene Maßnahmen, die nötig sind, um Market Timing mit den Anteilen von Master- oder Feederfonds und Arbitrage-Möglichkeiten zu verhindern, vertraglich zu fixieren. 19

Lauten die Anteile von Feederfonds und Masterfonds auf unterschiedliche Währungen, so ist die Grundlage für die Umrechnung von Aufträgen festzulegen. 20

Es sind Abwicklungszyklen und Zahlungsmodalitäten für Kauf und Zeichnung sowie Rücknahme oder Auszahlung von Anteilen des Masterfonds durch den Feederfonds zu vereinbaren. Für die Erledigung von Auszahlungsaufträgen im 21

Wege der Übertragung von Sacheinlagen vom Masterfonds auf den Feederfonds sind insb. in den in Art. 60 IV und V der OGAW-RL genannten Fällen der Liquidation und der Verschmelzung die Modalitäten zu berücksichtigen.

22 Zwischen den Vertragsparteien der Master-Feeder-Vereinbarung sind Verfahren zur Gewährleistung einer angemessenen Bearbeitung von Anfragen und Beschwerden der Anteilinhaber zu etablieren. Insbesondere sind Bearbeitungsfristen und Informationsrechte zu regeln.

23 Sehen Vertragsbedingungen oder Satzung und Prospekt des Masterfonds bestimmte Rechte oder Befugnisse in Bezug auf die Anteilinhaber vor und beschließt der Masterfonds bzw. seine Verwaltungsgesellschaft in Bezug auf den Feederfonds alle oder bestimmte Rechte und Befugnisse nur in beschränktem Maße oder gar nicht wahrzunehmen, so ist in die Master-Feeder-Vereinbarung eine Beschreibung der einschlägigen Modalitäten aufzunehmen.

24 **d) Ereignisse mit Auswirkungen auf Handelsvereinbarungen.** Treten Ereignisse ein, die den normalen Geschäftsgang zwischen Master- und Feederfonds beeinträchtigen, so sind Regelungen für den Umgang mit derartigen Störungen zu finden, die einen gerechten Interessenausgleich sicherstellen und insb. die Wahrung der Rechte der Anleger sicherstellen.

25 Die Master-Feeder-Vereinbarung muss für den Fall, dass es zu einer befristeten Aussetzung und Wiederaufnahme von Rücknahme, Auszahlung, Kauf oder Zeichnung von Anteilen eines der beteiligten Investmentvermögen kommt, Modalitäten und einen Zeitplan für die Mitteilung dieser Tatsachen beinhalten.

26 Daneben müssen Vorkehrungen für Meldung und Korrektur von Fehlern bei der Preisfestsetzung im Masterfonds getroffen werden. Hinsichtlich der Korrektur sind insb. geeignete Verfahren zur Berechnung etwaiger Schäden und daran anknüpfend Entschädigungsverfahren zu etablieren.

27 **e) Standardvereinbarungen für den Prüfbericht.** Der Feederfonds bzw. dessen Verwaltungsgesellschaft ist bei der Erstellung der Jahres- und Halbjahresberichte für den Feederfonds wesentlich darauf angewiesen, entsprechende Informationen über den Masterfonds zur Verfügung gestellt zu bekommen. Dementsprechend muss der erforderliche Informationsaustausch vertraglich sichergestellt werden.

28 Haben Feeder- und Masterfonds die gleichen Rechnungsjahre, muss in der Master-Feeder-Vereinbarung eine Abstimmung der Erstellung der regelmäßigen Berichte erfolgen.

29 Haben Feeder- und Masterfonds unterschiedliche Rechnungsjahre, sind Regelungen hinsichtlich der Übermittlung aller erforderlichen Informationen durch den Masterfonds an den Feederfonds zu treffen. Somit wird sichergestellt, dass der Feederfonds bzw. seine Verwaltungsgesellschaft die regelmäßigen Berichte über den Feederfonds rechtzeitig erstellen kann. Des Weiteren wird auf diese Weise sichergestellt, dass der Wirtschaftsprüfer des Masterfonds in der Lage ist, zum Abschlusstermin des Feederfonds einen Ad-hoc-Bericht gem. Art. 62 II UAbs. 1 der OGAW-RL zu erstellen.

30 **f) Änderungen von Dauervereinbarungen.** Dauerhafte Änderungen auf Ebene des Masterfonds wirken sich zwangsläufig stets auch auf Ebene des Feederfonds aus. Daher ist es für den Feederfonds von großer Wichtigkeit, über derartige Veränderungen zeitnah – wobei „zeitnah" regelmäßig iSv „unverzüglich" zu interpretieren ist – und vollständig informiert zu werden. In Bezug auf Dauerverein-

barungen wie Vertragsbedingungen muss die Master-Feeder-Vereinbarung daher folgende Fälle abdecken:

Es sind Modalitäten und Zeitplan für die Mitteilung vorgeschlagener und bereits wirksamer Änderungen der Vertragsbedingungen oder der Satzung, des Prospekts und der wesentlichen Informationen für den Anleger durch den Masterfonds festzulegen. Dies jedoch nur für den Fall, dass diese Informationen von den in den Vertragsbedingungen, der Satzung oder dem Prospekt des Masterfonds festgelegten Standardvereinbarungen für die Unterrichtung der Anteilinhaber abweichen. 31

Für die Mitteilung einer geplanten oder vorgeschlagenen Liquidation, Verschmelzung oder Spaltung des Masterfonds sind ebenfalls Modalitäten und Zeitplan festzulegen. 32

Gleiches gilt für die Mitteilung eines der beteiligten Investmentvermögen, dass die Bedingungen für einen Feederfonds bzw. Masterfonds nicht mehr erfüllt sind oder nicht mehr erfüllt sein werden – hier sind ebenfalls die Modalitäten und der Zeitplan des Informationsflusses zu fixieren. 33

Die Absicht eines der beteiligten Investmentvermögen, seine Verwaltungsgesellschaft, seine Verwahrstelle, seinen Wirtschaftsprüfer oder jegliche Dritte, die mit Aufgaben des Investment- oder Risikomanagements betraut sind, zu ersetzen, ist der jeweils anderen Partei mitzuteilen. Diesbezüglich muss die Master-Feeder-Vereinbarung ebenfalls Modalitäten und Zeitplan der Information beinhalten. 34

Des Weiteren müssen Modalitäten und Zeitplan für die Mitteilung anderer Änderungen von Dauervereinbarungen durch den Masterfonds in die Master-Feeder-Vereinbarung aufgenommen werden. 35

g) Wahl des anzuwendenden Rechts. Sind Feederfonds und Masterfonds bzw. deren jeweilige Verwaltungsgesellschaft im gleichen Mitgliedstaat niedergelassen, so ist in der in Master-Feeder-Vereinbarung das Recht dieses Mitgliedstaats als auf die Master-Feeder-Vereinbarung anzuwendendes Recht festzulegen. Daneben müssen beide Parteien die ausschließliche Zuständigkeit der Gerichte dieses Mitgliedstaats anerkennen. 36

Sind Feederfonds und Masterfonds in unterschiedlichen Mitgliedstaaten niedergelassen, können die Parteien als anzuwendendes Recht entweder das Recht des Mitgliedstaats, in dem der Feederfonds niedergelassen ist, oder das Recht des Mitgliedstaats, in dem der Masterfonds niedergelassen ist, festlegen. Beide Parteien müssen wiederum die ausschließliche Zuständigkeit der Gerichte des Mitgliedstaats anerkennen, dessen Recht sie als für die Master-Feeder-Vereinbarung als anzuwendendes Recht festgelegt haben. 37

III. Interne Regeln für Geschäftstätigkeit (§ 175 I 3)

Erfolgt die Verwaltung von Master- und Feederfonds durch dieselbe Verwaltungsgesellschaft, kann die Master-Feeder-Vereinbarung durch interne Regelungen für Geschäftstätigkeiten ersetzt werden. Dies ist jedoch nur dann möglich, wenn es sich bei der Verwaltungsgesellschaft um die identische juristische Person handelt. Werden Master- und Feederfonds von unterschiedlichen Verwaltungsgesellschaften innerhalb eines Konzerns oder einer Unternehmensgruppe verwaltet, findet Abs. 1 S. 3 keine Anwendung. 38

Bezüglich des Inhalts der internen Regelungen für Geschäftstätigkeiten verweist Abs. 1 S. 3 auf die Art. 15–19 der RL 2010/44/EU. Demnach müssen die die inter- 39 nen Regelungen für die Geschäftstätigkeit angemessene Maßnahmen zur Abschwächung von Interessenkonflikten vorsehen, die zwischen Feederfonds und Masterfonds oder zwischen Feederfonds und anderen Anteilinhabern des Masterfonds entstehen können.

40 Daneben sind Regelungen hinsichtlich der Anlage- und Veräußerungsbasis des Feederfonds und Ereignissen mit Auswirkungen auf Handelsvereinbarungen zu finden. Entsprechend den Anforderungen an eine Master-Feeder-Vereinbarung müssen die internen Regeln für die Geschäftstätigkeit auch Standardvereinbarungen für die interne Funktionalität der Master-Feeder-Struktur und Standardvereinbarungen für den Prüfbericht enthalten. Diesbezüglich gilt die Kommentierung unter II. (→ Rn. 3ff.) entsprechend.

IV. Verwahrstellenvereinbarung (§ 175 II)

41 **1. Allgemeines.** Absatz 2 dient der Umsetzung von Art. 61 I UAbs. 1 der OGAW-RL und hat die Regelung des früheren § 45b II InvG in das KAGB übernommen. Sofern für Masterfonds und Feederfonds unterschiedliche Verwahrstellen beauftragt wurden, sind diese Verwahrstellen verpflichtet, eine Vereinbarung über den gegenseitigen Informationsaustausch abzuschließen (Verwahrstellenvereinbarung). Die Verwahrstellenvereinbarung soll sicherstellen, dass beide Verwahrstellen ihre Pflichten nach diesem Gesetz erfüllen können. Hinsichtlich des Inhalts der Verwahrstellenvereinbarung verweist Abs. 2 auf die Art. 24–26 der RL 2010/44/EU. Die Mindestinhalte der Verwahrstellenvereinbarung werden durch dieses Gesetz und die RL 2010/44/EG jedoch bewusst offen definiert, um den beteiligten Verwahrstellen den erforderlichen Spielraum für die optimale Ausgestaltung des Einzelfalls zu lassen.

42 **2. Inhalt. a) Informationsaustausch.** Wie auch bei der Master-Feeder-Vereinbarung liegt der Schwerpunkt der Verwahrstellenvereinbarung auf dem Austausch von Informationen zwischen der Verwahrstelle des Masterfonds und der Verwahrstelle des Feederfonds. Auch die Verwahrstelle des Feederfonds ist durch die besondere Beschaffenheit der Master-Feeder-Struktur im Rahmen der Erfüllung der ihr obliegenden Aufgaben und Pflichten auf die Kooperation und Unterstützung der Verwahrstelle des Masterfonds angewiesen.

43 Vor diesem Hintergrund muss die Verwahrstellenvereinbarung eine Beschreibung der Unterlagen und Kategorien von Informationen, die die beiden Verwahrstellen routinemäßig austauschen, und die Angabe, ob diese Informationen oder Unterlagen von einer Verwahrstelle an die andere automatisch übermittelt oder erst auf Anfrage zur Verfügung gestellt werden, enthalten.

44 Hinsichtlich des vorgenannten Austauschs von Informationen sind zusätzlich auch Modalitäten und Zeitplanung, einschließlich der Angabe aller Fristen, für die Übermittlung dieser Informationen durch die Verwahrstelle des Masterfonds an die Verwahrstelle des Feederfonds, zu definieren.

45 Beide Verwahrstellen sind, unter angemessener Berücksichtigung ihrer im jeweiligen anzuwendenden innerstaatlichen Recht vorgesehenen Pflichten, verpflichtet, ihre Beteiligung hinsichtlich operationeller Fragen zu koordinieren. Insbesondere sind die Verfahren zur Berechnung des jeweiligen Nettoinventarwerts der beteiligten Investmentvermögen und alle angemessenen Maßnahmen zum Schutz vor Market Timing abzustimmen. Darüber hinaus bedürfen die Verfahren hinsichtlich der Bearbeitung von Aufträgen des Feederfonds für Kauf, Zeichnung,

Rücknahme oder Auszahlung von Anteilen im Masterfonds und der Abwicklung dieser Transaktionen unter Berücksichtigung von Vereinbarungen zur Übertragung von Sacheinlagen einer engen Abstimmung zwischen den Verwahrstellen.

Ebenfalls ist eine Koordinierung der Verfahren zur Erstellung der Jahresabschlüsse vorzunehmen. 46

Die Verwahrstellenvereinbarung muss des Weiteren die Angabe enthalten, welche Verstöße des Masterfonds gegen Rechtsvorschriften und die Vertragsbedingungen oder die Satzung von der Verwahrstelle des Masterfonds der Verwahrstelle des Feederfonds mitgeteilt werden, sowie Modalitäten und Zeitpunkt für die Übermittlung dieser Informationen. 47

Es sind geeignete Verfahren für die Bearbeitung von Ad-hoc-Ersuchen um Unterstützung zwischen Verwahrstellen zu etablieren. Diese sollten insb. für Fälle von missbräuchlichen Marktpraktiken und Problemen im Rahmen einer möglichen Unterverwahrung vorgesehen werden. In diesem Zusammenhang ist auch eine Beschreibung von Eventualereignissen, über die sich die Verwahrstellen auf Ad-hoc-Basis gegenseitig unterrichten sollten, sowie Modalitäten und Zeitpunkt hierfür festzuhalten. 48

b) Wahl des anzuwenden Rechts. Haben Feederfonds und Masterfonds eine Master-Feeder-Vereinbarung gem. Abs. 1 geschlossen, so sind die Verwahrstellen verpflichtet, in der Verwahrstellenvereinbarung das Recht des Mitgliedstaats, welches für die Master-Feeder-Vereinbarung gilt, als auf die Verwahrstellenvereinbarung anwendbar zu erklären. Beide Verwahrstellen sind des Weiteren verpflichtet, die ausschließliche Zuständigkeit der Gerichte des betreffenden Mitgliedstaats anzuerkennen. 49

Wurde die Master-Feeder-Vereinbarung durch interne Regelungen für Geschäftstätigkeiten ersetzt, so ist die Verwahrstellenvereinbarung entweder dem Recht des Mitgliedstaats, in dem der Feederfonds niedergelassen ist, oder – sofern abweichend – dem Recht des Mitgliedstaats, in dem der Masterfonds niedergelassen ist, zu unterwerfen. Auch in diesem Fall sind beide Verwahrstellen verpflichtet, die ausschließliche Zuständigkeit der Gerichte des Mitgliedstaats anzuerkennen, dessen Recht auf die Verwahrstellenvereinbarung anzuwenden ist. 50

c) Berichterstattung über Unregelmäßigkeiten. Gemäß § 176 VI ist die Verwahrstelle eines inländischen Masterfonds verpflichtet, die BaFin, die Verwaltungsgesellschaft des Feederfonds und die Verwahrstelle des Feederfonds unmittelbar über alle Unregelmäßigkeiten zu unterrichten, die sie in Bezug auf den Masterfonds feststellt und die eine negative Auswirkung auf den Feederfonds haben können. Obwohl es sich bereits um eine gesetzliche Verpflichtung handelt, ist die Aufnahme einer entsprechenden Regelung in die Verwahrstellenvereinbarung bei inländischen Master-Feeder-Strukturen grds. nicht verzichtbar. Aus Gründen der Rechtssicherheit und insb. bei grenzüberschreitenden Master-Feeder-Strukturen sollte eine derartige Klausel stets Bestandteil der Verwahrstellenvereinbarung sein. 51

Artikel 26 der RL 44/2010/EG enthält die folgende, nicht abschließende Liste von Unregelmäßigkeiten, die von der Verwahrstelle des Masterfonds zu berichten sind: 52

Fehler bei der Berechnung des Nettoinventarwerts des Master-OGAW, Fehler bei Transaktionen oder bei der Abwicklung von Kauf und Zeichnung oder von Aufträgen zur Rücknahme oder Auszahlung von Anteilen im Master-OGAW durch den Feeder-OGAW, Fehler bei der Zahlung oder Kapitalisierung von Erträ- 53 gen aus dem Master-OGAW oder bei der Berechnung der damit zusammenhängenden Quellensteuer, Verstöße gegen die in den Vertragsbedingungen oder der Satzung, dem Prospekt oder den wesentlichen Informationen für den Anleger beschriebenen Anlageziele, -politik oder -strategie des Master-OGAW und Verstöße gegen im innerstaatlichem Recht, in den Vertragsbedingungen oder der Satzung, dem Prospekt oder den wesentlichen Informationen für den Anleger festgelegte Höchstgrenzen für Anlagen und Kreditaufnahme.

V. Abschlussprüfervereinbarung (§ 173 III)

54 **1. Allgemeines.** Absatz 3 hat § 45b III InvG inhaltsgleich in das KAGB übernommen und dient gleichzeitig der Umsetzung von Art. 62 I UAbs. 1 der OGAW-RL. Sofern für Masterfonds und Feederfonds unterschiedliche Abschlussprüfer bestellt wurden, sind diese verpflichtet, eine Vereinbarung über den Informationsaustausch zwischen den Abschlussprüfer abzuschließen (Abschlussprüfervereinbarung). Auf diese Weise wird sichergestellt, dass insb. der Wirtschaftsprüfer des Feederfonds, der bei der Erfüllung seiner Prüfpflichten zahlreiche Informationen über den Masterfonds benötigt, aber auch der Wirtschaftsprüfer des Masterfonds ihre jeweiligen Verpflichtungen erfüllen. Der Inhalt der Vereinbarung muss gem. Abs. 3 die sich aus den Art. 27, 28 der RL 2010/44/EU ergebenden Mindestinhalte abdecken.

55 **2. Inhalt. a) Informationsaustausch.** Wie in den vorgenannten Fällen benötigt auch der Abschlussprüfer des Feederfonds aufgrund der Eigenart der Master-Feeder-Struktur Informationen des Abschlussprüfers des Masterfonds, um seine Verpflichtungen erfüllen zu können. Daher betreffen die in Art. 27ff. der RL 2010/44/EG aufgelisteten Mindestanforderungen an eine Abschlussprüfervereinbarung hauptsächlich verschiedene Kategorien von Informationen, zu deren Austausch sich die Abschlussprüfer der beteiligten Investmentvermögen vertraglich verpflichten müssen.

56 So muss die Abschlussprüfervereinbarung eine detaillierte Beschreibung der Unterlagen und Kategorien von Informationen, die die beiden Abschlussprüfer routinemäßig austauschen, enthalten. Grundsätzlich sind sämtliche dem Abschlussprüfer des Masterfonds zur Kenntnis kommenden Informationen, die der Wirtschaftsprüfer des Feederfonds benötigt, um seine Pflichten als Abschlussprüfer des Feederfonds nach diesem Gesetz, den sonstigen anwendbaren Rechtsvorschriften und für den Einzelfall getroffenen Anordnungen der BaFin ordnungsgemäß wahrnehmen zu können, zu übermitteln. Insbesondere ist hier an Informationen über Risikomanagementtechniken, organisatorische Vorkehrungen zur Anteilwertermittlung und den Bezug von Drittleistungen auf Ebene des Masterfonds bzw. dessen Verwaltungsgesellschaft zu denken. In diesem Zusammenhang ist daneben zu vereinbaren, ob die betroffenen Informationen und Unterlagen von einem Abschlussprüfer an den anderen selbstständig übermittelt werden oder diese nur auf Anfrage zur Verfügung gestellt werden.

57 Hinsichtlich der vorgenannten Übermittlung von Informationen sind Modalitäten und Zeitplanung, einschließlich Angabe aller Fristen, für die Übermittlung dieser Informationen durch den Abschlussprüfer des Masterfonds an den Abschlussprüfer des Feederfonds festzulegen. Regelmäßig sollte die Übermittlung unverzüglich nach Bekanntwerden der jeweiligen Information bzw. Erstellung der Unterlage erfolgen.

Die Abschlussprüfer müssen im Rahmen der Abschlussprüfervereinbarung Regelungen treffen, die der Koordinierung der Rolle des jeweiligen Abschlussprüfers in den Verfahren zur Erstellung der Jahresabschlüsse von Master- und Feederfonds dienen. 58

Die Abschlussprüfervereinbarung muss diejenigen Unregelmäßigkeiten angeben, die im Prüfbericht des Abschlussprüfers des Masterfonds zu nennen sind. Hierunter fallen insb. wesentliche Verstöße gegen gesetzliche oder vertragliche Anlagegrundsätze und Anlagegrenzen, wesentliche Verstöße gegen Erwerbsverbote und ein Überschreiten der Kreditaufnahmegrenzen. 59

Es sind Modalitäten und Zeitplan für die Bearbeitung von Ad-hoc-Ersuchen um Unterstützung zwischen den Abschlussprüfern zu vereinbaren. Die betreffenden Klauseln müssen auch den Fall des Ersuchens des Abschlussprüfers des Feederfonds um weitere Informationen über Unregelmäßigkeiten, die im Prüfbericht des Wirtschaftsprüfers des Masterfonds genannt werden, beinhalten. Auf diese Weise soll der Abschlussprüfer des Feederfonds in die Lage versetzt werden, Anfragen öffentlicher Stellen adäquat zu beantworten. 60

Die Abschlussprüfervereinbarung muss Bestimmungen für die Erstellung des Prüfberichts und des Jahresberichts des Feederfonds beinhalten. Hierbei sind insb. Modalitäten und Zeitplan für die Übermittlung des Prüfberichts für den Masterfonds und von dessen Entwürfen an den Abschlussprüfer des Feederfonds zu berücksichtigen. 61

Haben Feeder- und Masterfonds unterschiedliche Abschlussstichtage, so ist der Abschlussprüfer des Masterfonds verpflichtet, einen Ad-hoc-Bericht zum Abschlusstermin des Feederfonds zu erstellen. In der Abschlussprüfervereinbarung sind in einem solchen Fall Modalitäten und Zeitplan für die Erstellung des geforderten Ad-hoc-Berichts des Wirtschaftsprüfers des Masterfonds sowie für dessen Übermittlung, einschließlich Entwürfen, an den Wirtschaftsprüfer des Feederfonds zu regeln. 62

b) Wahl des anzuwendenden Rechts. Haben Feederfonds und Masterfonds eine Master-Feeder-Vereinbarung gem. Abs. 1 geschlossen, sind die jeweiligen Wirtschaftsprüfer verpflichtet, in der Abschlussprüfervereinbarung das Recht des Mitgliedstaats, das für die Master-Feeder-Vereinbarung gilt, auch auf die Abschlussprüfervereinbarung anzuwenden. Beide Wirtschaftsprüfer sind darüber hinaus verpflichtet, die ausschließliche Zuständigkeit der Gerichte des betreffenden Mitgliedstaats zu vereinbaren. 63

Wurde die Master-Feeder-Vereinbarung durch interne Regelungen für Geschäftstätigkeiten ersetzt, muss die Rechtswahlklausel der Abschlussprüfervereinbarung das Recht des Mitgliedsstaats, in dem der Feederfonds niedergelassen ist, oder – sofern abweichend – das Recht des Mitgliedstaats, in dem der Masterfonds niedergelassen ist, für anwendbar erklären. Auch müssen beide Wirtschaftsprüfer die ausschließliche Zuständigkeit der Gerichte des Mitgliedstaats anerkennen, dessen Recht auf die Abschlussprüfervereinbarung anzuwenden ist. 64

Die Regeln hinsichtlich der Rechtswahl der Abschlussprüfervereinbarung entsprechen insoweit den diesbezüglichen Vorschriften für Verwahrstellenvereinbarungen. 65

§ 176 Pflichten der Kapitalverwaltungsgesellschaft und der Verwahrstelle

(1) [1]Die Kapitalverwaltungsgesellschaft hat für einen von ihr verwalteten Feederfonds die Anlagen des Masterfonds wirksam zu überwachen. [2]Zur Erfüllung dieser Verpflichtung kann sie sich auf Informationen und Unterlagen der Verwaltungsgesellschaft des Masterfonds, seiner Verwahrstelle oder seines Abschlussprüfers stützen, es sei denn, es liegen Gründe vor, an der Richtigkeit dieser Informationen und Unterlagen zu zweifeln.

(2) [1]Die Kapitalverwaltungsgesellschaft, die einen Masterfonds verwaltet, darf weder für die Anlage des Feederfonds in den Anteilen des Masterfonds einen Ausgabeaufschlag noch für die Rücknahme einen Rücknahmeabschlag erheben. [2]Erhält die Kapitalverwaltungsgesellschaft, die einen Feederfonds verwaltet, oder eine in ihrem Namen handelnde Person im Zusammenhang mit einer Anlage in Anteilen des Masterfonds eine Vertriebsgebühr, eine Vertriebsprovision oder einen sonstigen geldwerten Vorteil, sind diese in das Vermögen des Feederfonds einzuzahlen.

(3) Die Kapitalverwaltungsgesellschaft hat die Bundesanstalt unverzüglich über jeden Feederfonds zu unterrichten, der in Anteile des von ihr verwalteten Masterfonds anlegt. Haben auch ausländische Feederfonds in Anteile des Masterfonds angelegt, hat die Bundesanstalt unverzüglich die zuständigen Stellen im Herkunftsstaat des Feederfonds über solche Anlagen zu unterrichten.

(4) Die Kapitalverwaltungsgesellschaft hat für einen von ihr verwalteten Masterfonds sicherzustellen, dass sämtliche Informationen, die infolge der Umsetzung der RL 2009/65/EG, nach anderen Rechtsvorschriften der Europäischen Union, nach den geltenden inländischen Vorschriften, den Anlagebedingungen oder der Satzung erforderlich sind, den folgenden Stellen rechtzeitig zur Verfügung gestellt werden:

1. der Verwaltungsgesellschaft des Feederfonds,
2. der Bundesanstalt und den zuständigen Stellen des Herkunftsstaates des Feederfonds,
3. der Verwahrstelle des Feederfonds und
4. dem Abschlussprüfer des Feederfonds.

(5) Eine Kapitalverwaltungsgesellschaft muss Anteile an einem Masterfonds, in den mindestens zwei Feederfonds angelegt sind, nicht dem Publikum anbieten.

(6) [1]Die Kapitalverwaltungsgesellschaft eines Feederfonds hat der Verwahrstelle des Feederfonds alle Informationen über den Masterfonds mitzuteilen, die für die Erfüllung der Pflichten der Verwahrstelle erforderlich sind. [2]Die Verwahrstelle eines inländischen Masterfonds hat die Bundesanstalt, die Verwaltungsgesellschaft des Feederfonds und die Verwahrstelle des Feederfonds unmittelbar über alle Unregelmäßigkeiten zu unterrichten, die sie in Bezug auf den Masterfonds feststellt und die eine negative Auswirkung auf den Feederfonds haben könnten. [3]Zur Erfüllung der Aufgaben nach diesem Absatz darf die Verwahrstelle des Masterfonds gegen-

über der Bundesanstalt, der Verwaltungsgesellschaft des Feederfonds und der Verwahrstelle des Feederfonds auch personenbezogene Daten offenlegen. [4]Die personenbezogenen Daten sind vor der Offenlegung zu pseudonymisieren, es sei denn, dass dies der Aufgabenerfüllung nach diesem Absatz entgegensteht. [5]Die Bundesanstalt, die Verwaltungsgesellschaft des Feederfonds und die Verwahrstelle des Feederfonds dürfen ihnen nach Satz 3 offengelegte personenbezogene Daten speichern und verwenden, soweit dies zur Erfüllung seiner Aufgaben nach diesem Absatz erforderlich ist.

I. Allgemeines

Die Abs. 1–6 haben mit redaktionellen Anpassungen aufgrund der in § 1 enthaltenen Begriffsbestimmungen den Wortlaut des früheren § 45c InvG übernommen. 1

Aufgrund der Tatsache, dass der Feederfonds mind. 85% seines Fondsvermögens in Anteile am Masterfonds investieren muss, besteht zwischen den beiden Sondervermögen, aber auch zwischen Verwaltungsgesellschaften und Verwahrstellen der beiden Sondervermögen, eine enge Verbindung. Diese enge Verbindung hat der Gesetzgeber in dieser Vorschrift berücksichtigt und zahlreiche gesetzliche Verpflichtungen normiert, die über die sonstigen allgemeinen Pflichten von Verwaltungsgesellschaften und Verwahrstellen hinausgehen. 2

Diese besonderen Pflichten sind im Wesentlichen Überwachungspflichten der Verwaltungsgesellschaft und der Verwahrstelle des Feederfonds auf der einen und Informationspflichten der Verwaltungsgesellschaft und der Verwahrstelle des Masterfonds auf der anderen Seite. 3

II. Pflichten der Feeder KVG (§ 176 I)

In Umsetzung von Art. 65 I der OGAW-RL verpflichtet Abs. 1 die KVG des Feederfonds, für einen von ihr verwalteten Feederfonds die Anlagen des Masterfonds wirksam zu überwachen. Detaillierte Vorgaben hinsichtlich der Ausgestaltung der erforderlichen Überwachung sind nicht gesetzlich normiert. Es liegt daher in der Verantwortung der Verwaltungsgesellschaft des Feederfonds, entsprechend der Komplexität des Einzelfalls eine angemessene und wirksame Überwachung sicherzustellen. 4

Der Zugang der Verwaltungsgesellschaft des Feederfonds zu Informationen, die für eine wirksame und effiziente Überwachung erforderlich sind, ist regelmäßig beschränkt. Aus diesem Grund ist die Verwaltungsgesellschaft des Feederfonds grds. berechtigt, sich auf Informationen und Unterlagen der Verwaltungsgesellschaft des Masterfonds, seiner Verwahrstelle oder seines Abschlussprüfers zu stützen. Diese Befreiung von der Pflicht zu eigenen Recherchen gilt jedoch nur so lange, wie die Verwaltungsgesellschaft keinen Grund hat, an der Richtigkeit der ihr zur Verfügung gestellten Informationen und Unterlagen zu zweifeln. Sobald dies jedoch der Fall ist, muss die Verwaltungsgesellschaft des Feederfonds die erforderlichen Informationen auf andere Weise beschaffen. Da dies regelmäßig mit erheblichem Aufwand und daraus resultierend Kosten verbunden ist, sollte im Rahmen der Master-Feeder-Vereinbarung die Lieferung inkorrekter oder unvollständiger Informationen entsprechenden vertraglichen Sanktionen unterliegen. 5

III. Gebühren (§ 176 II)

6 Absatz 2 S. 1 dient der Umsetzung von Art. 66 II der OGAW-RL und untersagt der KVG des Masterfonds für die Anlage des Feederfonds in Anteile des Masterfonds einen Ausgabeaufschlag zu erheben. Selbiges gilt für die Erhebung eines Rücknahmeabschlags. Diese Regelung dient dem Schutz von Anteilinhabern vor ungerechtfertigten zusätzlichen Kosten, indem sie verhindert, dass durch die Erhebung von Ausgabeaufschlag und Rücknahmeabschlag auf Ebene des Master- und des Feederfonds die Anleger doppelt belastet werden. Diese Regelung soll jedoch nicht verhindern, dass der Masterfonds von anderen Anlegern, die kein Feederfonds sind, derartige Gebühren erhebt.

7 Absatz 2 S. 2 reguliert die Verwendung von Provisionen durch den Feederfonds und dient der Umsetzung von Art. 65 II der OGAW-RL. Absatz 2 verpflichtet die KVG des Feederfonds, eine Vertriebsprovision oder einen sonstigen geldwerten Vorteil, den sie im Zusammenhang mit einer Anlage in Anteilen des Masterfonds erhält, in das Vermögen des Feederfonds einzuzahlen. Zum Schutz vor Umgehung findet Abs. 2 auch Anwendung, wenn die oben genannten Gelder oder Vorteile von einer dritten Person vereinnahmt werden, die im Namen der Verwaltungsgesellschaft des Feederfonds handelt.

IV. Informationspflichten der Master KVG und der BaFin (§ 176 III)

8 Absatz 3 setzt Art. 66 I der OGAW-RL in nationales Recht um. Erstellt sicher, dass eine Verwaltungsgesellschaft, welche einen Masterfonds verwaltet, die BaFin unverzüglich über jeden Feederfonds zu unterrichten hat, der Anteile des von ihr verwalteten Masterfonds erwirbt. Durch diese Informationsverpflichtung wird die BaFin wiederum in die Lage versetzt, ihre Mitteilungspflichten gem. § 177 zu erfüllen.

9 Haben auch ausländische Feederfonds Anteile des Masterfonds erworben, so werden die Informationspflichten des Abs. 3 erweitert. In einem solchen Fall hat die BaFin unverzüglich die zuständigen Stellen im Herkunftsstaat des Feederfonds über die Anlage des betreffenden Feederfonds in den deutschen Masterfonds zu unterrichten.

V. Informationspflichten des Masterfonds (§ 176 IV)

10 Absatz 4 dient der Umsetzung von Art. 66 III der OGAW-RL. Die Vorschrift soll gewährleisten, dass sämtliche Informationen, die gem. der OGAW-RL, anderen Rechtsvorschriften der EU, dem jeweils geltenden nationalen Recht, den Vertragsbedingungen oder der Satzung der beteiligten Investmentvermögen erforderlich sind, denjenigen Stellen zur Verfügung gestellt werden, die sie für die Erfüllung ihrer jeweiligen Pflichten benötigen. Diese Norm beruht – wie viele der Regelungen betreffend Master-Feeder-Konstruktionen – auf der Erwägung, dass die meisten für den Feederfonds relevanten Informationen nur auf Ebene des Masterfonds vorhanden sind.

11 Daher ist die KVG verpflichtet, die benötigten Informationen der Verwaltungsgesellschaft des Feederfonds, der BaFin und den zuständigen Stellen des Herkunftsstaates des Feederfonds bei grenzüberschreitenden Sachverhalten, der Verwahrstelle des Feederfonds und dem Abschlussprüfer des Feederfonds rechtzeitig zur Verfü-

gung zu stellen. Eine nähere Spezifikation der zu liefernden Informationen erfolgt durch dieses Gesetz nicht. Es ist somit jeweils die Verpflichtung der betreffenden vorgenannten Stellen, diejenigen Informationen zu spezifizieren, die sie für die Erfüllung ihrer gesetzlichen Pflichten benötigen. Insbesondere zu berücksichtigen sind hierbei verpflichtend zu erstellende Dokumentationen wie der Verkaufsprospekt, aber auch obligatorische Berichte und Prüfungen.

VI. Angebot ans Publikum (§ 176 V)

Gemäß Abs. 5 ist die Verwaltungsgesellschaft eines Masterfonds, in den mindes- **12**
tens zwei Feederfonds angelegt sind, nicht verpflichtet, darüber hinaus die Anteile an diesem Masterfonds dem Publikum anzubieten.

Absatz 5 dient der Umsetzung von Art. 58 IV Buchst. a der OGAW-RL. **13**

VII. Informationspflichten (§ 176 VI)

Absatz 6 S. 1 dient der Umsetzung von Art. 61 I UAbs. 4 der OGAW-RL und **14**
verpflichtet die Verwaltungsgesellschaft des Feederfonds, der Verwahrstelle des Feederfonds alle Informationen über den Masterfonds mitzuteilen, die für die Erfüllung der Pflichten der Verwahrstelle erforderlich sind. Diese Regelung geht wiederum auf den Umstand zurück, dass auch die Verwahrstelle des Feederfonds zur Erfüllung ihrer gesetzlichen Aufgaben Informationen benötigt, die regelmäßig nur auf Ebene des Masterfonds verfügbar sind. Ergänzend zu den Informationen, die die Verwahrstelle auf Basis der Verwahrstellenvereinbarung von der Verwahrstelle des Masterfonds erhält, soll die Verwaltungsgesellschaft des Feederfonds die ihr vorliegenden Informationen bereitstellen, um so der Arbeit der Verwahrstelle ein möglichst breites Fundament an Informationen zu bieten.

Satz 2 dient der Umsetzung von Art. 61 II der OGAW-RL. Die Verwahrstelle **15**
eines inländischen Masterfonds ist demnach verpflichtet, über alle Unregelmäßigkeiten, die sie in Bezug auf den Masterfonds feststellt und die eine negative Auswirkung auf den Feederfonds haben könnten, umfassend zu informieren. Diese Informationspflicht der Verwahrstelle nach S. 2 besteht gegenüber der BaFin als Aufsichtsbehörde des Masterfonds, gegenüber der Verwaltungsgesellschaft bei einem Feederfonds in Vertragsform sowie gegenüber der InvAG bei einem inländischen Feederfonds in Satzungsform sowie gegenüber einer ausländischen Verwaltungsgesellschaft bei einem Feederfonds in Satzungsform und deren in- oder ausländischen Verwahrstellen. Die offenzulegenden Unregelmäßigkeiten ergeben sich einerseits aus der nicht abschließenden Aufzählung des Art. 26 der RL 2010/44/EU, welche regelmäßig auch Bestandteil der Verwahrstellenvereinbarung sind. Andererseits muss die Verwahrstelle in eigener Verantwortung alle Unregelmäßigkeiten offenlegen, die insb. unter Anlegerschutzgesichtspunkten von Bedeutung und nicht von absolut untergeordneter Natur sind.

Die meisten im Rahmen dieser Vorschrift zu übermittelnden Informationen un- **16**
terliegen grds. sowohl vertraglichen Geheimhaltungspflichten und Haftungsklauseln als auch gesetzlichen Vertraulichkeits- und Datenschutzverpflichtungen. Aus diesem Grund regeln die S. 3–5 in klarstellender Weise, dass weder die Verwahrstelle des Masterfonds noch die Verwahrstelle des Feederfonds durch Befolgung dieses Paragraphen vertragliche oder durch Rechts- oder Verwaltungsvorschrift vorgesehene Bestimmungen, die die Offenlegung von Informationen einschränken oder die den Datenschutz betreffen, verletzt. Ebenfalls ausgeschlossen ist eine Haf-

tung der Verwahrstelle oder einer für sie handelnden Person aus diesem Grund. Satz 3 und 4 dienen der Umsetzung von Art. 61 I UAbs. 3 der OGAW-RL.

§ 177 Mitteilungspflichten der Bundesanstalt

(1) **Sind die Anlagebedingungen sowohl des Masterfonds als auch des Feederfonds nach den Vorschriften dieses Gesetzes genehmigt worden, unterrichtet die Bundesanstalt die Kapitalverwaltungsgesellschaft, die den Feederfonds verwaltet, unverzüglich über**

1. jede Entscheidung,
2. jede Maßnahme,
3. jede Feststellung von Zuwiderhandlungen gegen die Bestimmungen dieses Unterabschnitts sowie
4. alle nach § 38 Absatz 3 Satz 4 in Verbindung mit § 29 Absatz 3 des Kreditwesengesetzes mitgeteilten Tatsachen,

die den Masterfonds, seine Verwahrstelle oder seinen Abschlussprüfer betreffen.

(2) **Sind nur die Anlagebedingungen des Masterfonds nach den Vorschriften dieses Gesetzes genehmigt worden, unterrichtet die Bundesanstalt die zuständigen Stellen des Herkunftsstaates des EU-Feeder-OGAW unverzüglich über**

1. jede Entscheidung,
2. jede Maßnahme,
3. jede Feststellung von Zuwiderhandlungen gegen die Bestimmungen dieses Unterabschnitts sowie
4. alle nach § 38 Absatz 3 Satz 4 in Verbindung mit § 29 Absatz 3 des Kreditwesengesetzes mitgeteilten Tatsachen,

die den Masterfonds, seine Verwahrstelle oder seinen Abschlussprüfer betreffen.

(3) **Sind nur die Anlagebedingungen des Feederfonds nach den Vorschriften dieses Gesetzes genehmigt worden und erhält die Bundesanstalt Informationen entsprechend Absatz 2 von den zuständigen Stellen des Herkunftsstaates des EU-Master-OGAW, unterrichtet sie die Kapitalverwaltungsgesellschaft, die den Feederfonds verwaltet, unverzüglich darüber.**

I. Allgemeines

1 § 177 hat spezifische Mitteilungspflichten der BaFin gegenüber der KVG des inländischen Feederfonds sowie ggf. der zuständigen Stelle im Herkunftsstaat des EU-Feeder-OGAWs zum Gegenstand.

2 Vor dem Hintergrund, dass ein Feederfonds mind. 85% seines Vermögens in einen Masterfonds anlegt, wirkt sich jedes Handeln einer Behörde gegenüber dem Masterfonds, seiner Verwahrstelle oder seinem Abschlussprüfer grds. auch auf den Feederfonds bzw. sein in dem Masterfonds angelegtes Vermögen aus. Auch hat der Feederfonds ein unmittelbares Interesse daran, dass ihm Rechtsverstöße auf Ebene des Masterfonds zeitnah zur Kenntnis gebracht werden. § 177 trägt diesem Informationsinteresse des Feederfonds und dessen Anlegern insoweit Rechnung, als er eine

direkte Information des Feederfonds durch die BaFin vorsieht. Da im Falle von grenzüberschreitenden Master-Feeder-Strukturen grds. die gleiche Interessenlage vorliegt, umfasst § 177 diese, soweit das KAGB Anwendung findet, ebenfalls.

§ 177 hat – mit redaktionellen Anpassungen aufgrund der mit der Umsetzung der AIFM-RL einhergehenden terminologischen und strukturellen Änderungen – die Regelungen des früheren § 45 d InvG übernommen. 3

II. Inländische Master-Feeder-Strukturen (§ 177 I)

§ 177 I setzt Art. 67 I der OGAW-RL in nationales Recht um. Demnach hat bei Vorliegen einer inländischen Master-Feeder-Struktur die BaFin die KVG des Feederfonds unverzüglich über jede Entscheidung und jede Maßnahme zu unterrichten, die den Masterfonds, dessen Verwahrstelle oder dessen Abschlussprüfer betreffen. Darüber hinaus informiert die BaFin die KGV des Feederfonds unverzüglich, sofern sie feststellt, dass durch den Masterfonds selbst, seine Verwahrstelle oder den Abschlussprüfer die Bestimmungen des KAGB betreffend Master-Feeder-Strukturen verletzt werden. Werden der BaFin von Seiten des Abschlussprüfers des Masterfonds gem. § 38 III 4 KAGB iVm § 29 III KWG Tatsachen bekannt gemacht, welche die Einschränkung oder Versagung des Bestätigungsvermerkes rechtfertigen, die den Bestand der KVG gefährden oder deren Entwicklung wesentlich beeinträchtigen können, die einen erheblichen Verstoß gegen die Vorschriften über die Zulassungsvoraussetzungen der KVG oder die Ausübung einer Tätigkeit nach diesem Gesetz darstellen oder die schwerwiegende Verstöße der Geschäftsleiter gegen Gesetz, Satzung oder Gesellschaftsvertrag erkennen lassen, so gibt sie diese ebenfalls unverzüglich an die KVG des Feederfonds weiter. 4

III. Grenzüberschreitende Master-Feeder-Strukturen

Bei grenzüberschreitenden Master-Feeder-Strukturen ist regelmäßig eine ausländische Behörde oder Stelle in den Informationsaustausch einzubeziehen. Dies ist Gegenstand der Abs. 2 und 3. 5

1. Inländischer Masterfonds (§ 177 II). Absatz 2 setzt Art. 67 II 1 der OGAW-RL in nationales Recht um und findet im Falle einer Master-Feeder-Struktur mit einem inländischen Masterfonds und einem ausländischen Feederfonds Anwendung. 6

Der Wortlaut des Abs. 2 entspricht nahezu dem Wortlaut des Abs. 1. Gegenstand der in Abs. 2 geregelten Informationspflicht sind dieselben Tatsachen und Sachverhalte, über die auch gem. Abs. 1 zu informieren ist. Da die BaFin regelmäßig keine Zuständigkeit für einen direkten Austausch zwischen dem ausländischen Feederfonds bzw. dessen Verwaltungsgesellschaft hat, legt Abs. 2 fest, dass die relevanten Informationen von der BaFin an die zuständige Stelle im Herkunftsstaat des Feederfonds weitergeleitet werden. 7

2. Inländischer Feederfonds (§ 177 III). Absatz 3 setzt Art. 67 II 2 der OGAW-RL in nationales Recht um und findet im Falle einer Master-Feeder-Struktur mit einem ausländischen Masterfonds und einem inländischen Feederfonds Anwendung. 8

In diesem Fall ist die BaFin verpflichtet, Informationen, welche sie von der zuständigen Stelle des Herkunftslands des EU-Master-OGAW erhält, unverzüglich an die KVG des inländischen Feederfonds weiterzuleiten. Betroffen von dieser Pflicht 9 zur Weitergabe sind alle Informationen über den ausländischen Masterfonds, die den in Abs. 2 genannten Informationen über den inländischen Masterfonds entsprechen.

§ 178 Abwicklung eines Masterfonds

(1) Die Abwicklung eines inländischen Masterfonds darf frühestens drei Monate nach dem Zeitpunkt beginnen, zu dem alle Anleger des Masterfonds, bei einem inländischen Feederfonds die Bundesanstalt und bei einem EU-Feeder-OGAW die zuständige Stelle des Herkunftsstaates über die verbindliche Entscheidung der Abwicklung informiert worden sind.

(2) [1]Bei der Abwicklung eines inländischen Masterfonds ist auch der inländische Feederfonds abzuwickeln, es sei denn, die Bundesanstalt genehmigt ein Weiterbestehen als Feederfonds durch Anlage in einem anderen Masterfonds oder eine Umwandlung des Feederfonds in ein inländisches Investmentvermögen, das kein Feederfonds ist. [2]Für die Genehmigung nach Satz 1 hat die Kapitalverwaltungsgesellschaft folgende Angaben und Unterlagen spätestens zwei Monate nach Kenntnis der verbindlichen Entscheidung über die Abwicklung des Masterfonds bei der Bundesanstalt einzureichen:

1. bei Anlage in einem anderen Masterfonds
   a) den Antrag auf Genehmigung des Weiterbestehens,
   b) den Antrag auf Genehmigung der Änderung der Anlagebedingungen mit der Bezeichnung des Masterfonds, in dessen Anteile mindestens 85 Prozent des Wertes des Investmentvermögens angelegt werden sollen,
   c) die vorgenommenen Änderungen des Verkaufsprospekts und entweder des Basisinformationsblattes gemäß Verordnung (EU) Nr. 1286/2014 oder der wesentlichen Anlegerinformationen und
   d) die Angaben und Unterlagen nach § 171 Absatz 3;

2. bei Umwandlung des inländischen Feederfonds in ein inländisches Investmentvermögen, das kein Feederfonds ist,
   a) den Antrag auf Genehmigung der Änderung der Anlagebedingungen,
   b) die vorgenommenen Änderungen des Verkaufsprospekts und entweder des Basisinformationsblattes gemäß Verordnung (EU) Nr. 1286/2014 oder der wesentlichen Anlegerinformationen.

[3]Wenn die Verwaltungsgesellschaft des Masterfonds die Kapitalverwaltungsgesellschaft des Feederfonds mehr als fünf Monate vor dem Beginn der Abwicklung des Masterfonds über ihre verbindliche Entscheidung zur Abwicklung informiert hat, hat die Kapitalverwaltungsgesellschaft des Feederfonds abweichend von der Frist nach Satz 2 den Genehmigungsantrag und die Angaben und Unterlagen nach Satz 2 spätestens drei Monate vor der Abwicklung des Masterfonds bei der Bundesanstalt einzureichen.

(3) [1]Die Bundesanstalt hat die Genehmigung innerhalb einer Frist von 15 Arbeitstagen zu erteilen, wenn alle in Absatz 2 genannten Angaben und Unterlagen vollständig vorliegen und die Anforderungen nach diesem Ab-

schnitt erfüllen. [2]Liegen die Voraussetzungen für die Genehmigung nicht vor, hat die Bundesanstalt dies der Kapitalverwaltungsgesellschaft innerhalb der Frist nach Satz 1 unter Angabe der Gründe mitzuteilen und fehlende oder geänderte Angaben oder Unterlagen anzufordern. [3]Mit dem Eingang der angeforderten Angaben oder Unterlagen beginnt der Lauf der in Satz 1 genannten Frist erneut. [4]Die Genehmigung gilt als erteilt, wenn über den Genehmigungsantrag nicht innerhalb der Frist nach Satz 1 entschieden worden ist und eine Mitteilung nach Satz 2 nicht erfolgt ist. [5]Auf Antrag der Kapitalverwaltungsgesellschaft hat die Bundesanstalt die Genehmigung nach Satz 4 zu bestätigen.

(4) **Die Kapitalverwaltungsgesellschaft des Feederfonds hat die Verwaltungsgesellschaft des Masterfonds unverzüglich über die erteilte Genehmigung zu unterrichten und alle erforderlichen Maßnahmen zu ergreifen, um die Anforderungen nach § 180 zu erfüllen.**

(5) **[1]Die Kapitalverwaltungsgesellschaft des Feederfonds hat eine beabsichtigte Abwicklung des Feederfonds der Bundesanstalt spätestens zwei Monate nach Kenntnisnahme der geplanten Abwicklung des Masterfonds mitzuteilen; die Anleger des Feederfonds sind hiervon unverzüglich durch eine Bekanntmachung im Bundesanzeiger und mittels eines dauerhaften Datenträgers zu unterrichten. [2]Absatz 2 Satz 3 gilt entsprechend.**

(6) **[1]Sollen Abwicklungserlöse des Masterfonds an den Feederfonds ausgezahlt werden, bevor der Feederfonds in einen neuen Masterfonds gemäß Absatz 2 Satz 2 Nummer 1 anlegt oder seine Anlagegrundsätze gemäß Absatz 2 Satz 2 Nummer 2 ändert, versieht die Bundesanstalt ihre Genehmigung mit einer Nebenbestimmung, dass der Feederfonds die Abwicklungserlöse zu erhalten hat entweder**
1. **als Barzahlung oder**
2. **ganz oder neben einer Barzahlung zumindest teilweise in Form einer Übertragung von Vermögensgegenständen, wenn die Kapitalverwaltungsgesellschaft des Feederfonds damit einverstanden ist und die Master-Feeder-Vereinbarung oder die internen Regelungen für Geschäftstätigkeiten und die verbindliche Entscheidung zur Abwicklung des Masterfonds dies vorsehen.**

[2]Bankguthaben, die der Feederfonds vor Genehmigung nach Absatz 2 als Abwicklungserlöse erhalten hat, dürfen vor einer Wiederanlage gemäß Absatz 2 Satz 2 Nummer 1 oder Nummer 2 lediglich für ein effizientes Liquiditätsmanagement angelegt werden. [3]Die Kapitalverwaltungsgesellschaft darf erhaltene Vermögensgegenstände nach Satz 1 Nummer 2 jederzeit gegen Barzahlung veräußern.

I. Allgemeines

§ 178 hat nahezu wortgleich die Regelung des früheren § 45e InvG in das KAGB übernommen. Aufgrund der engen Verknüpfung von Master- und Feederfonds hat die Abwicklung des Masterfonds weitreichende Auswirkungen auf den Feederfonds. Der Feederfonds kann bei einer Abwicklung des Masterfonds in seiner derzeitigen Form ebenfalls nicht mehr weiter bestehen, da er gem. seinen Anlagebedingungen mind. 85% seines Fondsvermögens in Anteile seines Masterfonds investieren muss. § 178 trifft daher Regelungen hinsichtlich der verschiedenen Op- 1 tionen, welche dem Feederfonds im Falle der Abwicklung des Masterfonds zur Verfügung stehen. Daneben enthält § 178 Sondervorschriften betreffend die Abwicklung des Masterfonds, welche insb. die Interessen des Feederfonds und von dessen Anlegern berücksichtigen.

II. Notifizierungsfrist (§ 177 I)

2 Absatz 1 dient der Umsetzung von Art. 60 IV UAbs. 2 der OGAW-RL. Demnach darf die Abwicklung eines inländischen Masterfonds frühestens drei Monate nach dem Zeitpunkt beginnen, zu dem alle Anleger des Masterfonds über die verbindliche Entscheidung der Abwicklung informiert wurden. Darüber hinaus ist bei einem inländischen Feederfonds die BaFin, bei einem EU-Feeder-OGAW die zuständige Stelle des Herkunftsstaates zu informieren.

3 Diese Regelung dient insb. dem Schutz der Interessen des Feederfonds und seiner Anleger. Wird der Masterfonds abgewickelt, so stehen dem Feederfonds bzw. dessen Verwaltungsgesellschaft verschiedene Handlungsoptionen offen (s. Abs. 2). Diese Handlungsoptionen müssen sorgfältig gegeneinander abgewogen und vor dem Hintergrund der Interessen der Anleger geprüft werden. Je nachdem, welche Option wahrgenommen werden soll, sind die Anleger des Feederfonds zu informieren, Dokumentationen zu ändern und ggf. Verwaltungsverfahren zu durchlaufen. Dies bedeutet einen nicht unerheblichen Zeitaufwand, was regelmäßig zu einem Interessenkonflikt mit dem Masterfonds und dessen Anlegern führen würde. Sowohl der Masterfonds als auch dessen Anleger haben nach der Entscheidung über die Liquidation des Masterfonds ein Interesse an der möglichst schnellen Umsetzung dieser Entscheidung. Vor diesem Hintergrund und um dem Feederfonds eine angemessene Zeit zur Reaktion auf die Entscheidung über die Abwicklung des Masterfonds zu lassen, setzt Abs. 1 eine dreimonatige Mindestfrist, welche mindestens vor dem Beginn der Abwicklung abzuwarten ist. Die Frist beginnt erst zu laufen, nachdem die entsprechenden Informationen bei allen zu informierenden Parteien zugegangen sind.

III. Auswirkungen auf den Feederfonds (§ 178 II–V)

4 **1. Abwicklung.** Grundsätzlich hat gem. Abs. 2 S. 1 – welcher der Umsetzung von Art. 60 IV 1 der OGAW-RL dient – die Abwicklung des Masterfonds auch die Abwicklung des Feederfonds zur Folge. Die Auflösung des Feederfonds erfolgt hierbei nach den allgemeinen Regeln.

5 **2. Wechsel des Masterfonds.** Neben der Auflösung des Feederfonds ist es, vorbehaltlich der Genehmigung der BaFin, jedoch auch möglich, den Feederfonds unter Anlage in einen neuen Masterfonds weiter bestehen zu lassen. Der Antrag auf Genehmigung der Anlage in einen neuen Masterfonds ist spätestens zwei Monate nach Kenntnis der verbindlichen Entscheidung über die Abwicklung des Masterfonds bei der BaFin einzureichen. Sofern die Verwaltungsgesellschaft des Feederfonds mehr als fünf Monate vor Abwicklung des Masterfonds von der Verwaltungsgesellschaft des Masterfonds über diese Entscheidung informiert wird, ist der Genehmigungsantrag spätestens drei Monate vor der Abwicklung des Masterfonds bei der BaFin einzureichen.

6 Der Genehmigungsantrag der KVG des Feederfonds hat die folgenden Angaben und Unterlagen zu beinhalten:

– Einen Antrag auf Genehmigung des Weiterbestehens des Feederfonds sowie den Antrag auf Genehmigung der Änderung der Anlagebedingungen mit der Bezeichnung des neuen Masterfonds, in dessen Anteile zukünftig mind. 85% des Wertes des Feederfonds angelegt werden sollen.
– Die entsprechenden Änderungen des Verkaufsprospekts, des Basisinformationsblatts gemäß der PRIIPs-VO (das seit dem 1.1.2023 bei einem Vertrieb, der sich nicht ausschließlich an professionelle Anleger richtet, zwingend erforderlich ist) oder der wesentlichen Anlegerinformationen VO und die Angaben und Unterlagen nach § 171 III der BaFin zu übermitteln.

Hierbei handelt es sich um dieselben Unterlagen und Informationen über den Masterfonds, die auch einem erstmaligen Antrag auf Genehmigung der Anlage in einen Masterfonds beizufügen sind, insb. die Dokumentation des Masterfonds und die entsprechenden Vereinbarungen zwischen den Verwaltungsgesellschaften, Verwahrstellen und Abschlussprüfern.

Durch diese Regelungen wird Art. 20 I Buchst. a der RL 2010/44/EU in nationales Recht umgesetzt. 7

3. Fortbestand als Investmentvermögen, das kein Feederfonds ist. 8 Grundsätzlich kann ein inländischer Feederfonds im Fall der Abwicklung des Masterfonds in ein inländisches Investmentvermögen umgewandelt werden, das kein Feederfonds ist. Diese Umwandlung steht ebenfalls unter dem Genehmigungsvorbehalt der BaFin.

Dem entsprechenden Antrag auf Genehmigung der Änderung der Anlage- 9 bedingungen sind die vorgenommenen Änderungen des Verkaufsprospekts und des Basisinformationsblattes gemäß der PRIIPs-VO (das seit dem 1.1.2023 bei einem Vertrieb, der sich nicht ausschließlich an professionelle Anleger richtet, zwingend erforderlich ist) oder der wesentlichen Anlegerinformationen VO beizufügen. Der Antrag ist spätestens zwei Monate nach Kenntnis der verbindlichen Entscheidung über die Abwicklung des Masterfonds bei der BaFin einzureichen. Erlangt die KVG des Feederfonds mehr als fünf Monate vor dem Beginn der Abwicklung des Masterfonds über die verbindliche Entscheidung zur Abwicklung Kenntnis, so hat die KVG des Feederfonds diesen Antrag spätestens drei Monate vor der Abwicklung des Masterfonds bei der BaFin einzureichen.

Durch diese Regelungen wird Art. 20 I Buchst. b der RL 2010/44/EU in natio- 10 nales Recht umgesetzt.

4. Genehmigungsverfahren (Abs. 3). Absatz 3 regelt den zeitlichen Ablauf 11 der Genehmigungsverfahren nach Abs. 2 und dient der Umsetzung von Art. 21 I der RL 2010/44/EU. Demnach gilt die entsprechende Genehmigung als erteilt, wenn die BaFin über den Genehmigungsantrag nicht innerhalb von 15 Tagen entschieden hat oder gegenüber dem Antragsteller innerhalb dieser Frist die eingereichte Dokumentation beanstandet hat. Auf Antrag der Verwaltungsgesellschaft hat die BaFin diese fingierte Genehmigung nachträglich zu bestätigen.

Grundsätzlich ist die BaFin jedoch verpflichtet, den Antrag innerhalb von 12 15 Tagen zu verbescheiden. Liegen die Voraussetzungen für eine Genehmigung nach Ansicht der BaFin nicht vor, so hat die BaFin dies der Verwaltungsgesellschaft ebenfalls innerhalb von 15 Tagen mitzuteilen. Die BaFin ist verpflichtet, ihre Ansicht gegenüber dem Antragsteller zu begründen. Sie ist berechtigt, fehlende oder entsprechend geänderte Angaben oder Unterlagen anzufordern. Sofern die Voraussetzungen für eine Genehmigung nicht vorliegen, läuft die 15-tägige Frist, innerhalb derer die Genehmigung zu erteilen ist, nicht weiter. Mit der Einrechnung der fehlenden oder geänderten Unterlagen beginnt die Frist von Neuem an zu laufen.

13 **5. Pflichten der Verwaltungsgesellschaft (§ 178 IV, V).** Erhält die Verwaltungsgesellschaft des Feederfonds die Genehmigung der BaFin hinsichtlich des Wechsels des Masterfonds oder der Umwandlung des Feederfonds in ein Investmentvermögen, das kein Feederfonds ist, so muss sie die Verwaltungsgesellschaft des Masterfonds unverzüglich hierüber in Kenntnis setzen. Zusätzlich hat sie unverzüglich sämtliche Maßnahmen einzuleiten, die einer Verwaltungsgesellschaft gem. § 180 im Falle einer Umwandlung des Feederfonds oder Änderung des Masterfonds obliegen. Insbesondere sind die Anleger des Feederfonds über die entsprechende Änderung zu informieren und in diesem Zusammenhang über ihre aus der Änderung resultierenden Rechte aufzuklären. Die Regelung des Abs. 4 dient der Umsetzung von Art. 21 II und III der RL 2010/44/EU.

14 Trifft die Verwaltungsgesellschaft des Feederfonds aufgrund der bevorstehenden Abwicklung des Masterfonds die Entscheidung, den Feederfonds ebenfalls abzuwickeln, so ist sie gem. Abs. 5 verpflichtet, der BaFin diese Entscheidung spätestens zwei Monate nach Kenntnisnahme der geplanten Abwicklung des Masterfonds mitzuteilen. Diese Frist entspricht der Frist hinsichtlich der Antragstellung bei Fortbestand des Feederfonds und stellt sicher, dass innerhalb von zwei Monaten eine endgültige Entscheidung über das Schicksal des Feederfonds getroffen wird. Dementsprechend gilt auch im Falle einer bevorstehenden Abwicklung, dass, sofern die Verwaltungsgesellschaft des Masterfonds die Verwaltungsgesellschaft des Feederfonds mehr als fünf Monate vor dem Beginn der Abwicklung des Masterfonds über ihre verbindliche Entscheidung zur Abwicklung informiert hat, die BaFin drei Monate vor Abwicklung des Masterfonds zu informieren ist.

15 Darüber hinaus ist diese Entscheidung den Anlegern des Feederfonds unverzüglich durch eine Bekanntmachung im BAnz und mittels eines dauerhaften Datenträgers gem. § 1 XIX Nr. 8 bekannt zu machen. Dies dient der Verbesserung des Anlegerschutzes und der Vereinheitlichung der Art und Weise der Informationsübermittlung an die Anleger und entspricht den Vorgaben von Art. 7, 29 der RL 2010/44/EU.

IV. Abwicklungserlöse (§ 178 VI)

16 Werden die Anzeige- und Genehmigungspflichten von den jeweiligen Beteiligten in ihrer Gänze genutzt, so kann der Fall eintreten, dass der Abwicklungserlös des Masterfonds bereits ausgekehrt wird, der Feederfonds aber noch nicht in einen neuen Masterfonds investieren kann oder darf oder die Umwandlung von einem Feederfonds in eine andere Art von Investmentvermögen noch nicht abgeschlossen ist. In beiden Fällen würde die Aufnahme des Liquidationserlöses eine Verletzung der Vertragsbedingungen vorsehen, da Liquidität regelmäßig nur in sehr begrenzter Höhe Bestandteil des Fondsvermögens eines Feederfonds sein darf und die zu übertragenden Vermögensgegenstände möglichweise keine zulässigen Vermögensgegenstände sind. Dieser Sachverhalt wird daher in Abs. 6 unter Umsetzung von Art. 21 IV der RL 2010/44/EU in nationales Recht einer Regelung zugeführt.

17 Tritt einer der oben beschriebenen Fälle ein, so versieht die BaFin ihre jeweils erforderliche Genehmigung mit einer Nebenbestimmung. Inhalt der Nebenbestimmung ist die Form, in welcher die Abwicklungserlöse an den Feederfonds ausgekehrt werden dürfen. Dies kann entweder als Barzahlung oder in Form einer

Übertragung von Vermögensgegenständen erfolgen. Ebenfalls zulässig ist es, den Abwicklungserlös teilweise in bar und teilweise als Vermögensgegenstände zu übertragen. Die KVG des Feederfonds muss der Übertragung von Vermögensgegenstände jedoch stets im Vorhinein zustimmen und die Master-Feeder-Vereinbarung oder die internen Regelungen für Geschäftstätigkeiten und die verbindliche Entscheidung zur Abwicklung des Masterfonds müssen eine solche Übertragung von Vermögensgegenständen vorsehen.

Wird der Abwicklungserlös in Form einer Barzahlung ausgezahlt, so darf das ent- 18
sprechende Bankguthaben, vor einer Wiederanlage gem. Abs. 2 S. 2 Nr. 1 oder Nr. 2, lediglich für ein effizientes Liquiditätsmanagement angelegt werden. Die KVG des Feederfonds darf Vermögensgegenstände, die ihr im Rahmen der Abwicklung des Masterfonds übertragen wurden, jederzeit gegen Barzahlung veräußern.

§ 179 Verschmelzung oder Spaltung des Masterfonds

(1) [1]**Eine Verschmelzung eines inländischen Masterfonds kann nur dann wirksam werden, wenn die Kapitalverwaltungsgesellschaft die Verschmelzungsinformationen nach § 177 mindestens 60 Tage vor dem geplanten Übertragungsstichtag allen Anlegern des Masterfonds auf einem dauerhaften Datenträger übermittelt.** [2]**Im Fall eines inländischen Feederfonds sind die Verschmelzungsinformationen darüber hinaus auch der Bundesanstalt und im Fall eines ausländischen Feederfonds den zuständigen Stellen des Herkunftsstaates zu übermitteln.**

(2) [1]**Bei der Verschmelzung eines Masterfonds oder der Spaltung eines ausländischen Masterfonds ist der Feederfonds abzuwickeln, es sei denn, die Bundesanstalt genehmigt auf Antrag der Kapitalverwaltungsgesellschaft ein Weiterbestehen des Investmentvermögens.** [2]**Eine solche Genehmigung ist nur zulässig, wenn der Feederfonds**

1. **Feederfonds desselben Masterfonds bleibt und der Masterfonds übernehmendes Investmentvermögen einer Verschmelzung ist oder ohne wesentliche Veränderungen aus einer Spaltung hervorgeht,**
2. **Feederfonds eines anderen aus der Verschmelzung oder Spaltung hervorgegangenen Masterfonds wird und**
   a) **der Masterfonds übertragendes Investmentvermögen einer Verschmelzung ist und der Feederfonds Anteile am übernehmenden Masterfonds erhält oder**
   b) **der Feederfonds nach einer Spaltung eines Masterfonds Anteile am Investmentvermögen erhält und dieses sich nicht wesentlich vom Masterfonds unterscheidet,**
3. **Feederfonds eines anderen nicht aus der Verschmelzung oder Spaltung hervorgegangen Masterfonds wird oder**
4. **der Feederfonds in ein inländisches Investmentvermögen umgewandelt wird, das kein Feederfonds ist.**

(3) [1]**Dem Antrag gemäß Absatz 2 sind folgende Angaben und Unterlagen spätestens einen Monat nach Kenntnis der Verschmelzung oder Spaltung des Masterfonds bei der Bundesanstalt einzureichen:**

1. **bei einem Antrag nach Absatz 2 Satz 2 Nummer 1**
   a) **gegebenenfalls der Antrag auf Genehmigung der Änderung der Anlagebedingungen und**

b) gegebenenfalls die vorgenommenen Änderungen des Verkaufsprospekts und entweder des Basisinformationsblattes gemäß Verordnung (EU) Nr. 1286/2014 oder der wesentlichen Anlegerinformationen;

2. bei einem Antrag nach Absatz 2 Satz 2 Nummer 2 oder Nummer 3

a) der Antrag auf Genehmigung der Änderung der Anlagebedingungen unter Bezeichnung des Masterfonds,

b) die vorgenommenen Änderungen des Verkaufsprospekts und entweder des Basisinformationsblattes gemäß Verordnung (EU) Nr. 1286/2014 oder der wesentlichen Anlegerinformationen und

c) die Angaben und Unterlagen nach § 171 Absatz 3;

3. bei einem Antrag nach Absatz 2 Satz 2 Nummer 4

a) der Antrag auf Genehmigung der Änderung der Anlagebedingungen und

b) die vorgenommenen Änderungen des Verkaufsprospekts und entweder des Basisinformationsblattes gemäß Verordnung (EU) Nr. 1286/2014 oder der wesentlichen Anlegerinformationen.

[2]Hat die Verwaltungsgesellschaft des Masterfonds der Kapitalverwaltungsgesellschaft des Feederfonds die Verschmelzungsinformationen nach § 177 mehr als vier Monate vor der geplanten Verschmelzung oder Spaltung übermittelt, hat die Kapitalverwaltungsgesellschaft des Feederfonds abweichend von der Frist nach Satz 1 den Genehmigungsantrag und die Angaben und Unterlagen nach Satz 1 spätestens drei Monate vor dem Wirksamwerden der Verschmelzung eines Masterfonds oder der Spaltung eines ausländischen Masterfonds bei der Bundesanstalt einzureichen.

(4) **[1]Die Bundesanstalt hat die Genehmigung innerhalb einer Frist von 15 Arbeitstagen zu erteilen, wenn alle in Absatz 3 genannten Angaben und Unterlagen vollständig vorliegen und die Anforderungen nach diesem Abschnitt erfüllen. [2]Liegen die Voraussetzungen für die Genehmigung nicht vor, hat die Bundesanstalt dies der Kapitalverwaltungsgesellschaft innerhalb der Frist nach Satz 1 unter Angabe der Gründe mitzuteilen und fehlende oder geänderte Angaben oder Unterlagen anzufordern. [3]Mit dem Eingang der angeforderten Angaben oder Unterlagen beginnt der Lauf der in Satz 1 genannten Frist erneut. [4]Die Genehmigung gilt als erteilt, wenn über den Genehmigungsantrag nicht innerhalb der Frist nach Satz 1 entschieden worden ist und eine Mitteilung nach Satz 2 nicht erfolgt ist. [5]Auf Antrag der Kapitalverwaltungsgesellschaft hat die Bundesanstalt die Genehmigung nach Satz 4 zu bestätigen.**

(5) **Die Kapitalverwaltungsgesellschaft des Feederfonds hat die Verwaltungsgesellschaft des Masterfonds unverzüglich über die erteilte Genehmigung zu unterrichten und die Maßnahmen nach § 180 zu ergreifen.**

(6) **[1]Die Kapitalverwaltungsgesellschaft des Feederfonds hat der Bundesanstalt eine beabsichtigte Abwicklung des Feederfonds spätestens einen Monat nach Kenntnis der geplanten Verschmelzung oder Spaltung des Masterfonds mitzuteilen; die Anleger des Feederfonds sind hiervon unverzüglich durch eine Bekanntmachung im Bundesanzeiger und mittels eines dauerhaften Datenträgers zu unterrichten. [2]Absatz 3 Satz 2 gilt entsprechend.**

(7) [1]Die Kapitalverwaltungsgesellschaft des Masterfonds muss der Verwaltungsgesellschaft des Feederfonds vor dem Wirksamwerden einer Verschmelzung die Möglichkeit zur Rückgabe sämtlicher Anteile einräumen, es sei denn, die Bundesanstalt oder die zuständigen Stellen des Herkunftsmitgliedstaates des Feederfonds haben ein Weiterbestehen des Feederfonds genehmigt. [2]Die Kapitalverwaltungsgesellschaft des Feederfonds kann ihr Rückgaberecht entsprechend den Vorgaben des § 187 Absatz 1 auch ausüben, wenn die Bundesanstalt in den Fällen des Absatzes 2 Satz 2 Nummer 2, 3 und 4 ihre Genehmigung nicht spätestens einen Arbeitstag vor dem Wirksamwerden der Verschmelzung oder Spaltung erteilt hat. [3]Die Kapitalverwaltungsgesellschaft des Feederfonds kann dieses Rückgaberecht ferner ausüben, um das Rückgaberecht der Anleger des Feederfonds nach § 180 Absatz 1 Satz 1 Nummer 4 zu wahren. [4]Bevor die Kapitalverwaltungsgesellschaft des Feederfonds das Rückgaberecht ausübt, hat sie andere zur Verfügung stehende Möglichkeiten in Erwägung zu ziehen, durch die Transaktionskosten oder andere negative Auswirkungen auf die Anleger des Feederfonds vermieden oder verringert werden können.

(8) [1]Übt die Kapitalverwaltungsgesellschaft des Feederfonds ihr Rückgaberecht an Anteilen des Masterfonds aus, erhält sie den Rücknahmebetrag entweder
1. als Barzahlung oder
2. ganz oder neben einer Barzahlung zumindest teilweise in Form einer Übertragung von Vermögensgegenständen, wenn sie damit einverstanden ist und die Master-Feeder-Vereinbarung dies vorsieht.

[2]Die Kapitalverwaltungsgesellschaft des Feederfonds darf erhaltene Vermögensgegenstände, die sie nach Satz 1 Nummer 2 erhalten hat, jederzeit gegen Barzahlung veräußern. [3]Sie darf Barzahlungen, die sie nach Satz 1 Nummer 1 erhalten hat, vor einer Wiederanlage gemäß Absatz 2 Satz 2 Nummer 2 oder Nummer 3 lediglich für ein effizientes Liquiditätsmanagement anlegen.

Inhaltsübersicht

	Rn.
I. Allgemeines	1
II. Wirksamkeit der Verschmelzung des Masterfonds (§ 179 I)	2
III. Auswirkungen auf den Feederfonds (§ 179 II, III)	6
1. Abwicklung des Feederfonds	7
2. Weiterbestehen des Feederfonds	10
a) Weiterbestand bei gleichem Masterfonds	11
b) Weiterbestand bei Wechsel des Masterfonds	14
c) Weiterbestand als Investmentvermögen, das kein Feederfonds ist	18
IV. Genehmigungsverfahren (§ 179 IV)	20
V. Rechte und Pflichten der Verwaltungsgesellschaft des Feederfonds (§ 179 V, VI)	22
VI. Pflichten der Verwaltungsgesellschaft des Masterfonds (§ 179 VII)	26
VII. Rückgabe der Anteile am Masterfonds (§ 179 VIII)	30

I. Allgemeines

1 § 179 behandelt die Fälle der Verschmelzung und der Abwicklung des Masterfonds. Die Vorschrift gilt grds. sowohl für Master-Feeder-Strukturen unter Beteiligung richtlinienkonformer Investmentvermögen als auch für Master-Feeder-Strukturen, an denen nicht richtlinienkonforme Investmentvermögen beteiligt sind.

II. Wirksamkeit der Verschmelzung des Masterfonds (§ 179 I)

2 Absatz 1 dient der Umsetzung von Art. 60 V UAbs. 2 der OGAW-RL. Soll ein Masterfonds mit einem anderen Investmentvermögen verschmolzen werden, sind allen Anlegern des Masterfonds die betreffenden Verschmelzungsinformationen 60 Tage vor dem geplanten Wirksamwerden der Verschmelzung zu übermitteln. Die Übermittlung muss auf einem dauerhaften Datenträger gem. § 1 XIX Nr. 8 erfolgen.

3 Bei dem Verweis auf § 177 handelt es sich wohl um ein Redaktionsversehen. Richtigerweise müsste hier auf § 186 verwiesen werden, welcher die Erstellung von Verschmelzungsinformationen regelt. Dies ergibt sich aus der Tatsache, dass § 179 die wort- und inhaltsgleiche Nachfolgenorm des früheren § 45f InvG darstellt, § 45f I InvG bei ansonsten inhaltsgleichem Wortlaut zu § 179 auf § 40d InvG verwiesen hat und die Regelungen des § 40d InvG von § 186 in das KAGB übernommen wurden. Darüber hinaus spricht Art. 60 V UAbs. 2 der OGAW-RL – dessen Umsetzung Abs. 1 dient – im Zusammenhang mit der Information der Anleger – von den „in Artikel 43 genannten Informationen". Artikel 43 der OGAW-RL wird durch § 186 umgesetzt, so dass auch dies dafür spricht, dass es sich bei dem Verweis auf § 177 um ein Redaktionsversehen handelt. Letztlich ist der Verweis auf § 177 auch inhaltlich unpassend, da § 177 Informationspflichten der BaFin gegenüber der Verwaltungsgesellschaft des Feederfonds zum Gegenstand hat.

4 Sofern es sich bei dem betroffenen Feederfonds um einen inländischen Feederfonds handelt, ist neben der Verwaltungsgesellschaft des Feederfonds auch die BaFin mittels Übersendung der Verschmelzungsinformationen über die geplante Verschmelzung zu informieren. Handelt es sich um einen ausländischen Feederfonds, so sind die Verschmelzungsinformationen an die zuständige Stelle im Herkunftsstaat des Feederfonds zu übersenden.

5 Die Frist von 60 Tagen beginnt zu laufen, sobald die Verschmelzungsinformationen sowohl den Anlegern des Feederfonds als auch der jeweiligen zuständigen Behörde übermittelt wurden.

III. Auswirkungen auf den Feederfonds (§ 179 II, III)

6 Wird der Masterfonds einer Master-Feeder-Struktur verschmolzen oder gespalten, hat dies aufgrund der engen Verbindung von Master- und Feederfonds unmittelbare Auswirkungen auf den Feederfonds. Diese sind in Abs. 2 normiert. Absatz 2 dient der Umsetzung von Art. 60 V UAbs. 1 und 2 der OGAW-RL.

7 **1. Abwicklung des Feederfonds.** Absatz 2 S. 1 sieht vor, dass im Falle der Verschmelzung eines Masterfonds oder der Spaltung eines ausländischen Masterfonds der Feederfonds abzuwickeln ist. Die Abwicklung des Feederfonds hat entsprechend den allgemeinen Vorschriften zu erfolgen.

8 Die Verwaltungsgesellschaft kann jedoch einen Antrag auf Fortbestand des Feederfonds stellen. Für den Fortbestand des Feederfonds sieht das Gesetz verschiedene Varianten vor, die alle unter dem Vorbehalt der Genehmigung durch die BaFin stehen.

9 Die Verwaltungsgesellschaft des Feederfonds hat die Entscheidung zwischen der Abwicklung des Feederfonds und der Beantragung des Weiterbestand innerhalb der Frist des Abs. 6 zu treffen.

10 **2. Weiterbestehen des Feederfonds.** Stellt die Verwaltungsgesellschaft des Feederfonds gem. Abs. 2 einen Antrag auf Weiterbestehen des Feederfonds so ist der Weiterbestand des Feederfonds in verschiedenen Konstellationen möglich. So kann der Feederfonds als Feederfonds desselben Masterfonds weiterbestehen, einen Wechsel des Masterfonds durchführen oder aber in ein Investmentvermögen, welches kein Feederfonds ist, umgewandelt werden.

11 **a) Weiterbestand bei gleichem Masterfonds.** Die BaFin darf die Genehmigung des Weiterbestands als Feederfonds desselben Masterfonds nur erteilen, sofern der Masterfonds übernehmendes Investmentvermögen einer Verschmelzung ist oder ohne wesentliche Veränderungen aus einer Spaltung hervorgeht. Bei der Beurteilung einer wesentlichen Veränderung auf Ebene des Masterfonds sind insb. Anlageziele, Anlagepolitik und Rechte der Anleger zu berücksichtigen.

12 Die vorgenannten Varianten ergeben sich aus der Umsetzung von Art. 60 V UAbs. 1 Buchst. a Alt. 1 der OGAW-RL iVm Art. 22 II UAbs. 1 Buchst. a und b der zugehörigen RL 2010/44/EU. Da das KAGB die Spaltung eines inländischen Investmentvermögens nicht vorsieht, kann die zweite Alternative jedoch nur bei einer grenzüberschreitenden Master-Feeder-Struktur mit ausländischem Masterfonds auftreten.

13 Die Verwaltungsgesellschaft des Feederfonds muss den Antrag auf Weiterbestand des Feederfonds desselben Masterfonds spätestens einen Monat nach Kenntnis der Verschmelzung oder Spaltung des Masterfonds bei der BaFin einreichen. Dem Antrag auf Weiterbestand ist – sofern Änderungen auf Ebene des Masterfonds eine Änderung der Anlagebedingungen des Feederfonds erforderlich machen – gem. Abs. 3 Nr. 1 der Antrag auf Genehmigung der Änderungen der Anlagebedingungen beizufügen. Darüber hinaus sind der BaFin ggf. der geänderte Verkaufsprospekt und das entsprechend angepasste Basisinformationsblatt gemäß der PRIIPs-VO bzw. die entsprechend angepassten wesentlichen Anlegerinformationen gemeinsam mit dem Antrag auf Weiterbestand des Feederfonds zu übersenden. Dieses relativ schlanke Verfahren ist möglich, da der Masterfonds in diesem Fall keine grundsätzlichen Änderungen erfährt und daher auch die Auswirkungen auf den Feederfonds und dessen Dokumentation gering sind.

14 **b) Weiterbestand bei Wechsel des Masterfonds.** Absatz 2 Nr. 2 und Nr. 3 sehen verschiedene Varianten vor, nach welchen der Feederfonds als Feederfonds eines anderen Masterfonds weiterbestehen kann.

15 In Umsetzung von Art. 60 V UAbs. 1 Buchst. a Alt. 2 der OGAW-RL iVm Art. 22 II UAbs. 2 Buchst. a und b der RL 2010/44/EU ist es gem. Abs. 2 Nr. 2 möglich, dass der Feederfonds Feederfonds eines anderen aus der für die Änderung auf Ebene des Masterfonds ursächlichen Verschmelzung oder Spaltung hervorgegangenen Masterfonds wird. Dies ist jedoch nur unter engen Voraussetzungen möglich. So muss der ursprüngliche Masterfonds das übertragende Investmentvermögen der Verschmelzung sein und der Feederfonds Anteile am übernehmenden

Masterfonds erhalten. Im Falle der Spaltung des Masterfonds muss der Feederfonds nach einer Spaltung des ursprünglichen Masterfonds Anteile an einem aus der Verschmelzung hervorgegangenen Investmentvermögen erhalten und dieses Investmentvermögen darf sich nicht wesentlich vom ursprünglichen Masterfonds unterscheiden.

16 Daneben sieht Abs. 2 Nr. 3 vor, dass der Feederfonds Feederfonds eines anderen nicht aus der Verschmelzung oder Spaltung hervorgegangenen Masterfonds wird. Dies dient der Umsetzung von Art. 60 V UAbs. 1 Buchst. b der OGAW-RL.

17 Der Antrag auf Weiterbestand des Feederfonds bei Wechsel des Masterfonds ist ebenfalls innerhalb der Monatsfrist des Abs. 3 zu stellen. Zusätzlich muss des Weiteren gem. Abs. 3 Nr. 2 zeitgleich der Antrag auf Genehmigung der Änderung der Anlagebedingungen des Feederfonds unter Bezeichnung des Masterfonds gestellt werden. Den Anträgen sind die vorgenommenen Änderungen des Verkaufsprospekts und des Basisinformationsblattes gemäß der PRIIPs-VO (das seit dem 1.1.2023 bei einem Vertrieb, der sich nicht ausschließlich an professionelle Anleger richtet, zwingend erforderlich ist) bzw. der wesentlichen Anlegerinformationen und die Angaben und Unterlagen nach § 171 III beizufügen, namentlich die Anlagebedingungen oder die Satzung des Feederfonds und des neuen Masterfonds, der Verkaufsprospekt und das Basisinformationsblatt bzw. die wesentlichen Anlegerinformationen des Feederfonds und des neuen Masterfonds, die Master-Feeder-Vereinbarung oder die entsprechenden internen Regelungen für Geschäftstätigkeiten, ggf. die Verwahrstellenvereinbarung, die Abschlussprüfervereinbarung und die Informationen für die Anleger nach § 180 II.

18 **c) Weiterbestand als Investmentvermögen, das kein Feederfonds ist.** Absatz 2 Nr. 4 sieht entsprechend Art. 60 V UAbs. 1 Buchst. c der OGAW-RL die Möglichkeit vor, den Feederfonds in ein inländisches Investmentvermögen umzuwandeln, das kein Feederfonds ist.

19 Dem innerhalb eines Monats nach Kenntnis der entsprechenden Änderung auf Ebene des Masterfonds zu stellenden Antrag auf Weiterbestand des Feederfonds als Investmentvermögen, das kein Feederfonds ist, sind gem. Abs. 3 Nr. 3 der Antrag auf Genehmigung der Änderung der Anlagebedingungen und die vorgenommenen Änderungen des Verkaufsprospekts und des Basisinformationsblattes gemäß der PRIIPs-VO bzw. der wesentlichen Anlegerinformationen beizufügen.

IV. Genehmigungsverfahren (§ 179 IV)

20 Absatz 4 dient der Umsetzung von Art. 23 I der RL 2010/44/EU und regelt die Bearbeitungsfristen für die verschiedenen Anträge auf Weiterbestand des Feederfonds gem. Abs. 2 iVm Abs. 3. Grundsätzlich entspricht das Verfahren weitgehend dem Verfahren bei der Erstzulassung eines Feederfonds. Die Bearbeitungsfrist beginnt mit der Vorlage aller erforderlichen Unterlagen bei der BaFin. Entsprechen die vorgelegten Unterlagen den Anforderungen des KAGB, so muss die BaFin den Antrag innerhalb von 15 Arbeitstagen positiv verbescheiden. Sofern die Unterlagen unvollständig sind oder inhaltlich nicht die Anforderungen an eine entsprechende Dokumentation erfüllen, muss die BaFin dies dem Antragsteller innerhalb vom 15 Tagen unter Angabe der Gründe mitteilen und fehlende oder geänderte Angaben oder Unterlagen nachfordern. Die Bearbeitungsfrist von 15 Tagen beginnt in einem solchen Fall mit der Einreichung der angepassten Unterlagen erneut.

Erfolgt innerhalb der Frist von 15 Arbeitstagen weder eine Verbescheidung des Antrags noch eine Mitteilung über die Unvollständigkeit oder inhaltliche Beanstandung der Unterlagen, so gilt die Genehmigung als erteilt. Eine so zu Stande gekommene Genehmigung hat die BaFin auf Antrag der Verwaltungsgesellschaft zu bestätigen. 21

V. Rechte und Pflichten der Verwaltungsgesellschaft des Feederfonds (§ 179 V, VI)

Absatz 5 dient der Umsetzung von Art. 23 II und III der RL 2010/44/EU. 22
Demnach ist die Verwaltungsgesellschaft des Feederfonds verpflichtet, die Verwaltungsgesellschaft des Masterfonds unverzüglich zu unterrichten, sobald die BaFin die Genehmigung zum Weiterbestand des Feederfonds erteilt. Darüber hinaus sind von der Verwaltungsgesellschaft des Feederfonds die Maßnahmen nach § 180 zu ergreifen, dh insb. die Anleger des Feederfonds über die bevorstehenden Veränderungen in Kenntnis zu setzen (Einzelheiten siehe Kommentierung zu § 180).

Beabsichtigt die Verwaltungsgesellschaft des Feederfonds, diesen nicht weiter be- 23
stehen zu lassen, so hat sie gem. Abs. 6 1. Hs. der BaFin die beabsichtigte Abwicklung des Feederfonds spätestens einen Monat nach Kenntnis von der geplanten Verschmelzung oder Spaltung des Masterfonds mitzuteilen. Absatz 6 1. Hs. dient der Umsetzung von Art. 22 I Buchst. d der RL 2010/44/EU.

Des Weiteren sind gem. Abs. 6 2. Hs. die Anleger des Feederfonds unverzüglich 24
durch eine Bekanntmachung im BAnz und mittels eines dauerhaften Datenträgers zu informieren. Diese Vorschrift setzt Art. 22 IV der RL 2010/44/EU in nationales Recht um und dient der Verbesserung des Anlegerschutzes und der Vereinheitlichung der Art und Weise der Informationsübermittlung an die Anleger. Die erforderliche Unterrichtung des Anlegers über die Abwicklung des Feederfonds durch einen dauerhaften Datenträger entspricht der Regelung bei Kündigung des Verwaltungsrechts eines Sondervermögens nach § 99 I.

In Umsetzung von Art. 22 III iVm IV der RL 2010/44/EU gilt gem. Abs. 6 S. 2 25
die Regelung des Abs. 3 S. 2 entsprechend. Es ändern sich die Unterrichtungsfristen gegenüber dem Anleger, wenn die Verwaltungsgesellschaft des Masterfonds die Verwaltungsgesellschaft des Feederfonds mehr als vier Monate vor dem Wirksamwerden der Verschmelzung bzw. Spaltung informiert hat. In einem solchen Fall hat die Verwaltungsgesellschaft des Feederfonds den Genehmigungsantrag und die Angaben und Unterlagen nach Abs. 3 S. 1 spätestens drei Monate vor dem Wirksamwerden der Verschmelzung eines Masterfonds oder der Spaltung eines ausländischen Masterfonds bei der BaFin einzureichen.

VI. Pflichten der Verwaltungsgesellschaft des Masterfonds (§ 179 VII)

Gemäß Abs. 7 S. 1 muss die Verwaltungsgesellschaft des Masterfonds der Verwal- 26
tungsgesellschaft des Feederfonds vor dem Wirksamwerden einer Verschmelzung die Möglichkeit zur Rückgabe sämtlicher Anteile einräumen. Erteilt die BaFin – oder bei ausländischen Feederfonds die zuständige Stelle des jeweiligen Herkunftsstaats – die Genehmigung zum Weiterbestand des Feederfonds, ist die Verwaltungsgesellschaft des Masterfonds von der Pflicht zu Rücknahme der Anteil befreit. Dies ist jedoch einschränkend dahingehend zu verstehen, dass nur in Fällen, in denen eine Rückgabe der Anteile nicht erforderlich ist, also bei Weiterbestand als Feeder-

fonds desselben Masterfonds gem. Abs. 2 S. 1 Nr. 1 oder als Feederfonds eines aus der Verschmelzung hervorgegangen Masterfonds gem. Abs. 2 S. 1 Nr. 2 die Verwaltungsgesellschaft des Masterfonds dessen Anteile nicht zurücknehmen muss. Besteht der Feederfonds jedoch als Investmentvermögen weiter, welches kein Feederfonds mehr ist, oder als Feederfonds eines anderen Masterfonds, der nicht aus der Verschmelzung hervorgegangen ist, so ist der Sachverhalt grds. mit der Ausgangslage des § 178 vergleichbar und die Verwaltungsgesellschaft nach Ansicht des Verfassers zur Rücknahme verpflichtet. Absatz 7 S. 1 dient der Umsetzung von Art. 60 V UAbs. 3 der OGAW-RL.

27 Erteilt die BaFin die Genehmigung in den Fällen des Abs. 2 S. 1 Nr. 2–4 nicht spätestens einen Arbeitstag vor Wirksamwerden der Verschmelzung oder Spaltung des Masterfonds, so ist die Verwaltungsgesellschaft des Feederfonds ebenfalls zur Rückgabe der Anteile des Masterfonds berechtigt. Sie kann ihr Rückgaberecht nach Maßgabe des § 187 I ausüben, was bedeutet, dass dem Feederfonds grds. keine weiteren Kosten berechnet werden dürfen (Details s. die Kommentierung zu § 187). Diese Regelung dient der Umsetzung von Art. 23 IV UAbs. 1 der RL 2010/44/EU.

28 In Umsetzung von Art. 23 IV UAbs. 2 der RL 2010/44/EU ist die Verwaltungsgesellschaft des Feederfonds des Weiteren berechtigt, dieses Rückgaberecht auszuüben, um das Rückgaberecht der Anleger des Feederfonds im Falle der erneuten Genehmigung von Anlagebedingungen bei einem Wechsel des Masterfonds nach § 180 I 1 Nr. 4 zu wahren.

29 Die Verwaltungsgesellschaft des Feederfonds ist jedoch gem. Abs. 7 S. 4 vor Ausübung des Rückgaberechts verpflichtet, andere zur Verfügung stehende Möglichkeiten in Erwägung zu ziehen, durch die Transaktionskosten oder andere negative Auswirkungen auf die Anleger des Feederfonds vermieden oder verringert werden können. Es obliegt jedoch letztlich weiterhin ausschließlich der Verwaltungsgesellschaft, nach pflichtgemäßem Ermessen eine Entscheidung über die Ausübung des Rückgaberechts zu treffen. Dies dient der Umsetzung von Art. 23 IV UAbs. 3 der RL 2010/44/EU.

VII. Rückgabe der Anteile am Masterfonds (§ 179 VIII)

30 Übt die Verwaltungsgesellschaft des Feederfonds das Rückgaberecht an den Anteilen des Masterfonds aus, kann sie gem. Abs. 8 S. 1 den Rücknahmebetrag in verschiedenen Formen erhalten. Sie kann den Rücknahmebetrag entweder als Barzahlung oder ganz oder neben einer Barzahlung zumindest teilweise in Form einer Übertragung von Vermögensgegenständen erhalten. Eine Übertragung von Vermögensgegenständen ist jedoch nur unter den Voraussetzungen möglich, dass dies in der Master-Feeder-Vereinbarung grds. vorgesehen ist und dass die Verwaltungsgesellschaft des Feederfonds im Einzelfall ihre Zustimmung erklärt hat. Erhält die Verwaltungsgesellschaft unter diesen Voraussetzungen Vermögenswerte, so darf sie diese jederzeit, jedoch nur gegen Barzahlung, veräußern.

31 Die gem. Abs. 8 S. 1 Nr. 1 erhaltenen Barzahlungen dürfen gem. Abs. 8 S. 3 vor einer Wiederanlage in Anteile an einem anderen Masterfonds nur für ein effizientes Liquiditätsmanagement verwendet werden. Dieser enge Wortlaut deckt sich jedoch nicht mit dem in dieser Regelung umzusetzenden Art. 23 VI der RL 2010/44/EU, so dass im Rahmen einer richtlinienkonformen Auslegung davon auszugehen ist, dass diese Regelung grds. gilt, bis der Feederfonds entsprechend seiner geänderten Anlagepolitik neue Anlagen tätigt.

§ 180 Umwandlung in Feederfonds oder Änderung des Masterfonds

(1) [1]Werden die Anlagebedingungen eines inländischen OGAW oder eines Sonstigen Investmentvermögens im Rahmen der Umwandlung in einen Feederfonds erstmals als Anlagebedingungen dieses Feederfonds genehmigt oder wird die Anlage eines Feederfonds in Anteile eines Masterfonds bei einem beabsichtigten Wechsel des Masterfonds gemäß § 171 Absatz 1 erneut genehmigt, hat die Kapitalverwaltungsgesellschaft den Anlegern folgende Informationen zur Verfügung zu stellen:

1. **den Hinweis, dass die Bundesanstalt die Anlage des Feederfonds in Anteile des Masterfonds genehmigt hat,**
2. **das Basisinformationsblatt gemäß Verordnung (EU) Nr. 1286/2014 oder die wesentlichen Anlegerinformationen nach den §§ 164 und 166 oder nach Artikel 78 der Richtlinie 2009/65/EG über Feederfonds und Masterfonds,**
3. **das Datum der ersten Anlage des Feederfonds in dem Masterfonds oder, wenn er bereits in dem Masterfonds angelegt hat, das Datum des Tages, an dem seine Anlagen die bisher für ihn geltenden Anlagegrenzen übersteigen werden und**
4. **den Hinweis, dass die Anleger das Recht haben, innerhalb von 30 Tagen die kostenlose Rücknahme ihrer Anteile zu verlangen, gegebenenfalls unter Anrechnung der Gebühren, die zur Abdeckung der Rücknahmekosten entstanden sind.**

[2]Diese Informationen müssen spätestens 30 Tage vor dem in Satz 1 Nummer 3 genannten Datum auf einem dauerhaften Datenträger zur Verfügung gestellt werden. [3]Die in Satz 1 Nummer 4 genannte Frist beginnt mit dem Zugang der Informationen.

(2) [1]Wurde ein EU-OGAW in einen EU-Feeder-OGAW umgewandelt oder ändert ein EU-OGAW als Feederfonds seinen Masterfonds und wurde der EU-OGAW oder der EU-Feeder-OGAW bereits gemäß § 310 zum Vertrieb angezeigt, sind die in Artikel 64 Absatz 1 der Richtlinie 2009/65/EG genannten Informationen den Anlegern in deutscher Sprache auf einem dauerhaften Datenträger zur Verfügung zu stellen. [2]Die EU-OGAW-Verwaltungsgesellschaft oder die Kapitalverwaltungsgesellschaft, die den EU-Feeder-OGAW verwaltet, ist für die Erstellung der Übersetzung verantwortlich. [3]Die Übersetzung muss den Inhalt des Originals richtig und vollständig wiedergeben.

(3) Die Kapitalverwaltungsgesellschaft darf für Rechnung des Feederfonds vor Ablauf der in Absatz 1 Satz 2 genannten Frist nur Anteile des Masterfonds unter Berücksichtigung der bisher geltenden Anlagegrenzen erwerben.

(4) In den Fällen der Umwandlung in einen Feederfonds nach Absatz 1 ist die Übertragung aller Vermögensgegenstände des in den Feederfonds umgewandelten Investmentvermögens an den Masterfonds gegen Ausgabe von Anteilen am Masterfonds zulässig.

I. Allgemeines

1 § 180 hat die Umwandlung eines bereits bestehenden inländischen OGAW oder eines bereits bestehenden Sonstigen Investmentvermögens in einen Feederfonds zum Gegenstand. Daneben umfasst der Anwendungsbereich des § 180 die Änderung des Masterfonds. In diesen Fällen ist der Anleger des Feederfonds stets umfassend und zeitnah zu informieren, da die Anleger nur auf Basis einer umfänglichen Information über die Ausübung ihrer Rechte nach diesem Gesetz entscheiden sollen.

2 § 180 hat– mit redaktionellen Anpassungen aufgrund der mit der Umsetzung der AIFM-RL einhergehenden terminologischen und strukturellen Änderungen – die Regelungen des früheren § 45g InvG ins KAGB übernommen.

II. Inländischer Feederfonds (§ 180 I)

3 § 180 I setzt Art. 64 I der OGAW-RL in nationales Recht um. Die Vorschrift regelt die im Fall einer Umwandlung bestehender Investmentvermögen in einen Feederfonds oder einer Änderung des Masterfonds bestehenden Informationspflichten gegenüber dem Anleger. Betroffen sind hiervon Feederfonds in der Form eines inländische OGAW sowie Sonstige Investmentvermögen gem. §§ 220ff. Die Pflicht zur Information der Anleger trifft regelmäßig die KVG des betroffenen Investmentvermögens.

4 Dieser Informationspflicht muss die KVG stets nachkommen, sofern die Anlagebedingungen eines inländischen OGAW oder eines Sonstigen Investmentvermögens im Rahmen der Umwandlung in einen Feederfonds erstmals als Anlagebedingungen dieses Feederfonds genehmigt werden. Nicht betroffen ist jedoch die Neuauflage eines Investmentvermögens als Feederfonds, da in diesem Fall begrifflich keine Umwandlung vorliegen kann.

5 Daneben wird die Informationspflicht des Abs. 1 ausgelöst, sofern die Anlage eines Feederfonds in Anteile eines Masterfonds bei einem beabsichtigten Wechsel des Masterfonds gem. § 171 I erneut genehmigt wird. Hierbei existieren neben dem einfachen Austausch des Masterfonds gem. § 171 IV verschiedene weitere Fallkonstellationen. Betroffen ist der Fall der Abwicklung des Masterfonds gem. § 178, sofern der Feederfonds als solcher bestehen bleiben und zukünftig in Anteile eines neuen Masterfonds investieren soll. Im Falle einer Verschmelzung des Masterfonds ist zu unterscheiden: Wird der Masterfonds auf ein anderes Investmentvermögen verschmolzen und soll der Feederfonds zukünftig in das aufnehmende Investmentvermögen investieren, so liegt hierin ein Wechsel des Masterfonds, welcher die Informationspflicht des Abs. 1 auslöst. Ist der Masterfonds jedoch das aufnehmende Investmentvermögen, so liegt kein Wechsel des Masterfonds vor, da dieser weiterhin als solcher besteht. Dementsprechend ist es in diesem Fall nicht erforderlich, die Anleger des Feederfonds zu informieren.

6 Die dem Anleger zur Verfügung gestellten Informationen müssen einen Hinweis auf die Genehmigung der Anlage in Anteile des neuen Masterfonds durch die BaFin enthalten. Daneben sind dem Anleger das entsprechend angepasste Basisinformationsblatt gemäß der PRIIPs-VO (das seit dem 1.1.2023 bei einem Vertrieb, der sich nicht ausschließlich an professionelle Anleger richtet, zwingend erforderlich ist) bzw. die entsprechend angepassten wesentlichen Anlegerinformationen des Feederfonds nach den §§ 164, 166 zur Verfügung zu stellen. Ebenfalls muss der Anleger das Basisinformationsblatt gemäß der PRIIPs-VO oder die we-

sentlichen Anlegerinformationen nach den §§ 164, 166 des inländischen Masterfonds (bzw. des ausländischen Masterfonds), erhalten. Auch ist dem Anleger das Datum der ersten Anlage des Feederfonds in Anteile des Masterfonds oder, wenn der Feederfonds bereits in der Vergangenheit in Anteile des Masterfonds investiert hat, das Datum des Tages, an dem seine Anlagen die bisher für ihn geltenden Anlagegrenzen übersteigen, mitzuteilen. Ebenfalls sind die Anleger darauf hinzuweisen, dass ihnen das Recht zusteht, innerhalb von 30 Tagen die kostenlose Rücknahme ihrer Anteile zu verlangen – ggf. unter Anrechnung der Gebühren, die zur Abdeckung der Rücknahmekosten entstanden sind.

Die vorgenannten Informationen sind den Anlegern auf einem dauerhaften Datenträger gem. § 1 XIX Nr. 8 zu übermitteln. Sie müssen dem Anleger spätestens 30 Tage vor der erstmaligen Investition des Feederfonds in Anteile des Masterfonds bzw. vor der erstmaligen Überschreitung der für die Investition in Anteile an Investmentvermögen für das jeweilige Investmentvermögen geltenden Anlagegrenzen zugehen. 7

Die 30-tägige Frist, innerhalb derer die Anleger des Feederfonds von der KVG die Rücknahme ihrer Anteile verlangen können, beginnt mit Zugang der vollständigen Informationen nach diesem Absatz. 8

III. Ausländischer Feederfonds (§ 180 II)

§ 180 II dient der Umsetzung von Art. 64 II der OGAW-RL in deutsches Recht und regelt spiegelbildlich zu § 180 I die Pflichten des betroffenen Investmentvermögens gegenüber seinen deutschen Anlegern. 9

Wird ein EU-OGAW in einen EU-Feeder-OGAW umgewandelt oder ändert ein EU-Feeder-OGAW seinen Masterfonds, so ist, sofern dieses Investmentvermögen bereits vor der Änderung gem. § 310 zum Vertrieb angezeigt wurde, keine Neuanzeige erforderlich. Den Anlegern sind in diesem Fall nur die Informationen gem. Art. 64 I der OGAW-RL auf einem dauerhaften Datenträger in deutscher Sprache zu übermitteln. Hierbei handelt es sich um eine Erklärung, aus welcher sich ergibt, dass die zuständigen Behörden des Herkunftsmitgliedstaats des EU-OGAW oder EU-Feeder-OGAW die Anlage dieses Investmentvermögens in Anteile des (neuen) Masterfonds genehmigt haben und das Basisinformationsblatt gemäß der PRIIPs-VO bzw. die wesentlichen Informationen für den Anleger betreffend den EU-Feeder-OGAW und den Masterfonds vorliegen. Darüber hinaus enthält die Erklärung das Datum der ersten Anlage des Feeder-OGAW in den Masterfonds oder, wenn er bereits in den Masterfonds angelegt hat, das Datum, zu dem seine Anlagen die Anlagegrenzen gem. Art. 55 I übersteigen werden. Zusätzlich bedarf es einer Erklärung, der zufolge die Anteilinhaber das Recht haben, innerhalb von 30 Tagen die – abgesehen von den vom EU-Feeder-OGAW zur Abdeckung der Veräußerungskosten erhobenen Gebühren – kostenlose Rücknahme oder Auszahlung ihrer Anteile zu verlangen. Dieses Recht wird ab dem Zeitpunkt wirksam, an dem der EU-Feeder-OGAW die in Abs. 2 genannten Informationen gem. Art. 64 I der OGAW-RL bereitgestellt hat. 10

Für die Erstellung der Übersetzung der fremdsprachigen Unterlagen ist die EU-OGAW-Verwaltungsgesellschaft oder die KVG, die den EU-Feeder-OGAW verwaltet, verantwortlich. Diese Verantwortung bezieht sich insb. darauf, dass der Inhalt der zu übersetzenden Dokumente vollständig und korrekt wiedergegeben wird. 11

IV. Anlagegrenze (§ 180 III)

12 Vor Ablauf der in Abs. 1 S. 2 genannten 30-Tages-Frist ist die KVG bei dem Erwerb von Anteilen an dem Masterfonds für Rechnung des Feederfonds an die bisher geltenden Anlagegrenzen gebunden.

V. Umwandlung (§ 180 IV)

13 Wird ein Investmentvermögen gem. Abs. 1 in einen Feederfonds umgewandelt, so ist gem. Abs. 4 die Übertragung aller Vermögensgegenstände des in den Feederfonds umgewandelten Investmentvermögens an den Masterfonds gegen Ausgabe von Anteilen am Masterfonds zulässig. Somit ist im Falle der Umwandlung eines Investmentvermögens in einen Feederfonds eine Sacheinlage der Vermögensgegenstände des Investmentvermögens in den Masterfonds gegen Ausgabe von Anteilen am Feederfonds möglich.

Unterabschnitt 3. Verschmelzung von offenen Publikumsinvestmentvermögen

Vorbemerkungen zu §§ 181–191

1 Die §§ 181–191 regeln die Möglichkeiten der Verschmelzung von offen **inländischen Publikumsinvestmentvermögen** und übernehmen die §§ 40–40h InvG mit den aufgrund der geänderten Terminologie notwendigen Anpassungen. Bei Einführung des KAGB wurden an den Vorschriften lediglich minimale Änderungen aufgrund der neuen Struktur des KAGB vorgenommen. So wurde etwa das Verbot von Verschmelzungen zwischen Spezial-AIF und Publikumsinvestmentvermögen aus den Vorschriften über Spezial-Sondervermögen (ehemals § 95 VII 1 InvG) in die Regelung des § 181 verschoben.

2 Die Vorschriften über die Verschmelzung von Investmentvermögen folgen den Vorgaben der **Art. 37–48 OGAW-RL** und wurden in der nun gültigen Form im Juni 2011 durch das OGAW IV-Umsetzungsgesetz in das deutsche Investmentrecht integriert. Zuvor war der mit dem Investmentmodernisierungsgesetz aus 2004 eingeführte § 40 InvG die zentrale Vorschrift zur Regelung von Verschmelzungen. Diese Vorschrift ermöglichte jedoch lediglich die Verschmelzung inländischer Sondervermögen derselben KAG. Die Vorschrift wurde anschließend nochmals durch das Investmentänderungsgesetz von 2007 dahingehend geändert, dass der Übertragungsstichtag mit Genehmigung der BaFin auch zu einem anderen als dem Tag des Geschäftsjahresendes des übertragenden Sondervermögens erfolgen kann sowie einer Ergänzung zum Zwecke der Verhinderung negativer steuerlicher Folgen einer Verschmelzung bei den Anlegern. Im zuvor geltenden KAGG waren Verschmelzungen nicht erlaubt, da sie als unzulässige Sacheinlage qualifizierten.

3 Die **steuerrechtliche Behandlung** einer Verschmelzung von inländischen Investmentvermögen richtet sich nach **§ 23 InvStG** und ist grds. steuerneutral. Bei Verschmelzungsvorgängen, an denen ausschließlich EU-Investmentfonds aus demselben Staat oder ausländische Investmentfonds aus demselben Amts- und Beitreibungshilfe leistenden Drittstaat (vgl. § 2 XV InvStG) beteiligt sind, richten sich die steuerlichen Folgen nach § 23 IV InvStG.

§181 Gegenstand der Verschmelzung; Verschmelzungsarten

(1) [1]**Spezial-AIF dürfen nicht auf Publikumsinvestmentvermögen verschmolzen werden, Publikumsinvestmentvermögen dürfen nicht auf Spezial-AIF verschmolzen werden.** [2]**OGAW dürfen nur mit AIF verschmolzen werden, wenn das übernehmende oder neu gegründete Investmentvermögen weiterhin ein OGAW ist.**

(2) **Neben der Verschmelzung durch Aufnahme und der Verschmelzung durch Neugründung im Sinne von § 1 Absatz 19 Nummer 37 können Verschmelzungen eines EU-OGAW auf ein OGAW-Sondervermögen, eine OGAW-Investmentaktiengesellschaft oder ein Teilgesellschaftsvermögen einer OGAW-Investmentaktiengesellschaft gemäß den Vorgaben des Artikels 2 Absatz 1 Buchstabe p Ziffer iii der Richtlinie 2009/65/EG erfolgen.**

I. Allgemeines

Die Vorschrift des § 181 wurde **neu** in die Verschmelzungsvorschriften im KAGB **eingeführt,** um die einschlägigen Normen in diesem Abschnitt zu bündeln. Inhaltlich ergeben sich keine Neuerungen, da die Vorschrift lediglich bereits aus dem InvG bekannte Feststellungen in einem neuen Paragraphen verbindet. 1

Absatz 1 S. 1 übernimmt die Regelung des § 95 VII 1 InvG. Satz 2 wurde aus Klarstellungsgründen eingefügt und Abs. 2 entspricht inhaltlich § 2 II 2 InvG. 2

II. Anwendbarkeit (Abs. 1)

Abs. 1 legt den **Anwendungsbereich** der Verschmelzungsvorschriften fest. Wie bereits unter dem InvG sind Verschmelzungen zwischen Spezialfonds und OGAW **unzulässig.** Aus dem Umkehrschluss ergibt sich folglich die grundsätzliche Zulässigkeit von Verschmelzungen verschiedenartiger Investmentvermögen, etwa eines Gemischten Investmentvermögens mit einem Sonstigen Investmentvermögen. Dem folgt auch der neu eingeführte und Art. 1 V OGAW-RL umsetzende S. 2, wonach bei einer Verschmelzung, an der ein OGAW beteiligt ist, das fortbestehende Investmentvermögen ein OGAW sein muss. Dieser Satz dient zwar in erster Linie der Durchsetzung des Verbots der Umbildung eines OGAW in eine andere Art von Investmentvermögen, stellt aber auch klar, dass die Verschmelzung von Publikums-AIF und OGAW grds. möglich ist, soweit das übernehmende Investmentvermögen ein OGAW ist oder wird. 3

Aus der Formulierung des Gesetzeswortlauts ergibt sich ferner die Möglichkeit, eine Verschmelzung auch zwischen **verschiedenen Strukturen** von Investmentvermögen vorzunehmen. So ist es möglich, ein Sondervermögen mit einem Teilgesellschaftsvermögen einer Investmentaktiengesellschaft mit veränderlichem Kapital zu verschmelzen oder umgekehrt. Dies ist vor dem Hintergrund der Möglichkeit der grenzüberschreitenden Verschmelzung von OGAW auch sinnvoll, da im europäischen Vergleich die weit überwiegende Anzahl an Investmentvermögen in gesellschaftsrechtlicher Form strukturiert sind und die Auflage als Sondervermögen im europäischen Vergleich eine eher untergeordnete Rolle spielt. Ein Verbot der Verschmelzung strukturverschiedener Investmentvermögen liefe demzufolge dem europäischen Harmonisierungsgedanken zuwider, der in Erwägungsgrund 27 zur OGAW-RL klar zum Ausdruck gebracht wird. 4

5 Es folgt eine Übersicht der nach dem Gesetz zulässigen Verschmelzungsmöglichkeiten.

Übertragendes / Übernehmendes	OGAW-SV	OGAW-TGV	EU-OGAW	Publikums-AIF	Spezial-AIF	EU-AIF
OGAW-SV	Ja	Ja	Ja	Ja	Nein	Ja
OGAW-TGV	Ja	Ja	Ja	Ja	Nein	Ja
EU-OGAW	Ja	Ja	n/a	Ja	Nein	n/a
Publikums-AIF	Nein	Nein	Nein	Ja	Nein	Ja
Spezial-AIF	Nein	Nein	Nein	Nein	Ja	Nein
EU-AIF	Nein	Nein	n/a	Evtl. ja	Evtl. ja	n/a

III. Verschmelzungsmöglichkeiten (Abs. 2)

6 Das Gesetz sieht entsprechend Art. 2 I Buchst. p OGAW-RL drei Arten von Verschmelzungen vor, die Verschmelzung durch Aufnahme, die Verschmelzung durch Neugründung sowie für Verschmelzungsvorgänge von EU-OGAW auf inländische Investmentvermögen das sog. „Scheme of Arrangement" oder „Scheme of Amalgamation", welches vornehmlich im angelsächsischen Rechtsraum üblich ist.

7 Die **Verschmelzung durch Aufnahme** ist in § 1 XIX Nr. 37 Buchst. a definiert und setzt systematisch die Beteiligung zweier vergleichbarer existenter Investmentvermögen voraus. Bei dieser Art der Verschmelzung werden die Vermögenswerte sowie Verbindlichkeiten eines oder mehrerer Investmentvermögen auf ein anderes bestehendes Investmentvermögen übertragen.

8 Die **Verschmelzung durch Neugründung** ist in § 1 XIX Nr. 37 Buchst. b definiert und ermöglicht es, durch den Verschmelzungsvorgang ein neues Investmentvermögen zu gründen. Die Anlagebedingungen des zu gründenden Investmentvermögens sind dem Antrag auf Genehmigung der Verschmelzung beizufügen und werden von der BaFin im Zusammenhang mit der Verschmelzung genehmigt.

9 Bei beiden zuvor genannten Verschmelzungsarten ist die Auflösung des oder der übertragenden Investmentvermögen Folge des Verschmelzungsvorgangs.

10 Die Verschmelzung im Wege des **„Scheme of Arrangement"** bzw. **„Scheme of Amalgamation"** kann gem. § 181 II ausschließlich von EU-OGAW genutzt werden, da das System der Auskehrung lediglich der Vermögenswerte eines Investmentvermögens mit Verbleib der Verbindlichkeiten dem deutschen Investmentrecht unbekannt ist. Da das europäische Recht diese Form der Verschmelzung allerdings als gleichwertig anerkennt und bei einer Verschmelzung grds. das Recht des übertragenden Investmentvermögens zur Anwendung kommt, musste der deutsche Gesetzgeber diese Verschmelzungsart dennoch für EU-OGAW anerkennen.

§ 182 Genehmigung der Verschmelzung

(1) Die Verschmelzung von Sondervermögen auf ein anderes bestehendes oder ein neues, dadurch gegründetes übernehmendes Sondervermögen (inländische Verschmelzung) oder eines OGAW-Sondervermögens auf ein anderes bestehendes oder einen neuen, dadurch gegründeten übernehmenden EU-OGAW (grenzüberschreitende Verschmelzung) bedarf der Genehmigung der Bundesanstalt.

(2) [1]Bei einer Verschmelzung durch Aufnahme hat die Kapitalverwaltungsgesellschaft des übertragenden Sondervermögens dem Antrag auf Genehmigung folgende Angaben und Unterlagen beizufügen:

1. **den Verschmelzungsplan nach § 184,**
2. **bei grenzüberschreitender Verschmelzung eine aktuelle Fassung des Verkaufsprospekts gemäß Artikel 69 Absatz 1 und 2 der Richtlinie 2009/65/EG und entweder des Basisinformationsblattes gemäß Verordnung (EU) Nr. 1286/2014 oder der wesentlichen Anlegerinformationen gemäß Artikel 78 der Richtlinie 2009/65/EG des übernehmenden EU-OGAW,**
3. **eine Erklärung der Verwahrstellen des übertragenden Sondervermögens und des übernehmenden Sondervermögens oder des EU-OGAW zu ihrer Prüfung nach § 185 Absatz 1 oder bei einer grenzüberschreitenden Verschmelzung gemäß Artikel 41 der Richtlinie 2009/65/EG und**
4. **die Verschmelzungsinformationen nach § 186 Absatz 1 oder bei einer grenzüberschreitenden Verschmelzung gemäß Artikel 43 der Richtlinie 2009/65/EG, die den Anlegern des übertragenden Sondervermögens und des übernehmenden Sondervermögens oder des EU-OGAW zu der geplanten Verschmelzung übermittelt werden sollen.**

[2]Bei einer Verschmelzung durch Neugründung eines Sondervermögens ist dem Antrag auf Genehmigung zusätzlich zu den in Satz 1 genannten Angaben und Unterlagen ein Antrag auf Genehmigung der Anlagebedingungen des neu zu gründenden Sondervermögens nach den §§ 162 und 163 beizufügen. [3]Bei einer Verschmelzung durch Neugründung eines EU-OGAW ist dem Antrag auf Genehmigung zusätzlich zu den in Satz 1 genannten Angaben und Unterlagen ein Nachweis darüber beizufügen, dass die Genehmigung der Anlagebedingungen des neu zu gründenden EU-OGAW bei der zuständigen Stelle des Herkunftsmitgliedstaates beantragt wurde. [4]Die Angaben und Unterlagen nach Satz 1 Nummer 1 bis 4 sind in deutscher Sprache und bei einer grenzüberschreitenden Verschmelzung auch in der Amtssprache oder in einer der Amtssprachen der zuständigen Stellen des Herkunftsmitgliedstaates des übernehmenden EU-OGAW oder einer von diesen gebilligten Sprache einzureichen.

(3) [1]Fehlende Angaben und Unterlagen fordert die Bundesanstalt innerhalb von zehn Arbeitstagen nach Eingang des Genehmigungsantrags an. [2]Liegt der vollständige Antrag vor, übermittelt die Bundesanstalt bei einer grenzüberschreitenden Verschmelzung den zuständigen Stellen des Herkunftsstaates des übernehmenden EU-OGAW unverzüglich Abschriften der Angaben und Unterlagen nach Absatz 2.

(4) [1]Die Bundesanstalt prüft, ob den Anlegern angemessene Verschmelzungsinformationen zur Verfügung gestellt werden; dabei berücksichtigt sie die potenziellen Auswirkungen der geplanten Verschmelzung auf die Anleger des übertragenden und des übernehmenden Sondervermögens. [2]Sie kann von der Kapitalverwaltungsgesellschaft des übertragenden Sondervermögens verlangen, dass die Verschmelzungsinformationen für die Anleger des übertragenden Sondervermögens klarer gestaltet werden. [3]Soweit sie eine Nachbesserung der Verschmelzungsinformationen für die Anleger des übernehmenden Sondervermögens für erforderlich hält, kann sie innerhalb von 15 Arbeitstagen nach dem Erhalt des vollständigen Antrags gemäß Absatz 2 eine Änderung verlangen.

(5) Die Bundesanstalt genehmigt die geplante Verschmelzung, wenn

1. die geplante Verschmelzung den Anforderungen der §§ 183 bis 186 entspricht,
2. bei einer grenzüberschreitenden Verschmelzung für den übernehmenden EU-OGAW der Vertrieb der Anteile sowohl gemäß § 310 im Inland als auch gemäß Artikel 93 der Richtlinie 2009/65/EG zumindest in denjenigen Mitgliedstaaten der Europäischen Union oder Vertragsstaaten des Abkommens über den Europäischen Wirtschaftsraum angezeigt wurde, in denen auch für das übertragende OGAW-Sondervermögen der Vertrieb der Anteile gemäß Artikel 93 der Richtlinie 2009/65/EG angezeigt wurde,
3. die Bundesanstalt
   a) keine oder keine weitere Nachbesserung der Verschmelzungsinformationen nach Absatz 4 verlangt hat oder
   b) bei einer grenzüberschreitenden Verschmelzung keinen Hinweis der zuständigen Stellen des Herkunftsmitgliedstaates des übernehmenden EU-OGAW erhalten hat, dass die Verschmelzungsinformationen nicht zufriedenstellend im Sinne des Artikels 39 Absatz 3 Unterabsatz 4 Satz 1 der Richtlinie 2009/65/EG sind oder eine Mitteilung der zuständigen Stellen des Herkunftsmitgliedstaates im Sinne des Artikels 39 Absatz 3 Unterabsatz 4 Satz 2 der Richtlinie 2009/65/EG erhalten hat, dass die Nachbesserung der Verschmelzungsinformationen zufriedenstellend ist und
4. bei einer Verschmelzung durch Neugründung eines EU-OGAW ein Nachweis der Genehmigung der Anlagebedingungen des neu gegründeten EU-OGAW durch die zuständige Stelle des Herkunftsstaates von der EU-OGAW-Verwaltungsgesellschaft des neu gegründeten EU-OGAW der Bundesanstalt eingereicht wurde.

(6) [1]Die Bundesanstalt teilt der Kapitalverwaltungsgesellschaft innerhalb von 20 Arbeitstagen nach Vorlage der vollständigen Angaben nach Absatz 2 mit, ob die Verschmelzung genehmigt wird. [2]Der Lauf dieser Frist ist gehemmt, solange die Bundesanstalt eine Nachbesserung der Verschmelzungsinformationen nach Absatz 4 verlangt oder ihr bei einer grenzüberschreitenden Verschmelzung eine Mitteilung der zuständigen Stellen des Herkunftsstaates des übernehmenden EU-OGAW vorliegt, dass die Verschmelzungsinformationen nicht zufriedenstellend sind. [3]Ist die Frist bei einer grenzüberschreitenden Verschmelzung gehemmt, gilt Satz 1 mit der Maßgabe, dass die Bundesanstalt der Kapitalverwaltungs-

gesellschaft nach 20 Arbeitstagen mitteilt, dass die Genehmigung erst erteilt werden kann, wenn sie eine Mitteilung der zuständigen Stellen des Herkunftsmitgliedstaates darüber erhalten hat, dass die Nachbesserung der Verschmelzungsinformationen zufriedenstellend ist und dass damit die Hemmung der Frist beendet ist. [4]Bei einer grenzüberschreitenden Verschmelzung unterrichtet die Bundesanstalt die zuständigen Stellen des Herkunftsstaates des übernehmenden EU-OGAW darüber, ob sie die Genehmigung erteilt hat.

(7) **Bei einer Verschmelzung durch Neugründung eines Sondervermögens gilt § 163 Absatz 2 mit der Maßgabe, dass an die Stelle der Frist von vier Wochen eine Frist von 20 Arbeitstagen tritt; werden fehlende oder geänderte Angaben oder Unterlagen angefordert, beginnt der Lauf der in Absatz 6 Satz 1 genannten Frist mit dem Eingang der angeforderten Angaben oder Unterlagen erneut.**

Inhaltsübersicht

	Rn.
I. Allgemeines	1
II. Genehmigungsvorbehalt (Abs. 1)	3
III. Inhalt des Antrags auf Genehmigung (Abs. 2)	5
IV. Vervollständigung von Anträgen; grenzüberschreitende Zusammenarbeit (Abs. 3)	9
V. Prüfung der Verschmelzungsinformationen (Abs. 4)	11
VI. Genehmigung der Verschmelzung (Abs. 5)	15
1. Voraussetzungen bei grenzüberschreitender Verschmelzung	17
2. Voraussetzungen bei inländischer Verschmelzung	19
VII. Anwendbare Fristen (Abs. 6)	21
VIII. Besonderheiten bei der Verschmelzung zur Neugründung (Abs. 7)	23

I. Allgemeines

Die Vorschrift entspricht, abgesehen von den üblichen redaktionellen Änderungen, dem Wortlaut des aufgehobenen **§ 40 InvG** und setzt im Wesentlichen **Art. 39 OGAW-RL** um. 1

Regelungsgegenstand der Norm ist der **Genehmigungsprozess** einer Verschmelzung bei der BaFin, inklusive der einzureichenden Unterlagen für die jeweiligen Verschmelzungsarten sowie die Bearbeitungszeit der BaFin. Ferner enthält die Vorschrift auch den grundsätzlichen Prüfungsumfang der BaFin im Rahmen eines Verschmelzungsverfahrens. 2

II. Genehmigungsvorbehalt (Abs. 1)

Absatz 1 legt die Genehmigungspflicht einer Verschmelzung fest und enthält darüber hinaus die beiden Legaldefinitionen „inländische Verschmelzung" und „grenzüberschreitende Verschmelzung", wobei eine Genehmigungspflicht bei einer grenzüberschreitenden Verschmelzung nur dann vorliegt, wenn es sich beim übertragenden Investmentvermögen um ein inländisches Investmentvermögen handelt, das der **Aufsicht der BaFin** unterliegt. Die Terminologie in Abs. 1 deckt dem Wortlaut nach nur Sondervermögen und nicht Teilgesellschaftsvermögen einer Investmentaktiengesellschaft mit veränderlichem Kapital ab, welche jedoch gleichfalls dieser Vorschrift aufgrund Verweisung aus § 191 unterliegen. 3

4 Aus dem Wortlaut der Vorschrift ergibt sich ferner, dass die inländische Verschmelzung sowohl auf OGAW-Sondervermögen als auch andere inländische offene Publikumsinvestmentvermögen Anwendung findet. Dies wiederum gilt nicht für die grenzüberschreitende Verschmelzung, die OGAW-Sondervermögen vorbehalten ist. Insofern hat die Harmonisierung der Vorschriften über AIF durch die AIFMD zu keiner Änderung grenzüberschreitender Verschmelzungssachverhalte geführt. Die AIFMD kennt keine den Art. 39–48 OGAW-RL entsprechenden Verschmelzungsvorschriften.

III. Inhalt des Antrags auf Genehmigung (Abs. 2)

5 Absatz 2 legt die mit dem Antrag auf Genehmigung einzureichenden Unterlagen fest und unterscheidet dabei nach den beiden nach deutschem Recht zulässigen Verschmelzungsarten. Dabei enthält S. 1 die grds. beizufügenden Unterlagen und S. 2 die speziell bei einer Verschmelzung zur Neugründung beizufügenden Dokumente. Aus S. 1 ergibt sich ferner, dass der **Verschmelzungsantrag** durch die KVG des übertragenden Investmentvermögens zu stellen ist.

6 Im Falle eines Antrags auf **Verschmelzung zur Aufnahme** hat die beantragende KVG diesem Antrag grds. drei Dokumente beizufügen: Dabei handelt es sich um den **Verschmelzungsplan** gem. § 184, die **Erklärung der Verwahrstellen** gem. § 185 I sowie die **Verschmelzungsinformationen** gem. § 186. Bei einer **grenzüberschreitenden Verschmelzung** sind darüber hinaus der aktuelle Verkaufsprospekt sowie die aktuellen wesentlichen Anlegerinformationen des übernehmenden EU-OGAW einzureichen. Bei einer inländischen Verschmelzung ist dies nicht erforderlich, da der BaFin die jeweils aktuellen Verkaufsprospekte inländischer Investmentvermögen ohnehin vorliegen. Die Einzelheiten zum Verschmelzungsplan sowie zu den Verschmelzungsinformationen sind der Kommentierung der einschlägigen §§ 184, 186 zu entnehmen. Die **Verwahrstellen** beider an der Verschmelzung beteiligten Investmentvermögen haben eine **Erklärung** über ihre Prüfung dreier wesentlicher Punkte aus dem Verschmelzungsplan abzugeben. Schon hier beim Antrag lässt sich erkennen, dass der Verwahrstelle eine zentrale Rolle im Verschmelzungsvorgang zukommt. Ihre Beteiligung reicht von der Prüfung bestimmter Antragsunterlagen über die tatsächliche Übertragung der Vermögensgegenstände bis zur möglichen Prüfung im Anschluss an die erfolgte Verschmelzung. Der verpflichtende Inhalt der dem Antrag beizufügenden Erklärung ergibt sich aus § 185 I iVm § 184 S. 3 Nr. 1, 6 und 7. Die Verwahrstellen haben zu bestätigen, um welche Art der Verschmelzung es sich handelt und welche die beteiligten Investmentvermögen sind, welcher der geplante Übertragungsstichtag ist, die geltenden Bestimmungen für die Übertragung der Vermögenswerte sowie den Umtausch von Anteilen. Ist für das übertragende und für das übernehmende Investmentvermögen die gleiche Verwahrstelle bestellt, so ist ein Bestätigungsschreiben ausreichend.

7 Bei einer **Verschmelzung zur Neugründung** sind neben den nach S. 1 geforderten Unterlagen ein Antrag auf Genehmigung der Anlagebedingungen des neu zu gründenden, übernehmenden Investmentvermögens beizufügen. In einem solchen Fall sind demnach der Wortlaut der Anlagebedingungen des übernehmenden Investmentvermögens dem Antrag auf Verschmelzung bereits beizufügen. Es handelt sich mithin um einen kombinierten Antrag auf Genehmigung einerseits hinsichtlich der Verschmelzung und andererseits hinsichtlich der Anlagebedingungen. Im Falle einer **grenzüberschreitenden Verschmelzung** ist der Antrag bei der

ausländischen Aufsichtsbehörde nachzuweisen (S. 3). In diesem Zusammenhang ist zu erwähnen, dass für die Vollständigkeit des Antrags auf Verschmelzung der Antragsnachweis im Ausland ausreichend ist, für die Genehmigung der Verschmelzung muss jedoch auch die Genehmigung des übernehmenden EU-OGAW vorliegen, wie sich aus § 182 V Nr. 4 zweifelsfrei ergibt. Sobald die Genehmigung des EU-OGAW erfolgt ist, sollten der BaFin auch der Verkaufsprospekt sowie die wesentlichen Anlegerinformationen des neu gegründeten, übernehmenden EU-OGAW vorgelegt werden.

Satz 4 des Abs. 2 enthält eine **Sprachregelung** für die einzureichenden Unterlagen. Die Dokumente sind in deutscher Sprache einzureichen. Im Falle einer grenzüberschreitenden Verschmelzung sind sie ferner in einer Amtssprache des beteiligten EU-Mitgliedstaats vorzulegen. 8

IV. Vervollständigung von Anträgen; grenzüberschreitende Zusammenarbeit (Abs. 3)

Absatz 3 stellt klar, dass der BaFin **10 Arbeitstage** zur Verfügung stehen, um die Vollständigkeit des Antrags festzustellen (S. 1). Sobald die Vollständigkeit festgestellt ist, regelt S. 2 die Pflicht der BaFin bei einer grenzüberschreitenden Verschmelzung, die mit dem Antrag eingereichten Unterlagen unverzüglich an die zuständige Aufsichtsbehörde des übernehmenden EU-OGAW weiterzuleiten. Insofern bietet es sich zur Beschleunigung des Ablaufs an, der BaFin frühzeitig die Kontaktdaten bei der zuständigen ausländischen Aufsichtsbehörde mitzuteilen und ggf. bereits den Kontakt zwischen den zuständigen Sachbearbeitern herzustellen bzw. zu unterstützen. 9

Im Zusammenhang mit der Frist von 10 Arbeitstagen ergeben sich regelmäßig zwei Probleme, die den Begriff **„Arbeitstag"** und den **Lauf der Frist** betreffen. Arbeitstage sind nach der gefestigten Verwaltungspraxis der BaFin, deren Wochenarbeitstage von Montag bis Freitag mit Ausnahme der geltenden gesetzlichen Feiertage, einschließlich solcher in Nordrhein-Westfalen und Hessen (vgl. Punkt 4.4 – BaFin-Merkblatt v. 22.7.2009 – Hinweise zu dem Verfahren sowie den Anzeigen nach § 2c KWG und § 104 VAG, jeweils iVm der Inhaberkontrollverordnung). Damit ist klargestellt, dass der BaFin im Ergebnis zwei Wochen zur Prüfung der Vollständigkeit zur Verfügung stehen. Mit Ablauf dieser Frist kann der Antragsteller davon ausgehen, dass seine Unterlagen als vollständig gelten. Ohne die Fiktion bestünde eine nicht hinnehmbare Unsicherheit hinsichtlich der weiteren Fristläufe nach Abs. 4 S. 3, Abs. 6 S. 1 sowie Abs. 7. Im Ergebnis wird diese Fiktion jedoch durch die weiteren Fristen in den zuvor genannten Absätzen dadurch überlagert, dass eine Hemmung und sogar ein Neubeginn dieser weiteren Fristläufe möglich sind. Ferner ist aus dem reinen Gesetzeswortlaut unklar, ob bei einer Nachforderung der BaFin die 10-Arbeitstage-Frist weiterläuft, gehemmt wird oder erneut zu laufen beginnt. Geht man von der hier vertretenen Meinung der fiktiven Vollständigkeit nach Ablauf der 10 Arbeitstage aus, so ist jedenfalls ein Weiterlaufen der Frist ausgeschlossen. Ebenfalls auszuschließen ist die Ansicht, bei einer Nachforderung beginne die Frist erneut zu laufen. Hätte der Gesetzgeber dies regeln wollen, so hätte er analog zu Abs. 7 Hs. 2 eine entsprechende Anordnung getroffen (so auch EDDH/*Schmitz* InvG § 40 Rn. 24). Daher ist davon auszugehen, dass die Frist im Falle einer Nachforderung gehemmt wird und mit Nachreichung der fehlenden Unterlagen wieder in Lauf gesetzt wird. Im Ergebnis ist für die weitere Beurteilung der Verschmelzungsunterlagen va der Zeitpunkt der Feststellung der Voll- 10 ständigkeit von großer Bedeutung, da die weiteren Fristen an diesen Zeitpunkt anknüpfen.

V. Prüfung der Verschmelzungsinformationen (Abs. 4)

11 Die Verschmelzungsinformationen sind das zentrale Dokument für die von der Verschmelzung betroffenen Anleger. Daher legt Abs. 4 den **Prüfungsumfang** und den **Prüfungszeitraum** der BaFin für die Verschmelzungsinformationen fest. In Umsetzung von Art. 39 III UAbs. 1 S. 2 OGAW-RL hat die BaFin die potenziellen Auswirkungen der Verschmelzung auf die Anleger zu prüfen und festzustellen, ob sich aus den Verschmelzungsinformationen hierzu ausreichende Erläuterungen ergeben.

12 Aus § 182 IV ergibt sich erstmals eine **inhaltliche Prüfpflicht** der BaFin hinsichtlich des Inhalts der dem Publikum zur Verfügung zu stellenden Hintergründe und Informationen zur Verschmelzung. In diesem Zusammenhang ist auch eine wirtschaftliche Betrachtung notwendig. Regelmäßig werden diese für die Anleger des übertragenden, untergehenden Investmentvermögens einschneidender sein als jene der Anleger des übernehmenden, in der Regel unverändert fortbestehenden, Investmentvermögens. Aus diesem Grund ist es ratsam, wenn die KVG insb. bei der Darstellung der Auswirkungen auf die Anleger des übertragenden Investmentvermögens ein besonderes Augenmerk legt. Aus dem Gesetz ergibt sich allerdings nicht, dass eine Verschmelzung mit **negativen Auswirkungen** auf die Anleger automatisch nicht genehmigungsfähig ist. Nach der Norm sind allerdings die (potenziellen) positiven wie negativen Auswirkungen darzustellen. Dem Anleger soll durch die Verschmelzungsinformationen ermöglicht werden, selbst zu entscheiden, ob er nach der Verschmelzung weiterhin im fortbestehenden Investmentvermögen investiert bleiben möchte oder von den ihm im Zusammenhang mit der Verschmelzung zustehenden Anlegerrechten Gebrauch machen möchte. Das Gesetz geht insofern von einem denkenden und selbst entscheidenden Anleger aus. Eine inhaltliche Prüfpflicht bzw. ein Prüfrecht der BaFin besteht allerdings nur, wenn es sich bei dem übertragenden Investmentvermögen um ein inländisches Investmentvermögen handelt. Dies ergibt sich aus der klaren Formulierung des Gesetzes, die hier vom Gesetzgeber bewusst gewählt wurde (BT-Drs. 17/4510, 116).

13 Stellt die BaFin im Rahmen ihrer Prüfung fest, dass die Informationen nicht ausreichend sind, so kann sie die KVG auffordern, die Verschmelzungsinformationen zu überarbeiten und klarer zu gestalten. Regelmäßig wird die BaFin in diesem Zusammenhang sehr detaillierte Anforderungen stellen und diese auch telefonisch besprechen. Dem Gesetzeswortlaut nach bezieht sich dieses Nachbesserungsverlangen der BaFin gegenüber der KVG explizit auf das **übertragende Investmentvermögen.** Eine Frist, in der die BaFin eine Überarbeitung verlangen kann, sieht das Gesetz nicht vor. Die Mitteilung hat aber systematisch jedenfalls innerhalb der Genehmigungsfrist von 20 Arbeitstagen nach § 182 VI 1 zu erfolgen (s. auch WBA/*Springer/Sittmann* § 182 Rn 16).

14 Absatz 4 S. 3 stellt der BaFin schließlich noch ein weiteres Nachbesserungsverlangen in Bezug auf die Verschmelzungsinformationen für die Anleger des **übernehmenden Investmentvermögens** zur Verfügung. Hierfür sieht das Gesetz eine Frist von 15 Arbeitstagen nach Erhalt der vollständigen Antragsunterlagen vor. Satz 3 dient der Umsetzung von Art. 39 III UAbs. 3 OGAW-RL, welcher sich dem Wortlaut nach auf grenzüberschreitende Verschmelzungen bezieht. Dies ergibt sich

aus der Erwähnung der Kopien der Antragsunterlagen im Normtext der OGAW-RL. Das Nachbesserungsverlangen hat an die antragstellende KVG/den antragstellenden OGAW zu erfolgen.

VI. Genehmigung der Verschmelzung (Abs. 5)

Sind die Voraussetzungen des § 182 V erfüllt, so hat die BaFin die Verschmelzung zu genehmigen. Ein weiteres Ermessen hinsichtlich der Erteilung der Genehmigung hat die BaFin nicht. Es handelt sich mithin um eine **gebundene Entscheidung.** 15

Der Umfang der Dokumente unterscheidet sich in erheblichem Maße zwischen rein **inländischer Verschmelzung** und **grenzüberschreitender Verschmelzung.** 16

1. Voraussetzungen bei grenzüberschreitender Verschmelzung. Die **Voraussetzungen** bei einer grenzüberschreitenden Verschmelzung stellen sich wie folgt dar: 17
- die Anforderungen der §§ 183–186 sind erfüllt (Nr. 1);
- im Falle einer grenzüberschreitenden Verschmelzung wurde für den übernehmenden EU-OGAW eine Vertriebsanzeige gem. § 310 übermittelt; sofern das übertragende Investmentvermögen in weiteren Ländern vertrieben wurde, muss für den übernehmenden EU-OGAW auch in diesen weiteren Ländern eine den OGAW-Vorschriften (Art. 93 OGAW-RL) entsprechende Vertriebsanzeige erfolgen (Nr. 2);
- die BaFin hat keine weiteren Nachbesserungen an den Verschmelzungsinformationen gefordert (Abs. 5 Nr. 3 Buchst. a);
- die BaFin hat bei einer grenzüberschreitenden Verschmelzung keine Hinweise über die Unzufriedenheit der zuständigen Aufsichtsbehörde(n) des übernehmenden EU-OGAW erhalten bzw. deren Zufriedenheit nach etwaigen Nachbesserungen (Abs. 5 Nr. 3 Buchst. b); und
- im Fall der grenzüberschreitenden Verschmelzung durch Neugründung wurde der BaFin die Genehmigung der Anlagebedingungen des EU-OGAW durch die EU-OGAW-Verwaltungsgesellschaft nachgewiesen (Abs. 5 Nr. 4).

Mit Ausnahme der Nr. 4 entspricht Abs. 5 dem Art. 39 IV OGAW-RL und dient dessen Umsetzung. Nummer 4 ergibt sich nicht unmittelbar aus dem Richtlinientext, ist jedoch aus systematischen Gründen erforderlich, da die Verschmelzung erst genehmigt werden/erfolgen kann, wenn das neuzugründende Investmentvermögen bereits existiert. Im Falle der grenzüberschreitenden Verschmelzung ist es notwendig, dass die BaFin hierüber informiert wird, da sie den Genehmigungsprozess der neu gegründeten, übernehmenden EU-OGAW nicht selbst leitet. 18

2. Voraussetzungen bei inländischer Verschmelzung. Der Umfang der Voraussetzungen bei einer rein inländischen Verschmelzung reduziert sich erheblich, da in diesem Fall Nachweise der Beaufsichtigung durch eine ausländische Aufsichtsbehörde entfallen. 19

Die reduzierten Voraussetzungen stellen sich wie folgt dar: 20
- die Anforderungen der §§ 183–186 sind erfüllt (Nr. 1) und
- die BaFin hat keine weiteren Nachbesserungen an den Verschmelzungsinformationen gefordert (Abs. 5 Nr. 3 Buchst. a).

VII. Anwendbare Fristen (Abs. 6)

21 Dieser Abs. dient der Umsetzung des Art. 39 V OGAW-RL und beinhaltet eine Besonderheit für deutsche Fristenregelungen. Absatz 6 S. 1 bestimmt nämlich eine Bearbeitungsfrist von 20 Arbeitstagen ab Eingang der vollständigen Antragsunterlagen, in der die BaFin dem Antragsteller mitteilen muss, **ob die Verschmelzung genehmigt wird.** Die Regelung besagt jedoch nicht, dass die BaFin die Genehmigung auch innerhalb dieser 20 Arbeitstage zu erteilen hat. Grundlage für diese Regelung ist Art. 39 V OGAW-RL, der in der deutschen Übersetzung den Fristlauf in dieser Form vorsieht. Die Mitteilung erfolgt an die antragstellende KVG des übertragenden Investmentvermögens.

22 Die S. 2, 3 des § 182 VI enthalten detaillierte Regelungen zum Fristlauf. So stellt S. 2 klar, dass die Bearbeitungsfrist nach S. 1 **gehemmt** wird, sofern die BaFin oder eine ausländische Aufsichtsbehörde eine Nachbesserung an den Verschmelzungsinformationen fordert. Erst wenn dieser Nachforderung genüge getan ist, läuft die verbleibende Frist weiter. Nach S. 3 hat die BaFin den Antragsteller nach Ablauf der Bearbeitungsfrist darüber zu informieren, wenn bei einer grenzüberschreitenden Verschmelzung die Aufsichtsbehörde des übernehmenden EU-OGAW eine Nachbesserung der Verschmelzungsinformationen fordert. Hat die BaFin die **Genehmigung erteilt,** so hat sie im Falle einer grenzüberschreitenden Verschmelzung die zuständige ausländische Aufsichtsbehörde über die Genehmigungserteilung zu informieren.

VIII. Besonderheiten bei der Verschmelzung zur Neugründung (Abs. 7)

23 Um eine Kollision der Fristvorschriften bei der Verschmelzung zur Neugründung zu vermeiden, sieht Abs. 7 vor, dass die **Genehmigungsfrist** von vier Wochen aus § 163 II durch eine Frist von 20 Arbeitstagen ersetzt wird.

24 Sofern im Rahmen des **Genehmigungsverfahrens** bzgl. der Anlagebedingungen ergänzende Angaben oder Unterlagen von der BaFin gefordert werden, so legt Hs. 2 den erneuten Beginn der Bearbeitungsfrist von 20 Arbeitstagen fest.

§ 183 Verschmelzung eines EU-OGAW auf ein OGAW-Sondervermögen

(1) [1]**Werden der Bundesanstalt bei einer geplanten Verschmelzung eines EU-OGAW auf ein OGAW-Sondervermögen Abschriften der Angaben und Unterlagen nach Artikel 39 Absatz 2 der Richtlinie 2009/65/EG von den zuständigen Stellen des Herkunftsmitgliedstaates des übertragenden EU-OGAW übermittelt, prüft sie, ob den Anlegern angemessene Verschmelzungsinformationen zur Verfügung gestellt werden; dabei berücksichtigt sie die potenziellen Auswirkungen der geplanten Verschmelzung auf die Anleger des übernehmenden OGAW-Sondervermögens.** [2]**Soweit die Bundesanstalt eine Nachbesserung für erforderlich hält, kann sie innerhalb von 15 Arbeitstagen nach dem Erhalt der vollständigen Angaben und Unterlagen gemäß Artikel 39 Absatz 2 der Richtlinie 2009/65/EG von der OGAW-Kapitalverwaltungsgesellschaft des übernehmenden OGAW-Sondervermögens eine Änderung der Verschmelzungsinformationen für die Anleger des übernehmenden OGAW-Sondervermögens verlangen.**

(2) [1]**Verlangt die Bundesanstalt die Nachbesserung der Verschmelzungsinformationen nach Absatz 1, setzt sie die zuständigen Stellen des Herkunftsmitgliedstaates des übertragenden EU-OGAW hierüber in Kenntnis.** [2]**Sobald sie von der OGAW-Kapitalverwaltungsgesellschaft des übernehmenden OGAW-Sondervermögens eine zufriedenstellende Nachbesserung der Verschmelzungsinformationen erhalten hat, teilt sie dies den zuständigen Stellen des Herkunftsmitgliedstaates des übertragenden EU-OGAW mit, spätestens jedoch innerhalb von 20 Arbeitstagen.**

I. Allgemeines

§ 183 entspricht, abgesehen von redaktionellen Änderungen, dem Wortlaut des aufgehobenen § 40a InvG und dient ua der Umsetzung von Art. 39 III OGAW-RL. In Abs. 1 erfolgte eine **Anpassung** des **Adressaten** eines Nachbesserungsverlangens, welcher nunmehr die OGAW-KVG des übernehmenden Investmentvermögens ist. 1

Regelungsgegenstand der Norm ist die Beteiligung der BaFin im Rahmen einer **grenzüberschreitenden Verschmelzung,** bei der sich das übernehmende Vehikel in Deutschland befindet. Die BaFin ist dabei im Rahmen des Genehmigungsverfahrens von der zuständigen Aufsichtsbehörde des übertragenden EU-OGAW für ihre **Stellungnahme** zu den Verschmelzungsinformationen einzubinden. 2

Da sich im Rahmen der durch diese Vorschrift zu regelnden grenzüberschreitenden Verschmelzung das **übertragende Investmentvermögen im Ausland** befindet, besteht hier die Möglichkeit, dass es zur Anwendung des sog. „Scheme of Arrangement" bzw. „Scheme of Amalgamation" kommt, sofern diese Art der Verschmelzung im Sitzstaat des übertragenden Investmentvermögens zulässig ist (s. auch EDD/*Zeller/Stockhorst* § 183 Rn. 1). 3

II. Einbindung und Prüfungsumfang der BaFin (Abs. 1)

Die Vorschrift regelt die **Zusammenarbeit** der zuständigen Aufsichtsbehörden bei der Verschmelzung eines EU-OGAW auf ein deutsches OGAW-Investmentvermögen. Für die Genehmigung der Verschmelzung ist die Aufsichtsbehörde im Herkunftsmitgliedstaat des übertragenden EU-OGAW zuständig. Zur Wahrung der Interessen der Anleger des in Deutschland aufgelegten, übernehmenden OGAW-Investmentvermögen obliegt der BaFin ein Prüfrecht sowie eine Prüfpflicht hinsichtlich der den Anlegern zur Verfügung zu stellenden Verschmelzungsinformationen. Die Regelung folgt damit spiegelbildlich der Pflicht der BaFin zur Einbeziehung der zuständigen Aufsichtsbehörden im Falle der grenzüberschreitenden Verschmelzung, wenn das übertragende OGAW-Investmentvermögen in Deutschland aufgelegt wurde und sich der übernehmende EU-OGAW im Ausland befindet. 4

Der **Prüfungsumfang** erstreckt sich dabei wiederum lediglich auf die Darstellung der potenziellen Auswirkungen der Verschmelzung auf die Anleger des übernehmenden OGAW-Investmentvermögens. Der BaFin steht keine Beurteilung der Wirtschaftlichkeit der Verschmelzung zu, noch eine Ablehnung aufgrund möglicher Nachteile für die Anleger. Zweck der Regelung ist ausschließlich die **Sicherung der Rechte** der Anleger im übernehmenden Investmentvermögen. Das betrifft insb. die Informationen, die die Anleger benötigen, um sich ein abschließendes Bild von der Verschmelzung verschaffen zu können und daran anschließend eine Entscheidung über die Ausübung ihrer Rechte treffen zu können. 5

6 Hält die BaFin eine Nachbesserung der Verschmelzungsinformationen für erforderlich, so hat sie die OGAW-KVG des übernehmenden Investmentvermögens innerhalb von 15 Arbeitstagen nach Erhalt der Verschmelzungsunterlagen zur Nachbesserung aufzufordern. Satz 2 gibt der BaFin damit ein Eingriffsrecht gegenüber der KVG des übernehmenden OGAW-Investmentvermögens, welche in Deutschland ihrer Aufsicht unterliegt. Der **Adressat** des Nachbesserungsverlangens hat sich im Zuge des AIFM-UmsG von der „EU-Investmentgesellschaft" (neue Terminologie: OGAW-Verwaltungsgesellschaft) zu OGAW-KVG **geändert.** Dies ist schlüssig, da der BaFin lediglich gegenüber von ihr beaufsichtigten Verwaltungsgesellschaften hoheitliche Rechte zustehen.

III. Regelung der Zusammenarbeit bei Nachbesserungsverlangen (Abs. 2)

7 Aufgrund der Tatsache, dass die BaFin die OGAW-KVG des übernehmenden Investmentvermögens zur Nachbesserung auffordert, ist es notwendig, die zuständige **ausländische Aufsichtsbehörde** zu informieren. Diese Pflicht der BaFin wird in Abs. 2 S. 1 normiert. Die Aufsichtsbehörde des übertragenden EU-OGAW wird somit in die Lage versetzt, den EU-OGAW bzw. dessen Verwaltungsgesellschaft darüber zu informieren, dass die **Genehmigungsfrist** von 20 Arbeitstagen durch das Nachbesserungsverlangen der BaFin gehemmt wurde.

8 § 183 II 2 regelt schließlich das Verfahren der Verständigung zwischen den beteiligten Aufsichtsbehörden, sobald die OGAW-KVG ordnungsgemäß nachgebessert hat. Die **Informationspflicht der BaFin** gegenüber der Aufsichtsbehörde des übertragenden EU-OGAW unterliegt einer Frist von **20 Arbeitstagen.** Der Lauf der Frist beginnt mit Übermittlung der zufriedenstellend nachgebesserten Verschmelzungsinformationen. Ohne einen Niederschlag im Gesetzeswortlaut zu finden, ist davon auszugehen, dass die zuständige ausländische Aufsichtsbehörde nach Erhalt dieser Mitteilung durch die BaFin die Verschmelzung genehmigen wird.

§ 184 Verschmelzungsplan

[1]Die Vertretungsorgane der an der Verschmelzung beteiligten Rechtsträger haben für gemeinschaftliche Rechnung der Anleger des übertragenden Sondervermögens und der Anleger des übernehmenden Sondervermögens oder übernehmenden EU-OGAW einen gemeinsamen Verschmelzungsplan aufzustellen. [2]Soweit unterschiedliche Rechtsträger an der Verschmelzung beteiligt sind, handelt es sich dabei um einen Vertrag, auf den § 311b Absatz 2 des Bürgerlichen Gesetzbuchs keine Anwendung findet. [3]Der Verschmelzungsplan muss mindestens die folgenden Angaben enthalten:

1. **die Art der Verschmelzung und die beteiligten Sondervermögen oder EU-OGAW,**
2. **den Hintergrund der geplanten Verschmelzung und die Beweggründe dafür,**
3. **die erwarteten Auswirkungen der geplanten Verschmelzung auf die Anleger des übertragenden Sondervermögens und des übernehmenden Sondervermögens oder EU-OGAW,**

4. die beschlossenen Kriterien für die Bewertung der Vermögensgegenstände und Verbindlichkeiten im Zeitpunkt der Berechnung des Umtauschverhältnisses,
5. die Methode zur Berechnung des Umtauschverhältnisses,
6. den geplanten Übertragungsstichtag, zu dem die Verschmelzung wirksam wird,
7. die für die Übertragung von Vermögenswerten und den Umtausch von Anteilen geltenden Bestimmungen und
8. bei einer Verschmelzung durch Neugründung gemäß § 1 Absatz 19 Nummer 37 Buchstabe b die Anlagebedingungen oder die Satzung des neuen Sondervermögens oder EU-OGAW.

[4]Weitere Angaben sind zulässig, können aber nicht von der Bundesanstalt verlangt werden.

Inhaltsübersicht

	Rn.
I. Allgemeines	1
II. Normadressat und Rechtsnatur (§ 184 S. 1 und S. 2)	3
III. Inhalt des Verschmelzungsplans	7
1. Art der Verschmelzung und beteiligte Investmentvermögen	9
2. Hintergrund und Beweggründe für die geplante Verschmelzung	11
3. Erwartete Auswirkungen auf die Anleger	13
4. Kriterien der Bewertung der Vermögensgegenstände und Verbindlichkeiten	17
5. Berechnung des Umtauschverhältnisses	18
6. Geplanter Übertragungsstichtag	19
7. Bestimmungen für Übertragung und Umtausch	20
8. Besonderheiten bei der Verschmelzung zur Neugründung	21
9. Weitere Angaben	22

I. Allgemeines

1 § 184 entspricht inhaltlich § 40b InvG. Die Vorschrift dient der Umsetzung von **Art. 40 OGAW-RL.** Gegenstand der Vorschrift ist die Rechtsnatur sowie der Inhalt des bei Antragstellung einzureichenden Verschmelzungsplans.

2 Vergleichbar einem Verschmelzungsplan im Rahmen eines gesellschaftsrechtlichen Umwandlungsvorgangs im Wege der Verschmelzung, wird auch bei der Verschmelzung zweier Investmentvermögen vom Gesetz die Erstellung eines **Verschmelzungsplans** gefordert, der die wesentlichen Beweggründe für die Verschmelzung offenlegen soll sowie den Ablauf der Verschmelzung darlegen muss.

II. Normadressat und Rechtsnatur (§ 184 S. 1 und S. 2)

3 Der Verschmelzungsplan ist eines der **zentralen Dokumente** im Rahmen des Genehmigungsverfahrens einer Verschmelzung und ist der BaFin mit Antragstellung einzureichen. Die Anleger erhalten den Verschmelzungsplan grds. nicht.

4 Die Pflicht zur Erstellung des Verschmelzungsplans trifft die **Vertretungsorgane** der Rechtsträger der an der Verschmelzung beteiligten Investmentvermögen (S. 1). Das Dokument ist folglich von den Geschäftsführern bzw. Vorständen der beteiligten KVG bzw. den Vorständen der beteiligten InvAG zu erstellen.

5 Der Verschmelzungsplan ist für Rechnung der Anleger der an der Verschmelzung beteiligten Investmentvermögen aufzustellen. Die Wortwahl des Gesetzes ist ungewöhnlich, da die Anleger im deutschen Investmentrecht, mit Ausnahme von Spezial-AIF, grds. keinen Einfluss auf die Verwaltungstätigkeit von Investmentvermögen haben. Einen europarechtlichen Hintergrund für die Wortwahl gibt es nicht, die OGAW-RL legt lediglich die gemeinsame Erstellung des Verschmelzungsplans fest. Ebenso liefert die Gesetzesbegründung keinerlei weiteren Hinweis. Insofern muss man davon ausgehen, dass der Gesetzgeber hier lediglich klarstellen wollte, dass die Erstellung des Verschmelzungsplans zu den Verwaltungstätigkeiten der KVG gehört. Aufgrund der Ähnlichkeit der Anforderung hat der deutsche Gesetzgeber sich vermutlich an den gesellschaftsrechtlichen Normen des § 4 I sowie § 122c I UmwG orientiert, jedoch keine Änderung der Systematik des Investmentrechts gewollt.

6 Bei der Beteiligung unterschiedlicher Rechtsträger an der Verschmelzung qualifiziert der **Verschmelzungsplan** gem. § 184 S. 2 **als Vertrag** zwischen den beteiligten Rechtsträgern. Auf diesen Vertrag ist § 311b II BGB nicht anwendbar. Grundlage für diese Regelung dürfte das Verlangen nach Rechtssicherheit nach Abschluss des Genehmigungsverfahrens sein. Eine Änderung des Ablaufs der Verschmelzung kann demnach nur gemeinschaftlich von allen beteiligten Rechtsträgern entschieden werden. Vergleichbar zu S. 1 ist davon auszugehen, dass sich der Gesetzgeber hier an § 4 I UmwG orientiert hat, welcher ebenfalls die Nichtanwendung des § 311b II BGB festlegt. § 311b II BGB bestimmt die Nichtigkeit von Verträgen, bei denen sich der eine Vertragspartner verpflichtet, sein künftiges Vermögen oder einen Teil davon zu übertragen. Da der Verschmelzungsplan als Vertrag qualifiziert und sich die Verwaltungsgesellschaft des übertragenden Investmentvermögens dadurch zur Übertragung sämtlicher Vermögensgegenstände und Verbindlichkeiten des verwalteten Investmentvermögens zum Übertragungsstichtag verpflichtet, wäre der Anwendungsbereich des § 311b II BGB grds. eröffnet. Mit dem Ausschluss soll folglich die Nichtigkeit des Verschmelzungsplans ausgeschlossen werden. Trotz der Parallelen stellt das KAGB kein Erfordernis zur notariellen Beurkundung wie das UmwG (§§ 6, 122c IV UmwG) auf. Allerdings muss das Erfordernis einer **notariellen Beurkundung** gem. § 311b III BGB grds. beachtet werden, sofern der Verschmelzungsplan als Vertrag qualifiziert, also in den Fällen, in denen verschiedene Rechtsträger beteiligt sind.

III. Inhalt des Verschmelzungsplans

7 Der **zwingende Inhalt** des Verschmelzungsplans ergibt aus § 184 S. 3 und umfasst folgende Punkte:

– **Art** der Verschmelzung und die beteiligten Investmentvermögen,
– **Hintergrund** und **Beweggründe** für die geplante Verschmelzung,
– erwartete Auswirkungen auf die Anleger der beteiligten Investmentvermögen,
– Kriterien für die **Bewertung** im Zeitpunkt der Berechnung des Umtauschverhältnisses,
– Methode der **Berechnung des Umtauschverhältnisses,**
– geplanter **Übertragungsstichtag,**
– geltende **Bestimmungen für die Übertragung** von Vermögensgegenständen und den **Umtausch** von Anteilen und
– im Fall der Verschmelzung zu Neugründung die **Anlagebedingungen** bzw. die Satzung des neu gegründeten Investmentvermögens.

Die Anforderungen an den Verschmelzungsplan decken sich teilweise mit denen, die an die **Verschmelzungsinformationen** gestellt werden. Dies betrifft die Hintergründe und Beweggründe der Verschmelzung (Buchst. b), die potenziellen Auswirkungen der Verschmelzung auf die Anleger (Buchst. c) und die Benennung des Übertragungsstichtags (Buchst. f). Der bezüglich dieser Anforderungen entworfene Wortlaut kann daher für beide Dokumente gleichermaßen verwendet werden. Im Ergebnis muss die Darstellung in einer für die Anleger verständlichen Art und Weise erfolgen. 8

1. Art der Verschmelzung und beteiligte Investmentvermögen. Der Verschmelzungsplan muss die geplante **Art der Verschmelzung** benennen. Damit sind die **vom Gesetz vorgesehenen drei Varianten** der Verschmelzung gemeint. Zulässig sind die Verschmelzung durch Aufnahme (§ 1 XIX Nr. 37 Buchst. a), die Verschmelzung zur Neugründung (§ 1 XIX Nr. 37 Buchst. b) sowie bei der Beteiligung eines EU-OGAW als übertragendem Investmentvermögen das „Scheme of Arrangement" bzw. „Scheme of Amalgamation". Allerdings richtet sich im dritten Fall die Erstellung des Verschmelzungsplans nach den jeweiligen, Art. 40 OGAW-RL umsetzenden, lokalen Vorschriften des Herkunftsmitgliedstaates des übertragenden EU-OGAW. 9

Weiterhin verpflichtet § 184 S. 3 Nr. 1 zur **Benennung** der beteiligten Investmentvermögen. Zur eindeutigen **Identifizierbarkeit** sollte sowohl die Bezeichnung, die WKN/ISIN als auch die Struktur (Sondervermögen, Teilfonds, Teilgesellschaftsvermögen) genannt werden. 10

2. Hintergrund und Beweggründe für die geplante Verschmelzung. Im Verschmelzungsplan müssen die Hintergründe der geplanten Verschmelzung und die Beweggründe dafür dargelegt werden. Die Begrifflichkeiten sollten trotz ihrer ähnlichen Bedeutung nicht identisch verstanden werden. Mit **Hintergrund** ist dabei eine objektive Betrachtung der geplanten Verschmelzung gemeint. Dieser wird regelmäßig in der Straffung des Produktangebots der KVG liegen (s. a. EDD/*Zeller*/*Stockhorst* § 184 Rn. 7 sowie WBA/*Springer*/*Sittmann* § 184 Rn. 5). Die **Beweggründe** sind der subjektive Teil und werden sich regelmäßig in einer Optimierung der Kostenstrukturen finden. So können durch die Zusammenlegung zweier ähnlicher Investmentvermögen sowohl die Kosten für den Anleger (Verringerung von Transaktionskosten) als auch für die beteiligten KVG (Verringerung des Verwaltungsaufwands) verringert werden. Durch die Vergrößerung des Fondsvolumens lässt sich zudem die Liquidität erhöhen. Ein weiterer Beweggrund kann die Änderung der Anlagestrategie sein, etwa wenn sich die Marktgegebenheiten derart ändern, dass bestimmte Assetklassen nicht mehr nachgefragt werden. Eine Verschmelzung ist in einem solchen Fall neben der Liquidation oder der völligen Änderung der Anlagestrategie in den Anlagebedingungen ein probates Mittel. Allerdings sind in diesem Fall die Auswirkungen auf die Anleger des übertragenden Investmentvermögens ausführlich darzustellen. 11

Hintergründe und Beweggründe der geplanten Verschmelzung sind Teil der unternehmerischen Entscheidung der beteiligten KVG und sind als solche von der BaFin zu akzeptieren. Folglich fordert das Gesetz lediglich deren Darstellung, räumt der zuständigen Aufsichtsbehörde aber nicht ein, die Verschmelzung wegen einer eigenen anderen Betrachtungsweise abzulehnen. 12

3. Erwartete Auswirkungen auf die Anleger. Zentraler Punkt des Verschmelzungsplans wie insb. auch der Verschmelzungsinformationen ist die **Darstel-** 13

lung der potenziellen Auswirkungen auf die betroffenen Anleger. Trotz der unterschiedlichen Adressaten von Verschmelzungsplan (Aufsichtsbehörde(n) und Verwahrstelle) und Verschmelzungsinformationen (betroffene Anleger) sollten keine Unstimmigkeiten zwischen den beiden Dokumenten bestehen und der **identische** Wortlaut verwendet werden (s. a. EDD/*Zeller/Stockhorst* § 184 Rn. 8).

14 Regelmäßig werden sich die Auswirkungen auf die **Anleger des übernehmenden Investmentvermögens** in Grenzen halten und der Fokus der Auswirkungen bei den Anlegern des übertragenden, untergehenden Investmentvermögens liegen. Anderes ergibt sich nur in den Fällen, in denen die Verwaltungsgesellschaft im Zuge der Verschmelzung die Portfoliostruktur ändern möchte, also insb. – im zulässigen Rahmen der Anlagebedingungen – eine Neugewichtung der im Portfolio des übernehmenden Investmentvermögens befindlichen Vermögensgegenstände.

15 Wesentlich stärker sind die **Anleger des übertragenden Investmentvermögens** betroffen, welche zukünftig Anleger des übernehmenden Investmentvermögens werden und damit möglicherweise einer ganz neuen Anlagestrategie ausgesetzt sind. Essenziell wichtig ist daher die **Beschreibung der Chancen und Risiken,** die sich aus der Verschmelzung ergeben. Dabei ist darauf zu achten, diese gegeneinander abzuwägen und gegenüberzustellen. Dies kann bspw. durch die Gegenüberstellung der Risikoprofile, der nach den Anlagebedingungen zulässigen Vermögensgegenstände, der Anlagegrenzen sowie der Kostenstruktur erfolgen. Insbesondere im Zusammenhang mit den Kosten sind Details zu nennen, etwa wenn für das übernehmende Investmentvermögen eine Performance-Gebühr festgelegt ist. In diesem Fall muss klar beschrieben werden, wie die Berechnung der Performance-Gebühr für die mit der Verschmelzung hinzukommenden Anleger erfolgt.

16 Sämtliche Angaben müssen selbstverständlich der **Wahrheit** und den tatsächlichen Umständen entsprechen. Die Darstellung hat umfänglich und abschließend zu erfolgen.

17 **4. Kriterien der Bewertung der Vermögensgegenstände und Verbindlichkeiten.** Der Verschmelzungsplan hat Angaben über die beschlossenen Kriterien der **Bewertung** der Vermögensgegenstände und der Verbindlichkeiten im Zeitpunkt der Berechnung des **Umtauschverhältnisses** zu enthalten. Üblicherweise entsprechen diese Bewertungskriterien denen, die für das jeweilige Investmentvermögen im **Verkaufsprospekt** (vgl. § 165 II Nr. 19) festgelegt wurden. Diese können folglich im Verschmelzungsplan wiedergegeben werden. Unter Umständen kann es jedoch erforderlich sein, die Kriterien aufgrund der Besonderheit der Vermögensgegenstände (Immobilien, Unternehmensbeteiligungen, unverbriefte Darlehensforderungen) neu zu definieren. Die Bestimmung der Kriterien ist in der Praxis sinnvollerweise mit der jeweiligen beteiligten Verwahrstelle abzustimmen, da die Bewertung durch die Verwahrstelle bzw. unter deren Mitwirkung erfolgt.

18 **5. Berechnung des Umtauschverhältnisses.** Der Verschmelzungsplan muss eine Beschreibung der Methode der **Berechnung des Umtauschverhältnisses** enthalten. Die Berechnung kann grds. nach der Ertragswert-, Bilanzwert- oder Börsenwertmethode erfolgen (vgl. EDD/*Zeller/Stockhorst* § 184 Rn. 10). Regelmäßig wird sich das Umtauschverhältnis aus einer Division des NAVs je Anteil/Aktie des übertragenden Investmentvermögens durch den NAV je Anteil/Aktie des übernehmenden Investmentvermögens ergeben. Das Umtauschverhältnis sollte mit mehreren Nachkommastellen angegeben werden.

6. Geplanter Übertragungsstichtag. Im Verschmelzungsplan ist der geplante Übertragungsstichtag, also der Tag, an dem die Verschmelzung wirksam werden soll, anzugeben. Das Gesetz definiert grds. das **Geschäftsjahresende** des übertragenden Investmentvermögens als den **Übertragungsstichtag** (vgl. § 189 I Nr. 3). In § 189 II sieht das Gesetz jedoch die Möglichkeit vor, einen **abweichenden Stichtag** zu bestimmen. Diese Möglichkeit bestand bereits unter § 40g I Nr. 3 InvG und ersetzte das vormals geltende Zustimmungserfordernis der BaFin in § 40 S. 1 Nr. 4 InvG aF. Die Pflicht zur Erstellung eines Zwischenberichts auf den vom Geschäftsjahresende abweichenden Stichtag sieht das Gesetz nicht mehr vor. 19

7. Bestimmungen für Übertragung und Umtausch. Als weitere Angabe sind die Regeln zur **Übertragung der Vermögenswerte** und zum **Umtausch der Anteile** in den Verschmelzungsplan aufzunehmen. Bei der Darstellung der Übertragung der Vermögenswerte können bspw. die buchungstechnischen Vorgänge beschrieben und dabei Bezug auf die Berechnung des Verschmelzungsverhältnisses genommen werden. Die Darstellung des Umtauschs der Anteile entspricht regelmäßig der Beschreibung des Umtauschverhältnisses und seiner Berechnungsgrundlagen. Dabei ist insb. darauf einzugehen, ob eine **Barzahlung** iHv bis zu 10% des Wertes der Anteile der Anleger des übertragenden Investmentvermögens (§ 189 I Nr. 4 und § 190 I Nr. 2) festgelegt wird. Wird im Rahmen der Verschmelzung von dieser Barzahlungsmöglichkeit Gebrauch gemacht, so ist dies zwingend im Verschmelzungsplan darzulegen (aA WBA/*Springer/Sittmann* § 184 Rn. 12). 20

8. Besonderheiten bei der Verschmelzung zur Neugründung. Handelt es sich bei der Verschmelzung um eine Verschmelzung durch Neugründung, so sind dem Verschmelzungsplan die **Anlagebedingungen** bzw. die **Satzung** des zu gründenden Investmentvermögens oder EU-OGAWs beizufügen. Dabei handelt es sich um die mit dem Genehmigungsantrag gem. § 182 II 2 eingereichten Statuten des neu zu gründenden Investmentvermögens. 21

9. Weitere Angaben. § 184 S. 4 bestimmt, dass die BaFin **keine weiteren,** über die oben dargestellten, in § 184 S. 3 festgelegten **Angaben verlangen** kann. Es steht den beteiligten Verwaltungsgesellschaften aber frei, weitere Angaben aufzunehmen. Dies ist insb. dann ratsam, wenn aufgrund besonderer Komplexität das Genehmigungsverfahren durch weitere Angaben beschleunigt bzw. nicht unnötig verzögert wird. 22

§ 185 Prüfung der Verschmelzung; Verordnungsermächtigung

(1) **Die Verwahrstellen des übertragenden Sondervermögens und des übernehmenden Sondervermögens oder EU-OGAW haben zu überprüfen, ob die Angaben nach § 184 Satz 3 Nummer 1, 6 und 7 mit den Anforderungen dieses Gesetzes und den Anlagebedingungen des jeweiligen Sondervermögens übereinstimmen.**

(2) [1]**Die Verschmelzung ist entweder durch eine Verwahrstelle, durch einen Wirtschaftsprüfer oder durch den Abschlussprüfer des übertragenden Sondervermögens oder des übernehmenden Sondervermögens oder EU-OGAW zu prüfen.** [2]**Die Prüfung ist mit einer Erklärung darüber abzuschließen, ob bei der Verschmelzung**

1. die Kriterien, die im Zeitpunkt der Berechnung des Umtauschverhältnisses für die Bewertung der Vermögensgegenstände und gegebenenfalls der Verbindlichkeiten beschlossen worden sind, beachtet wurden,
2. die Barzahlung, sofern eine Barzahlung erfolgt, je Anteil entsprechend den getroffenen Vereinbarungen berechnet wurde und
3. die Methode, die zur Berechnung des Umtauschverhältnisses beschlossen worden ist, beachtet wurde und das tatsächliche Umtauschverhältnis zu dem Zeitpunkt, auf den die Berechnung dieses Umtauschverhältnisses erfolgte, nach dieser Methode berechnet wurde.

[3]§ 318 Absatz 3 bis 8 sowie die §§ 319, 319b und 323 des Handelsgesetzbuchs gelten entsprechend.

(3) **[1]Das Bundesministerium der Finanzen wird ermächtigt, im Einvernehmen mit dem Bundesministerium der Justiz und für Verbraucherschutz durch Rechtsverordnung, die nicht der Zustimmung des Bundesrates bedarf, nähere Bestimmungen über den Zeitpunkt der Prüfung, Inhalte der Prüfung sowie Umfang und Darstellungen des Prüfungsberichts zu erlassen, soweit dies zur Erfüllung der Aufgaben der Bundesanstalt erforderlich ist. [2]Das Bundesministerium der Finanzen kann die Ermächtigung durch Rechtsverordnung auf die Bundesanstalt übertragen.**

I. Allgemeines

1 § 185 entspricht inhaltlich § 40c InvG. Absatz 1 dient der Umsetzung von **Art. 41 OGAW-RL,** Abs. 2 dient der Umsetzung von **Art. 42 I, II OGAW-RL** und Abs. 3 bestimmt eine Verordnungsermächtigung. Gegenstand der Vorschrift ist die Einbindung der Verwahrstellen im Genehmigungsprozess sowie die Prüfung der Verschmelzung nach deren Wirksamwerden.

II. Prüfung des Verschmelzungsplans (Abs. 1)

2 Gemäß § 185 I sind die **Verwahrstellen** des übertragenden und des übernehmenden Investmentvermögens verpflichtet, bestimmte Angaben des **Verschmelzungsplans** vorab zu **prüfen.** Die Prüfung umfasst folgende Punkte:
1. Art der Verschmelzung und die beteiligten Investmentvermögen (§ 184 S. 3 Nr. 1),
2. der geplante Übertragungsstichtag (§ 184 S. 3 Nr. 6) und
3. die für die Übertragung der Vermögenswerte und den Umtausch der Anteile geltenden Bestimmungen (§ 184 S. 3 Nr. 7).

Inhaltlich haben die Verwahrstellen zu prüfen, ob die Angaben im Verschmelzungsplan mit den Anforderungen des Gesetzes sowie der Anlagebedingungen der beteiligten Investmentvermögen **übereinstimmen.**

3 Die Prüfung hat **vor** der **Einreichung des Genehmigungsantrags** zu erfolgen. Dies ergibt sich aus § 182 II 1 Nr. 3, wonach das Ergebnis der Prüfung durch die Verwahrstellen als Teil des Genehmigungsantrags bei der BaFin einzureichen ist.

III. Prüfung der Verschmelzung (Abs. 2)

Abs. 2 regelt die **nach Wirksamwerden** der Verschmelzung erforderliche **Prüfung** sowie deren **Inhalt.** Die Prüfung der Verschmelzung kann durch einen **Wirtschaftsprüfer,** einen **Abschlussprüfer** oder durch eine der **Verwahrstellen** des übertragenden oder des übernehmenden Investmentvermögens erfolgen. Durch diese Anforderung wird dem Bedürfnis der Prüfung durch einen unabhängigen Dritten Genüge getan. 4

Der Inhalt der Prüfung orientiert sich an den **Pflichtangaben im Verschmelzungsplan.** Das Gesetz bestimmt, dass die Prüfung mit einer die folgenden Punkte umfassenden Erklärung abgeschlossen werden soll: 5

1. Die für die **Bewertung** der Vermögensgegenstände und Verbindlichkeiten im Zeitpunkt der Berechnung des Umtauschverhältnisses beschlossenen **Kriterien** wurden eingehalten.
2. Sofern eine **Barzahlung** vereinbart wurde, ob deren **Berechnung** in der vereinbarten Art und Weise erfolgte.
3. Die für die **Berechnung des Umtauschverhältnisses** beschlossene Vorgehensweise wurde eingehalten.
4. Diese Vorgehensweise wurde im Zeitpunkt der Berechnung des Umtauschverhältnisses auch **tatsächlich angewandt.**

Der Prüfungsumfang entspricht demnach nicht dem, der von den Verwahrstellen vor dem Genehmigungsantrag nach § 185 I einzuhalten ist. Vielmehr ergibt sich aus Abs. 2 S. 1 eine **vollumfängliche** Prüfpflicht der gesamten Verschmelzung. Zum Abschluss der Prüfung ist dann auf die zuvor genannten Voraussetzungen nochmals explizit einzugehen. 6

Von der abschließenden Erklärung des Prüfers erhalten sowohl die Anleger der beteiligten Investmentvermögen als auch die BaFin auf Anfrage eine Abschrift. Dieses Recht auf **kostenlose Übersendung** des nachträglichen Prüfberichts ergibt sich aus § 187 III. 7

§ 185 II 3 erklärt eine Reihe von **handelsrechtlichen Vorschriften** für **anwendbar.** Die Normen beziehen sich jeweils auf die Bestellung und Abberufung (§ 318 III–VIII HGB), die Auswahl und Ausschlussgründe (§§ 319, 319b HGB) und die Haftung des Abschlussprüfers (§ 323 HGB). Sämtliche Normen, auf die verwiesen wird, gelten für den Prüfer iSd § 185 II, also auch für die Verwahrstelle (s. a. EDD/*Zeller/Stockhorst* § 185 Rn. 8). Dies ergibt sich indirekt aus der Gesetzesbegründung, die eine Vereinfachung und Vereinheitlichung sowie eine Haftungsbegrenzung als Hintergrund für die Verweise anführt. (vgl. BT-Drs. 17/4510, 117). Beim Verweis auf die **Bestellungsvorschriften** fehlt eine Einbeziehung der grundsätzlichen Bestellungsvorschrift (§ 318 I HGB), es wird vielmehr lediglich auf die besonderen Bestellungsmöglichkeiten im Falle des Vorliegens eines Ausschlussgrundes Bezug genommen. Hintergrund dafür dürfte der Umstand sein, dass alle in Frage kommenden Prüfer nach § 185 II bereits für die beteiligten Investmentvermögen bestellt wurden. Die sich aus dem Verweis auf § 323 HGB ergebende **Haftungsbeschränkung** im Falle von fahrlässigem Handeln (§ 323 II HGB) begründet der Gesetzgeber mit der Gefahr, die sich aus dem unbestimmten Adressatenkreis der Erklärung ergibt (vgl. BT-Drs. 17/4510, 117). Ohne das erreichte Ergebnis in Frage zu stellen, ist die Stichhaltigkeit dieser Argumentation anzuzweifeln, da der Kreis der potenziellen Empfänger des Berichts durchaus beschränkt ist, nämlich auf die betroffenen Anleger sowie die BaFin. Der Empfängerkreis ist damit zwar deutlich größer als bei der Prüfung einer Gesellschaft nach dem HGB, allerdings ist der Adressatenkreis jedenfalls bestimmbar. 8

IV. Verordnungsermächtigung (Abs. 3)

9 Absatz 3 enthält schließlich noch eine **Ermächtigung zum Erlass einer Verordnung** zur Konkretisierung des Zeitpunkts, der Inhalte und des Umfangs und der Darstellung der Prüfung. Der Erlass wird grds. in den Aufgabenbereich des BMF im Einvernehmen mit dem BMJ übertragen. Wie üblich kann das BMF den Erlass auf die BaFin übertragen.

10 Von der Ermächtigung zum Erlass einer konkretisierenden Verordnung wurde bisher **kein Gebrauch** gemacht.

§ 186 Verschmelzungsinformationen

(1) [1]**Den Anlegern des übertragenden Sondervermögens und des übernehmenden Sondervermögens oder EU-OGAW sind von der Kapitalverwaltungsgesellschaft geeignete und präzise Informationen über die geplante Verschmelzung zu übermitteln, damit sie sich ein verlässliches Urteil über die Auswirkungen des Vorhabens auf ihre Anlage bilden und ihre Rechte nach § 187 ausüben können (Verschmelzungsinformationen).** [2]**Hierbei sind insbesondere die Vorgaben nach Artikel 3 der Richtlinie 2010/44/EU zu beachten.**

(2) [1]**Die Verschmelzungsinformationen sind den Anlegern des übertragenden Sondervermögens und des übernehmenden Sondervermögens oder EU-OGAW erst zu übermitteln, nachdem die Bundesanstalt oder, bei der Verschmelzung eines EU-OGAW auf ein OGAW-Sondervermögen, die zuständigen Stellen des Herkunftsstaates die geplante Verschmelzung genehmigt haben.** [2]**Zwischen der Übermittlung der Verschmelzungsinformationen und dem Fristablauf für einen Antrag auf Rücknahme oder gegebenenfalls Umtausch ohne weitere Kosten gemäß § 187 Absatz 1 muss ein Zeitraum von mindestens 30 Tagen liegen.**

(3) [1]**Die Verschmelzungsinformationen müssen die folgenden Angaben enthalten:**

1. **Hintergrund der geplanten Verschmelzung und die Beweggründe dafür,**
2. **potenzielle Auswirkungen der geplanten Verschmelzung auf die Anleger nach Maßgabe des Artikels 4 Absatz 1 und 2 der Richtlinie 2010/44/EU, insbesondere hinsichtlich wesentlicher Unterschiede in Bezug auf Anlagepolitik und -strategie, Kosten, erwartetes Ergebnis, Jahres- und Halbjahresberichte, etwaige Beeinträchtigung der Wertentwicklung und gegebenenfalls eine eindeutige Warnung an die Anleger, dass sich hinsichtlich ihrer steuerlichen Behandlung im Zuge der Verschmelzung Änderungen ergeben können,**
3. **spezifische Rechte der Anleger in Bezug auf die geplante Verschmelzung nach Maßgabe des Artikels 4 Absatz 3 und 4 der Richtlinie 2010/44/EU, insbesondere das Recht auf zusätzliche Informationen, auf Erhalt einer Abschrift der Erklärung des Prüfers gemäß § 185 Absatz 2 auf Anfrage, auf kostenlose Rücknahme und gegebenenfalls Umtausch der Anteile gemäß § 187 Absatz 1 sowie die Frist für die Wahrnehmung dieses Rechts,**
4. **maßgebliche Verfahrensaspekte und den geplanten Übertragungsstichtag, zu dem die Verschmelzung wirksam wird, nach Maßgabe des Artikels 4 Absatz 5 bis 8 der Richtlinie 2010/44/EU und**

5. eine aktuelle Fassung des Basisinformationsblattes gemäß Verordnung (EU) Nr. 1286/2014 oder der wesentlichen Anlegerinformationen gemäß den §§ 164 und 166 oder gemäß Artikel 78 der Richtlinie 2009/65/EG des übernehmenden Sondervermögens oder EU-OGAW nach Maßgabe des Artikels 5 der Richtlinie 2010/44/EU.

[2]Werden zu Beginn der Verschmelzungsinformationen die wesentlichen Punkte der Verschmelzung zusammengefasst, ist darin auf den jeweiligen Abschnitt im Dokument zu verweisen, der die weiteren Informationen enthält. [3]Die Verschmelzungsinformationen sind den Anlegern auf einem dauerhaften Datenträger zu übermitteln und auf der Internetseite der Kapitalverwaltungsgesellschaft zugänglich zu machen. [4]Die Kapitalverwaltungsgesellschaft hat die Übermittlung der Verschmelzungsinformationen an die Anleger im Bundesanzeiger bekannt zu machen; dabei ist mitzuteilen, wo und auf welche Weise weitere Informationen zur Verschmelzung erlangt werden können. [5]Die Übermittlung der Verschmelzungsinformationen gilt drei Tage nach der Aufgabe zur Post oder Absendung als erfolgt. [6]Dies gilt nicht, wenn feststeht, dass der dauerhafte Datenträger den Empfänger nicht oder zu einem späteren Zeitpunkt erreicht hat.

(4) **[1]Wurde die Absicht, EU-OGAW-Investmentanteile am übertragenden oder übernehmenden EU-OGAW im Geltungsbereich dieses Gesetzes zu vertreiben, gemäß § 310 angezeigt, müssen die Verschmelzungsinformationen der Bundesanstalt unverzüglich in deutscher Sprache eingereicht werden. [2]Die EU-OGAW-Verwaltungsgesellschaft oder die Kapitalverwaltungsgesellschaft, die diese Informationen zu übermitteln hat, ist für die Übersetzung verantwortlich. [3]Die Übersetzung hat den Inhalt des Originals richtig und vollständig wiederzugeben.**

Inhaltsübersicht

	Rn.
I. Allgemeines	1
II. Zweck und grundsätzliche Anforderungen (Abs. 1)	3
III. Übermittlungszeitpunkt (Abs. 2)	6
IV. Inhalt und Übermittlung der Verschmelzungsinformationen (Abs. 3)	9
1. Hintergrund und Beweggründe der geplanten Verschmelzung (Abs. 3 S. 1 Nr. 1)	10
2. Darstellung der erwarteten Auswirkungen (Abs. 3 S. 1 Nr. 2)	11
3. Darstellung der Anlegerechte (Abs. 3 S. 1 Nr. 3)	18
4. Verfahrensaspekte und Übertragungsstichtag (Abs. 3 S. 1 Nr. 4)	22
5. Wesentliche Anlegerinformationen (Abs. 3 S. 1 Nr. 5)	27
6. Übermittlung der Verschmelzungsinformationen (Abs. 3 S. 2)	29
V. Besonderheiten bei Beteiligung von EU-OGAW (Abs. 4)	34

I. Allgemeines

Abgesehen von den Änderungen der Terminologie entspricht § 186 dem Wortlaut des aufgehobenen § 40d InvG. Die Vorschrift dient der Umsetzung von Art. 43 I–IV OGAW-RL sowie der Art. 4, 5 und 7 der RL 2010/44/EU. 1

Die Norm regelt den **Inhalt** sowie die Modalitäten und Fristen der **Publikation** des zentralen Informationsdokuments für die betroffenen Anleger. Das Gesetz definiert dieses Dokument als **„Verschmelzungsinformationen"**. 2

II. Zweck und grundsätzliche Anforderungen (Abs. 1)

3 Die Verschmelzungsinformationen sollen den Anlegern der betroffenen Investmentvermögen **geeignete und präzise Informationen** über die geplante Verschmelzung vermitteln. Durch die Übermittlung dieser Informationen sollen die Anleger in die Lage versetzt werden, sich über die **Auswirkungen** bewusst zu werden und ihre Rechte (§ 187) im Zusammenhang mit der Verschmelzung entsprechend ausüben können.

4 Die Pflicht zur **Übermittlung** der Verschmelzungsinformationen obliegt der die beteiligten Investmentvermögen **verwaltenden KVG.** Die Verschmelzungsinformationen sind sowohl den Anlegern des übertragenden als auch denen des übernehmenden Investmentvermögens auszuhändigen. Werden die beteiligten Investmentvermögen von unterschiedlichen KVG verwaltet bzw. ist eine EU-OGAW-Verwaltungsgesellschaft involviert, so trifft die Pflicht zur Übermittlung jede Verwaltungsgesellschaft für **ihre Anleger** selbst (sa EDD/*Zeller/Stockhorst* § 186 Rn. 5). Da der Versand in der deutschen Praxis mittels eines dauerhaften Datenträgers regelmäßig über WM Datenservice und anschließend durch die Depotbanken der Anleger erfolgt, erscheint auch die Übermittlung durch eine KVG unter Angabe beider beteiligter KVG möglich.

5 Um den betroffenen Anlegern eine sinnvolle Möglichkeit der **Ausübung ihrer Rechte** (insb. Rücknahme und Umtausch) zu geben, haben sämtliche gesetzlich geforderten Informationen so klar und verständlich formuliert zu werden, dass die Anleger in der Lage sind, sich ein **umfassendes Bild über die Konsequenzen** der Verschmelzung zu bilden. Art. 3 RL 2010/44/EU fordert in diesem Zusammenhang eine kurze und allgemein verständliche Sprache. Es sollte daher in der Formulierung auf die übermäßige Verwendung von Fachbegriffen oder Gesetzesverweisen sowie Verweise auf den Verkaufsprospekt verzichtet werden. Die notwendigen Angaben sollen sich aus den Verschmelzungsinformationen selbst ergeben. Ferner fordert **Art. 3 RL 2010/44/EU** im Falle der grenzüberschreitenden Verschmelzung die Erläuterung etwaiger Unterschiede in den Begrifflichkeiten. Die Vorschrift bestimmt darüber hinaus, dass für die Anleger des übertragenden Investmentvermögens insb. die Details des übernehmenden Investmentvermögens darzustellen sind. Umgekehrt liegt der Fokus der Darstellung für die Anleger des übernehmenden Investmentvermögens auf den Auswirkungen, die sich durch die Verschmelzung – die Übernahme – durch das übernehmende Investmentvermögen ergeben. Zwar sind nicht zwei unterschiedliche Dokumente gefordert, jedoch sind die unterschiedlichen Auswirkungen auf die betroffenen Anleger in den Verschmelzungsinformationen entsprechend zu würdigen.

III. Übermittlungszeitpunkt (Abs. 2)

6 Absatz 2 bestimmt den Ablauf und **Zeitpunkt der Übermittlung** der Verschmelzungsinformationen. Die Vorschrift ist iVm den S. 5 und 6 des Abs. 3 (→ § 186 Rn. 33) sowie mit § 187 I 2 zu lesen.

7 Die Übermittlung der Verschmelzungsinformationen darf erst erfolgen, nachdem die zuständige Aufsichtsbehörde die Verschmelzung genehmigt hat. Die Zuständigkeit der Aufsichtsbehörde richtet sich nach dem Sitzstaat des übertragenden Investmentvermögens (vgl. §§ 182 II, 183).

8 Die Übermittlung hat **30 Tage** vor dem Ablauf der Frist für die Ausübung der Anlegerechte gem. § 187 I (kostenlose Rücknahme oder Umtausch) zu erfolgen.

Für die Einhaltung sämtlicher Fristen müssen die Verwaltungsgesellschaften jedoch insgesamt mehr Zeit einplanen. Dies ergibt sich durch das Zusammenspiel der verschiedenen zu beachtenden Fristen. So gilt die Übermittlung gem. § 186 III 5 aufgrund einer **gesetzlichen Fiktion drei Tage** nach der Absendung als beim Anleger zugegangen. Dies gilt nur dann nicht, wenn der Zugang sicher zu einem späteren Zeitpunkt oder gar nicht erfolgt ist (Näheres → § 186 Rn. 33). Ferner ist die Frist von **fünf Arbeitstagen** gem. § 187 I 2 Hs. 2 in die Berechnung mit einzubeziehen (Näheres → § 187 Rn. 9). Im Ergebnis sind die Verschmelzungsinformationen daher aus der Addition der 30 Tage und fünf Arbeitstage mindestens **37 Tage vor dem Übertragungsstichtag** zu übermitteln. Inzwischen ist dies auch entsprechend in den vom BVI zur Verfügung gestellten Musterverkaufsprospekten enthalten. In den vor dem KAGB gültigen Prospekten verwendete das Muster unter Hinweis auf die unterschiedliche Terminologie im Gesetz noch 35 Arbeitstage, was im Ergebnis mehr als den gesetzlich geltenden 37 Tagen entspricht.

IV. Inhalt und Übermittlung der Verschmelzungsinformationen (Abs. 3)

Absatz 3 gibt die **inhaltlichen Anforderungen** an die Verschmelzungsinformationen vor und setzt damit Art. 43 III OGAW-RL und Art. 4 und 5 RL 2010/44/EU um. Der Gesetzgeber wählt dabei eine Umsetzung, die einerseits die fünf Pflichtangaben des Art. 43 III OGAW-RL umfassen und verweist andererseits zur näheren Erläuterung auf die der Durchführung dienenden Art. 4 und 5 RL 2010/44/EU, teilweise unter kurzer Benennung der Anforderungen aus der Durchführungsrichtlinie. Dadurch kann die Vollständigkeit der Verschmelzungsinformationen im Ergebnis nur durch die Lektüre des Gesetzes als auch der Durchführungsrichtlinie gelingen. Folglich transportiert der deutsche Gesetzgeber durch diese Verweistechnik einen europäischen Richtlinientext direkt in das deutsche Gesetz, ohne den möglichen Gestaltungsspielraum, den der Richtlinientext gewährt, zu nutzen. Diese komfortable und sichere Lösung für den Gesetzgeber bedeutet für den Rechtsanwender jedoch, dass die Erstellung nur mit dem Blick in das deutsche Gesetz nicht möglich ist. 9

1. Hintergrund und Beweggründe der geplanten Verschmelzung (Abs. 3 S. 1 Nr. 1). Als erste Pflichtangabe in den Verschmelzungsinformationen sind der Hintergrund und die Beweggründe für die Verschmelzung anzugeben. Diese Angabe entspricht der Pflichtangabe im Verschmelzungsplan gem. § 184 S. 3 Nr. 2. Um Widersprüche auszuschließen, empfiehlt es sich, in beiden Dokumenten identische Ausführungen darzustellen. Zum näheren Inhalt kann auf die Kommentierung zu § 184 S. 3 Nr. 2 (→ § 184 Rn. 11f.) verwiesen werden. 10

2. Darstellung der erwarteten Auswirkungen (Abs. 3 S. 1 Nr. 2). Wie im Verschmelzungsplan (§ 184 S. 3 Nr. 3) sind auch in den Verschmelzungsinformationen Ausführungen zu den **potenziellen Auswirkungen** der Verschmelzung auf die betroffenen Anleger zu machen. Im Gegensatz zu den sehr allgemein gehaltenen Anforderungen zum Verschmelzungsplan gibt die Vorschrift zu den Verschmelzungsinformationen detaillierte Vorgaben, die sich aus **Art. 4 I, II RL 2010/44/EU** ergeben. 11

Trotz der unterschiedlichen Adressaten von Verschmelzungsplan (Aufsichtsbehörde(n) und Verwahrstelle) und Verschmelzungsinformationen (betroffene An- 12 leger) sollte auch für diesen Teil der Dokumentation eine **einheitliche Darstellung** erfolgen.

13 In Umsetzung der **Durchführungsrichtlinie** haben die Ausführungen insb. die wesentlichen Unterschiede der Anlagepolitik und -strategie, der Kosten, des erwarteten Ergebnisses, der Jahres- und Halbjahresberichte, etwaige Beeinträchtigungen der Wertentwicklung sowie einen steuerlichen Hinweis zu enthalten. Mit dieser Aufzählung nennt der Gesetzgeber die wesentlichen Punkte aus Art. 4 I, II RL 2010/44/EU, welcher folgenden Wortlaut hat:

(1) Die Mitgliedstaaten verlangen, dass die Informationen, die den Anteilinhabern des übertragenden OGAW gemäß Artikel 43 Absatz 3 Buchstabe b der Richtlinie 2009/65/EG zur Verfügung gestellt werden müssen, Folgendes umfassen:

a) Einzelheiten zu Unterschieden hinsichtlich der Rechte von Anteilinhabern des übertragenden OGAW vor und nach Wirksamwerden der vorgeschlagenen Verschmelzung;
b) wenn die wesentlichen Informationen für den Anleger des übertragenden OGAW und des übernehmenden OGAW synthetische Risiko- und Ertragsindikatoren in unterschiedlichen Kategorien aufweisen oder in der begleitenden erläuternden Beschreibung unterschiedliche wesentliche Risiken beschrieben werden, einen Vergleich dieser Unterschiede;
c) einen Vergleich sämtlicher Kosten, Gebühren und Aufwendungen beider OGAW auf der Grundlage der in den jeweiligen wesentlichen Informationen für den Anleger genannten Beträge;
d) wenn der übertragende OGAW eine an die Wertentwicklung gebundene Gebühr erhebt, eine Erläuterung der Erhebung dieser Gebühr bis Wirksamwerden der Verschmelzung;
e) wenn der übernehmende OGAW eine an die Wertentwicklung gebundene Gebühr erhebt, eine Erläuterung der Erhebung dieser Gebühr unter Gewährleistung einer fairen Behandlung der Anteilinhaber, die vorher Anteile des übertragenden OGAW hielten;
f) wenn dem übertragenden oder übernehmenden OGAW oder deren Anteilinhabern gemäß Artikel 46 der Richtlinie 2009/65/EG Kosten im Zusammenhang mit der Vorbereitung und Durchführung der Verschmelzung angelastet werden dürfen, die Einzelheiten der Allokation dieser Kosten;
g) eine Erklärung, ob die Verwaltungs- oder Investmentgesellschaft des übertragenden OGAW beabsichtigt, vor Wirksamwerden der Verschmelzung eine Neuordnung des Portfolios vorzunehmen.

(2) Die Mitgliedstaaten verlangen, dass die Informationen, die den Anteilinhabern des übernehmenden OGAW gemäß Artikel 43 Absatz 3 Buchstabe b der Richtlinie 2009/65/EG zu übermitteln sind, auch eine Erklärung umfassen, in der mitgeteilt wird, ob die Verwaltungs- oder Investmentgesellschaft des übernehmenden OGAW davon ausgeht, dass die Verschmelzung wesentliche Auswirkungen auf das Portfolio des übernehmenden OGAW hat, und ob sie beabsichtigt, vor oder nach Wirksamwerden der Verschmelzung eine Neuordnung des Portfolios vorzunehmen.

14 Die Durchführungsrichtlinie unterscheidet folglich, anders als der deutsche Gesetzgeber, zwischen den Anlegern des **übertragenden (Art. 4 I)** und des **übernehmenden (Art. 4 II)** Investmentvermögens. Da die Anleger des übertragenden Investmentvermögens regelmäßig deutlich intensiver betroffen sind, haben die Erläuterungen für diese Anleger deutlich umfangreicher als für die Anleger des übernehmenden Investmentvermögens auszufallen. Zur Information der **Anleger des übernehmenden Investmentvermögens** ist es daher grds. ausreichend, eine kurze Erläuterung der Folgen dazustellen, etwa die Steigerung der Liquidität durch die Erhöhung der Zahl der Anleger. Detaillierte Angaben haben in den Fällen zu

erfolgen, in denen die Verwaltungsgesellschaft im Zuge der Verschmelzung die Portfoliostruktur ändern möchte. Dies wäre etwa gegeben, wenn die Gewichtung der im Portfolio des übernehmenden Investmentvermögens befindlichen Vermögensgegenstände im Zuge der Verschmelzung verändert werden soll.

Ungleich stärker betroffen sind die **Anleger des übertragenden Investmentvermögens,** welche zukünftig Anleger des übernehmenden Investmentvermögens werden und damit möglicherweise einer ganz neuen Anlagestrategie ausgesetzt sind. Von besonderem Belang ist daher die **Beschreibung der Chancen und Risiken,** die sich aus der Verschmelzung ergeben. Diese sind nicht nur ausführlich darzustellen, sondern auch gegeneinander abzuwägen. Es empfiehlt sich daher bspw. eine Gegenüberstellung der Risikoprofile, der nach den Anlagebedingungen zulässigen Vermögensgegenstände, der Anlagegrenzen sowie der Kostenstrukturen. Besondere Angaben zu den Kosten sind notwendig, wenn für das übernehmende Investmentvermögen eine Performance-Gebühr festgelegt ist. In diesem Fall muss klar beschrieben werden, wie die Berechnung der Performance-Gebühr für die mit der Verschmelzung hinzukommenden Anleger erfolgt. 15

Bezüglich der **steuerlichen Behandlung** ist darzustellen, ob und, wenn ja, wie sie sich verändert. Zudem sollte die auf den Verschmelzungsvorgang anwendbare Vorschrift des InvStG (§ 23 I bzw. IV KAGB) genannt werden. 16

Sämtliche Angaben müssen selbstverständlich der **Wahrheit** und den tatsächlichen Umständen entsprechen. Die Darstellung hat umfänglich und abschließend zu erfolgen. 17

3. Darstellung der Anlegerechte (Abs. 3 S. 1 Nr. 3). Mit der Verschmelzung gehen **spezifische Rechte** der betroffenen Anleger einher. Diese sind gem. § 186 I 1 Nr. 3 iVm Art. 4 III, IV RL 2010/44/EU zu erläutern. Der Gesetzgeber wählt dabei wieder eine Umsetzung der europarechtlichen Vorgaben im Wege der Verweistechnik und beschränkt sich auf eine generelle Darstellung im Wortlaut des KAGB. Das KAGB fordert **insb.** die Darstellung des Rechts auf zusätzliche Informationen, auf Erhalt einer Abschrift der nachgelagerten Verschmelzungsprüfung, auf kostenlose Rücknahme bzw. Umtausch der Anteile sowie die dazu einschlägige Frist. 18

Mit dieser Aufzählung bezieht sich der Gesetzgeber auf einige der Punkte aus Art. 4 III, IV RL 2010/44/EU, welche folgenden Wortlaut haben: 19

(3) Die Mitgliedstaaten verlangen, dass die Informationen, die gemäß Artikel 43 Absatz 3 Buchstabe c der Richtlinie 2009/65/EG zur Verfügung gestellt werden müssen, Folgendes umfassen:

a) Angaben zum Umgang mit den aufgelaufenen Erträgen des betreffenden OGAW;
b) einen Hinweis darauf, wie der in Artikel 42 Absatz 3 der Richtlinie 2009/65/EG genannte Bericht des unabhängigen Wirtschaftsprüfers oder der Verwahrstelle erhalten werden kann.

(4) Ist im Verschmelzungsplan eine Barzahlung gemäß Artikel 2 Absatz 1 Buchstabe p Ziffern i und ii der Richtlinie 2009/65/EG vorgesehen, verlangen die Mitgliedstaaten, dass die Informationen für die Anteilinhaber des übertragenden OGAW Angaben zur vorgeschlagenen Zahlung enthalten, einschließlich Angaben zu Zeitpunkt und Modalitäten der Barzahlung an die Anteilinhaber des übertragenden OGAW.

Das für die Anleger wohl wichtigste Recht ist die Möglichkeit der **kostenlosen Rückgabe** ihrer Anteile oder der **Umtausch** ihrer Anteile in ein anderes, vergleichbares, von der Verwaltungsgesellschaft oder einer ihrer Konzerngesellschaften 20 verwaltetes Investmentvermögen. Bezüglich des **Umtauschrechts** erfolgt entweder die Benennung des vergleichbaren Investmentvermögens oder die klare Aussage, dass ein vergleichbares Investmentvermögen von der Verwaltungsgesellschaft oder ihren verbundenen Unternehmen nicht angeboten wird. Im Zusammenhang mit diesen beiden Rechten ist auch zwingend auf die Frist von **fünf Arbeitstagen** gem. § 187 I 2 Hs. 2 hinzuweisen. Danach erlöschen diese Rechte fünf Arbeitstage vor dem Übertragungsstichtag. Aus Gründen der Anlegerfreundlichkeit sollte in den Verschmelzungsinformationen ein **konkretes Datum** genannt werden.

21 Durch den Verweis auf Art. 4 IV RL 2010/44/EU sind – sofern anwendbar – verpflichtend Angaben zur Gestaltung einer **Barzahlung** aufzunehmen. Ist eine Barzahlung im Rahmen der Verschmelzung geplant, so sind die Anleger darüber zu informieren, in welcher **Höhe** und zu welchem **Zeitpunkt** die Zahlung erfolgt.

22 **4. Verfahrensaspekte und Übertragungsstichtag (Abs. 3 S. 1 Nr. 4).** Die Verschmelzungsinformationen haben Angaben über die **maßgeblichen Verfahrensaspekte** sowie den geplanten **Übertragungsstichtag** zu enthalten. Auch hier verweist der deutsche Gesetzgeber zur näheren Erläuterung auf die Durchführungsrichtlinie. Der einschlägige Wortlaut des Art. 4 V–VIII RL 2010/44/EU lautet wie folgt:

(5) Die Mitgliedstaaten verlangen, dass die Informationen, die gemäß Artikel 43 Absatz 3 Buchstabe d der Richtlinie 2009/65/EG zur Verfügung gestellt werden müssen, Folgendes umfassen:

a) sofern gemäß innerstaatlichem Recht für den betreffenden OGAW relevant, das Verfahren für das Ersuchen der Anteilinhaber um Genehmigung der vorgeschlagenen Verschmelzung und Angaben zu den Vorkehrungen, die getroffen werden, um sie über das Ergebnis zu informieren;
b) Einzelheiten jeder geplanten Aussetzung des Anteilehandels mit dem Ziel, eine effiziente Durchführung der Verschmelzung zu ermöglichen;
c) Angabe des Zeitpunkts des Wirksamwerdens der Verschmelzung gemäß Artikel 47 Absatz 1 der Richtlinie 2009/65/EG.

(6) Muss die vorgeschlagene Verschmelzung gemäß den für den betreffenden OGAW geltenden innerstaatlichen Rechtsvorschriften von den Anteilinhabern genehmigt werden, stellen die Mitgliedstaaten sicher, dass die Informationen eine Empfehlung der Verwaltungsgesellschaft bzw. des Leitungs- oder Verwaltungsorgans der Investmentgesellschaft enthalten dürfen.

(7) Die Mitgliedstaaten verlangen, dass die Informationen für die Anteilinhaber des übertragenden OGAW Folgendes umfassen:

a) Angabe des Zeitraums, während dessen die Anteilinhaber im übertragenden OGAW noch Aufträge für die Zeichnung und Auszahlung von Anteilen erteilen können;
b) Angabe des Zeitraums, während dessen Anteilinhaber, die ihre gemäß Artikel 45 Absatz 1 der Richtlinie 2009/65/EG gewährten Rechte nicht innerhalb der einschlägigen Frist wahrnehmen, ihre Rechte als Anteilinhaber des übernehmenden OGAW wahrnehmen können;
c) wenn die vorgeschlagene Verschmelzung gemäß innerstaatlichem Recht von den Anteilinhabern des übertragenden OGAW genehmigt werden muss und der Vorschlag die erforderliche Mehrheit erhält, eine Erklärung, der zufolge Anteilinhaber, die gegen die vorgeschlagene Verschmelzung stimmen oder sich der Stimme enthalten und ihre gemäß Artikel 45 Absatz 1 der Richtlinie 2009/65/EG gewährten Rechte nicht innerhalb der einschlägigen Frist wahrnehmen, Anteilinhaber des übernehmenden OGAW werden.

(8) Wird den Informationsunterlagen eine Zusammenfassung der wichtigsten Punkte der vorgeschlagenen Verschmelzung vorangestellt, muss darin auf die Abschnitte der Informationsunterlagen verwiesen werden, die weitere Informationen enthalten.

Bezüglich der **wesentlichen Verfahrensaspekte** sollte in den Verschmelzungsinformationen angegeben werden, ob zur Vorbereitung der Verschmelzung erhebliche **Umschichtungen** in den Portfolien der beteiligten Investmentvermögen vorgenommen werden (müssen). Dies wäre etwa dann der Fall, wenn die Anlagestrategie und die Anlagegrenzen der beteiligten Investmentvermögen erhebliche Unterschiede aufweisen, sodass insb. beim übernehmenden Investmentvermögen vor der Verschmelzung das Portfolio umgebaut werden müsste, um nach Aufnahme der Vermögensgegenstände des übertragenden Investmentvermögens die Einhaltung der festgelegten Strategie und Grenzen sicherzustellen. 23

Die Angabe des **Übertragungsstichtags** erfolgt mit **Datum und Uhrzeit.** Sofern der Übertragungsstichtag nicht auf das Geschäftsjahresende fällt, sollten auch die geltenden Geschäftsjahre der beteiligten Investmentvermögen angegeben werden. 24

Ferner ist in den Verschmelzungsinformationen anzugeben, ob im Zusammenhang mit der geplanten Verschmelzung eine **Aussetzung der Rücknahme der Anteile** bzw. Aktien vorgesehen ist. In diesem Zusammenhang sei darauf hingewiesen, dass eine solche Maßnahme der BaFin und ggf. weiteren Aufsichtsbehörden gem. § 98 II 2 unverzüglich anzuzeigen ist. 25

Im deutschen Investmentrecht grds. nicht relevant ist das **Zustimmungserfordernis der Anleger** zur Verschmelzung. Weder die Anteilinhaber eines Sondervermögens noch die Anlageaktionäre einer Investmentaktiengesellschaft haben ein entsprechendes Stimmrecht. Das Erfordernis besteht allerdings unter Umständen bei einer grenzüberschreitenden Verschmelzung, etwa bei der Beteiligung eines irischen oder luxemburgischen Investmentvermögens gesellschaftsrechtlicher Struktur. 26

5. Wesentliche Anlegerinformationen (Abs. 3 S. 1 Nr. 5). Schließlich ist es gem. § 186 III 1 Nr. 5 erforderlich, die aktuell geltenden **wesentlichen Anlegerinformationen** (§§ 164, 166) des übernehmenden Investmentvermögens beizufügen. Art. 5 RL 2010/44/EU lautet dazu wie folgt: 27

(1) Die Mitgliedstaaten sicher, dass den Anteilinhabern des übertragenden OGAW eine aktuelle Fassung der wesentlichen Informationen für den Anleger des übernehmenden OGAW zur Verfügung gestellt wird.

(2) Werden aufgrund der vorgeschlagenen Verschmelzung Änderungen an den wesentlichen Informationen für den Anleger des übernehmenden OGAW vorgenommen, so werden diese Informationen den Anteilinhabern des übernehmenden OGAW übermittelt.

Die wesentlichen Anlegerinformationen sind den Verschmelzungsinformationen **als Anhang** beizufügen. 28

6. Übermittlung der Verschmelzungsinformationen (Abs. 3 S. 2). Nachdem § 186 III 1 den Inhalt der Verschmelzungsinformationen bestimmt, legen die S. 2–6 die **Art der Übermittlung** fest. 29

§ 186 III 2 geht dabei zunächst nochmals auf die Gestaltung ein. Die Vorschrift bestimmt für den Fall, dass den Verschmelzungsinformationen eine **Zusammenfassung** vorangestellt wird, jeweils auf die konkrete Passage im Dokument verwiesen wird, in der detaillierte Ausführungen zu finden sind. § 186 III 2 dient der Umsetzung von Art. 4 VIII RL 2010/44/EU (→ Rn. 22). Die Vorschrift dient der Leserfreundlichkeit. 30

31 Die Verschmelzungsinformationen sind den Anlegern mittels eines **dauerhaften Datenträgers** (s. § 167) zu übermitteln und darüber hinaus auf der **Internetseite** der Verwaltungsgesellschaft zur Verfügung zu stellen (§ 186 III 3). Die für die Übermittlung anfallenden **Kosten** dürfen nicht den Anlegern bzw. den beteiligten Investmentvermögen belastet werden. Eine entsprechende Regelung enthalten auch die Musterbausteine für die Kostenklausel in den Anlagebedingungen, welche von der BaFin und dem BVI veröffentlicht wurden.

32 Nach Übermittlung der Verschmelzungsinformationen ist diese Tatsache im **Bundesanzeiger** zu veröffentlichen (§ 186 III 4). Dabei ist ein Hinweis aufzunehmen, wo und wie weitere Informationen zur Verschmelzung zugänglich sind.

33 § 186 III 5, 6 enthalten schließlich noch eine **Fiktion,** die den Zugang der Verschmelzungsinformationen fingiert. Danach gelten die Verschmelzungsinformationen **drei Tage** nach der Aufgabe zur Post bzw. deren Absendung als beim Anleger zugegangen. Diese Fiktion ist notwendig, um Rechtssicherheit für die Beteiligten zu schaffen, da an den Übermittlungszeitpunkt diverse Fristen gebunden sind. Ist der Zugang unklar, so muss demnach der Anleger nachweisen, dass er die Dokumente zu einem späteren Zeitpunkt erhalten hat. Der Gesetzgeber hat die **Beweislastumkehr** auf Empfehlung des Finanzausschusses aufgenommen, welcher die Einfügung mit dem Bedürfnis der Rechtssicherheit und einer angemessenen Risikoverteilung begründet (BT-Drs. 17/5403, 61). Für die beteiligten Verwaltungsgesellschaften ist es somit ausreichend, die Absendung des dauerhaften Datenträgers nachzuweisen. Satz 6 enthält eine Rückausnahme für den Fall des Feststehens, dass die Verschmelzungsinformationen nicht oder später zugegangen sind.

V. Besonderheiten bei Beteiligung von EU-OGAW (Abs. 4)

34 Absatz 4 enthält zusätzliche Vorgaben für den Fall, dass eines der beteiligten Investmentvermögen in **Deutschland** gem. § 310 zum **öffentlichen Vertrieb zugelassen** wurde. Liegen diese Voraussetzungen vor, so sind die Verschmelzungsinformationen der **BaFin** unverzüglich zu übermitteln. Die Übermittlung hat in deutscher Sprache zu erfolgen und muss die Regelungen des Originals ordnungsgemäß wiedergeben.

§ 187 Rechte der Anleger

(1) [1]**Die Anleger des übertragenden Sondervermögens und des übernehmenden Sondervermögens oder EU-OGAW haben das Recht, von der Kapitalverwaltungsgesellschaft Folgendes zu verlangen:**

1. **die Rücknahme ihrer Anteile ohne weitere Kosten, mit Ausnahme der Kosten, die zur Deckung der Auflösungskosten einbehalten werden, oder**
2. **soweit möglich, den Umtausch ihrer Anteile ohne weitere Kosten in Anteile eines anderen Sondervermögens oder EU-OGAW, das mit den bisherigen Anlagegrundsätzen vereinbar ist und von derselben Kapitalverwaltungsgesellschaft oder von einem Unternehmen, das zu der Kapitalverwaltungsgesellschaft in einer Verbindung im Sinne des § 290 Absatz 1 Satz 1 des Handelsgesetzbuchs steht, verwaltet wird.**

[2]Dieses Recht auf Rücknahme oder Umtausch besteht ab dem Zeitpunkt, in dem die Anleger sowohl des übertragenden Sondervermögens als auch des übernehmenden Sondervermögens oder EU-OGAW nach § 186 Absatz 2 über die geplante Verschmelzung unterrichtet werden; es erlischt fünf Arbeitstage vor dem Zeitpunkt der Berechnung des Umtauschverhältnisses nach § 189 Absatz 1 Nummer 3 oder Artikel 47 Absatz 1 Unterabsatz 1 der Richtlinie 2009/65/EG. [3]§ 255 Absatz 3 und 4 bleibt unberührt. [4]Rückgabeerklärungen, die ein Anleger vor der Verschmelzung bezüglich der von ihm gehaltenen Anteile abgibt, gelten nach der Verschmelzung weiter und beziehen sich dann auf Anteile des Anlegers an dem übernehmenden Investmentvermögen mit entsprechendem Wert.

(2) **Unbeschadet der Bestimmungen des Absatzes 1 kann die Bundesanstalt bei Verschmelzungen abweichend von § 98 Absatz 1 die zeitweilige Aussetzung der Rücknahme der Anteile verlangen oder gestatten, wenn eine solche Aussetzung aus Gründen des Anlegerschutzes gerechtfertigt ist.**

(3) **Die Kapitalverwaltungsgesellschaft hat den Anlegern des übertragenden Sondervermögens und des übernehmenden Sondervermögens oder EU-OGAW sowie der Bundesanstalt auf Anfrage kostenlos eine Abschrift der Erklärung des Prüfers gemäß § 185 Absatz 2 zur Verfügung zu stellen.**

I. Allgemeines

Die Vorschrift entspricht § 40e InvG, wobei die Bezugnahme auf Infrastruktur-Sondervermögen wegen deren Abschaffung als eigener Kategorie gelöscht wurde. Mit dem Fondsstandortgesetz v. 3.6.2021 (BGBl. 2021 I 1498) erfolgte die Löschung von § 187 I 1 Nr. 3, da Übertragungen und Änderungen der Anlagegrundsätze bei Immobilien-Investmentvermögen gleich zu behandeln sind und eine entsprechende Änderung des § 163 III 4 erfolgte (vgl. BT-Drs. 19/27631, 97). 1

Die Abs. 1 und 2 dienen der Umsetzung des Art. 45 I und II der OGAW-RL. Absatz 3 dient der Umsetzung des Art. 42 III OGAW-RL. 2

II. Rückgabe- und Umtauschrecht (Abs. 1)

In § 187 I werden die beiden wesentlichen **Anlegerrechte** im Zusammenhang mit einer Verschmelzung normiert. Danach besteht für die Anleger die Möglichkeit der kostenlosen **Rückgabe** oder des kostenlosen **Umtausches** ihrer Anteile bzw. Aktien. Diese Rechte sichern den Anlegern ihre Entscheidungsfreiheit hinsichtlich ihres Investments. Eine Verschmelzung darf nicht dazu führen, dass ein Anleger in ein Investment gezwungen wird, welches er nicht möchte oder nicht darf. Insbesondere Anlegern, die Investmentrestriktionen unterliegen (zB Versicherungsunternehmen) muss die Möglichkeit einer kostenneutralen Umschichtung eröffnet werden. 3

1. Rücknahme der Anteile (Abs. 1 S. 1 Nr. 1). Das grds. **kostenlose Rückgaberecht** der Anleger ergibt sich aus § 187 I 1 Nr. 1 und erfährt nur in Bezug auf die Auflösungskosten eine Einschränkung. Im Zusammenspiel mit § 188 ergibt sich 4 damit ein grundsätzliches Verbot, den beteiligten Investmentvermögen sowie deren Anlegern die Kosten der Verschmelzung aufzuerlegen. Die Entscheidung zur Verschmelzung trifft (jedenfalls in Deutschland) die verwaltende KVG, zumeist aus eigenen wirtschaftlichen Beweggründen.

5 Einzig die **Auflösungskosten** dürfen den Anlegern belastet werden. Nach Erwägungsgrund 30 der OGAW-RL sind damit Kosten gemeint, die **regelmäßig bei der Auflösung von Anlagen** anfallen. Den Anlegern dürfen keine Kosten entstehen, die spezifisch für die Vorbereitung und Durchführung der Verschmelzung sind. Als Auflösungskosten werden in diesem Zusammenhang bspw. die Kosten für den Wirtschaftsprüfer angeführt (vgl. EDD/*Springer/Sittmann* § 187 Rn. 8). Allerdings erscheint es fraglich, wie diese Kosten den Anlegern noch belastet werden sollen, wenn diese ordnungsgemäß vor dem Übertragungsstichtag ihre Anteile bzw. Aktien zurückgeben.

6 **2. Umtauschrecht der Anleger (Abs. 1 S. 1 Nr. 2).** Neben dem Recht auf kostenlose Rückgabe, besteht für die Anleger auch grds. die Möglichkeit zum kostenlosen **Umtausch** ihrer Anteile bzw. Aktien in solche eines vergleichbaren Investmentvermögens. Dieses Recht ist in § 187 I 1 Nr. 2 normiert.

7 Das Umtauschrecht nach Nr. 2 muss nur gewährt werden, wenn die **KVG** oder ein mit ihr im Konzern **verbundenes Unternehmen** ein Investmentvermögen verwaltet, das **Anlagegrundsätze** aufweist, die mit denen des betroffenen Investmentvermögens **vereinbar** sind. Die Vereinbarkeit muss sich dabei aus den **Anlagebedingungen** des zum Umtausch angebotenen Investmentvermögens ergeben. Dabei sind insb. die zulässigerweise erwerbbaren Vermögensgegenstände, die Anlagegrenzen sowie die regionalen Anlageschwerpunkte heranzuziehen. Bei einer inländischen Verschmelzung kann die Vergleichbarkeit **theoretisch auch** mit einem **AIF** bestehen. Sofern ein solches Investmentvermögen von der Unternehmensgruppe der KVG nicht angeboten wird, muss **kein Angebot zum Umtausch** gemacht werden. Auf diesen Umstand hat die Verwaltungsgesellschaft in den Verschmelzungsinformationen hinzuweisen. In diesem Fall besteht für die Anleger lediglich die Möglichkeit der kostenlosen Rückgabe.

8 **3. Zeitliche Vorgaben für die Ausübung der Anlegerrechte (Abs. 1 S. 2–4).** Die Sätze 2–4 des Abs. 1 bestimmen die **zeitlichen Grenzen für die Ausübung** der Anlegerrechte nach § 187 I 1. Die den Anlegern zustehenden Rechte entstehen mit **Übermittlung der Verschmelzungsinformationen** gem. § 186 II. Um den Verschmelzungsvorgang, insb. die Berechnung des Umtauschverhältnisses, nicht zu behindern, **endet** die Möglichkeit der Ausübung **fünf Arbeitstage vor dem Übertragungsstichtag.** Gleichzeitig darf durch diese Verkürzung keine Einschränkung der Anlegerechte erfolgen, weshalb das Ende der **Übermittlungsfrist** für die Verschmelzungsinformationen gem. § 186 II vor diesen fünf Arbeitstagen liegt. Dadurch ergibt sich für die übermittelnde Verwaltungsgesellschaft die Notwendigkeit, die Verschmelzungsinformationen mindestens **37 Tage vor dem Übertragungsstichtag** zu versenden.

9 Im Zusammenhang mit der Verschmelzung von **Immobilien-Investmentvermögen** stellt der Gesetzgeber mit § 187 I 3 klar, dass die in § 255 III normierte **Mindesthaltefrist** von 24 Monaten auch im Falle einer Verschmelzung Anwendung findet.

10 Zur **Einhaltung** bestehender **Rückgabefristen** (vgl. § 255 IV) dient die Regelung des § 187 I 4. Danach **gelten Rückgabeerklärungen,** die vor der Verschmelzung abgegeben wurden, über die Wirksamkeit der Verschmelzung **fort**

und beziehen sich dann auf die durch die Verschmelzung erworbenen Anteile am übernehmenden Investmentvermögen.

III. Aussetzung der Rücknahme (Abs. 2)

Im Rahmen einer Verschmelzung kann es notwendig sein, die Rücknahme der Anteile bzw. Aktien zeitweilig auszusetzen. Um diesem Bedürfnis nachzukommen, ermöglicht § 187 II die **Aussetzung der Rücknahme mit Zustimmung oder auf Anordnung der BaFin.** Diese Möglichkeit besteht jedoch nur, wenn die BaFin dies aus Gründen des Anlegerschutzes für geboten hält. Eine Aussetzung der Rücknahme wird daher nur in Ausnahmefällen, vergleichbar denen in § 98 II bzw. III, zur Anwendung kommen. Im Rahmen der Verschmelzung von OGAW-Investmentvermögen wird dies regelmäßig nicht gegeben sein. 11

IV. Aushändigung des Prüfberichts (Abs. 3)

Korrespondierend zu den in den Verschmelzungsinformationen gem. § 186 III 1 Nr. 3 aufzuführenden, spezifischen Rechten der Anleger hat die KVG den **Anlegern** sowie der **BaFin** auf Anfrage eine Abschrift der **Erklärung des Prüfers** zu übermitteln. Die Pflicht beschränkt sich auf die Erklärung des Prüfers gem. § 185 II 2. 12

§ 188 Kosten der Verschmelzung

Eine Kapitalverwaltungsgesellschaft darf jegliche Kosten, die mit der Vorbereitung und Durchführung der Verschmelzung verbunden sind, weder dem übertragenden Sondervermögen noch dem übernehmenden Sondervermögen oder EU-OGAW noch ihren Anlegern in Rechnung stellen.

Die Vorschrift entspricht § 40f InvG und dient der Umsetzung von Art. 46 OGAW-RL. In diesem Zusammenhang ist zu erwähnen, dass der deutsche Gesetzgeber nicht den Wortlaut der deutschen Fassung der OGAW-RL „etwaige Rechts-, Beratungs- oder Verwaltungskosten" wählt, sondern die Formulierung „jegliche Kosten". Der Gesetzgeber begründet diese Vorgehensweise mit der Intention der OGAW-RL und dem Umstand, dass eine Verschmelzung in erster Linie im Interesse der Verwaltungsgesellschaft erfolgt (vgl. BT-Drs. 17/4510, 118f.). 1

Die Vorschrift normiert das **Verbot,** den Anlegern die Kosten für die Vorbereitung und die Durchführung der Verschmelzung aufzuerlegen. Das Verbot gilt auch indirekt, da die Kosten auch nicht den an der Verschmelzung beteiligten Investmentvermögen belastet werden dürfen. Dies gilt insb. auch für den Versand des dauerhaften Datenträgers (vgl. → § 186 Rn. 31). 2

Eine Ausnahme von diesem Verbot bilden die möglicherweise anfallenden Auflösungskosten iSd § 187 I 1 Nr. 1 (vgl. → § 187 Rn. 5). 3

§ 189 Wirksamwerden der Verschmelzung

(1) **Die Verschmelzung wird mit Ablauf des Geschäftsjahres des übertragenden Sondervermögens wirksam, wenn**
1. die Verschmelzung im laufenden Geschäftsjahr genehmigt worden ist,
2. soweit erforderlich, die Hauptversammlungen der beteiligten Investmentvermögen zugestimmt haben,
3. die Werte des übernehmenden und des übertragenden Sondervermögens oder EU-OGAW zum Ende des Geschäftsjahres des übertragenden Sondervermögens (Übertragungsstichtag) berechnet worden sind und
4. das Umtauschverhältnis der Anteile sowie gegebenenfalls der Barzahlung in Höhe von nicht mehr als 10 Prozent des Nettoinventarwertes dieser Anteile zum Übertragungsstichtag festgelegt worden ist.

(2) [1]**Es kann ein anderer Stichtag bestimmt werden, mit dessen Ablauf die Verschmelzung wirksam werden soll.** [2]**Dieser Zeitpunkt darf erst nach einer gegebenenfalls erforderlichen Zustimmung der stimmberechtigten Aktionäre der übernehmenden oder übertragenden Investmentaktiengesellschaft mit veränderlichem Kapital oder des übernehmenden oder übertragenden EU-OGAW liegen.** [3]**Im Übrigen ist Absatz 1 mit der Maßgabe anzuwenden, dass die Werte des übernehmenden und des übertragenden Sondervermögens zu diesem Stichtag zu berechnen sind und das Umtauschverhältnis zu diesem Stichtag festzulegen ist.**

(3) **Die am Verschmelzungsvorgang beteiligten Kapitalverwaltungsgesellschaften und die Verwahrstellen haben die hierfür erforderlichen technischen Umbuchungen und rechtsgeschäftlichen Handlungen vorzunehmen und sich gegenseitig hierüber zu unterrichten.**

(4) [1]**Die Kapitalverwaltungsgesellschaft des übernehmenden Sondervermögens hat das Wirksamwerden der Verschmelzung im Bundesanzeiger und darüber hinaus in einer hinreichend verbreiteten Wirtschafts- oder Tageszeitung oder in den im Verkaufsprospekt bezeichneten elektronischen Informationsmedien bekannt zu machen.** [2]**Bei einer grenzüberschreitenden Verschmelzung hat sie das Wirksamwerden der Verschmelzung nach den entsprechenden Rechtsvorschriften des Herkunftsstaates des übernehmenden EU-OGAW zu veröffentlichen.** [3]**Die Bundesanstalt ist hierüber zu unterrichten; bei der Verschmelzung eines EU-OGAW auf ein OGAW-Sondervermögen sind auch die zuständigen Stellen im Herkunftsstaat des übertragenden EU-OGAW zu unterrichten.**

(5) **Eine Verschmelzung, die nach Absatz 1 oder Absatz 2 wirksam geworden ist, kann nicht mehr für nichtig erklärt werden.**

I. Allgemeines

1 Die Vorschrift entspricht mit redaktionellen Anpassungen § 40g InvG und dient der Umsetzung von Art. 47 und 48 IV OGAW-RL.

2 § 189 bestimmt, wann und unter welchen **Voraussetzungen** die Verschmelzung wirksam wird. Sie enthält eine weitere Veröffentlichungspflicht der Verwal-

tungsgesellschaft des übertragenden Investmentvermögens und regelt die Zusammenarbeit im Falle einer grenzüberschreitenden Verschmelzung.

II. Wirksamkeit der Verschmelzung (Abs. 1)

Absatz 1 enthält die **Wirksamkeitsvoraussetzungen** der Verschmelzung unter Einbeziehung der Definition des Übertragungsstichtages. Das Gesetz geht von dem **Grundsatz** aus, dass die Verschmelzung zum **Geschäftsjahresende** des übertragenden Investmentvermögens wirksam wird, wenn 3

- die Genehmigung im laufenden Geschäftsjahr erfolgte,
- sofern einschlägig, die Aktionäre der Verschmelzung zugestimmt haben,
- die Werte der an der Verschmelzung beteiligten Investmentvermögen zum Übertragungsstichtag berechnet wurden und
- das Umtauschverhältnis und ggf. die Höhe der Barzahlung zum Übertragungsstichtag festgelegt wurden.

Sofern die Verschmelzung also zum Geschäftsjahresende des übertragenden Investmentvermögens wirksam werden soll, empfiehlt es sich, den **Antrag auf Genehmigung** der Verschmelzung unter Berücksichtigung der Genehmigungsfrist (§ 182 VI) sowie der Übermittlungsfrist (§ 186 II iVm § 187 II 2 Hs. 2) **mindestens drei Monate** vor dem Geschäftsjahresende zu stellen. 4

Das Erfordernis der **Zustimmung der Hauptversammlungen** der beteiligten Investmentvermögen ist bei einer inländischen Verschmelzung grds. nur im Falle der Verschmelzung eines TGV einer InvAG, in dem die **stimmberechtigten Unternehmensaktien** gehalten werden, einschlägig. Im Übrigen haben die Anleger im deutschen Investmentrecht keine Möglichkeit einer Stimmrechtsausübung. Dieses Erfordernis ist allerdings regelmäßig bei der Beteiligung eines **EU-OGAW** zu beachten, etwa einer irischen ICVC in Form einer plc oder einer luxemburgischen SICAV. 5

Als drittes Erfordernis schreibt das Gesetz die erfolgreiche **Berechnung der Werte** des übernehmenden und des übertragenden Investmentvermögens zum Übertragungsstichtag vor. In diesem Zusammenhang wird der Begriff des **Übertragungsstichtags** als das **Geschäftsjahresende des übertragenden Investmentvermögens** legaldefiniert. Die Legaldefinition hat in der Praxis wenig Relevanz und dürfte sich aus historischen Gründen im Gesetz gehalten haben (vgl. → Vor 181–191 Rn. 2). 6

Schließlich bedarf es zur Wirksamkeit noch der **Festlegung** des **Umtauschverhältnisses** sowie ggf. der **Höhe der Barzahlung** zum Übertragungsstichtag. Bei der Festlegung einer etwaigen Barzahlung ist zu beachten, dass diese 10% des NAVs nicht übersteigt. 7

III. Festlegung eines abweichenden Übertragungsstichtages (Abs. 2)

Gemäß § 189 II ist es möglich einen vom Geschäftsjahresende des übertragenen Investmentvermögens **abweichenden Stichtag** festzulegen, zu dem die Verschmelzung wirksam werden soll. Die Wahl des Wirksamkeitsdatums wird somit grds. in das Ermessen der beteiligten Verwaltungsgesellschaften gelegt. Für das Wirksamwerden gelten jedoch die **gleichen Voraussetzungen** entsprechend § 189 I, wie im gesetzlichen Grundfall des Wirksamwerdens zum Geschäftsjahres- 8 ende des übertragenden Investmentvermögens. Die Berechnung der Werte hat dann konsequenterweise zum individuell gewählten Stichtag zu erfolgen.

9 Zu beachten bleibt das ggf. geltende **Zustimmungserfordernis** der stimmberechtigten Aktionäre eines gesellschaftsrechtlich strukturierten Investmentvermögens. In Deutschland kommen nur die Unternehmensaktionäre oder die stimmberechtigten Anlageaktionäre einer Investmentaktiengesellschaft in Betracht. Von größerer Relevanz ist das Erfordernis bei Beteiligung eines EU-OGAW, etwa einer irischen ICVC in Form einer plc oder einer luxemburgischen SICAV.

IV. Zusammenarbeit der Verwaltungsgesellschaften und der Verwahrstellen (Abs. 3)

10 Um technischen Problemen vorzubeugen, bestimmt § 189 III die **Koordination** zwischen den beteiligten Verwaltungsgesellschaften und Verwahrstellen. Diese haben die erforderlichen Umbuchungen und Rechtsgeschäfte vorzunehmen und erforderlichen Informationen auszutauschen. Dies betrifft zum einen die Verbuchung der Vermögensgegenstände des übertragenden Investmentvermögens zu Gunsten des übernehmenden Investmentvermögens und die Verteilung auf die Anleger anhand des festgelegten Umtauschverhältnisses, zum anderen aber auch notwendige Umschichtungen in den Portfolien vor Wirksamwerden der Verschmelzung.

V. Publikations- und Informationspflichten (Abs. 4)

11 Das Wirksamwerden der Verschmelzung ist zu **veröffentlichen.** Die Pflicht zur Veröffentlichung richtet sich an die **Verwaltungsgesellschaft des übernehmenden Investmentvermögens.** Die Publikation hat im **Bundesanzeiger** zu erfolgen. Daneben ist eine Veröffentlichung in einer hinreichend verbreiteten **Wirtschafts- oder Tageszeitung** oder in den im Verkaufsprospekt bestimmten **elektronischen Informationsmedien** vorzunehmen. Der Regelfall ist somit die Veröffentlichung im **Bundesanzeiger und** auf der **Internetseite** der Verwaltungsgesellschaft des übernehmenden Investmentvermögens.

12 Bei **grenzüberschreitenden Verschmelzungen** richtet sich die Veröffentlichung nach den Rechtsvorschriften des Herkunftsmitgliedstaates des übernehmenden Investmentvermögens.

13 Die **BaFin** sowie die **zuständigen Aufsichtsbehörden** bei einer grenzüberschreitenden Verschmelzung sind über die Veröffentlichung zu **informieren.**

VI. Rechtssicherheit der Verschmelzung (Abs. 5)

14 Ist die Verschmelzung wirksam geworden, so kann sie nicht mehr für nichtig erklärt werden. Diese der **Rechtssicherheit** dienende Rechtsfolge bestimmt § 189 V. Die Regelung stellt nochmals klar, dass etwaige Formfehler (vgl. → § 184 Rn. 6) keinesfalls zur rückwirkenden Nichtigkeit der Verschmelzung führen.

§ 190 Rechtsfolgen der Verschmelzung

(1) Eine Verschmelzung durch Aufnahme hat folgende Auswirkungen:

1. **alle Vermögensgegenstände und Verbindlichkeiten des übertragenden Sondervermögens gehen auf das übernehmende Sondervermögen oder den übernehmenden EU-OGAW über;**
2. **die Anleger des übertragenden Sondervermögens werden Anleger des übernehmenden Sondervermögens oder des übernehmenden EU-OGAW; sie haben, soweit dies im Verschmelzungsplan vorgesehen ist, Anspruch auf eine Barzahlung in Höhe von bis zu 10 Prozent des Wertes ihrer Anteile am übertragenden Sondervermögen, wobei dies nicht gilt, soweit das übernehmende Sondervermögen oder der übernehmende EU-OGAW Anteilsinhaber des übertragenden Sondervermögens ist; Rechte Dritter an den Anteilen bestehen an den an ihre Stelle tretenden Anteilen weiter und**
3. **das übertragende Sondervermögen erlischt.**

(2) Eine Verschmelzung durch Neugründung hat folgende Auswirkungen:

1. **alle Vermögensgegenstände und Verbindlichkeiten der übertragenden Sondervermögen gehen auf das neu gegründete Sondervermögen oder den neu gegründeten EU-OGAW über;**
2. **die Anleger der übertragenden Sondervermögen werden Anleger des neu gegründeten Sondervermögens oder des neu gegründeten EU-OGAW; sie haben, soweit dies im Verschmelzungsplan vorgesehen ist, Anspruch auf eine Barzahlung in Höhe von bis zu 10 Prozent des Wertes ihrer Anteile an dem übertragenden Sondervermögen; Rechte Dritter an den Anteilen bestehen an den an ihre Stelle tretenden Anteilen weiter und**
3. **die übertragenden Sondervermögen erlöschen.**

(3) Die neuen Anteile des übernehmenden oder neu gegründeten Sondervermögens gelten mit Beginn des Tages, der dem Übertragungsstichtag folgt, als bei den Anlegern des übertragenden Sondervermögens oder EU-OGAW ausgegeben.

I. Allgemeines

§ 190 regelt die Rechtsfolgen einer Verschmelzung und entspricht mit redaktionellen Anpassungen § 40h InvG. Die Vorschrift dient der Umsetzung des Art. 48 I, II OGAW-RL. 1

II. Verschmelzung durch Aufnahme (Abs. 1)

Absatz 1 regelt die Rechtsfolgen einer **Verschmelzung durch Aufnahme.** 2
Mit der Verschmelzung **gehen** alle **Vermögensgegenstände** und **Verbindlichkeiten** auf das übernehmende Investmentvermögen **über** (§ 190 I Nr. 1). Die zum Zeitpunkt des Übertragungsstichtags im übertragenden Investmentvermögen investierten Anleger werden ipso iure Anleger des übernehmenden Investmentvermögens. Sofern eine **Barzahlung** festgelegt wurde, entsteht ihr Anspruch mit

Wirksamwerden der Verschmelzung. Der Barzahlungsanspruch besteht jedoch nicht für das übernehmende Investmentvermögen, sofern es selbst in das übertragende Investmentvermögen investiert war. Bestanden **Rechte Dritter,** also insb. Sicherungsrechte, an den Anteilen bzw. Aktien des übertragenden Investmentvermögens, bestehen diese an den umgetauschten Anteilen bzw. Aktien des übernehmenden Investmentvermögens fort (§ 190 I Nr. 2).

3 Schließlich bestimmt § 190 I Nr. 3 das Erlöschen des übertragenden Investmentvermögens. Dies folgt der Definition des § 1 XIX Nr. 37 Buchst. a, die von Auflösung ohne Abwicklung spricht.

III. Verschmelzung durch Neugründung (Abs. 2)

4 Absatz 2 regelt die Rechtsfolgen einer **Verschmelzung durch Neugründung.** Unterschiede zu den Rechtsfolgen einer Verschmelzung durch Aufnahme bestehen nur vor dem Hintergrund, dass das übernehmende Investmentvermögen zuvor nicht existierte und an der Verschmelzung durch Neugründung regelmäßig mehrere übertragende Investmentvermögen beteiligt sind.

IV. Ausgabe der neuen Anteile (Abs. 3)

5 Schließlich bestimmt § 190 III den Zeitpunkt, in dem die **neuen Anteile** am übernehmenden Investmentvermögen als **ausgegeben** gelten. Dies ist der Tag, der auf den Übertragungsstichtag folgt. Die Vorschrift stammt noch aus der Zeit vor dem OGAW IV-Umsetzungsgesetz v. 22.6.2011 (BGBl. 2011 I 1126) und hat keinen europarechtlichen Hintergrund. Sie dient der buchhalterischen und steuerlichen Erfassung, wobei die steuerliche Behandlung der Spezialvorschrift des § 23 InvStG unterliegt.

§ 191 Verschmelzung mit Investmentaktiengesellschaften mit veränderlichem Kapital

(1) **Die §§ 181 bis 190 sind entsprechend anzuwenden auf die Verschmelzung**

1. **eines Sondervermögens auf eine Investmentaktiengesellschaft mit veränderlichem Kapital oder auf ein Teilgesellschaftsvermögen einer Investmentaktiengesellschaft mit veränderlichem Kapital,**
2. **eines Teilgesellschaftsvermögens einer Investmentaktiengesellschaft mit veränderlichem Kapital auf ein anderes Teilgesellschaftsvermögen derselben Investmentaktiengesellschaft,**
3. **eines Teilgesellschaftsvermögens einer Investmentaktiengesellschaft mit veränderlichem Kapital auf eine andere Investmentaktiengesellschaft mit veränderlichem Kapital oder auf ein Teilgesellschaftsvermögen einer anderen Investmentaktiengesellschaft mit veränderlichem Kapital und**
4. **eines Teilgesellschaftsvermögens einer Investmentaktiengesellschaft mit veränderlichem Kapital auf ein Sondervermögen oder auf einen EU-OGAW.**

(2) **Die §§ 183 bis 190 sind entsprechend anzuwenden auf die Verschmelzung eines EU-OGAW auf eine OGAW-Investmentaktiengesellschaft oder auf ein Teilgesellschaftsvermögen einer OGAW-Investmentaktiengesellschaft.**

(3) [1]**Auf die Fälle der Verschmelzung einer Investmentaktiengesellschaft mit veränderlichem Kapital auf eine andere Investmentaktiengesellschaft mit veränderlichem Kapital, auf ein Teilgesellschaftsvermögen einer Investmentaktiengesellschaft mit veränderlichem Kapital, auf ein Sondervermögen oder auf einen EU-OGAW sind die Vorschriften des Umwandlungsgesetzes über die Verschmelzung anzuwenden, soweit sich aus der entsprechenden Anwendung der §§ 167, 182, 188 und 189 Absatz 2 bis 5 sowie des § 190 nichts anderes ergibt. [2]Im Übrigen gilt das auf den übertragenden EU-OGAW anwendbare nationale Recht im Einklang mit den Artikeln 40 bis 42, 45 und 46 der Richtlinie 2009/65/EG.**

(4) **Die Satzung einer Investmentaktiengesellschaft mit veränderlichem Kapital darf für die Zustimmung der Aktionäre zu einer Verschmelzung nicht mehr als 75 Prozent der tatsächlich abgegebenen Stimmen der bei der Hauptversammlung anwesenden oder vertretenen Aktionäre verlangen.**

(5) **Bei intern verwalteten Investmentaktiengesellschaften mit veränderlichem Kapital dürfen entsprechend den Vorgaben des § 188 die Kosten einer Verschmelzung nicht den Anlageaktionären zugerechnet werden.**

I. Allgemeines

Die Vorschrift behandelt die Besonderheiten im Rahmen der Beteiligung einer InvAG mvK im Rahmen einer Verschmelzung und entspricht im Wesentlichen den §§ 99 VI, 99a II und 100 V InvG, wobei einige strukturelle Änderungen der Normen vorgenommen wurden. Durch die Verschiebung der Regelungen erfolgt die Bündelung der Verschmelzungsvorschriften in einem Unterabschnitt des Gesetzes. Durch das OGAW-V-UmsG v. 3.3.2016 (BGBl. 2016 I 348) hat die Norm nochmals kleine Anpassungen in Abs. 1 Nr. 3, Abs. 2 und in Abs. 3 einen ergänzenden S. 2 erhalten. 1

Der Gesetzgeber nimmt damit nach wie vor eine Unterscheidung zwischen vertraglicher Form und gesellschaftsrechtlicher Form von Investmentvermögen vor und berücksichtigt die jeweiligen Besonderheiten. 2

Nicht vom Anwendungsbereich der Norm **erfasst** ist die Verschmelzung von geschlossen Investmentvermögen, wie der InvAG mfK oder der geschlossenen InvKG. 3

II. Anwendbare Vorschriften bei der InvAG bei Zuständigkeit der BaFin (Abs. 1)

Abs. 1 bestimmt die **Anwendbarkeit der §§ 181–190** in den Fällen, in denen die InvAG mvK bzw. eines ihrer TGV an einer Verschmelzung beteiligt ist, die der Genehmigungspflicht durch die BaFin unterliegt. Die Vorschrift dient der Umsetzung des Art. 38 I OGAW-RL. 4

5 Folgende Fälle sind enumerativ in § 191 I Nr. 1–4 erfasst:
a) Verschmelzung eines Sondervermögens auf eine InvAG mvK oder eines ihrer TGV,
b) Verschmelzung eines TGV einer InvAG mvK auf eines ihrer anderen TGV,
c) Verschmelzung eines TGV einer InvAG mvK auf eine andere InvAG mvK oder ein TGV einer anderen InvAG mvK,
d) Verschmelzung eines TGV einer InvAG mvK auf ein Sondervermögen oder einen EU-OGAW.

6 Sämtliche in § 191 I genannte Konstellationen unterliegen der **Genehmigungspflicht der BaFin,** da jeweils das übertragende Investmentvermögen in Deutschland aufgelegt bzw. beaufsichtigt wird. In diesen Fällen ergeben sich **keine Unterschiede** zu einer Verschmelzung, an der keine InvAG mvK oder eines ihrer TGV beteiligt ist. Dies ist sachgerecht und folgt auch den europarechtlichen Vorgaben (Art. 38 I OGAW-RL). Danach müssen die Mitgliedstaaten die Verschmelzung unterschiedlicher rechtlicher Strukturen (Vertragsform, gesellschaftsrechtliche Form, Trust) gesetzlich ermöglichen.

7 Eine Unterscheidung zwischen **intern und extern verwalteten InvAGe mvK** nimmt das Gesetz nicht vor. Folglich sind die Vorschriften unabhängig von der Verwaltung der InvAG mvK anwendbar. Ferner ist die Anwendung nicht auf **OGAW** oder **AIF** beschränkt. Die Anwendbarkeit des § 181 I, wonach bei Beteiligung eines OGAW-Investmentvermögens an einer Verschmelzung das übernehmende Investmentvermögen ein OGAW sein muss, bleibt unberührt.

III. Anwendbare Vorschriften bei der InvAG als übernehmendes Investmentvermögen (Abs. 2)

8 Nachdem Abs. 1 die Anwendbarkeit bei Zuständigkeit der BaFin für die Genehmigung regelt, bestimmt Abs. 2 die **anwendbaren Vorschriften** im Falle einer grenzüberschreitenden Verschmelzung, bei der die InvAG mvK oder eines ihrer TGV als **übernehmendes Investmentvermögen** beteiligt ist. In diesem Fall unterliegt die Verschmelzung nicht der Genehmigungspflicht der BaFin. Diese hat vielmehr im Rahmen des Genehmigungsverfahrens bei der zuständigen Aufsichtsbehörde im Herkunftsmitgliedstaat des übertragenden Investmentvermögens lediglich eingeschränkte **Mitwirkungspflichten** bzw. **Informationsrechte.**

9 Aus der vorgenannten, eingeschränkten Beteiligung der BaFin bei einer solchen Verschmelzung ergibt sich für den deutschen Gesetzgeber nicht die Notwendigkeit der **Anwendbarkeit** sämtlicher Vorschriften des Unterabschnitts. Vielmehr ist die Anwendung auf die einschlägigen Normen **beschränkt.** Vor dem OGAW-V-UmsG waren dies nur die §§ 183, 186 und 190. Durch das OGAW-V-UmsG wurden die anwendbaren Vorschriften erweitert, sodass nunmehr die §§ 183–190 entsprechend Anwendung finden. Der Gesetzgeber begründete die Erweiterung mit der Notwendigkeit der Klarstellung, dass sämtliche Anlegerrechte bei der Verschmelzung auf eine inländische InvAG mvK oder eines ihrer TGV gleichermaßen Anwendung finden (BR-Drs. 437/15, 75). Im Übrigen ergibt sich die Beteiligung der BaFin jeweils aus den anwendbaren Rechtsvorschriften des Herkunftsmitgliedstaats des übertragenden Investmentvermögens.

IV. Anwendbare Vorschriften bei der Verschmelzung von InvAG (Abs. 3)

Nicht von den Abs. 1 und 2 erfasst ist die Verschmelzung einer InvAG mvK in ihrer Gesamtheit. Dieser maßgeblich vom Gesellschaftsrecht geprägte Vorgang ist Gegenstand der Regelung des Abs. 3 S. 1. Folgende Fälle sind von dieser Vorschrift erfasst: 10

- Verschmelzung einer InvAG mvK auf eine andere InvAG mvK,
- Verschmelzung einer InvAG mvK auf ein TGV einer anderen InvAG mvK,
- Verschmelzung einer InvAG mvK auf ein Sondervermögen,
- Verschmelzung einer InvAG mvK auf einen EU-OGAW.

Da die InvAG mvK als **vollwertige Aktiengesellschaft** im gesellschaftsrechtlichen Sinne qualifiziert, bestimmt das Gesetz in diesen Fällen folgerichtig die **Anwendbarkeit des UmwG.** Jedoch sind die investmentrechtlichen Besonderheiten zu beachten und gehen bei Kollision vor. Dies ist notwendig, um den Schutz der Anleger im Falle einer Verschmelzung sicherzustellen. Explizit nennt der Gesetzgeber die Vorschriften über den dauerhaften Datenträger (§ 167), den Genehmigungsvorbehalt durch die BaFin (§ 182), die Kosten der Verschmelzung (§ 188), die Rechtsfolgen der Verschmelzung (§ 190) sowie Teile der Voraussetzung für das Wirksamwerden der Verschmelzung (§ 189 II–V). Der durch das OGAW-V-Umsetzungsgesetz eingefügte S. 2 bestimmt, dass die einschlägigen Vorschriften der OGAW-RL bei der Beteiligung eines EU-Investmentvermögens zur Anwendung kommen, und hat insofern klarstellenden Charakter. 11

V. Beschränkung des Zustimmungserfordernisses (Abs. 4)

Die Satzung der InvAG mvK darf als Zustimmungserfordernis **maximal** eine **Dreiviertel-Mehrheit** der Aktionäre verlangen. Diese – für das deutsche Investmentrecht regelmäßig unwichtige – Regelung beruht auf Art. 44 OGAW-RL. In Deutschland werden üblicherweise nur die Unternehmensaktionäre der InvAG mvK stimmberechtigt sein, die Ausgabe von stimmberechtigten Anlageaktien ist im Gesetz nur als Ausnahme normiert (vgl. § 109 III 2). Umgekehrt bestimmt § 43 II 2 UmwG einen Mehrheitsbeschluss von **mindestens 75 %** für den Verschmelzungsbeschluss. Im Ergebnis ist daraus zu schließen, dass eine Verschmelzung einer InvAG mvK immer einer Mehrheit von 75% bedarf. Das Erfordernis wird regelmäßig ohne Bedeutung sein, da die Unternehmensaktien in den weit überwiegenden Fällen von einem einzelnen Aktionär gehalten werden. 12

VI. Besondere Kostenregelung für intern verwaltete InvAG (Abs. 5)

Abs. 5 enthält nochmals ein explizites **Verbot,** die Kosten der Verschmelzung einer intern verwalteten InvAG mvK den **Anlageaktionären** zu belasten. Die Vorschrift hat aufgrund der Anwendbarkeit des Art. 46 OGAW-RL sowie des Verweises in § 191 auf § 188 keinen eigenen Regelungsgehalt. 13

Abschnitt 2. Investmentvermögen gemäß der OGAW-Richtlinie

Vorbemerkungen zu § 192

Schrifttum: *Assmann/Schütze* Handbuch des Kapitalanlagerechts, 3. Aufl. 2007; *Beckmann/Scholtz/Vollmer* Handbuch für das gesamte Investmentwesen, Loseblatt; *Blankenheim* Die Umsetzung der OGAW–IV–Richtlinie in das Investmentgesetz, 2011; *Brühl/Baus* Eligible Assets – Herausforderungen und Möglichkeiten für Kapitalanlagegesellschaften, Absolutreport 45/2008, 52; *Bujotzek/Steinmüller* Neuerungen im Investmentrecht durch das OGAW IV Umsetzungsgesetz, Der Betrieb 2011, 40; *Dechert on point* Das deutsche Umsetzungsgesetz zur AIFM-Richtlinie – eine kritische Bestandsaufnahme des Referentenentwurfs, 2012; *Deloitte* FSI Investment Management Newsletter 1/2013 und 2/2013, Aktuelle Entwicklungen in der Fondsindustrie; *Dieckmann/Neundorfer/Westphal* EU Asset Management, Der Weg zum europäischen Binnenmarkt für Investmentfonds, Deutsche Bank Research 2006; *von Diest* Genehmigungspflicht der Kostenregelungen von Investmentfonds, BaFinJournal 3/2012, 10; *Engert* Kapitalmarkteffizienz und Investmentrecht: ökonomische und rechtliche Struktur des Publikums-Investmentfonds(Hab.), 2008; *Fragos Das* neue deutsche und europäische Investmentrecht (Diss.), 2006; *Förster/Hertrampf* Das Recht der Investmentfonds, Europarechtlicher Rahmen und nationale Gesetzgebung, 3. Aufl. 2001; *Glander* Anlagevorschriften für Wertpapierfonds und ökonomische Portfoliotheorie (Diss.) 2008; *Herf* BaFin erweitert Katalog erwerbbarer Finanzinstrumente für Investmentfonds, in: BaFinJournal 7/2007, S. 6; *Jesch* Private-Equity-Fonds – Strukturierung und Vertrieb unter dem KAGB, RdF 2014, 180; *Jesch/Klebeck* Investmentrecht, Handbuch zum Investmentrecht in Deutschland, Österreich, Schweiz, Luxemburg und Liechtenstein, 2014; *Kaune/Oulds* Das neue Investmentgesetz, ZBB 2004, S. 114; *Kempf* Novellierung des Investmentrechts 2007, Ein Praxishandbuch, 1. Aufl. 2008; *Köndgen/Schmies* Die Neuordnung des deutschen Investmentrechts, WM 2004, Sonderbeilage Nr. 1/2004; *Kremer* Regulierung von Geldmarktfonds, BaFinJournal 1/2013, S. 14; *Leser* Veranlagungskriterien für Investmentfonds, 2008; *Möllers/Kloyer* Das neue Kapitalanlagegesetzbuch, 2013; *Nickel* Die Novelle des Investmentgesetzes, 2008; *Norton Rose* Das AIFM-Umsetzungsgesetz, Briefing 2012 und 2013; *Raab* Grundlagen des Investmentfondsgeschäfts, 6. Aufl. 2012; *Patzner/Döser/Kempf* Investmentrecht, 2. Aufl. 2014; *SJ Berwin* „Eligible Assets" – Die Neufassung der zulässigen Vermögensgegenstände, Financial Markets Bulletin, 2007; *Uhlig* Hedgefonds in Deutschland, 2008; *Volkard/Wilkens* Änderungen im Investmentrecht, DB 2008, S. 1195; *Wollenhaupt/Beck* Das neue Kapitalanlagegesetzbuch (KAGB), DB 2013, 1950.

A. Europäische und nationale Rechtsentwicklung

1 Der zweite Abschnitt des zweiten Kapitels des KAGB bestimmt die für einen inländischen OGAW erwerbbaren Vermögensgegenstände und beruht auf den Vorgaben der OGAW-RL sowie deren Konkretisierung durch die Richtlinie 2007/16/EG der Kommission vom 19.3.2007, ABl. EU 2007 L 79, 11 („Erste Durchführungs-RL").

2 Mit der Neufassung der OGAW-RL im Jahre 2001 wurde das für inländische OGAW zulässige Anlageuniversum wesentlich erweitert. War das ursprüngliche OGAW-Investmentvermögen ein **reiner Wertpapierfonds,** so wurden durch die RL zur Änderung der OGAW-RL (s. RL 2001/107/EG, ABl. 2007 L 41, 20 und der RL 2001/108/, ABl. 2002 L 41, 35) andere Vermögensgegenstände wie zB Geldmarktinstrumente und Investmentanteile gleichberechtigt neben Wertpapiere

gestellt. Außerdem sah die geänderte OGAW-RL erstmals die Möglichkeit zur **Nachbildung eines Wertpapierindex** vor.

Den §§ 192ff. liegt das **Konzept eines Katalogs der zulässigen Vermögensgegenstände** zu Grunde. Es handelt sich bei diesen zulässigen Vermögensgegenständen um Wertpapiere, Geldmarktinstrumente, Bankguthaben, Investmentanteile und Derivate. Die genannten Vermögensgegenstände sind gleichwertige Anlagegegenstände iSd OGAW-RL und sie können in beliebiger Kombination für einen inländischen OGAW erworben werden. Insoweit unterscheiden sich diese Vermögensgegenstände von den in § 198 genannten „Sonstigen Anlageinstrumenten" (insb. Schuldscheindarlehen). Bezüglich Letzteren besteht eine Begrenzung auf 10% des Wertes des inländischen OGAW. 3

Der Katalog der zulässigen Vermögensgegenstände wurde in der OGAW-RL (und entsprechend im InvG) ergänzt durch Regelungen zu **Anlage- und Ausstellergrenzen.** Damit wurde der **Grundsatz der Risikomischung** im Hinblick auf die für einen OGAW erwerbbaren Vermögensgegenstände konkretisiert. Zu den Einzelheiten des Grundsatzes der Risikomischung s. die Kommentierung zu § 206

Bei Aufhebung des InvG und **Erlass des KAGB** ergab sich keine inhaltliche Änderung dieser Vorschriften. Vielmehr wurden die §§ 46–52 InvG mit redaktionellen Anpassungen aufgrund der in § 1 enthaltenen Begriffsbestimmungen und der Neustrukturierung der Regelungen in das KAGB übernommen. 4

Ziel der **Ersten Durchführungs-RL** ist es, eine einheitliche Anwendung der in der OGAW-RL enthaltenen Definitionen durch die Mitgliedstaaten zu gewährleisten. Sie will dazu beitragen, dass die **Grundprinzipien der OGAW-RL** sichergestellt werden. Dazu gehören das bereits erwähnte Prinzip der Risikomischung sowie der Grundsatz, dass ein OGAW jederzeit zur **Rücknahme der Anteile** auf Verlangen der Anteilinhaber fähig sein muss und jederzeit den Net Asset Value (NAV) bei der Ausgabe bzw. Rücknahme von Anteilen berechnen kann. Die Kriterien der Ersten Durchführungs-RL sind daher nicht abschließend zu verstehen. Bei der Prüfung, ob ein Vermögensgegenstand für einen inländischen OGAW erworben werden kann, sind immer die prinzipiellen Anforderungen der OGAW-RL an Risikoprofil und Risikodiversifizierung, **Bewertbarkeit und Liquidität** zu berücksichtigen. 5

Die Erste Durchführungs-RL enthält Regelungen zur Erläuterung der folgenden Begriffe: 6

- Wertpapiere (vgl. Art. 2 I Buchst. n OGAW-RL),
- Geldmarktinstrumente (vgl. Art. 2 I Buchst. o OGAW-RL),
- Liquide Finanzanlagen (vgl. Art. 1 II Buchst. a iVm Art. 50 I OGAW-RL) im Hinblick auf abgeleitete Finanzinstrumente; insb. die Abgrenzung zwischen Wertpapieren und den derivativen Instrumenten in Wertpapierform,
- Wertpapiere und Geldmarktinstrumente mit eingebettetem Derivat (vgl. Art. 51 III UAbs. 4 OGAW-RL) insb. klarstellende Erläuterungen zum Begriff des Kreditderivats sowie zur Zulässigkeit von Finanzindizes als Basiswert eines Derivats,
- Techniken und Instrumente zur effizienten Portfolioverwaltung (vgl. Art. 51 II OGAW-RL),
- Kriterien für die Definition von OGAW-Investmentvermögen, die Aktien- oder Schuldtitelindizes nachbilden (vgl. Art. 53 I OGAW-RL).

Das KAGB enthält **keine eigenständige materiell-rechtliche Umsetzung der** in der Ersten Durchführungs-RL enthaltenen **Definitionen.** Das verwundert auf den ersten Blick, da RL konzeptionell in nationales Recht umgesetzt werden müssen. Das KAGB geht insofern – wie zahlreiche andere Rechtsakte im Bereich 7 der Finanzmarktregulierung – einen besonderen Weg. Das KAGB übernimmt die Begriffe durch einen **direkten Verweis** auf die Erste Durchführungs-RL. Dies hat den Vorteil, dass von der Ersten Durchführungs-RL verwendete Rechtsbegriffe, die im KAGB nicht verwendet werden, nicht gesondert in die deutsche Gesetzesterminologie eingeführt werden müssen (wie zB der Begriff „embedded derivatives"). Einer bei der Verwendung unterschiedlicher Rechtsbegriffe innerhalb eines Gesetzes ggf. entstehenden **Unschärfe wird dadurch vorgebeugt.**

8 Auf der anderen Seite hat die **Verweistechnik den Nachteil,** dass die Regelungen des KAGB nicht ohne Rückgriff auf die Erste Durchführungs-RL verständlich werden und das Gesetz für sich gesehen keine abgeschlossene Regelung enthält. Insbesondere der ungeübte Nutzer des Gesetzes wird vor eine beträchtliche Herausforderung gestellt. Die Verweistechnik trägt außerdem nicht zur Verständlichkeit der darauf basierenden Anlagebedingungen sowie des Verkaufsprospekts eines OGAW bei. Dieser Umstand ist im Hinblick auf die Information und den **Schutz des Anlegers** nicht optimal, kann aber angesichts der Tatsache, dass sich der Anleger bei seiner Anlageentscheidung in der Regel nicht auf den Verkaufsprospekt, **sondern die wesentlichen Anlegerinformationen stützt,** hingenommen werden.

9 Die **CESR Eligible Assets Leitlinien** (CESR's Guidelines concerning eligible assets for investment by UCITS vom 2.10.2008 (CESR/07-044b)) enthalten weitere Konkretisierungen für die Anwendung der in der Ersten Durchführungs-RL enthaltenen Definitionen. Diese Kriterien sind auch weiterhin gültig. Die **CESR Hedgefonds Leitlinien** (CESR's guidelines concerning eligible assets for investment by UCITS, The classification of hedge fund indices as financial indices vom 17.7.2007 (CESR/07-434)) sind ein weiteres die Erste Durchführungs-RL ergänzendes Dokument. Sie legen fest, unter welchen Voraussetzungen ein Hedge Fonds Index als zulässiger Finanzindex iSd OGAW-RL angesehen werden kann.

10 Die BaFin hat einen **Katalog von FAQs (Frequently Asked Questions)** (Fragenkatalog zu erwerbbaren Vermögensgegenständen (Eligible Assets) vom 22.7.2013, geändert am 5.7.2016 (WA 41-Wp 2137-2013/0001)) veröffentlicht, der die Auslegungsentscheidungen der BaFin im Hinblick auf die zulässigen Vermögensgegenstände iSd Ersten Durchführungs-RL und der beiden CESR-Leitlinien wiedergibt. Wesentliche Fragen zur Interpretation der OGAW-RL und der darauf basierenden Vorschriften des KAGB werden von der BaFin aufgegriffen und iRd nationalen Aufsichtspraxis beantwortet. Der FAQ ist kein statisches Dokument, sondern wird fortlaufend aktualisiert.

B. Regelungszweck

11 Der zweite Abschnitt des zweiten Kapitels des KAGB legt einen Numerus clausus der für einen inländischen OGAW **erwerbbaren Vermögensgegenstände** fest (§§ 192–198). Die darüber hinaus geregelten **Aussteller- und Anlagegrenzen** (§§ 206–211) beziehen sich auf diese Vermögensgegenstände bzw. mögliche Kombinationen dieser Vermögensgegenstände. Darüber hinaus enthalten die §§ 192ff. Regelungen zu den sonstigen zulässigen Geschäften, die eine KVG iRd **ordnungsgemäßen Vermögensverwaltung** für einen inländischen OGAW tätigen kann. Dazu gehören die Kreditaufnahme (§ 199), die Durchführung von Wertpapierdarlehens- und Pensionsgeschäften (§§ 200–204) sowie das Verbot von Leerverkäufen (§ 205). Schließlich enthält der zweite Abschnitt des zweiten Kapitels des KAGB

(rudimentäre) Regelungen zur **Bewertung** (§ 212) und zur **Verschmelzung** (§ 213) eines inländischen OGAW.

Die §§ 192–211 dienen vor allem dem Zweck des **Anlegerschutzes,** da inländische OGAW zum Vertrieb an Privatanleger bestimmt sind. Mit der abschließenden Regelung der zulässigen Vermögensgegenstände und ihrer Anlagegrenzen will der Gesetzgeber sicherstellen, dass bei der Verwaltung von inländischen OGAW der **Grundsatz einer angemessenen Risikomischung** eingehalten wird. Vermögenswerte sowie sonstige Geschäfte, deren Risikoprofile nach Ansicht des Gesetzgebers für den Bereich der Privatanleger als nicht geeignet erscheinen, dürfen nicht erworben bzw. nicht eingegangen werden. 12

Die Anlage- und Ausstellergrenzen sollen sicherstellen, dass iRd Vermögensanlage für einen inländischen OGAW eine ausreichende Streuung gewährleistet und die **Entstehung von Klumpenrisiken** bei Insolvenz eines Ausstellers vermieden wird.

Gleichzeitig will der Gesetzgeber aber auch den Zielen einer **Flexibilisierung und optimalen Ertragssteigerung** innerhalb der durch die OGAW-RL gesetzten Rahmenbedingungen gerecht werden. Neu entwickelte Finanzinstrumente, strukturierte Produkte und Derivate sowie Kombinationen von Vermögensgegenständen sollen nicht ohne sachlichen Grund ausgeschlossen sein. Im Rahmen der Flexibilisierung kommt dem Gedanken der angemessenen Risikomischung eine entscheidende Bedeutung zu (vgl. *Köndgen/Schmies* WM-Sonderbeil. Nr. 1/2004, 11; *Kaune/Oulds* ZBB 2004, 116). 13

§ 192 Zulässige Vermögensgegenstände

[1]Die OGAW-Kapitalverwaltungsgesellschaft darf für einen inländischen OGAW nur die in den §§ 193 bis 198 genannten Vermögensgegenstände erwerben. [2]Edelmetalle und Zertifikate über Edelmetalle dürfen von der OGAW-Kapitalverwaltungsgesellschaft für einen inländischen OGAW nicht erworben werden.

Schrifttum: *Beckmann/Scholtz/Vollmer* Ergänzbares Handbuch für das gesamte Investmentwesen, 2013; *Brings* Exchanged-Traded Funds: Chance oder Gefahr für die Finanzmärkte?, BaFinJournal Nr. 3 2012, S. 12 ff.; *Deloitte* FSI Investment Management Newsletter 1/2013 und 2/2013, Aktuelle Entwicklungen in der Fondsindustrie; *Förster/Hertrampf* Das Recht der Investmentfonds, Europarechtlicher Rahmen und nationale Gesetzgebung, 3. Aufl. 2001; *Herf* BaFin erweitert Katalog erwerbbarer Finanzinstrumente für Investmentfonds, BaFinJournal 7/2007, 6; *Kaune/Oulds* Das neue Investmentgesetz, ZBB 2004, S. 114; *Kayser/Lindemann/Holleschek* Einsatzmöglichkeiten von Alternative-Investment-Indizes unter UCITS III, in: Absolutreport, 2008, 44; *Kempf* Novellierung des Investmentrechts 2004 nach dem Investmentmodernisierungsgesetz, 1. Aufl. 2004; *ders.* Novellierung des Investmentrechts 2007, Ein Praxishandbuch 1. Aufl. 2008; *Kestler/Benz* Aktuelle Entwicklungen im Investmentrecht, BKR 2008, 403; *Köndgen/Schmies* Die Neuordnung des deutschen Investmentrechts, WM 2004, Sonderbeilage Nr. 1/2004; *Nickel* Die Novelle des Investmentgesetzes, 2008; *Kremer* Regulierung von Geldmarktfonds, BaFinJournal Nr. 1, 2013, 14; *Leser* Veranlagungskriterien für Investmentfonds, 2008; *Raab* Grundlagen des Investmentfondsgeschäfts, 6. Aufl. 2012; *Rögele/Görke* Novelle des Investmentrechts, BKR 2007, 393; *Patzner/Döser/Kempf* Investmentrecht, 2. Aufl. 2014; *Volkard/Wilkens* Änderungen im Investmentrecht, DB 2008, 1195.

Inhaltsübersicht

Rn.
A. Der Typenkatalog der zulässigen Vermögensgegenstände 1
B. Das Erwerbsverbot für Edelmetalle 3
C. Die Kombination der zulässigen Vermögensgegenstände 8
D. Die Benennung von Fondskategorien 13
E. Die speziellen Voraussetzungen für Geldmarktfonds 21
I. Einleitung 21
II. Die Geldmarktfonds-VO (EU) 2017/1131 23

A. Der Typenkatalog der zulässigen Vermögensgegenstände

1 § 192 verweist auf die in den §§ 193–198 erläuterten **Vermögensgegenstände,** unter denen es nach der Vorstellung des Gesetzgebers **keine Prioritäten** gibt (s. dazu die Gesetzesbegründung zum Investmentmodernisierungsgesetz, BT-Drs. 15/1553, 93). Vielmehr steht jeder Vermögensgegenstand gleichwertig für das Investment eines inländischen OGAW zur Verfügung. Von den §§ 193–198 werden umfasst:
– Wertpapiere (§ 193),
– Geldmarktinstrumente (§ 194),
– Bankguthaben (§ 195),
– Anteile an (anderen) Investmentvermögen (§ 196),
– Derivate (§ 197),
– Sonstige Anlageinstrumente (§ 198).

2 Die noch im KAGG bestehende Unterscheidung bezüglich verschiedener **Typen des Investmentvermögens,** die mit separaten Anlagekatalogen und Anlagegrenzen einhergingen, findet sich im KAGB nicht. Die in → Rn. 1 genannten Vermögensgegenstände können unter Beachtung der Anlage- und Ausstellergrenzen sowie der in den Anlagebedingungen enthaltenen Vorgaben in einem inländischen OGAW zusammengefasst und im Grundsatz frei kombiniert werden.

B. Das Erwerbsverbot für Edelmetalle

3 In § 192 S. 2 wird klargestellt, dass Edelmetalle (bspw. Platinmetalle sowie Gold und Silber) für einen inländischen OGAW nicht erworben werden dürfen. Mit diesem Verbot ist sowohl der direkte als auch der indirekte **Erwerb von Edelmetallen** gemeint, da nach dem Wortlaut der Vorschrift auch der Kauf von Zertifikaten mit Bezug auf Edelmetalle ausgeschlossen ist. Konsequenterweise werden iRd § 197 I bei der Aufzählung der zulässigen Basiswerte eines Derivats Edelmetalle nicht genannt.

4 Das Verbot des § 192 S. 2 ist seit dem Erlass der Ersten Durchführungs-RL differenziert zu betrachten. Unter den Begriff der Wertpapiere fallen nämlich auch sog. **1:1-Zertifikate,** die sich auf nicht-derivative Basiswerte beziehen. 1:1-Zertifikate sind Finanzinstrumente, bei denen das Delta des Zertifikats und das Delta des Basiswertes im Verhältnis 1:1 stehen, dh die Wertentwicklung des Zertifikats und des zugrunde liegenden Basiswertes verhalten sich identisch. Das Zertifikat enthält damit im Vergleich zur Wertentwicklung des Basiswertes keine Hebelwirkung (Leverage).

1:1-Zertifikate werden grds. als Wertpapiere iSv § 193 I Nr. 8 qualifiziert, dh es sind Finanzinstrumente, die dem Anforderungskatalog der Ersten Durchführungs-RL entsprechen. Damit wären **1:1-Zertifikat auf Edelmetalle** erwerbbar. Es stellt sich daher die Frage, in welchem Verhältnis das Verbot des § 192 S. 2 und die Zulässigkeit gem. § 193 I Nr. 8 zueinander stehen. 5

Nach Ansicht der **BaFin** (vgl. BaFin FAQ Eligible Assets Teil 1 Frage 2) ist zu differenzieren: Vom Verbot des § 192 S. 2 werden nur Zertifikate erfasst sind, die eine **physische Lieferung** vorsehen bzw. das Recht auf physische Lieferung einräumen. Hingegen können 1:1-Zertifikate auf Edelmetalle unter den Voraussetzungen des § 193 I 1 Nr. 8 als Wertpapiere erworben werden, wenn der Erwerb zwar zu einer physischen Lieferung führt oder berechtigt, die KVG dies aber ausschließt und ein **Barausgleich erfolgt.** 6

Nach dieser (zutreffenden) Auffassung wird die Zulässigkeitsprüfung auf die Ebene des Zertifikats beschränkt. Der dahinter liegende Basiswert, nämlich das jeweilige Edelmetall, ist nicht Gegenstand der Zulässigkeitsprüfung. Anders als bei Derivaten oder Finanzinstrumenten mit derivativer Komponente erfolgt bei einem Wertpapier keine Durchschau auf den Basiswert und findet **keine Zerlegung des Produkts iSd § 33 DerivateV** statt. 7

C. Die Kombination der zulässigen Vermögensgegenstände

Die in → Rn. 1 aufgeführten Vermögensgegenstände können innerhalb eines inländischen OGAW **in beliebiger Form kombiniert** werden. Die KVG kann iRd zulässigen Anlagegrenzen nur in eine Kategorie (zB Geldmarktinstrumente) oder in zwei, drei oder in alle sechs Kategorien investiert sein. Das Spektrum der Vermögensgegenstände wird letztendlich durch die Anlagebedingungen des inländischen OGAW festgelegt. Innerhalb dieses Rahmens ist der Wechsel zwischen verschiedenen Kategorien möglich. 8

Angesichts der **flexiblen Kombination von zulässigen Vermögensgegenständen** stellt sich die Frage, wie einem Privatanleger eine angemessene Orientierung zur Unterscheidung der angebotenen Publikumsfonds gegeben werden kann. Üblicherweise orientiert sich der Anleger bei der Anlageentscheidung auch weiterhin an einem Numerus clausus der Fondstypen. **Der Fondsname eines inländischen OGAW** wird unverändert als Unterscheidungs- und Kennzeichnungsmerkmal im öffentlichen Vertrieb verwendet. Um eine Fehlinformation des Anlegers durch irreführende Namensgebung zu vermeiden, muss die Bezeichnung eines inländischen OGAW mit dem tatsächlichen Anlageschwerpunkt konform gehen und diesen korrekt wiedergeben. Dieses Erfordernis ergibt sich nicht zuletzt aus § 4 I sowie (für AIF) aus § 302 I. 9

Die BaFin hat in Ausübung ihrer Richtlinienkompetenz (vgl. § 4 II) für die Investmentbranche Orientierungsmaßstäbe festgelegt und bestimmt, wie ein Investmentvermögen nach den Anlagebedingungen investiert sein muss, um bei der Namensgebung oder in der Werbung als ein bestimmter Fondstypus bezeichnet werden zu können. Diese „Richtlinie zur Festlegung von Fondskategorien gemäß § 4 Absatz 2 Kapitalanlagegesetzbuch und weitere Transparenzanforderungen an bestimmte Fondskategorien“ **(Fondskategorien-RL)** vom 22.7.2013 (zuletzt geändert am 8.4.2020) konkretisiert die Regelungen der §§ 192–211 im Hinblick auf die **Namensgebung** von Publikumsinvestmentvermögen (also auch inländischen OGAW). 10

11 Die Fondskategorien-RL dient außerdem zur Umsetzung der CESR's Guidelines on a common definition of European money market funds **(CESR-Geldmarktfonds-Leitlinien)** vom 10.5.2010 (CESR/10-049, geändert durch ESMA/2014/1103 vom 22.8.2014), der Umsetzung der Leitlinien für zuständige Behörden und OGAW-Verwaltungsgesellschaften – Leitlinien zu börsengehandelten Indexfonds (Exchange-Traded Funds, ETF) und anderen OGAW-Themen **(ESMA-ETF-Leitlinien)** vom 1.8.2014 (ESMA/2014/937DE), sowie der Umsetzung der Questions and Answers, A Common Definition of European Money Market Funds **(ESMA-Geldmarktfonds-FAQ)** vom 20.2.2012, (ESMA/2012/113) und der Questions and Answers, ESMA's guidelines on ETFs and other UCITS issues **(ESMA-ETF-FAQ)** vom 15.3.2013, (ESMA/2013/314), welche nun in den Questions and Answers, Application of the UCITS Directive **(ESMA-UCITS-FAQ)** vom 14.6.2023, (ESMA34-43-392) aufgegangen sind. Seit der Umsetzung der eben aufgezählten ESMA-Leitlinien enthält die Fondskategorien-RL bei Vorliegen spezifischer Fondskategorien die folgenden zwingenden **Transparenzanforderungen.**

12 Grundsätzlich darf die jeweilige Fondskategorie gem. Art. 2 und 3 Fondskategorien-RL bei der Namensgebung oder im Vertrieb für das Investmentvermögen nur benutzt werden, wenn das betreffende Investmentvermögen entsprechend klassifiziert werden kann. Etwaige weitere **Bestimmungen zur Namensgebung,** einschl. der zwingenden Verwendung von Zusätzen neben dem Namen des Investmentvermögens, bleiben hiervon unberührt. Darüber hinaus werden bestimmte klarstellende Angaben in den Verkaufsunterlagen gefordert (vgl. Art. 4 Fondskategorien-RL). Die speziellen Regelungen des KAGB zu Verkaufsprospektangaben (vgl. bspw. § 165) bleiben daneben unberührt.

D. Die Benennung von Fondskategorien

13 Die Verwendung einer Fondskategorie (zB Aktienfonds, Equity Funds, Rentenfonds, Bond Funds, Immobilienfonds, Private-Equity-Fonds etc.) oder eines ihrer begrifflichen Bestandteile bei der Namensgebung oder dem Vertrieb eines Investmentvermögens setzt voraus, dass nach den Anlagebedingungen **mehr als 50% des Wertes** des betreffenden Investmentvermögens **in sog. namensgebende Vermögenswerte,** dh Vermögenswerte, die der bezeichneten Fondskategorie entsprechen, angelegt sein müssen (vgl. Art. 2 I Fondskategorien-RL).

Ein als Aktienfonds bezeichnetes Investmentvermögen muss daher zu mind. 50,01% des Wertes des Investmentvermögens in Aktien bzw. ein als Rentenfonds bezeichnetes Investmentvermögen zu mind. 50,01% des Wertes des Investmentvermögens in festverzinslichen Wertpapieren investiert sein. Dabei werden Derivate, die sich auf namensgebende Vermögensgegenstände als Basiswert beziehen, nicht berücksichtigt bei der Berechnung, ob der betreffende Vermögensgegenstand mehr als 50% des Wertes des Investmentvermögens ausmacht (vgl. Art. 2 II Fondskategorien-RL). Umgekehrt kann durch den Einsatz von Derivaten eine an sich zulässige Fondskategorie unzulässig werden. Eine solche Unzulässigkeit tritt dann ein, wenn durch den Einsatz von Derivaten das Anlage- und Risikoprofil und damit das Exposure des Investmentvermögens nicht (mehr) zu mind. 50,01% des Wertes des Investmentvermögens durch den betreffenden Vermögensgegenstand bestimmt wird (vgl. Art. 2 II 1 Hs. 2 Fondskategorien-RL).

Dass ein Anteil von unter 50% des Wertes des Investmentvermögens in liquiden Anlagen gehalten werden darf, entspricht der früheren Regelung des KAGG. **Liquiditätsreserven** können, müssen aber nicht, in diesem Umfang gehalten werden und führen nicht dazu, die eigentliche Kategorisierung eines Investmentvermögens zu verändern. 14

Die Fondskategorie-RL enthält darüber hinaus in Art. 3 spezielle Regelungen zur Verwendung der folgenden Kategorien: 15

- Dachfonds (Funds of Funds etc.),
- Indexfonds (Index Funds etc.),
- Geldmarktfonds (Money Market Funds etc.),
- ETF,
- OGAW-ETF (UCITS-ETF).

Die Bezeichnung **„Dachfonds"** oder eines seiner begrifflichen Bestandteile setzt gem. Art. 3 I der Fondskategorien-RL voraus, dass fortlaufende mehr als 50% des Wertes des Investmentvermögens in Zielfondsanteilen angelegt sein müssen. Der übrige Teil des Wertes des Investmentvermögens darf – soweit nicht in Zielfonds – in Geldmarktfondsanteilen, Geldmarktinstrumenten oder Bankguthaben gehalten werden. Andere Direktanlagen dürfen nicht getätigt werden, dh der Erwerb von Derivaten oder Wertpapieren ist ausgeschlossen. Bei der Anlage in Fondsanteilen ist insb. auch das Kaskadenverbot des § 196 I 3 zu beachten. 16

Für die Anforderungen zur Nutzung der Bezeichnung **„Indexfonds"** wird auf die Kommentierung zu §209 verwiesen. Die speziellen Anforderungen an inländische OGAW, die die Bezeichnung **„Geldmarktfonds"** verwenden, werden in der Kommentierung zu §338b beschrieben; zu Geldmarktfonds auch → Rn. 23ff. 17

Die in der Fondskategorien-RL genannten Anlagegrenzen sind sog. **Bestandsgrenzen, also keine sog. Erwerbsgrenzen.** Erwerbsgrenzen müssen nur im Zeitpunkt des Erwerbs der Vermögenswerte eingehalten werden. Eine Erwerbsgrenze ist folglich nicht verletzt, wenn eine Überschreitung der Grenze nach dem Erwerb der Vermögensgegenstände – zB aufgrund einer Kurssteigerung oder aufgrund der Veräußerung anderweitiger Vermögensgegenstände – eintritt. 18

Nach dem sog. **Bestandsgrenzenprinzip** hingegen müssen die Anlagegrenzen nicht nur beim Erwerb, sondern auch danach fortlaufend beachtet werden. Wird die Bestandsgrenze überschritten bzw. unterschritten, muss die KVG unverzüglich **Korrekturmaßnahmen einleiten** und iRd Portfolioverwaltung für eine Rückführung/Aufstockung der Vermögensgegenstände auf die festgelegte Bestandsgrenze sorgen. Führt zB eine negative Kursentwicklung dazu, dass ein Aktienfonds nicht mehr zu mehr als 50% des Werts des Investmentvermögens in Aktien investiert ist, so hat die KVG den Liquiditätsanteil durch Kauf von Aktien zu reduzieren, bis die Bestandsgrenze wieder erreicht (oder überschritten) ist. 19

E. Die speziellen Voraussetzungen für Geldmarktfonds

I. Einleitung

Das Universum der Geldmarktfonds wird in **Geldmarktfonds mit kurzer Laufzeitstruktur** (Short-Term Money Market Fund) und **Standard-Geldmarktfonds** (Money Market Funds) unterteilt. Die Unterscheidung zwischen beiden Kategorien wird anhand der maximalen durchschnittlichen Zinsbindungs- 21 dauer (auch WAM = Weighted Average Maturity genannt) und der maximalen durchschnittlichen Restlaufzeit (auch WAL = Weighted Average Life genannt) der im jeweiligen Investmentvermögen enthaltenen Geldmarktinstrumente getroffen. Anhand der gewichteten **durchschnittlichen Zinsbindungsdauer** wird das Zinsrisiko, dh die Reagibilität des Geldmarktfonds, auf Änderungen bei den Geldmarktzinsen bewertet. Anhand der gewichteten **durchschnittlichen Restlaufzeit** wird das Kreditrisiko bewertet, da dieses umso höher ist, je später die Rückzahlung des Kapitalbetrags erfolgt. Die Kennziffer dient gleichzeitig auch zur Beschränkung des Liquiditätsrisikos.

22 Geldmarktfonds mit kurzer Laufzeitstruktur zielen darauf ab, geldmarktbezogene Renditen bei größtmöglicher Sicherheit für den Anleger zu erzielen. Durch die Kürze der gewichteten durchschnittlichen Zinsbindungsdauer und der gewichteten durchschnittlichen Restlaufzeit werden Durations- und Kreditrisiko bei kurzfristigen Geldmarktfonds auf niedrigem Stand gehalten. Bei Standard-Geldmarktfonds besteht das Anlageziel darin, leicht über den Renditen am Geldmarkt liegende Rendite zu erwirtschaften, weshalb sie in Vermögenswerte mit längerer Laufzeit investieren. Für beide Arten des Geldmarktfonds gelten jedoch **Laufzeitbeschränkungen.** Im Verkaufsprospekt sind die Anleger klar darauf hinzuweisen, ob es sich um einen Standard-Geldmarktfonds oder um einen solchen mit kurzer Laufzeitstruktur handelt (vgl. CESR-Geldmarktfonds-Leitlinien, Box 1, Abs. 3).

II. Die Geldmarktfonds-VO (EU) 2017/1131

23 Die Europäische Kommission hat im September 2013 einen Vorschlag für eine Verordnung über Geldmarkfonds **(Geldmarktfonds-VO)** veröffentlicht. Diese wurde mit Änderungen am 14.6.2017 verabschiedet und am 30.6.2017 im Amtsblatt der EU veröffentlicht (VO (EU) 2017/1131 des Europäischen Parlaments und des Rates vom 14.6.2017, ABl. EU 2017 L 169, 8). Die Geldmarktfonds-VO gilt seit dem 21.7.2018.

24 Die Geldmarktfonds-VO übernimmt die Unterscheidung zwischen kurzfristigen Geldmarktfonds (Art. 2 Nr. 14 Geldmarktfonds-VO) und Standard-Geldmarktfonds (Art. 2 Nr. 15 Geldmarktfonds-VO). Darüber hinaus untergliedert sie Geldmarktfonds in drei Typen:

- Geldmarktfonds mit konstantem Nettoinventarwert für öffentliche Schuldtitel **(CNAV-Geldmarktfonds für öffentliche Schuldtitel),**
- Geldmarktfonds mit Nettoinventarwert mit niedriger Volatilität **(LVNAV-Geldmarktfonds),**
- Geldmarktfonds mit variablem Nettoinventarwert **(VNAV-Geldmarktfonds).**

Gesetzestechnisch stellen Letztere den Normalfall dar, während für die ersteren beiden Typen Sondervorschriften bestehen (insb. Art. 31, 32 und 34 Geldmarktfonds-VO). Geldmarktfonds können sowohl als OGAW als auch als AIF aufgelegt werden. Im Falle von AIF muss ein besonderes **Zulassungsverfahren** durchlaufen werden, während bei OGAW die Zulassung als Geldmarktfonds im Rahmen des OGAW-Zulassungsverfahrens erfolgt (bei inländischen OGAW also im Rahmen des Genehmigungsverfahrens nach § 163). Darüber hinaus enthält die Geldmarktfonds-VO Bestimmungen

- zu den zulässigen Vermögenswerten und Geschäften (Art. 8–16 Geldmarktfonds-VO);
- hinsichtlich Diversifizierung und Konzentration, insb. Ausstellergrenzen (Art. 17, 18 Geldmarktfonds-VO);

- zur Bewertung der Kreditqualität bestimmter Instrumente, insb. Geldmarktinstrumente und Verbriefungen (Art. 19–23 Geldmarktfonds-VO);
- für das Risikomanagement (Art. 24–28 Geldmarktfonds-VO);
- zur Bewertung von Geldmarktfonds und der Berechnung des NAV pro Anteil (Art. 29–33 Geldmarktfonds-VO);
- zu Offenlegungs- und Meldepflichten (Art. 36, 37 Geldmarktfonds-VO).

Im Vergleich zur Rechtslage vor Geltung der Geldmarktfonds-VO ist insb. das Verbot der Unterstützung durch Dritte erwähnenswert (Art. 35 Geldmarktfonds-VO). Um bei einer Schieflage des Geldmarktfonds vor allem eine „Ansteckung" des Fondsponsors zu verhindern, ist es Letzterem verboten, den Geldmarktfonds zB durch Barzuschüsse oder den Erwerb von Anteilen zu unterstützen. Damit dürfte auch die Zusage oder die (selbst unverbindliche) Ankündigung entsprechender Unterstützungsleistungen bereits unzulässig sein. Das Verbot kann von den Aufsichtsbehörden durch Anordnung durchgesetzt werden, wobei diese strenggenommen nur gegenüber dem Geldmarktfonds oder der KVG – also nicht gegenüber dem betreffenden Dritten – erlassen werden kann (Art. 39 Buchst. f Geldmarktfonds-VO). 25

Besonderer Erwähnung bedürfen auch die besonderen Bestimmungen zur **Liquidität von Geldmarktfonds** (Art. 24 I und 25 I Geldmarktfonds-VO). Bei Standard-Geldmarktfonds und kurzfristigen VNAV-Geldmarktfonds muss ein Anteil iHv mind. 7,5% der Vermögenswerte täglich und ein Anteil iHv mind. 15% der Vermögenswerte auf wöchentlicher Basis fällig werden bzw. (bei umgekehrten Pensionsgeschäften und Bareinlagen) verfügbar sein. Bei LVNAV-Geldmarktfonds sowie CNAV-Geldmarktfonds für öffentliche Schuldtitel belaufen sich die Mindestwerte auf 10% bzw. 30%. Es handelt sich hierbei um Erwerbsgrenzen, dh der jeweilige Geldmarktfonds hat vom Erwerb eines nicht **täglich bzw. wöchentlich fällig** werdenden Vermögenswerts abzusehen, wenn ein solcher Erwerb dazu führen würde, dass der Anteil täglich bzw. wöchentlich fälliger Vermögenswerte unter 7,5%/15% (bzw. 10%/30%) des Wertes des Gesamtportfolios absinken würde. 26

Die Geldmarktfonds-VO definiert nicht, unter welchen Voraussetzungen ein Vermögenswert als täglich bzw. wöchentlich fällig anzusehen ist. Wie Erwägungsgrund 38 zeigt, kommt es grundsätzlich auf die **rechtliche Endfälligkeit** an. Vor diesem Hintergrund erklärt sich auch die Sondervorschrift des Art. 24 I UAbs. 1 Buchst. g Geldmarktfonds-VO. Danach können auch bestimmte öffentliche Schuldtitel mit einer Restlaufzeit von bis 190 Tagen als wöchentlich fällige Vermögenswerte gelten, wenn sie innerhalb eines Arbeitstags zurückgegeben und abgewickelt werden können. Diese Vorschrift ergäbe keinen Sinn, wenn es nicht grundsätzlich auf die rechtliche Endfälligkeit ankäme, sondern auf die tägliche bzw. wöchentliche Liquidierbarkeit. 27

Ebenfalls aus Erwägungsgrund 38 ergibt sich, dass Finanzinstrumente, die eine **Verkaufsoption enthalten,** als täglich oder wöchentlich fällige Vermögenswerte betrachtet werden können, sofern die Option täglich bzw. innerhalb von fünf Arbeitstagen frei ausgeübt werden kann und der Ausübungspreis nahe dem erwarteten Wert des Instruments liegt (da andernfalls eine Ausübung wirtschaftlich nachteilig für den Geldmarktfonds wäre). Interessanterweise hat der Verordnungsgeber diese Regelung nicht in den verbindlichen Text der Geldmarktfonds-VO aufgenommen. Artikel 24 I UAbs. 2 sowie Art. 25 I UAbs. 2 Geldmarktfonds-VO regeln ausdrücklich lediglich, wie Verkaufsoptionen im Kontext der Berechnung der gewichteten durchschnittlichen Restlaufzeit (WAL) zu berücksichtigen sind. Es 28 handelt sich hier wohl um ein Versehen des Verordnungsgebers. Es ist auch kein sachlicher Grund ersichtlich, warum eine Verkaufsoption nicht bei der Bestimmung, ob ein Vermögenswert täglich bzw. wöchentlich fällig ist, zu berücksichtigen ist.

29 Unklar ist ferner, ob auch **Verkaufsoptionen** zu berücksichtigen sind, die nicht im Finanzinstrument „enthalten" sind, sondern **mit Dritten** abgeschlossen werden. Der Wortlaut von Erwägungsgrund 38 scheint dagegen zu sprechen. Fraglich ist auch, ob der Abschluss einer solchen Verkaufsoption mit einem Dritten für einen Geldmarktfonds überhaupt zulässig ist. Zumindest Art. 9 II Geldmarktfonds-VO steht dem nicht entgegen. Denn der Abschluss einer Verkaufsoption ist keine „Anlage" iSd Art. 9 II Buchst. a Geldmarktfonds-VO und fällt auch nicht unter die in Art. 9 II Buchst. b–e Geldmarktfonds-VO aufgezählten Geschäfte.

30 Artikel 17 Geldmarktfonds-VO enthält besondere Voraussetzungen an die Diversifizierung im Hinblick auf **Emittenten- und Kontrahentenrisiken,** die aus der Anlage in Geldmarktinstrumente, Verbriefungen, Asset Backed Commercial Papers (ABCP), Einlagen bei Kreditinstituten sowie aus dem Abschluss von OTC-Finanzderivaten entstehen. Artikel 18 Geldmarktfonds-VO regelt, welche Konzentration bei einem einzigen Emittenten von Geldmarktinstrumenten, Verbriefungen sowie ABCP zulässig ist. Die speziellen Anlagegrenzen für Geldmarktfonds weichen von den Anlagegrenzen gem. §§ 206ff. ab.

31 Erwähnenswert sind schließlich die speziellen Regelungen für **Geldmarktfonds mit konstantem Nettoinventarwert (NAV).** Derartige Geldmarktfonds garantieren den Anlegern einen konstanten Anteilswert und verfolgen damit das Ziel, das angelegte Kapital zu erhalten und gleichzeitig ein hohes Maß an Liquidität zu gewährleisten. Auf der anderen Seite bergen sie aber auch **besondere Gefahren.** So besteht in Zeiten angespannter Märkte die akute Gefahr übermäßig hoher Anteilsrückgaben. Denn wenn der tatsächliche NAV hinter dem garantierten NAV zurückbleibt, reicht das Vermögen des Geldmarktfonds nicht aus, allen Anlegern gleichmäßig den garantierten NAV auszuzahlen. **Ähnlich wie bei einem „bank run"** kann es zu einem Wettlauf zwischen den Anlegern und daraus resultierenden Notverkäufen kommen. Die Notverkäufe können wiederum die angespannte Marktlage verschärfen und somit zu einer Abwärtsspirale führen.

32 Die Geldmarktfonds-VO erlaubt die Berechnung konstanter NAV daher nur für CNAV-Geldmarktfonds für öffentliche Schuldtitel sowie LVNAV-Geldmarktfonds (vgl. Art. 31, 32 Geldmarktfonds-VO). Die Differenz zwischen dem konstanten NAV und dem tatsächlichen NAV ist dabei kontinuierlich zu überwachen und zu veröffentlichen. Entscheidend ist aber: Der konstante NAV darf **nur bei CNAV-Geldmarktfonds für öffentliche Schuldtitel uneingeschränkt** Grundlage für Anteilsrücknahmen sein (Art. 33 II UAbs. 1 Buchst. a Geldmarktfonds-VO). Bei **LVNAV-Geldmarktfonds** können Anteile zum konstanten NAV pro Anteil zurückgenommen werden, wenn dieser NAV nicht **um mehr als 20 Basispunkte** von dem tatsächlichen NAV pro Anteil abweicht (Art. 33 II UAbs. 1 Buchst. b Geldmarktfonds-VO). Bei VNAV-Geldmarktfonds müssen die Anteile zwingend zum tatsächlichen NAV pro Anteil zurückgenommen werden (Art. 33 I Geldmarktfonds-VO).

§ 193 Wertpapiere

(1) [1]Die OGAW-Kapitalverwaltungsgesellschaft darf vorbehaltlich des § 198 für Rechnung eines inländischen OGAW nur Wertpapiere erwerben,

1. die an einer Börse in einem Mitgliedstaat der Europäischen Union oder in einem anderen Vertragsstaat des Abkommens über den Europäischen Wirtschaftsraum zum Handel zugelassen oder in einem dieser Staaten an einem anderen organisierten Markt zugelassen oder in diesen einbezogen sind,
2. die ausschließlich an einer Börse außerhalb der Mitgliedstaaten der Europäischen Union oder außerhalb der anderen Vertragsstaaten des Abkommens über den Europäischen Wirtschaftsraum zum Handel zugelassen oder in einem dieser Staaten an einem anderen organisierten Markt zugelassen oder in diesen einbezogen sind, sofern die Wahl dieser Börse oder dieses organisierten Marktes von der Bundesanstalt zugelassen ist,
3. deren Zulassung an einer Börse in einem Mitgliedstaat der Europäischen Union oder in einem anderen Vertragsstaat des Abkommens über den Europäischen Wirtschaftsraum zum Handel oder deren Zulassung an einem organisierten Markt oder deren Einbeziehung in diesen Markt in einem Mitgliedstaat der Europäischen Union oder in einem anderen Vertragsstaat des Abkommens über den Europäischen Wirtschaftsraum nach den Ausgabebedingungen zu beantragen ist, sofern die Zulassung oder Einbeziehung dieser Wertpapiere innerhalb eines Jahres nach ihrer Ausgabe erfolgt,
4. deren Zulassung an einer Börse zum Handel oder deren Zulassung an einem organisierten Markt oder die Einbeziehung in diesen Markt außerhalb der Mitgliedstaaten der Europäischen Union oder außerhalb der anderen Vertragsstaaten des Abkommens über den Europäischen Wirtschaftsraum nach den Ausgabebedingungen zu beantragen ist, sofern die Wahl dieser Börse oder dieses organisierten Marktes von der Bundesanstalt zugelassen ist und die Zulassung oder Einbeziehung dieser Wertpapiere innerhalb eines Jahres nach ihrer Ausgabe erfolgt,
5. in Form von Aktien, die dem inländischen OGAW bei einer Kapitalerhöhung aus Gesellschaftsmitteln zustehen,
6. die in Ausübung von Bezugsrechten, die zum inländischen OGAW gehören, erworben werden,
7. in Form von Anteilen an geschlossenen Fonds, die die in Artikel 2 Absatz 2 Buchstabe a und b der Richtlinie 2007/16/EG der Kommission vom 19. März 2007 zur Durchführung der Richtlinie 85/611/EWG des Rates zur Koordinierung der Rechts- und Verwaltungsvorschriften betreffend bestimmte Organismen für gemeinsame Anlagen in Wertpapieren (OGAW) im Hinblick auf die Erläuterung gewisser Definitionen (ABl. L 79, S. 11) genannten Kriterien erfüllen,
8. in Form von Finanzinstrumenten, die die in Artikel 2 Absatz 2 Buchstabe c der Richtlinie 2007/16/EG genannten Kriterien erfüllen.

[2]Der Erwerb von Wertpapieren nach Satz 1 Nummer 1 bis 4 darf nur erfolgen, wenn zusätzlich die Voraussetzungen des Artikels 2 Absatz 1 Unter-

absatz 1 Buchstabe a bis c Ziffer i, Buchstabe d Ziffer i und Buchstabe e bis g der Richtlinie 2007/16/EG erfüllt sind.

(2) **Wertpapiere nach Maßgabe des Absatzes 1 sind auch Bezugsrechte, sofern sich die Wertpapiere, aus denen die Bezugsrechte herrühren, im inländischen OGAW befinden können.**

Schrifttum: *Beckmann/Scholtz/Vollmer* Ergänzbares Handbuch für das gesamte Investmentwesen, 2013; *Bödecker* Handbuch Investmentrecht, 1. Aufl. 2007; *Brühl/Baus* Eligible Assets – Herausforderungen und Möglichkeiten für Kapitalanlagegesellschaften, Absolutreport Nr. 45/2008, S. 52ff.; *Büschgen* Das kleine Börsen-Lexikon, 22. Aufl. 2001; *Glander* Anlagevorschriften für Wertpapierfonds und ökonomische Portfoliotheorie, (Diss.) 2008; *Herf* BaFin erweitert Katalog erwerbbarer Finanzinstrumente für Investmentfonds, in BaFinJournal 7/2007, 6; *Kempf* Novellierung des Investmentrechts 2004 nach dem Investmentmodernisierungsgesetz, 1. Aufl. 2004; *ders.* Novellierung des Investmentrechts 2007, Ein Praxishandbuch 1. Aufl. 2008; *Leser* Veranlagungskriterien für Investmentfonds, 2008; *Nickel* Die Novelle des Investmentgesetzes, 2008; *Patzner/Döser/Kempf* Investmentrecht, 2. Aufl. 2014; *Raab* Grundlagen des Investmentfondsgeschäfts, 6. Aufl. 2012; *SJ Berwin* „Eligible Assets" – Die Neufassung der zulässigen Vermögensgegenstände, Financial Markets Bulletin, 2007.

Inhaltsübersicht

	Rn.
I. Grundlagen	1
II. Der Begriff des Wertpapiers	5
1. Aktien	14
2. Anleihe	15
3. Bezugsrecht	16
4. Börse und Handeln an einer Börse	17
5. Finanzinstrument	18
6. Kapitalerhöhung aus Gesellschaftsmitteln	20
7. Neuemissionen – Beantragung der Zulassung nach den Anlagebedingungen	21
8. Organisierter Markt	22
9. Regulierter Markt	24
10. Zertifikate	26
III. Zulässige Vermögenswerte iSv § 193	31
IV. Die Wertpapiereigenschaften nach der Ersten Durchführungs-RL	35
1. Verlustbegrenzung	36
2. Liquidität	37
3. Verlässliche Bewertung	42
4. Angemessene Verfügbarkeit von Informationen	44
5. Handelbarkeit	46
6. Anlagegrundsätze	47
7. Risikomanagement	48
V. Klassifizierung von Anteilen an geschlossenen Fonds als Wertpapiere	49
1. Grundsätzliche Erwerbbarkeit von Anteilen an geschlossenen Fonds	49
2. Geschlossene Fonds in Form einer Investmentgesellschaft	55
VI. Klassifizierung von (anderen) Finanzinstrumenten als Wertpapiere	62
VII. Erwerb von Zertifikaten auf Hedgefonds oder Hedgefonds-Indizes	71

I. Grundlagen

§ 193 enthält eine Aufzählung derjenigen Wertpapiere, die für Rechnung eines inländischen OGAW erworben werden dürfen. Die Vorschrift übernimmt mit **redaktionellen Änderungen** aufgrund der in § 1 enthaltenen Begriffsbestimmungen und der Neustrukturierung des KAGB den Wortlaut des aufgehobenen **§ 47 InvG.** § 193 verweist auf die Regelungen in der Ersten Durchführungs-RL (→ Vor § 192 Rn. 1), welche die Eigenschaften eines Wertpapiers anhand von sieben Kriterien beschreibt und auf diese Weise den Vermögensgegenstand der Wertpapiere als Kategorie von den anderen für OGAW zulässigen Vermögensgegenständen abgrenzt. 1

Neben § 193 gilt **§ 198. Diese Sonderregelung** erweitert in Bezug auf Wertpapiere das zulässige Anlageuniversum. Darüber hinaus sind bei den Anlagen in Wertpapiere die allgemeinen Anlagegrenzen, insb. die Ausstellergrenzen in §§ 206–209 sowie die emittentenbezogenen Anlagegrenzen in § 210, zu beachten. 2

Durch die **Erste Durchführungs-RL** wird der Katalog der Vermögensgegenstände, die als erwerbbare Wertpapiere iSd OGAW-RL gelten, gegenüber den Nr. 1–6 des § 193 erheblich erweitert. So ist vorgesehen, dass **Anteile an geschlossenen Fonds** unter bestimmten Voraussetzungen als Wertpapiere qualifiziert werden können (s. Art. 2 II Erste Durchführungs-RL) und somit als zulässige Anlagegegenstände für inländische OGAW in Betracht kommen. Außerdem können bestimmte Finanzinstrumente, die sich aus verschiedenen Komponenten zusammensetzen **(sog. strukturierte Produkte),** soweit sie die in der Erste Durchführungs-RL genannten Voraussetzungen erfüllen, als Wertpapiere qualifiziert werden (s. Art. 2 II Buchst. c Erste Durchführungs-RL). 3

Die **CESR Eligible Assets Leitlinien** (→ Vor § 192 Rn. 9) und die **CESR Hedgefonds Leitlinien** (→ Vor § 192 Rn. 9) enthalten weitere Erläuterungen zu den Bestimmungen der Ersten Durchführungs-RL. Die BaFin hat die Vorgaben aus der Ersten Durchführungs-RL und den beiden CESR-Leitlinien aufgegriffen und als Grundlage für die Erstellung des **FAQ Eligible Assets** verwendet (→ Vor § 192 Rn. 10). Der FAQ der BaFin wird den investmentrechtlichen Entwicklungen angepasst. Die derzeit aktuelle Fassung wurde am 5.7.2016 veröffentlicht. 4

II. Der Begriff des Wertpapiers

Weder die auf europäischer Ebene maßgebliche OGAW-RL (iVm der Ersten Durchführungs-RL) noch das KAGB enthalten eine **formalrechtliche Definition des Begriffs „Wertpapiere".** Dies ist misslich, denn ein Vermögensgegenstand kann überhaupt nur dann unter § 193 oder § 198 Nr. 1 erworben werden, wenn es sich bei ihm um ein Wertpapier handelt. Nach allgemeinem (deutschen) zivilrechtlichen Verständnis sind Wertpapiere Urkunden, die ein Vermögensrecht in der Weise verbriefen, dass das Recht ohne die Urkunde nicht geltend gemacht werden kann (vgl. Staudinger/*Marburger* 2015 Vor § 793 Rn. 1 f.). 5

Darüber hinaus definiert das deutsche Recht den Begriff „Wertpapier" noch in § 1 I DepotG sowie in § 2 I WpHG. All diese Begriffe können schon rechtstheoretisch **nicht zur Auslegung** des Begriffs „Wertpapier" iSd §§ 193, 198 Nr. 1 herangezogen werden. Denn beide Vorschriften beruhen auf der OGAW-RL. Damit muss sich auch der Begriff des „Wertpapiers" im KAGB am europarechtlichen (und nicht am deutschrechtlichen) Verständnis orientieren. 6

7 **Artikel 2 I Buchst. n OGAW-RL** unternimmt den Versuch einer Definition des Wertpapierbegriffs, enthält aber im Ergebnis nur eine Aufzählung von Instrumenten, die jedenfalls Wertpapiere sind und ist auch im Übrigen misslungen. Denn die einzelnen Komponenten enthalten teilweise selbst wieder den Begriff „Wertpapier" und sind überdies meist auch im Sinne von Generalklauseln formuliert („andere, Aktien gleichwertige Wertpapiere", „sonstige verbriefte Schuldtitel").

8 Eine ansatzweise brauchbare Definition enthält **Art. 2 Erste Durchführungs-RL.** Danach muss es sich bei Wertpapieren

- entweder um Finanzinstrumente (iSd MiFID, vgl. Art. 2 I Buchst. t OGAW-RL) handeln, welche die Kriterien von Art. 2 I Erste Durchführungs-RL erfüllen oder
- oder um Anteile an geschlossenen Fonds, welche kumulativ die Anforderungen von Art. 2 I und Art. 2 II Buchst. a oder b Erste Durchführungs-RL erfüllen.

Die zusätzliche Aufnahme von weiteren Finanzinstrumenten in **Art. 2 II Buchst. c** Erste Durchführungs-RL ergibt auf den ersten Blick **keinen rechten Sinn.** Wenn Finanzinstrumente die Anforderungen von Art. 2 I Erste Durchführungs-RL erfüllen, sind sie begrifflich Wertpapiere. Ob sie darüber hinaus auch noch mit Vermögenswerten besichert sind oder nicht, müsste dann eigentlich irrelevant sein. Der Sinn des Art. 2 II Buchst. c Erste Durchführungs-RL kann nur darin liegen, **klarzustellen,** dass derartige Finanzinstrumente als Wertpapiere gelten, auch wenn sie an die Entwicklung anderer Vermögenswerte gekoppelt oder besichert sind.

9 Damit bleibt festzuhalten: Der **investmentrechtliche Wertpapierbegriff** ergibt sich aus Art. 2 I und II Erste Durchführungs-RL. Zwar scheint dieses Ergebnis denklogisch nicht mit § 193 I 2 in Einklang zu bringen. Denn wenn ein Wertpapier sich darüber definiert, dass es die Anforderungen von Art. 2 I Erste Durchführungs-RL erfüllt, so ist schwer verständlich, warum § 193 I 2 die Einhaltung dieser Anforderungen als „*zusätzliche* Voraussetzungen" stipuliert. Im Ergebnis muss es sich um ein **Redaktionsversehen** im Sinne einer unbewusst überschießenden Formulierung handeln. Es ist nicht ersichtlich, warum der deutsche Gesetzgeber iRd §§ 193, 198 einen von der OGAW-RL abweichenden Wertpapierbegriff etablieren wollte, um ihn dann über die Verweise auf die Erste Durchführungs-RL wieder OGAW-konform zu machen. Etwas anderes mag für offene inländische Spezial-AIF mit festen Anlagebedingungen gelten, da § 284 II Nr. 2 Buchst. a nicht auf §§ 193, 198 verweist (wie bspw. § 221 I Nr. 1), sondern eigenständig auf „Wertpapiere" Bezug nimmt.

10 Für die Frage der Erwerbbarkeit von Wertpapieren nach § 193 ist außerdem (teilweise) der **börsenrechtliche Wertpapierbegriff** zu beachten. Denn § 193 I 1 Nr. 1, 2 setzt voraus, dass die Wertpapiere entweder bereits an einer Börse zum Handel zugelassen sind oder an einem anderen organisierten Markt zugelassen oder einbezogen sind. Im Falle von Neuemissionen geht § 193 I 1 Nr. 3, 4 davon aus, dass deren Zulassung an einer Börse oder an einem organisierten Markt oder die Einbeziehung zu beantragen ist, und die Zulassung bzw. Einbeziehung dieser Wertpapiere innerhalb eines Jahres erfolgen wird.

Der börsenrechtliche Wertpapierbegriff stellt maßgeblich auf die **Vertretbarkeit oder Fungibilität** des Instruments ab (vgl. Schwark/Zimmer/*Heidelbach* BörsG § 32 Rn. 28). Die Erwerbbarkeit eines Instruments nach § 193 I 1 Nr. 1–4 setzt also konsequenterweise voraus, dass die Instrumente vertretbar sind.

11 Aber auch im Rahmen des § 193 I Nr. 7, 8 (sowie § 198 Nr. 1) ist die Vertretbarkeit notwendige Erwerbsvoraussetzung. Denn nach Art. 2 I Buchst. e Erste Durch-

führungs-RL (auf den in § 193 I Nr. 7, 8 mittelbar verwiesen wird) müssen die Instrumente **handelbar** sein. Für den Wertpapierhandel kommen aber wiederum nur **vertretbare** Finanzinstrumente in Frage. Denn andernfalls kann sich kein Markt für das betreffende Finanzinstrument bilden.

Vertretbar (fungibel) sind alle Sachen, die im Verkehr nach Zahl, Maß oder Gewicht bestimmt zu werden pflegen. Vertretbar sind daher diejenigen Finanzinstrumente, die allgemeine Merkmale wie zB Gattung, Nennbetrag oder Stückzahl aufweisen und **in ausreichender Anzahl** und Stückelung ausgestellt werden, um gegen andere Papiere gleicher Art und Ausstattung **austauschbar** zu sein. Voraussetzung hierfür ist eine **Standardisierung** der Bedingungen des betreffenden Papiers. Schecks, Wechsel, Hypotheken- und Grundschuldbriefe sowie Sparbriefe sind daher nicht vertretbar und scheiden als Wertpapiere iSd KAGB aus. 12

Im Folgenden sollen die wichtigsten **Begrifflichkeiten im Kontext des § 193** erläutert werden. 13

1. Aktien. Aktien sind **Anteils- oder Teilhaberpapiere,** die das Anteilsrecht (wirtschaftliches Eigentum) an der Aktiengesellschaft verbriefen. Der Inhaber bzw. Eigentümer der Aktie ist nicht Gläubiger des Unternehmens, sondern an diesem mitgliedschaftlich beteiligt. Als Teilhaber hat er bestimmte Rechte, wie das Stimmrecht in der Hauptversammlung und das Bezugsrecht bei Ausgabe junger Aktien, sowie Pflichten, vor allem die Pflicht zur Leistung der Einlage. Zwar besteht kein Anspruch des Aktionärs auf **Gewinnausschüttung,** erfolgt jedoch eine Ausschüttung, verbrieft die Aktie einen Anspruch auf anteilsmäßige Dividende. Dem Aktionär stehen bestimmte Auskunfts- und Informationsrechte sowie bei der Liquidation der Aktiengesellschaft ein Anspruch auf Anteil am Liquidationserlös zu. 14

2. Anleihe. Anstelle des Begriffs der Anleihe werden auch die Bezeichnungen Obligation, Schuldverschreibung, **festverzinsliches Wertpapier, Rente oder Bonds** verwendet. Es handelt sich um eine Sammelbezeichnung für alle Schuldverschreibungen mit bestimmter, fester oder variabler Verzinsung, einer festen, meist längeren Laufzeit sowie vertraglich bestimmter Tilgung. Gemeinsam ist all diesen Instrumenten, dass sie vom betreffenden Emittenten ausgegeben werden, um Fremdkapital von einem breiteren Personenkreis zu beschaffen. Je nach Emittenten unterscheidet man zwischen öffentliche Anleihen, Industrieanleihen, Anleihen mit besonderer Deckungsmasse und Bankanleihen. Die nähere Ausgestaltung der Anleihen ergibt sich aus den Anleihebedingungen. 15

3. Bezugsrecht. Das AktG schreibt vor, dass bei einer **Grundkapitalerhöhung** die jungen Aktien den Aktionären im Verhältnis ihres Anteilbesitzes zum Erhöhungsbetrag anzubieten sind. Jedem Aktionär muss auf sein Verlangen hin ein seinem Anteil an dem bisherigen Grundkapital entsprechender Teil der neuen Aktien zugeteilt werden. Für die Ausübung des Bezugsrechts wird eine Frist von mindestens zwei Wochen bestimmt. Wer sein Bezugsrecht nicht ausüben will, kann es über die Börse verkaufen. Bezugsrechte sind **selbstständig handelbare Werte** und können während der gesamten Bezugsfrist gehandelt werden. Das KAGB lässt den Erwerb von Bezugsrechten unabhängig von der Ausübung, dh ohne den Besitz des zugrunde liegenden Wertpapiers, zu. Der KVG wird somit die Teilnahme am Bezugsrechtshandel an der Börse ermöglicht. Es ist jedoch zu beachten, dass die Wertpapiere, aus denen die Bezugsrechte herrühren, für einen inländischen OGAW erwerbbar sein müssen (§ 193 II). 16

17 **4. Börse und Handeln an einer Börse.** Der Begriff der Börse wird meist zunächst iSv **Wertpapierbörse** verwendet (näher zur Unterscheidung zwischen dem materiellen und formalen Börsenbegriff: vgl. Schwark/Zimmer/*Beck* § 2 BörsG Rn. 14). An Börsen können jedoch auch zahlreiche andere Gegenstände Handelsobjekte sein. Für eine Börse sind die Regelmäßigkeit ihrer Abhaltung, die zeitliche und räumliche Konzentration von Angebot und Nachfrage sowie die an eine bestimmte Ordnung gebundene Preisbildung und Abwicklung der Börsengeschäfte kennzeichnend. In Deutschland sind die Grundsätze über die Zulassung zum Handel an einer Börse in den **§§ 32 ff. BörsG** sowie die Einzelheiten des Zulassungsverfahrens in der Verordnung über die Zulassung von Wertpapieren zum regulierten Markt einer Wertpapierbörse (Börsenzulassungs-Verordnung – **BörsZulV**) vom 14.4.1987 in der Fassung der Bekanntmachung vom 9.9.1998, BGBl. 1998 I 2832, zuletzt geändert durch Art. 4 des Gesetzes vom 11.12.2023 (BGBl. 2023 I Nr. 354), geregelt. Der Handel mit notierten Wertpapieren erfolgt in der Form des Kassa- und Terminhandels. Die jeweilige Börsenordnung (s. § 16 BörsG) regelt daneben auch die Organisation der Börse, die Preisfeststellung im Handel, die Veröffentlichung von Kursen und die Abwicklung von Börsengeschäften.

18 **5. Finanzinstrument.** Das KAGB enthält selbst **keine Definition des Begriffs „Finanzinstrument".** Teilweise wird auf Finanzinstrumente iSd AIFM-RL abgestellt (bspw. in § 1 XIX Nr. 30), teilweise auf Finanzinstrumente iSd § 1 XI KWG (bspw. in § 20 II Nr. 1) und teilweise auf Finanzinstrumente iSd MiFID (bspw. in § 72 I Nr. 1).

Im Rahmen des § 193 scheint aus systematischen Gründen der **Finanzinstrumentebegriff der OGAW-RL** maßgeblich sein, denn § 193 beruht auf den Vorgaben der OGAW-RL. Artikel 2 I Buchst. t OGAW-RL verweist wiederum auf die in Anhang I Abschn. C der MiFID enthaltene Auflistung. Dass diese Auflistung gleich zu Beginn „Wertpapiere" enthält, zeigt allerdings, wie **unbrauchbar** dieser Finanzinstrumentebegriff für Zwecke des § 193 ist. Denn um festzustellen, ob ein Vermögensgegenstand ein Wertpapier ist, muss zunächst geklärt werden, ob der Vermögensgegenstand ein Finanzinstrument ist (vgl. bspw. § 193 I Nr. 8). Wenn hierfür wiederum geklärt werden müsste, ob der Vermögensgegenstand ein Wertpapier ist, bestünde die Gefahr eines Zirkelschlusses. Dass ein Verweis auf den Finanzinstrumentebegriff der MiFID untauglich ist, verwundert nicht, denn dieser Begriff dient dazu, den Kreis der erlaubnispflichtigen Wertpapierdienstleistungen abzugrenzen (vgl. auch Reg. Begr. zum 7. KWG-Änderungsgesetz, BT-Drs. 16/1335, 42). Im Rahmen des § 193 spielt der Begriff aber vielmehr für die Frage der (Nicht-)Erwerbbarkeit von Vermögensgegenständen eine Rolle.

19 Zumindest im Rahmen des § 193 sollte daher der **weite (bilanzrechtliche) Finanzinstrumentebegriff** Anwendung finden. Nach diesem – früher in § 1a III KWG aF verwendeten – Begriff sind Finanzinstrumente alle Verträge, die für eine der beteiligten Seiten einen finanziellen Vermögenswert und für die andere Seite eine finanzielle Verbindlichkeit oder ein Eigenkapitalinstrument schaffen (vgl. auch IAS 32.11). Dieser Begriff ist einerseits weit genug, um als Ausgangspunkt für die Bestimmung des Begriffs „Wertpapier" iSd § 193 zu dienen und andererseits eng genug, um alle nicht-finanziellen Vermögensgegenstände (wie Rohstoffe, Edelmetalle etc.) auszuschließen.

20 **6. Kapitalerhöhung aus Gesellschaftsmitteln.** Aufgrund einer Kapitalerhöhung aus Gesellschaftsmitteln kann eine Aktiengesellschaft neue Aktien ausgeben, ohne dass der Gesellschaft weitere Mittel zufließen. Hierzu werden Kapitalrück-

lagen oder Gewinnrücklagen durch die Ausgabe von Freiaktien in Grundkapital umgewandelt (vgl. §§ 207–220 AktG). Soweit die alten Aktien an einer deutschen Börse zum Handel zugelassen sind, gelten die **Freiaktien** gem. **§ 33 IV EGAktG** ebenfalls zum Handel an der Börse zugelassen.

7. Neuemissionen – Beantragung der Zulassung nach den Anlagebedingungen. Das KAGB lässt den Erwerb von Neuemissionen zu, wenn nach den Anlagebedingungen feststeht, dass die Zulassung für eine Börse oder für einen organisierten Markt nach den Ausgabebedingungen zu beantragen ist (§ 193 I Nr. 3, 4). Unter Ausgabebedingungen versteht man die Bedingungen, welche das Rechtsverhältnis zwischen dem Emittenten und dem Erwerber des Wertpapiers festlegen. Für Aktien liegen die oben genannten Voraussetzungen vor, wenn die **Börseneinführung** im Gesellschaftsvertrag oder in einem Beschluss der Hauptversammlung vorgesehen ist oder sich aus dem **Börsenzulassungsprospekt** ergibt. Bei festverzinslichen Wertpapieren kann sich die geplante Börseneinführung aus den Anleihebedingungen oder dem Börsenzulassungsprospekt ergeben. 21

8. Organisierter Markt. Das **Wertpapierhandelsgesetz** definiert einen organisierten Markt als „ein im Inland, in einem anderen Mitgliedstaat der Europäischen Union oder einem anderen Vertragsstaat des Abkommens über den Europäischen Wirtschaftsraum betriebenes oder verwaltetes, durch staatliche Stellen genehmigtes, geregeltes und überwachtes multilaterales System, das die Interessen einer Vielzahl von Personen am Kauf und Verkauf von dort zum Handel zugelassenen Finanzinstrumenten innerhalb des Systems und nach festgelegten Bestimmungen in einer Weise zusammenbringt oder das Zusammenbringen fördert, die zu einem Vertrag über den Kauf dieser Finanzinstrumente führt" (vgl. § 2 XI WpHG). Börsen entsprechen in der Regel dieser Definition, wobei zu beachten ist, dass einzelne Börsensegmente, wie z B der Freiverkehr, nicht zu den organisierten Märkten iSd WpHG gehören (vgl. Schwark/Zimmer/*Kumpan* WpHG § 2 Rn. 120). 22

Die Definition des organisierten Marktes **im KAGB ist hingegen weiter.** Nach **§ 1 XIX Nr. 29** ist ein organisierter Markt ein Markt, der anerkannt und für das Publikum offen ist und dessen Funktionsweise ordnungsgemäß ist, sofern nicht ausdrücklich etwas anderes bestimmt ist. Die Definition des organisierten Marktes iSd KAGB verzichtet damit im Gegensatz zur Definition im WpHG auf das Erfordernis der staatlichen Genehmigung, Regelung und Überwachung. Nach beiden Definitionen sind Börsen generell organisierte Märkte. Dagegen ist der **Freiverkehr** nur iSd KAGB **als organisierter Markt** anzusehen, denn aufgrund seiner privatrechtlichen Organisation ist er nicht als „staatlich geregelt" zu betrachten. 23

9. Regulierter Markt. Mit der Einführung des regulierten Marktes durch das Gesetz zur Umsetzung der Richtlinie über Märkte für Finanzinstrumente und der Durchführungsrichtlinie der Kommission vom 16.7.2007 (BGBl. 2007 I 1330) wurde am 1.11.2007 die vorher bestehende Unterteilung der organisierten Zulassungssegmente in den **amtlichen Markt und den geregelten Markt aufgehoben.** Als Folge hiervon wurde bei der Neufassung des InvG durch das Investmentänderungsgesetz vom 21.12.2007 (BGBl. 2007 I 3089) der Begriff „Zulassung zum amtlichen Markt" durch den Begriff „Zulassung zum Handel" ersetzt. Die Zulassungsvoraussetzungen für den regulierten Markt sind in § 32 III BörsG sowie in der BörsZulV niedergelegt. Insbesondere muss das Unternehmen seit mindestens drei Jahren bestehen; der voraussichtliche Kurswert der zuzulassenden Aktien oder – falls eine Schätzung nicht möglich ist – das Eigenkapital des Unternehmens muss 24 mind. 1 Mio. EUR und der Streubesitzanteil mind. 25% betragen. Nach der BörsZulV sind Ausnahmen von diesen Zulassungsvoraussetzungen erlaubt.

25 Der regulierte Markt ist ein **„organisierter Markt" iSv § 2 XI WpHG.** Ein emittierendes Unternehmen muss vor Aufnahme des Handels am regulierten Markt ein öffentlich-rechtlich Zulassungsverfahren durchlaufen: Zusammen mit mindestens einem KI, einem Finanzdienstleistungsinstitut, einem Wertpapierinstitut oder einem Unternehmen, das nach § 53 I 1 oder § 53b I 1 KWG tätig ist, muss es einen Antrag bei der Geschäftsführung der Frankfurter Wertpapierbörse einreichen (vgl. § 32 II BörsG). Ist der Emittent selbst eines der vorgenannten Institute, so kann er die Zulassung eigenständig beantragen. Zusätzlich zum Zulassungssegment entscheiden sich die Emittenten an der Frankfurter Wertpapierbörse für einen Transparenzstandard. Emittenten im regulierten Markt können den **Prime Standard** oder den **General Standard** wählen. Von dieser Wahl hängen die Zulassungsfolgepflichten ab.

26 **10. Zertifikate.** Finanztechnisch handelt es sich bei Zertifikaten um Finanzinstrumente, die eine Zweitverbriefung eines hinterlegten Basiswertes oder eines ausgegebenen Wertpapiers darstellen. Rechtlich stellt das Zertifikat eine Schuldverschreibung dar. Der Emittent schuldet die Rückzahlung des investierten Kapitals. Zertifikate können in zwei Gruppen eingeteilt werden, nämlich die **Partizipationszertifikate** und die **Zertifikate mit definiertem Rückzahlungsprofil.**

27 Im Falle eines Partizipationszertifikats folgt der Wert des Zertifikats der Wertentwicklung eines Basiswertes, zB eines Index, Aktienbaskets oder von bestimmten Rohstoffen. Die Laufzeit dieser Zertifikate ist entsprechend der Laufzeit der Basiswerte in der Regel nicht begrenzt. Bei Zertifikaten mit definiertem Rückzahlungsprofil nimmt das Zertifikat am Ende der vertraglich festgelegten Laufzeit einen Wert an, der von vorab festgelegten Bedingungen abhängt. Dazu gehören zB **Bonuszertifikate.** Bei diesen wird am Laufzeitende ein Mindestbetrag (Bonusbetrag) ausgezahlt. Dieser liegt über dem Kurswert bei Emission des Zertifikats und ermöglicht folglich auch bei seitwärts tendierenden oder moderat fallenden Kursen des Basiswerts einen Gewinn. Wird allerdings während der Laufzeit eine vorab festgelegte Kurschwelle erreicht oder unterschritten, so entfällt die Zahlung des Mindestbetrags. Der Anleger erhält stattdessen bei Laufzeitende einen Betrag, der dem dann bestehenden Kurs des Basiswerts entspricht.

28 Außerdem gibt es noch die sog. **Hebel-Zertifikate,** bei denen das Investment in einen Basiswert unter Einbeziehung eines Kredits erfolgt und die Bezugnahme auf den jeweiligen Basiswert mit einer Hebelwirkung verbunden ist. Durch den Hebel ist das Zertifikat stärker von Kursschwankungen als der Basiswert abhängig, dh das Zertifikat bildet die Wertentwicklung des Basiswertes nicht 1:1, sondern in einem anderen Verhältnis ab.

29 Bei **Index-Zertifikaten** unterscheidet man zwischen Zertifikaten auf einen Performance-Index oder einen Kursindex. Bei einem Performanceindex werden die Dividenden nicht ausgeschüttet, sondern thesauriert und in die Kursentwicklung des Index mit einbezogen. Bei einem Zertifikat auf einen Kursindex wird dagegen die reine Kursentwicklung der Basiswerte abgebildet und die Dividenden werden ausgeschüttet.

30 Bei einem **Basket-Zertifikat** liegt dem Zertifikat ein Basket von Vermögensgegenständen zugrunde, die beliebig zusammengestellt werden können.

III. Zulässige Vermögenswerte iSv § 193

31 § 193 I enthält eine **Aufzählung der zulässigen Wertpapiere** anhand von materiellen Kriterien. Die in § 193 I Nr. 1–8 genannten Arten stellen den abschließenden Katalog der Wertpapiere dar, welche von einer KVG für Rechnung eines inländischen OGAW erworben werden dürfen. Die Regelungen sind im Zusammenhang mit der **Ersten Durchführungs-RL** zu lesen. Im Einzelnen ist der Erwerb von Wertpapieren zulässig, wenn sie:

- an einer **Börse in der EU oder dem EWR zum Handel zugelassen** sind oder in einen anderen **organisierten Markt** in der EU oder EWR einbezogen sind und zusätzlich die Kriterien der Ersten Durchführungs-RL erfüllen (Nr. 1);
- ausschließlich an einer **Börse außerhalb der EU oder dem EWR** zum Handel zugelassen sind oder in einen dortigen organisierten Markt einbezogen sind und zusätzlich die Kriterien der Ersten Durchführungs-RL erfüllen, sowie die Wahl der Börse oder des organisierten Marktes von der BaFin zugelassen ist (Nr. 2).

Die BaFin führt eine entsprechende Liste mit den von ihr zugelassenen Börsen und organisierten Märkten und veröffentlicht zur Herstellung der notwendigen Transparenz diese **Liste auf ihrer Internetseite.** Dadurch wird den inländischen OGAW ohne weiteren administrativen Aufwand der Zugang zu neuen Börsenplätzen ermöglicht. Der Schutz der Anleger wird dadurch nicht verkürzt, da die Entscheidung über die Aufnahme in die Liste bzw. Streichung aus derselben bei der BaFin liegt und diese Liste in der jeweils gültigen Fassung öffentlich zugänglich ist.

32 Darüber hinaus dürfen die in Nr. 1 und Nr. 2 genannten Wertpapiere auch erworben werden, wenn ihre Zulassung zur Börse oder ihre Einbeziehung in einen organisierten Markt innerhalb eines Jahres nach ihrer Ausgabe beantragt wird (Nr. 3 und 4).

33 Weiterhin dürfen auch alle Aktien– unabhängig von einer Börsenzulassung oder Einbeziehung in einen organisierten Markt – für einen inländischen OGAW erworben werden, soweit sie aus einer **Kapitalerhöhung aus Gesellschaftsmitteln** stammen (Nr. 5). Das Gleiche gilt für Aktien und andere Wertpapiere, die in **Ausübung von Bezugsrechten,** die dem inländischen OGAW gehören, erworben wurden (Nr. 6). Anders als bei den in § 193 I Nr. 1–4 genannten Wertpapieren enthält § 193 in Bezug auf die in § 193 I Nr. 5 und Nr. 6 aufgeführten Wertpapiere keinen Verweis auf die Kriterien von Art. 2 I der Ersten Durchführungs-RL. Nach der hier vertretenen Auffassung **müssen die Kriterien aber dennoch erfüllt sein,** denn wie der Einleitungssatz von § 193 I zeigt, müssen alle in den Nr. 1–8 aufgezählten Vermögensgegenstände Wertpapiere sein. Um als solche zu gelten, müssen aber alle Voraussetzungen des Art. 2 I der Ersten Durchführungs-RL erfüllt sein (vgl. → Rn. 5 f.)

34 § 193 I Nr. 7 und 8 wurden aufgrund der Ersten Durchführungs-RL mit dem InvÄndG im Jahre 2007 in die Vorgängervorschrift (§ 47 InvG) eingeführt. Sie lassen unter bestimmten Voraussetzungen den **Erwerb von Anteilen an geschlossenen Fonds** sowie den **Erwerb von bestimmten Finanzinstrumenten als Wertpapiere** zu. Durch § 193 II werden die zulässigen Anlagemöglichkeiten in Wertpapiere nochmals erweitert. Auch Bezugsrechte, die nicht dem inländischen OGAW gehören, können als Wertpapiere erworben werden, wenn die Wertpapiere, aus denen die Bezugsrechte herrühren, für den inländischen OGAW erworben werden können. Folglich können alle Bezugsrechte auf Wertpapiere erworben werden, solange diese Wertpapiere zulässige Wertpapiere nach § 193 I sind.

IV. Die Wertpapiereigenschaften nach der Ersten Durchführungs-RL

35 In der OGAW-RL wird der Begriff der Wertpapiere ausschließlich vom formaljuristischen Standpunkt aus definiert (s. Art. 2 I Buchst. n OGAW-RL). Dementsprechend schließt die Definition der Wertpapiere ein breites Spektrum von Finanzinstrumenten mit **verschiedenen Merkmalen und unterschiedlicher Liquidität** ein. Für alle diese Finanzprodukte soll die Konsistenz zwischen der Definition der Wertpapiere und den übrigen Bestimmungen der OGAW-RL sichergestellt werden (s. Erwägungsgrund 6 der Ersten Durchführungs-RL). Die Erste Durchführungs-RL ergänzt die Anforderungen der OGAW-RL in Art. 2 I Buchst. a–g um weitere **sieben Kriterien,** die im Folgenden dargestellt werden.

36 **1. Verlustbegrenzung.** Der potenzielle Verlust des Finanzinstruments muss auf die **Höhe des Kaufpreises** begrenzt sein, dh der mögliche Verlust darf den Kaufpreis des Finanzinstruments nicht übersteigen (Art. 2 I UAbs. 1 Buchst. a Erste Durchführungs-RL). Wurde eine Aktie zB zu einem Einstiegspreis von 100 EUR erworben, so beträgt der maximale Kursverlust ebenfalls 100 EUR.

37 **2. Liquidität.** Das Portfolio muss als Ganzes so liquide sein, dass der OGAW grds. gem. Art. 84 OGAW-RL in der Lage ist, auf Verlangen eines Anteilinhabers dessen **Anteile zurückzunehmen** und auszuzahlen (Art. 2 I UAbs. 1 Buchst. a Erste Durchführungs-RL). Die Aussetzung der Rücknahme in außergewöhnlichen Fällen gem. Art. 84 II OGAW-RL bleibt unbenommen.

38 Aus den CESR Eligible Assets Leitlinien (S. 6, Abs. 17) ergibt sich, dass die Liquidität im Hinblick auf jeden **einzelnen Vermögensgegenstand,** der für einen OGAW erworben wird, zu prüfen ist.

39 Auch wenn ein einzelner Vermögensgegenstand für sich gesehen nicht liquide genug ist, um vorhersehbare Rückgabeverlangen zu befriedigen, so ist seine Erwerbbarkeit für den OGAW nicht per se ausgeschlossen. Trotz der Illiquidität kann er erworben werden, wenn sich im **Portfolio des OGAW** im ausreichenden Umfang andere liquide Vermögensgegenstände zur Bedienung des potenziellen Rückgabeverlangens befinden.

40 Bei an einem geregelten Markt (iSd Art. 4 I Nr. 21 MiFID II) notierten oder gehandelten Finanzinstrumenten gilt als allgemeine Annahme, dass diese Vermögensgegenstände liquide sind. Die KVG kann bei solchen Wertpapieren davon ausgehen, dass Liquidität besteht, und sie muss diese nicht mehr gesondert prüfen.

41 Die CESR Eligible Assets Leitlinien (S. 6, Abs. 17) haben insb. für Wertpapiere, die nicht in einem geregelten Markt gehandelt werden und bei denen die **Vermutung der Liquidität** nicht gilt, folgende Kriterien zur Beurteilung der Liquidität aufgestellt:

- das Volumen und die Häufigkeit der **Wertpapierumsätze,**
- das **Emissionsvolumen** sowie den Anteil am Emissionsvolumen, den der betreffende OGAW erwerben will, und die Möglichkeit bzw. den Zeitraum, der benötigt wird, um diesen Anteil wieder zu veräußern,
- die unabhängige Analyse der **Geld- und Briefkurse** über einen bestimmten Zeitraum als mögliche Indikatoren für die Liquidität und Marktgängigkeit des Wertpapiers sowie die Vergleichbarkeit der verfügbaren Preise (je geringer die Differenz zwischen Geld- und Briefkursen, desto liquider ist ein Finanzinstrument),
- um die **Aktivitäten auf dem Sekundärmarkt** beurteilen zu können, ist die Güte und Anzahl der Vermittler und Market Maker, die die in Frage stehenden

Wertpapiere handeln, zu berücksichtigen (Market Maker stellen die Handelbarkeit von Wertpapieren durch kontinuierliches Stellen von Geld- und Briefkursen sicher und gleichen temporäre Ungleichgewichte zwischen Angebot und Nachfrage in weniger liquiden Wertpapieren aus).

3. Verlässliche Bewertung. Soweit die Finanzinstrumente an einem **geregelten Markt** notiert oder gehandelt werden, geht die Erste Durchführungs-RL davon aus, dass eine verlässliche Bewertung der Instrumente verfügbar ist, wenn durch den Markt oder von einem **emittentenunabhängigen Bewertungssystem** exakte, verlässliche und gängige Preise gestellt werden (s. Art. 2 I UAbs. 1 Buchst. c UBuchst. i Erste Durchführungs-RL). 42

Bei anderen Wertpapieren, die **nicht an einem geregelten Markt** notiert oder gehandelt werden, ist eine verlässliche Bewertung verfügbar, wenn aus Informationen des Wertpapieremittenten oder aus einer kompetenten Finanzanalyse eine Bewertung abgeleitet werden kann, und diese Bewertung in regelmäßigen Abständen durchgeführt wird (s. Art. 2 I UAbs. 1 Buchst. c UBuchst. ii Erste Durchführungs-RL). 43

4. Angemessene Verfügbarkeit von Informationen. Soweit die Finanzinstrumente an einem **geregelten Markt** notiert oder gehandelt werden, geht die Erste Durchführungs-RL davon aus, dass Informationen in angemessener Weise verfügbar sind, wenn der Markt **regelmäßige, exakte und umfassende Informationen** über das Wertpapier und gegebenenfalls über das zugehörige Portfolio bereitstellt (s. Art. 2 I UAbs. 1 Buchst. d UBuchst. i Erste Durchführungs-RL). 44

Bei anderen Wertpapieren, die **nicht an einem geregelten Markt** notiert oder gehandelt werden, sind Informationen in angemessener Weise verfügbar, wenn der Emittent regelmäßige und exakte Informationen über das Wertpapier und gegebenenfalls über das zugehörige Portfolio zur Verfügung stellt (s. Art. 2 I UAbs. 1 Buchst. d UBuchst. ii Erste Durchführungs-RL). 45

5. Handelbarkeit. Um als Wertpapier zu qualifizieren, muss ein Finanzinstrument **grds. handelbar sein** (s. Art. 2 I UAbs. 1 Buchst. e UBuchst. ii Erste Durchführungs-RL). Dabei wird unterstellt, dass an einem geregelten Markt notierte oder gehandelte Finanzinstrumente handelbar sind, wenn sich aus anderen Umständen nichts anderes ergibt (s. Art. 2 I UAbs. 2 Erste Durchführungs-RL). Bei solchen Finanzinstrumenten muss die KVG das Vorliegen einer ausreichenden Handelbarkeit **nicht gesondert prüfen.** 46

6. Anlagegrundsätze. Der Erwerb des Finanzinstruments muss im Einklang stehen mit den Anlagezielen und/oder der Anlagestrategie des OGAW (s. Art. 2 I UAbs. 1 Buchst. f Erste Durchführungs-RL). Die Formulierung ist in der Weise zu verstehen, dass, soweit der OGAW zwischen **Anlagezielen und Anlagestrategie** differenziert, der Erwerb des Finanzinstruments mit beiden Kriterien in Einklang zu stehen hat. Die KVG hat daher darauf zu achten, dass das Finanzinstrument sowohl unter die Zielanlagen fällt als auch mit der Strategie des OGAW konform geht. 47

7. Risikomanagement. Die **Risiken** des Finanzinstruments müssen durch das Risikomanagement des OGAW in **angemessener Weise erfasst** werden (s. Art. 2 I UAbs. 1 Buchst. g Erste Durchführungs-RL). In der Ersten Durchführungs-RL werden die Anforderungen an ein angemessenes Risikomanagement nicht konkretisiert. Hierzu sind die nationalen Vorschriften bzgl. des Risikomanagements einer KVG heranzuziehen. Siehe die Kommentierung zu § 29 sowie → § 197 Rn. 69 ff. 48

V. Klassifizierung von Anteilen an geschlossenen Fonds als Wertpapiere

49 **1. Grundsätzliche Erwerbbarkeit von Anteilen an geschlossenen Fonds.** Bei geschlossenen Fonds handelt es sich um Fonds, bei denen die Investitionssumme im Regelfall nicht nach Zeichnung voll eingezahlt wird. Stattdessen finden in einem festgelegten Zeitrahmen – je nach Investitionsgelegenheit des Fonds – sog. **„Capital Calls“** bzw. „Draw Downs“ (Kapitalforderungen) statt, durch die der mit den Anlegern anfänglich vereinbarte Gesamtbetrag in einzelnen Tranchen sukzessive abgerufen wird. Auf der anderen Seite können Anteile im Regelfall nicht ohne Weiteres an den Fonds zurückgegeben werden (vgl. auch die Definition eines geschlossenen Investmentvermögen iSd § 1 IV, V, mit Verweis auf Delegierte VO (EU) Nr. 694/2014). Typischerweise werden zB **Private Equity Fonds** als geschlossene Fonds errichtet.

50 Geschlossene Fonds werden in der **OGAW-RL nicht ausdrücklich** als zulässige Vermögensanlage für OGAW genannt. Geschlossene Fonds sind aber bisweilen zum Handel an einem geregelten Markt zugelassen und werden von den Marktteilnehmern wie Wertpapiere behandelt. Dieser Umstand führte zu der Notwendigkeit, auf EU-Ebene verbindlich zu klären, ob und unter welchen Voraussetzungen diese Anteile als Wertpapiere iSd OGAW-RL angesehen und somit zulässigerweise für einen OGAW erworben werden können (vgl. **§ 193 I Nr. 7**). Diese Voraussetzungen sind in **Art. 2 II Erste Durchführungs-RL** niedergelegt. Die BaFin greift im FAQ Eligible Assets diese Frage nochmals auf und bestätigt die Kriterien der Ersten Durchführungs-RL (s. BaFin FAQ Eligible Assets Teil 1 Frage 13).

51 Nach Auffassung der BaFin verstößt der **sukzessive Abruf der Investitionssumme** nicht gegen das Verbot einer Nachschusspflicht gem. Art. 2 I Buchst. a Erste Durchführungs-RL, wenn der OGAW durch seine Beteiligung an dem geschlossenen Fonds keinem Zahlungsrisiko ausgesetzt wird, das den **noch zu zahlenden Restbetrag** (also die noch abrufbare Kapitalzusage des OGAW) **übersteigt.** Die Zahlungspflicht des OGAW muss in jedem Fall auf den vertraglich bestimmten Gesamtbetrag seiner Kapitalzusage beschränkt sein.

52 Bei der Prüfung der Zulässigkeit kommt es nicht darauf an, in welche Vermögensgegenstände der geschlossene Fonds seinerseits investiert ist. Die Erste Durchführungs-RL verlangt **keine Durchsicht** auf die hinter dem geschlossenen Fondsanteil stehenden Vermögenswerte. Die noch iRd CESR-Konsultationsverfahrens vertretene Auffassung, dass zur Klärung der Erwerbbarkeit eines solchen Anteils der **„Look-Through-Grundsatz“** anzuwenden ist, wurde bei Verabschiedung der Ersten Durchführungs-RL aufgegeben (s. dazu *Herf* BaFinJournal 07/2007, S. 7).

53 Der geschlossene Fonds kann seinerseits auch in Vermögensgegenstände investieren, die nach der OGAW-RL nicht erwerbbar sind, wie zB Immobilien oder Beteiligungen an Unternehmen, deren Eigenkapitalinstrumente nicht börsennotiert sind (Private Equity). Soweit der geschlossene Fonds in Derivate investiert, führt dies nicht dazu, dass er wie ein strukturiertes Produkt angesehen wird. Die BaFin hat im FAQ Eligible Assets darauf hingewiesen, dass keine Durchschau auf die zugrunde liegenden Basiswerte stattfindet. Insofern **kann der geschlossene Fonds auch Derivate mit einer Hebelwirkung enthalten** (BaFin FAQ Eligible Assets Teil 1 Frage 14).

54 Die Erwerbbarkeit von Anteilen an geschlossenen Fonds steht allerdings unter dem Vorbehalt, dass die **Anlagegrenzen der OGAW-RL nicht umgangen** wer-

den (CESR Eligible Assets Leitlinien, S. 7, Abs. 17). Darüber hinaus betont die BaFin, dass das **Risikomanagement** der den OGAW verwaltenden KVG in der Lage sein muss, die im geschlossenen Fondsanteil enthaltenen Risiken adäquat abzubilden (Art. 2 I Buchst. g Erste Durchführungs-RL). Hierzu muss die KVG in entsprechender Anwendung des „Look-Through-Grundsatzes" die hinter dem Wertpapier liegenden Vermögensgegenstände berücksichtigen (BaFin FAQ Eligible Assets Teil 1 Frage 14).

2. Geschlossene Fonds in Form einer Investmentgesellschaft. Anteile an einem geschlossenen Fonds **in Form einer Investmentgesellschaft** (zum Begriff aus deutscher Sicht: § 1 XI) sind gem. Art. 2 II Buchst. a Erste Durchführungs-RL als Wertpapiere iSd OGAW-RL anzusehen, wenn sie die folgenden Kriterien erfüllen: 55

- Sie erfüllen die in Art. 2 I Erste Durchführungs-RL genannten allgemeinen Kriterien für Wertpapiere.
- Sie unterliegen einer **Unternehmenskontrolle.**
- Wird die Tätigkeit der Vermögensverwaltung von einem anderen Rechtsträger (also einer Verwaltungsgesellschaft) im Auftrag des geschlossenen Fonds wahrgenommen, so muss dieser Rechtsträger den einzelstaatlichen **Vorschriften für den Anlegerschutz** unterliegen.

Seit der Umsetzung der **AIFM-RL** und dem Inkrafttreten des KAGB im Jahr 2013 unterliegen auch die Verwalter von AIF einer **investmentrechtlichen Aufsicht,** soweit sie hinsichtlich des Gesamtvolumens der von ihnen verwalteten Fonds bestimmte Schwellenwerte überschreiten. Im Rahmen der Beaufsichtigung unterliegen sie einer Erlaubnispflicht sowie umfassenden Transparenz- und Berichtspflichten gegenüber der Aufsicht und den Anlegern. 56

Im Übrigen sind in diesem Kontext die Regelungen des WpHG zu berücksichtigen. Gemäß § 2 IV Nr. 2 WpHG sind alle Anteile an Investmentvermögen iSv § 1 I KAGB (also auch alle geschlossenen Fonds) als **Finanzinstrumente iSd WpHG** zu qualifizieren. Dies bedeutet, dass die den Vertrieb von Finanzinstrumenten betreffenden **Anlegerschutzregelungen des WpHG** prinzipiell auf den Vertrieb geschlossener Fonds Anwendung finden, soweit nicht bestimmte Ausnahmeregelungen (insb. § 2 VI Nr. 8 KWG) zum Zuge kommen. Dieser Befund untermauert, dass es sich bei Anteilen an geschlossenen Fonds nicht Vermögensgegenstände handelt, die sich in einem „aufsichtsrechtlichen Vakuum" befinden. 57

Handelt es sich um einen **geschlossenen Fonds in Vertragsform,** so sind dessen Anteile gem. Art. 2 II Buchst. b Erste Durchführungs-RL als Wertpapiere iSd OGAW-RL anzusehen, wenn sie die folgenden Kriterien erfüllen: 58

- Sie erfüllen die in Art. 2 I Erste Durchführungs-RL genannten allgemeinen Kriterien für Wertpapiere.
- Sie unterliegen einer **Unternehmenskontrolle,** die der Unternehmenskontrolle für Investmentgesellschaften oder Investmentfonds gleichkommt (also nicht identisch sein muss).
- Sie werden von einem Rechtsträger verwaltet, der den einzelstaatlichen **Vorschriften für den Anlegerschutz** unterliegt.

Die CESR Eligible Assets Leitlinien (S. 7 Abs. 17) stellen für die Vergleichbarkeit der Unternehmenskontrolle auf die beiden folgenden Kriterien ab: 59

(1) das Recht der Anteilseigner, **ihr Stimmrecht** bei der Entscheidung von wesentlichen Angelegenheiten geltend zu machen (dies gilt insb. für die Berufung sowie die Abberufung der Verwaltungsgesellschaft, die Ergänzung der vertrag-

lichen Grundlagen des Investmentvermögens und für die Entscheidung über eine Verschmelzung oder die Liquidation des Fonds);

(2) das Recht zur **Bestimmung der Anlagepolitik** des Fonds durch geeignete Mechanismen.

60 Beide Kriterien liegen bei **Publikumsinvestmentvermögen** in vertraglicher Form regelmäßig nicht vor. Im Rahmen der geschlossenen Fonds in Vertragsform kommen daher praktisch nur Spezialinvestmentvermögen in Betracht.

61 In den CESR Eligible Assets Leitlinien (S. 7 Abs. 17) wird außerdem für die geschlossenen Fonds in Vertragsform präzisiert, dass die Vermögensgegenstände des Fonds von den Vermögensgegenständen der Verwaltungsgesellschaft getrennt und **unterscheidbar verwahrt** werden müssen. Außerdem müssen im Falle, dass die Verwaltungsgesellschaft liquidiert wird, die Inhaber der Fondsanteile am geschlossenen Fonds in Vertragsform adäquaten Schutz genießen. Ein dem § 100 KAGB vergleichbares Schutzniveau dürfte hierfür ausreichend (wenn auch nicht zwangsläufig erforderlich) sein.

VI. Klassifizierung von (anderen) Finanzinstrumenten als Wertpapiere

62 Nach § 193 I Nr. 8 können Finanzinstrumente auch dann als Wertpapiere iSd OGAW-RL klassifiziert werden, wenn sie die in Art. 2 II Buchst. c Erste Durchführungs-RL genannten Kriterien erfüllen. Sie müssen also zum einen die in Art. 2 I Erste Durchführungs-RL genannten **allgemeinen Kriterien** für Wertpapiere erfüllen. Zum anderen müssen sie durch **andere Vermögenswerte besichert** oder an die Entwicklung anderer Vermögenswerte **gekoppelt** sein, wobei diese Vermögenswerte von den gem. Art. 50 I (früher: Art. 19 I) OGAW-RL zulässigen Vermögensgegenständen abweichen können.

63 Schließlich darf es sich um kein Finanzinstrument mit **derivativer Komponente** iSv Art. 10 Erste Durchführungs-RL handeln, denn in diesem Fall greift der speziellere **§ 197 I 2** und die Erwerbbarkeit richtet sich nicht nach § 193, sondern **nach den Grundsätzen für Derivate** (vgl. auch Art. 2 III Erste Durchführungs-RL). Das Finanzinstrument darf maW kein „strukturiertes Produkt" iSd §§ 33, 34 DerivateV sein. Denn nach Auffassung der BaFin sind die Begriffe „strukturiertes Produkt" und Finanzinstrument mit derivativer Komponente identisch (BaFin, FAQ Eligible Assets Teil 1 Frage 4). In beiden Fällen muss das Finanzinstrument die Voraussetzungen des Art. 10 I Erste Durchführungs-RL erfüllen.

64 Diese sind erfüllt, wenn ein Wertpapier (iSd Art. 2 I Erste Durchführungs-RL) eine Komponente enthält und

– durch diese Komponente (zB einem spezifischen Zinssatz, Wechselkurs, Preis- oder Kursindex, Kreditrating oder Kreditindex oder einer sonstigen Variablen) einige oder alle **Cashflows,** die bei dem betreffenden Wertpapier andernfalls entstehen würden, verändert werden und daher in ähnlicher Weise wie ein eigenständiges Derivat **variieren** (Art. 10 I Buchst. a Erste Durchführungs-RL);
– die **wirtschaftlichen Merkmale und Risiken** der betreffenden Komponente nicht eng mit den wirtschaftlichen Merkmalen und Risiken des betreffenden Wertpapiers verbunden sind (Art. 10 I Buchst. b Erste Durchführungs-RL); sowie
– die Komponente einen signifikanten Einfluss auf das **Risikoprofil** und die **Preisgestaltung** des betreffenden Wertpapiers hat (Art. 10 I Buchst. c Erste Durchführungs-RL).

Bei den sog. **1:1-Produkten** trifft keine dieser Voraussetzungen zu. Der Cashflow des 1:1-Produktes wird nicht verändert, da die Wertentwicklung und die Risiken des in Bezug genommenen Vermögenswertes nicht mit einer Hebelwirkung verbunden sind. Zwischen dem Wertpapier und dem zugrunde liegenden Basiswert besteht eine enge Verbindung, denn die Wertentwicklung des Basiswertes wird 1:1 abgebildet. Insofern werden dadurch auch das Risikoprofil und die Preisgestaltung des 1:1-Produktes nicht verändert. **Delta 1- oder 1:1-Zertifikate** auf nicht-derivative Basiswerte stellen deshalb keine Finanzinstrumente mit derivativer Komponente dar (BaFin FAQ Eligible Assets Teil 1 Frage 1). 65

Nach Auffassung der BaFin erfolgt bei den 1: 1-Produkten auch **keine Durchschau auf den Basiswert.** Infolgedessen können auch 1:1-Zertifikate, deren Basiswert ein nicht zulässiger Vermögensgegenstand iSd OGAW-RL ist, für einen inländischen OGAW erworben werden. So ist zB die Investition in **Zertifikate auf Edelmetalle** zulässig, bei denen die Wertentwicklung der Edelmetalle 1:1 nachgebildet wird (BaFin FAQ Eligible Assets Teil 1 Frage 2). Ebenso ist der Erwerb von Zertifikaten auf Einzelrohstoffe oder Rohstoffbaskets zulässig (BaFin FAQ Eligible Assets Teil 1 Frage 3). 66

1:1-Zertifikate auf Finanzindizes sind ebenfalls zulässig, eine Durchschau auf den Finanzindex und seine einzelnen Komponenten ist nicht notwendig. Anders liegt der Fall, wenn es sich nicht um ein 1:1-Zertifikat handelt. Dann ist ein Erwerb nur unter den Voraussetzungen des § 197 I möglich und damit nur dann, wenn ein anerkannter Finanzindex vorliegt (vgl. Art. 9 I Erste Durchführungs-RL). 67

Auch forderungsbesicherte Finanzinstrumente wie beispielsweise **Asset Backed Securities (ABS)** oder **Collateralised Debt Obligations (CDO)** sind nach Auffassung von CESR (CESR Eligible Assets Leitlinien, S. 10 Abs. 23) und BaFin (BaFin FAQ Eligible Assets Teil 1 Frage 17) Wertpapiere. Hieraus folgt, dass der Forderungspool dieser Finanzinstrumente auch Vermögensgegenstände erhalten darf, die für ein OGAW nicht direkt erwerbbar sind. 68

Wie bereits in → Rn. 65 dargelegt, erfolgt bei der Prüfung, ob ein bestimmtes Finanzinstrument für einen OGAW erwerbbar ist, keine Durchschau auf zugrunde liegende Basiswerte, wenn das Finanzinstrument nicht den Charakter einer derivativen Komponente aufweist. Von diesem Grundsatz unberührt bleiben aber die Anforderungen an das **Risikomanagement einer KVG.** Für die Zwecke eines adäquaten Risikomanagements ist jedes Finanzinstrument in seine Einzelkomponenten zu zerlegen (BaFin FAQ Eligible Assets Teil 1, Frage 1). 69

Die zwingende Forderung des Art. 2 I Buchst. g Erste Durchführungs-RL, dass jedes Wertpapier von Seiten des Risikomanagements adäquat erfasst werden muss, kann nur so verstanden werden, dass die **Risiken einer jeden einzelnen Komponente** zu betrachten und angemessen zu erfassen sind. Ein 1:1-Zertifikat auf Edelmetalle darf daher zum Beispiel nur erworben werden, wenn die KVG in der Lage ist, die Risiken von Edelmetallen angemessen zu managen. 70

VII. Erwerb von Zertifikaten auf Hedgefonds oder Hedgefonds-Indizes

Nachdem der Look-Through Grundsatz bei 1:1-Produkten nicht zur Anwendung kommt, ist der Erwerb von **1:1-Zertifikaten auf Hedgefonds oder Hedgefonds-Indizes** ebenfalls grds. zulässig (BaFin FAQ Eligible Assets, Teil 1 Frage 7). Gegen die von der BaFin vertretene Auffassung könnte man einwenden, dass zwar im Verhältnis zwischen dem Zertifikat als zugrunde liegendem Finanz- 71 instrument und dem Hedgefonds eine Abbildung der Wertentwicklung im Verhältnis von 1:1 erfolgt, dabei aber nicht berücksichtigt wird, dass der **Hedgefonds seinerseits eine Hebelwirkung** enthalten kann. Nachdem aber eine Durchschau auf den Basiswert nicht erfolgt, kommt es nach der hier vertretenen Auffassung auch nicht darauf an, inwieweit dieser Basiswert selbst eine Hebelwirkung in sich enthält.

72 Des Weiteren stellt sich bei 1:1-Zertifikaten auch nicht die Frage, ob es sich um einen zulässigen Hedgefonds-Index iSv Art. 9 I Erste Durchführungs-RL, der **CESR-Hedgefonds-Leitlinien** und der ESMA-ETF-Leitlinien handelt. Anders liegt der Fall jedoch, wenn es sich **nicht um ein 1:1-Produkt** handelt. In diesem Fall handelt es sich bei dem betreffenden Instrument um ein Derivat (§ 197), so dass das Instrument nur erwerbbar ist, wenn ihm ein zulässiger Basiswert zu Grunde liegt. Diese Frage ist anhand der oben genannten Regelungen zu beantworten.

73 Obwohl für die **Erwerbbarkeitsprüfung** keine Durchschau auf den Basiswert notwendig ist, ist der Hedgefonds oder Hedgefonds-Index als einzelne Komponente des Wertpapiers iRd **Risikomanagements angemessen zu berücksichtigen.** Wiederum rekurriert die BaFin auf die Anforderungen an das Risikomanagement der KVG (BaFin FAQ Eligible Assets Teil 1 Frage 7 mit Verweis auf Art. 2 I Buchst. g Erste Durchführungs-RL).

74 Der **Zerlegungsgrundsatz,** der die Anforderungen an das Risikomanagement der KVG bestimmt, wird sich insb. bei Hedgefonds und Hedgefonds-Indizes einschränkend auf das Universum erwerbbarer Zertifikate auswirken. Ist die KVG nicht in der Lage, die einem Hedgefonds oder Hedgefonds-Index inhärenten Risiken zu managen, darf ein Zertifikat mit Bezug auf einen solchen Hedgefonds auch nicht erworben werden. Sollte die KVG zu einem **angemessenen Risikomanagement** in der Lage sein, dann hat sie in diesem Rahmen auch zu berücksichtigen, dass der Hedgefonds selbst regelmäßig eine Hebelwirkung enthält.

§ 194 Geldmarktinstrumente

(1) **Die OGAW-Kapitalverwaltungsgesellschaft darf vorbehaltlich des § 198 für Rechnung eines inländischen OGAW Instrumente, die üblicherweise auf dem Geldmarkt gehandelt werden, sowie verzinsliche Wertpapiere, die im Zeitpunkt ihres Erwerbs für den inländischen OGAW eine restliche Laufzeit von höchstens 397 Tagen haben, deren Verzinsung nach den Ausgabebedingungen während ihrer gesamten Laufzeit regelmäßig, mindestens aber einmal in 397 Tagen, marktgerecht angepasst wird oder deren Risikoprofil dem Risikoprofil solcher Wertpapiere entspricht (Geldmarktinstrumente), nur erwerben, wenn sie**

1. **an einer Börse in einem Mitgliedstaat der Europäischen Union oder in einem anderen Vertragsstaat des Abkommens über den Europäischen Wirtschaftsraum zum Handel zugelassen oder dort an einem anderen organisierten Markt zugelassen oder in diesen einbezogen sind,**
2. **ausschließlich an einer Börse außerhalb der Mitgliedstaaten der Europäischen Union oder außerhalb der anderen Vertragsstaaten des Abkommens über den Europäischen Wirtschaftsraum zum Handel zugelassen oder dort an einem anderen organisierten Markt zugelassen oder in diesen einbezogen sind, sofern die Wahl dieser Börse oder dieses organisierten Marktes von der Bundesanstalt zugelassen ist,**

3. von der Europäischen Union, dem Bund, einem Sondervermögen des Bundes, einem Land, einem anderen Mitgliedstaat oder einer anderen zentralstaatlichen, regionalen oder lokalen Gebietskörperschaft oder der Zentralbank eines Mitgliedstaates der Europäischen Union, der Europäischen Zentralbank oder der Europäischen Investitionsbank, einem Drittstaat oder, sofern dieser ein Bundesstaat ist, einem Gliedstaat dieses Bundesstaates oder von einer internationalen öffentlich-rechtlichen Einrichtung, der mindestens ein Mitgliedstaat der Europäischen Union angehört, begeben oder garantiert werden,
4. von einem Unternehmen begeben werden, dessen Wertpapiere auf den unter den Nummern 1 und 2 bezeichneten Märkten gehandelt werden,
5. begeben oder garantiert werden
   a) von einem Kreditinstitut, das nach den im Recht der Europäischen Union festgelegten Kriterien einer Aufsicht unterstellt ist, oder
   b) einem Kreditinstitut, das Aufsichtsbestimmungen, die nach Auffassung der Bundesanstalt denjenigen des Rechts der Europäischen Union gleichwertig sind, unterliegt und diese einhält oder
6. von anderen Emittenten begeben werden und es sich bei dem jeweiligen Emittenten
   a) um ein Unternehmen mit einem Eigenkapital von mindestens 10 Millionen Euro handelt, das seinen Jahresabschluss nach den Vorschriften der Richtlinie 2013/34/EU des Europäischen Parlaments und des Rates vom 26. Juni 2013 über den Jahresabschluss, den konsolidierten Abschluss und damit verbundene Berichte von Unternehmen bestimmter Rechtsformen und zur Änderung der Richtlinie 2006/43/EG des Europäischen Parlaments und des Rates und zur Aufhebung der Richtlinien 78/660/EWG und 83/349/EWG des Rates (ABl. L 182 vom 29.6.2013, S. 19) erstellt und veröffentlicht,
   b) um einen Rechtsträger handelt, der innerhalb einer Unternehmensgruppe, die eine oder mehrere börsennotierte Gesellschaften umfasst, für die Finanzierung dieser Gruppe zuständig ist oder
   c) um einen Rechtsträger handelt, der die wertpapiermäßige Unterlegung von Verbindlichkeiten durch Nutzung einer von einer Bank eingeräumten Kreditlinie finanzieren soll; für die wertpapiermäßige Unterlegung und die von einer Bank eingeräumte Kreditlinie gilt Artikel 7 der Richtlinie 2007/16/EG.

(2) [1]Geldmarktinstrumente im Sinne des Absatzes 1 dürfen nur erworben werden, wenn sie die Voraussetzungen des Artikels 4 Absatz 1 und 2 der Richtlinie 2007/16/EG erfüllen. [2]Für Geldmarktinstrumente im Sinne des Absatzes 1 Nummer 1 und 2 gilt Artikel 4 Absatz 3 der Richtlinie 2007/16/EG.

(3) [1]Geldmarktinstrumente im Sinne des Absatzes 1 Nummer 3 bis 6 dürfen nur erworben werden, wenn die Emission oder der Emittent dieser Instrumente Vorschriften über den Einlagen- und den Anlegerschutz unterliegt und zusätzlich die Kriterien des Artikels 5 Absatz 1 der Richtlinie 2007/16/EG erfüllt sind. [2]Für den Erwerb von Geldmarktinstrumenten, die nach Absatz 1 Nummer 3 von einer regionalen oder lokalen Gebietskörperschaft eines Mitgliedstaates der Europäischen Union oder von einer internationalen öffentlich-rechtlichen Einrichtung im Sinne des

Absatzes 1 Nummer 3 begeben werden, aber weder von diesem Mitgliedstaat oder, wenn dieser ein Bundesstaat ist, einem Gliedstaat dieses Bundesstaates garantiert werden und für den Erwerb von Geldmarktinstrumenten nach Absatz 1 Nummer 4 und 6 gilt Artikel 5 Absatz 2 der Richtlinie 2007/16/EG; für den Erwerb aller anderen Geldmarktinstrumente nach Absatz 1 Nummer 3 außer Geldmarktinstrumenten, die von der Europäischen Zentralbank oder der Zentralbank eines Mitgliedstaates der Europäischen Union begeben oder garantiert wurden, gilt Artikel 5 Absatz 4 dieser Richtlinie. [3]Für den Erwerb von Geldmarktinstrumenten nach Absatz 1 Nummer 5 gelten Artikel 5 Absatz 3 und, wenn es sich um Geldmarktinstrumente handelt, die von einem Kreditinstitut, das Aufsichtsbestimmungen, die nach Auffassung der Bundesanstalt denjenigen des Rechts der Europäischen Union gleichwertig sind, unterliegt und diese einhält, begeben oder garantiert werden, Artikel 6 der Richtlinie 2007/16/EG.

Schrifttum: *Beckmann/Scholtz/Vollmer* Ergänzbares Handbuch für das gesamte Investmentwesen, 2013; *Bödecker* Handbuch Investmentrecht, 1. Aufl. 2007; *Herf* BaFin erweitert Katalog erwerbbarer Finanzinstrumente für Investmentfonds; BaFinJournal 07/2007, 6; *Kaune/Oulds* Das neue Investmentgesetz, ZBB 2004, 114; *Kempf* Novellierung des Investmentrechts 2004 nach dem Investmentmodernisierungsgesetz, 1. Aufl. 2004; *ders.* Novellierung des Investmentrechts 2007, Ein Praxishandbuch 1. Aufl. 2008; *Kremer* Regulierung von Geldmarktfonds, in: BaFinJournal 1/2012, 14; *Nickel* Die Novelle des Investmentgesetzes, 2008; *Patzner/Döser/Kempf* Investmentrecht, 2. Aufl. 2014; *Raab* Grundlagen des Investmentfondsgeschäfts, 6. Aufl. 2012; *SJ Berwin* „Eligible Assets" – Die Neufassung der zulässigen Vermögensgegenstände, Financial Markets Bulletin, 2007.

Inhaltsübersicht

	Rn.
I. Grundlagen	1
II. Geldmarktinstrumente iSd Ersten Durchführungs-RL	6
1. Laufzeit und Risikoprofil	6
2. Liquidität und jederzeitige Bewertbarkeit	8
3. Die besonderen Erwerbsvoraussetzungen bei Geldmarktinstrumenten iSv Art. 50 I Buchst. h OGAW-RL	13
III. Überblick über die Regelung des KAGB	16
IV. Die Klassifizierungskriterien im Einzelnen	21
1. „Liquidität" bei Geldmarktinstrumenten, § 194 I Nr. 1–6	21
2. „Bewertbarkeit" bei Geldmarktinstrumenten. § 194 I Nr. 1–6	27
3. „Angemessene Informationen" für Geldmarktinstrumente, § 194 I Nr. 3–6	30
a) Bei Geldmarktinstrumenten gem. § 194 I Nr. 3 mit Garantie gem. § 194 III 2 Hs. 2	31
b) Bei Geldmarktinstrumenten gem. § 194 I Nr. 4 und 6 sowie § 194 I Nr. 3 ohne Garantie gem. § 194 III 2 Hs. 1	33
4. für Kreditinstitute als Emittenten von Geldmarktinstrumenten, § 194 I Nr. 5	35
5. Vorgaben für die wertpapiermäßige Unterlegung von Verbindlichkeiten durch Nutzung einer von einer Bank eingeräumten Kreditlinie bei Geldmarktinstrumenten, § 194 I Nr. 6 Buchst. c	39
6. Gesamtüberblick über die Anforderungen der Ersten Durchführungs-RL an Geldmarktinstrumente, § 194 I Nr. 1–6	44
7. Geldmarktinstrumente als strukturierte Produkte	45

I. Grundlagen

Artikel 2 I Buchst. o OGAW-RL bezeichnet Geldmarktinstrumente als „Instrumente, die üblicherweise auf dem **Geldmarkt gehandelt werden, liquide sind und deren Wert jederzeit genau bestimmt werden kann**". Die Vorschrift des § 194 legt fest, in welche Geldmarktinstrumente die Mittel eines inländischen OGAW sowohl zu Investment- als auch zu Liquiditätszwecken angelegt werden dürfen. 1

Die typisierenden Kriterien für Emittenten, deren Geldmarktinstrumente gekauft werden dürfen (sog. **qualifizierte Aussteller,** deren Bonität grds. gewährleistet erscheint) sollen das Emittentenrisiko gering halten. Sie entbinden die KVG jedoch nicht von der Pflicht, zu prüfen, ob ein ausreichender Anlegerschutz gewährleistet ist. Die KVG hat der Erwartung des Anlegers Rechnung zu tragen, dass mit dem Einsatz von Geldmarktinstrumenten die Zinseinnahmen bei geringem Kapitalrisiko und hoher Liquidität maximiert werden. Grundsätzlich wird davon ausgegangen, dass bei einem Rating oberhalb des Investmentgrades ein **niedriges Emittentenrisiko** vorliegt. 2

Da zahlreiche Formen von kurzfristigen Anlageinstrumenten mit besonderen wirtschaftlichen Risiken auf den Markt angeboten werden, stellte sich die Frage, welche Vermögensgegenstände die Voraussetzungen eines Geldmarktinstruments iSd OGAW-RL erfüllen. Die Anforderungen an diese Asset Klasse wurden daher in der **Ersten Durchführungs-RL** präzisiert. 3

Danach hat ein Geldmarktinstrument bestimmte Kriterien im Hinblick auf seine **Laufzeit** und das wirtschaftliche **Risikoprofil** zu erfüllen (→ Rn. 6ff.). 4

Auch Finanzinstrumente, die **nicht an einem organisierten Markt** notiert sind oder gehandelt werden, können als Geldmarktinstrumente klassifiziert werden, wenn sie neben den allgemeinen Kriterien weitere Voraussetzungen erfüllen. Dazu gehören im Hinblick auf die **Gewährleistung des Anlegerschutzes** ua die Bereitstellung von angemessenen Informationen über das Emissionsprogramm und den Emittenten. Außerdem werden qualitative Anforderungen an die Emittenten selbst gestellt. Diese müssen zB Vorschriften über den **Einlagen- und Anlegerschutz** bzw. Aufsichtsbestimmungen unterliegen, die mindestens so streng sind wie das Gemeinschaftsrecht. 5

II. Geldmarktinstrumente iSd Ersten Durchführungs-RL

1. Laufzeit und Risikoprofil. Die Erste Durchführungs-RL legt in Art. 3 II fest, dass Finanzinstrumente unter den Begriff **„üblicherweise auf dem Geldmarkt gehandelt"** fallen, wenn sie **alternativ** eines der vier folgenden Kriterien erfüllen: 6

- Sie haben bei der Emission eine Laufzeit von bis zu 397 Tagen.
- Sie haben bei Erwerb eine Restlaufzeit von bis zu 397 Tagen.
- Ihre Rendite wird regelmäßig, mind. aber alle 397 Tage entsprechend der Geldmarktsituation angepasst.
- Ihr Risikoprofil einschl. Kredit- und Zinsrisiko entspricht dem Risikoprofil der vorstehend genannten Instrumente im Hinblick auf Laufzeit und Zinsanpassung.

In den CESR-Eligible-Assets-Leitlinien (s. dort S. 7) wird klargestellt, dass **Schatzwechsel und Kommunalwechsel** sowie **Bankakzepte, Einlagenzertifikate und kurzfristige Anleihen** unter den Begriff der Geldmarktinstrumente fallen. 7

8 **2. Liquidität und jederzeitige Bewertbarkeit.** In Art. 4 Erste Durchführungs-RL wird definiert, was unter den Begriffen Liquidität und jederzeitige Bewertbarkeit zu verstehen ist. Dabei werden je nach Typus des Geldmarktinstruments (s. Art. 50 I Buchst. a, b und c sowie Buchst. h der OGAW-RL) unterschiedliche Voraussetzungen an **Liquidität und Bewertbarkeit** gestellt. Um eine inhaltliche Wiederholung zu vermeiden, werden diese speziellen Voraussetzungen in → Rn. 21 ff. dargestellt. In vorliegendem Abschnitt sollen hingegen die allgemeinen Grundsätze bzgl. Liquidität und Bewertung erläutert werden.

9 Finanzinstrumente gelten gem. Art. 4 I Erste Durchführungs-RL als liquide, wenn „sie sich unter Berücksichtigung der Verpflichtung des OGAW, seine **Anteile** auf Verlangen des Anteilsinhabers **zurückzunehmen** oder auszahlen zu lassen, innerhalb hinreichend kurzer Zeit mit begrenzten Kosten veräußern lassen".

10 Der Gesetzgeber nimmt hinsichtlich der Liquidität somit auf zwei unterschiedliche Tatbestände Bezug: Zum einen geht es um die **Liquidität des Geldmarktinstrumentes** selbst, zum anderen um die **Liquidität des Gesamtportfolios,** die gewährleistet sein muss, damit der Anleger jederzeit seine Anteile zurückgeben kann.

11 Artikel 4 II Erste Durchführungs-RL konkretisiert, was unter der Voraussetzung **„deren Wert jederzeit genau bestimmt werden kann"** zu verstehen ist. Es müssen genaue und verlässliche Bewertungssysteme vorhanden sein, die eine exakte Wertbestimmung der Geldmarktinstrumente ermöglichen. Diese **Bewertungssysteme** müssen der KVG die Ermittlung eines Nettobestandswertes ermöglichen, der dem Wert entspricht, zu dem das im Portfolio gehaltene Finanzinstrument in einem Geschäft zwischen sachverständigen, vertragswilligen und unabhängigen Geschäftspartnern ausgetauscht werden könnte. Außerdem müssen diese Systeme entweder auf **Marktdaten** oder **Bewertungsmodellen** beruhen. Diese Voraussetzung wird auch durch Systeme erfüllt, die auf fortgeführten Anschaffungskosten beruhen.

12 Bei Geldmarktinstrumenten, die **am geregelten Markt** (in Deutschland also an einem organisierten Markt) **notiert** sind bzw. gehandelt werden, wird gem. Art. 4 III Erste Durchführungs-RL unterstellt, dass sie die Voraussetzungen bzgl. Liquidität und Bewertbarkeit erfüllen. Nur soweit der KVG anderweitige Informationen vorliegen, hat sie die Liquidität und Bewertbarkeit zu prüfen. Bei den anderen Geldmarktinstrumenten, die nicht an einem geregelten Markt notiert sind oder gehandelt werden (Art. 50 I Buchst. h der OGAW-RL), gilt diese Annahme nicht. Hier hat die KVG die Liquidität und Bewertbarkeit gesondert zu prüfen.

13 **3. Die besonderen Erwerbsvoraussetzungen bei Geldmarktinstrumenten iSv Art. 50 I Buchst. h OGAW-RL.** Geldmarktinstrumente, die nicht auf einem geregelten Markt gehandelt werden, müssen gem. Art. 5 I Erste Durchführungs-RL neben den allgemeinen Voraussetzungen bzgl. **Laufzeit, Risikoprofil, Liquidität und Bewertbarkeit** besondere Erwerbsvoraussetzungen einhalten, die zusätzlich dem Anlegerschutz dienen.

- Gemäß Art. 5 I Erste Durchführungs-RL dürfen diese Geldmarktinstrumente nur erworben werden, wenn die Emission oder der Emittent dieser Instrumente Vorschriften über den Einlagen- und den Anlegerschutz unterliegen.
- Es müssen angemessene Informationen über diese Geldmarktinstrumente vorliegen, einschließlich Informationen, die eine angemessene Bewertung der mit der Anlage in solche Instrumente verbundenen Kreditrisiken ermöglichen.
- Die Geldmarktinstrumente müssen frei transferierbar sein.

14 Die zweite Voraussetzung des Art. 5 I Erste Durchführungs-RL, die das **Vorliegen angemessener Informationen** betrifft, wird durch die folgenden Abs. 2–4 weiter differenziert. Artikel 50 I Buchst. h OGAW-RL unterteilt die Geldmarktinstrumente, die nicht an einem geregelten Markt notiert oder gehandelt werden, in **vier Untergruppen** (im Richtlinientext jeweils erkennbar an einem Gedankenstrich).

Artikel 5 Erste Durchführungs-RL differenziert hinsichtlich der konkreten Anforderungen, die an das Vorliegen angemessener Informationen gestellt werden, ebenfalls entsprechend dieser **vier Untergruppen.** Artikel 5 II bezieht sich auf die zweite und vierte Untergruppe, Art. 5 III betrifft lediglich die dritte Untergruppe und Art. 5 IV regelt das Vorliegen angemessener Informationen in Bezug auf die erste Untergruppe mit Ausnahme der Zentralbanken, für die die Regelung in Art. 5 II gilt. Die einzelnen Klassifizierungskriterien sollen nun aber nicht in der Systematik der Ersten Durchführungs-RL, sondern im Kontext von § 194 dargestellt werden, vgl. → Rn. 16ff.

15 Weitere Voraussetzungen im Hinblick auf die materiellen Anforderungen, die an ein emittierendes KI gestellt werden, und im Hinblick auf die Ausgestaltung von ABS-Konstruktionen finden sich in Art. 6 und 7 Erste Durchführungs-RL.

III. Überblick über die Regelung des KAGB

16 Die Vorschrift des § 194 übernimmt mit redaktionellen Anpassungen aufgrund der in § 1 enthaltenen Begriffsbestimmungen und der Neustrukturierung der Regelungen des aufzuhebenden Investmentgesetzes in diesem Gesetz den Wortlaut des früheren § 48 InvG. Bei der Novellierung des InvG im Jahr 2007 (Investmentänderungsgesetz vom 21.12.2007, BGBl. 2007 I 3089) wurde die bestehende Regelung des damaligen § 48 InvG an die **Erste Durchführungs-RL** angepasst und daher völlig neu gefasst. § 194 I Halbs. 1 gibt im Prinzip die allgemeinen Kriterien des Art. 3 Erste Durchführungs-RL für die Klassifizierung eines Vermögensgegenstandes als Geldmarktinstrument wieder. Hinsichtlich der Endfälligkeit der Finanztitel bzw. hinsichtlich der regelmäßigen Zinsanpassungen wird die **397-Tagefrist** eingeführt.

17 Im zweiten Halbsatz von § 194 I erfolgt eine **Aufzählung der zulässigen Handelsplätze** und zulässigen Emittenten. Im Hinblick auf die Einzelheiten wird auf den Wortlaut der Vorschrift verwiesen.

18 Die in § 194 I Nr. 3–5 genannten Emittenten werden vom Gesetz aufgrund der Bonität bzw. der Publizität als **„strukturell" sicher** eingestuft. In § 194 I Nr. 6 wird der **Deregulierung** Rechnung getragen, und es werden auch andere Emittenten zugelassen. Auch hier sollen die zusätzlichen Anforderungen aber deren Kreditwürdigkeit sicherstellen.

19 In § 194 Nr. 6 Buchst. c wird die Klarstellung aufgegriffen, dass Geldmarktinstrumente auch **klassische ABS (true sale)** umfassen können. Im Hinblick auf die Begriffe „wertpapiermäßige Unterlegung" und „von einer Bank eingeräumten Kreditlinien" wird auf Art. 7 Erste Durchführungs-RL verwiesen.

20 Keine eigenständigen Regelungen enthalten § 194 II und III. Beide verweisen vielmehr auf die Regelungen der Ersten Durchführungs-RL. In § 194 II neu wird klargestellt, dass die **allgemeinen Erwerbsvoraussetzungen der Liquidität und jederzeitigen Bewertbarkeit** gem. Art. 4 Erste Durchführungs-RL einzuhalten sind. Dabei wird hinsichtlich der Handelsplätze und Emittenten differenziert. In § 194 III wird hinsichtlich des Begriffs der „angemessenen Information" auf Art. 5

Erste Durchführungs-RL verwiesen. Außerdem wird durch Verweis auf Art. 6 Erste Durchführungs-RL klargestellt, welche Vorgaben für **Nicht-EU-Kreditinstitute als Emittenten** von Geldmarktinstrumenten bestehen.

IV. Die Klassifizierungskriterien im Einzelnen

21 **1. „Liquidität" bei Geldmarktinstrumenten, § 194 I Nr. 1–6.** Alle Geldmarktinstrumente haben bezüglich der Liquidität die Anforderungen gem. Art. 4 I Erste Durchführungs-RL zu erfüllen. Allerdings gilt für Geldmarktinstrumente gem. § 194 I Nr. 1 und 2, die an einem geregelten Markt notiert sind oder gehandelt werden, die Vermutung des Art. 4 III Erste Durchführungs-RL.

22 Soweit diese Vermutung im Einzelfall nicht zutrifft und für alle Geldmarktinstrumente gem. § 194 I Nr. 3–6, muss die KVG in angemessener Form überprüfen, ob das betreffende Instrument ausreichend liquide ist. In den **CESR Eligible Assets Leitlinien** wird näher spezifiziert, was unter Liquidität zu verstehen ist (s. dort S. 8).

23 Auf der **Ebene des Geldmarktinstruments** ist die Liquidität anhand der folgenden Kriterien zu überprüfen:
– Häufigkeit der Geschäfte und Quotierung des Instruments,
– Anzahl der handelswilligen Marktteilnehmer (Kauf und Verkauf) und deren Bereitschaft zum Handel des Instruments sowie Charakter des Handelsgeschäftes (übliche Verkaufsdauer, Angebotseinholung, Übertragungsform),
– Größe der Emission bzw. des Emissionsprogramms,
– bestehende Möglichkeit, das Instrument innerhalb kurzer Zeit (zB sieben Geschäftstage) wieder zu kaufen, zurückzugeben oder zu verkaufen. Dabei kommt es darauf an, dass die Kosten angemessen begrenzt sind, niedrige Gebühren anfallen und die Abwicklung des Geschäfts kurzfristig erfolgen kann.

24 Auf der **Ebene des OGAW (Gesamtportfolios)** ist bzgl. Liquidität auf die folgenden Kriterien abzustellen:
– Struktur und Konzentration der Anteilinhaber des Fonds,
– Zweck der Investition durch die Anteilinhaber,
– Qualität der Informationen über die Cashflow-Struktur des Fonds,
– Prospektangaben im Hinblick auf die Begrenzung der Rückgabemöglichkeiten.

25 Der Umstand, dass einige dieser Kriterien im Hinblick auf die **Liquidität** nicht erfüllt sind, bedeutet nicht automatisch, dass ein Geldmarktinstrument als illiquide einzustufen ist. Bei der Entscheidung kommt es auf eine **Gesamtbetrachtung** an, die beide Ebenen der Liquidität mit in Betracht zieht und sich vor allem am Zweck der Vorschrift orientiert (CESR Eligible Assets Leitlinien, S. 8).

26 Die in den CESR Eligible Assets Leitlinien genannten Kriterien sollen sicherstellen, dass die KVG den künftigen Bedarf an Cashflow bei der Zusammensetzung des Portfolios berücksichtigt, so dass der **antizipierte Cashflow** durch den Verkauf von hinreichend liquiden Instrumenten dargestellt werden kann. Dazu ist nicht erforderlich, dass jedes einzelne Geldmarktinstrument in gleichem Maße liquide ist. Bei einem mehrheitlich liquiden Portfolio ist auch der **Erwerb einzelner nicht liquider Vermögensgegenstände** zulässig.

27 **2. „Bewertbarkeit" bei Geldmarktinstrumenten. § 194 I Nr. 1–6.** Alle Geldmarktinstrumente haben bezüglich der **„Bewertbarkeit"** die Anforderungen gem. **Art. 4 II Erste Durchführungs-RL** zu erfüllen. Bei Geldmarktinstrumenten gem. § 194 I Nr. 1 und 2, die an einem geregelten Markt notiert sind oder ge-

handelt werden, wird die Erfüllung dieser Anforderungen vermutet (Art. 4 III Erste Durchführungs-RL). Bei allen anderen Geldmarktinstrumenten muss die hinreichende Bewertbarkeit positiv festgestellt werden.

Eine hinreichende Bewertbarkeit ist gegeben, wenn der **Wert jederzeit genau bestimmt** werden kann. Die Systeme müssen in der Lage sein, einen Wert zu liefern, der beim Austausch des jeweiligen Geldmarktinstruments zwischen sachverständigen, vertragswilligen und unabhängigen Geschäftspartnern gelten könnte. Die Werte haben auf Marktdaten oder Bewertungsmodellen zu beruhen.

Auch dazu enthalten die **CESR Eligible Assets Leitlinien** weitergehende Er- 28
läuterungen (s. dort S. 8):

Soweit für die **exakte und verlässliche Bewertung** der Geldmarktinstrumente Bewertungssysteme genutzt werden, die auf den fortgeführten Anschaffungskosten beruhen, hat die KVG sicherzustellen, dass zwischen dem tatsächlichen Wert des Geldmarktinstruments und dem Wert, der durch die **Amortisierungsmethode** ermittelt wird, kein wesentlicher Unterschied besteht. Dieser Grundsatz wird idR eingehalten, wenn

- das Geldmarktinstrument eine Restlaufzeit von weniger als drei Monaten hat und keine besonderen sensitiven Marktparameter einschließlich den Kreditrisiken vorliegen;
- der OGAW nur in hochwertige Finanzinstrumente investiert mit einer maximalen Laufzeit oder Restlaufzeit von 397 Tagen oder die Verzinsung regelmäßig im entsprechenden Zeitraum angepasst wird und die durchschnittliche Laufzeit 60 Tage beträgt. Die Voraussetzung, dass die Instrumente über hohe Qualität verfügen, soll angemessen überwacht werden, und zwar sowohl unter Berücksichtigung der Kreditrisiken als auch der Endfälligkeit des Instruments.

Den CESR Eligible Assets Leitlinien liegt die Annahme zu Grunde, dass bei 29
einer angemessenen verfahrensmäßigen Umsetzung dieser Grundsätze weder auf Ebene des Geldmarktinstruments noch auf der Ebene des Gesamtportfolios wesentliche **Bewertungsunterschiede** auftreten werden. Die Verfahren sollen eine **Aktualisierung der Credit Spreads** der Emittenten und der Credit Spreads bei Verkauf der Geldmarktinstrumente enthalten. Der Credit Spread ist eine Risikoprämie und wird als Renditedifferenz zwischen Staatsanleihen und Unternehmensanleihen gleicher Laufzeit (bzw. gleicher Duration) berechnet. Je schlechter die Kreditqualität (also bei schlechter Bonität und hoher Ausfallwahrscheinlichkeit), desto höher ist diese Renditedifferenz.

3. „Angemessene Informationen" für Geldmarktinstrumente, § 194 I 30
Nr. 3–6. Anders als bei börsengehandelten Geldmarktinstrumenten (§ 194 I Nr. 1, 2) setzt die Erwerbbarkeit anderer Geldmarktinstrumente (§ 194 I Nr. 3–6) **das Vorliegen „angemessener Informationen"** voraus. Dies ergibt sich aus dem in § 194 III enthaltenen Verweis auf die diversen Absätze von Art. 5 Erste Durchführungs-RL. Ohne „angemessene Informationen" sind nur Geldmarktinstrumente erwerbbar, die von der **Europäischen Zentralbank** oder der **Zentralbank eines Mitgliedstaates** der Europäischen Union begeben oder garantiert wurden (vgl. die in § 194 III 2, Hs. 2 enthaltene Ausnahme). Bei allen anderen Geldmarktinstrumenten hängt die notwendige **Informationstiefe** von der **Art des Emittenten** ab.

a) Bei Geldmarktinstrumenten gem. § 194 I Nr. 3 mit Garantie gem. 31
§ 194 III 2 Hs. 2. Diese Regelung betrifft Geldmarktinstrumente, die von der

Europäischen Union, dem Bund, einem Sondervermögen des Bundes, einem Land, einem anderen Mitgliedstaat oder einer anderen zentralstaatlichen, regionalen oder lokalen Gebietskörperschaft oder von einer internationalen öffentlich-rechtlichen Einrichtung, der mindestens ein Mitgliedstaat der Europäischen Union angehört, begeben oder garantiert werden.

32 Die Anforderungen an angemessene Informationen sind hier relativ limitiert. Gemäß **Art. 5 IV Erste Durchführungs-RL liegen „angemessene Informationen" bereits vor,** wenn sie Informationen über die Emission bzw. das Emissionsprogramm oder über die rechtliche und finanzielle Situation des Emittenten vor der Emission des Geldmarktinstruments umfassen. Ist eine regionale oder lokale Gebietskörperschaft oder eine internationale öffentlich-rechtliche Einrichtung der Emittent des betreffenden Geldmarktinstruments, so gelten die vorgenannten Erleichterungen nur, wenn ein Mitgliedstaat (oder einen Bundesstaat dieses Mitgliedstaats) die **Emission garantiert.**

33 **b) Bei Geldmarktinstrumenten gem. § 194 I Nr. 4 und 6 sowie § 194 I Nr. 3 ohne Garantie gem. § 194 III 2 Hs. 1.** In Bezug auf diese Geldmarktinstrumente findet **Art. 5 II Erste Durchführungs-RL** Anwendung. Angemessene Informationen setzen für diese Instrumente daher voraus, dass:

– Informationen sowohl über die **Emission** bzw. das Emissionsprogramm als auch über die rechtliche und finanzielle Situation des **Emittenten** vor der Emission des Geldmarktinstruments vorliegen;
– diese Informationen durch entsprechend qualifizierte und von Weisungen des Emittenten **unabhängige Dritte geprüft** werden (s. CESR Eligible Assets Leitlinien, S. 9: die unabhängigen Dritten müssen auf die Prüfung von rechtlichen und finanziellen Unterlagen spezialisiert sein und die notwendige professionelle Integrität vorweisen); und
– **verlässliche Statistiken** über die Emission bzw. das Emissionsprogramm verfügbar sind.

34 Die unter dem ersten Spiegelstrich genannten angemessenen Informationen müssen in regelmäßigen Abständen und bei signifikanten Begebenheiten **aktualisiert** werden. Die Überprüfung sollte nach CESR **mindestens** einmal **jährlich** stattfinden (CESR Eligible Assets Leitlinien, S. 9).

35 **4. für Kreditinstitute als Emittenten von Geldmarktinstrumenten, § 194 I Nr. 5.** Bei Geldmarktinstrumenten, die von Kreditinstituten begeben oder garantiert werden, verweist § 194 III 3 für die Frage, was als „angemessene Informationen" anzusehen ist, auf **Art. 5 III Erste Durchführungs-RL.** Angemessene Informationen setzen für diese Instrumente daher voraus, dass:

– Informationen sowohl über die **Emission** bzw. das Emissionsprogramm als auch über die rechtliche und finanzielle Situation des **Emittenten** vor der Emission des Geldmarktinstruments vorliegen; und
– verlässliche Statistiken über die Emission bzw. das Emissionsprogramm oder anderer Daten, die eine **angemessene Bewertung der** mit der Anlage in derartige Instrumente verbundenen **Kreditrisiken** ermöglichen, verfügbar sind.

36 Auch hier müssen die Informationen in regelmäßigen Abständen und bei signifikanten Begebenheiten **aktualisiert** werden (→ Rn. 34).

37 Unterliegt das emittierende bzw. garantierende Kreditinstitut nicht den aufsichtsrechtlichen Bestimmungen der EU, so können die betreffenden Geldmarktinstrumente nur erworben werden, wenn die weiteren Voraussetzungen des **Art. 6 Erste Durchführungs-RL** vorliegen (vgl. § 194 III 3 Hs. 2). Das Kreditinstitut

muss daher Aufsichtsbestimmungen unterliegen, diese einhalten und eines der folgenden Kriterien erfüllen:

- Es unterhält seinen Sitz im **Europäischen Wirtschaftsraum** oder in einem zur Zehnergruppe gehörenden **OECD**-Land.
- Es verfügt mindestens über ein **Investment-Grade-Rating.**
- Mittels einer eingehenden Analyse des Emittenten kann nachgewiesen werden, dass die für ihn geltenden **Aufsichtsbestimmungen** mindestens **so streng** sind wie die des Gemeinschaftsrechts.

Artikel 6 Erste Durchführungs-RL bezieht sich seinem Wortlaut nach nur auf 38 Kreditinstitute **als Emittenten** eines Geldmarktinstruments. Das Gleiche gilt (wie auch § 194 III 3 Hs. 2 zeigt) aber **auch, wenn** das betreffenden Geldmarktinstrument von einem Kreditinstitut **garantiert** wird.

5. Vorgaben für die wertpapiermäßige Unterlegung von Verbindlichkeiten durch Nutzung einer von einer Bank eingeräumten Kreditlinie bei Geldmarktinstrumenten, § 194 I Nr. 6 Buchst. c. 39 Geldmarktinstrumente sind auch dann erwerbbar, wenn es sich bei dem Emittenten um einen Rechtsträger handelt, der die wertpapiermäßige Unterlegung von Verbindlichkeiten durch Nutzung einer von einer **Bank eingeräumten Kreditlinie** finanziert. Dies kann durch Strukturen erfolgen, die in Unternehmens-, Gesellschafts- oder Vertragsform zur Erreichung eben dieser Zielsetzung geschaffen wurden (Art. 7 I Erste Durchführungs-RL). Unter diese Regelung fallen **„True sale"-ABS-Produkte,** bei denen Forderungen von Banken über den Verbriefungsprozess in fungible Wertpapiere transformiert werden.

Die BaFin hat außerdem klargestellt, dass **„true sale" und synthetische Verbriefungen** 40 von ABS-Strukturen nicht unterschiedlich behandelt werden müssen (s. BaFin FAQ Eligible Assets Teil 1 Frage 17). Beide Arten der Verbriefung dürfen daher mE bei Erfüllung der allgemeinen und besonderen Voraussetzungen als Geldmarktinstrumente erworben werden.

Etwas anderes gilt jedoch dann, wenn der **Verlust aus der ABS-Struktur** hö- 41 her sein kann als das eingesetzte Kapital oder der Forderungspool nicht hinreichend diversifiziert ist. In diesem Fall werden ABS als **Finanzinstrumente mit derivativer Komponente** angesehen mit der Folge, dass eine Durchschau erfolgt, sowie eine Zerlegung nach § 33 DerivateV vorzunehmen ist. Die Frage, was unter einer hinreichenden Diversifizierung zu verstehen ist, lässt die BaFin allerdings offen.

Von **„Banken eingeräumte Kreditlinien"** werden dann genutzt, wenn sich 42 die Nutzung auf Bankdienste bezieht, die durch ein Finanzinstitut gesichert sind und dieses Finanzinstitut seinerseits die Voraussetzungen von Art. 50 I Buchst. h Ziff. iii OGAW-RL erfüllt (Art. 7 II Erste Durchführungs-RL).

Davon ist auszugehen, wenn das Institut entweder nach den Kriterien des Ge- 43 meinschaftsrechts einer Aufsicht unterstellt ist oder **Aufsichtsbestimmungen unterliegt,** die mindestens so streng sind wie diejenigen des Gemeinschaftsrechts, und das Institut diese Bestimmungen einhält. Für die Frage, wann die zweite Variante erfüllt ist, s. Art. 6 Erste Durchführungs-RL und → Rn. 37.

6. Gesamtüberblick über die Anforderungen der Ersten Durchführungs-RL an Geldmarktinstrumente, § 194 I Nr. 1–6. 44 Wenn man die Anforderungen an die Geldmarktinstrumente in einer Gesamtschau betrachten will, so ergibt es Sinn, die Regelungen der OGAW-RL und der Ersten Durchführungs-RL sowie die Regelungen des KAGB nebeneinander zu stellen.

OGAW-RL	KAGB Aufzählung § 194 I	Anforderungen gem. § 194 II aus Art. 4 Durchführungs-RL	Anforderungen gem. § 194 III aus Art. 5 Durchführungs-RL	Anforderungen gem. § 194 III aus Art. 6 Durchführungs-RL
Art. 50 I Buchst. a–c	§ 194 I Nr. 1 Zulassung Börse zum Handel oder Zulassung/Einbeziehung anderer organisierter Markt in EU/EWR	Art. 4 I Liquidität	keine	keine
		Art. 4 II Bewertbarkeit		
		Art. 4 III Vermutung Liquidität		
Art. 50 I Buchst. a–c	§ 194 I Nr. 2 Zulassung Börse zum Handel oder Zulassung/Einbeziehung anderer organisierter Markt außerhalb EU/EWR	Art. 4 I Liquidität	keine	keine
		Art. 4 II Bewertbarkeit		
		Art. 4 III Vermutung Liquidität		
Art. 50 I Buchst. h Ziff. i	§ 194 I Nr. 3, wenn von der EZB oder einer nationalen Zentralbank begeben oder garantiert	Art. 4 I Liquidität	Art. 5 I Freie Transferierbarkeit	keine
		Art. 4 II Bewertbarkeit		
Art. 50 I Buchst. h Ziff. i	§ 194 I Nr. 3, wenn v. reg./lokaler Gebietskörperschaft oder internat. öffentl.-rechtl. Einrichtung begeben, aber ohne Garantie	Art. 4 I Liquidität	Art. 5 I Angemessene Informationen Freie Transferierbarkeit	keine
		Art. 4 II Bewertbarkeit	Art. 5 II Konkretisierung Inhalte der Angemessenen Informationen	
Art. 50 I Buchst. h Ziff. ii	§ 194 I Nr. 4 Börsennotierte Emittenten	Art. 4 I Liquidität	Art. 5 I Angemessene Informationen Freie Transferierbarkeit	keine
		Art. 4 II Bewertbarkeit	Art. 5 II Konkretisierung Inhalte der Angemessenen Informationen	

OGAW-RL	KAGB Aufzählung § 194 I	Anforderungen gem. § 194 II aus Art. 4 Durchführungs-RL	Anforderungen gem. § 194 III aus Art. 5 Durchführungs-RL	Anforderungen gem. § 194 III aus Art. 6 Durchführungs-RL
Art. 50 I Buchst. h Ziff. iii	§ 194 I Nr. 5 Kreditinstitute, die EU-Aufsichtsrecht unterliegen	Art. 4 I Liquidität	Art. 5 I Angemessene Informationen Freie Transferierbarkeit	keine
		Art. 4 II Bewertbarkeit	Art. 5 III Konkretisierung Inhalte der Angemessenen Informationen	
Art. 50 I Buchst. h Ziff. iii	§ 194 I Nr. 5 Kreditinstitute mit nach Auffassung BaFin gleichwertigen Aufsichtsbestimmungen	Art. 4 I Liquidität	Art. 5 I Angemessene Informationen Freie Transferierbarkeit	Art. 6 Gleichwertige Aufsichtsbestimmungen
		Art. 4 II Bewertbarkeit	Art. 5 III Konkretisierung Inhalte der Angemessenen Informationen	
Art. 50 I Buchst. h Ziff. iv	§ 194 I Nr. 6 Buchst. a und b andere Emittenten	Art. 4 I Liquidität	Art. 5 I Angemessene Informationen Freie Transferierbarkeit	keine
		Art. 4 II Bewertbarkeit	Art. 5 II Konkretisierung Inhalte der angemessenen Informationen	
Art. 50 I Buchst. h Ziff. iv	§ 194 I Nr. 6 Buchst. c ABS	Art. 4 I Liquidität	Art. 5 I Angemessene Informationen Freie Transferierbarkeit	Art. 7 Wertpapiermäßige Unterlegung/eingeräumte Kreditlinie
		Art. 4 II Bewertbarkeit	Art. 5 II Konkretisierung Inhalte der Angemessenen Informationen	

7. Geldmarktinstrumente als strukturierte Produkte. Geldmarktinstrumente können grds. auch **Finanzinstrumente mit einer derivativen Komponente,** sog. strukturierte Produkte sein. Dies ergibt sich bereits aus Art. 10 II Erste 45

Durchführungs-RL, der von Geldmarktinstrumenten spricht, in welche ein Derivat eingebettet ist. Entsprechend hat auch die BaFin klargestellt, dass ein Geldmarktinstrument ein strukturiertes Produkt mit oder ohne derivative Komponente sein kann (BaFin FAQ Eligible Assets Teil 1 Frage 16). Hinsichtlich der Abgrenzungskriterien im Einzelnen kann auf die Ausführungen in → § 193 Rn. 62ff. bzgl. Wertpapieren, die ein Derivat enthalten, verwiesen werden.

46 Soweit ein Geldmarktinstrument eine Komponente enthält, die unabhängig von diesem Geldmarktinstrument vertraglich transferierbar ist, so gilt es nicht als Finanzinstrument mit derivativer Komponente. Eine derartige Komponente wird vielmehr **als eigenes Finanzinstrument** betrachtet (vgl. Art. 10 III Erste Durchführungs-RL).

§ 195 Bankguthaben

[1]Die OGAW-Kapitalverwaltungsgesellschaft darf für Rechnung eines inländischen OGAW nur Bankguthaben halten, die eine Laufzeit von höchstens zwölf Monaten haben. [2]Die auf Sperrkonten zu führenden Guthaben können bei einem Kreditinstitut mit Sitz in einem Mitgliedstaat der Europäischen Union oder einem anderen Vertragsstaat des Abkommens über den Europäischen Wirtschaftsraum unterhalten werden; die Guthaben können auch bei einem Kreditinstitut mit Sitz in einem Drittstaat, dessen Aufsichtsbestimmungen nach Auffassung der Bundesanstalt denjenigen des Rechts der Europäischen Union gleichwertig sind, gehalten werden.

Schrifttum: *Beckmann/Scholtz/Vollmer* Ergänzbares Handbuch für das gesamte Investmentwesen, 2013; *Bödecker* Handbuch Investmentrecht, 1. Aufl. 2007; *Herf* BaFin erweitert Katalog erwerbbarer Finanzinstrumente für Investmentfonds; BaFinJournal 07/2007, 6; *Kaune/Oulds* Das neue Investmentgesetz, ZBB 2004, 114; *Kempf* Novellierung des Investmentrechts 2004 nach dem Investmentmodernisierungsgesetz, 1. Aufl. 2004; *ders.* Novellierung des Investmentrechts 2007, Ein Praxishandbuch, 1. Aufl. 2008; *Nickel* Die Novelle des Investmentgesetzes, 2008; *Patzner/Döser/Kempf* Investmentrecht, 2. Aufl. 2014; *Raab* Grundlagen des Investmentfondsgeschäfts, 6. Aufl. 2012.

I. Grundlagen

1 § 195 KAGB übernimmt mit redaktionellen Anpassungen aufgrund der übrigen im KAGB enthaltenen Begriffsbestimmungen den Wortlaut des § 49 InvG.

2 Die Begrenzung des KAGG, wonach Wertpapier-SV max. 49% ihres Wertes in Bankguthaben und Geldmarktpapieren halten durften, wurde bei Einführung des InvG ersatzlos gestrichen (s. dazu Investmentmodernisierungsgesetz vom 15.12.2003, BGBl. 2003 I 2676). Die entsprechende **Mindestinvestitionsgrenze** iHv 51% des Werts des Investmentvermögens konnte damit entfallen. Auch die im KAGG enthaltene Anforderung, dass Bankguthaben nur bei einem KI gehalten werden kann, das Mitglied einer Einlagensicherungseinrichtung oder einer entsprechenden Sicherungseinrichtung ist, entfiel bei Inkrafttreten des InvG. Insofern wurden die Regeln bzgl. Bankguthaben an die OGAW-RL angepasst.

3 Hintergrund für diese Erleichterung sind die Ausstellergrenzen des § 206 IV und V, welche bei der Anlage von Bankguthaben für einen inländischen OGAW zu beachten sind. Gemäß § 206 IV dürfen höchstens 20% des Werts des Investmentver-

mögens in Bankguthaben bei ein- und demselben KI unterhalten werden. Damit wird die **Konzentration der Einlagen** und damit das Ausfallrisiko in Bezug auf ein KI begrenzt.

Bei der **Anlage von Bankguthaben** ist außerdem die Kombinationsgrenze des **§ 206 V** zu prüfen. Diese soll sicherstellen, dass höchstens 20% des Werts des Investmentvermögens in Vermögensgegenstände einer Einrichtung angelegt werden. Daher sind die Anlagen in Bankguthaben, Geldmarktpapiere, Wertpapiere und OTC-Derivate zusammenzurechnen. Jedes Mal, wenn die KVG Bankguthaben bei einem KI anlegt, ist somit zu prüfen, ob bereits in andere Vermögensgegenstände desselben KI investiert wurde. Ist dies der Fall, so hat die KVG zu prüfen, ob die **Kombinationsgrenze** im Hinblick auf ein bestimmtes KI bereits ausgeschöpft ist. Dies kann unter Umständen dazu führen, dass sich die KVG für ein alternatives KI entscheiden wird, um sich genügend Spielraum bei der Auswahl der Emittenten und Kontrahenten offen zu halten. 4

II. Zulässige Vermögenswerte

Eine KVG darf nur Bankguthaben halten, die bestimmte Voraussetzungen hinsichtlich Laufzeit, Sitz des KI und Höchstgrenze des Anteils der Anlage erfüllen. Die Höchstlaufzeit für Bankguthaben beträgt 12 Monate. Die OGAW-RL ermöglicht neben dem Halten von Bankguthaben bei KI mit Sitz in der EU oder den EWR-Staaten auch die **Einlage bei KI mit Sitz in Drittstaaten,** soweit die Aufsichtsbestimmungen dieses Staates nach Auffassung der BaFin denjenigen des **Gemeinschaftsrechts gleichwertig** sind. 5

Eine solche Gleichwertigkeit liegt zB vor bei **KI mit Sitz in der Schweiz, den USA, Kanada, Australien, Neuseeland, Japan und Südkorea** (vgl. Begründung des Regierungsentwurfs zum Investmentmodernisierungsgesetz, BT-Drs. 15/1553, 94). Darüber hinaus können die **Erläuternden Aussagen der BaFin zur Solvabilitätsverordnung** (mit Ausnahme des Operationellen Risikos) mit Stand 25.11.2013 (Anfrage T028N001F001, S. 261ff.) als Orientierung dienen. Die BaFin beurteilt die Gleichwertigkeit der Aufsichtssysteme unter anderem anhand der folgenden Indikatoren: Mitgliedschaft bei der FATF (Financial Action Task Force) oder Beurteilung durch die FAFT, Financial Sector Assessment Program des IWF und Weltbankstudien zur Bankenkrise. 6

Darüber hinaus ist zu beachten, dass die betreffenden Bankguthaben für jeden einzelnen inländischen OGAW getrennt vom Vermögen der KVG sowie getrennt von Vermögen der anderen Investmentvermögen auf **Sperrkonten** zu führen sind (§ 72 II). Die entsprechenden Konten müssen zwar nicht bei der Verwahrstelle geführt werden, aber sie unterliegen der Zustimmungspflicht der Verwahrstelle gem. § 75 I Nr. 2 und der Kontrolle gem. § 76. 7

§ 196 Investmentanteile

(1) [1]**Die OGAW-Kapitalverwaltungsgesellschaft kann für Rechnung eines inländischen OGAW Anteile an OGAW erwerben.** [2]**Anteile an anderen inländischen Sondervermögen und Investmentaktiengesellschaften mit veränderlichem Kapital sowie Anteile an offenen EU-AIF und ausländischen offenen AIF kann sie nur erwerben, wenn**

1. **diese nach Rechtsvorschriften zugelassen wurden, die sie einer wirksamen öffentlichen Aufsicht zum Schutz der Anleger unterstellen und ausreichende Gewähr für eine befriedigende Zusammenarbeit zwischen den Behörden besteht,**
2. **das Schutzniveau des Anlegers dem Schutzniveau eines Anlegers in einem inländischen OGAW gleichwertig ist und insbesondere die Vorschriften für die getrennte Verwahrung der Vermögensgegenstände, für die Kreditaufnahme und die Kreditgewährung sowie für Leerverkäufe von Wertpapieren und Geldmarktinstrumenten den Anforderungen der Richtlinie 85/611/EWG gleichwertig sind,**
3. **die Geschäftstätigkeit Gegenstand von Jahres- und Halbjahresberichten ist, die es erlauben, sich ein Urteil über das Vermögen und die Verbindlichkeiten, die Erträge und die Transaktionen im Berichtszeitraum zu bilden,**
4. **die Anteile dem Publikum ohne eine zahlenmäßige Begrenzung angeboten werden und die Anleger das Recht zur Rückgabe der Anteile haben.**

[3]Anteile an inländischen Sondervermögen, an Investmentaktiengesellschaften mit veränderlichem Kapital, an EU-OGAW, an offenen EU-AIF und an ausländischen offenen AIF dürfen nur erworben werden, wenn nach den Anlagebedingungen oder der Satzung der Kapitalverwaltungsgesellschaft, der Investmentaktiengesellschaft mit veränderlichem Kapital, des EU-Investmentvermögens, der EU-Verwaltungsgesellschaft, des ausländischen AIF oder der ausländischen AIF-Verwaltungsgesellschaft insgesamt höchstens 10 Prozent des Wertes ihres Vermögens in Anteilen an anderen inländischen Sondervermögen, Investmentaktiengesellschaften mit veränderlichem Kapital, offenen EU-Investmentvermögen oder ausländischen offenen AIF angelegt werden dürfen.

(2) **Beim Erwerb von Anteilen im Sinne des Absatzes 1, die direkt oder indirekt von derselben OGAW-Kapitalverwaltungsgesellschaft oder von einer Gesellschaft verwaltet werden, mit der die OGAW-Kapitalverwaltungsgesellschaft durch eine wesentliche unmittelbare oder mittelbare Beteiligung verbunden ist, darf die OGAW-Kapitalverwaltungsgesellschaft oder die andere Gesellschaft für den Erwerb und die Rücknahme keine Ausgabeaufschläge und Rücknahmeabschläge berechnen.**

Schrifttum: *Beckmann/Scholtz/Vollmer* Ergänzbares Handbuch für das gesamte Investmentwesen, 2013; *Bödecker* Handbuch Investmentrecht, 1. Aufl. 2007; *Herf* BaFin erweitert Katalog erwerbbarer Finanzinstrumente für Investmentfonds, BaFinJournal 07/2007, 6; *Kaune/Oulds* Das neue Investmentgesetz, ZBB 2004, 114; *Kayser/Schlikker* Alternative Investmentstrategien im UCITs-Format – ein Überblick, in: Absolutreport. Nr. 52, 2009, 58 *Kayser/Schlikker* Alternative UCITs-Fonds aus der Perspektive des Investorenaufsichtsrechts, Absolutreport Nr. 5, 2010, 54; *Kempf* Novellierung des Investmentrechts 2004 nach dem Investmentmodernisierungsgesetz, 1. Aufl. 2004; *ders.* Novellierung des Investmentrechts 2007, Ein Praxishandbuch 1. Aufl. 2008; *Nickel* Die Novelle des Investmentgesetzes, 2008; *Patzner/Döser/Kempf* Investmentrecht, 2. Aufl. 2014; *Pütz* Alternative Investmentfonds unter dem neuen Kapitalanlagegesetzbuch, in: Absolutreport, Nr. 1, 2013; *Raab* Grundlagen des Investmentfondsgeschäfts, 6. Aufl. 2012.

I. Zulässige Vermögenswerte

1 § 196 gibt vor, in welche Investmentfondsanteile ein inländischer OGAW investieren kann. Die Vorschrift übernimmt mit redaktionellen Anpassungen aufgrund der in § 1 enthaltenen Begriffsbestimmungen den Wortlaut des aufzuhebenden § 50 I, II InvG. Die Regelung des aufgehobenen § 50 III InvG wurde im KAGB aus systematischen Gründen in den Abschnitt Master-Feeder-Strukturen verschoben.

2 Im Ergebnis ermöglicht § 196 Dachfondskonstruktionen bei OGAW. Seit dem Inkrafttreten des **Investmentmodernisierungsgesetzes** werden Dachfonds als richtlinienkonforme Investmentvermögen klassifiziert. Im Gesetz selbst wird der Begriff Dachfonds nicht verwendet. Allerdings ergibt sich die Zulässigkeit mittelbar aus § 207, der den Erwerb von Investmentfondsanteilen regelt: Für die Investition eines Investmentvermögens in Anteile eines inländischen OGAW oder EU-OGAW enthält § 207 keine Obergrenze; für die Investition in Anteile an anderen inländischen Investmentvermögen, die keine OGAW sind, sowie Anteile an ausländischen offenen Investmentvermögen, die keine Anteile an EU-OGAW sind, ist eine Obergrenze von 30% des Wertes des inländischen OGAW vorgesehen.

3 Der Erwerb von **Anteilen an inländischen OGAW** in Form von Sondervermögen und Investmentaktiengesellschaften mit veränderlichem Kapital sowie an EU-OGAW ist grds. ohne weitere Anforderungen zulässig. Unter den Begriff der EU-OGAW fallen alle Rechtsformen, die nach der OGAW-RL zugelassen sind.

4 Ein inländischer OGAW kann darüber hinaus unter bestimmten Bedingungen Anteile an **nicht inländischen AIF-Zielfonds sowie ausländischen Zielfonds, die keine EU-OGAW sind,** erwerben. Nach § 196 I 2 Nr. 1–4 müssen hierfür die folgenden Voraussetzungen vorliegen:

5 Gemäß Nr. 1 ist die Anlage in solche Anteile zulässig, wenn sie einer wirksamen **öffentlichen Investmentaufsicht zum Schutz der Anleger** unterstellt sind. Darüber hinaus muss eine ausreichende Gewähr für eine befriedigende Zusammenarbeit zwischen der inländischen und der ausländischen Behörde bestehen.

6 Die angeführten Merkmale einer wirksamen Investmentaufsicht sind von der BaFin in ihrem Rundschreiben 14/2008 (WA) (siehe BaFin Rundschreiben 14/2008 (WA) zum Anwendungsbereich des Investmentgesetzes nach § 1 S. 1 Nr. 3 InvG vom 22.12.2008) zum Vorliegen ausländischer Investmentanteile aufgenommen und weiter konkretisiert worden. Diese Grundsätze finden auch unter Geltung des KAGB Anwendung. Eine spezielle, dem Anlegerschutz dienende Investmentaufsicht besteht bspw., wenn diese die Bonität der beteiligten Gesellschaften, die Zuverlässigkeit und die fachliche Eignung der leitenden Personen und die Beachtung der für das Investmentvermögen geltenden Anlagebedingungen überprüft.

7 Nummer 2 fordert ein **Schutzniveau des Anlegers,** das dem Schutzniveau eines Anlegers in einem inländischen OGAW gleichwertig ist. Gleichwertigkeit muss insb. im Hinblick auf die **getrennte Verwahrung der Vermögensgegenstände, die Kreditaufnahme, die Kreditgewährung und die Beschränkung von Leerverkäufen** gewährleistet sein. Dadurch soll ausgeschlossen werden, dass Zielfonds erworben werden, deren Anlagestrategien nicht den Anforderungen der OGAW-RL entsprechen. Konkret folgt daraus, dass inländische OGAW **keine Hedgefondsanteile,** keine Anteile an Sonstigen Investmentvermögen oder Anteile an Immobilien-Sondervermögen erwerben dürfen.

8 Die charakteristischen Anlagestrategien eines Hedgefonds, die den Investitionsgrad des Investmentvermögens durch Fremdkapitalaufnahme, Einsatz von Deri-

vaten und Leerverkäufen erhöhen, schließen von vornherein eine Gleichwertigkeit des Schutzniveaus aus. Bei **Immobilien-Sondervermögen** fehlt die erforderliche Liquidität der Vermögensgegenstände, um die nach der OGAW-RL erforderlichen täglichen Rückgaberechte zu gewährleisten. Auch bei **Sonstigen Investmentvermögen** ist die Erwerbbarkeit abzulehnen, da sie einen signifikanten Anteil ihres Vermögens in für OGAW unzulässige Anlagegegenstände wie zB unverbriefte Darlehensforderungen und Edelmetalle investieren können.

Der Ausschluss von Sonstigen Investmentvermögen für inländische OGAW ergibt sich bereits **gesetzessystematisch aus der Vorschrift des § 219,** der als spezielle Regelung für Gemischte Investmentvermögen auch den Erwerb von Anteilen an Sonstigen Investmentvermögen erlaubt. Die Annahme einer grundsätzlichen Zulässigkeit für inländische OGAW wäre daher nicht systemkonform.

9 Dagegen weisen inländische **Gemischte Investmentvermögen** ein **vergleichbares Schutzniveau** auf und können als Zielfonds für einen inländischen OGAW erworben werden. Dies ergibt sich über die umfassende Verweisung auf die §§ 192–211 in § 218 S. 2.

10 In Bezug auf **ausländische Investmentvermögen,** die keine EU-OGAW sind, ist die Vergleichbarkeit des Anlegerschutzniveaus auf der Basis einer Einzelfallentscheidung vorzunehmen.

11 Nummer 3 stellt **Publizitätsanforderungen an die Zielfonds.** Die erforderliche Transparenz im Hinblick auf die Geschäftstätigkeit soll durch die Erstellung eines Halbjahres- und eines Jahresberichts erreicht werden. Dieser Bericht muss es aufgrund seines Inhaltes erlauben, sich über das Vermögen und die Verbindlichkeiten sowie die Erträge und Transaktionen des Investmentvermögens im Berichtszeitraum ein Urteil zu bilden.

12 Nummer 4 verlangt darüber hinaus, dass die Anteile **dem Publikum** ohne eine Begrenzung der Anzahl der Anteile angeboten werden und die Anleger das **Recht zur Rückgabe** haben. Der Erwerb von **Anteilen an geschlossenen Fonds** ist somit unter dieser Vorschrift ausgeschlossen (aber ggf. nach § 193 möglich, wenn die Anteile an dem betreffenden geschlossenen Fonds als Wertpapiere qualifizieren). Auch Anteile an **Spezial-AIF mit festen Anlagebedingungen,** die wie ein inländischer OGAW ausgestaltet sind und nach ihren Anlagebedingungen den §§ 192–213 entsprechen, sind aufgrund der Bezugnahme auf das „Publikum" in Nr. 4 ausgeschlossen.

II. Das Kaskadenverbot

13 Sämtliche erwerbbaren Investmentanteile, dh sowohl die OGAW-konformen als auch die nicht OGAW-konformen Anteile, dürfen nur dann erworben werden, wenn sie das sog. Kaskadenverbot einhalten. Das **Kaskadenverbot** ergibt sich aus der OGAW-RL und besagt, dass der Zielfonds seinerseits nicht mehr als 10% seines Wertes in Anteile an anderen inländischen oder ausländischen Investmentvermögen investieren darf. Diese Beschränkung ist explizit in die Anlagebedingungen des jeweiligen inländischen oder ausländischen Investmentvermögens aufzunehmen.

14 Durch das Kaskadenverbot sollen **mehrstöckige Dachfondstrukturen** vermieden werden. Das Kaskadenverbot stellt sicher, dass sich die wirtschaftlichen Chancen und Risiken des Investmentvermögens auf der Ebene der Zielfonds realisieren und es in diesem Zusammenhang nicht auf eine dahinterliegende weitere Fondsebene ankommt. Zum **Schutz des Investors** wird eine ausreichende Transparenz sichergestellt, die nicht mehr gegeben wäre, wenn sich die Durchsicht über

mehrere Fondsebenen erstrecken würde. Zudem soll verhindert werden, dass die Kaskade zu einer Verschleierung der Kosten führt und die **notwendige Kostentransparenz** für den Anleger nicht mehr gewährleistet ist.

III. Zulässige Dachfondsstrukturen

Das KAGB lässt eine breite **Vielzahl von Dachfondstrukturen** zu. Es erlaubt beim Erwerb von konzerneigenen Zielfondsanteilen für einen Dachfonds sowohl auf der Ebene des Zielfonds als auch auf der Ebene des Dachfonds die Erhebung einer Verwaltungsvergütung (Umkehrschluss aus § 196 II). Ein **konzerneigener Zielfonds** liegt vor, wenn dieses Investmentvermögen direkt oder indirekt von derselben KVG oder von einer Gesellschaft, mit der die KVG durch eine wesentliche unmittelbare oder mittelbare Beteiligung verbunden ist, verwaltet wird. 15

Nicht näher definiert wird, in welchen Fällen der Zielfonds **indirekt** von derselben KVG (oder einem verbundenen Unternehmen) verwaltet wird. Sinnvollerweise kann damit nur eine **Auslagerung** des Portfoliomanagements im Sinne einer **qualifizierten Anlageberatung** gemeint sein. In diesem Fall verwaltet die beratende KVG das Investmentvermögen nur indirekt durch Erteilung von Anlagevorschlägen an die verwaltende KVG.

Die **doppelte Belastung der Verwaltungsvergütung** muss im Halbjahres- und Jahresbericht offengelegt werden (§ 101 II Nr. 4). § 165 III Nr. 9 schreibt außerdem vor, dass der Anleger sowohl im Verkaufsprospekt als auch in den Anlagebedingungen darauf hinzuweisen ist, dass dem inländischen OGAW neben der Vergütung für die Verwaltung des OGAW eine Verwaltungsvergütung für die im OGAW gehaltenen Anteile berechnet wird. 16

Eine doppelte Kostenbelastung bei den **Ausgabeaufschlägen und Rücknahmeabschlägen** wird durch § 196 II hingegen ausgeschlossen, soweit konzerneigene Zielfonds iSv → Rn. 15 vorliegen. 17

In der Regel wird in den Anlagebedingungen des inländischen OGAW definiert, welches **Anlagespektrum** dem Dachfonds zugrunde liegt. Bei der Namensgebung oder im Vertrieb setzt die Verwendung der **Fondskategorie „Dachfonds"** oder „Fund of Funds" voraus, dass nach den Vertragsbedingungen oder der Satzung mehr als 50% des Wertes des inländischen OGAW in Zielfondsanteilen angelegt sein muss. Im Übrigen darf der betreffende inländische OGAW nur in Geldmarktfondsanteile, Geldmarktinstrumente oder Bankguthaben investieren. Darüber hinaus darf der OGAW keine weiteren Direktanlagen halten. 18

IV. ETF als Investmentfondsanteile

Exchange Traded Funds (ETFs) werden zwar wie **Wertpapiere an einer Wertpapierbörse** gehandelt, stellen aber in der Terminologie des KAGB keine Wertpapiere iSv § 193, sondern Anteile an Investmentvermögen iSv § 196 dar. Ungeachtet des Listings an der Börse und der damit bestehenden Fungibilität sind ETFs inländische bzw. entsprechende ausländische Investmentvermögen, die den Regeln der OGAW-RL bzw. nationalen Zulassungsregeln unterstehen. 19

Bei einem ETF liegen die typischen Eigenschaften eines Investmentanteils vor: ETFs unterstehen wie nicht gelistete Fonds der **Aufsicht** der jeweiligen nationalen Aufsichtsbehörde, sie unterliegen den Anforderungen der OGAW-RL im Hinblick auf die **Bewertbarkeit,** die Veröffentlichung der Anteilpreise und **Berichtspflichten,** das Vermögen der ETFs ist **getrennt vom Vermögen der KVG** zu verwah- 20 ren und die Anleger müssen nach den Anlagebedingungen über das Recht verfügen, die Anteile jederzeit gegenüber der KVG oder der Verwahrstelle gegen Zahlung des Anteilspreises **zurückgeben** zu können. Insofern ist es richtig, ETFs im Grundsatz als Investmentanteile iSd § 196 zu qualifizieren.

§ 197 Gesamtgrenze; Derivate; Verordnungsermächtigung

(1) [1]Der inländische OGAW darf nur in Derivate, die von Wertpapieren, Geldmarktinstrumenten, Investmentanteilen gemäß § 196, Finanzindizes im Sinne des Artikels 9 Absatz 1 der Richtlinie 2007/16/EG, Zinssätzen, Wechselkursen oder Währungen, in die der inländische OGAW nach seinen Anlagebedingungen investieren darf, abgeleitet sind, zu Investmentzwecken investieren. [2]Satz 1 gilt entsprechend für Finanzinstrumente mit derivativer Komponente im Sinne des Artikels 10 Absatz 1 der Richtlinie 2007/16/EG.

(2) Die OGAW-Verwaltungsgesellschaft muss sicherstellen, dass sich das Marktrisikopotenzial eines inländischen OGAW durch den Einsatz von Derivaten und Finanzinstrumenten mit derivativer Komponente gemäß Absatz 1 höchstens verdoppelt.

(3) [1]Das Bundesministerium der Finanzen wird ermächtigt, durch Rechtsverordnung, die nicht der Zustimmung des Bundesrates bedarf,

1. **die Beschaffenheit von zulässigen Risikomesssystemen für Derivate einschließlich der Bemessungsmethode des Marktrisikopotenzials festzulegen,**
2. **vorzuschreiben, wie die Derivate auf die Grenzen gemäß den §§ 206 und 207 anzurechnen sind,**
3. **nähere Bestimmungen über Derivate zu erlassen, die nicht zum Handel an einer Börse zugelassen oder an einem anderen organisierten Markt zugelassen oder in diesen einbezogen sind,**
4. **Bestimmungen über die Berechnung und Begrenzung des Anrechnungsbetrages für das Kontrahentenrisiko nach § 206 Absatz 5 Satz 1 Nummer 3 festzulegen,**
5. **Aufzeichnungs- und Unterrichtungspflichten festzulegen,**
6. **weitere Voraussetzungen für den Abschluss von Geschäften, die Derivate zum Gegenstand haben, festzulegen, insbesondere für Derivate, deren Wertentwicklung zur Wertentwicklung des dazugehörigen Basiswertes entgegengesetzt verläuft.**

[2]Das Bundesministerium der Finanzen kann die Ermächtigung durch Rechtsverordnung auf die Bundesanstalt übertragen.

Schrifttum: *Aberer* Neue Anforderungen an das Risikomanagement von Sondervermögen der Kapitalanlagegesellschaften, 2004; *Assmann/Schütze* Handbuch des Kapitalanlagerechts, 3. Aufl. 2007; *Becker* Kapitalanlagegesetzbuch, Änderungen an Verordnungen zu Derivaten und elektronischen Anzeigeverfahren, BaFinJournal 10/2013, S. 22; *Beckmann/Scholtz/Vollmer* Ergänzbares Handbuch für das gesamte Investmentwesen, 2013; *Bödecker* Handbuch Investmentrecht, 1. Aufl. 2007; *Brings* Exchange-Traded Funds: Chance oder Gefahr für die Finanzmärkte?, BaFinJournal 03/2012, 12; *Carny* KVGB: Änderungen an Verordnungen zu Verhaltens- und Organisationsregeln und zu Schlichtungsstellen, BaFinJournal 11/2013, 16; *Brühl/Baus,* Eligible Assets – Herausforderungen und Möglichkeiten für Kapitalanlagegesellschaften,

Absolutreport Nr. 45/2008, 52; *Deloitte* Wichtige aufsichtliche Neuerungen zum 1. Juli 2011, Änderungen der Derivateverordnung, Newsletter 01/2011, 2; *Eller* Handbuch Derivativer Instrumente, Produkte, Strategien, Risikomanagement, 2. Aufl. 1999; *Godensen* Rechtssetzung durch die Exekutivei m Investmentrecht – Die wesentlichen Elemente der Derviateverordnung der Bundesanstalt für Finanzdienstleistungsaufsicht vom 6. Februar 2004, WM 2005, 116; *Harrer* Regulierung von Leerverkäufen und Credit Default Swaps: Das deutsche Verbot im Lichte europäischer Vorschläge, 2013; *Herf* BaFin erweitert Katalog erwerbbarer Finanzinstrumente für Investmentfonds; BaFinJournal 07/2007, 6; *Kayser/Lindemann/Holleschek* Einsatzmöglichkeiten von Alternative-Investment-Indizes unter UCITS III, Absolutreport, 2008, 44; *Kaune/Oulds* Das neue Investmentgesetz, ZBB 2004, 114; *Kempf* Novellierung des Investmentrechts 2004 nach dem Investmentmodernisierungsgesetz, 1. Aufl. 2004; *Kempf* Novellierung des Investmentrechts 2007, Ein Praxishandbuch 1. Aufl. 2008; *Kort/Lehmann* Risikomanagement und Compliance im neuen KVGB – juristische und ökonomische Aspekte, in: *Möllers/Kloyer* Das neue Kapitalanlagegesetzbuch, 2013; *Kremer* BaFin veröffentlicht MaRisk für Fondsgesellschaften, BaFinJournal 06/2010, 4; *Kremer* BaFin ändert Derivateverordnung, BaFinJournal 08/2011, 6; *Kremer* AIFM-Umsetzungsgesetz, Anforderungen an Kapitalverwaltungsgesellschaften und Regelungen zu inländischen Investmentvermögen, BaFinJournal 05/2013, 13; *Kurpiers/Zeitz* EMIR: Meldepflicht für Derivate, BaFinJournal 01/2014, 31; *Leser* Veranlagungskriterien für Investmentfonds, 2008; *Ludewig/Geilfus,* Europaweite Regulierung von Leerverkäufen, BaFinJournal 10/2012, S. 9 ff.; *Mülbert/Sajnovits* Das künftige Regime für Leerverkäufe und bestimmte Aspekte von Credit Default Credit Swaps nach der Verordnung (EU) Nr. 236/2012, ZBB 2012, 266; *Nickel* Die Novelle des Investmentgesetzes, 2008; *Patzner/Döser/Kempf* Investmentrecht, 2. Aufl. 2014; *Pütz* Alternative Investmentfonds unter dem neuen Kapitalanlagegesetzbuch, Absolutreport, Nr. 1, 2013; *Raab* Grundlagen des Investmentfondsgeschäfts, 6. Aufl. 2012; *Roegle/Goerke* Novelle des Investmentgesetzes, BKR 2007, 393; *Uhlig* Hedgefonds in Deutschland, 2008; *Urbanowicz* Eine rechtsvergleichende Untersuchung über den Einsatz von Derivaten in Publikumsinvestmentfonds, (Dipl.), 2004; *SJ Berwin* „Eligible Assets" – Die Neufassung der zulässigen Vermögensgegenstände, Financial Markets Bulletin, 2007; *Zerey* Außerbörsliche (OTC) Finanzderivate Rechtshandbuch, 2008.

Inhaltsübersicht

Rn.

I. Einführung 1
1. Regelungsgegenstand 1
2. Historische Entwicklung der deutschen Gesetzgebung zu Derivaten 8
II. Die Zulässigkeit bestimmter Finanzinstrumente und Basiswerte 22
1. Grundsätzliche Aussagen der Ersten Durchführungs-RL 22
2. Die Bewertbarkeit und Liquidität bei OTC-Derivaten 28
3. Die Zulässigkeit von Kreditderivaten 33
4. Zulässigkeit von Finanzindizes als Basiswert 35
5. Wertpapiere und Geldmarktinstrumente, in die ein Derivat eingebettet ist 37
a) Grundsatz 37
b) Qualifizierung von ABS/CDO als Finanzinstrumente mit derivativer Komponente 43
c) Qualifizierung von Zertifikaten als Finanzinstrumente mit derivativer Komponente 47
d) Qualifizierung von sonstigen Produkten als Finanzinstrumente mit derivativer Komponente 55
6. Anrechnung von Derivaten, derivativen Komponenten und OTC-Derivaten auf die Ausstellergrenzen der §§ 206, 207 63

Rn.
7. Sicherheitenverwaltung für Geschäfte mit OTC-Derivaten 67
8. Informationspflichten beim Einsatz von Derivaten 70
9. Anforderungen an das Risikomanagement beim Einsatz von Derivaten und Finanzinstrumenten mit derivativer Komponente 73

I. Einführung

1 **1. Regelungsgegenstand.** § 197 regelt iVm der DerivateV, unter welchen Voraussetzungen ein inländischer OGAW in **Derivate und Finanzinstrumente mit derivativer Komponente** investieren darf. Die Vorschrift erlaubt im Grundsatz, dass alle Arten von Derivaten für einen inländischen OGAW erworben werden können. Mit dieser Änderung wird der Kreis der Finanzinstrumente, in welche ein Investmentvermögen investieren darf, deutlich ausgeweitet und die Nutzung von modernen Anlagetechniken, insb. im Hinblick auf **Finanzderivate,** ermöglicht. Es wird dem Umstand Rechnung getragen, dass die Vielfalt der an den Finanzmärkten gehandelten Finanzinstrumente ständig zunimmt.

2 § 197 I enthält aber Einschränkungen im Hinblick auf die Basiswerte, die einem Derivat zugrunde liegen dürfen. Zulässig sind Derivate, die von folgenden Basiswerten abgeleitet werden:
- Wertpapiere,
- Geldmarktinstrumente,
- Investmentanteile,
- anerkannte Finanzindizes,
- Zinssätze,
- Wechselkurse,
- Währungen, die nach den Anlagebedingungen für das Investmentvermögen erworben werden dürfen,
- Derivate, sofern sich diese wiederum aus einem zulässigen Basiswert ableiten lassen,
- gleichwertige, bar abgerechnete Instrumente.

3 Dagegen sind Derivate auf Edelmetalle und Waren ausgeschlossen, da die Basiswerte für eine inländischen OGAW nicht erwerbbar sind. Allerdings können Edelmetalle als Basiswerte einem zulässigen Finanzindex zugrunde liegen. Näher zur Zulässigkeit eines Finanzindizes → § 209 Rn. 75 ff.

4 Der Kreis der zulässigen Basiswerte wird maßgeblich durch die **Erste Durchführungs-RL** bestimmt sowie durch die **CESR Eligible Assets Leitlinien,** die zur Auslegung und Interpretation der Ersten Durchführungs-RL erlassen wurden. Weitere Konkretisierungen enthalten die **FAQ Eligible Assets** der BaFin, die regelmäßig an die neueste europäische Rechtsentwicklung angepasst werden. Die BaFin erkennt mit diesem Fragenkatalog an, dass mit dem Erwerb von Vermögensgegenständen für Investmentvermögen eine Vielzahl von investmentrechtlichen Fragen verbunden ist. Die Dokumente bilden einen einheitlichen Rechtsrahmen schaffen Regeln für die Aufsichtspraxis und geben den KVG klare Anhaltspunkte in Bezug auf den Erwerb von Vermögensgegenständen vor.

5 An Derivate, die in **strukturierte Produkte** eingebettet sind, gelten nach § 197 I 2 grds. die gleichen Anforderungen wie an einzelne stehende Derivate. Für die Definition der strukturierten Produkte ist wiederum die Erste Durchführungs-RL heranzuziehen.

6 Nach § 197 II muss die KVG sicherstellen, dass sich das **Marktrisikopotenzial** eines inländischen OGAW durch den Einsatz von Derivaten und Finanzinstrumen-

ten mit derivativer Komponente **höchstens verdoppelt.** Damit wird eine Begrenzung des maximalen Marktrisikopotentials vorgenommen. Sie umfasst die in einem inländischen OGAW enthaltenen Vermögensgegenstände und Derivate.

Auf der Grundlage des § 197 III hat die BaFin die **DerivateV** erlassen, die Verfahren und Voraussetzungen für die Ermittlung des Marktrisikopotentials regelt. Darüber hinaus ermächtigt der Gesetzgeber die BaFin die folgenden Gegenstände zu regeln: **Beschaffenheit von Risikomesssystemen, die Berechnung und Anrechnung von Kontrahentenrisiken, die Behandlung von OTC-Derivaten, Dokumentations- und Unterrichtungspflichten sowie die Voraussetzungen für strukturierte Produkte.** 7

2. Historische Entwicklung der deutschen Gesetzgebung zu Derivaten. Der Einsatz von Derivaten war bereits im **KAGG** im Rahmen der ordnungsgemäßen Verwaltung eines Sondervermögens möglich. Die Regelung war dahingehend zu verstehen, dass der Einsatz von Derivaten lediglich zur **Unterstützung der Anlage in Wertpapiere** und anderen Vermögensgegenstände zulässig war. Eine eigenständige Investition in Derivate war unter dem KAGG nicht vorgesehen. Daneben waren die ergänzenden Vorschriften in §§ 8d ff. KAGG zu beachten. 8

Die Regelungen sahen einen **Katalog an zulässigen Derivaten,** eine **Gesamtgrenze** für den Einsatz von Derivaten, **Leerverkaufsregeln** und **Dokumentationspflichten** vor. Im KAGG wurde das zulässige Marktrisikopotential durch die Einführung eines **Investitionsgrades von 100%** begrenzt. Dadurch sollte erreicht werden, dass das gesamte Marktrisiko eines Investmentvermögens auch bei teilweiser Anlage in Finanzinstrumente nicht größer ist als bei ausschließlicher Investition in Wertpapiere. 9

Mit dem **Investmentmodernisierungsgesetz** führte der Gesetzgeber eine neue Systematik hinsichtlich des Einsatzes von Derivaten ein. Der **Katalog der zulässigen Derivate** wurde in Übereinstimmung mit Art. 19 I Buchst. g 1. Spiegelstr. OGAW-RL festgelegt. Das Prinzip des reinen Wertpapierfonds wurde aufgegeben und an dessen Stelle trat das Prinzip der Risikomischung verschiedener Vermögensgegenstände. 10

Zugleich wurde der restriktive Grundsatz aufgegeben, dass Derivate grds. nur zu Absicherungszwecken eingesetzt werden dürfen und für Geschäfte ohne **Absicherungscharakter** eine Anlagegrenze von maximal 20% dWd Investmentvermögens gilt. Seither durfte ein inländischer OGAW Derivate sowohl zum Zwecke der Absicherung als auch zu Investmentzwecken, dh zum **Zwecke der Ertragssteigerung,** erwerben. 11

In § 51 I 1 InvG wurde der Einsatz von **Derivaten zu Investitionszwecken** erstmals ausdrücklich erwähnt. In der Regierungsbegründung zum InvModG wurde klargestellt, dass marktgegenläufige Positionen eingegangen werden dürfen, wobei es nicht darauf ankommt, ob die Basiswerte der **marktgegenläufigen Positionen** im Investmentvermögen enthalten sind. Hier ging das InvG einen Schritt weiter als das KAGG, das zumindest zum Zeitpunkt des Eingehens einer marktgegenläufigen Position das Halten des Basiswertes im Investmentvermögen verlangte. Auch im Rahmen von Währungsgeschäften können generell auch marktgegenläufige Devisentermingeschäfte eingesetzt werden. 12

Der Einsatz von Derivaten wurde entsprechend der heutigen Regelung des § 197 I auf den **zweifachen Wert des Investmentvermögens** begrenzt. Durch diese Regelung wird der Leverage-Ansatz der OGAW-RL umgesetzt, dh auch in 13 einem inländischen OGAW darf in begrenztem Umfang eine Hebelwirkung erzeugt werden. Zur Messung des Marktrisikos werden zwei Methoden eingeführt, nämlich der **einfache und der qualifizierte Ansatz.** Der qualifizierte Ansatz basiert auf einer **„Value at Risk"-Messung** im Investmentvermögen.

14 Die zulässige Verdoppelung der Marktrisikoobergrenze wird über den VaR in einem derivatefreien Vergleichsvermögen gemessen. Beim einfachen Ansatz handelt es sich um einen **Basiswertäquivalentansatz,** insofern wird das Konzept des KAGG fortgeführt (ohne ausdrücklich den Begriff Investitionsgrad zu verwenden). Die zulässige Verdoppelung des Marktrisikopotenzials entspricht einem Investitionsgrad von 200%. Die Einzelheiten zur Berechnung des Marktrisikopotenzials und der Auslastung der Marktrisikoobergrenze werden in der DerivateV geregelt.

15 Ein inländischer OGAW kann gleichzeitig kurzfristig bis zu einer Grenze von 10% des Wertes des Investmentvermögens **Kredite aufnehmen.** Die Durchbrechung des generellen Kreditaufnahmeverbots lässt eine begrenzte Hebelwirkung zu. Der eigentliche Zweck liegt aber darin, dem Investmentvermögen die Überwindung von kurzfristigen Liquiditätsengpässen zu ermöglichen. Insgesamt kann daher das eingegangene **Gesamtrisiko zeitweilig bis zu 110%** bei einem Investmentvermögen ohne Einsatz von Derivaten und bis zu 220% beim Einsatz von Derivaten betragen.

16 Bei der Überarbeitung des InvG im Jahre 2007 (Investmentänderungsgesetz vom 21.12.2007, BGBl. 2007 I 3089) wurden die Derivatevorschriften an die Vorgaben der **Ersten Durchführungs-RL angepasst,** die den Begriff der derivativen Finanzinstrumente in Abgrenzung zu Wertpapieren und Geldmarktinstrumenten und den Begriff der zulässigen Finanzindizes neu definiert. Erstmalig wurde in Bezug auf die qualitativen Anforderungen auf eine europäische RL verwiesen und auf eine direkte Umsetzung verzichtet.

17 Ferner wurde mit § 57 I 2 InvG eine Regelung zur Definition von **Finanzinstrumenten mit derivativer Komponente** – sog. strukturierten Produkten – eingeführt. Durch den Verweis auf Art. 10 I Erste Durchführungs-RL erfolgt auch hier eine inhaltliche Konkretisierung des zuvor unbestimmten Rechtsbegriffs.

18 Bei der Umsetzung der OGAW-IV-RL (OGAW-IV-Umsetzungsgesetz vom 22.6.2011, BGBl. 2011 I 1126) wurde die Regelung des § 51 IIa zum Einsatz von Derivaten bei **Master-Feeder Fonds** eingeführt. Im KAGB findet sich diese Vorschrift im Regelungsabschnitt für Master-Feeder-Fonds in § 174 III wieder.

19 Außerdem wurden in **Umsetzung der Zweiten Durchführungs-RL** (Richtlinie 2010/43/EU der Kommission vom 1.7.2010 zur Durchführung der Richtlinie 2009/65/EG des Europäischen Parlaments und des Rates im Hinblick auf organisatorische Anforderungen, Interessenkonflikte, Wohlverhalten, Risikomanagement und den Inhalt der Vereinbarung zwischen Verwahrstelle und Verwaltungsgesellschaft) die Anforderungen an das Risikomanagement der KVG maßgeblich erhöht. Die Umsetzung erfolgte in der InvMaRisk (BaFin-Rundschreiben 5/2010 zu den Mindestanforderungen an das Risikomanagement für Investmentgesellschaften (InvMaRisk) vom 30.6.2010 (WA 41-Wp 2136-2008/0009), abrufbar auf der BaFin-Homepage unter der Rubrik „Veröffentlichungen") sowie der damaligen InvVerOV (Investment-Verhaltens- und Organisationsverordnung (InvVerOV) (Investment-Verhaltens- und OrganisationsVO) vom 28.6.2011, BGBl. 2011 I 1288).

20 Bei Erlass des KAGB haben sich die **Anforderungen an das Risikomanagement** der KVG nochmals durch die Level II VO erhöht bzw. sind detaillierter aus-

gestaltet worden. Die KaVerOV und die Neufassung der DerivateV setzen diese Anforderungen um.

Im Übrigen übernimmt die Vorschrift des § 197 mit redaktionellen Anpassun- 21
gen des aufgehobenen § 51 InvG. Die Regelungen in § 51 IIa InvG wurden aus systematischen Gründen in § 174 verschoben. Der in § 51 III 1 Nr. 2 InvG enthaltene Verweis auf Mitarbeiterbeteiligung-Sondervermögen wurde nicht übernommen, da die Regeln zu diesem Fondstypus aufgehoben wurden.

II. Die Zulässigkeit bestimmter Finanzinstrumente und Basiswerte

1. Grundsätzliche Aussagen der Ersten Durchführungs-RL. Nach der 22
OGAW-RL sind abgeleitete Finanzinstrumente (Derivate) als **liquide Finanzanlagen** zu betrachten, wenn sie die in Art. 50 I Buchst. g OGAW-RL genannten Voraussetzungen erfüllen. Da nach dem Erlass der OGAW-RL zahlreiche neue Derivate und Finanzinstrumente mit derivativer Komponente auf den Markt traten, stellte sich die Frage nach ihrer Zulässigkeit. Mit der Ersten Durchführungs-RL sollen zahlreiche Unklarheiten ausgeräumt und sichergestellt werden, so dass die Kriterien für die Bestimmung von Derivaten einheitlich und in Übereinstimmung mit den anderen Regelungen der OGAW-RL angewandt werden.

Die Frage, ob bei Derivaten das **Durchschauprinzip (sog. Look-Through-** 23
Grundsatz) zur Anwendung kommt, wird in der Ersten Durchführungs-RL dahingehend beantwortet, dass eine Durchschau stattfindet und deshalb nur bestimmte Vermögensgegenstände als Basiswerte in Betracht kommen (vgl. Art. 8 I Buchst. a Erste Durchführungs-RL). Der Anleger soll vor der Einbringung unerlaubter Risiken in das Investmentvermögen nicht nur formal, sondern auch materiell geschützt werden (*Herf* BaFinJournal 07/2007, 7).

Die Erste Durchführungs-RL behandelt somit Derivate anders als Wertpapiere 24
und Geldmarktinstrumente, bei denen eine Durchsicht auf die dahinterstehenden Basiswerte nicht stattfindet. Es wird außerdem klargestellt, dass **Kreditderivate,** die die Kriterien der Ersten Durchführungs-RL erfüllen, Derivate iSd OGAW-RL sind (so Art. 8 II Erste Durchführungs-RL). Des Weiteren wird klargestellt, dass Finanzindizes zu den zulässigen Basiswerten gehören (vgl. Art. 8 I Buchst. a Ziff. iv Erste Durchführungs-RL). Zu den Finanzindizes vgl. näher die Kommentierung zu § 209.

Schließlich definiert die Erste Durchführungs-RL, unter welchen Voraussetzun- 25
gen eine **derivative Komponente** vorliegt sowie wann eine solche derivative Komponente als sog. **eingebetteter Bestandteil** anzusehen ist (vgl. Art. 10 I Erste Durchführungs-RL) bzw. wann als **eigenständiges Derivat** (vgl. Art. 10 III Erste Durchführungs-RL). Darüber hinaus wird klargestellt, dass die Einbettung einer derivativen Komponente in ein Wertpapier oder ein Geldmarktinstrument nicht dazu führt, dass das gesamte Finanzinstrument zu einem Finanzderivat wird. Für die Zwecke der Zulässigkeitsprüfung ist also zwischen dem Wertpapier oder Geldmarktinstrument als Basisvertrag und der derivativen Komponente zu differenzieren.

Bei Wertpapieren, Geldmarktinstrumenten und Anteilen an Investmentvermö- 26
gen können auch einzelne oder mehrere **Merkmale dieser Vermögensgegenstände Basiswert eines Derivats** sein. Als ein solches Merkmal kommt zB die Volatilität eines Instruments (Derivat auf indizierte Volatilität gegen historische Volatilität) oder die Ertragsstruktur eines Instruments (Derivat auf die Dividende einer

Aktie) in Betracht. Somit wird ein Merkmal eines Instruments isoliert in einem Derivat abgebildet, ohne dass das Derivat auch den Substanzwert enthält.

27 Artikel 8 V Erste Durchführungs-RL stellt klar, dass die Bezugnahme auf liquide Finanzanlagen in Art. 1 II und Art. 50 I Buchst. g OGAW-RL **keine Warenderivate** einschließt. Die BaFin greift diese Aussage im FAQ Eligible Assets (vgl. BaFin FAQ Eligible Assets Teil 1 Frage 11) auf und stellt fest, dass Warenderivate nicht zu den zulässigen Vermögensgegenständen zählen. Ein inländischer OGAW kann daher zB keinen **„commodity future"** erwerben.

28 **2. Die Bewertbarkeit und Liquidität bei OTC-Derivaten.** Bereits durch Art. 50 I Buchst. g OGAW-RL ist klargestellt, dass für einen OGAW unter bestimmten Voraussetzungen **OTC-Derivate** erworben werden können. Der Erwerb ist zulässig, wenn

– es sich bei dem Basiswert um einen zulässigen Vermögensgegenstand iSd OGAW-RL oder um Finanzindizes, Zinssätze oder Wechselkurse handelt, in die das Investmentvermögen nach seinen Vertragsbedingungen oder **Anlagezielen** investieren darf (vgl. Art. 50 I Buchst. g Ziff. i OGAW-RL);
– es sich bei den Gegenparteien um Institute handelt, die einer Aufsicht unterliegen und die von der nationalen Aufsichtsbehörde zugelassen wurden (vgl. Art. 50 I Buchst. g Ziff. ii OGAW-RL);
– und die OTC-Derivate einer zuverlässigen und überprüfbaren **Bewertung auf Tagesbasis** unterliegen und jederzeit auf Initiative des Investmentvermögens zum angemessenen Zeitwert veräußert, liquidiert oder durch ein Gegengeschäft glattgestellt werden können (Art. 50 I Buchst. g Ziff. iii OGAW-RL).

29 Die unter Art. 50 I Buchst. g Ziff. iii OGAW-RL genannten Begrifflichkeiten werden im Rahmen von Art. 8 Erste Durchführungs-RL näher konkretisiert. Unter dem **angemessenen Zeitwert** ist gem. Art. 8 III Erste Durchführungs-RL der Betrag zu verstehen, zu dem ein Vermögenswert in einem Geschäft zwischen sachverständigen, vertragswilligen und unabhängigen Geschäftspartnern ausgetauscht bzw. eine Verbindlichkeit beglichen werden könnte.

30 Unter einer **zuverlässigen und überprüfbaren Bewertung** ist gem. Art. 8 IV Erste Durchführungs-RL eine Bewertung durch die KVG entsprechend dem angemessenen Zeitwert zu verstehen. Die Bewertung darf sich nicht ausschließlich auf Marktnotierungen des Kontrahenten stützen und muss die folgenden Voraussetzungen erfüllen:

31 Grundlage der Bewertung ist ein verlässlicher **aktueller Marktwert** oder, falls dieser Marktwert nicht vorhanden ist, ein Preismodell, das auf einer anerkannten Methodik beruht und in der Lage ist, einen solchen Marktwert zu reflektieren (Art. 8 IV Buchst. a Erste Durchführungs-RL). In den CESR-Eligible-Assets-Leitlinien (CESR-Eligible-Assets-Leitlinien, S. 9) wird im Hinblick auf die Bewertung ausgeführt, dass sie während der gesamten Laufzeit des Derivats zum aktuellen Marktwert zu erfolgen hat.

32 Die Bewertung hat durch einen vom Kontrahenten unabhängigen Dritten (Art. 8 IV Buchst. b Ziff. i Erste Durchführungs-RL) oder durch die KVG selbst zu erfolgen, wobei die für die Bewertung zuständige Stelle innerhalb der KVG entsprechend ausgerüstet und vom Portfoliomanagement der KVG unabhängig sein muss (Art. 8 IV Buchst. b Ziff. ii Erste Durchführungs-RL). In den CESR-Eligible-Assets-Leitlinien wird im Hinblick auf den ersten Fall ausgeführt, dass bei der **Bewertung durch einen unabhängigen Dritten** die KVG trotzdem für die Bewertung zuständig bleibt und Risikolimite zu definieren hat (CESR-Eligible-As-

sets-Leitlinien, S. 9f.). Soweit die KVG die Bewertung selbstständig durchführt, kann sie dabei auch ein Bewertungsmodell nutzen, das durch eine dritte Partei zur Verfügung gestellt wird. Allerdings darf dieser Dritte in keiner Geschäftsbeziehung zum Investmentvermögen stehen; eine Bewertung durch die Handelseinheit, mit der das OTC-Derivat geschlossen wurde, ist zB nicht möglich.

3. Die Zulässigkeit von Kreditderivaten. Kreditderivate können gem. Art. 8 II Erste Durchführungs-RL zulässigerweise für einen OGAW erworben werden, soweit sie die folgenden Kriterien erfüllen: 33
- Sie ermöglichen die **Übertragung des Kreditrisikos eines Vermögenswertes** unabhängig von den sonstigen Risiken, die mit diesem Vermögenswert verbunden sind (Art. 8 II Buchst. a Erste Durchführungs-RL).
- Sie führen nicht zur Lieferung oder Übertragung (einschließlich der Form von Bargeld) von gem. der OGAW-RL nicht zulässigen Vermögenswerten (Art. 8 II Buchst. b Erste Durchführungs-RL).
- Sie erfüllen die **Kriterien für OTC-Derivate** gem. Art. 19 I Buchst. g 2. und 3. Gedankenstrich, nämlich Qualifizierung des handelnden Instituts, Veräußerung zum angemessenen Zeitwert und Gewährleistung einer zuverlässigen und überprüfbaren Bewertung. Nachdem die beiden zuletzt genannten Begrifflichkeiten in der Erste Durchführungs-RL näher konkretisiert werden, verweist die Vorschrift folgerichtig auch auf diese beiden Vorschriften (Art. 8 II Buchst. c iVm Art. 8 III, IV Erste Durchführungs-RL).
- Die mit den Kreditderivaten verbundenen Risiken werden durch das **Risikomanagement** der KVG in angemessener Weise erfasst. Falls der Kontrahent über nicht öffentliche Informationen bzgl. der Kreditrisiken verfügt, die die KVG nicht hat, so ist diese **Informationsasymmetrie** durch die **internen Kontrollmechanismen** der KVG ebenfalls in angemessener Weise zu erfassen (Art. 8 II Buchst. d Erste Durchführungs-RL).

Das CESR betont in den Eligible-Assets-Leitlinien außerdem, dass bei der Risikoevaluierung besondere Vorsicht anzuwenden ist, wenn der Kontrahent des Kreditderivats mit der KVG oder dem Emittenten verbunden ist (CESR-Eligible-Assets-Leitlinien, S. 9). 34

4. Zulässigkeit von Finanzindizes als Basiswert. Die OGAW-RL bezeichnet **Finanzindizes** als zulässige Basiswerte für Derivate. Nach der Ersten Durchführungs-RL hat ein Finanzindex – ebenso wie ein Wertpapierindex – gem. Art. 9 I a–c Erste Durchführungs-RL die folgenden drei Kriterien zu erfüllen: 35
- Der Finanzindex muss hinreichend differenziert sein,
- er muss eine adäquate Bezugsgrundlage für den Markt darstellen, auf den er sich bezieht, und
- er muss in angemessener Weise veröffentlicht werden.

Im Hinblick auf weitere Einzelheiten wird auf → § 209 Rn. 75ff. verwiesen. Die Zulässigkeitsvoraussetzungen für Hedgefonds-Indizes als Basiswerte werden ebenfalls unter → § 209 Rn. 100ff. dargestellt. 36

5. Wertpapiere und Geldmarktinstrumente, in die ein Derivat eingebettet ist. a) Grundsatz. Die Einbettung einer derivativen Komponente kann sowohl bei Wertpapieren als auch bei Geldmarktinstrumenten erfolgen und setzt gem. Art. 10 I Erste Durchführungs-RL voraus, dass die Komponente in Bezug auf das Finanzinstrument die folgenden Kriterien erfüllt: 37

- Durch die **Komponente** (zB ein spezifischer Zinssatz, der Preis eines anderen Finanzinstruments, ein Wechselkurs, Preis- oder Kursindex, Kreditrating oder Kreditindex oder eine sonstige Variable) werden einige oder alle **Cashflows,** die bei dem als Basisvertrag fungierenden Wertpapier andernfalls entstehen würden, verändert. Diese Cashflows variieren in ähnlicher Weise wie ein eigenständiges Derivat (Art. 10 I Buchst. a Erste Durchführungs-RL).
- Die **wirtschaftlichen Merkmale und Risiken** der betreffenden Komponente sind nicht eng mit den wirtschaftlichen Merkmalen und Risiken des als Basisvertrag fungierenden Wertpapiers verbunden (Art. 10 I Buchst. b Erste Durchführungs-RL).
- Die Komponente hat einen **signifikanten Einfluss** auf das Risikoprofil und die Preisgestaltung des Wertpapiers (Art. 10 I Buchst. c Erste Durchführungs-RL).
- Die Komponente ist **nicht unabhängig** von dem Basisvertrag vertraglich **übertragbar** (Art. 10 III Erste Durchführungs-RL).

38 Die erste und vierte Voraussetzung entsprechen der Definition eines „eingebetteten Derivates" nach den **Internationalen Rechnungslegungsvorschriften.** Die zweite Voraussetzung ist nach IFRS 39 eines der Kriterien, die vorliegen müssen, um ein Derivat von dem Basisvertrag zu trennen. Die offensichtliche Parallele erlaubt es, sich die Praxis zu IAS 39 bzw. nun **IFRS 9 als Auslegungshilfe** für den Begriff des Finanzinstruments mit derivativer Komponente zu Nutze zu machen (Buschhüter/Striegel/*Starbatty* § 5 Rn. 261 ff.).

39 Ist eine derivative Komponente unabhängig von dem Wertpapier bzw. dem Geldmarktinstrument vertraglich übertragbar, so ist diese **Komponente als eigenständiges Finanzinstrument** zu betrachten (Art. 10 III Erste Durchführungs-RL). Diese Unterscheidung ist nicht nur technischer Natur, sondern von wesentlicher Bedeutung, da die Komponente dann als eigenständiges Finanzinstrument selbst unter die DerivateV fällt und das Risikoprofil des Investmentvermögen verändert (Buschhüter/Striegel/*Starbatty* § 5 Rn. 261 ff.).

40 Das CESR führt in den Eligible-Assets-Leitlinien (CESR-Eligible-Assets-Leitlinien, S. 12) außerdem aus, dass bei eingebetteten Derivaten **keine Anrechnung auf das Kontrahentenrisiko** erfolgt, es sei denn, der Emittent dieses hybriden Instruments ist in der Lage, das Kontrahentenrisiko des Derivats auf das Investmentvermögen zu übertragen.

41 Wenn ein Finanzinstrument als Alternative zu einem OTC-Derivat aufgelegt wird, so soll nach den CESR-Leitlinien dieses hybride Produkt wie ein OTC-Derivat behandelt werden. Dies ist der Fall, wenn ein **hybrides Instrument** – als Alternative zu einem OTC-Derivat – speziell für ein Investmentvermögen aufgelegt wird, so zB eine **CDO-Struktur mit einer einzigen Tranche** (CESR-Eligible-Assets-Leitlinien, S. 11). Maßgeschneiderte hybride Finanzprodukte sind daher nur zulässig, wenn sie sich von nach dem KAGB zulässigen Basiswerten ableiten.

42 Darüber hinaus zählt CESR in den Eligible-Assets-Leitlinien (CESR-Eligible-Assets-Leitlinien, S 10 f.) beispielhaft auf, bei welchen strukturierten Finanzinstrumenten nach den Kriterien der Ersten Durchführungs-RL eine derivative Komponente angenommen wird. Im Folgenden werden diese Ausführungen produktbezogen wiedergegeben. Die BaFin hat sich die Auslegungen von CESR zu eigen gemacht und wendet diese in ihrer Verwaltungspraxis an. Ergänzend hat die **BaFin** im FAQ Eligibles Assets (BaFin FAQ Eligible Assets Teil 1 Frage 4) die **Zulässigkeit bestimmter Produktkategorien** kommentiert.

b) Qualifizierung von ABS/CDO als Finanzinstrumente mit derivativer Komponente. In den Leitlinien wird durch CESR klargestellt (CESR-Eligible-Assets-Leitlinien, S. 10), dass **ABS (einschließlich CDO)** grds. nicht als Finanzinstrument mit derivativer Komponente angesehen werden. Ohne Bedeutung dafür ist, ob der Sicherheitenpool im Wege des aktiven Managements verwaltet wird, ob es sich um eine „true sale"- oder eine synthetische Verbriefung handelt oder ob die Verbriefung einen **sog. Wasserfall** enthält. 43

Folglich wird auf diese Finanzinstrumente nicht der **Look-Through Grundsatz** angewendet. ABS und CDO können nunmehr grds. unter den Voraussetzungen für Wertpapiere oder, bei Vorliegen entsprechender Ausstattungsmerkmale, unter den Voraussetzungen für Geldmarktinstrumente erworben werden. Allerdings könnte mangelnde **Liquidität bei einigen ABS- oder CDO**-Produkten zu deren Unzulässigkeit nach den Grundsätzen der Ersten Durchführungs-RL führen. Ausnahmsweise werden ABS- oder CDO-Konstruktionen aber als Finanzinstrument mit derivativer Komponente behandelt, wenn der **Verlust** das eingesetzte Kapital übersteigen kann oder der **Sicherheitenpool** nicht ausreichend diversifiziert ist (BaFin FAQ Eligible Assets Teil 1 Frage 17). 44

Die BaFin unterscheidet im FAQ Eligible Assets (BaFin FAQ Eligible Assets Teil 1 Frage 17) nicht zwischen „true sale"-ABS und synthetischen ABS. Auch synthetische ABS (also solche, bei denen der Emittent eines synthetischen Produkts Kreditderivate hält), werden nicht als ein Finanzinstrument mit derivativer Komponente betrachtet. 45

Die BaFin stellt darüber hinaus im FAQ Eligible Assets (BaFin FAQ Eligible Assets Teil 1 Frage 18) klar, dass eine **Wasserfallstruktur** im Rahmen einer ABS-Verbriefung nicht als derivative Komponente, sondern als eine Nachrangigkeitsabrede angesehen wird. 46

c) Qualifizierung von Zertifikaten als Finanzinstrumente mit derivativer Komponente. Die BaFin vertritt im FAQ Eligible Assets (BaFin FAQ Eligible Assets Teil 1 Frage 2) die Auffassung, dass bei **1:1-Zertifikaten auf Edelmetallen** keine Einbettung eines Derivats vorliegt, soweit keine physische Lieferung erfolgt. Gehebelte Zertifikate können dagegen nicht als Wertpapiere qualifiziert werden. Sie sind unzulässig, da in diesem Fall eine Durchschau auf den Basiswert erforderlich ist und Edelmetalle keine zulässigen Vermögensgegenstände gem. § 192 S. 2 darstellen. Dies gilt auch dann, wenn die Rückzahlung des Betrags durch eine **Nominalgarantie g**edeckt ist oder das Zertifikat über eine Derivatkomponente lediglich an die positive Wertentwicklung der Edelmetalle gekoppelt ist. 47

Die BaFin erörtert im FAQ Eligible Assets (BaFin FAQ Eligible Assets Teil 1 Frage 12) auch die Frage, ob eine **Option auf ein 1:1-Zertifikat auf Rohöl** für einen inländischen OGAW erworben werden kann. Nach Auffassung der BaFin können Finanzinstrumente mit einem Delta ungleich 1 bzw. mit einem Hebeleffekt auf ein 1:1-Zertifikat, das sich seinerseits auf nicht erwerbbare Vermögensgegenstände bezieht, nicht erworben werden. Zwar kann das Delta-1- bzw 1:1-Zertifikat auf Rohöl erworben werden, wenn die Voraussetzungen von Art. 2 II Buchst. c Erste Durchführungs-RL erfüllt sind. Da mit der Option jedoch eine **Hebelwirkung** verbunden ist, ist der Erwerb des Derivats ausgeschlossen. Die Aussage der BaFin gilt gleichermaßen für andere Rohstoffe, bei denen der Rohstoffpreis üblicherweise durch eine Bezugnahme auf Rohstoff-Futures abgebildet wird. Ansons- 48 ten würde ein **Umgehungstatbestand** der OGAW-RL vorliegen. Der Einsatz von Derivaten soll aber gerade nicht dazu führen, dass gegen diese Grundprinzipien mittelbar verstoßen wird.

49 Auch **sog. Quanto-Zertifikate** (das sind als Schuldverschreibungen aufgelegte Finanzinstrumente, die es Anlegern ermöglichen, an der Wertentwicklung eines ausländischen Basiswerts teilzunehmen, ohne dabei Währungsrisiken ausgesetzt zu sein) enthalten trotz ihrer 1:1-Währungsabsicherung keine derivative Komponente. Gleiches gilt für kapitalgarantierte Zertifikate mit einem Partizipationsgrad von 100%. Dagegen sind kapitalgarantierte Zertifikate mit einem **Partizipationsgrad von ungleich 100 %** als Finanzinstrumente mit derivativer Komponente iSd § 197 I 2 einzuordnen (BaFin FAQ Eligible Assets Teil 1 Frage 8).

50 **Inflationsindexierte Anleihen** können als Wertpapiere iSd § 193 I 1 Nr. 8 erworben werden, wenn sie die in Art. 2 II Buchst. c Erste Durchführungs-RL genannten Kriterien erfüllen. Außerdem muss es sich bei dem Inflationsindex, der der Anleihe zugrunde liegt, um einen Index handeln, der von der jeweiligen nationalen Zentralbank als Inflationsmaßstab anerkannt ist (BaFin FAQ Eligible Assets Teil 1 Frage 10).

51 Als Wertpapiere mit derivativer Komponente gelten dagegen **Discountzertifikate und Bonuszertifikate.** Denn derartige Instrumente weisen gerade keinen Partizipationsgrad von 100% (bei einem Discountzertifikat ist beispielsweise auch bei leicht fallenden Kursen des Basiswerts ein Gewinn möglich). Das hat zum einen unter anderem zur Folge, dass eine Durchschau auf den Basiswert erfolgt, zum anderen ist eine Zerlegung nach § 27 DerivateVO vorzunehmen (BaFin FAQ Eligible Assets Teil 1 Frage 9).

52 Nach den CESR Eligible Assets Leitlinien können auch **strukturierte Finanzinstrumente, die auf einen Aktien- oder Anleihenkorb** bezogen sind (zB weil die Höhe des Zinssatzes von der Entwicklung des Aktienkorbs abhängt), grds. als Finanzinstrumente mit derivativer Komponente qualifiziert werden. Dies gilt unabhängig davon, ob der Korb aktiv oder passiv verwaltet wird (CESR-Eligible-Assets-Leitlinien, S. 11). Es kommt auch nicht darauf an, ob die Rückzahlung des eingesetzten Kapitalbetrags garantiert wird oder nicht.

53 Aus Sicht der BaFin greift dieser Grundsatz nicht, soweit es sich um 1:1-Produkte (Tracker-Zertifikate) handelt (BaFin FAQ Eligible Assets Teil 1 Frage 4). Bei **Zertifikaten auf Aktienindizes** ist grds. davon auszugehen, dass sie nicht zu den Finanzinstrumenten mit derivativer Komponente zählen und nach den für Wertpapiere geltenden Voraussetzungen zulässig sind.

54 **Zertifikate auf Hegdefonds** oder **Hegdefonds-Indizes** qualifiziert die BaFin als Wertpapiere, soweit die in Bezug genommenen Basiswerte 1:1 abgebildet werden (BaFin FAQ Eligible Assets Teil 1 Frage 7). Allerdings müssen die Risiken gem. Art. 2 I Buchst. g Erste Durchführungs-RL adäquat abgebildet werden müssen. Dies bedeutet, dass ein Erwerb solcher Wertpapiere mit dem Risikoprofil des inländischen OGAW übereinstimmen muss. Bei Hedgefonds-Indizes als Basiswert kommt es darauf an, dass der Index die Anforderungen an einen Finanzindex erfüllt.

55 **d) Qualifizierung von sonstigen Produkten als Finanzinstrumente mit derivativer Komponente.** Nach den CESR Eligible Assets Leitlinien (vgl. dort S. 11) fallen unter den Begriff der Finanzinstrumente mit derivativer Komponente

außerdem folgende Instrumente – wobei das CESR diese Aufzählung nicht als abschließend verstanden wissen will:

aa) Credit Linked Notes (CLN). Ein CLN kann wirtschaftlich in ein Wertpapier als Basisvertrag und einen Credit Default Swap zerlegt werden. 56

bb) Wandelanleihen. Eine Wandelanleihe kann wirtschaftlich als ein Wertpapier als Basisvertrag und eine Serie von Kaufoptionen bezogen auf die zugrunde liegende Aktie (oder zugrunde liegenden Aktien) des Emittenten oder Dritten betrachtet werden. Aus Sicht des Investmentvermögen liegt ein Kauf einer Serie von Kaufoptionen („long call") vor. 57

cc) Aktienanleihen (Reverse Convertible Bonds). Eine Aktienanleihe kann wirtschaftlich in ein Wertpapier als Basisvertrag und eine Serie von Verkaufsoptionen bezogen auf die zugrunde liegende Aktie (oder zugrunde liegenden Aktien) des Emittenten oder Dritten angesehen werden. Aus Sicht des Investmentvermögens liegt ein Verkauf einer Serie von Verkaufsoptionen („short put") vor. 58

Nicht unter den Begriff der Finanzinstrumente mit derivativer Komponente fallen bei Anwendung der Ersten Durchführungs-RL die folgenden Finanzinstrumente: 59

dd) Floating Rate Notes (Floater). Die Referenzierung des Zinssatzes an den Geldmarktsatz ist nicht als eingebettete Derivatkomponente zu werten. Die wirtschaftlichen Merkmale und Risiken der Komponente sind eng mit den wirtschaftlichen Risiken und Merkmalen des Basisvertrages verbunden. Ein Kündigungsrecht des Schuldners stellt dagegen grds. eine eingebettete Derivatkomponente dar. 60

ee) Optionsanleihe. Eine Optionsanleihe enthält keine derivative Komponente, da das Optionsrecht unabhängig vom Basisvertrag vertraglich übertragbar ist. Der Basisvertrag und das Optionsrecht sind wie zwei eigenständige Vermögensgegenstände zu behandeln. Ein Kündigungsrecht des Emittenten ist dagegen als eingebettete derivative Komponente zu qualifizieren. 61

ff) Katastrophen-/Event-Linked Bonds (sog. Cat Bonds). Im BaFin FAQ Eligible Assets (BaFin FAQ Eligible Assets Teil 1 Frage 15) wird klargestellt, dass der Erwerb von Anleihen, deren Ertrag bzw. deren Bedienung vom Eintritt eines Katastrophenereignisses abhängig ist **(Cat Bonds),** nicht zulässig ist, da sie sich **nicht auf einen zulässigen Basiswert** iSd Art. 8 Abs. 1 Buchst. a Erste Durchführungs-RL beziehen. 62

6. Anrechnung von Derivaten, derivativen Komponenten und OTC-Derivaten auf die Ausstellergrenzen der §§ 206, 207. Nach § 23 DerivateV sind bei der **Berechnung der Auslastung der Anlagegrenzen** gem. §§ 206, 207 Derivate sowie derivative Komponenten, die von Wertpapieren, Geldmarktinstrumenten oder Investmentanteilen gem. § 196 abgeleitet sind, einzubeziehen. Dies ist erforderlich, um ein Unterlaufen des Zwecks der Anlagegrenzen mittels Derivate zu verhindern. 63

§ 24 III DerivateV führt in Umsetzung von Nr. 36, 37 der ESMA ETF Leitlinien besondere Regelungen für die **Diversifizierung von Anlageportfolien** ein, die durch eine **Swap-Vereinbarung** in einen Fonds hinein- bzw. hinausgetauscht 64 werden. Die Ausstellergrenzen müssen nach Anrechnung und Verrechnung der Derivate eingehalten werden, so dass das tatsächliche Exposure des inländischen OGAW gem. den Ausstellergrenzen der §§ 206 ff. diversifiziert bleibt.

65 Unabhängig von Verrechnungen müssen beim **Einsatz von Total Return Swaps** oder Derivaten mit ähnlichen Eigenschaften, die das tatsächliche Exposure des Investmentvermögens überwiegend beeinflussen, sowohl die direkt vom inländischen OGAW gehaltenen Vermögensgegenstände **(Grundinvestment)** als auch die **Basiswerte der Derivate** bei der Berechnung der Ausstellergrenzen einbezogen werden (§ 24 III 2 DerivateV).

66 § 27 I DerivateV regelt den **Anrechnungsbetrag für das Kontrahentenrisiko aus OTC-Geschäften,** dh Geschäfte, die nicht über eine Börse oder einen anderen organisierten Markt abgewickelt werden. Im Gleichlauf mit den Bestimmungen des **§ 206 I** darf der Anrechnungsbetrag für das Kontrahentenrisiko grds. 5% dWd inländischen OGAW nicht überschreiten. Eine Ausnahmeregelung gilt für bestimmte privilegierte KI. In diesem Fall beträgt der Anrechnungsbetrag 10% des Werts des Investmentvermögens (§ 27 I 2 DerivateV). Nach § 27 XII DerivateV ist der Anrechnungsbetrag für das Kontrahentenrisiko bei der **Berechnung der Gesamtgrenze von § 206 V** zu berücksichtigen.

67 **7. Sicherheitenverwaltung für Geschäfte mit OTC-Derivaten.** In Fällen, in denen ein inländischer OGAW Geschäfte mit OTC-Derivaten tätigt, müssen alle **Sicherheiten,** die auf das Kontrahentenrisiko anrechenbar sein sollen gem. **§ 27 VII, VIII** DerivateV **zahlreiche Voraussetzungen** erfüllen. Zu den Voraussetzungen im Einzelnen → § 200 Rn. 57.

68 Sofern für den OGAW Sicherheiten iHv mindestens 30% dWd Investmentvermögens gestellt werden, müssen **Stresstests** im Hinblick auf die entgegengenommenen Sicherheiten durchgeführt werden (§ 32 I DerivateV). Außerdem muss die KVG über eine **eindeutige „Haircut"-Strategie** verfügen, die auf die Sicherheiten anzuwenden ist (§ 27 IX 2 DerivateV).

69 Der **Verkaufsprospekt** sollte auch eindeutige Informationen für Anleger zur Sicherheitenstrategie des inländischen OGAW enthalten (§ 35 IV 1 DerivateV). Hierzu zählen gem. § 35 IV 2 DerivateV Angaben zu zulässigen Arten von Sicherheiten, zum erforderlichen Umfang der Besicherung und zur „Haircut"-Strategie sowie im Fall von Barsicherheiten zur Strategie für das erneute Anlegen (einschließlich der damit verbundenen Risiken).

70 **8. Informationspflichten beim Einsatz von Derivaten.** Macht ein inländischer OGAW Gebrauch von **Total Return Swaps,** so muss der **Verkaufsprospekt** gem. § 35 I DerivateV die folgenden Angaben enthalten:

- Informationen zur zugrundeliegenden Strategie und Zusammensetzung des Anlageportfolios oder des Indizes;
- Informationen zur/zu den Gegenpartei(en) der Transaktionen;
- eine Beschreibung des Kontrahentenrisikos und der Auswirkungen desselben auf die Erträge der Anleger;
- Umfang, in dem die Gegenpartei Einfluss auf die Zusammensetzung oder Verwaltung des Anlageportfolios des inländischen OGAW oder die Basiswerte der Derivate nehmen kann, sowie Angaben darüber, ob die Gegenpartei Geschäften im Zusammenhang mit dem OGAW-Anlageportfolio zustimmen muss;
- Identifizierung der Gegenpartei als Portfolioverwalter.

71 In Fällen, in denen die Gegenpartei Einfluss auf die Zusammensetzung oder Verwaltung des Anlageportfolios des OGAW oder die Basiswerte der Derivate nehmen

kann, ist die Vereinbarung zwischen dem OGAW und der Gegenpartei als **Auslagerungsvereinbarung in Bezug auf die Portfolioverwaltung** zu betrachten und sollte daher den OGAW-Anforderungen in Bezug auf Auslagerungen entsprechen (vgl. die Ausführungen zu § 36).

Der **OGAW-Jahresbericht** soll gem. § 37 I DerivateV ausführliche Angaben zu folgenden Aspekten enthalten: 72
- durch Derivate erzieltes zugrundeliegendes Exposure;
- Identität der Gegenpartei(en) bei diesen Derivatgeschäften;
- Art und Höhe der entgegengenommenen Sicherheiten.

9. Anforderungen an das Risikomanagement beim Einsatz von Derivaten und Finanzinstrumenten mit derivativer Komponente. In den CESR-Eligible-Assets-Leitlinien (CESR-Eligible-Assets-Leitlinien, S. 11) wird betont, dass Finanzinstrumente mit eingebetteten Derivaten nur dann erworben werden dürfen, wenn die KVG über ein angemessenes Risikomanagement verfügt, das die jederzeitige Überwachung und Bewertung dieser Risikopositionen und ihres Beitrags zum **Gesamtrisikoprofil** des Investmentvermögens erlaubt. Die KVG hat sicherzustellen, dass das mit den Derivaten verbundene Gesamtrisiko den **Gesamtnettowert** des inländischen OGAW nicht überschreitet. Darüber sind auch bei eingebetteten Derivaten die Basiswerte auf die allgemeinen Aussteller- und Anlagegrenzen für inländische OGAW anzurechnen (CESR-Eligible-Assets-Leitlinien, S. 11f.). 73

Art, Umfang und Häufigkeit der Risikoprüfungen hängen von der Komplexität der eingebetteten Derivate und ihren Auswirkungen auf die Anlageziele und das Risikoprofil des OGAW ab. Schätzt die KVG diese Auswirkungen als gering ein, so kann sie sich iRd Risikomanagements auch auf im Vorhinein definierte Investmentgrenzen stützen (CESR-Eligible-Assets-Leitlinien, S. 12). 74

Die Anforderungen an das Risikomanagement werden in der Zweiten Durchführungs-RL (siehe dazu Art. 38–45 Zweite Durchführungs-RL) sowie in der AIFM-DVO Nr. 231/2013 (siehe dort bspw. Art. 40 II) aufgegriffen. Hinzu kommen die detaillierten Regelungen in den CESR's Guidelines on Risk Measurement and the Calculation of Global Exposure and Counterparty Risk for UCITS vom 28.7.2010 (CESR/10-788) und der ESMA Leitlinien zur Risikomessung und zur Berechnung des Gesamtrisikos für bestimmte Arten strukturierter OGAW vom 23.3.2012 (ESMA/2012/197) sowie der ESMA-ETF-Leitlinien (vgl. bspw. Ziffer XII der ESMA ETF Leitlinien). 75

Auf nationaler Ebene werden die Anforderungen durch § 29 KAGB, die KAMaRisk, insb. Abschnitt 4.4.1, die KAVerOV (dort insb. § 5 II) und die DerivateV (siehe dort § 13 zum Risikocontrolling sowie § 5 III zur Abgrenzung zwischen einfachem und qualifiziertem Ansatz) dargestellt. 76

Verordnung über Risikomanagement und Risikomessung beim Einsatz von Derivaten, Wertpapier-Darlehen und Pensionsgeschäften in Investmentvermögen nach dem Kapitalanlagegesetzbuch (Derivateverordnung – DerivateV)

Schrifttum: *Aberer* Neue Anforderungen an das Risikomanagement von Sondervermögen der Kapitalanlagegesellschaften, 2004; *Becker* Kapitalanlagegesetzbuch, Änderungen an Verordnungen zu Derivaten und elektronischen Anzeigeverfahren, in: BaFinJournal 10/2013, 22; *Brings* Exchange-Traded Funds: Chance oder Gefahr für die Finanzmärkte?, in: BaFinJournal 03/2012, 12; *Brühl/Baus* Eligible Assets – Herausforderungen und Möglichkeiten für Kapitalanlagegesellschaften, Absolutreport Nr. 45/2008, 52; *Carny* KAGB: Änderungen an Verordnungen zu Verhaltens- und Organisationsregeln und zu Schlichtungsstellen, in: BaFinJournal 11/2013, 16; *Decker* Segregation und Ausfallrisiko nach EMIR und KAGB, BKR 2014, 397; *Deloitte* Wichtige aufsichtliche Neuerungen zum 1. Juli 2011, Änderungen der Derivateverordnung, in: Newsletter 01/2011, 2ff.; *von Diest* Genehmigungspflicht der Kostenregelungen von Investmentfonds, in: BaFinJournal 03/2012, 10; *Eller* Handbuch Derivativer Instrumente, Produkte, Strategien, Risikomanagement, 2. Aufl. 1999; *Gondesen* Rechtssetzung durch die Exekutive im Investmentrecht – Die wesentlichen Elemente der Derivateverordnung der Bundesanstalt für Finanzdienstleistungsaufsicht vom 6. Februar 2004, WM 2005, 116; *Harrer* Regulierung von Leerverkäufen und Credit Default Swaps: Das deutsche Verbot im Lichte europäischer Vorschläge, 2013; *Herf* BaFin erweitert Katalog erwerbbarer Finanzinstrumente für Investmentfonds; BaFinJournal 07/2007, 6; *Kayser/Lindemann/Holleschek* Einsatzmöglichkeiten von Alternative-Investment-Indizes unter UCITS III, in: Absolutreport, 2008, 44; *Kaune/Oulds* Das neue Investmentgesetz, ZBB 2004, 114; *Kempf* Novellierung des Investmentrechts 2004 nach dem Investmentmodernisierungsgesetz, 1. Aufl. 2004; *ders.* Novellierung des Investmentrechts 2007, Ein Praxishandbuch 1. Aufl. 2008; *Kestler/Benz* Aktuelle Entwicklungen im Investmentrecht, BKR 2008, 403; *Kleinschmidt/Schneider* Kapitalanlagegesetzbuch, Änderungen in den Verordnungen zur Prüfung, Rechnungslegung und Bewertung von Investmentvermögen und Kapitalverwaltungsgesellschaften, in: BaFinJournal 12/2013, 19; *Kort/Lehmann* Risikomanagement und Compliance im neuen KAGB – juristische und ökonomische Aspekte, in: Möllers/Kloyer, Das neue Kapitalanlagegesetzbuch, 2013; *Kremer* BaFin veröffentlicht MaRisk für Fondsgesellschaften, BaFinJournal 06/2010, 4ff.; *Kremer* BaFin ändert Derivateverordnung, BaFinJournal 08/2011, 6ff.; *Kremer* Regulierung von Geldmarktfonds, in: BaFinJournal 01/2013, 14; *Kremer* AIFM-Umsetzungsgesetz, Anforderungen an Kapitalverwaltungsgesellschaften und Regelungen zu inländischen Investmentvermögen, BaFinJournal 05/2013, 13; *Kurpiers/Zeitz* EMIR: Meldepflicht für Derivate, BaFinJournal 01/2014, 31; *Leser* Veranlagungskriterien für Investmentfonds, 2008; *Ludewig/Geilfus* Europaweite Regulierung von Leerverkäufen, BaFinJournal 10/2012, 9; *Mertens* Portfolio-Optimierung nach Markowitz (Diss.), 2. Aufl. 2006; *Mülbert/Sajnovits* Das künftige Regime für Leerverkäufe und bestimmte Aspekte von Credit Default Credit Swaps nach der Verordnung (EU) Nr. 236/2012, in: ZBB 2012, 266; *Nickel* Die Novelle des Investmentgesetzes, 2008; *Patzner/Döser/Kempf* Investmentrecht, 3. Aufl. 2017; *Pütz* Alternative Investmentfonds unter dem neuen Kapitalanlagegesetzbuch, Absolutreport, Nr. 1, 2013; *Raab* Grundlagen des Investmentfondsgeschäfts, 7. Aufl. 2019; *Roegele/Goerke* Novelle des Investmentgesetzes, BKR 2007, 393; *Szylar* Risk Management under UCITS III/IV, 2010; *Uhlig* Hedgefonds in Deutschland, 2008; *Urbanowicz* Eine rechtsvergleichende Untersuchung über den Einsatz von Derivaten in Publikumsinvestmentfonds, (Dipl.), 2004; *Volkard/Wilkens* Änderungen im Investmentrecht, DB 2008, 1195; *Zerey* Finanzderivate Rechtshandbuch, 4. Aufl. 2016.

Inhaltsübersicht

	Rn.
I. Einführung	1
1. Historische Entwicklung	1
2. Aufbau der DerivateV	9
II. Die DerivateV im Einzelnen	17
1. § 1 DerivateV	17
2. § 2 DerivateV	21
a) Einsatz von Derivaten in Übereinstimmung mit der Anlagestrategie	21
b) Die Zulässigkeit der Basiswerte eines Derivats	24
c) Einflussnahme des Kontrahenten als Auslagerungstatbestand	29
3. § 3 DerivateV	32
4. § 4 DerivateV	39
5. § 5 DerivateV	42
a) Methoden zur Ermittlung des Marktrisikos	42
b) Einschränkungen in Bezug auf Verwendung des einfachen Ansatzes	47
c) Überwachung des Leverage bei Anwendung des qualifizierten Ansatzes	50
d) Marktrisikoberechnung als Bestandteil des Risikomanagements	51
6. § 6 DerivateV	52
7. § 7 DerivateV	55
8. § 8 DerivateV	63
9. § 9 DerivateV	66
10. § 10 DerivateV	75
a) Die Eignung des Risikomodells	75
b) Das Value-at-Risk-Modell	76
c) Die Berechnung des Value-at-Risk	79
d) Verwendung von Szenarien zur VaR-Feststellung	84
e) Quantitative und qualitative Anforderungen	85
f) Entscheidungsspielraum der KVG	86
11. § 11 DerivateV	88
a) Die Haltedauer von 20 Tagen	88
b) Das Prognoseintervall	91
c) Historischer Beobachtungszeitraum	92
12. § 12 DerivateV	95
13. § 13 DerivateV	102
a) Allgemeine investmentrechtliche Anforderungen an das Risikocontrolling	102
b) Die qualitativen Anforderungen an das Risikocontrolling	109
c) Überwachung der Value-at-Risk-Modelle	110
d) Übereinstimmung von dokumentierten und angewandten Risikomodellen	112
e) Validierung der Modelle	114
f) Zeitreihenanalyse	117
g) Dokumentationspflichten und Interne Revision	118
14. § 14 DerivateV	120
15. §§ 15–17 DerivateV	125
a) Einleitung	125
b) Die einzelnen Schritte der Ermittlung von Anrechnungsbeträgen	131

Rn.
c) Die Addition von Vermögenswerten 135
d) Berechnung der Anrechnungsbeträge 137
e) Besonderheiten beim Halten von Investmentanteilen 145
f) Derivate, die bei der Ermittlung des Anrechnungsbetrags unberücksichtigt bleiben 147
16. § 18 DerivateV 150
17. §§ 19, 20 DerivateV 153
a) Einleitung 153
b) Die Voraussetzungen für die Anerkennung von Absicherungsgeschäften gem. § 19 I 5 Nr. 1–3 DerivateV 156
c) Die speziellen Voraussetzungen des Netting gem. § 19 I 5 Nr. 4 Buchst. a DerivateV 159
d) Die speziellen Voraussetzungen des Hedging nach § 19 I 5 Nr. 4 Buchst. b DerivateV 162
e) Verweis auf § 20 für Durchführung des Durations-Netting . . 173
f) Einzelheiten zum Durations-Netting 176
18. § 21 DerivateV 188
19. § 22 DerivateV 193
20. §§ 23, 24 DerivateV 202
21. §§ 25, 26 DerivateV 217
22. § 27 DerivateV 226
a) Die Reichweite des Kontrahentenrisikos 226
b) Die Berechnung des Kontrahentenrisikos 231
c) Die Saldierung von Ansprüchen bei der Ermittlung des Kontrahentenrisikos 235
d) Anrechnung von Sicherheiten auf das Kontrahentenrisiko . . . 237
e) Anforderungen an die Verwaltung von Sicherheiten 245
f) Anrechnung des Kontrahentenrisikos auf die Kombinationsgrenze von § 206 V 249
g) Nutzung von anerkannten Wertpapier-Darlehensystemen . . 250
23. §§ 28–32 DerivateV 252
a) Pflicht zur Durchführung von (inversen) Stresstests 252
b) Anforderungen an Stresstests 263
c) Frequenz, Überprüfung und Anpassung 271
24. §§ 33, 34 DerivateV 279
25. §§ 35–38 DerivateV 294
26. §§ 39–41 DerivateV 313

I. Einführung

1 **1. Historische Entwicklung.** Gemäß § 197 III 1 konkretisiert eine Rechtsverordnung die beim Einsatz von Derivaten gesetzlich geforderten Vorkehrungen. Die BaFin erließ die **DerivateV** (Derivateverordnung v. 6.2.2004, BGBl. 2004 I 153) **über Risikomanagement und Risikomessung beim Einsatz von Derivaten in Sondervermögen** nach dem Investmentgesetz. Die Verordnung adressierte das Marktpreisrisiko, das Emittentenrisiko sowie das Kontrahentenrisiko, die beim Einsatz von Derivaten entstehen.

2 Außerdem regelte die Verordnung Einzelheiten für das Risikomanagement von Derivaten, zB wie die **Systeme und Verfahren zur Risikomessung** beschaffen sein müssen, wie das **Marktrisikopotential** festzulegen ist, die Anrechnung von Derivaten auf die **Ausstellergrenzen** des § 206, wie der **Handel mit OTC-Deri-**

vaten risikotechnisch zu bewerten ist und welche **Aufzeichnungs- und Unterrichtungspflichten** bestehen.

3 Mit Inkrafttreten (1.7.2011) der **Derivate-ÄnderungsV** (Erste Verordnung zur Änderung der Derivateverordnung (1. DerivateVÄndV, keine amtliche Abk.) v. 28.6.2011, BGBl. 2001 I 1278) wurden wesentliche Vorschriften in der DerivateV neu gefasst. Die Änderungen dienten dabei insb. der Umsetzung der **Zweiten Durchführungs-RL** und der **CESR-Eligible-Assets-Leitlinien.**

4 Bei der Änderung der DerivateV wurde die **Regelung zum Leerverkaufsgebot** gestrichen, da marktgegenläufige Derivate in Übereinstimmung mit der Zweiten Durchführungs-RL in Investmentvermögen zu Investmentzwecken eingesetzt werden können und somit klargestellt ist, dass sich das **Leerverkaufsverbot nach § 205** nicht direkt auf Derivate erstreckt (→ § 205 Rn. 13ff.).

5 Im Zuge der Aufhebung des InvG und der gleichzeitigen **Einführung des KAGB** wurde eine weitere umfassende Überarbeitung der DerivateV erforderlich. Im Rahmen dieser Überarbeitung wurden die **ESMA-Risiko-Leitlinien** und die **ESMA-ETF-Leitlinien** umgesetzt. Dabei erfolgte eine vollständige Neufassung, so dass die DerivateV v. 6.2.2004 in der geänd. Fassung v. 28.6.2011 zum 22.7.2013 außer Kr aft trat und durch die neue **DerivateV** (Verordnung über Risikomanagement und Risikomessung beim Einsatz von Derivaten, Wertpapier-Darlehen und Pensionsgeschäften in Investmentvermögen nach dem Kapitalanlagegesetzbuch vom 16.7.2013, BGBl. 2013 I 2463) ersetzt wurde.

6 Sowohl bei Erlass als auch bei Änderung und vollständiger Neufassung der DerivateV veröffentlichte die BaFin neben einer **Begründung zur DerivateV** (Begründung zur Derivateverordnung vom 16.7.2013, abrufbar auf der Homepage der BaFin www.bafin.de unter der Rubrik „Veröffentlichungen") zusätzliche Erläuterungen, die wesentlich zur Konkretisierung und Auslegung der Vorschriften beitragen. Die aktuellen **Erläuterungen zur DerivateV** vom 16.7.2013 sind zuletzt am 30.9.2019 geändert worden und sind auf der Homepage der BaFin www.bafin.de abrufbar unter der Rubrik „Veröffentlichungen".

7 Die DerivateV wurde **im Jahr 2015** durch Art. 1 der Verordnung zur Änderung der Derivateverordnung vom 26.2.2015 (BGBl. 2015 I 181) an wenigen Stellen (im Wesentlichen §§ 27 VII, 35 IV, 37 VI DerivateV) angepasst. Darüber hinaus wurde die DerivateV **im Jahr 2019** durch Art. 1 der Zweiten Verordnung zur Änderung der Derivateverordnung v. 14.8.2019 (BGBl. 2019 I 1355) geändert, wobei sich diese Änderungen effektiv auf § 24 II DerivateV beschränkten.

8 Im Jahr **2021** wurde die DerivateV schließlich **zweimal** geändert: Am **12.5.2021** wurde durch Art. 7 XXIII G zur Umsetzung der RL (EU) 2019/2034 über die Beaufsichtigung von Wertpapierinstituten (BGBl. 2021 I 990) eine Änderung an **§ 25** vorgenommen und am **3.6.2021** wurden durch Art. 17 III, Art. 18 I des Gesetzes zur Stärkung des Fondsstandorts Deutschland und zur Umsetzung der Richtlinie (EU) 2019/1160 zur Änderung der Richtlinien 2009/65/EG und 2011/61/EU im Hinblick auf den grenzüberschreitenden Vertrieb von Organismen für gemeinsame Anlagen **(Fondsstandortgesetz)** (BGBl. 2021 I 1498) die **§§ 6, 9, 14, 27 und 38** geändert.

9 **2. Aufbau der DerivateV.** Die DerivateV besteht ohne die Schlussbestimmungen aus **sieben Abschnitten,** wobei der erste Abschnitt allgemeine Vorschriften enthält, der zweite Abschnitt Vorschriften zur Berechnung des Marktrisikos enthält, der dritte Abschnitt das Kreditrisiko und Liquiditätsrisiko regelt, der vierte Abschnitt die Durchführung von Stresstests behandelt, der fünfte Abschnitt den Ein-

satz von strukturierten Produkten mit derivativer Komponente betrifft und der sechste Abschnitt Veröffentlichungs- und Meldebestimmungen enthält. Der siebte Abschnitt regelt die Anwendbarkeit und enthält Übergangsbestimmungen. Dieser Aufbau der DerivateV wurde im Prinzip seit Erlass der ersten Verordnung im Jahr 2004 beibehalten.

10 Der **Allgemeine Abschnitt** definiert den Anwendungsbereich auf der Grundlage des KAGB und regelt Grundprinzipien für den Einsatz von Derivaten, Wertpapier-Darlehen und Pensionsgeschäften in Investmentvermögen. Dazu gehören auch die **Erfüllung von Liefer- und Zahlungsverpflichtungen** des Investmentvermögens sowie die **Bereitstellung von ausreichender Deckung** für derivative Geschäfte. § 4 betrifft schließlich den **Umgang mit Interessenkonflikten.**

11 Der **zweite Abschnitt** behandelt das **Marktrisiko,** für dessen Bestimmung zwei Methoden der Risikomessung, nämlich der einfache Ansatz, auch Commitment-Ansatz genannt, und der qualifizierte Ansatz, der auf einer „Value at Risk"-Messung beruht, zur Verfügung stehen. In § 5 wird die Abgrenzung zwischen diesen beiden Ansätzen geregelt und in § 6 die Aufzeichnungs- und Anzeigepflichten der KVG im Hinblick auf die Entscheidung für einen der beiden Ansätze geregelt.

12 Die **§§ 7–14 DerivateV** beziehen sich auf die **Verwendung des qualifizierten Ansatzes** für die Bestimmung des Marktrisikos. Seit der Derivate-ÄnderungsVO wird im Rahmen des qualifizierten Ansatzes zwischen der absoluten und relativen Berechnung des potenziellen Risikobetrages für das Marktrisiko differenziert. Im Folgenden werden das zugehörige Vergleichsvermögen, die Ermittlung des potenziellen Risikobetrages für das Marktrisiko, die dabei zu erfassenden **Risikofaktoren,** qualitative Anforderungen an die Arbeits- und Ablauforganisation und **das Risikocontrolling** der KVG sowie die **Prognosegüte des Risikomodells** geregelt.

13 In den **§§ 15–22 DerivateV** werden die Regeln für die **Verwendung des einfachen Ansatzes** festgelegt, insb. wie die Risikobegrenzung vorzunehmen und der Anrechnungsbetrag für das Marktrisiko zu berechnen ist. Die Vorschriften definieren unberücksichtigte Derivate, das Derivaten zugehörige Delta, die Anerkennung von **Absicherungsgeschäften,** die Absicherung von **Zinsderivaten, die Wiederanlage von Sicherheiten** sowie die Ermittlung des **Anrechnungsbetrages für strukturierte Investmentvermögen.**

14 Der **dritte Abschnitt** enthält Regelungen zur Bestimmung des **Emittentenrisikos** und stellt klar, dass der einfache Ansatz zur Anwendung kommt. Die in der DerivateV von 2004 enthaltene Möglichkeit, sowohl den einfachen als auch den qualifizierten Ansatz anzuwenden, wurde gestrichen. Des Weiteren werden **Abschluss und Bewertung eines OTC-Derivates,** die **Kündbarkeit von Wertpapier-Darlehen und Pensionsgeschäften** sowie der Anrechnungsbetrag für das **Kontrahentenrisiko** geregelt.

15 Die Regelungen im **vierten Abschnitt** behandelt allgemeine Prinzipien zur **Durchführung von Stresstests,** die sowohl bei Anwendung des einfachen als auch des qualifizierten Ansatzes gelten. Es werden die qualitativen Anforderungen, die **Häufigkeit** von Stresstest und ihrer **Anpassung,** die **Dokumentation** von Stresstests und ihre Überprüfung geregelt. Außerdem wurde bei der Neufassung der DerivateV festgelegt, welche zusätzlichen Stresstests im Rahmen der **Sicherheitenverwaltung** gemacht werden müssen.

16 Der **fünfte Abschnitt** betrifft den **Erwerb von strukturierten Produkten** für ein Investmentvermögen und die Erstellung einer **Organisationsrichtlinie** durch die KVG.

II. Die DerivateV im Einzelnen

1. § 1 DerivateV.

Abschnitt 1 Allgemeine Vorschriften

§ 1 Anwendungsbereich

(1) Diese Verordnung ist anzuwenden auf

1. den Einsatz von Derivaten in Investmentvermögen gemäß § 197 des Kapitalanlagegesetzbuches,
2. den Einsatz von Wertpapier-Darlehen und Pensionsgeschäften gemäß den §§ 200 bis 203 des Kapitalanlagegesetzbuches,
3. das Risikomanagement und die Berechnung des Marktrisikopotenzials dieser Derivate und Geschäfte sowie die Anrechnung dieser Derivate und Geschäfte auf die Anlagegrenzen.

(2) Diese Verordnung ist nur anzuwenden für offene inländische Publikumsinvestmentvermögen gemäß den §§ 162 bis 260 des Kapitalanlagesetzbuches und für offene inländische Spezial-AIF mit festen Anlagebedingungen gemäß § 284 des Kapitalanlagegesetzbuches, es sei denn, die Anlagebedingungen dieser Investmentvermögen schließen eine Investition in Derivate, Wertpapier-Darlehen und Pensionsgeschäfte aus.

In § 1 DerivateV wird der **Anwendungsbereich der DerivateV** geregelt. Sie gilt für OGAW sowie – per Verweis in den entsprechenden Vorschriften des KAGB – für bestimmte Arten von AIF. Dazu gehören offene inländische AIF-Publikumsinvestmentvermögen gem. §§ 162–260 und **offene inländische Spezial-AIF mit festen Anlagebedingungen** gem. § 284. Die DerivateV findet somit auf Gemischte Investmentvermögen, Sonstige Investmentvermögen und Immobilien-Sondervermögen Anwendung. Die letztgenannten Spezial-AIF folgen den Anlagegrundsätzen für inländische OGAW und unterliegen daher denselben Beschränkungen im Rahmen des Portfoliomanagements. 17

Der Anwendungsbereich umfasst sowohl den **Einsatz von Derivaten** als auch den **Einsatz von Wertpapierdarlehensgeschäften und Pensionsgeschäften** nach §§ 200–203 an. Der erweiterte Anwendungsbereich spiegelt sich in der neuen Namensbezeichnung der Verordnung wider: Derivate, Wertpapierdarlehensgeschäfte und Pensionsgeschäfte werden gleichrangig nebeneinander genannt. Für alle drei Techniken, die im Rahmen eines effizienten Portfoliomanagements eingesetzt werden, werden Anforderung an das Risikomanagement und die Risikomessung gestellt. 18

Bei der Anwendung der DerivateV auf ein spezielles Investmentvermögen kommt es nicht darauf an, ob Derivate, Wertpapierdarlehensgeschäfte und Pensionsgeschäfte tatsächlich zum Einsatz kommen. Wesentlich ist, ob eines dieser Geschäfte nach den **Anlagebedingungen** des betreffenden Investmentvermögens getätigt werden kann.

Die DerivateV gilt nicht für **geschlossene AIF** und **offene Spezial-AIF**, die keine Spezial-AIF mit festen Anlagebedingungen sind. Offene Spezial-AIF, die nicht den Anlagebedingungen eines OGAW folgen, können den Umfang des eingesetzten Leverage ohne Beachtung der speziellen Risikogrenzen der DerivateV bestimmen. Die AIF-KVG hat der BaFin gem. §§ 215, 274 S. 1 nachzuweisen, dass die angesetzte Begrenzung des Umfangs des Leverage angemessen ist und sie diese Begrenzung stets einhält. Die BaFin bewertet die Risiken des angezeigten Leverage und kann den Umfang des Leverage beschränken, wenn sie dies zur Gewährleistung 19 der Stabilität und Integrität des Finanzsystems als nötig erachtet (§§ 215 II 1, 274 S. 1). Insofern finden die Risikobegrenzungen der DerivateV auf diesen Fondstypus keine Anwendung.

20 **Geschlossene Publikums-AIF** sind nicht im Anwendungsbereich enthalten, da bei diesem Typus des Investmentvermögens Derivate nur zur Absicherungszwecken, aber nicht zur Generierung von Leverage eingesetzt werden dürfen. Die Verordnungsermächtigung des § 197 greift hier nicht. Bezüglich der Kontrahentenrisiken, die auch hier beim Einsatz von Derivaten entstehen können, ist § 262 relevant, der eine Risikomischung des Ausfallrisikos vorschreibt.

21 **2. § 2 DerivateV.**

§ 2 Einsatz von Derivaten, Wertpapier-Darlehen und Pensionsgeschäften

(1) Der Einsatz von Derivaten, Wertpapier-Darlehen und Pensionsgeschäften darf
1. nicht zu einer Veränderung des Anlagecharakters führen, der
a) nach dem Kapitalanlagegesetzbuch und den jeweiligen Anlagebedingungen zulässig ist sowie
b) bei Publikumsinvestmentvermögen im Verkaufsprospekt und in den wesentlichen Anlegerinformationen gemäß den §§ 165 und 166 des Kapitalanlagegesetzbuches beschrieben ist und
2. nicht mit wesentlichen zusätzlichen Risiken im Vergleich zum ursprünglichen, in den Verkaufsunterlagen beschriebenen Risikoprofil verbunden sein.

(2) Die Kapitalverwaltungsgesellschaft darf für ein Investmentvermögen mit Ausnahme von Sonstigen Investmentvermögen nach § 220 des Kapitalanlagegesetzbuches und Spezial-AIF nach § 284 des Kapitalanlagegesetzbuches nur Derivate abschließen, wenn
1. die Basiswerte dieser Derivate nach Maßgabe des Kapitalanlagegesetzbuches und der jeweiligen Anlagebedingungen für das Investmentvermögen erworben werden dürfen oder
2. die Risiken, die diese Basiswerte repräsentieren, auch durch die nach dem Kapitalanlagegesetzbuch und den jeweiligen Anlagebedingungen zulässigen Vermögensgegenstände im Investmentvermögen hätten entstehen können.

(3) Besitzt ein Vertragspartner eines derivativen Geschäftes einen Ermessensspielraum bei der Zusammensetzung oder Verwaltung des Anlageportfolios des Investmentvermögens oder bei der Zusammensetzung oder Verwaltung der Basiswerte oder des Basiswertes des Derivates, so gilt das Geschäft als Auslagerungsvereinbarung in Bezug auf die Portfolioverwaltung und muss den Anforderungen des § 36 des Kapitalanlagegesetzbuches entsprechen.

a) Einsatz von Derivaten in Übereinstimmung mit der Anlagestrategie. § 2 I DerivateV stellt klar, dass die KVG unabhängig von den sonstigen Vorgaben der DerivateV sicher zu stellen hat, dass der Einsatz von Derivaten, Wertpapier-Darlehen und Pensionsgeschäften in einem Investmentvermögen nicht zu einer Veränderung des nach dem KAGB und den Anlagebedingungen des Investmentvermögens zulässigen **Anlagecharakters** oder zu einer Veränderung des im Verkaufsprospekt oder den wesentlichen Anlegerinformationen beschriebenen Anlagestrategie des Investmentvermögens führt.

22 Dies geht einher mit der Forderung, dass der Einsatz nicht mit wesentlichen zusätzlichen Risiken im Vergleich zur ursprünglichen, in den **Verkaufsunterlagen** beschriebenen Risikostrategie verbunden sein darf. Hinsichtlich des im Verkaufsprospekt beschriebenen Anlagecharakters ist auch § 165 II Nr. 10 zu beachten. Hiernach muss im Verkaufsprospekt das **Profil des typischen Anlegers** des In-

vestmentvermögens angegeben sein. Insbesondere der Einsatz von Derivaten in einem Investmentvermögen muss auf diese Profilbeschreibung abgestimmt sein.

Das **System der Prospekthaftung** gem. § 306 bleibt daneben unberührt. § 2 I DerivateV verdeutlicht aber, dass für die Frage, ob der Verkaufsprospekt eines Investmentvermögens eine unrichtige Tatsache im Hinblick auf die Beschreibungen des Anlagecharakters des Investmentvermögens enthält, die besonderen Eigenschaften von Derivaten, Wertpapier-Darlehen und Pensionsgeschäften zu beachten sind. 23

b) Die Zulässigkeit der Basiswerte eines Derivats. Die Grundregel von § 2 I DerivateV wird in § 2 II DerivateV konkretisiert. Die KVG ist verpflichtet, nur solche Derivate-Geschäfte abzuschließen, die mit den jeweiligen Anlagevorschriften des KAGB und den jeweiligen Anlagebedingungen der Investmentvermögen vereinbare Basiswerte haben. Es ist in diesem Zusammenhang eine **Klassifizierung der Basiswerte** im Hinblick auf ihre Zulässigkeit durchzuführen. In diesem Zusammenhang sind zB die Wertpapiereigenschaft eines bestimmten Basiswertes oder die Voraussetzungen für einen Finanzindex zu prüfen. 24

Es besteht aber eine Ausnahme für **Sonstige Investmentvermögen** nach § 220 und **Spezial-AIF mit festen Anlagebedingungen nach § 284.** Diese Fondstypen können auch Derivate-Geschäfte abschließen, deren Basiswerte nach Maßgabe des KAGB nicht physisch für das Investmentvermögen erworben werden dürfen. 25

Im Übrigen kommt es in den Fällen, in denen es sich bei dem Basiswert eines Derivats um einen konkreten Vermögensgegenstand – etwa ein Wertpapier – handelt, darauf an, dass dieser Vermögensgegenstand gem. den Vorschriften des KAGB, den Anlagebedingungen und dem Verkaufsprospekt auch direkt für das fragliche Investmentvermögen erworben werden kann. 26

Handelt es sich um einen **abstrakten Basiswert, etwa einen Zinssatz, Währungskurs oder Indexstand,** so wird ein Abstraktionsschritt eingeschoben, der auf die mit dem Basiswert verbundenen Risiken abstellt. Es wird unterstellt, es gäbe einen potenziellen Vermögensgegenstand, dem mindestens die Risiken dieses Basiswerts anhafteten und der dann wieder im Einklang mit den Vorschriften des KAGB, den Anlagebedingungen und dem Verkaufsprospekt auch direkt für das fragliche Investmentvermögen erwerbbar sein muss. 27

Wertpapier-Darlehen und Pensionsgeschäfte werden hier nicht zusätzlich aufgeführt. Es ergibt sich bereits aus dem Charakter dieser Geschäfte, dass es sich bei den zugrundeliegenden Wertpapieren um solche handeln muss, die auch direkt für das Investmentvermögen erwerbbar sind. Die entsprechenden Regeln finden sich in den §§ 200–203. 28

c) Einflussnahme des Kontrahenten als Auslagerungstatbestand. § 2 III DerivateV setzt **Nr. 39 der ESMA-ETF-Leitlinien** um. In Fällen, in denen der Kontrahent Einfluss auf die Zusammensetzung oder Verwaltung des Anlageportfolios des Investmentvermögens oder die Basiswerte der Derivate nehmen kann, ist die Vereinbarung zwischen der KVG und dem Kontrahenten als **Auslagerungsvereinbarung in Bezug auf die Portfolioverwaltung** zu betrachten und sollte daher den Anforderungen an einer Auslagerung gem. § 36 entsprechen. Ein Beispiel hierfür ist ein Swap auf ein durch den Swap-Kontrahenten verwaltetes Portfolio oder einen Basket. In diesem Fall wird das Anlage- und Risikoprofil des Investmentvermögens durch den Swap-Kontrahenten beeinflusst. 29

Die Qualifizierung dieses Sachverhaltes als Auslagerung führt auch dazu, dass Techniken und Instrumente, die der Kontrahent bei der Verwaltung des Basiswertes 30 einsetzt, mit den Anforderungen des KAGB konform sein müssen. Infolgedessen sind zB **physische Leerverkäufe** oder **Kreditaufnahmen des Kontrahenten** bei der Verwaltung unzulässig.

31 Bei der Feststellung des Auslagerungstatbestandes kommt es wesentlich auf den Einfluss bzw. den **Ermessensspielraum des Kontrahenten** an. Nicht eingeschlossen sind passive bzw. regelgebundene Änderungen des Basiswertes, die vorherbestimmt sind. Ein **sehr eingeschränkter** Ermessenspielraum des Vertragspartners, der nicht wesentlich auf die Zusammensetzung oder die Verwaltung wirkt, qualifiziert nicht als Auslagerung. Hierunter dürften beispielsweise eingeschränkte Ermessenspielräume eines Swap-Kontrahenten im Fall von Schadensersatzklagen oder Kapitalmaßnahmen (Fusionen, Spin-offs) bezüglich eines Vermögensgegenstandes des zugrundeliegenden Baskets oder die Reinvestition von ausgeschütteten Dividenden fallen. Auch die Auswahl der gelieferten Anleihe bei Zinstermingeschäften ist nicht hierunter zu fassen.

3. § 3 DerivateV.

§ 3 Liefer- und Zahlungsverpflichtungen; Deckung

(1) Die Kapitalverwaltungsgesellschaft muss sicherstellen, dass

1. sie allen für Rechnung eines Investmentvermögens eingegangenen, bedingten und unbedingten Liefer- und Zahlungsverpflichtungen aus Derivaten, Wertpapier-Darlehen und Pensionsgeschäften in vollem Umfang nachkommen kann und

2. eine ausreichende Deckung der derivativen Geschäfte vorhanden ist.

(2) Für die Zwecke des Absatzes 1 Nummer 2 ist die Deckung im Rahmen des Risikomanagementprozesses laufend zu überwachen.

32 § 3 I Nr. 1 DerivateV verpflichtet die KVG sicherzustellen, dass sie allen für Rechnung eines Investmentvermögens eingegangenen, bedingten und unbedingten **Liefer- und Zahlungsverpflichtungen aus Derivaten, Wertpapier-Darlehen und Pensionsgeschäften** in vollem Umfang nachkommen kann.

33 Auf welche Art und Weise eine KVG die Erfüllung dieser Anforderung sicherstellt, bleibt ihr im Rahmen von § 3 I Nr. 1 DerivateV zunächst freigestellt. Es ist allerdings nachprüfbar zu dokumentieren, dass den Forderungen aus Derivaten jederzeit nachgekommen werden kann. Im Regelfall wird eine Dokumentation anhand des **regulären Liquiditätsmanagements** ausreichend sein (vgl. EDD/*Braus/Zinken* § 197 Rn. 259).

34 § 3 I Nr. 2 DerivateV schreibt eine angemessene Deckung für alle derivativen Positionen einschließlich synthetischen Leerverkaufspositionen vor. § 3 DerivateV setzt gleichzeitig **Box 28 der CESR-Risiko-Leitlinien** und die darin enthaltenen Standards um. Die Vorschrift trägt der Tatsache Rechnung, dass synthetische Leerverkaufspositionen für Investmentvermögen eingegangen werden können und nicht von § 205 erfasst sind. Bei **synthetischen Leerverkaufspositionen** besteht das Risiko, das das Investmentvermögen die zu liefernden Basiswerte zu einem höheren Preis am Markt erwerben muss und in Höhe der Differenz zum Lieferpreis zusätzlich Deckung notwendig wird.

35 Da Zahlungsverpflichtungen nicht nur aus synthetischen Leerverkaufspositionen resultieren, sind grundsätzlich für alle Arten von Derivaten Vorkehrungen zur Sicherstellung der Erfüllung von Liefer- und Zahlungsverpflichtungen zu treffen. Dabei wird hinsichtlich der erforderlichen Deckung zwischen Derivaten, die bei Fälligkeit bzw. Ausübung üblicherweise die **Lieferung des Basiswertes** vorsehen, und Derivaten, bei denen ein Barausgleich vorgenommen wird, differenziert.

Für die erste Gruppe von Derivatgeschäften hat die KVG grundsätzlich das **Basisinstrument** selbst zur Deckung im Portfolio zu halten (CESR-Risiko-Leitlinien, Abschn. 87). Alternativ kann die Deckung auch durch ausreichende liquide Mittel erfolgen, um im Falle der Lieferverpflichtung den Basiswert am Kapitalmarkt zu werben. Als liquide Mittel iSd Vorschrift werden Bankguthaben und andere Vermögensgegenstände, die jederzeit zum Ankauf des zu liefernden Basiswertes eingesetzt werden können, vorgesehen. Das Vorhalten von Liquidität zum späteren Erwerb des Basiswertes ist allerdings an weitere Voraussetzungen geknüpft. Der zu liefernde Basiswert muss **hochliquide und jederzeit erwerbbar** sein. Die KVG muss bei der Bestimmung, in welcher Höhe ausreichende liquide Mittel vorzuhalten sind, **Sicherheitsmargenabschläge** einkalkulieren. Diese „Haircuts" sind so zu kalkulieren, dass auch im Falle unerwarteter Marktveränderungen eine ausreichende Deckung durch die liquiden Mittel sichergestellt ist. Das mit Art von Geschäft verbundene zusätzliche Marktrisiko muss hinreichend genau erfasst und gemessen werden. 36

Bei **Derivatgeschäften mit Barausgleich** hat die KVG genügend **liquide Mittel** vorzuhalten, um der Deckungsverpflichtung jederzeit nachkommen zu können. Dabei sind Margins Calls und Zinszahlungen bei der Berechnung der Höhe der liquiden Mittel zu berücksichtigen (CESR-Risiko-Leitlinien, Abschn. 88). Auch hier sind bei der Kalkulation der Deckung angemessene Schutzmechanismen anzuwenden und Sicherheitsmargenabschläge durchzuführen. 37

§ 3 II 2 DerivateV regelt, dass die KVG im Rahmen des Risikomanagementprozesses regelmäßig zu überprüfen und sicherzustellen hat, dass die Deckung (als Basiswert selbst oder als Bankguthaben) in dem erforderlichen Umfang zur Verfügung steht. Die genaue Umsetzung dieser Regelung ist wiederum in die Verantwortung der KVG gestellt. Die **Frequenz** der Kontrolle hat sich nach der jeweiligen vertraglichen Situation zu richten: Ist ein **täglicher Margin-Ausgleich** vorgesehen, so hat die Kontrolle der ausreichenden Deckung ebenfalls täglich zu erfolgen. Bei einem lediglich zum Ende der Laufzeit vereinbarten Settlement kann die Überwachung der ausreichenden Deckung auch in größeren Abständen erfolgen. Wird bei vereinbarter Lieferung des Basiswertes nicht der physische Bestand im Investmentvermögen gehalten, ist eine mindestens wöchentliche Kontrolle zu empfehlen (EDD/*Braus/Zinken* § 197 Rn. 266). 38

4. § 4 DerivateV.

§ 4 Interessenkonflikte

(1) [1]Die Kapitalverwaltungsgesellschaft hat insbesondere für Geschäfte, bei denen Interessenkonflikte nicht auszuschließen sind, zum Beispiel Geschäfte mit dem Mutter-, Schwester- oder Tochterunternehmen, durch ein angemessenes Kontrollverfahren sicherzustellen, dass diese Geschäfte zu marktgerechten Konditionen abgeschlossen werden. [2]Das festgelegte Kontrollverfahren ist von der Kapitalverwaltungsgesellschaft zu dokumentieren.

(2) Der Prüfungsbericht gemäß den §§ 102, 121 Absatz 3 und § 136 Absatz 3 des Kapitalanlagegesetzbuches hat Angaben darüber zu enthalten, ob das festgelegte Kontrollverfahren angemessen und zweckdienlich ist.

§ 4 DerivateV regelt die Vermeidung von Interessenkonflikten und berücksichtigt dabei, dass die KVG in vielen Fällen eine starke geschäftliche Anbindung an die sonstigen Gesellschaften ihres Konzerns hat. Nach § 4 I ist dies zulässig, bedarf aber **eigenständiger Kontrollmechanismen,** um zu verhindern, dass sich Interessenkonflikte innerhalb des Konzerns zu Lasten der durch die KVG verwalte- 39 ten Investmentvermögen auswirken. Durch angemessene Kontrollverfahren ist sicherzustellen, dass diese Geschäfte zu marktgerechten Konditionen abgeschlossen werden.

40 Im Rahmen der **Marktgerechtigkeitsprüfung** wird ein Vergleich der Konditionen mit Tageshöchstkursen und -tiefstkursen nicht ausreichend sein. Vielmehr muss sich die Prüfung darüber hinaus auf die für ein jeweiliges Geschäft zur Zeit des Geschäftsabschlusses am Markt zu beobachtenden Kurse beziehen. Die Marktgerechtigkeitskontrolle ist nachvollziehbar für einen Dritten und revisionssicher zu dokumentieren (zum Ganzen EDD/*Braus/Zinken* § 197 Rn. 269).

41 § 4 II DerivateV schreibt eine **Bewertung** dieses Kontrollverfahrens **im Prüfungsbericht** vor. Der Abschlussprüfer hat zu beurteilen, ob das von der KVG eingesetzte Verfahren zur Sicherstellung von marktgerechten Konditionen bei Transaktionen mit Konzerngesellschaften zweckdienlich und angemessen ist. Die Zweckdienlichkeit und Angemessenheit des Verfahrens müssen insb. im Hinblick auf die für die jeweilige KVG spezifische Situation geprüft werden. Die Prüfung umfasst Derivate, Wertpapier-Darlehen, Pensionsgeschäfte und strukturierte Produkte iSd DerivateV.

42 **5. § 5 DerivateV.**

Abschnitt 2 Marktrisiko

Unterabschnitt 1
Anwendungsvorschriften für den qualifizierten und den einfachen Ansatz

§ 5 Grundlagen und Abgrenzung

(1) [1]Die Kapitalverwaltungsgesellschaft hat die Auslastung der nach § 197 Absatz 2 des Kapitalanlagegesetzbuches festgesetzten Marktrisikogrenze für den Einsatz von Derivaten (Grenzauslastung) mindestens auf täglicher Basis zu ermitteln. [2]Die Marktrisikogrenze muss laufend eingehalten werden. [3]Abhängig von der Anlagestrategie kann auch eine untertägige Berechnung der Auslastung notwendig sein.

(2) [1]Zur Ermittlung der Grenzauslastung kann das Marktrisiko des Investmentvermögens oder der Investitionsgrad durch Leverage herangezogen werden; hierbei ist entweder der qualifizierte Ansatz nach den §§ 7 bis 14 oder der einfache Ansatz nach den §§ 15 bis 22 anzuwenden. [2]Die Methode ist in eigener Verantwortung auf Basis der Analyse des Risikoprofils des Investmentvermögens einschließlich der eingesetzten Derivate zu wählen. [3]Die gewählte Methode muss der verfolgten Anlagestrategie sowie der Art und Komplexität der eingesetzten Derivate und deren Anteil im Investmentvermögen angemessen sein. [4]Die Anwendung des einfachen Ansatzes befreit die Kapitalverwaltungsgesellschaft nicht von der Verpflichtung zur Implementierung eines angemessenen Risikomanagementprozesses einschließlich Risikomessung und Begrenzung. [5]Bei Anwendung des qualifizierten Ansatzes ist zusätzlich regelmäßig der Leverage des Investmentvermögens zu überwachen und sind darüber hinaus, soweit angemessen, weitere Risikokennziffern unter Berücksichtigung des Risikoprofils und der Anlagestrategie des jeweiligen Investmentvermögens zu nutzen.

(3) Die Kapitalverwaltungsgesellschaft muss den qualifizierten Ansatz anwenden, wenn

1. *durch den einfachen Ansatz nicht alle im Investmentvermögen enthaltenen Marktrisiken hinreichend genau erfasst und bemessen werden können,*
2. *die Anlagestrategie des Investmentvermögens über einen zu vernachlässigenden Anteil hinaus auf komplexen Strategien basiert oder*
3. *das Investmentvermögen über einen zu vernachlässigenden Anteil hinaus in komplexe Derivate investiert ist.*

a) Methoden zur Ermittlung des Marktrisikos. Der zweite Abschnitt der DerivateV wurde im Zuge der Umsetzung der Zweiten Durchführungs-RL und der CESR-Risiko-Leitlinien in wesentlichen Teilen angepasst. Eine wesentliche Änderung gegenüber den vorherigen Vorschriften besteht in der **erweiterten Möglichkeit zur Nutzung des einfachen Ansatzes.** Der einfache Ansatz wird in der Zweiten Durchführungs-RL als „Commitment-Ansatz" bezeichnet. Artikel 22 II DerivateV legt fest, wie beim Standard-Commitment-Ansatz das Gesamtrisiko berechnet wird: Jede Derivateposition ist in den Marktwert einer gleichwertigen Position im Basiswert des betreffenden Derivats umzurechnen. Die Vorschriften spezifizieren auch weiterhin, auf welche Art und Weise die Auslastung und damit die Einhaltung der in § 197 II festgelegten Obergrenze für das Marktrisiko zu ermitteln ist.

§ 5 DerivateV setzt **Art. 41 Zweite Durchführungs-RL** sowie **Box 1 der CESR-Risiko-Leitlinien** um und stellt in Abs. 1 zunächst klar, dass die Marktrisikoobergrenze nach § 197 laufend einzuhalten ist. Die Grenzauslastung ist **zumindest täglich** zu bestimmen. Bei einzelnen Investmentvermögen kann abhängig von deren Anlagestrategie aber auch eine **untertägige Ermittlung** notwendig sein. Denkbar ist dies zB im Einzelfall bei Investmentvermögen, die in signifikantem Umfang Derivatepositionen untertägig eingehen und wieder schließen. 43

Zur Ermittlung der **Grenzauslastung nach § 197 II** werden zwei Methoden zur Verfügung gestellt: der qualifizierte und der einfache Ansatz. Der qualifizierte Ansatz unterteilt sich hingegen wiederum in zwei Methoden, den **absoluten (§ 7 I) und den relativen „VaR"-Ansatz (§ 7 II).** 44

Während der **qualifizierte Ansatz** auf der Messung des potenziellen Risikobetrages für das Marktrisiko des Investmentvermögens basiert, geht der **einfache Ansatz** auf das Konzept eines Investitionsgrads zurück, welcher mittels der Hebelwirkung/dem Leverage von Derivaten auf über 100% angehoben werden kann. Die Risikobegrenzung im einfachen Ansatz folgt der Idee, dass durch Derivate die Risiken von Vermögenswerten in ein Investmentvermögen getragen werden können, ohne dass ein entsprechender Abfluss an liquiden Mitteln erfolgt. Derivate können damit den **Investitionsgrad des Investmentvermögens** über 100% hinaus steigern. 45

§ 5 II DerivateV bestimmt, dass die KVG selbst für die **Wahl des geeigneten Ansatzes** verantwortlich ist. Dies soll auf der Basis einer Risikoanalyse sowie einer Betrachtung der eingesetzten Derivate erfolgen. Die KVG hat dabei einen **Ermessensspielraum.** Die Wahl der Methode muss aber der verfolgten Anlagestrategie sowie Art und Umfang der eingesetzten Derivate gerecht werden. 46

b) Einschränkungen in Bezug auf Verwendung des einfachen Ansatzes. 47
Die Möglichkeit zur Verwendung des einfachen Ansatzes wird jedoch in § 5 III DerivateV eingeschränkt. Die KVG muss den qualifizierten Ansatz anwenden, wenn durch den einfachen Ansatz nicht alle im Investmentvermögen enthaltenen **Marktrisiken hinreichend genau erfasst und bemessen** werden können oder die Anlagestrategie des Investmentvermögens über einen zu vernachlässigenden Anteil hinaus auf **komplexen Strategien** basiert oder das Investmentvermögen über einen zu vernachlässigenden Anteil hinaus in **komplexe Derivate** investiert ist.

Zum Beispiel können nach Auffassung der BaFin (vgl. Erläuterungen zu § 5 DerivateV) die Marktrisiken für **Derivate auf Investmentanteile** nicht mit dem einfachen Ansatz abgebildet werden. Investmentanteile können selbst bereits deri- 48 vative Komponenten enthalten oder in Investmentanteile investieren, die ihrerseits derivative Komponenten haben. Der möglicherweise resultierende **Kaskadeneffekt** kann zu einer Bildung von **Klumpenrisiken** führen, was nicht tolerierbar ist, da diese Risiken vom einfachen Ansatz nicht adäquat abgedeckt werden.

49 **Weitere Konstellationen,** in denen die Verwendung des einfachen Ansatzes nicht zulässig ist (zB beim Abschluss von komplexen bzw. exotischen Derivaten), finden sich in den BaFin Erläuterungen zur DerivateV.

50 **c) Überwachung des Leverage bei Anwendung des qualifizierten Ansatzes.** Nach § 5 II 5 DerivateV ist bei Anwendung des qualifizierten Ansatzes zusätzlich regelmäßig der **Leverage des Investmentvermögens** zu überwachen und sind darüber hinaus, soweit angemessen, weitere Risikokennziffern unter Berücksichtigung des Risikoprofils und der Anlagestrategie des jeweiligen Investmentvermögens zu nutzen. Die Vorschrift dient der Umsetzung von **Box 23 Nr. 1 und 2 der CESR-Risiko-Leitlinien.** Weitere Details und Hintergründe zu § 5 II 5 DerivateV finden sich in den BaFin-Erläuterungen zur DerivateV.

51 **d) Marktrisikoberechnung als Bestandteil des Risikomanagements.** § 5 II 4 DerivateV stellt klar, dass die Anwendung des einfachen Ansatzes die KVG nicht von der Verpflichtung befreit, **angemessenen Risikomanagementprozesse** zu implementieren, die die allgemeinen Anforderungen an die Risikomessung und Risikolimitierung konkretisieren. Damit ist eine adäquate Messung, Limitierung und Steuerung der Marktpreisrisiken im Sinne des 4. Abschnitts der KAMaRisk sicherzustellen.

Die Vorschrift des § 5 II DerivateV steht auch im Einklang mit den qualitativen Anforderungen an das Risikocontrolling gem. § 13 II DerivateV, den Verpflichtungen gem. der **KAVerOV** und der **AIFM-DVO Nr. 231/2013.** Sowohl der einfache Ansatz als auch der qualifizierte Ansatz sind in den Risikomanagementprozess zu integrieren und durch weitere Methoden zu komplettieren.

6. § 6 DerivateV.

§ 6 Aufzeichnungs- und Anzeigepflichten

[1]Die Entscheidung der Kapitalverwaltungsgesellschaft für den einfachen Ansatz oder den qualifizierten Ansatz sowie für eine der Methoden des qualifizierten Ansatzes zur Ermittlung der Grenzauslastung nach § 7 Absatz 1 oder Absatz 2 und die der Entscheidung zugrunde liegenden Annahmen sind zu dokumentieren. [2]Der Abschlussprüfer hat das in den einzelnen Investmentvermögen zur Ermittlung der Grenzauslastung nach § 197 Absatz 2 des Kapitalanlagegesetzbuches angewendete Verfahren im Prüfungsbericht gemäß den §§ 102, 121 Absatz 3 und § 136 Absatz 3 des Kapitalanlagegesetzbuches aufzuführen. [3]Die Kapitalverwaltungsgesellschaft hat den Wechsel zwischen dem einfachen und dem qualifizierten Ansatz sowie den Wechsel der Methode zur Ermittlung der Grenzauslastung innerhalb des qualifizierten Ansatzes nach § 7 Absatz 1 oder Absatz 2 für ein Investmentvermögen der Bundesanstalt für Finanzdienstleistungsaufsicht (Bundesanstalt) unverzüglich über ein von ihr bereitgestelltes elektronisches Kommunikationsverfahren anzuzeigen.

52 Die aufsichtsrechtlichen Anforderungen für den Einsatz von Derivaten in Investmentvermögen hängen wesentlich davon ab, ob die KVG den einfachen oder den qualifizierten Ansatz sowie in dessen Rahmen den absoluten oder relativen VaR für die Ermittlung der Auslastung der gesetzlichen Marktrisikoobergrenzen wählt. Die KVG hat daher zunächst die Wahl der Methode sowie die Begründung **ausführlich zu dokumentieren.**

Weiterhin benötigt die BaFin Kenntnis darüber, wie dieses Wahlrecht von den KVG ausgeübt wurde. Vom Abschlussprüfer ist deshalb im **Prüfungsbericht** aufzuführen, ob für ein Investmentvermögen der einfache Ansatz, der absolute oder der relative VaR (qualifizierte Ansätze) zur gesetzlichen Marktrisikobegrenzung verwendet wird. 53

Daneben ist jeder **Wechsel des Ansatzes** aufsichtsrechtlich relevant. Bei einem Wechsel zwischen den drei möglichen Methodengenügt es, den Wechsel der BaFin mit einer nachvollziehbaren Begründung anzuzeigen. Im Gegensatz zur DerivateV alter Fassung ist ein Wechsel vom qualifizierten Ansatz zu dem einfachen Ansatz **nicht mehr zustimmungspflichtig.** 54

7. § 7 DerivateV.

Unterabschnitt 2 Qualifizierter Ansatz

§ 7 Risikobegrenzung

(1) Der einem Investmentvermögen zuzuordnende potenzielle Risikobetrag für das Marktrisiko darf zu keinem Zeitpunkt das Zweifache des potenziellen Risikobetrags für das Marktrisiko des zugehörigen Vergleichsvermögens übersteigen.

(2) Alternativ darf der einem Investmentvermögen zuzuordnende potenzielle Risikobetrag für das Marktrisiko zu keinem Zeitpunkt 20 Prozent des Wertes des Investmentvermögens übersteigen.

Der qualifizierte Ansatz unterteilt sich in zwei Methoden, den **absoluten und den relativen VaR-Ansatz,** deren Berechnungsweise in § 7 DerivateV dargestellt wird. Bei der Verwendung des relativen VaR darf der einem Investmentvermögen zuzuordnende potenzielle Risikobetrag für das Marktrisiko darf zu keinem Zeitpunkt das **Zweifache des potenziellen Risikobetrags** für das Marktrisiko des zugehörigen Vergleichsvermögens übersteigen. Dagegen darf beim absoluten VaR der einem Investmentvermögen zuzuordnende potenzielle Risikobetrag für das Marktrisiko zu keinem Zeitpunkt **20 % dWd Investmentvermögens** übersteigen. 55

Ausgangspunkt ist in beiden Fällen die Ermittlung des VaR Werts eines Investmentvermögens einschließlich der darin enthaltenen Derivate unterschiedlichster Konstruktionen, der in Übereinstimmung mit den Bezeichnungen der SolvabilitätsVO als **potenzieller Risikobetrag für das Marktrisiko** bezeichnet wird. Je nach Zusammensetzung des Investmentvermögens kann diese Berechnung durchaus aufwändig sein, stellt jedoch kein methodisches Problem mehr dar, da § 7 DerivateV diese zulässigen Ansätze bestimmt. 56

Die **gesetzliche Obergrenze für das Marktrisiko** ist in § 197 II festgeschrieben. Es handelt sich dabei im ursprünglichen Sinn nicht um eine absolute, sondern um eine relative Begrenzung, die völlig unabhängig von der anzuwendenden Messmethode formuliert wurde. Sie besagt, dass der Einsatz von Derivaten das Marktrisikopotential eines Investmentvermögens höchstens verdoppeln darf. Die DerivateV aF enthielt lediglich die Methode zur Berechnung des relativen VaR. Bei der Neufassung der DerivateV wurde § 7 II DerivateV im Zuge der **Umsetzung der CESR-Risiko-Leitlinien** eingefügt. Damit wird die Möglichkeit zu einer absoluten Begrenzung des Marktrisikos eingeräumt, auch wenn dies dem Wortlaut bzw. der ursprünglichen Interpretation des § 197 II als relative Begrenzung nicht vollständig entspricht. Bei der absoluten Begrenzung wird die Regelung des § 9 DerivateV, die das zugehörige Vergleichsvermögen regelt, irrelevant. Die Vergleichsgröße ist vielmehr der Wert des Investmentvermögens selbst. 57

58 Bei der Berechnung des relativen VaR ist der Wert des potentiellen Marktrisikopotentials des Investmentvermögens dem Wert des potentiellen Marktrisikopotentials eines Vergleichsvermögens gegenüber zu stellen. Das **Vergleichsvermögen** muss für einen Vergleich geeignet sein und darf **keine Derivate enthalten.** Die beiden Vergleichswerte werden nach derselben Methodik ermittelt. Der Wert des ermittelten Marktrisikopotentials für das Investmentvermögen darf zu keinem Zeitpunkt mehr als das Zweifache des Vergleichswertes betragen.

59 § 7 I DerivateV weist in Übereinstimmung mit § 5 I DerivateV darauf hin, dass die vorgeschriebene Relation kontinuierlich einzuhalten ist, selbst wenn die Überprüfung der Einhaltung durch Berechnung nur zu diskreten Zeitpunkten erfolgen kann. Eine hinreichende **Dichte der Überprüfungszeitpunkte** wird aufsichtsseitig in der Regel angenommen, wenn die Berechnungen mindestens geschäftstäglich auf einer einheitlichen Datenbasis, vorzugsweise mit Tagesendpreisen, erfolgen (BaFin Erläuterungen zu § 7 I DerivateV). Eine hinreichend konservative Grenzauslastungspolitik muss dann sicherstellen, dass zwischen den Berechnungszeitpunkten keine Grenzüberschreitungen vorkommen können. Allerdings kann wie bereits in § 5 I DerivateV erwähnt bei bestimmten Investmentvermögen auch eine **untertägige Berechnung** notwendig sein (BaFin Erläuterungen zu § 7 I DerivateV).

60 Das eigentliche Problem bei der Ermittlung des relativen VaR ist dabei nicht die technische Durchführung der Berechnung des VaR-Wertes eines relativ einfachen Portfolios, sondern die Festlegung, wie ein solches zugehöriges Vergleichsvermögen sinnvollerweise auszusehen hat. Näheres dazu in der Kommentierung zu § 9 DerivateV.

61 Bei der Berechnung des absoluten VaR darf das potentielle Marktpreisrisiko eines Investmentvermögens niemals den aufsichtsrechtlich (bzw. vertraglich) vorgegebenen Wert übersteigen. Die 20%-Grenze steht in direkter Relation zu den **Vorgaben des § 11 S. 1 DerivateV,** der die **Grundparameter für die Berechnung** festlegt (BaFin Erläuterungen zu § 7 II DerivateV). Es werden für die Berechnung des VaR eine Haltedauer von 20 Arbeitstagen, ein einseitiges Konfidenzniveau und ein historischer Beobachtungszeitraum von einem Jahr unterstellt.

62 Bei der Wahl der absoluten Marktpreisrisikobegrenzung kommt der **Wahl der Parameter** besondere Bedeutung zu, da diese den ermittelten Wert bzw. dessen Sensitivität in Bezug auf kurzfristige Änderungen im allgemeinen Marktverhalten (Zeiten von hoher oder niedriger Volatilität) und damit die Ausnutzung der gesetzten Grenzen wesentlich beeinflussen. Werden daher andere Parameter zugrunde gelegt, ist die 20%-Grenze gem. **§ 11 S. 4 DerivateV** entsprechend anzupassen. Nähere Ausführungen hierzu finden dazu in den Erläuterungen zu § 11 DerivateV. Im Rahmen des relativen VaR nach § 7 I DerivateV ist eine solche Anpassung jedoch nicht notwendig, da sich die Bezugsgröße entsprechend verändert.

8. § 8 DerivateV.

§ 8 Abgrenzung

[1]Im Rahmen des qualifizierten Ansatzes kann die Kapitalverwaltungsgesellschaft den potenziellen Risikobetrag entweder relativ im Verhältnis zu dem zugehörigen Vergleichsvermögen nach § 7 Absatz 1 oder absolut nach § 7 Absatz 2 begrenzen. [2]Dabei wählt sie die Methode entsprechend § 5 Absatz 2 in eigener Verantwortung. [3]Die Methode muss bezüglich des Risikoprofils und der Anlagestrategie des Investmentvermögens angemessen sein. [4]Die Methode ist in der Regel kontinuierlich zu verwenden.

§ 8 DerivateV regelt die **Abgrenzung zwischen § 7 I und II.** § 8 ergänzt die Regelung des § 5 II DerivateV, die der KVG die Wahl zwischen dem einfachen und qualifizierten Ansatz einräumt. Insgesamt stehen einer KVG nun drei verschiedene Methoden, nämlich der einfache Ansatz sowie der qualifizierte Ansatz mit relativer und absoluter VaR Berechnung zur Ermittlung der Grenzauslastung zur Verfügung. **63**

Sofern das Investmentvermögen eine **Performance-Benchmark** verwendet, die auf einem derivatefreien Portfolio beruht, kann dieser Vergleichsmaßstab für die Messung des relativen VaR verwendet werden. Grundsätzlich ist in den Fällen, in denen ein angemessenes Vergleichsvermögen definiert werden kann, die Methode der relativen VaR zu wählen (BaFin Erläuterungen zu § 8 DerivateV). Dieses Vorgehen wird auch die Transparenz der gesetzlichen Marktrisikoobergrenze gegenüber den Anlegern erhöhen. Wird der Anlageerfolg des Investmentvermögens jedoch nicht im Marktvergleich gemessen, sondern handelt es sich um ein Investmentvermögen mit einem **„Absolute Return"-Anlageziel** wird die Anwendung des absoluten VaR gerechtfertigt sein (BaFin Erläuterungen zu § 8 DerivateV). Gleiches gilt, wenn das Investmentvermögen in verschieden Anlageklassen investiert und es schwierig ist, ein Vergleichsvermögen zu bestimmen. **64**

§ 8 DerivateV stellt auch klar, dass die Methode kontinuierlich anzuwenden ist. Zwar ist ein **Wechsel zwischen absolutem und relativem VaR** möglich; dies ergibt sich schon aus der Anzeigepflicht des Wechsels nach § 6. Allerdings wird idR von einer kontinuierlichen Anwendung ausgegangen, sofern sich die Anlagestrategie eines Investmentvermögens nicht wesentlich ändert (BaFin Erläuterungen zu § 8 DerivateV). **65**

9. § 9 DerivateV.

§ 9 Zugehöriges Vergleichsvermögen

(1) Das zugehörige Vergleichsvermögen ist regelmäßig ein derivatefreies Vermögen, das keinen Leverage aufweist und dessen Marktwert dem aktuellen Marktwert des Investmentvermögens entspricht.

(2) Die Zusammensetzung des Vergleichsvermögens muss

1. *den Anlagebedingungen des Investmentvermögens und den Angaben des Verkaufsprospektes und den wesentlichen Anlegerinformationen zu den Anlagezielen und der Anlagepolitik des Investmentvermögens entsprechen sowie*
2. *die Anlagegrenzen des Kapitalanlagegesetzbuches einhalten; hiervon ausgenommen sind die Ausstellergrenzen nach den §§ 206 und 207 des Kapitalanlagegesetzbuches.*

(3) [1]Wenn für das Investmentvermögen ein derivatefreier Vergleichsmaßstab definiert ist, so muss das zugehörige Vergleichsvermögen diesen Vergleichsmaßstab möglichst genau nachbilden. [2]In begründeten Einzelfällen darf von Absatz 2 abgewichen werden.

(4) Im Zweifelsfall sind für das Vergleichsvermögen diejenigen Vermögensgegenstände zu wählen, die den geringeren potenziellen Risikobetrag für das Marktrisiko ergeben.

(5) [1]Die Kapitalverwaltungsgesellschaft muss Richtlinien für die Zusammensetzung des Vergleichsvermögens und für die Änderungen dieser Zusammensetzung erstellen. [2]Die Festlegung der Zusammensetzung des Vergleichsvermögens ist innerhalb des Risikomanagementprozesses zu berücksichtigen. [3]Die Zusammensetzung und jede Änderung der Zusammensetzung des Vergleichsvermögens sind nachvollziehbar zu dokumentieren. [4]Sofern für das Vergleichsvermögen ein Index verwendet wird, müssen dessen Zusammensetzung und Entwicklung transparent sein. [5]Der Prüfungsbericht gemäß den §§ 102, 121 Absatz 3 und § 136 Absatz 3 des Kapitalanlagegesetzbuches hat Angaben darüber zu enthalten, ob das Vergleichsvermögen gemäß den Absätzen 1 bis 4 ordnungsgemäß ist.

(6) Nimmt die Kapitalverwaltungsgesellschaft eine wesentliche Änderung des Vergleichsmaßstabs im Sinne des Absatzes 3 vor, ist dies der Bundesanstalt unverzüglich und nachvollziehbar über ein von ihr bereitgestelltes elektronisches Kommunikationsverfahren anzuzeigen; von der Anzeigepflicht ausgenommen sind Änderungen von Vergleichsmaßstäben für Spezial-AIF nach § 284 des Kapitalanlagegesetzbuches.

66 § 9 DerivateV regelt die Voraussetzungen, die bei der Bestimmung des zugehörigen Vergleichsvermögens zu beachten sind. In § 9 I DerivateV wird festgelegt, dass ein Vergleichsvermögen **keine Hebeleffekte** aufweisen und somit insb. keine Derivate oder derivativen Komponenten enthalten darf. Es muss, um überhaupt vergleichbar zu sein, **denselben Marktwert** haben wie das zugehörige Investmentvermögen.

67 Eine Ausnahme von der Forderung des **derivatefreien Vergleichsvermögens** kann nach Ansicht der BaFin für Investmentvermögen erfolgen, die **Long-/Short-Strategien** nutzen (vgl. näher BaFin Erläuterungen zu § 9 I DerivateV). Eine weitere Ausnahme besteht für **währungsgesicherte Vergleichsmaßstäbe** als Vergleichsvermögen für Investmentvermögen, die entsprechende Währungsabsicherungen aufweisen und für Investmentvermögen mit Rohstoff-Exposure (vgl. BaFin Erläuterungen zu § 9 I DerivateV).

68 Bei der Bildung des zugehörigen Vergleichsvermögens wird die Grundidee verfolgt, eine plausible Vorstellung zu entwickeln, wie das Investmentvermögen ohne Derivate oder derivative Komponenten zusammengesetzt wäre. Weitere Einzelheiten zur Umsetzung dieser Grundidee finden sich in den BaFin Erläuterungen zu § 9 II DerivateV.

69 Bei einem reinen Aktien- bzw. Rentenfonds kann als Vergleichsvermögen sowohl ein **Aktien- bzw. Rentenindex** sein, wenn dieser als Benchmark für die Performance-Messung herangezogen wird, oder ein aus einzelnen Aktien bzw. Renten zusammengesetztes Vergleichsvermögen. Wird das Investmentvermögen in mehreren Märkten angelegt und keine Benchmark verwendet, ist eine Nachbildung des Anlageprofils durch ein **fiktives Portfolio** notwendig. Synthetische Indizes wie sie insb. im Renten- und Geldmarktbereich Anwendung finden, können Verwendung finden, soweit es sich um gebräuchliche und marktübliche Indizes handelt.

70 Ist für das Investmentvermögen ein derivatefreier Vergleichsmaßstab definiert, so muss gem. § 9 III DerivateV das zugehörige Vergleichsvermögen diesen **Vergleichsmaßstab möglichst genau nachbilden.** In diesem Fall richtet sich die Anlagestrategie des Investmentvermögens nach dieser Benchmark und der Anlageerfolg wird daran gemessen.

71 Die einschränkende Formulierung der **möglichst genauen Nachbildung** bezieht sich auf Fälle, in denen die genaue Umsetzung einer Benchmark in ein Vergleichsvermögen auf technische oder sonstige Schwierigkeiten stößt, deren Behebung unverhältnismäßig hohen Aufwand erfordern würde oder sogar unmöglich ist (vgl. BaFin Erläuterungen zu § 9 III DerivateV). Hier darf eine **Approximation der Benchmark** durch eine geeignete Methode durchgeführt werden, die einen möglichst geringen Tracking Error aufweist. Genauso könnte eine Benchmark möglicherweise nicht in jeder Einzelheit mit den Anforderungen aus § 9 II DerivateV kompatibel sein. Auch hier ist die Möglichkeit eines entsprechenden Abweichens eingeräumt worden, um auch Sonderfällen gerecht werden zu können (vgl. BaFin Erläuterungen zu § 9 III DerivateV).

72 Allerdings stellt § 9 IV DerivateV klar, dass die Handlungsspielräume, die im Hinblick auf die Bildung von Vergleichsvermögen bestehen, in konservativer Weise zu nutzen sind. Es gilt der Grundsatz, dass im Zweifelsfall der **marktrisikoärmeren Variante** eines zugehörigen Vergleichsvermögens der Vorzug gegeben werden muss (vgl. BaFin Erläuterungen zu § 9 IV DerivateV). Als unzulässig wird daher die Bildung eines Vergleichsvermögens angesehen, bei der Derivate durch riskante Ersatzinstrumente ausgetauscht werden, um den Anlagespielraum zu erweitern. Soweit der Einsatz risikobehafteter Instrumente allerdings mit den Anlagebedingungen und den Angaben des Verkaufsprospekts übereinstimmt, können auch solche Instrumente in das Vergleichsvermögen aufgenommen werden.

§ 9 V DerivateV enthält Dokumentations- und Transparenzpflichten im Hinblick auf die Zusammensetzung des Vergleichsvermögens und für die Änderungen dieser Zusammensetzung. Darüber hinaus wird festgelegt, dass die Festlegung der Zusammensetzung des Vergleichsvermögens innerhalb des **Risikomanagementprozesses** zu berücksichtigen ist. **73**

§ 9 VI DerivateV versieht jede wesentliche Änderung einer Benchmark mit einer unverzüglichen **Anzeigepflicht** gegenüber der BaFin. In dieser Anzeige sollen explizit auch die Gründe der Änderung erläutert werden. Damit soll verhindert werden, dass die Steuerung der Auslastung der Marktrisikoobergrenze durch die Wahl Vergleichsvermögens erfolgt, also ein risikoreicheres Vergleichsvermögen bestimmt wird, um die Marktrisikoobergrenze für das Investmentvermögen auszuweiten. Eine Ausnahme von der Anzeigepflicht wurde jedoch zum Zwecke der Entbürokratisierung für Spezial-AIF eingeräumt (vgl. BaFin Erläuterungen zu § 9 VI DerivateV). **74**

10. § 10 DerivateV. **75**

§ 10 Potenzieller Risikobetrag für das Marktrisiko

(1) Der potenzielle Risikobetrag für das Marktrisiko ist mit Hilfe eines geeigneten eigenen Risikomodells im Sinne des § 1 Absatz 13 des Kreditwesengesetzes zu ermitteln.

(2) [1]Ein Risikomodell ist dann als geeignet anzusehen, wenn
1. *es dem Risikoprofil und der Anlagestrategie des Investmentvermögens sowie der Komplexität der eingesetzten Derivate angemessen Rechnung trägt,*
2. *bei der Ermittlung der risikobeschreibenden Kennzahlen die quantitativen Größen nach § 11 zugrunde gelegt, mindestens die Risikofaktoren nach § 12 erfasst und die qualitativen Anforderungen nach § 13 eingehalten werden und*
3. *es eine befriedigende Prognosegüte aufweist.*

[2]In begründeten Einzelfällen kann die Bundesanstalt ein Risikomodell auf Antrag auch bei Abweichungen von Absatz 2 als geeignet bestätigen.

(3) [1]Der Prüfungsbericht gemäß den §§ 102, 121 Absatz 3 und § 136 Absatz 3 des Kapitalanlagegesetzbuches hat Angaben darüber zu enthalten, ob die Anforderungen nach Absatz 2 eingehalten sind. [2]Das Recht der Bundesanstalt, die Einhaltung der Anforderungen nach Absatz 2 zu überprüfen oder eine Eignungsprüfung zu wiederholen, bleibt unberührt. [3]Sind die Anforderungen nicht eingehalten, kann die Bundesanstalt geeignete Maßnahmen veranlassen.

a) Die Eignung des Risikomodells. Nach § 10 DerivateV ist der potenzielle Risikobetrag für das Marktrisiko mit Hilfe eines **geeigneten eigenen Risikomodells** iSd § 1 XIII KWG zu ermitteln. Die im qualifizierten Ansatz zur Anwendung kommende Methode der **VaR-Berechnung** stimmt mit derjenigen überein, die bei der Ermittlung der Eigenkapitalunterlegung von Marktrisiken bei KI herangezogen wird.

Ein Risikomodell ist dann als geeignet anzusehen, wenn
– es dem Risikoprofil und der Anlagestrategie des Investmentvermögens sowie der Komplexität der eingesetzten Derivate angemessen Rechnung trägt,
– die quantitativen Vorgaben des § 11 DerivateV eingehalten werden
– die in § 12 DerivateV genannten Risikofaktoren erfasst werden,
– die Anforderungen an das Risikocontrolling gem. § 13 DerivateV eingehalten werden, und
– es eine befriedigende Prognosegüte aufweist.

Gängige, in der Praxis anzutreffenden Modellierungsverfahren sind in Übereinstimmung mit **Box 17 der CESR-Risiko-Leitlinien** die historische Simulation, Varianz-Kovarianz-Analyse oder Monte-Carlo-Simulation.

76 **b) Das Value-at-Risk-Modell.** Während das klassische Konzept der Risikomessung (Markowitz-Theorie) auf die Varianz oder Schwankungsbreite der Wertveränderungen eines Portfolios zurückgreift, beruht ein VaR-Risikomodell auf der **Verwendung eines Quantils,** indem der VaR eine Schranke für potenzielle Verluste eines Portfolios zwischen zwei vorgegebenen Zeitpunkten angibt, die mit einer vorgegebenen Wahrscheinlichkeit nicht überschritten wird. Basis eines Risikomodells ist somit die Quantifizierung der Wertveränderungen eines Portfolios im Zeitverlauf.

77 Der Betrag des VaR gibt die für eine vorgegebene Wahrscheinlichkeit bestehende, in Geldeinheiten ausgedrückte **Verlustoberschranke** an. Die Wertänderung (und damit das Verlustrisiko) wird von zufälligen Ereignissen, nämlich den künftigen Entwicklungen der Marktpreise, bestimmt und ist daher nicht mit Sicherheit vorhersagbar.

78 Die Unsicherheit in den Einflussgrößen zur Bewertung des Portfolios (Marktpreise) überträgt sich auf die Zielgröße, die **Risikokennzahl „VaR“.** Da eine vollkommene Sicherheit nicht erreichbar ist, kann nur gefordert werden, dass die Abschätzung des potenziellen Risikobetrags mit einer genügend großen Wahrscheinlichkeit (dem sog. Sicherheitsniveau, zB 99%) gilt.

79 **c) Die Berechnung des Value-at-Risk.** Die eigentliche Berechnung des VaR gliedert sich in zwei Teilschritte: Der erste Schritt dient der **Bestimmung des Marktwertes** jeder Position des Portfolios aus den preisbestimmenden Einflussgrößen mit Hilfe einer **Preisfunktion (zB Black-Scholes-Formel, Barwertformel).** Unter bestimmten Umständen kann die Preisfunktion durch **Taylor-Approximationen (zB Delta, Delta-Gamma, modifizierte Duration)** hinlänglich genau angenähert und diese der VaR-Berechnung zugrunde gelegt werden.

80 In diesem Schritt werden weiter die Sensitivitäten der Marktwerte der Finanzinstrumente oder Portfolios bestimmt, wobei die Frage, ob die Berechnung von Sensitivitäten erforderlich ist, von der gewählten VaR-Berechnungsmethode abhängt (so ist zB die Monte-Carlo-Simulation ua dadurch charakterisiert, dass statt der Sensitivitäten die Preisfunktionen selbst verwendet werden).

81 Der zweite Teilschritt bestimmt ein stochastisches Modell zur **Abbildung der Dynamik der preisbestimmenden Marktgrößen oder Risikofaktoren.** Im Zusammenhang mit Risikomodellen ist hierunter die Spezifikation eines Zeitreihenmodells zu verstehen, das sowohl die Dynamik als auch die Unsicherheit (Innovationen) der betrachteten Variablen (des Risikofaktors) beschreibt.

82 Die bekanntesten und meistgenutzten Ausgestaltungen der Modellparameterschätzungen sind **gleichgewichtete oder exponentiell gewichtete Mittel.** Da

der VaR im Regelfall für ein Portfolio von Finanzinstrumenten zu berechnen ist, sind die oben genannten Einzelschritte in geeigneter Weise auf den mehrdimensionalen (multivariaten) Fall zu übertragen und auszuweiten. Als wesentliche neue Parameter treten die Korrelationen hinzu.

Zur Ermittlung des VaR als Quantil einer Prognoseverteilung kann auf eine stochastische Modellierung **nicht verzichtet** werden. Die stochastische Modellierung bildet das Hauptunterscheidungsmerkmal zwischen VaR-Berechnungen und der Abschätzung möglicher Portfoliowertänderungen mittels Szenarien, die von manchen Instituten verwendet und gelegentlich als **„vereinfachter VaR"** bezeichnet werden. 83

d) Verwendung von Szenarien zur VaR-Feststellung. Ein Szenario ist eine bestimmte Kombination möglicher Veränderungen von Parametern (Risikofaktoren), die für den Portfoliowert bestimmend sind, wobei den jeweils verwendeten Parameterkonstellationen jedoch keine Wahrscheinlichkeiten zugeordnet sind. **Szenarioanalysen** vermögen daher keine Wahrscheinlichkeitsaussagen über mögliche Portfoliowertänderungen, dh **keine Prognoseverteilung** zu liefern. Sie genügen somit nicht den Anforderungen nach § 10 II („stochastische Darstellung") und stellen von vornherein kein geeignetes Risikomodell iSd Grundsatzes I dar. 84

e) Quantitative und qualitative Anforderungen. Aufgrund der Komplexität der für die VaR-Berechnung notwendigen Verfahren ist die Verwendung angemessener **EDV-Verfahren** erforderlich. Die verwendeten Methoden müssen dabei dem Umfang der einzubeziehenden Risikopositionen und Portfolios sowie dem Komplexitätsgrad der Berechnungen angemessen und, aufgrund der qualitativen Anforderungen, hinreichend abgesichert gegen Manipulationen sein. Einfache Berechnungen mittels sog. Tabellenkalkulationsprogramme auf PC-Basis genügen diesen Anforderungen, insb. der Notwendigkeit der Aufzeichnung von vorgenommenen Änderungen („audit trail"), in aller Regel nicht. 85

f) Entscheidungsspielraum der KVG. Die KVG wählt das jeweilige Modellierungsverfahren in eigener Verantwortung. Das verwendete Risikomodell und somit auch das spezifische Modellierungsverfahren müssen jedoch auch mit der **Anlagestrategie und dem Risikoprofil** des Investmentvermögens übereinstimmen. 86

Nach § 10 III DerivateV wird zur Überprüfung der **Einhaltung der Eignungserfordernisse** aufgrund der inzwischen fortgeschrittenen Standardisierung weiterhin von einer regelmäßigen Vorabüberprüfung der Risikomodelle durch die BaFin abgesehen. Die Eignung des verwendeten Modells wird zunächst in die Verantwortung der KVG gestellt und entsprechende Angaben dazu werden im **Prüfungsbericht** verlangt. Die BaFin kann jederzeit und wiederholt Eignungsprüfungen durchführen und Maßnahmen ergreifen, wenn die Eignung nicht gegeben ist. 87

11. § 11 DerivateV. 88

§ 11 Quantitative Vorgaben

(1) Bei der Ermittlung des potenziellen Risikobetrags für das Marktrisiko ist

1. *anzunehmen, dass die zum Geschäftsschluss im Investmentvermögen befindlichen Finanzinstrumente oder Finanzinstrumentsgruppen weitere 20 Arbeitstage im Investmentvermögen gehalten werden,*
2. *ein einseitiges Prognoseintervall mit einem Wahrscheinlichkeitsniveau in Höhe von 99 Prozent zugrunde zu legen und*

3. ein effektiver historischer Beobachtungszeitraum von mindestens einem Jahr zugrunde zu legen.

(2) [1]Abweichend von Satz 1 Nummer 1 ist die Annahme einer Haltedauer von weniger als 20 Arbeitstagen zulässig. [2]Eine Abweichung von Satz 1 Nummer 2 ist bis zu einem Wahrscheinlichkeitsniveau von 95 Prozent zulässig. [3]Bei einer Abweichung von Satz 1 Nummer 1 und 2 ist der Prozentsatz in § 7 Absatz 2 entsprechend anzupassen. [4]Eine Abweichung von Satz 1 Nummer 3 ist nur aufgrund außergewöhnlicher Marktbedingungen und nach vorheriger Zustimmung der Bundesanstalt im Sinne des § 10 Absatz 2 Satz 2 zulässig.

a) Die Haltedauer von 20 Tagen. § 11 DerivateV lehnt sich an § 315 der SolvV in der Fassung vor dem 6.12.2013 (jetzt: Art. 365 II CRR) an. Insgesamt schreibt die Regelung vor, mit welchen **quantitativen Parametern** die eigenen Risikomodelle zu rechnen haben. Dabei werden in § 11 Nr. 2, 3 DerivateV die Mindestparameter der Baseler Marktrisikoregelungen übernommen, dh ein einseitiges Prognoseintervall mit einem Vertrauensniveau von 99% sowie eine „effektive" historische Beobachtungsperiode von mindestens einem Jahr.

89 In § 11 Nr. 1 DerivateV wird jedoch eine **Haltedauer von 20 und nicht mehr von 10 Arbeitstagen** festgelegt. Die Änderung des Parameters erfolgte im Rahmen der Harmonisierung und Anpassung an europäische Standards, die in den CESR-Risiko-Leitlinien festgeschrieben sind.

90 Der KVG ist es jedoch möglich, **andere Parameter** als die in § 11 Nr. 1, 2 DerivateV genannten bei der Berechnung zugrunde zu legen. Entsprechend ist dann auch der Wert für die Bestimmung der Marktpreisrisikobegrenzung nach § 7 II DerivateV anzupassen. Allerdings darf kein Konfidenzniveau von weniger als 95% und keine über 20 Tage hinausgehende Haltedauer verwendet werden. Der sich hieraus ergebende Fehler bei der Umrechnung wäre nicht mehr tolerierbar.

91 **b) Das Prognoseintervall.** Bei der Ermittlung des potenziellen Risikobetrags für das Marktrisiko ist ein einseitiges Prognoseintervall mit einem **Wahrscheinlichkeitsniveau iHv 99%** zugrunde zu legen. Das Prognoseintervall gibt eine Obergrenze für den potenziellen Verlust an, welcher nur mit einer bestimmten vorgegebenen Wahrscheinlichkeit überschritten wird.

92 **c) Historischer Beobachtungszeitraum.** Nach § 11 Nr. 3 DerivateV wird ein effektiver **historischer Beobachtungszeitraum** von mindestens einem Jahr bzw. aus Vereinfachungsgründen **250 Arbeitstagen** (= Beobachtungen) zugrunde gelegt. Der KVG steht es frei, längere Beobachtungsperioden zu verwenden.

93 § 11 DerivateV erlaubt ausnahmsweise auch **Abweichungen von der effektiven Mindestbeobachtungsperiode,** so dass unter bestimmten Umständen bei Anwendung der exponentiellen Gewichtung auch ein **effektiver Balancepunkt** von weniger als sechs Monaten zulässig sein kann (vgl. BaFin Erläuterungen zu § 11 DerivateV).

94 Allerdings führt eine solche Gewichtung umgekehrt auch dazu, dass die Volatilitätsschätzung in sich beruhigenden Märkten auch stärker abfällt. Insofern ist hier eine genaue Abwägung zu treffen und der Balancepunkt nicht zu kurz anzusetzen. Um zu verhindern, dass die exponentielle Gewichtung zur Ausweitung der Marktrisikogrenze genutzt wird, wird die vorherige **Zustimmung der BaFin** gefordert. Der Antrag hat die Eignung des Modells zu belegen und die BaFin kann die Zustimmung mit Auflagen verbinden (vgl. zum Ganzen BaFin Erläuterungen zu § 11 DerivateV).

12. § 12 DerivateV.

§ 12 Zu erfassende Risikofaktoren

(1) [1]Bei der Ermittlung des potenziellen Risikobetrags für das Marktrisiko sind alle nicht nur unerheblichen Marktrisikofaktoren in einer dem Umfang und der Struktur des Investmentvermögens angemessenen Weise zu berücksichtigen. [2]Dabei sind sowohl das allgemeine als auch das besondere Marktrisiko zu berücksichtigen.

(2) Die den einbezogenen Optionsgeschäften eigentümlichen Risiken, die nicht in linearem Zusammenhang mit den Kurs-, Preis- oder Zinssatzschwankungen stehen, sind in angemessener Weise zu berücksichtigen.

(3) [1]Bei der Ermittlung des potenziellen Risikobetrags ist Folgendes gesondert in angemessener Weise zu berücksichtigen:
1. *besondere Zinsänderungsrisiken für die nicht gleichförmige Entwicklung kurzfristiger und langfristiger Zinssätze (Zinsstrukturrisiken) und*
2. *die nicht gleichförmige Entwicklung der Zinssätze verschiedener, auf die gleiche Währung lautender zinsbezogener Finanzinstrumente mit vergleichbarer Restlaufzeit (Spreadrisiken).*

[2]Bei der Ermittlung der Zinsstrukturrisiken sind eine dem Umfang des Investmentvermögens angemessene Anzahl und eine der Struktur des Investmentvermögens angemessene Verteilung von zeitmäßig bestimmten Zinsrisikozonen zu berücksichtigen. [3]Die Anzahl der Zinsrisikozonen muss mindestens sechs betragen, sofern im jeweiligen Markt verfügbar.

(4) Bei der Ermittlung der Aktienkursrisiken sind Unterschiede in der Entwicklung der Kurse oder Preise von Produktgruppen und Produkten sowie Unterschiede in der Entwicklung von Kassa- und Terminpreisen in angemessener Weise zu berücksichtigen.

§ 12 DerivateV gibt fast wörtlich § 316 in der bis zum 6.12.2013 geltenden Fassung der SolvV (jetzt im Wesentlichen: Art. 367 CRR) wieder und legt fest, welche Risikofaktoren bei der Ermittlung des Marktpreisrisikos zu berücksichtigen sind. 95

Nach den CESR-Risiko-Leitlinien sind sowohl das **allgemeine** Markrisiko als auch **besondere** Marktrisiken durch das VaR-Modell zu berücksichtigen. Zu den besonderen Risiken gehört auch das sog. **Ereignisrisiko.** Das Ereignisrisiko bezeichnet das Risiko, dass unerwartete Ereignisse zu einem substanziellen Verlust im Marktwert eines Wertpapiers führen, zB Naturkatastrophen, Industrieunfälle oder Take-over. Sofern dieses Risiko im VaR-Modell nicht erfasst werden kann, ist es zumindest im Rahmen der Stresstests zu berücksichtigen (vgl. BaFin Erläuterungen zu § 12 DerivateV). 96

§ 12 I 1 DerivateV bestimmt generalnormmäßig, dass alle nicht nur unerheblichen Risiken erfasst werden müssen. Die zu erfassenden Risiken müssen grundsätzlich in einer Weise berücksichtigt werden, die dem **Umfang und der Struktur der Geschäfte** angemessen sind (vgl. BaFin Erläuterungen zu § 12 I DerivateV). Die einzelnen Risikofaktoren werden in den Abs. 2–4 ausdrücklich genannt und konkretisieren auf diese Weise die Generalnorm des S. 1. 97

In § 12 II DerivateV werden die Anforderungen an die **Erfassung von Optionspreisrisiken** spezifiziert. Entsprechend der Baseler Marktrisikoregelungen wird verlangt, dass auch die genuinen Optionspreisrisiken einzubeziehen sind. Damit sind die das nichtlineare Preisverhalten der Optionen charakterisierenden Sensitivitätskennziffern wie Gamma, Theta, Vega oder Rho gemeint (vgl. BaFin Erläuterungen zu § 12 II DerivateV). 98

99 § 12 III DerivateV enthält Vorschriften für **Erfassung von Zinsänderungsrisiken.** In S. 1 wird klargestellt, dass Zinsstrukturrisiken, dh Risiken, die aus Veränderungen der Form der Zinsstrukturkurve erwachsen, ebenso zu berücksichtigen sind wie die sog. Spreadrisiken, dh das Risiko der Veränderung des Abstandes zwischen den Renditen von Wertpapieren staatlicher Emittenten und anderen Zinsinstrumenten wie zB Swaps oder Bankschuldverschreibungen (vgl. BaFin Erläuterungen zu § 12 III DerivateV).

100 Bei der Berücksichtigung der Zinsstrukturrisiken wird in S. 2 vorgeschrieben, dass bei der Modellierung der Zinsstrukturkurve mindestens **sechs zeitmäßig bestimmte Zinsrisikozonen** („time buckets") zu berücksichtigen sind.

101 Bei der **Ermittlung der Aktienkursrisiken** sind gem. § 12 IV DerivateV Unterschiede in der Entwicklung der Kurse oder Preise von Produktgruppen und Produkten sowie Unterschiede in der Entwicklung von Kassa- und Terminpreisen in angemessener Weise zu berücksichtigen. Risikomodelle sollen neben der Darstellung der Preisrisiken des Gesamtmarktes in Form eines Indexes auch in der Lage sein, die Bewegungen einzelner Teilmärkte wie Branchen oder auch einzelner Aktien abzubilden (vgl. BaFin Erläuterungen zu § 12 IV DerivateV).

102 **13. § 13 DerivateV.**

§ 13 Qualitative Anforderungen; Risikocontrolling

(1) Die Arbeits- und Ablauforganisation der Kapitalverwaltungsgesellschaft ist so zu gestalten, dass eine zeitnahe Ermittlung des potenziellen Risikobetrags für das Marktrisiko, insbesondere durch eine vollständige Erfassung aller Positionen des Investmentvermögens, gewährleistet ist; diese ist ausführlich zu dokumentieren.

(2) Die Risikocontrollingfunktion nach § 29 Absatz 1 des Kapitalanlagegesetzbuches ist zuständig und verantwortlich für
1. *die Erstellung, Überprüfung, Pflege und Weiterentwicklung der Risikomodelle,*
2. *die Überwachung des Prozesses zur Bestimmung und Zusammensetzung des Vergleichsvermögens nach § 9,*
3. *die Sicherstellung der Eignung des Risikomodells für das jeweilige Investmentvermögen,*
4. *die laufende Validierung des Risikomodells,*
5. *die Validierung und Implementierung eines dokumentierten und durch die Geschäftsleiter genehmigten Systems von Obergrenzen (Limite) von potenziellen Risikobeträgen für jedes Investmentvermögen in Übereinstimmung mit dessen Risikoprofil,*
6. *die tägliche Ermittlung, Analyse und Kommentierung der potenziellen Risikobeträge und die Überwachung der Obergrenzen nach Nummer 5,*
7. *die regelmäßige Überwachung des Leverage des Investmentvermögens sowie*
8. *die regelmäßige Berichterstattung an die Geschäftsleiter bezüglich der aktuellen potenziellen Risikobeträge, der Prognosegüte nach § 14 und der Ergebnisse der Stresstests nach den §§ 28 bis 32.*

(3) [1]Die mathematisch-statistischen Verfahren zur Ermittlung des potenziellen Risikobetrags für das Marktrisiko müssen eine hohe Präzision aufweisen. [2]Sie müssen mit den für die aktuelle Risikosteuerung angewendeten Verfahren übereinstimmen; zulässig sind nur Abweichungen von den in den §§ 11 und 12 Absatz 3 Satz 2 vorgeschriebenen quantitativen Vorgaben.

(4) [1]Die Kapitalverwaltungsgesellschaft muss über geeignete Verfahren zur Validierung des Risikomodells verfügen. [2]Die Angemessenheit muss in folgenden Fällen validiert und überprüft werden:
1. *bei der Entwicklung des Risikomodells,*

2. in regelmäßigen zeitlichen Abständen (laufende Validierung) und
3. bei jeder wesentlichen Änderung, die dazu führen könnte, dass das Risikomodell nicht mehr angemessen ist.

[3]Personen, die direkt in den Entwicklungsprozess des Risikomodells eingebunden sind, dürfen nicht in die Validierung bei der Entwicklung und bei wesentlichen Änderungen einbezogen sein. [4]Die laufende Validierung ist durch die Risikocontrollingfunktion entsprechend Absatz 2 Nummer 4 durchzuführen. [5]Validierung und Überprüfung der Angemessenheit sind angemessen zu dokumentieren und das Risikomodell ist bei Bedarf anzupassen.

(5) Die für die Zeitreihenanalysen verwendeten empirischen Daten der Entwicklung von Preisen, Kursen und Zinssätzen sowie deren Zusammenhänge sind regelmäßig, mindestens aber dreimonatlich zu aktualisieren; bei Bedarf sind sie unverzüglich zu aktualisieren.

(6) [1]Das Risikomodell einschließlich der zugehörigen Prozesse und der mathematisch-statistischen Verfahren ist zu dokumentieren. [2]Die Dokumentation beinhaltet zumindest die durch das Risikomodell erfassten Risiken, die mathematisch-statistischen Verfahren, Annahmen und Grundlagen, die Daten, die Angemessenheit der Risikobewertung, die Verfahren zur Validierung des Risikomodells, die Verfahren zur Ermittlung der Prognosegüte nach § 14, die Verfahren bezüglich der Stresstests nach den §§ 28 bis 34, den Gültigkeitsrahmen des Risikomodells sowie die operationelle Implementierung.

(7) Die Einhaltung der Anforderungen nach den Absätzen 1 bis 6 sowie des § 14 ist regelmäßig, mindestens aber einmal jährlich, von der Internen Revision zu überprüfen.

a) Allgemeine investmentrechtliche Anforderungen an das Risikocontrolling. Die Risikocontrolling-Funktion erhält im Rahmen der Zweiten Durchführungs-RL für OGAW und der AIFM-DVO Nr. 231/2013 für AIF iVm § 29 sowie den **Vorschriften der KAVerOV** sowie den KAMaRisk wesentliche Aufgaben zugeschrieben. Bevor auf die Einzelheiten von § 13 DerivateV eingegangen wird, ist es sinnvoll, kurz die allgemeinen Anforderungen an das Risikomanagement darzustellen.

Nach Abschnitt 4.1 Tz. 3 KAMaRisk werden folgende **Mindestanforderungen an das Risikomanagement** der KVG gestellt: Die KVG hat die Risiken sind sowohl für jedes Investmentvermögen **(Gesamtrisikoprofil des Investmentvermögens)** als auch auf der Ebene der Gesellschaft **(Gesamtrisikoprofil aller Investmentvermögen und der Gesellschaft)** zu erfassen. 103

Grundsätzlich sind zumindest die folgenden Risiken als wesentlich einzustufen: 104
- **Adressenausfallrisiken** (s. die Definition in § 5 III KAVerOV: Kontrahentenrisiko ist das Verlustrisiko für ein Investmentvermögen, das aus der Tatsache resultiert, dass die Gegenpartei eines Geschäfts bei der Abwicklung von Leistungsansprüchen ihren Verpflichtungen möglicherweise nicht nachkommen kann),
- **Marktpreisrisiken** (s. die Definition in § 5 III KAVerOV: Marktrisiko ist das Verlustrisiko für ein Investmentvermögen, das aus Schwankungen beim Marktwert von Positionen im Portfolio des Investmentvermögens resultiert, die zurückzuführen sind auf Veränderungen bei Marktvariablen wie Zinssätzen, Wechselkursen, Aktien- und Rohstoffpreisen oder bei der Bonität eines Emittenten),
- **Liquiditätsrisiken** (s. die Definition in § 5 III KAVerOV: Liquiditätsrisiko ist das Risiko, dass eine Position im Portfolio des Investmentvermögens nicht innerhalb hinreichend kurzer Zeit mit begrenzten Kosten veräußert, liquidiert oder

geschlossen werden kann und dass dadurch die Erfüllung von Rückgabeverlangen der Anleger oder von sonstigen Zahlungsverpflichtungen beeinträchtigt wird) und

- **operationelle Risiken** (einschließlich Rechtsrisiken und Reputationsrisiken) (s. die Definition in § 5 III KAVerOV: Operationelles Risiko ist das Verlustrisiko für ein Investmentvermögen, das aus unzureichenden internen Prozessen sowie aus menschlichem oder Systemversagen bei der KVG oder aus externen Ereignissen resultiert; darin eingeschlossen sind Rechts-, Dokumentations- und Reputationsrisiken sowie Risiken, die aus den für ein Investmentvermögen betriebenen Handels-, Abrechnungs- und Bewertungsverfahren resultieren).

105 Um diese Risiken gebührend zu managen, hat die KVG hat ein angemessenes System einzurichten, das eine Erfassung, Messung, Steuerung sowie die Überwachung und Kommunikation der wesentlichen Risiken und damit verbundener Risikokonzentrationen gewährleistet.

106 Die KVG muss angemessene **Risikomanagement-Grundsätze** (Risk Management Policy) festlegen, umsetzen und aufrechterhalten (Abschnitt 4.4 KAMaRisk). Sie hat für jedes ihrer Investmentvermögen angemessene **Risikosteuerungs- und -controllingprozesse** einzurichten, die unter Verwendung von hinreichend fortgeschrittenen Techniken eine fortlaufende Erfassung, Messung, Steuerung und Überwachung der wesentlichen Risiken eines Investmentvermögens gewährleisten. Dabei sind sowohl die Risiken der einzelnen Vermögensgegenstände eines Investmentvermögens als auch deren jeweilige Wirkung auf das Gesamtrisikoprofil des Investmentvermögens zu beachten.

107 § 5 I Nr. 1 KAVerOV legt fest, dass sich bei OGAW-KVG die Kriterien für die Risikomanagementsysteme und die angemessenen zeitlichen Abstände zwischen den Überprüfungen des Risikomanagementsystems nach **Art. 38–45 AIFM-DVO Nr. 231/2013** bestimmen. Durch diesen Verweis finden die Anforderungen an das Risikomanagement von AIF-KVG auch auf OGAW-KVG Anwendung.

108 In der Praxis hat dies keine wesentlichen Auswirkungen, da die AIFM-DVO Nr. 231/2013 nicht über die Anforderungen der **Zweiten Durchführungs-RL** hinausgeht und der in der KAMaRisk niedergelegten Verwaltungspraxis entspricht.

109 **b) Die qualitativen Anforderungen an das Risikocontrolling.** § 13 I DerivateV setzt sich mit den qualitativen Anforderungen an das Risikocontrolling einer KVG auseinander und bestimmt, dass die **Arbeits- und Ablauforganisation** der KVG so zu gestalten ist, dass eine zeitnahe Ermittlung des potenziellen Risikobetrags für das Marktrisiko, insb. durch eine vollständige Erfassung aller Positionen des Investmentvermögens, gewährleistet ist. Die Arbeits- und Ablauforganisation ist ausführlich zu dokumentieren.

110 **c) Überwachung der Value-at-Risk-Modelle.** § 13 II DerivateV dient der Umsetzung von **Box 22 Nr. 1 der CESR-Risiko-Leitlinien** und weist der Risikocontrolling-Funktion darüber hinaus konkrete Aufgaben bezüglich der VaR-Modelle zu. Die Überwachung dieser Modelle und der daraus generierten Ergebnisse ist ein integraler Bestandteil des täglichen Risikocontrollings.

111 Die Risikocontrollingfunktion ist für **die Erstellung, Überprüfung, Pflege und Weiterentwicklung der Risikomodelle** verantwortlich. Sie überwacht die Prozesse zur Bestimmung und Zusammensetzung des Vergleichsvermögens und stellt sicher, dass das Risikomodell für das jeweilige Investmentvermögen geeignet ist. Auf täglicher Basis werden die potenziellen Risikobeträge ermittelt und das

Leverage für jedes Investmentvermögen überwacht. Das Risikocontrolling hat regelmäßig an die **Geschäftsleitung** Bericht zu erstatten im Hinblick auf die aktuellen potenziellen Risiken, der Prognosegüte und der Stresstest-Ergebnisse.

d) Übereinstimmung von dokumentierten und angewandten Risikomodellen. Nach § 13 III DerivateV müssen die **mathematisch-statistischen Verfahren** zur Ermittlung des potenziellen Risikobetrags für das Marktrisiko eine hohe Präzision aufweisen. Sie müssen mit den für die aktuelle Risikosteuerung angewendeten Verfahren übereinstimmen, dh das für die Zwecke der DerivateV erstellte Risikomodell muss dem Risikomodell weitgehend entsprechen, das das Institut seinen eigenen geschäftspolitischen Entscheidungen zugrunde legt. 112

Abweichungen sind nur insoweit zulässig, als das Risikomodell, das für das tägliche Risikomanagement verwendet wird, andere als die in der DerivateV vorgeschriebenen quantitativen Parameter (zB eine kürzere historische Beobachtungsperiode oder eine geringere Haltedauer) verwenden kann. In diesem Sinne ist das VaR-Modell auch integraler Bestandteil des täglichen Risikomanagement- und Portfoliomanagementprozesses. 113

e) Validierung der Modelle. § 13 IV DerivateV schreibt eine **Validierung bei Modellentwicklung** zu den folgenden Zeitpunkten vor: 114

- bei der Entwicklung des Risikomodells,
- eine laufende Validierung in regelmäßigen zeitlichen Abständen, und
- bei jeder wesentlichen Änderung, die dazu führen könnte, dass das Risikomodell nicht mehr angemessen ist.

Die Validierung muss bei Modellentwicklung sowie bei jeder Änderung von einer **unabhängigen Stelle** vorgenommen werden, die nicht in den Entwicklungsprozess involviert war. Hierfür kommen zB die interne Revision, Wirtschaftsprüfer oder externe Anbieter in Betracht. Die Risikocontrolling-Funktion kann ebenfalls als unabhängige Stelle fungieren, sofern sichergestellt ist, dass die Validierung durch eine von der Entwicklung und Programmierung des Risikomodells unabhängige Einheit bzw. einen unabhängigen Mitarbeiter erfolgt. Die Aufgabe der laufenden Validierung wird ebenfalls der Risikocontrolling-Funktion zugeschrieben. 115

Die Notwendigkeit zur **Anpassung des Risikomodells bei wesentlichen Änderungen** kann sich zB durch die Änderung der Anlagestrategie oder die Anlage in neue Produkte ergeben. Auch bei Feststellung, dass die Prognosegüte unzureichend ist, oder bei einer Änderung der Parameter, besteht die Notwendigkeit zur Anpassung des Risikomodells. 116

f) Zeitreihenanalyse. § 13 V DerivateV verlangt, dass die Datenbasis für die historischen Zeitreihenuntersuchungen periodisch, **mindestens aber dreimonatlich,** zu aktualisieren ist. Nur auf der Basis aktueller empirischer Daten kann das Risikopotential korrekt ermittelt werden. 117

g) Dokumentationspflichten und Interne Revision. § 13 VI DerivateV wurde im Zuge der Umsetzung der CESR-Risiko-Leitlinien eingefügt und enthält **umfangreiche Dokumentationserfordernisse** bezüglich der Risikomodelle einschließlich der zugehörigen Prozesse und der mathematisch-statistischen Verfahren. Es handelt sich dabei nicht um eine abschließende Auflistung. Die übrigen in der DerivateV enthaltenen Dokumentationspflichten bleiben hiervon unberührt (vgl. BaFin Erläuterungen zu § 13 VI DerivateV). 118

119 Nach § 13 VII DerivateV sind die Einhaltung der Anforderungen an das Risikocontrolling und an die Prognosegüte nach § 14 DerivateV regelmäßig, mind. aber einmal jährlich, von der **Internen Revision** zu überprüfen.

14. § 14 DerivateV.

§ 14 Prognosegüte

[1]Die Prognosegüte eines Risikomodells ist mittels eines täglichen Vergleichs des anhand des Risikomodells auf der Basis einer Haltedauer von einem Arbeitstag ermittelten potenziellen Risikobetrags für das Marktrisiko mit der Wertveränderung der in die modellmäßige Berechnung einbezogenen einzelnen Finanzinstrumente oder Finanzinstrumentsgruppen nachweislich zu ermitteln (Backtesting). [2]Bei der Ermittlung der Prognosegüte sind die Finanzinstrumente oder Finanzinstrumentsgruppen, die sich zum Geschäftsschluss des Vortages im Investmentvermögen befunden haben, mit den jeweiligen Marktpreisen zum Geschäftsschluss neu zu bewerten. [3]Die negative Differenz zum Bewertungsergebnis des Vortages ist festzustellen. [4]Übersteigt der Absolutbetrag der nach Satz 2 ermittelten Wertveränderung den modellmäßig ermittelten potenziellen Risikobetrag für das Marktrisiko, so sind die Geschäftsleiter mindestens vierteljährlich und die Bundesanstalt vierteljährlich hierüber sowie über die Größe der Differenz, den Grund ihres Entstehens und gegebenenfalls eingeleitete Maßnahmen zur Verbesserung der Prognosegüte über ein von ihr bereitgestelltes elektronisches Kommunikationsverfahren zu unterrichten. [5]Die Anzeige hat auch die zugrunde gelegten Parameter nach § 11 Satz 1 Nummer 2 und 3 in Verbindung mit § 11 Satz 3 und 4 zu umfassen. [6]Übersteigt die Zahl der Ausnahmen ein nicht angemessenes Niveau, kann die Bundesanstalt geeignete Maßnahmen veranlassen.

120 Nach § 14 DerivateV ist die Prognosegüte eines Risikomodells mittels eines täglichen Vergleichs des anhand des Risikomodells auf der Basis einer **Haltedauer von einem Arbeitstag** ermittelten potenziellen Risikobetrags für das Marktrisiko mit der Wertveränderung der in die modellmäßige Berechnung einbezogenen einzelnen Finanzinstrumente oder Gruppen von Finanzinstrumenten nachweislich zu ermitteln (sog. Backtesting).

121 Backtesting bezeichnet ein Verfahren, um die Güte der eingesetzten Risikomodelle zu überprüfen. Dabei werden die **tatsächlich** beobachteten Wertveränderungen eines Portfolios dem **prognostizierten** Risikopotential gegenübergestellt. „Backtesting" ist gem. § 14 DerivateV für jedes Investmentvermögen **separat** durchzuführen.

122 Bei der Durchführung des Backtesting wird zwischen dem **Clean und Dirty Backtesting** unterschieden. Bei dem Dirty Backtesting wird die von einem Portfolio tatsächlich erzielte Performance mit der Risikoprognose verglichen. Bestandsänderungen im Portfolio können dazu führen, dass die Ergebnisse des Backtestings verfälscht werden. Beim Clean Backtesting werden deshalb zur Vermeidung solcher Modellfehler Bestandsveränderungen berücksichtigt. § 14 fordert die Durchführung des Clean Backtestings (vgl. zum Ganzen EDD/*Braus/Zinken* § 197 Rn. 201).

123 Nach § 14 S. 3 DerivateV hat die KVG „Ausnahmen", dh Überschreitungen der modellmäßig prognostizierten Werte, der BaFin unter Angaben der Größe sowie des Grundes mitzuteilen. Des Weiteren sind gegebenenfalls eingeleitete Maßnahmen zur Verbesserung der Prognosegüte in die Mitteilung aufzunehmen. Diese **Anzeigen** sind grundsätzlich vierteljährlich zu erbringen.

124 Zum Zwecke der Vergleichbarkeit der Mitteilungen wird gefordert, dass der bei der Berechnung zugrunde gelegte effektive Beobachtungszeitraum sowie das ver-

wendete Wahrscheinlichkeitsniveau der jeweiligen Mitteilung beizufügen ist (vgl. BaFin Erläuterungen zu § 14 DerivateV). Dies ergibt sich aus den erweiterten Freiheitsgraden nach § 11 S. 3, 4 DerivateV. Neben der BaFin sind auch die Geschäftsleiter regelmäßig, zumindest vierteljährlich, über die Backtesting-Ergebnisse zu informieren (vgl. BaFin Erläuterungen zu § 14 DerivateV).

15. §§ 15–17 DerivateV.

Unterabschnitt 3 Einfacher Ansatz

§ 15 Risikobegrenzung

(1) Der Anrechnungsbetrag für das Marktrisiko nach § 16 Absatz 3 darf zu keinem Zeitpunkt den Wert des Investmentvermögens übersteigen.

(2) Enthält das Investmentvermögen unmittelbar oder mittelbar Vermögensgegenstände nach § 196 des Kapitalanlagegesetzbuches, die Derivate enthalten, so ist in Absatz 1 der Wert des Investmentvermögens um den Wert dieser Vermögensgegenstände zu vermindern.

§ 16 Anrechnungsbetrag für das Marktrisiko

(1) [1]Der Anrechnungsbetrag für das Marktrisiko für Grundformen von Derivaten ist regelmäßig jeweils das Basiswertäquivalent. [2]Dabei ist der Marktwert des Basiswertes zugrunde zu legen. [3]Führt dies zu einer konservativeren Ermittlung, kann alternativ der Nominalwert oder der börsentäglich ermittelte Terminpreis bei Finanzterminkontrakten zugrunde gelegt werden.

(2) [1]Zur Bestimmung des Anrechnungsbetrags für das Marktrisiko hat die Kapitalverwaltungsgesellschaft die einzelnen Anrechnungsbeträge der jeweiligen Derivate und derivativer Komponenten sowie die einzelnen Anrechnungsbeträge für Wertpapier-Darlehen und Pensionsgeschäfte zu ermitteln. [2]Des Weiteren hat sie mögliche Absicherungsgeschäfte nach § 19 zu identifizieren. [3]Hierzu werden zunächst die Anrechnungsbeträge zwischen marktgegenläufigen Derivaten entsprechend den Vorgaben nach § 19 verrechnet. [4]Der aus der Verrechnung resultierende Anrechnungsbetrag der einzelnen Derivate kann des Weiteren entsprechend § 19 mit den Marktwerten entsprechender nichtderivativer Vermögensgegenstände nach den §§ 193 bis 196, 198 und 231 des Kapitalanlagegesetzbuches verrechnet werden. [5]Der aus der Verrechnung resultierende absolute Wert ist der Anrechnungsbetrag des jeweiligen Derivates.

(3) Der Anrechnungsbetrag für das Marktrisiko ist sodann zu ermitteln als Summe der absoluten Werte
1. der Anrechnungsbeträge der einzelnen Derivate und derivativen Komponenten nach den Absätzen 7 bis 9, die nicht in Verrechnungen nach § 19 einbezogen wurden,
2. der Anrechnungsbeträge, die aus Verrechnungen nach § 19 resultieren, und
3. der Anrechnungsbeträge aus der Wiederanlage von Sicherheiten nach § 21.

(4) Bei der Ermittlung des Anrechnungsbetrags ist die Basiswährung des Investmentvermögens unter Nutzung der aktuellen Wechselkurse zugrunde zu legen.

(5) Soweit ein Währungsderivat aus zwei Vertragsseiten besteht, die nicht in der Basiswährung des Investmentvermögens zu erfüllen sind, sind beide Vertragsseiten bei der Ermittlung des Anrechnungsbetrags mit einzubeziehen.

(6) [1]Stellt ein Vermögensgegenstand eine Kombination von Derivaten oder eine Kombination von nach den §§ 193 bis 196 und 198 des Kapitalanlagegesetzbuches zulässigen Vermögensgegenständen mit Derivaten dar, ist sein Anrechnungsbetrag für das Marktrisiko die Summe der einzelnen Komponenten des Vermögensgegenstandes. [2]Enthält ein Index, in den das Investmentvermögen investiert, Derivate oder weist der Index Leverage auf, so

sind die Anrechnungsbeträge der entsprechenden Vermögensgegenstände in dem Index zu ermitteln und in die Berechnung nach Absatz 3 einzubeziehen.

(7) Der Anrechnungsbetrag für das Marktrisiko für Grundformen von Derivaten ist bei

1. Finanzterminkontrakten die Anzahl der Kontrakte multipliziert mit dem Kontraktwert multipliziert mit dem Marktwert des Basiswertes, wobei der Marktwert des Basiswertes
   a) dem Marktwert der günstigsten lieferbaren Referenzanleihe entspricht, sofern der Basiswert eine Anleihe ist, oder
   b) dem aktuellen Stand des Basiswertes entspricht, sofern der Basiswert ein Finanzindex, Wechselkurs oder Zinssatz ist,
2. Optionen die Anzahl der Kontrakte multipliziert mit dem Kontraktwert multipliziert mit dem Marktwert des zugrunde liegenden Basiswertes multipliziert mit dem zugehörigen Delta nach § 18 Absatz 1, wobei der Marktwert des Basiswertes dem aktuellen Stand des Basiswertes entspricht, sofern der Basiswert ein Finanzindex, Wechselkurs oder Zinssatz ist,
3. Swaptions der Anrechnungsbetrag des Swaps multipliziert mit dem zugehörigen Delta,
4. Zinsswaps und Inflationsswaps
   a) der Marktwert des zugrunde liegenden Basiswertes oder
   b) der Nominalwert der festen Vertragsseite,
5. Währungsswaps, Zins-Währungsswaps und außerbörslichen Währungstermingeschäften der Nominalwert der Währungsseite oder -seiten,
6. Total Return Swaps der Marktwert des zugrunde liegenden Basiswertes; bei komplexen Total Return Swaps sind die Marktwerte beider Vertragsseiten zu addieren,
7. Credit Default Swaps, die sich auf einen einzelnen Basiswert beziehen (Single Name Credit Default Swaps),
   a) bezüglich des Verkäufers oder Sicherungsgebers der höhere Betrag des Marktwertes des zugrunde liegenden Basiswertes und des Nominalwertes des Credit Default Swaps und
   b) bezüglich des Käufers oder Sicherungsnehmers der Marktwert des zugrunde liegenden Basiswertes,
8. finanziellen Differenzgeschäften der Marktwert des zugrunde liegenden Basiswertes.

(8) Der Anrechnungsbetrag für das Marktrisiko für derivative Komponenten ist bei

1. Wandelanleihen die Anzahl der zugrunde liegenden Basiswerte multipliziert mit dem Marktwert der zugrunde liegenden Basiswerte multipliziert mit dem zugehörigen Delta,
2. Credit Linked Notes der Marktwert des zugrunde liegenden Basiswertes und
3. Optionsscheinen und Bezugsrechten die Anzahl multipliziert mit dem Kontraktwert multipliziert mit dem Marktwert des zugrunde liegenden Basiswertes multipliziert mit dem zugehörigen Delta.

(9) Der Anrechnungsbetrag für das Marktrisiko für komplexe Derivate ist bei

1. Finanzterminkontrakten, die sich auf die realisierte Varianz (realisierte Volatilität zum Quadrat eines Vermögensgegenstandes) beziehen (Varianz-Swaps), der Varianz-Nominalwert multipliziert mit der aktuellen Varianz zum Bestimmungszeitpunkt; ist eine Kappung der Volatilität vorgesehen, bestimmt sich der Anrechnungsbetrag als Varianz-Nominalwert multipliziert mit dem geringeren Betrag der aktuellen Varianz oder der Volatilitätskappungsgrenze zum Quadrat; die aktuelle Varianz bestimmt sich jeweils als Funktion der quadrierten realisierten und impliziten Volatilität; der Varianz-Nominalwert bestimmt sich als Nominalwert dividiert durch das Zweifache des vereinbarten Varianzpreises (Bezugspreis),
2. Finanzterminkontrakten, die sich auf die realisierte Volatilität eines Vermögensgegenstandes beziehen (Volatilitäts-Swaps), der Nominalwert multipliziert mit der aktuellen Volatilität zum Bestimmungszeitpunkt; ist eine Kappung der Volatilität vorgesehen, bestimmt sich der Anrechnungsbetrag als Nominalwert multipliziert mit dem geringeren

Betrag der aktuellen Volatilität oder der Volatilitätskappungsgrenze; die aktuelle Volatilität bestimmt sich jeweils als Funktion der realisierten und impliziten Volatilität,

3. Schwellenoptionen die Anzahl der Kontrakte multipliziert mit dem Kontraktwert multipliziert mit dem Marktwert des zugrunde liegenden Basiswertes multipliziert mit dem maximalen Delta; das maximale Delta ist der höchste positive oder der niedrigste negative Wert, den das Delta unter Berücksichtigung aller potenziellen Marktszenarien erreichen kann.

§ 17 Unberücksichtigte Derivate

Bei der Ermittlung des Anrechnungsbetrags nach § 16 Absatz 3 dürfen unberücksichtigt bleiben:

1. Swaps, die die Entwicklung von Basiswerten, die in dem Investmentvermögen direkt gehalten werden, gegen die Entwicklung von anderen Basiswerten tauschen, sofern
   a) das Marktrisiko der getauschten Basiswerte aus dem Investmentvermögen vollständig eliminiert wird, so dass diese Vermögensgegenstände keinen Einfluss auf die Veränderung des Wertes des Investmentvermögens haben, und
   b) der Swap weder Optionsrechte einräumt noch Leverage oder sonstige zusätzliche Risiken enthält, die über die direkte Investition der relevanten Basiswerte hinausgehen, und

2. Derivate, die weder zusätzliches Marktrisikopotenzial noch Leverage generieren und denen entsprechende risikolose liquide Mittel zugeordnet werden können, so dass die Kombination aus Derivat und risikolosen liquiden Mitteln der direkten Investition in den zugrunde liegenden Basiswert äquivalent ist.

a) Einleitung. Die gesetzliche Obergrenze für das Marktrisikopotential in einem Investmentvermögen ist in § 197 II 2 festgeschrieben. § 15 I DerivateV enthält die gesetzliche Marktrisikoobergrenze für Investmentvermögen, die Derivate enthalten und **den einfachen Ansatz** zur Ermittlung des Marktrisikos verwenden. **125**

Der einfache Ansatz geht auf das Konzept eines Investitionsgrads zurück, welcher mittels Hebelwirkung von Derivaten über 100% angehoben werden kann. Der einfache Ansatz führt mit anderen Worten zu einer indirekten Ermittlung des Marktrisikos über die Quantifizierung der Leverage erhöhenden Wirkung von Derivaten. **126**

In Übereinstimmung mit Art. 42 Zweite Durchführungs-RL sowie den entsprechenden CESR-Risiko-Leitlinien wird im Rahmen des einfachen Ansatzes der **Anrechnungsbetrag** für alle Derivate und derivativen Komponenten bzw. eingebettete Derivate sowie Wertpapierdarlehen und Pensionsgeschäfte, die zur Steigerung des Investitionsgrades führen, **aufsummiert.** **127**

Nicht-derivative Vermögensgegenstände sind in diesem Anrechnungsbetrag nicht erfasst. Der resultierende Anrechnungsbetrag für das Marktrisiko darf den Wert des Investmentvermögens nicht überschreiten. Damit kann das gesamte Marktrisiko beziehungsweise der gesamte Investitionsgrad des Investmentvermögens entsprechend § 197 II nicht mehr als 200% dWd Investmentvermögens betragen. **128**

Wie § 7 DerivateV weist auch § 15 I DerivateV darauf hin, dass die vorgeschriebene Relation zwischen dem aktuellen Wert des Investmentvermögens und dem Anrechnungsbetrag für das Marktrisiko **kontinuierlich einzuhalten** ist, selbst wenn die Überprüfung durch Berechnung nur zu diskreten Zeitpunkten – mindestens börsentäglich – erfolgt. Nach den KAMaRisk ist die Einhaltung zudem mittels einer Ex-ante-Überprüfung vor Geschäften sicherzustellen. **129**

In **§ 16 DerivateV** werden die **Anrechnungsbeträge** für die Ermittlung für das Marktrisiko **näher spezifiziert.** Die Vorschrift bestimmt die Anrechnungs- **130** regeln für Grundformen von Derivaten, derivative Komponenten und komplexe Derivate. § 16 I DerivateV definiert zunächst den **Grundgedanken** des einfachen Ansatzes, nach dem im Regelfall jedes Derivat in das entsprechende Basiswertäquivalent umzurechnen ist. Hierbei ist grundsätzlich der Marktwert des Basiswertes zugrunde zu legen, es sei denn, die Berechnungsvorgaben nach § 16 VII DerivateV bestimmen etwas anderes. Sofern der Nominalwert oder der Preis des Finanzterminkontraktes zu einer konservativeren Ermittlung des Anrechnungsbetrages führen, können diese alternativ verwendet werden.

131 **b) Die einzelnen Schritte der Ermittlung von Anrechnungsbeträgen.** Zur Bestimmung des Anrechnungsbetrags für das Marktrisiko hat die KVG gem. **§ 16 II DerivateV** die einzelnen Anrechnungsbeträge für Derivate und derivative Komponenten sowie Wertpapier-Darlehen und Pensionsgeschäfte **zu ermitteln.** Dabei kann marktgegenläufigen Derivaten zunächst ein negatives Vorzeichen zugeordnet werden.

132 Im zweiten Schritt identifiziert die KVG mögliche **Absicherungsgeschäfte** nach § 19 DerivateV. Die Anrechnungsbeträge von Derivaten mit marktgegenläufiger Wirkung sind mit den Anrechnungsbeträgen entsprechender Derivate mit marktkonformer Wirkung **zu verrechnen.** Der aus der Verrechnung resultierende Anrechnungsbetrag der einzelnen Derivate kann dann gem. § 19 DerivateV mit den Marktwerten entsprechender **nichtderivativer Vermögensgegenstände verrechnet** werden. Insofern fließen die Basiswerte mittelbar in die Ermittlung der Anrechnungsbeträge mit ein. Soweit Derivaten keine unmittelbare absichernde Wirkung zu dem Basiswert zugeordnet werden kann, wird dieser außer Acht gelassen. Der aus der Verrechnung resultierende absolute Wert ist der Anrechnungsbetrag des jeweiligen Derivates.

133 Bei der Ermittlung des Marktrisikos werden diejenigen Derivate identifiziert, die bei der Berechnung nach **§ 17 DerivateV** nicht zu berücksichtigen sind. Soweit der Anrechnungsbetrag für Zinsderivate nach der Durations- bzw. Laufbandmethode berechnet werden sollen, bietet es sich an, die verbleibenden Anrechnungsbeträge für Zinsderivate gem. **§ 20 DerivateV** zu berechnen.

134 **16 III DerivateV** legt fest, dass die Summe aus den Anrechnungsbeträgen der einzelnen Derivate bzw. derivativen Komponenten und der Anrechnungsbeträge für Wertpapierdarlehen und Pensionsgeschäfte (als absolute Werte) den Anrechnungsbetrag für das Marktrisiko ergibt, der für die Grenze nach § 15 DerivateV relevant ist.

135 **c) Die Addition von Vermögenswerten.** Nach **§ 16 V DerivateV** müssen bei Währungstermingeschäften (zB bei Währungsswaps), die sich aus mehreren Fremdwährungen zusammensetzen, die Anrechnungsbeträge für alle Fremdwährungen ermittelt werden. Insofern sind für einen Währungsswap, der sich aus zwei in Fremdwährung notierten Vertragsseiten zusammensetzt, die Anrechnungsbeträge für **beide Vertragsseiten** zu bestimmen (vgl. BaFin Erläuterungen zu § 16 V DerivateV).

136 **§ 16 VI DerivateV** ist eine klarstellende Vorschrift für den Fall, dass ein Vermögensgegenstand des Investmentvermögens mehrere wirtschaftliche Komponenten kombiniert. Die Vorschrift besagt im Wesentlichen, dass sich der Anrechnungsbetrag für das Marktrisiko für einen solchen Vermögensgegenstand jeweils aus der Addition der Anrechnungsbeträge seiner Komponenten ergibt. Zum einen sind Kombinationen von Derivaten denkbar, zum anderen Kombinationen von Derivaten mit derivatfreien Komponenten (eingebetteten Derivaten). Letzteres steht

in **direktem Bezug zu § 33 DerivateV,** wonach ein strukturiertes Produkt mit derivativen Komponenten in seine Komponenten zu zerlegen ist, um den Anrechnungsbetrag zu ermitteln (zum Ganzen BaFin Erläuterungen zu § 16 VI DerivateV).

d) Berechnung der Anrechnungsbeträge. § 16 VII DerivateV ordnet einzelnen einfachen Derivaten konkret ihre Anrechnungsbeträge zu und führt in einer Liste mögliche Grundformen von Derivaten auf. Es handelt sich nicht um eine abschließende Auflistung. 137

Bei Finanzterminkontrakten (Futures/Forwards) ergibt sich der Anrechnungsbetrag idR als Produkt aus dem **Kontraktwert,** dem **Marktpreis** des zugrundeliegenden Basiswertes und der **Anzahl** der Kontrakte. Der Kontraktwert bezeichnet den Nominalbetrag des Kontraktes. Der Kontraktwert wird dann mit dem Marktpreis (oder zB dem Indexwert) des Basiswertes multipliziert, um den Marktwert eines Kontrakts zu erhalten. Bei Zinsterminkontrakten und sonstigen Terminkontrakten, deren Preis in Prozent angegeben wird, ist der Kontraktwert ein Währungsbetrag, der dem Nominalwert einer Anleihe entspricht (BaFin Erläuterungen zu § 16 VII DerivateV). 138

Bei Terminkontrakten auf Aktienindizes, deren Preis wie der Index selbst in Punkten notiert wird, ist der Kontraktwert der **Währungsgegenwert eines Punktes.** Bei Währungsterminkontrakten ist der Kontraktwert der zugrundeliegende Betrag. In dem Kontraktwert ist auch die Anzahl der Basiswerte, auf die sich ein Kontrakt bezieht, multiplikativ zu berücksichtigen. Die CESR-Risiko-Leitlinien enthalten Berechnungsbeispiele (vgl. Explanatory Text zu Box 2). 139

Bei **Optionen** ist der Kontraktwert grundsätzlich mit dem **Marktwert** des Basisinstrumentes und dem **Delta** zu multiplizieren. Das zugehörige Delta bestimmt sich nach **§ 18 DerivateV.** Ebenso wird der Anrechnungsbetrag für sog. Single Name Credit Default Swaps, dh **Credit Default Swaps,** die sich nur auf ein einzelnes Referenzaktivum beziehen, berechnet. Hierbei wird nach den Vertragsseiten des Credit Default Swaps unterschieden. Fungiert das Investmentvermögen als Sicherungsgeber, so ist das Maximum aus Marktwert des zugrundeliegenden Basiswertes und Nominalwert des Credit Default Swaps anzusetzen. Tritt das Investmentvermögen dagegen als Sicherungsnehmer auf, so bestimmt sich der Anrechnungsbetrag als Marktwert des zugrundeliegenden Basiswertes. 140

Bei einem **Total Return Swap** wird zwischen dem einfachen Total Return Swap und dem komplexen bzw. nicht standardmäßigen Total Return Swap unterschieden. Der einfache Total Return Swap wird dabei als bilateraler Kontrakt zwischen dem Total Return Payer und dem Total Return Receiver abgeschlossen. Der Vertragspartner in der „Payer"-Position zahlt den gesamten Ertrag aus dem Referenzwert, er befindet sich demnach bezüglich des Basiswertes in der Short-Position. Im Gegenzug erhält er einen variablen Zinssatz zzgl. Spread (BaFin Erläuterungen zu § 16 VII DerivateV). 141

Bei allen anderen Varianten des Total Return Swap hingegen (die von der BaFin als komplex bzw. nicht standardmäßig bezeichnet werden) erhält die Payer-Position anstelle des variablen Zinssatzes entweder einen festen Zins oder den Ertrag aus einem weiteren Basiswert. In diesem Fall sind beide Vertragsseiten in den Anrechnungsbetrag mit einzubeziehen (BaFin Erläuterungen zu § 16 VII DerivateV). 142

§ 16 VIII DerivateV zeigt die Berechnungsmethoden für derivative Komponenten. Auch hier ist die Auflistung nach Auffassung der BaFin nicht als abschließend zu verstehen (BaFin Erläuterungen zu § 16 VIII DerivateV). Ein strukturiertes 143

Produkt mit derivativer Komponente ist entsprechend § 33 DerivateV in seine Komponenten zu zerlegen und der Anrechnungsbetrag für die derivative Komponente zu ermitteln.

144 **§ 16 IX DerivateV** erläutert die Berechnungsmethoden für einzelne komplexe/exotische Derivate. Für solche Derivate ist die Standardmethode, wonach das Derivat in das Basiswertäquivalent umzurechnen ist, nicht geeignet. Entsprechend § 5 DerivateV dürfen diese Derivate jedoch nur zu einem vernachlässigbaren Anteil unter dem einfachen Ansatz für das Investmentvermögen erworben werden. Weitere detaillierte Erläuterungen finden sich in den BaFin Erläuterungen zu § 16 IX DerivateV.

145 **e) Besonderheiten beim Halten von Investmentanteilen.** § 15 II DerivateV bezieht sich auf den Fall, dass das **Investmentvermögen selbst wieder Investmentanteile** enthält, entweder unmittelbar oder als Bestandteile seiner Vermögensgegenstände. Hier wird eine Adjustierung der Vergleichsgröße in § 15 I DerivateV notwendig. Denn bei den Investmentanteilen kann nicht angenommen werden, dass sie völlig frei von derivativen Komponenten sind. Sie könnten mithin ihr zulässiges Potential an Hebelwirkung bereits in Anspruch genommen haben.

146 Folglich dürfen Investmentanteile bei der Ermittlung der derivatefreien Vergleichsgröße nicht in Ansatz kommen. Praktisch wird das dadurch erreicht, dass der **Wert der Investmentanteile vom aktuellen Wert des Investmentvermögens** abzuziehen ist. Ohne diese Maßnahme wären theoretisch beliebige Marktrisikoanhäufungen durch Kaskadeneffekte im Investmentvermögen denkbar, ohne dass die Grenze des § 15 I DerivateV verletzt werden würde. Denn bei der Berechnung des Anrechnungsbetrages werden Investmentanteile auch nicht berücksichtigt (zum Ganzen BaFin Erläuterungen zu § 15 II DerivateV).

147 **f) Derivate, die bei der Ermittlung des Anrechnungsbetrags unberücksichtigt bleiben. § 17 DerivateV** erlaubt, dass bestimmte Derivate nicht in die Ermittlung des Anrechnungsbetrages nach § 16 III DerivateV einbezogen werden müssen. Dieser Ausnahme liegt die Annahme zugrunde, dass mit diesen Derivaten kein zusätzliches Marktrisikopotential bzw. keine Hebelwirkung verbunden ist und sie daher im Rahmen des Konzeptes des gesteigerten Investitionsgrades unberücksichtigt bleiben dürfen.

148 Unberücksichtigt bleiben können Swaps, die das gesamte Risiko eines von dem Investmentvermögen direkt gehaltenen Basiswertes gegen das Risiko eines anderen Basiswertes austauschen. Das Investmentvermögen ist den Marktrisiken aus den direkten Investitionen nicht weiter ausgesetzt und ist stattdessen **den Marktrisiken der „hineingetauschten" Vermögensgegenständen** ausgesetzt. Voraussetzung ist, dass der Swap weder Optionsrechte einräumt, eine Hebelwirkung besitzt oder sonstige zusätzliche Risiken, die über die direkte Investition des Zielbasiswertes hinausgehen. Voraussetzung hierfür wird im Regelfall eine ausreichende Besicherung und jederzeitige Kündbarkeit sein, so dass keine zusätzlichen Kontrahenten- oder Liquiditätsrisiken für das Investmentvermögen entstehen. In diesem Falle bleibt auch der Wert des hineingetauschten Basiswertes unberücksichtigt, da dieser lediglich an die Stelle des herausgetauschten Basiswertes ohne derivative Eigenschaften tritt.

149 **§ 17 II DerivateV** geht davon aus, dass zB ein Finanzterminkontrakt, der sich auf einen Index bezieht und für den gleichzeitig in Höhe des Basiswerts äquivalente Barmittel gehalten werden, keine Hebelwirkung generiert. Die indirekte Investition in den Index kombiniert mit der zurechenbaren Position in liquiden risikolosen Mitteln entspricht dann der direkten Investition in die Komponenten des In-

dex. Somit wird das Marktrisikopotenzial durch solche Derivate nicht gesteigert, weshalb sie bei der Berechnung des Anrechnungsbetrages unberücksichtigt bleiben dürfen. Bei den risikolosen liquiden Mitteln darf es sich nach Auffassung der BaFin (vgl. Erläuterungen zu § 17 II DerivateV) neben Barmitteln auch um kurzfristige (Laufzeit höchstens drei Monate) erstklassige Staatsanleihen handeln.

16. § 18 DerivateV.

§ 18 Zugehöriges Delta

(1) Das zugehörige Delta ist das Verhältnis der Veränderung des Wertes des Derivates zu einer als geringfügig angenommenen Veränderung des Wertes des Basiswertes.

(2) Die Kapitalverwaltungsgesellschaft ist verpflichtet, die zugehörigen Deltas auf geeignete und anerkannte Weise börsentäglich zu ermitteln, zu dokumentieren und der Verwahrstelle mitzuteilen.

§ 18 I 1 DerivateV enthält die allgemeine, marktgängige und inzwischen vollständig standardisierte Definition der ersten Ableitung des Werts eines Derivates nach seinem Basiswert. Das **Delta** ist das **Verhältnis der Veränderung** des Werts des Derivates zu einer als geringfügig angenommenen Veränderung des Werts des Basiswerts. Es entspricht der ersten Ableitung des Werts eines Derivates nach seinem Basiswert und **misst in der Regel die Sensitivität** des Optionspreises in Bezug auf die Preisänderung des Basiswertes. 150

Diese Sensitivität wird am Markt ebenso standardmäßig als Delta bezeichnet, und die Verfahren zu ihrer Ermittlung sind eindeutig und stehen allgemein zur Verfügung. Diese Sensitivität kann **sowohl zunächst positiv als auch negativ** sein, je nachdem, ob das zugehörige Derivat eine marktkonforme oder eine marktgegenläufige Wertentwicklung aufweist (zum Ganzen BaFin Erläuterungen zu § 18 I DerivateV). 151

Nach **§ 18 II DerivateV** ist die KVG verpflichtet, die zugehörigen Deltas auf geeignete und anerkannte Weise **börsentäglich zu ermitteln,** zu dokumentieren und der Verwahrstelle mitzuteilen. Hierdurch soll das Verfahren transparent und überprüfbar gemacht werden. Die Anforderungen bzgl. Eignung und Anerkennung dienen zur Qualitätssicherung des Berechnungsverfahrens. Für die Berechnung des Delta, das eine im Markt sehr häufig gebraucht Sensitivität ist, gibt es laut BaFin für alle im einfachen Ansatz auftretenden Fälle allgemeine standardisierte Algorithmen (vgl. BaFin Erläuterungen zu § 18 II DerivateV). Die geeignete und anerkannte Ermittlung setzt voraus, dass sich die KVG jeweils des passenden dieser Algorithmen bedient. 152

17. §§ 19, 20 DerivateV.

§ 19 Anerkennung von Absicherungsgeschäften

(1) [1]Bei der Ermittlung des Anrechnungsbetrags für das Marktrisiko nach § 16 Absatz 3 können Absicherungsgeschäfte berücksichtigt werden. [2]Dem Anrechnungsbetrag von marktgegenläufigen Derivaten wird hierzu ein negatives Vorzeichen zugeordnet. [3]Die Anrechnungsbeträge von marktgegenläufigen Derivaten können mit den entsprechenden positiven Anrechnungsbeträgen von Derivaten sowie mit den Marktwerten von entsprechenden nichtderivativen Vermögensgegenständen nach den §§ 193 bis 196, 198 und 231 des Kapitalanlagegesetzbuches addiert und somit verrechnet werden. [4]Der aus der Verrechnung resultierende Anrechnungsbetrag ist als absoluter Wert in die Summe nach § 16 Absatz 3 einzubeziehen. [5]Verrechnungen dürfen nur unter der Voraussetzung erfolgen, dass

1. das derivative Geschäft einzig zum Zweck der Absicherung abgeschlossen worden ist,
2. durch die Verrechnung wesentliche Risiken nicht vernachlässigt werden,
3. der Anrechnungsbetrag der Derivate nach den Vorgaben des § 16 Absatz 1 Satz 1 ermittelt wird und
4. sich die Derivate beziehen auf
a) den gleichen Basiswert oder einen Basiswert, der exakt dem abzusichernden nichtderivativen Vermögensgegenstand nach den §§ 193 bis 196 und 198 des Kapitalanlagegesetzbuches im Investmentvermögen entspricht, oder
b) einen Basiswert, der nicht exakt dem abzusichernden nichtderivativen Vermögensgegenstand nach den §§ 193 bis 196, 198 und 231 des Kapitalanlagegesetzbuches im Investmentvermögen entspricht, sofern
aa) das derivative Geschäft nicht auf einer Anlagestrategie beruht, die der Gewinnerzielung dient,
bb) das Derivat zu einer nachweisbaren Reduktion des Risikos des Investmentvermögens führt,
cc) das allgemeine und das besondere Marktrisiko des Derivates ausgeglichen werden,
dd) die zu verrechnenden Derivate, Basiswerte oder Vermögensgegenstände der gleichen Art von Finanzinstrumenten angehören und
ee) davon ausgegangen werden kann, dass die Absicherungsstrategie auch unter außergewöhnlichen Marktbedingungen effizient ist.

(2) [1]Für Investmentvermögen, die überwiegend in Derivate investiert sind, die sich auf Zinssätze beziehen (Zinsderivate), kann zum Zweck der Verrechnung von Anrechnungsbeträgen die Korrelation zwischen Laufzeitsegmenten der Zinsstrukturkurve nach der in § 20 beschriebenen Methode berücksichtigt werden. [2]Die Methode nach § 20 darf nicht angewendet werden, wenn die Anwendung zu einer falschen Ermittlung des Risikoprofils des Investmentvermögens und zu überhöhtem Leverage führt und wenn wesentliche Risiken unberücksichtigt bleiben.

§ 20 Absicherungen bei Zinsderivaten

(1) Zur Verrechnung von Zinsderivaten nach § 19 Absatz 2 sind die Zinsderivate entsprechend den restlichen Zinsbindungsfristen der zugrunde liegenden Basiswerte den folgenden Laufzeitbändern zuzuordnen:

Laufzeitband	*Restliche Zinsbindungsfrist*
1	*bis zu 2 Jahren*
2	*über 2 bis zu 7 Jahren*
3	*über 7 bis zu 15 Jahren*
4	*über 15 Jahre*

(2) [1]Jedes Zinsderivat ist in das entsprechende Basiswertäquivalent umzurechnen. [2]Das Basiswertäquivalent ergibt sich in diesem Fall entgegen den Vorgaben aus § 16 aus der Duration des Zinsderivats dividiert durch die Zielduration des Investmentvermögens multipliziert mit dem Marktwert des zugrunde liegenden Basiswertes. [3]Die Zielduration des Investmentvermögens entspricht dem erwarteten Risikoniveau und der Duration des Investmentvermögens unter regulären Marktbedingungen und ergibt sich aus der Anlagestrategie.

(3) [1]Für jedes Laufzeitband sind die sich betragsmäßig entsprechenden Summen der Basiswertäquivalente mit gegenläufigen Zinsbindungsrichtungen (ausgeglichene Bandpositionen) sowie die verbleibenden Unterschiedsbeträge (offene Bandpositionen) zu ermitteln. [2]Für jedes Laufzeitband sind die offenen Bandpositionen getrennt nach der Zinsbindungsrichtung zusammenzufassen.

(4) [1]Für zwei unmittelbar aneinander angrenzende Laufzeitbänder sind die sich betragsmäßig entsprechenden Summen der nach Absatz 3 Satz 2 zusammengefassten offe-

nen Bandpositionen mit gegenläufigen Zinsbindungsrichtungen (ausgeglichene Position zweier angrenzender Bänder) sowie die verbleibenden Unterschiedsbeträge (offene Position zweier angrenzender Bänder) zu ermitteln. [2]Für jedes Laufzeitband sind die offenen Positionen zweier angrenzender Bänder getrennt nach der Zinsbindungsrichtung zusammenzufassen.

(5) [1]Für zwei nicht unmittelbar aneinander angrenzende Laufzeitbänder sind die sich betragsmäßig entsprechenden Summen der nach Absatz 4 Satz 2 zusammengefassten offenen Positionen zweier angrenzender Bänder mit gegenläufigen Zinsbindungsrichtungen (ausgeglichene Position zweier nicht angrenzender Bänder) sowie die verbleibenden Unterschiedsbeträge (offene Position zweier nicht angrenzender Bänder) zu ermitteln. [2]Satz 1 gilt nicht für Laufzeitband 1 in Verbindung mit Laufzeitband 4.

(6) Der Anrechnungsbetrag für das Marktrisiko ist sodann zu ermitteln als Summe der
1. *mit 0 Prozent gewichteten Summe der ausgeglichenen Bandpositionen,*
2. *mit 40 Prozent gewichteten Summe der ausgeglichenen Positionen zweier angrenzender Bänder,*
3. *mit 75 Prozent gewichteten Summe der ausgeglichenen Positionen zweier nicht angrenzender Bänder und*
4. *mit 100 Prozent gewichteten verbleibenden offenen Positionen.*

a) Einleitung. § 19 DerivateV liegt die Überlegung zu Grunde, dass sich das **Marktpreisrisiko** im Investmentvermögen durch den Einsatz von Derivaten **auch reduzieren kann.** Die Vorschrift stellt Anforderungen an das **Netting** und Hedging **von Derivatepositionen** und zur Art der Verrechnung auf. 153

Weiterhin wird Anrechnungsbeträgen von marktgegenläufigen Derivaten ein negatives Vorzeichen zugeordnet. Unter den Voraussetzungen von **§ 19 I 5 DerivateV** können diese negativen Anrechnungsbeträge entsprechenden positiven Werten (Anrechnungsbeträgen von anderen Derivaten oder Marktwerte der Kassapositionen) gegenübergestellt und addiert werden. Die Verrechnung setzt voraus, dass das derivative Geschäft **einzig zum Zweck der Absicherung** abgeschlossen worden ist, durch die Verrechnung wesentliche Risiken nicht vernachlässigt werden und der Anrechnungsbetrag der Derivate nach dem einfachen Ansatz berechnet wird. Nach der DerivateV alter Fassung durften Absicherungsgeschäfte nur bei Nachweis einer hohen Korrelation zwischen Anlagerisiken angerechnet werden. Diese Bedingung ist bei der Neufassung der Regelung weggefallen, da auch bei einer hohen Korrelation nicht mehr automatisch auf eine Absicherung geschlossen werden kann (BaFin Erläuterungen zu § 19 I DerivateV). 154

Nach **§ 19 I 4 DerivateV** geht ein eventuell resultierender Restbetrag dann als absoluter Wert in die Addition nach § 16 III DerivateV ein. Dagegen geht der Anrechnungsbetrag eines marktgegenläufigen Derivates vollständig als absoluter Wert in die Addition nach § 16 III DerivateV ein, wenn die Voraussetzungen zur Vornahme einer Verrechnung nicht vollständig erfüllt sind. 155

b) Die Voraussetzungen für die Anerkennung von Absicherungsgeschäften gem. § 19 I 5 Nr. 1–3 DerivateV. Die **reine Marktgegenläufigkeit** eines Derivates ist für den absichernden Charakter **nicht ausreichend.** Es muss vielmehr ein passender abzusichernder nichtderivativer Vermögensgegenstand oder ein passendes Derivat im Investmentvermögen vorhanden sein. Zur Beurteilung dieses Sicherungszusammenhangs führen die CESR-Risiko-Leitlinien die **Begriffe Netting und Hedging** ein. Der Tatbestand des Netting wird in § 19 I 5 Nr. 4 Buchst. a DerivateV beschrieben und der Tatbestand des Hedging in § 19 I 5 Nr. 4 Buchst. b DerivateV. 156

157 Sowohl für Netting als auch für Hedging gelten die folgenden allgemeinen Voraussetzungen:

- Verrechnungen sollen nur solchen Positionen zugestanden werden, die einen tatsächlich und **ausschließlich absichernden Charakter** haben (§ 19 I 5 Nr. 1 DerivateV).
- § 19 I 5 Nr. 2 DerivateV trägt in Form einer Generalklausel den vielfältigen, potenziellen Schwachstellen einer Absicherung Rechnung. Ein Absicherungszusammenhang ist immer dann zu verneinen, wenn der Gesamtposition aus abzusicherndem Vermögensgegenstand und absichernder Derivateposition trotz Erfüllung der übrigen Voraussetzungen ein **Restrisiko** anhaftet und dieses **nicht nur vernachlässigbar klein** ist.

158 Die Entscheidung, was ein nur unwesentliches Risiko ist, hat die KVG im Einzelfall vor dem Hintergrund der Regelungen zum Risikomanagement selbst zu treffen. Sie muss diese Entscheidung gegebenenfalls nachprüfbar begründen können (BaFin Erläuterungen zu § 19 I DerivateV).

159 **c) Die speziellen Voraussetzungen des Netting gem. § 19 I 5 Nr. 4 Buchst. a DerivateV.** Netting gem. **§ 19 I 5 Nr. 4 Buchst. a DerivateV** umschreibt eine Kombination von Derivatengeschäften und/oder Basiswerten, die sich auf den **identischen Basiswert** beziehen. Dabei wird das absichernde Derivategeschäft ausschließlich dafür abgeschlossen, die **Risiken,** die sich aus der bestehenden Position in dem Basiswert ergeben, **vollständig zu eliminieren.** Es kommt dabei nicht darauf an, ob diese Position durch eine direkte Investition in den Basiswert zustande kommt oder aus einem anderen Derivat, das sich auf den Basiswert bezieht.

160 Beim Netting kommt es somit auf die **wirtschaftliche Elimination einer Risikoposition** an, dh alle Risiken werden abgesichert. Die Fälligkeit des Derivates kann dabei unberücksichtigt bleiben, nicht jedoch die Fälligkeit des Basiswertes. Die CESR-Risiko-Leitlinien enthalten entsprechende Beispielrechnungen (vgl. Explanatory Text zu Box 6).

161 Die Vorschrift des § 19 I 5 Nr. 4 Buchst. a DerivateV **ist streng auszulegen.** Verschiedene Anleihen des gleichen Emittenten würden diese Voraussetzung bereits nicht erfüllen; ebenso unterschiedliche Aktiengattungen eines Emittenten. Auch eine hohe Korrelation genügt nach Auffassung der BaFin den Anforderungen nicht (BaFin Erläuterungen zu § 19 I DerivateV). Insofern werden nur Absicherungsgeschäfte als solche anerkannt, die **alle wesentlichen Risiken tatsächlich ausgleichen.** Absicherungsstrategien erfüllen nicht die Voraussetzungen des Netting.

162 **d) Die speziellen Voraussetzungen des Hedging nach § 19 I 5 Nr. 4 Buchst. b DerivateV.** Alternativ erlaubt **§ 19 I 5 Nr. 4 Buchst. b DerivateV** eine Verrechnung auch, wenn **nicht exakt gleiche** Basiswerte vorliegen. Hedging iSd CESR-Risiko-Leitlinien liegt vor, wenn die Kombination von Derivaten und/oder direkten Positionen in Basiswerten, die nicht identisch sind, aber trotzdem der Absicherung von Risiken dienen (vgl. Box 5).

163 Hedging ist jedoch **enger auszulegen, als** es der **marktgängige** Begriff des Hedging impliziert (CESR-Risiko-Leitlinien, Abschn. 2.1.1 Tz. 32). Die Voraussetzungen des § 19 I 5 Nr. 1–3 DerivateV gelten wie oben bereits dargestellt auch für Hedging, was die Anerkennung der Möglichkeit der Verrechnung erschwert. In den CESR-Risiko-Leitlinien werden unter Abschn. 2.1.1 Tz. 33 Positivbeispiele für die Anrechenbarkeit als Hedging und unter Abschn. 2.1.1 Tz. 34 Negativbeispiele genannt.

§ 19 I 5 Nr. 4 Buchst. b DerivateV zählt die folgenden weiteren Bedingungen auf: 164

- In Anlehnung an § 19 I 5 Nr. 1 DerivateV wird klargestellt, dass dem Einsatz des Derivates keine Anlagestrategie im Sinne einer Ertragserzielung zugrunde liegen darf.
- Zudem muss das Derivat, um verrechnet werden zu können, tatsächlich zur Reduktion des Risikos des Investmentvermögens führen.
- Die Marktrisiken des Derivates (allgemeines und besonderes Marktrisiko) müssen tatsächlich ausgeglichen werden.
- Die zu verrechnenden Derivate, Basiswerte bzw. Vermögensgegenstände müssen der gleichen „Art" von Finanzinstrumenten angehören.
- Die Absicherungsstrategie muss auch in Stresssituationen (außergewöhnlichen Marktbedingungen) effizient sein.

Im Folgenden werden mit Bezugnahme auf die Erläuterungen der BaFin zur DerivateV Absicherungskonstellationen aufgeführt, die die Voraussetzungen des Hedging nicht erfüllen bzw. erfüllen.

Derivate auf **zwei unterschiedliche Aktien** oder ein Derivat auf eine Aktie mit einer anderen Aktie können ausdrücklich nicht verrechnet werden, auch wenn beide Aktien hochkorreliert sind. Da es sich auf beiden Seiten um Aktien handelt, ist zwar die Voraussetzung erfüllt, dass es sich um Vermögensgegenstände der gleichen Art handelt. Allerdings wird es sich hierbei um eine Anlagestrategie und nicht ausschließlich um eine Absicherungsstrategie handeln, und es werden **nicht alle wesentlichen Marktrisiken** des Derivates ausgeglichen. 165

Vorzugsaktien und Stammaktien eines Emittenten können trotz hoher Korrelation nicht verrechnet werden, da die Umsetzung von Spread-Strategien im Rahmen des einfachen Ansatzes nicht möglich ist. Gleiches gilt im Falle sog. Merger Arbitrage Strategien, in deren Rahmen Long- und Short-Positionen in verschiedenen Aktien kombiniert werden. Auch marktneutrale oder **Long-/Short-Anlagestrategien** werden die Voraussetzungen nach § 19 I 5 Nr. 4 Buchst. b DerivateV generell nicht erfüllen. 166

Ein Derivat, das sich auf einen **Aktienkorb** bezieht bzw. eine direkte Position auf einen Aktienkorb kann **nicht** mit einer Short-Position in einem **Aktienindex** verrechnet werden, selbst, wenn die im Korb enthaltenen Aktien ausschließlich Komponenten aus dem Index darstellen. Dies gilt zumindest dann, wenn der Korb nur aus wenigen Aktien besteht. In diesem Fall würde eine Anlagestrategie zugrunde liegen, die zwar das allgemeine Marktrisiko, **nicht jedoch das besondere Marktrisiko** der betreffenden Aktien im Investmentvermögen absichert (Beta-Hedging). Die Alpha-Komponente kann jedoch die Beta-Komponente dominieren und zu Verlusten im Investmentvermögen führen, weshalb eine solche Strategie nicht als Absicherungsstrategie iSv § 19I DerivateV gewertet werden kann. 167

Im Falle, dass die **Zusammensetzung** des Aktienkorbes **im Wesentlichen** mit der Zusammensetzung des Index **übereinstimmen,** kann von einer hohen Korrelation der Risiken ausgegangen werden. Die verbleibenden besonderen Marktrisiken werden auf Grund dessen als unwesentlich erachtet. Die Absicherungsstrategie kann deshalb im Rahmen der Verrechnung nach § 19 berücksichtigt werden. 168

Durationsabsicherungen können die Voraussetzungen gem. § 19 I 5 Nr. 4 Buchst. b DerivateV erfüllen, wenn das Durationsrisiko einer langfristigen Anleihe durch ein Zinsderivat abgesichert wird und bei der Verrechnung mit dem Zinsderivat kein wesentliches Risiko einschließlich Emittentenrisiko unberücksichtigt bleibt. Als konkretes Beispiel kann die Absicherung mit einem Bund-Future ge- 169 nannt werden oder ein Swap-Derivate mittels dessen die Risiken eines festen Zinssatzes gegen die Risiken eines variablen Zinssatzes getauscht werden.

170 Ebenso kann eine **Kombination** aus einem Single Name **Credit Default Swap** und einem einfachen **Zinsswap** zur Absicherung einer **festverzinslichen Anleihe** genutzt werden. Demgegenüber ist die Verrechnung eines Credit Default Swaps mit einer Aktie nicht möglich, auch wenn der Emittent von Aktie und Basiswert einander entsprechen, da in diesem Fall keine Vermögengegenstände der gleichen Art vorliegen.

171 Außerdem ist zu beachten, dass Verrechnungen gem. § 19 I 5 Nr. 2 DerivateV nur vorgenommen werden dürfen, wenn die einzelnen Anrechnungsbeträge der jeweiligen Derivate **exakt nach § 16 I 1 DerivateV** bestimmt wurden. Eine konservative (dh höhere) Ermittlung des Anrechnungsbetrages eines marktgegenläufigen Derivates würde bei der Verrechnung mit dem Marktwert des entsprechenden Basiswertes zu einer Unterschätzung des Marktrisikos führen und ist deshalb auszuschließen.

172 Ungeachtet der Vorschriften des § 19 I DerivateV sind nach Auffassung der BaFin **Währungsabsicherungen als Absicherungsstrategien** anzuerkennen: Derivative Geschäfte, die der Absicherung des Währungsrisikos dienen (und nicht zu einer Hebelwirkung führen oder zusätzliche Marktrisiken beinhalten), können verrechnet werden (BaFin Erläuterungen zu § 19 I DerivateV). Somit ist auch die Währungsabsicherung von Fremdwährungs-Zielfonds weiterhin möglich, ohne den Investitionsgrad zu erhöhen, dh bei Währungsabsicherungen können Zielfondsanteile berücksichtigt werden.

173 **e) Verweis auf § 20 für Durchführung des Durations-Netting.** Die Vorschrift nach § 19 I 5 Nr. 4 Buchst. a DerivateV führt dazu, dass **Zinssätze unterschiedlicher Laufzeiten** als unterschiedliche Basiswerte angesehen werden. Durch § 19 II DerivateV wird Investmentvermögen, die überwiegend in Zinsderivate investieren, eine spezielle Verrechnungsmethode gem. § 20 DerivateV zur Verfügung gestellt. Die Methode nach § 20 DerivateV kann jedoch nur genutzt werden, wenn sie zu einer korrekten Ermittlung des Risikoprofils des Investmentvermögens führt und **wesentliche Risiken nicht unberücksichtigt** bleiben (§ 19 II 2 DerivateV).

174 Die Anwendung des Durations-Netting ist **nicht verpflichtend,** dh auch Investmentvermögen, die überwiegend in Zinsderivate investieren, können das Marktpreisrisikopotential nach den allgemeinen Vorgaben des § 19 I 5 Nr. 4 DerivateV zu Netting und Hedging ermitteln (EDD/*Braus/Zinken* § 197 Rn. 124).

175 Generell ist zu beachten, dass die Methode des Durations-Netting **erst nach Ausnutzung** der Hedging-und Netting-Möglichkeiten nach § 19 I 5 Nr. 4 DerivateV anzuwenden ist. Im Rahmen von § 19 DerivateV müssen Investmentvermögen zunächst die Hedging-Vorschriften des § 19 I 5 Nr. 4 Buchst. b DerivateV auf Zinsderivate anwenden und die entsprechenden Anrechnungsbeträge der Derivate auch mit den entsprechenden nichtderivativen Vermögensgegenständen verrechnen. Für die übrigen Zinsderivate kann dann die Methode des Durations-Netting gem. § 19 II DerivateV genutzt werden (BaFin Erläuterungen zu § 19 II DerivateV).

176 **f) Einzelheiten zum Durations-Netting.** Die Methode des Durations-Netting, die auch in den CESR-Risiko-Leitlinien dargestellt wird, orientiert sich an den **Baseler Marktrisikoregelungen.** Eine entsprechende Regelung fand sich auch in §§ 300 ff. SolvV in der vor dem 6. 12. 2013 geltenden Fassung, die Vorgaben für die Ermittlung der Anrechnungsbeträge für KI definierten (jetzt im Wesent-

lichen **Art. 334 ff. CRR**). Das Durations-Netting beinhaltet Aspekte der Durationsmethode gem. § 302 SolvV aF (jetzt im Wesentlichen **Art. 340 CRR**) und der Jahresbandmethode in § 301 SolvV aF (jetzt im Wesentlichen **Art. 339 CRR**). Der Regelung des § 20 DerivateV liegt der Gedanke zugrunde, dass das Marktrisiko von Zinsderivaten, insb. von der **Duration,** dh der **durchschnittlichen,** basiswertgewichteten **Zinsbindung** des relevanten Finanzinstruments, abhängt (EDD/*Braus/Zinken* § 197 Rn. 126 ff.).

Nach § 20 I DerivateV wird zunächst jedes Zinsderivat entsprechend der Laufzeit der Zinsbindung des Basiswertes in die entsprechenden **Laufzeitbänder 1–4 eingeordnet.** Aufgrund der Fluktuationen wird nicht auf die modifizierte Duration, sondern auf die tatsächlichen Restlaufzeiten abgestellt. Nichtderivative Vermögensgegenstände werden nicht in die Laufzeitbänder eingestellt, dh eine Verrechnung erfolgt **nur zwischen Derivaten.** 177

Die Laufzeitbänder wurde in Anlehnung an marktübliche Ursprungslaufzeiten bei Emission abgegrenzt, wobei die Grenzen jeweils an den Mittelpunkt zwischen den üblichen Laufzeiten von 5 Jahren, 10 Jahren und 30 Jahren orientiert wurde. Bei der Eingruppierung der Zinsderivate wird auf die **tatsächlich verbleibende Zinsbindungsfrist** abgestellt. In den jeweiligen Laufzeitbändern werden die Derivate mit ihrem Basiswertäquivalent erfasst. 178

In § 20 II DerivateV wird erläutert, wie die Zinsderivate in die Basiswertäquivalente umzurechnen sind (s. auch die Beispielrechnung bei EDD/*Braus/Zinken* § 197 Rn. 141 ff.). Für die Berechnung der Basiswertäquivalente wird **auf die Duration zurückgegriffen,** um die Basiswertäquivalente des jeweiligen Zinsderivats zu berechnen. Hierbei wird sowohl die Duration des Zinsderivats herangezogen als auch die Duration des jeweiligen Investmentvermögens. 179

Die finanzmathematische Kennziffer der **Duration ist ein Maß für die Zinssensitivität** eines Instruments und damit auch seines Zinsänderungsrisikos. Eine einheitliche Definition existiert nicht, aber im Wesentlichen beschreibt die Duration die **mittlere Kapitalbindungsdauer** (also wann ein Anleger im Durchschnitt Zahlungen unter dem betreffenden Finanzinstrument erhält). 180

Da bei der Ermittlung des Basiswertäquivalents ein Quotient aus der Duration der Derivateposition und der Zielduration des Investmentvermögens herangezogen wird, ist die **KVG frei** in ihrer Entscheidung, **welchen Durationsbegriff** sie verwenden will. Im Zuge der Berechnung wird eine Relation der beiden Duration-Werte verwendet, so dass die Skalierung untergeordnete Bedeutung hat. 181

Das Basiswertäquivalent wird nach den Erläuterungen der BaFin zur DerivateV wie folgt berechnet:

Basiswertäquivalent = × Marktwert (Basiswert)
wobei Duration (FDI)
die Duration, dh die Zinssensitivität, des Zinsderivates darstellt
und Duration (Ziel)
die Zielduration des Investmentvermögens meint.

Die **Zielduration** des Investmentvermögens ist bereits im Rahmen der Erstellung des Risikoprofils des Investmentvermögens zu ermitteln und festzusetzen, so dass es zur Bestimmung der Anlageentscheidungen herangezogen werden kann. Die **tatsächliche Duration** des Investmentvermögens (die Zinssensitivität des Investmentvermögens als gewichteter Durchschnitt) soll regelmäßig mit der geplanten Zielduration übereinstimmen. Sollte es unter Stressbedingungen zu Abweichungen kommen, ist die Zusammensetzung des Investmentvermögens wieder anzupassen. 182

183 Marktwert (Basiswert) ist der Marktwert des zugrundeliegenden Basiswertes. Das berechnete Basiswertäquivalent entspricht dann dem Betrag, der zu einer entsprechenden direkten Investition in ein **Kassainstrument** aufgewendet werden müsste, um das **gleiche Risikoprofil** zu erzielen.

184 Nach **§ 20 III DerivateV** werden zunächst innerhalb jedes Laufzeitbandes Long- und Short-Positionen miteinander verrechnet. Marktgegenläufige Positionen, dh in diesem Fall Derivate mit einer gegenläufigen Zinsbindungsrichtung, weisen hierzu wieder negative Werte auf. Die Summe ergibt somit den verrechneten **Restwert,** dh die **„offene Bandposition".**

185 Anschließend können nach **§ 20 IV DerivateV** die offenen Bandpositionen zwischen zwei jeweils direkt aneinander angrenzenden Laufzeitbändern verrechnet werden, dh die offenen Bandpositionen zwischen Laufzeitband 1 und 2, 2 und 3 sowie 3 und 4. Der sich jeweils ergebende Restwert wird als **„offene Position zweier angrenzender Bänder"** bezeichnet.

186 Im letzten Ausgleichsschritt gem. **§ 20 V DerivateV** können nun die noch offenen Positionen zweier angrenzender Bänder wiederum verrechnet werden, dh die Positionen aus Band 1 und 3 sowie die Positionen aus Band 2 und 4.

187 Im Anschluss findet die **finale Berechnung** des tatsächlichen Anrechnungsbetrags statt. Hierzu wird die Summe der absoluten Werte der verbleibenden offenen Positionen sowie die ausgeglichenen Positionen – jedoch nicht vollständig – einbezogen. Die Gewichtungsfaktoren für die ausgeglichenen Positionen basieren auf den Korrelationen zwischen den Laufzeitbändern. Die Gewichtungsfaktoren steigen mit den Laufzeitunterschieden, da der tatsächliche Absicherungscharakter abnimmt.

Ausgeglichene Positionen zweier nicht angrenzender Bänder	75%
Ausgeglichene Positionen zweier angrenzender Bänder	40%

18. § 21 DerivateV.

§ 21 Wiederanlage von Sicherheiten

(1) [1]Die Anlage von Sicherheiten im Rahmen von Derivaten, von Wertpapier-Darlehen nach den §§ 200 bis 202 des Kapitalanlagegesetzbuches und von Pensionsgeschäften nach § 203 des Kapitalanlagegesetzbuches muss bei der Ermittlung des Anrechnungsbetrags für das Marktrisiko nach § 16 Absatz 3 mit den zugehörigen Anrechnungsbeträgen einbezogen werden. [2]Ausgenommen hiervon ist die Anlage in risikolose Mittel.

(2) Der zugehörige Anrechnungsbetrag entspricht bei Sicherheiten in Form von Bankguthaben dem Betrag der Sicherheiten oder bei Sicherheiten in Form von anderen Vermögensgegenständen dem Marktwert.

(3) Die Absätze 1 und 2 gelten für die Nutzung von Sicherheiten zu zusätzlichen Pensionsgeschäften entsprechend.

(4) In Pension genommene Wertpapiere oder empfangene Beträge nach § 203 des Kapitalanlagegesetzbuches gelten als Sicherheiten im Sinne der Absätze 1 bis 3.

188 § 21 DerivateV legt fest, dass bei der Ermittlung des Anrechnungsbetrags für das Marktrisiko **Sicherheiten** des Investmentvermögens, die wieder angelegt werden, **berücksichtig werden müssen.** Die Regelung betrifft Sicherheiten, die im Rahmen von Derivaten, Wertpapier-Darlehen und Pensionsgeschäften gestellt wurden. § 21 DerivateV wurde im Zuge der Umsetzung des Art. 41 IV Zweite Durchführungs-RL sowie Box 9 der CESR-Risiko-Leitlinien eingefügt.

189 Werden **Barsicherheiten** wieder angelegt, so kann dadurch ein Hebeleffekt bzw. zusätzliches Marktrisiko entstehen. Insofern ist dieses Risiko auch bei der Ermittlung des Anrechnungsbetrages für das Marktrisiko nach § 16 DerivateV zu berücksichtigen. Eine Ausnahme besteht jedoch für die Anlage der Sicherheiten **in risikolose Mittel.** Hieraus wird kein zusätzliches Risiko generiert, da es sich um liquide Anlagen handelt, die einen risikolosen Ertrag liefern. Nach Ansicht der BaFin kommen hierfür kurzfristige (Restlaufzeit bis zu 3 Monaten) erstklassige Staatsanleihen in Betracht (BaFin Erläuterungen zu § 21 I DerivateV).

190 Nach § 200 II, III wird die Wiederanlage von Sicherheiten im Rahmen von Wertpapierdarlehen bereits beschränkt. Weitere Beschränkungen für die Verwendung von Sicherheiten sind in § 27 DerivateV vorgesehen. Wird im Rahmen der nach **§ 27 VIII 2 Nr. 2 DerivateV** zulässigen Wiederanlage von Barsicherheiten dennoch ein über einen risikofreien Ertrag hinausgehender Ertrag erzielt, sind auch diese Sicherheiten bei der Ermittlung des Anrechnungsbetrags für das Marktrisiko einzubeziehen. Spezial-AIF können mit Zustimmung der Anleger Barmittel ohne die Beschränkungen des § 27 VIII DerivateV reinvestieren. Ist dies der Fall, so kommt der Anwendung von § 21 DerivateV eine besondere Bedeutung zu (sofern die DerivateV auf Spezial-AIF Anwendung findet, vgl. § 1 II DerivateV).

191 **§ 21 II DerivateV** konkretisiert den Anrechnungsbetrag. Dieser ergibt sich als tatsächlicher Wert der Sicherheiten, dh als entsprechender Betrag bei Bankguthaben oder als Marktwert bei sonstigen Vermögensgegenständen. Die sonstigen Vorschriften des KAGB und der DerivateV bleiben unberührt, dh es sind weiterhin nur Sicherheiten nach **§ 200 DerivateV bzw. § 27 VII DerivateV zulässig.**

192 **§ 21 III, IV DerivateV** regeln die besonderen Risiken, die mit Pensionsgeschäften verbunden sind. Werden Sicherheiten, die im Rahmen von Pensionsgeschäften gestellt wurden, zum Eingehen weiterer Pensionsgeschäfte verwendet, so gilt dies als eine nicht risikolose Anlage und die Sicherheiten sind entsprechend anzurechnen. In Pension genommene Wertpapiere bzw. empfangene Beträge im Zuge von Pensionsgeschäften gelten als Absicherung des Geschäftes und werden iSd § 21 DerivateV ebenfalls als Sicherheiten behandelt.

19. § 22 DerivateV.

§ 22 Ermittlung des Anrechnungsbetrags für strukturierte Investmentvermögen

Der Anrechnungsbetrag für das Marktrisiko für strukturierte Investmentvermögen kann alternativ für die einzelnen Auszahlungsprofile getrennt ermittelt werden, sofern

1. *das Investmentvermögen passiv und entsprechend einer festgelegten Auszahlung nach Ablauf der Dauer des Investmentvermögens verwaltet wird und die Investitionen des Investmentvermögens der Sicherstellung der festgelegten Auszahlungen dienen,*
2. *die festgelegte Auszahlung in eine begrenzte Anzahl voneinander getrennter Szenarien unterteilt ist, die sich nach der Wertentwicklung der Basisinstrumente bestimmen und zu unterschiedlichen Auszahlungsprofilen führen,*
3. *während der Laufzeit des Investmentvermögens zu jedem Zeitpunkt nur ein Auszahlungsprofil relevant sein kann,*
4. *die gemäß § 5 Absatz 2 gewählte Methode angemessen ist und keine wesentlichen Risiken unberücksichtigt bleiben,*
5. *das Investmentvermögen eine begrenzte Dauer von höchstens neun Jahren hat,*
6. *nach einem anfänglichen Vertriebszeitraum keine weiteren Anteile des Investmentvermögens ausgegeben werden,*
7. *der maximale Verlust, der durch den Wechsel zwischen Auszahlungsprofilen entsteht, auf 100 Prozent des ersten Ausgabepreises begrenzt ist und*

8. der Einfluss der Wertentwicklung eines Basisinstruments auf das Auszahlungsprofil bei einem Wechsel zwischen Szenarien die jeweiligen Anlagegrenzen nach den §§ 206 und 207 des Kapitalanlagegesetzbuches bezogen auf den anfänglichen Wert des Investmentvermögens nicht übersteigt.

193 § 22 DerivateV sieht für bestimmte strukturierte Investmentvermögen zur Berechnung des Marktrisikos eine **modifizierte Version des einfachen Ansatzes** vor. Für Investmentvermögen, welche formelbasiert sind, bei denen ein festgelegtes Auszahlungsprofil in mehrere Szenarien unterteilt werden kann und die definierte Auszahlung zu einem festgelegten Zeitpunkt erfolgt (sog. strukturierte Investmentvermögen) kann im Rahmen des einfachen Ansatzes eine weitere mögliche Berechnungsmethode genutzt werden. Die Regelung setzt die Vorgaben der ESMA-Risiko-Leitlinien um.

194 Bei dieser Berechnungsmethode wird unterstellt, dass je Szenario unterschiedliche, **vorhersagbare Allokationsentscheidungen** getroffen werden, so dass ein Anrechnungsbetrag je Szenario ex ante zutreffend ermittelt werden kann. Damit sich die Szenarien anhand der möglichen Auszahlung zum Fälligkeitszeitpunkt definieren lassen, muss das Investmentvermögen **weitestgehend passiv** zur Erzielung des festgelegten Auszahlungsprofils verwaltet werden.

195 Ein solch strukturiertes Investmentvermögen könnte bspw. auf einem Index basieren bzw. in ein Derivat investieren, welches von einem Index abgeleitet ist. Die definierte Auszahlung bei Laufzeitende des Investmentvermögens bestimmt sich anhand der Wertentwicklung dieses Indexes, zB steigt der Index um X % ist die Auszahlung am Laufzeitende Y, ansonsten Z. Insofern ergeben sich zwei Szenarien für dieses strukturierte Investmentvermögen.

196 Die Bestimmungen des einfachen Ansatzes **sind auf jedes einzelne Szenario** anzuwenden. Zu jedem Zeitpunkt darf nur ein Szenario relevant sein. Damit die Anwendung des einfachen Ansatzes möglich ist, dürfen in den einzelnen Szenarien **keine komplexen Strategien** oder komplexe Derivate eingesetzt werden bzw. nur zu einem vernachlässigbaren Anteil. Die Berechnung des Anrechnungsbetrages erfolgt dabei nach den Bestimmungen in § 16 DerivateV, jedoch für jedes Szenario separat. Ebenso ist die Begrenzung in § 15 DerivateV (Anrechnungsbetrag für das Marktrisiko kleiner als dWd Investmentvermögens) für jedes einzelne Szenario einzuhalten.

197 Auch wenn das Investmentvermögen passiv verwaltet sein muss, ist eine Steuerung der Vertragsbeziehungen zulässig, wie zB der Wechsel des Kontrahenten, die Verwaltung der Sicherheiten oder die Anpassung eines Derivates zur Berücksichtigung von Anteilsausgaben und -rücknahmen. **CPPI** („Constant Proportion Portfolio Insurance")-Strategien erfüllen die Voraussetzung der passiven Verwaltung jedoch **nicht.** Es handelt sich dabei um eine dynamische Portfoliostrategie, bei der während der gesamten Laufzeit des Investments Umschichtungen zwischen risikobehafteten Finanzanlagen (zB Aktien) und risikolosen Festzinsinvestments vorgenommen werden.

198 Eine weitere Voraussetzung für die Nutzung der in § 22 DerivateV alternativen Methode ist, dass nach einer anfänglichen **Ausgabe- und Vertriebsperiode,** die regelmäßig nicht länger als **drei bis sechs Monate** andauern sollte, keine weiteren Anteilsausgaben vorgenommen werden dürfen. Da Anleger, die vor Laufzeitende des Investmentvermögens ihre Anteile zum aktuellen Anteilspreis zurückgeben, nicht von dem definierten Auszahlungsprofil zum Laufzeitende profitieren, wird zudem die **Laufzeit** des Investmentvermögens auf **höchstens neun Jahre** ab dem Ende der Vertriebsperiode festgelegt.

Sofern das Auszahlungsprofil darauf ausgelegt ist, die Wertentwicklung eines Indexes über das Zweifache hinaus abzubilden, werden die Anforderung an die Begrenzung gem. § 15 DerivateV nicht erfüllt. Zudem kann auf Grund der erhöhten Komplexität bei einer zu hohen Anzahl der Szenarien nicht mehr von der Angemessenheit der Methode ausgegangen werden. 199

Eine weitere Voraussetzung ist die **Begrenzung des maximalen Verlustes** bezüglich der möglichen Auszahlung zwischen den Szenarien (dh bei Erreichen einer bestimmten Schwelle) auf 100% des anfänglichen Anteilswertes. Dazu soll das folgende Beispiel gegeben werden: Das Auszahlungsprofil eines Investmentvermögens wird anhand eines Indizes definiert und der anfängliche Anteilwert liegt bei 100. Das Auszahlungsprofil besteht aus zwei Szenarien: Szenario 1, wonach bei Verlust des Indizes von 60% die Auszahlung gleich der Indexperformance ist, und Szenario 2, wonach im Übrigen die Auszahlung gleich dem anfänglichen Wert von 100 zuzüglich 50 (= 150) ist. Bei dieser Ausgestaltung wird die vorgenannte Voraussetzung nicht erfüllt. Bei Erreichen der Schwelle liegt die Performance des Indizes bei –60%, damit beträgt der Verlust durch den Wechsel zwischen den Szenarien 110 (Auszahlungsbetrag 150 bei Szenario 2 – Auszahlungsbetrag 40 bei Szenario 1 = 110) und somit höher als der anfängliche Wert von 100. 200

Zudem darf bei dem **Wechsel zwischen den Szenarien** ein einzelnes Basisinstrument keinen weitergehenden Einfluss auf das Auszahlungsprofil erhalten als dies durch § 23 DerivateV iVm den §§ 206ff. KAGB zulässig wäre. Auch diese Beschränkung wird anhand eines Beispiels gezeigt: Das Auszahlungsprofil des Investmentvermögens wird anhand eines gleichgewichteten Korbes bestehend aus 20 Aktien definiert und der anfängliche Anteilswert liegt bei 100. Das Auszahlungsprofil teilt sich wiederum in zwei Szenarien ein: Szenario 1, wonach bei negativer Wertentwicklung von mindestens zwei Aktien die Auszahlung gleich dem anfänglichen Wert von 100 ist, und ein Szenario 2, wonach im Übrigen die Auszahlung gleich dem anfänglichen Wert von 100 zuzüglich 30 (= 130) ist. Diese Ausgestaltung erfüllt die Voraussetzungen nicht, denn bereits die Wertänderungen von zwei Aktien führt zu einem Wechsel zwischen den Szenarien und damit einer Änderung im Wert des Auszahlungsprofils von 30 (Auszahlungsbetrag 130 bei Szenario 2 – Auszahlungsbetrag 100 bei Szenario 1 = 30), womit die Ausstellergrenzen des § 206 (maximal 10% dWd Investmentvermögens pro Wertpapier) nicht eingehalten werden. 201

20. §§ 23, 24 DerivateV.

Abschnitt 3 Kreditrisiko und Liquiditätsrisiko

Unterabschnitt 1 Emittentenrisiko

§ 23 Grundsatz

(1) Bei der Berechnung der Auslastung der Anlagegrenzen nach den §§ 206 und 207 des Kapitalanlagegesetzbuches (Ausstellergrenzen) sind Derivate sowie derivative Komponenten, die von Wertpapieren, Geldmarktinstrumenten oder Investmentanteilen gemäß § 196 des Kapitalanlagegesetzbuches abgeleitet sind, einzubeziehen.

(2) Bei Pensionsgeschäften sind alle Vermögensgegenstände, die Gegenstand des Pensionsgeschäftes sind, in die Ausstellergrenzen einzubeziehen.

§ 24 Anwendung des einfachen Ansatzes

(1) [1]Für die Berechnung der Ausstellergrenzen nach § 23 Absatz 1 ist grundsätzlich der einfache Ansatz nach § 16 anzuwenden. [2]Dazu sind für die Derivate und derivativen Komponenten im Sinne des § 23 Absatz 1 die Anrechnungsbeträge für das Marktrisiko gemäß § 16 dem Aussteller des jeweiligen Basiswertes zuzurechnen. [3]Sind die Voraussetzungen des § 19 Absatz 1 Satz 5 Nummer 1 bis 3, 4 Buchstabe a erfüllt, können Derivate, deren Wertentwicklung entgegengesetzt zu der Wertentwicklung des Basiswertes verläuft, entsprechend verrechnet werden.

(2) [1]Die Kapitalverwaltungsgesellschaft darf bei offenen inländischen Spezial-AIF mit festen Anlagebedingungen unter den Voraussetzungen des § 284 Absatz 2 des Kapitalanlagegesetzbuches bei der Berechnung nach § 23 Absatz 1 unberücksichtigt lassen:
1. *Credit Default Swaps, sofern sie ausschließlich und nachvollziehbar der Absicherung des Kreditrisikos von genau zuordenbaren Vermögensgegenständen des Investmentvermögens dienen, und*
2. *die Vermögensgegenstände, denen die Credit Default Swaps nach Nummer 1 direkt zugeordnet sind.*

[2]Sichert ein Kreditderivat nur einen Teil des Kreditrisikos des zugeordneten Vermögensgegenstandes ab, so ist der verbleibende Teil in die Berechnung der Auslastung der Ausstellergrenzen einzubeziehen.

(3) [1]Die Ausstellergrenzen müssen nach Anrechnung und Verrechnung der Derivate eingehalten werden, so dass das tatsächliche Exposure des Investmentvermögens gemäß den Ausstellergrenzen diversifiziert ist. [2]Unabhängig von Verrechnungen müssen beim Einsatz von Total Return Swaps oder Derivaten mit ähnlichen Eigenschaften, die das tatsächliche Exposure des Investmentvermögens überwiegend beeinflussen, zusätzlich sowohl die direkt von dem Investmentvermögen gehaltenen Vermögensgegenstände (Grundinvestment) als auch die Basiswerte der Derivate den Ausstellergrenzen entsprechen.

202 **§ 23 DerivateV** spezifiziert, wie die Auslastung der Ausstellergrenzen nach den §§ 206, 207 zu berechnen ist und **ergänzt somit die Vorschriften des KAGB** hinsichtlich ihrer Anwendung im Risikomanagement. Bei der Berechnung der Anlagegrenzen sind Derivate sowie derivative Komponenten, die von Wertpapieren, Geldmarktinstrumenten oder Investmentanteilen abgeleitet sind, mit einzubeziehen.

203 Grundsätzlich sind derivative Komponenten wie Derivate zu behandeln. Insofern ist zB ein strukturiertes Produkt mit derivativer Komponente sowohl mit dem **Anrechnungsbetrag des Emittenten** des Produktes sowie mit dem **Anrechnungsbetrag des Emittenten des Basiswertes** im Rahmen der Ausstellergrenzen zu berücksichtigen. Die folgenden Beispiele sollen dies näher erläutern: Ein Single-Stock-Future enthält Emittentenrisiken in Bezug auf die dem Future zugrundeliegende Aktie bzw. dessen Emittenten, die im Wesentlichen dem Emittentenrisiko bei Investition in eine Aktie entspricht. Zusätzlich besteht ein Emittentenrisiko im Hinblick auf die Gegenpartei des Futures.

204 Eine **Ausnahme** ergibt sich, sofern es sich bei dem Basiswert um einen **zulässigen Finanzindex** iSv Art. 9 Erste Durchführungs-RL handelt. In diesem Fall wird eine ausreichende Risikomischung angenommen und keine Durchschau auf die zugrundeliegenden Basiswerte vorgenommen. Die einzelnen Indexkomponenten sind daher nicht auf die Ausstellergrenzen anzurechnen; vgl. die Ausführungen in → § 209 Rn. 75 ff.

205 Nach § 203 S. 4 sind Wertpapiere, die in Pension genommen werden, auf die Anlagegrenzen anzurechnen. In **§ 23 II DerivateV** wird zusätzlich klargestellt, dass auch die andere Seite des Pensionsgeschäfts, dh **die herausgegebenen Ver-**

mögensgegenstände, den Ausstellergrenzen entsprechen muss. Das Investmentvermögen ist den Risiken dieser Vermögensgegenstände weiterhin ausgesetzt.

Für die Ermittlung des Emittentenrisikos von Derivaten und derivativen Komponenten, das in die Berechnung der Ausstellergrenzen des KAGB einbezogen werden muss, hat die Berechnung gem. § 24 I DerivateV iSd **einfachen Ansatzes** zu erfolgen. Die gilt auch dann, wenn für das Investmentvermögen gem. § 5 DerivateV der qualifizierte Ansatz zur Marktpreisrisikobegrenzung eingesetzt wird. Selbst wenn die gesamte Risikomessung für die Investmentvermögen VaR-basiert erfolgt, muss die KVG den Anrechnungsbetrag für das Emittentenrisiko nach dem einfachen Ansatz berechnen. 206

§ 24 I DerivateV bestimmt des Weiteren, dass für die relevanten Derivate und derivativen Komponenten die Anrechnungsbeträge für das Marktrisiko gem. § 16 DerivateV **dem Aussteller des jeweiligen Basiswertes** zuzurechnen ist. Das Marktrisiko berechnet sich nach dem Marktwert einer gleichwertigen Position im Basiswert des jeweiligen Derivates. Auf diese Weise wird eine Vergleichbarkeit zwischen Derivaten und Basiswerten bei der Anrechnung hergestellt. Als relevante Derivate kommen Derivate, die sich von Wertpapieren und Geldmarktpapieren ableiten, in Betracht. 207

Obgleich § 24 DerivateV **uneingeschränkt auf § 23 DerivateV** verweist, ergibt sich aus § 5 III DerivateV nach Auffassung der BaFin (vgl. BaFin-Erläuterungen zur Derivateverordnung in der Fassung v. 22.7.2013), dass für Derivate auf Investmentanteile gem. § 196 die Ermittlung des Anrechnungsbetrages für das Marktrisiko nach dem einfachen Ansatz grundsätzlich unzulässig ist. Zur Anrechnung auf die Ausstellergrenzen **kann der einfache Ansatz jedoch herangezogen werden.** Derivate, die von Investmentanteilen iSd § 196 abgeleitet sind, sind bei der Berechnung der Ausstellergrenzen nach § 207 somit zu berücksichtigen. Enthalten solche Zielfonds gem. § 196 ihrerseits Derivate, ist eine weitere „Durchrechnung" dieser Derivate auf § 206 nicht erforderlich. 208

Auch bei komplexen Derivaten, die nach § 5 III DerivateV nur limitiert im einfachen Ansatz zur Berechnung des Marktrisikos eingesetzt werden können, ist für die Zwecke der Berechnung des Emittentenrisikos der einfache Ansatz heranzuziehen. Dabei kann **entsprechend § 16 IX DerivateV** in der Regel der potenzielle maximale Verlust als Anrechnungsbetrag zugrunde gelegt werden. Diese Möglichkeit ergibt sich direkt aus der Erläuterung zu **Box 27 Punkt 5 der CESR-Risiko-Leitlinien:** Sofern der einfache Ansatz keine verlässlichen Werte liefert oder aber der Wert des potenziellen maximalen Verlusts eine konservativere Schätzung der Kreditrisiken darstellt, soll dieser im Rahmen der Steuerung der Emittentenrisiken eingesetzt werden. 209

Die CESR-Risiko-Leitlinien beziehen keine Stellung zur Möglichkeit der **Verrechnung von marktkonformen und marktgegenläufigen Derivatepositionen,** deren Basiswerte denselben Aussteller haben. Insofern erlaubt die Regelung des § 24 DerivateV weiterhin die Verrechnung der entsprechenden positiven und negativen Anrechnungsbeträge. Somit kann sich auch hinsichtlich des Emittentenrisikos der Anrechnungsbetrag der jeweiligen Derivate reduzieren, soweit die Voraussetzungen des § 19 I Nr. 1–3, 4 Buchst. a DerivateV erfüllt sind. 210

Folglich (i) muss das derivative Geschäft der Absicherung dienen, (ii) dürfen die Verrechnung wesentliche Risiken nicht vernachlässigt werden, (iii) muss der Anrechnungsbetrag des Derivats äquivalent zum Basiswert sein und (iv) müssen sich die zu verrechnenden Derivate auf die gleichen Basiswerte beziehen. Die Voraussetzung des **§ 19 I Nr. 4 Buchst. b DerivateV** wird hingegen folgerichtig **nicht** 211 genannt, da gegenläufige Derivate auf ungleiche Basiswerte zwar der Reduzierung des Marktrisikos dienen können, nicht jedoch iSd Ausstellergrenzen nach §§ 206ff. zur Reduzierung des Emittentenrisikos führen.

212 Gemäß **§ 19 I Nr. 2 DerivateV** darf es nicht zu einer Verrechnung kommen, wenn durch den Kompensationseffekt bestimmte Risiken im Anrechnungsbetrag für das Emittentenrisiko keine Berücksichtigung finden würden. Die Frage, ob der Anrechnungsbetrag für das Emittentenrisiko im Falle der Aufrechnung alle Risiken ausreichend repräsentiert, wird jedoch nicht generell verneint, sondern ihre Beantwortung **in die Verantwortung der KVG gestellt.** Der nach Verrechnung resultierende Betrag ist dann entsprechend § 19 DerivateV wieder als absoluter Wert in die Grenzen der §§ 206ff. einzubeziehen.

213 Marktgegenläufige Derivatpositionen, denen keine entsprechende positive Derivateposition nach § 19 I Nr. 1–4 Buchst. a DerivateV zugeordnet werden kann, sind als absolute Werte bei der Berechnung der Ausstellergrenzen der §§ 206, 207 zu berücksichtigen. Hintergrund dieser Regelung ist die Abhängigkeit des Marktwerts des Basiswerts auch von emittentenspezifischen Faktoren. Steigt also die Bonität des Emittenten, kann der Wert des marktgegenläufigen Derivats sinken. Auch diesem Effekt kann so durch die Streuungsvorschriften der §§ 206, 207 Rechnung getragen werden.

214 **§ 24 II DerivateV** regelt als Sonderfall (für offene inländische Spezial-AIF mit festen Anlagebedingungen) die Einbeziehung von **Kreditderivaten** bei der Berechnung der Ausstellergrenzen des KAGB. Hiernach darf die Anrechnung der Credit Default Swaps iSd § 16 VII Nr. 7 DerivateV auf die Ausstellergrenzen des KAGB unterbleiben. Dies rechtfertigt sich daraus, dass unter dem einfachen Ansatz nur Credit Defaults Swaps zugelassen werden, die ausschließlich der Absicherung dienen und eine direkte und nachweisbare Absicherungswirkung bezüglich eines bestimmten Vermögensgegenstandes begründen. Die Anrechnung des abgesicherten Vermögensgegenstandes auf die Ausstellergrenzen des KAGB darf ebenfalls unterbleiben, soweit der Credit Default Swaps das Kreditrisiko des Vermögensgegenstandes nachweisbar absichert.

215 **§ 24 III DerivateV** setzt Nr. 36 und 37 der ESMA-ETF-Leitlinien um. Die Ausstellergrenzen müssen nach Anrechnung und Verrechnung der Derivate eingehalten werden, so dass das tatsächliche Exposure des Investmentvermögens gem. den Ausstellergrenzen der §§ 206ff. diversifiziert ist. Unabhängig von Verrechnungen müssen beim Einsatz von **Total Return Swaps** oder Derivaten mit ähnlichen Eigenschaften, die das tatsächliche Exposure des Investmentvermögens überwiegend beeinflussen, sowohl die direkt von dem Investmentvermögen gehaltenen Vermögensgegenstände (Grundinvestment) als auch die Basiswerte der Derivate bei der Berechnung der Ausstellergrenzen einbezogen werden **(§ 24 III 2 DerivateV).** Ein überwiegender Einfluss kann bei einer Grenze von 50% angenommen werden (BaFin Erläuterungen zu § 24 III DerivateV).

216 Wenn es zu einem **vollständigen Tausch** kommt, kann von einer Kombination abgesehen werden. In diesem Fall ist das finale Exposure des Investmentvermögens vollständig durch das „hineingetauschte" Portfolio bestimmt. Dieses muss folglich der Diversifikation gem. §§ 206ff. entsprechen. Auch wenn das „herausgetauschte" Portfolio nicht direkt die Wertentwicklung bestimmt, sind hierfür dennoch separat die Anlagegrenzen zu berücksichtigen (BaFin Erläuterungen zu § 24 III DerivateV). Diese Klarstellung ergibt sich aus **§ 24 III 2 DerivateV.** Unabhängig von der Anrechnung von Derivaten bzw. der Kombination der Derivate mit den physisch gehaltenen Vermögensgegenständen, müssen die Vermögensgegenstände, in die das Investmentvermögen **direkt investiert,** die **Anlagegrenzen einhalten** (BaFin Erläuterungen zu § 24 III DerivateV).

21. §§ 25, 26 DerivateV.

Unterabschnitt 2 Liquiditätsrisiko und Kontrahentenrisiko

§ 25 Abschluss und Bewertung eines OTC-Derivates

(1) Derivate, die nicht zum Handel an einer Börse zugelassen oder in einen anderen organisierten Markt einbezogen sind (OTC-Derivate), darf die Kapitalverwaltungsgesellschaft nur mit geeigneten Kreditinstituten, Wertpapierinstituten oder Finanzdienstleistungsinstituten auf der Grundlage standardisierter Rahmenverträge abschließen.

(2) [1]Die Kapitalverwaltungsgesellschaft hat eine transparente und faire Bewertung der OTC-Derivate auf täglicher Basis sicherzustellen. [2]Die Bewertung muss den Risiken der OTC-Derivate sowie der Art und Komplexität der OTC-Derivate Rechnung tragen und die Vorgaben der §§ 24 und 26 der Kapitalanlage-Rechnungslegungs- und Bewertungsverordnung erfüllen. [3]Sehen Verfahren für die Bewertung von OTC-Derivaten vor, dass Dritte bestimmte Aufgaben durchführen, müssen die Anforderungen des § 36 des Kapitalanlagegesetzbuches erfüllt werden. [4]Die Risikocontrollingfunktion nach § 29 Absatz 1 des Kapitalanlagegesetzbuches ist bei der Bewertung von OTC-Derivaten angemessen zu beteiligen. [5]Die OTC-Derivate müssen jederzeit zu einem angemessenen Zeitwert veräußert, liquidiert oder durch ein Gegengeschäft glattgestellt werden können.

§ 26 Kündbarkeit von Wertpapier-Darlehen und Pensionsgeschäften

(1) [1]Die Kapitalverwaltungsgesellschaft muss berechtigt sein, jederzeit ein Wertpapier-Darlehen zu kündigen und zu beenden. [2]Alle im Rahmen des Wertpapier-Darlehens übertragenen Wertpapiere müssen jederzeit zurückübertragen werden können.

(2) Die Kapitalverwaltungsgesellschaft muss berechtigt sein, jederzeit
1. ein Pensionsgeschäft zu kündigen und zu beenden,
2. bei einem einfachen Pensionsgeschäft (Repo-Geschäft) die zugrunde liegenden Wertpapiere zurückzufordern und
3. bei einem umgekehrten Pensionsgeschäft (Reverse-Repo-Geschäft)
   a) den vollen Geldbetrag zurückzufordern oder
   b) den angelaufenen Geldbetrag in Höhe des Marktwertes des Reverse-Repo-Geschäftes zurückzufordern; anzusetzen ist der Marktwert des Reverse-Repo-Geschäftes bei der Bewertung des Nettoinventarwertes des Investmentvermögens.

(3) Pensionsgeschäfte mit einer Laufzeit von bis zu einer Woche gelten als Geschäfte, bei denen der volle Geldbetrag oder die zugrunde liegenden Wertpapiere jederzeit zurückgefordert werden können.

(4) [1]Eine AIF-Kapitalverwaltungsgesellschaft darf bei Sonstigen Investmentvermögen unter den Voraussetzungen des § 221 Absatz 7 des Kapitalanlagegesetzbuches von den Absätzen 1 und 2 abweichen. [2]Eine AIF-Kapitalverwaltungsgesellschaft kann bei Spezial-AIF mit festen Anlagebedingungen unter den Voraussetzungen des § 284 Absatz 2 des Kapitalanlagegesetzbuches von den Absätzen 1 und 2 abweichen.

(5) [1]Wertpapier-Darlehen und Pensionsgeschäfte sind im Rahmen des Liquiditätsrisikomanagementprozesses zu berücksichtigen. [2]Es ist sicherzustellen, dass den Rücknahmeverpflichtungen, die durch Wertpapier-Darlehen und Pensionsgeschäfte auftreten können, nachgekommen werden kann.

§ 25 DerivateV legt fest, unter welchen Voraussetzungen eine KVG Derivate, die **217**
nicht an einer Börse zugelassen oder in einen organisierten Markt einbezogen sind (OTC-Geschäfte), für ein Investmentvermögen erwerben darf. OTC-Geschäfte

sind nur auf Grund **standardisierter Rahmenverträge** und nur mit einem geeignetem KI, Wertpapierinstituten oder Finanzdienstleistungsinstitut als Vertragspartner zulässig. Von einer Eignung des Vertragspartners im Sinne der Vorschrift kann nach wie vor dann ausgegangen werden, wenn er bezüglich des spezifischen Derivats ein **anerkannter Marktpartner** ist (BaFin Erläuterungen zu § 25 I DerivateV).

218 **§ 25 II DerivateV** wurde im Zuge der Umsetzung von Art. 44 Zweite Durchführungs-RL angepasst. Die KVG hat eine transparente und faire **Bewertung** der OTC-Derivate auf **täglicher Basis** sicherzustellen. Die Bewertung muss den Risiken der OTC-Derivate sowie der Art und Komplexität der OTC-Derivate Rechnung tragen und laut § 25 II 2 DerivateV die Vorgaben der §§ 24, 26 KARBV erfüllen. Es handelt sich hierbei wohl um ein redaktionelles Versehen. Sinn ergibt ein Verweis auf die §§ 26, 28 KARBV.

219 Das **Risikocontrolling** ist angemessen bei der Bewertung von OTC-Derivaten zu beteiligen. Die Zusammenarbeit von bewertenden Stellen und Risikocontrolling ist auch notwendig, um Konsistenz zwischen Bewertungsmodellen und Risikomodellen, insb. bezüglich OTC-Derivaten, aber auch bei der Bewertung strukturierter oder illiquider Produkte sicherzustellen (BaFin Erläuterungen zu § 25 II DerivateV). Das Risikocontrolling überprüft zumindest die Bewertungsmodelle und -verfahren und die Bewertung der OTC-Derivate.

220 **§ 26 I DerivateV** regelt, dass Wertpapier-Darlehen durch die KVG **jederzeit kündbar** sein müssen und die Wertpapiere damit **jederzeit zurückgefordert** werden können. Ein Wertpapier-Darlehen kann damit nicht mehr für eine bestimmte Zeit abgeschlossen werden, da ansonsten die jederzeitige Kündbarkeit nicht gewährleistet ist. Die Rückgabe muss innerhalb der üblichen Abwicklungszeit erfolgen. Hintergrund ist die **Sicherstellung der täglichen Liquidität** des Investmentvermögens und die Dispositionsmöglichkeit über die verliehenen Wertpapiere. Bei fehlender Dispositionsmöglichkeit wäre das Investmentvermögen andernfalls den Marktrisiken der Wertpapiere ausgesetzt, ohne auf Änderungen in der Wertentwicklung durch Veräußerung reagieren zu können (BaFin Erläuterungen zu § 26 I DerivateV). Es gelten die marktüblichen Abwicklungsfristen für die Rückübertragung der Wertpapiere.

221 Die KVG muss berechtigt sein, jederzeit ein **Pensionsgeschäft zu kündigen** und zu beenden und bei einem einfachen Pensionsgeschäft (Repo-Geschäft) die zugrundeliegenden Wertpapiere zurückzufordern sowie bei einem umgekehrten Pensionsgeschäft (Reverse-Repo-Geschäft) den vollen Geldbetrag oder den Mark-to-Market-Wert zurückzufordern. Kann der Geldbetrag jederzeit zu einem Mark-to-Market-Wert zurückgefordert werden, sollte der Mark-to-Market-Wert des Reverse-Repo-Geschäfts zur Berechnung des Nettoinventarwerts des OGAW herangezogen werden.

222 **Umgekehrte Pensionsgeschäfte** sind im Gegensatz zu Wertpapier-Darlehen weiterhin auch „fix-term" möglich und müssen nicht zwangsläufig „overnight" abgeschlossen werden. Nach § 203 ist eine **Laufzeit von bis zu 12 Monaten** möglich. Allerdings muss auch hier die jederzeitige Kündbarkeit sichergestellt sein. Die Kündigung kann bei Reverse-Repo-Geschäften zum aktuellen Marktwert erfolgen, so dass Abschläge möglich sind (BaFin Erläuterungen zu § 26 II DerivateV).

223 Nach **§ 26 III DerivateV** kann bei einem fix-term Repo mit **Laufzeit von bis zu einer Woche** die Kündbarkeit und Rückforderbarkeit bereits ausreichend angenommen werden und muss nicht separat geregelt werden.

§ 26 IV **DerivateV** sieht eine Ausnahme für Sonstige Investmentvermögen und Spezial-AIF mit festen Anlagebedingungen vor, die nach § 221 VII bzw. § 284 II von den Vorgaben abweichen können. 224

§ 26 V **DerivateV** stellt klar, dass Wertpapier-Darlehen und Pensionsgeschäfte im Rahmen des Liquiditätsrisikomanagements zu berücksichtigen sind. 225

22. § 27 DerivateV.

§ 27 Anrechnungsbetrag für das Kontrahentenrisiko

(1) [1]Derivate, Wertpapier-Darlehen und Pensionsgeschäfte dürfen nur insoweit abgeschlossen werden, als der Anrechnungsbetrag für das Kontrahentenrisiko des Vertragspartners 5 Prozent des Wertes des Investmentvermögens nicht überschreitet. [2]Wenn der Vertragspartner ein Kreditinstitut mit Sitz in einem Mitgliedstaat der Europäischen Union oder einem anderen Vertragsstaat des Abkommens über den Europäischen Wirtschaftsraum ist oder seinen Sitz in einem Drittstaat hat und Aufsichtsbestimmungen unterliegt, die nach Ansicht der Bundesanstalt denjenigen des Gemeinschaftsrechtes gleichwertig sind, darf der Anrechnungsbetrag bis zu 10 Prozent des Wertes des Investmentvermögens betragen. [3]Überschreitet der Anrechnungsbetrag für das Kontrahentenrisiko die Grenze nach Satz 1 oder Satz 2, darf die Kapitalverwaltungsgesellschaft weitere Geschäfte mit dem Vertragspartner nur tätigen, wenn der Anrechnungsbetrag dadurch nicht erhöht wird. [4]Die Grenze gemäß § 200 Absatz 1 des Kapitalanlagegesetzbuches bleibt unberührt.

(2) [1]Die Kapitalverwaltungsgesellschaft kann bei Spezial-AIF mit festen Anlagebedingungen unter den Voraussetzungen des § 284 Absatz 2 des Kapitalanlagegesetzbuches von Absatz 1 abweichen. [2]Der Grundsatz der Risikomischung nach § 282 Absatz 1 des Kapitalanlagegesetzbuches bleibt hiervon unberührt.

(3) [1]Derivate, bei denen eine zentrale Clearingstelle einer Börse oder eines anderen organisierten Marktes Vertragspartner ist, dürfen bei der Ermittlung des Anrechnungsbetrags nach Absatz 1 unberücksichtigt bleiben, wenn die Derivate einer täglichen Bewertung zu Marktkursen mit täglichem Marginausgleich unterliegen. [2]Ansprüche an einen Zwischenhändler sind bei der Ermittlung des Anrechnungsbetrags nach Absatz 1 zu berücksichtigen, auch wenn das Derivat an einer Börse oder einem anderen organisierten Markt gehandelt wird.

(4) Der Anrechnungsbetrag für das Kontrahentenrisiko ist zu ermitteln aus der Summe der aktuellen, positiven Wiederbeschaffungswerte der Derivatpositionen, der Wertpapier-Darlehen und der Pensionsgeschäfte, die bezüglich eines Vertragspartners bestehen, zuzüglich des Wertes der von der Kapitalverwaltungsgesellschaft für Rechnung des Investmentvermögens gestellten Sicherheiten bezüglich eines Vertragspartners; diese Sicherheiten können bei rechtlich wirksamen zweiseitigen Aufrechnungsvereinbarungen saldiert werden.

(5) Bei rechtlich wirksamen zweiseitigen Aufrechnungsvereinbarungen und Schuldumwandlungsverträgen dürfen die positiven Wiederbeschaffungswerte und die negativen Wiederbeschaffungswerte der Derivatpositionen des Investmentvermögens bezüglich eines Vertragspartners saldiert werden.

(6) Bei der Berechnung des Anrechnungsbetrags für das Kontrahentenrisiko dürfen die Marktwerte der von dem Vertragspartner gestellten Sicherheiten unter Berücksichtigung hinreichender Sicherheitsmargenabschläge (Haircuts) abgezogen werden.

(7) [1]Alle von einem Vertragspartner gestellten Sicherheiten
1. *müssen aus Vermögensgegenständen bestehen, die für das Investmentvermögen nach Maßgabe des Kapitalanlagegesetzbuches erworben werden dürfen,*
2. *müssen hochliquide sein; Vermögensgegenstände, die keine Barmittel sind, gelten als hochliquide, wenn sie kurzfristig und nahe dem der Bewertung zugrunde gelegten Preis veräußert werden können und an einem liquiden Markt mit transparenten Preisfeststellungen gehandelt werden,*

3. *müssen einer zumindest börsentäglichen Bewertung unterliegen,*
4. *müssen von Emittenten mit einer hohen Kreditqualität ausgegeben werden und weitere Haircuts müssen vorgenommen werden, sofern nicht die höchste Bonität vorliegt und die Preise volatil sind,*
5. *dürfen nicht von einem Emittenten ausgegeben werden, der Vertragspartner selbst oder ein konzernangehöriges Unternehmen im Sinne des § 290 des Handelsgesetzbuchs ist,*
6. *müssen in Bezug auf Länder, Märkte und Emittenten angemessen risikodiversifiziert sein,*
7. *dürfen keinen wesentlichen operationellen Risiken oder Rechtsrisiken im Hinblick auf ihre Verwaltung und Verwahrung unterliegen,*
8. *müssen bei einer Verwahrstelle verwahrt werden, die der wirksamen öffentlichen Aufsicht unterliegt und vom Sicherungsgeber unabhängig ist oder vor einem Ausfall eines Beteiligten rechtlich geschützt sein, sofern sie nicht übertragen wurden,*
9. *müssen durch die Kapitalverwaltungsgesellschaft ohne Zustimmung des Sicherungsgebers überprüft werden können,*
10. *müssen für das Investmentvermögen unverzüglich verwertet werden können und*
11. *müssen rechtlichen Vorkehrungen für den Fall der Insolvenz des Sicherungsgebers unterliegen.*

[2]Von einer angemessenen Diversifizierung gemäß Satz 1 Nummer 6 kann im Hinblick auf die Emittentenkonzentration ausgegangen werden, wenn der Wert der von einem Vertragspartner gestellten Sicherheiten desselben Emittenten 20 Prozent des Wertes des Investmentvermögens nicht übersteigt. [3]Stellen mehrere Vertragspartner Sicherheiten, sind die Werte der Sicherheiten desselben Emittenten zu aggregieren; ihr Gesamtwert darf 20 Prozent des Wertes des Investmentvermögens nicht übersteigen. [4]Abweichend von den Sätzen 2 und 3 liegt eine angemessene Diversifizierung im Hinblick auf die Emittentenkonzentration auch dann vor, wenn es sich bei den zugunsten eines Investmentvermögens gestellten Sicherheiten ausschließlich um Wertpapiere oder Geldmarktinstrumente handelt, die begeben oder garantiert werden vom Bund, von einem Land, von einem anderen Mitgliedstaat der Europäischen Union oder dessen Gebietskörperschaften, von einem anderen Vertragsstaat des Abkommens über den Europäischen Wirtschaftsraum oder von den Gebietskörperschaften dieses Vertragsstaats, von einem Drittstaat oder von einer internationalen Organisation, der der Bund, ein anderer Mitgliedstaat der Europäischen Union oder ein anderer Vertragsstaat des Abkommens über den Europäischen Wirtschaftsraum angehört. [5]Die nach Satz 4 gestellten Sicherheiten müssen Wertpapiere oder Geldmarktinstrumente umfassen, die im Rahmen von mindestens sechs verschiedenen Emissionen begeben worden sind, wobei der Wert der im Rahmen derselben Emission begebenen Wertpapiere oder Geldmarktinstrumente 30 Prozent des Wertes des Investmentvermögens nicht überschreiten darf. [6]Die Kapitalverwaltungsgesellschaft kann bei Spezial-AIF mit festen Anlagebedingungen unter den Voraussetzungen des § 284 Absatz 2 des Kapitalanlagegesetzbuches von den Sätzen 2 bis 5 abweichen.

(8) [1]Sicherheiten dürfen nicht wiederverwendet werden. [2]Sicherheiten in Form von Bankguthaben dürfen nur in der Währung des Guthabens

1. *unterhalten werden auf Sperrkonten*
   a) *bei der Verwahrstelle oder*
   b) *mit Zustimmung der Verwahrstelle bei anderen Kreditinstituten mit Sitz in einem Mitgliedstaat der Europäischen Union oder einem anderen Vertragsstaat des Abkommens über den Europäischen Wirtschaftsraum oder bei anderen Kreditinstituten mit Sitz in einem Drittstaat nach Maßgabe des § 195 Satz 2 zweiter Halbsatz des Kapitalanlagegesetzbuches oder*
2. *angelegt werden*
   a) *in Schuldverschreibungen, die eine hohe Qualität aufweisen und die vom Bund, von einem Land, der Europäischen Union, einem Mitgliedstaat der Europäischen Union*

oder seinen Gebietskörperschaften, einem anderen Vertragsstaat des Abkommens über den Europäischen Wirtschaftsraum oder einem Drittstaat ausgegeben worden sind,

b) in Geldmarktfonds mit kurzer Laufzeitstruktur entsprechend den Richtlinien, die von der Bundesanstalt auf Grundlage von § 4 Absatz 2 des Kapitalanlagegesetzbuches erlassen worden sind, oder

c) im Wege eines umgekehrten Pensionsgeschäftes mit einem Kreditinstitut, das die jederzeitige Rückforderung des aufgelaufenen Guthabens gewährleistet.

[3]Bei der Anlage der Sicherheiten in Form von Bankguthaben ist neben der Anrechnung auf die Anlagegrenzen gemäß den §§ 206 und 207 des Kapitalanlagegesetzbuches auch die Diversifizierung nach Absatz 7 Satz 2 zu beachten. [4]Die Kapitalverwaltungsgesellschaft kann bei Spezial-AIF mit festen Anlagebedingungen unter den Voraussetzungen des § 284 Absatz 2 des Kapitalanlagegesetzbuches von den Anforderungen der Sätze 1 bis 3 abweichen. [5]Sicherheiten in Form von anderen Vermögensgegenständen dürfen nicht veräußert, übertragen, verpfändet oder investiert werden.

(9) [1]Eine Kapitalverwaltungsgesellschaft muss über eine eindeutige Haircut-Strategie verfügen, die auf alle als Sicherheiten entgegengenommenen Arten von Vermögensgegenständen abgestimmt ist. [2]Bei der Erarbeitung der Haircut-Strategie sind die Eigenschaften der Vermögensgegenstände wie das Ausfallrisiko des Emittenten, die Preisvolatilität und die Ergebnisse der gemäß § 32 durchgeführten Stresstests zu berücksichtigen. [3]Die Haircut-Strategie ist zu dokumentieren. [4]Sie dient der Rechtfertigung der Anwendung eines bestimmten Bewertungsabschlags auf einen Vermögensgegenstand.

(10) Risiken im Zusammenhang mit der Sicherheitenverwaltung, insbesondere operationelle und rechtliche Risiken, sind durch das Risikomanagement zu ermitteln, zu steuern und zu minimieren.

(11) Vermögensgegenstände, die das Investmentvermögen im Rahmen von Pensionsgeschäften erhält, gelten als Sicherheiten im Sinne dieser Vorschrift.

(12) Der Anrechnungsbetrag für das Kontrahentenrisiko ist bei der Berechnung der Auslastung der Anlagegrenzen nach § 206 Absatz 5 des Kapitalanlagegesetzbuches zu berücksichtigen.

(13) Konzernangehörige Unternehmen im Sinne des § 290 des Handelsgesetzbuchs gelten als ein Vertragspartner.

(14) Die Kapitalverwaltungsgesellschaft kann bei Nutzung eines organisierten Wertpapier-Darlehenssystems gemäß § 202 des Kapitalanlagegesetzbuches von Absatz 7 Satz 1 Nummer 5, 6 und 10 sowie Absatz 9 abweichen, wenn die Wahrung der Interessen der Anleger mittels einer entsprechenden Anwendung der Vorgaben durch System gewährleistet ist.

a) Die Reichweite des Kontrahentenrisikos. § 27 I DerivateV regelt den Anrechnungsbetrag für das Kontrahentenrisiko aus OTC-Geschäften. Entsprechend Art. 52 der OGAW-RL darf der Anrechnungsbetrag für das Kontrahentenrisiko grundsätzlich **5 % dWd** Investmentvermögens nicht überschreiten. 226

Eine Ausnahmeregelung gilt **für bestimmte KI** gem. Art. 52 I 2 Buchst. a OGAW-RL. Es muss sich um ein KI mit Sitz in einem Mitgliedstaat der Europäischen Union oder einem anderen Vertragsstaat des Abkommens über den Europäischen Wirtschaftsraum handeln. Hat das KI seinen Sitz in einem Drittstaat, so müssen dessen Aufsichtsbestimmungen den Ansichten der BaFin entsprechen. In diesem Fall beträgt der Anrechnungsbetrag **10 % dWd** Investmentvermögens. 227

Die ESMA-ETF-Leitlinien verlangen, dass neben OTC-Derivaten auch Wertpapier-Darlehen und Pensionsgeschäfte auf das Kontrahentenrisiko anzurechnen 228 sind. Die spezielle Kontrahentengrenze gem. § 200 bleibt davon unberührt, dh es gilt weiter die 10% fixe Kontrahentengrenze bei Wertpapier-Darlehen nach § 200. Überschreitet der Anrechnungsbetrag für das Kontrahentenrisiko die Grenze nach § 22 I DerivateV, so darf die KVG weitere Geschäfte mit dem Vertragspartner nur tätigen, wenn der Anrechnungsbetrag dadurch nicht erhöht wird.

229 **§ 27 II DerivateV** ermöglicht es Spezial-AIF mit festen Anlagebedingungen, mit Zustimmung der Anleger von der Kontrahentengrenze abzuweichen. Dies ist konsequent, da Spezial-AIF mit festen Anlagebedingungen auch von den Ausstellergrenzen gem. §§ 206 ff. abweichen dürfen. Trotzdem müssen auch diese Investmentvermögen den Grundsatz der Risikomischung bezüglich der Zusammensetzung des Kontrahentenrisikos beachten.

230 Eine Anrechnung auf die Grenze für das Kontrahentenrisiko hat nicht nur für OTC-Derivate zu erfolgen, sondern auch für Derivate, die zwar an einer Börse zugelassen oder in einen anderen organisierten Markt einbezogen sind, **aber nicht die folgenden Voraussetzungen erfüllen,** auf Grund derer das Kontrahentenrisiko vernachlässigt werden darf:
– der Vertragspartner ist eine zentrale Clearingstelle einer Börse oder eines anderen organisierten Marktes,
– die Derivate unterliegen einer börsentäglichen Bewertung zu Marktkursen und
– es findet ein börsentäglicher Margin-Ausgleich statt.

231 **b) Die Berechnung des Kontrahentenrisikos.** Das Kontrahentenrisiko der OTC-Geschäfte wird in einem ersten Schritt mit dem positiven **Wiederbeschaffungswert** des Derivats, des Wertpapier-Darlehens bzw. des Pensionsgeschäfts bewertet. Der Wiederbeschaffungswert ist bei Derivategeschäften der Betrag, der bei einem Ausfall des Kontrahenten aufzuwenden wäre, um wieder eine gleichwertige Position zu begründen **(potenzieller Eindeckungsaufwand).** Bei Wertpapier-Darlehen ist es der Marktwert des Wertpapieres und bei Pensionsgeschäften ist der Wert der dem Vertragspartner in Pension gegebenen Vermögensgegenstände oder der Barmittel relevant.

232 In der DerivateV in der bis einschl. 21.7.2013 gültigen Fassung wurde zu dem Wiederbeschaffungswert ein **Sicherheitszuschlag addiert,** um Schwankungen innerhalb des Wiederbeschaffungswertes zwischen dem Ausfall des Kontrahenten und der tatsächlichen Wiedereindeckung auszugleichen. Auf diesen Zuschlag wird in der aktuell gültigen Fassung der DerivateV verzichtet und **stattdessen ein „Haircut"** bei der Bewertung der Sicherheiten eingeführt, → Rn. 244.

233 Hinzugerechnet werden die vom KVG für Rechnung des Investmentvermögens gestellten Sicherheiten bezüglich eines Vertragspartners, ebenso wird mit den Marginansprüchen verfahren, da sie ein Kontrahentenrisiko bezüglich eines Brokers begründen. Von diesem ermittelten Anrechnungsbetrag **wird der Wert der Sicherheiten abgezogen,** die von einem Vertragspartner zugunsten des Investmentvermögens gestellt wurden, sofern diese Sicherheiten die Anforderungen des **§ 27 VII DerivateV** erfüllen. Zu diesen Sicherheiten gehören auch die (im Rahmen eines Reverse Repo) in Pension genommenen Vermögensgegenstände bzw. im Rahmen eines Pensionsgeschäfts erhaltenen Barmittel. Die gegenseitig gestellten Sicherheiten können auf Nettobasis berücksichtigt werden, sofern gegenüber der Vertragspartei rechtlich wirksame und **durchsetzbare Aufrechnungsvereinbarungen** vorliegen.

234 Nach **§ 27 XIII DerivateV** gelten Konzernunternehmen im Hinblick auf die Begrenzung des Kontrahentenrisikos als eine Risikoeinheit. Nach der Überarbei-

tung des **§ 290 HGB** wird bei diesem Konsolidierungskonzept auf eine „möglichen Beherrschung" abgestellt und folglich sind auch Zweckgesellschaften in die Konzernbilanz aufzunehmen. Bei der Berechnung des Kontrahentenrisikos sind daher auch Zweckgesellschaften als Konzernunternehmen im Sinne dieser Vorschrift angesehen.

c) Die Saldierung von Ansprüchen bei der Ermittlung des Kontrahentenrisikos. § 27 V DerivateV ermöglicht die **Saldierung** von Ansprüchen nach Ermittlung der Anrechnungsbeträge von Derivaten. Die Saldierung aller bestehenden Ansprüche aus OTC-Derivatgeschäften ist je Kontrahent durchzuführen und sie setzt voraus, dass im Verhältnis mit dem jeweiligen Kontrahenten **rechtlich wirksame, zweiseitige Aufrechnungsvereinbarungen** oder Schuldumwandlungsverträge bestehen. Bei der Saldierung sind alle Ansprüche, die das Investmentvermögen gegenüber dem Kontrahenten hat, zu addieren. Davon abgezogen werden alle bestehenden, mit den negativen Wiederbeschaffungswert quantifizierten Ansprüchen des Kontrahenten gegenüber dem Investmentvermögen. 235

Zweiseitige Aufrechnungsvereinbarungen bewirken im Falle des Ausfalls des Vertragspartners eine Verrechnung der positiven und negativen Marktwerte der unter die Vereinbarung fallenden Derivate **auf eine einzige Ausgleichsforderung** oder Ausgleichsverbindlichkeit mit schuldumwandelnder Wirkung. Auf Grund von Schuldumwandlungsverträgen werden alle gegenüber dem Vertragspartner bestehenden Ansprüche und Verpflichtungen aus Derivatgeschäften mit gleicher Währung und gleichem Erfüllungsdatum laufend in schuldersetzender Weise verrechnet. 236

d) Anrechnung von Sicherheiten auf das Kontrahentenrisiko. Der nächste Schritt der Berechnung ist in **§ 27 VI DerivateV** vorgesehen: Nach Feststellung des Anrechnungsbetrags für das Kontrahentenrisiko kann der Marktwert von Sicherheiten berücksichtigt werden, die von Kontrahenten zugunsten des Investmentvermögens gestellt wurden. Voraussetzung ist, dass die Sicherheiten den Anforderungen des **§ 27 VII DerivateV** entsprechen. 237

§ 27 VII DerivateV setzt Art. 43 III der Zweiten Durchführungs-RL, Box 26 der CESR-Risk-Leitlinien und Nr. 43 der ESMA-ETF-Leitlinien um. Er bezieht sich nicht nur auf diejenigen Sicherheiten, die auf die Kontrahentengrenzen anrechenbar sind, sondern auch auf Sicherheiten, die darüber hinaus gestellt werden. Es handelt sich somit **um eine allgemeine Regelung,** die über die Feststellung der Kontrahentengrenze hinaus Gültigkeit beansprucht. 238

Die Sicherheiten müssen **hochliquide** sein, damit sie kurzfristig und nahe dem Marktwert veräußert werden können. Sie müssen einer **börsentäglichen Bewertung** unterliegen, so dass ihr Marktwert fortlaufend festgestellt werden kann. 239

Die Emittenten müssen von **höchster Bonität** sein, allerdings ist es nicht Voraussetzung, dass es sich um Staatsanleihen handelt. Soweit nicht die höchste Bonität vorliegt und die Preise volatil sind, muss dies bei Bestimmung der Sicherheitsmargenabschläge berücksichtigt werden. Die Vertragspartner selbst oder ein konzernzugehöriges Unternehmen des Vertragspartners scheiden als Emittent der Sicherheiten aus. 240

Wesentlich ist die Diversifizierung der gestellten Sicherheiten, so dass die Entstehung von **Klumpenrisiken ausgeschlossen** werden kann. Von einer angemessenen Diversifizierung gem. § 27 VII 1 Nr. 6 DerivateV kann im Hinblick auf die Emittentenkonzentration ausgegangen werden, wenn der Wert der von einem Vertragspartner gestellten Sicherheiten desselben Emittenten **20 % dWd** Investment- 241 vermögens nicht übersteigt. Stellen mehrere Vertragspartner Sicherheiten, sind die Werte der Sicherheiten desselben Emittenten zu aggregieren; ihr Gesamtwert darf also 20% dWd Investmentvermögens nicht übersteigen.

242 **Spezial-AIF** können zwar von der Kontrahentengrenze gem. § 27 II DerivateV abweichen, aber die Anforderungen des **§ 27 VII DerivateV** bzgl. der Sicherheiten **gelten grundsätzlich auch** für diesen Fondstypus. Allerdings können Spezial-AIF mit Zustimmung der Anleger von den Diversifikationsvorschriften für Sicherheiten abweichen (§ 27 VII 6 DerivateV). Auch wenn die Begrenzung auf 20% dWd Investmentvermögens überschritten werden kann, sollte grundsätzlich auch bei Spezial-AIF **ein Mindestmaß an Diversifikation** der Sicherheiten vorliegen.

243 Weitere Voraussetzungen werden in § 27 VII DerivateV an die Verwaltung und Verwahrung der Sicherheiten, die Überprüfungsmöglichkeiten der KVG, unverzügliche Verwertbarkeit und Insolvenzfestigkeit gestellt.

244 Nach **§ 27 VI DerivateV** sind angemessene Sicherheitsmargenabschläge, sog. „Haircuts", bei der Bewertung der Sicherheiten vorzunehmen. Die Vorschrift setzt Nr. 46 der ESMA-ETF-Leitlinien um. Die konkrete Höhe der Abschläge wird nicht vorgegeben, sondern **in die Verantwortung der KVG** gestellt. Nach **§ 27 IX DerivateV** muss die KVG über eine eindeutige Haircut-Strategie verfügen, die alle als Sicherheiten entgegengenommene Arten von Vermögensgegenständen erfasst. Auf diese Weise werden die Spezifika der einzelnen Vermögensgegenstände, insb. im Hinblick auf Ausfallrisiko und Volatilität, berücksichtigt (BaFin Erläuterungen zu § 27 IX DerivateV). Die Strategie soll auch die Durchführung von Stresstest vorsehen, zB eine Simulation der Werte der Vermögensgegenstände und Sicherheiten über verschiedene Halteperioden.

245 **e) Anforderungen an die Verwaltung von Sicherheiten. § 27 VIII DerivateV** legt in Übereinstimmung mit Box 26 Nr. 2 der CESR-Risk-Leitlinien und Nr. 43 Buchst. j der ESMA-ETF-Leitlinien, dass die Sicherheit durch das Investmentvermögen grundsätzlich **nicht re-investiert** werden dürfen. Sicherheiten in Form von Bankguthaben dürfen nur in der Währung des Guthabens unterhalten werden, auf Sperrkonten bei der Verwahrstelle oder mit Zustimmung der Verwahrstelle bei anderen KI iSv § 195 S. 2.

246 Alternativ darf eine KVG Bankguthaben unter bestimmten Umständen in Schuldverschreibungen, Geldmarktfonds oder umgekehrten Pensionsgeschäften anlegen (§ 27 VIII 1 Nr. 2 DerivateV). Spezial-AIF mit festen Anlagebedingungen können bei der Anlage von Barsicherheiten von den engen Vorschriften abweichen **(§ 27 VIII 4 DerivateV).** § 21 DerivateV, der eine Anrechnung auf das Marktrisiko vorsieht, ist jedoch zu berücksichtigen.

247 Nach **§ 27 X DerivateV** sind Risiken im Zusammenhang mit der Sicherheitenverwaltung im Risikomanagementprozess zu berücksichtigen. Insbesondere operationelle und rechtliche Risiken sind durch das Risikomanagement zu ermitteln, zu steuern und zu minimieren. Die Vorschrift setzt Nr. 43 Buchstabe f der ESMA-ETF-Leitlinien um.

248 **§ 27 XI DerivateV** spezifiziert, dass die Vermögensgegenstände bzw. Barmittel, die das Investmentvermögen im Rahmen von Pensionsgeschäften erhält, als Sicherheiten im Sinne dieser Vorschriften gelten und damit ebenfalls den Qualitätsanforderungen an die Sicherheiten und auch dem Re-Investitionsverbot unterliegen (BaFin Erläuterungen zu § 27 XI DerivateV). Der Absatz setzt Nr. 42 der ESMA-ETF-Leitlinien um.

f) Anrechnung des Kontrahentenrisikos auf die Kombinationsgrenze von § 206 V. § 27 XII DerivateV legt fest, dass der Anrechnungsbetrag für das Kontrahentenrisiko bei der Berechnung der Gesamtgrenze von § 206 V zu berücksichtigen ist. Der Anrechnungsbetrag für das Kontrahentenrisiko beinhaltet im Sinne der vorherigen Absätze die Risiken aus OTC-Derivaten, WP-Darlehen und Pensionsgeschäften, weshalb diese iRd § 27 XII DerivateV nicht mehr separat erwähnt werden müssen. 249

g) Nutzung von anerkannten Wertpapier-Darlehensystemen. § 27 XIV DerivateV sieht eine Abweichungsmöglichkeit von Abs. 7 S. 1 Nr. 5, 6 und 10 (Verbot der Personalunion von Kontrahent und Emittent, Risikodiversifikation der gestellten Sicherheiten, unverzügliche Verwertbarkeit) sowie Abs. 9 (Entwicklung Haircut-Strategie) bei Nutzung eines nach § 202 anerkannten Wertpapier-Darlehenssystem vor, sofern die Interessen der Anleger gewahrt bleiben. Davon ist auszugehen, wenn zwar nicht die KVG die Einhaltung der entsprechenden Vorgaben selbst erfüllt, das organisierte Wertpapier-Darlehenssystem jedoch die Vorgaben entsprechend berücksichtigt (BaFin Erläuterungen zu § 27 XIV DerivateV). 250

Bei dem derzeit anerkannten System hat beispielsweise formal nicht die KVG, sondern die Wertpapiersammelbank, die das System bedient, ein **umfassendes Durchgriffsrecht** auf die Sicherheiten iSv Abs. 7 Nr. 10. Insofern ist es nicht notwendig, dass die KVG über ein direktes Verwertungsrecht verfügt. Im Rahmen der Wertpapier-Darlehenssysteme wird außerdem eine **Prüfung auf „close links"** der Sicherheiten (Abs. 7 Nr 5) durchgeführt und auf eine hinreichende Diversifizierung der Sicherheiten geachtet. Die Systeme arbeiten auf der Grundlage einer **Haircut-Strategie** (Abs. 9), die eine stringente Durchführung der Sicherheitsmargenabschläge sicherstellt. 251

23. §§ 28–32 DerivateV.

Abschnitt 4 Stresstests

§ 28 Allgemeine Vorschriften

(1) [1]Die Kapitalverwaltungsgesellschaft hat für jedes Investmentvermögen Stresstests nach Maßgabe des § 30 durchzuführen. [2]Ein Stresstest ist nur dann geeignet, wenn er die Anforderungen des § 29 erfüllt.

(2) [1]In einem Stresstest sind mögliche außergewöhnlich große Wertverluste des Investmentvermögens zu ermitteln, die aufgrund von ungewöhnlichen Änderungen der wertbestimmenden Parameter und ihrer Zusammenhänge entstehen können. [2]Umgekehrt sind, soweit angemessen, die Änderungen der wertbestimmenden Parameter und ihrer Zusammenhänge zu ermitteln, die einen außergewöhnlich großen oder vermögensbedrohenden Wertverlust des Investmentvermögens zur Folge hätten.

(3) Ist eine genaue Bemessung der potenziellen Wertverluste des Investmentvermögens oder der Änderungen der wertbestimmenden Parameter und ihrer Zusammenhänge für einzelne Risikoarten nicht möglich, so darf die Kapitalverwaltungsgesellschaft an Stelle der Bemessung eine qualifizierte Schätzung setzen.

(4) [1]Die Stresstests müssen risikoadäquat in das Risikomanagement für das Investmentvermögen integriert sein. [2]Die Ergebnisse der Stresstests müssen bei den Anlageentscheidungen für das Investmentvermögen angemessen berücksichtigt werden.

(5) Die Auslagerung der Durchführung von Stresstests bestimmt sich nach § 36 des Kapitalanlagegesetzbuches.

§ 29 Qualitative Anforderungen

(1) [1]Die Stresstests müssen sich auf alle Risiken erstrecken, die den Wert oder die Schwankungen des Wertes des Investmentvermögens nicht nur unwesentlich beeinflussen. [2]Besonderes Gewicht muss auf denjenigen Risiken liegen, denen die im jeweiligen Investmentvermögen angewendete Methode nach den §§ 5 bis 22 nicht oder nur unvollständig Rechnung trägt.

(2) Die Stresstests müssen geeignet sein, mögliche Situationen zu analysieren, in denen der Wert des Investmentvermögens infolge des Einsatzes von Derivaten oder infolge einer Kreditaufnahme zu Lasten des Investmentvermögens mit negativem Vorzeichen behaftet ist.

(3) Die Stresstests müssen so gestaltet und durchgeführt werden, dass sie auch diejenigen Risiken angemessen berücksichtigen, die möglicherweise erst infolge einer Stresssituation Bedeutung erlangen, beispielsweise das Risiko ungewöhnlicher Korrelationsveränderungen oder illiquider Märkte.

§ 30 Häufigkeit, Anpassung

(1) [1]Die Stresstests sind mindestens monatlich durchzuführen. [2]Darüber hinaus sind Stresstests dann durchzuführen, wenn nicht ausgeschlossen werden kann, dass sich ihre Ergebnisse durch eine Änderung des Wertes oder der Zusammensetzung des Investmentvermögens oder durch eine Änderung in den Marktgegebenheiten wesentlich ändern.

(2) [1]Die Gestaltung der Stresstests ist fortlaufend an die Zusammensetzung des Investmentvermögens und an die für das Investmentvermögen relevanten Marktgegebenheiten anzupassen. [2]Bei jeder Änderung der Gestaltung der Stresstests sind der bisherige und der geänderte Stresstest mindestens einmal parallel durchzuführen.

§ 31 Dokumentation, Überprüfung

(1) [1]Die Kapitalverwaltungsgesellschaft muss eine nachvollziehbare Richtlinie für die Gestaltung und die fortlaufende Anpassung der Stresstests erstellen. [2]Auf Grundlage der Richtlinie ist für jedes Investmentvermögen ein Programm für die Durchführung von Stresstests zu entwickeln. [3]Die Geeignetheit des Programms für das Investmentvermögen ist im Programm darzulegen. [4]Die durchgeführten Stresstests und deren Ergebnisse sind für jedes Investmentvermögen nachvollziehbar zu dokumentieren. [5]In der Dokumentation sind Abweichungen von dem Programm gemäß Satz 2 zu begründen.

(2) [1]Der Prüfungsbericht gemäß den §§ 102, 121 Absatz 3 und § 136 Absatz 3 des Kapitalanlagegesetzbuches hat Angaben darüber zu enthalten, ob die Stresstests gemäß § 29 ordnungsgemäß gestaltet und gemäß § 30 ordnungsgemäß durchgeführt wurden. [2]Die Prüfungspflicht erstreckt sich auch auf § 28 Absatz 4 und 5.

§ 32 Zusätzliche Stresstests im Rahmen der Sicherheitenverwaltung

(1) Die Kapitalverwaltungsgesellschaft hat für jedes Investmentvermögen, für das Sicherheiten in Höhe von mindestens 30 Prozent des Wertes des Investmentvermögens gestellt werden, geeignete Stresstests durchzuführen, die sowohl normale als auch außergewöhnliche Liquiditätsbedingungen berücksichtigen, um das mit den Sicherheiten verbundene Liquiditätsrisiko zu bewerten.

(2) [1]Die Strategie für diese Stresstests ist in der Richtlinie gemäß § 31 festzuschreiben. [2]Die Strategie muss insbesondere enthalten:
1. *ein Konzept für die Stresstest-Szenarioanalyse, einschließlich Kalibrierungs-, Zertifizierungs- und Sensitivitätsanalyse,*
2. *den empirischen Ansatz für die Folgenabschätzung, einschließlich Backtesting von Liquiditätsrisikoschätzungen,*
3. *Berichtshäufigkeit, Meldegrenzen und Verlusttoleranzschwellen und*

4. Maßnahmen zur Eindämmung von Verlusten, einschließlich Haircut-Strategie und Gap-Risiko-Schutz.

a) Pflicht zur Durchführung von (inversen) Stresstests. § 28 I DerivateV verlangt die Durchführung von Stresstests für jedes Investmentvermögen. Die Stresstests sind grundsätzlich für alle Risikoarten durchzuführen und müssen risikoadäquat und geeignet sein. Bereits die KAMaRisk fordert die regelmäßige Durchführung von Stresstests für alle Investmentvermögen (Abschn. 4.3 Tz. 10 iVm Abschn. 4.8 Tz. 6–8 KAMaRisk). 252

Je nach Art, Umfang, Komplexität und Risikogehalt der Geschäftsaktivitäten sind regelmäßig angemessene **Stresstests für die wesentlichen Risiken** durchzuführen. Dies hat auf der Basis der für die jeweiligen Risiken identifizierten wesentlichen Risikofaktoren zu geschehen. Die Stresstests haben insb. **auch Risikokonzentrationen zu adressieren.** Die Stresstests sind auch auf Gesellschaftsebene durchzuführen. Die Stresstests haben auch außergewöhnliche, aber plausibel mögliche Ereignisse abzubilden. Dabei sind geeignete historische oder hypothetische Szenarien darzustellen. Bei der Festlegung der Szenarien sind die strategische Ausrichtung der Gesellschaft und ihr wirtschaftliches Umfeld zu berücksichtigen. Die Angemessenheit der Stresstests sowie deren zugrundeliegenden Annahmen sind in regelmäßigen Abständen, mindestens aber jährlich zu überprüfen. 253

Stresstests dienen dazu, mögliche **Auswirkungen extremer Ereignisse** auf die Wertentwicklung eines Investmentvermögens zu simulieren und in die Risikobetrachtung mit einzubeziehen. Dabei werden mögliche außergewöhnlich große Wertverluste ermittelt, die aufgrund von ungewöhnlichen Änderungen der wertbestimmenden Parameter und ihrer Zusammenhänge entstehen können. **Umgekehrt** sind, soweit angemessen, die Änderungen der wertbestimmenden Parameter und ihrer Zusammenhänge zu ermitteln, **die einen außergewöhnlich großen** oder vermögensbedrohenden **Wertverlust** des Investmentvermögens **zur Folge hätten.** 254

Besondere Bedeutung kommt Stresstests im Zusammenhang mit den im qualifizierten Ansatz für die Begrenzung der Marktrisiken verwandten VaR-Methoden zu, die wegen der Festlegung auf ein 99%-Konfidenzintervall die Frage nach Extremereignissen und ihren Folgen zwangsläufig unbeantwortet lassen müssen. Aber auch bei Anwendung des einfachen Ansatzes ist die Durchführung von Stresstest notwendig, da dieser Methode keine Verlustschätzung zu Grunde liegt. 255

Stresstests sollen risikoadäquat sein, dh, der zu betreibende Aufwand muss der jeweiligen **Risikosituation angemessen** sein (BaFin Erläuterungen zu § 28 I DerivateV). Die Erläuterungen der BaFin lassen sich als Öffnungsklausel interpretieren, um den Aufwand bzgl. der Stresstests an die Risikosituation des einzelnen Investmentvermögens anzupassen. 256

Die BaFin stellt in den Erläuterungen ausdrücklich fest, dass Stresstest für **sehr risikoarme** Investmentvermögen entsprechend schlicht und aufwandsarm ausfallen können (BaFin Erläuterungen zu § 28 I DerivateV). Dem Umstand der Risikoadäquanz trägt auch **§ 29 I DerivateV** Rechnung, der vorschreibt, dass Stresstests sich auf alle Risiken erstrecken müssen, die den Wert oder die Schwankungen des Wertes des Investmentvermögens nicht nur unwesentlich beeinflussen können (EDD/*Braus/Zinken* § 197 Rn. 228). Weist die Vermögenszusammensetzung des Investmentvermögens jedoch ein **komplexes Risikoprofil** auf, werden die Stresstests diese Komplexität widerspiegeln müssen. Vernachlässigbare Risiken, wenn sie 257 denn als solche auch unter Berücksichtigung potenzieller Änderungen der Risikolage zweifelsfrei erkannt worden sind, bedürfen keiner oder nur sehr einfacher Stresstests.

258 **§ 28 II DerivateV** definiert einen Stresstest als zweiseitige Szenarioanalyse. Zum einen werden mögliche Stressszenarien weitgehend unabhängig vom konkreten Investmentvermögen entwickelt. Weitgehend meint dabei, dass Märkte und Parameter, die ohne jede Relevanz für die betreffenden Investmentvermögen sind und bleiben werden, natürlich unbeachtet bleiben dürfen. Diese Stressszenarien sind eine Art Expertenschätzung der **unwahrscheinlichen, aber nicht unmöglichen** extremen Veränderungen der Kapitalmärkte oder des sonstigen Umfelds von Investmentvermögen und werden im Regelfall nicht an ein einzelnes Investmentvermögen angepasst werden müssen. Es ist dann zu ermitteln, wie sich der Wert eines Investmentvermögens unter einem solchen Stressszenario entwickeln würde.

259 Zum anderen ist ausgehend von der konkreten Risikolage eines Investmentvermögens **gezielt nach solchen Szenarien zu suchen,** die dem Wert des Investmentvermögens erheblichen Schaden zufügen könnten. In einem zweiten Schritt sind diese Szenarien daraufhin zu überprüfen, **mit welcher Wahrscheinlichkeit** ihr Eintreten zu erwarten ist. Diese **„umgekehrten Stresstests"** sind aufgrund der hohen Komplexität jedoch nur durchzuführen, sofern dies vor dem Hintergrund der Anlagestrategie und Risikoprofils des Investmentvermögens angemessen ist (BaFin Erläuterungen zu § 28 II DerivateV).

260 Da grundsätzlich das vollständige Risikoprofil und damit alle Risikoarten den Stresstests unterzogen werden müssen, treten bei den sich **einer Quantifizierung entziehenden Risikoarten** bei herkömmlichen, quantitativ orientierten Stresstestansätzen Probleme auf. Um dennoch nicht auf die Erkenntnisse aus Stresstests verzichten zu müssen, wird die Möglichkeit einer **qualifizierten Schätzung** dieser Risiken eingeräumt. Qualifiziert meint in diesem Zusammenhang, dass die Schätzung bestmöglich unter Einbeziehung aller mit vernünftigem Aufwand erreichbaren Informationen durchgeführt wird (BaFin Erläuterungen zu § 28 III DerivateV).

261 **§ 28 IV DerivateV** verlangt die Integration der Stresstests in das Risikomanagement. Die risikoadäquate Einbeziehung soll wiederum gewährleisten, dass der zu betreibende Aufwand in einem vernünftigen Verhältnis zum Ausmaß der jeweiligen Risiken steht. Explizit wird auch verlangt, die Ergebnisse der Stresstests **bei Anlageentscheidungen** in angemessener Weise zu **berücksichtigen.** Das kann sowohl heißen, dass aufgrund dieser Ergebnisse Risiken in einem Investmentvermögen gezielt gesenkt werden, als auch, dass geplante Neugeschäfte vor dem Hintergrund von Stresstests für das neue potenzielle Risikoprofil überprüft werden (BaFin Erläuterungen zu § 28 IV DerivateV).

262 Die **Auslagerung** der Stresstests ist nach Auffassung der BaFin nicht grundsätzlich abzulehnen (BaFin Erläuterungen zu § 28 V DerivateV). Sie richtet sich gem. der klaren Regelung in § 28 V DerivateV nach den allgemeinen Regeln für die Auslagerung gem. **§ 36 KAGB.** Allerdings ist davon auszugehen, dass die Konzeption der Stressszenarios und die Interpretation der Ergebnisse zum Kerngeschäft einer KVG gehören und nicht auslagerungsfähig sind.

263 **b) Anforderungen an Stresstests.** § 29 I DerivateV knüpft an die Vorstellung eines ganzheitlichen Risikomanagements an. Stresstests sind grundsätzlich **für alle Risikoarten** durchzuführen, denen ein Investmentvermögen ausgesetzt ist. Dabei

sind alle Risiken zu erfassen, die einen wesentlichen Einfluss auf die Wertentwicklung eines Investmentvermögens haben können. Eine **Ausnahme** bilden diejenigen Risiken, die auch in Stresssituationen **nur unwesentlichen Einfluss** auf den Wert des Investmentvermögens haben können (BaFin Erläuterungen zu § 29 I DerivateV).

Bei der Auswahl der Risiken kommt es nicht nur auf die Wertentwicklung an, sondern es sind auch solche Risiken zu berücksichtigen, die **Schwankungen** im Wert des Investmentvermögens nicht unwesentlich **beeinflussen.** Damit wird dem Umstand Rechnung getragen, dass sich die Abschätzung von Wertveränderungen häufig an willkürlich gewählten Zeitpunkten orientiert, dagegen für den Anleger die Wertentwicklung im Zeitablauf oder zu anderen als den betrachteten Zeitpunkten von Relevanz sein kann. 264

§ 29 I 2 DerivateV stellt explizit auf die beiden Methoden ab, die zur Ermittlung der Auslastung der gesetzlichen Marktrisikoobergrenze genutzt werden können (BaFin Erläuterungen zu § 29 I DerivateV). Beide Ansätze können das Marktrisiko nicht vollumfänglich erfassen. Beim **VaR-Ansatz** sind Stresstests insb. eine systematische Ergänzung im Bereich der sehr seltenen Ereignisse. Der **einfache Ansatz** hat demgegenüber eine Vielzahl von Schwächen, bereits die Risikoerfassung ist systematisch äußerst lückenhaft. Insofern können Stresstests nur eine der notwendigen flankierenden Maßnahmen eines umfassenden Risikomanagementsystems sein (BaFin Erläuterungen zu § 29 I DerivateV). Sie sollten jedoch auch hier zumindest die Extremszenarien adäquat erfassen und abdecken können. Zusätzlich widersetzen sich bei **komplexen Instrumenten** einige Risikokomponenten der adäquaten Erfassung, häufig aufgrund einer **mangelhaften Datengrundlage.** Auch hier wäre zumindest eine **Analyse von „worst case"-Situationen** im Rahmen von Stresstests angebracht (BaFin Erläuterungen zu § 29 I DerivateV). 265

Generell sind Stresstests sowohl auf das **Portfolio** als auch auf die aktuellen Marktgegebenheiten auszurichten. **Korrelationen** zwischen den einzelnen Asset-Klassen bzw. Finanzinstrumenten sind ebenfalls in Betracht zu ziehen. Ein **einzelner Standard-Stresstest** wird in diesem Zusammenhang in aller Regel **nicht ausreichen,** um die Anforderungen der DerivateV vollumfänglich zu erfüllen. Für relevante Faktoren sollten unterschiedliche Ausprägungen von Stresssituationen, zB Zinsanstieg und Zinsrückgang, als auch Kombinationen möglicher Stressereignisse, zB Anstieg des Zinsniveaus und Verschlechterung der Wechselkurse, simuliert werden (EDD/*Braus/Zinken* § 197 Rn. 231 ff.). 266

Aufgrund des mit dem Einsatz von Derivaten verbundenen **Leverage-Effekts** kann das Investmentvermögen im schlechtesten Falle nicht nur sein **gesamtes Kapital verlieren,** sondern die KVG kann sich für das Investmentvermögen möglicherweise noch **weitergehenden Forderungen** ausgesetzt sehen. Die BaFin stellt in ihren Erläuterungen zur DerivateV fest, dass diesem unwahrscheinlichen, aber nicht unmöglichen Ereignis auf zweierlei Arten Rechnung getragen werden kann. 267

Zum einen mit dem herkömmlichen **restriktiven Ansatz,** einen solchen Fall von vornherein unmöglich zu machen. Um dies zu erreichen, müssten sehr **deskriptive aufsichtsrechtliche Vorschriften** erlassen werden, die den Anlagespielraum eines Investmentvermögens wegen eines seltenen Extremereignisses sehr beschneiden würden. Die BaFin weist zurecht darauf hin, dass viele Anlagestrategien, die unter normalen Umständen sinnvoll und erfolgsversprechend sind, nicht mehr zur Anwendung kämen, was nicht nur dem Interesse des nationalen Finanz- 268 platzes, sondern auch dem Interesse der Anleger widerspricht (BaFin Erläuterungen zu § 29 II DerivateV).

269 Zum anderen kann diesem Risiko durch **entsprechendes Risikomanagement** begegnet werden. Es wird in die **Verantwortung der KVG** gestellt, nachprüfbar geeignete und für das einzelne Investmentvermögen individuell abgestimmte Maßnahmen zu ergreifen, die verhindern, dass die auflaufenden Verluste das Volumen des Investmentvermögens übersteigen. **Stresstests sollen gezielt nach solchen Marktsituationen suchen,** in denen das Investmentvermögen ein negatives Vorzeichen bekäme. Für die so erkannten Krisenszenarien sind dann im Rahmen des Risikomanagements passende Früherkennungs- und Präventionsmaßnahmen zu ergreifen (BaFin Erläuterungen zu § 29 II DerivateV).

270 **§ 29 III DerivateV** geht auf ein spezielles Phänomen beim Eintritt extremer Situationen ein. Es sind bei der Durchführung von Stresstest diejenigen Risiken angemessen zu berücksichtigen, die möglicherweise **erst infolge einer Stresssituation** Bedeutung erlangen (BaFin Erläuterungen zu § 29 III DerivateV). Häufig gelten Gesetzmäßigkeiten und Zusammenhänge bei Eintritt extremer Situationen nicht mehr mit der Folge, dass sich **Sekundäreffekte nicht nach den bekannten Regeln** verhalten. Diese Risiken treten erst in der konkreten Stresssituation auf, können dann aber schnell bedrohliche Ausmaße annehmen. Die DerivateV nennt als Beispiele das Risiko ungewöhnlicher Korrelationsveränderungen oder illiquider Märkte. Sie sollten daher nach Möglichkeit bei der Durchführung von Stresstests bedacht werden.

271 **c) Frequenz, Überprüfung und Anpassung. § 30 I DerivateV** schreibt eine monatliche Durchführung von Stresstests vor. Dieses Intervall ist gemessen an der hohen Veränderungsgeschwindigkeit der Märkte und der möglicherweise großen Umschlagshäufigkeit eines Investmentvermögens für sich genommen eher zu selten (strenger BaFin Erläuterungen zu § 30 I DerivateV: „völlig unzureichend"). Um andererseits relativ konstant gehaltene Investmentvermögen in vergleichsweise ruhigen Märkten nicht mit unnötigem Aufwand zu belasten, hat die BaFin es bei dieser Grundfrequenz belassen. Wertpapierindex-Investmentvermögen nach § 209 können von der Grundfrequenz von einem Monat abweichen.

272 Zusätzlich zur monatlichen Durchführung wird allerdings verlangt, dass Stresstests **immer dann** durchzuführen sind, **wenn** nicht ausgeschlossen werden kann, dass sich ihre Ergebnisse durch eine Änderung des Wertes oder der Zusammensetzung des Investmentvermögens oder durch eine Änderung in den Marktgegebenheiten wesentlich ändern könnten. Dies ist insb. der Fall, wenn das Investmentvermögen zwischen zwei Stresstestterminen die **Anlagestrategie verändert** oder im Rahmen einer Mandatsumstellung erhebliche Veränderungen im Portfolio vornimmt (BaFin Erläuterungen zu § 30 I DerivateV). Aber auch **wesentliche Marktbewegungen** oder Veränderungen in der Bonität der Emittenten kann eine zwischenzeitliche Durchführung der Stresstests notwendig machen.

273 **§ 30 II DerivateV** trägt dem Umstand Rechnung, dass eine Änderung der Marktgegebenheiten oder der Zusammensetzung des Investmentvermögens möglicherweise nicht nur eine erneute Durchführung der Stresstests, sondern eine **Änderung der Stresstests selbst** erforderlich machen könnte, um den Anforderungen der §§ 28, 29 DerivateV zu genügen (BaFin Erläuterungen zu § 30 II DerivateV). Die Änderungen der Marktgegebenheiten oder der Zusammensetzung des Investmentvermögens sind kontinuierlich zu verfolgen, um so eine **fortlaufende Anpassung der Stresstests** zu gewährleisten. Um eine gewisse Kontinuität

sicherzustellen und um die Auswirkung einer Änderung der Stresstests auf ihr Ergebnis transparent zu machen, wird bei jeder Änderung der Stresstests mindestens eine Parallelrechnung des alten und des neuen Stresstestprogramms gefordert (BaFin Erläuterungen zu § 30 II DerivateV).

Die KVG verfügt bei der Gestaltung von Stresstests für ein Investmentvermögen innerhalb der gegebenen Rahmenbedingungen **über große Freiräume,** die sie in angemessener Weise nutzen und ausfüllen soll (BaFin Erläuterungen zu § 31 I DerivateV). Damit dies in geordneter, konsistenter und nachvollziehbarer Weise geschieht, verlangt **§ 31 I DerivateV** nachvollziehbare Richtlinien für die Gestaltung und fortlaufende Anpassung der Stresstests. „Nachvollziehbar" bezieht sich dabei zum einen auf die Dokumentation dieser Richtlinie, ohne die eine Nachprüfbarkeit nicht gegeben ist, zum anderen aber auch auf ihren Inhalt (BaFin Erläuterungen zu § 31 I DerivateV). 274

Nach Ansicht der BaFin kann diese Richtlinie im Allgemeinen übergreifend **für alle von der KVG verwalteten Investmentvermögen** aufgestellt werden (BaFin Erläuterungen zu § 31 I DerivateV). Auf der Basis dieser Richtlinie ist dann für jedes Investmentvermögen individuell eine Kombination verschiedener Stresstests zusammenzustellen. Die Auswahl dieses Programms ist für jedes Investmentvermögen zu dokumentieren (BaFin Erläuterungen zu § 31 I DerivateV). Dabei muss erläutert werden, warum dieses Programm **gerade für das betreffende Investmentvermögen** geeignet ist. **Auch die Ausführung** des Programms muss nachvollziehbar dokumentiert werden, dh die konkrete Durchführung der Stresstests samt den Ergebnissen und den daraus gezogenen Konsequenzen (BaFin Erläuterungen zu § 31 I DerivateV). Weichen die durchgeführten Stresstests von dem für ein Investmentvermögen ausgewählten Programm ab, ist dies nachvollziehbar zu begründen (BaFin Erläuterungen zu § 31 I DerivateV). 275

§ 31 II DerivateV verlangt Angaben im Prüfungsbericht über die ordnungsgemäße Durchführung der Stresstests. Die Dokumentationspflichten gem. § 31 I DerivateV sind **unabdingbare Voraussetzung** für die Überprüfbarkeit dieses Bereichs (BaFin Erläuterungen zu § 31 II DerivateV). Bei der Beurteilung der Stresstests durch den Abschlussprüfer sind insb. die **qualitativen Anforderungen** und die **regelmäßige Anpassung** der Stresstests zu bewerten. Eine besondere Betonung liegt auf den Prüfungspflichten bezüglich § 28 IV, V DerivateV. Damit wird die Bedeutung der Integration der Stresstests in das gesamte Risikomanagement herausgestellt (BaFin Erläuterungen zu § 31 II DerivateV). Die KVG hat nachzuweisen, dass die Ergebnisse der Stresstests bei den **Anlageentscheidungen** für das Investmentvermögen **angemessen berücksichtigt** werden müssen. Außerdem hat der Abschlussprüfer die Zulässigkeit gewählter Auslagerungslösungen zu bewerten. 276

§ 32 DerivateV setzt Nr. 45 der ESMA-ETF-Leitlinien um. Investmentvermögen, die erheblich Kontrahentenrisiken durch OTC-Derivate, Wertpapier-Darlehen oder Pensionsgeschäfte eingehen und im Gegenzug Sicherheiten gestellt bekommen, müssen zusätzliche Liquiditätsstresstests bezüglich dieser Sicherheiten durchführen (BaFin Erläuterungen zu § 32 DerivateV). 277

Diese zusätzlichen Liquiditätsstresstests unterliegen im Grundsatz denselben **Dokumentationsanforderungen** wie die anderen Stresstest-Konzepte der DerivateV. **§ 32 II DerivateV** konkretisiert die Dokumentationsanforderungen allerdings weiter. 278

24. §§ 33, 34 DerivateV.

Abschnitt 5 Strukturierte Produkte mit derivativer Komponente

§ 33 Erwerb strukturierter Produkte

(1) Ein strukturiertes Produkt darf für ein Investmentvermögen nur erworben werden, wenn sichergestellt ist, dass nur solche Komponenten Einfluss auf das Risikoprofil und die Preisbildung des Produktes haben, die auch direkt für das Investmentvermögen erworben werden dürfen.

(2) [1]Bei Anwendung des einfachen Ansatzes ist ein strukturiertes Produkt für die Ermittlung der Anrechnungsbeträge für das Marktrisiko gemäß § 16 und für die Einbeziehung bei der Berechnung der Auslastung der Ausstellergrenzen gemäß den §§ 23 und 24 in seine Komponenten zu zerlegen und als Kombination dieser Komponenten gemäß § 16 Absatz 6 auf die jeweiligen Anlagegrenzen anzurechnen. [2]Die Zerlegung ist nachvollziehbar zu dokumentieren.

§ 34 Organisation

(1) [1]Die Kapitalverwaltungsgesellschaft hat die Investition in strukturierte Produkte in einer Richtlinie zu regeln, die eine detaillierte Beschreibung der Arbeitsabläufe, Verantwortungsbereiche und Kontrollen enthält. [2]Die Richtlinie ist regelmäßig zu aktualisieren. [3]In der Richtlinie muss mindestens Folgendes näher bestimmt sein:

1. *eine formalisierte Ordnungsmäßigkeitsprüfung vor Erwerb des Produktes, in der die Struktur und das vollständige Risikoprofil des Produktes analysiert und beurteilt werden;*
2. *Maßnahmen für den Fall, dass das Produkt während seiner Laufzeit die nach Nummer 1 festgestellten Qualitätsmerkmale unterschreitet;*
3. *die Abbildung der speziellen Risikostruktur der Produkte im Risikomanagementsystem und im Risikomesssystem, insbesondere die Zerlegung strukturierter Produkte nach § 33 Absatz 2;*
4. *eine ordnungsgemäße Preisfeststellung, insbesondere bei illiquiden Produkten.*

(2) [1]Für Produkte, mit denen die Kapitalverwaltungsgesellschaft bereits hinreichend Erfahrung hat, darf die Richtlinie ein vereinfachtes Verfahren vorsehen, soweit dies im Einzelfall angemessen ist. [2]Die Kapitalverwaltungsgesellschaft hat die ordnungsgemäße Durchführung des in der Richtlinie festgelegten Verfahrens für jedes Investmentvermögen zu dokumentieren. [3]Der Prüfungsbericht gemäß den §§ 102, 121 Absatz 3 und § 136 Absatz 3 des Kapitalanlagegesetzbuches hat Angaben darüber zu enthalten, ob die Kapitalverwaltungsgesellschaft das in der Richtlinie festgelegte Verfahren gemäß Absatz 1 ordnungsgemäß gestaltet und durchgeführt hat. [4]Unzulänglichkeiten des Verfahrens sind im Prüfungsbericht aufzuzeigen.

279 §§ 33, 34 DerivateV enthalten die Sondervorschriften zu strukturierten Produkten: die materiellen **Erwerbsvoraussetzungen** sind in **§ 33 DerivateV** geregelt und **§ 34 DerivateV** enthält detaillierte Vorgaben für die **organisationsrechtliche Behandlung** der strukturierten Produkte und knüpft damit an die Idee einer qualitativen Aufsicht an (BaFin Erläuterungen Vor § 33 DerivateV). **Die KVG trägt die Verantwortung,** innerhalb der durch die materiellen Erwerbsvoraussetzungen gesteckten Grenzlinien vertretbare Lösungen für den Erwerb strukturierter Produkte zu finden. Über die organisationsrechtlichen Vorgaben wird sichergestellt, dass die gefundenen Lösungen inklusive ihrer Begründung **für die Aufsicht nachvollziehbar** und nachprüfbar sind (BaFin Erläuterungen Vor § 33 DerivateV).

280 Nach **§ 33 I DerivateV** darf ein strukturiertes Produkt für ein Investmentvermögen nur erworben werden, wenn sichergestellt ist, dass nur solche Komponenten

Einfluss auf das Risikoprofil und die Preisbildung des Produktes haben, die auch direkt für das Investmentvermögen erworben werden dürfen.

Die Regelung des **§ 33 II DerivateV** greift den sog. **Zerlegungsgrundsatz** auf, der der bisherigen Verwaltungspraxis der BaFin entspricht. Nach diesem Grundsatz ist für die Prüfung, ob ein strukturiertes Produkt für ein Investmentvermögen erworben werden darf, das Produkt in seine **wirtschaftlichen Komponenten zu zerlegen** (BaFin Erläuterungen § 33 I, II DerivateV). Der Zerlegungsgrundsatz gilt sowohl unter dem **einfachen** als auch unter dem **qualifizierten Ansatz,** allerdings hat der Zerlegungsgrundsatz unter dem einfachen und dem qualifizierten Ansatz eine unterschiedliche Reichweite. 281

Unter dem **qualifizierten Ansatz** erfolgt die Zerlegung lediglich, um sicherzustellen, dass durch strukturierte Produkte keine Risiken Eingang in das Investmentvermögen finden, die nicht auch durch nach dem KAGB bzw. den Anlagebedingungen zulässige Vermögensgegenstände, die nicht den strukturierten Produkten zuzurechnen sind, repräsentiert werden können (BaFin Erläuterungen § 33 I, II DerivateV). 282

Unter dem **einfachen Ansatz** wird über den Zerlegungsgrundsatz zusätzlich geprüft, ob das strukturierte Produkt vollständig unter das **Anlagegrenzsystem** der DerivateV bzw. des KAGB subsumiert werden kann. Gemäß **§ 33 II DerivateV** sind die Komponenten des strukturierten Produkts für die Ermittlung der Anrechnungsbeträge für das Marktrisiko gem. § 16 DerivateV, für die Einbeziehung bei der Berechnung der Auslastung der Ausstellergrenzen gem. §§ 23, 24 DerivateV und als Kombination dieser Komponenten gem. § 16 VI DerivateV auf die jeweiligen Anlagegrenzen anzurechnen (BaFin Erläuterungen § 33 I, II DerivateV). 283

Kann ein strukturiertes Produkt **vollständig in wirtschaftliche Komponenten** zerlegt werden, so dass sämtliche Komponenten den Anforderungen des § 5 DerivateV genügen und auf die Anlagegrenzen der DerivateV für das Marktrisiko und das Emittentenrisiko angerechnet werden können, wird unterstellt, dass das Risikomesssystem des einfachen Ansatzes für das jeweilige Produkt ausreicht. Unter dem qualifizierten Ansatz ist – bedingt durch die VaR-Methode – nach Ansicht der BaFin eine Zerlegung ggf. nur für die Anrechnung auf das Emittentenrisiko erforderlich (BaFin Erläuterungen § 33 I, II DerivateV). 284

Da die **Zerlegung** eines strukturierten Produktes in seine wirtschaftlichen Komponenten zumeist nicht eindeutig ist und im Rahmen des Ermessensspielraums mehrere Lösungen denkbar sind, stellt sich die Frage, wie die geforderte Zerlegung vorzunehmen ist. Die BaFin betont in den Erläuterungen zur DerivateV, dass dies **im Verantwortungsbereich der KVG** liegt (BaFin Erläuterungen § 33 I, II DerivateV). Zur Abgrenzung, wann ein strukturiertes Produkt mit derivativer Komponente vorliegt, wird auf die Ausführungen in → § 193 Rn. 62ff. verwiesen. 285

Die **Anrechnungsbeträge** der wirtschaftlichen Komponenten eines strukturierten Produktes werden für die Anrechnung auf die maßgeblichen Anlagegrenzen gem. § 32 II DerivateV iVm § 16 DerivateV **aufsummiert.** Da es idR mehrere vertretbare Lösungen für ein strukturiertes Produkt geben kann, ist es nach Auffassung der BaFin entscheidend, dass die vorgenommene Zerlegung von der KVG gem. § 33 II 2 DerivateV **in Form und Inhalt nachvollziehbar dokumentiert** wird (BaFin Erläuterungen § 33 I, II DerivateV). 286

§ 34 DerivateV soll sicherstellen, dass die KVG ein strukturiertes Produkt auf der Grundlage eines **förmlichen Entscheidungsverfahrens** erwirbt, durch das alle für die Risikomessung und Risikomanagement erheblichen Fragestellungen 287 bereits im Vorfeld des Erwerbs abgeklärt werden. Die KVG soll nur solche strukturierten Produkte erwerben, deren **Risikoprofil und Wirkungsweise sie vollständig analysiert** hat (BaFin Erläuterungen § 34 DerivateV). Vor der Investition in strukturierte Produkte hat die KVG deshalb eine **Richtlinie aufzustellen,** in der die Anforderungen und Arbeitsabläufe bei der Investition in strukturierte Produkte geregelt werden.

288 Ziel dieser Regelung ist, dass die **KVG alle auftretenden Fragestellungen** in Bezug auf die Risikomessung und das Risikomanagement des strukturierten Produkts sowie die Auswirkungen seines speziellen Risikoprofils auf die Gesamtportfoliostruktur des Investmentvermögens **ausreichend gewürdigt** hat. Die Richtlinie muss eine formalisierte **Ordnungsmäßigkeitsprüfung vor Erwerb** vorsehen und anhand von **Kriterien definieren,** wann eine Zerlegung der Produkte vorgenommen werden muss und in welchen Fällen auf eine Zerlegung verzichtet werden kann.

289 Weiterhin muss die Richtlinie eine **fortlaufende Kontrolle** bzgl. der festgelegten Mindestqualitätsanforderungen vorsehen sowie einen **Maßnahmenkatalog,** der bei Unterschreiten der Qualitätsanforderungen zur Anwendung kommt (§ 34 I 2 Nr. 2 DerivateV). Für alle strukturierten Produkte sind Verfahren für eine ordnungsgemäße Preisfeststellung zu definieren, insb. muss eine Bewertung im Falle der Marktilliquidität sichergestellt sein.

290 Hat die KVG bereits in strukturierte Produkte mit gleichem Risikoprofil investiert und im Rahmen des Risikomanagements umfassende Erfahrung gesammelt, so kann auch ein **vereinfachtes Verfahren** zur Prüfung der Ordnungsmäßigkeit des Erwerbs angewandt werden **(§ 34 II 1 DerivateV).** Wichtig ist dabei eine **revisionssichere Dokumentation** und Begründung der Entscheidungsfindung für jedes Investmentvermögen (§ 34 II 2 DerivateV).

291 Die BaFin nimmt in den Erläuterungen zur DerivateV auch zu strukturierten Produkten Stellung, bei denen Kreditforderungen Basiswert eines **Kreditderivats** sind und diese Derivate **in Wertpapiere verpackt** oder mit Wertpapieren kombiniert sind. § 197 I kann erweiternd dahingehend ausgelegt werden, dass auch der Erwerb solcher Derivate zulässig ist, basierend auf dem Argument, dass auch Wertpapiere und Geldmarktinstrumente Forderungsrechte in handelbarer Form sind (BaFin Erläuterungen § 34 DerivateV).

292 Außerdem werden an die Aussteller der Wertpapiere und Geldmarktinstrumente besondere Anforderungen gestellt. Über die wertpapiermäßige Verbriefung der Derivate können die Elemente Handelbarkeit und Kreditwürdigkeit des Schuldners bei entsprechender Strukturierung (zB durch Kreditsicherungsinstrumente wie Subordination) auf den Basiswert „durchschlagen". Die BaFin betont ausdrücklich in ihren Erläuterungen, dass sich **diese Argumentation ausschließlich auf Kreditforderungen** bezieht (BaFin Erläuterungen § 34 DerivateV). Sie rechtfertigt nicht die „Verpackung" von Derivaten auf sonstige in § 197 I nicht genannte Basiswerte, wie zB Waren, immaterielle Wirtschaftsgüter etc. Somit wird nicht von dem grundsätzlichen Zerlegungsgrundsatz für strukturierte Produkte abgewichen.

293 Die Produkte sind vor Erwerb einer sorgfältigen **Analyse nach § 28 DerivateV** zu unterziehen, insb. sind Stresstests im Hinblick auf die zugrundeliegenden Kreditforderungen durchzuführen. Außerdem ist dem Grundsatz der Ordnungsmäßigkeit der Verwaltung eines Investmentvermögens (**Liquidität** der Produkte, **Bewertbarkeit** etc.) besondere Aufmerksamkeit zu schenken (BaFin Erläuterungen § 34 DerivateV).

25. §§ 35–38 DerivateV.

Abschnitt 6 Besondere Veröffentlichungs- und Meldebestimmungen

§ 35 Angaben im Verkaufsprospekt eines Publikumsinvestmentvermögens

(1) Der Verkaufsprospekt eines Publikumsinvestmentvermögens gemäß § 165 des Kapitalanlagegesetzbuches muss beim Einsatz von Total Return Swaps oder anderen Derivaten, die einen wesentlichen Einfluss auf die Anlagestrategie des Investmentvermögens haben, die folgenden Angaben enthalten:

1. Informationen zur zugrunde liegenden Strategie und zur Zusammensetzung des Anlageportfolios oder des Indexes nach Einsatz des Derivates,
2. Informationen zu den Vertragspartnern bei OTC-Derivaten,
3. eine Beschreibung des Kontrahentenrisikos und der Auswirkungen, die ein Ausfall des Vertragspartners auf die Erträge der Anleger hat,
4. den Umfang, in dem der Vertragspartner einen Ermessensspielraum bei der Zusammensetzung oder Verwaltung des Anlageportfolios des Investmentvermögens oder der Basiswerte der Derivate besitzt, sowie Angaben darüber, ob der Vertragspartner Geschäften im Zusammenhang mit dem Anlageportfolio des Investmentvermögens zustimmen muss,
5. den Vertragspartner, der die Portfolioverwaltung im Sinne des § 2 Absatz 3 übernimmt.

(2) Der Verkaufsprospekt eines Publikumsinvestmentvermögens gemäß § 165 des Kapitalanlagegesetzbuches muss die folgenden Angaben enthalten, wenn das Investmentvermögen unter Einsatz von Leverage einen Index nachbildet oder wenn der nachgebildete Index selbst Leverage aufweist:

1. eine Beschreibung der Leverage-Strategie und Informationen über die Art und Weise, wie diese Strategie umgesetzt wird, insbesondere darüber, inwiefern sich der Leverage aus dem Index oder aus dessen Abbildung ergibt,
2. eine Darstellung der Kosten des Leverage, sofern relevant,
3. eine Beschreibung des umgekehrten Leverage (Reverse-Leverage), sofern relevant,
4. Informationen darüber, ob und in welchem Ausmaß die Wertentwicklung des Investmentvermögens mittel- bis langfristig vom Vielfachen der Indexentwicklung abweichen kann.

(3) [1]Der Verkaufsprospekt eines Publikumsinvestmentvermögens gemäß § 165 des Kapitalanlagegesetzbuches muss beim Einsatz von Wertpapier-Darlehen und Pensionsgeschäften die folgenden Angaben enthalten:

1. Informationen zur Absicht, Wertpapier-Darlehen und Pensionsgeschäfte einzusetzen,
2. die ausführliche Beschreibung der Risiken, die mit dem Einsatz von Wertpapier-Darlehen und Pensionsgeschäften verbunden sind, einschließlich des Kontrahentenrisikos,
3. die ausführliche Beschreibung der möglichen Interessenkonflikte,
4. die Darstellung der möglichen Auswirkungen der Risiken und Interessenkonflikte nach den Nummern 2 und 3 auf die Entwicklung des Investmentvermögens,
5. eine Beschreibung des Vorgehens bezüglich der direkten und indirekten Kosten und Gebühren, die durch den Einsatz der Geschäfte entstehen und die Erträge des Investmentvermögens reduzieren,
6. das Unternehmen, das zur Durchführung der Wertpapier-Darlehen oder Pensionsgeschäfte eingebunden wird und an das Gebühren nach Nummer 5 gezahlt werden, oder die Angabe, dass die Kapitalverwaltungsgesellschaft selbst die Geschäfte tätigt,
7. die Angabe, ob und gegebenenfalls auf welche Weise das Unternehmen nach Nummer 6 mit der Kapitalverwaltungsgesellschaft oder der Verwahrstelle des Investmentvermögens verbunden ist.

[2]Die Angaben nach Satz 1 Nummer 6 und 7 können alternativ zusammen im Jahresbericht erfolgen.

(4) [1]Der Verkaufsprospekt eines Publikumsinvestmentvermögens gemäß § 165 des Kapitalanlagegesetzbuches muss eindeutige Informationen zur Sicherheitenstrategie enthalten. [2]Hierzu zählen Angaben zu zulässigen Arten von Sicherheiten, zum erforderlichen Umfang der Besicherung und zur Haircut-Strategie sowie, im Fall von Barsicherheiten, zur Strategie für die Anlage der Sicherheiten einschließlich der damit verbundenen Risiken. [3]Sofern die Sicherheitenstrategie eine erhöhte Emittentenkonzentration nach § 27 Absatz 7 Satz 4 vorsieht, muss der Verkaufsprospekt gesonderte Darlegungen hierzu enthalten und dabei die Emittenten oder Garanten derjenigen Sicherheiten benennen, deren Wert mehr als 20 Prozent des Wertes des Investmentvermögens ausmachen kann.

(5) Die zur Ermittlung der Grenzauslastung nach § 5 angewendete Methode ist im Verkaufsprospekt eines Publikumsinvestmentvermögens darzustellen.

(6) Sofern der qualifizierte Ansatz nach den §§ 7 bis 14 angewendet wird, muss der Verkaufsprospekt eines OGAW Angaben zu dem erwarteten Umfang des Leverage enthalten sowie auf die Möglichkeit eines höheren Leverage hinweisen.

(7) Sofern die Grenzauslastung nach § 7 Absatz 1 ermittelt wird, muss der Verkaufsprospekt eines Publikumsinvestmentvermögens Angaben zu dem Vergleichsvermögen nach § 9 enthalten.

(8) Sofern der Anrechnungsbetrag nach § 22 für strukturierte Investmentvermögen ermittelt wird, muss der Verkaufsprospekt eines Publikumsinvestmentvermögens

1. eine nachvollziehbare Beschreibung der Auszahlungsprofile, der Szenarien und Basisinstrumente enthalten sowie
2. einen Warnhinweis an hervorgehobener Stelle enthalten, dass Anteilsrückgaben vor Ablauf der Dauer des Investmentvermögens nicht zu der festgelegten Auszahlung führen und dass daraus möglicherweise signifikante Verluste resultieren.

§ 36 Angaben in den wesentlichen Anlegerinformationen

Die Informationen nach § 35 Absatz 2 sind in zusammengefasster Form auch in den wesentlichen Anlegerinformationen gemäß § 166 des Kapitalanlagegesetzbuches darzustellen.

§ 37 Angaben im Jahresbericht

(1) Der Jahresbericht eines Investmentvermögens muss beim Einsatz von Derivaten die folgenden Angaben enthalten:

1. das Exposure, das durch Derivate erzielt wird,
2. die Vertragspartner der derivativen Geschäfte,
3. die Art und Höhe der entgegengenommenen Sicherheiten.

(2) Der Jahresbericht eines Investmentvermögens muss beim Einsatz von Wertpapier-Darlehen und Pensionsgeschäften die folgenden Angaben enthalten:

1. das Exposure, das durch Wertpapier-Darlehen und Pensionsgeschäfte erzielt wird,
2. die Vertragspartner der Wertpapier-Darlehen und Pensionsgeschäfte,
3. die Art und Höhe der entgegengenommenen Sicherheiten,
4. die Erträge, die sich aus den Wertpapier-Darlehen und Pensionsgeschäften für den gesamten Berichtszeitraum ergeben, einschließlich der angefallenen direkten und indirekten Kosten und Gebühren.

(3) Die zur Ermittlung der Grenzauslastung nach § 5 angewendete Methode ist im Jahresbericht des Investmentvermögens darzustellen.

(4) [1]Sofern der qualifizierte Ansatz nach den §§ 7 bis 14 angewendet wird, sind die für das Investmentvermögen im Geschäftsjahr ermittelten potenziellen Risikobeträge für das Marktrisiko im Jahresbericht zu benennen. [2]Dabei sind mindestens der kleinste, der größte

und der durchschnittliche potenzielle Risikobetrag anzugeben. [3]Die Darstellung muss auch Angaben zum Risikomodell nach § 10 und zu den Parametern nach § 11 enthalten. [4]Im Jahresbericht eines OGAW ist auch der im Geschäftsjahr genutzte Umfang des Leverage anzugeben.

(5) Sofern die Grenzauslastung nach § 7 Absatz 1 ermittelt wird, muss der Jahresbericht die Zusammensetzung des Vergleichsvermögens nach § 9 enthalten.

(6) [1]Weisen die zugunsten des Investmentvermögens gestellten Sicherheiten im Berichtszeitraum eine erhöhte Emittentenkonzentration nach § 27 Absatz 7 Satz 4 auf, so sind im Jahresbericht die Emittenten oder Garanten derjenigen Sicherheiten zu benennen, deren Wert mehr als 20 Prozent des Wertes des Investmentvermögens ausgemacht haben. [2]Dabei ist anzugeben, ob sämtliche Sicherheiten in Form von Wertpapieren gestellt wurden, die der Bund, ein anderer Mitgliedstaat der Europäischen Union oder ein anderer Vertragsstaat des Abkommens über den Europäischen Wirtschaftsraum begeben oder garantiert hat.

§ 38 Berichte über Derivate

(1) [1]Die Kapitalverwaltungsgesellschaft hat für jeden OGAW zum Ende des Kalenderjahres oder des Geschäftsjahres (Berichtsstichtag) und zusätzlich jederzeit auf Anforderung der Bundesanstalt einen Bericht über die verwendeten Derivate und strukturierten Produkte mit derivativer Komponente zu erstellen. [2]Für offene Publikums-AIF gemäß § 214 des Kapitalanlagegesetzbuches und für Spezial-AIF nach § 284 des Kapitalanlagegesetzbuches ist der Bericht nur auf Anforderung der Bundesanstalt zu erstellen. [3]Der Bericht ist der Bundesanstalt jeweils unverzüglich über ein von ihr bereitgestelltes elektronisches Kommunikationsverfahren einzureichen.

(2) Der Bericht muss enthalten:

1. *eine Aufstellung der in der Berichtsperiode eingesetzten Arten von Derivaten und strukturierten Produkten mit derivativer Komponente einschließlich der wesentlichen Risiken, die ihnen zugrunde liegen, die nach § 5 Absatz 2 gewählte Methode zur Bemessung dieser Risiken, den Zweck des Einsatzes der Arten von Derivaten und derivativen Komponenten in Bezug auf die Anlagestrategie sowie das Risikoprofil des Investmentvermögens,*
2. *die Angaben nach § 36,*
3. *eine Aufstellung der zum Berichtsstichtag im Investmentvermögen eingesetzten Derivate, ihre jeweiligen Anrechnungsbeträge für das Marktrisiko nach § 7 oder § 16, für das Emittentenrisiko nach § 23 sowie für das Kontrahentenrisiko nach § 27 einschließlich der Darstellung eventueller Verrechnungen sowie die Darstellung der Auslastung der jeweiligen Grenzen und*
4. *gegebenenfalls weitere Informationen, die die Bundesanstalt bei der Anforderung festlegt.*

(3) Die Bundesanstalt kann der Deutschen Bundesbank, der Europäischen Wertpapier- und Marktaufsichtsbehörde und dem Europäischen Ausschuss für Systemrisiken die nach den Absätzen 1 und 2 eingehenden Informationen zum Zweck der Überwachung von Systemrisiken übermitteln.

§ 35 I–IV DerivateV setzen die Nr. 13, 14, 25, 28, 29, 38, 47 der ESMA-ETF- **294**
Leitlinien um (BaFin Erläuterungen § 35 I–IV DerivateV). Es werden hier zusätzliche spezifische Angaben in den Verkaufsprospekten für **Publikumsinvestmentvermögen** gefordert bzw. die Anforderungen an Inhalte der Verkaufsprospekte nach § 165 bezüglich spezifischer Geschäfte konkretisiert.

Die Vorgaben sind **nicht direkt für Spezial-AIF** anwendbar. Die Anforderun- **295**
gen an die Informationspflichten bei Spezial-AIF gem. § 307 können jedoch teilweise die entsprechenden Angaben erforderlich machen.

296 **§ 35 I DerivateV** definiert, welche Angaben beim Einsatz von **Total Return Swaps** oder anderen Derivaten, die einen wesentlichen Einfluss auf die Anlagestrategie des Investmentvermögens haben, zu machen sind. Die Anleger erhalten Informationen über die zugrundeliegende **Strategie** des Investmentvermögens und zur Zusammensetzung des Anlageportfolios. Werden **OTC-Derivate** eingesetzt, muss der Verkaufsprospekt Angaben zu den Vertragspartnern, zum Kontrahentenrisiko und zum Ermessenspielraum oder dem sonstigen Einfluss des Kontrahenten enthalten.

297 **§ 35 II DerivateV** betrifft den Fall von **indexnachbildenden** gehebelten Investmentvermögen und **§ 35 III DerivateV** regelt, welche Angaben beim Einsatz von Wertpapierdarlehen und Pensionsgeschäften zu machen ist.

298 Nach **§ 35 IV DerivateV** muss der Verkaufsprospekt eindeutige Informationen zur **Sicherheitenstrategie** enthalten. Hierzu zählen Angaben zu zulässigen Arten von Sicherheiten, zum erforderlichen Umfang der Besicherung und zur Haircut-Strategie. Werden Barsicherheiten eingesetzt, sind Angaben zur Anlage der Barmittel und der damit verbundenen Risiken zu machen.

299 Im Prospekt sind gem. **§ 35 V DerivateV** Angaben zu machen, nach **welcher Methode** die Marktrisikogrenze ermittelt wird (einfacher Ansatz, relativer VaR oder absoluter VaR-Ansatz). Diese Angabe hat eine kurze, **verständliche Beschreibung** der Methode einzuschließen. Für den Fall der Risikomessung nach dem qualifizierten Ansatz sind **Angaben zum Vergleichsvermögen** zu machen (s. **§ 35 VII DerivateV**), denn dadurch wird das potenzielle Marktrisiko des Investmentvermögens maßgeblich determiniert.

300 Nach **§ 35 VI DerivateV** sind für OGAW auch der erwartete Leverage darzustellen. Schon in den Erläuterungen zu § 5 DerivateV (vgl. → Rn. 50) wurde ausgeführt, dass es unter gewissen Umständen oder bei Anwendung bestimmter Anlagestrategien unter dem qualifizierten Ansatz möglich ist, dass ein Investmentvermögen eine hohe Hebelwirkung aufweist. Zum Zwecke der Transparenz gegenüber den Anlegern ist daher im Verkaufsprospekt **der erwartete Leverage aufzuzeigen.** Die Angaben im Prospekt können entweder auf die erwartete durchschnittliche Hebelwirkung oder auf die erwartete maximale Hebelwirkung abstellen. Dabei ist darauf **hinzuweisen,** dass die Hebelwirkung Schwankungen unterliegt und daher unter bestimmten Marktbedingungen (zB geringer Marktvolatilität) **auch höher als die im Prospekt** angegebene (durchschnittliche/maximale) sein kann (BaFin Erläuterungen § 35 VI DerivateV).

301 Die Angabe des erwarteten Leverage erfolgt nicht vor dem Hintergrund einer zwingenden aufsichtsrechtlichen Grenze. Daher sollte der **unverbindliche Charakter** der Angabe im Verkaufsprospekt **klargestellt** werden (EDD/*Braus/Zinken* § 197 Rn. 323).

302 Die Auswahlmöglichkeit gem. § 35 VI DerivateV gilt **nur für OGAW.** Für Publikums-AIF ist bereits gem. **§ 165 II Nr. 6** geregelt, dass der maximale Leverage im Verkaufsprospekt anzugeben ist. Gleiches gilt für die Informationen zu Spezial-AIF gem. **§ 307 Nr. 5** (BaFin Erläuterungen § 35 VI DerivateV).

303 Bei der Berechnung des Leverage sind sowohl Derivate als auch etwaige Effekte aus der Wiederanlage von Sicherheiten bei Wertpapierleihe und Pensionsgeschäften zu berücksichtigen. Der Leverage ist hierbei stets als Division des Gesamt-Exposures des OGAW durch dessen Nettoinventarwert zu berechnen, also: (Anrechnungsbetrag+NAV)/NAV.

304 Zum Zwecke der einfachen Ermittlung wird bei der Berechnung des Leverage-Anrechnungsbetrages entsprechend der **CESR-Risk-Leitlinien** auf eine **Brutto-**

berechnung abgestellt. Verrechnungen oder die Anerkennung von Absicherungsgeschäften sind nicht zulässig (BaFin Erläuterungen § 35 VI DerivateV). Zusätzlich kann die Berechnung des Leverage-Anrechnungsbetrages nach dem **Einfachen Ansatz** gem. §§ 15ff. DerivateV erfolgen. Allerdings findet § 15 DerivateV in Bezug auf die Herausrechnung der Investmentanteile keine Anwendung. Von der Angabe des Umfangs des Leverage gem. der Bruttomethode kann nicht abgewichen werden (BaFin Erläuterungen § 35 VI DerivateV).

§ 35 VIII DerivateV schreibt zusätzliche Angaben und einen Risikohinweis für **strukturierte Investmentvermögen** vor. Der Prospekt hat eine nachvollziehbare Beschreibung der Auszahlungsprofile, der Szenarien und eingesetzten Basisinstrumente zu erhalten. Zusätzlich ist ein **Warnhinweis** zu möglichen zwischenzeitlichen Unterschreitungen von angestrebten Auszahlungsprofilen zum Ende der Laufzeit aufzunehmen. Der Wert des Investmentvermögens kann während der Laufzeit erheblichen Schwankungen ausgesetzt sein (BaFin Erläuterungen § 35 VIII DerivateV). 305

§ 36 DerivateV dient der Umsetzung der Nr. 14 der ESMA-ETF-Leitlinien. Gemäß § 36 DerivateV müssen die wesentlichen Anlegerinformationen die Angaben nach **§ 35 II Nr. 1–4 DerivateV** in **zusammengefasster Form** enthalten, wenn das Investmentvermögen unter Einsatz von Leverage einen Index nachbildet oder wenn der nachgebildete Index selbst Leverage aufweist (BaFin Erläuterungen § 36 DerivateV). 306

§ 37 I und II DerivateV setzt Nr. 35 und 40 der ESMA-ETF-Leitlinien um, die zusätzliche Angaben in den **Jahresberichten** für **alle Investmentvermögen** beim Einsatz von Derivaten, Wertpapier-Darlehen oder Pensionsgeschäften festlegen. Die Angaben nach Abs. 1 und Abs. 2 Nr. 1–3 sind bezogen auf den **Berichtsstichtag** zu machen. 307

§ 37 III DerivateV regelt die Veröffentlichungspflicht der **verwendeten Methode,** dh einfacher Ansatz, relativer VaR oder absoluter VaR-Ansatz entsprechend § 35 V DerivateV und der **verwendeten Risikomodelle** nach § 10, sofern der qualifizierte Ansatz genutzt wird. Neben dem Vergleichsvermögen sind das gewählte **Risikomodellierungsverfahren** (zB historische Simulation, Varianz-Kovarianz-Analyse oder Monte-Carlo-Simulation) sowie die **gewählten Parameter** der Marktrisikoquantifizierung darzulegen. Daneben sind die im Berichtszeitraum **gemessenen Marktrisikopotenziale,** zumindest aber der höchste, niedrigste und durchschnittliche VaR, anzugeben. 308

Bei der Verwendung des qualifizierten Ansatzes bei OGAW ist im Jahresbericht der im Berichtsjahr **tatsächlich genutzte Leverage** darzustellen (§ 37 IV 4 DerivateV). Die Erläuterungen zu § 35 VI DerivateV gelten entsprechend. Es sollte hierbei ein **Durchschnittswert** innerhalb des Berichtsjahres angegeben werden, der auf Basis einer mindestens **zweimal im Monat** erfolgten Berechnung ermittelt wird. Bezüglich **AIF** ergeben sich die Bestimmungen zur Information der Anleger bezüglich des Leverage aus der **Level II VO** (dort insb. **Art. 109 III**). 309

§ 38 DerivateV dient der Umsetzung von **Art. 45 der Zweiten Durchführungs-RL.** Hiernach hat die KVG in Bezug auf OGAW jährlich und auf Anforderung der BaFin einen **Bericht über Derivate** zu erstellen. Der Bericht dient zur Information über die in den einzelnen Investmentvermögen eingesetzten Derivate einschließlich der wesentlichen Risiken und soll ein den tatsächlichen Verhältnissen entsprechendes Bild vermitteln (BaFin Erläuterungen § 38 DerivateV). 310

Der Bericht muss unter anderem eine Aufstellung der **Arten von Derivaten,** die für das Investmentvermögen zum Einsatz gekommen sind, und **weitere Erläu-** 311

terungen, zB hinsichtlich deren **Zwecks** (bspw. Absicherung bestimmter Risiken oder Generierung von zusätzlichem Exposure), enthalten (BaFin Erläuterungen § 38 DerivateV). Angaben zur Einhaltung und Auslastung der **Anlagegrenzen** sowie Darstellung der **Methoden,** die **zur Risikomessung** angewandt werden, sind in diesem Bericht ebenfalls enthalten (vgl. zum Inhalt des Berichts näher § 38 II DerivateV). Die Informationen dienen auch zur Überwachung bzw. Identifizierung möglicher Risiken. **§ 38 I 2 DerivateV** enthält Erleichterungen für offene Publikums-AIF gem. § 214 und für Spezial-AIF gem. § 284. Danach muss der Bericht nur auf Verlangen der BaFin erstellt und eingereicht werden.

312 Die **BaFin** hat ein **Merkblatt** und eine **Mustertabelle** für Meldungen nach § 38 DerivateV erstellt, die diese Vorschrift konkretisieren (abrufbar unter: https://www.bafin.de/SharedDocs/Veroeffentlichungen/DE/Merkblatt/WA/mb_191202_DerivateV.html). Die BaFin kann der Deutschen Bundesbank, der ESMA und dem Europäischen Ausschuss für Systemrisiken die nach § 38 I, II DerivateV eingehenden **Informationen** zum Zweck der Überwachung von Systemrisiken **übermitteln.**

26. §§ 39–41 DerivateV.

Abschnitt 7 Schlussbestimmungen

§ 39 Anwendbarkeit

Die Vorschriften dieser Verordnung sind entsprechend anzuwenden

1. *auf die Tätigkeit einer EU-OGAW-Verwaltungsgesellschaft, die inländische OGAW verwaltet, und*
2. *auf die Tätigkeit einer EU-AIF-Verwaltungsgesellschaft, die inländische offene Spezial-AIF mit festen Anlagebedingungen verwaltet.*

§ 40 Übergangsbestimmungen

(1) Die Derivateverordnung vom 6. Februar 2004 (BGBl. I S. 153) in der bis zum 21. Juli 2013 geltenden Fassung ist auf die am 21. Juli 2013 bestehenden AIF-Kapitalverwaltungsgesellschaften und AIF weiterhin anzuwenden, solange für diese nach den Übergangsvorschriften der §§ 345 bis § 350 des Kapitalanlagegesetzbuches weiterhin die Vorschriften des Investmentgesetzes anwendbar sind.

(2) Auf die am 6. September 2019 bestehenden Investmentvermögen kann § 24 Absatz 2 in seiner bis zum 5. September 2019 geltenden Fassung noch bis zum 5. Juni 2020 angewendet werden.

§ 41 Inkrafttreten, Außerkrafttreten

[1]Diese Verordnung tritt am 22. Juli 2013 in Kraft. [2]Gleichzeitig tritt die Derivateverordnung vom 6. Februar 2004 (BGBl. I S. 153), die durch Artikel 1 der Verordnung vom 28. Juni 2011 (BGBl. I S. 1278) geändert worden ist, außer Kraft.

313 **§ 39 DerivateV** erstreckt den Anwendungsbereich des § 1 DerivateV auch auf **grenzüberschreitend tätige EU-Verwaltungsgesellschaften,** die inländische OGAW und inländische offene Spezial-AIF mit festen Anlagebedingungen verwalten. Ob die DerivateV in diesem Kontext auch auf offene, inländische Publikums-AIF anwendbar ist, lässt die Norm offen (so auch BTM/*Josek* § 197 Rn. 361). Auch die Erläuterungen der BaFin zu § 1 DerivateV enthalten diesbezüglich keine Aussage.

314 Im Ergebnis dürften die **besseren Argumente gegen** die Anwendung der DerivateV auf grenzüberschreitend verwaltete offene, inländische Publikums-AIF

sprechen. Denn mit der Neufassung der DerivateV mit Wirkung zum 22.7.2013 wurde auch § 39 DerivateV völlig neu gefasst. Es spricht also viel dafür, dass der Verordnungsgeber offene, inländische Publikums-**AIF bewusst nicht erwähnt hat.** Dies ergibt auch Sinn, weil eine EU-AIF-Verwaltungsgesellschaft nach der Konzeption des KAGB inländische Publikums-AIF **nicht ohne Erlaubnis der BaFin** verwalten darf: Der in § 54 niedergelegte europäische Pass findet nur auf die Verwaltung von inländischen Spezial-AIF Anwendung (vgl. kritisch EDD/*Liebert/Vahldiek* § 54 Rn. 13). Die BaFin hat folglich die Möglichkeit, sich von der Angemessenheit des Risikomanagements der betreffenden EU-AIF-Verwaltungsgesellschaften (auch im Hinblick auf Derivate) **im Erlaubnisverfahren zu überzeugen.** Im Übrigen wird auch argumentiert, dass eine **Erstreckung** der DerivateV **auf EU-Verwaltungsgesellschaften,** die inländische Investmentvermögen verwalten, generell **europarechtswidrig** ist (vgl. AWZ/*Zetzsche/Hanke* Derivateverordnung Rn. 4).

§ 40 DerivateV gewährt bestimmten AIF-KVG bzw. AIF Bestandsschutz in dem Sinne, dass die Regelungen der DerivateV in der bis zum 21.7.2013 geltenden Fassung weiterhin auf sie Anwendung finden. Dabei verweist § 40 I DerivateV auf die entsprechenden Übergangsvorschriften des KAGB. **315**

Nach **§ 40 II DerivateV** findet die Ausnahmevorschrift des **§ 24 II DerivateV** (nach der bestimmte Credit Default Swaps nicht berücksichtigt werden müssen) in der bis zum 5.9.2019 geltenden Fassung auch auf OGAW und offene, inländische Publikums-AIF Anwendung. Mit **Ablauf des 5.6.2020** können aber auch diese nicht mehr von der Ausnahme Gebrauch machen. Diese findet dann nur noch auf den offenen inländischen Spezial-AIF mit festen Anlagebedingungen Anwendung (vgl. → Rn. 214). **316**

§ 198 Sonstige Anlageinstrumente

Die OGAW-Kapitalverwaltungsgesellschaft darf nur bis zu 10 Prozent des Wertes des inländischen OGAW insgesamt anlegen in

1. **Wertpapiere, die nicht zum Handel an einer Börse zugelassen oder an einem anderen organisierten Markt zugelassen oder in diesen einbezogen sind, im Übrigen jedoch die Kriterien des Artikels 2 Absatz 1 Buchstabe a bis c Ziffer ii, Buchstabe d Ziffer ii und Buchstabe e bis g der Richtlinie 2007/16/EG erfüllen,**
2. **Geldmarktinstrumente von Emittenten, die nicht den Anforderungen des § 194 genügen, sofern die Geldmarktinstrumente die Voraussetzungen des Artikels 4 Absatz 1 und 2 der Richtlinie 2007/16/EG erfüllen,**
3. **Aktien, welche die Anforderungen des § 193 Absatz 1 Nummer 3 und 4 erfüllen,**
4. **Forderungen aus Gelddarlehen, die nicht unter § 194 fallen, Teilbeträge eines von einem Dritten gewährten Gesamtdarlehens sind und über die ein Schuldschein ausgestellt ist (Schuldscheindarlehen), sofern diese Forderungen nach dem Erwerb für den inländischen OGAW mindestens zweimal abgetreten werden können und das Darlehen gewährt wurde**
   a) **dem Bund, einem Sondervermögen des Bundes, einem Land, der Europäischen Union oder einem Staat, der Mitglied der Organisation für wirtschaftliche Zusammenarbeit und Entwicklung ist,**

b) einer anderen inländischen Gebietskörperschaft oder einer Regionalregierung oder örtlichen Gebietskörperschaft eines anderen Mitgliedstaates der Europäischen Union oder eines anderen Vertragsstaates des Abkommens über den Europäischen Wirtschaftsraum, sofern die Forderung an die Regionalregierung oder an die Gebietskörperschaft gemäß Artikel 115 Absatz 2 der Verordnung (EU) Nr. 575/2013 in derselben Weise behandelt werden kann wie eine Forderung an den Zentralstaat, auf dessen Hoheitsgebiet die Regionalregierung oder die Gebietskörperschaft ansässig ist,

c) sonstigen Körperschaften oder Anstalten des öffentlichen Rechts mit Sitz im Inland oder in einem anderen Mitgliedstaat der Europäischen Union oder einem anderen Vertragsstaat des Abkommens über den Europäischen Wirtschaftsraum,

d) Unternehmen, die Wertpapiere ausgegeben haben, die an einem organisierten Markt im Sinne von § 2 Absatz 11 des Wertpapierhandelsgesetzes zum Handel zugelassen sind oder die an einem anderen organisierten Markt, der die wesentlichen Anforderungen an geregelte Märkte im Sinne der Richtlinie 2014/65/EU in der jeweils geltenden Fassung erfüllt, zum Handel zugelassen sind, oder

e) gegen Übernahme der Gewährleistung für die Verzinsung und Rückzahlung durch eine der in den Buchstaben a bis c bezeichneten Stellen.

Schrifttum: *Bärenz/Steinmüller* Private Equity-Fonds als Investment für deutsche Sondervermögen, Absolutreport 38/2007, S. 46; *Herf* BaFin erweitert Katalog erwerbbarer Finanzinstrumente für Investmentfonds, BaFinJournal 07/2007, 6; *Kaune/Oulds* Das neue Investmentgesetz, ZBB 2004, 114; *Kempf* Novellierung des Investmentrechts 2004 nach dem Investmentmodernisierungsgesetz, 1. Aufl. 2004; *Kempf* Novellierung des Investmentrechts 2007, Ein Praxishandbuch, 1. Aufl. 2008; *Patzner/Döser/Kempf* Investmentrecht, 3. Aufl. 2017; *Raab* Grundlagen des Investmentfondsgeschäfts, 7. Aufl. 2019.

I. Entwicklung, Sinn und Zweck

1 Die Vorschrift basiert auf dem durch das KAGB aufgehobenen § 52 InvG.

2 Indem § 198 den **Erwerb von sonstigen Anlageinstrumenten** zulässt, erweitert diese Regelung die Anlagemöglichkeiten gem. §§ 193, 194. Die Vorschrift setzt **Art. 50 II Buchst. a OGAW-RL** iVm Art. 2 I bzw. Art. 4 I und II **Erste Durchführungs-RL** um. Auf beide Vorschriften wird in der Regelung des § 198 Bezug genommen. Die Vorschrift begrenzt die Investition in sonstige Anlageinstrumente auf 10% dWd inländischen OGAW. Aktien, deren Zulassung zur Börse oder deren Einbeziehung in einen organisierten Markt beantragt ist, sind ebenfalls in die Obergrenze für sonstige Anlageinstrumente von 10% einzubeziehen (§ 198 Nr. 3).

II. Überblick

3 Folgende Vermögenswerte sind nach § 198 zulässig:

– **Wertpapiere,** die nicht zum Handel an einer Börse zugelassen sind oder in einen organisierten Markt einbezogen sind, dh nicht den Anforderungen des § 193 genügen;
– **Geldmarktinstrumente** von Ausstellern, die nicht die Anforderungen des § 194 erfüllen;

- **Aktien,** welche die Anforderungen des § 193 I Nr. 3 und 4 erfüllen;
- **Forderungen aus Gelddarlehen,** die nicht den Anforderungen des § 194 genügen, aber bestimmte andere Kriterien erfüllen.

Nicht notierte Wertpapiere sind solche, deren Zulassung zum Börsenhandel oder deren Einbeziehung in einen organisierten Markt nicht vorgesehen ist oder, im Fall von **Neuemissionen,** deren Zulassung zur Börse oder Einbeziehung in einen organisierten Markt nach dem Emissionszeitpunkt noch nicht vollzogen ist (§ 198 Nr. 3). Die Einbeziehung von Neuemissionen beruht auf der Überlegung, dass aus Gründen der Liquidität und im Hinblick auf eine sachgerechte Bewertung der Umfang der nicht notierten oder in den organisierten Markt einbezogenen Aktien begrenzt werden soll. Üblicherweise werden Neuemissionen wenige Wochen nach dem Angebot zugelassen und unterfallen dann nicht mehr der Begrenzung. 4

Die Wertpapiere müssen jedoch die **Kriterien** des Art. 2 I Buchst. a–c Ziff. ii, Buchst. d Ziff. ii und Buchst. e–g der **Ersten Durchführungs-RL** erfüllen. Diese betreffen Verlustbegrenzung, Liquidität, Bewertung, Informationspflichten, Handelbarkeit, Anlageziele und Anlagestrategie sowie Risikomanagement, → § 193 Rn. 34ff. 5

Nach dem Wortlaut der Vorschrift, darf keine Zulassung des Wertpapiers zum Handel an einer Börse oder an einem anderen organisierten Markt erfolgt sein oder der Einbezug des Wertpapiers in einem anderen organisierten Markt vorliegen. Damit werden alle Wertpapiere ausgeschlossen, die zwar nicht über eine **Handelszulassung iSd § 193** verfügen, aber an anderen Börsen oder Märkten gehandelt werden. Solche Wertpapiere wären dann weder nach § 193 noch § 198 für einen inländischen OGAW erwerbbar und würden somit schlechter behandelt als Wertpapiere, die über gar keine Zulassung verfügen. Da für eine solche Ungleichbehandlung kein investmentrechtlich relevanter Grund ersichtlich ist, ist der Wortlaut **richtlinienkonform, dh entsprechend Art. 50 II Buchst. a OGAW-IV-RL auszulegen.** Artikel 50 II Buchst. a OGAW-IV-RL erwähnt das Kriterium der Handelszulassung nicht. Daher kann eine Erwerbbarkeit nach § 198 auch nicht schon allein deshalb ausgeschlossen sein, weil das betreffende Instrument irgendwo auf der Welt an einer Börse (oder einem organisierten Markt) gehandelt wird. 6

Gemäß § 198 Nr. 2 ist auch der **Erwerb von Geldmarktinstrumenten** zulässig, deren Aussteller nicht die in § 194 normierten Voraussetzungen erfüllen. Allerdings müssen die betreffenden Instrumente die definitorischen Voraussetzungen des § 194 I Hs. 1 erfüllen, dh (i) sie dürfen im Zeitpunkt ihres Erwerbs für den inländischen OGAW eine **restliche Laufzeit von höchstens 397 Tagen** haben, (ii) die Verzinsung muss während der gesamten Laufzeit regelmäßig, mindestens aber einmal in 397 Tagen angepasst werden oder (iii) ihr Risikoprofil (dh das Kredit- und Zinsrisiko) entspricht dem Risikoprofil der vorgenannten Wertpapiere. Zusätzlich müssen Geldmarktinstrumente die Kriterien des Art. 4 I und II Erste Durchführungs-RL gewährleisten, dh sie müssen liquide und bewertbar sein. Hinsichtlich beider Kriterien wird auf die Kommentierung zu § 194 verwiesen. 7

III. Die Voraussetzungen für den Erwerb von Schuldscheindarlehen

Gemäß § 198 Nr. 4 kann ein OGAW auch **Schuldscheindarlehen** als zulässige Vermögensgegenstände erwerben, wenn sie nicht die Anforderungen an Geldmarktinstrumente nach § 198 erfüllen, dh eine **längere Restlaufzeit als 397 Tage** haben. Um erwerbbar zu sein, müssen die Schuldscheindarlehen die folgenden Anforderungen erfüllen: 8

9 Sie stellen einen **Teilbetrag eines** von einem Dritten gewährten **Gesamtdarlehens** dar. Ein Dritter, in der Regel ein KI, muss das betreffende Darlehen im eigenen Namen für eigene Rechnung gewähren. Dieses Darlehen kann erst anschließend in Teilbeträgen an andere Kapitalsammelstellen, wie zB eine KVG, verkauft werden. Andernfalls ist der Erwerb unzulässig. Aufgrund des Verbots der Kreditvergabe (§ 20 VIII) kann eine OGAW-KVG selbst kein Gesamtdarlehen vergeben, sondern nur im Wege der Abtretung für einen inländischen OGAW erwerben.

10 Über die Darlehen wird ein **die Forderung verbriefender Schuldschein** ausgestellt; dieser dokumentiert das Darlehen und ist Beweisurkunde. Eine Verbriefung im engen wertpapierrechtlichen Sinne liegt damit nicht vor. Die Übertragung eines Schuldscheindarlehens erfolgt im Wege der Abtretung des Darlehens und nicht durch eine Übereignung des Schuldscheins. Die Beweisurkunde geht kraft Gesetzes bei der Abtretung der Forderung mit über.

11 Nachdem die entsprechenden Forderungen aus dem Schuldscheindarlehen für den inländischen OGAW erworben wurden, muss die Forderung noch mindestens **zwei Mal abtretbar** sein. Durch die Anforderung der zweifachen Abtretbarkeit soll für die betreffende Forderung die notwendige Fungibilität sichergestellt werden, da ansonsten Bewertungsabschläge wegen mangelnder Übertragbarkeit durch Finanzteilnehmer möglich sind.

12 Das Schuldscheindarlehen muss durch einen **qualifizierten Emittenten** gewährt werden. Zu den qualifizierten Emittenten gehören der Bund, die Sondervermögen des Bundes, die Länder, die Europäische Union sowie Staaten, die Mitglied der OECD sind. Als Sondervermögen des Bundes zählen zB das Bundeseisenbahnvermögen, das ERP-Sondervermögen, der Lastenausgleichsfonds, der Fonds der Deutschen Einheit und der Erblastentilgungsfonds.

13 Als qualifizierte Emittenten zählen auch **andere inländische Gebietskörperschaften,** Regionalregierungen oder örtliche Gebietskörperschaften in einem anderen Mitgliedstaat der EU bzw. eines anderen Vertragsstaates des EWR, sofern die Forderung an die Regionalregierung oder an die Gebietskörperschaft gem. Art. 115 II CRR in derselben Weise behandelt werden kann wie eine Forderung an den Zentralstaat, auf dessen Hoheitsgebiet die Regionalregierung oder die Gebietskörperschaft ansässig ist. Danach werden Forderungen an Regionalregierungen und Gebietskörperschaften in derselben Weise behandelt wie Forderungen an den Zentralstaat, auf dessen Hoheitsgebiet sie ansässig sind, sofern sich das Risiko dieser Forderungen nicht unterscheidet, da die Gebietskörperschaften über eigenständige Steuererhebungsrechte verfügen und besondere institutionelle Vorkehrungen getroffen wurden, um ihr Ausfallrisiko zu reduzieren.

14 **Sonstige Körperschaften oder Anstalten des öffentlichen Rechts** mit Sitz im Inland oder in einem anderen Mitgliedstaat der EU bzw. Vertragsstaat des EWR sind ebenfalls qualifizierte Emittenten. Nicht unter diese Emittentengruppe fallen öffentliche oder private Stiftungen; sie scheiden als Darlehensnehmer damit aus.

15 Schließlich gelten auch bestimmte **nicht öffentliche Darlehensnehmer** als qualifizierte Emittenten. Es handelt sich um Unternehmen, die Wertpapiere ausgegeben haben, die an einem organisierten Markt iSv § 2 XI WpHG zum Handel zugelassen sind oder die an einem anderen organisierten Markt, der die wesentlichen Anforderungen an geregelte Märkte iSd MiFID-RL in der jeweils geltenden Fassung erfüllt, zum Handel zugelassen sind. Private KI, die Wertpapiere ausgeben, kommen daher auch als Darlehensnehmer in Betracht.

Qualifizierte Schuldscheindarlehen liegen auch vor, wenn für die Darlehen durch eine der oben genannten Institutionen die **Gewährleistung** für die Verzinsung und Rückzahlung übernommen wurde. Der Darlehensnehmer muss in diesem Fall nicht die Voraussetzungen für qualifizierte Emittenten erfüllen. 16

IV. Das Verhältnis von § 198 Nr. 4 zur OGAW-RL und zur Ersten Durchführungs-RL

Die nicht notierten Schuldscheindarlehen entsprechen bei einer rein formalrechtlichen Betrachtung nicht den Voraussetzungen von Art. 50 II Buchst. a OGAW-RL sowie Art. 2 I Erste Durchführungs-RL, da es sich bei diesen Instrumenten nicht um **fungible (vertretbare) Wertpapiere** handelt. Angesichts der nicht vorhandenen Verbriefung sind die definitorischen Voraussetzungen, die ein Wertpapier als solches qualifizieren, nicht erfüllt. Dagegen steht die **langjährige Verwaltungspraxis der BaFin,** die solche Instrumente bisher als sonstige Anlageinstrumente zugelassen hat. Diese Entscheidung beruhte auf der Erwägung, dass Schuldscheindarlehen in ihrer Ausgestaltung einer Anleihe ähneln und aufgrund der üblichen mehrfachen Abtretbarkeit gut handelbar sind. Insofern soll die Wertpapierähnlichkeit der Schuldscheindarlehen ausreichend sein. 17

Aufgrund dieser Historie lässt die BaFin auch weiterhin den Erwerb von nicht notierten Schuldscheindarlehen zu und weicht insofern bewusst von den Voraussetzungen der Ersten Durchführungs-RL ab. Auf Grund dieser Bestandsaufnahme könnte man schlussfolgern, dass auch der Erwerb von allen Teilbeträgen eines Schuldscheindarlehens, somit der Erwerb eines nicht verbrieften Gesamtdarlehens, zulässig sein soll (EDD/*Kayser/Sturm* § 198 Rn. 23). Diese **weite Auslegung** ist allerdings mit Hinblick auf den Gesetzeswortlaut **abzulehnen.** 18

§ 199 Kreditaufnahme

Die OGAW-Kapitalverwaltungsgesellschaft darf für gemeinschaftliche Rechnung der Anleger kurzfristige Kredite nur bis zur Höhe von 10 Prozent des Wertes des inländischen OGAW und nur aufnehmen, wenn die Bedingungen der Kreditaufnahme marktüblich sind und dies in den Anlagebedingungen vorgesehen ist.

Schrifttum: *Beckmann/Scholtz/Vollmer* Ergänzbares Handbuch für das gesamte Investmentwesen, 2019; *Bödecker* Handbuch Investmentrecht, 2007; *Herf* BaFin erweitert Katalog erwerbbarer Finanzinstrumente für Investmentfonds; BaFinJournal 07/2007, 6; *Kaune/Oulds* Das neue Investmentgesetz, ZBB 2004, 114; *Kempf* Novellierung des Investmentrechts 2004 nach dem Investmentmodernisierungsgesetz, 1. Aufl. 2004; *Kempf* Novellierung des Investmentrechts 2007, Ein Praxishandbuch 1. Aufl. 2008; *Kraushaar* Die Kreditaufnahme durch Kapitalverwaltungsgesellschaften für OGAW- und AIF-Sondervermögen nach dem Kapitalanlagegesetzbuch, BKR 2017, 496; *Kremer* AIFM-Umsetzungsgesetz, Anforderungen an Kapitalverwaltungsgesellschaften und Regelungen zu inländischen Investmentvermögen, BaFinJournal 5/2013, S. 13; *Patzner/Döser/Kempf* Investmentrecht, 3. Aufl. 2017; *Raab* Grundlagen des Investmentfondsgeschäfts, 7. Aufl. 2019.

I. Grundlagen

1 Bis auf wenige redaktionelle Änderungen entspricht die Vorschrift dem zuvor geltenden § 53 InvG.

In Umsetzung von Art. 83 I OGAW-RL untersagt § 199 einer KVG grds. die Aufnahme von **Krediten im Namen und für Rechnung des inländischen OGAW.** Die Regelung sieht aber im begrenzten Umfang Ausnahmen von diesem Verbot vor und erlaubt dementsprechend die Aufnahme von kurzfristigen Krediten für die gemeinschaftliche Rechnung der Anleger.

2 Das Verbot der Kreditaufnahme bzw. deren beschränkte Zulassung gilt nicht für alle Arten der inländischen Investmentvermögen. Für **Gemischte Investmentvermögen** findet die Regel des § 199 gem. § 218 vollumfänglich Anwendung. Dagegen darf eine KVG für **Sonstige Investmentvermögen** gem. § 221 VI kurzfristige Kredite iHv 20% dWd Investmentvermögens aufnehmen, wenn die Bedingungen der Kreditaufnahme marktüblich sind und dies in den Anlagebedingungen vorgesehen ist. **Dach-Hedgefonds** dürfen Kredite nur nach Maßgabe des § 199 aufnehmen (§ 225 I 3, wobei diese Vorschrift fälschlicherweise den Eindruck erweckt als handelte es sich bei einer solchen kurzfristigen Kreditaufnahme um Leverage).

§ 254 I räumt für **Immobilien-Sondervermögen** unbeschadet des § 199 die Möglichkeit einer Kreditaufnahme bis zur Höhe von 30% des Verkehrswertes der Immobilien, die zum Sondervermögen gehören, ein. Dabei muss die Kreditaufnahme in den Anlagebedingungen vorgesehen und mit einer ordnungsgemäßen Wirtschaftsführung vereinbar sein. Die Bedingungen der Kreditaufnahme müssen darüber hinaus marktüblich sein und die Belastungsgrenze von 30% des Verkehrswertes der Immobilien (vgl. § 260 III Nr. 3) darf nicht überschritten werden.

Für **geschlossene inländische Publikums-AIF** ist gem. § 263 I eine Kreditaufnahme bis zur Höhe von 150% des aggregierten eingebrachten Kapitals und noch nicht eingeforderten zugesagten Kapitals des geschlossenen Publikums-AIF möglich, wenn die Bedingungen der Kreditaufnahme marktüblich sind und die Kreditaufnahme in den Anlagebedingungen vorgesehen ist.

Hedgefonds zeichnen sich gem. § 283 I 1 Nr. 1 durch den Einsatz von Leverage in beträchtlichem Umfang aus. Hebelfinanzierungen werden in beträchtlichem Umfang getätigt, wenn das nach der Commitment-Methode berechnete Engagement eines AIF seinen Nettoinventarwert dreifach übersteigt (so Art. 111 iVm Art. 8 Level-II-VO). Auch wenn die Vorschrift die Aufnahme von Krediten nicht ausdrücklich erwähnt, handelt es sich dabei um ein zulässiges (und übliches) Instrument zur Erzielung von Leverage.

Offene inländische Spezial-AIF mit festen Anlagebedingungen dürfen gem. § 284 IV kurzfristige Kredite bis zur Höhe von 30% dWd AIF aufnehmen. Soweit Kredite zu Lasten der im AIF befindlichen Immobilien aufgenommen werden, ist eine Belastung bis zu 60% dWd Immobilien zulässig (§ 284 IV 3).

3 Ein Bedürfnis nach einer kurzfristigen Kreditaufnahme kann z B **im Rahmen eines effizienten Portfoliomanagements** entstehen, wenn der KVG bei ungewöhnlich hohen Rückgaben von Fondsanteilen **Liquiditätsengpässe** überbrücken muss. Darüber hinaus kann die Kreditaufnahme auch zur kurzfristigen Steigerung des Investitionsgrades des inländischen OGAW genutzt werden.

4 Die KVG darf die Aufnahme von Krediten nur mit **Zustimmung der Verwahrstelle** durchführen, vgl. § 75 I Nr. 1. Mit diesem Vorbehalt ist jedoch keine Prüfung der Wirtschaftlichkeit oder Vorteilhaftigkeit der Kreditaufnahme verbun-

den. Vielmehr hat die Verwahrstelle der Kreditaufnahme zuzustimmen, wenn der Kredit die Anforderungen des § 199 erfüllt und mit den weiteren Vorschriften des KAGB und den Anlagebedingungen des betreffenden OGAW übereinstimmt.

Zustimmungspflichtig ist das **Erfüllungsgeschäft,** dh die Valutierung des Kre- 5
dits, und nicht das vertragliche Verpflichtungsgeschäft, dh der Abschluss des Kreditvertrags. Da die Kurzfristigkeit der Kreditaufnahme nur nachträglich festgestellt werden kann, wird die Verwahrstelle die Zustimmung grundsätzlich nicht vor Valutierung, sondern erst nach der Rückführung des Kredits erteilen. Allerdings stellt die BaFin klar, dass diejenigen gesetzlichen Voraussetzungen, die bereits vor der Valutierung gegeben sind, zB die Marktüblichkeit des Kredits, auch vor Durchführung des Geschäfts zu prüfen sind (vgl. Rundschreiben 05/2020 (WA) – Aufgaben und Pflichten der Verwahrstelle nach Kapitel 1 Abschnitt 3 des Kapitalanlagegesetzbuches, Stand: November 2020, Abschn. VI 2.1.1.).

II. Der Begriff der Kreditaufnahme

Der Kreditbegriff umfasst alle Vorgänge, die wirtschaftlich zu einer **Fremd-** 6
finanzierung der Anlagen im Investmentvermögen führen. Es muss sich daher nicht zwangsläufig um eine Darlehensaufnahme durch die KVG handeln. Eine Kreditaufnahme liegt vielmehr bei allen Dispositionen vor, die über die vorhandenen Barmittel hinausgehen. Insofern erfüllt auch die **Überziehung eines Bankkontos** die Voraussetzungen des Kreditbegriffs (vgl. BaFin Schreiben der Bundesanstalt für Finanzdienstleistungsaufsicht vom 1.12.2009 (WA 41-Wp 2136-2008/0053), Fragenkatalog zu § 53 Investmentgesetz, Frage 1). Die Zulässigkeit des Erwerbs von Derivaten beurteilt sich dagegen nach § 197 und stellt keine Kreditaufnahme iSd § 199 dar.

Valutarische Soll-Salden, die iRv Wertpapiergeschäften auf Grund von ver- 7
späteten Zahlungseingängen bzw. Buchungen entstehen können, sind nicht als Kreditaufnahme einzuordnen (vgl. BaFin Schreiben vom 1.12.2009 (WA 41-Wp 2136-2008/0053), Fragenkatalog zu § 53 Investmentgesetz, Frage 2). Der Gesetzgeber hat dies in § 75 I Nr. 1 Hs. 2 klargestellt. **Kurzfristige valutarische Überziehungen** von Konten fallen nicht unter den zustimmungspflichtigen Tatbestand der Kreditaufnahme.

Des Weiteren erfasst die BaFin iRd FAQ die sog. **Back-to-Back Darlehen** nicht 8
unter § 199 (vgl. BaFin Schreiben vom 1.12.2009 (WA 41-Wp 2136-2008/0053), Fragenkatalog zu § 53 Investmentgesetz, Frage 3). Ein solches Darlehen liegt vor, wenn ein inländischer OGAW iRd Erwerbs und Besitzes ausländischer Wertpapiere einen Kredit in Fremdwährung aufnimmt und bei dem Darlehensgeber oder dessen Beauftragten einen Betrag in Landeswährung hinterlegt, der ebenso hoch oder höher ist als das aufgenommene Darlehen. Mit Verweis auf **Art. 83 I 2 OGAW-RL** kommt die BaFin zum Schluss, dass es sich bei Back-to-Back Darlehen nicht um eine Form der Kreditaufnahme iSd § 199 handelt. Das überzeugt, weil sich der OGAW durch ein solches Arrangement nicht mehr verfügbare Mittel verschafft.

Die BaFin stellt im FAQ klar, dass eine Kreditaufnahme vorliegt, wenn das zu 9
einem inländischen OGAW gehörende Konto überzogen wird, während ein anderes zum gleichen inländischen OGAW gehörendes Konto ein Guthaben aufweist, das ebenso hoch oder höher ist als der überzogene Betrag (vgl. BaFin Schreiben vom 1.12.2009 (WA 41-Wp 2136-2008/0053), Fragenkatalog zu § 53 Investmentgesetz, Frage 4). Die **Saldierung verschiedener Konten** des Investmentvermögens ist aufgrund des Aufrechnungsverbots gem. § 93 V 1 nicht zulässig.

10 Dagegen wendet *Dornseifer* ein, dass das **Aufrechnungsverbot einen anderen Zweck verfolgt,** nämlich dass Forderungen gegen die KVG und Forderungen, die zu einem Investmentvermögen gehören, nicht gegeneinander aufgerechnet werden können. Insofern hält er grundsätzlich eine Saldierung von Konten des inländischen OGAW für möglich, räumt aber ein, dass es in den meisten Fällen an der Gegenseitigkeit der Forderungen fehlen wird und somit keine Aufrechnungslage vorliegt (EDD/*Dornseifer* KAGB § 199 Rn. 15f.).

III. Voraussetzungen der Kreditaufnahme

11 Die Kreditaufnahme muss im **eigenen Namen der KVG** erfolgen, da es der KVG nach § 93 II 2 ausdrücklich untersagt ist, im Namen der Anleger Verbindlichkeiten einzugehen. Die Kreditaufnahme erfolgt für gemeinschaftliche Rechnung der Anteilinhaber, dh die Kreditvaluta kommt dem inländischen OGAW zugute. Die Entscheidung, ob die Voraussetzungen für eine Kreditaufnahme erfüllt sind, steht im pflichtgemäßen **Ermessen einer KVG** und – soweit eine Zustimmungspflicht gem. § 75 I Nr. 1 besteht – bei der **Verwahrstelle** (vgl. BaFin vom 1.12.2009 (WA 41-Wp 2136-2008/0053), Fragenkatalog zu § 53 Investmentgesetz, Frage 9).

12 Die Aufnahme eines Kredites durch eine KVG für einen inländischen OGAW ist nicht auf bestimmte **Verwendungszwecke** begrenzt (vgl. BaFin vom 1.12.2009 (WA 41-Wp 2136-2008/0053), Fragenkatalog zu § 53 Investmentgesetz, Frage 5).

Auch Art. 83 II Buchst. a OGAW-RL sieht bei der Definition der Kreditaufnahme keine Zweckbegrenzung vor. Eine Kreditaufnahme kommt damit insb. auch zur **Überbrückung von Liquiditätsengpässen** – zB bei einem übermäßigen Rücknahmeverlangen der Anteilinhaber – in Betracht. Allerdings darf die Kreditaufnahme nicht zu einer dauerhaften Anlagestrategie führen.

13 § 199 verlangt daher, dass es sich um eine kurzfristige Kreditaufnahme handeln muss. Der **Begriff der Kurzfristigkeit** ist im Gesetz selbst nicht geregelt. In der Literatur werden Zeiträume zwischen drei Monaten und einem Jahr vorgeschlagen. Üblicherweise wird in der bankrechtlichen Praxis für die Unterscheidung von kurz- und langfristigen Krediten die **einjährige Frist** verwendet. Dieser Praxis hat sich letztlich auch die BaFin angeschlossen. Zwar soll die Frage, ob ein Kredit als kurzfristig einzuordnen ist, unter Berücksichtigung der Umstände des Einzelfalles entschieden werden. Kredite, die eine längere Laufzeit als ein Jahr aufweisen, sind aber in keinem Fall als kurzfristig zu qualifizieren (vgl. BaFin Schreiben vom 1.12.2009 (WA 41-Wp 2136-2008/0053), Fragenkatalog zu § 53 Investmentgesetz, Frage 8).

14 Die Kreditaufnahme muss in den **Vertragsbedingungen** des inländischen OGAW vorgesehen sein. Die Muster der AAB für inländische OGAW sehen dies als Standardregelung vor. Die Bedingungen der Kreditaufnahme müssen außerdem marktüblich sein. Die Marktüblichkeit ist durch die Einholung vergleichbarer Kreditangebote oder durch interne Mechanismen zu belegen. Interne Mechanismen sind beispielsweise Referenzzinssätze für die jeweils relevante Laufzeit (vgl. Rundschreiben 05/2020 (WA) – Aufgaben und Pflichten der Verwahrstelle nach Kapitel 1 Abschnitt 3 des Kapitalanlagegesetzbuches, Stand: November 2020, Abschn. VI 2.1.1.).

15 Die Kreditaufnahme ist bei inländischen OGAW auf 10% dWd Investmentvermögens begrenzt. Nach Ansicht der BaFin richtet sich die Berechnung dieses Wertes nach § 36 I 2 InvG, welcher dem jetzigen § 168 I 2 entspricht (vgl. BaFin Schreiben der Bundesanstalt für Finanzdienstleistungsaufsicht vom 1. Dezember 2009

(WA 41-Wp 2136-2008/0053), Fragenkatalog zu § 53 Investmentgesetz, Frage 6). Danach ist der Wert des inländischen OGAW auf Grund der jeweiligen **Kurswerte** der zu ihm gehörenden Vermögensgegenstände abzüglich der aufgenommenen Kredite und sonstigen Verbindlichkeiten zu berechnen.

Die BaFin qualifiziert die 10%-Grenze des § 199 als **Bestandsgrenze** und **nicht als Erwerbsgrenze.** Demzufolge muss die Höhe des Kredits entsprechend angepasst und verringert werden, wenn und soweit sich der Wert des inländischen OGAW nachträglich verringert. Allerdings sind bei Rückführung der Höhe des Kredites die **Anlegerinteressen zu berücksichtigen,** sodass im Einzelfall eine sofortige Rückführung nicht angezeigt sein kann (vgl. BaFin Schreiben vom 1.12.2009 (WA 41-Wp 2136-2008/0053), Fragenkatalog zu § 53 Investmentgesetz, Frage 7). 16

IV. Rechtsfolgen eines Verstoßes

Ein Verstoß gegen die Vorgaben des § 199 ist nach § 340 I Nr. 3 eine **Ordnungswidrigkeit.** Da sich das Verbot des § 199 nur an die KVG als Normadressat richtet, führt ein Verstoß gegen § 199 hingegen **nicht zur zivilrechtlichen Unwirksamkeit** des Kreditvertrags nach § 134 BGB (zur Rechtsprechung, dass im Grundsatz einseitige Verbotsgesetze nicht zur Nichtigkeit des betreffenden Geschäfts führen, jüngst BGH 4.5.2023 – IX ZR 157/21, BeckRS 2023, 13302). Möglich sind aber **Schadensersatzansprüche** sowohl gegen die **KVG** (aufgrund eines Verstoßes gegen Pflichten aus dem Investmentvertrag) als auch gegen die **Verwahrstelle** im Falle eines Verstoßes gegen § 75 (vgl EDD/*Dreibus* § 75 Rn. 11). 17

§ 200 Wertpapier-Darlehen, Sicherheiten

(1) [1]Die OGAW-Kapitalverwaltungsgesellschaft darf für Rechnung des inländischen OGAW Wertpapiere an einen Dritten (Wertpapier-Darlehensnehmer) gegen ein marktgerechtes Entgelt nur mit der Maßgabe übertragen, dass der Wertpapier-Darlehensnehmer der OGAW-Kapitalverwaltungsgesellschaft für Rechnung des inländischen OGAW Wertpapiere von gleicher Art, Güte und Menge zurückzuerstatten hat (Wertpapier-Darlehen), wenn dies in den Anlagebedingungen vorgesehen ist. [2]Die Erträge aus Wertpapier-Darlehensgeschäften stehen dem inländischen OGAW zu. [3]Wertpapier-Darlehen dürfen einem Wertpapier-Darlehensnehmer nur insoweit gewährt werden, als der Kurswert der zu übertragenden Wertpapiere zusammen mit dem Kurswert der für Rechnung des inländischen OGAW dem Wertpapier-Darlehensnehmer bereits als Wertpapier-Darlehen übertragenen Wertpapiere 10 Prozent des Wertes des inländischen OGAW nicht übersteigt; Wertpapier-Darlehen an konzernangehörige Unternehmen im Sinne des § 290 des Handelsgesetzbuchs gelten als Wertpapier-Darlehen an dasselbe Unternehmen. [4]Die OGAW-Kapitalverwaltungsgesellschaft muss jederzeit zur Kündigung des Wertpapier-Darlehens berechtigt sein.

(2) [1]Die OGAW-Kapitalverwaltungsgesellschaft darf Wertpapiere nach Absatz 1 nur übertragen, wenn sie sich vor Übertragung oder Zug um Zug gegen Übertragung der Wertpapiere für Rechnung des inländischen OGAW ausreichende Sicherheiten durch Geldzahlung oder durch Abtre-

tung von Guthaben oder durch Übereignung von Wertpapieren oder Geldmarktinstrumenten nach Maßgabe von Absatz 3 Satz 2 und 3 hat gewähren lassen. [2]Die durch Verfügungen nach Satz 1 gewährten Guthaben müssen auf Euro oder auf die Währung lauten, in der die Anteile oder Aktien des inländischen OGAW begeben wurden. [3]Die Guthaben müssen

1. **auf Sperrkonten bei der Verwahrstelle oder mit ihrer Zustimmung auf Sperrkonten bei anderen Kreditinstituten mit Sitz in einem Mitgliedstaat der Europäischen Union oder eines anderen Vertragsstaates des Abkommens über den Europäischen Wirtschaftsraum oder bei einem anderen Kreditinstitut mit Sitz in einem Drittstaat nach Maßgabe des § 195 Satz 2 Halbsatz 2 unterhalten werden oder**
2. **in der Währung des Guthabens angelegt werden**
   a) **in Schuldverschreibungen, die eine hohe Qualität aufweisen und die vom Bund, von einem Land, der Europäischen Union, einem Mitgliedstaat der Europäischen Union oder seinen Gebietskörperschaften, einem anderen Vertragsstaat des Abkommens über den Europäischen Wirtschaftsraum oder einem Drittstaat ausgegeben worden sind,**
   b) **in Geldmarktfonds mit kurzer Laufzeitstruktur entsprechend von der Bundesanstalt auf Grundlage von § 4 Absatz 2 erlassenen Richtlinien oder**
   c) **im Wege eines Pensionsgeschäftes mit einem Kreditinstitut, das die jederzeitige Rückforderung des aufgelaufenen Guthabens gewährleistet.**

[4]Die Erträge aus der Anlage der Sicherheiten stehen dem inländischen OGAW zu. [5]Als Sicherheit unzulässig sind Wertpapiere, die vom Wertpapier-Darlehensnehmer oder von einem zu demselben Konzern gehörenden Unternehmen ausgestellt sind.

(3) **[1]Der Kurswert der als Wertpapier-Darlehen zu übertragenden Wertpapiere bildet zusammen mit den zugehörigen Erträgen den zu sichernden Wert (Sicherungswert). [2]Der Umfang der Sicherheitsleistung ist insbesondere unter Berücksichtigung der wirtschaftlichen Verhältnisse des Wertpapier-Darlehensnehmers zu bestimmen. [3]Die Sicherheitsleistung darf den Sicherungswert zuzüglich eines marktüblichen Aufschlags nicht unterschreiten. [4]Die OGAW-Kapitalverwaltungsgesellschaft hat unverzüglich die Leistung weiterer Sicherheiten zu verlangen, wenn sich auf Grund der börsentäglichen Ermittlung des Sicherungswertes und der erhaltenen Sicherheitsleistung oder einer Veränderung der wirtschaftlichen Verhältnisse des Wertpapier-Darlehensnehmers ergibt, dass die Sicherheiten nicht mehr ausreichen.**

(4) **Die OGAW-Kapitalverwaltungsgesellschaft hat der Bundesanstalt unverzüglich die Unterschreitung des Wertes der Sicherheitsleistung unter den Sicherungswert unter Darlegung des Sachverhalts anzuzeigen.**

Schrifttum: *Acker* Die Wertpapierleihe – Grundlagen, Abwicklung und Risiken eines neuen Bankprodukts, 1991; *Ambrosius/Franz* Wertpapierleihe – Aufschwung durch neue gesetzliche Freiheiten, Zeitschrift für das gesamte Kreditwesen 5/2008, 196; *Bachmann* Rechtsfragen der Wertpapierleihe, Zeitschrift für das gesamte Handels- und Wirtschaftsrecht, 5/2009, 596; *Beck/Kestler* Wertpapier-Darlehen im Rahmen der Verwaltung von Sondervermögen nach dem Investmentgesetz, ZfK 2005, 200; *Becker* Änderungen an Verordnungen zu Derivaten und elektronischem Anzeigeverfahren, BaFinJournal 10/2013, 22; *von Dietz* Genehmigungspflicht der Kostenregelungen von Investmentfonds, BaFinJournal 3/2012, 10; *Dörge* Wertpapierleih- und Wertpapierpensionsgeschäfte, AG 1997, 396; *Eisele* Ein neuer Rahmen für die Wertpapierleihe, portfolio institutionell 3/2007; *Fragos* OTC-Wertpapierdarlehensgeschäfte zwischen Kapitalanlagegesellschaft und der Depotbank, Zeitschrift für Bankrecht und Bankwirtschaft 3/2005, S. 183ff.; *Gesell* Wertpapierleihe und Repurchase Agreement im deutschen Recht, 1995; *Haisch/Helios* Rechtshandbuch Finanzinstrumente, 2011; *Herkströter/Herring/Krausse/Loff* Wertpapierleihe für deutsche Investmentfonds, 2008; *Kaune/Oulds* Das neue Investmentgesetz, ZBB 2004, 114; *Kempf* Novellierung des Investmentrechts 2004 nach dem Investmentmodernisierungsgesetz, 1. Aufl. 2004; *ders.* Novellierung des Investmentrechts 2007, Ein Praxishandbuch 1. Aufl. 2008; *Krannich* Risiken der Wertpapierleihe und Wertpapierpensionsgeschäfte, in: *Eller* Handbuch Derivativer Instrumente, Produkte, Strategien, Risikomanagement, 2. Aufl. 1999; *Kümpel* Investmentfonds als Wertpapierverleiher im Rahmen des geltenden Rechts, WM 1991, 31; *Norton Rose* Wertpapierleihe für deutsche Investmentfonds – Pooling von Sicherheiten, Zuordnung von Erträgen, Möglichkeiten für Spezialfonds, steuerrechtliche Besonderheiten und andere Fragen –, Client Briefing August 2008; *Patzner/Döser/Kempf* Investmentrecht, 3. Aufl. 2017; *Raab* Grundlagen des Investmentfondsgeschäfts, 7. Aufl. 2019.

Inhaltsübersicht

Rn.
I. Grundlagen . . . 1
1. Überblick . . . 1
2. Die historische Entwicklung der Vorschrift . . . 3
3. Die Anpassung der Vorschrift im KAGB an die Vorgaben der ESMA-ETF-Leitlinien . . . 8
a) Jederzeitige Kündbarkeit des Wertpapierdarlehens . . . 8
b) Wiederanlagemöglichkeiten der Sicherheiten . . . 10
c) Anrechnung von Wertpapierdarlehen auf Marktrisiko und Kontrahentenrisiko . . . 12
II. Der Begriff des Wertpapierdarlehens . . . 15
1. Erläuterungen zu den Begrifflichkeiten Wertpapierdarlehen und Wertpapierleihe . . . 15
2. Wirtschaftliche Geschäftsmodelle . . . 19
3. Geeignete Darlehensnehmer . . . 24
4. Marktgerechtes Entgelt . . . 26
III. Einsatzmöglichkeiten im Rahmen eines effizienten Portfoliomanagements . . . 28
IV. Das Risikoprofil von Wertpapierdarlehen . . . 30
V. Die Anrechnung der Wertpapierdarlehen auf das Marktrisiko und das Kontrahentenrisiko . . . 36
1. Marktrisiko . . . 36
a) Bestimmung des Leverage im Rahmen des qualifizierten Ansatzes . . . 36
b) Bestimmung des Marktrisikopotentials im Rahmen des einfachen Ansatzes . . . 40
2. Kontrahentenrisiko . . . 43
3. Risikomanagement . . . 49
VI. Die Sicherheitsleistung gem. KAGB . . . 53
1. Arten der Sicherheitsleistung . . . 53
2. Die Anforderungen der DerivateV an Sicherheiten . . . 54
a) Qualität der Sicherheiten . . . 54
b) Die speziellen Voraussetzungen . . . 57

Rn.
3. Diversifizierung der Sicherheiten 58
4. Keine Sicherheiten vom Darlehensnehmer oder Konzernunternehmen (§ 200 II 5) 61
5. Verwahrung der Sicherheiten bei Tri-Party-Vereinbarungen . . . 62
6. Anlage von Barsicherheiten 65
7. Verwendung der Erträge aus den Sicherheiten 71
8. Kontrollpflichten der Verwahrstelle 74
9. Umfang der Sicherheitsleistung gem. § 200 III 75
10. Anzeigepflicht gem. § 200 IV 78
VII. Transparenzanforderungen iSd DerivateV 79

I. Grundlagen

1 **1. Überblick.** Die §§ 200–203 regeln umfassend die Frage, wann die **Überlassung von Wertpapieren** durch die KVG in Form eines Wertpapierdarlehens (§§ 200–202) oder eines Wertpapier-Pensionsgeschäfts (§ 203) zulässig ist. Bei den Wertpapier-Darlehensgeschäften darf die KVG nur als Darlehensgeberin auftreten. Dagegen kann sie bei den Pensionsgeschäften sowohl als Pensionsgeberin als auch als Pensionsnehmerin tätig werden. Die Regelungen der §§ 200–203 gelten entsprechend auch für AIF-Investmentvermögen.

2 In § 200 werden die Begriffe des Wertpapierdarlehens und des Darlehensnehmers definiert sowie die Voraussetzungen der Sicherheitsleistung und die Bestimmung des Sicherungswertes bestimmt. § 201 regelt die Mindestinhalte des Wertpapier-Darlehensvertrages und § 202 ermöglicht einer KVG die Teilnahme an einem organisierten Wertpapier-Darlehenssystem. § 203 enthält spezielle Vorschriften für Wertpapier-Pensionsgeschäfte.

3 **2. Die historische Entwicklung der Vorschrift.** Die Vorschriften über Wertpapierdarlehen wurden bereits mit dem **2. FMG** (Gesetz über den Wertpapierhandel und zur Änderung börsenrechtlicher und wertpapierrechtlicher Vorschriften vom 26.7.1994, BGBl. 1994 I 1749) in das KAGG eingefügt. Dies geschah in dem Bestreben, den KVG neue Geschäftsmöglichkeiten zu eröffnen und sie in die Lage zu versetzen, ein **effizienteres Portfoliomanagement** zu betreiben. Die Regelungen zu Wertpapierdarlehen haben ihren Ursprung nicht in der OGAW-RL. Allerdings verbietet die OGAW-RL auch nicht, solche Geschäfte zu betreiben (vgl. Art. 51 II OGAW-RL; die Regelung erlaubt es, „… sich unter Einhaltung der von ihnen festgelegten Bedingungen und Grenzen der Techniken und Instrumente zu bedienen, die Wertpapiere und Geldmarktinstrumente zum Gegenstand haben, sofern die Verwendung dieser Techniken und Instrumente im Hinblick auf eine effiziente Verwaltung des Portfolios geschieht"). Durch das **3. FMFG** (Gesetz zur weiteren Fortentwicklung des Finanzplatzes Deutschland vom 24.3.1998, BGBl. 1998 I 529) wurden erstmals die Wertpapier-**Pensionsgeschäfte** aufgenommen und der Anwendungsbereich der Wertpapier-Darlehen auch auf solche Wertpapiere erweitert, die Gegenstand eines Terminkontrakts oder einer Option sind. Außerdem wurde die Möglichkeit eingeführt, von den Risikostreuungsvorgaben bei Wertpapier-Darlehensgeschäften mit einem bestimmten Kontrahenten abzusehen, wenn die KVG die Geschäfte über ein **organisiertes Wertpapier-Darlehenssystem** abwickelt.

4 Das **4. FMFG** (Gesetz zur weiteren Fortentwicklung des Finanzplatzes Deutschland vom 21.6.2002, BGBl. 2002 I 2010) erweiterte den Kreis der Vermögens-

werte, die als **Sicherheiten** in Betracht kommen können, um Bankguthaben und Wertpapiere. Außerdem wurde die Verpflichtung zur rechtzeitigen Rückerstattung von Wertpapieren, damit der Darlehensgeber seine verbrieften Rechte, insb. **die Stimmrechte in der Hauptversammlung,** ausüben kann, durch die Möglichkeit ergänzt, die KVG mit der Ausübung der Stimmrechte zu bevollmächtigen. Kann die KVG die Stimmrechte auch tatsächlich ausüben, so entfällt damit die Verpflichtung zur Rückerstattung.

Das **Investmentmodernisierungsgesetz** vom 15.12.2003, BGBl. 2003 I 2676, 5 brachte weitere Erleichterungen in der tatsächlichen Abwicklung der Wertpapierdarlehen: Eine Vollrechtsübertragung der Sicherheiten muss nicht zwingend vor der Übertragung der Wertpapiere erfolgen, sondern kann **Zug um Zug** gegen Übertragung der Wertpapiere durchgeführt werden. Sicherheiten in Form von Bankguthaben können auch in einer anderen Währung als Euro angeboten werden, und Guthaben, die als Sicherheiten erbracht werden, können durch die KVG zwecks **Erwirtschaftung zusätzlicher Erträge** in Geldmarktinstrumente angelegt werden.

Durch das **Investmentänderungsgesetz** (zur Änderung des Investmentgeset- 6 zes und zur Anpassung anderer Vorschriften vom 21.12.2007, BGBl. 2007 I 3089) erfolgten lediglich redaktionelle, aber keine substanziellen Änderungen der Regelungen. Auf der Grundlage des **OGAW-IV-Umsetzungsgesetzes** (Gesetz zur Umsetzung der Richtlinie 2009/65/EG zur Koordinierung der Rechts- und Verwaltungsvorschriften betreffend bestimmte Organismen für gemeinsame Anlagen in Wertpapieren vom 22.6.2011, BGBl. 2011 I 1126) wurden auch Geldmarktinstrumente in den Katalog der zulässigen Sicherheiten eingefügt. In der Gesetzesbegründung wird dazu ausgeführt, dass Wertpapiere mit einer begrenzten Laufzeit geringeren Schwankungen unterliegen als zeitlich unbefristete Wertpapiere.

Durch das **Fondsstandortgesetz** (Gesetz zur Stärkung des Fondstandorts 7 Deutschland und zur Umsetzung der Richtlinie (EU) 2019/1160 zur Änderung der Richtlinien 2009/65/EG und 2011/61/EU im Hinblick auf den grenzüberschreitenden Vertrieb von Organismen für gemeinsame Anlagen vom 3.6.2021, BGBl. 2021 I 1498) wurde insb. das Spektrum zulässiger Sicherheiten für Wertpapierdarlehensverträge eingeschränkt. Die **Verpfändung** von Bankguthaben oder Wertpapieren wurde als zulässige Form der Sicherheit **gestrichen.**

3. Die Anpassung der Vorschrift im KAGB an die Vorgaben der ESMA- 8 **ETF-Leitlinien. a) Jederzeitige Kündbarkeit des Wertpapierdarlehens.** Bei **Erlass des KAGB** wurden die Grundzüge des aufzuhebenden § 54 InvG mit redaktionellen Anpassungen aufgrund der in § 1 enthaltenen Begrifflichkeiten im § 200 übernommen. Es wurden außerdem zur Umsetzung der Vorgaben, welche **ESMA** in den **ETF-Leitlinien** im Hinblick auf die Techniken einer effizienten Portfolioverwaltung macht die folgenden Änderungen vorgenommen: Im Gegensatz zur Regelung des InvG wird nun in § 200 vorgeschrieben, dass die KVG **jederzeit zur Kündigung** des Wertpapierdarlehens berechtigt sein muss. Damit wird die Dispositionsmöglichkeit des inländischen OGAW weiter erhöht und das Liquiditätsrisiko eingeschränkt.

Die Unterscheidung im InvG zwischen Wertpapierdarlehen, die auf un- 9 bestimmte Zeit laufen (§ 54 I 3 InvG), und solchen, die für eine bestimmte Zeit abgeschlossen werden (§ 54 I 4 InvG), wurde aufgegeben. Damit entfielen auch die **Folgevorschriften zur Fälligkeit** von Wertpapierdarlehen von unbestimmter Laufzeit (§ 54 I 4) und zur Begrenzung des Wertes der auf unbestimmte Zeit übertragenen Wertpapiere auf 15% dWd Investmentvermögens (§ 54 I 5 InvG).

10 **b) Wiederanlagemöglichkeiten der Sicherheiten.** In § 200 II werden die **Wiederanlagemöglichkeiten von Sicherheiten in Form von Guthaben** weiter eingeschränkt, damit kein zusätzliches Marktrisiko generiert werden kann und Verkettungen vermieden werden. Der zulässige Anlagekatalog für die Wiederanlage von Sicherheiten setzt die Vorgaben von Nr. 43 Buchst. j der ESMA-ETF-Leitlinien um.

11 Weitere Vorgaben zu den Sicherheiten werden im Rahmen einer Verordnungsermächtigung gem. § 204 III geregelt. Die BaFin hat von dieser Ermächtigung Gebrauch gemacht und ua Regelungen zur Beschaffenheit und die Anlage der Sicherheiten, welche die KVG für Wertpapierdarlehen erhält, und deren Anrechnung auf die Anlagegrenzen für das **Marktrisiko** und das **Kontrahentenrisiko** in der **DerivateV** geregelt.

12 **c) Anrechnung von Wertpapierdarlehen auf Marktrisiko und Kontrahentenrisiko.** Die Verordnungsermächtigung in § 204 III betrifft außerdem den Einbezug von Wertpapierdarlehen bei der Feststellung des Anrechnungsbetrages für das Marktrisiko und Kontrahentenrisiko eines Investmentvermögens. Die DerivateV berücksichtigt infolgedessen Wertpapierdarlehensgeschäfte bei der Risikoberechnung sowohl auf der **Grundlage des einfachen Ansatzes** (§§ 15–22 DerivateV) als auch des **qualifizierten Ansatzes** (§§ 7–14 DerivateV).

13 Unberührt davon bleibt die Regelung des § 200 I 3, dass für Wertpapierdarlehen in Bezug auf einen bestimmten Darlehensnehmer der Kurswert der zu übertragenden Wertpapiere zusammen mit dem Kurswert der übertragenen Wertpapiere **10 % dWd inländischen OGAW** nicht übersteigen darf. Wertpapier-Darlehen an konzernangehörige Unternehmen iSd § 290 HGB gelten als Wertpapier-Darlehen an dasselbe Unternehmen.

14 Die DerivateV enthält darüber hinaus **Vorgaben zum Liquiditätsmanagement** sowie allgemein zum **Risikomanagement** von Wertpapierdarlehen und umfangreiche Informationspflichten im Hinblick auf diese Geschäfte im Verkaufsprospekt und Jahresbericht.

II. Der Begriff des Wertpapierdarlehens

15 **1. Erläuterungen zu den Begrifflichkeiten Wertpapierdarlehen und Wertpapierleihe.** Wertpapier-Darlehensgeschäfte werden in der Praxis in Anlehnung an den international gebräuchlichen Begriff **„Securities Lending"** auch als Wertpapierleihe oder Effektenleihe bezeichnet. Dieser Begriff ist missverständlich, da es sich bei der Übertragung von Wertpapieren auf Zeit rechtlich nicht um eine Leihe, sondern um die Gewährung eines **Darlehens iSv § 607 BGB** handelt.

16 Ein Wertpapierdarlehen liegt vor, wenn Wertpapiere an einen Dritten auf unbestimmte oder bestimmte Zeit mit der Maßgabe übertragen werden, dass der Wertpapier-Darlehensnehmer Wertpapiere **von gleicher Art, Güte und Menge** zurückerstattet. Bei Aktien muss darauf geachtet werden, dass die Aktien vom gleichen Emittenten und der gleichen Gattung (Stamm- oder Vorzugsaktien) stammen. Anleihen sollten im Hinblick auf Emissionsdatum, Laufzeit, Nennbetrag und Verzinsung gleich sein. Ein **Leihvertrag** hat dagegen eine unentgeltliche Gebrauchsüberlassung zum Gegenstand und setzt die Rückgewähr **derselben** verliehenen Gegenstände voraus.

17 Diese Voraussetzungen einer Leihe werden bei einem Wertpapierdarlehen nicht erfüllt: Die Übertragung der Wertpapiere durch die KVG erfolgt nicht unentgelt-

lich, sondern zu dem Zweck, für den inländischen OGAW zusätzliche Renditen zu erzielen. Da der Darlehensnehmer die Wertpapiere idR zur Erfüllung eigener Lieferverpflichtungen benötigt, kann er nicht die identischen Papiere zurückerstatten. Für den Begriff Wertpapierleihe spricht allerdings, dass der **Darlehensgeber** nach dem Vertrag idR **wirtschaftlich wie ein Verleiher** gestellt wird: Ihm stehen wie dem Eigentümer die während der Dauer des Darlehens fällig werdenden Zinsen, Dividenden und Bezugsrechte zu.

Grundsätzlich werden an Wertpapierdarlehen die **folgenden Anforderungen** gestellt: 18

- Marktgerechtigkeit der Vertragsbedingungen,
- Zulässigkeit der Darlehen nach den Vertragsbedingungen,
- Begrenzung des Volumens der Wertpapierdarlehen,
- jederzeitiges Kündigungsrecht für Wertpapierdarlehen,
- Besicherung des Darlehens,
- Wiederanlage von Sicherheiten ist nur in bestimmten Grenzen zulässig,
- Verwendung der Erträge aus einer Wiederanlage.

2. Wirtschaftliche Geschäftsmodelle. Bei einem Wertpapier-Darlehensvertrag sind **verschiedene Geschäftsmodelle** mit unterschiedlichen Rechtsbeziehungen zwischen Darlehensgeber und Darlehensnehmer möglich. Maßgeblich ist insb., ob das Geschäft mit bzw. ohne Einschaltung eines Dritten erfolgt. Man unterscheidet danach das sog. **Principal-Modell,** das den §§ 200 und 201 zugrunde liegt, und das **sog. Kommissions-Modell,** das gem. § 202 zur Anwendung kommt, wenn sich die KVG einem organisierten Wertpapier-Darlehenssystem anschließt. 19

Beim sog. Principal-Modell, auch Direktgeschäft genannt, schließt die KVG im eigenen Namen, aber für Rechnung des jeweiligen inländischen OGAW einen **direkten Darlehensvertrag** gem. § 607 BGB mit dem Darlehensnehmer ab. 20

Eine Abwandlung des Direktgeschäftes ist das **sog. Pool-Modell,** bei dem die KVG die Wertpapiere an einen sog. Pool, idR eine Großbank, verleiht und die Wertpapiere in diesen Pool gebucht werden. Die den Pool haltende Bank vergibt ihrerseits Wertpapierdarlehen gem. § 607 BGB an ihre Kunden. KVG und Bank profitieren beide von diesen Geschäften, denn die KVG erhält ein periodisches Entgelt, welches sich dadurch errechnet, dass die Erlöse aus den tatsächlich verliehenen Wertpapieren nach dem prozentualen Anteil am gesamten Pool auf alle Darlehensgeber umgelegt werden. 21

Beim **Kommissionsmodell** besteht ein **Geschäftsbesorgungsvertrag gem. § 675 BGB** zwischen der KVG und einer **Wertpapiersammelbank** (oder einem vergleichbaren Unternehmen). Im Geschäftsbesorgungsvertrag wird die Vermittlung und Durchführung von Wertpapier-Darlehensgeschäften durch die Bank geregelt. Als weitere Rechtsbeziehung kommt ein Darlehensvertrag gem. § 607 BGB zwischen der KVG als Darlehensgeber und dem Darlehensnehmer zustande. Insofern handelt die **Wertpapiersammelbank als Kommissionär für die KVG.** Das entleihende KI schließt idR einen weiteren Darlehensvertrag gem. § 607 BGB mit seinem Kunden, dem endgültigen Darlehensnehmer, ab. 22

Die Teilnahme an einem **organisierten Wertpapier-Darlehenssystem** hat gegenüber dem Principal- und dem Pool-Modell den Vorteil, dass die Gesamtrisikoposition, die gegenüber einem einzigen Darlehensnehmer eingegangen werden kann, nicht auf 10% dWd inländischen OGAW begrenzt wird. Aufgrund der besonderen **Risikobegrenzungs- und Risikostreuungsmechanismen,** die ein 23 solches Darlehenssystem gewährt, besteht keine Notwendigkeit zu einer solchen Begrenzung des Kontrahentenrisikos. Deshalb können bei Teilnahme an einem organisierten Wertpapier-Darlehenssystem faktisch Wertpapiere iHv **mehr als 10%** dWd inländischen OGAW an einen einzigen Darlehensnehmer übertragen werden.

24 **3. Geeignete Darlehensnehmer.** Das Gesetz siehe keine Einschränkungen im Hinblick auf die **Qualifikation als Darlehensnehmer** vor. Die KVG kann auch Wertpapiere des inländischen OGAW an die Verwahrstelle darlehensweise übertragen. Die **Bonität** des Darlehensnehmers ist kein Ausschlusskriterium, sondern lediglich bei der Bemessung des Sicherheitszuschlags gem. § 200 III 4 zu verlangen.

25 Wenn die **Verwahrstelle selbst als Darlehensnehmer** auftritt, so ergeben sich aus rein praktischer Sicht Einschränkungen im Hinblick auf die Sicherheitenbestellung. Die Verwahrstelle kann nur Guthaben, das bei einer Drittbank angelegt ist, als Sicherheit abtreten. Nur in diesem Fall ist ein abtretbarer Herausgabeanspruch vorhanden. Die von der Verwahrstelle für einen inländischen OGAW verwahrten Wertpapiere kann sie nicht als Sicherheiten für eigene Darlehensgeschäfte einsetzen. Eine Sicherheitenbestellung im Wege der **Vollrechts-, also Eigentumsübertragung** von anderen Wertpapieren ist dagegen möglich.

26 **4. Marktgerechtes Entgelt.** Unabhängig vom verwendeten Geschäftsmodell verlangt § 200 I 1, dass das Wertpapier-Darlehensgeschäft auf der Basis eines **marktgerechten Entgelts** durchgeführt wird. Eine solche Verpflichtung ergibt sich strenggenommen bereits aus § 26 II Nr. 2, wonach die KVG im besten Interesse des von ihr verwalteten Investmentvermögens oder der Anleger und der Integrität des Marktes zu handeln hat. Den Risiken aus den Wertpapier-Darlehensgeschäften muss ein Ertrag gegenüberstehen, der diese Risiken sowie die Kosten und Gebühren des Geschäfts abdeckt.

27 Daraus kann jedoch nicht gefolgert werden, dass die KVG bei Abschluss jedes einzelnen Geschäfts eine **Marktpreisanalyse** durchführen muss. Die Höhe des Darlehensentgelts bemisst sich idR an der Liquidität der verliehenen Wertpapiere. Auch die Bonität des Darlehensnehmers sowie die aktuelle Marktsituation spielen eine Rolle.

III. Einsatzmöglichkeiten im Rahmen eines effizienten Portfoliomanagements

28 Der Einsatz von Wertpapierdarlehen dient dazu, **zusätzliche Erträge** für den inländischen OGAW zu erwirtschaften. Diese Erträge lassen sich **unabhängig von der tatsächlichen Kursentwicklung** der zugrundeliegenden Wertpapiere als sicherer Gewinn erwirtschaften. Diese Erträge stehen zwingend dem inländischen OGAW zu (§ 200 I 2). Außerdem kommen dem inländischen OGAW weiterhin alle Zinsen und Dividenden aus den verliehenen Wertpapieren zugute. § 200 II 4 regelt darüber hinaus, dass die Erträge aus der Anlage der Sicherheiten dem inländischen OGAW zustehen. Auch Steuerguthaben sind während der Laufzeit des Wertpapierdarlehens an die Verwahrstelle für Rechnung des inländischen OGAW zu zahlen.

29 Die erzielte Rendite wird von der KVG dazu genutzt, die entstehenden Verwaltungskosten faktisch zu reduzieren. Grundsätzlich ist der Einsatz von Wertpapierdarlehen ein geeignetes Instrument, um die Performance des inländischen OGAW zu steigern. Insbesondere iRd **passiven Managements oder Benchmarkings** verschafft dies der KVG einen Wettbewerbsvorteil gegenüber anderen KVG, die

bei der Verwaltung eines inländischen OGAW nicht in demselben Umfang Wertpapierdarlehen einsetzen.

IV. Das Risikoprofil von Wertpapierdarlehen

Den wirtschaftlichen Vorteilen des Wertpapierdarlehens stehen auch Risiken für den inländischen OGAW gegenüber, insb. das **Kontrahentenrisiko, das Transaktionsrisiko und das Marktrisiko.** § 2 I DerivateV stellt in Umsetzung der ESMA-ETF-Leitlinien klar, dass der Einsatz von Wertpapier-Darlehen in einem Investmentvermögen nicht zu einer Veränderung des nach dem KAGB und den Anlagebedingungen zulässigen **Anlagecharakters** oder zu einer Veränderung des im Verkaufsprospekt oder den **wesentlichen Anlegerinformationen** beschriebenen Anlagestrategie des Investmentvermögens führen darf. Dies geht einher mit der Forderung, dass der Einsatz von Wertpapierdarlehen nicht mit wesentlichen zusätzlichen Risiken im Vergleich zur ursprünglichen, in den **Verkaufsunterlagen** beschriebenen Risikostrategie verbunden sein darf. 30

Die Begrenzung des **Kontrahentenrisikos** wird dadurch erreicht, dass die KVG nur gegen Bereitstellung von Sicherheiten das Wertpapierdarlehen gewähren darf, wobei die Höhe der **Sicherheitsleistung gem. § 200 III 2** von der Bonität des Darlehensnehmers abhängt. Der Sicherungswert eines Wertpapierdarlehens ergibt sich aus dem Kurswert der übertragenen Wertpapiere und den dazu gehörenden Erträgen, vgl. § 200 III 1. Die KVG hat unverzüglich weitere Sicherheiten zu verlangen, wenn sich auf Grund der börsentäglichen Entwicklung des Sicherungswertes und der erhaltenen Sicherheiten eine **negative Differenz** ergibt. Gleiches gilt, wenn aufgrund der **Verschlechterung der Bonität** des Darlehensnehmers die Sicherheiten nicht mehr ausreichen (§ 200 III 4). Außerdem führt **die ausstellerbezogene Grenze,** die besagt, dass Wertpapiere iHv maximal 10% dWd inländischen OGAW an einen einzelnen Darlehensnehmer verliehen werden dürfen, zu einer Begrenzung bzw. Streuung des Risikos. 31

Das **Transaktionsrisiko** beim Austausch der Wertpapiere wird durch die Regelung ausgeschlossen, dass die Sicherheiten vor oder **Zug um Zug** gegen die Gewährung der Wertpapiere gestellt werden müssen, vgl. § 200 II 1. Auf diese Weise wird die unbesicherte Ausreichung eines Darlehens, die auf eine verzögerte Lieferung von Sicherheiten zurückgeht, vermieden. 32

Im Rahmen des effizienten Portfoliomanagements ist vor allem das **Marktrisiko** von Bedeutung, denn während der Laufzeit des Wertpapierdarlehens können die Wertpapiere nicht für Rechnung des inländischen OGAW veräußert werden. Die KVG kann iRd Portfoliomanagements nur verzögert auf Kursentwicklungen am Markt reagieren. Aus diesem Grunde sieht das KAGB das Recht zur **jederzeitigen Kündbarkeit** eines Wertpapierdarlehens vor. Auf diese Weise kann die KVG unmittelbar auf Kursentwicklungen am Markt reagieren. 33

Ein **Marktrisiko** besteht auch in Bezug auf die **Sicherheiten,** wenn bei Zahlungsunfähigkeit des Darlehensnehmers die Verwertung der Sicherheiten wegen Marktschwankungen nur mit Verlust möglich ist. Diesem Risiko wird dadurch begegnet, dass bei der Sicherheitenstellung ein gewisser **Aufschlag (Haircut)** berechnet wird, der je nach Laufzeit und Volatilität der Sicherheiten unterschiedlich ausfällt. Grundsätzlich ist der Haircut für Aktien wesentlich höher als der Haircut für Anleihen. 34

Bestehen bleibt das **Verwertungsrisiko** hinsichtlich der Sicherheiten. Da seit dem 2.8.2021 (aufgrund des Gesetzes v. 3.6.2021, BGBl. 2021 I 1498) keine 35

Pfandrechte (sondern nur noch Sicherungsübereignungen bzw. -abtretungen) mehr als Sicherheiten zulässig sind, ist das Risiko im Grundsatz überschaubar.

V. Die Anrechnung der Wertpapierdarlehen auf das Marktrisiko und das Kontrahentenrisiko

36 **1. Marktrisiko. a) Bestimmung des Leverage im Rahmen des qualifizierten Ansatzes.** Wertpapierdarlehen werden bei der Berechnung **des Marktrisikopotentials nach § 197 II iVm den Regeln der DerivateV sowohl auf der Grundlage des einfachen Ansatzes** (§§ 15–22 DerivateV) als auch des qualifizierten Ansatzes (§§ 7–14 DerivateV) mit einbezogen.

37 Bei Verwendung des **qualifizierten Ansatzes** hat die KVG gem. § 5 II 5 DerivateV zusätzlich zur Berechnung des Value at Risk regelmäßig den **Leverage** des Investmentvermögens zu überwachen. In diesem Zusammenhang ist die Hebelwirkung, die durch den Einsatz von Wertpapierdarlehen entstehen kann, zu berücksichtigen. Da der **Value at Risk** primär das Marktrisiko berücksichtigt, dass durch den Einsatz von Derivaten oder derivativen Komponenten entsteht, kann das mit Wertpapierdarlehen verbundene Risiko nur über den Leverage festgestellt werden. Bei der Berechnung des Leverage sind sowohl Derivate als auch etwaige **Effekte aus der Wiederanlage von Sicherheiten** bei Wertpapierleihe und Pensionsgeschäften zu berücksichtigen.

38 Nach § 35 VI DerivateV hat die KVG im Verkaufsprospekt den erwarteten Leverage eines OGAW darzustellen. Die Angaben im Prospekt können entweder auf die erwartete **durchschnittliche Hebelwirkung** oder auf die erwartete **maximale Hebelwirkung** abstellen. Dabei ist darauf hinzuweisen, dass die Hebelwirkung Schwankungen unterliegt und daher unter bestimmten Marktbedingungen (zB bei geringer Marktvolatilität) auch höher als die im Prospekt angegebene durchschnittliche bzw. maximale Hebelwirkung sein kann.

39 Der Leverage ist hierbei stets zu berechnen als Division des **Gesamtexposures des OGAW** durch dessen **Nettoinventarwert:**

≙ [Anrechnungsbetrag + NAV] / NAV

Aus Vereinfachungsgründen wird auf eine **Bruttoberechnung** abgestellt. Verrechnungen oder die Anerkennung von Absicherungsgeschäften sind nicht zulässig. Zusätzlich kann die Berechnung des Leverage-Anrechnungsbetrages nach dem Einfachen Ansatz gem. §§ 15ff. DerivateV erfolgen.

40 **b) Bestimmung des Marktrisikopotentials im Rahmen des einfachen Ansatzes.** Der einfache Ansatz geht auf das **Konzept eines Investitionsgrads** zurück und berücksichtigt Wertpapierdarlehen insofern, als sie zu einer Steigerung des Investitionsgrades führen. Zur Bestimmung des Anrechnungsbetrags für das Marktrisiko werden die einzelnen Anrechnungsbeträge für Wertpapierdarlehen gem. § 16 II DerivateV ermittelt. Dabei wird vom **absoluten Marktwert jedes einzelnen Wertpapierdarlehens** ausgegangen.

41 Zusätzlich regelt § 21 I 1 DerivateV, dass die Anlage von **Sicherheiten** im Rahmen von Wertpapier-Darlehensgeschäften bei der Ermittlung des Anrechnungsbetrags für das Marktrisiko nach § 16 III DerivateV mit den zugehörigen Anrechnungsbeträgen einbezogen werden muss. Ausgenommen hiervon ist die **Anlage in risikolose Mittel** (§ 21 I 2 DerivateV). Denn aus diesen Anlagen wird kein zusätzliches Risiko generiert, da es sich um liquide Anlagen handelt, die einen risikolosen

Ertrag liefern. In der Praxis werden **hierfür kurzfristige** (Restlaufzeit bis zu 3 Monate) **erstklassige Staatsanleihen** in Frage kommen.

Der zugehörige Anrechnungsbetrag entspricht bei Sicherheiten in Form von 42 Bankguthaben dem Betrag der Sicherheiten oder bei Sicherheiten in Form von anderen Vermögensgegenständen dem **Marktwert.** Nutzt die KVG Sicherheiten, die ihr gestellt wurden, zum Abschluss von Pensionsgeschäften (zB Bankguthaben, um ein **Reverse-Repo-Geschäft** abzuschließen), gelten die vorstehenden Regeln entsprechend: Der Anrechnungsbetrag für die in Pension genommenen Wertpapiere ist der Marktwert dieser Papiere.

2. Kontrahentenrisiko. § 27 DerivateV regelt die Anrechnung von Wert- 43 papierdarlehen auf das **Kontrahentenrisiko.** Das Kontrahentenrisiko, das im Hinblick auf eine bestimmte Gegenpartei vorliegt, darf grundsätzlich **5 % dWd Investmentvermögens** nicht überschreiten. Die spezielle Kontrahentengrenze gem. § 200 KAGB bleibt davon unberührt, dh es gilt weiter die auf **10 % festgelegte Kontrahentengrenze bei Wertpapier-Darlehen** nach § 200.

Das Kontrahentenrisiko der OTC-Geschäfte wird in einem ersten Schritt mit 44 dem **positiven** Wiederbeschaffungswert des Wertpapier-Darlehens, bewertet. Bei Wertpapier-Darlehen ist der Marktwert des Wertpapieres und bei Pensionsgeschäften der Wert der dem Vertragspartner in Pension gegebenen Vermögensgegenstände oder der Barmittel relevant.

§ 27 IV DerivateV regelt außerdem, dass die von der KVG für Rechnung des In- 45 vestmentvermögens gestellten Sicherheiten bezüglich eines Vertragspartners hinzugerechnet werden, da sie ein Kontrahentenrisiko bezüglich eines Brokers begründen.

Von diesem ermittelten Anrechnungsbetrag wird der **Wert der Sicherheiten** 46 **abgezogen,** die von einem Vertragspartner zugunsten des Investmentvermögens gestellt wurden, sofern diese Sicherheiten die Anforderungen des **§ 27 VII DerivateV** erfüllen. Sollten die Sicherheiten diesen Anforderungen nicht genügen, kann ihr Wert nicht zum Abzug gebracht werden.

Nach § 27 XIII DerivateV gelten **Konzernunternehmen** im Hinblick auf die 47 Begrenzung des Kontrahentenrisikos als eine Risikoeinheit. Über den Verweis auf § 290 HGB werden dabei auch Zweckgesellschaften als Konzernunternehmen im Sinne dieser Vorschrift angesehen (vgl § 290 II Nr. 4 HGB).

Nach § 27 VI DerivateV sind angemessene **Sicherheitsmargenabschläge,** 48 **sog. Haircuts,** bei der Bewertung der Sicherheiten vorzunehmen. Die konkrete Höhe der Abschläge wird nicht vorgegeben, sondern in die Verantwortung der KVG gestellt. Die KVG muss gem. § 27 IX DerivateV über eine eindeutige **Haircut-Strategie** verfügen, die alle als Sicherheiten entgegengenommenen Arten von Vermögensgegenständen erfasst.

3. Risikomanagement. Grundsätzlich hat die KVG beim Einsatz von Wert- 49 papierdarlehen ein angemessenes **Risikomanagementsystem** einzusetzen, das in der Lage ist, die mit diesen Geschäften typischerweise verbundenen Risiken zu erfassen, messen, steuern und überwachen. Dabei hat sie die Risiken jedes einzelnen Wertpapierdarlehens als auch dessen Auswirkung auf das **Gesamtrisiko** des Investmentvermögens zu beachten.

Nach § 3 I DerivateV muss die KVG sicherstellen, dass sie allen für Rechnung 50 eines Investmentvermögens eingegangenen, bedingten und unbedingten **Liefer- und Zahlungsverpflichtungen** aus Wertpapier-Darlehen in vollem Umfang nachkommen kann.

51 § 26 V DerivateV stellt klar, dass Wertpapier-Darlehen im Rahmen des **Liquiditätsrisiko-**Managementprozesses zu berücksichtigen sind.

52 § 32 DerivateV sieht zusätzliche **Stresstests im Rahmen der Sicherheitenverwaltung** vor. Die KVG hat für jedes Investmentvermögen, für das Sicherheiten iHv mindestens 30% dWd Investmentvermögens gestellt werden, geeignete Stresstests durchzuführen, die sowohl normale als auch außergewöhnliche Liquiditätsbedingungen berücksichtigen, um das mit den Sicherheiten verbundene Liquiditätsrisiko zu bewerten.

VI. Die Sicherheitsleistung gem. KAGB

53 **1. Arten der Sicherheitsleistung.** Der Gesetzgeber hat zur Begrenzung des Kreditrisikos zwingend die Stellung von Sicherheiten beim Abschluss eines Wertpapierdarlehens eingeführt. Als Sicherheiten sieht das Gesetz die folgenden Möglichkeiten gem. § 200 II vor:

- **Leistung einer Geldzahlung** in Euro oder in der Währung, in welcher die Aktien oder Anteile des inländischen OGAW begeben wurden.
- Die **Abtretung von Guthaben** gem. §§ 398ff. BGB als Verfügungsgeschäft über eine Forderung. Das Guthaben muss auf Euro oder auf die Währung lauten, in welcher die Aktien oder Anteile des inländischen OGAW begeben wurden. Zivilrechtlich ist in diesem Fall eine Anzeige an die Verwahrstelle entbehrlich. Trotzdem besteht iRd ordnungsgemäßen Verwaltung des inländischen OGAW eine entsprechende Verpflichtung für die KVG.
- Die **Sicherungsübereignung von Wertpapieren und Geldmarktinstrumenten** gem. §§ 929, 930 BGB. Erfolgt die Aufbewahrung der Wertpapiere in Form der Girosammelverwahrung, so werden die Miteigentumsanteile am Sammelbestand zur Sicherheit übereignet. Der Darlehensnehmer tritt anstelle einer Übergabe seinen Anspruch auf Herausgabe des Wertpapiers gegenüber der verwahrenden Bank an die KVG ab und teilt dies der Bank mit.

54 **2. Die Anforderungen der DerivateV an Sicherheiten. a) Qualität der Sicherheiten.** Das Investmentgesetz enthielt in § 54 II 6 eine nähere Beschreibung, welche Arten von **Schuldverschreibungen und Aktien als Sicherheiten geeignet** sind. Schuldverschreibungen waren danach als Sicherheiten geeignet, wenn sie zur Sicherung von Kreditgeschäften von der Europäischen Zentralbank oder der Deutschen Bundesbank zugelassen waren. Aktien waren dagegen als Sicherheiten zulässig, wenn sie an einem organisierten Markt zum Handel zugelassen waren. Dieselben Kriterien fanden analog auch bei der Stellung von Geldmarktinstrumenten als Sicherheit Anwendung. Durch die Vorschrift sollte ein Mindestmaß an Liquidität sichergestellt werden, damit bei Eintritt des Sicherungsfalls die Verwertbarkeit der Sicherheiten gewährleistet ist.

55 § 200 II enthält keine Regelungen, welche Arten von Schuldverschreibungen und Aktien als Sicherheiten geeignet sind. Vielmehr sind die Einzelheiten zur Zulässigkeit und Verwaltung von Sicherheiten **in § 27 VII und VIII DerivateV** geregelt. Damit die im Rahmen von Wertpapierdarlehen gestellten Sicherheiten wertreduzierend vom Anrechnungsbetrag für das Kontrahentenrisiko abziehbar sind, müssen sie die in → Rn. 57 genannten Kriterien erfüllen.

56 Dabei ist zu beachten, dass die Anforderungen **für sämtliche** im Rahmen von OTC-Geschäften, Wertpapierdarlehen und Pensionsgeschäften **gestellte Sicherheiten** gültig sind und nicht nur für den Bestand an Sicherheiten, der zur Reduzierung des Kontrahentenrisikos verwendet wird. Sollte der Wert der Sicherheiten den

Anrechnungsbetrag für das Kontrahentenrisiko übersteigen, muss trotzdem die Gesamtheit der gestellten Sicherheiten den Vorschriften entsprechen (vgl. die Klarstellung im ESMA ETF FAQ, Frage 6a).

b) Die speziellen Voraussetzungen. Die Voraussetzungen im Einzelnen: 57

- Alle von einem Vertragspartner gestellten Sicherheiten müssen aus Vermögensgegenständen bestehen, die für das Investmentvermögen nach **Maßgabe des KAGB** erworben werden dürfen.
- Die Sicherheiten müssen **hochliquide** sein; Vermögensgegenstände, die keine Barmittel sind, gelten als hochliquide, wenn sie kurzfristig und nahe dem der Bewertung zugrunde gelegten Preis veräußert werden können und an einem liquiden Markt mit transparenten Preisfeststellungen gehandelt werden.
- Die Sicherheiten müssen einer zumindest **börsentäglichen Bewertung** unterliegen.
- Die Emittenten der Sicherheiten müssen über eine **hohe Kreditqualität** verfügen. Sofern nicht höchste Bonität vorliegt und die Preise volatil sind, müssen entsprechend (über § 27 VI DerivateV hinausgehende) Sicherheitsabschläge bei der Bewertung der Sicherheiten vorgenommen werden.
- Der Emittent darf nicht selbst Vertragspartner oder ein **konzernangehöriges Unternehmen** iSd § 290 HGB sein.
- Die Sicherheiten müssen in Bezug auf Länder, Märkte und Emittenten angemessen **risikodiversifiziert** sein.
- Sie dürfen keinen wesentlichen **operationellen Risiken oder Rechtsrisiken** im Hinblick auf ihre Verwaltung und Verwahrung unterliegen.
- Sie müssen bei einer **Verwahrstelle** verwahrt werden, die der wirksamen **öffentlichen Aufsicht** unterliegt und vom Sicherungsgeber unabhängig ist oder vor einem Ausfall eines Beteiligten rechtlich geschützt sein, sofern sie nicht übertragen wurden,
- Die KVG muss in der Lage sein, die Sicherheiten ohne Zustimmung des Sicherungsgebers zu **überprüfen.**
- Die Sicherheiten müssen für das Investmentvermögen **unverzüglich verwertet** werden können.
- Sie müssen rechtlichen Vorkehrungen für den Fall der **Insolvenz des Sicherungsgebers** unterliegen.
- Die Sicherheiten dürfen **nicht wiederverwendet** werden. Eine Ausnahme besteht für die Wiederanlage von Barsicherheiten (§ 27 VIII 2 Nr. 2 DerivateV).

3. Diversifizierung der Sicherheiten. Von einer angemessenen Diversifizierung der Sicherheiten iSd § 27 VII 1 Nr. 6 DerivateV kann ausgegangen werden, wenn der Wert der von einem Vertragspartner gestellten Sicherheiten desselben Emittenten **20% dWd Investmentvermögens** nicht übersteigt (§ 27 VII 2 DerivateV). Stellen mehrere Vertragspartner Sicherheiten, so sind die Werte der Sicherheiten desselben Emittenten zu aggregieren und ihr Gesamtwert darf wiederum 20% dWd Investmentvermögens nicht übersteigen (§ 27 VII 3 DerivateV). 58

Im **ESMA ETF FAQ** werden weitere Erläuterungen zur Diversifizierung der Sicherheiten gegeben. Bei der Anrechnung auf die Anlagegrenzen sind sämtliche Sicherheiten, die für Geschäfte im Rahmen des effizienten Portfoliomanagements gestellt wurden, zu berücksichtigen (ESMA ETF FAQ, Frage 6h). Es findet keine gesonderte Anrechnung statt zB für Sicherheiten für OTC-Derivategeschäfte und Sicherheiten für Wertpapierdarlehen. In derselben Weise ist das Exposure aus nicht 59 baren Sicherheiten mit dem Exposure aus wieder angelegten Barsicherheiten zusammen zu rechnen (ESMA ETF FAQ, Frage 6k).

60 Wird ein **Sicherheitenbasket** gestellt, so bezieht sich die 20%-Grenze pro Emittent nicht auf diesen Basket. Bezugspunkt für die 20%-Grenze bleibt der Wert des jeweiligen Investmentvermögens (ESMA ETF FAQ, Frage 6f). Werden Staatsanleihen als Sicherheiten gewährt, müssen sie ebenfalls den Anlagengrenzen im Hinblick auf die **Diversifizierung der Sicherheiten** entsprechen. Eine dem § 206 vergleichbare Privilegierung von bestimmten Sicherheiten von hoher Bonität findet nicht statt. Die 20%-Grenze bezieht sich bei Staatsanleihen auf den Emittenten selbst und nicht eine einzelne Emission (ESMA ETF FAQ, Frage 6g).

61 **4. Keine Sicherheiten vom Darlehensnehmer oder Konzernunternehmen (§ 200 II 5).** Nach § 200 II 5 sind Wertpapiere als Sicherheiten unzulässig, wenn sie vom Darlehensnehmer selbst oder von einem **zu demselben Konzern** gehörenden Unternehmen ausgestellt sind. Durch diese Regelung sollen Interessenkonflikte vermieden werden. Außerdem ist idR zu erwarten, dass solche Wertpapiere eine **hohe Korrelation zur wirtschaftlichen Entwicklung** des Darlehensnehmers aufweisen und insofern im Falle der Insolvenz des Darlehensnehmers keinen Ausgleich bieten. Im Gegensatz zur früheren Regelung unter dem InvG ist die Ausnahme für Pfandbriefe und Kommunalschuldverschreibungen entfallen, obwohl sich diese auf gesonderte Deckungsmassen beziehen.

62 **5. Verwahrung der Sicherheiten bei Tri-Party-Vereinbarungen.** In der Praxis üblich ist eine Verwahrung der Sicherheiten durch einen sog. **Collateral Manager,** auf den die KVG ihre Tätigkeit im Zusammenhang mit der Verwaltung von Sicherheiten auslagert. Die KVG beauftragt mit Zustimmung der Verwahrstelle einen Collateral Manager, der als zulässig definierte Sicherheiten für den inländischen OGAW bereitstellt und verwahrt. Dabei handelt der Collateral Manager nicht als Unterverwahrer für die Verwahrstelle, sondern auf der Grundlage eines Auftragsverhältnisses mit der KVG. Die haftungsrechtliche Verantwortlichkeit für seine Tätigkeit liegt daher bei der **KVG als auslagerndem Unternehmen** (vgl. § 36 IV) und nicht bei der Verwahrstelle.

63 Die Auslagerung auf einen Collateral Manager findet insb. statt, wenn die KVG die sog. **„Tri-Party"-Funktionalität** nutzen möchte. Darunter ist ein **„Collateral Management"-Modell** zu verstehen, bei dem der Collateral Manager sowohl vom Wertpapierdarlehensgeber als auch vom Wertpapierdarlehensnehmer mit der Führung eines Wertpapierdepots bzw. eines Kontokorrents beauftragt wird. Bei Abschluss eines Wertpapierdarlehens führt der Collateral Manager im Auftrag der beiden Parteien den geschuldeten Wertausgleich bzgl. der zu leistenden Sicherheiten durch Umbuchung zwischen den Depots bzw. Konten der beiden Parteien aus. Der Vorteil der „Tri-Party"- Vereinbarung liegt darin, dass der Ausgleich sofort nach dem Zeitpunkt der Initiierung erfolgt.

64 Auch auf der Grundlage des **§ 27 VII Nr. 8 DerivateV** ist es weiterhin zulässig, bei der Durchführung der Wertpapierdarlehen eine sog. „Tri-Party"-Vereinbarung zu nutzen. Dies wurde im **ESMA ETF FAQ** ausdrücklich bestätigt. „Tri-Party"-Vereinbarungen sind zulässig, solange keine Vollübertragung der Sicherheiten stattfindet, die Sicherheiten durch eine dritte Partei verwahrt werden, die einer aufsichtsrechtlichen Überwachung unterliegt und nicht mit dem Sicherheitengeber wirtschaftlich verbunden ist (ESMA ETF FAQ, Frage 6d).

6. Anlage von Barsicherheiten. Die als Sicherheit bereitgestellten Guthaben müssen bei der Verwahrstelle oder mit Zustimmung der Verwahrstelle bei einem anderen KI auf einem **Sperrkonto** hinterlegt werden, vgl. §200 II 3 Nr. 1 oder in der Währung des Guthabens in bestimmte **vom Gesetz bestimmten Anlageformen** angelegt werden, vgl. §200 II 3 Nr. 2. Das Guthaben eines Kontokorrentkontos eignet sich nicht als Sicherheit, da bei diesem nur der Saldo pfändbar ist. Es muss sich um **Sichteinlagen** iSd Art. 50 I Buchst. f OGAW-RL handeln, dh Sichteinlagen oder kündbare Einlagen dürfen eine Laufzeit von höchstens 12 Monaten haben. 65

§200 II 3 Nr. 1 regelt, dass im Falle einer **Unterverwahrung** das Guthaben bei einem andere KI mit Sitz in der EU/EWR oder, falls der Sitz in einem Drittstaat liegt, bei einem KI, das einer gleichwertigen Aufsicht untersteht, angelegt werden soll. Durch diese Regelung wird insoweit die **Drittverwahrung von Sicherheiten** explizit für zulässig erklärt. Die Zustimmung der Verwahrstelle zu der Drittverwahrung ist erforderlich, um die Erfüllung ihrer Überwachungspflichten nach §76 sicherzustellen. Eine Unterverwahrung ist nur unter bestimmten Voraussetzungen zulässig, die für OGAW-Verwahrstellen in §73 und für AIF-Verwahrstellen in §82 geregelt sind. Auf die entsprechenden Kommentierungen wird verwiesen. 66

Wird der Fonds in einer anderen Währung geführt, hat eine Sicherheitsleistung in **Guthaben der jeweiligen Fondswährung** zu erfolgen, vgl. §200 II 2. Dies erscheint sachgerecht, da nur durch eine derartige Sicherheitsleistung ein zusätzliches **Währungsrisiko** vermieden werden kann. 67

Barsicherheiten dürfen nur in der **Währung des Guthabens** und nur wie folgt angelegt werden: 68

- in S**chuldverschreibungen,** die eine hohe Qualität aufweisen und die vom Bund, von einem Land, der EU, einem Mitgliedstaat der EU oder seinen Gebietskörperschaften, einem anderen Vertragsstaat des EWR oder einem Drittstaat ausgegeben worden sind, oder
- in Geldmarktfonds mit kurzer Laufzeitstruktur, die den Kriterien der **Fondskategorien-RL** entsprechen, oder
- im Wege eines (umgekehrten) **Pensionsgeschäftes mit einem Kreditinstitut,** das die jederzeitige Rückforderung des aufgelaufenen Guthabens gewährleistet.

Diese Anforderungen an die Anlage von Barsicherheiten werden außerdem nochmals in **§27 VIII DerivateV** wiederholt. Dabei wird klargestellt, dass eine andere Form der Verwendung nicht zulässig ist. 69

Bei der Anlage von Barsicherheiten ist neben der Anrechnung auf die Anlagegrenzen gem. §§206, 207 KAGB auch die **Diversifizierung gem. §27 VII 2 DerivateV** zu beachten. Die reinvestierten Barsicherheiten müssen die Anlagegrenze von **20% pro Emittent** beachten, dh zB wird die Anlage in kurzfristige Geldmarktfonds auf die Emittentengrenze von 20% angerechnet, vgl. → Rn. 58ff. 70

7. Verwendung der Erträge aus den Sicherheiten. In §200 II 4 ist geregelt, dass **Erträge aus Sicherheiten** dem inländischen OGAW zustehen. In der Regierungsbegründung zum Investmentänderungsgesetz (BT-Drucks. 15/1553, 95) bezieht sich der Gesetzgeber auf die Erträge aus der Anlage der gestellten Barsicherheiten, aber nicht auf **Dividenden- und Zinserträge,** die aus den als Sicherheiten gestellten Wertpapieren fließen. Für diese Interpretation spricht zum einen die Stel- 71 lung des Satzes innerhalb von § 200 II, nämlich nach der Behandlung der Barsicherheiten und vor den Regelungen bzgl. der Wertpapier-Sicherheiten.

72 Darüber hinaus kann § 200 II 4 nicht in der Weise ausgelegt werden, dass die Dividenden- und Zinserträge dem inländischen OGAW zur freien Verfügung stehen. Ansonsten entstünde ein Widerspruch zur **zivilrechtlich getroffenen Zuordnung der Erträge** aus Sicherheiten. Zwar erstreckt sich ein Pfandrecht bzw. das Sicherungseigentum grundsätzlich auch auf die Erträge aus dem Pfandgegenstand. Der inländische OGAW als Sicherungsnehmer darf diese aber nicht vereinnahmen, sondern ist zur Herausgabe an den Sicherungsgeber, sprich den Darlehensnehmer, verpflichtet. Der Wertpapierdarlehensgeber ist wirtschaftlich so zu stellen, als hätte er die Wertpapiere nicht übertragen. § 200 II 4 ist daher wohl so zu interpretieren, dass **Erträge aus Barsicherheiten,** die durch die Eröffnung zusätzlicher Anlagemöglichkeiten generiert werden und daher die übliche, dem Sicherungsgeber zustehende **Verzinsung** übersteigen, dem inländischen OGAW zuzuführen sind.

73 In der Praxis wird bei der Stellung von Barsicherheiten für Wertpapierdarlehen idR vereinbart, dass der Darlehensnehmer eine Verzinsung für die von ihm gestellte Geldsicherheit erhält, wobei die **Zinseinnahmen aus der Anlage und die Zinsverpflichtungen** gegenüber dem Darlehensnehmer in etwa gleich hoch sind. Zweckmäßigerweise wird in der Praxis das vereinbarte Darlehensentgelt um einen Betrag in Höhe der Zahlungsverpflichtung des inländischen OGAW vermindert. Der Saldo wird als **sog. Rebate** bezeichnet. In diesem Saldo ist somit die Herausgabe der Erträge an den Darlehensnehmer mitberücksichtigt.

74 **8. Kontrollpflichten der Verwahrstelle.** Die Verwahrstelle ist nach § 74 II Nr. 1 für die **Leistung und Rückgewähr von Sicherheiten** für Wertpapierdarlehen zuständig. Gemäß § 76 I Nr. 4 hat die Verwahrstelle zu kontrollieren, dass die erforderlichen Sicherheiten für Wertpapierdarlehen nach Maßgabe des § 200 II rechtswirksam bestellt und jederzeit vorhanden sind. Die Verwahrstelle hat für die Dauer des Wertpapierdarlehens zu überwachen, ob die Sicherheiten noch ausreichend sind und weiterhin die Zulässigkeitskriterien erfüllen. Soweit die Wertpapiere **bei einer dritten Bank verwahrt** werden, muss die Verwahrstelle diese Kontrollpflichten auch weiterhin gegenüber dem inländischen OGAW wahrnehmen und durch entsprechende Vorkehrungen gewährleisten.

75 **9. Umfang der Sicherheitsleistung gem. § 200 III.** Der **Umfang der Sicherheitsleistung** bemisst sich nach § 200 III. Die Grundlage für die Berechnung bildet der sog. Sicherungswert der entliehenen Wertpapiere, der sich aus dem Kurswert der Papiere und den dazu gehörigen Erträgen (Zinsen und Dividenden) ergibt, vgl. § 200 III 1. Der Umfang der Sicherheitsleistung ist unter Berücksichtigung der wirtschaftlichen Verhältnisse des Wertpapierdarlehensnehmers zu bestimmen, vgl. § 200 III 2. Damit soll dem Risiko der Zahlungsunfähigkeit begegnet werden. Die KVG hat daher **die Bonität des Darlehensnehmers** zu überprüfen und den Umfang aufgrund dieser Analyse festzulegen. Als Untergrenze legt der Gesetzgeber fest, dass der Wert der Sicherheitsleistung den Sicherungswert der entliehenen Wertpapiere zuzüglich eines marktüblichen Aufschlags nicht unterschreiten darf, vgl. § 200 III 3.

76 Mit dem **marktüblichen Aufschlag** soll das doppelte Kursrisiko reduziert werden. Sowohl die Kurswerte der entliehenen Wertpapiere als auch die Kurswerte der als Sicherheit gestellten Wertpapiere können schwanken und sich insb. gegenläufig entwickeln. Auch bei guter Bonität des Wertpapierdarlehensnehmers ist ein Auf-

schlag **zwingend** vorzusehen, da mittels des Sicherungsaufschlags nicht nur das Kreditrisiko des Darlehensnehmers, sondern auch das **Marktrisiko** der betroffenen Wertpapiere adressiert wird. Der Gesetzgeber hat bewusst auf die Festlegung fixer Margen verzichtet, so dass sich die Gegebenheiten des Marktes (insb. dessen Volatilität) in den üblichen Sätzen widerspiegeln. Sollten sich die wirtschaftlichen Verhältnisse des Darlehensnehmers verändern, insb. verschlechtern, hat dies unmittelbar Auswirkungen auf die Höhe des Aufschlags.

Wenn die gestellten Sicherheiten nicht ausreichen, um den Sicherungswert 77 zuzüglich des Aufschlags abzudecken, besteht gem. **§ 200 III 4** eine **Nachschusspflicht** durch den Darlehensnehmer. Die KVG hat unverzüglich die Leistung weiterer Sicherheiten zu verlangen. Um die unverzügliche Erfüllung der Nachschusspflicht sicherzustellen, muss die KVG an **jedem Börsentag** den Wert der Sicherheiten und den Wert der entliehenen Wertpapiere berechnen, im Hinblick auf die Höhe des Aufschlags die wirtschaftlichen Verhältnisse des Darlehensnehmers fortlaufend beobachten und im Falle einer Unterdeckung tätig werden.

10. Anzeigepflicht gem. § 200 IV. Die KVG hat der **BaFin** unverzüglich un- 78 ter Darlegung des Sachverhalts **anzuzeigen,** wenn der Wert der Sicherheitsleistung den Sicherungswert (Kurswert plus Erträge) unterschreitet. Primär geht der Gesetzgeber davon aus, dass die Nachschusspflicht durch den Darlehensnehmer sowie die Kontrolle durch die Verwahrstelle die Anleger des inländischen OGAW ausreichend schutzen. Nach der Gesetzesbegründung hat die **Anzeigepflicht** deshalb **Ausnahmecharakter** und wird nur dann relevant, wenn eine gravierende Verschlechterung der wirtschaftlichen Lage des Wertpapierdarlehensnehmers vorliegt und dieser seiner Verpflichtung zur Bestellung weiterer Sicherheiten nicht mehr nachkommen kann.

VII. Transparenzanforderungen iSd DerivateV

Der **Verkaufsprospekt** muss gem. **§ 35 III 1 Nr. 5 DerivateV** Angaben über 79 direkte und indirekte Kosten und Gebühren enthalten, die sich aus den Wertpapierdarlehensgeschäften ergeben und von den Erträgen abziehbar sind. Diese **Kosten und Gebühren** dürfen keine **versteckten Erträge** enthalten. Die KVG hat im Prospekt auch offen zu legen, an wen die direkten/indirekten Kosten und Gebühren gezahlt werden, und ob es sich bei dabei um eine zur KVG oder zur Verwahrstelle gehörige Partei handelt (§ 35 III 1 Nr. 6, 7 DerivateV). Tritt die KVG selbst als Agent für Wertpapierdarlehen auf, so hat sie die an sie geleisteten Zahlungen offenzulegen.

Der Prospekt sollte eindeutige Informationen für Anleger zur **Sicherheiten-** 80 **strategie** des inländischen OGAW enthalten (§ 35 IV 1 DerivateV). Hierzu zählen Angaben über die zulässigen Arten von Sicherheiten, zum erforderlichen Umfang der Besicherung und zur **Haircut-Strategie** sowie, im Fall von **Barsicherheiten,** über die Strategie für das erneute Anlegen der Barmittel einschl. der damit verbundenen Risiken (§ 35 IV 2 DerivateV).

Der **Jahresbericht** muss nach § 37 II DerivateV ausführliche **Angaben zum** 81 **Exposure** enthalten, das durch den Einsatz von Pensionsgeschäften erzielt wird, zur Identität der Vertragsparteien sowie zur Art und Höhe der entgegengenommenen Sicherheiten und **Angaben zu den Erträgen** die sich für den gesamten Berichtszeitraum ergeben, einschl. der direkten und indirekten Kosten und Gebühren.

§ 201 Wertpapier-Darlehensvertrag

In dem Darlehensvertrag zwischen der OGAW-Kapitalverwaltungsgesellschaft und dem Wertpapier-Darlehensnehmer sind neben den auf Grund des § 200 erforderlichen Regelungen insbesondere festzulegen:

1. **die Verpflichtung des Wertpapier-Darlehensnehmers, die Erträge aus den als Wertpapier-Darlehen erhaltenen Wertpapieren bei Fälligkeit an die Verwahrstelle für Rechnung des inländischen OGAW zu zahlen;**
2. **die Verpflichtung des Wertpapier-Darlehensnehmers, als Wertpapier-Darlehen erhaltene Aktien der OGAW-Kapitalverwaltungsgesellschaft so rechtzeitig zurückzuerstatten, dass diese die verbrieften Rechte ausüben kann; dies gilt nicht für Ansprüche auf Anteile am Gewinn; die Verpflichtung zur Rückerstattung ist entbehrlich, wenn die OGAW-Kapitalverwaltungsgesellschaft zur Ausübung der Stimmrechte aus den Aktien bevollmächtigt worden ist und die Stimmrechte ausüben kann, und**
3. **die Rechte der OGAW-Kapitalverwaltungsgesellschaft bei nicht rechtzeitiger Erfüllung der Verpflichtungen des Wertpapier-Darlehensnehmers.**

Schrifttum: *Ambrosius/Franz* Wertpapierleihe – Aufschwung durch neue gesetzliche Freiheiten, Zeitschrift für das gesamte Kreditwesen 5/2008, 196; *Bachmann* Rechtsfragen der Wertpapierleihe, Zeitschrift für das gesamte Handels- und Wirtschaftsrecht, 5/2009, 596; *Beck/Kestler* Wertpapier-Darlehen im Rahmen der Verwaltung von Sondervermögen nach dem Investmentgesetz, ZfK 2005, 200; BaFinJournal 7/2007, 6; *Kaune/Oulds* Das neue Investmentgesetz, ZBB 2004, 114; *Norton Rose* Wertpapierleihe für deutsche Investmentfonds – Pooling von Sicherheiten, Zuordnung von Erträgen, Möglichkeiten für Spezialfonds, steuerrechtliche Besonderheiten und andere Fragen –, Client Briefing August 2008; *Raab* Grundlagen des Investmentfondsgeschäfts, 7. Aufl. 2019.

1 § 201 regelt den grundlegenden und damit **zwingenden Inhalt des Darlehensvertrages** zwischen der KVG und dem Wertpapier-Darlehensnehmer. Die Vorschrift übernimmt mit redaktionellen Anpassungen aufgrund der in § 1 enthaltenen Begriffsbestimmungen den Wortlaut des früheren § 55 InvG.

2 Aufgrund der Gesetzessystematik besteht die Pflicht, die in der Vorschrift aufgeführten Regelungspunkte in den Darlehensvertrag direkt aufzunehmen. Ein **Verweis im Vertrag** auf das KAGB ist nicht ausreichend. Bei der Vertragsgestaltung ist zu berücksichtigen, dass die Aufzählung des § 201 nicht abschließend ist. Es handelt sich um einen **Mindestinhalt,** durch den sichergestellt werden soll, dass dem inländischen OGAW bei der Durchführung von Wertpapierdarlehen keine Nachteile entstehen. Der Darlehensvertrag kann deshalb über diese Vorgaben hinaus weitere Regelungen zum Schutze des inländischen OGAW vorsehen.

3 Die zentrale Regelung im Darlehensvertrag ist die **Verpflichtung des Entleihers,** dass er **Wertpapiere von gleicher Art und Güte zurückzuerstatten** hat. Damit wird gewährleistet, dass durch die Darlehensgeschäfte keine materielle Umschichtung der Vermögensgegenstände im Portfolio eines inländischen OGAW erfolgt. In der Vereinbarung werden außerdem die Modalitäten für die Leihe, insb.

die **jederzeitige Kündbarkeit, die Art und Weise der Sicherheitsleistung und die Zugriffsberechtigung des Entleihers** auf die Wertpapierbestände des inländischen OGAW geregelt.

Um einen schnellen und standardisierten Vertragsabschluss zu ermöglichen, 4 wurde der **deutsche Rahmenvertrag für Wertpapierdarlehen** von den iRd Deutschen Kreditwirtschaft (vormals Zentraler Kreditausschuss – ZKA) zusammenarbeitenden Verbänden unter Federführung des Bundesverbandes deutscher Banken e. V. entwickelt. Es handelt sich um einen Mustervertrag, der den Abschluss von Wertpapier-Darlehensgeschäften nach deutschem Recht ermöglicht.

Der Rahmenvertrag für Wertpapierdarlehen wird unter einer sog. **Mantel-** 5 **vereinbarung für Finanzgeschäfte** mit KVG abgeschlossen. Diese Mantelvereinbarung umfasst neben Wertpapier-Darlehensgeschäften auch Pensionsgeschäfte und OTC-Derivate und enthält investmentrechtliche Mindestinhalte wie die Trennung der Geschäfte je inländischem OGAW. Durch Abschluss der Mantelvereinbarung kann der Rahmenvertrag für Wertpapierdarlehen nebst Produktanhang für Wertpapierdarlehen an die investmentrechtlichen Vorgaben angepasst werden.

Bereits aus dem Jahr 1999 stammt der **Rahmenvertrag für Wertpapier-Dar-** 6 **lehen,** der vom Bundesverband der Deutschen Banken erstellt wurde. Bei der Verwendung für inländische OGAW kommt zusätzlich ein KVG-Anhang oder die oben erwähnte Mantelvereinbarung zur Anwendung. Im Jahr 2022 wurde der Rahmenvertrag umfassend überarbeitet. Dabei wurden insb. die Bestimmungen zum Netting (Verrechnung) an rechtliche Entwicklungen angepasst, Formvorschriften modernisiert, Verweise auf Referenzzinssätze angepasst sowie zahlreiche begriffliche Änderungen vorgenommen.

Alternativ können die Vertragsparteien auch die Geltung des Rahmenvertrags 7 für Finanzgeschäfte **(European Master Agreement – EMA)** vereinbaren, der jedoch vorwiegend im internationalen Verkehr Anwendung findet. Der Abschluss für inländische OGAW wird durch den zusätzlichen Abschluss einer Mantelvereinbarung mit den investmentrechtlichen Vorgaben in Einklang gebracht.

Auf internationaler Ebene wird außerdem das „Overseas Securities Lender's Agree- 8 ment" **(OSLA),** das „Global Master Securities Lending Agreement" **(GMSLA)** und das „Master Securities Loan Agreement" **(MSLA)** verwendet. Auch diese Standardverträge müssen durch einen KVG-Anhang oder ergänzende Vertragsbestimmungen an das deutsche Investmentrecht angepasst werden.

Der deutsche Rahmenvertrag verbindet eine Vielzahl von Einzelgeschäften, die 9 unter Rückgriff auf Musterbestätigungen abgeschlossen werden. Alle Einzelabschlüsse untereinander und zusammen mit dem **Rahmenvertrag** sind als eine rechtliche Einheit zu betrachten. Zu Beginn ihrer Geschäftsbeziehung schließen die Parteien einen solchen Rahmenvertrag ab, der alle wesentlichen Regelungen für jedes einzelne Geschäft enthält. Unter diesem vertraglichen Schirm werden die **Geschäfte im Einzelfall** nur noch bestätigt und mit den jeweiligen wirtschaftlichen Daten versehen. Die Parteien können darüber hinaus auch ergänzende Bestimmungen treffen. Die Bestätigungen in den Einzelabschlüssen und individuell zwischen den Parteien getroffene Abreden gehen den Bestimmungen des Rahmenvertrages vor.

Als weitere standardisierte Ergänzungsvereinbarung ist der **Anhang zum Rah-** 10 **menvertrag** zu nennen, der steuerlichen Aspekten Rechnung trägt. Darüber hinaus besteht ein standardisierter Anhang für KVG, in dem die Besonderheiten für den Abschluss von Wertpapier-Darlehensgeschäften mit inländischen OGAW geregelt sind. In diesem Anhang werden insb. die Stellung und Verwertung von Sicherheiten geregelt sowie weitere Besonderheiten aus dem KAGB. Insbesondere wird klargestellt, dass die KVG nur als Darlehensgeber für Rechnung des inländischen OGAW tätig werden kann.

11 Zwischen der KVG und der jeweiligen Bank kommt für Rechnung eines jeden inländischen OGAW ein eigenständiger Rahmenvertrag zustande, unter dessen Dach die **Einzelgeschäfte dieses Fonds** bestätigt werden. Jedes Vertragsverhältnis ist separat zu betrachten, eine Verrechnung von Ansprüchen zwischen den inländischen OGAW ist aufgrund der vermögens- und haftungsrechtlichen Trennung der Fonds ausgeschlossen. In der Praxis schließt die KVG meistens nur einen Rahmenvertrag ab und zählt in einem Annex die von ihr verwalteten inländischen OGAW auf. Bei jedem Einzelabschluss teilt die KVG dem Darlehensnehmer mit, für Rechnung welches inländischen OGAW das Geschäft getätigt wird.

12 Der Gesetzgeber verlangt bei Abschluss von Wertpapier-Darlehensgeschäften – anders als bei Derivaten – nicht zwingend die Verwendung eines Standardvertrages. Insofern sind auch **individuelle Vereinbarungen** möglich, soweit sie die im Folgenden genannten Anforderungen erfüllen:

– Es besteht die Verpflichtung zur Herausgabe von Erträgen (Zinsen und Dividenden) aus den entliehenen Wertpapieren, vgl. § 201 Nr. 1.
– Es erfolgt eine rechtzeitige Rückerstattung der entliehenen Wertpapiere, so dass die KVG die verbrieften Rechte ausüben kann. Die Rückerstattung kann unterbleiben, wenn die KVG zur Ausübung der Stimmrechte bevollmächtigt worden ist, vgl. § 201 Nr. 2.
– Der Vertrag legt die Rechte der KVG bei nicht rechtzeitiger Erfüllung der Leistungspflichten durch den Entleiher fest, vgl. § 201 Nr. 3.

13 Auf diese Regelungen, die zugunsten des inländischen OGAW bestehen, kann eine KVG bei Vertragsabschluss **nicht verzichten.** In der Praxis wurde die Frage gestellt, ob man diese Anforderungen in wirtschaftlicher Weise auslegen könnte, also zB ob es möglich ist, auf die Erträge aus den entliehenen Wertpapieren zu verzichten, wenn der inländische OGAW stattdessen die Erträge aus den gestellten Sicherheiten erhält und diese der Höhe nach etwa gleichwertig sind. Angesichts des klaren Wortlauts wird dies zu verneinen sein.

14 Vereinnahmt der Wertpapierdarlehensnehmer Erträge aus den erhaltenen Wertpapieren, so hat er diese bei Fälligkeit für Rechnung des inländischen OGAW an die Verwahrstelle zu zahlen. Zu den möglichen Erträgen gehören **Zinsen, Dividenden und Steuerguthaben.** Bei Zinsen und Dividenden ist neben der Barausschüttung der Gegenwert der einbehaltenen Kapitalertragsteuer an den inländischen OGAW zu zahlen.

15 Der Wertpapierdarlehensnehmer ist außerdem verpflichtet, die erhaltenen Aktien so rechtzeitig an die KVG zurückzuerstatten, dass die KVG die darin verbrieften Rechte ausüben kann (**Ausübung der Stimmrechte auf der Hauptversammlung;** Bezugsrechte auf neue oder Gratisaktien). Eine Ausnahme besteht für die Geltendmachung der Ansprüche auf Gewinn.

16 Die KVG muss das Stimmrecht in der Hauptversammlung ausüben, soweit dies iRd **ordnungsmäßigen Geschäftstätigkeit** geboten erscheint. Grundsätzlich geht man davon aus, dass eine KVG innerhalb Deutschlands an den Hauptversammlungen teilnehmen sollte, während dies für das Ausland als unzumutbar verneint wird. Da die Ausübung des Stimmrechts die Verfügungsbefugnis über die Aktien voraussetzt, müssen diese vor den betreffenden inländischen Hauptversammlungsterminen an die KVG zurückgegeben werden.

Die Rückerstattung muss allerdings nicht rechtzeitig sein, wenn die KVG vom Entleiher **zur Ausübung der Stimmrechte** aus den Aktien **bevollmächtigt** worden ist und somit die Stimmrechte ausüben kann. Ein Wertpapier kann deshalb über den Dividendenstichtag entliehen werden, was insb. bei ausländischen Titeln, die oft viertel- oder halbjährliche Stichtage für die Dividendenzahlung vorsehen, die Handhabung des Darlehensgeschäftes deutlich vereinfacht. **17**

Schließlich muss der Wertpapier-Darlehensvertrag explizit die Rechte der KVG enthalten, die bei einer **nicht rechtzeitigen Rücklieferung der Wertpapiere** eingreifen. Zu regeln ist daher, welchen Schadensersatzanspruch die KVG im Verzugsfall (auch bezüglich im Verzugszeitraum angefallener Erträge) geltend machen bzw. welche Maßnahmen sie ergreifen kann. Denkbar ist zB ein Recht der KVG zum Kauf der Wertpapiere für Rechnung des Darlehensnehmers (um dadurch die Nichtleistung auszugleichen), das Recht zur Verwertung der Sicherheiten nach Mahnung und erfolgloser Fristsetzung sowie der Anspruch auf Geltendmachung von Verzugszinsen. **18**

§ 202 Organisierte Wertpapier-Darlehenssysteme

[1]Die OGAW-Kapitalverwaltungsgesellschaft kann sich eines von einer Wertpapiersammelbank organisierten Systems zur Vermittlung und Abwicklung von Wertpapier-Darlehen bedienen, das von den Anforderungen nach § 200 Absatz 1 Satz 3 abweicht. [2]Von dem jederzeitigen Kündigungsrecht nach § 200 Absatz 1 darf nicht abgewichen werden.

Schrifttum: *Bachmann* Rechtsfragen der Wertpapierleihe, Zeitschrift für das gesamte Handels- und Wirtschaftsrecht, 5/2009, 596; *Fragos* OTC-Wertpapierdarlehensgeschäfte zwischen Kapitalanlagegesellschaft und der Depotbank, Zeitschrift für Bankrecht und Bankwirtschaft 3/2005, S. 183; *Herf* BaFin erweitert Katalog erwerbbarer Finanzinstrumente für Investmentfonds; BaFinJournal 7/2007, 6; *Kaune/Oulds* Das neue Investmentgesetz, ZBB 2004, 114; *Kempf* Novellierung des Investmentrechts 2004 nach dem Investmentmodernisierungsgesetz, 1. Aufl. 2004; *ders.* Novellierung des Investmentrechts 2007, Ein Praxishandbuch 1. Aufl. 2008; *Krannich* Risiken der Wertpapierleihe und Wertpapierpensionsgeschäfte, in: *Eller* Handbuch Derivativer Instrumente, Produkte, Strategien, Risikomanagement, 2. Aufl. 1999; *Kümpel* Investmentfonds als Wertpapierverleiher im Rahmen des geltenden Rechts, WM 1991, Festschrift für Heinsius, S. 31 ff.; *Raab* Grundlagen des Investmentfondsgeschäfts, 7. Aufl. 2019.

Inhaltsübersicht

		Rn.
I.	Voraussetzungen für die Teilnahme an einem organisierten Wertpapier-Darlehenssystem	1
II.	Vertragliche Ausgestaltung der Rechtsbeziehungen	5
III.	Durchführung der Wertpapier-Darlehensgeschäfte	8
IV.	Besicherung der Wertpapier-Darlehensgeschäfte	11
V.	In- und ausländische Wertpapiersammelbanken	16
VI.	Privilegierung bei der Sicherheitenverwaltung nach der DerivateV	18

I. Voraussetzungen für die Teilnahme an einem organisierten Wertpapier-Darlehenssystem

1 Die KVG kann sich nach § 202 einem von einer Wertpapiersammelbank organisierten Wertpapier-Darlehenssystem anschließen. Die Vorschrift wurde als **Nachfolgevorschrift zu § 56 InvG** in das KAGB aufgenommen und durch das **Fondsstandortgesetz** (Gesetz zur Stärkung des Fondstandorts Deutschland und zur Umsetzung der Richtlinie (EU) 2019/1160 zur Änderung der Richtlinien 2009/65/EG und 2011/61/EU im Hinblick auf den grenzüberschreitenden Vertrieb von Organismen für gemeinsame Anlagen vom 3.6.2021, BGBl. 2021 I 1498) überarbeitet. Im Wesentlichen wurde der Anwendungsbereich von § 202 auf **Wertpapiersammelbanken beschränkt.**

2 Bei einer **Wertpapiersammelbank** handelt es sich um ein Spezialinstitut für die technische Abwicklung des Effektengiroverkehrs und der Wertpapiersammelverwahrung, wobei die Verwahrung für jede Wertpapierart getrennt erfolgt. Jeder Depotkunde erwirbt am jeweiligen Wertpapiersammelbestand einen seinem Eigentum entsprechenden Miteigentumsanteil. Einzige inländische Wertpapiersammelbank ist die **Clearstream Banking Aktiengesellschaft** (bis 1997 firmierend als Deutscher Kassenverein AG – im Folgenden Clearstream genannt) in Frankfurt am Main, die von der Deutsche Börse AG getragen wird.

3 Um für das organisierte Wertpapier-Darlehenssystem der Clearstream zugelassen zu werden, hat die KVG im eigenen Namen, aber für Rechnung der inländischen OGAW einen Rahmenvertrag, die sog. **„Securities Lending and Borrowing Rules"** abzuschließen. Auf der Grundlage dieser Bedingungen vermittelt Clearstream im Auftrag und im Namen der KVG, aber für Rechnung der jeweiligen inländischen OGAW, Wertpapier-Darlehensgeschäfte und übernimmt deren Abwicklung.

4 Die Teilnahme am organisierten Wertpapier-Darlehenssystem setzt voraus, dass die Vertragspartner ein **Konto bei Clearstream** führen. In der Regel führt dieser Weg bei den inländischen OGAW über die jeweilige Verwahrstelle, welche die Wertpapiere des inländischen OGAW verwahrt. Die Verwahrstelle unterhält ihrerseits ein sog. **Omnibus-Konto** bei Clearstream in Bezug auf Eigenbestände und Fremdbestände. Auf dieses Konto wird im Vertragsverhältnis zwischen der KVG und Clearstream Bezug genommen.

II. Vertragliche Ausgestaltung der Rechtsbeziehungen

5 Zwischen Clearstream und der Verwahrstelle als Verwahrer der Wertpapiere des inländischen OGAW besteht ein **Geschäftsbesorgungsvertrag iSv § 675 BGB,** in dem geregelt wird, dass Clearstream ein Konto für die Verwahrstelle führt. Sie nimmt die notwendigen Depotbuchungen sowie die Bestandsbuchungen der „schwebenden Geschäfte" vor.

6 Hinzu tritt ein **Geschäftsbesorgungsvertrag mit der KVG** im eigenen Namen, aber für Rechnung der inländischen OGAW, in dem geregelt wird, dass Clearstream die Vertragsparteien des Wertpapier-Darlehensgeschäftes vermittelt. Die Verwahrstellen führen für die KVG die Wertpapier-Darlehensgeschäfte als kommissionsähnliches Geschäft in Gestalt der Leistungskommission durch.

7 Als weitere Rechtsbeziehung kommt sodann der **Darlehensvertrag gem. § 607 BGB** zwischen der KVG als Darlehensgeber und dem jeweiligen Darlehensnehmer zustande. Beide Vertragspartner bleiben nach den Bestimmungen von

Clearstream grundsätzlich anonym. Nur wenn dem Darlehensgeber bei Verzug des Vertragspartners ein Nachteil entsteht, kann Clearstream auf Verlangen dessen Identität mitteilen.

III. Durchführung der Wertpapier-Darlehensgeschäfte

Clearstream bestimmt in ihren Bedingungen, welche Wertpapiergattungen zugelassen sind, und legt nennbetragsmäßige **Höchstbeträge für das Gesamtvolumen** der Ausleihung in einer Wertpapiergattung fest. Darüber hinaus wird für jeden Darlehensnehmer in Bezug auf jede **Wertpapiergattung** eine nennbetragsmäßige Höchstgrenze festgesetzt. Clearstream kann in bestimmten Fällen einzelne Wertpapiergattungen ganz oder temporär von der Teilnahme am Darlehenssystem ausschließen. Um negative Auswirkungen auf den Kassamarkt zu vermeiden, darf pro Wertpapiergattung nur ein bestimmter **Prozentsatz des Emissionsvolumens** verliehen werden. 8

Die zu verleihenden Wertpapiere werden auf ein auf den Namen des Darlehensgebers lautendes Unterkonto mit der Bezeichnung „verleihbare Wertpapiere" bei der Clearstream übertragen und damit täglich in das dortige **Zuteilungsverfahren** einbezogen. Reicht das aktuelle Angebot der sich zur Verfügung stellenden „automatischen" (ständigen) Darlehensgeber nicht aus, um die Nachfrage nach Wertpapieren zu decken, geht Clearstream auf die gelegentlichen Darlehensgeber zu, um weitere Wertpapiere ins Zuteilungsverfahren einzubeziehen. 9

Im Rahmen der täglichen Disposition der Wertpapierlieferungen stellt Clearstream das Angebot der Darlehensgeber und die Nachfrage der Darlehensnehmer anonym gegenüber und führt das Angebot und die Nachfrage weitestgehend fristenkongruent nach objektiven Kriterien unter Zuhilfenahme eines **Zufallsgenerators** aus. Jedes Darlehensgeschäft wird bis zur Rückübertragung der Wertpapiere durch eine **Geschäftsnummer** identifiziert. Nur Clearstream ist somit in der Lage, die beiden Geschäftspartner jederzeit zu benennen. 10

IV. Besicherung der Wertpapier-Darlehensgeschäfte

Um die Risiken von Kontrahentenausfällen zu reduzieren, müssen die Teilnehmer am organisierten Darlehenssystem Sicherheiten stellen, die für die Erfüllung ihrer Rückgewährs- und Vergütungspflichten haften. Diese Sicherheiten werden von **Clearstream als Treuhänder** in einem sog. **Sicherheitenpool** gehalten. Außerdem haftet ein Bankenkonsortium – etwa 20 deutsche Banken – als Garant bis zu einer Summe von 30 Mio. EUR. 11

Als Sicherheiten für entliehene Wertpapiere kommen Guthaben in Euro, lombardfähige Wertpapiere und deutsche Aktien, die an einer deutschen Wertpapierbörse amtlich notiert werden, in Betracht. Der Wert der bestellten Sicherheiten darf den Kurswert der entliehenen Wertpapiere plus eines Aufschlags zur Absicherung gegen etwaige Kursverluste als **Sicherheitsmarge** nicht unterschreiten. Falls die von Clearstream vorgegebene Sicherheitsmarge ausgeschöpft ist, können weitere Sicherheitsleistungen verlangt werden. 12

Kann ein Darlehensnehmer nach Kündigung des Geschäftes die Wertpapiere nicht fristgerecht zurück übertragen, erfüllt Clearstream diese Verpflichtung unverzüglich, dh am ersten Börsentag nach Fälligkeit, durch entsprechende **Eindeckung am Markt** und leitet die Liquidation der vom Darlehensnehmer gestellten Sicherheiten ein. 13

14 Reicht der Liquidationserlös aus den Sicherheiten nicht aus, um die mit der Eindeckung entstandenen Kosten zu decken, wird das **Garantiekonsortium** in Anspruch genommen. Die Mitglieder dieses Konsortiums gewährleisten als Teilschuldner entsprechend ihrer Quote den Darlehensgebern die termingerechte Rückübertragung der entliehenen Wertpapiere. Sofern dies nicht möglich ist, gewährleistet das Bankenkonsortium bis zu einem bestimmten Höchstbetrag die Zahlung des entsprechenden Gegenwertes am Fälligkeitstag.

15 Sind die betroffenen Wertpapiere am Markt nicht verfügbar, erhält der Darlehensgeber den **Bargegenwert der Wertpapiere** am Rückgabetermin auf der Basis des Einheitskurses bzw. bei Titeln mit laufender Notierung auf der Basis des ersten fortlaufend notierten Kurses an der Frankfurter Wertpapierbörse.

V. In- und ausländische Wertpapiersammelbanken

16 Das KAGB differenziert beim Begriff der Wertpapiersammelbank nicht zwischen inländischen und ausländischen Instituten. Da das Gesetz insofern keine Einschränkungen macht, kann es sich auch um ein von einem **ausländischen Girosammelverwahrer** durchgeführtes System handeln. Voraussetzung ist, dass dieses ausländische Institut einen der deutschen Wertpapiersammelbank entsprechenden Service anbietet. Das jeweilige Institut muss die technische Abwicklung des Wertpapiergiroverkehrs und der Wertpapiersammelverwahrung analog zu §§ 5, 6 Depotbankgesetz erbringen können.

17 Grundsätzlich können alle Institute als Wertpapiersammelbanken angesehen werden, die eine gegenseitige Kontoverbindung mit der Clearstream haben und den **grenzüberschreitenden Effektengiroverkehr** betreiben. Zu diesen Banken gehören unter anderem die Clearstream in Luxemburg, Euroclear, die OEKB in Österreich und SICOVAM in Frankreich. Die BaFin hat diese Banken allerdings nicht offiziell als Wertpapiersammelbanken iSd Depotgesetzes anerkannt.

VI. Privilegierung bei der Sicherheitenverwaltung nach der DerivateV

18 Die **DerivateV** berücksichtigt bei der Berechnung des Kontrahentenrisikos das Risiko-Exposure aus Wertpapier-Darlehensgeschäften. Das **Kontrahentenrisiko** wird in einem ersten Schritt mit dem positiven Wiederbeschaffungswert des Wertpapier-Darlehens (das ist der Marktwert der verliehenen Wertpapiere) berechnet. Von diesem ermittelten Anrechnungsbetrag wird der Wert der Sicherheiten abgezogen, die von dem Vertragspartner des Wertpapierdarlehens gestellt werden, sofern diese Sicherheiten die Anforderungen des § 27 VII DerivateV erfüllen (zum Ganzen näher → § 200 Rn. 43ff.).

19 Bei Nutzung eines anerkannten organisierten Wertpapier-Darlehenssystems kann von den Voraussetzungen des **§ 27 VII 1 Nr. 5, 6 und 10 DerivateV** (Verbot der Personalunion von Kontrahent und Emittent, Risikodiversifikation der gestellten Sicherheiten, unverzügliche Verwertbarkeit) sowie **§ 27 IX DerivateV** (Entwicklung einer Haircut-Strategie bzgl. der Bewertung der Sicherheiten) abgesehen werden, sofern die Interessen der Anleger gewahrt bleiben (§ 27 XIV).

20 In der Regel ist davon auszugehen, dass ein anerkanntes organisiertes Wertpapier-Darlehenssystem diese Vorgaben erfüllt und ein ausreichender **Schutz für die Vermögensinteressen der Anleger** besteht. Bei dem von Clearstream organisierten System hat Clearstream beispielsweise ein **umfassendes Durchgriffs-**

recht auf die Sicherheiten (s. §27 VII Nr. 10 DerivateV). Insofern ist es nicht notwendig, dass die KVG über ein direktes Verwertungsrecht verfügt.

21 Im Rahmen der Wertpapier-Darlehenssysteme wird außerdem eine **Prüfung auf „Close Links"** der Sicherheiten (s. §27 VII Nr. 5 DerivateV) durchgeführt und auf eine hinreichende **Diversifizierung der Sicherheiten** (s. §27 VII Nr. 6 DerivateV) geachtet. Die anerkannten organisierten Wertpapier-Darlehenssysteme arbeiten außerdem auf der Grundlage einer intern entwickelten **Haircut-Strategie** bei der Bewertung der Sicherheiten, die eine stringente Durchführung der Sicherheitsmargenabschläge sicherstellt.

§203 Pensionsgeschäfte

[1]Die OGAW-Kapitalverwaltungsgesellschaft darf für Rechnung eines inländischen OGAW Pensionsgeschäfte im Sinne des §340b Absatz 2 des Handelsgesetzbuchs mit Kreditinstituten oder Finanzdienstleistungsinstituten auf der Grundlage standardisierter Rahmenverträge nur abschließen, wenn dies in den Anlagebedingungen vorgesehen ist. [2]Die Pensionsgeschäfte müssen Wertpapiere zum Gegenstand haben, die nach den Anlagebedingungen für den inländischen OGAW erworben werden dürfen. [3]Die Pensionsgeschäfte dürfen höchstens eine Laufzeit von zwölf Monaten haben. [4]Die OGAW-Kapitalverwaltungsgesellschaft muss jedoch jederzeit zur Kündigung des Pensionsgeschäftes berechtigt sein. [5]Die in Pension genommenen Wertpapiere sind auf die Anlagegrenzen des §206 Absatz 1, 2 und 3 anzurechnen.

Schrifttum: *Fragos* OTC-Wertpapierdarlehensgeschäfte zwischen Kapitalanlagegesellschaft und der Depotbank, Zeitschrift für Bankrecht und Bankwirtschaft 3/2005, 183ff.; *Herf* BaFin erweitert Katalog erwerbbarer Finanzinstrumente für Investmentfonds, BaFinJournal 7/2007, 6; *Kaune/Oulds* Das neue Investmentgesetz, ZBB 2004, 114; *Kempf* Novellierung des Investmentrechts 2004 nach dem Investmentmodernisierungsgesetz, 1. Aufl. 2004; *ders.* Novellierung des Investmentrechts 2007, Ein Praxishandbuch 1. Aufl. 2008; *Krannich* Risiken der Wertpapierleihe und Wertpapierpensionsgeschäfte, in: *Eller* Handbuch Derivativer Instrumente, Produkte, Strategien, Risikomanagement, 2. Aufl. 1999; *Kümpel* Investmentfonds als Wertpapierverleiher im Rahmen des geltenden Rechts, WM 1991, Festschrift für Heinsius, 31ff.; *Raab* Grundlagen des Investmentfondsgeschäfts, 7. Aufl. 2019.

Inhaltsübersicht

	Rn.
I. Gesetzliche Entwicklung der Vorschrift im Kontext des Investmentrechts	1
1. Einleitung	1
2. Keine Anrechnung auf Kreditaufnahmegrenze und Bankguthaben	4
3. Berücksichtigung von Marktrisiko und Kontrahentenrisiko	6
II. Anforderungen an Pensionsgeschäfte	19
III. Echte und unechte Pensionsgeschäfte	23
IV. Bedeutung der Pensionsgeschäfte iRd Portfoliomanagements	28
1. Liquiditätsmanagement	28
2. Instrument des effizienten Portfoliomanagements	34
V. Die vertragliche Ausgestaltung und zulässige Vertragspartner	39

I. Gesetzliche Entwicklung der Vorschrift im Kontext des Investmentrechts

1 **1. Einleitung.** Durch § 203 wird der KVG der Abschluss von Wertpapier-Pensionsgeschäften für Rechnung des inländischen OGAW ermöglicht, wobei sie – im Gegensatz zu Wertpapierdarlehen – **sowohl Pensionsgeberin als auch Pensionsnehmerin** sein kann. Die Vorschrift basiert auf dem aufgehobenen **§ 57 InvG** und übernimmt dessen Regelung mit redaktionellen Anpassungen aufgrund der in § 1 enthaltenen Begriffsbestimmungen.

2 Pensionsgeschäfte sind für Kreditinstitute und deren Kunden gem. **§ 340b I HGB legaldefiniert** als „Verträge, durch die ein Kreditinstitut oder der Kunde eines Kreditinstituts (Pensionsgeber) ihm gehörende Vermögensgegenstände einem anderen Kreditinstitut oder einem seiner Kunden (Pensionsnehmer) gegen Zahlung eines Betrags überträgt und in denen gleichzeitig vereinbart wird, dass die Vermögensgegenstände später gegen Entrichtung des empfangenen oder eines im Voraus vereinbarten anderen Betrags an den Pensionsgeber zurückübertragen werden müssen oder können." Diese Legaldefinition ist entsprechend auf die von der KVG verwalteten Investmentvermögen anzuwenden.

3 Ein umgekehrtes Pensionsgeschäft oder **„Reverse Repo"-Geschäft** betrachtet ein Pensionsgeschäft aus der Sicht des Empfängers der Wertpapiere, also derjenigen Partei, die zu einem späteren Zeitpunkt die Wertpapiere gegen Erhalt des gezahlten oder eines im Voraus vereinbarten anderen Betrags zurückübertragen muss (also aus Sicht des Pensionsnehmers). Repo und Reverse-Repo stellen somit **dasselbe Geschäft** einmal aus Sicht des Pensionsgebers und einmal aus Sicht des Pensionsnehmers dar.

4 **2. Keine Anrechnung auf Kreditaufnahmegrenze und Bankguthaben.** Im Zuge des OGAW-IV-UmsG wurde die Bestimmung des damaligen § 57 II 1 InvG gestrichen, die vorsah, dass die vom inländischen OGAW als Pensionsgeber erhaltene Zahlung auf die **Kreditaufnahmegrenze des § 199** anzurechnen ist. Auch die im damaligen § 57 II 2 InvG geregelte Anrechnung der gezahlten Beträge auf die **Anlagegrenze für Bankguthaben gem. § 206 IV** sowie eine etwaige in den Anlagebedingungen vereinbarte Liquiditätsgrenze wurde gestrichen.

5 Die Gesetzesbegründung (BT-Drs. 17/4510, 77) zu dieser Streichung lautete: „Die Aufhebung des Absatzes 2 trägt der Tatsache Rechnung, dass es sich bei Pensionsgeschäften nicht um Kreditaufnahmen nach § 53 (heutiger § 199) bzw. Einlagen nach § 60 III (heutiger § 206 IV) handelt. Gleichzeitig werden jedoch die mit Pensionsgeschäften gesteigertes **Marktrisikopotential** sowie ein resultierendes **Kontrahentenrisiko** in die jeweiligen Berechnungen und Begrenzungen nach §§ 51 II und III (heutiger 197 II und III) und § 60 V (heutiger § 206 V) mit einbezogen."

6 **3. Berücksichtigung von Marktrisiko und Kontrahentenrisiko.** Bereits vor dem OGAW-IV-UmsG hatte der Gesetzgeber eine Anrechnung auf die Anlagegrenzen des § 206 I–III vorgesehen. Wenn die KVG für Rechnung des inländischen OGAW Wertpapiere in Pension nimmt, so erwirbt sie **volles Eigentum** an den Wertpapieren mit der Folge, dass der inländische OGAW die daraus resultierenden Marktrisiken trägt. Insofern werden diese Wertpapiere bei der Auslastung der Anlagegrenzen eingerechnet.

7 Das KAGB enthält in **§ 204 III** eine **Verordnungsermächtigung** zum Erlass weitergehender Regelungen für Pensionsgeschäfte im Hinblick auf die Berechnung

und Begrenzung des Marktpotentials und des Kontrahentenrisikos sowie die Beschaffenheit und die Anlage der Sicherheiten oder der Gegenstände, welche die KVG im Rahmen eines Pensionsgeschäfts erhält und deren Anrechnung auf die Anlagegrenzen. Der Regelungskatalog bezieht sich auf die Inhalte der **ESMA-ETF-Leitlinien.**

8 In diesen Leitlinien werden die **Anforderungen an ein effizientes Portfoliomanagement** im Allgemeinen und spezielle Anforderungen an die **Durchführung von Pensionsgeschäften** geregelt. Die BaFin hat von dieser Verordnungsermächtigung Gebrauch gemacht und die Vorgaben der ESMA im Rahmen der neugefassten **DerivateV** umgesetzt.

9 Pensionsgeschäfte werden daher bei der Berechnung des Marktrisikopotentials nach **§ 197 II** iVm den Regeln der DerivateV sowohl auf der Grundlage des einfachen Ansatzes (§§ 15–22 DerivateV) als auch des qualifizierten Ansatzes (§§ 7–14 DerivateV) mit einbezogen.

10 Bei Verwendung des **qualifizierten Ansatzes** hat die KVG gem. § 5 II 5 DerivateV zusätzlich zur Berechnung des **Value-at-Risk** regelmäßig den **Leverage** des Investmentvermögens zu überwachen. In diesem Zusammenhang ist die Hebelwirkung, die aus dem Eingehen von Pensionsgeschäften resultieren kann, zu berücksichtigen.

11 Bei Anwendung des **einfachen Ansatzes** werden zur Bestimmung des Anrechnungsbetrags für das Marktrisiko die einzelnen Anrechnungsbeträge für Pensionsgeschäfte gem. § 16 II DerivateV ermittelt.

12 Zusätzlich regelt § 21 I DerivateV, dass die **Anlage von Sicherheiten** im Rahmen von Pensionsgeschäften bei der Ermittlung des Anrechnungsbetrags für das Marktrisiko nach § 16 III DerivateV mit den zugehörigen Anrechnungsbeträgen einbezogen werden muss. Ausgenommen hiervon ist die Anlage in risikolose Mittel.

13 Der zugehörige **Anrechnungsbetrag** entspricht bei Sicherheiten in Form von Bankguthaben dem Betrag der Sicherheiten oder bei Sicherheiten in Form von anderen Vermögensgegenständen dem Marktwert (§ 21 II DerivateV). Werden Sicherheiten zum Abschluss von Pensionsgeschäften genutzt, werden bspw. Bankguthaben für ein **Reverse-Repo-Geschäft** eingesetzt, werden die Regeln entsprechend auf die in Pension genommenen Wertpapiere angewandt (§ 21 III DerivateV).

14 Grundsätzlich gelten **in Pension genommene Wertpapiere** oder im Rahmen eines Pensionsgeschäfts **empfangene Beträge** als Sicherheiten iSv § 21 I–III.

15 Nach § 203 S. 5 sind Wertpapiere, die in Pension genommen werden, auf die Anlagegrenzen anzurechnen. § 23 II DerivateV knüpft an diese Regelung an und legt fest, dass bei der Berechnung der Auslastung der Anlagegrenzen nach §§ 206 und 207 **alle Vermögensgegenstände,** die Gegenstand des Pensionsgeschäftes sind, in die Ausstellergrenzen einzubeziehen sind. Aus § 23 II DerivateV ergibt sich damit, dass auch die andere Seite des Pensionsgeschäfts, dh die **herausgegebenen Vermögensgegenstände,** den Ausstellergrenzen entsprechen müssen, denn der inländische OGAW ist den Risiken dieser Vermögensgegenstände ausgesetzt.

16 § 27 DerivateV regelt die Anrechnung von Pensionsgeschäften auf das **Kontrahentenrisiko.** Das Kontrahentenrisiko, das im Hinblick auf eine bestimmte Gegenpartei vorliegt, darf grundsätzlich **5% dWd Investmentvermögens** nicht überschreiten (§ 27 I 1 DerivateV).

17 § 27 DerivateV definiert außerdem, unter welchen Voraussetzungen **entgegengenommene Sicherheiten** vom Anrechnungsbetrag für das Kontrahentenrisiko abgezogen werden können und regelt Einzelheiten der Sicherheitenverwaltung.

Als Sicherheiten gelten dabei alle Vermögensgegenstände, die das Investmentvermögen im Rahmen von Pensionsgeschäften erhält (§ 27 XI DerivateV).

18 Nach § 27 XII DerivateV müssen die Anrechnungsbeträge für das Kontrahentenrisiko (also die aktuellen, positiven Wiederbeschaffungswerte der Pensionsgeschäfte abzüglich Sicherheiten), auf die **Kombinationsgrenze des § 206 V** angerechnet werden. Damit werden die Risiken adäquat erfasst und im Gegensatz zur früheren Regelung im InvG, die eine (volle) Anrechnung von Barmitteln auf die Anlagengrenzen für Bankguthaben vorsah, auch die Qualität der gestellten Sicherheiten im Rahmen der Anrechnung auf das Gesamtrisiko berücksichtigt.

II. Anforderungen an Pensionsgeschäfte

19 Damit der Anlegerschutz beim Einsatz von Pensionsgeschäften sichergestellt ist, enthält das Gesetz in § 203 sowohl **inhaltliche als auch quantitative Beschränkungen:**

- Das Pensionsgeschäft muss mit einem **Kredit- oder Finanzdienstleistungsinstitut** geschlossen werden (§ 203 I 1).
- Die vertragliche Grundlage muss ein **standardisierter Rahmenvertrag** sein. Die Verwendung von individuellen vertraglichen Vereinbarungen ist nicht zulässig (§ 203 I 1).
- Die **Anlagebedingungen** müssen die Möglichkeit des Einsatzes von Pensionsgeschäften ausdrücklich nennen (§ 203 I 1).
- Das Pensionsgeschäft muss **Wertpapiere** zum Gegenstand haben, die nach den Anlagebedingungen für den inländischen OGAW erworben werden dürfen (§ 203 I 2).
- Das Pensionsgeschäft darf maximal eine **Laufzeit von zwölf Monaten** haben (§ 203 I 3).
- Die KVG muss **jederzeit zur Kündigung** des Pensionsgeschäfts berechtigt sein (§ 203 I 4).
- Die vom Investmentvermögen in Pension genommenen Wertpapiere werden auf die gesetzlichen **Ausstellergrenzen** des § 206 I, II angerechnet (§ 203 I 5).

20 Insbesondere wird im Gegensatz zur früheren Regelung des § 57 InvG vorgeschrieben, dass die KVG jederzeit zur Kündigung des Geschäfts und damit zur Rückforderung der in Pension gegebenen Wertpapiere bzw. zur Rückforderung der Geldbeträge berechtigt sein muss. Durch diese Regelung werden die **Dispositionsmöglichkeiten** der KVG erhöht und das **Liquiditätsrisiko** für den inländischen OGAW beschränkt.

21 § 203 I 4 wird weiter konkretisiert durch § 26 II DerivateV. Danach muss die KVG berechtigt sein, jederzeit ein Pensionsgeschäft zu kündigen und zu beenden, um bei einem einfachen Pensionsgeschäft (Repo-Geschäft) die zugrundeliegenden **Wertpapiere zurückzufordern** sowie bei einem umgekehrten Pensionsgeschäft (Reverse-Repo-Geschäft) den **vollen Geldbetrag zurückzufordern** oder den **angelaufenen Geldbetrag** in Höhe des Marktwertes des Reverse-Repo-Geschäftes.

22 **Termin-Repo-Geschäfte** und Reverse-Repo-Geschäfte **bis maximal sieben Tage** werden nach § 26 III als Vereinbarungen betrachtet werden, bei denen der inländische OGAW die Vermögenswerte jederzeit zurückfordern kann. Insofern muss das jederzeitige Kündigungsrecht nicht ausdrücklich vertraglich vereinbart werden.

III. Echte und unechte Pensionsgeschäfte

Durch den Verweis auf **§340b II HGB** wird klargestellt, dass nur **echte Pensionsgeschäfte** zulässig sind. Darunter versteht man ein Rechtsgeschäft, bei dem das **Eigentum an Wertpapieren** gegen Zahlung eines Geldbetrages vom Pensionsgeber auf den Pensionsnehmer übertragen wird. Gleichzeitig wird die **Verpflichtung** vereinbart, dass der Pensionsnehmer die Wertpapiere zu einem bestimmten Termin gegen Rückzahlung des ursprünglich geleisteten Kaufpreises oder gegen Zahlung eines anderen, im Voraus vereinbarten Betrages an den Pensionsgeber zurückzuverkaufen hat. Hinzu kommt durch §203 als zusätzliche Anforderung das jederzeitige Kündigungsrecht der KVG. International gebräuchlich ist die Bezeichnung **„Repurchase Agreement"** oder abgekürzt **„Repo"**. 23

Der Abschluss von **unechten Pensionsgeschäften iSv §340 III HGB** ist für einen inländischen OGAW nicht zulässig. Ein solches Geschäft liegt vor, wenn der Pensionsnehmer zur Rückerstattung lediglich berechtigt, aber nicht verpflichtet ist. In diese Kategorie fällt auch ein Geschäft, bei dem der Pensionsnehmer ein Wahlrecht zwischen verschiedenen, im Voraus vereinbarten Rückgabeterminen hat. Gleiches gilt für die sog. **offenen Pensionsgeschäfte,** bei denen die KVG die Wertpapiere zeitlich unbefristet in Pension gibt und lediglich der Pensionsnehmer mit einem jederzeitigen Kündigungsrecht ausgestattet ist. 24

In der Praxis hat sich die Frage gestellt, ob auch sog. **„Sell-and-buy-back"-Transaktionen** wie Wertpapier-Pensionsgeschäfte behandelt werden können. Eine Sell-and-buy-back-Transaktion besteht aus zwei **getrennt voneinander abgeschlossenen Kaufverträgen.** Sie wird daher formal nicht durch §340b I HGB abgedeckt, der von einer Verkaufs-Rückkaufsvereinbarung ausgeht. Darüber hinaus werden „Sell-and-buy-back"-Transaktionen auch häufig mit zwei verschiedenen Vertragspartnern abgewickelt. Im Rahmen des §203 sind nur solche Transaktionen zulässig, bei denen sich aufgrund der vertraglichen Ausgestaltung keine Unterschiede zum echten Pensionsgeschäft ergeben. 25

Aus der Sicht des Portfoliomanagements handelt es sich beim echten Wertpapier-Pensionsgeschäft um die Kombination aus einem **Kassa- und einem Termingeschäft,** dh beim Eingehen des Kassageschäftes wird gleichzeitig ein Termingeschäft als Gegengeschäft abgeschlossen. Dagegen entspricht das unechte Pensionsgeschäft der Kombination aus einem Kassageschäft mit einer Verkaufsoption, die der Pensionsnehmer ausüben kann. 26

Im Rahmen der Rückerstattung genügt es, wenn **Wertpapiere von gleicher Art, Güte und Menge** zurückgegeben werden. Es kann hier eine Analogie zum Wertpapierdarlehensvertrag gem. §607 I BGB gezogen werden. Maßgeblich ist, dass es sich um Wertpapiere mit gleichen Ausstattungsmerkmalen handelt, welche folglich dieselben Rechte und Pflichten verbriefen. 27

IV. Bedeutung der Pensionsgeschäfte iRd Portfoliomanagements

1. Liquiditätsmanagement. Die KVG kann vorübergehende **Liquiditätsengpässe** kostengünstiger durch die Pensionsvergabe als durch eine Kreditaufnahme oder den definitiven Verkauf von Wertpapieren überbrücken. Trotz des Umstandes, dass die KVG die Wertpapiere idR mit einem Aufschlag zurückkaufen muss (sog. Repo-Rate), lassen sich auf diese Weise Kosten sparen. 28

Allerdings können bei **fallenden Kursen** der in Pension gegebenen Wertpapiere für den inländischen OGAW **erhebliche Verluste** entstehen, da die Wert- 29 papiere während der Dauer des Pensionsgeschäftes nicht verkauft werden können und die KVG nur mit zeitlicher Verzögerung auf die Marktentwicklung reagieren kann. Dieses Risiko wird durch die **maximale Laufzeit** von zwölf Monaten sowie durch das jederzeitige Recht zur Kündigung begrenzt.

30 Es besteht außerdem ein **Zinsrisiko,** wenn ein Pensionsgeschäft zur Liquiditätsbeschaffung abgeschlossen wird und der am Markt zu zahlende Zinssatz aufgrund einer Zinssenkung die vereinbarte Repo-Rate unterschreitet. In diesem Fall entstehen im Falle des Pensionsgeschäftes höhere Kosten als bei der kurzfristigen Kreditaufnahme.

31 Verfügt der inländische OGAW über Liquidität, die zeitweise nicht benötigt wird, so bietet sich die **Pensionsnahme von Wertpapieren** an. Die KVG kann in Form der Repo-Rate zusätzliche Erträge für den inländischen OGAW erwirtschaften, die zudem idR über dem Geldmarktzinssatz liegen.

32 Die DerivateV reflektiert die Bedeutung, welcher der Einsatz von Pensionsgeschäften im Rahmen **des Liquiditätsmanagements** hat. Im Rahmen der effizienten Portfolioverwaltung sind insb. die aus Pensionsgeschäften entstehenden Liquiditätsrisiken zu berücksichtigten. **§ 3 I Nr. 1 DerivateV** verpflichtet die KVG sicherzustellen, dass sie allen für Rechnung eines Investmentvermögens eingegangenen, bedingten und unbedingten **Liefer- und Zahlungsverpflichtungen aus Pensionsgeschäften** in vollem Umfang nachkommen kann.

33 Diese Forderung wird nochmals in **§ 26 V DerivateV** aufgegriffen: Pensionsgeschäfte sind im Rahmen des Liquiditätsrisikomanagementprozesses zu berücksichtigen und es ist sicherzustellen, dass den Rücknahmeverpflichtungen, die durch Wertpapier-Darlehen und Pensionsgeschäfte auftreten können, nachgekommen werden kann.

34 **2. Instrument des effizienten Portfoliomanagements.** Pensionsgeschäfte müssen **Wertpapiere** zum Gegenstand haben, die nach den Vertragsbedingungen für den inländischen OGAW erworben werden dürfen (§ 203 S. 2). Dadurch soll ausgeschlossen werden, dass mittels eines Pensionsgeschäfts die Vorgaben der Anlagebedingungen umgangen und auf diese Weise die Anlageziele des inländischen OGAW verändert werden.

35 Nach **§ 2 I DerivateV** hat die KVG beim Einsatz von Pensionsgeschäften in einem Investmentvermögen sicherzustellen, dass dies nicht zu einer Veränderung des nach dem KAGB und den **Anlagebedingungen** des Investmentvermögens zulässigen **Anlagecharakters** oder zu einer Veränderung des im Verkaufsprospekt oder den wesentlichen Anlegerinformationen beschriebenen Anlagestrategie des Investmentvermögens führt.

36 Die Risiken, die durch den Einsatz von Pensionsgeschäften entstehen, müssen durch das **Risikomanagement der KVG** in angemessener Weise erfasst werden. Die Pensionsgeschäfte dürfen mit keinen wesentlichen zusätzlichen Risiken im Vergleich zur ursprünglichen in den Verkaufsdokumenten beschriebenen Risikostrategie verbunden sein (§ 2 I Nr. 2 DerivateV).

37 In **§ 32 DerivateV** werden die besonderen Risiken aus der Entgegennahme bzw. Wiederanlage von Sicherheiten erfasst. Die Vorschrift stellt klar, dass **zusätzliche Stresstests** im Rahmen der Sicherheitenverwaltung vorgenommen werden müssen.

38 Die §§ 35–37 DerivateV verpflichten die KVG zu **umfassenden Informationen** über die mit dem Einsatz von Pensionsgeschäften verbundenen Risiken, mögliche Interessenkonflikte, Erträge sowie Kosten und Gebühren, die Sicherheitenstrategie und -verwaltung im Verkaufsprospekt und dem Jahresbericht.

V. Die vertragliche Ausgestaltung und zulässige Vertragspartner

Pensionsgeschäfte dürfen nur auf der Grundlage standardisierter Rahmenverträge abgeschlossen werden. Auf nationaler Ebene steht seit 1997 ein **Rahmenvertrag für Wertpapierpensionsgeschäfte** zur Verfügung. Der Rahmenvertrag wird von einem verbandsübergreifenden Arbeitskreis unter Federführung des Bundesverbandes deutscher Banken (BdB) ständig fortentwickelt. Ziel der 2022 neu herausgegebenen Fassung ist es, eine Harmonisierung mit dem **European Master Agreement (EMA)** der Europäischen Bankenvereinigung (EBF) herbeizuführen. 39

Der Rahmenvertrag enthält alle wesentlichen Bestimmungen für die unter seiner Geltung abgeschlossenen Einzelgeschäfte, unter anderem Regelungen zur Leistungsstörung sowie eine **Netting-Vereinbarung für den Fall der Insolvenz.** Außerdem legt der Rahmenvertrag fest, dass der Pensionsnehmer die Erträge aus den in Pension genommenen Wertpapieren an den Pensionsgeber weiterzuleiten hat (vgl. Nr. 8 I Rahmenvertrag für Wertpapierpensionsgeschäfte). Die wirtschaftlichen Daten für den Einzelabschluss werden demgegenüber bei Geschäftsschluss gesondert vereinbart. 40

Das **EMA** zeichnet sich dadurch aus, dass es als sog. **„vertragliches Dach"** sowohl für Wertpapierdarlehensgeschäfte und -pensionsgeschäfte als auch seit 2004 für Derivate verwendet werden kann. Diesem Anliegen trägt die besondere Architektur des EMA Rechnung: Der Vertrag setzt sich aus den Allgemeinen Bestimmungen, die für alle Produkte gelten, Produktanhängen und dem **Besicherungsanhang** zusammen, deren Einbeziehung von den Parteien flexibel vereinbart werden kann. In den Besonderen Bestimmungen werden die individuellen Vereinbarungen der Parteien – so die **Rechtswahl und die Gerichtsstandsvereinbarung** – getroffen. Dies eröffnet die Möglichkeit, den Vertrag jeder Rechtsordnung eines Mitgliedstaates der EU zu unterstellen; das EMA kann somit gleichfalls für das Inlandsgeschäft verwendet werden. 41

Auf internationaler Ebene besteht das Global Master Repurchase Agreement **(GMRA),** das von der The Bond Market Association **(TBMA)** und der International Capital Market Association **(ICMA)** herausgegeben wird und zuletzt im Jahr 2011 überarbeitet wurde. 42

Pensionsgeschäfte dürfen nur mit Kredit- oder Finanzdienstleistungsinstituten abgeschlossen werden. Dies gilt zunächst für inländische KI nach § 1 I KWG und inländische Finanzdienstleistungsinstitute nach § 1 I a KWG. Durch diese Eingrenzung der Vertragspartner sollen das Kontrahentenausfallrisiko sowie das **Transaktionsrisiko** für den inländischen OGAW begrenzt werden. 43

Ausländische Kredit- und Finanzdienstleistungsinstitute, welche in vergleichbarer Weise diese Vorgaben erfüllen, kommen ebenfalls als Vertragspartner in Betracht. Maßgeblich ist, dass diese Unternehmen regelmäßig beaufsichtigt werden und mit der Durchführung von Pensionsgeschäften vertraut sind. 44

Aus den gleichen Gründen dürften von § 203 S. 1 auch **Wertpapierinstitute** iSv § 2 I WpIG erfasst sein. Sie unterliegen einer Aufsicht und Regulierung, die einer Regulierung von Finanzdienstleistungsinstituten (mehr als) gleichwertig ist. 45

§ 204 Verweisung; Verordnungsermächtigung

(1) **Für die weiteren in den §§ 192 bis 211 genannten Vermögensgegenstände gelten die §§ 200 bis 203 sinngemäß.**

(2) **Die in den §§ 200 und 203 genannten Geschäfte müssen die in Artikel 11 Absatz 1 der Richtlinie 2007/16/EG genannten Kriterien erfüllen.**

(3) [1]**Das Bundesministerium der Finanzen wird ermächtigt, durch Rechtsverordnung, die nicht der Zustimmung des Bundesrates bedarf, weitere Kriterien für die in den §§ 200 und 203 genannten Geschäfte vorzuschreiben, insbesondere Bestimmungen über die Berechnung und Begrenzung des Marktrisikopotenzials und des Kontrahentenrisikos sowie über die Beschaffenheit und die Anlage der Sicherheiten oder der Gegenstände der Pensionsgeschäfte und deren Anrechnung auf die Anlagegrenzen.** [2]**Das Bundesministerium der Finanzen kann die Ermächtigung durch Rechtsverordnung auf die Bundesanstalt übertragen.**

Schrifttum: *Herf* BaFin erweitert Katalog erwerbbarer Finanzinstrumente für Investmentfonds, BaFinJournal 7/2007, 6; *Kempf* Novellierung des Investmentrechts 2004 nach dem Investmentmodernisierungsgesetz, 1. Aufl. 2004; *ders.* Novellierung des Investmentrechts 2007, Ein Praxishandbuch, 1. Aufl. 2008; *Krannich* Risiken der Wertpapierleihe und Wertpapierpensionsgeschäfte, in: *Eller* Handbuch Derivativer Instrumente, Produkte, Strategien, Risikomanagement, 2. Aufl. 1999; *Kremer* BaFin veröffentlicht MaRisk für Fondsgesellschaften, BaFinJournal 6/2010, 4; *Kremer* AIFM-Umsetzungsgesetz, Anforderungen an Kapitalverwaltungsgesellschaften und Regelungen zu inländischen Investmentvermögen, BaFinJournal 5/2013, 13; *Raab* Grundlagen des Investmentfondsgeschäfts, 7. Aufl. 2019.

1 Die Vorschrift entspricht dem aufgehobenen § 58 InvG. Der Gesetzgeber des KAGB hat lediglich redaktionelle Anpassungen vorgenommen.

2 § 204 III enthält eine **Verordnungsermächtigung** zur weiteren **Regelung von Wertpapier-Darlehen und Pensionsgeschäften.** Hierbei sollen insb. die Beschaffenheit der Sicherheiten bzw. der dem Pensionsgeschäft zugrundeliegenden Wertpapiere und Geldbeträge und die Anrechnung der Geschäfte auf die Anlagegrenzen konkretisiert werden. Zudem übernimmt die Verordnungsermächtigung die Regelung des aufgehobenen **§ 51 III 3 InvG,** wonach das Bundesfinanzministerium die Ermächtigung zum Erlass der Rechtsverordnung auf die BaFin übertragen kann.

3 Gemäß § 204 I können außer Wertpapieren iSv § 193 auch alle anderen für inländische **OGAW erwerbbaren Vermögensgegenstände** Gegenstand eines Darlehens- oder Pensionsgeschäfts sein. Dies beinhaltet Geldmarktinstrumente, Bankguthaben, Investmentanteile, Derivate und sonstige Anlageinstrumente iSv § 198, zB nicht notierte Wertpapiere und Schuldscheindarlehen.

4 Die Verweisung ist mit dem InvestmentmodernisierungsG eingeführt worden und soll für ein Investmentvermögen auf breiterer Basis **zusätzliche Renditeerzielung und effizienteres Portfoliomanagement** ermöglichen. Als Beispiel für einen Vermögensgegenstand, auf den die Regelungen der §§ 200–203 sinngemäß angewendet werden könnten, führt die Regierungsbegründung **Investmentanteile** auf.

Dieses Beispiel ist treffend. Insbesondere im Bereich der Investmentanteile hat sich ein **Leihemarkt für sog. Exchange Traded Funds** entwickelt, die über die Börse gehandelt werden und damit in ihren wirtschaftlichen Einsatzmöglichkeiten denjenigen eines Wertpapiers entsprechen. Hier kommt die Verweisung des § 204 zum Tragen. Grundsätzlich aber bleibt der Anwendungsbereich für diese Verweisung begrenzt. 5

Das liegt ua daran, dass auf der Grundlage der **Ersten Durchführungs-RL** der Begriff des Wertpapiers weit verstanden wird und zahlreiche Finanzinstrumente, die früher als sog. derivative Finanzinstrumente angesehen wurden, nun unter den Begriff des Wertpapiers fallen. Ungeklärt bleibt vor dem Hintergrund der ganz unterschiedlichen Strukturen der einzelnen Geschäfte die Frage, welche der in Bezug genommenen Regelungen auf die einzelnen Vermögensgegenstände sinngemäß anzuwenden wäre.

In § 204 II wird im Ergebnis geregelt, dass Wertpapierdarlehen gem. § 200 und Pensionsgeschäfte gem. § 203 zu einer **effizienten Portfolioverwaltung** eingesetzt werden müssen. Die Techniken und Instrumente für eine effiziente Portfolioverwaltung sind anhand der in Art. 11 I Erste Durchführungs-RL enthaltenen Kriterien zu beurteilen: 6

- Wertpapierdarlehen und Pensionsgeschäfte müssen kostenwirksam eingesetzt werden und insofern **ökonomisch angemessen** sein.
- Sie sollen für die spezifischen **Ziele Risikosenkung und/oder Kostensenkung** und/oder zur Generierung zusätzlichen Kapitals oder Ertrags für ein Investmentvermögen eingesetzt werden. Die **Kapital- oder Ertragsgenerierung** hat mit einem Risiko zu erfolgen, das dem Risikoprofil des Investmentvermögens entspricht.
- Die Risiken der Wertpapierdarlehen und Pensionsgeschäfte werden durch das **Risikomanagement** der KVG in angemessener Weise erfasst.

In den **CESR-Eligible-Assets-Leitlinien** (vgl. dort S. 12f.) wird außerdem nochmals betont, dass die angewandten Techniken und Instrumente der Portfolioverwaltung nicht zu einer Veränderung der vertraglich festgelegten **Anlageziele** und des **Risikoprofils eines Investmentvermögens** führen dürfen. Das Eingehen von zusätzlichen, vertraglich nicht vorgesehenen Risiken oder die indirekte Änderung des Anlageuniversums sind nicht zulässig. Hierin manifestiert sich ein Grundprinzip, dass in den ESMA-ETF-Leitlinien (vgl. dort Rn. 27) sowie in der **DerivateV** (vgl. dort § 2 I) angesprochen wird. 7

Die Verordnungsermächtigung in § 204 III dient außerdem zur Umsetzung der **ESMA-ETF-Leitlinien** für zuständige Behörden und OGAW-Verwaltungsgesellschaften, Leitlinien zu börsengehandelten Indexfonds. Die **DerivateV** berücksichtigt Wertpapier-Darlehen und Pensionsgeschäfte bei der Berechnung des Anrechnungsbetrags für das Marktrisiko. Im dritten Abschnitt der DerivateV werden die Kündbarkeit von Wertpapier-Darlehen und Pensionsgeschäften (§ 26 DerivateV) sowie der Anrechnungsbetrag für das Kontrahentenrisiko (§ 27 DerivateV) geregelt. 8

§ 205 Leerverkäufe

[1]Die Kapitalverwaltungsgesellschaft darf für gemeinschaftliche Rechnung der Anleger keine Vermögensgegenstände nach Maßgabe der §§ 193, 194 und 196 verkaufen, wenn die jeweiligen Vermögensgegenstände im Zeitpunkt des Geschäftsabschlusses nicht zum inländischen OGAW gehören; § 197 bleibt unberührt. [2]Die Wirksamkeit des Rechtsgeschäfts wird durch einen Verstoß gegen Satz 1 nicht berührt.

Schrifttum: *Harrer* Regulierung von Leerverkäufen und Credit Default Swaps: Das deutsche Verbot im Lichte europäischer Vorschläge, 2013; *Herf* BaFin erweitert Katalog erwerbbarer Finanzinstrumente für Investmentfonds, in: BaFinJournal 07/2007, 6ff.; *Kempf* Novellierung des Investmentrechts 2004 nach dem Investmentmodernisierungsgesetz, 1. Aufl. 2004; *ders.* Novellierung des Investmentrechts 2007, Ein Praxishandbuch, 2008; *Kern* Short Selling – Wichtiges Marktsegment mit Bedarf an international konsistenten Regel, in: Deutsche Bank Research, April 2010; *Ludewig/Geilfus* Mitteilungs- und Veröffentlichungspflichten bei Leerverkäufen werden erweitert; *dies.* Europaweite Regulierung von Leerverkäufen, BaFinJournal 10/2012, 9; *Mülbert/Sajnovits* Das künftige Regime für Leerverkäufe und bestimmte Aspekte von Credit Default Credit Swaps nach der Verordnung (EU) Nr. 236/2012, ZBB 2012, 266; *Patzner/Döser/Kempf* Investmentrecht, 3. Aufl. 2017; *Raab* Grundlagen des Investmentfondsgeschäfts, 7. Aufl. 2019; *Schlimbach* Leerverkäufe. Die Regulierung des gedeckten und ungedeckten Leerverkaufs in der Europäischen Union, 2015; *Wegner* Die selbstverwaltete Hedgefonds-Investmentaktiengesellschaft mit Teilgesellschaftsvermögen, 2010.

Inhaltsübersicht

	Rn.
I. Einführung	1
1. Regelungsgegenstand	1
2. Regelungsentwicklung	4
3. Geltung des Leerverkaufsverbotes in Bezug auf verschiedene Investmentvermögen	6
II. Anwendungsbereich	9
1. Erfasste Vermögensgegenstände	9
2. Begriff des Leerverkaufs	10
3. Synthetische Leerverkäufe in Form von Derivaten	13
III. Risikomanagement und Rechtsfolgen	20
1. Risikomanagement	20
2. Rechtsfolgen des Rechtsgeschäftes	21
IV. EU-Verordnung über Leerverkäufe und bestimmte Aspekte von Credit Default Swaps (EU) Nr. 236/2012	24

I. Einführung

1 **1. Regelungsgegenstand.** § 205 regelt das **Verbot von Leerverkäufen** für inländische OGAW. Das Verbot bezieht sich auf alle für einen inländischen OGAW erwerbbaren Wertpapiere, Investmentanteile oder Geldmarktinstrumente und weitet in Umsetzung der OGAW-RL das Verbot von Wertpapierleerverkäufen auf diese zusätzlichen Vermögensgegenstände aus (zu den systemischen Implikationen und der IOSCO Definition s. BSV/*Kunschke* § 205 Rn. 1).

2 Bei einem Leerverkauf befindet sich der Vermögensgegenstand, der verkauft werden soll, zum **Zeitpunkt des Geschäftsabschlusses** nicht im Eigentum des

Investmentvermögens. Ähnlich wie bei Derivaten gibt es bei Leerverkäufen drei grundsätzliche Einsatzmöglichkeiten:
i) als **Spekulation** über zukünftige Preisänderungen,
ii) als **Absicherungsgeschäft,** zB, wenn ein Terminkauf über einen Leerverkauf abgesichert wird, und
iii) als **Arbitragegeschäft** zur Ausnutzung von Preisinkonsistenzen zwischen dem Kassamarkt und dem Terminmarkt.

Bei der Spekulation über zukünftige Preisänderungen erwartet die KVG, dass die Kurse bis zum Erfüllungszeitpunkt sinken und sie sich zwischenzeitlich günstiger eindecken kann, die Differenz zwischen Verkaufs- und Einkaufskurs verbleibt dann als Gewinn beim Investmentvermögen.

Mit dem Eingehen eines Leerverkaufs ist allerdings auch das **Risiko von steigenden Kursen** ohne Begrenzung auf den Verkaufspreis des Gegenstandes verbunden. Es handelt sich bei Leerverkäufen deshalb um spekulative Wertgeschäfte, die ggf. bedeutenden Verlust verursachen können. Mit dem Leerverkaufsverbot sollen die Anleger vor diesem Risiko geschützt werden. Eine systemische Schutzrichtung und eine Sicherstellung der betroffenen Finanzmärkte sind damit nicht verbunden (so auch EDD/*Stabenow* § 205 Rn. 3). 3

2. Regelungsentwicklung. Eine explizite Regelung wurde erstmals mit Inkrafttreten des Investment-Richtlinie-Gesetzes zur Umsetzung des **Art. 89 OGAW-RL** in das damalige KAGG eingefügt (s. zur Rechtsentwicklung EDD/*Stabenow* § 205 Rn. 4 und BSV/*Kunschke* § 205 Rn. 5 ff.) und bei Inkrafttreten des Investmentgesetzes als § 59 InvG übernommen. Die **Erste Durchführungs-RL** führte zu keiner Änderung der Vorschrift. 4

§ 205 spiegelt mit redaktionellen Anpassungen den Wortlaut des aufgehobenen § 59 InvG wider. 5

3. Geltung des Leerverkaufsverbotes in Bezug auf verschiedene Investmentvermögen. Das Leerverkaufsverbot des § 205 gilt zunächst für alle inländischen OGAW. Auf Grund der in §§ 218 S. 2, 220, 230 I und 284 I enthaltenen Verweise gilt das Verbot auch für **Gemischte Investmentvermögen, Sonstige Investmentvermögen, Immobilien-Sondervermögen** und **offene inländische Spezial-AIF mit festen Anlagebedingungen.** 6

Für **Dach-Hedgefonds** regelt das KAGB in § 225 I 2, dass keine Leerverkäufe durchgeführt werden dürfen. Ebenso regelt § 265 für **geschlossenen Publikums-AIF,** dass keine Vermögensgegenstände verkauft werden dürfen, die im Zeitpunkt des Geschäftsabschlusses nicht zum Vermögen des Publikums-AIF gehören. 7

Die allgemeinen Vorschriften für **inländische Spezial-AIF** regeln in § 276 I, dass Leerverkäufe nicht zulässig sind, jedoch die Vorschrift des § 197 über den Einsatz von Derivaten von diesem Verbot unberührt bleibt. Allerdings können für **Hedgefonds** nach Maßgabe des § 283 I 1 Nr. 2 Leerverkäufe abgeschlossen werden. Für **geschlossene inländische Spezial-AIF** sind aufgrund der besonderen Vermögensgegenstände die Regeln über Leerverkäufe nicht einschlägig. 8

II. Anwendungsbereich

1. Erfasste Vermögensgegenstände. Die Vorschrift des § 205 bezieht sich nach dem Wortlaut ausschließlich auf Wertpapiere gem. § 193, Geldmarktinstrumente gem. § 194 und Investmentanteile gem. § 196. Es ist nicht ersichtlich, dass weitere Vermögensgegenstände, zB **sonstige Anlageinstrumente gem. § 198** 9 vom Leerverkaufsverbot erfasst werden. Dies entspricht allerdings nicht dem Anwendungsbereich des Art. 89 OGAW-RL, der auf den **Wertpapierbegriff von Art. 2 I Buchst. n OGAW-RL** verweist. Aufgrund dieses Verweises können auch Wertpapiere, die nicht zum amtl. Markt an einer Börse zugelassen sind oder in einen organisierten Markt einbezogen sind, Gegenstand eines Leerverkaufs sein. Unter Berücksichtigung des erklärten Willens des Gesetzgebers (Begründung zum InvModG, BT-Drs. 15/1553, 96), die OGAW-RL umsetzen zu wollen und das Verbot des Leerverkaufs „auf sämtliche weiteren Vermögensgegenstände, die leerverkauft werden könnten," ausdehnen zu wollen, sollte man den Verweis auf § 197 analog auch auf die Vermögensgegenstände des § 198 anwenden (so auch EDD/*Stabenow* § 205 Rn. 6; aA BSV/*Kunschke* § 205 Rn. 8).

10 **2. Begriff des Leerverkaufs.** Das Leerverkaufsverbot untersagt, Vermögensgegenstände zu verkaufen, wenn diese zum Zeitpunkt des Geschäftsabschlusses nicht zum Investmentvermögen gehören. Der **Zeitpunkt des Geschäftes** bestimmt sich grundsätzlich nach allgemeinen zivilrechtlichen Kriterien und ist für jede Transaktion gesondert zu bestimmen. Dabei sind die Bedingungen des Marktes, auf dem gehandelt wird, oder die konkreten Geschäftsbedingungen heranzuziehen (vgl. BSV/*Kunschke* § 205 Rn. 10).

11 Im Hinblick auf den Begriff „gehören" ist nach wohl herrschender Auffassung eine **sachenrechtliche Betrachtung** maßgeblich, dh es ist entscheidend, ob ein Vermögensgegenstand zum maßgeblichen Zeitpunkt für das Investmentvermögen sachenrechtlich verbucht ist. Ein schuldrechtlicher Anspruch auf Lieferung des verkauften Basiswertes oder eine sonstige wirtschaftliche Zugehörigkeit zur Vermögenssphäre des Investmentvermögens ist danach nicht ausreichend. Solange das Investmentvermögen nicht **Eigentümer** des Vermögensgegenstandes ist, liegt ein Risiko vor, und zwar im Regelfall ein Marktrisiko. Dieses wird durch einen vertraglichen Anspruch auf Lieferung des Vermögensgegenstandes nicht ausgeschlossen (vgl. BSV/*Kunschke* § 205 Rn. 12f. mit entsprechenden Ausnahmekonstellationen), sondern lediglich in ein Abwicklungsrisiko „verwandelt". Ob dieses Risiko aber pauschal mit dem Marktrisiko gleichgesetzt werden kann, ist fraglich. Eine andere – wohl überzeugende – Ansicht stellt sich daher gegen die rein sachenrechtliche Betrachtung und legt das Leerverkaufsverbot wirtschaftlich aus (vgl. EDD/*Stabenow* § 205 Rn. 8ff.).

12 Auch **gedeckte Leerverkäufe** fallen unter das Leerverkaufsverbot. Dazu gehört der Leerverkauf von Wertpapieren in Kombination mit einer Wertpapierleihe oder einem Wertpapierpensionsgeschäft. Das leerverkaufstypische Marktrisiko besteht darin, dass sich der Leerverkäufer zur Rückführung der Wertpapierleihe bzw. des Pensionsgeschäftes, zu einem bestimmten Zeitpunkt mit den verkauften Vermögensgegenständen erneut eindecken muss.

13 **3. Synthetische Leerverkäufe in Form von Derivaten.** Gemäß § 205 S. 1 Hs. 2 bleibt die Vorschrift des § 197 über den Erwerb von Derivaten vom Verbot des Leerverkaufs unberührt. Ein **Leerverkauf in Form eines Derivats** ist daher nach Maßgabe des § 197 und den spezifischen Vorgaben der **DerivateV** zulässig.

14 Ein Leerverkauf über ein Derivat kann in Form eines **Termingeschäfts (Forwards und Futures)** oder eines Optionsgeschäftes dargestellt werden. Im Gegensatz zum Kassageschäft muss bei Leergeschäften über Termin erst in der Zukunft geliefert werden. Der Leerverkäufer kann den Leerverkauf vor dem Verfallstermin glattstellen, indem er ein gegenläufiges Termingeschäft tätigt, oder den Basiswert vor Verfall kauft und bei Termin liefert.

15 Der **Verkäufer der Option** verpflichtet sich, bei Ausübung der Option die dem Kontrakt zugrundeliegende Aktie zum vereinbarten Preis an den Käufer zu liefern bzw. zu verkaufen. Zwar handelt es sich hier nicht unmittelbar um den Verkauf einer Aktie, aber das Eingehen einer solchen Stillhalterverpflichtung kommt wirtschaftlich einem Verkauf gleich. Eine Glattstellung erfolgt in diesem Fall durch den gleichzeitigen Kauf einer Call-Option, wobei beide Optionen den gleichen Ausübungskurs und Ausübungszeitpunkt haben müssen.

16 § 3 Nr. 2 Derivate präzisiert, dass das jeweilige Investmentvermögen für alle derivativen Geschäfte eine **ausreichende Deckung seiner Zahlungsverpflichtungen** über die gesamte Laufzeit gewährleisten muss (§ 3 DerivateV setzt Box 28 der CESR's Guidelines on Risk Measurement and the Calculation of Global Exposure and Counterparty Risk for UCITS vom 28.7.2010 um). Die neuen Vorschriften tragen der Tatsache Rechnung, dass synthetische Leerverkaufspositionen für Investmentvermögen eingegangen werden können und nicht von § 205 erfasst sind (Erläuterungen zur DerivateV in der Fassung vom 16.7.2013, geändert am 30.9.2019, abrufbar auf der Homepage der BaFin www.bafin.de unter der Rubrik „Veröffentlichungen").

17 Für eine angemessene Deckung nach § 3 Nr. 2 DerivateV ist bei **synthetischen Leerverkäufen,** die bei Fälligkeit bzw. Ausübung üblicherweise die Lieferung des Basiswertes vorsehen, grundsätzlich das Basisinstrument selbst zur Deckung im Portfolio zu halten. Alternativ kann die Deckung auch durch **ausreichende liquide Mittel** (andere Basisinstrumente einschließlich Bankguthaben) erfolgen, sofern der zuliefernde Basiswert hochliquide ist, die liquiden Mittel jederzeit zum Ankauf des zu liefernden Basiswertes eingesetzt werden können, angemessene Schutzmechanismen (einschließlich **Sicherheitsmargenabschlägen**/Haircuts) angewandt werden und dass mit dieser Art von Geschäft verbundene zusätzliche Marktrisiko hinreichend genau erfasst und gemessen wird. Neben Barmitteln können zB **auch liquide Schuldtitel** (zB erstklassige Staatsanleihen) für die Deckung verwendet werden.

18 Bei synthetischen Leerverkäufen, bei denen ein **Barausgleich** vorgenommen wird, sind in dem Investmentvermögen als Deckung ausreichende liquide Mittel (einschließlich Bankguthaben) vorzuhalten, um den Anspruch jederzeit erfüllen zu können. Auch hierzu sind angemessene Schutzmechanismen (einschl. Sicherheitsmargenabschlägen/Haircuts) anzuwenden.

19 Keine Deckung wird zu verlangen sein, wenn das Investmentvermögen alleiniger **Inhaber des Wahlrechts** ist, ob der Verkauf ausgeübt wird oder nicht. Bei einem Long Put tritt die KVG als Käufer einer Verkaufsoption auf und kann entscheiden, ob sie die Option ausüben will oder nicht. Insofern ist eine wirtschaftliche Deckung des synthetischen Leerverkaufs nicht notwendig. Gleichermaßen benötigen synthetische Leerverkäufe, die als **Gegengeschäfte** für im Investmentvermögen enthaltene Derivate abgeschlossen werden, keine Deckung. Die wirtschaftliche Glattstellung ist hier bereits erfolgt.

III. Risikomanagement und Rechtsfolgen

20 **1. Risikomanagement.** In den KAMaRisk wird in Ziffer 4.6 Tz. 5 klargestellt, dass die KVG angemessene Vorkehrungen im Rahmen des **Fondsmanagements** zu treffen hat, die unter anderem die Einhaltung des Leerverkaufsverbots ermöglichen bzw. dafür geeignet sind, Verstöße dagegen zu verhindern. Diese explizite Nennung in der KAMaRisk hebt die Bedeutung des Verbots hervor.

21 **2. Rechtsfolgen des Rechtsgeschäftes.** § 205 S. 2 stellt klar, dass die **Wirksamkeit des Rechtsgeschäfts** durch einen Verstoß gegen das Leerverkaufsverbot nicht berührt wird. Diese Vorschrift dient dem Schutz der Gesprächspartner der KVG.

22 Nach *Kayser/Holleschek* stellt das Leerverkaufsverbot auch eine **Anlagegrenze** dar. Danach begründet der Verstoß die Verpflichtung, das mit dem Leerverkauf eingegangene Marktrisiko zu beseitigen. Dies kann durch Eindeckung mit dem leerverkauften Gegenstand oder ein Hedging des Marktrisikos durch Derivate oder Garantien von dritter Seite erfolgen (EDD/*Kayser/Holleschek* § 205 Rn. 24). Da sich aber durch die Eindeckung das Marktrisiko, welches durch das Leerverkaufsverbot vermieden werden sollte, bereits realisiert, ist die Regelung zur **Beseitigung von Anlagegrenzverletzungen** nicht passend.

23 Ein Verstoß gegen das Leerverkaufsverbot kann aber **Schadensersatzansprüche der Anleger** begründen, sodass es sich bei § 205 S. 1 nach wohl hM um ein Schutzgesetz iSd § 823 II BGB handelt (AWZ/*München/Czok/Wagner* § 205 Rn. 13; aA EDD/*Kayser/Holleschek* § 205 Rn. 26). Überzeugender dürfte allerdings die Argumentation sein, dass die verwaltende KVG gegen die Anlagebedingungen und somit gegen den Investmentvertrag verstoßen hat. Damit haftet die KVG den Anteilseignern nach § 280 BGB (soweit den Anlegern ein Schaden entstanden ist).

IV. EU-Verordnung über Leerverkäufe und bestimmte Aspekte von Credit Default Swaps (EU) Nr. 236/2012

24 Die im November 2012 in Kraft getretene **EU-LeerverkaufsVO** dient der Sicherstellung des ordnungsgemäßen Funktionierens des Binnenmarktes, insb. in Bezug auf die Finanzmärkte, und schafft harmonisierte Regeln für die Behandlung von Leerverkäufen und bestimmten Aspekten von Credit Default Swaps (CDS) durch die Mitgliedsstaaten.

25 Die EU-LeerverkaufsVO beruht im Wesentlichen auf zwei Säulen: Zum einen auf den **Verbotsregelungen** in Art. 12ff. EU-LeerverkaufsVO für ungedeckte Leerverkäufe in Aktien und öffentlichen Schuldtiteln sowie ungedeckten Credit Default Swaps (CDS) auf öffentliche Schuldtitel. Zum anderen auf den **Transparenzregelungen für Netto-Leerverkaufspositionen** in Aktien, öffentlichen Schuldtiteln und ggf. CDS (ungedeckte CDS Positionen auf öffentliche Schuldtitel müssen nur dann mitgeteilt werden, wenn eine Aufsichtsbehörde das Erwerbsverbot aufhebt).

26 Für Netto-Leerverkaufspositionen in **Aktien** besteht ein **zweistufiges Transparenzsystem,** dh bei Erreichen oder Unterschreiten der maßgeblichen Schwellenwerte erfolgt eine Mitteilung an die BaFin im Rahmen des elektronischen Mitteilungsverfahrens sowie eine Veröffentlichung durch den Mitteilungspflichtigen im BAnz. Für Netto-Leerverkaufspositionen in **öffentlichen Schuldtiteln** besteht bei Erreichen bzw. Unterschreiten bestimmter Schwellenwerte nur eine **Mitteilungspflicht** an die Aufsichtsbehörde.

27 Die BaFin hat zur EU-LeerverkaufsVO zwei **BaFin FAQ** erlassen, die den Anwendungsbereich des Leerverkaufverbots und Details zu den Mitteilungs- und Veröffentlichungspflichten regeln (s. häufige Fragen zu den Mitteilungs- und Veröffentlichungspflichten gem. Art. 5ff. der EU-LeerverkaufsVO, zuletzt geändert am 26.1.2022 und Häufige Fragen zum Verbot ungedeckter Leerverkäufe in Aktien und öffentlichen Schuldtiteln gem. Art. 12f. der EU-LeerverkaufsVO vom 14.11.2008, abrufbar auf der Homepage der BaFin www.bafin.de unter der Rubrik

„Veröffentlichungen“). Im Hinblick auf spezielle Vorschriften für Verwaltungsstellen von Investmentvermögen wird außerdem auf den von der ESMA veröffentlichten **ESMA Leerverkaufs FAQ** verwiesen (Q&A, Implementation of the Regulation on short selling and certain aspects of credit default swaps, zuletzt geändert am 14.11.2018, abrufbar auf der Homepage der ESMA www.esma.europa.eu unter der Rubrik „Documents“).

Grundsätzlich sind Anteile an Investmentvermögen nicht in die Berechnung der Netto-Leerverkaufspositionen eines Investors einzubeziehen. Eine Ausnahme besteht für **Anteile an ETF,** die unter den Begriff der Finanzinstrumente fallen, deren Wertentwicklung von der Wertentwicklung der jeweiligen Aktie abhängig ist. Bei ETF sind die Anteile des einzelnen Inhabers in Bezug auf die von Art. 5 und 6 EU-LeerverkaufsVO erfassten Aktien zu ermitteln und in die Berechnung der Netto-Leerverkaufsposition einzubeziehen. Eine Einbeziehung erfolgt unabhängig davon, mit welchem Prozentsatz die jeweiligen Aktien in dem ETF enthalten sind bzw. abgebildet werden (s. Häufige Fragen zu den Mitteilungs- und Veröffentlichungspflichten gem. Art. 5ff. der EU-LeerverkaufsVO, Fragen 17, 22 und 23). 28

Die **Berechnung von Netto-Leerverkaufspositionen** für Investmentvermögen und die damit verbundenen Meldepflichten sind folgendermaßen geregelt: Werden mehrere Investmentvermögen von einer KVG verwaltet, wird die Netto-Leerverkaufsposition zunächst auf der Ebene jedes einzelnen Investmentvermögens berechnet (Art. 12 I Delegierte Verordnung (EU) Nr. 918/2012 vom 5.7.2012). Für die auf der Ebene des einzelnen Investmentvermögens bestehenden Netto-Leerverkaufspositionen besteht keine Mitteilungspflicht an die BaFin. 29

In einem zweiten Schritt werden die Netto-Leerverkaufspositionen mit gleicher Anlagestrategie auf der Ebene der KVG aggregiert (Art. 12 III, IV Delegierte Verordnung (EU) Nr. 918/2012 vom 5.7.2012). Diese **Gesamt-Netto-Leerverkaufsposition** ist der BaFin mitzuteilen und im Hinblick auf Netto-Leerverkaufspositionen für Aktien zu veröffentlichen. Wird die Verwaltung eines Investmentvermögens an einen Dritten delegiert, ist dieser für die Aggregation der Netto-Leerverkaufspositionen gleicher Anlagestrategie zuständig (Ausführungen von *Ludewig/Geilfus* BaFinJournal 10/2012, 9ff. sowie Frage 28 in: Häufige Fragen zu den Mitteilungs- und Veröffentlichungspflichten gemäß Art. 5ff. der EU-LeerverkaufsVO). 30

§ 206 Emittentengrenzen

(1) [1] **Die OGAW-Kapitalverwaltungsgesellschaft darf in Wertpapiere und Geldmarktinstrumente desselben Emittenten nur bis zu 5 Prozent des Wertes des inländischen OGAW anlegen; in diesen Werten dürfen jedoch bis zu 10 Prozent des Wertes des inländischen OGAW angelegt werden, wenn dies in den Anlagebedingungen vorgesehen ist und der Gesamtwert der Wertpapiere und Geldmarktinstrumente dieser Emittenten 40 Prozent des Wertes des inländischen OGAW nicht übersteigt.** [2] **Die Emittenten von Wertpapieren und Geldmarktinstrumenten sind auch dann im Rahmen der in Satz 1 genannten Grenzen zu berücksichtigen, wenn die von diesen emittierten Wertpapiere und Geldmarktinstrumente mittelbar über andere im OGAW enthaltenen Wertpapiere, die an deren Wertentwicklung gekoppelt sind, erworben werden.**

(2) **Die OGAW-Kapitalverwaltungsgesellschaft darf in Schuldverschreibungen, Schuldscheindarlehen und Geldmarktinstrumente, die vom Bund, von einem Land, der Europäischen Union, einem Mitgliedstaat der Europäischen Union oder seinen Gebietskörperschaften, einem anderen Vertragsstaat des Abkommens über den Europäischen Wirtschaftsraum, einem Drittstaat oder von einer internationalen Organisation, der mindestens ein Mitgliedstaat der Europäischen Union angehört, ausgegeben oder garantiert worden sind, jeweils bis zu 35 Prozent des Wertes des inländischen OGAW nur anlegen, wenn dies in den Anlagebedingungen vorgesehen ist.**

(3) **[1]Die OGAW-Kapitalverwaltungsgesellschaft darf jeweils bis zu 25 Prozent des Wertes des inländischen OGAW in gedeckte Schuldverschreibungen im Sinne des Artikels 3 Nummer 1 der Richtlinie (EU) 2019/2162 des Europäischen Parlaments und des Rates vom 27. November 2019 über die Emission gedeckter Schuldverschreibungen und die öffentliche Aufsicht über gedeckte Schuldverschreibungen und zur Änderung der Richtlinien 2009/65/EG und 2014/59/EU (ABl. L 328 vom 18.12.2019, S. 29) nur anlegen, wenn dies in den Anlagebedingungen vorgesehen ist. [2]Legt die OGAW-Kapitalverwaltungsgesellschaft mehr als 5 Prozent des Wertes des inländischen OGAW in Schuldverschreibungen desselben Emittenten nach Satz 1 an, hat sie sicherzustellen, dass der Gesamtwert dieser Schuldverschreibungen 80 Prozent des Wertes des inländischen OGAW nicht übersteigt.**

(4) **Die OGAW-Kapitalverwaltungsgesellschaft darf nur bis zu 20 Prozent des Wertes des inländischen OGAW in Bankguthaben nach Maßgabe des § 195 bei demselben Kreditinstitut anlegen.**

(5) **[1]Die OGAW-Kapitalverwaltungsgesellschaft hat sicherzustellen, dass eine Kombination aus**

1. **Wertpapieren oder Geldmarktinstrumenten, die von ein und derselben Einrichtung begeben werden,**
2. **Einlagen bei dieser Einrichtung und**
3. **Anrechnungsbeträgen für das Kontrahentenrisiko der mit dieser Einrichtung eingegangenen Geschäfte**

20 Prozent des Wertes des jeweiligen inländischen OGAW nicht übersteigt. [2]Satz 1 gilt für die in den Absätzen 2 und 3 genannten Emittenten und Garantiegeber mit der Maßgabe, dass die OGAW-Kapitalverwaltungsgesellschaft sicherzustellen hat, dass eine Kombination der in Satz 1 genannten Vermögensgegenstände und Anrechnungsbeträge 35 Prozent des Wertes des jeweiligen inländischen OGAW nicht übersteigt. [3]Die jeweiligen Einzelobergrenzen bleiben in beiden Fällen unberührt.

(6) **[1]Die in den Absätzen 2 und 3 genannten Schuldverschreibungen, Schuldscheindarlehen und Geldmarktinstrumente werden bei der Anwendung der in Absatz 1 genannten Grenze von 40 Prozent nicht berücksichtigt. [2]Die in den Absätzen 1 bis 5 genannten Grenzen dürfen abweichend von der Regelung in Absatz 5 nicht kumuliert werden.**

(7) **Wertpapiere und Geldmarktinstrumente von Unternehmen, zwischen denen eine Verbindung im Sinne des § 290 Absatz 1 Satz 1 des Handelsgesetzbuchs besteht, gelten als Wertpapiere desselben Emittenten.**

Inhaltsübersicht

	Rn.
I. Allgemeines	1
1. Marktrisiko und Kreditrisiko	1
2. Der Grundsatz der angemessenen Risikomischung	5
3. Die Regelungsstruktur der Anlagegrenzen im KAGB	10
4. Rechtsentwicklung	16
a) Investmentmodernisierungsgesetz (2003)	17
b) Investmentänderungsgesetz (2007)	20
c) OGAW-IV-Umsetzungsgesetz (2011)	25
d) KAGB (2013)	28
e) Fondsstandortgesetz sowie CBD-Umsetzungsgesetz (2021)	29
II. Die Ausstellergrenzen in § 206 I	31
III. Die Ausstellergrenzen in § 206 II	40
IV. Die Ausstellergrenzen in § 206 III	41
V. Die Anlagegrenzen zur Sicherung von Bankguthaben gem. § 206 IV	44
VI. Die Kombinationsgrenze des § 206 V	46
VII. Das Verhältnis der Ausstellergrenzen gem. § 206 VI	52

I. Allgemeines

1. Marktrisiko und Kreditrisiko. Jede Investition in einen Vermögensgegenstand bringt spezielle Risiken mit sich. Der Gesetzgeber hat als wesentliche Risikoarten, die zum Schutz des Anlegers durch gesetzliche Anlagegrenzen limitiert werden sollen, das **Marktrisiko** und das **Kreditrisiko** identifiziert. 1

Unter Marktrisiko versteht man das Risiko finanzieller Verluste auf Grund der **Änderung von Marktpreisen** (zB Aktienkursen, Zinsen, Wechselkursen). 2

Die Kreditrisiken werden systematisch in **Ausstellerrisiken** (auch Emittentenrisiko genannt) sowie **Kontrahentenrisiken** unterteilt. Unter **Emittentenrisiko** versteht man das Risiko, dass der Emittent (Aussteller) eines Wertpapiers zahlungsunfähig wird und der Erwerber seine Forderung auf Kapital- und Ertragszahlungen verliert. Unter Kontrahentenrisiko versteht man das Risiko, dass der Vertragspartner eines Handelsgeschäfts nicht in der Lage ist, seinen gegenüber dem Investmentvermögen eingegangenen vertraglichen Leistungspflichten nachzukommen. 3

Die Begrenzung des Ausstellerrisikos erfolgt in den §§ 206ff., die **Berechnung und Begrenzung der Markt- und Kontrahentenrisiken** ist grundsätzlich in der **DerivateV** geregelt, vgl. insb. §§ 5ff. DerivateV zum Marktrisiko und §§ 25ff. DerivateV zum Kontrahentenrisiko. Der nach der DerivateV ermittelte Anrechnungsbetrag für das Kontrahentenrisiko ist bei der Berechnung der Kombinationsgrenze gem. § 206 V 1 Nr. 3 zu berücksichtigen. 4

2. Der Grundsatz der angemessenen Risikomischung. Ein Investmentvermögen hat nach den Vorgaben der OGAW-RL eine angemessene Risikomischung vorzuweisen, dh ein und dasselbe Ausstellerrisiko darf einen bestimmten Teil am Wert eines Investmentvermögens nicht übersteigen. Damit wird im Falle der Insolvenz eines Ausstellers gewährleistet, dass von diesem Ausfall maximal ein begrenzter Teil eines Portfolios betroffen werden kann. Die BaFin hat einige grundlegende Aussagen zum Grundsatz der Risikomischung getroffen, die auch weiterhin gültig sind (zB im Rundschreiben 14/2008 (WA) zum Anwendungsbereich des Investmentgesetzes nach § 1 S. 1 Nr. 3 InvG). 5

6 Eine **Risikomischung** liegt demnach regelmäßig vor, wenn das Vermögen zum Zwecke der Risikostreuung in **mehr als drei Vermögensgegenständen** mit unterschiedlichen Anlagerisiken angelegt ist.

7 Aufgrund dieser Diversifizierung soll das Gesamtrisiko der Anlage **durch Streuung der einzelnen Verlustrisiken** minimiert werden. Das Halten der Vermögensgegenstände muss **Anlagezwecken** und nicht etwa der Unterhaltung von Liquidität dienen. Demgemäß genügt die zufällige Herbeiführung einer Risikomischung nicht, wenn für die Bildung und Zusammensetzung des Vermögens auch andere Überlegungen als die Herbeiführung einer Risikomischung maßgebend sind.

8 Die BaFin setzt sich in den **FAQ Eligible Assets** in Teil 1 Frage 21 auch damit auseinander, ob die Ausstellergrenzen des § 206 I eingehalten werden, wenn 1:1-Zertifikate erworben werden, die von 16 unterschiedlichen Emittenten stammen, aber alle **das gleiche Referenz-Asset** (zB die gleiche Aktie) haben. Nach Auffassung der BaFin werden zwar die Ausstellergrenzen des § 206 I eingehalten, aber der **Grundsatz der Risikomischung** nach Art. 1 II Buchst. a OGAW-RL wird nicht hinreichend beachtet, da sich alle Zertifikate auf das gleiche Referenz-Asset beziehen.

9 Im Ergebnis hat man daher trotz der formalen Einhaltung der Ausstellergrenzen die Zulässigkeit einer solchen Investition abzulehnen. *Holleschek/Thanner* ziehen daraus die Schlussfolgerung, dass der Grundsatz der Risikomischung nicht nur ein quantitatives Element enthält, das sich auf die Aussteller- bzw. Emittentenrisiko bezieht, sondern auch ein **qualitatives Element,** welches das Marktrisiko erfasst (im Einzelnen EDD/*Holleschek/Thanner* § 206 Rn. 4).

10 **3. Die Regelungsstruktur der Anlagegrenzen im KAGB.** Zum besseren Verständnis der im KAGB enthaltenen Vorschriften soll zunächst ihre **Regelungsstruktur** erläutert werden. Das KAGB enthält in **§ 206 I** die Grundregel für die Begrenzung der Ausstellergrenzen bei Wertpapieren und Geldmarktinstrumenten.

11 **§ 206 II** sieht eine Erweiterung dieser **Anlagegrenzen** für Schuldverschreibungen, Schuldscheindarlehen und Geldmarktinstrumente **öffentlicher Aussteller** vor. **§ 206 III** enthält eine weitere **Privilegierung für gedeckte Schuldverschreibungen.** Hinzu tritt mit **§ 206 IV** die Festlegung von speziellen Anlagegrenzen für **Bankguthaben.**

12 Mit **§ 206 V** wird eine Kombinationsgrenze eingeführt, die das Ausstellerrisiko für Wertpapiere und Geldmarktinstrumente, die von ein und derselben Einrichtung begeben werden, sowie bei dieser Einrichtung gehaltene Einlagen zu einem **Gesamt-Ausstellerrisiko** addiert. Bei der Berechnung der Kombinationsgrenze werden Bankguthaben, Wertpapiere und Geldmarktinstrumente pro Aussteller erfasst. Gemäß **§ 206 V Nr. 3** wird darüber hinaus bei der Berechnung der **Kombinationsgrenze** der Anrechnungsbetrag für das Kontrahentenrisiko der mit einer Einrichtung eingegangenen Geschäfte berücksichtigt.

13 **§ 206 VI** regelt das **Verhältnis der Ausstellergrenzen** zueinander und **§ 206 VII** sieht eine **Konzernregelung** im Hinblick auf die Berechnung der Ausstellergrenzen vor. Damit sind die Grundregeln im Hinblick auf die Begrenzung der Ausstellergrenzen gesetzt. In § 207 wird ergänzend geregelt, welche Ausstellergrenzen beim Erwerb von Investmentfondsanteilen zu beachten sind.

14 Die **§§ 208 und 209** sehen Ausnahmen von diesen Ausstellergrenzen für bestimmte Arten von Wertpapieren bzw. bei **Nachbildung eines Wertpapierindex** vor. § 208 sieht erweiterte Anlagegrenzen für öffentliche Emittenten und Garantie-

geber vor. Damit werden Wertpapiere privilegiert, bei denen das **Emittentenrisiko als gering** oder gedeckt angesehen wird. § 209 enthält spezielle Anlagegrenzen für Investmentvermögen, die einen anerkannten Wertpapierindex nachbilden. Hierdurch wird den besonderen Voraussetzungen der Indexnachbildung Rechnung getragen werden.

Anschließend wechselt das KAGB die Perspektive; die auf das Investmentvermö- **15** gen bezogenen Ausstellergrenzen werden in **§ 210** durch **emittentenbezogene Anlagegrenzen** ergänzt.

Um den Anforderungen der Praxis gerecht zu werden, lässt **§ 211** unter bestimmten Voraussetzungen eine **Überschreitung der gesetzlichen Anlagegrenzen** zu.

4. Rechtsentwicklung. Auf die Entwicklung der Vorschriften bzgl. der Aus- **16** steller- und Anlagegrenzen iRd **KAGG** soll hier nicht im Einzelnen eingegangen werden. Dargestellt werden die Änderungen, die mit dem Inkrafttreten des InvestmentmodernisierungsG im Jahre 2003 und des Investmentänderungsgesetzes im Jahre 2007 sowie dem OGAW-IV-UmsG im Jahre 2011 durchgeführt wurden (vgl. auch die detaillierte Darstellung von EDD/*Holleschek/Thanner* § 206 Rn. 7 ff.). Sie erfolgten zur Umsetzung der Neuerungen der OGAW-RL und führten zu einer **grundlegenden Neuordnung der Aussteller- und Anlagegrenzen.** Diese Änderungen beanspruchen auch unter dem KAGB für inländische OGAW Geltung und sind damit vorliegend von Relevanz.

a) Investmentmodernisierungsgesetz (2003). Seit Einführung des InvG im **17** Jahr 2003 werden **Geldmarktinstrumente** in die Ausstellergrenzen des § 206 I mit einbezogen und nicht mehr in einer eigenständigen Vorschrift behandelt. Es handelt sich hierbei um eine Folgeänderung zur Neugestaltung des Anlagekatalogs der OGAW-RL. Da **Schuldscheindarlehen** aufsichtsrechtlich unter den Begriff der Wertpapiere fallen, werden sie ebenfalls in dieser Vorschrift erfasst und nicht mehr gesondert aufgeführt (Gesetzesbegründung BT-Drs. 15/1553, 96).

Von der in der OGAW-RL vorgesehenen **Privilegierung für öffentliche** **18** **Emittenten** machte der deutsche Gesetzgeber zunächst keinen Gebrauch, da er eine Privilegierung öffentlicher Aussteller verhindern und die Länderrisiken im Sinne einer optimalen Risikomischung des Investmentvermögens beschränken wollte. Durch das **Investmentmodernisierungsgesetz** wurden im Jahre 2003 erstmals Ausnahmen für bestimmte öffentl. Emittenten zugelassen.

Neu eingeführt wurde auch die sog. **Kombinationsgrenze** in **§ 206 V** für An- **19** lagen in bestimmte Vermögensgegenstände, die in ein und derselben Einrichtung erfolgen. Das InvG in der Fassung von 2004 sah zuerst einmal keinen Ausnahmetatbestand für Anleihen besonderer öffentlicher Emittenten oder für Anleihen mit besonderer Deckungsmasse vor.

b) Investmentänderungsgesetz (2007). Bei der **Novellierung des InvG** im **20** Jahr 2007 wurde die Begrenzung der Anlage in Geldmarktinstrumenten in Abhängigkeit zur **Eigenmittelausstattung** des jeweiligen Ausstellers sowie die Gesamtbegrenzung der Anlage in solchen Geldmarktinstrumenten gestrichen. Da es sich bei dieser Regelung um einen Umsetzungsüberschuss gegenüber der OGAW-RL handelte, war die Streichung im Zuge einer Eins-zu-eins-Umsetzung der RL angebracht.

Das Erfordernis, Bankguthaben auf Konten zu führen, die einer **Einlagensiche-** **21** **rung** unterliegen, entfiel ebenfalls mit der Novellierung. Dafür wird die Anlage von Bankguthaben bei einem Institut auf **20%** dWd Investmentvermögens begrenzt. Die Gesamtbegrenzung der liquiden Anlagen auf 49% dWd Investmentvermögens wird ebenfalls gestrichen. Ein Investmentvermögen könnte somit bei entsprechender Streuung der Ausstellerrisiken auch bis zu **100%** dWd Investmentvermögens in **Bankguthaben** anlegen.

22 Im Zuge der Novellierung wurde die **Privilegierung für öffentliche Emittenten** gem. § 206 II erweitert, um die Wettbewerbsfähigkeit von deutschen Investmentvermögen gegenüber ausländischen OGAW sicherzustellen. In Zeiten eines harmonisierten Binnenmarktes für OGAW ist diese nationale Beschränkung nicht mehr zeitgemäß, zumal Anleger Investmentvermögen mit erweiterten Anlagegrenzen über ausländische Fonds, die im Inland öffentlich vertrieben werden, erwerben können.

23 Die Novellierung stellt in zweifacher Hinsicht eine Erweiterung der Anlagemöglichkeiten in Anlagen öffentl. Emittenten dar: Neben Schuldverschreibungen und Schuldscheindarlehen dürfen auch Geldmarktinstrumente erworben werden und der Emittentenkreis wird um **Drittstaaten und internationale Organisationen** erweitert.

24 Bei der **Novellierung des InvG** wurde außerdem klargestellt, dass für die in § 206 II und III genannten Emittenten und Garantiegeber eine **erweiterte Kombinationsgrenze von 35%** dWd Investmentvermögens gilt. Damit wurde der Widerspruch zwischen der Privilegierung gem. § 206 II und III sowie der Kombinationsgrenze in § 206 V aufgelöst.

25 **c) OGAW-IV-Umsetzungsgesetz (2011).** Durch die Umsetzung der **OGAW-IV-RL** ergaben sich nur geringfügige Änderungen. Der Kreis der Geschäfte, die für die Ermittlung des Anrechnungsbetrags für das Kontrahentenrisiko (vgl. jetzt **§ 206 V 1 Nr. 3**) relevant sind, wurde erweitert. Ursprünglich war der Anrechnungsbetrag nur bei Derivaten relevant, die nicht zum Handel an einer Börse zugelassen oder in einen anderen Markt einbezogen sind. Der Zusatz „aus Derivaten" wurde gestrichen, so dass nun auch **Kontrahentenrisiken aus Wertpapierdarlehen oder Pensionsgeschäften** anzurechnen sind.

27 **§ 206 VII** wurde dahingehend geändert, dass sich die Konzernzugehörigkeit von Schuldnern iRd Ausstellergrenzen nicht mehr nach § 18 AktG, sondern nach **§ 290 HGB** bestimmt.

28 **d) KAGB (2013).** Das **KAGB** übernahm mit redaktionellen Änderungen aufgrund der in § 1 enthaltenen Begriffsbestimmungen und der Neustrukturierung der Regelungen des aufzuhebenden Investmentgesetzes den Wortlaut des aufzuhebenden § 60 InvG.

29 **e) Fondsstandortgesetz sowie CBD-Umsetzungsgesetz (2021).** Mit dem Fondsstandortgesetz (Gesetz zur Stärkung des Fondsstandorts Deutschland und zur Umsetzung der Richtlinie (EU) 2019/1160 zur Änderung der Richtlinien 2009/65/EG und 2011/61/EU im Hinblick auf den grenzüberschreitenden Vertrieb von Organismen für gemeinsame Anlagen) wurde insb. § 206 I 2 eingefügt, der **verhindern** soll, dass durch **Delta-1-Zertifikate** die Austellergrenzen umgangen werden.

30 Durch das CBD-Umsetzungsgesetz (Gesetz zur Umsetzung der Richtlinie (EU) 2019/2162 des Europäischen Parlaments und des Rates vom 27.11.2019 über die Emission gedeckter Schuldverschreibungen und die öffentliche Aufsicht über gedeckte Schuldverschreibungen) wurde § 206 III maßgeblich umgestaltet. Privile-

giert waren fortan nur noch gedeckte Schuldverschreibungen iSd Covered-Bonds-Richtlinie (Richtlinie (EU) 2019/2162 des Europäischen Parlaments und des Rates vom 27.11.2019 über die Emission gedeckter Schuldverschreibungen und die öffentliche Aufsicht über gedeckte Schuldverschreibungen) und **nicht mehr sonstige Schuldverschreibungen,** die von Kreditinstituten mit Sitz in der EU bzw. dem EWR emittiert werden. Die Begriffe **Pfandbriefe** und **Kommunalschuldverschreibungen** finden ebenfalls keine Erwähnung mehr.

II. Die Ausstellergrenzen in § 206 I

§ 206 I 1 regelt den Umfang, in dem eine KVG das Vermögen eines Invest- 31
mentvermögens in Wertpapiere und Geldmarktinstrumente desselben Emittenten (Ausstellers) anlegen darf. Dabei beziehen sich die **Grenzen auf den jeweiligen Aussteller** und nicht auf einzelne Vermögensgegenstände. Die vorgesehenen Ausstellergrenzen sind nicht nur bei Erwerb der Vermögensgegenstände, sondern zu **jedem Zeitpunkt während der Haltedauer** eines Vermögenswertes zu beachten. Werden die festgelegten Ausstellergrenzen z B aufgrund der Kursentwicklung überschritten, so hat die KVG Korrekturmaßnahmen zu ergreifen. In diesem Falle muss die KVG unter Wahrung der Interessen der Anleger versuchen, die gesetzlichen Grenzen zB durch den Verkauf von Wertpapieren wieder einzuhalten. § 211 regelt die Einzelheiten einer angemessenen Vorgehensweise.

§ 206 I 1 kann nicht durch den Einsatz von Delta-1-Zertifikaten oder vergleich- 32
baren Instrumenten umgangen werden. Bei **Delta-1-Zertifikaten** handelt es sich um Schuldverschreibungen, deren Wertentwicklung an ein anderes Wertpapier oder ein anderes Geldmarktinstrument gebunden ist. In Bezug auf derartige Schuldverschreibungen bestimmt **§ 206 I 2,** dass ihr Erwerb so behandelt wird, als ob der inländische OGAW das zu Grunde liegende Wertpapier oder Geldmarktinstrument halten würde. Es erfolgt also eine **vollständige Anrechnung** auf die Ausstellergrenzen.

Grundsätzlich darf eine KVG **5% dWd Investmentvermögens** in Wert- 33
papiere und Geldmarktinstrumente eines Ausstellers anlegen. Diese Anlagegrenze kann auf **10% dWd Investmentvermögens** pro Aussteller erweitert werden, wenn dies in den Anlagebedingungen vorgesehen ist, was in der Praxis regelmäßig der Fall ist. In diesem Fall hat die KVG die **Gesamtgrenze von 40%** zu beachten, dh alle Wertpapiere und Geldmarktinstrumente derjenigen Aussteller, die zwischen 5% und 10% dWd Investmentvermögens ausmachen, dürfen zusammengerechnet nicht mehr als 40% dWd Investmentvermögens betragen.

Daraus ergibt sich rein rechnerisch, dass eine KVG bei voller Ausnutzung der zu- 34
lässigen Anlagegrenzen in mindestens **16 verschiedene Aussteller** investieren muss, nämlich in vier Aussteller mit jeweils 10% (ergibt 40% dWd Investmentvermögens) und in 12 Aussteller mit jeweils 5% (ergibt die restlichen 60% dWd Investmentvermögens). In der Regel liegt die Diversifizierung eines Portfolios wesentlich höher, so dass bei **Kursschwankungen** der Geldmarktinstrumente/Wertpapiere aufgrund der Durchführung von Käufen/Verkäufen iR des Portfoliomanagements bzw. wegen der Reduzierung des Bestandes bei Rückgaben von Anteilen nicht zwangsläufig eine Grenzüberschreitung ausgelöst wird.

Bei der Begrenzung des Ausstellerrisikos werden **Konzernbildungen** auf Sei- 35
ten der Aussteller berücksichtigt. In § 206 VII wird klargestellt, dass Wertpapiere und Geldmarktinstrumente von verbundenen Unternehmen iSd § 290 I 1 HGB als Wertpapiere bzw. Geldmarktinstrumente desselben Ausstellers gelten. Die Kon-

zernklausel beruht auf der Überlegung, dass Konzernunternehmen zwar rechtlich selbstständig, vielfach aber **wirtschaftlich verwoben** und denselben Risiken ausgesetzt sind. Der Schutz des Anlegers vor Ausstellerrisiken kann daher nur bei einer einheitlichen Betrachtung gewährleistet werden.

36 Ursprünglich wurde bei Einführung der Regelung über den Verweis auf § 18 AktG auf die Zusammenfassung mehrerer Unternehmen unter einer einheitlichen Leitung abgestellt. Durch den Verweis auf § 290 I 1 HGB wird nun auf das **Konsolidierungskonzept einer möglichen Beherrschung** abgestellt. Danach sind auch reine Zweckgesellschaften bei der Feststellung des Konzernzusammenhangs zu berücksichtigen.

37 Die **KAMaRisk** enthält im Abschnitt 4.6 (insb. in Tz. 2) im Hinblick auf die Einhaltung der Anlagegrenzen bestimmte **Vorgaben an das Fondsmanagement.** Die Gesellschaft hat angemessene Vorkehrungen zu treffen, die sicherstellen, dass das Vermögen der von der Gesellschaft verwalteten Investmentvermögen in Übereinstimmung mit dem festgelegten **Risikoprofil, der Anlagestrategie, den Vertragsbedingungen** sowie den im ausführlichen und vereinfachten Verkaufsprospekt beschriebenen Anlagecharakter des Investmentvermögens und den jeweils geltenden rechtlichen Bestimmungen angelegt wird.

38 Hierzu ist insb. erforderlich, dass der jeweilige Fondsmanager vor jedem Geschäftsabschluss für ein Investmentvermögen in angemessener Weise Kenntnis von der Auslastung der relevanten Anlagegrenzen (gesetzliche und vertragliche) hat **(Ex-ante-Anlagegrenzprüfung).**

39 Die **Geschäftsabschlüsse** für das Investmentvermögen sind einer **laufenden Kontrolle** zu unterziehen. Dabei ist insb. zu kontrollieren, ob die relevanten Anlagegrundsätze bzw. Anlagegrenzen erfüllt sind **(Ex-post-Anlagegrenzprüfung)** sowie ob die Abschlüsse den sonstigen gesetzlichen Regelungen entsprechen. Dabei wird insb. darauf geachtet, dass sich die Abschlüsse hinsichtlich Art und Umfang im Rahmen der festgesetzten Limite bewegen.

III. Die Ausstellergrenzen in § 206 II

40 Die Regelung in § 206 II sieht eine **Privilegierung** für Schuldverschreibungen, Schuldscheindarlehen und Geldmarktinstrumente vor, die von **öffentlichen Emittenten** ausgegeben oder garantiert worden sind. Es gilt für diese Emittenten in Umsetzung der OGAW-RL eine **erweiterte Anlagegrenze von 35 % dWd Investmentvermögens.** Unter den Begriff der öffentlichen Emittenten fallen:
- der Bund, ein Bundesland,
- die Europäischen Gemeinschaften,
- ein Mitgliedstaat der EU und seine Gebietskörperschaften,
- ein Vertragsstaat des Abkommens über den Europäischen Wirtschaftsraum,
- ein Drittstaat oder eine internationale Organisation, der mindestens ein Mitgliedstaat der EU angehört.

IV. Die Ausstellergrenzen in § 206 III

41 Die Regelung in § 206 III hebt die Anlagebegrenzung für **Schuldverschreibungen mit besonderer Deckungsmasse** von 20% auf 25% dWd Investmentvermögens an. Dies gilt für gedeckte Schuldverschreibungen gem. der Covered-Bonds-Richtlinie, sofern diese Erhöhung in den Anlagebedingungen vorgesehen ist.

Die **Privilegierung für bestimmte private Schuldverschreibungen** ist mit der in § 206 II enthaltenen Abweichung vergleichbar, aber weniger weitreichend. Sie ist gerechtfertigt, da die Schuldverschreibungen zwar nicht staatlich garantiert sind, aber infolge der vorhandenen Deckung eine besondere Sicherheit für den Anleger bieten. 42

Legt die KVG **mehr als 5%** dWd Investmentvermögens in Schuldverschreibungen desselben (also eines) Ausstellers nach § 206 III an, so hat sie sicherzustellen, dass der **Gesamtwert** dieser Schuldverschreibungen **80%** dWd Investmentvermögens nicht übersteigt (§ 206 III 2). Investiert eine KVG bspw. mehr als 5% in gedeckte Schuldverschreibungen eines Emittenten, so hat sie darauf zu achten, dass die Gesamtrisikoposition des Investmentvermögens gegenüber diesem Emittenten nicht mehr als 80% dWd inländischen OGAW beträgt. Da **pro Emission bis zu 25%** dWd Investmentvermögens investiert werden dürfen, hat die KVG sehr schnell, nämlich mittels Erwerbs von vier Emissionen eines Ausstellers, die Erwerbsgrenze von 80% dWd Investmentvermögens erreicht (3 × 25% und 1 × 5% = 80%). Das Gesetz schreibt **keine Mindestanzahl** bzgl. der Emissionen eines Ausstellers vor. 43

V. Die Anlagegrenzen zur Sicherung von Bankguthaben gem. § 206 IV

Die Voraussetzung, dass Bankguthaben nur bei KI unterhalten werden dürfen, die Mitglied in einer **Einlagensicherungseinrichtung** sind, gilt nicht mehr. Der Gesetzgeber geht von der Erwägung aus, dass gem. § 6 Nr. 8 des deutschen Einlagensicherungsgesetzes die Einlagen des Investmentvermögens bei KI mit Sitz im Geltungsbereich des Gesetzes nicht gesichert sind. Dies macht eine **Streuung der Einlagen** erforderlich. § 206 IV beschränkt das Ausfallrisiko bei einem KI (oder einer Institutsgruppe) auf **20% dWd** Investmentvermögens. Die in § 206 IV enthaltene Formulierung „bei je einem Kreditinstitut" ist iSv **„je einer Institutsgruppe"** zu lesen ist. Zur Begründung kann auf § 206 V 1 Nr. 2 verwiesen werden, der von „Einlagen bei dieser Einrichtung" spricht, was iSe Bezugs auf die Unternehmensgruppe verstanden wird. 44

Bei einem Investmentvermögen, das nach seinen Vertragsbedingungen **mehr als 20% in Bankguthaben** halten kann, benötigt die KVG ein zweites oder sogar ein drittes KI, wenn sie die Liquiditätsgrenze ausnutzen will. Eine Alternative dazu stellt der Erwerb von Anteilen an Geldmarktfonds dar, da diese nicht auf die Anlagegrenze des § 206 IV angerechnet werden. 45

VI. Die Kombinationsgrenze des § 206 V

Die Regelung des § 206 V enthält eine **Kombinationsgrenze,** die zur Anwendung kommt, sobald die KVG für ein Investmentvermögen Einlagen (Bankguthaben) bei einem KI unterhält. Die Kombinationsgrenze bezieht sich auf 46

- Wertpapiere und Geldmarktinstrumente, die von diesem KI (oder einer Institutsgruppe) begeben werden,
- Bankguthaben, die bei derselben Einrichtung gehalten werden, und
- die Anrechnungsbeträge für das Kontrahentenrisiko, das sich aus den mit dieser Einrichtung eingegangenen Geschäften gem. § 27 DerivateV ergibt.

Erstmalig wird damit zur **Begrenzung des Gesamtrisikos der Vermögensanlage** bei einem KI eine Anlagegrenze über Wertpapiere, Geldmarktinstrumente,

Bankguthaben sowie sämtliche Anlagen, aus denen sich ein Kontrahentenrisiko ergeben kann, kumuliert betrachtet.

47 Das InvG in der Fassung von 2004 sah im Hinblick auf die Kombinationsgrenze des § 206 V **keinen Ausnahmetatbestand für Anleihen besonderer öffentlicher Emittenten** oder für Anleihen mit besonderer Deckungsmasse vor. Dies führte zu dem Ergebnis, dass eine KVG die erweiterten Anlagegrenzen des § 206 II oder III nur ausnutzen konnte, wenn die Kombinationsgrenze des § 206 V nicht zur Anwendung kam. Unterhielt die KVG für Rechnung des Investmentvermögens zB Einlagen iHv 5% bei einem KI und hatte sie gleichzeitig Pfandbriefe (jetzt: gedeckte Schuldverschreibungen) dieser Einrichtung erworben, so galt für die **Pfandbriefe** die Kombinationsgrenze von 20% abzüglich der 5%. Insgesamt konnte die KVG maximal 15% dWd Investmentvermögens in Pfandbriefe dieser Einrichtung und nicht die im Privilegierungstatbestand des § 206 II vorgesehenen 25% investieren.

48 Bei der Novellierung des InvG wurde klargestellt, dass für die in § 206 II und III genannten Emittenten und Garantiegeber eine **erweiterte Kombinationsgrenze von 35%** dWd Investmentvermögens gilt. Kommt die Kombinationsgrenze des § 206 V zur Anwendung, so gilt statt der 20%-Grenze eine Anlagegrenze von 35% dWd inländischen OGAW für Wertpapiere, Geldmarktinstrumente, Einlagen und den Anrechnungsbetrag aus dem Kontrahentenrisiko (§ 206 V 2). Die jeweiligen Einzelobergrenzen von 35% bzw. 25% gem. § 206 II und III bleiben allerdings unberührt (§ 206 V 3).

49 Im obigen Beispiel kann die KVG nun bei einer Einlage iHv 5% bei einem KI gleichzeitig gedeckte Schuldverschreibungen desselben Instituts iHv 25% dWd Investmentvermögens erwerben. Beide Anlagen zusammen ergeben einen Anteil von 30% dWd Investmentvermögens, die erweiterte Kombinationsgrenze ist somit eingehalten und liegt damit noch iRd Kombinationsgrenze. Nicht statthaft ist es allerdings, gedeckte Schuldverschreibungen im Wert von 30% zu erwerben, da dies zwar durch die erweiterte Kombinationsgrenze, aber nicht durch die Einzelobergrenze des § 206 III gedeckt wird.

50 Erwirbt die KVG gedeckte Schuldverschreibungen iHv 25% dWd Investmentvermögens, so kann sie daneben maximal 10% in Bankguthaben desselben Instituts anlegen. Die **Einzelobergrenze des § 206 IV** iHv 20% dWd des Investmentvermögens ist in diesem Falle zwar nicht erreicht, aber hier kommt die Deckelung der erweiterten Kombinationsgrenze von 35% gem. § 206 V 2 zum Tragen.

51 Im Rahmen der **erweiterten Kombinationsgrenze von 35%** wird auch eine Kumulation der Ausstellergrenzen für Wertpapiere/Geldmarktinstrumente iSv § 206 I oder von Bankguthaben iSv § 206 IV mit Vermögensgegenständen iSv § 206 II oder III möglich. Die KVG kann für ein Investmentvermögen bspw. Aktien eines KI iHv 10% sowie gedeckte Schuldverschreibungen desselben Instituts iHv 25% dWd inländischen OGAW erwerben. Ebenso kann die KVG 20% dWd inländischen OGAW in Bankguthaben bei einem KI anlegen und gleichzeitig gedeckte Schuldverschreibungen des KI iHv 15% dWd Investmentvermögens erwerben.

VII. Das Verhältnis der Ausstellergrenzen gem. § 206 VI

52 In **§ 206 VI 1** wird klargestellt, dass die 40%-Grenze des § 206 I auf die in § 206 II genannten Schuldverschreibungen, Schuldscheindarlehen und Geldmarktinstrumente keine Anwendung findet.

53 Des Weiteren dürfen die in **§ 206 I–V** genannten Ausstellergrenzen abweichend von der Regelung in § 206 V nicht kumuliert werden (§ 206 VI 2).

§ 207 Erwerb von Anteilen an Investmentvermögen

(1) **Die OGAW-Kapitalverwaltungsgesellschaft darf in Anteile an einem einzigen Investmentvermögen nach Maßgabe des § 196 Absatz 1 nur bis zu 20 Prozent des Wertes des inländischen OGAW anlegen.**

(2) **Die OGAW-Kapitalverwaltungsgesellschaft darf in Anteile an Investmentvermögen nach Maßgabe des § 196 Absatz 1 Satz 2 insgesamt nur bis zu 30 Prozent des Wertes des inländischen OGAW anlegen.**

Schrifttum: *Herf* BaFin erweitert Katalog erwerbbarer Finanzinstrumente für Investmentfonds, BaFinJournal 7/2007, 6; *Kaune/Oulds* Das neue Investmentgesetz, ZBB 2004, 114; *Kempf* Novellierung des Investmentrechts 2004 nach dem Investmentmodernisierungsgesetz, 2004; *Kempf* Novellierung des Investmentrechts 2007, Ein Praxishandbuch, 2008; *Patzner/Döser/Kempf* Investmentrecht, 3. Aufl. 2017; *Raab* Grundlagen des Investmentfondsgeschäfts, 7. Aufl. 2019.

Die Vorschrift übernimmt mit redaktionellen Anpassungen den Wortlaut des 1 aufgehobenen § 61 InvG. Sie legt unter Beachtung des Grundsatzes einer ausreichenden Risikostreuung die **Anlagegrenzen für Investmentanteile** iSv § 196 fest.

Die KVG darf bis zu **20%** dWd inländischen OGAW in **Anteile an einem** 2 **anderen Investmentvermögen** anlegen. Mit dem Verweis auf § 196 I werden einerseits Anteile an anderen inländischen OGAW erfasst. Andererseits kann ein inländischer OGAW auch in andere inländische Sondervermögen und Investmentaktiengesellschaften mit veränderlichem Kapital sowie in Anteile an ausländischen offenen Investmentvermögen investieren, die keine Anteile an EU-OGAW sind. Im Rahmen dieser zweiten Gruppe an nicht OGAW-konformen Investmentvermögen werden inländische und ausländische Investmentanteile gleichermaßen erfasst (vgl. § 196 I 2).

Nicht zulässig ist aufgrund des klaren Wortlauts des § 196 I 2 die Investition in 3 **geschlossene inländische oder ausländische Investmentvermögen,** soweit diese nicht als Wertpapiere iSd Ersten Durchführungs-RL angesehen werden.

Für den Erwerb von nicht OGAW-konformen Anteilen sieht § 207 II eine 4 zusätzliche **Gesamtobergrenze von 30%** dWd inländischen OGAW eingeführt. Auf diese Weise wird sichergestellt, dass ein inländischer OGAW nur einen begrenzten Anteil des Gesamtvermögens in Investmentvermögen investieren kann, die nicht das Schutzniveau der OGAW-RL haben. Die Regelung dient dem Anlegerschutz und soll eine Umgehung der Vorgaben der OGAW-RL verhindern.

Für den Erwerb von Anteilen an OGAW-konformen Investmentvermögen be- 5 steht keine Gesamtobergrenze. Eine KVG kann daher bis zu 100% dWd inländischen OGAW in solche Investmentanteile investieren. Die notwendige **Risikodiversifikation** wird dadurch erreicht, dass die Dachfondskonstruktion aus mindestens fünf Investmentvermögen bestehen muss (5 × 20% = 100%). Zudem unterliegen diese Investmentvermögen ihrerseits auch wiederum den Grundsätzen der Risikodiversifikation sowie dem **Kaskadenverbot** gem. § 196 I 3.

Soweit Investmentanteile als **Wertpapiere iSv § 193 I Nr. 7** klassifiziert werden, 6 kommen die Erwerbsgrenzen des § 207 nicht zur Anwendung; stattdessen müssen die Anlagegrenzen des § 206 eingehalten werden.

7 Auch im Rahmen von § 207 gilt **§ 23 I DerivateV.** Nach dieser Vorschrift sind bei der Berechnung der Auslastung der Anlagegrenzen **Derivate** sowie derivative Komponenten, die von Investmentanteilen gem. § 196 abgeleitet sind, **einzubeziehen.**

§ 208 Erweiterte Anlagegrenzen

Die OGAW-Kapitalverwaltungsgesellschaft darf abweichend von § 206 Absatz 1 in Wertpapiere und Geldmarktinstrumente desselben Emittenten nach Maßgabe des § 206 Absatz 2 mehr als 35 Prozent des Wertes des inländischen OGAW anlegen, wenn

1. **dies in den Anlagebedingungen des inländischen OGAW unter Angabe der betreffenden Emittenten vorgesehen ist und**
2. **die für Rechnung des inländischen OGAW gehaltenen Wertpapiere und Geldmarktinstrumente aus mindestens sechs verschiedenen Emissionen stammen, wobei nicht mehr als 30 Prozent des Wertes des inländischen OGAW in einer Emission gehalten werden dürfen.**

Schrifttum: *Kaune/Oulds* Das neue Investmentgesetz, ZBB 2004, 114; *Kempf* Novellierung des Investmentrechts 2004 nach dem Investmentmodernisierungsgesetz, 2004; *ders.* Novellierung des Investmentrechts 2007, Ein Praxishandbuch, 2008; *Köndgen/Schmies* Die Neuordnung des deutschen Investmentrechts, WM 2004, Sonderbeilage Nr. 1/2004; *Patzner/Döser/Kempf* Investmentrecht, 3. Aufl. 2017; *Raab* Grundlagen des Investmentfondsgeschäfts, 7. Aufl. 2019; *Rögele/Görke* Novelle des Investmentrechts, BKR 2007, 393; *Volkard/Wilkens* Änderungen im Investmentrecht, DB 2008, 1195.

1 § 208 erweitert nochmals die **Anlagegrenzen für bestimmte öffentliche Aussteller,** die bereits durch § 206 II 1 auf **35 %** dWd inländischen OGAW festgelegt sind. Die spezielle Privilegierung betrifft **Schuldverschreibungen, Schuldscheindarlehen und Geldmarktinstrumente,** die vom Bund oder einem Bundesland, den Europäischen Gemeinschaften, einem Mitgliedstaat der EU oder seinen Gebietskörperschaften, einem anderen Staat des Abkommens über den Europäischen Wirtschaftsraum, einem Drittstaat oder von einer internationalen Organisation, der mindestens ein Mitgliedstaat der EU angehört, ausgegeben oder garantiert worden sind.

2 Bei den vorgenannten Emittenten geht der Gesetzgeber davon aus, dass **praktisch kein Ausfallrisiko** besteht. Folgerichtig wird in diesen Fällen eine Begrenzung des Ausstellerrisikos als nicht notwendig erachtet. Meines Erachtens ist eine Übertragung dieses Rechtsgedankens auf andere Anlagegegenstände nicht möglich. Selbst wenn eine KVG nachweisen kann, dass das Ausfallrisiko des betreffenden Vermögensgegenstands nicht höher als das Ausfallrisiko der in § 208 genannten Stellen ist, kann § 208 (als klare Ausnahmevorschrift) **nicht analog angewandt** werden.

3 Die in § 206 II 1 genannte **Obergrenze von 35 % entfällt,** wenn dies in den Anlagebedingungen des inländischen OGAW unter Angabe der betreffenden Emittenten vorgesehen ist und die für Rechnung des inländischen OGAW gehaltenen Wertpapiere und Geldmarktinstrumente aus **mindestens sechs Emissionen** stammen. Unter diesen Umständen ist es der KVG möglich, bis zu 100% dWd inländischen OGAW in Schuldverschreibungen ein und desselben Ausstellers zu in-

vestieren. Diese Art von Fonds wird auch als **sog. Ein-Emittenten-Fonds** bezeichnet.

Zusätzlich gilt, dass **maximal 30% dWd inländischen OGAW in einer einzelnen Emission** gehalten werden dürfen. Ein Investmentvermögen kann daher zB ausschließlich in Emissionen der Bundesrepublik Deutschland investieren. Die notwendige Risikomischung wird (nach Ansicht des Gesetzgebers) durch den Erwerb von mind. sechs verschiedenen Emissionen erreicht. 4

§ 209 Wertpapierindex-OGAW

(1) [1]Abweichend zu den in § 206 Absatz 1 bestimmten Grenzen darf die OGAW-Kapitalverwaltungsgesellschaft bis zu 20 Prozent des Wertes des inländischen OGAW in Wertpapiere eines Emittenten anlegen, wenn nach den Anlagebedingungen die Auswahl der für den inländischen OGAW zu erwerbenden Wertpapiere darauf gerichtet ist, unter Wahrung einer angemessenen Risikomischung einen bestimmten, von der Bundesanstalt anerkannten Wertpapierindex nachzubilden (Wertpapierindex-OGAW). [2]Der Wertpapierindex ist insbesondere anzuerkennen, wenn

1. seine Zusammensetzung hinreichend diversifiziert ist,

2. er eine adäquate Bezugsgrundlage für den Markt darstellt, auf den er sich bezieht,

3. er in angemessener Weise veröffentlicht wird.

[3]Ein Wertpapierindex stellt eine adäquate Bezugsgrundlage für den Markt dar, wenn er die Anforderungen des Artikels 12 Absatz 3 der RL 2007/16/EG erfüllt. [4]Ein Wertpapierindex wird in angemessener Weise veröffentlicht, wenn die Kriterien des Artikels 12 Absatz 4 der RL 2007/16/EG erfüllt sind.

(2) [1]Die in § 206 Absatz 1 bestimmte Grenze darf für Wertpapiere eines Emittenten auf bis zu 35 Prozent des Wertes des inländischen OGAW angehoben werden, wenn die Anforderungen nach Maßgabe des Absatzes 1 erfüllt sind. [2]Eine Anlage bis zu der Grenze nach Satz 1 ist nur bei einem einzigen Emittenten zulässig.

Schrifttum: *Brings* Exchange-Traded Funds: Chance oder Gefahr für die Finanzmärkte?, BaFinJournal 03/2012, 12; *Kaune/Oulds* Das neue Investmentgesetz, ZBB 2004, 114; *Kayser/Lindemann/Holleschek* Einsatzmöglichkeiten von Alternative-Investment-Indizes unter UCITS III, Absolutreport 2008, 44; *Kayser/Schlikker* Alternative Investmentstrategien im UCITS-Format – ein Überblick, Absolutreport 52/2009; *Kempf* Novellierung des Investmentrechts 2004 nach dem Investmentmodernisierungsgesetz, 2004; *Kempf* Novellierung des Investmentrechts 2007, Ein Praxishandbuch, 2008; *Köndgen/Schmies* Die Neuordnung des deutschen Investmentrechts, WM 2004, Sonderbeilage Nr. 1/2004; *Lamprecht* Exchange Traded Funds (ETFs): Darstellung, Analyse und Bewertung eines innovativen Finanzprodukts, 2010; *Lang* Exchange Traded Funds – Erfolgsgeschichte und Zukunftsaussichten, 2009; *Johanning/Becker/Seeber* Charakteristika börsennotierter passiver Investmentprodukte, Absolutreport 6/2011, 66; *Patzner/Döser/Kempf* Investmentrecht, 3. Aufl. 2017; *Picard/Braun* Exchange Traded Funds (ETF): Grundlagen, Funktionsweise und praktischer Einsatz, 2010; *Raab* Grundlagen des Investmentfondsgeschäfts, 7. Aufl. 2019; *Rögele/Görke* Novelle des Investmentrechts, BKR 2007, 393; *Berwin* „Eligible Assets" – Die Neufassung der zulässigen Vermögensgegenstände, Financial Markets Bulletin, 2007; *Volkard/Wilkens* Änderungen im Investmentrecht, DB 2008, 1195.

Inhaltsübersicht

	Rn.
I. Einleitung	1
II. Produktcharakteristika von ETF	6
1. Handel an der Börse und Wertermittlung	6
2. Creation und Redemption von ETF-Anteilen	9
3. Arten der Indexnachbildung	11
III. Der Begriff der Indexnachbildung und Messgrößen für die Qualität der Indexnachbildung	15
1. Definition der Indexnachbildung in der OGAW-RL	15
2. Die Regelung zur Indexnachbildung gem. § 209	17
3. Der sog. Investitionsgrad und Duplizierungsgrad als Maßstab für die Indexnachbildung	24
4. Der sog. Tracking Error als Maßstab für die Indexnachbildung	34
5. Direkte und synthetische Indexnachbildung auf der Basis der Ersten Durchführungs-RL	37
6. Direkte und synthetische Indexnachbildung nach dem FAQ der BaFin zu Eligible Assets	40
IV. Die Fondskategorien-RL	44
1. Die Fondskategorie „Indexfonds"	45
2. Fondskategorie „ETF"	46
3. Fondskategorie „Aktiv verwalteter ETF"	52
V. Die Sonstigen Anforderungen der ESMA-ETF-Leitlinien	54
1. Einleitung	54
2. Anforderungen an indexnachbildende OGAW	60
3. Anforderungen für indexnachbildende gehebelte OGAW	61
4. Behandlung von Sekundärmarktanlegern von OGAW-ETF	64
5. Klarstellungen im ESMA ETF FAQ	67
VI. Die Voraussetzungen für die Anerkennung eines Wertpapierindex	70
VII. Die Voraussetzungen für die Anerkennung eines Finanzindex	75
1. Einleitung	75
2. Hinreichende Diversifizierung	80
3. Index als adäquate Bezugsgrundlage	87
4. Angemessene Veröffentlichung des Index	91
VIII. Die Voraussetzungen für die Anerkennung eines Hedgefonds-Index	100

I. Einleitung

1 Wertpapierindex-OGAW verfolgen im Gegensatz zum aktiven Portfoliomanagement eine **passive Managementtechnik zur Nachbildung eines Index,** bei der sich die Risikostreuung des Investmentvermögens nach der Zusammensetzung des zugrundeliegenden Index richtet. Im Gegensatz zu aktiv gemanagten Investmentvermögen zeichnen sich Wertpapierindex-OGAW dadurch aus, dass keine Outperformance gegenüber der Wertentwicklung des zugrundeliegenden Index angestrebt wird. Vielmehr repliziert der Wertpapierindex-OGAW die Wertentwicklung des Index sowohl in positiver als auch in negativer Hinsicht. Zielsetzung ist dabei, bei der Nachbildung eine möglichst geringe Abweichung vom Index zu erreichen.

2 Für Wertpapierindex-OGAW wird auch der Begriff **Exchanged Traded Fund (ETF)** verwendet, denn sie werden im Normalfall nicht über die emittierende KVG, sondern über die Börse am Sekundärmarkt erworben und veräußert. Ursprünglich waren Wertpapierindex-OGAW die einzigen an Börsen notierten Fonds, so dass beide Bezeichnungen als Synonyme galten.

Das **Volumen des ETF-Markts** ist seit Beginn der 1990er Jahre fast stetig gewachsen und die Bandbreite der Wertpapierindex-OGAW im Hinblick auf Nachbildungsmethoden und Charakteristika der zugrundeliegenden Indizes hat sich ständig weiterentwickelt. Dabei werden Wertpapierindex-OGAW sowohl von Privatanlegern als auch von institutionellen Anlegern genutzt. Von ETF zu unterscheiden sind die ähnlich bezeichneten **Exchange Traded Notes (ETN)** und **Exchange Traded Commodities (ETC).** Bei diesen handelt es sich nicht um Anteile an einem Investmentvermögen, sondern um spezielle Arten von Schuldverschreibungen, die Zertifikaten ähneln. 3

Mit steigender Verbreitung und Diversifizierung sind Wertpapierindex-OGAW auch in den Fokus des **europäischen Gesetzgebers** und der europäischen Aufsichtsbehörden geraten und es hat zahlreiche regulatorische Initiativen gegeben, um die Risiken von Wertpapierindex-OGAW in angemessener Weise zu adressieren und transparent zu machen (s. auf europäischer Ebene die **Erste Durchführungs-RL,** die **CESR-Eligible-Assets-Leitlinien,** die **ESMA-ETF-Leitlinien** sowie den **ESMA FAQ zu ETF**). 4

Auf nationaler Ebene erfolgte die Umsetzung iRd InvModG vom 15.12.2003 (BGBl. 2003 I 2676) sowie durch die Aufsichtspraxis der **BaFin.** Die BaFin hat einen **FAQ zu Eligible Assets** herausgegeben sowie entsprechend aktualisiert (zuletzt am 5.7.2016). Im Folgenden werden die Produktcharakteristika von Wertpapierindex-OGAW dargestellt. Danach wird ein Überblick über den regulatorischen Rahmen für Wertpapierindex-OGAW auf europäischer und nationaler Ebene gegeben. Anschließend werden die rechtlichen Voraussetzungen für die Nachbildung von Wertpapierindizes, Finanzindizes und Hedgefonds-Indizes dargestellt. 5

II. Produktcharakteristika von ETF

1. Handel an der Börse und Wertermittlung. ETF-Anteile verbriefen ebenso wie nicht börsengehandelte **Anteile an Investmentvermögen** einen anteiligen Besitz an einem Investmentvermögen, das getrennt vom Vermögen der KVG geführt wird. Gleichzeitig können ETF-Anteile aber wie Aktien an der Börse gehandelt werden. Die Anleger kaufen und verkaufen Wertpapierindex-OGAW im Normalfall nur an der Börse, ein Erwerb über (und eine Rückgabe an) die emittierende KVG ist nicht üblich. Die **Zusammensetzung** des Wertpapierindex-OGAW wird einmal **täglich veröffentlicht.** 6

Während bei sonstigen inländischen OGAW der **Nettoinventarwert (Net Asset Value, NAV)** des Investmentvermögens nur einmal täglich veröffentlicht wird, ermittelt und veröffentlicht der KVG für Wertpapierindex-OGAW während des Handelstages fortlaufend einen **indikativen Nettoinventarwert (iNAV).** Zur Berechnung des iNAV wird das aktuelle Vermögen des Wertpapierindex-OGAW auf Basis der Kurse der Einzelpositionen im Fondsportfolio ermittelt. Die täglich aktualisierte Zusammensetzung, die die KVG tagesaktuell veröffentlichen, fließt in die Berechnung mit ein. Zu den Einzelpositionen des Fondsportfolios werden außerdem die Barmittel des Wertpapierindex-OGAW addiert. Das so berechnete Investmentvermögen geteilt durch die Zahl der im Umlauf befindlichen Anteile ergibt den iNAV-Wert. 7

Der Preis von Wertpapierindex-OGAW bildet sich an der Börse durch **Angebot und Nachfrage,** liegt aber aus Arbitragegründen normalerweise nahe beim Nettoinventarwert des Sondervermögens. Um einen liquiden Markt zu gewährleis- 8 ten, werden Wertpapierindex-OGAW von **Market Makern** betreut, die laufend **Ankaufs- und Verkaufskurse** stellen.

9 **2. Creation und Redemption von ETF-Anteilen.** Für die Ausgabe und Rücknahme von ETF-Anteilen gibt es einen eigenen Prozess, den sog. **Creation-/Redemption-Prozess,** der sich von der Anteilsausgabe und -rücknahme für sonstige inländische OGAW unterscheidet. Im Creation-Prozess gibt die KVG ETF-Anteile an die Market Maker gegen Lieferung von Barmitteln oder eines Wertpapierkorbs im Wert der zu schaffenden ETF-Anteile aus. Die Market Maker veräußern diese ETF-Anteile an der Börse an die Anleger. Umgekehrt können Market Maker ETF-Anteile an die KVG zurückgeben, wenn sie eine entsprechende Anzahl am Sekundärmarkt zurückgekauft haben. Bei der Redemption erhalten die Market Maker analog zum Creation-Prozess Barmittel oder einen Wertpapierkorb zurück.

10 Die **direkte Ausgabe bzw. Rücknahme** von ETF-Anteilen durch die KVG an bzw. von den Anlegern stellt die Ausnahmesituation dar. In der Regel erfolgen der Erwerb und die Veräußerung im **sekundären Markt.** Die Market Maker sind **verpflichtet,** für die notwendige Liquidität der börsengehandelten Anteile zu sorgen. Allerdings können institutionelle Investoren, die große Volumina kaufen oder verkaufen möchten, dies auch außerbörslich direkt bei der KVG tun. Im Übrigen kann der direkte **Rückgabeanspruch** des Anlegers gegenüber der KVG investmentrechtlich ohnehin **nicht ausgeschlossen** werden.

11 **3. Arten der Indexnachbildung.** Um mit einem Wertpapierindex-OGAW die Wertentwicklung des zugrundeliegenden Index abzubilden, gibt es verschiedene Techniken: Bei der vollständigen Nachbildung **(Full-Replication-Methode)** werden sämtliche Bestandteile des Index in der entsprechenden Gewichtung im Wertpapierindex-OGAW gehalten. Ein voll replizierender DAX-ETF enthält zB alle 30 DAX-Werte mit ihrem jeweiligen prozentualen Anteil im Investmentvermögen.

12 Mit der vollständigen Nachbildung kann eine gute Nachbildung der Wertentwicklung des Index mit einem **geringen Tracking Error** erreicht werden. Die Methode findet ihre Grenzen bei Indizes, die sehr viele Konstituenten (Einzelwerte) enthalten (so umfasst zB der Standard & Poor's 500-Aktienindex 500 Werte). Eine große Anzahl Einzeltitel führt bei der Indexnachbildung zu höheren Transaktionskosten. Außerdem werden sich bei **vielen Konstituenten** tendenziell mehr illiquide Titel finden, was die Replikation erschwert und ebenfalls teurer machen kann.

13 Bei der **Sampling-Methode** wird daher nur eine **Teilmenge der Indexbestandteile** für den Wertpapierindex-OGAW erworben. Die KVG investiert daher in diejenigen Werte, die das größte Gewicht im Index haben und die größte Liquidität aufweisen. Zusätzlich kann die KVG in liquide Werte investieren, deren Wertentwicklung eine hohe Korrelation zur Wertentwicklung des zugrundeliegenden Index aufweist. Durch Sampling werden die **Transaktionskosten** für den Wertpapierindex-OGAW gesenkt. Der Nachteil der Sampling-Methode liegt aber darin, dass der Tracking Error größer wird.

14 Bei der **synthetischen Indexnachbildung** werden Swapgeschäfte im Wertpapierindex-OGAW verwendet, um die Wertentwicklung des Index abzubilden. Die KVG investiert das Investmentvermögen in ein breit diversifiziertes Portfolio aus Wertpapieren, das die Anlagegrenzen des § 206 einhält. Bei der Zusammensetzung des Portfolios wird nicht die Indexnachbildung verfolgt, sondern die Zusam-

mensetzung nach anderen Kriterien wie zB Verfügbarkeit und Liquidität der Werte bestimmt. Die KVG schließt ein **Swap-Geschäft** ab, das darauf abzielt, die Wertentwicklung des nachzubildenden Index auf täglicher Basis zu tauschen. Die Vorteile der synthetischen Indexnachbildung liegen in der Kostenersparnis und der genauen Abbildung der Wertentwicklung des Index **(geringer Tracking Error).** Der Nachteil liegt in der häufig mangelnden Transparenz, da die tatsächlich vom Wertpapierindex-OGAW gehaltenen Werte von den im Index enthaltenen Werten vollständig abweichen können.

III. Der Begriff der Indexnachbildung und Messgrößen für die Qualität der Indexnachbildung

1. Definition der Indexnachbildung in der OGAW-RL. Gemäß Art. 53 OGAW-RL ist es OGAW gestattet, einen bestimmten, von den zuständigen Behörden **anerkannten Aktien- oder Schuldtitelindex** nachzubilden. Die OGAW-RL enthält keine Vorgaben über Art und Weise der Indexnachbildung. Zwar legt der systematische Zusammenhang der Vorschrift und die Erweiterung der Ausstellergrenzen für Wertpapiere nahe, dass der Richtliniengeber von einer direkten Nachbildung der Wertpapierindizes ausging (so auch EDD/*Holleschek/Thanner* § 209 Rn. 13ff.), aber nach dem Wortlaut des Art. 53 OGAW-RL blieb es strittig, was unter den Begriffen **„Indexnachbildung“** und „anerkannter Wertpapierindex“ zu verstehen ist. 15

Insbesondere wurde kontrovers diskutiert, ob eine Nachbildung nur die **direkte Replizierung** eines Index erfasst oder ob auch **synthetische Methoden,** die sich nicht an der Gewichtung und Zusammensetzung des jeweiligen Index, sondern an dessen Wertentwicklung orientieren, zulässig sind. Des Weiteren stellte sich die Frage, anhand welcher Kriterien die **Qualität der Indexnachbildung** gemessen werden kann. Darüber hinaus stellte sich die Frage, bis zu welchem Grad eine **Abweichung der Wertentwicklung** des Wertpapierindex-OGAW vom zugrundeliegenden Index zulässig ist. 16

2. Die Regelung zur Indexnachbildung gem. § 209. Die Regelung des § 209 stellt eine weitere durch die OGAW-RL vorgesehene Überschreitung der allgemeinen **Anlagegrenzen** für OGAW dar. Damit auch die Abbildung von Wertpapierindizes möglich ist, bei denen einzelne **Indexkomponenten** bspw. aufgrund ihrer Marktkapitalisierung oder der Besonderheiten des in Bezug genommenen Marktes einen größeren Anteil am Index haben, enthält § 209 eine Erweiterung. Da Indizes eine **repräsentative Zusammensetzung eines Wertpapiermarktes** wiedergeben, ist eine Abweichung von den Anlagegrenzen des § 206 gerechtfertigt. Der Gesetzgeber geht davon aus, dass die erforderliche Risikomischung durch den Wertpapierindex an sich gewährleistet ist, da jeder Index einen bestimmten Markt abbildet. 17

Als weitere Voraussetzungen für die Inanspruchnahme der erweiterten Ausstellergrenzen müssen vorliegen: 18

- die ausdrückliche **Nennung** des zugrundeliegenden Wertpapierindex in den **Vertragsbedingungen** sowie
- die **Anerkennung** des zugrundeliegenden Wertpapierindex durch die **BaFin.**

Die Regelung des § 209 ermöglicht eine **allgemeine Heraufsetzung der Anlagegrenze pro Aussteller auf 20 %** dWd Wertpapierindex-OGAW. Die Höchstgrenze von 20% wird darüber hinaus für einen einzigen Aussteller der im Wert- 19 papierindex enthaltenen Emittenten auf **35%** dWd Wertpapierindex-OGAW erhöht. Damit soll auch die Nachbildung von Wertpapierindizes ermöglicht werden, die aufgrund besonderer Marktbedingungen, insb. bei Abbildung von regionalen oder sektoralen Märkten, durch einen Emittenten dominiert werden.

20 Die erweiterten Anlagegrenzen des § 209 sind **lex specialis** gegenüber den Vorschriften der §§ 206 ff. Die Ausstellergrenzen nach § 206 I 1 oder 2 kommen nicht zur Anwendung. Insofern kommt bei der Nachbildung von Rentenindizes ein sog. Staatsanleihenfonds iSd § 208 nicht in Betracht. Die Wertung des **§ 208,** dass bei einer Streuung über mindestens sechs Emissionen eine ausreichende Risikodiversifizierung des inländischen OGAW vorliegt, kann aufgrund des ausdrücklichen Wortlauts des § 209 **nicht** analog auf die Risikodiversifizierung eines entsprechenden Rentenindex **angewandt werden.** Die Nachbildung eines solchen Rentenindex ist daher ausgeschlossen.

21 § 209 findet nur dann Anwendung, wenn der Wertpapierindex-OGAW einen bestimmten, **von der BaFin anerkannten Wertpapierindex** nachbildet. Der Wertpapierindex ist insb. dann anzuerkennen, wenn

- die Zusammensetzung des Wertpapierindex hinreichend diversifiziert ist,
- der Index eine adäquate Bezugsgrundlage für den Markt darstellt, auf den er sich bezieht, und
- der Index in angemessener Weise veröffentlicht wird.

22 Durch die Bezugnahme auf einen bestimmten Index wird klargestellt, dass nicht ein beliebig zusammengesetzter **Wertpapierkorb (Basket)** nachgebildet werden kann. Dies ist auch dann der Fall, wenn sich ein solcher Basket an einem Index als Benchmark orientiert.

23 § 209 findet keine Anwendung auf Investmentvermögen, die zur **Umsetzung alternativer Strategien** Indizes abbilden, die nicht auf Wertpapieren basieren (zB „Managed Futures" oder „Long-Short Equity") (s. EDD/*Holleschek/Thanner* § 209 Rn. 5).

24 **3. Der sog. Investitionsgrad und Duplizierungsgrad als Maßstab für die Indexnachbildung.** Die **BaFin** genehmigte bei Einführung der ersten in Deutschland aufgelegten Wertpapierindex-OGAW ausschließlich die **direkte Nachbildung** eines Index und entwickelte in diesem Zusammenhang als Maßstab für die Indexreplikation den sog. Investitionsgrad und Duplizierungsgrad. Nach dem **Prinzip des Vorrangs der direkten Indexnachbildung** hat die KVG dem Erwerb von direkten Index-Basiswerten den Vorzug zu geben gegenüber dem Erwerb von Vermögensgegenständen, die die Index-Basiswerte nur mittelbar abbilden (zB Zertifikate auf Index-Wertpapiere oder auf den Wertpapierindex selbst).

25 **Der Investitionsgrad** gibt an, zu welchem Prozentsatz der Wertpapierindex-OGAW in Wertpapiere und Derivate investiert sein muss. Der verbleibende Anteil ist in Bankguthaben, Geldmarktinstrumente oder Geldmarktfondsanteile anzulegen. Dabei hat der Investitionsgrad **mind. 95% dWd Wertpapierindex-OGAW** zu betragen, er kann aber mit Genehmigung der BaFin auch niedriger angesetzt werden (zB bei ertragsstarken Indizes, soweit die Erträge bis zum Ausschüttungs- oder Thesaurierungszeitpunkt nicht reinvestiert, sondern in Form von Bankguthaben und Geldmarktinstrumenten gehalten werden). Der Investitionsgrad wird auf täglicher Basis berechnet.

26 Zur Nachbildung des zugrundeliegenden Index dürfen **ausschließlich die folgenden Vermögensgegenstände** erworben werden: Indexwertpapiere, Zertifikate auf den Index und Einzeltitel des Index, Terminkontrakte auf den Index und

Einzeltitel des Index, Optionsscheine auf den Index und Einzeltitel des Index sowie Investmentanteile, die den Index nachbilden. Bei der Nachbildung des zugrundeliegenden Index hat die Anlage in Indexwertpapiere im Sinne einer direkten Duplizierung des Index Vorrang gegenüber den Vermögensgegenständen, die den Index nur mittelbar nachbilden. Ihr Einsatz ist zum Zwecke der Einhaltung der Ausstellergrenzen des § 209 zulässig.

Der Duplizierungsgrad bestimmt den Anteil der Wertpapiere und Derivate im Wertpapierindex-OGAW, der hinsichtlich der Zusammensetzung und Gewichtung mit dem zugrundeliegenden Index übereinstimmt. Diese Messgröße muss nach der deutschen Verwaltungspraxis **mind. 95% dWd Wertpapierindex-OGAW** betragen. Die mit der BaFin abgestimmten Allgemeinen Anlagebedingungen enthalten eine Berechnungsformel für die Ermittlung des Duplizierungsgrads. Der Duplizierungsgrad wird ebenfalls täglich berechnet. 27

Der Duplizierungsgrad ist definiert als die Differenz zwischen 100 und der durch 2 geteilten Summe der Betragsdifferenzen zwischen der **Gewichtung der Wertpapiere im Index** und der **Gewichtung der Wertpapiere/Derivate im Wertpapierindex-OGAW.** Zur Bestimmung des Gewichts der Wertpapiere/Derivate im Wertpapierindex-OGAW wird der anzurechnende Wert des Wertpapiers/Derivats in Verhältnis zum Gesamtwert der anzurechnenden Wertpapiere/Derivate des Wertpapierindex-OGAW gesetzt. Derivate sind mit ihrem Anrechnungsbetrag für das Marktrisiko (§ 16 DerivateV) auf den Duplizierungsgrad anzurechnen. 28

einstweilen frei 29–33

4. Der sog. Tracking Error als Maßstab für die Indexnachbildung. In der Verwaltungspraxis der anderen **europäischen Aufsichtsbehörden** sind die beiden von der BaFin entwickelten Messgrößen nicht bekannt. Stattdessen wird als Maßstab für die Qualität der Indexnachbildung der sog. **Tracking Error,** der ebenfalls auf einer mathematischen Berechnungsformel beruht, verwendet. Der Tracking Error ist die **Volatilität der Differenz zwischen der Rendite** des indexnachbildenden OGAW und der Rendite des oder der nachgebildeten Indizes und somit im Speziellen ein Maß für die Abweichung der Wertentwicklung eines Wertpapierindex-OGAW von der Wertentwicklung des zugrundeliegenden Index. 34

Der Tracking Error kann durch **zahlreiche Faktoren** beeinflusst werden, wie zB das Liquiditätsmanagement, das Entstehen von **Transaktionskosten** bei Indexanpassungen sowie durch Unterschiede hinsichtlich der **Bewertungsmethodik** und des **Bewertungszeitpunkts** zwischen Wertpapierindex-OGAW und dem zugrundeliegenden Index. Auch die unterschiedliche **Besteuerung** von Renditen im Investmentvermögen gegenüber dem Index kann sich auf den Tracking Error sowie auf die Differenz zwischen den **Renditen des Fonds** und des zugrundeliegenden Index auswirken. Grundsätzlich können die Auswirkungen abhängig von den zugrundeliegenden Umständen positiv oder negativ sein. 35

Um eine verzerrte Darstellung der Abweichung zwischen der Indexperformance und der Performance des Investmentvermögens zu vermeiden, sollten die **Bewertungen möglichst zeitgleich,** unter Verwendung der gleichen Kursquellen und in der Währung des Investmentvermögens durchgeführt werden. Der Tracking Error wird auf wöchentlicher Basis über einen **Zeitraum von 52 Wochen** berechnet und auf **annualisierter Basis** ausgewiesen. 36

5. Direkte und synthetische Indexnachbildung auf der Basis der Ersten Durchführungs-RL. Die Erste Durchführungs-RL regelt in Art. 12 I, dass unter der Nachbildung eines Index sowohl die direkte Investition in die **Basiswerte** des 37 jeweiligen Index als auch die **Verwendung von Derivaten** und sonstigen Techniken und Instrumenten iSv Art. 51 OGAW-RL iVm Art. 11 Erste Durchführungs-RL (synthetische Nachbildung) zu verstehen sind. Beide **Formen der Indexnachbildung** stehen **gleichberechtigt** nebeneinander.

38 Die synthetische **Nachbildung des Index** muss ökonomisch angemessen sein. Sie muss zudem zur Erreichung eines oder mehrerer der folgenden Ziele eingesetzt werden:
– Risikosenkung,
– Kostensenkung oder
– Generierung zusätzlichen Kapitals oder Ertrags für das Investmentvermögen.

39 Wesentlich bei der synthetischen Nachbildung eines Index ist die Gewährleistung und Aufrechterhaltung **der vertraglich festgelegten Anlageziele** sowie des **Risikoprofils** des Wertpapierindex-OGAW. Es darf kein Risiko in Kauf genommen worden, das dem Risikoprofil des Investmentvermögens und der vorgeschriebenen Risikodiversifizierung nicht entspricht. Außerdem müssen die Risiken der synthetischen Indexnachbildung durch das **Risikomanagement der KVG** angemessen erfasst werden.

40 **6. Direkte und synthetische Indexnachbildung nach dem FAQ der BaFin zu Eligible Assets.** Die BaFin hat im **FAQ Eligible Assets** auf die Erste Durchführungs-RL reagiert und die ausdrückliche **Öffnung für verschiedene Formen der Indexnachbildung** bestätigt. Die BaFin stellt zutreffenderweise fest, dass weder die OGAW-RL noch die Erste Durchführungs-RL Vorgaben zur Technik der Indexreplikation eines Wertpapierindex-OGAW machen. Eine direkte Replikation ist für die Anwendung des § 209 daher nicht mehr zwingend erforderlich (BaFin FAQ Eligible Assets Teil 1, Frage 23).

41 Werden Indizes durch eine synthetische Technik unter Einsatz von Derivaten abgebildet, ist dies in den **Anlagebedingungen** des Wertpapierindex-OGAW niederzulegen. Allerdings können bei der synthetischen Nachbildung für den Anleger neben den mit dem Index verbundenen Marktpreisrisiken weitere Risiken beim Ausfall von Kontrahenten aus Derivate-Transaktionen bestehen, auf die im Verkaufsprospekt hinzuweisen ist (BaFin FAQ Eligible Assets Teil 1, Frage 23). **§ 35 DerivateV** enthält ebenfalls Anforderungen an **die Angaben im Verkaufsprospekt.**

42 Die KVG hat außerdem in ihrem **Risikomanagement** angemessene Vorkehrungen zur Erfassung des Kontrahentenrisikos zu treffen, insb. unter dem Gesichtspunkt von Risikokonzentrationen.

43 Im Hinblick auf die sonstigen Anforderungen für Wertpapierindex-OGAW verweist die BaFin in den FAQ Eligible Assets auf die Ausführungen der **ESMA-ETF-Leitlinien,** die Anforderungen an die Qualität der Indexnachbildung, des Risikomanagements und die Transparenz des Investmentvermögens stellt.

IV. Die Fondskategorien-RL

44 Die auf Grundlage von § 4 II erlassene Fondskategorien-RL basiert ebenfalls auf den Grundsätzen der ESMA-ETF-Leitlinien. Sie schreibt nun auch zwingende **Transparenzanforderungen** bei Vorliegen spezifischer Fondskategorien vor. Grundsätzlich darf die jeweilige Fondskategorie gem. Art. 2 und 3 der Fondskategorien-RL bei der Namensgebung oder im Vertrieb für das Investmentvermögen **nur benutzt werden, wenn dieses entsprechend klassifiziert** werden kann.

1. Die Fondskategorie „Indexfonds“. Die Verwendung der Bezeichnung **„Indexfonds“ (Index Funds etc.)** oder einer ihrer begrifflichen Bestandteile setzt gem. Art. 3 II der Fondskategorien-RL voraus, dass 45

- das Investmentvermögen ein indexnachbildendes Investmentvermögen nach Art. 4 III der Fondskategorien-RL ist, dh dessen **Anlagestrategie** auf der Nachbildung der Entwicklung eines oder mehrerer Indizes beruht,
- und dass nach den Anlagebedingungen sichergestellt ist, dass die im Investmentvermögen gehaltenen Wertpapiere und Derivate unter Wahrung einer **angemessenen Risikomischung** einen bestimmten, allgemein und von der BaFin anerkannten Wertpapierindex zu mind. 95% nachbilden **(Duplizierungsgrad).**
- Ferner müssen diese Vermögensgegenstände grds. 95% dWd Investmentvermögens darstellen **(Investitionsgrad);** in von der BaFin zu genehmigenden Ausnahmefällen kann von diesem Wert abgewichen werden. Der verbleibende Anteil ist in Bankguthaben, Geldmarktinstrumenten oder Geldmarktfondsanteilen anzulegen. Der entsprechende Wertpapierindex soll im Fondsnamen enthalten sein.

2. Fondskategorie „ETF“. Die Verwendung der Bezeichnungen **„ETF“ (Exchange-Traded Fund, börsengehandelter Indexfonds etc.), „OGAW ETF“ oder „UCITS ETF“** setzt voraus, dass das Investmentvermögen ein OGAW und ein ETF iSd **Art. 4 I Fondskategorie-RL** ist. Es muss sich um ein offenes Publikumsinvestmentvermögen handeln, bei dem mind. ein Anteil oder eine Aktie, auch einer einzelnen Anteilsklasse oder eines Teilinvestmentvermögens, durchgängig während des **Handelstages** auf mind. einem organisierten Markt iSd § 2 XI WpHG oder innerhalb eines multilateralen Handelssystems iSd § 2 XXI WpHG gehandelt wird und für das mind. **ein Market Maker** sicherstellt, dass der börsengehandelte Wert der Anteile oder Aktien nicht wesentlich vom Nettoinventarwert und, sofern relevant, vom indikativen Nettoinventarwert abweicht. 46

Die Fondskategorien-RL definiert den **indikativen Nettoinventarwert** als ein Maß für den Innertageswert des Nettoinventarwerts eines ETF auf der Grundlage der neuesten Informationen (vgl. → Rn. 7). Es handelt sich nicht um den Wert, zu dem Anleger ihre Anteile oder Aktien auf dem Sekundärmarkt kaufen und verkaufen können (vgl. Fn. 3 der Fondskategorien-RL). 47

Bei Investmentvermögen, die im **Freiverkehr,** auf Initiative von Dritten und ohne Mitwirkung der KVG notiert sind, wird es sich regelmäßig nicht um einen ETF handeln, da idR hier keine Market Maker laufend Liquidität bereitstellen. Als Folge ergibt sich **kein durchgängiger Handel** und die Angebots- und Nachfragepreise weichen häufig wesentlich vom Nettoinventarwert ab. 48

Außerdem sind nach Art. 4 I Fondskategorie-RL für ETF die folgenden weiteren Anforderungen zu erfüllen: 49

- bei der Namensgebung, in den Anlagebedingungen, im Verkaufsprospekt, den wesentlichen Anlegerinformationen sowie in Vertriebsunterlagen und Vertriebsmitteilungen ist die Bezeichnung **„UCITS ETF“** zu verwenden, wenn es sich um einen OGAW handelt,
- der Verkaufsprospekt, die wesentlichen Anlegerinformationen sowie die Vertriebsunterlagen und Vertriebsmitteilungen müssen Informationen zu den Grundsätzen zur **Transparenz des Portfolios** enthalten und die Angaben, an welcher Stelle Informationen zum Portfolio und, sofern relevant, der indikative Nettoinventarwert veröffentlicht sind und

– sofern relevant, muss der Verkaufsprospekt die Angabe enthalten, wie und wie häufig der **indikative Nettoinventarwert** berechnet wird.

50 Der **Verkaufsprospekt des ETF** muss (aufgrund des Umstands, dass es sich um ein indexnachbildendes Investmentvermögen handelt) die folgenden Angaben enthalten:

– eine **eindeutige Beschreibung des Index** oder der Indizes einschließlich Informationen zu den Komponenten oder einen Verweis auf eine Internetseite, auf der die genaue Zusammensetzung des Index oder der Indizes veröffentlicht ist;
– **Informationen zur Methode,** mit welcher der Index abgebildet wird (bspw., inwiefern eine vollständige physische Nachbildung, ein Sampling oder eine synthetische Nachbildung erfolgt) und zur Auswirkung der ausgewählten Methode bezüglich des Exposures gegenüber dem Index und bezüglich des Kontrahentenrisikos;
– Informationen zum prognostizierten **Tracking Error** unter normalen Marktbedingungen und
– die Beschreibung der **Faktoren, die die Nachbildung beeinflussen** (bspw. Transaktionskosten, Wiederanlage von Dividenden etc.).

51 Die Informationen zur Methode, mit welcher der Index abgebildet wird, müssen in zusammengefasster Form auch in den **wesentlichen Anlegerinformationen** enthalten sein.

52 **3. Fondskategorie „Aktiv verwalteter ETF".** Wird ein **ETF aktiv verwaltet,** sodass dessen Portfolioverwalter nach **eigenem Ermessen** im Rahmen der festgelegten Anlageziele und Anlagepolitik über die Zusammensetzung des Portfolios entscheidet und die Anlagestrategie nicht auf der Nachbildung eines Index beruht, so müssen der Verkaufsprospekt, die wesentlichen Anlegerinformationen sowie Vertriebsunterlagen und Vertriebsmitteilungen Angaben zur aktiven Verwaltung, zur Umsetzung der aktiven Anlagepolitik und, sofern relevant, zur **Benchmark,** die übertroffen werden soll, enthalten (vgl. Art. 4 II Fondskategorie-RL).

53 Die **ESMA-ETF-Leitlinien** (dort Rn. 3) definieren einen aktiv verwalteten OGAW-ETF als solchen, dessen Manager im Rahmen der angegebenen Anlageziele und -politik nach eigenem Ermessen über die Zusammensetzung des Portfolios entscheidet. Dies steht im Gegensatz zu einem OGAW-ETF, der einen Index abbildet. Bei einem solchen passiv verwalteten ETF besteht kein vergleichbarer Ermessensspielraum. Deshalb ist es idR Ziel eines aktiv verwalteten OGAW-ETF, gegenüber einem indexierten ETF eine bessere Performance zu erzielen.

V. Die Sonstigen Anforderungen der ESMA-ETF-Leitlinien

54 **1. Einleitung.** Das Ziel der ESMA-ETF-Leitlinien ist der Schutz der Anleger in Bezug auf die speziellen Risiken von indexnachbildenden OGAW, indexnachbildenden gehebelten OGAW und OGAW-ETF. Die ESMA-ETF-Leitlinien verwenden nicht den in § 209 gewählten Begriff der Wertpapierindex-OGAW, die Begriffe **indexnachbildender OGAW** und **OGAW-ETF** können aber darunter subsumiert werden.

55 Dagegen werden **indexnachbildende gehebelte OGAW** idR nicht unter den Begriff des Wertpapierindex-OGAW fallen, da sie keinen von der BaFin anerkannten Wertpapierindex abbilden. Ein indexnachbildender gehebelter OGAW ist nämlich ein OGAW, dessen Anlagestrategie darauf beruht, dass er über einen Index

gehebelt wird **(Leveraged Exposure)** bzw. dass er einen gehebelten Index (Leveraged Index) nachbildet.

Der Schutzzweck soll in erster Linie durch die **Zurverfügungstellung von Informationen** erreicht werden, die für den Anleger die Funktionsweise der indexbasierten OGAW-Typen sowie die speziellen Risiken erläutern und transparent machen. 56

Als einheitlichen Maßstab für die Messung der Indexnachbildung hat die ESMA den „Tracking Error" festgelegt. Dieser Maßstab wird zusätzlich ergänzt durch die Angabe der **Annual Tracking Difference.** Sie stellt die Differenz zwischen der Jahresrendite des indexnachbildenden OGAW und der Jahresrendite des nachgebildeten Index dar. Anleger, die regelmäßig mit Index-Investmentvermögen handeln und Anteile an solchen Investmentvermögen nur wenige Tage oder Wochen halten, haben häufig ein besonderes Interesse an der Kennzahl des Tracking Errors. Für langfristige Anleger mit einem längeren Anlagehorizont ist meist die Annual Tracking Difference zwischen dem indexnachbildenden OGAW und dem zugrundeliegenden Index über den angestrebten Anlagezeitraum wichtiger. 57

Die Annual Tracking Difference misst die **tatsächliche Differenz zwischen den Renditen** eines indexnachbildenden OGAW und den Renditen des Index (dh, wie exakt der OGAW seinen zugrundeliegenden Index nachbildet). Der Tracking Error misst hingegen die **Zu- und Abnahme der Trackingdifferenz** und basiert auf der voraussichtlichen Volatilität der Abweichungen zwischen den Renditen des indexnachbildenden OGAW und den Renditen des zugrundeliegenden Index. 58

Indexnachbildende OGAW und OGAW-ETF werden in den ESMA-ETF-Leitlinien nicht isoliert betrachtet, sondern auch im Kontext der sonstigen Strategien der Portfolioverwaltung gesehen. Techniken der effizienten Portfolioverwaltung, zB Einsatz von **Wertpapier-Darlehen** oder **Pensionsgeschäften und Geschäfte mit OTC-Derivaten,** kommen auch bei indexnachbildenden OGAW und OGAW-ETF zum Einsatz. Die KVG ist daher auch verpflichtet, Risiken, die durch Techniken der effizienten Portfolioverwaltung oder im Zusammenhang mit Geschäften mit OTC-Derivaten entstehen, transparent zu machen. Außerdem enthalten die Leitlinien Kriterien für Finanzindizes, in die OGAW investieren (zu den Kriterien → Rn. 80ff.). 59

Die einzelnen Vorschriften der ESMA-ETF-Leitlinien werden in diesem Abschnitt behandelt, sofern sie nicht bereits im Rahmen der Fondskategorien-RL zur Sprache gekommen sind. Da die nationale Umsetzung durch die BaFin von den Vorgaben der ESMA-ETF-Leitlinien grundsätzlich nicht abweicht, kann auf eine erneute Darstellung verzichtet werden.

2. Anforderungen an indexnachbildende OGAW. In Ergänzung zur Fondskategorien-RL schreiben die ESMA-ETF-Leitlinien für indexnachbildende OGAW vor, dass aus den **Jahres- und Halbjahresberichten** die Höhe des Tracking Error zum Ende des überprüften Zeitraums hervorgehen soll. Der Jahresbericht sollte eine Erläuterung zu möglichen Abweichungen zwischen dem im Verkaufsprospekt prognostizierten und dem tatsächlichen Tracking Error für den maßgeblichen Zeitraum enthalten. Außerdem sollte im Jahresbericht die **Annual Tracking Difference** zwischen der Entwicklung des OGAW und der Entwicklung des nachgebildeten Indexes mit einer Erläuterung angegeben sein (vgl. ESMA-ETF-Leitlinien Rn. 11). 60

61 **3. Anforderungen für indexnachbildende gehebelte OGAW.** Für indexnachbildende gehebelte OGAW müssen die Grenzen und Regelungen zum Gesamtrisiko gem. **Art. 51 III OGAW-RL** eingehalten werden. Die Berechnung des Gesamtrisikos erfolgt entweder unter Anwendung des **einfachen Ansatzes** (§ 16 DerivateV) oder des relativen **qualifizierten Ansatzes** (§ 7 DerivateV) gem. den Bestimmungen in den Leitlinien zur Risikomessung und zur Berechnung des Gesamtrisikos und des **Kontrahentenausfallrisikos** für OGAW. Die Begrenzung des Gesamtrisikos gilt auch für OGAW, die einen gehebelten Index nachbilden (vgl. ESMA-ETF-Leitlinien Rn. 12).

62 Der **Prospekt** eines indexnachbildenden gehebelten OGAW sollte die nachstehenden Angaben enthalten:

- eine **Beschreibung der Leverage-Strategie** und Informationen über die Art und Weise, wie diese umgesetzt wird (dh, ob das Leverage dem Indexniveau entspricht oder sich aus der Art des Exposure des OGAW gegenüber dem Index ergibt), über die **Leverage-Kosten** (sofern relevant) und die mit dieser Strategie verbundenen Risiken;
- eine Beschreibung jeglicher **umgekehrter Hebelwirkungen (Reverse Leverage)** (dh Short-Exposure);
- Informationen darüber, inwiefern die Entwicklung des OGAW **mittel- bis langfristig** erheblich vom Vielfachen der Indexentwicklung abweichen kann (vgl. ESMA-ETF-Leitlinien Rn. 12).

63 Diese Informationen sollten in Form einer Zusammenfassung auch in den **wesentlichen Anlegerinformationen** enthalten sein (vgl. ESMA-ETF-Leitlinien Rn. 14).

64 **4. Behandlung von Sekundärmarktanlegern von OGAW-ETF.** Wenn für Anteile eines OGAW-ETF, die auf einem Sekundärmarkt erworben wurden, generell keine Rückgabemöglichkeit gegenüber dem ETF besteht, müssen der Prospekt und das Marketing zum ETF die **nachstehende Warnung** enthalten: „Auf dem Sekundärmarkt erworbene OGAW-ETF-Anteile/-Aktien können nicht direkt an den OGAW-ETF zurückverkauft werden. Anleger müssen Anteile/Aktien auf einem **Sekundärmarkt mit der Hilfe eines Intermediärs** (zB eines Börsenmaklers) kaufen oder verkaufen; diese Hilfe kann gebührenpflichtig sein. Darüber hinaus zahlen Anleger beim Kauf von Anteilen/Aktien uU mehr als den aktuellen Nettoinventarwert und erhalten beim Verkauf weniger als den aktuellen Nettoinventarwert dafür zurück." (vgl. ESMA-ETF-Leitlinien Rn. 21, 22).

65 Wenn der börsengehandelte Wert der Anteile oder Aktien des OGAW-ETF wesentlich vom Nettoinventarwert abweicht, sollte Anlegern, die ihre Anteile oder Aktien auf dem Sekundärmarkt erworben haben, die Möglichkeit eingeräumt werden, diese Anteile oder Aktien an den OGAW-ETF **direkt zurückzuverkaufen.** Dies kann etwa bei **Marktstörungen** der Fall sein, zB wenn es keinen Market Maker gibt. In solchen Fällen sind dem geregelten Markt Informationen darüber zu übermitteln, dass der OGAW-ETF für direkte Rücknahmen auf Ebene des OGAW-ETF offen ist (vgl. ESMA-ETF-Leitlinien Rn. 23).

66 Der Prospekt zu einem OGAW-ETF sollte **Informationen über den Prozess** enthalten, den Anleger, die ihre Anteile/Aktien auf dem Sekundärmarkt erworben haben, einhalten müssen, wenn die im vorherigen Absatz beschriebenen Umstände eintreten. Außerdem sollte der Prospekt Angaben zu den potenziellen Kosten enthalten; diese sollten nicht unangemessen sein (vgl. ESMA-ETF-Leitlinien Rn. 24).

5. Klarstellungen im ESMA ETF FAQ. Die ESMA hat in Ergänzung der ESMA-ETF-Leitlinien auch einen Katalog mit Fragen und Antworten **(ESMA ETF FAQ)** zur Behandlung von indexnachbildenden OGAW veröffentlicht. Dabei sind die folgenden Klarstellungen aus unserer Sicht von besonderem Interesse. 67

Kommen in einem indexnachbildenden OGAW **beide Methoden zur Nachbildung** eines Index zur Anwendung (direkte und synthetische Nachbildung), so ist die Nennung beider Methoden im Verkaufsprospekt zulässig (ESMA ETF FAQ Frage 1a). 68

Ein **Fonds, der mehrere Teilgesellschaftsvermögen hat,** kann die Bezeichnung OGAW-ETF führen, wenn das Vermögen ausschließlich in OGAW-ETF-Anteile investiert wird. Ist dies nicht der Fall, so kann die Bezeichnung OGAW-ETF nur auf der Ebene der betreffenden Teilgesellschaftsvermögens geführt werden (ESMA ETF FAQ Frage 2). 69

VI. Die Voraussetzungen für die Anerkennung eines Wertpapierindex

Nach **Art. 12 II Erste Durchführungs-RL** ist die Bezugnahme auf einen Index, dessen Zusammensetzung hinreichend diversifiziert ist, als eine Bezugnahme auf einen Index zu verstehen, der die Risikodiversifizierungsvorschriften gem. Art. 53 OGAW-RL erfüllt. Damit wird klargestellt, dass in jedem Falle die formalen Anlagegrenzen von bis zu 20% dWd Wertpapierindex-OGAW pro Aussteller und bis zu 35% für einen einzigen Aussteller einzuhalten sind. 70

In den **CESR-Eligible-Assets-Leitlinien** wird außerdem verlangt, dass der Investor im einfachen Prospekt darauf hinzuweisen ist, ob das **spezielle Limit von 35%** zur Darstellung besonderer Marktkonzentrationen ausgenutzt wird. 71

Jeder Index bezieht sich auf einen bestimmten Markt und es wird vorausgesetzt, dass der Index den jeweiligen Markt in angemessener Weise widerspiegelt. Da es jedoch auch Indizes gibt, bei denen die Bezugnahme auf den Markt nicht eindeutig ist, bedarf es der Klärung, wann die Voraussetzung vorliegt. Artikel 12 III Erste Durchführungs-RL definiert, was unter der Anforderung, dass der **Index eine adäquate Bezugsgrundlage für den Markt** darstellt, zu verstehen ist. 72

Eine solche adäquate Bezugsgrundlage liegt vor, wenn der Indexanbieter für die Kalkulation des Index, dh für die Bestimmung der Zusammensetzung und Gewichtung der Indexwerte, eine anerkannte Methodik verwendet. Eine **Methode zur Indexnachbildung** ist dann anzuerkennen, wenn sie idR nicht zum Ausschluss eines größeren Emittenten von demjenigen Markt führt, auf den sich der Index bezieht. Damit liegt maW eine adäquate Bezugsgrundlage nur vor, wenn alle wichtigen Emittenten des betreffenden Markts auch im Index enthalten sind. Nähere Anhaltspunkte, wann ein „größerer" Emittent vorliegt (der im Index dann konsequenterweise nicht fehlen darf), enthält die Erste Durchführungs-RL leider nicht. 73

Eine **angemessene Veröffentlichung des Index** liegt nach Art. 12 IV Erste Durchführungs-RL vor, wenn er öffentlich zugänglich ist und der Indexanbieter von dem indexnachbildenden OGAW (also von dessen KVG) unabhängig ist. Die Erste Durchführungs-RL stellt klar, dass der Indexanbieter und der Wertpapierindex-OGAW auch zum selben Konzern gehören können, sofern wirksame Regelungen für die **Handhabung von Interessenkonflikten** vorgesehen sind. 74

VII. Die Voraussetzungen für die Anerkennung eines Finanzindex

75 **1. Einleitung.** Neben den Wertpapierindex-OGAW gibt es andere inländische OGAW, die einen Index nachbilden, der sich aus Vermögensgegenständen zusammensetzt, die nicht unmittelbar für einen inländischen OGAW erworben werden können. Dies können bspw. **Rohstoff-, Edelmetall- oder Immobilienindizes** sein. Darüber hinaus werden Indizes zunehmend zur Umsetzung von alternativen Strategien verwendet. Bei einem **Strategie-Index** handelt es sich generell um einen Index, der auf die Nachbildung einer **quantitativen Strategie** oder einer **Handelsstrategie** ausgerichtet ist, wobei die Strategie in den meisten Fällen auf einem proprietären Modell des Index-Providers beruht. Zwei Kernfragen stehen diesbezüglich im Vordergrund: zum einen, ob nur Indizes auf zulässige OGAW-Vermögensgegenstände erlaubt sind, und zum anderen, inwieweit **qualitative Anforderungen an die Ausgestaltung eines Index** zu stellen sind (EDD/*Holleschek/Thanner* § 209 Rn. 28 ff.).

76 Die Grundlage für die Anerkennung von Finanzindizes bildet **Art. 9 I Erste Durchführungs-RL iVm Art. 50 I Buchst. g OGAW-RL.** Der in der OGAW-RL enthaltene Begriff des Finanzindex wird durch die Erste Durchführungs-RL dahingehend konkretisiert, dass ein Finanzindex auch aus Komponenten zusammengesetzt sein kann, die selbst nicht zu den für OGAW erwerbbaren Vermögensgegenständen gehören. **Rohstoff-, Edelmetall oder Immobilienindizes** sind daher zulässige Basiswerte für Derivate oder Finanzinstrumente mit derivativer Komponente iSd § 197 I, wenn die Voraussetzungen des Art. 9 I Erste Durchführungs-RL erfüllt sind.

77 Da ein Finanzindex im Gegensatz zu einem Wertpapierindex **nicht von der jeweiligen nationalen Aufsichtsbehörde anerkannt** werden muss, werden in Art. 9 I Erste Durchführungs-RL weitere Anforderungen an Finanzindizes spezifiziert, um gewisse Mindeststandards für beide Arten von Indizes zu gewährleisten.

78 Die BaFin hat in den **FAQ Eligible Assets** die Kriterien der Ersten Durchführungs-RL aufgegriffen und in ihrer nationalen Aufsichtspraxis umgesetzt. Die FAQ Eligible Assets ist kein statisches Dokument, sondern wird **fortlaufend** der rechtlichen Entwicklung angepasst. So werden die Anforderungen an Finanzindizes in Abschn. XIII der ESMA-ETF-Leitlinien weiter konkretisiert.

79 Die BaFin hat in der aktuellen Fassung der **FAQ Eligible Assets** die Aussagen der ESMA-ETF-Leitlinien teilweise inkorporiert bzw. hat auf die relevanten Passagen in den ESMA-ETF-Leitlinien hingewiesen (s. FAQ Eligible Assets Frage 5 sowie Frage 23) und klargestellt, dass sie diese im Rahmen ihrer **Verwaltungspraxis** anwenden wird. Die Anforderungen der ESMA-Leitlinien im Hinblick auf Finanzindizes gelten sowohl bei Investitionen in Derivate, deren Basiswerte Finanzindizes sind, als auch bei physischer Abbildung eines Finanzindexes.

80 **2. Hinreichende Diversifizierung.** Erste Voraussetzung für die Zulässigkeit eines Finanzindexes ist, dass er hinreichend diversifiziert ist (vgl. **Art. 9 I Erste Durchführungs-RL** mit Geltung über § 197 I 1).

81 Der Index muss dabei zunächst so zusammengesetzt sein, dass seine **Gesamtentwicklung** durch Preisbewegungen oder Handelstätigkeiten bei einer einzelnen Komponente **nicht über Gebühr beeinflusst** wird (Art. 9 I Buchst. a Ziff. i Erste Durchführungs-RL).

82 Wenn sich ein Index aus OGAW-Vermögenswerten zusammensetzt, muss seine Zusammensetzung mind. **wie ein OGAW diversifiziert** sein (Art. 9 I Buchst. a

Ziff. ii Erste Durchführungs-RL). Setzt sich der Index aus Nicht-OGAW-Vermögenswerten zusammen, so muss seine Diversifizierung einem **OGAW „gleichwertig" sein** (Art. 9 I Buchst. a Ziff. iii Erste Durchführungs-RL).

Über den Verweis auf Art. 53 OGAW-RL ist ein Index wie ein OGAW diversifiziert, wenn er die **Grenzen des § 209 (20 %/35 %) einhält.** Wenn ein OGAW die Diversifizierungsgrenzen gem. Art. 53 OGAW-RL auf 35 % dWd Investmentvermögens anheben möchte, ist dies nach Ansicht der ESMA zusammen mit einer Beschreibung der außergewöhnlichen Marktbedingungen, die eine solche Anlage rechtfertigen, klar im Prospekt darzulegen (vgl. Nr. 48 ESMA-ETF-Leitlinien). 83

Im Falle eines **gehebelten Indexes** gilt Gleiches unter Berücksichtigung des Hebels bei der Auswirkung auf die Gesamtrendite. Zudem muss sich bspw. ein Rohstoffindex aus **verschiedenen Rohstoffen** zusammensetzen, Unterkategorien desselben Rohstoffs (zB aus verschiedenen Regionen oder Märkten oder im Rahmen eines industrialisierten Verfahrens aus denselben Primärprodukten erzeugt) sind zur Berechnung der Diversifizierungsgrenzen als derselbe Rohstoff zu betrachten (Nr. 50 ESMA-ETF-Leitlinien). 84

Die **CESR-Eligible-Assets-Leitlinien** (dort S. 10) stellen klar, dass auch bei der synthetischen Nachbildung eines Finanzindex durch Derivate die **Diversifizierungsregeln des Art. 53 OGAW-RL** einzuhalten sind. Damit keine unangemessene Risikokonzentration im Index entsteht, soll der Index die Anlagegrenzen von 20 % dWd Investmentvermögens und 35 % für eine einzige Komponente des Finanzindex einhalten. 85

Werden Derivate auf Finanzindizes im OGAW nicht zum Zwecke der Nachbildung eines bestimmten Finanzindex, sondern zum **Zwecke der Risikodiversifizierung** eingesetzt und werden auf der Portfolioebene des OGAW die **Ausstellergrenzen für OGAW von 5/10/40** (vgl. § 206 I) in Bezug auf die einzelnen Derivate, die die **individuellen Indizes** abbilden, eingehalten, so ist eine Durchschau auf die einzelnen Komponenten der individuellen Indizes nicht notwendig (vgl. CESR-Eligible-Assets-Leitlinien, S. 10). 86

3. Index als adäquate Bezugsgrundlage. Als weitere Voraussetzung für die Zulässigkeit eines Finanzindex schreibt Art. 9 I Erste Durchführungs-RL vor, dass der Index eine adäquate Bezugsgrundlage für den Markt darstellt. 87

Nach Art. 9 I Buchst. b Erste Durchführungs-RL ist das der Fall, wenn die folgenden Kriterien erfüllt sind: 88

- Der Index misst die Entwicklung einer **repräsentativen Gruppe** von Basiswerten in aussagekräftiger und adäquater Weise;
- der Index wird **regelmäßig überprüft** bzw. seine Zusammensetzung angepasst, damit er die Märkte, auf die er sich bezieht, stets nach öffentlich zugänglichen Kriterien widerspiegelt, und
- die Basiswerte sind **hinreichend liquide,** so dass die Nutzer erforderlichenfalls den Index nachbilden können.

Die KVG muss auch in der Lage sein, darzulegen, dass der Index eine **angemessene Bezugsgrundlage für den Markt** darstellt, auf den er sich bezieht. Nach **Nr. 51 ESMA-ETF-Leitlinien** muss: 89

- der Index über ein einziges klares Ziel verfügen, um eine adäquate Bezugsgrundlage für den Markt darzustellen;
- die Auswahl der Indexbestandteile und die Grundlage, auf der diese Bestandteile für die Strategie ausgewählt werden, für Anleger und die BaFin klar erkennbar sein;

– nachweisbar sein, dass in Fällen, in denen die Indexstrategie teilweise auf Cash-Management beruht, sich dies nicht auf die Objektivität der Methode zur Indexberechnung auswirkt.

90 Ein Index wird nach **Nr. 53 ESMA-ETF-Leitlinien** idR nicht als adäquate Bezugsgrundlage für einen Markt betrachtet werden, wenn er **im Auftrag eines Marktteilnehmers** oder einer sehr kleinen Anzahl von Marktteilnehmern und gem. den Vorgaben dieser Marktteilnehmer festgelegt und berechnet wurde. Es handelt sich hierbei um einen Anhaltspunkt bzw. eine Regelvermutung. Dies soll keine Neuentwicklungen verhindern, sondern vielmehr Umgehungstatbestände erfassen. Verhindert werden soll insb., dass Investmentstrategien, die nicht direkt durch die KVG umgesetzt werden können, in sog. **Strategieindizes** „verpackt" werden.

91 **4. Angemessene Veröffentlichung des Index.** Schließlich schreibt Art. 9 I Erste Durchführungs-RL als weitere Voraussetzung für die Zulässigkeit eines Finanzindex vor, dass der Index **in angemessener Weise veröffentlicht** wird.

92 Eine **angemessene Veröffentlichung des Index** liegt nach Art. 9 I Buchst. c Erste Durchführungs-RL vor, wenn die folgenden Voraussetzungen erfüllt sind:

– Die Veröffentlichung des Index beruht auf soliden Verfahren für die **Erhebung von Preisen** und für die Kalkulation und anschließende Veröffentlichung des Indexwerts (falls für einzelne Komponenten kein Marktpreis verfügbar ist, müssen die Preisermittlungsverfahren solide sein).
– Es werden wesentliche Informationen über Aspekte wie die **Methodik zur Indexberechnung** und Anpassung der Indexzusammensetzung, Indexveränderungen oder operationelle Schwierigkeiten bei der Bereitstellung zeitnaher oder genauer Informationen **umfassend und unverzüglich zur Verfügung gestellt.**

93 Diese Vorgaben sollen eine hinreichende Transparenz des Index und seiner Zusammensetzung gewährleisten. Im Zusammenhang mit diesem Transparenzerfordernis macht die ESMA in ihren ESMA-ETF-Leitlinien detailliertere Vorgaben.

94 Nach **Nr. 55 ESMA-ETF-Leitlinien** darf die Anpassungshäufigkeit eines Finanzindex nicht verhindern, dass Anleger den Finanzindex nachbilden könnten. Indizes, bei denen die Zusammensetzung **innertäglich oder täglich angepasst** wird, erfüllen dieses Kriterium grds. nicht.

95 Eine **Ausnahme** von diesem Grundsatz besteht **bei technischen Anpassungen,** die anhand von öffentlich zugänglichen Kriterien vorgenommen werden. Nach Auffassung der ESMA (vgl. ESMA ETF FAQ, Frage 7 e) sind „technische Anpassungen" Anpassungen, die folgende Kriterien erfüllen:

– sie beruhen ausschließlich auf einem Algorithmus ohne subjektives Ermessen,
– sie werden grundsätzlich im Voraus veröffentlicht,
– sie beziehen sich auf öffentlich verfügbare Kriterien oder Daten, und
– sie stützen sich nicht auf das Urteil der Indexherausgeber, so zB Indizes, die einer mechanischen Anpassungsformel folgen.

96 **Nummer 56 ESMA-ETF-Leitlinien** wiederholt das Erfordernis, dass nur Finanzindizes zulässig sind, bei denen die vollständige Berechnungsmethode, mit der ua Anleger den Finanzindex nachbilden können, vom Indexanbieter offengelegt wird **(Ex-ante-Transparenz).** Bei Finanzindizes, die ihrerseits wiederum in Finanzindizes investieren, finden die Transparenzanforderungen auch auf die darunterliegenden Indizes Anwendung (vgl. ESMA ETF FAQ, Frage 7 c). Zur Offenle-

gung gehören dabei nach Ansicht der ESMA die Bereitstellung ausführlicher Informationen über

- Indexkonstituenten,
- die Indexberechnung (einschließlich der Hebelwirkung innerhalb des Index),
- Methoden zur Anpassung der Indexzusammensetzung, sowie
- Indexveränderungen und operationelle Schwierigkeiten bei der Bereitstellung zeitnaher oder genauer Informationen.

Des Weiteren schreibt **Nr. 57 ESMA-ETF-Leitlinien** eine sog. **Ex-post-Transparenz** vor. Danach dürfen OGAW nicht in Finanzindizes anlegen, die keine Informationen über ihre Konstituenten sowie deren jeweilige Gewichtung veröffentlichen. Diese Informationen müssen Anlegern und potenziellen Anlegern gebührenfrei und einfach zugänglich gemacht werden, zB über das Internet. **Informationen über die Gewichtung** können nach jeder Anpassung der Zusammensetzung rückwirkend veröffentlicht werden. Diese Informationen sollten den Zeitraum seit der letzten Anpassung abdecken und alle Ebenen des Indexes umfassen. Die Gewichtung der Indexkomponenten sollen dabei nach Auffassung der ESMA vor der nächsten Indexanpassung publiziert werden (vgl. ESMA ETF FAQ Frage 7d). Wenn die Indexanpassung zB auf einer monatlichen Basis erfolgt, sollen die Informationen so bald wie möglich nach der Anpassung, in jedem Falle innerhalb eines Monats nach der Anpassung veröffentlicht werden. 97

Nummer 58–62 ESMA-ETF-Leitlinien enthalten weitere Regelungen zu objektiven Kriterien, Verbot der Entgegennahme von Zahlungen zur Aufnahme in den Index, Verbot des sog. Backfilling, zur Due Diligence und unabhängigen Bewertung. 98

Nummer 53 ESMA-ETF-Leitlinien: Im Zusammenhang mit der Strategie sollte der OGAW-Prospekt Informationen zur **Häufigkeit der Anpassung der Indexzusammensetzung** und deren Auswirkungen auf die Kosten enthalten. 99

VIII. Die Voraussetzungen für die Anerkennung eines Hedgefonds-Index

Die **CESR-Hedgefonds-Leitlinien** stellen neben den eben dargestellten Voraussetzungen besondere Qualitätsanforderungen an Hedgefonds-Indizes. 100

So wird gefordert, dass die KVG ein angemessenes **Due-Diligence-Verfahren** (Sorgfaltsprüfung) durchzuführen hat, bevor es eine Risikoposition auf einen Hedgefonds-Index erwirbt (vgl. CESR-Hedgefonds-Leitlinien Box 6). Im Rahmen dieser Due-Diligence-Prüfung ist die **Qualität des Hedgefonds-Index** nachweislich anhand der folgenden Kriterien zu prüfen: 101

- Die **Indexmethodologie** muss in sich geschlossen und zusammenhängend sein. Dies ist gewährleistet, wenn die **Gewichtung und Klassifizierung der Indexkomponenten** hinreichend erläutert werden und die Methode darüber Auskunft gibt, was bei Wegfall einer Indexkomponente geschieht. Außerdem soll dargelegt werden, in welcher Weise der Index eine angemessene Benchmark für die abgebildeten Hedgefonds darstellt.
- Es müssen **angemessene Informationen** über den Hedgefonds-Index verfügbar sein. So muss bekannt sein, ob und in welchem Umfang der Index einer unabhängigen Aufsicht unterliegt, wie oft der Index veröffentlicht wird und ob sich aus der **Häufigkeit der Veröffentlichung** Auswirkungen für die Berechnung des Nettoinventarwerts eines OGAW ergeben.

– Schließlich muss eine angemessene **Behandlung der Indexkomponenten** durch den Indexherausgeber gewährleistet sein. Ein wichtiger Bestandteil der Sorgfaltsprüfung ist das Verfahren, anhand dessen der Indexherausgeber die Angemessenheit der **NAV-Kalkulation** der einzelnen Indexkomponenten überprüft. Entscheidend ist auch, in welchem Detaillierungsgrad Informationen über die einzelnen Indexkomponenten und ihren NAV zur Verfügung stehen. Schließlich muss die **Anzahl der Indexkomponenten** eine ausreichende Diversifikation ergeben.

102 Die Sorgfaltsprüfung ist im Sinne einer **Gesamtabwägung** zu verstehen, bei der auch sonstige Kriterien, die von der KVG als entscheidend angesehen werden, zu berücksichtigen sind (vgl. CESR-Hedgefonds-Leitlinien Rn. 22).

§ 210 Emittentenbezogene Anlagegrenzen

(1) **[1]Schuldverschreibungen desselben Emittenten oder Geldmarktinstrumente desselben Emittenten darf die OGAW-Kapitalverwaltungsgesellschaft für Rechnung eines inländischen OGAW nur insoweit erwerben, als der Gesamtnennbetrag jeweils 10 Prozent des Gesamtnennbetrags der in Umlauf befindlichen Schuldverschreibungen und Geldmarktinstrumente desselben Emittenten nicht übersteigt. [2]Dies gilt nicht für Wertpapiere oder Geldmarktinstrumente nach Maßgabe des § 206 Absatz 2. [3]Die in Satz 1 bestimmte Grenze braucht beim Erwerb nicht eingehalten zu werden, wenn der Gesamtnennbetrag der in Umlauf befindlichen Schuldverschreibungen oder Geldmarktinstrumente desselben Emittenten von der OGAW-Kapitalverwaltungsgesellschaft nicht ermittelt werden kann. [4]Aktien ohne Stimmrechte desselben Emittenten dürfen für einen inländischen OGAW nur insoweit erworben werden, als ihr Anteil an dem Kapital, das auf die ausgegebenen Aktien ohne Stimmrechte desselben Emittenten entfällt, 10 Prozent nicht übersteigt.**

(2) **[1]Die OGAW-Kapitalverwaltungsgesellschaft darf für alle von ihr verwalteten inländischen OGAW Aktien desselben Emittenten nur insoweit erwerben, als die Stimmrechte, die der OGAW-Kapitalverwaltungsgesellschaft aus Aktien desselben Emittenten zustehen, 10 Prozent der gesamten Stimmrechte aus Aktien desselben Emittenten nicht übersteigen. [2]Hat ein anderer Mitgliedstaat der Europäischen Union oder ein anderer Vertragsstaat des Abkommens über den Europäischen Wirtschaftsraum eine niedrigere Grenze für den Erwerb von Aktien mit Stimmrechten desselben Emittenten festgelegt, so ist diese Grenze maßgebend, wenn eine OGAW-Kapitalverwaltungsgesellschaft für die von ihr verwalteten inländischen OGAW solche Aktien eines Emittenten mit Sitz in diesem Staat erwirbt.**

(3) **Die OGAW-Kapitalverwaltungsgesellschaft darf für Rechnung eines inländischen OGAW nicht mehr als 25 Prozent der ausgegebenen Anteile eines anderen offenen inländischen, EU- oder ausländischen Investmentvermögens, das nach dem Grundsatz der Risikomischung in Vermögensgegenstände im Sinne der §§ 192 bis 198 angelegt ist, erwerben.**

Schrifttum: *Kaune/Oulds* Das neue Investmentgesetz, ZBB 2004, 114.; *Kempf* Novellierung des Investmentrechts 2004 nach dem Investmentmodernisierungsgesetz, 2004; *ders.* Novellierung des Investmentrechts 2007, Ein Praxishandbuch, 2008; *Köndgen/Schmies* Die Neuordnung des deutschen Investmentrechts, WM 2004, Sonderbeilage Nr. 1/2004; *Patzner/Döser/Kempf* Investmentrecht, 3. Aufl. 2017; *Raab* Grundlagen des Investmentfondsgeschäfts, 7. Aufl. 2019; *Rögele/Görke* Novelle des Investmentrechts, BKR 2007, 393; *Volkard/Wilkens* Änderungen im Investmentrecht, DB 2008, 1195.

I. Allgemeines

§ 210 KAGB setzt Art. 56 OGAW-RL um. Die Vorschrift übernimmt mit redaktionellen Anpassungen die Regelungen des aufgehobenen § 64 InvG. 1

§ 210 verfolgt den Zweck, die **Entstehung einer beherrschenden Stellung der KVG** gegenüber Ausstellern oder Schuldnern von Wertpapieren, Geldmarktinstrumenten oder Investmentanteilen zu verhindern. § 210 unterscheidet sich von den §§ 206–209 dadurch, dass hier der **Anteil an der Emission eines Ausstellers** begrenzt wird, während in den §§ 206–209 die Anlagegrenzen im Verhältnis von Vermögenswert und Wert des inländischen OGAW geregelt werden. 2

II. Regelungsgegenstand

1. Schuldverschreibungen, Geldmarktinstrumente und stimmrechtlose Aktien (§ 210 I). Als Grundregel gilt, dass die KVG für Rechnung eines inländischen OGAW **bis zu 10%** des Gesamtbetrages der im Umlauf befindlichen Schuldverschreibungen und Geldmarktinstrumente desselben Emittenten erwerben darf. § 210 I bezieht sich auf den **Gesamtnennbetrag** der im Umlauf befindlichen Schuldverschreibungen und Geldmarktinstrumente desselben Emittenten und bezieht sich somit auf das Emissionsvolumen, das sich durch Rücknahmen oder weitere Ausgabe von Anteilen fortlaufend verändern kann. 3

Die Anlagegrenze gilt nicht für die nach § 206 II 1 privilegierten **Anleihen bestimmter öffentlicher Aussteller** und bei Schuldverschreibungen mit besonderer Deckung. Der Grund dafür liegt darin, dass diese Schuldverschreibungen mit einer geringeren Ausfallwahrscheinlichkeit behaftet sind. Deshalb hält der Gesetzgeber bei diesen Emittenten aus Gründen der Risikominimierung keine Begrenzung für erforderlich. 4

Bei den in § 210 festgelegten Anlagegrenzen handelt es sich nicht um **Bestandgrenzen,** sondern um **Erwerbsgrenzen.** Das bedeutet, dass die Anlagegrenze im Zeitpunkt des Erwerbs der entsprechenden Wertpapiere nicht überschritten werden darf. Da es für die KVG schwierig ist, den Umfang einer Emission fortlaufend zu ermitteln, muss sie lediglich beim Erwerb der Anteile darauf achten, dass die in § 210 festgelegten Grenzwerte eingehalten werden (so auch AWZ/*München/Czok/Wagner* § 210 Rn. 4). 5

Die 10%-Erwerbsgrenze muss auch dann nicht eingehalten werden, wenn es der KVG bei Erwerb nicht möglich ist, die **relevante Bemessungsgrundlage,** dh den Gesamtnennbetrag der relevanten umlaufenden Papiere, zu ermitteln. Dieser Fall kommt vor, wenn ein Emittent den Umfang seiner sich im Umlauf befindlichen Schuldverschreibungen nicht bekannt gibt oder es eines unverhältnismäßigen Aufwands bedürfte, um den **Gesamtnennbetrag der Schuldverschreibungen** festzustellen. Welche Maßnahmen von der KVG zur Ermittlung der notwendigen Informationen gefordert werden kann, ist unklar. Da es sich aber um eine Ausnah- 6 meregelung handelt, sollte diese eher restriktiv ausgelegt werden (so auch EDD/ *Holleschek/Thanner* § 210 Rn. 4).

7 Bei **stimmrechtslosen Aktien** sieht das KAGB für jeden inländischen OGAW eine Erwerbsgrenze von 10% des auf die ausgegebenen Aktien ohne Stimmrechte entfallenden Kapitals vor. Die Grenze bezieht sich in diesem Fall somit nicht auf den Gesamtnennbetrag der Schuldverschreibungen und Geldmarktinstrumente. Die für stimmrechtslose Aktien geltende Anlagegrenze von 10% ist neben der 10%-Grenze für Schuldverschreibungen und Geldmarkinstrumente anwendbar. So kann die KVG bspw. bis zu 10% des Emissionsvolumens Schuldverschreibungen eines Emittenten und gleichzeitig bis zu 10% der von diesem ausgegebenen stimmrechtslosen Aktien erwerben.

8 **2. Aktien mit Stimmrechten (§ 210 II).** Die Regelung des § 210 II beinhaltet eine Sonderregelung für den **Erwerb von Aktien mit Stimmrechten** und sieht eine Erwerbsgrenze in Bezug auf alle von einer KVG verwalteten inländischen OGAW vor. Die KVG darf Aktien desselben Emittenten nur insoweit erwerben, als die Stimmrechte, die der KVG aus der Verwaltung aller inländischen OGAW zustehen, 10% der gesamten Stimmrechte aus Aktien desselben Emittenten nicht überschreiten. Die Erwerbsgrenze bezieht sich somit auf die Gesamtheit der von einer KVG verwalteten inländischen OGAW.

9 Durch § 210 II soll das **Entstehen eines beherrschenden Einflusses** einer KVG auf eine Aktiengesellschaft durch Kumulation von Stimmrechten vermieden werden. Es ist die vorrangige Aufgabe einer KVG, sich auf die Verwaltung von Investmentvermögen zu konzentrieren. Anders als eine Holding- oder Beteiligungsgesellschaft soll eine KVG keinen gesteigerten Einfluss auf die Geschäftsführung der Unternehmen ausüben, in die sie investiert. Die Begrenzung auf 10% der Stimmrechte aus Aktien eines Ausstellers stellt sicher, dass die KVG **lediglich die Stellung eines Minderheitenaktionärs einnehmen kann.**

10 Für Aktien eines Ausstellers mit Sitz in einem **anderen Mitgliedstaat der EU** oder einem anderen Vertragsstaat des Abkommens über den Europäischen Wirtschaftsraum kann eine **niedrigere Erwerbsgrenze** maßgeblich sein, soweit vom dort geltenden nationalen Recht so vorgesehen (§ 210 II 2). Wenn die KVG für die von ihr verwalteten inländischen OGAW solche Aktien erwirbt, hat sie diese niedrigeren Erwerbsgrenzen zu beachten. Damit soll etwaigen **Wettbewerbsverzerrungen** entgegengetreten werden. Solange die Regelungen auf EU-Ebene nicht harmonisiert sind, sollen im betroffenen EU-Staat inländische OGAW gegenüber ausländischen OGAW, für die im Heimatland höhere Erwerbsgrenzen gelten, nicht benachteiligt werden. Abweichende Anlagegrenzen in anderen Staaten sind für eine KVG ohne Bedeutung, wenn sie höher sind oder gar keine Anlagegrenzen bestehen. In diesem Falle kann keine **Benachteiligung der inländischen OGAW** entstehen.

11 **3. Andere Investmentvermögen (§ 210 III).** Die Erwerbsgrenze des § 210 III bezieht sich auf die Ebene des einzelnen verwalteten inländischen OGAW. Sie begrenzt den Anteil, den die KVG für Rechnung eines inländischen OGAW an ausgegebenen Anteilen eines anderen offenen inländischen, EU- oder ausländischen Investmentvermögens erwerben kann, das nach dem Grundsatz der Risikomischung in Vermögensgegenstände iSd §§ 192–198 angelegt ist, auf **maximal 25 % der ausgegebenen Anteile.**

12 Durch die Anteilsbegrenzung soll sichergestellt werden, dass ein inländischer OGAW in Bezug auf ein anderes Investmentvermögen **keine beherrschende Stellung** erhält. Anders als im Fall einer Unternehmensbeteiligung iSv § 210 I, II

kann beim Erwerb von Anteilen an einem anderen Investmentvermögen grundsätzlich keine unmittelbar beherrschende Stellung eingenommen werden. Grundsätzlich trifft im Falle von Publikums-Investmentvermögen die KVG ihre Anlageentscheidungen unabhängig von der Anlagestruktur auf der Basis der gesetzlichen und vertraglichen Rahmenbedingungen. Eine **Einflussnahme auf Anlageentscheidungen** ist allerdings dann möglich, wenn es sich bei dem Publikums-Investmentvermögen um eine Kapitalgesellschaft handelt, deren Anteilinhaber durch die Ausübung ihrer Stimmrechte auf einer Hauptversammlung über die Anlagepolitik abstimmen können (vgl. zum Ganzen EDD/*Holleschek/Thanner* § 210 Rn. 8).

In jedem Falle kann das Investmentvermögen vor allem im Hinblick auf die 13
Aufrechterhaltung der Liquidität negativ beeinflusst werden, wenn ein Anleger mehr als 25% der Anteile an diesem Investmentvermögen hält und diese in einer Transaktion zurückgibt. Durch die Streuung der Anlegerstruktur wird diese Gefahr vermieden.

§ 211 Überschreiten von Anlagegrenzen

(1) **Die in den §§ 198, 206 und 210 bestimmten Grenzen dürfen überschritten werden, wenn es sich um den Erwerb von Aktien, die dem inländischen OGAW bei einer Kapitalerhöhung aus Gesellschaftsmitteln zustehen, oder um den Erwerb von neuen Aktien in Ausübung von Bezugsrechten aus Wertpapieren handelt, die zum inländischen OGAW gehören.**

(2) **Werden die in den §§ 206 bis 210 bestimmten Grenzen in den Fällen des Absatzes 1 oder unbeabsichtigt von der OGAW-Kapitalverwaltungsgesellschaft überschritten, so hat die OGAW-Kapitalverwaltungsgesellschaft bei ihren Verkäufen für Rechnung des inländischen OGAW als vorrangiges Ziel anzustreben, diese Grenzen wieder einzuhalten, soweit dies den Interessen der Anleger nicht zuwiderläuft.**

(3) **Die in den §§ 206 bis 209 bestimmten Grenzen dürfen in den ersten sechs Monaten seit Errichtung eines inländischen OGAW sowie nach vollzogener Verschmelzung durch den übernehmenden inländischen OGAW jeweils unter Beachtung des Grundsatzes der Risikostreuung überschritten werden.**

Schrifttum: *Deloitte* Wichtige aufsichtsrechtliche Neuerungen zum 1. Juli 2011, Newsletter 1/2011; *Kaune/Oulds* Das neue Investmentgesetz, ZBB 2004, 114; *Kempf* Novellierung des Investmentrechts 2004 nach dem Investmentmodernisierungsgesetz, 1. Aufl. 2004; *ders.* Novellierung des Investmentrechts 2007, Ein Praxishandbuch, 2008; *Köndgen/Schmies* Die Neuordnung des deutschen Investmentrechts, WM 2004, Sonderbeilage Nr. 1/2004; *Patzner/Döser/Kempf* Investmentrecht, 3. Aufl. 2017; *Raab* Grundlagen des Investmentfondsgeschäfts, 7. Aufl. 2019; *Rögele/Görke* Novelle des Investmentrechts, BKR 2007, 393; *Volkard/Wilkens* Änderungen im Investmentrecht, DB 2008, 1195.

I. Ausnahmen vom Grundsatz der sofortigen Rückführung

§ 211 regelt sowohl die Fälle der bewussten als auch der unbeabsichtigten **Über-** 1
schreitung von Anlagegrenzen. Eine bewusste Überschreitung ist zulässig beim Erwerb von Aktien, die dem inländischen OGAW bei einer **Kapitalerhöhung aus Gesellschaftsmitteln** zustehen, oder bei der **Ausübung von Bezugsrechten**

aus Aktien, die zum Investmentvermögen gehören (§ 211 I). Derartige Vorgänge sollen nicht zwingend zu einem sofortigen Verkauf der betroffenen Aktien führen. Die KVG soll auch nicht daran gehindert werden, Rechte, die ihr auf Grund der im Investmentvermögen enthaltenen Anlagewerte zustehen, auszuüben.

2 Daneben kann es zB aufgrund von **Kursschwankungen oder Anteilsrücknahmen** zu einer unbeabsichtigten Verletzung von Anlagegrenzen kommen. In diesem Fall erfolgt die Grenzverletzung entweder ohne Zutun der KVG oder aufgrund eines Handelns der KVG, zu dem sie durch Gesetz oder Vertrag verpflichtet ist. Obwohl die Überschreitung der Anlagegrenze nicht vermieden werden kann, sind beide Fälle restriktiv zu handhaben. Grundsätzlich ist eine KVG im Rahmen einer **ordnungsgemäßen Geschäftsführung** dazu verpflichtet, eine Überschreitung der Grenzen zu vermeiden. Die gesetzlich vorgeschriebenen Risikomanagementsysteme sollen das Portfolio-Management dabei unterstützen, Anlagegrenzverletzungen zu vermeiden (vgl. KAMaRisk Abschn. 4.6 Tz. 3 sowie Abschn. 4.7 Tz. 4 Buchst. d).

3 Bei Überschreitungen der in §§ 206–210 bestimmten Anlagegrenzen hat die KVG das **vorrangige Ziel der Wiedereinhaltung der Anlagegrenzen** so weit zu verfolgen, wie dies den Interessen der Anleger nicht zuwiderläuft. Das **Anlegerinteresse hat insoweit Vorrang gegenüber der Rückführung** der Vermögensbestände auf die einzuhaltenden Grenzen. Dies ist zB der Fall, wenn die Verkäufe zu erheblichen Kursverlusten führen würden und in näherer Zukunft eine deutliche Kurserholung zu erwarten ist. In derartigen Fällen kann die KVG mit dem Verkauf der Wertpapiere warten, bis eine Kurserholung eingetreten ist. Allerdings hat die KVG, soweit Maßnahmen zur Wiedereinhaltung der Grenzen unterbleiben, darzulegen, aus welchem Grunde Anlegerinteressen entgegenstehen.

4 Die Überschreitung von Anlagegrenzen ist außerdem in der **Gründungsphase während der ersten sechs Monate nach Auflage** des inländischen OGAW sowie nach **vollzogener Verschmelzung** durch den übernehmenden inländischen OGAW zulässig. Die Ratio der Regelung ist, dass nach dem Ablauf der Erstzeichnungsfrist aus den eingezahlten Beiträgen das Investmentvermögen gebildet wird und es iRd **erstmaligen Portfolioallokation** schwierig ist, die Anlagegrenzen von Beginn an einzuhalten. Gleiches gilt bei der Verschmelzung von Investmentvermögen, da es zunächst schwierig sein wird, die verschmolzenen Portfolien der beiden Investmentvermögen den Anlagegrenzen anzupassen. Durch Überschneidung von Vermögensgegenständen sowie durch Anteilrücknahmen kann es zu Anlagegrenzverletzungen kommen.

5 Allerdings hat die KVG dabei in jedem Falle den **Grundsatz der Risikostreuung** zu beachten und eine angemessene Diversifizierung des inländischen OGAW zu gewährleisten. Die Regelung erlaubt somit nicht eine Konzentration oder Klumpenbildung von Risiken, die zu einer Vernachlässigung der Anlegerschutzinteressen führt.

6 Anlagegrenzverletzungen iRd § 210 sind grds. zulässig und können nur unter bestimmten Voraussetzungen, zB zu langer Dauer der Grenzüberschreitung, unzulässig werden. Bei unzulässigen Anlagegrenzüberschreitungen steht dem Anleger ein zivilrechtlicher Schadensersatzanspruch gegenüber der KVG zu.

7 Nach **§ 210 III** dürfen die in den §§ 206–209 bestimmten Grenzen **in den ersten sechs Monaten** seit Errichtung eines inländischen OGAW sowie nach vollzogener Verschmelzung durch den übernehmenden inländischen OGAW überschritten werden. Dabei ist jeweils der **Grundsatz der Risikostreuung** als übergeordnetes Prinzip zu beachten. § 210 III trägt dem Umstand Rechnung, dass das Portfolio eines neu errichteten Fonds erst einmal schrittweise aufgebaut werden

muss und es bei der erstmaligen Investition praktisch unmöglich ist, die Anlegergrenzen einzuhalten (AWZ/*München/Czok/Wagner* § 211 Rn. 10).

II. Haftung der KVG

Die BaFin hatte außerdem bereits im Jahr 2011 den Entwurf einer Anteilwertfehler- und **Anlagegrenzverletzungsverordnung** (AntAnlVerlV) veröffentlicht. Dieser Entwurf sah ein **Entschädigungsverfahren** zugunsten des inländischen OGAW und seiner Anleger vor und definierte zudem den aufsichtsrechtlichen Rahmen für aktive Anlagegrenzverletzungen. In diesem Entwurf wird zwischen **aktiven Anlagegrenzverletzungen,** die grundsätzlich entschädigungspflichtig sind, und **passiven Anlagegrenzverletzungen,** die grundsätzlich keinen Entschädigungsanspruch auslösen, unterschieden (vgl. *Deloitte* Wichtige aufsichtsrechtliche Neuerungen zum 1.7.2011, S. 8). 8

Da die AntAnlVerlV bisher nicht veröffentlicht wurde, richtet sich die **Haftung** der KVG bei Anlagegrenzverletzungen aktuell noch **nach den allgemeinen Grundsätzen.** Gemäß § 78 I 1 Nr. 1 ist **die Verwahrstelle** berechtigt und verpflichtet, im eigenen Namen Ansprüche der Anleger wegen Verletzung der Vorschriften des KAGB oder der Anlagebedingungen gegen die OGAW-KVG geltend zu machen. 9

§ 78 I 2 stellt allerdings klar, dass auch ein oder mehrere **Anleger neben der Verwahrstelle** Ansprüche gegen die KVG geltend machen können. Eine Anlagegrenzverletzung dürfte regelmäßig als eine **Verletzung des Investmentvertrags** zu werten sein, so dass Schadensersatzsprüche nach § 280 BGB in Betracht kommen. Darüber hinaus regelt **§ 78 III 1,** dass die KVG für die Fälle einer Verletzung von Anlagegrenzen oder Erwerbsvorgaben geeignete Entschädigungsverfahren für die betroffenen Anleger vorzusehen hat. 10

§ 212 Bewerter; Häufigkeit der Bewertung und Berechnung

Der Wert eines inländischen OGAW und der Nettoinventarwert je Anteil oder Aktie sind bei jeder Möglichkeit zur Ausgabe und Rückgabe von Anteilen oder Aktien entweder von der Verwahrstelle unter Mitwirkung der OGAW-Kapitalverwaltungsgesellschaft oder von der OGAW-Kapitalverwaltungsgesellschaft selbst zu ermitteln.

Schrifttum: *Deloitte* Wichtige aufsichtsrechtliche Neuerungen zum 1. Juli 2011, Newsletter 1/2011; *Kempf* Rechnungslegung von Investmentvermögen – Die neue Rechnungslegungs- und Bewertungsverordnung (InvRBV), Corporate Finance biz 2010, 157; *ders.* Rechnungslegung von Investmentvermögen, 2010; *Kleinschmidt/Schneider* Kapitalanlagegesetzbuch, Änderungen in den Verordnungen zur Prüfung, Rechnungslegung und Bewertung von Investmentvermögen und Kapitalverwaltungsgesellschaften, BaFinJournal 12/2013, 19; *Miederhoff* Die Rolle des Bewerters von Vermögenswerten nach KAGB für OGAW und AIF im Vergleich, RdF 2016, 22; *Patz* Das Zusammenwirken zwischen Verwahrstelle, Bewerter, Abschlussprüfer und BaFin bei der Aufsicht über Investmentvermögen nach dem KAGB – Zuständigkeiten bei der Überprüfung der Einhaltung der Bewertungsmaßstäbe und -verfahren für Vermögensgegenstände von AIF und OGAW, BKR 2015, 193; *Patzner/Döser/Kempf* Investmentrecht, 3. Aufl. 2017; *Raab* Grundlagen des Investmentfondsgeschäfts, 7. Aufl. 2019; *Schultheiß* Die Haftung von Verwahrstellen und externen Bewertern unter dem KAGB, WM 2015, 603.

I. Regelungsgegenstand

1 § 212 ersetzt im Hinblick auf die Frage, wer den Wert des inländischen OGAW und den **Nettoinventarwert** zu ermitteln hat, die bisherige Vorschrift des § 36 I 2 InvG. Die Ermittlung kann entweder durch die Verwahrstelle unter Mitwirkung der KVG oder durch die KVG selbst erfolgen. In beiden Fällen existieren gegenseitige Mitwirkungs- und Kontrollpflichten.

II. Bewertung durch die Verwahrstelle

2 Sofern die Bewertung durch die **Verwahrstelle unter Mitwirkung der KVG** durchgeführt wird, muss die KVG alle Informationen zur Verfügung stellen, die die Verwahrstelle für die Bewertung benötigt. Dabei handelt es sich um alle relevanten Buchungsdaten (das sog. Mengengerüst) sowie Daten zu einzelnen Geschäften, die nur der KVG zur Verfügung stehen. Insbesondere im Hinblick auf Finanztermingeschäfte, die die KVG für Rechnung des inländischen OGAW mit Dritten eingeht, ist die Verwahrstelle auf die Mitwirkung der KVG angewiesen.

3 § 26 I KARBV erläutert im Einzelnen die **Kontrollpflichten der KVG** bei der Bewertung durch die Verwahrstelle. Die KVG hat die von der Verwahrstelle ermittelten Wertansätze für Vermögensgegenstände in geeigneter Weise auf ihre **Plausibilität zu prüfen** und im Falle von Auffälligkeiten hat die KVG darauf hinzuwirken, dass diese geklärt werden. Die Begründung der BaFin zur KARBV spricht davon, dass die Mitwirkung der KVG revisionssicher zu dokumentieren ist. Damit die KVG in die Lage versetzt wird, ihren Kontrollpflichten nachzukommen, ist die Verwahrstelle verpflichtet, Auskunft über Einzelheiten der Bewertung des Investmentvermögens zu erteilen (sog. Mitwirkungspflicht der Verwahrstelle).

III. Bewertung durch die KVG

4 Falls die Bewertung durch die KVG selbst durchgeführt wird, besteht zwar keine gesetzliche **Mitwirkungspflicht der Verwahrstelle.** Jedoch ist die Verwahrstelle faktisch verpflichtet, proprietäre Informationen, welche die KVG für die Berechnung benötigt, bereit zu stellen (vgl. *Kempf* Rechnungslegung von Investmentvermögen, S. 87). Zusätzlich hat die Verwahrstelle eine Kontrollpflicht nach § 76 I Nr. 1 und hat sicherzustellen, dass die gesetzlichen Vorschriften und die Anlagebedingungen des inländischen OGAW bei der Wertermittlung der Anteile beachtet werden.

5 Die KVG muss gem. § 26 II KARBV in beiden Fällen das **Trennungsprinzip zwischen Portfoliomanagement und Bewertung** einhalten, dh sie muss für die Bewertung einen Bereich einrichten, der aufbauorganisatorisch von dem für die Portfolioverwaltung zuständigen Bereich getrennt ist. Dies betrifft sowohl die Arbeitsebene als auch die Ebene der Geschäftsführung.

6 Auf diese Weise wird eine Trennung zwischen Geprüftem und Prüfer hergestellt und die **Vermeidung von Interessenkonflikten** zwischen dem Portfoliomanagement (Treffen von Anlageentscheidungen) und der Fondsrechnungslegung (Bewertung von Anlageentscheidungen) vermieden (vgl. *Kempf* Rechnungslegung von Investmentvermögen, S. 89). Das organisatorische Trennungsprinzip bei der KVG gilt gem. § 26 II KARBV auch für die Plausibilitätskontrolle in dem Fall, dass die eigentliche Bewertung von der Verwahrstelle vorgenommen wird.

7 Im Außenverhältnis zwischen KVG und Anleger spielt es keine Rolle, wer im Innenverhältnis zwischen KVG und Verwahrstelle für die Wertermittlung zuständig

ist. Da der **Investmentvertrag zwischen der KVG und dem Anleger** zustande kommt, haftet die KVG für Fehler in der Wertermittlung. Eine Haftung der Verwahrstelle gegenüber dem Anleger (aus gesetzlichem Schuldverhältnis) kommt nur dann in Betracht, wenn der Anleger nachweisen kann, dass die Verwahrstelle ihren Kontrollpflichten gem. §76 I Nr. 1 nicht hinreichend nachgekommen ist.

IV. Entwurf einer AntAnlVerlV

Der Entwurf einer AntAnlVerlV (vgl. auch §211 Rn. 8) enthält Regelungen zum aufsichtsrechtlichen Rahmen für die Behandlung von Fehlern bei der Anteilwertermittlung. Etwaige zivilrechtliche Ansprüche gegen die KVG werden davon generell nicht tangiert. Im Falle von Fehlern bei der Anteilwertermittlung ist sowohl der inländische OGAW als auch der betroffene Anleger zu entschädigen (*Deloitte* Wichtige aufsichtsrechtliche Neuerungen zum 1. Juli 2011, S. 8ff.). 8

Nach diesem Verordnungsentwurf muss die KVG grundsätzlich bei jeder wesentlichen **fehlerhaften Anteilwertermittlung** ein sog. **Entschädigungsverfahren** iSd AntAnlVerlV durchführen. Dies beinhaltet neben der Ausarbeitung eines Entschädigungsplanes auch eine Entschädigungsinformation an die Investoren und die abschließende Durchführung der Entschädigungsleistung iSd AntAnlVerlV. Wesentlich sind Fehler dann, wenn die Differenz zwischen falschem und richtigem Anteilwert mehr als 0,5% des korrekten Anteilwerts des Fonds beträgt (0,25% bei Geldmarktfonds). 9

Dass die AntAnlVerlV in der Entwurfsform in absehbarer Zeit in Kraft treten wird, ist fraglich. Bis dahin können die Bestimmungen der AntAnlVerlV uE **auch nicht als Auslegungshilfe** der allgemeinen Haftungsprinzipien herangezogen werden. 10

§213 Umwandlung von inländischen OGAW

Inländische OGAW dürfen nicht in AIF umgewandelt werden.

Schrifttum: *Patzner/Döser/Kempf* Investmentrecht, 3. Aufl. 2017; *Raab* Grundlagen des Investmentfondsgeschäfts, 7. Aufl. 2019.

Inländische OGAW dürfen nicht in AIF – weder Publikums-AIF oder Spezial-AIF – umgewandelt werden. Diese Vorschrift setzt Art. 1 V OGAW-RL in nationales Recht um und ersetzt den aufgehobenen **§ 43 VI InvG.** 1

Durch diese Regelung wird sichergestellt, dass inländische OGAW nicht in solche Investmentvermögen umgewandelt werden, die nicht den Anforderungen der OGAW-RL entsprechen. Ansonsten bestünde das Risiko, dass ein inländischer OGAW zunächst unter Nutzung der erleichterten **grenzüberschreitenden Vertriebsmöglichkeiten** für OGAW in anderen EU-Mitgliedsstaaten vertrieben und nachträglich in einen AIF umgewandelt werden könnte. In diesem Fall könnte nicht ausgeschlossen werden, dass noch **Anteilscheine im Umlauf** sind, ohne dass hierauf die Aufsichtsregelungen der OGAW-RL anwendbar wären (vgl. EDD/*Hollescheck/Thanner* §213 Rn. 1). 2

Wenn sich ein OGAW in einen AIF umwandeln will, besteht wegen §213 die einzige Lösung für ihn in einer **Auflösung und anschließenden Neugründung** (AWZ/*München/Czok/Wagner* §213 Rn. 3). 3

Abschnitt 3. Offene inländische Publikums-AIF

Unterabschnitt 1. Allgemeine Vorschriften für offene inländische Publikums-AIF

§ 214 Risikomischung, Arten

Offene Publikums-AIF müssen nach dem Grundsatz der Risikomischung angelegt sein und dürfen nur als Gemischte Investmentvermögen gemäß den §§ 218 und 219, als Sonstige Investmentvermögen gemäß den §§ 220 bis 224, als Dach-Hedgefonds gemäß den §§ 225 bis 229 oder als Immobilien-Sondervermögen gemäß den §§ 230 bis 260 oder als Infrastruktur-Sondervermögen gemäß den §§ 260 a bis 260 d aufgelegt werden.

I. Einführung

1 § 214 leitet die allgemeinen Vorschriften über offene inländische Publikums-AIF ein. Die Vorschrift beruht dabei nicht auf europarechtlichen Vorgaben, sondern ist Bestandteil der nationalen Produktregulierung. Der Begriff offener inländischer Publikums-AIF wird dabei nicht in § 214 definiert, sondern er ergibt sich aus den Definitionen alternativer Investmentfonds (§ 1 III), offenes Investmentvermögen (§ 1 IV) und Publikumsinvestmentvermögen (§ 1 VI 2). Aus der Gesamtschau dieser Vorschriften ergibt sich der Anwendungsbereich für die §§ 214ff. Das sind alle Investmentvermögen iSv § 1 I, die keine OGAW sind, dessen Anteile vor Beginn der Liquidations- oder Auslaufphase auf Ersuchen eines Anteilseigners direkt oder indirekt aus den Vermögenswerten des AIF und nach einem Verfahren und mit einer Häufigkeit, die in den Vertragsbedingungen oder der Satzung, dem Prospekt oder den Emissionsunterlagen festgelegt sind, zurückgekauft oder zurückgenommen werden (vgl. Art. 1 II (EU) Nr. 694/2014) und auch von anderen als von professionellen und/oder semiprofessionellen Anlegern erworben werden dürfen.

2 Adressat der Vorschrift sind damit inländische AIF-KVG iSv § 17, welche über eine Erlaubnis der BaFin verfügen (§ 20 I). Registrierte AIF-KVG iSd § 44 können keine offenen inländischen Publikums-AIF verwalten, da offene inländische Publikums-AIF nicht von den De-minimis-Regelungen des § 2 IV erfasst sind. EU-Verwaltungsgesellschaften und ausländische Verwaltungsgesellschaften können ebenfalls nicht Adressat der Regelung sein, da diese grenzüberschreitend nur Spezial-AIF verwalten dürfen (vgl. §§ 54, 57). Soweit EU-AIF oder ausländische AIF an Privatanleger im Inland vertrieben werden sollen, haben EU-AIF und ausländische AIF gleichwohl die in § 214 in Bezug genommenen Regelungen zu beachten, da nur mit inländischen offenen Publikums-AIF weitgehend vergleichbare ausländische Investmentvermögen an Privatanleger im Inland vertrieben werden dürfen (vgl. § 317 I Nr. 7 Buchst. c; AWZ/*Schmolke* § 214 Rn. 2 und 5; MKJ/*Kretzschmann* § 214 Rn. 11). In § 317 I Nr. 7 wird jedoch nicht der für alle offene Publikums-AIF geltende Grundsatz der Risikomischung, sondern allenfalls die spezielleren Regelungen zur Risikomischung (vgl. zB § 317 I Nr. 7 Buchst. c iVm § 243) in Bezug genommen (MKJ/*Kretzschmann* § 214 Rn. 11 sieht die Beachtung des Grundsatzes der Risikomischung auf Grund der gebotenen weitgehenden Äquivalenz der Investmentvermögen als Voraussetzung für den Vertrieb an das Publikum im Inland als erforderlich an; dem sich anschließend AWZ/*Schmolke* § 214 Rn. 31). Gleich-

wohl stellt der Grundsatz der Risikomischung bei inländischen offenen Publikums-AIF ein prägendes Merkmal dar.

Inhaltlich enthält § 214 neben den Anforderungen an den Grundsatz der Risikodiversifikation einen Numerus Clausus der zulässigen offenen inländischen Publikums-AIF. 3

II. Grundsatz der Risikomischung

§ 214 legt fest, dass offene inländische Publikums-AIF nach dem Grundsatz der Risikomischung angelegt sein müssen. Im aufgehobenen Investmentgesetz war die Risikomischung sowohl Tatbestandsvoraussetzung für das Vorliegen eines Investmentvermögens (vgl. § 1 S. 2 InvG) als auch Vertragspflicht der Kapitalanlagegesellschaft (vgl. § 9 I InvG; BSL/*Köndgen* § 1 Rn. 23). Mit Inkrafttreten des KAGB ist der Grundsatz der Risikomischung nunmehr kein konstituierendes Merkmal eines offenen inländischen Publikums-AIF. Das Gebot der Risikomischung ist jedoch bei der konkreten Ausgestaltung und Umsetzung der Anlagepolitik zu beachten. Eine formelle Ausprägung erfährt der Grundsatz der Risikomischung jedoch insofern, als dass in den gem. § 162 II Nr. 1 zu machenden Angaben die Grundsätze der Auswahl der zu beschaffenden Vermögensgegenstände sowie die Art und der Umfang der Vermögensgegenstände darzustellen sind und mithin auch auf die Berücksichtigung des Grundsatzes der Risikomischung einzugehen ist (BSV/*Bachmann/Kunschke* § 162 Rn. 35). Ohne eine entsprechende Darstellung der Risikomischung in den Anlagebedingungen kann damit ein offenes Investmentvermögen nicht an Privatanleger im Inland vertrieben werden (MKJ/*Kretschmann* § 214 Rn. 8). 4

Wie bereits im InvG ist auch im KAGB der Begriff der Risikomischung nicht definiert, obwohl dieser nicht nur in § 214, sondern auch in einer Reihe von weiteren Vorschriften des KAGB genutzt wird (vgl. §§ 110 II, 125 II, 165 VI, 209 I, 210 III, 219 VI, 214, 243, 262, 282 I). Auf Grund der fehlenden Definition im Gesetz ist der Inhalt der Risikomischung durch juristische Auslegung zu bestimmen. 5

Auf Grund der Tatsache, dass der Gesetzgeber mit Einführung des KAGB keine Notwendigkeit gesehen hat, den Begriff der Risikomischung zu definieren und es auch keine europarechtlichen Vorgaben (lediglich für OGAW schreibt Art. 1 II Buchst. a RL 2009/65/EG vor, dass ein OGAW nach dem Grundsatz der Risikostreuung in Wertpapiere und/oder andere in Art. 50 I genannte liquide Finanzanlagen zu investieren hat) gibt, ist davon auszugehen, dass die Auslegung des Begriffs der Risikomischung aus dem InvG grds. fortgeführt, an einigen Stellen jedoch regelungsspezifisch angepasst werden sollte. Die besonderen Vorschriften zur Risikomischung bei Immobilien-Sondervermögen (vgl. § 234) und für geschlossene Publikums-AIF können jedoch nicht für eine Ableitung des allgemeinen Grundsatzes der Risikomischung dienen (AWZ/*Schmolke* § 214 Rn. 26). 6

Nach dem – bis heute nicht aufgehobenen – „Rundschreiben 14/2008 (WA) zum Anwendungsbereich des Investmentgesetzes nach § 1 S. 1 Nr. 3 InvG" (Gz. WA 41–Wp 2136-2008/0001) führt die BaFin zum Begriff der Risikomischung Folgendes aus: 7

> Die Ausgestaltung des Vermögens muss nach seinem objektiven Geschäftszweck auf die Risikomischung gerichtet sein. Eine Risikomischung liegt regelmäßig vor, wenn das Vermögen zum Zwecke der Risikostreuung in mehr als drei Vermögensgegenständen mit unterschiedlichen Anlagerisiken angelegt ist. Das Halten der Vermögensgegenstände muss Anlagezwecken und nicht etwa der Unterhaltung von Liquidität dienen. Demgemäß genügt die zufällige Herbeiführung einer Risikomischung nicht, wenn für die Bildung und Zusammensetzung des Ver-

mögens auch andere Überlegungen als die Herbeiführung einer Risikomischung maßgebend sind. Der Grundsatz der Risikomischung gilt nach § 2 Abs. 8 Satz 2 InvG auch dann als gewahrt, wenn das Vermögen in nicht nur unerheblichem Umfang Anteile an einem oder mehreren anderen Vermögen enthält und diese anderen Vermögen unmittelbar oder mittelbar nach dem Grundsatz der Risikomischung angelegt sind. Bei diesen anderen Vermögen muss es sich nicht um Investmentvermögen i. S. d. § 1 Satz 2 InvG handeln, es kann sich auch um Immobilien-Gesellschaften oder ÖPP-Projektgesellschaften handeln.

8 Damit kann im Regelfall von einer hinreichenden Risikomischung ausgegangen werden, wenn für den inländischen offenen Publikums-AIF in mehr als drei Vermögensgegenstände mit unterschiedlichen Anlagerisiken angelegt wird. Der unveränderte Fortbestand dieses Verständnisses vom Grundsatz der Risikomischung ergibt sich auch daraus, dass der Steuergesetzgeber in § 26 Nr. 3 InvStG ebenfalls davon ausgeht, dass eine Risikomischung regelmäßig vorliegt, wenn das Vermögen in mehr als drei Vermögensgegenstände mit unterschiedlichen Anlagerisiken angelegt wird. Der Grundsatz der Risikomischung soll nach den steuerrechtlichen Vorschriften auch dann gewahrt sein, wenn der Investmentfonds in nicht nur unerheblichem Umfang Anteile an einem oder mehreren anderen Investmentfonds hält und diese anderen Investmentfonds unmittelbar oder mittelbar nach dem Grundsatz der Risikomischung angelegt sind.

9 Die in § 214 geforderte Risikomischung für Publikums-AIF ist kein Selbstzweck, sondern dient der effizienten kollektiven Kapitalanlage von Privatanlegern und stützt sich auf die Portfoliotheorie von *Markowitz* (AWZ/*Schmolke* § 214 Rn. 16). Danach lässt sich durch Diversifikation das unsystematische Risiko der Kapitalanlage eliminieren und so das Rendite-Risiko-Profil des Portfolios verbessern. Daneben wird dem Risiko eines Totalausfalls entgegengewirkt. Mit Blick auf den so verstandenen Regelungszweck macht es auch keinen Unterschied, ob die Risikomischung durch das direkte oder indirekte Halten eines diversifizierten Portfolios erreicht wird. Das Gebot der Risikomischung steht daher der Möglichkeit einer effizienten Strukturierung (zB über Bündelungsvehikel) grds. nicht entgegen. Die Möglichkeit der Darstellung der Risikomischung eines Feeders über die Anlagestrategie des Masters ergibt sich schließlich aus der Zulässigkeit von Feeder-Master-Strukturen (vgl. § 171 I 3).

10 Aus der Tatsache, dass im Bereich der Publikums-AIF auch Themen- und Länderfonds zulässig sind, ergibt sich eine Relativierung des Grundsatzes der Risikominimierung durch Streuung der Anlagen (AWZ/*Schmolke* § 214 Rn. 26; MKJ/*Kretzschmann* § 214 Rn. 28). Die Risikomischung ist dann von der KVG innerhalb der vorgegebenen Anlagestrategie zu verfolgen und gibt dem Anleger Raum, sein eigenes Portfolio durch Mischung der Anlagen weiter zu optimieren.

III. Arten von offenen Publikums-AIF

11 § 214 bestimmt abschließend die nach dem KAGB zulässigen Arten von offenen Publikums-AIF. Das sind:
- gemischte Investmentvermögen gem. §§ 218, 219,
- sonstige Investmentvermögen gem. §§ 220–224,
- Dach-Hedgefonds gem. §§ 225–229,
- Immobilien-Sondervermögen gem. §§ 230–260 und
- Infrastruktur-Sondervermögen gem. §§ 260a–260d.

§215 Begrenzung von Leverage durch die Bundesanstalt

(1) Die AIF-Kapitalverwaltungsgesellschaft hat der Bundesanstalt zu zeigen, dass die von der AIF-Kapitalverwaltungsgesellschaft angesetzte Begrenzung des Umfangs des eingesetzten Leverage angemessen ist und dass sie diese Begrenzung stets einhält.

(2) [1]Die Bundesanstalt bewertet die Risiken, die aus dem Einsatz von Leverage durch die AIF-Kapitalverwaltungsgesellschaft erwachsen könnten; sie beschränkt nach Information der Europäischen Wertpapier- und Marktaufsichtsbehörde, des Europäischen Ausschusses für Systemrisiken und der zuständigen Stellen des Herkunftsmitgliedstaates des AIF den Umfang des Leverage, den die AIF-Kapitalverwaltungsgesellschaft einsetzen darf, wenn sie dies zur Gewährleistung der Stabilität und Integrität des Finanzsystems als nötig erachtet. [2]Alternativ ordnet die Bundesanstalt sonstige Beschränkungen in Bezug auf die Verwaltung des AIF an, sodass das Ausmaß begrenzt wird, in dem der Einsatz von Leverage zur Entstehung von Systemrisiken im Finanzsystem oder des Risikos von Marktstörungen beiträgt. [3]Die Bundesanstalt informiert die Europäische Wertpapier- und Marktaufsichtsbehörde, den Europäischen Ausschuss für Systemrisiken und die zuständigen Stellen des Herkunftsmitgliedstaates des AIF ordnungsgemäß über die diesbezüglich eingeleiteten Maßnahmen.

(3) [1]Die Information gemäß Absatz 2 erfolgt spätestens zehn Arbeitstage vor dem geplanten Wirksamwerden oder der Erneuerung der eingeleiteten Maßnahme. [2]Die Mitteilung enthält Einzelheiten der vorgeschlagenen Maßnahme, die Gründe für diesen Vorschlag und den Zeitpunkt, zu dem die Maßnahme wirksam werden soll. [3]Unter besonderen Umständen kann die Bundesanstalt verfügen, dass die vorgeschlagene Maßnahme innerhalb des in Satz 1 genannten Zeitraums wirksam wird.

(4) [1]Die Bundesanstalt berücksichtigt bei ihrer Entscheidung über Maßnahmen die Empfehlung der Europäischen Wertpapier- und Marktaufsichtsbehörde, die diese nach der Information gemäß Absatz 2 Satz 3 oder auf Grundlage der Information nach Absatz 2 Satz 1 ausspricht. [2]Sieht die Bundesanstalt eine Maßnahme vor, die dieser Empfehlung nicht entspricht, unterrichtet sie die Europäische Wertpapier- und Marktaufsichtsbehörde hiervon unter Angabe der Gründe.

(5) Für die Bedingungen, unter welchen die Maßnahmen nach Absatz 2 angewendet werden, gilt Artikel 112 der Delegierten Verordnung (EU) Nr. 231/2013 entsprechend.

I. Einführung

§215 setzt die Vorgaben von Art. 25 RL 2011/61/EU fast wörtlich und ohne materielle Ergänzungen in nationales Recht um. Das aufgehobene InvG enthielt keine auf europäischen Vorgaben basierende Regelung. Nach § 112 V InvG war jedoch das BMF ermächtigt, eine Rechtsverordnung mit Voraussetzungen und Kriterien für eine Beschränkung von Leverage und von Leerverkäufen zu erlassen. Ein Abstimmungsprozess mit den Aufsichtsbehörden anderer Länder war hingegen 1 nicht vorgesehen. Soweit bekannt wurde von dieser Ermächtigungsgrundlage während der Geltungsdauer des InvG kein Gebrauch gemacht (vgl. BSL/*Gringel* InvG § 112 Rn. 57; MKJ/*Kretschmann* § 215 Rn. 2; AWZ/*Schmolke* § 215 Rn. 6).

2 Regelungsgehalt von § 215 sind Mitteilungspflichten der AIF-KVG bezüglich des Einsatzes von Leverage und die Möglichkeit der Beschränkung des Einsatzes von Leverage durch die Bundesanstalt. Gemäß § 1 XVIII Nr. 25 ist Leverage jede Methode, mit der die Verwaltungsgesellschaft den Investitionsgrad eines von ihr verwalteten Investmentvermögens durch Kreditaufnahme, Wertpapier-Darlehen, in Derivate eingebettete Hebelfinanzierungen oder auf andere Weise erhöht. Basierend auf der Ermächtigung in Art. 4 III RL 2011/61/EU enthält der zweite Abschnitt der Delegierten VO (EU) 231/2013 Vorgaben zur Berechnung von Hebelfinanzierungen. Danach wird die Hebelkraft eines AIF als Verhältnis zwischen dem Risiko eines AIF und seinem Nettoinventarwert bezeichnet (vgl. Art. 6 I Delegierte VO (EU) 231/2013). Das Risiko ist dabei sowohl nach der Bruttomethode (Art. 7 Delegierte VO (EU) 231/2013) als auch nach der Commitment-Methode (Art. 8 Delegierte VO 231/2013) zu berechnen. Das nach der Bruttomethode berechnete Risiko entspricht der Summe der absoluten Werte aller Positionen (vgl. Art. 7 S. 1 Delegierte VO (EU) 231/2013). Nach der Commitment-Methode wird das Risiko ebenfalls als Summe der absoluten Werte berechnet, es werden jedoch bestimmte gegenläufige Positionen wie in Art. 8 II–IX Delegierte VO (EU) 231/2013 dargestellt, berücksichtigt. So werden zB Netting- und Hedging-Vereinbarungen risikomindernd berücksichtigt. Im Ergebnis ist das nach der Commitment-Methode ausgewiesene Risiko regelmäßig niedriger als das nach der Bruttomethode. Auslegungshilfen für die Frage, ob es sich bei den jeweiligen Positionen (i) um Sicherungsgeschäfte, welche nach der Commitment-Methode zu verrechnen sind, oder (ii) um eine Erhöhung des Investitionsgrades handelt, liefern die Erwägungsgründe der Delegierten VO (EU) 231/2013.

3 Auf Grund der systematischen Verortung des § 215 im KAGB findet die Vorschrift bei der Verwaltung von allen offenen inländischen Publikums-AIF Anwendung. Wegen des Verweises in den §§ 263 II, 274 gilt § 215 auch für inländische Spezial-AIF und geschlossene inländische Publikums-AIF (vgl. AWZ/*Schmolke* § 215 Rn. 3; MKJ/*Kretschmann* § 215 Rn. 6; BSV/*Lindemann* § 215 Rn. 107). Aus der Systematik des Abs. 2 und dem dort vorgesehenen Informationsaustausch mit den zuständigen Stellen der Herkunftsmitgliedsstaaten ergibt sich die Anwendung von § 215 auch auf die Verwaltung von offenen EU-Publikums-AIF (vgl. AWZ/*Schmolke* § 215 Rn. 3). Eine analoge Verweisung über den Wortlaut des § 215 hinaus und die damit entsprechende Anwendung auf OGAW scheidet hingegen trotz entsprechender Überlegungen im Schrifttum aus. Auch wenn die Festlegung des zulässigen Leverage in § 29 IV auch für OGAW gilt, so bedarf es für eine Beschränkung der Anlagestrategie einer Gesetzesgrundlage bzw. dem Vorbehalt des Gesetzes. Mithin bleibt es für OGAW bei der Beschränkung des Einsatzes von Leverage auf eine Verdoppelung des Marktrisikopotentials (vgl. § 197 II), wobei eine Hebelung durch Kreditaufnahme auf Grund der Beschränkung auf 10% des Wertes des OGAW und kurzfristige Kredite ohnehin keine wesentliche Rolle spielt.

4 Verfahrensrechtlich wird die Vorschrift durch die Meldepflichten der BaFin an die ESMA gem. § 12 VI Nr. 17 und Nr. 18 flankiert. Inhaltliche Überschneidungspunkte gibt es bezüglich der Beschränkungen zum Einsatz von Derivaten gem. § 197 II 2 als Verordnungsermächtigung zum Erlass der DerivateV. Gemäß § 1 II DerivateV erstreckt sich der Anwendungsbereich der DerivateV auf offene inländische Publikumsinvestmentvermögen gem. §§ 162–260.

Die Regelungsmaterie des § 215 ist zweigeteilt. Während Abs. 1 eine Nachweispflicht der AIF-KVG zur Einhaltung der Begrenzung des Leverage gegenüber der BaFin regelt, enthalten Abs. 2–5 die Eingriffsnorm der BaFin als nationale Aufsichtsbehörde und regeln das Verfahren und das Zusammenspiel von europäischen Aufsichtsbehörden (ESMA und ESRP) und der nationalen Aufsichtsbehörde (BaFin). 5

II. Anzeigepflicht (Abs. 1)

Die in Abs. 1 statuierte Nachweispflicht der AIF-KVG gegenüber der BaFin, dass die angesetzte Begrenzung des Umfangs des eingesetzten Leverage angemessen ist und diese Begrenzung stets eingehalten wird, setzt eine Pflicht zur Begrenzung des Leverage voraus. Die Pflicht zur Festlegung eines Höchstmaßes an Leverage für jedes von der KVG verwaltete Investmentvermögen ergibt sich aus § 29 IV. Nach der hier vertretenen Auffassung hat die Angemessenheitsprüfung der Begrenzung des Leverage zum Zeitpunkt der Festlegung zu erfolgen. Bei der Festlegung der Angemessenheit des Leverage sind dabei die in § 29 IV aufgelisteten Kriterien zu berücksichtigen: 6

- die Art des Investmentvermögens,
- die Anlagestrategie des Investmentvermögens,
- die Herkunft des Leverage des Investmentvermögens,
- jede andere Verbindung oder relevante Beziehung zu anderen Finanzdienstleistungsinstituten, die potenziell ein Systemrisiko darstellen,
- die Notwendigkeit, das Risiko gegenüber jedem einzelnen Kontrahenten zu begrenzen,
- das Ausmaß, bis zu dem das Leverage abgesichert ist,
- das Verhältnis von Aktiva und Passiva und
- Umfang, Art und Ausmaß der Geschäftstätigkeiten der KVG auf den betreffenden Märkten.

Trotz der zu berücksichtigenden Kriterien gibt es für die Angemessenheit des Leverage keine festen Vorgaben, sondern dieser ist individuell aus der Anlagestrategie, dem angestrebten Risikoprofil des Investmentvermögens unter Beachtung von sich ergebenden Systemrisiken herzuleiten. Bei der Festlegung des Leverage sind mithin auch andere Aspekte zu berücksichtigen, als solche, die die Aufsichtsbehörden nach Abs. 2–5 zu bewerten haben. Von einem Einsatz von Hebelfinanzierungen im beträchtlichen Umfang geht der europäische Gesetzgeber aus, wenn nach der Commitment-Methode das Risiko des AIF den Nettoinventarwert dreifach übersteigt (vgl. Art. 111 I Delegierte VO (EU) 231/2013). Solange das Risiko nach der Commitment-Methode unter dem Dreifachen des Nettoinventarwerts liegt, sollte im Regelfall von einem geringeren Begründungsaufwand für den Einsatz von Leverage ausgegangen werden. Daneben kann für die Begründung der Angemessenheit des eingesetzten Leverage auch die Zulässigkeit der Hebelung von OGAW gem. § 197 II als gesetzliche Leitlinie (maximal Verdoppelung des Marktrisikopotentials) herangezogen werden. 7

Da die Festlegung des Leverage im Verkaufsprospekt anzugeben (vgl. § 165 II Nr. 6) und Teil der Vertriebsanzeige (vgl. § 316 I Nr. 4) ist, stellt dies den relevanten Zeitpunkt für die Angemessenheitsprüfung dar. Unabhängig von der erstmaligen Festlegung des Leverage ist die Angemessenheit des Leverage iRd Risikomanagements zu überwachen. Auch wenn nach dem Wortlaut des § 215 I keine laufende Mitteilungs- und Überprüfungspflicht der Angemessenheit des Umfangs des ein- 8 gesetzten Leverage statuiert ist, geht die Verwaltungspraxis wohl davon aus, dass die Anpassungen des Leverage unverzüglich zu erfolgen hat (vgl. AWZ/*Schmolke* § 215 Rn. 18).

9 Im Gegensatz zum Zeitpunkt der Festsetzung des angemessenen Leverage ist das zeitliche Moment der Einhaltung des Leverage im Wortlaut von § 215 I enthalten. Danach ist die Begrenzung des Leverage „stets" einzuhalten. Dies sollte allerdings keine Verschärfung der allgemeinen Pflichten der KVG darstellen, da bei der Neuanlage grundsätzlich eine Anlagegrenzprüfung zu erfolgen hat. Bei einer passiven Grenzverletzung (zB in Folge einer Verringerung des Nettoinventarwertes) ergibt sich mithin die Verpflichtung, durch geeignete Maßnahmen auf die Einhaltung der Leverage-Grenzen hinzuwirken. Aus dem Wortlaut des § 215 I ergibt sich jedoch nicht das Verfahren zur Erfüllung der Nachweispflicht gegenüber der BaFin. Dieses ergibt sich aus systematischen Gründen vielmehr aus Art. 25 RL 2011/61/EU. Nach Art. 25 I RL 2011/61/EU ist sicherzustellen, dass die zuständigen Behörden des Herkunftsmitgliedsstaates der Verwaltungsgesellschaft die gem. Art. 24 zu erhebenden Informationen zur Erfüllung der in Art. 25 RL 2011/61/EU weiter ausgeführten Pflichten zur Vermeidung von Systemrisiken in Folge des Einsatzes von Leverage zu nutzen haben (die deutsche Sprachfassung spricht nur von der Nutzung von Hebelfinanzierung; wie sich aus der englischen Sprachfassung ergibt, sollte jedoch „leverage" als jede Technik zur Steigerung des Investitionsgrades gemeint sein). In Art. 24 III RL 2011/61/EU ist dann die in § 215 I umgesetzte Verpflichtung der KVG zum Nachweis der Einhaltung der festgelegten Hebelfinanzierung enthalten. Folglich können sich die zu erfüllenden Informationspflichten gegenüber der BaFin nur aus Art. 110ff. Delegierte VO (EU) 231/2013 ergeben. Danach sind die Informationen bezüglich des Einsatzes von „Hebelfinanzierungen im beträchtlichen Umfang" zusammen mit den anderen gem. Art. 110 II Delegierte VO (EU) 231/2013 mitzuteilenden Angaben einzureichen (vgl. Art. 110 V Delegierte VO (EU) 231/2013). Die Berichtspflichten bestimmen sich nach dem Inhalt des in Anhang IV zur Delegierten VO (EU) 231/2013 festgelegten Formblatts. Die Informationen sind in Abhängigkeit vom verwalteten Vermögen entweder halbjährlich (verwaltetes Vermögen nicht über 1 Mrd. EUR) oder vierteljährlich (verwaltetes Vermögen über 1 Mrd. EUR) vorzulegen (vgl. Art. 110 III Delegierte VO (EU) 231/2013). Die BaFin kann gem. § 35 V zusätzliche Ad-hoc-Meldepflichten festlegen.

10 Aus den standardisierten und periodischen Informationspflichten ergibt sich, dass die Verwaltungsgesellschaften nicht gesondert auf die Nichteinhaltung der Leverage-Grenzen hinweisen müssen, da sich diese aus dem Zahlenwerk selbst ergibt. Ebenfalls erscheint es nicht notwendig, auf eine am Berichtsstichtag bereits geheilte Verletzung der Leverage-Begrenzung hinzuweisen, da die Risiken für die Gewährleistung der Stabilität und Integrität des Finanzsystems beseitigt sind und sich daher mit Blick auf § 215 keine Notwendigkeit der BaFin zum Eingreifen ergibt.

III. Risikobewertung und Einschränkung des Leverage (Abs. 2–5)

11 Absatz 2 enthält die gesetzliche Ermächtigungsgrundlage für den Erlass von Maßnahmen durch die Bundesanstalt (i) zur Beschränkung des Umfangs des einsetzbaren Leverage oder (ii) alternativ zu sonstigen Beschränkungen in Bezug auf die Verwaltung des AIF. Auf Grund der vorgesehenen Natur der Eingriffe werden die Maßnahmen regelmäßig im Erlass von Verwaltungsakten oder Allgemeinverfügungen bestehen.

Tatbestandliche Voraussetzung für Eingriffsmaßnahmen der BaFin ist, dass die Maßnahmen zur Begrenzung der Risiken für die Stabilität und Integrität des Finanzsystems aus dem Einsatz von Leverage durch die AIF-KVG notwendig sind. Die unbestimmten Rechtsbegriffe der Stabilität und Integrität des Finanzsystems werden durch den in Abs. 5 enthaltenen Verweis auf Art. 112 Delegierte VO (EU) 231/2013 weiter konkretisiert und der Beurteilungsspielraum der Bundesanstalt entsprechend eingeengt. Danach haben die Behörden bei der Festlegung der Umstände, unter denen Beschränkungen für Hebelfinanzierungen vorgeschrieben werden können, zumindest die folgenden Aspekte zu berücksichtigen: 12

- die Umstände, unter denen das Engagement eines oder mehrerer AIF einschließlich des Engagements aus Finanzierungs- und Anlagepositionen, das die KVG auf eigene Rechnung oder für die AIF eingegangen ist, ein erhebliches Markt-, Liquiditäts- oder Gegenparteirisiko für ein Finanzinstitut darstellen könnte,
- die Umstände, unter denen die Tätigkeiten einer KVG oder die Interaktion bspw. mit einer Gruppe von KVG oder anderen Finanzinstituten, insb. im Hinblick auf die Arten der Vermögenswerte, in welche die KVG investiert, und die über den Einsatz von Hebelfinanzierungen vom AIFM angewendeten Techniken, zu einer spiralförmigen Abwärtsbewegung der Preise von Finanzinstrumenten oder sonstigen Vermögenswerten beitragen oder beitragen könnten, die die Lebensfähigkeit dieser Finanzinstrumente oder sonstigen Vermögenswerte gefährdet bzw. gefährden würde,
- Kriterien wie die Art des AIF, die Anlagestrategie der KVG für den betreffenden AIF, die Marktbedingungen, unter denen die KVG und der AIF tätig sind, sowie wahrscheinliche prozyklische Wirkungen, die eintreten könnten, wenn die zuständigen Behörden der betreffenden KVG Limits oder andere Beschränkungen für den Einsatz von Leverage vorschreiben und
- Kriterien wie die Größe eines oder mehrerer AIF und die entsprechenden Auswirkungen in einem bestimmten Marktsektor, Risikokonzentrationen in bestimmten Märkten, in denen ein oder mehrere AIF investieren, etwaige Ansteckungsrisiken für andere Märkte durch einen Markt, in dem Risiken festgestellt wurden, Liquiditätsprobleme in bestimmten Märkten zu einem bestimmten Zeitpunkt, das Ausmaß des mit einem Missverhältnis zwischen Vermögenswerten und Verbindlichkeiten verbundenen Risikos in einer bestimmten AIFM-Anlagestrategie oder irreguläre Preisbewegungen bei Vermögenswerten, in die ein AIF investieren könnte (vgl. Art. 112 III Delegierte VO 231/2013/EU).

Die Behörde hat dabei zu berücksichtigen, inwieweit der Einsatz von Leverage (i) durch eine KVG oder (ii) dessen Interaktion mit einer Gruppe von KVG oder anderen Finanzinstituten zur Entstehung von Systemrisiken im Finanzsystem oder des Risikos von Marktstörungen beitragen können (vgl. Art. 112 II Delegierte VO (EU) 231/2013). 13

Wie sich aus dem Wort „zumindest“ im einleitenden Satz von Art. 112 III Delegierte VO (EU) 231/2013 ergibt, ist die Aufzählung nicht abschließend. Dabei stellt sich die Frage, ob weitere Beurteilungskriterien aus dem spezifischen Kontext abzuleiten sind oder ob als Auslegungsmaßstab auch auf vergleichbare Tatbestände außerhalb der RL 2011/61/EU und der Delegierten VO (EU) 231/2013 abgestellt werden sollte. Im Ergebnis ist dies abzulehnen, da jede Regulierung – auch wenn sie im Grunde die Stabilität und Integrität des Finanzsystems bezwecken soll – einem unterschiedlichen Kontext entstammt und auf unterschiedliche Finanzmarktteilnehmer abstellt (gegen eine Übertragung der Abwägungsaspekte der EU- 14

Leerverkaufsverordnung und mit weiterer Begründung vgl. EDD/*Dornseifer* § 215 Rn. 66f.).

15 Bei Erlass der Maßnahmen hat die Behörde ihr Ermessen bezüglich der anzuordnenden Maßnahmen fehlerfrei auszuüben und zu begründen. Sie kann dabei den Umfang des einsetzbaren Leverage beschränken oder sonstige Beschränkungen bezüglich der Verwaltung des AIF anordnen. Die pauschale Beschränkung des einsetzbaren Leverage wird auf Grund der vielfältig möglichen Quellen von Leverage nur in eingeschränkten Fällen geeignet sein, die Risiken für die Stabilität und Integrität des Finanzsystems abzuwenden. Vorstellbar wäre zum Beispiel die Beschränkung des Leverage mit dem Ziel, Blasenbildungen bei bestimmten Anlagestrategien und auf bestimmten Märkten und damit zusammenhängende Risiken zu vermeiden. Dabei ist allerdings zu beachten, dass eine nachträgliche Beschränkung des Investitionsvolumens zu einem Verkaufsdruck im Markt führen kann, was zu einer spiralförmigen Abwärtsbewegung der Preise von Finanzinstrumenten oder sonstigen Vermögenswerten führen kann und damit selbst zu einem erhöhten Risiko für das Finanzsystem.

16 Beim Erlass von sonstigen Maßnahmen bezüglich der Verwaltung des AIF hat die BaFin ein weiteres Auswahlermessen. Voraussetzung für eine ermessensfehlerfreie Entscheidung muss eine belastbare Informationsbasis und eine nachvollziehbare Herleitung der Geeignetheit der Maßnahme sein. Schließlich muss die Maßnahme auch erforderlich und angemessen sein. Dabei wird in Erwägung gezogen werden müssen, dass die Maßnahme nicht nur Wirkung gegen die KVG entfaltet, sondern auch in die Rechtsverhältnisse zum Anleger und anderen Vertragspartnern der KVG eingreift. Daneben stellt eine Beschränkung bezüglich der Verwaltung des AIF ebenso wie die Beschränkung des Umfangs des einsetzbaren Leverage einen Wettbewerbsnachteil dar. Auf Grund des von der Verwaltung zu beachtenden Gleichheitsgrundsatzes hat die BaFin in gleich gelagerten Fällen das Ermessen in gleicher Weise auszuüben.

17 Da § 215 II Maßnahmen zur Vermeidung von makroprudenziellen Risiken ermöglichen soll, muss die Entscheidung auf einer breiten Datengrundlage ergehen. Ein Informationsaustausch zwischen der BaFin und der Europäischen Wertpapier- und Marktaufsichtsbehörde, den Europäischen Ausschuss für Systemrisiken sowie den zuständigen Stellen des Herkunftsmitgliedstaates des AIF hat dabei gem. § 215 II 3 bezüglich der eingeleiteten Maßnahmen zu erfolgen. Nach § 215 III 3 hat die Mitteilung spätestens zehn Arbeitstage vor dem geplanten Wirksamwerden der Maßnahme zu erfolgen und Einzelheiten zu den vorgeschlagenen Maßnahmen zu enthalten. Soweit die ESMA daraufhin Empfehlungen bezüglich der Maßnahmen ausspricht, hat die Bundesanstalt die Empfehlung bei ihrer Ermessensentscheidung zu berücksichtigen und, soweit die Maßnahme nicht der Empfehlung der ESMA entspricht, die ESMA hiervon unter Angabe von Gründen zu unterrichten. Sollte die Bundesanstalt den Empfehlungen der ESMA nicht folgen, kann die ESMA die Tatsache veröffentlichen, dass die BaFin ihrer Empfehlung nicht folgt oder nicht zu folgen beabsichtigt. Ferner kann die ESMA im Einzelfall beschließen, die von der BaFin angegebenen Gründe für die Nichtbefolgung der Empfehlung zu veröffentlichen (MKJ/*Kretschmann* § 215 Rn. 51). Gemäß dem Erwägungsgrund 26 der VO (EU) 1095/2010 soll die Veröffentlichung der Gründe für die Nichteinhaltung von Empfehlungen der ESMA sowohl der Transparenz als auch der verstärkten Einhaltung der Empfehlungen der EMSA durch die nationalen Aufsichtsbehörden dienen.

18 Die ESMA ist allerdings nicht befugt, die BaFin zu verpflichten, bestimmte Maßnahmen iRv § 215 II zu erlassen, da Art. 18 III VO (EU) 1095/2010 eine solche Vorgehensweise nur bei den in Art. 1 II VO (EU) 1095/2010 genannten Rechtsvorschriften vorsieht und die RL (EU) 2011/61 nicht in Bezug genommen wird.

IV. Statthafte Rechtsmittel

Gegen Maßnahmen der BaFin auf Grund von § 215 II ist der Widerspruch das statthafte Rechtsmittel. Gemäß § 73 I Nr. 2 VwGO ist die BaFin als die Behörde, die den Verwaltungsakt erlassen hat, zuständige Widerspruchsbehörde. Mangels Nennung der Maßnahmen nach § 215 II in § 7, sind diese nicht von Gesetzes wegen sofort vollziehbar. Der Suspensiveffekt eines Widerspruchs entfällt allerdings, wenn die BaFin unter den Voraussetzungen des § 80 II Nr. 4 VwGO die sofortige Vollziehung anordnet. 19

Wer einer vollziehbaren Anordnung nach § 215 II 1 Hs. 2 oder S. 2 zuwiderhandelt, begeht eine Ordnungswidrigkeit (vgl. § 340 I Nr. 4). 20

§216 Bewerter

(1) [1]**Die Bewertung der Vermögensgegenstände ist durchzuführen**

1. **entweder durch einen externen Bewerter, der eine natürliche oder juristische Person oder eine Personengesellschaft ist, die unabhängig vom offenen Publikums-AIF, von der AIF-Kapitalverwaltungsgesellschaft und von anderen Personen mit engen Verbindungen zum Publikums AIF oder zur AIF-Kapitalverwaltungsgesellschaft ist, oder**
2. **von der AIF-Kapitalverwaltungsgesellschaft selbst, vorausgesetzt die Bewertungsaufgabe ist von der Portfolioverwaltung und der Vergütungspolitik funktional unabhängig und die Vergütungspolitik und andere Maßnahmen stellen sicher, dass Interessenkonflikte gemindert und ein unzulässiger Einfluss auf die Mitarbeiter verhindert werden.**

[2]**Die für einen Publikums-AIF bestellte Verwahrstelle kann nicht als externer Bewerter dieses Publikums-AIF bestellt werden, es sei denn, es liegt eine funktionale und hierarchische Trennung der Ausführung ihrer Verwahrfunktionen von ihren Aufgaben als externer Bewerter vor und die potenziellen Interessenkonflikte werden ordnungsgemäß ermittelt, gesteuert, beobachtet und den Anlegern des Publikums-AIF gegenüber offengelegt.**

(2) **Wird ein externer Bewerter für die Bewertung herangezogen, so weist die AIF-Kapitalverwaltungsgesellschaft nach, dass**

1. **der externe Bewerter einer gesetzlich anerkannten obligatorischen berufsmäßigen Registrierung oder Rechts- und Verwaltungsvorschriften oder berufsständischen Regeln unterliegt,**
2. **der externe Bewerter ausreichende berufliche Garantien vorweisen kann, um die Bewertungsfunktion wirksam ausüben zu können, und**
3. **die Bestellung des externen Bewerters den Anforderungen des § 36 Absatz 1, 2 und 10 entspricht.**

(3) **Die Kriterien und der Inhalt der erforderlichen beruflichen Garantien des externen Bewerters nach Absatz 2 Nummer 2 bestimmen sich nach Artikel 73 der Delegierten Verordnung (EU) Nr. 231/2013.**

(4) **Ein bestellter externer Bewerter darf die Bewertungsfunktion nicht an einen Dritten delegieren.**

(5) **Die AIF-Kapitalverwaltungsgesellschaft teilt die Bestellung eines externen Bewerters der Bundesanstalt mit. Liegen die Voraussetzungen von Absatz 2 nicht vor, kann die Bundesanstalt die Bestellung eines anderen externen Bewerters verlangen.**

(6) **Wird die Bewertung nicht von einem externen Bewerter vorgenommen, kann die Bundesanstalt verlangen, dass die Bewertungsverfahren sowie Bewertungen der AIF-Kapitalverwaltungsgesellschaft durch den Abschlussprüfer im Rahmen der Jahresabschlussprüfung des Publikums-AIF zu überprüfen sind.**

(7) **[1]Die AIF-Kapitalverwaltungsgesellschaft bleibt auch dann für die ordnungsgemäße Bewertung der Vermögensgegenstände des Publikums-AIF sowie für die Berechnung und Bekanntgabe des Nettoinventarwertes verantwortlich, wenn sie einen externen Bewerter bestellt hat. [2]Ungeachtet des Satzes 1 und unabhängig von anders lautenden vertraglichen Regelungen haftet der externe Bewerter gegenüber der AIF-Kapitalverwaltungsgesellschaft für jegliche Verluste der AIF-Kapitalverwaltungsgesellschaft, die sich auf fahrlässige oder vorsätzliche Nichterfüllung der Aufgaben durch den externen Bewerter zurückführen lassen.**

Schrifttum: *Schäfer/Conzen* Praxishandbuch Immobilien-Investitionen, 4. Auflage 2020.

Inhaltsübersicht

	Rn.
I. Einführung	1
II. Bewertung durch einen externen Bewerter (Abs. 1 Nr. 1, Abs. 2, 4 und 5)	6
1. Unabhängigkeit des externen Bewerters	7
2. Nachweispflichten bei der Bestellung eines externen Bewerters	12
a) Registrierung und Regulierung	13
b) Berufliche Garantien	17
c) Anzuwendende Vorschriften über die Auslagerung	18
3. Keine Delegation bei externer Bewertung (Abs. 4)	23
4. Sonderfälle der externen Bewertung	24
a) Bewertung durch die Verwahrstelle	24
b) Bewertung durch den Abschlussprüfer	25
5. Keine Delegation der Bewertung	28
6. Anzeige der Bestellung an die BaFin	29
III. Bewertung durch die AIF-KVG selbst (Abs. 1 Nr. 2; Abs. 6)	31
IV. Verantwortlichkeit und Haftung (Abs. 7)	35

I. Einführung

1 Mit § 216 setzt der deutsche Gesetzgeber Art. 19 RL 2011/61/EU in nationales Recht um. § 216 wird von den Art. 67 ff. Delegierte VO (EU) 231/2013 flankiert. Im aufgehobenen InvG war die Bestellung eines Sachverständigenausschusses in § 77 InvG geregelt. Für Immobilien-Sondervermögen orientiert sich § 231 zwar weiterhin an § 77 InvG und sieht nur externe Bewerter vor. In der allgemeinen Vorschrift des § 216 für offene inländische Publikums-AIF ist neben der Bewertung durch externe Bewerter auch eine Bewertung durch die AIF-KVG selbst vor-

gesehen, wobei auch eine Kombination der Bewertung durch externe Bewerter und die AIF-KVG selbst jeweils für verschiedene Vermögensgegenstände möglich ist. Die Bestellung eines externen Bewerters berührt allerdings die Verantwortlichkeit der AIF-KVG für die ordnungsgemäße Bewertung der Vermögensgegenstände des Publikums-AIF nicht (vgl. §216 VIII 1).

§216 gilt per Verweis in §271 IV auch für geschlossene inländische Publikums-AIF sowie per Verweis in §278 und §286 I sowohl für geschlossene als auch für offene inländische Spezial-AIF. Indirekt findet §216 auf in Inland vertriebene EU-AIF oder ausländische AIF an Privatanleger Anwendung, da die Anlagebedingungen, die Satzung oder der Gesellschaftsvertrag Regelungen enthalten müssen, die sicherstellen, dass die Bewertung des offenen AIF in einer den §§168–170, 216 und 217 entsprechenden Weise erfolgt (vgl. §317 I Nr. 7 Buchst. h). 2

Die Feststellung des Werts eines von Investmentvermögen gehaltenen Vermögenswerts hat insb. bei nicht börsennotierten Vermögensgegenständen eine besondere Bedeutung, da für die Bestimmung des Verkehrswertes regelmäßig nicht auf den Kurswert zurückgegriffen werden kann (vgl. §168 II). Mithin müssen die Werte der Vermögensgegenstände durch geeignete Verfahren aus Marktwerten abgeleitet werden. Dies setzt entsprechende Expertise voraus, wobei §216 der KVG – mit Ausnahme der Bewertung der Vermögensgegenstände von Immobilien-Sondervermögen – den Spielraum gewährt, diese Expertise intern aufzubauen oder extern am Markt zuzukaufen. 3

Neben der Wahlmöglichkeit in Abs. 1 enthalten die Abs. 2 und 3 Anforderungen bezüglich der Bestellung eines externen Bewerters. Wird die Bewertung durch die KVG selbst vorgenommen, kann die Bundesanstalt verlangen, dass die Bewertungsverfahren sowie die jeweilige Bewertung durch den Abschlussprüfer iRd Abschlussprüfung geprüft wird (vgl. §216 VI). Absatz 7 stellt klar, dass die AIF-KVG auch bei Bestellung eines externen Bewerters für die ordnungsgemäße Bewertung der Vermögensgegenstände verantwortlich bleibt. 4

Inhalt der Bewertung und Anforderungen an das Verfahren ergeben sich nicht aus §216, sondern aus §§168f. Danach hat die KVG eine interne Bewertungsrichtlinie zu erstellen und darin geeignete und kohärente Verfahren für die ordnungsgemäße, transparente und unabhängige Bewertung der Vermögensgegenstände festzulegen (vgl. §169 I). Dafür ist ein für den jeweiligen Markt anerkanntes Wertermittlungsverfahren zugrunde zu legen. Ergebnis der Bewertung ist damit eine subjektive Beurteilung (vgl. VO (EU) 231/2013, Erwägungsgrund 80), wobei dem Bewerter ein weiter Beurteilungsspielraum zukommt. Die Berechnung des Nettoinventarwerts ist dabei nicht als Bewertung anzusehen, solange keine Bewertung der einzelnen Vermögensgegenstände erfolgt und die Berechnung auf Basis von Werten externer Preisquellen oder eines externen Bewerters erfolgt (vgl. VO (EU) 231/2013, Erwägungsgrund 80). 5

II. Bewertung durch einen externen Bewerter (Abs. 1 Nr. 1, Abs. 2, 4 und 5)

Als externer Bewerter kann sowohl eine natürliche als auch eine juristische Person oder Personengesellschaft bestellt werden (vgl. §216 I Nr. 1). Da juristische Personen und Personengesellschaften nicht selbst tätig werden können, stellt sich die Frage, wie die in §216 II personenbezogenen Anforderungen auszulegen sind. Die Verwaltungsauffassung lässt sich dem Rundschreiben 07/2015 (WA) entnehmen. Nach dem Wortlaut bezieht sich das Rundschreiben 07/2015 (WA) zwar auf 6 die Anforderungen bei der Bestellung externer Bewerter für Immobilien und Immobilien-Gesellschaften. Die allgemeinen Aussagen zu § 216 sind allerdings auf alle offenen inländischen Publikums-AIF übertragbar. Die BaFin wendet dabei die Anforderungen des § 216 II grundsätzlich unternehmensbezogen an. Dies ist bezüglich des Nachweises von personellen und technischen Ressourcen grds. möglich. Gleichzeitig erkennt die BaFin allerdings auch, dass die Voraussetzungen in § 216 II iVm Art. 73 Delegierte VO (EU) 231/2013 nur personengebunden nachzuweisen sind (vgl. Rundschreiben 07/2015 (WA) – Anforderungen bei der Bestellung externer Bewerter für Immobilien und Immobilien-Gesellschaften, Ziff. III. Besonderheiten bei Unternehmen). So ist bei dem Nachweis des adäquaten Wissens und Verständnisses in Bezug auf die Anlagestrategie und die Vermögenswerte sowie die Erfahrung oder die Unabhängigkeit einer natürlichen Person sowie die fachliche Eignung und Zuverlässigkeit auf die konkret handelnde Person abzustellen. Die Unabhängigkeit des Unternehmens soll hingegen unternehmensbezogen nachzuweisen sein. Im Anzeigeschreiben wird dann allerdings doch auf die handelnden Personen abgestellt, was sachlich richtig erscheint (vgl. BaFin, Anzeigeschreiben zur Bestellung eines externen Bewerters, Ziff. III. Unabhängigkeitserklärung (Unternehmen)). Bei der Bestellung von juristischen Personen oder Personengesellschaften als externe Bewerter ist somit ein Anzeigeschreiben für Unternehmen und für natürliche Personen einzureichen.

7 **1. Unabhängigkeit des externen Bewerters.** Der externe Bewerter hat unabhängig vom offenen Publikums-AIF, von der AIF-KVG und von anderen Personen mit engen Verbindungen zum Publikums-AIF oder zur AIF-KVG zu sein. Eine enge Verbindung besteht gem. § 1 XIX Nr. 10, wenn die KVG oder eine extern verwaltete Investmentgesellschaft und eine andere natürliche oder juristische Person verbunden sind durch das unmittelbare oder mittelbare Halten von mindestens 20% des Kapitals oder der Stimmrechte oder als Mutter- und Tochterunternehmen, durch ein gleichartiges Verhältnis oder als Schwesterunternehmen qualifizieren.

8 Gemäß dem Musterschreiben (abrufbar unter https://www.bafin.de/SharedDocs/Veroeffentlichungen/DE/Rundschreiben/2015/rs_1507_wa_bewerter.html) der BaFin zur Bestellung eines externen Bewerters ist Folgendes zu erklären:

9 Unternehmen haben zu erklären, dass

a) Vertreter und Organmitglieder des Unternehmens bzw. die von diesem für die Bewertung eingesetzten verantwortlichen Personen nicht Mitglied eines Aufsichtsorgans der KVG oder eines mit der KVG verbundenen Unternehmens oder der Verwahrstellen der betroffenen Investmentvermögen sind,
b) sie bzw. die von diesen für die Bewertung eingesetzten verantwortlichen Personen keine Kapitalanteile an der KVG oder einem mit der KVG verbundenen Unternehmen oder den betroffenen Verwahrstellen halten,
c) sie bzw. die von diesen für die Bewertung eingesetzten verantwortlichen Personen keine Anteile oder Aktien an den betroffenen Investmentvermögen, dessen Vermögensgegenstände bewertet werden, halten,
d) zwischen ihr bzw. den von diesen für die Bewertung eingesetzten verantwortlichen Personen keine wirtschaftlichen Beziehungen zu der KVG oder den mit der KVG verbundenen Unternehmen oder den betroffenen Verwahrstellen bestehen,
e) sie bzw. die von diesen für die Bewertung eingesetzten verantwortlichen Personen unabhängig, unparteiisch und zuverlässig sind, insb. vom Akquisitions-

und Kreditentscheidungsprozess sowie von der Objektvermittlung, der -verwaltung, dem -verkauf und der -vermietung unabhängig sind sowie kein eigenes Interesse am Ergebnis eines Wertgutachtens haben,

f) sie nicht in einem Konzernverbund als Schwester-, Tochter- oder Mutterunternehmen mit der KVG stehen,

g) keine wirtschaftlichen Beziehungen zu der KVG oder den mit der KVG verbundenen Unternehmen oder den betroffenen Verwahrstellen bestehen.

Natürliche Personen haben zu erklären, dass 10

a) sie nicht Angestellter der KVG oder eines mit diesem verbundenen Unternehmen oder der Verwahrstellen der betroffenen Investmentvermögen sind,

b) sie nicht Mitglied eines Aufsichtsorgans der KVG oder eines mit diesem verbundenen Unternehmen oder der Verwahrstellen der betroffenen Investmentvermögen sind,

c) sie nicht in engen Beziehungen persönlicher oder verwandtschaftlicher Art zu Geschäftsleitern oder Mitarbeitern der KVG oder Mitarbeitern eines mit der KVG verbundenen Unternehmens oder den betroffenen Verwahrstellen stehen, welche die Gefahr sachfremder Beeinflussung begründen können,

d) sie keine Kapitalanteile an der KVG oder einem mit diesem verbundenen Unternehmen oder den betroffenen Verwahrstellen halten,

e) sie keine Anteile oder Aktien an dem Investmentvermögen, dessen Vermögensgegenstände sie bewerten, halten,

f) sie unabhängig, unparteiisch und zuverlässig sind, insb. vom Akquisitions- und Kreditentscheidungsprozess sowie von der Objektvermittlung, der -verwaltung, dem -verkauf und der -vermietung unabhängig sind sowie kein eigenes Interesse am Ergebnis eines Wertgutachtens haben,

g) keine wirtschaftlichen Beziehungen zu der KVG oder den mit der KVG verbundenen Unternehmen oder den betroffenen Verwahrstellen bestehen.

Die BaFin geht im Muster zur Unabhängigkeitserklärung über den Wortlaut des 11 §216 I Nr. 1 hinaus, indem auch Aspekte der Unabhängigkeit von der Verwahrstelle zu bestätigen sind. Daneben sind einige Punkte auslegungsbedürftig. So wird man die Erklärung, dass keine wirtschaftlichen Beziehungen zur KVG bestehen, nicht so zu verstehen haben, dass keine vertraglichen Beziehungen mit der KVG bestehen dürfen, da ansonsten das entgeltliche Anbieten von Bewertungen nicht möglich wäre. Ab welchem Prozentsatz der Einnahmen des Bewerters aus Bewertungsmandaten mit einer KVG man von einer wirtschaftlichen Abhängigkeit auszugehen hat, ist anhand des Einzelfalls zu würdigen. Anhaltspunkte ergeben sich dabei aus §250, wobei zu berücksichtigen ist, dass es sich bei der Vorschrift um eine Sonderregelung für die Bewertung von Immobilien-Sondervermögen handelt, so dass es in weniger sensiblen Fällen auch angemessen ist, wenn die 30%-Wertgrenze überschritten wird (MKJ/*Kretschmann* §216 Rn. 42 geht davon aus, dass die wirtschaftliche Unabhängigkeit dann nicht mehr gegeben ist, wenn der Anteil der Einnahmen des Bewerters mit der AIF-KVG 50% übersteigt).

2. Nachweispflichten bei der Bestellung eines externen Bewerters. 12 §216 II und III enthalten bestimmte Anforderungen, welche die AIF-KVG nachzuweisen hat, um einen externen Bewerter zu bestellen. Andernfalls kann die BaFin die Bestellung eines anderen externen Bewerters verlangen (vgl. §216 V).

a) Registrierung und Regulierung. Der externe Bewerter muss einer gesetz- 13 lich anerkannten obligatorischen berufsmäßigen Registrierung oder Rechts- und Verwaltungsvorschriften oder berufsständischen Regeln unterliegen.

14 Eine gesetzlich anerkannte obligatorische berufsmäßige Registrierung liegt vor, wenn die ausgeübte Tätigkeit – welche die Erbringung von Bewertungsleistungen umfasst – einer gesetzlich vorgeschriebenen Registrierungs- oder Erlaubnispflicht unterliegt (vgl. Rundschreiben 007/2015 (WA) – Anforderungen bei der Bestellung externer Bewerter für Immobilien und Immobilien-Gesellschaften, Ziff. I. Anforderungen an die gesetzlich anerkannte obligatorische berufsmäßige Registrierung, die berufsständischen Regeln oder die sonstigen Rechts- und Verwaltungsvorschriften, die die Berufsausübung regeln, iSd § 216 II Nr. 1). Eine solche existiert bisher für Bewerter in Deutschland nicht (vgl. auch MKJ/*Kretschmann* § 216 Rn. 63).

15 Da die drei vorgegebenen Alternativen ein vergleichbares Schutzniveau bieten sollen, ist bei der zweiten Alternative zu fordern, dass die Rechts- und Verwaltungsvorschriften die Berufsausübung des Bewerters regeln (abrufbar unter https://www.bafin.de/SharedDocs/Veroeffentlichungen/DE/Rundschreiben/2015/rs_1507_wa_bewerter.html). Andernfalls wären die Anforderungen zu gering, da jeder Wirtschaftsteilnehmer bestimmten Rechts- und Verwaltungsvorschriften unterliegt. Die BaFin nennt im Rundschreiben 07/2015 (WA) beispielhaft öffentlich bestellte Sachverständige nach § 36 GewO.

16 Berufsständische Regeln werden von einer berufsständischen Körperschaft des öffentlichen Rechts für die ihr unterliegenden Berufe erlassen. Sie können auch von privatrechtlich organisierten Verbänden erlassen werden. Eine Gleichwertigkeit liegt allerdings nur vor, wenn diese auch entsprechend durchgesetzt werden (vgl. BaFin Rundschreiben 07/2015 (WA)). Zertifizierte Sachverständige und Wirtschaftsprüfer sieht die BaFin regelmäßig als geeignet an (vgl. Rundschreiben 07/2015 (WA) – Anforderungen bei der Bestellung externer Bewerter für Immobilien und Immobilien-Gesellschaften, Ziff. I. Anforderungen an die gesetzlich anerkannte obligatorische berufsmäßige Registrierung, die berufsständischen Regeln oder die sonstigen Rechts- und Verwaltungsvorschriften, die die Berufsausübung regeln, im Sinne des § 216 Absatz 2 Nummer 1 KAGB).

17 **b) Berufliche Garantien.** Der externe Bewerter muss ausreichende berufliche Garantien vorweisen, um die Bewertungsfunktion wirksam ausüben zu können. Der Katalog der vorzuweisenden beruflichen Garantien ergibt sich aus Art. 73 Delegierte VO (EU) 231/2013 (vgl. § 216 II Nr. 2). Diese sind schriftlich nachzuweisen und beinhalten mindestens folgende Aspekte (vgl. Art. 73 Delegierte VO (EU) 231/2013):
- ausreichende Personal- und technische Ressourcen;
- adäquate Verfahren zur Wahrung einer ordnungsgemäßen und unabhängigen Bewertung;
- adäquates Wissen und Verständnis in Bezug auf die Anlagestrategie des AIF und die Vermögenswerte, mit deren Bewertung der externe Bewerter betraut ist;
- ausreichend guter Leumund und ausreichende Erfahrung bei der Bewertung.

18 **c) Anzuwendende Vorschriften über die Auslagerung.** Nach Auffassung der BaFin handelt es sich bei der Bestellung eines externen Bewerters nicht um eine Auslagerung (vgl. BaFin, Anzeigeschreiben zur Bestellung eines externen Bewerters, Ziff. VII. Entsprechende Anwendung des § 36 Absatz 1, 2 und 10 nach § 216 Absatz 2 Nummer 3 KAGB). Gleichwohl sind die Regelungen des § 36 I, II und X sowie die Vorschriften in Art. 75–82 Delegierte VO (EU) 231/2013 anzuwenden (vgl. BaFin Anzeigeschreiben zur Bestellung eines externen Bewerters). Besonders relevant sind dabei die Nachweise zu § 36 I Nr. 1, 7 und 8.

aa) Objektiver Grund (§ 36 I Nr. 1). Es ist selbstredend, dass objektive Gründe für die Bestellung eines externen Bewerters vorliegen, soweit gesetzlich nur die externe Bewertung vorgesehen ist (vgl. §§ 231 II, 236 I, 249, 250). Daneben sind die in Art. 76 I Delegierte VO (EU) 231/2013 genannten Kriterien zu berücksichtigen: 19

- Optimierung von Geschäftsfunktionen- und -verfahren,
- Kosteneinsparungen,
- Fachkenntnisse des Beauftragten im Bereich der Verwaltung oder auf bestimmten Märkten oder mit bestimmten Anlagen,
- Zugang des Beauftragten zu den globalen Handelsmöglichkeiten.

bb) Überwachung des externen Bewerters (§ 36 I Nr. 7). Die Überwachung des externen Bewerters darf dessen Unabhängigkeit oder das Bewertungsergebnis nicht beeinträchtigen. Die Maßnahmen haben sich vielmehr auf die Ordnungsmäßigkeit des Bewertungsprozesses zu beziehen. Daneben sind Kündigungsrechte vorzusehen, die es erlauben, den Bewertungsprozess auch wieder durch die AIF-KVG selbst zu übernehmen. 20

cc) Keine Beeinträchtigung der Beaufsichtigung (§ 36 I Nr. 8). Die Überwachung der AIF-KVG durch die BaFin darf durch die Beauftragung des externen Bewerters nicht beeinträchtigt werden. Die AIF-KVG wird daher den externen Bewerter verpflichten müssen, mit der BaFin und dem Abschlussprüfer zusammen zu arbeiten und Zugang zu den für die mit der externen Bewertung zusammenhängenden Daten zu gewähren (vgl. Rundschreiben 07/2015 (WA) – Anforderungen bei der Bestellung externer Bewerter für Immobilien und Immobilien-Gesellschaften, Ziff. VII. Entsprechende Anwendung des § 36 Absatz 1, 2 und 10 KAGB nach § 216 Absatz 2 Nummer 3 KAGB). 21

Bezüglich der übrigen Tatbestände in § 36, auf welche § 216 II Nr. 3 Bezug nimmt, sei auf die Kommentierung zu § 36 verwiesen. 22

3. Keine Delegation bei externer Bewertung (Abs. 4). Anders als in § 36 VI kann das Bewertungsunternehmen die Bewertungsfunktion nicht an einen Dritten delegieren. Nicht davon umfasst sind Tätigkeiten, die nicht die eigentliche Bewertung umfassen und lediglich administrative Prozessabschnitte betreffen (zB die Bereitstellung von Daten aus externen Preisquellen; vgl. MKJ/*Kretschmann* § 216 Rn. 98; EDD/*Tollmann* § 216 Rn. 4). 23

4. Sonderfälle der externen Bewertung. a) Bewertung durch die Verwahrstelle. Die für einen Publikums-AIF bestellte Verwahrstelle kann nur in Ausnahmefällen als externer Bewerter für den jeweiligen Publikums-AIF bestellt werden (vgl. § 216 I 2). Neben den allgemeinen Voraussetzungen ist sicherzustellen, dass eine funktionale und hierarchische Trennung der Verwahrfunktion von den Aufgaben als externer Bewerter vorliegt und die potenziellen Interessenkonflikte ordnungsgemäß ermittelt, gesteuert, beobachtet und den Anlegern des Publikums-AIF gegenüber offengelegt werden (vgl. § 216 I 2). Die Vorschrift ist vor dem Hintergrund verständlich, als die Verwahrstelle ein angemessenes System einzusetzen hat, mit dem die Plausibilität der Bewertung entsprechend Art. 71 III Delegierte VO (EU) 231/2013 geprüft werden kann. Daneben beinhaltet die Rechtmäßigkeitskontrolle, dass die Ermittlung des Anteilswerts den Vorschriften des § 168 entspricht (vgl. Rundschreiben 08/2015 (WA) Aufgaben und Pflichten der Verwahrstelle nach Kapitel 1 Abschnitt 3 des Kapitalanlagegesetzbuch, Ziff. 7.2, Kontrolle der Anteilswertermittlung). Da Bewertung und Kontrolle der Bewertung nicht in einer Hand liegen können, hat die Verwahrstelle – soweit sie auch die Be- 24 wertung der Vermögensgegenstände vornehmen will – die einschlägige Expertise redundant aufzubauen und nach der Divisionslösung räumlich, personell über alle Hierarchiestufen vorzuhalten (vgl. EDD/*Hornschu/Neuf* § 216 Rn. 22). Da die Bestellung der Verwahrstelle als externer Bewerter nach objektiven Gründen zu rechtfertigen ist (vgl. § 216 II Nr. 3 iVm § 36 I Nr. 1), wird dies nur in Betracht kommen, wenn die Verwahrstelle besondere Expertise in der Bewertung der Vermögensgegenstände in der jeweiligen Assetklasse hat.

25 **b) Bewertung durch den Abschlussprüfer.** Gemäß § 250 I Nr. 2 ist der Wert der Beteiligung einer Immobilien-Gesellschaft durch einen Abschlussprüfer iSv § 319 I 1 und 2 HGB zu ermitteln. Durch Verweis in § 284 II gilt dies regelmäßig auch für offene inländische Spezial-AIF mit festen Anlagebedingungen, soweit die Vorschrift nicht abbedungen worden ist.

26 Wie sich aus dem Verweis in § 250 I auf § 216 ergibt, handelt es sich um eine Sonderregelung für die Auswahl des Bewerters einer Immobilien-Gesellschaft. Mithin hat der Abschlussprüfer als Bewerter auch die Voraussetzungen des § 216, soweit sich diese auf externe Bewerter beziehen, zu erfüllen (aA BSV/*Zöll* § 216 Rn. 3). Insbesondere gelten die für die Auslagerung relevanten Vorschriften des § 36 I, II und X entsprechend (vgl. IDW (S12) Rn. 14).

27 Die Bewertung der Immobilien-Gesellschaft durch den Abschlussprüfer hat jedoch nur eine begrenzte Reichweite, da der marktnahe Wert der Immobilien-Gesellschaft gem. § 248 IV basierend auf den in der Vermögensaufstellung enthaltenen Immobilien zu ermitteln ist (vgl. § 31 III KARBV). Den vom Immobiliensachverständigen ermittelten Wert der Immobilie hat der Abschlussprüfer zu übernehmen und daraus den Wert der Immobilien-Gesellschaft abzuleiten, indem er Wertdifferenzen zB auf Grund von Rückstellungen, Verpflichtungen und latenten Steueransprüchen berücksichtigt (vgl. § 31 IV 2 KARBV).

28 **5. Keine Delegation der Bewertung.** Im Gegensatz zur Möglichkeit der Unterauslagerung unter den Voraussetzungen des § 36 VI hat der externe Bewerter die Bewertung persönlich vorzunehmen und darf diese nicht zur Ausführung auf einen Dritten übertragen (vgl. auch § 664 I BGB).

29 **6. Anzeige der Bestellung an die BaFin.** Die AIF-KVG hat die Bestellung des externen Bewerters der BaFin anzuzeigen (vgl. § 216 V). Aus dem Verweis auf § 36 II in § 216 II Nr. 3 ergibt sich, dass die Anzeige vor Inkrafttreten der Bestellung des Bewerters zu erfolgen hat (vgl. auch MKJ/*Kretschmann* § 216 Rn. 99; Rundschreiben 07/2015 (WA) Anforderungen bei der Bestellung externer Bewerter für Immobilien und Immobilien-Gesellschaften, Ziff. VII. Entsprechende Anwendung des § 36 Absatz 1, 2 und 10 KAGB nach § 216 Absatz 2 Nummer 3 KAGB). Da im KAGB keine Frist für die Anzeige des externen Bewerters vorgegeben ist und auch keine Genehmigungspflicht besteht (vgl. MKJ/*Kretschmann* § 216 Rn. 101), ist es ausreichend, wenn die Anzeige unmittelbar vor dem Tätigwerden des externen Bewerters bei der BaFin eingeht. § 216 enthält keine Vorgaben zum Mindestinhalt der Anzeige. Da die Bundesanstalt allerdings einen anderen externen Bewerter verlangen kann, wenn die Voraussetzungen des Abs. 2 nicht vorliegen, muss folgerichtig die Erfüllung der Voraussetzungen des Abs. 2 der BaFin dargelegt werden. Das von der BaFin veröffentlichte „Anzeigeschreiben zur Bestellung eines externen Bewerters" enthält den von der BaFin vorgegebenen Inhalt (vgl. Anlage zum Rundschreiben 07/2015 (WA)).

30 Im KAGB ist nicht geregelt, ob und welche Änderungen in der Person des externen Bewerters angezeigt werden müssen. Den Maßstab wird man allerdings

nicht zu hoch anzusetzen haben, da das KAGB keine Änderungsmitteilung vorschreibt. Anzeigen sollten daher nur zu erfolgen haben, wenn die Änderungen so schwerwiegend sind, dass es einer Neubestellung des Bewerters gleichkommt (vgl. auch MKJ/*Kretschmann* §216 Rn. 106). Ungeachtet einer nicht bestehenden Anzeigepflicht hat die KVG die Voraussetzungen für die Bestellung eines externen Bewerters zu prüfen.

III. Bewertung durch die AIF-KVG selbst (Abs. 1 Nr. 2; Abs. 6)

Die Bewertung der Vermögensgegenstände kann auch durch die AIF-KVG selbst erfolgen, vorausgesetzt (i) die Bewertungsaufgabe ist von der Portfolioverwaltung und der Vergütungspolitik funktional unabhängig und (ii) die Vergütungspolitik und andere Maßnahmen stellen sicher, dass Interessenkonflikte gemindert und ein unzulässiger Einfluss auf die Mitarbeiter verhindert wird (vgl. §216 I Nr. 2). **31**

Bezüglich der funktionalen Trennung der Bewertungsaufgabe von der Portfolioverwaltung wird man wie bei der Bewertung der Vermögensgegenstände eines OGAW die Trennung der Organisationseinheiten bis auf die Ebene der Geschäftsleitung (vgl. §26 II KARBV) verlangen müssen. Gleichwohl ist organisatorisch sicherzustellen, dass dem internen Bewerter von der Portfolioverwaltung die notwendigen Informationen zur Verfügung gestellt werden (vgl. weiterführend AWZ/*Paetzmann/Hoffmann* §216 Rn. 8). **32**

Das Ergebnis der Bewertung darf keinen mittelbaren oder unmittelbaren Einfluss auf die Vergütung des internen Bewerters haben. Vergütungsbestandteile, welche sich am Wert des AIF ausrichten, sind daher unzulässig. Andere potenzielle Interessenkonflikte können sich zum Beispiel aus der Beförderungspolitik ergeben. Soweit in der Beförderungspolitik auch die monetäre Performance eine Rolle spielt, sollte daher begründet und dokumentiert werden, dass diese nicht vom Ergebnis der Bewertung abhängig ist. **33**

Auch wenn §216 keine Anforderungen an die Qualifikation des internen Bewerters vorschreibt, so kann man unter Rückgriff auf §169 II ableiten, dass der interne Bewerter über die gebotene Sachkenntnis verfügen muss. Weitere analog zu den in §216 II und III an externe Bewerter gestellte Anforderungen wird man an den internen Bewerter nicht stellen können. Nach dem Leitbild des Gesetzes soll die Qualitätssicherung vielmehr dadurch erfolgen, dass die Bundesanstalt für den Fall, dass die Bewertung nicht durch einen externen Bewerter vorgenommen wurde, anordnen kann, dass sowohl das Bewertungsverfahren als auch die Bewertungen der AIF-KVG durch den Abschlussprüfer iRd Jahresabschlussprüfung des Publikums-AIF zu überprüfen sind (vgl. §216 VI). Von dieser Möglichkeit macht die BaFin auch regelmäßig Gebrauch (vgl. EDD/*Hornschu/Neuf* §216 Rn. 10). **34**

IV. Verantwortlichkeit und Haftung (Abs. 7)

In §216 VII werden die Vorgaben des Art. 19 X RL 2011/61/EU umgesetzt. Technisch erfolgt dies dadurch, dass die Bewertung und die Anteilswertermittlung der AIF-KVG funktional zugewiesen werden. Über die Verweiskette des §216 II 2 Nr. 3 iVm §36 X und Art. 75 Buchst. a und Buchst. b Delegierte VO (EU) 231/2013 kommen bei der Übertragung der Funktion auf den externen Bewerter die folgenden Grundsätze zur Anwendung: **35**

a) die Struktur der Aufgabenübertragung schließt eine Umgehung der Verantwortung oder der Haftung des AIFM aus;

b) die Übertragung führt nicht dazu, dass sich die Pflichten des AIFM gegenüber dem AIF und seinen Anlegern ändern.

36 Damit sind auch die weiteren Vorgaben des Art. 19 X RL 2011/61/EU im KAGB umgesetzt, wonach die Haftung der KVG gegenüber dem Investmentvermögen und seinen Anlegern nicht dadurch berührt werden darf, dass die KVG einen externen Bewerter bestellt hat. Dies muss auch in den Fällen der Sonderregelungen des § 250 I Nr. 1 gelten, wonach die Bewertung der Vermögensgegenstände iSv § 231 I 1 Nr. 1–6 nur durch zwei externe Bewerter erfolgen darf und mithin die AIF-KVG die Bewertung nicht selbst vornehmen kann.

37 Da die AIF-KVG hier nicht selbst als Bewerter tätig werden kann, muss sich die Verantwortung der AIF-KVG auf die ordnungsgemäße Auswahl und Überwachung der externen Bewerter und die Vornahme von Korrekturen innerhalb des Überprüfungsverfahrens nach Art. 71 Delegierte VO (EU) 231/2013 beziehen.

38 Die Zuweisung der Verantwortlichkeit für die Bewertung an die AIF-KVG auch bei Bestellung eines externen Bewerters begründet nach der hier vertretenen Auffassung noch keinen Haftungsmaßstab, sondern besagt lediglich auf Grund des Verweises auf Art. 75 Buchst. a Delegierte VO (EU) 231/2013, dass sich die Haftung der AIF-KVG durch die Bestellung eines externen Bewerters gegenüber dem Investmentvermögen oder den Anlegern nicht ändern darf. Es verbleibt also bei dem im Investmentvertrag vereinbarten Haftungsmaßstab. Ob dabei ein Haftungsausschluss oder eine Haftungsbeschränkung vereinbart werden kann, hängt insb. davon ab, ob es sich um eine Individualvereinbarung oder um Allgemeine Geschäftsbedingungen handelt, welche der Inhaltskontrollen gem. § 307 BGB unterliegen (vgl. *Herring* Die Übertragung von Aufgaben durch die KVG unter dem KAGB, 163 ff.).

39 § 216 VII 1 iVm II Nr. 3, § 36 X und Art. 75 Buchst. a und Buchst. b Delegierte VO (EU) 231/2013 bewirken damit, dass sich die AIF-KVG nicht auf zivilrechtliche Vorschriften berufen kann, welche in Folge einer Delegation der ihr zugewiesenen Aufgaben auf eine dritte Partei zu einer Haftungserleichterung führt. Wendet man dies auf den Investmentvertrag an, der nach hM als Vertrag sui generis unter Rückgriff auf die Vorschriften des Geschäftsbesorgungsrechts qualifiziert, so kann die AIF-KVG zwar gem. § 216 für die Bewertung einen externen Bewerter bestellen. Dies ist allerdings nur unter den Voraussetzungen des § 216 zulässig. § 216 VII schließt damit insb. § 664 BGB mit der Möglichkeit der Haftungserleichterung für die Gehilfenhaftung gem. §§ 278, 276 III BGB aus. Die Bestellung des externen Bewerters stellt zwar ebenfalls eine auf Werkleistung gerichtete Geschäftsbesorgung gem. § 675 BGB dar (vgl. *Schultheiß* WM 2016, 603 (607)). Eine Haftungsminderung gem. § 644 BGB durch Weiterdelegation ist jedoch durch § 216 IV ohnehin ausgeschlossen.

40 Der zweite Regelungsbereich von § 216 VII betrifft das Vertragsverhältnis zwischen AIF-KVG und externen Bewertern. Dabei stellt § 216 VII 2 weder eine eigenständige Anspruchsgrundlage der AIF-KVG dar, noch erweitert die Vorschrift den Kreis der Anspruchsberechtigen, zB auf die Anleger bzw. die Investmentgesellschaft (ebenso sollten vertragliche Ansprüche der Anleger gegenüber dem Bewerter im Regelfall nicht aus einem Vertrag mit Schutzwirkung zugunsten Dritter hergeleitet werden können; ebenso AWZ/*Paetzmann*/*Hoffmann* § 216 Rn. 8 und *Schultheiß* WM 2016, 603 (608); aA BSV/*Zöll* § 216 Rn. 31). Dies ergibt sich auch nicht aus der Einleitung von § 216 VII 2 mit „Ungeachtet des Satzes 1". Hier wird nicht von der Grundaussage des Satzes 1 abgewichen, wonach die AIF-KVG für die Bewertung der Vermögensgegenstände sowie die Berechnung und Bekanntgabe des Nettoinventarwertes verantwortlich ist, da nach dem Wortlaut von Satz 2 gerade keine Haftung des Bewerters zu Gunsten eines Dritten begründet wird, sondern lediglich Schranken bezüglich der inhaltlichen Ausgestaltung des Bewertungsvertrags gesetzt werden. Der Einleitung von Abs. 7 S. 2 wird man nur die Bedeutung beimessen können, dass die wirtschaftlichen Folgen aus einer falschen Wertermittlung nicht von der AIF-KVG zu tragen sind, wenn für die Bewertung des Vermögensgegenstandes ein externer Bewerter bestellt wurde.

Bei der Formulierung der Rechtsfolgen ist der Gesetzeswortlaut ebenfalls nicht 41 präzise. Danach soll der externe Bewerter für Verluste der AIF-KVG haften, die sich aus fahrlässiger oder vorsätzlicher Nichterfüllung der Bewertungsaufgabe ergeben. Anstatt auf Verluste muss man wohl auf Aufwendungen der AIF-KVG abstellen müssen. Daneben erscheint es unsachgemäß, wenn man mit dem Wortlaut nur auf Fälle der Nichterfüllung der Bewertungsaufgabe abstellt. Die Vorschrift sollte analog auch auf Schlechtleistungen anwendbar sein (vgl. BSV/*Zöll* § 216 Rn. 31).

Die Vorschrift greift nicht nur in die Privatautonomie ein, sondern kann auch 42 für die Anleger nachteilig sein und damit dem Anlegerschutz zuwiderlaufen. Zum einen wird der externe Bewerter Vermögensschäden auf Grund der fehlenden Möglichkeit eines vertraglichen Haftungsausschlusses bzw. Haftungsbegrenzung durch den Abschluss einer Versicherung abzuwenden versuchen. Die dadurch entstehenden zusätzlichen Kosten müssen wirtschaftlich von den Anlegern getragen werden. Zum anderen kann die Vorschrift dazu führen, dass die AIF-KVG nur auf einen eingeschränkten Kreis an externen Bewertern zugreifen kann, da Aufträge ohne Haftungsbeschränkung von einigen Mitgliedern des Berufsstandes auf Grund der damit einhergehenden existenziellen Risiken eher restriktiv angenommen werden (vgl. *Strücker/Mühlbauer/Stadter* WPg 2017, 1400 (1403)). Da die Haftung des Bewerters betragsmäßig durch die Aufwendungen (Verluste) der AIF-KVG in Folge einer fehlerhaften Bewertung bestimmt ist, partizipiert der externe Bewerter von vereinbarten Haftungsbeschränkungen der AIF-KVG gegenüber den Anlegern (entsprechende Vereinbarungen wird es jedoch nur bei Spezialfonds auf Grund von Individualvereinbarungen geben können, da Haftungsbeschränkungen bei Publikumsfonds regelmäßig an der AGB-Kontrolle scheitern, da nach § 307 II Nr. 2 BGB ein Abweichen von wesentlichen Kardinalspflichten stark beschränkt ist und nach § 309 Nr. 7 BGB ein Haftungsausschluss auf Grund einer grob fahrlässigen Pflichtverletzung des Verwenders ohne Wertungsmöglichkeit ausgeschlossen ist). Folgerichtig sollte sich der externe Bewerter vor Auftragsannahme über den einschlägigen Haftungsmaßstab der AIF-KVG bei der Verwaltung des jeweiligen Investmentvermögens erkundigen.

§217 Häufigkeit der Bewertung und Berechnung; Offenlegung

(1) **Die Bewertung der Vermögensgegenstände und die Berechnung des Nettoinventarwertes je Anteil oder Aktie sind in einem zeitlichen Abstand durchzuführen, der den zum Investmentvermögen gehörenden Vermögensgegenständen und der Ausgabe- und Rücknahmehäufigkeit der Anteile oder Aktien angemessen ist, jedoch mindestens einmal im Jahr.**

(2) **Die Kriterien zur Bestimmung der Häufigkeit der Bewertung der Vermögensgegenstände und zur Berechnung des Nettoinventarwertes je Anteil oder Aktie bestimmen sich nach den Artikeln 67 bis 74 der Delegierten Verordnung (EU) Nr. 231/2013.**

(3) [1]**Die Offenlegung des Nettoinventarwertes je Anteil oder Aktie erfolgt gemäß § 170.** [2]**Die Bewertung der Vermögensgegenstände ist entsprechend den diesbezüglichen Anlagebedingungen offenzulegen; sie hat nach jeder Bewertung zu erfolgen.**

Schrifttum: *Peetz/Dietrich/Malsch* IDW Kreditinstitute, Finanzdienstleister und Investmentvermögen, 2020.

I. Einführung

1 Mit § 217 I setzt der deutsche Gesetzgeber Art. 19 I–III RL 2011/61/EU für offene inländische Publikums-AIF um (vgl. BT-Drs. 17/12294, 264). In § 217 II werden die Kriterien für die Häufigkeit der Bewertung der Vermögensgegenstände und der Berechnung des Nettoinventarwertes je Anteil in Umsetzung von Art. 19 XI Buchst. c RL 2011/61/EU festgelegt. Rechtstechnisch erfolgt dies durch Verweis auf Art. 67–74 Delegierte VO (EU) 231/2013, welche europarechtlich Art. 19 XI Buchst. c RL 2011/61/EU konkretisieren. Weiterreichende Vorgaben werden vom deutschen Gesetzgeber nicht gemacht. Der Verweis in § 217 III 1 auf § 170 dient lediglich zur Klarstellung. Satz 2 dient zur Umsetzung von Art. 19 III UAbs. 5 RL 2011/61/EU für offene inländische Publikums-AIF (vgl. BT-Drs. 17/12294, 264).

2 Anders als bei der Regelung über die Bestellung des Bewerters für geschlossene Publikums-AIF (vgl. § 271 IV), offene Spezial-AIF (vgl. § 278) und geschlossene Spezial-AIF (vgl. § 286) erfolgt die entsprechende Anwendung nicht durch einfachen Verweis, sondern durch eigenständige Regelung mit vergleichbarem Wortlaut, angepasst an die jeweilige Fondskategorie.

3 Für Immobiliensondervermögen wird § 217 durch § 251 modifiziert.

4 Mittelbare Anwendung findet § 217 auf EU-AIF und ausländische AIF, die in Deutschland an Privatanleger vertrieben werden sollen, da die Anlagebedingungen, die Satzung oder der Gesellschaftsvertrag Regelungen enthalten müssen, die sicherstellen, dass die Bewertung in einer den §§ 168–170, 216 und 217 entsprechenden Weise erfolgt (vgl. § 317 I Nr. 7 Buchst. h).

II. Häufigkeit der Bewertung und Berechnung

5 Die Häufigkeit der Bewertung der jeweiligen Vermögensgegenstände und die Berechnung des Nettoinventarwertes je Anteil oder Aktie wird von drei Aspekten bestimmt. Unabhängig von der Art des Vermögensgegenstands und der Ausgestaltung des Investmentvermögens hat die Bewertung der Vermögensgegenstände und die Ableitung des Anteilswerts mindestens einmal im Jahr zu erfolgen. Daneben sind unterjährige Bewertungen und Berechnungen in einem zeitlichen Abstand vorzunehmen, der den zum Investmentvermögen gehörenden Vermögensgegenständen und der Ausgabe- und Rücknahmehäufigkeit der Anteile oder Aktien angemessen ist. Die Kriterien zur Bestimmung der angemessenen Häufigkeit der Bewertung der Vermögensgegenstände und zur Berechnung des Nettoinventarwerts des Anteils sind den Art. 67–74 Delegierte VO (EU) 231/2013 zu entnehmen. Bei offenen inländischen Publikums-AIF in der Ausgestaltung als Sondervermögen oder Investmentaktiengesellschaft mit veränderlichem Kapital kann der Anleger mind. zweimal pro Monat die Rücknahme des Anteils verlangen (vgl. § 98 I für Sondervermögen und § 116 II 1 für Investmentaktiengesellschaften). Abweichende

Regelungen sind für sonstige Investmentvermögen (vgl. § 223 I), Immobiliensondervermögen (vgl. §255 II und III) und Dach-Hedgefonds (vgl. §255 I) vorgesehen. Zu diesen Zeitpunkten und bei jeder Ausgabe, Zeichnung oder Annullierung von Anteilen ist der Nettoinventarwert zu berechnen (vgl. Art. 72 I Delegierte VO (EU) 231/2013). Die Häufigkeit der Bewertung der Vermögensgegenstände kann davon abweichen und ist für offene AIF in Art. 74 Delegierte VO (EU) 231/2013 geregelt. Danach sind vom offenen AIF gehaltene Finanzinstrumente zu jedem Zeitpunkt zu bewerten, für den der Nettoinventarwert je Anteil gem. Art. 72 I Delegierte VO (EU) 231/2013 zu berechnen ist (Art. 74 I Delegierte VO (EU) 231/2013). Dabei wird auf die Definition von Finanzinstrumenten in Anhang 1 Abschn. C RL 2004/39/EG (MiFID) verwiesen (vgl. Art. 1 Delegierte VO (EU) 231/2013 iVm Art. 4 I Buchst. n RL 2011/61/EU). Alle anderen vom offenen AIF gehaltenen Vermögenswerte sind mindestens jährlich sowie anlassbezogen zu bewerten, wenn Anzeichen vorliegen, dass die zuletzt vorgenommene Bewertung nicht mehr fair oder ordnungsgemäß ist (vgl. Art. 74 II Delegierte VO (EU) 231/2013). Zur Beurteilung, ob der einem Vermögensgegenstand beigemessene Wert nicht mehr fair ist und ggf. Anlass für eine Neubewertung besteht, wird man auf eine signifikante Änderung der dem Bewertungsgegenstand potenziell innewohnenden bewertungsrelevanten Faktoren abzustellen haben. Diese bewertungsrelevanten Faktoren sind vorab festzulegen und zu dokumentieren. Der Wert des Vermögensgegenstandes an sich kann kein Anzeichen für eine unfaire Bewertung sein, da ansonsten durch die Feststellung des Bewertungsanlasses das Ergebnis bereits vorweggenommen wird und damit der Regelungszweck überholt wäre.

III. Offenlegung des Nettoinventarwertes

Der Verweis in § 217 III 1 auf § 170 bezüglich der Offenlegung des Nettoinventarwertes je Anteil oder Aktie hat nur klarstellende Bedeutung (vgl. WBA/*Baum* § 217 Rn. 13; Baur/Tappen/*Wülfert* § 217 Rn. 3 und MKJ/*Kretzschmann* § 217 Rn. 28). Auf die Kommentierung zu § 170 sei verwiesen. 6

Der Regelungsgehalt von § 217 III 2 ist unklar und auslegungsbedürftig. Nach dem Wortlaut der Vorschrift soll die Bewertung der Vermögensgegenstände entsprechend den diesbezüglichen Anlagebedingungen offenzulegen sein. Die Offenlegung soll dabei nach jeder Bewertung erfolgen. In § 162 II ist der Mindestinhalt der Anlagebedingungen festgelegt. Bezüglich des Berichtswesens sind jedoch nur Angaben zu machen, in welcher Weise und zu welchen Stichtagen der Jahresbericht und der Halbjahresbericht über die Entwicklung des Investmentvermögens und seine Zusammensetzung erstellt und dem Publikum zugänglich gemacht wird (vgl. § 162 II Nr. 5). Da in den Anlagebedingungen nach dem Pflichtinhalt keine Angaben zur Offenlegung der Bewertung der Vermögensgegenstände zu erfolgen hat, geht die Reglung des § 217 III 2 so lange ins Leere, wie die jeweiligen Anlagebedingungen nicht über den Mindestinhalt hinausgehen (ebenso BSV/*Zöll* § 217 Rn. 8). 7

Unterabschnitt 2. Gemischte Investmentvermögen

§ 218 Gemischte Investmentvermögen

[1]Gemischte Investmentvermögen sind offene inländische Publikums-AIF, die in Vermögensgegenstände nach Maßgabe des § 219 anlegen. [2]Auf die Verwaltung von Gemischten Investmentvermögen sind die Vorschriften der §§ 192 bis 211 insoweit anzuwenden, als sich aus den nachfolgenden Vorschriften nichts anderes ergibt.

Schrifttum: *Fock* Gemischte Sondervermögen, WM 2006, 2160; *Kempf* Novellierung des Investmentrechts 2007; *Kestler/Benz,* BKR 2008, 403; *Nickel* Die Novelle des Investmentgesetzes 2008; *Roegele/Görk,* Novelle des Investmentgesetzes (InvG), BKR 2007, 393.; *Zetsche* Zwischen Anlegerschutz und Standortwettbewerb: Das Investmentänderungsgesetz, ZBB 2007, 438.

I. Allgemeines

1 § 218 S. 2 übernimmt mit redaktionellen Anpassungen die Regelung des § 83 I InvG und ordnet die Geltung der OGAW-Vorgaben für die Gemischten Investmentvermögen an, soweit aus § 219 keine spezielleren Vorgaben resultieren.

2 § 218 S. 1 definiert – ohne zusätzlichen Regelungsgehalt – die Fondskategorie der Gemischten Investmentvermögen als **offene inländische Publikums-AIF,** die in Vermögensgegenstände nach § 219 investieren.

3 Im Gegensatz zu den Sonstigen Investmentvermögen sind Master-Feeder-Konstruktionen bei Gemischten Investmentvermögen unzulässig (vgl. §§ 171 I, 1 XIX Nr. 12, siehe EDD/*Lang* § 219 Rn. 5 zur Systemwidrigkeit dieser Einschränkung).

II. Unterschiede zum InvG

4 Im Gegensatz zu den Gemischten Sondervermögen nach §§ 83ff. InvG können Gemischte Investmentvermögen iSd §§ 218, 219 **nicht mehr in Immobilieninvestmentvermögen und Hedgefonds investieren.** Grund dafür ist, dass Immobilieninvestmentvermögen nur eine eingeschränkte Anteilsrücknahme inklusive Mindesthalte- und Rückgabefristen vorsehen. Als Begründung wurde angegeben, dass dies der den von § 219 I bestimmten regelmäßigen, kurzfristigeren Rückgabemöglichkeiten bei Gemischten Investmentvermögen widerspreche. Da das Konzept des Erwerbs illiquider Vermögensgegenstände für offene Publikums-AIF dem KAGB jedoch nicht fremd ist (wie § 221 I Nr. 3 und 4 und § 231 zeigen), hätte es ausgereicht, dem Anlegerschutz über ein entsprechendes Investmentlimit bzw. über besondere Vorschriften bzgl. der Anteilrückgabe Rechnung zu tragen.

III. Übergangsregelungen

5 Eine **Übergangsregelung** für unter Geltung des InvG erworbene Anteile an Immobilien-Sondervermögen und Hedgefonds findet sich in **§ 348 S. 1.** Ferner finden nach § 348 S. 2 die Vorgaben des § 255 III und IV Anwendung, sofern die Anlagebedingungen den Erwerb von Anteilen an Immobilien-Sondervermögen gestatten (und von dieser Möglichkeit Gebrauch gemacht wurde und diese Anteile nach wie vor gem. § 348 S. 1 gehalten werden). Dies hat insb. zur Folge, dass die Rückgabe von Anteilen erst nach einer Mindesthaltedauer von 24 Monaten und mit einer Rückgabefrist von 12 Monaten möglich ist.

§219 Zulässige Vermögensgegenstände, Anlagegrenzen

(1) Die AIF-Kapitalverwaltungsgesellschaft darf für Rechnung eines Gemischten Investmentvermögens nur erwerben:
1. Vermögensgegenstände nach Maßgabe der §§ 193 bis 198,
2. Anteile oder Aktien an
a) inländischen AIF nach Maßgabe der §§ 218, 219 sowie Anteile an vergleichbaren EU- oder ausländischen AIF,
b) inländischen AIF nach Maßgabe der §§ 220 bis 224 sowie Anteile an vergleichbaren EU- oder ausländischen AIF.

(2) [1]Anteile oder Aktien nach Absatz 1 Nummer 2 Buchstabe a dürfen nur erworben werden, soweit der Publikums-AIF seine Mittel nach den Anlagebedingungen insgesamt zu höchstens 10 Prozent des Wertes seines Vermögens in Anteile an anderen Investmentvermögen anlegen darf. [2]Anteile oder Aktien nach Absatz 1 Nummer 2 Buchstabe b dürfen nur erworben werden, soweit der Publikums-AIF seine Mittel nach den Anlagebedingungen nicht in Anteile oder Aktien an anderen Investmentvermögen anlegen darf.

(3) Absatz 2 gilt nicht für Anteile oder Aktien an anderen inländischen, EU- oder ausländischen Publikums-AIF im Sinne des § 196 oder für Anteile oder Aktien an Spezial-AIF, die nach den Anlagebedingungen ausschließlich in die folgenden Vermögensgegenstände anlegen dürfen:
1. Bankguthaben,
2. Geldmarktinstrumente,
3. Wertpapiere, die zur Sicherung der in Artikel 18.1 des Protokolls über die Satzung des Europäischen Systems der Zentralbanken und der Europäischen Zentralbank vom 7. Februar 1992 (BGBl. 1992 II S. 1299) genannten Kreditgeschäfte von der Europäischen Zentralbank oder der Deutschen Bundesbank zugelassen sind oder deren Zulassung nach den Emissionsbedingungen beantragt wird, sofern die Zulassung innerhalb eines Jahres nach ihrer Ausgabe erfolgt.

(4) Ist es der AIF-Kapitalverwaltungsgesellschaft nach den Anlagebedingungen gestattet, für Rechnung des Gemischten Investmentvermögens Anteile oder Aktien nach Absatz 1 Nummer 2 Buchstabe b zu erwerben, gelten § 225 Absatz 3 und 4 Satz 2 und 3, § 228 Absatz 1 und § 229 Absatz 2 entsprechend.

(5) [1]Die AIF-Kapitalverwaltungsgesellschaft darf in Anteile oder Aktien nach Absatz 1 Nummer 2 Buchstabe b insgesamt nur bis zu 10 Prozent des Wertes des Investmentvermögens anlegen. [2]Nach Maßgabe des § 207 Absatz 1 darf die AIF-Kapitalverwaltungsgesellschaft in Anteile oder Aktien an einem einzigen Investmentvermögen nach § 196 Absatz 1 Satz 1 und 2 insgesamt nur in Höhe von bis zu 20 Prozent des Wertes des Investmentvermögens anlegen; § 207 Absatz 2 ist nicht anzuwenden.

(6) [1]Die AIF-Kapitalverwaltungsgesellschaft kann die in § 209 bestimmten Grenzen für ein Wertpapierindex-OGAW-Investmentvermögen überschreiten, wenn nach den Anlagebedingungen die Auswahl der für das Gemischte Investmentvermögen zu erwerbenden Wertpapiere darauf ge-

richtet ist, unter Wahrung einer angemessenen Risikomischung einen bestimmten, allgemein und von der Bundesanstalt anerkannten Wertpapierindex nachzubilden. [2]§ 209 Absatz 1 Satz 2 gilt entsprechend.

Schrifttum: *Fock* Gemischte Sondervermögen, WM 2006, 2160; *Kempf* Novellierung des Investmentrechts 2007; *Kestler/Benz,* BKR 2008, 403; *Nickel* Die Novelle des Investmentgesetzes 2008; *Roegele/Görke,* Novelle des Investmentgesetzes (InvG), BKR 2007, 393; *Zetsche* Zwischen Anlegerschutz und Standortwettbewerb: Das Investmentänderungsgesetz, ZBB 2007, 438.

I. Allgemeines

1 § 219 I enthält eine abschließende Regelung derjenigen Vermögensgegenstände, die eine AIF-KVG für Rechnung eines Gemischten Investmentvermögens erwerben darf. Damit stellt § 219 I grds. die Nachfolgeregelung von § 84 I InvG dar. Im Gegensatz zu § 84 I Nr. 2 Buchst. a Hs. 1, Buchst. c, Nr. 3 Buchst. c InvG können AIF-KVG nicht mehr in Immobilienfonds und Hedgefonds investieren. Immobilienfonds sind keine zulässigen Vermögegenstände nach § 219, Anteile an Hedgefonds sind nach diesem Gesetz Spezial-AIF und daher von Privatanlegern nur noch über Dach-Hedgefonds als Anlage möglich.

II. Katalog der zulässigen Vermögensgegenstände

2 Zulässige Anlagegenstände für Gemischte Investmentvermögen sind durch den Verweis des § 219 I Nr. 1 auf die **Vermögensgegenstände nach §§ 193–198** zunächst sämtliche Vermögensgegenstände, die für OGAW erworben werden dürfen. Dazu zählen Wertpapiere, Geldmarktinstrumente, Bankguthaben, Investmentanteile, Derivate und sonstige Anlageinstrumente. Ferner gelten auch die OGAW-Anlagegrenzen, soweit § 219 keine Ausnahme enthält.

3 Zusätzlich zu diesen Anlagemöglichkeiten können Gemischte Investmentvermögen nach § 219 I Nr. 2 Buchst. a auch in andere **Gemischte Investmentvermögen** gem. §§ 218, 219 investieren. Zwar kann man über den Sinn und Zweck dieser Regelung streiten: Auf der einen Seite entstehen beim indirekten Erwerb nur Mehrkosten, auf der anderen Seite entsteht so ein größeres Anlagenspektrum für die Investoren, was zu mehr Attraktivität führt. Jedenfalls ist diese Norm die konsequente Fortführung des Ansatzes, der auch bei richtlinienkonformen Investmentvermögen Anwendung findet.

4 Nach § 219 I Nr. 2 Buchst. b können Gemischte Investmentvermögen auch Anteile an **Sonstigen Investmentvermögen** nach Maßgabe der §§ 220–224 erwerben. Damit wird den Anlegern Gemischter Investmentvermögen indirekt die Möglichkeit der Investition in Edelmetalle und unverbriefte Darlehensforderungen gewährt.

5 Neben dem Erwerb von Anteilen an inländischen Investmentvermögen ist auch der Erwerb von Anteilen an **vergleichbaren EU- oder ausländischen AIF** zulässig. Das Gesetz gibt keinen Hinweis darauf, wann ein EU- oder ausländischer AIF vergleichbar ist. Der Sinn und Zweck der Norm besteht zum einen darin, die Möglichkeit zu eröffnen auch in EU- bzw. ausländische AIF zu investieren. Zum anderen soll verhindert werden, dass durch eine Investition in EU- oder ausländische AIF wesentliche Vorschriften nach dem KAGB umgangen werden. Im Ergebnis erscheint die Orientierung an den Kriterien des § 317 I 1 Nr. 1, 3, 5, 7 Buchst. a, c sinnvoll (vgl. WBA/*Baum* § 219 Rn. 9).

III. Kaskadenverbot

6 § 219 II schränkt die Möglichkeit des Erwerbs von Anteilen an Gemischten und Sonstigen Investmentvermögen ein. Es soll verhindert werden, dass bei der Investition eines Gemischten Investmentvermögens in Zielfonds Kaskadenstrukturen entstehen, die insb. eine mehrfache Gebührenbelastung (sowohl auf Ebene des Dachfonds als auch auf Ebene der Zielfonds) zur Folge haben. Vor diesem Hintergrund dürfen Anteile und Aktien nach § 219 I Nr. 2 Buchst. a nur erworben werden, soweit der Publikums-AIF seine Mittel nach den Anlagebedingungen insgesamt zu höchstens 10% des Wertes seines Vermögens in Anteilen an anderen Investmentvermögen anlegen darf, vgl. § 219 II 1 **(eingeschränktes Kaskadenverbot).**

7 Nach § 219 II 2 dürfen Anteile oder Aktien an Sonstigen Investmentvermögen sowie vergleichbaren EU- oder ausländischen AIF nur erworben werden, soweit der Zielfonds seine Mittel nach den Anlagebedingungen nicht in Anteile oder Aktien an anderen Investmentvermögen anlegen darf **(absolutes Kaskadenverbot).** Sollte ein ausländisches Investmentvermögen das absolute Kaskadenverbot nicht erfüllen bzw. nicht in den Vertragsbedingungen bereits vorsehen, reicht es nach der Verwaltungspraxis der BaFin aus, wenn die KVG in einem rechtlich verbindlichen Side Letter erklärt, die absoluten Grenzen einzuhalten (Schreiben der BaFin an den BVI v. 19.8.2005).

IV. Ausnahme vom Kaskadenverbot

8 **§ 219 III** stellt als Nachfolgeregelung zu § 84 II 3 InvG eine **Ausnahme zu § 219 II** dar. Danach dürfen Anteile oder Aktien an anderen inländischen, EU- oder ausländischen Publikums-AIF iSd § 196 oder für Anteile oder Aktien an Spezial-AIF, die nach den Anlagebedingungen ausschließlich in Bankguthaben, Geldmarktinstrumente und notenbankfähige Wertpapiere anlegen dürfen, uneingeschränkt erworben werden. Dadurch soll eine hinreichende Liquidität des Fondsvermögens gewährleistet werden. Da Geldmarktfonds in der Regel moderate Gebührenstrukturen aufweisen, besteht das oben beschriebene Risiko übermäßiger Gebührenbelastungen bei Kaskadenstrukturen hier nicht.

V. Besondere Anforderungen bei Erwerb von Anteilen an Sonstigen Investmentvermögen

9 In § 219 IV wird die entsprechende Anwendung von bestimmten, dem Schutz von Anlegern in Dach-Hedgefonds dienenden Bestimmungen für den Fall angeordnet, dass es der AIF-KVG nach den Anlagebedingungen gestattet ist, für Rechnung des Gemischten Investmentvermögens Anteile oder Aktien nach Abs. 1 Nr. 2 Buchst. b, also an Sonstigen Investmentvermögen, sowie Anteile an vergleichbaren EU- oder ausländischen AIF zu erwerben. Zur Anwendung kommen die § 225 III und IV 2 und 3, § 228 I und § 229 II.

10 Nach § 225 III darf die AIF-KAG Anteile an ausländischen Zielfonds, die mit Sonstigen Investmentvermögen vergleichbar sind, nur unter der Voraussetzung erwerben, dass deren Vermögensgegenstände von einer Verwahrstelle oder einem Primebroker, der die Voraussetzungen des § 85 IV Nr. 2 erfüllt, verwahrt werden. Handelt es sich um einen inländischen Zielfonds, ist ein Rückgriff auf § 225 III analog nicht erforderlich, da die Vorschriften des KAGB vollumfänglich zu erfüllen sind.

11 In entsprechender Anwendung des § 225 IV 2 Hs. 1 dürfen die Mittel eines Gemischten Investmentvermögens nicht in mehr als zwei Sonstige Investmentvermögen vom gleichen Emittenten oder Fondsmanager angelegt werden. Ferner darf nach § 225 IV 2 Hs. 2 nicht in Sonstige Investmentvermögen investiert werden, die ihre Mittel selbst in anderen Sonstigen Investmentvermögen anlegen (der Verweis ist infolge von § 219 II 2 überflüssig). Entsprechend § 225 IV 3 darf die AIF-KVG nicht in ausländische Zielfonds aus Staaten anlegen, die bei der Bekämpfung der Geldwäsche nicht im Sinne internationaler Vereinbarungen kooperieren.

12 Der **Verkaufsprospekt** eines Gemischten Investmentvermögens, das nach den Vertragsbedingungen in Sonstige Investmentvermögen nach §§ 220–224 investieren darf, hat neben den Angaben nach § 165 zusätzlich Informationen nach § 228 I zu enthalten, ua bzgl. der Grundsätze der Zielfondsauswahl, Umfang der Kreditaufnahme und Leerverkäufe und der Gebührenstruktur. Diese Informationen sind nach §§ 219 IV, 229 II zusätzlich zu den erforderlichen Informationen nach § 162 II Nr. 1 in die Vertragsbedingungen aufzunehmen..

13 Zweck dieser Regelung ist es, den Anlegern eines Gemischten Investmentvermögens ausreichende Informationen über die Zielinvestments zu verschaffen und ihnen dadurch ein hinreichendes Bild über damit einhergehende Risiken zu geben.

VI. Anlagegrenzen

14 Die Regelung des § 219 V 1 beschränkt die Anlage in Sonstige Investmentvermögen oder vergleichbare EU- oder ausländische Zielfonds auf 10% des Werts des Gemischten Investmentvermögens. Der Gesetzgeber begründet die Regelung damit, dass lediglich eine Beimischung angestrebt wird, um insb. zu verhindern, dass die strengeren Vorschriften für Dach-Investmentvermögen umgangen werden können, indem ein Gemischtes Investmentvermögen Anteile in großem Maße an einem Sonstigen Investmentvermögen erwirbt (BT-Drs. 15/1553, 102). Die Notwendigkeit hierfür besteht, da die KVG, die lediglich Gemischte Sondervermögen verwalten, nicht in gleicher Weise ein Risiko-Messsystem vorhalten müssen wie solche, die die Auflage und Verwaltung der oben genannten Zielfonds betreiben.

15 § 219 V 2 bestimmt, dass eine AIF-KVG für Rechnung eines Gemischten Investmentvermögens in Anteile oder Aktien an einem einzigen OGAW bzw. OGAW-ähnlichen Investmentvermögen nach § 196 I 1 und 2 insgesamt nur iHv bis zu 20% des Wertes des Investmentvermögens anlegen darf. Außerdem stellt § 219 V 2 Hs. 2 klar, dass die Vorschrift des § 207 II nicht gilt.

VII. Erweiterte Anlagegrenzen

16 Die Vorschrift des § 219 VI ergänzt die in § 209 enthaltene Regelung für **Wertpapierindex-Investmentvermögen** (Indexfonds) und erweitert deren Anlagegrenzen. Das heißt, dass von in den in § 209 KAGB aufgestellten Grenzen abgewichen werden kann. Allerdings kann dies nur unter der Voraussetzung erfolgen, dass nach den Anlagebedingungen die Auswahl der für das Gemischte Investmentvermögen zu erwerbenden Wertpapiere darauf gerichtet ist, unter Wahrung einer angemessenen Risikomischung einen bestimmten, allgemein und von der BaFin anerkannten Wertpapierindex nachzubilden.

17 Nach § 219 VI 2 iVm § 209 I 2 ist ein Wertpapierindex insb. dann anzuerkennen, wenn

1. die Zusammensetzung des Wertpapierindex hinreichen diversifiziert ist,

2. der Index eine adäquate Bezugsgrundlage für den Markt darstellt, auf den er sich bezieht, und
3. der Index in angemessener Weise veröffentlicht wird.

Für die Frage, was unter adäquater Bezugsgrundlage und angemessener Veröffentlichung zu verstehen ist, kann auf die DfRL zurückgegriffen werden. Danach soll eine adäquate Bezugsgrundlage dazu dienen, dass willkürlich gebildete Indizes, bei deren Erstellung zum Beispiel größere Emittenten in dem Markt unbeachtet bleiben und keine anerkannte Methodik angewendet wurde, die Anerkennung versagt wird Allerdings wird es bei solchen Indizes regelmäßig bereits an der Anerkennung der BaFin fehlen (EDD/*Lang* § 219 Rn. 14). 18

Unterabschnitt 3. Sonstige Investmentvermögen

Vorbemerkungen zu §§ 220–224

Schrifttum: *Friedrich/Bühler* Bankaufsichtsrechtliche Aspekte der Verwaltung von Darlehensfonds, WM 2015, 911; *Kempf,* Novellierung des Investmentrechts 2007; *Kestler/Benz* BKR 2008, 403; *Nickel,* Die Novelle des Investmentgesetzes 2008; *Roegele/Görke* Novelle des Investmentgesetzes (InvG), BKR 2007, 393; *Zetsche,* Zwischen Anlegerschutz und Standortwettbewerb: Das Investmentänderungsgesetz, ZBB 2007, 438.

I. Allgemeines

Die Sonstigen Investmentvermögen nach §§ 220–224 übernehmen im Wesentlichen die Regelungen zu den Sonstigen Sondervermögen nach §§ 90g–90k InvG. Besondere Übergangsvorschriften für Sonstige Sondervermögen, die vor dem 22.7.2013 gem. den §§ 90g–90k InvG in der bis zum 21.7.2013 geltenden Fassung aufgelegt wurden, finden sich in § 349. 1

Die Fondskategorie der Sonstigen *Sondervermögen* wurde mit dem Investmentänderungsgesetz (BGBl. 2007 I 3089) zum 28.12.2007 eingeführt. Ausweislich der Gesetzesbegründung sollte dadurch ein Anlagevehikel zur Investition in innovative Finanzprodukte geschafften werden (BT-Drs. 16/5576, S. 80). Die zunehmende Flexibilisierung der gesetzlichen Rahmenbedingungen für Investmentvermögen in anderen europäischen Fondsindustriestaaten hatte den deutschen Gesetzgeber 2007 bewogen, das Investmentrecht in Deutschland zu liberalisieren. Es sollte eine Angebotslücke geschlossen werden, die zwischen den Gemischten Investmentvermögen und den Single-Hedgefonds bestand. 2

Im Hinblick auf erwerbbare Vermögensgegenstände und Anlagegrenzen bieten Sonstige Investmentvermögen **mehr Möglichkeiten als OGAW** und Gemischte Investmentvermögen. Diese wurden jedoch mit der Umsetzung der AIFM-Richtlinie, verglichen mit den Regelungen zu Sonstigen Sondervermögen nach §§ 90g–90k InvG, **erheblich eingeschränkt.** So ist nach § 221 die direkte Investition von Sonstigen Investmentvermögen in Unternehmensbeteiligungen aufgrund der Illiquidität dieser Anlage nicht mehr möglich. Zudem wurden Anteile an Immobilienfonds und Anteile an Hedgefonds als zulässige Vermögensgegenstände gestrichen, ohne dass hierfür ein praktisches Bedürfnis erkennbar geworden war. 3

Sonderregelungen für Sonstige Investmentvermögen in der Form von **Mikrofinanz-Fonds** finden sich in § 222. 4

5 Die Anlagegegenstände des § 221 I können gem. § 284 I auch für Rechnung von Spezial-AIF mit festen Anlagebedingungen erworben werden. Ferner ist gem. § 284 II–IV geregelt, wann und unter welchen Voraussetzungen Abweichungen von den Anlagegrenzen möglich sind (s. iE die Kommentierung zu § 284).

II. Überblick über die Regelungen der §§ 220–224

6 Die §§ 220–224 sind im Verhältnis zu den §§ 192–205 als Lex-specialis-Regelungen anzusehen. Für alle Aspekte, die nicht von den §§ 220–224 geregelt sind, verweist § 220 auf die für OGAW geltenden Vorschriften. **Nicht von der Verweisung des § 220 erfasst sind die §§ 206–210.** Die für Sonstige Investmentvermögen erwerbbaren Vermögensgegenstände sowie deren Anlagegrenzen normiert § 221. Sonderregelungen für die Ausgabe und Rücknahme von Anteilen an Sonstigen Investmentvermögen stellt § 223 auf. Die Vorschrift des § 224 enthält Bestimmungen über den Verkaufsprospekt und die Anlagebedingungen.

§ 220 Sonstige Investmentvermögen

Auf die Verwaltung von Sonstigen Investmentvermögen nach Maßgabe der §§ 220 bis 224 sind die Vorschriften der §§ 192 bis 205 insoweit anzuwenden, als sich aus den nachfolgenden Vorschriften nichts anderes ergibt.

I. Allgemeines

1 § 220 normiert die Anwendung der für OGAW geltenden §§ 192–205 auf die Verwaltung von Sonstigen Investmentvermögen, soweit die Sondervorschriften über Sonstige Investmentvermögen keine abweichenden Regelungen enthalten. Die §§ 192–205 sind damit anzuwenden, sofern sie nicht durch die **§§ 220–224 als Spezialregelungen** verdrängt werden.

II. Anwendung der OGAW-Vorschriften

2 Der Verweis auf die allgemeinen Vorschriften für OGAW entspricht der Gesetzgebungssystematik bei anderen Publikums-AIF, vgl. §§ 218, 230 I. Im Gegensatz zu den Gemischten Investmentvermögen bezieht sich der Verweis des § 220 jedoch nicht auf sämtliche für richtlinienkonforme Investmentvermögen geltende Vorschriften. Nicht erfasst sind die §§ 206–210. Dies hat für die Sonstigen Investmentvermögen eine **größere Flexibilität bei den Aussteller- und Anlagegrenzen** zur Folge. Zu beachten sind in diesem Zusammenhang lediglich § 221 III–V und § 222 I, II.

III. Feederfonds

3 Unter Geltung des InvG führte dies bis zur Umsetzung von OGAW IV dazu, dass es für Rechnung Sonstiger Investmentvermögen ohne weiteres Genehmigungserfordernis möglich war, als Feederfonds zu agieren. Infolge der Genehmigungspflicht nach § 171 I 1 und die Einschränkung auf Masterfonds der Kategorie der Sonstigen Investmentvermögen (§ 171 I 3) besteht diese Möglichkeit heute nicht mehr. Ein Feederfonds ist gegeben, wenn mind. 85% des Vermögens in

einem Masterfonds anleget wird, vgl. §§ 1 XIX Nr. 11, 174 I. Ist das Sonstige Investmentvermögen ein solcher Feeder-Fonds, sind die Vorschriften der §§ 171 ff. einzuhalten. Es stellt sich jedoch die Frage, wie **Sonstige Investmentvermögen zu behandeln sind, die weniger als 85 % ihres Vermögens in einen Fonds investieren** und damit zwar über der Anlagegrenze des § 210 III liegen, jedoch noch nicht als Master-Feeder-Fonds zu qualifizieren sind. In diesem Fall greift keine Sondervorschrift, sodass die Anforderungen, die Master-Feeder-Fonds stellen, wie bspw. die notwendige Genehmigung, leicht umgangen werden könnten. In Betracht könnte eine Analogie zu den §§ 171 ff. gezogen werden. Jedoch müsste hierfür sowohl eine planwidrige Regelungslücke vorliegen als auch eine vergleichbare Interessenlage. An beidem fehlt es: Zum einen wurde die Untergrenze von 85% für die Investition in den Master-Fonds erst mit dem OGAW-IV-Umsetzungsgesetz in das InvG aufgenommen. Die Sonstigen Investmentvermögen wurden bereits mit dem Investmentänderungsgesetz 2007 eingeführt. Daher war es bekannt, dass für Sonstige Investmentvermögen die §§ 206–210 nicht gelten. Zum anderen kann sich aus dem Anlegerschutz keine vergleichbare Interessenlage ergeben, da die Anlagemöglichkeiten Sonstiger Investmentvermögen im Vergleich zu den richtlinienkonformen Investmentvermögen bewusst erweitert wurden, um Investitionen in innovative Finanzprodukte nutzen zu können (BT-Drs. 16/5576, S. 80). Mithin können Sonstige Investmentvermögen **ohne Geltung der Vorgaben der §§ 171 ff. bis zu 84 % ihres Werts in ein Ziel-Investmentvermögen** investieren. Hinsichtlich des Erwerbs von Anteilen an Sonstigen Investmentvermögen ist jedoch die Anlagegrenze nach § 221 III zu beachten.

§ 221 Zulässige Vermögensgegenstände, Anlagegrenzen, Kreditaufnahme

(1) **Die AIF-Kapitalverwaltungsgesellschaft darf für ein Sonstiges Investmentvermögen nur erwerben:**

1. Vermögensgegenstände nach Maßgabe der §§ 193 bis 198, wobei sie nicht den Erwerbsbeschränkungen nach § 197 Absatz 1 unterworfen ist,
2. Anteile oder Aktien an inländischen Investmentvermögen nach Maßgabe der §§ 196, 218 und 220 sowie an entsprechenden EU-Investmentvermögen oder ausländischen AIF,
3. Edelmetalle,
4. unverbriefte Darlehensforderungen,
5. Kryptowerte im Sinne von § 1 Absatz 11 Satz 4 des Kreditwesengesetzes zu Anlagezwecken, wenn deren Verkehrswert ermittelt werden kann.

(2) [1]**Ist es der AIF-Kapitalverwaltungsgesellschaft nach den Anlagebedingungen gestattet, für Rechnung des Sonstigen Investmentvermögens Anteile oder Aktien an anderen Sonstigen Investmentvermögen sowie an entsprechenden EU-AIF oder ausländischen AIF zu erwerben, gelten § 225 Absatz 3 und 4 Satz 2 und 3, § 228 Absatz 1 und § 229 Absatz 2 entsprechend.** [2]**Ist es der AIF-Kapitalverwaltungsgesellschaft nach den Anlagebedingungen gestattet, für Rechnung des Sonstigen Investmentvermögens Anteile oder Aktien an inländischen Investmentvermögen nach Maßgabe des § 218 sowie an entsprechenden EU-AIF oder ausländischen AIF zu erwerben, gilt § 219 Absatz 2 und 3 entsprechend.**

(3) **Die AIF-Kapitalverwaltungsgesellschaft darf in Anteile oder Aktien an anderen Sonstigen Investmentvermögen sowie an entsprechenden EU-AIF oder ausländischen AIF nur bis zu 30 Prozent des Wertes des Sonstigen Investmentvermögens anlegen.**

(4) **Die AIF-Kapitalverwaltungsgesellschaft darf in Vermögensgegenstände im Sinne des § 198 nur bis zu 20 Prozent des Wertes des Sonstigen Investmentvermögens anlegen.**

(5) **[1]Die AIF-Kapitalverwaltungsgesellschaft muss sicherstellen, dass der Anteil der für Rechnung des Sonstigen Investmentvermögens gehaltenen Edelmetalle, Derivate und unverbriefte Darlehensforderungen einschließlich solcher, die als sonstige Anlageinstrumente im Sinne des § 198 erwerbbar sind, 30 Prozent des Wertes des Sonstigen Investmentvermögens nicht übersteigt. [2]Derivate im Sinne des § 197 Absatz 1 werden auf diese Grenze nicht angerechnet. [3]Die AIF-Kapitalverwaltungsgesellschaft muss sicherstellen, dass der Anteil der für Rechnung des Sonstigen Investmentvermögens gehaltenen Kryptowerte zehn Prozent des Wertes des Sonstigen Investmentvermögens nicht übersteigt.**

(6) **Die AIF-Kapitalverwaltungsgesellschaft darf für gemeinschaftliche Rechnung der Anleger kurzfristige Kredite nur bis zur Höhe von 20 Prozent des Wertes des Sonstigen Investmentvermögens und nur aufnehmen, wenn die Bedingungen der Kreditaufnahme marktüblich sind und dies in den Anlagebedingungen vorgesehen ist.**

(7) **[1]Abweichend von § 200 darf die AIF-Kapitalverwaltungsgesellschaft Wertpapiere auf bestimmte Zeit zu übertragen. [2]Ist für die Rückerstattung eines Wertpapier-Darlehens eine Zeit bestimmt, muss die Rückerstattung spätestens 30 Tage nach der Übertragung der Wertpapiere fällig sein. [3]Der Kurswert der für eine bestimmte Zeit zu übertragenden Wertpapiere darf zusammen mit dem Kurswert der für Rechnung des Sonstigen Investmentvermögens bereits als Wertpapier-Darlehen für eine bestimmte Zeit übertragenen Wertpapiere 15 Prozent des Wertes des Sonstigen Investmentvermögens nicht übersteigen. [4]Abweichend von § 203 müssen Pensionsgeschäfte nicht jederzeit kündbar sein.**

(8) **Die in Absatz 2 bis 6 bestimmten Grenzen dürfen in den ersten sechs Monaten seit Errichtung eines Sonstigen Investmentvermögens sowie nach vollzogener Verschmelzung durch das übernehmende Sonstige Investmentvermögen jeweils unter Beachtung des Grundsatzes der Risikostreuung überschritten werden.**

Schrifttum: *Dahmen* Änderungen des Investmentrechts durch den Regierungsentwurf des Zukunftsfinanzierungsgesetzes, GWR 2023, 289; *Dahmen* Investition in und Verwahrung von Kryptowerten für inländische Investmentvermögen, RdF 2024, 16; *Friedrich/Bühler* Bankaufsichtsrechtliche Aspekte der Verwaltung von Darlehensfonds, WM 2015, 911; *Kempf* Novellierung des Investmentrechts 2007; *Kestler/Benz* Aktuelle Entwicklungen im Investmentrecht, BKR 2008, 403; *Nickel* Die Novelle des Investmentgesetzes 2008; *Roegele/Görke* Novelle des Investmentgesetzes (InvG), BKR 2007, 393; *Zetsche* Zwischen Anlegerschutz und Standortwettbewerb: Das Investmentänderungsgesetz, ZBB 2007, 438.

Inhaltsübersicht

	Rn.
I. Allgemeines	1
II. Erwerbbare Vermögensgegenstände	3
1. Vermögensgegenstände nach den §§ 193–198 (§ 221 I Nr. 1)	3
2. Investmentvermögen (§ 221 I Nr. 2, II)	5
3. Edelmetalle (§ 221 I Nr. 3)	8
4. Unverbriefte Darlehensforderungen (§ 221 I Nr. 4)	10
5. Kryptowerte (§ 221 I Nr. 5)	13
III. Anlagebeschränkungen für bestimmte Anteile an anderen Sonstigen Investmentvermögen und Gemischten Investmentvermögen (§ 221 II)	14
IV. Anlagegrenzen (§ 221 III–V)	19
V. Kreditaufnahme (§ 221 VI)	24
VI. Sonderregelung zu Wertpapier-Darlehen (§ 221 VII)	27
VII. Überschreitung von Anlagegrenzen (§ 221 VIII)	30

I. Allgemeines

1 Die Vorschrift des § 221 übernimmt im Wesentlichen die Regelung des § 90h I–VI InvG. § 221 I enthält eine abschließende Aufzählung der für Sonstige Investmentvermögen **zulässigen Anlagegenstände.**

2 Aufgehoben wurde jedoch die Regelung des § 90h I Nr. 3 InvG, nach der es Sonstigen Sondervermögen möglich war, direkt in Unternehmensbeteiligungen zu investieren. Die Möglichkeit, direkt in nicht börsennotierte Unternehmensbeteiligungen zu investieren, bleibt damit geschlossenen Publikums-AIF vorbehalten. Ebenso wurden Anteile an Immobilienfonds und Anteile an Hedgefonds als zulässige Vermögensgegenstände im Zuge der Umsetzung der AIFM-Richtlinie gestrichen. Für **Altbestände** gilt die Übergangsregelung des § 349. Änderungen an § 221 erfolgten iRd 2. FiMaNoG, des FoStoG und des ZuFinG.

II. Erwerbbare Vermögensgegenstände

3 **1. Vermögensgegenstände nach den §§ 193–198 (§ 221 I Nr. 1).** Gemäß § 221 I Nr. 1 können für Rechnung Sonstiger Investmentvermögen in die für OGAW erwerbbaren Anlagegenstände investiert werden. Somit kann ein Sonstiges Investmentvermögen Wertpapiere (§ 193), Geldmarktinstrumente (§ 194), Bankguthaben (§ 195), Investmentanteile (§ 196), Derivate (§ 197) und sonstige Anlageinstrumente (§ 198) erwerben.

4 Im Vergleich zu richtlinienkonformen Investmentvermögen ist das Spektrum der erwerbbaren Derivate für Sonstige Investmentvermögen jedoch erweitert. Denn richtlinienkonforme Investmentvermögen können nach § 197 I nur in Derivate investieren, die von Wertpapieren, Geldmarktinstrumenten, Investmentanteilen, anerkannten Finanzindizes, Zinssätzen, Wechselkursen oder Währungen abgeleitet sind. Sonstige Investmentvermögen unterliegen gem. § 221 I Nr. 1 aE jedoch **nicht der Beschränkung des Erwerbs auf Derivate, die von den in § 197 I aufgeführten Basiswerten abgeleitet sind.** Sie können somit auch Derivate erwerben, die zB Waren oder Edelmetalle als Basiswert haben.

5 **2. Investmentvermögen (§ 221 I Nr. 2, II).** Sonstigen Investmentvermögen ist es nach § 221 I Nr. 2 ausdrücklich gestattet, Anteile an in- und ausländischen Investmentvermögen zu erwerben. Die Regelung geht über § 221 I Nr. 1 iVm § 193 hinaus; Sonstige Investmentvermögen können deshalb neben Anteilen an richt-

linienkonformen Investmentvermögen auch Anteile an anderen Sonstigen Investmentvermögen, Anteile an Gemischten Investmentvermögen und Anteile an entsprechenden Investmentaktiengesellschaften erwerben. Auch der Erwerb entsprechender ausländischer Investmentanteile ist zulässig.

6 Nach § 221 I Nr. 2 kann eine AIF-Kapitalverwaltungsgesellschaft für ein Sonstiges Investmentvermögen Anteile an einem Gemischten Investmentvermögen nach §§ 218, 219 erwerben. In diesem Fall ist gem. Abs. 2 S. 2 das Kaskadenverbot nach § 219 II, III zu beachten (vgl. EDD/*Meyer-Arndt* § 221 Rn. 6).

7 Nicht geregelt ist nach wie vor, wann ausländische AIF Gemischten oder Sonstigen Investmentvermögen **„entsprechen"**. Vor dem Hintergrund der anlegerschützenden Intention der Bestimmung erscheint die vorgeschlagene Orientierung an den Kriterien des § 317 sinnvoll (vgl. WBA/*Baum* § 221 Rn. 10).

8 **3. Edelmetalle (§ 221 I Nr. 3).** Im Gegensatz zu den anderen Publikums-Fondstypen des KAGB können für Rechnung eines Sonstigen Investmentvermögens gem. § 221 I Nr. 3 Edelmetalle erworben werden. Die Vorschrift stellt eine Spezialregelung im Verhältnis zu § 192 S. 2 dar. Edelmetalle sind **nach naturwissenschaftlichen Maßstäben zu bestimmen,** sodass jedenfalls Gold, Silber, Platin und Palladium dazugehören.

9 Im Gegensatz zur direkten Anlage in Edelmetalle stellt sich für den einzelnen Anleger bei der Investition in ein in Edelmetalle investiertes Sonstiges Investmentvermögen nicht das Problem der Lagerung. Lediglich die Kosten der Lagerung werden mittelbar wieder an den Anleger weitergegeben – jedoch gemildert um Skaleneffekte. Ein weiterer Vorteil ist der im Vergleich zur Direktanlage leichtere Ausstieg aus dem Investment durch Rückgabe oder Veräußerung des Anteils.

10 **4. Unverbriefte Darlehensforderungen (§ 221 I Nr. 4).** Sonstige Investmentvermögen dürfen nach § 221 I Nr. 4 auch unmittelbar in unverbriefte Darlehensforderungen investieren. Die Regelung soll den Sonstigen Investmentvermögen ua die Möglichkeit gewähren, an Mikrofinanzierungen und Verbraucherkrediten zu partizipieren (BT-Drs. 16/5576, 80). Daneben ist der Erwerb von Krediten jeder Art zulässig; etwa Immobilienkredite, Infrastrukturkredite, Unternehmensfinanzierungskredite etc. Weitere Anforderungen, etwa an die Art der Besicherung des Darlehens, an die Rangigkeit im Verhältnis zu anderen vom Schuldner gewährten Darlehen oder an die Person des Schuldners, enthält das KAGB nicht. Auch die Teilnahme an der Finanzierung von Unternehmen, die nicht als Wertpapieremittenten auftreten und die somit auf dem Wege über Aktien oder Wertpapiere nicht zu erreichen sind, ist möglich. Für Sonstige Investmentvermögen bestehen insoweit weitreichendere Anlagemöglichkeiten als für Hedgefonds, denen der Erwerb von unverbrieften Darlehensforderungen nicht gestattet ist, § 225 I, II, § 283.

11 Im Zuge der Umsetzung von OGAW V wurde die Möglichkeit die Rechtslage in Deutschland den deutlich liberaleren Reglungen anderer Mitgliedstaaten angepasst und der KVG die Möglichkeit eingeräumt, (außerhalb von Gesellschafterdarlehen) für Rechnung geschlossener Spezial-AIF Darlehen zu vergeben (§ 285 II). Für Rechnung Sonstiger Investmentvermögen bleibt es hingegen dabei, dass die originäre Vergabe von Krediten nicht zulässig ist. Es ist jedoch ausreichend, wenn ein Dritter (idR ein Kreditinstitut) für eine juristische Sekunde ein Darlehen originär gewährt; dieses Darlehen kann dann für Rechnung des Sonstigen Investmentvermögens erworben werden. Im Hinblick auf die früher nicht eindeutige Rechtslage bei Restrukturierungen und Prolongationen stellt § 20 IX 2 klar, dass für Zwecke des KAGB andere Maßstäbe als die Maßstäbe des KWG hinsichtlich der

Frage, wann ein Darlehen gewährt wird, anzulegen sind. Um der KVG eine (effektive) Verwaltung unverbriefter Darlehensforderungen zu ermöglichen, gilt die der Darlehensgewährung nachfolgende Änderung der Darlehensbedingungen nicht als Darlehensgewährung.

Hinsichtlich der Geschäftsorganisation einer KVG, die für Rechnung eines AIF unverbriefte Darlehensforderungen gewährt oder in solche investiert, ist § 29 Va zu beachten, wonach eine Aufbau- und Ablauforganisation vorgehalten werden muss, die den besonderen Erfordernissen der Kreditvergabe Rechnung trägt. 12

5. Kryptowerte (§ 221 I Nr. 5). Im Zuge des ZuFinG wurde mWv 15.12.2023 durch die Ergänzung des Anlagenkatalogs des § 221 I um eine neue Nr. 5 die Möglichkeit geschaffen, zu Anlagezwecken direkt in Kryptowerte zu investieren, wenn deren Verkehrswert ermittelt werden kann. Kryptowerte sind gem. § 1 XI 4 KWG grundsätzlich alle digitalen Darstellungen eines Wertes, die folgende Voraussetzungen erfüllen: 13

- keine Emission oder Garantie durch eine Zentralbank oder öffentliche Stelle,
- kein gesetzlicher Status als Währung oder Geld,
- Akzeptanz als Tausch- oder Zahlungsmittel von natürlichen oder juristischen Personen aufgrund einer Vereinbarung oder tatsächlichen Übung oder Nutzung zu Anlagezwecken,
- Übertragung, Speicherung und Handel auf elektronischem Wege.

Daher sind insb. **Payment/Currency Token** und **Investment Token** als Kryptowerte iSd § 221 I Nr. 5 anzusehen (vgl. FSM/*Schäfer* KWG § 1 Rn. 300c).

III. Anlagebeschränkungen für bestimmte Anteile an anderen Sonstigen Investmentvermögen und Gemischten Investmentvermögen (§ 221 II)

Die Vorschrift des § 221 II stellt Einschränkungen für den Erwerb von Anteilen an Investmentvermögen nach Maßgabe des § 221 I Nr. 2 auf. Der Anwendungsbereich des § 221 II beschränkt sich auf die Investition von Sonstigen Investmentvermögen in andere Sonstige Investmentvermögen und Gemischte Investmentvermögen bzw. entsprechende EU-AIF oder ausländische AIF. 14

Nach § 221 II 1 finden im Fall des Erwerbs von Anteilen an anderen Sonstigen Investmentvermögen nach § 221 I Nr. 2 zum Teil die für den Erwerb von Zielfonds durch Dach-Hedgefonds geltenden Vorschriften Anwendung. Gestatten die Anlagebedingungen den Erwerb von Anteilen an solchen Investmentvermögen, findet die Regelung des § 225 III entsprechende Anwendung, wonach ausländische Zielfonds nur erworben werden dürfen, wenn deren Vermögensgegenstände von einer Depotbank oder einem PrimeBroker verwahrt werden oder die Funktionen der Depotbank von einer anderen vergleichbaren Einrichtung wahrgenommen werden. Ferner gilt die Obergrenze des Erwerbs von zwei Zielfonds des gleichen Emittenten oder Fondsmanagers (§ 225 IV 2). Schließlich ist das Kaskadenverbot nach § 225 IV 2 Hs. 2 zu beachten. Zudem darf nicht in Zielfonds aus Staaten investiert werden, die nicht an der internationalen Kooperation gegen Geldwäsche teilnehmen (§§ 221 II 1, 225 IV 3). Da § 225 IV 1 von der Verweisung des § 221 II 1 nicht erfasst ist, gilt für Sonstige Investmentvermögen insoweit die 30%-Grenze des § 221 III. 15

Ist der Erwerb von Vermögensgegenständen nach § 221 II 1 vorgesehen, so müssen der Verkaufsprospekt und die Vertragsbedingungen (bzw. die Satzung oder die 16

Anlagebedingungen) zusätzliche Angaben nach Maßgabe von § 228 I bzw. § 229 II enthalten. Eine AIF-KVG, die für Rechnung eines Sonstigen Investmentvermögens in Vermögensgegenstände nach § 221 II 1 investieren darf, ist aufgrund des Verweises des § 221 II 1 auf § 228 I verpflichtet, im Verkaufsprospekt alle für einen Dach-Hedgefonds üblichen zusätzlichen Angaben zu machen (soweit für Ziel-Investmentvermögen nach § 221 II 1 relevant).

17 Ferner sind im Falle der möglichen Investition in Vermögensgegenstände nach § 221 II 1 in die Anlagebedingungen über den Katalog des § 165 hinaus sämtliche Angaben aufzunehmen, die auch die Anlagebedingungen zu enthalten haben.

18 Im Zuge des 2. FiMaNoG wurde in § 221 II 2 entsprechend der ständigen Verwaltungspraxis der BaFin klargestellt, dass auch der Erwerb von Anteilen an Gemischten Investmentvermögen durch Sonstige Investmentvermögen dem Kaskadenverbot des § 219 II, III unterliegt (BT-Drs. 18/10936, 277).

IV. Anlagegrenzen (§ 221 III–V)

19 Für Sonstige Investmentvermögen gelten die in dem §§ 192–205 genannten Anlagegrenzen sowie (teilweise als Sonderregelungen zu den vorgenannten Beschränkungen) die in § 221 III–V normierten Grenzen für den Erwerb von Vermögensgegenständen. Nach § 221 III dürfen Sonstige Investmentvermögen bis zu 30% ihres Wertes in andere Sonstige Investmentvermögen und entsprechende ausländische Investmentvermögen investieren.

20 Gemäß § 221 IV 1 dürfen Sonstige Investmentvermögen maximal 20% ihres Werts in die in § 198 aufgeführten Vermögenswerte anlegen. Die Vorschrift soll dem Erhalt der Liquidität des Sonstigen Investmentvermögens dienen. Die 20%-Grenze des § 221 IV findet gem. § 284 II Nr. 4 auch im Falle eines Spezial-AIF mit festen Anlagebedingungen Anwendung.

21 Auch **Edelmetalle, Derivate und unverbriefte Darlehensforderungen dürfen** nach § 221 V 1 **insgesamt nur 30%** des Werts des Sonstigen Investmentvermögens ausmachen. Entsprechend der Beschränkung des § 221 III hat die Anlagegrenze ua ihren Grund in der mangelnden Liquidität der Edelmetalle und Darlehensforderungen. Die Überschreitung, etwa durch den Erwerb verbriefter Darlehensforderungen in Form von Schuldverschreibungen und von Schuldscheindarlehen nach mehrfach abtretbaren Schuldscheindarlehen ist freilich möglich.

22 Derivate, die sich von den in § 197 I genannten Basiswerten ableiten, werden nach § 221 V 2 auf die in § 221 V 1 festgeschriebene Grenze nicht angerechnet, da eine solche Beschränkung auch für richtlinienkonforme Sondervermögen nicht besteht (BT-Drs. 16/5576, 81).

23 Anlagen in **Kryptowerte** dürfen nach § 221 V 3 nicht mehr als 10% des Werts des Sonstigen Investmentvermögens ausmachen, da es sich bei Kryptowerten um äußerst risikoreiche Anlagen handeln kann und der Erwerb selbst für offene Spezial-AIF mit festen Anlagebedingungen gem. § 284 III 1 Nr. 2 auf 20% des Fondswertes beschränkt ist (BT-Drs. 20/8292, 154).

V. Kreditaufnahme (§ 221 VI)

24 Sonstigen Investmentvermögen ist es im Vergleich zu OGAW in erweitertem Umfang gestattet, **kurzfristige Kredite zur Überbrückung** von Liquiditätsengpässen aufzunehmen. So dürfen Sonstige Investmentvermögen gem. § 221 VI kurzfristige Kredite bis zu einer Höhe von 20% aufnehmen. Hintergrund der Vorschrift

ist die Möglichkeit der Investition auch in illiquide Vermögensgegenstände (§ 221 I Nr. 3, 4) und damit eventuell verbundene Liquiditätsprobleme im Falle vermehrter Rückgabeverlangen von Anlegern.

Der Begriff der Kurzfristigkeit ist wie für die Sonstigen Investmentvermögen **25** ebenso wie für die richtlinienkonformen Investmentvermögen im Rahmen des § 199 zu bestimmen. Von Kurzfristigkeit ist daher jedenfalls bei einer Kreditlaufzeit von drei Monaten und wohl auch noch bei einer Laufzeit von bis zu einem Jahr auszugehen.

Zudem müssen die Bedingungen der Kreditaufnahme marktüblichen Verhält- **26** nissen entsprechen und in den Vertragsbedingungen, der Satzung oder den Anlagebedingungen vorgesehen sein. Der Nachweis der Marktüblichkeit kann ua durch vergleichbare Kreditangebote erfolgen.

VI. Sonderregelung zu Wertpapier-Darlehen (§ 221 VII)

§ 221 VII stellt eine Sonderregelung zu Wertpapier-Darlehen zwischen richt- **27** linienkonformen und Sonstigen Investmentvermögen dar, indem **Sonstige Investmentvermögen von den strengeren Anforderungen an Wertpapier-Darlehen und Pensionsgeschäfte bezüglich der Minimierung der Liquiditätsrisiken für OGAW ausgenommen werden** (BT-Dr. 17/12294, 488). Die Norm bestimmt, dass die AIF-Kapitalverwaltungsgesellschaft, abweichend von § 200, Wertpapiere auf bestimmte Zeit übertragen kann, vgl. § 221 VII 1. OGAW-Kapitalverwaltungsgesellschaften dürfen dies nur unter engen Voraussetzungen, insb. muss dies in den Anlagebedingungen vorgesehen sein, § 200 I, und es sind gem. § 200 II ausreichende Sicherungen notwendig. Wenn die Rückerstattung eines Wertpapier-Darlehens zeitlich bestimmt ist, muss die Rückerstattung spätestens 30 Tage nach der Übertragung der Wertpapiere fällig sein.

Des Weiteren wird geregelt, dass die Summe aus dem Kurswert der für eine be- **28** stimmte Zeit zu übertragenden Wertpapiere und aus dem Kurswert der für Rechnung des Sonstigen Investmentvermögen bereits als Wertpapier-Darlehen für eine bestimmte Zeit übertragenen Wertpapiere maximal 15% des Wertes des Sonstigen Investmentvermögens betragen dürfen.

Sonstige Investmentvermögen können Pensionsgeschäfte abschließen. Im Ge- **29** gensatz zu einem OGAW muss ein Pensionsgeschäft für ein Sonstiges Investmentvermögen nicht nach § 203 S. 4 jederzeit kündbar sein, da nach § 221 VII von dieser Vorgabe abgewichen werden kann. Mit dieser Regelung stellt der Gesetzgeber für Sonstige Investmentvermögen die Rechtslage her, die nach § 54 InvG vorlag. Danach durften auch OGAW Wertpapiere auf bestimmte Zeit übertragen. Dies ist jedoch nach § 200 nicht mehr möglich.

VII. Überschreitung von Anlagegrenzen (§ 221 VIII)

§ 221 VIII wurde im Rahmen des FoStoG angefügt. Er schafft für Sonstige In- **30** vestmentvermögen eine Anlaufphase, innerhalb derer die in Abs. 2–6 genannten Anlagegrenzen nicht zwingend einzuhalten sind, um so praktischen Problemen beim Aufbau des Anlageportfolios eines neu errichteten Sonstigen Investmentvermögens zu begegnen (vgl. BT-Drs. 19/27631, 98). Für den Fall einer Verschmelzung eines Sondervermögens auf ein Sonstiges Investmentvermögen gilt dies entsprechend.

§ 222 Mikrofinanzinstitute

(1) [1]**Abweichend von Absatz § 221 Absatz 5 Satz 1 darf die AIF-Kapitalverwaltungsgesellschaft bis zu 95 Prozent des Wertes des Sonstigen Investmentvermögens in unverbriefte Darlehensforderungen von regulierten Mikrofinanzinstituten und in unverbriefte Darlehensforderungen gegen regulierte Mikrofinanzinstitute anlegen; ein Erwerb von unverbrieften Darlehensforderungen gegen regulierte Mikrofinanzinstitute ist jedoch nur zulässig, wenn der Erwerb der Refinanzierung des Mikrofinanzinstituts dient.** [2]**Regulierte Mikrofinanzinstitute im Sinne des Satzes 1 sind Unternehmen,**

1. **die als Kredit- oder Finanzinstitut von der in ihrem Sitzstaat für die Beaufsichtigung von Kreditinstituten zuständigen Behörde zugelassen sind und nach international anerkannten Grundsätzen beaufsichtigt werden,**
2. **deren Haupttätigkeit die Finanzierung von Klein- und Kleinstunternehmern für deren unternehmerische Zwecke ist und**
3. **bei denen 60 Prozent der jeweiligen Finanzierungen von einzelnen Klein- und Kleinstunternehmern den Betrag von insgesamt 30 000 Euro nicht überschreitet.**

[3]**Abweichend von Absatz 5 Satz 1 darf die AIF-Kapitalverwaltungsgesellschaft auch bis zu 75 Prozent des Wertes des Sonstigen Investmentvermögens in unverbriefte Darlehensforderungen von unregulierten Mikrofinanzinstituten und in unverbriefte Darlehensforderungen gegen unregulierte Mikrofinanzinstitute anlegen, deren Geschäftstätigkeit jeweils die in Satz 2 Nummer 2 und 3 genannten Kriterien erfüllt und die**

1. **seit mindestens drei Jahren neben der allgemeinen fachlichen Eignung über ein ausreichendes Erfahrungswissen für die Tätigkeit im Mikrofinanzsektor verfügen,**
2. **ein nachhaltiges Geschäftsmodell vorweisen können und**
3. **deren ordnungsgemäße Geschäftsorganisation sowie deren Risikomanagement von einem im Staat des Mikrofinanzinstituts niedergelassenen Wirtschaftsprüfer geprüft sowie von der AIF-Kapitalverwaltungsgesellschaft regelmäßig kontrolliert werden.**

[4]**Die AIF-Kapitalverwaltungsgesellschaft darf Vermögensgegenstände desselben Mikrofinanzinstituts jedoch nur in Höhe von bis zu 10 Prozent und von mehreren Mikrofinanzinstituten desselben Staates nur in Höhe von bis zu 15 Prozent des Wertes des Sonstigen Investmentvermögens erwerben.**

(2) [1]**Macht eine AIF-Kapitalverwaltungsgesellschaft von den Anlagemöglichkeiten nach Absatz 1 Gebrauch, darf sie für Rechnung des Sonstigen Investmentvermögens auch Wertpapiere erwerben, die von Mikrofinanzinstituten im Sinne des Absatzes 1 Satz 2 begeben werden, ohne dass die Erwerbsbeschränkungen nach § 193 Absatz 1 Satz 1 Nummer 2 und 4 gelten.** [2]**Die AIF-Kapitalverwaltungsgesellschaft darf in Wertpapiere im Sinne des Satzes 1 nur bis zu 15 Prozent des Wertes des Sonstigen Investmentvermögens anlegen.**

(3) **In den Fällen des Absatzes 1 müssen die Personen, die für die Anlageentscheidungen bei dem Sonstigen Investmentvermögen verant-**

wortlich sind, neben der allgemeinen fachlichen Eignung für die Durchführung von Investmentgeschäften ausreichendes Erfahrungswissen in Bezug auf die in Absatz 1 genannten Anlagemöglichkeiten haben.

I. Hintergrund

Sonstige Investmentvermögen können nach § 222 auch als **Mikrofinanzfonds** 1
ausgestaltet werden. § 222 übernimmt die Regelungen des § 90h VII–XI InvG. Der Fonds erwirbt in diesem Fall unverbriefte Darlehensforderungen, die von Mikrofinanzinstituten in Entwicklungs- und Schwellenländern als Klein- und Kleinstkredite an sogenannte Kleinunternehmer begeben wurden. Es handelt sich somit um einen Spezialfall des § 221 I Nr. 4. Mikrofinanzierung ist zwar keine neue Erscheinung, hat aber seit Mitte der Achtziger Jahre eine Renaissance erfahren. Diese Entwicklung trägt der Tatsache Rechnung, dass weite Kreise der Weltbevölkerung keinen angemessenen Zugang zu Krediten haben, sondern sich zu ungünstigen Konditionen mit Kapital versorgen müssen. Neben der Vergabe von Krediten vermitteln Mikrofinanzinstitute regelmäßig auch wirtschaftliche Grundkenntnisse an die Kleinunternehmer. Damit dient die Vorschrift nicht nur Renditeerwägungen, sondern auch der Gemeinwohlförderung.

Mit der Aufnahme von Mikrofinanzfonds in das InvG und deren Übernahme ins 2
KAGB greift der Gesetzgeber die Verbreitung der **Mikrofinanzierung** auf und ermöglicht es Anlegern, das wirtschaftliche Wachstum in Entwicklungs- und Schwellenländern zu fördern. Neben altruistischen Motiven bietet diese Anlage in der Regel vergleichsweise hohe Renditen und aufgrund der eingeschränkten Korrelation mit klassischen Anlageformen einen hohen Diversifizierungseffekt. Laut Bericht des Finanzausschusses liegt zudem die Rückzahlungsquote international im Durchschnitt bei 97% (BT-Drs. 16/6874, 117).

§ 222 I 1 und 3 stellt des Weiteren klar, dass Mikrofinanzfonds auch in unver- 3
briefte Darlehensforderungen gegen Mikrofinanzinstitute investieren können, solange dies der **Refinanzierung des Mikrofinanzinstituts** dient. Dies ist eine weitere Möglichkeit, Mikrofinanzinstitute zu fördern, da die Anforderungen an eine Refinanzierung zB bereits dann als erfüllt anzusehen sind, wenn ein Kreditinstitut mit dem Mikrofinanzinstitut einen Darlehensvertrag nur unter der Bedingung abschließt, dass anschließend die Darlehensforderung gegen das Mikrofinanzinstitut von der AIF-KVG für Rechnung des von ihr verwalteten Mikrofinanzfonds erworben wird. Der Refinanzierung wird insofern Rechnung getragen, als dass dem Mikrofinanzinstitut durch das Darlehen Kapital zugeführt wird, das es sonst nicht oder nur unter schlechteren Konditionen erhalten hätte.

II. Anlagegenstände

Mikrofinanzfonds sind Investmentvermögen nach Maßgabe der §§ 220–224, 4
die gem. § 222 I unverbriefte Forderungen aus Mikrokrediten, also aus Kleinstkrediten mit einer geringen Valuta erwerben. Die Mikrofinanzfonds vergeben die Mikrokredite nicht selbst, sondern erwerben die Forderungen von sog. Mikrofinanzinstituten. Auf diese Weise beteiligt sich der Anleger an der Refinanzierung von Darlehen, die Mikrofinanzinstitute in Entwicklungs- und Schwellenländern ausgeben. Mikrofinanzfonds können keine Sicherheiten gewähren, um Kreditverbindlichkeiten von Mikrofinanzinstituten gegenüber lokalen Banken zu sichern. Dies ist nach § 93 II 2 unzulässig.

5 Investiert ein Sonstiges Investmentvermögen in unverbriefte Darlehensforderungen eines Mikrofinanzinstituts, darf es nach § 222 II auch **Wertpapiere erwerben, die vom Mikrofinanzinstitut begeben werden,** ohne die Beschränkung gem. § 193 I 1 Nr. 2 und 4 (Börsenzulassung/organisierter Markt sind nicht erforderlich) zu beachten. Allerdings kann der Fonds solche Wertpapiere nur bis zu 15% des Wertes des Sonstigen Investmentvermögen erwerben.

III. Anforderungen an Mikrofinanzinstitute

6 Aus Gründen des Anlegerschutzes kommen als Mikrofinanzinstitute iSd § 222 I nur solche Kredit- und Finanzinstitute in Betracht, die den strengen **Anforderungen des § 222 I 2 für regulierte Mikrofinanzinstitute bzw. § 222 I 3 für unregulierte Mikrofinanzinstitute genügen.** Der Erwerb unverbriefter Darlehensforderungen von Mikrofinanzinstituten, die diesen Anforderungen nicht genügen, ist aber nach § 221 I Nr. 4 V iHv bis zu 30% des Wertes des Sonstigen Investmentvermögens zulässig.

7 Ein reguliertes Mikrofinanzinstitut muss als Kredit- oder Finanzinstitut von der in seinem Sitzstaat für die **Beaufsichtigung** zuständigen Behörde zugelassen sein und nach international anerkannten Grundsätzen beaufsichtigt werden (§ 222 I 2 Nr. 1). Anerkannte Grundsätze der Beaufsichtigung sind zumindest dann eingehalten, wenn die „Core Principles for Effective Banking Supervision" des Basler Komitees für Bankenaufsicht berücksichtigt werden (BT-Drs. 16/6874, 118) sowie die „Microfinance Activities and the Core Principles for Effective Banking Supervision".

8 Ursprünglich musste die **Haupttätigkeit** des Mikrofinanzinstituts nach § 222 I 2 Nr. 2 in der Vergabe von Gelddarlehen an Klein- und Kleinstunternehmer für deren unternehmerische Zwecke bestehen. Der Gesetzgeber hatte insoweit lediglich die Anforderungen an die Mikrofinanzinstitute aufgestellt, bzgl. der erwerbbaren Mikrofinanz-Darlehensforderungen enthält das KAGB hingegen keine weiteren qualitativen Anforderungen. Die Vergabe von Darlehen für unternehmerische Zwecke der Darlehensnehmer musste lediglich Haupttätigkeit des Instituts sein. Folglich war es unschädlich, wenn dieses Institut als Nebengeschäft auch Konsumentenkredite begibt; diese Konsumentenkredite konnten grundsätzlich ebenfalls von einem Mikrofinanzfonds als zulässige Anlagegenstände erworben werden. Im Rahmen des FoStoG wurde § 222 I 2 Nr. 2 mWv 2.8.2021 dahingehend erweitert, dass Mikrofinanzinstituten neben der Vergabe von Gelddarlehen auch andere Finanzierungsarten offenstehen; hierdurch wurden die Investitionsmöglichkeiten von Mikrofinanzfonds entsprechend erweitert (BT-Drs. 19/27631, 98). Jedoch dürfen nach § 222 I 4 Vermögensgegenstände desselben Mikrofinanzinstituts nicht mehr als 10% und von mehreren Mikrofinanzinstituten desselben Staates nicht mehr als 15% des Wertes des Sonstigen Investmentvermögens ausmachen.

9 Um auch tatsächlich die Beteiligung an Klein- und Kleinstkrediten zu gewährleisten, kommen nur solche Kredit- oder Finanzinstitute als Mikrofinanzinstitute in Betracht, bei denen **60% der Darlehensnehmer die Kreditsumme von insgesamt 30.000 EUR nicht überschreiten** (§ 222 I 2 Nr. 3). Diese Obergrenze lag zunächst bei 10.000 EUR, wurde aber im Rahmen des FoStoG (mWv 2.8.2021) erhöht, um dem gewachsenen Mikrofinanzierungsmarkt Rechnung zu tragen (BT-Drs. 19/27631, 98).

10 Im Gegensatz zu einem regulierten Mikrofinanzinstitut handelt es sich bei einem unregulierten Mikrofinanzinstitut um ein Unternehmen ohne Bankstatus, wie zB

Stiftungen, Selbsthilfeorganisationen oder Genossenschaften. Solche Unternehmen zählten zunächst nicht zu den zugelassenen Mikrofinanzinstituten, um die Interessen der Anleger zu schützen. Dadurch, dass sich unregulierte Mikrofinanzinstitute auf Kleinfinanzierungen spezialisiert haben und häufig professionell geführt werden und profitabel sind, hat der Gesetzgeber auch diese mit aufgenommen. Vorteile bestehen bei unregulierten Mikrofinanzinstituten gerade dadurch, dass sie eine günstige Kostenstruktur haben, stark wachsen und trotzdem kundennah sind. Zudem ist so sowohl eine bereitere Länder- als auch Adressstreuung möglich (BT-Drs. 17/4510, 78f.). Dem Anlegerschutz wird dadurch gedient, dass ein **unreguliertes Mikrofinanzinstitut** in seiner Geschäftstätigkeit neben den Kriterien aus § 222 I 2 Nr. 2 und 3 bestimmte Voraussetzungen erfüllen muss.

Zum einen muss das Unternehmen seit mindestens drei Jahren neben der all- 11
gemeinen fachlichen Eignung über ein ausreichendes Erfahrungswissen für die Tätigkeit im Mikrofinanzsektor verfügen, § 222 I 3 Nr. 4. Zum anderen muss das unregulierte Mikrofinanzinstitut nach § 222 I 3 Nr. 5 ein **nachhaltiges Geschäftsmodell** vorweisen können. Insbesondere der Nachweis der zweiten Voraussetzung dürfte angesichts des unbestimmten Rechtsbegriffs praktisch nicht ganz einfach sein. Zutreffenderweise wird daher davon ausgegangen, dass die KVG sich bei der Prüfung auf die Angaben der lokalen Aufsicht oder ortsansässiger Berater verlassen darf (vgl. WBA/*Baum* § 222 Rn. 14 mwN).

Nach § 222 I 3 Nr. 3 muss die ordnungsgemäße Geschäftsorganisation des Un- 12
ternehmens sowie deren Risikomanagement von einem im Staat des Mikrofinanzinstituts niedergelassenen Wirtschaftsprüfer geprüft sowie von der AIF-Kapitalverwaltungsgesellschaft regelmäßig kontrolliert werden.

Angesichts der bei Mikrofinanzierungen erforderlichen Kenntnisse hat der deut- 13
sche Gesetzgeber in § 222 III besondere Anforderungen an die fachliche Qualifikation der Portfoliomanager gestellt. Die für die Anlageentscheidung beim Sonstigen Investmentvermögen verantwortliche Person muss über ausreichendes Erfahrungswissen im Hinblick auf unverbriefte Darlehensforderungen von Mikrofinanzinstituten verfügen. Diese müssen nicht ausschließlich im Zusammenhang mit der Verwaltung eines regulierten Investmentvermögens erworben worden sein, sondern können beispielsweise auch aufgrund einer entsprechenden Tätigkeit für ein Mikrofinanzinstitut, eine multilaterale oder bilaterale Entwicklungsbank erlangt worden sein (FK-KapAnlR/*Alexander-Huhle* § 222 Rn. 14).

IV. Anlagegrenzen

Für Mikrofinanzfonds gelten **besondere Anlagegrenzen.** Ein Sonstiges Invest- 14
mentvermögen kann bis zu 95% seines Werts in unverbriefte Darlehensforderungen von regulierten Mikrofinanzinstituten investieren. Dasselbe gilt für die Investition in unverbrieften Darlehensforderungen gegen regulierte Mikrofinanzinstitute, solange der Erwerb der Refinanzierung des Mikrofinanzinstituts dient. Damit stellt § 222 I 1 eine Spezialvorschrift im Verhältnis zu § 221 V dar, sodass die kumulierte Anwendung (etwa der Erwerb von Mikrofinanzinstituten iHv 95% und sonstigen unverbrieften Darlehensforderungen iHv 5% des Wertes des Investmentvermögens) nicht in Betracht kommt. Ursprünglich lag die Grenze für den Erwerb von Mikrofinanzkrediten – wie bei den sonstigen unverbrieften Darlehensforderungen – bei 30% des Wertes des Investmentvermögens. Zunächst wurde diese Grenze dann auf 75% angehoben, dann sogar **auf 95%** des Wertes des Sonstigen Investmentvermögens. Die deutlichen Erhöhungen begründet der Gesetzgeber

überraschenderweise nicht etwa mit investment- oder anlegerbezogenen Überlegungen, sondern mit der großen Bedeutung der Veräußerung der Darlehensforderungen für die Refinanzierung der Mikrofinanzinstitute (BT-Drs. 16/6874, 117). Die Anlagegrenze iHv 75% des Werts des Sonstigen Investmentvermögens besteht für die Investition in unverbriefte Darlehensforderungen von unregulierten Mikrofinanzinstituten bzw. gegen diese fort, vgl. § 222 I 3. In Kombination mit der durch § 222 II eröffneten Möglichkeit des Erwerbs von durch Mikrofinanzinstituten begebenen Wertpapieren kann ein Sonstiges Investmentvermögen als Publikums-Mikrofinanzfonds mit bis zu 100% bzw. 90% des Wertes in Anlagen investiert sein, die der Refinanzierung von Mikrofinanzinstituten dienen.

15 Unverbriefte Darlehensforderungen desselben Mikrofinanzinstituts dürfen nur bis zu 10% des Werts des Fondsvermögens erworben werden bzw. von mehreren Mikrofinanzinstituten desselben Staates nur bis zu 15% (§ 222 I 4). Dadurch soll die Diversifizierung des Portfolios des Mikrofinanzfonds gesichert werden.

§ 223 Sonderregelungen für die Ausgabe und Rücknahme von Anteilen oder Aktien

(1) [1]**Die Anlagebedingungen von Sonstigen Investmentvermögen können abweichend von § 98 Absatz 1, Absatz 1b Satz 1 bis 3 oder § 116 Absatz 2 Satz 1 vorsehen, dass die Rücknahme von Anteilen oder Aktien höchstens einmal halbjährlich und mindestens einmal jährlich zu einem in den Anlagebedingungen bestimmten Termin erfolgt, wenn zum Zeitpunkt der Rückgabe der Anteile oder Aktien die Summe der Werte der zurückgegebenen Anteile oder Aktien einen in den Anlagebedingungen bestimmten Betrag überschreitet.** [2]**In den Fällen des Satzes 1 müssen die Anlagebedingungen vorsehen, dass die Rückgabe eines Anteils oder von Aktien durch eine unwiderrufliche Rückgabeerklärung gegenüber der AIF-Kapitalverwaltungsgesellschaft unter Einhaltung einer Rückgabefrist erfolgen muss, die mindestens einen Monat betragen muss und höchstens zwölf Monate betragen darf; § 227 Absatz 3 gilt entsprechend.**

(2) [1]**In den Fällen des § 222 Absatz 1 ist § 98 Absatz 1 oder § 116 Absatz 2 Satz 1 mit der Maßgabe anzuwenden, dass die Anlagebedingungen vorsehen müssen, dass die Rücknahme von Anteilen oder Aktien nur zu bestimmten Rücknahmeterminen erfolgt, jedoch höchstens einmal vierteljährlich und mindestens einmal jährlich.** [2]**Die Rückgabe von Anteilen oder Aktien ist nur zulässig durch eine unwiderrufliche Rückgabeerklärung unter Einhaltung einer Rückgabefrist, die zwischen einem und 24 Monaten betragen muss; § 227 Absatz 3 gilt entsprechend.**

I. Allgemeines

1 Die Regelung des § 223 übernimmt im Wesentlichen die Vorschrift des § 90i I, III InvG und trifft für Sonstige Investmentvermögen **ergänzende Regelungen im Verhältnis zu § 98.**

2 Eine AIF-Kapitalverwaltungsgesellschaft, die ein Sonstiges Investmentvermögen verwaltet, kann in den Anlagebedingungen für die Rücknahme der Anteile einen Schwellenwert festlegen, bei dessen Überschreiten die Rücknahme nur zu festen Terminen erfolgt. § 223 II enthält weitere Besonderheiten für Mikrofinanz-Fonds.

II. Rücknahmetermin, Rücknahmeerklärung (§ 223 I)

§ 223 I ermöglicht im Falle eines Sonstigen Investmentvermögens eine Beschränkung der Anteilsrücknahme, um dem Spannungsverhältnis zwischen eingeschränkter Liquidität der Vermögensgegenstände des Fonds und der dem Interesse der Anleger an einer möglichst jederzeitigen Rückgabe der Anteile gerecht zu werden. Vergleichbare Regelungen finden sich zudem in §§ 227 I, 255. Die optionale **Beschränkung der Rücknahme** soll der KVG eine **effizientere Portfoliosteuerung** ermöglichen, da bei der Rückgabe von Anteilen mit hohem Gesamtwert die Auszahlung erst nach einem angemessenen Zeitraum und zu einem bestimmten Zeitpunkt vorzunehmen ist (BT-Drs. 16/5576, 81). Rücknahmebeschränkungen sind dabei auch im Rahmen des Liquiditätsmanagementinstruments des § 98 Ib möglich (BT-Drs. 20/8292, 154). 3

Nach § 223 I 1 können die Vertragsbedingungen bzw. die Anlagebedingungen vorsehen, dass die Rücknahme von Anteilen höchstens einmal halbjährig und mindestens einmal jährlich zu einem in den Vertragsbedingungen bzw. den Anlagebedingungen bestimmten Termin erfolgt. Dafür muss zum Zeitpunkt der Rückgabe der Anteile die **Summe der Werte der zurückgegebenen Anteile** einen in den Vertragsbedingungen bzw. den Anlagebedingungen bestimmten Betrag überschreiten. 4

Wird an einem Rückgabetermin durch die Summe der bis dato angedienten Anteile der in den Anlagebedingungen festgesetzte Höchstbetrag überschritten, so löst dies die **Rücknahme zu bestimmten Terminen** aus. Hierbei lässt § 223 I offen, ob diese Beschränkung der Rücknahme auch zeitlich begrenzt werden kann. Mit Blick auf eine praxisgerechte Lösung ist davon auszugehen, dass die KVG in den Anlagebedingungen festlegen kann, ob die Beschränkung der Rücknahme lediglich für einen bestimmten Zeitraum oder unbegrenzt und damit für die verbleibende Dauer des Fonds gelten soll. In der Praxis dürfte allein der erste Fall eine Rolle spielen. 5

Des Weiteren lässt § 223 I die Frage offen, ob sich die „Summe der Werte der zurückgegebenen Anteile" auf einen **einzelnen Anleger** oder auf **Anleger** bezieht, die an einem Rücknahmetermin oder innerhalb eines definierten Zeitraums **Anteile zurückgeben** wollen. Im ersten Fallkönnte jeder Anleger unabhängig vom Rückgabeverhalten der übrigen Anleger solange und soweit Anteile zurückgeben, bis der Rückgabehöchstwert erreicht ist. Im zweiten Fall wäre die Rückgabe für alle Anleger ausgeschlossen, wenn durch die Rückgabe eines oder mehrerer Anleger der Schwellenwert überschritten wird. Der Wortlaut des § 223 I 1 ist nicht eindeutig, spricht aber eher für ein Abstellen auf die Gesamtheit der Anleger. Denn wollte der Gesetzgeber auf den einzelnen Anleger abstellen, hätte die Formulierung einfach lauten können: „Die Rückgabe kann in den Vertragsbedingungen auf einen bestimmten Betrag pro Anleger begrenzt werden". 6

Nach **Sinn und Zweck** des § 223 I 1 liegt es deutlich näher, auf die Gesamtheit der Anleger abzustellen. Für die effiziente Portfoliosteuerung durch die KVG macht es keinen Unterschied, ob der Liquiditätsbedarf durch das Rücknahmeverlangen eines großen oder vieler kleiner Investoren ausgelöst wird (so auch EDD/*Meyer-Arndt* § 223 Rn. 5). Ferner spricht der Vergleich mit der zeitlich später in das Gesetz aufgenommenen Regelung des § 98 Ib 1 für ein Abstellen auf die Gesamtheit der Anleger. 7

Vor dem Hintergrund der offenen Formulierung des § 223 I ist es jedoch vertretbar, der auflegenden Gesellschaft ein Wahlrecht für die Festlegung der Vorausset- 8 zungen für den Eintritt der beschränkten Rücknahme und deren Folgen einzuräumen. In den Anlagebedingungen kann somit eine Festlegung auf eine anlegerbezogene Schwelle oder eine fondsbezogene Schwelle erfolgen.

9 Nach § 223 I 2 müssen die Anlagebedingungen in den Fällen des § 223 I 1 vorsehen, dass die Rückgabe eines Anteils durch eine unwiderrufliche Rückgabeerklärung gegenüber der AIF-Kapitalverwaltungsgesellschaft bzw. InvAG unter Einhaltung einer Rückgabefrist erfolgt. Das Schriftformerfordernis für diese Rückgabeerklärung ist iRd ZuFinG mwV 15.12.2023 entfallen, um der zunehmenden Digitalisierung Rechnung zu tragen (vgl. BT-Drs. 20/8292, 154). Die Rückgabefrist muss mindestens einen und darf höchstens zwölf Monate betragen.

10 Welcher Zeitpunkt für die Berechnung des Anteilswerts im Rahmen der Auszahlung maßgeblich ist, ergibt sich ebenfalls nicht aus dem Gesetz. Abzustellen ist jedoch auf den Zeitpunkt des Ablaufs der Rückgabefrist. Denn bei einem Abstellen auf den Zeitpunkt des Zugangs der Rückgabeerklärung könnte die KVG kaum sinnvoll planen, da sie dem Anleger nach Ablauf der Rücknahmefrist den früheren Anteilswert ausbezahlen müsste. Für die anderen Anleger bestünde zudem bei fallenden Anteilswerten die Gefahr, dass der Anteil des zurückgebenden Anlegers im Verhältnis zu den restlichen Anteilen steigt. Die umgekehrte Situation würde sich bei steigenden Anteilswerten ergeben, sodass die frühzeitige Fixierung der Anteilswerte im Ergebnis zu einem unerwünschten Hebeleffekt führt.

11 Im Hinblick auf das Verfahren der Anteilsrücknahme und der Auszahlung des Rücknahmepreises verweist § 223 I 2 auf § 227 III. Danach hat die Rückgabeerklärung durch diejenige Stelle zu erfolgen, bei der die Anteile in einem inländischen Depot verwahrt werden. Die Anteile, die zurückgegeben werden sollen, sind bis zur tatsächlichen Rückgabe von der depotführenden Stelle zu sperren. Werden die Anteile in einem ausländischen Depot verwahrt, so sind die Anteile zunächst von der Depotbank auf ein Sperrkonto zu übertragen. Erst dann beginnt die Frist für die Anteilrückgabe zu laufen. Werden die Anteile ausnahmsweise weder in einem in- noch in einem ausländischen Depot verwahrt, so hat der Besitzer die Erklärung abzugeben und die Anteile ebenfalls bei der Depotbank einzureichen. Auch hier beginnt die Frist für die Rückgabe erst zu laufen, wenn die Anteile von der Depotbank in ein Sperrdepot übertragen worden sind. Dieses Verfahren soll es der KVG ermöglichen, die Auszahlung des Rücknahmepreises Zug um Zug gegen Rücknahme der Anteile zu kontrollieren (vgl. BT-Drs. 16/5576, 77). Das Verfahren ist gem. § 224 I Nr. 7 im Verkaufsprospekt darzulegen.

III. Bestimmung des Höchstbetrags

12 Ausweislich des Wortlauts des § 223 I 1 ist der Schwellenwert für die Beschränkung der Anteilsrücknahme in den Anlagebedingungen zu bestimmen. Das KAGB beinhaltet keine Vorgaben für die Festsetzung des Höchstbetrags. Insoweit liegt es grds. im **freien Ermessen der KVG, in welcher Höhe sie den Schwellenwert festlegt.** Somit ist es vor dem Hintergrund der offenen Formulierung des § 223 I 1 möglich, ihn vergleichsweise niedrig festzulegen. Schwellenwerte im Bereich von 5% des NAV sind ohne Weiteres zulässig. Mit Blick auf den Anlegerschutz ist festzuhalten, dass eine Kenntlichmachung im Verkaufsprospekt zu erfolgen hat (§ 224 I Nr. 5) und die KVG aus Reputationsgründen ein eigenes Interesse daran haben dürfte, nicht ohne einen in der Anlagestrategie des Investmentvermögens liegenden Grund die Erfüllung des Rücknahmeverlangens der Anteilinhaber zu verzögern.

IV. Rücknahmetermin für Mikrofinanz-Fonds (§ 223 II)

In Abweichung von § 98 I normiert § 223 II 1 die **zwingende Maßgabe,** die Rücknahme der Anteile in den Anlagebedingungen auf bestimmte Rücknahmetermine zu begrenzen. Darin unterscheiden sich **Mikrofinanz-Fonds** von den übrigen Sonstigen Investmentvermögen, bei denen die Anlagebedingungen eine solche Regelung vorsehen können, aber nicht müssen. Die Rücknahme darf höchstens einmal vierteljährlich und mindestens einmal im Jahr erfolgen. Die Regelung trägt ebenfalls der Illiquidität der Anlagegegenstände von Mikrofinanz-Fonds Rechnung. 13

Über die Beschränkung der Rücknahmetermine hinaus ist die Rückgabe von Anteilen nur durch eine unwiderrufliche Rückgabeerklärung möglich. Mit Ausnahme der bei § 223 II 2 mit 24 Monaten längeren Rückgabefrist entspricht die Vorschrift inhaltlich § 223 I 2. 14

§ 224 Angaben im Verkaufsprospekt und in den Anlagebedingungen

(1) Der Verkaufsprospekt muss bei Sonstigen Investmentvermögen zusätzlich zu den Angaben nach § 165 folgende Angaben enthalten:

1. ob und in welchem Umfang in Vermögensgegenstände im Sinne des § 198, in Edelmetalle, Derivate, unverbriefte Darlehensforderungen und Kryptowerte angelegt werden darf;

2. eine Beschreibung der wesentlichen Merkmale der für das Sonstige Investmentvermögen erwerbbaren unverbrieften Darlehensforderungen oder Kryptowerte;

3. Angaben zu dem Umfang, in dem Kredite aufgenommen werden dürfen, verbunden mit einer Erläuterung der Risiken, die damit verbunden sein können;

4. im Fall des § 222 Absatz 1 und 2, ob und in welchem Umfang von den dort genannten Anlagemöglichkeiten Gebrauch gemacht wird und eine Erläuterung der damit verbundenen Risiken sowie eine Beschreibung der wesentlichen Merkmale der Mikrofinanzinstitute und nach welchen Grundsätzen sie ausgewählt werden;

5. im Fall des § 223 Absatz 1 einen ausdrücklichen, drucktechnisch hervorgehobenen Hinweis, dass der Anleger abweichend von § 98 Absatz 1 oder § 116 Absatz 2 Satz 1 von der AIF-Kapitalverwaltungsgesellschaft die Rücknahme von Anteilen oder Aktien und die Auszahlung des Anteil- oder Aktienwertes nur zu bestimmten Terminen verlangen kann, wenn zum Zeitpunkt der Rückgabe der Anteile oder Aktien die Summe der Werte der zurückgegebenen Anteile oder Aktien den in den Anlagebedingungen bestimmten Betrag überschreitet;

6. im Fall des § 223 Absatz 2 einen ausdrücklichen, drucktechnisch hervorgehobenen Hinweis, dass der Anleger abweichend von § 98 Absatz 1 oder § 116 Absatz 2 Satz 1 von der AIF-Kapitalverwaltungsgesellschaft die Rücknahme von Anteilen oder Aktien und die Auszahlung des Anteil- oder Aktienwertes nur zu bestimmten Terminen verlangen kann;

7. alle Voraussetzungen und Bedingungen für die Rücknahme und Auszahlung von Anteilen oder Aktien aus dem Sonstigen Investmentvermögen Zug um Zug gegen Rückgabe der Anteile oder Aktien.

(2) **Die Anlagebedingungen eines Sonstigen Investmentvermögens müssen zusätzlich zu den Angaben nach § 162 folgende Angaben enthalten:**

1. **die Arten der Edelmetalle, Derivate, Darlehensforderungen und Kryptowerte, die für das Sonstige Investmentvermögen erworben werden dürfen;**
2. **in welchem Umfang die zulässigen Vermögensgegenstände erworben werden dürfen;**
3. **den Anteil des Sonstigen Investmentvermögens, der mindestens in Bankguthaben, Geldmarktinstrumenten oder anderen liquiden Mitteln gehalten werden muss;**
4. **alle Voraussetzungen und Bedingungen für die Rücknahme und Auszahlung von Anteilen oder Aktien aus dem Sonstigen Investmentvermögen Zug um Zug gegen Rückgabe der Anteile oder Aktien.**

I. Allgemeines

1 § 224 übernimmt, versehen mit redaktionellen Anpassungen, die Vorschriften des § 90j II, III InvG. Die Regelung des § 224 modifiziert und ergänzt die allgemeinen Vorschriften über die Angaben im Verkaufsprospekt (§ 165) und in den Anlagebedingungen (§ 162).

II. Angaben im Verkaufsprospekt (§ 224 I)

2 Die Regelung des § 224 I stellt klar, dass der Verkaufsprospekt zunächst einmal die allgemeinen Angaben des § 165 enthalten muss.

3 Über die Angaben des § 165 hinaus sind – als Folge der erweiterten Anlagemöglichkeiten und der für Sonstige Investmentvermögen geltenden Besonderheiten bei der Anteilsrücknahme – **zusätzliche Angaben im Verkaufsprospekt** zu machen:

- Nr. 1: Angaben über den Umfang der Anlage in den besonderen Anlagegegenständen für Sonstige Investmentvermögen (Vermögensgegenstände iSd § 198, Edelmetalle, Derivate, unverbriefte Darlehensforderungen und Kryptowerte). Die Vorschrift trägt den erweiterten Anlagemöglichkeiten von Sonstigen Investmentvermögen Rechnung.
- Nr. 2: Beschreibung der wesentlichen Merkmale der erwerbbaren unverbrieften Darlehensforderungen und Kryptowerte. Hierdurch soll der Anleger sich Klarheit über die Anlageziele des Fonds verschaffen können.
- Nr. 3: Angaben über den Umfang der zulässigen Kreditaufnahme sowie Erläuterung der damit verbundenen Risiken. Die Obergrenze liegt gem. § 221 IV bei 20% des Werts des Fondsvermögens.
- Nr. 4: Im Falle der Anlage in Mikrofinanz-Produkte die Erläuterung der damit verbundenen Risiken und die wesentlichen Merkmale der Mikrofinanz-Institute.
- Nr. 5: Ausdrücklicher, drucktechnisch hervorgehobener Hinweis auf die von § 98 I abweichende Rückgabemöglichkeit, sofern eine Regelung nach § 223 I in die Vertrags- bzw. die Anlagebedingungen aufgenommen wurde.
- Nr. 6: Ausdrücklicher, drucktechnisch hervorgehobener Hinweis auf die gem. § 223 II von § 98 I abweichende Regelung der Rückgabe von Anteilen an Mikrofinanz-Fonds.

– Nr. 7: Angabe der Voraussetzungen und Bedingungen der Rückgabe und Auszahlung von Anteilen. Hierbei sind gegebenenfalls die Regelungen des § 227 III mit aufzunehmen (§ 223 I 2, II 2).

Nummer 1 und Nr. 2 wurden iRd FoStoG mWv 15. 12. 2023 geändert, um der Aufnahme von Kryptowerten in den Katalog der zulässigen Anlagegegenstände der Sonstigen Sondervermögen Rechnung zu tragen (vgl. BT-Drs. 20/9363, 127).

III. Angaben in den Anlagebedingungen (§ 224 II)

Um rechtliche Verbindlichkeit im Hinblick auf das erweiterte Anlagespektrum sowie die zu Teil eingeschränkte Liquidität der erwerbbaren Vermögensgegenstände der Sonstigen Investmentvermögen zu schaffen, sind die Mindestangaben in den Anlagebedingungen (§ 162 II) zwingend um die Zusatzangaben nach Maßgabe des § 224 II zu ergänzen. 4

Die Angaben betreffen zunächst die für Rechnung des Sonstigen Investmentvermögens erwerbbaren Vermögensgegenstände. Danach sind Angaben über die Arten der Edelmetalle, Derivate und Darlehensforderungen zu machen (§ 224 II Nr. 1). Es sind die rechtlichen Kriterien darzulegen, nach denen die erwerbbaren Vermögensgegenstände ausgewählt werden. 5

Ferner muss angegeben werden, **in welchem Umfang die Vermögensgegenstände erworben werden dürfen** (§ 224 II Nr. 2). Die Vorschrift bezieht sich auf die Anlagegrenzen des § 221 IV–VI und § 222 I–III und soll dem Anleger Klarheit darüber verschaffen, inwieweit die KVG bei Allokation des Fondsvermögens den gesetzlichen Rahmen ausschöpfen darf. 6

Nach § 224 II Nr. 3 müssen die Anlagebedingungen Angaben über den Mindestanteil an **liquiden Mitteln** des Sonstigen Investmentvermögens enthalten. Die Regelung steht im Zusammenhang mit der Möglichkeit des Erwerbs illiquider Anlagegenstände und soll zwischen dem Anleger und KVG insoweit verbindliche Regelungen für den Fall von Liquiditätsengpässen sowie damit verbundenen Schwierigkeiten bei der Anteilsrückgabe schaffen. 7

Unterabschnitt 4. Dach-Hedgefonds

§ 225 Dach-Hedgefonds

(1) [1]**Dach-Hedgefonds sind AIF, die vorbehaltlich der Regelung in Absatz 2 in Anteile oder Aktien von Zielfonds anlegen.** [2]**Zielfonds sind Hedgefonds nach Maßgabe des § 283 oder EU-AIF oder ausländische AIF, deren Anlagepolitik den Anforderungen des § 283 Absatz 1 vergleichbar ist.** [3]**Leverage mit Ausnahme von Kreditaufnahmen nach Maßgabe des § 199 und Leerverkäufe dürfen für Dach-Hedgefonds nicht durchgeführt werden.**

(2) **Die AIF-Kapitalverwaltungsgesellschaft darf für Rechnung eines Dach-Hedgefonds nur bis zu 49 Prozent des Wertes des Dach-Hedgefonds in**

1. **Bankguthaben,**
2. **Geldmarktinstrumente und**
3. **Anteile an Investmentvermögen im Sinne des § 196, die ausschließlich in Bankguthaben und Geldmarktinstrumente anlegen dürfen, sowie Anteile an entsprechenden EU-AIF oder ausländischen AIF**

anlegen. [4]Nur zur Währungskurssicherung von in Fremdwährung gehaltenen Vermögensgegenständen dürfen Devisenterminkontrakte verkauft sowie Verkaufsoptionsrechte auf Devisen oder auf Devisenterminkontrakte erworben werden, die auf dieselbe Fremdwährung lauten.

(3) **Die AIF-Kapitalverwaltungsgesellschaft darf für Rechnung eines Dach-Hedgefonds ausländische Zielfonds nur erwerben, wenn deren Vermögensgegenstände von einer Verwahrstelle oder einem Primebroker, der die Voraussetzungen des § 85 Absatz 4 Nummer 2 erfüllt, verwahrt werden.**

(4) **[1]Die AIF-Kapitalverwaltungsgesellschaft darf nicht mehr als 20 Prozent des Wertes eines Dach-Hedgefonds in einem einzelnen Zielfonds anlegen. [2]Sie darf nicht in mehr als zwei Zielfonds vom gleichen Emittenten oder Fondsmanager und nicht in Zielfonds anlegen, die ihre Mittel selbst in anderen Zielfonds anlegen. [3]Die AIF-Kapitalverwaltungsgesellschaft darf nicht in ausländische Zielfonds aus Staaten anlegen, die bei der Bekämpfung der Geldwäsche nicht im Sinne internationaler Vereinbarungen kooperieren. [4]Dach-Hedgefonds dürfen auch sämtliche ausgegebene Anteile oder Aktien eines Zielfonds erwerben.**

(5) **AIF-Kapitalverwaltungsgesellschaften, die Dach-Hedgefonds verwalten, müssen sicherstellen, dass ihnen sämtliche für die Anlageentscheidung notwendigen Informationen über die Zielfonds, in die sie anlegen wollen, vorliegen, mindestens jedoch**
1. **der letzte Jahres- und gegebenenfalls Halbjahresbericht,**
2. **die Anlagebedingungen und Verkaufsprospekte oder gleichwertige Dokumente,**
3. **Informationen zur Organisation, zum Management, zur Anlagepolitik, zum Risikomanagement und zur Verwahrstelle oder zu vergleichbaren Einrichtungen,**
4. **Angaben zu Anlagebeschränkungen, zur Liquidität, zum Umfang des Leverage und zur Durchführung von Leerverkäufen.**

(6) **[1]Die AIF-Kapitalverwaltungsgesellschaften haben die Zielfonds, in die sie anlegen, in Bezug auf die Einhaltung der Anlagestrategien und Risiken laufend zu überwachen und haben sich regelmäßig allgemein anerkannte Risikokennziffern vorlegen zu lassen. [2]Die Methode, nach der die Risikokennziffer errechnet wird, muss der AIF-Kapitalverwaltungsgesellschaft von dem jeweiligen Zielfonds angegeben und erläutert werden. [3]Die Verwahrstelle der Zielfonds hat eine Bestätigung des Wertes des Zielfonds vorzulegen.**

Literatur: *Berger/Steck* Regulierung von Hedgefonds in Deutschland, ZBB 2003, 192; *Deutsche Bundesbank* Hedge-Fonds und ihre Rolle auf den Finanzmärkten, Monatsbericht März 1999, 45; *Ebner* Steuerliche Behandlung von Dach-Investmentvermögen nach dem neuen InvStG, BB 2005, 295; *Gstädtner/Elicker* Das Aufsichtsrecht der Hedgefonds – Anspruch und Wirklichkeit, BKR 2006, 91; *Heidorn/Kaiser/Muschiol* Portfoliooptimierung mit Hedgefonds unter Berücksichtigung höherer Momente der Verteilung, CF 2007, 371; *Kaune/Oulds* Das neue Investmentgesetz, ZBB 2004, 114; *Kayser/Lindemann/Käks* Aufsichtsrechtliche Entwicklungen auf dem deutschen Markt im Bereich Hedgefonds, Teil I, FB 2009, 205; *Kayser/Lindemann/Käks* Aufsichtsrechtliche Entwicklungen auf dem deutschen Markt im Bereich Hedgefonds, Teil II, FB 2009, 247; *Klebeck* Side Pockets, ZBB 2012, 30; *Köndgen/Schmies* Die

Neuordnung des deutschen Investmentrechts, WM-Sonderbeilage Nr. 1/2004; *Lang* Das Investmentgesetz – Kein großer Wurf, aber ein Schritt in die richtige Richtung; *Luttermann/Backmann* Rechtsverhältnisse bei Hedge-Fonds („Risikofonds") in Deutschland und den USA, ZIP 2002, 1017; *Möllers/Harrer/Krüger* Die Regelung von Hedgefonds und Private Equity durch die neue AIFM Richtlinie, WM 2011, 1537; *Nietsch/Graef* Aufsicht über Hedgefonds nach dem AIFM-Richtlinienvorschlag, ZBB 2010, 12; *Pütz/Schmies* Die Umsetzung der neuen rechtlichen Rahmenbedingungen für Hedgefonds in der Praxis, BKR 2004, 51; *Pütz/von Sonntag/Fock* Hedge Fonds in Deutschland nach dem Investmentmodernisierungsgesetz, absolut-report 15/2003, 25; *Spindler/Bednarz* Die Regulierung von Hedge-Fonds im Kapitalmarkt- und Gesellschaftsrecht – Teil I, WM 2006, 553; *Spindler/Bednarz* Die Regulierung von Hedge-Fonds im Kapitalmarkt- und Gesellschaftsrecht – Teil II: Der Stand der Reformdiskussion, WM 2006, 601; *Steck/Kurz* das neue Investmentgesetz – Aufsichtsrechtliche Gesichtspunkte, FB 2003, 737; *von Livonius* Investmentrechtliche Rahmenbedingungen für Hedgefonds in Deutschland, WM 2004, 60; *Wilhelmi* Möglichkeiten und Grenzen der wirtschaftlichen Regelung von Hedgefonds, WM 2008, 861; *Zetsche* Die Europäische Regulierung von Hedgefonds und Private Equity – ein Zwischenstand, NZG 2009, 692.

Inhaltsübersicht

	Rn.
I. Allgemeines	1
II. Anwendungsbereich der Norm	2
III. Zulässige Anlagegegenstände	3
1. Zielfonds	3
a) Allgemeine Anforderungen	3
b) Verwahrung der Vermögensgegenstände	9
c) Anforderungen an den Auswahlprozess	10
d) Laufende Überwachung	13
2. Liquiditätsanlagen	14
a) Bankguthaben	14
b) Geldmarktinstrumente	15
c) Anteile an Geldmarktfonds	16
3. Derivate nur zur Währungssicherung	17
4. Kein Leverage und keine Leerverkäufe	18
IV. Anlagegrenzen	20
1. Zielfonds	20
2. Liquiditätsanlagen	23
V. Ordnungswidrigkeiten	24

I. Allgemeines

Die Vorschrift befindet sich seit 2013 im KAGB. Sie knüpft mit gewissen redaktionellen Anpassungen grds. an den früheren § 113 InvG an (BT-Drs. 17/12294, 266), wobei die seinerzeit im InvG verwendeten Begrifflichkeiten „Sondervermögen mit zusätzlichen Risiken" und „Dach-Sondervermögen mit zusätzlichen Risiken" im Zuge der Überführung der Bestimmungen in das KAGB durch die Begriffe „Hedgefonds" und „Dach-Hedgefonds" ersetzt und vereinfacht wurden (zum Begriff Hedgefonds → § 283 Rn. 2). § 113 InvG hatte im Zuge des InvModG Eingang in das damals neu geschaffene InvG gefunden, nachdem der Gesetzgeber im Sinne einer Verbesserung der Wettbewerbssituation im Bereich alternativer Finanzprodukte Hedgefonds aus dem sog. Grauen Kapitalmarkt herauslösen wollte (vgl. BT-Drs. 15/1553, 67). Anpassungen an § 113 InvG erfolgten insb. iRd InvÄndG. Die inhaltlichen Anforderungen an die für Dach-Hedgefonds zulässigen 1

Zielfondsanlagen haben sich in der Praxis als Standortnachteil herausgestellt und dazu geführt, dass das Fondsvehikel wenig Akzeptanz gefunden hat; 2022 existierte in Deutschland kein Dach-Hedgefonds (siehe BaFin Jahresbericht 2022, S. 80).

II. Anwendungsbereich der Norm

2 § 225 I 1 legt die wesentlichen Rahmenbedingungen fest, die bei der Verwaltung des Vermögens eines Dach-Hedgefonds zu beachten sind; Verstöße stellen ggf. eine Ordnungswidrigkeit dar (§ 340 II Nr. 65–68). Gemäß § 225 I 1 handelt es sich bei Dach-Hedgefonds um AIF, deren Vermögen vorbehaltlich der Regelung in Abs. 2 in Anteile oder Aktien von Zielfonds angelegt ist; aus diesem Grund werden sie auch als Funds of Hedge Funds bezeichnet. Durch die Aufteilung auf mehrere Manager und ggf. unterschiedliche Anlagestrategien gelingt es idR, die Risiken im Vergleich zur Investition in einen Single-Hedgefonds zu reduzieren. Aus diesem Grund hat sich der Gesetzgeber dafür entschieden, bei Dach-Hedgefonds neben Spezialfonds auch eine Auflegung als Publikumsfonds ohne Festlegung einer Mindestanlagesumme zuzulassen (BT-Drs. 15/1553, 109). Anders als zunächst unter dem InvG sind Anlagen von Privatanlegern in (Single-) Hedgefonds aus Anlegerschutzgründen nur noch indirekt über eine Investition in einen Dach-Hedgefonds zulässig (BT-Drs. 17/12294, 266). Von Dach-Hedgefonds abzugrenzen sind sog. Feeder-Fonds, die ihr Vermögen nicht in eine Vielzahl von (Single-) Hedgefonds investieren, sondern praktisch ausschließlich in einen einzigen.

III. Zulässige Anlagegegenstände

3 **1. Zielfonds. a) Allgemeine Anforderungen.** Das Vermögen eines Dach-Hedgefonds ist überwiegend (dh zu mindestens 51%) in Anteile an anderen Investmentvermögen (Zielfonds) anzulegen. Gemäß § 225 I 2 muss es sich bei diesen Zielfonds um

- Hedgefonds nach Maßgabe des § 283 oder
- EU-AIF oder ausländische AIF, deren Anlagepolitik den Anforderungen des § 283 I vergleichbar ist,

handeln. Neben nach dem KAGB aufgelegten (Single-)Hedgefonds kommen damit auch dem Recht eines anderen Mitgliedstaates der EU oder eines anderen Vertragsstaates des Abkommens über den EWR unterliegende Investmentvermögen (vgl. § 1 VIII iVm § 1 III) sowie AIF, die dem Recht eines Drittstaates unterliegen, in Betracht, sofern sie eine mit § 283 vergleichbare Anlagepolitik verfolgen (AWZ/*Schmolke* § 225 Rn. 9). Feeder-Fonds (§ 1 XIX Nr. 11) sind dann taugliche Zielfonds, wenn der dazugehörige Masterfonds (§ 1 XIX Nr. 12) die in § 225 aufgestellten Anforderungen erfüllt (EDD/*Stabenow* § 225 Rn. 9).

4 Besondere Anforderungen an die **Rechtsform** oder die **Belegenheit** hat der Gesetzgeber hinsichtlich ausländischer Zielfonds nicht aufgestellt, da ihm bewusst war, dass ein Großteil der (Single-) Hedgefonds in sog. Offshore-Staaten aufgelegt werden und er den Kreis tauglicher Anlagen nicht zu sehr einschränken wollte (vgl. BT-Drs. 15/1553, 109). Als Zielfonds kommen daher sowohl in der Vertragsform als auch in der Satzungsform aufgelegte Investmentvermögen in Betracht (vgl. EDD/*Stabenow* § 225 Rn. 6). Bei den Zielfonds kann es sich grds. auch um sog. **Drittstaaten-Fonds** handeln, die an den typischen Hedgefonds-Standorten (wie zB den Cayman Islands oder den Kanalinseln) aufgelegt sind. Allerdings muss gem. § 225 IV 3 sichergestellt sein, dass die Zielfonds aus Staaten stammen, die bei der

Bekämpfung der Geldwäsche im Sinne internationaler Vereinbarungen kooperieren. Maßgeblich ist insoweit, dass es sich um Staaten handelt, die bei der Bekämpfung der Geldwäsche mit der 1989 gegründeten **Financial Action Task Force** (FATF) zusammenarbeiten und deren Grundsätze anerkennen (BT-Drs. 15/1553, 110). Die FATF hat hierzu Standards erarbeitet (International Standards on Combating Money-Laundering and the Financing of Terrorism and Proliferation – the FATF Standards) und veröffentlicht Listen mit Hochrisikostaaten, für die besondere Maßnahmen erforderlich sind (High-Risk Jurisdictions subject to a Call for Action) sowie mit Staaten, die unter erhöhter Aufsicht stehen (Jurisdictions under Increased Monitoring). Hedgefonds aus Staaten, die auf einer dieser Listen genannt sind, sind keine tauglichen Zielfonds iSd § 225. Neben der FATF veröffentlicht seit 2017 auch die EU eine Liste nicht kooperativer Länder und Gebiete für Steuerzwecke, die in bestimmten Abständen überarbeitet und aktualisiert wird (vgl. ABl. EU 2021 C 66, 40). Als den gemeinsamen Willen aller Mitgliedstaaten der EU zur Bekämpfung missbräuchlicher Steuerpraktiken zum Ausdruck bringendes Dokument sollte diese EU-Liste auch iRd § 225 IV 2 Berücksichtigung finden.

Unter einer **vergleichbaren Anlagepolitik** hatte sich der Gesetzgeber für Ziel- 5
fonds iRd § 112 InvG noch primär die Freiheit in der Anlagepolitik und Beschränkungen hinsichtlich der Anlage in Private Equity und Commodities vorgestellt (vgl. BT-Drs. 15/1553, 109). Beschränkungen bzgl. Private Equity oder Commodities sind für Hedgefonds in § 283 aber nicht mehr vorgesehen, hier ist insb. der Grundsatz der Risikomischung einzuhalten (→ § 283 Rn. 7). Dies sollte auch für vergleichbare ausländische Hedgefonds gelten. Umstritten ist, ob darüber hinaus auch zumindest eines der in § 283 I Nr. 1 und 2 genannten Kriterien (Einsatz von Leverage in beträchtlichem Umfang, Leerverkäufe) erfüllt sein muss, um eine Vergleichbarkeit feststellen zu können (so BSL/*Gringel* InvG § 113 Rn. 7; BSV/*Lindemann* § 225 Rn. 10; AWZ/*Schmolke* § 225 Rn. 9). Nachdem § 283 I nur zwei alternative Kriterien nennt und diese relativ klar umrissen sind, würde das Verlangen des Vorliegens eines der beiden Kriterien auf Zielfondsebene letztlich dazu führen, dass „Vergleichbarkeit" im Sinne einer „Übereinstimmung" zu verstehen wäre und es stellt sich dann die Frage, warum der Gesetzgeber gleichwohl das Wort „Vergleichbarkeit" gewählt hat. In Bezug auf Leerverkäufe macht eine „Vergleichbarkeit" auch gar keinen Sinn, denn diese kann man entweder zulassen oder eben nicht. Vor diesem Hintergrund erscheint es sachgerechter, die „Vergleichbarkeit" so zu verstehen, dass ausländische Investmentvermögen, welche die in § 283 I Nr. 1 und 2 genannten Kriterien erfüllen, in jedem Fall als taugliche Zielfonds in Betracht kommen, darüber hinaus aber auch solche Investmentvermögen, die den Einsatz der Techniken „Leverage in beträchtlichem Umfang" und „Leerverkäufe" zwar nicht explizit vorsehen, bei ihrer Vermögensanlage hinsichtlich der zulässigen Anlagen und der Streuung und Mischung dieser Anlagen aber weitestgehend frei sind und eine der in Anhang IV der AIFM-VO genannten hegefondstypischen Strategien verfolgen (vgl. EDD/*Stabenow* § 225 Rn. 7 f.). Der europäische Gesetzgeber scheint ein weites Verständnis vom Begriff Hedgefonds zu haben, da er im Anhang IV der AIFM-VO mit „other hedge fund strategy" einen Auffangtatbestand vorgesehen hat.

Hinsichtlich der Zuordnung eines Hedgefonds zu einer bestimmten Anlagestra- 6
tegie kann man sich an den in Anhang IV der AIFM-VO genannten hegefondstypischen Strategien orientieren:
– Equity: Long Bias
– Equity: Long/Short

– Equity: Market Neutral
– Equity: Short Bias
– Relative Value: Fixed Income Arbitrage
– Relative Value: Convertible Bond Arbitrage
– Relative Value: Volatility Arbitrage
– Event Driven: Distressed/Restructuring
– Event Driven: Risk Arbitrage/Merger Arbitrage
– Event Driven: Equity Special Situations
– Credit Long/Short
– Credit Asset Based Lending
– Macro
– Managed Futures/CTA: Fundamental
– Managed Futures/CTA: Quantitative
– Multi-Strategy Hedge Fund
– Other Hedge Fund Strategy

Daneben kann auf die von der IOSCO vorgenommenen Klassifizierung zurückgegriffen werden (vgl. IOSCO, Report on the Fifth IOSCO Hedge Funds Survey, April 2020). Hier werden entsprechend dem verwalteten Vermögen (AuM)
– Multi-Strategy
– Equity Hedge; Long/Short
– Macro
– Relative Value: Fixed Income Arbitrage
– Equity Hedge: Long Bias
– Equity Hedge: Market Neutral
– Credit Long/Short

als die wichtigsten Anlagestrategien von (Single-)Hedgefonds genannt.

7 Gemäß § 225 IV 2 dürfen keine Anlagen in Zielfonds getätigt werden, die ihre Mittel selbst in anderen Zielfonds anlegen. Hierdurch soll die Bildung von sog. **Kaskadenfonds** verhindert werden, die aufgrund der vielen Ebenen eine erhöhte Gefahr der Intransparenz und Kostenbelastung in sich tragen (BT-Drs. 15/1553, 110). Die Vereinbarung einer entsprechenden Beschränkung kann auch im Rahmen einer Zusatzvereinbarung zu den Zeichnungsunterlagen (Sideletter) erfolgen, wenn kein explizites Verbot in der Fondsdokumentation enthalten ist (WBA/*Baum* § 225 Rn. 13). Von einem Drittmanager verwaltete Managed Accounts eines Zielfonds fallen mangels rechtlicher Eigenständigkeit ebenso wenig unter das Kaskadenverbot wie Anlagen in Investmentvermögen, die nicht den Zielfondsbegriff des § 225 I 2 erfüllen (EDD/*Stabenow* § 225 Rn. 15), oder Master-Feeder-Konstruktionen. Auch Investitionen eines Zielfonds in andere vom gleichen Fondsmanager verwaltete Zielfonds sollten nicht unter das Kaskadenverbot fallen, sofern dadurch keine zusätzliche Kostenbelastung entsteht (BSV/*Lindemann* § 225 Rn 13); solche Konstruktionen werden von Hedgefonds teilweise verwendet, um dem Kunden ähnlich wie bei Managed Accounts eine individuelle Mischung von Strategien zu ermöglichen. Bei solchen Konstruktionen ist auch volle Transparenz für den Anleger möglich. Weitergehende Anforderungen an die Vermögenanlage der Zielfonds (insb. hinsichtlich des Kreises von deren zulässigen Vermögensanlagen) bestehen grds. nicht.

8 Soweit sich an einem Dach-Hedgefonds Anleger beteiligen, die unmittelbar oder (wie im Fall von Versorgungswerken) mittelbar bzw. auf Grund einer Selbstverpflichtung den Bestimmungen der AnlV unterliegen, ist diese Anlage grds. **§ 2 I Nr. 17 AnlV** zuzuordnen, der ua eine Belegenheit in einem anderen Mitgliedstaat

der EU oder einem anderen Vertragsstaat des Abkommens über den EWR voraussetzt. Dieses Belegenheitserfordernis ist grds. auch bei Anlagen in andere Investmentvermögen (Zielfonds) zu beachten, die BaFin lässt es aber für Dach-Hedgefonds ausnahmsweise zu, wenn die Zielfonds außerhalb des EWR belegen sind (BaFin, Kapitalanlagerundschreiben, Abschn. B.4.14).

b) Verwahrung der Vermögensgegenstände. Bei inländischen Zielfonds ist 9 über § 80 I sichergestellt, dass die von ihnen gehaltenen Vermögensgegenstände von einer Verwahrstelle verwahrt werden müssen; alternativ kann die Verwahrungsfunktion auch durch einen Primebroker wahrgenommen werden (→ § 283 Rn 18f.). Damit korrespondierend schreibt § 225 III für ausländische Zielfonds vor, dass deren Vermögensgegenstände von einer Verwahrstelle oder einem Primebroker verwahrt werden müssen, der die Voraussetzungen des § 85 IV Nr. 2 erfüllt. Primebroker sind nach § 1 XIX Nr. 30 Unternehmen, die für institutionelle Kunden insb. Leistungen im Zusammenhang mit der Abwicklung und Finanzierung von Transaktionen über Finanzinstrumente sowie der Verwahrung von Vermögensgegenständen anbieten (vgl. → § 1 Rn. 131ff.). Im Fall der Verwahrung durch einen Primebroker muss iRd Vier-Augen-Prinzips sichergestellt sein, dass die Verwahrung zumindest mittelbar auch im Interesse der Anleger erfolgt. Dies erfordert eine funktionale und hierarchische Trennung von dessen sonstigen Aufgaben (AWZ/*Schmolke* § 225 Rn. 11). Potenzielle Interessenkonflikte müssen ordnungsgemäß ermittelt, gesteuert, beobachtet und den Anlegern des Fonds offengelegt werden. Weitergehende strukturelle Anforderungen (wie zB ein bestimmtes Mindest-Eigenkapital oder eine bestimmte Form der Beaufsichtigung) werden an die Person des Primebrokers nicht gestellt, um den Kreis möglicher Dienstleister nicht zu sehr einzuschränken (vgl. BT-Drs. 15/1553, 110).

c) Anforderungen an den Auswahlprozess. Die den Dach-Hedgefonds ver- 10 waltende KVG ist verantwortlich für die Auswahl der Zielfonds und muss gem. § 225 V sicherstellen, dass ihr sämtliche für die Anlageentscheidung notwendigen Informationen über die Zielfonds vorliegen, in die sie anlegen will; dies beinhaltet auch die laufende Information über die Anlageentscheidungen und die Entwicklung der Portfolios der Zielfonds (BT-Drs. 15/1553, 110). Somit werden hier über die allgemeinen Pflichten beim Erwerb von Vermögensgegenständen nach § 29 III Nr. 1 und für Publikums-AIF auch nach § 5 II KAVerOV hinaus zusätzliche Anforderungen aufgestellt.

In der Regel unterliegt die Auswahl der Zielfonds sowie deren Allokation im 11 Gesamtportfolio des Dach-Hedgefonds einem mehrstufigen Prozess, der exemplarisch wie folgt dargestellt werden kann:

- Der Auswahlprozess beginnt in der Regel mit einer Analyse des Marktes durch Auswertung von internen und externen Datenbanken.
- Die so gewonnenen Informationen und Daten werden anschließend validiert, indem für jeden Zielfonds ua Performancezahlen, historische Renditen und Standardabweichungen, das Risiko- und Renditeprofil, die Korrelation zu anderen Zielfonds mit ähnlichen Anlagestrategien oder Benchmarks analysiert sowie bestimmte Szenarien (insb. Stress-Szenarien für extreme oder variierende Marktsituationen) durchgespielt werden **(quantitative Analyse).**
- Als nächstes wird eine **qualitative Analyse** durchgeführt. Dies beinhaltet insb. die Überprüfung des Risikomanagements des Zielfonds, der Qualifikation der für die Anlageentscheidungen des Zielfonds maßgeblichen Personen, der Organisation des Zielfondsmanagers sowie die Liquidität des Zielfonds. Zudem wird

häufig noch die Anlagestrategie des möglichen Zielfonds mit dessen Management besprochen.
- Daran anschließend (mitunter aber auch schon parallel dazu) wird die Geeignetheit des Zielfonds unter rechtlichen und steuerlichen Aspekten von spezialisierten Beratern überprüft.
- Persönliche Interviews mit dem Fondsmanagement des Zielfonds schließen idR den Analyseprozess ab und münden (bei erfolgreichem Abschluss) in der Aufnahme in eine „Shortlist" mit Investmentvorschlägen für die Entscheidungsträger.

12 Im Rahmen der besonderen Anforderungen nach § 225 V für die Erwerbsprüfung **(Due Diligence)** muss sich die KVG zunächst mindestens den letzten Jahres- und ggf. Halbjahresbericht (§ 225 V Nr. 1) sowie die Anlagebedingungen und Verkaufsprospekte oder gleichwertige Dokumente der Zielfonds (§ 225 V Nr. 2) vorlegen lassen. Des Weiteren muss sie für die Zielfonds gem. § 225 V Nr. 3 Angaben
- zur Organisation (zB Infrastruktur, Betriebsabläufe, Verantwortlichkeiten sowie Geschäftsführung und externe Dienstleister),
- zum Management (zB Anzahl der Manager, Lebensläufe),
- zur Anlagepolitik (zB Ausmaß der Risikodiversifizierung sowie Minimum- und Maximum-Positionen),
- zum Risikomanagement (zB Organisation, Verantwortlichkeiten sowie Verfahren der Risikokontrolle) und
- zur Verwahrstelle oder zu vergleichbaren Einrichtungen wie Primebroker (zB Zulassung, die Tatsache einer öffentlichen Aufsicht, finanzielle Situation)

erheben (vgl. BT-Drs. 15/1553, 110, BT-Drs. 16/5576, 91). Soweit § 225 V Nr. 4 daneben Angaben zu Anlagebeschränkungen, zur Liquidität, zum Umfang des Leverage und zur Durchführung von Leerverkäufen verlangt, ist eine gewisse Überschneidung mit den bereits genannten Angaben zur Anlagepolitik gegeben. In der Praxis werden für die Erhebung der erforderlichen Information häufig standardisierte Fragenkataloge **(Due Diligence Questionnaires)** herangezogen, wie zB die von der Alternative Investment Management Association (AIMA) oder vom Bundesverband Alternative Investments (BAI) erstellten.

13 **d) Laufende Überwachung.** Für die Überwachung der Zielfonds gelten die allgemeinen Anforderungen an das Risikomanagement nach § 29 III Nr. 2, so dass die mit den einzelnen Anlagepositionen des Investmentvermögens verbundenen Risiken sowie deren jeweilige Wirkung auf das Gesamtrisikoprofil des Investmentvermögens laufend ordnungsgemäß erfasst, gemessen, gesteuert und überwacht werden müssen; dafür sind ua angemessene **Stresstests** vorzunehmen. Zusätzlich hat die KVG gem. § 225 VI 1 die Zielfonds, in die sie anlegt, in Bezug auf die Einhaltung der Anlagestrategien und Risiken laufend zu überwachen und sich regelmäßig (abhängig von der Strategie des Zielfonds zumindest quartalsweise) allgemein anerkannte Risikokennziffern vorlegen zu lassen. Mangels Standardisierung und entsprechender Transparenz des Vergleichsmarktes ist die praktische Umsetzung dieser Vorgaben mitunter herausfordernd (vgl. EDD/*Stabenow* § 225 Rn. 26). § 225 VI 2 verlangt darüber hinaus, dass sich die KVG die Methode, nach der die **Risikokennziffer** errechnet wird, von dem jeweiligen Zielfonds angeben und erläutern lässt. Nach § 225 VI 3 muss schließlich die Verwahrstelle des Zielfonds eine Bestätigung des Wertes des Zielfonds vorlegen. Da es den Zielfonds erlaubt ist, anstatt einer Verwahrstelle auch einen Primebroker für die Verwahrung zu verwenden (→ Rn. 8), sollte die Vorschrift hier entsprechend ausgelegt werden und eine Bestä-

tigung durch einen Primebroker ebenfalls ausreichend sein (WBA/*Baum* §225 Rn 34). Eine entsprechende Vereinbarung sollte zumindest im Rahmen einer Nebenvereinbarung zu den Zeichnungsunterlagen **(Sideletter)** mit dem Zielfonds festgehalten werden. Eine vollständige Positionstransparenz über tägliche Vermögensaufstellungen (einschließlich einer Offenlegung aller Einzelpositionen der Zielfonds) ist wegen des Nichtvorliegens einer täglichen Rückgabemöglichkeit nicht erforderlich und in der Praxis im Zweifel auch gar nicht umsetzbar (BT-Drs. 15/1553, 110).

2. Liquiditätsanlagen. a) Bankguthaben. Zu den zulässigen Liquiditätsanlagen eines Dach-Hedgefonds zählen zunächst Bankguthaben. Dieser Begriff ist im KAGB nicht näher definiert, nach allgemeinem Verständnis zählen hierzu aber Sicht- und kurzfristige Termineinlagen, die idR bei Kreditinstituten unterhalten werden (s. Kommentierung zu §195). Mangels ausdrücklicher Verweisung auf §195 sind iRd §225 auch nicht die dort genannten Anforderungen (insb. hinsichtlich der Belegenheit des Einlageschuldners) zu beachten. 14

b) Geldmarktinstrumente. Geldmarktinstrumente zählen ebenfalls zu den zulässigen Liquiditätsanlagen eines Dach-Hedgefonds. Sie werden in §194 I definiert als Instrumente, die üblicherweise auf dem Geldmarkt gehandelt werden, sowie verzinsliche Wertpapiere, 15

- die im Zeitpunkt ihres Erwerbs für den inländischen OGAW eine restliche Laufzeit von höchstens 397 Tagen haben,
- deren Verzinsung nach den Ausgabebedingungen während ihrer gesamten Laufzeit regelmäßig, mindestens aber einmal in 397 Tagen, marktgerecht angepasst wird oder
- deren Risikoprofil dem Risikoprofil solcher Wertpapiere entspricht.

Im Sinne der einheitlichen Auslegung der Bestimmungen des KAGB sollte diese Definition auch für die Zwecke des §225 relevant sein, jedoch mit der Maßgabe, dass mangels ausdrücklicher Verweisung die übrigen in §195 I Nr. 1–6, II und III genannten Voraussetzungen nicht einzuhalten sind (vgl. EDD/*Stabenow* §225 Rn. 17).

c) Anteile an Geldmarktfonds. Die Liquiditätsanlagen eines Dach-Hedgefonds können auch Anteile an Investmentvermögen iSd §196 umfassen, die ausschließlich in Bankguthaben und Geldmarktinstrumente anlegen dürfen, sowie Anteile an entsprechenden EU-AIF oder ausländischen AIF. Letztlich handelt es sich hierbei um Anteile an sog. Geldmarktfonds, dh Investmentvermögen, deren Vermögen in Geldmarktinstrumente angelegt ist (s. Kommentierung zu §196). Die Möglichkeit zur Anlage in derartige Fonds war iRd InvÄndG in §113 II InvG aufgenommen worden. 16

3. Derivate nur zur Währungssicherung. Gemäß §225 II 3 dürfen für Rechnung des Dach-Hedgefonds Devisenterminkontrakte verkauft sowie Verkaufsoptionsrechte auf Devisen oder auf Devisenterminkontrakte erworben werden, wenn dies der **Währungskurssicherung** von in Fremdwährung gehaltenen Vermögensgegenständen dient, die auf dieselbe Fremdwährung lauten. Andere Geschäfte über Derivate dürfen für Rechnung eines Dach-Hedgefonds nicht getätigt werden. Zu den Vermögensgegenständen, deren Währungsrisiken abgesichert werden können, zählen nicht nur die Anteile an Zielfonds, sondern sämtliche zulässigen Anlagen des Dach-Hedgefonds (EDD/*Stabenow* §225 Rn. 19). 17

18 **4. Kein Leverage und keine Leerverkäufe.** Gemäß § 225 I 2 darf auf Ebene eines Dach-Hedgefonds Leverage nur eingesetzt werden, soweit es sich dabei um Kreditaufnahmen nach Maßgabe des § 199 (und damit gar nicht um Leverage im eigentlichen Sinne) handelt. Zulässig ist damit (nur) die Aufnahme **kurzfristiger Kredite** mit einem Gesamtvolumen von **maximal 10% des Nettoinventarwertes** und für die Zwecke des Liquiditätsmanagements auf Ebene des Dach-Hedgefonds. Die Möglichkeit, derartige kurzfristige Kredite aufzunehmen, war iRd InvÄndG in § 113 I 3 InvG aufgenommen worden, soll aber keinesfalls zur Steigerung des Investitionsgrades genutzt werden können (BT-Drs. 16/5576, 90f.). Aufgrund der Verweisung auf § 199 müssen auch die dort festgelegten Anforderungen eingehalten werden, dh die Bedingungen der Kreditaufnahme müssen marktüblich und die Kreditaufnahme bereits in den Anlagebedingungen des Dach-Hedgefonds vorgesehen sein (s. Kommentierung zu § 199). Darüber hinaus ist die Zustimmung der Verwahrstelle zur Kreditaufnahme erforderlich (§ 84 I Nr. 1). Über den vorgenannten Rahmen hinaus soll eine Verwendung von Leverage iRd Portfolioverwaltung aus Anlegerschutzgründen allenfalls auf Ebene der vom Dachfonds gehaltenen Zielfonds erfolgen (BT-Drs. 15/1553, 109).

19 Leerverkäufe dürfen für Dach-Hedgefonds gem. § 225 I 2 nicht durchgeführt werden. Dies betrifft den Verkauf von Vermögensgegenständen, die im Zeitpunkt des Vertragsschlusses nicht dem Dach-Hedgefonds gehören oder an denen Eigentum nur im Rahmen eines Leihgeschäfts (dh eines Sachdarlehens) erlangt wurde, aus dem eine Rückübertragungspflicht zu einem späteren Zeitpunkt resultiert. Aus Anlegerschutzgründen sollen Leerverkäufe damit allenfalls auf Ebene der vom Dachfonds gehaltenen Zielfonds möglich sein (BT-Drs. 15/1553, 109).

IV. Anlagegrenzen

20 **1. Zielfonds.** § 225 II 1 lässt sich im Umkehrschluss entnehmen, dass das Vermögen eines Dach-Hedgefonds überwiegend (dh zu mindestens 51%) in Anteile an Zielfonds angelegt werden muss. Gemäß § 225 IV 1 dürfen dabei **maximal 20% des Wertes eines Dach-Hedgefonds in einem einzelnen Zielfonds** angelegt werden. Diese Grenze muss nicht nur zum Investitionszeitpunkt, sondern laufend eingehalten werden (BSV/*Lindemann* § 225 Rn 25). Hierdurch soll eine hinreichende Streuung der Anlagen sichergestellt werden (BT-Drs. 15/1553, 110). Bei maximaler Ausnutzung dieser Streuungsvorschrift (unter gleichzeitiger Vollauslastung der Anlagegrenze für Liquiditätsanlagen) muss ein Dach-Hedgefonds daher mindestens in drei verschiedene Zielfonds investiert sein. Jeder Teilfonds eines Umbrella-Fonds ist für diese Zwecke auf Grund der haftungsrechtlichen Abtrennung grds. als eigenständiger Zielfonds anzusehen (EDD/*Stabenow* § 225 Rn. 12).

21 Des Weiteren darf das Vermögen eines Dach-Hedgefonds gem. § 225 IV 2 nicht in mehr als zwei Zielfonds vom gleichen Emittenten oder Fondsmanager angelegt werden. Auch dies dient der **Diversifizierung des Fondsportfolios** (BT-Drs. 15/1553, 110). Der Begriff des Fondsmanagers sollte hierbei eng ausgelegt werden, so dass verbundene Unternehmen eines Fondsmanagers nicht mit einbezogen werden. Andererseits hat der Gesetzgeber aber klargestellt, dass auch in Zielfonds vom gleichen Emittenten (zB im Rahmen eines Konzerns) angelegt werden darf und dass alle Zielfonds **vom gleichen Manager** verwaltet werden, sofern es sich um rechtlich selbständige Investmentvermögen handelt (BT-Drs. 15/1944, 15). Da das Managementrisiko insb. bei den handelnden Personen zu verorten ist, ist diese Auf-

weichung im Rahmen des Gesetzgebungsverfahrens zu begrüßen. Die wenig praktikable Überlegung, für Zwecke der Diversifizierung auch noch zu verlangen, dass nicht mehr als 40% des Wertes des Dach-Hedgefonds in Zielfonds mit ein und derselben Anlagestrategie angelegt werden dürfen, wurde im Laufe des Gesetzgebungsverfahrens für das InvG wieder aufgegeben (BT-Drs. 15/1896, 79). Somit kann ein Dach-Hedgefonds nicht nur Anlagen bei verschiedenen Managern tätigen, die unterschiedlicher Strategien verfolgen (Multi-Strategy Dachfonds), sondern auch Anlagen bei verschiedenen Managern, die alle die gleiche Strategie verfolgen (Single-Strategy Dachfonds).

Eine besondere Ausstellergrenze ist für die Anlagen in Zielfonds nicht vor- 22
gesehen, da dies ggf. zu einer für die Anleger nicht vorteilhaften Aufspaltung des Fondsvermögens auf eine Vielzahl von Zielfonds mit jeweils kleinen Anlagebeträgen führen würde (vgl. BT-Drs. 15/1553, 110). Vielmehr dürfen gem. dem deklaratorischen § 225 IV 4 Dach-Hedgefonds auch sämtliche ausgegebene Anteile oder Aktien eines einzelnen Zielfonds erwerben, was auch Anlagen in kleinere Zielfonds ermöglicht.

2. Liquiditätsanlagen. Gemäß § 225 II 1 dürfen maximal 49% des Wertes des 23
Dach-Hedgefonds in Liquiditätsanlagen (→ Rn. 11 ff.) angelegt werden. Durch die sich hieraus im Umkehrschluss ergebende Vorgabe einer überwiegenden Anlage des Fondsvermögens in Anteile an Zielfonds soll der **Charakter** des Investmentvermögens als Dachfonds sichergestellt werden (vgl. BT-Drs. 15/1553, 109). Fraglich ist, inwieweit zumindest während der **Anlaufphase** eines Dach-Hedgefonds die Liquiditätsanlagen auch mehr als 49% ausmachen dürfen, um den Dachfonds-Manager nicht zu einer übereilten Anlage des Fondsvermögens zu zwingen. Die vom Gesetzgeber vorgegebene ausführliche Due Diligence der Zielfonds sowie deren Manager benötigt eine gewisse Zeit. Dies gilt insb. auf Grund der in § 225 IV 2 geforderten Managerdiversifizierung. Unter Berücksichtigung der gesetzgeberischen Wertungen in § 211 III und in § 244 erscheint es sachgerecht, eine solche Abweichung für die ersten zwölf Monate nach Errichtung des Dach-Hedgefonds zuzulassen, sofern der Grundsatz der Risikomischung gewahrt wird (nach EDD/*Stabenow* § 225 Rn. 12 nur sechs Monate).

V. Ordnungswidrigkeiten

Nach § 350 I Nr. 49, 54, 59, 65–68 ist es als Ordnungswidrigkeit bußgeld- 24
bewährt, wenn

- entgegen § 225 II 2 ein Vermögensgegenstand erworben wird oder in einen dort genannten Vermögensgegenstand investiert wird;
- entgegen § 225 II 1 oder IV 1 mehr als der dort genannte Prozentsatz des Wertes in einen dort genannten Vermögensgegenstand angelegt wird;
- entgegen § 225 I 3 ein Leerverkauf durchgeführt wird;
- entgegen § 225 I 3 Leverage durchgeführt wird;
- entgegen § 225 II 2 ein Devisenterminkontrakt verkauft wird;
- entgegen § 225 IV 2, 3, jeweils auch iVm § 221 II, in einen dort genannten Zielfonds angelegt wird; oder
- entgegen § 225 V nicht sichergestellt wird, dass eine dort genannte Information vorliegt.

§ 226 Auskunftsrecht der Bundesanstalt

AIF-Kapitalverwaltungsgesellschaften, die Dach-Hedgefonds verwalten, haben der Bundesanstalt auf Anforderung alle Unterlagen und Risikokennziffern, die ihnen nach Maßgabe des § 225 Absatz 5 und 6 vorliegen, vorzulegen.

I. Allgemeines

1 Die Vorschrift befindet sich seit 2014 im KAGB. Sie knüpft mit kleineren redaktionellen Anpassungen grds. an den früheren § 115 InvG an (BT-Drs. 17/12294, 266).

II. Anwendungsbereich der Norm

2 § 226 dient der Nachprüfbarkeit der Einhaltung der besonderen Anforderungen, die an den Auswahlprozess und die laufende Überwachung der Zielfonds durch die den Dach-Hedgefonds verwaltende KVG gestellt werden (§ 225 V und VI). Die Auskunfts- und Prüfungsrechte der BaFin nach § 5 VI 3 Nr. 1 und § 14 bleiben von § 226 unberührt (AWZ/*Schmolke* § 226 Rn. 4).

III. Auskunftsrecht der BaFin

3 **1. Gegenstand.** Die Vorschrift begründet das Recht der BaFin, von der KVG die Vorlage der ihr vorliegenden Unterlagen und Risikokennziffern bezüglich der Zielfonds zu verlangen. Hierdurch soll der BaFin eine Überprüfung ermöglicht werden, ob die KVG sich vor der Anlageentscheidung alle notwendigen Informationen beschafft hat und eine ausreichende laufende Risikoüberwachung der Zielfonds betreibt (BSL/*Tschesche/Hofmann* § 115 Rn. 1). § 226 betrifft nach seinem Wortlaut nur die Unterlagen, die der KVG auch tatsächlich vorliegen; hat die KVG diese Unterlagen nicht eingeholt oder aufbewahrt, stellt dies ggf. eine Verletzung der ihr nach § 225 V und VI obliegenden Verpflichtungen dar; § 226 gibt der BaFin aber nicht das Recht, die Einholung von fehlenden Unterlagen zu verlangen (vgl. EDD/*Stabenow* § 226 Rn. 2). Nicht zuletzt, weil die Aufzählung der einzuholenden Unterlagen in § 225 V nicht abschließend ist, erstreckt sich das Auskunftsrecht der BaFin auf alle der KVG vorliegenden Unterlagen und Informationen (AWZ/*Schmolke* § 226 Rn. 2).

4 Auch wenn der Gesetzgeber das Auskunftsrecht der BaFin primär mit Blick darauf geschaffen hatte, zum Schutz der Anleger und zur Sicherstellung der Transparenz Anlagen in nicht regulierte ausländische Zielfonds überprüfen zu können (BT-Drs. 15/1553, 110), lässt sich dem Wortlaut der Vorschrift keine diesbezügliche Beschränkung entnehmen. Das Auskunftsrecht besteht daher nicht nur ggü. Drittstaaten-Zielfonds, sondern auch ggü. inländischen Zielfonds und EU-AIF, die ebenfalls den nationalen Umsetzungsvorschriften zur AIFM-RL unterliegen.

5 **2. Anforderung durch die BaFin.** Die Vorlagepflicht der KVG wird durch eine entsprechende Anforderung der BaFin begründet. Ein förmliches, explizit auf § 226 gestütztes Schreiben der BaFin stellt einen belastenden Verwaltungsakt dar, der grds. mit den **Rechtsbehelfen** der VwGO angegriffen werden kann (vgl. BVerwG 6 B 41.20, BeckRS 2021, 12619). Nach den allgemeinen Grundsätzen

des Verwaltungsverfahrensrechts hat der Anordnung grds. eine Anhörung der betroffenen KVG vorauszugehen (§ 28 VwVfG). Die Anordnung ist begründet, wenn konkrete Anhaltspunkte dafür vorliegen, dass die KVG gegen ihr nach § 225 V, VI obliegenden Verpflichtungen verstoßen hat; daneben sollte die BaFin unter Beachtung des Verhältnismäßigkeitsgrundsatzes aber auch berechtigt sein, in Einzelfällen stichprobenartige Abfragen vorzunehmen (AWZ/*Schmolke* § 226 Rn. 3; aA FK-KapAnlR/*Kunschke/Schaffelhuber* § 226 Rn. 4).

Nachdem es sich um eine gesetzliche Verpflichtung der KVG handelt, wird sie ein berechtigtes Auskunftsverlangen der BaFin nicht unter Berufung auf eventuelle Vertraulichkeitsvereinbarungen verweigern können, die sie (zB mit den Zielfonds) abgeschlossen hat. Ebenso wenig wird man eine Verpflichtung der KVG annehmen können, Rechtsmittel gegen eine Anforderung der BaFin zu ergreifen, sofern diese nicht offensichtlich unzulässig ist. 6

§ 227 Rücknahme

(1) **Bei Dach-Hedgefonds können die Anlagebedingungen abweichend von § 98 Absatz 1 oder § 116 Absatz 2 Satz 1 vorsehen, dass die Rücknahme von Anteilen oder Aktien nur zu bestimmten Rücknahmeterminen, jedoch mindestens einmal in jedem Kalendervierteljahr, erfolgt.**

(2) [1]**Anteil- oder Aktienrückgaben sind bei Dach-Hedgefonds bis zu 100 Kalendertage vor dem jeweiligen Rücknahmetermin, zu dem auch der Anteil- oder Aktienwert ermittelt wird, durch eine unwiderrufliche Rückgabeerklärung gegenüber der AIF-Kapitalverwaltungsgesellschaft zu erklären.** [2]**Im Fall von im Inland in einem Depot verwahrten Anteilen oder Aktien hat die Erklärung durch die depotführende Stelle zu erfolgen.**

(3) [1]**Die Anteile oder Aktien, auf die sich die Rückgabeerklärung bezieht, sind bis zur tatsächlichen Rückgabe von der depotführenden Stelle zu sperren.** [2]**Bei Anteilen oder Aktien, die nicht im Inland in einem Depot verwahrt werden, wird die Rückgabeerklärung erst wirksam und beginnt die Frist erst zu laufen, wenn die Verwahrstelle die zurückzugebenden Anteile oder Aktien in ein Sperrdepot übertragen hat.**

(4) **Der Rücknahmepreis muss unverzüglich, spätestens aber 50 Kalendertage nach dem Rücknahmetermin gezahlt werden.**

I. Allgemeines

Die Vorschrift befindet sich seit 2014 im KAGB. Sie knüpft mit gewissen redaktionellen Anpassungen grds. an den früheren § 116 InvG an (BT-Drs. 17/12294, 266), der (insb.) iRd InvÄndG überarbeitet wurde und auch für (Single-)Hedgefonds galt. 1

II. Anwendungsbereich der Norm

Mit Blick darauf, dass Dach-Hedgefonds bzw. ihre Zielfonds oftmals komplexe Anlagestrategien verfolgen, die auf Langfristigkeit angelegt sind, gibt der Gesetzgeber einer KVG, die Dach-Hedgefonds verwaltet, die Möglichkeit, von dem allgemeinen Grundsatz der täglichen Rückgabemöglichkeit der Anteile abzuweichen. Hierdurch soll vor allem verhindert werden, dass die KVG anderenfalls ständig 2 liquide Mittel für die Bedienung eventueller Anteilsrückgaben vorhalten müsste, die dann für eine renditebringende Anlage nicht mehr zur Verfügung stünden (BT-Drs. 15/1553, 111). § 227 verfolgt somit auch das Ziel, dass die KVG iRd Verwaltung des Fondsvermögens mehr Spielraum für renditeträchtige Anlagen in Zielfonds hat (vgl. AWZ/*Schmolke* § 227 Rn. 4). Über die Verweisung in § 283 III gilt § 227 (mit den dort vorgesehenen Modifikationen) auch für (Single-)Hedgefonds (→ § 283 Rn 20).

III. Einschränkung der Anteilsrücknahme

3 **1. Rückgabetermine und Anteilwertberechnung.** Abweichend von den allgemeinen Bestimmungen für die Rückgabe von Anteilen an Investmentvermögen (§ 98 I, § 116 II 1) kann gem. § 227 I in den Anlagebedingungen eines Dach-Hedgefonds vorgesehen werden, dass die Rücknahme nicht jederzeit, sondern nur zu bestimmten Rücknahmeterminen möglich ist; eine Rückgabe von Anteilen muss aber **zumindest einmal in jedem Kalendervierteljahr** möglich sein. Auf welche Tage diese Rücknahmetermine gelegt werden, steht ebenso im Ermessen der KVG wie die Festlegung, in jedem Kalenderquartal den gleichen Rücknahmetermin (zB den letzten Tag des Kalenderquartals) anzubieten, so dass die Rücknahmetermine uU auch mehr als drei Monate auseinanderliegen können (vgl. EDD/*Stabenow* § 227 Rn. 6; AWZ/*Schmolke* § 227 Rn. 7).

4 Aus § 227 II 1 ergibt sich darüber hinaus, dass Rücknahmetermin nur ein Tag sein kann, zu dem auch der Anteil- oder Aktienwert ermittelt wird. Der Zusatz „zu dem jeweiligen **Rücknahmetermin, zu dem auch der Anteil- oder Aktienwert ermittelt wird**" war erst iRd InvÄndG in § 116 InvG aufgenommen worden, um eine klare Trennung zwischen dem für die Rücknahme der Anteile maßgeblichen Termin (der zwingend mit einem Termin zur Ermittlung des Anteilswertes zusammenfallen muss), und dem Termin, an dem die Zahlung des Rücknahmepreises erfolgt, vorzunehmen (BT-Drs. 16/5576, 91). Der Gesetzgeber hat zwar gesehen, dass die Anteilswertermittlung und deren Mitteilung (sowie die Zahlung des Rücknahmepreises) durch die Zielfonds teilweise noch nicht zum Rücknahmetermin erfolgt sind und hat aus diesem Grund für die Auszahlung eine Frist von bis zu 50 Kalendertagen nach dem Rücknahmetermin eingeräumt (vgl. BT-Drs. 16/5576, 91). Durch den eindeutigen Wortlaut in § 227 II 1 ist der Anteilwert aber dennoch am Rückgabetermin zu ermitteln, so dass später mitgeteilte Anteilwerte der Zielfonds nicht mehr berücksichtigt werden können (BSV/*Lindemann* § 228 Rn. 13). Es wäre wünschenswert, dass der Gesetzgeber hier eine Klarstellung vornimmt, um dadurch eine fairere Behandlung der Anleger zu ermöglichen.

5 **2. Rückgabefristen.** Gemäß § 227 II 1 sind Anteil- oder Aktienrückgaben mit einer Vorlauffrist **von bis zu 100 Kalendertagen** vor dem jeweiligen Rücknahmetermin anzukündigen. Die KVG kann hiervon abweichend in den Anlagebedingungen auch eine kürzere Rückgabefrist setzen, wenn sie dies mit einem ordnungsgemäßen Liquiditätsmanagement für vereinbar hält; im Sinne der Transparenz gegenüber den Anlegern ist dies in den Anlagebedingungen festzulegen (vgl. BT-Drs. 19/17139, 45). Sofern die Gleichbehandlung aller Anleger (§ 26 II) gewahrt bleibt, kann die KVG auch auf die nach den Anlagebedingungen vorgesehene Frist verzichten (EDD/*Stabenow* § 277 Rn. 11). Die im Vergleich zu (Single-)Hedgefonds (bis zu 40 Kalendertage nach § 283 III) relativ lange Rückgabefrist von bis zu

100 Kalendertagen ist vor dem Hintergrund zu sehen, dass die den Dach-Hedgefonds verwaltende KVG zur Schaffung von Liquidität im Zweifel Anteile an den Zielfonds zurückgeben und dort ebenfalls Rückgabefristen beachten muss, die häufig mehr als 30 Tage betragen (BT-Drs. 15/1553, 111). Werden die betreffenden Anteile im Ausland verwahrt, beginnt die Rückgabefrist gem. § 227 II 2 erst mit der Übertragung der Anteile in ein Sperrdepot (durch die Verwahrstelle) zu laufen.

3. Rückgabeerklärung. Gemäß § 227 II 1 erfolgt die Rückgabe der Anteile durch eine unwiderrufliche Rückgabeerklärung ggü. der KVG. Gemäß § 227 II 2 ist diese Erklärung im Fall von im Inland in einem Depot verwahrten Anteilen oder Aktien durch die depotführende Stelle abzugeben. Der ursprünglich noch in § 116 S. 3 InvG enthaltene Zusatz, wonach die Erklärung in diesem Fall „im Namen des Anlegers“ abzugeben war, war mangels Praxistauglichkeit iRd InvÄndG gestrichen worden (vgl. BT-Drs. 16/5576, 91). Führt die KVG ein Register oder Investmentkonten für die ausgegebenen Anteile, so kann die Rückgabeerklärung auch vom Anleger selbst abgegeben werden (vgl. EDD/*Stabenow* § 227 Rn. 15). Erklärungsempfänger ist grds. die KVG selbst, wobei die Verwahrstelle grds. auch als Empfangsbote der KVG bezüglich der Rückgabeerklärung angesehen werden kann (AWZ/*Schmolke* § 227 Rn. 9). 6

Die **unwiderrufliche Rückgabeerklärung** wird vom Gesetzgeber aus Gründen der Rechtssicherheit für zwingend erforderlich angesehen (BT-Drs. 15/1553, 111). Mit Blick darauf, dass die KVG zur Schaffung der Liquidität, die für die Bedienung der Anteilsrücknahme erforderlich ist, im Zweifel Dispositionen treffen muss (insb. die Rückgabe von Anteilen an Zielfonds), die mit einem gewissen Aufwand verbunden und irreversibel sind, ist es sinnvoll, die Bindung des Anlegers an seine Rückgabeerklärung gesetzlich zu verankern. Dies dient auch dem Schutz der anderen Anleger, da keine unnötige renditemindernde Liquidität geschaffen wird. § 227 II schließt daher auch die nach § 305 VI grds. vorgesehene Widerrufsmöglichkeit aus (vgl. EDD/*Stabenow* § 227 Rn. 13; aA WBA/*Baum* § 227 Rn. 8). Eine besondere Form ist für die Rückgabeerklärung jedoch nicht vorgesehen (AWZ/*Schmolke* § 227 Rn. 11). Eine unter Widerrufsvorbehalt abgegebene Rückgabeerklärung verstößt gegen § 227 II 1 und ist daher unbeachtlich. 7

4. Sperrung der Anteile. Die Anteile bzw. Aktien, die Gegenstand einer Rückgabeerklärung sind, sind gem. § 227 III bis zur tatsächlichen Rückgabe von der depotführenden Stelle zu sperren. Diese Sperrung soll die KVG vor Verfügungen über die zurückgegebenen Anteile schützen, ist aber **nicht als Wirksamkeitsvoraussetzung** für eine wirksame Rückgabeerklärung anzusehen (EDD/*Stabenow* § 277 Rn. 17). Bei Anteilen oder Aktien, die nicht im Inland in einem Depot verwahrt werden, ist es erforderlich, dass der Anleger die betreffenden Anteile in ein Sperrdepot bei der Verwahrstelle übertragen hat; anderenfalls beginnt die Rückgabefrist nicht zu laufen. Als Verwahrstelle ist insoweit die für den Dach-Hedgefonds bestellte Verwahrstelle anzusehen. Im Falle von in der Girosammelverwahrung verwahrten Anteilen sollte eine Sperrung der Anteile im Clearingsystem des Zentralverwahrers auf Aufforderung durch die Verwahrstelle ausreichend sein (EDD/*Stabenow* § 227 Rn. 18). 8

5. Zahlung des Rücknahmepreises. Gemäß § 227 IV ist der Rücknahmepreis (in Abweichung von § 98 I) ohne schuldhaftes Zögern (unverzüglich), spätestens aber **50 Kalendertage nach dem Rücknahmetermin** an den die Anteile 9 zurückgebenden Anleger auszuzahlen. Diese Bestimmung war iRd InvÄndG in § 116 InvG eingefügt worden, um der den Dach-Hedgefonds verwaltenden KVG eine Aufschiebung der Zahlung des Rücknahepreises bis zu dem Zeitpunkt zu ermöglichen, zu dem ihr die Zielfonds ihren (für die Ermittlung des Rücknahmepreises erforderlichen) Anteilwert mitgeteilt und ggf. ihrerseits den Rücknahmepreis ausgekehrt haben (BT-Drs. 16/5576, 91). Die 50-Tage-Frist trägt zwar grds. den Marktgepflogenheiten bzgl. der Anteilwertermittlung und Anteilsrückgabe bei Single-Hedgefonds Rechnung, kann aber im Einzelfall gleichwohl dazu führen, dass die KVG des Dach-Hedgefonds den Rücknahmepreis auf der Basis der zuletzt verfügbaren (und ggf. durch vorsichtige Schätzungen adjustierten) Werte ermitteln muss, soweit nicht aufgrund der besonderen Umstände des Einzelfalles eine Aussetzung der Anteilsrücknahme gem. § 98 II in Betracht kommt. Dies gilt insb., da die Anteilswertermittlung zum jeweiligen Rücknahmetermin zu erfolgen hat und somit später vom jeweiligen Zielfonds mitgeteilte Anteilwerte nicht mehr berücksichtigt werden können (→ Rn 4). Die KVG hat einen gewissen **Ermessensspielraum** hinsichtlich der Frage, inwieweit sie die 50-Tage-Frist ausschöpfen möchte, und kann hierbei insb. die Liquidität der für Rechnung des Dach-Hedgefonds gehaltenen Vermögenswerte als Maßstab heranziehen (BT-Drs. 16/5576, 91). Auch die Vornahme von **Abschlagszahlungen** innerhalb der 50-Tage-Frist ist grds. möglich (AWZ/*Schmolke* § 227 Rn. 17).

10 **6. Besonderheiten.** International ist es üblich, dass Dach-Hedgefonds zur Vermeidung von Liquiditätsengpässen die Rückgabe von Anteilen pro Rücknahmetermin auf einen Höchstbetrag, idR einen bestimmten Prozentsatz des (Netto-) Fondsvermögens, beschränken **(Redemption Gate).** Ein solches Konzept hat der Gesetzgeber iRd § 223 I auch umgesetzt. Eine entsprechende Regelung wäre auch iRd § 227 wünschenswert gewesen. Die allgemeine Möglichkeit, auch bei deutschen Investmentvermögen derartige Rücknahmebeschränkungen zu vereinbaren, hat mit dem CCP-RR-UG v. 19.3.2020 auch Eingang in das KAGB gefunden; nach § 98 Ib können in den Anlagebedingungen auch Regelungen zur Beschränkung von Anteilsrücknahmen auf einen bestimmten Schwellenwert getroffen werden; hierbei handelt es sich nicht um einen Fall der Aussetzung der Anteilsrücknahme iSv § 98 II (BT-Drs. 19/17139, 45). Unter Berücksichtigung der Vorgaben des § 227 ist eine solche Regelung grds. nur dann zulässig, wenn dadurch die Möglichkeit der Anleger nicht beschränkt wird, ihre Anteile mindestens einmal im Kalendervierteljahr zurückzugeben, gem. § 98 Ib 2 darf die Beschränkung der Rücknahme ohnehin aber **höchstens 15 Arbeitstage** andauern. Da § 98 Ib auch für Dach-Hedgefonds zwingend gilt, verbleibt hier für die Praxis nur wenig Spielraum für eine praxisgerechte Regelung entsprechend den international gebräuchlichen Standards, da mit dem 15-Tages-Zeitraum vergleichsweise wenig Zeit gewonnen wird, die im Einzelfall recht illiquiden Zielfondsbeteiligungen zu liquidieren. Die Entscheidung über die Beschränkung der Anteilsrücknahme im Einzelfall muss die KVG nach pflichtgemäßem Ermessen treffen (BT-Drs. 19/17193, 45). Im Sinne der Gleichbehandlung aller Anleger (vgl. § 26 II) müssen dabei alle fristgerecht vor dem betreffenden Rückgabetermin eingegangenen Rückgaben anteilig gekürzt werden (vgl. EDD/*Stabenow* § 227 Rn. 7).

11 Ebenfalls mit Blick auf mögliche Liquiditätsengpässe infolge von Anteilsrücknahmen sind bei Dach-Hedgefonds bisweilen Regelungen anzutreffen, nach denen der Fondsmanager unter bestimmten Voraussetzungen bestimmte Anlagen aus dem Fondsvermögen herausnehmen kann **(Side Pockets).** Im Sinne einer fairen Be-

handlung aller Anleger soll dadurch verhindert werden, dass bei verstärkten Rückgabeverlangen zunächst liquide Vermögenswerte veräußert werden müssen und die verbleibenden Anleger dann überproportional an den illiquiden Werten des Dach-Hedgefonds beteiligt bleiben (vgl. *Dobrauz/Rosenauer* ZFR 2010, 62). Um dies zu vermeiden, werden die illiquiden Anlagen (mit dem ausschließlichen Ziel der bestmöglichen Verwertung) von den liquiden Anlagen rechtlich oder zumindest buchhalterisch abgesondert und die Anleger erhalten neben ihrer Beteiligung an dem Dach-Hedgefonds auch eine Beteiligung an den abgesonderten Anlagen (ggf. in Form eines Anteils an einem Vehikel, auf das diese Anlagen übertragen wurden). Mangels einer ausdrücklichen Regelung im KAGB ist fraglich, ob es für eine Regelung in den Anlagebedingungen zur Bildung von Side Pockets bei einem Dach-Hedgefonds eine hinreichende Rechtsgrundlage gibt. Geht man aber davon aus, dass das KAGB kein allgemeines Verbot von **Sachausschüttungen** enthält (so AWZ/*Zetsche/Nast* § 98 Rn. 10; aA BSV/*Beckmann* § 98 Rn. 42), so könnte auf dieser Grundlage ggf. (unter Berücksichtigung des allgemeinen Gleichbehandlungsgrundsatzes) auch bei einem deutschen Dach-Hedgefonds eine Regelung zur Bildung von Side Pockets (im Sinne einer Separierung bestimmter Vermögenswerte in einer separaten rechtlichen Einheit) getroffen werden. Anleger, die hinsichtlich ihrer Anlagetätigkeit den Bestimmungen der AnlV unterliegen, müssen insoweit aber beachten, dass nach Auffassung der BaFin Side Pockets ab dem Zeitpunkt der Separierung grds. nicht mehr für das Sicherungsvermögen geeignet sind (Kapitalanlagerundschreiben, Abschnitt B.4.11).

7. Offenlegung in Verkaufsprospekt und Anlagebedingungen. Die Fest- 12
legungen des Dach-Hedgefonds zur Anteilrücknahme und Auszahlung des Rücknahmepreises sind nach § 288 I Nr. 6 im Verkaufsprospekt genau darzustellen. Sofern von der Möglichkeit der eingeschränkten Rückgabemöglichkeit in Abweichung von § 98 I oder § 116 II 1 Gebrauch gemacht wird, ist hierzu ein drucktechnisch hervorgehobener Hinweis aufzunehmen (→ § 228 Rn 13f.). Zudem sind die Modalitäten der Anteilrücknahme und Auszahlung des Rücknahmepreises nach § 229 III ebenfalls in den Anlagebedingungen anzugeben (→ § 229 Rn. 3).

§ 228 Verkaufsprospekt

(1) **Der Verkaufsprospekt muss bei Dach-Hedgefonds zusätzlich zu den Angaben nach § 165 folgende Angaben enthalten:**

1. **Angaben zu den Grundsätzen, nach denen die Zielfonds ausgewählt werden;**
2. **Angaben zu dem Umfang, in dem Anteile ausländischer nicht beaufsichtigter Zielfonds erworben werden dürfen, mit dem Hinweis, dass es sich bei diesen Zielfonds um AIF handelt, deren Anlagepolitik den Anforderungen für Hedgefonds vergleichbar ist, die aber möglicherweise keiner mit diesem Gesetz vergleichbaren staatlichen Aufsicht unterliegen;**
3. **Angaben zu den Anforderungen, die an die Geschäftsleitung der Zielfonds gestellt werden;**
4. **Angaben zu dem Umfang, in dem von den ausgewählten Zielfonds im Rahmen ihrer Anlagestrategien Kredite aufgenommen und Leerverkäufe durchgeführt werden dürfen, mit einem Hinweis zu den Risiken, die damit verbunden sein können;**

5. **Angaben zur Gebührenstruktur der Zielfonds mit einem Hinweis auf die Besonderheiten bei der Höhe der Gebühren sowie Angaben zu den Methoden, nach denen die Gesamtkosten berechnet werden, die der Anleger zu tragen hat;**
6. **Angaben zu den Einzelheiten und Bedingungen der Rücknahme und der Auszahlung von Anteilen oder Aktien, gegebenenfalls verbunden mit einem ausdrücklichen, drucktechnisch hervorgehobenen Hinweis, dass der Anleger abweichend von § 98 Absatz 1 oder § 116 Absatz 2 Satz 1 nicht mindestens zweimal im Monat von der AIF-Kapitalverwaltungsgesellschaft die Rücknahme von Anteilen oder Aktien und die Auszahlung des auf die Anteile oder Aktien entfallenden Vermögensanteils verlangen kann.**

(2) **Zusätzlich muss der Verkaufsprospekt eines Dach-Hedgefonds an auffälliger Stelle drucktechnisch hervorgehoben folgenden Warnhinweis enthalten: „Der Bundesminister der Finanzen warnt: Dieser Investmentfonds investiert in Hedgefonds, die keinen gesetzlichen Leverage- oder Risikobeschränkungen unterliegen."**

I. Allgemeines

1 Die Vorschrift befindet sich seit 2013 im KAGB. Sie knüpft mit gewissen redaktionellen Anpassungen grds. an den früheren § 117 InvG an (BT-Drs. 17/12294, 266), wobei der Warnhinweis nach § 228 II einen anderen Wortlaut bekommen hat als der nach § 117 II 1 InvG. Nicht übernommen wurden die iRd InvÄndG in § 117 II 2 InvG aufgenommenen Bestimmung zu Mindestzahlungszusagen, während die Regelungen zum Vertrieb an Privatanleger (§ 117 II InvG) und der Warnhinweis im Fall der Einschaltung eines Prime Brokers (§ 117 III) ohnehin nur für (Single-)Hedgefonds relevant waren. Auf Grund der Erweiterung der erforderlichen Prospektangaben durch Einführung des § 165 iRd Umsetzung der AIFM-RL müssen viele der in § 228 I aufgezählten Informationen sowieso im Verkaufsprospekt offengelegt werden. Nach § 297 VI bestehen beim Vertrieb von Dach-Hedgefonds besondere Anforderungen, indem sämtliche Verkaufsunterlagen den Anleger auszuhändigen sind und auf den Warnhinweis nach § 228 II ausdrücklich hinzuweisen ist. Zudem muss beim Vertragsschluss die Schriftform eingehalten werden und es ist eine Beweislastumkehr zu Gunsten des Anlegers geregelt.

II. Anwendungsbereich der Norm

2 Die Vorschrift regelt den erforderlichen **Mindestinhalt** des Verkaufsprospektes für einen Dach-Hedgefonds. Für diesen gilt zunächst § 165 und der Verkaufsprospekt muss daher grds. die gleichen Angaben enthalten wie bei anderen offenen Publikumsinvestmentvermögen. Zusätzlich sind aber gem. § 228 I zusätzliche produktspezifische Angaben erforderlich, die aus Sicht des Gesetzgebers dem besonderen Risiko des Produktes und den Interessen des Anlegerschutzes gerecht werden sollen (vgl. BT-Drs. 15/1553, 111). Bei ausländischen Dach-Hedgefonds setzt die Vertriebsfähigkeit an Privatanleger in Deutschland voraus, dass der Verkaufsprospekt ebenfalls die nach § 228 erforderlichen Angaben enthält (§ 318 II). Die zusätzlichen Angaben unterfallen der investmentrechtlichen Prospekthaftung nach § 306 I (aA BSV/*Lindemann* § 228 Rn. 8).

Nach dem Wortlaut des § 228 I Nr. 4 und 5 müsste der Verkaufsprospekt eines Dach-Hedgefonds nach jeder Zielfondsinvestition um die entsprechenden **Angaben zum jeweiligen Zielfonds** ergänzt werden. Die gleichen Formulierungen finden sich auch in § 229 II Nr. 3 und Nr. 5 in Bezug auf die Anlagebedingungen (→ § 229 Rn. 3). Aus der Gesetzesbegründung geht nicht hervor, ob es sich nur um eine sprachliche Ungenauigkeit handelt. Es sollte aus Praktikabilitätsgründen entgegen dem Wortlaut ausreichend sein, wenn die Angaben zu diesen Punkten einen abstrakten maximalen Rahmen vorgeben, in dem sich die Zielfondsauswahl bewegt. Damit ist auch dem bezweckten Anlegerschutz Rechnung getragen, solange die im Verkaufsprospekt dargestellten Anlagegrenzen und damit die Risiken nicht überschritten werden. In der Praxis ist es bei anderen offenen Investmentvermögen üblich, dass eine Prospektaktualisierung auf Grund von getätigten Anlagen unterbleibt, sofern die Investitionen des (Semi-)Blindpools gem. der im Verkaufsprospekt angegebenen Anlagestrategie und innerhalb der Anlagegrenzen getätigt werden. Diese Praxis sollte auch bei Dach-Hedgefonds angewendet werden (vgl. EDD/*Strabenow* § 228 Rn. 5). Um eine zivilrechtliche Enthaftung zu erreichen, können die relevanten Informationen den Investoren auch in anderer Form bspw. als **Quartals- oder Jahresbericht** zur Verfügung gestellt werden. 3

III. Zusätzliche Angaben

1. Auswahl der Zielfonds. Aufzunehmen sind in den Verkaufsprospekt eines Dach-Hedgefonds zunächst Angaben zu den Grundsätzen, nach denen die Zielfonds ausgewählt werden (Nr. 1). Dies soll dem Anleger die Einschätzung des Risikos seiner Anlage erleichtern (vgl. BT-Drs. 15/1553, 111). Die Darstellung der Anlagegrundsätze des Dach-Hedgefonds ist ohnehin bereits nach § 165 II Nr. 2 erforderlich, so dass § 228 I Nr. 1 kaum eigenständige Bedeutung zukommt (AWZ/*Schmolke* § 228 Rn. 6). 4

Zu den Auswahlgrundsätzen könnte zunächst dargestellt werden, welche Kriterien für den Auswahlprozess der KVG von Bedeutung sind. In der Praxis wird dabei häufig zwischen quantitativen und qualitativen Elementen unterschieden, die in den Auswahlprozess einfließen. Zu den Einzelheiten der Zielfondsauswahl → § 225 Rn. 10ff. 5

Eine abschließende Beschreibung der von den Zielfonds verfolgten Anlagegrundsätze und Anlagegrenzen ist insoweit nicht erforderlich (EDD/*Stabenow* § 228 Rn. 5); für noch nicht ausgewählte Zielfonds reicht vielmehr eine **typisierende Darstellung** aus (AWZ/*Schmolke* § 228 Rn. 7). Da es nicht erforderlich ist, den Auswahlprozess und die Gewichtung der einzelnen Parameter in allen Einzelheiten zu schildern (vgl. EDD/*Stabenow* § 228 Rn. 4), sollte in diesem Zusammenhang ggf. darauf hingewiesen werden, dass die Gewichtung und Berücksichtigung der einzelnen Kriterien variieren und zur teilweisen oder vollständigen Nichtbeachtung oder zur deutlichen Überbewertung einzelner oder mehrerer Kriterien führen kann, insb. wenn eine quantitative Analyse nur sehr eingeschränkt oder gar nicht möglich ist (wie zB bei neu aufgelegten Zielfonds). Angegeben werden kann in diesem Zusammenhang ggf. auch, wie in den Selektionsprozess Informationen aus internen und externen Datenbanken, allgemeine Marktinformationen und Berichte sowie Fragenkataloge und Treffen mit dem Management der Zielfonds einfließen.

Zur Verdeutlichung, dass die sich aus § 225 V ergebenden Anforderungen an den Auswahlprozess der Zielfonds erfüllt werden, kann eine Darstellung aufgenommen 6 werden, dass die KVG sämtliche für die Anlageentscheidung notwendigen Informationen über diese Zielfonds einholen wird. Zu den Einzelheiten der nach § 225 V einzuholenden Informationen → § 225 Rn. 12.

7 Zur Verdeutlichung, dass die sich aus § 225 VI ergebenden Anforderungen an die laufende Überwachung der Zielfonds erfüllt werden, empfiehlt sich eine Angabe, dass die KVG die Zielfonds, in die sie anlegt, in Bezug auf die Einhaltung der Anlagestrategien und Risiken laufend überwachen und sich regelmäßig allgemein anerkannte Risikokennziffern vorlegen lassen wird. Angegeben werden kann in diesem Zusammenhang auch, dass die Methode, nach der eine Risikokennziffer errechnet wird, der KVG von dem jeweiligen Zielfonds angegeben und erläutert werden muss.

8 **2. Regulierung der Zielfonds.** In den Verkaufsprospekt aufzunehmen sind auch Angaben zu dem Umfang, in dem Anteile ausländischer nicht beaufsichtigter Zielfonds erworben werden dürfen (Nr. 2). Auch diese Informationen werden als für die Anlageentscheidung des Anlegers wichtig angesehen, da sie Rückschlüsse auf den Risikogehalt der Anlage erlauben (vgl. BT-Drs. 15/1553, 111). Zusätzlich zu den Angaben ist ein **Hinweis** aufzunehmen, dass es sich bei derartigen Zielfonds um AIF handelt, deren Anlagepolitik den Anforderungen für Hedgefonds vergleichbar ist, die aber möglicherweise keiner mit dem KAGB vergleichbaren staatlichen Aufsicht unterliegen; dieser Hinweis könnte zB wie folgt aussehen:

> *Bei den Zielfonds handelt es sich um Investmentvermögen, die hinsichtlich ihrer Anlagepolitik Anforderungen unterliegen, die denen für inländische Hedgefonds nach § 283 KAGB vergleichbar sind, aber möglicherweise keiner mit der Aufsicht nach dem KAGB vergleichbaren staatlichen Aufsicht unterliegen.*

Anders als zB bei dem nach § 228 II erforderlichen Hinweis ist eine drucktechnische Hervorhebung nicht erforderlich. Soweit in der Gesetzesbegründung (vgl. BT-Drs. 15/1553, 111) anklingt, dass in diesem Zusammenhang ebenfalls nähere Angaben zur Anlagepolitik der Zielfonds zu machen sind, findet sich hierfür im Wortlaut des Gesetzes keine Stütze (EDD/*Stabenow* § 228 Rn. 6). Zudem werden entsprechende Angaben schon unter § 228 I Nr. 1 verlangt. Gemäß § 166 VII 5 Nr. 3 müssen Informationen zu nicht beaufsichtigten ausländischen Zielfonds auch in den wesentlichen Anlegerinformationen enthalten sein.

9 Die Darstellung könnte insoweit auch einen Risikohinweis beinhalten, dass für Anlagen in ausländische Zielfonds insb. zu berücksichtigen ist, dass

- diese oft als wenig oder überhaupt nicht regulierte Fonds einer begrenzten Anzahl von Anlegern angeboten werden und idR nur begrenzt handelbar sind;
- mit einer geringen Regulierung idR auch eine eingeschränkte staatliche Aufsicht verbunden ist;
- hinsichtlich der Zielfonds möglicherweise nicht dieselbe Transparenz gewährleistet ist wie bei inländischen Hedgefonds, so dass Änderungen der Anlagepolitik oder der Risikostruktur ggf. erst mit zeitlicher Verzögerung sichtbar werden;
- es möglich ist, dass der Heimatstaat eines Zielfonds es dem Dach-Hedgefonds erschweren könnte, seine vollen rechtlichen Ansprüche geltend zu machen.

Soweit es sich bei den Zielfonds um Teilfonds eines **Umbrella-Fonds** handelt, wäre ggf. noch ein Hinweis aufzunehmen, dass ein zusätzliches Risiko besteht, wenn der Umbrella-Fonds Dritten gegenüber insgesamt für die Verbindlichkeiten jedes Teilfonds haftet. Bei **Master-Feeder-Strukturen** kann ggf. noch darauf hingewiesen werden, dass Master- und Feeder-Fonds in unterschiedlichen Ländern domiziliert sein können und das Fondsmanagement des Master-Fonds nicht den Regelungen desselben Landes wie der Feeder-Fonds unterliegen muss.

3. Geschäftsleitung der Zielfonds. Des Weiteren sind Angaben in den Ver- 10
kaufsprospekt aufzunehmen zu den Anforderungen, welche die KVG im Rahmen ihres Auswahlprozesses an die Geschäftsleitung der Zielfonds stellt (Nr. 3). Diese Angaben betreffen bspw. Ausbildung und Erfahrung dieser Personen (vgl. BT-Drs. 15/1553, 111). Sie werden als für die Anleger wichtig angesehen, da eine erfolgreiche Umsetzung der Anlagestrategien der einzelnen Zielfonds auch von der Person des Fondsmanagers abhängt. Anzugeben wäre hier daher, nach welchen Kriterien die KVG das Fondsmanagement der Zielfonds für die Zwecke ihrer Anlageentscheidungen für den Dach-Hedgefonds beurteilt (vgl. AWZ/*Schmolke* § 228 Rn. 11). Die Darstellung könnte zB die Aussage beinhalten, dass die KVG hinsichtlich der für die Anlage der Zielfonds maßgeblichen Personen danach entscheidet, ob die betreffenden Geschäftsleiter und/oder Fondsmanager über eine allgemeine fachliche Eignung für die Durchführung von Hedgefonds-Geschäften und ein dem Fondsprofil entsprechendes Erfahrungswissen sowie praktische Kenntnisse verfügen.

4. Leverage und Leerverkäufe auf Ebene der Zielfonds. Nach Nr. 4 sind 11
Angaben in den Verkaufsprospekt aufzunehmen zu dem Umfang, in dem von den ausgewählten Zielfonds im Rahmen ihrer Anlagestrategien Kredite aufgenommen und Leerverkäufe durchgeführt werden dürfen. Die Darstellung kann insb. die Angabe enthalten, dass erwerbbare Zielfonds dadurch charakterisiert sind, dass ihre Vertragsbedingungen oder Statuten

– eine Steigerung des Investitionsgrades über grds. unbeschränkte Kreditaufnahme für gemeinschaftliche Rechnung der Anleger oder über den Einsatz von Derivaten (Hebelung/Leverage), und/oder
– den Verkauf von Vermögensgegenständen für gemeinschaftliche Rechnung der Anleger, die im Zeitpunkt des Geschäftsabschlusses nicht zum Fondsvermögen gehören (Leerverkauf)

vorsehen und dass die Zielfonds hinsichtlich keiner der beiden Alternativen eine Beschränkung aufweisen müssen. Die Darstellung ist mit einem **Hinweis** zu den Risiken zu verbinden, die damit einhergehen können. Dieser Hinweis könnte zB wie folgt aussehen:

> *Dieses Investmentvermögen investiert in Hedgefonds, die keinen gesetzlichen Leverage- oder Risikobeschränkungen unterliegen. Hiermit können erhebliche Risiken für den betreffenden Zielfonds verbunden sein. Generell dürfte Risiko und Volatilität des Zielfonds mit seiner Hebelung ansteigen.*

Anders als zB bei dem nach § 228 II erforderlichen Hinweis ist eine drucktechnische Hervorhebung nicht erforderlich. Eine gesonderte Information über Leverage und Leerverkäufe auf Ebene der Zielfonds wurde vom Gesetzgeber deswegen als wichtig angesehen, weil sich hier im Vergleich zu herkömmlichen Investmentvermögen besondere Risiken ergeben können (BT-Drs. 15/1553, 111). § 166 VII 5 Nr. 4 verlangt die Aufnahme von Informationen zu Leerverkäufen und Kreditaufnahmen in den wesentlichen Anlegerinformationen.

5. Gebührenstruktur der Zielfonds. Nach Nr. 5 sind in den Verkaufspro- 12
spekt Angaben aufzunehmen zur Gebührenstruktur der Zielfonds sowie zu den Methoden, nach denen die **Gesamtkosten** berechnet werden, die der Anleger zu

tragen hat. Bei der Darstellung der Gesamtkosten ist auch hervorzuheben, dass die Verwaltungsgebühr auch bei einer negativen Wertentwicklung der Anlage anfällt (BT-Drs. 15/1553, 111). Die Darstellung ist auch mit einem Hinweis auf die Besonderheiten bei der Höhe der Gebühren zu verbinden, die sich insb. aus der Kombination aus erfolgsunabhängigen und erfolgsabhängigen Vergütungselementen ergeben (vgl. AWZ/*Schmolke* § 228 Rn. 14). Nach den Vorstellungen des Gesetzgebers soll durch diesen **Hinweis** zum Ausdruck gebracht werden, dass die Gebühren höher ausfallen können als bei herkömmlichen Investmentfonds (BT-Drs. 15/1553, 111). Dies gilt insb. für eine prozentuale Beteiligung der Fondsmanager am erzielten Gewinn. Der Hinweis könnte zB wie folgt aussehen:

Im Unterschied zu herkömmlichen Investmentvermögen sehen die Beteiligungsbedingungen der (Ziel-)Hedgefonds, in die der Dach-Hedgefonds investiert, anstelle oder zusätzlich zu einer erfolgsunabhängigen, typischerweise auf den Nettoinventarwert bezogenen Verwaltungsvergütung, häufig noch eine erfolgsabhängige Vergütung vor. Teilweise werden derartige erfolgsabhängige Vergütungen erst gezahlt, wenn die Steigerung des Anteilwerts des betreffenden Hedgefonds eine festgelegte Schwelle (so genannte Hurdle Rate) übersteigt.

Die vorgenannten, mit einer Investition in den Dach-Hedgefonds verbundenen direkten und indirekten Gebühren, Kosten, Steuern, Provisionen und sonstigen Aufwendungen können deutlich höher sein als bei herkömmlichen Investmentvermögen. Teilweise fallen sie auch bei einer negativen Entwicklung der Anlage an und vermindern folglich den Nettoinventarwert des Dach-Hedgefonds zusätzlich. Außerdem können die vereinbarten Vergütungsregelungen einen Anreiz schaffen, Anlagen vorzunehmen, die risikoreicher oder spekulativer sind als die von herkömmlichen Investmentvermögen getätigten.

Anders als zB bei dem nach § 228 II erforderlichen Hinweis ist eine drucktechnische Hervorhebung nicht erforderlich.

13 **6. Möglichkeiten zur Anteilsrückgabe.** Nach Nr. 6 sind in den Verkaufsprospekt Angaben zu den Einzelheiten und Bedingungen der Rücknahme und der Auszahlung von Anteilen oder Aktien aufzunehmen. Dies beinhaltet insb. Angaben zu den Rücknahmeterminen (§ 227 I), zu den Modalitäten der Kündigungserklärung und den Kündigungsfristen (§ 227 II) sowie zu den Modalitäten der Auszahlung des Rücknahmepreises (§ 227 III).

14 Sofern – was in der Praxis bei Dach-Hedgefonds regelmäßig der Fall ist – die Anleger abweichend von § 98 I bzw. § 116 II 1 nicht mindestens zweimal im Monat von der KVG die Rücknahme ihrer Anteile bzw. Aktien (gegen Auszahlung des auf diese Anteile oder Aktien entfallenden Vermögensanteils) verlangen können, ist ein ausdrücklicher, drucktechnisch hervorgehobener **Hinweis** erforderlich. Dieser könnte bei Sondervermögen zB wie folgt aussehen:

Eine jederzeitige Rückgabe der Anteile des Sondervermögens und Auszahlung des auf die Anteile entfallenden Vermögensanteils ist nicht möglich. Die Anteilrückgabe ist wie folgt eingeschränkt: (…)

Die **drucktechnische Hervorhebung** kann zB durch Fettdruck und/oder Verwendung von Großbuchstaben erfolgen. Nach § 166 VII 5 Nr. 1 müssen Angaben zu den Einschränkungen der Anteilrücknahme in den wesentlichen Anlegerinformationen gemacht werden.

IV. Warnhinweis

15 Gemäß § 228 II ist in den Verkaufsprospekt eines Dach-Hedgefonds ein besonderer Warnhinweis aufzunehmen, mit dem die Anleger vor der abstrakten Gefährlichkeit der Anlageform „Dach-Hedgefonds" gewarnt werden. Der Inhalt des Warnhinweises ist zwingend vorgegeben und lautet:

Der Bundesminister der Finanzen warnt: Dieser Investmentfonds investiert in Hedgefonds, die keinen gesetzlichen Leverage- oder Risikobeschränkungen unterliegen.

Der Warnhinweis ist an auffälliger Stelle in den Verkaufsprospekt aufzunehmen (zB auf dem Deckblatt oder der nachfolgenden Seite) und drucktechnisch (zB durch Fettdruck und/oder Großbuchstaben) hervorzuheben. Für den Fall, dass der vorgesehene Warnhinweis im Verkaufsprospekt fehlt oder nicht den gesetzlichen Vorgaben entsprechend dargestellt ist, soll dem Anleger ein Anspruch auf Schadenersatz zustehen (vgl. BT-Dr. 15/1553, 111). § 228 II 1 ist insoweit **Schutzgesetz** iSd § 823 II BGB (EDD/*Stabenow* § 228 Rn. 12). Daneben kommen auch Ansprüche aus der spezialgesetzlichen Prospekthaftung nach § 306 in Betracht (AWZ/*Schmolke* § 228 Rn. 21).

16 Die Verpflichtung nach § 302 VI, nach der Werbung für Dach-Hedgefonds oder für ausländische AIF oder EU-AIF, die hinsichtlich der Anlagepolitik Anforderungen unterliegen, die denen von Dach-Hedgefonds vergleichbar sind, ausdrücklich auf die besonderen Risiken des Investmentvermögens nach Maßgabe des § 228 II hinweisen muss, wurde im Rahmen des FoStoG gestrichen. Die Umgestaltung der Vorschrift wurde zur Anpassung an das EU-Recht vorgenommen (Referentenentwurf des BMF zum FoStoG, 106). Beim Vertrieb muss allerdings weiterhin nach § 297 VI 3 ausdrücklich auf den Warnhinweis hingewiesen werden.

17 In § 117 II 2 InvG war noch ein Warnhinweis mit dem Wortlaut „*Der Bundesminister der Finanzen warnt: Bei diesem Investmentfonds müssen Anleger bereit und in der Lage sein, Verluste des eingesetzten Kapitals bis hin zum Totalverlust hinzunehmen.*" vorgegeben, denn nach dem Willen des Gesetzgebers sollte nur derjenige in Dach-Hedgefonds investieren, der sich auch einen Totalverlust seines eingesetzten Kapitals leisten kann (vgl. BT-Drs. 15/1553, 111). An dieser Zielsetzung dürfte sich zwar grundsätzlich nichts geändert haben, die Abänderung des für den Warnhinweis vorgegebenen Textes sollte vielmehr allein der Anpassung an die Spezifika von Hedgefonds dienen (BR- Drs. 791/12, 493). Vor diesem Hintergrund empfiehlt es sich, bei Dach-Hedgefonds in den Verkaufsprospekt an geeigneter Stelle auch noch einen entsprechenden Hinweis zum Totalverlustrisiko aufzunehmen, der zB wie folgt aussehen könnte:

Die Anlage in den Dach-Hedgefonds ist nur für erfahrene Anleger geeignet, die in der Lage sind, die Risiken der Anlage zu verstehen und abzuschätzen und deren Anlageziel mit dem des Dach-Hedgefonds übereinstimmt. Anleger müssen bereit und in der Lage sein, einen weitgehenden oder vollständigen Verlust des eingesetzten Kapitals hinzunehmen (Totalverlustrisiko). Auf Grund des Totalverlustrisikos, sollte eine Anlage in den Dach-Hedgefonds nur als eine Beimischung für das Gesamtportfolio vorgenommen werden.

Eine **drucktechnische Hervorhebung** bspw. durch Fettdruck ist bei Darstellung des Totalverlustrisikos in der Praxis üblich und auch zu empfehlen.

§ 229 Anlagebedingungen

(1) **Die Anlagebedingungen von AIF-Kapitalverwaltungsgesellschaften, die Dach-Hedgefonds verwalten, müssen die Angaben nach Maßgabe des § 162 enthalten.**

(2) **Ergänzend zu § 162 Absatz 2 Nummer 1 ist von den AIF-Kapitalverwaltungsgesellschaften anzugeben,**

1. **nach welchen Grundsätzen Zielfonds, in die sie anlegen, ausgewählt werden,**
2. **dass es sich bei diesen Zielfonds um Hedgefonds, EU-AIF oder ausländische AIF handelt, deren Anlagepolitik jeweils Anforderungen unterliegt, die denen nach § 283 vergleichbar sind,**
3. **welchen Anlagestrategien diese Zielfonds folgen und in welchem Umfang sie im Rahmen ihrer Anlagestrategien zur Generierung von Leverage Kredite aufnehmen, Wertpapier-Darlehen oder Derivate einsetzen und Leerverkäufe durchführen dürfen,**
4. **bis zu welcher Höhe Mittel in Bankguthaben, Geldmarktinstrumenten und in Anteilen oder Aktien an inländischen AIF, EU-AIF oder ausländischen AIF nach § 225 Absatz 2 Satz 1 angelegt werden dürfen und**
5. **ob die Vermögensgegenstände eines Zielfonds bei einer Verwahrstelle oder einem Primebroker verwahrt werden.**

(3) **Ergänzend zu § 162 Absatz 2 Nummer 4 haben AIF-Kapitalverwaltungsgesellschaften, die Dach-Hedgefonds verwalten, alle Voraussetzungen und Bedingungen der Rückgabe und Auszahlung von Anteilen aus dem Dach-Hedgefonds Zug um Zug gegen Rückgabe der Anteile anzugeben.**

I. Allgemeines

1 Die Vorschrift befindet sich seit 2013 im KAGB. Sie knüpft mit gewissen redaktionellen Anpassungen grds. an den früheren § 118 I InvG an (BT-Drs. 17/12294, 266). Der erst iRd InvÄndG neu aufgenommene § 118 II InvG wurde dabei folgerichtig in § 283 II überführt.

II. Anwendungsbereich der Norm

2 Die Anlagebedingungen eines Dach-Hedgefonds müssen grds. die gleichen Punkte gem. § 162 abdecken, wie alle anderen offenen Publikumsinvestmentvermögen (vgl. BT-Drs. 15/1553, 111). § 229 II verlangt darüber hinaus mit Blick auf den besonderen Charakter des Fondstyps zusätzlich die Aufnahme weiterer Angaben. Zweck ist es, die Transparenz ggü. dem Anleger zu erhöhen und ihn in die Lage zu versetzen, auf der Basis einer hinreichenden Information seine Anlageentscheidung treffen zu können (vgl. AWZ/*Schmolke* § 229 Rn. 3). Da die Vertragsbedingungen das Rechtsverhältnis zwischen den Anlegern und der KVG regeln, ist allerdings anders als beim Verkaufsprospekt **kein Warnhinweis** vorgesehen (BT-Drs. 15/1553, 112). Bei ausländischen Dach-Hedgefonds setzt die Vertriebsfähigkeit an Privatanleger in Deutschland voraus, dass die Vertragsbedingungen ebenfalls die nach § 229 erforderlichen Angaben enthalten (§ 317 I Nr. 7 Buchst. a Doppelbuchst. bb).

3 Nach dem Wortlaut des § 229 II Nr. 3 und 5 müssten die Anlagebedingungen des Dach-Hedgefonds nach jeder Zielfondsinvestition um die entsprechenden Angaben zum jeweiligen Zielfonds ergänzt werden. Die gleichen Formulierungen finden sich auch in § 228 I Nr. 4 und 5 in Bezug auf den Verkaufsprospekt (→ § 228 Rn 3). Es sollte aber ausreichend sein, wenn die Angaben zu diesen Punkten einen abstrakten maximalen Rahmen vorgeben, in dem sich die Zielfondsauswahl bewegt. Damit ist auch dem bezweckten Anlegerschutz Rechnung getragen, solange das dargestellte Risiko nicht überschritten wird (vgl. EDD/*Strabenow* § 229 Rn 4).

III. Zusätzliche Angaben

4 **1. Grundsätze für die Auswahl von Zielfonds.** Zusätzlich zu den nach § 162 II erforderlichen Angaben ist in den Anlagebedingungen anzugeben, nach welchen Grundsätzen Zielfonds ausgewählt werden, in die die Mittel des Dach-Hedgefonds angelegt werden (§ 229 II Nr. 1). Diese Festlegung erfolgt bei einem Dach-Hedgefonds in der Rechtsform des Sondervermögens idR in den Besonderen Anlagebedingungen (BAB) und beinhaltet eine zusammenfassende Beschreibung des Auswahl- und Überwachungsprozesses (insb. in Bezug auf Anlagestrategien, Anlagegrundsätze und Anlagegrenzen), wobei eine **typisierende Darstellung** ausreicht (vgl. AWZ/*Schmolke* § 229 Rn. 8). Zu den Einzelheiten der Zielfondsauswahl → § 225 Rn 10ff.

5 **2. Vergleichbarkeit mit deutschen Hedgefonds nach § 283.** Gemäß § 229 II Nr. 2 ist in den Anlagebedingungen Angaben festzulegen, dass es sich bei den Zielfonds um Hedgefonds, EU-AIF oder ausländische AIF handelt, deren Anlagepolitik jeweils Anforderungen unterliegt, die denen nach § 283 vergleichbar sind. In Anlehnung an die früher zwischen dem BVI und der BaFin abgestimmten Musterbedingungen könnte eine solche Regelung bei einem Dach-Hedgefonds in der Rechtsform des Sondervermögens (etwa im Rahmen der AAB) zB wie folgt aussehen:

Die Gesellschaft erwirbt für das Sondervermögen Anteile oder Aktien an Hedgefonds nach Maßgabe des § 283 KAGB, EU-AIF und ausländische AIF, die hinsichtlich der Anlagepolitik Anforderungen unterliegen, die denen nach § 283 KAGB vergleichbar sind (Zielfonds).

Durch die Festlegung des Kreises der zulässigen Zielfonds wird (iVm der Regelung zu den Liquiditätsanlagen in § 229 II Nr. 4) der Charakter des Investmentvermögens als Dach-Hedgefonds manifestiert.

6 **3. Anlagestrategien der Zielfonds.** Gemäß § 229 II Nr. 3 müssen die Anlagebedingungen zunächst Angaben enthalten, welchen Anlagestrategien die Zielfonds folgen. Zu den Anlagestrategien der Zielfonds → § 225 Rn. 5ff. Möglich ist dabei auch die Aufnahme eines Zusatzes, dass Kombinationen und Abwandlungen der genannten Strategien zulässig sind (MKJ/*Kunsche/Schaffelhuber* § 229 Rn. 12). Eine entsprechend weit gefasste Formulierung könnte bei einem Dach-Hedgefonds in der Rechtsform des Sondervermögens zB wie folgt aussehen:

Die Gesellschaft beabsichtigt, für das Sondervermögen Anlagen in Zielfonds zu tätigen, deren Anlagestrategie auf die Erwirtschaftung von positiven absoluten Renditen ausgerichtet ist. Als mögliche Anlagestrategien der Zielfonds kommen insbesondere die nachfolgend beschriebenen Anlagestrategien (einzeln oder in Kombination) in Betracht: […]

7 § 229 II Nr. 3 verlangt außerdem Angaben in den Anlagebedingungen, in welchem Umfang die Zielfonds im Rahmen ihrer Anlagestrategien zur Generierung von Leverage Kredite aufnehmen, Wertpapier-Darlehen oder Derivate einsetzen und Leerverkäufe durchführen dürfen. Diese Angaben sind den besonderen Risiken geschuldet, die mit der Steigerung des Investitionsgrades des Sondervermögens über Kreditaufnahmen oder den Einsatz von Derivaten und der Durchführung von Leerverkäufen verbunden sind (vgl. BT-Drs. 15/1553, 112). Die Umsetzung erfolgt idR in den Besonderen Anlagebedingungen (BAB). Eine entsprechend weit gefasste Formulierung könnte zB wie folgt aussehen:

Die Gesellschaft kann Zielfonds auswählen, denen es gestattet ist,

(i) zur Steigerung des Investitionsgrades unbegrenzt Kredite aufzunehmen und Derivate einzusetzen und/oder

(ii) Leerverkäufe vorzunehmen.

Gegebenenfalls kann hier aber auch eine Regelung aufgenommen werden, welche nur Zielfonds mit quantitativen Beschränkungen hinsichtlich der Kreditaufnahme, des Einsatzes von Derivaten oder der Vornahme von Leerverkäufen zulässt.

8 **4. Liquiditätsanlagen.** Gemäß § 229 II Nr. 4 ist in den Anlagebedingungen anzugeben, bis zu welcher Höhe die Mittel des Dach-Hedgefonds in Bankguthaben, Geldmarktinstrumenten und in Anteilen oder Aktien an inländischen AIF, EU-AIF oder ausländischen AIF nach § 225 II 2 Nr. 1 angelegt werden dürfen. Um den Charakter als Dach-Hedgefonds zu wahren, dürfen derartige Liquiditätsanlagen innerhalb des Fondsvermögens nicht dominieren. In der Regel erfolgt daher eine Festlegung (bei Sondervermögen zB in den AAB) dahingehend, dass bis zu 49% des Wertes des Dach-Hedgefonds in Liquiditätsanlagen (Bankguthaben, Geldmarktinstrumenten und Anteile an Geldmarktfonds) angelegt werden können und der Wert der Anteile an Zielfonds insgesamt 51% des Wertes des Dach-Hedgefonds nicht unterschreiten darf. Die entsprechende Umsetzung erfolgt dabei zumeist in den AAB und falls hiervon im Einzelfall abgewichen werden soll, erfolgt in den BAB eine diesbezügliche Konkretisierung. Darüber hinaus findet man in den Anlagebedingungen auch Bestimmungen dahingehend, dass Bankguthaben, Geldmarktinstrumente und Anteile an Geldmarktfonds auch auf Fremdwährung lauten können und das Vorhalten eines Mindestbankguthabens nicht vorgeschrieben ist.

9 **5. Verwahrstellen und Primebroker.** Gemäß § 229 I Nr. 5 ist in den Anlagebedingungen ausdrücklich anzugeben, ob die Vermögensgegenstände der Zielfonds bei einer Verwahrstelle oder einem Primebroker verwahrt werden. Trotz des insoweit vielleicht etwas missverständlichen Wortlauts sollte es zulässig sein, in den Anlagebedingungen beide Verwahrformen zuzulassen, ohne dabei eine abschließende Festlegung für eine Verwahrform zu treffen (AWZ/*Schmolke* § 229 Rn. 13; BTMB/*Wülfert/Zacken* § 229 Rn. 7). Eine entsprechend weit gefasste Formulierung könnte zB wie folgt aussehen:

Anteile an Zielfonds dürfen nur erworben werden, wenn deren Vermögensgegenstände von einer Verwahrstelle verwahrt werden oder die Funktionen der Verwahrstelle von einem Primebroker wahrgenommen werden.

Hiervon unberührt bleibt die Verpflichtung inländischer Hedgefonds, in ihren Anlagebedingungen eine abschließende Regelung zu treffen, wie die Verwahrung der Vermögensgegenstände im Einzelnen erfolgt (AWZ/*Schmolke* § 229 Rn. 13).

6. Bedingungen der Anteilsrücknahme. Gemäß § 229 III sind in den Anlagebedingungen (ergänzend zu § 162 II Nr. 4) alle Voraussetzungen und Bedingungen der Anteilsrückgabe und Auszahlung des Rücknahmepreises anzugeben. Die genaue Festlegung dieser Modalitäten erfolgt bei einem Dach-Hedgefonds in der Rechtsform des Sondervermögens idR in den Besonderen Anlagebedingungen. In Anlehnung an die früher zwischen dem BVI und der BaFin abgestimmten Musterbedingungen könnte eine Regelung, die sich an dem gesetzlichen Maximalrahmen orientiert, zB wie folgt aussehen: 10

Anteilrückgaben sind abweichend von §... AAB nur einmal im Kalendervierteljahr zu den in §... genannten Terminen möglich. Sie sind 100 Kalendertage vor dem jeweiligen Rücknahmetermin durch eine unwiderrufliche Rückgabeerklärung gegenüber der Kapitalverwaltungsgesellschaft zu erklären. Bei in einem Depot im Inland verwahrten Anteilen hat die Erklärung durch die depotführende Stelle zu erfolgen. Die Anteile sind von der depotführenden Stelle nach Eingang der Erklärung bis zur tatsächlichen Rückgabe der Anteile zu sperren. Bei nicht im Inland in einem Depot verwahrten Anteilen wird die Erklärung erst wirksam und beginnt die Frist erst zu laufen, wenn von der Verwahrstelle die zurückgegebenen Anteile in ein Sperrdepot übertragen worden sind.

7. Sonstiges. Anders als in anderen Jurisdiktionen ist eine bestimmte Mindestanlagesumme für Anlagen in Dach-Hedgefonds dabei nicht vorgegeben. Dies schließt es freilich nicht aus, dass der jeweilige Fondsanbieter eine solche Mindestanlagesumme in den Beteiligungsbedingungen festlegt (vgl. BT-Drs. 15/1553, 109). 11

Unterabschnitt 5. Immobilien-Sondervermögen

§ 230 Immobilien-Sondervermögen

(1) **Für die Verwaltung von Immobilien-Sondervermögen gelten die Vorschriften der §§ 192 bis 211 sinngemäß, soweit sich aus den §§ 231 bis 260 nichts anderes ergibt.**

(2) **Das Immobilien-Sondervermögen darf nicht für eine begrenzte Dauer gebildet werden.**

I. Allgemeines

Die §§ 231–260 sind im Vergleich zu den aufgehobenen §§ 67–82 InvG grds. unverändert (BT-Drs. 17/12294, 467). Neben den ausdrücklich genannten §§ 192–211, die auf Investmentvermögen gem. OGAW-RL anwendbar sind, und den nachfolgenden speziellen Regelungen für Immobilien-Sondervermögen **gelten zusätzlich die allgemeinen Vorschriften,** die für offene inländische Publikumsinvestmentvermögen in der Form des Sondervermögens gelten. Im Gegensatz zum früheren § 66 InvG für Immobilien-Sondervermögen enthält das KAGB in § 230 nicht noch einmal eine gesonderte Definition der Immobilien- 1

Sondervermögen. Vielmehr setzt die Vorschrift voraus, dass es auch Immobilien-Sondervermögen gibt. Die Legaldefinition eines Immobilien-Sondervermögens findet sich nunmehr in § 1 XIX Nr. 23, der bestimmt, dass ein Immobilien-Sondervermögen ein Sondervermögen ist, das nach den Anlagebedingungen das bei ihm eingelegte Geld in Immobilien anlegt. Immobilien in diesem Sinne sind gem. § 1 XIX Nr. 21 Grundstücke, grundstücksgleiche Rechte und vergleichbare Rechte nach dem Recht anderer Staaten. § 234 erlaubt darüber hinaus jedoch auch die Anlage in Immobilien-Gesellschaften gem. § 1 XIX Nr. 22, also solche Gesellschaften, die nach dem Gesellschaftsvertrag oder der Satzung nur Immobilien sowie die zur Bewirtschaftung der Immobilien erforderlichen Gegenstände erwerben dürfen. Im Gegensatz zum weiten Immobilienbegriff des § 1 XIX Nr. 21 schränkt § 231 als lex specialis den Immobilienbegriff jedoch wieder ein.

II. Sinngemäße Geltung der §§ 192–211 (§ 230 I)

2 Der Verweis in § 230 erklärt wie auch § 66 InvG die **allgemeinen Vorschriften** für Investmentvermögen gem. OGAW-RL auch für Immobilien-Sondervermögen „sinngemäß" für anwendbar. Demnach muss den Eigenheiten von Immobilien-Sondervermögen Rechnung getragen werden, ohne den Grundgedanken der sinngemäß anzuwendenden Vorschriften anzutasten (FK-KapAnlR/*Brockhausen* § 230 Rn. 11). Die in § 230 zitierten Normen gelten vorbehaltlich abweichender Regelungen in den nachfolgenden besonderen Vorschriften auch für Immobilien-Sondervermögen. Die für Immobilien-Sondervermögen geltenden Vorgaben sind damit **lex specialis** zu den allg. Vorschriften und ggü. den Regelungen für OGAW-Sondervermögen vorrangig zu beachten (vgl. auch BSL/*Klusak* InvG § 66 Rn. 2; FK-KapAnlR/*Brockhausen* § 230 Rn. 11). Insoweit ist mit der Regelung im KAGB noch keine inhaltliche Änderung im Vergleich zu den Vorgaben des InvG verbunden.

3 Entsprechende Anwendung finden die §§ 192–198 in Bezug auf die erwerbbaren Vermögensgegenstände, die auch für OGAW erworben werden dürfen. Anders als bei OGAW dürfen die Vermögensgegenstände für Immobilien-Sondervermögen jedoch nicht zu Anlagezwecken erworben werden, sondern lediglich zur **Liquiditätsanlage** (vgl. *Möller* ZfIR 2008, 529). Dies ergibt sich zum einen aus § 231 I 1, der bestimmt, dass für Immobilien-Sondervermögen nur die dort aufgezählten Vermögensgegenstände erworben werden dürfen. Im Umkehrschluss zu § 253 I 1 ergibt sich zum anderen, dass aufgrund der dort genannten Anlagegrenze von 49% des Wertes des Sondervermögens für Liquiditätsanlagen der Anlageschwerpunkt eben nicht auf den dort genannten Vermögensgegenständen liegen darf. Soweit jedoch Vermögensgegenstände iSd §§ 192–198 für Liquiditätszwecke erworben werden, gelten hier die gleichen Bedingungen und auch die gleichen Anlagegrenzen wie für OGAW.

4 Die gleichen Bedingungen wie für OGAW gelten auch in Bezug auf die Aufnahme **kurzfristiger Kredite** (§ 199) sowie den Abschluss von **Wertpapier-Darlehensgeschäften** (§§ 200–202) sowie **Pensionsgeschäften.** Zudem gilt für Immobilien-Sondervermögen das Verbot von **Leerverkäufen** (§ 205). §§ 206–210 legen **Anlagegrenzen** fest, die bei Erwerb der Vermögensgegenstände iSd §§ 192–198 gelten, wobei diese sowohl emittentenbezogen sind als auch den Anteil festlegen, den diese Vermögensgegenstände höchstens am Wert des Sondervermögens haben dürfen. Zu den relevanten Anlagegrenzen gehören die Emittenten-

grenzen des § 206 für Wertpapiere, Geldmarktinstrumente, Schuldverschreibungen, Bankguthaben etc., die teilweise von den §§ 208f. modifiziert werden. § 207 regelt die Anlagegrenzen für den Erwerb von Anteilen an Investmentvermögen. Diese Grenzen beziehen sich jeweils auf den Wert des Investmentvermögens, für dessen Rechnung der jeweilige Vermögensgegenstand erworben werden soll. Darüber hinaus legt § 210 emittentenbezogene Anlagegrenzen fest, die sich auf den jeweiligen Emittenten beziehen und kumulativ zu den übrigen Anlagegrenzen gelten. § 211 regelt abschließend Ausnahmen von den vorstehend genannten Anlagegrenzen, die bspw. im Rahmen von Kapitalerhöhungen oder in den ersten sechs Monaten seit Errichtung eines Sondervermögens anwendbar sind.

III. Verbot der Laufzeitbeschränkung (§ 230 II)

Wie der aufgehobene § 67 IX InvG bestimmt nun § 230 II, dass Immobilien-Sondervermögen nicht für eine **begrenzte Dauer** gebildet werden dürfen. Hintergrund dieser Regelung ist, dass sich bei Immobilien-Sondervermögen nicht immer genau voraussagen lässt, zu welchem Zeitpunkt eine Auflösung genau möglich ist (EDD/*Schultz-Süchting* § 230 Rn. 30; WBA/*Wind/Kautenburger-Behr* § 230 Rn. 22; FK-KapAnlR/*Brockhausen* § 230 Rn. 35). Zudem kann eine feste Laufzeit einer geordneten Abwicklung und damit letztlich auch einem wirtschaftlich sinnvollen und dem Anlegerinteresse entsprechenden Portfoliomanagement entgegenstehen (BSL/*Klusak* InvG § 67 Rn. 45; AWZ/*Kloyer/Kobabe* § 230 Rn. 18). Das Verbot einer Laufzeitbegrenzung ändert nichts daran, dass die AIF-KVG das Verwaltungsrecht nach den Vorgaben des § 199 kündigen kann und dann das Sondervermögen ggf. abgewickelt wird. 5

Ein Verweis auf § 162 II Nr. 7 fehlt anders als in der Vorgängervorschrift im InvG (§ 43 IV Nr. 7 InvG). Ein solcher Verweis ist jedoch auch entbehrlich, da die Vorschrift nur dann anwendbar ist, wenn ein für eine begrenzte Dauer gebildetes Sondervermögen vorliegt, was bei einem Immobilien-Sondervermögen nicht der Fall sein kann.

IV. Besonderheiten für offene Spezial-AIF

Insbesondere für offene Spezial-AIF mit Investitionsschwerpunkt Immobilien haben die Vorgaben des § 230 I nur eine **untergeordnete Bedeutung.** Zum einen ist der Liquiditätsanteil offener Spezial-AIF grds. zur Schonung der Performance eher niedrig, wohingegen der Liquiditätsanteil bei großen Publikums-Immobilien-Sondervermögen erheblich sein kann und somit die Anlagegrenzen für diese Vermögensgegenstände eine echte Bedeutung haben können. Zudem besteht für offene Spezial-AIF ohnehin die Möglichkeit, gem. § 284 II von den genannten Anlagegrenzen abzuweichen, wenn diese Vermögensgegenstände auch zu Anlagezwecken erworben werden sollen. 6

Das **Verbot der Laufzeitbegrenzung** gem. § 230 II gilt grds. auch für offene Spezial-AIF. In der Praxis kann es jedoch entgegen der Gründe, die gegen eine feste Laufzeitbegrenzung sprechen, auf Anlegerseite den Wunsch nach einer Laufzeitbegrenzung geben. Dieser Wunsch liegt idR darin begründet, dass für die Anleger nur bei einer vorher festgelegten Laufzeit eine genaue Planung hinsichtlich der Kapitalverwendung möglich ist. Hier einigen sich Anleger und KVG häufig auf einen bestimmten Anlagehorizont, so dass dann zwar kein festes Enddatum feststeht, der Anleger jedoch eine größere Planungssicherheit hat. Zudem bleibt sowohl für die 7

Anleger als auch für die KVG die notwendige Flexibilität erhalten, wenn bei Erreichen des Anlagehorizonts die Marktsituation im Einzelfall gegen eine sofortige Abwicklung des offenen Spezial-AIF spricht.

§ 231 Zulässige Vermögensgegenstände; Anlagegrenzen

(1) [1]Die AIF-Kapitalverwaltungsgesellschaft darf für ein Immobilien-Sondervermögen nur folgende Vermögensgegenstände erwerben:

1. Mietwohngrundstücke, Geschäftsgrundstücke und gemischt genutzte Grundstücke;

2. Grundstücke im Zustand der Bebauung, wenn

a) die genehmigte Bauplanung die Nutzung als Mietwohngrundstücke, Geschäftsgrundstücke oder gemischt genutzte Grundstücke vorsieht,

b) mit einem Abschluss der Bebauung in angemessener Zeit zu rechnen ist und

c) die Aufwendungen für die Grundstücke insgesamt 20 Prozent des Wertes des Sondervermögens nicht überschreiten;

3. unbebaute Grundstücke, die für eine alsbaldige eigene Bebauung zur Nutzung als Mietwohngrundstücke, Geschäftsgrundstücke oder gemischt genutzte Grundstücke bestimmt und geeignet sind, wenn zur Zeit des Erwerbs ihr Wert zusammen mit dem Wert der unbebauten Grundstücke, die sich bereits in dem Sondervermögen befinden, 20 Prozent des Wertes des Sondervermögens nicht übersteigt;

4. Erbbaurechte unter den Voraussetzungen der Nummern 1 bis 3;

5. andere Grundstücke und andere Erbbaurechte sowie Rechte in Form des Wohnungseigentums, Teileigentums, Wohnungserbbaurechts und Teilerbbaurechts, wenn zur Zeit des Erwerbs ihr Wert zusammen mit dem Wert der Grundstücke und Rechte gleicher Art, die sich bereits in dem Sondervermögen befinden, 15 Prozent des Wertes des Sondervermögens nicht überschreitet;

6. Nießbrauchrechte an Mietwohngrundstücken, Geschäftsgrundstücken und gemischt genutzten Grundstücken, die der Erfüllung öffentlicher Aufgaben dienen, wenn zur Zeit der Bestellung die Aufwendungen für das Nießbrauchrecht zusammen mit dem Wert der Nießbrauchrechte, die sich bereits im Sondervermögen befinden, 10 Prozent des Wertes des Sondervermögens nicht übersteigen;

7. die in den §§ 234 und 253 genannten Vermögensgegenstände.

[2]Weitere Voraussetzung für den Erwerb der in den Nummern 5 und 6 genannten Vermögensgegenstände ist, dass deren Erwerb in den Anlagebedingungen vorgesehen sein muss und dass die Vermögensgegenstände einen dauernden Ertrag erwarten lassen müssen.

(2) [1]Ein in Absatz 1 Nummer 1 bis 6 genannter Vermögensgegenstand darf nur erworben werden, wenn

1. der Vermögensgegenstand zuvor bei einem Wert des

a) Vermögensgegenstands bis zu einschließlich 50 Millionen Euro von einem externen Bewerter, der die Anforderungen nach § 216 Absatz 1 Satz 1 Nummer 1 und Satz 2, Absatz 2 bis 5 erfüllt oder

b) Vermögensgegenstands über 50 Millionen Euro von zwei externen, voneinander unabhängigen Bewertern, die die Anforderungen nach

§216 Absatz 1 Satz 1 Nummer 1 und Satz 2, Absatz 2 bis 5 erfüllen und die die Bewertung des Vermögensgegenstands unabhängig voneinander vornehmen,

bewertet wurde,

2. **der externe Bewerter im Sinne von Nummer 1 Buchstabe a oder die externen Bewerter im Sinne von Nummer 1 Buchstabe b Objektbesichtigungen vorgenommen haben,**
3. **der externe Bewerter im Sinne von Nummer 1 Buchstabe a oder die externen Bewerter im Sinne von Nummer 1 Buchstabe b nicht zugleich die regelmäßige Bewertung gemäß den §§249 und 251 Absatz 1 durchführt oder durchführen und**
4. **die aus dem Sondervermögen zu erbringende Gegenleistung den ermittelten Wert nicht oder nur unwesentlich übersteigt.**

[2]§250 Absatz 2 gilt entsprechend. [3]Entsprechendes gilt für Vereinbarungen über die Bemessung des Erbbauzinses und über dessen etwaige spätere Änderung.

(3) **Für ein Immobilien-Sondervermögen dürfen auch Gegenstände erworben werden, die zur Bewirtschaftung der Vermögensgegenstände des Immobilien-Sondervermögens erforderlich sind.**

(4) **Bei der Berechnung des Wertes des Sondervermögens gemäß Absatz 1 Satz 1 Nummer 2, 3, 5 und 6, §232 Absatz 4 sowie bei der Angabe des Anteils des Sondervermögens gemäß §233 Absatz 1 Nummer 3 werden die aufgenommenen Darlehen nicht abgezogen.**

(5) **Im Fall des §234 sind die von der Immobilien-Gesellschaft gehaltenen Vermögensgegenstände bei dem Immobilien-Sondervermögen bei der Anwendung der in den Absätzen 1 und 2, §§232 und 233 genannten Anlagebeschränkungen und der Berechnung der dort genannten Grenzen entsprechend der Beteiligungshöhe zu berücksichtigen.**

Schrifttum: Schreiben des BAKred v. 8.8.1980 abgedr. bei *Baur* §27 Rn. 39; Rundschreiben der BaFin 11/2017 (VA) v. 12.12.2017, VA 25-I 3201–2016/0002; Schreiben der BaFin an den BVI v. 3.6.2013, WA 42-Wp 2100-2013/002-2013/0389910; Schreiben der BaFin an den BVI v. 31.3.2011, WA 42-Wp 6003-2011/0001-2011/0137156; BaFin E-Mail an den BVI v. 17.10.2013; Schreiben der BaFin an diverse Verbänden v. 9.2.2017, WA 42-Wp 6003-2016/001 2017/083666; E-Mail der BaFin an den BVI v. 10.6.2020; BMF-Schreiben v. 3.3.2015 IV C 1 – S 1980 – 1/13/10007:003; *Geier/Strauch* Forward Deal in der Projektentwicklung – eine investmentrechtliche Analyse, RdF 2020, 92; *Guzialowski* Anlage in Real Assets: Bewertung als entscheidender Faktor zum Schutz der Anlegerinteressen RdF 2017, 203; *Hübner* Immobilienanlagen unter dem KAGB, WM 2014, 106.

Inhaltsübersicht

	Rn.
I. Allgemeines	1
II. Erwerbskatalog (§231 I)	4
1. Grundstücke und grundstücksgleiche Rechte (§231 I 1 Nr. 1–4)	7
a) Bebaute Grundstücke; Nutzungsarten (§231 I 1 Nr. 1)	8
b) Grundstücke im Zustand der Bebauung und unbebaute Grundstücke (§231 I 1 Nr. 2 und 3)	10
c) Erbbaurechte (§231 I 1 Nr. 4)	12

Rn.

2. Andere Grundstücke und grundstücksgleiche Rechte (§ 231 I 1 Nr. 5 und 6 iVm S. 2) 13
a) Andere Grundstücke und grundstücksgleiche Rechte (§ 231 I 1 Nr. 5) 14
b) Nießbrauchrechte (§ 231 I 1 Nr. 6) 16
III. Ankaufsbewertung (§ 231 II) 17
1. Zeitpunkt der Ankaufsbewertung (§ 231 II 1 Nr. 1) 17
2. Ankaufsbewerter (§ 231 II 1 Nr. 1 und Nr. 3, S. 2) 18
3. Verfahren (§ 231 II 1 Nr. 1 und Nr. 2) 19
4. Gegenleistung aus dem Sondervermögen (§ 231 II 1 Nr. 4) 20
IV. Bewirtschaftungsgegenstände (§ 231 III) 21
V. Anlagegrenzen (§ 231 IV, V) 23
VI. Besonderheiten bei offenen Spezial-AIF 26

I. Allgemeines

1 § 231 enthält eine detailliertere Aufzählung der zulässigen Anlagen eines Immobilien-Sondervermögens. Schwerpunkt bildet die Beschreibung der erwerbbaren Grundstücke und grundstücksgleichen Rechte in § 231 I 1 Nr. 1–6. Die KVG darf für das Sondervermögen **Grundstücke und Erbbaurechte** erwerben. Grundstücke dürfen nicht nur im bebauten Zustand, sondern auch im Zustand der Bebauung und unbebaut erworben werden, wobei dann weitere Voraussetzungen sowie jeweils nach Bebauungszustand unterschiedliche wertmäßige Begrenzungen zu beachten sind. Hinsichtlich der Nutzungsart muss es sich bei den erwerbbaren Grundstücken um Mietwohn-, Geschäfts- oder gemischt genutzte Grundstücke handeln. Die Differenzierung nach Bebauungszuständen und Nutzungsarten ist auch relevant für den Ausweis in der Vermögensaufstellung (§ 247 I 1 Nr. 1). Gemäß § 231 I 1 Nr. 5 und 6 iVm S. 2 darf die KVG – unter Beachtung wertmäßiger Begrenzungen – auch **andere Grundstücke bzw. grundstücksgleiche Rechte** für das Sondervermögen erwerben. Seit Inkrafttreten des ÖPP-Beschleunigungsgesetzes gehören dazu auch Nießbrauchrechte an Immobilien, die öffentlichen Zwecken dienen. Neben Grundstücken und grundstücksgleichen Rechten sieht § 231 I 1 Nr. 7 den Erwerb von Beteiligungen an Immobilien-Gesellschaften und Liquidität vor (ausführlich dazu §§ 234ff., 253). Zulässig ist gem. § 231 III weiterhin der Erwerb von **Gegenständen, die der Bewirtschaftung der Immobilien dienen** (Bewirtschaftungsgegenstände).

2 Gemäß § 231 II darf eine Immobilie nur zu einem Kaufpreis erworben werden, der den iRd Bewertung vor Erwerb durch einen bzw. zwei externe Bewerter iSd § 216 I Nr. 1 ermittelten Wert nicht bzw. nur unwesentlich übersteigt (sog. Äquivalenzgebot). Dieser Mechanismus soll die Anleger davor schützen, dass für das Sondervermögen Immobilien zu erhöhten Preisen erworben werden. Die **Ankaufsbewertung** ist von der regelmäßigen Bewertung der Immobilien (s. § 251, **Regelbewertung**) getrennt. So soll sichergestellt werden, dass der Regelbewerter unbelastet von einer vorherigen Befassung den bei Ankauf der Immobilie festgestellten Wert kritisch hinterfragt (BT-Drs. 16/5576, 50 (73)). Mit der Zuständigkeit eines externen Sachverständigen, dem **externen Bewerter iSd § 216 I Nr. 1** schafft das Gesetz außerdem einen einheitlichen Standard für die Ankaufs- und Regelbewertung. Hinsichtlich des **Verfahrens der Ankaufsbewertung** verlangt § 231 II 1 Nr. 1 Buchst. b, dass Vermögensgegenstände ab 50 Mio. EUR von zwei voneinander unabhängigen externen Bewertern bewertet werden, die ihre Bewer-

tung unabhängig voneinander durchführen. Durch dieses Verfahren soll die Bewertungssicherheit und damit der Anlegerschutz erhöht werden (BT-Drs. 17/13395, 406). Weiterhin ist in § 231 II 1 Nr. 2 ausdrücklich vorgeschrieben, dass der bzw. die externen Bewerter die zu bewertende Immobilie besichtigt haben müssen. Eine **Ausnahme von der Ankaufsbewertung** bei Erwerb von Immobilien zur Abrundung des eigenen Grundbesitzes sieht § 260 II Nr. 3 vor.

§ 231 IV, V enthalten Vorgaben zur **Berechnung der Auslastung der Grenzen** des § 231 I sowie der §§ 232 und 233. Die Grenzen des § 231 I sind in den ersten vier Jahren nach Bildung des Sondervermögens **(Anlaufzeit)** gem. § 244 nicht zu beachten. Erwirbt die KVG vorsätzlich oder fahrlässig einen Vermögensgegenstand entgegen § 231 I, kann dies als Ordnungswidrigkeit mit einer Geldbuße von bis zu 1 Mio. EUR bzw. darüber hinaus bis zu 2% des jährlichen Gesamtumsatzes der KVG geahndet werden (s. § 340 II Nr. 49 Buchst. b iVm VII Nr. 2). Weiterhin sind zivilrechtliche Ansprüche der Anleger gegen die KVG aus einer Verletzung des Investmentvertrages sowie Maßnahmen der BaFin gem. § 5 VI 1 und 2 möglich. 3

II. Erwerbskatalog (§ 231 I)

Andere als die in § 231 I aufgeführten Vermögensgegenstände dürfen für ein Immobilien-Sondervermögen nicht erworben werden (FK-KapAnlR/*Brockhausen* § 231 Rn. 3). Zulässig ist nur der Erwerb von **Volleigentum,** nicht Mit- oder Gesamthandseigentum (str.). Denn der Erwerbskatalog des § 231 I ist abschließend und die dort vorgesehenen Ausnahmen für Miteigentumsrechte sind auf Wohnungs- und Teileigentum (s. § 231 I 1 Nr. 5) beschränkt (BSL/*Klusak* InvG § 67 Rn. 20; BSV/*Zöll* 405 § 231 Rn. 1; aA WBA/*Kautenburger-Behr* § 231 Rn. 4; *Hübner* WM 2014, 106, (108)). Neben der Immobilie selbst erwirbt die KVG auch die mit Grund und Boden fest verbundenen Sachen, insb. Gebäude einschließlich ihrer wesentlichen Bestandteile (s. § 94 BGB). Zum Erwerb im Ausland belegener Immobilien s. § 233. 4

Die KVG darf eine Immobilie nur erwerben, wenn sie davon ausgeht, mit der Immobilie für das Sondervermögen einen **dauernden Ertrag** zu erwirtschaften. Es ist nicht ausreichend, wenn sie einen positiven Effekt erst zum Ende der Haltedauer durch den Abverkauf der Immobilie zu günstigen Bedingungen erwartet. Wie sich aus dem Begriff „dauernd" ergibt, muss die Immobilie einen regelmäßigen laufenden Ertrag erwirtschaften (str., EDD/*Conradi* KAGB § 231 Rn. 9, 79 mwN; aA BSL/*Klusak* InvG § 67 Rn. 5, 22). In Zweifelsfällen empfiehlt sich aus Haftungsgesichtspunkten eine besondere Prüfung und entsprechende Dokumentation der Ertragserwartung durch die KVG. 5

Der dauernde Ertrag muss **aus Vermietung und Verpachtung** generiert werden. Eine Beimischung anderer Erträge ist zulässig, solange diese in einem unmittelbaren Zusammenhang mit der Vermietung und Verpachtung der Immobilie gewonnen werden und die Erträge aus Vermietung und Verpachtung weiterhin den Schwerpunkt des Gesamtertrages der Immobilie bilden. Die KVG darf für das Sondervermögen nur spezifische Immobilienrisiken eingehen und muss im Wesentlichen vermögensverwaltend tätig sein. Damit nicht vereinbar ist das Betreiben eines Hotels oder einer Pflegeeinrichtung, da die KVG insofern für das Sondervermögen das Betreiberrisiko vollumfänglich übernimmt (Auslegungsschreiben der BaFin v. 14.6.2013 GZ Q 31-Wp 2137-2013/0006 I. Buchst. 7 a). Schwieriger ist die Beurteilung der Fälle, in denen die KVG Umsatzmieten vereinbart. Zur Beurteilung, ob die Grenze zu einer gewerblich geprägten Tätigkeit, die mit dem Ein- 6 gehen operativer Risken der Immobilien verbunden ist, überschritten ist, kann nur anhand einer wertenden Gesamtbetrachtung der Umstände des Einzelfalls erfolgen. Nach Auffassung der BaFin ist es investmentrechtlich nicht zulässig, Immobilien des Sondervermögens auf der Grundlage **reiner Umsatzmieten** zu überlassen (nv Schreiben der BaFin an den BVI v. 3.6.2013 WA 42-Wp 2100-2013/002-2013/0389910; aA BSV/*Zöll* 405 § 231 Rn. 3; sa BMF 21.5.2019, BStBl. I 2019, 527 Tz. 15.16f., in dem die FVerw offensichtlich von der Zulässigkeit von Umsatzmieten ausgeht). Eine solche vollständige Übernahme immobilienfremder Risiken kann aus Sicht der KVG auch aus Haftungsgesichtspunkten kritisch sein, zumindest dann, wenn diese Risiken nicht im Verkaufsprospekt des Sondervermögens aufgeführt sind. Die BaFin vertritt, dass es im Einzelfall zulässig sei, einzelne Teilflächen eines Gebäudekomplexes, zB eines Shopping-Centers, auf der Grundlage einer reinen Umsatzmiete zu überlassen, wenn die reine Umsatzmietenicht mehr als 10% der Gesamtmieterträge (tatsächliche Mieterträge und marktübliche Miete für nicht vermietete Flächen vor Umsatzmiete) des Gebäudekomplexes ausmacht (BaFin an den BVI v. 3.6.2013). Dementsprechend darf die KVG auch Mietverträge mit einem Mindestmietzins abschließen, der von einem zusätzlichen umsatzbasierten Mietzins flankiert wird, wenn die konkrete vertragliche Gestaltung sicherstellt, dass eine negative Umsatzentwicklung die Gesamtertragssituation der Immobilie nicht in einem signifikanten Ausmaß in Frage stellen kann. Dies kann zB durch eine starke Gewichtung des Mindestmietzinses oder durch die Vereinbarung von flexiblen Kündigungsrechten der KVG bei Unterschreitung vertraglich vereinbarter Umsatzziele gewährleistet werden (iE ebenso EDD/*Conradi* § 231 Rn. 22). Weiterhin zulässig dürfte es daher auch sein, wenn die KVG bspw. **Parkhäuser oder Tiefgaragen** betreibt, die zu einer im Eigentum des Sondervermögens stehenden Hotelanlage oder zu einem Einkaufszentrum gehören. Dies gilt erst recht, wenn die KVG sich gegenüber den Mietern der Immobilie verpflichtet hat, Parkflächen zur Verfügung zu stellen, oder wenn ein Teil der Parkfläche an die Mieter der Immobilie weitervermietet wird.

7 **1. Grundstücke und grundstücksgleiche Rechte (§ 231 I 1 Nr. 1–4).** Für ein Immobilien-Sondervermögen können bebaute Grundstücke, Grundstücke im Zustand der Bebauung und unbebaute Grundstücke erworben werden. Zur Definition der Begriffe wird das BewG herangezogen (BSL/*Klusak* InvG § 67 Rn. 6f.; WBA/*Kautenburger-Behr* § 231 Rn. 3). Abzustellen ist jeweils auf den Zustand des Grundstückes im Zeitpunkt des Übergangs des Eigentums bzw. des Übergangs von Besitz, Nutzen und Lasten (BSV/*Zöll* 405 § 231 Rn. 7).

8 **a) Bebaute Grundstücke; Nutzungsarten (§ 231 I 1 Nr. 1). Bebaut** ist ein Grundstück, wenn es fertiggestellt und bezugsfertig ist. Ausschlaggebend ist dabei, ob nach den tatsächlichen Gegebenheiten eine Nutzung des Grundstückes zumutbar ist; eine Abnahme durch die Bauaufsichtsbehörde ist nicht erforderlich (s. § 178 I 2 und 3 BewG). Dementsprechend gilt auch ein bereits bebautes Grundstück dann nicht als bebautes Grundstück iSd § 231 I 1 Nr. 1, wenn das Gebäude zerstört wurde und daher eine tatsächliche Nutzung nicht möglich ist (s. § 178 II 2 BewG).

9 Die Differenzierung zwischen den **Nutzungsarten** Wohnen und Gewerbe bzw. gemischter Nutzung (s. § 181 III, VI, VII BewG) ist für die Zulässigkeit des Erwerbs eines Grundstücks nicht relevant, wohl aber für den Ausweis in der Vermögensaufstellung des Sondervermögens (§ 247 I 1 Nr. 1).

b) Grundstücke im Zustand der Bebauung und unbebaute Grundstücke (§231 I 1 Nr. 2 und 3). Ist ein Grundstück noch nicht bezugsfertig, wurde aber bereits mit den **Baumaßnahmen begonnen,** liegt ein Grundstück im Zustand der Bebauung vor. Baumaßnahmen sind die ersten tatsächlichen Handlungen, die der Verwirklichung des genehmigungspflichtigen Vorhabens unmittelbar dienen, zB Ausschachtungsarbeiten oder die Fundamentierung, nicht hingegen rein vorbereitende Handlungen wie das Vermessen, Einrichten und Absichern der Baustelle oder auch der Abriss des Altgebäudes (Brinkhaus/Scherer/*Lindner-Figura* KAGG §27 Rn. 9). Gemäß §231 I 1 Nr. 2 darf ein Grundstück im Zustand der Bebauung nur erworben werden, wenn eine genehmigte Bauplanung vorliegt, die eine Nutzungsart als Mietwohn-, Geschäfts- oder gemischt genutztes Grundstück vorsieht und mit dem Abschluss der Bebauung in angemessener Zeit zu rechnen ist. Eine **genehmigte Bauplanung** ist zu bejahen, wenn eine vollzugsfähige Baugenehmigung vorliegt. Diese muss nicht bestandskräftig sein (EDD/*Conradi* §231 Rn. 40). Eine Teilbaugenehmigung ist dann ausreichend, wenn die erste Teilbaugenehmigung rechtswirksam erteilt wurde und keine Hindernisse für den Erlass weiterer Teilbaugenehmigungen ersichtlich sind. Ausreichend ist ferner ein hinreichend qualifizierter Bauvorbescheid, der alle genehmigungsrelevanten Fragen abdeckt, sofern mit dem Erlass der endgültigen Baugenehmigung zu rechnen ist (EDD/*Conradi* §231 Rn. 40). Mit dem **Abschluss der Bebauung ist in angemessener Zeit zu rechnen,** wenn im Zeitpunkt des Erwerbs des Grundstücks keine ernsthaften Hindernisse für das Bauvorhaben ersichtlich sind. Ob dies der Fall ist, ist im jeweiligen Einzelfall anhand der Art und Größe des Grundstücks zu beurteilen. Zu berücksichtigen sind dabei sämtliche rechtlichen und tatsächlichen Gegebenheiten in einer Gesamtschau, ua auch, ob eine gesicherte Finanzierung der Bebauung vorliegt (sa WBA/*Kautenburger-Behr* §231 Rn. 11). Für Grundstücke im Zustand der Bebauung gilt eine **Erwerbsgrenze von 20 % des Nettofondsvermögens zzgl. Darlehen** (s. §231 IV; → Rn. 23ff.) bezogen auf die Aufwendungen für den Erwerb von sämtlichen Grundstücken im Zustand der Bebauung, die sich zum Zeitpunkt des Erwerbs im Sondervermögen befinden. Diese Aufwendungen erfassen den Kaufpreis der Grundstücke einschließlich der Kaufnebenkosten sowie bereits bezahlte Baurechnungen, nicht aber die Gesamtkosten der geplanten Baumaßnahme (EDD/*Conradi* §231 Rn. 42). Die Erwerbsgrenze dient dem Schutz des Sondervermögens und der Anleger, da die Bebauung eines Grundstückes neben hohen Kosten idR auch erhebliche Risiken sowie eine eingeschränkte Veräußerbarkeit mit sich bringt (BTMB/*Winter* §231 Rn. 17). 10

Vor Beginn der Baumaßnahmen (zum Begriff der Baumaßnahmen → Rn. 10) handelt es sich um ein **unbebautes Grundstück** iSd §231 I 1 Nr. 3, das nur erworben werden darf, wenn es **zur alsbaldigen eigenen Bebauung bestimmt und geeignet ist.** Dies ist der Fall, wenn der Bebauung keine rechtlichen oder tatsächlichen Hindernisse, die nicht in angemessener Zeit zu bewältigen sind, entgegenstehen, wobei die Umstände des Einzelfalls, insb. die Komplexität des Bauvorhabens, zu berücksichtigen sind (EDD/*Conradi* §231 Rn. 46). Plant die KVG den Erwerb eines Grundstückes, das noch nicht baureif ist (zur Baureife s. §3 IV ImmoWertV), muss sie im Einzelfall und mit der gebotenen Sorgfalt unter Berücksichtigung der Interessen der Anleger (§26 II Nr. 1 und 2) beurteilen, ob dieses Grundstück zur „alsbaldigen" eigenen Bebauung geeignet ist (EDD/*Conradi* §231 Rn. 49). Ist ein Grundstück nach §§30, 33, 34 BauGB für eine bauliche Nutzung bestimmt **(Rohbauland),** s. §3 III ImmoWertV) ist der Erwerb demnach zulässig, wenn die Erschließungsmaßnahmen überschaubar sind und die KVG davon aus- 11 gehen darf, dass sie in absehbarer Zeit abgeschlossen werden. In der vorgelagerten Entwicklungsphase als **Bauerwartungsland** (s. § 3 II ImmoWertV) sollte bei Erwerb des Grundstücks zumindest ein Zeitpunkt in naher Zukunft für eine Umwandlung in Rohbauland feststehen (BSL/*Klusak* InvG § 67 Rn. 14). Die KVG muss außerdem die **Absicht** verfolgen, in absehbarer Zeit auf dem Grundstück ein Gebäude zu errichten. Der Erwerb eines Grundstücks lediglich mit der Absicht, es später unbebaut zu veräußern, ist unzulässig (EDD/*Conradi* § 231 Rn. 47 mwN). Dies ergibt sich bereits aus dem Wortlaut der Vorschrift, der eine Absicht zur „eigenen" Bebauung verlangt, um den rein spekulativ motivierten Erwerb zum Schutz des Sondervermögens und der Anleger zu verhindern. Für unbebaute Grundstücke gilt eine **Erwerbsgrenze von 20 % des Nettofondsvermögens zzgl. Darlehen** (s. § 231 IV; → Rn. 23 ff.), wobei sich diese Grenze auf den Wert des unbebauten Grundstückeszusammen mit den im Zeitpunkt des Erwerbs bereits im Sondervermögen befindlichen unbebauten Grundstücke bezieht. Wird bei einem unbebauten Grundstück des Sondervermögens mit der Bebauung begonnen, ist es als „Grundstück im Zustand der Bebauung" in der Vermögensaufstellung zu führen (s. § 247 I 1 Nr. 1). Aufwendungen für die Bebauung sind in diesem Fall aber nicht in die 20%-Grenze für Grundstücke im Zustand der Bebauung gem. § 231 I 1 Nr. 2 einzubeziehen, da es sich dabei um eine Erwerbsgrenze handelt, das Grundstück im Zeitpunkt seines Erwerbs allerdings nicht im Zustand der Bebauung, sondern unbebaut war und bereits von der Erwerbsgrenze des § 231 I 1 Nr. 3 für unbebaute Grundstücke erfasst wurde (EDD/*Conradi* § 231 Rn. 50; Brinkhaus/Scherer/*Lindner-Figura* KAAG § 27 Rn. 12).

12 **c) Erbbaurechte (§ 231 I 1 Nr. 4).** Ein Erbbaurecht ist das veräußerliche Recht des Erbbauberechtigten auf oder unter der Oberfläche des Grundstücks des Erbbauverpflichteten ein Bauwerk zu haben (s. § 1 I ErbbauRG). Es handelt sich um ein **grundstücksgleiches Recht,** da die auf Grundstücke bezogenen Vorschriften Anwendung finden (s. § 11 I ErbbauRG). Die Voraussetzungen und Grenzen gem. § 231 I 1 Nr. 1–3 sind auf das Grundstück, auf das sich das Erbbaurecht bezieht, entsprechend anwendbar. Der zwischen Erbbauberechtigten (KVG) und Erbbauverpflichteten (Grundstückseigentümer) zu schließende Erbbaurechtsvertrag ist umfangreicher als ein Grundstückskaufvertrag, weil er nicht nur den Veräußerungsvorgang erfasst, sondern auch Regelungen zum Rechtsverhältnis der Parteien für die Dauer des Erbbaurechts sowie zu dessen Beendigung enthält. Er muss daher von der KVG umfassend geprüft werden (sa EDD/*Conradi* § 231 Rn. 53).

13 **2. Andere Grundstücke und grundstücksgleiche Rechte (§ 231 I 1 Nr. 5 und 6 iVm S. 2).** Die KVG darf andere Grundstücke und grundstücksgleiche Rechte nur erwerben, wenn dies in den **Anlagebedingungen** vorgesehen ist. Weiterhin müssen die Grundstücke bzw. Rechte einen **dauernden Ertrag** erwarten lassen (→ Rn. 5).

14 **a) Andere Grundstücke und grundstücksgleiche Rechte (§ 231 I 1 Nr. 5).** Mit Blick auf die **Nutzungsart** der Immobilien kommt auch der Erwerb von bebauten Grundstücken in Betracht, die nicht Wohn- bzw. Geschäftszwecken dienen, wie zB Seniorenheime, Sporthallen, Justizvollzugsanstalten sowie Parkhäuser (EDD/*Conradi* § 231 Rn. 62). Hinsichtlich ihres **Bebauungszustandes** dürfen andere als die in § 231 I 1 Nr. 3 aufgeführten unbebauten Grundstücke, die für eine alsbaldige eigene Bebauung bestimmt und geeignet sind, nicht erworben werden,

mithin ist der Erwerb land- und forstwirtschaftlicher Flächen und solcher zur Mineralgewinnung unzulässig (str.; aA EDD/*Conradi* § 231 Rn. 50, 63, der diese Grundstücke als „Beimischung" im Sondervermögen zulässt, allerdings eine hinreichend klare und eindeutige Regelung in den Anlagebedingungen fordert). Denn aus der Systematik des § 231 I 1 Nr. 1–4 sowie den Grundstücksarten des BewG ergibt sich, dass § 231 I 1 Nr. 5 nur Auffangtatbestand für den Erwerb von Ein- und Zwei-Familienhäusern und sonstigen bebauten Grundstücke iSd § 75 VI, VII BewG sein soll. Ferner hat der Gesetzgeber den Erwerb von Immobilien „einschließlich Wald-, Forst- und Agrarland" in § 261 I Nr. 1 iVm II Nr. 1 den inländischen geschlossenen Publikums-AIF vorbehalten hat (aA *Hübner* WM 2014, 106 (108)) (für offene Spezial-AIF → Rn. 26). Hinsichtlich der **vermittelten Rechtsposition** kommt der Erwerb von Wohnungseigentum iSd § 1 II WEG und Teileigentum iSd § 1 III WEG bzw. entspr. Erbbaurechte iSd § 30 I WEG in Betracht.

15 Andere Grundstücke bzw. grundstücksgleiche Rechte dürfen nur erworben werden, wenn ihr Wert zusammen mit dem Wert der Grundstücke und Rechte gleicher Art, die sich im Zeitpunkt des Erwerbs bereits im Sondervermögen befinden, nicht mehr als **15 % des Nettofondsvermögens zzgl. Darlehen** (s. § 231 IV, → Rn. 23 ff.) ausmachen. Hintergrund der 15%-Grenze ist, dass der Erwerb anderer Grundstücke und grundstücksgleicher Rechte insb. in Form des Wohnungseigentums und Teileigentums den Risikogehalt des Sondervermögens erhöht, denn eine Nutzung und Verwertung ist idR nur unter Wahrung der Rechte Dritter, zB der Wohnungseigentümergemeinschaft, möglich. Daher ist eine Begrenzung ihres Anteils im Sondervermögen zum Schutz der Anleger erforderlich. Daraus folgt, dass die 15%-Erwerbsgrenze dann nicht anzuwenden ist, wenn die KVG sämtliche Wohnungs- bzw. Teileigentümerrechtean einem Grundstück in ihrer Hand vereinigt, denn dann kann sie wie ein Alleineigentümer verfügen und der Schutzzweck der Begrenzung entfällt (EDD/*Conradi* § 231 Rn. 68). Wird das Alleineigentum nach Erwerb in Teil- bzw. Wohnungseigentumaufgeteilt, ist die 15%-Grenze anwendbar (str.), auch wenn es sich bei der Aufteilung nicht um einen Erwerb handelt. Denn Sinn und Zweck der Vorschrift ist die Begrenzung von Risiken, die durch den eingeschränkten Einfluss der KVG aufgrund der Eigentümergemeinschaft entstehen, in die die KVG aber nicht nur gelangt, wenn sie Teil- bzw. Wohnungseigentumvon einem Dritten erwirbt, sondern auch, wenn sie ihr (Allein-)Eigentum nach Erwerb aufteilt und Wohnungs- bzw. Teileigentümerrechte an Dritte veräußert (EDD/*Conradi* § 231 Rn. 69; aA Brinkhaus/Scherer/*Lindner/Figura* KAGG § 27 Rn. 20).

16 **b) Nießbrauchrechte (§ 231 I 1 Nr. 6).** § 231 I 1 Nr. 6 lässt den Erwerb von Nießbrauchrechten zu. Im Gegensatz zum Eigentum an Grundstücken bzw. grundstücksgleichen Rechten vermittelt ein Nießbrauchrecht ein lediglich beschränkt dingliches Recht, das den Nießbraucher zur umfassenden Nutzung berechtigt (s. § 1030 I BGB), während die Verfügungsmacht über die Immobilie beim Eigentümer verbleibt. § 231 I 1 Nr. 6 sieht einschränkend mit Blick auf die dem Nießbrauch zugrundeliegenden Immobilien vor, dass es sich um **Mietwohn-, Geschäfts- oder gemischt genutzte Grundstücke** handeln muss; andere Nutzungsarten sind nicht zulässig. Des Weiteren müssen die Immobilien, an denen das Nießbrauchrecht erworben wird, der **Erfüllung von Aufgaben dienen, an denen ein öffentliches Interesse besteht.** Beispiele hierfür sind Stadt-, Wasser- und Müllentsorgungswerke (Sektor Versorgung), Schulen, Kindergärten, kulturelle

Einrichtungen (Sektor Soziales), Parkhäuser, Autobahnen und andere Straßen, Brücken und Tunnel (Sektor Transport), Radio- und TV-Sendeeinrichtungen, Mobilfunktürme (Sektor Kommunikation) (BSL/*Campbell* InvG §§ 90a–90f Rn. 7). Im Zeitpunkt der Bestellung dürfen die Aufwendungen für das Nießbrauchrecht zusammen mit dem Wert der Nießbrauchrechte, die sich bereits im Sondervermögen befinden, **10 % des Wertes des Nettofondsvermögens zzgl. Darlehen** (s. § 231 IV, → Rn. 23ff.) nicht übersteigen.

III. Ankaufsbewertung (§ 231 II)

17 **1. Zeitpunkt der Ankaufsbewertung (§ 231 II 1 Nr. 1).** Gemäß § 231 II 1 Nr. 1 müssen Immobilien vor Erwerb bewertet werden. Dabei muss die KVG die Ankaufsbewertung bereits vor Abschluss des Kaufvertrages durchführen lassen, um sicherzustellen, dass der im Kaufvertrag reflektierte Kaufpreis dem Äquivalenzgebot des § 231 II 1 Nr. 4 (→ Rn. 20) genügt (EDD/*Conradi* § 231 Rn. 99; *Guzialowski* RdF 2017, 203 (205)). **Stichtag der Ankaufsbewertung** ist der voraussichtliche Zeitpunkt des Erwerbs. Zur Bestimmung dieses Zeitpunktes wird idR nicht auf den dinglichen Eigentumsübergangs abgestellt, da dieser von externen Faktoren wie der Eintragung im Grundbuch abhängt und daher nur schwer bestimmbar ist. Vielmehr ist der wirtschaftliche Eigentumsübergang (Übergang Besitz, Nutzen, Lasten) maßgeblich. In der Praxis sind häufig sog. **Forward Deals** anzutreffen, bei denen die KVG eine Immobilie im Zustand der Bebauung mit einer entsprechenden Fertigstellungsverpflichtung des Verkäufers erwirbt. In diesen Fällen bedarf es folgerichtig einer zukunftsorientierten Bewertung, die auf den Wert der Immobilie bei Fertigstellung abstellt (*Geier/Strauch* RdF 2020, 92 (93f.), die in solchen Konstellationen auch die Zulässigkeit von Vorauszahlungen, Anzahlungen oder Vorschüssen bejahen, sofern diese risikoangemessen abgesichert werden, ebda. 94). Der Stichtag der Ankaufsbewertung darf im Zeitpunkt des Übergangs des Eigentums bzw. Besitzes, Nutzen und Lasten nicht länger als drei Monate zurückliegen. Dies folgt aus der Wertung des § 251 I 1 und 2, der eine Regelbewertung innerhalb eines Zeitraums von drei Monaten bzw., wenn das Sondervermögen seltener als alle drei Monate Anteile zurücknimmt, drei Monate vor jedem Rücknahmetermin vorsieht. Aus der Wertung des § 251 I 3 (sa § 248 II 2) ergibt sich, dass ein Ankaufsgutachten seine Gültigkeit verliert, wenn die KVG absehen kann, dass sich vor dem dinglichen Erwerb wesentliche Bewertungsfaktoren ändern werden (EDD/*Conradi* § 231 Rn. 100). In diesem Fall muss die KVG eine neue Ankaufsbewertung veranlassen.

18 **2. Ankaufsbewerter (§ 231 II 1 Nr. 1 und Nr. 3, S. 2).** Die Ankaufsbewertung muss von einem **externen Bewerter iSd § 216 I 1 Nr. 1** (Ankaufsbewerter) vorgenommen werden, der auch eine juristische Person oder Personengesellschaft sein kann. Ausführlich zum externen Bewerter und seiner Bestellung (→ § 216 Rn. 6ff.) § 231 II 2 verweist weiterhin auf die für den Regelbewerter geltenden Beschränkungen des § 250 II, insb. die zeitliche Begrenzung der Tätigkeit auf maximal drei Jahre sowie die Einhaltung einer Karenzzeit von zwei Jahren. Zur Wahrung seiner Unabhängigkeit sieht § 231 II 1 Nr. 3 vor, dass der Ankaufsbewerter nicht zugleich die Regelbewertung anderer Immobilien desselben Sondervermögens vornehmen darf (so auch Schreiben der BaFin an diverse Verbänden v. 9.2.2017, WA 42-Wp 6003-2016/001 2017/083666).

3. Verfahren (§ 231 II 1 Nr. 1 und Nr. 2). Grundsätzlich ist es ausreichend, wenn ein einzelner Ankaufsbewerter die Immobilie bewertet. Soll allerdings eine Immobilie **„über 50 Millionen Euro"** erworben werden, müssen gem. § 231 II 1 Nr. 1 Buchst. b zwei voneinander unabhängige Ankaufsbewerter ihre Bewertung unabhängig voneinander vornehmen. Der Gesetzeswortlaut lässt nicht erkennen, worauf bei der Festlegung der wertmäßigen Grenze abzustellen ist. Die Gesetzesbegründung spricht insofern nur von der „Größe" der Vermögensgegenstände (BT-Drs.17/13395, 406). In der Praxis wird allerdings häufig der **avisierte Kaufpreis** herangezogen da dieser eindeutig bestimmt werden kann (EDD/*Conradi* § 231 Rn. 88; WBA/*Kautenburger-Behr* § 231 Rn. 17). Sofern die Immobilie im Nicht-Euro-Ausland belegen ist, ist der Umrechnungskurs zum Zeitpunkt der Beauftragung des Ankaufsgutachtens maßgeblich. Sofern wegen des Überschreitens der 50 Mio. EUR-Grenze Ankaufsgutachten von zwei externen Bewertern eingeholt werden und diese zu divergierenden Bewertungsergebnissen kommen, sollte die KVG aus beiden Werten einen Mittelwert bilden (*Guzialowski* RdF 2017, 203 (207); sa BaFin E-Mail an den BVI v. 17.10.2013). Wie für die Regelbewertung ist auch für die Ankaufsbewertung gem. § 231 II 1 Nr. 2 zwingend vorgesehen, dass der bzw. die Ankaufsbewerter die zu begutachtende Immobilie **besichtigen.** Gemäß der Verwaltungspraxis der BaFin muss die Besichtigung höchstpersönlich durch den zuständigen Ankaufbewerter erfolgen, da sich dieser nur so ein umfassendes Bild vom Zustand der Immobilie und ggf. bestehenden Schäden verschaffen kann. Digitalgestützte Ankaufsbesichtigungen sind demnach – auch in Ausnahmesituationen wie zB während der „Lockdown-Verordnung" in der COVID-19-Pandemie – nicht zulässig (E-Mail der BaFin an den BVI v. 10.6.2020). Im Übrigen unterscheiden sich die Anforderungen an das Gutachten der Ankaufsbewertung weder inhaltlich noch formal von denen, die für die Regelbewertung gelten (Schreiben der BaFin an den BVI v. 31.3.2011, WA 42-Wp 6003-2011/0001-2011/0137156). 19

4. Gegenleistung aus dem Sondervermögen (§ 231 II 1 Nr. 4). Gemäß § 231 II 1 Nr. 4 darf die aus dem Sondervermögen zu erbringende Gegenleistung den iRd Ankaufsbewertung festgestellten Wert der Immobilie nicht oder nur unwesentlich überschreiten (sog Äquivalenzgebot). Unter den Begriff der **Gegenleistung** fallen alle Leistungen, die die KVG dem Veräußerer für den Erwerb der Immobilie aus dem Sondervermögen erbringt. Neben dem Kaufpreis (bzw. im Fall des Erwerbs eines Erbbaurechts gem. § 231 II 3 der Erbbauzins) kann es sich auch um den Verzicht auf eine dem Sondervermögen zustehende Forderung oder die Übernahme einer Verbindlichkeit des Veräußerers handeln. Anschaffungsnebenkosten, die an Dritte geleistet werden, zB Makler- oder Notarvergütung, und Grunderwerbssteuer fallen nicht darunter, es sei denn, die KVG übernimmt Zahlungen, die der Veräußerer schuldet (BSL/*Klusak* InvG § 67 Rn. 33). Die Gegenleistung aus dem Sondervermögen darf den iRd Ankaufsbewertung ermittelten Wert **nicht oder nur unwesentlich überschreiten.** Eine nur unwesentliche Überschreitung wird regelmäßig angenommen, wenn die Gegenleistung den ermittelten Wert der Immobilie um nicht mehr als 3% übersteigt. Dabei handelt es sich um eine Richtgröße, die im Einzelfall leicht überschritten werden kann (FK-KapAnlR/*Brockhausen* § 231 Rn. 38; EDD/*Conradi* § 231 Rn. 108 mwN; aA WBA/*Kautenburger-Behr* § 231 Rn. 14, der eine Abweichung von maximal 10% für zulässig hält). So kann im Rahmen einer **Portfoliotransaktion** – analog zu § 260 I 2 – auch eine Gesamtbewertung erfolgen, die nicht auf die Gegenleistung für die jeweiligen Einzel- 20 objekte, sondern für das gesamte Portfolio abstellt (*Guzialowski* RdF 2017, 203 (208); so auch EDD/*Conradi* § 231 Rn. 94, der aber fordert, dass iRd Transaktion sichergestellt ist, dass zB bei Vollzugsstörungen das Gesamtportfolio nicht auseinanderfällt). Der **maßgebliche Zeitpunkt** für die Beurteilung, ob die Gegenleistung idS investmentrechtlich zulässig ist, ist die Übertragung des Eigentums der Immobilie bzw. der Übergang von Besitz, Nutzen und Lasten (BSL/*Klusak* InvG § 67 Rn. 34).

IV. Bewirtschaftungsgegenstände (§ 231 III)

21 Die KVG darf für das Sondervermögen auch Gegenstände erwerben, die zur Bewirtschaftung der Immobilien erforderlich sind (Bewirtschaftungsgegenstände), wenn diese im Zusammenhang mit einer Immobilie des Sondervermögens stehen und im Verhältnis zu ihr von lediglich untergeordneter Bedeutung sind (EDD/*Conradi* § 231 Rn. 112). Dies ist zB der Fall bei der Inneneinrichtung des Gebäudes sowie Gegenständen, die der Verwaltung und Instandhaltung des Gebäudes dienen (zB Geräte und Maschinen für die Reinigung des Gebäudes und seiner Außenanlagen) und bei Müllentsorgungs- und Telekommunikationsanlagen (BSL/*Klusak* InvG § 67 Rn. 37). Auch **Solaranlagen** dürfen als Bewirtschaftungsgegenstände einer Immobilie erworben werden, sofern der erzeugte Strom für diese Immobilie genutzt wird (BSV/*Zöll* 405 § 231 Rn. 27).

22 Bewirtschaftungsgegenstände iSd § 231 III können nicht nur Sachen, sondern auch **Rechte** sein. Auch der Immobilie dienende Nebenflächen wie Stellplätze für PKWs dürfen als Bewirtschaftungsgegenstände erworben werden, auch wenn an diesen lediglich ein Miteigentumsrecht erworben wird (BTMB/*Winter* § 231 Rn. 28). Ebenfalls außerhalb des Erwerbskataloges des § 231 I ist der Erwerb einer Grunddienstbarkeit als Bewirtschaftungsgegenstand zulässig (Schreiben des BAKred v. 8.8.1980 abgedr. bei *Baur* § 27 Rn. 39). Des Weiteren kommt der Erwerb von **Beteiligungen an Gesellschaften** in Betracht, wenn diese der Bewirtschaftung der Immobilie dienen oder zumindest deren Erwerb ermöglichen oder dessen Wirtschaftlichkeit fördern. Die Vorrausetzungen des Erwerbs einer Beteiligung an einer Immobilien-Gesellschaft gem. §§ 234 ff. müssen dabei nicht erfüllt werden. Daher darf sich die KVG für Rechnung des Sondervermögens an einer Werbegemeinschaft eines Einkaufszentrums in der Rechtsform einer GbR beteiligen (WBA/*Kautenburger-Behr* § 231 Rn. 28). Eine KVG, die für Rechnung eines Immobilien-Sondervermögens als Kommanditistin an einer GmbH & Co. KG beteiligt ist, darf für Rechnung des Sondervermögens auch eine Beteiligung an der Komplementär-GmbH erwerben. Ebenso zulässig ist der Erwerb einer Zweckgesellschaft, die als zweiter Gesellschafter einer Immobilien-Gesellschaft des Sondervermögens eine Kleinstbeteiligung an derselben hält, wenn dies der steuerlichen Optimierung dient (EDD/*Conradi* § 231 Rn. 118). Ferner ist es erlaubt, eine Beteiligung an einer Gesellschaft zu erwerben, die die **Betriebsvorrichtungen der Immobilie** weitervermietet (BSV/*Zöll* 405 § 231 Rn. 27). Unzulässig ist der Erwerb von Beteiligungen an Gesellschaften, die einen **eigenständigen Geschäftsbetrieb mit Mitarbeitern** vorhalten (BSL/*Klusak* InvG § 67 Rn. 38), da dadurch eine über die Risiken der Vermietung und Verpachtung hinausgehende Arbeitgeberhaftung begründet wird.

V. Anlagegrenzen (§ 231 IV, V)

Zur Bestimmung des **Wertes des Sondervermögens** zum Zweck der Berechnung der Auslastung der Grenzen des § 231 I ist in § 231 IV vorgesehen, dass aufgenommene Darlehen nicht berücksichtigt werden. Maßgeblich sind die Verkehrswerte sämtlicher Vermögensgegenstände des Sondervermögens abzgl. Verbindlichkeiten (Nettofondsvermögen, s. § 168 I 2) zzgl. Darlehen. Dies gilt auch für die 10%-Grenze, für die Belastung mit Erbbaurechten gem. § 232 IV sowie die 30%-Grenze für das Währungsrisiko gem. § 233 I Nr. 3. 23

Bei der Berechnung der Auslastung der vorgenannten Grenzen sind gem. § 231 V auch **die von den Immobilien-Gesellschaften gehaltenen Vermögensgegenstände** zu berücksichtigen. 24

Maßgeblicher Zeitpunkt für die Prüfung der Grenzauslastung ist der Erwerb, also die Übertragung des Eigentums an der Immobilie. Beim Erwerb einer im Inland belegenen Immobilie ist für den Eigentumsübergang auf die (dingliche) Einigung zwischen Veräußerer und KVG sowie die Eintragung im Grundbuch abzustellen (s. §§ 873, 925 BGB). Sofern sich Veräußerer und KVG – wie in der Praxis aufgrund der Unwägbarkeiten des Zeitpunkts der Grundbucheintragung üblich – kaufvertraglich so stellen, als wenn mit Übergang von Besitz, Nutzen und Lasten der Immobilie das Eigentum bereits übergegangen wäre, ist es sachgerecht, auf diesen Zeitpunkt abzustellen. Bei einem zeitlich gestreckten Ankaufsvorgang, bei dem zwischen dem Abschluss des Kaufvertrages und der Übertragung des Eigentums bzw. dem Übergang von Besitz, Nutzen und Lasten einige Zeit vergeht, muss die KVG allerdings schon bei Kaufvertragsabschluss dafür Sorge tragen, dass die Grenzen im Zeitpunkt der Übertragung des Eigentums bzw. bei Übergang von Besitz, Nutzen und Lasteneingehalten werden. So wird in der Praxis häufig auf den Zeitpunkt des Abschlusses des Kaufvertrages abgestellt, wobei jedoch alle bis zum Übergang von Besitz, Nutzen und Lastenbekannten Ereignisse berücksichtigt werden. Es handelt sich bei den Grenzen des § 231 I um **Erwerbsgrenzen,** dh Überschreitungen nach Erwerb sind unbeachtlich (BSL/*Klusak* InvG § 67 Rn. 13, 15, 23). 25

VI. Besonderheiten bei offenen Spezial-AIF

Mit Zustimmung sämtlicher Anleger eines offenen Spezial-AIF können die Erwerbsgrenzen des § 231 I auf bis zu 100% des Wertes des Sondervermögens erhöht werden. Die BaFin hält es weiterhin für zulässig, dass die KVG mit Zustimmung der Anleger über die zulässigen Anlagen des § 231 I 1 hinaus alle Arten von Grundstücken und grundstücksgleichen Rechten erwirbt. Für einen offenen Spezial-AIF dürfen daher auch unbebaute Grundstücke, die nicht zur alsbaldigen eigenen Bebauung bestimmt sind wie zB land- und forstwirtschaftliche Flächen oder Flächen zur Mineralgewinnung erworben werden. Ferner ist es zulässig, mit den Anlegern zu vereinbaren, dass die Ankaufsbewertung nicht von externen Bewertern vorgenommen wird, sondern von einem Ausschuss von Sachverständigen oder auch durch die KVG selbst. Auch die Trennung von Ankaufs- und Regelbewertern für denselben offenen Spezial AIF kann im Einvernehmen mit den Anlegern abbedungen werden. **Anleger, die versicherungsaufsichtsrechtlichen Vorgaben unterliegen,** dürfen für das Sicherungsvermögen nicht in Immobilien-Sondervermögen investieren, die in Form eines Publikumsinvestmentvermögens aufgelegt sind (§ 2 I Nr. 17 Buchst. a der Verordnung über die Anlage des Sicherungsvermögens von Pensionskassen, Sterbekassen und kleinen Versicherungsunternehmen; 26

Bestandsausnahme für Anteile, die vor dem 8.4.2011 erworben worden sind, s. ebda. § 6 II). Bei Anlagen in offenen Spezial-AIF ist für diese Anlegergruppe neben der investmentrechtlichen Zulässigkeit auch die Vereinbarkeit von Abweichungen von den Vorschriften des KAGB mit dem Versicherungsaufsichtsrecht mit den Anlegern und ggf. der Versicherungsaufsicht der BaFin zu klären.

§ 232 Erbbaurechtsbestellung

(1) **Die AIF-Kapitalverwaltungsgesellschaft darf ein Grundstück nur unter den in den Anlagebedingungen festgelegten Bedingungen mit einem Erbbaurecht belasten.**

(2) **Vor der Bestellung des Erbbaurechts ist die Angemessenheit des Erbbauzinses entsprechend § 231 Absatz 2 zu bestätigen.**

(3) **Innerhalb von zwei Monaten nach der Bestellung des Erbbaurechts ist der Wert des Grundstücks entsprechend § 231 Absatz 2 neu festzustellen.**

(4) **Ein Erbbaurecht darf nicht bestellt werden, wenn der Wert des Grundstücks, an dem das Erbbaurecht bestellt werden soll, zusammen mit dem Wert der Grundstücke, an denen bereits Erbbaurechte bestellt worden sind, 10 Prozent des Wertes des Immobilien-Sondervermögens übersteigt.**

(5) **Die Verlängerung eines Erbbaurechts gilt als Neubestellung.**

I. Allgemeines

1 § 232 schafft die Möglichkeit, Immobilien, die aufgrund unvorhersehbarer Umstände, wie bspw. der Änderung baurechtlicher Planungsgrundlagen, keiner anderweitigen Nutzung zugeführt werden können, mit einem Erbbaurecht zu belasten und so einen Ertrag für das Sondervermögen zu erwirtschaften, anstatt die Immobilie mit Verlust veräußern zu müssen (BT-Drs. 13/89933,118).

II. Belastung mit einem Erbbaurecht (§ 232 I)

2 § 232 I sieht vor, dass Erbbaurechte (zum Begriff des Erbbaurechts → § 231 Rn. 12) an **Grundstücken** des Sondervermögens bestellt werden können. Aufgrund des Wortlautes des § 231 I („Grundstücke") ist die Bestellung von Erbbaurechten an grundstücksgleichen Rechten bspw. an einem anderen Erbbaurecht (Untererbbaurecht) nicht zulässig (str.; FK-KapAnlR/*Brockhausen* § 232 Rn. 6; aA EDD/*Conradi* § 232 Rn. 8). Ein Erbbaurecht darf auch an mehreren Grundstücken eines Sondervermögens bestellt werden **(Gesamterbbaurecht)** (EDD/*Conradi* § 232 Rn. 10). Ein Erbbaurecht kann an einem im In- oder Ausland (einschl. Drittstaaten iSd § 233) belegenen Grundstück bestellt werden (EDD/*Conradi* § 232 Rn. 9).

3 § 232 wird auf den **Erwerb eines mit einem Erbbaurecht belasteten Grundstücks** analog angewendet (BSL/*Klusak* InvG § 67 Rn. 41; WBA/*Kautenburger-Behr* § 232 Rn. 11).

4 Die Bedingungen für die Bestellung eines Erbbaurechts sind nach § 232 I in den **Anlagebedingungen** anzugeben. Üblich ist eine Formulierung, die sich an die Intention des Gesetzgebers (→ Rn. 1) anlehnt und eine Belastung von Immobilien

mit einem Erbbaurecht vorsieht, wenn unvorhersehbare Umstände die vorgesehene Nutzung des Grundstücks verhindern sowie wenn durch die Bestellung eines Erbbaurechts wirtschaftliche Nachteile für das Sondervermögen abgewendet werden oder dadurch eine wirtschaftlich sinnvolle Nutzung oder Verwertung ermöglicht wird (s. BVI Muster Besondere Anlagebedingungen für ein Immobilien-Sondervermögen v. 13.7.2021, Baustein 3).

Bestellt die KVG ein Erbbaurecht an einem Grundstück des Sondervermögens, stellt dies eine Verfügung über das Grundstück dar und daher ist die Einholung der **Zustimmung der Verwahrstelle** erforderlich (s. §§ 260 III Nr. 2, 84 I Nr. 4); iÜ handelt es sich bei § 232 um lex specialis zu der generellen Belastungsvorschrift des § 260 III (str.; EDD/*Conradi* § 232 Rn. 4, 16; AWZ/*Kloyer/Kobabe* § 232 Rn. 6 f., die aber auch die Einhaltung der Voraussetzungen des § 260 III Nr. 1 und 3 fordern; aA WBA/*Kautenburger-Behr* § 232 Rn. 6, der § 232 insgesamt als lex specialis zu § 260 III einordnet und daher auch die Zustimmung der Verwahrstelle für entbehrlich hält). Aus dem Rechtsgedanken des § 232 V, der die Verlängerung eines Erbbaurechts mit seiner Bestellung gleichsetzt, folgt, dass die Verwahrstelle auch der Verlängerung eines Erbbaurechts zustimmen muss (EDD/*Conradi* § 232 Rn. 23). 5

III. Bewertung (§ 232 II, III)

§ 232 II sieht vor, dass die Angemessenheit des vom Erbbauberechtigten an die KVG zu entrichtenden Erbbauzinses iRd Bewertung iSd § 231 II bestätigt werden muss. Diese Bewertung und Bestätigung muss **vor Bestellung des Erbbaurechts** erfolgen. Aus der Zweckrichtung der Vorschrift ergibt sich, dass die Bewertung nicht nur vor Eintragung des Erbbaurechts im Grundbuch und Erbbaugrundbuch, sondern vor Abschluss des schuldrechtlichen Verpflichtungsgeschäftes erfolgen muss, da dies die Vereinbarung über den Erbbauzins enthält (BSL/*Klusak* InvG § 67 Rn. 42; so auch BTMB/*Winter* § 232 Rn. 6 und Rn. 7 zur Anwendbarkeit des § 232 auf Einmalzahlungen iRd Erbbaurechtserwerbs). 6

Da die Belastung mit einem Erbbaurecht eine wesentliche Änderung für die Rentabilität der Immobilie darstellt, ergibt sich schon aus § 251 I 3, dass nach der Bestellung eine außerordentliche Bewertung wegen einer Änderung maßgeblicher Bewertungsfaktoren vorzunehmen ist (BSL/*Klusak* InvG § 67 Rn. 42). § 231 III regelt dies ausdrücklich und sieht zusätzlich vor, dass die **Neubewertung innerhalb von zwei Monaten nach der Bestellung des Erbbaurechts** stattfinden muss. Die Zwei-Monatsfrist beginnt mit Übergang Besitz, Nutzen und Lasten auf den Erbbauberechtigten (FK-KapAnlR/*Brockhausen* § 232 Rn. 10; EDD/*Conradi* § 232 Rn. 20). Erwirbt die KVG ein Grundstück, das bereits mit einem Erbbaurecht belastet ist, ist eine Neubewertung analog zu § 232 II nicht erforderlich, da der Wert des mit dem Erbbaurecht belasteten Grundstücks bereits bei Erwerb des Grundstücks iRd Ankaufsbewertung festgestellt wurde (BSL/*Klusak* InvG § 67 Rn. 42). 7

IV. Grenzen (§ 232 IV)

Ein Erbbaurecht darf gem. § 231 IV an einem Grundstück bestellt werden, wenn der Wert dieses Grundstücks zusammen mit dem Wert der anderen Grundstücke des Sondervermögens, an denen bereits ein Erbbaurecht bestellt wurde, nicht mehr als **10 % des Nettofondsvermögens zzgl. Darlehen** (§ 231 IV, → § 231 8

Rn. 23ff.) beträgt. Es handelt sich um eine Erwerbsgrenze (BTMB/*Winter* § 232 Rn. 10).Wie aus dem Wortlaut hervorgeht, ist auf den Wert des Grundstücks vor Bestellung des Erbbaurechtes abzustellen. Bei der analogen Anwendung des § 232 auf ein bei Erwerb bereits mit einem Erbbaurecht belastetes Grundstück ist auf den iRd Ankaufsbewertung ermittelten Wert des Grundstücks abzustellen. Hinsichtlich der bereits im Sondervermögen befindlichen und mit einem Erbbaurecht belasteten Grundstücke sind die iRd Regelbewertung ermittelten Werte anzusetzen.

V. Verlängerung eines Erbbaurechts (§ 232 V)

9 § 231 V setzt die **Verlängerung eines bestehenden Erbbaurechts mit der Neubestellung gleich.** Dies ist sachgerecht, da beide Vorgänge gleiche wirtschaftliche Auswirkungen auf eine Immobilie haben. Der Begriff der Verlängerung iSd § 231 V ist daher weit auszulegen. Eine Verlängerung liegt nicht nur dann vor, wenn die KVG Einfluss auf die Verlängerung hat (bspw. durch die einvernehmliche Vereinbarung der Verlängerung oder das Verstreichenlassen einer Frist durch die KVG, nach deren Ablauf sich das Erbbaurecht automatisch verlängert), sondern auch, wenn der Erbbauberechtigte eine einseitige Verlängerungsoption hat, der die KVG nicht widersprechen kann (aA EDD/*Conradi* § 232 Rn. 25f.). Die KVG muss demnach für jeden Fall der Verlängerung sicherstellen, dass die Mechanismen des § 232 insb. die Feststellung der Angemessenheit des Erbbauzinses greifen. Dies bedeutet iErg für die KVG, dass sie dem Erbbauberechtigten nicht das Recht gewähren darf, das Erbbaurecht einseitig zu verlängern (so auch WBA/*Kautenburger-Behr* § 232 Rn. 23f.).

VI. Besonderheiten bei offenen Spezial-AIF

10 Mit Zustimmung der Anleger kann die 10%-Begrenzung von Erbbaurechten gem. § 232 IV auf bis zu 100% erhöht werden. Bei **offenen Spezial-AIF, deren Anleger versicherungsaufsichtsrechtlichen Vorgaben unterliegen,** sollte diese Abweichung vorab mit der Versicherungsaufsicht abgeklärt werden.

§ 233 Vermögensgegenstände in Drittstaaten; Währungsrisiko

(1) **Vermögensgegenstände, die sich in Staaten befinden, die keine Vertragsstaaten des Abkommens über den Europäischen Wirtschaftsraum sind, dürfen für ein Immobilien-Sondervermögen nur dann erworben werden, wenn**
1. die Anlagebedingungen dies vorsehen;
2. eine angemessene regionale Streuung der Vermögensgegenstände gewährleistet ist;
3. diese Staaten und der jeweilige Anteil des Sondervermögens, der in diesen Staaten höchstens angelegt werden darf, in den Anlagebedingungen angegeben sind;
4. in diesen Staaten die freie Übertragbarkeit der Vermögensgegenstände gewährleistet und der Kapitalverkehr nicht beschränkt ist;
5. die Wahrnehmung der Rechte und Pflichten der Verwahrstelle gewährleistet ist.

(2) **Die AIF-Kapitalverwaltungsgesellschaft hat sicherzustellen, dass die für Rechnung eines Immobilien-Sondervermögens gehaltenen Vermögensgegenstände nur insoweit einem Währungsrisiko unterliegen, als der Wert der einem solchen Risiko unterliegenden Vermögensgegenstände 30 Prozent des Wertes des Sondervermögens nicht übersteigt.**

Schrifttum: *Schultz-Süchting/Thomas* Investmentrecht in internationalen Immobilientransaktionen – Transaktionsrelevante Themen des Investmentgesetzes bei ausländischen Immobilienakquisitionen, WM 2008, 2285; *Gräfenstein/Franckenstein* Auslandsinvestitionen offener Immobilienfonds – Rendite vor Anlegerschutz, ZfIR-Report 2007, 331.

I. Allgemeines

Die Vorschrift übernimmt mit redaktionellen Anpassungen den Wortlaut des § 67 III, IV InvG (BT-Drs. 17/12294, 467) und regelt die **rechtlichen Anforderungen,** die an einen Immobilienerwerb außerhalb des EWR gestellt werden. 1

Der Erwerb von Immobilien für Rechnung eines Immobilien-Sondervermögens ist grds. **unabhängig von ihrer Lage** erlaubt. Für Immobilien, die zwar außerhalb Deutschlands, aber innerhalb des EWR belegen sind, stellt das KAGB keine gesonderten Anforderungen. Maßgebliches Kriterium für die Zulässigkeit jedes Erwerbs einer im Ausland belegenen Immobilie ist hauptsächlich der Erwerb einer dem deutschen recht vergleichbaren Rechtsposition (EDD/*Conradi* § 233 Rn. 14; WBA/*Wind/Kautenburger-Behr* § 233 Rn. 5; *Schultz-Süchting/Thomas* WM 2008, 2285 (2286)). Die KVG hat daher vor Erwerb des Vermögensgegenstandes zu prüfen, ob dieser mit einer der in § 231 I aufgeführten Immobilienarten vergleichbar ist (zur Vergleichbarkeit von ausländischen Immobilien in ausgewählten Ländern vgl. Brinkhaus/Scherer/*Lindner/Figura* Anhang Nr. 1 zu § 27 Rn. 14; *Gräfenstein/Franckenstein* ZfIR-Report 2007, 331). Dies wird regelmäßig im Rahmen einer rechtsvergleichenden Analyse der zu erwerbenden Rechtsposition erfolgen und erfordert Kenntnisse des deutschen und ausländischen Rechts. Da Kenntnisse des ausländischen Rechts in der Praxis selten bei der KVG selbst vorliegen, muss diese sich externer und mit dem ausländischen Recht vertrauter Rechtsberater bedienen.

Für Investitionen außerhalb Deutschlands gelten daher prinzipiell die **gleichen Anforderungen** wie in Deutschland, nämlich eine vertiefte Kenntnis der jeweiligen Immobilien(teil-)märkte, der gesetzlichen Vorgaben sowie der vertraglichen Gepflogenheiten. Diese sind jedoch nicht erst bei Erwerb von Immobilien außerhalb des EWR notwendig, sondern müssen bei jedem Erwerb von Immobilien innerhalb und außerhalb des EWR vorliegen. Bei Erwerb von Immobilien außerhalb des EWR ist dies einer deutschen KVG nicht immer möglich. Insofern hat jede KVG zu prüfen, inwiefern sie diese Voraussetzungen selbst mitbringt oder durch Kooperation mit lokal ansässigen Unternehmen erfüllt. Nur dann ist sie in der Lage, Immobilieninvestitionen auch außerhalb des EWR mit der gebotenen Sorgfalt und im Interesse der Anleger durchzuführen (vgl. auch EDD/*Conradi* § 233 Rn. 28ff.).

II. Erwerbsvoraussetzungen

Die Voraussetzungen des § 233 I in Bezug auf außerhalb des EWR belegenen Immobilien sind von der KVG **vor Erwerb einer Immobilie zu prüfen** und die Einhaltung der dort genannten Anforderungen zu dokumentieren (EDD/*Conradi* 2

§ 233 Rn. 15; FK-KapAnlR/*Brockhausen* § 233 Rn. 6; AWZ/*Kloyer/Kobabe* § 233 Rn. 10). Diese Dokumentation wird ihrerseits von den Abschlussprüfern des Sondervermögens geprüft, vgl. § 37 S. 2 KAPrüfBV.

3 **1. Regelung in den Anlagebedingungen (§ 233 I Nr. 1).** Der Erwerb von außerhalb des EWR belegenen Immobilien muss gem. § 233 I Nr. 1 in den **Anlagebedingungen** vorgesehen sein. Der Anleger soll auch anhand der Regelungen der AnlB erkennen können, ob außerhalb des EWR investiert wird. Im Zusammenhang mit einer Regelung, die solche Investitionen grds. erlaubt, wird in den marktüblichen Vertragsdokumenten regelmäßig auf einen Anhang zu den Besonderen Anlagebedingungen verwiesen, um auch die Vorgabe des § 233 I Nr. 3 zu erfüllen. Darin erfolgt neben der Nennung der betreffenden Staaten üblicherweise der zulässige Anteil in Prozent des Nettoinventarwert des Sondervermögens (vgl. auch FK-KapAnlR/*Brockhausen* § 233 Rn. 7).

Entscheidet die KVG, nach Auflage des Sondervermögens auch Investitionen außerhalb des EWR zu tätigen, wird dies als **Änderung der Anlagegrundsätze** angesehen, die einer Genehmigung der BaFin bedarf und an die Bedingungen des § 163 III gebunden ist (vgl. EDD/*Conradi* § 233 Rn. 19; BSV/*Zöll* 410 § 67 Rn. 17).

4 **2. Regionale Streuung (§ 233 I Nr. 2).** § 233 I Nr. 2 erfordert weiterhin bei Investitionen außerhalb des EWR eine angemessene regionale Streuung. Diese Anforderung dient der **Risikoreduzierung** (EDD/*Conradi* § 233 Rn. 20). Wenngleich eine Risikobegrenzung ggf. auch anders als durch eine regionale Streuung sichergestellt werden kann (so BSL/*Klusak* InvG § 67 Rn. 27, nach dessen Auffassung eine Streuung auch innerhalb einer Stadt erreicht werden kann, wenn die betreffenden Immobilien in verschiedenen, sich unterschiedlich entwickelnden Teilmärkten belegen sind), so trägt eine regionale Diversifikation jedenfalls erheblich zur Vermeidung von Klumpenrisiken bei (vgl. EDD/*Conradi* § 233 Rn. 20).

Das Gesetz enthält keine Definition einer angemessenen regionalen Streuung. So bleibt offen, ob es sich um eine Streuung über Staatsgrenzen hinweg handeln muss oder eine **Streuung innerhalb eines Staates** für die Erfüllung dieser Anforderung ausreichend ist (vgl. EDD/*Conradi* § 233 Rn. 21; *Schultz-Süchting/Thomas* WM 2008, 2285 (2288)). Letzteres erscheint vorzugswürdig. Wenngleich diese Anforderung der Risikostreuung innerhalb des Sondervermögens dient, kann eine solche Risikostreuung auch gewährleistet werden, wenn innerhalb eines Staates an unterschiedlichen Standorten Immobilien erworben werden (BSV/*Zöll* 410 § 67 Rn. 18). So wirken sich positive oder negative Marktentwicklungen innerhalb eines Staats nicht notwendigerweise an allen Standorten gleich aus. Dies wird insb. bei Betrachtung von großen Märkten wie den USA, Australien oder China deutlich. Eine angemessene Risikostreuung kann also auch innerhalb eines Staates erreicht werden. Zudem wäre es Investoren ansonsten auch nicht möglich, indirekte Immobilienanlagen gezielt in einem Staat tätigen zu können. Sogenannte „Länderfonds" außerhalb des EWR wären damit nicht möglich. Daher muss eine regionale Streuung so erfolgen, dass die verschiedenen Immobilienmärkte, in denen investiert wird, in ihrer Entwicklung nicht in einem unmittelbaren Zusammenhang stehen (vgl. EDD/*Conradi* § 233 Rn. 21; so auch BSL/*Klusak* InvG § 67 Rn. 27; WBA/*Wind/Fritz* § 233 Rn. 5). Die Einschätzung, ob eine regionale Streuung vorliegt, liegt in der Verantwortung der KVG, die ihre Entscheidung anhand nachvollziehbarer Kriterien, wie bspw. aktuellen Researchergebnissen, treffen und dokumentieren muss.

Die vor Inkrafttreten des KAGB aufgeworfene Frage, ob die regionale Streuung bereits während der **Anlaufzeit** einzuhalten bzw. ob in der Anlaufzeit eine Ausnahmegenehmigung der BaFin erforderlich ist, ist nunmehr gegenstandslos, da § 233 ausdrücklich in § 244 genannt ist. 5

3. Nennung der Zielländer und des Investitionsanteils (§ 233 I Nr. 3). Die Anlagebedingungen müssen gem. § 233 I Nr. 3 die **Staaten** außerhalb des EWR sowie den jeweiligen **Anteil des Sondervermögens,** der in diesen Staaten höchstens angelegt werden darf, nennen. Regelmäßig wird dafür ein Anhang zu den AnlB erstellt. Die Aussagekraft der marktüblichen Tabelle, in der die jeweiligen Staaten und der Anteil am Sondervermögen, der in dem Staat höchstens angelegt werden darf, aufgeführt werden, ist jedoch nicht immer hoch. So ist es möglich, bei einer Vielzahl von Staaten 100% anzugeben (vgl. EDD/*Conradi* § 233 Rn. 18). Der Anleger hat damit weiterhin keine aussagekräftigen Informationen darüber, in welchen Staaten für Rechnung des Immobilien-Sondervermögens in welchem Umfang tatsächlich investiert würde. Ebenso wenig könnte er aufgrund der Vielzahl der möglichen Investitionsländer die mit Investitionen außerhalb des EWR verbundenen Risiken besser einschätzen. 6

4. Freie Übertragbarkeit und Freiheit des Kapitalverkehrs (§ 233 I Nr. 4). Bei Investitionen außerhalb des EWR fordert § 233 I Nr. 4 weiterhin die **freie Übertragbarkeit** der Vermögensgegenstände sowie die Freiheit des Kapitalverkehrs. Auch diese Anforderungen sollen die Anleger schützen und sicherstellen, dass bei Bedarf die jeweiligen Immobilien grds. veräußert und die Veräußerungserlöse ins Inland transferiert werden können (EDD/*Conradi* § 233 Rn. 23). Die KVG muss daher ermitteln, ob die regionalen gesetzlichen Vorgaben und ggf. auch die Verwaltungspraxis des jeweiligen Staates dies erlauben. Damit wäre eine freie Übertragbarkeit ausgeschlossen, wenn zwar die nationalen Gesetze formal nicht gegen eine Übertragbarkeit sprechen, der betreffende Staat seine eigenen Regeln jedoch ignoriert und mangels rechtsstaatlicher Strukturen im Investitionsland auch kein durchsetzbarer Anspruch auf eine Übertragung besteht. Davon unberührt bleibt das Risiko, dass aufgrund negativer Marktentwicklungen tatsächlich mangels Kaufinteressenten keine Übertragung der Immobilie stattfinden kann. Dieses Risiko besteht jedoch auch bei Investitionen im Inland. Steht dies beim Ankauf bereits fest, wird ein Kauf jedoch idR unterbleiben, denn es erscheint schwer vorstellbar, dass der Kauf einer Immobilie unter solchen Marktbedingungen im Interesse der Anleger sein kann. 7

Eine Immobilie ist frei übertragbar, wenn die KVG den Erwerbsgegenstand aufgrund der Rechtsordnung des Belegenheitsstaates **jederzeit veräußern** kann (BT-Drs. 14/8017, 105; BSV/*Zöll* 410 § 67 Rn. 20). Es darf also keine rechtlichen Beschränkungen geben, die eine Veräußerung der zum Erwerb vorgesehenen Immobilie zu einem späteren Zeitpunkt ausschließen (BSL/*Klusak* InvG § 67 Rn. 28, EDD/*Conradi* § 233 Rn. 24). Damit sind Beschränkungen unbeachtlich, die mit der Lage und Beschaffenheit der jeweiligen Immobilie verbunden sind (BSL/*Klusak* InvG § 67 Rn. 28). Es wird zudem die Auffassung vertreten, dass keine vollkommen uneingeschränkte Übertragbarkeit erforderlich sei (so *Schultz-Süchting/Thomas* WM 2008, 2885 (2288f.); BSV/*Zöll* 410 § 67 Rn. 20). Die freie Übertragbarkeit iSd § 233 I Nr. 4 sei vielmehr auch dann gegeben, wenn eine behördliche Genehmigung notwendig sei, hierauf jedoch ein **durchsetzbarer Rechtsanspruch** bestehe (BSL/*Klusak* InvG § 67 Rn. 28; WBA/*Wind/Fritz* § 233 Rn. 9). Fehlende rechtsstaatliche Strukturen können daher trotz eines grds. bestehenden Rechtsanspruchs 8 im Einzelfall möglicherweise die freie Übertragbarkeit der Immobilien hindern. Damit komme es auch für Zwecke dieser Regelung nicht auf privatrechtliche Einschränkungen, sondern allein auf die bestehenden öffentlich-rechtlichen Beschränkungen an (FK-KapAnlR/*Brockhausen* § 233 Rn. 11). Es müsse also eine der im Inland bestehenden vergleichbare Situation vorliegen (*Schultz-Süchting/Thomas* WM 2008, 2285 (2288f.); BSV/*Zöll* 410 § 67 Rn. 20; FK-KapAnlR/*Brockhausen* § 233 Rn. 12). Insofern sei eine Vergleichbarkeitsprüfung notwendig, bei deren positivem Ausgang die Anforderung erfüllt sei (*Schultz-Süchting/Thomas* WM 2008, 2285 (2288f.)). Dies ist überzeugend, da letztlich § 233 nur die Anforderungen normiert, die nach Auffassung des Gesetzgebers bei Investitionen innerhalb des EWR bereits gegeben sind. Es sollen jedoch – wohl mit Ausnahme der angemessenen regionalen Streuung – keine strengeren Anforderungen an eine Erwerbbarkeit von Immobilien als innerhalb des EWR gestellt werden, sondern nur sichergestellt werden, dass keine schlechteren Bedingungen für den Anleger herrschen als bei Investitionen innerhalb des EWR (vgl. AWZ/*Kloyer/Kobabe* § 233 Rn. 18). Hierfür spricht zudem, dass auch im deutschen Recht die Übertragung von Immobilien an den Erhalt öffentlicher Genehmigungen geknüpft sein kann und dies, sofern der Erwerb solcher Immobilien als im Interesse der Anleger angesehen werden kann, gesetzlich nicht per se unzulässig ist (vgl. EDD/*Conradi* § 233 Rn. 25; BSV/*Zöll* 410 § 67 Rn. 20; WBA/*Wind/Fritz* § 233 Rn. 7).

9 Mit dem Kriterium der Freiheit des Kapitalverkehrs soll gewährleistet werden, dass die KVG **grenzüberschreitende Zahlungen** vornehmen kann (EDD/*Conradi* § 233 Rn. 26; FK-KapAnlR/*Brockhausen* § 233 Rn. 13). Hierbei ist nicht nur entscheidend, dass etwaige Verkaufserlöse ins Inland transferiert werden können, sondern alle Einnahmen für Rechnung des Immobilien-Sondervermögens, also auch Mieten und Pachtzinsen (AWZ/*Kloyer/Kobabe* § 233 Rn. 19). Meldepflichten oder Steuern schließen die Freiheit des Kapitalverkehrs grds. nicht aus (*Schultz-Süchting/Thomas* WM 2008, 2285 (2289); BSV/*Zöll* 410 § 67 Rn. 20; BSL/*Klusak* InvG § 67 Rn. 28). Auch eine behördliche Genehmigungspflicht steht dem freien Kapitalverkehr nicht entgegen, soweit hierauf ein **durchsetzbarer Rechtsanspruch** besteht (BSL/*Klusak* InvG § 67 Rn. 28).

10 **5. Wahrnehmung der Rechte und Pflichten der Verwahrstelle.** Außerdem muss gem. § 233 I Nr. 5 sichergestellt sein, dass die Verwahrstelle auch außerhalb des EWR in Bezug auf die dort belegenen Immobilien ihre Rechte und Pflichten wahrnehmen kann. Dies betrifft insbes. die **Eintragung bzw. anderweitige Sicherstellung der Verfügungsbeschränkung** (EDD/*Conradi* § 233 Rn. 27; BSL/*Klusak* InvG § 67 Rn. 29, der auch auf die Zahlung über Sperrkonten hinweist, die in einigen Staaten problematisch sein kann). Daher ist gem. den Vorgaben des § 246 I die Eintragung einer Verfügungsbeschränkung in ein grundbuchähnliches Register sicherzustellen oder auf andere Art und Weise die Wirksamkeit der Verfügungsbeschränkung zu gewährleisten (vgl. § 246).

III. Währungsrisiko

11 § 233 II bestimmt, dass die für Rechnung des Immobilien-Sondervermögens gehaltenen Vermögensgegenstände lediglich bis zu einem Anteil von 30% des Wertes des Sondervermögens einem **Währungsrisiko** unterliegen dürfen. Damit soll der Erwerb von Immobilien außerhalb der Euro-Staaten unter Einschränkung des damit verbundenen Währungsrisikos möglich bleiben (BT-Drs. 14/8017, 105;

BSL/*Klusak* InvG § 67 Rn. 31). Wenngleich die Vorschrift im Zusammenhang mit dem Erwerb von Immobilien außerhalb des EWR verortet ist, beschränkt sich ihr Anwendungsbereich nicht auf diese Vermögensgegenstände, sondern gilt auch beim Erwerb von Immobilien bspw. in Großbritannien, Dänemark oder Schweden (AWZ/*Kloyer/Kobabe* § 233 Rn. 21).

Die Grenze für das Währungsrisiko bezieht sich anders als die Grenze für Kreditaufnahmen und Belastungen nicht lediglich auf den Immobilienanteil, sondern auf den **Wert aller Vermögensgegenstände,** die für Rechnung des Sondervermögens gehalten werden. Hierzu zählen neben Immobilien Beteiligungen an Immobilien-Gesellschaften, Bewirtschaftungsgegenstände und Liquiditätsanlagen (EDD/*Conradi* § 233 Rn. 33; BSV/*Zöll* 410 § 67 Rn. 22).

Das Währungsrisiko wird anhand der **Fremdwährungspositionen** des Sonder- 12
vermögens und den möglichen Änderungen der dazugehörigen Wechselkurse berechnet (EDD/*Conradi* § 233 Rn. 35). Es besteht, wenn die Währungen der Vermögensgegenstände mit den Währungen von Forderungen nicht übereinstimmen (Kongruenzprinzip; vgl. BSV/*Zöll* 410 § 67 Rn. 22; FK-KapAnlR/*Brockhausen* § 233 Rn. 16). Es muss also ermittelt werden, inwieweit der Wert des Sondervermögens durch Wechselkursschwankungen einer Währung betroffen wird, die nicht der Währung des Sondervermögens entspricht (EDD/*Conradi* § 233 Rn. 35; BSL/*Klusak* InvG § 67 Rn. 31), in der die Anteile des Sondervermögens ausgegeben werden und also auch der Anteilpreis ermittelt wird.

Ein Währungsrisiko kann bestehen, wenn Immobilien in Ländern erworben werden, deren Währung nicht der des Sondervermögens entspricht (EDD/*Conradi* § 233 Rn. 36; BSV/*Zöll* 410 § 67 Rn. 23; BSL/*Klusak* InvG § 67 Rn. 31). Dabei ist es unerheblich, ob sie direkt oder über eine Beteiligung an einer Immobilien-Gesellschaft gehalten werden (EDD/*Conradi* § 233 Rn. 37; BSV/*Zöll* 410 § 67 Rn. 24). Das Währungsrisiko ergibt sich daraus, dass für im Ausland belegene Immobilien eine Gegenleistung üblicherweise nur in der Währung des Belegenheitsstaates gezahlt wird und auch Mietzahlungen grds. nur in der jeweiligen Landeswährung dem Sondervermögen zufließen (vgl. BSL/*Klusak* InvG § 67 Rn. 30; EDD/*Conradi* § 233 Rn. 37 f.). Das Währungsrisiko wird häufig dadurch faktisch gemindert, dass auch die Fremdfinanzierung in der jeweiligen Landeswährung aufgenommen wird. Währungskursverluste wirken sich dann nicht nur beim Veräußerungserlös, sondern auch bei der Rückzahlung des Darlehens aus (sog. **„natural hedge"**) und mindern so das Verlustrisiko auf Ebene des Sondervermögens (vgl. auch EDD/*Conradi* § 233 Rn. 41; BSL/*Klusak* InvG § 67 Rn. 32).

Das Währungsrisiko muss für Zwecke des § 233 II nur dann berücksichtigt werden, wenn es **nicht abgesichert** ist (EDD/*Conradi* § 233 Rn. 40; BSL/*Klusak* InvG § 67 Rn. 32; BSV/*Zöll* 410 § 67 Rn. 26; WBA/*Wind/Fritz* § 233 Rn. 16). Übliche Absicherungsgeschäfte sind neben dem erwähnten „natural hedge" beispielsweise Devisentermingeschäfte oder Währungsswaps. Damit kann die sog. Währungskongruenz wiederhergestellt und das Währungsrisiko reduziert werden (EDD/*Conradi* § 233 Rn. 42; BSL/*Klusak* InvG § 67 Rn. 32).

Der Wortlaut des Gesetzes sagt nichts dazu, ob bei der Berechnung des Wertes 13
des Sondervermögens aufgenommene Darlehen abzuziehen sind. Daher liegt es nahe, beim Wert des Sondervermögens auf das **Nettofondsvermögen** abzustellen. Hierfür spricht auch der Wortlaut der Vorgängervorschrift des § 67 InvG, dessen Abs. 10 ausdrücklich die Anlagegrenzen nannte, für deren Berechnung die aufgenommenen Darlehen nicht abzuziehen waren und der die damals in Abs. 4 enthaltene Regelung des Währungsrisikos nicht nannte (EDD/*Conradi* § 233 Rn. 45).

14 Die in § 233 II genannte Obergrenze von 30% des Wertes des Sondervermögens ist auf Dauer einzuhalten. Seit Inkrafttreten des KAGB gilt die vierjährige **Anlaufzeit** auch für diese Anlagegrenze, so dass sie anders als noch zu Zeiten des InvG in den ersten vier Jahren nach Auflage des Sondervermögens nicht einzuhalten ist.

IV. Besonderheiten für offene Spezial-AIF

15 Für offene Spezial-AIF kann sowohl von den Vorgaben, die für den Erwerb von Vermögensgegenständen außerhalb des EWR gelten, als auch von der gesetzlich bestimmten Grenze für das Währungsrisiko **abgewichen** werden. In der Praxis wird dafür wohl nur vereinzelt eine Nachfrage seitens der Anleger bestehen. Auch Anleger eines offenen Spezial-AIF werden kein grundsätzliches Interesse daran haben, dass von den Vorgaben des § 233 I abgewichen wird. Sollte tatsächlich der Erwerb einer Immobilie attraktiv erscheinen, bei deren Erwerb beispielsweise eine angemessene regionale Streuung der Vermögensgegenstände nicht gesichert ist, wäre es möglich, im Rahmen eines Einzelbeschlusses, den alle Anleger einstimmig treffen, von dieser Vorgabe für den speziellen Erwerb abzuweichen. In Bezug auf das Währungsrisiko gilt ebenfalls, dass Anleger eines offenen Spezial-AIF in der Praxis an einem in Bezug auf Währungspositionen ungesicherten Anteil von mehr als 30% des Sondervermögens selten Interesse haben. Anderes mag im Fall von Individualfonds gelten, bei denen der Anleger für die Währungsabsicherung all seiner Vermögensanlagen selbst Sorge trägt, so dass auf Ebene eines einzelnen Investments keine zusätzliche Währungsabsicherung gewünscht ist.

§ 234 Beteiligung an Immobilien-Gesellschaften

[1]Die AIF-Kapitalverwaltungsgesellschaft darf für Rechnung des Immobilien-Sondervermögens Beteiligungen an Immobilien-Gesellschaften nur erwerben und halten, wenn

1. die Anlagebedingungen dies vorsehen,
2. die Beteiligung einen dauernden Ertrag erwarten lässt,
3. durch Vereinbarung zwischen AIF-Kapitalverwaltungsgesellschaft und Immobilien-Gesellschaft die Befugnisse der Verwahrstelle nach § 84 Absatz 1 Nummer 5 sichergestellt sind,
4. die AIF-Kapitalverwaltungsgesellschaft bei der Immobilien-Gesellschaft die Stimmen- und Kapitalmehrheit hat, die für eine Änderung der Satzung erforderlich ist,
5. durch die Rechtsform der Immobilien-Gesellschaft eine über die geleistete Einlage hinausgehende Nachschusspflicht ausgeschlossen ist und
6. die AIF-Kapitalverwaltungsgesellschaft für Rechnung des Immobilien-Sondervermögens unmittelbar oder mittelbar mit 100 Prozent des Kapitals und der Stimmrechte an der Immobilien-Gesellschaft beteiligt ist, es sei denn, dass die Immobilien-Gesellschaft mit 100 Prozent des Kapitals und der Stimmrechte an allen von ihr unmittelbar oder mittelbar gehaltenen Immobilien-Gesellschaften beteiligt ist.

[2]Abweichend von Satz 1 Nummer 4 darf die AIF-Kapitalverwaltungsgesellschaft Beteiligungen an einer Immobilien-Gesellschaft auch dann erwerben und halten, wenn sie nicht die für eine Änderung der Satzung

erforderliche Stimmen- und Kapitalmehrheit hat (Minderheitsbeteiligung). [3]In diesem Fall ist die Anlagegrenze nach § 237 Absatz 3 zu beachten.

Schrifttum: Schreiben der BaFin an den BVI v. 4.6.2008; Schreiben der BaFin v. 9.4.2018 WA 42-QB 4100-2016/0005; *Banzhaff* Fragen zu alternativen Finanzierungsformen bei Immobilien-Gesellschaften im Sinne von § 68 InvG, WM 2011, 299; *Fock* Die Beteiligung offener Immobilienfonds an Grundstücksgesellschaften, WM 2000, 1729; *Kempf* Novellierung des Investmentrechts 2007; *Kestler/Benz* Aktuelle Entwicklungen im Investmentrecht, BKR 2008, 403.

Inhaltsübersicht

Rn.
I. Allgemeines 1
II. Beteiligung (§ 234 S. 1) 4
III. Voraussetzungen (§ 234 S. 1 Nr. 1–5) 8
1. Regelung in den Anlagebedingungen (§ 234 S. 1 Nr. 1) 8
2. Erwartung eines dauernden Ertrags (§ 234 S. 1 Nr. 2) 9
3. Sicherstellung der Befugnisse der Verwahrstelle (§ 234 S. 1 Nr. 3) 11
4. Stimmen- und Kapitalmehrheit (§ 234 S. 1 Nr. 4) 13
5. Ausschluss der Nachschusspflicht (§ 234 S. 1 Nr. 5) 14
IV. Mehrstöckige Beteiligungen (§ 234 S. 1 Nr. 6) 15
V. Minderheitsbeteiligungen (§ 234 S. 2 und 3) 20
VI. Besonderheiten bei offenen Spezial-AIF 21

I. Allgemeines

Die KVG darf für das Sondervermögen Immobilien nicht nur direkt erwerben, sondern sich auch an Gesellschaften beteiligen, die ihrerseits Immobilien halten (Immobilien-Gesellschaften). Ferner dürfen Immobilien-Gesellschaften auch ihrerseits Beteiligungen an weiteren Immobilien-Gesellschaften halten **(mehrstöckige Beteiligungsstrukturen).** Das Fondsstandortgesetz (FoStoG) v. 3.6.2021 (BGBl. 2021 I 1498) hat die Spielräume bei der Strukturierung von mehrstöckigen Beteiligungsstrukturen erweitert (→ Rn. 16,17). 1

Der Erwerb bzw. das Halten von Beteiligungen an Immobilien-Gesellschaften bietet gegenüber der direkten Investition verschiedene **Vorteile,** insb. steuerlicher Natur. Aus Risikogesichtspunkten vorteilhaft ist, dass die Zwischenschaltung einer Immobilien-Gesellschaft haftungsabschirmend mit Blick auf die mit den Immobilien verbundenen Verbindlichkeiten wirkt. Den Vorteilen des indirekten Erwerbs stehen **Nachteile und Risiken** gegenüber, die iRd Wahl der Investitionsform im Einzelfall von der KVG sorgfältig mit den Vorteilen abzuwägen sind. So ist der Erwerbsvorgang unter Zwischenschaltung einer Immobilien-Gesellschaft komplexer und aufwändiger. Dies folgt zum einen aus den erhöhten Anforderungen an den Beteiligungserwerb nach dem KAGB, wie der Notwendigkeit der Anpassung der Satzung an die Vorgaben des KAGB (§ 235 II 1) sowie der Ermittlung des Wertes der Beteiligung vor Erwerb gem. § 236; zum anderen aus dem Erfordernis einer rechtlichen und steuerlichen Due Diligence auf Ebene der Immobilien-Gesellschaft. Ferner muss die KVG im Anschluss an den Ankauf neben der Verwaltung der Immobilie auch die Verwaltung der Beteiligung sicherstellen. Der zusätzliche Aufwand sowohl für den Erwerb als auch für die Verwaltung der Beteiligung führt idR zu höheren Kosten, sowohl extern (insb., wenn die Immobilien-Gesellschaft 2 im Ausland belegen ist) als auch intern bei der KVG. Der Gesetzgeber erachtet den geringeren Einfluss der KVG auf die Mittel und Vermögensgegenstände des Sondervermögens als wesentlichen Nachteil der indirekten Anlage. Der Erwerb von Beteiligungen ist daher nur unter bestimmten Voraussetzungen möglich, ua muss die KVG die für eine Satzungsänderung erforderliche **Stimm- und Kapitalmehrheit** an der Immobilien-Gesellschaft halten. Auf der Grundlage ihrer Rechte als Mehrheitsgesellschafter soll sie eine optimale Anlage der Gelder der Anleger, die Durchsetzung gesetzlicher Vorgaben, die Veräußerungen von Vermögensgegenständen sowie die Beteiligung selbst und Erlösausschüttungen im Anlegerinteresse und ohne Rücksicht auf die Mitgesellschafter sicherstellen können (BT-Drs. 13/8933, 64, 118). Als Ausnahme von der Regel ist der Erwerb von Minderheitsbeteiligungen nur unter besonderen Voraussetzungen möglich (s. § 237).

3 Sofern die Voraussetzungen für das Halten einer Beteiligung an einer Immobilien-Gesellschaft nach ihrem Erwerb entfallen, kann sich aus § 237 VII analog eine Verpflichtung zur Veräußerung unter Wahrung der Interessen der Anleger ergeben, im Fall einer Mehrheitsbeteiligung ist die KVG allerdings zunächst gehalten, darauf hinzuwirken, dass die Voraussetzungen der §§ 234ff. wieder eingehalten werden (WBA/*Wind/Fritz* § 237 Rn. 24).

II. Beteiligung (§ 234 S. 1)

4 Unter einer Beteiligung ist eine **mitgliedschaftsrechtliche Rechtsposition** zu verstehen, die sowohl Vermögensrechte (zB Gewinnbezugsrechte) als auch Verwaltungsrechte (zB Mitwirkungs- und Informationsrechte) gewährt; eine rein schuldrechtliche Rechtsposition ist nicht ausreichend (EDD/*Schultz-Süchting* § 234 Rn. 23). Der Erwerb einer **stillen Beteiligung iSd § 230 HGB** als Beteiligung an einer Immobilien-Gesellschaft kommt nicht in Betracht, da der Wortlaut des § 235 I 1 Nr. 2 verlangt, dass der Gesellschaftsvertrag bzw. die Satzung der Immobilien-Gesellschaft den Erwerb von bestimmten Vermögensgegenständen vorsehen muss. Bei einer stillen Gesellschaft handelt es sich jedoch lediglich um eine Innengesellschaft, bei dem sich der stille Gesellschafter mit seiner Einlage an dem Handelsgewerbe eines anderen beteiligt, ohne dass ein gemeinsames Gesellschaftsvermögen gebildet wird, welches Träger von Rechten und Pflichten, zB Eigentümer einer Immobilie, sein könnte. An diesem Ergebnis vermag auch die atypische Gestaltung der stillen Gesellschaft nichts zu ändern, weil die für eine gesellschaftsrechtliche Beteiligung typischen Kontroll- und Mitwirkungsrechte, die dem Erwerber eingeräumt werden, nur schuldrechtlicher Natur sind (EDD/*Schultz-Süchting* § 234 Rn. 25; aA *Banzhaff* WM 2011, 299 (306 ohne Begr.); zur Zulässigkeit des Erwerbs einer stillen Beteiligung als Gesellschafter-Darlehen → § 240 Rn. 7). Mangels Erwerbs mitgliedschaftsrechtlicher Rechte ebenso unzulässig ist der Erwerb von Rechten an der einem Dritten zugeordneten Gesellschaft, wie ein **Nießbrauchrecht an einer Beteiligung, eine Unterbeteiligung oder eine Treugeberstellung** (EDD/*Schultz-Süchting* § 234 Rn. 25). Nach Ansicht der BaFin ist aber der Erwerb einer Beteiligung an einem Trust und einem Trustee zulässig; zumindest dann, wenn beide Beteiligungen nicht unabhängig voneinander veräußert werden können, da dann die aus dem Trust vermittelten Vermögensrechte auch durch den Trustee vermittelt werden (nv Schreiben der BaFin v. 16.10.2017 WA 42 QB 4100-2016/0005, 2). Zum Erwerb der Anteile an der Komplementär-GmbH einer GmbH & Co. KG für Rechnung des Immobilien-Sondervermögen als Bewirtschaftungsgegenstand → § 231 Rn. 22.

Der Einordnung als Beteiligung iSd §234 steht grds. nicht entgegen, dass es sich bei der Gesellschaft um ein **Investmentvermögen in der Gesellschaftsform** handelt (so auch die Verwaltungspraxis der BaFin, Schreiben der BaFin v. 9.4 2018 WA 42 QB 4100-2016/0005). Mithin kann iRd §234 zB auch eine Beteiligung an einem in- oder ausländischen AIF erworben werden. Zwar ist der Erwerb von Fondsanteilen im abschließenden Katalog des §231 I nicht vorgesehen, jedoch sind die §§234ff. insoweit *lex specialis.* Daher dürfen grds. auch Anteile an REITs erworben werden (BSL/*Klusak* InvG §80 Rn. 11) sowie Anteile an AIF-Publikums- und Spezial-Investmentaktiengesellschaften iSd §110 II 1 Nr. 2 und Nr. 3 und offenen Investmentkommanditgesellschaften iSd §§124ff. Voraussetzung für eine Beteiligung an einem in- bzw. ausländischen Fonds ist aber jeweils die Einhaltung der Voraussetzungen der §§234ff. (ausf. EDD/*Schultz-Süchting* §234 Rn. 31f.). 5

Die KVG kann für Rechnung des Sondervermögens sowohl eine Beteiligung an einer **Kapital- als auch an einer Personengesellschaft** erwerben, die ihren Sitz im In- oder Ausland hat. Sofern die Immobilien-Gesellschaft ihren **Sitz im Ausland** hat, ist zu prüfen, ob die erworbene Rechtsposition nach ausländischem Recht mit der Beteiligung nach deutschem Recht vergleichbar ist. Weiterhin ist sicherzustellen, dass die Anforderungen des KAGB an die Immobilien-Gesellschaft auch unter der ausländischen Rechtsordnung umgesetzt und durchgesetzt werden können, was ggf. durch die Einholung eines Rechtsgutachtens zu belegen ist (*Fock* WM 2000, 1729 (1732)). 6

Neben dem Erwerb einer Beteiligung von einem Dritten ist auch der Erwerb von Gesellschaftsanteilen im Zuge einer Kapitalerhöhung der Immobilien-Gesellschaft zulässig (*Fock* WM 2000, 1729 (1732f.)) sowie die **Neugründung** einer Immobilien-Gesellschaft mit Mitteln des Sondervermögens. Letzteres ist aus Sicht des Sondervermögens sinnvoll, denn im Vergleich zu einer bereits existierenden Gesellschaft bestehen bei einer neu gegründeten Gesellschaft keine Verbindlichkeiten aus der Vergangenheit und der Aufwand und die Kosten der Due Diligence sind daher gering (WBA/*Wind/Fritz* §234 Rn. 5a). 7

III. Voraussetzungen (§234 S. 1 Nr. 1–5)

1. Regelung in den Anlagebedingungen (§234 S. 1 Nr. 1). Beteiligungen an Immobilien-Gesellschaften dürfen nur erworben werden, wenn die Anlagebedingungen des Sondervermögens dies vorsehen. Das Sitzland der Immobilien-Gesellschaften muss nicht ausdrücklich genannt werden. Es ist daher auch zulässig, dass eine Beteiligung an einer Immobilien-Gesellschaft erworben wird, deren Sitzland in den Anlagebedingungen nicht als zulässiges Investitionsland für den direkten Immobilienerwerb ausgewiesen ist. Denn §234 verlangt diese Angabe nicht und enthält insb. auch keine dem §233 I Nr. 3 vergleichbare Regelung. Da der Gesetzgeber zur Begrenzung der spezifischen gesellschaftsrechtlichen Risiken eigene Vorgaben an den Erwerb von Immobilien-Gesellschaften gestellt hat, ist eine analoge Anwendung des §233 I Nr. 3 abzulehnen (EDD/*Schultz-Süchting* §234 Rn. 43). 8

2. Erwartung eines dauernden Ertrags (§234 S. 1 Nr. 2). Im Zeitpunkt des Erwerbs muss die KVG davon ausgehen, dass die Beteiligung entweder durch die Ausschüttung von Erträgen oder durch die Steigerung ihres Wertes auf eine unbegrenzte Zeit einen **positiven finanziellen Einfluss auf das Sondervermögen** 9 hat. Der Ertrag muss dabei nicht bereits unmittelbar nach Erwerb der Beteiligung erwartet werden. Es ist ausreichend, wenn die KVG bei Erwerb davon ausgehen darf, künftig einen ausschüttungsfähigen Gewinn zu erwirtschaften. Ein dauernder Ertrag kann aber auch aus den Zinszahlungen an die KVG als Darlehensgeber eines Gesellschafterdarlehens generiert werden. Sofern Erträge nicht ausschüttungsfähig sind, ist es ausreichend, dass der Wert der Beteiligung zB durch stetige Mieteinnahmen steigt (EDD/*Schultz-Süchting* § 234 Rn. 47). In der Praxis wird eine Dokumentation der Ertragserwartung von der Verwahrstelle zwecks Überprüfung der Erwerbsvoraussetzungen gefordert.

10 Erwirbt die KVG für Rechnung des Sondervermögens eine Beteiligung an einer Gesellschaft, die erst zu einem späteren Zeitpunkt mit Mitteln des Sondervermögens ausgestattet wird, um eine Immobilie zu erwerben **(Vorratsgesellschaft),** kann eine dauernde Ertragserwartung nur bejaht werden, wenn die KVG davon ausgeht, die Gesellschaft in naher Zukunft an die Vorgaben des KAGB anzupassen und ihr eine Immobilie zuzuführen (EDD/*Schultz-Süchting* § 234 Rn. 49). Zur Ertragserwartung bei einer **mehrstöckigen Beteiligungsstruktur** → Rn. 19.

11 **3. Sicherstellung der Befugnisse der Verwahrstelle (§ 234 S. 1 Nr. 3).** Hält die KVG eine mehrheitliche Beteiligung, muss sie mit der Immobilien-Gesellschaft eine Vereinbarung schließen, nach der sich die Immobilien-Gesellschaft verpflichtet, **Verfügungen über zum Vermögen der Immobilien-Gesellschaft gehörende Vermögensgegenstände iSd § 231 I** nur mit Zustimmung der Verwahrstelle vorzunehmen (s. § 84 I Nr. 5 Var. 2). Die vom Verfügungserfordernis erfassten Vermögensgegenstände sind Immobilien, aber auch Beteiligungen an Immobilien-Gesellschaften (s. § 231 I 1 Nr. 7). Es ist dabei nicht erforderlich, dass sich die Immobilien-Gesellschaft verpflichtet, die Verfügungsbeschränkung analog § 246 im Grundbuch oder einem vergleichbaren Register eintragen zu lassen oder in anderer geeigneter Form sicherzustellen (Brinkhaus/Scherer/*Lindner-Figura* § 31a Rn. 3). Die Vereinbarung des Zustimmungserfordernisses der Verwahrstelle zu Verfügungen ist wichtig, da die über die Immobilien bzw. Beteiligungen verfügende Immobilien-Gesellschaft – anders als die KVG – auf das Zustimmungserfordernis nicht unmittelbar aus dem KAGB verpflichtet wird. Rein deklaratorisch ist hingegen die Vereinbarung der Zustimmungserfordernisse der Verwahrstelle zu den Maßnahmen der KVG, nämlich der **Änderung der Satzung bzw. des Gesellschaftsvertrags** der Immobilien-Gesellschaft, die erforderlich ist, sofern es sich um eine Mehrheitsbeteiligung der KVG handelt (s. § 84 I Nr. 5 Var. 3) sowie – unabhängig von den Beteiligungsverhältnissen – der **Verfügung über die Beteiligung an der Immobilien-Gesellschaft** (s. § 84 I Nr. 5 Var. 1).

12 Die Zustimmungserfordernisse der Verwahrstelle sollten in einer separaten **Vereinbarung zwischen der KVG und der Immobilien-Gesellschaft** aufgenommen werden, die regelmäßig vor Erwerb der Beteiligung abgeschlossen und der Verwahrstelle iRd Einholung ihrer Zustimmung zum Erwerb vorgelegt wird. In der Praxis wird diese Vereinbarung häufig von der Aufnahme der Zustimmungserfordernisse in die Satzung bzw. den Gesellschaftsvertrag der Immobilien-Gesellschaft flankiert. Zu den Rechtsfolgen bei Rechtsgeschäften ohne Zustimmung der Verwahrstelle s. BTMB/*Siedler* § 234 Rn. 47.

13 **4. Stimmen- und Kapitalmehrheit (§ 234 S. 1 Nr. 4).** Die KVG muss in der Lage sein, die Immobilien-Gesellschaft im Interesse der Anleger des Sondervermögens zu steuern und die Einhaltung der Vorgaben des KAGB sicherzustellen (nv Schreiben der BaFin v. 9.4.2018 WA 42 QB 4100-2016/0005). Sie muss daher in

der Immobilien-Gesellschaft die Stimmen- und Kapitalmehrheit haben, die ausreicht, eine Änderung der Satzung vorzunehmen. Die **Steuerungsmacht der KVG** sollte sich auf folgende Bereiche der Satzung erstrecken:
- Veräußerung von Immobilien, soweit erforderlich, um die Einhaltung der Vorgaben des §260 I 1 Nr. 2 an den Verkaufspreis sicherzustellen;
- Ankauf von Immobilien, soweit erforderlich, um die Durchführung einer Ankaufsbewertung und die Einhaltung der Vorgaben des §231 II 1 Nr. 4 an den Kaufpreis sicherzustellen;
- Finanzierung und Belastung von Immobilien, soweit erforderlich, um die Einhaltung der Fremdfinanzierungsgrenzen des §254 I und §260 III sicherzustellen;
- Durchführung von Kapitalerhöhungen;
- Liquidation der Immobilien-Gesellschaft und
- Bestellung der Geschäftsführung (Schreiben der BaFin v. 9.4.2018 WA 42-QB 4100-2016/0005).

Sofern die KVG von der Steuerungsmacht einzelner Bereiche ausgeschlossen ist (bspw., weil die Geschäftsführung der Immobilien-Gesellschaft über An- und Verkäufe allein entscheidet), ist dies nach Ansicht der BaFin nur dann akzeptabel, wenn die Geschäftsführung der Immobilien-Gesellschaft der **„verlängerte Arm"** der KVG ist (zB ein Angestellter oder eine 100%-Tochtergesellschaft). Weiterhin muss die KVG das Recht haben, diesen „verlängerten Arm" jederzeit abzulösen und er darf auch keinen dem Willen der KVG entgegenstehenden, zB vertraglichen oder regulatorischen, Vorgaben unterstehen, was idR nur der Fall sein wird, wenn die KVG der alleinige Gesellschafter der Immobilien-Gesellschaft ist (Schreiben der BaFin v. 9.4.2018 WA 42-QB 4100-2016/0005).

In dem Fall, in dem sich eine finanzierende Bank einen Zustimmungsvorbehalt hat einräumen lassen, der die KVG faktisch bei der Ausübung ihres Rechts zur Satzungsänderung einschränkt, muss bei wertender Betrachtung das Vorliegen einer Mehrheitsbeteiligung abgelehnt werden (Schreiben der BaFin v. 9.4 2018 WA 42 QB 4100-2016/0005); etwas anderes gilt nur dann, wenn die KVG das Darlehen jederzeit zurückführen kann (EDD/*Schultz-Süchting* §234 Rn. 69).

Es ist nicht erforderlich, dass die KVG eine Mehrheitsbeteiligung an einer Immobilien-Gesellschaft für ein einziges Sondervermögen hält. Es ist auch möglich, dass verschiedene Beteiligungen der KVG zu einer Mehrheitsbeteiligung zusammengerechnet werden (s. §237 V).

5. Ausschluss der Nachschusspflicht (§234 S. 1 Nr. 5). Eine wesentliche 14 Vorschrift zum Schutz der Substanz des Sondervermögens gegen Risiken aus der Beteiligung ist der Ausschluss einer über die Einlage der KVG als Gesellschafter hinausgehenden Nachschusspflicht. Damit ist nicht nur der Ausschluss der Pflicht der KVG zur Leistung weiterer Beträge gegenüber der Gesellschaft, sondern auch gegenüber den Gläubigern der Immobilien-Gesellschaft gemeint (*Fock* WM 2000, 1729 (1730f.)). Der Ausschluss der Nachschusspflicht muss **durch die Rechtsform der Gesellschaft** gegeben sein. Ein vertraglicher Ausschluss ist wegen der Vielzahl möglicher (ggf. unbekannter) Gläubiger nicht ausreichend (EDD/*Schultz-Süchting* §234 Rn. 73). Maßgeblich ist nur, dass die Haftung der KVG auf ihre Einlage begrenzt ist; andere Gesellschafter dürfen darüber hinaus haften (EDD/*Schultz-Süchting* §234 Rn. 74). So kann die KVG für ein Sondervermögen Kommanditistin einer KG werden, da diese begrenzt auf ihre Einlage haftet, wobei die KVG sicherzustellen hat, dass die Einlage auch geleistet wurde, weil ansonsten die Begrenzung ihrer Haftung (bis zur Höhe der Haftungssumme) nicht greift (s. § 171 I HGB). Die Rechtsposition der unbegrenzt haftenden Komplementärin iSd §§ 161 I, 128 HGB kann sie hingegen nicht einnehmen (BSL/*Klusak* InvG § 68 Rn. 11). Zum Erwerb der Komplementär-GmbH einer GmbH & Co. KG als Bewirtschaftungsgegenstand → § 231 Rn. 22.

IV. Mehrstöckige Beteiligungen (§ 234 S. 1 Nr. 6)

15 § 234 S. 1 Nr. 6 Hs. 1 erlaubt mehrstöckige Beteiligungsstrukturen (also das „Hintereinanderschalten" von Beteiligungen an Immobilien-Gesellschaften), wenn die KVG für Rechnung des Immobilien-Sondervermögens **unmittelbar oder mittelbar mit 100 % des Kapitals und der Stimmrechte** an der Immobilien-Gesellschaft beteiligt ist. Eine unmittelbare 100% Beteiligung liegt vor, wenn die KVG für Rechnung des Sondervermögens eine Beteiligung an einer Immobilien-Gesellschaft (1. Stufe) hält, die ihrerseits eine Beteiligung an einer Immobilien-Gesellschaft (2. Stufe) hält. Bereits auf der 3. Stufe liegt aus Sicht der KVG eine mittelbare Beteiligung vor. Diese kann über eine Beteiligung des Sondervermögens oder der KVG selbst vermittelt werden. Denn auch in diesen Konstellationen hat die KVG – dem Sinn und Zweck des § 234 S. 1 Nr. 6 entsprechend – Kontrolle über die mehrstöckige Beteiligungsstruktur (*Kestler/Benz* BKR 2008, 403 (407)). Diese Kontrolle kann dadurch hergestellt werden, dass die **KVG für Rechnung des Sondervermögens** die Beteiligung an der Immobilien-Gesellschaft hält oder über die Zwischenschaltung einer weiteren Immobilien-Gesellschaft (über den Wortlaut des § 234 S. 1 Nr. 6 Hs. 1 aF hinausgehend bereits die Verwaltungspraxis der BaFin, siehe nv Schreiben der BaFin an den BVI v. 4.6.2008, 2f.). Es ist weiterhin zulässig, dass die **KVG für eigene Rechnung** die 100%-Beteiligung vermittelt, dh, sie erwirbt die verbleibende Beteiligung mittels einer für eigene Rechnung gegründeten Tochtergesellschaft. Dann darf die KVG mit dieser Tochtergesellschaft keine eigenen wirtschaftlichen Interessen verfolgen und muss ausschließlich im Interesse der Anleger handeln (nv Schreiben der BaFin an den BVI v. 4.6.2008, 3f.). Neben der Einschaltung einer Tochtergesellschaft der KVG ist es unter denselben Bedingungen zulässig, dass die KVG die 100%-Beteiligung direkt – ohne Zwischenschaltung einer Tochtergesellschaft – auf eigene Rechnung vermittelt (*Kestler/Benz* BKR 2008, 403 (408)), wobei die Zwischenschaltung einer Tochtergesellschaft zur Abschirmung von Haftungsrisiken aus der Beteiligung vorzugswürdig ist.

16 Halbsatz 2 sieht vor, dass die Immobilien-Gesellschaft mit 100% des Kapitals und der Stimmrechte an allen von ihr – unmittelbar oder mittelbar – gehaltenen Immobilien-Gesellschaften beteiligt sein muss. Die Vorschrift wurde iRd FoStoG geändert und hat wichtige Auswirkungen in der Praxis. Während die KVG sich bislang lediglich an der Immobilien-Gesellschaft (1. Stufe) zu weniger als 100% beteiligen durfte (sog. Joint-Venture-Beteiligung), ist dies nunmehr auf den folgenden Beteiligungsstufen möglich. Dieser Änderung liegt die Erkenntnis des Gesetzgebers zu Grunde, dass es mit Blick auf die Einflussmöglichkeit der KVG in der Beteiligungsstruktur unerheblich ist, auf welcher Beteiligungsebene eine Joint-Venture-Beteiligung besteht, solang die Beteiligungen bis zur Joint Venture-Beteiligung jeweils 100%-Beteiligungen sind (BT Drs. 19/27631, 98f.). Dies eröffnete den Raum für klassische Joint Venture Beteiligungen, in denen die KVG eine 100%-Beteiligung an einer Zweckgesellschaft hält, die ihrerseits eine Minderheitsbeteiligung an dem Joint Venture hält. Dies bringt Vereinfachungen mit sich, zB kann

der Abverkauf über die Veräußerung der Beteiligung an der Zweckgesellschaft erfolgen (s. zum Joint Venture EDD/*Schultz-Süchting* § 234 Rn. 79f.).

Der Gesetzgeber hat den Einsatz von mehrstöckigen Beteiligungsstrukturen im FoStoG auch mit Blick auf die Anforderungen an den Sitz der Immobilien-Gesellschaft erleichtert: Alle Immobilien-Gesellschaften entlang der Beteiligungsstruktur können ihren **Sitz im In- oder Ausland** haben (§ 234 S. 1 Nr. 6 Hs. 2 aF sah eine Beschränkung für Immobilien-Gesellschaften vor, an denen nur eine mittelbare Beteiligung besteht; diese mussten ihren Sitz im Ausland haben). 17

Die vorgenannten Erleichterungen, die das FoStoG für die indirekte Investition in Immobilien mit sich bringt, können unmittelbar genutzt werden. Eine vorherige Anpassung der Anlagebedingungen des Immobilien-Sondervermögens ist nicht erforderlich, sollte aber zeitnah erfolgen. 18

Aus § 235 I Nr. 2 aE folgt, dass die **gesetzlichen Anforderungen für Immobilien-Gesellschaften grds. auf jeder Ebene der Beteiligungsstruktur** eingehalten werden müssen. Die **Erwartung eines dauernden Ertrags** setzt voraus, dass die Immobilien-Gesellschaft der letzten Stufe eine Immobilie hält, da es sich ansonsten um ein ertragsloses Vermögen handelt (*Kempf* Novellierung des Investmentrechts 2007, 173f.). Im Übrigen ist wie folgt zu unterscheiden: Wird eine mehrstöckige Beteiligungsstruktur als Gesamtheit für das Sondervermögen erworben, ist auf das Gesamtkonstrukt abzustellen, so dass es ausreichend ist, wenn die Immobilien-Gesellschaften auf den weiteren Ebenen dazu beitragen, dass die von der KVG direkt gehaltene Beteiligung einen dauernden Ertrag erwarten lässt. Erwirbt eine von der KVG direkt gehaltene Immobilien-Gesellschaft oder eine Immobilien-Gesellschaft auf einer weiteren Stufe eine Beteiligung hinzu, muss diese ebenfalls einen dauernden Ertrag erwarten lassen, wobei ausreichend ist, wenn die Beteiligung den Ertrag der bereits gehaltenen Beteiligung erhöht (iErg AWZ/*Kloyer/Kobabe* § 234 Rn. 39). Das **Zustimmungserfordernis der Verwahrstelle** zur Verfügung über eine Beteiligung an einer Immobilien-Gesellschaft muss auf jeder Ebene der mehrstöckigen Beteiligungsstruktur gewährleistet sein. Die KVG muss demnach sicherstellen, dass alle Immobilien-Gesellschaften einer mehrstöckigen Beteiligungsstruktur über die von ihnen gehaltenen Beteiligungen nur mit Zustimmung der Verwahrstelle verfügen (EDD/*Schultz-Süchting* § 234 Rn. 54). 19

V. Minderheitsbeteiligungen (§ 234 S. 2 und 3)

Sofern die KVG nicht die erforderlich Kapital- und Stimmenmehrheit erlangen kann bzw. dies nicht beabsichtigt, ist ein Erwerb der Beteiligung als **Minderheitsbeteiligung** iSv § 234 S. 1 und 2 unter denselben Voraussetzungen möglich wie der Erwerb einer Mehrheitsbeteiligung. Die Befugnisse der Verwahrstelle müssen dabei nur mit Blick auf die Verfügung der KVG über die Beteiligung an der Immobilien-Gesellschaft sichergestellt werden. Da der Einfluss der KVG in der Minderheitsgesellschaft eingeschränkt ist, sind weitere Voraussetzungen zu beachten, s. § 237. 20

VI. Besonderheiten bei offenen Spezial-AIF

Bei offenen Spezial-AIF kann von den Vorgaben des § 234 mit Zustimmung der Anleger gem. § 284 II abgewichen werden. Bei **offenen Spezial-AIF, deren Anleger versicherungsaufsichtsrechtlichen Vorgaben unterliegen,** sollten insb. 21

Abweichungen von § 234 S. 1 Nr. 4 und 6 sowie S. 2 vorab mit der Versicherungsaufsicht geklärt werden.

§ 235 Anforderungen an Immobilien-Gesellschaften

(1) **Die AIF-Kapitalverwaltungsgesellschaft darf für Rechnung des Immobilien-Sondervermögens Beteiligungen nur an solchen Immobilien-Gesellschaften erwerben und halten,**

1. **deren Unternehmensgegenstand im Gesellschaftsvertrag oder in der Satzung auf Tätigkeiten beschränkt ist, die die AIF-Kapitalverwaltungsgesellschaft für das Immobilien-Sondervermögen ausüben darf, und**
2. **die nach dem Gesellschaftsvertrag oder der Satzung nur Vermögensgegenstände im Sinne des § 231 Absatz 1 Satz 1 Nummer 1 bis 5 und 7 sowie Absatz 3 oder Beteiligungen an anderen Immobilien-Gesellschaften erwerben dürfen, die nach den Anlagebedingungen unmittelbar für das Immobilien-Sondervermögen erworben werden dürfen.**

(2) [1]**Die Satzung oder der Gesellschaftsvertrag der Immobilien-Gesellschaft muss sicherstellen, dass**

1. **die von der Immobilien-Gesellschaft neu zu erwerbenden Vermögensgegenstände vor ihrem Erwerb entsprechend § 231 Absatz 2 bewertet werden,**
2. **der externe Bewerter nicht zugleich die regelmäßige Bewertung gemäß den §§ 249 und 251 Absatz 1 durchführt und**
3. **die Immobilien-Gesellschaft eine Immobilie oder eine Beteiligung an einer anderen Immobilien-Gesellschaft nur erwerben darf, wenn der dem Umfang der Beteiligung entsprechende Wert der Immobilie oder der Beteiligung an der anderen Immobilien-Gesellschaft 15 Prozent des Wertes des Immobilien-Sondervermögens, für dessen Rechnung eine Beteiligung an der Immobilien-Gesellschaft gehalten wird, nicht übersteigt.**

[2]**§ 243 Absatz 2 und § 250 Absatz 2 gelten entsprechend.**

(3) **Entspricht der Gesellschaftsvertrag oder die Satzung der Immobilien-Gesellschaft nicht den Vorschriften der Absätze 1 und 2, so darf die AIF-Kapitalverwaltungsgesellschaft die Beteiligung an der Immobilien-Gesellschaft nur erwerben, wenn sichergestellt ist, dass der Gesellschaftsvertrag oder die Satzung unverzüglich nach dem Erwerb der Beteiligung entsprechend geändert wird.**

(4) **Die Gesellschafter einer Immobilien-Gesellschaft, an der die AIF-Kapitalverwaltungsgesellschaft für Rechnung des Immobilien-Sondervermögens beteiligt ist, müssen ihre Einlagen vollständig eingezahlt haben.**

Schrifttum: BaFin Fragenkatalog zu erwerbbaren Vermögensgegenständen („FAQ Eligible Assets"), WA 41-Wp 2137-2013/0001 v. 22.7.2013; *Fock* Die Beteiligung offener Immobilienfonds an Grundstücksgesellschaften, WM 2000, 1729.

I. Allgemeines

Regelungsziel des §235 ist, sicherzustellen, dass die KVG durch den Erwerb von Beteiligungen an Immobilien-Gesellschaften nicht die Voraussetzungen des direkten Erwerbs einer Immobilie umgeht. Risiken, die über diejenigen des Direkterwerbs hinausgehen, sollen nicht begründet bzw. reduziert werden (BT-Drs. 13/89933, 118f.). 1

Daher wird die KVG verpflichtet, einschränkende Bestimmungen in die Satzung bzw. den Gesellschaftsvertrag der Immobilien-Gesellschaft aufzunehmen. Zum einen darf der **Unternehmensgegenstand der Immobilien-Gesellschaft** nur solche Tätigkeiten bzw. den Erwerb solcher Vermögensgegenstände vorsehen, die die KVG auch direkt für das Sondervermögen ausüben bzw. erwerben dürfte. Weiterhin wird der Gleichlauf mit den **Erwerbsvoraussetzungen** des Direkterwerbs geschaffen, indem eine Bewertung der Immobilien vor Erwerb sowie eine dem §243 I 1 entsprechende 15%-Grenze für den Erwerb von Vermögensgegenständen vorgesehen ist. Diese Risikostreuungsvorschrift ist – analog dem Direkterwerb – in der Anlaufzeit eines Sondervermögens nicht zu beachten (s. §244). 2

Da es idR nicht vorkommt, dass die Satzung bzw. der Gesellschaftsvertrag einer Gesellschaft die vom KAGB geforderten Einschränkungen vor Erwerb bereits enthält (es sei denn, der Veräußerer ist eine KVG handelnd für Rechnung eines Immobilien-Sondervermögen) ist es gem. §235 III ausreichend, dass die KVG sicherstellt, dass die **Anpassung der Satzung bzw. des Gesellschaftsvertrages an die Anforderungen des KAGB nach Erwerb** vorgenommen wird. Zum Schutz vor einer Ausfallhaftung sieht §235 IV die **volle Einzahlung der Einlagen sämtlicher Gesellschafter der Immobilien-Gesellschaft** vor. 3

II. Unternehmensgegenstand (§235 I Nr. 1)

Der satzungsmäßige Unternehmensgegenstand der Immobilien-Gesellschaft darf keine weitergehenden Geschäftsmöglichkeiten enthalten als diejenigen, die der KVG nach dem KAGB eröffnet sind. Die Beschreibung des Unternehmensgegenstandes sollte den An- und Verkauf sowie die Verwaltung von Immobilien bzw. Beteiligungen an Immobilien-Gesellschaften, das Errichten und den Umbau von Immobilien sowie die damit unmittelbar zusammenhängenden Tätigkeiten erfassen (EDD/*Schultz-Süchting* §235 Rn. 4; zu den Risiken einer detailgetreuen Wiedergabe der Tätigkeiten gem. KAGB im Gesellschaftsvertrag ausländischer Immobilien-Gesellschaften s. BTMB/*Siedler* §235 Rn. 8). Eine weitergehende **eigenständige unternehmerische Betätigung** der Immobilien-Gesellschaft (zB der Betrieb eines Hotels) ist nach Auffassung der BaFin nicht zulässig, da über das Halten und die Verwaltung der Immobilie weitergehende wesentliche Risiken begründet werden (BaFin „FAQ Eligible Assets" Teil 2 Frage 8; →§231 Rn. 6). Demzufolge ist auch eine **Beschäftigung von Mitarbeitern** durch die Immobilien-Gesellschaft wegen der Risiken aus der nur schwer kalkulierbaren Arbeitgeberhaftung unzulässig (aA *Fock* WM 2000, 1729 (1734)). Zur Zulässigkeit der Vergabe von Darlehen durch die Immobilien-Gesellschaft an die KVG (sog. Upstream Loan) s. §254. 4

III. Zulässige Erwerbsgegenstände (§ 235 I Nr. 2)

5 Die Satzung muss weiterhin vorsehen, dass die Immobilien-Gesellschaft nur Vermögensgegenstände erwerben darf, die die KVG für das Sondervermögen auch unmittelbar erwerben darf. Darunter fallen **Grundstücke und grundstücksgleiche Rechte iSd § 231 I 1 Nr. 1–5,** mangels eines entsprechenden Verweises aber nicht die in § 231 I 1 Nr. 6 genannten Nießbrauchrechte an Grundstücken, die der Erfüllung öffentlicher Aufgaben dienen. Besondere Beschränkungen der erwerbbaren Grundstücke in den Anlagebedingungen des jeweiligen Sondervermögens sind ebenfalls zu beachten. Weiterhin darf eine Immobilien-Gesellschaft **Beteiligungen an anderen Immobilien-Gesellschaften iSd §§ 234 ff.** erwerben. Es ist zulässig, dass eine Immobilien-Gesellschaft zugleich Immobilien und Beteiligungen an Immobilien-Gesellschaften hält (EDD/*Schultz-Süchting* § 235 Rn. 7; BTMB/*Siedler* § 235 Rn. 13). Ferner darf eine Immobilien-Gesellschaft auch **liquide Mittel iSd § 253** sowie **Bewirtschaftungsgegenstände iSd § 231 III** erwerben. Zu den Risiken einer detaillierten Beschreibung in der Satzung → Rn. 10.

IV. Erwerbsvoraussetzungen (§ 235 II–IV)

6 **1. Ankaufsbewertung (§ 235 II 1 Nr. 1 und 2, S. 2).** Die Satzung der Immobilien-Gesellschaft muss sicherstellen, dass eine neu zu erwerbende Immobilie vor ihrem Erwerb von einem externen Bewerter bewertet wird, wobei dieser nicht zugleich die Regelbewertung der Immobilie durchführen darf. Aus dem Verweis auf § 250 II in § 235 II 2 ergibt sich, dass auch iÜ die Anforderungen an den externen Bewerter wie beim Direkterwerb gelten. Der Verweis auf die Durchführung einer Bewertung „entsprechend § 231 Abs. 2" verlangt, dass das Verfahren der Ankaufsbewertung wie beim Direkterwerb eingehalten wird. Da § 235 II 1 Nr. 1 nur auf das für Immobilien geltende Ankaufsbewertungsverfahren des § 231 II verweist, sind auch nur die Immobilien und nicht – wie es der Wortlaut der Vorschrift („Vermögensgegenstände") nahelegt – auch Liquiditätsanlagen und Bewirtschaftungsgegenständen vor Erwerb zu bewerten (BTMB/*Siedler* § 235 Rn. 16). Zur Bewertung von Beteiligungen an Immobilien-Gesellschaften s. § 236.

7 In analoger Anwendung des § 231 II 1 Nr. 4 muss in der Satzung sichergestellt sein, dass die Immobilien-Gesellschaft eine Immobilie nur erwerben darf, wenn die aus dem Sondervermögen zu erbringende Gegenleistung den in der Ankaufsbewertung ermittelten Wert der Immobilie nicht oder nur unwesentlich übersteigt (EDD/*Schultz-Süchting* § 235 Rn. 16; WBA/*Wind/Fritz* § 235 Rn. 7 d). Diese Analogie ergibt sich daraus, dass die Interessenlage sowohl beim direkten als auch beim indirekten Erwerb gleichgerichtet auf die Vermeidung von Ankäufen zu überhöhten Preisen ist sowie aus dem Sinn und Zweck des § 235, nämlich der Schaffung eines Gleichlaufs zwischen den beiden Erwerbsformen.

8 **2. Einhaltung der 15 %-Grenze (§ 235 II 1 Nr. 3, S. 2).** Die Satzung der Immobilien-Gesellschaft muss weiterhin sicherstellen, dass der Wert einer neu zu erwerbenden Immobilie (bzw. Beteiligung an einer Immobilien-Gesellschaft) maximal 15% des Wertes des Sondervermögens beträgt. Hinsichtlich des **Wertes des Sondervermögens** ist nicht geregelt, ob auf das Nettofondsvermögen abzustellen ist oder ob die Darlehensverbindlichkeiten hinzuzurechnen sind. Letzteres ist sachgerecht (BT-Drs. 14/8017, 107; WBA/*Wind/Fritz* § 235 Rn. 12). Denn die Be-

grenzung in § 235 entspricht der für den Direkterwerb geltenden 15%-Grenze des § 243 I, für deren Berechnung Darlehensverbindlichkeiten ebenfalls nicht abgezogen werden. Die Einstellung des Nettofondsvermögens zzgl. Darlehen bei der Grenzberechnung führt zu einer faktischen Verengung der Grenzen, die mit Blick auf den Regelungszweck beider Vorschriften, der Risikostreuung, sachgerecht ist. Ebenfalls analog zu § 243 I ist die 15%-Grenze als Erwerbsgrenze einzuordnen (BSL/*Klusak* InvG § 68 Rn. 31).

Bei der Berechnung des **Wertes des Vermögensgegenstandes,** der neu hinzuerworben werden soll, sind Fremdfinanzierungen und sonstige Verbindlichkeiten von seinem Verkehrswert abzuziehen (Nettowert), sofern diese Verbindlichkeiten von der Immobilien-Gesellschaft aufgenommen wurden (EDD/*Schultz-Süchting* § 235 Rn. 20 mit ausführlicher Begr.). Dieser Wert ist entspr. dem jeweiligen Umfang der Beteiligung an der Immobilien-Gesellschaft in Ansatz zu bringen. Hält die KVG lediglich eine 50%-Beteiligung an einer Immobilien-Gesellschaft, sind nur 50% des Nettowertes der zu erwerbenden Immobilie (bzw. Beteiligung) in Ansatz zu bringen. Dabei lässt das Gesetz offen, ob sich der Umfang der Beteiligung auf die Beteiligung des Sondervermögens am Kapital der Gesellschaft oder auf seine Stimmrechte bezieht. Maßgeblich ist die Beteiligung am Kapital, da dies dem Regelungszweck der Risikostreuung bzw. der Begrenzung des wirtschaftlichen Risikos gerecht wird (WBA/*Wind/Fritz* § 235 Rn. 10). Bei einer mehrstöckigen Beteiligungsstruktur ist zu beachten, dass zur Berechnung der 15%-Grenze auf den „durchgerechneten Wert" der Beteiligung des Sondervermögens an der Immobilien-Gesellschaft abzustellen ist (EDD/*Schultz-Süchting* § 235 Rn. 21). 9

Bei **Immobilien-Gesellschaften mit Sitz im Ausland** kann es aufgrund entgegenstehenden lokalen Rechts problematisch sein, die Vorgaben des KAGB in die Satzung aufzunehmen bzw. auch zu Risiken für das Immobilien-Sondervermögen führen (BTMB/*Siedler* § 235 Rn. 8, 15, 20, 22). Dann ist es ausreichend, wenn die Beschränkungen des KAGB in der Satzung nur angedeutet werden und detaillierter in einer separaten Vereinbarung zwischen KVG und Immobilien-Gesellschaft geregelt werden. Eine andere Möglichkeit besteht darin, die Geschäftsführer der Immobilien-Gesellschaft auf die Einhaltung des KAGB zu verpflichten. 10

3. Unverzügliche Anpassung der Satzung bzw. des Gesellschaftsvertrages. Sofern die Satzung bei Erwerb der Beteiligung nicht den Anforderungen des § 235 I und II entspricht, muss die KVG sicherstellen, dass die Anpassung an das KAGB **unverzüglich** nach Erwerb durchgeführt wird. Die KVG muss schon im Vorfeld des Erwerbs iRd regulatorischen Due Diligence prüfen, ob eine entspr. Satzungsänderung möglich ist und diese vorbereiten (BTMB/*Siedler* § 235 Rn. 24ff.). In der Praxis wird die Anpassung der Satzung daher idR zusammen mit dem Erwerb der Anteile an der Immobilien-Gesellschaft vorgenommen. Bei Erwerb einer **Vorratsgesellschaft** (zum Begriff der Vorratsgesellschaft → § 234 Rn. 10) ist es hingegen ausreichend, wenn sichergestellt ist, dass die Satzung spätestens dann an die Vorgaben des KAGB angepasst wird, wenn die Vorratsgesellschaft mit den für den Erwerb der Immobilie erforderlichen Mitteln des Sondervermögens ausgestattet ist und ihre Geschäftstätigkeit aufnimmt (BSV/*Zöll* 405 § 235 Rn. 7). Im Vorfeld sind die Anforderungen des KAGB nur insoweit einzuhalten, wie es zum Schutz des Sondervermögens vor Risiken aus dem Erwerb der Vorratsgesellschaft erforderlich ist. Eine über die Einlage hinausgehende Nachschusspflicht muss durch die Rechtsform der Vorratsgesellschaft ausgeschlossen und die Einlagen der KVG müssen vollständig einbezahlt sein. 11

12 **4. Vollständige Einzahlung der Einlagen.** Zum Zeitpunkt des Erwerbs der Beteiligung an einer Immobilien-Gesellschaft müssen die Einlagen **aller Gesellschafter** voll eingezahlt sein. Mit Einlagen sind sowohl Kapital- als auch Sacheinlagen gemeint (BSL/*Klusak* InvG § 68 Rn. 12). Wegen der Gefahr einer Ausfallhaftung der KVG als Mitgesellschafterin für die anderen Gesellschafter ist es erforderlich, dass – anders als bei dem Ausschluss der Nachschusspflicht – die Pflicht zur vollständigen Einzahlung der Einlage nicht nur von der KVG, sondern von allen Mitgesellschaftern erfüllt wird (so iErg EDD/*Schultz-Süchting* § 235 Rn. 24).

V. Besonderheiten bei offenen Spezial-AIF

13 Offenen Spezial-AIF ist der Erwerb von Anteilen an Immobilien-Gesellschaften gem. § 284 II Buchst. f ausdrücklich erlaubt. Gleichzeitig eröffnet § 284 II die Möglichkeit, von den Vorgaben des § 235 mit Zustimmung der Anleger abzuweichen. Voraussetzung für den Erwerb ist allerdings auch bei offenen Spezial-AIF, dass die Immobilien-Gesellschaft ihrerseits nach Maßgabe ihrer Satzung nur Immobilien, Beteiligungen an anderen Immobilien-Gesellschaften sowie Bewirtschaftungsgegenstände und Liquidität erwerben darf. Dies ergibt sich mit Blick auf Immobilien und Bewirtschaftungsgegenstände aus der Legaldefinition der Immobilien-Gesellschaft in § 1 XIX Nr. 22, von der § 284 II keine Abweichung erlaubt. Tätigkeiten, die über den Erwerb und das Halten der vorgenannten Vermögensgegenstände hinausgehende weitere wesentliche Risiken begründen, führen jedoch zum Ausschluss der Eigenschaft als Immobilien-Gesellschaft (BaFin „FAQ Eligible Assets" Teil 2 Nr. 8). Weiterhin kann nicht von § 168 abgewichen werden, dh, die Beteiligung an einer Immobilien-Gesellschaft kann nur zu einem angemessenen Preis an- bzw. verkauft werden (EDD/*Schultz-Süchting* § 234 Rn. 82).

§ 236 Erwerb der Beteiligung; Wertermittlung durch Abschlussprüfer

(1) **Bevor die AIF-Kapitalverwaltungsgesellschaft die Beteiligung an einer Immobilien-Gesellschaft erwirbt, ist der Wert der Immobilien-Gesellschaft von einem Abschlussprüfer im Sinne des § 319 Absatz 1 Satz 1 und 2 des Handelsgesetzbuchs zu ermitteln.**

(2) [1]**Bei der Wertermittlung ist von dem letzten mit dem Bestätigungsvermerk eines Abschlussprüfers versehenen Jahresabschluss der Immobilien-Gesellschaft auszugehen.** [2]**Liegt der Jahresabschluss mehr als drei Monate vor dem Bewertungsstichtag, ist von den Vermögenswerten und Verbindlichkeiten der Immobilien-Gesellschaft auszugehen, die in einer vom Abschlussprüfer geprüften aktuellen Vermögensaufstellung nachgewiesen sind.**

(3) **Für die Bewertung gelten die §§ 248 und 250 Absatz 1 Nummer 2 und Absatz 2 mit der Maßgabe, dass die im Jahresabschluss oder in der Vermögensaufstellung der Immobilien-Gesellschaft ausgewiesenen Immobilien mit dem Wert anzusetzen sind, der**

1. zuvor bei einem Wert der Immobilie von

a) bis zu einschließlich 50 Millionen Euro von einem externen Bewerter, der die Anforderungen nach § 216 Absatz 1 Satz 1 Nummer 1 und Satz 2, Absatz 2 bis 5 erfüllt, oder

b) mehr als 50 Millionen Euro von zwei externen, voneinander unabhängigen Bewertern, die die Anforderungen nach § 216 Absatz 1 Satz 1 Nummer 1 und Satz 2, Absatz 2 bis 5 erfüllen und die die Bewertung der Vermögensgegenstände unabhängig voneinander vornehmen,

festgestellt wurde und wobei

2. der Bewerter im Sinne von Nummer 1 Buchstabe a oder die Bewerter im Sinne von Nummer 1 Buchstabe b

a) Objektbesichtigungen vorgenommen hat oder haben,

b) nicht zugleich die regelmäßige Bewertung gemäß den §§ 249 und 251 Absatz 1 durchführt oder durchführen und

c) nicht zugleich Abschlussprüfer ist oder sind.

Schrifttum: Rundschreiben 07/2015 (WA) – Anforderungen bei der Bestellung externer Bewerter für Immobilien und Immobilien-Gesellschaften WA 41-Wp 2137-2013/0216 v. 1.9.2015; *Guzialowski* Anlage in Real Assets: Bewertung als entscheidender Faktor zum Schutz der Anlegerinteressen RdF 2017, 203.

I. Allgemeines

Die KVG muss eine Beteiligung an einer Immobilien-Gesellschaft vor Erwerb 1
bewerten lassen. § 236 sieht vor, dass Bewertungsgrundlage der letzte testierte Jahresabschluss ist. Wenn dieser am Bewertungsstichtag älter als drei Monate ist, muss die KVG eine von einem Abschlussprüfer geprüfte Vermögensaufstellung der Bewertung zu Grunde legen. In dem Jahresabschluss bzw. der Vermögensaufstellung wird die Immobilie der Immobilien-Gesellschaft mit dem Wert ausgewiesen, der iRd Ankaufsbewertung iSd § 231 II festgestellt wurde. Da der Wert der Immobilie demnach einen erheblichen Einfluss auf die Wertermittlung der Beteiligung durch den Abschlussprüfer hat, darf der externe Bewerter, der die Ankaufsbewertung durchführt, nicht zugleich als Abschlussprüfer in die Wertermittlung der Beteiligung einbezogen sein (§ 236 III Nr. 2 Buchst. c).

II. Angemessenheit; Zeitpunkt der Wertermittlung (§ 236 I)

Die Beteiligung muss vor ihrem Erwerb bewertet werden. Anders als § 231 II 1 2
Nr. 4 enthält § 236 jedoch keine Regelung, wonach die Gegenleistung aus dem Sondervermögen den festgestellten Wert der Beteiligung nicht bzw. nur unwesentlich übersteigen darf. Der Kaufpreis der Beteiligung muss angemessen sein (BT-Drs. 13/8933, 118). Gem. § 31 I 1 KARBV ist diese **Angemessenheit** in sinngemäßer Anwendung des § 231 II festzustellen.

Die Bewertung muss vor Erwerb, dh **vor der (dinglichen) Übertragung der** 3
Anteile an der Immobilien-Gesellschaft auf die KVG erfolgen. In der Praxis wird der Angemessenheit des Kaufpreises idR dadurch Rechnung getragen, dass im Kaufvertrag über die Gesellschaftsanteile ein Kaufpreisfindungsmechanismus vereinbart wird, der ein Auseinanderlaufen des Kaufpreises und des Werts der Beteiligung verhindert. Die Parteien einigen sich dazu auf eine Planbilanz, auf deren Grundlage ein vorläufiger Kaufpreis berechnet wird. Diese Bilanzpositionen werden zum Stichtag der dinglichen Übertragung der Gesellschaftsanteile aktualisiert und bilden die Grundlage des endgültigen Kaufpreises (so auch EDD/*Schultz-Süchting* § 236 Rn. 9).

III. Abschlussprüfer; Verfahren der Wertermittlung (§ 236 I–III)

4 Die Bewertung der Beteiligung muss gem. § 236 I von einem **Abschlussprüfer iSd § 319 I HGB,** also einem Wirtschaftsprüfer bzw. einer Wirtschaftsprüfungsgesellschaft (s. § 319 I 1 HGB), durchgeführt werden. Bei Vorliegen der Voraussetzungen des § 319 I 2 HGB kann sie auch von einem vereidigten Buchprüfer bzw. einer Buchprüfungsgesellschaft vorgenommen werden. Aus § 236 III Nr. 2 Buchst. c ergibt sich, dass der Abschlussprüfer iSd § 236 I nicht zugleich die Ankaufsbewertung der Immobilien der Immobilien-Gesellschaft durchführen darf. Darüber hinaus sollten bei der Auswahl des Abschlussprüfers die Ausschlussgründe wegen Befangenheit gem. § 319 II–IV HGB beachtet werden, auch wenn dies gesetzlich nicht ausdrücklich gefordert wird (EDD/*Schultz-Süchting* § 236 Rn. 8). Die in § 319 II–IV HGB genannten Ausschlussgründe sind nicht abschließend aufgezählt, auch andere objektive Gründe können die Besorgnis der Befangenheit begründen (Hopt/*Merkt* HGB § 319 Rn. 7 ff.). Bei Personen, die gleichzeitig den Jahresbericht des Sondervermögens (s. § 102) oder die Vermögensaufstellung der Immobilien-Gesellschaft gem. § 249 II Nr. 2 regelmäßig prüfen, liegen idR keine objektiven Gründe vor, die die Besorgnis der Befangenheit rechtfertigen (BSV/*Zöll* 405 § 236 Rn. 5). Die BaFin ordnet den Abschlussprüfer iSd § 236 als externen Bewerter iSd § 216 ein. Unter Berücksichtigung der umfassenden gesetzlichen Regelung in § 319 HGB verzichtet die BaFin allerdings auf die Einreichung einer sog. Unabhängigkeitserklärung, eines Lebenslaufs und Musterbewertungen (Rundschreiben 07/2015 (WA) – Anforderungen bei der Bestellung externer Bewerter für Immobilien und Immobilien-Gesellschaften WA 41-Wp 2137-2013/0216 v. 1.9.2015, II. aE).

5 Sofern im Zeitpunkt der Bewertung der Beteiligung ein **von einem Abschlussprüfer testierter Jahresabschluss** vorliegt, der nicht älter als drei Monate ist, kann nach § 236 II 1 dieser der Bewertung zugrunde gelegt werden. Andernfalls hat die KVG gem. § 236 II 2 eine **aktuelle Vermögensaufstellung** zu erstellen und diese von einem Abschlussprüfer prüfen zu lassen. In der Praxis wird häufig ein von einem Abschlussprüfer testierter Zwischenabschluss erstellt, weil dieser mehr Informationen insb. über die Entwicklung der Aktiva und Passiva der Gesellschaft seit dem Stichtag des letzten Jahresabschlusses enthält. Der Stichtag dieses Zwischenabschlusses sollte allerdings ebenfalls nicht mehr als drei Monate vor dem Bewertungsstichtag liegen (BTMB/*Reiss* § 236 Rn. 3). Grundlage für die Bewertung der Beteiligung sind also in jedem Fall Daten, die von einem **Abschlussprüfer** abgenommen sind.

6 Die von der Immobilien-Gesellschaft gehaltenen Immobilien sind gem. § 236 III Nr. 1 im Jahresabschluss bzw. der Vermögensaufstellung mit dem **Wert anzusetzen, der im Rahmen der Ankaufsbewertung festgestellt wurde.** Die Anforderungen an den bzw. die Ankaufsbewerter sowie die Verfahrensvoraussetzungen des § 231 II 1 Nr. 1–3 sind gem. § 236 III Nr. 1 und 2 anwendbar, wobei sich das Verfahren der Bewertung der Beteiligung iÜ nach §§ 248 und 250 I Nr. 2 und II insb. nach den für die Bewertung von Unternehmensbeteiligungen allgemein anerkannten Grundsätzen richtet. Der Abschlussprüfer muss bei der Bewertung der Beteiligung die wertmäßigen Zusammenhänge und Unterschiede zwischen dem Nettovermögenswert laut Vermögensaufstellung und dem ermittelten Beteiligungswert darlegen und erläutern (s. § 31 I 3 KARBV).

IV. Sonderfälle

Wenn die KVG eine Immobilien-Gesellschaft mit Mitteln des Sondervermögens **neu gründet,** damit diese zu einem späteren Zeitpunkt eine Immobilie erwirbt, kann die KVG von einer Ermittlung des Wertes der Beteiligung absehen. Eine Bewertung ist nicht nötig, weil von der KVG kein Kaufpreis gezahlt wird, dessen Angemessenheit anhand der Bewertung der Beteiligung beurteilt werden müsste. Zum Schutz des Sondervermögens sollten aber die Kosten für die Ankaufsbewertung der Immobilie von den Gründungskosten der Gesellschaft gedeckt sein und ein enger zeitlicher Zusammenhang zwischen der Gründung der Immobilien-Gesellschaft und dem Erwerb der Immobilie bestehen. 7

Sofern die KVG eine **mehrstöckige Beteiligungsstruktur** erwirbt, muss nur der Wert der direkt für das Sondervermögen gehaltenen Beteiligung an der Immobilien-Gesellschaft 1. Stufe nach Maßgabe des § 236 ermittelt werden, da in dem Jahresabschluss bzw. der Vermögensaufstellung dieser Gesellschaft bereits der Wert der von ihr gehaltenen Beteiligungen enthalten ist (s. § 31 V KARBV). Dies gilt nur, wenn die KVG eine mehrstöckige Beteiligungsstruktur als Ganzes erwirbt, während beim sukzessiven Aufbau einer solchen der Wert der jeweils erworbenen Beteiligung zu ermitteln ist (*Schultz-Süchting* in EDD KAGB § 236 Rn. 12). 8

§ 237 Umfang der Beteiligung; Anlagegrenzen

(1) **Der Wert aller Vermögensgegenstände, die zum Vermögen der Immobilien-Gesellschaften gehören, an denen die AIF-Kapitalverwaltungsgesellschaft für Rechnung des Immobilien-Sondervermögens beteiligt ist, darf 49 Prozent des Wertes des Immobilien-Sondervermögens nicht übersteigen.**

(2) **Der Wert von Vermögensgegenständen, die zum Vermögen einer Immobilien-Gesellschaft gehören, an der die AIF-Kapitalverwaltungsgesellschaft für Rechnung des Immobilien-Sondervermögens zu 100 Prozent des Kapitals und der Stimmrechte beteiligt ist, wird auf die Anlagegrenze nach Absatz 1 nicht angerechnet.**

(3) **Unbeschadet der Anlagegrenze nach Absatz 1 darf der Wert der Vermögensgegenstände, die zum Vermögen von Immobilien-Gesellschaften gehören, an denen die AIF-Kapitalverwaltungsgesellschaft für Rechnung des Immobilien-Sondervermögens nicht mit einer Kapitalmehrheit beteiligt ist, 30 Prozent des Wertes des Immobilien-Sondervermögens nicht überschreiten.**

(4) **Bei der Berechnung des Wertes des Sondervermögens nach den Absätzen 1 und 3 werden die aufgenommenen Darlehen nicht abgezogen.**

(5) **Nicht anzurechnen auf die Anlagegrenzen der Absätze 3 und 4 ist die von einer AIF-Kapitalverwaltungsgesellschaft für Rechnung eines einzelnen Immobilien-Sondervermögens gehaltene Kapitalbeteiligung von weniger als 50 Prozent des Wertes der Immobilien-Gesellschaft, wenn die Beteiligung der AIF-Kapitalverwaltungsgesellschaft infolge zusätzlicher Kapitalbeteiligungen die Anforderungen des § 234 Satz 1 Nummer 4 erfüllt.**

(6) **Beteiligungen an derselben Immobilien-Gesellschaft dürfen nicht sowohl für Rechnung eines oder mehrerer Publikums-AIF als auch für Rechnung eines oder mehrerer Spezial-AIF gehalten werden.**

(7) **Wenn nach Erwerb einer Minderheitsbeteiligung die Voraussetzungen für den Erwerb und das Halten der Beteiligung nicht mehr erfüllt sind, hat die AIF-Kapitalverwaltungsgesellschaft die Veräußerung der Beteiligung unter Wahrung der Interessen der Anleger anzustreben.**

Schrifttum: Schreiben der BaFin an den BVI v. 4.6.2008 GZ WA 42-.

I. Allgemeines

1 Der Gesetzgeber geht in § 237 davon aus, dass der Erwerb von Beteiligungen an Immobilien-Gesellschaften beschränkt werden müsse, um sicherzustellen, dass das Wesen des Immobilien-Sondervermögens nicht beeinträchtigt wird (BT-Drs. 13/89933, 119) und das für die Verwaltung von Immobilien erforderliche Know-how bei der KVG verbleibt (BT-Drs. 14/8017, 106). Die Grenze für Beteiligungen insb. von Minderheitsbeteiligungen trägt vor allem dem Umstand Rechnung, dass der Einfluss der KVG auf die Vermögensgegenstände in der Immobilien-Gesellschaft geringer ist als bei der direkten Anlage (BT-Drs. 14/8017, 106f.; nv Schreiben der BaFin an den BVI v. 4.6.2008 GZ WA 42-, 4). Daher hat der Gesetzgeber eine **49%-Maximalgrenze für Beteiligungen** (s. § 237 I) sowie eine **30%-Maximalgrenze für Minderheitsbeteiligungen** (s. § 237 II) vorgesehen.

2 Von beiden Grenzen gibt es **Ausnahmen:** Vermögensgegenstände von Immobilien-Gesellschaften, an denen das Sondervermögen zu 100% des Kapitals und der Stimmrechte beteiligt ist, sind nicht auf die 49%-Maximalgrenze für Beteiligungen anzurechnen (s. § 237 II). Die 30%-Grenze für Minderheitsbeteiligungen ist nicht anwendbar, wenn weitere Beteiligungen der KVG an einer Immobilien-Gesellschaft zusammengerechnet eine Mehrheitsbeteiligung iSv § 234 S. 1 Nr. 4 ergeben (s. § 237 V). Beide Grenzen sind in der **Anlaufzeit** nicht zu beachten (s. § 244).

3 § 237 VI enthält schließlich das **Verbot der gleichzeitigen Beteiligung an einer Immobilien-Gesellschaft für Rechnung eines Publikums-AIF und eines Spezial-AIF einer KVG.** Hintergrund dieses Verbotes ist die regelmäßig größere Nähe zwischen KVG und Anlegern eines Spezial-AIF, die häufig auch über den Anlageausschuss einen starken faktischen Einfluss auf die Verwaltung des Spezial-AIF haben. Bei einer gleichzeitigen Beteiligung an ein- und derselben Immobilien-Gesellschaft für Rechnung von Publikums- und Spezial-AIF derselben KVG müssen daher Interessenkonflikte angenommen werden (BSL/*Klusak* InvG § 68 Rn. 13).

4 Aufgrund des Wesens der Minderheitsbeteiligung besteht ein deutlich höheres Risiko, dass die aufsichtsrechtlichen Voraussetzungen für den Erwerb der Minderheitsbeteiligung nachträglich entfallen. Daher sieht § 237 VII für diesen Fall eine Verpflichtung der KVG vor, die Minderheitsbeteiligung unter Wahrung der Interessen der Anleger zu veräußern.

II. 49%-Grenze für Beteiligungen (§ 237 I, II, IV)

§ 237 I sieht vor, dass der Wert aller Vermögensgegenstände, die zu den Immobilien-Gesellschaften eines Sondervermögens gehören, 49% des Wertes Sondervermögens nicht übersteigen dürfen (zur 49%-Grenze bei mehrstöckigen Beteiligungsstrukturen → § 238 Rn. 5). Gemäß § 237 IV ist maßgebliche Bezugsgröße das **Nettofondsvermögen zzgl. Darlehen.** Der Wortlaut der Vorschrift enthält keine eindeutige Aussage, aber es ist sachgerecht, die 49%-Grenze als **Bestandsgrenze** einzuordnen, denn Sinn und Zweck der Norm ist der Schutz des Anlegers, und die 49%-Grenze nur auf den Erwerb anzuwenden würde eine Aushöhlung dieses Schutzzwecks bedeuten (iErg so auch EDD/*Schultz-Süchting* § 237 Rn. 2; BSV/*Zöll* 405 § 237 Rn. 1). 5

Maßgeblich für die Berechnung der Auslastung der 49%-Grenze ist der **volle Wert aller Vermögensgegenstände,** die von den Immobilien-Gesellschaften gehalten werden. Neben Immobilien und Beteiligungen an anderen Immobilien-Gesellschaften sind auch nach Auffassung der BaFin sämtliche anderen wertbildenden Vermögensgegenstände einzubeziehen, zB Liquidität, Bewirtschaftungsgegenstände, ggf. bestehende Steuererstattungsforderungen, Mietforderungen usw. (nv Schreiben der BaFin an den BVI v. 4.6.2008, GZ WA 42- S. 4). Dabei ist der volle Wert der Vermögensgegenstände anzusetzen, auch wenn die KVG nicht 100% der Stimmrechte bzw. des Kapitals der Gesellschaft hält (WBA/*Wind/Fritz* § 237 Rn. 10). 6

Für die Berechnung der Grenzauslastung werden gem. § 237 II die Vermögensgegenstände nicht angerechnet, die im Eigentum der Immobilien-Gesellschaften stehen, **an denen die KVG für Rechnung des Sondervermögens zu 100 % der Stimmrechte und des Kapitals beteiligt ist.** Es ist dabei ausreichend, wenn bei wertender Betrachtung eine 100%-Beteiligung der KVG vorliegt, zB wenn der Mitgesellschafter der KVG in der Immobilien-Gesellschaft seinerseits zu 100% von der KVG gehalten wird (EDD/*Schultz-Süchting* § 237 Rn. 4). 7

III. 30%-Grenze für Minderheitsbeteiligungen (§ 237 III–V, VII)

Der Wert der Vermögensgegenstände, die von Immobilien-Gesellschaften gehalten werden, an denen die KVG lediglich eine Minderheitsbeteiligung hält, darf **30 % des Nettofondsvermögens zzgl. Darlehen** (s. § 237 IV) nicht überschreiten. Über seinen Wortlaut, der nur auf die fehlende Kapitalmehrheit abstellt, hinausgehend, ist § 237 III in Anlehnung an § 234 S. 2 so auszulegen, dass eine Minderheitsbeteiligung vorliegt, wenn die KVG nicht die für eine Satzungsänderung erforderliche Kapital- und Stimmenmehrheit hält (s. AWZ/*Kloyer/Kobabe* § 237 Rn. 16). Ebenso wie die 49%-Grenze ist auch die Grenze für Minderheitsbeteiligungen eine **Bestandsgrenze.** Dies ergibt sich aus § 237 VII, der vorsieht, dass eine Minderheitsbeteiligung unter Wahrung der Interessen der Anleger zu veräußern ist, wenn die Voraussetzungen für ihr Halten nicht mehr erfüllt sind. 8

Die 30%-Grenze ist gem. § 237 V nicht anzuwenden, wenn mehrere Kapitalbeteiligungen der KVG an einer Immobilien-Gesellschaft zu einer für die Änderung der Satzung erforderlichen Stimm- und Kapitalmehrheit iSd § 234 S. 1 Nr. 4 **zusammengerechnet** werden können. Der Gesetzeswortlaut sieht diese Zusammenrechnung nur vor, wenn die KVG für Rechnung eines Immobilien-Sonder- 9 vermögens eine „Kapitalbeteiligung von weniger als 50% des Wertes der Immobilien-Gesellschaft“ hält. Entgegen dem Wortlaut ist damit gemeint, dass die KVG jedenfalls eine Minderheitsbeteiligung – gleich in welcher Höhe – hält (EDD/*Schultz-Süchting* § 237 Rn. 11). Zu den Minderheitsbeteiligungen können zusätzliche Kapitalbeteiligungen, die für andere Immobilien-Sondervermögen iSd §§ 230ff., inländische Publikums-AIF iSd §§ 261ff., offene Spezial-AIF iSd § 284 oder geschlossene Spezial-AIF iSd § 285f. gehalten werden, hinzugerechnet werden. Zum Verbot der gleichzeitigen Beteiligung eines Publikums-AIF und eines Spezial-AIF einer KVG an einer Immobilien-Gesellschaft → Rn. 11. Auch Beteiligungen an einer Immobilien-Gesellschaft, die die KVG für eigene Rechnung hält, dürfen mit Minderheitsbeteiligungen, die für Rechnung des Sondervermögens gehalten werden, zusammengerechnet werden (EDD/*Schultz-Süchting* § 237 Rn. 11). Folgt man der Verwaltungsauffassung der BaFin zur Beteiligung der KVG für eigene Rechnung innerhalb einer mehrstöckigen Beteiligungsstruktur (→ § 234 Rn. 15), kommt aber nur eine Beteiligung in Betracht, mit der die KVG keine eigenen wirtschaftlichen Interessen verfolgt, also naturgemäß lediglich eine geringe Beteiligung.

10 Sofern nach Erwerb die Voraussetzungen für den Erwerb und das Halten der Minderheitsbeteiligung entfallen, ist die KVG gem. § 237 VII verpflichtet, die Minderheitsbeteiligung unter Wahrung der Interessen der Anleger zu **veräußern.** Bei der Veräußerung hat die KVG grundsätzlich die Vorgaben des § 260 I Nr. 2 an den Verkaufspreis zu beachten. Ausnahmsweise kann auch ein Verkauf zu einer Gegenleistung zulässig sein, die den letzten ermittelten Wert der Beteiligung mehr als unwesentlich unterschreitet, wenn die KVG nach sorgfältiger Abwägung zu dem Schluss gelangt, dass das weitere Halten der Beteiligung mit Nachteilen bzw. Risiken verbunden ist, die schwerer wiegen als ein Verkauf der Beteiligung unter Wert (WBA/*Wind/Fritz* § 237 Rn. 22).

IV. Verbot der gleichzeitigen Beteiligung von Publikums- und Spezial-AIF (§ 237 VI)

11 Eine KVG darf sich an einer Immobilien-Gesellschaft nicht zugleich für Rechnung eines Spezial-AIF und eines Publikums-AIF beteiligen. Zu den Publikums-AIF zählen neben den Immobilien-Sondervermögen iSd §§ 230ff. auch die geschlossenen inländischen Publikums-AIF iSd § 261ff., während neben die offenen Spezial-AIF iSd § 284f. die geschlossenen Spezial-AIF iSd § 285 treten. Aus der Verbotsnorm des § 237 VI folgt zwar, dass es zulässig ist, dass die KVG sich entweder mit mehreren Spezial-AIF oder mit mehreren Publikums-AIF gemeinsam an einer Immobilien-Gesellschaft beteiligt. Gleichwohl können auch in solchen Konstellationen in Einzelfällen **Interessenkonflikte** entstehen, zB aufgrund des Anlegerkreises der jeweiligen AIF. Diese sind anhand der Grundsätze zur Ermittlung, Vorbeugung, Beilegung und Beobachtung eines Interessenkonfliktes nach § 27 KAGB iVm Art. 30ff. der Level-II-VO von der KVG zu managen. Mangels eines Konfliktes widerstreitender Interessen innerhalb einer KVG ist es zulässig, wenn Anteile an einer Immobilien-Gesellschaft durch Publikums- und Spezial-AIF gehalten werden, wenn diese von unterschiedlichen KVGs verwaltet werden (BSL/*Klusak* InvG § 68 Rn. 13).

V. Besonderheiten bei offenen Spezial-AIF

Im Fall eines offenen Spezial-AIF kann die KVG mit Zustimmung aller Anleger iSv §284 II sowohl von der 49%-Grenzen für Beteiligungen an Immobilien-Gesellschaften sowie von der 30%-Grenze für Minderheitsbeteiligungen abweichen. 12

§238 Beteiligungen von Immobilien-Gesellschaften an Immobilien-Gesellschaften

Für Beteiligungen an Immobilien-Gesellschaften an anderen Immobilien-Gesellschaften gelten §231 Abs. 5, §235 Abs. 2 bis 4 sowie §236, §237 Abs. 1 bis 6 entsprechend.

I. Allgemeines

§238 ordnet die entspr. Anwendung der für Immobilien-Gesellschaften geltenden Vorschriften für jede Immobilien-Gesellschaften innerhalb der mehrstöckigen Beteiligungsstruktur an. 1

II. Verweise

§238 sieht vor, dass die Vermögensgegenstände jeder Immobilien-Gesellschaft innerhalb der Beteiligungsstruktur bei den in **§ 231 V** genannten Anlagegrenzen und -beschränkungen (s. §§231 I, II, 232, 233) zu berücksichtigen sind. 2

Weiterhin müssen Immobilien-Gesellschaften auf jeder Ebene den Anforderungen des **§ 235 II–IV** an die Ausgestaltung der Satzung und den Erwerb von Vermögensgegenständen sowie dem Gebot der vollständigen Einzahlung der Einlagen genügen. Gleiches gilt für die Vorgaben des **§ 236** an die Bewertung der jeweiligen Beteiligung. 3

§238 enthält keinen Verweis auf **§ 234,** gleichwohl sind auch dessen Voraussetzungen zu erfüllen, damit die Gesellschaft überhaupt als Immobilien-Gesellschaft iSd KAGB erworben werden darf. Aus demselben Grund ist auch davon auszugehen, dass die Satzung der Immobilien-Gesellschaft jeder Stufe einer mehrstöckigen Struktur die in §235 I genannten Beschränkungen ihres Unternehmensgegenstandes enthalten muss, auch wenn §238 nicht auf §235 I verweist (AWZ/*Kloyer/Kobabe* §238 Rn. 6). Gleichwohl ist der Ausschluss der Nachschusspflicht durch Rechtsform (s. §234 S. 1 Nr. 4) bei den Beteiligungen unterhalb der direkt von der KVG gehaltenen Beteiligung entbehrlich, da die Abschirmung des Immobilien-Sondervermögens vor Haftungsrisiken durch den Ausschluss der Nachschusspflicht auf Ebene der durch die KVG direkt gehaltenen Beteiligung bereits gegeben ist (BTMB/*Reiss* §238 Rn. 3). 4

Schließlich ordnet §238 die Anwendung des **§ 237 I–VI** an. Dabei ist zu berücksichtigen, dass die in §237 I genannte 49%-Grenze für Beteiligungen an Immobilien-Gesellschaften bei mehrstöckigen Strukturen – entgegen dem Wortlaut des §238 – nicht zur Anwendung kommen kann. Es ist nur auf den Wert der direkt von der KVG gehaltenen Beteiligung abzustellen, da in die Berechnung ihres Wertes bereits der Wert der von ihr (unmittelbar oder mittelbar) gehaltenen Beteiligungen eingeflossen ist (BSL/*Klusak* InvG §68 Rn. 24). 5

§ 239 Verbot und Einschränkung von Erwerb und Veräußerung

(1) [1]Ein Vermögensgegenstand nach § 231 Absatz 1 oder nach § 234 darf für Rechnung eines Immobilien-Sondervermögens nicht erworben werden, wenn er bereits im Eigentum der AIF-Kapitalverwaltungsgesellschaft steht. [2]Er darf ferner für Rechnung eines Immobilien-Sondervermögens nicht von einem Mutter-, Schwester- oder Tochterunternehmen der AIF-Kapitalverwaltungsgesellschaft oder von einer anderen Gesellschaft erworben werden, an der die AIF-Kapitalverwaltungsgesellschaft eine bedeutende Beteiligung hält.

(2) Eine AIF-Kapitalverwaltungsgesellschaft darf nur mit Zustimmung der Bundesanstalt einen für Rechnung eines Immobilien-Sondervermögens gehaltenen Vermögensgegenstand nach § 231 Absatz 1 oder nach § 234

1. für eigene Rechnung erwerben,
2. an ein Unternehmen im Sinne des Absatzes 1 Satz 2 veräußern oder
3. auf einen anderen AIF übertragen, der von ihr oder einem Unternehmen im Sinne des Absatzes 1 Satz 2 verwaltet wird.

I. Allgemeines

1 § 239 enthält sowohl **Erwerbs**- (§ 239 I und II Nr. 1) als auch **Veräußerungsverbote** (§ 239 II Nr. 2 und 3). Erwerbs- und Veräußerungsgeschäfte für Rechnung eines Immobilien-Sondervermögens mit der KVG bzw. mit ihren Mutter-, Schwester- oder Tochterunternehmen sowie Gesellschaften, an denen sie eine bedeutende Beteiligung hält, erklärt das Gesetz entweder für pauschal unzulässig (Erwerbsverbot des § 239 I) oder für grds. unerwünscht und daher für genehmigungspflichtig (Erwerbs- und Veräußerungsverbote des § 239 II). Wenngleich bereits die allg. Vorschriften für KVG fordern, dass Interessenkonflikte iRd Möglichen zu vermeiden sind, legt § 239 Regeln für das Vorgehen in bestimmten Situationen fest, um Interessenkonflikte von vornherein zu verhindern (vgl. BSL/*Klusak* InvG § 68a Rn. 1). Mit der Regelung soll verhindert werden, dass aufgrund von Interessenkonflikten bei Geschäften mit den genannten Parteien Nachteile für die Anleger entstehen können, indem die Geschäfte nicht zum Marktpreis abgeschlossen werden (EDD/*Schultz-Süchting* § 239 Rn. 3; BT-Drs. 14/8017, 105 f.; BSV/*Zöll* 410 § 68a Rn. 1). § 239 regelt also spezielle Fälle von Interessenkonflikten und ist damit lex specialis zu § 26 II Nr. 3 (EDD/*Schultz-Süchting* § 239 Rn. 4; vgl. BSV/*Zöll* 410 § 68a Rn. 3, nach dessen Auffassung die Vorgängervorschrift des § 68a InvG lediglich deklaratorischen Charakter hatte). Gegen die Notwendigkeit solcher Vorgaben spricht, dass Immobilien-Sondervermögen gegen Nachteile, die aus Transaktionen erwachsen, die nicht zum Marktpreis durchgeführt werden, bereits durch die Vorgaben zur Bindung an den Verkehrswert bei An- und Verkäufen geschützt sind. Andererseits kann es auch nicht unmittelbar an- bzw. verkaufspreisrelevante Interessenkonflikte geben, die § 239 verhindern kann. Hierzu zählen die sonstigen Abreden der Vertragspartner im Rahmen einer Transaktion, wie bspw. die Vereinbarung von Gewährleistungsrechten, die bei Beteiligung der genannten Parteien ggf. nicht marktgerecht sein können.

Es wird vertreten, dass § 239 nicht anwendbar sei, wenn die zu befürchtenden **Interessenskonflikte tatsächlich ausgeschlossen** seien (BSV/*Zöll* 410 § 68a

Rn. 1; FK-KapAnlR/*Brockhausen* § 239 Rn. 7). Dies sei dann der Fall, wenn es noch keine Anleger für das erwerbende Sondervermögen gebe, dessen Anteile also bspw. von der KVG selbst bis zum Abschluss der Vertriebsphase gehalten werden. Tatsächlich könnten sich in einem solchen Fall die Anleger gegen nicht marktgerechte Preise wehren, indem sie von einem Erwerb der Anteile absehen. Damit wäre jedoch lediglich die Anwendbarkeit des Erwerbsverbots des § 239 I ausgeschlossen. Darüber hinaus ist fraglich, wie viele solcher Fallkonstellationen es tatsächlich gibt. Zudem sollten sich auch Anleger von neu zu bildenden Immobilien-Sondervermögen darauf verlassen können, dass die bereits im Sondervermögen befindlichen Immobilien zu marktgerechten Konditionen erworben wurden und der Preis bei der Erstausgabe von Anteilen den Wert der im Sondervermögen befindlichen Vermögensgegenstände korrekt widerspiegelt. Daher ist auch in diesen Fällen von der Anwendbarkeit des § 239 auszugehen.

Die BaFin hat in den Fällen, in denen die Verwaltung des Sondervermögens durch die KVG gekündigt wurde, ihre Auffassung zur Anwendbarkeit der Vorgängervorschrift des § 68a InvG veröffentlicht (vgl. die Auslegungsentscheidung der BaFin zur Anwendbarkeit des § 68a II InvG v. 27.11.2012). Demnach war die Vorgängervorschrift des § 68a II InvG zumindest dann nicht anwendbar, wenn sich das Sondervermögen in der **Abwicklung** befindet. Die BaFin weist dennoch darauf hin, dass eine solche Veräußerung in Anbetracht der allgemeinen Verhaltensregeln sowie zur Wahrung der Anlegerinteressen nur als ultima ratio in Betracht komme.

II. § 239 I

Unabhängig davon, ob Vermögensgegenstände für eigene Rechnung der KVG 2 oder für Rechnung eines von ihr verwalteten Immobilien-Sondervermögens gehalten werden, verbietet § 239 den Erwerb für Rechnung eines Immobilien-Sondervermögens. Dieses **Erwerbsverbot** greift auch dann, wenn Veräußerer nicht die KVG selbst, sondern ein Mutter-, Schwester- oder Tochterunternehmen bzw. eine andere Gesellschaft ist, an der die KVG eine bedeutende Beteiligung hat.

Der Begriff des **Mutterunternehmens** ist in § 1 XIX Nr. 26 als Unternehmen, die Mutterunternehmen iSd § 290 HGB sind, definiert. **Tochterunternehmen** sind Unternehmen, die Tochterunternehmen iSd § 290 HGB sind. Der Begriff des **Schwesterunternehmens** ist im KAGB selbst nicht definiert. Hier liegt es nahe, auf die Definition des Schwesterunternehmens in § 1 VII 2 KWG zurückzugreifen. Demnach liegen Schwesterunternehmen vor, wenn eine gemeinsame Mutter besteht (EDD/*Schultz-Süchting* § 239 Rn. 8; BSV/*Zöll* 410 § 68a Rn. 9). Eine **bedeutende Beteiligung** liegt gem. § 1 XIX Nr. 6 vor, wenn unmittelbar oder mittelbar über ein oder mehrere Tochterunternehmen oder über ein gleichartiges Verhältnis oder im Zusammenwirken mit anderen Personen oder Unternehmen mindestens 10% des Kapitals oder der Stimmrechte einer Verwaltungsgesellschaft im Eigen- oder Fremdinteresse gehalten werden oder wenn auf die Geschäftsführung einer Verwaltungsgesellschaft ein maßgeblicher Einfluss ausgeübt werden kann. Dies kann der Fall sein, wenn die Satzung der anderen Gesellschaft der KVG die Möglichkeit der Einflussnahme gestattet oder eine personelle Verflechtung auf Ebene der Geschäftsführung oder des AR vorliegt (BSL/*Klusak* InvG § 68a Rn. 2).

Die Vorschrift verbietet unmittelbar nur den Erwerb der genannten Vermögens- 3 gegenstände. Damit ist der Erwerb von Bewirtschaftungsgegenständen und Liquiditätsanlagen in den von § 239 I genannten Konstellationen zulässig (BSV/*Zöll* 410

§ 68a Rn. 4; in Bezug auf Liquiditätsanlagen aA FK-KapAnlR/*Brockhausen* § 239 Rn. 8). Das Erwerbsverbot erfasst aber wohl auch solche Geschäfte, die einen solchen Erwerb von Immobilien entweder nur vorbereiten oder aber einen Anspruch auf den späteren Erwerb dieser Vermögensgegenstände sichern, bspw. mittels eines **Vorvertrags** oder des Erwerbs einer **Kaufoption** (BSL/*Klusak* InvG § 68a Rn. 3).

III. § 239 II

4 Der **Zustimmung der BaFin** bedarf es dann, wenn ein Vermögensgegenstand gem. § 231 I oder § 234, der für Rechnung eines Immobilien-Sondervermögens gehalten wird, für eigene Rechnung erworben wird (Nr. 1), an ein Unternehmen iSd § 239 I 2 veräußert wird (Nr. 2) oder aber auf einen anderen AIF übertragen wird und dieser AIF entweder von derselben KVG oder einem Unternehmen iSd § 239 I 2 verwaltet wird (Nr. 3). Damit ist sowohl die Veräußerung an das Eigenvermögen als auch die Veräußerung an ein anderes Sondervermögen bzw. einen AIF in einer anderen Rechtsform nicht ohne Weiteres möglich (vgl. EDD/*Schultz-Süchting* § 239 Rn. 9). Es besteht also ein repressives Verbot mit Erlaubnisvorbehalt, so dass **Stützungskäufe** mit Zustimmung der BaFin ermöglicht werden (BT-Drs. 16/5576, 74). Diese Gesetzesbegründung lässt jedoch nicht den Schluss zu, dass Stützungskäufe der einzige Anlass bzw. die einzige Begründung für eine Genehmigung der Transaktion durch die BaFin sein müssen.

5 Anders als die Vorgängervorschrift des § 68a II InvG nennt § 239 II Nr. 3 nun ausdrücklich den Fall, dass ein für Rechnung eines Immobilien-Sondervermögens gehaltener Vermögensgegenstand auf einen von derselben KVG verwalteten AIF übertragen werden soll. Die Vorschrift normiert damit ein weiteres Veräußerungsverbot in Bezug auf Vermögensgegenstände, die für Rechnung eines Immobilien-Sondervermögens gehalten werden, und ist für Immobilien-Sondervermögen quasi das Gegenstück zum Erwerbsverbot des § 239 I. Der Begriff des AIF macht deutlich, dass es sich bei dem aufnehmenden AIF sowohl um einen Publikums- als auch einen Spezial-AIF handeln kann.

Aus dem Wortlaut ergibt sich damit ua, dass eine KVG nicht ohne Zustimmung der BaFin eine **Immobilie von einem Publikums-Sondervermögen auf einen Spezial-AIF übertragen** kann. Ausweislich der Gesetzesbegründung dient diese Änderung im Vergleich zur Vorgängervorschrift des § 68a InvG lediglich der Klarstellung. Dies deutet darauf hin, dass dieser Fall bereits nach früherem Recht von einer Zustimmungspflicht der BaFin erfasst war, da auch bei Übertragung auf einen anderen AIF Interessenkonflikte auftreten können (vgl. BT-Drs. 17/12294, 468). Im Wortlaut der Vorschrift des § 68a InvG war dies bislang jedoch nicht zum Ausdruck gekommen, und auch der Schutzzweck des § 68a InvG führt nicht zwingend zu diesem Ergebnis.

Während es bei einer Übertragung zwischen zwei Publikums-Sondervermögen ein **Schutzbedürfnis** der beteiligten Anleger geben mag, das eine Zustimmung der BaFin bei der Übertragung von Vermögensgegenständen erforderlich macht, so ist ein solches Schutzbedürfnis jedenfalls dann nur schwer erkennbar, wenn ein Vermögensgegenstand von einem Immobilien-Sondervermögen auf einen Spezial-AIF übertragen wird. In einem solchen Fall wären die Anleger des Immobilien-Sondervermögens dadurch geschützt, dass nicht unter Verkehrswert veräußert werden darf. Die Anleger eines offenen Spezial-AIF sind aber regelmäßig über einen Anlageausschuss in Transaktionen eingebunden und könnten so ihren Einfluss gegen die Durchführung einer solchen Transaktion geltend machen, sollte diese entgegen der Einschätzung der KVG nicht im Anlegerinteresse sein.

Die **Voraussetzungen,** unter denen die Zustimmung der BaFin erteilt wird, ergeben sich nicht aus dem Gesetz (so auch die Regelung der Vorgängervorschrift; EDD/*Schultz-Süchting* § 239 Rn. 12). In der Praxis dürfte eine KVG nur in einer begrenzten Anzahl von Fällen ein Interesse an der Übertragung von Immobilien eines Immobilien-Sondervermögens auf einen anderen AIF haben. Einer dieser Fälle ist idR die Abwicklung von Immobilien-Sondervermögen, sei es bei Erreichen des vorgesehenen Anlagehorizonts, sei es, weil die KVG ihr Verwaltungsrecht gekündigt oder verloren hat, nachdem die Anteilrücknahme ohne Aussicht auf Wiederaufnahme ausgesetzt wurde (vgl. für einem solchen Fall die Auslegungsentscheidung der BaFin zur Anwendbarkeit des § 68a II InvG v. 27.11.2012). 6

Die antragstellende KVG hat mangels Regelung der Genehmigungsvoraussetzungen lediglich einen Anspruch auf **ermessensfehlerfreie Entscheidung** (EDD/*Schultz-Süchting* § 239 Rn. 12). Eine Genehmigung der BaFin sollte jedenfalls dann erteilt werden, wenn kein Interessenkonflikt bzw. wenn kein Schaden für das Immobilien-Sondervermögen zu befürchten ist. Eine kaufmännische Überprüfung der Entscheidung der KVG kann die BaFin jedoch nicht treffen; dies ist allein der KVG vorbehalten. Anderenfalls würde die BaFin anlagestrategische Entscheidungen für Sondervermögen treffen. Dies ist zum einen nicht ihre Aufgabe und kann zum anderen nicht im Interesse der Anleger sein, die für das Treffen kaufmännischer Entscheidungen die KVG gewählt haben. Die BaFin kann hingegen schon überprüfen, ob die KVG mit der Sorgfalt eines ordentlichen Kaufmanns gehandelt hat.

Eine veröffentlichte **Verwaltungspraxis** der BaFin scheint es zu diesem Punkt nicht zu geben. In der Vergangenheit hat die BaFin eine Genehmigung für den Verkauf einer Immobilie von einem Immobilien-Sondervermögen auf einen offenen Spezial-AIF jedoch dann in Aussicht gestellt, wenn nachweislich Vergleichsangebote im Markt eingeholt wurden, die jedenfalls nicht höher waren als der Wert, zu dem an den anderen AIF übertragen werden sollte. Weiterhin müssen alle Anleger dem Verkauf unter den geplanten Bedingungen zustimmen. Insbesondere bei großen Immobilien-Sondervermögen wird diese Anforderung nur schwer zu erfüllen sein; für institutionelle Immobilien-Sondervermögen sollte diese Anforderung jedoch erfüllbar sein. Zudem darf eine Veräußerung gem. den gesetzlichen Vorgaben nicht oder nur unwesentlich unter Verkehrswert erfolgen.

IV. Rechtsfolgen eines Verstoßes

Die Wirksamkeit eines Rechtsgeschäfts wird durch einen Verstoß gegen einen Tatbestand des § 239 nicht berührt. Zum einen bestehen jedoch ggf. **Schadenersatzansprüche** der Anleger des bzw. der betroffenen AIF bspw. wegen der Transaktionskosten oder eines entgangenen Gewinns aufgrund nicht abgeschlossener Transaktionen mit Dritten (vgl. EDD/*Schultz-Süchting* § 239 Rn. 13; FK-KapAnlR/*Brockhausen* § 239 Rn. 15). Darüber hinaus ist ein Verstoß gegen das Erwerbs- oder Veräußerungsverbot des § 239 **bußgeldbewehrt,** vgl. 340 II Nr. 49 Buchst. b bei Erwerb entgegen § 239, vgl. § 340 II Nr. 70 bei Veräußerung entgegen § 239 II Nr. 2. Zudem hat die BaFin iRd **Missbrauchsaufsicht** die Möglichkeit, geeignete Maßnahmen zur Einhaltung der gesetzlichen Vorgaben iRd Anlegerschutzes zu treffen (vgl. EDD/*Schultz-Süchting* § 239 Rn. 13; WBA/*Kautenburger-Behr* § 239 Rn. 19). 7

V. Besonderheiten für offene Spezial-AIF

8 Anders als die Vorgängervorschrift des § 68a InvG ist die Anwendbarkeit des § 239 für offene Spezial-AIF nicht grds. ausgeschlossen (aA wohl AWZ/*Kloyer/Kobabe* § 239 Rn. 6). Die KVG hat vielmehr unter den üblichen Voraussetzungen des § 284 II mit Zustimmung der Anleger die Möglichkeit, von den Vorgaben des § 239 abzuweichen.

§ 240 Darlehensgewährung an Immobilien-Gesellschaften

(1) **Die AIF-Kapitalverwaltungsgesellschaft darf einer Immobilien-Gesellschaft für Rechnung des Immobilien-Sondervermögens ein Darlehen nur gewähren, wenn**
1. sie an der Immobilien-Gesellschaft für Rechnung des Immobilien-Sondervermögens unmittelbar oder mittelbar beteiligt ist,
2. die Darlehensbedingungen marktgerecht sind,
3. das Darlehen ausreichend besichert ist und
4. bei einer Veräußerung der Beteiligung das Darlehen innerhalb von sechs Monaten nach der Veräußerung zurückzuzahlen ist.

(2) **[1]Die AIF-Kapitalverwaltungsgesellschaft hat sicherzustellen, dass**
1. die Summe der Darlehen, die einer Immobilien-Gesellschaft für Rechnung des Immobilien-Sondervermögens insgesamt gewährt werden, 50 Prozent des Wertes der von der Immobilien-Gesellschaft gehaltenen Grundstücke nicht übersteigt und
2. die Summe der Darlehen, die den Immobilien-Gesellschaften insgesamt für Rechnung des Immobilien-Sondervermögens gewährt werden, 25 Prozent des Wertes des Immobilien-Sondervermögens nicht übersteigt; bei der Berechnung der Grenze sind die aufgenommenen Darlehen nicht abzuziehen.

[2]Satz 1 gilt nicht für Darlehen, die für Rechnung des Immobilien-Sondervermögens an Immobilien-Gesellschaften gewährt werden, an denen die AIF-Kapitalverwaltungsgesellschaft für Rechnung des Immobilien-Sondervermögens unmittelbar oder mittelbar zu 100 Prozent des Kapitals und der Stimmrechte beteiligt ist. [3]Bei einer vollständigen Veräußerung der Beteiligung an einer Immobilien-Gesellschaft, die selbst unmittelbar Grundstücke hält oder erwirbt, ist das Darlehen, abweichend von Absatz 1 Nummer 4 vor der Veräußerung zurückzuzahlen. [4]Bei einer Verringerung der Beteiligung an einer Immobilien-Gesellschaft, die selbst nicht unmittelbar Grundstücke hält oder erwirbt, ist das Darlehen abweichend von Absatz 1 Nummer 4 vor der Verringerung zurückzuzahlen.

(3) **Einer Darlehensgewährung nach den Absätzen 1 und 2 Satz 1 steht gleich, wenn ein Dritter im Auftrag der AIF-Kapitalverwaltungsgesellschaft der Immobilien-Gesellschaft ein Darlehen im eigenen Namen für Rechnung des Immobilien-Sondervermögens gewährt.**

Schrifttum: nv Schreiben der BaFin an den BVI v. 4.6.2008 WA 42–; *Banzhaff* Fragen zu alternativen Finanzierungsformen bei Immobilien-Gesellschaften im Sinne von § 68 InvG, WM 2011, 299; *Benz/Müller/Eichhorn* Die regulatorischen Rahmenbedingungen für Gesellschafterdarlehen von Immobilienfonds an Objektgesellschaften – und umgekehrt, ZfIR 2020, 157;

Herring/Kunschke Rechtliche Problemfelder bei der Darlehensgewährung an Immobiliengesellschaften, RdF 2017, 22; *Schneider* Darlehensgewährung an Immobilien-Gesellschaften gem. § 69 InvG, NZG 2008, 5; *Schultz-Süchting/Thomas* Fremdfinanzierung offener Immobilienfonds, WM 2009, 2156.

I. Allgemeines

Zur Kapitalisierung einer Immobilien-Gesellschaft stehen der KVG mehrere 1
Möglichkeiten zur Verfügung. Sie kann selbst Mittel des Sondervermögens als Eigenkapital in die Immobilien-Gesellschaft einlegen. Weiterhin kann die Immobilien-Gesellschaft Fremdkapital bei einem Dritten aufnehmen (s. § 254 II). Daneben erlaubt § 240 der KVG ein Darlehen an die Immobilien-Gesellschaft auszureichen (zum umgekehrten Fall der Darlehensvergabe der Immobilien-Gesellschaft an eine KVG, sog. Upstream Loan, → § 254 Rn. 13). Die Gewährung eines Gesellschafterdarlehens kann aus Sicht des Sondervermögens **vorteilhaft** sein, zB aus steuerlicher Sicht. Zinserträge unterliegen idR im Ausland einer steuerlich günstigeren Behandlung als Dividenden aus einer Gesellschaftsbeteiligung. Aus Sicht der Immobilien-Gesellschaft sind die an die KVG geleisteten Zinszahlungen als Betriebsausgaben steuerlich anerkannt und verringern den steuerlichen Ertrag der Immobilien-Gesellschaft. Weiterhin bietet die Gewährung eines Gesellschafterdarlehens der KVG die Möglichkeit, Liquidität aus der Immobilien-Gesellschaft in das Sondervermögen zu transferieren. Vor diesem Hintergrund ist es sehr zu begrüßen, dass der Gesetzgeber im Fondsstandortgesetz v. 3.6.2021 (BGBl. 2021 I 1498) Erleichterungen für die Vergabe von Gesellschafterdarlehen vorgesehen hat (→ Rn. 8, 14).

Die Aufnahme von Gesellschafterdarlehen unterliegt einer **zweifachen wert-** 2
mäßigen Begrenzung. Auf Ebene der Immobilien-Gesellschaft ist die Summe der Darlehen, die an diese Immobilien-Gesellschaft ausgereicht werden, auf 50% des Wertes der von der Immobilien-Gesellschaft gehaltenen Grundstücke begrenzt (§ 240 II Nr. 1). Auf Ebene des Sondervermögens darf die Summe der Darlehen 25% des Wertes des Sondervermögens nicht überschreiten (§ 240 II Nr. 2). Zur Ausnahme bei einer 100% Beteiligung der KVG an der Immobilien-Gesellschaft → Rn. 14.

§ 240 III sieht vor, dass die Voraussetzungen des § 240 I und II auch dann an- 3
wendbar sind, wenn die KVG einen Dritten beauftragt, ein Darlehen auszureichen **(Auftragsdarlehen).** Der Dritte wird formal-juristisch als Darlehensgeber in die Darlehensvergabe eingebunden, wirtschaftlich betrachtet verbleibt das Risiko aus der Darlehensvergabe in der Sphäre des Sondervermögens. Aus Sicht der KVG handelt es sich um einen Kreditauftrag iSd § 778 BGB. In der Praxis spielt das Auftragsdarlehen eine wichtige Rolle, wenn Immobilien-Gesellschaften Fremdkapital aufnehmen wollen. Die Haftungsmasse der Immobilien-Gesellschaft ist aus Sicht der finanzierenden Banken idR nicht ausreichend, so dass der durch das Auftragsdarlehen vermittelte Zugriff auf die Haftungsmasse des Sondervermögens oftmals Voraussetzung einer Darlehensgewährung ist. Ein Auftragsdarlehen kann aber auch aus steuerlicher Sicht sinnvoll sein, wenn Zinserträge aus Gesellschafterdarlehen Quellensteuer auslösen (BT-Drs. 13/8933, 119).

Die Vergabe eines Gesellschafterdarlehens sowie eines Auftragsdarlehens be- 4
dürfen nicht der Zustimmung der Verwahrstelle. Sofern iRd Darlehensgewährung aber Immobilien des Sondervermögens belastet werden, ist die Zustimmung der Verwahrstelle zur Verfügung über die Immobilien gem. § 84 I Nr. 4 einzuholen.

Die der KVG aus dem Gesellschafterdarlehen zustehenden Beträge, wie zB Darlehenszinsen, sind von der Immobilien-Gesellschaft auf ein Konto iSd § 83 VI 2 zu zahlen (→ § 241 Rn. 3). Anzahl sowie Höhe der Gesellschafterdarlehen und Auftragsdarlehen, die für Rechnung eines Sondervermögens gewährt wurden, sind gem. § 247 II 1 Nr. 4 in der Vermögensaufstellung des Sondervermögens auszuweisen.

5 Die Grenzen für Gesellschafterdarlehen gem. § 240 II sind auch während der Anlaufzeit des Sondervermögens zu beachten (s. § 244). Sofern die KVG die Einhaltung der Grenzen nicht sicherstellt bzw. diese verletzt, kann dies als Ordnungswidrigkeit mit einer Geldbuße geahndet werden, die iRd OGAW-V-UmsG von max. 100.000 EUR auf 1 Mio. EUR bzw. darüber hinaus 2% des jährlichen Gesamtumsatzes der KVG erhöht wurde (s. § 340 II Nr. 71 iVm VII 1 Nr. 2).

II. Voraussetzungen eines Gesellschafterdarlehens (§ 240 I)

6 Sofern die KVG Alleingesellschafterin der darlehensnehmenden Immobilien-Gesellschaft ist, sind bei wirtschaftlicher Betrachtung die Einlage von Eigenkapital sowie die Gewährung von Fremdkapital gleichzusetzen. Denn die KVG hat durch ihre Alleingesellschafterstellung eine umfassende Kontrolle über die Immobilien-Gesellschaft einschließlich der Verwendung der Darlehen. Selbst im Fall des Ausfalls des Darlehens entsteht dem Sondervermögen kein Nachteil, da der nicht zurückbezahlte Darlehensbetrag auf Ebene des Sondervermögens den Wert der Beteiligung an der Immobilien-Gesellschaft erhöht bzw. als außerordentlicher Ertrag den durch den Ausfall bedingten Schaden im Sondervermögen ausgleicht. Dennoch ist die Auffassung, dass § 240 in diesem Fall in seiner Gesamtheit teleologisch zu reduzieren sei (so aber EDD/*Schultz-Süchting* § 240 Rn. 4) abzulehnen, da sie weder eine Stütze im Wortlaut des Gesetzes noch in der Gesetzeshistorie findet. Dies belegt insb. die jüngste Änderung des § 240 durch das Fondsstandortgesetz, das 100%-Beteiligungen nur insofern privilegiert, als dass diese nicht in die wertmäßigen Grenzen des § 240 II eingerechnet werden müssen (→ Rn. 14).

7 **1. Begriff des Gesellschafterdarlehens (§ 240 I Nr. 1).** Unter den Begriff des Gesellschafterdarlehens iSd § 240 I Nr. 1 fallen nicht nur klassische Geld-Darlehen iSd § 488 BGB. Der Wortlaut des § 240 enthält keine Einschränkungen und erfasst daher auch alternative Finanzierungsformen, soweit diese bei wirtschaftlicher Betrachtung mit Geld-Darlehen vergleichbar sind (WBA/*Kautenburger-Behr* § 240 Rn. 3). Anerkannt ist bspw. die Gewährung eines **partiarischen Darlehens,** bei dem am Ende der Darlehenslaufzeit die Immobilien-Gesellschaft an die KVG neben der Rückzahlung der Darlehenssumme zzgl. Zinsen einen Anteil am Gewinn leistet (zum Begriff des Partiarischen Darlehens s. Grüneberg/*Weidenkaff* BGB Vorb § 488 Rn. 20) sowie der Erwerb einer **stillen Beteiligung iSd § 230 HGB** an der Immobilien-Gesellschaft (zur Abgrenzung zum partiarischen Darlehen s. Grüneberg/*Sprau* BGB § 705 Rn. 9) Voraussetzung für diese Finanzierungsformen ist allerdings die Einhaltung der Voraussetzungen des § 240 (AWZ/*Kloyer/Kobabe* § 240 Rn. 6. Zur investmentrechtlichen Zulässigkeit alternativer Finanzierungsformen sa *Banzhaff* WM 2011, 209 (300f.); *Schneider* NZG 2008, 5 (6); *Schultz-Süchting/Thomas* WM 2009, 2156 (2158)).

8 **2. Beteiligung an darlehensnehmender Immobilien-Gesellschaft (§ 240 I Nr. 1).** Die KVG darf ein Darlehen nur an eine Immobilien-Gesellschaft ausreichen, an der sie für Rechnung des Sondervermögens (unmittelbar oder mittelbar)

beteiligt ist. Es in diesem Zusammenhang unerheblich, ob sie eine Minderheits- oder Mehrheitsbeteiligung an der Immobilien-Gesellschaft hält (*Schneider* NZG 2008, 5 (6); einschr. bei Minderheitsbeteiligungen EDD/*Schultz-Süchting* § 240 Rn. 11). Es kommt auch nicht darauf an, ob die Immobilien-Gesellschaft selbst die Immobilie hält oder erwirbt, dh, auch die **Darlehensvergabe an eine reine Holdinggesellschaft** ist zulässig. Diese Klarstellung erfolgte durch die Neufassung des § 240 II im Zuge des Fondsstandortgesetzes (BT Drs. 19/28868, 142; anders die bisherige Verwaltungspraxis der BaFin Schreiben der BaFin an den BVI v. 4.6.2008 GZ WA 42-, S. 5f. mit Verweis auf BT-Drs. 16/6874; diese BaFin-Verwaltungspraxis hat vor dem Hintergrund der gesetzlichen Änderung durch das Fondsstandortgesetz keinen Bestand mehr). Bei Holdinggesellschaften ist zu beachten, dass das Darlehen bereits vor einer Verringerung der Beteiligung der KVG unter 100% zurückzuführen ist (s. § 240 II 4). Diese Regelung legt nahe, dass eine Darlehensvergabe überhaupt nur dann zulässig ist, wenn die Holdinggesellschaft zu 100% des Kapitals und der Stimmrechte unmittelbar oder mittelbar von der KVG gehalten wird. Die Gesetzesbegründung hingegen spricht nur davon, dass bei einer Verringerung der Beteiligung der Grund für die Privilegierung mit Blick auf die Anlagegrenzen entfällt, mithin eine Darlehensvergabe an eine Holdinggesellschaft, an der die KVG weniger als 100% hält, grundsätzlich für möglich hält (sa BT-Drs. 19/28868, 142). Vor der Ausreichung von Gesellschafter-Darlehen an Holdinggesellschaften sollte die KVG die Anlagebedingungen des Immobilien-Sondervermögens entsprechend anpassen.

3. Marktgerechtigkeit der Darlehensbedingungen (§ 240 I Nr. 2). Das Gesellschafterdarlehen der KVG darf der Immobilien-Gesellschaft nur zu marktüblichen Bedingungen gewährt werden. Die KVG muss prüfen, ob die **Gesamtheit der Darlehensbedingungen** (Höhe der Zinsen, Laufzeit des Darlehens, Kündigungs- und Informationsrechte der KVG, Disagio, ggf. zusätzliche Gebühren wie Vorfälligkeitsentschädigungen usw.) aus ex-ante-Sicht einem Fremdvergleich standhalten (WBA/*Kautenburger-Behr* § 240 Rn. 8; EDD/*Schultz-Süchting* § 240 Rn. 12). Bei Immobilien-Gesellschaften mit Sitz im Ausland ist die Marktgerechtigkeit anhand der jeweiligen lokalen Bedingungen zu beurteilen. Sofern die KVG nicht über ausreichende Expertise am lokalen Markt verfügt, hat sie sich diese zu verschaffen, zB durch die Einholung von Marktangeboten (*Schneider* NZG 2008, 5 (6)). 9

4. Ausreichende Besicherung (§ 240 I Nr. 3). Ferner muss das Gesellschafterdarlehen ausreichend besichert sein, und zwar sowohl hinsichtlich der Art als auch hinsichtlich der Höhe der jeweiligen Sicherheit. Eine Besicherung ist ausreichend, wenn im Falle einer Verwertung mindestens der Forderungsbetrag der KVG aus dem Darlehen (ohne Zinsen und Verwertungskosten) abgedeckt ist (WBA/*Kautenburger-Behr* § 240 Rn. 10; *Schneider* NZG 2008, 5 (6)). Für die Heranziehung der Beleihungsgrenze von 60% des Wertes der Immobilie gem. § 14 PfandBG als Indikator einer „ausreichenden" Besicherung bei Realsicherheiten *Herring/Kunschke* RdF 2017, 22 (23). 10

Als Sicherheiten kommen insb. **Realsicherheiten** wie Grundschulden oder Hypotheken in Betracht, die allerdings mit vergleichsweise hohen Kosten verbunden sind. Außerdem kann die Einräumung von Realsicherheiten scheitern, wenn die Immobilien-Gesellschaft die Immobilie bereits zu Gunsten einer kreditgebenden Bank als (erstrangige) Sicherheit eingesetzt hat. Bevorzugt werden daher in der Praxis schuldrechtliche Sicherheiten, zB die Abtretung von Mietforderungen der Immobilien-Gesellschaft oder die Einräumung einer Grundschuld (ggf. auch zwei- 11 ten Ranges) auf erstes Anfordern. Solche **schuldrechtlichen Sicherheiten** können ihrer Art nach eine „ausreichende" Sicherheit iSd § 240 I Nr. 3 darstellen, wenn die **KVG Alleingesellschafterin** der Immobilien-Gesellschaft ist. Denn der Begriff „ausreichend" ist ein auslegungsbedürftiger unbestimmter Rechtsbegriff und bei der Auslegung ist auch der Sachverhalt, auf den die Norm angewendet wird, zu berücksichtigen. Als Alleingesellschafterin hat die KVG eine umfassende Kontrolle über die Gesellschaft. Daher kann in einem solchen Fall die Gewährung von Fremdkapital durch die KVG mit der Einlage von Eigenkapital gleichgesetzt werden. Es ist nicht ersichtlich, welche Vorteile eine Besicherung des Darlehens aus Sicht des Anlegers in dieser Konstellation bieten sollte, insb., wenn damit nicht unerhebliche Kosten verbunden sind, wie es bei der Gewährung von Realsicherheiten der Fall ist. Die KVG, die das Sondervermögen gem. § 26 I, II Nr. 1 und 2 mit der gebotenen Sorgfalt und im Interesse der Anleger zu verwalten hat, kann sich daher – unter Berücksichtigung der Umstände des Einzelfalls – für die kostenschonenderen Alternativen zu den Realsicherheiten entscheiden oder sogar auf jegliche Besicherung des Gesellschafterdarlehens verzichten, denn aufgrund der umfassenden Kontrolle der KVG ist dies „ausreichend" iSd § 240 I Nr. 3 (überw. Meinung s. EDD/*Schultz-Süchting* § 240 Rn. 17 f.; BSL/*Klusak* InvG § 69 Rn. 6; BSV/*Kunschke/Kestler* 405 § 240 Rn. 6; so auch FK-KapAnlR/*Moroni* § 240 Rn. 8, 20; *Herring/Kunschke* RdF 2017, 22 (28)).). In den Fällen, in denen die **KVG nicht Alleingesellschafterin** der Immobilien-Gesellschaft ist, ist wegen der Erhöhung der Haftungssumme der KVG durch das gewährte Darlehen mindestens eine Besicherung in Höhe des Anteils des bzw. der anderen Gesellschafter, die sich nicht an dem Gesellschafterdarlehen beteiligen, zu fordern (FK-KapAnlR/*Moroni* § 240 Rn. 9; *Benz/Müller/Eichhorn* ZfIR 2020, 157 (159)). Ist die **KVG Minderheitsgesellschafterin,** ist eine vollständige Besicherung der Darlehenssumme erforderlich, weil die KVG der Immobilien-Gesellschaft quasi wie ein Dritter gegenübersteht (FK-KapAnlR/*Moroni* § 240 Rn. 10; *Benz/Müller/Eichhorn* ZfIR 2020, 157 (159)).

12 **5. Rückzahlungspflicht (§ 240 I Nr. 4).** Weitere Voraussetzung der Vergabe eines Gesellschafterdarlehens ist, dass das Darlehen im Fall einer Veräußerung der Beteiligung durch die KVG innerhalb von sechs Monaten an die KVG zurückzuzahlen ist. Wenn die KVG an der Immobilien-Gesellschaft zu 100% des Kapitals und der Stimmrechte beteiligt ist, greift die Sonderregelung des durch das Fondsstandortgesetz eingeführten § 240 II 3 f.: Sofern die Immobilien-Gesellschaft die Immobilie direkt hält oder erwirbt, ist das Darlehen vor der Veräußerung zurückzuführen. Handelt es sich um eine Holdinggesellschaft, an der die KVG ihre Beteiligung auf unter 100% verringert, ist das Darlehen schon vor der Verringerung zurückzuführen. Es empfiehlt sich, diese Rückzahlungspflichten in den Darlehensvertrag zwischen KVG und Immobilien-Gesellschaft aufzunehmen.

III. Grenzen (§ 240 II)

13 Zur Begrenzung der Risiken aus Gesellschafterdarlehen sieht das Gesetz auch wertmäßige Begrenzungen vor. Wenn das Gesellschafterdarlehen dinglich besichert wird, ist zusätzlich die Gesamtbelastungsgrenze des § 260 III Nr. 3 iVm IV zu beachten. Eine Anrechnung auf die Fremdfinanzierungsgrenze des § 254 findet hingegen grds. nicht statt (nv Schreiben der BaFin an den BVI v. 4.6.2008 GZ WA 42-, S. 5).

Die Summe der **einer Immobilien-Gesellschaft gewährten Gesellschafterdarlehen** darf gem. § 240 II Nr. 1 maximal 50% des Wertes der von ihr gehaltenen Immobilien betragen. Zur Anrechnung kommt nicht die vertraglich vereinbarte Darlehenssumme, sondern der jeweils noch offene Rückzahlungsbetrag, der 50% der Verkehrswerte der Immobilien nicht übersteigen darf (FK-KapAnlR/*Moroni* § 240 Rn. 22; BSL/*Klusak* InvG § 69 Rn. 10). Weiterhin darf die Summe **aller Darlehen,** die die KVG den Immobilien-Gesellschaften eines Sondervermögens insgesamt gewährt, gem. § 240 II Nr. 2 maximal 25% des Nettofondsvermögens zzgl. Darlehen betragen. Bei den Grenzen des § 240 II handelt es sich um **Bestandsgrenzen** (EDD/*Schultz-Süchting* § 240 Rn. 22). Die KVG sollte die Grenzen daher in den Darlehensvertrag mit der Immobilien-Gesellschaft aufnehmen, zusammen mit der Verpflichtung der Immobilien-Gesellschaft, im Fall der Grenzüberschreitung das Darlehen teilweise zurückzuführen. Der durch das Fondsstandortgesetz eingeführte § 240 II 2 regelt nunmehr ausdrücklich, dass die Grenzen des § 240 II nicht anwendbar sind, wenn die KVG eine 100%-Beteiligung hinsichtlich der Stimmrechte als auch des Kapitals an einer Immobilien-Gesellschaft hält. Dabei kommt es nicht darauf an, ob die Immobilien-Gesellschaft direkt die Immobilie hält bzw. erwirbt oder ob es sich um eine Holding-Gesellschaft handelt. Denn in beiden Fällen ist bei Vorliegen einer 100%-Beteiligung die Vergabe von Fremdkapital nicht risikoreicher als die Ausstattung mit Eigenkapital. Außerdem besteht eine unmittelbare Einflussnahme der KVG auf die Immobilien-Gesellschaft ohne Beteiligung Dritter, so dass eine wertmäßige Begrenzung nicht notwendig ist (BT-Drs 19/27631, S. 99, BT-Drs 19/28868, 142). Dies entspricht der überw. Meinung in der Literatur zu § 69 InvG und § 240 KAGB aF, die im Wege der Auslegung mittels der teleologischen Reduktion zum gleichen Ergebnis gelangte (ausf. und mwN AZW/*Kloyer/Kobabe* § 240 Rn. 20). Zur Notwendigkeit der vorherigen Anpassung der Anlagebedingungen des Immobilien-Sondervermögens → Rn. 8. Zu den von § 234 I Nr. 4 abweichenden Rückzahlungspflichten im Fall der 100%-Beteiligung → Rn. 12). Die nunmehr erfolgte gesetzgeberische Wertung, die in der ausdrücklichen Privilegierung der 100%-Beteiligungen zum Ausdruck kommt (BT-Drs. 19/28868, 142) bedeutet allerdings, dass bei einer Verringerung der Beteiligung unter 100% das Gesellschafterdarlehen voll auf die Anlagegrenzen des S. 1 anzurechnen ist. Für die in der Literatur vor Inkrafttreten des FoStoG teilweise angenommene Zulässigkeit einer nur anteiligen Anrechnung (*Herring/Kunschke* RdF 2017, 22 (28)) ist kein Raum. 14

IV. Auftragsdarlehen (§ 240 III)

Ungeachtet des unklaren Gesetzeswortlautes, der die Gewährung des Darlehens durch den Dritten im eigenen Namen „auf Rechnung des Sondervermögens" und nicht wie § 778 BGB „auf eigene Rechnung" vorsieht, ist das Auftragsdarlehen aus Sicht der KVG ein **Kreditauftrag iSd § 778 BGB.** Der Wortlaut des Gesetzes ist so zu verstehen, dass der Kreditauftrag der KVG auf Rechnung des Sondervermögens erteilt wird, nicht das von dem Dritten zu gewährende Darlehen (*Schneider* NZG 2008, 5 (7)). Für diese Auslegung spricht Sinn und Zweck der Regelung, mit der dem Dritten Zugriff auf die Haftungsmasse der KVG bzw. des Sondervermögens gewährt werden soll (*Schultz-Süchting/Thomas* WM 2009, 2156 (2162)). Bei einem Kreditauftrag haftet die KVG dem Dritten für die aus dem Darlehen entstehenden Verbindlichkeiten als Bürge (s. § 778 BGB). Daher ordnet § 240 III an, dass der Darlehensvertrag zwischen dem Dritten und der Immobilien-Gesellschaft 15 die Voraussetzungen des § 240 I erfüllen muss und das Auftragsdarlehen auf die Grenzen des § 240 II anzurechnen ist. Dies gilt auch, wenn die KVG an der darlehensnehmenden Immobilien-Gesellschaft eine 100%-Beteiligung hält, weil die Bürgenhaftung der KVG aus dem Kreditauftrag ein weitergehendes Haftungsrisiko begründet. Dieses ergibt sich auch daraus, dass die Verbindlichkeiten des Auftragsdarlehens nicht durch den Liquidationserlös der Gesellschaft gedeckt sind und dem Dritten über die Bürgenhaftung der KVG ein Zugriff auf das Sondervermögen eröffnet wird (EDD/*Schultz-Süchting* § 240 Rn. 28). Auch der Gesetzgeber hat die Privilegierung der 100%-Beteiligung iRd FoStoG nicht auf Auftragsdarlehen erstreckt (s. BT-Drs. 19/28868, 142, wonach sich an den Regeln der Darlehensgewährung durch Dritte nichts ändern soll).

16 Eine ausreichende Besicherung iSd § 240 I wird im Fall des Auftragsdarlehens dadurch hergestellt, dass der Darlehensrückforderungsanspruch des Dritten gegen die Immobilien-Gesellschaft ausreichend besichert ist. Denn im Fall der Auslösung der Bürgenhaftung geht diese Sicherheit kraft Gesetzes mit der Hauptforderung auf die KVG über bzw. die KVG erwirbt einen Anspruch gegen den Dritten auf Übertragung der Sicherheit (§§ 774 I 1, 401 BGB in direkter Anwendung bzw. analog) (*Schneider* NZG 2008, 5 (8)).

17 Neben der Vergabe eines Kreditauftrages ist die KVG im Rahmen des § 240 III auch zur Übernahme der Garantiestellung sowie zur Übernahme einer formalen Bürgschaft berechtigt. Dies ergibt sich daraus, dass iRd OGAW-IV-UmsG der § 93 IV aF und damit das Verbot der Bürgenhaftung der KVG weggefallen ist (*Herring/Kunschke* RdF 2017, 22 (26), die die Zulässigkeit auch unter der Geltung des § 93 IV bejahen).

V. Besonderheiten bei offenen Spezial-AIF

18 Die Vorgaben und Grenzen des § 240 I, II 1 Nr. 1 sind iRd Verwaltung von offenen Spezial-AIF zwingend zu beachten. Gemäß § 284 II Nr. 3 sind Abweichungen auch nicht mit Zustimmung der Anleger möglich. Das FoStoG hat auch hier Spielräume eröffnet: Da § 284 II Nr. 3 keinen Verweis mehr auf § 240 II Nr. 2 enthält, kann mit den Anlegern vereinbart werden, dass die 25% Grenze für Gesellschafterdarlehen auf Ebene des Immobilien-Sondervermögens auch dann nicht zur Anwendung kommt, wenn die KVG keine 100%-Beteiligung an der Immobilien-Gesellschaft, an der das Gesellschafterdarlehen ausgereicht wird, hält.

§ 241 Zahlungen, Überwachung durch die Verwahrstelle

[1]Die AIF-Kapitalverwaltungsgesellschaft hat mit der Immobilien-Gesellschaft zu vereinbaren, dass die der AIF-Kapitalverwaltungsgesellschaft für Rechnung des Immobilien-Sondervermögens zustehenden Zahlungen, der Liquidationserlös und sonstige der AIF-Kapitalverwaltungsgesellschaft für Rechnung des Immobilien-Sondervermögens zustehende Beträge unverzüglich auf ein Konto nach § 83 Absatz 6 Satz 2 einzuzahlen sind. [2]Satz 1 gilt entsprechend für Immobilien-Gesellschaften, die Beteiligungen an anderen Immobilien-Gesellschaften erwerben oder halten.

I. Allgemeines

1 Die Voraussetzungen des Erwerbs von Beteiligungen an Immobilien-Gesellschaften werden von organisatorischen Sicherheitsmechanismen flankiert, die die Risiken der Zwischenschaltung einer Immobilien-Gesellschaft reduzieren und einen mit dem direkten Erwerb von Immobilien vergleichbaren Sicherheitsstandard gewährleisten sollen (BT-Drs. 13/8933, 119). Dies betrifft insb. Zahlungen im Zusammenhang mit der Immobilie der Immobilien-Gesellschaft, die dem Sondervermögen zustehen. Sofern die KVG eine Immobilie direkt für das Sondervermögen hält, müssen dem Sondervermögen zustehende Zahlungen auf ein Geldkonto iSd § 83 VI 2 fließen. Da die Immobilien-Gesellschaft aus § 83 VI 2 nicht unmittelbar verpflichtet wird, sieht § 241 vor, dass sich die Immobilien-Gesellschaft in einer Vereinbarung mit der KVG entsprechend verpflichten muss.

II. Vereinbarung zwischen KVG und Immobilien-Gesellschaft (§ 241 S. 1)

2 Die Verpflichtung der Immobilien-Gesellschaft zur Zahlung auf ein Konto iSd § 83 VI 2 muss sich auf alle **Beträge** beziehen, die die Immobilien-Gesellschaft selbst an die KVG zu entrichten hat. Die Immobilien-Gesellschaft muss sich dazu verpflichten, diese Beträge unverzüglich iSd § 121 BGB, also ohne schuldhaftes Zögern, bei Fälligkeit einzuzahlen (EDD/*Schultz-Süchting* § 241 Rn. 3).

3 **Konto iSd § 83 VI 2** ist ein Konto, das für Rechnung des Sondervermögens im Namen der KVG oder der Verwahrstelle bei einer Stelle nach Art. 18 I Buchst. a, b oder c der RL 2006/73/EG (RL zur Durchführung der MiFiD-RL) (§ 83 VI 2 Nr. 1), also bei einer Zentralbank, einem iSd RL 2000/12/EG zugelassenen Kreditinstitut oder einer in einem Drittland zugelassenen Banken eingerichtet wird. Gemäß § 83 VI 2 Nr. 2 kommen auch andere Stellen in Märkten in Betracht, sofern sie entsprechend den Rechtsvorschriften der EU reguliert und beaufsichtigt sind.

4 Die Vereinbarung zwischen KVG und Immobilien-Gesellschaft erfolgt idR in einem Dokument mit der Vereinbarung über die Zustimmungserfordernisse der Verwahrstelle iSd § 84 I Nr. 5 (→ § 234 Rn. 12).

III. Entsprechende Anwendung auf mehrstöckige Beteiligungen (§ 241 S. 2)

5 Bei mehrstöckigen Beteiligungsstrukturen muss die KVG in entspr. Anwendung des § 241 S. 1 mit der Immobilien-Gesellschaft auf jeder Stufe jeweils eine Vereinbarung über die Zahlung der Beträge auf ein Konto iSd § 83 VI 2 schließen. Die KVG kommt ihrer Verpflichtung nach § 241 S. 2 aber auch nach, indem sie die von ihr direkt gehaltene Immobilien-Gesellschaft dazu verpflichtet, die Verpflichtung zum Abschluss der Vereinbarung iSd § 241 an die jeweils von ihr gehaltene Immobilien-Gesellschaft entsprechend weiterzugeben (EDD/*Schultz-Süchting* § 241 Rn. 6).

§ 242 Wirksamkeit eines Rechtsgeschäfts

Die Nichtbeachtung der vorstehenden Vorschriften berührt die Wirksamkeit des Rechtsgeschäfts nicht.

I. Allgemeines

1 Die Norm war in ähnlicher Form sowohl im KAGG als auch im InvG vorhanden. Sie dient dem **Vertrauensschutz** der Vertragspartner der KVG und stellt klar, dass ein Verstoß gegen die Vorgaben der §§ 230–241 keinen Einfluss auf die Wirksamkeit des Rechtsgeschäfts im Außenverhältnis hat (BT-Drs. 13/8933, 119; BSL/*Klusak* InvG § 72 Rn. 1; EDD/*Bujotzek/Thömmes* § 242 Rn. 1 f.; BS/*Lindner-Figura* KAGG § 27 e Rn. 1). Anderenfalls würden die Vorgaben für Immobilien-Sondervermögen den Rechtsverkehr unangemessen stark behindern und zu erheblicher Rechtsunsicherheit bei den Vertragspartnern der KVG führen (BSL/*Klusak* InvG § 72 Rn. 1; AWZ/*Kloyer/Kobabe* § 242 Rn. 3).

II. Wirksamkeit des Rechtsgeschäfts

2 Der Vertragspartner der KVG kann sich sowohl auf die **Wirksamkeit** des schuldrechtlichen Verpflichtungsgeschäfts als auch die des dinglichen Erfüllungsgeschäfts verlassen (BS/*Lindner-Figura* KAGG § 27 e Rn. 2). Dies gilt grds. auch dann, wenn der Vertragspartner Kenntnis von dem Verstoß hat (so EDD/*Bujotzek/Thömmes* § 242 Rn. 3; WBA/*Kautenburger-Behr* § 242 Rn. 2). Zwar ist es möglich, dass sich die andere Vertragspartei **rechtsmissbräuchlich** auf die Wirksamkeit des Rechtsgeschäfts beruft, weil sie Kenntnis vom Verstoß hat. Unter Berücksichtigung des Schutzzwecks der Norm, nämlich dem Vertrauensschutz des Rechtsverkehrs, wird dies jedoch nur in wenigen Ausnahmefällen angenommen werden können.

Die Wirksamkeit im Außenverhältnis lässt die Geltendmachung von **Schadensersatzansprüchen** der Anleger gegen die KVG jedoch unberührt. Gleiches gilt für die Möglichkeit der BaFin, Sanktionen gegen die KVG wegen Verstoßes gegen die aufsichtsrechtlichen Vorgaben zu erlassen (so auch BSL/*Klusak* InvG § 72 Rn. 2; EDD/*Bujotzek/Thömmes* § 242 Rn. 5; BS/*Lindner-Figura* KAGG § 27 e Rn. 2).

III. Besonderheiten bei offenen Spezial-AIF

3 § 284 II erlaubt zwar die Abbedingung der Regelung für Spezial-AIF, jedoch erscheint fraglich, ob nicht **Sinn und Zweck der Norm** eine solche Abbedingung verbieten. Geschützter Adressat der Norm ist ausnahmsweise nicht der Anleger, sondern der Vertragspartner der KVG, über dessen Schutz weder Anleger noch KVG verfügen können. Weiterhin gilt, dass für Spezial-AIF die meisten der für Immobilien-Sondervermögen zwingenden Vorschriften ohnehin abbedungen werden können. Somit ist der Anwendungsbereich des § 242 für Spezial-AIF aufgrund der Abbedingung von Vorschriften sehr begrenzt. Es ist daher auch bei offenen Spezial-AIF grds. von der zwingenden Anwendbarkeit des § 242 auszugehen, so dass ein für Rechnung eines offenen Spezial-AIF vorgenommenes Rechtsgeschäft trotz Verstoß gegen die vorstehenden Vorschriften wirksam bleibt.

§ 243 Risikomischung

(1) [1]**Der Wert einer Immobilie darf zur Zeit des Erwerbs 15 Prozent des Wertes des Sondervermögens nicht übersteigen.** [2]**Der Gesamtwert aller Immobilien, deren einzelner Wert mehr als 10 Prozent des Wertes des Sondervermögens beträgt, darf 50 Prozent des Wertes des Sondervermögens nicht überschreiten.** [3]**Bei der Berechnung der Werte werden aufgenommene Darlehen nicht abgezogen.**

(2) **Als Immobilie im Sinne des Absatzes 1 gilt auch eine aus mehreren Immobilien bestehende wirtschaftliche Einheit.**

I. Allgemeines

Die Vorschrift ist mit Ausnahme redaktioneller Unterschiede identisch mit der Vorgängervorschrift des § 73 InvG. § 243 konkretisiert den **allgemeinen Grundsatz der Risikomischung** für Immobilien-Sondervermögen. Im Gegensatz zum früheren § 28 KAGG erforderte schon die Vorschrift des § 73 InvG keine Mindestanzahl von zehn Immobilien mehr, da auch mit weniger Immobilien eine Risikomischung erreicht werden kann. Im Gegensatz dazu wird jedoch auch bei zehn Immobilien aufgrund einer möglichen Ungleichgewichtung ihres Wertes nicht zwingend eine Risikomischung sichergestellt (BT-Drs. 14/8017, 107). Das Gesetz stellt in § 243 lediglich quantitative Anforderungen an die Risikomischung. Darüberhinausgehende Anforderungen an eine Risikomischung bspw. in Bezug auf Nutzungsarten oder Lage der Immobilien ergeben sich nicht aus § 243, sondern werden grds. in das Ermessen der KVG gestellt (zur früheren Vorschrift im KAGG BS/*Lindner-Figura* KAGG § 28 Rn. 1; krit. BSL/*Klusak* InvG § 73 Rn. 1). 1

Wegen § 244 gelten die in § 243 genannten Anlagegrenzen erst nach Ablauf von vier Jahren nach Auflage des Sondervermögens.

II. Risikomischung

§ 243 I enthält zum einen eine auf den Wert der einzelnen Immobilie bezogene Anlagegrenze als auch eine auf den Gesamtwert aller Immobilien bezogene Anlagegrenze. Die Diversifikationsanforderungen des § 243 I dienen der **Risikobegrenzung** und folglich dem Anlegerschutz (BT-Drs. 14/8017, 107). 2

1. 15%-Grenze (§ 243 I 1). Demnach darf zum **Erwerbszeitpunkt** einer Immobilie deren Wert 15% des Sondervermögens nicht überschreiten. Der Wortlaut der Regelung ist dahingehend klar, dass es sich um eine lediglich bei Erwerb der Immobilie einzuhaltende Anlagegrenze handelt. Spätere Überschreitungen bedeuten daher keinen Verstoß gegen § 243 I und sind somit nicht notwendigerweise zu korrigieren (EDD/*Bujotzek/Thömmes* § 243 Rn. 2; BSL/*Klusak* InvG § 73 Rn. 7, der jedoch darauf hinweist, dass der allgemeine Sorgfaltsgrundsatz die KVG dazu zwingen kann, den Immobilienbestand des Sondervermögens weiter zu diversifizieren; aA BS/*Lindner-Figura* KAGG § 28 Rn. 4, der nach Ablauf der Anlaufzeit von einer Pflicht zur Veräußerung der Immobilie ausgeht, wenn ihr Wert 15% des Wertes des Sondervermögens übersteigt). In der Praxis kann es also aus Gründen des Portfolio-Managements im Interesse der Anleger notwendig sein, das Sondervermögen weiter zu diversifizieren. Insofern handelt es sich jedoch nicht um eine gesetzliche Vorgabe, sondern allein um eine praktische Erwägung. 3

Bei der Berechnung des Wertes des Sondervermögens sind aufgenommene Darlehen nicht abzuziehen; es wird also auf das **Bruttofondsvermögen** abgestellt (BT-Drs. 14/8017, 107). Dies umfasst neben den Immobilien auch alle sonstigen für Rechnung des Sondervermögens gehaltenen Vermögensgegenstände einschließlich der Liquidität (EDD/*Bujotzek/Thömmes* § 243 Rn. 5). Zudem wird dem Umstand Rechnung getragen, dass in der Praxis insb. die im Ausland belegenen Immobilien häufig fremdfinanziert sind (BT-Drs. 14/8017, 107).

4 Als Wert im Sinne dieser Regelung ist der aufgrund der **Ankaufsbewertung** ermittelte Verkehrswert zu verstehen, wenngleich für Zwecke der Vermögensaufstellung und Anteilpreisermittlung der Kaufpreis zu berücksichtigen ist (so auch BSL/*Klusak* InvG § 73 Rn. 5).

5 In der Praxis bereitet die Auslegung des Begriffs des **Erwerbszeitpunkts** häufig Probleme, da hierfür mehrere Zeitpunkte in Betracht kommen können. Zum einen kann auf den Abschluss des notariellen Vertrags abgestellt werden (so EDD/*Bujotzek/Thömmes* § 243 Rn. 2; BSL/*Klusak* InvG § 73 Rn. 6), zum anderen kommt der Übergang von Nutzen und Lasten in Betracht, also der Zeitpunkt, zu dem die betreffende Immobilie auch tatsächlich ins Sondervermögen eingebucht wird. Weiterhin kann auf den Zeitpunkt des tatsächlichen Eigentumserwerbs abgestellt werden. Letzteres erscheint nicht überzeugend, da zumindest in Deutschland dieser Zeitpunkt eher zufällig ist. Wann die Eintragung der KVG als Eigentümerin im Grundbuch tatsächlich erfolgt, kann nicht beeinflusst werden.

Als Begründung dafür, auf den Zeitpunkt des **Abschlusses des Kaufvertrags** abzustellen, wird angeführt, dass sich danach durch mehr oder weniger zufällige Umstände der Wert der Immobilie ändern und auch der Zeitpunkt des Übergangs von Nutzen und Lasten zufällig erfolgen und mehrere Wochen und Monate dauern könne (BSV/*Zöll* 410 § 73 Rn. 3). Hingegen sei zum Zeitpunkt des Abschlusses des Kaufvertrags eine stichtagsgenaue Berechnung der Anlagegrenzen möglich (vgl. EDDH/*Bujotzek/Thömmes* InvG § 72 Rn. 2; so auch WBA/*Kautenburger-Behr* § 243 Rn. 4). Für das Verständnis vom Erwerbszeitpunkt als Übergang von Nutzen und Lasten spricht, dass erst ab diesem Zeitpunkt die Erträge der Immobilie dem Sondervermögen zustehen. Erst wenn das Sondervermögen auch den Nutzen und die Lasten der Immobilie trägt, erscheint es auch sachgerecht, den Wert der Immobilie für Zwecke der Risikomischung zu berücksichtigen. Dieses Verständnis kann zu praktischen Problemen führen, da nicht genau prognostizierbar ist, wie sich das Immobilien-Sondervermögen bis zum Übergang von Nutzen und Lasten entwickeln wird. Bei Abschluss des Kaufvertrags stehen diese Vermögensverhältnisse jedoch fest, so dass eine Prüfung der Anlagegrenzen sicher möglich ist. Es bietet sich daher als Kompromiss an, als Erwerbszeitpunkt zwar auf den Abschluss des Kaufvertrags abzustellen, jedoch bereits **alle bis zum geplanten Übergang von Nutzen und Lasten bekannten Ereignisse** zu berücksichtigen. Dies bedeutet, dass ein Erwerb auch dann möglich sein kann, wenn bei Abschluss des Kaufvertrags der Wert der Immobilie 15% des Wertes des Sondervermögens übersteigt. Dies wäre der Fall, wenn der Übergang von Nutzen und Lasten einer anderen Immobilie unmittelbar bevorsteht, so dass bei Übergang von Nutzen und Lasten der erworbenen Immobilie sich der Wert des Sondervermögens so vergrößert hat, dass die Verletzung der 15%-Grenze nicht mehr zu befürchten ist.

6 **2. 50%-Grenze (§ 243 I 2).** § 243 I 2 bestimmt, dass der Wert aller Immobilien, die mehr als 10% des Sondervermögens ausmachen, insgesamt nicht mehr als 50% betragen darf. Diese Vorgabe ermöglicht eine **Risikostreuung** des Sonder-

vermögens, ohne an eine starre Objektanzahl ohne weitere Anforderungen an den Wert der Immobilien gebunden zu sein (BT-Drs. 14/8017, 107).

Auch S. 2 ist als **Erwerbs- und nicht als Bestandsgrenze** zu werten. Wenngleich sich dies anders als in S. 1 nicht zweifelsfrei anhand des Wortlauts ergibt, kann aus dem sprachlichen und inhaltlichen Zusammenhang zu S. 1 geschlossen werden, dass es sich auch in S. 2 um eine Erwerbsgrenze handelt (BSL/*Klusak* InvG §73 Rn. 9; EDD/Bujotzek/*Thömmes* §243 Rn. 4). Dies bedeutet, dass der Wert einer Immobilie zum Zeitpunkt des Erwerbs zwar 10% des Wertes des Sondervermögens übersteigen, nicht aber mehr als 15% des Wertes des Sondervermögens betragen darf. In einem zweiten Schritt ist dann zu prüfen, ob der Gesamtwert aller Immobilien, die mehr als 10% des Sondervermögens ausmachen, über 50% des Sondervermögens beträgt. Wenn die Prüfung zufriedenstellend verläuft, darf die betreffende Immobilie erworben werden (vgl. auch EDD/Bujotzek/*Thömmes* §243 Rn. 4; BSL/*Klusak* InvG §73 Rn. 9). Hinsichtlich der übrigen Immobilien ist bei der Berechnung der Wertgrenzen auf den jeweils aktuellen Verkehrswert abzustellen, der nicht notwendigerweise mehr mit dem im Rahmen ihrer Ankaufsbewertung ermittelten Wert übereinstimmt (BSL/*Klusak* InvG §73 Rn. 9). Da es sich um eine Erwerbsgrenze handelt, sind nach Erwerb von Immobilien auftretende Überschreitungen der 50%-Grenze unbeachtlich (EDD/*Bujotzek/Thömmes* §243 Rn. 4; BSL/*Klusak* InvG §73 Rn. 9; aA BSV/*Zöll* 410 §73 Rn. 4).

3. Kein Abzug aufgenommener Darlehen (§243 I 3). §243 I 3 stellt klar, 7
dass bei der Berechnung der Werte die aufgenommenen Darlehen nicht abgezogen werden.

III. Immobilienbegriff (§243 II)

§243 II definiert den Immobilienbegriff wirtschaftlich. Im Gegensatz dazu ent- 8
hält §2 IV Nr. 5 eine Legaldefinition des Begriffs der Immobilie, die zudem in §231 I für Immobilien-Sondervermögen konkretisiert wird. Bei wirtschaftlicher Betrachtungsweise kommt es aber nicht auf das Flurstück als solches an, sondern vielmehr darauf, ob eine **Grundstückseinheit im wirtschaftlichen Sinne** besteht (EDD/*Bujotzek/Thömmes* §243 Rn. 6; BSL/*Klusak* InvG §73 Rn. 3; AWZ/*Kloyer/Kobabe* §243 Rn. 7). Als Maßstab für die Prüfung, ob eine wirtschaftliche Einheit vorliegt, wird regelmäßig auf die Vorgaben des §70 iVm §2 BewG zurückgegriffen (so auch BSL/*Klusak* InvG §73 Rn. 3; BS/*Lindner-Figura* KAGG §28 Rn. 5). Diese erscheinen sachgerecht, um zu entscheiden, ob eine wirtschaftliche Einheit mehrerer Immobilien vorliegt. Prüfungskriterien sind örtl. Gewohnheiten, die Zweckbestimmung der Immobilien sowie die wirtschaftliche Zusammengehörigkeit der einzelnen Immobilien iSd §2 I 3 und 4 BewG (vgl. auch BSL/*Klusak* InvG §73 Rn. 3; BSV/*Zöll* 410 §73 Rn. 6). §2 II BewG bestimmt, dass mehrere Immobilien nur dann als wirtschaftliche Einheit eingeordnet werden können, wenn diese demselben Eigentümer bzw. mehreren Eigentümern gemeinschaftlich gehören. Eine wirtschaftliche Einheit wird wohl idR dann vorliegen, wenn mehrere Flurstücke mit einem Gebäudekomplex bebaut sind bzw. bei mehreren Gebäuden diese gemeinschaftlich bewirtschaftet werden bzw. einem gemeinsamen Zweck dienen. Beispiele für solche wirtschaftlichen Einheiten sind Technologieparks, Shopping-Center aber auch die in einer Wohneigentumsgemeinschaft zusammengefassten Teile (BS/*Lindner-Figura* KAGG §28 Rn. 5; *Baur* KAGG §28 Rn. 5).

IV. Besonderheiten für Spezial-AIF

9 § 243 ist für Spezial-Sondervermögen abdingbar. Dies bedeutet allerdings nur, dass die konkreten Grenzen des § 243 nicht gelten; der **Grundsatz der Risikomischung** ist weiterhin einzuhalten. Nach Auffassung der BaFin liegt eine Risikomischung vor, wenn das Vermögen zum Zwecke der Risikostreuung in mehr als drei Vermögensgegenständen mit unterschiedlichen Anlagerisiken angelegt ist. Dies deckt sich auch mit den Anforderungen des § 1 I Buchst. b Nr. 4 S. 2 InvStG. Das Halten der Vermögensgegenstände muss Anlagezwecken und nicht etwa der Unterhaltung von Liquidität dienen (BaFin-Rundschreiben WA 14/2008 v. 22.12.2008). Hinsichtlich der jeweiligen Anteile der einzelnen Vermögensgegenstände hat die BaFin sich nicht konkret festgelegt. Unter Berücksichtigung der in § 243 I genannten Anlagegrenzen ist jedoch davon auszugehen, dass zumindest kein erhebliches Ungleichgewicht beim Wert der einzelnen Vermögensgegenstände herrschen darf. Demnach wäre es wohl unzulässig, in drei wertmäßig zu vernachlässigende Immobilien und eine Immobilie mit erheblichem Wert zu investieren.

§ 244 Anlaufzeit

Die Anlagegrenzen in den §§ 231 bis 238 und 243 sowie § 253 Absatz 1 Satz 1 gelten für das Immobilien-Sondervermögen einer AIF-Kapitalverwaltungsgesellschaft erst, wenn seit dem Zeitpunkt der Bildung dieses Sondervermögens eine Frist von vier Jahren verstrichen ist.

I. Allgemeines

1 § 244 übernimmt weitgehend den Wortlaut des § 74 InvG. Aus Gründen des Bürokratieabbaus wurde jedoch das Erfordernis einer Ausnahmegenehmigung gestrichen. Damit sind ua alle Anlagegrenzen der §§ 231–238 erst nach Ablauf der vierjährigen **Anlaufzeit** einzuhalten (BT-Drs. 17/12294, 469). Mangels Rechtsgrundlage für eine Ausnahmegenehmigung von der Einhaltung der Anlagegrenzen in der Anlaufzeit bleibt nunmehr erst recht kein Raum für eine entspr. Ausnahmegenehmigung von der Einhaltung der Anlagegrenzen nach Ablauf der Anlaufzeit (vgl. noch zur entspr. Regelung im InvG BSL/*Klusak* InvG § 74 Rn. 2).

Wie die Vorgängervorschrift des § 74 InvG normiert § 244 eine Ausnahme vom Grundsatz der Risikomischung in Bezug auf die genannten Vorschriften für einen Zeitraum von **vier Jahren** (EDD/*Bujotzek/Thömmes* § 244 Rn. 1). Dies ist bei Immobilien-Sondervermögen ohne ausdiversifiziertes Startportfolio zwingend notwendig, da eine Einhaltung der Anlagegrenzen sonst unmöglich wäre (so auch BSL/*Klusak* InvG § 74 Rn. 1; BS/*Lindner-Figura* KAGG § 29 Rn. 1; *Baur* KAGG § 29 Rn. 1; WBA/*Kautenburger-Behr* § 244 Rn. 2; AWZ/*Kloyer/Kobabe* § 244 Rn. 2). Die Anlagegrenzen, auf die § 244 Bezug nimmt, gelten während der Anlaufzeit also nicht. Gleiches muss für die Anwendung der Definition der Risikomischung gem. der Verwaltungspraxis der BaFin gelten (EDD/*Bujotzek/Thömmes* § 244 Rn. 5).

II. Nichtgeltung von Anlagegrenzen

Zu den **Anlagegrenzen,** die während der Anlaufzeit keine Anwendung finden, zählen die 2
- 20%-Grenze für Grundstücke im Zustand der Bebauung sowie unbebaute Grundstücke; 15%-Grenze für den Erwerb von anderen Grundstücken und anderen Erbbaurechten, Rechte in Form des Wohnungseigentums, Teileigentums, Wohnungserbbaurechts und Teilerbbaurechts;
- 10%-Grenze für Nießbrauchrechte;
- 10%-Grenze für die Belastung von Grundstücken mit Erbbaurechten;
- 30%-Grenze für das Währungsrisiko;
- 49%-Grenze für Beteiligungen an Immobilien-Gesellschaften;
- 30%-Grenze für Beteiligungen an Immobilien-Gesellschaften, an denen keine Mehrheitsbeteiligung besteht;
- Vorgaben der Risikomischung gem. § 243 sowie die
- 49%-Grenze für die Höchstliquidität.

Zu den Anlagegrenzen, die auch während der Anlaufzeit gelten und daher ab Auflage des Sondervermögens einzuhalten sind, gehören die **Grenzen für Darlehen** iSd §§ 240, 254 sowie die **Belastungsgrenze** des § 260 III 3.

III. Berechnung der Anlaufzeit

Für die Berechnung der Anlaufzeit ist die **Bildung des Sondervermögens** entscheidend. Die Bildung eines Sondervermögens erfolgt entweder durch Ausgabe von Anteilscheinen, um mit dem eingesammelten Kapital später Vermögensgegenstände zu erwerben (sog. **Barmethode**) (EDD/*Bujotzek/Thömmes* § 244 Rn. 6; BSL/*Klusak* InvG § 74 Rn. 3; *Baur* KAGG § 29 Rn. 2). Alternativ kann die KVG die Vermögensgegenstände selbst erwerben, um anschließend gegen Zahlung von Kapital Anteile am Fonds auszugeben (sog. **Bereitstellungsmethode**) (EDD/*Bujotzek/Thömmes* § 244 Rn. 6; BSL/*Klusak* InvG § 74 Rn. 2; *Baur* KAGG § 29 Rn. 2). In der Praxis wird ein Sondervermögen grds nach der Barmethode gebildet, so dass sich die Berechnung der Anlaufzeit nach der erstmaligen Ausgabe von Anteilscheinen richtet (EDD/*Bujotzek/Thömmes* § 244 Rn. 6; FK-KapAnlR/*Wösthoff* § 244 Rn. 9; AWZ/*Kloyer/Kobabe* § 244 Rn. 5). Für den Fall, dass es sich wie häufig beim ersten Geschäftsjahr des Immobilien-Sondervermögens um ein Rumpfgeschäftsjahr handelt, wird daher die Anlaufzeit regelmäßig im Laufe des fünften Geschäftsjahrs des Sondervermögens enden (vgl. BSL/*Klusak* InvG § 74 Rn. 3). 3

IV. Verstoß gegen Anlagegrenzen nach Ablauf der Anlaufzeit

Die KVG muss im Rahmen der jeweiligen Anlagestrategie ihre Planung danach ausrichten, dass die anwendbaren Anlagegrenzen einschließlich der Anforderungen an die Höchstliquidität nach **Ablauf der Anlaufzeit eingehalten** werden (BS/*Lindner-Figura* KAGG § 29 Rn. 1; *Baur* KAGG § 29 Rn. 1). Werden die in § 244 genannten Anlagegrenzen nach Ablauf der Anlaufzeit nicht eingehalten, hat dies zwar auf den Bestand des Sondervermögens keinen unmittelbaren Einfluss (*Baur* KAGG § 29 Rn. 3). Die BaFin muss jedoch grds. die erforderlichen Maßnahmen treffen, um diesen Verstoß zu ahnden (EDD/*Bujotzek/Thömmes* § 244 Rn. 7; *Baur* KAGG § 29 Rn. 3; FK-KapAnlR/*Wösthoff* § 244 Rn. 10). Hierzu stehen ihr iRd Missbrauchsaufsicht des § 5 eine Reihe von Maßnahmen zur Verfügung, die von der 4

Aufforderung der KVG zur Kündigung der Verwaltung des Sondervermögens bis zur Abberufung der Geschäftsleitung oder der Rücknahme der Erlaubnis gem. § 20 reichen können (sa EDD/*Bujotzek/Thömmes* § 244 Rn. 7; BS/*Lindner-Figura* KAGG § 29 Rn. 3; *Baur* KAGG § 29 Rn. 3). Hierbei ist sie allerdings wie üblich dazu verpflichtet, unter Beachtung des Verhältnismäßigkeitsgrundsatzes zu handeln und ua das mildeste Mittel zu wählen.

V. Anwendung in Abwicklungsphase

5 Als Gegenstück zu § 244 wäre eigentlich auch eine Regelung für die Nichtgeltung von Anlagegrenzen in der **Abwicklungsphase** eines Immobilien-Sondervermögens erforderlich. § 258 III regelt zwar, dass § 244 in den dort genannten Fällen nicht anwendbar ist, jedoch fehlt eine solche Regelung im Falle einer **planmäßigen Abwicklung.** Damit sind solche Fälle gemeint, in denen weder die Anteilrücknahme ausgesetzt wurde noch die KVG ihr Verwaltungsrecht gekündigt hat, das Sondervermögen jedoch trotzdem, ggf. sogar in Abstimmung mit den Anlegern, abgewickelt werden soll. Dies wird in der Praxis wohl überwiegend bei Immobilien-Sondervermögen mit ausschließlich oder zumindest weit überwiegend institutionellen Anlegern bzw. bei Spezial-AIF vorkommen. Man könnte daher erwägen, § 244 analog auch in der Abwicklungsphase eines Immobilien-Sondervermögens anzuwenden, allerdings handelt es sich bei § 244 um eine regelmäßig eng auszulegende Ausnahmevorschrift, so dass sich eine analoge Anwendung grds. verbietet (anders BSL/*Klusak* InvG § 74 Rn. 2; hierzu auch BSV/*Zöll* 410 § 74 Rn. 5, nach dessen Auffassung zumindest bei der in Abstimmung mit den Anlegern beschlossenen Abwicklung von Spezial-AIF die Anlagevorschriften grds. nicht mehr anwendbar sind). Eine planmäßige Abwicklung wird daher im Einzelfall mit den Wirtschaftsprüfern des Immobilien-Sondervermögens sowie mit der BaFin abzustimmen sein.

VI. Besonderheiten für offene Spezial-AIF

6 § 244 ist für offene Spezial-AIF abdingbar. Es sind jedoch keine Gründe ersichtlich, warum auf die Flexibilität, die § 244 in der Anlaufzeit gewährt, verzichtet werden sollte. Eine über § 244 hinausgehende Flexibilität kann für Spezial-AIF durch eine großzügigere Festlegung der Anlagegrenzen in den AnlB erreicht werden.

§ 245 Treuhandverhältnis

Abweichend von § 92 Absatz 1 können Vermögensgegenstände, die zum Immobilien-Sondervermögen gehören, nur im Eigentum der AIF-Kapitalverwaltungsgesellschaft stehen.

I. Allgemeines

1 Der KVG steht bei Immobilien-Sondervermögen anders als bei anderen Fondstypen keine Wahl in Bezug auf die **Eigentumsverhältnisse** der für Rechnung des Immobilien-Sondervermögen gehaltenen Immobilien zu. Während für andere Fondstypen die KVG in den AnlB festlegen kann, ob die Vermögensgegenstände in ihrem oder im Eigentum der Anleger stehen, hat sie bei Immobilien-Sonderver-

mögen dieses Wahlrecht aufgrund der Regelung des § 245 nicht. § 245 betrifft alle Vermögensgegenstände, also auch solche, die bei anderen Arten von Investmentvermögen im Eigentum der Anleger stehen wie bspw. die Liquiditätsanlagen (vgl. auch EDD/*Bujotzek/Thömmes* § 245 Rn. 3; BSV/*Zöll* 410 § 75).

Zumindest bei Publikums-Sondervermögen wäre eine andere Eigentumslösung auch **unpraktikabel,** da alle Anleger bei Eigentumsumschreibungen involviert und in öffentliche Register eingetragen werden müssten. Zwar könnte dies über Vollmachten gelöst werden, doch unter Berücksichtigung der ständig wechselnden Anlegerschaft, von der die KVG grds. keine genaue Kenntnis hat, würde auch dieses Vorgehen an ihre praktischen Grenzen stoßen (vgl. EDD/*Bujotzek/Thömmes* § 245 Rn. 2; BSL/*Klusak* InvG § 75 Rn. 1; BS/*Lindner-Figura* KAGG § 30 Rn. 1). So sind die Anleger eines Immobilien-Sondervermögens in der Regel jedoch nicht identifizierbar, zumal die KVG auch kein Anlegerregister führen muss (FK-KapAnlR/*Moroni* § 244 Rn. 1).

II. Treuhandverhältnis

Die KVG hält die Vermögensgegenstände des Immobilien-Sondervermögens als 2
treuhänderische Eigentümerin. Ihre Rechtsposition wird in allen öffentlichen Registern wie Grundbüchern oder HR eingetragen, was insb. die Handlungsfähigkeit der KVG im Ausland stärkt (vgl. auch BSL/*Klusak* InvG § 75 Rn. 3).

Um die Anleger gegen Gefahren, die aus der alleinigen Eigentümerstellung der KVG resultieren, zu schützen, ist jede Verfügung über Immobilien und Beteiligungen an Immobilien-Gesellschaften von der **Verwahrstelle zu genehmigen.** Um diese Beschränkung in der Verfügungsbefugnis gegenüber Dritten deutlich zu machen, ist eine Verfügungsbeschränkung im Grundbuch einzutragen (s. § 246) (vgl. hierzu auch BSL/*Klusak* InvG § 75 Rn. 3; BS/*Lindner-Figura* KAGG § 30 Rn. 2). Bei Mehrheitsbeteiligungen an Immobilien-Gesellschaften sind darüber hinaus Satzungsänderungen und Veräußerungen von Immobilien von der Zustimmung der Verwahrstelle abhängig; eine im Grundbuch der indirekt gehaltenen Immobilien einzutragende Verfügungsbeschränkung ist jedoch nicht vorgesehen.

III. Besonderheiten für offene Spezial-AIF

Für offene Spezial-AIF kann gem. § 284 II von § 245 abgewichen werden. Ins- 3
besondere bei **Ein-Anleger-Fonds** spricht aus praktischen Gründen nichts dagegen, dass die Vermögensgegenstände im Eigentum des Anlegers stehen (so auch FK-KapAnlR/*Moroni* § 245 Rn. 3). Dieser ist idR ohnehin eng in An- und Verkaufsaktivitäten eingebunden, so dass die Beteiligung an der Eigentumsumschreibung selbst keine praktischen Probleme bereiten sollte.

§ 246 Verfügungsbeschränkung

(1) [1]**Die AIF-Kapitalverwaltungsgesellschaft hat dafür zu sorgen, dass die Verfügungsbeschränkung nach § 84 Absatz 1 Nummer 3 in das Grundbuch eingetragen wird.** [2]**Ist bei ausländischen Grundstücken die Eintragung der Verfügungsbeschränkung in ein Grundbuch oder ein vergleichbares Register nicht möglich, so ist die Wirksamkeit der Verfügungsbeschränkung in anderer geeigneter Form sicherzustellen.**

(2) **Die AIF-Kapitalverwaltungsgesellschaft kann gegenüber dem Grundbuchamt die Bestellung der Verwahrstelle durch eine Bescheinigung der Bundesanstalt nachweisen, aus der sich ergibt, dass die Bundesanstalt die Auswahl als Verwahrstelle genehmigt hat und von ihrem Recht, der AIF-Kapitalverwaltungsgesellschaft einen Wechsel der Verwahrstelle aufzuerlegen, keinen Gebrauch gemacht hat.**

I. Allgemeines

1 Mit Ausnahme redaktioneller Anpassungen entspricht die Vorschrift dem aufgehobenen § 76 InvG. Aufgrund ihrer zivilrechtlichen Eigentümerstellung und der Berechtigung zur Verwaltung des Sondervermögens stehen der KVG umfassende **Verfügungsbefugnisse** über die für Rechnung des Sondervermögens gehaltenen Immobilien zu. Für Zwecke des Anlegerschutzes wird die KVG durch die Verwahrstelle dahingehend kontrolliert, dass Verfügungen über zum Sondervermögen gehörende Immobilien nur mit deren Zustimmung zulässig sind. Damit diese Kontrollrechte der Verwahrstelle über Verfügungen der KVG auch Dritten gegenüber erkennbar sind und damit tatsächlich durchgesetzt werden können, ist die Eintragung der **Verfügungsbeschränkung** im Grundbuch gesetzlich vorgesehen (*Schultz-Süchting/Thomas* WM 2008, 2285 (2289); *Baur* KAGG § 31 Rn. 6; vgl. auch WBA/*Kautenburger-Behr* § 246 Rn. 1).

II. Eintragung einer Verfügungsbeschränkung (§ 246 I)

2 Die KVG hat dafür zu sorgen, dass die **Verfügungsbeschränkung gem. § 84 I Nr. 3 in das Grundbuch eingetragen wird.** Die Verfügungsbeschränkung enthält idR sowohl den Namen der Verwahrstelle als auch des Sondervermögens. Eine solche Verfügungsbeschränkung kann beispielsweise wie folgt formuliert werden: „Das Grundstück gehört zum Immobilien-Sondervermögen XYZ. Der Eigentümer darf gem. §§ 84 I Nr. 3, 246 I 1 Kapitalanlagegesetzbuch über den Grundbesitz nur mit Zustimmung der als Verwahrstelle bestellten ABC-Bank mit Sitz in […] verfügen". In der Praxis wird es gerade bei Immobilien, die vor längerer Zeit für Rechnung des Immobilien-Sondervermögens erworben wurden, Verwahrstellensperrvermerke geben, die entweder nicht das betreffende Sondervermögen oder die bestellte Verwahrstelle nennen. Eine Nichterwähnung der Verwahrstelle hat im Rahmen einer Veräußerung der Immobilie aufgrund der gem. Abs. 2 zu erteilenden Bescheinigung der BaFin über die bestellte Verwahrstelle regelmäßig keine Auswirkungen. Auch die Nichterwähnung des betreffenden Sondervermögens ist idR unschädlich.

Die Verwahrstelle ist zur **Überwachung der Eintragung** im Grundbuch bzw. bei im Ausland belegenen Immobilien zur Überwachung der Sicherstellung der Wirksamkeit der Verfügungsbeschränkung verpflichtet (§ 83 IV Nr. 1 und 2). Mit der Regelung des § 246 wird dem Umstand Rechnung getragen, dass Immobilien nicht verwahrfähig sind und ihre Übertragung anders grds. nicht wirksam kontrolliert werden kann (vgl. EDD/*Schultz-Süchting* § 246 Rn. 9). Die Eintragung der Verfügungsbeschränkung soll den gutgläubigen Eigentumserwerb unter Umgehung des Zustimmungserfordernisses durch jemanden, der die Verfügungsbeschränkung nicht kennt, verhindern (EDD/*Schultz-Süchting* § 246 Rn. 9; BSL/*Köndgen* InvG § 27 Rn. 13) und entspricht einem Veräußerungsverbot (BSL/*Klusak* InvG § 76 Rn. 4). Zur Umsetzung der Anforderungen des § 246 enthält der notarielle Kaufvertrag idR Bestimmungen zum Antrag und zur Bewilligung dieser Verfügungsbeschränkung (BSL/*Klusak* InvG §76 Rn. 4; BS/*Lindner-Figura* KAGG §31 Rn. 12; *Baur* KAGG §31 Rn. 8).

1. Begriff der Verfügung. Das KAGB definiert ebenso wenig wie vorher das InvG den Begriff der Verfügung, so dass grds. auf den **Verfügungsbegriff des BGB** abzustellen ist (so auch EDD/*Schultz-Süchting* §246 Rn. 4; BSV/*Zöll* 410 §76 Rn. 2). Demnach ist eine Verfügung jedes Rechtsgeschäft, das unmittelbar auf die Übertragung, Belastung, Änderung oder Aufhebung eines bestehenden Rechts gerichtet ist (MüKoBGB/*Bayreuther* §185 Rn. 3). Schuldrechtliche Geschäfte wie Vermietung, Verpachtung oder sonstige Gebrauchsüberlassung fallen nicht darunter (EDD/*Schultz-Süchting* §246 Rn. 4; BSL/*Klusak* InvG §76 Rn. 3; BSV/*Zöll* 410 §76 Rn. 2), selbst wenn die faktische Wirkung eines Mietvertrags insbes. über Wohnraum sehr weitgehend und einer Verfügung über eine Immobilie nicht unähnlich sein kann. 3

§246 I fordert nur die Eintragung einer Verfügungsbeschränkung gem. §84 I Nr. 3. Dies erscheint zunächst nicht weitgehend genug, da auch Belastungen der Zustimmung der Verwahrstelle bedürfen und grds. des gleichen Schutzmechanismus bedürften (vgl. EDD/*Schultz-Süchting* §246 Rn. 4). In der Praxis wird dies jedoch wohl keine Auswirkungen haben, da für Zwecke des Grundbuchrechts der **zivilrechtliche Verfügungsbegriff** gelten und auch bei Belastungen die im Grundbuch eingetragene Verfügungsbeschränkung zur Geltung kommen wird.

Die Verfügungsbeschränkung wird in der **zweiten Abteilung** des Grundbuchs eingetragen, vgl. §10 I Buchst. b Grundbuchverfügung (Verordnung zur Durchführung der Grundbuchordnung v. 24.1.1995). Da nur beschränkte dingliche Rechte rangfähig iSd §879 BGB sind (Grüneberg/*Bassenge* BGB §879 Rn. 4), steht die Verfügungsbeschränkung in keinem materiellen Rangverhältnis zu den anderen im Grundbuch vorgenommenen Eintragungen (EDD/*Schultz-Süchting* §246 Rn. 11; BSL/*Klusak* InvG §76 Rn. 3; BS/*Lindner-Figura* KAGG §31 Rn. 12; Grüneberg/*Bassenge* BGB §879 Rn. 6; aA wohl *Baur* KAGG §31 Rn. 8, der von einer Eintragung an erster Rangstelle ausgeht; zum Verhältnis zwischen Verfügungsbeschränkung und Vormerkung vgl. EDD/*Schultz-Süchting* §246 Rn. 13ff.; BSV/*Zöll* 410 §76 Rn. 7; zum Verhältnis zwischen Verfügungsbeschränkung und dinglichem Vorkaufsrecht vgl. EDD/*Schultz-Süchting* §246 Rn. 16ff.; BSV/*Zöll* 410 §76 Rn. 8). Allerdings führt die Verfügungsbeschränkung nicht dazu, dass später eingetragene Rechte in ihrer vollständigen Verwirklichung beeinträchtigt werden, sondern die Verfügungsbeschränkung hindert bereits die Entstehung dieser Rechte (EDD/*Schultz-Süchting* §246 Rn. 11; vgl. auch BSL/*Klusak* InvG §76 Rn. 5; BSV/*Zöll* 410 §76 Rn. 6). Formal kommt damit der Verfügungsbeschränkung ein Rangverhältnis zu, das sich nach den vom Grundbuchamt in zeitlicher Reihenfolge vorgenommenen Eintragungen bemisst (EDD/*Schultz-Süchting* §246 Rn. 11; Grüneberg/*Bassenge* BGB §879 Rn. 6; BSV/*Zöll* 410 §76 Rn. 5). 4

2. Rechtsfolgen eines Verstoßes. Ein Verstoß gegen die eingetragene Verfügungsbeschränkung führt gem. §84 II 3 dazu, dass die Verfügung **den Anlegern gegenüber unwirksam** ist. §84 II 4 bestimmt weiterhin, dass die Vorschriften derjenigen, welche Rechte von einem Nichtberechtigten herleiten, entsprechende Anwendung finden. Daraus folgt, dass die KVG bei Eintragungen trotz nicht vorliegender Zustimmung die Eintragung gem. §888 II BGB löschen lassen muss 5

(BSL/*Klusak* InvG § 76 Rn. 5; BS/*Lindner-Figura* KAGG § 31 Rn. 12; *Baur* KAGG § 31 Rn. 9).

Die Wirkung einer Verfügungsbeschränkung besteht auch dann, wenn sie nicht im Grundbuch eingetragen ist. Die Eintragung hat also lediglich **deklaratorischen Charakter** (EDD/*Schultz-Süchting* § 246 Rn. 19; FK-KapAnlR/*Moroni* § 246 Rn. 8). In diesem Fall gilt gem. § 84 II 4 jedoch im Interesse des Schutzes des Rechtsverkehrs die Regelung des § 892 II 2 BGB entsprechend. Ist die Verfügungsbeschränkung im Grundbuch nicht eingetragen, so wirkt sie daher gegenüber einem Erwerber nur dann, wenn dieser **positive Kenntnis** von der Verfügungsbeschränkung hat (EDD/*Schultz-Süchting* § 246 Rn. 19; BSL/*Köndgen* InvG § 26 Rn. 23; BSV/*Zöll* 410 § 76 Rn. 9). Wann die Voraussetzungen des § 892 II 2 BGB vorliegen, ist nach den allg. Grundsätzen zu ermitteln. Grob fahrlässige Unkenntnis oder gar bedingter Vorsatz sind dabei unschädlich (EDD/*Schultz-Süchting* § 246 Rn. 19; BSV/*Zöll* 410 § 76 Rn. 9). Auch kann keine positive Kenntnis in Bezug auf die Verfügungsbeschränkung angenommen werden, wenn der Erwerber zwar weiß, dass die Immobilie zu einem Sondervermögen gehört, das Grundbuch ohne Verfügungsbeschränkung aber trotzdem für richtig hält (BSV/*Zöll* 410 § 76 Rn. 9; EDD/*Schultz-Süchting* § 246 Rn. 19). Der Schutz des guten Glaubens beschränkt sich zudem auf die Verfügungsbeschränkung an sich, erstreckt sich aber nicht auf das Vorliegen der Verwahrstellenzustimmung (EDD/*Schultz-Süchting* § 246 Rn. 19). Daher ist ein gutgläubiger Erwerb ausgeschlossen, wenn ein Erwerber fälschlicherweise annimmt, die Verwahrstelle habe der Veräußerung der Immobilie zugestimmt.

6 **3. Im Ausland belegene Immobilien (§ 246 I 2).** Bei im Ausland belegenen Immobilien ist im Einzelfall zu prüfen, ob eine Verfügungsbeschränkung im Grundbuch bzw. dem entsprechenden Register eingetragen werden kann. Dies ist idR nach dem **lokalen Immobilienrecht** zu entscheiden. Danach bestimmt sich auch, ob eine der deutschen Verfügungsbeschränkung vergleichbare Beschränkung überhaupt existiert und eintragungsfähig ist. Dies ist nicht in allen Staaten der Fall. § 246 erkennt dieses Problem und bestimmt daher, dass ggf. die Wirkung der Verfügungsbeschränkung auf andere Weise sicherzustellen ist. Im Ausland kann im Falle der fehlenden Eintragungsfähigkeit einer Verfügungsbeschränkung deren Wirkung bspw. durch **Eintragung von Vorkaufsrechten** oder **wertausschöpfenden Grundpfandrechten** zu Gunsten der Verwahrstelle sichergestellt werden (EDD/*Schultz-Süchting* § 246 Rn. 20; BSL/*Klusak* InvG § 76 Rn. 6; BS/*Lindner-Figura* KAGG § 31 Rn. 13; BSV/*Zöll* 410 76 Rn. 10; *Baur* KAGG § 31 Rn. 11). Rein praktisch kann die Wirkung der Verfügungsbeschränkung auch dadurch erreicht werden, dass die für eine Übertragung der Immobilie **notwendigen Urkunden durch die Verwahrstelle verwahrt** werden (EDD/*Schultz-Süchting* § 246 Rn. 20; BSL/*Klusak* InvG § 76 Rn. 6; BS/*Lindner-Figura* KAGG § 31 Rn. 13; BSV/*Zöll* 410 76 Rn. 10; für eine Übersicht über die Möglichkeiten, die Verfügungsbeschränkung einzutragen bzw. deren Wirksamkeit anderweitig sicherzustellen vgl. BS/*Lindner-Figura* Anhang Nr. 1 zu § 31 KAGG; ergänzend BSV/*Zöll* 410 § 76 Rn. 10). Sowohl KVG als auch Verwahrstelle müssen daher vor Erwerb der jeweiligen Immobilie prüfen, wie die Verfügungsbeschränkung zugunsten der Verwahrstelle sichergestellt werden kann (*Baur* KAGG § 31 Rn. 11).

III. Bescheinigung über die Bestellung der Verwahrstelle (§ 246 II)

§ 246 II gibt der KVG die Möglichkeit, jederzeit von der BaFin den Nachweis der Bestellung der Verwahrstelle zu verlangen. Die Vorschrift erleichtert die **grundbuchliche Abwicklung,** indem sie den Nachweis gem. § 29 I GBO regelt. Zudem wird durch die Bescheinigung der BaFin der Nachweis erbracht, dass die Verwahrstelle, die der Verfügung zustimmt, auch tatsächlich die für das Immobilien-Sondervermögen bestellte Verwahrstelle ist (EDD/*Schultz-Süchting* § 246 Rn. 21; BSV/*Zöll* 410 § 76 Rn. 11). Bei einem Wechsel der Verwahrstelle muss die Verfügungsbeschränkung im Grundbuch auf die neue Verwahrstelle umgeschrieben werden (EDD/*Schultz-Süchting* § 246 Rn. 21; BSL/*Klusak* InvG 76 Rn. 5). In der Praxis wird dies jedoch nicht unbedingt geschehen, sondern der Nachweis der Bestellung einer neuen Verwahrstelle wird im Rahmen eines zustimmungsbedürftigen Vorgangs erbracht (EDD/*Schultz-Süchting* § 246 Rn. 21). Anhaltspunkte für praktische Nachteile sind nicht erkennbar. Da der gute Glaube an das Vorliegen der Zustimmung der Verwahrstelle nicht geschützt wird, ist auch zweifelhaft, ob bei Vorliegen der Zustimmung der früheren, noch im Grundbuch eingetragenen Verwahrstelle ein gutgläubiger Erwerb erfolgen kann (so wohl EDD/*Schultz-Süchting* § 246 Rn. 21). Gleichfalls ist eine Berichtigung des Grundbuchs grds. geboten, wenn eine Immobilie von einem Sondervermögen auf ein anderes, von derselben KVG verwaltetes Sondervermögen übertragen wird (EDD/*Schultz-Süchting* § 246 Rn. 21), jedenfalls wenn die Verfügungsbeschränkung den Namen des Sondervermögens enthält. 7

IV. Besonderheiten bei offenen Spezial-AIF

Grundsätzlich ist mangels anderslautender Bestimmungen in den AnlB von offenen Spezial-AIF § 246 gem. § 284 I mit denselben Konsequenzen anwendbar wie bei Immobilien-Sondervermögen. Etwas anderes gilt nur, wenn die KVG für einen offenen Spezial-AIF entschieden hat, **§ 246 abzubedingen.** In diesem Fall hat sie dies in den Anlagebedingungen zu regeln. § 246 wird dann gegenstandslos (vgl. die Auslegungsentscheidung der BaFin zur Frage der Genehmigungspflicht für die Auswahl der Verwahrstelle nach Maßgabe des § 284 I und II des Kapitalanlagegesetzbuches (KAGB) v. 7.10.2013). 8

Auch bei offenen Spezial-AIF, für die das **Miteigentumsmodell** gewählt wurde, ist die Verfügungsbeschränkung zugunsten der Verwahrstelle einzutragen, wenn eine Verwahrstelle für den AIF gewählt wurde (vgl. BSV/*Zöll* 410 § 76 Rn. 9a). Darüber hinaus ist außerdem noch die **Verfügungsbefugnis der KVG** ins Grundbuch einzutragen, da nach Auffassung des BGH anderenfalls die **Verfügungsbeschränkung zugunsten der Verwahrstelle** nicht nachvollziehbar ist (BGH 30.6.2011 – V ZB 200/10, ZIP 2011, 1610 (1611f.)). Eine Verfügungsbeschränkung, aus der sich ergibt, dass die einzelnen Eigentümer nicht zu Verfügungen über die Immobilien befugt sind, erscheint dann entbehrlich, da die KVG allein zu Verfügungen befugt ist. Bereits daraus ergibt sich, dass die Miteigentümer jedenfalls nicht zu Verfügungen berechtigt sind (vgl. EDD/*Schultz-Süchting* § 246 Rn. 22f.). 9

§ 247 Vermögensaufstellung

(1) [1]Die AIF-Kapitalverwaltungsgesellschaft hat in der Vermögensaufstellung nach § 101 Absatz 1 Satz 3 Nummer 1 den Bestand der zum Sondervermögen gehörenden Immobilien und sonstigen Vermögensgegenstände aufzuführen und dabei Folgendes anzugeben:

1. Größe, Art und Lage sowie Bau- und Erwerbsjahr eines Grundstücks,
2. Gebäudenutzfläche, Leerstandsquote, Nutzungsentgeltausfallquote, Fremdfinanzierungsquote,
3. Restlaufzeiten der Nutzungsverträge,
4. Verkehrswert oder im Fall des § 248 Absatz 2 Satz 1 den Kaufpreis,
5. Nebenkosten bei Anschaffung von Vermögensgegenständen im Sinne des § 231 Absatz 1 und des § 234,
6. wesentliche Ergebnisse der nach Maßgabe dieses Unterabschnitts erstellten Wertgutachten,
7. etwaige Bestands- oder Projektentwicklungsmaßnahmen und
8. sonstige wesentliche Merkmale der zum Sondervermögen gehörenden Immobilien und sonstigen Vermögensgegenstände.

[2]Die im Berichtszeitraum getätigten Käufe und Verkäufe von Immobilien und Beteiligungen an Immobilien-Gesellschaften sind in einer Anlage zur Vermögensaufstellung anzugeben.

(2) [1]Bei einer Beteiligung nach § 234 hat die AIF-Kapitalverwaltungsgesellschaft oder die Immobilien-Gesellschaft in der Vermögensaufstellung anzugeben:

1. Firma, Rechtsform und Sitz der Immobilien-Gesellschaft,
2. das Gesellschaftskapital,
3. die Höhe der Beteiligung und den Zeitpunkt ihres Erwerbs durch die AIF-Kapitalverwaltungsgesellschaft und
4. Anzahl der durch die AIF-Kapitalverwaltungsgesellschaft oder Dritte nach § 240 gewährten Darlehen sowie die jeweiligen Beträge.

[2]Als Verkehrswert der Beteiligung ist der nach § 248 Absatz 4 ermittelte Wert anzusetzen. [3]Die Angaben nach Absatz 1 für die Immobilien und sonstigen Vermögensgegenstände der Immobilien-Gesellschaft sind nachrichtlich aufzuführen und besonders zu kennzeichnen.

Schrifttum: *Kempf* Rechnungslegung von Investmentvermögen, 2010.

I. Allgemeines

1 Die Vermögensaufstellung soll den Anleger in die Lage versetzen, sich ein **umfassendes Bild** von der Zusammensetzung des Sondervermögens zu machen (BSL/*Klusak* InvG § 79 Rn. 1) und enthält eine Aufstellung aller Vermögensgegenstände und Verbindlichkeiten, die dem Sondervermögen zuzurechnen sind (vgl. *Kempf* Rechnungslegung von Investmentvermögen, 58). Zudem dient die Vermögensaufstellung als Grundlage für die Berechnung des Anteilpreises (BSL/*Klusak* InvG § 79 Rn. 1). § 247 regelt daher, was die KVG in Bezug auf die zum Sondervermögen gehörenden Immobilien und sonstigen Vermögensgegenstände in der Vermögensaufstellung aufführen muss. Neben den zusätzlichen Angaben, die für

die von Immobilien-Sondervermögen gehaltenen Vermögensgegenständen gelten, finden aufgrund des Verweise auf § 101 I 3 Nr. 1 die allg. Rechnungslegungsvorschriften Anwendung (EDD/*Doublier/Lemnitzer/Eisenhuth* § 247 Rn. 2; BSL/*Klusak* InvG § 79 Rn. 3). Darüber hinaus steht es im Ermessen der KVG, weitere Informationen in den Jahresbericht aufzunehmen (BSV/*Zöll* 405 § 247 Rn. 1).

In der Praxis orientieren sich viele KVGs bei der Umsetzung der Verpflichtungen aus § 247 an dem vom BVI veröffentlichten **Muster-Jahresbericht für Immobilien-Sondervermögen.** Selbst wenn dieser Muster-Jahresbericht nicht vollständig übernommen wird, dient er als Anleitung zur Befolgung der Vorgaben des § 247 (vgl. EDD/*Doublier/Lemnitzer/Eisenhuth* § 247 Rn. 4).

II. Bestandteile der Vermögensaufstellung (§ 247 I)

Absatz 1 übernimmt mit redaktionellen Anpassungen die Regelung des aufgehobenen § 79 I 1 und 9 InvG (BT-Drs. 17/12294, 469). Wie bereits die Vorgängervorschrift des InvG, definiert § 247 den Begriff der **sonstigen Vermögensgegenstände** nicht näher. Aufgrund des Numerus Clausus der für Immobilien-Sondervermögen erwerbbaren Vermögensgegenstände ist nicht vollständig klar, welche sonstigen Vermögensgegenstände davon erfasst sein können. Da beispielsweise die Liquiditätsanlagen, die neben den Immobilien grds. eine Bedeutung für die Vermögensaufstellung des Sondervermögens haben, bereits über den Verweis auf § 101 I 3 Nr. 1 erfasst sind, lag unter dem InvG der Schluss nahe, dass es sich bei diesen sonstigen Vermögensgegenständen um Bewirtschaftungsgegenstände gem. § 231 III handelt (so auch EDD/*Doublier/Lemnitzer/Eisenhuth* § 247 Rn. 2; BSL/*Klusak* InvG § 79 Rn. 3). Hierfür sprach auch, dass die im Katalog des § 247 I geforderten Angaben neben Immobilien am ehesten im Zusammenhang mit Bewirtschaftungsgegenständen eine Aussagekraft besitzen. Mittlerweile nennt § 9 III A. IV. KARBV ausdrücklich die Vermögensgegenstände, die als sonstige Vermögensgegenstände qualifizieren. Hierzu zählen Forderungen aus Grundstücksbewirtschaftung, Forderungen an Immobilien-Gesellschaften, Zinsansprüche, Anschaffungsnebenkosten bei Immobilien, Anschaffungsnebenkosten bei Beteiligungen an Immobilien-Gesellschaften, soweit sie auf Fondsebene angefallen sind und andere Vermögensgegenstände wie bspw. Devisentermingeschäfte (sa FK-KapAnlR/*Jesch* § 247 Rn. 6). 2

1. Größe, Art und Lage sowie Bau- und Erwerbsjahr eines Grundstücks (§ 247 I 1 Nr. 1). Die Angabe der **Grundstücksgröße** hat in Quadratmeter zu erfolgen. Bei Wohn- oder Teileigentum bzw. Wohnungs- und Teilerbbaurechten muss der Anteil des jeweiligen Rechts an der Gesamtfläche angegeben werden (EDD/*Doublier/Lemnitzer/Eisenhuth* § 247 Rn. 7; BSL/*Klusak* InvG § 79 Rn. 4). Werden sämtliche Teileigentumsanteile bzw. Teilerbbaurechte einer Immobilie für Rechnung desselben Sondervermögens gehalten, ist das Grundstück wie Volleigentum zu behandeln. Dies gilt auch für die Zuordnung der Immobilie zu den Grundstücksarten und die Berechnung der Anlagegrenzen (EDD/*Doublier/Lemnitzer/Eisenhuth* § 247 Rn. 7; vgl. auch BSV/*Zöll* 405 § 247 Rn. 3). 3

Bei der Beschreibung der Art der Immobilie ist eine Einordnung in den **Katalog des § 231 I** notwendig. Es muss daher bspw. differenziert werden, ob es sich um ein unbebautes Grundstück oder ein Grundstück im Zustand der Bebauung handelt. Weiterhin muss angegeben werden, ob es sich um ein Geschäftsgrundstück, Mietwohngrundstück oder Erbbaurecht handelt (vgl. die BVI-Bearbeitungshinweise zu den Angaben in den Jahres- und Halbjahresberichten für Immobilien-Sondervermögen S. 16). Die Lage des Grundstücks ist anhand der Straße, Hausnummer sowie Ort mit dazugehöriger Postleitzahl anzugeben (EDD/*Doublier/Lemnitzer/Eisenhuth* § 247 Rn. 8; *Baur* KAGG § 34 Rn. 4; BSL/*Klusak* InvG § 79 Rn. 4; vgl. auch die BVI-Bearbeitungshinweise zu den Angaben in den Jahres- und Halbjahresberichten für Immobilien-Sondervermögen S. 16).

Weiterhin ist mit dem Baujahr das **Jahr der Fertigstellung** anzugeben (EDD/*Doublier/Lemnitzer/Eisenhuth* § 247 Rn. 9; BSL/*Klusak* InvG § 79 Rn. 4). Im Falle wesentlicher Modernisierungs- bzw. Umbaumaßnahmen muss zudem deren Datum genannt werden (EDD/*Doublier/Lemnitzer/Eisenhuth* § 247 Rn. 9). Das Erwerbsdatum ist grds. der **Zeitpunkt des Übergangs von Besitz, Nutzen und Lasten** (EDD/*Doublier/Lemnitzer/Eisenhuth* § 247 Rn. 9; BSL/*Klusak* InvG § 79 Rn. 4). Erst zu diesem Zeitpunkt erscheint eine Erfassung der Immobilie in der Vermögensaufstellung sachgerecht, und erst zu diesem Zeitpunkt wird grds. die Gegenleistung für die Immobilie aus dem Sondervermögen geleistet (BSV/*Zöll* 405 § 247 Rn. 3). Für den Fall, dass bspw. Bei ausländischen Immobilien im Bau Nutzen und Lasten ebenso wie die Gefahr des zufälligen Untergangs bis zur Fertigstellung beim Verkäufer bleiben, ein Eigentumsübergang jedoch dennoch erfolgt, ist das Grundstück bereits mit dem Eigentumsübergang in die Vermögensaufstellung aufzunehmen (BSV/*Zöll* 405 Rn. 4).

4 **2. Gebäudenutzfläche, Leerstandsquote, Nutzungsentgeltausfallquote, Fremdfinanzierungsquote (§ 247 I 1 Nr. 2).** Gebäudenutzfläche meint die Angabe der Nutzfläche in Quadratmeter nach **DIN 277,** wobei angegeben werden muss, ob es sich um gewerblich oder wohnungswirtschaftlich genutzte Flächen handelt (EDD/*Doublier/Lemnitzer/Eisenhuth* § 247 Rn. 10; BAKred, Schreiben v. 25.7.1972). Ist die Nutzfläche nach DIN 277 nicht bekannt, wird in der Praxis die Mietfläche gem. Mietvertrag angegeben.

5 Darüber hinaus sind sowohl die **Leerstands**- als auch die **Nutzungsentgeltausfallquote** anzugeben. In der Praxis werden beide Begriffe gleich verstanden, so dass lediglich eine Quote angegeben wird (EDD/*Doublier/Lemnitzer/Eisenhuth* § 247 Rn. 11; BVI-Bearbeitungshinweise zu den Angaben in den Jahres- und Halbjahresberichten für Immobilien-Sondervermögen S. 19). Da das Gesetz jedoch zwei unterschiedliche Begriffe verwendet, spricht dies eigentlich für die Nennung vom zwei Quoten in der Vermögensaufstellung.

Die **Leerstandsquote** wird in der Praxis grds. anhand einer vom BVI aufgestellten Beispielrechnung ermittelt, die die Bruttosollmieten berücksichtigt (EDD/*Doublier/Lemnitzer/Eisenhuth* § 247 Rn. 12; vgl. hierzu BVI-Bearbeitungshinweise zu den Angaben in den Jahres- und Halbjahresberichten für Immobilien-Sondervermögen S. 19f.; BSV/*Zöll* 405 § 247 Rn. 8). Demnach wird die Leerstandsquote berechnet, indem die nachhaltige Miete laut dem Verkehrswertgutachten durch die Summe der Ist-Miete für vermietete Flächen und der Miete laut Verkehrswertgutachten für unvermietete Flächen geteilt wird. Jede Position versteht sich zuzüglich nicht umlagefähiger Betriebskosten.

Besteht für Flächen kein Mietvertrag, wurde für diese Flächen jedoch eine **werthaltige Mietgarantie** abgegeben, können diese ebenfalls zu den vermieteten Flächen gezählt werden (EDD/*Doublier/Lemnitzer/Eisenhuth* § 247 Rn. 14; aA BSV/*Zöll* 410 § 79 Rn. 8; vgl. auch BSL/*Klusak* InvG § 79 Rn. 4, der dies dem sachgerechten Ermessen der jeweiligen KVG überlassen will). Gleiches gilt bei vermieteten Flächen, für die eine mietfreie Zeit gewährt wurde (EDD/*Doublier/Lemnit-*

zer/Eisenhuth § 247 Rn. 15), sowie in der Praxis wohl auch bei temporären Mietminderungen. Diese werden also nicht in der Leerstandsquote berücksichtigt.

Würde man der **Nutzungsentgeltausfallquote** eine eigene Bedeutung zumessen, sollten nur solche Flächen berücksichtigt werden, über die tatsächlich ein Mietvertrag abgeschlossen wurde, aber kein Entgelt erhalten wird (vgl. BSL/*Klusak* InvG § 79 Rn. 4). So kann die Nutzungsentgeltausfallquote von der Leerstandsquote abgegrenzt werden. Der Nutzungsentgeltausfall kann dann als Differenz zwischen Bruttosoll-Miete und Ist-Miete ermittelt werden (EDD/*Doublier/Lemnitzer/Eisenhuth* § 247 Rn. 16). Damit sind sowohl mietfreie Zeiten als auch Mietausfälle aufgrund zahlungsunwilliger oder -unfähiger Mieter erfasst (EDD/*Doublier/Lemnitzer/Eisenhuth* § 247 Rn. 16; BSL/*Klusak* InvG § 79 Rn. 4).

Bei der **Fremdfinanzierungsquote** ist das Verhältnis zwischen valutierender Darlehensschuld und Verkehrswert der Immobilie(n) anzugeben (BSL/*Klusak* InvG § 79 Rn. 4; BSV/*Zöll* 405 § 247 Rn. 10). Dies ist aufgrund der Vorschrift des § 254 nur sachgerecht, da auch dort auf den Verkehrswert der Immobilie abgestellt wird, selbst wenn die Immobilie ansonsten noch grds. mit dem Kaufpreis angesetzt wird. Die Fremdfinanzierungsquote muss nicht die Gesellschafterdarlehen berücksichtigen, die an im Sondervermögen befindliche Immobiliengesellschaften vergeben wurden (BSV/*Zöll* 405 § 247 Rn. 10). 6

3. Restlaufzeiten der Nutzungsverträge (§ 247 I 1 Nr. 3). Bei der Restlaufzeit der Nutzungsverträge ist auf den **gewichteten Mittelwert aller Mietverträge einer Immobilie** abzustellen. Als Ende der Restlaufzeit wird die nächste Kündigungsmöglichkeit des Mieters bzw. bei Mietverträgen mit einer festen Laufzeit das vertraglich vereinbarte Ende der Mietzeit angesetzt. Problematisch sind die Handhabung unbefristeter Mietverträge sowie außerordentliche Kündigungsmöglichkeiten des Mieters. Hier wird in der Praxis häufig als Ende der Mietzeit für Zwecke der Vermögensaufstellung die **nächste Kündigungsmöglichkeit** iRd gesetzlichen Vorgaben angenommen; diese Kündigungsfrist kann im Einzelfall sehr kurz sein. Für die Gewichtung ist der Anteil des einzelnen Mietvertrags und der Nettosoll-Miete eines Objekts insges. entscheidend (BVI-Bearbeitungshinweise zu den Angaben in den Jahres- und Halbjahresberichten für Immobilien-Sondervermögen, 21; BSV/*Zöll* 405 § 247 Rn. 11). 7

4. Verkehrswert oder im Fall des § 248 II 1 der Kaufpreis (§ 247 I 1 Nr. 4). In der Vermögensaufstellung ist der **letzte Verkehrswert** anzugeben, wie er von den Bewertern ermittelt und iRd Berechnung des Anteilpreises verwendet wurde (EDD/*Doublier/Lemnitzer/Eisenhuth* § 247 Rn. 20). Noch nicht geklärt ist die Behandlung zweier voneinander abweichender Wertgutachten in der Vermögensaufstellung. Sachgerecht erscheint es, den Wert auszuweisen, den die KVG für verbindlich erklärt hat (zur Ermittlung dieses Wertes und zum Umgang mit zwei voneinander abweichenden Wertgutachten → § 249 Rn. 6) und die Ergebnisse beider Gutachten informatorisch zu nennen. Soweit § 248 II 1 die Berücksichtigung des Kaufpreises vorschreibt, ist der **Kaufpreis** in der Vermögensaufstellung anzusetzen. Der Kaufpreis ist die Gegenleistung für die Übereignung der Immobilie, wobei Erwerbsnebenkosten nicht anzusetzen sind. Dies ergibt sich aus deren gesonderter Erwähnung in Nr. 5. Bei nachträglichen Änderungen des Kaufpreises ist der angepasste Kaufpreis auszuweisen (BSV/*Zöll* 405 § 247 Rn. 15). Bei Erwerb einer Beteiligung an einer Immobilien-Gesellschaft ist der auf die Immobilie entfallende Wert zu berücksichtigen (EDD/*Doublier/Lemnitzer/Eisenhuth* § 247 Rn. 20). 8

9 **5. Nebenkosten bei der Anschaffung von Vermögensgegenständen iSd § 231 I und des § 234 (§ 247 I 1 Nr. 5).** Für jede Immobilie soll die Summe der **Anschaffungsnebenkosten** aufgeführt werden. Es handelt sich hierbei um Kosten, die aus Anschaffungsvorgängen resultieren. Davon sind **Herstellungsaufwendungen** im Zusammenhang mit Projektentwicklungen nicht erfasst (*Kempf* Rechnungslegung von Investmentvermögen, 62). Zu den üblicherweise anfallenden Anschaffungsnebenkosten zählen Maklergebühren, Notariats- und Registerkosten, die Kosten der Due Diligence sowie die Grunderwerbsteuer (vgl. *Kempf* Rechnungslegung von Investmentvermögen, 103). Es bietet sich an, die Anschaffungsnebenkosten entsprechend dem BVI Muster-Jahresbericht sowohl als Gesamtsumme sowie in Prozent des Immobilienkaufpreises und aufgegliedert in Gebühren und Steuern, sonstige Kosten, im Geschäftsjahr abgeschriebene Anschaffungsnebenkosten, zur Abschreibung verbleibende Anschaffungsnebenkosten und den voraussichtlich verbleibenden Abschreibungszeitraum, in der Praxis also die Restlaufzeit der geplanten Haltedauer anzugeben (vgl. hierzu auch *Kempf* Rechnungslegung von Investmentvermögen, 61 f.). Die Abschreibung soll gem. § 248 III 1 über die voraussichtliche Dauer der Zugehörigkeit des jeweiligen Vermögensgegenstands erfolgen. Daher ist als Beginn der Abschreibung der Beginn der Zugehörigkeit des Vermögensgegenstands zum Sondervermögen anzusehen. Die Zugehörigkeit zum Sondervermögen wird regelmäßig mit der Aufnahme der Immobilien in die Vermögensaufstellung des Sondervermögens beginnen, also idR in dem Monat, in dem der Übergang von Besitz, Nutzen und Lasten stattfand.

Anschaffungsnebenkosten von Immobilien, die über Immobilien-Gesellschaften gehalten werden, sind gesondert zu erfassen und ebenfalls über **maximal zehn Jahre** abzuschreiben. Wenn es sich um eine bereits bestehende Immobilien-Gesellschaft handelt, werden die Anschaffungsnebenkosten für den Erwerb einer Immobilie üblicherweise bereits auf Ebene der Immobilien-Gesellschaft erfasst. Auf Ebene des Sondervermögens dürfen sie dann nicht ein weiteres Mal berücksichtigt werden. Dort wären nur die Anschaffungsnebenkosten in Bezug auf den Erwerb der Beteiligung an einer Immobilien-Gesellschaft auszuweisen (vgl. hierzu *Kempf* Rechnungslegung von Investmentvermögen, 61 f.).

10 **6. Wesentliche Ergebnisse der nach Maßgabe dieses Unterabschnitts erstellten Wertgutachten (§ 247 I 1 Nr. 6).** Da der Verkehrswert als wesentliches Ergebnis des Wertgutachtens bereits gesondert aufgeführt ist (mit Ausnahme der Immobilien, die mit ihrem Kaufpreis angesetzt werden), können an dieser Stelle nur bislang nicht in der Vermögensaufstellung genannte **weitere wertbestimmende Faktoren** der Wertgutachten gemeint sein (EDD/*Doublier/Lemnitzer/Eisenhuth* § 247 Rn. 22; vgl. BSL/*Klusak* InvG § 79 Rn. 4). Hierzu zählen beispielsweise der Rohertrag, die Bewirtschaftungskosten, der Liegenschaftszinssatz, Angaben zu erforderlichen Instandhaltungsmaßnahmen sowie die wirtschaftliche Restnutzungsdauer (vgl. BSL/*Klusak* InvG § 79 Rn. 4; BSV/*Zöll* 410 § 79 Rn. 14). Weitere wesentliche Bewertungsparameter sind die angesetzte Bewertungsmiete sowie der Kapitalisierungszinssatz (*Kempf* Rechnungslegung von Investmentvermögen, 59).

11 **7. Etwaige Bestands- oder Projektentwicklungsmaßnahmen (§ 247 I 1 Nr. 7).** Es sollte zudem über die wesentlichen Umbau- und Projektentwicklungsmaßnahmen berichtet werden. Diese Angaben könnten bspw. das **Investitionsvolumen** sowie die **Bauzeit** umfassen (EDD/*Doublier/Lemnitzer/Eisenhuth* § 247

Rn. 23; vgl. auch BSL/*Klusak* InvG § 79 Rn. 4). Der BVI geht in seinen Bearbeiterhinweisen zum Muster-Jahresbericht davon aus, dass eine berichtspflichtige Umbaumaßnahme gegeben sein kann, wenn mehr als ein **Drittel des Verkehrswertes** der Immobilie betroffen ist (vgl. BVI-Bearbeitungshinweise zu den Angaben in den Jahres- und Halbjahresberichten für Immobilien-Sondervermögen, 21). Während der Durchführung einer wesentlichen Umbau- oder Projektentwicklungsmaßnahme, ist das Grundstück in der Vermögensaufstellung als „im Bau befindlich" auszuweisen. Der Ansatz erfolgt in der Praxis dann zu den aktuell aufgelaufenen Herstellungskosten. Alternativ kann der geschätzte Verkehrswert nach Fertigstellung eingebucht werden. Diesem Verkehrswert sind dann Rückstellungen in der Höhe der erwarteten Herstellungskosten gegenüberzustellen (sa § 248 Rn. 16).

8. Sonstige wesentliche Merkmale der zum Sondervermögen gehörenden Immobilien und sonstigen Vermögensgegenstände (§ 247 I 1Nr. 8). In der Aufzählung der sonstigen wesentlichen Merkmale könnten bspw. **Ausstattungsmerkmale** wie Heizungstyp und Bauzustand enthalten sein (*Baur* KAGG § 34 Rn. 4; BSL/*Klusak* InvG § 79 Rn. 4). Diese werden in der Praxis aus den eingeholten Wertgutachten übernommen. 12

9. An- und Verkäufe von Immobilien und Beteiligungen an Immobilien-Gesellschaften (§ 247 I 2). In einer Anlage zur Vermögensaufstellung sind die im **Berichtszeitraum getätigten Käufe und Verkäufe** von Immobilien und Beteiligungen an Immobilien-Gesellschaften aufzuführen. Das BVI-Muster für einen Jahresbericht sieht vor, dass Zu- und Abgänge gegenüber dem vorhergehenden Stichtag im Tätigkeitsbericht zu erläutern sind (s. BVI-Bearbeitungshinweise zu den Angaben in den Jahres- und Halbjahresberichten für Immobilien-Sondervermögen, 25). 13

III. Angaben für Beteiligungen an Immobilien-Gesellschaften

§ 247 II übernimmt mit redaktionellen Anpassungen die Regelung des aufgehobenen § 79 II InvG (BT-Drs. 17/12294, 469). 14

Wenn für Rechnung des Sondervermögens Beteiligungen an Immobilien-Gesellschaften gehalten werden, verlangt § 247 II in Bezug auf diese Beteiligungen in der Vermögensaufstellung **zusätzliche Angaben.** Damit soll auch bei indirekt gehaltenen Immobilien die Transparenz sichergestellt werden. Die Angaben sind bei mehrstöckigen Beteiligungsstrukturen auf jeder Beteiligungsstufe zu machen (EDD/*Doublier/Lemnitzer/Eisenhuth* § 247 Rn. 26).

§ 247 II verlangt die Nennung der **Firma, Rechtsform und des Sitzes** der Immobilien-Gesellschaft, ihres **Gesellschaftskapitals,** der **Höhe der Beteiligung,** die für Rechnung des Sondervermögens gehalten wird, sowie des **Zeitpunkts ihres Erwerbs** durch die KVG. Zudem müssen die der Immobilien-Gesellschaften durch die KVG oder Dritte gewährten **Darlehen** iSd § 240 offengelegt werden. In Bezug auf den Verkehrswert der Beteiligung gilt, dass der durch einen Abschlussprüfer ermittelte Wert in der Vermögensaufstellung angesetzt wird. Im Falle mehrstöckiger Beteiligungsstrukturen ist auf Ebene der direkt gehaltenen Gesellschaft, also der Holdinggesellschaft eine zusammenfassende Bewertung möglich (EDD/*Doublier/Lemnitzer/Eisenhuth* § 247 Rn. 28). Zudem sind alle Käufe und Verkäufe von Beteiligungen an Immobilien-Gesellschaften aufzuführen (vgl. BSL/*Klusak* InvG § 79 Rn. 9).

15 Der Wert der Beteiligungen an Immobilien-Gesellschaften wird maßgeblich durch die von der Immobilien-Gesellschaft gehaltenen **Immobilien** bestimmt. § 247 II 2 verlangt daher, die Angaben nach Abs. 1 in Bezug auf die durch die Immobilien-Gesellschaft gehaltenen Immobilien und sonstigen Vermögensgegenstände nachrichtlich aufzuführen und besonders zu kennzeichnen. Dem trägt der Muster-Jahresbericht des BVI Rechnung, indem er einen Abschnitt vorsieht, in dem für indirekt gehaltene Immobilien und die sonstigen Vermögensgegenstände einer Immobiliengesellschaft die § 247 I entsprechende Angaben eingetragen werden sollen (vgl. BSL/*Klusak* InvG § 79 Rn. 12, der es genügen lässt, direkt und indirekt gehaltene Immobilien bei deutlicher Kennzeichnung in einer gemeinsamen Liste zu führen).

In Bezug auf den Verkehrswert der Beteiligung schreibt § 247 II 2 vor, den gem. § 248 ermittelten Wert anzusetzen.

§ 248 Sonderregeln für die Bewertung

(1) **§ 168 ist mit den Maßgaben der Absätze 2 bis 4 anzuwenden.**

(2) **[1]Für Vermögensgegenstände im Sinne des § 231 Absatz 1 sowie des § 234 ist im Zeitpunkt des Erwerbs und danach nicht länger als zwölf Monate der Kaufpreis dieser Vermögensgegenstände anzusetzen. [2]Abweichend von Satz 1 ist der Wert erneut zu ermitteln und anzusetzen, wenn nach Auffassung der AIF-Kapitalverwaltungsgesellschaft der Ansatz des Kaufpreises auf Grund von Änderungen wesentlicher Bewertungsfaktoren nicht mehr sachgerecht ist; die AIF-Kapitalverwaltungsgesellschaft hat ihre Entscheidung und die Gründe dafür nachvollziehbar zu dokumentieren.**

(3) **[1]Die Anschaffungsnebenkosten eines Vermögensgegenstandes im Sinne des § 231 Absatz 1 sowie des § 234 sind gesondert anzusetzen und über die voraussichtliche Dauer seiner Zugehörigkeit zum Immobilien-Sondervermögen in gleichen Jahresbeträgen abzuschreiben, längstens jedoch über einen Zeitraum von zehn Jahren. [2]Wird ein Vermögensgegenstand veräußert, sind die Anschaffungsnebenkosten in voller Höhe abzuschreiben. [3]Die Abschreibungen sind nicht in der Ertrags- und Aufwandsrechnung zu berücksichtigen.**

(4) **[1]Der Wert der Beteiligung an einer Immobilien-Gesellschaft ist nach den für die Bewertung von Unternehmensbeteiligungen allgemein anerkannten Grundsätzen zu ermitteln. [2]Die im Jahresabschluss oder in der Vermögensaufstellung der Immobilien-Gesellschaft ausgewiesenen Immobilien sind dabei mit dem Wert anzusetzen, der entsprechend § 249 Absatz 1 festgestellt wurde.**

Schrifttum: *Kempf* Rechnungslegung von Investmentvermögen, 2010; *Brinskelle/Eggers* Vorschläge einheitlicher Grundsätze für die Rechnungslegung und Bewertung von Immobilien-Gesellschaften nach dem Investmentgesetz – Ansätze für ein Rahmenkonzept nach § 28 Abs. 3 InvRBV, WPg 2011, 732; *Strücker/Schmalzhaf* Bewertung von Beteiligungen an Immobilien-Gesellschaften in Sondervermögen, WPg 2011, 230.

I. Allgemeines

§ 248 ist Teil der im Vergleich zu den Regelungen des InvG strukturell und teilweise auch inhaltlich neu gefassten Bewertungsvorschriften. Die Vorschrift regelt neben dem Verweis auf § 168 II–IV, wie lange ein Vermögensgegenstand mit dem Kaufpreis anzusetzen ist, die Abschreibung von Erwerbsnebenkosten sowie die Wertermittlung von Beteiligungen an Immobilien-Gesellschaften. 1

II. Anwendbarkeit des § 168 (§ 248 I)

Nach § 248 I gilt § 168 für die Bewertung nach Maßgabe des § 248 II–IV. § 168 regelt allgemein die Bewertung von Vermögensgegenständen (s. § 168). Aufgrund des Verweises in § 248 I wird deutlich, dass diese **allgemeinen Vorgaben** auch für die Bewertung von Vermögensgegenständen gelten, die für Rechnung eines Immobilien-Sondervermögens gehalten werden. 2

III. Ansatz der Vermögensgegenstände mit dem Kaufpreis und außerplanmäßige Bewertung (§ 248 II)

§ 248 II übernimmt mit redaktionellen Anpassungen die Regelungen des aufgehobenen § 79 I 1 und 5 InvG und passt diese an die Bewertungsvorschriften der AIFM-RL an (BT-Drs. 17/12294, 469). 3

Demnach ist unverändert ab dem Zeitpunkt des Erwerbs für einen Zeitraum von zwölf Monaten der **Kaufpreis** des erworbenen Vermögensgegenstands in der Vermögensaufstellung des Sondervermögens anzusetzen. Die durch das InvÄndG 2007 eingeführte Regelung soll der Milderung von sog. Einwertungsgewinnen dienen. So führt die Gesetzesbegründung hierzu aus, dass vor Einführung dieser Regelung der damals noch vom Sachverständigenausschuss ermittelte Wert, der der Bestätigung der Angemessenheit des gezahlten Kaufpreises diente, teilweise zu optimistisch und wenig nachvollziehbar war und somit ein höherer Wert eingebucht wurde (BSV/*Zöll* 405 § 248 Rn. 3; BT-Drs. 16/5576, 75). Zudem sollte der damalige Sachverständigenwert in der Praxis nicht nur den Kaufpreis, sondern auch die Anschaffungsnebenkosten abdecken, damit die damit verbundenen Einwertungsgewinne Vermögensminderungen aufgrund der Anschaffungsnebenkosten kompensieren (WBA/*Wind/Fritz* § 248 Rn. 4). Seit dem InvÄndG 2007 sind Kaufpreis und Anschaffungsnebenkosten separat anzusetzen.

Als Kaufpreis ist hierbei die vertraglich vereinbarte Gegenleistung des Käufers für die Hauptleistung des Verkäufers zu verstehen (FK-KapAnlR/*Archner* § 248 Rn. 9). Er ergibt sich anhand der im **Grundstückskaufvertrag vereinbarten Summe.** Hierbei ist alles zu berücksichtigen, was als Entgelt für die Übereignung der Immobilie mittelbar oder unmittelbar gezahlt und dem Sondervermögen belastet wird (EDD/*Doublier/Lemnitzer/Eisenhuth* § 248 Rn. 3; *Baur* KAGG § 27 Rn. 34; BSL/*Klusak* InvG § 79 Rn. 6; BSV/*Zöll* 405 § 248 Rn. 3). Damit kann der Kaufpreis aus Zahlungen in Geld, aber auch (teilweise) aus der Übernahme von Verbindlichkeiten bestehen, wenn sie Hauptleistung des Verkäufers einzuordnen sind (s. FK-KapAnlR/*Archner* § 248 Rn. 9; AWZ/*Kloyer/Kobabe* § 248 Rn. 5). Für den Fall, dass die Immobilie iRd Erwerbs einer Beteiligung an einer Immobilien-Gesellschaft erworben wird, ist für den Kaufpreis der Immobilie der entspr. Kaufpreisanteil im Kaufvertrag über die Beteiligung maßgeblich (EDD/*Doublier/Lemnitzer/Eisenhuth* § 248 Rn. 4). Bei nachträglichen Änderungen des Kaufpreises ist auch der Wert- 4 ansatz der Immobilie in der Vermögensaufstellung entsprechend anzupassen (EDD/*Doublier/Lemnitzer/Eisenhuth* § 248 Rn. 3; WBA/*Wind/Fritz* § 248 Rn. 5).

5 **1. Zwölf-Monats-Zeitraum (§ 248 II 1).** Der Kaufpreis ist zum Zeitpunkt des Erwerbs und danach nicht länger als zwölf Monate anzusetzen. Als Zeitpunkt des Erwerbs gilt der **Übergang von Besitz, Nutzen und Lasten.** Dies hat jedoch zur Konsequenz, dass bei einer Neubewertung der Immobilien zwölf Monate nach Erwerb das Ankaufsgutachten regelmäßig schon älter als zwölf Monate ist. Durchgreifende Bedenken dagegen bestehen jedoch nicht, da bei einer Änderung der maßgeblichen Bewertungsfaktoren ohnehin eine Neubewertung notwendig wäre. Zudem ist es auch aus organisatorischen Gründen möglich oder gar geboten, den Zwölf-Monats-Zeitraums geringfügig zu überschreiten (so auch BSL/*Klusak* InvG § 79 Rn. 5), zumal eine gebündelte Bewertung mehrerer Immobilien zu einem Zeitpunkt wegen ihrer möglichen Auswirkungen auf den Anteilpreis nicht notwendigerweise im Interesse der Anleger ist. Der Ansatz des Kaufpreises über einen Zeitraum von zwölf Monaten ist nur noch dann relevant, wenn die Möglichkeit der Anteilrücknahme nur einmal jährlich möglich ist. Ansonsten ist nach der ersten Bewertung gem. den Vorgaben des § 251 der tatsächlich ermittelte Verkehrswert anzusetzen (vgl. BSV/*Zöll* 405 § 248 Rn. 3).

6 **2. Außerplanmäßige Bewertung (§ 248 II 2).** Bei Änderungen von wesentlichen Bewertungsfaktoren ist die KVG dazu verpflichtet, den Wert der Immobilie neu zu ermitteln, wenn der Ansatz des Kaufpreises nach Auffassung der KVG nicht mehr **sachgerecht** ist. Dies gilt sowohl, wenn der Kaufpreis nach Auffassung der KVG zu hoch lag, als auch dann, wenn er nach Auffassung der KVG zu niedrig war. Aufgrund der in Abhängigkeit von der Häufigkeit der Rücknahmetermine erhöhten Bewertungsfrequenz gem. § 251 hat die Möglichkeit einer außerplanmäßigen Bewertung an Bedeutung verloren (BSV/*Zöll* 405 § 248 Rn. 3). Der Wortlaut der Vorschrift macht deutlich, dass Zwischenbewertungen eine Ausnahme sind, die nur bei Vorliegen der in § 248 II 2 genannten Voraussetzungen zulässig sind. Eine Neubewertung muss daher in Bezug auf jede einzelne Immobilie geprüft und begründet werden (BSL/*Klusak* InvG § 79 Rn. 5). Wesentliche Bewertungsfaktoren sind beispielsweise Änderungen des Liegenschaftszinssatzes oder der Abschluss neuer wesentlicher Mietverträge (vgl. hierzu auch EDD/*Doublier/Lemnitzer/Eisenhuth* § 248 Rn. 7; BSL/*Klusak* InvG § 79 Rn. 5; *Kempf* Rechnungslegung von Investmentvermögen, 102). Weiterhin wird auch die Belastung eines Grundstücks mit einem Erbbaurecht nach Erwerb als Änderung eines wesentlichen Bewertungsfaktors anzusehen sein. Das Gesetz sagt nicht, welche Grenze überschritten sein muss, damit der Kaufpreis nicht mehr ein sachgerechter anzusetzender Wert ist. In der Literatur wird eine Wertänderung von 15% als jedenfalls so wesentlich angesehen, dass eine Zwischenbewertung notwendig wird (vgl. EDD/*Doublier/Lemnitzer/Eisenhuth* § 248 Rn. 7; AWZ/*Kloyer/Kobabe* § 248 Rn. 10; sa FK-KapAnlR/*Archner* § 248 Rn. 12, der eine Wertänderung von 5% jedenfalls als unwesentlich ansieht). Auch bei geringeren erwarteten Wertänderungen steht es der KVG jedoch frei, eine Neubewertung vorzunehmen (BSV/*Zöll* 405 § 248 Rn. 4). Der KVG obliegt es, sowohl die Entscheidung selbst als auch die Gründe für eine Zwischenbewertung nachvollziehbar zu dokumentieren. Die Dokumentation ist Gegenstand der Prüfung durch die Wirtschaftsprüfer. Eine solche Dokumentation kann auch in Form eigener Regelungen bestehen, die sich die KVG selbst gibt und aus denen hervorgeht, welche wesentlichen Änderungen aus ihrer Sicht eine Neubewertung grds. erforderlich machen (*Kempf* Rechnungslegung von Investmentvermögen, 102).

7 In Bezug auf Vermögensgegenstände iSd § 234 legt § 31 VII KARBV fest, wann regelmäßig eine Änderung **wesentlicher Bewertungsfaktoren** vorliegt, und nennt Faktoren, die nicht als wesentliche Bewertungsfaktoren gelten und daher lediglich iRd Fortschreibung berücksichtigt werden sollen. Hierzu zählen bspw. der Neuerwerb einer Immobilie oder einer Immobilien-Gesellschaft, der Verkauf der einzigen Immobilie, wenn der Verkaufspreis nicht wesentlich v. Verkehrswert der Immobilie abweicht, Kapitalmaßnahmen, Ausschüttung sowie die Aufnahme oder Rückzahlung von Darlehen. Hierbei handelt es sich jedoch nur um eine grds. Wertung; im Einzelfall kann auch bei Änderung der vorstehenden Bewertungsfaktoren eine Neubewertung notwendig sein. Auch eine außerplanmäßige Neubewertung der Immobilie führt nicht zwingend zu einer Neubewertung auf Ebene der Immobilien-Gesellschaft, da iRd Fortschreibung des Wertes der Beteiligung auch Verkehrswertänderungen grds. berücksichtigt werden (vgl. *Kempf* Rechnungslegung von Investmentvermögen, 114f.). Etwas anderes gilt jedoch dann, wenn der Beteiligungswert über eine solche bereits berücksichtigte Verkehrswertänderung hinaus beeinflusst wird (*Kempf* Rechnungslegung von Investmentvermögen, 115). Erweist sich der Ansatz des Kaufpreises als nicht mehr zutreffend, ist der neu festgestellte Wert unverzüglich nach Erhalt des neuen Wertgutachtens durch die KVG einzubuchen (BSV/*Zöll* 405 § 248 Rn. 7).

Im Unterschied zur Vorgängervorschrift des § 79 I 5 InvG greift § 248 II 2 nur, wenn der Kaufpreis nicht mehr für **sachgerecht** erachtet wird. Die Möglichkeit der Zwischenbewertung, wenn der iRd Regelbewertung ermittelte Wert nicht mehr sachgerecht erscheint, regelt nun § 251 I 3.

IV. Behandlung von Anschaffungsnebenkosten (§ 248 III)

8 § 248 III übernimmt mit redaktionellen Anpassungen die Regelungen des aufgehobenen § 79 I 6–8. Demnach sind Anschaffungsnebenkosten von Vermögensgegenstände iSd § 231 I und § 234 gesondert anzusetzen und über die **voraussichtliche Haltedauer** in gleichen Jahresbeträgen abzuschreiben, längstens jedoch über zehn Jahre. § 30 II Nr. 1 KARBV schreibt vor, dass die Abschreibungsdauer geändert werden muss, wenn die Haltedauer der Immobilie oder der Beteiligung kürzer als ursprünglich geplant eingeschätzt wird.

Als Anschaffungsnebenkosten sind sämtliche **Aufwendungen** zu verstehen, die von der KVG für Rechnung des Sondervermögens **zum Erwerb der Immobilie** getätigt wurden (BSL/*Klusak* InvG § 79 Rn. 7). Hierzu gehören ua Grunderwerbsteuer, Notargebühren, Kosten für Rechts- und Steuerberater sowie Maklergebühren (vgl. BSL/*Klusak* InvG § 79 Rn. 7; *Brinskelle/Eggers* WPg 2011, 732 (737)). Die Ermittlung der Anschaffungsnebenkosten richtet sich gem. § 30 II Nr. 1 KARBV unter Berücksichtigung der investmentrechtlichen Besonderheiten in entsprechender Anwendung nach § 255 I HGB. Als investmentrechtliche Besonderheit gilt nach dem Wortlaut der Vorschrift, dass bereits im Vorfeld entstehende Kosten angesetzt werden können, solange ein Erwerb der Immobilie aussichtsreich erscheint. Der Wortlaut macht deutlich, dass es sich um Kosten im Zusammenhang mit einem Anschaffungsvorgang handeln muss. Daher sind die Anschaffungskosten von Herstellungskosten abzugrenzen. So werden bei der Durchführung einer Projektentwicklung grds. keine Anschaffungsnebenkosten berücksichtigt, wenn die Errichtung des Gebäudes auf einem ihr gehörenden Grundstück auf Risiko der KVG bzw. der Immobilien-Gesellschaft erfolgt (*Brinskelle/Eggers* WPg 2011, 732 (737) unter Verweis auf § 30 II Nr. 3 KARBV). Anschaffungsnebenkosten können hier nur im Zusammenhang mit dem Erwerb des Grundstücks selbst entstehen (EDD/*Doublier/Lemnitzer/Eisenhuth* § 248 Rn. 18). Etwas anderes gilt, wenn die Durchführung des Bauvorhabens auf Risiko eines Generalunternehmens erfolgt und die KVG bzw. die Immobilien-Gesellschaft das Grundstück einschließlich des fertiggestellten Gebäudes im Anschluss daran erwirbt (*Brinskelle/Eggers* WPg 2011, 732 (737); EDD/*Doublier/Lemnitzer/Eisenhuth* § 248 Rn. 18).

9 Bei Veräußerung des Vermögensgegenstands vor Ablauf der geplanten Haltedauer bestimmt § 248 III 2, dass die verbleibenden Anschaffungsnebenkosten **vollständig abzuschreiben** sind. Soll die Immobilie nur für weniger als zehn Jahre für Rechnung des Sondervermögens gehalten werden, so werden die Anschaffungsnebenkosten linear über diesen kürzeren Zeitraum abgeschrieben (BSL/*Klusak* InvG § 79 Rn. 7; BSV/*Zöll* 405 § 248 Rn. 16).

Die Abschreibungen sind wie **nicht realisierte Wertänderungen** zu behandeln und erfolgen daher gem. § 248 III 2 nicht über die Aufwands- und Ertragsrechnung (BT-Drs. 16/5576, 76). Die Regelung führt dazu, dass der Anteilpreis aufgrund des Erwerbs der Immobilie zum Zeitpunkt des Erwerbs weder steigt noch fällt. Die Auswirkungen auf den Anteilpreis ergeben sich erst während der Haltedauer aufgrund der Abschreibung der Anschaffungsnebenkosten (BSL/*Klusak* InvG § 79 Rn. 7).

V. Wertermittlung bei Beteiligungen an Immobilien-Gesellschaften (§ 248 IV)

10 § 248 IV übernimmt mit Anpassungen aufgrund der Neuregelung zum Bewerter die Regelung des aufgehobenen § 70 II 1 InvG. Die in § 70 II 1 InvG enthaltene Regelung, wer die Bewertung vorzunehmen hat, wurde aus systematischen Gründen in § 250 aufgenommen (BT-Drs. 17/12294, 470). Die Bewertungsfrequenz regelt § 251 I.

11 § 248 IV stellt ebenso wenig wie die Vorgängervorschrift des § 70 II InvG eigene Anforderungen an die **Methodik für die Bewertung von Unternehmensbeteiligungen.** Vielmehr verweist die Vorschrift auf die allg. anerkannten Grundsätze für die Bewertung von Unternehmensbeteiligungen. Auch die KARBV als investmentrechtliche Spezialvorschrift stellt keine darüber hinausgehenden Anforderungen an das Bewertungsverfahren auf. Mit dem IDW Standard „Wertermittlungen bei Beteiligungen an einer Immobiliengesellschaft nach § 250 I Nr. 2 und § 236 I (IDW S 12)" liegt ein auf die Besonderheiten von Immobilien-Gesellschaften iSd KAGB zugeschnittener Standard vor. Neben der Bewertungsmethodik behandelt der IDW S 12 ausgewählte Bewertungssachverhalte nach der KARBV sowie die Erwerbsbewertung nach § 236 I. Vor der formalen Verabschiedung des IDW S 12 wurde zur Wertermittlung bei Immobilien-Gesellschaften grds. der IDW Standard S 1 herangezogen (vgl. auch EDD/*Doublier/Lemnitzer/Eisenhuth* § 248 Rn. 55; IDW Standard Grundsätze zur Durchführung von Unternehmensbewertungen (IDW Standard S 1) Stand 2.4.2008). Hierbei stellte sich die Frage, ob diese auf die Bewertung operativer Unternehmen zugeschnittenen Bewertungsverfahren für die Bewertung von Beteiligungen an Immobilien-Gesellschaften geeignet sind. Während bei operativen Unternehmensbeteiligungen die Bewertung grds. anhand der zukünftigen Erträge des Unternehmens vorgenommen wird, wird der Wert von Beteiligungen an Immobilien-Gesellschaften maßgeblich durch die gehaltenen Immobilien bestimmt (vgl. auch BSL/*Klusak* InvG § 70 Rn. 6). Der wesentliche Teil der Erträge stammt bei einer Immobilien-Gesellschaft aus den gehaltenen Immobi-

lien, deren Erträge jedoch bereits bei deren Wertermittlung berücksichtigt werden (BSL/*Klusak* InvG § 70 Rn. 6). Zudem sieht Abs. 4 S. 2 vor, dass die Immobilien der Immobilien-Gesellschaft genauso bewertet werden wie direkt gehaltene Immobilien. Insofern lag schon vor Verabschiedung des IDW S 12 nahe, dass für die Bewertung von Beteiligungen an Immobilien-Gesellschaften eine vereinfachte Vorgehensweise ausreichend ist und diese auch vom Gesetz vorgesehen und akzeptiert wird (so auch EDD/*Doublier/Lemnitzer/Eisenhuth* § 248 Rn. 56; iErg auch BSL/*Klusak* InvG § 70 Rn. 6, der sich für eine Annäherung der Methode der Unternehmensbewertung an die Methode zur Bewertung der jeweils von der Immobilien-Gesellschaft gehaltenen Immobilien ausspricht). Als Argument hierfür konnte auch herangezogen werden, dass die Bewertungsgrundlage gem. der Regelung des § 248 IV der Jahresabschluss bzw. die Vermögensaufstellung ist.

Der IDW S 12 regelt jetzt ua die Bewertungsmethodik, verweist aber auch bei der Bewertung von Beteiligungen an Immobilien-Gesellschaften auf die allgemein anerkannten Grundsätze für die Bewertung von Unternehmensbeteiligungen. Diese werden jedoch durch das KAGB eingeschränkt. Wie vor Verabschiedung des IDW S 12 erfolgt die Bewertung von Immobilien-Gesellschaften grds. nach einem vereinfachten Net-Asset-Value-Verfahren (vgl. *Kempf* Rechnungslegung von Investmentvermögen, 107; EDD/*Doublier/Lemnitzer/Eisenhuth* § 248 Rn. 57). Hierbei bestimmt der Verkehrswert der Immobilien als wesentliche Vermögensgegenstände maßgeblich den Wert der Beteiligung; die Ermittlung des Verkehrswerts der Immobilien erfolgt nach den Vorgaben des § 249 I (vgl. § 248 IV 2). Die Höhe des Wertansatzes der übrigen Vermögensgegenstände bleibt dann dem Abschlussprüfer überlassen, wobei der Maßstab hierbei die Werthaltigkeit dieser Vermögensgegenstände im Falle einer Veräußerung sein sollte (*Kempf* Rechnungslegung von Investmentvermögen, 107). 12

Die Bewertung mehrstöckiger Gesellschaftsstrukturen wird anhand der **Vermögensaufstellung der Holdinggesellschaft** vorgenommen. Diese muss den Immobilienbestand der nachgeordneten Gesellschaft(en) widerspiegeln (s. § 31 II 2 KARBV; *Brinskelle/Eggers* WPg 2011, 732 (736); *Strücker/Schmalzhaf* WPg 2011, 230 (237); EDD/*Doublier/Lemnitzer/Eisenhuth* § 248 Rn. 59). 13

Folgende Sachverhalte können iRd Bewertung von Beteiligungen an Immobilien-Gesellschaften aus Bewertungssicht eine Rolle spielen (zu weiteren ausgewählten Bewertungsaspekten vgl. EDD/*Doublier/Lemnitzer/Eisenhuth* § 248 Rn. 60ff.): 14

- **Projektentwicklungen:** Für im Bau befindliche Immobilien wird während der Bauphase in der Praxis häufig kein Verkehrswert ermittelt. Nach der Begründung der BaFin zur InvRBV zu der mit § 30 II Nr. 3 KARBV wortgleichen Vorschrift des § 27 II Nr. 4 InvRBV sollten jedoch auch für Projektentwicklungen Verkehrswerte ermittelt werden. Als Grundlage soll dabei der auf den Zeitpunkt der Fertigstellung prognostizierte Ertragswert der Immobilie dienen, von dem die zum Wertermittlungsstichtag noch ausstehenden kalkulatorischen Fertigstellungskosten abgezogen werden (*Strücker/Schmalzhaf* WPg 2011, 230 (234); Begr. der BaFin zu § 27 II Nr. 3 InvRBV). In der Praxis werden alternativ während der Bauphase die Baukosten aktiviert; nach Fertigstellung und bis zur nächsten planmäßigen Regelbewertung erfolgt der Ansatz der Immobilie dann zu Fertigstellungskosten. 15
- **Mietfreie Zeiten:** Mietfreie Zeiten werden iRd Bewertung der Immobilie berücksichtigt und führen zu einem Abschlag vom Verkehrswert, der sich verringert in Abhängigkeit von der kürzer werdenden Dauer des mietfreien Zeitraums. Im Rahmen der Bewertung der Immobilien-Gesellschaft muss der Abschluss- 16

prüfer als Bewerter die Rechnungsabgrenzungsposten der Vermögensaufstellung der Immobilien-Gesellschaft auf ggf. vorgenommenen Mietabgrenzungen prüfen (*Strücker/Schmalzhaf* WPg 2011, 230 (235)).

17 – **Latente Ertragsteuern:** § 30 II Nr. 2 KARBV regelt die Behandlung latenter Ertragsteuern (sog. Capital Gain Tax). Diese fallen idR dann an, wenn bei einer Veräußerung einer Immobilie aus einer Immobilien-Gesellschaft der Verkehrswert der Immobilie ihren Steuerbilanz-Buchwert bzw. ihren handelsrechtlichen Buchwert übersteigt (*Strücker/Schmalzhaf* Wpg 2011, 230 (236)). § 30 II Nr. 2 KARBV bestimmt, dass auf Ebene der Immobilien-Gesellschaft Rückstellungen für latente Steuern zu bilden sind, die bei der Veräußerung von im Ausland belegenen Immobilien anfallen können. Diese Rückstellungen werden iRd Bewertung der Beteiligung an der Immobilien-Gesellschaft berücksichtigt (ausführlich *Strücker/Schmalzhaf* Wpg 2011, 230 (236 f.); EDD/*Doublier/Lemnitzer/Eisenhuth* § 248 Rn. 82 ff.).

VI. Besonderheiten bei offenen Spezial-AIF

18 Für offene Spezial-AIF kann von den Vorgaben des § 248 abgewichen werden. Insbesondere in Bezug auf die Bewertungsvorgaben des § 248 I und IV ist jedoch zu prüfen, ob es nicht sowohl im Interesse der KVG als auch der Anleger ist, die Vermögensgegenstände des offenen Spezial-AIF regelmäßig von einem **unabhängigen Dritten bewerten zu lassen** (vgl. *Strücker/Schmalzhaf* WPg 2011, 230 (232)).

§ 249 Sonderregeln für das Bewertungsverfahren

(1) **§ 169 ist mit der Maßgabe anzuwenden, dass die Bewertungsrichtlinien für Immobilien-Sondervermögen zusätzlich vorzusehen haben, dass**

1. die Vermögensgegenstände im Sinne des § 231 Absatz 1 Satz 1 Nummer 1 bis 6 von zwei externen, voneinander unabhängigen Bewertern, die die Anforderungen nach § 216 Absatz 1 Satz 1 Nummer 1 und Satz 2, Absatz 2 bis 5 erfüllen und die die Bewertung der Vermögensgegenstände unabhängig voneinander vornehmen, bewertet werden und

2. die externen Bewerter im Sinne der Nummer 1 Objektbesichtigungen vornehmen.

(2) **Die AIF-Kapitalverwaltungsgesellschaft oder die Immobilien-Gesellschaft muss die Immobilien-Gesellschaft, an der sie beteiligt ist, vertraglich verpflichten,**

1. bei der AIF-Kapitalverwaltungsgesellschaft und der Verwahrstelle monatlich Vermögensaufstellungen einzureichen und

2. die Vermögensaufstellungen einmal jährlich anhand des von einem Abschlussprüfer mit einem Bestätigungsvermerk versehenen Jahresabschlusses der Immobilien-Gesellschaft prüfen zu lassen.

(3) **Der auf Grund der Vermögensaufstellungen ermittelte Wert der Beteiligung an einer Immobilien-Gesellschaft ist den Bewertungen zur laufenden Preisermittlung zugrunde zu legen.**

Schrifttum: *Brinskelle/Eggers* Vorschläge einheitlicher Grundsätze für die Rechnungslegung und Bewertung von Immobilien-Gesellschaften nach dem Investmentgesetz – Ansätze für ein Rahmenkonzept nach § 28 Abs. 3 InvRBV, WPg 2011, 732; *Hübner* Immobilienanlagen unter dem KAGB, WM 2014, 106; *Kempf* Rechnungslegung von Investmentvermögen, 2010; *Strücker/Schmalzhaf* Bewertung von Beteiligungen an Immobilien-Gesellschaften in Sondervermögen, WPg 2011, 230.

I. Allgemeines

§ 249 verweist auf die allg. Vorschrift des § 169 und konkretisiert die Anforderungen an den **Inhalt der Bewertungsrichtlinie** für Immobilien-Sondervermögen. Die Regelbewertung durch zwei externe Bewerter löst die früher im InvG vorgeschriebene Bewertung durch einen Sachverständigenausschuss ab. Diese Änderung gelangte erst relativ spät im Gesetzgebungsverfahren in den Gesetzesentwurf und ähnelt in diesem Punkt den Bewertungsvorgaben für österreichische Immobilienfonds. 1

II. Besondere Anforderungen an die Bewertungsrichtlinien (§ 249 I)

§ 249 I verweist auf die Regelung des § 169, der als allg. Vorschrift für alle offenen Publikumsinvestmentvermögen unabhängig vom Investitionsschwerpunkt gilt. 2

§ 169 bestimmt, dass die KVG eine Bewertungsrichtlinie zu erstellen hat, die **geeignete und kohärente Verfahren** für die ordnungsgemäße, transparente und unabhängige Bewertung der Vermögensgegenstände festlegt. Die KVG hat in der Bewertungsrichtlinie ein für jeden Vermögensgegenstand geeignetes und am Markt anerkanntes Wertermittlungsverfahren zu beschreiben und die Auswahl des Verfahrens zu begründen (vgl. § 169 I). Die Kriterien für die Bewertungsverfahren, für die Berechnung des Nettoinventarwertes pro Anteil sowie deren konsistente Anwendung und die Überprüfung der Verfahren sowie Kriterien für Berechnungen bestimmen sich nach den Art. 67–74 der Delegierten Verordnung (EU) Nr. 231/2013 (s. § 169 III). Letztlich bestimmt § 169 II, dass die Bewertung der Vermögensgegenstände unparteiisch und mit der gebotenen Sachkenntnis, Sorgfalt und Gewissenhaftigkeit zu erfolgen hat. Der BVI hat ein Muster einer solchen Bewertungsrichtlinie veröffentlicht, an dem sich wohl die Mehrheit der KVG unter Berücksichtigung ihrer individuellen Besonderheiten orientieren.

1. Bewertung durch zwei externe, voneinander unabhängige Bewerter (§ 249 I Nr. 1). Diese allg. Vorgaben des § 169 werden durch § 249 dahingehend konkretisiert, dass die Bewertung der Vermögensgegenstände iSd § 231 I 1 Nr. 1–6 von **zwei externen, voneinander unabhängigen Bewertern** durchgeführt werden muss. Die Bewerter müssen die Anforderungen des § 216 I 1 Nr. 1 sowie S. 2, II–V erfüllen (zu diesen Anforderungen vgl. Kommentierung zu § 216). Darüber hinaus muss die Bewertung der Vermögensgegenstände unabhängig voneinander vorgenommen werden. 3

§ 249 I Nr. 1 wurde durch Art. 2 des Gesetzes zur Anpassung von Gesetzen auf dem Gebiet des Finanzmarktes geändert. Vorher stand die Regelung dem Wortlaut nach im Widerspruch zu § 250 I Nr. 2 und forderte auch für Beteiligungen an Immobilien-Gesellschaften die Bewertung durch zwei externe, voneinander unab- 4 hängige Bewerter. Dieser Widerspruch wurde durch die Änderung der Vorschrift beseitigt, der nunmehr klarstellt, dass sich das Erfordernis der Bewertung durch zwei Bewerter nur auf die in § 231 I 1 Nr. 1–6 genannten Vermögensgegenstände bezieht (BR-Drs. 150/14, 56). § 249 I Nr. 1 bezieht sich zudem nur auf die laufende Bewertung. Die Bewertung vor Erwerb wird für Vermögensgegenstände iSd § 231 I Nr. 1–6 in § 231 II geregelt.

5 Bei zwei voneinander unabhängigen Bewertungen ist zu erwarten, dass die Ergebnisse der jeweiligen Bewertungen **nicht immer deckungsgleich** sind. Es ist jedoch nicht abschließend und eindeutig geklärt, wie mit voneinander abw. Bewertungen umzugehen ist, also welcher Wert tatsächlich in der Vermögensaufstellung des Sondervermögens anzusetzen ist. Das Gesetz enthält hierzu keine näheren Angaben. Hierzu hat sich auch die BaFin bislang nur vage geäußert (vgl. E-Mail der BaFin an den BVI v. 17.10.2013), jedoch festgestellt, dass der Wertansatz der Immobilien nicht in das Belieben der KVG gestellt werden könne. Bei dem Wertansatz der Immobilien müsse dem Gesetzeszweck, nämlich einer **größeren Bewertungssicherheit** und damit einem höheren **Anlegerschutz,** Rechnung getragen werden, indem das Ergebnis der beiden unabhängigen Bewerter berücksichtigt werde. Die BaFin erachtet es demnach beispielsweise als nicht zulässig, weil diesem Gesetzeszweck gerade widersprechend, wenn die KVG allein den in einem Gutachten ermittelten höheren oder dem letzten Wert am nächsten kommenden Wert zugrunde legt. Ein solcher Ansatz setzt die KVG in der Tat dem Verdacht aus, „Bewertungskosmetik zu betreiben" (*Hübner* WM 2014, 106 (111)). So wäre es nach Auffassung der BaFin jedoch möglich, einen Mittelwert aus beiden Wertansätzen zu bilden, wenngleich sich dieser nicht unmittelbar aus den Bewertungsfaktoren ableiten ließe. Der Anleger wäre dann iRd Jahresberichtes über die Ergebnisse beider Wertgutachten zu informieren. Darüber hinaus lässt die BaFin auch andere Verfahren zu, sofern sie dem Gesetzeszweck entsprechen. Folgt man der Argumentation der BaFin, widerspräche es ebenfalls dem Gesetzeszweck, im Fall von zwei möglichen Wertansätzen grds. den niedrigeren zu wählen. Auch hier besteht das Risiko, dass der Anleger kein realistisches Bild über den Wert seiner Beteiligung am Sondervermögen erhält. Da der Wertansatz der Immobilie als Bestandteil der Vermögensaufstellung jedoch dazu dient, den Anleger über den tatsächlichen Wert seiner Beteiligung am Sondervermögen zu informieren, sollte für diese Zwecke der wahrscheinlichere Wert der Immobilie angesetzt werden (*Kempf* Rechnungslegung von Investmentvermögen, 47). Es muss Aufgabe der KVG sein, zu beurteilen, welches dieser Wert ist. Dies kann beispielsweise anhand der Auswertung von Marktdaten für den betreffenden Immobilien(teil)markt geschehen. Die Einschätzung der KVG und die Begründung für die Wahl des Wertansatzes sollten entsprechend dokumentiert werden.

6 **2. Objektbesichtigungen (§ 249 I Nr. 2).** Neben der grundsätzlichen Bewertung durch zwei voneinander unabhängige Bewerter führt § 249 I als grundlegende Neuerung der Bewertungsorganisation bei Immobilien-Sondervermögen ein, dass die Bewerter **Objektbesichtigungen** vorzunehmen haben. Wenngleich Objektbesichtigungen in der Vergangenheit ebenfalls durchgeführt wurden, gibt es nunmehr die gesetzliche Verpflichtung dazu. Bislang war eine entsprechende Vorgabe idR in der Geschäftsordnung des für die Regelbewertung zuständigen Sachverständigenausschusses enthalten. Die Objektbesichtigungen haben entsprechend der Verwaltungspraxis der BaFin mindestens einmal jährlich zu erfolgen (vgl. BVI-Newsletter v. 24.7.2013). Eine höhere Besichtigungsfrequenz kann im Einzelfall

erforderlich sein. Dies wird der Fall sein, wenn sich die Substanz der Immobilie bspw. aufgrund von Baumaßnahmen oder aber auch Sturm- oder Brandschäden verändert hat. Die Anforderungen an die Häufigkeit von Objektbesichtigungen sind in der Bewertungsrichtlinie zu regeln.

III. Vertragliche Verpflichtung von Immobilien-Gesellschaften (§ 249 II Nr. 1)

Absatz 2 übernimmt mit redaktionellen Anpassungen die Regelungen des aufgehobenen § 70 I 1 InvG (BT-Drs. 17/12294, 470). 7

1. Monatliche Vermögensaufstellungen. Mit der Verpflichtung der Immobilien-Gesellschaft gem. § 249 II Nr. 1, monatlich Vermögensaufstellungen bei KVG und Verwahrstelle einzureichen, wird eine **laufende ordnungsgemäße Anteilpreisermittlung** gewährleistet (so auch EDD/*Doublier/Lemnitzer/Eisenhuth* § 248 Rn. 36; vgl. auch BSL/*Klusak* InvG § 70 Rn. 3). Darüber hinaus kann die KVG anhand der Vermögensaufstellungen die Entwicklung der Immobilien-Gesellschaft verfolgen, um bei negativen Entwicklungen ggf. zeitnah einzuschreiten (BS/*Lindner-Figura* KAGG § 27c Rn. 3; BSV/*Zöll* 205 § 249 Rn. 8). Der Abschluss einer vertraglichen Vereinbarung zwischen KVG und Immobilien-Gesellschaft, und zwar unabhängig von der Höhe der Beteiligung an der Immobilien-Gesellschaft, sorgt für die Durchsetzbarkeit dieser Verpflichtung. Die Verpflichtung, monatliche Vermögensaufstellungen an KVG und Verwahrstelle zu liefern, besteht auch bei mehrstöckigen Strukturen. Es ist keine Voraussetzung, dass tatsächlich Immobilien gehalten werden; auch Holdinggesellschaften müssen die Vermögensaufstellungen liefern (vgl. auch EDD/*Doublier/Lemnitzer/Eisenhuth* § 248 Rn. 36, 41). §§ 249 II 2 Nr. 1 sieht eine vertragliche Verpflichtung der Immobilien-Gesellschaft vor. Diese Vorgabe kann entweder durch eine Regelung in der Satzung der jeweiligen Immobilien-Gesellschaft oder in einer gesonderten Vereinbarung zwischen Immobilien-Gesellschaft und KVG umgesetzt werden (so auch EDD/*Doublier/Lemnitzer/Eisenhuth* § 248 Rn. 36; BSL/*Klusak* InvG § 70 Rn. 3). Bei Immobilien-Gesellschaften mit Sitz im Ausland kann in Einzelfällen nationales Recht gegen die Regelung in der Satzung sprechen. Dies wird im Einzelfall zu prüfen sein. Das Gesetz sieht daher grds. eine von der Satzung getrennte schuldrechtliche Vereinbarung vor, um diese Punkte zu regeln. 8

Die Vermögensaufstellung der Immobilien-Gesellschaft stellt sowohl die Grundlage für die **Anteilpreisermittlung** als auch für die **Bewertung** der Immobilien-Gesellschaft selbst dar (zu den einzelnen Positionen einer solchen Vermögensaufstellung vgl. *Kempf* Rechnungslegung von Investmentvermögen, 110ff.). Das Gesetz stellt allerdings keine weiteren Anforderungen an den Inhalt der monatlichen Vermögensaufstellungen. § 31 III 3 KARBV verlangt von der KVG, einheitliche Grundsätze für das **Mengengerüst** und die Bewertung des Vermögens und der Schulden aufzustellen. Die Beachtung dieser Grundsätze ist iRd jährlichen Prüfung zu bestätigen (§ 31 III 5 KARBV). Das Mengengerüst soll insb. als Grundlage für ausländische Immobilien-Gesellschaften dienen und daher aus den jeweils anwendbaren lokalen Rechnungslegungsnormen entwickelt werden (*Kempf* Rechnungslegung von Investmentvermögen, 110; Begr. zu § 28 III InvRBV). Unabhängig von lokalen Rechnungslegungsnormen sollen alle Vermögensgegenstände sowie Schulden in der Vermögensaufstellung vollständig vom Mengengerüst erfasst werden (*Kempf* Rechnungslegung von Investmentvermögen, 110; *Brinskelle/Eggers* 9

WPg 2011, 732 (736)). Es empfiehlt sich, das Mengengerüst mit den für die Prüfung der Immobilien-Gesellschaft und des Immobilien-Sondervermögens zuständigen Abschlussprüfer sowie dem für die Bewertung der Immobilien-Gesellschaft zuständigen Wirtschaftsprüfer abzustimmen (*Strücker/Schmalzhaf* WPg 2011, 230 (232); *Brinskelle/Eggers* WPg 2011, 732 (734)). Inwieweit lokale Rechnungslegungsgrundsätze für Zwecke einer einheitlichen Basis für die Berichterstattung tatsächlich zum praktischen Problem werden, ist in der Praxis vermutlich davon abhängig, ob es sich um eine Mehr- bzw. Allein- oder lediglich eine Minderheitsbeteiligung handelt. Im letzteren Fall wird der Einfluss auf die Immobilien-Gesellschaft möglicherweise nicht so weit reichen, dass die Vermögensaufstellungen an die Bedürfnisse von KVG und Verwahrstelle angepasst werden. Für den Fall, dass die Immobilien-Gesellschaft selbst nicht die Vermögensaufstellung in der benötigten Form zur Verfügung stellt, werden in der Praxis die lokalen Buchhaltungsdaten an die KVG übermittelt, die dann selbst aus diesen Daten die Vermögensaufstellung in der investmentrechtlich vorgegebenen Form erstellt (auch EDD/*Doublier/Lemnitzer/Eisenhuth* § 248 Rn. 41; *Strücker/Schmalzhaf* WPg 2011, 230 (236)).

10 **2. Jährliche Prüfung der Vermögensaufstellungen (§ 249 II Nr. 2).** § 249 II Nr. 2 bestimmt, dass die vertragliche Vereinbarung zwischen Immobilien-Gesellschaft und KVG vorsieht, dass Vermögensaufstellungen einmal jährlich anhand des von einem **Abschlussprüfer** mit einem Bestätigungsvermerk versehenen Jahresabschlusses der Immobilien-Gesellschaft geprüft werden müssen. Der Begriff des Abschlussprüfers, der für die Prüfung des Jahresabschlusses verantwortlich ist, ist nicht weiter definiert, und das Gesetz enthält an dieser Stelle keinen Verweis auf § 319 I 1 und 2 HGB. Da Immobilien-Gesellschaften häufig ihren Sitz im Ausland haben, spricht dies dafür, dass mit dem Begriff des Abschlussprüfers nicht nur deutsche, sondern auch lokale, am Sitz der Immobilien-Gesellschaft ansässige Prüfer gemeint sind (EDD/*Doublier/Lemnitzer/Eisenhuth* § 248 Rn. 45). Davon zu unterscheiden ist die Frage, wer die Prüfung der Vermögensaufstellung durchführt. Dies könnten zum einen zwingend Wirtschaftsprüfer bzw. ggf. deren ausländisches Äquivalent sein, wenngleich der Wortlaut dies nicht ausdrücklich verlangt. Der Begriff des „Prüfens" legt jedoch nahe, dass damit die Bewertung nach einem gesetzlich geregelten Verfahren durch eine entsprechend qualifizierte Person gemeint ist, die einer berufsständischen Aufsicht unterliegt. Damit würde eine Prüfung durch die KVG selbst nicht ausreichen (anders BSV/*Zöll* 405 § 249 Rn. 10). Sollte im Ausland eine Prüfung nach deutschem Verständnis nicht möglich sein, so erscheint es sachgerecht, auch vergleichbare Handlungen als Prüfung iSd § 249 II Nr. 2 zu akzeptieren (so auch EDD/*Doublier/Lemnitzer/Eisenhuth* § 248 Rn. 46 ff.).

Der Wortlaut des § 249 II Nr. 2 gibt keine näheren Anhaltspunkte zum Umfang der Prüfung. Er lässt jedoch vermuten, dass es ausreichend sein kann, lediglich eine aktuelle Vermögensaufstellung anhand des geprüften Jahresabschlusses zu prüfen (BSL/*Klusak* InvG § 70 Rn. 4). Auch unter Berücksichtigung des Sinns und Zwecks dieser Anforderung, nämlich die Grundlage der Vermögensaufstellung für die fortlaufende Preisermittlung darzustellen, erscheint dies sachgerecht.

IV. Grundlage für Preisermittlung (§ 249 III)

11 § 249 III übernimmt ebenfalls mit redaktionellen Anpassungen die Regelungen des früheren § 70 I 2 InvG (BT-Drs. 17/12294, 470).

§ 249 III bestimmt, dass der aufgrund der monatlichen Vermögensaufstellung ermittelte Wert der Beteiligung an einer Immobilien-Gesellschaft Grundlage für die **laufende Preisermittlung** ist. § 31 VI 1 KARBV bestimmt, dass nach Bewertung der Beteiligung an einer Immobilien-Gesellschaft gem. § 250 I Nr. 2 durch den Abschlussprüfer dieser in der monatliche Vermögensaufstellung ermittelte Wert bei der Preisermittlung zugrunde gelegt werden muss (EDD/*Doublier/Lemnitzer/Eisenhuth* § 248 Rn. 51). Dieser Wert muss gem. § 31 VI 2 KARBV fortgeschrieben werden, bis die nächste Bewertung durch den Abschlussprüfer erfolgt (vgl. auch EDD/*Doublier/Lemnitzer/Eisenhuth* § 248 Rn. 51). § 31 VII 2 KARBV nennt die bei einer Fortschreibung zu berücksichtigenden Faktoren. Hierzu zählen ua der Neuerwerb von Immobilien, der Verkauf der einzigen Immobilie, wenn der Verkaufspreis nicht wesentlich vom Verkehrswert der Immobilie abweicht, Kapitalmaßnahmen und Ausschüttungen (vgl. auch *Kempf* Rechnungslegung von Investmentvermögen, 113ff.). Der gem. § 249 III 3 ermittelte Wert wird zudem in der im Jahresbericht des Sondervermögens enthaltenen Vermögensaufstellung genannt (EDD/*Doublier/Lemnitzer/Eisenhuth* § 248 Rn. 52).

V. Besonderheiten für offene Spezial-AIF

12 Für offene Spezial-AIF kann gem. § 284 II von den Vorgaben des § 249 abgewichen werden. Daher kann auf die voneinander unabhängigen externen Bewerter verzichtet werden. Damit kann an der früher üblichen Bewertung der Immobilien durch einen **(Bewerter-)Ausschuss** festgehalten werden (*Hübner* WM 2014, 106 (111)), wenngleich das gesetzliche Leitbild für Publikums-Immobilien-Sondervermögen die Bewertung durch zwei voneinander unabhängige, externe Bewerter vorsieht. Für offene Spezial-AIF ist jedoch kein sachlicher Grund ersichtlich, der ein gesetzliches Verbot einer Bewertung von Immobilien durch einen Bewerterausschuss rechtfertigt. Zwar gelten die Vorgaben des § 216 gem. § 278 auch für offene Spezial-AIF entsprechend, jedoch schließt eine solche entsprechende Anwendung die Bewertung durch Bewerterausschüsse nicht grds. aus. Hierfür spricht auch, dass eine Beteiligung mehrerer natürlicher Personen an einer Bewertung durch die Neuordnung der Bewertungsregelungen nicht prinzipiell verhindert werden sollte, denn bei einer Bewertung durch eine juristische Person ist ebenfalls davon auszugehen, dass mehrere natürliche Personen an der Erstellung des Bewertungsgutachtens teilnehmen. Genauso ist es für offene Spezial-AIF jedoch möglich, dass immer nur ein Bewerter die Bewertung vornimmt. Dies kann insb. Aus Kostengründen gewünscht sein.

Die KVG kann die Bewertung zudem **selbst vornehmen.** Selbst wenn die Vorgaben des § 216 I Nr. 2 mangels Erwähnung in § 284 I keine Anwendung finden, ist die KVG in der Praxis im Interesse der Anleger vermutlich gut beraten, diese Vorgaben trotzdem zu beachten, damit eine eigene Bewertung der zum offenen Spezial-AIF gehörenden Immobilien durch die KVG auch das gebührende Anlegervertrauen genießt.

§ 250 Sonderregeln für den Bewerter

(1) § 216 ist mit der Maßgabe anzuwenden, dass

1. **die Bewertung der Vermögensgegenstände im Sinne des § 231 Absatz 1 Satz 1 Nummer 1 bis 6 nur durch zwei externe Bewerter erfolgen darf,**
2. **der Wert der Beteiligung an einer Immobilien-Gesellschaft durch einen Abschlussprüfer im Sinne des § 319 Absatz 1 Satz 1 und 2 des Handelsgesetzbuchs zu ermitteln ist.**

(2) [1]Ein externer Bewerter darf für eine AIF-Kapitalverwaltungsgesellschaft für die Bewertung von Vermögensgegenständen im Sinne des § 231 Absatz 1 Satz 1 Nummer 1 bis 6 nur für einen Zeitraum von maximal drei Jahren tätig sein. [2]Die Einnahmen des externen Bewerters aus seiner Tätigkeit für die AIF-Kapitalverwaltungsgesellschaft dürfen 30 Prozent seiner Gesamteinnahmen, bezogen auf das Geschäftsjahr des externen Bewerters, nicht überschreiten. [3]Die Bundesanstalt kann verlangen, dass ihr entsprechende Nachweise vorgelegt werden. [4]Die AIF-Kapitalverwaltungsgesellschaft darf einen externen Bewerter erst nach Ablauf von zwei Jahren seit Ende des Zeitraums nach Satz 1 erneut als externen Bewerter bestellen.

Schrifttum: *Strücker/Schmalzhaf* Bewertung von Beteiligungen an Immobilien-Gesellschaften in Sondervermögen, WPg 2011, 230.

I. Allgemeines

1 Die Regelungen zum Bewerter wurden an Art. 19 AIFM-RL angepasst. Für Immobilien-Sondervermögen gilt ebenfalls die allg. Vorschrift des § 216, wobei § 250 I Nr. 1 und 2 Sonderregeln vorsehen. Die Vorschrift gilt nur für die **Regelbewertung.** Die Vorgaben für die Ankaufsbewertung regelt § 231 II.

Die Regelbewertung durch zwei externe Bewerter löst die bislang im InvG vorgeschriebene Bewertung durch einen Sachverständigenausschuss ab. Diese Änderung gelangte erst relativ spät im Gesetzgebungsverfahren in den Gesetzesentwurf und ähnelt in diesem Punkt den Bewertungsvorgaben für österreichische Immobilienfonds.

II. Zuständigkeit für die Bewertung von Immobilien und Beteiligungen an Immobilien-Gesellschaften (§ 250 I)

2 **1. Bewertung von Immobilien (§ 250 I Nr. 1).** Die Regelung in § 250 I Nr. 1 schreibt vor, dass die Bewertung der Immobilien nur durch zwei externe Bewerter erfolgen kann. Damit wird ermöglicht, dass die besonderen Kenntnisse und Erfahrungen von externen Bewertern bei der Bewertung dieser Vermögensgegenstände genutzt werden. Gleichzeitig soll durch die Beschränkung auf externe Bewerter die **Unabhängigkeit der Bewertungsfunktion** gestärkt und mögliche Interessenkonflikte vermieden werden (BT-Drs. 17/12294, 470). Eine Bewertung durch einen Sachverständigenausschuss ist damit für Immobilien-Sondervermögen nicht mehr vorgesehen.

Ebenso wenig ist eine Bewertung durch die KVG selbst möglich, selbst wenn die allg. Vorschrift des § 216 I Nr. 2 dies grds. unter bestimmten Voraussetzungen vorsieht. Damit wird entsprechend der aufgehobenen Regeln des InvG die Bewertung der Immobilien durch Bewerter, die **unabhängig** von der KVG handeln, fortgesetzt. Die KVG darf daher die Bewerter bei der Bewertung der Immobilien auch unverändert nicht beeinflussen (BSL/*Klusak* InvG § 77 Rn. 4).

2. Bewertung von Beteiligungen an Immobilien-Gesellschaften (§ 250 I Nr. 2). § 250 I Nr. 2 übernimmt die in § 70 II 1 InvG enthaltene Regelung zur Frage, wer den Wert der Beteiligung an einer Immobilien-Gesellschaft zu ermitteln hat (BT-Drs. 17/12294, 470). 3

Aufgrund des Verweises auf § 319 I 1 und 2 HGB muss die Bewertung durch einen deutschen Wirtschaftsprüfer oder eine Wirtschaftsprüfungsgesellschaft durchgeführt werden (WBA/*Wind/Fritz* § 250 Rn. 7). Es wird vertreten, dass eine Durchführung der Prüfung durch den Abschlussprüfer des Sondervermögens wegen **möglicher Interessenkonflikte** nicht möglich sei. Ausnahmen hiervon seien nicht erlaubt, unabhängig davon, ob der Sitz der zu bewertenden Immobilien-Gesellschaft oder der gehaltenen Immobilie im In- oder Ausland liege (*Strücker/Schmalzhaf* WPg 2011, 230 (231); aA WBA/*Wind/Fritz* § 250 Rn. 8, die eine Bewertung durch ausländische Abschlussprüfer erlauben, wenn diese mit denen in § 319 I 1 und 2 HGB vergleichbar sind). Es erscheint sachgerecht, ein solch striktes Verbot nur dann anzunehmen, wenn die zu befürchtenden Interessenkonflikte auch tatsächlich bestehen und nicht angemessen behandelt bzw. gelöst werden können. Ausdrücklich erlaubt § 31 III 6 KARBV, dass die Jahresabschlussprüfung iSd § 249 II 2, die jährliche Prüfung der Vermögensaufstellung gem. § 249 II sowie die Bewertung gem. § 248 IV und § 250 I Nr. 2 von demselben Abschlussprüfer durchgeführt werden, wenn für die Bestellung des Abschlussprüfers die jeweiligen Voraussetzungen erfüllt sind. Die Vorgaben für die Durchführung der Bewertung regelt die KARBV.

III. Anforderungen an externe Bewerter (§ 250 II)

§ 250 II regelt die Bestelldauer der externen Bewerter sowie Vorgaben zu ihrer finanziellen Unabhängigkeit. Die Vorschrift gilt nicht nur für Bewerter, die die Regelbewertung vornehmen, sondern auch gem. § 231 II 2 für Bewerter, die die Ankaufsbewertung durchführen. Muss nach Ablauf der Bestelldauer ein neuer Bewerter bestellt werden, ist eine Anzeige gem. § 216 V für diesen zu erstatten. Bei Bestellung einer jur. Person oder Personenhandelsgesellschaft als Bewerter, finden die Vorgaben der §§ 216 und 250 auf die jeweilige jur. Person oder Personenhandelsgesellschaft Anwendung (vgl. BaFin-Rundschreiben WA 7/2015 v. 29.7.2015, zuletzt geänd. Am 1.7.2019). 4

1. Bestelldauer (§ 250 II 1 und 4). Im Unterschied zur Vorgängervorschrift des § 77 II InvG ist die Tätigkeit der Bewerter für eine AIF-KVG für die Bewertung von Vermögensgegenständen iSd § 231 I 1 Nr. 1–6 nunmehr auf **maximal drei Jahre** beschränkt. Die Regelung, die sich in ihrer Ursprungsfassung noch auf die Bewertung von Immobilien-Sondervermögen bezog, wurde durch Art. 2 des Gesetzes zur Anpassung von Gesetzen auf dem Gebiet des Finanzmarktes geändert. Sie stellt nun klar, dass die in Abs. 2 genannten Voraussetzungen nur für die externen Bewerter von Vermögensgegenständen iSv § 231 I 1 Nr. 1–6 gelten (BR-Drs. 150/14, 57). Bis zum Inkrafttreten des KAGB war noch eine Verlängerung der Bestellung möglich, wenn die Anforderungen an die finanzielle Unabhängigkeit des damaligen Sachverständigen erfüllt waren. Nunmehr gilt die Beschränkung des Tätigkeitszeitraums ohne Verlängerungsmöglichkeit. Eine erneute Bestellung ist erst 5 nach Ablauf von zwei Jahren nach Ende des dreijährigen Zeitraums möglich. Damit ist der Bestellungszeitraum weiter eingeschränkt worden. Die zeitliche Befristung der Tätigkeit von Bewertern soll grds. ihrer wirtschaftlichen Unabhängigkeit dienen (BT-Drs. 17/4739, 22). Während es mangels anderslautender gesetzlicher Regelung im InvG möglich war, dass einzelne Sachverständige nach Ablauf ihrer Bestelldauer in einem Sachverständigenausschuss in einem anderen Sachverständigenausschuss derselben Gesellschaft tätig waren, ist dies nun ausgeschlossen (vgl. BSL/*Klusak* InvG § 77 Rn. 7).

6 Wird als externer Bewerter eine jur. Person oder eine Personenhandelsgesellschaft bestellt und erfordert das Gesetz eine Bewertung durch zwei externe Bewerter, ist die **Bestellung eines weiteren Bewerters** entweder in Form einer jur. Person, einer Personenhandelsgesellschaft oder einer natürlichen Person notwendig. Zwei natürliche Personen, die bei ders. Juristischen Person oder Personenhandelsgesellschaft tätig sind, erfüllen nicht die Anforderung an zwei externe Bewerter. Gleiches gilt im Falle einer Rotation, wo es nicht ausreichend ist, wenn die Person, die tatsächlich die Bewertung durchführt, ausgetauscht wird (vgl. BaFin-Rundschreiben WA 7/2015 v. 29.7.2015, zuletzt geänd. Am 1.7.2019).

7 **2. Finanzielle Unabhängigkeit (§ 250 II 2 und 3).** Die Einnahmen des externen Bewerters aus seiner Tätigkeit dürfen **30 % seiner Gesamteinnahmen** bezogen auf sein Geschäftsjahr nicht überschreiten. Die Anforderungen an die finanzielle Unabhängigkeit müssen also fortlaufend eingehalten werden; eine ex-post-Betrachtung findet nicht mehr statt.

Der Begriff der Gesamteinnahmen ist unverändert aus § 77 InvG in § 250 II KAGB übernommen worden. Davon werden **sämtliche Einnahmen** des Bewerters erfasst, unabhängig von der Einkommensquelle (EDD/*Doublier/Lemnitzer/Eisenhuth* § 250 Rn. 5; BSL/*Klusak* InvG § 77 Rn. 13). Da gem. § 216 nunmehr auch jur. Personen bzw. Personenhandelsgesellschaften als Bewerter fungieren können, ist dieser weite Begriff der Gesamteinnahmen zu ihrem Vorteil. Ein 30%iger Anteil von Einnahmen, die aus der Beauftragung durch eine KVG resultieren, wird damit unwahrscheinlicher.

8 Eine Erklärung hinsichtlich der **finanziellen Unabhängigkeit** gegenüber der KVG ist anders als nach dem InvG nicht mehr ausdrücklich gefordert. Die BaFin ist jedoch berechtigt, die Vorlage entspr. Nachweise zu verlangen. Der Adressat dieser Nachweispflicht ist zwar nicht ausdr. genannt, jedoch kann dies nur die KVG als beaufsichtigtes Unternehmen sein. Insofern ist es der KVG zu raten, von den Bewertern regelmäßig Nachweise hinsichtlich ihrer finanziellen Unabhängigkeit zu verlangen, damit die KVG wiederum die entspr. Nachweise der BaFin vorlegen kann. Im v. BVI veröffentlichten Mustervertrag für die Beauftragung von Bewertern ist daher auch eine entspr. Verpflichtung der Bewerter zur Vorlage solcher Nachweise vorgesehen.

IV. Besonderheiten bei offenen Spezial-AIF

9 Für offene Spezial-AIF kann von den Vorgaben des § 250 abgewichen werden. Damit können die Anforderungen an die Bestelldauer **abbedungen oder modifiziert** werden. Gleiches gilt für die Anforderungen an die finanzielle Unabhängigkeit. In der Praxis dürften Anleger jedoch genau hinterfragen, ob und in welchem Maße diese Vorgaben abbedungen oder modifiziert werden. Insbesondere auf die finanzielle Unabhängigkeit der Bewerter wird idR anlegerseitig Wert gelegt.

§ 251 Sonderregeln für die Häufigkeit der Bewertung

(1) [1]§ 217 ist mit der Maßgabe anzuwenden, dass der Wert der Vermögensgegenstände im Sinne des § 231 Absatz 1 und des § 234 innerhalb eines Zeitraums von drei Monaten zu ermitteln ist. [2]Sehen die Anlagebedingungen eines Immobilien-Sondervermögens gemäß § 255 Absatz 2 die Rücknahme von Anteilen seltener als alle drei Monate vor, ist der Wert der Vermögensgegenstände im Sinne des § 231 Absatz 1 und des § 234 innerhalb eines Zeitraums von drei Monaten vor jedem Rücknahmetermin zu ermitteln. [3]Abweichend von Satz 1 und 2 ist der Wert stets erneut zu ermitteln und anzusetzen, wenn nach Auffassung der AIF-Kapitalverwaltungsgesellschaft der zuletzt ermittelte Wert auf Grund von Änderungen wesentlicher Bewertungsfaktoren nicht mehr sachgerecht ist; die AIF-Kapitalverwaltungsgesellschaft hat ihre Entscheidung und die Gründe dafür nachvollziehbar zu dokumentieren.

(2) Absatz 1 gilt entsprechend für die Bewertung der im Jahresabschluss oder in der Vermögensaufstellung der Immobilien-Gesellschaft ausgewiesenen Immobilien.

I. Allgemeines

§ 251 regelt die Bewertungsfrequenz der direkt und indirekt gehaltenen Immobilien sowie der Beteiligungen an Immobilien-Gesellschaften und konkretisiert damit die Vorgaben der allgemeinen Vorschrift des § 217. 1

II. Bewertungsfrequenz und außerplanmäßige Bewertung (§ 251 I)

§ 251 I trifft Sonderregeln zur Frage der **Häufigkeit der Bewertung** der Vermögensgegenstände in Form von Immobilien und Beteiligungen an Immobilien-Gesellschaften. gem. § 251 I 1 muss der Wert der Vermögensgegenstände iSd § 231 I und des § 234 innerhalb eines Zeitraums von drei Monaten ermittelt werden. Diese Vorgabe gilt in den Fällen, in denen die Rücknahme von Anteilen alle drei Monate oder häufiger möglich ist. Dies bedeutet, dass nicht sämtliche Vermögensgegenstände notwendigerweise auf einen **Stichtag,** der drei Monate vor dem Ausgabetermin liegt, bewertet werden müssen, sondern die Bewertung aller Vermögensgegenstände über einen Zeitraum von drei Monaten vor dem Ausgabetermin verteilt werden kann (BT-Drs. 17/4739, 470). 2

Für den Fall, dass die AnlB vorsehen, dass die Rücknahme von Anteilen seltener als alle drei Monate möglich ist, muss gem. § 251 I 2 eine Bewertung der Vermögensgegenstände iSd § 231 I und des § 234 jeweils in einem **Zeitraum von drei Monaten** vor jedem Ausgabetermin erfolgen. Auch hier gilt, dass die Bewertung aller Vermögensgegenstände über einen Zeitraum von drei Monaten vor dem Ausgabetermin verteilt werden kann (BT-Drs. 17/4739, 470). Mit der Regelung soll sichergestellt werden, dass eine aktuelle Bewertung der Vermögensgegenstände zum Rücknahmetermin gewährleistet ist. Die Verteilung der Bewertungen über den gesamten Dreimonatszeitraum ermöglicht es, die Auswirkungen von Wertschwankungen auf den Anteilpreis relativ gleichmäßig zu verteilen. 3

Die Regelung ist damit angelehnt an die **rollierende Bewertung** gem. dem aufgehobenen § 79 I 11 InvG (BT-Drs. 17/4739, 470). Die Regelung zeigt die Intention des Gesetzgebers, vor jedem Rücknahmetermin ohne eine Häufung der Bewertungen kurz vor dem Rücknahmetermin eine möglichst aktuelle Bewertung der Vermögensgegenstände zu gewährleisten, um Marktbewegungen zeitnah im Anteilpreis abzubilden (vgl. BT-Drs. 17/3628, 26).

4 Die relativ kurzen Bewertungsintervalle für Immobilien-Sondervermögen wurden durch das AnsFuG ins InvG aufgenommen. Zuvor war lediglich eine jährliche Bewertung der Immobilien durch das InvG vorgesehen. Damit wurde auf die **erhöhte Volatilität der Immobilienmärkte** aufgrund der Finanzkrise reagiert (BT-Drs. 17/3628, 26). Durch die kürzeren Bewertungsintervalle können Schwankungen der Immobilienmärkte zwar zeitnah abgebildet werden, jedoch lässt sich dagegen auch einwenden, dass bei Änderungen der wesentlichen Bewertungsfaktoren ohnehin eine Neubewertung erforderlich ist. Wenngleich eine Neubewertung in einem solchen Fall zwar gesetzlich vorgeschrieben ist, ist sie jedoch davon abhängig, dass auch die KVG sie für notwendig erachtet. Sie wird also in großem Maße in das Ermessen der KVG gestellt. Insofern spricht für die kürzeren gesetzlich vorgeschriebenen Bewertungsintervalle, dass Wertschwankungen auch dann abgebildet werden, wenn nach Auffassung der KVG noch keine Änderung wesentlicher Bewertungsfaktoren vorliegt.

5 § 251 I 3 übernimmt die Regelung des früheren § 79 I 5 InvG. In Bezug auf § 251 I 3 kann auf die Ausführungen zu § 248 II 2 verwiesen werden.

Die Häufigkeit der **Berechnung des Anteilpreises** ergibt sich aus § 217 I und II iVm der Verordnung, die die Europäische Kommission auf Grundlage von Art. 19 XI Buchst. c AIFM-RL zu erlassen hat, so dass hierfür keine Neuregelung erforderlich war. Sie entspricht im Wesentlichen der Regelung des § 79 III 1 InvG. Danach ist der Anteilpreis mindestens zu jedem Rückgabe- und Ausgabetermin zu ermitteln (BT-Drs. 17/4739, 471).

III. Entsprechende Anwendung für indirekt gehaltene Immobilien (§ 251 II)

6 § 251 II ist angelehnt an die Regelung des aufgehobenen § 70 II 2 InvG und wurde an die Bewertungshäufigkeit nach § 251 I angepasst (BT-Drs. 17/4739, 471), um gem. der Intention des Gesetzgebers indirekt gehaltene Immobilien weitgehend den direkt gehaltenen Immobilien gleichzustellen (WBA/*Wind/Fritz* § 251 Rn. 7). Demnach gelten die Vorgaben des § 251 I entsprechend auch für die Bewertung der im Jahresabschluss oder in der Vermögensaufstellung einer Immobilien-Gesellschaft ausgewiesenen Immobilien.

IV. Besonderheiten für offene Spezial-AIF

7 Von den Vorgaben des § 251 kann für offene Spezial-AIF abgewichen werden. Es bleibt also bspw. möglich, lediglich **einmal jährlich** die Regelbewertung vorzunehmen und die Bewertung der einzelnen Immobilien gleichmäßig über das Jahr zu verteilen.

§252 Ertragsverwendung

(1) **Die Anlagebedingungen müssen vorsehen, dass Erträge des Sondervermögens, die für künftige Instandsetzungen von Vermögensgegenständen des Sondervermögens erforderlich sind, nicht ausgeschüttet werden dürfen.**

(2) **Mindestens 50 Prozent der Erträge des Sondervermögens müssen ausgeschüttet werden, sofern sie nicht für künftige erforderliche Instandsetzungen einzubehalten sind; realisierte Gewinne aus Veräußerungsgeschäften sind keine Erträge im Sinne dieses Absatzes.**

(3) **Die Anlagebedingungen müssen angeben, ob und in welchem Umfang Erträge zum Ausgleich von Wertminderungen der Vermögensgegenstände des Sondervermögens und für künftige erforderliche Instandsetzungen nach Absatz 1 einbehalten werden.**

I. Allgemeines

1 Immobilien unterliegen einem Abnutzungsprozess und bedürfen daher der stetigen Pflege, um stabile Mieterträge zu generieren. § 252 regelt den Einbehalt der dafür notwendigen Beträge. Gemäß § 252 I werden **Erträge des Sondervermögens, die für künftige Instandsetzungen von Immobilien notwendig sind,** nicht an die Anleger ausgeschüttet, sondern verbleiben im Sondervermögen. Weiterhin kann die KVG nach § 252 III auch **Einbehalte für den Ausgleich von Wertminderungen von Vermögensgegenständen** bilden. Um die notwendige Transparenz gegenüber dem Anleger zu schaffen (BT-Drs. 16/5576, 75), muss in den **Anlagebedingungen** des Sondervermögens geregelt werden, ob die KVG Einbehalte für Wertminderungen bildet und deren Umfang sowie den Umfang der Einbehalte für künftige Instandsetzungen. § 252 II sieht eine **Mindestausschüttung von 50 % der Erträge** des Sondervermögens vor. Sie wurde iRd AnsFuG als Äquivalent zur Einführung von Einschränkungen des Rückgaberechts der Anleger durch Mindesthalte- und Rückgabefristen (s. § 255) eingeführt. Diese Mindestausschüttungspflicht soll dem Anleger entstehende Nachteile aus der längerfristigen Bindung seines Kapitals, insb. aus der Verpflichtung zur Abführung von jährlichen Steuern auf den thesaurierten Teil der Erträge, die nicht durch die Rückgabe von Anteilen bedient werden können, ausgleichen (BT-Drs. 17/3628, 26). Nach Auffassung des Gesetzgebers gelangen nur die ordentlichen Erträge des Sondervermögens zur Ausschüttung, während die außerordentlichen Erträge zB aus Veräußerungen von Immobilien der Bedienung von Anteilrückgaben vorbehalten bleiben sollen (BT-Drs. 17/4739, 22). Daher sieht § 252 II Hs. 2 vor, dass realisierte Gewinne aus Veräußerungsgeschäften keine Erträge iSd § 252 II sind.

2 Einbehalte iSd § 252 sind unter dem Posten „Einbehalte gemäß § 252" in der Verwendungsrechnung im Jahresbericht des Sondervermögens auszuweisen (§ 101 I 3 Nr. 5 iVm § 7 S. 1 Nr. 5, § 12 III KARBV). Gemäß § 165 II Nr. 14 sind die Regeln für die Ermittlung und Verwendung der Erträge des Sondervermögens im Verkaufsprospekt des Sondervermögens zu beschreiben.

II. Künftige Instandsetzungen (§ 252 I, III)

3 Gemäß § 252 I **dürfen Erträge nicht ausgeschüttet werden, wenn sie für künftige Instandsetzungen erforderlich sind.** Instandsetzungen sind Maßnahmen zur Wiederherstellung des ursprünglichen Zustands, zB eine Reparatur bei Schäden an einem Gebäude. Auch Maßnahmen zur Erhaltung des bestimmungsgemäßen Gebrauchs der Immobilie, zB laufende Pflege und Wartung eines Gebäudes, werden unter den Begriff der Instandsetzung iSd § 252 gefasst (WBA/*Wind/Fritz* § 252 Rn. 4). Die konkrete Festlegung der **Höhe der Einbehalte** für künftige Instandsetzungen liegt im Ermessen der KVG. Dabei muss sie nicht für die gesamte Haltedauer der Immobilie planen, sondern nur für einen absehbaren Zeitraum (AWZ/*Kloyer/Kobabe* § 252 Rn. 8). In der Praxis werden Erfahrungswerte aus der Vergangenheit hinzugezogen, idR ein bestimmter Prozentsatz der Summe der Verkehrswerte der Immobilien und eine entspr. Maximalgrenze (sa BTMB/*Reiss* § 252 Rn. 8).

4 Die **Anlagebedingungen** müssen gem. § 252 III angeben, in welchem Umfang Erträge für künftige erforderliche Instandsetzungen einbehalten werden. Eine allgemeine Aussage ist ausreichend (BSL/*Klusak* InvG § 78 Rn. 4).

III. Ausgleich von Wertminderungen (§ 252 III)

5 Im Gegensatz zum verpflichtenden Einbehalt für künftige Instandsetzungen steht die Bildung von Einbehalten für Wertminderungen im **Ermessen der KVG.** Dies ist gerechtfertigt, weil Wertminderungen zB durch Abnutzungen der Immobilie bereits iRd Regelbewertung berücksichtigt werden. Durch die Bildung von Einbehalten für Wertminderungen kann die KVG mehr Flexibilität bei der Bemessung der Höhe der über die Mindestausschüttung hinausgehenden Ausschüttung gewinnen (WBA/*Wind/Fritz* § 252 Rn. 11). Wertminderungen können sich auf alle Vermögensgegenstände des Sondervermögens beziehen, also neben Immobilien auch auf Beteiligungen an Immobilien-Gesellschaften oder für das Sondervermögen gehaltene Wertpapiere, Geldmarktinstrumente und Investmentanteile (BSL/*Klusak* InvG § 78 Rn. 3).

6 Die KVG muss nach § 252 III in den **Anlagebedingungen** regeln, ob sie Einbehalte für Wertminderungen vornimmt oder nicht und für den Fall, dass sie Einbehalte bildet, deren Umfang darstellen. Auch insofern ist eine allgemeine Regelung ausreichend (BSL/*Klusak* InvG § 78 Rn. 4).

IV. Mindestausschüttung (§ 252 II)

7 § 252 II sieht eine Mindestausschüttung von 50% der Erträge des Sondervermögens vor. Daneben ist eine Thesaurierung von Erträgen im Sondervermögen möglich. Die Mindestausschüttung steht unter zwei Vorbehalten. Zum einen gelangen **Erträge, die für künftige Instandsetzungen nach § 252 I einbehalten werden müssen,** gem. § 252 II Hs. 1 nicht zur Ausschüttung. Zum anderen bilden **realisierte Gewinne aus Veräußerungsgeschäften** gem. § 252 II Hs. 2 keinen Ertrag iSd § 252 II, dh werden ebenfalls nicht in die Berechnung des ausschüttungsfähigen Ertrags miteinbezogen. Insbesondere im Fall der Aussetzung der Anteilrücknahme ist es nicht sinnvoll, Veräußerungsgewinne nicht für die Wiederaufnahme der Bedienung von Anteilen verwenden zu können, sondern für die nächste Ausschüttung einzubehalten (BSV/*Kunschke/Kestler* 405 § 252 Rn. 6). In diesem Zusammenhang ist auch zu beachten, dass die KVG die Mindestaus-

schüttung auch **während der Aussetzung der Rücknahme von Anteilen** vornehmen muss. Die Ausschüttungspflicht bleibt während einer Rücknahmeaussetzung wegen außergewöhnlicher Umstände iSd § 98 II, wegen Liquiditätsmangels iSd § 257 und wegen der Kündigung des Verwaltungsrechts und anschließender Abwicklung des Sondervermögens durch die KVG iSd § 258 bestehen. Denn § 252 sieht insoweit keine Ausnahme von der Ausschüttungspflicht vor (BSV/*Kunschke/Kestler* 405 § 252 Rn. 5). Dieses Ergebnis wird von der gesetzgeberischen Intention bei Einführung der Mindestausschüttung, nämlich der Kompensation der Bindung der Anlegergelder, die insb. in der Phase einer Rücknahmeaussetzung gegeben ist, gestützt.

V. Besonderheiten bei offenen Spezial-AIF

Bei offenen Spezial-AIF kann die KVG von den Vorgaben des § 252 mit Zustimmung sämtlicher Anleger gem. § 284 II abweichen. Üblicherweise wird die Pflicht zur Mindestausschüttung gem. § 252 II abbedungen, da die Anleger eines offenen Spezial-AIF für die langfristige Bindung ihres Kapitals keiner Kompensation bedürfen. 8

§ 253 Liquiditätsvorschriften

(1) [1]**Die AIF-Kapitalverwaltungsgesellschaft darf für Rechnung eines Immobilien-Sondervermögens einen Betrag, der insgesamt 49 Prozent des Wertes des Sondervermögens entspricht, nur halten in**

1. **Bankguthaben;**
2. **Geldmarktinstrumenten;**
3. **Investmentanteilen nach Maßgabe des § 196 oder Anteilen an Spezial-Sondervermögen nach Maßgabe des § 196 Absatz 1 Satz 2, die nach den Anlagebedingungen ausschließlich in Vermögensgegenstände nach den Nummern 1, 2 und 4 Buchstabe a anlegen dürfen; die §§ 207 und 210 Absatz 3 sind auf Spezial-Sondervermögen nicht anzuwenden;**
4. **Wertpapieren, die**
   a) **zur Sicherung der in Artikel 18.1 des Protokolls über die Satzung des Europäischen Systems der Zentralbanken und der Europäischen Zentralbank vom 7. Februar 1992 (BGBl. 1992 II S. 1299) genannten Kreditgeschäfte von der Europäischen Zentralbank oder der Deutschen Bundesbank zugelassen sind oder deren Zulassung nach den Emissionsbedingungen beantragt wird, sofern die Zulassung innerhalb eines Jahres nach ihrer Ausgabe erfolgt,**
   b) **entweder an einem organisierten Markt im Sinne von § 2 Absatz 11 des Wertpapierhandelsgesetzes zum Handel zugelassen sind oder die festverzinsliche Wertpapiere sind, soweit ihr Wert einen Betrag von 5 Prozent des Wertes des Sondervermögens nicht übersteigt;**
5. **Aktien von REIT-Aktiengesellschaften oder vergleichbare Anteile ausländischer juristischer Personen, die an einem der in § 193 Absatz 1 Satz 1 Nummer 1 und 2 bezeichneten Märkte zugelassen oder in einen dieser Märkte einbezogen sind, soweit der Wert dieser Aktien oder Anteile einen Betrag von 5 Prozent des Wertes des Sondervermögens nicht**

überschreitet und die in Artikel 2 Absatz 1 der Richtlinie 2007/16/EG genannten Kriterien erfüllt sind, und
6. Derivaten zu Absicherungszwecken.

[2]Die AIF-Kapitalverwaltungsgesellschaft hat sicherzustellen, dass hiervon ein nach den überprüfbaren und dokumentierten Berechnungen des Liquiditätsmanagements ausreichender Betrag, der mindestens 5 Prozent des Wertes des Sondervermögens entspricht, für die Rücknahme von Anteilen verfügbar ist.

(2) **Bei der Berechnung der Anlagegrenze nach Absatz 1 Satz 1 sind folgende gebundene Mittel des Immobilien-Sondervermögens abzuziehen:**
1. **die Mittel, die zur Sicherstellung einer ordnungsgemäßen laufenden Bewirtschaftung benötigt werden;**
2. **die Mittel, die für die nächste Ausschüttung vorgesehen sind;**
3. **die Mittel, die erforderlich werden zur Erfüllung von Verbindlichkeiten**
   a) aus rechtswirksam geschlossenen Grundstückskaufverträgen,
   b) aus Darlehensverträgen,
   c) für die bevorstehenden Anlagen in bestimmten Immobilien,
   d) für bestimmte Baumaßnahmen sowie
   e) aus Bauverträgen,
   sofern die Verbindlichkeiten in den folgenden zwei Jahren fällig werden.

(3) **Die AIF-Kapitalverwaltungsgesellschaft darf für Rechnung eines Immobilien-Sondervermögens Wertpapier-Darlehen nur auf unbestimmte Zeit gewähren.**

Schrifttum: Rundschreiben der BaFin 11/2017 (VA) v. 12.12.2017, VA 25-I 3201-2016/0002; Allgemeinverfügung des BAKred v. 18.7.1990 – V1/03 abgedr. bei BSV 438 Nr. 54; *Müller* Komparative Untersuchung des EU-REIT-Regimes.

Inhaltsübersicht

	Rn.
I. Allgemeines	1
II. Liquiditätsgrenzen	6
1. Höchstliquidität (§ 253 I 1, II)	7
2. Mindestliquidität (§ 253 I 2)	9
III. Katalog der zulässigen Anlagen (§ 253 I 1 Nr. 1–6)	10
1. Bankguthaben und Geldmarkinstrumente (§ 253 I 1 Nr. 1 und Nr. 2)	11
2. Investmentanteile (§ 253 I 1 Nr. 3)	13
3. Wertpapiere (§ 253 I 1 Nr. 4 und 5)	14
a) Zur Sicherung von Kreditgeschäften zugelassene Wertpapiere (§ 253 I 1 Nr. 4 Buchst. a)	14
b) Sonstige Wertpapiere (§ 253 I 1 Nr. 4 Buchst. b)	15
c) Aktien von REITs (§ 253 I 1 Nr. 5)	16
4. Derivate zu Absicherungszwecken (§ 253 I 1 Nr. 6)	18
IV. Wertpapier-Darlehen (§ 253 III)	19
V. Besonderheiten bei offenen Spezial-AIF	20

I. Allgemeines

Die Vorhaltung von Liquidität spielt bei Immobilien-Sondervermögen eine besondere Rolle. Anders als Sondervermögen mit liquiden Vermögensgegenständen, wie OGAW-Sondervermögen, erfordert die Verwaltung von Immobilien den ständigen Einsatz von liquiden Mitteln zB für Instandhaltungsmaßnahmen, das Begleichen laufender Betriebskosten usw. Außerdem sind Erwerb und Veräußerung von Immobilien komplexer und zeitaufwendiger als Wertpapiertransaktionen. So kann der Ankauf von Immobilien für das Sondervermögen idR nicht mit dem Zufluss von Anlegergeldern exakt synchronisiert werden, so dass eine im Sondervermögen befindliche Liquidität über einen uU längeren Zeitraum bis zum Vollzug des Erwerbs der Immobilie verwaltet werden muss. Weiterhin muss die KVG Liquidität vorhalten, um auf fällige Rückgabeverlangen der Anleger reagieren zu können. Entlastung für das Liquiditätsmanagement der KVG bietet die Möglichkeit der Einführung von Rücknahmeterminen sowie die zwingende Mindesthalte- und Rückgabefristen (s. § 255), aber auch die Möglichkeiten der Schaffung von Liquidität durch die Aufnahme kurzfristiger Kredite gem. § 199 bis hin zur Aussetzung der Rücknahme von Anteilen wegen eines Liquiditätsmangels gem. § 257. Im Vorfeld dieser Maßnahmen sieht § 253 I 2 die Vorhaltung einer **Mindestliquidität** vor. Gemäß § 253 I 2 ist die KVG verpflichtet, einen nach überprüfbaren und dokumentierten Berechnungen des Liquiditätsmanagements ausreichenden Betrag für die Bedienung von Rückgaben bereitzuhalten, der mindestens 5% des Wertes des Sondervermögens entspricht. Diese Regelung lehnt sich an die Vorschriften zum Liquiditätsmanagement der Level-II-VO an und betont die Verantwortung der KVG für das den Anlegern gegebene Rücknahmeversprechen (BT-Drs. 17/12294, 269). 1

Des Weiteren trifft das Gesetz durch die Festlegung einer **Höchstliquiditätsgrenze** von 49% des Wertes des Sondervermögens gem. § 253 I 1 Vorkehrungen, um sicherzustellen, dass der Charakter eines Immobilien-Sondervermögens durch eine überproportionale Beimischung von Liquidität nicht verwässert wird. Der Abzug der durch feste Verpflichtungen gebundenen Liquidität (gebundene Mittel) von der Höchstliquidität gem. § 253 II soll die wirtschaftliche Flexibilität der KVG erhöhen (BT-Drs. 13/8933, 120). 2

Der **Katalog zulässiger Liquiditätsanlagen** findet sich in § 253 I 1 Nr. 1–6. Zur Erzielung zusätzlicher Erträge für das Sondervermögen erlaubt § 253 III die **Gewährung von Wertpapier-Darlehen.** Zur Definition der Liquiditätsanlagen sowie ihrer Grenzen ist gem. § 230 I auf die Vorschriften für OGAW-Sondervermögen (§§ 192ff.) zurückzugreifen, sofern die §§ 230ff. dem nicht entgegenstehen. 3

In der **Anlaufzeit** muss die Höchstliquiditätsgrenze nicht beachtet werden (s. § 244), während die Mindestliquidität vorzuhalten ist. Beide Liquiditätsgrenzen sind in der Phase der **Abwicklung des Immobilien-Sondervermögens durch die KVG iSd § 258** nicht anwendbar. Dies ergibt sich für die Höchstliquidität daraus, dass § 258 auf § 244 verweist und die dort aufgeführten Anlagegrenzen während der Abwicklung für nicht anwendbar erklärt. Dass die Mindestliquidität während der Abwicklung des Sondervermögens nicht vorgehalten werden muss, folgt hingegen aus einer teleologischen Reduktion des § 253 I 2. Wenn während der Abwicklung die Rücknahme von Anteilen ausgesetzt wird, bedarf es auch nicht der Vorhaltung von Liquidität für die Bedienung von Anteilrückgaben. Droht eine **Verletzung der Höchstliquiditätsgrenze,** muss die KVG die Ausgabe neuer Anteile für das betroffene Sondervermögen gem. § 255 I aussetzen. Wird die **Min-** 4

destliquiditätsgrenze verletzt, hat die KVG – unter Berücksichtigung der Interessen der Anleger – Maßnahmen zu ergreifen, um die Mindestliquidität wiederherzustellen. Eine Aussetzung der Rücknahme von Anteilen iSd § 257 darf nur erfolgen, wenn gleichzeitig die Tatbestandsvoraussetzungen des § 257 vorliegen. Die Unterschreitung der gesetzlichen sowie einer ggf. vertraglich vorgesehenen Mindestliquidität ist der BaFin zu melden (Allgemeinverfügung des BAKred v. 18.7.1990 – V1/03, Nr. 4b).

5 Hält die KVG für Rechnung eines Immobilien-Sondervermögens einen Vermögensgegenstand oder Betrag vorsätzlich oder fahrlässig entgegen § 253 I 1, stellt dies eine Ordnungswidrigkeit iSd § 340 II Nr. 50 dar und kann gem. § 340 VII 1 Nr. 2 mit einem Bußgeld von bis zu 1 Mio. EUR bzw. darüber hinaus 2% des jährlichen Gesamtumsatzes der KVG geahndet werden.

II. Liquiditätsgrenzen

6 Für Immobilien-Sondervermögen ist eine Grenze für die höchstens vorzuhaltende Liquidität in § 253 I 1 und für die mindestens vorzuhaltende Liquidität in § 253 I 2 vorgesehen. Weiterhin ist eine Höchstgrenze für den Erwerb von Wertpapieren in § 253 I 1 Nr. 4 Buchst. b und Nr. 5 enthalten. Für die Berechnung der Auslastung der jeweiligen Grenzen ist das **Nettofondsvermögen** iSd § 168 I 2 maßgeblich, dh die Verkehrswerte der Vermögensgegenstände des Sondervermögens abzüglich der aufgenommenen Kredite und sonstigen Verbindlichkeiten. Aus dem Wortlaut des § 253 I geht hervor, dass für die Berechnung der Grenzen nur auf die von der KVG direkt gehaltene Liquidität abzustellen ist und die von den Immobilien-Gesellschaften gehaltene Liquidität nicht berücksichtigt werden muss (BSV/*Kunschke/Kestler* 405 § 253 Rn. 10).

7 **1. Höchstliquidität (§ 253 I 1, II).** Die in § 253 I 1 Nr. 1–6 aufgezählten Anlagen dürfen max. 49% des Nettofondsvermögens betragen. Die in § 253 II genannten Positionen **(gebundene Mittel)** sind dabei nicht zu berücksichtigen, dh diese dürfen über die zulässige 49%-Grenze hinaus gehalten werden. Es handelt sich bei den gebundenen Mitteln zunächst um solche, die für eine **ordnungsgemäße laufende Bewirtschaftung erforderlich sind (§ 253 I 1 Nr. 1**). Diese Bewirtschaftungskosten müssen sich auf die Verwaltung einzelner Immobilien beziehen, einen begrenzten Umfang haben und in absehbarer Zeit (höchstens zwei Jahre) benötigt werden (BSV/*Kunschke/Kestler* 405 § 253 Rn. 11). Weiterhin sind Mittel, die für die **nächste Ausschüttung vorgesehenen sind (§ 253 I 1 Nr. 2**), abzuziehen. Eine Prognose der KVG, in welcher Höhe die Mittel für die nächste Ausschüttung benötigt werden, ist ausreichend; unterjährige Anpassungen der Prognose sind zulässig (BSL/*Klusak* InvG § 80 Rn. 12). Die für die nächste Ausschüttung vorgesehenen Mittel dürfen ab dem Beginn des Geschäftsjahres, für das die Ausschüttung vorgesehen ist, abgezogen werden.

8 Bei der Berechnung der Höchstliquidität ebenfalls unberücksichtigt bleiben dürfen **Mittel, die erforderlich sind zur Erfüllung bestimmter Verbindlichkeiten, sofern diese innerhalb der nächsten zwei Jahre fällig werden** (**§ 253 I 1 Nr. 3 Buchst. a–d**). Es kann sich dabei um Verbindlichkeiten aus Grundstückskauf-, Darlehens- oder Bauverträgen iSd § 253 I 1 Nr. 3 Buchst. a, b und e handeln. Während der Abzug von Verbindlichkeiten aus Grundstückskaufverträgen nur möglich ist, wenn der Kaufvertrag bereits rechtswirksam abgeschlossen ist, ist diese Einschränkung für Darlehens- und Bauverträge im Gesetzeswortlaut nicht vor-

gesehen. Es ist aber zu fordern, dass ihr Abschluss hinreichend wahrscheinlich und konkret ist (BSL/*Klusak* InvG § 80 Rn. 12).

9 **2. Mindestliquidität (§ 253 I 2).** Die KVG hat sicherzustellen, dass von den liquiden Mittel des Sondervermögens ein ausreichender Betrag für die Rücknahme von Anteilen verfügbar ist. Dieser muss nach den überprüfbaren und dokumentierten Berechnungen des Liquiditätsmanagements der KVG für das betreffende Sondervermögen ausreichend sein (s. Art. 46 ff. Level-II-VO), mind. aber 5% des Nettofondsvermögens betragen. Diese Regelung bedeutet für die KVG die Pflicht zur eigenverantwortlichen Festlegung einer ggf. höheren (internen) Mindestliquiditätsgrenze. Insbesondere bei Sondervermögen, die in einem nicht unerheblichen Umfang Anteile vor Inkrafttreten des KAGB bzw. AnsFuG ausgegeben haben und daher dem entspr. Teil von Anlegern ohne Beachtung der Mindesthalte- bzw. Rückgabefrist des § 255 III und IV Anteile zurückgeben dürfen, können die Berechnungen des Liquiditätsmanagements ergeben, dass eine höhere Mindestliquidität als 5% des Nettofondsvermögens für die Bedienung von Anteilrückgaben vorzuhalten ist.

III. Katalog der zulässigen Anlagen (§ 253 I 1 Nr. 1–6)

10 § 253 I 1 Nr. 1–6 definieren die zulässigen Liquiditätsanlagen. Andere als die dort genannten liquiden Mittel darf die KVG für das Sondervermögen nicht erwerben (WBA/*Kautenburger-Behr* § 253 Rn. 1). Liquiditätsanlagen des Sondervermögens können auf EUR oder auf Fremdwährung lauten (EDD/*Doublier/Lemnitzer/Eisenhuth* § 253 Rn. 2).

11 **1. Bankguthaben und Geldmarkinstrumente (§ 253 I 1 Nr. 1 und Nr. 2).** Nach § 195 S. 1 darf die KVG für ein Sondervermögen **Bankguthaben** mit einer Laufzeit von höchstens 12 Monaten halten. Diese Bankguthaben sind auf Sperrkonten iSd § 72 II bei einem KI im In- oder Ausland nach Maßgabe des § 195 S. 2 zu führen. Bei einem einzigen KI gehaltene Bankguthaben sind gem. § 206 IV auf 20% des Nettofondsvermögens zu begrenzen. Zusammen mit den für das Sondervermögen gehaltenen Wertpapieren und Geldmarktinstrumenten, die von diesem KI begeben wurden, sowie den Anrechnungsbeträgen für das Kontrahentenrisiko der mit diesem KI eingegangenen Geschäfte dürfen Bankguthaben bei diesem KI gem. § 206 V nicht mehr als 20% des Nettofondsvermögens ausmachen (sog. **Kombinationsgrenze**). Die Kombinationsgrenze kann durch den Einsatz gegenläufiger Derivate, die Wertpapiere bzw. Geldmarktinstrumente desselben Emittenten zum Basiswert haben, entlastet werden (s. § 19 DerivateV). Da solche Derivate der Absicherung des Ausstellerrisikos dienen, dürfen sie auch für ein Immobilien-Sondervermögen erworben werden (→ Rn. 18).

12 Für ein Immobilien-Sondervermögen dürfen auch **Geldmarktinstrumente** iSd §§ 194, 198 Nr. 2 erworben werden. Geldmarktinstrumente idS sind Instrumente, die üblicherweise am Geldmarkt gehandelt werden, aber auch verzinsliche Wertpapiere, die den Vorgaben des § 194 entsprechen.

13 **2. Investmentanteile (§ 253 I 1 Nr. 3).** Als zulässige Liquiditätsanlage kommen Investmentanteile iSd § 196 in Betracht, allerdings nur, wenn diese nach ihren jeweiligen Anlagebedingungen ausschließlich in Bankguthaben iSd § 253 I 1 Nr. 1, Geldmarktinstrumente iSd § 253 I 1 Nr. 2 und/oder Wertpapiere iSd § 253 I 1 Nr. 4 Buchst. a investieren. Damit verengt die Regelung den Anlagehorizont insofern, als dass Immobilien-Sondervermögen Anteile an den im Markt gängigen In-

vestmentvermögen nicht erwerben dürfen. Allerdings ist eine effiziente Verwaltung der Liquidität des Sondervermögens möglich, in dem ein Spezial-Sondervermögen, dessen Anlagebedingungen die Vorgaben der § 253 I 1 Nr. 3 erfüllt, bei der KVG selbst oder einer anderen KVG aufgelegt wird. Dann darf die KVG sogar die (nahezu) gesamte Liquidität des Immobilien-Sondervermögens in dieses Spezial-Sondervermögen investieren, da § 253 I 1 Nr. 3 für Anteile an Spezial-Sondervermögen die Grenzen des §§ 207, 210 III für nicht anwendbar erklärt.

14 **3. Wertpapiere (§ 253 I 1 Nr. 4 und 5). a) Zur Sicherung von Kreditgeschäften zugelassene Wertpapiere (§ 253 I 1 Nr. 4 Buchst. a).** Bestandteil des Liquiditätskatalogs sind Wertpapiere, die zur Sicherung der in Art. 18.1 des Protokolls über die Satzung des Europäischen Systems der Zentralbanken und der EZB genannten Kreditgeschäfte von der EZB oder der Deutschen Bundesbank zugelassen sind oder deren Zulassung beantragt ist, wenn die Zulassung innerhalb eines Jahres nach ihrer Ausgabe erfolgt. Ein Verzeichnis der zugelassenen Wertpapiere findet sich auf der Internetseite der EZB (http://www.ecb.europa.eu/paym/coll/assets/html/list.en.html). Zu den emittentenbezogenen Anlagegrenzen siehe § 210.

15 **b) Sonstige Wertpapiere (§ 253 I 1 Nr. 4 Buchst. b).** Sonstige Wertpapiere dürfen nur erworben werden, wenn sie zum Handel an einem organsierten Markt iSd § 2 XI WpHG zugelassen sind. Liegt keine Handelszulassung vor, dürfen nur festverzinsliche Wertpapiere erworben werden, dh solche Wertpapiere, deren Verzinsung über ihre gesamte Laufzeit festgeschrieben ist. Die Zahlungsmodalitäten (regelmäßige Zahlung, Thesaurierung oder Diskontieren) sind nicht erheblich (EDD/*Doublier/Lemnitzer/Eisenhuth* § 253 Rn. 11). Für die sonstigen Wertpapiere gilt, dass ihr Erwerb auf **maximal 5 % des Nettofondsvermögens** begrenzt ist. Zu den Emittentengrenzen siehe §§ 206, 208 und 210.

16 **c) Aktien von REITs (§ 253 I 1 Nr. 5).** Das Sondervermögen darf auch in Aktien von REITs oder vergleichbaren ausländischen juristischen Personen anlegen. Aktien **ausländischer REITs** sind idS **vergleichbar,** wenn sie zum Handel an einer Börse bzw. in einem organisierten Markt im In- oder Ausland iSd § 193 I Nr. 1 und 2 zugelassen bzw. einbezogen sind. Außerdem müssen sie die Anforderungen an Finanzinstrumente iSd Art. 2 I der RL 2007/16/EG v. 19.3.2007 zur Durchführung der RL 85/611/EWG des Rates zur Koordinierung der Rechts- und Verwaltungsvorschriften betreffend bestimmter OGAW im Hinblick auf die Erläuterung gewisser Definitionen erfüllen. Weiterhin muss auch der Emittent der REIT-Anteile mit dem deutschen REIT vergleichbar sein. Kriterium der Vergleichbarkeit ist dabei zum einen, dass der REIT schwerpunktmäßig in Immobilien investiert und zum anderen, dass sich zumindest ein Teil der von ihm ausgegebenen Anteile in Streubesitz befindet (s. dazu BSL/*Klusak* InvG § 80 Rn. 11). Beispiel für einen vergleichbaren REIT ausländischen Rechts ist die Société d'Investissements Immobiliers Cotées (SIIC) nach französischem Recht (BSL/*Klusak* InvG § 80 Rn. 11; sa *Müller* Komparative Untersuchung der EU-REIT-Regime, S. 10 und 26). Der Anteil an REIT-Aktien (in- und ausländischer Emittenten) im Sondervermögen ist auf **maximal 5 % des Nettofondsvermögens** begrenzt, wobei REITs uU auch unter die sonstigen Wertpapiere iSd § 253 I 1 Nr. 4 Buchst. b subsumiert werden können und sich damit die zulässige Quote auf 10% des Nettofondsvermögens erhöhen kann (BSL/*Klusak* InvG § 80 Rn. 11).

17 Anteile an REITs können als **Anteile an Immobilien-Gesellschaften** erworben werden, wenn die Voraussetzungen für den Erwerb von Beteiligungen an Im-

mobilien-Gesellschaften gegeben sind. Dann richten sich Erwerb und Halten der Beteiligung ausschließlich nach §§ 234ff. und auch die Begrenzung in § 253 I 1 auf 5% bzw. 10% des Nettofondsvermögens ist nicht anwendbar (EDD/*Doublier/Lemnitzer/Eisenhuth* § 253 Rn. 12).

4. Derivate zu Absicherungszwecken (§ 253 I 1 Nr. 6). Des Weiteren dür- 18
fen auch Derivate zu Absicherungszwecken erworben werden. Die Vorgaben an die zulässigen Derivate richten sich nach § 197 sowie DerivateV. Sofern die KVG bei der Ermittlung des Marktrisikopotentials lediglich den einfachen Ansatz iSd DerivateV nutzt, darf sie nur in bestimmte Grundformen von Derivaten investieren. Verwendet sie hingegen den qualifizierten Ansatz iSd DerivateV stehen ihr – vorbehaltlich eines geeigneten Risikomanagementsystems – alle Arten von Derivaten zur Verfügung. Sowohl beim Einsatz des einfachen als auch des qualifizierten Ansatzes müssen die Derivate **Absicherungszwecken** dienen. Als Absicherungszwecke kommen Zinsänderungs-, Währungskursrisiken oder die Absicherung von Mietforderungen oder von in Fremdwährung gehaltenen Vermögensgegenständen in Betracht. Ein Einsatz von Derivaten zu Investitionszwecken ist Immobilien-Sondervermögen nicht gestattet. Über den Einsatz von Gesamtrendite-Swaps (bzw. Total Return Swaps), die im Rahmen der Bagatellgrenze grds. im Immobilien-Sondervermögen eingesetzt werden dürfen, ist im Verkaufsprospekt aufzuklären (VO (EU) 2015/2365 über die Transparenz von Wertpapierfinanzierungsgeschäften (SFTR) vom 23.12.2015). Diese Aufklärung kann entfallen, wenn der Erwerb von Gesamtrendite-Swaps in den Anlagebedingungen des Immobilien-Sondervermögens ausdrücklich ausgeschlossen wird.

IV. Wertpapier-Darlehen (§ 253 III)

Die KVG kann Dritten Wertpapiere des Sondervermögens als Darlehen auf un- 19
bestimmte Zeit überlassen. Die §§ 200ff. sind entspr. anwendbar, insb. muss das Wertpapier-Darlehen ein jederzeitiges Kündigungsrecht der KVG vorsehen (s. § 200 I 4). Auch Wertpapier-Darlehen sind Wertpapierfinanzierungsgeschäfte iSd VO (EU) 2015/2365 über die Transparenz von Wertpapierfinanzierungsgeschäften (SFTR) vom 23.12.2015; zu den Aufklärungspflichten → Rn. 18.

V. Besonderheiten bei offenen Spezial-AIF

Bei offenen Spezial-AIF werden die Vorgaben an die Mindestliquidität idR ab- 20
bedungen, weil die Anleger so weit wie möglich in Immobilien investiert sein wollen. Nicht abbedungen werden können die Vorgaben des Liquiditätsmanagements gem. Art. 46ff. Level-II-VO, insb. das Gebot der Kohärenz zwischen Liquiditätsprofil, Anlagestrategie und Rücknahmegrundsätzen. Mit Zustimmung aller Anleger des offenen Spezial-AIF darf die KVG gem. § 284 II von den **Liquiditätsgrenzen und dem Katalog der zulässigen Liquiditätsanlagen** des § 253 I 1 abweichen, ist insofern aber an die abschließende Aufzählung der zulässigen Liquiditätsanlagen eines offenen Spezial-AIF in § 284 II Nr. 2 gebunden.

Bei **offenen Spezial-AIF, deren Anleger dem Versicherungsaufsichts-** 21
recht unterliegen, ist zu beachten, dass die Regelung der Liquidität in den Anlagebedingungen den Anforderungen des § 253 I 1 annähernd entsprechen muss und Derivate nur zu Absicherungszwecken erworben werden dürfen (Rundschreiben der BaFin 11/2017 (VA) v. 12.12.2017 GZ VA 25–I 3201–2016/0002, B. 4. 10f.).

§ 254 Kreditaufnahme

(1) [1]Die AIF-Kapitalverwaltungsgesellschaft darf unbeschadet des § 199 für gemeinschaftliche Rechnung der Anleger Kredite nur bis zur Höhe von 30 Prozent des Verkehrswertes der Immobilien, die zum Sondervermögen gehören, und nur dann aufnehmen und halten, wenn

1. dies in den Anlagebedingungen vorgesehen ist,

2. die Kreditaufnahme mit einer ordnungsgemäßen Wirtschaftsführung vereinbar ist,

3. die Bedingungen der Kreditaufnahme marktüblich sind und

4. die Grenze nach § 260 Absatz 3 Nummer 3 nicht überschritten wird.

[2]Eine Kreditaufnahme zur Finanzierung der Rücknahme von Anteilen ist nur nach Maßgabe des § 199 zulässig.

(2) Entsprechend der Beteiligungshöhe sind die von der Immobilien-Gesellschaft aufgenommenen Kredite bei dem Immobilien-Sondervermögen bei der Berechnung der in Absatz 1 genannten Grenzen zu berücksichtigen.

Schrifttum: *Schultz-Süchting/Thomas* Fremdfinanzierung offener Immobilienfonds, WM 2009, 2156.

I. Allgemeines

1 254 regelt die Bedingungen für die Aufnahme **langfristiger Kredite** und ist eine **Spezialvorschrift** für Immobilien-Sondervermögen. Die Vorschrift ist im Vergleich zur Vorgängervorschrift des § 80a InvG weitgehend unverändert, stellt jedoch nun ausdrücklich klar, dass die Anlagegrenze iHv 30% des Verkehrswertes der für Rechnung des Sondervermögens gehaltenen Immobilien nicht nur zum Zeitpunkt der Darlehensaufnahme, sondern auch während der Laufzeit des Darlehens zu beachten ist (BT-Drs. 1712294, 471). Zudem wurde § 254 II neu ins Gesetz aufgenommen, regelt jedoch lediglich das, was wohl ohnehin Praxis bei der Berechnung der Fremdkapitalquote war.

2 Bei wohl keinem anderen Anlagegegenstand ist die Fremdfinanzierung so untrennbar mit der Anlagestrategie verbunden wie bei Immobilien. Selbst wenn bei den klassischen Immobilien-Publikumsfonds die Liquiditätsrate idR so hoch ist, dass auch eine vollständige Eigenkapitalfinanzierung problemlos möglich wäre, wird eine Fremdfinanzierung aus mehreren Gründen dennoch in Anspruch genommen. Der Hauptgrund liegt in der **Hebelwirkung,** die zur Verbesserung der Rendite durch die Kreditaufnahme eingesetzt wird und sich dann positiv auswirkt, wenn der Darlehenszins niedriger als die Immobilienrendite ist (vgl. auch BSL/*Klusak* InvG § 80a Rn. 1). Weitere Gründe können die Beschaffung von Liquidität, die Absicherung von Währungsrisiken bei Immobilieninvestments im Ausland und die Nutzung steuerlicher Vorteile bei Anlagen im Ausland sein (vgl. EDD/*Schultz-Süchting* § 254 Rn. 2; BSL/*Klusak* InvG § 80a Rn. 1; BSV/*Zöll* 410 § 80a Rn. 5). Insbesondere die Hebelwirkung kann sich sowohl zum Vorteil als auch zum Nachteil der Wertentwicklung des Sondervermögens auswirken. Sowohl positive als auch negative Wertentwicklungen der Immobilie verstärken sich entsprechend. Dieses Risiko wird durch die Beschränkung der Fremdkapitalaufnahme begrenzt (BSL/*Klusak* InvG § 80a Rn. 1).

Während insb. OGAW allein die Kreditaufnahme gem. § 199 erlaubt ist, trägt § 254 den besonderen Umständen der Immobilienanlage Rechnung. Neben der Spezialvorschrift für Immobilien-Sondervermögen ist daher für Rechnung von Immobilien-Sondervermögen ebenso die Aufnahme **kurzfristiger Darlehen** iSd § 199 möglich. Die Vorschriften stehen also nebeneinander (vgl. auch EDD/*Schultz-Süchting* § 254 Rn. 5; BSL/*Klusak* InvG § 80a Rn. 3; BSV/*Zöll* 410 § 80a Rn. 1). § 199 hat für die Immobilienfinanzierung jedoch grds. keine Bedeutung. Bei Ausschöpfung der Fremdkapitalquote des § 254 ist nämlich zweifelhaft, ob eine Bank zur Ausreichung eines kurzfristigen Darlehens zur Immobilienfinanzierung überhaupt bereit wäre. In der Regel ist nämlich nicht nur die Fremdkapitalquote des § 254, sondern auch die Belastungsgrenze des § 260 III Nr. 3 ausgeschöpft. Für Zwecke der Immobilienfinanzierung werden Darlehensgeber jedoch grds. nicht bereit sein, ein Darlehen ohne dingliche Besicherung zu gewähren.

Obwohl § 254 dies nicht ausdrücklich sagt, ist neben den aufgeführten Vorgaben des § 254 I eine weitere Voraussetzung für die Zulässigkeit einer Darlehensaufnahme die **Zustimmung der Verwahrstelle** gem. § 84 I Nr. 1.

II. Vorgaben für die Kreditaufnahme (§ 254 I)

Die Regelung betrifft dem Wortlaut nach nur die Kreditaufnahme auf **Ebene des Sondervermögens.** Da es jedoch mit Ausnahme der Regelung von Gesellschafterdarlehen an Immobilien-Gesellschaften gem. § 240 keine weiteren Regelungen für die Darlehensaufnahme von Immobilien-Gesellschaften gibt, liegt es nahe, für die Prüfung der Zulässigkeit der direkt von der Immobilien-Gesellschaft aufgenommenen Darlehen ebenfalls auf die Anforderungen des § 254 zurückzugreifen (iErg auch BSL/*Klusak* InvG § 80a Rn. 3, der jedoch von einer direkten Anwendbarkeit ausgeht; aA BSV/*Zöll* 410 § 80a Rn. 1). Die neu eingefügte Regelung des § 254 II beantwortet diese Frage nicht, sondern enthält nur eine Aussage zur Berechnung der Anlagegrenzen. 3

Eine Darlehensaufnahme muss nicht in einem **unmittelbaren Zusammenhang mit einer bestimmten Immobilie** stehen, auch wenn dies regelmäßig der Fall sein wird. Möglich ist daher auch eine Kreditaufnahme für das Sondervermögen insgesamt (vgl. BSL/*Klusak* InvG § 80a Rn. 3). Unabhängig davon, ob es einen Bezug zu einer bestimmten Immobilie gibt, werden genau bestimmte Immobilien idR zur Besicherung des Darlehens dienen. Diese sind jedoch nicht notwendigerweise identisch mit der bzw. den zu finanzierenden Immobilien.

Da das KAGB genauso wenig wie das InvG den Begriff des Kredits definiert, ist damit zumindest jedes Darlehen, das unter die Vorschrift des **§ 488 BGB** fällt, erfasst (EDD/*Schultz-Süchting* § 254 Rn. 12; ausführlich zum Kreditbegriff vgl. BSV/*Zöll* 410 § 80a Rn. 3). Damit sind neben Darlehen, die im Rahmen eines klassischen Darlehensvertrags ausgereicht werden, auch Kontoüberziehungen vom Kreditbegriff erfasst (*Schultz-Süchting/Thomas* WM 2009, 2156 (2158)). 4

1. Begrenzung der Kreditaufnahme. Die maximal zulässige Fremdfinanzierungsquote liegt bei **30% des Verkehrswertes** der Immobilien, die zum Sondervermögen gehören, wobei gem. § 254 II indirekt, also über Immobilien-Gesellschaften gehaltene Immobilien je nach Beteiligungshöhe ganz oder anteilig in die Berechnung des Verkehrswertes einfließen. Anderenfalls könnten die Beschränkungen des § 254 I durch den Erwerb von Immobilien-Gesellschaften umgangen oder jedenfalls erheblich aufgeweicht werden. Während bis zum Inkrafttreten des 5

AnsFuG die erlaubte Fremdkapitalquote bei 50% des Wertes der für Rechnung des Sondervermögens gehaltenen Immobilien lag, wurde die Fremdkapitalquote durch die Regelungen des AnsFuG auf 30% gesenkt. Ob der damit bezweckte höhere Anlegerschutz erreicht wird, bleibt fraglich. Aufgrund der regelmäßig hohen Liquiditätsquote bei Publikums-Immobilienfonds ist ein Ausschöpfen der Fremdkapitalquote vermutlich ohnehin nicht zwingend notwendig. Bei institutionellen Publikumsfonds ist hingegen die Liquiditätsquote idR auf das notwendige Maß beschränkt, wohingegen die mit einer Fremdfinanzierung verbundene Hebelwirkung stark genutzt wird. Eine niedrigere Fremdkapitalquote kann daher in jedem Fall eine deutliche Renditeeinbuße bedeuten. Da im Bereich der geschlossenen AIF eine höhere Fremdkapitalquote auch für Publikums-AIF erlaubt ist, ist nicht einleuchtend, warum für Immobilien-Sondervermögen die Fremdkapitalquote auf 30% beschränkt werden muss.

Die Fremdkapitalquote wird anhand des **Verkehrswertes** aller im Sondervermögen befindlichen Immobilien berechnet. Dies bedeutet, dass es möglich ist, einzelne Immobilien vollständig mit einem Darlehen zu finanzieren, solange sichergestellt ist, dass das Volumen der gesamten Kreditfinanzierung nicht mehr als 30% der Verkehrswerte sämtlicher Immobilien des Sondervermögens beträgt (vgl. auch das Auslegungsschreiben der BaFin zu § 80a S. 1 InvG v. 22.4.2013; BSL/*Klusak* InvG § 80a Rn. 5). Für die Berechnung sind die **noch nicht getilgten Rückzahlungsbeträg**e relevant; nicht berücksichtigt werden Zinsforderungen (BSL/*Klusak* InvG § 80a Rn. 5; FK-KapAnlR/*Jesch* § 254 Rn. 6). Abweichend von der Vermögensaufstellung ist nach dem Wortlaut der Vorschrift auch bei den Immobilien der Verkehrswert als Bemessungsgrundlage zu verwenden, die ansonsten noch mit dem Kaufpreis angesetzt werden (BSL/*Klusak* InvG § 80a Rn. 5; BSV/*Zöll* 410 § 80a Rn. 7).

6 Maßgeblicher Zeitpunkt für die Berechnung der Fremdkapitalquote ist zum einen die **Darlehensaufnahme** und danach **jeder Zeitpunkt, zu dem die Anlagegrenzen kontrolliert werden.** Die Kontrolle der Anlagegrenzen erfolgt durch die Verwahrstelle bei Publikums-Sondervermögen täglich, bei offenen Spezial-AIF mit Zustimmung der Anleger zumindest wöchentlich (vgl. noch zu der entspr. Verwaltungspraxis der BaFin zum InvG RdS 6/2010 (WA) vom 2.7.2010 zu den Aufgaben und Pflichten der Depotbank nach §§ 20ff. InvG). Diese hohe Frequenz mag bei Sondervermögen mit liquiden Vermögensgegenständen und einer hohen An- und Verkaufsfrequenz sachgerecht sein; bei Immobilien-Sondervermögen, die grds. wenig Volatilität aufweisen, erscheint auch eine wöchentliche Anlagegrenzprüfung nicht zwingend notwendig.

7 **2. Regelung in den Anlagebedingungen (§ 254 I 1 Nr. 1).** Die Darlehensaufnahme ist zulässig, wenn diese **Möglichkeit** in den Anlagebedingungen des Sondervermögens vorgesehen ist. Das Muster für Allgemeine Anlagebedingungen (AAB) für Immobilien-Sondervermögen des BVI (Stand Oktober 2022) sieht diese Möglichkeit in § 9 I vor. Selbst wenn die Fremdkapitalaufnahme ausnahmsweise einmal nicht Bestandteil der Anlagestrategie des Sondervermögens sein sollte, empfiehlt es sich dennoch zur Wahrung der **Flexibilität** der KVG die Möglichkeit in den AnlB vorzusehen.

8 **3. Vereinbarkeit mit einer ordnungsgemäßen Wirtschaftsführung (§ 254 I 1 Nr. 2).** Die Darlehensaufnahme muss mit einer **ordnungsgemäßen Wirtschaftsführung** vereinbar sein. Die KVG hat daher wie üblich bei der Verwaltung des Sondervermögens die Vorteile gegen die Risiken ihres Handelns, in diesem Fall

der Fremdkapitalaufnahme zu prüfen und gegeneinander abzuwägen (vgl. auch EDD/*Schultz-Süchting* §254 Rn. 9; WBA/*Kautenburger-Behr* §254 Rn. 10). Eine ordnungsgemäße Wirtschaftsführung liegt beispielsweise vor, wenn aufgrund der Darlehensaufnahme eine positive Auswirkung auf die Rendite des Sondervermögens zu erwarten ist (BSL/*Klusak* InvG §80a Rn. 4), die für den Anleger aufgrund der Darlehensaufnahme entstehenden Vorteile also größer als die damit verbundenen Nachteile sind (BSV/*Zöll* 410 §80a Rn. 5). Dies ist zum Zeitpunkt der Darlehensaufnahme zu beurteilen. Negative Entwicklungen zu einem späteren Zeitpunkt führen nicht zur Unzulässigkeit der Darlehensaufnahme, können jedoch dazu führen, dass die KVG ggf. zur Rückführung des Darlehens verpflichtet ist, wenn dies entweder zu Vorteilen oder zur Minderung von Nachteilen für das Sondervermögen führt.

4. Marktübliche Bedingungen der Kreditaufnahme (§254 I 1 Nr. 3). Die Kreditaufnahme muss zu **marktüblichen Bedingungen** erfolgen. Die KVG muss sich der Marktüblichkeit der Darlehensbedingungen vor Abschluss des Darlehensvertrags versichern. Die Marktüblichkeit muss nicht nur in Bezug auf die vereinbarten Zinsen und sonstigen Kosten, sondern hinsichtlich des gesamten Vertragswerks gegeben sein (BSV/*Zöll* 410 3 80a Rn. 6). Die Prüfung und Beurteilung der Marktüblichkeit kann durch Einholung konkreter Vergleichsangebote für die betreffende Immobilie oder aber aufgrund eigener Erfahrung mit anderen Finanzierungen erfolgen (sa EDD/*Schultz-Süchting* §254 Rn. 10). Relevanter Markt ist der jeweilige lokale Kreditmarkt (BSL/*Klusak* InvG §80a Rn. 4; EDD/*Schultz-Süchting* §254 Rn. 10) für vergleichbare Marktteilnehmer. Marktüblichkeit bedeutet nicht, dass alle Bedingungen vergleichbarer Angebote identisch sein müssen bzw. immer das Kreditangebot mit den niedrigsten Zinsen gewählt werden muss (so auch EDD/*Schultz-Süchting* §254 Rn. 10); die KVG kann vielmehr das Angebot wählen, das unter Abwägung aller Konditionen wie Laufzeit, Zinsen und Kündigungsmöglichkeiten insgesamt ihrer Meinung nach am **vorteilhaftesten** und damit im besten Interesse der Anleger ist. 9

5. Einhaltung der Belastungsgrenze (§254 I 1 Nr. 4). Eine Kreditaufnahme darf weiterhin nur dann erfolgen, wenn die **Belastungsgrenze** des §260 III Nr. 3 nicht überschritten wird. Diese Grenze für zulässige Belastungen beträgt ebenfalls 30% des Verkehrswertes der im Sondervermögen befindlichen Immobilien. 10

6. Keine Finanzierung von Anteilrücknahmen (§254 II). 254 I 2 regelt ausdrücklich, dass Darlehen iSd §254 nicht zur Finanzierung der **Rücknahme von Anteilen** aufgenommen werden dürfen (s. aber EDD/*Schultz-Süchting* §254 Rn. 17, der eine teleologische Reduktion der Vorschrift bei Zustimmung aller Anleger annimmt). 11

III. Berücksichtigung der Kredite von Immobilien-Gesellschaften

254 II hat klarstellende Funktion und bestimmt, dass auch die aufgenommenen Kredite von Immobilien-Gesellschaften, die für Rechnung des Sondervermögens ganz oder anteilig gehalten werden, bei der Berechnung der Anlagegrenze **entsprechend der Beteiligungshöhe** zu beachten sind (BT-Drs. 17/12294, 471). Die Vorschrift ist Ausdruck des Grundsatzes, dass durch ein Dazwischenschalten einer Immobilien-Gesellschaft investmentrechtlich nichts anderes gelten kann, als wenn 12

die betreffende Immobilie direkt für Rechnung des Sondervermögens gehalten würde.

In die Berechnung der Darlehen sind alle dem Sondervermögen oder einer Immobilien-Gesellschaft (dort ggf. anteilig) von dritter Seite, sei es von Banken oder Anlegern gewährten Darlehen einzubeziehen. Damit fallen **Gesellschafterdarlehen und die ihnen gem. § 240 III gleichzusetzenden von Dritten gewährten Darlehen** aus der Berechnung heraus, da diese abschließend in § 240 behandelt werden (vgl. § 240; nv Schreiben der BaFin v. 4.6.2008, 5; AWZ/*Kloyer*/*Kobabe* § 254 Rn. 14; so auch EDD/*Schultz-Süchting* § 254 Rn. 14, der allerdings auch von Anlegern dem Sondervermögen gewährte Darlehen unter bestimmten Voraussetzungen nicht in die Berechnung mit einbeziehen will).

IV. Immobilien-Gesellschaften als Darlehensgeber

13 Da das KAGB eine Einschränkung auf bestimmte Darlehensgeber nicht vorsieht, könnte auch eine Darlehensaufnahme von Immobilien-Gesellschaften in Betracht kommen. Sofern die Vorgaben des § 254 eingehalten sind, sollte aus Sicht der KVG nichts dagegensprechen (*Benz*/*Müller*/*Eichhorn* ZfIR 2020, 157 (161)). Fraglich ist vielmehr, ob eine solche Darlehensvergabe aus Sicht der darlehensgebenden Immobilien-Gesellschaft erlaubt ist. Hiergegen spricht, dass der **Unternehmensgegenstand** einer Immobilien-Gesellschaft gem. § 235 I Nr. 1 auf die Tätigkeiten beschränkt sein muss, die die KVG selbst auch für das Immobilien-Sondervermögen ausüben dürfte. Insofern kommt es darauf an, in welchem Rahmen die KVG selbst für Rechnung des Immobilien-Sondervermögens Darlehen vergeben darf. Die Möglichkeit der Darlehensvergabe durch die KVG für Rechnung des Immobilien-Sondervermögens ist abschließend in § 240 I geregelt. Eine Darlehensvergabe ist ua nur dann zulässig, wenn die KVG an der darlehensaufnehmenden Immobilien-Gesellschaft beteiligt ist. Dies würde für eine Immobilien-Gesellschaft bedeuten, dass eine Darlehensvergabe an die KVG nicht möglich wäre, weil sie an dieser nicht beteiligt ist. Es wird argumentiert, dass dies einem sog. **„Upstream Loan"** nicht entgegenstehen dürfe, da sich hierdurch letztlich keine größeren Risiken für das Immobilien-Sondervermögen ergäben, weil es sich grds. um ein rein internes Geschäft handle, zumindest bei einer 100%-Beteiligung an der Immobilien-Gesellschaft (*Benz*/*Müller*/*Eichhorn* ZfIR 2020, 157 (162)). Gegen eine rein risikobasierte Betrachtung spricht jedoch der Grundsatz des **Numerus Clausus der erlaubten Rechtsgeschäfte** und der eindeutige Wortlaut der Regelung des § 240 I Nr. 1. So sähe es anders aus, wenn § 240 I Nr. 1 nicht darauf abstellte, ob die KVG bei Vergabe eines Gesellschafterdarlehens an der Immobilien-Gesellschaft beteiligt ist, sondern der Gesetzeswortlaut den des § 20 X aufgriffe, wonach die Vergabe von Darlehen an Mutter-, Tochter- und Schwestergesellschaften zulässig ist. Dann wäre auch für eine Immobilien-Gesellschaft die Vergabe eines Upstream Loan möglich.

V. Konsequenz einer Grenzverletzung

14 Wie bei jeder Anlagegrenzverletzung, ist diese Grenzverletzung zu heilen. Dies wird idR durch die **Rückführung des Darlehens** und nur in Ausnahmefällen durch **Veräußerung der Immobilie** geschehen. Die Fremdkapitalquote kann auch durch die ausschließlich mit Eigenkapital finanzierte **Erweiterung des Port-**

folios erreicht werden (BSL/*Klusak* InvG § 80a Rn. 6). Da die Begrenzung der Fremdkapitalquote dem Anlegerschutz dient und der Anleger mit der Wahl dieses Vehikels dieses Anlegerschutzniveau für sich wählt, besteht eine gesetzliche Vermutung dafür, dass die Einhaltung der Fremdkapitalquote im Interesse der Anleger liegt. Das tatsächliche Interesse der Anleger mag zwar tatsächlich vereinzelt anders gelagert sein, jedoch ist dies ausnahmsweise aufgrund der eindeutigen gesetzlichen Vorgaben grds. unbeachtlich. Insofern sind alle Maßnahmen zur Einhaltung der Anlagegrenze zu ergreifen, die bei wirtschaftlicher Betrachtung vernünftig sind. Unter mehreren Maßnahmen ist diejenige zu wählen, die für den Anleger wirtschaftlich am sinnvollsten ist (vgl. auch EDD/*Schultz-Süchting* § 254 Rn. 16; ähnlich auch WBA/*Kautenburger-Behr* § 254 Rn. 23; FK-KapAnlR/*Jesch* § 254 Rn. 18). Da eine Heilung der Grenzverletzung auch zu negativen Auswirkungen führen kann wie bspw. der Erhöhung steuerpflichtiger Erträge oder der Pflicht zur Zahlung von Vorfälligkeitsentschädigungen, muss die KVG die Folgen ihres Handelns sorgfältig abwägen. Für die Heilung der Grenzverletzung muss die KVG eine eindeutige Strategie verfolgen und die Maßnahmen zur Heilung der Grenzverletzung dokumentieren (vgl. auch BSL/*Klusak* InvG § 80a Rn. 6).

VI. Besonderheiten bei offenen Spezial-AIF

Die maximal zulässige Fremdkapitalquote ist auch für offene Spezial-AIF nicht unbegrenzt abdingbar, sondern kann gem. § 284 IV 2 maximal auf **60%** des Verkehrswertes der zum Sondervermögen gehörenden Immobilien erhöht werden. Durch die mit dem FoStoG eingeführte Erhöhung der Fremdkapitalquote ziehen offene Spezial-AIF in diesem Punkt nunmehr mit geschlossenen Publikums-InvKG gleich. Ein sachlicher Grund für die unterschiedliche Behandlung war nicht erkennbar, so dass die Gesetzesänderung aus praktischer Sicht überfällig war. 15

§ 255 Sonderregeln für die Ausgabe und Rücknahme von Anteilen

(1) **Die AIF-Kapitalverwaltungsgesellschaft hat die Ausgabe von Anteilen vorübergehend auszusetzen, wenn eine Verletzung der Anlagegrenzen nach den Liquiditätsvorschriften dieses Abschnitts oder der Anlagebedingungen droht.**

(2) [1]**In Abweichung von § 98 Absatz 1 Satz 1 können die Anlagebedingungen von Immobilien-Sondervermögen vorsehen, dass die Rücknahme von Anteilen nur zu bestimmten Rücknahmeterminen, jedoch mindestens alle zwölf Monate erfolgt.** [2]**Neue Anteile dürfen in den Fällen des Satzes 1 nur zu den in den Anlagebedingungen festgelegten Rücknahmeterminen ausgegeben werden.**

(3) [1]**Die Rückgabe von Anteilen ist erst nach Ablauf einer Mindesthaltefrist von 24 Monaten möglich.** [2]**Der Anleger hat nachzuweisen, dass er mindestens den in seiner Rückgabeerklärung aufgeführten Bestand an Anteilen während der gesamten 24 Monate, die dem verlangten Rücknahmetermin unmittelbar vorausgehen, durchgehend gehalten hat.** [3]**Der Nachweis kann durch die depotführende Stelle in Textform als besonderer Nachweis der Anteilinhaberschaft erbracht oder auf andere in den Anlagebedingungen vorgesehene Weise geführt werden.**

(4) [1]**Anteilrückgaben sind unter Einhaltung einer Rückgabefrist von zwölf Monaten durch eine unwiderrufliche Rückgabeerklärung gegenüber der AIF-Kapitalverwaltungsgesellschaft zu erklären.** [2]**§ 227 Absatz 3 gilt entsprechend; die Anlagebedingungen können eine andere Form für den Nachweis vorsehen, dass die Rückgabe in Einklang mit Satz 1 erfolgt.**

(5) **Swing Pricing ist bei Immobilien-Sondervermögen unzulässig.**

Schrifttum: E-Mail der BaFin an den BVI v. 16.6.2011; Häufig gestellte Fragen zur Umsetzung des § 80c Abs. 3 und 4 InvG (FAQ) v. BaFin, BVI und Deutscher Kreditwirtschaft v. 20.6.2012; FAQ zur Neuregelung des Rechtsrahmens für offene Immobilienfonds v. BaFin, BVI und Deutscher Kreditwirtschaft v. 21.5.2013; FAQ-Liste zur Umsetzung der Neuregelung des Rechtsrahmens für offene Immobilienfonds nach KAGB v. BVI und Deutscher Kreditwirtschaft v. 18.7.2013; *Servatius* Neuregelung für offene Immobilienfonds – Kleine Schritte in die richtige Richtung, ZfIR 2013, 709; *Steffen* Liquiditätssteuerung in Fonds: Neue Werkzeuge im KAGB, RdF 2021, 20; *Thömmes* Liquiditätsplanung offener Immobilienpublikumsfonds, ZfIR 2009, 121.

Inhaltsübersicht

	Rn.
I. Allgemeines	1
II. Pflicht zur Aussetzung der Ausgabe von Anteilen (§ 255 I)	5
1. Tatbestand (§ 255 I)	5
2. Rechtsfolge (§ 255 I)	7
III. Festlegung von Rückgabeterminen (§ 255 II)	8
IV. Mindesthalte- und Rückgabefrist (§ 255 III, IV)	10
1. 24-monatige Mindesthaltefrist (§ 255 III)	12
2. 12-monatige Rückgabefrist (§ 255 IV)	16
V. Verbot des Swing Pricing (§ 255 V)	21
VI. Besonderheiten bei offenen Spezial-AIF	22

I. Allgemeines

1 § 255 I verpflichtet die KVG zur **vorübergehenden Aussetzung der Ausgabe von Anteilen,** wenn die Verletzung gesetzlicher oder vertraglicher Liquiditätsvorschriften droht. Diese Regelung soll den Anlagedruck von der KVG nehmen und ihr während der Einstellung der Ausgabe eine Neuausrichtung des Portfolios ermöglichen (BT-Drs. 16/5576, 77).

2 Vor Inkrafttreten des InvÄndG gehörte die Möglichkeit, Anteile börsentäglich zurückzugeben, zum Wesen des „offenen Fonds" einschließlich der Immobilien-Sondervermögen. Das Rückgaberecht sollte den Anleger für den fehlenden Einfluss auf die Anlagen des Sondervermögens und die Änderungen der Anlagebedingungen sowie die fehlende Möglichkeit zur Kündigung des Investmentvertrages mit der KVG kompensieren (BSV/*Kunschke/Kestler* 405 § 255 Rn. 3, 7). Ein unbeschränktes tägliches Rückgaberecht der Anleger eines Immobilien-Sondervermögen ist aber nur schwer vereinbar mit der langfristigen Anlage in Immobilien (**Fristeninkongruenz;** s. *Servatius* ZfIR 2013, 709 (711)). Dieser Zielkonflikt zeigte sich iRd Finanzkrise 2008 – vor Einführung der Rücknahmebeschränkungen in das Gesetz – besonders deutlich. Massive Mittelabflüsse aus Immobilien-Sondervermögen führten dazu, dass zahlreiche KVG wegen Liquiditätsmangel die Rücknahme der Anteile an den betroffenen Sondervermögen aussetzen mussten. Zeitweise waren ca. 26 Mrd. EUR Anlegergelder „eingefroren". Der Gesetzgeber

hat daher in §255 II, III und IV Einschränkungen des **Rechts der Anleger zur Rückgabe ihrer Anteile** vorgesehen. Zum einen kann die KVG vorsehen, dass Rücknahmen nur zu bestimmten Terminen, mind. alle 12 Monate, erfolgen (§255 II). Des Weiteren gilt eine 24-monatige Haltefrist (§255 III) sowie eine 12-monatige Rückgabefrist (§255 IV). Es ist davon auszugehen, dass ua die gesetzlichen Beschränkungen des Rückgaberechts der Anleger dazu beigetragen haben, dass die Marktverwerfungen nach Ausbruch der COVID-19-Pandemie keinen erheblichen Einfluss auf die Liquiditätssituation der Immobilien-Sondervermögen hatten (sa *Steffen* RdF 2021, 20 (21) mit Verweis auf einen Bericht der ESMA, Report, Recommendation of the European Systemic Risk Board (ESRB) on liquidity risk in investment funds, 2.11.2020. ESMA34-39-119).

Anteile, die nach dem 21.7.2013 erworben wurden, können im Wert von höchstens 30.000 EUR innerhalb eines Kalenderhalbjahres pro Anleger ohne Einhaltung der Mindesthalte- und Rückgabefriste zurückgegeben werden (s. §346 I). 3

§255 V enthält schließlich das **Verbot des Swing Pricings** für Immobilien-Sondervermögen (→Rn. 21). 4

II. Pflicht zur Aussetzung der Ausgabe von Anteilen (§255 I)

1. Tatbestand (§255 I). Es besteht eine Pflicht zur Aussetzung der Ausgabe von Anteilen, wenn eine Verletzung gesetzlicher oder vertraglicher Liquiditätsvorschriften droht. Hinsichtlich der gesetzlichen Grenze ist auf die **Höchstgrenze** des §253 I 1 abzustellen. Wird die Mindestliquiditätsgrenze des §253 I 2 verletzt, ist dies – entgegen dem Wortlaut des §255 I – unbeachtlich (str.), denn das Anlegerinteresse ist bei einer Unterschreitung der Mindestliquiditätsgrenze nicht auf die Einstellung der Ausgabe von Anteilen, sondern auf die Gewinnung neuer Liquidität durch Ausgabe neuer Anteile gerichtet (EDD/*Schultz-Süchting* §255 Rn. 6; aA *Thömmes* ZfIR 2009, 121 (124 ohne Begr.)). 5

Eine Verletzung der Höchstliquidität muss drohen, dh es muss ein **Risiko der Verletzung** bestehen. Um dies zu beurteilen, muss die KVG eine Prognose über zu erwartende Mittelzuflüsse und -abflüsse erstellen. Maßgebliche Faktoren sind erwartete Anteilausgaben bzw. -rückgaben, geplante Ausschüttungen, Fälligkeit von Verbindlichkeiten zu Gunsten des Sondervermögens zB aus Verkaufsverträgen und von Verbindlichkeiten zu Lasten des Sondervermögens zB aus Darlehens- und Kaufverträgen, Instandhaltungsmaßnahmen sowie die Entnahme der Vergütung der KVG und der Verwahrstelle. Auf der Grundlage ihrer Prognose hat die KVG zu beurteilen, ob es in **absehbarer Zeit** zu einer Verletzung der Höchstliquiditätsgrenze kommt (str.). Bejaht man die Pflicht zur Aussetzung erst, wenn die Verletzung der Höchstliquiditätsgrenze unmittelbar bevorsteht, wäre die Regelung des §255 I bedeutungslos, denn dass die KVG nicht durch weitere Maßnahmen, nämlich die Ausgabe weiterer Anteile, zu einer Verletzung der Höchstliquiditätsgrenze aktiv beitragen darf, hätte keiner Regelung bedurft. Allerdings steht der KVG ein Beurteilungsspielraum zu, so dass sie im Interesse der Anleger des Sondervermögens und unter Berücksichtigung der Umstände des Einzelfalls beurteilen kann, wann der Anlagedruck und die damit verbundenen Nachteile für das Sondervermögens so hoch sind, dass die Anteilsausgabe auszusetzen ist (EDD/*Schultz-Süchting* §255 Rn. 7). 6

7 **2. Rechtsfolge (§ 255 I).** Sofern die Verletzung der Höchstliquiditätsgrenze droht, muss die KVG die Ausgabe von Anteilen **vorübergehend** aussetzen. Der Begriff „vorübergehend" ist gesetzlich nicht definiert. Es ist von einem Zeitraum auszugehen, den die KVG nach eigener sorgfältiger Einschätzung benötigt, um das Portfolio so zu restrukturieren, dass das Risiko der Verletzung der Höchstliquiditätsgrenze nicht mehr droht (BSL/*Klusak* InvG § 80c Rn. 4). Die bei einer Aussetzung der Rücknahme geltenden umfangreichen Informations- und Anzeigepflichten des § 98 Ib 3 und 4 und II 3–5 müssen nicht erfüllt werden. Für eine analoge Anwendung ist mangels vergleichbarer Interessenlage kein Raum, denn anders als bei der Beschränkung des Rückgaberechts berührt die Beschränkung der Ausgabe von Anteilen die individuelle Rechtsposition der bestehenden Anleger des Sondervermögens nicht; Gleiches gilt für neue Anleger, die ohnehin keinen Anspruch auf die Ausgabe von Anteilen haben.

III. Festlegung von Rückgabeterminen (§ 255 II)

8 Die KVG kann in den Anlagebedingungen des Sondervermögens bestimmte Rücknahmetermine vorsehen. Eine Rücknahme von Anteilen muss gem. § 255 II 1 **mindestens einmal in zwölf Monaten** stattfinden. Die Rücknahmetermine müssen **in den Anlagenbedingungen bestimmt oder zumindest anhand der Anlagebedingungen bestimmbar** sein, dh es müssen sich alle für die Bestimmung des Rücknahmetermins erforderlichen Angaben aus den Anlagebedingungen zweifelsfrei ergeben (BSV/*Kunschke/Kestler* 405 § 255 Rn. 5). Die Voraussetzungen und Bedingungen der Rücknahme müssen sich ebenfalls aus den Anlagebedingungen ergeben und auch im Verkaufsprospekt dargelegt werden (s. § 256).

9 Wenn die KVG Rücknahmetermine bestimmt hat, dann ist die **Ausgabe von Anteilen** an dem Sondervermögen gem. § 255 II 2 auf diese Rücknahmetermine beschränkt. Die Bestimmung von Rücknahmeterminen schränkt auch die Häufigkeit der Berechnung und Veröffentlichung des Anteilpreises auf den jeweiligen Rücknahme- bzw. Ausgabetermin ein (s. § 217 I, II iVm Art. 72 I Level-II-VO). Bestimmt die KVG in den Anlagebedingungen eines Sondervermögens Rücknahmetermine seltener als alle drei Monate, hat dies auch Auswirkungen auf die Bewertung der Vermögensgegenstände, die dann abweichend von § 251 I 1 nicht alle drei Monate, sondern innerhalb eines Zeitraumes von drei Monaten vor jedem Rückgabetermin durchzuführen sind (§ 251 I 2).

IV. Mindesthalte- und Rückgabefrist (§ 255 III, IV)

10 Mindesthalte- und Rückgabefrist sind vom Anleger nur einzuhalten, wenn er seine **Anteile bei der KVG zurückgibt,** nicht aber wenn er sie an der Börse oder an sonstige Dritte veräußert, denn diese Transaktionen beeinträchtigen die Liquiditätssteuerung der KVG für das Sondervermögen nicht, so dass der Zweck der Fristenregelung nicht greift (nv FAQ-Liste v. BVI und Deutscher Kreditwirtschaft v. 18.7.2013, Frage B.14; BSV/*Kunschke/Kestler* 405 § 255 Rn. 1).

11 Die Prüfung der Einhaltung der Mindesthalte- und Rückgabefristen ist der KVG selbst nicht möglich, denn sie kennt die Anleger des Sondervermögens idR nicht und kann sich auch keine zuverlässige Kenntnis verschaffen. Die **depotführende Stelle** gibt die Rückgabeerklärung des Anlegers gegenüber der KVG ab. Sie leitet Verkaufsanträge nur dann an die Verwahrstelle des Sondervermögens weiter, wenn der Anleger die Mindesthaltefrist eingehalten hat (s. § 255 III 3).

1. 24-monatige Mindesthaltefrist (§ 255 III). Der Anleger kann Anteile gem. § 255 III 1 und 2 nur zurückgeben, wenn er gegenüber seiner depotführenden Stelle nachweisen kann, dass er die zur Rückgabe vorgesehenen Anteile während des gesamten **24-monatigen Zeitraums unmittelbar vor dem von ihm verlangten Rückgabetermin gehalten hat (Mindesthaltefrist).** Das bedeutet, dass er nachweisen muss, dass er die Anteile für den 24-Monatszeitraum **durchgehend,** also ohne Unterbrechung, gehalten hat (krit. BSV/*Kunschke/Kestler* 405 § 255 Rn. 10). 12

Für den Fall des **Erwerbs von Anteilen von einem Dritten** (zB über den Sekundärmarkt) ist nicht geregelt, ob dem Erwerber die Haltedauer des Dritten angerechnet wird oder ob die Mindesthaltefrist im Zeitpunkt des (Zweit-)Erwerbs für den Erwerber neu beginnt. Die Anrechnung der Haltedauer des Dritten ist sachgerecht, weil dem Interesse der KVG an Liquiditätssteuerung bereits dadurch Genüge getan ist, dass der einmal ausgegebene Anteil erst nach Ablauf der Mindesthaltefrist von zwei Jahren zurückgegeben wird. Dass der Anteil während der Mindesthaltefrist von verschiedenen Personen gehalten wurde, ist für die Liquiditätsplanung KVG nicht relevant (WBA/*Kautenburger-Behr* § 255 Rn. 16; AWZ/*Kloyer/Kobabe* § 255 Rn. 19; BSV/*Kunschke/Kestler* 405 § 255 Rn. 8). 13

Erwirbt ein Anleger Anteile im Wege der **Gesamtrechtsnachfolge,** zB als Erbe gem. § 1922 I BGB, ergibt sich schon aus dem Wesen der Gesamtrechtsnachfolge, nämlich dem Eintritt in die Rechtsposition des Erblassers, dass für den Erben keine neue Mindesthaltefrist zu laufen beginnt (so iERg auch FK-KapAnlR/*Wösthoff* § 255 Rn. 20). Eine neue Mindesthaltefrist beginnt aber dann, wenn der Erbe das Depot des Erblassers auf sich umschreiben oder die Anteile auf ein anderes Depot übertragen lässt. Sofern Erbe und Erblasser Inhaber eines Gemeinschaftsdepots waren, beginnt keine neue Mindesthaltefrist, und zwar auch nicht bei Umschreiben oder Übertragen des Depots auf den Erben, da dieser bereits vor dem Erbfall an dem Depot und damit anteilsmäßig langfristig an dem Sondervermögen beteiligt war (FAQ v. BVI, BaFin und Deutscher Kreditwirtschaft v. 21.5.2013 Frage 2 S. 4). 14

Gemäß § 255 III 3 muss der Nachweis in **Textform iSd § 126b BGB oder in anderer in den Anlagebedingungen niedergelegten Art und Weise** erbracht werden. Der Nachweis erfolgt durch eine gesonderte Bescheinigung der **depotführenden Stelle** des Anlegers. Der jährliche Depotauszug ist nicht ausreichend, da er nur stichtagsbezogen ist und daher kein geeigneter Nachweis der durchgehenden unmittelbaren Anteilinhaberschaft ist. Die KVG darf sich auf den Nachweis der Einhaltung der Mindesthaltefrist durch die depotführende Stelle verlassen. Sie muss keine eigenen Nachforschungen betreiben, es sei denn, es liegen Anhaltspunkte für eine offensichtliche Unrichtigkeit des Nachweises vor (BSV/*Kunschke/Kestler* 405 § 255 Rn. 11). 15

2. 12-monatige Rückgabefrist (§ 255 IV). Gemäß § 255 IV 1 muss der Anleger seine Rückgabe 12 Monate vor dem von ihm gewünschten Rückgabetermin ankündigen **(Rückgabefrist).** Wünscht er die Rückgabe seiner Anteile zu einem späteren Zeitpunkt als 12 Monate nach Abgabe der Rückgabeerklärung, führt dies zu einer Erhöhung der Planungssicherheit auf Seiten der KVG und ist daher unschädlich (FAQ-Liste v. BVI und Deutscher Kreditwirtschaft v. 18.7.2013, Frage B.12.). Der Anleger kann die Rückgabe von Anteilen schon während des Laufs der Mindesthaltefrist bzw. mit Erwerb der Anteile erklären (FAQ-Liste v. BVI und Deutscher Kreditwirtschaft v. 18.7.2013, Frage B.10.; WBA/*Kautenburger-Behr* 16

§ 255 Rn. 17, 21). Zur Formulierung einer entspr. Rückgabeerklärung in einem Auszahlplan s. BSV/*Kunschke/Kestler* 405 § 255 Rn. 14.

17 **Adressat der Rückgabeerklärung** ist die KVG (EDD/*Schultz-Süchting* § 255 Rn. 19), aber die Erklärung ist vom Anleger gegenüber der depotführenden Stelle abzugeben, die diese – über die Verwahrstelle – an die KVG weiterleitet. Maßgeblich für den Beginn der Rückgabefrist ist der Eingang bei der depotführenden Stelle. Für die Erklärung der Rückgabe ist im Gesetz keine Form vorgesehen. Sie sollte aber schriftlich erfolgen. Dies folgt aus der Verpflichtung der KVG, entweder selbst oder durch Dritte (idR die Verwahrstelle) Rücknahmeaufträge aufzuzeichnen und dem Anleger unverzüglich nach Auftragseingang Informationen zur Ausführung seines Rücknahmeauftrags auf einem dauerhaften Datenträger zur Verfügung zu stellen (§ 2 III 1, 2 KAVerOV iVm Art. 26 und Art. 65f. Level-II-VO).

18 Gemäß § 255 I ist die Rückgabeerklärung des Anlegers **unwiderruflich.** Der Anleger kann eine ausgesprochene Rückgabeerklärung nicht widerrufen, sie kann aber mit Zustimmung der KVG aufgehoben werden (str. EDD/*Schultz-Süchting* § 255 Rn. 20; aA FAQ-Liste v. BVI und Deutscher Kreditwirtschaft v. 18.7.2013, Frage B.4. ohne Begr.; FK-KapAnlR/*Wösthoff* § 255 Rn. 23). Aus Sicht des Sondervermögens kann eine Aufhebung und damit der Verbleib der zur Rückgabe vorgesehenen Liquidität im Sondervermögen sinnvoll sein, insb. in einer Phase eines (sich abzeichnenden) Liquiditätsengpasses. In einem solchen Fall darf die KVG grds. ihre Zustimmung zur einvernehmlichen Aufhebung erteilen, muss dabei aber sorgfältig und im Interesse aller Anleger handeln und sicherstellen, dass Anleger fair behandelt und keine Vorzugsbehandlung gewährt wird (§ 26 I, II Nr. 2 und Nr. 6 sowie III). Die KVG sollte daher im Vorfeld der Erteilung ihrer Zustimmung interne Richtlinien für die Behandlung solcher Fälle aufstellen (so iE auch BTMB/*Reiss* § 255 Rn. 14). In Folge der Rückgabeerklärung sind die Anteile, auf die sich die Rückgabeerklärung des Anlegers bezieht, von seiner depotführenden Stelle zu **sperren.** Die Vorschrift zur Sperrung von Anteilen an Dach-Hedgefonds in § 227 III gilt nach § 255 IV 2 Hs. 1 entsprechend. Mit der Sperrung verliert der Anleger die Verfügungsbefugnis über seine Anteile, dh, er darf sie weder an einen Dritten noch auf ein anderes eigenes Depot übertragen (nv FAQ-Liste v. BVI und Deutscher Kreditwirtschaft v. 18.7.2013, Frage B.3. und 5.). Durch die Sperrung der Anteile wird die Planungssicherheit der KVG erhalten, da der Anleger ansonsten die Anteile an einen Dritten weitergeben könnte, ohne dass dieser an die (unwiderrufliche) Rückgabeerklärung des Anlegers gebunden ist (BSV/*Kunschke/Kestler* 405 § 255 Rn. 19).

19 Stichtag für den **Lauf der Rückgabefrist** ist grds. der Zugang der vom Anleger unterschriebenen unwiderruflichen Rückgabeerklärung bei der depotführenden Stelle (FAQ v. BaFin, BVI und Deutscher Kreditwirtschaft v. 21.5.2013 Frage 1.). Wenn die Anteile des Anlegers in einem ausländischen Depot verwahrt werden, wird die Rückgabeerklärung erst wirksam bzw. beginnt die Rückgabefrist erst zu laufen, wenn die Anteile auf ein Sperrdepot bei der Verwahrstelle übertragen sind (§ 255 IV 3 iVm § 227 III 2).

20 Für die Berechnung des **Rücknahmepreises** ist nicht der Tag der Abgabe der Rückgabeerklärung oder dessen Weiterleitung maßgeblich. Der Anleger erhält den am Tag der Ausführung des Rückgabeauftrags geltende Rücknahmepreis. Das Risiko der Preisänderung zwischen Abgabe der Rückgabeerklärung und der Ausführung trägt der Anleger. Bis zur Ausführung stehen dem Anleger die Erträge des Sondervermögens zu (FAQ-Liste v. BVI und Deutscher Kreditwirtschaft v. 18.7.2013, Frage B.7.).

V. Verbot des Swing Pricing (§ 255 V)

§ 255 V enthält das Verbot des Swing Pricing (s. § 1 XIX Nr. 34 Buchst. a) für Immobilien-Sondervermögen und wurde durch das Gesetz zur Einführung von Sondervorschriften für die Sanierung und Abwicklung von zentralen Gegenparteien und zur Anpassung des Wertpapierhandelsgesetzes an die Unterrichtungs- und Nachweispflichten nach den Artikeln 4a und 10 der Verordnung (EU) Nr. 648/2012 v. 19.3.2020 eingeführt. Kennzeichen des Swing Pricing ist die gleichmäßige Verteilung von Transaktionskosten auf die Anleger. Dieser Mechanismus kann bei Immobilien-Sondervermögen nicht angewendet werden, weil die Transaktionskosten – anders als bei Sondervermögen mit liquiden Anlagegegenständen – idR nach einem langwierigen Veräußerungsprozess an bestimmten Tagen anfallen und daher nur einzelne Verursacher der Transaktion willkürlich (und nicht alle Verursacher gleichmäßig) treffen würde (BT-Drs. 19/17139, 47). 21

VI. Besonderheiten bei offenen Spezial-AIF

Die KVG darf von § 255 mit Zustimmung sämtlicher Anleger eines offenen Spezial-AIF gem. § 284 II abweichen. 22

§ 256 Zusätzliche Angaben im Verkaufsprospekt und in den Anlagebedingungen

(1) **Der Verkaufsprospekt muss zusätzlich zu den Angaben nach § 165 folgende Angaben enthalten:**

1. **einen ausdrücklichen, drucktechnisch hervorgehobenen Hinweis, dass der Anleger abweichend von § 98 Absatz 1 Satz 1 von der AIF-Kapitalverwaltungsgesellschaft die Rücknahme von Anteilen und die Auszahlung des Anteilswertes nur zu den Rücknahmeterminen verlangen kann, die in den Anlagebedingungen bestimmt sind, sowie**
2. **alle Voraussetzungen und Bedingungen für die Rückgabe und Auszahlung von Anteilen aus dem Sondervermögen Zug um Zug gegen Rückgabe der Anteile.**

(2) **Die Angaben nach Absatz 1 Nummer 2 sind in die Anlagebedingungen aufzunehmen.**

I. Allgemeines

§ 256 fügt den für Verkaufsprospekte und Anlagebedingungen gem. § 165 und § 162 II geltenden Mindeststandards für Immobilien-Sondervermögen zusätzliche spezifische Anforderungen hinsichtlich der Rückgabemodalitäten hinzu. Damit soll die Transparenz für die Anleger erhöht werden (BT-Drs. 16/5576, 77). 1

II. Zusätzliche Anforderungen an Verkaufsprospekt und Anlagebedingungen

Gemäß § 256 I Nr. 2 sind die **Voraussetzungen und Bedingungen der Rückgabe und der Auszahlung von Anteilen** im Verkaufsprospekt darzulegen, also insb. die Mindesthalte- und Rückgabefristen und die Anforderungen an die Rückgabeerklärung (EDD/*Schultz-Süchting* § 256 Rn. 7). Gemäß § 256 II müssen 2 diese Informationen auch in die Anlagebedingungen aufgenommen werden. Sofern die KVG darüber hinaus in den Anlagebedingungen **bestimmte Rücknahmetermine** festgelegt hat, muss sie gem. § 256 I Nr. 1 einen ausführlichen und drucktechnisch hervorgehobenen Hinweis darauf in den Verkaufsprospekt aufnehmen. Eine solche Hervorhebung kann durch Fettdruck, farbliche Markierung und/oder Umrandung der entspr. Textpassagen erfolgen (WBA/*Kautenburger-Behr* § 256 Rn. 6). Zu den Anforderungen an die Anlagebedingungen und das Verkaufsprospekt bei Sondervermögen, die vor Inkrafttreten des KAGB am 22.7.2013 Anteile ausgegeben haben, s. § 346 III und IV.

§ 257 Aussetzung der Rücknahme

(1) [1]**Verlangt der Anleger, dass ihm gegen Rückgabe des Anteils sein Anteil am Immobilien-Sondervermögen ausgezahlt wird, so hat die AIF-Kapitalverwaltungsgesellschaft die Rücknahme der Anteile zu verweigern und auszusetzen, wenn die Bankguthaben und der Erlös der nach § 253 Absatz 1 angelegten Mittel zur Zahlung des Rücknahmepreises und zur Sicherstellung einer ordnungsgemäßen laufenden Bewirtschaftung nicht ausreichen oder nicht sogleich zur Verfügung stehen. [2]Zur Beschaffung der für die Rücknahme der Anteile notwendigen Mittel hat die AIF-Kapitalverwaltungsgesellschaft Vermögensgegenstände des Sondervermögens zu angemessenen Bedingungen zu veräußern.**

(2) [1]**Reichen die liquiden Mittel gemäß § 253 Absatz 1 zwölf Monate nach der Aussetzung der Rücknahme gemäß Absatz 1 Satz 1 nicht aus, so hat die AIF-Kapitalverwaltungsgesellschaft die Rücknahme weiterhin zu verweigern und durch Veräußerung von Vermögensgegenständen des Sondervermögens weitere liquide Mittel zu beschaffen. [2]Der Veräußerungserlös kann abweichend von § 260 Absatz 1 Satz 1 den dort genannten Wert um bis zu 10 Prozent unterschreiten.**

(3) [1]**Reichen die liquiden Mittel gemäß § 253 Absatz 1 auch 24 Monate nach der Aussetzung der Rücknahme gemäß Absatz 1 Satz 1 nicht aus, hat die AIF-Kapitalverwaltungsgesellschaft die Rücknahme der Anteile weiterhin zu verweigern und durch Veräußerung von Vermögensgegenständen des Sondervermögens weitere liquide Mittel zu beschaffen. [2]Der Veräußerungserlös kann abweichend von § 260 Absatz 1 Satz 1 den dort genannten Wert um bis zu 20 Prozent unterschreiten. [3]36 Monate nach der Aussetzung der Rücknahme gemäß Absatz 1 Satz 1 kann jeder Anleger verlangen, dass ihm gegen Rückgabe des Anteils sein Anteil am Sondervermögen aus diesem ausgezahlt wird.**

(4) [1]**Reichen auch 36 Monate nach der Aussetzung der Rücknahme die Bankguthaben und die liquiden Mittel nicht aus, so erlischt das Recht der AIF-Kapitalverwaltungsgesellschaft, dieses Immobilien-Sondervermögen zu verwalten; dies gilt auch, wenn eine AIF-Kapitalverwaltungsgesellschaft zum dritten Mal binnen fünf Jahren die Rücknahme von Anteilen aussetzt. [2]Ein erneuter Fristlauf nach den Absätzen 1 bis 3 kommt nicht in Betracht, wenn die AIF-Kapitalverwaltungsgesellschaft die Anteilrücknahme binnen drei Monaten erneut aussetzt oder wenn sie, falls die Anlagebedingungen nicht mehr als vier Rückgabetermine im Jahr vorsehen, die Anteilrück-**

nahme nur zu einem Rücknahmetermin wieder aufgenommen hatte, aber zum darauf folgenden Rücknahmetermin die Anteilrücknahme erneut unter Berufung auf Absatz 1 Satz 1 verweigert.

Schrifttum: Schreiben der BaFin v. 28.11.2008 GZ WA 42-Wp 6000-10105541-2008; Schreiben der BaFin v. 9.2.2009 WA 42-Wp 2136-2009/0081; *Gringel* Die Schließung und Abwicklung offener Immobilienfonds, ZBB 2012, 106.

Inhaltsübersicht

Rn.

I. Allgemeines . . . 1
II. Liquiditätsmangel (§ 257 I 1) . . . 4
III. Rechtsfolgen (§ 257 I 1 und 2) . . . 6
1. Aussetzung der Rücknahme von Anteilen (§ 257 I 1) . . . 6
2. Maßnahmen während der Rücknahmeaussetzung (§ 257 I 2) . . . 8
3. Phasen der Rücknahmeaussetzung (§ 257 I 2, II, III 1 und 2) . . . 12
a) Erste Phase: 1.–12. Monat (§ 257 I 2) . . . 14
b) Zweite Phase: 13.–24. Monat (§ 257 II) . . . 15
c) Dritte Phase: 25.–36. Monat (§ 257 III 1 und 2) . . . 16
4. Wiederaufnahme der Anteilrücknahme (§ 257 IV 1 Hs. 2) . . . 17
5. Erlöschen des Leistungsverweigerungs- und Verwaltungsrechts (§ 257 III 3, IV 1 Hs. 1) . . . 20
IV. Besonderheiten bei offenen Spezial-AIF . . . 23

I. Allgemeines

Sofern die KVG nicht über die erforderliche Liquidität zur Bedienung der Rücknahmeverlangen der Anleger verfügt, ist sie verpflichtet, die Rücknahme auszusetzen und Vermögensgegenständen des Sondervermögens zu veräußern (§ 257 I). Sofern sie 12 Monate bzw. 24 Monate nach der Rücknahmeaussetzung immer noch nicht die Rückgabeverlangen bedienen kann, darf sie Vermögensgegenstände des Sondervermögens mit Abschlägen veräußern (§ 257 II, III). Die maximale Gesamtdauer der Rücknahmeaussetzung beträgt 36 Monate (§ 257 III). Die Regelung des § 257 ist im Licht der in § 255 geregelten Mindesthalte- und Rückgabefristen für die Rückgabe von Anteilen sowie der Möglichkeit zur Bestimmung bestimmter Termine für die Rücknahme von Anteilen zu sehen, die der KVG ein effektives Liquiditätsmanagement ermöglichen sollen. Nur sofern diese nicht greifen und ein Liquiditätsmangel im Sondervermögen entsteht, hat die KVG als „ultima ratio" die Rücknahme von Anteilen auf der Grundlage des § 257 auszusetzen. 1

Nach Ablauf der maximalen Aussetzungsfrist erlischt das Verwaltungsrecht der KVG (§ 257 IV). Das Sondervermögen wird dann der Abwicklung zugeführt (s. § 100). Erfolgt eine Wiederaufnahme der Rücknahme im Anschluss an eine Aussetzung wegen Liquiditätsmangels, stellt das Gesetz sicher, dass die Wiederaufnahme auch nachhaltig ist (§ 257 IV 1 HS 2, 2). Eine Wiederaufnahme von Anteilrücknahmen, um einen erneuten Fristlauf in Gang zu setzen, ist nicht möglich. Wenn die KVG innerhalb von fünf Jahren drei Mal die Rücknahme von Anteilen eines Sondervermögens aussetzt, erlischt ihr Verwaltungsrecht. 2

Sofern die KVG im Falle eines Liquiditätsmangels ihrer Pflicht zur Aussetzung der Rücknahme nicht nachkommt, kann die BaFin gem. § 98 III 1 Hs. 2 eine entsprechende Anordnung treffen. 3

II. Liquiditätsmangel (§ 257 I 1)

4 Die KVG muss die Rücknahme eines Anteils verweigern und aussetzen, wenn die Bankguthaben und die Erlöse der iRd Liquiditätshaltung angelegten Mittel zur Zahlung des Rücknahmepreises und zur Sicherstellung einer ordnungsgemäßen laufenden Bewirtschaftung nicht ausreichen oder nicht sogleich zur Verfügung stehen (§ 257 I 2). Um dies zu beurteilen, muss die KVG die Liquiditätssituation des Sondervermögens laufend überwachen. Dazu muss sie die verfügbare Liquidität sowie die erforderlichen Mittel zur Sicherstellung der ordnungsgemäßen laufenden Bewirtschaftung ermitteln und in Relation zueinander setzen. Die **Mittel zur Sicherstellung der ordnungsgemäßen laufenden Bewirtschaftung,** die nicht für die Bedienung von Rückgaben verwendet werden sollen, sind in § 257 I nicht definiert. Darunter fallen zunächst Mittel, die erforderlich sind, um den Wert der Immobilie zu erhalten, dh Mittel der Verwaltung, des Betriebs und der Instandhaltung iSd § 253 II Nr. 1 (WBA/*Kautenburger-Behr* § 257 Rn. 9). Zur Sicherstellung einer ordnungsgemäßen laufenden Bewirtschaftung erforderlich sind aber auch Mittel für im Zeitpunkt der Aussetzung der Anteilrücknahme bereits getätigte Grundstücksankäufe, abgeschlossene Bauverträge sowie die Rückzahlung von Darlehen. Denn auch während der Rücknahmeaussetzung ist die KVG den Anlegern aus dem Investmentvertrag zur Verwaltung des Sondervermögens verpflichtet und hat dafür Sorge zu tragen, dass Nachteile von ihm abgewendet werden. Solche Nachteile etwa in Form von Verzugszinsen, Vertragsstrafen oder eines Leerstandes einer Immobilie als Folge eines Baustopps entstehen aber, wenn der KVG nicht die nötigen Mittel zur Verfügung stehen, um die Verbindlichkeiten des Sondervermögens zu begleichen. Würde man der KVG die Begleichung dieser Verbindlichkeiten mit Mitteln des Sondervermögens nicht zugestehen, würde dies außerdem unzumutbaren Haftungsrisiken für die KVG, die die Verbindlichkeiten für das Sondervermögen im eigenen Namen eingeht, begründen (EDD/*Schultz-Süchting* § 257 Rn. 7; WBA/*Kautenburger-Behr* § 257 Rn. 9; BTMB/*Reiss* § 257 Rn. 5; weitergehend nur BSV/*Zöll* 405 § 257 Rn. 10, der auch Maßnahmen des aktiven Portfoliomanagements wie den Ankauf neuer Vermögensgegenstände erfasst). Nicht zu den Mitteln zur Sicherstellung einer ordnungsgemäßen laufenden Bewirtschaftung gehören die Beträge für anstehende Ausschüttungen (EDD/*Schultz-Süchting* § 257 Rn. 7) sowie die iRd Mindestliquidität iSd § 253 I 2 für die Bedienung von Rückgaben vorzuhaltenden Mittel (BSL/*Klusak* InvG § 81 Rn. 2).

5 Die Mittel zur Sicherstellung einer ordnungsgemäßen Bewirtschaftung sind von der **sogleich verfügbaren Liquidität des Sondervermögens** abzuziehen. Maßgeblich ist die Liquidität, die in der für die Abwicklung der jeweils (unter Berücksichtigung der einschlägigen Mindesthalte- und Rückgabefristen) fälligen Rücknahmeverlangen der Anleger im üblichen Geschäftsverkehr erforderlichen Zeitspanne realisiert werden kann (WBA/*Kautenburger-Behr* § 257 Rn. 8). Die dann verbleibende Liquidität muss in Relation zu den zu bedienenden Rückgaben gesetzt werden. Da die Anleger ihre Rückgaben 12 Monate im Voraus durch eine unwiderrufliche Rückgabeerklärung ankündigen und außerdem eine Mindesthaltefrist von 24 Monaten einhalten müssen, ist es der KVG möglich, das Rückgabevolumen einzuschätzen. Herausforderungen stellen sich aber dann, wenn Anteile eines Sondervermögens in einem nicht unerheblichen Umfang vor dem 22.7.2013 ausgegeben wurden, da für diese Anteile die Mindesthalte- und Rückgabefristen aufgrund des **Bestandsschutzes** nur eingeschränkt gelten (s. § 346 I und V 1). In einer solchen Konstellation bleibt die Einschätzung der Rückgaben

für die KVG mit Unsicherheiten behaftet. In der Praxis verpflichtet die KVG ihre Vertriebspartner daher idR dazu, ihr eine Einschätzung des Rückgabeverhaltens der Anleger mitzuteilen.

III. Rechtsfolgen (§ 257 I 1 und 2)

1. Aussetzung der Rücknahme von Anteilen (§ 257 I 1). Liegt ein Liquiditätsmangel iSd § 257 I 1 vor, ist die KVG **verpflichtet, die Rücknahme der Anteile auszusetzen.** Gegenüber den Anlegern begründet § 257 I 1 für die Dauer der Aussetzung der Rücknahme ein Leistungsverweigerungsrecht der KVG. Aufgrund der gesetzlichen Anordnung der Aussetzung der Rücknahme von Anteilen kann die KVG nicht gegenüber einzelnen Anlegern, zB Kleinanlegern oder Anlegern mit Auszahlplänen, auf ihr Leistungsverweigerungsrecht verzichten (EDD/*Schultz-Süchting* § 257 Rn. 9, 11; so auch Schreiben der BaFin v. 28.11.2008 an den BVI GZ WA 42-Wp 6000-10105541-2008). Während der Rücknahmeaussetzung darf die KVG Anteilrückgaben zwar nicht aus dem Sondervermögen bedienen, wohl aber mit Mitteln aus ihrem **Eigenvermögen** den Anlegern abkaufen (EDD/*Schultz-Süchting* § 257 Rn. 11). 6

Wenn die KVG die Voraussetzungen der Aussetzung der Rücknahme festgestellt hat, muss sie verschiedene **Informationspflichten** erfüllen. Zunächst hat sie die Verwahrstelle zu informieren und anzuweisen, Rückgaben zu verweigern. Ferner muss die KVG analog zu § 98 II 4 die Aussetzung der Rücknahme von Anteilen im BAnz und in einer hinreichend bekannten Wirtschafts- oder Tageszeitung bzw. in einem im Verkaufsprospekt des Sondervermögens benannten elektronischen Informationsmedium (idR die Internetseite der KVG) **veröffentlichen.** Diese Veröffentlichungspflichten ergeben sich aus der Gesetzesbegründung zum AnsFuG (BT-Drs. 17/4739, S. 23). Außerdem sollten den Anlegern die Rücknahmeaussetzung mittels per dauerhaftem Datenträger mitgeteilt werden (§ 98 II 5 analog). Die KVG sollte außerdem die Vertriebspartner umfassend über die Rücknahmeaussetzung und die Auswirkungen auf die Anleger informieren, damit diese Fragen der Anleger direkt und sachkompetent beantworten können. Weiterhin ist gem. § 98 II 3 analog die **BaFin** und – sofern das Sondervermögen auch außerhalb Deutschlands vertrieben wird – die zuständige Aufsichtsbehörde des Vertriebsstaates zu informieren. Weiterhin sollte die Geschäftsführung der KVG den **Aufsichtsrat über die Aussetzung informieren** und den Liquiditätsmangel darlegen. Dies gilt für eine Verlängerung der Rücknahmeaussetzung iSd § 257 II 1 und III 1 sowie die Wiederaufnahme der Anteilrücknahme entsprechend. Denn dem Aufsichtsrat obliegt die Wahrung der Interessen der Anleger (s. § 18 IV 1) und daher sollte er über alle Maßnahmen, die für die Anleger wesentlich sind, informiert werden. 7

2. Maßnahmen während der Rücknahmeaussetzung (§ 257 I 2). Während der Aussetzung der Rücknahme hat die KVG die erforderlichen liquiden Mittel insb. durch die Veräußerung von Vermögensgegenständen des Sondervermögens zu beschaffen, um Anteile wieder zurücknehmen zu können. Aufgrund ihres Auftrags, Liquidität zu generieren, sind alle Maßnahmen, die dazu führen, dass dem Sondervermögen Liquidität entzogen wird, zwar nicht per se unzulässig, bedürfen aber einer gesonderten Betrachtung und einer Abwägung des Interesses der rückgabewilligen Anleger an Liquidität des Sondervermögens gegen das Interesse der übrigen Anleger des Sondervermögens. So dürfen Mittel zum **Erwerb** 8

weiterer Immobilien dem Sondervermögen grds. nicht entnommen werden, es sei denn, es handelt sich lediglich um den Vollzug eines bereits im Zeitpunkt der Rücknahmeaussetzung abgeschlossenen Ankaufvertrages. Entsprechend ihres Verwaltungsauftrages darf die KVG weiterhin Mittel des Sondervermögens einsetzen, um die **ordnungsgemäße laufende Bewirtschaftung** des Sondervermögens sicherzustellen. Im Rahmen des Verwaltungsauftrages bewegen sich auch **Investitionsausgaben,** die die KVG mit dem Ziel tätigt, die Chancen der Vermietbarkeit und Verkäuflichkeit der Immobilie zu verbessern, wie zB die Sanierung einer Immobilie (EDD/*Schultz-Süchting* § 257 Rn. 14).

9 Die KVG darf während der Aussetzung der Rücknahme auch **Ausschüttungen** an die Anleger vornehmen; dies folgt aus § 252 II, der eine zwingende Mindestausschüttung von mindestens 50% der Erträge vorsieht (→ § 252 Rn. 7). Darüber hinausgehende Ausschüttungen stehen im Ermessen der KVG. Sie hat dabei unter Berücksichtigung der aktuellen Liquiditätssituation sowie der prognostizierten Anzahl und Höhe der Rücknahmeverlangen die Auswirkungen der Ausschüttungen bzw. ihr Ausbleiben auf die Anleger einzuschätzen. Die widerstreitenden Interessen der Anleger, die ihre Anteile zurückgeben wollen, und der übrigen Anleger sind ebenfalls gegeneinander abzuwägen. Ebenfalls zulässig ist die **Aufnahme von Krediten** zB zur Finanzierung von Instandhaltungsmaßnahmen, aber auch zu anderen Zwecken wie Währungskurssicherungen und steuerlichen Optimierungen. Kein zulässiger Zweck einer langfristigen Kreditaufnahme ist die Bedienung von Anteilrückgaben selbst, die lediglich durch kurzfristige Kreditaufnahmen iSd § 199 unterstützt werden darf (s. § 254 I 2).

10 Die KVG hat auch während der Aussetzung der Rücknahme den **Anteilspreis zu ermitteln und zu veröffentlichen** (BSV/*Zöll* 405 § 257 Rn. 11). Denn auch wenn die Rückgabe von Anteilen nicht möglich ist, haben die Anleger ein Interesse, über die Wertentwicklung der Anteile informiert zu bleiben.

11 Während der Aussetzung der Rücknahme darf die KVG weiterhin **neue Anteile ausgeben** (BT-Drs. 17/3628, 28). Dies folgt zum einen aus dem auf die Gewinnung von Liquidität gerichteten Interessen der Anleger und zum anderen daraus, dass § 257 – anders als § 98 II, der die Rücknahmeaussetzung wegen außergewöhnlicher Umstände regelt – kein ausdrückliches Verbot der Anteilausgabe enthält.

12 **3. Phasen der Rücknahmeaussetzung (§ 257 I 2, II, III 1 und 2).** § 257 definiert drei Phasen der Aussetzung der Rücknahme, mit unterschiedlichen Vorgaben an die Bedingungen der Veräußerung von Vermögensgegenständen (zur Veräußerung mit Einwilligung der Anleger, s. § 259). Einheitlicher **Beginn** der einzelnen Phasen gegenüber allen Anlegern ist jeweils die Ausübung des Leistungsverweigerungsrechts durch die KVG (BT-Drs. 17/3628, 27 und 17/4739, 23). Gelingt es der KVG innerhalb der einzelnen Phasen nicht, die für die Bedienung von Rückgaben notwendige Liquidität zu schaffen, und muss sie daher die Aussetzung in die nächste Phase verlängern, bedarf es der Veröffentlichungen und Anzeigen wie bei der erstmaligen Aussetzung (→ Rn. 7). Für die Fristberechnung gelten §§ 187 I, 188 II Alt. 1 BGB.

13 Sofern die KVG für das Sondervermögen von der Möglichkeit Gebrauch gemacht hat, Rücknahmetermine gem. § 255 II festzulegen, enden die jeweiligen Phasen auf den Rücknahmetermin, der auf den Abschluss der jeweiligen Phase folgt; dies gilt nicht für den Abschluss der dritten und letzten Phase, nach dessen Ablauf unmittelbar die Rücknahme erfolgen muss (BT-Drs. 17/3628, 28).

a) Erste Phase: 1.–12. Monat (§ 257 I 2). Bereits zu Beginn der Aussetzung der Rücknahme ist die KVG verpflichtet, Vermögensgegenstände des Sondervermögens zu veräußern, jedoch nur zu **angemessenen Bedingungen.** Das Gesetz enthält keine Definition dieses Begriffes. Angemessene Bedingungen liegen jedenfalls dann vor, wenn der Kaufpreis den zuletzt ermittelten Verkehrswert unwesentlich iSd § 260 I 1 Nr. 2 unterschreitet, dh, die Unterschreitung weniger als 3% bzw. im Fall eines Portfolioverkaufs bis zu 5% (s. § 260 I 2) beträgt, wobei die Differenz des Kaufpreises zum Verkehrswert auch größer sein kann (str.). Denn das Tatbestandsmerkmal „angemessene Bedingungen" wäre überflüssig, wenn § 257 I 2 lediglich eine Unterschreitung des Kaufpreises erlauben würde, die auch zulässig wäre, wenn die Rücknahme von Anteilen des Sondervermögens nicht ausgesetzt wäre (sa BT-Drs. 17/3628, S. 28 „gegenüber der Vorgabe des § 82 InvG (entspricht § 260 KAGB) erleichterte Bedingungen"). Es obliegt der KVG im jeweiligen Einzelfall, mit der gebotenen Sorgfalt und unter Berücksichtigung der Interessen der Anleger (s. § 26 I u. II Nr. 1 u. 2) zu beurteilen, ob die Bedingungen eines Verkaufs angemessen sind. Mit zunehmender Dauer der Aussetzung ist das Interesse der rückgabewilligen Anleger gegenüber den Interessen der übrigen Anleger iRd Interessenabwägung stärker zu gewichten, daher sind mit zunehmender Dauer auch höhere Abschläge auf den zuletzt ermittelten Wert der Immobilie zulässig (BaFin Schreiben an den BVI v. 9.2.2009 WA 42-Wp 2136-2009/0081; *Gringel* ZBB 2012, 106 (109)). Dieser Ansatz wird durch § 257 II 2 und III 2, die für die zunehmende Dauer der Aussetzung höhere Abschläge festlegen, gestützt. Aus § 257 II 2 kann geschlossen werden, dass in der ersten Phase der Aussetzung ein Abschlag auf den Verkehrswert deutlich geringer ausfallen muss als der in der zweiten Phase vorgesehene Abschlag von 10% auf den in § 260 I 1 Nr. 2 genannten Wert (EDD/*Schultz-Süchting* § 257 Rn. 13; BTMB/*Reiss* § 257 Rn. 12). Dabei kann die Abweichung des Verkaufspreises vom Verkehrswert umso größer sein, desto mehr Anleger ihre Anteile zur Rückgabe vorgelegt haben (WBA/*Kautenburger-Behr* § 257 Rn. 17). 14

b) Zweite Phase: 13.–24. Monat (§ 257 II). Sofern die KVG nicht genügend Liquidität beschaffen konnte, um die Rückgaben zu bedienen, hat sie die Aussetzung der Rücknahme von Anteilen weiterhin zu verweigern und Vermögensgegenstände zu veräußern. Bis zum Ablauf des 24. Monats nach Beginn der Aussetzung der Rücknahme von Anteilen darf sie Vermögensgegenstände des Sondervermögens mit einem Abschlag von maximal **10 % auf den in § 260 I 1 Nr. 2 genannten Wert** veräußern. Da § 260 I 1 Nr. 2 Veräußerungen nicht nur zum Verkehrswert, sondern auch unwesentlich unterhalb des Verkehrswerts erlaubt, sind in der zweiten Phase der Aussetzung demnach Abschläge von maximal 13% möglich. Hätte der Gesetzgeber den 10%-Abschlag lediglich auf den Verkehrswert zulassen wollen, hätte er in § 257 II lediglich auf § 249 I verwiesen (aA BTMB/*Reiss* § 257 Rn. 14, der eine Abweichung von max. 10% für zulässig hält). 15

c) Dritte Phase: 25.–36. Monat (§ 257 III 1 und 2). Sofern die KVG auch nach Ablauf von 24 Monaten nicht in der Lage ist, die Rückgaben zu bedienen, muss sie die Rücknahme von Anteilen weiterhin aussetzen. Der zulässige Abschlag auf den Kaufpreis von Vermögensgegenständen erhöht sich in dieser Phase auf **20 % auf den in § 260 I 1 Nr. 2 genannten Wert,** also maximal 23% (→ Rn. 15). 16

17 **4. Wiederaufnahme der Anteilrücknahme (§ 257 IV 1 Hs. 2). Sind ausreichend liquide Mittel im Sondervermögen vorhanden, um Anteilrücknahmen zu bedienen,** muss die KVG die Rücknahmeaussetzung beenden. Zu diesem Zeitpunkt (unter Berücksichtigung der Mindesthalte- und Rückgabefristen gem. § 255 III und IV, sofern einschlägig) fällige Rückgaben müssen von der KVG bedient werden (EDD/*Schultz-Süchting* § 257 Rn. 21). Im Sinne der **fairen Behandlung aller Anleger des Sondervermögens** (§ 26 II Nr. 6) darf die KVG die Anteilrücknahme nur dann wieder aufnehmen, wenn sie nach sorgfältiger Einschätzung davon ausgehen darf, alle fälligen Rückgabeverlangen bedienen zu können (BSL/*Klusak* InvG § 81 Rn. 9). Die KVG hat demnach während der Rücknahmeaussetzung laufend zu prüfen, ob die Wiederaufnahme der Rücknahme unter diesen Bedingungen möglich ist. Dazu muss sie vorhandene Liquidität in Relation setzen zu den zu erwartenden Rückgabeverlangen im Öffnungszeitpunkt. Die Mindesthalte- und Rückgabefristen erleichtern der KVG insofern die Einschätzung.

18 Sofern es sich allerdings um ein Sondervermögen handelt, das vor dem 22.7.2013 aufgelegt wurde bzw. Anteile ausgegeben hat, kann diese Einschätzung mit Unsicherheiten behaftet sein, wenn Anteile in einem erheblichen Umfang im Umlauf sind, die unter den **Bestandsschutz** des § 346 I fallen und daher ohne Einhaltung der Mindesthalte- und/oder Rückgabefrist zurückgegeben werden können (s. § 346 I und V 1). Die KVG muss ggf. mittels einer Befragung ihrer Vertriebspartner eine Prognose erstellen, wie viele dieser Anteile bei Wiederaufnahme zur Rücknahme vorgelegt werden. Dabei muss sie berücksichtigen, dass die rückgabewilligen Anleger eine realistische Chance haben, ihre Anteile zurückzugeben, auch wenn sie ihre Anteile nicht unmittelbar zur Rücknahme vorlegen, weil sie zB erst zeitverzögert von der Wiederaufnahme der Rücknahme erfahren.

19 Sofern es der KVG gelungen ist, ausreichend Liquidität zu generieren und sie die Rücknahme wieder aufgenommen hat, sie dann aber binnen drei Monaten **die Rücknahme erneut aussetzen** muss, beginnen die Fristen des § 257 II und III gem. § 257 IV 1 Hs. 2 nicht erneut zu laufen. Wenn die Anlagebedingungen nicht mehr als vier Rücknahmetermine vorsehen, kommt ein neuer Fristlauf gem. § 257 IV 2 auch dann nicht in Betracht, wenn Anteile nur an dem auf die Wiederaufnahme folgenden Rücknahmetermin bedient werden und auf dem darauf folgenden Rücknahmetermin die Rücknahme wieder ausgesetzt werden muss. Eine solche kurzfristige Wiederaufnahme hemmt auch nicht den Fristlauf (BT-Drs. 17/3628, 28). Hat die KVG vor der Wiederaufnahme die Rücknahme von Anteilen zB nur für insgesamt 30 Monate ausgesetzt, kann sie nach der erneuten Aussetzung nicht für weitere sechs Monate aussetzen, sondern ihr Verwaltungsrecht erlischt nach Maßgabe des § 257 IV 1 Hs. 1.

20 **5. Erlöschen des Leistungsverweigerungs- und Verwaltungsrechts (§ 257 III 3, IV 1 Hs. 1).** 36 Monate nach Beginn der Rücknahmeaussetzung kann jeder Anleger die Rücknahme seiner Anteile aus dem Sondervermögen verlangen (§ 257 III 3). Zu diesem Zeitpunkt erlischt das **Leistungsverweigerungsrecht** der KVG. Rückgabeverlangen sind – pro-rata – zu bedienen, und zwar unabhängig von Mindest- und Rückgabefristen (EDD/*Schultz-Süchting* § 257 Rn. 17f.). Wie sich aus dem Wortlaut des § 257 III 3 ergibt, muss die KVG für die Bedienung der Rücknahmen nicht mit ihrem Eigenvermögen haften, denn der Anspruch der Anleger ist darauf gerichtet, dass die Rückgabe ihrer Anteile „aus dem Sondervermögen" bedient werden. Sofern die KVG nach Ablauf der 36-

Monatsfrist nicht ausreichend liquide Mittel zur Bedienung der Rückgaben vorhält, erlischt ihr **Verwaltungsrecht** an dem von der Rücknahmeaussetzung betroffenen Sondervermögen nach § 257 IV 1 Hs. 1 und das Sondervermögen geht gem. § 100 I Nr. 1 auf die Verwahrstelle über, die Eigentümerin der Vermögensgegenstände des Sondervermögens wird und diese gem. § 100 II veräußern und die Erlöse an die Anleger verteilen muss oder – mit Genehmigung der BaFin – gem. § 100 III 1 das Sondervermögen auf eine andere KVG übertragen kann (ausf. s. die Kommentierung zu § 100; zu den Voraussetzungen der Grundsteuerbefreiung beim Übergang auf die Verwahrstelle s. § 100 a).

Das in § 257 IV 1 angeordnete Erlöschen des Verwaltungsrechts der KVG und 21 der damit verbundene Übergang des Sondervermögens auf die Verwahrstellen stellt keine abschließende Regelung für das Ende der maximalen Dauer einer Aussetzung der Rücknahme von Anteilen dar. Die KVG kann auch **während der Aussetzung der Rücknahme das Verwaltungsrecht für das Sondervermögen kündigen.** Denn auch während der Aussetzung kann aus anderen Gründen (Geschäftsaufgabe der KVG, mangelnde Wirtschaftlichkeit des Sondervermögens usw.) die Kündigung des Sondervermögens aus Sicht der KVG erforderlich sein (BT-Drs. 17/3628, 28 f.; *Gringel* ZBB 2012, 106 (110)). Allerdings hat die Regelung des § 257 IV 1 **Auswirkungen auf die Länge der Kündigungsfrist,** die zusammen mit der tatsächlichen Dauer der Rücknahmeaussetzung den in § 257 IV normierten 36-Monatszeitraum grds. nicht überschreiten darf (*Gringel* ZBB 2012, 106 (111)). Diese „Sperrwirkung" des § 257 IV ist in zwei Fällen nicht anwendbar: Zum einen, wenn die KVG nachweisen kann, dass sie innerhalb der 36-monatigen Aussetzung ausreichend Liquidität gehalten hat, um die Rücknahme von Anteilen wieder aufzunehmen. Denn dann liegen die tatbestandlichen Voraussetzungen des § 257 IV 1 schon nicht vor. Zum anderen, wenn zwischen der Kündigung des Verwaltungsrechts und dem Ablauf der 36-monatigen Aussetzung ein geringerer Zeitraum als sechs Monate liegt, weil ansonsten die sechsmonatige Mindestkündigungsfrist des § 99 I 1 und 2 zu Ungunsten derjenigen Anleger, die Anteile vor dem Ausspruch der Kündigung erworben haben, unterlaufen wird (*Gringel* ZBB 2012, 106 (111)).

Das Verwaltungsrecht der KVG für das Sondervermögen erlischt außer- 22 dem nach § 257 IV 1 Hs. 2, wenn die KVG die Rücknahme von Anteilen innerhalb von fünf Jahren drei Mal aussetzt. Es werden nur Aussetzungen berücksichtigt, die dasselbe Sondervermögen betreffen und die auf der Grundlage eines Liquiditätsmangel iSd § 257 von der KVG beschlossen wurden (BT-Drs. 17/4739, 23).

IV. Besonderheiten bei offenen Spezial-AIF

Mit Zustimmung aller Anleger eines offenen Spezial-AIF kann die KVG die 23 Höchstdauer einer Aussetzung der Rücknahme verlängern oder abweichende Abschläge auf den in § 260 I 1 Nr. 2 genannten Wert für die Veräußerung von Vermögensgegenständen festlegen. Sofern die Regelung des § 257 vollständig abbedungen wird, ist zu beachten, dass aufgrund seiner Sperrwirkung die lex-specialis-Regelung des § 98 II, also die Möglichkeit der Aussetzung wegen außergewöhnlicher Umstände, wieder auflebt (EDD/*Schultz-Süchting* § 257 Rn. 23). Wird bei einem offenen Spezial-AIF die Anteilrücknahme ausgesetzt, bedarf es nicht der Einhaltung der Bekanntmachungspflichten gegenüber den Anlegern gem. § 98 IV 4 (s. § 98 IV 6).

§ 258 Aussetzung nach Kündigung

(1) **Außergewöhnliche Umstände im Sinne des § 98 Absatz 2 Satz 1 liegen vor, wenn die AIF- Kapitalverwaltungsgesellschaft die Kündigung der Verwaltung des Immobilien-Sondervermögens erklärt hat.**

(2) **Eine AIF-Kapitalverwaltungsgesellschaft, die die Verwaltung eines Immobilien-Sondervermögens gekündigt hat, ist bis zum Erlöschen des Verwaltungsrechts berechtigt und verpflichtet, in Abstimmung mit der Verwahrstelle sämtliche Vermögensgegenstände dieses Sondervermögens zu angemessen Bedingungen oder mit Einwilligung der Anleger gemäß § 259 zu veräußern.**

(3) **Während einer Aussetzung der Rücknahme nach § 98 Absatz 2 oder nach Absatz 1 in Verbindung mit § 98 Absatz 2 sind § 239 sowie die in § 244 genannten Anlaufbegrenzungen nicht anzuwenden, soweit die Veräußerung von Vermögensgegenständen des Sondervermögens es erfordert, dass diese Vorschriften im Interesse der Anleger nicht angewendet werden.**

(4) **Aus den Erlösen aus Veräußerungen nach Absatz 2 ist den Anlegern in Abstimmung mit der Verwahrstelle ungeachtet des § 252 ein halbjährlicher Abschlag auszuzahlen, soweit**
1. **diese Erlöse nicht zur Sicherstellung einer ordnungsgemäßen laufenden Bewirtschaftung benötigt werden und**
2. **nicht Gewährleistungszusagen aus den Veräußerungsgeschäften oder zu erwartende Auseinandersetzungskosten den Einbehalt im Sondervermögen verlangen.**

Schrifttum: Schreiben der BaFin zur Frage der Vorgaben an die Depotbank hinsichtlich der Abwicklung eines Immobilien-Publikums-Sondervermögens nach Maßgabe des § 39 Abs. 2 InvG v. 27.11.2012 WA 42-Wp 2136-2012/0039; Allgemeinverfügung der BaFin an alle Kapitalanlagegesellschaften, die bei einem verwalteten Immobilien-Publikums-Sondervermögen die Verwaltung nach § 38 Abs. 1 InvG gekündigt haben, und das dazugehörende Auslegungsschreiben zur Frage der Anwendbarkeit des § 68a Abs. 2 InvG v. 27.11.2012 WA 42-Wp 2136-2012/0068; *Gringel* Die Schließung und Abwicklung offener Immobilienfonds ZBB 2012, 106.

I. Allgemeines

1 § 258 regelt den Zeitraum zwischen dem Ausspruch der Kündigung des Verwaltungsrechts durch die KVG und dem Wirksamwerden der Kündigung bzw. Erlöschen des Verwaltungsrechts und gleichzeitigem Übergang des Sondervermögens auf die Verwahrstelle (s. § 100 II).

2 Wenn die KVG das Verwaltungsrecht des Sondervermögens gekündigt hat, ist sie gem. § 258 I berechtigt, die **Rücknahme von Anteilen auszusetzen.** Diese Regelung ist insb. relevant für Sondervermögen, die vor Ausspruch der Kündigung die Rücknahme von Anteilen bereits wegen eines Liquiditätsmangels gem. § 257 ausgesetzt haben. Denn in diesen Fällen kann eine weitere Aussetzung der Rücknahme wegen Liquiditätsmangels nicht auf § 98 II gestützt werden, weil § 257 lex specialis ist. § 258 I bietet eine Rechtsgrundlage für die weitere Aussetzung der Anteilrücknahme (BT-Drs. 17/3628, 28f.). § 258 II stellt klar, dass die KVG nach Aus-

spruch der Kündigung des Verwaltungsrechts zur **Veräußerung sämtlicher Vermögensgegenstände** des Sondervermögens berechtigt und sogar verpflichtet ist. Allerdings darf die KVG Vermögensgegenstände nur zu angemessenen Bedingungen und in Abstimmung mit der Verwahrstelle veräußern. § 258 III sieht **Erleichterungen bei der Abwicklung** des Sondervermögens durch die KVG vor. Diese betreffen zum einen die Veräußerungen von Vermögensgegenständen innerhalb des Konzerns der KVG, denn der Gesetzgeber nimmt an, dass ein Verkauf an ein Konzernunternehmen, einen konzerninternen AIF oder die KVG selbst ggf. die einzige Möglichkeit darstellt, Vermögensgegenstände zu angemessenen Bedingungen zu veräußern (BT-Drs. 17/3628, 29). Zum anderen muss die KVG während der Abwicklung die in § 244 genannten Anlagegrenzen nicht beachten, weil der Auftrag der KVG nach Ausspruch der Kündigung auf den Abverkauf und nicht mehr auf die Bildung eines diversifizierten Portfolios gerichtet ist (BT-Drs. 17/3628, 29). § 258 IV sieht für den Zeitraum nach Kündigung des Verwaltungsrechts **halbjährliche Zahlungen aus den Erlösen der Veräußerung von Vermögensgegenständen an die Anleger** vor.

II. Recht zur Rücknahmeaussetzung (§ 258 I)

Die KVG ist nach Ausspruch der Kündigung zur Aussetzung der Anteilrücknahme berechtigt, weil die Kündigung des Verwaltungsrechts eines Immobilien-Sondervermögens einen „außergewöhnlichen Umstand" iSd § 98 II 1 darstellt. Es ist dabei unerheblich, aus welchem Grund die KVG das Verwaltungsrecht gekündigt hat. § 258 I enthält keine Verpflichtung der KVG, die Rücknahme aufgrund der Kündigung des Verwaltungsrechts auszusetzen, sondern eröffnet der KVG einen **Ermessensspielraum.** Unter Berücksichtigung der Interessen der Anleger und insb. dem Grundsatz der fairen Behandlung der Anleger gem. § 26 I, II Nr. 2 und Nr. 6 wird die KVG sich idR für die Aussetzung entscheiden. Denn die Abwicklung eines Immobilienportfolios beansprucht einen längeren Zeitraum und mit zunehmender Abwicklungsdauer vergrößert sich idR die Wahrscheinlichkeit von Wertabschlägen. Mit der Aussetzung der Rücknahme kann die KVG vermeiden, dass Anleger, die zu Beginn der Abwicklung ihre Anteile zurückgeben, gegenüber anderen Anlegern bessergestellt sind (*Gringel* ZBB 2012, 106 (112)). Da die Rücknahmeaussetzung eine große Bedeutung für die Anleger hat, sollte die Geschäftsführung der KVG ihre Ermessensentscheidung für bzw. gegen eine Rücknahmeaussetzung dem Aufsichtsrat der KVG – zusammen mit der ebenfalls zustimmungsbedürftigen Maßnahme der Kündigung des Verwaltungsrechts – zur Zustimmung vorlegen. 3

Die Aussetzung der Rücknahme in Folge der Kündigung des Verwaltungsrechts eröffnet den **Anwendungsbereich des § 98 II** (BSV/*Zöll* 405 § 258 Rn. 2 aE). Dies bedeutet zum einen, dass die Informations- und Meldepflichten des § 98 II 3–5 analog anwendbar sind. Es ist empfehlenswert – auch aus Kostengründen –, die Kündigung des Verwaltungsrechts und die Aussetzung der Rücknahme gemeinsam zu veröffentlichen, den Anlegern auf dem dauerhaften Datenträger mitzuteilen und der BaFin zu melden. Zum anderen ergibt sich aus § 98 II 2 analog, dass während der Aussetzung nach Kündigung der Verwaltung keine neuen Anteile an dem Sondervermögen ausgeben werden dürfen (BT-Drs. 17/3628, 29). 4

III. Veräußerungspflicht und -recht, Abwicklung (§ 258 II)

5 **1. Bedingungen der Veräußerung von Vermögensgegenständen.** Nach Ausspruch der Kündigung ist die KVG **berechtigt und verpflichtet,** sämtliche Vermögensgegenstände des Sondervermögens bis zum Wirksamwerden der Kündigung zu veräußern. Die Pflicht zur Veräußerung entfällt, wenn die KVG das Verwaltungsrecht gekündigt hat, um damit zu erreichen, dass die Verwahrstelle – mit Zustimmung der BaFin – das Sondervermögen auf eine andere KVG überträgt (*Gringel* ZBB 2012, 106 (113)). Während der Abwicklung des Sondervermögens kann die KVG Vermögensgegenstände des Sondervermögens nur zu **angemessenen Bedingungen** veräußern. Sofern die Bedingungen einer Veräußerung nicht angemessen sind, kann sie gem. § 258 II nur mit **Einwilligung der Mehrheit der Anleger iSd § 259** vorgenommen werden.

6 Sofern die KVG das Verwaltungsrecht des Sondervermögens gekündigt hat, um den Übertrag des Sondervermögens auf eine andere KVG zu erreichen, und sie damit nicht zur Veräußerung verpflichtet ist, sind Veräußerungen nur nach Maßgabe des § 260 I 1 Nr. 2 zulässig (*Gringel* ZBB 2012, 106 (113)). Wickelt die KVG das Sondervermögen hingegen in Folge der Kündigung des Verwaltungsrechts ab, ist sie nicht an die Vorgaben des § 260 I 1 Nr. 2 gebunden (str.). Denn das Tatbestandsmerkmal **„angemessene Bedingungen"** in § 258 II wäre überflüssig, wenn es erlauben würde, was nach § 260 I 1 Nr. 2 auch in ungekündigtem Zustand außerhalb einer Abwicklung zulässig wäre (so aber BSV/*Zöll* 405 § 258 Rn. 4). Für die Beurteilung der Angemessenheit hat die KVG eine Prognose zu erstellen, wie sich der erwartete Erlös, den die KVG im Anschluss an die Kündigung erlangt, zu dem erwarteten Erlös verhält, den die Verwahrstelle im Anschluss an den Übergang der Vermögensgegenstände des Sondervermögens erlangen kann (EDD/*Schultz-Süchting* § 258 Rn. 8; WBA/*Kautenburger-Behr* § 258 Rn. 7). Diese Prognose der KVG muss sich auf Marktgegebenheiten (lokal, allgemeine Markteffekte, Käufermarkt) beziehen sowie auf die konkrete Immobilie, insb. die Länge der Mietverträge bzw. ggf. bestehende Kündigungsrechte der Mietverträge. Nicht relevant für die Prognose der KVG und die Beurteilung der Angemessenheit ist es, dass eine Veräußerung durch die Verwahrstelle verhindert werden muss, da diese nicht über die erforderliche Immobilienexpertise verfügt. Denn die Verwahrstelle kann diesem Mangel an Know-how und Personal dadurch begegnen, dass sie das Management und die Veräußerung der im Sondervermögen verbliebenen Immobilien an fachkundige Dritte auslagert. In der Praxis wurde in vergleichbaren Fällen regelmäßig eine Auslagerung an die das Sondervermögen zuvor verwaltende KVG vorgenommen. Gleichwohl muss die KVG im Rahmen ihrer Prognose berücksichtigen, dass die Verwahrstelle während der Abwicklungsphase Vermögensgegenstände zu erheblichen Abschlägen veräußern darf („(…) zum bestmöglichen, am Markt realisierbaren Verkaufspreis (…)", s. Schreiben und Allgemeinverfügung der BaFin v. 27.11.2012 WA 42-Wp 2136-2012/0039). Weitere Anknüpfungspunkte der Abwicklungsstrategie der KVG ist der Umstand, dass der Übergang auf die Verwahrstelle weitere Kosten auslösen kann (zu den Voraussetzungen der Befreiung von der Grunderwerbsteuer für inländische Immobilien iRd Übergangs des Immobilien-Sondervermögens auf die Verwahrstelle s. § 100 a und die dazugehörige Übergangsvorschrift in § 357).

7 Aus der Vorgabe, dass Veräußerungen nur zu angemessenen Bedingungen zulässig sind, lässt sich ableiten, dass die KVG **nicht verpflichtet ist, sämtliche Vermögensgegenstände** des Sondervermögens bis zum Ablauf der Kündigungsfrist

zu veräußern (*Gringel* ZBB 2012, 106 (113)). Dies ergibt sich auch aus einem Umkehrschluss aus § 100 II, der nach der Abwicklung durch die KVG noch eine Abwicklung der verbleibenden Vermögensgegenstände durch die Verwahrstelle vorsieht.

2. Abstimmung mit der Verwahrstelle. Im Rahmen der Abstimmung über die Veräußerung von Vermögensgegenständen muss die KVG die Verwahrstelle im Vorfeld einer Veräußerung so rechtzeitig und umfassend informieren, dass die Verwahrstelle die Möglichkeit hat, eine qualifizierte Stellungnahme abzugeben und Bedenken gegen die Veräußerung vorzutragen. Die KVG ist aber nicht verpflichtet, vorgetragenen Bedenken zu folgen, denn aufgrund ihrer Marktkenntnis und -nähe sowie der Kenntnis des Immobilienportfolios ist von einer **Einschätzungsprärogative der KVG** auszugehen. Die Abstimmung iSd § 258 ist zu unterscheiden von der Zustimmung der Verwahrstelle zur Veräußerung von Vermögensgegenständen gem. § 84 I Nr. 3 und Nr. 5, mit der die Verwahrstelle bestätigt, dass die Veräußerung im Einklang mit dem Gesetz und den Anlagebedingungen des Sondervermögens steht und sie eine reine Rechtmäßigkeitskontrolle darstellt. Die Verwahrstelle darf ihre Zustimmung zur Veräußerung daher auch nicht mit der Begründung verweigern, dass ihre im Abstimmungsprozess vorgebrachten Bedenken nicht beachtet wurden (EDD/*Schultz-Süchting* § 257 Rn. 7). Neben der transaktionsbezogenen Abstimmung zwischen KVG und Verwahrstelle empfiehlt es sich, eine übergreifende fondsportfoliobezogene Abstimmung über die Strategie und die Verkaufsplanung vorzunehmen. 8

3. Maßnahmen während der Abwicklung. Die KVG bleibt nach dem Ausspruch der Kündigung des Verwaltungsrechts zur **ordnungsgemäßen Bewirtschaftung** des Sondervermögens bzw. der Vermögensgegenstände verpflichtet. Dies ergibt sich ua aus § 258 IV Nr. 1, der Mittel für die Sicherstellung der ordnungsgemäßen laufenden Bewirtschaftung von der halbjährlichen Auszahlung der Veräußerungserlöse an die Anleger ausnimmt. Die KVG ist ferner berechtigt, Maßnahmen zu ergreifen, von denen sie davon ausgehen darf, dass sie dazu führen, dass sich die Chancen der Verkäuflichkeit bzw. einen möglichst hohen Kaufpreis zu erzielen erhöhen (wie zB die Sanierungen einer Immobilie, EDD/*Schultz-Süchting* § 258 Rn. 6). In diesem Zusammenhang ist während der Abwicklung ausnahmsweise auch ein Ankauf von Vermögensgegenständen gerechtfertigt, zB wenn die KVG ihre Beteiligung an einer Immobilien-Gesellschaft nicht verkaufen kann, weil neben ihr ein Minderheitsgesellschafter beteiligt ist. In diesem Fall darf sie die Anteile des Minderheitsgesellschafters erwerben, wenn der dadurch ausgelöste Aufwand für das Sondervermögen und die Verbesserung der Chancen der Verkäuflichkeit der Beteiligung in einem angemessenen Verhältnis zueinanderstehen. 9

Die BaFin verlangt von der KVG, dass sie die Anleger über die Abwicklung des Sondervermögens **laufend unterrichtet.** In der Praxis veröffentlicht die KVG sämtliche Veräußerungen, Neubewertungen sowie die Vornahme, Höhe und sonstige Informationen zu den halbjährlichen Auszahlungen auf ihrer Internetseite. Auch während der Abwicklung des Sondervermögens hat die KVG einen **Anspruch auf die vertraglich vereinbarte Vergütung** gem. den Anlagebedingungen des Sondervermögens, die bis zum Wirksamwerden der Kündigung fortgelten. Dies ist auch gerechtfertigt, weil die KVG weiterhin eine Gegenleistung erbringt. Über die Verwaltung des Sondervermögens einschließlich der Rechnungslegung hinaus veräußert sie Vermögensgegenstände des Sondervermögens. 10

IV. Abweichung von Anlagegrenzen und -vorschriften (§ 258 III)

11 Die Möglichkeit der Abweichung von Anlagegrenzen und -vorschriften besteht nicht nur in der Phase nach Kündigung des Verwaltungsrechts gem. § 258 I iVm § 98 II, denn § 258 III erstreckt die Ausnahmeregelung auch auf die **Phase der Aussetzung der Rücknahme wegen anderer außergewöhnlicher Umstände iSd § 98 II.**

12 **1. Veräußerungen innerhalb des Konzerns der KVG.** Während der Aussetzung der Anteilrücknahme wegen außergewöhnlicher Umstände darf die KVG Immobilien bzw. Beteiligungen an Immobilien-Gesellschaften innerhalb des eigenen Konzerns veräußern, **ohne dafür die Zustimmung der BaFin iSd § 239 einholen zu müssen.** Dies gilt für Veräußerungen an Konzernunternehmen (s. § 239 II Nr. 2) oder an einen anderen AIF, der von der KVG oder einem Konzernunternehmen verwaltet wird (s. § 239 II Nr. 3). Die KVG darf Immobilien bzw. Beteiligungen an Immobilien-Gesellschaften des Sondervermögens auch ohne Zustimmung der BaFin für eigene Rechnung erwerben (s. § 239 II Nr. 1). Sofern die KVG das Verwaltungsrecht gekündigt hat, verlangt die BaFin iRd Abwicklung für Veräußerungsgeschäfte iSd § 239 eine **Anzeige.** Diese muss im Vorfeld des Veräußerungsgeschäftes rechtzeitig und unter Darlegung sämtlicher Umstände erfolgen. Die BaFin behält sich vor, im Hinblick auf die Einhaltung der allgemeinen Verhaltensregeln des § 26 und die Wahrung der Interessen der Anleger auf Modifikationen der geplanten Transaktion hinzuwirken (Allgemeinverfügung der BaFin v. 27.11.2012 WA 42-Wp 2136-2012/0068). Die BaFin geht davon aus, dass konzerninterne Veräußerungen mit Blick auf die Interessen der Anleger lediglich als „ultima ratio" in Betracht kommen und leitet daraus Einschränkungen ab. So muss der von dem konzerninternen Käufer bzw. der KVG zu zahlende Kaufpreis mindestens dem zuletzt festgestellten Verkehrswert der Immobilie entsprechen. Weiterhin muss die KVG iRd Anzeige darlegen, dass alle anderen Möglichkeiten einer Veräußerung an einen Dritten ausgeschöpft wurden (Auslegungsschreiben der BaFin v. 27.11.2012 GZ WA 42-Wp 2136-2012/0068).

13 **2. Abweichung von Anlagegrenzen.** Weiterhin darf die KVG während der Aussetzung der Anteilrücknahme aufgrund außergewöhnlicher Umstände von den in § 244 genannten Anlagegrenzen abweichen. § 244 enthält eine Aufzählung von Erwerbs- sowie Bestandsgrenzen, von denen die KVG in den ersten vier Jahren nach Bildung des Sondervermögens (Anlaufzeit) abweichen darf. Dass die **Erwerbsgrenzen** des § 244 auf ein Sondervermögen in Abwicklung nicht mehr anwendbar sind, ergibt sich für die Sondervermögen, die die Rücknahme von Anteilen nach Ausspruch der Kündigung des Verwaltungsrechts ausgesetzt haben, schon aus dem Wesen der Abwicklung, die auf die Veräußerung und nicht auf den Erwerb von Vermögensgegenständen gerichtet ist. Des Weiteren müssen folgende **Bestandsgrenzen** nicht mehr beachtet werden:
- 30%-Grenze für Währungsrisiken gem. § 233 II;
- 49%-Grenze für Vermögensgegenstände der Immobilien-Gesellschaften gem. § 237 I;
- 30%-Grenze für Minderheitsbeteiligungen gem. § 237 III;
- 49%-Grenze für Liquidität sowie 5%-Grenze für Wertpapiere bzw. Aktien von REIT-Gesellschaften gem. § 253 I 1.

14 Gemäß § 244 III muss die Abweichung von den Anlagegrenzen **im Interesse der Anleger erforderlich** sein.

V. Halbjährliche Auszahlung an die Anleger (§258 IV)

Aus den Veräußerungserlösen muss die KVG gem. §258 IV in Abstimmung mit der Verwahrstelle halbjährliche Auszahlungen an die Anleger leisten. Es handelt sich um eine **Substanzausschüttung,** die neben der Ertragsausschüttung iSd §252 steht, in der Praxis aber häufig mit dieser verbunden wird. Die Halbjahresfrist für die Auszahlungen beginnt nicht mit dem Ausspruch der Kündigung, sondern zu dem Zeitpunkt, an dem tatsächlich Verkaufserlöse zur Auszahlung zur Verfügung stehen (BSV/*Zöll* 405 §258 Rn. 13). Nach dem Gesetzeswortlaut sind die Auszahlungen aus den Veräußerungserlösen zu erbringen, in der Praxis wird auch die verfügbare Liquidität hinzugezogen (WBA/*Kautenburger-Behr* §258 Rn. 9). Da die KVG das Sondervermögen bzw. die (verbleibenden) Immobilien weiterhin zu verwalten hat, sind von der Auszahlung an die Anleger gem. §258 IV Nr. 1 die **zur Sicherstellung der ordnungsgemäßen laufenden Bewirtschaftung erforderlichen Mittel** einzubehalten. Gemäß §258 IV Nr. 2 darf die KVG weiterhin **zu erwartende Auseinandersetzungskosten** wie zB Kosten für die Erstellung des Auflösungsberichts iSd §105 einbehalten (EDD/*Schultz-Süchting* §258 Rn. 16). 15

Bei der Veräußerung von Immobilien des Sondervermögens muss die KVG **Gewährleistungszusagen** abgegeben. Die dafür erforderlichen Mittel darf sie ebenfalls gem. §258 IV Nr. 3 im Sondervermögen einbehalten. Da die KVG gem. §93 II keine Verbindlichkeiten für Rechnung des Sondervermögens eingehen kann, muss sie sämtliche Verbindlichkeiten im eigenen Namen abschließen und hat nur einen nachgelagerten Aufwendungsersatzanspruch, den sie gem. §93 III aus dem Sondervermögen befriedigen kann. In der Abwicklung schrumpft das Sondervermögen durch die Abverkäufe und halbjährlichen Auszahlungen, so dass die KVG das Risiko trägt, ihren Aufwendungsersatzanspruch mangels Masse im Sondervermögen nicht befriedigen zu können. Daher berechtigt §258 IV Nr. 2 die KVG, Mittel zur Bedienung von Gewährleistungszusagen von der Auszahlung auszunehmen und im Sondervermögen zu belassen. Wäre die KVG dazu nicht berechtigt, dürfte sie zwecks Vermeidung der Eigenhaftung keine Gewährleistungszusagen abgeben. Dies wäre nicht im Sinne der Anleger, weil dadurch der Kaufpreis gemindert wird bzw. kaum eine Veräußerung zu angemessenen Bedingungen möglich sein dürfte. Aufgrund dieser Interessenlagen sind über den Wortlaut des §258 IV hinaus von dem Begriff „Gewährleistungszusagen" alle Pflichten der KVG erfasst, die sie (nach Anlagebedingungen und Gesetz) rechtmäßiger Weise im Kaufvertrag eingegangen ist (EDD/*Schultz-Süchting* §258 Rn. 16). 16

VI. Besonderheiten bei offenen Spezial-AIF

In der Regel wird §258 in den Anlagebedingungen eines offenen Spezial-AIF gem. §284 II abbedungen, denn aufgrund des überschaubaren Anlegerkreises eines offenen Spezial-AIF können sich KVG und Anleger auf ein Abwicklungsverfahren einigen. Sie können dabei Bedingungen der Veräußerung der Vermögensgegenstände regeln und inwieweit von Anlagegrenzen abgewichen werden darf (von denen die KVG mit Zustimmung der Anleger ohnehin schon auf der Grundlage des §284 II abweichen kann). Weiterhin können sie die Auszahlung von Veräußerungserlösen an die Anleger abweichend von §258 regeln. Eine Abstimmung mit den Anlegern vorausgesetzt, bedarf es für die Abwicklung eines offenen Spezial-AIF auch nicht der Kündigung des Verwaltungsrechts durch die KVG, die das Sondervermögen auch zunächst abwickeln und erst zum Ende der Abwicklung die Kündigung des Verwaltungsrechts aussprechen kann. 17

§ 259 Beschlüsse der Anleger

(1) [1]Die Anlagebedingungen eines Immobilien-Sondervermögens haben für den Fall der Aussetzung der Rücknahme von Anteilen gemäß § 257 vorzusehen, dass die Anleger durch Mehrheitsbeschluss in die Veräußerung bestimmter Vermögensgegenstände einwilligen können, auch wenn die Veräußerung nicht zu angemessenen Bedingungen im Sinne des § 257 Absatz 1 Satz 3 erfolgt. [2]Ein Widerruf der Einwilligung kommt nicht in Betracht. [3]Die Einwilligung verpflichtet die AIF-Kapitalverwaltungsgesellschaft nicht zur Veräußerung.

(2) [1]Ein Beschluss der Anleger ist nur wirksam, wenn mindestens 30 Prozent der Stimmrechte bei der Beschlussfassung vertreten waren. [2]§ 5 Absatz 4 Satz 1 und Absatz 6 Satz 1 sowie die §§ 6 bis 20 des Schuldverschreibungsgesetzes über Beschlüsse der Gläubiger gelten für Beschlüsse der Anleger, mit denen diese eine Einwilligung erteilen oder versagen, mit der Maßgabe entsprechend, dass
1. an die Stelle der ausstehenden Schuldverschreibungen die ausgegebenen Investmentanteile treten,
2. an die Stelle des Schuldners die AIF-Kapitalverwaltungsgesellschaft tritt und
3. an die Stelle der Gläubigerversammlung die Anlegerversammlung tritt.
[3]Eine einberufene Anlegerversammlung bleibt von der Wiederaufnahme der Anteilrücknahme unberührt.

(3) Die Abstimmung soll ohne Versammlung durchgeführt werden, wenn nicht außergewöhnliche Umstände eine Versammlung zur Information der Anleger erforderlich machen.

Schrifttum: *Hofmeister* in Veranneman, Schuldverschreibungsgesetz: SchVG.

I. Allgemeines

1 § 259 gewährt den Anlegern während der Aussetzung der Rücknahme der Anteile eines Sondervermögens ein Mitspracherecht bei der Veräußerung von Vermögensgegenständen. Mit Einwilligung der Mehrheit der Anleger iSd § 259 kann die KVG eine Veräußerung auch dann vornehmen, wenn sie nicht angemessenen Bedingungen entspricht. Durch diese Regelung sollen die Anleger dafür kompensiert werden, dass sie während der Aussetzung der Rücknahme von Anteilen keine Möglichkeit haben, ihr Investment zu beenden (BT-Drs. 17/3628, 29). Die Verfahrensvoraussetzungen der Beschlussfassung der Anleger sind an das Gesetz über Schuldverschreibungen aus Gesamtemissionen vom 31.7.2009 (SchVG) angelehnt.

II. Regelung in den Anlagebedingungen (§ 259 I)

2 Das Beschlussverfahren des § 259 muss in den Anlagebedingungen des Sondervermögens geregelt sein. Hintergrund dafür ist, dass bereits eine Anzahl von Anlegern, die 15% der Anteile des Sondervermögens halten, der KVG die Abweichung von dem gesetzlich und vertraglich normierten Leitbild der Bedingungen einer Veräußerung erlauben und damit einen uU nicht unerheblichen Einfluss auf die Wertentwicklung des Sondervermögens ausüben kann. Daher muss über die Rege-

lung in den Anlagebedingungen sichergestellt sein, dass der Anleger bei Erwerb der Anteile in das Verfahren des § 259 einwilligt hat (str.; aA EDD/*Schultz-Süchting* § 259 Rn. 2).

III. Rücknahmeaussetzung (§ 259 I 1)

3 Aus dem Verweis des § 259 I 3 aE auf § 257 I 3 ergibt sich, dass eine Veräußerung von Vermögensgegenständen zu nicht angemessenen Bedingungen mit Einwilligung der Anleger in der 1. Phase (1.–12. Monat) der **Rücknahmeaussetzung wegen Liquiditätsmangels iSd § 257** möglich ist. Über den Wortlaut hinaus ist dies aber auch für Veräußerungen in der 2. und 3. Phase der Rücknahmeaussetzung bis zum Ende der maximalen Aussetzungsdauer anzunehmen (eine entspr. Regelung in den Anlagebedingungen vorausgesetzt, → Rn. 2), denn die Interessenlage der Anleger ist in allen Phasen identisch und ein Grund für eine abweichende Behandlung nicht ersichtlich (WBA/*Kautenburger-Behr* § 259 Rn. 5; EDD/*Schultz-Süchting* § 259 Rn. 9). Daneben ist das Beschlussverfahren des § 259 auch anwendbar, wenn die KVG die **Rücknahme von Anteilen in Folge der Kündigung des Verwaltungsrechts auf der Grundlage des § 258** ausgesetzt hat (s. § 258 II).

4 **Außerhalb einer Rücknahmeaussetzung** ist für die Anwendung des § 259 grds. kein Raum. Solange die KVG Anteile des Sondervermögens zurücknimmt, hat der Anleger das Recht, sein Engagement in dem Sondervermögen durch die Rückgabe seiner Anteile zu beenden, und bedarf daher keines Mitspracherechts bei der Veräußerung (WBA/*Kautenburger-Behr* § 259 Rn. 6).

IV. Mehrheitsbeschluss der Anleger

5 **1. Einwilligung; Beschlussgegenstand (§ 259 I 1).** Eine Veräußerung zu nicht angemessenen Bedingungen ist nur mit Einwilligung der Anleger, also mit ihrer **vorherigen Zustimmung** (s. § 183 S. 1 BGB) möglich. Der Beschlussgegenstand kann nicht eine pauschale Ermächtigung der KVG zur Veräußerung sein, sondern muss sich gem. § 259 I 1 auf die **Veräußerung bestimmter Vermögensgegenstände beziehen.** Die Einwilligung in die konkreten Bedingungen des Verkaufs bestimmter Immobilien ist allerdings nicht erforderlich, denn eine Darstellung der konkreten Bedingungen schafft eine Öffentlichkeit, die sich nachteilig auf laufende Verkaufsprozesse auswirken kann (BT-Drs. 17/3628, 29). Dies gilt insb. für die Nennung des konkreten Kaufpreises bzw. einer Kaufpreisspanne. Es ist daher ausreichend, wenn die Anleger pauschal der Veräußerung einer oder mehrerer konkret bestimmter Immobilien zu nicht angemessenen Bedingungen zustimmen (WBA/*Kautenburger-Behr* § 259 Rn. 9; aA EDD/*Schultz-Süchting* § 259 Rn. 10f., der die Angabe eines Mindestkaufpreises zur Vermeidung von Haftungsrisiken der KVG für erforderlich hält).

6 **2. Wirkungen des Beschlusses (§ 259 I 2 und 3).** Gemäß § 259 I 3 besteht **keine Verpflichtung** der KVG, Vermögensgegenstände mit Einwilligung der Anleger zu nicht angemessenen Bedingungen zu veräußern. Macht die KVG von einer Einwilligung der Anleger Gebrauch, so haftet sie nicht für etwaige Werteinbußen, die aus der Veräußerung entstehen. Dieser Haftungsausschluss besteht gegenüber allen Anlegern des Sondervermögens, auch gegenüber denjenigen, die der Veräußerung nicht zugestimmt haben oder nicht an der Abstimmung teilgenommen haben. Allerdings hat die KVG auch nach Erteilung der Einwilligung der Anleger auf besondere Gegebenheiten, zB eine überraschende Markterholung oder Mittelzu-

flüsse, den Erhalt eines attraktiveren Kaufangebotes usw. im Interesse der Anleger zu reagieren. Versäumt sie dies, kann dies in Ausnahmefällen zu einer Haftung führen (BT-Drs. 17/3628, 29). Ein Beschluss der Anleger ist gem. § 259 I 2 **unwiderruflich.** Diese Regelung dient dem Schutz der KVG, die im Vertrauen auf den Beschluss der Anleger die beabsichtigte Veräußerung durchführt (BT-Drs. 17/3628, 29). Unberührt bleibt die Möglichkeit des an der Abstimmung teilnehmenden Anlegers, schriftlich Widerspruch gegen das Ergebnis der Abstimmung wg. formaler Mängel binnen einer Zweiwochenfrist nach Bekanntgabe des Beschlusses einzulegen (§ 18 V SchVG; Veranneman/*Hofmeister* SchVG§ 18 Rn. 38f.). Die KVG sollte daher die Veräußerung erst nach Ablauf der Zweiwochenfrist bzw. nach Entscheidung des Abstimmungsleiters über einen eingelegten Widerspruch durchführen.

7 **3. Verfahren der Beschlussfassung (§ 259 II und III).** § 259 II 2 sieht vor, dass für das Abstimmungsverfahren die § 5 IV 1 und VI 1 sowie §§ 6–20 SchVG gelten. Im gesetzlichen Regelfall der Beschlussfassung ohne Versammlung der Anleger muss die KVG eine **Aufforderung zur Stimmabgabe** veröffentlichen. Die Veröffentlichung muss vierzehn Tage vor Beginn des Abstimmungszeitraums im BAnz und auf der Internetseite der KVG erfolgen (§ 18 I iVm §§ 10 I, 12 II 1 und III) und Folgendes enthalten:

- die Voraussetzungen, die erfüllt sein müssen, damit die Stimme des Anlegers zählt (§ 18 III 5 SchVG);
- den Zeitraum, in dem er seine Stimmen abgegeben kann, wobei der Zeitraum mindestens 72 Stunden betragen muss (§ 18 III 1 und 2 SchVG);
- die Vorschläge zur Abstimmung (§ 18 I iVm § 13 I und II 1 und 2 SchVG), also die zur Veräußerung zu nicht angemessenen Bedingungen vorgesehenen Immobilien.

8 Zur **Durchführung der Abstimmung** bestellt die KVG gem. § 18 II SchVG einen Notar als Abstimmungsleiter. Dieser nimmt während des Abstimmungszeitraums die Stimmen der Anleger entgegen, die diese gem. § 18 III 3 SchVG in Textform iSd § 126b BGB – und damit auch auf elektronischem Wege (BT-Drs. 16/12814, 24), zB in einer PDF-Datei per E-Mail oder mittels eines Internetformulars – übermitteln können (Veranneman/*Hofmeister* SchVG § 18 Rn. 24). Dem Abstimmungsleiter obliegt auch die Prüfung der Berechtigung zur Stimmabgabe. Die Anleger weisen ihre Berechtigung durch einen in Textform erstellten besonderen Nachweis ihrer depotführenden Stelle nach (§ 18 I iVm § 10 III 2 SchVG). Auf dieser Grundlage erstellt der Abstimmungsleiter das Verzeichnis der an der Abstimmung (berechtigt) teilnehmenden Anleger mit Namen, Sitz oder Wohnort sowie die Anzahl der Stimmrechte, unterzeichnet es und macht es allen Anlegern zugänglich (§ 18 IV 1 iVm § 15 II 2 und 3 SchVG). Der Abstimmungsleiter zählt die im Abstimmungszeitraum eingegangenen Stimmen, wobei verfrüht oder verspätet eingegangene Stimmen nicht zählen (BT-Drs. 16/12814, 24), und stellt dann das Abstimmungsquorum oder dessen Nichterreichen fest.

9 Gemäß § 259 II 2 Nr. 1 iVm § 6 I 1 SchVG nimmt ein Anleger an der Abstimmung nach Maßgabe des rechnerischen Anteils seiner Berechtigung an den ausgegebenen Anteilen des Sondervermögens teil (BSV/*Zöll* 405 § 259 Rn. 6 mit Bsp.). Wenn mindestens 30% der Stimmrechte vertreten sind, liegt das **Abstimmungsquorum iSd § 259 I 1** vor und das Ergebnis wird vom Abstimmungsleiter festgestellt. Eine **einfache Mehrheit der abgegebenen Stimmen** für eine Einwilligung zu der geplanten Veräußerung ist dabei gem. § 5 IV 1 SchVG ausreichend. Für einen solchen Mehrheitsbeschluss bedarf es mindestens der Einwilligung von Anlegern, die 15% der Anteile des Sondervermögens repräsentieren.

Der Beschluss der Anleger ist vom Abstimmungsleiter durch eine **Niederschrift** zu beurkunden, die im BAnz sowie auf der Internetseite der KVG bekanntzumachen ist (§§ 18 IV 3, 18 I SchVG iVm § 17 I SchVG; sa § 12 X 7 der Allgemeinen Anlagebedingungen für Immobilien-Sondervermögen des BVI). Bei **Verfehlen des Abstimmungsquorums** kann eine Anlegerversammlung einberufen werden, für die reduzierte Voraussetzungen an die Beschlussfähigkeit bestehen, wobei entgegen dem Wortlaut des §§ 18 IV 2 iVm 15 III 3 SchVG für die Einberufung nicht der Abstimmungsleiter, sondern die KVG zuständig ist (Veranneman/*Hofmeister* SchVG § 18 Rn. 30). 10

Die **Kosten für die Abstimmung** der Anleger, einschließlich der dafür erforderlichen Veröffentlichungen, trägt gem. § 18 VI SchVG die KVG. Eine Weiterbelastung der Kosten an das Sondervermögen ist gesetzlich nicht vorgesehen und kann daher nur erfolgen, wenn dies in den Anlagebedingungen des Sondervermögens vorgesehen ist. 11

Gemäß § 259 II 3 lässt die **zwischenzeitliche Wiederaufnahme der Rücknahme von Anteilen** eine bereits einberufene Anlegerversammlung bzw. Abstimmung unberührt. Es dürfte in einem solchen Fall allerdings kein Mehrheitsbeschluss der Anleger für die Veräußerung zu nicht angemessenen Bedingungen zustande kommen bzw. ist es nicht empfehlenswert, dass die KVG in einem solchen Fall von dem Beschluss Gebrauch macht (WBA/*Kautenburger-Behr* § 259 Rn. 10). 12

Grundsätzlich soll die Abstimmung der Anleger gem. § 259 III **ohne Versammlung** stattfinden. Kleinanleger sollen nicht durch den Aufwand und die Kosten der Anreise von Teilnahme an der Beschlussfassung abgehalten werden (BT-Drs. 17/3628, 30). Eine Ausnahme ist in § 258 III vorgesehen, wenn aufgrund außergewöhnlicher Umstände eine vollumfängliche Information der Anleger nur in einer Versammlung möglich ist. 13

V. Besonderheiten bei offenen Spezial-AIF

Bei offenen Spezial-AIF kann die KVG gem. § 284 II von § 259 mit Zustimmung der Anleger abweichen. So kommt das Verfahren des § 259 in der Praxis idR nicht zum Tragen, weil schon von den Vorgaben an die Veräußerung von Vermögensgegenständen gem. §§ 257, 258 und § 260 I 1 Nr. 2 mit Zustimmung der Anleger abgewichen werden kann. 14

§ 260 Veräußerung und Belastung von Vermögensgegenständen

(1) [1]**Die Veräußerung von Vermögensgegenständen nach § 231 Absatz 1 und § 234, die zu einem Sondervermögen gehören, ist vorbehaltlich des § 257 nur zulässig, wenn**

1. dies in den Anlagebedingungen vorgesehen ist und

2. die Gegenleistung den gemäß § 249 Absatz 1 ermittelten Wert nicht oder nicht wesentlich unterschreitet.

[2]**Werden durch ein einheitliches Rechtsgeschäft zwei oder mehr der in Satz 1 genannten Vermögensgegenstände an denselben Erwerber veräußert, darf die insgesamt vereinbarte Gegenleistung die Summe der Werte, die für die veräußerten Vermögensgegenstände ermittelt wurden, um höchstens 5 Prozent unterschreiten, wenn dies den Interessen der Anleger nicht zuwiderläuft.**

(2) **Von der Bewertung gemäß § 249 Absatz 1 kann abgesehen werden, wenn**
1. Teile des Immobilienvermögens auf behördliches Verlangen zu öffentlichen Zwecken veräußert werden,
2. Teile des Immobilienvermögens im Umlegungsverfahren getauscht oder, um ein Umlegungsverfahren abzuwenden, gegen andere Immobilien getauscht werden oder
3. zur Abrundung eigenen Grundbesitzes Immobilien hinzuerworben werden und die hierfür zu entrichtende Gegenleistung die Gegenleistung, die für eine gleich große Fläche einer eigenen Immobilie erbracht wurde, um höchstens 5 Prozent überschreitet.

(3) **Die Belastung von Vermögensgegenständen nach § 231 Absatz 1, die zu einem Sondervermögen gehören, sowie die Abtretung und Belastung von Forderungen aus Rechtsverhältnissen, die sich auf Vermögensgegenstände nach § 231 Absatz 1 beziehen, sind vorbehaltlich des § 239 zulässig, wenn**
1. dies in den Anlagebedingungen vorgesehen und mit einer ordnungsgemäßen Wirtschaftsführung vereinbar ist,
2. die Verwahrstelle den vorgenannten Maßnahmen zustimmt, weil sie die Bedingungen, unter denen die Maßnahmen erfolgen sollen, für marktüblich erachtet, und
3. die AIF-Kapitalverwaltungsgesellschaft sicherstellt, dass die Belastung insgesamt 30 Prozent des Verkehrswertes der im Sondervermögen befindlichen Immobilien nicht überschreitet.

(4) **Verfügungen über Vermögensgegenstände, die zum Vermögen der Immobilien-Gesellschaften gehören, gelten für die Prüfung ihrer Zulässigkeit als Vermögensgegenstände im Sinne der Absätze 1 und 3.**

(5) **Die Wirksamkeit einer Verfügung wird durch einen Verstoß gegen die Vorschriften der Absätze 1 und 3 nicht berührt.**

Schrifttum: *Hübner* Immobilienanlagen unter dem KAGB, WM 2014, 106.

Inhaltsübersicht

	Rn.
I. Allgemeines	1
II. Veräußerung von Vermögensgegenständen (§ 260 I)	2
1. Veräußerung	3
2. Vorbehalt des § 257	4
3. Regelung in den Anlagebedingungen (§ 260 I 1 Nr. 1)	5
4. Höhe der Gegenleistung (§ 260 I 1 Nr. 2)	6
5. Portfolioverkäufe (§ 260 I 2)	9
III. Verzicht auf eine Bewertung (§ 260 II)	10
IV. Belastung von Immobilien (§ 260 III)	13
1. Vorbehalt des § 239	14
2. Belastung	15
3. Zulässigkeit von Belastungen	16
4. Regelung in den Anlagebedingungen und Vereinbarkeit mit einer ordnungsgemäßen Wirtschaftsführung (§ 260 III Nr. 1)	17
5. Zustimmung der Verwahrstelle (§ 260 III Nr. 2)	19
6. Einhaltung der Belastungsgrenze (§ 260 III Nr. 3)	20

Rn.
V. Verfügungen über Vermögensgegenstände von Immobilien-Gesellschaften (§ 260 IV) . . . 21
VI. Rechtsfolgen eines Verstoßes (§ 260 V) . . . 23
VII. Besonderheiten für offene Spezial-AIF . . . 24

I. Allgemeines

Die Vorschrift regelt sowohl die Veräußerung von Immobilien und Beteiligungen an Immobilien-Gesellschaften sowie die Belastung aller direkt und indirekt für Rechnung des Sondervermögens gehaltenen Immobilien. Die **Veräußerungsvorgaben** wurden mit Inkrafttreten des KAGB wieder an die **Erwerbsvorgaben** angepasst (BT-Drs. 1712294, 473), so dass es wie bei Inkrafttreten des InvG möglich ist, Vermögensgegenstände nicht nur unwesentlich über dem festgestellten Verkehrswert zu erwerben, sondern auch unwesentlich unter dem festgestellten Verkehrswert zu veräußern. 1

Obwohl in der Vorschrift nicht ausdrücklich als Voraussetzung für die Zulässigkeit einer Veräußerung oder Belastung genannt, ist die **Zustimmung der Verwahrstelle** gem. § 84 I Nr. 4 eine weitere Zulässigkeitsvoraussetzung (vgl. auch EDD/*Schultz-Süchting* § 260 Rn. 1). Die Verwahrstelle muss zustimmen, wenn die gesetzlichen Anforderungen erfüllt sind. Sie hat vor dem Erfüllungsgeschäft zu prüfen, ob die Veräußerung in den Anlagebedingungen vorgesehen ist und die Gegenleistung den Vorgaben des § 260 I entspricht (BaFin-Rundschreiben WA 8/2015 v. 7.10.2015). Dabei sind die Wertverhältnisse maßgeblich, die zum Zeitpunkt des Abschlusses des Verpflichtungsgeschäfts vorliegen (BaFin-Rundschreiben WA 8/2015 v. 7.10.2015).

II. Veräußerung von Vermögensgegenständen (§ 260 I)

Die Vorschrift betrifft nur die Veräußerung von Vermögensgegenständen iSd§ 231 I und § 234. Sofern also Liquiditätsanlagen oder Vermögensgegenstände iSd § 231 III, also Gegenstände, die zur Bewirtschaftung von Vermögensgegenständen des Sondervermögens erforderlich sind, veräußert werden sollen, gelten die allg. Regeln des § 168 VII, wonach die KVG dazu verpflichtet ist, alle **angemessenen Maßnahmen** zu ergreifen, damit bei Erwerb und Veräußerung von Vermögensgegenständen das bestmögliche Ergebnis für das Sondervermögen erzielt wird (EDD/*Schultz-Süchting* § 260 Rn. 7; BS/*Lindner-Figura* KAGG § 37 Rn. 3). 2

1. Veräußerung. Als Veräußerung eines Vermögensgegenstandes gilt die **vollständige Übertragung der dinglichen Rechtsstellung** von der KVG auf einen anderen. Es handelt sich daher mangels Verkehrsgeschäft nicht um eine Veräußerung iSd§ 260 I, wenn eine bislang direkt gehaltene Immobilie auf eine Immobilien-Gesellschaft übertragen wird, die von der KVG zu 100% für Rechnung des Sondervermögens gehalten wird (so auch EDD/*Schultz-Süchting* § 260 Rn. 8; BSV/*Zöll* 410 § 82 Rn. 5). Durch eine solche Übertragung wird der Wert des Sondervermögens nicht beeinflusst. Dies gilt jedoch nur dann, wenn die betreffende Immobilien-Gesellschaft vollständig für Rechnung des Sondervermögens gehalten wird. Anderenfalls wäre § 260 anwendbar (BSV/*Zöll* 410 § 82 Rn. 5). Als ein „anderer" muss in diesem Zusammenhang jedoch auch dies. KVG einzuordnen sein, wenn eine Immobilie von einem Sondervermögen auf ein anderes der von ders. 3

KVG verwaltetes Sondervermögen übertragen werden soll. Hier gelten ggf. zusätzlich die Vorgaben des § 239.

Der Begriff der Veräußerungen ist weit auszulegen und erfasst nicht nur **dingliche, sondern auch bereits die schuldrechtlichen Rechtsgeschäfte** (so auch EDD/*Schultz-Süchting* § 260 Rn. 8; aA BSV/*Zöll* 410 § 82 Rn. 5; FK-KapAnlR/*Wösthoff* § 260 Rn. 7). Bei Beschränkung auf dingliche Rechtsgeschäfte käme es zu wenig sachgerechten Ergebnissen. Die Befolgung der Vorgaben bereits bei Abschluss des schuldrechtlichen Vertrags liegt zudem im eigenen Interesse der KVG. Ansonsten wäre die KVG ggf. Schadensersatzansprüchen ausgesetzt. Ein Rückgriff auf das Sondervermögen wäre ihr jedoch verwehrt, da ein Aufwendungsersatzanspruch mangels Handelns im Einklang mit den gesetzlichen Vorgaben wohl nicht bestanden hätte.

4 **2. Vorbehalt des § 257.** Die Anforderungen an eine Veräußerung stehen unter dem **Vorbehalt des § 257.** Damit wird klargestellt, dass bei Aussetzung der Anteilrücknahme die Zulässigkeit von Veräußerungen anhand der Vorgaben des § 257 beurteilt werden muss (EDD/*Schultz-Süchting* § 260 Rn. 6; BSV/*Zöll* 410 § 82 Rn. 6).

5 **3. Regelung in den Anlagebedingungen (§ 260 I 1 Nr. 1).** Die AnlB müssen die Veräußerung von Immobilien vorsehen, was idR der Fall ist. Die AnlB müssen außer der **generellen Möglichkeit,** Immobilien zu veräußern, keine weiteren Vorgaben in Bezug auf Umfang und Gründe einer Veräußerung enthalten (*Baur* KAGG § 37 Rn. 3; BSL/*Klusak* InvG § 82 Rn. 3).

6 **4. Höhe der Gegenleistung (§ 260 I 1 Nr. 2).** Die Gegenleistung darf den gem. § 249 I für die jeweilige Immobilie ermittelten Wert **nicht oder nicht wesentlich** unterschreiten. Soll nicht nur die Immobilie selbst, sondern die gesamte Beteiligung an einer Immobilien-Gesellschaft veräußert werden, muss hierfür als relevanter Wert der gem. § 250 I Nr. 2 ermittelte Wert herangezogen werden.

Da eine Veräußerung an sich kein Grund für eine Neubewertung der Immobilie ist, gilt der **zuletzt festgestellte Verkehrswert.** Dieser kann daher bereits bis zu drei Monate alt sein. Solange jedoch keine unterjährige Veränderung der wesentlichen Bewertungsfaktoren festgestellt wurde (→ § 248 Rn. 6), gibt es grds. keine Rechtfertigung für eine Neubewertung im Falle eines Verkaufs (so auch BS/*Lindner-Figura* KAGG § 37 Rn. 4; *Baur* KAGG § 37 Rn. 3). Die Gegenleistung ist der Kaufpreis; die Anschaffungsnebenkosten bleiben außer Betracht (EDD/*Schultz-Süchting* § 260 Rn. 11; BSL/*Klusak* InvG § 82 Rn. 3). Allerdings ist zu prüfen, ob eine Veräußerung im besten Interesse der Anleger liegt, wenn der Veräußerungserlös lediglich den Verkehrswert und nicht die möglicherweise noch nicht vollständig abgeschriebenen Anschaffungsnebenkosten deckt (EDD/*Schultz-Süchting* § 260 Rn. 11).

7 Das Gesetz sagt nicht, bis zu welcher Abweichung eine **Abweichung unwesentlich** ist. Aus dem Umkehrschluss zur Regelung für Portfolioverkäufe, für die eine Abweichung von 5% erlaubt ist, kann allerdings geschlossen werden, dass eine unwesentliche Abweichung nur dann vorliegt, wenn diese niedriger als 5% ist, da es ansonsten einer ausdrücklichen Regelung für Portfolioverkäufe nicht bedurft hätte (*Hübner* WM 2014, 106 (113); ähnlich WBA/*Kautenburger-Behr* § 260 Rn. 8). Eine unwesentliche Abweichung wird grds. bei einer Abweichung von 3% angenommen werden können (→ § 231 Rn. 20). Zwei voneinander abweichende Wertgutachten könnten dazu führen, dass im Falle der Veräußerung der niedrigere Wert für

die Ermittlung der „unwesentlichen Abweichung" herangezogen wird. Sachgerecht ist es aber wohl vielmehr, als relevanten Wert allein den Wert zu wählen, den die KVG in der Vermögensaufstellung als Wert der Immobilie angesetzt hat. Dieser Wert spiegelt den Wert beider Wertgutachten wider, ob sie nun voneinander abweichen oder nicht (zum Umgang mit zwei voneinander abweichenden Wertgutachten vgl. → § 249 Rn. 6). Dieser Wert wurde von der KVG als zutreffend für den Wertansatz der Immobilie beurteilt. Hat die KVG bspw. den Mittelwert beider Gutachten als maßgeblich erachtet, ist auch nur dieser Mittelwert für die Beurteilung der Zulässigkeit einer Veräußerung relevant. Das Wertgutachten mit dem niedrigeren Wert hat hierfür keine Bedeutung.

Nachträgliche Anpassungen des Kaufpreises dürfen nicht dazu führen, dass eine unwesentliche Unterschreitung wesentlich wird (so auch EDD/*Schultz-Süchting* § 260 Rn. 13). Die Gegenleistung muss nicht notwendigerweise in Geld, sondern kann auch in anderer Form (bspw. der Übernahme von Dienstleistungen) geleistet werden. Diesen anderen Leistungen muss jedoch ein objektiv feststellbarer Wert zukommen, da ansonsten nicht sichergestellt ist, dass die Anforderungen des § 260 I eingehalten werden (EDD/*Schultz-Süchting* § 260 Rn. 14, 16). 8

5. Portfolioverkäufe (§ 260 I 2). Bei **Portfolioverkäufen** ist eine Abweichung vom Verkehrswert des veräußerten Portfolios um bis zu 5% erlaubt. Dies erleichtert einer KVG die Veräußerung von Portfolien, da in diesen idR Immobilien von unterschiedlicher Qualität enthalten sein werden, deren Veräußerungschancen unterschiedlich sind. Unabhängig von der Vertragstechnik kann ein Portfolioverkauf bei einem Kaufvertrag über das gesamte Portfolio genauso vorliegen wie bei einzelnen Kaufverträgen über die verschiedenen Immobilien, sofern diese einzelnen Verträge nur gemeinsam geschlossen werden, es sich also wirtschaftlich um ein einheitliches Rechtsgeschäft handelt (WBA/*Kautenburger-Behr* § 260 Rn. 10). Im Falle eines Portfolioverkaufs ist es teilweise notwendig, einen Abschlag vom Kaufpreis zu akzeptieren, um die betreffenden Immobilien auch als Portfolio veräußern zu können (**sog. Paketabschlag,** vgl. BSL/*Klusak* InvG § 82 Rn. 4). Die Veräußerung muss an „denselben" Erwerber erfolgen. Dies gilt dem Wortlaut nach nicht, wenn ein Erwerber den Erwerb über mehrere von ihm zu 100% gehaltenen Zweckgesellschaften durchführen will. In einem solchen Fall scheint es jedoch vertretbar, ebenfalls § 260 I 2 anzuwenden, da wohl auch diese Konstellation vom Gesetzeszweck erfasst ist (vgl. BSV/*Zöll* 410 § 82 Rn. 19; FK-KapAnlR/*Wösthoff* § 260 Rn. 15). 9

Um von der Vergünstigung des § 260 I 2 profitieren zu können, muss das **Portfolio** auch tatsächlich veräußert werden; der Erwerber darf daher nicht die Möglichkeit haben, hinsichtlich einzelner Immobilien vom Kaufvertrag zurückzutreten (zum „Alles oder Nichts"-Prinzip vgl. auch EDD/*Schultz-Süchting* § 260 Rn. 12). Ein solcher Portfolioverkauf darf den Interessen der Anleger nicht zuwiderlaufen. Dies wäre beispielsweise der Fall, wenn in naher Zukunft ein höherer Veräußerungserlös zu erzielen wäre (BSL/*Klusak* InvG § 82 Rn. 4).

III. Verzicht auf eine Bewertung (§ 260 II)

260 II regelt die Veräußerung und den Erwerb von Immobilien in den dort aufgeführten Sonderfällen. Demnach kann von der Bewertung abgesehen werden, wenn Teile des Immobilienvermögens **auf behördliches Verlangen** zu öffentlichen Zwecken veräußert, im **Umlegungsverfahren** oder – um dieses abzuwen- 10

den – gegen andere Immobilien getauscht werden. Nach dem Wortlaut der Vorschrift ist zumindest hinsichtlich der Veräußerungstatbestände nicht klar, wo der Regelungsbedarf liegt. Eine gesonderte Bewertung vor Veräußerung ist nicht notwendig. Es kann also nur gemeint sein, dass in solchen Fällen die Gegenleistung auch **wesentlich geringer** bzw. im Fall des § 260 II Nr. 3 auch wesentlich höher sein kann als der Verkehrswert (so EDD/*Schultz-Süchting* § 260 Rn. 18; vgl. auch BSV/*Zöll* 410 § 82 Rn. 22; BSL/*Klusak* InvG § 82 Rn. 6).

11 Wenn Teile des Immobilienvermögens auf behördliches Verlangen zu öffentlichen Zwecken veräußert werden sowie wenn diese im Umlegungsverfahren getauscht oder, um ein Umlegungsverfahren abzuwenden, gegen andere Immobilien getauscht werden, kann die Veräußerung der betreffenden Teile daher **wesentlich unter dem Verkehrswert** erfolgen.

An das Verlangen der Behörde sind **keine überhöhten,** aber auch keine zu niedrigen **Anforderungen** zu stellen. Ein bloßes Aufforderungsschreiben wird nicht genügen, um eine Veräußerung unter dem Verkehrswert zu rechtfertigen; gleichfalls kann aufgrund der zu tragenden Prozesskosten auch nicht abgewartet werden, bis ein rechtskräftiges Urteil zu Lasten der KVG ergeht. Daher muss zumindest mit der Enteignung seitens der Behörde gedroht werden (EDD/*Schultz-Süchting* § 260 Rn. 18; vgl. auch FK-KapAnlR/*Wösthoff* § 260 Rn. 19). In einem solchen Fall kann die Gegenleistung der Behörde höher sein als die im Falle der Enteignung zu zahlende Entschädigung, so dass dem Verlangen der Behörde nachzukommen sein wird, um ein Unterliegen im Gerichtsverfahren und die Prozesskosten zu vermeiden (vgl. EDD/*Schultz-Süchting* § 260 Rn. 18). Die gleichen Erwägungen gelten für einen Umtausch von Vermögensgegenständen im Rahmen eines Umlegungsverfahrens.

12 260 II Nr. 3 behandelt den Erwerb zur **Vervollständigung einer Immobilie,** die bereits zum Sondervermögen gehört. Systematisch ist die Regelung eher im Zusammenhang mit § 231 II zu verorten. Grund für die Möglichkeit, eine Immobilie nicht nur unwesentlich über Verkehrswert zu erwerben, ist, dass mit der Vervollständigung der Immobilien der Wert dieser Immobilie insgesamt steigt und sich damit der Wert des Sondervermögens nicht nur um den Verkehrswert des erworbenen Teilstücks erhöht (EDD/*Schultz-Süchting* § 260 Rn. 19). Die Regelung ermöglicht damit den Erwerb von kleinen Flurstücken, deren Wert allein genommen verhältnismäßig niedrig sein wird und deren wahrer Wert sich erst in Zusammenschau mit dem bereits im Sondervermögen vorhandenen Vermögensgegenstand zeigt (zur Bewertung solcher Teilflächen vgl. EDD/*Schultz-Süchting* § 260 Rn. 20). Die Vorschrift meint daher den Erwerb von Teilgrundstücken, um den bisherigen Grundbesitz zu ergänzen. Nicht davon erfasst wird daher regelmäßig der Erwerb von Nachbargrundstücken, die entweder bereits bebaut sind oder von der KVG selbst bebaut werden sollen, da dies nicht ohne Weiteres als Arrondierung iSd § 260 II Nr. 3 angesehen werden kann (BS/*Lindner-Figura* KAGG § 37 Rn. 5; *Baur* KAGG § 37 Rn. 6).

IV. Belastung von Immobilien (§ 260 III)

13 260 III regelt die Ausnahme von dem generellen Verbot des § 93 V, Vermögensgegenstände eines Sondervermögens zu belasten. Die Möglichkeit der Belastung trägt dem Umstand Rechnung, dass Darlehen zur Finanzierung eines Immobilienankaufs nur gegen Gewährung **dinglicher Sicherheiten** gewährt werden. Die Möglichkeit der Kreditaufnahme wäre also nutzlos, wenn nicht auch die Möglichkeit bestünde, die Vermögensgegenstände zu belasten.

260 III erlaubt nicht nur die Belastung von Vermögensgegenständen iSd § 231 I, sondern auch die **Belastung und Abtretung von Forderungen** aus Rechtsverhältnissen, die sich auf solche Vermögensgegenstände beziehen. Unter Letzterem sind insb. die Forderung auf Zahlung der Miete zu verstehen (BT-Drs. 14/8017, 108; EDD/*Schultz-Süchting* § 260 Rn. 22; BSL/*Klusak* InvG § 82 Rn. 10; ausführlich auch BSV/*Zöll* 410 § 82 Rn. 33).

1. Vorbehalt des § 239. Die Belastung ist nur **vorbehaltlich des § 239** zulässig. Diese Anforderung erscheint unklar, kann jedoch so ausgelegt werden, dass Belastungen eines Sondervermögens nicht zugunsten eines anderen Sondervermögens erfolgen dürfen (so BSL/*Klusak* InvG § 82 Rn. 11; AWZ/*Kloyer*/*Kobabe* § 260 Rn. 29). Dies ergibt sich jedoch bereits aus den allgemeinen Regeln. 14

2. Belastung. Unter den Begriff der Belastung fallen **alle dinglichen Rechte,** die an einem Grundstück bestellt werden können (EDD/*Schultz-Süchting* § 260 Rn. 25; BSL/*Klusak* InvG § 82 Rn. 8; BSV/*Zöll* 410 § 82 Rn. 27). Beispiele für solche dinglichen Rechte sind die Grundschuld, verschiedene Arten der Dienstbarkeiten, Nießbrauch, dingliche Vorkaufsrechte, Hypothek und Grundschuld (so auch BSL/*Klusak* InvG § 82 Rn. 8; BSV/*Zöll* 410 § 82 Rn. 27). Lediglich schuldrechtliche Vorkaufsrechte sind keine Belastungen iSd § 260 (so auch EDD/*Schultz-Süchting* § 260 Rn. 25) ebensowenig wie öffentlich-rechtliche Belastungen wie zB Sanierungsvermerke (FK-KapAnlR/*Wösthoff* § 260 Rn. 25). Zwar ist auch die Bestellung eines Erbbaurechts eine Belastung, jedoch ist diese Art der Belastung in § 232 gesondert geregelt. Hinsichtlich der Zulässigkeit der Erbbaurechtsbestellung geht diese Regelung daher § 260 III als lex specialis vor (BSL/*Klusak* InvG § 82 Rn. 9; BS/*Lindner-Figura* KAGG § 37 Rn. 9; vgl. auch *Baur* KAGG § 37 Rn. 13, allerdings noch zur Rechtslage unter dem KAGG). Die Zustimmung der Verwahrstelle zu Bestellung des Erbbaurechts ist gleichwohl erforderlich (vgl. AWZ/*Kloyer*/*Kobabe* § 232 Rn. 4 ff.). 15

3. Zulässigkeit von Belastungen. Das Gesetz stellt bestimmte Anforderungen an die Belastung von Immobilien. Diese Anforderungen werden grds. auch für die Übernahme von Belastungen insb. iRd **Erwerbs von belasteten Immobilien** gelten (BS/*Lindner-Figura* KAGG § 37 Rn. 11). Anderenfalls bestünde die Gefahr der Umgehung der gesetzlichen Anforderungen des § 260 III Nr. 1. Bei Erwerb einer belasteten Immobilie wird zwar teilweise vertreten, dies sei kein Fall einer Belastung iSd § 260 III (EDD/*Schultz-Süchting* § 260 Rn. 27; aA BSL/*Klusak* InvG § 82 Rn. 11; *Baur* KAGG § 37 Rn. 15, der die Vorschrift des § 37 III KAGG für entsprechend anwendbar hält; vgl. auch BS/*Lindner-Figura* KAGG § 37 Rn. 11; BSV/*Zöll* 410 § 82 Rn. 49 ff.), da die Belastung durch den jeweiligen Bewerter bei der Ankaufsprüfung berücksichtigt werde und ein zusätzlicher Schutz nach § 260 III daher entbehrlich sei. Eine Zustimmung der Verwahrstelle sei also nur dann notwendig, wenn die Belastung nicht schon Teil der Immobilienbewertung sei (iErg auch *Baur* KAGG § 37 Rn. 15, der die Berücksichtigung der Belastung iRd Ankaufsbewertung für ausreichend und eine Zustimmung der Verwahrstelle für nicht notwendig erachtet). In der Praxis ist dieser Streit vermutlich unerheblich. In der Regel wird der gesamte Erwerbsvorgang mit der Verwahrstelle abgestimmt, zumal diese die Auszahlung des Kaufpreises von den Konten des Sondervermögens freigeben muss. Daher wird bei einer Freigabe des Kaufpreises die Zustimmung der Verwahrstelle zur Übernahme der Belastung idR ebenfalls zumindest konkludent erteilt worden sein. 16

17 **4. Regelung in den Anlagebedingungen und Vereinbarkeit mit einer ordnungsgemäßen Wirtschaftsführung (§ 260 III Nr. 1).** Die **Anlagebedingungen** müssen die Belastung von Immobilien erlauben. Dies wird bei Verwendung der marktüblichen Muster der Fall sein. Selbst wenn im Einzelfall eine Fremdfinanzierung von Immobilien nicht vorgesehen ist, wäre es empfehlenswert, die Möglichkeit der Belastung in die AnlB aufzunehmen, da Belastungen auch außerhalb von Darlehensaufnahmen relevant werden können, so bspw. bei der Einräumung von Dienstbarkeiten. Auch hier sind keine detaillierten Ausführungen notwendig; ausreichend ist die Regelung der generellen Zulässigkeit von Belastungen (BSL/*Klusak* InvG § 82 Rn. 11).

18 Weiterhin muss die Belastung **mit einer ordnungsgemäßen Wirtschaftsführung vereinbar** sein. Wenn die Belastung erfolgt, um eine Fremdfinanzierung zu besichern, sind hieran wohl die gleichen Anforderungen wie an die Zulässigkeit der Kreditaufnahme zu stellen. Denn wenn eine Kreditaufnahme mit einer ordnungsgemäßen Wirtschaftsführung vereinbar ist, wird dies idR auch hinsichtlich der Besicherung der Darlehensforderung durch die Einräumung eines dinglichen Rechts an der Immobilie gelten. Grundsätzlich wird eine dingliche Sicherung des Darlehensgebers zu günstigeren Darlehenskonditionen führen, so dass sich daraus ein Vorteil einer Belastung ergibt (vgl. BSL/*Klusak* InvG § 82 Rn. 11; FK-KapAnlR/*Wösthoff* § 260 Rn. 30). Dabei ist es auch möglich, die Darlehensforderung aufgrund des Erwerbs eines Objekts mit einer Grundschuld an einem anderen Objekt zu besichern, solange es sich um Objekte desselben Sondervermögens handelt. Dies gilt auch dann, wenn die als Sicherheit dienende oder die zu finanzierende Immobilie in einer Immobilien-Gesellschaft gehalten wird, an der eine 100%-Beteiligung besteht (so auch EDD/*Schultz-Süchting* § 260 Rn. 30). Bei der Belastung einer Immobilie mit anderen Rechten wie beispielsweise Dienstbarkeiten zugunsten von Nachbarn oder Mietern ist im Einzelfall zu prüfen, ob die Belastung der Immobilie in einem angemessenen Verhältnis zur Gegenleistung steht (sa EDD/*Schultz-Süchting* § 260 Rn. 29).

19 **5. Zustimmung der Verwahrstelle (§ 260 III Nr. 2).** Die Verwahrstelle muss der Belastung **zustimmen,** weil sie deren Bedingungen für marktüblich erachtet. Bei der Marktüblichkeit ist nicht nur die Belastung selbst, sondern auch der Grund dafür, also das zugrundeliegende Rechtsverhältnis zu beurteilen (BSL/*Klusak* InvG § 82 Rn. 11). Steht die Belastung im Zusammenhang mit einer Darlehensaufnahme, so ist deren Marktüblichkeit ohnehin bereits gem. § 254 I Nr. 3 zu prüfen. Sind die Bedingungen der Belastung marktüblich, ist die Verwahrstelle zur Zustimmung verpflichtet.

20 **6. Einhaltung der Belastungsgrenze (§ 260 III Nr. 3).** Die Belastung darf insgesamt **30 % des Verkehrswerts** der im Sondervermögen befindlichen Immobilien nicht überschreiten Die Auslastung der Belastungsgrenze in Höhe von 30% des Verkehrswerts der für Rechnung des Sondervermögens gehaltenen Immobilien ist auf Portfolioebene zu ermitteln (so auch EDD/*Schultz-Süchting* § 260 Rn. 33; BSL/*Klusak* InvG § 82 Rn. 12). Einzelne Immobilien können also in Höhe ihres vollen Verkehrswertes belastet werden, so lange auf Ebene des Sondervermögens die Grenze von 30% nicht überschritten wird. Abweichend von der Vermögensaufstellung ist nach dem Wortlaut der Vorschrift damit auch bei den Immobilien der Verkehrswert als Bemessungsgrundlage zu verwenden, die ansonsten noch mit dem Kaufpreis angesetzt werden (BSL/*Klusak* InvG § 82 Rn. 12; BSV/*Zöll* 410 § 82 Rn. 52). Andere für Rechnung des Sondervermögens gehaltenen Vermögensgegenstände wie Liquiditätsanlagen bleiben bei der Berechnung außer Betracht. Bei Belas-

tung von indirekt gehaltenen Immobilien ist die Belastung anteilig zu ermitteln. Die Grenze bezieht sich nach dem Wortlaut der Regelung lediglich auf Belastungen. Damit ist die Abtretung von Forderungen in Zusammenhang mit Immobilien in größerem Umfang möglich, solange die KVG ihre allg. Sorgfaltspflichten und die übrigen Anforderungen des § 260 III erfüllt (BSL/*Klusak* InvG § 82 Rn. 12).

V. Verfügungen über Vermögensgegenstände von Immobilien-Gesellschaften (§ 260 IV)

260 IV stellt klar, dass Verfügungen über Vermögensgegenstände von Immobilien-Gesellschaften in Bezug auf ihre Zulässigkeit den **gleichen Anforderungen** wie direkt gehaltene Immobilien unterliegen. Durch die Zwischenschaltung einer Immobilien-Gesellschaft kann die KVG daher nicht die Beschränkungen des § 260 I und III umgehen. **21**

Im Umkehrschluss ergibt sich daraus auch ein **Belastungsverbot der Beteiligungen an Immobilien-Gesellschaften** selbst, da dies vom Wortlaut der Vorschrift nicht erfasst ist. Teilweise wurde zur Zeit des InvG vertreten, dass diese im Rahmen einer Kreditaufnahme nach § 199 oder § 254 belastet werden können (so EDDH/*Schultz-Süchting* InvG § 82 Rn. 20). Anlass hierfür war zunächst die Änderung der Vorgängervorschrift des § 199 InvG. Hier war nicht eindeutig, ob mit der Änderung des Wortlauts auch eine materielle Änderung verbunden sein sollte und damit die Belastung von Beteiligungen an Immobilien-Gesellschaft zukünftig erlaubt sein sollte. Die BaFin hat sich jedoch hierzu ablehnend geäußert (vgl. Schreiben der BaFin an den BVI v. 6.8.2008). Und wenngleich der Wortlaut hierfür Anhaltspunkte bietet, lässt sich in der Entstehungsgeschichte des Gesetzes kein Hinweis darauf finden. Dies entspricht auch dem Verständnis des BaFin von dieser Vorschrift (vgl. Schreiben der BaFin an den BVI v. 4.6.2008). Auch die Gesetzesbegr. zum KAGB gibt keine Anhaltspunkte für inhaltliche Änderungen in diesem Punkt (vgl. BT-Drs. 17/12294, 473), vielmehr wurde die Vorschrift hauptsächlich redaktionell überarbeitet. Zwar enthält § 231 I nunmehr auch einen Verweis auf § 234, so dass die Möglichkeit der Belastung von Vermögensgegenständen nach § 231 I nunmehr auch als Erlaubnis für die Belastung von Beteiligungen an Immobilien-Gesellschaften als Vermögensgegenstand iSd § 234 verstanden werden könnte (*Hübner* WM 2014, 106 (114)). Jedoch enthielt auch schon die Vorgängervorschrift des § 67 InvG, wenn auch in redaktionell anderer Fassung, einen Verweis auf § 68 InvG, ohne damit die Möglichkeit für eine Belastung von Beteiligungen an Immobilien-Gesellschaften als Vermögensgegenstand iSd § 68 InvG eröffnen zu wollen. Zudem ist die praktische Notwendigkeit einer Verpfändung von Anteilen an einer Immobilien-Gesellschaft zweifelhaft. In der Regel werden bereits die von der Immobilien-Gesellschaft gehaltenen Immobilien als Sicherheit belastet und die Konten der Immobilien-Gesellschaft verpfändet. Darüber hinausgehende werthaltige Vermögensgegenstände hat eine Immobilien-Gesellschaft idR nicht, so dass auch die Verpfändung von Gesellschaftsanteilen für einen Gläubiger keine zusätzliche Sicherheit von wesentlicher Bedeutung böte.

Die Durchsetzung der Belastungsgrenze auf Ebene einer Immobilien-Gesellschaft kann eine KVG jedoch nur dann gewährleisten, wenn sie an der Immobilien-Gesellschaft eine **Mehrheitsbeteiligung** hält. Im Falle einer Minderheitsbeteiligung ist sie dazu verpflichtet, die ihr zustehende Einflussnahme dahingehend auszuüben, dass die gesetzlichen Anforderungen auf Ebene der Grundstücks-Gesellschaft befolgt werden (EDD/*Schultz-Süchting* § 260 Rn. 36). Sollte sich in Bezug **22** auf die indirekt gehaltene Immobilie ein Verstoß gegen § 260 herausstellen, so kann die KVG ggf. dazu verpflichtet sein, die Beteiligung an der Immobilien-Gesellschaft zu veräußern. Andererseits ist zwar eine Überschreitung der Belastungsgrenze durch die indirekt gehaltenen Immobilien denkbar, allerdings hat die KVG dann die Möglichkeit die Belastung auf Ebene der direkt gehaltenen Immobilien zu senken, um die Belastungsgrenze auf Ebene des Sondervermögens wieder einhalten zu können.

VI. Rechtsfolgen eines Verstoßes (§ 260 V)

23 Die Folgen eines Verstoßes gegen die Vorgaben der § 260 I und III werden gesetzlich festgelegt. Schon zur Wahrung der Rechtssicherheit für die Vertragspartner bzw. Begünstigten einer Belastung – idR ein Kreditgeber – ist es notwendig, dass § 260 kein Verbotsgesetz iSd § 134 BGB ist und ein Verstoß damit nicht zur Nichtigkeit des Rechtsgeschäfts führt. Damit bleibt es allenfalls bei einer **relativen Unwirksamkeit** des Rechtsgeschäfts gegenüber den Anlegern oder der Verwahrstelle, wenn eine erforderliche Zustimmung der Verwahrstelle nicht vorliegt (FK-KapAnlR/*Wösthoff* § 260 Rn. 40). Dem Anleger bleiben damit nur Schadensersatzansprüche gegenüber der KVG im Falle unzulässiger Verfügungen (BSV/*Zöll* 410 § 82 Rn. 57) oder gegen die Verwahrstelle im Falle ihrer fehlerhaften Zustimmung (*Baur* KAGG § 37 Rn. 16). Wird die Belastungsgrenze des § 260 III Nr. 3 verletzt, gelten die allg. Vorgaben zur Heilung von Anlagegrenzen, vgl. § 254.

VII. Besonderheiten für offene Spezial-AIF

24 Wie bei den Regelungen zu § 254 kann die Belastungsgrenze bei offenen Spezial-AIF gem. § 284 III auf bis zu **60 %** des Verkehrswertes der im Sondervermögen befindlichen Immobilien angehoben werden.

Vorbemerkungen zu §§ 260a–260d

Literatur: *Arora* Stärkung des Finanzplatzes Deutschland, diebank 2008, 26; *Byok/Graef* Infrastruktur-Sondervermögen – Das neue Vehikel auf dem Weg zum Aufbau eines Sekundärmarktes für Öffentlich Private Partnerschaften in Deutschland?, ZfIR 2009, 363; *Campbell* Die neue Assetklasse „Infrastruktur-Sondervermögen" (Infrastrukturfonds) nach §§ 90a–f InvG, WM 2008, 1774; *Crawford/Dickel/Kasten/Liebing* Ableitung globaler Infrastrukturportfolios, FB 2008, 358; *Emde/Dreibus* Der Regierungsentwurf für ein Kapitalanlagegesetzbuch, BKR 2013, 89; *Hahne* Die steuerliche Behandlung von Infrastruktur-Investmentfonds – Bestandsaufnahme und gesetzgeberischer Handlungsbedarf, DStR 2021, 1137; *Kestler/Benz* Aktuelle Entwicklungen im Investmentrecht, BKR 2008, 403; *Kneuper/von Kaler* Fondsmodell zur privaten Finanzierung kommunaler Infrastrukturvorhaben, NVwZ 2017, 195; *Roegele/Görke* Novelle des Investmentgesetzes (InvG), BKR 2007, 393; *Rücker* Infrastruktur-Sondervermögen – investmentgesetzlicher Rechtsrahmen und Bedeutung für die Finanzierung von ÖPP, ZfIR 2008, 790; *Tauser* Umsatzsteuerrechtliche Strukturierung der Verwaltung von Investmentvermögen (Sondervermögen und Investment-KG), beispielsweise bei Immobilien-, Infrastruktur- und Private Equity Fonds, UR 2016, 617; *Wallach* Umsetzung der AIFM-Richtlinie in deutsches Recht – erste umfassende Regulierung des deutschen Investmentrechts, RdF 2013, 92; *Wallach* Das Fondsstandortgesetz im Kontext des europäischen Wettbewerbs der Fondsstandorte, ZBB 2021, 96; *Wollenhaupt/Beck* Neues Infrastruktur-Sondervermögen nach dem FoStoG-RegE – Erweiterung der Angebotspalette für Fondsanbieter, RdF 2021, 98; *Zetsche* Zwischen Anlegerschutz und Standortwettbewerb: Das Investmentänderungsgesetz, ZBB 2007, 438.

Inhaltsübersicht

Rn.
I. Allgemeines . . . 1
II. Infrastruktur als Assetklasse . . . 3
1. Hintergrund und Begrifflichkeiten . . . 3
2. Bedeutung . . . 7
3. Anlageprodukte . . . 9
a) Überblick über Beteiligungsmöglichkeiten an Infrastrukturanlagen . . . 9
b) Indirekte Beteiligungen . . . 11
III. Regulierung in Deutschland . . . 14
1. Infrastruktur-Sondervermögen nach dem InvG . . . 14
2. Wiedereinführung von Infrastruktur-Sondervermögen im Rahmen des FoStoG . . . 15
a) Abweichungen von den früheren Regelungen . . . 15
b) Mögliche Rechtsformen . . . 17
c) Steuerliche Behandlung . . . 19
3. Abgrenzung zum ELTIF . . . 20

I. Allgemeines

Unterabschnitt 6 des 3. Abschnitts von Kapitel 2 (§§ 260a–260d) wurde im Rahmen des FoStoG (BGBl. 2021 I 1498) in das KAGB eingefügt. In diesem Zusammenhang sind auch die Aufnahme einer Definition für Infrastruktur-Projektgesellschaften in § 1 XIX Nr. 23a (→ § 1 Rn. 109f.), die Neufassung von § 91 III und § 166 VI sowie die Änderungen in §§ 98 III 1, 214, 261, 284 II Nr. 2, 317 I Nr. 7 und § 318 II, V 3 sowie die Änderungen in § 26 Nr. 4 und Nr. 5 S. 2 InvStG von Bedeutung. 1

Mit der Einführung des Infrastruktur-Sondervermögens als neuer Fondskategorie sollte ein geeignetes Fondsvehikel für Kleinanleger zur Investition in Infrastrukturprojekte mit dem Ziel einer Annäherung an andere Fondsstandorte, die sich bereits besonderer Attraktivität für Infrastrukturfonds erfreuen (wie zB Luxemburg), geschaffen werden. Da der Gesetzgeber aufgrund des Anlagefokus auf illiquide Vermögensgegenstände eine besondere Nähe zu Immobilien-Sondervermögen sieht (BT-Drs. 19/27631, 99), verweist § 260a umfassend auf die §§ 230–260; diese finden entsprechende Anwendung, soweit die §§ 260b–260d nichts Spezielleres regeln. Um den Anlageschwerpunkt im Bereich „Infrastruktur" zu untermauern, legt § 260b IV 4 fest, dass mindestens 60% des Wertes eines Infrastruktur-Sondervermögens in Infrastruktur-Projektgesellschaften, Immobilien und Nießbrauchrechten angelegt sein müssen. 2

II. Infrastruktur als Assetklasse

1. Hintergrund und Begrifflichkeiten. Auch wenn für den Begriff „Infrastruktur" keine allgemeinverbindliche Festlegung gilt, so kann man hierunter allgemein Einrichtungen und Maßnahmen verstehen, die für die Entwicklung und den Bestand einer Volkswirtschaft benötigt werden (vgl. EDDH/*Schulte* InvG Vor §§ 90a–90f Rn. 2; BSL/*Campbell* Vorbem. InvG §§ 90a–90f Rn. 6). Hierbei handelt es sich um Anlagen und andere Sachwerte, Systeme oder Netze, mit denen für das Gemeinwesen grundlegende öffentliche Dienste erbracht oder unterstützt werden (Art. 1 Nr. 55a der Delegierten VO (EU) 2015/35). 3

4 Infrastruktur als Assetklasse zeichnet sich durch besondere Merkmale aus. Aus wirtschaftlicher Sicht zählen hierzu insb. die hohe und **langfristige Kapitalbindung,** eine **Monopol- oder monopolähnliche Stellung** am Markt (oftmals mit gewisser staatlicher Regulierung) und eine gute Kalkulierbarkeit stetiger (und häufig auch inflationsgeschützter) künftiger Cashflows (vgl. *Crawford/Dickel/Kasten/Liebing* FB 2008, 358). Gerade der letztgenannte Aspekt hat dazu geführt, dass manche Investoren in Niedrigzins-Zeiten Infrastrukturanlagen als Alternative zu klassischen Fixed-Income-Anlagen ansehen. Im Übrigen weisen Infrastrukturanlagen je nach konkreter Ausgestaltung eine gewisse Nähe auf zu Anlagen aus den Bereichen „Real Estate" und „Private Equity", insb. hinsichtlich der mit ihnen verbundenen Risiken (vgl. FK-KapAnlR/*Koschmieder* Kap. 10 Rn. 38). Besondere Faktoren, die bei Infrastrukturanlagen zu berücksichtigen sind, sind

- der **Grad der staatlichen Regulierung,** der sich im Laufe der Zeit ändern kann und Auswirkungen insb. auf die Gestaltung von Nutzungsentgelten hat; und
- die Pflicht zur Einholung einer **Konzession** für den Betrieb der Anlage, deren Wert sich während der Laufzeit der Konzession stetig verringert (vgl. *Crawford/Dickel/Kasten/Liebing* FB 2008, 358 (359)).

5 Nach dem Entwicklungsstadium der jeweiligen Infrastrukturanlage (und den damit verbundenen Risiken) wird grundsätzlich unterschieden zwischen

- Anlagen, die sich noch in der Entwicklungsphase befinden und daher noch keine (oder nur sehr geringe) Zahlungsflüsse generieren **(Greenfield),** und
- Anlagen, die sich bereits in der Betreiberphase befinden und daher auch schon Erlöse generieren **(Brownfield)**

(vgl. FK-KapAnlR/*Koschmieder,* Kap. 10 Rn. 2). Anlagen im Bereich Greenfield sind wegen des Entwicklungsrisikos und des Umstands, dass hier zunächst keine Mittelrückflüsse generiert werden, in gewisser Weise mit Private-Equity-Anlagen vergleichbar (vgl. *Crawford/Dickel/Kasten/Liebing* FB 2008, 358). Bei Anlagen im Bereich Brownfield ist das Risiko-Rendite-Profil hingegen eher mit dem einer Immobilienanlage vergleichbar. Innerhalb von Brownfield wird häufig zwischen „Core Brownfield" (im Sinne operativer Infrastrukturanlagen, die häufig einen natürlichen Monopolcharakter aufweisen und daher nicht selten im Rahmen von Konzessionen oder als Public Private Partnerships (PPPs) betrieben werden) und „Value Added Brownfield" (im Sinne operativer Infrastrukturanlagen, die einen gewissen Kapitalbedarf zB für Erneuerungs- oder Erweiterungsinvestitionen haben) unterschieden.

6 Hinsichtlich der Verwendung bzw. Nutzungsart von Infrastrukturanlagen lässt sich folgende Einteilung zu bestimmten Sektoren vornehmen:

- **Transport und Verkehr** (wie zB Fern- und Wasserstraßen, Brücken, Tunnel, Flughäfen, Eisenbahnen, Parkhäuser),
- **Ver- und Entsorgung** (wie zB Gas, Strom, Wasser, Müll),
- **Kommunikation** (Kabelnetze, Mobilfunkmasten, Satelliten),
- **Soziale Infrastruktur** (Verwaltungsgebäude, Bildungseinrichtungen, Gesundheitseinrichtungen, Kultureinrichtungen, Einrichtungen im Bereich der öffentlichen Sicherheit)

(vgl. EDDH/*Schulte* InvG Vor §§ 90a–90f Rn. 2; *Crawford/Dickel/Kasten/Liebing* FB 2008, 358; BSL/*Campbell* InvG Vorbem. §§ 90a–90f Rn. 7; *Arora* diebank 2008, 26 (28)).

7 **2. Bedeutung.** In vielen Ländern wurde (und wird) die Bereitstellung und Unterhaltung von Infrastruktur als staatliche Aufgabe angesehen. So zählt zB in Deutschland die Bereitstellung von öffentlichen Einrichtungen für die Allgemein-

heit zur sog. Leistungsverwaltung und ist Teil der **Daseinsvorsorge.** Art. 28 II GG umschreibt diesen Begriff eher allgemein als „alle Angelegenheiten der örtlichen Gemeinschaft" und auf europäischer Ebene wird der Begriff der „Dienste von allgemeinem wirtschaftlichen Interesse" verwendet (Art. 14 AEUV). Die Feststellung, welche Einrichtungen im Einzelfall dazu zählen, ist im Zweifel in gewissem Maße von subjektiven Empfindungen geprägt.

Das Bedürfnis an einer **Einbindung privater Kapitalgeber** in die Errichtung 8 und den Betrieb von Infrastrukturanlagen nimmt stetig zu. Die Gründe hierfür sind vielfältig (*Crawford/Dickel/Kasten/Liebing* FB 2008, 358 (360f.)), aber schon seit jeher sind in vielen Ländern wesentliche Infrastruktureinrichtungen veraltet und bedürfen der **Modernisierung. Fiskalpolitische Erwägungen** lassen dabei aber oft für staatliche Investitionen nur wenig Spielraum und haben dazu geführt, dass viele Volkswirtschaften mittlerweile von der bestehenden Substanz „zehren". Nachdem eine funktionsfähige Infrastruktur aber nicht nur der Grundversorgung der Bevölkerung dient, sondern auch ein erheblicher Standortfaktor für moderne Industrieländer ist, haben die Bestrebungen zugenommen, zunehmend privates Kapital für die notwendigen Investitionen zu mobilisieren (vgl. EG 2 der Delegierten VO (EU) 2017/1542). Die **Verschiebung** von staatlicher hin zu privater Finanzierung bei Infrastrukturprojekten lässt neue Investitionsmöglichkeiten entstehen, wobei mit Blick auf die hohe Kapitalintensität vieler Infrastrukturprojekte sowie aus Gründen der Risikodiversifikation nur wenige Marktteilnehmer (insb. große Kapitalsammelstellen) als Kapitalgeber in Betracht kommen. Auf Anlegerseite treffen die bestehenden Finanzierungsprobleme der öffentlichen Hand insb. in Niedrigzinsmärkten auf einen akuten Bedarf an Anlagen, die kalkulierbare regelmäßig Cashflows generieren, die mit den allgemeinen Entwicklungen an den Kapitalmärkten weitestgehend unkorreliert sind und dabei auch noch einen gewissen Inflationsschutz bieten. Für langfristig planende, eher konservativ agierende Investoren bieten sich dabei eher Anlagen im Bereich Brownfield an, während für Anleger, die auch an Kapitalwertsteigerung interessiert sind, eher Anlagen aus dem Bereich Greenfield in Betracht kommen.

3. Anlageprodukte. a) Überblick über Beteiligungsmöglichkeiten an 9 **Infrastrukturanlagen.** Beteiligungen an Infrastrukturanlagen erfolgen in der Regel mittelbar über die Finanzierung von **Infrastruktur-Projektgesellschaften,** die insb. zur Abschottung von Risiken für den Erwerb bzw. die Errichtung und den anschließenden Betrieb von Infrastrukturanlagen errichtet werden. Sie finanzieren sich zunächst durch die Einwerbung von Eigenkapital (in Form gesellschaftsrechtlicher Beteiligungen) bei in der Regel institutionellen Anlegern und hebeln ihre Investitionen iÜ durch die Aufnahme von Fremdkapital (in Form von erstrangigen Darlehen); weiteres Fremdkapital wird ggf. von den Gesellschaftern zur Verfügung gestellt (Gesellschafter-Darlehen) und bisweilen treten auch Kapitalgeber auf, die zu den Fremdkapitalgebern nachrangiges (aber gegenüber den Einlagen der Gesellschafter vorrangiges) Kapital zur Verfügung stellen (Mezzanine-Kapitalgeber).

Beteiligungen an Infrastrukturprojekten über die Finanzierung von Infrastruk- 10 tur-Projektgesellschaften erfolgen daher primär mittels

- Unternehmensbeteiligungen (mit oder ohne Börsenzulassung) an Infrastruktur-Projektgesellschaften;
- von Infrastruktur-Projektgesellschaften aufgenommenen bzw. begebenen Darlehen und Anleihen (mit oder ohne Börsenzulassung);
- hybrider Anlageformen, bei denen Eigen- und Fremdkapitalelemente kombiniert werden, wie zB Genussrechte sowie nachrangige Darlehen oder Anleihen

(FK-KapAnlR/*Koschmieder* Kap. 10 Rn. 4; BSL/*Campbell* InvG Vorbem. §§ 90a–90f Rn. 3). Börsennotierte Anlagen sind dabei idR relativ liquide und können auf Märkten mit entsprechender Preistransparenz gehandelt werden, während die übrigen Anlagen meistens nur in einem eng begrenzten Rahmen unter ausgewählten Finanzmarktteilnehmern ausgetauscht werden.

11 **b) Indirekte Beteiligungen.** Das Produktspektrum der mittelbaren Anlagen im Bereich Infrastruktur besteht insb. aus Beteiligungen an (in der Regel geschlossenen) Investmentvermögen (Infrastrukturfonds) sowie strukturierten Wertpapieren (insb. Zertifikaten) mit Bezug zu Infrastrukturanlagen (vgl. BSL/*Campbell* InvG Vorbem. §§ 90a–90f Rn. 3; EDDH/*Schulte* InvG Vor §§ 90a–90f Rn. 5). Vor allem Infrastrukturfonds können dabei helfen, für Infrastrukturprojekte die notwendigen finanziellen Ressourcen zu erschließen und zu bündeln, und so einen wichtigen Beitrag zum Abbau des Investitionsdefizits im Bereich der öffentlichen Infrastruktur leisten (vgl. BT-Drs. 16/5576, 78). Große australische und US-amerikanische Asset Manager nehmen im Bereich der Infrastrukturfonds eine Vorreiterrolle ein und seit einigen Jahren legen zunehmend auch Private Equity-Gesellschaften Infrastrukturfonds auf (vgl. FK-KapAnlR/*Koschmieder* Kap. 10 Rn. 14).

12 Anlagen an Investmentvermögen **(Infrastrukturfonds)** sind in der Regel gesellschaftsrechtliche Beteiligungen an Investmentvermögen, welche die (direkte oder indirekte) Beteiligung an Infrastrukturprojekten zum Gegenstand haben. Neben allgemein auf Infrastruktur fokussierten Investmentvermögen sind hier auch solche Investmentvermögen zu nennen, die sich auf bestimmte Unterbereiche (wie zB erneuerbare Energien) spezialisiert haben (vgl. JSB Private Equity-HdB/*Stengel/Muhs* § 31 Rn. 31). In der Regel handelt es sich bei den großen Infrastrukturfonds bislang um Investmentvermögen, die ausschließlich für institutionelle Anleger offen sind. Infrastrukturfonds weisen viele Gemeinsamkeiten mit Private-Equity-Fonds auf, unterscheiden sich von diesen oftmals vor allem durch einen deutlich längeren Anlagehorizont und längere Laufzeiten (vgl. FK-KapAnlR/*Koschmieder* Kap. 10 Rn. 16f.). Ähnlich wie bei Immobilienfonds ist aufgrund der in aller Regel langfristigen Kapitalbindung und der allenfalls eingeschränkten Liquidität der gehaltenen Beteiligungen eine Auflegung als offenes Investmentvermögen, bei dem die Anleger zumindest zu bestimmten Terminen ein Recht zur Rückgabe ihrer Anteile haben, mit gewissen Schwierigkeiten verbunden (vgl. EDDH/*Schulte* InvG Vor §§ 90a–90f Rn. 5).

13 **Strukturierte Wertpapiere** (Zertifikate) mit Bezug zu Infrastrukturanlagen sind idR Fremdkapitalinstrumente, die von einem Kreditinstitut oder einer Emissions-Zweckgesellschaft (ggf. auch in kleineren Stückelungen) begeben sind und deren Zahlungsprofil die Cashflows von bestimmten Infrastrukturanlagen (als Basiswert) spiegeln (vgl. EDDH/*Schulte* InvG Vor §§ 90a–90f Rn. 5). Im Unterschied zu von Infrastruktur-Projektgesellschaften zu Finanzierungszwecken aufgenommenen bzw. begebenen Darlehen und Anleihen haben hier die Anleger einen unmittelbaren Zahlungsanspruch nur gegenüber dem Emittenten des strukturierten Wertpapiers und tragen daher auch dessen (zusätzliches) Ausfallrisiko **(Emittentenrisiko).** Da die Zahlungspflichten des Emittenten an den Basiswert anknüpfen, wird sich der Emittent durch ein Absicherungsgeschäft (Hedging) in irgendeiner Form Zugang zu diesem Risikoprofil verschaffen (vgl. FK-KapAnlR/*Harris/Preuße* Kap. 16, Rn. 9); wie allgemein bei mit Forderungsrechten unterlegten Wertpapieren (Credit-Linked-Notes) tragen die Inhaber des strukturierten Produktes neben dem Emittentenrisiko auch das Ausfallrisiko des Basiswerts.

III. Regulierung in Deutschland

1. Infrastruktur-Sondervermögen nach dem InvG. Infrastruktur-Sondervermögen gab es im deutschen Investmentrecht bereits zwischen Ende 2007 und dem Inkrafttreten des KAGB im Jahre 2013. Sie waren im Rahmen des **InvÄndG** als eigenständige Fondskategorie mit dem primären Ziel eingeführt worden, in Anknüpfung an das 1. ÖPP-BeschleunigungsgesetzG privates Kapital für öffentlich-private Partnerschaftsprojekte (ÖPP) zu mobilisieren (*Arora* diebank 2008, 26 (28).) Schon das InvÄndG verfolgte insoweit ähnliche Ziele wie das FoStoG, nämlich die Steigerung der internationalen Wettbewerbsfähigkeit der Fondsbranche, die Förderung der Innovationstätigkeit und die Verhinderung der Abwanderung von Fondsvermögen an andere Standorte (BT-Drs. 16/5576, 1). In der Fokussierung des InvÄndG auf **bestimmte ÖPP-Anlagen** lag dann vermutlich auch schon einer der wesentlichen Gründe für das „Scheitern" der neuen Fondskategorie, da mit dieser Festlegung in der Praxis **kaum Anlagemöglichkeiten** bestanden (vgl. *Roegele/Görke* BKR 2007, 393 (398); BSL/*Campbell* InvG § 90b Rn. 10; EDDH/*Schulte* InvG Vor §§ 90a–90f Rn. 5ff.). Einerseits fehlte es in der Praxis schlicht an einer hinreichenden Zahl möglicher ÖPP-Projekte und andererseits durften Beteiligungen an einer ÖPP-Projektgesellschaft erst nach Abschluss der Errichtung oder Sanierung der Anlagen in der Betreiberphase erwerben werden (§ 90b II InvG). Klassische Greenfield-Projekte waren mit Blick auf die verbundenen Projektrisiken iSd Anlegerschutzes (BT-Drs. 16/5576, 78) ebenso ausgeschlossen wie Projekte, die ohne Beteiligung der öffentlichen Hand durchgeführt wurden. Dadurch war der **Zugang zu Anlagemöglichkeiten mit attraktiven Ertragschancen** weitestgehend versperrt (*Zetsche* ZBB 2007, 438 (445); EDDH/*Schulte* InvG Vor §§ 90a–90f Rn. 5). Gegen Ende des Gesetzgebungsverfahrens für das InvÄndG waren zwar zumindest noch die Anlagemöglichkeiten für Spezial-Sondervermögen durch eine Änderung des § 91 III InvG dahingehend erleichtert worden, dass diese auch schon vor Beginn der Betreiberphase in ÖPP-Projektgesellschaften investieren durften (*Kestler/Benz* BKR 2008, 403 (409)), zu einem Durchbruch hat aber auch dies nicht für das Anlagevehikel des Infrastruktur-Sondervermögens geführt; gerade institutionelle Anleger haben vielmehr für den Zugang zu Infrastrukturfonds häufig auf Produkte Luxemburgischer Provenienz zurückgegriffen. Im Zuge der **Einführung des KAGB** wurde die Fondskategorie des Infrastruktur-Sondervermögens daher mangels praktischer Relevanz wieder abgeschafft (*Emde/Dreibus* BKR 2013, 89). Eine Auflegung von Infrastrukturfonds war seither mit gewissen Einschränkungen allenfalls noch als geschlossener AIF gem.§§ 261ff. und 285ff. oder als offener inländischer Spezial-AIF denkbar, der in Immobilien und unternehmerische Beteiligungen investiert (vgl. *Wallach* RdF 2013, 92; FK-KapAnlR/*Koschmieder* Kap. 10 Rn. 132ff.). 14

2. Wiedereinführung von Infrastruktur-Sondervermögen im Rahmen des FoStoG. a) Abweichungen von den früheren Regelungen. Bei der Schaffung der §§ 260a ff. hat es sich der Gesetzgeber relativ einfach gemacht und weitestgehend an die bis zum Inkrafttreten des KAGB in den **§§ 90a ff. InvG** enthaltenen Bestimmungen für Infrastruktur-Sondervermögen angeknüpft (AWZ/*Kloyer/Kobabe* § 260a Rn. 2). Es ist bedauerlich, dass er es dabei versäumt hat, Unklarheiten zu beseitigen, die bereits den früheren Regelungen immanent waren, und bspw. an der Vermischung von Erwerbsvoraussetzungen und Anlagegrenzen in § 260b festgehalten hat (s. BSL/*Campbell* InvG § 90b Rn. 5). 15

16 Gleichwohl hat der Gesetzgeber einige der **früheren konzeptionellen Nachteile** erkannt und versucht, sie durch die neuen Regelungen zum Erwerb von Infrastruktur-Projektgesellschaften (die nun grundsätzlich auch eine **Beteiligung an Greenfield-Projekten** zulässt) zu beheben. Eine weitere Abweichung ergibt sich daraus, dass der frühere § 90c InvG nicht übernommen wurde, der während einer **Anlaufzeit von vier Jahren** ab Auflegung des Infrastruktur-Sondervermögens eine Möglichkeit zur Abweichung von den besonderen Anlagegrenzen des § 90b III–VII InvG vorsah (die unter gewissen Voraussetzungen von der BaFin verlängert werden konnte). Insoweit verbleibt es aber (wegen der Verweisung in § 260a) bei der für Immobilien-Sondervermögen geltenden Regelung zur Anlaufzeit (§ 244). Schließlich findet sich in den §§ 260a ff. keine mit dem früheren § 90f InvG vergleichbare Bestimmung; dieser stellte angesichts der Besonderheiten bei der Investition in ÖPP-Projektgesellschaften und Immobilien aus Anlegerschutzgründen besondere Anforderungen an die **fachliche Eignung der Portfoliomanager** und verlangte neben den allgemeinen Anforderungen an die Befähigung zur Durchführung von Investmentgeschäften theoretische und praktische Kenntnisse auf dem Gebiet von ÖPP-Projekten (BT-Drs. 16/5576, 80). Dies bedeutet jedoch nicht, dass die Verwaltung von Infrastruktur-Sondervermögen keine besondere Sachkenntnis auf Ebene der KVG voraussetzt, vielmehr ist diese grundsätzlich Gegenstand der Prüfung der fachlichen Eignung der Geschäftsleiter (vgl. AWZ/*Wieland* § 23 Rn. 14; EDDH/*Schulte* InvG § 90f Rn. 1).

17 **b) Mögliche Rechtsformen.** Die Vorschriften hinsichtlich der möglichen Rechtsformen für die Auflegung von Infrastruktur-Sondervermögen entsprechen grundsätzlich denen für Immobilien-Sondervermögen. Infolge des durch das FoStoG neu gefassten § 91 III müssen abweichend von dem allgemeinen Grundsatz, dass **offene Publikums-Investmentvermögen** nur als Sondervermögen oder als Investmentaktiengesellschaft mit veränderlichem Kapital aufgelegt werden können (§ 91 I), offene Investmentvermögen, die das bei ihnen eingelegte Geld in Beteiligungen an Infrastruktur-Projektgesellschaften anlegen, zwingend als **Sondervermögen** aufgelegt werden, wenn es sich bei ihnen um Publikumsfonds handelt. Aufgrund des neu gefassten § 91 III können **offene Spezial-AIF,** die das bei ihnen eingelegte Geld in Beteiligungen an Infrastruktur-Projektgesellschaften anlegen, nicht nur als **Sondervermögen,** sondern auch als **offene Investmentkommanditgesellschaft** aufgelegt werden.

18 Geschlossene Investmentvermögen, die Anlagen im Bereich Infrastruktur tätigen, unterliegen grundsätzlich nicht den §§ 260a–260d. Publikums-Infrastrukturfonds können gem. § 139 S. 1 als (**Investmentaktiengesellschaft mit fixem Kapital** und als) **geschlossene Investmentkommanditgesellschaft** aufgelegt werden. Für die Auflegung von geschlossenen Infrastrukturfonds als Spezial-AIF können zunächst die **Investmentaktiengesellschaft mit fixem Kapital** und die **geschlossene Investmentkommanditgesellschaft** gewählt werden (§ 139 S. 1). Aufgrund des im Rahmen des FoStoG neu eingefügten § 139 S. 2 kann nunmehr aber auch eine Auflegung als (geschlossenes) **Sondervermögen** erfolgen.

19 **c) Steuerliche Behandlung.** Im Rahmen des FoStoG wurden auch die Bestimmungen des InvStG für Spezial-Investmentfonds (sog. **Kapitel 3 Fonds**) angepasst, um so die aufsichtsrechtlichen Änderungen für Infrastruktur-Sondervermögen steuerrechtlich nachzuvollziehen (BT-Drs. 19/27631, 112). Dies wird zum einen durch die Einfügung der Infrastruktur-Projektgesellschaften in den Katalog der in § 26 Nr. 4 Buchst. j InvStG genannten Vermögensgegenstände und zum

anderen durch eine Ergänzung in § 26 Nr. 5 S. 2 InvStG erreicht, nach der ein Spezial-Investmentfonds auch dann gegeben ist, wenn mehr als 20% des Wertes des Investmentfonds in nicht börsennotierte Beteiligungen an Kapitalgesellschaften investiert werden, sofern es sich bei diesen Kapitalgesellschaften um Infrastruktur-Projektgesellschaften handelt. Eine mehrheitliche Anlage des Investmentfonds in Beteiligungen an Infrastruktur-Projektgesellschaften ist insoweit nicht erforderlich. Hierdurch werden Infrastruktur-Projektgesellschaften mit Immobiliengesellschaften gleichgestellt (BT-Drs. 19/27631, 112).

3. Abgrenzung zum ELTIF. Auch der Europäische langfristige Investmentfonds (ELTIF) wurde ua mit dem Ziel geschaffen, Finanzierungsmittel dauerhafter Natur für Infrastrukturprojekte (zB in den Bereichen Verkehrsinfrastruktur, nachhaltige Energieerzeugung oder -verteilung und soziale Infrastruktur) bereitzustellen und damit zur **Finanzierung der Realwirtschaft** der EU beizutragen (EG 1 und 3 der ELTIF-VO). Auch bei ihm handelt es sich um einen Alternativen Investmentfonds iSd § 1 III, der von einer nach dem KAGB als KVG zugelassenen Gesellschaft verwaltet wird. Die Vorschriften der ELTIF-VO bauen insoweit auf dem bestehenden Regulierungsrahmen auf, der durch die AIFMRL und die zu ihrer Umsetzung erlassenen Durchführungsbestimmungen geschaffen wurde, so dass zB die **Produktvorschriften der ELTIF-VO** zusätzlich zu den Vorschriften der AIFMRL gelten (Art. 7 II der ELTIF VO) und im Bereich der Vertriebsvorschriften darüber hinausgehende Regelungen geschaffen wurden, die den unionsweiten grenzüberschreitenden Vertrieb nicht nur an professionelle Anleger, sondern auch an Kleinanleger zulassen (Art. 26ff. ELTIF-VO). In Zweifelsfällen haben die Vorschriften der ELTIF-VO Geltungsvorrang (AWZ/*Zetzsche/Preiner* Vor § 338a Rn. 8). 20

Bislang wurde in der EU nur eine relativ geringe Zahl von ELTIF aufgelegt (vgl. ESMA, Register of authorized European long-term investment funds (ELTIF), ESMA 34-46-101). Dies dürfte insb. darauf zurückzuführen sein, dass trotz der mit der ELTIF-VO verfolgten Zielsetzungen in der Praxis die zahlreichen Vorgaben an die Portfoliozusammensetzung des ELTIF die Umsetzung in der Praxis erschweren (vgl. FK-KapAnlR/*Koschmieder* Kap. 10 Rn. 160f.). Ende 2022 wurde auf europäischer Ebene eine Einigung über Änderungen an der ELTIF-VO erzielt (ELTIF II), mit denen insbesondere durch eine Erhöhung der Flexibilität hinsichtlich der zulässigen Anlagen die Attraktivität des ELTIF als Fondsvehikel gesteigert werden soll. Die neuen Regelungen gelten seit dem 10.1.2024 (vgl. Art. 2 VO (EU) 2023/606). 21

Aufgrund der unterschiedlichen aufsichtsrechtlichen Vorgaben ist im Einzelfall genau abzuwägen, welches Fondsvehikel für die Umsetzung eines Infrastrukturfonds vorteilhaft ist: 22

	Infrastruktur-Sondervermögen	**ELTIF**[1]
Laufzeit	keine feste Laufzeit	feste Laufzeit
Verwalter	zugelassene KVG	zugelassene KVG
Teilfonds	möglich	möglich

[1] Nach Inkrafttreten von ELTIF II.

	Infrastruktur-Sondervermögen	**ELTIF**[1]
Eligible Assets		
Beteiligungen	Beteiligungen an Infrastruktur-Projektgesellschaften	Eigenkapital- und eigenkapitalähnliche Instrumente von qualifizierten Portfoliounternehmen (oder deren Muttergesellschaften)
Wertpapiere	grds. alle Arten von Wertpapieren	Schuldtitel und Grüne Anleihen von qualifizierten Portfoliounternehmen, OGAW-Wertpapieren, STS-Verbriefungen
Anteile an anderen Investmentvermögen	Anteile an Geldmarktfonds	Anteile an anderen ELTIF, EuVECA, EuSEF, OGAW und EU-AIF[2]
Immobilien	Direkt und indirekt über Beteiligungen an Immobilien-Gesellschaften	Als Sachwerte direkt und indirekt über qualifizierte Portfoliounternehmen
Andere Sachwerte	nur indirekt über Infrastruktur-Projektgesellschaften	direkt und indirekt über qualifizierte Portfoliounternehmen
Diversifizierung	Maximal 10% in eine Infrastruktur-Projektgesellschaft und maximal 15% in eine Immobilie	Maximal 10% des Kapitals in einen Sachwert oder ein qualifiziertes Portfoliounternehmen
Kreditvergabe	an Infrastruktur-Projektgesellschaften, an denen eine Beteiligung besteht	an qualifizierte Portfoliounternehmen (unabhängig von einer Beteiligung)
Fremdkapitalaufnahme	bis zu 30%	bis zu 50%
Anteilsrückgabe	möglich	unter bestimmten Voraussetzungen möglich
Mindestanlagebetrag	keiner	keiner

[1] Nach Inkrafttreten von ELTIF II.

[2] Sofern diese nicht selbst mehr als 10% ihres Kapitals in andere OGA investiert haben. Außerdem dürfen insgesamt maximal 20% des Kapitals des ELTIF in einen einzelnen OGA investiert werden.

§260a Infrastruktur-Sondervermögen

Auf die Verwaltung von Infrastruktur-Sondervermögen nach Maßgabe der §§260b bis 260d finden die Vorschriften der §§230 bis 260 entsprechende Anwendung, soweit sich aus den nachfolgenden Vorschriften nichts anderes ergibt.

Inhaltsübersicht

Rn.
I. Allgemeines . . . 1
II. Anwendungsbereich der Norm . . . 2
III. Entsprechend anwendbare Vorschriften . . . 4
1. Vorschriften für Immobilien-Sondervermögen . . . 4
a) Laufzeit . . . 4
b) Anlagegenstände und Anlagegrenzen . . . 5
c) Kreditaufnahme und Belastung von Vermögensgegenständen . 8
d) Gesellschafterdarlehen . . . 11
e) Bewertung . . . 14
f) Einbindung der Verwahrstelle . . . 16
g) Vermögensaufstellungen . . . 17
h) Miteigentums-Sondervermögen . . . 18
i) Warehousing-Verbot . . . 19
j) Beschränkung von Ausschüttungen . . . 20
2. Vorschriften für Investmentvermögen gem. OGAW-RL . . . 21
a) Allgemeines . . . 21
b) Wertpapiere, Geldmarktinstrumente und Bankguthaben . . . 22
c) Derivate . . . 23
d) Wertpapierdarlehen und -leihe . . . 24
e) Wertpapier-Pensionsgeschäfte . . . 25
f) Leerverkäufe . . . 26
IV. Besonderheiten bei Spezial-AIF . . . 27

I. Allgemeines

Die Vorschrift wurde iRd **FoStoG** in das KAGB aufgenommen. Es handelt sich 1 um eine einleitende Verweisvorschrift für Infrastruktur-Sondervermögen, die im Rahmen dieses Gesetzes als neue Fondskategorie in das KAGB aufgenommen wurden. Die Vorschrift entspricht praktisch wortgleich dem früheren § 90a InvG, der mit Inkrafttreten des KAGB zum 22.7.2013 aufgehoben wurde und den Ansatz verfolgte, die Verwaltung von Infrastruktur-Sondervermögen den gleichen Bestimmungen zu unterwerfen wie die Verwaltung von Immobilien-Sondervermögen, indem die maßgeblichen Bestimmungen für entsprechend anwendbar erklärt werden. Dies hat über die Verweisung in § 230 I grundsätzlich auch die entsprechende Anwendbarkeit der für Investmentvermögen gem. der OGAW-RL geltenden Vorschriften (§§ 192–211) zur Folge.

II. Anwendungsbereich der Norm

§260a erklärt die für Immobilien-Sondervermögen geltenden Vorschriften 2 (§§230–260) auf Infrastruktur-Sondervermögen für entsprechend anwendbar; dies betrifft zunächst offene Publikums-Investmentvermögen, wegen der Verweisung in § 284 I grundsätzlich aber auch offene Spezial-AIF mit festen Anlagebedingungen. Für allgemeine offene Spezial-AIF iSv § 282 und für geschlossene Investmentvermögen, die Anlagen im Bereich Infrastruktur-Sondervermögen tätigen, gelten die §§ 260a ff. hingegen nicht. Für alle Infrastruktur-Sondervermögen (unmittelbar) anwendbar sind jedoch die allgemeinen Bestimmungen des KAGB, dh insb. die allgemeinen Vorschriften für Sondervermögen (§§ 92ff.) und für offene Publikumsinvestmentvermögen (§§ 162ff.), die Vertriebsvorschriften (§§ 293ff.) und die Vorschriften für AIF-Verwahrstellen (§§ 80ff.).

3 Die Bestimmungen der §§ 260b–260d sind im Verhältnis zu den über die Verweisung in § 260a für entsprechend anwendbar erklärten Bestimmungen vorrangig **(Spezialität)** (vgl. BSV/*Kunschke* § 260a Rn. 2), wobei entsprechend der in § 230 I bestimmten Anwendungsreihenfolge die Bestimmungen für Immobilien-Sondervermögen ihrerseits vorrangig zu den entsprechend anwendbaren Bestimmungen für richtlinienkonforme Sondervermögen sind. Bei Unklarheiten oder Abweichungen sind daher im Zweifel immer die in den §§ 260b–260d getroffenen Regelungen maßgeblich. Eine „entsprechende Anwendung" iSd § 260a beinhaltet, dass der hinter der entsprechend anwendbaren Vorschrift stehende Grundgedanke zu berücksichtigen ist, dabei aber den Besonderheiten des Infrastruktur-Sondervermögens hinreichend Rechnung getragen werden muss (vgl. BSL/*Campbell* InvG § 90a Rn. 3). Für die unmittelbar anwendbaren Vorschriften gilt diese Einschränkung nicht.

III. Entsprechend anwendbare Vorschriften

4 **1. Vorschriften für Immobilien-Sondervermögen. a) Laufzeit.** Gemäß § 230 II dürfen Immobilien-Sondervermögen **nicht für eine begrenzte Dauer** (dh als sog. Laufzeitenfonds) errichtet werden. Hintergrund ist, dass man davon ausgeht, dass bei Immobilienanlagen nicht immer eine termingenaue Veräußerung zu einem angemessenen Preis möglich ist und dies der Vereinbarung einer festen Laufzeit im Wege stehe (EDD/*Schultz-Süchting* § 230 Rn. 30). Mangels besonderer Regelung in den §§ 260b–260d gilt dies über die allgemeine Verweisung in § 260a grundsätzlich auch für Infrastruktur-Sondervermögen (vgl. EDD/*Zingler* § 260a Rn. 24). In Anbetracht der **Unterschiede zwischen Immobilien- und Infrastrukturanlagen** darf freilich bezweifelt werden, dass die Beweggründe für das Verbot von Laufzeitenfonds bei Infrastruktur-Sondervermögen in gleicher Weise zum Tragen kommen; vielmehr würde sich hier mit Blick auf die feste Laufzeit bestimmter Infrastrukturanlagen oder die **zeitlich begrenzte Geltung von Konzessionen** für den Betrieb solcher Anlagen gerade die Auflegung eines Immobilien-Sondervermögens für eine begrenzte Laufzeit anbieten.

5 **b) Anlagegenstände und Anlagegrenzen.** § 231 I enthält für Immobilien-Sondervermögen einen abschließenden Katalog an zulässigen Anlagegegenständen. Für Infrastruktur-Sondervermögen enthält § 260b allerdings einen eigenen **Katalog zulässiger Anlagegenstände,** der wegen § 260a grundsätzlich als vorrangig anzusehen ist. Dies gilt nur insoweit, als § 260b eine abschließende Festlegung der Kriterien für die Erwerbbarkeit eines Vermögensgegenstandes enthält. Soweit § 260b hingegen nur allgemeine Festlegungen trifft, die über die Verweisung auf die §§ 231ff. konkretisiert werden, ist der betreffende Vermögensgegenstand im Zweifel nur dann erwerbbar, wenn neben den in § 260b aufgestellten Anforderungskriterien auch die Kriterien der §§ 231ff. eingehalten werden (vgl. auch EDD/*Zingler* § 260a Rn. 27).

6 Hinsichtlich der Belegenheit der für Rechnung eines Infrastruktur-Sondervermögens erwerbbaren Vermögensgegenstände ist über die Verweisung in § 260a auch § 233 zu beachten. Ein Erwerb von Vermögensgegenständen, die sich in **Nicht-EWR-Staaten** befinden, ist danach insb. nur dann möglich, wenn die Anlagebedingungen dies ausdrücklich vorsehen und den maximalen Anteil der Anlagen in dem jeweiligen Staat angeben (§ 233 I Nr. 1 und 3). Schließlich ist bei Auslandsinvestitionen generell zu beachten, dass der Wert der Vermögensgegenstände, die einem **Währungsrisiko** unterliegen, nicht mehr als 30% des Wertes des Infrastruktur-Sondervermögens ausmachen darf (§ 233 II). Dies betrifft nicht nur außerhalb der Eurozone belegene Immobilien, sondern auch Beteiligungen an Immobilien- und Infrastruktur-Projektgesellschaften, deren Sitz außerhalb der Eurozone liegt bzw. die außerhalb der Eurozone belegene Vermögensgegenstände halten (vgl. AWZ/*Kloyer/Kobabe* § 233 Rn. 24). Außerhalb der Eurozone getätigte Infrastrukturanlagen können gegebenenfalls den Abschluss entsprechender Währungssicherungsgeschäfte erforderlich machen (vgl. WBA/*Kautenburger-Behr* § 233 Rn. 16).

7 Die §§ 230ff. enthalten verschiedene quantitative **Anlagegrenzen,** die für die Anlagen eines Immobilien-Sondervermögens von Bedeutung sind und grundsätzlich neben den Anlagegrenzen in § 260b II–VI zur Anwendung kommen könnten. So dürfen gem. § 237 I bei einem Immobilien-Sondervermögen die über Immobilien-Gesellschaften mittelbar gehaltenen Immobilien nicht mehr als 49% des Wertes des Immobilien-Sondervermögens ausmachen. Trotz der generellen Verweisung in § 260a findet die Bestimmung bei einem Infrastruktur-Sondervermögen aber keine Anwendung, da Anlagen in Immobilien wegen § 260b III ohnehin nicht mehr als 30% des Wertes des Infrastruktur-Sondervermögens ausmachen dürfen und für eine entsprechende Anwendung auf Beteiligungen an Infrastruktur-Projektgesellschaften wegen der vorrangigen Regelung in § 260b II Nr. 1 kein Raum verbleibt. Gemäß § 237 III sind bei einem Immobilien-Sondervermögen Minderheitsbeteiligungen an Immobilien-Gesellschaften auf 30% des Wertes des Immobilien-Sondervermögens begrenzt. Eine Anwendung auf für Rechnung eines Infrastruktur-Sondervermögens gehaltene Beteiligungen an Immobilien-Gesellschaften (→ § 260b Rn. 10) hat vor dem Hintergrund des § 260b III ebenfalls keine besondere Relevanz. Aber nachdem die §§ 260b ff. keine vergleichbare Beschränkung für Minderheitsbeteiligungen an Infrastruktur-Projektgesellschaften vorsehen, stellt sich die Frage, ob bei entsprechender Anwendung des § 237 III Minderheitsbeteiligungen an Infrastruktur-Projektgesellschaften auch nur maximal 30% des Wertes eines Infrastruktur-Sondervermögens ausmachen dürfen. Bereits im Rahmen des früher geltenden § 90a InvG vertrat zumindest die BaFin eine solche Auffassung, was sich für die Praxis als wenig tauglich erwies (*Kestler/Benz* BKR 2008, 403). Es wäre daher schön gewesen, wenn der Gesetzgeber bei Schaffung der neuen Vorschriften für Infrastruktur-Sondervermögen für etwas mehr Klarheit in dieser Frage gesorgt hätte.

8 **c) Kreditaufnahme und Belastung von Vermögensgegenständen.** Mangels anderweitiger Regelung in den §§ 260b–260d gelten für Infrastruktur-Sondervermögen hinsichtlich der Aufnahme von Fremdkapital ebenfalls die gleichen Regelungen wie für Immobilien-Sondervermögen. Dies betrifft sowohl die Aufnahme von Krediten für allgemeine Zwecke gem. § 254 I 1 als auch die Kreditaufnahme zur Finanzierung von Anteilsrücknahmen gem. § 254 I 2 iVm § 199. Wie auch bei Immobilien-Sondervermögen gilt insoweit ein **weiter Kreditbegriff.** Infolgedessen muss die Fremdkapitalaufnahme nicht zwingend in Form eines

(Geld-)Darlehens erfolgen, sondern auch andere Formen (insb. die Begebung von Schuldverschreibungen) sind grundsätzlich denkbar.

9 Gemäß § 254 I 1 ist bei Immobilien-Sondervermögen die Aufnahme von Krediten auf 30% des Verkehrswertes der zum Sondervermögen gehörenden Immobilien begrenzt. Fraglich ist, worauf diese **30%-Grenze** bei entsprechender Anwendung in einem Infrastruktur-Sondervermögen genau zu beziehen ist. Nachdem man bei einem Infrastruktur-Sondervermögen richtigerweise die in § 260b I 1 Nr. 1 und 2 genannten Vermögensgegenstände als Pendant zu den in § 254 I 1 genannten Immobilien ansehen kann, würde es Sinn ergeben, bei einem Infrastruktur-Sondervermögen die langfristige Fremdkapitalaufnahme auf 30% des Verkehrswertes der vom Sondervermögen gehaltenen Immobilien und Beteiligungen an Infrastruktur-Projektgesellschaften zu begrenzen und in entsprechender Anwendung des § 254 II auf Ebene einer Infrastruktur-Projektgesellschaft aufgenommene Darlehen entsprechend der Beteiligungshöhe auf Ebene des Infrastruktur-Sondervermögens bei der Ermittlung der Auslastung der 30%-Grenze zu berücksichtigen (vgl. EDD/*Zingler* § 260a Rn. 64ff.; *Campbell* WM 2008, 1774 (1776). Nach Auffassung der BaFin ist dem Wortlaut des § 254 I 1 folgend die 30%-Grenze nur für die unmittelbar zum Infrastruktur-Sondervermögen gehörenden Immobilien relevant, die auf Ebene der Infrastruktur-Projektgesellschaften insgesamt aufgenommenen Kredite dürfen nicht mehr als 70% der Unternehmenswerte dieser Infrastruktur-Projektgesellschaften ausmachen und das Sondervermögen darf nicht für die auf Ebene der Infrastruktur-Projektgesellschaften aufgenommenen Kredite haften. Zusätzlich besteht gem. § 260a iVm § 230 I iVm § 199 die Möglichkeit, für Rechnung des Infrastruktur-Sondervermögens kurzfristige Kredite bis zur Höhe von 10% des Wertes des Sondervermögens aufzunehmen.

10 Gemäß § 260 III ist die **Belastung** von zu einem Immobilien-Sondervermögen gehörenden Vermögensgegenständen nach § 231 I ebenso wie die Abtretung und Belastung von Forderungen aus Rechtsverhältnissen, die sich auf Vermögensgegenstände nach § 231 I beziehen, nur zulässig, wenn

- dies in den Anlagebedingungen vorgesehen und mit einer ordnungsgemäßen Wirtschaftsführung vereinbar ist,
- die Verwahrstelle den vorgenannten Maßnahmen zustimmt, weil sie die Bedingungen, unter denen die Maßnahmen erfolgen sollen, für marktüblich erachtet, und
- die AIF-Kapitalverwaltungsgesellschaft sicherstellt, dass die Belastung insgesamt 30% des Verkehrswertes der im Sondervermögen befindlichen Immobilien nicht überschreitet.

Die Vorschrift geht letztlich einher mit der in → Rn. 9 dargestellten Regelung zur zulässigen Fremdkapitalaufnahme und gilt über § 260a grundsätzlich auch für Infrastruktur-Sondervermögen. Konsequenterweise müsste sie dabei für die Belastung aller unmittelbar zum Infrastruktur-Sondervermögen gehörenden Immobilien (durch Grundpfandrechte) und mittelbar über Beteiligungen an Infrastruktur-Projektgesellschaften gehaltenen Vermögenswerte gelten (vgl. EDD/*Zingler* § 260a Rn. 76), nach Auffassung der BaFin können jedoch für die Ermittlung der Auslastung der 30%-Grenze die auf Ebene der Infrastruktur-Projektgesellschaften vorgenommenen Belastungen unberücksichtigt bleiben.

11 **d) Gesellschafterdarlehen.** § 240 regelt die Gewährung von Darlehen an eine Immobilien-Gesellschaft für Rechnung eines Immobilien-Sondervermögens. Über die Verweisung in § 260a sind die Bestimmungen grundsätzlich auch bei der Ver-

gabe von Darlehen für Rechnung eines Infrastruktur-Sondervermögens zu beachten, und zwar mit der Maßgabe, dass Bezugnahmen auf eine „Immobilien-Gesellschaft" auch als solche auf eine „Infrastruktur-Projektgesellschaft" zu verstehen sind (EDD/*Zingler* § 260a Rn. 44; ebenso bereits BSL/*Campbell* InvG § 90a Rn. 4). Im Ergebnis sind daher **Darlehensgewährungen an Infrastruktur-Projektgesellschaften** zulässig, an denen auch eine **unmittelbare oder mittelbare Beteiligung** für Rechnung des Infrastruktur-Sondervermögens gehalten wird (§§ 260a, 240 I Nr. 1), wobei auch eine Darlehensvergabe an eine (Zwischen-)**Holding-Gesellschaft** in Betracht kommt (vgl. BT-Drs. 19/28868, 123). Besteht kein Beteiligungsverhältnis, ist eine Darlehensvergabe für Rechnung des Infrastruktur-Sondervermögens nicht möglich.

An die **Ausgestaltung des Darlehensvertrages** mit einer Infrastruktur-Pro- 12
jektgesellschaft werden in entsprechender Geltung der für Immobilien-Sondervermögen geltenden Bestimmungen bestimmte inhaltliche Anforderungen gestellt:

- Die Darlehensbedingungen müssen marktgerecht sein (§§ 260a, 240 I Nr. 2), dh so gestaltet sein, dass auch ein fremder Dritter zu diesen Bedingungen das Darlehen gewähren würde.
- Das Darlehen muss ausreichend besichert sein (§§ 260a, 240 I Nr. 3), dh die Besicherung muss so gestaltet sein, dass im Zweifel eine Befriedigung der Forderungen aus dem Darlehen in vollem Umfang möglich ist.
- Bei einer Veräußerung der Beteiligung an der Infrastruktur-Projektgesellschaft muss das Darlehen innerhalb von sechs Monaten nach der Veräußerung zurückzuzahlen sein (§§ 260a, 240 I Nr. 4).

Im Übrigen gilt gem. §§ 260a, 240 III als „Darlehen an eine Infrastruktur-Projektgesellschaft" auch ein von einem Dritten im Auftrag der AIF-Kapitalverwaltungsgesellschaft einer Infrastruktur-Projektgesellschaft gewährtes Darlehen, bei dem der Dritte über § 780 BGB einen Rückgriff gegen die für Rechnung des Infrastruktur-Sondervermögens handelnde KVG hat **(Kreditauftrag).**

Aufgrund der entsprechenden Anwendung des § 240 sind bei der Darlehens- 13
vergabe an Infrastruktur-Projektgesellschaften bestimmte **Grenzen** zu beachten. Gemäß § 240 II Nr. 1 darf die Summe der Darlehen, die einer Immobilien-Gesellschaft für Rechnung des Immobilien-Sondervermögens insgesamt gewährt werden, grundsätzlich 50% des Wertes der von der Immobilien-Gesellschaft gehaltenen Grundstücke nicht übersteigen. Fraglich ist, wie diese Bezugnahme im Kontext von Darlehen an Infrastruktur-Projektgesellschaften zu verstehen ist; mangels anderweitiger Ansatzpunkte wäre hier der Wert der Beteiligung an der betreffenden Infrastruktur-Projektgesellschaft als Vergleichsmaßstab heranzuziehen. In entsprechender Anwendung des § 240 II Nr. 2 darf außerdem die Summe der Darlehen, die den Infrastruktur-Projektgesellschaften insgesamt für Rechnung des Infrastruktur-Sondervermögens gewährt werden, grds. 25% des Wertes des Infrastruktur-Sondervermögens nicht übersteigen, wobei bei der Berechnung der Grenze die aufgenommenen Darlehen nicht abzuziehen sind. Aufgrund der im Zuge des FoStoG erfolgten Änderungen in § 240 II müssen die in → Rn. 12 genannten Darlehensvergabegrenzen nicht beachtet werden, wenn die KVG am Darlehensnehmer unmittelbar oder mittelbar zu 100% des Kapitals oder der Stimmrechte beteiligt ist; diese **Privilegierung** entfällt mit vollständiger Veräußerung (bei unmittelbarer Beteiligung) bzw. Verringerung (bei mittelbarer Beteiligung über eine Holding-Gesellschaft) der Beteiligung (§ 240 II 3, 4).

14 **e) Bewertung.** §§ 231 II, 236 III sehen vor dem Erwerb von Immobilien und von Beteiligungen an Immobilien-Gesellschaften in Abhängigkeit von deren Wert die Einbindung eines oder mehrerer externer Bewerter vor, der insb. den Wert der betreffenden Immobilien zu ermitteln hat **(Ankaufsbewertung).** Vor dem Erwerb von Beteiligungen an Immobilien-Gesellschaften ist zudem auch deren Wert noch anhand des letzten Jahresabschlusses durch einen Abschlussprüfer zu ermitteln (§ 236 I). Dies gilt über § 260a entsprechend, soweit für ein Infrastruktur-Sondervermögen Immobilien und Beteiligungen an Immobilien-Gesellschaften erworben werden. Nachdem bei Beteiligungen an Infrastruktur-Projektgesellschaften in gleicher Weise die Möglichkeit fehlt, einen angemessenen Preis anhand von Börsen- oder Marktpreisen zu ermitteln, ist auch hier in entsprechender Anwendung des § 236 I vor dem Erwerb eine Bewertung durch einen Abschlussprüfer vorzunehmen (vgl. bereits EDDH/*Schulte* InvG§ 90a Rn. 11). Der Umstand, dass es für die Bewertung von Infrastrukturprojekten an mit der Immobilienwertung vergleichbaren standardisierten Bewertungsverfahren fehlt, spricht gegen eine entsprechende Anwendung des § 231 II im Zusammenhang mit der Beteiligung an Infrastruktur-Projektgesellschaften und es sollte hier bei der durch § 236 I vorgegebenen Bewertung durch einen Abschlussprüfer verbleiben (ebenso: EDD/*Zingler* § 260a Rn. 38). Gleichwohl orientiert sich die Praxis an den für Immobilien-Sondervermögen geltenden Bestimmungen. Auch der Wert von Erbbaurechten ist durch mindestens einen externen Bewerter festzustellen.

15 In entsprechender Anwendung des § 250 I hat die **laufende Bewertung** hinsichtlich

- der für ein Infrastruktur-Sondervermögen gehaltenen Immobilien durch zwei externe Bewerter, und
- von Beteiligungen an Infrastruktur- sowie Immobilien-Gesellschaften durch einen Abschlussprüfer iSd § 319 I 2 HGB

zu erfolgen. Die Sonderregeln für den externen Bewerter (§ 250 II) finden ebenfalls entsprechende Anwendung. Der Wert der für Rechnung des Infrastruktur-Sondervermögens gehaltenen Immobilien und Beteiligungen an Immobilien- und Infrastruktur-Projektgesellschaften ist grundsätzlich innerhalb von drei Monaten vor jedem der gem. § 260c festgelegten Rücknahmetermine zu ermitteln (§ 251 I 2), soweit die KVG keinen Anlass für eine neuerliche Wertermittlung sieht (§ 251 I 3).

16 **f) Einbindung der Verwahrstelle.** Bei Immobilien-Sondervermögen müssen in verschiedener Weise die **Befugnisse der Verwahrstelle** sichergestellt werden. Dies betrifft zunächst die Eintragung einer Verfügungsbeschränkung in Abteilung 2 des Grundbuches der für Rechnung des Immobilien-Sondervermögens gehaltenen Immobilien gem. § 246. Über § 260a ist dieses Erfordernis auch bei dem Erwerb von Immobilien für Rechnung eines Infrastruktur-Sondervermögens zu beachten (ebenso EDD/*Zingler* § 260a Rn. 50). Soweit für Rechnung eines Infrastruktur-Sondervermögens Beteiligungen an Immobilien-Gesellschaften gehalten werden, sind die besonderen Vorgaben hinsichtlich der Sicherstellung der Befugnisse der Verwahrstelle nach § 84 I Nr. 5 sowie für **Zahlungen, die dem Sondervermögen aus der Beteiligung zustehen** (§ 241) und für die Vorlage von Vermögensaufstellungen durch die Immobilien-Gesellschaft (§ 249 II) zu beachten, die in der Regel in einer entsprechenden Vereinbarung zwischen der KVG und der Immobiliengesellschaft fixiert werden. Mit Ausnahme der Sicherstellung der Befugnisse der Verwahrstelle hinsichtlich der von der Infrastruktur-Projektgesellschaft

gehaltenen Vermögensgegenstände gilt dies bei Beteiligungen an Infrastruktur-Projektgesellschaften wegen der Verweisung in § 260a entsprechend.

g) Vermögensaufstellungen. § 247 I enthält besondere Anforderungen an die Darstellung der Informationen der von einem Immobilien-Sondervermögen gehaltenen **Immobilien und sonstigen Vermögensgegenstände** in der Vermögensaufstellung nach § 101 I 3 Nr. 1 und findet über die Verweisung in § 260a auch bei einem Infrastruktur-Sondervermögen entsprechende Anwendung. Die von dem Begriff der „sonstigen Vermögensgegenstände" umfassten Positionen lassen sich § 9 III A. IV. KARBV entnehmen (s. WBA/*Kautenburger-Behr* § 247 Rn. 3). Für **Beteiligungen an Immobilien-Gesellschaften** sind in die Vermögensaufstellung Angaben zu 17
- Firma, Rechtsform und Sitz der Infrastruktur-Projektgesellschaft,
- dem Gesellschaftskapital,
- der Höhe der Beteiligung und dem Zeitpunkt ihres Erwerbs durch die KVG, und
- die Anzahl der durch die KVG oder Dritte nach § 240 gewährten Darlehen sowie die jeweiligen Beträge

aufzunehmen (§ 247 II). Dies gilt in entsprechender Anwendung auch für die für Rechnung eines Infrastruktur-Sondervermögens gehaltenen **Beteiligungen an Infrastruktur-Projektgesellschaften** (ebenso EDD/*Zingler* InvG § 90a Rn. 51).

h) Miteigentums-Sondervermögen. Gemäß § 245 können Immobilien-Sondervermögen nicht als sog. Miteigentumsfonds errichtet werden, bei denen die Vermögensgegenstände im (Mit-)Eigentum der Anleger stehen. Dies gilt über § 260a zumindest insoweit auch für Infrastruktur-Sondervermögen, als diese direkte Anlagen in Immobilien halten. Auch wenn die Gründe, die gegen die Zulässigkeit der Miteigentumslösung bei direkten Immobilienanlagen angeführt werden (vgl. EDD/*Bujotzek/Thömmes* § 245 KAGB Rn. 2), nicht in gleicher Weise für andere Anlagen eines Infrastruktur-Sondervermögens (wie zB Beteiligungen an Infrastruktur-Projektgesellschaften und Liquiditätsanlagen) gelten, dürfte auch insoweit die Auflegung eines (Publikums-)**Miteigentums-Sondervermögens (Miteigentumsfonds),** bei dem die Vermögensgegenstände im Miteigentum der Anleger (iSv § 92 I 1 Alt. 2) stehen und der Kapitalverwaltungsgesellschaft die Verfügungsbefugnis an diesen Vermögensgegenständen eingeräumt ist (§ 93 I), in der Praxis nur schwer umsetzbar sein. 18

i) Warehousing-Verbot. § 239 schließt bei Immobilien-Sondervermögen **bestimmte Transaktionen mit der verwaltenden KVG** aus (Warehousing-Verbot). Über § 260a gilt dies in gleichem Maße für Infrastruktur-Sondervermögen und mit Blick auf den mit dem Warehousing-Verbot verfolgten Zweck, die Anleger vor Interessenkonflikten zu schützen, die Transaktionen für Rechnung des Sondervermögens mit der KVG selbst immanent sind, macht es Sinn, nicht nur Immobilien, sondern **auch Beteiligungen an Infrastruktur-Projektgesellschaften** hierunter zu fassen (im Ergebnis ebenso EDD/*Zingler* § 260a Rn. 43). Ausgeschlossen für Infrastruktur-Sondervermögen sind daher der Erwerb von Vermögensgegenständen von der KVG selbst (§§ 260a, 239 I 1) sowie der Erwerb von Vermögensgegenständen von einem Mutter-, Schwester- oder Tochterunternehmen der KVG oder von einer anderen Gesellschaft, an der die KVG eine bedeutende Beteiligung hält (§§ 260a, 239 I 2). Nur mit Zustimmung der BaFin dürfen die fol- 19

genden Veräußerungstransaktionen für Rechnung eines Infrastruktur-Sondervermögens erfolgen:
- eine Veräußerung von Vermögensgegenständen an die KVG selbst, handelnd für eigene Rechnung (§§ 260 a, 239 II Nr. 1);
- eine Veräußerung von Vermögensgegenständen an Mutter-, Schwester- oder Tochterunternehmen der KVG oder eine andere Gesellschaft, an der die KVG eine bedeutende Beteiligung hält (§§ 260 a, 239 II Nr. 2);
- eine Veräußerung von Vermögensgegenständen an einen anderen AIF, der von der KVG oder einem Mutter-, Schwester- oder Tochterunternehmen der KVG oder einer anderen Gesellschaft, an der die KVG eine bedeutende Beteiligung hält, verwaltet wird (§§ 260 a, 239 II Nr. 3).

Ein Verstoß gegen das Warehousing-Verbot berührt die Wirksamkeit des abgeschlossenen Rechtsgeschäfts nicht (§ 242).

20 **j) Beschränkung von Ausschüttungen.** § 252 enthält gewisse Vorgaben für die **Verwendung der Erträge** eines Immobilien-Sondervermögens und die Bildung von **Reserven für künftige Instandsetzungen** von Vermögensgegenständen. Die Bestimmungen gelten über die Verweisung in § 260 a auch für Infrastruktur-Sondervermögen, sollten allerdings primär nur in Bezug auf Immobilienanlagen von Relevanz sein, da bei Anlagen in Infrastruktur-Projektgesellschaften Vorsorge für künftige Instandsetzungen idR auf Ebene der jeweiligen Projektgesellschaft getroffen wird (anders wohl EDD/*Zingler* § 260 a Rn. 58).

21 **2. Vorschriften für Investmentvermögen gem. OGAW-RL. a) Allgemeines.** Über die Verweisung in § 260 a auf die für Immobilien-Sondervermögen geltenden Vorschriften finden über § 230 I auch die für Investmentvermögen gem. der OGAW-RL geltenden Vorschriften grundsätzlich entsprechende Anwendung. Diese pauschale Verweisung wirft freilich mit Blick auf das Zusammenspiel mit § 260 b an verschiedenen Stellen Fragen auf und es ist iE leider nicht immer ganz klar, ob die Vorschriften für Investmentvermögen gem. der OGAW-RL tatsächlich in jedem Einzelfall entsprechend angewendet werden sollen oder die pauschale Verweisung durch den Gesetzgeber eher „unreflektiert" erfolgte.

22 **b) Wertpapiere, Geldmarktinstrumente und Bankguthaben.** Hinsichtlich der Anlagen in Wertpapiere, Geldmarktinstrumente und Bankguthaben sind über die Verweisung in § 260 a auf § 230 I grundsätzlich auch die §§ 193, 198 (bezüglich Anlagen in Wertpapieren), § 194 (bezüglich Anlagen in Geldmarktinstrumenten) und § 195 (bezüglich Anlagen in Bankguthaben) sowie die §§ 206, 208 (hinsichtlich von Anlagegrenzen) und die §§ 210, 211 (hinsichtlich emittentenbezogenen Anlagegrenzen) entsprechend anzuwenden. Die vorgenannten Vermögensgegenstände sind nur dann erwerbbar, wenn neben den in § 260 b aufgestellten Anforderungskriterien **auch die Kriterien der §§ 193 ff. eingehalten** werden (vgl. EDD/*Schultz-Süchting* § 230 Rn. 11). Dies gilt allerdings nur insoweit, als in § 260 b keine spezielle Regelung getroffen wird, die als vorrangig anzusehen wäre.

23 **c) Derivate.** Aufgrund der Weiterverweisung in § 230 ist bei der Verwaltung des Infrastruktur-Sondervermögens grundsätzlich auch § 197 hinsichtlich des Erwerbs von Derivaten (einschließlich der Bestimmungen der auf Grundlage von § 197 III erlassenen DerivateV) zu beachten. In der Praxis bleibt hierfür allerdings nur wenig Raum, da Derivategeschäfte für Rechnung des Infrastruktur-Sondervermögens gem. § 260 b VII ausschließlich zu Absicherungszwecken abgeschlossen werden dürfen.

d) Wertpapierdarlehen und -leihe. Über die Weiterverweisung in § 230 sind auch die §§ 200–202 auf die Verwaltung von Infrastruktur-Sondervermögen entsprechend anwendbar. Die KVG kann daher für Rechnung des Infrastruktur-Sondervermögens Verträge über Wertpapier-Darlehen (als Darlehensgeberin) abschließen und die für Rechnung des Sondervermögens (gem. § 260b I Nr. 3 und 6) gehaltenen Wertpapiere gegen Stellung entsprechender Sicherheiten an Dritte verleihen, wenn dies in den Anlagebedingungen ausdrücklich vorgesehen ist (vgl. dazu EDD/*Zingler* § 260a Rn. 63). In diesem Fall sind die besonderen Informationspflichten nach Art. 14 der VO (EU) 2015/2365 über die Meldung und Transparenz von Wertpapierfinanzierungsgeschäften (SFTR) zu beachten. 24

e) Wertpapier-Pensionsgeschäfte. Aufgrund der Weiterverweisung in § 230 kann die KVG gem. § 203 für Rechnung eines Infrastruktur-Sondervermögens auch Wertpapier-Pensionsgeschäfte (Repos) abschließen, wenn dies in den Anlagebedingungen ausdrücklich vorgesehen ist. Auch in diesem Fall sind die besonderen Informationspflichten nach Art. 14 der VO (EU) 2015/2365 über die Meldung und Transparenz von Wertpapierfinanzierungsgeschäften (SFTR) zu beachten. Gegenstand können die für das Sondervermögen gem. § 260b erwerbbaren Wertpapiere sein (vgl. EDD/*Zingler* § 260a Rn. 63) und die KVG kann bei Wertpapier-Pensionsgeschäften sowohl als Pensionsgeber als auch als Pensionsnehmer dieser Wertpapiere auftreten. Gemäß § 203 S. 3 dürfen derartige Pensionsgeschäfte eine Laufzeit von höchstens zwölf Monaten haben. 25

f) Leerverkäufe. Aufgrund der Weiterverweisung in § 230 ist es der KVG gem. § 205 untersagt, für Rechnung des Infrastruktur-Sondervermögens Wertpapiere und Geldmarktinstrumente zu veräußern, die im Zeitpunkt des Abschlusses des Veräußerungsgeschäftes nicht zum Sondervermögen gehören (Leerverkaufsverbot). Unklar bleibt, ob die entsprechende Anwendung dieser Vorschrift dazu führt, dass auch andere als die vorgenannten Vermögensgegenstände (insb. Beteiligungen an Infrastruktur-Projektgesellschaften) dem Leerverkaufsverbot unterliegen. Abgesehen von den Fällen, in denen diese Beteiligungen ohnehin den Charakter eines Wertpapiers haben und daher bereits unmittelbar § 205 unterliegen, kann davon ausgegangen werden, dass das Leerverkaufsverbot des § 205 alle Vermögensgegenstände erfassen soll, die von einem Infrastruktur-Sondervermögen gehalten werden können, und sich daher bei entsprechender Anwendung auf alle Vermögensgegenstände erstrecken muss, die von einem Infrastruktur-Sondervermögen erworben werden dürfen (vgl. EDD/*Schultz-Süchting* § 230 Rn. 28). 26

IV. Besonderheiten bei Spezial-AIF

Bei der Verwaltung von Infrastrukturfonds in Form von **allgemeinen offenen Spezial-AIF** gem. § 282 sind die §§ 260a ff. nicht einzuhalten. Hier ist lediglich sicherzustellen, dass 27
- die Kapitalanlage nach dem Grundsatz der Risikomischung erfolgt (§ 282 I),
- nur Vermögensgegenstände erworben werden, deren Verkehrswert ermittelt werden kann (§ 282 II 1), und
- die Zusammensetzung der Vermögensgegenstände im Einklang mit den für den Spezial-AIF geltenden Regelungen zur Rücknahme von Anteilen oder Aktien steht.

Soweit eine Darlehensvergabe für Rechnung des Spezial-AIF erfolgt, ist § 285 III entsprechend anzuwenden, so dass grundsätzlich eine Darlehensvergabe nur möglich ist, wenn an dem Darlehensnehmer für Rechnung des Spezial-AIF eine Beteiligung gehalten wird. Weitergehende Anlagegrenzen oder –Beschränkungen bestehen nicht. Die §§ 287–292 sind entsprechend dem Rechtsgedanken des § 287 II Nr. 2 grundsätzlich auch dann nicht anwendbar, wenn die KVG die Kontrolle über eine Immobilien- oder Infrastruktur-Projektgesellschaft erlangt, sofern es sich bei der betreffenden Gesellschaft um eine Zweckgesellschaft handelt und die **Kontrollerlangung** nicht das eigentliche Ziel des Beteiligungserwerbs ist (vgl. AWZ/*Zetsche* § 287 Rn. 35; aA wohl WBA/*Swoboda* § 287 Rn. 15).

28 Für Infrastrukturfonds in Form von **offenen Spezial-AIF mit festen Anlagebedingungen** gem. § 284 sind die §§ 260a–260d entsprechend anzuwenden (§ 284 I), soweit nicht mit Zustimmung der Anleger ausdrücklich eine Abweichung von diesen Bestimmungen vereinbart wird (§ 284 II). Auch in diesem Fall dürfen aber nur die in dem (iRd FoStoG um Beteiligungen an Infrastruktur-Projektgesellschaften erweiterten) Anlagekatalog des § 284 II Nr. 2 genannten Vermögensgegenstände erworben werden und die in § 284 II Nr. 3 genannten Vorschriften müssen gleichwohl eingehalten werden. Für Rechnung des Spezial-AIF können

– gem. § 284 IV 1 **kurzfristige Kredite** bis zu 30% des Wertes des AIF, und
– gem. § 284 IV 3 **langfristige Kredite** bis zu 60% des Verkehrswertes der für Rechnung des Spezial-AIF gehaltenen Immobilien aufgenommen (und zur Besicherung gem. § 284 II Nr. 3 entsprechende Belastungen eingeräumt) werden.

Mit Blick auf den vom Gesetzgeber grundsätzlich gewollten „Gleichlauf" zwischen Immobilien- und Infrastruktur-Sondervermögen erscheint es gerechtfertigt, bei einem nach § 284 errichteten Infrastrukturfonds die 60%-Grenze auch auf die für Rechnung des Spezial-AIF gehaltenen Beteiligung an Infrastruktur-Projektgesellschaften zu erstrecken. Unter Beachtung der Vorgaben des § 285 III ist eine Kreditvergabe an Unternehmen möglich, an denen für Rechnung des Spezial-AIF eine Beteiligung gehalten wird.

29 Der BVI hat Anfang 2023 ein Methodenpapier mit unverbindlichen Hinweisen zur Ermittlung von Kennzahlen für Infrastrukturfonds vorgestellt, die in den aufsichtsrechtlichen Risikomesssystemen von Kreditinstituten und anderen institutionellen Anlegern eingesetzt werden können. In Anlehnung an die bereits im Immobilienbereich gemachten Erfahrungen wurde ein gesondertes **Infrastructure-Return-Modell (IRM)** geschaffen, bei dem durch Zerlegung des Infrastrukturportfolios die relevanten Marktrisiko-Kennzahlen eines Infrastruktur-Sondervermögens abgebildet werden.

§ 260b Zulässige Vermögensgegenstände, Anlagegrenzen

(1) **Die Kapitalverwaltungsgesellschaft darf für ein Infrastruktur-Sondervermögen nur erwerben:**

1. Beteiligungen an Infrastruktur-Projektgesellschaften,
2. Immobilien,
3. Wertpapiere,
4. Geldmarktinstrumente,
5. Bankguthaben,
6. Investmentanteile nach Maßgabe des § 196, wenn die Investmentvermögen, an denen Anteile gehalten werden, ausschließlich in Bankguthaben und Geldmarktinstrumenten angelegt sind, und

7. Vermögensgegenstände nach Maßgabe des Absatzes 7.

(2) **Die Kapitalverwaltungsgesellschaft hat sicherzustellen, dass**

1. der Anteil der für Rechnung des Infrastruktur-Sondervermögens gehaltenen Beteiligungen an Infrastruktur-Projektgesellschaften 80 Prozent des Wertes des Sondervermögens nicht übersteigt und

2. nicht mehr als 10 Prozent des Wertes eines Infrastruktur-Sondervermögens in einer einzigen Infrastruktur-Projektgesellschaft angelegt sind.

(3) **Die Kapitalverwaltungsgesellschaft hat sicherzustellen, dass nicht mehr als 30 Prozent des Wertes des Infrastruktur-Sondervermögens in Immobilien und Rechten angelegt werden.**

(4) **Die Kapitalverwaltungsgesellschaft hat sicherzustellen, dass der Anteil der für Rechnung des Infrastruktur-Sondervermögens gehaltenen Beteiligungen an Infrastruktur-Projektgesellschaften, Immobilien und Nießbrauchrechten an Grundstücken mindestens 60 Prozent des Wertes des Sondervermögens beträgt.**

(5) **Die Kapitalverwaltungsgesellschaft hat sicherzustellen, dass nicht mehr als 20 Prozent des Wertes des Infrastruktur-Sondervermögens in Wertpapieren im Sinne des § 193 Absatz 1 Nummer 1, 5 und 6 angelegt werden.**

(6) **Die Kapitalverwaltungsgesellschaft hat sicherzustellen, dass der Anteil der für Rechnung des Infrastruktur-Sondervermögens gehaltenen Vermögensgegenstände nach Absatz 1 Nummer 4 bis 6 mindestens 10 Prozent des Wertes des Sondervermögens beträgt.**

(7) **Geschäfte, die Derivate zum Gegenstand haben, dürfen nur zur Absicherung von im Infrastruktur-Sondervermögen gehaltenen Vermögensgegenständen gegen einen Wertverlust getätigt werden.**

Inhaltsübersicht

	Rn.
I. Allgemeines	1
II. Zulässige Vermögensgegenstände (Abs. 1)	2
1. Beteiligungen an Infrastruktur-Projektgesellschaften (Nr. 1)	2
2. Immobilien (Nr. 2)	9
3. Wertpapiere (Nr. 3)	12
4. Liquiditätsanlagen	16
a) Geldmarktinstrumente (Nr. 4)	17
b) Bankguthaben (Nr. 5)	19
c) Anteile an Geldmarktfonds (Nr. 6)	20
5. Derivate (Nr. 7)	21
6. Bewirtschaftungsgegenstände	22
7. Anteile an anderen Infrastrukturfonds	23
III. Anlagegrenzen	24
1. Allgemeines	24
2. Infrastruktur-Projektgesellschaften und Immobilien (Abs. 2–4)	26
3. Liquide Vermögenswerte (Abs. 6)	29
4. Anlagen in Wertpapiere (Abs. 5)	30
5. Anlaufzeit	32
6. Übersicht	34

Rn.
IV. Geltung für Spezial-AIF 35
1. Offene Spezial-AIF mit festen Anlagebedingungen 35
2. Allgemeine offene Spezial-AIF 37
3. Geschlossene Spezial-AIF 38

I. Allgemeines

1 Die Vorschrift wurde iRd FoStoG vom 3.6.2021 in das KAGB aufgenommen. Sie entspricht grundsätzlich dem früheren § 90b InvG (in seiner zuletzt geltenden Fassung) und legt zunächst vier Kategorien von erwerbbaren Vermögensgegenständen fest, mit denen eine ausgewogene Portfoliosteuerung erreicht werden soll, wobei hinsichtlich der Erwerbsvoraussetzungen grundsätzlich die Vorschriften für Investmentvermögen gem. der OGAW-Richtlinie und für Immobilien-Sondervermögen entsprechend gelten (vgl. BT-Drs. 16/5576, 78). Für diese Zwecke versteht der Gesetzgeber „Beteiligungen an Infrastruktur-Projektgesellschaften" und „Immobilien" als eine (gemeinsame) Anlagekategorie. Daneben enthält § 260b bestimmte Anlagegrenzen für die Gewichtung der einzelnen Vermögensgegenstände innerhalb des Infrastruktur-Sondervermögens und abschließend noch eine Regelung zum Einsatz von Derivaten. Andere als die in § 260b genannten Vermögensgegenstände dürfen für ein Infrastruktur-Sondervermögen nicht erworben werden (vgl. AWZ/*Kloyer*/*Kobabe* § 260b Rn. 2).

II. Zulässige Vermögensgegenstände (Abs. 1)

2 **1. Beteiligungen an Infrastruktur-Projektgesellschaften (Nr. 1).** Im Mittelpunkt der Anlagen eines Infrastruktur-Sondervermögens stehen Beteiligungen an Infrastruktur-Projektgesellschaften als mittelbare Zugangsmöglichkeit zu Infrastrukturprojekten. Sie sind an die Stelle der im früheren § 90b I Nr. 1 InvG genannten Beteiligungen an ÖPP-Projektgesellschaften getreten, um den praktischen Anwendungsbereich der Vorschriften deutlich zu erweitern. Infrastruktur-Projektgesellschaften sind gem. der ebenfalls im Zuge des FoStoG neu in § 1 XIX Nr. 23a aufgenommenen Definition Gesellschaften, die nach dem Gesellschaftsvertrag oder der Satzung gegründet wurden, um dem Funktionieren des Gemeinwesens dienende Einrichtungen, Anlagen, Bauwerke oder jeweils Teile davon zu errichten, zu sanieren, zu betreiben oder zu bewirtschaften. Implizit enthält § 1 XIX Nr. 23a damit auch eine Definition des Begriffs **Infrastruktur** als „dem Funktionieren des Gemeinwesens dienende Einrichtungen, Anlagen, Bauwerke oder Teile davon". In Anlehnung an § 2 X BSIG fallen hierunter insb. derartige Gegenstände in den Bereichen Energie, Informationstechnik und Telekommunikation, Transport und Verkehr, Gesundheit, Wasser, Ernährung sowie Finanz- und Versicherungswesen (vgl. → § 1 Rn. 110). Diese Aufzählung ist freilich keineswegs als abschließend zu verstehen, so dass auch Einrichtungen aus anderen Bereichen der Daseinsvorsorge (zB Bildungseinrichtungen wie (Hoch-) Schulen oder Kindergärten) hierunter fallen können. Der Wortlaut des § 1 XIX Nr. 23 macht deutlich, dass die dort genannten Tätigkeiten (Errichtung, Sanierung, Betreiben, Bewirtschaften) nicht kumulativ erfüllt sein müssen, so dass eine Infrastruktur-Projektgesellschaft eine von ihr errichtete Infrastrukturanlage nicht zwangsläufig auch selbst betreiben muss.

Der Begriff der Infrastruktur-Projektgesellschaft ist im Vergleich zur ÖPP-Projektgesellschaft weiter gefasst, da keine Kooperation zwischen der öffentlichen Hand und der Privatwirtschaft vorausgesetzt wird; vielmehr können Infrastruktur-Projektgesellschaften auch **rein privatwirtschaftlich** ausgestaltet sein (BT-Drs. 19/27631, 87). Gleichwohl wurde der Begriff „ÖPP-Projektgesellschaft" in § 1 XIX Nr. 28 beibehalten, hat aber praktisch nur noch Bedeutung für geschlossene Publikums-AIF (s. § 261 I Nr. 2). Fraglich ist jedoch, ob die „neuen" Infrastruktur-Sondervermögen überhaupt noch in **ÖPP-Projektgesellschaften** investieren können, da diese in § 260a nicht ausdrücklich als zulässiger Anlagegegenstand genannt werden. Gleichwohl spricht nichts gegen eine Erwerbbarkeit, sofern sie zugleich auch die Voraussetzungen einer Infrastruktur-Projektgesellschaft erfüllen. Wegen der grundsätzlich weiter gefassten Definition der Infrastruktur-Projektgesellschaft sollte dies aber kaum praktische Probleme bereiten. 3

Die Infrastruktur-Projektgesellschaft kann grundsätzlich als **Pendant zu der Immobilien-Gesellschaft** angesehen werden, die im Rahmen eines Immobilien-Sondervermögens gehalten werden kann. Insbesondere in den Begriffsmerkmalen „betreiben" und „bewirtschaften" zeigt sich freilich ein ganz wesentlicher Unterschied: Die Immobilien-Gesellschaft kann nach § 1 XIX Nr. 22 KAGB nur Immobilien sowie die zur Bewirtschaftung der Immobilien erforderlichen Gegenstände erwerben und gem. § 235 I Nr. 1 muss der Unternehmensgegenstand einer Immobilien-Gesellschaft auf Tätigkeiten beschränkt sein, welche die AIF-Kapitalverwaltungsgesellschaft für das Immobilien-Sondervermögen ausüben darf. Diese darf aber nach allgemeiner Auffassung **keinen operativen Tätigkeiten** wie zB dem Betrieb einer Immobilie nachgehen (vgl. EDD/*Conradi* § 231 Rn. 18 ff.). Für viele Infrastruktur-Projektgesellschaften dürfte hingegen der Betrieb des Infrastrukturprojektes (zB eines Flughafens) und das Eingehen der damit verbundenen unternehmerischen ein ganz wesentliches Merkmal sein. Anders als nach den früher geltenden Regelungen für Beteiligung an ÖPP-Projektgesellschaften (§ 90b II InvG) sind nunmehr Beteiligungen vor Abschluss der Errichtung oder Sanierung der betreffenden Infrastrukturanlage, mithin also schon vor Beginn der Betreiberphase (Greenfield) nicht mehr ausdrücklich ausgeschlossen. Dies erweitert die Anlagemöglichkeiten und eröffnet auch den Zugang zu Projekten, bei denen die **Übernahme des Entwicklungsrisikos** mit entsprechend höheren Renditechancen einhergeht. 4

Entsprechend dem allgemeinen Verständnis des investmentrechtlichen Beteiligungsbegriffs muss es sich bei einer „Beteiligung" um eine **mitgliedschaftsrechtliche Beteiligung** an einem anderen Unternehmen handeln, durch die sowohl Vermögensrechte (zB Teilnahme am Gewinn) als auch Verwaltungsrechte (zB Mitsprache- und Informationsrechte) gewährt werden (vgl. BaFin, Eligible-Assets-FAQ, geändert am 5.7.2016, Teil 2, Nr. 7). Mithin werden somit primär Gesellschafterstellungen in den Infrastruktur-Projektgesellschaften (aufgrund einer Beteiligung am Eigenkapital) erfasst. Unerheblich ist dabei, ob es sich um **Mehrheits- oder Minderheitsbeteiligungen** handelt (→ § 260a Rn. 7). Nicht als Beteiligung gelten hingegen rein schuldrechtliche Verbindungen, zB aufgrund eines Darlehens. Bei hybriden Finanzierungsformen wird man danach abgrenzen müssen, inwieweit das betreffende Finanzierungsinstrument hinreichende Vermögens- und Verwaltungsrechte vermittelt und damit als eigenkapitalähnlich anzusehen ist. Im Übrigen können Infrastruktur-Projektgesellschaften ihren Sitz sowohl im Inland als auch im **Ausland** haben. Keine Aussage findet sich in § 1 XIX Nr. 23a oder den §§ 260a ff., ob die Gesellschafterstellung mit einer entsprechenden Haftungsbegrenzung (auf 5 die abgegebene Kapitalzusage) verbunden sein muss oder auch (anders als bei Immobilien-Gesellschaften) auch eine Position als persönlich haftender Gesellschafter möglich ist; im Sinne des Anlegerschutzes sollten in entsprechender Anwendung des § 234 S. 1 Nr. 5 nur solche Beteiligungsformen zulässig sein, bei denen eine über die geleistete Einlage hinausgehende **Nachschusspflicht ausgeschlossen** ist. Die §§ 260a ff. enthalten grundsätzlich auch keine Aussage dazu, ob es sich bei der Beteiligung an einer Infrastruktur-Projektgesellschaft um eine Mehrheitsbeteiligung handeln muss oder ob auch Minderheitsbeteiligungen zulässig sind. Somit spricht zunächst einmal nichts gegen den Erwerb von Beteiligungen, die nicht die Mehrheit des Kapitals bzw. der Stimmrechte des Beteiligungsunternehmens ausmachen. Fraglich ist jedoch, ob sich über die Bezugnahme in § 260a auf §§ 230ff. etwas anderes ergibt. Neben einer Beteiligung an einer Infrastruktur-Projektgesellschaft mit Eigenkapital kann die KVG einer Infrastruktur-Gesellschaft auch Fremdkapital in Form eines Gesellschafterdarlehens zur Verfügung stellen (→ § 260a Rn. 11ff.).

6 Anders als zB im Rahmen des Solvency-II-Rahmenwerks müssen Infrastruktur-Projektgesellschaften keine besonderen Anforderungen erfüllen in Bezug auf ihre Stressbeständigkeit, die Vorhersehbarkeit von Cashflows und den Schutz der Fremd- und Eigenkapitalgeber vor Verlusten, die sich aus der Beendigung des Projekts durch die Partei ergeben können, die sich zur Abnahme der von der Infrastruktur-Projektgesellschaft angebotenen Güter oder Dienstleistungen verpflichtet hat (vgl. insoweit EG 6 der DelVO (EU) 2016/467 der Kommission vom 30.9.2015).

7 § 90b II InvG sah vor, dass Beteiligungen an ÖPP-Projektgesellschaften nur erworben werden durften, wenn zuvor ihr **Wert durch einen Abschlussprüfer** iSd § 319 I 1, 2 HGB sowie in entsprechender Anwendung der für den Erwerb von Beteiligungen an Immobilien-Gesellschaften geltenden Bestimmungen (§ 70 II InvG) **ermittelt** wurde; hierdurch sollte sichergestellt werden, dass die betreffende Beteiligung werthaltig ist und zu einem angemessenen Preis erworben wird (vgl. BT-Drs. 16/5576, 78). Eine vergleichbare Erwerbsvoraussetzung für Beteiligungen an Infrastruktur-Projektgesellschaften ist in den §§ 260a ff. ausdrücklich nicht vorgesehen. Fraglich ist jedoch, ob sich eine solche nicht aus der allgemeinen Verweisung in § 260a auf die für Immobilien-Sondervermögen geltenden Bestimmungen ergibt, die grundsätzlich auch § 235 mit umfassen.

8 Im Bereich Infrastrukturanlagen sind in der Praxis häufig auch **Fremdkapitalinvestments** (insb. in Form von Darlehen) und mezzanine Finanzierungen (zB in Form nachrangiger Verbindlichkeiten oder von Wandelschuldverschreibungen) für Projektgesellschaften anzutreffen (FK-KapAnlR/*Koschmieder* Kap. 10 Rn. 7ff.). Sofern diese Wertpapiercharakter haben (zB bei Verbriefung als sog. Project Bonds), können sie ggf. als Wertpapiere erworben werden (→ Rn. 12ff.) Eine reine Darlehensvergabe an Infrastruktur-Gesellschaften ist in § 260b hingegen nicht vorgesehen. Aufgrund des Verweises in § 260a sind jedoch die Vorschriften für die Darlehensgewährung an Immobilien-Gesellschaften entsprechend anzuwenden, so dass für Rechnung eines Infrastruktur-Sondervermögens auch Darlehen an Infrastruktur-Gesellschaften vergeben werden können, an denen das Infrastruktur-Sondervermögen zugleich auch eine gesellschaftsrechtliche Beteiligung hält.

9 **2. Immobilien (Nr. 2).** Der in § 260b zugrunde gelegte Immobilienbegriff wirft zahlreiche Fragen auf. Wird in § 260b I allgemein von „Immobilien“ gesprochen, ist in § 260b IV von „Immobilien und Nießbrauchrechten an Grundstücken“

die Rede, während in § 260b III auf „Immobilien und Rechte" Bezug genommen wird. Ausgehend von § 1 XIX Nr. 21 sind als „Immobilien" allgemein Grundstücke, grundstücksgleiche Rechte und vergleichbare Rechte nach dem Recht anderer Staaten anzusehen. Dieser **weite Immobilienbegriff** kann für den Kreis der für ein Infrastruktur-Sondervermögen zulässigen Immobilienanlagen jedoch nicht abschließend gelten, da über die Verweisung in § 260a auf die für Immobilien-Sondervermögen geltenden Bestimmungen auch § 231 I anzuwenden ist, der für Immobilien-Sondervermögen nur ganz bestimmte Immobilienanlagen zulässt (zur unklaren Situation nach altem Recht vgl. EDDH/*Schulte,* 1. Aufl. 2013, InvG § 90a Rn. 5), zu denen insb.

– Mietwohngrundstücke, Geschäftsgrundstücke und gemischt genutzte Grundstücke (§ 231 I Nr. 1),
– bestimmte Grundstücke im Zustand der Bebauung (§ 231 I Nr. 2) und
– unbebaute Grundstücke, die für eine alsbaldige eigene Bebauung zur Nutzung als Mietwohngrundstücke, Geschäftsgrundstücke oder gemischt genutzte Grundstücke bestimmt und geeignet sind (§ 231 I Nr. 3)

zählen, daneben aber auch bestimmte Erbbaurechte (§ 231 I Nr. 4), andere Grundstücke und andere Erbbaurechte sowie Rechte in Form des Wohnungseigentums, Teileigentums, Wohnungserbbaurechts und Teilerbbaurechts (§ 231 I Nr. 5) sowie Nießbrauchrechte an Mietwohngrundstücken, Geschäftsgrundstücken und gemischt genutzten Grundstücken, die der Erfüllung öffentlicher Aufgaben dienen (§ 231 I Nr. 6). Nachdem § 260b IV nur von „Immobilien und Nießbrauchrechten an Grundstücken" spricht, stellt sich die Frage, warum nur diese in § 231 I Nr. 6 genannte Anlageform erwähnt wird. Auch wenn bestimmte der sonst in § 231 I genannten Immobilienanlagen für ein Infrastruktur-Sondervermögen kaum praktische Relevanz haben (insb. Mietwohngrundstücke, Wohnungseigentum, Wohnungserbbaurechte und Nießbrauchrechte an Mietwohngrundstücken), so stellt sich doch insb. die Frage, wie zB mit Erbbaurechten zu verfahren ist. Für die Zulässigkeit eines Erwerbs spricht insoweit der Umstand, dass sie in den §§ 260a ff. nicht ausdrücklich ausgeschlossen sind, sondern vielmehr über die Verweisung in § 260a auf die für Immobilien-Sondervermögen geltenden Vorschriften implizit in den Kreis der für ein Infrastruktur-Sondervermögen zulässigen Immobilienanlagen mit aufgenommen sind. Der Umstand, dass **Erbbaurechte** in § 260 IV nicht ausdrücklich genannt sind, lässt sich dadurch lösen, dass man diese in den dort verwendeten Immobilienbegriff mit hineinliest (so auch BSV/*Kunschke* § 260b Rn. 6).

Anders als noch § 90b IV 1 InvG enthält § 260b I keine Erwerbvoraussetzung dahingehend, dass Immobilien und Nießbrauchrechte an Grundstücken nur dann erworben werden dürfen, wenn sie der Erfüllung öffentlicher Aufgaben dienen. Dies erscheint insoweit konsequent, als das „neue" Infrastruktur-Sondervermögen **nicht mehr nur auf ÖPP-Projekte ausgerichtet** ist, bei denen die Erfüllung öffentlicher Aufgaben zwangsläufig im Vordergrund steht (vgl. BSL/*Campbell* InvG§ 90b Rn. 13). Unklar bleibt indessen, inwieweit Immobilien iSv § 260b I Nr. 2 einen Bezug zu Infrastrukturprojekten aufweisen müssen. Mangels gesetzlicher Regelung gilt dies jedoch nur für Immobilien, die von einer Infrastruktur-Projektgesellschaft gehalten werden (vgl. EDD/*Zingler* § 260b Rn. 9). Im Übrigen fällt auf, dass in Abs. 2 zwar Immobilien, nicht aber Beteiligungen an Immobilien-Gesellschaften genannt werden. Es ist nicht ersichtlich, dass der Gesetzgeber indirekte Immobilienanlagen bewusst ausschließen wollte, die insb. aus steuerlichen Gründen Sinn ergeben können, so dass eigentlich nichts dagegen spricht, die Verweisung in § 260a **10** auf § 231 I Nr. 7 als Grundlage für Anlagen in Immobilien-Gesellschaften heranzuziehen (vgl. AWZ/*Kloyer/Kobabe* § 260a Rn. 18). Die BaFin sieht die gesetzliche Aufzählung der zulässigen Vermögensgegenstände gleichwohl als abschließend an (vgl. EDD/*Zingler* § 260b Rn. 11; BSV/*Kunschke* § 260b Rn. 8, 21).

11 Die **Belegenheit** der iRv § 260b I Nr. 2 erwerbbaren Immobilien wird in der Vorschrift nicht besonders geregelt, über die Verweisung in § 260a auf § 233 sind aber die dort festgelegten Vorgaben zu beachten (vgl. EDD/*Zingler* § 260a Rn. 31). Dies gilt auch hinsichtlich der Begrenzung von Währungsrisiken, wobei durch Derivategeschäfte abgesicherte Positionen grundsätzlich nicht mehr ins Gewicht fallen (vgl. → § 233 Rn. 12).

12 **3. Wertpapiere (Nr. 3).** Die im Rahmen eines Infrastruktur-Sondervermögens gehaltenen Wertpapiere sollen der **Vorhaltung vor allem mittelfristiger Liquidität** dienen (vgl. BT-Drs. 16/5576, 78). Da in § 260b I Nr. 3 nur allgemein von Wertpapieren gesprochen wird, ist über die Verweisung in § 260a auf die Vorschriften für Immobilien-Sondervermögen und die dort (in § 230 I) erfolgte Verweisung auf die Vorschriften für Sondervermögen gem. der OGAW-RL grundsätzlich auch § 193 anwendbar, der überwiegend auf eine Börsenzulassung der betreffenden Wertpapiere abstellt, daneben aber auch Anteile an bestimmten geschlossenen Fonds und andere Finanzinstrumente umfasst, welche gewisse Kriterien der Eligible-Assets-RL erfüllen (vgl. BSL/*Campbell* InvG § 90b Rn. 5). Allerdings enthalten die Bestimmungen für Immobilien-Sondervermögen mit § 253 I Nr. 4 eine spezielle Regelung für Anlagen in Wertpapiere zu Liquiditätszwecken, die nur einen Erwerb von

- EZB-fähigen Wertpapieren (§ 253 I Nr. 4 Buchst. a),
- an einem organisierten Markt zugelassenen Wertpapieren (§ 253 I Nr. 4 Buchst. b Alt. 1) und
- festverzinslichen Wertpapieren, deren Wert einen Betrag von 5% des Wertes des Sondervermögens nicht übersteigt (§ 253 I Nr. 4 Buchst. b Alt. 2)

zulässt. Als zulässige Liquiditätsanlage werden daneben auch börsenzugelassene Aktien von REIT-Aktiengesellschaften oder vergleichbare Anteile ausländischer juristischer Personen genannt (§ 253 I Nr. 5), diese unterliegen aber ebenso wie festverzinsliche Wertpapiere besonderen Anlagegrenzen. In Anbetracht der engen Anlehnung der Vorschriften für Infrastruktur-Sondervermögen an die für Immobilien-Sondervermögen geltenden Vorschriften wäre daher daran zu denken, auch nur die vorgenannten Wertpapiere als Liquiditätsanlage für Infrastruktur-Sondervermögen zuzulassen (aA EDD/*Zingler* § 260b Rn. 12).

13 Dies wirft freilich die Frage nach dem Zusammenspiel mit der in § 260b V vorgesehenen Anlagegrenze auf, die sich nur auf

- Wertpapiere, die an einer Börse in einem Mitgliedstaat der EU oder in einem anderen Vertragsstaat des Abkommens über den EWR zum Handel zugelassen oder in einem dieser Staaten an einem anderen organisierten Markt zugelassen oder in diesen einbezogen sind (§ 193 I Nr. 1),
- Wertpapiere, in Form von Aktien, die dem Sondervermögen bei einer Kapitalerhöhung aus Gesellschaftsmitteln zustehen (§ 193 I Nr. 5) und
- Wertpapiere, die in Ausübung von Bezugsrechten, die zum inländischen OGAW gehören, erworben werden (§ 193 I Nr. 6),

bezieht. Aus § 260b V kann zunächst der Schluss gezogen werden, dass auf jeden Fall die dort genannten Wertpapiere zu den für ein Infrastruktur-Sondervermögen erwerbbaren Wertpapieren zählen, nicht hingegen die anderen in § 193 I genannten

Wertpapiere, da es dann kaum dem gesetzgeberischen Willen entsprechen kann, nur die in § 193 I Nr. 1, 5 und 6 genannten, besonders hohen Anforderungen in Bezug auf Liquidität und Sicherheit unterliegenden Wertpapiere einer Anlagegrenze zu unterwerfen (vgl. schon *Zetsche* ZBB 2007, 438 (445); *Campbell* WM 2008, 1774 (1777)).

Fraglich ist, ob darüber hinaus auch die anderen in § 253 I genannten, aber nicht von § 193 I Nr. 1 bereits erfassten Wertpapiere iRd § 260b I Nr. 3 erwerbbar sind, was in der Praxis primär Wertpapiere mit Börsenzulassung außerhalb der EU bzw. des EWR und festverzinsliche Wertpapiere ohne Börsenzulassung betrifft. Aufgrund des vom Gesetzgeber im Zusammenhang mit den früheren Bestimmungen für Infrastruktur-Sondervermögen zum Ausdruck gebrachten Willens, dass für Rechnung eines Infrastruktur-Sondervermögens nur Wertpapiere erworben werden sollen, die an einer Börse in einem Mitgliedstaat der EU oder in einem Vertragsstaat des Abkommens über den EWR zum Handel zugelassen sind (BT-Drs. 16/5576, 79), dürfte für eine derart weite Auslegung jedoch kaum Raum sein. Es wäre hilfreich gewesen, wenn der Gesetzgeber diesen Willen in § 260b etwas klarer zum Ausdruck gebracht hätte. 14

Da an den Emittenten der von einem Infrastruktur-Sondervermögen erwerbbaren Wertpapiere grundsätzlich keine besonderen Anforderungen gestellt werden, ist davon auszugehen, dass auch Wertpapiere erworben werden können, welche zwar ein Exposure zu Infrastrukturrisiken vermitteln, deren Emittent aber nicht die Voraussetzungen einer Infrastruktur-Projektgesellschaft erfüllt. 15

4. Liquiditätsanlagen. Gemäß § 260b VI hat die KVG sicherzustellen, dass der Anteil der für Rechnung des Infrastruktur-Sondervermögens gehaltenen Liquiditätsanlagen nach § 260b I Nr. 4–6 mindestens 10% des Wertes des Sondervermögens beträgt. Ähnlich wie bei Immobilien-Sondervermögen soll das Halten von Liquiditätsanlagen (Geldmarktinstrumente, Bankguthaben und Anteile an Geldmarktfonds) der **Vorhaltung kurzfristiger Liquidität** dienen, da es im Zweifel nicht möglich ist, Beteiligungen an Infrastruktur-Projektgesellschaften und Immobilien kurzfristig zu einem angemessenen Preis zu veräußern, wenn im Sondervermögen entsprechender Liquiditätsbedarf (zB zur Bedienung von Anteilsrückgaben) auftritt (vgl. BT-Drs. 16/5576, 78). 16

a) Geldmarktinstrumente (Nr. 4). Hinsichtlich des Begriffs „Geldmarktinstrumente" ist zunächst von der Definition in § 197 I für richtlinienkonforme Sondervermögen auszugehen. Als Geldmarktinstrumente gelten danach 17

- Instrumente, die üblicherweise auf dem Geldmarkt gehandelt werden, und
- verzinsliche Wertpapiere, (a) die im Zeitpunkt ihres Erwerbs eine restliche Laufzeit von höchstens 397 Tagen haben, (b) deren Verzinsung nach den Ausgabebedingungen während ihrer gesamten Laufzeit regelmäßig, mindestens aber einmal in 397 Tagen, marktgerecht angepasst wird oder (c) deren Risikoprofil dem Risikoprofil solcher Wertpapiere entspricht.

Erwerbbar sind Geldmarktinstrumente aber nur dann, wenn sie die in § 197 I Nr. 1–6 genannten Anforderungen hinsichtlich ihrer Liquidität bzw. Sicherheit erfüllen und wenn zusätzlich die Voraussetzungen von Art. 4 I und 2 der Eligible-Assets-RL erfüllt sind. Der deutsche Gesetzgeber hat somit eine Differenzierung zwischen den Merkmalen eines Geldmarktinstrumentes einerseits und den Voraussetzungen für einen zulässigen Erwerb von als Geldmarktinstrumenten klassifizierten Finanzinstrumenten andererseits vorgenommen.

18 § 253 I 1 Nr. 2 (der über die Verweisung in § 260a auch für Infrastruktur-Sondervermögen gilt) ermöglicht den Erwerb von Geldmarktinstrumenten, ohne diesen grundsätzlich an weitere Voraussetzungen (insb. die in § 194 I Nr. 1–6 genannten) zu knüpfen. Allerdings lässt § 198 Nr. 2 (der über die Verweisungen in §§ 260a, 230 I ebenfalls für Infrastruktur-Sondervermögen gilt) den Erwerb von Geldmarktinstrumenten von Emittenten, die nicht den Anforderungen des § 194 genügen, nur zu, wenn die Geldmarktinstrumente die in Art. 4 I, II der Eligible-Assets-RL gestellten Anforderungen an die Liquidität und Bewertbarkeit erfüllen (und beschränkt die Erwerbbarkeit auf 10% des Wertes des Sondervermögens). Im Ergebnis sind Geldmarktinstrumente daher für ein Infrastruktur-Sondervermögen erwerbbar, wenn sie entweder

– eine der in § 194 I Nr. 1–6 sowie die in § 194 II genannten Anforderungen, oder
– die in Art. 4 I, II der Eligible-Assets-RL genannten Anforderungen

erfüllen (vgl. AWZ/*Kloyer*/*Kobabe* § 260b Rn. 8).

19 **b) Bankguthaben (Nr. 5).** Der Begriff „Bankguthaben" wird im KAGB zwar nicht definiert, der über die Verweisungen in §§ 260a, 230 I entsprechend anwendbare § 195 legt aber bestimmte Voraussetzungen fest, die für Bankguthaben richtlinienkonformer Sondervermögen zu beachten sind und nach denen

– das Bankguthaben eine Laufzeit von höchstens zwölf Monaten haben darf,
– das Bankguthaben ist auf einem Sperrkonto zu führen ist und
– das Bankguthaben grundsätzlich bei einem Kreditinstitut mit Sitz in einem Mitgliedstaat der EU oder einem anderen Vertragsstaat des Abkommens über den EWR unterhalten werden muss, wobei ein Guthaben bei einem Kreditinstitut mit Sitz in einem Drittstaat zulässig ist, wenn dessen Aufsichtsbestimmungen nach Auffassung der Bundesanstalt denjenigen des Rechts der EU gleichwertig sind.

Für diese Zwecke ist davon auszugehen, dass ein Bankguthaben eine (Sicht- oder Termin-) Einlage bei einem Kreditinstitut ist.

20 **c) Anteile an Geldmarktfonds (Nr. 6).** Im Rahmen der Liquiditätsanlagen eines Infrastruktur-Sondervermögens können auch Anteile an Investmentvermögen nach Maßgabe des § 196 gehalten werden, wenn diese Investmentvermögen ausschließlich in Bankguthaben und Geldmarktinstrumenten angelegt sind, es sich bei ihnen mithin um Anteile an Geldmarktfonds handelt. § 196 I erlaubt insoweit eine Anlage in

– Anteilen an in- oder ausländischen OGAW, und
– Anteilen an anderen inländischen Sondervermögen und InvAG mit veränderlichem Kapital sowie Anteilen an offenen EU-AIF und ausländischen offenen AIF, sofern es sich bei diesen insb. um offene Investmentvermögen handelt und das Schutzniveau des Anlegers als mit dem Schutzniveau eines Anlegers in einem inländischen OGAW gleichwertig angesehen werden kann.

Anlagen in geschlossene AIF oder Spezial-AIF sind insoweit ausgeschlossen (vgl. EDD/*Zingler* § 260b Rn. 14). Zur Vermeidung von Kaskadenstrukturen dürfen darüber hinaus maximal 10% des Wertes (des zu erwerbenden Investmentvermögens) in Anteilen an anderen inländischen Sondervermögen, Investmentaktiengesellschaften mit veränderlichem Kapital, offenen EU-Investmentvermögen oder ausländischen offenen AIF angelegt werden (§ 196 II). Die Vorschrift entspricht weitestgehend § 253 I 1 Nr. 3.

5. Derivate (Nr. 7). § 260b I Nr. 7 lässt (iVm VII) die Geschäfte zu, die Derivate zum Gegenstand haben, sofern dadurch im Infrastruktur-Sondervermögen gehaltene Vermögensgegenstände gegen einen Wertverlust abgesichert werden; diese Regelung entspricht dem früheren § 90b VIII InvG. Der Begriff „Derivate" wird im KAGB zwar nicht definiert, der über die Verweisungen in §§ 260a, 230 I entsprechend anwendbare § 197 lässt für richtlinienkonforme Sondervermögen zu Absicherungszwecken aber die Anlage in Derivate zu, die von 21

- Wertpapieren,
- Geldmarktinstrumenten,
- Investmentanteilen gem. § 196,
- Finanzindizes iSd Art. 9 I der Eligible-Assets-RL,
- Zinssätzen,
- Wechselkursen oder
- Währungen

abgeleitet sind, in die das Sondervermögen nach seinen Anlagebedingungen investieren darf. Zur Absicherung von Mietausfallrisiken können darüber hinaus Credit-Linked Notes (CLN) und Credit Default Swaps (CDS) eingesetzt werden. Zu Investitionszwecken dürfen Derivate in einem Infrastruktur-Sondervermögen in keinem Fall eingesetzt werden (vgl. BT-Drs. 16/5576, 79).

6. Bewirtschaftungsgegenstände. Über die Verweisung in § 260a auf § 231 sind grundsätzlich auch sog. Bewirtschaftungsgegenstände für ein Infrastruktur-Sondervermögen erwerbbar. Nach der Definition des § 231 III handelt es sich dabei zunächst nur um Gegenstände, „die zur Bewirtschaftung der Vermögensgegenstände des Immobilien-Sondervermögens erforderlich sind". Richtig Sinn ergibt die Verweisung auf § 231 III freilich nur, wenn man sie in dem Sinne versteht, dass auch Gegenstände darunter fallen, die auch für die Bewirtschaftung anderer Gegenstände eines Infrastruktur-Sondervermögens als Immobilien und Beteiligungen an Immobilien-Gesellschaften benötigt werden (vgl. EDDH/*Schulte,* 1. Aufl. 2013, InvG § 90a Rn. 12). Somit sind für ein Infrastruktur-Sondervermögen insb. auch solche Gegenstände als Bewirtschaftungsgegenstände erwerbbar, die für die Bewirtschaftung von Infrastrukturanlagen erforderlich sind, die von einer Infrastruktur-Projektgesellschaft gehalten oder betreiben werden, an der für Rechnung des Infrastruktur-Sondervermögens eine Beteiligung gehalten wird. 22

7. Anteile an anderen Infrastrukturfonds. Außerhalb von Liquiditätsanlagen (→ Rn. 20) sieht § 260b grundsätzlich keine Anlagen in andere Investmentvermögen vor. Eine Dachfonds-Struktur, bei der Anlagen in andere Infrastruktur-Sondervermögen getätigt werden, ist daher nicht möglich. 23

III. Anlagegrenzen

1. Allgemeines. Die § 260b II–VI sehen für die zulässigen Anlagegegenstände eines Infrastruktur-Sondervermögens bestimmte Anlagegrenzen vor, die als Bestandsgrenzen nicht nur beim Erwerb des jeweiligen Vermögensgegenstandes zu berücksichtigen sind, sondern während der gesamten Laufzeit des Infrastruktur-Sondervermögens und bei jeder Art von Geschäftsvorfall (BSL/*Campbell* InvG § 90b Rn. 2). Die KVG muss somit fortlaufend prüfen, inwieweit die Zusammensetzung des Infrastruktur-Sondervermögens im Einklang mit den festgelegten Anlagegrenzen steht. 24

25 Bezugsgröße der Anlagegrenzen ist der Wert des Infrastruktur-Sondervermögens. Insoweit ist zunächst festzustellen, dass bestimmte Vorschriften für Immobilien-Sondervermögen (die über die Verweisung in § 260a grundsätzlich auch für Infrastruktur-Sondervermögen entsprechend gelten würden) vorsehen, dass bei der Berechnung des „Wertes des Sondervermögens" aufgenommene Darlehen nicht abzuziehen sind (vgl. §§ 231 IV, 237 IV, 243 I). Allerdings betreffen diese Vorschriften Bestimmungen zu den zulässigen Vermögensgegenständen und Anlagegrenzen, für die eigentlich die in § 260b enthaltenen Bestimmungen als speziellere Regelung anzusehen sind (vgl. BSL/*Campbell* InvG § 90b Rn. 2). Nach dem früheren Recht gab es daneben mit § 36 I 2 InvG eine allgemeine Bestimmung, wonach bei der Ermittlung des Wertes eines Sondervermögens die aufgenommenen Kredite neben den sonstigen Verbindlichkeiten abzuziehen waren. Diese Bestimmung wurde in § 168 I 2 praktisch als Regelung zur Ermittlung des Wertes eines offenen Publikumsinvestmentvermögens fortgeführt. Nachdem das „offene Publikumsinvestmentvermögen" als Oberbegriff anzusehen ist, der auch (Publikums-) Sondervermögen umfasst, ist diese Bestimmung als allgemeinverbindliche Regelung grundsätzlich auch für die Zwecke der Anlagegrenzen des § 260b maßgeblich. Von den als Ausnahmevorschriften anzusehenden abweichenden Bestimmungen für Immobilien-Sondervermögen verbleibt nur Raum für eine entsprechende Anwendung des § 243 I hinsichtlich der in § 260b II Nr. 2 vorgegebenen Anlagegrenze (mit dem gleichen Ergebnis BSL/*Campbell* InvG § 90b Rn. 2). Im Übrigen sind bei der Ermittlung der für die Anlagegrenzen des § 260b benötigten Wertes Verbindlichkeiten aus Darlehensverträgen entsprechend § 168 I 2 in Abzug zu bringen.

26 **2. Infrastruktur-Projektgesellschaften und Immobilien (Abs. 2–4).** Gemäß § 260b IV müssen mindestens 60% des Wertes des Infrastruktur-Sondervermögens angelegt werden in Beteiligungen an Infrastruktur-Gesellschaften und Immobilien (einschl. Nießbrauchrechten). Auf diese Weise soll der Charakter als Infrastruktur-Sondervermögen verdeutlicht werden (vgl. BT-Drs. 19/27631, 99). Die Regelung entspricht dem früheren § 90b IV 1 InvG. Innerhalb dieser 60%-Grenze liegt die Anlagegrenze für Anlagen in Immobilien bei 30% des Wertes des Infrastruktur-Sondervermögens, um den eigentlichen Investitionsschwerpunkt nicht zu Gunsten des Grundstückserwerbes zu verschieben; diese Regelung entspricht dem früheren § 90b IV 2 InvG (vgl. daher BT-Drs. 16/5576, 79). Infolgedessen müssen somit mind. 30% des Wertes des Infrastruktur-Sondervermögens angelegt werden in Beteiligungen an Infrastruktur-Projektgesellschaften. Soweit Immobilien über Infrastruktur-Projektgesellschaften gehalten werden, erfolgt keine Anrechnung auf die 30%-Grenze für Immobilienanlagen (vgl. EDD/*Zingler* § 260b Rn. 21).

27 Anlagen eines Infrastruktur-Sondervermögens in Immobilien dürfen maximal 30% des Wertes des Infrastruktur-Sondervermögens ausmachen (§ 260b III); bei konsequenter Betrachtung sind hierbei nicht nur direkte Anlagen in Immobilien, sondern auch indirekte Anlagen über Beteiligungen an Immobilien-Gesellschaften und Rechten zu berücksichtigen, soweit man diese als zulässige Anlage ansieht (→ Rn. 10). Gemäß § 243 I 1 darf in einem Immobilien-Sondervermögen der **Wert einer einzelnen Immobilie** zur Zeit des Erwerbs 15% des Wertes des Sondervermögens nicht übersteigen. Diese Vorschrift ist über die Verweisung in § 260a auch auf die von einem Infrastruktur-Sondervermögen gehaltenen Immobilien anzuwenden, nachdem sich in § 260b keine besondere Regelung zur Maximalgewichtung einzelner Immobilien findet und anderenfalls ein systematisch nicht zu rechtfertigendes Klumpenrisiko im Sondervermögen entstehen könnte (aA EDD/

Zingler § 260b Rn. 20). Bei Vollauslastung der „Immobilienquote“ müssen daher in einem Infrastruktur-Sondervermögen mind. zwei verschiedene Immobilien gehalten werden. Für eine entsprechende Anwendung der Anlagegrenze des § 243 II 2 verbleibt in Anbetracht von § 260b III hingegen kein Raum und für eine entsprechende Anwendung des § 243 I 1 auf **Beteiligungen an Infrastruktur-Projektgesellschaften** besteht in Anbetracht des § 260b II Nr. 2 kein Bedürfnis. Während der Anlaufphase sind Abweichungen von § 243 I 1 möglich.

Nach § 260b II können maximal 80% des Wertes eines Infrastruktur-Sondervermögens in Beteiligungen an Infrastruktur-Projektgesellschaften angelegt werden (Nr. 1); hierbei ist sicherzustellen, dass die Beteiligung an einer einzelnen Infrastruktur-Projektgesellschaft maximal 10% des Wertes des Infrastruktur-Sondervermögens ausmacht (Nr. 2). Die Regelungen entsprechen den früher für Beteiligungen an ÖPP-Projektgesellschaften geltenden Bestimmungen (§ 90b III InvG). Sie sollen einerseits gewährleisten, dass im Regelfall genügend Liquidität für (ggf. auch erhöhte) Rücknahmeverlangen vorhanden ist, und dienen andererseits der Portfoliodiversifizierung (vgl. BT-Drs. 16/5576, 78f.). Bei voller Ausnutzung der 80%-Quote müssen daher Anlagen in mindestens acht verschiedene Infrastruktur-Gesellschaften getätigt werden. 28

3. Liquide Vermögenswerte (Abs. 6). Gemäß § 260b VI müssen die Liquiditätsanlagen mindestens 10% und dürfen (wegen § 260b IV) max. 40% des Infrastruktur-Sondervermögens ausmachen (vgl. EDD/*Zingler* § 260b Rn. 27). Die Regelung entspricht dem früheren § 90b VII InvG und ist als die im Verhältnis zu § 253 I 2 speziellere Regelung anzusehen. Sie dient der Sicherstellung der für die Erfüllung von Rücknahmeverlangen erforderlichen Mindestliquidität (vgl. BT-Drs. 16/5576, 79). Gemäß § 260a iVm § 230 I iVm § 206 IV dürfen max. 20% des Wertes des Sondervermögens in Bankguthaben bei demselben Kreditinstitut gehalten werden. Derivate sind für die Zwecke des § 260b VI nicht zu berücksichtigen (vgl. EDD/*Zingler* § 260b Rn. 29). 29

4. Anlagen in Wertpapiere (Abs. 5). Anlagen in Wertpapiere dürfen nicht mehr als 20% des Wertes des Infrastruktur-Sondervermögens ausmachen. Die Regelung entspricht dem früheren § 90b VI InvG und soll eine Verschiebung des Anlageschwerpunktes des Infrastruktur-Sondervermögens verhindern (vgl. BT-Drs. 16/5576, 79). Die Bezugnahme auf Wertpapiere iSd § 193 I Nr. 1, 5 und 6 ist nicht so zu verstehen, dass die 20%-Grenze nur für derartige Wertpapiere gilt und andere Wertpapiere womöglich sogar in einem darüber hinausgehenden Umfang erworben werden könnten, sondern als Konkretisierung der Anforderungen an die überhaupt erwerbbaren Wertpapiere und wäre daher besser in § 260b I Nr. 3 verortet (vgl. BSV/*Kunschke* § 260b Rn. 24). 30

Aufgrund der mittelbaren Verweisung auf § 206 (über §§ 260a, 230 I) und da nicht ersichtlich ist, dass der Gesetzgeber auf die dort genannten Emittentengrenzen bei Infrastruktur-Sondervermögen verzichten wollte, sind diese (insb. die sog. „5/10/40-Regel“) auch im Rahmen der Wertpapieranlagen eines Infrastruktur-Sondervermögens zu beachten (aA wohl EDD/*Zingler* § 260b Rn. 25). Auch die emittentenbezogenen Anlagegrenzen sollten über § 260a entsprechend gelten, dh insb., dass für Rechnung des Infrastruktur-Sondervermögens 31

– Schuldverschreibungen oder Geldmarktinstrumente desselben Emittenten grundsätzlich nur insoweit erworben werden können, als der Gesamtnennbetrag jeweils 10% des Gesamtnennbetrags der in Umlauf befindlichen Schuldverschreibungen und Geldmarktinstrumente des Emittenten nicht übersteigt;

– Aktien ohne Stimmrechte desselben Emittenten nur insoweit erworben werden, als ihr Anteil an dem Kapital, das auf diese Aktien entfällt, 10% nicht übersteigt

(§ 210 I). Darüber hinaus darf eine KVG für alle von ihr verwalteten inländischen Investmentvermögen Aktien desselben Emittenten nur insoweit erwerben, als die Stimmrechte, aus diesen Aktien 10% der gesamten Stimmrechte aus Aktien dieses Emittenten nicht übersteigen (§ 210 II). Unter Berücksichtigung der mit § 210 II verfolgten gesetzgeberischen Intention (→ § 210 Rn. 8) wird man hierbei alle ggf. von der betreffenden KVG verwalteten OGAW und AIF zu berücksichtigen haben, für die Aktien des betreffenden Emittenten gehalten werden.

32 **5. Anlaufzeit.** § 90c InvG sah für neu aufgelegte Infrastruktur-Sondervermögen eine Anlaufzeit von vier Jahren vor, innerhalb der von bestimmten Anlagegrenzen abgewichen werden konnte. Eine vergleichbare Regelung findet sich in den §§ 260a ff. zwar nicht, über § 260a findet aber grundsätzlich auch § 244 entsprechende Anwendung, wonach bei Immobilien-Sondervermögen bestimmte Anlagegrenzen innerhalb der ersten vier Jahre seit der Errichtung nicht einzuhalten sind, damit der KVG ein angemessener Zeitraum für den Aufbau des Fondsportfolios zur Verfügung steht und eine überstürzte Anlage des von den Investoren eingeworbenen Kapitals vermieden werden kann. Vor dem Hintergrund, dass die Anlaufzeit des § 90c InvG ua dem Umstand Rechnung tragen sollte, dass ein Erwerb von Beteiligungen erst in der Betreiberphase zulässig sein soll (BT-Drs. 16/5576, 79), und diese Beschränkung für den Erwerb von Beteiligungen an Infrastruktur-Projektgesellschaften nicht (mehr) gilt, könnte man zwar zweifeln, ob es für Infrastruktur-Sondervermögen überhaupt ein Bedürfnis für eine besondere Anlaufphase gibt. Nachdem aber die übrigen Gründe für die seinerzeitige Schaffung des § 90c InvG (Erleichterung des schrittweisen Portfolioaufbaus, Vermeidung von für die Anleger ungünstigen Anlageentscheidungen) gleichwohl valide sind, dürfte der Gesetzgeber mit der Nicht-Übernahme des § 90c InvG in die §§ 260a ff. nicht die Absicht gehabt haben, während der ersten Jahre des Bestehens eines Infrastruktur-Sondervermögens keine Abweichungen von bestimmten Anlagegrenzen zuzulassen, die im Rahmen eines geordneten Portfolioaufbaus hinderlich sind.

33 Vor diesem Hintergrund sollten bei einem Infrastruktur-Sondervermögen während der vierjährigen Anlaufzeit Abweichungen von den in Abs. 2–6 festgelegten Anlagegrenzen möglich sein, dh nicht nur beschränkt auf die gehaltenen Immobilien (vgl. EDD/*Zingler* § 260a Rn. 48). Dies betrifft insb. die Verpflichtung, Liquiditätsanlagen auf 40% des Fondsvermögens zu begrenzen (da diese zu Beginn des Aufbaus des Fondsportfolios uU bis zu 100% ausmachen können, bis die KVG geeignete Anlagen gefunden hat) und die Vorgabe, dass die Gewichtung einer einzigen Infrastruktur-Projektgesellschaft nicht mehr als 10% des Wertes des Infrastruktur-Sondervermögens ausmachen dürfen (da gerade zu Beginn der Fondslaufzeit das Fondsportfolio aus einigen wenigen solcher Beteiligungen bestehen kann). Eine Erweiterung des Katalogs der zulässigen Anlagegegenstände ist mit der Möglichkeit zur Abweichung von den Anlagegrenzen freilich nicht verbunden, dh dieser ist zu jeder Zeit zu beachten (vgl. BSL/*Campbell* InvG § 90c Rn. 1). Für den Beginn der Anlauffrist maßgeblich ist der Zeitpunkt der Auflegung des Infrastruktur-Sondervermögens (→ § 244 Rn. 3). Schon vor Ablauf der Anlauffrist muss das Portfoliomanagement der KVG allerdings darauf ausgerichtet sein, dass nach Ablauf der Anlauffrist die gesetzlichen Anlagegrenzen aller Voraussicht nach eingehalten werden können (vgl. BSL/*Campbell* InvG§ 90c Rn. 2).

6. Übersicht. Zusammengefasst sind bei der Anlage eines Infrastruktur-Sondervermögens nach dem Ende der Anlaufzeit somit die folgenden Anlagegrenzen zu beachten: 34

Anlagegegenstand	mindestens	höchstens
Infrastruktur-Projektgesellschaften	30%/60%*	80%
Immobilien und Nießbrauchrechte	0%/30%*	30%
Wertpapiere	0%	20%
Liquiditätsanlagen	10%	40%

* Anlagen in Infrastruktur-Projektgesellschaften und Immobilien müssen zusammen mindestens 60% ausmachen

IV. Geltung für Spezial-AIF

1. Offene Spezial-AIF mit festen Anlagebedingungen. Für offene Spezial-AIF mit festen Anlagebedingungen gelten zunächst (nach der Änderung des § 284 I durch das FoStoG) die §§ 230–260d entsprechend. Allerdings kann gem. § 284 II mit Zustimmung der Anleger von diesen Vorschriften abgewichen werden, sofern für den Spezial-AIF ausschließlich die in § 284 II genannten Vermögensgegenstände erworben werden und daneben die Vorschriften des § 284 II Nr. 3 und 4 sowie der §§ 284 III–V eingehalten werden. Nachdem im Zuge des FoStoG in die Aufzählung des § 284 II unter Buchst. h noch Infrastruktur-Projektgesellschaften aufgenommen wurden, können offene Spezial-AIF mit festen Anlagebedingungen mit dem Investitionsschwerpunkt Infrastruktur aufgelegt werden. Aufgrund der ebenfalls iRd FoStoG erfolgten Änderung des § 91 III steht neben dem Sondervermögen dafür auch die offene InvKG als Anlagevehikel zur Verfügung. Für die Anlagebedingungen ist dabei in jedem Fall zu beachten, dass 35

- nicht börsennotierte Wertpapiere in Form von Aktien nicht mehr als 20% des Wertes des Sondervermögens ausmachen dürfen (§§ 284 II Nr. 4, 221 IV), wobei dies richtigerweise nur Wertpapiere betreffen kann, die iRd § 260b I Nr. 3 gehalten werden;
- nicht börsennotierte Unternehmensbeteiligungen nicht mehr als 20% des Wertes des Sondervermögens ausmachen dürfen (§§ 284 III), wobei dies richtigerweise nicht börsennotierte Anteile an Infrastruktur-Projektgesellschaften nicht betreffen kann;
- die Aufnahme langfristiger Kredite auf 60% des Verkehrswertes der Sondervermögen befindlichen Immobilien und Beteiligungen an Infrastruktur-Projektgesellschaften zu begrenzen ist (§§ 284 IV, 260 III);
- bei einer Vergabe von Gelddarlehen § 285 III beachtet wird, sofern der Darlehensnehmer keine Infrastruktur-Projektgesellschaft ist, an der für Rechnung des Sondervermögens eine Beteiligung gehalten wird.

Hiervon abweichende Regelungen sind auch mit Zustimmung der Anleger nicht möglich.

Für die Zwecke der AnlV wäre ein offener Spezial-AIF mit festen Anlagebedingungen mit dem Investitionsschwerpunkt Infrastruktur grundsätzlich § 2 I Nr. 16 zuzuordnen, problematisch ist insoweit allerdings, dass nach dem Kapitalanlagerundschreiben der BaFin (KA-RS) Beteiligung an Infrastruktur-Projektgesellschaften nicht ausdrücklich genannt sind und die dort (in Abschnitt B.4.13) vorgesehene 36

20%-Grenze für Anlagen in nicht börsennotierte Unternehmensbeteiligungen mit § 260b IV nicht in Einklang zu bringen ist. Nachdem nicht ersichtlich ist, warum offene Spezial-AIF mit festen Anlagebedingungen mit dem Investitionsschwerpunkt Infrastruktur iRd § 2 I Nr. 16 AnlV ausgeschlossen werden sollen, bedarf es noch einer entsprechenden Klarstellung der BaFin im KA-RS. Anderenfalls kommt nur eine Erwerbbarkeit iRd § 2 I Nr. 17 AnlV in Betracht.

37 **2. Allgemeine offene Spezial-AIF.** Auch die Auflegung eines allgemeinen offenen Spezial-AIF iSd § 282 mit Infrastruktur-Anlagen ist grundsätzlich möglich. Bei der Anlage des Fondsvermögens besteht weitestgehende Flexibilität, sofern der allgemeine Grundsatz der Risikomischung beachtet wird, der Verkehrswert der erworbenen Vermögensgegenstände ermittelt werden kann und die Zusammensetzung der Vermögensgegenstände im Einklang mit den in den Anlagebedingungen vorgesehenen Rücknahmeregeln steht. Bei einer Vergabe von Gelddarlehen für Rechnung des Spezial-AIF ist § 285 III entsprechend anzuwenden.

Fraglich ist, wie es sich mit der Anwendung der §§ 287–292 (auf die § 282 III ausdrücklich verweist) auf Beteiligungen an Infrastruktur-Projektgesellschaften verhält. Hier lässt sich nur mutmaßen, dass entsprechend § 287 II Nr. 2 von einer Nichtanwendbarkeit dieser Bestimmungen auf Beteiligungen an Infrastruktur-Projektgesellschaften auszugehen ist und der Gesetzgeber es im Rahmen des FoStoG lediglich versäumt hat, § 287 II Nr. 2 entsprechend anzupassen. Für die Zwecke der AnlV wäre ein allgemeiner offener Spezial-AIF mit Infrastruktur-Anlagen allenfalls § 2 I Nr. 17 zuzuordnen.

38 **3. Geschlossene Spezial-AIF.** Auch der geschlossene Spezial-AIF iSv § 285 ist ein taugliches Vehikel für Infrastruktur-Anlagen. Bei der Anlage des Fondsvermögens besteht weitestgehende Flexibilität, sofern der Verkehrswert der erworbenen Vermögensgegenstände ermittelt werden kann und bei einer Vergabe von Gelddarlehen die §§ 285 II und III beachtet werden. Der Grundsatz der Risikomischung ist nicht einzuhalten, so dass auch Ein-Objekt-Fonds möglich sind. Aufgrund der iRd FoStoG erfolgten Änderung des § 139 steht neben der geschlossenen InvKG auch das Sondervermögen als Anlagevehikel zur Verfügung. Hinsichtlich der Anwendung der §§ 287–292 lässt sich nur mutmaßen, dass entsprechend § 287 II Nr. 2 von einer Nichtanwendbarkeit dieser Bestimmungen auf Beteiligungen an Infrastruktur-Projektgesellschaften auszugehen ist und der Gesetzgeber es im Rahmen des FoStoG lediglich versäumt hat, § 287 II Nr. 2 entsprechend anzupassen. Für die Zwecke der AnlV wäre ein geschlossener Spezial-AIF mit Infrastruktur-Anlagen § 2 I Nr. 13 Buchst. b oder § 2 I Nr. 17 zuzuordnen.

§ 260c Rücknahme von Anteilen

§ 98 Absatz 1 ist mit der Maßgabe anzuwenden, dass die Vertragsbedingungen von Infrastruktur-Sondervermögen vorsehen müssen, dass die Rücknahme von Anteilen nur zu bestimmten Rücknahmeterminen, jedoch höchstens einmal halbjährlich und mindestens einmal jährlich erfolgt.

I. Allgemeines

Die Vorschrift wurde im Jahre 2021 iRd FoStoG in das KAGB aufgenommen. Es handelt sich um eine spezielle Vorschrift für die Rücknahme von Anteilen an den durch dieses Gesetz neu in das KAGB aufgenommenen Infrastruktur-Sondervermögen. Die Vorschrift ist grundsätzlich an den früheren § 90d InvG angelehnt, sieht aber anders als dieser keine besonderen Bestimmungen für die Anteilswertermittlung und die Ausgabe von Anteilen vor, so dass es insoweit bei der allgemeinen Regelung verbleibt, die auch für Immobilien-Sondervermögen gilt. Danach dürfen Anteile nur zu den Terminen ausgegeben werden, zu denen nach den Anlagebedingungen auch eine Rücknahme von Anteilen möglich ist (§ 255 II 2). 1

II. Rücknahmetermine

1. Allgemeines. Abweichend von dem allgemeinen Grundsatz, dass jeder Anleger eines Sondervermögens mindestens zweimal im Monat eine Anteilsrücknahme verlangen und nur bei Spezialsondervermögen vereinbart werden kann, dass die Rücknahme von Anteilen nur zu bestimmten Rücknahmeterminen erfolgt, muss die KVG bei einem Infrastruktur-Sondervermögen in jedem Fall besondere Rücknahmetermine festlegen, die allerdings nicht beliebig frei gewählt werden dürfen. Die entspricht grundsätzlich dem früheren § 90d II InvG, der allerdings zusätzlich noch eine Frist für die Erklärung der Rückgabe vorsah, die zwischen einem und 24 Monaten betragen musste. Ebenfalls nicht in § 260c übernommen wurde der frühere § 90d III InvG, der Rückgaben eines Anlegers zu einem bestimmten Rücknahmetermin auf einen Betrag von maximal 1 Mio. EUR (Wert der zurückgegebenen Anteile im Zeitpunkt des Zugangs der Rückgabeerklärung) begrenzte, um dem Portfoliomanagement eine angemessene Reaktion auf erhöhte Rücknahmeverlangen einzelner Anleger zu ermöglichen, ohne dafür Vermögensgegenstände zu wirtschaftlich nachteiligen Bedingungen veräußern zu müssen (BT-Drs. 16/5576, 79). 2

2. Rücknahmetermine. Nach den Vertragsbedingungen darf die Rücknahme von Anteilen eines Infrastruktur-Sondervermögens zunächst **höchstens einmal halbjährlich** erfolgen. Im Ergebnis kann es daher **maximal zwei Rücknahmetermine pro Jahr** geben. Die Regelung entspricht dem früheren § 90d II 1 InvG und bringt letztlich zum Ausdruck, dass es sich bei einem Infrastruktur-Sondervermögen um ein Vehikel für eine langfristige Vermögensanlage handelt, was eine tägliche Verfügbarkeit für den Anleger aufgrund jederzeitiger Rückgabemöglichkeit ausschließt (BT-Drs. 16/5576, 79). Die Entscheidung, ein offenes Publikums-Investmentvermögen für Anlagen im Bereich Infrastruktur vorzusehen, wird durchaus kritisch gesehen (vgl. AWZ/*Kloyer/Kobabe* § 260a Rn. 5). Mit Blick auf die gesetzgeberische Zielsetzung erscheint es gerechtfertigt, Rücknahmen während einer auf Abwicklung des Sondervermögens gerichteten Phase im Wege der teleologischen Reduktion von der Beschränkung auf maximal zwei Rücknahmetermine auszunehmen (vgl. EDD/*Schultz-Süchting* § 255 Rn. 11). 3

Des Weiteren müssen die Anlagebedingungen abweichend von dem allgemein für Publikums-Investmentvermögen geltenden Grundsatz, dass mindestens zweimal im Monat eine Anteilsrückgabe möglich sein muss (§ 98 I 1), vorsehen, dass die Anteilsrücknahme **mindestens einmal jährlich** erfolgt. Diese Regelung entspricht ebenfalls dem früheren § 90d I 1 InvG und deckt sich auch mit der in der 4 ursprünglichen Fassung des § 1 IV und V zum Ausdruck gebrachten Vorstellung, dass es sich nur dann um ein offenes Investmentvermögen handelt, wenn mindestens einmal pro Jahr eine Anteilsrücknahme erfolgt. „Jährlich" ist nach allgemeinem Verständnis auf das Kalenderjahr bezogen. § 260c verdrängt insoweit auch den gem. § 260a grundsätzlich entsprechend anwendbaren § 255 II 1, wonach die **Rücknahme von Anteilen** mindestens alle zwölf Monate erfolgt. Auch wenn sich die sprachlichen Formulierungen ein wenig unterscheiden, kommt man in beiden Fällen zu mindestens einem Rücknahmetermin pro Kalenderjahr, da auch für die Zwecke des § 255 II 1 zwischen zwei Rücknahmeterminen mindestens zwölf Monate liegen müssen (Bauer/Tappen/*Reiss* § 255 Rn. 8).

5 Die Rückgabe von Anteilen erfolgt durch eine entsprechende **Erklärung des Anlegers.** Hierzu sah § 90d II 2 InvG noch ausdrücklich vor, dass die Rückgabe durch eine unwiderrufliche Rückgabeerklärung unter Einhaltung einer Rückgabefrist zu erfolgen hat, die zwischen einem und 24 Monaten betragen muss. Dieses Erfordernis ist in § 260c nicht genannt, über die Verweisung in § 260a gilt allerdings § 255 IV entsprechend, der ebenfalls eine unwiderrufliche Rückgabeerklärung verlangt und die Einhaltung einer **Rückgabefrist** von 12 Monaten vorsieht.

6 Nach den für Immobilien-Sondervermögen geltenden Bestimmungen ist die Rückgabe von Anteilen erst nach Ablauf einer **Mindesthaltefrist** von 24 Monaten möglich (§ 255 III). Fraglich ist, ob diese Regelung wegen der grundsätzlichen Verweisung in § 260a auch für Infrastruktur-Sondervermögen entsprechend gilt. Hiergegen spricht aber, dass die Mindesthaltefrist für Immobilien-Sondervermögen seinerzeit als Reaktion auf die besonderen Liquiditätsprobleme in das KAGB aufgenommen wurde, die im Zuge der Finanzkrise aufgrund erhöhter Rückgabeverlangen aufgetreten waren (vgl. BT-Drs. 17/1229, 270), mithin also einzelfallbezogenen Charakter hat. Auch wenn sich diese Problematik bei Infrastruktur-Sondervermögen mit Blick auf die (im Vergleich zu Immobilien) im Zweifel noch geringere Liquidität von Infrastrukturanlagen in gleichem Maße stellen kann, kann die Vorschrift des § 255 III wegen der mit ihr verbundenen erheblichen Einschränkung der Rechte der Anleger nicht ohne Weiteres auf Infrastruktur-Sondervermögen übertragen werden (aA EDD/*Zingler* § 260a Rn. 68). Gleiches gilt grundsätzlich auch für § 255 IV, wonach Anteilrückgaben unter Einhaltung einer Rückgabefrist von zwölf Monaten zu erklären sind, da mit § 260c eine Regelung für Anteilrücknahmen geschaffen wurde, welche anders als noch § 90d II 2 InvG eben gerade keine besondere Rückgabefrist vorsieht.

7 Im Jahre 2020 wurde im KAGB die Möglichkeit des **Swing Pricing** als Methode zur verursachergerechten Verteilung der durch Anteilsrücknahmen oder Anteilsausgaben verursachten Transaktionskosten bei der Berechnung des Nettoinventarwertes eines Investmentvermögens eingeführt (vgl. WBA/*Vollhard/Jang* § 1 Rn. 121a). Für Immobilien-Sondervermögen ist das Swing Pricing jedoch ausgeschlossen (§ 255 V), da der Gesetzgeber davon ausgeht, dass mit Blick auf die von ihnen gehaltenen Vermögensgegenstände eine verursachergerechte Verteilung der durch Anteilsrücknahmen und Anteilsausgaben verursachten Transaktionskosten bei der Berechnung des Nettoinventarwertes grundsätzlich nicht möglich ist (BT-Drs. 19/17139, 47). Bei Infrastruktur-Sondervermögen ist die Situation vergleichbar, so dass auch hier (über § 260a) § 255 V entsprechend Anwendung findet.

3. Folgen für die Ausgabe von Anteilen und die Ermittlung des Anteilswertes. § 90d I InvG besagte noch, dass die Vertragsbedingungen von Infrastruktur-Sondervermögen abweichend von § 36 InvG vorsehen können, dass die Ermittlung des Anteilwertes und die Bekanntgabe des Ausgabe- und Rücknahmepreises nur zu bestimmten Terminen, jedoch mindestens einmal monatlich erfolgt, in diesem Fall dann aber auch die **Ausgabe von Anteilen** nur zum Termin der Anteilwertermittlung zulässig ist. Eine vergleichbare Bestimmung findet sich in den §§ 260a ff. nicht, aber über die Verweisung in § 260a gilt grundsätzlich auch § 255 II 2 entsprechend. Danach dürfen neue Anteile nur zu den vorgesehenen Rücknahmeterminen ausgegeben werden, wenn die Rücknahme von Anteilen abweichend von § 98 I 1 geregelt ist. Nachdem § 260c schon nach seiner Überschrift nur die Rückgabe von Anteilen regeln möchte, ist die Vorschrift nicht als speziellere Regelung zu § 255 II 2 anzusehen und dieser gilt entsprechend (ebenso EDD/*Zingler* § 260a Rn. 68). Da bei einem Infrastruktur-Sondervermögen wegen § 260c nur eine von § 98 I 1 abweichende Regelung möglich ist, kann eine Anteilsausgabe somit immer nur zu den in den Anlagebedingungen vorgesehenen Rücknahmeterminen erfolgen. 8

Über die Verweisung in § 260a gilt auch § 255 I entsprechend, wonach die **Ausgabe von Anteilen vorübergehend auszusetzen** ist, wenn eine Verletzung der Anlagegrenzen in Bezug auf die Liquiditätsvorschriften des Investmentvermögens droht. Die Problematik, dass die KVG bei hohen Mittelzuflüssen ggf. übereilt Anlagen tätigen muss, um die zulässige Liquiditätshöchstgrenze nicht längerfristig zu überschreiten (vgl. AWZ/*Kloyer/Kobabe* § 255 Rn. 3), stellt sich bei Infrastruktur-Sondervermögen in gleicher Weise (→ § 260b Rn. 29). 9

Gemäß § 90d I InvG war es zulässig, von der täglichen Anteilwertermittlung abzusehen und diese vielmehr an den vorgesehenen Rücknahmeterminen auszurichten (vgl. BT-Drs, 16/5576, 79). Da die §§ 260a ff. keine besondere Regelung zur **Anteilwertermittlung** enthalten, verbleibt es insoweit bei der allgemeinen Regelung des § 217 I, wonach sich (entsprechend Art. 72 I DelVO Nr. 231/2013) die Häufigkeit der Berechnung des Nettoinventarwertes an der Ausgabe- und Rücknahmehäufigkeit der Anteile zu orientieren und mindestens einmal im Jahr stattzufinden hat. Es steht der KVG natürlich frei, eine Anteilwertermittlung in kürzeren Intervallen vorzunehmen. Für die Veröffentlichung des Nettoinventarwertes gilt § 170 S. 2, wonach die Veröffentlichung bei jeder Möglichkeit zur Ausgabe oder Rücknahme von Anteilen zu erfolgen hat. 10

III. Aussetzung der Rücknahme

Über die Verweisung in § 260a finden auch die besonderen Vorschriften bezüglich der Aussetzung der Rücknahme von Anteilen an einem Immobilien-Sondervermögen grundsätzlich entsprechende Anwendung. Im Mittelpunkt steht dabei § 257, wobei die dortige Bezugnahme auf „die nach § 253 I angelegten Mittel" richtigerweise als solche auf „die nach § 260 Abs. 1 Nr. 4 bis 6 angelegten Mittel" zu verstehen ist (ebenso EDD/*Zingler* § 260a Rn. 74). Letztlich hat die KVG daher die Rücknahme auszusetzen, wenn im Sondervermögen **nicht genügend Liquidität** vorhanden ist, um – unter Berücksichtigung der für die **ordnungsgemäße laufende Bewirtschaftung** erforderlichen Mittel – die vorliegenden **Rücknahmeverlangen** erfüllen zu können. 11

§ 260d Angaben im Verkaufsprospekt und den Anlagebedingungen

(1) **Der Verkaufsprospekt muss zusätzlich zu den Angaben nach § 165 folgende Angaben enthalten:**

1. **eine Beschreibung der wesentlichen Merkmale von Infrastruktur-Projektgesellschaften;**
2. **die Arten von Infrastruktur-Projektgesellschaften, die für das Sondervermögen erworben werden dürfen, und nach welchen Grundsätzen sie ausgewählt werden;**
3. **einen Hinweis, dass in Beteiligungen an Infrastruktur-Projektgesellschaften, die nicht zum Handel an einer Börse zugelassen oder in einen anderen organisierten Markt einbezogen sind, angelegt werden darf;**
4. **einen ausdrücklichen, drucktechnisch hervorgehobenen Hinweis, dass der Anleger abweichend von § 98 Absatz 1 von der Kapitalverwaltungsgesellschaft die Rücknahme von Anteilen und die Auszahlung des Anteilwertes nur zu den Rücknahmeterminen verlangen kann, die in den Anlagebedingungen bestimmt sind;**
5. **alle Voraussetzungen und Bedingungen der Kündigung und Auszahlung von Anteilen aus dem Sondervermögen Zug um Zug gegen Rückgabe der Anteile.**

(2) **Die Angaben nach Absatz 1 Nummer 1 bis 3 und 5 sind in die Anlagebedingungen aufzunehmen.**

I. Allgemeines

1 Die Vorschrift wurde im Jahre 2021 iRd FoStoG in das KAGB aufgenommen. Es handelt sich um eine Bestimmung zum Inhalt des Verkaufsprospektes und der Anlagebedingungen eines Infrastruktur-Sondervermögens. Die Vorschrift ist grundsätzlich an den früheren § 90e InvG angelehnt, im Hinblick auf die erforderlichen Darstellungen zu den Rückgabemodalitäten aber nicht ganz so umfangreich wie dieser. Im Verhältnis zu § 256 ist § 260d lex specialis (vgl. EDD/*Zingler* § 260a Rn. 69; krit.: AWZ/*Kloyer*/*Kobabe* § 260d Rn. 9).

II. Vorgaben für Verkaufsprospekte

2 **1. Allgemeines.** § 260d I legt besondere Anforderungen an den Verkaufsprospekt für Infrastruktur-Sondervermögen fest, die **neben den Vorgaben des § 165** zu beachten sind. So sind zusätzlich zu den dort genannten Angaben weitere Angaben erforderlich, welche spezifisch auf die Assetklasse „Infrastruktur" zugeschnitten sind. Die Bestimmung entspricht im Wesentlichen dem früheren § 90e II InvG, der allerdings noch auf ÖPP-Projektgesellschaften (anstelle von Infrastruktur-Projektgesellschaften) abstellte und für die Anleger eine **größere Transparenz** schaffen sollte (BT-Drs. 16/5576, 79). Außerdem war in der ursprünglichen Fassung des § 90e I InvG (klarstellungshalber) auch noch geregelt, dass für Infrastruktur-Sondervermögen stets ein ausführlicher Verkaufsprospekt zu erstellen und die Verwendung eines vereinfachten Verkaufsprospektes somit nicht statthaft war. Der vereinfachte Verkaufsprospekt war aber bereits mit dem OGAW-IV-UmsG abgeschafft worden.

2. Wesentliche Merkmale von Infrastruktur-Projektgesellschaften. In den Verkaufsprospekt ist eine Beschreibung der wesentlichen Merkmale von Infrastruktur-Projektgesellschaften aufzunehmen (§ 260d I Nr. 1). Nach früherem Recht wurde davon ausgegangen, dass dies für ÖPP-Projektgesellschaft die **wesentlichen vertraglichen und gesellschaftsrechtlichen Grundlagen** umfasst (EDDH/*Schulte,* 1. Aufl. 2013, InvG § 90e Rn. 4). Dies macht für Infrastruktur-Projektgesellschaften gleichermaßen Sinn, wobei daneben im Zweifel auch die **Art und Dauer der Nutzung der jeweiligen Infrastrukturanlage** sowie die besonderen Risiken, die sich aus einer Beteiligung ergeben können, zu den „wesentlichen Merkmalen" der Infrastruktur-Gesellschaft zählen. 3

3. Erwerbbare Infrastruktur-Projektgesellschaften. Im Verkaufsprospekt sind die Arten von Infrastruktur-Projektgesellschaften zu benennen, die für das Sondervermögen erworben werden dürfen; außerdem ist anzugeben, nach welchen Grundsätzen sie ausgewählt werden (§ 260d I Nr. 2). Dies umfasst zunächst die **Infrastrukturbereiche,** denen die betreffenden Infrastrukturanlagen zuzuordnen sind, sowie die Parameter zur Feststellung der Stabilität und Berechenbarkeit der erwarteten Einnahmen (EDDH/*Schulte,* 1. Aufl. 2013, InvG § 90e Rn. 5). Darüber hinaus sollte dargestellt werden, worauf sich die **Auswahlentscheidung** der KVG gründet, dh welche Kriterien und Kennzahlen eine maßgebliche Rolle spielen. 4

4. Hinweis bezüglich nicht börsennotierter Beteiligungen. In den Verkaufsprospekt ist ein Hinweis aufzunehmen, dass in Beteiligungen an Infrastruktur-Projektgesellschaften angelegt werden darf, die nicht zum Handel an einer Börse zugelassen oder in einen anderen organisierten Markt einbezogen sind (§ 260d I Nr. 3). Dieser Hinweis soll den Anlegern deutlich machen, dass die **Fungibilität derartiger Beteiligungen eingeschränkt** ist und im Zweifel eine kurzfristige Veräußerung der Beteiligungen zu einem angemessenen Preis nicht oder nur schwer möglich ist (vgl. EDDH/*Schulte* InvG, 1. Aufl. 2013, § 90e Rn. 6). Anders als nach § 260d I Nr. 4 ist der Hinweis **nicht besonders hervorzuheben,** so dass im Zweifel ein entsprechender Zusatz bei der Nennung der zulässigen Vermögensgegenstände ausreichen sollte. Es fällt auf, dass der Hinweis bezüglich der nicht börsennotierten Beteiligungen bei anderen Publikums-AIF, die überwiegend in derartige Instrumente investieren können, grundsätzlich nicht erforderlich ist (Ausnahme: § 269 II Nr. 3 Buchst. c). Die unterschiedliche Herangehensweise erscheint aber vor dem Hintergrund, dass es sich bei diesen anderen Publikums-AIF ausnahmslos um geschlossene AIF handelt, nicht unangemessen. 5

5. Hinweis zu beschränkten Rückgabemöglichkeiten. In den Verkaufsprospekt ist ein ausdrücklicher, **drucktechnisch hervorgehobener Hinweis** aufzunehmen, dass der Anleger abweichend von § 98 I von der KVG die Rücknahme von Anteilen und die Auszahlung des Anteilwertes nur zu den Rücknahmeterminen verlangen kann, die in den Anlagebedingungen bestimmt sind (§ 260d I Nr. 4). Diese Regelung geht über die Anforderungen des § 260d I Nr. 3 und des § 165 II Nr. 4 und Nr. 9 hinaus, indem sie die drucktechnische Hervorhebung des Hinweises („Hinweis: ...") verlangt. Hierdurch soll den Anlegern der **außergewöhnliche Charakter der eingeschränkten Rückgabemöglichkeit** besonders vor Augen geführt werden (vgl. EDD/*Zingler* § 260d Rn. 6). Der Begriff des drucktechnisch herausgestellten bzw. hervorgehobenen Hinweises wird nicht nur im KAGB an verschiedenen Stellen verwendet (zB in den §§ 2 V Nr. 7, 165 II Nr. 39, 224 I Nr. 5 und Nr. 6, 256 I Nr. 1, 343 II 2), sondern auch anderweitig in unserer Rechtsordnung. Eine Be- 6 lehrung in drucktechnisch deutlicher Form erfordert zunächst eine ausreichende Lesbarkeit und die Verwendung einer hinreichend großen Schrift (vgl. BGH NJW 2011, 1061). Darüber hinaus muss sich der betreffende Text **in einer nicht zu übersehenden Weise,** etwa durch farbliche Gestaltung, größere Buchstaben, Sperrschrift, Fettdruck oder Unterstreichung, (vgl. OLG Köln 10.12.2012 – 20 U 167/12, NJW 2014, 3455) oder durch Einrücken, wenn der durch Leerzeilen davor und danach abgesetzte Belehrungstext bereits dadurch ins Auge springt (OLG Hmb 16.6.2020 – 9 U 35/20, NJOZ 2021, 598) aus dem übrigen Text hervorheben. Auch eine Sternchenkennzeichnung auf beiden Seiten des betreffenden Textes kann ausreichen, wenn es keine sonstigen Hervorhebungen dieser Art gibt (OLG München 1.6.2015 – 25 U 3379/14, NJOZ 2015, 1645).

7 **6. Modalitäten der Rückgabe.** Bereits nach § 165 II Nr. 21 müssen im Verkaufsprospekt die Verfahren und Bedingungen für die Rücknahme von Anteilen dargestellt werden. Ungeachtet dessen verlangt § 260d I Nr. 5 für Infrastruktur-Sondervermögen nochmals eine Beschreibung aller Voraussetzungen und Bedingungen der Kündigung und Auszahlung von Anteilen aus dem Sondervermögen Zug um Zug gegen Rückgabe der Anteile im Verkaufsprospekt. Inhaltlich bringt die Bestimmung kaum zusätzlichen Gehalt, man kann sie daher allenfalls in dem Sinne verstehen, dass es bei einem Infrastruktur-Sondervermögen in besonderer Weise auf eine **klare und umfassende Darstellung der Rückgabemodalitäten** ankommt. Anzugeben sind dabei insb. auch etwaige Fristen, die bei der Anteilsrückgabe einzuhalten sind und dazu führen, dass der für den Rücknahmepreis maßgebliche Tag der Rücknahme unter Umständen relativ weit in der Zukunft liegt (vgl. BSL/*Campbell* InvG § 90d Rn. 5). Unklar bleibt mit Blick auf die Gesetzessystematik, warum in diesem Zusammenhang nicht von der „Rückgabe“, sondern von der „Kündigung“ gesprochen wird; rechtstechnisch ist dies zwar korrekt (da es sich bei der Rückgabe der Anteile letztlich um eine Kündigung des Investmentvertrages handelt), in der Terminologie des KAGB wird aber im Zusammenhang mit Anteilen an einem Sondervermögen in der Regel von „Rückgabe“ gesprochen (vgl. §§ 98, 223, 255) und der Begriff „Kündigung“ eigentlich nur im Zusammenhang mit in der Gesellschaftsform organisierten Investmentvermögen verwendet wird.

III. Vorgaben für Anlagebedingungen

8 § 260d II enthält zusätzliche Anforderungen, die schon bei der Ausgestaltung der Anlagebedingungen eines Infrastruktur-Sondervermögens zu beachten sind. Danach sind in die Anlagebedingungen (neben den nach § 162 II erforderlichen Angaben) zwingend

– eine Beschreibung der wesentlichen Merkmale von Infrastruktur-Projektgesellschaften (§ 260d I Nr. 1),
– die Arten von Infrastruktur-Projektgesellschaften, die für das Sondervermögen erworben werden dürfen, und nach welchen Grundsätzen sie ausgewählt werden (§ 260d I Nr. 2),
– ein Hinweis, dass in Beteiligungen an Infrastruktur-Projektgesellschaften angelegt werden darf, die nicht zum Handel an einer Börse zugelassen oder in einen anderen organisierten Markt einbezogen sind (§ 260d I Nr. 3),
– alle Voraussetzungen und Bedingungen der Kündigung und Auszahlung von Anteilen aus dem Sondervermögen Zug um Zug gegen Rückgabe der Anteile (§ 260d I Nr. 5)

aufzunehmen. Der für den Verkaufsprospekt erforderliche ausdrückliche Hinweis auf die von §98 I abweichende Liquidität der Anteile (§260d I Nr. 4) wird für die Anlagebedingungen nicht ausdrücklich gefordert, diese müssen aber ohnehin bereits nach §162 II Nr. 21 das Verfahren und die Bedingungen für die Rücknahme von Anteilen beschreiben. Die Sinnhaftigkeit des zusätzlichen Hinweises auf die Anlage in nicht börsennotierte Unternehmensbeteiligungen (§260d I Nr. 3) erschließt sich nicht, da ein solcher Hinweis in einem reinen Vertragsdokument wie den Anlagebedingungen ein wenig wie ein Fremdkörper wirkt.

Der BVI hat Muster-Anlagebedingungen für Infrastruktur-Sondervermögen 9
erarbeitet und mit der BaFin unter aufsichtsrechtlichen Gesichtspunkten abgestimmt. Diese haben zwar keinen verbindlichen Charakter, können aber in der Praxis als Orientierungshilfe dienen.

Abschnitt 4. Geschlossene inländische Publikums-AIF

Unterabschnitt 1. Allgemeine Vorschriften

§261 Zulässige Vermögensgegenstände, Anlagegrenzen

(1) **Die AIF-Kapitalverwaltungsgesellschaft darf für einen geschlossenen inländischen Publikums-AIF nur investieren in**

1. Sachwerte,
2. Anteile oder Aktien an ÖPP-Projektgesellschaften und Infrastruktur-Projektgesellschaften,
3. Anteile oder Aktien an Gesellschaften, die nach dem Gesellschaftsvertrag oder der Satzung nur Vermögensgegenstände im Sinne der Nummer 1 sowie die zur Bewirtschaftung dieser Vermögensgegenstände erforderlichen Vermögensgegenstände oder Beteiligungen an solchen Gesellschaften erwerben dürfen,
4. Beteiligungen an Unternehmen, die nicht zum Handel an einer Börse zugelassen oder in einen organisierten Markt einbezogen sind,
5. Anteile oder Aktien an geschlossenen inländischen Publikums-AIF nach Maßgabe der §§261 bis 272 oder an europäischen oder ausländischen geschlossenen Publikums-AIF, deren Anlagepolitik vergleichbaren Anforderungen unterliegt,
6. Anteile oder Aktien an geschlossenen inländischen Spezial-AIF nach Maßgabe der §§285 bis 292 in Verbindung mit den §§273 bis 277, der §§337 und 338 oder an geschlossenen EU-Spezial-AIF oder ausländischen geschlossenen Spezial-AIF, deren Anlagepolitik vergleichbaren Anforderungen unterliegt,
7. Vermögensgegenstände nach den §§193 bis 195,
8. Gelddarlehen nach §285 Absatz 3 Satz 1 und 3, der mit der Maßgabe entsprechend anwendbar ist, dass abweichend von §285 Absatz 2 Satz 1 höchstens 30 Prozent des aggregierten eingebrachten Kapitals und des noch nicht eingeforderten zugesagten Kapitals des geschlossenen Publikums-AIF für diese Darlehen verwendet werden und im Fall des §285 Absatz 3 Satz 1 Nummer 3 die dem jeweiligen Unternehmen gewährten Darlehen nicht die Anschaffungskostender an dem Unternehmen gehaltenen Beteiligungen überschreiten.

(2) Sachwerte im Sinne von Absatz 1 Nummer 1 sind insbesondere
1. Immobilien, einschließlich Wald, Forst und Agrarland,
2. Schiffe, Schiffsaufbauten und Schiffsbestand- und -ersatzteile,
3. Luftfahrzeuge, Luftfahrzeugbestand- und -ersatzteile,
4. Anlagen zur Erzeugung, zum Transport und zur Speicherung von Strom, Gas oder Wärme aus erneuerbaren Energien,
5. Schienenfahrzeuge, Schienenfahrzeugbestand- und -ersatzteile,
6. Fahrzeuge, die im Rahmen der Elektromobilität genutzt werden,
7. Container,
8. für Vermögensgegenstände im Sinne der Nummern 2 bis 6 genutzte Infrastruktur,
9. Kryptowerte im Sinne des § 1 Absatz 11 Satz 4 des Kreditwesengesetzes zu Anlagezwecken, wenn deren Verkehrswert ermittelt werden kann.

(3) Geschäfte, die Derivate zum Gegenstand haben, dürfen nur zur Absicherung von im geschlossenen inländischen Publikums-AIF gehaltenen Vermögensgegenständen gegen einen Wertverlust getätigt werden.

(4) [1]Die AIF-Kapitalverwaltungsgesellschaft hat sicherzustellen, dass die Vermögensgegenstände eines geschlossenen inländischen Publikums-AIF nur insoweit einem Währungsrisiko unterliegen, als der Wert der einem solchen Risiko unterliegenden Vermögensgegenstände 30 Prozent des aggregierten eingebrachten Kapitals und noch nicht eingeforderten zugesagten Kapitals dieses AIF, berechnet auf der Grundlage der Beträge, die nach Abzug sämtlicher direkt oder indirekt von den Anlegern getragener Gebühren, Kosten und Aufwendungen für Anlagen zur Verfügung stehen, nicht übersteigt. [2]Die AIF-Kapitalverwaltungsgesellschaft muss sicherstellen, dass der Anteil der für Rechnung des geschlossenen inländischen Publikums-AIF gehaltenen Kryptowerte zehn Prozent des Wertes des geschlossenen inländischen Publikums-AIF nicht übersteigt.

(5) [1]In einen Vermögensgegenstand im Sinne des Absatzes 1 Nummer 1 darf nur investiert werden, wenn
1. der Vermögensgegenstand zuvor bei einem Wert des
   a) Vermögensgegenstandes bis zu einschließlich 50 Millionen Euro von einem externen Bewerter, der die Anforderungen nach § 216 Absatz 1 Satz 1 Nummer 1 und Satz 2, Absatz 2 bis 5 erfüllt, oder
   b) Vermögensgegenstandes über 50 Millionen Euro von zwei externen, voneinander unabhängigen Bewertern, die die Anforderungen nach § 216 Absatz 1 Satz 1 Nummer 1 und Satz 2, Absatz 2 bis 5 erfüllen und die die Bewertung des Vermögensgegenstandes unabhängig voneinander vornehmen,

   bewertet wurde,
2. der externe Bewerter im Sinne von Nummer 1 Buchstabe a oder die externen Bewerter im Sinne von Nummer 1 Buchstabe b nicht zugleich die jährliche Bewertung der Vermögensgegenstände gemäß § 272 durchführt oder durchführen und
3. die aus dem geschlossenen inländischen Publikums-AIF zu erbringende Gegenleistung den ermittelten Wert nicht oder nur unwesentlich übersteigt.

[2]§ 250 Absatz 2 und § 271 Absatz 2 gelten entsprechend.

(6) [1]**Vor der Investition in einen Vermögensgegenstand im Sinne des Absatzes 1 Nummer 2 bis 6 ist der Wert der ÖPP-Projektgesellschaft, der Infrastruktur-Projektgesellschaften, der Gesellschaft im Sinne des Absatzes 1 Nummer 3, des Unternehmens im Sinne des Absatzes 1 Nummer 4 oder des geschlossenen AIF im Sinne des Absatzes 1 Nummer 5 oder Nummer 6**

1. durch

a) einen externen Bewerter, der die Anforderungen nach § 216 Absatz 1 Satz 1 Nummer 1 und Satz 2, Absatz 2 bis 5 erfüllt, wenn der Wert des Vermögensgegenstandes 50 Millionen Euro nicht übersteigt, oder

b) zwei externe, voneinander unabhängige Bewerter, die die Anforderungen nach § 216 Absatz 1 Satz 1 Nummer 1 und Satz 2, Absatz 2 bis 5 erfüllen und die die Bewertung des Vermögensgegenstandes unabhängig voneinander vornehmen,

zu ermitteln, wobei

2. der externe Bewerter im Sinne von Nummer 1 Buchstabe a oder die externen Bewerter im Sinne von Nummer 1 Buchstabe b nicht zugleich die jährliche Bewertung der Vermögensgegenstände gemäß § 272 durchführt oder durchführen.

[2]**§ 250 Absatz 2 gilt entsprechend.** [3]**Bei der Bewertung ist von dem letzten mit Bestätigungsvermerk eines Abschlussprüfers versehenen Jahresabschluss der ÖPP-Projektgesellschaft, der Infrastruktur-Projektgesellschaft, der Gesellschaft im Sinne des Absatzes 1 Nummer 3, des Unternehmens im Sinne des Absatzes 1 Nummer 4 oder des geschlossenen AIF im Sinne des Absatzes 1 Nummer 5 oder Nummer 6 oder, wenn der Jahresabschluss mehr als drei Monate vor dem Bewertungsstichtag liegt, von den Vermögenswerten und Verbindlichkeiten der ÖPP-Projektgesellschaft, der Infrastruktur-Projektgesellschaft, der Gesellschaft im Sinne des Absatzes 1 Nummer 3, des Unternehmens im Sinne des Absatzes 1 Nummer 4 oder des geschlossenen AIF im Sinne des Absatzes 1 Nummer 5 oder Nummer 6 auszugehen, die in einer vom Abschlussprüfer geprüften aktuellen Vermögensaufstellung nachgewiesen sind.**

(7) **Investiert die AIF-Kapitalverwaltungsgesellschaft für einen geschlossenen inländischen Publikums-AIF in Vermögensgegenstände im Sinne von Absatz 1 Nummer 4, gelten die §§ 287 bis 292 entsprechend.**

Inhaltsübersicht

	Rn.
I. Allgemeines	1
II. Zulässige Vermögensgegenstände (§ 261 I u. II)	5
1. Sachwerte (§ 261 I Nr. 1 und II)	6
2. ÖPP- und Infrastruktur-Projektgesellschaften (§ 261 I Nr. 2)	10
3. Zweckgesellschaften (§ 261 I Nr. 3)	11
4. Unternehmensbeteiligungen (§ 261 I Nr. 4)	12
5. Geschlossene Publikums-AIF (§ 261 I Nr. 5)	14
6. Geschlossene Spezial-AIF (§ 261 I Nr. 6)	15
7. Vermögensgegenstände nach den §§ 193–195 (§ 261 I Nr. 7)	16
8. Gelddarlehen (§ 261 I Nr. 8)	17
III. Derivate (§ 261 III)	19

Rn.
IV. Währungsrisiko (§ 261 IV) 20
1. Ermittlung der Obergrenze für das Währungsrisiko 22
2. Fortlaufende Ermittlung des Währungsrisikos 25
V. Bewertung von Sachwerten (§ 261 V) 26
VI. Bewertung von Vermögensgegenständen nach § 261 I Nr. 2–6 (§ 261 VI) 29
VII. Besondere Vorschriften bei Kontrolle über nicht börsennotierten Unternehmen (§ 261 VII) 32

I. Allgemeines

1 Durch die Umsetzung der RL 2011/61/EU (AIFM-RL) iRd KAGB hat der Gesetzgeber durch eigene nationale Regelungen geschlossene Fonds als geschlossene inländische Publikums-AIF zum ersten Mal umfassend reguliert (BT-Drs. 17/12294, 271). Die Bestimmungen des § 261 gehören zu den **Produktregeln** der §§ 261–272 für geschlossene inländische Publikums-AIF, die nach § 139 nur in der Rechtsform der InvAG mfK (§§ 140ff.) oder der geschlossenen InvKG (§§ 149ff.) aufgelegt werden dürfen. Die §§ 297ff. enthalten ergänzend die **Vorschriften für den Vertrieb** von Aktien bzw. Anteilen an geschlossenen inländischen Publikums-AIF. Wann ein AIF geschlossen ist, bestimmt sich nach § 1 IV, V.

2 Durch das Fondsstandortgesetz (FoStoG) vom 3.6.2021 (BGBl. 2021 I 1498) wurden mWz 2.8.2021 **Infrastruktur-Projektgesellschaften** als zulässiger Vermögensgegenstand in § 261 mit aufgenommen. Die Anpassung ist eine Folge der Einführung einer Definition für Infrastruktur-Projektgesellschaften in § 1 XIX Nr. 23a. Gemäß § 261 I Nr. 3 iVm Nr. 1 und II war es für geschlossene Publikums-AIF auch bisher schon möglich, in Infrastrukturprojekte zu investieren. Die Einfügung der neuen Definition könnte aber zu Unsicherheiten führen, ob dies auch weiterhin der Fall ist. Deshalb werden Infrastruktur-Projektgesellschaften jetzt ausdrücklich aufgeführt (BT-Drs. 19/27631, 99).

Ferner wurde durch das FoStoG mWz 2.8.2021 § 261 VIII vom Gesetzgeber gelöscht, sodass durch die neuen §§ 272a ff. geschlossene Master-Feeder-Strukturen jetzt auch für geschlossene inländische Publikums-AIF möglich sind (BT-Drs. 19/27631, 100). Auf die Kommentierung zu §§ 272a ff. wird entsprechend verwiesen.

3 Die Produktregeln dieser Art von Investmentvermögen und damit auch die Bestimmungen des § 261 dienen dem **Anlegerschutz** (BT-Drs. 17/13395, 388). § 261 beruht mit Ausnahme von § 261 VII, der die Art. 26–30 AIFM-RL umsetzt (BT-Drs. 17/12294, 271), nicht auf Vorgaben der AIFM-RL. Vielmehr gestattet die Öffnungsklausel des Art. 43 I AIFM-RL dem Gesetzgeber, strengere und zusätzliche Auflagen für den Vertrieb von Investmentvermögen an Privatanleger einzuführen. Adressat dieser Norm ist ausweislich des Wortlauts der Vorschrift die den geschlossenen inländischen Publikums-AIF verwaltende KVG, s. § 17.

4 § 261 ist gem. § 317 I Nr. 7 Buchst. c auch bei der Erstellung der AnlB, der Satzung oder des Gesellschaftsvertrags von geschlossenen EU-AIF und geschlossenen ausländischen AIF zu berücksichtigen. Auf geschlossene inländische Spezial-AIF findet § 261 keine Anwendung.

II. Zulässige Vermögensgegenstände (§ 261 I u. II)

5 Die **Aufzählung** in § 261 I regelt abschließend die zulässigen Vermögensgegenstände für geschlossene inländische Publikums-AIF. Die in den einzelnen Ziffern genannten Vermögensgegenstände stehen in einem Ausschlussverhältnis zueinander, dh, dass die Investition in ein und denselben Vermögensgegenstand nicht zugleich die Voraussetzungen mehrerer Alternativen erfüllen kann (FK-KapAnlR/*F. Voigt* § 261 Rn. 14). Es liegt eine **Ordnungswidrigkeit** gem. § 340 II Nr. 49 vor, sofern entgegen § 261 I vorsätzlich oder fahrlässig ein Vermögensgegenstand erworben oder in einen dort genannten Vermögensgegenstand investiert wird.

6 **1. Sachwerte (§ 261 I Nr. 1 und II).** Geschlossene inländische Publikums-AIF dürfen unmittelbar in Sachwerte investieren. Die beispielhafte Aufzählung für Sachwerte in § 261 II zeigt, dass es sich dabei um bewegliche und unbewegliche Gegenstände handeln darf. Nicht umfasst sind (un)verbriefte Rechte, Forderungen oder Anteile sowie immaterielle Vermögensgegenstände wie Patente oder Lizenzen (WBA/*Paul* § 261 Rn. 4).

7 Für Immobilien findet die Definition in § 1 XIX Nr. 21 Anwendung. Während für Immobilien-Sondervermögen durch § 231 I weitere Vorgaben hinsichtlich der Nutzung oder des Zustands einer Immobilie gemacht werden, stellt § 261 II Nr. 1 keine zusätzlichen Anforderungen an die erwerbbare Immobilie (AWZ/*Schmolke* § 261 Rn. 22).

8 Als Sachwerte kommen gem. § 261 II auch Fahrzeuge in Frage, wobei das Gesetz hier explizit Schiffe (Nr. 2), Luftfahrzeuge (Nr. 3), Schienenfahrzeuge (Nr. 5) und Fahrzeuge, die im Rahmen der Elektromobilität genutzt werden (Nr. 6), aufführt. Ferner handelt es sich auch bei deren Bestand- und Ersatzteile um Sachwerte, ohne dass das KAGB hier weitere Vorgaben an deren Eigenständigkeit definiert. Diesbezüglich wird auf → § 262 Rn. 6 verwiesen.

9 § 261 II führt beispielhaft als weitere mögliche Sachwerte Anlagen (Nr. 4), Container (Nr. 5) und Infrastruktur (Nr. 8) auf. Als Infrastruktur kommen dabei ua Schiffshäfen, Flughäfen oder Straßen in Frage. Dass in § 261 II Nr. 8 nicht auf die Infrastruktur zur Nutzung von Immobilien Bezug genommen wird, steht dessen Erwerb jedoch nicht entgegen (AWZ/*Schmolke* § 261 Rn. 24).

10 **2. ÖPP- und Infrastruktur-Projektgesellschaften (§ 261 I Nr. 2).** Geschlossene inländische Publikums-AIF dürfen in Anteile oder Aktien an ÖPP- und Infrastruktur-Projektgesellschaften investieren. Die Legaldefinition für ÖPP-Projektgesellschaften ist § 1 XIX Nr. 28 und jene für Infrastruktur-Projektgesellschaften ist § 1 XIX Nr. 23a zu entnehmen. Infrastruktur-Projektgesellschaften wurden mit Inkrafttreten des FoStoG am 2.8.2021 aus Klarstellungsgründen in den Katalog der zulässigen Vermögensgegenstände mit aufgenommen, → Rn. 2.

11 **3. Zweckgesellschaften (§ 261 I Nr. 3).** Durch die Möglichkeit des Erwerbs von Anteilen oder Aktien an bestimmten **Zweckgesellschaften** dürfen geschlossene inländische Publikums-AIF mittelbar in Sachwerte, in zur Bewirtschaftung von Sachwerten erforderliche Vermögensgegenstände sowie in Beteiligung an Gesellschaften, die ihrerseits Sachwerte bzw. Bewirtschaftungsgegenstände erwerben dürfen, investieren. Der Unternehmensgegenstand des Gesellschaftsvertrags oder der Satzung einer solchen Gesellschaft darf jedoch ausschließlich die Investition in zulässige Vermögensgegenstände gem. § 261 I Nr. 1 vorsehen. Darüber hinaus werden an die Gesellschaft keine weiteren besonderen Anforderungen gestellt, insb.

auch nicht in Bezug auf die Rechtsform (FK-KapAnlR/*F. Voigt* § 261 Rn. 24). Sofern die Gesellschaft selbst ein geschlossener inländischer AIF ist, gehen die Regelungen von § 261 I Nr. 5 und 6 vor (WBA/*Paul* § 261 Rn. 6).

12 **4. Unternehmensbeteiligungen (§ 261 I Nr. 4).** Die Erwerbbarkeit von Beteiligungen an Unternehmen, die nicht zum Handel an einer Börse zugelassen oder in einem organisierten Markt einbezogen sind, ermöglicht dem geschlossenen inländischen Publikums-AIF insb. die Investition in **Private Equity** (BSV/*D. Voigt* § 261 Rn. 38).

13 Ausgehend von der Legaldefinition nach § 1 XIX Nr. 27 für nicht börsennotierte Unternehmen handelt es sich bei den Unternehmen nach § 261 I Nr. 4 um Unternehmen, die ihren satzungsmäßigen Sitz in der EU bzw. im EWR haben und dessen Anteile nicht zum Handel auf einem geregelten Markt iSd Art. 4 I Nr. 21 der RL 2014/65/EU (MiFiD II) zugelassen sind. Eine Vergleichsbetrachtung für Unternehmen außerhalb der EU bzw. des EWR scheitert an dem Erfordernis des Satzungssitzes innerhalb der EU bzw. des EWR (WBA/*Paul* § 261 Rn. 8).

Ferner dürfen die Unternehmensbeteiligungen nicht in einen organisierten Markt einbezogen werden, der in § 1 XIX Nr. 29 definiert ist. Insofern sind zulässige Vermögensgegenstände nach § 261 I Nr. 4 ausschließlich Beteiligungen an Unternehmen, die im rein privatrechtlich organisierten Freiverkehr gehandelt werden (WBA/*Paul* § 261 Rn. 6).

Darüber hinaus muss es sich bei den Unternehmensbeteiligungen um Eigenkapitalbeteiligungen oder eigenkapitalähnliche Beteiligungen handeln (BT-Drs. 17/12294, 271). Entsprechend der aufsichtsrechtlichen Verwaltungspraxis muss es sich um eine mitgliedschaftliche Beteiligung handeln, die sowohl Vermögensrechte als auch Verwaltungsrechte gewährt (BaFin, Fragenkatalog zu erwerbbaren Vermögensgegenständen (Eligible Assets), GZ: WA 41-Wp 2137-2013/0001, Stand 5.7.3016, Teil 2 Ziff. 7 zu § 284 II Nr. 2 Buchst. i). Demnach wären etwa Genussrechte oder partiarische Darlehen von § 261 I Nr. 4 nicht erfasst (AWZ/*Schmolke* § 261 Rn. 14).

14 **5. Geschlossene Publikums-AIF (§ 261 I Nr. 5).** Geschlossene inländische Publikums-AIF dürfen gem. § 261 I Nr. 5 auch in Anteile oder Aktien von anderen geschlossenen Publikums-AIF investieren. Der inländische Zielfonds muss dabei die Produktvorschriften der §§ 261–272 einhalten. Bei einer Investition in einen europäischen oder ausländischen geschlossenen Publikums-AIF muss dessen Anlagepolitik Anforderungen unterworfen sein, die mit denen nach §§ 261–272 vergleichbar sind. Seit Inkrafttreten des FoStoG darf der geschlossene inländische Publikums-AIF auch Feeder-AIF in einer Master-Feeder-Konstruktion sein, → Rn. 2. Nicht erlaubt sind jedoch Investitionen in geschlossene Fonds, die vor Inkrafttreten des KAGB aufgelegt wurden und somit nicht den Vorschriften der §§ 261–272 unterliegen (AWZ/*Schmolke* § 261 Rn. 16).

15 **6. Geschlossene Spezial-AIF (§ 261 I Nr. 6).** Als zulässiger Vermögensgegenstand gem. § 261 I Nr. 6 gelten auch die Anteile oder Aktien an einen geschlossenen Spezial-AIF. Die Ausführungen zu § 261 I Nr. 5 gelten insofern analog, → Rn. 14.

16 **7. Vermögensgegenstände nach den §§ 193–195 (§ 261 I Nr. 7).** Die Regelung des § 261 I Nr. 7 dient in der Praxis vor allem der Anlage der freien Liquidität eines geschlossenen inländischen Publikums-AIF (AWZ/*Schmolke* § 261 Rn. 18). Demnach kann diese in Wertpapiere (§ 193), Geldmarktinstrumente (§ 194) und Bankguthaben (§ 195) angelegt werden. Der Erwerb von Anteilen an einem OGAW ist nach § 261 I Nr. 7 nicht zulässig.

8. Gelddarlehen (§ 261 I Nr. 8). Als letzten zulässigen Vermögensgegenstand erlaubt § 261 I unter Nr. 8 die Vergabe von Gelddarlehen. Die Darlehen müssen dabei als Gesellschafterdarlehen nach Maßgabe des entspr. anwendbaren § 285 III ausgestaltet sein. Der Begriff des Gelddarlehens bestimmt sich nach den zivil- und gesellschaftsrechtlichen Grundsätzen (BT-Drs. 18/6744, 61). 17

Aus **Anlegerschutzgesichtspunkten** weicht § 261 I Nr. 8 jedoch in zwei Punkten von § 285 III 1 und 3 ab (AWZ/*Schmolke* § 261 Rn. 20). Zum einen sind Gesellschafterdarlehen abw. zu § 285 III 1 nicht iHv 50%, sondern nur iHv 30% des aggregierten eingebrachten und des noch nicht eingeforderten zugesagten Kapitals des geschossenen Publikums-AIF zulässig. Als Bemessungsgrundlage ist allerdings das für Anlagen zur Verfügung stehende Kapital ausschlaggebend, sodass bei der Berechnung die Abzugsposten des § 285 III 1 zu berücksichtigen sind. Die Ermittlung der Anlagegrenze hat dabei im Zeitpunkt der Auszahlung des Darlehens zu erfolgen (WBA/*Paul* § 261 Rn. 13). Zum anderen dürfen die gewährten Gesellschafterdarlehen abw. zu § 285 III 3 nicht den Betrag der der Anschaffungskosten der an dem Unternehmen gehaltenen Beteiligungen überschreiten. Bei den Anschaffungskosten kann auf die Legaldefinition des § 255 I HGB zurückgegriffen werden, sodass ua auch die Anschaffungsnebenkosten berücksichtigt werden können (WBA/*Paul* § 261 Rn. 14). 18

III. Derivate (§ 261 III)

Geschlossene inländische Publikums-AIF dürfen Derivate ausschließlich („nur") zu Absicherungszwecken von gehaltenen Vermögensgegenständen gegen einen Wertverlust einsetzen. Geschäfte mit Derivaten als Teil der Anlagestrategie, insb. zur Erzielung von Hebeleffekten (Leverage), sind verboten (BT-Drs. 17/12294, 271). Beispiele für die Absicherung von Wertverlusten sind Mietausfall-, Inflations- oder Währungsrisiken (AWZ/*Schmolke* § 261 Rn. 25). 19

IV. Währungsrisiko (§ 261 IV)

Während der Laufzeit des geschlossenen inländischen Publikums-AIF hat die KVG sicherzustellen, dass dessen Vermögensgegenstände nur einem **Währungsrisiko** iHv 30% des aggregierten eingebrachten Kapitals und noch nicht eingeforderten zugesagten Kapitals unterliegen. 20

Ein Währungsrisiko liegt stets dann vor, wenn der Wert des Vermögensgegenstandes in einer anderen Währung als der des geschlossenen inländischen Publikums-AIF ermittelt wird. Dabei wird auf die **Nettoposition** abgestellt, sodass durch Kurssicherungsgeschäfte das Währungsrisiko ganz oder teilweise reduziert werden kann (AWZ/*Schmolke* § 261 Rn. 27–28). Im Umkehrschluss liegt bei Währungskongruenz, bei der sämtliche Geldzahlungen in der gleichen Währung geleistet werden, regelmäßig kein Währungsrisiko vor, wenn auch die Kapitaleinlage der Anleger sowie die Auszahlungen an die Anleger in der Währung des geschlossenen inländischen Publikums-AIF erfolgen. Dies ist bspw. bei Flugzeuginvestitionen gegeben, bei denen idR neben dem An- und Verkauf auch laufende Ein- und Ausgaben in US-Dollar geleistet werden. Ein auf Ebene des Anlegers mögliches Währungsrisiko bspw. durch den Tausch einer US-Dollar-Auszahlung in Euro wird von § 261 IV nicht erfasst, da dieses Risiko nicht aus den Vermögensgegenständen des geschlossenen inländischen Publikums-AIF herrührt (WBA/*Paul* § 261 Rn. 20). 21

22 **1. Ermittlung der Obergrenze für das Währungsrisiko.** Zur Ermittlung des maximal zulässigen Währungsrisikos iHv 30% ist das für die Anlage zur Verfügung stehende Kapital zu berechnen. Als **Ausgangsgröße** dienen dem Gesetzeswortlaut nach das aggregierte eingebrachte Kapital und das noch nicht eingeforderte zugesagte Kapital. Korrekterweise muss bei der Berechnung aber auch das zugesagte und schon eingeforderte, aber noch nicht eingebrachte Kapital berücksichtigt werden. Zudem muss für die richtige Ermittlung der Risikoobergrenze die Ausgangsgröße wieder um die Kapitalzusagen reduziert werden, die nicht mehr einbringlich sind, da der Anleger bspw. insolvent ist (WBA/*Paul* § 261 Rn. 24).

Bei der Berechnung des zur Verfügung stehenden Kapitals ist lediglich das Kapital der Anleger und nicht das der Gründer zu berücksichtigen. Dies ergibt sich allein daraus, dass von der Ausgangsgröße auch nur die Kosten der Anleger abgezogen werden (WBA/*Paul* § 261 Rn. 25).

23 Um das für die Anlage zur Verfügung stehende Kapital zu ermitteln, sind im Folgenden von der Ausgangsgröße sämtliche Gebühren, Kosten und Aufwendungen abzuziehen, die direkt oder indirekt von den Anlegern getragen werden. Zu den **Abzugsposten** zählen sämtliche nicht substanzbildenden Kosten, die nicht zum Werterhalt oder zur Werterhöhung der Investition bzw. des geschlossenen inländischen Publikums-AIF beitragen. Damit können die einmaligen Aufwendungen und Vergütungen der Auflage des AIF bspw. für Konzeption, Marketing, Eigen- und Fremdkapitalbeschaffung, Übernahme einer Platzierungsgarantie, Erlangung der Vertriebserlaubnis und Rechts- und Steuerberatung zum Abzug gebracht werden. Ferner gehören zu den Abzugsposten ua aber auch Fremdkapitalzinsen, Bankgebühren, Makler-, Bewerter-, Notar-, Gerichts- und Registerkosten sowie sonstige Weichkosten, die nicht gewinnbringend für den Anleger investiert werden. Demgegenüber können bspw. Kosten für Instandhaltung sehr wohl den Wert der Anlage erhöhen oder stabilisieren, sodass diese Kosten keinen Abzugsposten darstellen. Nicht zu den Abzugsposten gehören Kosten, die von den Gründern getragen oder durch Fremdkapital beglichen werden. Zudem ist zu berücksichtigen, dass indirekte Kosten nur dann zum Abzug kommen, wenn diese nicht etwa durch die Aufnahme von Fremdkapital oder durch die Erwirtschaftung von laufenden Erträgen ausgeglichen werden. Ein etwaiger direkt beim Anleger erhobener Ausgabeaufschlag braucht bei der Ermittlung der Obergrenze für das Währungsrisiko nicht berücksichtigt werden, sofern dieser Teil des zugesagten Kapitals ist (WBA/*Paul* § 261 Rn. 26f.).

24 Die jetzige Bezugsgröße für die Ermittlung des Währungsrisikos wurde erst durch das OGAW-V-UmsG (BGBl. 2016 I 358) mWz 18.3.2016 ins KAGB aufgenommen, um einen einheitlicheren Ansatz bei geschlossenen Publikums-AIF zu schaffen und die Verständlichkeit der Regelung für den Anleger zu stärken. Zuvor bezog sich die 30%-Grenze auf den Wert des geschlossenen Publikums-AIF. Insofern erfolgt auch ein Gleichlauf mit einer entsprechenden Änderung in § 262 I Nr. 1 zu Fragen der Risikomischung und in § 263 I, IV zu Fragen der Kreditaufnahme- und Belastungsgrenze (BT-Drs. 18/6744, 61f.). Für geschlossene inländische Publikums-AIF, die vor dem 18.3.2016 aufgelegt wurden, kann gem. der Übergangsvorschrift in § 353a weiterhin die alte Bezugsgröße angewandt werden, sofern der geschlossene inländische Publikums-AIF nicht zur jetzigen Bezugsgröße optiert.

25 **2. Fortlaufende Ermittlung des Währungsrisikos.** Die KVG hat für die Laufzeit des geschlossenen inländischen Publikums-AIF sicherzustellen, dass die Obergrenze für das Währungsrisiko eingehalten wird. Somit ist die Berechnung

der Obergrenze fortlaufend zu aktualisieren, sodass etwaige Kostenveränderungen zu einer Anpassung des für die Anlage zur Verfügung stehende Kapital bedeuten können (WBA/*Paul* § 261 Rn. 28).

V. Bewertung von Sachwerten (§ 261 V)

Die Investition in einen Sachwert setzt gem. § 261 V voraus, dass dieser zuvor bei einem Wert bis einschl. 50 Mio. EUR von einem externen Bewerter (§ 261 V Nr. 1 Buchst. a) oder bei einem höheren Wert von zwei externen, voneinander unabhängigen Bewertern (§ 261 V Nr. 1 Buchst. b), bewertet wurde. Die Vorschrift dient dem **Schutz der Anleger** (BT-Drs. 17/12294, 271). Da der tatsächliche Wert des Vermögensgegenstandes erst nach der Bewertung feststeht, kann im Vorfeld dessen Kaufpreis als Richtgröße herangezogen werden. Sofern nur ein einzelner externer Bewerter beauftragt wurde und dieser bei seiner Bewertung einen Wert von über 50 Mio. EUR ermittelt, ist zwingend eine zweite unabhängige Bewertung vorzunehmen (AWZ/*Schmolke* § 261 Rn. 35). 26

Gemäß § 261 V 2, der § 271 II für entspr. anwendbar erklärt, hat die KVG geeignete und kohärente Verfahren für eine transparente und unabhängige Bewertung der Sachwerte in einer internen **Bewertungsrichtlinie** (§ 169 I) festzulegen, wobei diese zusätzlich eine Objektbesichtigung durch den externen Bewerter vorzusehen hat.

Der externe Bewerter muss gem. § 261 V Nr. 1 die Anforderungen nach § 216 I S. 1 Nr. 1 u. S. 2, II–V erfüllen. Dadurch ist eine **interne Bewertung durch die KVG selbst ausgeschlossen.** Ferner darf der Erstbewerter nicht zugleich die jährliche Bewertung der Vermögensgegenstände gem. § 272 durchführen. 27

§ 261 V 2 sieht durch seinen Verweis auf § 250 II eine Rotation des externen Bewerters nach drei Jahren Tätigkeit für die Bewertung von Vermögensgegenständen für eine KVG vor. Erst nach einer zweijährigen Karenzzeit darf der externe Bewerter wieder für die KVG als Bewerter derselben Vermögensgegenstände tätig sein. Vorstehende Rotations- und Karenzregelung gilt insofern auf Ebene des jeweiligen geschlossenen inländischen Publikums-AIF. Zudem wird eine wirtschaftliche Unabhängigkeit des externen Bewerters von der KVG verlangt, indem die Gesamteinnahmen des externen Bewerters aus seiner Tätigkeit für die KVG maximal 30% im betreffenden Geschäftsjahr ausmachen dürfen.

Der ermittelte Wert für den Sachwert darf gem. § 261 V 1 Nr. 3 die aus dem geschlossenen inländischen Publikums- AIF zu erbringende Gegenleistung nicht oder nur unwesentlich übersteigen. Die Erwerbsnebenkosten sind nicht Teil der Gegenleistung. Als unwesentlich gilt in der Praxis dabei eine Überschreitung von bis zu 3% des ermittelten Wertes (BSV/*D. Voigt* § 261 Rn. 62). 28

VI. Bewertung von Vermögensgegenständen nach § 261 I Nr. 2–6 (§ 261 VI)

Vor Erwerb einer Gesellschafts- oder Unternehmensbeteiligung nach § 261 I Nr. 2–6 für einen geschlossenen inländischen Publikums-AIF ist deren Wert zu ermitteln. Dabei entsprechen die Anforderungen an den externen Bewerter in § 261 VI 1 Nr. 1 und Nr. 2 denen nach § 261 V 1 Nr. 1 und Nr. 2, → Rn. 24f. Ferner gelten wie bei der Bewertung von Sachwerten die für Immobilien-Sondervermögen geltende Sonderregeln für den Bewerter gem. § 250 II entsprechend. 29

30 Abweichend zu der Bewertung von Sachwerten erfolgt gem. § 261 VI 3 die Wertermittlung der Vermögensgegenstände nach § 261 I Nr. 2–6 auf Basis eines testierten Jahresabschlusses, wenn dieser vor dem Bewertungsstichtag nicht älter als drei Monate ist. Andernfalls ist die Wertermittlung auf Grundlage einer durch den Abschlussprüfer testierten aktuellen Vermögensaufstellung durchzuführen.

Sofern der geschlossene inländische Publikums-AIF eine Gesellschafts- oder Unternehmensbeteiligung erwirbt, welche in einen Sachwert investiert, wäre eine Bewertung nach § 261 VI ausreichend (AWZ/*Schmolke* § 261 Rn. 43). In der Praxis empfiehlt es sich jedoch, auch die Bewertung nach § 261 V für den Sachwert durchzuführen, da dieser idR das eigentliche Anlageobjekt darstellt, in den der Anleger investieren möchte.

31 Eine Regelung, dass der ermittelte Wert für die Gesellschafts- oder Unternehmensbeteiligung die aus dem geschlossenen inländischen Publikums- AIF zu erbringende Gegenleistung nicht oder nur unwesentlich übersteigen darf, enthält § 261 VI nicht. Jedoch wird die KVG diese Regelung aufgrund ihrer allgemeinen Verhaltenspflichten gem. § 26 II wohl bei Ihrer Erwerbsentscheidung für den geschlossenen inländischen Publikums-AIF berücksichtigen müssen (BSV/*D. Voigt* § 261 Rn. 65).

VII. Besondere Vorschriften bei Kontrolle über nicht börsennotierten Unternehmen (§ 261 VII)

32 Beim Erwerb einer Unternehmensbeteiligung iSv § 261 I Nr. 4, sind die Regelungen der §§ 287–292 entspr. anzuwenden, sodass die Regelungen für Private-Equity-Fonds auch für geschlossene inländische Publikums-AIF gelten. Ob und in welchem Umfang die §§ 288 ff. Anwendung finden, richten sich wiederum nach § 287 (BT-Drs. 17/12294, 271).

§ 262 Risikomischung

(1) [1]**Die AIF-Kapitalverwaltungsgesellschaft darf für einen geschlossenen inländischen Publikums-AIF nur nach dem Grundsatz der Risikomischung investieren. [2]Der Grundsatz der Risikomischung im Sinne des Satzes 1 gilt als erfüllt, wenn**

1. **entweder in mindestens drei Sachwerte im Sinne des § 261 Absatz 2 investiert wird und die Anteile jedes einzelnen Sachwertes am aggregierten eingebrachten Kapital und noch nicht eingeforderten zugesagten Kapital des AIF, berechnet auf der Grundlage der Beträge, die nach Abzug sämtlicher direkt oder indirekt von den Anlegern getragener Gebühren, Kosten und Aufwendungen für Anlagen zur Verfügung stehen, im Wesentlichen gleichmäßig verteilt sind oder**
2. **bei wirtschaftlicher Betrachtungsweise eine Streuung des Ausfallrisikos gewährleistet ist.**

[3]**Der geschlossene inländische Publikums-AIF muss spätestens 18 Monate nach Beginn des Vertriebs risikogemischt investiert sein. [4]Für den Zeitraum nach Satz 3, in dem der geschlossene Publikums-AIF noch nicht risikogemischt investiert ist, sind die Anleger in dem Verkaufsprospekt darauf hinzuweisen.**

(2) [1]Abweichend von Absatz 1 darf die AIF-Kapitalverwaltungsgesellschaft für den geschlossenen inländischen Publikums-AIF ohne Einhaltung des Grundsatzes der Risikomischung investieren, wenn

1. **sie für den geschlossenen inländischen Publikums-AIF nicht in Vermögensgegenstände im Sinne des § 261 Absatz 1 Nummer 4 investiert und**
2. **die Anteile oder Aktien dieses AIF nur von solchen Privatanlegern erworben werden,**
   a) **die sich verpflichten, mindestens 20 000 Euro zu investieren, und**
   b) **für die die in § 1 Absatz 19 Nummer 33 Buchstabe a Doppelbuchstabe bb bis ee genannten Voraussetzungen erfüllt sind.**

[2]Ein nachfolgender Erwerb von Anteilen oder Aktien dieses AIF kraft Gesetzes durch einen Privatanleger, die der Anforderungen nach Satz 1 Nummer 2 nicht erfüllt, ist unbeachtlich. [3]Wenn für den geschlossenen inländischen Publikums-AIF ohne Einhaltung des Grundsatzes der Risikomischung investiert wird, müssen der Verkaufsprospekt an hervorgehobener Stelle auf das Ausfallrisiko mangels Risikomischung hinweisen.

I. Allgemeines

1 § 262 ist Bestandteil der nationalen Produktregeln für geschlossene inländische Publikums-AIF, deren Normenadressat die den AIF verwaltende KVG ist (→ § 261 Rn. 1f.). § 262 ist gem. § 317 I Nr. 7 Buchst. c auch bei der Erstellung der AnlB, der Satzung oder des Gesellschaftsvertrags von geschlossenen EU-AIF und geschlossenen ausländischen AIF zu berücksichtigen. Auf geschlossene inländische Spezial-AIF findet § 262 keine Anwendung.

2 Gemäß § 262 I haben Investitionen einer KVG für einen geschlossenen inländischen Publikums-AIF grds. nach dem Grundsatz der Risikomischung zu erfolgen. Dieser soll das mit der einzelnen Investition verbundene Verlustrisiko für Privatanleger reduzieren und dient insofern dem **Anlegerschutz** (WBA/*Paul* § 262 Rn. 2). Vom Gebot einer risikodiversifizierten Investition darf jedoch bei kumulativer Erfüllung der Voraussetzungen in § 262 II abgewichen werden. Die Strukturierung eines nicht-risikogemischten geschlossenen inländischen Publikums-AIF ist für qualifizierte Anleger, die die Anforderungen des § 262 II Nr. 2 erfüllen, somit weiterhin möglich (BT-Drs. 17/12294, 272).

II. Grundsatz der Risikomischung (§ 262 I)

3 Der Grundsatz der Risikomischung wird im KAGB nicht legal definiert. Die Vorschriften zu den Anlagegrundsätzen und -grenzen im KAGB konkretisieren den Grundsatz der Risikomischung jedoch weitgehend durch quantitative und qualitative Merkmale und gestalten ihn bezogen auf die jeweilige Art des Investmentvermögens entspr. aus. Für einen geschlossenen inländischen Publikums-AIF gilt der Grundsatz der Risikomischung als erfüllt, wenn dieser in mindestens drei im Wesentlichen gleichmäßig verteilte Sachwerte investiert **(quantitative Betrachtung)** oder wenn bei wirtschaftlicher Betrachtungsweise eine Streuung des Ausfallrisikos gewährleistet ist **(qualitative Betrachtung).** Eine kumulative Erfüllung des quantitativen und qualitativen Merkmals ist anders als bei einem offenen inländischen Publikums-AIF nicht erforderlich (WBA/*Paul* § 262 Rn. 3f.). Die AnlB des geschlossenen inländischen Publikums-AIF müssen jedoch verbindlich

festlegen, dass dessen objektiver Geschäftszweck auf die Risikomischung ausgelegt ist. Eine bloße zufällige oder tatsächliche Risikomischung reicht nicht aus (EDD/*Thomas* § 262 Rn. 6).

4 **1. Quantitative Betrachtung (§ 262 I 2 Nr. 1). a) Drei eigenständige Sachwerte.** Der Grundsatz der Risikomischung gilt als erfüllt, wenn nach den formell quantitativen Anforderungen des § 262 I Nr. 1 in mindestens drei **Sachwerte** iSd § 261 II investiert wird und die Anteile jedes einzelnen Sachwerts am aggregierten eingebrachten Kapital und noch nicht eingeforderten zugesagten Kapital des geschlossenen Publikums-AIF im Wesentlichen gleichmäßig verteilt sind.

5 Der Wortlaut der Nr. 1 bezieht sich ausschließlich auf die unmittelbare Investition in Sachwerte iSd § 261 I Nr. 1 iVm II. Sofern die Investition jedoch mittelbar über eine **Zweckgesellschaft** in einen Sachwert erfolgt, ist als Maßstab für die Beurteilung der Risikodiversifikation die qualitative Betrachtung nach § 262 I 2 Nr. 2 maßgebend. Dies gilt auch für die weiteren zulässigen Vermögensgegenstände iSv § 261 I Nr. 2–8, bei denen es sich nicht um Sachwerte handelt (AWZ/*Schmolke* § 262 Rn. 15).

6 Zur Ermittlung der Mindestanzahl von drei Sachwerten ist in Abgrenzung zu § 261 II zu prüfen, wann ein einzelner Sachwert vorliegt. Während nach § 261 II ua neben Immobilien oder Luftfahrzeugen auch deren Bestand- und Ersatzteile eigenständige Sachwerte sein können, ist bei der Prüfung der Risikodiversifizierung stets zu kontrollieren, ob ein Objekt und dessen unterschiedliche Bestandteile rechtlich und wirtschaftlich als eigenständige Sachwerte fungieren. Sofern die verschiedenen Bestandteile eines Objekts keine voneinander unabhängigen Einkommensströme generieren, ist stets nur von einem Sachwert auszugehen, wie dies bspw. bei einem Luftfahrzeug und seinen Bestandteilen idR der Fall sein wird (AWZ/*Schmolke* § 262 Rn. 17).

7 **b) Gleichmäßige Verteilung.** Die Anteile jedes einzelnen der mindestens drei Sachwerte müssen gem. § 261 I 2 Nr. 1 im Wesentlichen gleichmäßig verteilt sein. Als Bemessungsgrundlage dient dabei das aggregierte eingebrachte sowie das noch nicht eingeforderte Kapital des geschlossenen inländischen Publikums-AIF, welches auf der Grundlage der Beträge, die nach Abzug sämtlicher direkt oder indirekt von den Anlegern getragenen Gebühren, Kosten und Aufwendungen für Anlagen zur Verfügung steht. Die erste durch das OGAW-V-UmsG mWz 18.3.2016 eingeführte Bemessungsgrundlage soll einen einheitlicheren Ansatz bei geschlossenen inländischen Publikums-AIF schaffen und stärkt dadurch die Verständlichkeit der investmentrechtlichen Regelungen für den Anleger (BT-Drs. 18/6744, 62). Hinsichtlich der Ermittlung der Bemessungsgrundlage wird auf → § 261 Rn. 21 f. verwiesen. Für geschlossene inländische Publikums-AIF, die vor dem 18.3.2016 aufgelegt wurden, kann gem. der Übergangsvorschrift in § 353 a weiterhin die alte Bezugsgröße, die sich auf den Wert des gesamten AIF bezog, angewandt werden, sofern der geschlossene inländische Publikums-AIF nicht zur jetzigen Bezugsgröße optiert.

8 Durch eine im Wesentlichen gleichmäßige Investition in mindestens drei Sachwerte soll eine Umgehung des Grundsatzes der Risikomischung verhindert werden. Diese wäre anzunehmen, wenn der Erwerb eines einzelnen Sachwerts dazu führt, dass die anderen Sachwerte innerhalb des geschlossenen inländischen Publikums-AIF nicht mehr ins Gewicht fallen (BT-Drs. 17/12294, 271). Die Begrifflichkeit „im Wesentlichen" erfordert dabei eine Einzelfallbetrachtung und eröffnet gleichzeitig einen gewissen Spielraum bei der Ausgestaltung der Risikomischung,

sodass die einzelnen Sachwerte nicht zwangsläufig gleich verteilt sein müssen. So hält die Verwaltungspraxis der BaFin bei einer Investition in drei Sachwerte eine Verteilung von 20/35/45% für zulässig. Investiert der geschlossene inländische Publikums-AIF in mehr als drei Sachwerte, so scheint die Verwaltungspraxis weiterhin auf eine gleichmäßige Verteilung der mindestens drei Sachwerte abzustellen, da auch eine Verteilung von 5/5/20/30/40% für zulässig erachtet wird (AWZ/*Schmolke* § 262 Rn. 20f.).

2. Qualitative Betrachtung (§ 262 I 2 Nr. 2). Der geschlossene inländische Publikums-AIF gilt auch dann als risikogemischt investiert, wenn nach dem qualitativen Kriterium der Nr. 2, bei einer **wirtschaftlichen Betrachtungsweise** eine Streuung des Ausfallrisikos für sämtliche Investitionen in zulässige Vermögensgegenstände gem. § 261 I sichergestellt ist (BT-Drs. 17/12294, 271). Eine Beschränkung auf Sachwerte findet nicht statt. 9

Die wirtschaftliche Betrachtungsweise erfordert eine einzelfallbezogene Beurteilung, ob eine Streuung des Ausfallrisikos gegeben ist. Dabei ist unter **Ausfallrisiko** der gesamte oder teilweise Verlust der Einnahmen aus den Vermögensgegenständen des geschlossenen inländischen Publikums-AIF zu verstehen (WBA/*Paul* § 262 Rn. 12). Nach der Gesetzesbegründung kann sich die notwendige Streuung bei der Investition in einen Sachwert bspw. aus seiner Nutzungsstruktur ergeben. Handelt es sich etwa um ein multifunktionales Objekt, das einer Drittverwendung generell zugänglich ist, ist das qualitative Kriterium der Nr. 2 regelmäßig erfüllt; dies gilt hingegen nicht, wenn es sich bei dem Sachwert um ein monofunktionales Objekt handelt, das angesichts seiner spezifischen Nutzung für eine Drittverwendung kaum geeignet ist (BT-Drs. 17/12294, 271). Damit ist die Investition in lediglich einen Vermögensgegenstand zulässig, wenn dessen Nutzungsart zu einer Streuung des Ausfallrisikos führt (AWZ/*Schmolke* § 262 Rn. 25). 10

Die Beurteilung der Streuung des Ausfallrisikos kann neben der Nutzungsart beispielsweise auch anhand der Branchenzugehörigkeit, Anzahl und Bonität der Mieter, Vertragslaufzeiten oder Mieteinnahmen vorgenommen werden. So kann ua ein Einkaufszentrum mit 60 Mietern und einer angemessenen Verteilung der Gesamtmieteinnahmen als risikodiversifiziert angesehen werden (WBA/*Paul* § 262 Rn. 12). Im Rahmen der Genehmigung der AnlB eines geschlossenen inländischen Publikums-AIF gem. § 267 ist der BaFin die qualitative Risikomischung regelmäßig nachzuweisen.

3. Anlaufzeit. Der Grundsatz der Risikomischung ist erst 18 Monate nach Beginn des Vertriebs iSd § 293 I 1 einzuhalten. Dies trägt dem Umstand Rechnung, dass ein geschlossener inländischer Publikums-AIF während seiner Anlaufphase die Anforderungen der Risikomischung nicht stets wird einhalten können. Die Anlaufzeit beginnt grds. mit der Erteilung der Vertriebserlaubnis gem. § 316 durch die BaFin. Sofern jedoch im Anschluss keine Anteile unmittelbar angeboten bzw. platziert werden, kann der Vertrieb auch erst nach Ablauf eines weiteren Zeitraums beginnen (FK-KapAnlR/*F. Voigt* § 262 Rn. 33, 34). 11

Während die Risikomischung grds. für die gesamte Laufzeit des geschlossenen inländischen Publikums-AIF gilt (AWZ/*Schmolke* § 262 Rn. 28), ist für die Liquidationsphase trotz fehlender gesetzlicher Regelung eine entsprechende Anwendung von § 262 I 3 anzunehmen, da es hier nicht mehr um die Investition von Anlegergeldern, sondern vielmehr um die Abwicklung und Desinvestition des geschlossenen inländischen Publikums-AIF geht (FK-KapAnlR/*F. Voigt* § 262 Rn. 36–38). 12

13 Aus Gründen des Anlegerschutzes ist für den Zeitraum, in dem der geschlossene inländische Publikums-AIF noch nicht risikogemischt investiert ist, im Verkaufsprospekt und in den wesentlichen Anlegerinformationen gem. § 268 auf die fehlende Risikomischung hinzuweisen. Vorgaben bezüglich Art, Form oder Stelle im Verkaufsprospekt zur Darstellung dieses Hinweises gibt es nicht. Insbesondere hat der Hinweis anders als nach § 262 II, wenn von Grund auf nicht risikogemischt investiert wird, nicht an hervorgehobener Stelle zu erfolgen (FK-KapAnlR/*F. Voigt* § 262 Rn. 35).

III. Ausnahme vom Grundsatz der Risikomischung (§ 262 II)

14 Während offene inländische Publikums-AIF gem. § 214 zwingend eine risikodiversifizierte Anlagepolitik verfolgen müssen, kann durch die kumulative Erfüllung der Voraussetzungen in § 262 II bei einem geschlossenen inländischen Publikums-AIF vom Grundsatz der Risikomischung abgewichen werden.

15 Eine Abweichung vom Grundsatz der Risikomischung ist grds. für alle zulässigen Vermögensgegenstände gem. § 261 I möglich. Ausgenommen sind nach § 262 II 1 Nr. 1 jedoch Investitionen in Beteiligungen iSv § 261 I Nr. 4, dh an Unternehmen, die nicht zum Handel an einer Börse zugelassen oder in einen organisierten Markt einbezogen sind. Damit müssen insb. geschlossene inländische Publikums-AIF die in **Private-Equity-Beteiligungen** investieren, den Grundsatz der Risikomischung stets einhalten.

16 Ferner dürfen Anteile oder Aktien an nicht risikogemischten geschlossenen inländischen Publikums-AIF gem. § 262 II 1 Nr. 2 ausschließlich von Privatanlegern erworben werden, die sich jeweils zu einer Investition in Höhe von mindestens 20.000 EUR verpflichten und iÜ die für semi-professionelle Anleger nach § 1 XIX Nr. 33 Buchst. a Doppelbuchst. bb–ee geltenden Voraussetzungen erfüllen. Dabei schließt der Begriff Privatanleger den Erwerb von Anteilen oder Aktien durch semi-professionelle und professionelle Anleger nicht aus. Vielmehr soll durch die Formulierung verdeutlicht werden, dass für andere als die genannten Privatanleger ein nicht risikogemischter geschlossener inländischer Publikums-AIF nicht geeignet ist (WBA/*Paul* § 262 Rn. 14).

17 Durch die **Mindestbeteiligungssumme** von 20.000 EUR soll erreicht werden, dass sich der Anleger intensiver mit der Kapitalanlage, ihren Eigenschaften und Risiken beschäftigt. Dabei muss die Mindestbeteiligungssumme nicht auf einmal eingezahlt werden. Auch eine ratierliche bzw. durch Kapitalabruf über einen längeren Zeitraum erfolgte Einzahlung ist zulässig, sofern sich der Anleger im Zeitpunkt seines Investitionsvorhabens einmal zur Zahlung der gesamten Beteiligungssumme verpflichtet hat (FK-KapAnlR/*F. Voigt* § 262 Rn. 44 f.).

18 Hinsichtlich der persönlichen Voraussetzungen des Anlegers hat dieser gem. § 1 XIX Nr. 33 Buchst. a Doppelbuchst. bb in einem von dem Investitionsvertrag (Beitrittsvereinbarung) getrennten Dokument anzugeben, dass er sich der mit der Investition einhergehenden **Risiken** bewusst ist. Durch die fehlende Risikodiversifikation trägt der Anleger insb. ein erhöhtes Ausfallrisiko, wenn das Anlageobjekt des geschlossenen inländischen Publikums-AIF in Schieflage gerät.

Ferner hat die KVG bzw. eine von ihr beauftrage Vertriebsgesellschaft gem. § 1 XIX Nr. 33 Buchst. a Doppelbuchst. cc den **Sachverstand,** die **Kenntnisse** und die **Erfahrungen** des Anlegers zu bewerten, ohne davon ausgehen zu können, dass der Anleger über die Marktkenntnisse und -erfahrungen professioneller Anleger iSd MiFID (RL 2004/39/EG) verfügt. Vertriebsgesellschaft sind dabei idR die mit der Platzierung von Anteilen am geschlossenen inländischen Publikums-AIF beauftragten Banken und Sparkassen. Bei der Beurteilung von Sachverstand, Kenntnissen und Erfahrungen des Anlegers kann laut Verwaltungspraxis der BaFin auf eine Gesamtbetrachtung abgestellt werden. So kann ein Anleger auch dann die Voraussetzungen gem. § 1 XIX Nr. 33 Buchst. a Doppelbuchst. dd erfüllen, wenn dieser zB über ausgeprägte individuelle Kenntnisse verfügt, aber ihm noch die Erfahrung mit einer solchen Kapitalanlage fehlt. Zudem muss der Anleger nicht bereits zu Beginn der Anlageberatung über Fachkenntnisse verfügen. Vielmehr ist es auch zulässig, dass der Anleger die Kenntnisse vor seiner Anlageentscheidung bspw. durch eine ausführliche Beratung gesondert erwirbt. Nicht zulässig ist jedoch, wenn auf die Kenntnisse eines Vertreters oder eines Familienangehörigen abgestellt wird. Im Rahmen der Gesamtschau müssen sich die Erfahrungen und Kenntnisse auch nicht zwingend auf den konkreten Sachwert beziehen. Diese können vielmehr durch vergleichbare Erfahrungen oder entspr. vertiefte Kenntnisse über die Art des Investments kompensiert werden. Sofern eine Gesellschaft Anleger des geschlossenen inländischen Publikums-AIF werden soll, so muss mindestens ein Geschäftsführer die persönlichen Fähigkeiten haben und in die Anlageentscheidung mit eingebunden sein (FK-KapAnlR/*F. Voigt* § 262 Rn. 53–56).

Abschließend hat die KVG oder die von ihr beauftragte Vertriebsgesellschaft gem. § 1 XIX Nr. 33 Buchst. a Doppelbuchst. ee schriftlich zu bestätigen, dass die Bewertung des Anlegers hinsichtlich Sachverstand, Kenntnissen und Erfahrung vorgenommen wurde und dass unter Berücksichtigung der Art der beabsichtigten Verpflichtungen oder Investitionen hinreichend davon auszugehen ist, dass der Anleger gem. § 1 XIX Nr. 33 Buchst. a Doppelbuchst. dd in der Lage ist, seine Anlageentscheidung selbst zu treffen, die damit einhergehenden Risiken versteht und eine solche Verpflichtung für den Anleger angemessen ist. Da in der Praxis die Bewertung des Anlegers regelmäßig nicht durch die KVG, sondern durch deren Vertriebspartner durchgeführt wird, sollte aus Haftungsgründen darauf geachtet werden, dass in den Vertriebsvereinbarungen entsprechende Regelungen zur Durchführung und Dokumentation der Bewertung aufgenommen werden (FK-KapAnlR/*F. Voigt* § 262 Rn. 57).

Maßgeblicher Zeitpunkt für Prüfung der Qualifikation des Anlegers durch die KVG ist der Zeitpunkt des Erwerbs von Anteilen oder Aktien an dem geschlossenen inländischen Publikums-AIF (BT-Drs. 17/13395, 408). Die Vorschrift ist auch auf dem Erwerb am Zweitmarkt anzuwenden. Dagegen ist gem. § 262 II 2 ein nachfolgender Erwerb von Anteilen oder Aktien, der kraft Gesetzes erfolgt, unbeachtlich. Insofern findet § 262 II 1 Nr. 2 keine Anwendung bei einem Erbfall. Die Regelung ist jedoch vom Gesetzgeber zu eng gefasst worden, da für den Anleger nur beim entgeltlichen Erwerb das Risiko des Verlustes seiner Kapitaleinlage besteht. Insofern sollte die Vorschrift bei jedem unentgeltlichen Erwerb unbeachtlich sein, zB auch bei einer Schenkung (AWZ/*Schmolke* § 262 Rn. 39). **19**

Sofern für einen geschlossener inländischer Publikums-AIF ohne Einhaltung des Grundsatzes der Risikomischung investiert wird, müssen aus Gründen des Anlegerschutzes der Verkaufsprospekt und die wesentlichen Anlegerinformationen an **hervorgehobener Stelle** auf das Ausfallrisiko mangels Risikomischung hinweisen. Der Hinweis ist insofern durch Fettdruck zB bei den Risikohinweisen oder durch den Ort der Platzierung (bspw. direkt nach dem Inhaltsverzeichnis) optisch hervorzuheben, damit dieser auch einem flüchtigen Leser ins Auge fällt (AWZ/*Schmolke* § 262 Rn. 40). **20**

§ 263 Beschränkung von Leverage und Belastung

(1) [1]Für einen geschlossenen inländischen Publikums-AIF dürfen Kredite nur bis zur Höhe von 150 Prozent des aggregierten eingebrachten Kapitals und noch nicht eingeforderten zugesagten Kapitals des geschlossenen Publikums-AIF, berechnet auf der Grundlage der Beträge, die nach Abzug sämtlicher direkt oder indirekt von den Anlegern getragener Gebühren, Kosten und Aufwendungen für Anlagen zur Verfügung stehen und nur dann aufgenommen werden, wenn die Bedingungen der Kreditaufnahme marktüblich sind und dies in den Anlagebedingungen vorgesehen ist. [2]Die von Gesellschaften im Sinne des § 261 Absatz 1 Nummer 3 aufgenommenen Kredite sind bei der Berechnung der in Satz 1 genannten Grenze entsprechend der Beteiligungshöhe des geschlossenen Publikums-AIF zu berücksichtigen.

(2) Für die Informationspflicht der AIF-Kapitalverwaltungsgesellschaft im Hinblick auf das eingesetzte Leverage sowie die Befugnis der Bundesanstalt zur Beschränkung des eingesetzten Leverage einschließlich der diesbezüglichen Mitteilungspflichten der Bundesanstalt gilt § 215 entsprechend.

(3) Die Belastung von Vermögensgegenständen, die zu einem geschlossenen inländischen Publikums-AIF gehören, sowie die Abtretung und Belastung von Forderungen aus Rechtsverhältnissen, die sich auf diese Vermögensgegenstände beziehen, sind zulässig, wenn
1. dies in den Anlagebedingungen vorgesehen und mit einer ordnungsgemäßen Wirtschaftsführung vereinbar ist und
2. die Verwahrstelle den vorgenannten Maßnahmen zustimmt, weil sie die Bedingungen, unter denen die Maßnahmen erfolgen sollen, für marktüblich erachtet.

(4) Die AIF-Kapitalverwaltungsgesellschaft muss sicherstellen, dass die Belastung nach Absatz 3 insgesamt 150 Prozent des aggregierten eingebrachten Kapitals und noch nicht eingeforderten zugesagten Kapitals des geschlossenen Publikums-AIF, berechnet auf der Grundlage der Beträge, die nach Abzug sämtlicher direkt oder indirekt von den Anlegern getragener Gebühren, Kosten und Aufwendungen für Anlagen zur Verfügung stehen nicht überschreitet.

(5) [1]Die in den Absätzen 1 und 4 genannten Grenzen gelten nicht während der Dauer des erstmaligen Vertriebs eines geschlossenen inländischen Publikums-AIF, längstens jedoch für einen Zeitraum von 18 Monaten ab Beginn des Vertriebs, sofern dies in den Anlagebedingungen vorgesehen ist. [2]In dem Verkaufsprospekt sind die Anleger auf die fehlenden Begrenzungen hinzuweisen.

I. Allgemeines

1 § 263 gehört zu den Produktregeln für geschlossene inländische Publikums-AIF. Während § 263 II der Umsetzung von Art. 25 III, IV, VIII und IX AIFM-RL dient (BT-Drs. 17/12294, 272), handelt es sich bei den weiteren Regelungen des § 263 um reine nationale Produktregelungen (→ § 261 Rn. 1 f.). Normenadressat ist der

geschlossene inländische Publikums-AIF selbst. § 263 ist gem. § 317 I Nr. 7 Buchst. c auch bei der Erstellung der AnlB, der Satzung oder des Gesellschaftsvertrags von geschlossenen EU-AIF und geschlossenen ausländischen AIF zu berücksichtigen. Auf geschlossene inländische Spezial-AIF findet § 263 keine Anwendung.

In § 263 I wird die zulässige Kreditaufnahme für geschlossene inländische Publikums-AIF beschränkt. Nach § 263 II finden die gem. § 215 für offene inländischen Publikums-AIF geltenden Vorschriften betreffend die Begrenzung von Leverage durch die BaFin und die hiermit verbundenen Informationspflichten der KVG entsprechende Anwendung. Die Regelungen in § 263 III, IV gelten für die Belastung der Vermögensgegenstände des AIF. Die zulässige Belastung ist entspr. der Kreditaufnahmebeschränkung in § 263 I begrenzt (BT-Drs. 17/12294, 272). § 263 V dient der Klarstellung, dass während der Anlaufphase eines geschlossenen inländischen Publikums-AIF die Begrenzung des Leverage und der Belastung nicht gilt (BT-Drs. 17/13395, 408). 2

Es liegt eine **Ordnungswidrigkeit** gem. § 340 I Nr. 3 vor, wenn die KVG entgegen den Regelungen des § 263 I einen Kredit aufnimmt oder gem. § 340 I Nr. 4 einer vollziehbaren Anordnung nach § 215 II 1 iVm § 263 II zuwiderhandelt. 3

II. Kreditaufnahme (§ 263 I)

1. Zulässigkeitsvoraussetzungen für die Kreditaufnahme. § 263 I legt die maximal zulässige Höhe der Kreditaufnahme sowie die weiteren Voraussetzungen, unter den ein geschlossener inländischer Publikums-AIF Kredite aufnehmen darf, fest. Die Regelung begrenzt insoweit den Einsatz von Leverage iSv § 1 XIX Nr. 25 und die damit einhergehenden Risiken (AWZ/*Schmolke* § 262 Rn. 6). Vorstehende Voraussetzungen müssen kumulativ erfüllt sein und werden durch die Verwahrstelle geprüft, welche der Kreditaufnahme gem. § 84 I Nr. 1 zustimmen muss. 4

a) Obergrenze der Kreditaufnahme. Die Obergrenze für die Kreditaufnahme beträgt 150% des aggregierten eingebrachten und noch nicht eingeforderten zugesagten Kapitals des geschlossenen Publikums-AIF. Die Bezugsgröße für die Berechnung der Kreditaufnahmegrenze ist mit derjenigen für die Berechnung von Währungsrisiken in § 261 IV identisch, sodass auf die entsprechenden Ausführungen verwiesen werden kann, → § 261 Rn. 22f. 5

Die sich an dem für Investitionszwecke zur Verfügung stehenden Kapital orientierende Bezugsgröße für die Kreditaufnahme wurde erst mit Wirkung zum 18.3.2016 durch das OGAW-V-UmsG (BGBl. 2016 I 358) ins KAGB aufgenommen. Mit Inkrafttreten des KAGB galten Kreditaufnahmen zunächst bis zur Höhe von 60% des Wertes des geschlossenen Publikums-AIF und mit Umsetzung des FinanzmarktanpassungsG (BGBl. 2014 I 934) vom 15.7.2014 bis zur Höhe von 60% der Verkehrswerte der Vermögensgegenstände im geschlossenen Publikums-AIF als zulässig. Die jetzige Bezugsgröße sollte insb. eine Konsistenz zu europäischen Regelungen herstellen, potenzielle Missverständnisse von Anlegern vermeiden und zudem verhindern, dass etwaige Schwankungen des Verkehrswertes eines Vermögenswertes Auswirkungen auf die Höhe der Kreditaufnahme haben. Die Erhöhung des Prozentsatzes von 60 auf 150 führt zu keiner Änderung, es wird lediglich die Darstellungsart geändert (BT-Drs. 18/6744, 62). Nach der vorherigen Regelung war bei einem Verkehrswert, der im geschlossenen Publikums-AIF befindlichen Vermögensgegenstände von 100 eine Fremdkapitalaufnahme von bis zu 60 erlaubt. Damit betrug das Eigenkapital mindestens 40. Bezogen auf das Eigenkapital 6 von 40 ist somit eine Fremdkapitalaufnahme von bis zu 150% (40 × 150% = 60) erlaubt (BT-Drs. 18/6744, 62f.). Für geschlossene inländische Publikums-AIF, die vor dem 18.3.2016 aufgelegt wurden, gilt gem. der Übergangsvorschrift in § 353a weiterhin die alte Kreditaufnahmegrenze iHv 60% des Wertes des geschlossenen Publikums-AIF bzw. der Verkehrswerte der Vermögensgegenstände im geschlossenen Publikums-AIF, sofern der geschlossene inländische Publikums-AIF nicht zur jetzigen Kreditaufnahmegrenze optiert.

7 Der maßgebliche Zeitpunkt, ab dem die Kreditaufnahmegrenze eingehalten werden muss, ergibt sich aus § 263 V. Die Einhaltung der Grenze hat somit erstmals mit Beendigung des erstmaligen Vertriebs zu erfolgen, spätestens jedoch 18 Monate nach Vertriebsbeginn.

8 **b) Marktüblichkeit.** Die Bedingungen der Kreditaufnahme müssen marktüblich sein. Die Konditionen des Kredits (ua Zinssatz, Tilgungshöhe, Laufzeit, Art und Umfang der geforderten Sicherheiten) müssen einem Drittvergleich standhalten und insofern mit Angeboten Dritter vergleichbar sein (AWZ/*Schmolke* § 263 Rn. 10). Einzelheiten zur Kreditaufnahme können der Kommentierung zu § 199 entnommen werden.

9 **c) Anlagebedingungen.** Die Kreditaufnahme muss darüber hinaus aus Gründen der Transparenz gegenüber den Anlegern in den AnlB vorgesehen sein. Die AnlB müssen die beiden Voraussetzungen für die Zulässigkeit der Kreditaufnahme enthalten (Kreditaufnahmegrenze und Marktüblichkeit, vgl. Wortlaut des § 263 I 1 aE: „dies"). Die Formulierung entspricht dabei idR dem Gesetzeswortlaut (AWZ/*Schmolke* § 263 Rn. 11).

10 **2. Kreditaufnahme auf Ebene von Zweckgesellschaften.** Bei der Berechnung der Grenze für die Kreditaufnahme sind im Falle von Investitionen des geschlossenen inländischen Publikums-AIF in Zweckgesellschaften iSd § 261 I Nr. 3 Kreditaufnahmen auf Ebene der jeweiligen Zweckgesellschaft entspr. der Beteiligungshöhe des AIF anzurechnen. Die Regelung dient insoweit der Verhinderung einer Umgehung der Kreditaufnahmebeschränkung über zwischengeschaltete Zweckgesellschaften (BR-Drs. 150/14, 57).

III. Informationspflicht (§ 263 II)

11 Durch die Regelung des § 263 II findet der für offene inländische Publikums-AIF geltende § 215 auch auf geschlossene inländische Publikums-AIF Anwendung. Die Vorschrift umfasst insofern die Informationspflichten der KVG, dass sie die Angemessenheit des eingesetzten Leverage nachweisen kann, sowie die Befugnis der BaFin zur Beschränkung des eingesetzten Leverage. Auf die Kommentierung zu § 215 wird entsprechend verwiesen.

IV. Belastung von Vermögensgegenständen (§ 263 III u. IV)

12 § 263 III regelt die Voraussetzungen, unter denen die Belastung von Vermögensgegenständen eines geschlossenen inländischen Publikums-AIF zulässig ist. Die Regelung umfasst auch die Abtretung und Belastung von Forderungen aus Rechtsverhältnissen, die sich auf die Vermögensgegenstände beziehen. § 263 IV legt in Übereinstimmung mit der Grenze für die Kreditaufnahme in § 263 I eine Belastungsgrenze fest.

1. Belastungen und Abtretungen. Belastungen von Vermögensgegenständen umfassen beschränkt dingliche Rechte wie Hypotheken, Grundschulden (§§ 1113ff. BGB), Dienstbarkeiten (§§ 1018ff. BGB), beschränkte persönliche Dienstbarkeiten (§§ 1090ff. BGB), Nießbrauch (§§ 1030ff. BGB) oder Reallasten (§§ 1105ff. BGB) (FK-KapAnlR/*Goslar* § 263 Rn. 81). Öffentlich-rechtliche Belastung sollten nicht darunter fallen, weil die AIF-KVG hierauf keinen Einfluss hat (BSV/*D. Voigt* § 263 Rn. 26). Ebenso fallen rein schuldrechtliche Verpflichtungen nicht unter den Belastungsbegriff des § 263 III. 13

2. Zulässigkeitsvoraussetzungen für Belastungen. Damit die Belastung von Vermögensgegenständen des geschlossenen inländischen Publikums-AIF sowie die Abtretung und Belastung von Forderungen aus Rechtsverhältnissen zulässig ist, müssen die Voraussetzungen in § 263 III Nr. 1 u. Nr. 2 kumulativ erfüllt sein. 14

a) Anlagebedingungen. Analog zum Vorgehen für die Zulässigkeit der Kreditaufnahme müssen die AnlB auch die Voraussetzungen für Belastungen enthalten, wobei idR die Formulierung auch hier dem Gesetzeswortlaut entspricht, → Rn. 9. 15

b) Ordnungsgemäße Wirtschaftsführung. Belastungen und Abtretungen müssen mit einer ordnungsgemäßen Wirtschaftsführung vereinbar sein. Dabei hat die KVG im Rahmen einer Einzelfallbetrachtung zu prüfen, ob eine Belastung oder Abtretung für den geschlossenen inländischen Publikums-AIF und seine Anleger insg. vorteilhaft ist. Dafür müssen die Vorteile, welche durch die Belastung oder Abtretung entstehen, die Nachteile überwiegen. Hierbei muss die KVG auf den geschlossenen Publikums-AIF insgesamt abstellen, nicht isoliert den zu belastenden Vermögensgegenstand betrachten (BSV/*D. Voigt* § 263 Rn. 32). 16

c) Zustimmung der Verwahrstelle. § 262 III Nr. 2 regelt, dass die Zulässigkeit einer Belastung oder Abtretung von der Zustimmung der Verwahrstelle abhängt. Grundsätzlich sollte die Zustimmung bereits vor der Verfügung erteilt werden (BaFin Verwahrstellenrundschreiben 8/2015, 6.1). Die ex-ante-Prüfung der Verwahrstelle erstreckt sich dabei lediglich auf die Marktüblichkeit der Bedingungen, unter denen die Maßnahmen erfolgen sollen. Art und Umfang der geforderten Sicherheiten sollten wie bei der Prüfung der Bedingungen für die marktübliche Kreditaufnahme einen Drittvergleich standhalten, → Rn. 7 (AWZ/*Schmolke* § 263 Rn. 20f.). 17

3. Obergrenze für Belastungen. Die bereits für die Kreditaufnahme nach § 263 I geltende Obergrenze gilt auch für Belastungen und Abtretungen nach § 263 III, → Rn. 4ff. Dabei darf die Summe der Belastungen und Abtretungen aller Vermögensgegenstände des geschlossenen inländischen Publikums-AIF insg. 150% des für die Anlage zur Verfügung stehenden Kapitals nicht übersteigen. Da bei der Besicherung von Krediten idR neben dem Nennbetrag auch weitere Kosten abgedeckt werden, hat dies zur Folge, dass in der Praxis die Grenze für die Kreditaufnahme in § 263 I nicht vollständig in Anspruch genommen werden kann (WBA/*Paul* § 263 Rn. 17). 18

V. Anlaufphase (§ 263 V)

Ein geschlossener inländischer Publikums-AIF muss erst nach dem erstmaligen Vertrieb, spätestens jedoch 18 Monate nach Beginn des Vertriebs iSd § 293 I 1, die Begrenzung von Leverage und Belastungen nach § 263 I, IV einhalten, voraus- 19 gesetzt, die AnlB sehen eine derartige Ausnahme explizit vor (Anlaufphase). Dies trägt dem Umstand Rechnung, dass der geschlossene inländische Publikums-AIF während der Dauer des erstmaligen Vertriebs die Begrenzung des Leverage und der Belastung regelmäßig nicht einhalten kann, wenn während der Platzierungsphase eine Vorfinanzierung des Eigenkapitals notwendig wird, um einen Vermögensgegenstand bereits vor Platzierung des Fonds zu erwerben (BT-Drs. 17/13395, 408). Insofern gilt § 263 V seinem Zweck entspr. bereits vor dem Beginn des erstmaligen Vertriebs und die 18-monatige Befristung verhindert lediglich für eine dauerhafte Umgehung der Kreditaufnahme- und Belastungsgrenze (WBA/*Paul* § 263 Rn. 18). Aus Gründen des Anlegerschutzes ist im Verkaufsprospekt und in den wesentlichen Anlegerinformationen gem. § 268 auf insoweit fehlende Begrenzungen von Leverage und Belastungen während der Dauer des erstmaligen Vertriebs hinzuweisen.

§ 264 Verfügungsbeschränkung

(1) [1]**Die AIF-Kapitalverwaltungsgesellschaft hat dafür zu sorgen, dass die Verfügungsbeschränkung nach § 84 Absatz 1 Nummer 3 bei Immobilien in das Grundbuch und sonstigen Vermögensgegenständen, sofern ein Register für den jeweiligen Vermögensgegenstand besteht, in das entsprechende eingetragen wird.** [2]**Besteht für die in § 84 Absatz 1 Nummer 3 genannten Vermögensgegenstände kein Register, in das eine Verfügungsbeschränkung eingetragen werden kann, so ist die Wirksamkeit der Verfügungsbeschränkung in anderer geeigneter Form sicherzustellen.**

(2) **Die Bestellung der Verwahrstelle kann gegenüber dem Grundbuchamt oder sonstigen Register, in die in § 84 Absatz 1 Nummer 3 genannte Vermögensgegenstände eingetragen werden, durch eine Bescheinigung der Bundesanstalt nachgewiesen werden, aus der sich ergibt, dass die Bundesanstalt die Auswahl der Einrichtung als Verwahrstelle genehmigt hat und von ihrem Recht nicht Gebrauch gemacht hat, der AIF-Kapitalverwaltungsgesellschaft einen Wechsel der Verwahrstelle aufzuerlegen.**

I. Allgemeines

1 § 264 gehört zu den nationalen Produktregeln für geschlossene inländische Publikums-AIF, deren Normenadressat die den Fonds verwaltende KVG ist (→ § 261 Rn. 1 f.). § 264 ist gem. § 317 I Nr. 7 Buchst. c auch bei der Erstellung der AnlB, der Satzung oder des Gesellschaftsvertrags von geschlossenen EU-AIF und geschlossenen ausländischen AIF zu berücksichtigen. Auf geschlossene inländische Spezial-AIF findet § 264 keine Anwendung, da § 84 I Nr. 3 die Verfügungsbeschränkung für Vermögensgegenstände geschlossener AIF Publikums-AIF anordnet.

2 Die Regelungen des § 264 dienen der Sicherstellung der Effektivität der gem. § 84 I Nr. 3 bestehenden Verfügungsbeschränkungen in Bezug auf die zum geschlossenen Publikums-AIF gehörenden Vermögensgegenstände iSv § 261 I Nr. 1. Durch die erforderliche Zustimmung der Verwahrstelle sowie die Eintragung in ein Register bzw. die Kenntlichmachung auf sonstige Art und Weise sollen unberechtigte und missbräuchliche Verfügungen der KVG über die zum Vermögen des AIF gehörenden Sachwerte vermieden werden. Die Vorschrift dient insofern nicht nur dem Anlegerschutz, sondern auch dem Schutz des Rechtsverkehrs, da

ein etwaiger gutgläubiger Erwerb dadurch vereitelt werden soll (FK-KapAnlR/*F. Voigt* § 264 Rn. 5). Gemäß § 264 II kann durch eine Bescheinigung der BaFin der Nachweis über die bestellte Verwahrstelle gegenüber dem Grundbuchamt oder sonstigen Registern erbracht werden.

Da geschlossene inländische Publikums-AIF nur in der Rechtsform der geschlossenen InvKG bzw. InvAG mfK aufgelegt werden dürfen, halten vorstehende Gesellschaften selbst das Eigentum an den zum AIF gehörenden Sachwerten. Die rechtsgeschäftliche Verfügungsbefugnis einer externen KVG über die Vermögensgegenstände des geschlossenen Publikums-AIF entsteht somit erst mit ihrer Bestellung. 3

Es liegt eine **Ordnungswidrigkeit** gem. § 340 II Nr. 72 vor, wenn die KVG entgegen den Regelungen des § 264 I 1 nicht dafür sorgt, dass die genannte Verfügungsbeschränkung in das Grundbuch oder das entsprechende Register eingetragen wird. 4

II. Wirksamkeit und Eintragung der Verfügungsbeschränkungen (§ 264 I)

Die KVG hat gem. § 264 I dafür Sorge zu tragen, dass Verfügungsbeschränkungen nach § 84 I Nr. 3 wirksam sichergestellt werden. Die Verfügungsbeschränkungen entstehen kraft Gesetzes unmittelbar mit dem Erwerb des jeweiligen Vermögensgegenstands, somit hat die Eintragung in das Register nur deklaratorischen Charakter (EDD/*Thomas* § 264 Rn. 3). 5

Die Verfügung über Immobilien, Luftfahrzeuge, Schiffe sowie sonstige Sachwerte iSv § 261 I, die zum Vermögen eines geschlossenen inländischen Publikums-AIF gehören, ist nur mit Zustimmung der **konkret bestellten Verwahrstelle** möglich. Die konkrete Verwahrstelle ist somit namentlich bei Immobilien ins Grundbuch und bei sonstigen Vermögensgegenständen in ein für den jeweiligen Vermögensgegenstand entsprechendes Register einzutragen. So kann bspw. die Verfügungsbeschränkung bei Luftfahrzeugen ins Register für Pfandrechte nach dem LuftFzgG (§ 78 LuftFzgG) oder bei Schiffen ins Schiffsregister nach der SchRegO eingetragen werden (EDD/*Thomas* § 264 Rn. 7–13). Die Eintragung der Verfügungsbeschränkung gem. § 264 I hat allerdings nur deklaratorischen Charakter, welche durch die Veröffentlichung den gutgläubigen Erwerb durch einen Dritten verhindern soll (FK-KapAnlR/*F. Voigt* § 264 Rn. 11). Dieser ist gem. § 84 II 4 möglich.

Scheidet eine Registereintragung mangels eines zur Verfügung stehenden Registers aus, so ist die Wirksamkeit der Verfügungsbeschränkung in anderer geeigneter Form iSd § 264 I 2 sicherzustellen. Dies kann ua dadurch erfolgen, dass die Verwahrstelle die für die jeweilige Verfügung im Einzelfall notwendigen Dokumente in Verwahrung nimmt (EDD/*Thomas* § 264 Rn. 19). Alternativ kann auch eine Regelung zur erforderlichen Zustimmung der Verwahrstelle in den Erwerbsvertrag aufgenommen werden. Der gutgläubige Erwerb durch einen Dritten nach § 84 II 4 kann damit zwar nicht verhindert werden, der KVG drohen jedoch Schadensersatzforderungen, sollte sie gegen die Verfügungsbeschränkung verstoßen (BSV/*D. Voigt* § 264 Rn. 15). 6

Bei im Ausland belegenen Immobilien besteht häufig das Problem, dass die jeweilige Jurisdiktion eine dem § 84 I Nr. 3 vergleichbare Regelung nicht kennt. So haben viele Länder kein dem Grundbuch vergleichbares Register oder sie haben ein Register, dieses genießt jedoch keinen öffentlichen Glauben. In der Folge hat die 7

KVG auch in diesen Fällen in einer anderen Art und Weise die Verfügungsbeschränkung sicherzustellen, → Rn. 6.

8 Von den in § 264 I genannten Verfügungsbeschränkungen werden auch die in § 84 I Nr. 4 separat geregelten Belastungsbeschränkungen erfasst. Im Rahmen der Auslegung des § 264 beinhaltet der weite Verfügungsbegriff des § 84 I Nr. 3 auch Belastungen (AWZ/*Schmolke* § 264 Rn. 6).

III. Bestellungsnachweis der Verwahrstelle (§ 264 II)

9 Nach § 264 II kann die KVG gegenüber dem Grundbuchamt gem. § 29 GBO oder sonstigen Registern die Bestellung der Verwahrstelle durch eine von der BaFin ausgestellte Bescheinigung nachweisen. Die Bescheinigung hat inhaltlich zu bestätigen, dass die BaFin die Auswahl der Verwahrstelle genehmigt und von ihrem Recht, der KVG gem. § 264 II iVm §§ 84, 87 iVm § 69 II einen Wechsel der Verwahrstelle aufzuerlegen, keinen Gebrauch gemacht hat. In der Praxis darf die Bescheinigung der BaFin häufig nicht älter als drei Monate sein. Bei Auflage des geschlossenen Publikums-AIF reicht idR die Genehmigung der Verwahrstelle durch die BaFin aus, welche selbstverständlich noch keine Aussage darüber enthält, dass die BaFin nicht von ihrem Recht Gebrauch macht, der KVG einen Wechsel der Verwahrstelle aufzuerlegen.

§ 265 Leerverkäufe

[1]Die AIF-Kapitalverwaltungsgesellschaft darf für gemeinschaftliche Rechnung der Anleger keine Vermögensgegenstände nach Maßgabe der §§ 193 und 194 verkaufen, wenn die jeweiligen Vermögensgegenstände im Zeitpunkt des Geschäftsabschlusses nicht zum geschlossenen inländischen Publikums-AIF gehören. [2]Die Wirksamkeit des Rechtsgeschäfts wird durch einen Verstoß gegen Satz 1 nicht berührt.

I. Allgemeines

1 Die Regelung des § 265 ist Bestandteil der nationalen Produktregeln für geschlossene inländische Publikums-AIF, deren Normenadressat die den AIF verwaltende KVG ist (→ § 261 Rn. 1f.). § 265 ist gem. § 317 I Nr. 7 Buchst. c auch bei der Erstellung der AnlB, der Satzung oder des Gesellschaftsvertrags von geschlossenen EU-AIF und geschlossenen ausländischen AIF zu berücksichtigen. Auf geschlossene inländische Spezial-AIF findet § 265 keine Anwendung.

2 Das Leerverkaufsverbot des § 265 entspricht im Wesentlichen der Regelung des § 205 für OGAW-richtlinienkonforme Investmentvermögen. Danach verbietet § 265 S. 1 den Leerverkauf von Wertpapieren, § 193, und Geldmarktinstrumenten, § 194, für Rechnung des geschlossenen inländischen Publikums-AIF. Das Verbot dient dem Anlegerschutz und soll den geschlossenen inländischen Publikums-AIF vor dem Risiko von Verlusten aus Leerverkäufen schützen. Ein Verstoß gegen vorstehendes Verbot hat gem. § 265 S. 2 jedoch keine Konsequenzen für die Wirksamkeit des Rechtsgeschäfts; § 265 S. 2 dient somit dem Schutz der Geschäftspartner der KVG und dem Schutz des Rechtsverkehrs (AWZ/*Schmolke* § 265 Rn. 3).

3 § 265 erstreckt sich im Gegensatz zu § 205 nicht auf den Verkauf von Investmentanteilen iSv § 196, was sich jedoch allein daraus ergibt, dass es sich dabei um keinen zulässigen Vermögensgegenstand für eine geschlossenen Publikums-AIF handelt. Es

liegt eine **Ordnungswidrigkeit** gem. § 340 II Nr. 59 Buchst. c vor, wenn die KVG entgegen der Regelung des § 265 S. 1 einen Leerverkauf durchführt.

II. Leerverkaufsverbot (§ 265 S. 1)

Für gemeinschaftliche Rechnung der Anleger eines geschlossenen inländischen Publikums-AIF darf die KVG gem. § 265 S. 1 keine Vermögensgegenstände nach Maßgabe der §§ 193, 194 verkaufen, wenn die jeweiligen Vermögensgegenstände im Zeitpunkt des Geschäftsabschlusses nicht zum geschlossenen inländischen Publikums-AIF gehören. Bei einem solchen Leerverkauf würden sich im Zeitpunkt des Geschäftsabschlusses die Wertpapiere und Geldmarktinstrumente noch nicht im Eigentum des geschlossenen inländischen Publikums-AIF befinden. Durch das Leerverkaufsverbot werden somit Kurs- bzw. Eindeckungsverluste verhindert, die dadurch entstehen, dass Vermögensgegenstände nach ihrem Verkauf, aber vor der Verkaufsausführung nur zu einem höheren Kurs bzw. Preis eingekauft werden können. Da in der Praxis Investitionen in Wertpapiere und Geldmarktinstrumente idR nur für die Anlage der freien Liquidität genutzt werden, spielen spekulative Leerverkäufe bei geschlossenen Publikums-AIF keine Rolle (FK-KapAnlR/*F. Voigt* § 265 Rn. 7). 4

III. Wirksamkeit von Leerverkäufen

Ein Rechtsgeschäft, das gegen das Leerverkaufsverbot des § 265 verstößt, ist gem. § 265 S. 2 wirksam, begründet jedoch als Verstoß gegen ein Schutzgesetz unter den weiteren Voraussetzungen des § 823 II BGB eine Schadenersatzpflicht des KVG gegenüber den Anlegern. 5

§ 266 Anlagebedingungen

(1) **Die Anlagebedingungen, nach denen sich**
1. **in Verbindung mit der Satzung der Publikumsinvestmentaktiengesellschaft mit fixem Kapital das Rechtsverhältnis dieser Investmentaktiengesellschaft zu ihren Anlegern bestimmt oder**
2. **in Verbindung mit dem Gesellschaftsvertrag der geschlossenen Publikumsinvestmentkommanditgesellschaft das Rechtsverhältnis dieser Investmentkommanditgesellschaft zu ihren Anlegern bestimmt,**

sind vor Ausgabe der Anteile oder Aktien in Textform festzuhalten.

(2) [1]**Die Anlagebedingungen müssen neben der Bezeichnung des geschlossenen Publikums-AIF, der Angabe des Namens und des Sitzes der AIF-Kapitalverwaltungsgesellschaft sowie den in § 162 Absatz 2 Nummer 5 bis 7 und 9 bis 14 genannten Angaben mindestens folgende Angaben und Vorgaben enthalten:**
1. **die Angaben in § 162 Absatz 2 Nummer 4, sofern den Anlegern Rückgaberechte eingeräumt werden, und**
2. **die Staaten und der jeweilige Anteil des geschlossenen Publikums-AIF, der in diesen Staaten höchstens angelegt werden darf, wenn eine AIF-Kapitalverwaltungsgesellschaft für einen geschlossenen Publikums-AIF Vermögensgegenstände, die außerhalb eines Vertragsstaates des Abkommens über den Europäischen Wirtschaftsraum gelegen sind, erwirbt.**

[2]§ 162 Absatz 2 Nummer 1 ist mit der Maßgabe anzuwenden, dass anstelle der Angabe, welche Vermögensgegenstände in welchem Umfang erworben werden dürfen, die AIF-Kapitalverwaltungsgesellschaft in den Anlagebedingungen festlegen muss, welche Vermögensgegenstände in welchem Umfang für den geschlossenen Publikums-AIF erworben werden.

Inhaltsübersicht

Rn.
I. Allgemeines . . . 1
II. Zeitpunkt und Form der Erstellung der Anlagebedingungen (§ 266 I) . . . 5
III. Mindestangaben in den Anlagebedingungen (§ 266 II) . . . 8
1. Muster-Bausteine und Merkblätter . . . 8
2. Aufsichtsrechtliche Mindestanforderungen . . . 10
a) Bezeichnung des geschlossenen Publikums-AIF (§ 266 II 1) . . . 10
b) Name und Sitz der AIF-KVG (§ 266 II 1) . . . 11
c) Erstellung und Veröffentlichung der Jahres- und Halbjahresberichte (§ 266 II 1 iVm § 162 II Nr. 5) . . . 12
d) Ertragsverwendung (§ 266 II 1 iVm § 162 II Nr. 6) . . . 13
e) Laufzeit (§ 266 II 1 iVm § 162 II Nr. 7) . . . 16
f) Anteilklassen (§ 266 II 1 iVm § 162 II Nr. 9) . . . 19
g) Verschmelzung (§ 266 II 1 iVm § 162 II Nr. 10) . . . 20
h) Kosten (§ 266 II 1 iVm § 162 II Nr. 11–14) . . . 21
i) Rückgaberechte (§ 266 II 1 Nr. 1) . . . 50
j) Angabe von Drittstaaten (§ 266 II 1 Nr. 2) . . . 52
k) Anlagegrundsätze und Anlagegrenzen (§ 266 II 2) . . . 53

I. Allgemeines

1 Zur Regelung des Rechtsverhältnisses zwischen den Anlegern und dem geschlossenen inländischen Publikums-AIF enthält § 266 Regelungen für AnlB. Die AnlB gelten bei einer geschlossenen InvAG mfK gem. § 143 nur iVm deren Satzung bzw. bei einer geschlossenen InvKG gem. § 151 nur iVm deren Gesellschaftsvertrag.

2 Die Vorschrift des § 266 I setzt dabei Art. 7 III Buchst. c AIFM-RL in nationales Recht um, die einen Mindeststandard auch für den Bereich der geschossenen Publikums-AIF setzt (BT-Drs. 17/12294, 272). Während Art. 7 III Buchst. c AIFM-RL die KVG jedoch lediglich zur Vorlage der AnlB bei der BaFin verpflichtet, bedürfen die AnlB gem. § 267 der Genehmigung durch die BaFin. Der Gesetzgeber hat insofern in Übereinstimmung mit Art. 43 AIFM-RL von seinem Recht Gebrauch gemacht, eine strengere Regelung für geschlossene Publikums-AIF im KAGB umzusetzen. Bei den Regelungen in § 266 II verweist der Gesetzgeber regelungstechnisch weitgehend auf die entsprechenden Vorschriften für die AnlB offener Publikumsinvestmentvermögen in § 162 II. Keine Anwendung finden insoweit lediglich § 162 II Nr. 2, Nr. 3 und Nr. 8.

3 Durch das Fondsstandortgesetz (FoStoG) vom 3.6.2021 (BGBl. 2021 I 1498) müssen mit Wirkung zum 2.8.2021 die AnlB nur noch in Textform und nicht mehr schriftlich festgehalten werden. Dies soll den geänderten Bedürfnissen im Zuge des digitalen Wandels Rechnung tragen (BT-Drs. 19/27631, 100).

4 Bei geschlossenen EU-AIF und geschlossenen ausländischen AIF müssen deren AnlB gem. § 317 I Nr. 7 Buchst. b ebenfalls die Mindestinhalte nach § 266 aufwei-

sen. Die Regelungen für AnlB von geschlossenen inländischen Spezial-AIF befinden sich in § 273.

II. Zeitpunkt und Form der Erstellung der Anlagebedingungen (§ 266 I)

Die AnlB bestimmen gem. § 266 I iVm der Satzung der InvAG mfK bzw. des Gesellschaftsvertrags der InvKG das Rechtsverhältnis dieser Gesellschaften zu ihren Anlegern. Gemäß §§ 143 und 151 sind die AnlB kein Bestandteil der Satzung bzw. des Gesellschaftsvertrags, sondern sind von der KVG zusätzlich zu erstellen. Eine Regelung zur Rangfolge zwischen den AnlB und der Satzung bzw. des Gesellschaftsvertrags gibt § 266 nicht vor (WBA/*Paul* § 266 Rn. 6). 5

Die AnlB sind vor der Ausgabe der Anteile oder Aktien in **Textform** zu erstellen. Das Schriftformerfordernis wurde mit Inkrafttreten des FoStoG gestrichen (→ Rn. 3). Die Möglichkeit mündlicher Nebenabreden wird jedoch weiterhin ausgeschlossen. 6

Die Vorschrift des § 266 dient insofern dem Anlegerschutz und gibt dem Anleger Rechtssicherheit hinsichtlich des zwischen ihm und der InvAG mfK bzw. der InvKG bestehenden Rechtsverhältnisses. So legt § 266 mit Hilfe der AnlB zum einen den Handlungsspielraum der KVG fest und ermöglicht dem Anleger die in den AnlB festgelegten Anlagegrundsätze in seine Anlageentscheidung mit einzubeziehen. Zum anderen werden die AnlB durch das Textformerfordernis rechtssicher festgehalten und geben der BaFin die Möglichkeit zur Prüfung. 7

III. Mindestangaben in den Anlagebedingungen (§ 266 II)

1. Muster-Bausteine und Merkblätter. Für die bessere Vergleichbarkeit von AnlB hat die BaFin in Zusammenarbeit mit den Berufsverbänden auf ihrer Internetseite (www.bafin.de) Bausteine für AnlB für eine Geschlossene Publikums-InvKG veröffentlicht. Diese Musterbausteine erfüllen die aufsichtsrechtlichen Mindestanforderungen nach dem KAGB (BaFin, Bausteine für AnlB für eine Geschlossene Publikums-Investmentkommanditgesellschaft vom 18.7.2016, 3). Es empfiehlt sich, die nicht verbindlichen Musterbausteine wortwörtlich und vollständig in die AnlB zu übernehmen, um das BaFin-Genehmigungsverfahren für die AnlB zu beschleunigen (AWZ/*Kloyer/Seidenschwann* § 266 Rn. 13). 8

Darüber hinaus hat die BaFin auf ihrer Internetseite die nachfolgenden Musterbausteine und Merkblätter im Zusammenhang mit der Erstellung der AnlB für einen geschlossenen inländischen Publikums-AIF veröffentlicht: 9

- Musterbausteine für Kostenklauseln geschlossener Publikumsinvestmentvermögen vom 30.9.2014, Gz. WA 41-Wp-2137-2013/0026;
- Merkblatt der BaFin „Laufzeitverlängerung in den Anlagebedingungen geschlossener Publikums-AIF in der Rechtsform der geschlossenen Investmentkommanditgesellschaft“ vom 4.11.2014;
- Merkblatt der BaFin „Kriterienkatalog zur Verhinderung von reinen Blindpool-Konstruktionen bei geschlossenen Publikums-AIF“ vom 6.11.2014;
- Fondskategorien-Richtlinie vom 22.7.2013, geänd. am 8.4.2020.

2. Aufsichtsrechtliche Mindestanforderungen. a) Bezeichnung des geschlossenen Publikums-AIF (§ 266 II 1). Die Bezeichnung des geschlossenen Publikums-AIF entspricht dem juristischen Namen der InvKG. Bei der Namens- 10 gebung ist gem. § 4 I zu beachten, dass die Bezeichnung nicht irreführen darf. Zudem gibt die Fondskategorien-Richtlinie vor, dass gem. den AnlB fortlaufend mehr als 50% des Wertes des Investmentvermögens der jeweiligen Fondskategorie (zB Immobilienfonds, Private-Equity-Fonds) in den namensgebenden Vermögensgegenstand angelegt sein muss. Die Musterbausteine für die AnlB empfehlen zudem die Angabe des Sitzes der geschlossenen Publikums-InvKG (BaFin, Bausteine für AnlB für eine Geschlossene Publikums-Investmentkommanditgesellschaft vom 18.7.2016, 2).

11 **b) Name und Sitz der AIF-KVG (§ 266 II 1).** Als formelle Angabe müssen die AnlB dem Namen der AIF-KVG und ihren satzungsmäßigen Sitz enthalten. In den Muster-AnlB werden diese Angaben den einzelnen Klauseln vorangestellt (BaFin, Bausteine für AnlB für eine Geschlossene Publikums-Investmentkommanditgesellschaft vom 18.7.2016, 2).

12 **c) Erstellung und Veröffentlichung der Jahres- und Halbjahresberichte (§ 266 II 1 iVm § 162 II Nr. 5).** Die AnlB müssen eine Angabe dahingehend enthalten, in welcher Weise und zu welchem Stichtag der Jahresbericht und der Halbjahresbericht erstellt und dem Publikum zugänglich gemacht werden. Für eine InvAG mfK befinden sich die entsprechenden investmentrechtlichen Regelungen in § 148 iVm §§ 120ff. und für eine InvKG in § 158 iVm § 135. Hiernach ist der Jahresbericht spätestens sechs Monate nach Ablauf des Geschäftsjahres zu erstellen. Angaben zu Halbjahresberichten enthalten die AnlB regelmäßig nicht, da diese nicht gesetzlich gefordert sind (FK-KapAnlR/*Busse* § 266 Rn. 48).

13 **d) Ertragsverwendung (§ 266 II 1 iVm § 162 II Nr. 6).** Der Anleger ist in den AnlB darüber zu informieren, ob die **Erträge** und **Veräußerungsgewinne** des geschlossenen Publikums-AIF ausgeschüttet oder wieder angelegt (thesauriert) werden.

14 Die verfügbare Liquidität darf an die Anleger ausgezahlt werden, sofern sie nicht für die Bildung einer angemessenen Liquiditätsreserve bzw. zur Erfüllung von Zahlungsverbindlichkeiten oder zur Substanzerhaltung erforderlich ist. Dabei ist der Anleger darauf hinzuweisen, dass die Auszahlungen variieren und ggf. auch ausfallen können (BaFin, Bausteine für AnlB für eine Geschlossene Publikums-Investmentkommanditgesellschaft vom 18.7.2016, 10). Eine Mindestausschüttungspflicht wie bei offenen Immobilien-Investmentvermögen besteht nicht (FK-KapAnlR/*Busse* § 266 Rn. 51). Eine Thesaurierung von Erträgen kommt aufgrund der beschränkten Laufzeit des geschlossenen Publikums-AIF sowie der Tatsache, dass während der Laufzeit keine weiteren zulässigen Vermögensgegenstände erworben werden, regelmäßig nicht vor (AWZ/*Kloyer/Seidenschwann* § 266 Rn. 19).

15 Angaben zum Ertragsausgleichsverfahren, wie es § 162 II Nr. 6 für offene Publikums-Investmentvermögen vorsieht, enthalten die Musterbausteine für AnlB nicht. Nach dem Ertragsausgleichsverfahren gem. § 162 II Nr. 6 soll ein auf Erträge entfallender Teil des Ausgabepreises für ausgegebene Anteile oder Aktien zur Ausschüttung herangezogen werden. Insofern hilft das Ertragsausgleichsverfahren dabei, dass sich der einem einzelnen Anleger zugeordnete Anteil am Ertrag des offenen Publikums-Investmentvermögens nicht durch die Ausgabe oder Rücknahme von Anteilen anderer Anleger ändert, die nach dem Erwerb der Anteile durch den Anleger erfolgen. Bei einem geschlossenen Publikums-AIF spielt ein solcher Ertragsausgleich keine Rolle, da der Anlegerkreis sich nach der Platzierungsphase grds. nur noch durch die Übertragung von Anteilen auf Dritte ändert, nicht jedoch hin-

sichtlich der Anzahl der Anteile bzw. des platzierten Eigenkapitals (FK-KapAnlR/*Busse* § 266 Rn. 52).

e) Laufzeit (§ 266 II 1 iVm § 162 II Nr. 7). Die Auflage eines geschlossenen inländischen Publikums-AIF ist gem. der Verwaltungspraxis der BaFin nur für eine begrenzte Dauer erlaubt. In den AnlB des geschlossenen Publikums-AIF muss stets eine konkrete Laufzeit festgelegt werden (BaFin, Laufzeitverlängerung in den Anlagebedingungen geschlossener Publikums-AIF in der Rechtsform der geschlossenen Investmentkommanditgesellschaft vom 4.11.2014). Ferner ist in den AnlB darauf einzugehen, dass der AIF nach Ablauf dieser Dauer aufgelöst und abgewickelt (liquidiert) wird (BaFin, Bausteine für AnlB für eine Geschlossene Publikums-Investmentkommanditgesellschaft vom 18.7.2016, 11). Die Verwaltungspraxis der BaFin ist durch das OGAW-V-UmsG (BGBl. 2016 I 357) auch in § 161 II 2 aufgenommen worden, der die Möglichkeit zur außerordentlichen Kündigung nur für geschlossene InvKG vorsieht, die für eine bestimmte Dauer gebildet werden. 16

Neben einer Grundlaufzeit dürfen die AnlB für einen geschlossenen Publikums-AIF in der Rechtsform der geschlossenen InvKG die Möglichkeit einer Laufzeitverlängerung um maximal bis zu 50% der ursprünglichen Laufzeit (Grundlaufzeit) vorsehen. Etwaige Verlängerungsoptionen müssen neben der Grundlaufzeit explizit in den AnlB geregelt werden. Dabei ist die Verlängerung der Grundlaufzeit einmalig oder in mehreren Schritten möglich, solange die Summe aus Grundlaufzeit und Verlängerung(en) insg. nicht mehr als 30 Jahre beträgt. Die AnlB müssen zudem die konkreten Gründe für eine Verlängerung aufführen sowie ein Zustimmungserfordernis der Gesellschafterversammlung mit mindestens einfacher Mehrheit der abgegebenen Stimmen vorsehen. Zudem müssen ordentliche Kündigungsrechte ausgeschlossen werden (BaFin, Laufzeitverlängerung in den Anlagebedingungen geschlossener Publikums-AIF in der Rechtsform der geschlossenen Investmentkommanditgesellschaft vom 4.11.2014). 17

Die Zulässigkeit einer Verlängerung gibt der AIF-KVG die notwendige Flexibilität, einen Vermögensgegenstand nicht bis zum Ende der Grundlaufzeit zwingend veräußern zu müssen. Vielmehr kann die AIF-KVG iSd Anlegers bspw. auf aktuelle Marktentwicklungen reagieren, wenn der erwartete Veräußerungserlös nicht den Renditeerwartungen des AIF entspricht und während der Verlängerungsdauer eine Wertsteigerung des Vermögensgegenstandes zu erwarten ist. Auch können rechtliche oder steuerliche Gründe bestehen, die eine Verlängerung der Grundlaufzeit des geschlossenen Publikums-AIF sinnvoll oder erforderlich erscheinen lassen. Denkbar ist aber auch, dass die Anleger den bisherigen Geschäftsverlauf als zufriedenstellend erachten und sich gegen die Beendigung des geschlossenen Publikums-AIF aussprechen. Die Festlegung einer befristeten Laufzeit (Grundlaufzeit plus Verlängerungsoption) gibt dem Anleger jedoch auch die Sicherheit, dass er nicht unbegrenzt durch die AIF-KVG vertraglich gebunden werden kann (AWZ/*Kloyer/Seidenschwann* § 266 Rn. 22). 18

f) Anteilklassen (§ 266 II 1 iVm § 162 II Nr. 9). Sofern für einen geschlossenen Publikums-AIF verschiedene **Anteilklassen** gebildet werden, ist in den AnlB anzugeben, unter welchen Voraussetzungen Anteile oder Aktien mit unterschiedlichen Ausgestaltungsmerkmalen ausgegeben werden dürfen. Ferner ist das Verfahren zur Errechnung des Wertes der Anteile oder Aktien jeder Anteil- oder Aktienklasse anzugeben. Mögliche Ausgestaltungsmerkmale können nach § 96 I dabei insb. Regelungen hinsichtlich der Ertragsverwendung, des Ausgabeaufschlags, der Währung des Anteilswertes, der Verwaltungsvergütung, der Mindest- 19 anlagesumme oder eine Kombination dieser Merkmale sein. Nicht erforderlich ist jedoch eine detaillierte Beschreibung der Anteile und Anteilklassen in den AnlB, dies bleibt dem Verkaufsprospekt vorbehalten. Sofern keine verschiedenen Anteilklassen gebildet werden, ist in den AnlB darauf hinzuweisen, dass alle Anteile die gleichen Ausgestaltungsmerkmale haben, § 162 II Nr. 9.

20 **g) Verschmelzung (§ 266 II 1 iVm § 162 II Nr. 10).** Es sind Angaben darüber zu machen, ob und unter welchen Voraussetzungen ein geschlossener Publikums-AIF mit einem anderen Investmentvermögen verschmolzen werden darf. Die Regelung hat in der Praxis keine Relevanz und auch das KAGB sieht keine Verschmelzungsregelungen für geschlossene Publikums-AIF vor (FK-KapAnlR/*Busse* § 266 Rn. 62f.). Eine Angabe nach § 266 II 1 iVm § 162 II Nr. 10 ist in den Musterbausteinen der BaFin nicht vorgesehen.

21 **h) Kosten (§ 266 II 1 iVm § 162 II Nr. 11–14).** Nach Maßgabe des § 162 Nr. 11 hat die AIF-KVG in den AnlB Angaben zur Methode, Höhe und Berechnung von Vergütungen und Aufwendungserstattungen offenzulegen. Dadurch kann sich der Anleger ein Bild über die Kostenstruktur und -belastung des geschlossenen Publikums-AIF machen, was der Kostentransparenz dient (FK-KapAnlR/*Busse* § 266 Rn. 65).

22 Die BaFin hat ihre Verwaltungspraxis betreffend die Genehmigung von Kostenregelungen in den AnlB geschlossener Publikumsinvestmentvermögen in Form von Musterbausteinen für Kostenklauseln offengelegt, die exemplarisch die aufsichtsrechtlichen Mindestanforderungen nach dem KAGB erfüllen, jedoch ggf. der Ergänzung bzw. Anpassung bedürfen (Musterbausteine für Kostenklauseln geschlossener Publikumsinvestmentvermögen, WA 41-Wp 2137-2013/0026, 30.9.2014). Maßgebliche Aspekte der aufsichtsrechtlichen Prüfung sind insb. die Nachvollziehbarkeit der Angaben aus sich selbst heraus sowie die Pflicht der KVG gem. § 26 V, unangemessene Kosten, Gebühren und Praktiken zu vermeiden. Es muss klar erkennbar sein, wer wann an wen für welche Leistung Zahlungen in welcher Höhe zu leisten hat; soweit der NAV als Bemessungsgrundlage dient, ist dieser gem. den gesetzlichen Regelungen zu bestimmen. Die Kostensätze müssen als verbindliche und vorbehaltslose Obergrenzen abgegeben werden (einschließlich der ggf. zu entrichtenden USt) und zwar für abschließende Kostentatbestände, dh ohne Öffnungsklauseln. Erforderlich ist ferner eine strikte Trennung von Ausschüttungs- und Kostenregelungen, wobei jedoch ein steuerlich anerkannter **Carried Interest** in Form von Ausschüttungen an die KVG gezahlt werden darf. Anteilige Vorschüsse auf Vergütungen sind nur insoweit zulässig, als diese ausdr. vereinbart sind (Musterbausteine für Kostenklauseln geschlossener Publikumsinvestmentvermögen, WA 41-Wp-2137-2013/0026, 30.9.2014, 1f.). Die Musterbausteine stellen iE Kostenklauseln bereit für „Ausgabepreis, Ausgabeaufschlag, Initialkosten" (Musterbausteine für Kostenklauseln geschlossener Publikumsinvestmentvermögen, WA 41-Wp-2137-2013/0026, 30.9.2014, 3f.) sowie für „Laufende Kosten" (Musterbausteine für Kostenklauseln geschlossener Publikumsinvestmentvermögen, WA 41-Wp-2137-2013/0026, 30.9.2014, 5ff.) (laufende Vergütungen, Kosten und Gebühren sowie Bemessungsgrundlagen), jeweils mit detaillierten Bearbeitungshinweisen. Eine wortwörtliche und vollständige Übernahme in die AnlB des jeweiligen geschlossenen Publikums-AIF wird zwar von der BaFin nicht verlangt, dies erleichtert jedoch den Prüfungsprozess der BaFin für die Kosten im Rahmen des Genehmigungsverfahrens für die AnlB erheblich.

aa) Ausgabepreis, Ausgabeaufschlag, Initialkosten. Die Darstellung der einmaligen Kosten beginnt mit einer Definition des **Ausgabepreises** für einen Anleger, der in der funktionalen Währung des AIF angegeben werden kann, sodass keine Verpflichtung für eine Angabe in Euro besteht. Der Ausgabepreis ist bei einer geschlossenen InvKG die Summe aus der gezeichneten Kommanditeinlage (Pflichteinlage) in die InvKG und dem Ausgabeaufschlag. Dabei ist bei der Berechnung für die Kommanditeinlage die durch die AIF-KVG festgelegte Mindestzeichnungssumme heranzuziehen (Musterbausteine für Kostenklauseln geschlossener Publikumsinvestmentvermögen, WA 41-Wp-2137-2013/0026, 30.9.2014, 3). In der Praxis beträgt die Mindestzeichnungssumme bei einem risikogemischten geschlossenen Publikums-AIF häufig 5.000 EUR bzw. 10.000 EUR, während sie bei einem nicht risikogemischten geschlossenen Publikums-AIF mindestens 20.000 EUR betragen muss (§ 262 II, → Rn. 16f.). 23

Als nächstes ist bei den Anfangskosten die für den Anleger relevante **Kostenquote** drucktechnisch hervorzuheben, was bspw. durch Fettschrift oder durch einen farblich hinterlegten Kasten erfolgen kann. Die Kostenquote entspricht dabei der Summe aus dem Ausgabeaufschlag und den während der Beitrittsphase anfallenden Initialkosten im Verhältnis zum Ausgabeaufschlag. Optional kann die Kostenquote zusätzlich auch im Verhältnis zur gezeichneten Kommanditeinlage angegeben werden. Auch darf ein Hinweis aufgenommen werden, welchen Anteil die Vertriebskosten (Provisionen) für Vertriebspartner der AIF-KVG innerhalb der Kostenquote ausmachen (Musterbausteine für Kostenklauseln geschlossener Publikumsinvestmentvermögen, WA 41-Wp-2137-2013/0026, 30.9.2014, 3). 24

Sofern ein **Ausgabeaufschlag** entspr. § 162 II Nr. 12 erhoben werden soll, ist dieser in den AnlB als Prozentsatz zur Kommanditeinlage des Anlegers zwingend anzugeben. Sofern kein Ausgabeaufschlag erhoben werden soll, müssen in den AnlB keine Angaben erfolgen. Anzugeben ist der maximale Ausgabeaufschlag, wobei die AIF-KVG nach eigenem freien Ermessen einen niedrigeren Ausgabeaufschlag vereinbaren darf. Auch sind abgestufte Sätze für den Ausgabeaufschlag bzw. eine entsprechende praktische Handhabung innerhalb der „bis-zu-Regelung" je nach Beitrittsdatum des Anlegers zulässig, um Zeichnungsanreize für den Anleger zu setzen (Musterbausteine für Kostenklauseln geschlossener Publikumsinvestmentvermögen, WA 41-Wp-2137-2013/0026, 30.9.2014, 3). 25

Neben dem Ausgabeaufschlag sind auch die einmaligen Aufwendungen und Vergütungen der Auflage. des geschlossenen Publikums-AIF **(Initialkosten)** als Prozentsatz der Kommanditeinlage des Anlegers und deren Fälligkeit in den AnlB anzugeben. Während der Ausgabeaufschlag zusätzlich zur gezeichneten Kommanditeinlage vom Anleger zu entrichten ist, handelt ist sich bei den Initialkosten um solche Aufwendungen und Vergütungen, die aus dem Vermögen des AIF zu zahlen sind. Dabei umfassen laut BaFin die Initialkosten sämtliche Kosten, die bis zum Zeitpunkt der Vertriebszulassung des geschlossenen Publikums-AIF angefallen bzw. entstanden sind, ua Kosten der Prospekterstellung und der Rechts- und Steuerberatung für die Konzeption, die Gründung und das Marketing des AIF. Ferner gehören anfängliche Kosten Dritter, zB für die Übernahme einer Platzierungsgarantie oder die Einrichtungsgebühr für die Verwahrstelle, zu den Initialkosten. Dagegen werden laufende Bewirtschaftungskosten eines bereits vor der Vertriebszulassung erworbenen Vermögensgegenstandes in den AnlB bei den laufenden Kosten unter dem Punkt „Aufwendungen, die zu Lasten der Gesellschaft gehen" erfasst (Musterbausteine für Kostenklauseln geschlossener Publikumsinvestmentvermögen, WA 41-Wp-2137-2013/0026, 30.9.2014, 4). 26

27 Die Initialkosten sind zur besseren Verständlichkeit für den Anleger in den AnlB **in einer Summe** prozentual bezogen auf das gezeichnete Kommanditkapital anzugeben. Nähere Erläuterungen zur Zusammensetzung der Initialkosten sollen ausschließlich im Verkaufsprospekt erfolgen. Sofern die Höhe des einzuwerbenden Eigenkapitals bei Einreichung der AnlB zur Genehmigung durch die BaFin noch nicht feststehen, so ist als Bemessungsgrundlage für die Berechnung der Kostenquote das Eigenkapital anzusetzen, welches mindestens eingeworben werden soll. Damit soll sichergestellt werden, dass in den AnlB die maximale prozentuale Belastung für den Anleger ausgewiesen wird (Musterbausteine für Kostenklauseln geschlossener Publikumsinvestmentvermögen, WA 41-Wp-2137-2013/0026, 30.9.2014, 4).

28 Unabhängig davon, ob der AIF zum Vorsteuerabzug berechtigt ist oder nicht, fordert die Verwaltungspraxis der BaFin, dass bei der Ermittlung der Initialkosten stets eine etwaige anfallende **Umsatzsteuer** zu berücksichtigen ist. Insofern sind alle in den AnlB angegebenen Kosten als Bruttobeträge bzw. Brutto-Prozentsätze anzugeben, da dies nach Ansicht der BaFin für den Anleger leichter nachvollziehbar ist. Auf eine mögliche Änderung des Steuersatzes während der Laufzeit des geschlossenen Publikums-AIF ist entspr. hinzuweisen (Musterbausteine für Kostenklauseln geschlossener Publikumsinvestmentvermögen, WA 41-Wp-2137-2013/0026, 30.9.2014, 4). Klarstellend und abw. zum Muster für die Kostenbausteine findet man in der Praxis einen Hinweis darauf, dass etwaige Vorsteuererstattungen dem AIF zugutekommen.

29 § 162 II Nr. 12 sieht auch eine Angabe zur Erhebung eines **Rücknahmeabschlages** durch die AIF-KVG vor. Da jedoch einem Anleger bei einem geschlossenen Publikums-AIF keine Rücknahmerechte eingeräumt werden dürfen, sind hierzu in den AnlB keine Angaben zu machen. Dagegen sind etwaige Abfindungsabschläge vom Anteilwert aufgrund der außerordentlichen Kündigung eines Anlegers nicht als Rücknahmeabschlag zu verstehen, sondern unter den „Sonstigen vom Anleger zu entrichtenden Kosten" zu erfassen (→ Rn. 47).

30 **bb) Laufende Kosten.** Bei den laufenden Kosten ist in den AnlB zunächst die maximale **Summe der laufenden Vergütungen** anzugeben. Diese berücksichtigt die Vergütung an die AIF-KVG und bestimmte Gesellschafter der InvKG sowie Vergütungen an Dritte. Die Vergütung für die Verwahrstelle wird dagegen bei der Berechnung nicht berücksichtigt (Musterbausteine für Kostenklauseln geschlossener Publikumsinvestmentvermögen, WA 41-Wp-2137-2013/0026, 30.9.2014, 5).

31 Als **Bemessungsgrundlage** für die Berechnung der laufenden Vergütungen sehen die Kostenbausteine der BaFin zwei Möglichkeiten vor, die beide auf dem Nettoinventarwert (NAV) des AIF basieren. Wie bei einem offenen Publikums-AIF kann zunächst der **reine Nettoinventarwert** als Bemessungsgrundlage dienen. Dieser entspricht dem durchschnittlichen NAV des geschlossenen Publikums-AIF im jeweiligen Geschäftsjahr. Sofern der NAV nur einmal jährlich ermittelt wird, kann für die Berechnung des Durchschnitts der Wert am Anfang und am Ende des Geschäftsjahres zugrunde gelegt werden. Eine Pflicht zur Berechnung des NAV über die gesetzlich vorgeschriebenen Intervalle besteht nur dann, wenn sich die Höhe der Vergütung unterjährig ändert. Als **alternative Berechnungsmöglichkeit** kann der reine NAV um die bis zum jeweiligen Berechnungsstichtag vom dem AIF an die Anleger geleisteten Auszahlungen begrenzt auf maximal 100% des von den Anlegern gezeichneten Kommanditkapitals modifiziert werden (Mus-

terbausteine für Kostenklauseln geschlossener Publikumsinvestmentvermögen, WA 41-Wp-2137-2013/0026, 30.9.2014, S. 5).

Die alternative Berechnungsmöglichkeit trägt dem Umstand eines schwanken- 32
den NAV Rechnung, der gerade bei Sachwerten, die beispielsweise aufgrund von laufenden Abschreibungen einem Werteverzehr unterliegen (zB Luftfahrzeuge oder Schiffe), durch die es über die Laufzeit des AIF unabhängig von der AIF-KVG, der Bewirtschaftung oder der allgemeinen Marktentwicklung zu Wertverlusten des geschlossenen Publikums-AIF kommen kann. Auch sollen Fehlanreize zum Nachteil der Anleger durch die alternative Berechnungsmöglichkeit vermieden werden, die durch eine verzögerte Veräußerung von Vermögensgegenständen oder verzögerte Ausschüttungen von Erlösen entstehen können. Sofern die AIF-KVG von der Möglichkeit der alternativen Berechnungsmöglichkeit für die Bemessungsgrundlage Gebrauch macht, hat sie dies im Antrag auf Genehmigung der AnlB und im Verkaufsprospekt zu begründen (Musterbausteine für Kostenklauseln geschlossener Publikumsinvestmentvermögen, WA 41-Wp-2137-2013/0026, 30.9.2014, 5).

Das KAGB schreibt eine Bemessungsgrundlage, die auf dem NAV basiert, für die 33
Berechnung der laufenden Vergütungen nicht vor, jede andere Bemessungsgrundlage wird jedoch von der BaFin mit Bezug auf § 26 V als unangemessen angesehen, insb. die Verwendung eines fixen Wertes als Bemessungsgrundlage. Die BaFin vertritt in diesem Zusammenhang die Auffassung, dass die Vergütung der AIF-KVG, der Verwahrstelle und Dritter nur dann angemessen ist, wenn diese sich am wirtschaftlichen Erfolg bzw. Misserfolg des geschlossenen Publikums-AIF bemisst. Ferner soll eine Vergleichbarkeit mit anderen AIF sichergestellt werden (FK-KapAnlR/*Busse* § 266 Rn. 86).

Als Prozentsatz der gewählten Bemessungsgrundlage (→ Rn. 31) sind im Rah- 34
men der laufenden Kosten die **Vergütung für die AIF-KVG sowie bestimmte Gesellschafter der InvKG** auszuweisen, wobei optional eine betragsmäßige Maximalvergütung vereinbart werden kann. Die Musterkostenbausteine weisen explizit darauf hin, dass laufende feste Vergütungen, deren Berechnung auf den Kommanditeinlagen der Anleger beruhen, unzulässig sind. Gestattet ist dagegen die Vereinbarung einer Mindestvergütung in Form eines festen Geldbetrages für einen maximalen Zeitraum von nicht mehr als 36 Monaten ab dem Zeitpunkt der Auflage des geschlossenen Publikums-AIF. Sofern eine Mindestvergütung vereinbart wird, ist diese neben der prozentualen Vergütung als Gesamtsumme bei der Summe der laufenden Vergütungen (→ Rn. 30) anzugeben. Ferner kann für die Vergütung der AIF-KVG auch eine betragsmäßige zeitliche Staffelung vorgenommen werden, bspw. ab Liquidationseröffnung durch Laufzeitende (Musterbausteine für Kostenklauseln geschlossener Publikumsinvestmentvermögen, WA 41-Wp-2137-2013/0026, 30.9.2014, 6). Geldwerte Vorteile sind auf die Verwaltungsvergütung der AIF-KVG anzurechnen (Musterbausteine für Kostenklauseln geschlossener Publikumsinvestmentvermögen, WA 41-Wp-2137-2013/0026, 30.9.2014, 11). Durch die zuvor genannte Mindestvergütung wird dem Umstand Rechnung getragen, dass bei einem geschlossenen Publikums-AIF das Eigenkapital während der Beitrittsphase erst noch eingeworben werden muss und dadurch der NAV zunächst niedrig oder ggf. auch negativ sein kann.

Bei den Vergütungen für bestimmte Gesellschafter der InvKG handelt es sich um 35
das Entgelt für die Haftungsübernahme des **persönlich haftenden Gesellschafters** der InvKG, das Entgelt für die Geschäftsführungstätigkeit des **geschäftsführenden Kommanditisten** sowie die jährliche Vergütung des **Treuhandkom-**

manditisten für Tätigkeiten, die er gegenüber allen Anlegern einschl. den Direktkommanditisten erbringt (Musterbausteine für Kostenklauseln geschlossener Publikumsinvestmentvermögen, WA 41-Wp-2137-2013/0026, 30.9.2014, 6). In der Praxis sieht der Treuhandvertrag daher idR vor, dass der Treuhandkommanditist die Anteile der Direktkommanditisten in offener Stellvertretung für diese verwaltet. Kommen Leistungen des Treuhandkommanditisten nur den Treugebern zugute, gehört die dadurch entstandene Vergütung zu den sonstigen Kosten, die von den Anlegern direkt zu tragen sind, und darf nicht dem geschlossenen Publikums-AIF in Rechnung gestellt werden (FK-KapAnlR/*Busse* § 266 Rn. 97). Sofern der Treuhandkommanditist zugleich die externe AIF-KVG oder deren Gesellschafter oder eine mit ihr verbundene Person ist, wird empfohlen, die Vergütung des Treuhandkommanditisten in die laufende Verwaltungsvergütung mit einzukalkulieren (Musterbausteine für Kostenklauseln geschlossener Publikumsinvestmentvermögen, WA 41-Wp-2137-2013/0026, 30.9.2014, 12).

36 Der Ausweis von **Vergütungen an Dritte** erfolgt ebenfalls mit einem festen Prozentsatz der gewählten Bemessungsgrundlage, sofern diese nicht von der laufenden Verwaltungsvergütung der AIF-KVG abgedeckt sind. Hinsichtlich der Offenlegung von Vergütungsvereinbarungen zwischen der AIF-KVG und einem Dritten, die auf die Verwaltungsvergütung der AIF-KVG angerechnet werden, ist es ausreichend, wenn deren Offenlegung im Verkaufsprospekt erfolgt (Musterbausteine für Kostenklauseln geschlossener Publikumsinvestmentvermögen, WA 41-Wp-2137-2013/0026, 30.9.2014, 6f.).

37 Sofern ein geschlossener Publikums-AIF einen Sachwert indirekt über eine **Zweck- oder Objektgesellschaft** erwirbt, können auf Ebene der Zweck- oder Objektgesellschaft Vergütungen für deren Organe und Geschäftsleiter sowie weitere Kosten anfallen. Da diese Kosten nicht unmittelbar dem geschlossenen Publikums-AIF belastet werden, müssen diese Kosten nicht in den AnlB dargestellt werden. Die Kostentransparenz wird vielmehr über entsprechende Angaben im Verkaufsprospekt erreicht. Ferner beeinflussen die Kosten über den Wert der Zweck- oder Objektgesellschaft den NAV des geschlossenen Publikums-AIF (FK-KapAnlR/*Busse* § 266 Rn. 102).

38 Die jährliche **Verwahrstellenvergütung** ist ebenfalls mit einem festen Prozentsatz bezogen auf die Bemessungsgrundlage auszuweisen. Dabei müssen mit der Vergütung alle Tätigkeiten der Verwahrstelle nach dem KAGB abgegolten sein. Ein darüber hinausgehender Auslagenersatz ist unzulässig. Eine Ausnahme besteht nur für Kosten eines notwendigen externen Gutachtens im Rahmen der Ankaufsbewertung oder der Eigentumsverifikation. Sofern die AIF-KVG mit der Verwahrstelle eine andere Berechnung für die Verwahrstellenvergütung vereinbart hat, stellt die in den AnlB ausgewiesene Vergütung die Obergrenze für die Belastung des AIF dar, sodass die AIF-KVG das Risiko einer abweichenden Vergütungsklausel trägt (Musterbausteine für Kostenklauseln geschlossener Publikumsinvestmentvermögen, WA 41-Wp-2137-2013/0026, 30.9.2014, 7).

39 Die Musterbausteine der BaFin enthalten einen umfangreichen Katalog mit üblichen Beispielen für **Aufwendungen,** die zu Lasten des geschlossenen Publikums-AIF gehen. Dabei können jedoch nur solche Aufwendungen geltend gemacht werden, die nach der Gründung des AIF entstanden sind. So handelt es sich bei den Aufwendungen ua um Kosten für einen externen Bewerter, den Abschlussprüfer, Depot- und Kontoführungsgebühren, Bewirtschaftungskosten, Kosten für Rechts- und Steuerberatung, Gebühren von öffentlichen Stellen (mit Ausnahme von IHK-Gebühren) oder Steuern und Abgaben, die der AIF schuldet. Es wird in den Kostenklauseln darauf hingewiesen, dass Tätigkeiten, die zur Portfolioverwaltung gehören, nicht als Aufwendungen geltend gemacht werden können. Diese Tätigkeiten sind mit der Verwaltungsvergütung der AIF-KVG abgegolten bzw. im Rahmen einer Auslagerung als Vergütung für Dritte auszuweisen. Auch können Zertifizierungskosten dem AIF nur dann in Rechnung gestellt werden, wenn im Rahmen der Genehmigung der AnlB glaubhaft gemacht wird, dass die Zertifizierung im Interesse der Anleger erfolgt. Sofern Kosten auf Ebene einer Zweck- oder Objektgesellschaft dessen Vermögen schmälern, sind die Kosten ebenfalls nach dem Beispielkatalog aufzuführen (Musterbausteine für Kostenklauseln geschlossener Publikumsinvestmentvermögen, WA 41-Wp-2137-2013/0026, 30.9.2014, S. 9).

Für den Erwerb oder den Verkauf eines Vermögensgegenstandes oder einer großen Investition oder Umbaumaßnahme kann die AIF-KVG für ihren erhöhten Aufwand eine **Transaktionsgebühr** beanspruchen sowie **Transaktions- und Investitionskosten** dem geschlossenen Publikums-AIF in Rechnung stellen. Die Transaktionsgebühr ist dabei auf Basis eines festen Prozentsatzes vom Kauf- bzw. Verkaufspreis zu berechnen. Dabei kann die AIF-KVG die Transaktionsgebühr auch dann beanspruchen, wenn der Erwerb oder die Veräußerung eines Vermögengegenstandes für Rechnung einer Objektgesellschaft erfolgt, an der der geschlossene Publikums-AIF beteiligt ist. Sofern der geschlossene Publikums-AIF nur anteilig an der Objektgesellschaft beteiligt ist, fällt die Transaktionsgebühr entspr. nur iHd an der Objektgesellschaft gehaltenen Anteils an. Neben der Transaktionsgebühr können dem geschlossenen Publikums-AIF von Dritten beanspruchte Kosten, die im Zusammenhang mit dem Erwerb, der Veräußerung, der Bebauung, der Instandsetzung, dem Umbau, der Belastung und/oder Vermietung der Vermögensgegenstände entstehen, belastet werden. Diese Aufwendungen einschließlich der in diesem Zusammenhang anfallenden Steuern und Gebühren gesetzlich vorgeschriebener Stellen können dem AIF unabhängig vom tatsächlichen Zustandekommen des Geschäfts belastet werden (Musterbausteine für Kostenklauseln geschlossener Publikumsinvestmentvermögen, WA 41-Wp-2137-2013/0026, 30.9.2014, S. 9). 40

Neben der laufenden Verwaltungsvergütung kann die AIF-KVG zu ihren Gunsten eine **erfolgsabhängige Vergütung** beanspruchen. Dagegen untersagt die Verwaltungspraxis die Vereinbarung einer erfolgsabhängigen Vergütung zugunsten Dritter, wie etwa einem Berater oder einem Vertriebspartner. Eine ganz oder teilweise Weiterleitung der erfolgsabhängigen Vergütung durch die AIF-KVG ist dagegen zulässig (Musterbausteine für Kostenklauseln geschlossener Publikumsinvestmentvermögen, WA 41-Wp-2137-2013/0026, 30.9.2014, 11). 41

Der Anspruch auf eine zusätzliche erfolgsabhängige Vergütung besteht jedoch nur, wenn die Anleger Auszahlungen in Höhe ihrer geleisteten Kommanditeinlage zzgl. einer in den AnlB festgehaltenen durchschnittlichen jährlichen Verzinsung erhalten haben. Den Auszahlungen gleichgestellt werden dürfen in diesem Zusammenhang Steuern, die nicht auf Ebene des AIF anfallen, sondern die die einzelnen Anleger unabhängig von ihren sonstigen persönlichen Verhältnissen schulden, die jedoch vom AIF für alle Anleger gemeinsam gezahlt worden sind. Zudem muss sich die erfolgsabhängige Vergütung auf die Gesamtbilanz beziehen und darf nicht auf der Grundlage der Wertentwicklung einzelner Vermögensgegenstände oder Projekte erhoben werden (Musterbausteine für Kostenklauseln geschlossener Publikumsinvestmentvermögen, WA 41-Wp-2137-2013/0026, 30.9.2014, 11). 42

Die Kostenbausteine sehen zwei Alternativen für eine erfolgsabhängige Vergütung vor. **Alternative A** sieht eine Auszahlung der erfolgsabhängigen Vergütung erst am Ende der Laufzeit des geschlossenen Publikums-AIF vor. Für deren Berech- 43 nung wird die Differenz zwischen dem Anteilwert nach Veräußerung der Vermögensgegenstände unter Berücksichtigung bereits aus Ausschüttungen geleisteter Auszahlungen und der gezeichneten Kommanditeinlage zzgl. einer jährlichen in den AnlB festgelegten Verzinsung gebildet. Ergibt sich dabei eine absolut positive Anteilwertentwicklung, darf eine erfolgsabhängige Vergütung in Höhe eines prozentualen Anteils durch die AIF-KVG vereinnahmt werden. Die absolut positive Anteilwertentwicklung wird jedoch durch einen in den AnlB festzulegenden Prozentsatz des durchschnittlichen NAV des AIF begrenzt. **Alternative B** gestattet dagegen auch die Vereinnahmung einer erfolgsabhängigen Vergütung während der Laufzeit jeweils zum Ende des Wirtschaftsjahres des geschlossenen Publikums-AIF. Es muss jedoch sichergestellt sein, dass die Anleger Auszahlungen in Höhe ihrer geleisteten Kommanditeinlage sowie eine darüberhinausgehende jährliche Verzinsung in Höhe eines in den AnlB festgelegten Prozentsatzes erhalten haben. Einen Höchstbetrag wie bei Alternative A gibt es nicht (Musterbausteine für Kostenklauseln geschlossener Publikumsinvestmentvermögen, WA 41-Wp-2137-2013/0026, 30.9.2014, 10).

44 Die AIF-KVG kann die erfolgsabhängige Vergütung auch in Form von Ausschüttungen eines steuerlich anerkannten **Carried Interest** iSv § 1 XIX Nr. 7 erhalten. Die AIF-KVG erhält in diesem Fall ihre Vergütung in Form eines Gewinnanteils am AIF, sobald die Anleger Auszahlungen in einer bestimmten Höhe erhalten haben (Hurdle Rate). Die Muster-Kostenbausteine der BaFin geben eine Hurdle Rate in Höhe der von den Anlegern geleisteten Kommanditeinlage zzgl. einer in den AnlB festgelegten durchschnittlichen jährlichen Verzinsung vor (FK-KapAnlR/*Busse* § 266 Rn. 101).

45 Die AIF-KVG kann in den AnlB eine Klausel zur Regelung von **geldwerten Vorteilen** aufnehmen. Danach sind geldwerte Vorteile der AIF-KVG oder ihrer Gesellschafter oder Gesellschafter der Gesellschaft oder der Bewirtschaftung der dazu gehörenden Vermögensgegenstände auf die Verwaltungsvergütung der AIF-KVG anzurechnen.

46 **Sonstige vom Anleger zu entrichtende Kosten** sind nach den Musterkostenbausteinen solche, die unmittelbar im Zusammenhang mit der Beteiligung am geschlossenen Publikums-AIF stehen und vom Anleger direkt und über allgemeine gesetzliche Regelungen hinaus zu zahlen sind. Sonstige Kosten können beim Anleger ua beim vorzeitigen Ausscheiden aus dem AIF oder durch die Vergütung des Treuhandkommanditisten entstehen. Bearbeitungspauschalen der AIF-KVG sind unzulässig, da die Aufwendungen der AIF-KVG bereits mit dessen Verwaltungsvergütung abgegolten sind. Notwendige Aufwendungen für Dienstleistungen Dritter (externe Bewerter, Notargebühren etc.) hat die AIF-KVG dem Anleger einzeln nachzuweisen. Nicht notwendigerweise in den AnlB, sondern im Verkaufsprospekt sind Hinweise auf Kosten im Zusammenhang mit dem Eingehen und Halten der Beteiligung am geschlossenen Publikums-AIF aufzunehmen, hierzu gehören ua Notar- und Registerkosten oder Kontogebühren. Ferner sind Schadensersatzpauschalen beispielsweise für die verspätete Einzahlung des Ausgabepreises unzulässig. Hier kann allenfalls ein Hinweis auf gesetzlich geregelte Schadensersatzpflichten im Verkaufsprospekt erfolgen (Musterbausteine für Kostenklauseln geschlossener Publikumsinvestmentvermögen, WA 41-Wp-2137-2013/0026, 30.9.2014, 11f.).

47 Hinsichtlich der Berücksichtigung von etwaiger Umsatzsteuer kann auf die Ausführungen bei den einmaligen Kosten verwiesen werden (→ Rn. 28).

cc) Pauschalgebühr. Sofern in den AnlB entspr. §162 II Nr. 13 für die Vergütungen und Kosten eine Pauschalgebühr vereinbart werden soll, sind Angaben dazu zu machen, wie sich die Pauschalgebühr zusammensetzt und ob und welche Kosten dem geschlossenen Publikums-AIF gesondert in Rechnung gestellt werden. Dabei ist die Aufzählung inhaltlich auf die in den Musterkostenbausteinen ausdr. benannten Vergütungen und Aufwendungen beschränkt. Für den Fall, dass die Pauschalgebühr auch Vergütungsbestandteile beinhaltet und zusätzlich zur Pauschalgebühr eine Verwaltungsvergütung oder Vergütungen für Dritte dem AIF berechnet werden kann, so ist in den AnlB die Gesamtsumme dieser Vergütungen einschließlich der Pauschalgebühr anzugeben. Sofern neben der Pauschalgebühr zusätzlich eine erfolgsabhängige Vergütung durch die AIF-KVG vereinnahmt werden kann, sind für die Berechnung der erfolgsabhängigen Vergütung die Grundsätze in den Muster-Kostenbausteinen der BaFin zu befolgen (Musterbausteine für Kostenklauseln geschlossener Publikumsinvestmentvermögen, WA 41-Wp-2137-2013/0026, 30.9.2014, 12). 48

dd) Erwerb von Anteilen an Investmentvermögen. In den AnlB ist gem. §266 II iVm §162 II Nr. 14 verpflichtend darauf hinzuweisen, dass die AIF-KVG im Jahresbericht des geschlossenen Publikums-AIF die Ausgabeaufschläge und Vergütungen offenzulegen hat, die im Zusammenhang mit dem Erwerb und der Verwaltung von Anteilen an Ziel-Investmentvermögen entstehen. Die Berechnung von Ausgabeaufschlägen beim Erwerb von Anteilen an Ziel-Investmentvermögen, die dem geschlossenen Publikums-AIF von der AIF-KVG selbst, einer anderen Verwaltungsgesellschaft oder einer anderen Gesellschaft, mit der die AIF-KVG durch eine wesentliche unmittelbare oder mittelbare Beteiligung verbunden ist, ist gemäß den Musterkostenbausteinen der BaFin jedoch nicht zulässig (Musterbausteine für Kostenklauseln geschlossener Publikumsinvestmentvermögen, WA 41-Wp-2137-2013/0026, 30.9.2014, 13). In §162 II Nr. 14 werden auch Rücknahmeabschläge genannt. Die Rücknahme von Anteilen an einem geschlossenen Publikums-AIF ist jedoch ausgeschlossen (→Rn. 29), sodass die Angabe von Rücknahmeabschlägen im Jahresbericht nicht erforderlich ist. Auch werden die in §162 II Nr. 14 aufgeführten Halbjahresberichte bei einem geschlossenen Publikums-AIF idR nicht erstellt (FK-KapAnlR/*Busse* §266 Rn. 111). 49

i) Rückgaberechte (§266 II 1 Nr. 1). Angaben zu Rückgaberechten in den Anlagebedingungen sind mit dem Finanzmarktanpassungsgesetz vom 15.7.2014 (BGBl. 2014 I 934) und der Anpassung der Definition von offenen und geschlossenen AIF an die Delegierten VO (EU) Nr. 694/2014 der Kommission vom 17.12.2013 zur Ergänzung der RL 2011/61/EU des Europäischen Parlaments und des Rates im Hinblick auf technische Regulierungsstandards zur Bestimmung der Arten von Verwaltern alternativer Investmentfonds (RTS-VO), welche am 14.7.2014 in Kraft trat, **entbehrlich geworden,** da die Rücknahme von Anteilen an geschlossenen AIF nicht mehr gesetzeskonform wäre bzw. vertraglich vereinbarte Rückgaberechte nur noch bei offenen AIF zulässig sind. Die Pflichtangabe des §266 II 1 Nr. 1 führt somit ins Leere. 50

Nach Art. 1 II RTS-VO müssen Rückgaberechte in den Vertragsbedingungen bzw. in den Verkaufsunterlagen festgelegt sein und eine Rückgabe muss von jedem Anleger in regelmäßigen Abständen verlangt werden können. Dies erklärt, warum ordentliche Kündigungsrechte bei geschlossenen Publikums-AIF ausgeschlossen sind. Gleichzeitig erfasst Art. 1 II RTS-VO außerordentliche Kündigungsrechte 51 nicht, da diese nicht jedem Anleger in regelmäßigen Abständen zustehen, sondern von der individuellen Situation eines Anlegers zu einem im Vorfeld nicht bestimmbaren Zeitpunkt erklärt und idR begründet werden müssen. Ferner ist auch das gesetzlich verankerte Widerrufsrecht eines Anlegers kein Rückgaberecht iSd RTS-VO. Der Anleger übt im Falle eines Widerrufs kein Anlegerrecht aus, da er durch die Korrektur seiner Willenserklärung so behandelt wird, als hätte er keine Anteile an dem geschlossenen Publikums-AIF erworben (FK-KapAnlR/*Busse* § 266 Rn. 114ff.).

52 **j) Angabe von Drittstaaten (§ 266 II 1 Nr. 2).** Sofern der geschlossene Publikums-AIF in Vermögensgegenstände außerhalb des EWR investieren soll, müssen in den Anlagebedingungen konkrete Angaben dazu enthalten sein, um welche **Drittstaaten** es sich handelt und der jeweilige **Anteil** des geschlossenen Publikums-AIF genannt werden, der in diesen Staaten höchstens angelegt werden darf. Die Vorschrift dient insofern dem Anlegerschutz. In Anlehnung an die Verwaltungspraxis der BaFin zur Verhinderung von reinen Blindpool-Konstruktionen bei geschlossenen Publikums-AIF ist davon auszugehen, dass sich die Angaben zur Höchstgrenze auf das investierte Kapital des geschlossenen Publikums-AIF bezieht (FK-KapAnlR/*Busse* § 266 Rn. 121).

53 **k) Anlagegrundsätze und Anlagegrenzen (§ 266 II 2).** Die Vorschrift des § 266 II 2 modifiziert die Regelung des § 162 II Nr. 1 dahingehend, dass die AIF-KVG anstelle der Angabe, welche Vermögengegenstände in welchem Umfang *erworben werden dürfen,* gem. § 266 II 2 in den AnlB verbindlich festzulegen hat, welche Vermögensgegenstände in welchem Umfang für den geschlossenen Publikums-AIF *tatsächlich erworben werden.* Durch die Regelung sollen die Anleger eines geschlossenen Publikums-AIF, die sich mit ihrer Vermögensanlage regelmäßig langfristig binden, vor einem sog. „blind-pooling" geschützt werden (BT-Drs. 17/12294, 272).

54 Nach dem Kriterienkatalog der BaFin zur Verhinderung von **reinen Blindpool-Konstruktionen** bei geschlossenen Publikums-AIF vom 6.11.2014 (abrufbar unter www.bafin.de) sind die Investitionskriterien für mindestens 60% des investierten Kapitals nach Maßgabe des Katalogs festzulegen. Hierbei werden auf die 60%-Grenze auch Mindestinvestitionsgrenzen anderer zulässiger Vermögensgegenstände angerechnet. Nach dem im Kriterienkatalog angeführten Bsp. von AnlB, die Mindestinvestitionen in Bankguthaben iHv 10% vorsehen, wären insoweit etwa nur noch für weitere 50% des investierten Kapitals die Investitionskriterien zu erfüllen. Die Investitionskriterien sind mit Abschluss der Investitionsphase nach Maßgabe der AnlB einzuhalten, wobei der Kriterienkatalog ausdr. konstatiert, dass in der Phase der Bewirtschaftung und/oder Desinvestition die Einhaltung von Anlagestrategie und -grenzen faktisch nicht möglich ist. Für den Fall des Neubeginns der Investitionsphase aufgrund der Reinvestition von Veräußerungserlösen gelten bes. Kriterien (Kriterienkatalog zur Verhinderung von reinen Blindpool-Konstruktionen bei geschlossenen Publikums-AIF, 6.11.2014, 1). Der Kriterienkatalog sieht jeweils zwingende und optionale Angaben für 1) Immobilien, 2) Schiffe, 3) Luftfahrzeuge, 4) erneuerbare Energien und 5) Unternehmensbeteiligungen vor. Zwingende Angaben sind etwa Nutzungsart, Region, Größenklasse, Typ, Ladekapazität, Leistung und Branche; optionale Angaben umfassen bspw. Baujahr, Wertgutachten und Verkehrswert des jeweiligen Vermögensgegenstands. Besondere Kriterien gelten schließlich für mehrstöckige Fondskonstruktionen und Zweckgesellschaften (Kriterienkatalog zur Verhinderung von reinen Blindpool-

Konstruktionen bei geschlossenen Publikums-AIF, 6.11.2014, 6f.) sowie für mehrstöckige Fondskonstruktionen in Form von geschlossenen AIF (Kriterienkatalog zur Verhinderung von reinen Blindpool-Konstruktionen bei geschlossenen Publikums-AIF, 6.11.2014, 7f.) (Funds-in-Funds-Konstruktionen).

§ 267 Genehmigung der Anlagebedingungen

(1) [1]Die Anlagebedingungen sowie Änderungen der Anlagebedingungen bedürfen der Genehmigung der Bundesanstalt. [2]Die Genehmigung kann nur von solchen AIF-Kapitalverwaltungsgesellschaften beantragt werden, die die betroffene Art von AIF verwalten dürfen.

(2) [1]Die Genehmigung ist innerhalb einer Frist von vier Wochen nach Eingang des Antrags zu erteilen, wenn die Anlagebedingungen den gesetzlichen Anforderungen entsprechen und der Antrag von einer AIF-Kapitalverwaltungsgesellschaft im Sinne von Absatz 1 Satz 2 gestellt wurde. [2]§ 163 Absatz 2 Satz 2 und 4 bis 10 gilt entsprechend.

(3) [1]Eine Änderung der Anlagebedingungen, die mit den bisherigen Anlagegrundsätzen des geschlossenen Publikums-AIF nicht vereinbar ist oder zu einer Änderung der Kosten oder der wesentlichen Anlegerrechte führt, ist nur mit Zustimmung einer qualifizierten Mehrheit von Anlegern, die mindestens zwei Drittel des Zeichnungskapitals auf sich vereinigen, möglich. [2]Handelt es sich bei dem geschlossenen Publikums-AIF um eine geschlossene Investmentkommanditgesellschaft, bei der sich die Anleger mittelbar über einen Treuhandkommanditisten an dem geschlossenen Publikums-AIF beteiligen, so darf der Treuhandkommanditist sein Stimmrecht nur nach vorheriger Weisung durch den Anleger ausüben. [3]Die Bundesanstalt kann die Änderung der Anlagebedingungen im Sinne des Satzes 1 nur unter der aufschiebenden Bedingung einer Zustimmung durch die Anleger gemäß Satz 1 genehmigen. [4]§ 163 Absatz 2 Satz 5 gilt mit der Maßgabe, dass die Genehmigung nur unter der aufschiebenden Bedingung einer Zustimmung der Anleger gemäß Satz 1 als erteilt gilt. [5]Zu diesem Zweck hat die AIF-Kapitalverwaltungsgesellschaft die betroffenen Anleger mittels eines dauerhaften Datenträgers über die geplanten und von der Bundesanstalt genehmigten Änderungen im Sinne des Satzes 1 und ihre Hintergründe sowie darüber zu informieren, wann sie gegebenenfalls die geplanten Änderungen und den Zeitpunkt ihres Inkrafttretens veröffentlichen wird, und hat ihnen einen Zeitraum von drei Monaten für die Entscheidungsfindung einzuräumen. [6]Hat eine qualifizierte Mehrheit der Anleger gemäß Satz 1 der geplanten Änderung zugestimmt, informiert die AIF-Kapitalverwaltungsgesellschaft die Bundesanstalt über die bevorstehende Änderung der Anlagebedingungen und den Zeitpunkt ihres Inkrafttretens. [7]Die Informationen nach Satz 6 veröffentlicht die AIF-Kapitalverwaltungsgesellschaft im Bundesanzeiger und, sofern die Anteile oder Aktien des betreffenden geschlossenen Publikums-AIF im Geltungsbereich dieses Gesetzes vertrieben werden dürfen, in den im Verkaufsprospekt bezeichneten elektronischen Informationsmedien. [8]Die Änderung darf frühestens am Tag nach der Veröffentlichung im Bundesanzeiger in Kraft treten.

(4) [1]**Sonstige Änderungen, die von der Bundesanstalt genehmigt wurden oder als genehmigt gelten, veröffentlicht die AIF-Kapitalverwaltungsgesellschaft im Bundesanzeiger und, sofern die Anteile oder Aktien des betreffenden geschlossenen Publikums-AIF im Geltungsbereich dieses Gesetzes vertrieben werden dürfen, in den im Verkaufsprospekt bezeichneten elektronischen Informationsmedien.** [2]**Die Änderungen dürfen frühestens am Tag nach der Veröffentlichung im Bundesanzeiger in Kraft treten.**

(5) **Für Informationen mittels eines dauerhaften Datenträgers gilt § 167 Absatz 1 und 3 entsprechend.**

Inhaltsübersicht

	Rn.
I. Allgemeines	1
II. Genehmigungserfordernis und Antragsberechtigte (§ 267 I)	6
III. Genehmigungsverfahren (§ 267 II)	9
IV. Änderung der Anlagebedingungen (§ 266 III u. IV)	15
V. Informationen mittels dauerhaftem Datenträger	23

I. Allgemeines

1 Die nach § 266 erstellten Anlagebedingungen sowie deren Änderung bedürfen gem. § 267 der **Genehmigung** durch die BaFin. Normenadressat ist insb. die AIF-KVG, aber auch die BaFin im Zusammenhang mit den Regelungen zum Genehmigungsverfahren und der Treuhandkommanditist iRd Zustimmungsverfahrens bei Änderungen der AnlB nach § 267 III. Voraussetzung für die Erteilung der Vertriebserlaubnis nach § 316 (Vertriebsanzeigeverfahren) ist, dass die AnlB des geschlossenen Publikums-AIF zuvor von der BaFin genehmigt wurden, § 316 II Nr. 2.

2 Die Vorschrift des § 267 I setzt Art. 7 III Buchst. c AIFM-RL in nationales Recht um, der einen Mindeststandard auch für den Bereich der geschossenen Publikums-AIF setzt, und geht zulässigerweise über diesen hinaus (BT-Drs. 17/12294, 272): Während Art. 7 III Buchst. c AIFM-RL die KVG jedoch lediglich zur Vorlage der AnlB bei der BaFin verpflichtet, bedürfen die AnlB gem. § 267 der Genehmigung durch die BaFin. Der Gesetzgeber hat insofern in Übereinstimmung mit Erwägungsgrund 10 der AIFM-RL von seinem Recht Gebrauch gemacht, eine strengere Regelung für geschlossene Publikums-AIF im KAGB umzusetzen.

3 Die Vorschrift des § 267 dient dem **Anlegerschutz.** So kann die BaFin durch die Genehmigungspflicht sicherstellen, dass die gesetzlichen Anforderungen an die AnlB eingehalten werden. Zudem kann die AIF-KVG Änderungen der AnlB, die mit den bisherigen Anlagegrundsätzen des geschlossenen Publikums-AIF nicht vereinbar sind oder zu einer Änderung der Kosten oder der wesentlichen Anlegerrechte führen, nur mit qualifizierter Mehrheit von Anlegern durchführen. Dies trägt dem Umstand Rechnung, dass Anleger mangels Rückgaberechten idR bis zum Ende der Laufzeit eines geschlossenen Publikums-AIF an diesen gebunden sind. Der Genehmigung der BaFin kommt allein aufsichtsrechtliche Wirkung zu; die Genehmigung hat grundsätzlich keinerlei zivil- oder gesellschaftsrechtliche Auswirkungen auf das Vertragsverhältnis der Parteien des Investmentvertrags (BT-Drs. 17/12294, 272f.).

4 Durch das **Fondsstandortgesetz** (FoStoG) vom 3.6.2021 (BGBl. 2021 I 1498) wurde das Verfahren in § 267 III vereinfacht, durch welches die Anleger über eine

Änderung der AnlB abstimmen können, die mit den bisherigen Anlagegrundsätzen des geschlossenen Publikums-AIF nicht vereinbar ist oder zu einer Änderung der Kosten oder der wesentlichen Anlegerrechte führt. Die Information der Anleger muss nicht mehr per dauerhaften Datenträger erfolgen, wenn das erforderliche Quorum für die Änderung der AnlB erreicht wurde und diese in Kraft treten können. Dies ist gerechtfertigt, weil die Anleger zuvor per dauerhaftem Datenträger darüber informiert wurden, wo sie die entsprechenden Informationen abrufen können. Ferner erfolgt durch den neu eingefügten Verweis in § 267 V auf § 167 I, III eine Klarstellung dahingehend, dass die strengeren, auf EU-Recht beruhenden Vorgaben von § 167 II nicht gelten, sondern die elektronische Versendung des dauerhaften Datenträgers der Regelfall ist (BT-Drs. 19/27631, 100).

Die AnlB von geschlossenen inländischen Spezial-AIF sind von der Genehmi- 5
gungspflicht durch die BaFin nicht betroffen. Gemäß § 273 S. 2 müssen geschlossene Spezial-AIF der BaFin die AnlB bzw. wesentliche Änderungen der AnlB nur vorlegen.

II. Genehmigungserfordernis und Antragsberechtigte (§ 267 I)

AnlB sowie jede Änderung bereits genehmigter AnlB geschlossener Publikums- 6
AIF bedürfen gem. § 267 I der Genehmigung durch die BaFin. Im Rahmen des Genehmigungsverfahrens prüft die BaFin die AnlB in Bezug auf die Einhaltung der gesetzlichen Form- und Inhaltsvorgaben des § 266. Die Genehmigung und die Untersagung der Verwendung der AnlB stellen **Verwaltungsakte** iSd § 35 VwVfG dar, die ausschließlich im Verhältnis zwischen der BaFin und der AIF-KVG ergehen. Die Genehmigung hat öffentlich-rechtliche Wirkung, welche der AIF-KVG gestattet, die AnlB im Rechtsverkehr zu verwenden. Einfluss auf das zivilrechtliche Rechtsverhältnis zwischen dem Anleger und dem geschlossenen Publikums-AIF hat die Genehmigung der AnlB dagegen nicht (FK-KapAnlR/*Busse* § 267 Rn. 23).

Die Genehmigung der AnlB durch die BaFin ist die Voraussetzung für die Ertei- 7
lung der Vertriebserlaubnis gem. § 316. Bei der Verwendung von ungenehmigten AnlB kann die BaFin den Vertrieb des geschlossenen Publikums-AIF gem. § 314 I Nr. 1 und 3 untersagen. Nach § 340 II Nr. 36 stellt die Verwendung nicht genehmigter Anlagebedingungen eine Ordnungswidrigkeit dar.

Antragsberechtigt ist nach § 267 I 2 nur die AIF-KVG, die das Erlaubnis- 8
verfahren nach §§ 20 ff. durchlaufen und dadurch für die entsprechende Art von AIF die Erlaubnis bekommen hat, diese zu verwalten. Die Beantragung der Genehmigung der AnlB kann nur durch eine **inländische AIF-KVG** erfolgen, da die grenzüberschreitende Verwaltung geschlossener Publikums-AIF durch ausländische oder EU-AIF-Verwaltungsgesellschaften unzulässig ist (BT-Drs. 17/12294, 272). Nach den Ausnahmebestimmungen des § 2 V kann auch eine registrierte AIF-KVG iSd § 44 einen Antrag auf Genehmigung der AnlB eines geschlossenen Publikums-AIF stellen. Im Rahmen des Genehmigungsverfahrens kontrolliert die BaFin auch den Umfang der AIF-KVG-Lizenz, was eine zusätzliche verfahrensrechtliche Absicherung des Anlegerschutzes mit sich bringt (FK-KapAnlR/*Busse* § 267 Rn. 26).

III. Genehmigungsverfahren (§ 267 II)

Erfüllen die AnlB die gesetzlichen Anforderungen, hat die BaFin diese innerhalb 9
einer Frist von vier Wochen nach Eingang des Antrags zu genehmigen. Gemäß der Verweisung in § 267 II finden die Verfahrensvorschriften des § 163 II 2, 4–10 für

die Genehmigung der AnlB von offenen Publikumsinvestmentvermögen betreffend Form, Fristen, Genehmigungsfiktion, Nebenbestimmungen und Veröffentlichung, mit Ausnahme der (nicht passenden) Sonderregelungen für EU-OGAW-Verwaltungsgesellschaften, entsprechende Anwendung.

10 Prüfungsgegenstand der BaFin ist allein die Kontrolle der **formellen und materiellen Rechtmäßigkeit** der vorgelegten AnlB. Eine Prüfung der Zweckmäßigkeit durch die BaFin, dass die AnlB bspw. im bestmöglichen Interesse der Anleger erstellt werden und mit den im Verkaufsprospekt formulierten Anlageziele vereinbar sind, erfolgt dagegen nicht, da die BaFin rein im öffentlichen Interesse tätig wird (FK-KapAnlR/*Busse* § 267 Rn. 29). Somit prüft die BaFin in materieller Hinsicht die Einhaltung der vorgeschriebenen Mindestangaben nach § 266 II und der sonstigen Vorschriften des KAGB. In diesem Rahmen prüft die BaFin auch regelmäßig die Risikomischung gem. § 262 für den geschlossenen Publikums-AIF.

11 Die BaFin hat die Genehmigung der AnlB innerhalb einer **Frist von vier Wochen** nach Eingang des Antrags durch die AIF-KVG zu erteilen. Sofern die Voraussetzungen für die Genehmigung jedoch nicht erfüllt sind, hat die BaFin gem. § 267 II 2 iVm § 163 II 2 dies dem Antragssteller unter Angabe der Gründe mitzuteilen und fehlende oder geänderte Angaben oder Unterlagen anzufordern. Die BaFin hat somit die Möglichkeit, auf unvollständige oder nicht sachgerechte Anträge zu reagieren, ohne diese ablehnen zu müssen (AWZ/*Kloyer/Seidenschwann* § 267 Rn. 12). In diesem Fall beginnt jedoch die vierwöchige Genehmigungsfrist gem. § 267 II 2 iVm § 163 II 4 mit dem Eingang der angeforderten Angaben oder Unterlagen erneut, was zu einer entsprechend längeren Verfahrensdauer führt. Für ein möglichst zügiges Genehmigungsverfahren empfiehlt es sich in der Praxis, auf die mit der BaFin abgestimmten Musteranlagebedingungen zurückzugreifen.

12 Sofern die BaFin nicht innerhalb der Frist von vier Wochen über den Genehmigungsantrag entscheidet und die AIF-KVG innerhalb dieser Frist auch keine Mitteilung erhält, dass die Genehmigungsvoraussetzungen nicht vorliegen, ist von einer **Genehmigungsfiktion** auszugehen. Gemäß § 267 II 2 iVm § 163 II 5 gilt die Genehmigung der AnlB damit als erteilt. Die BaFin hat die Genehmigung der AnlB in diesem Fall auf Antrag der AIF-KVG gem. § 267 II 2 iVm § 163 II 6 zu bestätigen, wobei mit Inkrafttreten des FoStoG die Bestätigung nicht mehr in Schriftform erfolgen muss, um digitale Bestätigungen zu ermöglichen (BT-Drs. 19/27631, 95).

13 Die BaFin kann die Genehmigung der AnlB gem. § 267 II 2 iVm § 163 II 7 mit **Nebenstimmungen** versehen. Mit Nebenbestimmungen kann die BaFin nach § 36 I VwVfG sicherstellen, dass die gesetzlichen Voraussetzungen des Verwaltungsaktes erfüllt werden. So ist die Genehmigung der AnlB in der Praxis regelmäßig mit der Auflage verbunden, dass die AIF-KVG der BaFin zu bestätigen hat, dass der Gesellschaftsvertag bzw. die Satzung und die AnlB des geschlossenen Publikums-AIF nur zusammen verwendet werden dürfen und dass die Bezeichnung des geschlossenen Publikums-AIF bei jeder Verwendung der AnlB vollständig, dh ausschließlich in der genehmigten Fassung, anzugeben ist.

14 Hinsichtlich der Nutzung und Veröffentlichung der AnlB sind die Vorschriften des § 267 II 2 iVm § 163 II 8–10 einzuhalten. Demnach darf die AIF-KVG die Anlagebedingungen dem Verkaufsprospekt nur beifügen, wenn diese von der BaFin genehmigt wurden bzw. ihre Genehmigung gesetzlich fingiert ist. Ferner sind die genehmigten AnlB dem Publikum in der jeweils geltenden Fassung auf der Internetseite der AIF-KVG zugänglich zu machen. Eine Veröffentlichung ist jedoch erst dann zulässig, wenn die AIF-KVG die Vertriebserlaubnis für den geschlossenen Publikums-AIF gem. § 316 erhalten hat und mit dem Vertrieb beginnen darf.

IV. Änderung der Anlagebedingungen (§ 266 III u. IV)

Eine Änderung der AnlB, die mit den bisherigen Anlagegrundsätzen des geschlossenen Publikums-AIF nicht vereinbar sind oder zu einer Änderung der Kosten oder der wesentlichen Anlegerrechte führen, bedarf gem. § 267 III eines **qualifizierten Genehmigungserfordernisses,** was einer Zustimmung durch die Anleger des geschlossenen Publikums-AIF von mindestens zwei Dritteln des Zeichnungskapitals entspricht. Dies soll dem Umstand Rechnung tragen, dass sich die Anleger langfristig mit ihrer Kapitaleinlage an den geschlossenen Publikums-AIF binden und ihnen keine Rückgaberechte zustehen (BT-Drs. 17/12294, 272f.). Für sonstige Änderungen der AnlB stellt § 267 IV besondere Anforderungen an deren Veröffentlichung. 15

Eine Konkretisierung, wann Änderungen mit den **bisherigen Anlagegrundsätzen** unvereinbar sind, enthält das KAGB nicht. Auch der Begriff der Anlagegrundsätze wird im KAGB nicht näher erläutert. Mit Blick auf § 266 II 2 iVm § 162 II Nr. 1 dürften unter die Anlagegrundsätze jedoch die Auswahl und der Umfang der zu beschaffenden Vermögensgegenstände, der Einsatz von Derivaten und die Zulässigkeit der Kreditaufnahme für einen geschlossenen Publikums-AIF fallen. Je konkretere Angaben die AnlB enthalten, zB wenn die Vermögensgegenstände bei Auflage des geschlossenen Publikums-AIF bereits feststehen, umso eher ist bei einer Änderung von einer Unvereinbarkeit mit den bisherigen Anlagegrundsätzen auszugehen. Jede Änderung erfordert insofern eine Einzelfallbetrachtung, bei der es auf die wirtschaftlichen Auswirkungen für einen durchschnittlichen Anleger ankommt (FK-KapAnlR/*Busse* § 267 Rn. 45ff.). 16

§ 267 III spricht von der Änderung der **Kosten** und nimmt keine weitere Einschränkung vor. Da für einen Anleger die Belastung mit Kosten ein wesentliches Anlagekriterium darstellt, bedürfen sowohl neue als auch jede Änderung bestehender Kostenpositionen einer qualifizierten Mehrheit von zustimmenden Anlegern (FK-KapAnlR/*Busse* § 267 Rn. 49). 17

Auch das Merkmal der **wesentlichen Anlegerrechte** wird im KAGB nicht näher konkretisiert. Anlegerrechte ergeben sich grds. aus der Rechtsbeziehung zwischen dem Anleger und der KVG oder dem geschlossenen Publikums-AIF. Da § 267 III lediglich die wesentlichen Anlegerrechte anspricht, sollten die Rechte des Anlegers jedoch im unmittelbaren Zusammenhang mit seiner Beteiligung am geschlossenen Publikums-AIF stehen, was.bspw. bei einer Änderung hinsichtlich der Verwendung von Erträgen oder einer in den AnlB bisher nicht vorgesehenen Laufzeitverlängerung des AIF gegeben wäre (FK-KapAnlR/*Busse* § 267 Rn. 50f.). 18

Sofern Änderungen der AnlB ein **qualifiziertes Genehmigungserfordernis** nach § 267 III erfordern, hat die AIF-KVG diese Änderungen zunächst bei der BaFin zur Genehmigung einzureichen. Die Regelungen des § 267 I und II finden somit wie bei der Einreichung von neuen AnlB Anwendung. Jedoch darf die BaFin zum Schutz der Anleger eine Genehmigung für Änderungen der AnlB, die mit den bisherigen Anlagegrundsätzen des geschlossenen Publikums-AIF nicht vereinbar sind oder zu einer Änderung der Kosten oder der wesentlichen Anlegerrechte führen, nur unter der aufschiebenden Bedingung erteilen, dass die Anleger der jeweiligen Änderung mit einer qualifizierten Mehrheit von mindestens zwei Dritteln des Zeichnungskapitals zustimmen (BT-Drs. 17/12294, 272f.). Beim Zeichnungskapital handelt es sich dabei um das konkret gezeichnete Kapital aller Anleger zum Zeitpunkt der Abstimmung und nicht um das Kapital der Anleger, die tatsächlich an der Abstimmung teilnehmen. Nimmt ein Anleger somit an der Abstimmung nicht teil, verweigert er die Zustimmung zur Änderung der AnlB (WBA/*Paul* § 267 Rn. 20). 19

Sofern sich die Anleger bei einem geschlossenen Publikums-AIF in der Rechtsform der geschlossenen InvKG mittelbar über einen Treuhandkommanditisten beteiligt haben, darf dieser sein Stimmrecht nur entsprechend der vorherigen Weisung des Anlegers (Treugeber) ausüben. Die Genehmigungsfiktion des § 163 II 5 gilt gem. § 267 III 4 entsprechend, jedoch gleichfalls unter dieser aufschiebenden Bedingung.

20 Nach der aufschiebend bedingten Genehmigung durch die BaFin hat die AIF-KVG die betroffenen Anleger direkt oder indirekt über den Treuhandkommanditisten mittels eines dauerhaften Datenträgers (→ Rn. 23) über die geplanten Änderungen der AnlB und ihre Hintergründe sowie darüber zu informieren, wann sie ggf. die geplanten Änderungen und den Zeitpunkt ihres Inkrafttretens veröffentlichen wird. Für die Abstimmung hat die AIF-KVG den Anlegern einen Zeitraum von drei Monaten für die Entscheidungsfindung einzuräumen. Die Informationen gegenüber den betroffenen Anlegern müssen in einer Art und Weise erfolgen, dass ein durchschnittlicher Anleger den Inhalt und die Bedeutung der Änderungen versteht. So ist bspw. bei einer Änderung der Kosten darzustellen, inwieweit die Änderung zu einer Mehrbelastung des Anlegers führt (FK-KapAnlR/*Busse* § 267 Rn. 58).

21 Die AIF-KVG hat verschiedene **Informationspflichten,** sobald die Anleger den geplanten Änderungen der AnlB mit qualifizierter Mehrheit zugestimmt haben. Die BaFin ist über die bevorstehenden Änderungen der AnlB und den Zeitpunkt ihres Inkrafttretens durch die AIF-KVG zu informieren. Ferner hat die AIF-KVG vorstehende Informationen im BAnz und, sofern die Anteile oder Aktien des betreffenden geschlossenen Publikums-AIF im Geltungsbereich dieses Gesetzes vertrieben werden dürfen, in den im Verkaufsprospekt bezeichneten elektronischen Informationsmedien zu veröffentlichen. Eine Information der Anleger per dauerhaften Datenträger muss dagegen seit Inkrafttreten des FoStoG nicht mehr erfolgen (→ Rn. 4). Frühestens am Tag nach der Veröffentlichung im BAnz darf die Änderung der AnlB in Kraft treten.

22 **Sonstige Änderungen** der AnlB, die nicht zu den Sachverhalten des § 267 III gehören, bedürfen keiner Zustimmung der Anleger, sondern lediglich der Genehmigung durch die BaFin. Somit finden auch hier die Regelungen des § 267 I, II Anwendung. Die AIF-KVG hat die Änderungen nach der Genehmigung durch die BaFin ebenfalls im BAnz und, sofern die Anteile oder Aktien des betreffenden geschlossenen Publikums-AIF im Geltungsbereich dieses Gesetzes vertrieben werden dürfen, in den im Verkaufsprospekt bezeichneten elektronischen Informationsmedien zu veröffentlichen. Ferner treten auch sonstige Änderungen der AnlB frühestens am Tag nach der Veröffentlichung im BAnz in Kraft.

V. Informationen mittels dauerhaftem Datenträger

23 Die für offene Publikums-AIF geltende Regelungen des § 167 I, III finden gem. § 267 V auf geschlossene Publikums-AIF entsprechende Anwendung. Danach hat die AIF-KVG Informationen, für deren Übermittlung ein **dauerhafter Datenträger** iSd § 1 XIX Nr. 8 vorgesehen ist, in elektronischer Form zu übermitteln, sofern die entsprechenden Zugangsmöglichkeiten des jeweiligen Anlegers bekannt sind. Mit Inkrafttreten des FoStoG ist eine Übermittlung von Informationen in Papierform somit nicht mehr erforderlich, wenn der AIF-KVG ein elektronischer Versand, bspw. die Übermittlung per E-Mail an den Anleger, möglich ist (→ Rn. 4).

24 Verwahrt die AIF-KVG die Anteile oder Aktien eines geschlossenen Publikums-AIF nicht selbst oder wird die Übermittlung von Informationen nicht durch sie selbst vorgenommen, hat die depotführende Stelle gem. § 167 III dem Anleger die

Informationen in angemessener Weise bereitzustellen. Für nähere Einzelheiten wird auf die Kommentierung des § 167 verwiesen.

§ 268 Erstellung von Verkaufsprospekt und Basisinformationsblatt

(1) [1]**Die AIF-Kapitalverwaltungsgesellschaft hat für die von ihr verwalteten geschlossenen Publikums-AIF den Verkaufsprospekt und, falls der geschlossene Publikums-AIF nicht ausschließlich an professionelle Anleger vertrieben wird, das Basisinformationsblatt gemäß Verordnung (EU) Nr. 1286/2014 zu erstellen.** [2]**Sobald die AIF-Kapitalverwaltungsgesellschaft mit dem Vertrieb des geschlossenen Publikums-AIF gemäß § 316 beginnen darf, hat sie dem Publikum die aktuelle Fassung des Verkaufsprospekts und des Basisinformationsblattes gemäß Verordnung (EU) Nr. 1286/2014 auf der Internetseite der AIF-Kapitalverwaltungsgesellschaft zugänglich zu machen.** [3]**Die Pflicht zur Erstellung eines Verkaufsprospekts gilt nicht für solche geschlossenen AIF-Publikumsinvestmentaktiengesellschaften, die einen Prospekt nach der Verordnung (EU) 2017/1129 des Europäischen Parlaments und des Rates vom 14. Juni 2017 über den Prospekt, der beim öffentlichen Angebot von Wertpapieren oder bei deren Zulassung zum Handel an einem geregelten Markt zu veröffentlichen ist und zur Aufhebung der Richtlinie 2003/71/EG (ABl. L 168 vom 30.6.2017, S. 12) erstellen müssen und in diesen Prospekt zusätzlich die Angaben gemäß § 269 als ergänzende Informationen aufnehmen.**

(2) **Die wesentlichen Anlegerinformationen sowie die Angaben von wesentlicher Bedeutung im Verkaufsprospekt sind auf dem neusten Stand zu halten. Bei geschlossenen Publikums-AIF mit einer einmaligen Vertriebsphase gilt dies nur für die Dauer der Vertriebsphase.**

I. Allgemeines

1 § 268 verpflichtet die AIF-KVG als Normenadressat, für die von ihr verwalteten geschlossenen Publikums-AIF einen **Verkaufsprospekt** und **ein Basisinformationsblatt** gem. der PRIIPs-VO zu erstellen, sowie diese auf ihrer Internetseite zugänglich zu machen und auf dem neuesten Stand zu halten. Regelungen zu deren inhaltlichen Anforderungen befinden sich für den Verkaufsprospekt in § 269 und für das Basisinformationsblatt in Art. 6–8 der PRIIPs-VO und in den Bestimmungen der Delegierten Verordnung (EU) 2017/653 der Kommission vom 8.3.2017.

2 Die Regelungen des § 268 setzen Art. 23 AIFM-RL in nationales Recht um, dessen Informationspflichten auch für geschlossene inländische Publikums-AIF zu erfüllen sind. Die Pflicht zur Erstellung eines Verkaufsprospekts selbst geht jedoch ursprünglich auf das **VerkProspG** und ab 2012 auf das **VermAnlG** zurück, deren Vorschriften vor Inkrafttreten des KAGB auf geschlossene Fonds Anwendung fanden.

3 Die Informationspflichten für den Vertrieb eines geschlossenen Spezial-AIF ergeben sich dagegen aus § 307, wonach die AIF-KVG ein **Informationsdokument** gem. § 307 I und II erstellen muss.

Bis Ende 2022 mussten anstelle des Basisinformationsblatts noch die sog. wesentlichen Anlegerinformationen erstellt werden. Dies beruhte auf einer Übergangsregelung in Art. 32 II iVm I der PRIIPs-VO. Seit deren Auslaufen muss für geschlossene Publikums-AIF, die an Kleinanleger (iSv Art. 4 Nr. 6 der PRIIPs-VO) vertrieben werden, (nur noch) ein Basisinformationsblatt gem. der PRIIPs-VO erstellt werden (vgl. BT-Drs. 20/1906, 43). Insoweit muss der Bezug auf die wesentlichen Anlegerinformationen in Abs. 2 ab 1.1.2023 auch als Verweis auf die nach PRIIPs-VO zu erstellenden BIB verstanden werden, da die Erstellung von wAI nach Ablauf der Übergangsfrist in Art. 32 PRIIP-VO nicht mehr erforderlich ist (vgl. EDD/*Thomas* KAGB § 268 Rn. 7).

II. Erstellungspflicht von Verkaufsprospekt und Basisinformationsblatt

4 Die AIF-KVG hat gem. § 268 I 1 die Pflicht, für alle von ihr verwalteten geschlossenen Publikums-AIF einen **Verkaufsprospekt** und ein **Basisinformationsblatt** gem. PRIIPs-VO zu erstellen. Auf deren Basis soll der (potenzielle) Anleger in die Lage versetzt werden, eine fundierte Anlageentscheidung zu treffen. Beide **Verkaufsunterlagen** dienen insofern der Transparenz und damit dem **Anlegerschutz** (FK-KapAnlR/*Busse* § 268 Rn. 12). Bis Ende 2022 mussten anstelle des Basisinformationsblatts noch die sog. wesentlichen Anlegerinformationen erstellt werden. Dies beruhte auf einer Übergangsregelung in Art. 32 II iVm I der PRIIPs-VO. Seit deren Auslaufen muss für geschlossene Publikums-AIF, die an Kleinanleger (iSv Art. 4 Nr. 6 der PRIIPs-VO) vertrieben werden, (nur noch) ein Basisinformationsblatt gem. der PRIIPs-VO erstellt werden (vgl. BT-Drs. 20/1906, 43).

5 Als Informations- und Offenlegungsdokument soll der **Verkaufsprospekt** alle notwendigen Angaben enthalten, damit sich der Anleger ein begründetes Urteil über den geschlossenen Publikums-AIF und insb. über die Art, den Gegenstand sowie die mit einer Anlage verbundenen Risiken bilden kann. Als wesentliche Grundlage für die Anlageentscheidung des Anlegers dient er somit auch als Mittel für die Erfüllung der vorvertraglichen Aufklärungspflicht. Der Verkaufsprospekt ist eine Pflichtpublikation des KAGB ohne rechtsgeschäftliche Inhalte. Zwar werden im Anhang des Verkaufsprospekts die **Anlagebedingungen,** der **Gesellschaftsvertrag** und ggf. der **Treuhandvertrag** abgebildet, für den Abschluss einer Beteiligungsvereinbarung mit dem Anleger ist er jedoch nicht erforderlich. Ferner handelt es sich bei dem Verkaufsprospekt auch nicht um ein Werbemittel iSv § 31 II 2 WpHG (FK-KapAnlR/*Busse* 1. Aufl. 2016, § 268 Rn. 32).

6 Die AIF-KVG hat bei der Erstellung des Verkaufsprospekts grds. Gestaltungsfreiheit hinsichtlich Form und Umfang. Die Mindestangaben im Verkaufsprospekt ergeben sich nach § 269 iVm § 165. Die Angaben im Verkaufsprospekt müssen gem. § 269 iVm § 165 I 2 **redlich** und **eindeutig** und dürfen **nicht irreführend** sein. Daher sind die Ausführungen im Verkaufsprospekt so vorzunehmen, dass ein durchschnittlicher Anleger diese verstehen kann. Sofern der Verkaufsprospekt nicht alle Angaben enthält, die für die Beurteilung des geschlossenen Publikums-AIF von wesentlicher Bedeutung sind, haftet die AIF-KVG nach § 306 I für unrichtige oder unvollständige Informationen. Darüber hinaus stellt der Verkaufsprospekt nicht nur eine Anlegerinformation dar, sondern dient als standardisierte Dokumentation der **Produktsicherheit** und dem Erhalt der Funktionsfähigkeit und damit der Effizienz des Kapitalmarktes (FK-KapAnlR/*Busse* 1. Aufl. 2016, § 268 Rn. 13).

7 Bei dem **Basisinformationsblatt** handelt es sich gem. Art. 6 II der PRIIPs-VO um ein eigenständiges Dokument, dem rechtlich die Qualität von vorvertraglichen Informationen zukommt (Art. 6 I der PRIIPs-VO). Für alle von der PRIIPs-VO erfassten Produkte (dort definiert als „verpackte Anlageprodukte für Kleinanleger", kurz: PRIIPs) ist durch die PRIIPs-VO (und dazu ergangenen delegierten Rechts-

akte) für das Basisinformationsblatt ein standardisiertes Format vorgegeben, das eine bessere Vergleichbarkeit mit anderen Finanzprodukten ermöglichen soll. Ebenso wie bei den die in der Praxis auch als **„Beipackzettel"** betitelten wesentlichen Anlegerinformationen sind daher auch bei dem Basisinformationsblatt die Vorgaben hinsichtlich Mindestinhalt, Umfang, Form und Gestaltung stark standardisiert. Hier haftet die AIF-KVG gem. Art. 11 I der PRIIPs-VO, wenn das Basisinformationsblatt oder seine Übersetzung irreführend oder ungenau ist oder nicht mit den einschlägigen Teilen der rechtlich verbindlichen vorvertraglichen Vertragsunterlagen oder mit den Anforderungen nach Art. 8 der PRIIPs-VO übereinstimmt.

Es liegt eine **Ordnungswidrigkeit** gem. § 340 II Nr. 73 vor, sofern entgegen **8** § 268 I 1 ein Verkaufsprospekt nicht, nicht richtig oder nicht vollständig erstellt oder entgegen § 268 I 2 der Verkaufsprospekt dem Publikum nicht, nicht richtig oder nicht vollständig zugänglich gemacht wurden. Verstöße gegen die PRIIPs-VO können von der BaFin nach § 10 I WpHG sanktioniert werden. Außerdem liegt eine Ordnungswidrigkeit gem. § 120 XVI Nr. 1 WpHG vor, wenn entgegen den Vorgaben der PRIIPs-VO ein Basisinformationsblatt nicht, nicht richtig, nicht vollständig, nicht rechtzeitig oder nicht in der vorgeschriebenen Weise abfasst oder veröffentlicht wird.

Die AIF-KVG hat nach § 268 I 2 dem Publikum die aktuelle Fassung des Ver- **9** kaufsprospekts und des Basisinformationsblatts auf der **Internetseite** zugänglich zu machen. Die Pflicht zur **Veröffentlichung der Verkaufsunterlagen** für den geschlossenen Publikums-AIF beginnt mit der Erteilung der Vertriebserlaubnis nach § 316 durch die BaFin. Dabei muss **jedermann** einen ungehinderten Zugang zu den auf der Internetseite veröffentlichten Verkaufsunterlagen haben. Unzulässig wäre somit ein passwortgeschützter Login-Bereich, auf den nur einzelne Anleger Zugang hätten (FK-KapAnlR/*Busse* 1. Aufl. 2016, § 268 Rn. 41).

Ausgenommen von der **Prospektpflicht** sind gem. § 268 I 3 geschlossene AIF- **10** Publikums-InvAG, dh Publikums-InvAGen mfK, die der **Prospektpflicht nach der Prospekt-VO** unterfallen und in den Verkaufsprospekt die Angaben gem. § 269 aufnehmen. Die Ausnahme von der Prospektpflicht gem. Art. 1 II Buchst. a der Prospekt-VO findet auf die Publikums-InvAG mfK keine Anwendung, da es sich bei dieser mangels eines regelmäßigen Rückgaberechts der Anleger um einen Organismus für gemeinsame Anlagen des geschlossenen Typs handelt. Insoweit § 268 I 3 die Aufnahme der Angaben gem. § 269 als ergänzende Informationen in den Prospekt anordnet, werden die Vorgaben von Art. 23 III der AIFM-RL in nationales Recht umgesetzt.

III. Aktualisierungspflicht (§ 268 II)

Die AIF-KVG hat gem. § 268 II 1 die Angaben von wesentlicher Bedeutung im **11** Verkaufsprospekt **auf den neusten Stand zu halten.** Dabei handelt es sich grds. um eine **kontinuierliche Aktualisierungspflicht,** die jedoch gem. § 268 II 2 bei einem geschlossenen Publikums-AIF mit einer einmaligen Vertriebsphase **auf die Dauer der Vertriebsphase beschränkt** ist. Dabei kann die Vertriebsphase entweder durch Vollplatzierung oder durch Ablauf einer im Gesellschaftsvertrag bzw. in der Satzung festgelegten Frist enden. Da nach Beendigung der Vertriebsphase keine weiteren Anteile bzw. Aktien am geschlossenen Publikums-AIF erworben werden können, entfällt der Grund für die Aktualisierung des Verkaufsprospekts, da kein schutzbedürftiger Anleger mehr eine weitere Anlageentscheidung in Bezug auf den geschlossenen Publikums-AIF treffen kann (AWZ/*Kloyer*/*Seidenschwann* § 268 Rn. 25).

Bis Ende 2022 mussten anstelle des Basisinformationsblatts noch die sog. wesentlichen Anlegerinformationen erstellt werden. Im Rahmen des 4. Corona-Steuerhilfegesetzes wurde dieses Dokument mit Wirkung zum 1.1.2023 abgeschafft. Dies beruhte auf einer Übergangsregelung in Art. 32 II iVm I der PRIIPs-VO. Seit deren Auslaufen muss für geschlossene Publikums-AIF, die an Kleinanleger (iSv Art. 4 Nr. 6 der PRIIPs-VO) vertrieben werden, (nur noch) ein Basisinformationsblatt gem. der PRIIPs-VO erstellt werden (vgl. BT-Drs. 20/1906, 43). Insoweit muss der Bezug auf die wesentlichen Anlegerinformationen in Abs. 2 ab 1.1.2023 auch als Verweis auf die nach PRIIP-VO zu erstellenden BIB verstanden werden, da die Erstellung von wAI nach Ablauf der Übergangsfrist in Art. 32 PRIIP-VO nicht mehr erforderlich ist (vgl. EDD/Thomas KAGB § 268 Rn. 7).

Für das Basisinformationsblatt besteht eine Aktualisierungspflicht gem. Art. 10 der PRIIPs-VO und Art. 15 und 16 der Delegierten Verordnung (EU) 2017/653. Insoweit ist eine Überprüfung und ggf. Aktualisierung des Basisinformationsblatts mindestens alle 12 Monate nach dessen Erstveröffentlichung erforderlich (Art. 15 I der Delegierten Verordnung (EU) 2017/653).

12 Die Aktualisierungspflicht für den Verkaufsprospekt wird durch § 268 II 1 dahingehend eingeschränkt, dass diese nur für **Angaben von wesentlicher Bedeutung** erforderlich ist. Insofern führt nicht jede Änderung von Umständen oder Tatsachen zu einer Verkaufsprospektaktualisierung. Die AIF-KVG hat demnach zu beurteilen, ob eine Angabe im Verkaufsprospekt von wesentlicher Bedeutung für die **Anlageentscheidung des Anlegers** ist. Davon ist idR auszugehen, wenn es sich bei der Änderung um eine **Mindestangabe nach § 269** handelt (FK-KapAnlR/*Busse* 1. Aufl. 2016, § 268 Rn. 61).

13 Steht **vor Vertriebsbeginn** das **konkrete Investitionsobjekt** für einen geschlossenen Publikums-AIF noch nicht fest, so löst die Investition in einen Vermögensgegenstand während der Vertriebsphase nicht automatisch die Pflicht zur Aktualisierung des Verkaufsprospekts aus. Entspricht die Investition den im Verkaufsprospekt konkret **festgelegten Anlagegrundsätzen und -grenzen,** so stellt der konzeptionsgemäße, tatsächliche Erwerb eines (von regelmäßig mehreren) Vermögensgegenständen keinen neuen Umstand dar, der für die Anlageentscheidung von wesentlicher Bedeutung ist (FK-KapAnlR/*Busse* 1. Aufl. 2016, § 268 Rn. 62).

14 Für die Aktualisierung des Verkaufsprospekts kann die AIF-KVG einen neuen Verkaufsprospekt erstellen oder diesen durch einen **Nachtrag** ergänzen. Im Sinne der Verständlichkeit und Nachvollziehbarkeit für den Anleger sollten Nachträge jedoch eine Nummerierung und Datierung aufweisen sowie einen eindeutigen Bezug zu den zu ändernden Textpassagen im Verkaufsprospekt ua durch Seiten-, Absatz- und Gliederungsangaben haben (FK-KapAnlR/*Busse* 1. Aufl. 2016, § 268 Rn. 63).

15 Nach § 316 V hat die AIF-KVG die Pflicht, auch dann einen Nachtrag zu erstellen, wenn die Änderung des Verkaufsprospekts einen **wichtigen neuen Umstand** oder eine wesentliche Unrichtigkeit in Bezug auf die im Verkaufsprospekt enthaltenen Angaben enthält, die die Beurteilung des geschlossenen Publikums-AIF durch den Anleger beeinflussen könnte. Da § 316 V keine Definition für einen wichtigen Umstand enthält, erscheint es nachvollziehbar, dass auch für die Nachtragspflicht des § 316 V der Maßstab des § 268 II 2 Anwendung findet (AWZ/*Kloyer/Seidenschwann* § 268 Rn. 26).

§ 269 Mindestangaben im Verkaufsprospekt

(1) Für den Verkaufsprospekt von geschlossenen Publikums-AIF gilt § 165 Absatz 1, Absatz 2 Nummer 1 bis 25 und 27 bis 40 und 42, Absatz 3 bis 5, 7 bis 9 entsprechend mit der Maßgabe, dass an die Stelle des in § 165 Absatz 2 Nummer 19 genannten Verweises auf die §§ 168 bis 170, 212, 216 und 217 der Verweis auf die §§ 271 und 272 tritt und die Regelungen, soweit sie sich auf Teilinvestmentvermögen beziehen, nicht anzuwenden sind.

(2) Zusätzlich sind folgende Informationen in den Verkaufsprospekt aufzunehmen:

1. bei geschlossenen Publikums-AIF in Form der geschlossenen Investmentkommanditgesellschaft die Angabe, wie die Anteile übertragen werden können und in welcher Weise ihre freie Handelbarkeit eingeschränkt ist;

2. gegebenenfalls in Bezug auf den Treuhandkommanditisten:
a) Name und Anschrift, bei juristischen Personen Firma und Sitz;
b) Aufgaben und Rechtsgrundlage der Tätigkeit;
c) seine wesentlichen Rechte und Pflichten;
d) der Gesamtbetrag der für die Wahrnehmung der Aufgaben vereinbarten Vergütung;

3. bei geschlossenen Publikums-AIF, die in Vermögensgegenstände gemäß § 261 Absatz 1 Nummer 2 investieren,
a) eine Beschreibung der wesentlichen Merkmale von ÖPP-Projektgesellschaften;
b) die Arten von ÖPP-Projektgesellschaften, die für den geschlossenen Publikums-AIF erworben werden dürfen, und nach welchen Grundsätzen sie ausgewählt werden;
c) ein Hinweis, dass in Beteiligungen an ÖPP-Projektgesellschaften, die nicht zum Handel an einer Börse zugelassen oder in einen anderen organisierten Markt einbezogen sind, angelegt werden darf;

4. bei geschlossenen Publikums-AIF, die in Vermögensgegenstände gemäß § 261 Absatz 1 Nummer 9 investieren,
a) in welchem Umfang in Kryptowerte angelegt werden darf;
b) eine Beschreibung der wesentlichen Merkmale der für den geschlossenen Publikums-AIF erwerbbaren Kryptowerte.

(3) [1]Sofern bereits feststeht, in welche konkreten Anlageobjekte im Sinne von § 261 Absatz 1 Nummer 1 investiert werden soll, sind folgende Angaben zu den Anlageobjekten zusätzlich in den Verkaufsprospekt mit aufzunehmen:

1. Beschreibung des Anlageobjekts;
2. nicht nur unerhebliche dingliche Belastungen des Anlageobjekts;
3. rechtliche oder tatsächliche Beschränkungen der Verwendungsmöglichkeiten des Anlageobjekts, insbesondere im Hinblick auf das Anlageziel;
4. ob behördliche Genehmigungen erforderlich sind und inwieweit diese vorliegen;
5. welche Verträge die Kapitalverwaltungsgesellschaft über die Anschaffung oder Herstellung des Anlageobjekts oder wesentlicher Teile davon geschlossen hat;

6. den Namen der Person oder Gesellschaft, die ein Bewertungsgutachten für das Anlageobjekt erstellt hat, das Datum des Bewertungsgutachtens und dessen Ergebnis;

7. die voraussichtlichen Gesamtkosten des Anlageobjekts in einer Aufgliederung, die insbesondere Anschaffungs- und Herstellungskosten sowie sonstige Kosten ausweist und die geplante Finanzierung in einer Gliederung, die Eigen- und Fremdmittel gesondert ausweist, jeweils untergliedert nach Zwischenfinanzierungs- und Endfinanzierungsmitteln; zu den Eigen- und Fremdmitteln sind die Konditionen und Fälligkeiten anzugeben und in welchem Umfang und von wem diese bereits verbindlich zugesagt sind.

[2]Steht noch nicht fest, in welche konkreten Anlageobjekte investiert werden soll, ist dies im Verkaufsprospekt anzugeben.

Inhaltsübersicht

Rn.
I. Allgemeines 1
II. Mindestangaben entsprechend § 165 für offene Publikumsinvestmentvermögen (§ 269 I) 3
III. Zusätzliche Mindestangaben (§ 269 II) 5
1. Übertragbarkeit und freie Handelbarkeit 5
2. Treuhandkommanditist 10
3. ÖPP-Projektgesellschaften 14
IV. Zusätzliche Mindestangaben bei Sachwerten (§ 269 III) 15

I. Allgemeines

1 § 269 legt die **inhaltlichen Mindestangaben** für den Verkaufsprospekt eines **geschlossenen inländischen Publikums-AIF** fest. Dabei gelten gem. § 269 I weitgehend die Vorschrift des § 165 für **offene Publikumsinvestmentvermögen** entsprechend, wobei die Besonderheiten von geschlossenen Publikums-AIF zu berücksichtigen sind (BT-Drs. 17/12294, 273). Daneben enthalten § 269 II, III zusätzliche Mindestangaben, die im Wesentlichen der **VermVerkProspV** entnommen wurden und auf die Besonderheiten von geschlossenen Publikums-AIF abgestimmt sind. Hinsichtlich des Regelungszwecks kann auf § 268 verwiesen werden, der die Pflicht zur Erstellung eines Verkaufsprospekts an sich regelt (→ § 268 Rn. 4ff.). Wie § 268 setzt auch § 269 die Vorschrift des Art. 23 AIFM-RL in nationales Recht um, dessen Informationspflichten auch für geschlossene inländische Publikums-AIF zu erfüllen sind.

2 Durch das Fondsstandortgesetz (FoStoG) vom 3.6.2021 (BGBl. 2021 I 1498) wurde mit Wirkung zum 2.8.2021 der Verweis in § 269 I angepasst. Die neu eingefügte Nr. 42 des § 165 II legt fest, dass die Transparenzanforderungen im Hinblick auf **Nachhaltigkeitsaspekte** der Art. 6–9 der VO (EU) 2019/2088 **(Offenlegungsverordnung)** und der Art. 5–7 der VO (EU) 2020/852 **(Taxonomie-Verordnung)** auch für die Verkaufsprospekte von geschlossenen Publikums-AIF gelten (BT-Drs. 19/27631, 100).

II. Mindestangaben entsprechend § 165 für offene Publikumsinvestmentvermögen (§ 269 I)

Unter Berücksichtigung der Besonderheiten geschlossener Publikums-AIF ergeben sich die inhaltlichen Anforderungen an dessen Verkaufsprospekt im Wesentlichen aus der **Parallelvorschrift des § 165** für offene Publikumsinvestmentvermögen, sodass umfassend auf die Kommentierung des § 165 verwiesen werden kann. **Nicht entsprechend § 165 anwendbar,** da aufgrund der Regelungsmaterie auf geschlossene Publikums-AIF nicht übertragbar, sind zum einen die Regelungen, die sich auf **Teilinvestmentvermögen** beziehen, insb. die Vorschriften in § 165 II Nr. 26 und Nr. 39, sowie zum anderen die Regelungen des § 165 VI betreffend **Wertpapierindices-nachbildende Investmentvermögen.** Entsprechendes gilt für die Regeln der **Vermögensbewertung** in § 165 II Nr. 19 hinsichtlich der Verweise für das Bewertungsverfahren, an deren Stelle die Regelungen der §§ 271, 272 für geschlossene inländische Publikums-AIF treten. 3

Die Besonderheiten bei geschlossenen Publikums-AIF ergeben sich insb. aus den **spezifischen Produktregeln der §§ 261–266,** sodass auch auf diese Kommentierung entsprechend verwiesen werden kann. Die Produktregeln für geschlossene Publikums-AIF enthalten zudem weitere Mindestangaben für den Verkaufsprospekt. So ist gem. § 262 I 4 im Verkaufsprospekt und in den wesentlichen Anlegerinformationen ein Hinweis aufzunehmen, wenn der geschlossene Publikums-AIF bei Auflage noch nicht **risikogemischt** investiert. Auch ist an hervorgehobener Stelle nach § 262 II 3 auf das Ausfallrisiko mangels Risikomischung hinzuweisen, wenn für den geschlossenen Publikums-AIF ohne Einhaltung des Grundsatzes der Risikomischung investiert wird. Ferner sind die Anleger im Verkaufsprospekt und den wesentlichen Anlegerinformationen darauf hinzuweisen, wenn der geschlossene Publikums-AIF während der Dauer des erstmaligen Vertriebs von der **Ausnahme Gebrauch macht,** die **Begrenzung des Leverage-Einsatzes** und der **Belastung von Vermögensgegenständen** für einen Zeitraum von längstens 18 Monaten ab Beginn des Vertriebs nicht einzuhalten. Schließlich besteht bei einer lediglich registrierten KVG gem. § 2 V Nr. 6 die Pflicht, einen drucktechnisch herausgestellten Hinweis an hervorgehobener Stelle aufzunehmen, dass die KVG nicht über eine Erlaubnis nach §§ 20, 22 verfügt und somit bestimmte Anforderungen des KAGB nicht einhalten muss. 4

III. Zusätzliche Mindestangaben (§ 269 II)

1. Übertragbarkeit und freie Handelbarkeit. Bei einem geschlossenen Publikums-AIF in der Rechtsform der geschlossenen InvKG sind gem. § 269 II Nr. 1 in den Verkaufsprospekt zusätzliche Angaben zur **Übertragbarkeit** und **freien Handelbarkeit** der Anteile an der geschlossenen InvKG aufzunehmen. 5

Für die **Übertragung von Anteilen** an einer geschlossenen InvKG enthält das KAGB selbst keine spezifischen Regelungen. Die Anteile an der geschlossenen InvKG werden daher grundsätzlich durch **Abtretung iSd §§ 398 ff. BGB** übertragen. Die Voraussetzungen für die rechtsgeschäftliche Übertragung von Anteilen bzw. die Übertragung im Wege der Erbnachfolge ergeben sich idR aus dem Gesellschaftsvertrag der geschlossenen InvKG und sind im Verkaufsprospekt entsprechend zu erläutern (AWZ/*Kloyer*/*Seidenschwann* § 269 Rn. 19 mwN). 6

Eine **rechtsgeschäftliche Übertragung** bedarf idR der Zustimmung der AIF-KVG oder der Geschäftsführung der geschlossenen InvKG, die jedoch nur aus wich- 7 tigem Grund verweigert werden darf. Wichtige Gründe können beispielsweise ein Verstoß gegen in- oder ausländisches Wertpapier-, Investment- oder sonstiges Aufsichtsrecht sein, eine fehlende Legitimation des Erwerbers nach den Vorschriften des Geldwäschegesetzes und/oder das Auslösen von Steuern, Kosten oder anderen Nachteilen auf Ebene der Investmentgesellschaft. Zudem sieht der Gesellschaftsvertrag häufig auch Beschränkungen hinsichtlich des Anlegerkreises vor, sodass zB aus steuerlichen Gründen Beteiligungen von Anlegern ausgeschlossen sind, die nicht ausschließlich in Deutschland unbeschränkt einkommensteuerpflichtig und/oder die in den USA steuerpflichtig sind. Bei einem geschlossenen Publikums-AIF, der ohne Einhaltung des Grundsatzes der Risikomischung investiert ist, kann bei einer rechtsgeschäftlichen Übertragung auch die fehlende Qualifikation des Anlegers iSv § 262 II 1 ein wichtiger Grund sein. Im Gesellschaftsvertrag wird darüber hinaus teilweise auch ein **Vorkaufsrecht** bei einer entgeltlichen Übertragung vereinbart. Ferner sind Übertragungen in vielen Fällen nur zu einem bestimmten Zeitpunkt, zB zum Ende eines Geschäftsjahres, möglich (FK-KapAnlR/*Busse* 1. Aufl. 2016, § 269 Rn. 171). Die Teilung von Gesellschaftsanteilen zur Übertragung ist in der Praxis oft nur möglich, soweit dadurch keine Anteile entstehen, die unter einer im Gesellschaftsvertrag vereinbarten Mindestbeteiligungssumme liegen.

8 Die **freie Handelbarkeit von Anteilen** an der geschlossenen InvKG kann durch die Bestimmungen des Gesellschaftsvertrags eingeschränkt sein, bspw. bei **Übertragungen** (→ Rn. 6). Die freie Handelbarkeit ist aber auch dadurch eingeschränkt, dass die Anteile an der geschlossenen InvKG weder an der Börse noch an einem anderen organisierten Markt notieren oder gehandelt werden können. Eine Veräußerung kann somit nur über **nicht regulierte Zweitmärkte** erfolgen. Dabei wird der Marktpreis der Anteile nicht ausschließlich durch den Wert der im geschlossenen Publikums-AIF gehaltenen Vermögensgegenstände, sondern auch durch Angebot und Nachfrage bestimmt. Der Marktpreis kann somit vom ermittelten Anteilswert abweichen. Eine vorzeitige Veräußerung von Anteilen an der InvKG kann uU gar nicht oder nur mit erheblichen Preisabschlägen möglich sein.

9 Im **Risikokapitel** des Verkaufsprospekts sollte auf die **fehlende Fungibilität** der Anteile an einem geschlossenen Publikums-AIF hingewiesen werden. Dabei ist dem Anleger aufzuzeigen, dass es sich bei einer Beteiligung an einem geschlossenen Publikums-AIF um eine **langfristige Kapitalanlage** handelt, die in der Praxis für eine Haltedauer von mindestens zehn Jahren konzipiert ist. Eine vorzeitige Veräußerung kann ggf. nicht, nicht zu dem vom Anleger gewünschten Zeitpunkt oder nur mit Verlusten umgesetzt werden.

10 **2. Treuhandkommanditist.** § 269 II Nr. 2 fordert Mindestangaben zum **Treuhandkommanditisten,** sofern sich der Anleger über diesen am geschlossenen Publikums-AIF beteiligen kann. In der Praxis ist die Beteiligung eines Anlegers über einen Treuhandkommanditisten der Standardfall. Dabei hält der Treuhandkommanditist die Anteile für die einzelnen Anleger (Treugeber) im Außenverhältnis als einheitlichen Kommanditanteil und wird anstelle der einzelnen Anleger als Kommanditist ins Handelsregister eingetragen. Ein **Treuhandvertrag** regelt das Rechtsverhältnis der Anleger zum Treuhandkommanditisten (AWZ/*Kloyer/Seidenschwann* § 269 Rn. 21).

11 § 269 II Nr. 2 Buchst. a verlangt zunächst die **Angabe des Namens und der Anschrift** bzw. bei einer juristischen Person die Angabe der Firma und des Sitzes des Treuhandkommanditisten. Ausschlaggebend ist dabei die ladungsfähige Anschrift des Treuhandkommanditisten, sodass bei natürlichen Personen die **Ge-**

schäftsanschrift ausreicht. Als Sitz der juristischen Person ist der **Geschäftssitz** in der Satzung bzw. im Gesellschaftsvertrag anzugeben (FK-KapAnlR/*Busse* 1. Aufl. 2016, § 269 Rn. 181).

Nach § 269 II Nr. 2 Buchst. b und c sind im Verkaufsprospekt die **Aufgaben** des Treuhandkommanditisten, die **Rechtsgrundlage seiner Tätigkeit** sowie seine **wesentlichen Rechte und Pflichten** anzugeben. Die Rechtsgrundlage der Tätigkeit des Treuhandkommanditisten ergibt sich aus dem **Treuhandvertrag,** den der Anleger mit dem Treuhandkommanditisten schließt. Der Treuhandvertrag ist dem Verkaufsprospekt gem. § 297 III beizufügen, sofern der Verkaufsprospekt keinen Hinweis enthält, wo der am Erwerb eines Anteils Interessierte oder der Anleger diesen im Geltungsbereich des KAGB kostenlos erhalten kann. Der Treuhandvertrag legt ferner auch die Aufgaben sowie die Rechte und Pflichten des Treuhandkommanditisten fest, die im Verkaufsprospekt kurz und prägnant darzustellen sind, wobei eine stichpunktartige Aufzählung bereits ausreichend ist. Aufgaben des Treuhandkommanditisten ist es dabei insb., einen Anteil am geschlossenen Publikums-AIF treuhänderisch im eigenen Namen, jedoch für Rechnung der mittelbar als Treugeber beteiligten Anleger zu übernehmen, zu halten und zu verwalten. Dabei hat der **Treugeber** im **Innenverhältnis** der geschlossenen InvKG und der Gesellschafter zueinander gem. § 152 II 3 die gleiche Rechtsstellung wie ein Kommanditist. Die weiteren Aufgaben und Pflichten des Treuhandkommanditisten umfassen ua die Abtretung der Ansprüche aus dem für den Treugeber treuhänderisch gehaltenen Kommanditanteil, dem Treugeber Vollmacht zur Ausübung des Stimmrechts aus dem für ihn treuhänderisch gehaltenen Kommanditanteil zu erteilen, die Führung eines **Treugeberregisters** und die Wahrnehmung der Rechte aus den Anteilen an der geschlossenen InvKG nach Weisung des Anlegers. Die wesentlichen Rechte des Treuhandkommanditisten umfassen insb. die **Freistellung von allen Verbindlichkeiten,** die im Zusammenhang mit dem Erwerb und dem Halten der treuhänderisch gehaltenen Kommanditbeteiligung stehen, einschließl. der **gesetzlichen Haftung der Kommanditisten** gem. § 171 ff. HGB, sowie einen **jährlichen Vergütungsanspruch** (FK-KapAnlR/*Busse* 1. Aufl. 2016, § 269 Rn. 182). 12

Schließlich ist nach § 269 II Nr. 2 Buchst. d im Verkaufsprospekt der **Gesamtbetrag** der für die Wahrnehmung der Aufgaben vereinbarten **Vergütung** des Treuhandkommanditisten anzugeben. Der Gesamtbetrag entspricht dabei grds. einer absoluten Summe, wobei die Angabe einer Prozentzahl ebenfalls ausreichend wäre (FK-KapAnlR/*Busse* 1. Aufl. 2016, § 269 Rn. 183). Da die Vergütung des Treuhandkommanditisten auch im Rahmen der **Kostenklauseln** innerhalb der Anlagebedingungen relevant ist, wird auf die Kommentierung entsprechend verwiesen (→ § 266 Rn. 35). 13

3. ÖPP-Projektgesellschaften. Sofern ein geschlossener Publikums-AIF in eine **ÖPP-Projektgesellschaft** gem. § 261 I Nr. 2 iVm § 1 XIX Nr. 28 investiert, sind im Verkaufsprospekt die zusätzlichen Angaben des § 269 II Nr. 3 aufzunehmen. Danach sind gem. § 269 II Nr. 3 Buchst. a zunächst die **wesentlichen Merkmale** von ÖPP-Projektgesellschaften zu beschreiben. Gemeint ist damit die besondere Zusammenarbeit zwischen der öffentlichen Hand und der Privatwirtschaft, wobei ua die Risikoallokation, die Langfristigkeit der Tätigkeit der Projektgesellschaft und die vertraglichen und gesellschaftsrechtlichen Grundlagen und Vergütungsregelungen nach dem Betreiber- und dem Konzessionsmodell dargestellt werden sollten. Die Angaben nach § 269 II Nr. 3 Buchst. b verlangen die Darstellung der Arten von ÖPP-Projektgesellschaften, die für den geschlossenen Publikums-AIF 14 erworben werden dürfen, und nach welchen Grundsätzen sie ausgewählt werden dürfen. Bei den Arten von ÖPP-Projektgesellschaften ist bspw. eine Differenzierung nach Sektoren (zB Telekommunikation, öffentlicher Hochbau oder Verkehr) möglich. Mögliche Auswahlkriterien können zB Parameter zur Feststellung der Stabilität und Berechenbarkeit der Vergütung der ÖPP-Projektgesellschaft sein. Um die eingeschränkte Fungibilität der Investition zum Ausdruck zu bringen, ist nach § 269 II Nr. 3 Buchst. c zudem ein Hinweis in den Verkaufsprospekt aufzunehmen, dass in Beteiligungen an ÖPP-Projektgesellschaften investiert werden darf, die nicht an einer Börse notieren oder in einen anderen organisierten Markt einbezogen sind. Somit trägt der Anleger das Risiko, dass eine Veräußerung am Ende der Laufzeit des AIF nicht gesichert ist, eine Vermögensumschichtung in Krisenzeiten schwierig sein kann und es grds. keinen Zweitmarkt für den Handel von ÖPP-Beteiligungen gibt (EDD/*Thomas* § 269 Rn. 9).

IV. Zusätzliche Mindestangaben bei Sachwerten (§ 269 III)

15 Investiert ein geschlossener Publikums-AIF in ein bereits feststehendes konkretes Anlageobjekt iSv § 261 I Nr. 1, sind in den Verkaufsprospekt die zusätzlichen Angaben gem. § 269 III 1 aufzunehmen. Dabei steht in der Praxis das Anlageobjekt idR bereits vor Vertriebsbeginn fest. Eine Ausnahme besteht dagegen für **Blind-Pool-Konstruktionen.** Hier ist gem. § 269 III 2 im Verkaufsprospekt lediglich darauf hinzuweisen, dass das konkrete Anlageobjekt noch nicht feststeht.

16 Zunächst verlangt § 269 III 1 Nr. 1 eine konkrete und ausführliche **Beschreibung des Anlageobjekts.** Dabei sind die wesentlichen Merkmale des Anlageobjekts, wie bspw. Nutzungsart, Alter, Erhaltungszustand, Größe, Leistung, Kapazität oder etwaige erkennbare Mängel, anzugeben. Lediglich eine kurze Beschreibung und die Bezeichnung des Anlageobjekts ist insofern nicht ausreichend (FK-KapAnlR/*Busse* 1. Aufl. 2016, § 269 Rn. 191).

17 Im Verkaufsprospekt anzugeben sind nach § 269 III 1 Nr. 2 alle **nicht nur unerheblichen dinglichen Belastungen** des Anlageobjekts. Die Begrifflichkeit dingliche Belastungen umfasst ua Verwertungsrechte (Reallasten und Grundpfandrechte), Nutzungsrechte (Erbbaurechte, Dienstbarkeiten) und Erwerbsrechte (Vorkaufsrechte, Aneignungsrechte) (FK-KapAnlR/*Busse* 1. Aufl. 2016, § 269 Rn. 194).

18 Insbesondere im Hinblick auf das Anlageziel, sind gem. § 269 III 1 Nr. 3 im Verkaufsprosekt alle **rechtlichen und tatsächlichen Beschränkungen der Verwendungsmöglichkeit des Anlageobjekts** aufzuführen. **Rechtliche Beschränkungen** können vertragliche oder gesetzliche Gründe habe, zB aufgrund von Betriebsbeschränkungen (Ladenschlussbestimmungen) oder aufgrund von baurechtlichen Beschränkungen. **Tatsächliche Beschränkungen** können die Verwendungsmöglichkeit des Anlageobjekts aufgrund von faktischen oder technischen Umständen begrenzen (FK-KapAnlR/*Busse* in Moritz/Klebeck/Jesch 1. Aufl. 2016, § 269 Rn. 195). Ein Beispiel für eine tatsächliche Beschränkung kann der bauliche Zustand, die Bauausführung und die Nutzungsmöglichkeiten einer Immobilie sein.

19 Nach § 269 III Nr. 4 muss der Verkaufsprospekt alle **behördlichen Genehmigungen** nennen, die für die bestimmungsgemäße Nutzung oder den Betrieb des Anlageobjekts erforderlich sind und inwieweit diese vorliegen. Bei **ausländischen Anlageobjekten** sind entsprechende ausländische Genehmigungen anzugeben. Als Beispiel kann bei einem Flugzeug die Erforderlichkeit der Luftverkehrsgenehmigung dienen. Liegen bereits alle Genehmigungen vor, reicht im Verkaufsprospekt die Angabe, dass alle behördlichen Genehmigungen zur Nutzung des Anlage-

objekts und damit zur Erreichung des Anlageziels des geschlossenen Publikums-AIF vorliegen. Die einzelnen Genehmigungen müssen dann nicht einzeln aufgeführt werden (FK-KapAnlR/*Busse* 1. Aufl. 2016, § 269 Rn. 197).

Der Anleger ist gem. § 269 III Nr. 5 im Verkaufsprospekt über die **Verträge** zu informieren, die über die **Anschaffung oder Herstellung des Anlageobjekts** oder wesentlicher Teile davon geschlossen wurden. Dabei ist dem Gesetzeswortlaut nach lediglich der Vertragspartner und der Vertragsgegenstand im Verkaufsprospekt zu nennen. Eine inhaltliche Zusammenfassung bzw. ein Abdruck der Verträge wird nicht gefordert. Aus Gründen der Transparenz scheint eine kurze Darstellung des Vertragsinhalts jedoch sinnvoll (FK-KapAnlR/*Busse* 1. Aufl. 2016, § 269 Rn. 198 mwN). 20

Nach § 269 III Nr. 6 sind dem Anleger Angaben zu allen **Bewertungsgutachten** im Verkaufsprospekt offenzulegen, die zur Bestimmung des Wertes des Anlageobjekts beauftragt wurden. Die Angaben umfassen den Namen der Person oder Gesellschaft, die das Bewertungsgutachten erstellt hat, das Datum des Bewertungsgutachtens und dessen Ergebnis. Wurden mehrere Bewertungsgutachten erstellt, beispielsweise wenn der Wert des Anlageobjekts **über 50 Millionen Euro** liegt (s. § 261 V Nr. 1 Buchst. b), so sind die Informationen für **sämtliche** Bewertungsgutachten aufzuführen, damit sich der Anleger ein vollumfängliches Bild über die Begutachtung des Anlageobjekts machen kann (FK-KapAnlR/*Busse* 1. Aufl. 2016, § 269 Rn. 202). 21

Schließlich sind gem. § 269 II Nr. 7 im Verkaufsprospekt die **voraussichtlichen Gesamtkosten** des Anlageobjekts und die **geplanten Finanzierungskosten** in Form einer Aufgliederung darzustellen. Bei den **voraussichtlichen Gesamtkosten** sind dabei insb. die Anschaffungs- und Herstellungskosten sowie sonstige Kosten auszuweisen. Die **geplanten Finanzierungskosten** sind nach Eigen- und Fremdmitteln aufzuteilen und jeweils nach Zwischenfinanzierungs- und Endfinanzierungsmitteln zu untergliedern. Darüber hinaus sind für die Eigen- und Fremdmittel in Verkaufsprospekt die Konditionen und Fälligkeiten anzugeben sowie in welchem Umfang und von wem diese bereits verbindlich zugesagt sind. Obwohl sich dem Wortlaut nach die Angaben auf die voraussichtlichen Kosten beziehen, sind aus Gründen der Transparenz vielmehr auch die **bereits angefallenen Kosten** anzugeben, wenn zum Zeitpunkt der Aufstellung des Verkaufsprospekts das Anlageobjekt bereits erworben wurde. In der Praxis werden vorstehende Angaben regelmäßig in einer **Mittelverwendungs- und Mittelherkunftsrechnung** bzw. dem **Investitions- und Finanzierungsplan** des geschlossenen Publikums-AIF dargestellt, wobei aus Gründen der Transparenz die Anschaffungs- und Herstellungskosten idR noch weiter in Kaufpreis und Anschaffungsnebenkosten unterteilt werden (FK-KapAnlR/*Busse* 1. Aufl. 2016, § 269 Rn. 205 mwN). 22

§ 270 *(aufgehoben)*

Der im Zuge des Vierten Corona-Steuerhilfegesetzes mWv 1.1.2023 aufgehobene § 270 legte den **Inhalt,** die **Form** und die **Gestaltung** der **wesentlichen Anlegerinformationen** für einen geschlossenen inländischen Publikums-AIF fest. Als **standardisierte Kurzinformation** dienten die wesentlichen Anlegerinformationen dem Zweck, dem Anleger einen schnellen Überblick über den geschlossenen Publikums-AIF und eine bessere Vergleichbarkeit mit anderen Investmentvermögen zu ermöglichen (EDD/*Thomas* § 270 Rn. 1 mwN). Die Pflicht zur Erstellung, Veröffentlichung und Aktualisierung der wesentlichen Anlegerinforma- 1 tionen ergab sich aus § 268. Hinsichtlich der näheren Inhalte, der Form und der Gestaltung der wesentlichen Anlegerinformationen verwies § 270 II auf die für OGAW geltende VO (EU) Nr. 583/2010 (sog. **KIID-VO**), welche aufgrund der Besonderheiten von geschlossenen Publikums-AIF modifiziert anzuwenden war.

Nach Auslaufen der Übergangsfrist des Art. 32 der PRIIPs-VO für KVGen ist die Pflicht zur Erstellung von europarechtlich nicht gebotenen wesentlichen Anlegerinformationen für geschlossene Publikums-AIF entfallen (BT-Drs. 20/1906, 43). Für geschlossene Publikums-AIF, die an Kleinanleger vertrieben werden, ist nunmehr zwingend ein Basisinformationsblatt gem. PRIIPs-VO zu erstellen.

2 Wie zuvor die wesentlichen Anlegerinformationen gehört auch das **Basisinformationsblatt** gem. Art. 6 I der PRIIPs-VO zu den vorvertraglichen Informationen. Dabei sehen die PRIIPs-VO (und dazu ergangene delegierte Rechtsakte) für das Basisinformationsblatt ein standardisiertes Format vor, das eine bessere Vergleichbarkeit mit anderen Finanzprodukten ermöglichen soll. Ebenso wie bei den wesentlichen Anlegerinformationen sind daher auch bei dem Basisinformationsblatt die Vorgaben hinsichtlich Mindestinhalt, Umfang, Form und Gestaltung stark standardisiert. So darf das Basisinformationsblatt gem. Art. 6 IV der PRIIPs-VO ausgedruckt höchstens drei DIN-A4-Seiten umfassen. Querverweise auf Marketingunterlagen sind gem. Art. 6 II 2 der PRIIPs-VO unzulässig. Ferner sind gem. Art. 8 der PRIIPs-VO die Reihenfolge und Überschriften der aufzunehmenden Informationen unveränderlich vorgegeben. Die gem. Art. 6 I 1 der PRIIPs-VO präzise, redliche, klare und nicht irreführende Darstellung der Informationen im Basisinformationsblatt wird in der PRIIPs-VO teilweise durch feste Textbausteine und konkrete Formulierungsvorgaben für einzelne Textabschnitte noch unterstrichen.

3 Die PRIIPs-VO enthält in Anlage 1 eine **Mustervorlage** für das Basisinformationsblatt. Dabei wird deutlich, dass sich die Inhalte des Basisinformationsblatts von den bisherigen Angaben in den wesentlichen Anlegerinformationen signifikant geändert haben. Nach Art. 8 I 1 der PRIIPs-VO muss zunächst oben auf der ersten Seite des Basisinformationsblattes der Titel „Basisinformationsblatt“ stehen. Dem Titel folgen dann gem. Art. 8 II und III der PRIIPs-VO in vorgegebener Reihenfolge neun Abschnitte, deren Überschriften überwiegend als Frage formuliert sind:

(1) Zweck
(2) Produkt
(3) Um welche Art von Produkt handelt es sich?
(4) Welche Risiken bestehen und was könnte ich im Gegenzug dafür bekommen?
(5) Was geschieht, wenn [Name des PRIIP-Herstellers] nicht in der Lage ist, die Auszahlung vorzunehmen?
(6) Welche Kosten entstehen?
(7) Wie lange sollte ich die Anlage halten, und kann ich vorzeitig Geld entnehmen?
(8) Wie kann ich mich beschweren?
(9) Sonstige zweckdienliche Angaben

4 Im ersten Abschnitt „Zweck“ ist der gem. Art. 8 II der PRIIPs-VO vorgegebene Wortlaut zu übernehmen. Dieser weist den Anleger darauf hin, dass es sich bei dem Basisinformationsblatt nicht um Werbematerial handelt. Vielmehr sollen die Informationen dem Anleger dabei helfen, die Art, das Risiko, die Kosten sowie mögliche Gewinne und Verluste des Produkts besser zu verstehen, und es mit anderen Produkten zu vergleichen.

5 Im Abschnitt „Produkt“ folgen gem. Art. 8 III Buchst. a der PRIIPs-VO Angaben zum Namen des PRIIP, zur Identität des PRIIP-Herstellers und dessen Kontaktdaten, Angaben über die zuständige Aufsichtsbehörde des PRIIP-Herstellers sowie das Da-

tum der Erstellung bzw. der letzten Überarbeitung des Basisinformationsblattes. Entsprechend der Mustervorlage aus Anlage 1 der PRIIPs-VO ist neben dem Namen des PRIIPs regelmäßig auch die ISIN anzugeben. Der **PRIIP-Hersteller** ist gem. Art. 4 IV der PRIIPs-VO dabei ein Rechtsträger oder eine natürliche Person, der bzw. die das Basisinformationsblatt auflegt oder Änderungen des Risiko- und Renditeprofils oder der Kosten im Zusammenhang mit einer Anlage in das PRIIP verantwortet. Bei einem geschlossenen Publikums-AIF ist daher grundsätzlich die KVG der PRIIP-Hersteller. Bezüglich der Kontaktdaten des PRIIP-Herstellers ist laut Mustervorlage aus Anlage 1 der PRIIPs-VO die Angabe der Webseite des PRIIP-Herstellers sowie eine Telefonnummer für weitere Informationen erforderlich. Der Abschnitt endet mit dem **Warnhinweis** gem. Art. 8 III Buchst. b der PRIIPs-VO, der für alle Fonds aufzunehmen ist, die gem. Art. 1 II Buchst. b der PRIIPs-VO als komplex iSd MiFID II gelten, was auf geschlossene Publikums-AIF zutrifft.

Der Abschnitt „Um welche Art von Produkt handelt es sich?" beginnt gem. Art. 2 I der PRIIPs-VO mit der Beschreibung der **Rechtsform,** sodass bei der in der Mustervorlage aus Anh. I der PRIIPs-VO vorgegebenen ersten Unterüberschrift „Art" bei einem geschlossenen Publikums-AIF idR darauf hingewiesen werden kann, dass es sich bei dem Produkt um eine geschlossene Investment-KG nach dem KAGB handelt. Es folgen gemäß den weiteren Unterüberschriften der Mustervorlage Angaben zur Laufzeit, zu den Zielen und zur Kleinanleger-Zielgruppe des geschlossenen Publikums-AIF. Bei der Laufzeit ist gem. Art. 2 V Buchst. a der PRIIPs-VO zunächst das **Fälligkeitsdatum** anzugeben, welche bei einem geschlossenen Publikums-AIF grundsätzlich am Ende einer für das Produkt festgelegten Grundlaufzeit liegt und regelmäßig mit Zustimmung der Anleger des geschlossenen Publikums-AIF verlängert werden kann. Die Angaben zur Laufzeit sind gem. Art. 2 V Buchst. b und c der PRIIPs-VO um einen Hinweis, ob der PRIIP-Hersteller zur einseitigen Kündigung des PRIIPs berechtigt ist und einer Beschreibung der Umstände, unter denen das PRIIP automatisch gekündigt werden kann, zu ergänzen. Für den geschlossenen Publikums-AIF ist insofern insbesondere ein Hinweis aufzunehmen, dass eine ordentliche Kündigung während der Laufzeit des geschlossenen Publikums-AIF ausgeschlossen ist, das Recht zur außerordentlichen Kündigung jedoch unberührt bleibt. Ferner sollte darauf hingewiesen werden, dass die Rücknahme von Anteilen durch den geschlossenen Publikums-AIF und die KVG regelmäßig nicht vorgesehen ist. Im Unterabschnitt „Ziele" ist gem. Art. 2 II der PRIIPs-VO eine kurze, klare und leicht verständliche **Zusammenfassung der Ziele** des PRIIP und der zu deren Erreichung eingesetzten Mittel aufzunehmen. Dabei sind die wichtigsten Faktoren, von denen die Rendite abhängt, die zugrunde liegenden Vermögenswerte oder Referenzwerte, die Art und Weise, wie die Rendite ermittelt wird, sowie die Beziehung zwischen der Rendite des PRIIP und den zugrunde liegenden Vermögenswerten oder Referenzwerten anzugeben. Die Angaben umfassen gem. Art. 2 II Buchst. a der PRIIPs-VO zudem die wesentlichen Merkmale des AIF, auch wenn diese Merkmale nicht Teil der Beschreibung der Ziele und der Anlagepolitik sind. Dabei zählt Art. 2 II Buchst. a der PRIIPs-VO bereits konkrete Mindestangaben auf, die, sofern erforderlich, um weitere Angaben nach Art. 2 II b der PRIIPs-VO zu ergänzen sind. Art. 2 II Buchst. c der PRIIPs-VO weist zudem darauf hin, dass in diesem Unterabschnitt weitere Angaben enthalten sein dürfen, wenn diese der angemessenen Beschreibung der Ziele und Anlagepolitik des AIF dienen. Bei einem geschlossenen Publikums-AIF erfolgen hier insofern ua regelmäßig Angaben zu den Anlagezielen und zur Anlagestrategie, eine Beschreibung der Vermögensgegenstände, Informationen zu den prognostizierten Auszah- 6 lungen an die Anleger sowie zum Einsatz von Leverage. Ferner sind in diesem Unterabschnitt die Angaben nach Art. 2 VII der PRIIPs-VO mit aufzunehmen, wo es um die Nennung der Verwahrstelle geht und wo weitere Informationen zum geschlossenen Publikums-AIF einschließlich des Verkaufsprospekts und des letzten Jahresberichts kostenlos zur Verfügung gestellt werden. Im Unterabschnitt „Kleinanleger-Zielgruppe" hat die KVG abschließend gem. Art. 2 III der PRIIPs-VO die Zielgruppe von Kleinanlegern festzulegen, insb. in Abhängigkeit von den Bedürfnissen, Eigenschaften und Zielen des Kundentyps, für den der geschlossene Publikums-AIF geeignet ist. Diese Festlegung basiert auf der Fähigkeit der Kleinanleger, Anlageverluste zu verkraften, und ihren Präferenzen bezüglich des Anlagehorizonts, ihren theoretischen Kenntnissen über geschlossene Publikums-AIF und ihrer Erfahrung mit geschlossenen Publikums-AIF, den Finanzmärkten sowie den Bedürfnissen, Eigenschaften und Zielen potenzieller Endkunden. Dabei muss die Beschreibung der Kleinanleger-Zielgruppe mit den Angaben im Zielmarkt unter MiFID II entsprechen.

7 Der Abschnitt „Welche Risiken bestehen und was könnte ich im Gegenzug dafür bekommen?" teilt sich laut Mustervorlage in Anh. I der PRIIPs-VO in die Unterabschnitte „Risikoindikator" und „Performance-Szenarien". Während in den bisherigen wesentlichen Anlegerinformationen die wesentlichen Risiken zu beschreiben waren, welche Einfluss auf das Risikoprofil des geschlossenen Publikums-AIF haben, ist im Basisinformationsblatt gem. Art. 3 I und II Buchst. a der PRIIPs-VO der **Gesamtrisikoindikator** (Summary Risk Indicator, SRI) auf einer Skala von 1 (niedrigeres Risiko) bis 7 (höheres Risiko) darzustellen. Dieser setzt sich gem. Anh. II Teil 3 Nr. 52 der PRIIPs-VO aus dem **Kreditrisiko** (CRM) und dem **Marktrisiko** (MRM) zusammen und entspricht dem Maximum der ermittelten Werte. Sofern die KVG der Ansicht ist, dass die Zahl des Gesamtrisikoindikators die nach der Aggregation des Markt- und Kreditrisikos zugewiesen wurde, die Risiken des PRIIP nicht angemessen darstellt, kann die KVG gem. Anh. II Teil 3 Nr. 52 Buchst. a der PRIIPs-VO beschließen, diese Zahl zu erhöhen, wobei dieser Entscheidungsprozess angemessen zu dokumentieren ist. Die Messung des Marktrisikos erfolgt gem. Anh. II Teil 1 der PRIIPs-VO anhand der annualisierten Volatilität entsprechend dem Value-at-Risk bei einem Konfidenzniveau von 97,5% über die empfohlene Haltedauer und wird auf dieser Basis einer MRM-Klasse zugewiesen. Der PRIIP wird dabei in eine von vier in Anh. II der PRIIP-VO dargestellten Kategorien eingeordnet, welche unterschiedliche Methoden zur Berechnung des Marktrisikos vorgeben. Dabei erfolgt die Berechnung des Markrisikos grundsätzlich auf der Basis von historischen Zeitreihen über mindest. zwei Jahre von Tagespreisen, vier Jahre von Wochenpreisen oder fünf Jahre von Monatspreisen. Sofern nur monatliche Preisdaten vorliegen, ist die ermittelte MRM-Ziffer gem. Anh. II Teil 1 Nr. 15 der PRIIP-VO um eine Risikoklasse höher zu stufen. Liegen für die Vermögenswerte des PRIIP keine hinreichenden historischen Preise vor, darf die KVG gem. Anh. II Teil 1 Nr. 7 der PRIIPs-VO eine geeignete Benchmark oder einen geeigneten Stellvertreter zur Ermittlung des Marktrisikos verwenden werden, wobei dies durch die KVG entsprechend zu dokumentieren ist. Werden die Preise für das PRIIP nicht mind. monatlich festgesetzt und wird auch auf keine geeignete Benchmark oder einen geeigneten Stellvertreter zurückgegriffen, dann ist der PRIIP der Kategorie 1c zuzuordnen und fällt gem. Anh. II Teil 1 Nr. 8 der PRIIPs-VO in die MRM-Klasse 6 und der Gesamtrisikoindikator ist mit der Zahl 6 anzugeben, wovon bei einem geschlossenen Publikums-AIF regelmäßig auszugehen ist. Da der geschlossene Publikums-AIF selbst kein Kreditrisiko verursacht, ist das Kreditrisiko gem. Anh. II Teil 2 Nr. 34 der PRIIPs-VO auf Ebene der zugrunde liegenden Anlagen oder Engagements nach dem „Look-through"-Ansatz zu bewerten. So kann bspw. bei einem geschlossenen Publikums-AIF, der in Immobilien investiert, ein Kreditrisiko durch Mieter entstehen. In diesem Falle wird gem. Anh. II Teil 2 Nr. 36 der PRIIPs-VO die Messung des Kreditrisikos erforderlich, wenn ausbleibende und unbesicherte Mieterträge mehr als 10% am Gesamtvolumen des geschlossenen Publikums-AIF ausmachen. Das Kreditrisiko selbst wird anhand von externen Ratings ermittelt, die gem. Anh. II Teil 2 Nr. 42 der PRIIPs-VO in Bonitätsstufen umgesetzt werden. In Abhängigkeit von der empfohlenen Haltedauer ist die festgestellte Bonitätsstufe ggf. um eine Stufe zu erhöhen oder zu verringern. Liegt keine externe Bonitätsbeurteilung der Schuldner vor, so gilt für Kreditinstitute und Versicherungsunternehmen, die nach EU-Recht oder einem gleichwertigen Rechtsrahmen reguliert sind, grds. die Bonitätsstufe 3 und für alle anderen Schuldner die Bonitätsstufe 5. Anh. III Nr. 1 der PRIIPs-VO gibt die zwingende Darstellung des Gesamtrisikoindikators vor. Die relevante Zahl ist – je nachdem, welchen Gesamtrisikoindikator der geschlossene Publikums-AIF aufweist – in der Grafik der Mustervorlage entsprechend hervorzuheben. Nach der Darstellung des Risikoindikators ist gem. Anh. III Nr. 3 der PRIIPs-VO der Zeitrahmen der empfohlenen Haltedauer anzugeben, auf deren Annahme der Risikoindikator beruht. Abhängig von den Regelungen des jeweiligen geschlossenen Publikums-AIF ist im Folgenden zu entscheiden, ob der geschlossene Publikums-AIF als „mit erheblichem Liquiditätsrisiko verbunden" oder als „illiquide" gem. Anh. III Nr. 2 Buchst. b oder c der PRIIPs-VO gilt. Davon abhängig ist ein entsprechender von der PRIIPs-VO vorgegebener Warnhinweis aufzunehmen. Darüber hinaus ist gem. Anh. II Nr. 7 der PRIIPs-VO eine kurze Erläuterung der Einstufung des geschlossenen Publikums-AIF mit max. 300 Zeichen in einfacher Sprache einzufügen, wofür die PRIIPs-VO ein entsprechendes Beispiel vorschlägt. Ferner sind sonstige Risiken, die für den geschlossenen Publikums-AIF wesentlich und nicht in den Gesamtrisikoindikator einberechnet sind, mit höchstens 200 Zeichen zu beschreiben. Bei einem geschlossenen Publikums-AIF können dies bspw. das Risiko der wiederauflebenden Haftung, das maximale Risiko im Verlust des Anlagebetrags, steuerliche Risiken oder das Risiko der Fremdfinanzierung des Anlagebetrags durch den Anleger sein. Ferner ist ein Verweis auf das Risikokapitel im Verkaufsprospekt möglich. Sofern die Währung des geschlossenen Publikums-AIF auf eine andere Währung als die amtliche des Mitgliedstaats, in dem der geschlossene Publikums-AIF vermarktet werden soll, lautet, und die Rendite in der amtlichen Währung des Mitgliedstaats ausgedrückt wird, so ist gem. Art. 3 II Buchst. c iVm Anh. III Nr. 4 Buchst. a Ziff. i der PRIIPs-VO ein durch die PRIIPs-VO vorgegebener Hinweis auf das bestehende Währungsrisiko mit aufzunehmen.

Die Darstellung der **Performance-Szenarien** muss gem. Anh. V Teil 1 Nr. 1 der PRIIPs-VO redlich, präzise, klar und darf nicht irreführend sein, sodass sie für den durchschnittlichen Kleinanleger verständlich sind. Dafür enthält die PRIIPs-VO in Anh. V verpflichtende Vorgaben für die Darstellung der Performance-Szenarien sowie Textbausteine, die abhängig von der Kategorie des Produkts sowie der Datenverfügbarkeit auszuwählen sind. Sofern eine Benchmark oder ein Stellvertreter zur Berechnung der Performance-Szenarien herangezogen wird, müssen diese die vorgegebenen Kriterien nach Anh. IV Nr. 16 der PRIIPs-VO erfüllen. Die darzustellenden Performance-Szenarien als mögliche Renditeentwicklungen entsprechen gem. Art. 3 III iVm Anh. IV Nr. 1 der PRIIPs-VO einem Stressszenario, einem pessimistischem, einem mittleren und einem optimistischen Szenario. Dabei stellt gem. Anh. IV Nr. 8–10 der PRIIPs-VO das pessimistische Szenario die schlechteste, **8** das mittlere Szenario die mittlere und das optimistische Szenario die beste Wertentwicklung des Produkts dar. Im Stressszenario werden gem. Anh. IV Nr. 2 der PRIIPs-VO erheblich ungünstigere Auswirkungen des Produkts dargestellt, welche von dem pessimistischen Szenario nicht erfasst werden. Die Anzahl der darzustellenden Wertentwicklungen innerhalb der einzelnen Szenarien hängt von der empfohlenen Haltedauer ab. Nach Anh. IV Nr. 33 der PRIIPs-VO ist die Wertentwicklung bei einem Produkt mit einer empfohlenen Haltedauer von mindestens zehn Jahren für drei verschiedene Halteperioden darzustellen: zum Ende des ersten Jahres, nach der Hälfte der empfohlenen Haltedauer, aufgerundet auf das nächste Jahresende und zum Ende der empfohlenen Haltedauer. Bei einer empfohlenen Haltedauer zwischen einem und zehn Jahren ist die Wertentwicklung gem. Anh. IV Nr. 32 PRIIPs-VO nur für zwei verschiedene Halteperioden darzustellen: zum Ende des ersten Jahres und zum Ende der empfohlenen Haltedauer. Bei Produkten mit einer empfohlen Haltedauer von höchstens einem Jahr werden gem. Anh. IV Nr. 34 der PRIIPs-VO keine Performance-Szenarien für dazwischen liegende Halteperioden dargestellt. Sofern der geschlossene Publikums-AIF gem. Anh. II Teil 1 Nr. 4 der PRIIPs-VO der Kategorie 1c) zugeordnet werden kann, da der Anleger vor Ablauf der empfohlenen Haltedauer nicht aussteigen darf, sind gem. Anh. IV Nr. 38 iVm Anh. VI Nr. 90 Buchst. d der PRIIPs-VO die Performance-Szenarien nur zum Ende der empfohlenen Haltedauer darzustellen. Neben den vier Performance-Szenarien sind gem. Anh. V Nr. 3 Buchst. b der PRIIPs-VO auch Informationen zur Mindestanlagerendite aufzunehmen. Sofern die Mindestanlagerendite nicht bzw. nur teilweise garantiert wird, muss der Anleger darauf hingewiesen werden, dass er seine Anlage ganz oder teilweise verlieren kann. Nach Anh. IV Nr. 40 iVm Anh. VI Teil 2 Nr. 90 der PRIIPs-VO sind die Performance-Szenarien anhand eines Betrags von 10.000 EUR zu ermitteln, wobei gem. Anh. IV Nr. 39 der PRIIPs-VO alle anwendbaren Kosten gem. Anh. VI der PRIIPs-VO bei der Berechnung abzuziehen sind. Die Performance-Szenarien sind gem. Anh. IV Nr. 40 der PRIIPs-VO anhand von Beträgen zu berechnen, die mit jenen übereinstimmen, die für die Ermittlung der Kosten verwendet werden. Die Darstellung der Performance-Szenarien hat gem. Anh. IV Nr. 42 und 44 der PRIIPs-VO ferner sowohl in monetären Einheiten als auch prozentual als jährliche Durchschnittsrendite der Anlage zu erfolgen. Wird der geschlossene Publikums-AIF als Kategorie 1c) Produkt klassifiziert, ist gem. Anh. IV Nr. 31 der PRIIPs-VO ein nach vernünftigem Ermessen angemessener und konservativer bester Schätzwert der erwarteten Werte für das optimistische, mittlere und pessimistische Performance-Szenario am Ende der empfohlenen Haltedauer anzugeben. Dabei müssen die ausgewählten und gezeigten Szenarien mit den anderen Informationen im Basisinformationsblatt, einschl. des Gesamtrisikoprofils des geschlossenen Publikums-AIF übereinstimmen und diese ergänzen. Die KVG muss ferner die Übereinstimmung der Szenarien mit internen Schlussfolgerungen zur Produkt-Governance, insb. auch mit Stress-Tests, die von der KVG für den geschlossenen Publikums-AIF durchgeführt werden, sowie mit Daten und Analysen, die zur Erstellung der anderen im Basisinformationsblatt enthaltenen Informationen herangezogen werden. Darüber hinaus müssen die Performance-Szenarien so ausgewählt werden, dass sich eine ausgewogene Darstellung der möglichen Ergebnisse des geschlossenen Publikums-AIF sowohl unter günstigen als auch unter ungünstigen Bedingungen ergibt, wobei nur Szenarien gezeigt werden dürfen, die nach vernünftigem Ermessen erwartet werden können. Letztendlich dürfen die Performance-Szenarien auch nicht so ausgewählt werden, dass günstige Ergebnisse im Vergleich zu ungünstigen Ergebnissen über Gebühr hervorgehoben werden.

Im Abschnitt „Was geschieht, wenn [Name des PRIIP-Herstellers] nicht in der Lage ist, die Auszahlung vorzunehmen?" ist gem. Art. 4 der PRIIPs-VO der Anleger darüber zu informieren, ob er einen finanziellen Verlust erleiden kann, wenn die KVG oder ein anderer Rechtsträger als die KVG ausfallen kann. Ferner ist darüber zu informieren, ob ein solcher Verlust für den Anleger ganz oder teilweise durch ein Entschädigungs- oder Sicherungssystem gedeckt ist. Bei einem geschlossenen Publikums-AIF in der Rechtsform einer geschlossenen InvKG kann in der Regel darauf hingewiesen werden, dass der Ausfall der KVG keine Auswirkungen auf die Auszahlungen an die Anleger hat. Ferner ist ein finanzieller Verlust eines Anlegers, der sich bspw. im Falle der Zahlungsunfähigkeit der geschlossenen InvKG ergeben kann, nicht durch ein Entschädigungs- oder Sicherungssystem gedeckt. **9**

Vorgaben für die Kostendarstellung im Abschnitt „Welche Kosten entstehen?" ergeben sich aus Art. 5 iVm den Anh. VI und VII der PRIIPs-VO. Dabei teilt sich die Kostendarstellung in die Unterabschnitte „Kosten im Zeitverlauf" und „Zusammenfassung der Kosten". Ein zusätzlicher Warnhinweis über mögliche zusätzliche Kosten, die von Vertriebsstellen erhoben werden können, erfolgt gem. Art. 5 II iVm Anh. VII der PRIIPs-VO unmittelbar nach der Überschrift des Abschnitts, es sei den die KVG hat Kenntnis davon, dass solche zusätzlichen Kosten nicht entstehen. Die Angaben für die **Kosten im Zeitverlauf** sind gem. Anh. VI Nr. 90 der PRIIPs-VO in einer Tabelle mit einer Anlagesumme von 10.000 EUR darzustellen. Dabei enthält die Tabelle Angaben zu den als Geldbetrag und als Prozentsatz ausgedrückten Gesamtkosten für den Fall, dass der Anleger während verschiedener Haltedauern 10.000 EUR anlegt, einschl. der empfohlenen Haltedauer. Die Haltedauern sind hierbei analog zu denen bei den Performance-Szenarien zu wählen. Für einen geschlossenen Publikums-AIF, bei dem regelmäßig ein Ausstieg vor dem Ablauf der empfohlenen Haltedauer nicht möglich ist, ist es somit gem. Anh. VI Nr. 90 Buchst. d der PRIIPs-VO zulässig, dass die Kosten nur am Ende der empfohlenen Haltedauer ausgewiesen werden. Die jährlichen Auswirkungen der Kosten auf die Rendite werden gem. Anh. VI Nr. 70 der PRIIPs-VO anhand des internen Zinsfußes berechnet. Die Tabelle der **Zusammensetzung der Kosten** im zweiten Unterabschnitt enthält gem. Art. 5 III iVm Anh. VII der PRIIPs-VO die Gesamtindikatoren für die Kostenarten „einmalige Kosten", wie bspw. Ein- und Ausstiegskosten, „wiederkehrende Kosten", wobei zwischen Portfolio-Transaktionskosten und anderen wiederkehrenden Kosten unterschieden wird, und „zusätzliche Kosten", die bspw. Erfolgsgebühren oder Carried Interest enthalten. Dabei hat die KVG gem. Art. 5 IV der PRIIPs-VO die verschiedenen Kosten in der Tabelle zu beschreiben und gibt an, wo und inwieweit diese Kosten von den tatsächlichen Kosten abweichen, die dem Anleger entstehen können. Bei der Ermittlung der Kostenarten ist darauf zu achten, dass gem. Anh. VI Nr. 77 der PRIIPs-VO Kosten nicht bei mehreren Kostenarten und damit doppelt erfasst werden dürfen. Die Kosten sind gem. Anh. VI Nr. 80 der PRIIPs-VO inkl. aller Steuern anzusetzen und gem. Anh. VI Nr. 79 und 81 der PRIIPs-VO mindestens einmal jährlich auf ex-post-Basis zu berechnen. Sofern die ex-post-Zahlen aufgrund wesentlicher Veränderungen ungeeignet sind, darf stattdessen eine Schätzung herangezogen werden, bis verlässliche ex-post-Zahlen ermittelt werden konnten. Für die Methodik der Ermittlung der Kostenarten kann insofern als Basis auf die Aufwendungen in der Gewinn- und Verlustrechnung zurückgegriffen werden. Diese sollten um die Musterkostenklauseln der BaFin sowie um die Kostenarten gem. Anhang VI der PRIIPs-VO ergänzt werden. **10**

11 Bei einem geschlossenen Publikums-AIF hat die KVG im Abschnitt „Wie lange sollte ich die Anlage halten, und kann ich vorzeitig Geld entnehmen?" gem. Art. 6 der PRIIPs-VO Angaben zur **vorgeschriebenen Mindesthaltedauer** zu machen. Dabei hat die KVG die Gründe für die Auswahl der vorgeschriebenen Mindesthaltedauer anzugeben. Zudem sind Informationen darüber aufzunehmen, ob eine vorzeitige Auflösung der Anlage möglich ist, welche Bedingungen dafür gelten und welche Gebühren und Sanktionen ggf. anfallen. Darüber hinaus ist der Anleger noch darüber zu informieren, welche Auswirkungen eine vorzeitige Auflösung vor dem Ende der Laufzeit oder dem Ende der empfohlenen Haltedauer auf das Risiko- oder Performance-Profil des geschlossenen Publikums-AIF hat.

12 Der Abschnitt „Wie kann ich mich beschweren?" enthält gem. Art. 7 der PRIIPs-VO in zusammengefasster Form die Schritte, welche zur Einreichung einer **Beschwerde** über das Produkt, das Verhalten der KVG oder die Person, die zu dem Produkt berät oder es verkauft, erforderlich sind. Ferner ist ein Link zur Webseite für solche Beschwerden sowie eine aktuelle Anschrift und eine E-Mail-Adresse, unter der solche Beschwerden eingereicht werden können, anzugeben. Sofern die KVG und der geschlossene Publikums-AIF an einem Streitbeilegungsverfahren vor einer Schlichtungsstelle teilenehmen, kann an dieser Stelle ebenfalls darauf hingewiesen werden.

13 Abschließend führt der Abschnitt „Sonstige zweckdienliche Angaben" gem. Art. 8 der PRIIPs-VO bei einem geschlossenen Publikums-AIF **zusätzliche Informationsunterlagen** an, die dem Anleger, da gesetzlich vorgeschrieben oder auf Anfrage, zur Verfügung gestellt werden können. Die Informationsbereitstellung kann dabei auch in Form eines Links zu einer Webseite erfolgen.

§ 271 Bewertung, Bewertungsverfahren, Bewerter

(1) **§ 168 ist für die Bewertung mit folgenden Maßgaben anzuwenden:**

1. Als Verkehrswert der Vermögensgegenstände im Sinne des § 261 Absatz 1 Nummer 1 ist für den Zeitraum von zwölf Monaten nach dem Erwerb der Kaufpreis des Vermögensgegenstandes anzusetzen. Ist die AIF-Kapitalverwaltungsgesellschaft der Auffassung, dass der Kaufpreis auf Grund von Änderungen wesentlicher Bewertungsfaktoren nicht mehr sachgerecht ist, so ist der Verkehrswert neu zu ermitteln; die Kapitalverwaltungsgesellschaft hat ihre Entscheidungen und die sie tragenden Gründe nachvollziehbar zu dokumentieren.

2. Bei Vermögensgegenständen im Sinne des § 261 Absatz 1 Nummer 1 sind die Anschaffungsnebenkosten gesondert anzusetzen und über die voraussichtliche Dauer der Zugehörigkeit des Vermögensgegenstandes, längstens jedoch über zehn Jahre in gleichen Jahresbeträgen abzuschreiben. Wird ein Vermögensgegenstand veräußert, sind die Anschaffungsnebenkosten in voller Höhe abzuschreiben. In einer Anlage zur Vermögensaufstellung sind die im Berichtszeitraum getätigten Käufe und Verkäufe von Vermögensgegenständen im Sinne des § 261 Absatz 1 Nummer 1 anzugeben.

(2) **§ 169 ist für das Bewertungsverfahren mit der Maßgabe anzuwenden, dass die Bewertungsrichtlinien für geschlossene Publikums-AIF, die in Vermögensgegenstände im Sinne des § 261 Absatz 1 Nummer 1 investieren, zusätzlich vorzusehen haben, dass der Bewerter an einer Objektbesichtigung teilnimmt.**

(3) [1]**Die AIF-Kapitalverwaltungsgesellschaft muss jede Gesellschaft im Sinne des § 261 Absatz 1 Nummer 2 bis 6, an der ein geschlossener Publikums-AIF eine Beteiligung hält, vertraglich verpflichten, Vermögensaufstellungen**
1. auf den Zeitpunkt der Bewertung gemäß § 272 bei der AIF-Kapitalverwaltungsgesellschaft und der Verwahrstelle einzureichen und
2. einmal jährlich anhand des von einem Abschlussprüfer mit einem Bestätigungsvermerk versehenen Jahresabschlusses der Gesellschaft prüfen zu lassen.

[2]**Die Anforderung des Satzes 1 gilt auch für eine Unterbeteiligung an einer Gesellschaft im Sinne des § 261 Absatz 1 Nummer 2 bis 6.** [3]**Der auf Grund der Vermögensaufstellungen ermittelte Wert der Beteiligung an einer Gesellschaft ist bei den Bewertungen zur laufenden Preisermittlung zugrunde zu legen.**

(4) **Für die Anforderungen an den Bewerter, die Pflichten der AIF-Kapitalverwaltungsgesellschaft bei der Bestellung eines Bewerters sowie die Rechte der Bundesanstalt im Hinblick auf den Bewerter gilt § 216 entsprechend.**

I. Allgemeines

§ 271 regelt für geschlossene Publikums-AIF die **Bewertung** der zulässigen Ver- 1
mögensgegenstände iSv § 261 I. Dabei unterscheidet die Vorschrift zwischen der Bewertung von **Sachwerten** iSv § 261 I Nr. 1 und den **weiteren Vermögensgegenständen** iSv § 261 I Nr. 2–7. Durch die Verweise in § 271 I, II und IV finden mit bestimmten Maßgaben die Vorschriften der §§ 168, 169 und 216 entsprechend Anwendung. Somit finden die Regelungen für offene Publikums-Investmentvermögen zur Bewertung, zum Bewertungsverfahren und zu den Anforderungen an den Bewerter grds. Anwendung. Neben den Regelungen des KAGB ist gem. § 168 VIII die Rechtsquelle für die Bewertungs- und Berechnungsvorschriften, insb. die **KARBV,** die in den §§ 30, 33 Regelungen für die Bewertung von Sachwerten beinhaltet. Insofern wird auf die Kommentierung der §§ 168, 169 und 216 entsprechend verwiesen.

II. Bewertung von Sachwerten (§ 271 I)

§ 271 I verweist zunächst auf die **Bewertungsregeln** des § 168. Dabei sind für ge- 2
schlossene Publikums-AIF in der Praxis insb. die Regelungen gem. § 168 I zur Ermittlung des Nettoinventarwerts je Anteil oder je Aktie gem. § 168 I, gem. § 168 III zur Ermittlung des Verkehrswertes bei Vermögensgegenständen, die nicht zum Handel an einer Börse oder einem anderen organisierten Markt zugelassen sind oder für die kein handelbarer Kurs verfügbar ist, gem. § 168 VII hinsichtlich der Verpflichtung zur Erzielung des bestmöglichen Ergebnisses bei Erwerb und Veräußerung von Vermögensgegenständen sowie gem. § 168 VIII die Verordnungsermächtigung zur KARBV relevant. Die weiteren Vorschriften des § 168 finden aufgrund des Verweises in § 270 I zwar Anwendung, haben jedoch für geschlossene Publikums-AIF in der Praxis eher weniger Relevanz (FK-KapAnlR/*Gosslar* 1. Aufl. 2016, § 271 Rn. 33).

Für die **Bewertung von Sachwerten** ist gem. § 271 I Nr. 1 für einen Zeitraum 3
von zwölf Monaten nach dem Erwerb des Sachwertes abweichend von § 168 III der **Kaufpreis** als Verkehrswert des Vermögensgegenstandes anzusetzen. Der Verkehrs-

wert ist jedoch neu zu ermitteln, sofern die AIF-KVG der Auffassung ist, dass der Kaufpreis aufgrund von **Änderungen wesentlicher Bewertungsfaktoren** nicht mehr sachgerecht ist. Bei Immobilien kann beispielsweise eine Änderung der wesentlichen Bewertungsfaktoren vorliegen, wenn sich die Erträge durch den Abschluss neuer Mietverträge wesentlich ändern, bei Kündigung und Zahlungsunfähigkeit wesentlicher Mieter, bei wesentlichen Änderungen der Bewirtschaftungskosten oder der wirtschaftlichen Restnutzungsdauer sowie bei wesentlichen Planabweichungen von noch im Bau befindlichen Gebäuden. Für die Bewertungsfaktoren von sonstigen Sachwerten ist § 33 KARBV zu beachten, der besondere Parameter für die Bewertung mithilfe eines Bewertungsmodells ua für Schiffe und Flugzeuge vorsieht (FK-KapAnlR/*Gosslar* 1. Aufl. 2016, § 271 Rn. 40). Sofern eine Neubewertung aus Sicht der AIF-KVG erforderlich ist, hat diese ihre Entscheidung und die sie tragenden Gründe nachvollziehbar zu dokumentieren.

4 Bei Sachwerten sind die **Anschaffungsnebenkosten** gem. § 271 I Nr. 2 gesondert anzusetzen und über die **voraussichtliche Nutzungsdauer,** jedoch **maximal über zehn Jahre, linear abzuschreiben.** Dabei ist bei der Bestimmung der Anschaffungsnebenkosten auf **§ 255 I HGB** abzustellen, auf den für Immobilien auch § 30 II Nr. 2 KARBV verweist. Bei **Veräußerung** eines Sachwertes sind die Anschaffungsnebenkosten in voller Höhe abzuschreiben.

5 In einer **Anlage zur Vermögensaufstellung** sind gem. § 271 I Nr. 2 3 die im Berichtszeitraum getätigten Käufe und Verkäufe von Sachwerten anzugeben. Als Mindestangaben sollten hier etwaige Veräußerungsergebnisse sowie die Transaktionskosten genannt werden (FK-KapAnlR/1. Aufl. 2016, § 271 Rn. 54).

III. Bewertungsverfahren (§ 271 II)

6 Nach § 271 II finden für geschlossene Publikums-AIF grds. auch die allgemeinen Regelungen zum Bewertungsverfahren Anwendung. Demnach ist die AIF-KVG ua dazu verpflichtet, eine interne **Bewertungsrichtlinie** zu erstellen, die geeignete und kohärente Verfahren für die ordnungsgemäße, transparente und unabhängige Bewertung der Vermögensgegenstände des geschlossenen Publikums-AIF festlegt. Zusätzlich muss jedoch gem. § 271 II der Bewerter an einer **Objektbesichtigung** teilnehmen, sofern der geschlossene Publikums-AIF in einen Sachwert investiert. Ein Wahlrecht besteht an dieser Stelle nicht, sodass gerade bei mobilen Sachwerten, wie zB Flugzeugen oder Schiffen, die Objektbesichtigung mit erheblichem zusätzlichen Aufwand und Kosten verbunden sein kann (FK-KapAnlR/*Gosslar* 1. Aufl. 2016, § 271 Rn. 60).

IV. Bewertung sonstiger Vermögensgegenstände (§ 271 III)

7 Sofern der geschlossene Publikums-AIF eine Beteiligung an einer Gesellschaft iSv § 261 I Nr. 2–6 hält, muss die AIF-KVG gem. § 271 III 1 diese Gesellschaft vertraglich zur Erstellung einer **Vermögensaufstellung** verpflichten, unabhängig davon, ob es sich um eine **Minderheits- oder Mehrheitsbeteiligung** handelt. Dabei kann die geforderte vertragliche Verpflichtung sowohl in der Satzung bzw. dem Gesellschaftsvertrag der Beteiligungsgesellschaft als auch durch eine vertragliche Abrede zwischen dem geschlossenen Publikums-AIF und der Beteiligungsgesellschaft erfüllt werden (FK-KapAnlR/*Gosslar* 1. Aufl. 2016, § 271 Rn. 66). Vorstehendes gilt auch, wenn sich der geschlossene Publikums-AIF gem. § 271 III 2 im Wege einer **Unterbeteiligung** an der Gesellschaft iSd § 261 I Nr. 2–6 beteiligt.

8 Die Vermögensaufstellung ist gem. §271 III 1 Nr. 1 auf den Zeitpunkt der Bewertung gem. §272 bei der AIF-KVG und der Verwahrstelle einzureichen. Dadurch soll sichergestellt werden, dass der Berechnung des Nettoinventarwertes je Anteil oder Aktie der aktuelle Wert der Beteiligung zugrunde liegt. Nach §271 III 3 ist der ermittelte Wert gem. Vermögensaufstellung bei den Bewertungen zur laufenden Preisermittlung zugrunde zu legen.

9 Einmal jährlich sind die Vermögensaufstellungen gem. §271 III 1 Nr. 2 anhand des von einem **Abschlussprüfer** mit einem Bestätigungsvermerk versehenen Jahresabschlusses der Gesellschaft prüfen zu lassen. Dabei müssen nicht sämtliche unterjährig erstellten Vermögensaufstellungen geprüft werden, sondern es ist ausreichend, dass idR auf die zum Geschäftsjahresende erstellte Vermögensaufstellung zurückgegriffen wird. Wer die Prüfung durchführen muss, ist gesetzlich nicht geregelt. In der Praxis erfolgt die Prüfung jedoch regelmäßig durch den Wirtschaftsprüfer, der auch den Jahresabschluss der Beteiligungsgesellschaft geprüft hat (AWZ/*Paetzmann/Hoffmann* §271 Rn. 28).

V. Anforderungen an den Bewerter (§271 IV)

10 Gemäß der Verweisung in §271 IV gelten für die Anforderungen an den **Bewerter,** die Pflichten der AIF-KVG bei der Bestellung eines Bewerters sowie die Rechte der BaFin im Hinblick auf den Bewerter die Regelungen des §216 entsprechend, so dass auf die diesbezügliche Kommentierung verwiesen werden kann. Darüber hinaus gilt es zu berücksichtigen, dass gem. §261 V Nr. 2 und VI Nr. 2, die Bewertung der zulässigen Vermögensgegenstände durch einen externen Bewerter zu erfolgen hat und der Ankaufsbewerter nicht zugleich die Folgebewertung durchführen darf. Für nähere Einzelheiten → §261 Rn. 26ff.

§272 Häufigkeit der Bewertung und Berechnung; Offenlegung

(1) [1]**Die Bewertung der Vermögensgegenstände und die Berechnung des Nettoinventarwertes je Anteil oder Aktie müssen mindestens einmal jährlich erfolgen. [2]Die Bewertung und Berechnung sind darüber hinaus auch dann durchzuführen, wenn das Gesellschaftsvermögen des AIF erhöht oder herabgesetzt wird.**

(2) **Die Kriterien zur Berechnung des Nettoinventarwertes je Anteil oder Aktie und zur Bestimmung der Häufigkeit der Berechnung bestimmen sich nach den Artikeln 67 bis 73 der Delegierten Verordnung (EU) Nr. 231/2013.**

(3) [1]**Die Bewertungen der Vermögensgegenstände und Berechnungen des Nettoinventarwertes je Anteil oder Aktie sind entsprechend den diesbezüglichen Anlagebedingungen gegenüber den Anlegern offenzulegen. [2]Eine Offenlegung hat nach jeder Bewertung der Vermögensgegenstände und Berechnung des Nettoinventarwertes je Anteil oder Aktie zu erfolgen.**

I. Allgemeines

1 Die Vorschrift des §272 regelt die **Häufigkeit der Bewertung** der Vermögensgegenstände und die Berechnung des **Nettoinventarwertes** je Anteil oder Aktien für einen geschlossenen Publikums-AIF sowie deren **Offenlegung** gegenüber den

Anlegern. Dabei setzt § 272 I, III die Vorschrift des Art. 19 III AIFM-RL in nationales Recht um. § 272 II verweist auf die Delegierte VO (EU) Nr. 231/2013 (AIFM-VO), welche auf Grundlage von Art. 19 XI AIFM-RL erlassen wurde (BT-Drs. 17/12294, 274). Durch den Verweis in § 286 findet die Regelung für die Häufigkeit der Bewertung auch auf geschlossene inländische Spezial-AIF Anwendung.

II. Häufigkeit der Bewertung und Berechnung (§ 272 I)

2 Nach § 272 I 1 sind die **Bewertung** der Vermögensgegenstände und die **Berechnung des Nettoinventarwertes je Anteil oder Aktie mindestens einmal jährlich** vorzunehmen, so dass der Bewertungs- und Berechnungszeitraum nicht mehr als ein Jahr betragen darf. Die Bewertungs- und Berechnungsfrequenz lässt sich mit der jährlichen Pflicht zur Erstellung des Jahresberichtes begründen. Auch wenn die Anleger bei einem geschlossenen Publikums-AIF nach der Platzierungsphase keine Anteile oder Aktien erwerben oder zurückgeben können, dient dies der Transparenz und ermöglicht zB professionellen Anlegern, die eine Beteiligung an einem geschlossenen Publikums-AIF erworben haben, den aktuellen Wert ihrer Beteiligung in ihre Bilanzen einzustellen. Ferner erleichtert die Wertermittlung die Bildung eines fairen Anteils- oder Aktienwertes am Zweitmarkt (WBA/*Paul* § 272 Rn. 2).

3 Darüber hinaus ist gem. § 272 I 2 eine **unterjährige Bewertung** und Berechnung nur bei einer Kapitalerhöhung oder -herabsetzung auf Ebene des geschlossenen Publikums-AIF durchzuführen. Dadurch soll sichergestellt werden, dass der Preis für neu herausgegebene Anteile marktgerecht ist und die an der Kapitalerhöhung teilnehmenden Anleger fair behandelt werden. Hinsichtlich des Zeitpunktes für die unterjährige Bewertung und Berechnung ist bei einer Kapitalerhöhung der Zeitpunkt der Herausgabe der Aktien bzw. des möglichen Erwerbs von Anteilen relevant und nicht das Datum des Erhöhungsbeschlusses. Bei einer Kapitalherabsetzung ist es der Zeitpunkt der Wirksamkeit des Herabsetzungsbeschlusses (WBA/*Paul* § 272 Rn. 5).

III. Kriterien zur Berechnung des Nettoinventarwertes (§ 272 II)

4 In Bezug auf die Kriterien zur Berechnung des Nettoinventarwertes je Anteil oder Aktie und zur Bestimmung der Häufigkeit der Berechnung verweist § 272 II auf die AIFM-VO. Dieser Verweis ist leicht irreführend, da Art. 67–73 der AIFM-VO lediglich Kriterien für die Verfahren für die Berechnung des Nettoinventarwertes enthält und die Aufstellung konkreter Kriterien nationalem Recht überlässt. Insofern ergeben sich die Kriterien für die Berechnung des Nettoinventarwertes aus § 271 I iVm § 168 I und zur Bestimmung der Häufigkeit der Berechnung aus § 272 I, so dass auf die entsprechende Kommentierung verwiesen werden kann.

IV. Offenlegung (§ 272 III)

5 Nach ihrer jeweiligen Ermittlung sind dem Anleger gem. § 272 III die Ergebnisse aus der Bewertung der Vermögensgegenstände und der Berechnungen des Nettoinventarwertes je Anteil oder Aktie offenzulegen. Die jährliche Offenlegung erfolgt regelmäßig in den Jahresberichten der geschlossenen Publikums-AIF. Daneben müssen unterjährige Offenlegungspflichten, die nach jeder Bewertung und Berechnung zu erfolgen sind, individuell in der Bewertungsrichtlinie geregelt werden (FK-KapAnlR/1. Aufl. 2016, § 272 Rn. 38).

Unterabschnitt 2. Geschlossene Master-Feeder-Strukturen

§ 272a Genehmigung des geschlossenen Feederfonds; besondere Anforderungen an Kapitalverwaltungsgesellschaften

(1) **Die Anlagebedingungen eines geschlossenen Publikums-AIF können vorsehen, dass dieser als geschlossener Feederfonds in einem geschlossenen Masterfonds anlegt.**

(2) **Die Anlage eines inländischen geschlossenen AIF als geschlossener Feederfonds in einem geschlossenen Masterfonds bedarf der vorherigen Genehmigung durch die Bundesanstalt und ist nur genehmigungsfähig, wenn es sich bei dem geschlossenen Masterfonds um einen geschlossenen AIF handelt.**

(3) **Spezial-AIF dürfen in einer geschlossenen Master-Feeder-Struktur entweder nicht geschlossener Masterfonds oder geschlossener Feederfonds sein, wenn geschlossene Publikums-AIF geschlossener Masterfonds oder geschlossener Feederfonds derselben geschlossenen Master-Feeder-Struktur sind.**

(4) **Die Kapitalverwaltungsgesellschaft, die den geschlossenen Feederfonds verwaltet, hat dem Genehmigungsantrag gemäß § 267 folgende Angaben und Unterlagen beizufügen:**

1. **die Anlagebedingungen oder die Satzung des geschlossenen Feederfonds und des geschlossenen Masterfonds,**
2. **den Verkaufsprospekt und das Basisinformationsblatt gemäß Verordnung (EU) Nr. 1286/2014 des geschlossenen Feederfonds und des geschlossenen Masterfonds gemäß § 268,**
3. **die Master-Feeder-Vereinbarung oder die entsprechenden internen Regelungen für Geschäftstätigkeiten gemäß § 272d Absatz 1 Satz 2,**
4. **die Verwahrstellenvereinbarung im Sinne des § 272d Absatz 2, wenn für den geschlossenen Masterfonds und den geschlossenen Feederfonds verschiedene Verwahrstellen beauftragt wurden,**
5. **die Abschlussprüfervereinbarung im Sinne des § 272d Absatz 3, wenn für den geschlossenen Masterfonds und den geschlossenen Feederfonds verschiedene Abschlussprüfer bestellt wurden und**
6. **in den Fällen des § 272h die dort genannten Informationen für die Anleger.**

(5) **[1]Der Wechsel der Anlage in einen anderen geschlossenen Masterfonds bedarf der Genehmigung durch die Bundesanstalt. [2]Dem Antrag auf Genehmigung sind folgende Angaben und Unterlagen beizufügen:**

1. **der Antrag auf Genehmigung der Änderung der Anlagebedingungen unter Bezeichnung des geschlossenen Masterfonds,**
2. **die vorgenommenen Änderungen des Verkaufsprospekts und des Basisinformationsblattes gemäß Verordnung (EU) Nr. 1286/2014 und**
3. **die Unterlagen gemäß Absatz 4.**

[3]Die Genehmigung ist innerhalb einer Frist von vier Wochen nach Eingang des Antrags zu erteilen, wenn alle in Satz 2 genannten Unterlagen vollständig vorliegen und der geschlossene Feederfonds, seine Verwahrstelle und sein Abschlussprüfer sowie der geschlossenen Masterfonds die Anforderungen nach diesem Unterabschnitt erfüllen. [4]§ 163 Absatz 2 Satz 2 und 4 bis 10 gilt entsprechend. [5]§ 267 Absatz 3 bleibt unberührt.

(6) **§ 172 gilt entsprechend.**

I. Allgemeines

1 Der Gesetzgeber hat die §§ 272a–272h mit dem Gesetz zur Stärkung des Fondsstandorts Deutschland und zur Umsetzung der Richtlinie (EU) 2019/1160 zur Änderung der Richtlinien 2009/65/EG und 2011/61/EU im Hinblick auf den grenzüberschreitenden Vertrieb von Organismen für gemeinsame Anlagen (Fondsstandortgesetz – **FoStoG**) (BGBl. 2021 I 1498) vom 3.6.2021 in das KAGB eingefügt. Sie führen die bisher für **geschlossene Fonds** unzulässigen **Master-Feeder-Strukturen** ein. Im Zuge des Vierten Corona-Steuerhilfegesetzes wurden (mWv 1.1.2023) die in den §§ 272a ff. enthaltenen Bezugnahmen auf die „wesentlichen Anlegerinformationen" durch solche auf das Basisinformationsblatt gem. der PRIIPs-VO ersetzt (vgl. BT-Drs. 20/1906, 43).

2 Master-Feeder-Strukturen zeichnen sich dadurch aus, dass ein oder mehrere Feederfonds die ihnen übertragenen Vermögenswerte zu mindestens 85% in einen Masterfonds investieren (vgl. § 1 XIX Nr. 11 Buchst. a). Der Vorteil solcher Strukturen ist, dass das Vermögen gepoolt wird, da idR mehrere Feederfonds in den Masterfonds investieren. Durch die einheitliche Verwaltung können insb. Verwaltungskosten und andere administrative Kosten eingespart und Effizienzsteigerungen erreicht werden (vgl. EDD/*Daemgen* § 171 Rn. 2; FK-KapAnlR/*Dobrauz-Saldapenna/Rosenauer* § 171 Rn. 2; AWZ/*Lienhard* § 171 Rn. 3). Um die **Wettbewerbsfähigkeit** des europäischen Fondsstandorts zu stärken (Erwägungsgrund 50 OGAW-RL), wurde durch die Umsetzung der OGAW-RL erstmals ein gesetzlicher Rahmen für Master-Feeder-Strukturen geschaffen, der sich jedoch zunächst auf offene Master-Feeder-Strukturen beschränkte.

3 Nach der Gesetzesbegründung ist es das Ziel der Einführung von geschlossenen Master-Feeder-Strukturen, den Fondsstandort Deutschland **flexibler** zu gestalten, Fondsverwaltern **mehr Gestaltungsmöglichkeiten** zu geben und den Anlegern mehr Auswahl an Produkten zu ermöglichen (vgl. Gesetzesbegründung zum Regierungsentwurf des FoStoG, BT-Drs. 19/27631, 100). Dieses Vorhaben ist grds. zu begrüßen. Im Gesetzgebungsverfahren haben Verbände jedoch kritisiert, dass das Vorhaben zu eng gefasst sei, da solche Strukturen in der Praxis eine eher geringe Relevanz haben könnten (vgl. *Zentraler Immobilien Ausschuss* Stellungnahme zum Referentenentwurf zum Fondsstandortgesetz, GZ: VII B 2 – WK 6366/19/10001:004, 7f.; *Bundesverband Immobilienwirtschaft* BVI-Stellungnahme zum Referentenentwurf vom 1.12.2020 für ein Fondsstandortgesetz, 4). Um die Attraktivität der geschlossenen Publikums-AIF zu steigern, solle auch die Anlage in offene und geschlossene Spezial-AIF möglich sein. Die Auflage geschlossener Publikums-AIF sei insgesamt stark rückläufig. In einem ohnehin überschaubaren Marktumfeld sei es daher kaum vorstellbar, dass ein geschlossener Publikums-AIF als Feederfonds in einen anderen geschlossenen Publikums-AIF investiere. Die Beschränkung auf geschlossene Publikums-AIF als Masterfonds sei zudem auch deshalb nicht nachvollziehbar, da bereits § 261 I 1 Nr. 5 und 6 Investitionen sowohl in geschlossene Publikums-AIF als auch in geschlossene Spezial-AIF zulassen. Daher seien kaum Vorteile der neuen Master-Feeder-Struktur erkennbar. Vielmehr ginge gegenüber sonstigen geschlossenen Publikums-AIF ein erhöhter administrativer Aufwand im Genehmigungsprozess einher. Daher sei es sinnvoll, auch die Anlage in offene und geschlossene Spezial-AIF als Masterfonds zu ermöglich. Insbesondere offene Spezial-AIF mit festen Anlagebedingungen nach § 284 würden sich auch als Masterfonds eignen, da durch die Möglichkeit zur Rückgabe der Anteile das Laufzeitende des (geschlossenen) Feederfonds besser gesteuert werden könne. Gesetzestechnisch wäre dies leicht umzusetzen, indem die

Vorschrift des § 261 I 1 Nr. 6 erweitert würde, sodass zusätzlich oder zumindest alternativ auch die Beteiligung an offenen Spezial-AIF zugelassen sind (vgl. *Zentraler Immobilien Ausschuss* Stellungnahme zum Referentenentwurf zum Fondsstandortgesetz, GZ: VII B 2 – WK 6366/19/10001:004, 7f.).

Der Inhalt der Regelungen orientiert sich weitestgehend an den in **§§ 171–180** 4 enthaltenen Regelungen für offene Master-Feeder-Strukturen. Diese setzen die in der OGAW-RL und in der RL 2010/44/EU enthaltenen Vorgaben bezüglich Master-Feeder-Strukturen um. Obwohl die Vorschriften in der OGAW-RL ihren Ursprung haben, beziehen sie sich nicht nur auf OGAW, sondern auch auf andere Investmentvermögen, wenn diese die Tatbestandsmerkmale der Legaldefinition von Master- und Feederfonds nach § 1 XIX Nr. 11a erfüllen. Bei Schaffung der §§ 272a ff. wurden Anpassungen an die Gegebenheiten von geschlossenen Fonds vorgenommen. Außerdem wurden die speziell für OGAW geltenden Regelungen nicht übernommen (vgl. Gesetzesbegründung zum Regierungsentwurf des FoStoG, BT-Drs. 19/27631, 100f.).

§ 272a enthält die Vorschriften zur **Genehmigung** der Anlage des **geschlossenen Feederfonds** in einen Masterfonds. Die Anforderungen entsprechen prinzipiell denen für offene Feederfonds (vgl. Gesetzesbegründung zum Regierungsentwurf des FoStoG, BT-Drs. 19/27631, 100). Die Genehmigung ist aus Gründen des Anlegerschutzes und aus Transparenzgründen notwendig (vgl. FK-KapAnlR/*Dobrauz-Saldapenna/Rosenauer* § 171 Rn. 1). Da für geschlossene Publikums-AIF in § 267 in jedem Fall die Genehmigung der Anlagebedingungen vorgesehen ist, knüpft § 272a an dieses Verfahren an. Im Zusammenhang mit § 171 I hat der Gesetzgeber offen gelassen, ob die Genehmigung der Anlagebedingungen (soweit erforderlich) und die Genehmigung nach § 171 I zeitlich parallel erfolgen können (vgl. BTMB/*Siering/v. Ammon* § 171 Rn. 3). 5

II. Anlagebedingungen (§ 272a I)

Die **Anlagebedingungen** eines geschlossenen Publikums-AIF können grds. 6 vorsehen, dass dieser als geschlossener Feederfonds in einem geschlossenen Masterfonds anlegt. Anders als bei einem offenen Fonds, der nachträglich zu einem Feederfonds werden kann, soll dies jedoch bei einem geschlossenen Fonds nicht möglich sein. Aus Gründen des Anlegerschutzes müssen die Anlagebedingungen eines geschlossenen Publikums-AIF von Anfang an vorsehen, dass dieser als geschlossener Feederfonds aufgelegt werden soll, sodass die Anleger die Folgen abschätzen können (vgl. Gesetzesbegründung zum RegE des FoStoG, BT-Drs. 19/27631, 100). Dies ist insb. vor dem Hintergrund notwendig, dass der Anleger des geschlossenen Feederfonds seine Anteile grundsätzlich nicht vor Ende der Laufzeit zurückgeben kann.

III. Genehmigungspflicht (§ 272a II)

Die Anlage eines inländischen geschlossenen AIF als geschlossener Feederfonds 7 in einem geschlossenen Masterfonds bedarf gem. § 272a II der vorherigen **Genehmigung** durch die BaFin und ist grds. nur genehmigungsfähig, wenn es sich bei dem geschlossenen Masterfonds um einen geschlossenen AIF handelt. Diese Klarstellung ist im Hinblick auf die Definition in § 1 XIX Nr. 12a überflüssig, denn geschlossene Masterfonds können stets nur geschlossene Publikums-AIF sein.

IV. Verbot gemischter Strukturen (§ 272a III)

8 § 272a III regelt, dass Spezial-AIF in einer geschlossenen Master-Feeder-Struktur entweder nicht geschlossener Masterfonds oder geschlossener Feederfonds sein dürfen, wenn geschlossene Publikums-AIF geschlossener Masterfonds oder geschlossener Feederfonds derselben geschlossenen Master-Feeder-Struktur sind. Gemischte Strukturen sind somit nicht möglich; **Spezial-AIF** sind **ausgeschlossen.** Diese Regelung ist im Hinblick auf die Definitionen in § 1 XIX Nr. 11a und § 1 XIX Nr. 12a überflüssig, denn Spezial-AIF können schon begrifflich keine geschlossenen Masterfonds bzw. geschlossenen Feederfonds sein. Der Gesetzgeber wollte damit möglicherweise eine weitere Klarstellung erreichen und die parallele Regelungsstruktur zu § 171 III einhalten. Allerdings schafft § 272a III eher einen Widerspruch, denn nach dem Wortlaut wäre eine geschlossene Master-Feeder-Struktur (allein) mit Spezial-AIF möglich, nach den gesetzlichen Definitionen können aber immer nur geschlossene Publikums-AIF beteiligt sein (s. zu „handwerklichen Ungereimtheiten" *Zentraler Immobilien Ausschuss* Stellungnahme zum Referentenentwurf zum Fondsstandortgesetz, GZ: VII B 2 – WK 6366/19/10001:004, 8f.; zum gesetzgeberischen Willen in der Parallelregelung des § 171 II s. AWZ/*Lienhard* § 171 Rn. 23).

V. Erforderliche Angaben und Unterlagen (§ 272a IV)

9 § 272a IV führt die **Angaben** und **Unterlagen** auf, die von der KVG dem Genehmigungsantrag nach § 267 bei der BaFin beizufügen sind. Die Vorgaben orientieren sich an denen der Parallelvorschrift des § 171 III. Wegen des größeren Prüfungsumfangs gilt die Frist des § 267 II **(vier Wochen)** für die Genehmigung. Die kürzere Frist in § 171 ergibt sich aus der OGAW-RL, die nicht zwingend für AIF anzuwenden ist (vgl. Gesetzesbegründung zum RegE des FoStoG, BT-Drs. 19/27631, 101.). Es sind folgende Unterlagen beizufügen:

1. die **Anlagebedingungen** oder die **Satzung** des geschlossenen Feederfonds und des geschlossenen Masterfonds (§ 272a IV Nr. 1);
2. der **Verkaufsprospekt** und das Basisinformationsblatt gem. PRIIPs-VO des geschlossenen Feederfonds und des geschlossenen Masterfonds gem. §§ 268, 270 (§ 272a IV Nr. 2);
3. die **Master-Feeder-Vereinbarung** oder die entsprechenden internen Regelungen für Geschäftstätigkeiten gem. § 272d I 2 (§ 272a IV Nr. 3);
4. die **Verwahrstellenvereinbarung** iSd § 272d II, wenn für den geschlossenen Master- und den geschlossenen Feederfonds verschiedene Verwahrstellen beauftragt wurden (§ 272a IV Nr. 4);
5. die **Abschlussprüfervereinbarung** iSd § 272d III, soweit für den geschlossenen Masterfonds und den Feederfonds verschiedene Abschlussprüfer bestellt wurden (§ 272a IV Nr. 5);
6. in den Fällen des **§ 272h** die dort genannten **Informationen für Anleger** (§ 272a IV Nr. 6).

VI. Wechsel des Masterfonds (§ 272a V)

10 Wie bei offenen Feederfonds wird nach § 272a V auch der **Wechsel des Masterfonds** zugelassen. Dies kann unter Umständen notwendig werden, wenn zum Beispiel der ursprünglich gewählte Masterfonds nicht die versprochenen Ergebnisse erzielt. Der Ausschluss eines Wechsels würde die Anleger unangemessen benachtei-

ligen (vgl. Gesetzesbegründung zum RegE des FoStoG, BT-Drs. 19/27631, 101f.). Sollten damit Änderungen der Anlagegrundsätze oder der Kosten einhergehen, gilt **§ 267 III,** dh es ist wie dort vorgesehen eine Anlegerentscheidung herbeizuführen (vgl. Gesetzesbegründung zum RegE des FoStoG, BT-Drs. 19/27631, 101).

Der Wechsel des Masterfonds bedarf grundsätzlich der **Genehmigung** der BaFin. Dem Antrag auf Genehmigung sind gem. § 272a V 2 folgende Angaben und Unterlagen beizufügen: 11

1. der Antrag auf Genehmigung der Änderung der Anlagebedingungen unter Bezeichnung des geschlossenen Masterfonds;
2. die vorgenommenen Änderungen des Verkaufsprospekts und des Basisinformationsblatts gem. PRIIPs-VO und
3. die Unterlagen gem. § 272a IV.

Die Genehmigung ist innerhalb einer Frist von **vier Wochen** nach Eingang des Antrags zu erteilen, wenn alle in § 272a V 2 genannten Unterlagen vollständig vorliegen und der geschlossene Feederfonds, seine Verwahrstelle, sein Abschlussprüfer sowie der geschlossenen Masterfonds die Anforderungen nach diesem Unterabschnitt erfüllen. § 163 II 2 und 4–10 (Verfahren) gilt entsprechend. Sind die Voraussetzungen für die Genehmigung nicht erfüllt, hat die BaFin dies dem Antragsteller innerhalb der genannten Frist unter Angabe der Gründe mitzuteilen und fehlende oder geänderte Angaben oder Unterlagen anzufordern. Mit dem Eingang der angeforderten Angaben oder Unterlagen beginnt der Lauf der genannten Frist erneut. Die Genehmigung gilt als erteilt, wenn über den Genehmigungsantrag nicht innerhalb der genannten Frist entschieden worden und die genannte Mitteilung nicht erfolgt ist. Auf Antrag der KVG hat die BaFin im Fall der Genehmigungsfiktion die Genehmigung zu bestätigen. Die BaFin kann die Genehmigung mit Nebenbestimmungen versehen. Die KVG darf die Anlagebedingungen dem Verkaufsprospekt nur beifügen, wenn die Genehmigung erteilt worden ist. Die von der BaFin genehmigten Anlagebedingungen sind dem Publikum in der jeweils geltenden Fassung auf der Internetseite der KVG zugänglich zu machen. Der Vertrieb muss nach § 316 zulässig sein. 12

VII. Besondere Anforderungen an KVG (§ 272a VI)

§ 272a VI verweist auf **§ 172,** sodass für KVG, die geschlossene Feederfonds verwalten, dieselben besonderen Anforderungen gelten wie für jene, die offene Feederfonds verwalten (vgl. Gesetzesbegründung zum RegE des FoStoG, BT-Drs. 19/27631, 101). Das heißt insb., die KVG muss bei der Verwaltung von Master- und Feederfonds so organisiert sein, dass Interessenkonflikte vermieden und geeignete Regelungen zu Kosten und Gebühren des Feederfonds und Rückerstattungen des Masterfonds festgelegt werden. 13

§ 272b Verkaufsprospekt, Anlagebedingungen, Jahresbericht

(1) **Der Verkaufsprospekt eines geschlossenen Feederfonds hat über die Angaben nach § 269 hinaus folgende Angaben zu enthalten:**

1. **eine Erläuterung, dass es sich um den geschlossenen Feederfonds eines bestimmten geschlossenen Masterfonds handelt und er als solcher dauerhaft mindestens 85 Prozent seines Wertes in Anteile dieses geschlossenen Masterfonds anlegt,**

2. die Angabe des Risikoprofils und die Angabe, ob die Wertentwicklung von geschlossenen Feederfonds und geschlossenen Masterfonds identisch ist oder in welchem Ausmaß und aus welchen Gründen sie sich unterscheiden sowie eine Beschreibung der gemäß § 272c Absatz 1 getätigten Anlagen,

3. eine kurze Beschreibung des geschlossenen Masterfonds, seiner Struktur, seines Anlageziels und seiner Anlagestrategie einschließlich des Risikoprofils und Angaben dazu, wo und wie der aktuelle Verkaufsprospekt des Masterfonds erhältlich ist sowie Angaben über den Sitz des Masterfonds,

4. eine Zusammenfassung der geschlossenen Master-Feeder-Vereinbarung nach § 272d Absatz 1 Satz 2 oder der entsprechenden internen Regelungen für Geschäftstätigkeiten nach § 272d Absatz 1 Satz 3,

5. einen Hinweis auf die Möglichkeiten für die Anleger, weitere Informationen über den geschlossenen Masterfonds und die geschlossene Master-Feeder-Vereinbarung einzuholen,

6. eine Beschreibung sämtlicher Vergütungen und Kosten, die der geschlossene Feederfonds auf Grund der Anlage in Anteilen des geschlossenen Masterfonds zu zahlen hat, sowie der gesamten Gebühren von geschlossenen Feederfonds und geschlossenen Masterfonds und

7. eine Beschreibung der steuerlichen Auswirkungen der Anlage in den geschlossenen Masterfonds für den geschlossenen Feederfonds.

(2) **Änderungen des Verkaufsprospektes und des Basisinformationsblattes gemäß Verordnung (EU) Nr. 1286/2014des geschlossenen Masterfonds sind der Bundesanstalt gemäß § 316 Absatz 4 mitzuteilen.**

(3) **Die Anlagebedingungen des geschlossenen Feederfonds müssen die Bezeichnung des geschlossenen Masterfonds enthalten.**

(4) **[1]Der Jahresbericht eines geschlossenen Feederfonds muss zusätzlich zu den in § 148 oder § 158 vorgesehenen Informationen eine Erklärung zu den zusammengefassten Gebühren von geschlossenen Feederfonds und geschlossenen Masterfonds enthalten. [2]Er muss ferner darüber informieren, wo der Jahresbericht des geschlossenen Masterfonds erhältlich ist.**

(5) **Kapitalverwaltungsgesellschaften, die einen geschlossenen Feederfonds verwalten, haben der Bundesanstalt auch für den geschlossenen Masterfonds den Jahresbericht unverzüglich nach erstmaliger Verwendung einzureichen.**

(6) **[1]Der Abschlussprüfer des geschlossenen Feederfonds hat in seinem Prüfungsbericht den Prüfungsvermerk und weitere Informationen in entsprechender Anwendung von Artikel 27 Absatz 1 Buchstabe a der Richtlinie 2010/44/EU des Abschlussprüfers des geschlossenen Masterfonds zu berücksichtigen. [2]Haben der *geschlossenen*[1] Feederfonds und der *geschlossenen*[2] Masterfonds unterschiedliche Geschäftsjahre, so hat der Abschlussprüfer des Masterfonds einen Bericht über die Prüfung der von der Verwaltungsgesellschaft des Masterfonds zu erstellenden Informationen in entsprechender Anwendung von Artikel 12 Buchstabe b der Richt-**

[1] Richtig wohl: „geschlossene".

[2] Richtig wohl: „geschlossene".

linie 2010/44/EU für den geschlossenen Masterfonds zum Geschäftsjahresende des geschlossenen Feederfonds zu erstellen. [3]Der Abschlussprüfer des geschlossenen Feederfonds hat in seinem Prüfungsbericht insbesondere jegliche Unregelmäßigkeiten, die er in den vom Abschlussprüfer des geschlossenen Masterfonds übermittelten Unterlagen feststellt, sowie deren Auswirkungen auf den geschlossenen Feederfonds zu nennen. [4]Zur Erfüllung der Aufgaben nach diesem Absatz darf der Abschlussprüfer des geschlossenen Masterfonds gegenüber dem Abschlussprüfer des geschlossenen Feederfonds auch personenbezogene Daten offenlegen. [5]Die personenbezogenen Daten sind vor der Offenlegung zu pseudonymisieren, es sei denn, dass dies der Aufgabenerfüllung nach diesem Absatz entgegensteht. [6]Der Abschlussprüfer des geschlossenen Feederfonds darf ihm nach Satz 4 offengelegte personenbezogene Daten speichern und verwenden, soweit dies zur Erfüllung seiner Aufgaben nach diesem Absatz erforderlich ist.

I. Allgemeines

Der Gesetzgeber hat die §§ 272a–272h mit dem Gesetz zur Stärkung des Fondsstandorts Deutschland und zur Umsetzung der Richtlinie (EU) 2019/1160 zur Änderung der Richtlinien 2009/65/EG und 2011/61/EU im Hinblick auf den grenzüberschreitenden Vertrieb von Organismen für gemeinsame Anlagen (Fondsstandortgesetz – **FoStoG**) (BGBl. 2021 I 1498) vom 3.6.2021 in das KAGB eingefügt. Sie führen die bisher für **geschlossene Fonds** unzulässigen **Master-Feeder-Strukturen** ein (iE → § 272a Rn. 1ff.). 1

§ 272b entspricht im Wesentlichen § 173 mit Anpassungen an die Regelungen für geschlossene Fonds (vgl. Gesetzesbegründung zum RegE des FoStoG, BT-Drs. 19/27631, 101). Wie die Parallelvorschrift des § 173 dient auch § 272b der Schaffung von mehr **Transparenz** für die Anleger. Da der Feederfonds mindestens 85% seines Vermögens in Anteile des Masterfonds anlegt, besteht eine starke Abhängigkeit zwischen dem Feederfonds und dem Masterfonds mit Blick auf die Anlagestrategie und die Anlagepolitik (vgl. WBA/*Wind/Fritz* § 173 Rn. 1). Außerdem beeinträchtigt die Zwischenschaltung einer zusätzlichen Fondsebene die Transparenz des Informationstausches zwischen den beteiligten Parteien (vgl. WBA/*Wind/Fritz* § 173 Rn. 1). § 272b enthält zusätzliche Informationspflichten, um das Defizit auf Seiten der Anleger auszugleichen (vgl. AWZ/*Lienhard* § 173 Rn. 1). 2

II. Zusätzliche Angaben im Verkaufsprospekt von Feederfonds (§ 272b I)

§ 272b I enthält eine Auflistung weiterer Angaben, die der Verkaufsprospekt eines Feederfonds neben den Mindestangaben nach § 269 enthalten muss. Hintergrund dieser Regelung ist wie bei § 173, dass Master-Feeder-Strukturen im Vergleich zu herkömmlichen Fondsinvestments besondere Merkmale aufweisen und daher ein höheres **Schutzniveau** der Anleger gewährleistet werden soll (vgl. Erwägungsgrund 54 der OGAW-RL; WBA/*Wind/Fritz* § 173 Rn. 6). Die in § 272b beschriebenen Angaben orientieren sich an den Inhalten des § 173 I. 3

Der Verkaufsprospekt muss gem. § 272b I Nr. 1 verdeutlichen, dass es sich um einen Feederfonds eines bestimmten Masterfonds handelt, der als solcher dauerhaft mindestens 85% seines Wertes in Anteile in diesen Masterfonds anlegt. Diese Erläu- 4 terung soll zeigen, wie eine **Master-Feeder-Struktur** aufgebaut ist und damit dem **Verständnis des Anlegers** dienen. Für den Anleger soll erkennbar werden, dass die erfolgsbestimmenden Entscheidungen auf der Ebene des Masterfonds getroffen werden und somit der wirtschaftliche Erfolg des Feederfonds maßgeblich von den Anlageentscheidungen des Masterfonds abhängt (vgl. EDD/*Daemgen* § 173 Rn. 3; WBA/*Wind/Fritz* § 173 Rn. 7).

5 Nach § 272b I Nr. 2 soll der Verkaufsprospekt Angaben über das **Risikoprofil** und die Angabe, ob die **Wertentwicklung** von geschlossenen Feederfonds und geschlossenen Masterfonds **identisch** ist oder in welchem Ausmaß und aus welchen Gründen sie sich unterscheiden, enthalten. Außerdem soll der Verkaufsprospekt eine Beschreibung der gem. § 272c I getätigten Anlagen umfassen. Das KAGB enthält keine Definition des Begriffs „Risikoprofil". Nach dem allgemeinen Verständnis in der Branche ist damit eine Darstellung der möglichen ungünstigen Entwicklungen, die den künftigen Erfolg des Feederfonds beeinflussen könnten, gemeint (vgl. FK-KapAnlR/*Dobrauz-Saldapenna/Rosenauer* § 173 Rn. 10; WBA/*Wind/Fritz* § 173 Rn. 8). Hintergrund der Regelung ist die Möglichkeit, dass die Risikoprofile und Wertentwicklung von Master- und Feederfonds unterschiedlich sein können, da 15% der Vermögenswerte des Feederfonds in andere Vermögenswerte als in Anteile des Masterfonds investiert werden können. Beispielsweise könnte sich das Risikoprofil durch besondere Sicherungsmechanismen oder Garantien, Währungen oder Beimischung anderer Vermögenswerte iRd zulässigen Anlagegrenzen unterscheiden (vgl. EDD/*Daemgen* § 173 Rn. 4; BTMB/*Siering/v. Ammon* § 173 Rn. 8).

6 § 272b I Nr. 3 legt fest, dass der Verkaufsprospekt eine kurze **Beschreibung des geschlossenen Masterfonds,** seiner **Struktur,** seines **Anlageziels** und seiner **Anlagestrategie** einschließlich des **Risikoprofils** und Angaben dazu, wo und wie der **aktuelle Verkaufsprospekt** des Masterfonds erhältlich ist, sowie Angaben über den **Sitz** des Masterfonds enthalten soll. Auch wenn die Beschreibung „kurz" sein soll, muss sie trotzdem so ausgewogen sein, dass das Gesamtbild der Master-Feeder-Struktur verständlich vermittelt wird („tendenziell ausführliche Angaben" BSV/*Kunschke/Klebeck* § 173 Rn. 7 mwN; „eher ausführlich statt kurz" AWZ/*Lienhard* § 173 Rn. 11; aA BTMB/*Siering/v. Ammon* § 173 Rn. 11 mit Verweis auf die ausführlichen Angaben im Verkaufsprospekt des Masterfonds).

7 Nach § 272b I Nr. 4 muss der Verkaufsprospekt auch eine **Zusammenfassung** der **geschlossenen Master-Feeder-Vereinbarung** nach § 272d I 2 oder der entsprechenden internen Regelungen für Geschäftstätigkeiten nach § 272d I 3 enthalten.

8 § 272b I Nr. 5 legt fest, dass im Verkaufsprospekt ein Hinweis auf die Möglichkeiten für die Anleger, **weitere Informationen** über den geschlossenen Masterfonds und die geschlossene Master-Feeder-Vereinbarung einzuholen, enthalten sein muss. Dieser Hinweis muss über die Möglichkeit nach § 272b I Nr. 3 und den bloßen Verweis auf den Verkaufsprospekt hinausgehen, also andere Informationsquellen aufzeigen (sofern tatsächlich weitergehende Informationen verfügbar sind), wie zB die Internetseite der KVG des Masterfonds (AWZ/*Lienhard* § 173 Rn. 13; BTMB/*Siering/v. Ammon* § 173 Rn. 15).

9 Nach § 272b I Nr. 6 soll der Verkaufsprospekt auch eine Beschreibung sämtlicher Vergütungen und Kosten enthalten, die der geschlossene Feederfonds auf Grund der Anlage in Anteile des geschlossenen Masterfonds zu zahlen hat, sowie eine Beschreibung der gesamten Gebühren von geschlossenen Feederfonds und geschlossenen Masterfonds. Dies soll dazu dienen, Kostentransparenz herzustellen und die Anleger

vor ungerechtfertigten Kosten zu schützen (vgl. Erwägungsgrund 55 der OGAW-RL; EDD/*Daemgen* § 173 Rn. 7; WBA/*Wind/Fritz* § 173 Rn. 14).

Gemäß § 272b I Nr. 7 muss der Verkaufsprospekt außerdem eine Beschreibung der steuerlichen Auswirkungen der Anlage in den geschlossenen Masterfonds für den geschlossenen Feederfonds enthalten, um den Anleger in dieser Hinsicht aufzuklären. 10

III. Änderungen der Verkaufsunterlagen des Masterfonds (§ 272b II)

Die KVG muss der BaFin gem. § 272b II **Änderungen des Verkaufsprospektes** und des Basisinformationsblatts gem. PRIIPs-VO des geschlossenen Masterfonds gem. § 316 IV mitteilen. Nach § 316 IV 2 sind geplante Änderungen der BaFin mindestens **20 Arbeitstage** vor Durchführung der Änderung mitzuteilen, ungeplante Änderungen unverzüglich nach deren Eintreten. Sollte die geplante Änderung einen Verstoß gegen das KAGB zur Folge haben, kann die BaFin gem. § 316 IV 3 die Durchführung untersagen. Sollte die geplante Änderung ohne Einhaltung der Frist oder trotz Untersagung durchgeführt werden, so ergreift die BaFin alle gebotenen Maßnahmen nach § 5 einschließlich der ausdrücklichen Untersagung des Vertriebs. 11

IV. Anforderung an Anlagebedingungen des Feederfonds (§ 272b III)

Gemäß § 272b III müssen die Anlagebedingungen des geschlossenen Feederfonds die **Bezeichnung des geschlossenen Masterfonds,** in welchen der Feederfonds anlegt, enthalten. Diese Vorschrift dient (neben der zivilrechtlichen Komponente) der Kontrolle der BaFin und ist im Zusammenhang mit dem Genehmigungsvorbehalt in § 272a I zu sehen. 12

V. Jahresbericht des Feederfonds (§ 272b IV)

Wie auch die Parallelvorschrift des § 173 IV 1 dient § 272b IV 1 dem Schutz des Anlegers vor ungerechtfertigten Kosten (vgl. Erwägungsgründe 54, 55 der OGAW-RL). Zu diesem Zweck soll der Jahresbericht eines Feederfonds zusätzlich zu den nach § 148 oder § 158 erforderlichen Angaben eine Erklärung zu den **zusammengefassten Gebühren** von Feeder- und Masterfonds enthalten. Die Richtigkeit der Angaben kann anhand der Informationen im Verkaufsprospekt (§ 272b II Nr. 6) überprüft werden. 13

Nach § 272b IV 2 muss der Jahresbericht des Feederfonds darüber informieren, wo der **Jahresbericht des Masterfonds** erhältlich ist. Das Dokument ist für den Anleger von wesentlicher Bedeutung, da die Wertentwicklung seiner Anlage von dem Erfolg des Masterfonds abhängt (vgl. EDD/*Daemgen* § 173 Rn. 15; WBA/*Wind/Fritz* § 173 Rn. 20a). 14

VI. Jahresbericht des Masterfonds (§ 272b V)

Kapitalverwaltungsgesellschaften, die einen geschlossenen Feederfonds verwalten, haben der BaFin gem. § 272b V auch für den geschlossenen Masterfonds den Jahresbericht **unverzüglich nach erstmaliger Verwendung** einzureichen. 15

„Unverzüglich“ ist entsprechend der Definition des § 121 BGB zu verstehen, sodass die KVG den Jahresbericht ohne schuldhaftes Zögern einzureichen hat. Davon umfasst ist auch noch eine nach den Umständen des Einzelfalls zu bemessende Prüfungs- und Überlegungsfrist (vgl. Grüneberg/*Ellenberger* BGB § 121 Rn. 3). Eine „erstmalige Verwendung“ ist in jedem ersten bestimmungsgemäßen Gebrauch zu sehen, wovon zB der Versand des Jahresberichts an den BAnz, die Aushändigung an den Anleger oder in der Beifügung zum Verkaufsprospekt nach § 272b I umfasst sein kann (vgl. EDD/*Daemgen* § 173 Rn. 9; WBA/*Wind/Fritz* § 173 Rn. 24).

VII. Anforderungen an die Prüfung (§ 272b VI)

16 Der Abschlussprüfer des geschlossenen Feederfonds hat gem. § 272b VI 1 in seinem Prüfungsbericht den **Prüfungsvermerk** und **weitere Informationen** in entsprechender Anwendung von Art. 27 I Buchst. a der RL 2010/44/EU des Abschlussprüfers des geschlossenen Masterfonds zu berücksichtigen. Bei den weiteren Informationen handelt es sich um die in der Abschlussprüfervereinbarung gem. § 272d III festgelegten Unterlagen und Kategorien von Informationen, die die beiden Abschlussprüfer regelmäßig austauschen. In der Abschlussprüfervereinbarung ist festzulegen, welche Unterlagen und Kategorien von Informationen auf welchem Weg und in welchem zeitlichen Rahmen ausgetauscht werden (vgl. EDD/*Daemgen* § 173 Rn. 17).

17 Haben der Feederfonds und der Masterfonds **unterschiedliche Geschäftsjahre,** so hat der Abschlussprüfer des Masterfonds gem. § 272b VI 2 einen Bericht über die Prüfung der von der KVG des Masterfonds zu erstellenden Informationen in entsprechender Anwendung von Art. 12 Buchst. b der RL 2010/44/EU für den Masterfonds zum Geschäftsjahresende des Feederfonds zu erstellen. Hierdurch wird dem Abschlussprüfer des Feederfonds die Möglichkeit verschafft, seine regelmäßigen Prüfungsberichte ordnungsgemäß zu erstellen (vgl. EDD/*Daemgen* § 173 Rn. 17; WBA/*Wind/Fritz* § 173 Rn. 26).

18 Der Abschlussprüfer des Feederfonds hat gem. § 272b VI 3 in seinem Prüfungsbericht insb. sämtliche **Unregelmäßigkeiten,** die er in den vom Abschlussprüfer des Masterfonds übermittelten Unterlagen feststellt, sowie deren Auswirkungen auf den Feederfonds zu nennen. Da die Entwicklung des Feederfonds von derjenigen des Masterfonds abhängig ist, der Abschlussprüfer den Masterfonds in der einschlägigen Konstellation aber nicht prüft, kann er seine Prüfung im Wesentlichen nur auf die durch den Abschlussprüfer des Masterfonds mitgeteilten Befunde stützen (BSV/*Kunschke/Klebeck* Rn. 22).

19 Zur Erfüllung seiner Aufgaben hat der Abschlussprüfer des Masterfonds gem. § 272b VI 4 gegenüber dem Abschlussprüfer des Feederfonds auch **personenbezogene Daten** offenzulegen. Die personenbezogenen Daten sind vor der Offenlegung zu pseudonymisieren, es sei denn, dass dies der Aufgabenerfüllung nach § 272b VI entgegensteht. Der Abschlussprüfer des Feederfonds darf ihm offengelegte personenbezogene Daten speichern und verwenden, soweit dies zur Erfüllung seiner Aufgaben erforderlich ist.

§ 272c Anlagegrenzen, Anlagebeschränkungen

(1) [1]**Die Kapitalverwaltungsgesellschaft hat für einen geschlossenen Feederfonds ungeachtet von § 262 mindestens 85 Prozent des Wertes des geschlossenen Feederfonds in Anteile eines geschlossenen Masterfonds anzulegen.** [2]**Der geschlossenen Feederfonds darf erst dann abweichend von § 262 Absatz 1 Satz 1 und 3 und Absatz 2 Satz 1 in Anteile eines geschlossenen Masterfonds anlegen, wenn die Genehmigung nach § 272a Absatz 1 Satz 2 erteilt worden ist und die geschlossene Master-Feeder-Vereinbarung nach § 272d Absatz 1 Satz 2 oder 3 und, falls erforderlich, die Verwahrstellenvereinbarung nach § 272d Absatz 2 und die Abschlussprüfervereinbarung nach § 272d Absatz 3 wirksam geworden sind.**

(2) **Die Kapitalverwaltungsgesellschaft darf für Rechnung eines geschlossenen Masterfonds keine Anteile an einem geschlossenen Feederfonds halten.**

I. Allgemeines

Der Gesetzgeber hat die §§ 272a–272h mit dem Gesetz zur Stärkung des Fondsstandorts Deutschland und zur Umsetzung der Richtlinie (EU) 2019/1160 zur Änderung der Richtlinien 2009/65/EG und 2011/61/EU im Hinblick auf den grenzüberschreitenden Vertrieb von Organismen für gemeinsame Anlagen (Fondsstandortgesetz – **FoStoG**) (BGBl. 2021 I 1498) vom 3.6.2021 in das KAGB eingefügt. Sie führen die bisher für **geschlossene Fonds** unzulässigen **Master-Feeder-Strukturen** ein (iE → § 272a Rn. 1 ff.). 1

§ 272c entspricht größtenteils § 174 I, II; § 174 III, IV spielen für geschlossene Fonds hingegen keine Rolle (vgl. Gesetzesbegründung zum RegE des FoStoG, BT-Drs. 19/27631, 101; zur Entstehungsgeschichte des § 174s. AWZ/*Lienhard* § 174 Rn. 1 ff.). Die Vorschrift enthält Anlagegrenzen und Anlagebeschränkungen für Feeder- und Masterfonds und dient vor allem der Schaffung einer klaren und transparenten Anlagestruktur, die dem Anleger ein ausreichendes Verständnis ermöglicht und für die Aufsichtsbehörden einfach zu überwachen ist (vgl. Erwägungsgrund 51 OGAW-RL). 2

II. Anlagegrenzen und Anlagebeschränkungen (§ 272c I und II)

§ 272c I 1 bestimmt, dass geschlossene Feederfonds ungeachtet von § 262 mindestens **85 %** ihres Vermögens in einen geschlossenen Masterfonds anlegen. Dies ergibt sich allerdings bereits aus der in § 1 XIX Nr. 11a enthaltenen Definition, sodass ein Hinweis ausreichend gewesen wäre, dass insoweit § 262 nicht anwendbar ist, die KVG des Feederfonds also von den sonst geltenden Vorgaben der Risikomischung „befreit" ist (vgl. Erwägungsgrund 50 OGAW-RL). 3

Aus § 272c I 1 folgt auch, dass der Feederfonds in nur einen einzigen Masterfonds investieren kann. Dadurch soll die Komplexität von Masterfeeder-Strukturen reduziert werden und für den Anleger übersichtlicher und leichter verständlich sein (vgl. FK-KapAnlR/*Dobrauz-Saldapenna/Rosenauer* § 174 Rn. 9; WBA/*Wind/Fritz* § 174 Rn. 7). Der Feederfonds darf 15% seines Wertes anderweitig investieren, um hinsichtlich seiner Liquidität einen Spielraum zu haben (vgl. FK-KapAnlR/ 4

Dobrauz-Saldapenna/Rosenauer § 174 Rn. 11). Anders als § 174 I 3 enthält § 272c I keine explizite Vorgabe, die zulässigen Vermögensgegenstände richten sich nach § 261.

5 Der geschlossene Feederfonds darf gem. § 272c I 2 allerdings erst dann abweichend von § 262 I 1 und 3 und § 262 II 1 in Anteile eines geschlossenen Masterfonds anlegen, wenn die Genehmigung nach § 272a I 2 erteilt worden ist und die geschlossene Master-Feeder-Vereinbarung nach § 272d I 2 oder 3 und, falls erforderlich, die Verwahrstellenvereinbarung nach § 272d II und die Abschlussprüfervereinbarung nach § 272d III wirksam geworden sind.

6 Gemäß § 272c II darf die KVG für Rechnung eines geschlossenen Masterfonds keine Anteile an einem geschlossenen Feederfonds halten. Dabei handelt es sich um eine Wiederholung oder Klarstellung, denn schon aus der Definition des geschlossenen Masterfonds in § 1 XIX Nr. 12a ergibt sich, dass geschlossene Masterfonds keine Anteile eines geschlossenen Feederfonds halten. Der Gesetzgeber wollte mit dieser Einschränkung unüberschaubarer Investitionsketten verhindern (BTMB/*Siering* § 174 Rn. 19).

§ 272d Vereinbarungen bei geschlossenen Master-Feeder-Strukturen

(1) [1]**Die Kapitalverwaltungsgesellschaft des inländischen geschlossenen Masterfonds hat der Verwaltungsgesellschaft des geschlossenen Feederfonds alle Unterlagen und Informationen zur Verfügung zu stellen, die diese benötigt, um die Anforderungen an einen geschlossenen Feederfonds nach diesem Gesetz oder der Vorschriften des Herkunftsstaates des geschlossenen Feederfonds zu erfüllen.** [2]**Beide Verwaltungsgesellschaften haben hierüber eine Vereinbarung in entsprechender Anwendung der Artikel 8 bis 14 der Richtlinie 2010/44/EU abzuschließen (geschlossene Master-Feeder-Vereinbarung).** [3]**Werden geschlossene Masterfonds und geschlossene Feederfonds von derselben Kapitalverwaltungsgesellschaft verwaltet, kann die Vereinbarung durch interne Regelungen für Geschäftstätigkeiten unter entsprechender Berücksichtigung der in den Artikeln 15 bis 19 der Richtlinie 2010/44/EU genannten Inhalte ersetzt werden.**

(2) **Wenn für den geschlossenen Masterfonds und den geschlossenen Feederfonds unterschiedliche Verwahrstellen beauftragt wurden, haben diese eine Vereinbarung in entsprechender Anwendung der Artikel 24 bis 26 der Richtlinie 2010/42/EU über den Informationsaustausch abzuschließen, um sicherzustellen, dass beide ihre Pflichten erfüllen (Verwahrstellenvereinbarung).**

(3) **Wurden für den geschlossenen Masterfonds und den geschlossenen Feederfonds unterschiedliche Abschlussprüfer bestellt, haben diese eine Vereinbarung in entsprechender Anwendung der Artikel 27 und 28 der Richtlinie 2010/44/EU über den Informationsaustausch und die Pflichten nach § 272b Absatz 6 Satz 1 bis 3 abzuschließen, um sicherzustellen, dass beide Abschlussprüfer ihre Pflichten erfüllen (Abschlussprüfervereinbarung).**

I. Allgemeines

1 Der Gesetzgeber hat die §§ 272a–272h mit dem Gesetz zur Stärkung des Fondsstandorts Deutschland und zur Umsetzung der Richtlinie (EU) 2019/1160 zur Änderung der Richtlinien 2009/65/EG und 2011/61/EU im Hinblick auf den grenzüberschreitenden Vertrieb von Organismen für gemeinsame Anlagen (Fondsstandortgesetz – **FoStoG**) (BGBl. 2021 I 1498) vom 3.6.2021 in das KAGB eingefügt. Sie führen die bisher für **geschlossene Fonds** unzulässigen **Master-Feeder-Strukturen** ein (iE → § 272a Rn. 1ff.).

2 § 272d folgt der Parallelvorschrift des § 175, wobei die Regelungen der Durchführungsrichtlinie 2010/44/EU, die Vereinbarungen zwischen den Verwaltungsgesellschaften, Verwahrstellen und Abschlussprüfern betreffen, für entsprechend anwendbar erklärt werden (vgl. BT-Drs. 19/27631, 101). Wie auch § 175, der der Umsetzung von Art. 60 I, Art. 61 I UAbs. 1 und Art. 62 I UAbs. 1 der OGAW-RL dient (vgl. Gesetzesbegründung zum RegE des OGAW-IV-UmsG, BT-Drs. 17/4510, 74), soll auch § 272d sicherstellen, dass der Feederfonds alle Angaben und Unterlagen erhält, um im Interesse seiner Anleger handeln zu können (vgl. FK-KapAnlR/*Dobrauz-Saldapenna/Rosenauer* § 175 Rn. 2). Zu diesem Zweck des effizienten **Informationsaustauschs** sollen Feederfonds und Masterfonds eine verbindliche und durchsetzbare Vereinbarung nach § 272d I abschließen. Ferner sollen gem. § 272d II die Verwahrstellen des Master- und Feederfonds eine Verwahrstellenvereinbarung über die Zurverfügungstellung derjenigen Informationen, die sie zur Erfüllung ihrer Aufgaben benötigen, schließen. Gemäß § 272d III sollen auch die Abschlussprüfer des Master- und Feederfonds eine entsprechende Vereinbarung schließen.

II. Master-Feeder-Vereinbarung (§ 272d I)

3 Nach § 272d I 1 soll die KVG des inländischen geschlossenen Masterfonds dazu verpflichtet sein, der KVG des geschlossenen Feederfonds rechtzeitig alle **Unterlagen und Informationen** zur Verfügung zu stellen, die diese benötigt, um die Anforderungen an einen Feederfonds nach dem KAGB oder der Vorschriften des Herkunftsstaates des Feederfonds zu erfüllen. Da die Entwicklung des Feederfonds maßgeblich von der Entwicklung des Masterfonds abhängt, ist der Feederfonds zur Einschätzung seiner eigenen Lage auf die Informationen des Masterfonds angewiesen (vgl. WBA/*Wind/Fritz* § 175 Rn. 5; AWZ/*Lienhard* § 175 Rn. 2).

4 § 272d I 2 verpflichtet die KVG des Master- und Feederfonds zum Abschluss einer geschlossenen **Master-Feeder-Vereinbarung.** Die Inhalte der Master-Feeder-Vereinbarung richten sich bei Master- und Feederfonds, die nicht von derselben Verwaltungsgesellschaft verwaltet werden, nach Art. 8–14 RL 2010/44/EU. Aus Erwägungsgrund 7 RL 2010/44/EU geht hervor, dass die Mitgliedstaaten nicht verlangen sollen, dass die Master-Feeder-Vereinbarung weitere als die in Art. 8–14 RL 2010/44/EU beschriebenen Regelungen enthalten soll. Allerdings schließt dies nicht aus, dass Master- und Feederfonds darüber hinausgehende Vereinbarungen treffen können (vgl. Erwägungsgrund 7 RL 2010/44/EU).

5 Sofern Master- und Feederfonds von derselben KVG verwaltet werden, kann die Vereinbarung naturgemäß durch **interne Regelungen für Geschäftstätigkeiten** ersetzt werden (§ 272d I 3). Dessen ungeachtet können Master- und Feederfonds freiwillig eine Master-Feeder-Vereinbarung schließen, sind aber nicht dazu ver-

pflichtet (vgl. BTMB/*Siering* § 175 Rn. 16). Master- und Feederfonds werden von derselben KVG verwaltet, wenn es sich dabei um die gleiche juristische Person handelt. Wenn es sich um KVG handelt, die lediglich einer gemeinsamen Gruppe angehören, fallen diese nicht in den Anwendungsbereich der Regelung (vgl. EDD/*Daemgen* § 175 Rn. 12; AWZ/*Lienhard* § 175 Rn. 6). Sofern Master- und Feederfonds von derselben KVG verwaltet werden, sind die Vorgaben in Art. 15–19 RL 2010/44/EU zu berücksichtigen.

6 Zwischen den Inhalten der Master-Feeder-Vereinbarungen und den internen Regelungen für Geschäftstätigkeiten bestehen grds. viele Gemeinsamkeiten. Folgende Inhalte müssen sowohl in einer **Master-Feeder-Vereinbarung** als auch in den **internen Regelungen für Geschäftstätigkeiten** enthalten sein (ausführlich EDD/*Daemgen* § 175 Rn. 16ff.; BSV/*Kunscke/Klebeck* § 175 Rn. 6ff.; AWZ/*Lienhard* § 175 Rn. 9ff.; BTMB/*Siering* § 175 Rn. 6ff.; WBA/*Wind/Fritz* § 175 Rn. 10ff.):

– Angaben über Anlage- und Veräußerungsbasis des Feederfonds (Art. 9, 16 RL 2010/44/EU),
– Regelungen in Bezug auf Standardvereinbarungen (Art. 10, 17 RL 2010/44/EU),
– Regelungen in Bezug auf Ereignisse mit Auswirkungen auf Handelsvereinbarungen (Art. 11, 18 RL 2010/44/EU),
– Regelungen in Bezug auf Standardvereinbarungen für den Prüfbericht (Art. 12, 19 RL 2010/44/EU).

7 Es bestehen aber auch einzelne **Unterschiede,** die ihren Ursprung in der jeweiligen besonderen Interessenlage bei der Verwaltung durch eine oder mehrere KVG haben (vgl. WBA/*Wind/Fritz* § 175 Rn. 9; FK-KapAnlR/*Dobrauz-Saldapenna/Rosenauer* § 175 Rn. 12). Bei der Master-Feeder-Vereinbarung steht der Ausgleich des Informationsdefizits der KVG des Feederfonds im Vordergrund. Die KVG des Feederfonds ist auf Informationen des Masterfonds angewiesen, um ihre gesetzlichen Aufgaben erfüllen zu können. Sofern der Master- und der Feederfonds von zwei verschiedenen KVG verwaltet werden, sind die notwendigen Informationen für die KVG des Feederfonds oft gar nicht oder nur in beschränktem Umfang zugänglich (vgl. FK-KapAnlR/*Dobrauz-Saldapenna/Rosenauer* § 175 Rn. 12). Deshalb ist es notwendig, dass die Master-Feeder-Vereinbarung Regelungen in Bezug auf den **Zugang zu bestimmten Informationen** enthält. Im Hinblick auf den erweiterten Zugang zu Informationen soll die **Master-Feeder-Vereinbarung** noch folgende Punkte enthalten (ausführlich EDD/*Daemgen* § 175 Rn. 26ff.; BSV/*Kunscke/Klebeck* § 175 Rn. 6ff.; AWZ/*Lienhard* § 175 Rn. 16ff.; BTMB/*Siering* § 175 Rn. 6ff.; WBA/*Wind/Fritz* § 175 Rn. 17ff.):

– Angaben in Bezug auf den Zugang zu Informationen (Art. 8 RL 2010/44/EU),
– Bestimmungen in Bezug auf die Änderung von Dauervereinbarungen (Art. 13 RL 2010/44/EU),
– Angaben hinsichtlich der Wahl des anzuwendenden Rechts (Art. 14 RL 2010/44/EU).

8 Bei den internen Regelungen steht hingegen die **Vermeidung von Interessenkonflikten** im Vordergrund (vgl. AWZ/*Lienhard* § 175 Rn. 16). Wenn der Master- und der Feederfonds von derselben KVG verwaltet werden, sind auf der Ebene der KVG idR automatisch alle wesentlichen Informationen vorhanden, sodass kein Defizit ausgeglichen werden muss. Allerdings kann dies zu einem potenziellen Interessenkonflikt führen, da die KVG sowohl die Interessen des Master-

fonds als auch die Interessen des Feederfonds vertreten muss und diese voneinander abweichen können. Dies macht Regelungen zu einem Umgang mit solchen Interessenkonflikten iSv Art. 15 RL 2010/44/EU erforderlich (vgl. WBA/*Wind/Fritz* § 175 Rn. 25). Die Maßnahmen sind aber nur dann notwendig, wenn die von der KVG bereits ergriffenen Maßnahmen nicht ausreichen, um die Anforderungen nach Art. 12 I Buchst. b und Art. 12 I Buchst. d OGAW-RL im Hinblick auf organisatorische Anforderungen, Interessenkonflikte, Geschäftstätigkeiten und Risikomanagement zu erfüllen (vgl. FK-KapAnlR/*Dobrauz-Saldapenna/Rosenauer* § 175 Rn. 11).

III. Verwahrstellenvereinbarung (§ 272d II)

Gemäß § 272d II müssen unterschiedliche Verwahrstellen des Master- und Feederfonds eine sog. **Verwahrstellenvereinbarung** über den Informationsaustausch abschließen, um ihre Pflichten erfüllen zu können. In die Vereinbarung müssen die Inhalte der Art. 24–26 der RL 2010/42/EU enthalten sein. Dazu gehören (ausführlich EDD/*Daemgen* § 175 Rn. 37ff.;AWZ/*Lienhard* § 175 Rn. 19ff.; BTMB/*Siering* § 175 Rn. 26ff.; WBA/*Wind/Fritz* § 175 Rn. 25, 28ff.): 9

- Vereinbarung über den Informationsaustausch (Art. 24 RL 2010/44/EU),
- Wahl des anzuwendenden Rechts (Art. 25 RL 2010/44/EU),
- Berichterstattung über Unregelmäßigkeiten durch die Verwahrstelle des Masterfonds (Art. 26 RL 2010/44/EU).

Hinsichtlich der **Wahl des anzuwendenden Rechts** gilt zu beachten, dass gem. Art. 25 I der RL 2010/44/EU für die Verwahrstellenvereinbarung das Recht des Mitgliedstaats anzuwenden ist, das gem. Art. 14 der RL 2010/44/EU auch für die Master-Feeder-Vereinbarung gewählt worden ist. Sofern anstatt einer Master-Feeder-Vereinbarung eine interne Regelung für Geschäftstätigkeiten getroffen worden ist, ist gem. Art. 25 II der RL 2010/44/EU das Recht des Mitgliedstaats anzuwenden, in dem der Feederfonds niedergelassen ist, oder – sofern abweichend – das Recht des Mitgliedstaates, in dem der Masterfonds niedergelassen ist. 10

IV. Abschlussprüfervereinbarung (§ 272d III)

Wurden für den geschlossenen Masterfonds und den geschlossenen Feederfonds unterschiedliche Abschlussprüfer bestellt, haben diese gem. § 272d III eine Vereinbarung in entsprechender Anwendung der Art. 27 und 28 der RL 2010/44/EU über den Informationsaustausch und die Wahl des anzuwenden Rechts sowie über die Pflichten nach § 272b VI 1–3 abzuschließen, um sicherzustellen, dass beide Abschlussprüfer ihre Pflichten erfüllen **(Abschlussprüfervereinbarung).** Konkrete Vorgaben an den Vertragstext werden nicht gemacht; es sind die festgelegten Punkte aus Art. 27 und 28 der RL 2010/44/EU zu adressieren (ausführlich EDD/*Daemgen* § 175 Rn. 47ff.; BSV/*Kunscke/Klebeck* § 175 Rn. 23ff.; AWZ/*Lienhard* § 175 Rn. 32ff.; BTMB/*Siering* § 175 Rn. 39ff.; WBA/*Wind/Fritz* § 175 Rn. 36ff.). 11

§ 272e Pflichten der Kapitalverwaltungsgesellschaft und der Verwahrstelle

(1) [1]Die Kapitalverwaltungsgesellschaft hat für einen von ihr verwalteten geschlossenen Feederfonds die Anlagen des geschlossenen Masterfonds wirksam zu überwachen. [2]Zur Erfüllung dieser Verpflichtung kann sie sich auf Informationen und Unterlagen der Verwaltungsgesellschaft des geschlossenen Masterfonds, seiner Verwahrstelle oder seines Abschlussprüfers stützen, es sei denn, es liegen Gründe vor, an der Richtigkeit dieser Informationen und Unterlagen zu zweifeln.

(2) [1]Die Kapitalverwaltungsgesellschaft, die einen geschlossenen Masterfonds verwaltet, darf weder für die Anlage des geschlossenen Feederfonds in den Anteilen des geschlossenen Masterfonds einen Ausgabeaufschlag noch für die Rücknahme einen Rücknahmeabschlag erheben. [2]Erhält die Kapitalverwaltungsgesellschaft, die einen geschlossenen Feederfonds verwaltet, oder eine in ihrem Namen handelnde Person im Zusammenhang mit einer Anlage in Anteilen des geschlossenen Masterfonds eine Vertriebsgebühr, eine Vertriebsprovision oder einen sonstigen geldwerten Vorteil, sind diese in das Vermögen des geschlossenen Feederfonds einzuzahlen.

(3) Die Kapitalverwaltungsgesellschaft hat die Bundesanstalt unverzüglich über jeden geschlossenen Feederfonds zu unterrichten, der in Anteile des von ihr verwalteten geschlossenen Masterfonds anlegt.

(4) Die Kapitalverwaltungsgesellschaft hat für einen von ihr verwalteten geschlossenen Masterfonds sicherzustellen, dass sämtliche Informationen, die nach Rechtsvorschriften der Europäischen Union, nach den geltenden inländischen Vorschriften, den Anlagebedingungen oder der Satzung erforderlich sind, den folgenden Stellen rechtzeitig zur Verfügung gestellt werden:
1. der Verwaltungsgesellschaft des geschlossenen Feederfonds,
2. der Bundesanstalt,
3. der Verwahrstelle des geschlossenen Feederfonds und
4. dem Abschlussprüfer des geschlossenen Feederfonds.

(5) Eine Kapitalverwaltungsgesellschaft muss Anteile an einem geschlossenen Masterfonds, in den mindestens zwei geschlossene Feederfonds angelegt sind, nicht dem Publikum anbieten.

(6) [1]Die Kapitalverwaltungsgesellschaft eines geschlossenen Feederfonds hat der Verwahrstelle des geschlossenen Feederfonds alle Informationen über den geschlossenen Masterfonds mitzuteilen, die für die Erfüllung der Pflichten der Verwahrstelle erforderlich sind. [2]Die Verwahrstelle eines inländischen geschlossenen Masterfonds hat die Bundesanstalt, die Verwaltungsgesellschaft des geschlossenen Feederfonds und die Verwahrstelle des geschlossenen Feederfonds unmittelbar über alle Unregelmäßigkeiten zu unterrichten, die sie in Bezug auf den Masterfonds feststellt und die eine negative Auswirkung auf den geschlossenen Feederfonds haben könnten. [3]Zur Erfüllung der Aufgaben nach diesem Absatz darf die Verwahrstelle des geschlossenen Masterfonds gegenüber der Bundesanstalt,

der Verwaltungsgesellschaft des geschlossenen Feederfonds und der Verwahrstelle des geschlossenen Feederfonds auch personenbezogene Daten offenlegen. [4]Die personenbezogenen Daten sind vor der Offenlegung zu pseudonymisieren, es sei denn, dass dies der Aufgabenerfüllung nach diesem Absatz entgegensteht. [5]Die Bundesanstalt, die Verwaltungsgesellschaft des geschlossenen Feederfonds und die Verwahrstelle des geschlossenen Feederfonds dürfen ihnen nach Satz 3 offengelegte personenbezogene Daten speichern und verwenden, soweit dies zur Erfüllung seiner Aufgaben nach diesem Absatz erforderlich ist.

I. Allgemeines

Der Gesetzgeber hat die §§ 272a–272h mit dem Gesetz zur Stärkung des Fonds- 1
standorts Deutschland und zur Umsetzung der Richtlinie (EU) 2019/1160 zur Änderung der Richtlinien 2009/65/EG und 2011/61/EU im Hinblick auf den grenzüberschreitenden Vertrieb von Organismen für gemeinsame Anlagen (Fondsstandortgesetz – **FoStoG**) (BGBl. 2021 I 1498) vom 3.6.2021 in das KAGB eingefügt. Sie führen die bisher für **geschlossene Fonds** unzulässigen **Master-Feeder-Strukturen** ein (iE → § 272a Rn. 1 ff.).

Die Vorschrift entspricht § 176, jedoch ohne die sich aus der OGAW-RL 2
ergebenden Regelungen zum grenzüberschreitenden Vertrieb, der im Bereich der Publikums-AIF nicht europäisch geregelt ist (vgl. Gesetzesbegründung zum RegE des FoStoG, BT-Drs. 19/27631, 101). § 176 I setzt seinerseits die Vorgaben des Art. 65 I der OGAW-RL um. § 176 II, III, IV setzen Art. 66 der OGAW-RL um. § 176 V dient der Umsetzung von Art. 58 IVa der OGAW-RL und § 176 VI 1dient der Umsetzung von Art. 61 I 1 UAbs. 4 der OGAW-RL; § 176 VI 2 dient der Umsetzung von Art. 61 II der OGAW-RL (vgl. Gesetzesbegründung zum RegE des OGAW-IV-UmsG, BT-Drs. 17/4510, 75).

Da der Anlageerfolg des Feederfonds aufgrund der Anlage von mind. 85 % seiner 3
Vermögenswerte in den Masterfonds stark vom Erfolg des Masterfonds abhängt, ist eine **Überwachung** des Masterfonds durch die KVG des Feederfonds notwendig. § 272e soll die laufenden Überwachungspflichten der KVG des Feederfonds und die notwendigen Informationspflichten der KVG des Masterfonds sicherstellen (vgl. EDD/*Daemgen* § 176 Rn. 1). Die geregelten Pflichten betreffen hauptsächlich den **Informationsaustausch** zwischen der KVG des Masterfonds mit anderen Stellen innerhalb der Master-Feeder-Struktur. Auf diese Weise soll sichergestellt werden, dass das bestehende Informationsdefizit (→ § 272d Rn. 7) abgemildert wird und die Vorschriften der §§ 272a ff. eingehalten werden (vgl. FK-KapAnlR/*Dobrauz-Saldapenna/Rosenauer* § 176 Rn. 2).

II. Überwachungspflicht der KVG des Feederfonds (§ 272e I)

Gemäß § 272e I 1 hat die KVG für einen von ihr verwalteten geschlossenen 4
Feederfonds die Anlagen des geschlossenen Masterfonds wirksam zu **überwachen.** Die Vorschrift statuiert keine näheren Vorgaben hinsichtlich der konkreten Ausgestaltung der Überwachungspflicht (vgl. EDD/*Daemgen* § 176 Rn. 5; FK-KapAnlR/*Dobrauz-Saldapenna/Rosenauer* § 176 Rn. 3). Jedoch soll zumindest sichergestellt sein, dass der Masterfonds hinsichtlich seiner Struktur, seinem Anlageziel, seiner Anlagestrategie und seinem Risikoprofil der Beschreibung des § 272a I Nr. 3 entspricht (vgl. FK-KapAnlR/*Dobrauz-Saldapenna/Rosenauer* § 176 Rn. 3). Um die Pflicht er-

füllen zu können, muss die KVG einen internen Überwachungsprozess aufsetzen, der sich an den allgemein anerkannten Vorgaben für Kontrollprozesse orientiert (vgl. AWZ/*Lienhard* § 176 Rn. 5). Das heißt, der Prozess ist in die Ablauforganisation und das Risikomanagement gem. den Vorgaben der Mindestanforderungen an das Risikomanagement von Kapitalverwaltungsgesellschaften (KAMaRisk) vom 10.1.2017 zu integrieren.

5 Zur Erfüllung dieser Verpflichtung kann die KVG sich auf Informationen und Unterlagen der KVG des geschlossenen Masterfonds, seiner Verwahrstelle oder seines Abschlussprüfers stützen, es sei denn, es liegen Gründe vor, an der Richtigkeit dieser Informationen und Unterlagen zu zweifeln (§ 272e I 2). Daraus folgt, dass die KVG grds. nicht verpflichtet ist, eigene Recherchen zu betreiben oder weitere Informationen einzuholen (vgl. BTMB/*Siering* § 176 Rn. 6). Die KVG des Feederfonds erhält über die nach § 272d abzuschließende Master-Feeder-Vereinbarung Zugang zu den notwendigen Informationen auf Ebene des Masterfonds, auf die sie sich verlassen kann.

6 Sofern die KVG des Feederfonds Zweifel an der Richtigkeit der Informationen und Unterlagen hat, muss die KVG eigene Recherchen betreiben, um eine effektive Überwachung sicherzustellen. Zweifel können insb. dann begründet sein, wenn die übermittelten Unterlagen oder Informationen Auffälligkeiten aufweisen, nicht plausibel oder widersprüchlich sind (vgl. FK-KapAnlR/*Dobrauz-Saldapenna/Rosenauer* § 176 Rn. 4; BTMB/*Siering* § 176 Rn. 7).

III. Gebühren und Provisionen (§ 272e II)

7 Die KVG, die einen geschlossenen Masterfonds verwaltet, darf gem. § 272e II 1 **weder** für die Anlage des geschlossenen Feederfonds in den Anteilen des geschlossenen Masterfonds einen **Ausgabeaufschlag** noch für die Rücknahme einen **Rücknahmeabschlag** erheben. Die Anleger des Feederfonds sollen durch diese Regelung vor **ungerechtfertigten Kosten** durch Doppelbelastungen geschützt werden (vgl. EDD/*Daemgen* § 176 Rn. 6; FK-KapAnlR/*Dobrauz-Saldapenna/Rosenauer* § 176 Rn. 5; BTMB/*Siering* § 176 Rn. 9; WBA/*Wind/Fritz* § 176 Rn. 8).

8 Erhält die KVG, die einen geschlossenen Feederfonds verwaltet, oder eine in ihrem Namen handelnde Person im Zusammenhang mit einer Anlage in Anteilen des geschlossenen Masterfonds eine Vertriebsgebühr, eine Vertriebsprovision oder einen sonstigen geldwerten Vorteil, sind diese gem. § 272e II 2 in das Vermögen des geschlossenen Feederfonds einzuzahlen. Durch diese Regelung soll ein **Konflikt zwischen den Interessen** der KVG und den Interessen der Anleger **vermieden** werden und sichergestellt sein, dass die Auswahl des Masterfonds aufgrund objektiver Kriterien erfolgt (vgl. FK-KapAnlR/*Dobrauz-Saldapenna/Rosenauer* § 176 Rn. 6; AWZ/*Lienhard* § 176 Rn. 8; BTMB/*Siering* § 176 Rn. 10).

IV. Pflichten der KVG des Masterfonds (§ 272e III u. IV)

9 § 272e III statuiert eine **Berichtspflicht** der KVG des Masterfonds. Gemäß § 272e III hat die KVG des Masterfonds die BaFin **unverzüglich** über jeden geschlossenen Feederfonds zu unterrichten, der in Anteile des von ihr verwalteten geschlossenen Masterfonds anlegt. Auf diese Weise wird die BaFin in die Lage versetzt, eine wirksame Aufsicht zu gewährleisten und ihren in § 272f beschriebenen Mitteilungspflichten gegenüber den Feederfonds nachzukommen (vgl. WBA/*Wind/Fritz*

§ 176 Rn. 6; EDD/*Daemgen* § 176 Rn. 9; FK-KapAnlR/*Dobrauz-Saldapenna/Rosenauer* § 176 Rn. 7).

Der Bericht hat durch die KVG des Masterfonds unverzüglich, mithin **ohne schuldhaftes Zögern** zu erfolgen. Dies wird regelmäßig dann der Fall sein, wenn der Feederfonds seine Anlage in den Masterfonds getätigt hat (vgl. BTMB/*Siering* § 176 Rn. 13; WBA/*Wind/Fritz* § 176 Rn. 6). Die Vorschrift konkretisiert nicht näher, welche Informationen an die BaFin zu übermitteln sind. Da es das Ziel dieser Regelung ist, die BaFin in die Lage zu versetzen ihre Pflichten aus § 272f zu erfüllen, ist es ausreichend, solche Informationen weiterzugeben, die eine Identifizierung des Feederfonds ermöglichen, ohne etwa Angaben zur Höhe der Anlage zu machen (vgl. BTMB/*Siering* § 176 Rn. 13; WBA/*Wind/Fritz* § 176 Rn. 6). Die Mitteilung der Beendigung einer Anlage ist nicht vorgesehen. 10

Nach § 272e IV hat die KVG für einen von ihr verwalteten geschlossenen Masterfonds sicherzustellen, dass **sämtliche Informationen,** die nach Rechtsvorschriften der Europäischen Union, nach den geltenden inländischen Vorschriften, den Anlagebedingungen oder der Satzung erforderlich sind, 11
- der **KVG** des geschlossenen Feederfonds,
- der **BaFin,**
- der **Verwahrstelle** des Feederfonds,
- und dem **Abschlussprüfer** des Feederfonds

rechtzeitig zur Verfügung gestellt werden. Hintergrund dieser Vorschrift ist, dass die genannten Stellen zur wirksamen Erfüllung ihrer Aufgaben Informationen und Unterlagen benötigen, die nur auf der Ebene des Masterfonds vorhanden sind (vgl. WBA/*Wind/Fritz* § 176 Rn. 7; EDD/*Daemgen* § 176 Rn. 10). Ziel ist also auch hier der Ausgleich des Informationsdefizits auf der Ebene des Feederfonds.

Die Vorschrift ist weit auszulegen. Insbesondere stellt § 272e IV sicher, dass die KVG von Feederfonds alle Informationen erhalten, die sie seitens des Masterfonds benötigen, um den allgemeinen Informationspflichten gegenüber Anlegern nachzukommen, bspw. zur Erstellung und Pflege des Verkaufsprospekts und der wesentlichen Anlegerinformationen (vgl. EDD/*Daemgen* § 176 Rn. 10; FK-KapAnlR/*Dobrauz-Saldapenna/Rosenauer* § 176 Rn. 9; BTMB/*Siering* § 176 Rn. 16). In Fällen, in denen Master- und Feederfonds von unterschiedlichen KVG verwaltet werden, besteht eine Master-Feeder-Vereinbarung iSv § 272d. Diese wird aufgrund ihres zwingenden Inhalts bereits die erforderlichen Informationsrechte enthalten (vgl. WBA/*Wind/Fritz* § 176 Rn. 7). Die nach § 272d II zu schließende Verwahrstellenvereinbarung und die Abschlussprüfervereinbarung nach § 272d III regeln aber jeweils nur das Verhältnis zwischen den beteiligten Verwahrstellen und Abschlussprüfern. § 272e IV hingegen gewährt einen direkten Zugang zu den Informationen auf Ebene des Masterfonds (vgl. WBA/*Wind/Fritz* § 176 Rn. 7). 12

Die Regelung enthält keine Angaben zum Umfang der bereitzustellenden Informationen. Vielmehr stellt die Vorschrift allgemein auf Informationen ab, die gem. europäischer oder inländischer Rechtsvorschriften oder gem. der Anlagebedingung oder Satzung erforderlich sind. Daher ist es Aufgabe der KVG des Feederfonds, die benötigten Informationen und die jeweils einzuhaltenden Fristen näher zu bestimmen (vgl. EDD/*Daemgen* § 176 Rn. 10). 13

Offen bleibt auch, auf welche **Art und Weise** die Informationen und Unterlagen zur Verfügung gestellt werden müssen. Die Formulierung „zur Verfügung stellen" spricht gegen eine aktive Informationspflicht der KVG des Masterfonds, was insb. auch im Vergleich mit den Vorschriften der Abs. 3 und 6 deutlich wird, die nach ihrem Wortlaut jeweils eine aktive Informationspflicht der KVG des Mas- 14 terfonds enthalten („hat zu unterrichten/mitzuteilen“, vgl. WBA/*Wind/Fritz* § 176 Rn. 7). Für dieses Ergebnis sprechen auch praktische Erwägungen: Würde man der KVG des Masterfonds eine aktive Benachrichtigungspflicht auferlegen, wäre dies mit einem enormen Aufwand verbunden. Die KVG hätte ständig die zu überprüfen, ob sich aus einer der genannten Rechtsquellen die Pflicht ergibt, Informationen oder Unterlagen zu übermitteln, damit die genannten Stellen ihre Pflichten erfüllen können. Daher kann aus rein praktischen Gesichtspunkten nur gemeint sein, dass die Stellen die erforderlichen Informationen und Unterlagen bei der KVG des Masterfonds anfragen und diese die Informationen und Unterlagen zeitnah herausgibt (vgl. WBA/*Wind/Fritz* § 176 Rn. 7; BTMB/*Siering* § 176 Rn. 15).

V. Beschränkung der Anteilsausgabe bei Masterfonds (§ 272e V)

15 Gemäß § 272e V muss eine KVG Anteile an einem geschlossenen Masterfonds, in den mindestens zwei geschlossene Feederfonds angelegt sind, nicht dem Publikum anbieten. Hintergrund dieser Regelung ist, dass nach Art. 1 IIa der OGAW-RL Investmentvermögen ihre Anteile einem Publikum anbieten müssen. Nach Art. 58 IV Buchst. a der OGAW-RL muss eine KVG Anteile an einem Masterfonds, in dem mindestens zwei Feederfonds angelegt sind, jedoch nicht dem Publikum anbieten (zum Hintergrund vgl. EDD/*Daemgen* § 176 Rn. 11 f.; BTMB/*Siering* § 176 Rn. 20 f.).

VI. Pflichten betreffend die Verwahrstellen (§ 272e VI)

16 Die KVG eines geschlossenen Feederfonds hat gem. § 272e VI 1 der **Verwahrstelle** des geschlossenen Feederfonds alle **Informationen** über den geschlossenen Masterfonds mitzuteilen, die für die Erfüllung der Pflichten der Verwahrstelle erforderlich sind. § 272e VI normiert mithin eine **aktive Informationspflicht** der KVG des Feederfonds gegenüber der Verwahrstelle des Feederfonds, damit diese ihre Pflichten erfüllen kann (vgl. WBA/*Wind/Fritz* § 176 Rn. 11). § 272e VI 1 entspricht § 176 VI 1, welcher der Umsetzung von Art. 61 VI UAbs. 4 der OGAW-RL dient (vgl. Gesetzesbegründung zum RegE des OGAW-IV-UmsG, BT-Drs. 17/4510, 75).

17 Die KVG des Feederfonds hat ihrerseits aufgrund der **Master-Feeder-Vereinbarung** Zugang zu Informationen auf Ebene des Masterfonds. Folglich sichert § 272e VI der Verwahrstelle des Feederfonds einen **indirekten Zugang** zu Informationen des Masterfonds. Zugleich besteht gem. § 272e IV Nr. 3 auch ein direkter Anspruch auf Bereitstellung der Informationen durch die KVG des Masterfonds, welche die Informationen jedoch nicht aktiv an die Verwahrstelle weiterleiten muss (vgl. WBA/*Wind/Fritz* § 176 Rn. 11). Nach dem Wortlaut der Vorschrift bleibt offen, ob die KVG des Feederfonds im Rahmen ihrer aktiven Informationspflicht auch erforderliche Unterlagen **beschaffen** muss. Dies ist im Ergebnis abzulehnen, da bereits der Informationsanspruch der Verwahrstelle nach § 272e IV Nr. 3 besteht, sodass es nicht gerechtfertigt ist, der KVG des Feederfonds diesen zusätzlichen Aufwand aufzuerlegen (vgl. WBA/*Wind/Fritz* § 176 Rn. 11).

18 Die Verwahrstelle eines inländischen geschlossenen Masterfonds hat die BaFin, die KVG des geschlossenen Feederfonds und die Verwahrstelle des geschlossenen Feederfonds gem. § 272e VI 2 unmittelbar über alle **Unregelmäßigkeiten** zu unterrichten, die sie in Bezug auf den Masterfonds feststellt und die eine negative Auswirkung auf den geschlossenen Feederfonds haben könnten. Diese Regelung entspricht § 176 VI 2, welcher der Umsetzung von Art. 61 II OGAW-RL dient (vgl. Gesetzesbegründung zum RegE des OGAW-IV-UmsG, BT-Drs. 17/4510, 75).

Art. 26 der RL 2010/44/EU enthält eine (nicht abschließende) Aufzählung von Unregelmäßigkeiten, bei denen von negativen Auswirkungen auf den Feederfonds ausgegangen wird. Es handelt sich hierbei um: 19

- Fehler bei der Berechnung des Nettoinventarwerts des Masterfonds (Buchst. a);
- Fehler bei Transaktionen oder bei der Abwicklung von Kauf und Zeichnung oder von Aufträgen zur Rücknahme oder Auszahlung von Anteilen im Masterfonds durch den Feederfonds (Buchst. b);
- Fehler bei der Zahlung oder Kapitalisierung von Erträgen aus dem Masterfonds oder bei der Berechnung der damit zusammenhängenden Quellensteuer (Buchst. c);
- Verstöße gegen die in den Vertragsbedingungen oder der Satzung, dem Prospekt oder den wesentlichen Informationen für den Anleger beschriebenen Anlageziele, -politik oder -strategie des Masterfonds (Buchst. d); sowie
- Verstöße gegen Höchstgrenzen für Anlagen und Kreditaufnahme, die im KAGB, in den Vertragsbedingungen oder der Satzung, dem Prospekt oder den wesentlichen Informationen für den Anleger festgelegt sind (Buchst. e).

Seit dem Auslaufen der Übergangsfrist des Art. 32 der PRIIPs-VO zum 1.1.2023 sind die Bezugnahmen auf „wesentliche Informationen für die Anleger" als solche auf das Basisinformationsblatt gem. der PRIIPs-VO zu verstehen.

Zur Erfüllung der Aufgaben darf die Verwahrstelle des geschlossenen Masterfonds gegenüber der BaFin, der KVG des geschlossenen Feederfonds und der Verwahrstelle des geschlossenen Feederfonds gem. § 272e VI 3 auch **personenbezogene Daten** offenlegen. Die personenbezogenen Daten sind vor der Offenlegung zu **pseudonymisieren,** es sei denn, dass dies der Aufgabenerfüllung der Verwahrstelle entgegensteht. Die BaFin, die KVG des geschlossenen Feederfonds und die Verwahrstelle des geschlossenen Feederfonds dürfen die ihnen nach § 272e VI 3 offengelegten personenbezogenen Daten speichern und verwenden, soweit dies zur Erfüllung ihrer Aufgaben erforderlich ist. 20

§ 272f Mitteilungspflichten der Bundesanstalt

Sind die Anlagebedingungen sowohl des geschlossenen Masterfonds als auch des geschlossenen Feederfonds nach den Vorschriften dieses Gesetzes genehmigt worden, unterrichtet die Bundesanstalt die Kapitalverwaltungsgesellschaft, die den geschlossenen Feederfonds verwaltet, unverzüglich über

1. jede Entscheidung,
2. jede Maßnahme,
3. jede Feststellung von Zuwiderhandlungen gegen die Bestimmungen dieses Unterabschnitts sowie
4. alle nach § 38 Absatz 3 Satz 4 in Verbindung mit § 29 Absatz 3 des Kreditwesengesetzes mitgeteilten Tatsachen,

die den Masterfonds, seine Verwahrstelle oder seinen Abschlussprüfer betreffen.

I. Allgemeines

1 Der Gesetzgeber hat die §§ 272a–272h mit dem Gesetz zur Stärkung des Fondsstandorts Deutschland und zur Umsetzung der Richtlinie (EU) 2019/1160 zur Änderung der Richtlinien 2009/65/EG und 2011/61/EU im Hinblick auf den grenzüberschreitenden Vertrieb von Organismen für gemeinsame Anlagen (Fondsstandortgesetz – **FoStoG**) (BGBl. 2021 I 1498) vom 3.6.2021 in das KAGB eingefügt. Sie führen die bisher für **geschlossene Fonds** unzulässigen **Master-Feeder-Strukturen** ein (iE → § 272a Rn. 1ff.)

2 § 272f ist § 177 I nachgebildet worden (ohne die Regelungen zum grenzüberschreitenden Vertrieb aus § 177 II und III), welcher Art. 67 I der OGAW-RL umsetzt (vgl. Gesetzesbegründung zum RegE des FoStoG, BT-Drs. 19/27631, 101; Gesetzesbegründung zum RegE des OGAW-IV-UmsG, BT-Drs. 17/4510, 75), und normiert gewisse **Mitteilungspflichten** der BaFin. Die KVG des Feederfonds soll durch die BaFin über Entscheidungen und Maßnahmen, die den Masterfonds, seine Verwahrstelle oder seinen Abschlussprüfer betreffen unterrichtet werden. Hintergrund dieser Regelung ist, dass das Schicksal des Feederfonds aufgrund der Anlage von mindestens 85% seiner Vermögenswerte in den Masterfonds von dessen Entscheidungen und Maßnahnahmen abhängt (vgl. FK-KapAnlR/*Dobrauz-Saldapenna/Rosenauer* § 177 Rn. 2). Damit die BaFin ihrer Mitteilungspflicht nachkommen kann, muss die KVG gem. § 272e III die BaFin über jeden Feederfonds, der in dem von ihr verwalteten Masterfonds anlegt, unterrichten.

II. Mitteilungspflichten (§ 272f)

3 Sofern die Anlagebedingungen des geschlossenen Masterfonds und des geschlossenen Feederfonds genehmigt wurden, unterrichtet die Bundesanstalt die KVG, die den geschlossenen Feederfonds verwaltet, **unverzüglich** über
- jede Entscheidung,
- jede Maßnahme,
- jede **Feststellung von Zuwiderhandlungen** gegen die Bestimmungen über geschlossene Master-Feeder-Strukturen, sowie
- alle nach **§ 38 III 4 KAGB** iVm **§ 29 III KWG** mitgeteilten Tatsachen,

die den Masterfonds, seine Verwahrstelle oder seinen Abschlussprüfer betreffen.

4 Bei dem Verweis auf § 38 III 4 dürfte es sich um ein redaktionelles Versehen handeln. Den Verweis auf § 29 III KWG enthält **§ 38 III 3.** Danach ist § 29 III KWG mit der Maßgabe entsprechend anzuwenden, dass die dort geregelten Pflichten gegenüber der Deutschen Bundesbank nicht gelten. Vor den Änderungen durch das FoStoG bestand im Schrifttum in Bezug auf die Parallelvorschrift des § 177 Einigkeit, dass es sich bei dem Verweis auf § 38 IV 2 um ein redaktionelles Versehen handeln muss und stattdessen ein Verweis auf § 38 IV 7 gemeint war, der wiederum § 29 III KWG in Bezug nahm (vgl. FK-KapAnlR/*Dobrauz-Saldapenna/Rosenauer* § 177 Rn. 4; AWZ/*Lienhard* § 177 Rn. 7; BTMB/*Siering* § 177 Rn. 6; WBA/*Wind/Fritz* § 177 Rn. 3). Auch in § 177 wird nun § 38 III 4 genannt. Nach § 38 III 4 kann die BaFin die Prüfung nach § 38 III 1 und 2 ohne besonderen Anlass anstelle des Prüfers selbst oder durch Beauftragte durchführen. Eine Verbindung zu § 29 III KWG ist nicht enthalten. Daher besteht nach den Änderungen durch das FoStoG erneut ein Redaktionsversehen.

5 Nach § 29 III KWG hat der **Abschlussprüfer** unverzüglich **der BaFin anzuzeigen,** wenn ihm bei der Prüfung **Tatsachen** bekannt werden, welche die Ein-

schränkung oder Versagung des Bestätigungsvermerks rechtfertigen, die den Bestand der KVG gefährden oder ihre Entwicklung wesentlich beeinträchtigen können, die einen erheblichen Verstoß gegen die Vorschriften über die Zulassungsvoraussetzungen der KVG oder die Ausübung einer Tätigkeit nach diesem Gesetz darstellen oder die schwerwiegende Verstöße der Geschäftsleiter gegen Gesetz, Satzung oder Gesellschaftsvertrag erkennen lassen. Auf Verlangen der BaFin hat der Prüfer die Art und den Umfang seines Vorgehens darzustellen, den Prüfungsbericht zu erläutern und sonstige bei der Prüfung bekannt gewordene Tatsachen mitzuteilen, die gegen eine ordnungsgemäße Durchführung der Geschäfte der KVG sprechen. Die Anzeige-, Erläuterungs- und Mitteilungspflichten bestehen auch in Bezug auf ein Unternehmen, das mit der KVG in enger Verbindung steht, sofern dem Prüfer die Tatsachen im Rahmen der Prüfung der KVG bekannt werden. Der Prüfer haftet nicht für die Richtigkeit von Tatsachen, die er in gutem Glauben anzeigt.

§272g Abwicklung des geschlossenen Masterfonds

(1) **Die Abwicklung eines inländischen geschlossenen Masterfonds darf frühestens drei Monate nach dem Zeitpunkt beginnen, zu dem alle Anleger des Masterfonds und bei einem inländischen geschlossenen Feederfonds die Bundesanstalt über die verbindliche Entscheidung der Abwicklung informiert worden sind.**

(2) [1]**Bei der Abwicklung eines inländischen geschlossenen Masterfonds ist auch der inländische geschlossene Feederfonds abzuwickeln, es sei denn, die Bundesanstalt genehmigt ein Weiterbestehen als geschlossener Feederfonds durch Anlage in einem anderen Masterfonds oder eine Umwandlung des geschlossenen Feederfonds in ein inländisches Investmentvermögen, das kein geschlossener Feederfonds ist.** [2]**Für die Genehmigung nach Satz 1 hat die Kapitalverwaltungsgesellschaft folgende Angaben und Unterlagen spätestens zwei Monate nach Kenntnis der verbindlichen Entscheidung über die Abwicklung des Masterfonds bei der Bundesanstalt einzureichen:**

1. **bei Anlage in einem anderen geschlossenen Masterfonds**
   a) **den Antrag auf Genehmigung des Weiterbestehens,**
   b) **den Antrag auf Genehmigung der Änderung der Anlagebedingungen mit der Bezeichnung des Masterfonds, in dessen Anteile mindestens 85 Prozent des Wertes des Investmentvermögens angelegt werden sollen,**
   c) **die geänderten Stellen des Verkaufsprospekts und des Basisinformationsblattes gemäß Verordnung (EU) Nr. 1286/2014 und**
   d) **die Angaben und Unterlagen nach § 272a Absatz 3;**
2. **bei Umwandlung des inländischen geschlossenen Feederfonds in ein inländisches Investmentvermögen, das kein geschlossener Feederfonds ist,**
   a) **den Antrag auf Genehmigung der Änderung der Anlagebedingungen,**
   b) **die vorgenommenen Änderungen des Verkaufsprospekts und des Basisinformationsblattes gemäß Verordnung (EU) Nr. 1286/2014.**

[3]Wenn die Verwaltungsgesellschaft des geschlossenen Masterfonds die Kapitalverwaltungsgesellschaft des geschlossenen Feederfonds mehr als fünf Monate vor dem Beginn der Abwicklung des Masterfonds über ihre verbindliche Entscheidung zur Abwicklung informiert hat, hat die Kapitalverwaltungsgesellschaft des geschlossenen Feederfonds abweichend von der Frist nach Satz 2 den Antrag auf Genehmigung und die Angaben und Unterlagen nach Satz 2 spätestens drei Monate vor der Abwicklung des Masterfonds bei der Bundesanstalt einzureichen.

(3) **Für die Genehmigung nach Absatz 2 gilt § 267 Absatz 3 entsprechend.**

(4) **Die Kapitalverwaltungsgesellschaft des geschlossenen Feederfonds hat die Verwaltungsgesellschaft des geschlossenen Masterfonds unverzüglich über die erteilte Genehmigung zu unterrichten und alle erforderlichen Maßnahmen zu ergreifen, um die Anforderungen nach § 272a zu erfüllen.**

(5) **[1]Die Kapitalverwaltungsgesellschaft des geschlossenen Feederfonds hat eine beabsichtigte Abwicklung des geschlossenen Feederfonds der Bundesanstalt spätestens zwei Monate nach Kenntnisnahme der geplanten Abwicklung des geschlossenen Masterfonds mitzuteilen; die Anleger des geschlossenen Feederfonds sind hiervon unverzüglich durch eine Bekanntmachung im Bundesanzeiger und mittels eines dauerhaften Datenträgers zu unterrichten. [2]Absatz 2 Satz 3 gilt entsprechend.**

(6) **[1]Sollen Abwicklungserlöse des geschlossenen Masterfonds an den geschlossenen Feederfonds ausgezahlt werden, bevor der geschlossene Feederfonds in einen neuen geschlossenen Masterfonds gemäß Absatz 2 Satz 2 Nummer 1 anlegt oder seine Anlagegrundsätze gemäß Absatz 2 Satz 2 Nummer 2 ändert, versieht die Bundesanstalt ihre Genehmigung mit einer Nebenbestimmung, dass der Feederfonds die Abwicklungserlöse zu erhalten hat entweder**

1. als Barzahlung oder

2. ganz oder neben einer Barzahlung zumindest teilweise in Form einer Übertragung von Vermögensgegenständen, wenn die Kapitalverwaltungsgesellschaft des Feederfonds damit einverstanden ist und die Master-Feeder-Vereinbarung oder die internen Regelungen für Geschäftstätigkeiten und die verbindliche Entscheidung zur Abwicklung des Masterfonds dies vorsehen.

[2]Bankguthaben, die der geschlossene Feederfonds vor Genehmigung nach Absatz 2 als Abwicklungserlöse erhalten hat, dürfen vor einer Wiederanlage gemäß Absatz 2 Satz 2 Nummer 1 oder Nummer 2 lediglich für ein effizientes Liquiditätsmanagement angelegt werden. [3]Die Kapitalverwaltungsgesellschaft darf erhaltene Vermögensgegenstände nach Satz 1 Nummer 2 jederzeit gegen Barzahlung veräußern.

I. Allgemeines

1 Der Gesetzgeber hat die §§ 272a–272h mit dem Gesetz zur Stärkung des Fondsstandorts Deutschland und zur Umsetzung der Richtlinie (EU) 2019/1160 zur Änderung der Richtlinien 2009/65/EG und 2011/61/EU im Hinblick auf den grenzüberschreitenden Vertrieb von Organismen für gemeinsame Anlagen (Fondsstandortgesetz – **FoStoG**) (BGBl. 2021 I 1498) vom 3.6.2021 in das KAGB ein-

gefügt. Sie führen die bisher für **geschlossene Fonds** unzulässigen **Master-Feeder-Strukturen** ein (iE → § 272a Rn. 1 ff.).

2 § 272g ist § 178 nachgebildet und regelt das Schicksal des Feederfonds nach **Abwicklung des Masterfonds.** § 178 setzt Art. 60 IV der OGAW RL sowie Art. 20 Ia und Ib der RL 2010/44/EU um. Hintergrund des § 272g ist, dass der Erfolg und die Existenz des Feederfonds aufgrund der Anlage von 85% seiner Vermögenswerte in den Masterfonds grds. vom Erfolg und der Existenz des Masterfonds abhängen (vgl. FK-KapAnlR/*Dobrauz-Saldapenna/Rosenauer* § 178 Rn. 2). Daher muss die Abwicklung des Masterfonds zum **Schutz der Anleger** des Feederfonds geregelt werden. Sofern es zu einer Abwicklung des Masterfonds kommt, kann der Feederfonds entweder selbst **abgewickelt,** sein Vermögen in einen **anderen Masterfonds angelegt** oder der Feederfonds in ein Investmentvermögen **umgewandel**t werden, das kein Feederfonds mehr ist. Die besonderen Bestimmung hinsichtlich der Abwicklung sind erforderlich, um einem potenziellen **Interessenkonflikt** entgegenzuwirken: Der Masterfonds wird idR ein Interesse daran haben, die Abwicklung so schnell wie möglich durchzuführen, wohingegen der Feederfonds ein gegenteiliges Interesse hat, da er Zeit benötigt, um sich auf die Abwicklung vorzubereiten und sein eigenes Schicksal festlegen muss. Da das Weiterbestehen von einer Genehmigung der BaFin abhängt, braucht der Feederfonds insb. für das Genehmigungsverfahren Zeit. Deshalb normiert § 272g besondere Wartefristen (vgl. EDD/*Daemgen* § 178 Rn. 3; BTMB/*Siering* § 178 Rn. 4f.).

II. Beginn der Abwicklung (§ 272g I)

3 Gemäß § 272g I darf die Abwicklung eines inländischen geschlossenen Masterfonds frühestens **drei Monate** nach dem Zeitpunkt beginnen, zu dem alle Anleger des Masterfonds und bei einem inländischen geschlossenen Feederfonds auch die BaFin über die **verbindliche Entscheidung** der Abwicklung informiert worden sind. Die Vorschrift normiert mithin eine **Wartefrist,** welche durch die Benachrichtigung aller Anleger des Masterfonds ausgelöst wird. Dadurch soll der zeitliche Rahmen festgelegt werden, innerhalb dessen die BaFin notwendige Schritte einleiten kann (vgl. EDD/*Daemgen* § 178 Rn. 3). Außerdem kann der Feederfonds sich auf die Situation einstellen und die oben erwähnten verschiedenen Optionen abwägen, die ihm nach der Abwicklung des Masterfonds zur Verfügung stehen und ggf. entsprechende Anträge vorbereiten. Auch die BaFin muss zur Prüfung eventueller Genehmigungsanträge ausreichend Zeit haben (vgl. EDD/*Daemgen* § 178 Rn. 3; BTMB/*Siering* § 178 Rn. 9).

III. Abwicklung, Weiterbestand oder Umwandlung des Feederfonds (§ 272g II)

4 § 272g II beschreibt **drei Optionen** des Feederfonds, die bei der Abwicklung des Masterfonds bestehen:
- die Abwicklung des Feederfonds,
- die Änderung des Masterfonds und
- die Umwandlung des Feederfonds in ein Investmentvermögen, das kein Feederfonds ist.

Die Abwicklung eines Masterfonds führt nach § 272g II 1 **grds.** zur **Abwicklung** des Feederfonds („Grundsatz der Kongruenz zwischen Master- und Feederfonds", BTMB/*Siering* § 178 Rn. 10). Etwas anderes gilt nur dann, wenn die BaFin das **Weiterbestehen** als Feederfonds durch Anlage in einen anderen Masterfonds oder eine Umwandlung des Feederfonds in ein inländisches Investmentvermögen, das kein Feederfonds ist, **genehmigt.**

5 Für die Genehmigung des **Weiterbestehens** durch Anlage in einen anderen Masterfonds müssen bei der BaFin folgende **Unterlagen** eingereicht werden: ein Antrag auf Genehmigung des Weiterbestehens, ein Antrag auf Genehmigung der Änderung der Anlagebedingungen mit der Bezeichnung des Masterfonds, in dessen Anteile mind. 85% des Wertes des Investmentvermögens angelegt werden sollen, die geänderten Stellen des Verkaufsprospekts und des Basisinformationsblatts gem. PRIIPs-VO sowie die Angaben und Unterlagen nach § 272a III.

6 Für die Genehmigung der **Umwandlung** des Feederfonds in ein inländisches Investmentvermögen, das kein Feederfonds ist, müssen bei der BaFin folgende **Unterlagen** eingereicht werden: Ein Antrag auf Genehmigung der Änderung der Anlagebedingungen und die vorgenommenen Änderungen des Verkaufsprospekts und des Basisinformationsblatts gem. PRIIPs-VO.

7 Die KVG hat die genannten Angaben und Unterlagen grds. spätestens **zwei Monate** nach Kenntnis der verbindlichen Entscheidung über die Abwicklung des Masterfonds bei der BaFin einzureichen. Zu beachten ist jedoch, dass § 272g II 3 eine abweichende Frist vorsieht. Wenn die KVG des geschlossenen Masterfonds die KVG des geschlossenen Feederfonds mehr als **fünf Monate** vor dem Beginn der Abwicklung des Masterfonds über ihre verbindliche Entscheidung zur Abwicklung informiert hat, hat die KVG des geschlossenen Feederfonds spätestens **drei Monate** vor der Abwicklung des Masterfonds bei der BaFin die entsprechenden Unterlagen einzureichen. Gesetzlich wird jedoch nicht näher konkretisiert, wann von dem Beginn der Abwicklung auszugehen ist. Hier kann auf den Beginn der Veräußerung von Vermögensgegenständen abgestellt werden (vgl. BTMB/*Siering* § 178 Rn. 15; WBA/*Anders* § 100 Rn. 36).

IV. Genehmigungsverfahren (§ 272g III)

8 § 272g III verweist bezüglich des Ablaufs des Genehmigungsverfahrens auf **§ 267 III.** Dabei gilt für die Genehmigung der Änderungen gem. § 267 III, dass die Frist aus der OGAW-RL, welche in § 267 III umgesetzt worden ist, hier nicht zwingend anzuwenden ist und die Beteiligung der Anleger sichergestellt werden soll (vgl. Gesetzesbegründung zum RegE des FoStoG, BT-Drs. 19/27631, 101). Insbesondere ist zu beachten, dass eine Änderung der Anlagebedingungen, die mit den bisherigen Anlagegrundsätzen des Feederfonds nicht vereinbar ist oder zu einer Änderung der Kosten oder der wesentlichen Anlegerrechte führt, nur mit Zustimmung einer qualifizierten Mehrheit von Anlegern, die mindestens zwei Drittel des Zeichnungskapitals auf sich vereinigen, möglich ist. Die BaFin kann die Änderung der Anlagebedingungen nur unter der aufschiebenden Bedingung einer Zustimmung durch die Anleger genehmigen.

V. Pflichten der KVG des Feederfonds (§ 272g IV u. V)

9 § 272g IV beschreibt die Pflichten der KVG des Feederfonds für den Fall, dass der Feederfonds nicht auch abgewickelt wird, sondern weiterbesteht. Die KVG des geschlossenen Feederfonds hat die KVG des geschlossenen **Masterfonds** unverzüglich über die erteilte Genehmigung zu **unterrichten** und alle erforderlichen Maßnahmen zu ergreifen, um die Anforderungen nach § 272a zu erfüllen.

10 Nach § 272g V 1 hat die KVG des geschlossenen Feederfonds eine beabsichtigte Abwicklung des geschlossenen Feederfonds der **BaFin** spätestens zwei Monate nach Kenntnisnahme der geplanten Abwicklung des Masterfonds **mitzuteilen.** Die **Anleger** des Feederfonds sind hiervon unverzüglich durch eine Bekanntmachung im BAnz und mittels eines dauerhaften Datenträgers zu **unterrichten.** Der Begriff des dauerhaften Datenträgers ist nach **§ 1 XIX Nr. 8** jedes Medium, das den Anlegern gestattet, Informationen für eine den Zwecken der Informationen angemessene Dauer zu speichern, einzusehen und unverändert wiederzugeben.

11 Gemäß § 272g V 2 gilt § 272g II 3 entsprechend. Folglich gilt die Frist von zwei Monaten nach Kenntnisnahme nicht, wenn die KVG des Masterfonds die KVG des Feederfonds mehr als fünf Monate vor dem Beginn der Abwicklung des Masterfonds über ihre verbindliche Entscheidung zur Abwicklung informiert hat. Die Mitteilung muss dann spätestens drei Monate vor der Abwicklung erfolgen.

VI. Abwicklungserlöse des Masterfonds (§ 272g VI)

12 Für den Fall, dass der Feederfonds in einen anderen Masterfonds investiert und weiterbesteht (§ 272g II 2 Nr. 1), regelt § 272g VI die Behandlung von Abwicklungserlösen des Masterfonds. Die Vorschrift setzt Art. 21 IV der RL 2010/44/EU um (vgl. Gesetzesbegründung zum RegE des OGAW-IV-UmsG, BT-Drs. 17/4510, 75). Sollen Abwicklungserlöse des Masterfonds an den Feederfonds ausgezahlt werden, bevor der Feederfonds in einen neuen Masterfonds anlegt (§ 272g II 2 Nr. 1) oder seine Anlagegrundsätze ändert (§ 272g II 2 Nr. 2), versieht die BaFin ihre Genehmigung mit einer Nebenbestimmung, dass der Feederfonds die Abwicklungserlöse zu erhalten hat entweder
- als Barzahlung oder
- ganz oder neben einer Barzahlung zumindest teilweise in Form einer Übertragung von Vermögensgegenständen, wenn die KVG des Feederfonds damit einverstanden ist und die Master-Feeder-Vereinbarung oder die internen Regelungen für Geschäftstätigkeiten und die verbindliche Entscheidung zur Abwicklung des Masterfonds dies vorsehen.

13 Der Fall, dass Abwicklungserlöse des Masterfonds an den Feederfonds ausgezahlt werden, bevor die Vermögenswerte in einen neuen Masterfonds angelegt worden sind, kann etwa dann vorliegen, wenn die dreimonatige Frist nach § 272g I vor dem Ablauf der 30-Tages-Frist in § 272h I vergeht. Es ist zB denkbar, dass die KVG die Genehmigungsfrist nach § 272g II 2 von zwei Monaten voll ausgeschöpft und die BaFin zur Prüfung der Genehmigung einen weiteren Monat beansprucht. Eine weitere Anlage in den alten Masterfonds ist dann nicht mehr möglich, da er abgewickelt wird. In einen neuen Masterfonds kann hingegen noch nicht angelegt werden, da vor Ablauf der Frist des § 272h I nach § 272h II iVm § 180 III lediglich Anteile an einem Masterfonds unter den bisher geltenden Anlagegrenzen erworben werden dürfen (vgl. EDD/*Daemgen* § 178 Rn. 21; BTMB/*Siering* § 178 Rn. 29).

14 **Bankguthaben,** die der geschlossene Feederfonds vor Genehmigung nach § 272g II als Abwicklungserlöse erhalten hat, dürfen vor einer Wiederanlage gem. § 272g II 2 Nr. 1 oder § 272g II 2 Nr. 2 lediglich für ein effizientes Liquiditätsmanagement angelegt werden. Die KVG darf erhaltene Vermögensgegenstände nach § 272g VI 1 Nr. 2 jederzeit gegen Barzahlung veräußern. Der Wortlaut der Vorschrift enthält nur eine Anlagesperre für Bankguthaben. Da die Vorschrift jedoch bezweckt, den Abwicklungserlös bis zur Erteilung der Genehmigung vor risikobehafteten Investitionen zu schützen, soll die Anlagesperre auch für die Be-

träge gelten, welche die KVG des Feederfonds durch Veräußerung von nach § 272g VI 1 Nr. 2 erhaltenen Vermögensgegenständen erhält (vgl. WBA/*Wind/Fritz* § 178 Rn. 19).

§ 272h Änderung des geschlossenen Masterfonds

(1) [1]**Wird die Anlage eines geschlossenen Feederfonds in Anteile eines geschlossenen Masterfonds bei einem beabsichtigten Wechsel des Masterfonds gemäß § 272a Absatz 1 und 4 erneut genehmigt, hat die Kapitalverwaltungsgesellschaft den Anlegern folgende Informationen zur Verfügung zu stellen:**

1. **den Hinweis, dass die Bundesanstalt die Anlage des Feederfonds in Anteile des Masterfonds genehmigt hat,**
2. **das Basisinformationsblatt gemäß Verordnung (EU) Nr. 1286/2014über den geschlossenen Feederfonds und den geschlossenen Masterfonds und**
3. **das Datum der ersten Anlage des geschlossenen Feederfonds in dem geschlossenen Masterfonds oder, wenn er bereits in dem Masterfonds angelegt hat, das Datum des Tages, an dem seine Anlagen die bisher für ihn geltenden Anlagegrenzen übersteigen werden.**

[2]**Diese Informationen müssen spätestens 30 Tage vor dem in Satz 1 Nummer 3 genannten, jeweils zutreffenden Datum auf einem dauerhaften Datenträger zur Verfügung gestellt werden.** [3]**Die in Satz 2 genannte Frist beginnt mit dem Zugang der Informationen.**

(2) **§ 180 Absatz 3 gilt entsprechend.**

I. Allgemeines

1 Der Gesetzgeber hat die §§ 272a–272h mit dem Gesetz zur Stärkung des Fondsstandorts Deutschland und zur Umsetzung der Richtlinie (EU) 2019/1160 zur Änderung der Richtlinien 2009/65/EG und 2011/61/EU im Hinblick auf den grenzüberschreitenden Vertrieb von Organismen für gemeinsame Anlagen (Fondsstandortgesetz – **FoStoG**) (BGBl. 2021 I 1498) vom 3.6.2021 in das KAGB eingefügt. Sie führen die bisher für **geschlossene Fonds** unzulässigen **Master-Feeder-Strukturen** ein (iE → § 272a Rn. 1 ff.).

2 § 272h regelt die Informationspflichten gegenüber den Anlegern im Falle einer Umwandlung des Masterfonds. Die Vorschrift orientiert sich an § 180 I, III, welche ihrerseits der Umsetzung von Art. 64 I–III der OGAW-RL dienen (vgl. Gesetzesbegründung zum RegE des OGAW-IV-UmsG, BT-Drs. 17/4510, 76). Die Regelungen zur Spaltung oder Verschmelzung des Masterfonds aus § 179 und zur Umwandlung von bestehenden Fonds in Feederfonds sowie zu EU-OGAW in § 180 II spielen für geschlossene Fonds keine Rolle, weshalb nur die Regelungen aus § 180 I und III zur Änderung des Masterfonds in § 272h übernommen wurden (vgl. Gesetzesbegründung zum RegE des FoStoG, BT-Drs. 19/27631, 101).

II. Informationspflichten (§ 272h I)

3 § 272h I 1 beschreibt, welche **Informationen** den Anlegern des Feederfonds durch die KVG zur Verfügung gestellt werden müssen, wenn die Anlage eines geschlossenen Feederfonds in Anteile eines geschlossenen Masterfonds bei einem be-

absichtigten **Wechsel des Masterfonds** gem. § 272a I, IV **erneut genehmigt** wird. Erforderlich sind folgende Informationen:

- ein **Hinweis,** dass die BaFin die Anlage des Feederfonds in Anteile des Masterfonds **genehmigt** hat (§ 272h I 1 Nr. 1);
- das Basisinformationsblatt gem. PRIIPs-VO nach den §§ 268, 270 über den geschlossenen Feederfonds und den geschlossenen Masterfonds (§ 272h I 1 Nr. 2) und
- das **Datum der ersten Anlage** des geschlossenen Feederfonds in den geschlossenen Masterfonds oder, wenn er bereits in dem Masterfonds angelegt hat, das Datum des Tages, an dem seine Anlagen die bisher für ihn geltenden Anlagegrenzen übersteigen werden (§ 272h I 1 Nr. 3).

Diese Informationen müssen gem. § 272h I 2 spätestens **30 Tage** vor dem in § 272h I 1 Nr. 3 genannten, jeweils zutreffenden Datum auf einem **dauerhaften Datenträger** zur Verfügung gestellt werden. Entscheidend ist das Datum der ersten Anlage des Feederfonds in den Masterfonds oder, wenn der Feederfonds bereits in den Masterfonds angelegt hat, das Datum, an dem die Anlagen die bisher für ihn geltenden Anlagegrenzen überschreiten werden. Ein dauerhafter Datenträger ist nach **§ 1 XIX Nr. 8** jedes Medium, das den Anlegern gestattet, Informationen für eine den Zwecken der Informationen angemessene Dauer zu speichern, einzusehen und unverändert wiederzugeben. 4

III. Anlagebeschränkung (§ 272h II)

§ 272h II verweist auf § 180 III, der seinerseits Art. 64 III der OGAW-RL umsetzt. Danach darf die KVG für Rechnung des Feederfonds vor Ablauf der in § 180 I 2 genannten **30-tägigen Frist** nur Anteile des Masterfonds unter Berücksichtigung der bisher geltenden Anlagegrenzen erwerben. Dadurch soll sichergestellt werden, dass die dem Anleger eingeräumte Entscheidungsfrist nicht durch das tatsächliche Handeln der KVG des Feederfonds unterlaufen wird (vgl. WBA/*Wind/Fritz* § 180 Rn. 10). 5

Kapitel 3. Inländische Spezial-AIF

Vorbemerkungen zu §§ 273–292

Schrifttum: *Häuselmann* Investmentanteile, 1. Aufl. 2019, Kapitel 3; *Wrogemann* Spezialfonds im KAGB – Halte- und Erwerbsverbot für Privatanleger?, BKR 2017, 50; *Paul* Der Anteilserwerb bei der als Spezial-AIF konzipierten Investmentgesellschaft durch Privatanleger, ZIP 2016, 1009 (1010); *Schwarz van Berk* in: Pöllath/Rodin/Wewel, Private Equity und Venture Capital Funds, 1. Aufl. 2018, § 14 Spezialfonds; *Eichhorn* Die offene Investmentkommanditgesellschaft nach dem Kapitalanlagegesetzbuch, WM 2016, 110.

I. Entstehungsgeschichte

1 Das ehemals in den §§ 91 ff. InvG geregelte Spezial-Sondervermögen (zur Entstehungsgeschichte vgl. insb. die Ausführungen bei EDDH/*Zirlewagen* InvG 2013 Vor §§ 91–95 Rn. 1 ff.) ist im Rahmen der Umsetzung der RL 2011/61/EU **(AIFM-RL)** in das dritte Kapitel des KAGB aufgenommen worden und wird durch die §§ 273–292 umfassend geregelt. §§ 273–293 gelten für alle Arten von inländischen Spezial-AIF (zur Übersicht siehe SBL/*Köndgen/Schmies* § 113 Rn. 197). Seit Umsetzung der AIFM-RL firmiert das Spezial-Sondervermögen als Spezial-AIF und unterteilt sich in offene inländische (§§ 278–284) sowie geschlossene inländische Spezial-AIF (§§ 285–292). Unterformen der offenen inländischen Spezial-AIF sind der Hedgefonds (§ 283) sowie der Spezial-AIF mit festen Anlagebedingungen (§ 284). Der in § 284 geregelte offene Spezial-AIF mit festen Anlagebedingungen folgt in Struktur und Aufbau dem ehemaligen Spezial-Sondervermögen nach § 91 InvG, der insoweit in dieser Vorschrift aufgegangen ist. Keine Regelungen enthalten die §§ 273–292 in Bezug auf den Vertrieb von Spezial-AIF, die für sämtliche Arten von Investmentvermögen im anschließenden Kapitel 4 behandelt werden. Für Spezial-AIF, die nicht vertrieben werden, ist mindestens § 307 anwendbar, der die durch die AIFM-RL neu eingefügten Vorgaben im Hinblick auf die Veröffentlichungs- und Informationspflichten enthält, die im Ergebnis eine Art Prospektpflicht für Spezialfonds darstellen (im Ergebnis ebenso BSL/*Köndgen/Schmies* § 113 Rn. 198).

II. Zulässiger Anlegerkreis

2 Spezial-AIF iSd KAGB unterscheiden sich von Publikums-AIF und OGAW ua hinsichtlich des Anlegerkreises (zum alten Recht BSL/*Steck* InvG Vor §§ 91–95 Rn. 1 ff.; zum neuen Recht vgl. *Häuselmann* Investmentanteile, 1. Aufl. 2019, Kapitel 3 Rn. 33; SBL/*Köndgen/Schmies* § 113 Rn. 192). Ein Spezial-AIF liegt nach § 1 VI nur dann vor, wenn aufgrund einer schriftlichen (zu dieser Formvorgabe vgl. auch PRW/*Schwarz van Berk* § 14 Spezialfonds Rn. 22) Vereinbarung mit der Verwaltungsgesellschaft oder aufgrund der konstituierenden Dokumente **(Fondsdokumente)** die Anteile bzw. Aktien nur durch semi-professionelle (§ 1 XIX Nr. 33) oder professionelle Anleger (§ 1 XIX Nr. 32) erwerbbar sind. Die alte Unterscheidung zwischen natürlichen und juristischen Personen wurde nicht fortgeführt; vielmehr wurde der Anlegerkreis auf die Differenzierung unter der MiFID erweitert (sa SBL/*Köndgen/Schmies* § 113 Rn. 193; sa *Eichhorn* WM 2016, 110

(115), der die Ansicht vertritt, das KAGB hat zu einer Verkürzung des Anlegerkreises geführt). Die Regelung des § 1 VI ist eine materielle Voraussetzung, soweit diese die Fondsdokumente betrifft. Ein Investmentvermögen, das die Anlage auch für Privatanleger zulässt, kann kein Spezial-AIF sein (zu dieser Negativabgrenzung vgl. auch Häuselmann Kap. 3 Rn. 32). Dieses qualifiziert de iure als Publikumsinvestmentvermögen und muss die strengeren Anforderungen des KAGB beachten. Die rein tatsächliche Investition durch einen Privatanleger macht jedoch einen Spezial-AIF nicht automatisch zu einem Publikumsinvestmentvermögen. Dies ist rechtlich eine Anlage, die gegen die Regelungen der Fondsdokumente verstößt, und ist zivilrechtlich abzuwickeln (ausführlich *Wrogemann* BKR 2017, 501 (502ff); *Paul* ZIP 2016, 1009 (1010)).

Durch das OGAW-V-UmsG wurde später klargestellt (§ 1 VI Nr. 2), dass auch Anleger, die kraft Gesetzes Anteile an einem Spezial-AIF erwerben, als semiprofessionelle Anleger iSd § 19 I Nr. 33 gelten (dazu auch *Wrogemann* BKR 2017, 501; *Paul* ZIP 2016, 1009 (1010) sowie die Kommentierung zu § 277). Anders als noch das InvG, unter dem nur nicht-natürliche Personen Anteile an Spezialfonds erwerben durften, können nach dem KAGB nunmehr auch natürliche Personen Anteile erwerben (SBL/*Köndgen/Schmies* § 113 Rn. 193). Dadurch besteht die Möglichkeit, dass eine natürliche Person im Wege des gesetzlichen Übergangs Anteile an Spezial-AIF erlangt. Beispielhaft wird die Gesamtrechtsnachfolge beim Erbfall genannt. Diese Neuregelung dient aber nur dem Zweck, dass der AIF nicht seine Eigenschaft als Spezial-AIF verliert. Sie hat keine anlegerschützende Bedeutung. Der qua gesetzlichen Übergangs neue Anteilsinhaber wird nur in Bezug auf diese Anteile semiprofessioneller Anleger. Ein Erwerb weiterer Anteile ist uE nicht möglich. Denn im Gegensatz zu Publikums-AIF und OGAW können Privatanleger Anteile bzw. Aktien an Spezial-AIF nicht erwerben. Dies ergibt sich aus der Begriffsdefinition des § 1 XIX Nr. 31, der unter Privatanleger die Gesamtheit aller erfasst, die weder als professionelle noch als semiprofessionelle Anleger qualifizieren, und aus § 1 VI, der insoweit dem Spezial-AIF vorschreibt, dass nur professionelle und semiprofessionelle Anleger nach den Fondsbedingungen investieren dürfen (zu dieser Zugangsbeschränkung sa SBL/*Köndgen/Schmies* § 113 Rn. 193). Dies gilt auch für den Erwerb auf dem Sekundärmarkt, da gem. § 277 die KVG mit den Anlegern eines Spezial-AIF vereinbaren oder auf der Grundlage der konstituierenden Dokumente sicherstellen muss, dass die erworbenen Anteile nur an (semi-)professionelle Anleger übertragen werden dürfen (im Ergebnis auch *Paul* ZIP 2016, 1009 (1013); zur rechtlichen Bedeutung des § 277 im Hinblick auf die Pflichten der KVG sa SBL/*Köndgen/Schmies* § 113 Rn. 196 sowie die Kommentierung dort). 3

III. Deregulierung

Spezial-AIF, obgleich erstmals unter der AIFM-RL europaweit einer harmonisierten Regulierung unterworfen, zeichnen sich auch unter dem KAGB durch eine weitgehende Deregulierung und Liberalisierung aus, auch wenn die Anwendung der Vorschriften des KAGB für geschlossene Spezial-AIF oder erstmals unter dem KAGB regulierte Vehikel grds. eine Verschärfung der einzuhaltenden Vorschriften bedeutet. Inhaltliche und formale Anforderungen an die Fondsdokumentation enthält das KAGB in nur begrenztem Umfang (PRW/*Schwarz van Berk* § 14 Spezialfonds Rn. 20). Die Vorteile des (offenen) Spezialfonds einer flexiblen, effizienten und vor allem anlegerorientierten Vermögensverwaltung (sa EDD/*Zirlewagen* InvG Vor §§ 91–95 Rn. 22ff.) sind auch unter dem KAGB erhalten geblieben. 4

Beschränkungen von erwerbbaren Vermögensgegenständen im Sinne eines abschließenden Katalogs finden sich in § 284 für den Spezial-AIF mfA in sehr eingeschränkter Form in § 282 (Anlageobjekte, Anlagegrenzen bei offenen inländischen Spezial-AIF) sowie in § 285 (Beschränkung der Anlageobjekte bei geschlossenen inländischen Spezial-AIF auf Vermögensgegenstände, deren Verkehrswert ermittelt werden kann).

IV. Übliche Struktur offener Spezial-AIF

5 Die in Deutschland gängige Struktur eines Spezial-AIF, der im Wesentlichen den Vorgaben des § 284 folgt, spiegelt das Investmentdreieck wider. Die KVG bestellt die Verwahrstelle. Die Anlagebedingungen regeln das Rechtsverhältnis zwischen Anleger und KVG in Bezug auf den Fonds. Anleger, KVG sowie Verwahrstelle schließen die sog. Dreier-Vereinbarung (auch Rahmenvertrag genannt, vgl. BSL/*Steck* InvG Vor §§ 91–95, Rn. 14) ab, die Besonderheiten und Abweichungen enthält und maßgeblich die Interessen der Parteien wiedergibt. Häufig gibt es nur einen rechtlichen Anteilsinhaber/Anleger, der Vertragspartner ist. Solche Ein-Personen-Fonds werden in Deutschland von der Aufsicht toleriert (dazu auch SBL/*Köndgen/Schmies* § 113 Rn. 195 mwN) Wichtig ist, dass die Fondsdokumente vorsehen, dass eine Mehrheit an Anlegern den Fonds zeichnen kann. Fehlt eine solche Regelung, wäre der Fonds kein Investmentvermögen iSd § 1 und nicht unter dem KAGB reguliert. Solche Konstellationen sind von der BaFin als sog. S-Fonds anerkannt.

6 Zudem wird in der Praxis (bei offenen Spezial AIF) meist ein Anlageausschuss in der Dreier-Vereinbarung (sa SBL/*Köndgen/Schmies* § 113 Rn. 195) oder den Anlagebedingungen festgelegt. Dieser hat idR beratende Aufgaben. Insbesondere kann er rechtlich nicht in einzelne Entscheidungen der Portfolioverwaltung eingreifen. Ihm stehen keine Weisungsrechte gegenüber der KVG zu (so auch BSL/*Steck* Vor §§ 91–95 Rn. 17 mwN). Gleichwohl kann er aber entscheidenden Einfluss auf die Anlagestrategie nehmen. Diese wird insb. in den Anlagerichtlinien ausgestaltet, die zwischen KVG und dem Anleger vereinbart werden. Auf Beratung des Anlageausschusses kann der Anleger eine Änderung herbeiführen, soweit die KVG zustimmt. Die Möglichkeit der Rücknahme der Anteile bzw. Aktien nach der jeweils vereinbarten Frequenz stellt aber durchaus ein gewisses Druckmittel des Anlegers dar.

V. Besonderheiten S-Fonds

7 Für die S-Fonds gelten Erleichterungen im Hinblick auf den Vertrieb. Die Errichtung eines S-Fonds setzt in der Praxis Verhandlungen zwischen Anleger und KVG voraus. Solange die Vertragsverhandlungen andauern, wird der Vertriebsbegriff von der BaFin aber nicht als erfüllt angesehen. Daher bestehen in diesem Zeitraum keine Anzeigepflichten, weil kein Vertrieb vorliegt. Weil der S-Fonds typischerweise auch nicht aktiv weiteren Anlegern angeboten wird, richten sich Auflage und Verwaltung allein nach den §§ 273–292. Lediglich die Informationspflichten nach § 307 (sowie die dort genannten Vorschriften) finden vor Auflegung Anwendung, da diese nicht nur den Vertrieb, sondern auch den Erwerb betreffen.

Bei der Auflage von S-Fonds sind daher grds. nur die Anlagebedingungen nach § 273 S. 2 der BaFin mitzuteilen (WBA/*Lorenz* § 273 Rn. 2). In der Praxis verlangt diese aber darüber hinaus auch die Vorlage der Informationen nach § 307. Das geht über die gesetzlichen Anforderungen hinaus. Es ist auch nicht nachvollziehbar, weshalb diese Informationen zusätzlich verlangt werden. Der Anlegerschutz ist bei Spezial-AIF sehr gering. Auch die aufsichtsrechtlichen Möglichkeiten der BaFin sind – im Vergleich zu Publikumsfonds – stark eingeschränkt.

VI. Anwendbare Vorschriften

Der grds. Konzeption des KAGB folgend, spezifische Regelungen für offene wie auch geschlossene AIF in einem Gesetz festzulegen, werden für die inländischen Spezial-AIF eigene Vorschriften eingeführt. Nur vereinzelt wird auf die für Publikums-AIF/OGAW geltenden Vorschriften verwiesen, so etwa in § 274 zu den Mitteilungspflichten beim Einsatz von Leverage, in §§ 278, 286 zu den Bewertungsvorschriften oder in § 281 auf einen Teil der Regelungen zur Verschmelzung. Lediglich in § 284 wurde die Verweiskonzeption des InvG aufrechterhalten. **8**

VII. Anwendungsbereich für Verwaltungsgesellschaften

§ 273 S. 1 richtet sich an inländische sowie EU-AIF-Verwaltungsgesellschaften in Bezug auf inländische Spezial-AIF. Die §§ 274–292 richten sich ihrem Wortlaut nach nur an inländische AIF-KVG in Bezug auf inländische Spezial-AIF. Aufgrund des Verweises in § 54 V sind die Vorschriften jedoch auch durch EU-AIF-Verwaltungsgesellschaften zu beachten. § 273 S. 2 findet keine Anwendung; da die Vorlage der Anlagebedingungen bzw. die Mitteilung von Änderungen durch die entsprechende Behörde des Herkunftslands erfolgt (vgl. § 54 I, § 323 I; Art 25. II iVm. Art. 7 bzw. Art. 10 AIFM-RL; WBA/*Wilkowski/Grulke* § 54 Rn. 28). Aufgrund des Verweises in § 57 II und § 58 XI sind sie ferner auch für ausländische AIF-Verwaltungsgesellschaften, deren Referenzmitgliedstaat Deutschland ist, von Bedeutung. **9**

VIII. Übergangsvorschriften

Spezial-Sondervermögen, die vor dem 22.7.2013 aufgelegt wurden, fallen in den Anwendungsbereich der §§ 273ff. Nach Ansicht der BaFin waren zunächst die Anlagebedingungen an die Vorgaben des KAGB anzupassen, bevor diese weiter geändert werden konnten. Diese an das KAGB angepassten Anlagebedingungen mussten bis zum 21.7.2014 in Kraft getreten sein (§ 345 III Nr. 2; *BaFin* Schreiben WA 41-Wp 2137-2013/0343 vom 18.6.2013, Häufige Fragen zu den Übergangsvorschriften nach den §§ 343ff. des KAGB, abrufbar unter www.bafin.de). **10**

Bei geschlossenen Spezial-AIF sind die §§ 273–277 und §§ 285–292 dann grds. nicht einschlägig, wenn aufgrund der Übergangsbestimmungen das KAGB insgesamt keine Anwendung findet. Dies ist insb. bei geschlossenen AIF der Fall, die nach dem 21.7.2013 keine neuen Anlagen mehr tätigen (§ 353 I, II; Art. 61 III AIFM-RL; *BaFin* Schreiben WA 41-Wp 2137-2013/0343 vom 18.6.2013, Häufige Fragen zu den Übergangsvorschriften nach den §§ 343ff. des KAGB, abrufbar unter www.bafin.de).

Für geschlossene Fonds, deren Zeichnungsfrist vor dem Inkrafttreten der AIFM-RL ablief und die für einen Zeitraum bis spätestens 21.7.2016 aufgelegt wurden, sind lediglich die Regelungen zum Erlangen der Kontrolle über nicht börsennotierte Unternehmen (§§ 287–292), nicht aber die sonstigen Vorschriften anwendbar (§ 353 III KAGB; Art. 61 IV AIFM-RL). Geschlossene Fonds, deren Zeichnungsfrist zwar vor dem 22.7.2013 abgelaufen ist, bei denen jedoch noch Anlagen nach dem 21.7.2013 getätigt werden, haben ebenfalls die Vorschriften über das Erlangen der Kontrolle über nicht börsennotierte Unternehmen (§§ 287–292) zu beachten. Es gelten ferner die Vorschriften zum Leverage, zur Bewertung sowie zur Gewährung von Gelddarlehen (§ 353 IV). Weitere Einschränkungen der Anwendbarkeit bestehen bei „kleinen" AIF-KVG iSv § 2 IV„ V und bei „Konzern" AIF-KVG iSv § 2 III.

11 Die §§ 273–292 betreffen in aller Regel nur den inländischen Spezial-AIF. Lediglich soweit es die Vertriebs- oder Zulassungsvorschriften abweichend vorsehen, kommt eine (indirekte) Anwendung bei EU-(Spezial-)AIF und ausländischen (Spezial-)AIF in Betracht, sofern diese im Inland oder in der EU bzw. im EWR-Raum vertrieben werden sollen. Dies betrifft zum Beispiel die Vorlage von Anlagebedingungen, die Mitteilung von wesentlichen Änderungen oder auch den Nachweis des Erwerbes nur durch professionelle/semiprofessionelle Anleger (s. die entsprechenden Vertriebsbestimmungen der §§ 293ff.).

Abschnitt 1. Allgemeine Vorschriften für inländische Spezial-AIF

§ 273 Anlagebedingungen

[1]Die Anlagebedingungen, nach denen sich

1. **das vertragliche Rechtsverhältnis einer AIF-Kapitalverwaltungsgesellschaft oder einer EU-AIF-Verwaltungsgesellschaft zu den Anlegern eines Spezialsondervermögens bestimmt oder**
2. **in Verbindung mit der Satzung einer Spezialinvestmentaktiengesellschaft das Rechtsverhältnis dieser Investmentaktiengesellschaft zu ihren Anlegern bestimmt oder**
3. **in Verbindung mit dem Gesellschaftsvertrag einer Spezialinvestmentkommanditgesellschaft das Rechtsverhältnis dieser Investmentkommanditgesellschaft zu ihren Anlegern bestimmt,**

sind vor Ausgabe der Anteile oder Aktien in Textform festzuhalten. [2]Die Anlagebedingungen von inländischen Spezial-AIF sowie die wesentlichen Änderungen der Anlagebedingungen sind der Bundesanstalt von der AIF-Kapitalverwaltungsgesellschaft vorzulegen.

Schrifttum: *Häuselmann* Investmentanteile, 1. Aufl. 2019, Kapitel 3; *Schwarz van Berk* in: Pöllath/Rodin/Wewel, Private Equity und Venture Capital Funds, 1. Aufl. 2018, § 14.

I. Allgemeines, regulatorischer Hintergrund

1 § 273 S. 1 verpflichtet eine AIF-KVG sowie eine EU-AIF-Verwaltungsgesellschaft, die Anlagebedingungen vor Ausgabe der Anteile bzw. Aktien eines Spezial-AIF schriftlich zu fixieren. Zudem müssen gem. § 273 S. 2. Hs. 1 die Anlagebedingungen der BaFin vorgelegt sowie gem. § 273 S. 2 Hs. 2 wesentliche Änderungen mitgeteilt werden (zur Anwendbarkeit für EU-AIF-Verwaltungsgesellschaften vgl. bereits die Ausführungen bei Vorbemerkung zu §§ 273–292, Rn. 9). § 273 S. 2 konstituiert eine Vorlagepflicht, nicht einen Genehmigungsvorbehalt der BaFin (so auch WBA/*Lorenz* § 273 Rn. 2; Häuselmann/*Häuselmann* Kapitel 3 Rn. 32; EDD/*Zirlewagen* § 273 Rn. 1). Die BaFin ist darauf beschränkt, die erhaltenen Informationen und Dokumente auf Vollständigkeit zu prüfen. In der Praxis zeichnet sich ab, dass einzelne Referate die vorgelegten Unterlagen teilweise auch auf Plausibilität hin untersuchen. Einen solchen Prüfauftragt sieht das Gesetz aber nicht vor, so dass diese Verwaltungspraxis rechtlich bedenklich ist. Allenfalls eine summarische Prüfung darf zulässig sein (vgl. zur Praxis auch PRW/*Schwarz van Berk* § 14 Rn. 23).

Die Vorschrift soll ausweislich der Gesetzesbegründung Art. 7 III Buchst. c 2
AIFM-RL umsetzen. Danach hat ein Verwalter eines alternativen Investmentfonds (AIFM), der eine Zulassung nach der AIFM-RL beantragt, der zuständigen Behörde seines Herkunftsmitgliedsstaates die Vertragsbedingungen (Anlagebedingungen) oder Satzungen aller AIF, die er zu verwalten beabsichtigt, vorzulegen. Der Referentenentwurf vom 20.7.2012 enthielt zusätzlich noch den Hinweis auf Art. 10 I AIFM-RL, wonach AIFM verpflichtet werden sollen, alle wesentlichen Änderungen der für den Zulassungsantrag notwendigen Angaben und Unterlagen vor deren Anwendung den zuständigen Behörden mitzuteilen, so ggf. auch wesentliche Änderung der Vertragsbedingungen.

Die in Art. 7 und Art. 10 AIFM-RL geregelten Verpflichtungen, die einem AIFM beim Antrag auf Zulassung bzw. bei nachträglichen wesentlichen Änderungen obliegen, sind durch §§ 22, 34 umgesetzt.

Der im Referentenentwurf vom 20.7.2012 vorgeschene Verweis auf §§ 22, 34 wurde in der finalen Fassung des § 273 nicht mehr übernommen.

§ 240-RefE Anlagebedingungen:

Die Anlagebedingungen, nach denen sich das Rechtsverhältnis der AIF-KVG zu den Anlegern bestimmt, sind vor Ausgabe der Anteile oder Aktien schriftlich festzuhalten. Die Anlagebedingungen von inländischen Spezial-AIF sowie deren wesentlichen Änderungen sind der Bundesanstalt von der AIF-KVG gemäß § 22 Abs. 1 Nr. 12 und § 34 Abs. 1 vorzulegen.

Dadurch wird sichergestellt, dass Anlagebedingungen auch dann schriftlich zu fixieren und der BaFin vorzulegen sind, wenn ein Spezial-AIF neu aufgelegt wird, die Anlagebedingungen der BaFin also während des Zulassungsverfahrens der KVG noch nicht vorlagen.

Hinsichtlich offener Spezial-AIF entspricht § 273 S. 1 weitgehend den aufgeho- 3
benen Regelungen nach § 91 II iVm § 43 I InvG (sa iE EDD/*Zirlewagen,* 2. Aufl. 2019, § 273 Rn. 3ff.). Die Verpflichtung zur schriftlichen Fixierung von Anlagebedingungen gilt nunmehr auch für geschlossene Investmentvermögen und sonstige unter den Begriff des Spezial-AIF fallende Vehikel (→ Vor §§ 273–292 Rn. 1).

II. Anwendungsbereich

§ 273 gilt sowohl für offene als auch geschlossene inländische Spezial-AIF in 4
allen zulässigen Rechtsformen (→ Vor §§ 273–292 Rn. 1).

III. Schriftliche Anlagebedingungen

Die Anlagebedingungen sind nach § 273 S. 1 vor der Ausgabe von Anteilen oder 5
Aktien schriftlich festzuhalten. Bei der InvAG und InvKG sind die Anlagebedingungen zusätzlich zur Satzung bzw. zum Gesellschaftsvertrag zu erstellen (§§ 110, 111 für die offene InvAG; §§ 125, 126 für die offene InvKG; §§ 142, 143 für die InvAG mit fixem Kapital; §§ 150, 151 für die geschlossene InvKG). Die Anlage-

bedingungen dürfen damit nicht Bestandteil der Satzung bzw. des Gesellschaftsvertrages sein (so auch EDD/*Zirlewagen,* 2. Aufl. 2019, § 273 Rn. 2).

Der Begriff Anlagebedingungen umfasst sämtliche Bedingungen, die das Rechtsverhältnis zwischen der AIF-KVG und den Anlegern regeln, einschließlich der bei Spezialfonds üblichen Dreier-Vereinbarung (→ Vor §§ 273–292 Rn. 6) sowie sonstige „Side Letter" (→ § 22 Rn. 15; sowie Merkblatt der BaFin zum Erlaubnisverfahren für eine AIF-KVG nach § 22 KAGB-E vom 22.3.2013, abrufbar unter www.bafin.de).

Für geschlossene Fonds und sonstige erstmals unter dem KAGB regulierte Vehikel bedeutet dies eine Verschärfung ihrer Transparenzpflichten sowie einen zusätzlichen oder zumindest geänderten Dokumentationsaufwand im Vergleich zur früheren Rechtslage (sa PRW/*Schwarz van Berk* § 14 Rn. 15). Bei geschlossenen Fonds in der Rechtsform einer GmbH & Co. KG oder einer GbR war es gängige Praxis, Rechte und Pflichten der Anleger in dem Gesellschaftsvertrag festzulegen. Die weiteren Informationen wurden in einem Verkaufsprospekt gem. § 8g VerkProspG, welcher der BaFin vorgelegt wurde, veröffentlicht, sofern der geschlossene Fonds gem. § 8f VerkProspG öffentlich angeboten wurde. Bei einem Vertrieb des Produkts im Rahmen einer Privatplatzierung war es üblich, den Anlegern ein Private Placement Memorandum (PPM) vor Anteilsausgabe auszuhändigen.

6 Ebenso wie das InvG keine Mindestinhalte der Anlagebedingungen für offene Spezial-Investmentvermögen vorsah (§ 95 VIII iVm § 43 III InvG), schreibt auch das KAGB Spezial-AIF mit Ausnahme der Vorgaben in den §§ 275ff. oder den allgemeinen Bestimmungen des KAGB (insb. Kap. 1 UAbschn. 4 und 5 (§§ 91ff.)) keine Mindestinhalte vor (sa PRW/*Schwarz van Berk* § 14 Rn. 20). Bestimmte Mindestanforderungen ergeben sich aus anderen gesetzlichen Bestimmungen, wie etwa § 283 I bei Hedgefonds (Einsatz von Leverage, Leerverkaufsregelung), § 284 bei Spezial-AIF mit festen Anlagebedingungen (abschließender Katalog erwerbbarer Vermögensgegenstände) oder etwa § 282 II 2 (Regelungen zur Rücknahmehäufigkeit).

IV. Vorlage der Anlagebedingungen

7 Anders als bei Publikumsinvestmentvermögen (§§ 163, 267) unterliegen inländische Spezial-AIF keiner Genehmigungspflicht hinsichtlich ihrer Anlagebedingungen (so auch der Grundsatz unter dem InvG, § 93 I Hs. 1 InvG). Die Anlagebedingungen sind der BaFin nach § 273 S. 2 Hs. 1 lediglich vorzulegen. Dies gilt auch für Hedgefonds (EDD/*Zirlewagen,* 2. Aufl. 2019, § 273 Rn. 6); die im InvG vorgesehene Genehmigungspflicht (§ 93 I Hs. 2 InvG) wurde nicht übernommen. § 273 S. 2 richtet sich an die (inländische) AIF-KVG. Bei EU-AIF-Verwaltungsgesellschaften erfolgt die Vorlage der Anlagebedingungen bzw. die Mitteilung von Änderungen durch die entsprechende Behörde des Herkunftslands (vgl. § 54 I, § 323 I KAGB; Art. 25 II iVm Art. 7 bzw. Art. 10 AIFM-RL).

Die Vorlagepflicht besteht unabhängig davon, ob der inländische Spezial-AIF im Inland vertrieben werden soll oder nicht. Darüber hinaus kann die BaFin die quartalsmäßige Vorlage einer detaillierten Aufstellung sämtlicher von einer AIF-KVG verwalteten AIF verlangen (§ 35 III). Bei offenen Spezial-AIF führt die Vorlagepflicht letztlich zu einer Verschärfung der Pflichten der AIF-KVG im Verhältnis zu den Pflichten unter dem InvG. Das InvG sah mit Ausnahme bei Hedgefonds diesbezüglich statt einer Vorlagepflicht lediglich eine halbjährliche Sammelaufstellung der aufgelegten bzw. geschlossenen Spezial-Sondervermögen vor (§ 93 II InvG).

V. Vorlage von wesentlichen Änderungen

Nach dem Wortlaut des § 273 S. 2 sind wesentliche Änderungen der BaFin vorzulegen. Hieraus sollte sich keine über die Anforderungen der §§ 34 I, 321 III KAGB oder des Art. 10 I AIFM-RL hinausgehenden Verpflichtung ergeben. Diese Vorschriften verlangen die Mitteilung von wesentlichen Änderungen. Die abweichende Wortwahl „Vorlage" statt „Mitteilung" dürfte redaktioneller und nicht inhaltlicher Art sein. Dafür spricht, dass im RefE zwar auch der Begriff „vorzulegen" verwendet, jedoch zugleich für die Frage der Umsetzung der „Vorlage" auf § 34 I („mitzuteilen") verwiesen wurde (§ 240 KAGB-RefE). Eine mit der Mitteilung/Vorlage einhergehende zeitgleiche erneute Vorlage der gesamten Anlagenbedingungen oder Satzung/Gesellschaftsvertrag, ohne besondere Aufforderung durch die BaFin oder soweit inhaltlich geboten, ist uE ebenfalls nicht erforderlich. 8

Vorzulegen bzw. mitzuteilen sind nur wesentliche Änderungen. Das Kriterium der Wesentlichkeit sollte sich hierbei an den Anlegerschutzinteressen orientieren. Umfasst sind daher nur solche Änderungen, die aus Sicht des Anlegers als objektiven Dritten für seine Investitionsentscheidung bedeutend sind, die also auf seine Entscheidung, die Anteile zu halten, zurückzugeben oder neue Anteile zu erwerben maßgeblichen Einfluss haben können (vgl. auch WBA/*Lorenz* § 273 Rn. 4). Als Beispiel sei hier die Änderung des Anlageschwerpunktes oder die Höhe der Mindestbeteiligung erwähnt. Auch gesetzliche Vorgaben im Hinblick auf die Inhalte der Anlagebedingungen (→ Rn. 6) sind ein Indiz.

VI. Frist

Nach dem Wortlaut des § 273 sind die Anlagebedingungen vor der Ausgabe der Anteile bzw. der Aktien schriftlich festzulegen. Eine Frist, innerhalb derer die Vorlage der Anlagebedingungen bzw. Mitteilung/Vorlage von wesentlichen Änderungen spätestens erfolgen muss, ist nicht vorgesehen. In der Praxis vergibt die BaFin jedem angezeigten Spezial-AIF eine eigene Identifikationsnummer für den Fonds (sog. BaFin-ID). Diese ist bspw. für Meldungen nach § 35 KAGB oder Art. 9 der VO (EU) Nr. 648/2012 (EMIR) wichtig. Die Vergabe der BaFin-ID erfolgt erst nach Abschluss der Prüfung der Vorlage der Unterlagen und wird durch das zuständige Referat erteilt. Da dies Zeit in Anspruch nehmen kann, sollte die Vorlage der Mitteilung so rechtzeitig erfolgen, dass die geplante Fondsauflage sichergestellt wird (im Ergebnis wohl auch WBA/*Lorenz* § 273 Rn. 3). 9

§274 Begrenzung von Leverage

[1]Für die Informationspflicht der AIF-Kapitalverwaltungsgesellschaft im Hinblick auf das eingesetzte Leverage sowie die Befugnis der Bundesanstalt zur Beschränkung des eingesetzten Leverage einschließlich der Mitteilungspflichten der Bundesanstalt gilt §215 entsprechend. [2]Die Bedingungen, unter welchen die Maßnahmen nach Satz 1 in Verbindung mit §215 Absatz 2 angewendet werden, bestimmen sich nach Artikel 112 der Delegierten Verordnung (EU) Nr. 231/2013.

Mit Ausnahme von offenen inländischen Spezial-AIF mit festen Anlagebedingungen (§ 284 IV) sind inländische Spezial-AIF hinsichtlich der Höhe des Leverage grds. nicht beschränkt (zur Definition und Risikomanagement sa Kommentierung 1 zu § 1 XIX Nr. 25 S. 1 und § 29 IV). Allerdings unterliegt die AIF-KVG eines inländischen Spezial-AIF der gleichen Informationspflicht über die Begrenzung des Umfanges des eingesetzten Leverage wie die KVG inländischer Publikums-AIF.

Leverage (Hebelwirkung) liegt nur dann vor, wenn das Risiko des AIF selbst sich (über den vom AIF investierten Betrag) erhöht.

2 Nach § 215 (§ 263 II für geschlossene AIF) obliegen einer AIF-KVG im Zusammenhang mit der Begrenzung des Leverage des offenen inländischen Publikums-AIF durch die BaFin bestimmte Informationspflichten. Diese sollen der BaFin im Ergebnis die Feststellung erlauben, inwieweit die seitens der AIF-KVG genutzte Hebelfinanzierung angemessen begrenzt ist, um Systemrisiken im Finanzsystem, Marktstörungen oder Risiken für das langfristige Wirtschaftswachstum zu vermeiden (vgl. Art. 25 I AIFM-RL und näher die Kommentierung zu § 215). Diese Informationspflichten treffen nach § 274 S. 1 entsprechend auch die AIF-KVG eines inländischen Spezial-AIF.

3 Auch die der BaFin zur Beseitigung von identifizierten Risiken eingeräumten Befugnisse zur Beschränkung des eingesetzten Leverage (vgl. iE die Kommentierung zu § 215) und die der BaFin obliegenden Mitteilungspflichten (vgl. Art. 25 III AIFM-RL, § 215 II 1 und Kommentierung zu § 215) unterscheiden sich im Ergebnis nicht für eine AIF-KVG eines offenen inländischen Publikums-AIF oder solche eines inländischen Spezial-AIF.

4 § 274 S. 2 enthält schließlich einen Verweis auf die (unmittelbar anwendbare) Level-II-Verordnung, aus der sich die Bedingungen für Maßnahmen der BaFin ergeben (vgl. auch Art. 25 IX AIFM-RL und Kommentierung zu § 215).

5 Setzt ein offener Spezial-AIF Leverage im beträchtlichen Umfang ein, handelt es sich um einen Hedgefonds iSv § 283 I Nr. 1.

§ 275 Belastung

(1) **Die Belastung von Vermögensgegenständen, die zu einem Spezial-AIF gehören, sowie die Abtretung und Belastung von Forderungen aus Rechtsverhältnissen, die sich auf diese Vermögensgegenstände beziehen, sind zulässig, wenn**

1. dies in den Anlagebedingungen vorgesehen und mit einer ordnungsgemäßen Wirtschaftsführung vereinbar ist und

2. die Verwahrstelle den vorgenannten Maßnahmen zustimmt, weil sie die Bedingungen, unter denen die Maßnahmen erfolgen soll, für marktüblich erachtet.

(2) **Die Bundesanstalt kann die Höhe der zulässigen Belastung der Vermögensgegenstände beschränken, wenn sie dies zum Schutz der Anleger oder zur Gewährleistung der Stabilität und Integrität des Finanzsystems als nötig erachtet.**

I. Regelungsgegenstand, regulatorischer Hintergrund

1 Mit § 275 knüpft das KAGB für Spezial-AIF an die §§ 91 III, 82 III und 31 V InvG an, ohne jedoch die bereits zu diesen Normen bestehenden Wertungswidersprüche hinsichtlich der bei den verschiedenen Fondstypen zu beachtenden Belastungsbeschränkungen zu beseitigen. Die Besicherung durch Gegenstände des Sondervermögens, etwa im Rahmen einer Kreditaufnahme (vgl. die Ausführungen zu

§ 274, s. aber auch → Rn. 5 ff.), ist bei einem Spezial-AIF – so die Kernaussage – grds. zulässig, wenn (i) die Anlagebedingungen dies vorsehen, (ii) die Besicherung der „ordnungsgemäßen Wirtschaftsführung" dient und (iii) die Verwahrstelle der Maßnahme zustimmt. Insofern ähnelt § 275 den bisherigen Regelungen in §§ 91 III, 82 III InvG, ohne allerdings eine feste Obergrenze für die zulässige Besicherung vorzusehen.

Ob die Voraussetzungen (i) und (ii) vorliegen, hat die Verwahrstelle im Rahmen ihrer Entscheidung über ihre Zustimmung zu prüfen. Prüfungsmaßstab ist hierbei lediglich die „Marktüblichkeit" der Bedingungen der Besicherung, nicht also der zugrunde liegenden Entscheidung zur Finanzierung und der Vereinbarkeit mit der konzeptionellen Anlagestrategie des Spezial-AIF; hierüber hat ausschließlich die AIF-KVG zu entscheiden. 2

Spezial-AIF unterliegen grds. keiner Beschränkung der Hebelfinanzierung (vgl. Kommentierung zu § 274), dh sie können (wie im Leverage-Buy-Out-Fonds/Hedge-Fonds-Bereich) im auch erheblichen Umfang mit Hebelfinanzierungen operieren, sofern dies in den Anlagebedingungen entsprechend vorgesehen ist und die Voraussetzungen des § 283 (s. dort) erfüllt sind. Um indes eine übermäßige Belastung des Spezial-AIF und damit einhergehende potenzielle Gefahren für die Anleger oder die Stabilität und Integrität des Finanzsystems zu vermeiden, wird der Bundesanstalt ein entsprechendes Beschränkungsrecht der zulässigen Besicherung eingeräumt. 3

Von § 275 nicht erfasst ist die Besicherung eines Spezial-AIF-**Anteils,** etwa im Rahmen einer Verpfändung. In der Bankpraxis spielen solche Besicherungen in aller Regel keine bedeutende Rolle, da Werthaltigkeit und insb. die Durchsetzung der Sicherheit bereits im Vorfeld der umfassenden Kooperation der AIF-KVG und der Depotbank, bei der die Anteile verwahrt werden, bedürfen. 4

II. Zugelassene Belastungen (Abs. 1)

1. Belastung von Vermögensgegenständen des Spezial-AIF. Vor dem Hintergrund des Normzwecks – Verhindern eines übermäßigen Belastens und einer damit einhergehenden Gefährdung der Anleger/Stabilität und Integrität des Finanzsystems – umfasst der Begriff „Belastung" von Vermögensgegenständen des Spezial-AIF uE sämtliche üblichen Formen der Besicherung, insb. Verfügungen wie Verpfändung oder Sicherungsabtretung, aber auch lediglich schuldrechtliche und synthetische Belastungen, etwa durch das Erwerben bestimmter Derivate, die wirtschaftlich zu einer vergleichbaren Belastung des Sondervermögens führen (aA WBA/*Swoboda* § 275 Rn. 20). § 275 umfasst schließlich auch die Übernahme bereits bestehender Belastungen, etwa beim Erwerb von belasteten Vermögensgegenständen (vgl. BSL/*Klusak* InvG § 82 Rn. 8). 5

Erfasst werden von § 275 ausschließlich die vom Spezial-AIF unmittelbar gehaltenen Vermögensgegenstände, also nicht Belastungen einer Zwischengesellschaft oder solche auf der Ebene von Zielinvestments (ebenso WBA/*Swoboda* 2014, § 275 Rn. 2, 7 u. 15 unter Hinweis auf Art. 6 III 2 Level-II-VO). Anders kann dies allerdings sein, wenn das Vermögen des Spezial-AIF überwiegend mittelbar über Objektgesellschaften verwaltet wird. In solchen Fällen ist davon auszugehen, dass die Bundesanstalt einen **„Look-Through-Ansatz"** verfolgen wird (vgl. Nr. 3 des Schreibens der BaFin 7.10.2015 – WA 41-Wp 2137-2013/0068, **Verwahrstellenrundschreiben**). Unerheblich ist, ob es sich um Finanzinstrumente oder sonstige Vermögensgegenstände handelt. 6

7 Unzutreffend ist uE indes die teleologische Reduktion von *Swoboda* (insb. WBA/*Swoboda* 2014, § 275, Rn. 7, 22), wonach Belastungen zugunsten einer Zwischengesellschaft oder „upstream" nicht dem Anwendungsbereich unterfielen, da der Gesetzgeber nur der Belastung zugunsten „Dritter" „kritisch gegenüberstehe". Denn auch solche Belastungen tragen aus Sicht des Anlegers gerade des betreffenden Spezial-AIF das (erhöhte) Risiko eines Vermögensverlustes. Vor dem Hintergrund der Regelung zu offenen inländischen Investmentvermögen in § 93 V 2, wonach – etwa im Rahmen des § 274 – das Belastungsverbot des § 93 V 1 gerade nicht greifen soll, ist es allerdings in der Tat wertungswidersprüchlich, dass § 275 auch an die Belastung ausschließlich zugunsten des Spezial-AIF selbst, wie bspw. im Rahmen einer Kreditaufnahme, zusätzliche Anforderungen erstellt.

8 Die Belastung als solche muss durch die AIF-KVG erfolgen, wobei es uE nicht darauf ankommen kann, ob ein Weisungsbeschluss der Anleger vorliegt (für diesen Fall soll nach WBA/*Swoboda,* 1. Aufl. 2014, § 275 Rn. 24 keine relevante Belastung vorliegen) oder nicht. Bei Vorliegen eines solchen Weisungsbeschluss sollte uE jedoch in jedem Falle von einer ordnungsgemäßen Wirtschaftsführung auszugehen sein.

9 **2. Abtretung und Belastung von Forderungen aus Rechtsverhältnissen, die sich auf Vermögensgegenstände des Spezial-AIF beziehen.** § 275 sieht folgerichtig eine Gleichbehandlung der unmittelbaren Belastung von Vermögensgegenständen des Spezial-AIF mit der Verfügung über Forderungen aus diesen Vermögensgegenständen (zB Erträge, Bezugsrechte etc.) vor, etwa im Rahmen einer zu Sicherungszwecken erfolgenden Abtretung von (sofern bestimmbar: auch künftigen) Forderungen.

10 **3. Anlagebedingungen.** Soll im Rahmen der gewählten Anlagestrategie des Spezial-AIF eine Kreditaufnahme erfolgen, ist nicht nur diese, sondern zugleich die korrespondierende Belastung in den Anlagebedingungen aufzunehmen. Die Ausführungen sollten dabei möglichst spezifisch (und im Zweifel „weit") ausfallen. Zu beachten sind insb. auch etwaige geplante Belastungen zugunsten von Kreditaufnahmen, die von Zielinvestments des Spezial-AIF, zugunsten einer Zwischengesellschaft oder „upstream" erfolgen sollen (Drittbesicherungen). Das Gleiche gilt für Belastungen außerhalb von Kreditaufnahmen, wie zum Beispiel die Gewährung von Bezugsrechten.

11 **4. Mit einer ordnungsgemäßen Wirtschaftsführung vereinbar.** Der Begriff der ordnungsgemäßen Wirtschaftsführung ist nicht legaldefiniert und daher auslegungsbedürftig. Eine Auslegung muss sich uE dabei an den Anlagebedingungen und der gewählten Anlagestrategie orientieren. Vor diesem Hintergrund ist jede Belastung von Vermögensgegenständen mit einer ordnungsgemäßen Geschäftsführung vereinbar, sofern diese nach Einschätzung der AIF-KVG nicht gegen die Anlagebedingungen verstößt, der Umsetzung der Anlagestrategie zumindest förderlich ist und durch einen anderweitigen Vorteil für das Sondervermögen wieder ausgeglichen wird (vgl. zu diesem Gesichtspunkt auch BSL/*Klusak* InvG § 82 Rn. 11). Im Ergebnis steht der AIF-KVG hier ein weiter Beurteilungsspielraum zu.

12 **5. Zustimmung durch die Verwahrstelle.** Die Verwahrstelle des Spezial-AIF wird in aller Regel ihre Zustimmung erteilen können/müssen, dh eine Zustimmung nur bei offensichtlich fehlender Marktüblichkeit der Belastung verweigern müssen/dürfen (aA BSL/*Klusak* InvG § 82 Rn. 11: Marktüblichkeit beziehe sich auf Prüfung des zugrunde liegenden Rechtsverhältnisses). Andernfalls wäre die Ver-

wahrstelle im Ergebnis verpflichtet, alternative Besicherungskonzepte einzuholen und zu vergleichen sowie dezidierte Marktüblichkeitstests auch im Hinblick auf das Grundverhältnis (also zB der Darlehensbedingungen) durchzuführen, also letztlich auch die Entscheidungen der AIF-KVG zur Belastung sachlich-inhaltlich zu überprüfen – was einer systemfremden Verantwortungs- und ggf. auch Haftungsdelegation von originären Pflichten der AIF-KVG auf die Verwahrstelle gleichkäme.

Nichtsdestotrotz wird die AIF-KVG der Verwahrstelle in der Praxis im Interesse 13 einer unproblematischen Zustimmung die für das Finanzierungs- und Belastungskonzept wesentlichen Entscheidungsparameter (etwa verschiedene eingeholte Angebote) bereits ex ante offenlegen.

Details zur Zustimmung sollten im Verwahrstellenvertrag geregelt werden, um 14 im Tagesgeschäft Friktionen zu vermeiden und die Verantwortungsebenen abzugrenzen (vgl. allgemein dazu Nr. 12 des Schreibens der BaFin vom 7.10.2015 – WA 41-Wp 2137-2013/0068, Verwahrstellenrundschreiben). Aus Sicht der Verwahrstelle sollte sich die AIF-KVG verpflichten, die Verwahrstelle in die Lage zu versetzen, ihrer Prüfpflicht entsprechend nachzukommen.

Ähnlich wie bei Publikum-AIF sollte die Zustimmung vorliegen, wenn die Be- 15 lastung mit Mitwirkung der Verwahrstelle erfolgt, zB Verpfändung eines von der Verwahrstellen verwahrten Bankkontos.

III. Befugnisse der BaFin (Abs. 2)

1. Zweckgebundenes Ermessen, weite Einschätzungsprärogative. Die 16 BaFin „kann" „zum Schutz der Anleger" oder „zur Gewährleistung der Stabilität und Integrität des Finanzsystems" die Höhe der zulässigen Belastung der Vermögenstände des Spezial-AIF durch Anordnung beschränken. Die für ihre zweckgebundene (§ 40 VwVfG) Ermessensausübung maßgeblichen Erwägungen hat die Bundesanstalt darzulegen. Der BaFin steht in beiden Alternativen eine weite Einschätzungsprärogative zu („als nötig erachtet"). Diese hielt der Gesetzgeber offenbar für notwendig, weil sich sowohl das Anlegerschutzbedürfnis (bei Besicherungen ja gerade vorsehenden Anlagebedingungen, vgl. Abs. 1 Nr. 1) als auch eine Gefahr für Stabilität und Integrität des Finanzsystems nur schwer bei der notwendigerweise marktüblichen (vgl. Abs. 1 Nr. 2) Besicherung nachweisen lassen werden. Insbesondere Anordnungen „zur Gewährleistung der Stabilität und Integrität des Finanzsystems" sind in der Praxis nur ausnahmsweise und in besonders gelagerten gesamtwirtschaftlichen Situationen zu erwarten.

Auch wenn der BaFin daher zumindest nach § 275 keine unmittelbare Eingriffs- 17 möglichkeit zur Beschränkung einer Kreditaufnahme zusteht, wirkt das Beschränken der Sicherheitenbestellung letztlich auf diese zurück und erlaubt der Bundesanstalt damit mittelbar das Ergreifen von Gegensteuerungsmaßnahmen gegen ein übermäßiges Leverage. *Swoboda* (WBA/*Swoboda* § 275 Rn. 30) weist zutreffend darauf hin, dass eine solche Möglichkeit zum faktischen Beschränken der Kreditaufnahme auf Ebene einzelner Spezial-AIF von der AIFM-RL nicht vorgesehen ist und die überschießende deutsche Umsetzung hier einen Sonderweg geht.

2. Rechtsschutzmöglichkeiten. Gegen beschränkende Entscheidungen der 18 BaFin stehen der KVG die allgemeinen verwaltungsverfahrensrechtlichen Möglichkeiten des Rechtsschutzes gegen Ermessensfehlentscheidungen und Beurteilungsfehler offen.

§ 276 Leerverkäufe

(1) [1]Die AIF-Kapitalverwaltungsgesellschaft darf für gemeinschaftliche Rechnung der Anleger keine Vermögensgegenstände nach Maßgabe der §§ 193, 194 und 196 verkaufen, wenn die jeweiligen Vermögensgegenstände im Zeitpunkt des Geschäftsabschlusses nicht zum Spezial-AIF gehören; § 197 bleibt unberührt. [2]Die Wirksamkeit des Geschäfts wird durch einen Verstoß gegen Satz 1 nicht berührt.

(2) [1]Absatz 1 findet keine Anwendung auf AIF-Kapitalverwaltungsgesellschaften, die Hedgefonds verwalten. [2]Die Bundesanstalt kann Leerverkäufe im Sinne des § 283 Absatz 1 Satz 1 Nummer 2 beschränken, wenn sie dies zum Schutz der Anleger oder zur Gewährleistung der Stabilität und Integrität des Finanzsystems als nötig erachtet.

Schrifttum: *Bödecker* Handbuch Investmentrecht, 1. Aufl. 2007; *Emde/Dreibus* Der Regierungsentwurf für ein Kapitalanlagebuch, BKR 2013, 89; *Pütz/Schmies* Die Umsetzung der neuen rechtlichen Rahmenbedingungen für Hedgefonds in der Praxis, BKR 2004, 51.

I. Allgemeines/regulatorischer Hintergrund

1 § 276 I verbietet geschlossenen wie auch offenen Spezial-AIF Leerverkäufe von Wertpapieren, Geldmarktinstrumenten und Investmentanteilen. Von dieser Einschränkung ausgenommen sind nach § 276 II lediglich AIF-KVG, die Hedgefonds verwalten.

§ 276 geht nicht auf die AIFM-RL zurück. Das allgemeine Verbot des Leerverkaufs in Abs. 1 entspricht vielmehr Regelungen unter dem InvG (§ 91 III Nr. 3 iVm § 59 InvG). Warum das KAGB Leerverkäufe nicht nur für OGAW-Fonds (Umsetzung von Art. 89 der Richtlinie 2009/65/EG), sondern auch für Publikums-AIF und für offene und nunmehr auch für geschlossene Spezial-AIF vorsieht, ist der Gesetzesbegründung des KAGB nicht zu entnehmen. Leerverkäufe der genannten Finanzinstrumente sollen Hedgefonds vorbehalten bleiben. Warum Leerverkäufe bei Nicht-Hedgefonds in Gänze ausgeschlossen werden, obwohl sich durch deren (moderaten) Einsatz in bestimmten Marktsituation die Renditeperformance deutlich steigern lässt, ohne das Risikoprofil des Spezial-AIF wesentlich zu verändern, ist nur schwer ersichtlich. Ebenso ist es wenig nachvollziehbar, weshalb § 276 seinem Wortlaut nach ein Leerverkaufsverbot ohne Berücksichtigung des Bestehens einer Deckung und/oder Verrechnungspositionen vorschreibt und damit im Ergebnis über die EU-Leerverkaufsverordnung vom 14.3.2012 (VO Nr. 236/2012 über Leerverkäufe und bestimmte Aspekte von Credit Default Swaps, ABl. EU L 86, 1) ohne erkennbare Begründung hinausgeht. Unseres Erachtens kann es sinnvollerweise letztlich nur auf das Bestehen von „Netto-Shortpositionen" ankommen. Angesichts des Wortlautes dürfte hier im Ergebnis eine entsprechende Auslegung weder nach nationalen Maßstäben noch unter dem Gesichtspunkt der Europakonformität in Betracht kommen.

Zum weiteren Hintergrund und zur allgemeinen Kritik bezüglich der Ausweitung des Leerverkaufsverbotes über die EU-Leerkaufsverordnung hinaus siehe auch die Kommentierung zu § 91 III Nr. 3 iVm § 59 InvG, sowie *Emde/Dreibus* BKR 2013, 89ff.

II. Leerverkauf

1. Definition und Umfang des Leerverkaufverbots. Ein Leerverkauf ist nach dem Gesetzeswortlaut dann gegeben, wenn die veräußerten Vermögensgegenstände dem AIF nicht „gehören". Dieser untechnische Begriff ist uE im Sinne einer Eigentumsposition zu verstehen (so auch Art. 2 Ib EU-Leerverkaufsverordnung. Maßgeblich ist daher eine sachenrechtliche und nicht eine schuldrechtliche Betrachtung. Allein ein schuldrechtlicher Anspruch oder eine wirtschaftliche Allokation ist nicht ausreichend, wohl aber ein Anwartschaftsrecht. Die rein wirtschaftliche Verfügungsmöglichkeit, so zB bei einer bestehenden gleichzeitigen Kaufoption, reicht nicht (zur Definition sa Kommentierungen zu §§ 205, 265; zur Kritik → Rn. 1). 2

Das Leerverkaufsverbot gilt sowohl für geschlossene als auch für offene Spezial-AIF in Bezug auf Wertpapiere (§ 193), Geldmarktinstrumente (§ 194) oder Investmentanteile (§ 196). Absatz 1 entspricht der ehemals für offene Spezialinvestmentvermögen geltende Regelung unter dem InvG (§ 91 III Nr. 3 iVm § 59 InvG). 3

Demgegenüber unterliegen andere als die in § 276 genannten Finanzinstrumente uE keinem Leerverkaufsverbot.

Die Gesetzesbegründung spricht ebenfalls nicht für eine über den Wortlaut hinausgehende Ausweitung des Leerverkaufsverbotes. In der Gesetzesbegründung wird auf die Vorschriften des InvG verwiesen. Zwar könnte die Begründung zur Einführung von § 59 InvG (Investmentmodernisierungsgesetz, BT-Drs. 15/1553, 96) dafür sprechen, alle Vermögensgegenstände seien von dem Verbot umfasst. Denn diese lautet: „Der Regelungsgehalt des § 9 Abs. 5 KAGG wurde auf die Erweiterung des Artikel 42 der geänderten Richtlinie 85/116/EWG angepasst. Das Verbot des Leerverkaufs von Wertpapieren wird auf sämtliche weitere Vermögensgegenstände, die leer verkauft werden könnten ausgedehnt." Dem lag indes zugrunde, dass sich das Leerverkaufsverbot ursprünglich bei (OGAW-)Investmentfonds naturgemäß infolge der begrenzten Anlagemöglichkeiten auf Wertpapiere (zurückgehend auf Art. 42 der RL 85/611/EWG) beschränkte. Da die Anlagemöglichkeiten für OGAW (und korrespondierend damit das Leerverkaufsverbot) zunehmend um Geldmarktinstrumente und Investmentanteile erweitert wurde (Änderung von Art. 42 der RL 2001/108/EG; so auch weiterhin Art. 89 der OGAW-IV-Richtlinie), vollzog die Anpassung des § 59 InvG durch das Investmentmodernisierungsgesetz diese Entwicklung bei OGAW-Fonds lediglich für nicht OGAW-Fonds nach. Eine darüber hinausgehende Ausdehnung des Leerverkaufsverbotes war demgegenüber uE niemals intendiert. 4

Auch Sinn und Zweck der Vorschrift sprechen nicht für eine über den Gesetzeswortlaut hinausgehende Ausweitung des Verbotes. Denn historischer Hintergrund des Leerverkaufsverbotes für die benannten Finanzinstrumente (insb. solcher, die von Banken und Finanzdienstleistern emittiert wurden oder die ein solches „Underlying" haben) ist die aus dieser Investmenttechnik möglicherweise entstehende Gefährdung der Stabilität und Integrität des Finanzsystems und die hieraus resultierende Gefährdung der Anleger. Es ist demgegenüber nicht erkennbar, wie der Leerverkauf anderer Vermögensgegenstände in vergleichbarer Weise die Stabilität und Integrität des Finanzsystems und damit die der Anleger gefährden könnte. Dem lässt sich auch nicht entgegenhalten, durch die fehlende Bezugnahme auf Banken- und Finanztitel habe § 276 vielmehr den Schutzzweck, die Anleger solcher Spezial-AIF, die sich nicht als Hedgefonds qualifizieren, zu schützen. Denn ein solcher Gesetzeszweck hätte unter Beachtung des Verhältnismäßigkeitsprinzips auch durch eine quantitative Begrenzung dieser Investmenttechnik erreicht werden können. 5

6 Letztlich werden die Möglichleiten eines Spezial-AIF zu Leerverkäufen indirekt durch das interne „Leverage Limit" beschränkt. Dies gilt umso mehr, wenn man bedenkt, dass ein Leerverkaufsverbot für andere Vermögensgegenstände als die benannten Finanzinstrumente zu einem erheblichen Standortnachteil für inländische Spezial-AIF führt. Denn entsprechende Einschränkungen bestehen in den meisten zentralen Fondsstandorten nicht. Für eine dem Wortlaut entsprechende Auslegung spricht schließlich § 340 I Nr. 4 in der Fassung vor dem OGAW-V-UmsG, der nur den Verkauf der in § 276 I 1 genannten Vermögensgegenstände als Ordnungswidrigkeit ahndete. Des Hinweises auf die „genannten Vermögensgegenstände" hätte es nicht bedurft, dürften sämtliche Vermögensgegenstände nicht leer veräußert werden. Daran hat sich letztlich auch durch die Neufassung in § 340 II Nr. 59 nichts geändert. Hier erfolgt ein Verweis auf „§ 276 Abs. 1 Satz 1" und damit indirekt ebenfalls auf die genannten Vermögensgegenstände. Auch aus der Begründung (RefE zur Umsetzung der RL 2014/91/EU) für diese Änderung, die letztlich nur auf den neu für OGAW eingefügten Art. 99a der RL 2009/65/EG verweist, ergeben sich keine Hinweise darauf, dass alle Vermögensgegenstände umfasst sein sollen.

7 **2. Ausgenommene Vorgänge.** Nach Abs. 1 S. 1 Hs. 2 wird der Einsatz von Derivaten durch das Leerverkaufsverbot nicht beschränkt (so auch bislang unter dem InvG). Vom Grundsatz her sind daher synthetische/wirtschaftliche Leerverkäufe weiterhin zulässig (s. § 197).

III. Ausnahmen für Hedgefonds

8 Nach Abs. 2 (wie zuvor § 112 InvG) sind Hedgefonds vom Leerverkaufsverbot nicht betroffen, soweit in den Anlagebedingungen entsprechende Geschäfte zugelassen sind.

Nach § 283 I qualifiziert sich ein inländischer offener Spezial-AIF als Hedgefonds, wenn nach den Anlagebedingungen der Leerverkauf von Vermögensgegenständen erfolgen kann. Eine Beschränkung auf die in § 276 I genannten Vermögensgegenstände ist nicht vorgesehen. Mithin stellt sich die Frage, ob Spezial-AIF, die nach ihren Anlagebedingungen zwar nicht die in § 276 I genannten Anlagen, jedoch andere Vermögensgegenstände leer verkaufen können, stets in der Form eines offenen (Spezial-)Hedgefonds aufzulegen sind. Unseres Erachtens ist § 283 dergestalt teleologisch zu reduzieren, dass nur solche offene Spezial-AIF als Hedgefonds aufzulegen sind, bei denen Leerverkäufe in Bezug auf die in § 276 I genannten Finanzinstrumente zugelassen sind. In keinem Fall ist uE § 276 iVm § 283 hingegen dahingehend auszulegen, dass Spezial-AIF, die Leerverkäufe von ausschließlich anderen als den in § 276 I 1 genannten Finanzinstrumenten vornehmen dürfen, nur als offene Spezial-AIF in Betracht kommen.

IV. Beschränkungen durch die BaFin

9 Konnte nach dem InvG das BMF per Rechtsverordnung die BaFin zum Erlass einer die Ausnahme vom Leerverkaufsverbot beschränkenden Rechtverordnung ermächtigen bzw. selbst tätig werden (§ 112 IV InvG), ist diese Befugnis seit Inkrafttreten des KAGB gem. § 276 II 2 der BaFin übertragen. Diese kann Leerverkäufe auch bei Hedgefonds beschränken, wenn sie dies zum Schutz der Anleger oder zur Gewährleistung der Stabilität und Integrität des Finanzsystems als nötig erachtet.

Warum diese Beschränkungsmöglichkeit, die im Ergebnis nur den offenen Hedgefonds betrifft, nicht im Rahmen des § 283 geregelt wurde, bleibt unklar.

Bereits in Bezug auf § 112 IV InvG wurde die Verordnungsermächtigung des BMF mit Recht kritisiert (s. zB *Pütz/Schmies* BKR 2004, 51).

V. Folge eines Verstoßes

Nach Abs. 1 S. 2 wird die Wirksamkeit des Rechtsgeschäfts durch einen Verstoß 10
gegen das Leerverkaufverbot nach S. 1 nicht berührt. Das Geschäft bleibt zivilrechtlich wirksam. Das Leerverkaufsverbot ist als schuldrechtliche Verpflichtung der AIF-KVG gegenüber den Anlegern einzuhalten. Die Geschäftspartner des Spezial-AIF werden dadurch geschützt, dass das Geschäft weiterhin seine sachenrechtliche Wirkung entfalten kann. Führt ein unzulässiger Leerverkauf zu Verlusten, begründet der Verstoß Schadensersatzansprüche der Anleger. Absatz 1 S. 1 ist insoweit ein Schutzgesetz iSv § 823 II BGB.

Darüber hinaus kann ein unzulässiger Verkauf der in Abs. 1 S. 1 genannten Vermögensgegenstände mit Geldbuße iHv bis zu 5 Mio. EUR (bzw. 10% des Gesamtumsatzes und zweifachen Vorteils) geahndet werden (§ 340 II Nr. 59 iVm VII).

Dies gilt auch für eine Zuwiderhandlung gegen eine vollziehbare Anordnung der BaFin nach § 276 II 2 (§ 340 I Nr. 5 iVm VII).

§ 277 Übertragung von Anteilen oder Aktien

Die AIF-Kapitalverwaltungsgesellschaft hat in Textform mit den Anlegern zu vereinbaren oder auf Grund der konstituierenden Dokumente des AIF sicherzustellen, dass die Anteile oder Aktien nur an professionelle und semiprofessionelle Anleger übertragen werden dürfen.

Inhaltsübersicht

	Rn.
I. Allgemeines, regulatorischer Hintergrund	1
II. Anwendungsbereich	10
III. Vereinbarung in Textform, konstituierende Dokumente	11
IV. Inhaltliche Anforderungen	12
V. Zustimmungsvorbehalt	15
VI. Folgen einer nicht vereinbarungsgemäßen Übertragung	18
VII. Weitere Beschränkungen aufgrund des Steuerrechts	21
1. Bis 1.1.2018: § 15 InvStG	22
2. Ab 1.1.2018: § 26 InvStG nF	25

I. Allgemeines, regulatorischer Hintergrund

§ 277 soll verhindern, dass Anteile oder Aktien an offenen und geschlossenen 1
Spezial-AIF an Privatanleger iSd § 1 XIX Nr. 31 weiterveräußert bzw. übertragen werden. Das Verbot der Übertragung/Veräußerung ist folgerichtig, denn es wäre wenig einsichtig, den Anlegerkreis beim Auflegen eines Spezial-AIF auf professionelle (§ 1 XIX Nr. 32) und semiprofessionelle Anleger (§ 1 XIX Nr. 33) zu beschränken, wenn sich Privatanleger ohne Weiteres durch einen Erwerb am Markt oder auf dem Zweitmarkt am Spezial-AIF beteiligen könnten.

§ 277 folgt den Vorgaben nach den abgelösten § 92 InvG iVm § 2 III und V 2
InvG. Er beruht nicht auf Unionsrecht (so auch WBA/*Lorenz* § 277 Rn. 1). Das

InvG beschränkte den zulässigen Anlegerkreis eines (offenen) Spezialsondervermögens bzw. Spezialteilvermögens auf nicht natürliche Personen. Gemäß § 2 III bzw. V 2 InvG musste mit der Kapitalanlagegesellschaft schriftlich vereinbart bzw. in der Satzung statuiert werden, dass die Anteile bzw. Aktien nur von nicht natürlichen Personen gehalten werden dürfen, um ein Sondervermögen als Spezialsondervermögen bzw. Spezialteilvermögen zu qualifizieren. Flankierend verpflichteten §§ 92, 99 III InvG die Kapitalanlagegesellschaft bzw. Investment-AG, durch schriftliche Vereinbarung mit den Anlegern sicherzustellen, dass die Anleger die Anteile/Aktien nur mit Zustimmung der Kapitalanlagegesellschaft übertragen dürfen. Hierdurch sollte zum einen verhindert werden, dass sich natürliche Personen beteiligen, zum anderen dem Anleger der Spezialsondervermögens-/-teilvermögenscharakter verdeutlicht werden.

3 Ähnlich wie diese Regelungen im InvG stellte der Referentenentwurf des BMF vom 20.7.2012 noch darauf ab, dass die Anteile eines Spezial-AIF nur von professionellen Anlegern gehalten werden durften (§ 1 XI KAGB-RefE). Zur Umsetzung hatte die AIF-KVG mittels schriftlicher Vereinbarung mit den Anlegern sicherzustellen, dass die Übertragung der Anteile oder Aktien nur mit Zustimmung der AIF-KVG erfolgen durfte (§ 244 KAGB-RefE).

§ 1 XI KAGB-RefE Spezial AIF

Spezial-AIF sind AIF, deren Anteile unabhängig von der Rechtsform aufgrund von schriftlichen Vereinbarungen mit der Verwaltungsgesellschaft des AIF oder aufgrund der konstituierenden Dokumente des AIF ausschließlich von professionellen Anlegern gehalten werden dürfen. Spezial-AIF umfassen inländische Spezial-AIF, EU-Spezial-AIF und ausländische Spezial-AIF. Alle übrigen AIF sind Publikums-AIF.

§ 244 KAGB-RefE Übertragung von Anteilen oder Aktien

Die AIF Kapitalverwaltungsgesellschaft hat in einer schriftlichen Vereinbarung mit den Anlegern sicherzustellen, dass die Anteile oder Aktien nur mit Zustimmung der AIF Kapitalverwaltungsgesellschaft von den Anlegern übertragen werden dürfen.

4 Im Laufe des Gesetzgebungsverfahrens wurde sodann der Anlegerkreis von Spezial-AIF um semiprofessionelle Anleger erweitert. Parallel dazu wurde die gesetzliche Vorgabe des Zustimmungserfordernisses in § 244 KAGB-RefE fallen gelassen.

5 Aufgrund Beschlussempfehlung des Finanzausschuss vom 24.4.2013 (BT-Drs. 17/13395 vom 10.5.2013) wurde bereits in § 1 VI in der Fassung vom 4.7.2013 (ehemals § 1 XI KAGB-RefE) nicht länger auf das Halten, sondern auf den Erwerb der Anteile/Aktien abgestellt. Damit sollte klargestellt werden, „dass es für die Qualifikation des Anlegers als professionell oder semiprofessionell auf den Zeitpunkt des Erwerbs" ankommt (so die Beschlussempfehlung, eine Anpassung in der finalen Gesetzesbegründung erfolgte nicht, hier wird weiterhin auf das „Halten" abgestellt; zum Zeitpunkt der Qualifikation sa BaFin-Schreiben WA 41-Wp 2137-2013/0343 vom 18.6.2013, Häufige Fragen zu den Übergangsvorschriften nach den §§ 343ff. KAGB, Ziff. I 6. und I 8, geändert am 16.3.2018). Eine entsprechende Anpassung erfolgte ebenfalls in den allgemeinen Vorschriften für die InvAG und die InvKG (§ 110 III, § 142 S. 2, § 125 II 2 und § 150 II 2). Da zum Inkrafttreten des KAGB bereits bestehende Spezialsondervermögen bzw. Spezialteilvermögen auch weiterhin von sich nicht als professionell oder semiprofessionell qualifizierenden Anlegern gehalten werden können (vgl. § 350 II), war diese Anpassung ua auch folgerichtig. Ganz generell ist zu bemerken, dass durch das Abstellen des KAGB auf professionelle

und semiprofessionelle Anleger, als durchaus auch natürliche Personen, im Gegensatz zu der vormaligen allgemein auf nicht natürliche Personen abstellenden Konzeption des InvG (BSV/*Beckmann* InvG § 2 Rn. 17ff., 27ff.) ein weitreichender Paradigmenwechsel für offene Spezial-AIF stattgefunden hat.

Eine weitere Veränderung erfuhr § 277 im Juli 2014. § 277 wurde dahingehend erweitert, dass die Einschränkung der Übertragung von Anteilen oder Aktien nicht nur schriftlich mit den Anlegern vereinbart werden, sondern dass dies auch durch die konstituierenden Dokumente des AIF erfolgen kann (Gesetz zur Anpassung von Gesetzen auf dem Gebiet des Finanzmarktes vom 15.7.2014, BGBl. 2014 I 934). Durch diese Ergänzung erfolgte eine Angleichung von § 277 an die für Spezial-InvAG und Spezial-InvKG geltenden allgemeinen Vorschriften, sowie die grundlegende Definition in § 1 VI. Für offene und geschlossene Spezial-AIF in der Rechtsform der InvAG bzw. InvKG schreiben § 110 III (offene InvAG), § 142 S. 2 (geschlossene InvAG), § 125 II 2 (offene InvKG) und § 150 II 2 (geschlossene InvKG) vor, in der Satzung bzw. dem Gesellschaftsvertrag festzulegen, den Erwerb von Aktien/Anteilen auf professionelle und semiprofessionelle Anleger zu beschränken. **6**

Mit dem OGAW-V-UmsG wurde § 1 VI dahingehend ergänzt, dass ein Anleger, der kraft Gesetz Anteile an einem Spezial-AIF erwirbt, als semiprofessioneller Anleger gilt. Laut Begründung soll durch die Änderung „sichergestellt werden, dass ein AIF seine Eigenschaft als Spezial-AIF nicht verliert, wenn eine natürliche Person, die kein semiprofessioneller Anleger ist, kraft Gesetzes, z. B. auf Grund eines Erbfalls Anteile am AIF erwirbt". Auch wenn § 1 VI in dieser Fassung erst zum 18.3.2016 in Kraft getreten ist, sollte dieser Gedanke bereits auf vorherige Zeiträume Anwendung finden (sa WBA/*Lorenz* § 277 Rn. 7 und 11, der eine Umsetzung schon in der Einführung des Begriffs „Erwerb" statt „Halten" in § 1 VI (→ Rn. 2) sieht). Dies ergibt sich uE auch aus der Begründung zu § 277, nach der eine „Weiterveräußerung" an Privatanleger verhindert werden soll. **7**

Als weiteres Beispiel käme neben dem Erbfall nach dem Wortlaut von § 1 VI auch ein „Erwerb" aufgrund von Umwandlungsvorgängen mit Gesamtrechtsnachfolge in Betracht. Zum Beispiel könnten die Anteile an dem Spezial-AIF in Folge einer Verschmelzung im Rahmen der gesetzlich vorgesehenen Gesamtrechtsnachfolge auf einen „neuen" Anleger übertragen werden, der nicht mehr die Voraussetzungen eines semiprofessionellen Anlegers iSv § 1 XIX Nr. 33 Buchst. a erfüllt. Dies ist auch sachgerecht, da andernfalls Anteile an Spezial-AIF vorab veräußert werden müssten. Zumindest wenn es sich bei dem Anteil am Spezial-AIF nicht um das (fast) einzige Wirtschaftsgut handelt, spricht uE auch die Intention des Gesetzgebers, einen Handel mit Spezial-AIF Anteilen mit nicht professionellen/semiprofessionellen Anlegern nicht zuzulassen, nicht gegen eine solche wortgetreue Auslegung. **8**

Hinsichtlich des Vertriebes von Spezialsondervermögen bzw. Spezialteilvermögen sind Vorkehrungen zu treffen, die einen Vertrieb an Privatanleger oder bei Vertrieb in der EU und im EWR-Raum an Privatanleger und lediglich semiprofessionelle Anleger verhindern (vgl. §§ 293 I Nr. 3, 295 I 3, sowie die entsprechenden Vorschriften zum Anzeigeverfahren in den §§ 321 ff.; ferner BaFin-Schreiben WA 51-Wp 2137-2021/0293 vom 5.7.2022, Häufige Fragen zum Vertrieb und Erwerb von Investmentvermögen nach dem KAGB, abrufbar unter www.bafin.de). **9**

II. Anwendungsbereich

10 § 277 findet sowohl auf offene wie auch auf geschlossene inländische Spezial AIF in allen zulässigen Rechtsformen Anwendung (sa Vorbemerkung zu §§ 273–292).

III. Vereinbarung in Textform, konstituierende Dokumente

11 § 277 verpflichtet die AIF-KVG mit allen Anlegern eine Vereinbarung in Textform zu treffen, wonach die Anteile bzw. Aktien nur an semiprofessionelle oder professionelle Anleger übertragen werden dürfen. Weitere Vorgaben oder Konkretisierungen enthält § 277 weder hinsichtlich des Tatbestandmerkmals „schriftlich", für das Merkmal „Vereinbarung" noch dahingehend, ob die Vereinbarung einheitlich gleichlautend oder individuell mit den Anlegern getroffen werden kann. Unseres Erachtens sind diese Merkmale jeweils weit auszulegen, so dass zB durchaus Raum für eine Anwendung des § 126 III BGB verbleibt, dh die Schriftform auch durch die elektronische Form ersetzt werden kann oder für Spezialsondervermögen auch eine individuelle Vereinbarung mit den einzelnen Anlegern in Betracht kommt (wobei in aller Regel hier eine einheitliche Vereinbarung erfolgen wird, → Rn. 12ff.).

Durch die Ergänzung von § 277 im Juli 2014 (→ Rn. 6) kann die Einschränkung der Übertragung auch in den konstituierenden Dokumenten des AIF, wie Satzung (§ 110 III offene InvAG, § 142 S. 2 geschlossene InvAG) oder Gesellschaftsvertrag (§ 125 II 2 offene InvKG, § 150 II 2 geschlossene InvKG) erfolgen.

IV. Inhaltliche Anforderungen

12 Die Vereinbarung/konstituierenden Dokumente müssen unter § 277 hinsichtlich einer Übertragung kraft Gesetzes keine Vorkehrungen enthalten. Dies regelt das Gesetz bereits (→ Rn. 47). § 277 verlangt von der AIF-KVG mit den Anlegern zu vereinbaren, dass eine Übertragung nur an semiprofessionelle und professionelle Anleger erfolgt. § 1 VI sowie §§ 110 III, 142 S. 2 (für die InvAG) bzw. §§ 125 II 2, 150 II 2 (für die InvKG) beschränken indes den Erwerb auf diese Anlegergruppe. In der Vereinbarung/den konstituierenden Dokumenten wäre daher nach dem Wortlaut grds. sowohl der Erwerb als auch die Übertragung auf professionelle und semiprofessionelle Anleger zu beschränken. Es sollte jedoch auch ausreichen, wenn nur eines der beiden Ereignisse (Erwerb oder Übertragung) in der schriftlichen Vereinbarung genannt ist. Anders als noch § 92 InvG, der durch die erforderliche Zustimmung der Kapitalanlagegesellschaft zur Übertragung der Anteile die allgemeine Definition von § 2 III, V InvG (Halten nur durch nicht natürliche Personen) konkretisierte, lässt sich die Vorgabe der eingeschränkten „Übertragung" nur schwerlich als Konkretisierung der Vorgabe des eingeschränkten „Erwerbs" interpretieren. Etwas anderes ergibt sich auch nicht mit Blick auf § 1 XIX in der Fassung des KAGB-Referentenwurfes, der wie § 2 III, V InvG auf das „Halten" abstellte. Dem Sinn und Zweck, eine Beteiligung von Privatanlegern (im Erwerbszeitpunkt) auszuschließen, wäre sowohl durch die Vereinbarung einer eingeschränkten Erwerbs- wie auch Übertragungsmöglichkeit genüge getan.

13 Bei Spezialsondervermögen wird die Übertragungsbeschränkung regelmäßig in dem zwischen Anteilsinhaber, AIF-KVG und Verwahrstelle geschlossenen Rahmenvertrag (sog. Dreier-Vereinbarung) vereinbart. In Betracht kommt ferner eine Vereinbarung im Rahmen der allgemeinen oder besonderen Vertragsbedin-

gungen (sa Musteranlagebedingungen des BVI für offene Spezial-AIF mit festen Anlagebedingungen für Versicherungen, welche eine entsprechende Klausel enthalten).

§§ 110 III, 142 S. 2, 125 II 2 u. 150 II 2 schreiben für die Spezial-InvAG und Spezial-InvKG eine Vereinbarung in der Satzung bzw. dem Gesellschaftsvertrag vor, dass lediglich semiprofessionelle und professionelle Anleger die Aktien/Anteile erwerben dürfen. 14

Folgt man der Auffassung in → Rn. 12, wonach es ausreicht, entweder den Erwerb oder die Übertragung auf semiprofessionelle oder professionelle Anleger zu beschränken, hat § 277 angesichts der bereits für die InvAG und InvKG in den allgemeinen Vorschriften vorgeschriebenen Verankerung des zulässigen Erwerbs nur durch semiprofessionelle und professionelle Anleger in der Satzung/dem Gesellschaftsvertrag im Ergebnis nur für Spezialsondervermögen eine eigenständige Bedeutung.

V. Zustimmungsvorbehalt

Anders als noch in § 244 KAGB-RefE und im InvG (§ 92 InvG) vorgesehen, ist nach § 277 kein Zustimmungsvorbehalt der AIF-KVG für Übertragungen vorgesehen. Offenbar hielt der Gesetzgeber es nicht länger für erforderlich, durch einen solchen Vorbehalt sicherzustellen, dass keine vor den Gefahren eines Spezial-AIF zu schützenden Privatanleger Anleger eines Spezial-AIF werden (vgl. zu dieser Begründung des Zustimmungsvorbehaltes Begr.-Investmentmodernisierungsgesetz vom 19.9.2003, BT-Drs. 15/1553, 103). Um im Verhältnis zum Anleger die Übertragungs- bzw. Erwerbsbeschränkung durchzusetzen, empfiehlt es sich in der Praxis indes, grds. auch weiterhin ein Zustimmungsvorbehalt der AIF-KVG aufzunehmen (so auch die Musteranlagebedingungen des BVI für offene Spezial-AIF). 15

Insofern berücksichtigt das KAGB noch nicht hinreichend, dass auch natürliche Personen professionelle oder semiprofessionelle Anleger sein können. Da es insb. bei einer InvAG nur eingeschränkt möglich ist, eine Übertragung der Aktien bei Erbschaft/Schenkung zu vermeiden, empfiehlt es sich, ergänzend einen Einziehungsvorbehalt in der Satzung zu verankern (sa nachfolgend). Ein Zustimmungsvorbehalt könnte ferner ungewollte Übertragungen auf Privatanleger zum Beispiel im Falle einer Erbschaft/Schenkung oder bei bestimmten Umwandlungsvorgängen verhindern. 16

Ein Zustimmungsvorbehalt kann darüber hinaus auch die bei einem Vertrieb der Anteile/Aktien in Deutschland zu treffenden Vorkehrungen unterstützen (s. Kommentierungen zu § 293 I Nr. 3, § 295 I 3, § 321 I 2 Nr. 7, § 323 I 2 und II sowie § 329 I Nr. 3 Buchst. c und entsprechende Merkblätter der BaFin zu den einzelnen Vertriebsvorschriften sowie BaFin-Schreiben WA 51-Wp 2137-2021/0293 vom 5.7.2022, Häufige Fragen zum Vertrieb und Erwerb von Investmentvermögen nach dem KAGBabrufbar unter www.bafin.de). 17

VI. Folgen einer nicht vereinbarungsgemäßen Übertragung

Fraglich sind die Folgen einer zwar unerlaubten, aber dennoch erfolgten Übertragung von Anteilen/Aktien eines Spezial-AIF an einen Privatanleger. In einem solchen Fall ist unklar, ob sich der Spezial-AIF nunmehr als ggf. nicht genehmigter Publikums-AIF qualifiziert. 18

Unseres Erachtens ist die Übertragung nicht nichtig, da kein Verstoß gegen ein gesetzliches, sondern lediglich gegen ein schuldrechtliches Verbot vorliegt (§§ 134, 137 BGB). Insoweit gelten uE die gleichen Erwägungen, wie unter dem InvG zum Zustimmungsvorbehalt (ein Zustimmungsvorbehalt entfaltet nach herrschender und zutreffender Auffassung lediglich schuldrechtliche Wirkung; BSL/*Steck* in InvG § 92 Rn. 3f.; BSV/*Beckmann* InvG § 2 Rn. 32f.).

19 Unter der Voraussetzung, dass die nunmehr von Privatanlegern gehaltenen Anteile/Aktien in angemessener Zeit eingezogen oder auf semiprofessionelle oder professionelle Anleger übertragen werden, sollte ferner nicht automatisch ein ungenehmigter Publikumsfonds entstehen. Hierfür spricht insb., dass § 1 VI sowie § 277 auf den Abschluss einer Vereinbarung/konstitutiver Dokumente abstellen. Insoweit unterscheidet sich das KAGB, wie auch schon das InvG, vom InvStG. Das InvStG stellt in seiner Definition des Spezialinvestmentvermögen auch auf das tatsächliche Halten der Anteile und nicht nur einer Vereinbarung ab (§ 15 InvStG bis zum 1.1.2018 geltenden Fassung, § 26 InvStG in der ab 1.1.2018 geltende Fassung). Dem Sinn und Zweck, den Privatanleger vor den zusätzlichen Risiken des Spezial-AIF zu schützen, würde durch einen Einzug der Anteile bzw. deren Übertragung, nach Kenntnis der AIF-KVG Genüge getan. Aus gleichem Grund ist die Annahme eines Kündigungsrechts des Verwaltungsvertrages der AIF-KVG (so zB BSV/*Beckmann* InvG § 2 Rn. 32) zumindest bei zeitnaher Heilung nicht gerechtfertigt.

20 Insgesamt bleibt abzuwarten, ob der Gesetzgeber im Laufe der Zeit die gesellschaftsrechtlichen Möglichkeiten an die Vorschriften des KAGB anpassen wird. Dies gilt insb. hinsichtlich der noch beschränkteren Möglichkeiten bei vor Inkrafttreten des KAGB bestehenden InvKG oder InvAG (zu den gesellschaftsrechtlichen Fragestellungen WBA/*Lorenz* § 277 Rn. 12ff.).

VII. Weitere Beschränkungen aufgrund des Steuerrechts

21 Für steuerliche Zwecke gelten nach § 1 II InvStG in der bis zum 1.1.2018 geltenden Fassung bzw. § 2 I InvStG in der ab 1.1.2018 geltenden Fassung die Begriffsbestimmungen des KAGB entsprechend, soweit sich keine abweichende Begriffsbestimmung aus dem InvStG ergibt.

§ 15 InvStG bzw. § 20 InvStG ab 1.1.2018 enthalten solche abweichenden Begriffsbestimmungen. Hiernach darf (und durfte) ein offener Spezial-AIF (nach § 20 InvStG nF Spezial-AIF, bei dem der Anleger mindestens einmal im Jahr ein Rückgaberecht hat) steuerlich nur unter bestimmten Bedingungen als Spezial-Investmentvermögen behandelt werden.

22 **1. Bis 1.1.2018: § 15 InvStG.** Nach § 15 InvStG setzt die steuerliche Behandlung als Spezial-Investmentvermögen voraus, dass diese auf Grund einer schriftlichen Vereinbarung mit der Kapitalverwaltungsgesellschaft oder auf Grund ihrer Satzung nicht mehr als 100 Anleger oder Aktionäre haben, die nicht natürliche Personen sind (Spezial-Investmentvermögen). Das Steuerrecht beschränkt somit zumindest faktisch den zulässigen Anlegerkreis eines inländischen Sondervermögens oder einer Investmentaktiengesellschaft mit veränderlichem Kapital qualitativ (nur nicht natürliche Personen) und quantitativ (maximal 100).

23 Mit Blick auf diese fragwürdigen steuerlichen Beschränkungen werden auch nach Inkrafttreten des KAGB zumindest für offene Spezial-Sondervermögen und Spezial-InvAG die Anlagebedingungen oftmals eine Begrenzung der Anzahl der

Anleger auf 100 vorsehen (so auch die Musteranlagebedingungen des BVI für offene Spezial-AIF).

Weitaus kritischer war uE jedoch die faktische steuerliche Beschränkung des Kreises der zulässigen Anleger eines offenen Spezial-AIF auf nicht natürliche Personen zu sehen. Nach dem KAGB kann ein professioneller Anleger bzw. semiprofessioneller Anleger durchaus auch eine natürliche Person sein. Insbesondere wenn eine solche Beteiligung aufgrund des Vergütungssystems notwendig und vorgeschrieben war (§ 37 iVm § 1 XIX Nr. 33 Buchst. b), ließ sich eine Beteiligung nicht vermeiden und auch in der Anlagebedingung/Satzung nicht von vornherein ausschließen. Bis 1.1.2018 erfolgte keine Anpassung des Gesetzes. 24

2. Ab 1.1.2018: § 26 InvStG nF. Abweichend vom KAGB (§ 1 IV, V), wird als offenes Spezial-Investmentvermögen ein Spezial-AIF angesehen, wenn die Anleger mindestens einmal pro Jahr ein Rückgaberecht haben. 25

In quantitativer Hinsicht wird der Anlegerkreis durch die Neuregelung weiter beschränkt. Ab dem 1.1.2018 ist zu beachten, dass für die Beurteilung, ob die Anzahl der Anleger auf 100 beschränkt ist, bei Personengesellschaften auf deren Gesellschafter abgestellt wird. Gerade bei größeren „Publikumspersonengesellschaften" als Anleger könnte dies kritisch werden, wenn die steuerlichen Regelungen für einen Spezial-Investmentfonds eingreifen sollen. Diese Beschränkung muss sich aus den Anlagebedingungen oder den konstituierenden Dokumenten ergeben.

In qualitativer Hinsicht führt § 20 InvStG nF in Bezug auf die mögliche Beteiligung von natürlichen Personen sowohl zu einer Annäherung an das KAGB als auch zu einer weiteren Einschränkung.

Erfreulicherweise sieht § 20 I Nr. 8 Buchst. b InvStG nF vor, dass eine unmittelbare Beteiligung natürlicher Personen zulässig ist, soweit die Beteiligung aufsichtsrechtlich erforderlich ist (zB nach § 37). Für die Zeit bis zum 1.1.2018 war keine vergleichbare Vorschrift vorgesehen. Es bleibt abzuwarten, ob es noch zu einer Anpassung kommt. Eine weitere Verbesserung gibt esseit 1.1.2018 für natürliche Personen, die ihre Anteile im Betriebsvermögen halten. Diese dürfen sich nach § 20 I Nr. 8 Buchst. a InvStG nunmehr auch direkt an einem Spezial-Investmentfonds beteiligen. Die bis 2018 geltenden Vorschriften wurden nicht angepasst. Im Falle einer (möglichen) Erbschaft ist zu beachten, dass die Anteile in Folge der Erbschaft, zB aufgrund Entnahme aus dem Sondervermögen, nicht in das Privatvermögen überführt werden.

Die Beteiligung einer natürlichen Person, bei der die Anteile nicht als Betriebsvermögen gelten ist weiterhin weder direkt noch über einer Personengesellschaft möglich. Dies gilt ab 1.1.2018 für alle Personen, die sich beteiligt haben. Für Personen, die vor diesen Zeitpunkt (mittelbar) beteiligt waren, bestehen Übergangsfristen bis zum 1.1.2020 bzw. 1.1.2030.

Um die quantitativen und qualitativen Vorschriften einhalten zu können, muss der Spezial-AIF Sonderkündigungsrechte vorsehen (§ 20 I Nr. 9 InvStG nF; zu den gesellschaftsrechtlichen Problemen → Rn. 15)

Erforderlich ist ein Gleichlauf zwischen einschlägigen Normen des KAGB sowie des InvStG und sonstigen anwendbaren steuerrechtlichen Normen, so der Kreis der zulässigen Anteilseigner an einem Spezial-AIF (vgl. Kommentierung zu § 1 VI) nicht durch steuerrechtliche Normen eingeschränkt werden kann. Abweichend vom KAGB (§ 1 IV, V) wird im Steuerrecht als offenes Spezial-Investmentvermögen ein Spezial-AIF angesehen, wenn ua die Anleger mind. einmal pro Jahr ein Rückgaberecht haben.

In quantitativer Hinsicht wird der Anlegerkreis durch die Neuregelung weiter beschränkt. Seit dem 1.1.2018 ist zu beachten, dass für die Beurteilung, ob die Anzahl der Anleger auf 100 beschränkt ist, bei Personengesellschaften auf deren Gesellschafter abgestellt wird. Gerade bei größeren „Publikumspersonengesellschaften" als Anleger kann dies problematisch sein, sollen die steuerlichen Regelungen für einen Spezial-Investmentfonds eingreifen. Diese Beschränkung muss sich aus den Anlagebedingungen oder den konstituierenden Dokumenten ergeben. Von dieser quantitativen Grenze macht das BMF nur im Falle des Überschreitens durch Erbfall oder durch vorweggenommene Erbfolge (zB Schenkung) eine Ausnahme, wenn innerhalb von drei Jahren die zulässige Anlegerzahl wieder hergestellt wird (BMF 18.3.2021 zur Änderung von BMF 21.5.2019, BStBl. I 2019, 527 zum 20.1.2021 Tz 26.41).

In qualitativer Hinsicht führt § 26 InvStG nF in Bezug auf die mögliche Beteiligung von natürlichen Personen sowohl zu einer Annäherung an das KAGB als auch zu einer weiteren Einschränkung.

Erfreulicherweise sieht § 26 I Nr. 8 Buchst. b InvStG nF nunmehr vor, dass eine unmittelbare Beteiligung natürlicher Personen zulässig ist, soweit die Beteiligung aufsichtsrechtlich erforderlich ist (zB nach § 37).

Eine weitere Verbesserung erfolgte ab 1.1.2018 für natürliche Personen, die ihre Anteile im Betriebsvermögen halten. Diese dürfen sich nach § 26 I Nr. 8 Buchst. a InvStG nunmehr auch direkt an einem Spezial-Investmentfonds beteiligen. Im Falle einer (möglichen) Erbschaft ist insoweit zu beachten, dass die Anteile in Folge der Erbschaft, zB aufgrund Entnahme aus dem Sondervermögen, nicht in das Privatvermögen überführt werden.

Die Beteiligung einer natürlichen Person, bei der die Anteile nicht als Betriebsvermögen gelten, ist weiterhin weder direkt noch über einer Personengesellschaft möglich. Dies gilt ab 1.1.2018 für alle Personen, die sich ab 9.6.2016 beteiligt haben. Für Personen, die vor diesen Zeitpunkt (mittelbar) beteiligt waren, bestehen bzw. bestanden Übergangsfristen bis zum 1.1.2020 bzw. 1.1.2030. Das BMF (so BMF 21.5.2019, BStBl. I 2019, 527 Tz. 26.43) stellt klar, dass mittelbare Beteiligungen von natürlichen Personen, die sich nach dem 8.6.2016 an einer Personengesellschaft beteiligt haben, die bereits vor dem 9.6.2016 an einem Spezial-Investmentfonds beteiligt war, nicht unter den Bestandsschutz fallen, so dass diese Anleger für die Einstufung des Investmentfonds als Spezial-Investmentfonds schädlich sind.

§ 277a Master-Feeder-Strukturen

Spezial-AIF dürfen nicht Teil einer Master-Feeder-Struktur sein, wenn Publikumsinvestmentvermögen Teil derselben Master-Feeder-Struktur sind.

I. Entstehungsgeschichte

1 Im Zuge der Umsetzung des Gesetzes zur Stärkung des Fondsstandorts Deutschland und zur Umsetzung der Richtlinie (EU) 2019/1160 zur Änderung der Richtlinien 2009/65/EG und 2011/61/EU im Hinblick auf den grenzüberschreitenden Vertrieb von Organismen für gemeinsame Anlagen (Fondsstandortgesetz – FoStoG v. 3.6.2021, BGBl. 2021 I 1498) wurde § 277a neu eingefügt. Er übernimmt den

Regelungsgehalt des bisherigen § 280 und erweitert diesen durch seine Stellung und seinen allgemeineren Wortlaut auf geschlossene Master-Feeder-Strukturen (BT-Drs 19/27631, 101).

Der ehemalige § 280 entsprach der Regelung in § 95 VIII InvG (WBA/*Baum* § 280 Rn. 1; EDD/*Zirlewagen* § 280 Rn. 2). Die Einführung des § 95 VIII InvG erfolgte im Zuge der Kodifizierung von Master-Feeder-Strukturen in das Investmentrecht für offene Fondsstrukturen (EDD/*Zirlewagen* § 280 Rn. 2) und diente nicht der Umsetzung europäischen Rechts (vgl. BSV/*von Bothmer/Eckner* § 280 Rn. 1). Bereits unter dem InvG war die Trennung von Spezialfonds und Publikumsfonds im Rahmen von Master-Feeder-Strukturen im Gesetz angelegt. **2**

Im Zuge der Umsetzung wurde ebenfalls § 272a neu eingeführt (BT-Drs 19/27631, 100), wohingegen § 171 nicht geändert wurde. § 171 ist im Wortlaut deckungsgleich mit dem ehemaligen § 280 (BSV/*von Bothmer/Eckner* § 280 Rn. 2). **3**

II. Sinn und Zweck

Die Regelung soll die Vermischung von Spezial-AIF und Publikums-AIF im Rahmen von Master-Feeder-Strukturen verhindern (BSV/*von Bothmer/Eckner* § 280 Rn. 3). Inhaltlich entspricht § 277a den Regelungen nach § 171 II, der im Wortlaut mit dem ehemaligen § 280 identisch ist. Die Nichtänderung des Wortlauts des § 171 II ist logisch, da § 171 nur für offene Publikumsinvestmentvermögen gilt. Die Komplementärregelung für geschlossene AIF findet sich im neuen § 272a III, wonach Spezial-AIF in einer geschlossenen Master-Feeder-Struktur entweder nicht geschlossener Masterfonds oder geschlossener Feederfonds sein dürfen, wenn geschlossene Publikums-AIF geschlossener Masterfonds oder geschlossener Feederfonds derselben geschlossenen Master-Feeder-Struktur sind. **4**

Verhindert wird nur die Vermischung von Spezial-AIF und Publikumsinvestmentvermögen im Rahmen von Master-Feeder-Strukturen. Die Legaldefinitionen von Master-Feeder-Strukturen finden sich in den Begriffsbestimmungen des § 1 XIX Nr. 11–14. Die Strukturen zeichnen sich im Wesentlichen dadurch aus, dass ein Feederfonds überwiegend in einen Masterfonds investiert und aufgrund seines überragenden Engagements von der Wertentwicklung des Masterfonds abhängig ist. Von einem Dachfonds unterscheidet sich der Feederfonds darin, dass ein Dachfonds in verschiedene Fonds investiert und somit diversifizierter ist. Dachfonds und vergleichbare Strukturen sind nicht von der Definition des Masterfonds erfasst (so auch BSV/*von Bothmer/Eckner* § 280 Rn. 5). **5**

§ 277a bezieht sich allein auf Master-Feeder-Strukturen und will nur bestimmte Konstellationen als solche verhindern (so auch BSV/*von Bothmer/Eckner* § 280 Rn. 10). Die Frage, ob ein Spezial-AIF in einen Publikumsfonds oder vice versa investieren darf, wird an dieser Stelle nicht in toto geregelt. Dies ist eine Frage der Erwerbbarkeit und richtet sich nach den jeweils einschlägigen Normen und Verlautbarungen. Für § 277a ist letztlich nur die Frage entscheidend, ob ein besonderes Engagement vorliegt, das von den Legaldefinitionen der Master-Feeder-Strukturen umfasst wird. **6**

III. Erweiterung durch das Fondsstandortgesetz

Weniger durch die semantische, vielmehr durch die systematische Änderung durch das FoStoG erfolgt die Erweiterung der Trennung von Spezial-AIF von Publikums-AIF auf geschlossene Strukturen. Der ehemalige § 280 war in Kap. 3 **7**

Abschn. 2 angelegt und galt nur für offene inländische Spezial-AIF. § 277a findet sich nun in Kap. 3 Abschn. 1 und stellt eine allgemeine Vorschrift für inländische Spezial-AIF dar.

8 § 277a ist im Zusammenhang mit § 272a ff. zu verstehen. Die neuen §§ 272a–272h haben laut der Gesetzesbegründung auch für geschlossene Fonds Master-Feeder-Strukturen eingeführt, die bisher nicht zulässig waren. Damit soll der Fondsstandort Deutschland flexibler werden und den Fondsverwaltern mehr Gestaltungsmöglichkeiten und Anlegern mehr Auswahl an möglichen Produkten bieten (BT-Drs. 19/27631, 100).

IV. Zulässige und unzulässige Master-Feeder-Strukturen

9 § 277a statuiert ein Verbot für bestimmte Master-Feeder-Strukturen. Im Umkehrschluss bedeutet dies, dass nicht verbotene Master-Feeder-Strukturen zulässig sind. § 277a ist zusammen mit den §§ 171, 272a zu lesen, die für bestimmte Strukturen einen Genehmigungsvorbehalt der BaFin vorsehen. Diese Normen bilden den Rechtsrahmen der nach Maßgabe des KAGB zulässigen und nicht zulässigen Master-Feeder-Strukturen wie folgt:

		Master-Fonds				
		OGAW	Sonstiges Investmentvermögen	AIF (geschlossen)	Spezial-AIF (offen)	Spezial-AIF (geschlossen)
Feeder-Fonds	OGAW	zulässig	nicht zulässig	nicht zulässig	nicht zulässig	nicht zulässig
	Sonstiges Investmentvermögen	nicht zulässig	zulässig	nicht zulässig	nicht zulässig	nicht zulässig
	AIF (geschlossen)	nicht zulässig	nicht zulässig	zulässig	nicht zulässig	zulässig
	Spezial-AIF (offen)	nicht zulässig	nicht zulässig	nicht zulässig	zulässig	zulässig
	Spezial-AIF (geschlossen)	nicht zulässig	nicht zulässig	zulässig	zulässig	zulässig

10 Sobald im Rahmen einer Master-Feeder-Struktur ein Publikumsinvestmentvermögen involviert ist, richtet sich die Frage nach der Zulässigkeit und den Genehmigungsvoraussetzungen nach §§ 171 ff. oder §§ 272a ff. Sobald ausschließlich Spezial-AIF involviert sind, findet allein § 277a Anwendung. Das KAGB sieht mit Ausnahme des § 277a keine weiteren Normen in Kapitel 3 vor, die Master-Feeder-Strukturen unter ausschließlicher Beteiligung von Spezial-AIF vorsehen. Dies bedeutet im Umkehrschluss, dass, solange § 277a der geplanten Spezial-AIF-Master-Feeder-Struktur nicht entgegen steht, diese zulässig ist. Es besteht kein Genehmigungsvorbehalt der BaFin. Anders als §§ 171, 272a, die einen Genehmigungsvorbehalt vorsehen und somit nur bestimmte Strukturen zulassen, ist der Anlageschwerpunkt bzw. die investmentstrategische Ausrichtung der Master-Feeder-Struktur bei Spezial-AIF nicht beachtlich. So kann ein Spezial-AIF als Feeder-AIF

bspw. 85% seines Anlagevermögens in einen Spezial-AIF investieren, der entweder wie ein OGAW oder wie ein Immobilienfonds ausgerichtet ist.

Mit § 272a III sind zumindest wenige Varianten möglich, wonach Spezial-AIF und AIF Master-Feeder-Strukturen bilden können. Gleichwohl sind die Neuregelungen durch das FoStoG nicht als großer Sprung zu werten. Bereits unter dem alten Recht wurde das Verbot, einen Spezial-AIF als Feederfonds eines Publikums-AIF als Masterfonds aufzulegen, kritisch gesehen (so WBA/*Baum* § 280 Rn. 1). So wird ua angeführt, dass, wenn weitere Publikums-Feederfonds in einen Publikums-Masterfonds investieren, kein gesteigertes Anlegerschutzbedürfnis für den Fall erkennbar sei, dass auch ein Spezial-AIF als Feederfonds mindestens 85% seines Vermögens in den Publikums-Masterfonds investiere (so EDD/*Zirlewagen* § 280 Rn. 7; ebenso BSV/*von Bothmer/Eckner* § 280 Rn. 11). Diese Ansicht sieht aber nur die Absolutheit des Verbots als kritisch an und zielt darauf ab, Fallgruppen zu bilden, in denen ein Spezial-AIF als Feederfonds in einen Masterfonds keine negativen Auswirkungen auf andere Anleger respektive auf die Liquidität des Masterfonds haben könnte. Die mit einer solchen Anlage wohl unstreitig verbundenen Liquiditätsrisiken könnten allenfalls in einem Genehmigungsverfahren hinreichend geklärt werden und müssten zudem im Nachgang überwacht und gesteuert werden. 11

V. Informations- und Dokumentationspflichten

§ 277a statuiert keine Informationspflicht gegenüber der BaFin. Der Spezial-AIF, der als Feederfonds fungiert, muss in dem Informationsdokument nach § 307 I Nr. 4 professionelle und semi-professionelle Anleger über den Master-AIF informieren. 12

VI. Rechtsfolgen bei Verstößen

Das KAGB sieht im Falle eines Verstoßes kein Bußgeld oder eine Ordnungswidrigkeit vor. Nach der hier vertretenen Auffassung stellt § 277a keine anlegerschützende Norm dar (aA BSV/*von Bothmer/Eckner* § 280 Rn. 11; EDD/*Zirlewagen* § 280 Rn. 7), sondern soll nur die Vermischung von Spezial-AIF und Publikumsfonds verhindern. Folglich hat § 277a keine zivilrechtliche, sondern nur eine aufsichtsrechtliche Wirkung mit der Folge, dass nur die BaFin eine Aufhebung der unzulässigen Struktur und damit die Abwicklung der mit der Struktur verbundenen Investition verlangen kann. Eventuell mit der Abwicklung entstandene Nachteile kann nur der jeweilige Feederfonds tragen, da allein dieser ermessen kann, ob eine Master-Feeder-Struktur aufgrund seiner Investition entsteht. 13

Abschnitt 2. Vorschriften für offene inländische Spezial-AIF

Unterabschnitt 1. Allgemeine Vorschriften für offene inländische Spezial-AIF

§ 278 Bewertung, Bewertungsverfahren und Bewerter

Für die Bewertung, das Bewertungsverfahren und den Bewerter gelten die §§ 168, 169 und 216 entsprechend.

1 § 278 verweist auf die allgemeinen Vorschriften für die Bewertung, das Bewertungsverfahren und den Bewerter für offene Publikumsinvestmentvermögen und stellt dadurch insoweit einen Gleichlauf zwischen Spezial-AIF und Publikumsinvestmentvermögen her (WBA/*Baum* § 278 Rn. 1). Durch die Verweiskette findet die KARB ebenfalls Anwendung (WBA/*Baum* § 27 Rn. 19; EDD/*Hornschu/Neuf*, 2. Aufl. 2019, § 278 Rn. 1).

2 Demgegenüber sind die Sonderregeln für die Bewertung, das Bewertungsverfahren und den Bewerter bei Immobiliensondervermögen (§§ 248–250) mangels Bezugnahme in § 278 für Spezial-AIF mit Ausnahme des offenen Spezial-AIF mit festen Anlagebedingungen nicht anwendbar. Dies eröffnet uE die Möglichkeit, etwa einen Immobilien-Spezial-AIF zu strukturieren, der den insoweit strengeren Anforderungen der §§ 248 ff. nicht unterliegt.

§ 279 Häufigkeit der Bewertung, Offenlegung

(1) **Die Bewertung der Vermögensgegenstände und die Berechnung des Nettoinventarwertes je Anteil oder Aktie sind in einem zeitlichen Abstand durchzuführen, der den zum Spezial-AIF gehörenden Vermögensgegenständen und der Ausgabe- und Rücknahmehäufigkeit der Anteile oder Aktien angemessen ist, jedoch mindestens einmal jährlich.**

(2) **Die Kriterien zur Bestimmung der Häufigkeit der Bewertung des Wertes des AIF und zur Berechnung des Nettoinventarwertes je Anteil oder Aktie bestimmen sich nach den Artikeln 67 bis 74 der Delegierten Verordnung (EU) Nr. 231/2013.**

(3) **Die Bewertungen der Vermögensgegenstände und Berechnungen des Nettoinventarwertes je Anteil oder Aktie sind entsprechend den diesbezüglichen Anlagebedingungen gegenüber den Anlegern offenzulegen.**

(4) [1]**Falls die Kapitalverwaltungsgesellschaft von der Möglichkeit des Swing Pricings Gebrauch macht, ist zusätzlich zum Nettoinventarwert der modifizierte Nettoinventarwert je Anteil oder je Aktie zu berechnen.** [2]**Die Absätze 1 und 3 gelten für den modifizierten Nettoinventarwert entsprechend.**

Schrifttum: *Störk/Dietrich/Malsch* in: Deubert/Förschle/Störk, Sonderbilanzen, 6. Aufl. 2021, U. Rechnungslegung und Prüfung von Investmentvermögen.

I. Regulatorischer Hintergrund

Absatz 1 dient der Umsetzung von Art. 19 III UAbs. 2 u. 3 AIFM-RL für offene Spezial-AIF (vgl. BT-Drs. 791/12, 503; WBA/*Baum* §279 Rn. 1; HK-InvestmentR/*Patzner/Schneider-Deters* §279 Rn. 1). Absatz 2 verweist für die Kriterien zur Bestimmung der Häufigkeit der Bewertung des Wertes des Investmentvermögens und zur Berechnung des NAV je Anteil oder Aktie auf die DelVO (EU) Nr. 231/2013, die die Europäische Kommission auf Grundlage von Art. 19 XI Buchst. c AIFM-RL erlassen hat. Absatz 3 dient der Umsetzung von Art. 19 III UAbs. 1 u. 5 der AIFM-RL für offene Spezial-AIF (BT-Drs. 791/12, 503; WBA/*Baum* §279 Rn. 11; HK-InvestmentR/*Patzner/Schneider-Deters* §279 Rn. 1). Die Vorschrift gilt für alle Arten von offenen Spezial-AIF (EDD/*Hornschu/Neuf*, 2. Aufl. 2019, §279 Rn. 1). 1

II. Regelungsgehalt

1. Grundsätze zur Häufigkeit der Bewertung. Die Abs. 1 und 2 sind im Zusammenhang zu lesen: Abs. 1 benennt die Grundsätze, nach denen sich die Häufigkeit der Bewertung der Vermögensgegenstände und des Nettoinventarwerts („Net Asset Value" – NAV) bestimmt. Erforderlich ist es hiernach, mindestens einmal jährlich den NAV und die Vermögensgegenstände zu bewerten. Es korrespondieren also Pflicht zur Rücknahme und Mindestturnus der Bewertung. Bei einem offenen Spezial-AIF ist Anlegern mindestens einmal jährlich eine Rückgabemöglichkeit zu gewähren (vgl. §1 IV Nr. 2 u. 5). Es wäre dennoch verfehlt, daraus eine zwingende proportionale Korrelation zwischen Rücknahmepflicht und Bewertungsturnus abzuleiten. Dies zeigt bereits der Umstand, dass die Mindesthäufigkeit der Bewertung auch für geschlossene Spezial-AIF gilt (vgl. §286 II iVm §272 I). Hier kann die Anzahl der Rücknahmemöglichkeiten die der Bewertungen pro Jahr durchaus überschreiten. 2

2. Anzahl der Rücknahmemöglichkeiten. Die Anzahl der Rücknahmemöglichkeiten ist dennoch eine wichtige Richtschnur für die Frage nach der Häufigkeit der Bewertung. Denn Abs. 1 verlangt eine angemessene Ausgestaltung des Bewertungsverhaltens zur Rücknahmehäufigkeit. Korrespondierend legt Art. 72 I der DelVO (EU) Nr. 231/2013 fest, dass bei jeder Ausgabe oder Zeichnung oder Rücknahme oder Annullierung von Anteilen zugleich der NAV zu berechnen ist (vgl. auch WBA/*Baum* §279 Rn. 3). Bei jeder Berechnung des NAV muss auch eine Bewertung der Finanzinstrumente erfolgen (vgl. Art. 74 I der DelVO (EU) Nr. 231/2013). Unklar ist demgegenüber die weitere Vorgabe des Abs. 1, wonach die Bewertungshäufigkeit mit den zum Spezial-AIF gehörenden Vermögensgegenständen angemessen korrelieren soll. Unseres Erachtens ist diese Vorgabe so zu verstehen, dass durch eine hinreichende Bewertungsfrequenz sicherzustellen ist, dass in dem Spezial-AIF eine angemessene Liquidität vorhanden ist. 3

3. Jahresfrequenz. Der NAV muss mindestens einmal jährlich ermittelt und bewertet werden, weil §278 nur für offene inländische Spezial-AIF gilt. Die Norm korrespondiert insoweit mit den Regelungen zur Rücknahmehäufigkeit nach der Delegierten Verordnung (EU) Nr. 694/2014. Unter dem InvG (§95 IV 3) war es für einen Spezialfonds möglich, von den Regelungen nach §36 InvG abzuweichen. Grundsätzlich musste jedoch einmal in zwei Jahren eine Rücknahme möglich sein, um den Charakter eines offenen Fonds sicherzustellen (BSL/*Steck* InvG §95 Rn. 22 4 mit Verweis auf BT-Drs. 16/6874, 171). § 279 führt insoweit zu einer Verschärfung. In der Praxis wird dies allerdings kaum eine nennenswerte Rolle spielen.

5 **4. Offenlegung.** Die Bewertung sollte in der Regel auf der Internetseite der jeweiligen KVG offengelegt werden; eine Publikation in einer Tageszeitung oÄ ist nicht erforderlich (WBA/*Baum* § 279 Rn. 11; DFS/*Störk/Dietrich/Malsch* Kap. U Rn. 183). Absatz 3 erfordert uE die Veröffentlichung der Gesamtbewertung der Vermögensgegenstände. Zu publizieren sind also lediglich der Wert des Portfolios sowie der aktuelle NAV. Die Bewertungsgrundsätze bzw. Bewertungsmethoden sind hingegen lediglich im Rahmen der Informationen nach § 107 zu beachten.

§ 280 [aufgehoben]

§ 280 wurde aufgeh. mWv 2.8.2021 durch das FoStoG v. 3.6.2021 (BGBl. 2021 I 1498). Von einer Kommentierung wurde abgesehen.

§ 281 Verschmelzung

(1) [1]Spezialsondervermögen dürfen nicht auf Publikumssondervermögen verschmolzen werden, Publikumssondervermögen dürfen nicht auf Spezialsondervermögen verschmolzen werden. [2]Die §§ 184, 185, 189 und 190 sind auf Spezialsondervermögen mit den folgenden Maßgaben entsprechend anzuwenden:

1. die Angaben nach § 184 Absatz 1 Satz 3 Nummer 1 bis 4 im Verschmelzungsplan sind nicht erforderlich;
2. mit Zustimmung der Anleger kann eine Prüfung durch die Verwahrstellen nach § 185 Absatz 1 unterbleiben, der gesamte Verschmelzungsvorgang ist jedoch vom Abschlussprüfer zu prüfen;
3. Bekanntmachungen, Veröffentlichungen oder Unterrichtungen nach § 189 Absatz 4 sind nicht erforderlich.

[3]Eine Genehmigung der Verschmelzung von Spezialsondervermögen gemäß § 182 durch die Bundesanstalt ist nicht erforderlich, die Anleger müssen der Verschmelzung nach Vorlage des Verschmelzungsplans jedoch zustimmen.

(2) Absatz 1 ist entsprechend anzuwenden auf die Verschmelzung

1. eines Spezialsondervermögens auf eine Spezialinvestmentaktiengesellschaft mit veränderlichem Kapital, auf eine offene Investmentkommanditgesellschaft, auf ein Teilgesellschaftsvermögen einer Spezialinvestmentaktiengesellschaft mit veränderlichem Kapital oder auf ein Teilgesellschaftsvermögen einer offenen Investmentkommanditgesellschaft,
2. eines Teilgesellschaftsvermögens einer Spezialinvestmentaktiengesellschaft mit veränderlichem Kapital auf ein anderes Teilgesellschaftsvermögen derselben Investmentaktiengesellschaft sowie eines Teilgesellschaftsvermögens einer offenen Investmentkommanditgesellschaft auf ein anderes Teilgesellschaftsvermögen derselben Investmentkommanditgesellschaft,

3. **eines Teilgesellschaftsvermögens einer Spezialinvestmentaktiengesellschaft mit veränderlichem Kapital oder eines Teilgesellschaftsvermögens einer offenen Investmentkommanditgesellschaft auf ein Teilgesellschaftsvermögen einer anderen Spezialinvestmentaktiengesellschaft mit veränderlichem Kapital oder einer anderen offenen Investmentkommanditgesellschaft,**
4. **eines Teilgesellschaftsvermögens einer Spezialinvestmentaktiengesellschaft mit veränderlichem Kapital oder eines Teilgesellschaftsvermögens einer offenen Investmentkommanditgesellschaft auf ein Spezialsondervermögen.**

(3) **Auf die Fälle der Verschmelzung einer Spezialinvestmentaktiengesellschaft mit veränderlichem Kapital oder einer offenen Investmentkommanditgesellschaft auf eine andere Spezialinvestmentaktiengesellschaft mit veränderlichem Kapital, auf eine andere offene Investmentkommanditgesellschaft, auf ein Teilgesellschaftsvermögen einer Spezialinvestmentaktiengesellschaft mit veränderlichem Kapital, auf ein Teilgesellschaftsvermögen einer offenen Investmentkommanditgesellschaft oder auf ein Spezialsondervermögen sind die Vorschriften des Umwandlungsgesetzes zur Verschmelzung anzuwenden, soweit sich aus der entsprechenden Anwendung des § 182 in Verbindung mit Absatz 1 Satz 3, § 189 Absatz 2, 3 und 5 und § 190 nichts anderes ergibt.**

I. Allgemeines, regulatorischer Hintergrund

§ 281 regelt die Möglichkeit und Voraussetzung der Verschmelzung von Spezial-AIF in unterschiedlichen rechtlichen Strukturen. Der Begriff der Verschmelzung selbst ist in § 1 XIX Nr. 37 definiert und umfasst die Verschmelzung zur Aufnahme sowie durch Neugründung. 1

§ 281 setzt keine Artikel der AIFM-RL um, sondern übernimmt inhaltlich mit redaktionellen Anpassungen aufgrund der in § 1 enthaltenen Begriffsbestimmungen die Regelungen des aufgehobenen InvG. Er folgt dabei der Systematik des InvG, wonach bestimmte Vorschriften für Publikumsfonds mit Einschränkungen im Hinblick auf die Besonderheiten von Spezialsondervermögen für anwendbar erklärt werden. Die Gesetzesbegründung zum AIFM-Umsetzungsgesetz gibt dazu eine umfassende Übersicht (BT-Drs. 17/12294, 275): **Abs. 1** orientiert sich an der Regelung der §§ 91 II, 95 VII Nr. 1 iVm § 40 InvG (Genehmigung der Verschmelzung), §§ 91 II, 95 VII Nr. 2 iVm § 40b InvG (Inhalt des Verschmelzungsplans), §§ 91 II, 95 VII7 Nr. 3 iVm § 40c InvG (Prüfung der Verschmelzung), §§ 91 II, 95 VII Nr. 3 iVm § 40g InvG (Wirksamwerden der Verschmelzung) sowie §§ 91 II iVm § 40h InvG (Rechtsfolgen der Verschmelzung), **Abs. 2** übernimmt die Regelung des § 100 V Nr. 1–4 iVm §§ 91 II, 95 VII InvG, **Abs. 3** übernimmt die Regelung des § 99 VI 1 iVm §§ 91 II, 95 VII InvG. Neu im KAGB ist allerdings, dass mehrere Vorschriften zur Regelung der Verschmelzung von Spezialsondervermögen nunmehr systematisch in einer Norm zusammengezogen werden. Dies gilt auch für die Anwendbarkeit auf die InvAG mit veränderlichen Kapital, sowie offene InvKG einschließlich Teilgesellschaftsvermögen. Letzte Änderungen am Wortlaut des § 281 ergaben sich durch das Umsetzungsgesetz zur OGAW-V-Richtlinie (2014/91/EU), welche am 16.3.2016 in Kraft traten. Zu den Änderungen im Einzelnen siehe die nachfolgende Kommentierung.

II. Verschmelzung von Spezial-Sondervermögen (§ 281 I)

2 Absatz 1 S. 1 enthält wie schon der aufgehobene § 95 VII 1 InvG das Verbot der Verschmelzung von Spezialsondervermögen auf Publikumssondervermögen und umgekehrt und wiederholt insoweit § 181 I 1. Damit wird gleich zu Beginn der Vorschrift deutlich gemacht, dass der Grundsatz, dass eine Verschmelzung von Spezialsondervermögen und Publikumssondervermögen, sei es durch Aufnahme oder Neugründung, nicht zulässig ist und auch nach Inkrafttreten des KAGB Geltung hat.

3 Absatz 1 S. 2 übernimmt die Systematik aus dem InvG. Er verweist für die Verschmelzung von Spezialsondervermögen auf Spezialsondervermögen auf die für die Publikumssondervermögen geltenden Verschmelzungsregeln der §§ 184, 185, 189 sowie § 190 und normiert gleichzeitig die einschränkende Geltung dieser Vorschriften für Spezialsondervermögen. Damit legt er zum einen den gesetzlichen Rahmen für die Verschmelzung von Spezialvermögen fest. Zum anderen trägt er der im Vergleich zu Anlegern von Publikumssondervermögen geringeren Schutzbedürftigkeit von Anlegern eines Spezialsondervermögens – dies sind ausschließlich professionelle und semiprofessionelle Anleger iSd § 1 XIX Nr. 32, 33 – und dem bei Spezialsondervermögen regelmäßig überschaubaren Anlegerkreis und der damit verbundenen weitgehenden inhaltlichen Abstimmung zwischen KVG und Anleger Rechnung.

4 So kann auf die in einem Verschmelzungsplan aufzunehmenden Pflichtangaben nach § 184 S. 3 Nr. 1–4, wie zB die Hintergründe und Auswirkungen der Verschmelzung, verzichtet werden, da diese den Anlegern eines Spezialsondervermögens aufgrund der Nähe zur KVG regelmäßig bereits bekannt sein dürften. Regelungen der Verschmelzung, die die Rechte der Anleger unmittelbar betreffen, sind jedoch in den Verschmelzungsplan aufzunehmen. Dies betrifft Angaben zur Berechnung des Umtauschverhältnisses (§ 184 S. 3 Nr. 5), die für die Übertragung von Vermögenswerten und den Umtausch von Anteilen einschlägigen Vorschriften (§ 184 S. 3 Nr. 7) oder die im Fall der Neugründung für das neue Spezialsondervermögen geltenden Anlagebedingungen (§ 184 S. 3 Nr. 8). Schließlich ist auch der Verschmelzungsstichtag zu nennen (§ 184 S. 3 Nr. 6).

5 Die Prüfung von Pflichtangaben im Verschmelzungsplan, ob zB die Angaben nach § 184 S. 3 Nr. 1, 6 und 7 mit den Anforderungen dieses Gesetzes und den Anlagebedingungen des jeweiligen Sondervermögens übereinstimmen, durch die Verwahrstelle (§ 185 I), ist nach § 281 I Nr. 2 ebenfalls nicht erforderlich, sofern die Anleger dem zustimmen. Im Ergebnis betrifft dies nur Angaben zu den für Übertragung und Umtausch einschlägigen Vorschriften sowie zum Verschmelzungsstichtag (§ 184 S. 3 Nr. 6, 7), da Informationen zur Verschmelzungsart (§ 184 S. 3 Nr. 1) ohnehin nicht in den Verschmelzungsplan aufgenommen werden müssen.

Die Verschmelzung als solche ist jedoch vom Abschlussprüfer zu prüfen. Aufgrund der Gesetzessystematik des Abs. 1 S. 2 Nr. 2 liegt es auch ohne einen direkten Verweis auf der Hand, dass diese Prüfung entsprechend § 185 II zu erfolgen hat. Danach ist auch bei der Verschmelzung von Spezial-AIF die Einhaltung der festgelegten Kriterien für die Bewertung der von der Verschmelzung betroffenen Vermögenswerte bzw. Verbindlichkeiten und die Methode zur Berechnung des Umtauschverhältnisses sowie die Berechnung von etwaigen Barzahlungen zu prüfen.

6 Schließlich können nach Abs. 1 S. 2 Nr. 3 sämtliche im Zusammenhang mit dem Wirksamwerden der Verschmelzung bestehenden Bekanntmachungs- bzw. Veröffentlichungspflichten sowie die Unterrichtung der BaFin unterbleiben (§ 189 IV).

Eine Genehmigung der Verschmelzung durch die BaFin nach § 182 ist ebenfalls nicht erforderlich, sofern die Anleger der Verschmelzung zustimmen. Voraussetzung ist lediglich, dass den Anlegern vor der Zustimmung der Verschmelzungsplan vorgelegt wurde (Abs. 1 S. 3). 7

III. Verschmelzung unter Beteiligung von Spezial-InvAG und offener InvKG

Anders als in der ursprünglichen Fassung des KAGB wurde im Rahmen der Umsetzung der OGAW-V-Richtlinie die Anwendbarkeit der Verschmelzungsvorschriften auch auf offene InvKG ausgedehnt. Es handelt sich insoweit aber nicht um die Umsetzung einer Vorgabe der Richtlinie selbst, sondern um eine auf nationalem Recht beruhende Anpassung des § 281 II, III. 8

Mit dem Zugang auch von offenen InvKG zur Verschmelzung von Spezial-AIF wurde eine Gesetzeslücke geschlossen, da Anteile an einer offenen InvKG nur von professionellen bzw. semiprofessionellen Anlegern erworben werden dürfen (§ 127 I 1) und damit diese Art der Investmentgesellschaften gesetzessystematisch als Spezial-AIF nach § 1 VI einzuordnen sind.

Sowohl aufgrund der Aufzählung der umfassten Verschmelzungskonstellationen in Abs. 2 und 3 als auch dem Verweis in Abs. 2 auf Abs. 1 wird auch in Bezug auf Verschmelzungen unter Beteiligung von Spezial-InvAG und offener (Spezial-) InvKG bzw. Teilgesellschaftsvermögen klargestellt, dass insoweit weder eine Verschmelzung mit einem Publikumssondervermögen noch Publikums-InvAG bzw. dessen Teilgesellschaftsvermögen zulässig ist.

§ 281 II regelt die Fälle der Verschmelzung, in denen weder eine Spezial-InvAG als solches noch eine offene InvKG als übertragendes Investmentvehikel beteiligt ist. Diese Konstellation wird gesondert in Abs. 3 geregelt.

1. Verschmelzung nach § 281 II. Absatz 2 Nr. 1–4 sehen insgesamt vier verschiedene Verschmelzungskonstellationen unter Beteiligung einer Spezial-InvAG mit veränderlichem Kapital oder einer offenen InvKG vor: 9
- die Verschmelzung eines Spezial-Sondervermögens auf eine Spezial-InvAG mit veränderlichem Kapital oder eine offene InvKG bzw. deren jeweiliges Teilgesellschaftsvermögen (Nr. 1),
- eines Teilgesellschaftsvermögens auf ein anderes Teilgesellschaftsvermögen derselben Spezial-InvAG mit veränderlichem Kapital bzw. derselben offenen InvKG (Nr. 2),
- eines Teilgesellschaftsvermögens einer Spezial-InvAG mit veränderlichem Kapital bzw. InvKG auf ein Teilgesellschaftsvermögen einer anderen Spezial-InvAG mit veränderlichem Kapital oder anderen offenen InvKG (Nr. 3) oder
- ein Teilgesellschaftsvermögen einer Spezial-InvAG mit veränderlichem Kapital oder offenen InvKG auf ein Spezialsondervermögen (Nr. 4).

Absatz 2 folgt in seiner Gesetzessystematik § 191 I, der die Verschmelzung von Publikums-Investmentaktiengesellschaften mit veränderlichem Kapital regelt und auf dessen Kommentierung insoweit ergänzend verwiesen wird. Absatz 2 sieht ansonsten die entsprechende Anwendung der in Abs. 1 festgelegten Verschmelzungsregelungen vor, so dass für die auf die Durchführung einer Verschmelzung anwendbaren Vorschriften auf die Ausführungen unter → Rn. 2ff. verwiesen wird.

10 **2. Verschmelzung nach § 281 III.** Absatz 3 regelt die Fälle, in denen die Spezial-InvAG oder offene InvKG als übertragendes Investmentvehikel im Rahmen der Verschmelzung untergeht respektive ohne Abwicklung aufgelöst wird (§ 2 UmwG).

Auf die Verschmelzung einer Spezial-InvAG mit veränderlichem Kapital oder offenen InvKG jeweils als übertragender Rechtsträger auf eine andere Spezial-InvAG mit veränderlichem Kapital bzw. andere offene InvKG, auf ein Teilgesellschaftsvermögen einer solchen oder auf ein Spezial-Sondervermögen sind nach § 281 III die Vorschriften des UmwG mit den Einschränkungen, die sich aus der Anwendung von § 182 iVm §§ 281 I 3, 189 II, III, V und § 190 ergeben, anwendbar. Durch den Verweis auf das UmwG trägt § 281 III der gesellschaftsrechtlichen Struktur der Spezial-InvAG und offenen InvKG Rechnung. § 281 III folgt in seiner Gesetzessystematik § 191 III, der die Verschmelzung von Publikums-InvAG mit veränderlichem Kapital regelt und auf dessen Kommentierung insoweit ergänzend verwiesen wird. Wie auch bei den in § 281 I und II geregelten Verschmelzungsfällen ist auch für die Verschmelzung nach Abs. 3 bei entsprechender Zustimmung durch die Anleger eine Genehmigung der BaFin nicht erforderlich ist. Ebenso gelten die Regelungen über die Festlegung des Verschmelzungsstichtags sowie die technische Umsetzung und Koordinierung zwischen den Beteiligten und Verwahrstelle (§ 189 II, III) und ergeben sich die gleichen Rechtsfolgen der Verschmelzung (§ 190), bei der nach Eintreten der Wirksamkeitsvoraussetzungen auch keine Nichtigkeitserklärung mehr möglich ist (§ 189 V). Insoweit werden die nach dem UmwG vorgesehenen Rechtsfolgen durch das KAGB überlagert.

11 Mit dem Umsetzungsgesetz zur OGAW-V-RL wurde § 281 IV ersatzlos gestrichen. In dieser Vorschrift war geregelt, dass in der Satzung einer Spezialinvestmentaktiengesellschaft mit veränderlichem Kapital das Quorum für die Zustimmung zu einer Verschmelzung nicht höher als 75% der abgegebenen Stimmen der bei der Hauptversammlung anwesenden oder vertretenen Stimmen betragen darf. Da § 281 IV ursprünglich auf Art. 44 OGAW-RL zurückgeht, der wiederum nur OGAW-Strukturen betrifft, § 281 jedoch lediglich die Verschmelzung von Spezial-AIF regelt, war die Streichung von Abs. 4 folgerichtig.

IV. Steuerliche Aspekte

12 Wie unter dem bis zum 1.1.2018 geltendem InvStG ermöglicht § 23 bzw. § 54 InvStG seit dem 1.1.2018 in bestimmten Fällen eine steuerneutrale Umsetzung der Verschmelzung.

§ 23 InvStG ist dabei grds. auf Publikumsinvestmentvermögen und § 54 InvStG bei Spezial-AIF anzuwenden. Zu berücksichtigen ist allerdings, dass die Voraussetzungen für die Annahme eines steuerlichen Spezialinvestmentvermögen enger als die rechtlichen Bestimmungen sind (vgl. § 26 InvStG). Für Spezial-AIF, die diese Voraussetzungen nicht erfüllen, wäre § 54 InvStG nicht anwendbar. Nach dem Wortlaut wäre jedoch auch § 23 InvStG nicht einschlägig, da diese Vorschrift eine Verschmelzung iSv §§ 181 ff. KAGB, also von Publikumsinvestmentvermögen, voraussetzt. Unseres Erachtens ist § 23 InvStG auch in diesem Fall anzuwenden. Steuerlich unterliegen diese Investmentvermögen den Regelungen für Investmentfonds (§§ 1 ff. InvStG). Der für Spezial-AIF einschlägige § 281 KAGB verweist zumindest teilweise auf die §§ 181 ff. KAGB. Im Hinblick auf den engen Spezial-Investmentfondsbegriff des InvStG sollte § 54 InvStG nicht ausgeweitet werden (so auch BMF 21.5.2019, BStBl. I 2019, 527 Tz. 23.9). Wenn einer der Spezial-AIF als

Investmentfonds iSd § 1 II InvStG und einer als Spezial-Investmentfonds iSv §§ 26, 27 InvStG gilt, verbleibt es bei der Nichtanwendung von §§ 54, 23 InvStG (so auch BMF 29.10.2020, BStBl. I 2020,1167 Tz. 54.1 und BMF 21.5.2019, BStBl. I 2019, 527 Tz. 23.4.).

Zu berücksichtigen ist auch, dass § 54 InvStG rechtsformübergreifende Verschmelzungen nicht umfasst, dh eine Verschmelzung von Spezial-Sondervermögen auf eine Spezial-InvAG ist, zumindest wenn diese auch steuerlich als Spezialfonds gelten, nicht steuerneutral möglich. **13**

Mit Ausnahme von Altersvorsorgevermögensfonds (§§ 53, 54 InvStG) in der Rechtsform einer Personengesellschaft, sind Verschmelzungen unter Beteiligung einer InvKG ebenfalls nicht von den steuerlichen Regelungen umfasst, da diese nach § 1 III InvStG nicht als (steuerliches) Investmentvermögen gelten. **14**

Anders als § 281 KAGB umfassen die steuerlichen Regelungen auch die Verschmelzung zwischen ausländischen Investmentvermögen. Nicht geregelt sind indes weiterhin grenzüberschreitende Verschmelzungen (BT-Drs. 18/8045, 93). Diese sind weiterhin nicht steuerneutral möglich. **15**

Unterabschnitt 2. Besondere Vorschriften für allgemeine offene inländische Spezial-AIF

§ 282 Anlageobjekte, Anlagegrenzen

(1) **Die AIF-Kapitalverwaltungsgesellschaft muss die Mittel des allgemeinen offenen inländischen Spezial-AIF nach dem Grundsatz der Risikomischung zur gemeinschaftlichen Kapitalanlage anlegen.**

(2) [1]**Die AIF-Kapitalverwaltungsgesellschaft darf für den Spezial-AIF nur in Vermögensgegenstände investieren, deren Verkehrswert ermittelt werden kann.** [2]**Die Zusammensetzung der Vermögensgegenstände des Spezial-AIF muss im Einklang mit den für den Spezial-AIF geltenden Regelungen zur Rücknahme von Anteilen oder Aktien stehen.** [3]**§ 285 Absatz 3 ist auf die Vergabe von Gelddarlehen für Rechnung eines allgemeinen offenen inländischen Spezial-AIF entsprechend anzuwenden.**

(3) **Erfüllt eine AIF-Kapitalverwaltungsgesellschaft, die einen oder mehrere allgemeine offene inländische Spezial-AIF verwaltet, die in § 287 genannten Voraussetzungen, sind die §§ 287 bis 292 anzuwenden.**

Schrifttum: *BaFin* Rundschreiben vom 1.5.2013 „AIFM-Umsetzungsgesetz: Anforderungen an Kapitalverwaltungsgesellschaften und Regelungen zu inländischen Investmentvermögen; *BaFin* Rundschreiben vom 22.12.2008, WA 41-Wp 2136-2008/001 Rundschreiben 14/2008 (WA) zum Anwendungsbereich des Investmentgesetzes nach § 1 Satz 1 Nr. 3 InvG; *BaFin* Schreiben vom 21.1.2010, WA 41-Wp 2136-2008/0001, Fragenkatalog zum Anwendungsbereich des InvG nach § 1 Satz 1 Nr. 3 InvG und zum Rundschreiben 14/2008 (WA); *BMF* Schreiben vom 4.6.2014 an die Verbände, Investmentsteuergesetz in der Fassung des AIFM-Steuer-Anpassungsgesetzes, Auslegungsfragen, GZ IV C 1 – S 1980-1/13/10007:002, DStR 2014, 2346; *Haisch/Bühler* BB 2015, 1986; *Friedrich/Bühler* WM 2015, 911; *Jesch/Härtwig* DStR 2015, 2312; *Häuselmann* Investmentanteile, Kapitel 3.

Inhaltsübersicht

	Rn.
I. Allgemeines	1
II. Grundsatz der Risikomischung	6
III. Beschränkungen	14
1. Anlegerbeschränkung	14
2. Zulässige Vermögensgegenstände (Eligible Assets)	15
3. Rücknahmepolitik	16
4. Darlehensvergabe	19
5. Master-Feeder-Strukturen	21
IV. Kontrollerlangung über nicht börsennotierte Unternehmen	22

I. Allgemeines

1 § 282 regelt die Anlagegrundsätze für offene, inländische Spezial-AIF zu den erwerbbaren Vermögensgegenständen (Eligible Assets) und den Anlagegrenzen. § 282 ist de facto eine Produktnorm, für die es keine Vorgabe in der AIFM-RL gibt (vgl. auch BR-Drs. 791/12, 503). Die Vorgaben richten sich nach dem Wortlaut zwar an die AIF-Kapitalverwaltungsgesellschaft. Sie richten sich im Ergebnis an den Fonds als solchen, da es die Frage des Wie und des Was der kollektiven Vermögensverwaltung betrifft. Dies ergibt sich auch aus Abs. 3, der sich an die AIF-Kapitalverwaltungsgesellschaft richtet, jedoch den Verweis auf die §§ 287–292 beinhaltet, die sich de iure als Produktregulierungsnormen auszeichnen, weil diese den AIF direkt betreffen.

2 Es kennzeichnet den offenen, inländischen Spezial-AIF unter dem KAGB, dass dieser in besonderem Maße dereguliert und liberalisiert ist (s. auch ASB KapAnlR-HdB/*Eckhold/Balzer* § 22 Rn. 58). Der Spezial-AIF nach § 282 zählt zu den Investmentvermögen der offenen Art, die den geringsten regulatorischen Beschränkungen unterliegen. Der offene inländische Spezial-AIF ist rechtlich ein Oberbegriff und nicht mit dem Hedgefonds gleichzusetzen. Der nach § 283 besonderen Vorschriften unterliegende Hedgefonds (ehemals nicht-richtlinienkonformes Sondervermögen mit zusätzlichen Risiken) ist ein Unterfall des offenen inländischen Spezial-AIF (sa ASB KapAnlR-HdB/*Eckhold/Balzer* § 22 Rn. 59). Hedgefonds zeichnen sich dadurch aus, dass sie in den Anlagebedingungen die zusätzlichen Angaben nach § 283 I enthalten. Fehlen diese, so handelt es sich nicht um einen Hedgefonds. Eine Bestimmung in Form einer negativen Beschreibung ist de iure nicht erforderlich (aA wohl WBA/*Baum* § 282 Rn. 14). Eine Aufnahme in den Anlagebedingungen, dass Leverage nicht in beträchtlichem Umfang eingesetzt werden darf, ist aber sicher nicht schädlich.

3 Für den offenen inländischen Spezial-AIF gilt nach Abs. 1 der Grundsatz der Risikomischung. § 282 II beschränkt zudem die zulässigen Anlageobjekte auf solche, deren Verkehrswert ermittelt werden kann. Die Ermittlung des Verkehrswertes richtet sich nach § 278 iVm § 168, 169 u. 216 (so auch WBA/*Baum* § 282 Rn. 8; vertiefend EDD/*Zirlewagen* § 282 Rn. 28).

4 Im Vergleich zu Publikums-Investmentvermögen oder Spezial-AIF mit festen Anlagebedingungen nach § 284 sind die Beschränkungen des offenen inländischen Spezial-AIF überschaubar. § 282 enthält keinen (abschließenden) Katalog der zulässig erwerbbaren Vermögensgegenstände. Der offene inländische Spezial-AIF zeichnet sich durch eine hohe Flexibilität (so auch WBA/*Baum* § 282 Rn. 3), eine Vielzahl an potenziellen Anlagestrategien und die geringsten regulatorischen Begrenzungen aller voll regulierten Investmentvermögen nach dem KAGB aus. Diese

Flexibilität geht einher mit der Beschränkung des zulässigen Anlegerkreises auf semiprofessionelle und professionelle Anleger (→ Rn. 14ff.).

Seit dem Inkrafttreten des KAGB hat die Fondsbranche verhalten auf § 282 reagiert (auch WBA/*Baum* § 282 Rn. 3). Nach deutschem Recht aufgelegte Spezial-AIF folgen überwiegend den Vorgaben des § 284 (*Elser/Gütle-Kunz* BB 2010, 413). 5

II. Grundsatz der Risikomischung

Gemäß Abs. 1 haben auch inländische offene Spezial-AIF den Grundsatz der Risikomischung zu beachten (*Häuselmann* Kap. 3 Rn. 82). Das KAGB folgt insoweit der entsprechenden Regelung nach dem InvG (vgl. BR-Drs. 791/12, 503f.). Demgegenüber findet für geschlossene Spezial-AIF der Grundsatz der Risikomischung keine Anwendung (vgl. Rundschreiben der BaFin vom 1.5.2013 „AIFM-Umsetzungsgesetz: Anforderungen an Kapitalverwaltungsgesellschaften und Regelungen zu inländischen Investmentvermögen"; abrufbar unter www.bafin.de). 6

Der offene inländische Spezial-AIF muss risikodiversifiziert investiert sein. § 282 I folgt in seinem Wortlaut dem ehemaligen § 1 S. 2 InvG. Das KAGB enthält keine Legaldefinition des Grundsatzes der Risikomischung für offene Investmentvermögen. Auch in der Gesetzesbegründung zu § 282 finden sich diesbezüglich keine Hinweise. Für geschlossene inländische Investmentvermögen regelt § 262 I, wann der Grundsatz der Risikomischung als erfüllt gilt (vgl. auch EDD/*Zirlewagen* § 282 Rn. 20; WBA/*Baum* § 282 Rn. 7). Eine entsprechende Anwendung auf offene Investmentvermögen im Grundsatz verbietet sich, da die dort benannten Sachwerte nicht von allen Fondstypen erworben werden dürfen. Für Spezial-AIF könnte grds. eine analoge Anwendbarkeit begründet werden; von einer unbewussten Regelungslücke des Gesetzgebers auszugehen, ist angesichts der Detailtiefe der Gesetzgebung jedoch fraglich. 7

Zweck einer Risikodiversifizierung ist der Schutz der Anleger, der dadurch erreicht wird, dass eine Risikokonzentration vermieden wird (kein „bulk risk"). Es ist Pflicht und Aufgabe einer Verwaltungsgesellschaft, im Einzelfall unter Beachtung der Anlagebedingungen festzulegen, wie die Risikodiversifizierung erreicht wird. Maßstab ist insb. die gewählte Anlagestrategie („Risikoappetit"). 8

Nach bislang hA genügt die Verwaltungsgesellschaft dem Grundsatz der Risikomischung, wenn das Investmentvermögen in mehr als drei verschiedene Vermögensgegenstände investiert (vgl. etwa BVerwG 1 C 14/75, NJW 1980, 2482; *Elser/Gütle-Kunz* BB 2010, 414 (413 mwN)). Auch die BaFin hat zum Grundsatz der Risikomischung in Bezug auf ausländische Investmentvermögen Stellung genommen (*BaFin* Rundschreiben vom 22.12.2008, WA 41-Wp 2136-2008/001 Rundschreiben 14/2008 (WA) zum Anwendungsbereich des Investmentgesetzes nach § 1 S. 1 Nr. 3 InvG). Danach ist der Grundsatz der Risikomischung gewahrt, wenn das Sondervermögen zum Zwecke der Risikostreuung in mehr als drei Vermögensgegenständen mit unterschiedlichen Anlagerisiken angelegt ist. Das Halten der Vermögensgegenstände muss Anlagezwecken und nicht etwa der Unterhaltung von Liquidität dienen (ebd.). 9

Die Risikodiversifizierung ist sowohl auf Ebene des Vermögenswertes als auch auf Emittentenebene zu beachten. Gemeint ist, dass sowohl unterschiedliche Vermögenswerte (quantitatives Element) als auch unterschiedliche Anlagerisiken (qualitatives Element) im Fonds berücksichtigt werden müssen. Ein Spezial-AIF, der zB lediglich 1:1 Zertifikate auf Gold beinhaltet, wäre wegen des auf die Entwicklung 10 des Goldpreises beschränkten Risikos mangels hinreichender Risikodiversifikation nicht zulässig.

11 Maßgebend dafür, ob ein Spezial-AIF nach dem Grundsatz der Risikomischung angelegt ist, ist der objektive Geschäftszweck, der sich aus den Anlagebedingungen oder der Satzung ergibt. Eine Aufnahme des Grundsatzes in die Anlagebedingungen hat aber lediglich deklaratorischen Charakter. Gleichwohl ist eine Aufnahme zu empfehlen, um das Investmentvermögen von einem AIF der geschlossenen Form klar abzugrenzen. Insoweit dürfen dann Anleger auch auf die Angaben in den Anlagebedingungen bzw. der Satzung vertrauen (*BaFin* Schreiben vom 21.1.2010, WA 41-Wp 2136-2008/0001, Fragenkatalog zum Anwendungsbereich des InvG nach § 1 Satz 1 Nr. 3 InvG und zum Rundschreiben 14/2008 (WA)).

12 Entspricht das spätere tatsächliche Anlageverhalten nicht dem Grundsatz der Risikomischung, so sieht die Aufsicht darin einen Verstoß gegen die Bestimmungen des Gesetzes bzw. der Anlagebedingungen; in Betracht kann dann eine Untersagung des weiteren Vertriebs der Fondsanteile kommen (vgl. zum alten Recht: Fragenkatalog zum Anwendungsbereich des InvG nach § 1 S. 1 Nr. 3 InvG und zum Rundschreiben 14/2008 (WA)). In diesem Schreiben, wird noch der Begriff des öffentlichen Vertriebs verwendet, der mittlerweile durch den allgemeinen Vertriebsbegriff abgelöst wurde. Die Differenzierung zwischen öffentlichem und nicht-öffentlichem Vertrieb ist redundant geworden. Das Schreiben der BaFin wurde bislang nicht aufgehoben. Das Auslegungsschreiben zum Anwendungsbereich des KAGB und zum Begriff des Investmentvermögens (GZ Q 31-Wp 2137-2013/0006) sowie der Fragenkatalog zu erwerbbaren Vermögensgegenständen vom 22.7.2013 (GZ WA 41-Wp 2137-2013/0001) nehmen keine Stellung zum Grundsatz der Risikomischung.

13 Im Zuge der Umsetzung der AIFM-RL hat die BaFin aus investmentrechtlicher wie auch aus steuerrechtlicher Sicht Stellung zur quantitativen Verteilung genommen. Nach einem Schreiben der BaFin vom 28.7.2009 an den BVI, GZ WA 41-WP 2136–2008/0001, wird es nicht als ausreichend angesehen, wenn bspw. folgende Aufteilung vorhanden ist: 50% Daimler Aktie, 49% Porsche Aktie und jeweils zu 0,5% in andere Aktien; oder Anlage in physisches Gold und andere Derivate in Gold, wenn diese 50,60% des Wertes des Fonds ausmachen. Ferner soll folgende Mischung ebenfalls nicht ausreichend sein: 30% physisches Gold, 40% in Fonds, deren Anlagestrategie zu 100% Gold ist, und 30% in Geld und Goldminen, da mind. 70% in Gold investiert ist. Auch aus steuerrechtlichen Gründen wäre ein „Goldfonds" kritisch (sa BMF 23.10.2014, DStR 2014, 2346). Die Ausführungen der Aufsicht sind aber nur teilweise nachvollziehbar und dogmatisch nicht immer hinreichend untermauert.

III. Beschränkungen

14 **1. Anlegerbeschränkung.** Als Produktregel legt das KAGB fest, dass Anteile oder Aktien von Spezial-AIF nur von professionellen oder semi-professionellen Anlegern gehalten werden dürfen (BT-Drs. 791/12, 503; arg. ex § 1 Abs. 6). Erfasst werden folglich ausschließlich die Anlegertypen, bei denen ein nur geringer Grad an Anlegerschutz besteht.

15 **2. Zulässige Vermögensgegenstände (Eligible Assets).** Nach § 282 II darf der Spezial-AIF nur in Vermögensgegenstände investieren, deren Verkehrswert ermittelt werden kann. § 282 II enthält demgegenüber – anders als die Regulierung

aller sonstigen offenen Investmentvermögen – keinen numerus clausus von Eligible Assets. Es ist folglich eine Investition in jede Art von Vermögensgegenstand zulässig (vgl. auch WBA/Baum § 282 Rn. 2; ASB KapAnlR-HdB/*Eckhold/Balzer* § 22 Rn. 59; *Häuselmann* Kap. 3 Rn. 82). Nach der Umsetzung des Gesetzes zur Stärkung des Fondsstandorts Deutschland und zur Umsetzung der Richtlinie (EU) 2019/1160 zur Änderung der Richtlinien 2009/65/EG und 2011/61/EU im Hinblick auf den grenzüberschreitenden Vertrieb von Organismen für gemeinsame Anlagen (Fondsstandortgesetz – FoStoG, BGBl. 2021 I 1498) muss auch eine Investition in Kryptowerte zulässig sein (so auch *Häuselmann* Kap. 3 Rn. 82 mwN). Diese sind explizit im Katalog der erwerbbaren Vermögensgegenstände gem. § 284 II Nr. 2 Buchst. j genannt. Da das Anlageuniversum des offenen Spezial-AIF nach dem Wortlaut weiter ist als das des offenen Spezial-AIF mit festen Anlagebedingungen nach § 284, muss jeder Vermögensgegenstand, der nach § 284 erwerbbar ist, auch nach § 282 erwerbbar sein.

3. Rücknahmepolitik. Zudem muss die Anlage im Einklang mit den gelten- 16
den Regelungen zur Rücknahme von Anteilen oder Aktien stehen. Nach der Gesetzesbegründung muss bei der Zusammensetzung der Vermögensgegenstände ihre jeweilige Liquidität berücksichtigt werden. Die Vermögensgegenstände müssen in ihrer Zusammensetzung so liquide sein, dass sie die von dem offenen Spezial-AIF vorgesehenen Rücknahmemöglichkeiten der Anteile oder Aktien erlauben (vgl. BT-Drs. 791/12, 504). Im Ergebnis richtet sich dies nach der Investmentstrategie und den jeweiligen Zielinvestments. So wird ein offener Spezial-AIF mit einer auf Wertpapieren basierenden Strategie grds. eine höhere Liquidität aufweisen und dementsprechend häufiger Rücknahmemöglichkeiten vorsehen. Bei einer auf Immobilien fokussierten Strategie sind die immanenten Liquiditätsherausforderungen zu berücksichtigen.

Damit hat die Rücknahmehäufigkeit maßgeblichen Einfluss auf die Zusammen- 17
stellung der Eligible Assets, aber auch vice versa. Denn wenn die Anlagestrategie vorsieht, dass der Spezial-AIF eine sehr beschränkte Anzahl von verschiedenen Eligible Assets erwerben soll, die zudem schwer zu liquidieren sind, etwa bei Spezial-AIF, die sich auf Immobilien, Unternehmensbeteiligungen oder Beteiligungen an Infrastruktur-Projekten konzentrieren, so wird man dementsprechend die Rücknahmehäufigkeit geringer ansetzen können und evtl. auch müssen.

Soll den Anlegern die Möglichkeit gewährt werden, Anteile oder Aktien öfter 18
zurück zu geben, um eine gewisse Flexibilität und Volatilität zu bieten, so sollten hauptsächlich Vermögensgegenstände erworben werden, die leichter und schneller zu liquidieren sind. In diesem Fall bietet es sich an, sich an den Vorgaben und Erfahrungen mit Publikums-Investmentvermögen zu orientieren. Im Hinblick auf die Rücknahmehäufigkeit sind zudem die Vorgaben der DelVO (EU) Nr. 694/2014 zu beachten.

4. Darlehensvergabe. Durch das OGAW-V-UmsG ist Abs. 2 um S. 3 erweitert 19
worden (vgl. auch JSB Private Equity-HdB/*Lürken/Egger/Hiemer* § 29 Rn. 246). Hintergrund ist die Änderung der Verwaltungspraxis der BaFin sowie die auf europäischer Ebene grds. Zulässigkeit der Vergabe von Darlehen durch AIF (zur Änderung der Verwaltungspraxis der BaFin vgl. BaFin Auslegungsentscheidung vom 12.5.2015, WA 41-Wp 2100-2015/0001; *Haisch/Bühler* BB 2015, 1986; *Friedrich/Bühler* WM 2015, 911; *Jesch/Härtwig* DStR 2015, 2312). Die Änderung in § 282 verweisen allerdings nur auf § 285 III, der die Vergabe von Gesellschafterdarlehen regelt. Die Vergabe von Gelddarlehen richtet sich nach § 285 II. Der Gesetzgeber

hat somit die geänderte Verwaltungspraxis der BaFin übernommen und lässt sog. Kreditfonds nur in geschlossener Form zu.

20 Diese Einschränkung des deutschen Gesetzgebers ist kritisch zu sehen. Dagegen spricht, dass die AIFM-RL die Vergabe von Darlehen durch Fonds anders als die UCITS-Richtlinie nicht ausschließt. Eine Beschränkung auf eine bestimmte Art von AIF lässt sich der Richtlinie nicht entnehmen. Sofern die Zulässigkeit der Kreditvergabe aus der AIFM-RL herrührt, muss die Möglichkeit für jede Art von AIF bestehen, da es auch der Anspruch der AIFM-RL ist, jede Art von Investmentvermögen zu erfassen, das kein OGAW ist. Es erscheint auch widersprüchlich, wenn der deutsche Gesetzgeber und die BaFin Kreditfonds aus anderen EU-Staaten als AIFM-RL-reguliert anerkennen, ungeachtet dessen, ob diese offen oder geschlossen strukturiert sind und an welche Anleger diese vertrieben werden dürfen, dies für in Deutschland domizilierte Fonds aber nicht gelten soll. Für die Zulässigkeit der Einschränkung spricht, dass die AIFM-RL eine Verwalter- und keine Produktregulierungsrichtlinie ist. Es gibt somit keine europarechtliche Vorgabe oder Harmonisierung im Hinblick auf die Produkte von AIF. Selbst wenn es diese geben würde, wären verschärfte nationale Anforderungen für in Deutschland domizilierte Fonds im Wege des sog. Goldplatings grds. zulässig, da nur eine Inländer-, nicht aber eine Ausländerdiskriminierung vorliegen würde. Im Ergebnis aber schafft der deutsche Gesetzgeber dadurch einen Nachteil für den deutschen Fondsmarkt, der rechtspolitisch bedenklich ist.

21 **5. Master-Feeder-Strukturen.** Nach § 277a darf ein Spezial-AIF nicht Master- oder Feederfonds einer Master-Feeder-Struktur sein, wenn Publikumsinvestmentvermögen Master- oder Feederfonds derselben Master-Feeder-Struktur sind. Da eine solche Struktur bereits vorliegen könnte, wenn ein Spezial-AIF mind. 85% seines Wertes in Anteilen an einem anderen Investmentvermögen anlegt (vgl. § 1 XIX Nr. 11–13), wäre die Norm verletzt. Hier ist es aber fraglich, ob § 277a abdingbar ist. Aus Anlegersicht spricht nichts dagegen, § 277a als dispositive Norm einzustufen, so dass eine solche Anlage mit Zustimmung des Anlegers möglich ist. Die Norm ist offensichtlich nicht einseitig anlegerschützend. Dagegen könnte jedoch sprechen, dass die Norm ohnehin nicht das Verhältnis des Spezial-AIF zum Anleger, sondern vielmehr die Zielfonds schützen will, wonach Publikumsinvestmentvermögen und Spezial-AIF auch in Master-Feeder-Strukturen getrennt werden sollen. Dies würde aber nur dann gelten, wenn die Zielfonds nach ihren Anlagebedingungen als Master- oder Feederfonds ausgestaltet sind und besonderen regulatorischen Anforderungen unterliegen.

IV. Kontrollerlangung über nicht börsennotierte Unternehmen

22 Absatz 3 wurde durch das Gesetz zur Anpassung von Gesetzen auf dem Gebiet des Finanzmarktes (BGBl. 2014 I 934) geändert. Es handelte sich im Wesentlichen um ein „Reparaturgesetz", das primär redaktionelle Änderungen vorsieht. Ursprünglich sah Abs. 3 vor, dass offene inländische Spezial-AIF sicherstellen sollen, keine Kontrolle iSd § 288 über nicht börsennotierte Unternehmen zu erlangen. Dies sollte ausschließlich geschlossenen Fonds vorbehalten sein (vgl. BT-Drs. 791/12, 504).

23 Diese Änderung im Juli 2014 beruhte auf der Definition von geschlossenen AIF (zum Begriff → § 1 Rn. 52ff.). Diese kann dazu führen, dass AIF, die bislang als geschlossen qualifiziert waren, als unter der geänderten Definition als offene Invest-

mentvermögen zu definieren sind. Da aber auch diesen Vehikeln die Möglichkeit der Beteiligung mit dem Ziel der Kontrolle erlaubt sein soll, war die Änderung notwendig, auch weil die AIFM-RL keine gegenstehende Regelung vorschreibt (vgl. BT-Drs. 150/14, 58).

Dies hat zur Folge, dass auch offene inländische Spezial-AIF die Kontrolle über nicht börsennotierte Unternehmen erlangen können. Der umfassende Verweis auf § 287 stellt aber klar, dass es nur solche AIF sein können, die früher als geschlossen galten. Zudem haben diese Vehikel dann sämtliche Anforderungen nach §§ 282–292 anzuwenden. 24

Spezial-AIF mit festen Anlagebedingungen können weiterhin keine Kontrolle über nicht börsennotierte Unternehmen erlangen, da § 284 I nur auf § 282 I, nicht aber auf Abs. 3 verweist. 25

Der Begriff des nicht börsennotierten Unternehmens erfasst nur Unternehmen, die ihren satzungsmäßigen Sitz in der EU haben. Folglich kann ein Spezial-AIF die Kontrolle über ein nicht börsennotiertes Unternehmen erlangen, das seinen Sitz außerhalb der EU hat. Der Begriff des Unternehmens ist weit zu verstehen und erfasst neben Kapitalgesellschaften (bspw. AG, GmbH) auch Personengesellschaften (oHG, KG), deren Mischformen (etwa KGaA) sowie die in den jeweiligen Mitgliedstaaten der EU gesetzlich anerkannten Rechtsformen. 26

Unterabschnitt 3. Besondere Vorschriften für Hedgefonds

§ 283 Hedgefonds

(1) [1]**Hedgefonds sind allgemeine offene inländische Spezial-AIF nach § 282, deren Anlagebedingungen zusätzlich mindestens eine der folgenden Bedingungen vorsehen:**
1. **den Einsatz von Leverage in beträchtlichem Umfang oder**
2. **den Verkauf von Vermögensgegenständen für gemeinschaftliche Rechnung der Anleger, die im Zeitpunkt des Geschäftsabschlusses nicht zum AIF gehören (Leerverkauf).**

[2]**Die Kriterien zur Bestimmung, wann Leverage in beträchtlichem Umfang eingesetzt wird, richten sich nach Artikel 111 der Delegierten Verordnung (EU) Nr. 231/2013.**

(2) **Die Anlagebedingungen von Hedgefonds müssen Angaben darüber enthalten, ob die Vermögensgegenstände bei einer Verwahrstelle oder bei einem Primebroker verwahrt werden.**

(3) **Für die Rücknahme von Anteilen oder Aktien gilt § 227 entsprechend mit der Maßgabe, dass abweichend von § 227 Absatz 2 Anteil- oder Aktienrückgaben bei Hedgefonds bis zu 40 Kalendertage vor dem jeweiligen Rücknahmetermin, zu dem auch der Anteil- oder Aktienpreis ermittelt wird, durch eine unwiderrufliche Rückgabeerklärung gegenüber der AIF-Kapitalverwaltungsgesellschaft zu erklären sind.**

Schrifttum: Siehe Angaben zu § 225.

Inhaltsübersicht

	Rn.
I. Allgemeines	1
1. Rechtsentwicklung und Allgemeines	1
2. Begriffsdefinition Hedgefonds	2
3. Erwerb gemäß Anlageverordnung	4
4. Steuerliche Einordnung	5
II. Anwendungsbereich der Norm	6
III. Tatbestandsmerkmale eines Hedgefonds	7
1. Allgemeiner offener inländischer Spezial-AIF nach § 282	7
2. Möglichkeit von Leverage in beträchtlichem Umfang und/oder Leerverkäufen	12
a) Leverage in beträchtlichem Umfang	13
b) Leerverkäufe	16
c) Besicherung und Belastung von Vermögensgegenständen	19
IV. Verwahrung durch einen Primebroker	20
V. Besondere Regelungen für die Rücknahme von Anteilen	22

I. Allgemeines

1 **1. Rechtsentwicklung und Allgemeines.** Die AIFM-RL enthält grds. keine spezifische Produktregulierung, so dass es sich bei § 283 um eine deutsche Sondervorschrift handelt. Sie ersetzt § 112 InvG, in der der Publikumsfonds „Sondervermögen mit zusätzlichen Risiken“ geregelt war. § 112ff. InvG war durch das InvModG in das damals neu geschaffene InvG eingeführt worden, da der Gesetzgeber für eine Stärkung des Finanzplatzes Deutschland Hedgefonds aus dem sog. Grauen Kapitalmarkt herauslösen wollte (vgl. BT-Drs. 15/1553, 67). Da es sich bei § 283 um einen **Spezialfonds** handelt, können in diesen nur semiprofessionelle und professionelle Anleger investieren. Der Gesetzgeber will aus Anlegerschutzgründen für Privatanleger nur noch Dach-Hegefonds nach § 225 als Anlageform zulassen (vgl. BT-Drs. 17/12294, 191). Da seit vielen Jahren OGAW-Fonds mit Hedgefondsstrategien, sog. NewCITS, für Privatanleger erwerbbar sind und in den vergangenen Jahren keine Dach-Hedgefonds in Deutschland existierten (s. BaFin Jahresbericht 2022, S. 80), bleibt diese Maßnahme des Gesetzgebers fragwürdig.

§ 283 II ersetzt § 118 II InvG und § 283 III ersetzt § 116 InvG in Bezug auf Single-Hedgefonds (BT-Drs. 17/12294, 276).

Ende 2022 existierten in Deutschland zwölf Hedgefonds mit einem insgesamt verwalteten Vermögen von EUR 4,74 Mrd. (Vorjahr: EUR 5,84 Mrd.) (s. BaFin Jahresbericht 2022, 80).

2 **2. Begriffsdefinition Hedgefonds.** Der deutsche Gesetzgeber definiert den Hedgefonds als offenen inländischen Spezial-AIF, dessen Anlagebedingungen den Einsatz von Leverage in beträchtlichem Umfang und/oder Leerverkäufe vorsehen. Im allgemeinen Sprachgebrauch und im EU-Recht werden unter Hedgefonds allerdings Fonds verstanden, die bestimmte Anlagestrategien verfolgen. Diese Anlagestrategien setzen typischerweise beträchtlichen Leverage oder Leerverkäufe ein. Aber es gibt auch Hedgefondsstrategien, die keine dieser Techniken einsetzen. In ihrem regelmäßigen Reporting an die Aufsicht nach § 35 muss die KVG angeben, ob sie Hedgefonds verwaltet und falls ja, welche der in Anhang IV der AIFM-VO aufgeführten Hedgefondsstrategien von diesen verfolgt werden. Dabei wird auf europäischer Ebene nicht auf die Merkmale beträchtlicher Leverage oder Leerver-

käufe abgestellt, sondern eben auf das Verfolgen von bestimmten Anlagestrategien. Dies hatte der Gesetzgeber im Rahmen des InvModG auch erkannt und aus diesem Grund von der Verwendung des Begriffs Hedgefonds abgesehen. Als Merkmale wurden damals vom Gesetzgeber insb. die Freiheiten in der Anlagepolitik und das Verfolgen spezieller Anlagestrategien genannt (vgl. BT-Drs. 15/1553, 107). In der **AIFM-RL** wird **nur der Einsatz von beträchtlichem Leverage** als besonderes Risiko zusätzlich geregelt, s. Art. 24 IV, 25 AIFM-RL.

Da die Regelungen des § 283 – bis auf das Erfordernis einer häufigeren Rückgabemöglichkeit – keine besonderen Einschränkungen für Hedgefonds beinhalten, ist darin meines Erachtens auch kein ausgeprägter Standortnachteil für Deutschland zu sehen (aA BSV/*Lindemann* § 283 Rn 3). Allerdings ist fraglich, ob bei einem Spezial-AIF – im Gegensatz zu den ehemaligen Publikumsfonds nach § 112 InvG – eine besondere Deklarierung erforderlich ist. Zudem wäre als „Warnhinweis" der frühere Name „mit zusätzlichen Risiken" auf Grund der oben aufgezeigten abweichenden Sprachgebrauchs zielführender gewesen. 3

3. Erwerb gemäß Anlageverordnung. Anleger, die hinsichtlich ihrer Anlagetätigkeit den Bestimmungen der AnlV unterliegen, können grds. in Hedgefonds nach § 283 investieren, **§ 2 I Nr. 17 AnlV.** Damit ein Hedgefonds nach § 283 nach der Verwaltungspraxis der BaFin erwerbbar ist, müssen mehrere Voraussetzungen erfüllt sein (vgl. Kapitalanlagerundschreiben B.4.14). Eine Nachschusspflicht und eine Sachauskehr müssen ausgeschlossen sein. Zudem muss die KVG über eine Erlaubnis nach § 20 I verfügen. Investiert ein Hedgefonds in Zielfonds, müssen diese ebenfalls für das Sicherungsvermögen qualifiziert sein. Bei Anlagen in Dach-Hedgefonds können die Zielfonds jedoch auch außerhalb des EWR belegen sein. Dabei ist darauf zu achten, dass sämtliche Zielfonds Hedgefonds sind und Anforderungen unterliegen, die mit § 283 vergleichbar sind. Hedgefonds werden durch eine Anrechnung auf die Mischungsquote für Alternative Anlagen nach § 3 II Nr. 2 AnlV auf 7,5% des Sicherungsvermögens begrenzt. Außerdem erfolgt eine Anrechnung auf die Risikokapitalanlagenquote nach § 3 III 1 AnlV. 4

4. Steuerliche Einordnung. Sofern der Hedgefonds in Form der offenen InvKG aufgelegt wird, unterfällt er den allgemeinen steuerlichen Regeln. Eine Anwendbarkeit des InvStG ist nicht gegeben, § 1 III Nr. 2 InvStG. 5

Im Falle einer Ausgestaltung als Sondervermögen oder Investmentaktiengesellschaft mit veränderlichem Kapital ist das InvStG grds. anwendbar. Eine steuerliche Ausgestaltung eines Hedgefonds als Spezial-Investmentfonds nach § 26 InvStG scheitert typischerweise an der Leveragebeschränkung nach § 26 Nr. 7 InvStG. Die Besteuerung erfolgt somit typischerweise nach Kap. 2 des InvStG (§§ 6ff. InvStG).

II. Anwendungsbereich der Norm

§ 283 dient der Regulierung von Hedgefonds. Nach § 283 I sind Hedgefonds allgemeine offene inländische Spezial-AIF, deren Anlagebedingungen zusätzlich mindestens den Einsatz von Leverage in beträchtlichem Umfang und/oder Leerverkäufe vorsehen. Die Bestimmung, ob Leverage in beträchtlichem Umfang vorliegt, richtet sich nach Art. 111 AIFM-VO. § 283 II regelt die Offenlegung in den Anlagebedingungen, ob ein Primebroker oder eine Verwahrstelle für die Verwahrung der Vermögensgegenstände verwendet wird. § 283 III verweist für die Rücknahme von Anteilen auf die Regelungen zu Dach-Hedgefonds nach § 227, wobei die Frist des § 227 II von 100 Kalendertage auf 40 Kalendertage reduziert wird. 6

III. Tatbestandsmerkmale eines Hedgefonds

7 **1. Allgemeiner offener inländischer Spezial-AIF nach § 282.** Für Hedgefonds gelten die Vorschriften des § 282 entsprechend (s. Kommentierung zu § 282). Hedgefonds können durch den Verweis auf § 282 II 1 grds. in **alle denkbaren Vermögensgegenstände** investieren, sofern deren Verkehrswert ermittelbar ist. Eine Einschränkung ist, dass **Gelddarlehen** nach §§ 283 I, 282 II 3 **nur als Gesellschafterdarlehen** unter Einhaltung der Voraussetzungen des § 285 III (vgl. → § 285 Rn. 30ff.) vergeben werden dürfen. Eine Vergabe von Gelddarlehen gem. § 285 II ist auf Grund der Regelung in § 20 IX 1 ausgeschlossen. Zulässig ist aber der Ankauf von Darlehensforderungen, da der Ankauf nicht vom Verbot des § 20 IX 1 umfasst ist, sondern nur die Gewährung von Gelddarlehen (vgl. → § 285 Rn. 18f.). Zudem sind für Hedgefonds, die die Erlangung der Kontrolle über nicht börsennotierte Unternehmen zum Ziel haben, die Vorschriften §§ 287ff. einzuhalten. Die Beschränkungen bei der Anlage in Commodities und Private Equity, die im Rahmen des § 112 InvG noch existierten, wurden vom Gesetzgeber nicht in § 283 übernommen.

8 Es gibt **keine Beschränkung bezüglich der Investition in andere Fonds,** insb. Hedgefonds. Dadurch kann ein offener Spezial-AIF jederzeit auch als Dach-Hedgefonds fungieren, ohne dass er die Voraussetzungen des § 225 oder des § 283 beachten muss; es sei denn, der Dach-Hedgefonds setzt selbst Leverage in beträchtlichem Umfang und/oder Leerverkäufe ein. Anders als bei den in § 225 explizit geregelten Publikums-Dach-Hedgefonds unterfallen Spezial-AIF auch nicht dem Kaskadenverbot nach § 225 IV 2.

9 Eine Beschränkung der investierbaren Vermögensgegenstände kann sich aus der Rechtsform des Hedgefonds ergeben, da eine **InvAG mit veränderlichem Kapital** nach § 91 III **nicht in Immobilien oder Beteiligungen an Infrastruktur-Projektgesellschaften investieren darf.**

10 Nach § 282 ist der **Grundsatz der Risikomischung** bei der Portfoliozusammensetzung zu beachten. Hierfür sind die allgemeinen Regeln maßgeblich (BT-Drs. 17/12294, 276). Ein der jeweiligen Strategie angemessenes Risikomanagement reicht hierfür nicht aus (ebenso EDD/*Strabenow* § 283 Rn. 10, aA BSV/*Lindemann* § 283 Rn. 9). Zwar dient der Grundsatz der Risikomischung der Sicherstellung einer minimalen Risikostreuung; allerdings ist nicht ersichtlich, aus welchem Grund bei einem Hedgefonds dies alleine durch ein angemessenes Risikomanagement erreicht werden kann. Der Vergleich zum Risikomanagement einer Bank überzeugt dabei nicht. Bei Anlagen durch Banken existieren ebenfalls regulatorische Streuungsvorschriften, wie bspw. die Großkreditvorschriften gem. Art. 395ff. der VO (EU) Nr. 575/2013 (CRR). Dabei wird vergleichbar mit dem Grundsatz der Risikomischung ua eine Höchstgrenze für ein einzelnes Exposure aufgestellt und somit eine übermäßige Risikokonzentration vermieden. Zudem ist der Grundsatz der Risikomischung auf den **Bruttowert des Portfolios** zu beziehen, da es um die angemessene Risikostreuung geht und diese anhand des gesamten Portfolios zu bestimmen ist.

11 Gemäß § 283 I iVm § 282 II 2 muss die Portfoliozusammensetzung mit den Rücknahmeregelungen im Einklang stehen. Ein Hedgefonds muss nach § 283 III iVm § 227 mindestens einmal pro Kalenderquartal Rücknahmen ermöglichen. Diese Anforderung muss bei der Portfoliozusammensetzung und im Liquiditätsmanagement berücksichtigt werden. Die Aussage in der Gesetzesbegründung, ein Hedgefonds müsse überwiegend in Finanzinstrumente investieren (BT-Drs. 17/12294,

276), scheint ein Redaktionsversehen zu sein, das auf einer weggefallenen Regelung in einem früheren Stadium der Gesetzgebung beruht (Diskussionsentwurf des BMF zur Umsetzung der RL 2011/61/EU v. 20.7.2012, 467).

2. Möglichkeit von Leverage in beträchtlichem Umfang und/oder Leerverkäufen. Die Anlagebedingungen müssen zusätzlich den Einsatz von Leverage in beträchtlichem Umfang und/oder Leerverkäufe vorsehen. Es ist also **nicht ausschlaggebend,** ob der **AIF diese Techniken auch tatsächlich einsetzt.** 12

a) Leverage in beträchtlichem Umfang. § 1 XIX Nr. 25, der eine Umsetzung von Art. 4 I Buchst. v AIFM-RL darstellt, definiert Leverage als jede Methode, mit der die KVG den Investitionsgrad eines von ihr verwalteten Investmentvermögens **durch Kreditaufnahme, Wertpapier-Darlehen, in Derivate eingebettete Hebelfinanzierungen oder auf andere Weise erhöht.** Die Berechnung des Leverage richtet sich nach Art. 6–11 AIFM-VO. 13

Nach § 283 I 2 ist, ob Leverage in beträchtlichem Umfang vorliegt, nach Art. 111 AIFM-VO zu bestimmen. Danach liegt Leverage in beträchtlichem Umfang vor, wenn das nach der **Commitment-Methode** gem. Art. 8 AIFM-VO berechnete Engagement eines AIF seinen **Nettoinventarwert dreifach übersteigt.** Nach Art. 8 I AIFM-VO wird das Engagement grds. durch Zusammenrechnung der absoluten Werte aller Positionen bestimmt, wobei insb. für Derivate Sonderregelungen in Art. 8 II–IX AIFM-VO geregelt sind. Nach § 307 I 2 Nr. 5 ist der maximale Umfang des Leverage im Informationsdokument nach § 307 anzugeben und muss auf Grund des Gebots der Richtigkeit auch mit den Angaben in den Anlagebedingungen korrespondieren. Nach der Verwaltungspraxis der BaFin sind im Informationsdokument nach § 307 Angaben zur maximalen Höhe nach der Brutto- und der Commitment-Methode zu machen. **Unbeachtlich** ist die **Dauer** des in den Anlagebedingungen vorgesehenen **Einsatzes von beträchtlichem Leverage,** da der Wortlaut der Vorschrift keinen langfristigen Einsatz von Leverage verlangt (aA EDD/*Strabenow* § 283 Rn. 15). 14

Unerheblich ist, ob ein offener inländischer Spezial-AIF, der eine entsprechende Begrenzung in den Anlagebedingungen vorsieht, diese **Grenze tatsächlich überschreitet.** Er **qualifiziert dadurch nicht als Hedgefonds.** Stattdessen ist eine solche Überschreitung nach den allgemeinen Regelungen zu Anlagegrenzverletzungen zu behandeln. 15

b) Leerverkäufe. § 283 I 1 Nr. 2 definiert Leerverkauf als den **Verkauf von Vermögensgegenständen** für gemeinschaftliche Rechnung der Anleger, die **im Zeitpunkt des Geschäftsabschlusses nicht zum AIF gehören.** Grundsätzlich ist inländischen Spezial-AIF nach § 276 I verboten, Leerverkäufe durchzuführen. Nach § 276 II 1 sind Hedgefonds von diesem Verbot ausgenommen. Die BaFin kann Leerverkäufe iSd § 283 I 1 Nr. 2 beschränken, wenn sie dies zum Schutz der Anleger oder zur Gewährleistung der Stabilität und Integrität des Finanzsystems als nötig erachtet. 16

Bei der Durchführung von Leerverkäufen sind die **Beschränkungen, Mitteilungs- und Veröffentlichungspflichten der EU-Leerverkaufs-VO** (VO (EU) Nr. 236/2012 v. 14.3.2012) und der dazugehörigen Durchführungsvorschriften (Delegierte VO (EU) Nr. 918/2012 v. 5.7.2012) zu beachten. 17

Zudem sind gem. §§ 101 I 3 Nr. 2 S. 2, 120 IV 1, 135 V 1 die von einem Hedgefonds getätigten **Leerverkäufe** in Wertpapieren unter Nennung von Art, Nenn- 18 betrag oder Zahl, Zeitpunkt der Verkäufe und Nennung der erzielten Erlöse **im Jahresbericht anzugeben.**

19 **c) Besicherung und Belastung von Vermögensgegenständen.** Abweichend vom allgemeinen Verbot, Sicherheiten zu stellen, ist es Hedgefonds nach § 93 IV 2 **gestattet, die Besicherung** von insb. Krediten, Derivategeschäften, Wertpapier-Pensionsgeschäften oder Leerverkäufen durch Belastung von Vermögensgegenständen **durchzuführen.** Die **Belastung von Vermögensgegenständen** ist Spezial-AIF grds. **erlaubt** nach § 275 I, sofern dies in den Anlagebedingungen vorgesehen und mit einer ordnungsgemäßen Wirtschaftsführung vereinbar ist sowie von der Verwahrstelle genehmigt wird (→ § 275 Rn. 5 ff.). Die BaFin kann die Höhe der zulässigen Belastung der Vermögensgegenstände nach § 275 II beschränken, wenn sie dies zum Schutz der Anleger oder zur Gewährleistung der Stabilität und Integrität des Finanzsystems als nötig erachtet.

IV. Verwahrung durch einen Primebroker

20 Nach § 283 II müssen die Anlagebedingungen eines Hedgefonds Angaben darüber enthalten, ob die Vermögensgegenstände **bei einem Primebroker oder einer Verwahrstelle verwahrt werden.**

Ein **Primebroker** ist gem. § 1 XIX Nr. 30 ein Kreditinstitut iSd Art. 4 I Nr. 1 der VO (EU) Nr. 575/2013, eine Wertpapierfirma iSd Art. 4 I Nr. 1 der RL 2014/65/EU oder eine andere Einheit, die einer Regulierungsaufsicht und ständigen Überwachung unterliegt und professionellen Anlegern Dienstleistungen anbietet, in erster Linie, um als Gegenpartei Geschäfte mit Finanzinstrumenten iSd RL 2011/61/EU zu finanzieren oder durchzuführen, und die möglicherweise auch andere Dienstleistungen wie Clearing und Abwicklung von Geschäften, Verwahrungsdienstleistungen, Wertpapier-Darlehen und individuell angepasste Technologien und Einrichtungen zur betrieblichen Unterstützung anbietet.

Eine KVG darf gem. § 31 grds. Primebroker bei der Verwaltung von AIF einsetzen, wobei dabei ein schriftlicher Vertrag zu schließen ist. Dies gilt somit nicht nur für Hedgefonds.

21 Dass ein Spezial-AIF einen Primebroker neben seinen Aufgaben als **Primebroker auch als Verwahrstelle** beauftragen darf, ergibt sich bereits aus § 85 IV Nr. 2, der für einen solchen Fall eine funktionale und hierarchische Trennung der Ausführung der Aufgaben als Verwahrstelle von den Aufgaben als Primebroker verlangt. Zudem ist es erforderlich, dass die potenziellen Interessenkonflikte ordnungsgemäß ermittelt, gesteuert, beobachtet und den Anlegern des Hedgefonds offengelegt werden.

Nach § 307 I 2 Nr. 18 sind bereits im Informationsdokument nach § 307 ausführliche Angaben zum Primebroker zu machen. Zwar ist die Verwendung eines Primebroker bei Hedgefonds auf Grund der verwendeten Anlagetechniken häufiger. Dennoch ist bei einem Spezial-AIF mangels Schutzwürdigkeit der Anleger nicht erforderlich, dass die Informationen nochmal in den Anlagebedingungen wiedergegeben werden. Dadurch erscheint die Vorschrift des § 283 II überflüssig.

V. Besondere Regelungen für die Rücknahme von Anteilen

22 Die Regelung in § 283 III sieht eine Beschränkung der Freiheit bei den Regelungen zur Rücknahme von Anteilen an einem Hedgefonds im Gegensatz zu sonstigen offenen Spezial-AIF vor. Dabei wird auf die Regelungen des § 227 für Publi-

kums-Dach-Hedgefonds mit der Verkürzung der maximalen **Rückgabefrist** auf **40 Kalendertage** verwiesen (→ § 227 Rn. 3ff.). Danach muss eine **Rückgabe mindestens einmal in jedem Kalendervierteljahr** möglich sein und der **Rücknahmepreis** muss **unverzüglich, spätestens aber 50 Kalendertage nach dem Rücknahmetermin ausgezahlt werden.** Zum Rücknahmetermin muss zudem auch der Anteil- oder Aktienwert ermittelt werden. Die Rückgabeerklärung muss unwiderruflich sein. Im Fall von im Inland in einem Depot verwahrten Anteilen oder Aktien hat die Rückgabeerklärung durch die depotführende Stelle zu erfolgen. Die Anteile oder Aktien, auf die sich die Rückgabeerklärung bezieht, sind bis zur tatsächlichen Rückgabe von der depotführenden Stelle zu sperren. Bei Anteilen oder Aktien, die nicht im Inland in einem Depot verwahrt werden, wird die Rückgabeerklärung erst wirksam und beginnt die Rückgabefrist erst zu laufen, wenn die Verwahrstelle die zurückzugebenden Anteile oder Aktien in ein Sperrdepot übertragen hat.

Für Publikums-Dach-Hedgefonds sind diese Regelungen in Abweichung von §§ 98 I, 116 II 1 eine Erleichterung zum grds. Recht der Anleger bei Publikums-AIF, mindestens zweimal im Monat die Rücknahme verlangen zu können. Dies soll zum einen den bei Hedgefonds nicht unüblichen illiquideren Anlagestrategien sowie den Erfordernissen von Dachfonds Rechnung tragen. Für Spezial-AIF stellt dies auf Grund der grds. Freiheit bei der Rücknahme von Anteilen (s. §§ 98 I 2, 116 II 1, 133 I) eine Verschärfung der Anforderungen dar. Es kann argumentiert werden, dass es sinnvoll ist, dem (semi-)professionellen Anleger bei einem solchen besonders risikoreichen Produkt häufigere Rückgabemöglichkeiten einzuräumen. Zudem stellt dies sicher, dass die Dach-Hedgefonds ihren Rückgabeverpflichtungen, für die sie teilweise auf Rückgaben bei ihren Zielfonds angewiesen sind, erfüllen können. Dennoch kann mangels Schutzwürdigkeit von (semi-)professionellen Anlegern diese Verschärfung im Bereich von Spezial-AIF als unnötig angesehen werden.

Unterabschnitt 4. Besondere Vorschriften für offene inländische Spezial-AIF mit festen Anlagebedingungen

§ 284 Anlagebedingungen, Anlagegrenzen

(1) **Für offene inländische Spezial-AIF mit festen Anlagebedingungen gelten § 282 Absatz 1 sowie die §§ 192 bis 211 und 218 bis 260d, soweit sich aus den Absätzen 2 bis 4 nichts anderes ergibt.**

(2) **Die AIF-Kapitalverwaltungsgesellschaft kann bei offenen inländischen Spezial-AIF mit festen Anlagebedingungen von den §§ 192 bis 211, 218 bis 224 und 230 bis 260d abweichen, wenn**

1. die Anleger zustimmen;

2. für den entsprechenden Spezial-AIF nur die folgenden Vermögensgegenstände erworben werden:

a) Wertpapiere,

b) Geldmarktinstrumente,

c) Derivate,

d) Bankguthaben,

e) Immobilien,

f) Beteiligungen an Immobilien-Gesellschaften,

g) Anteile oder Aktien an inländischen offenen Investmentvermögen sowie an entsprechenden offenen EU- oder ausländischen Investmentvermögen,

h) Beteiligungen an ÖPP-Projektgesellschaften und Infrastruktur-Projektgesellschaften, wenn der Verkehrswert dieser Beteiligungen ermittelt werden kann,

i) Edelmetalle, unverbriefte Darlehensforderungen und Unternehmensbeteiligungen, wenn der Verkehrswert dieser Beteiligungen ermittelt werden kann,

j) Kryptowerte im Sinne von § 1 Absatz 11 Satz 4 des Kreditwesengesetzes zu Anlagezwecken, wenn deren Verkehrswert ermittelt werden kann;

3. § 197 Absatz 2, § 276 Absatz 1, die § 240 Absatz 1 und 2 Satz 1 Nummer 1 und § 260 Absatz 3 mit der Maßgabe, dass die Belastung nach § 260 Absatz 3 Satz 1 insgesamt 60 Prozent des Verkehrswertes der im Sondervermögen befindlichen Immobilien nicht überschreiten darf, unberührt bleiben und

4. Die Anlagegrenze nach § 221 Absatz 4 hinsichtlich der in § 198 Satz 1 Nummer 1 genannten Vermögensgegenstände, sofern es sich um Aktien handelt, unberührt bleibt.

(3) [1]**Die AIF-Kapitalverwaltungsgesellschaft darf für einen offenen inländischen Spezial-AIF mit festen Anlagebedingungen**

1. in Beteiligungen an Unternehmen, die nicht zum Handel an einer Börse zugelassen oder in einen organisierten Markt einbezogen sind und bei denen es sich nicht um Gesellschaften im Sinne von Absatz 2 Nummer 2 Buchstabe f und h handelt, und

2. Kryptowerte

nur jeweils bis zu 20 Prozent des Wertes des offenen inländischen Spezial-AIF mit festen Anlagebedingungen anlegen. [2]**§ 282 Absatz 3 gilt entsprechend.**

(4) [1]**Die AIF-Kapitalverwaltungsgesellschaft darf für Rechnung eines offenen inländischen Spezial-AIF mit festen Anlagebedingungen kurzfristige Kredite nur bis zur Höhe von 30 Prozent des Wertes des AIF aufnehmen und darüber hinaus kein Leverage in beträchtlichem Umfang einsetzen.** [2]**Die Kriterien zur Bestimmung, wann Leverage in beträchtlichem Umfang eingesetzt wird, richten sich nach Artikel 111 der Delegierten Verordnung (EU) Nr. 231/2013.** [3]**§ 254 bleibt unberührt; soweit Kredite zulasten der im Sondervermögen befindlichen Immobilien aufgenommen werden, ist dieser jedoch mit der Maßgabe anzuwenden, dass für gemeinschaftliche Rechnung der Anleger Kredite bis zur Höhe von 60 Prozent des Verkehrswertes der im Sondervermögen befindlichen Immobilien aufgenommen werden dürfen.**

(5) **§ 285 Absatz 3 ist auf die Vergabe von Gelddarlehen für Rechnung eines offenen inländischen Spezial-AIF mit festen Anlagebedingungen entsprechend anzuwenden; Absatz 2 Nummer 3 in Verbindung mit § 240 bleibt unberührt.**

Schrifttum: *BaFin* Fragenkatalog zu erwerbbaren Vermögensgegenständen (Eligible Assets), WA 41-Wp 2137-2013/0001 v. 22.7.2013; *Kestler/Benz* BKR 2008, 403 (406); *Thömmes* ZfIR 2009, 550; *Volhard/Wilkens* DB 2008, 1195; *Ahlers/Ribak* RdF 2023, 92.

Inhaltsübersicht

		Rn.
I.	Allgemeines und regulatorischer Hintergrund	1
II.	Sinn und Zweck; Regelungsgehalt	4
III.	Qualitative Anlegerbeschränkungen	9
IV.	Risikodiversifikation	11
V.	Zulässige Vermögensgegenstände (Eligible Assets)	13
VI.	Abweichungsmöglichkeiten	19
VII.	Grenzen der Abweichung und Investmentlimits	31

I. Allgemeines und regulatorischer Hintergrund

Das KAGB regelt in § 284 Vorschriften für den offenen inländischen Spezial-AIF mit festen Anlagebedingungen **(Spezial-AIF mfA).** § 284 geht nicht auf eine Norm der AIFM-RL zurück. Die Einführung des § 284 und damit die Aufrechterhaltung des Spezial-Fonds nach altem Investmentrecht erfolgte durch den nationalen Gesetzgeber, der einem Bedürfnis der Branche folgte (sa EDD/*Emde* Einleitung Rn. 109; WBA/*Baum* § 284 Rn. 1) und diesen eigenen Fonds-Typ über die AIFM-RL hinaus neben dem allgemeinen offenen inländischen Spezial-AIF nach § 282 normiert hat (vgl. BT Drs. 17/12294, 276). 1

§ 284 ersetzt den aufgehobenen § 91 InvG, dessen Auslegung sowie seine regulatorischen Entwicklungen (zur Entstehungsgeschichte → Vor §§ 273–292 Rn. 1) weiterhin maßgeblich sind. Der Spezial-AIF mfA entspricht dem bis dato in Deutschland bekannten und weit verbreiteten Spezial-Sondervermögen. 2

Im Rahmen des Fondsstandortgesetzes (**FoStoG,** BGBl. 2021 I 1498) wurde § 284 insb. im Hinblick auf seine Investitionsmöglichkeiten erweitert. Neu aufgenommen wurden Investitionen in Kryptowerte sowie Infrastruktur-Projektgesellschaften. Die Ergänzung, dass lediglich § 240 I, II Nr. 1 und zukünftig nicht mehr Nr. 2 unberührt bleiben, soll eine größere Flexibilität in der Ausstattung der Immobilien-Gesellschaften ermöglichen. Durch die weitere Änderung des Satzes soll die zulässige Belastungsgrenze für Immobilien-Spezialfonds von 50% auf 60% angehoben werden. Das soll Fondsverwaltern mehr Flexibilität, insb. in Krisenzeiten, ermöglichen (vgl. BR-Drs. 51/21, 105). 3

II. Sinn und Zweck; Regelungsgehalt

Das KAGB differenziert zwischen drei Arten von Spezial-AIF: (i) allgemeiner offener Spezial-AIF nach § 282, (ii) Hedgefonds nach § 283 sowie (iii) den Spezial-AIF mfA (sa EDD/*Emde* Einleitung Rn. 106; EDD/*Zirlewagen* § 284 Rn. 2; HK-InvestmentR/*Schneider-Deters* § 284 Rn. 2; ASB KapAnlR-HdB/*Eckhold/Balzer* § 22 Rn. 58). 4

Der Spezial-AIF mfA zeichnet sich im Kontext der verschiedenen Arten von Investmentfondsvehikeln als liberal und dereguliert aus und gewährt dem Fondsverwalter umfassende Freiheiten und Möglichkeiten im Hinblick auf die Fondsverwaltung und führt somit die Tradition des deutschen Investmentrechts fort. Bereits durch das Investmentänderungsgesetz (BGBl. 2007 I 3089) sind die Vorschriften für Spezial-Sondervermögen liberalisiert und dereguliert worden. Diesem folgen die Bestimmungen des KAGB, indem durch § 284 das Spezial-Sondervermögen nach InvG durch den Spezial-AIF mfA weiter aufrechterhalten wird. Sinn und Zweck des § 91 InvG war es, ausschließlich institutionellen Anleger die Anlage in 5 einen offenen, flexiblen, deregulierten und liberalisierten Fonds gesetzlich zu ermöglichen, der in sämtliche Vermögensgegenstände des InvG investieren kann.

6 Bereits nach altem Recht erkannte der Gesetzgeber, dass Anleger von Spezial-Fonds selbst einer unmittelbaren Regulierung unterworfen sind (vgl. BT-Drs. 16/5576, 82), somit auch weniger schutzbedürftig sind. Dies wird durch das KAGB nunmehr verdeutlicht, indem klargestellt wird, dass Spezial-AIF, und damit auch Spezial-AIF mfA, nur noch an professionelle und semi-professionelle Anleger vertrieben werden dürfen (vgl. etwa §§ 1 VI, 277, 295).

7 Anders als noch unter dem InvG werden jetzt durch die weitere Definition des semi-professionellen Anlegers auch nicht-regulierte natürliche Personen erfasst. Diese sind nur teilweise von einer Regulierung (mittelbar) betroffen, wenn es sich bspw. um Geschäftsführer einer Kapitalverwaltungsgesellschaft oder sonstige Risikoträger (vgl. § 37 I 1) handelt. Der semi-professionelle Anleger kann eine nicht-regulierte natürliche Person sein, die bereit ist, mind. 10 Mio. EUR zu investieren. Hier sollte der Wille des Gesetzgebers berücksichtigt werden, dass eine solche Person per se über Erfahrungen, Wissen und Kenntnis von der Bedeutung und Tragweite seiner Investitionsbereitschaft hat, um eine Investition in solcher Höhe zu tätigen, so dass auch dies als Argument dafür heranzuziehen ist, dass der Anlegerkreis des Spezial-AIF mfA nur in geringem Maße schutzbedürftig ist.

8 Die Norm des § 284 in Verbindung mit den begleitenden Normen der §§ 273 ff. stellt eine Form der limitierten Produktregulierung dar. Anders als ein Publikumsfonds sind die Anlagebedingungen sowie deren Änderungen des Spezial-AIF mfA nicht genehmigungsbedürftig. Es handelt sich um ein reines Anzeigeverfahren. Gleichwohl stellt § 284 eine Produktregulierungsnorm dar, da Abs. 2 den Katalog der erwerbbaren Vermögensgegenstände enumerativ auflistet und darüber hinaus weitere Investitionsgrenzen festlegt. Der Spezial-AIF mfA folgt den Vorgaben, die grds. für OGAW und Publikumsfonds gelten, wobei von diesen umfangreich abgewichen werden kann (sa EDD/*Emde* Einleitung Rn. 109; WBA/*Baum* § 284 Rn. 3, Rn. 8). Jedoch ist diese Abweichungsmöglichkeit wiederum, wie nachfolgend näher beschrieben, eingeschränkt. Der Spezia-AIF mfA stellt in Bezug zur Produktregulierung ein hybrides Vehikel dar und ist im Vergleich zu anderen unregulierten Fondsvehikeln in der EU, wie bspw. dem Reserved Alternative Investment Fund nach dem Recht Luxemburgs, in seiner Anwendbarkeit und seiner Flexibilität limitiert.

III. Qualitative Anlegerbeschränkungen

9 Bezüglich der Art der Anleger eines Spezial-AIF mfA sieht das KAGB eine qualitative, nicht aber eine quantitative Beschränkung vor. Ein Spezial-AIF mfA darf – wie auch der Spezial-AIF – ausschließlich an (semi-)professionelle Anleger vertrieben werden (EDD/*Zirlewagen* § 284 Rn. 149). Bereits nach dem InvG wurde die quantitative Begrenzung auf 30 Anleger im ehemaligen § 91 InvG gestrichen, so dass eine solche mengenmäßige Beschränkung nicht mehr galt (vgl. zum alten Recht *Volhard/Wilkens* DB 2008, 1195 (1199)).

10 Auch § 284 sieht eine solche Begrenzung nicht vor. Damit ist es grds. möglich, einen Spezial-AIF mfA mit einer unbegrenzten Anzahl von (semi-)professionellen Anlegern und, je nach Struktur, ein dem Publikumsinvestmentvermögen angenähertes Produkt aufzulegen. Da jedoch nach §§ 15, 16 InvStG bestimmte steuerliche Vorschriften auf Spezial-Sondervermögen nur dann Anwendung finden, wenn die Anzahl der Anleger auf 100 begrenzt wird, wird auch der Spezial-AIF mfA – wie

das bisherige Spezial-Sondervermögen nach InvG – eine steuergetriebene quantitative Begrenzung der Anleger einführen müssen.

IV. Risikodiversifikation

11 Durch Verweis auf § 282 I wird klargestellt, dass der Grundsatz der Risikomischung auch für den Spezial-AIF mfA gilt (WBA/*Baum* § 284 Rn. 5; HK-InvestmentR/*Schneider-Deters* § 284 Rn. 2 aE), der auch für den Spezial-AIF nach § 282 Anwendung findet (zum Grundsatz der Risikomischung vgl. die Ausführungen bei § 282).

12 Damit bleibt dieser Grundsatz ein wesentlicher Bestandteil und Wirksamkeitsvoraussetzung für alle Arten von offenen inländischen Investmentvermögen; er ist zugleich Charakteristikum eines offenen inländischen Investmentvermögens und Abgrenzungskriterium zu Investmentvermögen der geschlossenen Form.

V. Zulässige Vermögensgegenstände (Eligible Assets)

13 Im Gegensatz zum Spezial-AIF darf der Spezial-AIF mfA nur in bestimmte Vermögensgegenstände investieren (WBA/*Baum* § 284 Rn. 13; ASB KapAnlR-HdB/*Eckhold/Balzer* § 22 Rn. 59; LBS/*Jakovou* 39. Kapitel Rn. 225). Anders als noch § 91 InvG verweist § 284 II nicht auf die Gesamtheit der gesetzlich zulässigen Vermögensgegenstände, sondern enthält einen abschließenden Katalog von erwerbbaren Vermögensgegenständen. Dies erklärt sich letztlich damit, dass der Spezial-AIF mfA gerade dem § 91 InvG nachgebildet werden sollte und der Anlagekatalog daher im Wesentlichen die erwerbbaren Vermögensgegenstände aller Publikumsinvestmentvermögen nach dem KAGB enthält, auch von offenen Immobilien-AIF.

14 Bereits nach altem Recht wurden die Erwerbsbeschränkungen der §§ 46ff. InvG nicht zur Auslegung des Vermögensgegenständekatalogs nach § 2 IV InvG herangezogen (vgl. BaFin, Fragenkatalog zu erwerbbaren Vermögensgegenständen (Eligible Assets), WA 41-Wp 2136-2008/00001 v. 15.10.2009). Dies ist durch den nunmehr eindeutigen Katalog nach Abs. 2 klargestellt worden.

15 § 284 II 1 Nr. 2 Buchst. c legt nur fest, dass Derivate erworben werden dürfen. Die Verwaltungsgesellschaft des Spezial-AIF mfA ist auch nicht auf den Katalog zulässiger Derivate gem. § 197 beschränkt (so auch *BaFin* Fragenkatalog zu erwerbbaren Vermögensgegenständen (Eligible Assets), WA 41-Wp 2137-2013/0001 v. 22. Juli 2013; WBA/*Baum* § 284 Rn. 14). Die Anwendbarkeit der DerivateV ergibt sich aus § 1 II DerivateV. Sie ist auch auf offene Spezial-AIF mfA anwendbar, es sei denn, deren Anlagebedingungen schließen eine Investition in Derivate, Wertpapier-Darlehen und Pensionsgeschäfte aus.

16 Bereits nach altem Recht hat die BaFin klargestellt, dass ein Spezial-Sondervermögen grds. auch Anteile an Kaskadenfonds, Dach-Hedgefonds und ausländischen Spezial-Sondervermögen erwerben darf, da von § 50 InvG abgewichen werden darf (*BaFin* Fragenkatalog zu erwerbbaren Vermögensgegenständen (Eligible Assets), WA 41-Wp 2139-0008/00001, v. 15.10.2009; *Kestler/Benz* BKR 2008, 403 (406)). Ein Widerspruch zu § 95 Va InvG wurde hier nicht gesehen, da dieser, obwohl er nur vom Erwerb inländischer Spezial-Sondervermögen sprach, europarechtskonform so auszulegen sei, dass die Verwaltungsgesellschaft für ein Spezial-Sondervermögen Anteile an anderen inländischen und ausländischen Spezial-Sondervermögen erwerben kann. Daran hat sich auch unter dem neuem Recht nichts geändert (*BaFin* Fragenkatalog zu erwerbbaren Vermögensgegenständen (Eligible Assets), WA 41-Wp 2137-2013/0001 v. 22.7.2013).

17 Unter dem OGAW-V-UmsG wurde in Abs. 5 klargestellt, dass ein Spezial-AIF mfA Gesellschafterdarlehen vergeben kann (vgl. auch HK-InvestmentR/*Schneider-Deters* § 284 Rn. 6). Die sonstige Darlehensvergabe ist nicht möglich, da – wie bei § 282 II – nicht auf § 285 II verwiesen wird. Auch ein Spezial-AIF mfA kann nicht als Kreditfonds aufgelegt werden, was mind. rechtspolitisch kritisch ist (vgl. zur Kritik auch → § 282 Rn. 19).

18 Mit dem FoStoG wurde die Anlagemöglichkeit in Kryptowerte eingeführt (§ 284 II Nr. 2 Buchst. j).

VI. Abweichungsmöglichkeiten

19 Der Spezial-AIF mfA zeichnet sich durch die Möglichkeit aus, von einzelnen Vorschriften des KAGB abzuweichen (EDD/*Zirlewagen* § 284 3), um so ein Vehikel zu schaffen, das nicht nur einer eigenen Strategie folgt, sondern sich auch und vor allem von bestimmten regulatorischen Einschränkungen befreien kann. Der Spezial-AIF mfA ist damit das Vehikel unter den offenen Investmentvermögen, das eine maßgeschneiderte Investmentlösung für die Anleger entwickeln kann.

20 Jede Abweichung verlangt die Zustimmung der Anleger. Damit zeichnet sich der Spezial-AIF mfA durch seine besondere Nähe zu seinen Anlegern aus und trägt dem Umstand Rechnung, dass im Rahmen des Spezial-AIF mfA die Tradition der Liberalisierung und Deregulierung fortgesetzt wird. Eine starke Aufsicht ist hier entbehrlich, da der Anleger durch den Zustimmungsvorbehalt Anlagepolitik und Anlagestrategie mitbestimmen, mindestens jedoch wesentlich mit beeinflussen kann.

21 Auch nach dem KAGB bleibt es aber offen, in welcher Form die Zustimmung zu erfolgen hat. Mangels entgegenstehender Bestimmungen kann die Zustimmung formlos erfolgen. Aus Nachweis- und Dokumentationsgründen empfiehlt es sich aus Sicht der Verwaltungsgesellschaft, eine Zustimmung zumindest in Textform zu erhalten (ebenso WBA/*Baum* § 284 Rn. 12).

22 Bereits nach dem alten Recht war es in vielen Teilen unklar, ob und inwieweit bei den vereinzelten Normen eine Abweichung zulässig ist. Es ist festzuhalten, dass weder § 284 noch die jeweiligen Normen, von denen abgewichen werden kann, ausdrückliche Abweichungsverbote enthalten, mit Ausnahmen der Regelungen in § 284 II Nr. 3 u. 4. Ob von einer Norm des KAGB oder einer sonstigen anwendbaren gesetzlichen Regelung abgewichen werden darf, ist im Einzelfall zu prüfen. Es ist anhand der jeweiligen Norm zu bestimmen, ob diese einseitig oder zweiseitig zwingend sind bzw. ob diese dispositiv sind. Allerdings gilt zu beachten, dass bei Normen, die auch für andere Anleger als (semi-)professionelle gelten, deren Schutzzweck nicht für die Auslegung Maßstab sein kann.

23 Die Formulierung „Abweichen" bedeutet erfasst sowohl vollständiges Abbedingen in Form der Nichtanwendbarkeit sowie teilweises Abweichen in materieller Art und Weise. Reichweite und Inhalt der Abweichung ist nach dem jeweiligen Einzelfall und dem Willen der Parteien zu bestimmen.

24 Vertreten wird, die Abweichungsmöglichkeit dahingehend einschränkend auszulegen, dass eine Abweichung nur von solchen Vorschriften zulässig ist, die ausschließlich das Verhältnis Anleger-Kapitalverwaltungsgesellschaft betreffen und keine Rechte Dritter berühren (vgl. etwa BSL/*Steck* InvG § 91 Rn. 4).

25 Eine solch einschränkende Auslegung bietet keinen Mehrwert. Das Gesetz ermöglicht es gerade, ein flexibles Vehikel aufzulegen. Würde man nun die Abweichungsmöglichkeiten über die in → Rn. 19f. beschriebene Grenze hinaus einschränken, wäre der Gesetzeszweck konterkariert. Zudem haben die Anleger auf-

grund ihres Zustimmungsvorbehalts grds. die Möglichkeit, jegliches Abweichen aufzuhalten, sofern dies nicht in ihrem Interesse ist.

Wie bereits nach altem Recht darf von § 245 abgewichen werden. Ein Spezial-AIF mfA, der in Immobilien investiert, kann daher in seinen Anlagebedingungen vorsehen, dass die zum Sondervermögen gehörenden Immobilien auch im Miteigentum der Anleger stehen (sog. Miteigentumslösung), so dass bei in Immobilien investierenden Spezial-AIF mfA die KVG nicht in das Grundbuch eingetragen werden muss (vgl. etwa OLG Frankfurt am Main 20 W 85/10, BeckRS 2011, 05652; OLG Hamburg 13 W 45/10, BeckRS 2011, 23061). Die Eintragung der Verfügungsbefugnis in das Grundbuch ist aber nach § 83 IV Nr. 1 erforderlich. 26

Eine relative Verfügungsbeschränkung – wie etwa ein Verwahrstellensperrvermerk nach § 83 IV Nr. 1– kann nur zugunsten eines bestimmten, namentlich bezeichneten Begünstigten möglich sein, so dass etwa die Verwahrstelle konkret namentlich bezeichnet werden muss (OLG Hamburg W 45/10, BeckRS 2011, 23061). 27

Die grundbuchrechtliche Zulässigkeit der Eintragung einer Verfügungsberechtigung einer KVG nach § 93 ist höchstrichterlich noch nicht entschieden. Bejaht wird die Zulässigkeit einer solchen Eintragung mit Hinweis auf die Besonderheit und rechtlichen Zulässigkeit der Miteigentumslösung. Da das selbst die Abänderbarkeit des § 93 vorsieht, könne auch der Numerus Clausus der dinglichen bzw. Sachenrechte einer Eintragung nicht entgegenstehen (vgl. OLG Frankfurt am Main, 20 W 85/10, BeckRS 2011, 05652; OLG Hamburg 13 W 45/10, BeckRS 2011, 23061; aA OLG Nürnberg – 10 W 641/10, BeckRS 2010, 18167; BSL/*Steck* InvG § 91 Rn. 4). Da es Zweck des Grundbuchsystems ist, Klarheit über den Rechtszustand an Grundstücken zu erreichen, ist es nur geboten, die besondere Situation nach dem KAGB für die Öffentlichkeit hinreichend darzustellen, so dass die grundbuchrechtliche Zulässigkeit der Eintragung einer etwaigen Verfügungsberechtigung sinnvoll erscheint. 28

Die Grundstücksübertragung erfolgt nicht durch Auflassung und Eintragung nach §§ 873, 925 BGB, sondern durch Übertragung der Anteilsscheine. Aus Zweckmäßigkeitsgründen wird jedoch beides zugleich durchgeführt, um eine Unrichtigkeit des Grundbuchs zu verhindern. 29

Grunderwerbsteuerlich ist im Fall der Miteigentumslösung zu berücksichtigen, dass die Übertragung des Grundstücks in das Sondervermögen hinein keine GrEStG auslöst, weil die KVG nicht in das Grundbuch eingetragen wird und bei Spezial-AIF mfA die Einflussnahmemöglichkeiten des Anteilinhabers so stark ausgeprägt sind, dass die KVG auch keine Verwertungsbefugnis erlangt. Korrespondierend dazu löst aber die Übertragung der Anteilsscheine dann die GrEStG aus. 30

VII. Grenzen der Abweichung und Investmentlimits

§ 284 II Nr. 3 dient der Klarstellung, dass die für Immobilien-Publikums-AIF nach dem Anlegerschutz- und Funktionsverbesserungsgesetz neu gefasste niedrigere Kreditaufnahme- und Belastungsgrenze bei Spezial-AIF mfA nicht gilt. Für Spezial-AIF mfA mit Immobilienanlagen liegt die Kreditaufnahmegrenze nach dem FoStoG bei 60% (ehemals 50%). 31

§ 282 III gilt nach dem FoStoG nicht mehr für Spezial-AIF mfA. Somit gilt auch nicht mehr das Verbot der Stimmrechtsmehrheit. Ein Spezial-AIF darf aber nicht mehr als 20% seines Wertes in Unternehmens-Beteiligungen investieren, die nicht zum Handel an einer Börse zugelassen oder in einen organisierten Markt einbezogen sind. Damit wird es gesetzlich ausgeschlossen, einen Spezial-AIF mfA als einen Private-Equity-Fonds zu strukturieren. Hier sind nur Investmentvermögen der geschlossenen 32

Form als Vehikel möglich. Die 20%-Grenze gilt nicht für Beteiligungen an Immobilien-Gesellschaften, ÖPP-Projektgesellschaften und Infrastruktur-Projektgesellschaften.

33 Die 20%-Investitions-Grenze gilt nach dem FoStoG auch für Investitionen in Krypto-Werte. Damit kann ein Spezial-AIF mfA in Krypto-Anlagen lediglich in Form einer Beimischung investieren. Diese können und dürfen nicht den Schwerpunkt der Investition ausmachen. Die 20%-Grenze gilt nach dem eindeutigen Wortlaut für Direktinvestitionen und schließt somit mittelbare Investments über Derivate oder Fondsanlagen nicht mit ein.

34 Nach Abs. 4 wurde für Spezial-Sondermögen die Grenze für kurzfristige Kredite auf 30% erhöht. Es wird allerdings davon auszugehen sein, dass auch nach der Gesetzesumstellung diese Kredite lediglich zur Finanzierung von Anteilsrücknahmebegehren verwendet werden dürfen. Ein Einsatz von kurzfristigen Krediten zum Leverage der Investitionen ist unzulässig. Dies stellt nun der Gesetzgeber nach der Einführung des FoStoG dar, wonach es heißt, dass darüber hinaus kein Leverage in beträchtlichem Umfang eingesetzt werden darf. Auch der Verweis auf § 254, dass dieser unberührt bleibt, hilft zur Klarstellung. Neu nach dem FoStoG ist, dass die Obergrenze für die Kreditaufnahme von 50% auf 60% erhöht worden ist.

Abschnitt 3. Vorschriften für geschlossene inländische Spezial-AIF

Unterabschnitt 1. Allgemeine Vorschriften für geschlossene inländische Spezial-AIF

§ 285 Anlageobjekte

(1) **Die AIF-Kapitalverwaltungsgesellschaft darf für das Investmentvermögen nur in Vermögensgegenstände investieren, deren Verkehrswert ermittelt werden kann.**

(2) **Die AIF-Kapitalverwaltungsgesellschaft darf für Rechnung eines geschlossenen Spezial-AIF Gelddarlehen nur unter den folgenden Bedingungen gewähren:**

1. **für den geschlossenen Spezial-AIF werden Kredite nur bis zur Höhe von 30 Prozent des aggregierten eingebrachten Kapitals und noch nicht eingeforderten zugesagten Kapitals aufgenommen, berechnet auf der Grundlage der Beträge, die nach Abzug sämtlicher direkt oder indirekt von den Anlegern getragener Gebühren, Kosten und Aufwendungen für Anlagen zur Verfügung stehen;**
2. **das Gelddarlehen wird nicht an Verbraucher im Sinne des § 13 des Bürgerlichen Gesetzbuchs vergeben;**
3. **an einen Darlehensnehmer werden Gelddarlehen nur bis zur Höhe von insgesamt 20 Prozent des aggregierten eingebrachten Kapitals und noch nicht eingeforderten zugesagten Kapitals des geschlossenen Spezial-AIF vergeben, berechnet auf der Grundlage der Beträge, die nach Abzug sämtlicher direkt oder indirekt von den Anlegern getragener Gebühren, Kosten und Aufwendungen für Anlagen zur Verfügung stehen.**

(3) [1]**Abweichend von Absatz 2 darf die AIF-Kapitalverwaltungsgesellschaft für Rechnung eines geschlossenen Spezial-AIF Gelddarlehen an Un-**

ternehmen gewähren, an denen der geschlossene Spezial-AIF bereits beteiligt ist, wenn höchstens 50 Prozent des aggregierten eingebrachten Kapitals und noch nicht eingeforderten zugesagten Kapitals des geschlossenen Spezial-AIF für diese Darlehen verwendet werden, berechnet auf der Grundlage der Beträge, die nach Abzug sämtlicher direkt oder indirekt von den Anlegern getragener Gebühren, Kosten und Aufwendungen für Anlagen zur Verfügung stehen, und zudem eine der folgenden Bedingungen erfüllt ist:

1. **bei dem jeweiligen Unternehmen handelt es sich um ein Tochterunternehmen des geschlossenen Spezial-AIF,**
2. **das Darlehen muss nur aus dem frei verfügbaren Jahres- oder Liquidationsüberschuss oder aus dem die sonstigen Verbindlichkeiten des Unternehmens übersteigenden frei verfügbaren Vermögen und in einem Insolvenzverfahren über das Vermögen des Unternehmens nur nach der Befriedigung sämtlicher Unternehmensgläubiger erfüllt werden, oder**
3. **die dem jeweiligen Unternehmen gewährten Darlehen überschreiten nicht das Zweifache der Anschaffungskosten der an dem Unternehmen gehaltenen Beteiligungen.**

[2]Erfüllt die AIF-Kapitalverwaltungsgesellschaft die Anforderungen des Absatzes 2 Nummer 1, können auch mehr als 50 Prozent des aggregierten eingebrachten Kapitals und noch nicht eingeforderten zugesagten Kapitals des geschlossenen Spezial-AIF für nach Satz 1 Nummer 2 nachrangige Darlehen verwendet werden. [3]Erfolgt die Vergabe eines Gelddarlehens nach Satz 1 an ein Tochterunternehmen, muss die AIF-Kapitalverwaltungsgesellschaft sicherstellen, dass das Tochterunternehmen seinerseits Gelddarlehen nur an Unternehmen gewährt, an denen das Tochterunternehmen bereits beteiligt ist, und eine der entsprechend anzuwendenden Bedingungen des Satzes 1 Nummer 1 bis 3 erfüllt ist.

Schrifttum: *Pöllath/Rodin/Wewel,* Private Equity und Venture Capital Fonds, 1. Auflage 2018; *Weitnauer:* Handbuch Venture Capital, 6. Auflage 2019.

Inhaltsübersicht

Rn.

I. Rechtsentwicklung ... 1
II. Anwendungsbereich der Norm ... 8
III. Vermögensgegenstände mit ermittelbarem Verkehrswert ... 11
IV. Darlehensvergabe ... 15
1. Vergabe von Gelddarlehen ... 15
a) Begriff des Gelddarlehens ... 15
b) Vergabe ... 19
c) Darlehensgewährung durch Zweckgesellschaften ... 21
2. Beschränkungen bei der Vergabe von Gelddarlehen ... 23
a) Kreditaufnahmegrenze ... 24
b) Keine Darlehensvergabe an Verbraucher ... 28
c) Mindestdiversifizierung ... 29
3. Erleichterte Vergabe von Gelddarlehen an Beteiligungsunternehmen ... 31
a) Beteiligung an einem Unternehmen ... 33
b) Weiteres Qualifikationsmerkmal ... 38
c) Begrenzung der Höhe der Darlehensvergabe ... 42
d) Darlehensvergabe durch Tochtergesellschaften ... 43

I. Rechtsentwicklung

1 § 285 ist die deutsche Produktregulierung für geschlossene Spezial-AIF. Die AIFM-RL enthält grds. keine spezifische Produktregulierung, so dass es sich bei dieser Vorschrift um eine deutsche Sondervorschrift handelt. § 285 I wurde iRd AIFM-UmsG eingeführt.

2 § 285 II und III wurden iRd OGAW-V-UmsG in das KAGB aufgenommen. Diese Regelungen beruhen nicht auf europäischen Vorgaben, sondern sind ebenfalls deutsche Sondervorschriften. In Deutschland stellt die alleinige Darlehensvergabe bereits ein Bankgeschäft dar (§ 1 I S. 2 Nr. 2 KWG). Nach Art. 4 I Nr. 1 der VO (EU) Nr. 575/2013 (CRR) ist nach europäischen Vorgaben für eine Qualifizierung als Kreditinstitut neben dem Kreditgeschäft zusätzlich die Vornahme des Einlagengeschäfts erforderlich. Aus diesem Grund war eine **Darlehensausreichung durch AIF** in Deutschland trotz der Ausnahme nach § 2 I Nr. 3b KWG aF nicht erlaubt. Allein der Ankauf von Darlehen war möglich, so dass Debt Fonds typischerweise nicht in Deutschland, sondern in anderen Jurisdiktionen wie Luxemburg aufgelegt wurden.

3 Die **Auslegung** des Begriffs der **kollektiven Vermögensverwaltung** in Anhang I Ziff. 1 Buchst. a AIFM-RL änderte sich auf europäischer Ebene, so dass diese seither auch die Darlehensvergabe umfasst. Diese neue Auslegung war insb. durch die Erlaubnis der Darlehensvergabe für spezielle europäische Fondstypen in den VO (EU) Nr. 345/2013 (EuVECA), VO (EU) Nr. 346/2013 (EuSEF) und VO (EU) Nr. 2015/760 (ELTIF) entstanden (vgl. BT-Drs. 18/6744, 64). Um die Risiken, die sich aus einer Darlehensvergabe außerhalb des KWG ergeben, zu adressieren, hatte die BaFin mit Verlautbarung vom 12.5.2015 zusätzliche Anforderungen an die Darlehensvergabe durch AIF gestellt (vgl. BaFin Verlautbarung vom 12.5.2015 WA 41-Wp 2100-2015/0001). Auf dieser Grundlage entschied sich der Gesetzgeber zur Einführung einer gesetzlichen Regelung für die Anforderungen an die Darlehensvergabe durch AIF mittels Einführung des § 285 II. Die darin enthaltenen Beschränkungen sollen ein exzessives Kreditwachstum und systemische Risiken vermeiden (vgl. BT-Drs. 18/6744, 65). Auf Grund der in § 285 II enthaltenen Beschränkungen ist die Auflage von Debt Fonds in Deutschland immer noch unattraktiver als in anderen Jurisdiktionen wie bspw. Luxemburg. Zumindest bieten die neuen Regelungen des § 285 III verbesserte Möglichkeiten, um Gesellschafterdarlehen in die Finanzierungsstruktur der Investitionen des AIF zu integrieren. Dies soll eine effizientere Gestaltung der Investitionen im Bereich Private Equity und Venture Capital ermöglichen sowie zur besseren Strukturierung über Zweckgesellschaften beitragen (vgl. BT-Drs. 18/6744, 65).

4 Die Europäische Union hat im Jahr 2020 eine **Konsultation zur Anpassung der AIFM-RL** durchgeführt. Darin wurden auch Fragen zum Erfordernis einer Harmonisierung von darlehensvergebenden AIF auf europäischer Ebene gestellt (vgl. Konsultationsschreiben der Europäischen Kommission, Frage 85). Auf Basis dieser Konsultation haben das Europäische Parlament und der Europäische Rat mit der RL (EU) 2024/927 vom 13.3.2024 zur Änderung der RL 2009/65/EG und 2011/61/EU im Hinblick auf Übertragungsvereinbarungen, Liquiditätsrisikomanagement, die aufsichtliche Berichterstattung, die Erbringung von Verwahr- und Hinterlegungsdienstleistungen und die Kreditvergabe durch alternative Investmentfonds die Änderungsrichtlinie zur AIFMD (sog. **AIFMD II**) beschlossen, die zwei Jahre nach Veröffentlichung im Amtsblatt der Europäischen Union in den EU-Mitgliedstaaten in Kraft treten wird.

Die wesentlichsten **Neuerungen** führt die AIFMD II **im Bereich der kreditgebenden Fonds** ein. KVGen, die kreditgebende AIF verwalten, dürfen sich nach der AIFMD II nicht an sog. „originate to distribute"-Strategien beteiligen, bei denen die Kreditvergabe ausschließlich mit dem Ziel erfolgt, das Kreditrisiko am Sekundärmarkt zu platzieren. Zudem wird künftig gefordert, dass der AIF auch bei Ausplatzierungen einen Eigenanteil von mind. 5% des Nominalwertes des von ihm vergebenen Kredites bis zur Endfälligkeit hält. AIFMD II führt außerdem bestimmte Kreditrisikobeschränkungen dahingehend ein, dass keine Kredite an die eigene KVG oder andere Gruppenunternehmen vergeben werden dürfen. Ferner dürfen nicht mehr als 20% des Kapitals eines AIF an einen einzelnen Kreditnehmer verliehen werden, sofern es sich bei dem Kreditnehmer um ein Finanzunternehmen (dh AIF, OGAW oder Finanzunternehmen) handelt. Schließlich fordert AIFMD II, dass KVGen, die kreditgebende AIF verwalten, wirksame Strategien, Verfahren und Prozesse für die Vergabe und Verwaltung von Darlehen sowie die fortlaufende Bewertung der Kreditrisiken umsetzen. Diese Vorgabe der AIFMD II entspricht weitgehend den Anforderungen des § 29 V, so dass deutsche KGVen hierauf bereits eingestellt sein sollten. 4a

Für **spezialisierte Kreditfonds,** dh AIF, deren Investmentstrategie hauptsächlich auf der Vergabe von Darlehen beruht, führt AIFMD II zusätzliche Anforderungen ein. Diese Fonds sollen in der Regel als geschlossene Fonds strukturiert werden, es sei denn, die KVG kann der zuständigen Aufsichtsbehörde nachweisen, dass der von ihr verwaltete offene AIF ein adäquates Liquiditätsmanagementsystem vorhält, das die Investitionsstrategie des Fonds und dessen Anteilsrücknahmeregelungen ausreichend berücksichtigt. Geschlossene Kreditfonds werden zudem einer Leverage-Grenze (dh das Verhältnis zwischen dem Wert der Kreditinanspruchnahme des AIF und seinem Gesamtwert) von 300% unterworfen. Für offene Kreditfonds gilt eine Leverage-Grenze von 175%. Diese **Leverage-Grenzen** gelten wiederum nicht für Kreditfonds, die ausschließlich Gesellschafterdarlehen vergeben, soweit die Höhe der Darlehen die Grenze von 150% des Kapitals des AIF nicht übersteigt. 4b

Mit Einführung der AIFMD II wird auch der **Europäische Pass für Kreditfonds eingeführt,** dh europäische Kreditfonds können innerhalb der EU grenzüberschreitend tätig werden, was Unternehmen den Zugang zu Fremdfinanzierungen erleichtern soll. 4c

Durch das OGAW-V-UmsG wurde ebenfalls § 20 IX 1 neu eingefügt, der die Ausreichung von Darlehensforderungen für zulässig erklärt, wenn dies für den jeweiligen AIF-Typus im KAGB explizit vorgesehen ist. Die neu eingefügte Regelung in § 20 IX 2, dass eine nach Darlehensgewährung erfolgende **Änderung der Darlehensbedingungen keine Darlehensvergabe** in diesem Sinne darstellt, führt in der Praxis zu einer deutlichen Erleichterung im Zusammenhang mit angekauften Darlehensforderungen. Bis zur Einführung dieser Norm war zwar der Ankauf von Darlehensforderungen für AIF erlaubnisfrei möglich, jedoch die spätere Prolongation oder Restrukturierung in Deutschland als Kreditgeschäft erlaubnispflichtig. Durch diese Änderung ist jetzt für AIF auch die Verwaltung des Kreditportfolios in unbeschränktem Umfang möglich. Die Ausführungen der Bankenaufsicht der BaFin, dass in solchen Fällen häufig eine die Erlaubnispflicht begründende neue Kreditentscheidung erforderlich ist (s. Ziff. 1 Buchst. a Doppelbuchst. bb des BaFin Merkblatts zum Kreditgeschäft vom 8.1.2009, zuletzt geändert am 2.5.2016), sind somit auf AIF nicht anzuwenden. Die Neuregelungen im KAGB werden flankiert durch die Anpassungen bzw. Einfügungen der § 2 I Nr. 3b, 3c und 3d KWG. Danach ist eine KVG **vom Anwendungsbereich des KWG ausgenommen,** sofern sie als Bankgeschäfte nur die kollektive Vermögens- 5 verwaltung, ggf. einschließlich der Gewährung von Gelddarlehen, oder daneben ausschließlich die in § 20 II, III KAGB aufgeführten Dienstleistungen oder Nebendienstleistungen betreibt.

6 Im Zuge der Einführung der Möglichkeiten der Darlehensgewährung wurden diverse Anpassungen im KAGB und den begleitenden Vorschriften vorgenommen. Hinzuweisen ist insb. auf das Erfordernis eines **angemessenen Risikomanagements** nach § 29 Va. Die genauen Anforderungen ergeben sich aus den Regelungen des BaFin-Rundschreibens 01/2017 (WA) – Mindestanforderungen an das Risikomanagement von Kapitalverwaltungsgesellschaften – **„KAMaRisk"** idF v. 10.1.2017, in dem besondere Vorschriften für die Darlehensgewährung und Investition in unverbriefte Darlehensforderungen aufgenommen wurden.

7 Verstöße gegen § 20 IX iVm § 285 sind nach § 340 I Nr. 2 **bußgeldbewährt.** Das Gleiche gilt nach § 340 II Nr. 5, 75, wenn ein Verstoß gegen die Verhaltensregeln der KAMaRisk vorliegt bzw. entgegen § 285 in einen dort genannten Vermögensgegenstand investiert wird.

Für eine lediglich registrierte KVG nach § 2 IV ergibt sich aus § 48 a I bei der Vergabe von Gelddarlehen nach § 285 II eine Prüfungspflicht in Bezug auf den Jahresbericht.

II. Anwendungsbereich der Norm

8 Aus § 285 I ergibt sich, dass ein geschlossener Spezial-AIF grds. **keinen Beschränkungen bezüglich der zulässigen Anlagegegenstände** unterliegt, sofern der Verkehrswert der Vermögensgegenstände ermittelt werden kann.

9 § 285 II regelt **Beschränkungen für die Vergabe von Gelddarlehen,** um die Risiken durch die Darlehensvergabe außerhalb der Regulierung des KWG zu adressieren. Zum einen ist die Kreditaufnahme durch den darlehensvergebenden geschlossene Spezial-AIF selbst auf 30% des aggregierten eingebrachten und noch nicht eingeforderten zugesagten Kapitals, berechnet auf der Grundlage der Beträge, die nach Abzug sämtlicher direkt oder indirekt von den Anlegern getragener Gebühren, Kosten und Aufwendungen für Anlagen zur Verfügung stehen („um Kosten bereinigte Summe der Kapitalzusagen") beschränkt. Zudem ist eine Darlehensvergabe an Verbraucher verboten. Als letzte Anforderung besteht zur Sicherstellung einer Mindestdiversifikation eine Anlagegrenze von 20% der um Kosten bereinigten Summe der Kapitalzusagen pro Darlehensnehmer.

10 § 285 III **erleichtert die Darlehensvergabe im Falle von Gesellschafterdarlehen** und nimmt diese unter bestimmten Voraussetzungen von den Beschränkungen des § 285 II aus. Eine Vergabe von Gesellschafterdarlehen kann aber auch auf § 285 II gestützt werden, ohne dass die Voraussetzungen des § 285 III erfüllt sind. Grundsätzlich darf der geschlossene Spezial-AIF maximal 50% seines aggregierten eingebrachten Kapitals und noch nicht eingeforderten zugesagten Kapitals, berechnet auf der Grundlage der Beträge, die nach Abzug sämtlicher direkt oder indirekt von den Anlegern getragener Gebühren, Kosten und Aufwendungen für Anlagen zur Verfügung stehen („um Kosten bereinigte Summe der Kapitalzusagen"), für die Vergabe von Gesellschafterdarlehen gem. § 285 III verwenden. Zudem muss eine der drei nachfolgend genannten Voraussetzungen erfüllt sein. Beim Darlehensnehmer muss es sich entweder um eine Tochtergesellschaft handeln, das Darlehen muss mit einem qualifizierten Rangrücktritt ausgestattet sein oder die dem jeweiligen Unternehmen gewährten Darlehen überschreiten nicht das Zweifache der Anschaffungskosten der an dem Unternehmen gehaltenen Beteiligungen.

Sofern der geschlossene Spezial-AIF die Kreditaufnahmegrenze von 30% der um Kosten bereinigten Summe der Kapitalzusagen einhält, können auch mehr als 50% der um Kosten bereinigten Summe der Kapitalzusagen für Darlehen mit qualifiziertem Rangrücktritt verwendet werden. Um eine Umgehung zu verhindern, haben die vom Spezial-AIF mittels Gelddarlehen finanzierten Tochtergesellschaften diese Beschränkungen ebenfalls einzuhalten, sofern die Erleichterungen der Darlehensvergabe nach § 285 III genutzt werden sollen.

III. Vermögensgegenstände mit ermittelbarem Verkehrswert

11 Nach § 285 I darf die KVG für einen geschlossenen Spezial-AIF nur in Vermögensgegenstände investieren, deren **Verkehrswert ermittelt werden kann.** Dadurch soll sichergestellt werden, dass die Bewertung aller Vermögensgegenstände möglich ist. Die Bewertung von Vermögensgegenständen für geschlossene Spezial-AIF ist in § 286 geregelt (→ § 286 Rn. 3ff.). Grundsätzlich kann für jeden Vermögensgegenstand ein Verkehrswert ermittelt werden (vgl. EDD/*Thomas* § 285 Rn. 4; WBA/*Boxberger* § 285 Rn. 5), so dass sich aus diesem Erfordernis – anders als bei geschlossenen Publikums-AIF nach § 261 – **keine Beschränkung des Kataloges der zulässigen Anlagegegenstände** ergibt. Der Wert muss nur ermittelbar sein. Es ist nicht vorgeschrieben, dass dieser größer null sein muss, so dass bspw. auch in Derivate mit einem Wert von null oder sogar einem negativen Wert investiert werden darf (vgl. BSV/*Krause* § 285 Rn 7). Da es bei geschlossenen Spezial-AIF keine Rückgabemöglichkeit der Anleger gibt, sieht das Gesetz anders als bei offenen Spezial-AIF (vgl. § 282 II 2) nicht vor, dass eine bestimmte Liquidität der Vermögensgegenstände sichergestellt werden muss.

12 Zu beachten ist, dass § 285 II, III keine Einschränkung der zulässigen Anlagegegenstände vornimmt, sondern lediglich Anlagebeschränkungen für die Darlehensvergabe regelt. Neben der Darlehensvergabe ist auch der **Erwerb von unverbrieften Darlehensforderungen** zulässig (→ Rn. 19), wobei bei Letzterem die Regelungen des § 285 II, III nicht anzuwenden sind.

13 Die **Belastung von Vermögensgegenständen** ist grds. **erlaubt** nach § 275 I, sofern dies in den Anlagebedingungen vorgesehen und mit einer ordnungsgemäßen Wirtschaftsführung vereinbar ist und von der Verwahrstelle genehmigt wird (→ § 275 Rn. 5ff.). Die BaFin kann die Höhe der zulässigen Belastung der Vermögensgegenstände gemäß § 275 II beschränken, wenn sie dies zum Schutz der Anleger oder zur Gewährleistung der Stabilität und Integrität des Finanzsystems als nötig erachtet.

14 Die Vornahme von **Leerverkäufen** ist für geschlossene Spezial-AIF nach § 276 I **verboten** (→ § 276 Rn. 2ff.).

IV. Darlehensvergabe

15 **1. Vergabe von Gelddarlehen. a) Begriff des Gelddarlehens.** Der Terminus Gelddarlehen ist im KAGB nicht legaldefiniert. Nach der Gesetzesbegründung ist der Begriff **nach zivil- und gesellschaftsrechtlichen Grundsätzen auszulegen** (vgl. BT-Drs. 18/6744, 64). Nach Auffassung der BaFin ist für Zwecke des Kreditgeschäfts als Bankgeschäft auch das Zivilrecht für die Auslegung des Begriffs des Gelddarlehens maßgeblich. Ein Gelddarlehen gewährt danach, wer einen privatrechtlichen Darlehensvertrag iSv § 488 BGB oder einen vergleichbaren Vertrag unter ausländischem Recht als Darlehensgeber schließt (s. Ziff. 1 Buchst. a Doppel-

buchst. aa des BaFin-Merkblatts zum Kreditgeschäft vom 8.1.2009, zuletzt geändert am 21.4.2023). Nach § 488 I BGB wird durch den Darlehensvertrag der Darlehensgeber verpflichtet, dem Darlehensnehmer einen Geldbetrag in der vereinbarten Höhe zur Verfügung zu stellen. Der Darlehensnehmer ist verpflichtet, einen geschuldeten Zins zu zahlen und bei Fälligkeit das zur Verfügung gestellte Darlehen zurückzuzahlen. Neben Bargeld sind auch jederzeit verwertbare Wertpapiere taugliche Objekte eines Gelddarlehens (vgl. MüKoBGB/*Berger* BGB § 488 Rn. 28). Die Ausführungen der BaFin zur Abgrenzung, wann ein Gelddarlehen vorliegt (s. Ziffer 1 Buchst. a des BaFin Merkblatts zum Kreditgeschäft vom 8.1.2009, zuletzt geändert am 21.4.2023), können als Basis für die Auslegung auch hier im KAGB herangezogen werden, wobei zu beachten ist, dass diese nicht in jedem Punkt deckungsgleich sein muss (vgl. WBA/*Boxberger* § 285 Rn 7). Allerdings ist davon auszugehen, dass die Wertpapieraufsicht der BaFin auf diesen Ausführungen aufbauen wird, auch wenn es sich um Äußerungen der Bankenaufsicht der BaFin handelt. Im Merkblatt zum Kreditgeschäft stellt die BaFin klar, dass ein Darlehen idS auch dann vorliegt, **wenn keine Zinsen bedungen sind.** Dies sollte auf Basis der teleologischen Auslegung auch bei § 285 II, III gelten. Zudem sind nach Auffassung der BaFin **Absatzfinanzierungen** und grds. auch **Vorschüsse keine Gelddarlehen.**

16 **Mezzanine Finanzierungsformen,** wie bspw. Genussrechte oder stille Beteiligungen, qualifizieren **typischerweise nicht als Gelddarlehen** in diesem Sinne, da es häufig an der unbedingten Rückzahlbarkeit der Darlehensvaluta fehlt. Allerdings gibt es bei mezzaninen Finanzinstrumenten unzählige Ausgestaltungen, so dass eine Abgrenzung nur im Einzelfall vorgenommen werden kann (vgl. Ziff. 1 Buchst. a des BaFin-Merkblatts zum Kreditgeschäft vom 8.1.2009, zuletzt geändert am 21.4.2023, vgl. MüKoHGB/*K. Schmidt* HGB § 230 Rn. 43ff.). Insbesondere im Bereich der Unternehmensfinanzierung wird häufig eine Mischung aus unterschiedlichen Finanzierungsinstrumenten wie Eigenkapital, Fremdkapital und mezzaninem Kapital eingesetzt. Der Begriff des Gelddarlehens sollte eng ausgelegt werden, da mezzanine Finanzierungen häufig **eigenkapitalähnlichen Charakter** haben und Eigenkapitalinvestitionen bei geschlossenen Spezial-AIF grds. keinen relevanten Anlagebeschränkungen unterliegen (→ Rn. 11).

17 Der originäre Erwerb von **Schuldscheindarlehen** sollte **nicht als Vergabe von Gelddarlehen** in diesem Sinne qualifizieren, **sofern der Schuldschein ausreichend fungibel ist** (vgl. BSV/*Krause* § 285 Rn. 19). Dies ergibt sich aus der Wertung des Gesetzgebers, der solche Schuldscheine gem. § 198 Nr. 4 für OGAW den Wertpapieren gleichsetzt und diese somit für OGAW erwerbbar sind. Danach muss der Schuldschein nach Erwerb mindestens zweimal abtretbar sein. Dies sollte erst recht bei Spezial-AIF so ausgelegt werden, da professionelle und semi-professionelle Anleger weniger schutzwürdig sind. Das Schuldscheindarlehen nach Auffassung der BaFin nicht als Finanzinstrumente iSv § 2 XI KWG zu qualifizieren sind (vgl. BaFin Hinweise zu Finanzinstrumenten nach § 1 XI 1–5 KWG v. 20.12.2011, geändert am 1.12.2022), sollte hier keine Rolle spielen.

18 Die Durchführung von **Wertpapierpensionsgeschäften nach § 340b HGB** stellt **keine Vergabe von Gelddarlehen** in diesem Sinne dar. Das echte Wertpapierpensionsgeschäft nach § 340b II HGB ist wirtschaftlich vergleichbar mit der Ausreichung eines durch die übertragenen Wertpapiere besicherten Kredites. Der Pensionsnehmer zahlt den Kaufpreis für die von ihm übertragenen Wertpapiere an den Pensionsgeber. Durch die Rückkaufverpflichtung muss er diesen Betrag wie einen Darlehensbetrag zurückzahlen. Dennoch ergibt sich aus den Regelungen in § 203 eine klare Wertung des Gesetzgebers, dass solche Geschäfte nicht als Gewäh-

rung von Gelddarlehen qualifizieren. Danach dürfen selbst OGAW, denen nach §20 VIII die Vergabe von Gelddarlehen insgesamt verboten ist, Pensionsgeschäfte als Pensionsgeber und als Pensionsnehmer vornehmen.

b) Vergabe. §285 II beschränkt nur die Vergabe von Gelddarlehen. Wie bereits vor Einführung der §§20 IX und 285 II ist der **Ankauf von Darlehensforderungen,** bspw. von einer sog. Fronting Bank, **weiterhin zulässig** und unterfällt nicht den Beschränkungen des §285 II. Dies ergibt sich eindeutig aus dem Wortlaut der Vorschrift. Die (teilweise) Auszahlung der Darlehensvaluta durch den Erwerber sollte nicht als Vergabe von Gelddarlehen qualifizieren, da der Wortlaut des §488 BGB auf den Abschluss des Darlehensvertrages abstellt (vgl. BSV/*Krause* §285 Rn. 18). Entscheidend ist hierbei, ob zum **Zeitpunkt der Kreditentscheidung** die organisatorischen Rahmenbedingungen, insb. das Risikomanagement, entsprechend vorhanden waren. Die reine Auszahlung der Darlehensvaluta erfordert keine Kreditentscheidung mehr und stellt damit auch keine Darlehensvergabe dar. Dies ist auch aus wirtschaftlicher und Risikosicht sinnvoll, da es für den jeweiligen AIF keinen Unterschied macht, ob er einen höheren Kaufpreis für ein vollständig ausgereichtes Darlehen zahlt oder sich die Zahlung in den Kaufpreis und die noch auszureichende Darlehensvaluta aufteilt. 19

Nach §20 IX 2 liegt bei einer der Darlehensgewährung **nachfolgenden Änderung der Darlehensbedingungen keine Darlehensvergabe** iSd §20 IX 1 vor. Dadurch hat sich das langjährige Problem erledigt, dass die Verwaltung eines angekauften Kreditportfolios wegen der Erlaubnispflicht bei Prolongationen und Restrukturierungen nur schwer möglich war (→Rn. 5). 20

c) Darlehensgewährung durch Zweckgesellschaften. Eine **Darlehensgewährung nach §285 II durch Tochtergesellschaften des AIF** in Form von Zweckgesellschaften, die unter der vollen Kontrolle des AIF stehen, sollte möglich sein (vgl. EDD/*Thomas* §285 Rn. 10ff. mit abweichender Begründung). Gemäß §285 II muss die Darlehensgewährung durch die KVG für Rechnung des AIF erfolgen. Nach §20 IX 1 darf eine KVG im Rahmen der kollektiven Vermögensverwaltung Gelddarlehen ua gem. den Voraussetzungen des §285 II vergeben. Die Zwischenschaltung von Holding- oder Zweckgesellschaften ist im Rahmen der Strukturierung von Investitionen durch AIF vor allem bei grenzüberschreitenden Sachverhalten üblich, insb. um steuerlich effiziente Investitionen zu ermöglichen. Beispielsweise werden Kapitalgesellschaften bei transparenten AIFs zwischengeschaltet, um eine Abkommensberechtigung bei Doppelbesteuerungsabkommen sicherzustellen. Grundsätzlich müsste eine solche Zweckgesellschaft als eigener Rechtsträger für die Darlehensvergabe in oder aus Deutschland heraus über eine Erlaubnis zum Kreditgeschäft verfügen. Sofern solche Zweckgesellschaften unter der vollen Kontrolle der KVG stehen, sollten die Geschäfte der Zweckgesellschaft von der kollektiven Vermögensverwaltung der KVG umfasst sein. Dies erfordert, dass die Vergabe der Gelddarlehen durch die Zweckgesellschaft von der KVG gesteuert und gem. den der KVG durch das KAGB vorgegebenen Prozessen durchgeführt wird. Dies ist vergleichbar mit Immobiliengesellschaften, die von der KVG im Rahmen der kollektiven Vermögensverwaltung mitverwaltet werden. Durch die Einhaltung aller regulatorischen Vorgaben durch die KVG stellt die Zwischenschaltung von Zweckgesellschaften grds. kein zusätzliches Risiko für den Anleger, das Finanzsystem oder den Darlehensnehmer dar. Eine erlaubnisfreie Vergabe von Gelddarlehen durch **operativ tätige Unternehmen,** die von einem AIF gehalten werden, ist nicht möglich, sofern die operative Tätigkeit des Unternehmens nicht mehr von der kollektiven Vermögensverwaltung der KVG umfasst ist. Ein starkes 21

Indiz dafür ist bspw. das Vorhandensein eigener Prozesse und Mitarbeiter bei der Zweckgesellschaft. § 285 III 3 ordnet an, dass die Vergabe von Gesellschafterdarlehen durch eine Tochtergesellschaft im Rahmen der Erleichterungen des § 285 III nur dann zulässig ist, wenn diese ebenfalls die Kriterien des § 285 III 1 einhält. Diese Beschränkung macht nur Sinn, wenn die Gewährung von Gelddarlehen durch eine Tochtergesellschaft grds. von der kollektiven Vermögensverwaltung umfasst ist (im Ergebnis genauso PRW Private Equity/*Bujotzek/Volhard* § 19 Rn. 17f.). Zudem muss es sich um eine Tochtergesellschaft des AIF handeln, die der vollen Kontrolle des AIF unterliegt. Dadurch ist sichergestellt, dass die Vergabe der Gelddarlehen wirtschaftlich (zumindest auch) für Rechnung des AIF erfolgt. Die oben dargelegten Argumente sprechen für eine Auslegung, dass „für Rechnung des AIF" wirtschaftlich und nicht formaljuristisch zu verstehen ist.

22 Trotz dem Fehlen einer gesetzlichen Anordnung der Durchschau beim Einsatz von Zweckgesellschaften für die Darlehensvergabe ist eine **Durchschau** für die Bestimmung der Einhaltung der Grenzen des § 285 II vorzunehmen. Im Gegensatz zu der Beschränkung in § 285 III 3 enthält § 285 II keine solche explizite Beschränkung für die Vergabe von Gelddarlehen durch Tochtergesellschaften. Das Fehlen einer solchen Regelung ist wohl ein Redaktionsversehen des Gesetzgebers. In der Gesetzesbegründung wird hierzu nicht Stellung genommen. Ohne eine solche Durchschau würde aber die Regelung in § 285 III 3 keinen Sinn machen, da sonst bei Darlehensvergabe durch eine Tochtergesellschaft schon iRd § 285 II keine Beschränkungen bestehen würden und somit die Erleichterungen des § 285 III durch Einhaltung des § 285 III 3 keinen Mehrwert bringen würde. Zudem kann wohl davon ausgegangen werden, dass die BaFin im Rahmen ihrer Verwaltungspraxis eine Durchschau verlangen wird, um die Einhaltung dieser Beschränkungen auf Gesamtportfolioebene sicherzustellen.

23 **2. Beschränkungen bei der Vergabe von Gelddarlehen.** § 285 II enthält mehrere **Bedingungen,** die **kumulativ einzuhalten** sind, damit eine Darlehensvergabe durch einen AIF zulässig ist, vgl. § 20 IX. Sofern die Voraussetzungen des § 285 III für die Vergabe eines Gelddarlehens erfüllt sind, ist dieses Darlehen von den Beschränkungen des § 285 II ausgenommen. § 285 II ist insgesamt nicht anwendbar auf durch den AIF angekaufte Darlehensforderungen (→ Rn. 5).

24 **a) Kreditaufnahmegrenze.** Gemäß § 285 II Nr. 1 dürfen für den geschlossenen Spezial-AIF **Kredite nur bis zur Höhe von 30%** des aggregierten eingebrachten Kapitals und noch nicht eingeforderten zugesagten Kapitals aufgenommen werden, berechnet auf der Grundlage der Beträge, die nach Abzug sämtlicher direkt oder indirekt von den Anlegern getragener Gebühren, Kosten und Aufwendungen für Anlagen zur Verfügung stehen. Die Kreditaufnahmegrenze von 30% für darlehensvergebende geschlossene Spezial-AIF soll insb. ein exzessives Kreditwachstum vermeiden (vgl. BT-Drs. 18/6744, 65). Ohne eine solche Kreditaufnahmebeschränkung könnten sog. Schattenbanken in Form von AIF geschaffen werden, bei denen die umfangreiche Bankenregulierung der EU nicht anwendbar wäre. Der Gesetzgeber hat hier den Begriff Kredit und nicht Leverage, der in § 2 IX Nr. 25 definiert ist, gewählt. Somit wird eine Erhöhung des Investitionsgrades bspw. durch den Einsatz von Derivaten nicht auf diese Grenze angerechnet. Lediglich die Kreditaufnahme ist begrenzt.

25 **aa) Höhe der Kreditaufnahmebegrenzung.** Die 30%-Grenze beruht laut der Gesetzesbegründung auf Art. 16 I Buchst. a der ELTIF-VO und wird im Hin-

blick auf die beschriebenen Finanzmarktrisiken einerseits und den Fremdfinanzierungsbedarf der Spezial-AIF andererseits nach derzeitiger Einschätzung als geeigneter Rahmen angesehen (vgl. BT-Drs. 18/6744, 65). Es ist zu bemängeln, dass der Gesetzgeber für die Festlegung der Höhe der Kreditaufnahmebegrenzung auf die ELTIF-VO zurückgegriffen hat, da ELTIF auch an Privatanleger vertrieben werden dürfen (vgl. EDD/*Thomas* § 285 Rn. 24). Bei den deutlich weniger schutzwürdigen professionellen und semi-professionellen Anlegern wäre eine deutlich höhere Kreditaufnahmebegrenzung wünschenswert gewesen. Auch für das Ziel der Vermeidung von Risiken für die Finanzmarktstabilität ist eine Kreditaufnahmegrenze von 30% sehr niedrig, wenn man dies mit den Anforderungen an Banken vergleicht, deren Eigenkapitalquote unter Berücksichtigung aller Aufschläge typischerweise nicht einmal 15% betragen muss. Zudem besteht die grds. Möglichkeit der BaFin, den Leverage von einzelnen Spezial-AIF nach §§ 274, 215 II jederzeit zu begrenzen, sofern dies aus Gründen der Finanzmarktstabilität erforderlich sein sollte.

bb) Bezugsgröße der Kreditaufnahmebegrenzung. Die Bezugsgröße für 26
die Kreditaufnahmebegrenzung ist das aggregierte eingebrachte Kapital und noch nicht eingeforderte zugesagte Kapital, berechnet auf der Grundlage der Beträge, die nach Abzug sämtlicher direkt oder indirekt von den Anlegern getragener Gebühren, Kosten und Aufwendungen für Anlagen zur Verfügung stehen. Ausweislich der Gesetzesbegründung wurde diese Bezugsgröße in Anlehnung an die ELTIF-VO (Art. 2 Ziff. 1 der ELTIF-VO) und EuVECA-VO gewählt (vgl. BT-Drs. 18/6744, 65). Das lässt darauf schließen, dass auch die Auslegung dieser Bezugsgröße entsprechend den Regelungen dieser Rechtsakte vorgenommen werden soll. Entsprechend Art. 3 Buchst. j EuVECA-VO ist zugesagtes Kapital jede Verpflichtung eines Anlegers zum Erwerb einer Beteiligung am Fonds oder zur Einbringung einer Kapitaleinlage in den Fonds innerhalb der in den Anlagebedingungen oder der Satzung des Fonds festgelegten Frist. Unter den Begriff Kapitaleinlage fallen somit nur Eigenkapitalbeteiligungen, so dass **Fremdkapitalinstrumente oder mezzanine Instrumente nicht hinzuzurechnen sind** (ebenso EDD/*Thomas* § 285 Rn. 23; aA WBA/*Boxberger* § 285 Rn. 12). Ein Bedürfnis der Aufteilung der Einlage in Eigenkapital und Fremdkapital (sog. loan commitment) ist in Deutschland im Gegensatz zu angelsächsischen Rechtsordnungen auch nicht erforderlich, da nach deutschem Handelsrecht bei einer Kommanditgesellschaft als Haftsumme ein geringerer Betrag als der volle Einlagebetrag vereinbart und in das Handelsregister eingetragen werden kann.

Die Schwierigkeit bei der Bestimmung der Bezugsgröße für die Kreditauf- 27
nahmegrenze ergibt sich aus der Verpflichtung zum Abzug sämtlicher direkt oder indirekt von den Anlegern getragenen Gebühren, Kosten und Aufwendungen für Anlagen. Da es sich häufig um zukünftige Kosten handelt, sind diese im Moment der Kreditaufnahme nicht in vollem Umfang bekannt. Somit muss sich die KVG mit **Schätzungen** der zukünftigen Gebühren, Kosten und Aufwendungen behelfen. Dies birgt das **Risiko von passiven Grenzverletzungen,** wenn zu einem späteren Zeitpunkt nicht erwartete Kosten entstehen oder sich während der Laufzeit Kosten erhöhen. Das Abstellen auf das zugesagte Kapital anstatt auf den Wert des Investmentvermögens ist sinnvoll, da es Flexibilität beim Portfolioaufbau und Liquiditätsmanagement ermöglicht. Zudem werden passive Grenzverletzungen durch Wertschwankungen der gehaltenen Vermögensgegenstände verhindert. Dieser Vorteil wird durch den Abzug geschätzter Kosten teilweise konterkariert. Statt den Abzug zukünftiger Kosten vorzuschreiben, wäre aus Praktikabilitätsgesichtspunkten eine entsprechende Senkung des Prozentsatzes die bessere Lösung gewesen.

28 **b) Keine Darlehensvergabe an Verbraucher.** Nach § 285 II Nr. 2 dürfen Gelddarlehen **nicht an Verbraucher iSd § 13 BGB** vergeben werden. Hierbei handelt es sich um einen Rechtsgrundverweis. Als Begründung führt der Gesetzgeber den Verbraucherschutz an.

Die ESMA vertritt die Meinung, dass der Kreis der zulässigen Darlehensnehmer weiter eingeschränkt werden sollte. Ausgeschlossen werden sollten natürliche Personen, Finanzinstitute und Versicherungen, Fonds und die KVG und mit ihr verbundene Personen (Verwahrstelle, Angestellte etc) (vgl. Ziff. 44, 45 ESMA 2016/596 Opinion on Key principles for a European framework on loan origination by funds vom 11.4.2016). Es bleibt abzuwarten, ob der europäische Gesetzgeber solche Beschränkungen bspw. im Rahmen der geplanten Novellierung der AIFM-RL einführt (→ Rn. 4).

29 **c) Mindestdiversifizierung.** Zur Sicherstellung einer Mindestdiversifikation hat der Gesetzgeber als weitere Voraussetzungen eine Maximalgrenze für die Darlehensvergabe an einzelne Darlehensnehmer vorgesehen (vgl. BT-Drs. 18/6744, 65). Gemäß § 285 II Nr. 3 dürfen an einen Darlehensnehmer Gelddarlehen nur **bis zur Höhe von insgesamt 20% des aggregierten eingebrachten Kapitals** und noch nicht eingeforderten zugesagten Kapitals des geschlossenen Spezial-AIF vergeben werden, berechnet auf der Grundlage der Beträge, die nach Abzug sämtlicher direkt oder indirekt von den Anlegern getragener Gebühren, Kosten und Aufwendungen für Anlagen zur Verfügung stehen. Bezüglich der Berechnung der Bemessungsgrundlage → Rn. 26f. Für geschlossene Spezial-AIF gilt anders als für offene Spezial-AIF gerade nicht der Grundsatz der Risikomischung. Dadurch sind in der Praxis im Bereich der geschlossenen Spezial-AIF nicht selten Fonds mit nur einem Anlagegenstand anzutreffen. Warum der Gesetzgeber bei der Vergabe von Gelddarlehen in Abkehr von diesem Grundsatz eine Mindestdiversifikation fordert, ist nicht nachvollziehbar. Zum einen ist das Risiko der Anleger bei einer Vergabe von Gelddarlehen nicht unbedingt höher als bei einer Beteiligung mit Eigenkapital an demselben Unternehmen (vgl. EDD/*Thomas* § 285 Rn. 20). Da Fremdkapital in der Insolvenz grds. vorrangig zu Eigenkapital bedient wird, ist das Risiko teilweise sogar als geringer einzustufen.

30 Für Zwecke des § 285 II Nr. 3 ist **keine Zusammenrechnung von Darlehen bei einer Gruppe verbundener Kunden** entsprechend den Regelungen der CRR vorzunehmen. Die Vorschriften der CRR zu Großkrediten (Art. 387ff. CRR) dienen zur Vermeidung von Klumpenrisiken bei der Darlehensvergabe. Dabei sind Kredite an eine Gruppe verbundener Kunden (Art. 4 I Nr. 39 CRR) zusammenzurechnen. Die Vorschriften des KWG und der CRR sind auf Grund der Ausnahmevorschriften § 2 I Nr. 3b, 3c und 3d KWG explizit nicht auf die Darlehensvergabe durch eine KVG anwendbar. Dadurch scheidet auch eine Analogie dieser Vorschriften aus.

31 **3. Erleichterte Vergabe von Gelddarlehen an Beteiligungsunternehmen.** § 285 III bietet die Möglichkeit, Gelddarlehen an Unternehmen, an denen der AIF bereits beteiligt ist, **ohne Einhaltung der Voraussetzungen des § 285 II** zu vergeben. Dafür muss eine der nachfolgenden Voraussetzungen erfüllt sein. Bei dem jeweiligen Unternehmen handelt es sich um ein Tochterunternehmen des AIF, das Darlehen ist mit einem qualifizierten Rangrücktritt ausgestattet oder die dem jeweiligen Unternehmen gewährten Darlehen überschreiten nicht das Zweifache der Anschaffungskosten der an dem Unternehmen gehaltenen Beteiligungen. Dabei dürfen grds. nur 50% des aggregierten eingebrachten Kapitals und noch nicht eingeforderten zugesagten Kapitals des AIF für solche Darlehen verwendet werden,

berechnet auf der Grundlage der Beträge, die nach Abzug sämtlicher direkt oder indirekt von den Anlegern getragener Gebühren, Kosten und Aufwendungen für Anlagen zur Verfügung stehen. Soweit der jeweilige AIF Darlehen mit qualifiziertem Rangrücktritt vergibt und die Kreditaufnahmegrenze des § 285 II Nr. 1 einhält, sind diese Darlehen nicht auf die 50%-Grenze anzurechnen. Der Gesetzgeber hat die Erleichterung des § 285 III geschaffen, um den praktischen Bedürfnissen insb. in den Bereichen Private Equity und Venture Capital sowie zur Strukturierung über Zweckgesellschaften Rechnung zu tragen. Durch die Aufnahme der zusätzlichen Bedingungen soll sichergestellt werden, dass die Finanzmarktrisiken, wegen denen die Beschränkungen in § 285 II aufgenommen wurden, nicht oder nur in geringem Umfang bestehen (vgl. BT-Drs. 18/6744, 65).

Die in § 285 III 1 Nr. 1 und 2 genannten Fälle sind **bankaufsichtsrechtlich privilegiert,** da sie per se erlaubnisfrei erbracht werden dürfen. Bei einer Vergabe von Gelddarlehen an Tochtergesellschaften greift das Konzernprivileg nach § 2 I Nr. 7 KWG als Ausnahmevorschrift ein. Ein Darlehen mit qualifizierten Rangrücktritt erfüllt nach Auffassung der BaFin schon nicht den Tatbestand des Kreditgeschäfts nach § 1 I S. 2 Nr. 2 KWG, sofern es nicht an Verbraucher vergeben wird (vgl. Ziff. 1 Buchst. a Doppelbuchst. cc des BaFin Merkblatts zum Kreditgeschäft vom 8.1.2009, zuletzt geändert am 21.4.2023). Bei § 285 III 1 Nr. 1 und 2 ist fraglich, warum solche Fallgestaltungen bei Spezial-AIF überhaupt beschränkt sind, wenn sie grds. keiner Regulierung unterliegen. Das hatte der Gesetzgeber ausweislich der Gesetzesbegründung auch erkannt. Warum er trotzdem diese Regelungen aufgenommen hat, ist nicht nachvollziehbar, da mit Ausnahme der selbstverwalteten AIF jeder AIF von einer regulierten KVG mit einem obligatorischen Risikomanagement verwaltet wird. Durch diese Regelungen werden die Möglichkeiten von deutschen AIF bei der Vergabe von Gesellschafterdarlehen unnötig eingeschränkt und sie führen somit zu einem Standortnachteil für deutsche AIF. Bei § 285 III 1 Nr. 3 als drittem Qualifikationsmerkmal läge eine nach dem KWG erlaubnispflichtige Vergabe von Gelddarlehen vor. Solche Darlehen sind der Höhe nach auf das Doppelte der Anschaffungskosten der am Darlehensnehmer durch den Spezial-AIF gehaltenen Beteiligungen begrenzt. Dadurch steigt die mögliche Höhe der Darlehensvergabe mit der Höhe der Eigenkapitalbeteiligung des AIF am Unternehmen, die den Einfluss auf den Darlehensnehmer bestimmt, an. 32

a) Beteiligung an einem Unternehmen. § 285 III 1 setzt voraus, dass das Gelddarlehen an ein Unternehmen vergeben wird, an dem der AIF bereits beteiligt ist. Der Begriff Unternehmen ist weit auszulegen. Gemeinhin versteht man unter einem Unternehmen eine wirtschaftlich-finanzielle und rechtliche Einheit, für die das erwerbswirtschaftliche Prinzip konstituierend ist (vgl. Gabler Wirtschaftslexikon/*Haric/Berwanger,* https://wirtschaftslexikon.gabler.de/definition/unternehmen-48087/version-369159). **Ausgeschlossen sind natürliche Personen,** da an einer natürlichen Person keine Beteiligung bestehen kann. Eine Auslegung des Begriffs dergestalt, dass es sich dabei um einen Verweis auf § 14 BGB handelt und es sich somit um einen Unternehmer in diesem Sinne handeln muss, ist aus gesetzessystematischen Gründen abzulehnen (aA BSV/*Krause* § 285 Rn 26). Der Gesetzgeber hat den Ausschluss der Darlehensvergabe an Verbraucher in § 285 II Nr. 2 klar zum Ausdruck gebracht. Zudem ist der Sinn des § 285 III ja gerade, dass bei solchen Darlehen die Voraussetzungen des § 285 II nicht einzuhalten sind. 33

Der Begriff der Beteiligung am jeweiligen Darlehensnehmer ist weit auszulegen. 34
Die Beteiligung als Gesellschafter ist auf jeden Fall ausreichend. Daneben sind auch

mezzanine Beteiligungsformen umfasst, sofern diese nach dem jeweiligen **lokalen Handelsrecht** dem Eigenkapital zugerechnet werden. Der Gesetzgeber hat diese Erleichterung eingeführt, um den praktischen Bedürfnissen insb. in den Bereichen Private Equity und Venture Capital Rechnung zu tragen (vgl. BT-Drs. 18/6744, 65). Im Bereich von Private Equity und Venture Capital werden je nach Art des Investments und der Rechtsordnung verschiedenste Instrumente der Unternehmensfinanzierung genutzt. Insbesondere mezzanine Finanzierungsformen sind üblich. Somit ist die Vorschrift auf Basis der Gesetzesbegründung so auszulegen, dass eine Beteiligung idS vorliegt, wenn das eingesetzte Instrument als Eigenkapital qualifiziert. Die Zielunternehmen bzw. die Zwischengesellschaften der Finanzierungsstruktur befinden sich häufig in ausländischen Rechtsordnungen. Insbesondere um in der Praxis unnötigen Aufwand zu vermeiden, sollte die Qualifikation als Eigenkapital anhand der lokalen Bilanzierungsvorschriften vorgenommen werden.

35 **Eine indirekte Beteiligung des AIF** an einem Darlehensnehmer, bspw. über Holding- oder Zwischengesellschaften **ist ausreichend,** soweit die Beteiligungen über die Kette Eigenkapitalcharakter haben. Es ist kein Grund ersichtlich, warum eine direkte Beteiligung vorliegen muss. Auch ein Durchreichen der Kredite über die Beteiligungskette bringt keinen ersichtlichen Vorteil. Zudem kann hierbei die Wertung des Gesetzgebers in § 290 III HGB herangezogen werden (→ Rn. 39).

36 Der Gesetzgeber hat keine Anforderungen an den Umfang der Beteiligung gestellt. In § 285 III 1 Nr. 1 ist eine Qualifikation als Tochtergesellschaft bereits ein weiteres Qualifikationsmerkmal, so dass grds. auch eine geringere Beteiligung ausreichen muss. Die Festlegung einer Beteiligungsgrenze wäre mangels Hinweisen im Wortlaut der Vorschrift und der Gesetzesbegründung rein willkürlich, so dass davon auszugehen ist, dass grds. **jede Beteiligungshöhe ausreichend** ist. Der Gesetzgeber hat im KAGB Beteiligungsschwellen definiert, wie bspw. die 10%-Schwelle der bedeutenden Beteiligung nach § 1 XIX Nr. 6. Das deutet darauf hin, dass der Gesetzgeber hier bewusst keine Mindestbeteiligungsschwelle aufgenommen hat. Das Argument, dass dadurch eine Umgehung der Beschränkungen des § 285 II durch das Eingehen von minimalen Beteiligungen möglich ist, führt auf Grund des klaren Wortlauts zu keinem anderen Ergebnis.

37 Als zeitliche Voraussetzung ist geregelt, dass die Beteiligung am Unternehmen **bei Darlehensvergabe bereits bestehen muss.** Dadurch soll sichergestellt werden, dass keine ungerechtfertigte Umgehung der Beschränkungen des § 285 II erfolgt. Sofern die Darlehensvergabe und Beteiligung in einem Closing erfolgt, dh in einer juristischen Sekunde, ist dies ausreichend, da es keinen Zeitpunkt gibt, an dem der AIF das Darlehen bereits vergeben hat und nicht am jeweiligen Unternehmen beteiligt ist. Somit sind die vom Gesetzgeber angeführten Finanzmarktrisiken zu jedem Zeitpunkt entsprechend eingeschränkt. Eine nachträgliche Anwendung des § 283 III, ab dem Zeitpunkt der nachträglichen Beteiligung an dem jeweiligen Darlehensnehmer, ist auf Grund des klaren Wortlauts ausgeschlossen (aA WBA/*Boxberger* § 285 Rn. 16), auch wenn es nach Sinn und Zweck gerechtfertigt wäre.

38 **b) Weiteres Qualifikationsmerkmal.** Nach § 285 III 1 muss neben der direkten oder indirekten Beteiligung des AIF am Darlehensnehmer **mindestens eines der nachfolgend beschriebenen Qualifikationsmerkmale** vorliegen. Bei dem jeweiligen Unternehmen handelt es sich um ein Tochterunternehmen des AIF oder das Darlehen ist mit einem qualifizierten Rangrücktritt ausgestattet oder die dem jeweiligen Unternehmen gewährten Darlehen überschreiten nicht das Zweifache der Anschaffungskosten der an dem Unternehmen gehaltenen Beteiligungen.

aa) Vergabe an Tochtergesellschaften. Der Begriff Tochterunternehmen ist in § 1 XIX Nr. 35 mit einem Verweis auf § 290 HGB definiert. Nach **§ 290 HGB** liegt ein Tochterunternehmen vor, wenn das Mutterunternehmen auf dieses einen **unmittel- oder mittelbar beherrschenden Einfluss** ausüben kann (vgl. ausführlich MüKoHGB/*Busse von Colbe/Fehrenbacher* HGB § 290). Zu beachten ist, dass § 290 III HGB auch Enkelunternehmen mit einbezieht, so dass auch die Vergabe von Gelddarlehen an Enkelunternehmen mit umfasst ist. Zudem regelt § 285 III 3 ein Umgehungsverbot bei Tochtergesellschaften, indem diese bei der Gelddarlehensvergabe ebenfalls § 285 III einhalten müssen, um die Begünstigung des § 285 III nutzen zu können (→ Rn. 43f.). 39

bb) Darlehen mit qualifiziertem Rangrücktritt. Ein weiteres Qualifikationsmerkmal ist die Vergabe von Nachrangdarlehen, die mit einem qualifizierten Rangrücktritt ausgestattet sind. Solche Darlehen haben einen **eigenkapitalähnlichen Charakter** und werden aus diesem Grund privilegiert. Die Formulierung der Vorschrift ist so auszulegen, dass grds. ein **Nachrang iSd § 39 II InsO** vorliegen muss, so dass der Darlehensgeber nachrangig zu allen anderen Insolvenzgläubigern gem. § 39 I Nr. 1–5 InsO ist. Sofern ein solcher Nachrang in ausländischen Rechtsordnungen nicht möglich ist, muss ausreichend sein, wenn das Darlehen die nach dem jeweiligen Insolvenzrecht möglichst nachrangige Position einnimmt und somit dem Eigenkapital möglichst nahe kommt. Es ist nicht zu fordern, dass der Darlehensvertrag den genauen Wortlaut der Vorschrift beinhaltet. Zu den Besonderheiten für Darlehen mit qualifiziertem Rangrücktritt bei der maximal möglichen Vergabe von Gesellschafterdarlehen nach § 285 III, → Rn 42. 40

cc) Darlehen mit Maximalhöhe. Das letzte Qualifikationsmerkmal ist eine Deckelung der an das Beteiligungsunternehmen begebenen Gesellschafterdarlehen auf das Doppelte der Anschaffungskosten der an dem jeweiligen Unternehmen gehaltenen Beteiligungen. Der Begriff „Anschaffungskosten" ist im KAGB nicht definiert. Es ist auf die **handelsrechtliche Definition der Anschaffungskosten** nach § 255 I HGB abzustellen. Danach sind die Anschaffungskosten einer Beteiligung grds. der Kaufpreis und die Nebenkosten des Erwerbs. Eine spätere Kapitalerhöhung bei einer Beteiligung qualifiziert als nachträgliche Anschaffungskosten nach § 255 I S. 2 HGB und führt somit zu einer Erhöhung der Anschaffungskosten (vgl. Baumbach/Hopt/*Merkt* HGB § 255 Rn. 3). Da der Gesetzgeber auf die Anschaffungskosten der Beteiligung abstellt, sind Wertminderungen oder Abschreibungen nicht mit zu berücksichtigen. Maßgeblich ist dadurch der Zeitpunkt des Erwerbs der Beteiligung und nicht der Zeitpunkt der Vergabe des Darlehens. Passive Grenzverletzungen sind somit nicht möglich. 41

c) Begrenzung der Höhe der Darlehensvergabe. Die Darlehensvergabe nach § 285 III ist gem. § 285 III 1 grds. begrenzt auf 50% des aggregierten eingebrachten Kapitals und noch nicht eingeforderten zugesagten Kapitals des geschlossenen Spezial-AIF, berechnet auf der Grundlage der Beträge, die nach Abzug sämtlicher direkt oder indirekt von den Anlegern getragener Gebühren, Kosten und Aufwendungen für Anlagen zur Verfügung stehen. Zur Bezugsgröße → Rn. 26f. Soweit die Darlehen mit einem qualifizierten Rangrücktritt ausgestattet sind und der AIF die Begrenzung der Kreditaufnahme nach § 285 II Nr. 1 einhält (→ Rn 24ff.), werden sie gem. § 285 III 2 nicht auf die 50%-Grenze des § 285 III 1 angerechnet. 42

43 **d) Darlehensvergabe durch Tochtergesellschaften.** Damit ein Darlehen an eine Tochtergesellschaft nach § 285 III privilegiert wird, muss die KVG nach § 285 III 3 sicherstellen, dass das Tochterunternehmen seinerseits Gelddarlehen nur an Unternehmen gewährt, an denen das Tochterunternehmen bereits beteiligt ist, und eine der entsprechend anzuwendenden Bedingungen des S. 1 Nr. 1–3 erfüllt ist. Diese Vorschrift soll eine Privilegierung nach § 285 III bei einer Darlehensvergabe an ein Tochterunternehmen verhindern, wenn die Vorschriften durch die Tochtergesellschaften selbst nicht eingehalten werden. Durch die Anordnung der entsprechenden Anwendung der Bedingungen nach S. 1 Nr. 1–3 müssen diese Bedingungen auf Ebene des Tochterunternehmens eingehalten werden. Daraus ergibt sich, dass es sich für die Regelung nach S. 1 Nr. 1 um ein Tochterunternehmen des Tochterunternehmens handeln muss. Es reicht nicht, wenn es sich beim Darlehensnehmer um ein Tochterunternehmen des AIF selbst handelt. Durch die Verwendung des Begriffs Tochterunternehmen sind auch etwaige Enkelunternehmen erfasst (→ Rn. 39), so dass diese Anforderung bei **mehrstufigen Strukturen** auf jeder Stufe einzuhalten ist.

44 Die KVG muss die Einhaltung dieser Vorgaben sicherstellen. Dies kann problematisch sein, wenn die KVG selbst nicht die Mehrheit der Stimmrechte an dem jeweiligen Tochterunternehmen hält. Sofern die Voraussetzungen nicht eingehalten werden, ist die Privilegierung des § 285 III abzulehnen. Es ist auf Grund des klaren Wortlauts nicht ausreichend, wenn die KVG alle zumutbaren Maßnahmen ergriffen hat, um das Ergebnis zu erreichen (aA EDD/*Thomas* § 285 Rn 54).

45 Eine Vergabe von Gelddarlehen mittels eines Tochterunternehmens ist auch ohne Einhaltung dieser Vorgaben unter bestimmten Voraussetzungen im Rahmen des § 285 II möglich (→ Rn. 21 f.). Zudem sind Darlehen, die das Tochterunternehmen bereits vor Beteiligung des AIF vergeben hat, nicht schädlich, da nach dem Wortlaut nur die Vergabe von Gelddarlehen begrenzt ist. Gleiches gilt für durch das Tochterunternehmen angekaufte Darlehensforderungen.

§ 286 Bewertung, Bewertungsverfahren und Bewerter; Häufigkeit der Bewertung

(1) **Für die Bewertung, das Bewertungsverfahren und den Bewerter gelten die §§ 168, 169 und 216 entsprechend.**

(2) **Für die Häufigkeit der Bewertung gilt § 272 entsprechend.**

Schrifttum: s. § 285.

I. Allgemeines und Rechtsentwicklung

1 Die Vorschrift regelt die **Bewertung der Vermögensgegenstände** eines geschlossenen Spezial-AIF durch Verweis auf die Vorschriften für geschlossene Publikums-Investmentvermögen gem. §§ 168, 169, 216 und 272. Dies ist sachgerecht, da die genannten Publikumsvorschriften Art. 19 AIFM-RL umsetzen (BT-Drs. 17/12294, 277). Auf die sonstigen Vorschriften der Bewertung von Publikums-Investmentvermögen wird nicht verwiesen, da diese nicht auf der AIFM-RL beruhen, sondern deutsche Sondervorschriften zum Schutz von Privatanlegern darstellen (BT-Drs. 17/12294, 277).

II. Bewertung, Bewertungsverfahren und Bewerter

§ 286 I erklärt die Vorschriften der §§ 168, 169 und 216 für entsprechend anwendbar. Bezüglich der einzelnen Regelungen wird auf die Kommentierung zur jeweiligen Vorschrift verwiesen. 2

§ 168 enthält neben den **Regelungen zur Berechnung des Nettoinventarwertes** je Anteil/Aktie (§ 168 I, Ia) auch die **Bewertungsverfahren** für bestimmte Arten von Vermögensgegenständen (§ 168 II–VI). § 168 VII ordnet die Festlegung und Einhaltung von **„Best Execution"-Regelungen** bei der Durchführung von Geschäften an. Zu den Einzelheiten s. die Kommentierung zu § 168. 3

§ 168 VIII enthält eine Ermächtigungsgrundlage für den Erlass einer Verordnung durch das Bundesministerium der Finanzen, deren Erlass auf die BaFin übertragen werden kann und auch wurde. Die BaFin hat von dieser Ermächtigung Gebrauch gemacht und die KARBV v. 16.7.2013 (BGBl. 2013 I 2483) erlassen, die am 22.7.2013 in Kraft getreten ist. Die BaFin hat im Jahr 2017 eine Konsultation zur Änderung der KARBV durchgeführt (Konsultation 07/2017 – Novellierung der KARBV und der KAPrüfbV v. 25.7.2017). Allerdings wurde die Novellierung der KARBV bisher nicht weiterverfolgt. Für geschlossene Spezial-AIF ist insb. auf § 34 II KARBV hinzuweisen, der **besondere Bewertungsregeln für Immobilien, Beteiligungen an Immobilien-Gesellschaften sowie ÖPP-Projektgesellschaften, Edelmetalle, unverbriefte Darlehensforderungen und Unternehmensbeteiligungen** vorsieht. Diese Vermögensgegenstände sollen nach anerkannten Grundsätzen für die Unternehmensbewertung bewertet werden, wobei bei Immobilien gem. § 34 III KARBV die anerkannten Grundsätze der Immobilien-Bewertung heranzuziehen sind. 4

§ 169 regelt ua die Verpflichtung zur **Erstellung einer Bewertungsrichtlinie** sowie die Anordnung, dass die Bewertung der Vermögensgegenstände unparteiisch und mit der gebotenen Sachkenntnis, Sorgfalt und Gewissenhaftigkeit zu erfolgen hat. Zudem wird für die ordnungsgemäße Bewertung der Vermögensgegenstände und für die Berechnung des Nettoinventarwertes pro Anteil oder Aktie auf Art. 67–74 AIFM-VO verwiesen. Zu den Einzelheiten s. die Kommentierung zu § 169. 5

Durch die entsprechende Anwendung des § 216 gelten die Regelungen für die Person des Bewerters und die **Voraussetzungen, die ein Bewerter erfüllen muss,** auch für die Bewerter der Vermögensgegenstände von geschlossenen Spezial-AIF. Dabei wird zwischen externen Bewertern, der Verwahrstelle sowie einer internen Bewertung durch die Kapitalverwaltungsgesellschaft selbst unterschieden. Zu den Einzelheiten siehe die Kommentierung zu § 216. 6

III. Häufigkeit der Bewertung und Offenlegung

Gemäß § 286 II gilt für die Häufigkeit der Bewertung von geschlossenen Spezial-AIF § 272 entsprechend. § 272 I ordnet an, dass die Bewertung der Vermögensgegenstände und die Berechnung des Nettoinventarwertes je Anteil oder Aktie **mindestens einmal jährlich** sowie dann, wenn das **Gesellschaftsvermögen des AIF erhöht oder herabgesetzt wird,** erfolgen muss. In der Praxis geben geschlossene AIF ihre Anteile in der Platzierungsphase häufig zu par und nicht zum Nettoinventarwert je Anteil aus. Dies ist aus wirtschaftlicher Sicht typischerweise auch sachgerecht, da es bei geschlossenen AIF auf Grund der Initialkosten häufig zu einem sog. J-Curve-Effekt kommt. Das heißt, dass der Nettoinventarwert zu Beginn trotz gleichbleibender Werte der Vermögensgegenständen sinkt und es so bei Ausgabe der Anteile zum 7

Nettoinventarwert je Anteil zu einem unangemessenen Vorteil für zu einem späteren Zeitpunkt beitretende Anleger kommen würde. Sofern eine Ausgabe zu par erfolgt, ist eine Neubewertung und eine neue Berechnung des Nettoinventarwerts bei Herauf- oder Herabsetzung des Gesellschaftsvermögens nicht erforderlich und würde unnötige Kosten für den Anleger auslösen. Dies hat die BaFin erkannt und legt diese Regelung im Rahmen ihrer Verwaltungspraxis dergestalt einschränkend aus, dass bei entsprechender Regelung in den Fondsbedingungen diese gesetzliche Vorgabe **während der Vertriebsphase nicht angewendet werden muss.**

8 Nach § 272 II bestimmen sich die Kriterien zur Berechnung des Nettoinventarwertes je Anteil oder Aktie und die Häufigkeit der Berechnung nach Art. 67–73 AIFM-VO.

Abschließend sind die so bestimmten Bewertungen der Vermögensgegenstände des AIF und die Berechnungen des Nettoinventarwertes je Anteil oder Aktie gem. § 272 III **den Anlegern** nach jeder Bewertung bzw. Berechnung **offen zu legen.** Obwohl der Wortlaut der Vorschrift nur für die Häufigkeit der Bewertung auf § 272 verweist, sollte dies auch für Offenlegung nach § 272 III gelten (vgl. BSV/*Herkströter/Krismanek* § 272 Rn. 18). Zu den Einzelheiten siehe die Kommentierung zu § 272.

Unterabschnitt 2. Besondere Vorschriften der AIF, die die Kontrolle über nicht börsennotierte Unternehmen und Emittenten erlangen

Schrifttum: *Möllers/Harrer/Krüger* Die Regelung von Hedgefonds und Private Equity durch die neue AIFM-Richtlinie, WM 2011, 1537; *van Kann/Redeker/Keiluweit* Überblick über das Kapitalanlagengesetzbuch (KAGB), DStR 2013, 1483; *Viciano-Gofferje* Neue Transparenzanforderungen für Private Equity Fonds nach dem Kapitalanlagegesetzbuch, BB 2013, 2506; *Wallach* Alternative Investment Funds Managers Directive – ein neues Kapitel des europäischen Investmentrechts, RdF 2011, 80; *Weitnauer* Das Übernahmesonderrecht des KAGB und seine Auswirkungen auf die Private Equity Branche, AG 2013, 672; *Zetzsche* Anteils- und Kontrollerwerb an Zielgesellschaft durch Verwalter alternativer Investmentfonds, NZG 2013, 1164.

§ 287 Geltungsbereich

(1) **Die §§ 287 bis 292 sind anzuwenden auf AIF-Kapitalverwaltungsgesellschaften,**

1. **die AIF verwalten, die entweder allein oder gemeinsam auf Grund einer Vereinbarung die Erlangung von Kontrolle gemäß § 288 Absatz 1 über ein nicht börsennotiertes Unternehmen zum Ziel haben;**
2. **die mit einer oder mehreren AIF-Kapitalverwaltungsgesellschaften auf Grund einer Vereinbarung zusammenarbeiten, gemäß der die von diesen AIF-Kapitalverwaltungsgesellschaften verwalteten AIF die Kontrolle gemäß § 288 Absatz 1 über ein nicht börsennotiertes Unternehmen erlangen.**

(2) **Die §§ 287 bis 292 sind nicht anzuwenden, wenn das nicht börsennotierte Unternehmen**

1. **ein kleineres oder mittleres Unternehmen im Sinne von Artikel 2 Absatz 1 des Anhangs der Empfehlung 2003/361/EG der Kommission vom 6. Mai 2003 betreffend die Definition der Kleinstunternehmen sowie der kleinen und mittleren Unternehmen ist oder**

2. eine Zweckgesellschaft für den Erwerb, den Besitz oder die Verwaltung von Immobilien ist.

(3) **Unbeschadet der Absätze 1 und 2 ist § 289 Absatz 1 auch auf AIF-Kapitalverwaltungsgesellschaften anzuwenden, die AIF verwalten, die eine Minderheitsbeteiligung an einem nicht börsennotierten Unternehmen erlangen.**

(4) [1]**§ 290 Absatz 1 bis 3 und § 292 sind auch auf AIF-Kapitalverwaltungsgesellschaften anzuwenden, die solche AIF verwalten, die Kontrolle in Bezug auf einen Emittenten im Sinne von Artikel 2 Absatz 1 Buchstabe d der Richtlinie 2004/109/EG erlangen,**
1. der seinen satzungsmäßigen Sitz in der Europäischen Union oder in einem anderen Vertragsstaat des Abkommens über den Europäischen Wirtschaftsraum hat und
2. dessen Wertpapiere im Sinne von Artikel 4 Absatz 1 Nummer 21 der Richtlinie 2014/65/EU zum Handel auf einem organisierten Markt im Sinne von § 2 Absatz 11 des Wertpapierhandelsgesetzes zugelassen sind.

[2]**Für die Zwecke dieser Paragraphen gelten die Absätze 1 und 2 entsprechend.**

(5) **Die §§ 287 bis 292 gelten vorbehaltlich der Bedingungen und Beschränkungen, die in Artikel 6 der Richtlinie 2002/14/EG festgelegt sind.**

I. Überblick

§§ 287–292, die den Unterabschn. 2 des Abschn. 3 zu Vorschriften über geschlossene inländische Spezial-AIF bilden, regeln **besondere Vorschriften für AIF** (§ 1 III), die die **Kontrolle über nicht börsennotierte Unternehmen und Emittenten** erlangen. Diese Vorschriften statuieren Transparenzanforderungen hinsichtlich Private-Equity-Investitionen und Bestimmungen zur Vermeidung einer Zerschlagung von Unternehmen (vgl. DJKT/*Bärenz/Steinmüller* AIFM-RL, Vor Abschn. 2 Rn. 11). Sie setzen dabei Art. 26–30 der AIFM-RL praktisch wortgetreu um. Darin ist ein Sonderübernahmerecht für AIF-KVG (§ 1 XVI iVm § 17), dh den Managern von Alternativen Investmentfonds, geregelt (*Zetzsche* NZG 2012, 1164). AIF-Investoren werden somit im Vergleich zu strategischen Investoren und Family Offices ungleich behandelt (WBA/*Herresthal* § 287 Rn. 1). Die Vorschriften sollen somit vor allem dem Schutz nicht börsennotierter Unternehmen dienen (*Wallach* RdF 2011, 80 (85)). 1

§ 287 ist die **zentrale Einstiegsnorm zur Anwendung der §§ 287–292,** da sie den Geltungsbereich des Unterabschn. 2 bestimmt. § 287 setzt Art. 4 I Buchst. t und Art. 26 I–IV und VI der AIFM-RL um (RegBegr, BT-Drs. 17/12294, 484). Insoweit bestimmt § 287 I, wer Normadressat ist. In Abs. 2 wird der Anwendungsbereich eingeschränkt, indem bestimmte Arten von nicht börsennotierten Unternehmen von den §§ 287–292 ausgenommen werden. § 287 III erweitert den Anwendungsbereich der Mitteilungspflicht gem. § 289 I bezüglich Minderheitsbeteiligungen an nicht börsennotierten Unternehmen. § 287 IV trifft eine Regelung für bestimmte Emittenten iSv Art. 2 I Buchst. d der RL 2004/109/EG und erklärt auf diese die §§ 290 I–III, 292 für generell anwendbar. Schließlich enthält Abs. 6 eine Regelung, wonach die §§ 287–292 unter Vorbehalt des Art. 6 der RL 2002/14/EG (Arbeitnehmerunterrichtungsrichtlinie), der die Weitergabe von vertraulichen Informationen an Arbeitnehmer regelt, stehen. 2

3 Von den Regelungen der §§ 287–292 sind unmittelbar ausweislich der Vorschrift des Abschn. 3 des Gesetzes **nur verwaltete geschlossene inländische Spezial-AIF** (§ 1 VI) erfasst, folglich solche AIF, die dem deutschen Recht unterliegen und deren Anteile gem. § 1 V iVm IV nicht mindestens einmal im Jahr zum Nettoinventarwert zurückgegeben werden können (vgl. EDD/*Bärenz/Steinmüller* § 287 Rn. 7; *Viciano-Gofferje* BB 2013, 2506 (2507); kritisch WBA/*Herresthal* § 287 Rn. 6). Schließlich finden die Vorschriften des Unterabschn. 2 entsprechende Anwendung, wenn eine AIF-KVG für einen geschlossenen inländischen Publikumsfonds Beteiligungen an Unternehmen, die nicht zum Handel an einer Börse zugelassen oder in einen organisierten Markt einbezogen sind (vgl. § 261 I Nr. 4), investiert (§ 261 VII). Damit sind die Vorschriften vornehmlich für die Private-Equity-Branche von Interesse (EDD/*Bärenz/Steinmüller* § 287 Rn. 11).

II. Adressat der Norm

4 **Adressat der §§ 287–292** sind gem. § 287 I **AIF-Kapitalverwaltungsgesellschaften.** AIF-KVG ist gem. § 1 XVI eine KVG nach § 17, die mindestens einen AIF (§ 1 III) verwalten oder zu verwalten beabsichtigt. Nach § 17 I unterfällt nur eine solche KVG der Regulierung des KAGB, wenn sie ein Unternehmen mit **satzungsmäßigem Sitz und Hauptverwaltung in Deutschland** ist, deren Geschäftsbetrieb darauf gerichtet ist, inländische Investmentvermögen (§ 1 VII), EU-Investmentvermögen (§ 1 VIII) oder ausländische AIF (§ 1 IX) zu verwalten. Folglich unterfallen den Regelungen des Unterabschn. 2 nicht sämtliche Investmentvermögen, jedenfalls nicht die AIF selbst, sondern nur die diese verwaltenden KVG. Weitere Voraussetzung ist, dass die AIF-KVG sowohl ihren Satzungssitz als auch ihre Hauptverwaltung in Deutschland hat (*Viciano-Gofferje* BB 2013, 2506 (2507)).

5 Auf KVG, die ihren **satzungsmäßigen Sitz oder ihre Hauptverwaltung in einem anderen Mitgliedsstaat der EU** oder einem **anderen Vertragsstaat des EWR-Abkommens** haben, finden die Vorschriften **keine direkte Anwendung.** Will eine EU-AIF-Verwaltungsgesellschaft (§ 1 XIV, XVII) inländische Spezial-AIF verwalten, hat sie die Vorschriften des § 54 einzuhalten. Enthält die Tätigkeit der EU-AIF-Verwaltungsgesellschaft auch die Verwaltung geschlossener inländischer Spezial-AIF, so finden gem. § 54 IV auf die EU-AIF-Verwaltungsgesellschaft die §§ 287–292 entsprechende Anwendung (vgl. *Viciano-Gofferje* BB 2013, 2506 (2507)). Für ausländische AIF-Verwaltungsgesellschaften (§ 1 XVIII), dh Unternehmen mit Sitz in einem Drittstaat (§ 1 XIX Nr. 5), gilt Ähnliches. Sie sind nicht direkt im Anwendungsbereich des § 287. Für ihre Tätigkeit in Deutschland benötigt die ausländische AIF-Verwaltungsgesellschaft nach den Voraussetzungen der §§ 56ff. eine Erlaubnis, sollte sie beabsichtigen, inländische Spezial-AIF oder EU-AIF (§ 1 VIII, III) zu verwalten (§ 58). Ist einer ausländischen AIF-Verwaltungsgesellschaft eine solche Erlaubnis erteilt und verwaltet diese einen geschlossenen inländischen Spezial-AIF, gelten die §§ 287–292 über die Regelung des § 58 XI entsprechend (vgl. *Viciano-Gofferje* BB 2013, 2506 (2507); EDD/*Bärenz/Steinmüller* § 287 Rn. 19).

6 Im Anwendungsbereich sind aber nur die AIF-KVG, die nach § 287 I Nr. 1 einen oder mehrere AIF verwalten, die allein oder gemeinsam die **Erlangung von Kontrolle** gem. § 288 I über ein nicht börsennotiertes Unternehmen **zum Ziel** haben. Der oder die verwalteten AIF müssen mit ihrer Beteiligung an dem nicht börsennotierten Unternehmen das Erlangen von Kontrolle zum Ziel haben (WBA/*Herresthal* § 287 Rn. 7). Kontrolle ist in § 288 definiert. Entscheidend ist, dass bei dem oder den AIF das Ziel, dh die Absicht, besteht, die Kontrolle zu erlan-

gen. Auf die tatsächliche Kontrollerlangung kommt es bei § 287 nicht an (EDD/*Bärenz/Steinmüller* § 287 Rn. 28). 287 I Nr. 1 regelt zwei Konstellationen. Erstens fällt darunter der von einer AIF-KVG verwaltete AIF, der allein es sich mit seiner Beteiligung zum Ziel gesetzt hat, die Kontrolle an dem nicht börsennotierten Unternehmen zu erwerben. Zweitens fallen Konstellationen darunter, in denen sich mehrere, von ein und derselben AIF-KVG verwaltete AIF gemeinsam aufgrund einer Vereinbarung zum Ziel gesetzt haben, die Kontrolle zu erlangen. Vereinbarung meint jeden rechtlich bindenden Vertrag, aufgrund dessen die AIF das Ziel formulieren, die Kontrolle gem. § 288 I zu erlangen.

Ferner sind nach § 287 I Nr. 2 die AIF-KVG im Anwendungsbereich der Norm, 7 die mit einer oder mehreren AIF-KVG **aufgrund einer Vereinbarung zusammenarbeiten,** gem. der die verwalteten AIF die Kontrolle gem. § 288 I über ein nicht börsennotiertes Unternehmen erlangen. Bei dieser Alternative erfolgt die Zusammenarbeit nicht auf Ebene der AIF, sondern auf Ebene der AIF-KVG. Voraussetzung ist, dass wenigstens zwei AIF-KVG iSe konkludenten Verhaltens zusammenarbeiten (EDD/*Bärenz/Steinmüller* § 287 Rn. 34). Vereinbarung ist jeder rechtlich bindende Vertrag, der zum Ziel hat, dass die von den AIF-KVG verwalteten AIF Kontrolle über ein nicht börsennotiertes Unternehmen erlangen (vgl. EDD/*Bärenz/Steinmüller* § 287 Rn. 34; aA WBA/*Herresthal* § 287 Rn. 13).

Die **Vereinbarung** selbst unterliegt **keiner Formvorschrift.** Erfasst sind 8 schriftliche, mündliche oder konkludent geschlossene Verträge. Insgesamt wird man hieran keine hohe Anforderungen stellen dürfen, da ansonsten Beweisprobleme die Vorschrift nicht handhabbar machen würden (vgl. *Zetzsche* NZG 2012, 1164 (1165); WBA/*Herresthal* § 287 Rn. 9). Nicht erfasst sind dagegen nicht bindende Absprachen mit bloßer wirtschaftlicher oder moralischer Wirkung oder ein nicht abgestimmtes, aber bewusst gleichförmiges Verhalten (vgl. DJKT/*Bärenz/Steinmüller* AIFM-RL Art. 26 Rn. 39, 45). Hinsichtlich der Vorgaben an eine solche Vereinbarung kann sich an denen des § 22 WpHG und § 30 WpÜG orientiert werden, allerdings ist zu beachten, dass diese Vorschriften ein Zusammenwirken auch bei einer Verhaltensabstimmung „in sonstiger Weise" annehmen. Diese Formulierung fehlt in § 287 I, so dass daraus zu schließen ist, die Vorschrift nehme solche Verhaltensweisen vom Regelungsbereich aus (so auch DJKT/*Bärenz/Steinmüller* AIFM-RL Art. 26 Rn. 40; aA *Viciano-Gofferje* BB 2013, 2506 (2509)). Ferner enthält weder die AIFM-RL noch die Vorschrift im KAGB eine Regelung zur Erfassung von Umgehungstatbeständen, wie zB über Derivate und Treuhandkonstruktionen (vgl. *Zetzsche* NZG 2012, 1164 (1167)). Solche Konstruktionen sind damit ebenfalls nicht erfasst. Bei der auf gemeinsame Kontrollerlangung gerichteten Vereinbarung ist eine gewisse Nachhaltigkeit zu verlangen, es reicht jedoch jede Art von Stimmbindungsverträgen, Gesellschaftsverträgen oder Interessenswahrungsverträgen (EDD/*Bärenz/Steinmüller* § 287 Rn. 35; enger *Weitnauer* AG 2013, 672 (674)).

III. Kontrolle über nicht börsennotierte Unternehmen

Ziel der Kontrollerlangung ist die **Kontrolle an einem nicht börsennotier-** 9 **ten Unternehmen.** Dieser Begriff ist in § 1 XIX Nr. 27 legal definiert und umfasst jedes Unternehmen, das seinen satzungsmäßigen Sitz in der EU hat und dessen Anteile iSv Art. 4 I Nr. 14 der RL 2004/39/EG nicht zum Handel an einem regulierten Markt zugelassen sind. Folglich gelten in den Freiverkehr an deutschen Börsen zugelassene Unternehmen als nicht börsennotierte Unternehmen laut dieser Definition. Die – zumindest in Deutschland tätige – AIF-KVG unterliegt somit den

Pflichten gem. der §§ 287–292, wie zB Mitteilungspflichten gegenüber der BaFin, auch dann, wenn der AIF Beteiligungen an nicht in Deutschland registrierten, nicht börsennotierten Unternehmen hält.

10 Auf die **Rechtsform des Unternehmens kommt es nicht an** (so auch *Viciano-Gofferje* BB 2013, 2506 (2507)). Der anderen Ansicht, die Vorschrift beziehe sich nur auf nicht börsennotierte Kapitalgesellschaften (*Zetzsche* NZG 2012, 1164), kann nicht gefolgt werden. Sie widerspricht dem Wortlaut und auch dem Zweck des Gesetzes. Der Wortlaut verwendet ausdrücklich den weitergehenden Begriff des Unternehmens und nicht der Kapitalgesellschaft. Ferner ist es Zweck des Gesetzes, auch Beteiligungen an Personenhandelsgesellschaften mit zu erfassen, vor allem vor dem Hintergrund, dass in Deutschland viele Unternehmen als Kommanditgesellschaft in der Form der GmbH & Co. KG organisiert sind. Für die Annahme, Beteiligungen an solchen Gesellschaften sollen nicht in den Anwendungsbereich fallen, gibt es weder einen Hinweis, noch wäre sie sachlich gerechtfertigt. Dass sich aus dem englischen und französischen Richtlinientext etwas anderes ergäbe (so *Zetzsche* NZG 2012, 1164), kann dahinstehen, da dem deutschen Gesetzgeber jedenfalls das Recht zur überschießenden Richtlinienumsetzung zusteht. Ebenso ist weder dem Wortlaut noch den Gesetzesmaterialien zu entnehmen, der Begriff Unternehmen beziehe sich nur auf operativ tätige Unternehmen (anders EDD/*Bärenz/Steinmüller* § 287 Rn. 21). Eine solche Unterscheidung wäre mangels fassbarer Kriterien für eine operative Tätigkeit auch nur schwerlich durchzuführen. Ausreichend ist daher jede eine wirtschaftliche Tätigkeit ausübende Einrichtung unabhängig von ihrer Rechtsform und ihrer Finanzierung.

11 Nach § 287 II sind **bestimmte nicht börsennotierte Unternehmen** von dem **Anwendungsbereich ausgenommen.** Investitionen von Spezial-AIF in solche Unternehmen zeitigen daher keine Pflichten für die AIF-KVG.

12 Gemäß § 287 II Nr. 1 sind die §§ 287–292 **nicht auf nicht börsennotierte Unternehmen** anzuwenden, wenn das betreffende **Unternehmen ein kleineres oder mittleres Unternehmen** iSv Art. 2 I des Anhangs der Empfehlung 2003/361/EG vom 6.5.2003 betreffend der Definition der Kleinstunternehmen sowie kleinerer und mittlerer Unternehmen (sog. KMU) ist. Mit dieser Verweisung soll angeordnet werden, dass kleinere und mittlere Unternehmen entsprechend dieses Anhangs nicht in den Anwendungsbereich dieses Unterabschnitts fallen. Als kleines Unternehmen gem. dem genannten Anhang wird ein Unternehmen definiert, das weniger als 50 Personen beschäftigt und dessen Jahresumsatz bzw. Jahresbilanz 10 Mio. EUR nicht übersteigt, ein mittleres Unternehmen ist ein Unternehmen, das weniger als 250 Personen beschäftigt und das entweder einen Jahresumsatz von höchstens 50 Mio. EUR erzielt oder dessen Jahresbilanzsumme sich auf höchstens 43 Mio. EUR beläuft (vgl. auch EDD/*Bärenz/Steinmüller* § 287 Rn. 45 ff.; *Weitnauer* AG 2013, 672 (674)). Sinn dieser Ausnahme für den Beteiligungserwerb an kleinen und mittleren Unternehmen ist die Entlastung von unnötiger Bürokratie bei weniger sozial- und öffentlichkeitswirksamen Übernahmen und die Erleichterung der Bildung größerer Einheiten (*Zetzsche* NZG 2012, 1164 (1166)). Diese Kriterien sind daher stets im Zeitpunkt zu prüfen, zu dem die dem Kontrollerwerb begründenden Tatbestandsmerkmale eintreten sollen (WBA/*Herresthal* § 287 Rn. 14).

13 Gemäß § 287 II Nr. 2 sind die §§ 287–292 nicht auf ein nicht börsennotiertes Unternehmen anzuwenden, wenn diese eine **Zweckgesellschaft für den Erwerb, den Besitz oder die Verwaltung von Immobilien** (§ 1 XIX Nr. 21) ist. Immobilien-Zweckgesellschaften sind daher von dem Sonderübernahmerecht der §§ 287–292 ausgenommen, weil solche vermögensverwaltenden Zwischengesell-

schaften weder eine wirtschaftliche Tätigkeit entfalten noch über viele Mitarbeiter verfügen (*Zetzsche* NZG 2012, 1164 (1167)). Eine Immobilien-Zweckgesellschaft liegt daher nicht mehr vor, wenn neben dem bloßen Halten der Immobilie die Gesellschaft darin auch ein Gewerbe betreibt oder wenn zusätzlich fremde Flächen vermietet werden. Aufgrund des Wortlauts des § 287 II Nr. 2 sind nur Zweckgesellschaften, die in Immobilien investieren, erfasst, nicht dagegen solche, die in Flugzeuge oder Schiffe investieren. Der Beweggrund für diese Differenzierung ist nicht ersichtlich (*Zetzsche* NZG 2012, 1164 (1167)), jedoch durch die AIFM-RL vorgegeben. Eine Ausdehnung dieser Ausnahme auf Flugzeug- oder Schiffsverwaltungsgesellschaften ist daher allenfalls de lege ferenda möglich (so wohl auch EDD/*Bärenz/Steinmüller* § 287 Rn. 55; aA *Zetzsche* NZG 2012, 1164 (1167)).

IV. Erlangung von Minderheitsbeteiligungen (Abs. 3)

Die §§ 287–292 gelten grds. nur für AIF-KVG, die AIF verwalten, die allein oder gemeinsam mit anderen das **Ziel verfolgen,** die **Kontrolle an einem nicht börsennotierten Unternehmen** zu erlangen, oder die mit anderen AIF-KVG zusammenarbeiten, um einen Kontrollerwerb durch die von diesen verwalteten AIF zu bezwecken. Beherrschendes, in § 287 I niedergelegtes Tatbestandsmerkmal für die Anwendbarkeit des Übernahmesonderrechts ist die Absicht der Kontrollerlangung. Wird durch den oder die verwalteten AIF jedoch keine kontrollierende Beteiligung entsprechend § 288 I, sondern nur eine Minderheitsbeteiligung angestrebt, sind die §§ 287–292 grds. nicht anwendbar. 14

In den Fällen, in denen keine Kontrollbeteiligung angestrebt wird, erklärt § 289 III jedoch § 289 I für explizit anwendbar, wenn eine **Minderheitenbeteiligung** von einem AIF erlangt wurde. Folglich hat eine AIF-KVG, die AIF verwaltet, der oder die eine Minderheitsbeteiligung, dh eine Beteiligung von nicht mehr als 50% der Stimmrechte an dem Unternehmen erlangt haben, die BaFin zu unterrichten, wenn die Stimmrechte des oder der AIF an dem Unternehmen die Schwellenwerte von 10%, 20% und 30% erreicht, überschreitet oder unterschreitet oder den Schwellenwert von 50% erreicht oder unterschreitet. Nur in diesen Fällen wird eine Minderheitsbeteiligung gehalten (vgl. EDD/*Bärenz/Steinmüller* § 287 Rn. 58). Stimmrechtsmitteilungen beim Überschreiten von 50% der Stimmrechte oder beim Erreichen, Überschreiten oder Unterschreiten der 75% Stimmrechtsschwelle sind aufgrund von § 287 I erforderlich, nicht jedoch aufgrund von § 287 III. Der Verweis in § 287 III auf § 289 I ist insoweit teleologisch zu reduzieren. 15

V. Kontrolle über Emittenten (Abs. 4)

Der Geltungsbereich der §§ 287–292 bezieht sich grds. auf die Beteiligung an nicht börsennotierten Unternehmen. § 287 IV 1 statuiert allerdings, dass die einzelnen Vorschriften des § 290 I–III und § 292 auf AIF-KVG anzuwenden sind, die **Kontrolle in Bezug auf Emittenten** iSv Art. 4 I Nr. 21 der RL 2014/65/EU (sog. Finanzmarktrichtlinie) erlangen. Danach ist Emittent eine juristische Person des privaten oder öffentlichen Rechts, einschließlich eines Staates, deren Wertpapiere zum Handel an einem geregelten Markt zugelassen sind, wobei im Falle von Zertifikaten, die Wertpapiere vertreten, als Emittent der Emittent der vertretenen Wertpapiere gilt. Weitere Voraussetzung ist, dass der Emittent seinen **satzungsmäßigen Sitz in der Europäischen Union** hat (§ 287 IV 1 Nr. 1) und seine **Wertpapiere** iSv Art. 4 I Nr. 21 der RL 2014/65/EU zum **Handel an** 16

einem organisierten Markt iSv § 2 XI WpHG **zugelassen** sind (§ 287 IV 1 Nr. 2).

17 Bezüglich der Beteiligung an einem Emittenten iSd § 287 IV 1 gelten die Offenlegungspflichten bei Erlangung von Kontrolle gem. § 290 I–III sowie die Pflichten im Zusammenhang mit gesellschaftsrechtlichen Maßnahmen bei dem Emittenten nach § 292 (Zerschlagung von Unternehmen). Die Mitteilungspflichten des § 289 finden dagegen keine Anwendung, da diese aufgrund der Stimmrechtsmitteilungen gem. §§ 21 ff. WpHG keine weitere Transparenz gewährleisten. § 291 ist ebenfalls bei Kontrollerlangung bei Emittenten unanwendbar.

18 Bezüglich der Kontrollerlangung bei Emittenten normiert § 287 IV 2, dass für die Pflichten nach § 290 I–III und § 292 die Voraussetzungen des § 287 I, II entsprechend gelten. Die Zurechnungsvorschriften bei AIF-KVG und AIF gelten somit auch bei der Erlangung von Kontrolle gegenüber Emittenten. Gleichzeitig sind die Pflichten der AIF-KVG gegenüber Emittenten, die kleine oder mittlere Unternehmen oder Immobilien-Zweckgesellschaften sind, suspendiert.

VI. Vertrauliche Informationen (Abs. 5)

19 In Abs. 5 ist die **Weitergabe von vertraulichen Informationen an Arbeitnehmer** geregelt. Danach gelten die §§ 287–292 unter Vorbehalt des Art. 6 der RL 2002/14/EG (sog. Arbeitnehmerunterrichtungsrichtlinie). Dieser Vorbehalt ist vor dem Hintergrund zu sehen, dass in Unterabschn. 2 auch Pflichten geregelt sind, die die Weitergabe von Informationen an die Arbeitnehmer der Unternehmen, an denen der oder die AIF beteiligt sind, enthalten. So finden sich in §§ 289 IV, 290 III, 290 IV 2 und 291 III Nr. 1 Regelungen über die Weitergabe von Informationen an Arbeitnehmervertreter und Arbeitnehmer. Der Vorbehalt stellt somit ein **Gegengewicht zu** den in diesem Unterabschnitt enthaltenen **Transparenz-, Offenlegungs- und Berichtspflichten** der AIF-KVG und Unternehmen dar (EDD/*Bärenz/Steinmüller* § 287 Rn. 66). Den Arbeitnehmern sollen sensible Unternehmensdaten nicht zur Verfügung gestellt werden müssen, wenn die Weitergabe solcher Daten die Tätigkeit des Unternehmens oder Betriebs erheblich beeinträchtigen oder dem Unternehmen oder Betrieb schaden könnte.

20 Die Adressaten, die die Verpflichtung gem. §§ 289 IV, 290 III, 290 IV 2 und 291 III Nr. 1 trifft, sind somit berechtigt, die Weitergabe von bestimmten Informationen an Arbeitnehmervertreter und Arbeitnehmer mit Hinweis auf Art. 6 der Arbeitnehmerunterrichtungsrichtlinie zu verweigern. Diese Richtlinienbestimmung wurde bisher vom deutschen Gesetzgeber nicht extra umgesetzt (vgl. DJKT/*Bärenz/Steinmüller* AIFM-RL Art. 26 Rn. 117). Der Gesetzgeber geht jedoch davon aus, dass der Art. 6 AIFM-RL in den §§ 79, 106 II 1 BetrVG, die auf die Beteiligung der Arbeitnehmer Anwendung fänden, umgesetzt ist (RegBegr. BT-Drs. 17/12294, 484).

§ 288 Erlangen von Kontrolle

(1) **Für die Zwecke der §§ 287 bis 292 bedeutet Kontrolle im Fall nicht börsennotierter Unternehmen die Erlangung von mehr als 50 Prozent der Stimmrechte dieser Unternehmen.**

(2) [1]**Bei der Berechnung des Anteils an den Stimmrechten, die von den entsprechenden AIF gehalten werden, werden zusätzlich zu von dem betreffenden AIF direkt gehaltenen Stimmrechten auch die folgenden**

Stimmrechte berücksichtigt, wobei die Kontrolle gemäß Absatz 1 festgestellt wird:
1. **von Unternehmen, die von dem AIF kontrolliert werden und**
2. **von natürlichen oder juristischen Personen, die in ihrem eigenen Namen, aber im Auftrag des AIF oder eines von dem AIF kontrollierten Unternehmens handeln.**

[2]**Der Anteil der Stimmrechte wird ausgehend von der Gesamtzahl der mit Stimmrechten versehenen Anteile berechnet, auch wenn die Ausübung dieser Stimmrechte ausgesetzt ist.**

(3) **Kontrolle in Bezug auf Emittenten wird für die Zwecke der §§ 290 und 292 gemäß Artikel 5 Absatz 3 der Richtlinie 2004/25/EG des Europäischen Parlaments und des Rates vom 21. April 2004 betreffend Übernahmeangebote (ABl. L 142 vom 30.4.2004, S. 12) definiert.**

I. Überblick

§ 288 enthält die **Definition der Kontrolle,** dh wann ein von der AIF-Kapitalverwaltungsgesellschaft verwalteten AIF die Kontrolle über ein Unternehmen erlangt. Absatz 1 definiert hierbei Kontrolle im Fall von börsennotierten Unternehmen. Der Abs. 2 enthält eine Zurechnungsvorschrift. Schließlich definiert Abs. 3 die Kontrolle in Bezug auf Emittenten. Durch § 288 wird Art. 26 V AIFM-RL umgesetzt. 1

II. Kontrolle bei nicht börsennotierten Unternehmen (Abs. 1 u. 2)

1. Definition. § 288 I statuiert, dass für die Zwecke der §§ 287–292 ein AIF Kontrolle bei einem nicht börsennotierten Unternehmen erlangt hat, wenn er **mehr als 50% der Stimmrechte** dieses Unternehmens hält (EDD/*Bärenz/Steinmüller* § 288 Rn. 2; *Zetzsche* NZG 2012, 1164 (1165)). Eine genau 50%ige Beteiligung an den Stimmrechten des Unternehmens ist nicht ausreichend. Die Schwelle ist höher als bei Kontrolle über börsennotierte Unternehmen gem. § 29 II WpÜG, die bei 30% der Stimmrechte angenommen wird (vgl. *Viciano-Gofferje* BB 2013, 2506 (2508)). Dem Kontrollbegriff des § 288 I liegt ein formales Verständnis zugrunde. Entscheidend ist allein, ob der AIF aufgrund eigener Stimmrechte oder infolge ihm zuzurechnender Stimmrechte Dritter insgesamt mehr als 50% der Stimmrechte hält. Auf die tatsächlichen Beherrschungsverhältnisse kommt es dagegen nicht an (EDD/*Bärenz/Steinmüller* § 288 Rn. 7). Auch wird allein auf die Stimmrechte abgestellt, die Höhe des Kapitalanteils an dem Unternehmen ist ebenso wie bei § 21 I WpHG unbeachtlich (vgl. WBA/*Herresthal* § 288 Rn. 15; EDD/*Bärenz/Steinmüller* § 288 Rn. 8). 2

Entscheidend ist das **Innehaben von Stimmrechten** an dem nicht börsennotierten Unternehmen. Das Stimmrecht verleiht die Befugnis, in der Gesellschafterversammlung die mit der Beteiligung am Unternehmen verbundenen gesetzlichen und gesellschaftsvertraglichen Rechte auszuüben (vgl. DJKT/*Bärenz/Steinmüller* AIFM-RL Art. 26 Rn. 51). Dabei ist unbeachtlich, ob mit dem Stimmrechtsanteil von über 50% tatsächlich die Geschicke des nicht börsennotierten Unternehmens bestimmt werden können. Denn auch wenn damit formal die grds. Möglichkeit zur Beherrschung gegeben ist, könnte doch der Gesellschaftsvertrag des Unternehmens eine qualifizierte Mehrheit für Entscheidungen vorsehen. In einem solchen Fall hat der AIF zwar mit mehr als 50% der Stimmrechte formal die 3

Kontrolle gem. § 288 I erlangt, ohne aber tatsächlich beherrschenden Einfluss ausüben zu können (vgl. DJKT/*Bärenz/Steinmüller* AIFM-RL Art. 26 Rn. 51).

4 Maßgebend ist der **Anteil der Stimmrechte** des AIF an dem nicht börsennotierten Unternehmen **ausgehend von der Gesamtzahl der** bei dem Unternehmen **bestehenden Stimmrechte** (vgl. DJKT/*Bärenz/Steinmüller* AIFM-RL Art. 26 Rn. 53). Dies ist vor dem Hintergrund zu beachten, dass bei nicht börsennotierten Unternehmen das Prinzip „one share one vote" nicht zwingend ist, demnach die Ausgabe von Höchst- oder Mehrstimmrechtsanteilen gesetzlich zulässig und in Venture-Capital-Szenarien üblich ist. Bezüglich der Ermittlung der Gesamtzahl der Stimmrechte schreibt § 288 II 2 fest, dass diese ausgehend von der Gesamtzahl der mit Stimmrechten versehenen Anteile berechnet werden, auch wenn die Ausübung dieser Stimmrechte ausgesetzt ist. Folglich sind die Stimmrechte aller Anteile einzubeziehen, auch solcher, die Höchst- oder Mehrstimmrechte vermitteln. Dagegen sind Anteile, die keine Stimmrechte vermitteln (zB Vorzugsaktie gem. § 139 AktG, Anteile einer Komplementär-GmbH in einer GmbH & Co. KG, sofern ihr kein Stimmrecht zugewiesen ist), nicht zu berücksichtigen (WBA/*Herresthal* § 288 Rn. 17). Gleiches gilt für sonstige Rechte, die kein Stimmrecht in der Gesellschafterversammlung des Unternehmens vermitteln, wie zB Bezugs-, Umtausch-, Vorkaufs-, Vorerwerbs- oder Anwartschaftsrechte (EDD/*Bärenz/Steinmüller* § 288 Rn. 10). Unbeachtlich ist dagegen, ob die Ausübung der Stimmrechte ausgesetzt ist. Eigene Anteile oder auch kaduzierte Anteile, die gesellschaftsrechtlich keine Stimmrechte vermitteln (zB § 71b AktG), sind demnach mit den ihnen zugeordneten Stimmrechten bei der Berechnung der Gesamtzahl der Stimmrechte zu berücksichtigen (EDD/*Bärenz/Steinmüller* § 288 Rn. 9).

5 **2. Zurechnung von Stimmrechten.** Neben den vom AIF direkt gehaltenen Stimmrechten werden ihm gem. § 288 II auch **Stimmrechte zugerechnet,** die **von anderen Unternehmen gehalten** werden. Die so zu berücksichtigenden Stimmrechte werden wie direkt gehaltene Stimmrechte behandelt. Es spielt keine Rolle, in welchem Umfang sich der Anteil aus direkt gehaltenen und zugerechneten Stimmrechten zusammensetzt. Die Zurechnungsregeln können einerseits bei Mehrheitsbeteiligungen eines AIF in seinen Portfoliounternehmen und andererseits bei mehrstöckigen Fondsstrukturen relevant sein (vgl. DJKT/*Bärenz/Steinmüller* AIFM-RL Art. 26 Rn. 64; EDD/*Bärenz/Steinmüller* § 288 Rn. 30 ff.).

6 § 288 II statuiert **zwei Zurechnungstatbestände.** Nach § 288 II Nr. 1 werden dem AIF **Stimmrechte zugerechnet, die von Unternehmen, die von dem AIF kontrolliert werden, gehalten werden.** Kontrolle des AIF über solche Unternehmen liegt vor, wenn er entsprechend § 288 I mehr als 50% der Stimmrechte hält (*Viciano-Gofferje* BB 2013, 2506 (2508)). Darunter fallen insb. Erwerbsgesellschaften des AIF, die die Stimmrechte an den betreffenden nicht börsennotierten Unternehmen halten. Denn regelmäßig wird der AIF nicht selbst an dem Unternehmen beteiligt sein, sondern seine Beteiligung über eine zwischengeschaltete Erwerbsgesellschaft ausüben (*Weitnauer* AG 2013, 672 (674)). Die Stimmrechte der Erwerbsgesellschaft werden dem AIF zugerechnet, wenn er die Erwerbsgesellschaft nach § 288 I kontrolliert (WBA/*Herresthal* § 288 Rn. 20). Dies dürfte in den meisten Fällen der Fall sein. Vorstellbar ist zudem, dass der AIF an weiteren Portfoliounternehmen beteiligt ist, die Stimmrechte an dem nicht börsennotierten Unternehmen hält. Auch hier erfolgt eine Zurechnung, wenn der AIF die Kontrolle an diesen Portfoliounternehmen hält. Die Regelung stellt – anders als die vergleichbaren Vorschriften des § 30 I 3 WpÜG und § 22 I 3 WpHG – nicht klar, in wel-

chem Umfang die Stimmrechte dem AIF von dem kontrollierten Unternehmen zugerechnet werden – in vollem Umfang oder nur in Höhe des Anteils, den der AIF an dem kontrollierten Unternehmen hält (vgl. EDD/*Bärenz/Steinmüller* § 288 Rn. 24). Richtigerweise ist die Regelung so auszulegen, dass sämtliche Stimmrechte des kontrollierten Unternehmens dem kontrollierenden AIF zugerechnet werden, denn mit seiner Kontrollmacht kann er seinen Einfluss auf sämtliche dem Unternehmen zustehende Stimmrechte ausüben (so auch *Viciano-Gofferje* BB 2013, 2506 (2508); DJKT/*Bärenz/Steinmüller* AIFM-RL Art. 26 Rn. 69).

Nach § 288 II Nr. 2 werden dem AIF ferner **Stimmrechte von natürlichen oder juristischen Personen zugerechnet,** die in **ihrem eigenen Namen,** aber **im Auftrag des AIF oder eines von ihm kontrollierten Unternehmens** handeln (vgl. EDD/*Bärenz/Steinmüller* § 288 Rn. 25ff.). Eine Stimmrechte vermittelnde Person kann sowohl eine natürliche als auch eine juristische Person sein. Obwohl der deutsche Gesetzgeber sich der Besonderheiten der deutschen Gesellschaft bürgerlichen Rechts und der Personenhandelsgesellschaften (oHG, KG) bewusst gewesen sein dürfte, dürften Stimmrechte, die von solchen teilrechtsfähigen Personenhandelsgesellschaften gehalten werden, ebenfalls der Zurechnung fähig sein (vgl. DJKT/*Bärenz/Steinmüller* AIFM-RL Art. 26 Rn. 71). Das Gesetz enthält insoweit eine unbewusste Lücke, die durch Auslegung zu schließen ist. 7

Voraussetzung für eine Zurechnung der Stimmrechte der (natürlichen oder juristischen) Person ist, dass diese bei Halten der Stimmrechte in ihrem **eigenen Namen handelt.** Damit sind die Fälle der offenen Stellvertretung, in der die jeweilige Person, die das Stimmrecht ausübt, offen zu erkennen gibt, dass sie nicht Inhaber des Stimmrechts ist, sondern dessen Ausübung von diesem ableitet (vgl. DJKT/*Bärenz/Steinmüller* AIFM-RL Art. 26 Rn. 72). Dies dürfte zB auf die Stimmrechtsvollmacht oder Legitimationszession zutreffen. Hier ist derjenige, der das Stimmrecht ausübt, nicht der Träger des Stimmrechts und handelt somit nicht im eigenen Namen. 8

Darüber hinaus muss die Person **im Auftrag des AIF oder eines von ihm kontrollierten Unternehmen** handeln. Diese Voraussetzung ist wörtlich aus der AIFM-RL übernommen, wobei nicht reflektiert wird, dass die Bezeichnung „Auftrag" auf ein Auftragsverhältnis gem. § 662 BGB rekurriert. Damit wäre jedoch der Anwendungsbereich der Norm viel zu eng geraten und auch der Regelungsgehalt der Richtlinie nicht richtig umgesetzt worden. Mit dem Tatbestandsmerkmal „im Auftrag" in § 288 II Nr. 2 ist somit nicht ein Auftragsverhältnis gem. § 662 BGB gemeint, sondern ein Rechtsverhältnis, wodurch derjenige, der die Stimmrechte ausübt, dies auf wirtschaftliches Risiko und wirtschaftlichen Vorteil seines Vertragspartners tut. Die gesetzliche Formulierung weist hier – wie bei anderen Zurechnungsvorschriften – darauf hin, dass die Fälle abgedeckt werden sollen, in denen wirtschaftliche und nicht die formal zivilrechtlichen Verhältnisse entscheidend sein sollen, um Umgehungen zu verhindern. In deutschen Gesetzen wurde dieser Umstand bisher stets durch die Formulierung „für Rechnung eines anderen" geregelt, vgl. § 22 I 1 Nr. 2 WpHG, § 30 I 1 Nr. 2 WpÜG, § 16 II 3, IV AktG (siehe zum Wortlaut der AIFM-RL und seiner möglichen Umsetzung in deutsches Recht DJKT/*Bärenz/Steinmüller* AIFM-RL Art. 26 Rn. 75f.). Gründe, warum dies bei der Umsetzung der AIFM-RL durch das KAGB unterblieben ist, sind nicht, jedenfalls nicht aus den Gesetzesmaterialien, ersichtlich. Vielmehr ist anzunehmen, dass im Zuge der Eins-zu-Eins-Umsetzung der RL der Wortlaut ohne Anpassung und bessere Einpassung in die deutsche Gesetzesterminologie übernommen wurde. Materiell wird somit das Merkmal „im Auftrag" als „für Rechnung" zu interpretieren sein. Erfasst sollen nämlich insb. sämtliche Treuhandverhältnisse sein, in den der 9

Treuhänder zwar die Stimmrechte ausübt, dies jedoch im Auftrag und auch auf Weisung des Treugebers tut. Der Richtliniengeber und der deutsche Gesetzgeber dürfte jedenfalls diese Rechtsverhältnisse als den Hauptanwendungsfall der Zurechnungsnorm angesehen haben (s. auch DJKT/*Bärenz/Steinmüller* AIFM-RL Art. 26 Rn. 77).

10 **Auftraggeber** iSd § 288 II Nr. 2 muss der AIF, der selbst Stimmrechte hält, oder ein von dem AIF nach § 288 II Nr. 1 kontrolliertes Unternehmen sein. Damit ist bei der Prüfung der Zurechnungsnorm des § 288 II Nr. 2 inzident auch die Zurechnungsnorm gem. seiner Nr. 1 zu prüfen (vgl. auch DJKT/*Bärenz/Steinmüller* AIFM-RL Art. 26 Rn. 78, die von doppelter Zurechnung sprechen). Demnach stellt sich auch hier die Frage nach dem Umfang der Zurechnung (→ Rn. 6).

11 **Stimmrechte,** die die **AIF-KVG,** die den AIF verwaltet, **selbst hält,** werden dem AIF **nicht zugerechnet** (*Viciano-Gofferje* BB 2013, 2506 (2508)). Damit ist auch die Kontrolle nicht erfasst, die eine AIF-KVG zusammen mit einem anderen Unternehmen erlangt (*Zetzsche* NZG 2012, 1164 (1165)). Genauso verhält es sich mit solchen Stimmrechten, die von einem anderen, von derselben AIF-KVG verwalteten AIF gehalten werden (*Zetzsche* NZG 2012, 1164 (1165); *Viciano-Gofferje* BB 2013, 2506 (2508 Fn. 27)). Grund hierfür ist, dass die AIF-KVG nur über einen Verwaltervertrag die Anlageentscheidungen des AIF kontrolliert, somit nur über ein Vertragsverhältnis Kontrolle hat. Der Kontrollbegriff des § 288 und auch der AIFM-RL verlangt jedoch eine gesellschaftsrechtlich vermittelte Kontrolle. Diese liegt im Verhältnis zwischen der AIF-KVG und dem verwalteten AIF jedoch nicht vor (*Zetzsche* NZG 2012, 1164 (1165)). Diese Grundsätze sind mangels spezieller Vorschriften auch auf mehrstöckige Fondsstrukturen (zB bei Master-Feeder- oder Dachfondsstrukturen) anzuwenden. Maßgeblich ist dabei die jeweilige zivilrechtliche, dh gesellschafts- und vertragsrechtliche, Struktur.

III. Kontrolle in Bezug auf Emittenten (Abs. 3)

12 Bezüglich der **Definition der Kontrolle** eines AIF bei einem **Emittenten** wird für die §§ 290, 292 auf Art. 5 III der RL 2004/25/EG (sog. Übernahmerichtlinie) verwiesen. Diese Bestimmung besagt, dass der prozentuale Anteil der Stimmrechte, der eine Kontrolle begründet, und die Art der Berechnung dieses Anteils sich nach den Vorschriften des Mitgliedstaats, in dem die Gesellschaft ihren Sitz hat, bestimmen. Folglich wird hier auf den übernahmerechtlichen Kontrollbegriff verwiesen, der sich von Mitgliedsstaat zu Mitgliedsstaat unterscheiden kann. Für Deutschland gilt die Stimmrechtsschwelle von 30% gem. § 29 II WpÜG. Hinsichtlich Berechnung, insb. der Zurechnung von Stimmrechten, ist ebenfalls auf die nationalen Umsetzungsgesetze der Übernahmerichtlinie zu rekurrieren.

§ 289 Mitteilungspflichten

(1) **Die AIF-Kapitalverwaltungsgesellschaft unterrichtet die Bundesanstalt, wenn der Anteil der Stimmrechte des nicht börsennotierten Unternehmens, der von dem AIF gehalten wird, durch Erwerb, Verkauf oder Halten von Anteilen an dem nicht börsennotierten Unternehmen die Schwellenwerte von 10 Prozent, 20 Prozent, 30 Prozent, 50 Prozent und 75 Prozent erreicht, überschreitet oder unterschreitet.**

(2) **Erlangt ein AIF allein oder gemeinsam mit anderen AIF die Kontrolle über ein nicht börsennotiertes Unternehmen gemäß § 287 Absatz 1 in Verbindung mit § 288 Absatz 1, informiert die AIF-Kapitalverwaltungsgesellschaft die folgenden Stellen über den Kontrollerwerb:**
1. das nicht börsennotierte Unternehmen,
2. die Anteilseigner, soweit deren Identität und Adresse der AIF-Kapitalverwaltungsgesellschaft
a) vorliegen,
b) von dem nicht börsennotierten Unternehmen zur Verfügung gestellt werden können oder
c) über ein Register, zu dem die AIF-Kapitalverwaltungsgesellschaft Zugang hat oder erhalten kann, zur Verfügung gestellt werden können und
3. die Bundesanstalt.

(3) **Die Mitteilung nach Absatz 2 erhält die folgenden zusätzlichen Angaben:**
1. die sich hinsichtlich der Stimmrechte ergebende Situation,
2. die Bedingungen, unter denen die Kontrolle erlangt wurde, einschließlich Nennung der einzelnen beteiligten Anteilseigner, der zur Stimmabgabe in ihrem Namen ermächtigten natürlichen oder juristischen Personen und gegebenenfalls der Beteiligungskette, über die die Stimmrechte tatsächlich gehalten werden,
3. das Datum, an dem die Kontrolle erlangt wurde.

(4) **[1]In seiner Mitteilung nach Absatz 2 Nummer 1 ersucht die AIF-Kapitalverwaltungsgesellschaft den Vorstand des Unternehmens, entweder die Arbeitnehmervertreter oder, falls es keine solchen Vertreter gibt, die Arbeitnehmer selbst unverzüglich von der Erlangung der Kontrolle durch den AIF und von den Informationen gemäß Absatz 3 in Kenntnis zu setzen. [2]Die AIF-Kapitalverwaltungsgesellschaft bemüht sich nach besten Kräften sicherzustellen, dass der Vorstand entweder die Arbeitnehmervertreter oder, falls es keine solchen Vertreter gibt, die Arbeitnehmer selbst ordnungsgemäß informiert.**

(5) **Die Mitteilungen gemäß den Absätzen 1, 2 und 3 werden so rasch wie möglich, aber nicht später als zehn Arbeitstage nach dem Tag, an dem der AIF die entsprechende Schwelle erreicht, über- oder unterschritten hat oder die Kontrolle über das nicht börsennotierte Unternehmen erlangt hat, gemacht.**

Inhaltsübersicht

	Rn.
I. Überblick	1
II. Mitteilungspflichten (Abs. 1)	3
III. Mitteilungspflicht bei Kontrollerlangung (Abs. 2 u. 3)	7
1. Voraussetzung der Mitteilungspflicht	7
2. Adressaten der Mitteilungspflicht	8
3. Inhalt der Mitteilung	14
IV. Information an Arbeitnehmer (Abs. 4)	18
V. Frist (Abs. 5) und Form der Mitteilungen	21
VI. Verhältnis zu anderen Informationspflichten	25

I. Überblick

1 § 289 regelt **Mitteilungspflichten** der AIF-KVG bezüglich **Anteile an Stimmrechten** an **nicht börsennotierten Unternehmen.** Damit wird Art. 27 AIFM-RL in deutsches Recht umgesetzt. Zweck ist, die Transparenz beim Erwerb von Beteiligungen sowie Kontrollerlangung durch einen AIF an nicht börsennotierten Unternehmen (einschl. solcher, die lediglich an einem nicht regulierten Markt notiert sind) zu erhöhen (vgl. EDD/*Bärenz/Käpplinger* § 289 Rn. 2). Bei Erwerben von Kapitalanteilen, Vermögenswerten oder Finanzinstrumenten ist die Norm nicht anwendbar (EDD/*Bärenz/Käpplinger* § 289 Rn. 10ff.).

2 Dabei statuiert § 289 I eine Mitteilungspflicht, wenn **bestimmte Stimmrechtsschwellen erreicht, überschritten** oder **unterschritten** sind. Die Abs. 2–4 des § 289 regeln darüber hinaus spezielle Mitteilungs- und Offenlegungspflichten für den Fall der Kontrollerlangung an dem nicht börsennotierten Unternehmen, wobei in Abs. 4 eine Handlungspflicht der AIF-KVG bezüglich der Arbeitnehmerinformation durch die Geschäftsleitung des nicht börsennotierten Unternehmens geregelt ist. Absatz 5 enthält eine Regelung, innerhalb welcher Frist die gem. Abs. 1–3 abzugebenden Mitteilungen gemacht werden müssen.

II. Mitteilungspflichten (Abs. 1)

3 Gemäß § 289 I ist eine Mitteilung an die BaFin abzugeben, wenn der **Anteil der Stimmrechte** an dem **nicht börsennotierten Unternehmen,** die von dem AIF gehalten werden durch Erwerb, Verkauf oder Halten die **Schwellenwerte von 10%, 20%, 30%, 50% oder 75% erreicht, überschreitet** oder **unterschreitet.** Die sprachliche Formulierung „und" bei der Aneinanderreihung der Schwellenwerte ist missverständlich, denn die Mittelungspflicht besteht bei Berührung eines einzelnen Schwellenwerts (*Viciano-Gofferje* BB 2013, 2506 (2507 Fn. 20)). Der Gesetzgeber hat sich strikt an die Formulierung der AIFM-RL gehalten, ohne auf die richtige Formulierung bei § 21 I WpHG, der Vorbildvorschrift für § 289, zu achten. Ebenso wurden die in der der AIFM-RL aufgeführten Schwellenwerte so in das KAGB übergeführt, auf die Einführung weiterer, niedriger Schwellenwerte wurde verzichtet. Die Mitteilungspflicht setzt somit schon vor der Kontrollerlangung ein, was einhergeht mit der Formulierung des § 287 I, wonach die Kontrollerlangung nur Ziel sein muss, aber nicht zwingend Voraussetzung ist (vgl. *Weitnauer* AG 2013, 672 (675)).

4 Voraussetzung der Mitteilungspflicht ist, wenn die **Schwellenwerte erreicht, überschritten** oder **unterschritten** werden und dies durch Erwerb, Verkauf oder dem Halten von stimmrechtsvermittelnden Anteilen erfolgt. **Maßgeblich** für das Entstehen der Mitteilungspflicht ist der **dingliche Anteilsübergang,** also idR das „Closing" einer Transaktion, denn erst mit dem Rechtsübergang steht dem AIF Rechtsmacht zu, von seinem Stimmrecht Gebrauch zu machen. Der verwendete Begriff „Verkauf" beruht auf der irreführenden Übersetzung der AIFM-RL und ist als „Veräußerung" zu lesen; der englische Text der RL spricht richtigerweise von „disposal" (EDD/*Bärenz/Käpplinger* § 289 Rn. 18). Ein Anteilserwerb kann auch bei einer Neugründung einer Gesellschaft unter Mitwirkung der AIF vorliegen. Voraussetzung bei einer Neugründung ist aber, dass die Ausnahme des § 287 I Nr. 1 nicht gegeben ist. Die Variante des Haltens von Anteilen erfasst vor allem Veränderungen von Stimmrechtsanteilen bei Kapitalmaßnahmen oder Umstrukturierungen bei dem nicht börsennotierten Unternehmen. Auch das Aufleben von

Stimmrechten, zB bei Vorzugsaktien gem. § 140 II AktG, kann eine Schwellenwertberührung durch Halten von Anteilen auslösen (vgl. DJKT/*Bärenz/Käpplinger* AIFM-RL Art. 27 Rn. 24).

5 Die **Berechnung der Stimmrechte** zur Feststellung, ob eine Schwelle erreicht, über- oder unterschritten ist, erfolgt anhand der Gesamtzahl der abstrakt vorhandenen Stimmrechte (→ § 288 Rn. 4). Nicht geregelt ist, ob die Zurechnungsvorschrift des § 288 II bei der Berechnung der vom AIF gehaltenen Stimmrechte Anwendung findet. Der Wortlaut spricht eigentlich dagegen, da § 288 nur Regelungen bezüglich der Kontrollerlangung enthält. § 289 I regelt aber Mitteilungspflichten unabhängig von der Kontrollerlangung und enthält auch keinerlei Verweis auf § 288 II (*Viciano-Gofferje* BB 2013, 2506 (2507 f.)). Allerdings enthält § 288 II eine allgemeine Zurechnungsregel bezüglich der „Berechnung des Anteils an den Stimmrechten" und ist nicht typisch auf die Kontrollerlangung zugeschnitten. Ferner sind innerhalb der §§ 287–292 die §§ 287, 288 systematisch „vor die Klammer" gezogen. Daraus ist zu schließen, dass diese für sämtliche nachfolgend geregelten Mitteilungspflichten gelten (*Viciano-Gofferje* BB 2013, 2506 (2508); DJKT/*Bärenz/Käpplinger* AIFM-RL Art. 27 Rn. 19; *Wallach* RdF 2011, 80 (85)). Schließlich spricht auch der Sinn und Zweck der Zurechnungsvorschrift für eine Anwendung. Denn es würde dem Transparenzgebot diametral widersprechen und zu irreführenden Ergebnissen führen, wenn bei den Mitteilungspflichten nach § 289 I keine Zurechnung erfolgen sollte, bei denen im Fall einer Kontrollerlangung gem. § 289 II allerdings schon.

6 Ist der Tatbestand des § 289 I erfüllt, hat die AIF-KVG, die den betreffenden AIF verwaltet, die **BaFin davon zu unterrichten,** dh in Kenntnis zu setzen von dem Anteil an Stimmrechten, die der AIF an dem nicht börsennotierten Unternehmen hält (EDD/*Bärenz/Käpplinger* § 289 Rn. 21 ff.). Adressat der Mitteilungspflicht ist die den AIF verwaltende AIF-KVG. Inhaltlich ist die Mitteilung darauf gerichtet, die BaFin davon zu unterrichten, welche Stimmrechtsschwelle erreicht, überschritten oder unterschritten wurde. Die Mitteilung muss den Namen des AIF sowie des betreffenden nicht börsennotierten Unternehmens enthalten. Weiterhin ist der aktuell gehaltene Stimmrechtsanteil anzugeben und welche Stimmrechtsschwelle dadurch berührt wurde. Da der AIF regelmäßig nicht direkt die Anteile hält, ist auch anzugeben, über welche Unternehmen in der Beteiligungskette der AIF den angegebenen Stimmrechtsanteil innehat (EDD/*Bärenz/Käpplinger* § 289 Rn. 26).

III. Mitteilungspflicht bei Kontrollerlangung (Abs. 2 u. 3)

7 **1. Voraussetzung der Mitteilungspflicht.** In § 289 II ist eine Mitteilungspflicht der AIF-KVG geregelt, sofern ein von ihr verwalteter **AIF tatsächlich allein oder gemeinsam mit einem anderen AIF die Kontrolle** über ein nicht börsennotiertes Unternehmen **erlangt** hat. Wann eine Kontrollerlangung des AIF oder der AIF, sofern sie gemeinsam handeln, vorliegt, bestimmt sich nach § 287 I, der regelt, in welcher Form AIF gemeinsam agieren (→ § 287 Rn. 6 f.), iVm § 288 I, der die Definition für Kontrolle enthält (→ § 288 Rn. 2). Bezüglich der Stimmrechtszurechnung findet § 288 II Anwendung, auch wenn diese Vorschrift in § 289 II nicht eigens erwähnt ist. Die Mitteilungspflicht bezüglich der Kontrollerlangung hat sämtlich lediglich informativen Charakter für die Adressaten. Für etwaige Abwehrversuche seitens der Anteilseigner gegen einen Kontrollerwerb ist es im Zeitpunkt der Mitteilung schon zu spät (vgl. *Möllers/Harrer/Krüger* WM 2011, 1537 (1541)).

8 **2. Adressaten der Mitteilungspflicht.** Während bei der Berührung der in § 289 I genannten Schwellenwerte nur die BaFin zu unterrichten ist, statuiert § 289 II, dass die AIF-KVG die Kontrollerlangung dem nicht börsennotierten Unternehmen (§ 289 II Nr. 1), deren Anteilseignern (§ 289 II Nr. 2) sowie der BaFin (§ 289 II Nr. 3) mitzuteilen hat. Der Adressatenkreis der Mitteilung ist damit weiter. Allerdings besteht keine Informations- oder Veröffentlichungspflicht gegenüber dem Anlegerpublikum (vgl. *Möllers/Harrer/Krüger* WM 2011, 1537 (1541)).

9 **Adressat** der Mitteilung über die Erlangung der Kontrolle ist zunächst das **nicht börsennotierte Unternehmen** selbst. Die Mitteilung ist an das Geschäftsleitungsorgan des Unternehmens zu richten.

10 Die AIF-KVG muss die Kontrollerlangung den **Anteilseignern** des nicht börsennotierten Unternehmens mitteilen. Diese Informationspflicht eines Anteilseigners, für den die AIF-KVG handelt, gegenüber seinen Mit-Anteilseignern stellt ein Novum im deutschen Recht der gesellschaftsrechtlichen Mitteilungspflichten. Bereits auf europäischer Ebene wurde erkannt, dass der AIF-KVG die Mit-Anteilseigner nicht zwingend bekannt sein müssen, ist die **Mitteilungspflicht** dahingehend eingeschränkt, dass diese **nur besteht,** soweit der AIF-KVG **Identität und Adresse der Anteilseigner vorliegen** (§ 289 II Nr. 2 Buchst. a). Folglich müssen Name sowie Kontaktdaten der Anteilseigner bekannt sein und nicht nur deren Sitz oder Wohnort, denn nur mit dem Namen und Kontaktdaten des Anteilseigners kann er mit diesen in Kontakt treten und ihn von der Kontrollerlangung benachrichtigen (s. auch EDD/*Bärenz/Käpplinger* § 289 Rn. 32).

11 Liegen der AIF-KVG diese Daten nicht von vornherein vor, wobei der Grund dafür unbeachtlich ist, muss er diejenigen Anteilseigner benachrichtigen, deren **Daten** ihr **von dem nicht börsennotierten Unternehmen** (§ 289 II Nr. 2 Buchst. b) oder **über ein Register,** zu dem die AIF-KVG Zugang hat oder erhalten kann (§ 289 II Nr. 2 Buchst. c), **zur Verfügung gestellt** werden können. Dies setzt voraus, dass die AIF-KVG bei dem nicht börsennotierten Unternehmen nach den Daten der Anteilseigner anfragt. Werden ihr diese zur Verfügung gestellt, kann sie die Mitteilung insoweit vornehmen. Darüber hinaus hat die AIF-KVG bei Registern nach den Daten der Anteilseigner anzufragen. Auch hier ist sie davon abhängig, inwieweit aus diesen Registern die Daten ersichtlich sind; liegen ihr diese vor, hat sie die Mitteilung vorzunehmen. Der Begriff Register ist bewusst allgemein gehalten, da er sich auch auf ausländische Rechtsordnungen zu beziehen hat. Die AIF-KVG hat in jedem Fall zu prüfen, welche Register in der betreffenden Rechtsordnung öffentlich zugänglich sind oder zu welchen sie Zugang, zB durch Antrag, erhalten kann. Die Informationspflicht der AIF-KVG hängt somit davon ab, bezüglich welcher Anteilseigner ihr vollständige und richtige Daten zur Verfügung gestellt werden. Eine Prüfungspflicht hat sie nicht. Sie darf auf diese Angaben vertrauen und die Mitteilung an diese Anteilseigner abgeben. Sie muss auch den Erhalt dieser Daten vom Unternehmen oder den Registern nicht abwarten, da in Abs. 5 eine Höchstfrist statuiert ist (→ Rn. 21). Das Gesetz nimmt daher selektive Transparenz dergestalt in Kauf, dass möglicherweise nur einige der Anteilseigner die Mitteilung erhalten (DJKT/*Bärenz/Käpplinger* AIFM-RL Art. 27 Rn. 39).

12 Es ist **nicht absehbar,** wie sich diese **Regelung in der Praxis durchführen** lassen soll. Zwar wird von den Unternehmen und den Registern noch die Identität in Form der exakten Namens- oder Firmenbezeichnung erhältlich sein. Hinsichtlich der Adresse muss dies allerdings nicht notwendigerweise der Fall sein. So ist zum Teil aus Registern, wie zB dem deutschen Handelsregister, nur der Wohnort oder der Sitz des Anteilseigners ersichtlich. Darüber hinaus stehen Datenschutz-

gründe entgegen, dass der AIF-KVG, die zwar einerseits selbst mitteilungspflichtig ist, andererseits aber selbst nicht Anteilseigner ist, sondern nur im Namen des AIF tätig wird (vgl. DJKT/*Bärenz/Käpplinger* AIFM-RL Art. 27 Rn. 39). So hat schon ein Aktionär einer nicht börsennotierten Aktiengesellschaft, die Namensaktien ausgegeben hat, keinen Zugang zu Daten über seine Mitaktionäre aus dem Aktienregister gem. § 67 AktG, sofern die Satzung der Gesellschaft nichts Abweichendes vorsieht (vgl. *Koch* AktG § 67 Rn. 71 f.). Dies gilt erst recht für einen Nicht-Aktionär.

Die AIF-KVG muss schließlich die **BaFin von der Kontrollerlangung informieren.** Dies gilt auch, wenn das nicht börsennotierte Unternehmen seinen satzungsmäßigen Sitz im Ausland hat. Sollte nach den Vorschriften des Sitzstaats Informationspflichten gegenüber Behörden dieses Staats erforderlich sein, werden diese nicht durch die Informationspflicht gem. § 289 derogiert. Diese sind zusätzlich von der AIF-KVG zu erfüllen. Da der deutsche Gesetzgeber von der Informationsoption des Art. 28 I 2 AIFM-RL keinen Gebrauch gemacht hat, entfällt die Pflicht der AIF-KVG, Behörden anderer Mitgliedsstaaten von der Kontrollerlangung zu informieren (vgl. DJKT/*Bärenz/Käpplinger* AIFM-RL Art. 27 Rn. 38). 13

3. Inhalt der Mitteilung. Die Mitteilung über die Erlangung der Kontrolle muss die Adressaten über diese Tatsache in Kenntnis setzen. Die Mitteilung muss dabei den **Namen des AIF** und des betreffenden **nicht börsennotierten Unternehmens** enthalten. 14

Nach Abs. 3 muss die Mitteilung darüber hinaus **zusätzliche Angaben** enthalten. Gemäß § 289 III Nr. 1 ist die sich hinsichtlich der Stimmrechte ergebende Situation darzustellen. Es sind daher Angaben zu dem prozentualen Anteil der Stimmrechte, die der AIF an der abstrakten Gesamtzahl der Stimmrechte hält, mitzuteilen. Halten mehrere AIF die Stimmrechte gemeinsam, sind der prozentuale Anteil eines jeden einzelnen AIF und der gemeinsam gehaltene prozentuale Anteil anzugeben. Daneben sind jeweils auch die Anzahl der gehalten Stimmrechte anzugeben (vgl. EDD/*Bärenz/Käpplinger* § 289 Rn. 35). Die Angabe sowohl der Anzahl der Stimmrechte als auch des prozentualen Anteils entspricht der Verwaltungsauffassung der BaFin zu den Stimmrechtsmitteilungen gem. § 21 WpHG (vgl. Assmann/Schneider/*U.-H. Schneider* WpHG § 21 Rn. 121 f.). 15

Nach § 289 III Nr. 2 sind die **Bedingungen, unter denen die Kontrolle erlangt wurde, anzugeben.** Damit sind nicht Bedingungen gem. § 158 BGB gemeint, sondern allgemeiner die Umstände der Kontrollerlangung, wobei es auf die Umstände zum Zeitpunkt der Kontrollerlangung ankommt (WBA/*Herresthal* § 289 Rn. 4; EDD/*Bärenz/Käpplinger* § 289 Rn. 36). Explizit erforderlich sind die Nennung der einzelnen beteiligten Anteilseigner, insb. sofern mehrere AIF gemeinsam gehandelt haben sowie deren Vertreter, die in deren Namen zur Stimmabgabe berechtigt sind. Schließlich ist die **Beteiligungskette anzugeben,** über die Stimmrechte gehalten werden, soweit die beteiligten AIF nicht direkt ihre Anteile an dem nicht börsennotierten Unternehmen halten, was regelmäßig der Fall sein dürfte. Nicht mitzuteilen sind Informationen über die Finanzierung des Erwerbs und der Besicherung der Anteile, sowie Vertragsbestandteile des Erwerbsvertrags (DJKT/*Bärenz/Käpplinger* AIFM-RL Art. 27 Rn. 44). 16

§ 289 III Nr. 3 statuiert, dass das **Datum, an dem die Kontrolle erlangt wurde,** mitzuteilen ist. Maßgeblicher Zeitpunkt ist der Tag des dinglichen Anteilsübergang („Closing") oder bei einer Kapitalerhöhung der Tag der Eintragung derselben (*Weitnauer* AG 2013, 672 (675); EDD/*Bärenz/Käpplinger* § 289 Rn. 38). 17

IV. Information an Arbeitnehmer (Abs. 4)

18 Zusätzlich zu den in Abs. 2 genannten Adressaten der Mitteilungspflichten soll sichergestellt werden, dass auch die **Arbeitnehmer des nicht börsennotierten Unternehmens von der Kontrollerlangung Kenntnis** erlangen. Daher schreibt § 289 IV 1 vor, dass die AIF-KVG in ihrer Mitteilung an das Unternehmen gem. § 289 II Nr. 2 das Geschäftsleitungsorgan ersucht, entweder die Arbeitnehmervertreter oder, falls es diese nicht gibt, die Arbeitnehmer selbst unverzüglich von der Kontrollerlangung und von den Informationen gem. § 289 III in Kenntnis zu setzen. Die Verwendung des Begriffs „Vorstand des Unternehmens" ist aus der AIFM-RL übernommen, greift aber bezüglich der deutschen Terminologie zu kurz, da nicht nur Vorstände nicht börsennotierter Aktiengesellschaften informiert werden sollen, sondern auch Geschäftsleitungsorgane anderer Kapital- oder Personenhandelsgesellschaften (vgl. *Zetzsche* NZG 2012, 1164 (1168)). Die AIF-KVG ist aber mangels Rechtsbeziehung nicht verpflichtet, die Arbeitnehmervertreter oder Arbeitnehmer selbst über die Kontrollerlangung zu informieren (vgl. 54. Erwägungsgrund der AIFM-RL; *Zetzsche* NZG 2012, 1164 (1168)). Vielmehr ist ihr nach Abs. 4 S. 1 eine Ersuchenspflicht auferlegt worden, die eine Erinnerungsfunktion für die Geschäftsleitung haben soll (vgl. EDD/*Bärenz/Käpplinger* § 289 Rn. 41). Aufgrund dieser Ersuchenspflicht hat die AIF-KVG die Geschäftsleitung des Unternehmens zu bitten, die Arbeitnehmervertreter oder Arbeitnehmer über die Kontrollerlangung entsprechend Abs. 2, 3 zu informieren. Dieses Ersuchen muss hinreichend deutlich aus der an das Unternehmen gerichteten Mitteilung hervorgehen.

19 Darüber hinaus hat sich die AIF-KVG nach § 289 IV 1 **nach besten Kräften zu bemühen, sicherzustellen,** dass die **Geschäftsleitung** des nicht börsennotierten Unternehmens die entsprechenden **Informationen an Arbeitnehmervertreter oder Arbeitnehmer weitergibt.** Bei dieser Bemühenspflicht handelt es sich um eine reine Handlungspflicht und nicht um eine Erfolgspflicht (EDD/*Bärenz/Käpplinger* § 289 Rn. 43). Die AIF-KVG steht daher nicht dafür ein, dass die Arbeitnehmervertreter oder Arbeitnehmer tatsächlich die Information erhalten. Das KAGB enthält allerdings keine Pflicht der Geschäftsleitung, diese Informationen weiterzugeben. Bei dem Inhalt dieser Handlungspflicht ist daher zu differenzieren. Ist die Geschäftsleitung aus anderer gesetzlicher Grundlage verpflichtet, die Informationen weiterzugeben, besteht die Bemühenspflicht vorranging darin, die Informationsweitergabe nicht zu behindern (DJKT/*Bärenz/Käpplinger* AIFM-RL Art. 27 Rn. 52) und auf die Vollständigkeit der Informationsweitergabe zu achten. Besteht dagegen keine gesetzliche Verpflichtung der Geschäftsleitung, ist der Inhalt der Bemühenspflicht schwierig fassbar. Feststehen dürfte, dass sich die AIF-KVG im Rahmen ihrer Bemühenspflicht im Nachgang zu der Mitteilung bei der Geschäftsleitung erkundigen muss, ob die Information an die Arbeitnehmervertreter oder Arbeitnehmer weitergegeben wurde. Der weitere Inhalt dieser Pflicht wird dann davon abhängen, ob und, wenn ja, welche Reaktion von der Geschäftsleitung des nicht börsennotierten Unternehmens folgt. Der Inhalt kann auch davon abhängen, inwieweit sich die Geschäftsleitung darauf beruft, bei den Informationen handele es sich um vertrauliche Informationen iSd § 287 V (→ § 287 Rn. 19). Ist die Weitergabe der Informationen diesbezüglich begrenzt, hat dies auch begrenzende Auswirkung auf die Bemühenspflicht (vgl. DJKT/*Bärenz/Käpplinger* AIFM-RL Art. 27 Rn. 53 ff.).

20 Die Pflichten der AIF-KVG bezüglich der Informierung der Arbeitnehmervertreter oder Arbeitnehmer stehen neben den bestehenden **gesetzlichen Informationspflichten.** Hier ist vor allem auf die Pflicht der Geschäftsleitung hin-

zuweisen, den Wirtschaftsausschuss oder, falls einer solcher nicht besteht, den Betriebsrat von einer Übernahme des Unternehmens, wenn damit der Erwerb der Kontrolle verbunden ist, zu informieren; §§ 106 III Nr. 9a, 109a BetrVG (vgl. *Weitnauer* AG 2013, 672 (675)). Bei einer Maßnahme gem. dem UmwG ist nach § 5 III UmwG der entsprechende Vertrag dem Betriebsrat vorab zuzuleiten.

V. Frist (Abs. 5) und Form der Mitteilungen

Absatz 5 des § 289 regelt die **Frist,** innerhalb welcher die Mitteilungen abgegeben werden müssen. Danach sind Mitteilungen nach Abs. 1, 2 und 3 „so rasch wie möglich, aber nicht später als zehn Arbeitstage" nach dem Tag, an dem die Schwellenwertberührung (Abs. 1) oder die Kontrollerlangung (Abs. 2 u. 3) erfolgt ist, zu machen. Die Fristbestimmung beruht auf der Terminologie der AIFM-RL und ist dem deutschen Recht fremd. Vielmehr kennt das deutsche Recht den Begriff unverzüglich, dh ohne schuldhaftes Zögern (§ 121 BGB). Ob „so rasch wie möglich" als „unverzüglich" zu interpretieren ist, bleibt offen, da die Gesetzesmaterialien dafür nichts hergeben, und ist letztlich durch die Gerichte zu entscheiden (vgl. auch *Viciano-Gofferje* BB 2013, 2506 (2507)). Diese Rechtsfrage dürfte in der Praxis aber wohl ohne Belang sein, da gleichzeitig eine **feste Höchstfrist von zehn Arbeitstagen** geregelt ist. Diese darf in keinem Fall überschritten werden. Arbeitstage sind die Wochentage Montag bis Freitag. Der Samstag ist kein Arbeitstag iSd KAGB. **21**

Die Höchstfrist von 10 Tagen ist eine **Ereignisfrist** gem. § 187 I BGB, da sie an das Ereignis der Schwellenberührung oder der Kontrollerlangung anknüpft. Auf die Berechnung der Frist finden im Übrigen die §§ 187–193 BGB entsprechend Anwendung. **22**

Das **Gesetz besagt nichts** über die **Form der Mitteilung.** Ein Muster einer Mitteilung existiert nicht. In entsprechender Anwendung der Vorgaben bei Stimmrechtsmitteilungen gem. § 21 WpHG sind daher Mitteilungen schriftlich an den Adressaten zu senden und von einem Vertretungsberechtigten der AIF-KVG zu unterschreiben. Eine Übermittlung per Telefax dürfte genügen. Die Mitteilung darf gegenüber in Deutschland ansässigen Adressaten in deutscher oder englischer Sprache abgegeben werden, bezüglich im Ausland ansässiger Adressaten wird man zumindest eine englische Mitteilung fordern müssen. Eine Mitteilung in der Sprache des Landes, in dem der im Ausland ansässige Adressat seinen Sitz hat, dürfte die Mitteilungspflichten einer in Deutschland regulierten AIF-KVG überspannen. **23**

Das KAGB sieht **keine zivilrechtlichen Sanktionen** vor, wenn die Mitteilung nicht oder fehlerhaft abgegeben wird. Insbesondere droht kein Stimmrechtsverlust wie bei § 44 WpHG (EDD/*Bärenz/Käpplinger* § 289 Rn. 49). Nach § 340 II Nr. 26 ist es eine **Ordnungswidrigkeit,** eine Mitteilung nach § 289 I, II oder V vorsätzlich oder fahrlässig nicht, nicht richtig, nicht vollständig oder nicht rechtzeitig abgegeben zu haben. Die Geldbuße kann bis zu 100.000 EUR betragen, § 340 V. **24**

VI. Verhältnis zu anderen Informationspflichten

Die Mitteilungspflichten der AIF-KVG gem. § 289 stehen neben den **bestehenden gesetzlichen Mitteilungspflichten.** So besteht mit den Vorschriften der §§ 21ff. WpHG keine Konkurrenz, da diese nur auf Emittenten Anwendung finden. Die Regelungen der §§ 20, 21 AktG und § 328 IV AktG bei nicht börsennotieren Aktiengesellschaften (vgl. § 3 II AktG) bleiben weiterhin anwendbar und sind von dem Aktionär, für den die AIF-KVG handelt, zu befolgen. Gleiches gilt **25** für die Einreichung von Gesellschafterlisten bei einer GmbH oder bei der Einholung einer Genehmigung nach §§ 55ff., 60ff. AWV. Entsprechende Mitteilungspflichten bei ausländischen nicht börsennotierten Unternehmen sind ebenso weiterhin zu berücksichtigen.

§ 290 Offenlegungspflicht bei Erlangen der Kontrolle

(1) Erlangt ein AIF allein oder gemeinsam mit anderen AIF die Kontrolle über ein nicht börsennotiertes Unternehmen oder einen Emittenten gemäß § 287 Absatz 1 in Verbindung mit § 288 Absatz 1, legt die AIF-Kapitalverwaltungsgesellschaft den folgenden Stellen die in Absatz 2 genannten Informationen vor:

1. dem betreffenden Unternehmen,

2. den Anteilseignern, soweit deren Identität und Adresse der AIF-Kapitalverwaltungsgesellschaft

a) vorliegen,

b) von dem nicht börsennotierten Unternehmen zur Verfügung gestellt werden können oder

c) über ein Register, zu dem die AIF-Kapitalverwaltungsgesellschaft Zugang hat oder erhalten kann, zur Verfügung gestellt werden können und

3. der Bundesanstalt.

(2) Die AIF-Kapitalverwaltungsgesellschaft legt die folgenden Informationen vor:

1. die Identität der AIF-Kapitalverwaltungsgesellschaft, die entweder allein oder im Rahmen einer Vereinbarung mit anderen AIF-Kapitalverwaltungsgesellschaften die AIF verwalten, die die Kontrolle erlangt haben,

2. die Grundsätze zur Vermeidung und Steuerung von Interessenkonflikten, insbesondere zwischen der AIF-Kapitalverwaltungsgesellschaft, dem AIF und dem Unternehmen, einschließlich Informationen zu den besonderen Sicherheitsmaßnahmen, die getroffen wurden, um sicherzustellen, dass Vereinbarungen zwischen der AIF-Kapitalverwaltungsgesellschaft oder dem AIF und dem Unternehmen wie zwischen voneinander unabhängigen Geschäftspartnern geschlossen werden und

3. die Grundsätze für die externe und interne Kommunikation in Bezug auf das Unternehmen, insbesondere gegenüber den Arbeitnehmern.

(3) [1]In ihrer Mitteilung nach Absatz 1 Nummer 1 ersucht die AIF-Kapitalverwaltungsgesellschaft den Vorstand des Unternehmens, entweder die Arbeitnehmervertreter oder, falls es keine solchen Vertreter gibt, die Arbeitnehmer selbst unverzüglich von den Informationen gemäß Absatz 2 in Kenntnis zu setzen. [2]Die AIF-Kapitalverwaltungsgesellschaft bemüht sich nach besten Kräften sicherzustellen, dass der Vorstand entweder die Arbeitnehmervertreter oder, falls es keine solchen Vertreter gibt, die Arbeitnehmer selbst ordnungsgemäß informiert.

(4) [1]Die AIF-Kapitalverwaltungsgesellschaft stellt sicher, dass den in Absatz 1 Nummer 1 und 2 genannten Unternehmen und Anteilseignern folgende Informationen offengelegt werden:

1. die Absichten des AIF hinsichtlich der zukünftigen Geschäftsentwicklung des nicht börsennotierten Unternehmens und
2. die voraussichtlichen Auswirkungen auf die Beschäftigung, einschließlich wesentlicher Änderungen der Arbeitsbedingungen.

[2]Ferner ersucht die AIF-Kapitalverwaltungsgesellschaft den Vorstand des nicht börsennotierten Unternehmens, die in diesem Absatz genannten Informationen entweder den Arbeitnehmervertretern oder, falls es keine solchen Vertreter gibt, den Arbeitnehmern des nicht börsennotierten Unternehmens selbst zur Verfügung zu stellen und bemüht sich nach besten Kräften, dies sicherzustellen.

(5) **Sobald ein AIF die Kontrolle über ein nicht börsennotiertes Unternehmen gemäß §287 Absatz 1 in Verbindung mit §288 Absatz 1 erlangt, legt die AIF-Kapitalverwaltungsgesellschaft, die den betreffenden AIF verwaltet, der Bundesanstalt und den Anlegern des AIF Angaben zur Finanzierung des Erwerbs vor.**

Inhaltsübersicht

	Rn.
I. Überblick	1
II. Offenlegungspflicht (Abs. 1 u. 2)	2
1. Tatbestand der Offenlegungspflicht	2
2. Adressaten der Offenlegung (Abs. 1 Nr. 1–3)	3
3. Inhalt der Information (Abs. 2)	5
III. Offenlegung von Absichten und Auswirkungen (Abs. 4 S. 1)	9
1. Tatbestand der Informationspflicht	9
2. Adressaten und Verpflichtete der Offenlegung	10
3. Inhalt der Offenlegung	12
IV. Arbeitnehmerinformation (Abs. 3; Abs. 4 S. 2)	14
V. Offenlegung der Finanzierung des Erwerbs (Abs. 5)	17
VI. Form und Frist der Offenlegung	20
VII. Verhältnis zu anderen Informationspflichten	22

I. Überblick

Ergänzend zu den Mitteilungspflichten bei Kontrollerlangung nach §289 II, III statuiert §290 Offenlegungspflichten der AIF-KVG bei Erlangen der Kontrolle. Die Offenlegungspflicht ist in Abs. 1, 2 sowie in Abs. 4 S. 1 geregelt. Allerdings beziehen sich die Offenlegungspflichten nach §290 auf die Kontrollerlangung an einem nicht börsennotierten Unternehmen und einem Emittenten iSv Art. 2 I Buchst. d der RL 2004/109/EG (→§287 Rn. 16). Darüber hinaus werden in Abs. 3 und Abs. 4 S. 2 weitere Informationspflichten gegenüber Arbeitnehmervertreter oder Arbeitnehmer geregelt. Absatz 5 enthält eine weitere Informationspflicht. Danach hat die AIF-KVG der BaFin sowie den Anlegern des AIF Angaben über die Finanzierung des Erwerbs zu machen. §290 setzt Art. 28 der AIFM-RL um. 1

II. Offenlegungspflicht (Abs. 1 u. 2)

1. Tatbestand der Offenlegungspflicht. Voraussetzung der Offenlegungspflichten des §290 I ist die Erlangung der Kontrolle durch einen AIF allein oder durch mehrere AIF gemeinsam bei nicht börsennotierten Unternehmen oder einem Emittenten. Dabei verweist §290 I auf §287 I, wenn es um das Handeln 2 von einem oder mehreren AIF geht, und auf § 288 I bezüglich der Definition von Kontrolle. Anders als bei den Mitteilungspflichten des § 289, die nur bei Beteiligungen an nicht börsennotierten Unternehmen Anwendung finden, ist § 290 auf Beteiligungen von AIF an nicht börsennotierten Unternehmen iSd § 1 XIX Nr. 27 (→ § 287 Rn. 9ff.) und Emittenten gem. § 287 IV anwendbar (→ § 287 Rn. 16ff.).

3 **2. Adressaten der Offenlegung (Abs. 1 Nr. 1–3).** Wie bei der Mitteilungspflicht bei Kontrollerlangung gem. § 289 II besteht die Offenlegungspflicht gegenüber dem **betreffenden Unternehmen** (§ 290 I Nr. 1), sei es ein nicht börsennotiertes oder ein Emittent, den **Anteilseignern** (§ 290 I Nr. 2) und der **BaFin** (§ 290 I Nr. 3). Eine Informationspflicht gegenüber dem Anlegerpublikum existiert nicht, bezüglich der Kontrollerlangung bei Emittenten wird die Information des Kapitalmarkts durch die Mitteilungspflicht des Emittenten gem. § 40 WpHG sichergestellt.

4 Bezüglich der Offenlegung gegenüber den Adressaten des § 290 I Nr. 1–3 finden die gleichen Grundsätze wie bei den Mitteilungspflichten nach § 289 II Anwendung (→ § 289 Rn. 8–13). Dies folgt schon aus den gleichlautenden Formulierungen. Auch bei § 290 hat der deutsche Gesetzgeber nicht von der Informationsoption des Art. 28 I 2 AIFM-RL Gebrauch gemacht. Folglich besteht keine Pflicht der AIF-KVG, Behörden anderer Mitgliedsstaaten von der Kontrollerlangung zu informieren (vgl. DJKT/*Bärenz/Käpplinger* AIFM-RL Art. 28 Rn. 10; *Zetzsche* NZG 2012, 1164 (1168)).

5 **3. Inhalt der Information (Abs. 2).** § 290 II beschreibt die Informationen, die die AIF-KVG zusätzlich zu der Mitteilung über die Kontrollerlangung gem. § 289 II (→ § 289 Rn. 14ff.) gegenüber den Adressaten (§ 290 I Nr. 1–3) offenlegen muss. So hat die AIF-KVG nach § 290 II Nr. 1 die Identität derjenigen AIF-KVG vorzulegen, die entweder allein oder im Rahmen einer Vereinbarung mit anderen AIF-KVG die AIF, die Kontrolle erlangt haben, mitzuteilen. Es sind sämtliche Informationen anzugeben, die zur Identifizierung der AIF-KVG beitragen, dh Namen oder Firma der AIF-KVG, ferner Sitz, Adresse und, soweit vorhanden, Register und Registernummer (vgl. DJKT/*Bärenz/Käpplinger* AIFM-RL Art. 28 Rn. 13). Handelt eine AIF-KVG aufgrund einer Vereinbarung mit anderen AIF-KVG, hat sie diese Informationen auch über ihre Vertragspartner mitzuteilen (vgl. DJKT/*Bärenz/Käpplinger* AIFM-RL Art. 28 Rn. 14). Dagegen sind hierunter die für die AIF-KVG zuständige Aufsichtsbehörde sowie die Identität der verwalteten AIF nicht anzugeben (vgl. DJKT/*Bärenz/Käpplinger* AIFM-RL Art. 28 Rn. 15f.).

6 Nach § 290 II Nr. 2 sind die **Grundsätze zur Vermeidung und Steuerung von Interessenskonflikten,** insb. zwischen der AIF-KVG, dem AIF und dem betroffenen Unternehmen, darzustellen. Dabei sollen auch **Informationen zu Sicherungsmaßnahmen** vorgelegt werden, die getroffen wurden, um sicherzustellen, dass Vereinbarungen zwischen der AIF-KVG oder dem AIF und dem Unternehmen wie zwischen voneinander unabhängigen Geschäftspartnern geschlossen wurden. Auch wenn die Norm allgemein von Interessenskonflikten spricht und solche zwischen AIF-KVG, AIF und dem Unternehmen nur als besonderen Fall darstellt, so sind nur solche Interessenskonflikte gemeint, die einen Bezug zum betroffenen Unternehmen haben (vgl. auch EDD/*Bärenz/Käpplinger* § 290 Rn. 10). Es geht um Interessenskonflikte zwischen der AIF-KVG oder dem AIF auf der einen Seite und dem Portfoliounternehmen (auf den Portfoliounternehmens-Konzern erweiternd WBA/*Herresthal* § 290 Rn. 12) auf der anderen Seite. Solche Interessenskonflikte können zB bestehen bei der Inrechnungstellung von

Gebühren, wie für die Durchführung des Erwerbs oder bei Überwachung und Beratung des Unternehmens. Umstände bei der Finanzierung des Kaufpreises oder Rückführung desselben zu Lasten des Portfoliounternehmens wie auch bei Beteiligungen des Managements an dem Unternehmen zählen zu Interessenskonflikten (vgl. EDD/*Bärenz/Käpplinger* § 290 Rn. 10). Interessenskonflikte können ferner bei Austauschgeschäften zwischen zwei Portfoliounternehmen desselben AIF entstehen. Auch wenn diese vom Wortlaut der Vorschrift nicht erfasst werden, sind diese ebenfalls zu berücksichtigen, denn Begünstigter solcher Geschäfte wird regelmäßig jedenfalls auch der AIF sein. Nicht erfasst sind aber Interessenskonflikte zwischen der AIF-KVG und dem AIF und dessen Anlegern, da diese weder für das betroffene Unternehmen noch für deren Arbeitnehmer von Bedeutung sind (EDD/*Bärenz/Käpplinger* § 290 Rn. 11).

Bezüglich der **Interessenskonflikte** sind in der Erklärung nur die **Grundsätze** 7
aufzuzeigen, **wodurch diese vermieden oder, bei Aufdecken eines Konflikts, gelöst werden** können. Die Grundsätze müssen so detailliert beschrieben werden, dass die Adressaten die jeweiligen möglichen Interessenskonflikte und deren Handhabung erkennen können (DJKT/*Bärenz/Käpplinger* AIFM-RL Art. 28 Rn. 21). Es bestehen aber keine inhaltlichen Vorgaben, wie Interessenskonflikte vermieden oder gesteuert werden müssen (WBA/*Herresthal* § 290 Rn. 14; EDD/*Bärenz/Käpplinger* § 290 Rn. 12). Ferner ist in die Erklärung über die besonderen Sicherheitsmaßnahmen zu informieren, die getroffen worden sind, damit eventuelle Vereinbarungen mit dem betroffenen Unternehmen einem Fremdvergleich *(at arm's length)* standhalten. Sicherheitsmaßnahmen können in besonderen Zustimmungserfordernissen (zB Zustimmung des Aufsichtsrats oder eines Beirats) oder internen Transparenzpflichten bestehen Es besteht aber keine Pflicht zur Einrichtung von solchen Sicherheitsmaßnahmen (vgl. *Weitnauer* AG 2013, 672 (675 Fn. 18)).

Die AIF-KVG hat gem. § 290 II Nr. 3 die **Grundsätze für die externe und** 8
interne Kommunikation in Bezug auf das Unternehmen und auch dessen Arbeitnehmer darzustellen. Dabei geht es um die Offenlegung der Kommunikationspolitik in Bezug auf das Portfoliounternehmen, dh Angaben, wie sich die AIF-KVG die Kommunikation vorstellt. Die Vorschrift enthält keine inhaltlichen Vorgaben an diese Kommunikationspolitik (EDD/*Bärenz/Käpplinger* § 290 Rn. 13). Dabei wird in hohem Maße darauf hinzuweisen sein, dass Kommunikation grds. gem. der gesetzlichen Vorgaben durchgeführt wird, zB Arbeitnehmer von den zuständigen Vertretungsorganen informiert werden.

III. Offenlegung von Absichten und Auswirkungen (Abs. 4 S. 1)

1. Tatbestand der Informationspflicht. § 290 IV enthält **weitere Infor-** 9
mationspflichten der AIF-KVG für den Fall der Kontrollerlangung, auch wenn dieses Tatbestandsmerkmal nicht ausdrücklich in diesem Absatz, anders als zB in Abs. 5, aufgeführt ist. Die Informationspflichten des Abs. 4 bestehen auch nur bei einer Kontrollerlangung bei einem nicht börsennotierten Unternehmen. Dies folgt schon aus § 287 IV, aus dem ersichtlich ist, dass der Abs. 4 auf die Kontrollerlangung bei Emittenten keine Anwendung findet. Darüber hinaus gelten bei der Kontrollerlangung bei Emittenten zwingend übernahmerechtliche Regelungen, da derjenige, der Kontrolle über einen Emittenten anstrebt oder anderweitig erlangt, ein Übernahme- oder Pflichtangebot gem. WpÜG an die außenstehenden Aktionäre abgeben muss. Im Rahmen dieses Angebots sind nach § 11 II 3 Nr. 2 WpÜG ua Angaben über die Absichten im Hinblick auf die künftige Geschäftstätigkeit der

kontrollierenden Gesellschaft, auf die Arbeitnehmer und deren Vertretungen und auf wesentliche Änderungen der Beschäftigungsbedingungen einschließlich der insoweit vorgesehenen Maßnahmen zu machen. Mit Abs. 4 soll nun eine Gleichstellung der Kontrollerlangung bei nicht börsennotierten Unternehmen mit einem Kontrollerwerb bei Emittenten erreicht werden (vgl. auch DJKT/*Bärenz/Käpplinger* AIFM-RL Art. 28 Rn. 25).

10 **2. Adressaten und Verpflichtete der Offenlegung.** Adressaten der Offenlegung gem. § 290 IV sind die in § 290 I Nr. 1 genannten Unternehmen, wobei nur die nicht börsennotierten Unternehmen gemeint sind, sowie die in § 290 I Nr. 2 genannten Anteilseigner der nicht börsennotierten Unternehmen (→ Rn. 4). Die BaFin ist dagegen nicht Adressat dieser Offenlegungspflicht.

11 Nach § 290 IV hat die AIF-KVG **sicher zu stellen,** dass die **Informationen gegenüber den Adressaten** (→ Rn. 11) **offengelegt** werden. Demnach trifft die Pflicht die AIF-KVG, die den oder die AIF verwaltet, die die Kontrolle erlangt haben. Sie kann die Informationen selbst gegenüber den Adressaten offenlegen oder sicherstellen, dass die Informationen anderweitig offengelegt werden (vgl. DJKT/*Bärenz/Käpplinger* AIFM-RL Art. 28 Rn. 29). Letzteres könnte zB bei der Offenlegung gegenüber den Anteilseignern der Fall ein. Die AIF-KVG könnte das Unternehmen anhalten, die Informationen an seine Anteilseigner weiterzugeben.

12 **3. Inhalt der Offenlegung.** § 290 IV verlangt die Offenlegung einerseits der **Absichten des AIF bezüglich der zukünftigen Geschäftsentwicklung** des nicht börsennotierten Unternehmens (Abs. 4 Nr. 1) und andererseits der **voraussichtlichen Auswirkungen auf die Beschäftigung** einschließlich wesentlicher Änderungen der Arbeitsbedingungen (Abs. 4 Nr. 2). Beide Informationsinhalte beziehen sich demnach auf zukünftige Ereignisse. Aufgrund der fast gleichlautenden Formulierung und des Zwecks, eine Gleichstellung mit Kontrollerwerben bei Emittenten zu erreichen, ist sich bei der Zumessung des Informationsinhalts in Abs. 4 Nr. 1 und Nr. 2 an der übernahmerechtlichen Vorschrift des § 11 II 3 Nr. 2 WpÜG zu orientieren (s. bezüglich der Übereinstimmung der Richtlinientexte EDD/*Bärenz/Käpplinger* § 290 Rn. 16).

13 Bei Abs. 4 Nr. 1 sind die Absichten hinsichtlich der zukünftigen Geschäftstätigkeit anzugeben, allerdings nur soweit die Absichten des AIF hinreichend konkret sind, denn nur dann bilden sie eine hinreichende Information und Entscheidungsgrundlage für die Adressaten. Die **zukünftige Geschäftstätigkeit** bezieht sich auf die **Grundsätze der Unternehmensplanung,** insb. die künftige Investitions- und Wachstumspolitik sowie die Politik hinsichtlich einzelner Geschäftsfelder. Planungen, den Sitz des Unternehmens oder einzelne Standorte zu verlegen, Standorte des Unternehmens zusammenzulegen, Standorte zu schließen etc. sind ebenfalls zu benennen (vgl. zu § 11 II 3 Nr. 2 WpÜG *Geibel/Süßmann* WpÜG § 11 Rn. 24), auch wenn in der Vorschrift, anders als bei § 11 II 3 Nr. 2 WpÜG, nicht ausdrücklich genannt. Im Rahmen des Abs. 4 Nr. 2 sind die voraussichtlichen **Auswirkungen** anzugeben, die durch die Kontrollerlangung **auf die Beschäftigung** einschließlich wesentlicher Änderungen der Arbeitsbedingungen entstehen. Voraussichtlich sind diese dann, wenn sie von dem AIF konkret vorhersehbar oder geplant sind. Dabei handelt es sich um subjektive Vorstellungen des AIF (vgl. WBA/*Herresthal* § 290 Rn. 18; für das Übernahmerecht s. *Geibel/Süßmann* WpÜG § 11 Rn. 23). Der **Begriff „Beschäftigung"** muss im Lichte des § 11 II 3 Nr. 2 WpÜG als **Situation der Arbeitnehmer und deren Vertretungen** interpretiert werden. Bezüglich des Begriffs der „wesentlicher Änderungen der Arbeitsbedingungen" findet sich in

der übernahmerechtlichen Vorschrift die ähnliche Formulierung der wesentlichen Änderungen der Beschäftigungsbedingungen. Auswirkung auf die Beschäftigung meint damit die Auswirkungen auf Quantität und Zusammensetzung der Belegschaft und eine Änderung der Arbeitnehmervertretungen, wobei auch eine Änderung der Tarifzugehörigkeit darunter fallen kann. Angaben zur wesentlichen Änderung von Arbeitsbedingungen sind erforderlich, wenn eine solche geplant ist. Hierfür ist erforderlich, dass die angestrebten Veränderungen Teil eines vom AIF entwickelten unternehmerischen Konzepts sind, das zu einer nicht unerheblichen Umgestaltung des bestehenden Lohn- oder Gehaltsgefüges oder sonstiger Bedingungen führen soll. Erfasst sind demnach Änderungen rechtlicher wie tatsächlicher Art. Anzugeben sind allerdings nur solche Änderungen, auf die der AIF einen Einfluss hat, nicht solche, die auf allgemeinen wirtschaftlichen Ursachen beruhen (vgl. zu § 11 II 3 Nr. 2 WpÜG *Geibel/Süßmann* WpÜG § 11 Rn. 32).

IV. Arbeitnehmerinformation (Abs. 3; Abs. 4 S. 2)

In der Offenlegung gegenüber dem betreffenden Unternehmen nach § 290 I Nr. 1 hat die AIF-KVG nach § 290 III 1 die Geschäftsleitung des Unternehmens zu ersuchen, die Arbeitnehmervertreter oder, falls solche nicht vorhanden, die Arbeitnehmer selbst über die Informationen gem. § 290 II in Kenntnis zu setzen. Ansprüche der Arbeitnehmer ergeben sich daraus nicht (WBA/*Herresthal* § 290 Rn. 8). Hinsichtlich dieser **Ersuchenspflicht** gelten die gleichen Maßstäbe wie bei § 289 IV 1 (→ § 289 Rn. 18). Die Erklärung an das Unternehmen muss das Ersuchen beinhalten, jedenfalls dieses hinreichend erkennen lassen, die Geschäftsleitung des Unternehmens möge die in § 290 II aufgeführten Informationen, die auch in der Erklärung enthalten sind, unverzüglich an die Arbeitnehmervertreter oder Arbeitnehmer weiterleiten (EDD/*Bärenz/Käpplinger* § 290 Rn. 14). 14

§ 290 III 2 enthält weiterhin eine **Bemühenspflicht,** dessen Inhalt sich nach den gleichen Maßstäben wie die in § 289 IV 2 richtet (→ § 289 Rn. 19). Die AIF-KVG muss sich nach besten Kräften bemühen, dass die Geschäftsleitung die in § 290 II aufgeführten Informationen an die Arbeitnehmervertreter oder Arbeitnehmer weiterleitet. 15

§ 290 IV 2 statuiert gegenüber der Geschäftsleitung des betreffenden nicht börsennotierten Unternehmens eine Ersuchenspflicht und Bemühenspflicht der AIF-KVG, dass die gem. 290 IV 1 offen zu legenden Informationen (→ Rn. 9) auch den Arbeitnehmervertretern oder Arbeitnehmern zur Verfügung gestellt werden. Der Inhalt dieser Pflichten weicht nicht von denen des § 289 IV oder § 290 III ab (vgl. auch EDD/*Bärenz/Käpplinger* § 290 Rn. 22). 16

V. Offenlegung der Finanzierung des Erwerbs (Abs. 5)

Im Fall der Kontrollerlangung an einem nicht börsennotierten Unternehmen gem. §§ 287 I, 288 I durch einen AIF hat die den AIF verwaltende AIF-KVG die **BaFin** und die **Anleger des AIF** über die **Finanzierung des Erwerbs zu informieren.** Adressaten dieser Informationspflicht sind die BaFin und nunmehr auch die Anleger des AIF. Letztere sind zwar Adressaten der Informierung gem. § 291 III Nr. 2 (→ § 291 Rn. 14), ansonsten aber nicht Adressaten von Mitteilungen gem. §§ 289, 290 I–IV. Die Informationspflicht tritt neben Pflichten der AIF-KVG, die diese aufgrund vertraglicher oder gesellschaftsvertraglicher Abreden gegenüber dem Fonds bereits haben dürfte (vgl. *Weitnauer* AG 2013, 672 (675)). 17

18 Die **Angaben zur Finanzierung des Erwerbs** können sich an **denen des Übernahmerechts orientieren,** da ja erklärter Zweck des § 290 ist, bei dem Kontrollerwerb bei nicht börsennotierten Unternehmen einen Gleichlauf mit dem bei Emittenten zu erreichen (vgl. EDD/*Bärenz/Käpplinger* § 290 Rn. 23). So sieht § 11 II 2 Nr. 1 Angaben zu Maßnahmen, die sicherstellen, dass die zur Erfüllung des Erwerbs notwendigen Finanzmittel zur Verfügung stehen. Zweck und Adressat ist jedoch ein anderer. Die Anteilseigner des Emittenten sollen über die Finanzierung des Erwerbs informiert werden, damit diese einschätzen können, ob sie die Gegenleistung bei Abgabe der Aktien erhalten. Im Rahmen des § 290 V werden jedoch nicht die Anteilseigner des nicht börsennotierten Unternehmens informiert, sondern die BaFin und die Anleger des AIF. Ziel ist eine verbesserte Informationspolitik im Allgemeinen und zur Überwachung allgemeiner Systemrisiken (vgl. hinsichtlich Art. 28 AIFM-RL DJKT/*Bärenz/Käpplinger* AIFM-RL Art. 28 Rn. 1, 33).

19 Die Angaben zu der Finanzierung des Erwerbs müssen **Angaben** zum **eingesetzten Eigen- und Fremdkapital** enthalten, insb. zu den Anteilen der beiden Komponenten bei der Gesamtfinanzierung. Bezüglich des Fremdkapitals ist anzugeben, welche Art von Fremdkapital verwendet wird, zB Bankkredit, Anleihen oder anderes. Jedoch sind Konditionen der Eigenkapital- wie auch der Fremdkapitalaufnahme wie Vorzüge, Zins, Kosten, Laufzeit etc. nicht anzugeben (EDD/*Bärenz/Käpplinger* § 290 Rn. 24).

VI. Form und Frist der Offenlegung

20 § 290 enthält **keine Regelung, innerhalb welcher Frist** die Informationen den Adressaten zur Verfügung gestellt werden müssen. Aus den Vorschriften ergibt sich nur, dass die Informationen offenzulegen oder vorzulegen sind, wenn oder „sobald" die Kontrollerlangung erfolgt ist. Daraus kann keine konkrete Frist abgleitet werden, jedenfalls ist der Wortlaut der Vorschriften nicht so zu verstehen, dass die Informierung sofort erfolgen müsste (vgl. EDD/*Bärenz/Käpplinger* § 290 Rn. 25). Auch wenn die Fristbestimmung des § 289 V nicht direkt auf die Offenlegungspflichten in § 290 anwendbar ist, liegt doch nahe, sich bei § 290 ebenfalls an der Fristbestimmung des § 289 V (→ § 289 Rn. 21 f.) zu orientieren, zumal in der Mitteilung gem. § 289 II bereits Informationen nach § 290 aufgeführt werden können. Jedenfalls dürfte das KAGB nicht verlangen, dass die Informationen nach § 290 noch vor der Mitteilung nach § 289 bereitgestellt werden müssen. Allenfalls bei den Angaben der AIF-KVG über die Finanzierung des Kontrollerwerbs gem. Abs. 5 gegenüber den Anlegern des AIF dürfte ausreichend sein, wenn diese Informierung im Rahmen des allgemeinen Berichtswesens des AIF erfolgt (vgl. EDD/*Bärenz/Käpplinger* § 290 Rn. 26). In diesem Fall ist nicht ersichtlich, warum eine möglichst zeitnahe Offenlegung erfolgen muss. Hinsichtlich der Form der Offenlegung gilt das zu → § 289 Rn. 23 Gesagte entsprechend.

21 Gemäß § 340 II Nr. 27 ist es eine **Ordnungswidrigkeit,** eine Mitteilung nach § 290 I oder V vorsätzlich oder fahrlässig nicht, nicht richtig, nicht vollständig oder nicht rechtzeitig abgegeben zu haben. Die Geldbuße kann bis zu 100.000 EUR betragen, § 340 V. Zivilrechtliche Sanktionen, wie zB Stimmrechtsverluste, wenn die Offenlegung nicht oder fehlerhaft abgegeben wird, sind nicht vorgesehen.

VII. Verhältnis zu anderen Informationspflichten

Die Offenlegungspflichten des § 290, die teils bei Kontrollerlangung an nicht börsennotierten Unternehmen und an Emittenten, teils nur bei Kontrollerlangung an nicht börsennotierten Unternehmen entstehen, sind **in Einklang mit den bisher bestehenden Informationspflichten zu bringen.** Die Offenlegungspflicht gem. § 290 I, II hat bisher kein Vorbild. Die Pflicht gem. § 290 IV entsteht nur bezüglich der Kontrollerlangung bei nicht börsennotierten Unternehmen, da hinsichtlich Emittenten gleichartige Informationspflichten in der Angebotsunterlage gem. § 11 WpÜG enthalten sein müssen, die im Zuge eines Kontrollerwerbs zwingend anzufertigen ist. Ähnliches gilt für die Informationspflichten gem. § 290 V. Zwar ist der ähnliche Informationsinhalt auch bei Emittenten im Zuge einer Kontrollerlangung aufzunehmen, allerdings sind die Adressaten verschieden. Darüber hinaus haben Aktionäre gem. § 27a WpHG die Herkunft der für den Erwerb einer 10%igen Beteiligung an einem Emittenten mitzuteilen. Die Offenlegungspflicht des Abs. 5 ist dieser Pflicht ähnlich, bleibt jedoch hinter dieser zurück (vgl. *Viciano-Gofferje* BB 2013, 2506 (2509)), denn die Pflicht nach § 43 WpHG entsteht schon bei einer 10%igen Beteiligung und nicht erst bei Kontrollerwerb. 22

Nach §§ 106 II, III Nr. 9a, 109a BetrVG ist die Geschäftsleitung verpflichtet, den Wirtschaftsausschuss oder, falls einer solcher nicht besteht, den Betriebsrat von einer Übernahme des Unternehmens, wenn damit der Erwerb der Kontrolle verbunden ist, unter Vorlage der erforderlichen Unterlagen zu unterrichten. Nach § 106 II 2 gehören zu den erforderlichen Unterlagen auch Angaben über den potenziellen Erwerber, dessen Absichten über die künftige Geschäftstätigkeit sowie sich daraus ergebende Auswirkungen auf die Arbeitnehmer. Folglich hat die Geschäftsleitung eine Informierungspflicht mit dem Inhalt, der dem gem. § 290 II Nr. 1 und IV 1 nahe kommt. Sollte diese Pflicht der Geschäftsleitung aufgrund BetrVG bestehen, reduziert sich die Dichte der der AIF-KVG obliegenden Bemühens- und Ersuchenspflichten dergestalt, dass diese jedenfalls die Informierung der Arbeitnehmervertreter nicht behindern darf. 23

§ 291 Besondere Vorschriften hinsichtlich des Jahresabschlusses und des Lageberichts

(1) **Erlangt ein AIF allein oder gemeinsam mit anderen AIF die Kontrolle über ein nicht börsennotiertes Unternehmen oder einen Emittenten gemäß § 287 Absatz 1 in Verbindung mit § 288 Absatz 1, ist die AIF-Kapitalverwaltungsgesellschaft dazu verpflichtet,**

1. **darum zu ersuchen und nach besten Kräften sicherzustellen, dass der Jahresabschluss und, sofern gesetzlich vorgeschrieben, der Lagebericht des nicht börsennotierten Unternehmens innerhalb der Frist, die in den einschlägigen nationalen Rechtsvorschriften für die Erstellung der genannten Unterlagen vorgesehen ist, gemäß Absatz 2 erstellt, um die Information nach Absatz 2 ergänzt und von den gesetzlichen Vertretern des Unternehmens den Arbeitnehmervertretern oder, falls es keine solchen Vertreter gibt, den Arbeitnehmern selbst zur Verfügung gestellt wird oder**
2. **für jeden betreffenden AIF in den gemäß § 148 vorgesehenen Anhang zum Jahresabschluss oder den gemäß § 158 vorgesehenen Jahresbericht**

zusätzlich die in Absatz 2 genannten Informationen über das betreffende nicht börsennotierte Unternehmen aufzunehmen.

(2) [1]**Die zusätzlichen Informationen gemäß Absatz 1 Nummer 2 müssen zumindest einen Bericht über die Lage des nicht börsennotierten Unternehmens am Ende des von dem Jahresabschluss oder Jahresbericht abgedeckten Zeitraums enthalten, in dem der Geschäftsverlauf des Unternehmens so dargestellt wird, dass ein den tatsächlichen Verhältnissen entsprechendes Bild entsteht.** [2]**Der Bericht soll außerdem folgende Informationen enthalten:**

1. **Ereignisse von besonderer Bedeutung, die nach Abschluss des Geschäftsjahres eingetreten sind,**
2. **die voraussichtliche Entwicklung des Unternehmens und**
3. **die in Artikel 22 Absatz 2 der Zweiten Richtlinie des Rates vom 13. Dezember 1976 zur Koordinierung der Schutzbestimmungen, die in den Mitgliedstaaten den Gesellschaften im Sinne des Artikels 58 Absatz 2 des Vertrages im Interesse der Gesellschafter sowie Dritter für die Gründung der Aktiengesellschaft sowie für die Erhaltung und Änderung ihres Kapitals vorgeschrieben sind, um diese Bestimmungen gleichwertig zu gestalten (77/91/EWG) (ABl. L 26 vom 31. 1. 1977, S. 1) bezeichneten Angaben über den Erwerb eigener Aktien.**

(3) **Die AIF-Kapitalverwaltungsgesellschaft hat**

1. **darum zu ersuchen und nach bestmöglichem Bemühen sicherzustellen, dass die gesetzlichen Vertreter des nicht börsennotierten Unternehmens die in Absatz 1 Nummer 2 genannten Informationen über das betreffende Unternehmen entweder den Arbeitnehmervertretern des betreffenden Unternehmens oder, falls es keine solchen Vertreter gibt, den Arbeitnehmern selbst innerhalb der in § 148 in Verbindung mit § 120 Absatz 1 oder in § 158 in Verbindung mit § 135 Absatz 1 genannten Frist zur Verfügung stellt oder**
2. **den Anlegern des AIF die Informationen gemäß Absatz 1 Nummer 2, soweit bereits verfügbar, innerhalb der in § 148 in Verbindung mit § 120 Absatz 1 oder in § 158 in Verbindung mit § 135 Absatz 1 genannten Frist und in jedem Fall spätestens bis zu dem Stichtag, zu dem der Jahresabschluss und der Lagebericht des nicht börsennotierten Unternehmens gemäß den einschlägigen nationalen Rechtsvorschriften erstellt werden, zur Verfügung zu stellen.**

I. Überblick

1 Zweck des § 291 ist es, die Informationslage zu **nicht börsennotierte** Portfolio-Unternehmen zu verbessern. Die Anleger des AIF sowie die Arbeitnehmer des nicht börsennotierten Unternehmens sollen über die Investition des AIF informiert werden. Insoweit ergänzt § 291 die Offenlegungspflichten gem. § 290 (vgl. für die AIFM-RL DJKT/*Bärenz/Käpplinger* AIFM-RL Art. 29 Rn. 1). Diesen Informationsbegünstigten soll auch während der Dauer des Investments durch den AIF und nicht nur an bestimmten Ereignissen im Sinne einer „laufenden Transparenz" Informationen zur Verfügung gestellt werden (*Weitnauer* AG 2013, 672 (675); WBA/*Herresthal* § 291 Rn. 6; EDD/*Bärenz/Käpplinger* § 291 Rn. 2).

Der **Anwendungsbereich** der Vorschrift ist **beschränkt auf** die **Kontrollerlangung** gem. § 287 I iVm § 288 I eines AIF allein oder gemeinsam mit anderen AIF an einem nicht börsennotierten Unternehmen. Der Wortlaut des § 291 I, als er insoweit auf die Kontrollerlangung über ein nicht börsennotiertes Unternehmen oder einen Emittenten abstellt, ist missverständlich. Denn aus den in Nr. 1 u. 2 aufgeführten Pflichten der AIF-KVG folgt, dass sich diese nur auf nicht börsennotierte Unternehmen beziehen. Auch folgt aus § 287 IV, dass § 291 nicht auf Emittenten anwendbar ist (aA *Viciano-Gofferje* BB 2013, 2506 (2510)). Damit wird durch § 291 die Regelungen der § 29 AIFM-RL vollständig, aber auch nicht überschießend umgesetzt. Denn auch im Zuge der Verabschiedung der AIFM-RL wurden die Emittenten vom Anwendungsbereich der RL ausgenommen, da diese bereits aufgrund der Transparenzrichtlinie zu Veröffentlichungspflichten treffen (vgl. DJKT/*Bärenz/Käpplinger* AIFM-RL Art. 29 Rn. 5). 2

II. Informationsmedium (Abs. 1)

Nach § 291 I ist die AIF-Kapitalverwaltungsgesellschaft im Fall der Kontrollerlangung an einem nicht börsennotierten Unternehmen durch einen AIF gehalten, bestimmte **Informationen zur Verfügung zu stellen.** Die AIF-Kapitalverwaltungsgesellschaft ist dabei berechtigt, **alternativ zwischen zwei Informationsmedien zu wählen,** in denen die Informationen aufzunehmen sind: entweder in den Jahresabschluss und, sofern gesetzlich vorgeschrieben, den Lagebericht des nicht börsennotierten Unternehmens (§ 291 I Nr. 1) oder andererseits in den Jahresbericht des AIF oder dessen Anhang (§ 291 I Nr. 2). Welches Informationsmedium die AIF-Kapitalverwaltungsgesellschaft wählt, steht in ihrem Ermessen (vgl. *Viciano-Gofferje* BB 2013, 2506 (2509)). 3

Die AIF-Kapitalverwaltungsgesellschaft kann nach § 291 I Nr. 1 den **Jahresabschluss** und, sofern gesetzlich vorgeschrieben, den **Lagebericht des nicht börsennotierten Unternehmens** als Informationsmedium wählen. In diesem Fall ist sie verpflichtet, das nicht börsennotierte Unternehmen zu ersuchen und ihm gegenüber nach besten Kräften sicherzustellen, dass der Jahresabschluss und, sofern das Unternehmen von Gesetzes wegen verpflichtet ist, einen Lagebericht zu erstellen, der Lagebericht die in § 291 II aufgeführten Informationen enthält. Bezüglich der Begriffe Jahresabschluss und Lagebericht ist für deutsche nicht börsennotierte Unternehmen auf das HGB (§§ 242, 264, 289 HGB) zu rekurrieren. Bezüglich nicht börsennotierter Unternehmen ausländischen Rechts hat man sich an den jeweiligen parallelen Informationsmedien zu orientieren, ergänzend unter Zuhilfenahme des Texts der AIFM-RL, der von „Jahresbericht" bzw. in der englischen Fassung von „Annual Report" spricht (vgl. DJKT/*Bärenz/Käpplinger* AIFM-RL Art. 29 Rn. 9). 4

Da der **Jahresabschluss einschließlich ggf. Lagebericht** ein Informationsmedium des nicht börsennotierten Unternehmens ist und daher **von den Geschäftsleitungsorganen des Unternehmens** erstellt wird, hat die AIF-Kapitalverwaltungsgesellschaft keine eigene Pflicht, selbst die Informationen in den Jahresabschluss und ggf. den Lagebericht aufzunehmen (*Weitnauer* AG 2013, 672 (675)). Daher hat sie nur eine Ersuchens- und Bemühenspflicht gegenüber den Geschäftsleitern des Unternehmens, dass diese die Informationen aufnehmen. Die Ersuchens- und Bemühenspflicht ist reine Handlungspflicht und keine Erfolgspflicht (→ § 289 Rn. 18f.) und insb. dann einschränkend auszulegen, sollte die Geschäftsleitung aufgrund anderer gesetzlicher Vorschriften zur Veröffentlichung verpflichtet sein (DJKT/*Bärenz/Käpplinger* AIFM-RL Art. 29 Rn. 11). Sie erstreckt sich auch, 5 darauf zu achten, dass das nicht börsennotierte Unternehmen den Jahresabschluss und ggf. den Lagebericht innerhalb der nach den nationalen Rechtsvorschriften vorgeschriebenen Frist veröffentlicht.

6 Ergänzend enthält § 291 I Nr. 1 eine **Ersuchens- und Bemühenspflicht** der AIF-KVG, dass der Jahresabschluss und ggf. der Lagebericht den Arbeitnehmervertretern oder, falls es keine solcher Vertreter gibt, Arbeitnehmern zur Verfügung gestellt wird. Systematisch gehört diese Pflicht zur Weitergabepflicht gem. § 291 III (DJKT/*Bärenz/Käpplinger* AIFM-RL Art. 29 Rn. 12), der allerdings nur die Weitergabe von Informationen gem. § 291 I Nr. 2 regelt. Ist allerdings der Jahresabschluss und ggf. der Lagebericht nach den nationalen Rechtsvorschriften derart offengelegt, so dass auch Arbeitnehmervertreter oder jeder Arbeitnehmer Einsicht nehmen kann, ist die Pflicht der AIF-KVG erfüllt. Sie darf jedenfalls dann die Offenlegungspflicht der Geschäftsleitungsorgane des Unternehmens nicht behindern (DJKT/*Bärenz/Käpplinger* AIFM-RL Art. 29 Rn. 13).

7 Andererseits kann die AIF-KVG wählen, die Informationen über das nicht börsennotierte Unternehmen gem. § 291 I Nr. 2 in den **Jahresbericht eines jeden betroffenen AIF oder dessen Anhang** einzustellen. Die Vorschrift verweist hier ausdrücklich auf den Jahresbericht gem. § 158, den eine geschlossene Investmentkommanditgesellschaft zu erstellen hat, sowie auf den von InvAG zu erstellenden Anhang gem. § 148. Wählt die AIF-KVG diese Alternative, hat sie die in Abs. 2 genannten Informationen für die Einstellung aufzubereiten. Das Gesetz sieht weder eine Pflicht vor, dass die AIF-Kapitalverwaltungsgesellschaft die Geschäftsleitung des nicht börsennotierten Unternehmens um Bereitstellung dieser Informationen bittet, soweit sie diese nicht selbst zur Verfügung hat, noch, dass die Geschäftsleitung diese der AIF-KVG zur Verfügung stellen muss. Der Informationsaustausch gestaltet sich daher nach allgemeinen gesellschaftsrechtlichen Regelungen.

III. Informationsinhalt (Abs. 2)

8 § 291 II beschreibt den Inhalt der jeweils aufzunehmenden Informationen. Danach muss in das jeweilige Informationsmedium nach Abs. 1 (→ Rn. 3 ff.) gem. Abs. 2 S. 1 ein **Bericht über die Lage des nicht börsennotierten Unternehmens** am Ende des betrachteten Geschäftsjahres einschließlich einer Beschreibung des Geschäftsverlaufs aufgenommen werden (vgl. *Viciano-Gofferje* BB 2013, 2506 (2509)). Entscheidender Zeitpunkt für die Beschreibung der Lage des Unternehmens ist das Ende des Geschäftsjahres. Der Geschäftsverlauf muss so beschrieben werden, dass ein den tatsächlichen Verhältnissen entsprechendes Bild entsteht. Die Beschreibung muss sich folglich an den Fakten und nicht an gesetzten Zielen oder Absichten orientieren.

9 Nach Abs. 2 S. 2 sollen noch weitere Informationen aufgenommen werden. Die in dieser Regelung enthaltene Soll-Vorschrift bedeutet, dass grds. die Informationen aufzuführen sind. Nur in atypischen Ausnahmefällen ist die Informationsaufnahme nicht notwendig. Diese Einschätzung obliegt der AIF-KVG, die damit das Risiko trägt, eine fehlerhafte Einschätzung getroffen zu haben. Aus diesem Grund ist zu aus ihrer Sicht zu raten, die Soll-Vorschrift als Muss-Vorschrift anzuwenden.

10 Zu den weiteren Informationen gehören **Ereignisse von besonderer Bedeutung,** die nach Abschluss des Geschäftsjahres eingetreten sind, § 291 II 2 Nr. 1. Dies betrifft Ereignisse in dem dem Berichtszeitraum nachfolgenden Zeitraum bis zur tatsächlichen Veröffentlichung. Darüber hinaus ist über die **voraussichtliche Entwicklung** des Unternehmens zu informieren, § 291 II 2 Nr. 2. Dies sind zukunfts-

bezogene Aussagen, die jeweils aus der Sicht des Informationsgebers zu beachten sind.

Schließlich sind nach § 291 II 2 Nr. 3 **Angaben über den Erwerb eigener Aktien,** die in Art. 22 II der Zweiten Richtlinie des Rates vom 13.12.1976 (77/91/EWG) aufgeführt sind. Danach sind in den Lagebericht einer Aktiengesellschaft die Gründe für die während des Geschäftsjahres getätigten Ankäufe, die Zahl und den Nennbetrag oder, wenn ein Nennbetrag nicht vorhanden ist, den rechnerischen Wert der während des Geschäftsjahres erworbenen und veräußerten Aktien sowie deren Anteil am gezeichneten Kapital, bei entgeltlichem Erwerb oder entgeltlicher Veräußerung der Gegenwert der Aktien und die Zahl und den Nennbetrag oder, wenn ein Nennbetrag nicht vorhanden ist, den rechnerischen Wert aller erworbenen und gehaltenen Aktien sowie deren Anteil am gezeichneten Kapital anzugeben. Ist das Portfoliounternehmen eine Aktiengesellschaft, besteht die Pflicht zur Aufnahme dieser Informationen. 11

IV. Informierungspflichten (Abs. 3)

Werden die in § 291 II genannten Informationen gem. § 291 I Nr. 2 in den Jahresbericht des AIF bzw. dessen Anhang aufgenommen, ist die AIF-Kapitalverwaltungsgesellschaft nach § 291 III Nr. 1 verpflichtet, zu ersuchen und nach bestmöglichem Bemühen sicherzustellen, dass die gesetzlichen Vertreter des nicht börsennotierten Unternehmens den **Arbeitnehmervertretern oder,** falls es keine solcher Vertreter gibt, **Arbeitnehmern** die **Informationen nach Abs. 1 Nr. 2 zur Verfügung stellen.** Die Verpflichtung resultiert daraus, dass die Arbeitnehmer(vertreter) nicht zwangsläufig Kenntnis von dem Jahresbericht oder dessen Anhang haben. Die AIF-KVG wird daher den gesetzlichen Vertretern Auszüge des Jahresberichts oder des Anhangs zur Verfügung stellen (*Zetzsche* NZG 2012, 1164 (1168)). Die Verpflichtung der AIF-KVG erstreckt sich auch darauf, dass die gesetzlichen Vertreter die Informationen innerhalb der in § 148 iVm § 120 I genannten Frist, dh vier bzw. sechs Monate nach dem Ende des Geschäftsjahres, oder innerhalb der in § 158 iVm § 135 I genannten Frist, dh sechs Monate nach dem Ende des Geschäftsjahres, zur Verfügung stellen. Die AIF-KVG, die für die fristgerechte Aufstellung des Jahresberichts zuständig ist, muss daher entsprechend koordinieren, dass dies Informationen mit angemessenem Vorlauf an die gesetzlichen Vertreter des nicht börsennotierten Unternehmens gegeben werden, damit diese die genannten Fristen einhalten können. 12

Nach § 291 III Nr. 1 besteht die Verpflichtung darin, „darum zu ersuchen und nach bestmöglichem Bemühen sicherzustellen", dass die Information von den gesetzlichen Vertretern weitergegeben werden. Nach § 291 I Nr. 1 trifft die AIF-KVG dagegen die Pflicht, „darum zu ersuchen und nach besten Kräften sicherzustellen, dass die Information zur Verfügung gestellt wird". Aus dem Vergleich des Wortlauts beider Vorschriften ergibt sich, dass zwar in beiden Fällen die AIF-KVG die **Ersuchenspflicht** gleichen Inhalts, aber eine **Bemühenspflicht mit unterschiedlichem Inhalt** trifft. Denn die AIF-KVG muss die Informierung der Arbeitnehmer(vertreter) nach Abs. 1 Nr. 1 „nach besten Kräften", nach Abs. 3 Nr. 1 jedoch nach „bestmöglichem Bemühen" sicherstellen. Diesbezüglich weicht Abs. 3 Nr. 1 auch vom Text der AIFM-RL in Art. 29 III Buchst. a ab, der ebenso die Formulierung „nach besten Kräften" enthält (vgl. EDD/*Bärenz/Käpplinger* § 291 Rn. 11). Aufgrund der schweigenden Gesetzesbegründung bleibt unklar, welche Intention der deutsche Gesetzgeber mit dieser abweichenden Formulierung hatte. Allein der Sprachgebrauch deutet darauf hin, der Inhalt der Bemühenspflicht 13 der AIF-Kapitalverwaltungsgesellschaft geringer ist, wenn sich diese nur bestmöglich und nicht nach besten Kräften zu bemühen hat. Was dies allerdings im Einzelfall zu bedeuten hat, kann nur in Anwendung auf die konkreten Umstände beurteilt werden.

14 § 291 III Nr. 2 statuiert die Pflicht der AIF-Kapitalverwaltungsgesellschaft, die **Informationen** nach Abs. 1 Nr. 2 den **Anlegern des AIF zur Verfügung zu stellen.** Diese Pflicht der AIF-KVG besteht direkt gegenüber den Anlegern des AIF. Bezüglich der Frist gelten die in § 148 iVm § 120 I und § 158 iVm § 135 I genannten Fristen. Allerdings hat die AIF-KVG mehr Zeit, sollte nach nationalen Rechtsvorschriften der Jahresabschluss und Lagebericht des nicht börsennotierten Unternehmens zu einem späteren Zeitpunkt zu veröffentlichen sein (DJKT/*Bärenz/Käpplinger* AIFM-RL Art. 29 Rn. 21). Den Anlegern ist der Jahresbericht nicht zur Verfügung zu stellen, sollte der AIF Kontrolle über einen Emittenten erlangt haben. In dieser Situation wird davon ausgegangen, dass durch die Informierung gem. den Vorschriften des WpÜG genügend Transparenz herrscht (diesen Umstand als Regelungslücke bezeichnend DJKT/*Bärenz/Käpplinger* AIFM-RL Art. 29 Rn. 22).

§ 292 Zerschlagung von Unternehmen

(1) **Erlangt ein AIF allein oder gemeinsam mit anderen AIF die Kontrolle über ein nicht börsennotiertes Unternehmen oder einen Emittenten gemäß § 288, ist die AIF-Kapitalverwaltungsgesellschaft innerhalb von 24 Monaten nach Erlangen der Kontrolle über das Unternehmen durch den AIF dazu verpflichtet,**

1. **Ausschüttungen, Kapitalherabsetzungen, die Rücknahme von Anteilen oder den Ankauf eigener Anteile durch das Unternehmen gemäß Absatz 2 weder zu gestatten noch zu ermöglichen, zu unterstützen oder anzuordnen,**
2. **sofern sie befugt ist, in den Versammlungen der Leitungsgremien des Unternehmens im Namen des AIF abzustimmen, nicht für Ausschüttungen, Kapitalherabsetzungen, die Rücknahme von Anteilen oder den Ankauf eigener Anteile durch das Unternehmen gemäß Absatz 2 zu stimmen und**
3. **sich in jedem Fall bestmöglich zu bemühen, Ausschüttungen, Kapitalherabsetzungen, die Rücknahme von Anteilen oder den Ankauf eigener Anteile durch das Unternehmen gemäß Absatz 2 zu verhindern.**

(2) **Die Pflichten gemäß Absatz 1 beziehen sich auf**

1. **Ausschüttungen an Anteilseigner, die vorgenommen werden, wenn das im Jahresabschluss des Unternehmens ausgewiesene Nettoaktivvermögen bei Abschluss des letzten Geschäftsjahres den Betrag des gezeichneten Kapitals zuzüglich der Rücklagen, deren Ausschüttung das Recht oder die Satzung nicht gestattet, unterschreitet oder infolge einer solchen Ausschüttung unterschreiten würde, wobei der Betrag des gezeichneten Kapitals um den Betrag des noch nicht eingeforderten Teils des gezeichneten Kapitals vermindert wird, falls Letzterer nicht auf der Aktivseite der Bilanz ausgewiesen ist;**
2. **Ausschüttungen an Anteilseigner, deren Betrag den Betrag des Ergebnisses des letzten abgeschlossenen Geschäftsjahres, zuzüglich des Gewinnvortrags und der Entnahmen aus hierfür verfügbaren Rücklagen,**

jedoch vermindert um die Verluste aus früheren Geschäftsjahren sowie um die Beträge, die nach Gesetz oder Satzung in Rücklagen eingestellt worden sind, überschreiten würde;

3. in dem Umfang, in dem der Ankauf eigener Anteile gestattet ist, Ankäufe durch das Unternehmen, einschließlich Anteilen, die bereits früher vom Unternehmen erworben und von ihm gehalten wurden, und Anteilen, die von einer Person erworben werden, die in ihrem eigenen Namen, aber im Auftrag des Unternehmens handelt, die zur Folge hätten, dass das Nettoaktivvermögen unter die in Nummer 1 genannte Schwelle gesenkt würde.

(3) **Für die Zwecke des Absatzes 2 gilt Folgendes:**

1. der in Absatz 2 Nummer 1 und 2 verwendete Begriff „Ausschüttungen" bezieht sich insbesondere auf die Zahlung von Dividenden und Zinsen im Zusammenhang mit Anteilen,

2. die Bestimmungen für Kapitalherabsetzungen erstrecken sich nicht auf Herabsetzungen des gezeichneten Kapitals, deren Zweck im Ausgleich von erlittenen Verlusten oder in der Aufnahme von Geldern in eine nicht ausschüttbare Rücklage besteht, unter der Voraussetzung, dass die Höhe einer solchen Rücklage nach dieser Maßnahme 10 Prozent des herabgesetzten gezeichneten Kapitals nicht überschreitet, und

3. die Einschränkung gemäß Absatz 2 Nummer 3 richtet sich nach Artikel 20 Absatz 1 Buchstabe b bis h der Richtlinie 77/91/EWG.

Inhaltsübersicht

	Rn.
I. Überblick	1
II. Anwendungsbereich der Norm	3
III. Zerschlagungsmaßnahmen	5
1. Ausschüttungen	6
2. Kapitalherabsetzungen	10
3. Rücknahme von Anteilen	11
4. Ankauf eigener Anteile	12
IV. Inhalt des Zerschlagungsverbots	13
V. Anwendungsbereich bei deutschen Gesellschaftsformen	16
1. Aktiengesellschaft	17
2. Gesellschaft mit beschränkter Haftung	20
3. Personenhandelsgesellschaften	23
VI. Folgen eines Verstoßes	24

I. Überblick

§ 292 setzt Art. 30 AIFM-RL, der auf Drängen des EU-Parlaments in die RL 1
aufgenommen wurde, um. Art. 30 AIFM-RL stellt den kleinsten gemeinsamen Nenner von Vorschlägen dar, die gemacht wurden, um eine frühzeitige Rückzahlung von Schulden bei einem schuldenfinanzierten Unternehmenskauf (sog. Leverage Buy-out) zu verhindern, sollte dieser Vermögensentzug die Existenz des Unternehmens gefährden (vgl. ausführlich *Zetzsche* NZG 2012, 1164 (1168)). Die Vorschrift enthält daher **spezifische Schutzmechanismen gegen die Zerschlagung von Unternehmen,** welches im englischen Sprachgebrauch als „Asset Stripping" bezeichnet wird (vgl. DJKT/*Boxberger* AIFM-RL Art. 30 Rn. 1; WBA/*Herresthal* § 292 Rn. 1). Sie ist von dem öffentlichen Bild von Private-Equity-

Transaktionen in der Vergangenheit geprägt, wonach Private-Equity-Fonds mit dem Ziel kurzfristiger Profitmaximierung bei Unternehmen exzessive Rekapitalisierungsmaßnahmen (Ausschüttung von Dividenden, die ganz oder teilweise durch Aufnahme neuen Fremdkapitals finanziert wurden) durchgeführt haben oder gar das Unternehmen durch Verkäufe ihrer Einzelteile ausgeschlachtet haben (vgl. DJKT/*Boxberger* AIFM-RL Art. 30 Rn. 2f.; *Wallach* RdF 2011, 80 (86); *Möllers/Harrer/Krüger* WM 2011, 1537 (1542)). Ein solches Vorgehen steht häufig in massivem Widerspruch zu den Interessen anderer Stakeholder des Unternehmens (*Möllers/Harrer/Krüger* WM 2011, 1537 (1542)).

2 § 292 stellt einen starken Eingriff in die Eigentumsrechte des Investors bzw. des Hauptgesellschafters dar, denn die Vorschrift kann auch ökonomisch sinnvolle Anpassungen der Kapitalstruktur verhindern (*Möllers/Harrer/Krüger* WM 2011, 1537 (1542)). Zudem besteht ein Spannungsverhältnis mit der Verpflichtung der KVG gem. § 26 (WBA/*Herresthal* § 292 Rn. 1). Letztlich wird die Investitionstätigkeit selektiv reguliert (DJKT/*Boxberger* AIFM-RL Art. 30 Rn. 1; *Weitnauer* AG 2013, 672 (676)), denn den Beschränkungen des § 292 unterliegen nur AIF-KVG, nicht jedoch Investoren, wie zB Pensionsfonds, Staatsfonds, vermögende Privatpersonen oder andere Private-Equity-Fonds, die nicht dem KAGB unterliegen, oder andere Gesellschafter. Ob durch die Investitionstätigkeit von AIF jedoch eine solche Gefahr ausgeht, die eine derartige Ungleichbehandlung rechtfertigt, ist nicht geklärt.

II. Anwendungsbereich der Norm

3 § 292 ist nur auf AIF-KVG (§ 1 XVI; → § 287 Rn. 4) anwendbar. Das Unternehmen, an dem Kontrolle gehalten wird, und deren Geschäftsleitung sind nicht Adressat der Norm (vgl. *DJKT/Boxberger* AIFM-RL Art. 30 Rn. 16; WBA/*Herresthal* § 292 Rn. 3). **Sachlicher Anwendungsbereich** ist die **Erlangung der Kontrolle** gem. § 288 (→ § 288 Rn. 2ff.; EDD/*Bärenz/Steinmüller* § 292 Rn. 5) **über ein nicht börsennotiertes Unternehmen** (einschränkend auf Kapitalgesellschaften WBA/*Herresthal* § 292 Rn. 4) oder einen **Emittenten** (§ 287 IV, → § 287 Rn. 16ff.) durch einen AIF allein oder gemeinsam mit anderen AIF (§ 287 I, → § 287 Rn. 6f.). Der Anwendungsbereich der Norm ist zudem **zeitlich auf 24 Monate begrenzt.** So unterliegt die AIF-KVG den Verpflichtungen des § 292 nur „innerhalb von 24 Monaten nach Erlangung der Kontrolle". Die Frist beginnt mit dem Zeitpunkt, in dem die Kontrolle an dem Unternehmen erlangt wurde. Entscheidend ist daher der dingliche Erwerb der Anteile, die die Kontrolle vermitteln (→ § 289 Rn. 4). Sie ist eine Ereignisfrist gem. § 187 I BGB und endet daher nach § 188 II BGB mit Ablauf desjenigen Tages des 24. Monats, welcher durch seine Zahl dem Tage entspricht, an dem die Kontrolle erlangt wurde. Wurde die Kontrolle bspw. am 7.1.2014 erlangt, endet die Frist am 7.1.2016. Auf die Berechnung der Frist finden im Übrigen die §§ 187–193 BGB entsprechend Anwendung.

4 Der Wortlaut des § 292 I legt der AIF-KVG die Verpflichtungen der Nr. 1–3 für den Zeitraum von 24 Monaten nach Erlangen der Kontrolle durch den oder die AIF auf. Die **Vorschrift regelt** jedoch **nicht die Fälle,** in denen die **AIF-KVG vor Ablauf der Frist den AIF,** der die Kontrolle an dem Unternehmen hält, **nicht mehr verwaltet** oder der **AIF vor Ablauf der Frist die Kontrolle über das Unternehmen wieder aufgegeben** hat. In diesen Fällen ist die AIF-KVG weiterhin dem Zerschlagungsverbot der Vorschrift unterworfen, obwohl eine Verbindung zu dem Unternehmen, in dem die verbotenen Maßnahmen durchzuführen wären, gar nicht mehr besteht. Obwohl befremdlich, ist dieses Ergebnis richtig,

da ansonsten das Zerschlagungsverbot umgangen werden könnte, zB durch Austausch der AIF-KVG durch eine andere. Denn wäre die Verbindung zwischen AIF-KVG, AIF und Unternehmen stets erforderlich, könnte die zweite AIF-KVG argumentieren, sie habe bei Kontrollerlangung des AIF diesen nicht verwaltet, so dass der Anwendungsbereich des § 292 für sie nicht eröffnet sei. Dieses Ergebnis bedeutet zugleich, dass diejenige AIF-KVG, die den Verpflichtungen des § 292 unterliegt, bei einem Wechsel der AIF-KVG oder bei einer Veräußerung des Unternehmens durch vertragliche Vereinbarungen sicherstellen muss, dass entweder die neue AIF-KVG oder der Erwerber des Unternehmens bis zum Ablauf der 24-Monats-Frist keine durch § 292 untersagte Maßnahmen tätigt. Dadurch könnte die nach § 292 verpflichtete AIF-KVG nachweisen, dass sie ihren Pflichten bestmöglich nachgekommen ist. Für den AIF kann eine solche Weiterreichung von Pflichten auf einem Erwerber, der nicht den Beschränkungen unterworfen ist, ein erhebliches Transaktionshindernis darstellen oder zumindest kaufpreisreduzierend wirken.

III. Zerschlagungsmaßnahmen

In § 292 I sind die **Maßnahmen,** die vom Zerschlagungsverbot erfasst sind, **abschließend aufgezählt,** wobei sich aus der Aufzählung ergibt, dass die Maßnahmen in den Grenzen des Abs. 2 zu bestimmen sind. Darüber hinaus ist zu beachten, dass Abs. 3 des § 292 weitere Konkretisierungen und Eingrenzungen bezüglich der durch Abs. 2 bestimmten Maßnahmen enthält. Bei den aufgeführten Zerschlagungsmaßnahmen handelt es sich um Ausschüttungen, Kapitalherabsetzungen, Rücknahme von Anteilen, Ankauf eigener Anteile. 5

1. Ausschüttungen. Der Begriff „Ausschüttung" meint insb. die **Zahlung von Dividenden und Zinsen im Zusammenhang mit Anteilen** (§ 292 III Nr. 1). Damit wird ein weiter Ausschüttungsbegriff etabliert (*Zetzsche* NZG 2012, 1164 (1168)). Dividende ist dabei als jegliche Zahlung von erwirtschaftem Gewinn an die Anteilseigner zu verstehen. Die Abführung von Gewinn kann als Bar- oder Sachleistung (Sachdividende) erfolgen. Die Abführung von Gewinn aufgrund eines abgeschlossenen Gewinnabführungsvertrags fällt darunter, der bloße Abschluss eines solchen Vertrages dagegen noch nicht, da mit Vertragsschluss noch kein Mittelabfluss erfolgt (vgl. *Weitnauer* AG 2013, 672 (677); DJKT/*Boxberger* AIFM-RL Art. 30 Rn. 9; WBA/*Herresthal* § 292 Rn. 19). Ebenso fällt die Zahlung von Zinsen im Zusammenhang mit Anteilen unter den Ausschüttungsbegriff. Dies ist zB der Fall, wenn Anteile an Unternehmen eine feste Verzinsung enthalten. Ob darunter auch Zinsen auf Wandelschuldverschreibungen und anderen Formen hybriden Kapitals, das sich in Gesellschaftsanteile umwandeln lässt, als Zinsen „im Zusammenhang mit Anteilen" zu subsumieren sind, ist nicht geklärt. Dies wird vereinzelt bejaht, um Umgehungen der Ausschüttungssperre zu vermeiden (*Zetzsche* NZG 2012, 1164 (1168); *van Kann/Redeker/Keiluweit* DStR 2013, 1483 (1487); aA WBA/*Herresthal* § 292 Rn. 19). Allerdings sind solche Zinsen nur dann Ausschüttungen, wenn sie an Anteilseigner gezahlt werden (vgl. § 292 II Nr. 1 und Nr. 2). 6

Zahlungen von Zinsen auf Darlehen zur Finanzierung des Aktienerwerbs, die dem Unternehmen nach Kontrollübernahme aufgebürdet werden (sog. **Debt-Push-Down**) kann unter den Ausschüttungsbegriff des Abs. 3 Nr. 1 gefasst werden, da die Zinsen im Zusammenhang mit Anteilen, nämlich dem Erwerb derselben, anfallen (aA *Zetzsche* NZG 2012, 1164 (1168); *Weitnauer* AG 2013, 672 (677)). Allerdings betrifft dies nur Darlehen, die von Gesellschaftern ausgereicht werden, denn nur dann 7 werden die Zinsen an Anteilseigner gezahlt. Die üblicherweise von Private-Equity-Fonds gewählte Gestaltung von Debt-Push-Down bezüglich von Dritten, zB Banken, gewährten Darlehen (DJKT/*Boxberger* AIFM-RL Art. 30 Rn. 6), fällt nicht darunter. Ebenso sind Zahlungen auf Zinsen aus Darlehen zu anderen Zwecken oder andere Zahlungen an Anteilseigner, zB als Gegenleistung für Beratungs- und Managementaufgaben, keine Ausschüttungen (so auch *Zetzsche* NZG 2012, 1164 (1168)). Auch die Stellung einer Sicherheit durch das Unternehmen ist keine Ausschüttung (vgl. *Weitnauer* AG 2013, 672 (676f.); DJKT/*Boxberger* AIFM-RL Art. 30 Rn. 26), da hier keine Vermögenswerte aus dem Unternehmen an Anteilseigner endgültig und zur freien Verfügung des Anteilseigners übertragen werden. Die Gewährung von Sicherheiten ist nur die Vorstufe eines solchen Vermögenstransfers.

8 Nach § 292 II Nr. 1 dürfen Ausschüttungen nur dann nicht vorgenommen werden, wenn zum einen das im Jahresabschluss des Unternehmens ausgewiesene Nettoaktivvermögen bei Abschluss des letzten Geschäftsjahres den Betrag des gezeichneten Kapitals zuzüglich der Rücklagen, deren Ausschüttung das Recht oder die Satzung nicht gestattet, unterschreitet oder infolge einer solchen Ausschüttung unterschreiten würde, wobei der Betrag des gezeichneten Kapitals um den Betrag des noch nicht eingeforderten Teils des gezeichneten Kapitals vermindert wird, falls Letzterer nicht auf der Aktivseite der Bilanz ausgewiesen ist. Das Nettoaktivvermögen errechnet sich aus den Aktiva der Bilanz vermindert um Verbindlichkeiten und gesetzliche Rücklagen; nicht abzuziehen sind Rücklagen ohne Ausschüttungsbegrenzung wie Gewinnrücklagen oder freie Rücklagen gem. § 272 II Nr. 4 HGB (*Weitnauer* AG 2013, 672 (676); DJKT/*Boxberger* AIFM-RL Art. 30 Rn. 25). Ebenso ist der Wert eigener Anteile unbeachtlich (DJKT/*Boxberger* AIFM-RL Art. 30 Rn. 25). Die Bewertung erfolgt nach allgemeinen Bilanzierungsregelungen und ist aus dem Jahresabschluss des letzten vollen Geschäftsjahres zu gewinnen. Damit soll sichergestellt werden, dass Ausschüttungen nur aus verfügbarem Eigenkapital vorgenommen werden (DJKT/*Boxberger* AIFM-RL Art. 30 Rn. 24). Strukturmaßnahmen durch Veräußerung von Aktiva, die zu Buchgewinnen führen, und anschließende Ausschüttungen sind daher nur insoweit möglich, als dadurch nicht das Nettoaktivvermögen im Vergleich vermindert wird (*Weitnauer* AG 2013, 672 (676)).

9 Ferner dürfen Ausschüttungen nach § 292 II Nr. 2 nicht vorgenommen werden, wenn der Betrag der Ausschüttung den Betrag des Ergebnisses des letzten abgeschlossenen Geschäftsjahres zuzüglich des Gewinnvortrags und der Entnahmen aus hierfür verfügbaren Rücklagen, jedoch vermindert um die Verluste aus früheren Geschäftsjahren sowie um Beträge, die nach Gesetz oder Satzung in Rücklagen eingestellt worden sind, überschreiten würde. Danach sind Ausschüttungen aus dem im letzten Geschäftsjahr erzielten Jahresgewinn zulässig, aber nur insoweit, als dieser den Saldo aus Gewinnvortrag und gesetzlichen Rücklagen mit Verlustvorträgen aus früheren Geschäftsjahren überschreitet (vgl. *Weitnauer* AG 2013, 672 (676); *van Kann/Redeker/Keiluweit* DStR 2013, 1483 (1487)).

10 **2. Kapitalherabsetzungen.** Kapitalherabsetzung bezieht sich nur auf die Herabsetzung des registrierten Kapitals eines Unternehmens, nicht jedoch auch die Auflösung von freien Rücklagen. Dies folgt inzident aus § 292 III Nr. 2. Damit sind Kapitalherabsetzungen erlaubt, sofern diese zum Ausgleich von Verlusten dienen oder notwendig sind, um die dadurch freiwerdenden Mittel in eine nicht ausschüttbare Rücklage einzustellen. Allerdings darf im letzteren Fall die Höhe dieser Rücklage 10% des dann herabgesetzten Kapitals nicht überschreiten (vgl. *van Kann/Redeker/Keiluweit* DStR 2013, 1483 (1487)).

3. Rücknahme von Anteilen. Mit der Rücknahme von Anteilen ist nach deutschem Begriffsverständnis die **Einziehung von Anteilen** gemeint (vgl. *Weitnauer* AG 2013, 672 (676); WBA/*Herresthal* § 292 Rn. 21). Durch die Rücknahme oder Einziehung eines Anteils wird dieser samt der damit verbundenen Mitgliedschaftsrechte vernichtet. Dem Inhaber des Anteils steht jedoch eine Abfindung zu. Um solche Liquiditätsabflüsse zu vermeiden, ist die Rücknahme von Anteilen als Zerschlagungsmaßnahme mit aufgenommen. 11

4. Ankauf eigener Anteile. Der **Ankauf von Anteilen** durch das Unternehmen führt nicht zur Vernichtung des Anteils. Vielmehr besteht der Anteil als eigener Anteil fort. Allerdings fließt ebenfalls Liquidität in Form des Kaufpreises aus dem Unternehmen an den Gesellschafter ab. Der Ankauf von Anteilen ist jedoch nicht vollständig verboten. So bestimmt § 292 II Nr. 3, dass ein Rückkauf von Anteilen, der im Übrigen gestattet ist, nur in dem Umfang verboten ist, falls durch den Rückkauf das Nettoaktivvermögen dasjenige im Jahresabschluss des letzten Geschäftsjahres wenigstens unterschreiten würde (*van Kann/Redeker/Keiluweit* DStR 2013, 1483 (1487)). Allerdings sind bei der Einschränkung des Abs. 2 Nr. 3 gem. § 292 III Nr. 3 die Erlaubnistatbestände wie in Art. 20 I Buchst. b–h der RL 77/91/EWG aufgelistet, zu beachten. Diese bilden wiederum zulässige Rücknahmen von Anteilen, selbst wenn der Tatbestand des Abs. 2 Nr. 3 erfüllt wäre. Dies betrifft zB den Erwerb von Anteilen, die durch eine Vermögensübertragung im Wege der Gesamtrechtsnachfolge erworben werden, die auf Grund einer gesetzlichen Verpflichtung oder einer gerichtlichen Entscheidung zum Schutz der Minderheitsaktionäre, insb. im Falle der Verschmelzung, der Änderung des Gegenstands oder der Rechtsform der Gesellschaft, der Verlegung des Sitzes der Gesellschaft ins Ausland oder der Einführung von Beschränkungen der Übertragbarkeit von Aktien erworben werden oder die erworben werden, um Minderheitsaktionäre verbundener Gesellschaften zu entschädigen. 12

IV. Inhalt des Zerschlagungsverbots

§ 292 I Nr. 1 statuiert, dass die AIF-KVG verpflichtet ist, die **Zerschlagungsmaßnahmen** (→ Rn. 5–12) **weder zu gestatten noch zu ermöglichen, zu unterstützen** oder **anzuordnen.** Durch diese Handlungsverbote dürften sämtliche Maßnahmen im Sinne eines aktiven Tuns (nicht aber eines Unterlassens) abgedeckt sein, die die AIF-KVG für den oder die AIF als Gesellschafter des Unternehmens verwirklichen könnte. Darunter fallen insb. Beschlussfassungen in Gesellschafterversammlungen des Unternehmens, aber auch Weisungen an die Geschäftsleiter. 13

Gemäß § 292 I Nr. 2 ist es der AIF-KVG **verboten, in den Leitungsgremien** des Unternehmens **für eine solche Maßnahme zu stimmen.** Dies gilt allerdings nur, soweit die AIF-KVG befugt ist, im Namen des AIF abzustimmen. Leitungsgremium im Sinne dieser Vorschrift ist sowohl das Geschäftsleitungs- als auch ein gesetzlich oder satzungsmäßig eingerichtetes Aufsichtsgremium, wie zB bei einer deutschen AG der Vorstand und Aufsichtsrat. Das Verbot bezieht sich darauf, für eine solche Maßnahme zu stimmen. Ein Gebot, explizit dagegen zu stimmen, enthält die Norm nicht, so dass auch eine Stimmenthaltung möglich ist (*Weitnauer* AG 2013, 672 (676); WBA/*Herresthal* § 292 Rn. 13). Das Verbot findet aber keine Anwendung, wenn in dem Leitungsgremium nicht die AIF-KVG, sondern eine von ihr entsandte oder ihr anderweitig zuzuordnende natürliche Person vertreten ist. In diesem Fall ist der Anwendungsbereich schon von seinem Wortlaut nicht eröffnet, 14 da sich dieser an die AIF-KVG selbst richtet und nicht an deren Geschäftsleiter iSd § 1 XIX Nr. 15.

15 § 292 I Nr. 3 gebietet, dass sich die AIF-KVG **bestmöglich zu bemühen** hat, dass **Zerschlagungsmaßnahmen** (→ Rn. 5–12) **durch das Unternehmen verhindert** werden. Die Formulierung, „sich in jedem Fall" zu bemühen, weist darauf hin, dass die AIF-KVG diese Bemühenspflicht insb. dann schuldet, sollten die Verbote gem. Nr. 1 und Nr. 2 nicht zielführend sein. Der Inhalt der Bemühenspflicht ist nach dem jeweiligen konkreten Fall zu bestimmen. Der deutsche Gesetzgeber hat wie bei § 291 III 3 Nr. 1 ein „bestmögliches" Bemühen und kein Bemühen „nach besten Kräften" statuiert. Die damit verfolgte Intention bleibt unklar. Der Sprachgebrauch deutet aber darauf hin, dass der Inhalt der Bemühenspflicht geringer ist, wenn sich die AIF-KVG nur bestmöglich und nicht nach besten Kräften zu bemühen hat (→ § 291 Rn. 13). Die Bemühenspflicht kann jedenfalls darauf gerichtet sein, auf Personen in Leitungsgremien hinzuwirken, dass diese solche Zerschlagungsmaßnahmen unterlassen und bei Abstimmungen explizit dagegen zu stimmen (*Weitnauer* AG 2013, 672 (676)). Allerdings ist dabei zu berücksichtigen, dass natürliche Personen in den Leitungsgremien des Unternehmens oftmals unabhängig von Weisungen der Gesellschafter sind. Die Bemühenspflicht hat hierbei hinter die Höchstpersönlichkeit und Eigenverantwortlichkeit solcher Mandate zurückzutreten (vgl. auch *Weitnauer* AG 2013, 672 (676)).

V. Anwendungsbereich bei deutschen Gesellschaftsformen

16 § 292 ist wie sämtliche Vorschriften des KAGB Aufsichtsrecht. Adressat der Pflichten der Vorschrift ist die AIF-KVG und nicht das Unternehmen selbst. Da die Norm aber darauf abzielt, dass auf Ebene des Unternehmens bestimmte gesellschaftsrechtlich einzuordnende Maßnahmen unterlassen werden, ist sie mit dem jeweils anwendbaren Gesellschaftsrecht in Einklang zu bringen. § 292 schweigt bezüglich seiner Verzahnung zum Gesellschaftsrecht (vgl. *Zetzsche* NZG 2012, 1164 (1168); DJKT/*Boxberger* AIFM-RL Art. 30 Rn. 1, der die Norm besser im Gesellschaftsrecht verortet hätte). Dies dürfte auch darauf zurückzuführen sein, dass die AIF-KVG je nach anwendbarem Recht, das auf ihre Kontrollbeteiligungen Anwendung findet, mehrere Rechtsordnungen zu beachten hat. Im Folgenden soll daher nur auf die Verzahnung zwischen § 292 und deutschem Gesellschaftsrecht eingegangen werden, wobei nach den jeweiligen Gesellschaftsrechtsformen zu unterscheiden ist.

17 **1. Aktiengesellschaft.** Für die AG statuiert **§ 57 III AktG,** dass Ausschüttungen an die Aktionäre nur aus dem im Jahresabschluss festgestellten Bilanzgewinn erfolgen dürfen. Als Bilanzgewinn kann nur der Teil des Jahresüberschusses ausgewiesen werden, der nach Bildung der gesetzlichen Rücklagen bei der AG übrig bleibt (vgl. § 158 AktG). Aufgrund der strengen Bindung des gesamten Gesellschaftsvermögens der AG (Henssler/Strohn/*Paefgen* AktG § 57 Rn. 1) können Ausschüttungen nicht vorgenommen werden, falls die gesetzlichen Rücklagen aufgebraucht, das Grundkapital angegriffen oder eine Unterbilanz entstanden ist (so wohl auch DJKT/*Boxberger* AIFM-RL Art. 30 Rn. 12). Aus § 57 I AktG folgt, dass der im Jahresabschluss festgestellte Jahresüberschuss der AG bei Bestehen eines Beherrschungs- oder Gewinnabführungsvertrags an den Gesellschafter abgeführt werden darf. Mit welchen operativen Maßnahmen der Bilanzgewinn oder Jahresüberschuss erzielt wurde, zB durch Verkauf von Aktiva oder Aufnahme eines Darlehens, hin-

terfragt das AktG nicht. Insbesondere ist aufgrund des AktG kein Nettoaktivvermögenstest ähnlich des § 292 II Nr. 1 veranlasst.

Das AktG erlaubt Kapitalherabsetzungen gem. §§ 222ff. AktG (ordentliche Kapitalherabsetzung) und §§ 229ff. AktG (vereinfachte Kapitalherabsetzung). Für die vereinfachte Kapitalherabsetzung sieht § 230 AktG vor, dass aus dieser Maßnahme freiwerdende Mittel nicht zu Zahlungen an Aktionäre verwendet werden dürfen. Aus § 292 III Nr. 2 folgt, dass Kapitalherabsetzungen grds. verboten sind, außer diese dienen dem Ausgleich von Verlusten oder der Stärkung der Rücklagen (→ Rn. 10). Diese Vorgaben führen zu einer weiteren Einschränkung der Durchführung von Kapitalherabsetzungen im Zuge von Sanierungen. Ähnliches gilt für die in §§ 237ff. AktG geregelte Einziehung von Aktien. 18

Der **Erwerb eigener Aktien** ist gem. den Vorgaben des § 71 AktG erlaubt, allerdings sind Geschäfte, die eine Financial Assistance darstellen, nach § 71a AktG verboten (→ DJKT/*Boxberger* AIFM-RL Art. 30 Rn. 11). So kann die AG nach § 71 I Nr. 8 AktG aufgrund einer Ermächtigung der Hauptversammlung bis zu 10% der Aktien erwerben. Gemäß § 292 I ist eine Mitwirkung der AIF-KVG an einem solchen Hauptversammlungsbeschluss oder dem Erwerb der Aktien durch die Geschäftsleitungsorgane nur insoweit erlaubt, als die im Einklang mit den Vorgaben des § 292 II Nr. 3 und III Nr. 3 ist (auch *Weitnauer* AG 2013, 672 (676)). 19

2. Gesellschaft mit beschränkter Haftung. § 29 GmbHG erlaubt für die GmbH ebenso die Ausschüttung des Jahresüberschusses oder Bilanzgewinns. Dabei sind – anders als bei der AG – auch unterjährige Ausschüttungen möglich (vgl. NSH/*Kersting* GmbHG § 29 Rn. 60ff.). Nach § 30 I GmbHG darf dadurch allerdings nicht das zur Erhaltung des Stammkapitals erforderliche Vermögen beeinträchtigt, also keine Unterbilanz herbeigeführt werden (vgl. DJKT/*Boxberger* AIFM-RL Art. 30 Rn. 13). Auch im GmbH-Recht wird somit – ähnlich dem § 292 II Nr. 1 – das Nettoaktivvermögen geschützt. 20

Im GmbH-Recht ist die Herabsetzung des Stammkapitals in §§ 58ff. GmbHG geregelt. Ähnlich wie im Aktienrecht (→ Rn. 19) dürfen bei einer vereinfachten Kapitalherabsetzung freiwerdende Mittel nicht zu Zahlungen an die Gesellschafter verwendet werden, § 58b GmbHG. Im Übrigen sind Kapitalherabsetzungen aber zulässig. § 292 III Nr. 2 statuiert eine weitergehende Einschränkung von Kapitalherabsetzungen, es sei denn, die darin geregelten Ausnahmetatbestände liegen vor (vgl. DJKT/*Boxberger* AIFM-RL Art. 30 Rn. 17). Bezüglich der Einziehung von Geschäftsanteilen regelt § 34 GmbHG deren Zulässigkeit, sofern dadurch das zur Erhaltung des Stammkapitals erforderliche Vermögen nicht beeinträchtigt wird (§ 34 III GmbHG). Eine Einschränkung dieser Maßnahme durch § 292 ist daher nicht zu erwarten. 21

§ 33 GmbHG gestattet den Erwerb eigener Geschäftsanteile nur, sofern die Einlage auf diese vollständig erbracht worden ist; arg. e § 33 I GmbHG. Darüber hinaus muss bei der GmbH eine Rücklage in Höhe der Aufwendungen für den Erwerb gebildet worden sein, ohne dass dadurch das Stammkapital oder eine andere Rücklage gemindert wird (§ 33 II, III GmbHG). § 292 II Nr. 3 stellt weitere Einschränkungen auf, da er den Erwerb eigener Anteile in dem Umfang verbietet, falls dadurch das Nettoaktivvermögen der Gesellschaft dasjenige im Jahresabschluss des letzten Geschäftsjahres wenigstens unterschreiten würde (→ Rn. 12). Allerdings gelten auch die Rückausnahmen des § 292 III Nr. 3 (→ Rn. 12). 22

3. Personenhandelsgesellschaften. Im Personenhandelsgesellschaftsrecht gibt es keinen expliziten Schutz des eingesetzten Kapitals. Gesellschafter können daher 23 entsprechend des anwendbaren Gesellschaftsrechts und des Gesellschaftsvertrags beschließen, Ausschüttungen vorzunehmen, Kapitalanteile herabzusetzen, Anteile einzuziehen oder eigene Anteile zu erwerben. Die Pflichten der AIF-KVG gem. § 292 wirken daher begrenzend auf die Freiheit der Durchführung von Kapitalmaßnahmen im Personenhandelsgesellschaftsrecht.

VI. Folgen eines Verstoßes

24 Das KAGB trifft **keine Regelung für den Fall, dass die AIF-KVG die Pflichten des § 292 nicht beachtet,** insb. ist ein solcher Verstoß nicht als Ordnungswidrigkeit sanktioniert (vgl. *Viciano-Gofferje* BB 2013, 2506 (2510); WBA/*Herresthal* § 292 Rn. 33). Ein Pflichtverstoß kann daher nur ein allgemeines aufsichtsrechtliches Vorgehen der BaFin hervorrufen. Die BaFin kann die erteilte Erlaubnis für die AIF-KVG widerrufen (§ 39 III Nr. 5) oder die Abberufung der verantwortlichen Geschäftsleiter verlangen (§ 40) (vgl. *Weitnauer* AG 2013, 672 (677); auch EDD/*Bärenz/Steinmüller* § 292 Rn. 25; DJKT/*Boxberger* AIFM-RL Art. 30 Rn. 27). Die unter Verstoß des § 292 beschlossene oder durchgeführte Maßnahme ist wirksam und auch nicht etwa gem. § 134 BGB nichtig (*Weitnauer* AG 2013, 672 (677f.)).

25 Bezüglich Ansprüche des Unternehmens bei einem Verstoß der AIF-KVG lässt sich weder aus den Erwägungsgründen der AIFM-RL noch aus der Gesetzesbegründung zum KAGB ableiten, ob § 292 Schutzwirkung zugunsten des Unternehmens entfaltet. Man wird allerdings eine solche **Schutzgesetzeigenschaft des § 292 iSd § 823 II BGB** annehmen dürfen (so auch *Weitnauer* AG 2013, 672 (677) und *Zetzsche* NZG 2012, 1164 (1169); unentschieden DJKT/*Boxberger* AIFM-RL Art. 30 Rn. 30; aA WBA/*Herresthal* § 292 Rn. 33). Denn Gesetzeszweck der Vorschrift ist eindeutig, Zerschlagungsmaßnahmen auf Ebene des kontrollierten Unternehmens zugunsten des AIF als Gesellschafter zu unterbinden. Wird nun eine Zerschlagungsmaßnahme von den Geschäftsleitungsorganen des kontrollierten Unternehmens durchgeführt und dadurch ein Verstoß gegen § 292 I Nr. 1, 2 begangen, kann das Unternehmen einen dadurch erlittenen Schaden gem. § 823 II BGB gegen den AIF geltend machen. Dagegen wird man bei Durchführung einer solchen Maßnahme auf Initiative der Geschäftsleitung des Unternehmens keinen solchen Anspruch zubilligen können, selbst wenn die AIF-KVG gegen ihre Bemühenspflicht nach § 292 I Nr. 3 verstoßen hat.

26 Sollte eine Maßnahme des § 292 I Nr. 1 oder 2 bei dem Unternehmen in der Rechtsform einer AG oder GmbH als **existenzvernichtender Vermögensentzug** qualifizieren, kann das Unternehmen gegen den AIF auch einen Schadensersatzanspruch gem. **§ 826 BGB** wegen vorsätzlicher sittenwidriger Schädigung geltend machen. Voraussetzung hierfür ist allerdings, dass die Maßnahme adäquat kausal für den Zusammenbruch der Gesellschaft oder Vertiefung von deren Insolvenz ist (Grüneberg/*Sprau* BGB § 826 Rn. 35; für die GmbH s. NSH/*Fastrich* GmbHG § 13 Rn. 57ff., 69).

27 Dagegen haben **Mitgesellschafter** oder **Gläubiger,** zB Arbeitnehmer oder Kunden, des kontrollierten Unternehmen **keine direkten Ansprüche gegen die AIF-KVG,** sollte diese gegen ihre Pflichten aus § 292 verstoßen haben (*Weitnauer* AG 2013, 672 (677)). Die Vorschrift ist kein Schutzgesetz zu deren Gunsten. Gesellschafterbeschlüsse können jedoch von Mitgesellschaftern angefochten werden, sollte sich die Maßnahme nach § 292 I als Treuepflichtverstoß des AIF darstellen (*Zetzsche* NZG 2012, 1164 (1169)).

Abschnitt 4. Besondere Vorschriften für Entwicklungsförderungsfonds

§ 292a Entwicklungsförderungsfonds

(1) Entwicklungsförderungsfonds dürfen als offene inländische Spezial-AIF gemäß Abschnitt 2 Unterabschnitt 1, 2 und 4 oder als geschlossene inländische Spezial-AIF gemäß Abschnitt 3 aufgelegt werden.

(2) [1]Die AIF-Kapitalverwaltungsgesellschaft darf im Rahmen der kollektiven Vermögensverwaltung für Entwicklungsförderungsfonds Gelddarlehen gewähren sowie Bürgschaften, Garantien und sonstige Gewährleistungen für andere übernehmen, wenn sie über eine diesen Geschäften und deren Umfang angemessene Aufbau- und Ablauforganisation verfügt, die insbesondere klar definierte und angemessene Verfahren zur Vergabe von Gelddarlehen und zur Übernahme von Bürgschaften, Garantien und sonstigen Gewährleistungen für andere vorsieht. [2]§ 282 Absatz 2 Satz 3 und § 285 Absatz 2 und 3 sind nicht anzuwenden.

(3) [1]Die AIF-Kapitalverwaltungsgesellschaft hat für jeden Vermögensgegenstand des Entwicklungsförderungsfonds im Voraus Verfahren festzulegen, um zu messen, inwieweit konkretes positives Auswirkungspotenzial des Vermögensgegenstands zur Erreichung von Zielen für nachhaltige Entwicklung gemäß der Resolution der Generalversammlung der Vereinten Nationen vom 25. September 2015 in Ländern besteht, die zum Zeitpunkt der Gründung des AIF in der Liste der Entwicklungsländer und -gebiete enthalten sind, die vom Ausschuss für Entwicklungshilfe der Organisation für wirtschaftliche Zusammenarbeit und Entwicklung geführt wird, oder während der Laufzeit des Fonds dieser Länderliste hinzugefügt werden. [2]Die AIF-Kapitalverwaltungsgesellschaft hat dafür Sorge zu tragen, dass diese Verfahren klar und transparent sind und gemäß Prinzip 4 der Maßgeblichen Prinzipien für Wirkungsmanagement im Voraus eine Bewertung und, falls möglich, eine Quantifizierung des konkreten, positiven Auswirkungspotenzials erlauben. [3]§ 292b bleibt unberührt.

Inhaltsübersicht

	Rn.
I. Hintergrund und Entstehungsgeschichte	1
II. Der Entwicklungsförderungsfonds	3
1. Die Anlagetätigkeit muss zur Erreichung der Ziele für nachhaltige Entwicklung beitragen	4
2. Investitionstätigkeit muss in einem geeigneten Zielland erfolgen	5
3. Keine nachteilige Beeinträchtigung der Ziele	7
III. Die Regelung im Einzelnen	8
1. Auflage des Fonds (§ 292a I)	8
2. Zulässige Investitionen und Anforderungen an die Geschäftsorganisation (§ 292a II)	12
a) Zulässige Investitionsformen	13
b) Anforderungen an die Geschäftsorganisation	15
c) Implikationen für die KWG-Erlaubnispflichten	17

Rn.
3. Verfahren zur Messung des konkreten positiven Auswirkungspotenzial der Vermögensgegenstände (§ 292a III) 20
IV. Ausblick 23

I. Hintergrund und Entstehungsgeschichte

1 Mit den Entwicklungsförderungsfonds (EFF) ist eine weitere Fondskategorie durch das Fondsstandortgesetz (FoStoG, BGBl. 2021 I 1498) eingeführt worden. Der Entwicklungsförderungsfonds (EFF) war weder im ursprünglichen Referentenentwurf noch dem Regierungsentwurf (BT-Drs. 19/27631) vorgesehen und wurde erst während der Beratung im Finanzausschuss ergänzt, ua um sicherzustellen, dass „die Förderzwecke der Entwicklungs- und Klimapolitik auch erreicht werden könnten" (vgl. BT-Drs. 19/28868, 114). **Durch EFF sollen nach dem Willen des Gesetzgebers Gelder mobilisiert werden, „um entwicklungspolitische Ziele zu erreichen"** (aaO). Es handelt sich beim EFF daher um ein Instrument des sog. Impact Investings. Die Einführung der Fondskategorie war nicht frei von Kontroversen, da etwa die Abgeordneten der FDP anmerkten, dass diese Fondskategorie aufgrund der Tatsache, dass ein EFF auch Darlehen vergeben kann (vgl. → Rn. 12ff.), Elemente einer Schattenbank aufweisen könnte.

2 Bei EFF handelt es sich ausweislich der Begriffsdefinition in § 1 IX Nr. 10a um **Spezial-AIF,** die nach den Anlagebedingungen das bei ihnen angelegte Kapital vorbehaltlich des § 292b ausschließlich in Vermögensgegenstände anlegen, die messbar zur Erreichung von Zielen für nachhaltige Entwicklung gem. der Resolution der Generalversammlung der Vereinten Nationen vom 25.9.2015 (A/RES/70/1 vom 21.10.2015, https://www.un.org/depts/german/gv-70/band1/ar70001.pdf) in Ländern beitragen, die zum Zeitpunkt der Gründung des AIF in der Liste der Entwicklungsländer und -gebiete (https://www.bmz.de/de/ministerium/zahlen-fakten/oda-zahlen/hintergrund/dac-laenderliste–35294) enthalten sind, die vom Ausschuss für Entwicklungshilfe der Organisation für wirtschaftliche Zusammenarbeit und Entwicklung geführt wird, oder während der Laufzeit des AIF dieser Länderliste hinzugefügt werden, vorausgesetzt, dass diese Investitionen keines dieser Ziele erheblich beeinträchtigen. Zur Begriffsdefinition des EFF und der Ausgestaltung derartiger Fondstypen, vgl. auch → § 1 Rn. 82ff.

II. Der Entwicklungsförderungsfonds

3 Ausweislich der Begriffsdefinition in § 1 XIX Nr. 10a machen drei definitorische Bedingungen den EFF aus:

4 **1. Die Anlagetätigkeit muss zur Erreichung der Ziele für nachhaltige Entwicklung beitragen.** Die Anlagetätigkeit des Fonds muss messbar zur Erreichung von Zielen für nachhaltige Entwicklung (im Weiteren: „Ziele") gem. der Resolution der Generalversammlung der Vereinten Nationen vom 25.9.2015 (A/RES/70/1 vom 21.10.2015, https://www.un.org/depts/german/gv-70/band1/ar70001.pdf). **Die Ziele sind Teil der Agenda 2030 für nachhaltige Entwicklung der Vereinten Nationen** und richten sich an alle Länder und alle Interessenträger in der Absicht, diesen Plan in kooperativer Partnerschaft umsetzen. Die Resolution enthält die folgenden 17 Ziele, die in der Resolution noch näher beschrieben werden:
– Ziel 1: Armut in allen ihren Formen und überall beenden

- Ziel 2: Den Hunger beenden, Ernährungssicherheit und eine bessere Ernährung erreichen und eine nachhaltige Landwirtschaft fördern
- Ziel 3: Ein gesundes Leben für alle Menschen jeden Alters gewährleisten und ihr Wohlergehen fördern
- Ziel 4: Inklusive, gleichberechtigte und hochwertige Bildung gewährleisten und Möglichkeiten lebenslangen Lernens für alle fördern
- Ziel 5: Geschlechtergleichstellung erreichen und alle Frauen und Mädchen zur Selbstbestimmung befähigen
- Ziel 6: Verfügbarkeit und nachhaltige Bewirtschaftung von Wasser und Sanitärversorgung für alle gewährleisten
- Ziel 7: Zugang zu bezahlbarer, verlässlicher, nachhaltiger und moderner Energie für alle sichern
- Ziel 8: Dauerhaftes, inklusives und nachhaltiges Wirtschaftswachstum, produktive Vollbeschäftigung und menschenwürdige Arbeit für alle fördern
- Ziel 9: Eine widerstandsfähige Infrastruktur aufbauen, inklusive und nachhaltige Industrialisierung fördern und Innovationen unterstützen
- Ziel 10: Ungleichheit in und zwischen Ländern verringern
- Ziel 11: Städte und Siedlungen inklusiv, sicher, widerstandsfähig und nachhaltig gestalten
- Ziel 12: Nachhaltige Konsum- und Produktionsmuster sicherstellen
- Ziel 13: Umgehend Maßnahmen zur Bekämpfung des Klimawandels und seiner Auswirkungen ergreifen
- Ziel 14: Ozeane, Meere und Meeresressourcen im Sinne nachhaltiger Entwicklung erhalten und nachhaltig nutzen
- Ziel 15: Landökosysteme schützen, wiederherstellen und ihre nachhaltige Nutzung fördern, Wälder nachhaltig bewirtschaften, Wüstenbildung bekämpfen, Bodendegradation beenden und umkehren und dem Verlust der biologischen Vielfalt ein Ende setzen
- Ziel 16: Friedliche und inklusive Gesellschaften für eine nachhaltige Entwicklung fördern, allen Menschen Zugang zur Justiz ermöglichen und leistungsfähige, rechenschaftspflichtige und inklusive Institutionen auf allen Ebenen aufbauen
- Ziel 17: Umsetzungsmittel stärken und die Globale Partnerschaft für nachhaltige Entwicklung mit neuem Leben erfüllen

2. Investitionstätigkeit muss in einem geeigneten Zielland erfolgen. Die Anlagetätigkeit muss gerade zur Erreichung der Ziele in bestimmten Ländern beitragen. Hieraus ergeben sich bereits begriffliche Ungenauigkeiten: Dem Wortlaut der Definition nach muss **nicht die Investition in einem solchen Zielland** erfolgen, sondern dort zur Erreichung der Ziele beizutragen. *Moroni/Klusak* (→ § 1 Rn. 86) schlagen insoweit zurecht vor, dass vor dem Hintergrund der beabsichtigten Förderung der Entwicklung in den Zielländern besonders hohe Anforderungen an dieses Merkmal stellen, wenn die Investition außerhalb der Zielländer stattfindet. Nur so kann vermieden werden, dass die tatsächliche Zielrichtung der Anlage erreicht wird und nicht nur „eine nicht mehr zurechenbare lediglich positive Abstrahlwirkung" im Zielland auswirkt. 5

Die Liste der Zielländer umfasst die Länder, die zum Zeitpunkt der Gründung des Entwicklungsförderungsfonds in der Liste der Entwicklungsländer und -gebiete enthalten ist oder während der Laufzeit desselben dieser Länderliste hinzugefügt wird. Die Länderliste verwaltet der Ausschuss für Entwicklungshilfe der Organi- 6 sation für wirtschaftliche Zusammenarbeit und Entwicklung (OSZE). Die Liste wird anhand fester Kriterien entworfen und unterliegt regelmäßigen Änderungen. So werden etwa Antigua und Barbuda, Palau und Panama ab Berichtsjahr 2022 von der Liste der Entwicklungsländer gestrichen. Auch Länder wie Mauritius und Nauru werden evaluiert. Insoweit ist zu begrüßen, dass die Definition zunächst auf die Länder abstellt, die zum Zeitpunkt der Auflage des Fonds auf der Liste der Entwicklungsländer und -gebiete geführt werden. **Eine nachträgliche Löschung wirkt sich insoweit nicht nachteilig auf die Investitionstätigkeit aus.** Gleichzeitig werden neu hinzugefügte Länder durchaus berücksichtigt und ermöglichen so Flexibilität bei der Anlage auch in neue Länder während der Laufzeit des Fonds.

7 **3. Keine nachteilige Beeinträchtigung der Ziele.** Schließlich darf die Investition auch keines der Ziele nachteilig beeinträchtigen. Hierdurch wird der **„do no significant harm"-Grundsatz iSd VO (EU) 2019/2088 (Offenlegungsverordnung)** nach dem Willen des Gesetzgebers auch auf die Anlagetätigkeit des EFF angewendet (BT-Drs. 19/28868, 140), so dass hier ein einheitlicher Auslegungsstandard zur Anwendung kommen kann.

III. Die Regelung im Einzelnen

8 **1. Auflage des Fonds (§ 292a I).** Gemäß § 292a I darf der EFF als offener inländische Spezial-AIF gem. Abschn. 2 UAbschn. 2 und 4 oder als geschlossene inländische Spezial-AIF gem. Abschn. 3 aufgelegt werden. Diese Gestaltung ermöglicht dem Fondsinitiator einige Flexibilität bei der Auflage. Zwar ist ein EFF zwingend als Spezial-AIF aufzulegen, es gibt aber – trotz der Möglichkeit der Kreditvergabe durch den EFF – keinen gesetzgeberischen Zwang, den Fonds in geschlossener Form zu errichten. Außer dem Hedgefonds stehen bei der Auflage des Fonds daher alle Typen von Spezial-AIF zur Verfügung. Insbesondere ist auch eine Errichtung in Form eines geschlossenen Sondervermögens möglich.

9 Grundsätzlich dürfte der inländische Spezial-AIF, der als EFF konzipiert worden ist, auch im Rahmen des § 54 von einer EU-ausländischen Verwaltungsgesellschaft verwaltet werden. Zwar sind durch das FoStoG Änderungen an § 54 vorgenommen worden, die ausweislich der Gesetzesbegründung Folgeänderungen zur Einführung von EFF waren (vgl. BT-Drs. 19/28868, 142), diese verweisen aber nicht auf § 28a. Es stellt sich daher die Frage, ob und wie ausländische Verwaltungsgesellschaften zur Einhaltung der dortigen besonderen organisatorischen Anforderungen verpflichtet sind. Auch stellen sich hinsichtlich der Reichweite der Ausnahmenregelungen im KWG substanzielle Fragen. Weiterhin ist zweifelhaft, ob für eine solche Konstellation überhaupt ein kommerzielles Bedürfnis besteht.

10 Der Gesetzgeber weist zurecht darauf hin, dass EFF häufig in sog. **„blended finance"-Strukturen aufgelegt werden, wobei öffentliche Gelder mit privaten Geldern gebündelt werden.** Um für private Kapitalgeber attraktiv zu sein, werden Impact-Fonds regelmäßig als sog. strukturierte Fonds ausgestaltet. Hierbei werden die öffentlichen Beteiligungen im Rahmen der Erlösverteilung und der Liquidation nachrangig gegenüber privaten Beteiligungen behandelt (BT-Drs. 19/28868, 120). Der Gesetzgeber weist darauf hin, dass eine solche „Tranchierung" durch die Bildung von Anteilsklassen erfolgen kann. Hieran knüpfen in der Praxis diffizile Fragen an. Insbesondere ist nicht klar, ob es sich bei derartigen Strukturen dann um eine Verbriefung iSd STS-Verordnung (EU) 2017/2042 han-

delt, woran ggf. weitere Pflichten für Investoren und Emittenten anknüpfen könnten. Diese Frage stellt sich zumindest, sofern der EFF ein Exposure zu Kreditrisiken vermittelt, was idR bei EFF der Fall sein dürfte (vgl. auch § 292a II). Hierzu schweigt die Gesetzesbegründung, woraus vereinzelt der Schluss gezogen wurde, dass „der Gesetzgeber (…) davon auszugehen scheint, dass hierdurch keine Securitisation Position im Sinne der unmittelbar geltenden Definitionen des EU-Verbriefungsregimes entsteht, es sich mithin weiterhin um die Forderungsklasse AIF handelt" (vgl. BSV/*Kunschke* § 292a Rn. 5). Dies ist aber keinesfalls eindeutig. In der Praxis werden bisher häufig Strukturen gewählt, bei denen ein vertragliches Tranching (gerade durch verschiedene Anteilsklassen) vermieden wird. Dies erreicht man etwa, indem Fondsinitiatoren Zugangswege über Schuldtitel bereitstellen, die – jedenfalls im Falle einer Insolvenz – entsprechend § 39 InsO vor den Gesellschaftern bedient werden. So lässt sich zumindest eine Differenzierung zwischen zwei Anlegergruppen darstellen.

Eine solche Konstellation hat möglicherweise auch der deutsche Gesetzgeber 11
vor Augen gehabt, als er darauf hinwies, dass eine Refinanzierung der EFF „regelmäßig über die Ausgabe von Schuldverschreibungen (sogenannte Notes)" erfolge, „was für Investmentvermögen zulässig ist, sofern es kein Einlagengeschäft darstellt". Entsprechende Instrumente sind daher im Einklang mit den bankaufsichtsrechtlichen Anforderungen auszugestalten, etwa durch Sicherstellung der Kapitalmarktfähigkeit der Notes oder entsprechend qualifizierte Nachrangabreden (vgl. BaFin Merkblatt „Hinweise zum Tatbestand des Einlagengeschäfts nach § 1 Abs. 1 Satz 2 Nr. 1 KWG" (zuletzt geändert am 20.8.2021) unter Abschnitt II).

2. Zulässige Investitionen und Anforderungen an die Geschäftsorgani- 12
sation (§ 292a II). Der EFF ist bei seiner Anlagetätigkeit nicht etwa auf bestimmte Anlagegegenstände beschränkt, sondern kann flexibel zB in Darlehensforderungen, Unternehmensbeteiligungen oder Anteile an anderen AIFs investieren. Die Regelung in § 292a II erlaubt es der (Kapital-)Verwaltungsgesellschaft des EFF, im Rahmen der kollektiven Vermögensverwaltung für Entwicklungsförderungsfonds **Gelddarlehen zu gewähren sowie Bürgschaften, Garantien und sonstige Gewährleistungen** für andere zu übernehmen, wenn sie über eine diesen Geschäften und deren Umfang angemessene Aufbau- und Ablauforganisation verfügt, die insb. klar definierte und angemessene Verfahren zur Vergabe von Gelddarlehen und zur Übernahme von Bürgschaften, Garantien und sonstigen Gewährleistungen für andere vorsieht. Zur begrifflichen Ausfüllung dieser Geschäftstypen sollte auf die allgemeinen bankaufsichtsrechtlichen Kategorien und Definitionen zurückgegriffen werden können (vgl. BSV/*Kunschke* § 292a Rn. 12). Der EFF ist daher das einzige offene Investmentvermögen nach KAGB, das Darlehen, Bürgschaften und Garantien vergeben darf.

a) Zulässige Investitionsformen. Dieser liberale Regelungsrahmen über- 13
rascht: Das sonstige deutsche Regelwerk lässt allenfalls die Kreditvergabe an Dritte für geschlossene Fonds nach § 285 III zu. Auch das Eingehen von Verpflichtungen aus einem Bürgschafts- oder einem Garantievertrag ist nach § 20 VIII zumindest der OGAW-KVG ausdrücklich verboten. Diese gesetzgeberische Regelung wird von der BaFin extensiv ausgelegt und hat zumindest im Anwendungsbereich von Immobilienfonds zu einer Stellungnahme der BaFin gegenüber dem BVI geführt, wonach die BaFin feststellt, „das Eingehen von Bürgschafts- und Garantieverträgen für andere (Garantiegeschäft gemäß § 1 Abs. 1 Nr. 8 Kreditwesengesetz) ist in § 20 KAGB nicht genannt". Hieraus schlussfolgert die Aufsicht, dass derartige Geschäfte

„daher für Kapitalverwaltungsgesellschaften nicht zulässig" sind (vgl. E-Mail der BaFin an den BVI vom 20.2.2018). Für EFF schafft insoweit § 20 IXa nun Klarheit und gestattet AIF-KVG im Rahmen der kollektiven Vermögensverwaltung für Entwicklungsförderungsfonds ausdrücklich das Gewähren von Gelddarlehen sowie die Übernahme von Bürgschaften, Garantien und sonstigen Gewährleistungen für andere. Insoweit durchbricht die Regelung des § 292a II die bisherige Verwaltungspraxis der BaFin in dieser Hinsicht. Der Gesetzgeber hatte insoweit „im internationalen Vergleich unter deutschem Recht immer noch strukturelle Nachteile" erkannt. Diese bestehen aus Sicht der Praxis aber nicht nur bei EFF. Es bleibt daher abzuwarten, ob sich hieraus ggf. auch für weitere Fondstypen Erleichterungen ergeben werden.

14 Im Vergleich mit anderen, hier relevanten Fondstypen ist der erweiterte Tätigkeitsrahmen bei der Verwaltung eines EFF sicherlich sinnvoll: So kann insb. der Europäische Fonds für soziales Unternehmertum (EuSEF) zum einen Darlehen vergeben (vgl. die Definition der „qualifizierten Anlagen" in Art. 3 der EuSEF-Verordnung (EU) 346/2013), zum anderen ist es derartigen Fonds ebenfalls gestattet, Garantien zu vergeben (vgl. Art. 5 III EuSEF-VO). Insoweit gleicht sich das KAGB daher anderen einschlägigen Regelwerken an.

15 **b) Anforderungen an die Geschäftsorganisation.** Die Regelung in § 292a II setzt voraus, dass die (Kapital-)Verwaltungsgesellschaft des Fonds über eine diesen Geschäften und deren Umfang angemessene Aufbau- und Ablauforganisation verfügt, die insb. klar definierte und angemessene Verfahren zur Vergabe von Gelddarlehen und zur Übernahme von Bürgschaften, Garantien und sonstigen Gewährleistungen für andere vorsieht. Die genauen Anforderungen sind noch fraglich und es ist zweifelhaft, inwieweit man sich hier an bereits bekannten Prinzipien und Anforderungen orientieren kann:

16 Zwar gestatteten zunächst die BaFin im Wege einer Änderung der Verwaltungspraxis und seit 2016 auch der regulatorische Rahmen in § 2 I Nr. 3b ff. KWG die Vergabe von Darlehen durch (Kapital-)Verwaltungsgesellschaften. Diese Liberalisierung wurde aber gleichzeitig – jedenfalls für im Inland ansässige – KVG mit umfangreichen Anforderungen an die Vergabe von Gelddarlehen und Investition in unverbriefte Darlehensforderungen durch das BaFin-Rundschreiben 01/2017 (WA) – Mindestanforderungen an das Risikomanagement von Kapitalverwaltungsgesellschaften **(KAMaRisk)** unterworfen (vgl. insoweit Abschn. 5 der KAMaRisk). Diese Regelungen beruhen auf der Grundlage des § 29 Va und sind von der Praxis als potenzielles Hindernis für die Konzeption inländischer Kreditfonds identifiziert worden. Dieser (strenge) Maßstab dürfte allerdings nicht bei der Verwaltung von EFF gelten: Insoweit sieht § 29 Va nämlich ausdrücklich vor, dass diese Anforderungen nicht gelten sollen, soweit die Kreditvergabe ua nach § 292a II zulässig ist. Nach dem Willen des Gesetzgebers soll dieser liberale Rahmen insb. „einen leichteren Zugang zu Dienstleistern in diesem Marktsegment, das durch teilweise kleine und hochspezialisierte Dienstleister gekennzeichnet ist", sicherstellen (BT-Drs. 19/28868, 122). Auf Grund des eingeschränkten Marktes und des verhältnismäßig geringen Volumens von EFF-Fonds sind keine systemischen Risiken zu befürchten. Ein alternativer Maßstab zur Beurteilung der Angemessenheit der internen Prozesse hat sich aber noch nicht gebildet.

17 **c) Implikationen für die KWG-Erlaubnispflichten.** Der erweitere Spielraum für die Ausgestaltung von Investitionen eines EFF wirft Fragen zur Abgrenzung von erlaubnispflichtigem Bankgeschäft nach § 32 KWG auf: Zwar ist der Aus-

nahmetatbestand des § 2 I Nr. 3b KWG durch das FoStoG für KVG und extern verwaltete Investmentgesellschaften auf den „Fall der Verwaltung von Entwicklungsförderungsfonds die Übernahme von Bürgschaften, Garantien und sonstigen Gewährleistungen für andere" erweitert worden. Dies erfasst aber nur unzureichend grenzüberschreitende Konstellationen.

Nach § 54 ist einer europäischen Verwaltungsgesellschaft insb. auch die Verwal- **18**
tung inländischer Spezial-AIF gestattet. Beschränkungen diesbezüglich, die eine EU-Verwaltungsgesellschaft daran hindern könnten, auch EFF zu verwalten, sind dem KAGB nicht zu entnehmen. Insbesondere bei der Verwaltung von Investmentfonds in Vertragsform (Sondervermögen) stellt sich die Frage, ob die EU-Verwaltungsgesellschaft ebenfalls von der Ausnahmeregelung im KWG profitieren kann. Die für sie im Übrigen anwendbare Regelung in § 2 I Nr. 3c KWG ist weiterhin ua beschränkt auf die Gewährung von Gelddarlehen im Rahmen der kollektiven Kapitalanlage und gestattet die Übernahme von Bürgschaften, Garantien und sonstigen Gewährleistungen für andere nicht. Rechtlich mag das damit zu begründen sein, dass bereits § 2 I Nr. 3b KWG inländische Investmentvermögen in Gesellschaftsform erfasst (jedenfalls soweit sie extern verwaltet werden). In dieser Konstellation dürfte der Fonds Garantiegeber sein. Bei einem Sondervermögen wird das Bankgeschäft von der Verwaltungsgesellschaft, handelnd für gemeinschaftliche Rechnung der Anleger (dh für den Fonds), betrieben. Hier ist dann der Sitz des Fonds entscheidend für die Erlaubnispflicht nach § 32 I 1 KWG, so dass es einer ausdrücklichen Ausnahmeregelung bedurfte. Soweit Bürgschaften aber von einer EU-Verwaltungsgesellschaft vergeben werden, die grenzüberschreitend aus einem anderen Mitgliedsstaat einen inländischen Spezial-AIF verwaltet, stellt sich bereits die Frage, ob hier überhaupt der Anwendungsbereich des KWG eröffnet wird und das (eventuelle) Garantiegeschäft iSd § 1 I Nr. 8 KWG überhaupt „im Inland" iSd § 32 I 1 KWG betrieben wird. Selbst wenn dies der Fall sein sollte, wird aber wohl zu erwarten sein, dass die Ausnahmeregelungen des KWG insoweit europarechtskonform ausgelegt werden, um eine Ungleichbehandlung von KVG und EU-Verwaltungsgesellschaften zu vermeiden. Aufgrund der empfindlichen Strafandrohungen für Verstöße gegen die bankaufsichtsrechtliche Erlaubnispflicht wäre aber eine Klarstellung wünschenswert, auch wenn das praktische Bedürfnis für eine solche Konstellation zumindest fraglich ist.

Schließlich stellen sich auch komplizierte Fragen, soweit die Darlehen oder Ge- **19**
währleistungen nicht vom Fonds selbst, sondern von einer vom Fonds gehaltenen Zweckgesellschaft begeben werden können. Jedenfalls vereinzelt wird in der Literatur vertreten, dass derartige Gestaltungen nicht von den Ausnahmeregeln des KWG profitieren können (vgl. *Köhler/Decker* RdF 2021, 244).

3. Verfahren zur Messung des konkreten positiven Auswirkungspotenzial **20**
der Vermögensgegenstände (§ 292a III). Schließlich verpflichtet § 292a III 1 und 2 die (Kapital-)Verwaltungsgesellschaft, im Voraus Verfahren festzulegen, um zu messen, inwieweit konkretes positives Auswirkungspotenzial des Vermögensgegenstands zur Erreichung der Ziele in den zulässigen Zielländern (vgl. → Rn. 5f.) beiträgt. Ausweislich der Gesetzesbegründung soll so sichergestellt werden, dass die (Kapital-)Verwaltungsgesellschaft zur Erreichung der UN-Nachhaltigkeitsziele durch die Vermögensgegenstände des EFF klare und transparente Verfahren anwendet, die im Voraus eine Bewertung und, falls möglich, eine Quantifizierung der konkreten, positiven Auswirkungen erlauben. Diese Verpflichtung setzt Prinzip 4 der Maßgeblichen Prinzipien für Wirkungsmanagement um, die nach § 28a von

der (Kapital-)Verwaltungsgesellschaft oder einem beauftragten Portfolioverwalter als zusätzliche Organisationsanforderungen einzuhalten sind (vgl. BT-Drs. 19/28868, 143). Prinzip 4 (in der deutschen Übersetzung der Prinzipien als „Grundsatz 4" bezeichnet) schreibt vor, dass die (Kapital-)Verwaltungsgesellschaft die erwartete Wirkung jeder Investition basierend auf einem systematischen Ansatz zu bewerten hat.

21 Dieser Bewertung muss ein geeignetes Rahmenwerk für die Messung der Ergebnisse zugrunde liegen, mit dem sich die folgenden entscheidenden Fragen beantworten lassen: (1) Was ist die angestrebte Wirkung? (2) Wen betrifft die angestrebte Wirkung? (3) Wie signifikant ist die angestrebte Wirkung? Zusätzlich muss der Manager die Wahrscheinlichkeit bestimmen, mit der das angestrebte Ziel erreicht wird. Bei der Bestimmung der Wahrscheinlichkeit ermittelt der Manager signifikante Risikofaktoren, die dazu führen können, dass die erreichte Wirkung von den Voraberwartungen abweicht (vgl. die in § 28a referenzierte deutsche Übersetzung der Maßgeblichen Prinzipien für Wirkungsmanagement, S. 6).

22 Schließlich weist § 292a III 3 darauf hin, dass die Regelung des § 292b unberührt bleibt. § 292b erlaubt jedenfalls für Bankguthaben gewisse Abweichungen vom „do no significant harm"-Prinzip, so dass auch deren Auswirkungen auf die Zielerreichung nicht nach § 292a III zu beurteilen sein sollten (so wohl BSV/*Kunschke* § 292a Rn. 17). Tatsächlich aber dürfte der Verweis auf § 292b deutlich umfangreichere Auswirkungen haben: Vor dem Hintergrund der Gesetzesbegründung zu § 292b, der auf Konzept der anderen als qualifizierenden Anlagen nach Art. 5 I der EUSeF-Verordnung 346/2013 verweist, ist wohl davon auszugehen, dass die in § 292b genannten Anlagen getrennt von § 292a zu sehen sind. Während die Liquiditätsanlagen (mit Ausnahme der Bankanlagen) sich nicht negativ auf die Zielerreichung auswirken dürfen, ist wohl davon auszugehen, dass eine Bewertung der positiven Auswirkungen der Liquiditätsanlagen nach § 292a III nicht nötig sein sollte. Dies entspricht schließlich auch bereits der Begriffsdefinition in § 1 XIX Nr. 10a.

IV. Ausblick

23 Es bleibt abzuwarten, wie die neue Fondskategorie am Markt aufgenommen wird. Insbesondere dadurch, dass die Anlageverordnung (AnlV) für institutionelle Anleger nicht aktualisiert wurde, und keine besonderen Quotenregelungen für EFF vorsieht, werden derartige Fonds möglicherweise einen schweren Stand haben: Für institutionelle Anleger bleibt so nur eine Zuordnung in die Kategorie für alternative Investmentfonds nach § 2 I Nr. 17 AnlV, wo die Produkte mit hochspekulativen Investments innerhalb einer engen Quote konkurrieren. Möglicherweise bietet sich hier die Möglichkeit, durch Regulierung auf Länderebene ähnlich der sog. Infrastrukturquote in Nordrhein-Westfalen Privilegierungen für derartige Investments zu schaffen.

24 Fraglich dürfte auch sein, ob vor dem Hintergrund etablierter Fondsstrukturen gerade in Luxemburg überhaupt ein praktisches Bedürfnis für die Auflage von EFF nach dem KAGB bleibt. Insoweit ist auffällig, dass auch der deutsche Gesetzgeber auf die Frage nach der Abgrenzung von typischen Blended-Finance-Strukturen zur Verbriefung keine Antwort bereithält.

§292b Liquiditäts- und Absicherungsanlagen

(1) **Die AIF-Kapitalverwaltungsgesellschaft darf für Rechnung eines Entwicklungsförderungsfonds einen Betrag, der insgesamt 30 Prozent des Wertes des Fonds entspricht, nur halten in**
1. Bankguthaben;
2. Geldmarktinstrumenten;
3. Anteilen an Spezial-AIF nach Maßgabe des §196 Absatz 1 Satz 2, die nach den Anlagebedingungen ausschließlich in Vermögensgegenstände nach den Nummern 1, 2 und 4 Buchstabe a anlegen dürfen, und
4. Wertpapieren, die
a) zur Sicherung der in Artikel 18.1 des Protokolls über die Satzung des Europäischen Systems der Zentralbanken und der Europäischen Zentralbank vom 7. Februar 1992 (BGBl. 1992 II S. 1297), das durch das Protokoll Nr. 1 zur Änderung der Protokolle zum Vertrag über die Europäische Union, zum Vertrag zur Gründung der Europäischen Gemeinschaft und/oder zum Vertrag zur Gründung der Europäischen Atomgemeinschaft vom 13. Dezember 2007 (ABl. C 306 vom 17.12.2007, S. 165, 172) geändert worden ist, genannten Kreditgeschäfte von der Europäischen Zentralbank oder der Deutschen Bundesbank zugelassen sind oder deren Zulassung nach den Emissionsbedingungen beantragt wird, sofern die Zulassung innerhalb eines Jahres nach ihrer Ausgabe erfolgt,
b) entweder an einem organisierten Markt im Sinne von §2 Absatz 11 des Wertpapierhandelsgesetzes zum Handel zugelassen oder die festverzinsliche Wertpapiere sind, soweit ihr Wert einen Betrag von 5 Prozent des Wertes des Entwicklungsförderungsfonds nicht übersteigt.

(2) [1]**Die AIF-Kapitalanlagegesellschaft hat sicherzustellen, dass durch die Anlagen gemäß Absatz 1 Nummer 2 bis 4 keines der in §1 Absatz 19 Nummer 10a genannten Ziele erheblich beeinträchtigt wird.** [2]**Die Anlagegrenze von 30 Prozent gemäß Absatz 1 gilt erst, wenn seit dem Zeitpunkt der Bildung des Entwicklungsförderungsfonds eine Frist von vier Jahren verstrichen ist.**

(3) **Die AIF-Kapitalverwaltungsgesellschaft darf für Rechnung eines Entwicklungsförderungsfonds Derivate zu Absicherungszwecken erwerben.**

I. Allgemeines

Mit der Regelung des § 292b reglementiert der Gesetzgeber die Möglichkeit der 1
KVG, für einen Entwicklungsförderungsfonds auch in andere Vermögensgegenstände anzulegen als in solche, die dem besonderen entwicklungs- und klimapolitischen Förderungszweck von Entwicklungsförderungsfonds dienen. Entsprechend der Gesetzesbegründung kann sich ein solches Bedürfnis insb. zu Absicherungs- und Liquiditätssteuerungszwecken ergeben (BT-Drs. 19/28868, 143). Ganz gelöst von den Zielen des Entwicklungsförderungsfonds hat man sich aber auch für diese Liquiditätsanlagen nicht, da nach § 292b II jedenfalls für bestimmte dieser Anlagen das **„do no significant harm"**-Prinzip weiterhin zur Anwendung kommt (vgl. → Rn. 10).

2 Der Gesetzgeber hat sich ausweislich seiner Begründung bei der für diese Liquiditätsanlagen geltenden Grenzen an den für Europäische Fonds für soziales Unternehmertum (EuSEF) geltenden Beschränkungen des Art. 5 I der VO (EU) Nr. 346/2013 des Europäischen Parlaments und des Rates vom 17.4.2013 über Europäische Fonds für soziales Unternehmertum (ABl. 2013 L 115, 18) geltenden Grenze für andere Vermögenswerte als qualifizierte Anlagen orientiert. Inhaltlich fallen hier Ähnlichkeiten zur Vorschrift des § 253 aus dem Immobilienfondsbereich auf.

II. Die Regelung im Einzelnen

3 **1. Zulässige Vermögensgegenstände, § 292b I.** § 292b I enthält eine abschließende („nur") Aufzählung von zulässigen Liquiditätsanlagen. Darüber hinaus kann die KVG nach § 292b III zusätzlich auch in Derivate zu Absicherungszwecken investieren. Entsprechend der Regelung kann die KVG für den Entwicklungsförderungsfonds bis zu 30% des Wertes des Fonds in a) Bankguthaben, b) Geldmarktinstrumenten, c) Anteilen an bestimmten Spezial-AIF, die in bestimmte der zulässigen Liquiditätsanlagen anlegen, und in d) bestimmte, als sicher empfundene Wertpapiere investieren. Für Spezial-AIF wie den Entwicklungsförderungsfonds muss zur Auslegung dieser Begriffe nicht zwingend auf die §§ 192ff. zurückgegriffen werden (vgl. etwa bereits BaFin, FAQ Eligible Assets, Teil 2, Frage 1). Eine Orientierung an diesen Begrifflichkeiten und den dortigen Vorgaben bietet sich aber natürlich an (so im Ergebnis wohl auch BSV/*Kunschke* § 292b Rn. 5ff.).

4 **a) Bankguthaben.** Der Begriff der Bankguthaben ist im KAGB nicht definiert, wird aber ua von § 195 vorausgesetzt. Der Begriff der Bankguthaben wird üblicherweise als Sammelbegriff für verschiedene Kontoformen und den Zahlungsverkehr verstanden. Anders als im Anwendungsbereich des § 195 (der nach § 230 auch für Bankguthaben iSd § 253 gilt) dürften für EFF als Spezial-AIF aber auch Laufzeiten von mehr als 12 Monaten zulässig sein, wobei die Eignung derartiger Anlagen von der KVG vor dem Hintergrund des beabsichtigten Liquiditätsmanagements zu beurteilen ist.

5 **b) Geldmarktinstrumente.** Der Begriff der Geldmarktinstrumente umfasst insb. solche Instrumente, die üblicherweise auf dem Geldmarkt gehandelt werden, liquide sind und deren Wert sich bestimmen lässt (EDD/*Zirlewagen* § 284 Rn. 65). Die weiteren, in § 194 vorgesehenen Anforderungen finden im Bereich von Spezial-AIF nicht zwingend Anwendung. Wie auch im Rahmen von § 284 II dürfte allerdings gelten, dass diejenigen Geldmarktinstrumente, die die strengeren Anforderungen des § 194 erfüllen, jedenfalls auch nach dem allgemeinen Begriff des Geldmarktinstruments zulässig sein sollten.

6 **c) (Bestimmte) Spezial-AIF.** Nach § 292b I Nr. 3 ist auch die Anlage von Liquidität in Anteilen an Spezial-AIF nach Maßgabe des § 196 I 2, die nach den Anlagebedingungen ausschließlich in Vermögensgegenstände nach den Nr. 1, 2 und 4 Buchst. a anlegen dürfen. Somit ist die Anlagetätigkeit zulässiger Spezial-AIF beschränkt auf die Anlage in Bankguthaben, Geldmarktinstrumente und notenbankfähigen Wertpapiere. Anders als bei den anderen Kataloganlagen des § 292b I verweist die Nr. 3 auf die OGAW-Vorschrift des § 196. Demnach finden (anders als etwa für Geldmarktinstrumente und Bankguthaben) die dortigen Anforderungen hier zwingend auch Anwendung. Entsprechend der Vorgaben in § 196 I 2 muss

daher sichergestellt sein, dass die Spezial-AIF ua (i) nach Rechtsvorschriften zugelassen wurden, die sie einer wirksamen öffentlichen Aufsicht zum Schutz der Anleger unterstellen und ausreichende Gewähr für eine befriedigende Zusammenarbeit zwischen den Behörden besteht, (ii) das Schutzniveau des Anlegers dem Schutzniveau eines Anlegers in einem inländischen OGAW gleichwertig ist, (iii) die Geschäftstätigkeit Gegenstand von Jahres- und Halbjahresberichten ist, die es erlauben, sich ein Urteil über das Vermögen und die Verbindlichkeiten, die Erträge und die Transaktionen im Berichtszeitraum zu bilden, und (iv) die Anleger ein Rückgaberecht haben.

d) (Bestimmte) Wertpapiere. Nach § 292b I Nr. 4 sind zudem Anlagen in bestimmte notenbankfähige Wertpapiere (Buchst. a) und festverzinste Wertpapiere (Buchst. b) zulässig. Dies entspricht der Regelung in § 253 I Nr. 4. Bei den beiden Kategorien handelt es sich – trotz des nicht ganz eindeutigen Wortlauts – um alternative Tatbestände, wie etwa auch aus einer systematischen Zusammenschau mit § 292b I Nr. 3 deutlich wird. Die zulässigen Spezial-AIF dürfen nur in notenbankfähige Wertpapiere, nicht aber in börsengelistete oder festverzinsliche Wertpapiere investieren (so auch BSV/*Kunschke* § 292b Rn. 10). 7

Bei den notenbankfähigen Wertpapieren (§ 292b I Nr. 4 Buchst. a) muss es sich um Wertpapiere handeln, die im Einklang mit Art. 18.1 des Protokolls über die Satzung des Europäischen Systems der Zentralbank (BGBl. 1992 II 1297), das durch das Protokoll Nr. 1 zur Änderung der Protokolle zum Vertrag über die Europäische Union, zum Vertrag zur Gründung der Europäischen Gemeinschaft und/oder zum Vertrag zur Gründung der Europäischen Atomgemeinschaft (ABl. 2007 C 306) geändert wurde, entweder von der Europäischen Zentralbank oder der Deutschen Bundesbank zugelassen worden oder die Zulassung nach den Emissionsbedingungen beantragt haben und dann auch innerhalb eines Jahres nach deren Ausgabe zugelassen wurden. Die Notenbankfähigkeit kann anhand einer Datenbankabfrage festgestellt werden (www.ecb.int/mopo/assets/assets/html/index.en.html). 8

Weiterhin darf der Entwicklungsförderungsfonds auch einen Beitrag von bis zu 5% seines Wertes in sonstige Wertpapiere anlegen. Dabei muss es sich entweder um solche handeln, die an einem organisierten Markt zum Handel zugelassen sind oder als festverzinsliche Wertpapiere einzustufen sind. Die Frage der Festverzinslichkeit ist ausschließlich danach zu beurteilen, ob eine bestimmte Verzinsung über die gesamte Laufzeit festgeschrieben ist (vgl. EDD/*Doublier/Lemnitzer* § 253 Rn. 12). Weitere Anforderungen, etwa an die Zahlungsfrequenz oder den Zahlungsmechanismus, werden hier nicht festgelegt. 9

2. Einhaltung des „do no significant harm"-Grundsatzes, Anlagegrenze (§ 292b II). Mit Ausnahme der Anlage auf Bankkonten muss die Kapitalverwaltungsgesellschaft sicherstellen, dass durch die Anlage von Liquidität der „do no significant harm"-Grundsatz eingehalten wird. In der Gesamtschau darf daher die Anlage von Liquidität keins der übrigen Ziele beeinträchtigen (vgl. → § 1 Rn. 86). Nach dem Willen des Gesetzgebers sind hier Bankguthaben insb. aus praktischen Erwägungen privilegiert, da „die Einhaltung dieses Prinzips nur gewährleistet werden [kann], wenn die Kapitalverwaltungsgesellschaft von der kontoführenden Bank umfangreiche Prüfungsunterlagen bekommt, was nicht sichergestellt werden kann und gegebenenfalls bereits die Eröffnung eines Bankkontos für den EF-Fonds erschweren oder verhindern könnte". Ähnliche Erwägungen dürften allerdings auch für die anderen Anlageformen gelten. Es dürfte zweifelhaft sein, dass Geldmarktfonds, Wertpapieremittenten und andere Kapitalverwaltungsgesellschaften hier ge- 10 willter sein dürften, umfangreiche Informationen zum Investment zur Verfügung zu stellen, als es die kontoführende Bank wäre. Durch die Privilegierung der Anlage auf Bankkonten ist zu erwarten, dass diese einen erheblichen Teil der Liquiditätsanlage von Entwicklungsförderungsfonds ausmachen werden.

11 Zu beachten ist weiterhin, dass die Anlagegrenze von 30% **nicht während der Anlauf- oder Liquidationsphase des Entwicklungsforderungsfonds gilt.** Als Anlaufphase bezeichnet die gesetzliche Regelung in § 292b II 2 eine Frist von vier Jahren seit dem Zeitpunkt der Bildung des Entwicklungsförderungsfonds. Wiederum zeigt sich eine strukturelle Ähnlichkeit zur Regelung des § 253. Auch die dortige Anlagegrenze gilt entsprechend § 244 nicht während einer vierjährigen Anlaufphase. Die Privilegierung während der Liquidationsphase des Fonds ergibt sich nicht aus dem Gesetz. Die Gesetzesbegründung (BT-Drs. 19/28868, 143) verweist diesbezüglich auf die ständige Verwaltungspraxis der BaFin.

12 **3. Erwerb von Derivaten zu Absicherungszwecken.** Entsprechend der Regelung in § 292b III ist der Erwerb von Derivaten (nur) zu Absicherungszwecken gestattet. Ein spekulativer Einsatz von Derivaten scheidet damit aus. Ausweislich der Gesetzesbegründung (BT-Drs. 19/28868, 144) spielt der Derivateeinsatz für Entwicklungsförderungsfonds eine wichtige Rolle, da Anlagen idR in Fremdwährungen getätigt werden und die damit verbundenen Wechselkursrisiken sowie Zinsrisiken im Zusammenhang mit der Refinanzierung im Rahmen des Portfolio- und Risikomanagements berücksichtigt werden müssen. Ausweislich der Systematik der Norm – und anders als im Anwendungsbereich des § 253 – müssen Derivate zu Absicherungszwecken nicht auf die Grenze für Liquiditätsanlagen angerechnet werden.

13 Bei der Anlage in Derivate muss die Kapitalverwaltungsgesellschaft **nicht auf die Einhaltung des „do no significant harm"-Prinzips** achten. Der Gesetzgeber begründet dies wiederum mit praktischen Erwägungen: Der Aufwand sei zu hoch und die Einhaltung könnte nur zu Lasten der Anlagemöglichkeiten sichergestellt werden. Die Kapitalverwaltungsgesellschaft müsse anderenfalls „von der Hedge-Counterparty umfangreiche Prüfungsunterlagen" bekommen. Da dies nicht sichergestellt werden könne, würde ein solches Erfordernis „gegebenenfalls bereits die Verfügbarkeit von Derivaten zu Absicherungszwecken für den EF-Fonds erschweren oder verhindern" (BT-Drs. 19/28868, 144).

§ 292c Außerordentliche Kündigung

(1) **Die Anlagebedingungen oder die Satzung des Entwicklungsförderungsfonds müssen oder muss vorsehen, dass die Verwaltung des Fonds durch die AIF-Kapitalverwaltungsgesellschaft mit einer Frist von sechs Monaten gekündigt wird, sollte bei zwei aufeinanderfolgenden Prüfungen gemäß § 28a Absatz 1 in Verbindung mit Prinzip 9 der Maßgeblichen Prinzipien für Wirkungsmanagement ein wesentlicher Verstoß der AIF-Kapitalverwaltungsgesellschaft gegen die Maßgeblichen Prinzipien für Wirkungsmanagement festgestellt werden.**

(2) **Im Fall der Kündigung gemäß Absatz 1 kann das Recht zur Verwaltung innerhalb der Kündigungsfrist auf eine andere AIF-Kapitalverwaltungsgesellschaft übertragen werden.**

(3) **Hat die AIF-Kapitalverwaltungsgesellschaft die Portfolioverwaltung für einen Entwicklungsförderungsfonds ausgelagert oder wird sie im Hinblick auf dessen Portfolioverwaltung beraten, müssen die Anlagebedingungen oder muss die Satzung des Fonds vorsehen, dass die Rechtsbeziehung zum Auslagerungs- oder Beratungsunternehmen mit einer Frist von sechs Monaten durch die Kapitalverwaltungsgesellschaft gekündigt wird, sollte bei zwei aufeinanderfolgenden Prüfungen gemäß § 28a Absatz 2 in Verbindung mit Prinzip 9 der Maßgeblichen Prinzipien für Wirkungsmanagement ein wesentlicher Verstoß des Auslagerungs- oder Beratungsunternehmens gegen die Maßgeblichen Prinzipien für Wirkungsmanagement festgestellt werden.**

I. Allgemeines

Die Regelung des § 292c knüpft an die besonderen Organisationsanforderungen an KVG, die Entwicklungsförderungsfonds verwalten, in § 28a an. Demnach muss sich die KVG oder deren Portfolioverwalter bzw. Berater den Anforderungen der Maßgeblichen Prinzipien für Wirkungsmanagement der Internationalen Finanz-Corporation der Weltbankgruppe vom 4.10.2019 (https://www.impactprinciples.org/resource-library/impact-principles-german, im Weiteren als „Maßgebliche Prinzipien" bezeichnet) unterwerfen. Während § 28a eine jährliche Prüfungspflicht statuiert, mit der sichergestellt werden soll, dass die Verwaltung des Fonds den Maßgeblichen Prinzipien entspricht, normiert § 292c die Rechtsfolge, sollten zwei aufeinanderfolgende Prüfungen die Einhaltung der Maßgeblichen Prinzipien nicht bestätigen können. In diesem Fall ist entweder das Verwaltungsrecht der KVG zu kündigen (§§ 292c I, 28a I) oder der Auslagerungsvertrag mit dem delegierten Portfoliomanager zu beenden (§§ 292c III, 28a II). 1

Ausweislich des Gesetzesbegründung (vgl. BT-Drs. 19/28868, 144) dient die Regelung dazu, die Bezeichnung „Entwicklungsförderungsfonds" vor Missbrauch zu schützen (vgl. dem aus dem Nachhaltigkeitsbereich bekannten Phänomen des „Greenwashings") und um „höchste Qualitätsanforderungen" durchzusetzen. 2

II. Die Norm im Einzelnen

1. Kündigung der Verwaltung durch die KVG. Nach § 292c I müssen die Anlagebedingungen oder die Satzung des Entwicklungsförderungsfonds vorsehen, dass die Verwaltung des Fonds durch die AIF-KVG mit einer Frist von sechs Monaten **verpflichtend gekündigt wird,** sollte bei zwei aufeinanderfolgenden Prüfungen gem. § 28a I iVm Prinzip 9 der Maßgeblichen Prinzipien ein wesentlicher Verstoß der AIF-KVG gegen die Maßgeblichen Prinzipien für Wirkungsmanagement festgestellt werden. Insoweit ergänzt die Regelung die Anforderungen an die Inhalte der Anlagebedingungen bzw. der Satzung des Spezial-AIF. Auch stellt sie eine Abweichung von der Systematik des § 99 dar, der eine Kündigung des Verwaltungsrechts in das Ermessen der KVG stellt. Anders als das (freie) Kündigungsrecht des § 99 knüpft die Verpflichtung zur Kündigung in § 292c I an vorherige wesentliche Pflichtverstöße der KVG an. 3

Zugleich aber stellt man klar, dass hier nicht jede Form von Verstößen gegen die Maßgeblichen Prinzipien ausreichend sein sollen, sondern es zur Begründung der zwangsweisen Kündigung eines **wesentlichen Verstoßes** bedarf. Definitionsansätze, wann ein solcher Verstoß als wesentlich anzusehen ist, enthalten weder die 4 gesetzliche Regelung noch die Gesetzesbegründung. Dies festzustellen ist Angelegenheit des Prüfungsberichts und des Prüfers. Andernfalls obläge die Beurteilung der Wesentlichkeit der KVG selbst.

5 Grundlage für die Beantwortung der Frage, ob eine Kündigungspflicht besteht, sind die nach § 28a I iVm Prinzip 9 der Maßgeblichen Prinzipien vorzulegenden Prüfberichte. Nach Prinzip 9 muss die Kapitalverwaltungsgesellschaft „jährlich die Übereinstimmung seines Impact-Management-Systems mit den Grundsätzen offenlegen und die Einhaltung regelmäßig von unabhängiger Stelle prüfen lassen. Auch die Ergebnisse des Prüfberichts sind zu veröffentlichen. Diese Offenlegungen unterliegen treuhänderischen und regulatorischen Vorgaben“. Nach § 28a I 2 ist die Überprüfung der Anforderungen durch einen geeigneten Prüfer zum Ende des zweiten Geschäftsjahres ab dem Zeitpunkt der Auflegung des Entwicklungsförderungsfonds und im Übrigen jährlich vorzunehmen. Die Einhaltung der Maßgeblichen Prinzipien ist der KVG vom Prüfer zu bescheinigen. Allerdings enthalten weder die Maßgeblichen Prinzipien noch die gesetzliche Regelung in § 28a inhaltliche oder formelle Vorgaben an die Prüfung oder die Prüfberichte. Es ist zu erwarten, dass hier insb. Wirtschaftsprüfer und Wirtschaftsprüfungsgesellschaften als geeignete Prüfer in Betracht kommen (so auch BSV/*Kunschke* § 292c Rn. 6). In Ermangelung von formellen Vorgaben wird erst die Handhabung der Berichtspflicht in der Praxis für Klarheit sorgen.

6 **2. Übertragung des Verwaltungsrechts auf eine andere KVG.** Nach § 292c II kann das Verwaltungsrecht innerhalb der Kündigungsfrist auch auf eine andere Kapitalverwaltungsgesellschaft übertragen werden. Die Regelung gilt „im Falle der Kündigung“ und stellt insoweit eine Abweichung vom in § 100b vorgesehenen Übertragungsmechanismus dar, der im Übrigen anstelle der Kündigung greift. *Kunschke* ist insoweit zuzugeben, dass die Regelung des § 292c II insoweit lex specialis gegenüber § 100b sein dürfte (vgl. BSV/*Kunschke* § 293c Rn. 8). Es erscheint allerdings wahrscheinlich, dass der Gesetzgeber hier – mangels einer Regelung der Einzelheiten in § 292c II – von einem Ineinandergreifen der beiden Vorschriften ausging. Das **Verfahren der Übertragung** sollte sich daher – mangels spezialgesetzlicher Regelung – **nach § 100b** (ggf. in analoger Anwendung) richten. Da es sich beim Entwicklungsförderungsfonds um einen Spezial-AIF handelt, ist das Verfahren zur Übertragung insoweit vereinfacht, als dass es keiner Genehmigung, sondern nur eine Anzeige gegenüber der BaFin bedarf (vgl. § 100b I 3 iVm § 100 III 4).

7 Der Verweis nur auf **KVG** überrascht. Hierbei handelt es sich entsprechend der Systematik des KAGB in §§ 1 XVI, 17 nur um inländische Gesellschaften. Spezial-AIF dürfen aber im Rahmen des Europäischen Passes nach § 54 auch grenzüberschreitend von Verwaltungsgesellschaften aus einem anderen Mitgliedsstaat des Europäischen Wirtschaftsraums verwaltet werden. Eine Übertragung des Verwaltungsrechts an eine EU-Verwaltungsgesellschaft, die einen entsprechenden Pass besitzt, sollte daher auch möglich sein. Findet sich keine andere KVG, die die Verwaltung des Entwicklungsförderungsfonds übernehmen kann oder will, ist der Fonds abzuwickeln (vgl. BT-Drs. 19/28868, 144). Die Abwicklung richtet sich dann wiederum nach den allgemeinen Grundsätzen des § 100.

8 **3. Kündigung des Auslagerungsvertrags.** Sollte die KVG die Portfolioverwaltung für den Entwicklungsförderungsfonds ausgelagert haben oder wird sie diesbezüglich beraten, muss nach § 28a II 1 nur das Auslagerungsunternehmen oder das Beratungsunternehmen die Anforderungen der Maßgeblichen Prinzipien

erfüllen. Folgerichtig knüpft in diesem Fall dann die Verpflichtung zur Kündigung in § 292c III auch nicht an das Verwaltungsrecht der KVG an, sondern verpflichtet diese den Auslagerungs- bzw. Beratungsvertrag wiederum mit einer Frist von sechs Monaten zu kündigen (vgl. § 292c I). Voraussetzung hierfür ist wiederum, dass bei zwei aufeinanderfolgenden Prüfungen gem. § 28a II iVm Prinzip 9 der Maßgeblichen Prinzipien für Wirkungsmanagement ein wesentlicher Verstoß des Auslagerungs- oder Beratungsunternehmens gegen die Maßgeblichen Prinzipien für Wirkungsmanagement festgestellt wurden.

Innerhalb der Kündigungsfrist muss die Kapitalverwaltungsgesellschaft dann ein 9
neues geeignetes Auslagerungs- oder Beratungsunternehmen mit diesen Aufgaben betrauen. Entsprechend den Anforderungen des § 28a II muss auch dieses Unternehmen sich den Maßgeblichen Prinzipien unterworfen haben. Hat sich die KVG selbst den Maßgeblichen Prinzipien unterworfen, kommt auch ein sog. Re-Insourcing in Betracht (vgl. BT-Drs. 19/28868, 144). Weder die Gesetzesbegründung noch die gesetzlichen Regelungen sehen eine Rechtsfolge für den Fall vor, in dem weder ein neues Auslagerungs- oder Beratungsunternehmen gefunden werden konnte noch die KVG selbst die Verwaltung des Entwicklungsförderungsfonds übernehmen kann. Folgerichtig dürfte dann hier aber auch eine Abwicklung des Fonds nötig werden.

Kapitel 4. Vorschriften für den Vertrieb und den Erwerb von Investmentvermögen

Abschnitt 1. Vorschriften für den Vertrieb und den Erwerb von Investmentvermögen

Unterabschnitt 1. Allgemeine Vorschriften für den Vertrieb und den Erwerb von Investmentvermögen

§ 293 Allgemeine Vorschriften

(1) [1]**Vertrieb ist das direkte oder indirekte Anbieten oder Platzieren von Anteilen oder Aktien eines Investmentvermögens.** [2]**Als Vertrieb gilt nicht, wenn**

1. Investmentvermögen nur namentlich benannt werden,

2. nur die Nettoinventarwerte und die an einem organisierten Markt ermittelten Kurse oder die Ausgabe- und Rücknahmepreise von Anteilen oder Aktien eines Investmentvermögens genannt oder veröffentlicht werden,

3. Verkaufsunterlagen eines Investmentvermögens mit mindestens einem Teilinvestmentvermögen, dessen Anteile oder Aktien im Geltungsbereich dieses Gesetzes an eine, mehrere oder alle Anlegergruppen im Sinne des § 1 Absatz 19 Nummer 31 bis 33 vertrieben werden dürfen, verwendet werden und diese Verkaufsunterlagen auch Informationen über weitere Teilinvestmentvermögen enthalten, die im Geltungsbereich dieses Gesetzes nicht oder nur an eine oder mehrere andere Anlegergruppen vertrieben werden dürfen, sofern in den Verkaufsunterlagen jeweils drucktechnisch herausgestellt an hervorgehobener Stelle darauf hingewiesen wird, dass die Anteile oder Aktien der weiteren Teilinvestmentvermögen im Geltungsbereich dieses Gesetzes nicht vertrieben werden dürfen oder, sofern sie an einzelne Anlegergruppen vertrieben werden dürfen, an welche Anlegergruppe im Sinne des § 1 Absatz 19 Nummer 31 bis 33 sie nicht vertrieben werden dürfen,

4. die Besteuerungsgrundlagen nach § 5 des Investmentsteuergesetzes genannt oder bekannt gemacht werden,

5. Angaben zu einem Investmentvermögen auf Grund gesetzlich vorgeschriebener Veröffentlichungen oder Informationen erfolgen, insb. wenn

a) in einen Prospekt für Wertpapiere Mindestangaben nach der Verordnung (EU) 2017/1129 und den Vorgaben in den Kapiteln II bis IV der Delegierten Verordnung (EU) 2019/980 der Kommission vom 14. März 2019 zur Ergänzung der Verordnung (EU) 2017/1129 des Europäischen Parlaments und des Rates hinsichtlich der Aufmachung, des Inhalts, der Prüfung und der Billigung des Prospekts, der beim öffentlichen Angebot von Wertpapieren oder bei deren Zulassung zum Handel an einem geregelten Markt zu veröffentlichen ist, und zur Aufhebung der Verordnung (EG) Nr. 809/2004 der Kom-

mission (ABl. L 166 vom 21.6.2019, S. 26) oder Zusatzangaben gemäß § 268 oder § 307 aufgenommen werden,

b) in einen Prospekt für Vermögensanlagen Mindestangaben nach § 8 g des Verkaufsprospektgesetzes oder Angaben nach § 7 des Vermögensanlagengesetzes aufgenommen werden oder

c) bei einer fondsgebundenen Lebensversicherung Informationen nach § 7 Absatz 1 Satz 1 des Versicherungsvertragsgesetzes in Verbindung mit § 2 Absatz 1 Nummer 7 der VVG-Versicherungsvertragsgesetz-Informationspflichtenverordnung zur Verfügung gestellt werden,

6. Verwaltungsgesellschaften nur ihre gesetzlichen Veröffentlichungspflichten im Bundesanzeiger oder ausschließlich ihre regelmäßigen Informationspflichten gegenüber dem bereits in das betreffende Investmentvermögen investierten Anleger nach diesem Gesetz oder nach dem Recht des Herkunftsstaates erfüllen,

7. ein EU-Master-OGAW ausschließlich Anteile an einen oder mehrere inländische OGAW-Feederfonds ausgibt

und darüber hinaus kein Vertrieb im Sinne des Satzes 1 stattfindet. [3]Ein Vertrieb an semiprofessionelle und professionelle Anleger ist nur dann gegeben, wenn dieser auf Initiative der Verwaltungsgesellschaft oder in deren Auftrag erfolgt und sich an semiprofessionelle oder professionelle Anleger mit Wohnsitz oder Sitz im Inland oder einem anderen Mitgliedstaat der Europäischen Union oder Vertragsstaat des Abkommens über den Europäischen Wirtschaftsraum richtet. [4]Die Bundesanstalt kann Richtlinien aufstellen, nach denen sie für den Regelfall beurteilt, wann ein Vertrieb im Sinne der Sätze 1 und 3 vorliegt.

(2) **Enthalten die Vorschriften dieses Kapitels Regelungen für Investmentvermögen, gelten diese entsprechend auch für Teilinvestmentvermögen, es sei denn, aus den Vorschriften dieses Kapitels geht etwas anderes hervor.**

I. Allgemeines

§ 293 I definiert mit dem Vertriebsbegriff das zentrale Tatbestandsmerkmal des vierten Kapitels. Wenngleich die Vertriebsdefinition auf dem Begriff des öffentlichen Vertriebs im früheren § 2 XI InvG basiert (vgl. BT-Drs. 17/12294, 485), regeln die Vertriebsvorschriften des KAGB ein in wesentlichen Punkten völlig anderes Vertriebsverständnis als das des InvG. Wesentlicher Unterschied ist die Aufgabe des Konzepts der regulierungsfreien Privatplatzierung (sa Baur/Tappen/*Zingel* § 293 Rn. 2; AWZ/*Wilhelmi* § 293 Rn. 18). 1

Zur Anpassung an die Vertriebsdefinition in Art. 4 I Buchst. x AIFM-RL wurden insb. der Begriff „öffentlich" und die Regelausnahmen in Nr. 1 (institutionelle Anleger) und Nr. 7 (Börsenbekanntmachungen) gestrichen. So sollte ua erreicht werden, dass die Vertriebsdefinition in Einklang mit Art. 4 I Buchst. x AIFM-RL steht (BT-Drs. 17/12294, 485). § 293 definiert zunächst den Begriff des Vertriebs und normiert sodann, wann etwas nicht als Vertrieb gilt. Mit den Bereichsausnahmen des § 293 I 2 wird einer Ausuferung der Vertriebsdefinition entgegengewirkt (FK-KapAnlR/*Keunecke/Schwack* § 293 Rn. 2).

II. Anbieten oder Platzieren

2 Der Begriff des **Anbietens** ist grds. weit zu verstehen (BTMB/*Zingel* § 293 Rn. 12). Auch wenn anders als im InvG nicht länger entscheidend ist, ob das „Anbieten oder Platzieren" öffentlich erfolgt, kann das frühere Verständnis des Begriffs auch zur Auslegung der aktuellen Regelung herangezogen werden. Demnach ist unter „Anbieten" jede Tätigkeit zu verstehen, die entweder selbst die Möglichkeit zum Erwerb von Anteilen oder Aktien bietet oder die Anleger auf eine derartige Möglichkeit aufmerksam macht (BTMB/*Zingel* § 293 Rn. 12). Daraus folgt, dass es sich nicht notwendigerweise bereits um ein Angebot im juristischen Sinne handeln muss, sondern auch eine **invitatio ad offerendum** ausreicht (vgl. BaFin FAQ-Konsultation Ziffer. 1.3; BTMB/*Zingel* § 293 Rn. 12). Bei zu enger Auslegung des Begriffs würden Werbemaßnahmen für Investmentvermögen den Vertriebsbegriff nicht erfüllen. Auch bedürfte es dann nicht der Ausnahmebestimmungen in § 293 I 2, die nur dann eine Bedeutung haben, wenn die dort benannten Tätigkeiten bei weiter Auslegung des Vertriebsbegriffs darunterfallen könnten (vgl. BTMB/*Zingel* § 293 Rn. 16). Jedenfalls ist eine Aktivität erforderlich, die auf den Absatz von Anteilen an Investmentvermögen abzielt. Hierbei ist es unerheblich, ob dies gegenüber bereits in das jeweilige Investmentvermögen investierten oder potenziellen Anlegern erfolgt (FK-KapAnlR/*Keunecke/Schwack* § 293 Rn. 5f.).

Jedenfalls unter den Begriff des Angebots fallen demnach Zeitungsanzeigen, Darstellungen auf einer Internetseite (FK-KapAnlR/*Keunecke/Schwack* § 293 Rn. 17f.), sog. Produktteaser und Flyer sowie Präsentationen, jedenfalls sofern sie sich auf ein konkretes Investmentvermögen beziehen. Davon kann nach Auffassung der BaFin insb. dann ausgegangen werden, wenn das Investmentvermögen bereits aufgelegt wurde oder angebotsreif ist (BaFin FAQ-Konsultation Ziffer 1.3). Seit Einführung der Regelungen zum Pre-Marketing kann aufgrund der Namensnennung nicht mehr auf die Angebotsreife geschlossen werden (vgl. BaFin FAQ-Konsultation Ziffer 1.3).

Ebensowenig liegt ein angebotsreifes Investmentvermögen vor, wenn es sich lediglich um ein **Produktkonzept** handelt. Dies kann zwar insofern schon eine gewisse Konkretisierung erfahren haben, indem bspw. die strukturelle Ausprägung (also etwa Sondervermögen oder InvKG), mögliche erste konkrete Anlagegegenstände sowie Grundzüge der Gebührenstruktur feststehen. Durch die Darstellung als bloßes Produktkonzept macht die KVG jedoch gegenüber den Anlegern deutlich, dass die Angebotsreife fehlt und insb. die Anlagebedingungen noch verhandelbar sind. Für diese Fälle treffen jetzt die Vorgaben zum Pre-Marketing Regelungen.

Der Begriff des **Platzierens** ist zumindest nach Auffassung der BaFin nicht identisch mit dem Platzierungsgeschäft iSd KWG oder WpHG, sondern meint jedes aktive Absetzen von Anteilen oder Aktien eines Investmentvermögens (BaFin FAQ-Konsultation Ziffer 1.9). Im Gegensatz dazu stellt die alleinige Reaktion auf eine Order eines Anlegers daher keinen Vertrieb dar (AWZ/*Wilhelmi* § 293 Rn. 11).

III. Ausnahmen vom Vertriebsbegriff (§ 293 I 2)

3 § 293 I 2 enthält eine Aufzählung von Tatbeständen, bei deren Erfüllung kein Vertrieb iSd § 293 I 1 vorliegt. Dies gilt jedoch nur dann, wenn gem. § 293 I 2 aE darüber hinaus auch kein Vertrieb iSd Vorschrift stattfindet. Dies spricht dafür, dass eine **Gesamtbetrachtung** vorgenommen werden muss und unter Würdigung aller Umstände entschieden werden muss, ob Vertrieb im Einzelfall vorliegt.

1. Nur namentliche Benennung (§ 293 I 2 Nr. 1). Entsprechend der Vorgängerreglung in § 2 XI 2 InvG geht das Gesetz weiterhin davon aus, dass die bloße **namentliche Benennung** eines Investmentvermögens nicht ausreicht, Vertriebsaktivitäten anzunehmen und diese zu regulieren. Dies kann jedoch gem. dem Wortlaut nur dann angenommen werden, wenn lediglich eine namentliche Benennung und keine weiteren Informationen über das Investmentvermögen veröffentlicht werden (FK-KapAnlR/*Keunecke/Schwack* § 293 Rn. 32). Dies entspricht dem Grundsatz, dass die Frage, ob Vertrieb im Einzelfall vorliegt, unter Würdigung aller Umstände beantwortet werden muss. 4

2. Nennung oder Veröffentlichung von Nettoinventarwerten, Kursen oder Ausgabe- und Rücknahmepreisen (§ 293 I 2 Nr. 2). Gleiche Überlegungen gelten für den Fall, dass lediglich die **Nettoinventarwerte** und die an einem organisierten Markt ermittelten **Kurse oder die Ausgabe- und Rücknahmepreise** von Anteilen oder Aktien eines Investmentvermögens genannt oder veröffentlicht werden. Auch hier ist nicht von Vertrieb auszugehen. Dies muss auch deshalb gelten, weil aus der Befolgung öffentlich-rechtlicher Vorgaben, die in bestimmten Fällen die Veröffentlichung von Nettoinventarwerten, Kursen oder Preisen erfordern, noch keine regulierungsbedürftige Vertriebsabsicht gefolgert werden kann. 5

3. Teilinvestmentvermögen (§ 293 I 2 Nr. 3). Die Ausnahme in § 293 I 2 Nr. 3 bezieht sich auf **Teilsondervermögen** iSd § 96, gilt jedoch darüber hinaus auch für andere Investmentvermögen, also bspw. EU-OGAW in einer Umbrella-Konstruktion (vgl. BTMB/*Zingel* § 293 Rn. 16). 6

Wenn für die **Teilinvestmentvermögen** einer Umbrella-Konstruktion zulässigerweise einheitliche Verkaufsunterlagen eingesetzt werden, könnte bei Erwähnung von Teilinvestmentvermögen, die nicht zum Vertrieb zugelassen sind, Vertrieb angenommen werden, selbst wenn dies im Zusammenhang mit Teilinvestmentvermögen erfolgt, die das Vertriebsanzeigeverfahren durchlaufen haben. § 293 I 2 Nr. 3 stellt somit klar, dass jedenfalls dann kein Vertrieb vorliegt, wenn in den Unterlagen für den oder die Teilfonds, die vertrieben werden, an hervorgehobener Stelle und drucktechnisch herausgestellt darauf hingewiesen wird, dass die Anteile oder Aktien der weiteren Teilinvestmentvermögen nicht oder, sofern sie an einzelne Anlegergruppen vertrieben werden dürfen, an welche Anlegergruppe iSd § 1 XIX Nr. 31–33 sie vertrieben werden dürfen.

4. Nennung von Besteuerungsgrundlagen (§ 293 I 2 Nr. 4). § 293 I 2 Nr. 4 stellt klar, dass die Nennung und Bekanntmachung von **Besteuerungsgrundlagen** gem. § 5 InvStG keinen Vertrieb darstellt. Auch bei der Nennung von Besteuerungsgrundlagen gilt daher, dass aus der Erfüllung öffentlich-rechtlicher Vorgaben keine regulierungsbedürftige Vertriebsabsicht gefolgert werden kann (BTMB/*Zingel* § 293 Rn. 28). 7

5. Angaben in Prospekten (§ 293 I 2 Nr. 5). § 293 I 2 Nr. 5 führt den in → Rn. 5 dargestellten Grundsatz fort und legt fest, dass Angaben zu einem Investmentvermögen auf **Grund gesetzlich vorgeschriebener Veröffentlichungen oder Informationen** nicht als Vertrieb gelten. 8

6. Gesetzliche Veröffentlichungspflichten (§ 293 I 2 Nr. 6). Da die gesetzlich zur Veröffentlichung bestimmten Angaben sowie die Inhalte der regelmäßigen Informationspflichten zumindest als Werbung für Anteile oder Aktien an Invest- 9 mentvermögen zu verstehen wären, gilt auch hier, dass die Erfüllung **gesetzlicher Veröffentlichungspflichten** im Bundesanzeiger oder ihre regelmäßigen Informationspflichten nach dem KAGB gegenüber bereits in das jeweilige Investmentvermögen investierten Anlegern nicht als Vertrieb gilt (BT-Drs. 17/12294, 485). Informationen gegenüber potenziellen Anlegern werden in der Regel hingegen sehr wohl als Vertrieb gelten, zumal diesen gegenüber auch keine Informationspflichten bestehen (vgl. FK-KapAnlR/*Keunecke/Schwack* § 293 Rn. 44).

10 **7. Ausgabe von Masterfondsanteilen an Feederfonds (§ 293 I 2 Nr. 7).** Gemäß § 293 I 2 Nr. 7 gilt es nicht als Vertrieb, wenn ein **EU-Master-OGAW** ausschließlich Anteile an einen oder mehrere inländische **OGAW-Feederfonds** ausgibt. Bei der Prüfung der Tatbestandsvoraussetzungen dieser Ausnahmevorschrift gelten die gesetzlichen Begriffsdefinitionen.

IV. Vertrieb an semiprofessionelle und professionelle Anleger (§ 293 I 3 und 4)

11 § 293 I 3 und 4 regelt, dass der **„passive Vertrieb"** von der Regulierung ausgenommen wird (BTMB/*Zingel* § 293 Rn. 33). Die Vorschrift setzt die Vorgaben des Art. 43 I UAbs. 2 AIFM-RL um, indem er klarstellt, dass ein Vertrieb an semiprofessionelle und professionelle Anleger nur dann gegeben ist, wenn dieser auf Initiative der KVG oder in deren Auftrag erfolgt und sich an eben solche Anleger mit Wohnsitz oder Sitz im Inland oder einem anderen Mitgliedstaat der EU oder Vertragsstaat des Abkommens über den EWR richtet (BT-Drs. 17/12294, 485). Das deutsche Recht unterscheidet hierbei nicht zwischen semiprofessionellen und professionellen Anlegern. Im Umkehrschluss liegt also kein Vertrieb an die genannten Anleger vor, wenn diese auf eigene Initiative hin an die KVG herantreten (FK-KapAnlR/*Keunecke/Schwack* § 293 Rn. 48; AWZ/*Wilhelmi* § 293 Rn. 34).

Wann eine solche Initiative oder ein Auftrag zum Vertrieb vorliegt, sagt die Regelung nicht. In jedem Fall davon erfasst werden dürften ausdrückliche Beauftragungen von sog. Placement Agents durch eine KVG. Erfolgt der Vertrieb durch Placement Agents ohne eine solche ausdrückliche Beauftragung, gilt dies nicht als Vertrieb der KVG (BaFin FAQ-Konsultation Ziffer 1.2). Genauso wenig liegt Vertrieb vor, wenn die KVG auf **konkrete Anfragen** eines semiprofessionellen oder professionellen Anlegers antwortet (BTMB/*Zingel* § 293 Rn. 33).

Die BaFin hat zudem klargestellt, dass idR kein Vertrieb vorliegt, wenn ein Anleger **seine eigenen Anteile oder Aktien an einem Investmentvermögen** veräußert. Etwas anderes müsse nur dann gelten, wenn ein Vermittler diese Anteile oder Aktien erst einmal auf die eigenen Bücher nehme, um sie anschließend unter Umgehung der Vertriebsvorschriften zu vertreiben (BaFin FAQ-Konsultation Ziffer 1.5).

V. Richtlinien der BaFin (§ 293 I 5)

12 Satz 5 ermächtigt die BaFin zur Aufstellung von **Richtlinien,** die ihre Verwaltungspraxis bei der Beurteilung darstellen, wann Vertrieb iSd § 293 I 1 und 3 vorliegt. Davon hat die BaFin mit der Veröffentlichung von „Häufige Fragen zum Vertrieb und Erwerb von Investmentvermögen nach dem KAGB" am 4.7.2013 Gebrauch gemacht und dieses Schreiben zuletzt am 5.7.2022 aktualisiert. Eine

überarbeitete Fassung, die die Änderungen des FoStoG berücksichtigt, wurde im August 2021 zur Konsultation veröffentlicht.

VI. Teilinvestmentvermögen (§ 293 II)

Absatz 2 stellt den bisher ungeschriebenen Grundsatz klar, dass für den Vertrieb und den Erwerb von Anteilen oder Aktien an Teilinvestmentvermögen die Vorschriften für den Vertrieb und den Erwerb von Anteilen oder Aktien an Investmentvermögen **entsprechend** gelten, wenn nicht die Vorschriften des vierten Kapitels etwas anderes bestimmen (BT-Drs. 17/12294, 485). 13

§ 294 Auf den Vertrieb und den Erwerb von OGAW anwendbare Vorschriften

[1]Auf den Vertrieb und den Erwerb von Anteilen oder Aktien an inländischen OGAW oder an zum Vertrieb berechtigten EU-OGAW im Geltungsbereich dieses Gesetzes sind die Vorschriften des Unterabschnitts 2 dieses Abschnitts, soweit sie auf Anteile oder Aktien an inländischen OGAW oder EU-OGAW Anwendung finden, anzuwenden. [2]Zudem sind auf EU-OGAW die Vorschriften des Abschnitts 2 Unterabschnitt 1 und auf inländische OGAW die Vorschriften des Abschnitts 2 Unterabschnitt 2 anzuwenden. [3]Der Vertrieb von EU-OGAW im Inland ist nur zulässig, wenn die Voraussetzungen des § 310 gegeben sind.

I. Allgemeines

Die Vorschrift enthält im Wesentlichen den Regelungsgehalt des aufgehobenen § 130 InvG und nimmt redaktionelle Anpassungen im Hinblick auf die Terminologie des KAGB sowie redaktionelle Ergänzungen vor, um Konsistenz mit den in Bezug auf den Vertrieb von AIF anwendbaren Vorschriften herzustellen (BT-Drs. 17/12294, 278). 1

Im Gegensatz zu § 130 InvG erfasst die Vorschrift auch den Vertrieb von inländischen OGAW (§ 1 II, VII). Ihr Regelungszweck besteht darin, auf die Vorschriften zu verweisen, die auf den Vertrieb von inländischen und EU-OGAW (§ 1 II, VIII) im Inland sowie auf den grenzüberschreitenden Vertrieb von inländischen OGAW in Mitgliedstaaten der EU und Vertragsstaaten des EWR anwendbar sind. 2

Die grundsätzliche Anwendbarkeit von Vorschriften des KAGB auf den Vertrieb von EU-OGAW im Inland steht nicht im Widerspruch zu europarechtlichen Vorgaben. Zwar sind für die Aufsicht über den EU-OGAW die Behörden des Herkunftsmitgliedstaats zuständig (Art. 97 III 1 OGAW-RL), die Bundesrepublik Deutschland als Aufnahmemitgliedstaat ist aber befugt, Vermarktungs- und Vertriebsmodalitäten sowie Werbung deutschem Recht zu unterwerfen, sofern dies diskriminierungsfrei geschieht (Erwägungsgrund 64 S. 1 und 3 OGAW-RL). 3

Mit Wirkung zum 2.8.2021 ist durch das Fondsstandortgesetz (BGBl. 2021 I 1498) der vormalige Abs. 2 aufgehoben worden, der die BaFin verpflichtete, auf ihrer Internetseite die Anforderungen zu veröffentlichen, die beim Vertrieb von Anteilen oder Aktien an EU-OGAW in Deutschland zu beachten sind. Diese Aufhebung setzt die Aufhebung von Art. 91 III OGAW-RL um (BT-Drs. 19/27631). Die entsprechende Verpflichtung der BaFin ist nun in Art. 5 I VO (EU) 2019/1156 primärrechtlich geregelt. Die BaFin hat hierzu das Merkblatt v. 26.7.2021 veröffent- 4 licht, das in englischer Sprache unter www.bafin.de abgerufen werden kann (Publication under Article 5 (1) of Regulation (EU) 2019/1156 Marketing Requirements in Germany).

II. Vertrieb von inländischen und EU-OGAW im Inland

5 Als **zentrale Verweisnorm** regelt § 294, welche Vorschriften auf den Vertrieb und Erwerb von Anteilen oder Aktien an inländischen OGAW und EU-OGAW im Geltungsbereich des KAGB anzuwenden sind. Nach S. 1 sind dies zunächst die Vorschriften des UAbs. 2 des Abschn. 1 (§§ 297–306), wobei EU-OGAW zum Vertrieb berechtigt, dh zugelassen sein müssen (vgl. Verweis in S. 3 auf das Anzeigeverfahren). Der Verweis bezieht sich indes nur auf solche Vorschriften, die sich auf inländische OGAW oder EU-OGAW beziehen („soweit").

6 In welchen Fällen ein **Vertrieb** vorliegt, richtet sich nach § 293 I. Dem Tatbestandsmerkmal des **Erwerbs** kommt hingegen keine eigenständige Bedeutung zu, vielmehr ist der Erwerb von Anteilen oder Aktien das Ziel des Vertriebs und mit diesem daher eng verknüpft (FK-KapAnlR/*Keunecke/Schwack* § 294 Rn. 3).

7 **Geltungsbereich** des KAGB ist die Bundesrepublik Deutschland, wie sich aus der Verwendung des Begriffs „Inland" in § 294 S. 3 folgern lässt (FK-KapAnlR/*Keunecke/Schwack* § 294 Rn. 3).

8 Der Wortlaut von § 294 beschränkt den Umfang der anzuwendenden Regelungen auf die ausdrücklich genannten. Da bei einem wörtlichen Verständnis etwa ein Verweis auf die Straf- und Bußgeldvorschriften sowie die Übergangsvorschriften des 7. Kapitels fehlen würde, wird die Vorschrift im Einklang mit der zur Vorgängernorm § 130 InvG vertretenen Auffassung teleologisch dahingehend ausgelegt, dass alle Vorschriften des KAGB gelten, sofern sie sich auf inländische oder EU-OGAW beziehen (WBA/*Baum* § 294 Rn. 3; FK-KapAnlR/*Keunecke/Schwack* § 294 Rn. 5; im Ergebnis auch AWZ/*Wilhelmi* KAGB § 294 Rn. 3). Dem ist zuzustimmen, da der Gesetzgeber § 130 InvG lediglich redaktionell anpassen wollte (BT-Drs. 17/12294, 278). Diese Auslegung wird auch von der BaFin geteilt, die im Merkblatt v. 26.7.2021 ebenfalls Vorschriften außerhalb der in § 294 genannten für anwendbar erklärt. Neben den Regelungen des KAGB sind beim Vertrieb ferner Regelungen in anderen Gesetzen (zB KWG, WpHG, GewO, FinVermV, BGB, UWG) zu beachten (EDD/*Jansen* § 294 Rn. 2; AWZ/*Wilhelmi* § 294 Rn. 3).

9 Nur im Hinblick auf EU-OGAW sind ferner die Vorschriften des Abschn. 2 UAbs. 1 (§§ 309–311) anzuwenden (§ 294 S. 2). § 294 S. 3 stellt daher nur deklaratorisch klar, dass ein zulässiger Vertrieb im Inland ein Durchlaufen des bereits über den Verweis in § 294 S. 2 in Bezug genommenen Anzeigeverfahrens nach § 310 voraussetzt.

III. Vertrieb von inländischen OGAW in EU/EWR

10 § 294 S. 2 enthält im Hinblick auf einen (beabsichtigten) Vertrieb von inländischen OGAW in der EU bzw. im EWR einen Verweis auf das Anzeigeverfahren und fortlaufende Pflichten, die in Abschn. 2 UAbs. 2 geregelt sind (§§ 312, 313).

§295 Auf den Vertrieb und den Erwerb von AIF anwendbare Vorschriften

(1) [1]Der Vertrieb von Anteilen oder Aktien an inländischen Publikums-AIF an Privatanleger, semiprofessionelle und professionelle Anleger im Geltungsbereich dieses Gesetzes ist nur zulässig, wenn die Voraussetzungen des §316 erfüllt sind. [2]Der Vertrieb von Anteilen oder Aktien an EU-AIF und ausländischen AIF an Privatanleger im Geltungsbereich dieses Gesetzes ist nur zulässig, wenn die Voraussetzungen der §§317 bis 320 erfüllt sind. [3]Die Verwaltungsgesellschaften, die AIF verwalten, die die Voraussetzungen für den Vertrieb an Privatanleger nicht erfüllen, müssen wirksame Vorkehrungen treffen, die verhindern, dass Anteile oder Aktien an den AIF an Privatanleger im Geltungsbereich dieses Gesetzes vertrieben werden; dies gilt auch, wenn unabhängige Unternehmen eingeschaltet werden, die für den AIF Wertpapierdienstleistungen erbringen.

(2) [1]Der Vertrieb von Anteilen oder Aktien an inländischen Spezial-AIF, EU-AIF und ausländischen AIF an professionelle Anleger ist im Inland nur zulässig

1. bis zu dem in dem auf Grundlage des Artikels 66 Absatz 3 in Verbindung mit Artikel 67 Absatz 6 der Richtlinie 2011/61/EU erlassenen delegierten Rechtsakt der Europäischen Kommission genannten Zeitpunkt nach den Voraussetzungen des §§321, 323, 329, 330 oder 330a;
2. ab dem Zeitpunkt, auf den in Nummer 1 verwiesen wird, nach den Voraussetzungen der §§321 bis 328 oder §330a.

[2]Abweichend von Satz 1 darf eine AIF-Verwaltungsgesellschaft, die bis zu dem in Nummer 1 genannten Zeitpunkt inländische Spezial-Feeder-AIF, EU-Feeder-AIF, EU-AIF oder ausländische AIF gemäß §329 oder §330 vertreiben darf, diese AIF auch nach diesem Zeitpunkt an professionelle Anleger im Inland weiterhin vertreiben. [3]Die Befugnis der Bundesanstalt, nach §11 oder nach §314 erforderliche Maßnahmen zu ergreifen, bleibt unberührt.

(3) [1]Der Vertrieb von Anteilen oder Aktien an inländischen Spezial-AIF, EU-AIF und ausländischen AIF an semiprofessionelle Anleger im Inland ist nur zulässig

1. bis zu dem in dem auf Grundlage des Artikels 66 Absatz 3 in Verbindung mit Artikel 67 Absatz 6 der Richtlinie 2011/61/EU erlassenen delegierten Rechtsakt der Europäischen Kommission genannten Zeitpunkt
   a) nach den für den Vertrieb an semiprofessionelle Anleger genannten Voraussetzungen des §§321, 323, 329, 330 oder 330a oder
   b) nach den Voraussetzungen der §§317 bis 320;
2. ab dem Zeitpunkt, auf den in Nummer 1 verwiesen wird,
   a) nach den für den Vertrieb an semiprofessionelle Anleger genannten Voraussetzungen der §§321 bis 328 oder §330a oder
   b) nach den Voraussetzungen der §§317 bis 320.

[2]Absatz 2 Satz 2 und 5 gilt entsprechend.

(4) Werden im Geltungsbereich dieses Gesetzes Anteile oder Aktien an inländischen Publikums-AIF, an zum Vertrieb an Privatanleger berechtig-

ten EU-AIF oder an zum Vertrieb an Privatanleger berechtigten ausländischen AIF an Privatanleger vertrieben oder von diesen erworben, so gelten die Vorschriften des Unterabschnitts 2 dieses Abschnitts, soweit sie sich auf den Vertrieb oder den Erwerb von inländischen Publikums-AIF, EU-AIF oder ausländischen AIF beziehen.

(5) **Werden im Geltungsbereich dieses Gesetzes Anteile oder Aktien an**

1. **inländischen AIF,**
2. **von einer AIF-Kapitalverwaltungsgesellschaft oder ab dem Zeitpunkt, auf den in Absatz 2 Nummer 1 verwiesen wird, von einer ausländischen AIF-Verwaltungsgesellschaft, die eine Erlaubnis nach § 58 erhalten hat, verwalteten EU-AIF,**
3. **zum Vertrieb an professionelle Anleger berechtigten EU-AIF, die von einer EU-AIF-Verwaltungsgesellschaft oder ab dem Zeitpunkt, auf den in Absatz 2 Nummer 1 verwiesen wird, von einer ausländischen AIF-Verwaltungsgesellschaft, deren Referenzmitgliedstaat nicht die Bundesrepublik Deutschland ist, verwaltet werden, oder**
4. **zum Vertrieb an professionelle Anleger berechtigten ausländischen AIF**

an semiprofessionelle oder professionelle Anleger vertrieben oder durch diese erworben, gelten die Vorschriften des Unterabschnitts 3 dieses Abschnitts.

(6) **[1]Beabsichtigt eine AIF-Kapitalverwaltungsgesellschaft, Anteile oder Aktien an von ihr verwalteten inländischen AIF, an EU-AIF oder, ab dem Zeitpunkt, auf den in Absatz 2 Nummer 1 verwiesen wird, an ausländischen AIF an professionelle Anleger in einem anderen Mitgliedstaat der Europäischen Union oder in einem anderen Vertragsstaat des Abkommens über den Europäischen Wirtschaftsraum zu vertreiben, gelten den[1] §§ 331, 331a und ab dem Zeitpunkt, auf den in Absatz 2 Nummer 1 verwiesen wird, § 332. [2]Die AIF-Kapitalverwaltungsgesellschaft stellt den am Erwerb eines Anteils oder einer Aktie Interessierten in den anderen Mitgliedstaaten der Europäischen Union und Vertragsstaaten des Abkommens über den Europäischen Wirtschaftsraum für jeden von ihr verwalteten inländischen AIF oder EU-AIF und für jeden von ihr vertriebenen AIF vor Vertragsschluss**

1. **die in § 307 Absatz 1 genannten Informationen einschließlich aller wesentlichen Änderungen dieser Informationen unter Berücksichtigung von § 307 Absatz 4 in der in den Anlagebedingungen, der Satzung oder dem Gesellschaftsvertrag des AIF festgelegten Art und Weise zur Verfügung und**
2. **unterrichtet die am Erwerb eines Anteils oder einer Aktie Interessierten nach § 307 Absatz 2 Satz 1.**

[3]Zudem informiert die AIF-Kapitalverwaltungsgesellschaft die Anleger nach § 308 Absatz 1 bis 4, auch in Verbindung mit § 300 Absatz 1 bis 3, und über Änderungen der Informationen nach § 307 Absatz 2 Satz 1.

(7) **[1]Beabsichtigt eine ausländische AIF-Verwaltungsgesellschaft ab dem Zeitpunkt, auf den in Absatz 2 Nummer 1 verwiesen wird, Anteile oder Aktien an von ihr verwalteten inländischen AIF, an EU-AIF oder an auslän-**

[1] Muss wohl lauten: „die".

dischen AIF an professionelle Anleger in einem anderen Mitgliedstaat der Europäischen Union oder in einem anderen Vertragsstaat des Abkommens über den Europäischen Wirtschaftsraum zu vertreiben, gelten die §§ 333 und 334. [2]Absatz 6 Satz 2 gilt entsprechend.

(8) **[1]Die Vorschriften des Wertpapierprospektgesetzes und der Verordnung (EU) 2017/1129 bleiben unberührt. [2]An die Stelle des Verkaufsprospekts in diesem Kapitel treten die in einem Wertpapierprospekt enthaltenen Angaben nach § 269, wenn**

1. **der AIF gemäß § 268 Absatz 1 Satz 3 oder § 318 Absatz 3 Satz 2 auf Grund seiner Pflicht zur Erstellung eines Prospekts nach der Verordnung (EU) 2017/1129 und der Aufnahme aller gemäß § 269 erforderlichen Angaben in diesen Prospekt von der Pflicht zur Erstellung eines Verkaufsprospekts befreit ist und**
2. **aus den Vorschriften dieses Kapitels nichts anderes hervorgeht.**

Inhaltsübersicht

		Rn.
I.	Allgemeines	1
II.	Zulässigkeit des Vertriebs von AIF an Privatanleger und andere im Inland (§ 295 I)	7
	1. Vertrieb von inländischen Publikums-AIF	7
	2. Vertrieb von EU-AIF und ausländischen AIF an Privatanleger	8
	3. Vorkehrungen zur Verhinderung eines Vertriebs an Privatanleger	9
III.	Zulässigkeit des Vertriebs von AIF an professionelle Anleger im Inland (§ 295 II)	12
IV.	Zulässigkeit des Vertriebs von AIF an semiprofessionelle Anleger im Inland (§ 295 III)	17
V.	Anforderungen an Vertrieb von AIF an Privatanleger im Inland (§ 295 IV)	20
VI.	Anforderungen an Vertrieb von AIF an semiprofessionelle oder professionelle Anleger in Inland (§ 295 V)	22
VII.	Vertrieb von AIF durch AIF-Kapitalverwaltungsgesellschaft in EU/EWR (§ 295 VI)	25
	1. Vertriebsanzeigeverfahren	25
	2. Vertriebsmaßnahmen	27
VIII.	Vertrieb von AIF durch ausländische AIF-Verwaltungsgesellschaft in EU/EWR (§ 295 VII)	30
IX.	Verhältnis zum Wertpapierprospekt (§ 295 VIII)	33

I. Allgemeines

1 Der wesentliche Zweck der Vorschrift besteht darin, auf die Vorschriften zu verweisen, die auf den Vertrieb von Anteilen oder Aktien an AIF anzuwenden sind. Die verwendeten Begriffe sind überwiegend legaldefiniert oder knüpfen an die Terminologie in § 293 an, so dass auf die entsprechenden Kommentierungen verwiesen werden kann.

2 Für den Vertrieb von AIF im Inland wird auf Vorschriften verwiesen, die die Zulässigkeit des Vertriebs an sich regeln („Ob" des Vertriebs, Abs. 1–3) und konkrete Anforderungen an den zulässigen Vertrieb stellen („Wie" des Vertriebs, Abs. 4 u. 5). Die Anforderungen unterscheiden sich nach der Art des AIF und des Anlegertyps.

3 Absatz 1 betrifft die Zulässigkeit des Vertriebs von inländischen Publikums-AIF (§ 1 VI, VII) an Privatanleger (§ 1 XIX Nr. 31), semiprofessionelle und professionelle Anleger (§ 1 XIX Nr. 33, 32) sowie von EU-AIF (§ 1 III, VIII) und ausländischen AIF (§ 1 IX) an Privatanleger im Inland. Der Verweis auf die konkreten Anforderungen an den zulässigen Vertrieb dieser Produkte an Privatanleger findet sich in Abs. 4.

4 Absatz 2 und 3 betreffen die Zulässigkeit des Vertriebs von inländischen Spezial-AIF (§ 1 VI, VII), EU-AIF und ausländischen AIF an professionelle bzw. semiprofessionelle Anleger im Inland, auf die konkreten Anforderungen an den zulässigen Vertrieb dieser Produkte sowie von inländischen AIF (§ 1 III, VII) wird sodann in Abs. 5 verwiesen.

5 Für den Vertrieb von AIF in EU/EWR durch AIF-Kapitalverwaltungsgesellschaften (§ 1 XVI) sind die Verweise in Abs. 6 maßgeblich. Für den Vertrieb von AIF durch ausländische AIF-Verwaltungsgesellschaften (§ 14 I 2) in EU/EWR findet der Verweis in Abs. 7 Anwendung.

6 Absatz 8 enthält eine Konkurrenzregelung, die das Verhältnis zum WpPG und zur EU-Prospekt-VO (EU) 2017/1129 v. 14.6.2017 (ABl. EU L 168, 12) regelt.

II. Zulässigkeit des Vertriebs von AIF an Privatanleger und andere im Inland (§ 295 I)

7 **1. Vertrieb von inländischen Publikums-AIF.** Absatz 1 S. 1 stellt klar, dass ein Vertrieb von inländischen Publikums-AIF an Privatanleger, semiprofessionelle und professionelle Anleger im Geltungsbereich des KAGB nur zulässig ist, wenn die Voraussetzungen des § 316 (Vertriebsanzeigeverfahren) erfüllt sind. Die Zulässigkeitsanforderungen an den Vertrieb von inländischen Publikums-AIF unterscheiden also nicht nach dem Anlegertyp. Geltungsbereich des KAGB ist die Bundesrepublik Deutschland, wie sich aus der Verwendung des Begriffs Inland in Abs. 2 und 3 ergibt.

8 **2. Vertrieb von EU-AIF und ausländischen AIF an Privatanleger.** Die Zulässigkeit des Vertriebs von EU-AIF und ausländischen AIF an Privatanleger ist gem. Abs. 1 S. 2 an die Einhaltung der Vorgaben der §§ 317–320 geknüpft.

9 **3. Vorkehrungen zur Verhinderung eines Vertriebs an Privatanleger.** Nach § 295 I 3 Hs. 1 müssen **Verwaltungsgesellschaften,** die AIF verwalten, die die Voraussetzungen für den Vertrieb an Privatanleger nicht erfüllen, wirksame Vorkehrungen treffen, die **verhindern,** dass die AIF an Anleger im Inland vertrieben werden. Diese Pflicht greift nach Hs. 2 auch dann ein, wenn **unabhängige Unternehmen** in den Vertrieb **eingeschaltet** werden, die für den AIF Wertpapierdienstleistungen (§ 2 III WpHG) erbringen. Wirksame Vorkehrungen sind nach Sinn und Zweck der Norm in allen Fällen zu treffen, in denen ein unabhängiges, dh selbstständiges Unternehmen in den Vertrieb eingeschaltet ist und nicht nur für den Fall, dass das eingeschaltete Unternehmen Wertpapierdienstleistungen für den AIF erbringt (FK-KapAnlR/*Keunecke/Schwack* § 295 Rn. 18; WBA/*Paul* § 295 Rn. 9; AWZ/*Wilhelmi* § 295 Rn. 11). So soll verhindert werden, dass Spezial-AIF entgegen § 1 VI an Privatanleger vertrieben werden (Verstöße können nach § 314 I Nr. 2 sanktioniert werden).

10 Welche Vorkehrungen **wirksam** sind, richtet sich dabei nach den konkreten Umständen des Einzelfalls (zB Größe und Vertriebsstärke der Verwaltungsgesellschaft, vertriebenes Volumen), wobei der **Grundsatz der Verhältnismäßigkeit** zu beachten ist (WBA/*Paul* § 295 Rn. 13).

Die BaFin hält insb. die folgenden **drei Vorkehrungen** für erforderlich (FAQ Vertrieb der BaFin v. 5.7.2022, Nr. 1.7): Als **gestalterische Vorkehrung** ist im Prospekt und in allen weiteren Informationsmaterialien einschließlich Werbung ein drucktechnischer Hinweis entsprechend § 293 I 2 Nr. 3 aufzunehmen. Zudem sind in Abhängigkeit vom **Vertriebsweg** Vorkehrungen zu treffen. So sind beim Online-Vertrieb nach den jeweiligen Anlegergruppen getrennte und zugangsgesicherte Verkaufsportale erforderlich. Schließlich ist **vertraglich** mit dem Vertriebspartner zu vereinbaren, dass kein Vertrieb an Privatanleger erfolgt. Eine entsprechende vertragliche Verpflichtung im Vertriebsvertrag sollte um eine Weitergabeklausel ergänzt werden, die den Vertriebspartner verpflichtet, seinerseits Untervertriebe zur Einhaltung des Verbots zu verpflichten (WBA/*Paul* § 295 Rn. 19; AWZ/*Wilhelmi* § 295 Rn. 13). **11**

III. Zulässigkeit des Vertriebs von AIF an professionelle Anleger im Inland (§ 295 II)

Absatz 2 S. 1 regelt, nach welchen Vorschriften der Vertrieb von inländischen Spezial-AIF, EU-AIF und ausländischen AIF an professionelle Anleger im Inland zulässig ist. Die Vorschriften, auf die in Nr. 1 u. 2 verwiesen wird, setzen im Wesentlichen die Vorgaben der AIFM-RL um, die für den Vertrieb von AIF an professionelle Anleger einen **EU-Pass** vorsehen, der in einem Mitgliedstaat zugelassene Fondsmanager zum EU-weiten Vertrieb berechtigt (BT-Drs. 17/12294, 192). Die Regeln zum EU-Pass unterscheiden danach, ob ein reiner EU-Bezug oder ein Drittstaatenbezug vorliegt (BT-Drs. 17/12294, 192). **12**

Bei **reinem EU-Bezug** (Vertrieb von inländischen AIF und EU-AIF durch AIF-Kapitalverwaltungsgesellschaften und EU-AIF-Verwaltungsgesellschaften) finden die Vorschriften zu den Anzeigeverfahren in den §§ 321, 323 oder 330a Anwendung, die ab Inkrafttreten des KAGB gelten. **13**

Beim Vertrieb mit **Drittstaatenbezug** (eine AIF-Kapitalverwaltungsgesellschaft oder eine EU-AIF-Verwaltungsgesellschaft vertreibt von ihr verwaltete ausländische AIF oder eine ausländische AIF-Verwaltungsgesellschaft vertreibt von ihr verwaltete inländische AIF, EU-AIF oder ausländische AIF) finden vor bzw. nach dem **sog. Drittstaatenstichtag** (dh bis zu dem auf Grundlage des Art. 66 III iVm Art. 67 VI AIFM-RL erlassenen delegierten Rechtsakt der Europäischen Kommission genannten Zeitpunkt) unterschiedliche Vorschriften Anwendung, sofern sich der Vertrieb nicht nach § 330a richtet. Bis zu diesem Stichtag gelten die §§ 329, 330, die im Einklang mit Art. 36, 42 AIFM-RL ein nationales Vertriebsregime vorsehen. Nach diesem Zeitpunkt erfolgt der Vertrieb ausschließlich auf Basis des dann geltenden EU-Passes (§§ 322, 324–328). **14**

Die Europäische Kommission hat noch keinen delegierten Rechtsakt erlassen und es steht daher nicht fest, ob und ab wann die Regelungen des EU-Passes auf den Vertrieb mit Drittstaatenbezug erweitert werden.Bislang fehlt die erforderliche generelle Empfehlung der ESMA für diese Erweiterung. Die ESMA hatte ua der Europäischen Kommission am 30.7.2015 (ESMA/2015/1236 vom 30.7.2015) eine Empfehlung zur Anwendung des EU-Passes auf den Vertrieb mit Drittstaatenbezug betreffend sechs Drittstaaten vorgelegt und diese am 12.9.2016 (Advice ESMA/2016/1140) aktualisiert und auf zwölf Drittstaaten erweitert. Die ESMA kommt dabei zu der Einschätzung, dass einer Erweiterung der EU-Pass-Regelungen auf Kanada, Guernsey, Japan, Jersey und die Schweiz keine Hindernisse entgegenstehen. **15**

16 Absatz 2 S. 2 stellt klar, dass ein entsprechend einem Anzeigeverfahren nach § 329 für inländische Spezial-Feeder-AIF und EU-Feeder-AIF oder nach § 330 für EU-AIF und ausländische AIF erworbenes Recht einer AIF-Verwaltungsgesellschaft zum Vertrieb an professionelle Anleger im Inland nach dem sog. Drittstaatenstichtag ohne erneute Anzeige fortbesteht (BT-Drs. 18/6744, 66). Absatz 2 S. 3 stellt klar, dass die BaFin auch im Fall des Fortbestehens des Vertriebsrechts Maßnahmen zum Schutz der Anleger (zB Vertriebsuntersagung) ergreifen kann.

IV. Zulässigkeit des Vertriebs von AIF an semiprofessionelle Anleger im Inland (§ 295 III)

17 Absatz 3 S. 1 verweist auf die Vorschriften, nach denen ein Vertrieb von inländischen Spezial-AIF, EU-AIF und ausländischen AIF an semiprofessionelle Anleger im Inland zulässig ist. Die Systematik folgt der für den Vertrieb der genannten Produkte an professionelle Anleger geltenden Verweisvorschrift in Abs. 2. So verweist Nr. 1 auf die Vorschriften, die bis zum sog. Drittstaatenstichtag gelten, Nr. 2 auf diejenigen, die danach gelten.

18 Semiprofessionelle Anleger werden dabei im Wesentlichen professionellen Anlegern gleichgestellt (BT-Drs. 17/12294, 278). Die Anzeigeverfahren nach §§ 329, 330 enthalten indes spezielle Vorgaben für den Vertrieb an semiprofessionelle Anleger, da es sich bei diesen gem. Art. 43 I AIFM-RL um Kleinanleger handelt, an die nur solche AIF vertrieben werden dürfen, die gem. der AIFM-RL verwaltet werden (BT-Drs. 17/12294, 278). Ein Vertrieb an semiprofessionelle Anleger ist alternativ vor und nach dem sog. Drittstaatenstichtag auch nach den für Privatanleger geltenden Anzeigeverfahren gem. §§ 317–320 möglich (Abs. 3 Nr. 1 Buchst. b und Nr. 2 Buchst. b).

19 Der Verweis auf Abs. 2 S. 2 stellt klar, dass ein vor dem sog. Drittstaatenstichtag erworbenes Recht zum Vertrieb an semiprofessionelle Anleger im Inland über den Stichtag hinaus fortbesteht. Der Verweis auf Abs. 2 S. 5 geht nach Inkrafttreten des 2. FiMaNoG am 25.6.2017 ins Leere, da im Rahmen des 2. FiMaNoG die Streichung von Abs. 2 S. 3 und 4 erfolgte. Die fehlende Folgeänderung des Verweises von S. 5 auf S. 3 ist wohl ein Redaktionsversehen. Den Verweis wird man daher als Verweis auf Abs. 2 S. 3 auszulegen haben, der klargestellt, dass unberührt vom Fortbestehen des Vertriebsrechts die Befugnis der BaFin besteht, Maßnahmen zum Schutz der Anleger zu erlassen (AWZ/*Wilhelmi* § 295 Rn. 29).

V. Anforderungen an Vertrieb von AIF an Privatanleger im Inland (§ 295 IV)

20 Hinsichtlich des Vertriebs von inländischen Publikums-AIF, EU-AIF und ausländischen AIF an Privatanleger im Geltungsbereich des KAGB (dh im Inland) stellt Abs. 4 klar, dass die Vorschriften des UAbschn. 2 des Abschn. 1 (§§ 297–306) gelten. Diese gelten insoweit, wie sie sich auf den Erwerb der vorgenannten Produkte beziehen. Dem Tatbestandsmerkmal des Erwerbs kommt dabei keine eigenständige Bedeutung zu, da der Erwerb als Ziel des Vertriebs mit diesem eng verknüpft ist (→ § 294 Rn. 6). Diese Einschränkung schließt solche Vorschriften aus, die ausschließlich für den Erwerb von OGAW gelten.

21 Durch das Tatbestandsmerkmal „an zum Vertrieb an Privatanleger berechtigten" wird im Hinblick auf EU-AIF und ausländische AIF ausdrücklich klargestellt, dass ein solcher Vertrieb überdies zulässig sein muss (dh die Vorschriften der §§ 317–320

einzuhalten sind). Eine entsprechende Klarstellung fehlt zwar in Bezug auf inländische Publikums-AIF, lässt sich aber durch systematische Auslegung von § 295 I 1 ermitteln.

VI. Anforderungen an Vertrieb von AIF an semiprofessionelle oder professionelle Anleger in Inland (§ 295 V)

Für den Vertrieb von in Nr. 1– 4 näher bezeichneten AIF an semiprofessionelle oder professionelle Anleger im Geltungsbereich des KAGB (dh im Inland) gelten die Vorschriften des UAbschn. 3 des Abschn. 1 (§§ 307, 308). 22

Erfasst werden inländische AIF (Nr. 1) und EU-AIF, die von einer AIF-Kapitalverwaltungsgesellschaft oder ab dem sog. Drittstaatenstichtag von einer ausländischen AIF-Verwaltungsgesellschaft, die eine Erlaubnis nach § 58 erhalten hat, verwaltet werden (Nr. 2). 23

Ferner gelten die genannten Vorschriften beim zum Vertrieb an professionelle Anleger berechtigten EU-AIF, die von einer EU-AIF-Verwaltungsgesellschaft (§ 1 XIV 2) oder ab dem sog. Drittstaatenstichtag von einer ausländischen AIF-Verwaltungsgesellschaft, deren Referenzmitgliedstaat nicht die Bundesrepublik Deutschland ist, verwaltet werden (Nr. 3). Schließlich werden zum Vertrieb an professionelle Anleger berechtigte ausländischen AIF erfasst (Nr. 4). Das Tatbestandsmerkmal „an zum Vertrieb an professionelle Anleger berechtigt" stellt klar, dass ein solcher Vertrieb zudem zulässig sein muss (dh die Vorschriften über das jeweilige Anzeigeverfahren einzuhalten sind). 24

VII. Vertrieb von AIF durch AIF-Kapitalverwaltungsgesellschaft in EU/EWR (§ 295 VI)

1. Vertriebsanzeigeverfahren. Absatz 6 S. 1 verweist auf die Vorschriften über das Anzeigeverfahren, die eine AIF-Kapitalverwaltungsgesellschaft beim beabsichtigen Vertrieb von Anteilen oder Aktien an von ihr verwalteten AIF (inländische AIF, EU-AIF oder ausländische AIF) an professionelle Anleger in einem anderen Mitgliedstaat der EU oder in einem anderen Vertragsstaat des EWR einhalten muss. 25

In zeitlicher Hinsicht ist dabei für den Zeitraum vor und nach dem sog. Drittstaatenstichtag zu unterscheiden. Bis zum sog. Drittstaatenstichtag findet für den beabsichtigen Vertrieb von inländischen und EU-AIF das Anzeigeverfahren nach § 331 und die Vorgaben zum Widerruf des Vertriebs nach § 331 a Anwendung, für ausländische AIF gilt erst nach dem sog. Drittstaatenstichtag das Anzeigeverfahren gem. § 332. Bis dahin sind die jeweiligen nationalen Regelungen maßgeblich (→ Rn. 14). 26

2. Vertriebsmaßnahmen. In S. 2 sind dann Anforderungen an den Vertrieb an professionelle Anleger in den anderen Mitgliedstaaten der EU bzw. Vertragsstaaten des EWR nach erfolgreichem Abschluss des jeweiligen Vertriebsanzeigeverfahrens geregelt. Vor Vertragsschluss über den Erwerb eines Anteils oder einer Aktie an von ihr verwalteten inländischen AIF oder EU-AIF und für jeden von ihr vertriebenen AIF hat die AIF-Kapitalverwaltungsgesellschaft dem Erwerbsinteressenten das Informationsdokument gem. § 307 I einschließlich aller wesentlichen Änderungen zur Verfügung zu stellen (Nr. 1). In welcher Art und Weise diese Informationen zur Verfügung zu stellen sind, richtet sich nach den Anlagebedingungen, der Satzung oder dem Gesellschaftsvertrag des jeweiligen AIF. AIF-Kapitalverwaltungsgesell- 27 schaften, die einen Wertpapierprospekt veröffentlichen müssen, haben ergänzend die Vorgaben des § 307 I zu berücksichtigen.

28 Zusätzlich ist der am Erwerb Interessierte nach § 307 II 1 über eine bestehende Vereinbarung zu unterrichten, die die Verwahrstelle getroffen hat, um sich vertraglich von der Haftung gem. § 88 IV freizustellen (Nr. 2). Eine Informationspflicht besteht auch hinsichtlich von Änderungen dieser Haftungsfreistellungsvereinbarung (Abs. 6 S. 3 letzter Hs.), wobei sich diese Pflicht bereits aus dem Verweis auf § 308 IV 3 ergibt und es einer ausdrücklichen Regelung daher nicht bedurft hätte (WBA/*Paul* § 295 Rn. 44).

29 Schließlich treffen die AIF-Kapitalverwaltungsgesellschaft die laufenden Informationspflichten ggü. den (investierten) Anlegern, die in § 308 I–IV geregelt sind. Dem Verweis auf § 300 I–III kommt dabei kein eigenständiger Regelungsgehalt zu, da sich ein entsprechender Verweis in § 308 IV 2 findet.

VIII. Vertrieb von AIF durch ausländische AIF-Verwaltungsgesellschaft in EU/EWR (§ 295 VII)

30 Während Abs. 6 für AIF-Kapitalverwaltungsgesellschaften gilt, verweist Abs. 7 S. 1 auf die Vorschriften über das Anzeigeverfahren, die eine ausländische AIF-Verwaltungsgesellschaft beim beabsichtigen Vertrieb von Anteilen oder Aktien an von ihr verwalteten inländischen AIF, EU-AIF oder ausländischen AIF an professionelle Anleger in einem anderen Mitgliedstaat der EU oder in einem anderen Vertragsstaat des EWR einhalten muss. Die jeweiligen Anzeigeverfahren gelten erst ab dem sog. Drittstaatenstichtag, so dass Abs. 7 S. 1 den zeitlichen Anwendungsbereich der §§ 333, 334 bestimmt.

31 Aus dem Verweis auf die Anzeigeverfahren, die zwischen dem beabsichtigten Vertrieb von inländischen und EU-AIF (§ 333) sowie von ausländischen AIF (§ 334) unterscheiden, ergibt sich, dass die BRD Referenzmitgliedstaat (§ 56) der jeweiligen ausländischen AIF-Verwaltungsgesellschaft sein und diese über eine Erlaubnis der BaFin nach § 58 verfügen muss.

32 Hinsichtlich der Anforderungen an den Vertrieb ordnet Abs. 7 S. 2 lediglich die entsprechende Geltung der Informationspflichten des Abs. 6 S. 2 an, ein Verweis auf Abs. 6 S. 3 fehlt.

IX. Verhältnis zum Wertpapierprospekt (§ 295 VIII)

33 Absatz 8 regelt das Verhältnis zum Wertpapierprospekt und trifft eine Sonderregelung für den Fall, dass kein Verkaufsprospekt nach dem KAGB erstellt werden muss, weil die vom KAGB vorgeschriebenen Angaben im Wertpapierprospekt enthalten sind.

34 Die Vorschriften des WpPG und der EU-Prospekt-VO sind grds. auf den Vertrieb von AIF anwendbar, da sie nach Abs. 8 S. 1 unberührt bleiben.

35 Sofern ein AIF bei Einhaltung bestimmter Anforderungen an den Inhalt des Wertpapierprospekts von der Pflicht zur Erstellung eines Verkaufsprospekts **befreit** ist, werden diejenigen Angaben im Wertpapierprospekt, die Vorgaben nach § 269 umsetzen, in Kapitel 4 (§§ 293–336) so behandelt, als seien sie in einem Verkaufsprospekt enthalten.

36 Eine Befreiung von der Pflicht zur Erstellung eines Verkaufsprospekts ist für geschlossene AIF-Publikumsinvestmentaktiengesellschaften bei Einhaltung der Vorgaben in § 268 I 3 und für EU-AIF-Verwaltungsgesellschaften oder ausländische

AIF-Verwaltungsgesellschaften nach Maßgabe des § 318 III 2 vorgesehen. Der Umfang der nach § 269 erforderlichen Angaben im jeweiligen Wertpapierprospekt richtet sich dabei jeweils nach der Reichweite der Verweise in § 268 I 3 und § 318 III 2.

Als Rechtsfolge greifen dann nach Nr. 1 für Angaben nach § 269 im Wertpapierprospekt die in Kapitel 4 (§§ 293–336) für Verkaufsprospekte getroffenen Regelungen. Als Beispiele nennt die Regierungsbegründung die Pflichten in Bezug auf den Verkaufsprospekt nach § 297 und die Prospekthaftung gem. § 306 (BT-Drs. 17/12294, 279). 37

Diese Rechtsfolge tritt indes nach Nr. 2 nur dann ein, sofern aus den Vorschriften des Kapitel 4 (§§ 293–336) nichts anderes hervorgeht. Welche Fälle damit gemeint sein können, hat in der Gesetzesbegründung keinen Niederschlag gefunden. 38

§ 295a Widerruf des grenzüberschreitenden Vertriebs im Inland

(1) [1]**Eine OGAW-Verwaltungsgesellschaft kann den Vertrieb von Anteilen oder Aktien, gegebenenfalls bezogen auf eine oder mehrere Anteilsklassen, eines von ihr verwalteten und im Geltungsbereich dieses Gesetzes gemäß § 310 vertriebenen EU-OGAW widerrufen.** [2]**Eine AIF-Verwaltungsgesellschaft kann den Vertrieb von Anteilen oder Aktien, gegebenenfalls bezogen auf eine oder mehrere, eines von ihr verwalteten und im Geltungsbereich dieses Gesetzes gemäß den §§ 320, 323, auch in Verbindung mit Artikel 13 der Verordnung (EU) 2015/760, gemäß den §§ 329 oder 330 vertriebenen AIF widerrufen.** [3]**Zum Widerruf nach Satz 1 und 2 müssen folgende Voraussetzungen erfüllt sein:**

1. **es ist ein Pauschalangebot zum Rückkauf oder zur Rücknahme – ohne Kosten oder Abzüge – sämtlicher Anteile oder Aktien, gegebenenfalls bezogen auf eine oder mehrere Anteilsklassen, für die der Vertrieb im Inland widerrufen werden soll, abgegeben worden, das für die Dauer von mindestens 30 Arbeitstagen öffentlich zugänglich und individuell – direkt oder über Finanzintermediäre – an alle Anleger gerichtet ist, deren Identität bekannt ist; diese Verpflichtung besteht nicht, wenn es sich um geschlossene AIF oder um AIF handelt, die durch die Verordnung (EU) 2015/760 reguliert sind;**
2. **die Absicht, den Vertrieb zu widerrufen, ist mittels eines allgemein verfügbaren Mediums, einschließlich elektronischer Mittel, das für den Vertrieb von OGAW oder AIF üblich und für einen typischen OGAW-Anleger oder AIF-Anleger geeignet ist, bekannt gemacht worden;**
3. **vertragliche Vereinbarungen mit Finanzintermediären oder Vertretern sind mit Wirkung vom Datum des Widerrufs geändert oder beendet worden, um jedes neue oder weitere unmittelbare oder mittelbare Anbieten oder Platzieren der betreffenden Anteile oder Aktien zu verhindern.**

[4]**Im Fall von EU-OGAW oder an Privatanleger vertriebener EU-AIF oder ausländischer AIF werden die unter Satz 3 Nummer 1 und 2 genannten Informationen in deutscher Sprache bereitgestellt und enthalten eine eindeutige Beschreibung dazu, welche Folgen es für den Anleger hat, wenn sie das Angebot zur Rücknahme oder zum Rückkauf ihrer Anteile oder Aktien nicht annehmen.**

(2) Ab dem Datum des Widerrufs darf die OGAW-Verwaltungsgesellschaft oder die AIF-Verwaltungsgesellschaft die betroffenen Anteile oder Aktien nicht mehr vertreiben.

(3) Für die Dauer von 36 Monaten ab dem Datum des Widerrufs darf die AIF-Verwaltungsgesellschaft Pre-Marketing für die von dem Vertriebswiderruf betroffenen AIF-Anteile oder -Aktien oder für vergleichbare Anlagestrategien oder Anlagekonzepte nicht mehr betreiben.

(4) Bezieht sich der Widerruf des Vertriebs auf Anteile oder Aktien an AIF, die im Inland zum Vertrieb gemäß §§ 320, 329 oder 330 zugelassen sind, zeigt die AIF-Verwaltungsgesellschaft der Bundesanstalt den Widerruf des Vertriebs an und weist die Einhaltung der jeweils erforderlichen Voraussetzungen nach Absatz 1 nach.

(5) [1]In den Fällen des § 310 prüft die Bundesanstalt, ob die zuständige Stelle des Herkunftsmitgliedstaates des EU-OGAW der Bundesanstalt eine Anzeige der OGAW-Verwaltungsgesellschaft über den beabsichtigten Widerruf des Vertriebs übermittelt hat, die Angaben zu den in Absatz 1 Satz 3 genannten Voraussetzungen enthält. [2]Ab dem Datum des Widerrufs findet § 310 Abs. 4 keine Anwendung mehr. [3]Teilt die zuständige Stelle des Herkunftsmitgliedstaates des EU-OGAW der Bundesanstalt den Vertriebswiderruf hinsichtlich einzelner Teilinvestmentvermögen oder Anteilsklassen mit, so hat die OGAW-Verwaltungsgesellschaft die Bundesanstalt über geänderte Angaben und Unterlagen hinsichtlich der weiter vertriebenen Teilinvestmentvermögen oder Anteilsklasse entsprechend § 310 Absatz 4 Satz 1 zu unterrichten. [4]Dabei ist § 293 Absatz 1 Satz 2 Nummer 3 zu berücksichtigen. [5]Die OGAW-Verwaltungsgesellschaft darf die geänderten Unterlagen erst nach der Unterrichtung im Geltungsbereich dieses Gesetzes einsetzen.

(6) [1]In den Fällen des § 323, auch in Verbindung mit Artikel 31 der Verordnung (EU) 2015/760, prüft die Bundesanstalt, ob die zuständige Stelle des Herkunftsmitgliedstaates einer EU-AIF-Verwaltungsgesellschaft der Bundesanstalt eine Anzeige der EU-AIF-Verwaltungsgesellschaft über den beabsichtigten Widerruf des Vertriebs übermittelt hat, die Angaben zu den in Absatz 1 Satz 3 genannten Voraussetzungen enthält. [2]Ab dem Datum des Widerrufs gilt § 232 Absatz 3, auch in Verbindung mit Artikel 31 der Verordnung (EU) 2015/760, entsprechend weiter.

Inhaltsübersicht

	Rn.
I. Allgemeines	1
II. Anwendungsbereich und Voraussetzungen für einen Widerruf (Abs. 1)	5
III. Rechtsfolgen eines Widerrufs (Abs. 2 u. 3)	18
IV. Verfahren bei Widerruf einer Anzeige nach §§ 320, 329 und 330 (Abs. 4)	21
V. Verfahren bei Widerruf einer Anzeige nach § 310 (Abs. 5)	25
VI. Verfahren bei Widerruf einer Anzeige nach § 323 (Abs. 6)	30

I. Allgemeines

Die durch das FoStoG (v. 3.6.2021, BGBl. 2021 I 1498) neu eingefügte Vorschrift regelt – gewissermaßen als Gegenstück zur Vertriebsanzeige – die Voraussetzungen, nach denen der grenzüberschreitende Vertrieb im Inland widerrufen werden kann (BT-Drs. 19/27631, 102). Sie setzt Art. 93a der geänderten OGAW-RL und Art. 32a der geänderten AIFM-RL um (BT-Drs. 19/27631, 102). 1

Absatz 1 definiert den Anwendungsbereich und die Voraussetzungen, die für einen Widerruf erfüllt sein müssen. Reine Inlandssachverhalte und der Widerruf des Vertriebs von AIF, die von einer registrierten EU-AIF-Verwaltungsgesellschaft verwaltet werden, fallen nicht in den Anwendungsbereich der Vorschrift (BT-Drs. 19/27631, 102). Nach dem Willen des Gesetzgebers ist ebenfalls nicht der Fall erfasst, dass der Vertrieb nach Kündigung des Verwaltungsrechts eingestellt wird, da dann eine Abwicklung erfolgt (BT-Drs. 19/27631, 102). Diese Sicht wird von der BaFin geteilt, im Fall einer Kündigung des Verwaltungsrechts genügt eine Änderungsmitteilung gem. § 310 IV (Merkblatt zur Vertriebsanzeige nach § 310). 2

Als Folge des Widerrufs statuiert Abs. 2 ein allgemeines Vertriebsverbot für die vom Widerruf betroffenen Anteile oder Aktien und Abs. 3 ein Verbot von Pre-Marketing für die vom Vertriebsverbot betroffenen AIF. 3

Die Abs. 4–6 regeln die Anzeige des Vertriebswiderrufs bei der BaFin, wobei die Anforderungen danach unterscheiden, ob der Widerruf sich auf eine Vertriebsanzeige nach §§ 320, 329 oder 330 (Abs. 4), § 310 (Abs. 5) oder § 323 (Abs. 6) bezieht. Für die Bearbeitung der Anzeigen erhebt die BaFin eine Bearbeitungsgebühr. Details zu Höhe und Verfahren können den Merkblättern der BaFin zu den Vertriebsanzeigen entnommen werden. 4

II. Anwendungsbereich und Voraussetzungen für einen Widerruf (Abs. 1)

Satz 1 und 2 definieren den Anwendungsbereich für den Widerruf des grenzüberschreitenden Vertriebs von EU-OGAW (S. 1) und bestimmten AIF (S. 2) im Inland, wobei die Voraussetzungen für einen Widerruf dieselben sind (S. 3). Satz 4 enthält spezifische Anforderungen an die Informationen bei einem Widerruf des Vertriebs von EU-OGAW und von an Privatanleger vertriebener EU-AIF oder ausländischer AIF. 5

Satz 1 ermöglicht einer OGAW-Verwaltungsgesellschaft (§ 1 XIV 3) den Vertrieb von Anteilen oder Aktien (§ 293 I 1) eines von ihr verwalteten und im Geltungsbereich des KAGB, dh der Bundesrepublik Deutschland (→ § 294 Rn. 6), gem. § 310 vertriebenen EU-OGAW (§ 1 I, II und VIII) zu widerrufen. Diese Möglichkeit besteht auch in Bezug auf eine oder mehrere Anteilsklassen (§ 96 I 1). Das Verfahren ist in Abs. 5 geregelt. 6

Satz 2 ermöglicht einer AIF-Verwaltungsgesellschaft (§ 1 XIV 2) den Vertrieb von Anteilen oder Aktien (§ 293 I 1) eines von ihr verwalteten und in der Bundesrepublik Deutschland vertriebenen AIF zu widerrufen. Diese Möglichkeit besteht auch in Bezug auf eine oder mehrere Anteilsklassen. Das fehlende Wort „Anteilsklassen" ist offenbar unabsichtlich ausgelassen worden, wie man aus dem sonst wortgleichen S. 1 folgern kann. Ein Vertriebswiderruf ist für Vertriebsanzeigen gem. §§ 320, 323, auch iVm Art. 31 ELTIF-VO, § 329 und § 330 vorgesehen. Das Verfahren für den Widerruf von Vertriebsanzeigen gem. §§ 320, 329 und 330 bei 7 der BaFin ist in Abs. 4 geregelt, das Verfahren für den Widerruf von Vertriebsanzeigen nach § 323, auch iVm Art. 31 ELTIF-VO, in Abs. 6.

8 Satz 3 enthält **drei kumulative Voraussetzungen** für einen Widerruf, die zum Zeitpunkt des Widerrufs erfüllt sein müssen: Abgabe eines Pauschalangebots zum Rückkauf oder zur Rücknahme (→ Rn. 9ff.), Bekanntmachung der Widerrufsabsicht und Verhinderung des Anbietens (→ Rn. 14f.) oder Platzierens der betreffenden Anteile nach dem Widerrufsdatum (→ Rn. 16f.).

9 Die **erste Voraussetzung, das Pauschalangebot** kann auf eine Rücknahme (§ 98) oder auf einen Rückkauf gerichtet sein, wobei diese ohne Kosten oder Abzüge erfolgen müssen. Die Möglichkeit eines Rückkaufs durch die Verwaltungsgesellschaft wird damit erstmals gesetzlich im KAGB geregelt.

10 Aus dem Wortlaut „pauschal" wird man indes folgern dürfen, dass kein individuelles Angebot erforderlich ist, das – sofern bekannt – den Namen des Anlegers und die Anzahl der gehaltenen Anteile nennt. Da der Anteilspreis nach Abgabe des Pauschalangebots in aller Regel nicht gleich bleiben wird, kann allenfalls der Preis zum Zeitpunkt der Abgabe des Pauschalangebots angegeben werden, verbunden mit dem Hinweis, dass für die Berechnung des tatsächlichen Anteilspreises der Zeitpunkt der Rückgabe maßgeblich ist.

11 Das Pauschalangebot muss mind. 30 Arbeitstage öffentlich zugänglich sein. Im Fall von EU-OGAW versteht die BaFin darunter die Bekanntgabe in einer Zeitung mit Erscheinungsort in Deutschland, einen dauerhaften Datenträger (§ 167), den BAnz und andere an Anleger in Deutschland gerichtete elektronische Informationsmedien, zB die Internetseite der OGAW-Verwaltungsgesellschaft (Merkblatt zur Vertriebsanzeige nach § 310). Betrifft das Pauschalangebot nach § 320 vertriebene AIF, sieht die BaFin als öffentlich zugänglich insb. die Bekanntgabe in einer hinreichend verbreiteten Wirtschafts- oder Tageszeitung oder in den im Verkaufsprospekt bezeichneten elektronischen Informationsmedien an (Merkblatt zur Vertriebsanzeige nach § 320). Bei nach § 323 vertriebenen Anteilen versteht die BaFin als öffentlich zugänglich insb. die Bekanntgabe auf der Internetseite der Verwaltungsgesellschaft, die Homepage des Finanzintermediärs sowie die Bekanntmachung im BAnz (Merkblatt zur Vertriebsanzeige nach § 323). Schließlich sieht die BaFin bei nach §§ 329, 330 vertriebenen Anteilen als öffentlich zugänglich insb. eine hinreichend verbreitete Wirtschafts- oder Tageszeitung oder die in den Anlagebedingungen, der Satzung oder dem Gesellschaftsvertrag des AIF festgelegten Art und Weise, einschließlich der ggf. dort bezeichneten elektronischen Informationsmedien, an (Merkblatt zur Vertriebsanzeige nach § 329, Merkblatt zur Vertriebsanzeige nach § 330).

12 Sofern die Identität von Anlegern bekannt ist, ist das Pauschalangebot zusätzlich individuell an sie zu richten. Die Kommunikation kann direkt oder über Finanzintermediäre erfolgen. Als Informationsmedium dürfte das Medium dienen können, das auch für anderen Informationen verwendet wird, zB ein elektronisches Postfach.

13 Die Pflicht zur Abgabe eines Pauschalangebots gilt gem. Abs. 1 S. 3 Nr. 1 letzter Hs. nicht, wenn es sich um geschlossene AIF oder um AIF handelt, die durch die ELTIF-VO reguliert sind.

14 Hinsichtlich der **zweiten Voraussetzung,** der **Bekanntmachung der Absicht,** den Vertrieb zu widerrufen, lassen sich im Gesetz in inhaltlicher Hinsicht ebenfalls keine Anforderungen entnehmen.

15 Die Absicht ist mittels eines allgemein verfügbaren Mediums, einschl. elektronischer Mittel, das für den Vertrieb von OGAW oder AIF üblich und für den typischen OGAW-Anleger oder AIF-Anleger geeignet ist, bekannt zu machen. Die

BaFin versteht unter einem allgemein verfügbaren Medium (einschl. elektronischer Mittel) dieselben Medien, in denen das Pauschalangebot öffentlich zugänglich zu machen ist (vgl. → Rn. 11).

Als **dritte Voraussetzung** müssen **vertragliche Vereinbarungen** mit Finanzintermediären oder Vertretern mit Wirkung vom Datum des Vertriebswiderrufs geändert oder beendet worden sein, um jedes neue oder weitere unmittelbare oder mittelbare Anbieten oder Platzieren (§ 293 I 1) der betreffenden Anteile oder Aktien zu verhindern. Dies bedeutet, dass die KVG die Vertriebsvereinbarungen so anzupassen hat, dass nach dem Datum des Widerrufs kein Vertrieb mehr erfolgt. Die BaFin lässt als Nachweis eine verbindliche Eigenerklärung genügen (so ausdrücklich Merkblätter zur Vertriebsanzeige nach §§ 320, 329, 330). 16

Betrifft der Widerruf EU-OGAW oder an Privatanleger vertriebene EU-AIF oder ausländische AIF, gelten gem. S. 4 zwei zusätzliche Voraussetzungen für das Pauschalangebot (S. 3 Nr. 1) und die Anzeige der Widerrufsabsicht (S. 3 Nr. 2): Die Informationen sind in deutscher Sprache bereitzustellen und es sind eindeutig die Folgen für die Anleger zu beschreiben, wenn diese das Angebot zur Rücknahme oder zum Rückkauf nicht annehmen. 17

III. Rechtsfolgen eines Widerrufs (Abs. 2 u. 3)

Als Rechtsfolge eines Widerrufs statuiert Abs. 2 für die OGAW-Verwaltungsgesellschaft oder AIF-Verwaltungsgesellschaft der betroffenen Anteile oder Aktien ab dem Datum des Widerrufs ein Vertriebsverbot. Ein Verstoß gegen dieses Verbot stellt eine Ordnungswidrigkeit dar (§ 340 II Nr. 77a). Ab dem Datum des Vertriebswiderrufs finden die Pflichten der nachvertrieblichen Phase Anwendung (BT-Drs. 19/27631, 102). Zu diesen gehören die Informationspflichten, die in § 295b geregelt sind. 18

Als zusätzliche Rechtsfolge eines Widerrufs statuiert Abs. 3 in Umsetzung von Art. 32a III UAbs. 3 der AIFM-RL für die AIF-Verwaltungsgesellschaft der betroffenen AIF-Anteile oder -Aktien ab dem Datum des Widerrufs ein Verbot von Pre-Marketing (§ 1 XIX Nr. 29a) hinsichtlich der vom Widerruf betroffenen Anteile sowie für vergleichbare Anlagestrategien oder Anlagekonzepte für die Dauer von 36 Monaten. Ein Verstoß gegen dieses Verbot stellt ebenfalls eine Ordnungswidrigkeit dar (§ 340 II Nr. 77b). 19

Mit Blick auf die strengen Rechtsfolgen eines Verstoßes gegen das Verbot des Pre-Marketings wird der Begriff „vergleichbare" Anlagestrategie bzw. „vergleichbares" Anlagekonzept eng auszulegen sein und nur Strategien und Konzepte mit minimalen, unwesentlichen Unterschieden erfassen (für eine enge Auslegung auch EDD/*Jansen* § 295a Rn. 11; AWZ/*Wilhelmi* § 295a Rn. 15). 20

IV. Verfahren bei Widerruf einer Anzeige nach §§ 320, 329 und 330 (Abs. 4)

Bezieht sich der Widerruf des Vertriebs auf Anteile oder Aktien an AIF, deren Vertrieb gem. §§ 320, 323 oder 330 zugelassen ist, ist der Adressat der Anzeige der AIF-Verwaltungsgesellschaft die BaFin. In der Anzeige ist nachzuweisen, dass die Voraussetzungen nach Abs. 1 eingehalten wurden. Nach der Verwaltungspraxis der BaFin ist der Widerruf in der gleichen Form wie die Vertriebsanzeige, dh per normaler Post, elektronisch per-E-Mail bzw. per Download, zu übermitteln (jeweils Merkblatt zur Vertriebsanzeige nach §§ 320, 329, 330). Die Anforderungen an diese Nachweise hat die BaFin in den genannten Merkblättern präzisiert. 21

22 Der Nachweis der Voraussetzungen von Abs. 1 S. 3 Nr. 1 hat durch Einreichung einer Kopie des Pauschalangebots zu erfolgen. Ferner ist anzugeben, wie (direkt oder ggf. über welche Finanzintermediäre) und ab welchem Datum das Pauschalangebot an Anleger, deren Identität bekannt ist, über 30 Arbeitstage öffentlich zugänglich und individuell gerichtet war (jeweils Merkblätter zur Vertriebsanzeige nach §§ 320, 329, 330).

23 Als Nachweis der Voraussetzungen von Abs. 1 S. 3 Nr. 2 ist das Medium einschließlich Datum anzugeben, in welchem die Widerrufsabsicht bekannt gemacht worden ist (jeweils Merkblätter zur Vertriebsanzeige nach §§ 320, 329, 330).

24 Als Nachweis für die Änderung oder Beendigung von Vertriebsvereinbarungen (Abs. 1 S. 3 Nr. 3) genügt eine verbindliche Eigenerklärung (jeweils Merkblatt zur Vertriebsanzeige nach §§ 320, 329, 330).

V. Verfahren bei Widerruf einer Anzeige nach § 310 (Abs. 5)

25 Absatz 5 regelt das Verfahren und die Folgen eines Vertriebswiderrufs von EU-OGAW, wobei S. 3–5 den Sonderfall des Vertriebswiderrufs hinsichtlich einzelner Teilinvestmentvermögen oder Anteilsklassen behandeln. Diese Sonderregelungen übernehmen inhaltlich den vormaligen § 311 VI (BT-Drs. 19/27631, 102).

26 Das Verfahren zur Anzeige eines Widerrufs folgt der Struktur der Vertriebsanzeige. Die OGAW-Verwaltungsgesellschaft übermittelt die Anzeige der zuständigen Behörde ihres Herkunftsmitgliedstaats(Art. 93a II OGAW-RL), die ihrerseits prüft, ob die übermittelte Anzeige vollständig ist (Art. 93a III 1 OGAW-RL) und diese bei Vollständigkeit spätestens 15 Arbeitstage nach Eingang an die BaFin sowie die ESMA weiterleitet (Art. 93a III 2 OGAW-RL). Die zuständige Behörde des Herkunftsmitgliedstaats unterrichtet die OGAW-Verwaltungsgesellschaft unverzüglich von der Weiterleitung der Anzeige (Art. 93a III 3 OGAW-RL). Die BaFin prüft gem. Abs. 5 S. 1, ob die zuständige Behörde des Herkunftsmitgliedstaats eine Widerrufsanzeige übermittelt hat, die Angaben zu den in Abs. 1 S. 3 genannten Voraussetzungen enthält.

27 Als Rechtsfolge des Widerrufs findet gem. S. 2 § 310 IV keine Anwendung mehr. Damit entfällt die Pflicht der OGAW-Verwaltungsgesellschaft, Änderungen an den Verkaufsunterlagen der vom Widerruf betroffenen Anteile der BaFin mitzuteilen.

28 Diese Erleichterung gilt im Fall eines Widerrufs einzelner Teilinvestmentvermögen oder Anteilsklassen jedoch nur für die Teilinvestmentvermögen oder Anteilsklassen, die vom Widerruf betroffen sind. Absatz 5 S. 3 stellt klar, dass die BaFin über Änderungen der Verkaufsunterlagen hinsichtlich der weiter vertriebenen Teilinvestmentvermögen oder Anteilsklassen entsprechend § 310 IV 1 zu unterrichten ist.

29 Bei einem Widerruf einzelner Teilinvestmentvermögen oder Anteilsklassen ist nach S. 4 zudem § 293 S. 2 Nr. 3 zu beachten. Dies hat zur Folge, dass die Verkaufsunterlagen dahingehend zu aktualisieren sind, dass sie den Widerruf berücksichtigen, indem sie auf die nun fehlende Vertriebsberechtigung hinweisen. Daneben gilt über § 309 beim Vertrieb von EU-OGAW die Pflicht, auf das Vertriebsverbot im Verkaufsprospekt hinzuweisen (Merkblatt zur Vertriebsanzeige nach § 310). Satz 5 schreibt vor, dass die OGAW-Verwaltungsgesellschaft die geänderten Unterlagen in Deutschland erst nach der Unterrichtung der BaFin über die Änderung der Verkaufsunterlagen einsetzen darf.

VI. Verfahren bei Widerruf einer Anzeige nach § 323 (Abs. 6)

Absatz 6 regelt das Verfahren und die Folgen des Widerrufs einer Anzeige nach § 323, auch iVm Art. 31 ELTIF-VO. Wie beim Verfahren nach Abs. 5 prüft die BaFin lediglich, ob die zuständige Behörde des Herkunftsmitgliedstaats eine Widerrufsanzeige übermittelt hat, die Angaben zu den in Abs. 1 S. 3 genannten Voraussetzungen enthält. 30

Satz 2 stellt klar, dass § 323 III, auch iVm Art. 31 ELTIF-VO, entsprechend weitergilt. Die BaFin wird also prüfen, ob angesichts des Vertriebswiderrufs die getroffenen Vorkehrungen weiterhin geeignet sind, um einen Vertrieb an Privatanleger wirksam zu verhindern und ob die Vorkehrungen nach § 323 I 2 weiterhin nicht gegen das KAGB verstoßen. 31

§ 295b Informationspflichten nach Widerruf des grenzüberschreitenden Vertriebs im Inland

(1) [1]**Wird der Vertrieb von Anteilen oder Aktien eines EU-OGAW im Inland widerrufen, gegebenenfalls bezogen auf eine oder mehrere Anteilsklassen, hat die OGAW-Verwaltungsgesellschaft den verbliebenen Anlegern ab dem Datum des Widerrufs die in § 298 Absatz 1 Satz 1 Nummer 1 bis 4 genannten Unterlagen, die in § 298 Absatz 1 Satz 1 Nummer 5 genannten Angaben sowie die in § 298 Absatz 1 Satz 2 genannten Informationen in jeweils aktueller Fassung zur Verfügung zu stellen.** [2]**Weiterhin sind auch die in § 298 Absatz 1 Satz 1 Nummer 6 genannten Unterlagen und Angaben zur Verfügung zu stellen.** [3]**Die in § 298 Absatz 1 Satz 1 genannten Informationen und Unterlagen müssen nicht veröffentlicht werden.** [4]**Die in § 298 Absatz 2 genannten Informationen und Unterlagen müssen nicht mittels eines dauerhaften Datenträgers übermittelt werden, sondern können den Anlegern mit Ausnahme der in § 298 Absatz 1 Satz 1 Nummer 5 genannten Ausgabepreise gemäß Absatz 4 zur Verfügung gestellt werden.**

(2) [1]**Wird der Vertrieb von Anteilen oder Aktien eines EU-AIF oder ausländischen AIF, die im Inland zum Vertrieb gemäß § 320 Absatz 2 zugelassen sind, widerrufen, gegebenenfalls bezogen auf eine oder mehrere Anteilsklassen, hat die EU-AIF-Verwaltungsgesellschaft oder die ausländische AIF-Verwaltungsgesellschaft den verbliebenen Anlegern ab dem Datum des Widerrufs die in § 299 Absatz 1 Satz 1 Nummer 1 bis 4 genannten Unterlagen und die in § 299 Absatz 1 Satz 1 Nummer 5, Absatz 4 Satz 2 und 3, § 300 Absatz 1 und 2 sowie § 301 genannten Informationen in jeweils aktueller Fassung zur Verfügung zu stellen.** [2]**Die in Satz 1 genannten Informationen und Unterlagen müssen nicht veröffentlicht und die in § 299 Absatz 5 in Verbindung mit § 298 Absatz 2 genannten Informationen und Unterlagen nicht mittels eines dauerhaften Datenträgers übermittelt werden, sondern können den Anlegern mit Ausnahme der in § 299 Absatz 1 Nummer 5 genannten Ausgabepreise gemäß Absatz 4 zur Verfügung gestellt werden.** [3]**§ 320 Absatz 4 gilt ab dem Datum des Widerrufs entsprechend weiter, solange im Inland noch Anleger investiert sind.**

(3) [1]**Wird der Vertrieb von Anteilen oder Aktien eines AIF, der im Inland zum Vertrieb gemäß § 323 Absatz 2 Satz 1 oder 2, auch in Verbindung mit Artikel 31 der Verordnung (EU) 2015/760, § 329 Absatz 1 oder § 330**

Absatz 1 zugelassen ist widerrufen, gegebenenfalls bezogen auf eine oder mehrere Anteilsklassen, hat die AIF-Verwaltungsgesellschaft den verbliebenen Anlegern ab dem Datum des Widerrufs die in § 307 Absatz 1 Satz 1 und in § 308 Absatz 1 und 3 Satz 1 genannten Unterlagen und die in § 307 Absatz 1 Satz 2 genannten Informationen gemäß Absatz 4 in jeweils aktueller Fassung zur Verfügung zu stellen. [2]§ 329 Absatz 2 Nummer 2 und § 330 Absatz 2 Satz 3 Nummer 2 gelten ab dem Datum des Widerrufs entsprechend weiter, solange im Inland noch Anleger investiert sind.

(4) **Um die Anleger gemäß Absatz 1 bis 3 zu informieren, kann die Verwaltungsgesellschaft alle elektronischen oder sonstigen Mittel der Fernkommunikation verwenden, sofern die Kommunikationsmittel dem Anleger in der Sprache zur Verfügung stehen, in der die Informationen bereitzustellen sind.**

I. Allgemeines

1 § 295b ist durch das FoStoG (v. 3.6.2021, BGBl. 2021 I 1498) neu eingefügt worden und regelt die Informationspflichten, die eine OGAW-Verwaltungsgesellschaft oder eine AIF-Verwaltungsgesellschaft gegenüber Anlegern hat, die nach Widerruf des Vertriebs noch investiert bleiben. Die Norm setzt Art. 93a IV der geänderten OGAW-RL und Art. 32a IV der geänderten AIFM-RL um (BT-Drs. 19/27631, 103).

2 Die Informationspflichten bestehen gegenüber den nach einem Vertriebswiderruf verbliebenen Anlegern und sind daher so lange zu erfüllen, wie diese investiert sind (BT-Drs. 19/27631, 103).

3 Die Informationspflichten unterscheiden sich je nach Produkt, auf das sich der Widerruf bezieht. Absatz 1 regelt den Vertriebswiderruf in Fällen des § 310, Abs. 2 in den Fällen des § 320 und Abs. 3 in den Fällen der §§ 329 und 330. Absatz 4 regelt, in welcher Form die Informationspflichten der Abs. 1–3 zu erfüllen sind.

II. Informationspflichten bei Vertriebswiderruf im Fall des § 310 (Abs. 1)

4 Ab Datum des Widerrufs hat die OGAW-Verwaltungsgesellschaft (§ 1 XIV 3) in Bezug auf die Anteile oder Aktien des vom Widerruf betroffenen EU-OGAW (§ 1 I, II, VIII) ggü. § 298 I und II modifizierte Informationspflichten zu erfüllen.

5 Die in § 298 I 1 genannten Informationen und Unterlagen müssen gem. Abs. 1 S. 3 nicht veröffentlicht werden, vielmehr sind sie gem. Abs. 1 S. 1 u. 2 den verbliebenen Anlegern zur Verfügung zu stellen. Satz 1 ist insofern strenger, als die genannten Informationen und Unterlagen in aktueller Fassung zur Verfügung zu stellen sind.

6 Die in § 298 II genannten Informationen und Unterlagen müssen nicht mittels eines dauerhaften Datenträgers (§ 1 XIX Nr. 8) übermittelt werden; es genügt nach Abs. 1 S. 4, wenn diese gem. Abs. 4 zur Verfügung gestellt werden.

7 Nicht eindeutig geregelt ist, in welchem Medium Angaben zu den in § 298 I 1 Nr. 5 genannten Ausgabe- und Rücknahmepreisen zur Verfügung zu stellen sind. Zunächst fallen sie unter die Ausnahme von der Veröffentlichungspflicht in Abs. 1 S. 3. Nach S. 4 können sie aber nicht gem. Abs. 4 zur Verfügung gestellt werden. Vielmehr scheint eine Übermittlung mittels eines dauerhaften Datenträgers erforderlich zu sein. In diese Richtung lässt sich auch das BaFin-Merkblatt zur Vertriebs-

anzeige nach § 310 verstehen, das in den Fällen des § 298 II eine Übermittlung mittels dauerhaften Datenträgers, mit Ausnahme der Angaben des § 298 I 1 Nr. 5, als nicht notwendig ansieht. Dies überrascht, da die Anforderungen damit strenger sind als in Fällen, in denen kein Widerruf vorliegt und eine bloße Veröffentlichung genügt. Die Rückausnahme betreffend die Ausgabe- und Rücknahmepreise wird daher als Redaktionsversehen eingestuft und Abs. 4 für anwendbar erachtet (EDD/*Jansen* § 295b Rn. 4; AWZ/*Wilhelmi* § 195b Rn. 15).

III. Informationspflichten bei Vertriebswiderruf im Fall des § 320 II (Abs. 2)

Ab Datum des Widerrufs hat die EU-AIF-Verwaltungsgesellschaft (§ 1 XVII Nr. 2) oder die ausländische AIF-Verwaltungsgesellschaft (§ 1 XVIII) gem. Abs. 2 S. 1 in Bezug auf die Anteile oder Aktien des vom Vertriebswiderruf betroffenen EU-AIF oder ausländischen AIF gegenüber § 299 I 1, IV 2 und 3, § 300 I und II sowie § 301 modifizierte Informationspflichten gegenüber Privatanlegern zu erfüllen, wobei § 301 weggefallen ist. **8**

Die in Abs. 2 S. 1 genannten Unterlagen und Informationen müssen gem. Abs. 2 S. 2 nicht veröffentlicht werden, vielmehr sind sie gem. Abs. 2 S. 1 den verbliebenen Anlegern in jeweils aktueller Fassung zur Verfügung zu stellen. **9**

Die in § 299 V iVm § 298 II genannten Informationen und Unterlagen müssen nicht mittels eines dauerhaften Datenträgers übermittelt werden, es genügt nach Abs. 2 S. 2, wenn diese gem. Abs. 4 zur Verfügung gestellt werden. **10**

Ausgabe- und Rücknahmepreise sind zwar nach Abs. 2 S. 2 von der Pflicht zur Veröffentlichung ausgenommen, sie können aber nicht gem. Abs. 4 zur Verfügung gestellt werden. Vielmehr sind sie mittels dauerhaften Datenträgers zu übermitteln. Die Anforderungen gehen damit über das hinaus, was ohne Widerruf gelten würde. Die Rückausnahme ist als Redaktionsversehen zu behandeln (→ Rn. 7; so auch EDD/*Jansen* § 295b Rn. 5; AWZ/*Wilhelmi* § 295b Rn. 14). **11**

Solange noch Anleger im Inland investiert sind, gilt § 320 IV für Änderungsanzeigen entsprechend weiter gem. Abs. 2 S. 3. Die BaFin leitet daraus die Pflicht zur Abgabe einer Änderungsanzeige ab, sobald kein in Deutschland wohnhafter bzw. ansässiger Anleger mehr im AIF investiert ist (Merkblatt zur Vertriebsanzeige nach § 320). **12**

Ein Verstoß gegen die Pflichten des Abs. 2 kann eine Untersagung des Vertriebs nach sich ziehen (§ 314 I Nr. 11). **13**

IV. Informationspflichten bei Vertriebswiderruf im Fall der §§ 323 I, 329 I oder 330 I (Abs. 3)

Absatz 3 S. 1 regelt Informationspflichten von AIF-Verwaltungsgesellschaften in Bezug auf Anteile oder Aktien an AIF, ggf. bezogen auf eine oder mehrere Anteilsklassen, die gem. § 323 II 1 oder 2, auch iVm Art. 31 der ELTIF-VO, § 329 I oder § 330 I zugelassen sind, ab dem Datum des Vertriebswiderrufs ggü. den verbliebenen professionellen und/oder semiprofessionellen Anlegern. Diesen sind die in § 307 I 1 und § 308 I, III 1 genannten Unterlagen und die in § 307 I 2 genannten Informationen gem. Abs. 4 in jeweils aktueller Fassung zur Verfügung zu stellen. **14**

Absatz 3 S. 2 regelt, dass die in den Erklärungen ggü. der BaFin genannten Pflichten gem. § 329 II Nr. 2 (gemeint sein dürfte § 329 II 3 Nr. 2) und § 330 II 3 **15**

Nr. 2 ab dem Datum des Widerrufs fortbestehen, solange im Inland noch Anleger investiert sind. Daraus folgert die BaFin eine Pflicht zur Erstattung einer Änderungsanzeige, sobald kein Anleger mehr im Inland investiert ist (Merkblätter zur Vertriebsanzeige nach §§ 329, 330).

16 Ein Verstoß gegen die Pflichten des Abs. 3 kann eine Untersagung des Vertriebs nach sich ziehen (§ 314 I Nr. 11).

V. Form der Kommunikation der Informationen (Abs. 4)

17 Absatz 4 regelt, in welcher Form und Sprache der Anleger in den Fällen von Abs. 1–3 zu informieren ist.

18 Als Kommunikationsmittel kann die Verwaltungsgesellschaft alle elektronischen und sonstigen Mittel der Fernkommunikation verwenden. Elektronische Mittel sind E-Mail, die Bereitstellung auf einer Internetseite oder die Einstellung in ein extra eingerichtetes elektronisches Postfach (WBA/*Polifke* § 167 Rn. 4; EDD/*Feneis* § 167 Rn. 21). Der Begriff der Fernkommunikation ist nicht im KAGB definiert. Man wird hier auf die Legaldefinition in § 312c II BGB zurückgreifen können, die als Beispiele für Fernkommunikationsmittel neben den genannten elektronischen Mitteln auch Briefe und SMS nennt.

19 Die Kommunikationsmittel müssen dabei dem Anleger in der Sprache zur Verfügung stehen, in der die Informationen bereitzustellen sind. Insofern sind die Vorschriften, welche die Informationspflichten statuieren, maßgeblich.

296 Vereinbarungen mit Drittstaaten zur OGAW-Konformität

(1) [1]**Die Bundesanstalt kann mit den zuständigen Stellen von Drittstaaten vereinbaren, dass**

1. **die §§ 310 und 311 auf Anteile an ausländischen AIF, die in dem Drittstaat gemäß den Anforderungen der Richtlinie 2009/65/EG aufgelegt und verwaltet werden, entsprechend anzuwenden sind, sofern diese AIF im Geltungsbereich dieses Gesetzes vertrieben werden sollen, und**
2. **die §§ 312 bis 313a entsprechend anzuwenden sind, wenn Anteile an inländischen OGAW auf dem Hoheitsgebiet des Drittstaates vertrieben werden sollen.**

[2]**§ 310 gilt dabei mit der Maßgabe, dass zusätzlich zu der Bescheinigung nach § 310 Absatz 1 Satz 1 Nummer 2 auch eine Bescheinigung der zuständigen Stelle des Drittstaates zu übermitteln ist, dass der angezeigte AIF gemäß der Richtlinie 2011/61/EU verwaltet wird.**

(2) **Die Bundesanstalt darf die Vereinbarung nach Absatz 1 nur abschließen, wenn**

1. **die Anforderungen der Richtlinie 2009/65/EG in das Recht des Drittstaates entsprechend umgesetzt sind und öffentlich beaufsichtigt werden,**
2. **die Bundesanstalt und die zuständigen Stellen des Drittstaates eine Vereinbarung im Sinne des Artikels 42 Absatz 1 Buchstabe b in Verbindung mit Absatz 3 der Richtlinie 2011/61/EU abgeschlossen haben oder zeitgleich mit der Vereinbarung nach Absatz 1 abschließen werden,**

3. **der Drittstaat gemäß Artikel 42 Absatz 1 Buchstabe c der Richtlinie 2011/61/EU nicht auf der Liste der nicht kooperierenden Länder und Gebiete, die von der Arbeitsgruppe „Finanzielle Maßnahmen gegen die Geldwäsche und die Terrorismusfinanzierung" aufgestellt wurde, steht,**
4. **der gegenseitige Marktzugang unter vergleichbaren Voraussetzungen gewährt wird und**
5. **die Vereinbarung nach Absatz 1 auf solche ausländischen AIF des Drittstaates beschränkt wird, bei denen sowohl der AIF als auch der Verwalter ihren Sitz in diesem Drittstaat haben, und die gemäß der Richtlinie 2011/61/EU verwaltet werden.**

(3) [1]**Auf ausländische AIF, deren Anteile entsprechend Absatz 1 im Geltungsbereich dieses Gesetzes vertrieben werden, sind diejenigen Bestimmungen dieses Gesetzes entsprechend anzuwenden, die eine EU-OGAW-Verwaltungsgesellschaft zu beachten hat, wenn sie Anteile an einem EU-OGAW im Geltungsbereich dieses Gesetzes vertreibt; insbesondere sind § 35 Absatz 3 bis 5 des Wertpapierhandelsgesetzes, die §§ 297, 298 sowie 301 bis 306 und 309 entsprechend anzuwenden.** [2]**Darüber hinaus gilt für den Vertrieb des ausländischen AIF Artikel 42 Absatz 1 Buchstabe a in Verbindung mit den Artikeln 22, 23 und 24 der Richtlinie 2011/61/EU.**

(4) [1]**Die Bundesanstalt veröffentlicht die Vereinbarung nach Absatz 1 unverzüglich nach Inkrafttreten auf ihrer Internetseite.** [2]**Mit der Bekanntmachung sind die in Absatz 3 genannten Vorschriften anzuwenden.** [3]**Die Vereinbarung nach Absatz 1 verliert ihre Geltungskraft ab dem Zeitpunkt, auf den in § 295 Absatz 2 Nummer 1 verwiesen wird.**

I. Allgemeines

1 Die Vorschrift ist an § 136 V InvG angelehnt und eröffnet die Möglichkeit, dass Verwaltungsgesellschaften und OGA aus Drittstaaten, die in ihrem Herkunftsstaat entsprechend den Anforderungen der OGAW-RL reguliert und beaufsichtigt werden, im Geltungsbereich des KAGB wie EU-OGAW behandelt und gem. dem in §§ 310, 311 vorgesehenen **Produktpass** vertrieben werden können (BT-Drs. 17/12294, 487f.; FK-KapAnlR/*Keunecke/Schwack* § 296 Rn. 1; WBA/*Baum* § 296 Rn. 3). Ebenso regelt die Vorschrift, dass Anteile an inländischen OGAW entsprechend den §§ 312, 313 in dem jeweiligen Drittstaat vertrieben werden können (BT-Drs. 17/12294, 488). Hierfür bedarf es einer Vereinbarung mit den zuständigen Stellen im jeweiligen Drittstaat. Diese Vereinbarung setzt **Reziprozität** voraus, so dass ein Vertrieb von AIF aus Drittstaaten im Inland nur möglich ist, wenn inländische OGAW auch gleichzeitig im Drittstaat vertrieben werden können.

Die Regelungen des § 296 führt zu einer **Vereinfachung des Vertriebsanzeigeverfahrens** und einer geringeren Belastung mit laufenden Pflichten (vgl. WBA/*Baum* § 296 Rn. 4).

II. Vertrieb ausländischer AIF im Inland

2 Wenn ausländische AIF in ihrem Herkunftsland gem. den Anforderungen der OGAW-RL aufgelegt und verwaltet werden, sind die §§ 310, 311 entsprechend anzuwenden, wenn diese AIF im Inland vertrieben werden sollen. Dies gilt gem. dem

Wortlaut des § 296 I Nr. 1 dann, wenn eine **entsprechende Vereinbarung** zwischen der BaFin und den zuständigen Stellen im jeweiligen Drittstaat vorliegt.

Folge einer solchen Vereinbarung ist, dass der ausländische AIF wie ein EU-OGAW behandelt wird (FK-KapAnlR/*Keunecke/Schwack* § 296 Rn. 4). Es gelten dann die Regelungen der §§ 310, 311, nach denen im Rahmen des Vertriebsanzeigeverfahrens **kein materielles Genehmigungsverfahren** mehr durchgeführt wird, sondern die BaFin lediglich eine Vollständigkeitsprüfung vornimmt (FK-KapAnlR/*Keunecke/Schwack* § 296 Rn. 4).

Um von dem **erleichterten Vertriebsanzeigeverfahren** profitieren zu können, muss der ausländische AIF gem. den Anforderungen der OGAW-RL aufgelegt und verwaltet werden. Der Vertrieb darf zudem auch nur im Geltungsbereich des KAGB erfolgen. Ein grenzüberschreitender Vertrieb in anderen Mitgliedstaaten ist damit noch nicht gestattet. Hierfür sind die Anforderungen des Vertriebsanzeigeverfahrens im jeweiligen Mitgliedstaat und möglichen vergleichbaren bilateralen Vereinbarungen maßgeblich (vgl. FK-KapAnlR/*Keunecke/Schwack* § 296 Rn. 6).

Neben der Bescheinigung nach § 310 I Nr. 2 ist gem. den Vorgaben des § 296 I 2 auch eine Bescheinigung der zuständigen Stelle des Drittstaates vorzulegen, dass der betreffende AIF gem. AIFM-RL verwaltet wird (sog. **AIFM-Bescheinigung**) (FK-KapAnlR/*Keunecke/Schwack* § 296 Rn. 7; BT-Drs. 17/12294, 488). Diese ist daher neben der sog. **OGAW-Bescheinigung** gem. § 310 I Nr. 2 iRd Vertriebsanzeigeverfahrens einzureichen.

III. Vertrieb inländischer OGAW in einem Drittstaat

3 § 296 I 2 Nr. 2 ermöglicht die **entsprechende Anwendung** der §§ 312, 313, wenn die BaFin eine Vereinbarung mit den zuständigen Stellen des Drittstaates trifft.

Der zu vertreibende Fonds muss ein **inländischer OGAW** sein; es muss sich also um ein Investmentvermögen handeln, das die Anforderungen der OGAW-RL erfüllt und deutschem Recht unterliegt, vgl. § 1 II und VII. Der Vertrieb muss in einem Staat erfolgen, der Drittstaat, also weder Mitgliedstaat der EU noch Vertragsstaat des EWR ist, vgl. § 1 XIX Nr. 5.

Bei Vorliegen der Voraussetzungen erfolgt entsprechend den Vorgaben des Vertriebsanzeigeverfahrens gem. § 312 eine **Vollständigkeitsprüfung** durch die BaFin. Die regelmäßig erhebliche Erleichterung der Vertriebszulassung ergibt sich daraus, dass ein materielles Genehmigungsverfahren nicht durchzuführen ist (FK-KapAnlR/*Keunecke/Schwack* § 296 Rn. 11). Die Veröffentlichungspflichten ergeben sich aus der entsprechenden Anwendung des § 313.

Anders als die bisherige Regelung des § 136 V InvG trägt die jetzige Regelung dem Umstand Rechnung, dass ein in einem Drittstaat aufgelegtes Investmentvermögen als **AIF** iSd AIFM-RL einzuordnen ist und als solcher vom Anwendungsbereich dieser RL erfasst wird (BT-Drs. 17/12294, 488).

IV. Voraussetzungen für den Abschluss einer Vereinbarung (§ 296 II)

4 § 296 II legt die Voraussetzungen fest, unter denen die BaFin eine solche Vereinbarung abschließen darf. Diese müssen alle **kumulativ** vorliegen (BT-Drs. 17/12294, 488; WBA/*Baum* § 296 Rn. 11; AWZ/*Wilhelmi* § 296 Rn. 8).

Die BaFin ist zum Abschluss der Vereinbarung nur dann befugt, wenn neben der Umsetzung der OGAW-RL und der öffentlichen Aufsicht im Drittstaat (§ 296 II Nr. 1) auch die **besonderen Vertriebsregelungen** des Art. 42 AIFM-RL erfüllt sind. Mit Blick auf die erforderliche Zusammenarbeit haben die BaFin und die zuständigen Stellen des Drittstaates eine Vereinbarung iSd Art. 42 I Buchst. b abzuschließen (§ 296 II Nr. 2). Der Drittstaat darf gem. Art. 42 I Buchst. c AIFM-RL nicht auf der Liste der nicht kooperierenden Länder und Gebiete, die von der Arbeitsgruppe „Finanzielle Maßnahmen gegen Geldwäsche unter Terrorismusfinanzierung" aufgestellt wurde, stehen (§ 296 II Nr. 3). § 296 II Nr. 4 bestimmt, dass unter vergleichbaren Voraussetzungen der gegenseitige Marktzugang gewährt werden muss. Zum Schutz der Anleger verlangt § 296 II Nr. 5, dass sowohl der ausländische AIF als auch sein Verwalter ihren jeweiligen Sitz in dem Drittstaat haben müssen, mit dem die Vereinbarung nach § 296 I abgeschlossen werden soll. Der angezeigte AIF muss zudem gem. der AIFM-RL verwaltet werden.

V. Anwendbare Bestimmungen (§ 296 III)

Die Regelung in § 296 III stellt klar, dass ausländische AIF, die wie EU-OGAW 5
im Inland und somit unter den erleichterten, privilegierten Voraussetzungen eines **Produktpasses** für EU-OGAW vertrieben werden, den gleichen Vorschriften unterliegen, die für den Vertrieb von EU-OGAW im Inland gelten (BT-Drs. 17/12294, 488). § 296 III trägt den in Art. 42 I Buchst. a iVm Art. 22, 23 und 24 AIFM-RL vorgesehenen besonderen Vertriebsvorschriften für ausländische AIF Rechnung.

VI. Veröffentlichung der Vereinbarung (§ 296 IV)

Gemäß § 296 IV 1 muss die BaFin die Vereinbarung auf ihrer Internetseite ver- 6
öffentlichen, und die in § 296 III genannten Normen finden **ab dieser Bekanntmachung** Anwendung (BT-Drs. 17/12294, 488; WBA/*Baum* § 296 Rn. 17). § 296 IV 3 bestimmt, dass die Vereinbarung ihre Geltung ab dem in dem von der Europäischen Kommission nach Art. 67 VI AIFM-RL erlassenen delegierten Rechtsakt festgelegten Zeitpunkt verliert. Diese Regelung trägt den vorgesehenen Passregelungen der Art. 37, 39 und 40 AIFM-RL für AIF und Verwalter aus Drittstaaten Rechnung, nach denen wegen ihres abschließenden Charakters kein Raum für divergierende zwischenbehördliche Vereinbarungen nach § 296 I besteht (BT-Drs. 17/12294, 488).

Die BaFin hat mit der **Eidgenössischen Finanzmarktaufsicht** (FINMA) eine Vereinbarung iSd § 296 geschlossen, die zum 1.1.2014 in Kraft trat. Der Anhang zu der Vereinbarung führt die technischen Einzelheiten zum Anzeigeverfahren, zum Informationsaustausch und zur Zusammenarbeit der Aufsichtsbehörden auf. Die Vereinbarung ist auf der Internetseite der BaFin veröffentlicht.

Unterabschnitt 2. Vorschriften für den Vertrieb und den Erwerb von AIF in Bezug auf Privatanleger und für den Vertrieb und den Erwerb von OGAW

§ 297 Verkaufsunterlagen und Hinweispflichten

(1) [1]Dem am Erwerb eines Anteils oder einer Aktie an einem OGAW interessierten professionellen Anleger sind rechtzeitig vor Vertragsschluss die wesentlichen Anlegerinformationen oder das Basisinformationsblatt gemäß Verordnung (EU) Nr. 1286/2014 jeweils in der geltenden Fassung kostenlos zur Verfügung zu stellen. [2]Darüber hinaus sind einem Interessierten sowie auch dem Anleger eines OGAW auf Verlangen der Verkaufsprospekt sowie der letzte veröffentlichte Jahres- und Halbjahresbericht kostenlos zur Verfügung zu stellen.

(2) [1]Der am Erwerb eines Anteils oder einer Aktie an einem AIF interessierte Privatanleger ist vor Vertragsschluss über den jüngsten Nettoinventarwert des Investmentvermögens oder den jüngsten Marktpreis der Anteile oder Aktien gemäß den §§ 168 und 271 Absatz 1 zu informieren. [2]Ihm sind rechtzeitig vor Vertragsschluss der Verkaufsprospekt und der letzte veröffentlichte Jahres- und Halbjahresbericht in der geltenden Fassung kostenlos zur Verfügung zu stellen.

(3) Die Anlagebedingungen und gegebenenfalls die Satzung oder der Gesellschaftsvertrag und der Treuhandvertrag mit dem Treuhandkommanditisten sind dem Verkaufsprospekt von OGAW und AIF beizufügen, es sei denn, dieser enthält einen Hinweis, wo diese im Geltungsbereich dieses Gesetzes kostenlos erhalten werden können.

(4) [1]Die in den Absätzen 1, 2 Satz 2 sowie in Absatz 3 genannten Unterlagen (Verkaufsunterlagen) sind dem am Erwerb eines Anteils oder einer Aktie Interessierten und dem Anleger auf einem dauerhaften Datenträger oder einer Internetseite gemäß Artikel 38 der Verordnung (EU) Nr. 583/2010 sowie auf Verlangen jederzeit kostenlos in Papierform zur Verfügung zu stellen. [2]Der am Erwerb eines Anteils oder einer Aktie Interessierte ist darauf hinzuweisen, wo im Geltungsbereich des Gesetzes und auf welche Weise er die Verkaufsunterlagen kostenlos erhalten kann.

(5) [1]Dem am Erwerb eines Anteils oder einer Aktie an einem Feederfonds oder geschlossenen Feederfonds Interessierten und dem Anleger eines Feederfonds oder geschlossenen Feederfonds sind auch der Verkaufsprospekt sowie Jahres- und Halbjahresbericht des Masterfonds oder geschlossenen Masterfonds auf Verlangen kostenlos in Papierform zur Verfügung zu stellen. [2]Zusätzlich ist den Anlegern des Feederfonds und des Masterfonds die gemäß § 175 Absatz 1, § 272d oder § 317 Absatz 3 Nummer 5 abgeschlossene Master-Feeder-Vereinbarung auf Verlangen kostenlos zur Verfügung zu stellen.

(6) [1]Dem am Erwerb eines Anteils oder einer Aktie interessierten Privatanleger sind vor dem Erwerb eines Anteils oder einer Aktie an einem Dach-Hedgefonds oder von EU-AIF oder ausländischen AIF, die hinsichtlich der Anlagepolitik Anforderungen unterliegen, die denen von Dach-Hedgefonds vergleichbar sind, sämtliche Verkaufsunterlagen auszuhändi-

gen. [2]Der Erwerb bedarf der schriftlichen Form. Der am Erwerb Interessierte muss vor dem Erwerb auf die Risiken des AIF nach Maßgabe des §228 Absatz 2 ausdrücklich hingewiesen werden. Ist streitig, ob der Verkäufer die Belehrung durchgeführt hat, trifft die Beweislast den Verkäufer.

(7) **[1]Soweit sie Informationspflichten gegenüber dem am Erwerb eines Anteils oder einer Aktie Interessierten betreffen, finden die Absätze 1, 2, 5 Satz 1 und Absatz 6 keine Anwendung auf den Erwerb von Anteilen oder Aktien im Rahmen einer Finanzportfolioverwaltung im Sinne des §1 Absatz 1a Nummer 3 des Kreditwesengesetzes oder des §20 Absatz 2 Nummer 1 oder Absatz 3 Nummer 2. [2]Werden Anteilen oder Aktien im Rahmen eines Investment-Sparplans in regelmäßigem Abstand erworben, so sind die Absätze 1, 2, 5 Satz 1 und Absatz 6, soweit sie Informationspflichten gegenüber dem am Erwerb eines Anteils oder einer Aktie Interessierten betreffen, nur auf den erstmaligen Erwerb anzuwenden.**

(8) **Dem Erwerber eines Anteils oder einer Aktie an einem OGAW oder AIF ist eine Durchschrift des Antrags auf Vertragsabschluss auszuhändigen oder eine Kaufabrechnung zu übersenden, die jeweils einen Hinweis auf die Höhe des Ausgabeaufschlags und des Rücknahmeabschlags und eine Belehrung über das Recht des Käufers zum Widerruf nach §305 enthalten müssen.**

(9) **Auf Verlangen des am Erwerb eines Anteils oder einer Aktie Interessierten muss die Kapitalverwaltungsgesellschaft, die EU-Verwaltungsgesellschaft oder die ausländische AIF-Verwaltungsgesellschaft zusätzlich über die Anlagegrenzen des Risikomanagements des Investmentvermögens, die Risikomanagementmethoden und die jüngsten Entwicklungen bei den Risiken und Renditen der wichtigsten Kategorien von Vermögensgegenständen des Investmentvermögens informieren.**

Schrifttum: *Bußalb/Unzicker* Auswirkungen der AIFM-Richtlinie auf geschlossene Fonds, BKR 2012, 309; *Kaperschmidt* Rechtsfragen des Vertriebs von Investmentfonds im Internet, WM 2002, 1747; *Klebeck/Boxberger* Vertrieb von Alternativen Investmentfonds nach dem KAGB, Absolut-Report 2013, 64; *Kugler/Lochmann* Ausgewählte Rechtsfragen zum öffentlichen Vertrieb von Hedgefonds in Deutschland, BKR 2006, 41; *Kurz* Vertrieb von Finanzprodukten in Deutschland, Der Betrieb 2013, 501; *Loff/Klebeck* Fundraising nach der AIFM-Richtlinie und Umsetzung in Deutschland durch das KAGB, BKR 2012, 353; *Nickel* Die Novelle des Investmentgesetzes – Die wesentlichen Änderungen für die Praxis, Stuttgart 2008; *ders.* Der Vertrieb von Investmentanteilen nach dem Investmentgesetz, ZBB 2004, 197; *Seitz/Juhnke/Seibold,* PIBs, KIIDs und nun KIDs – Vorschlag der Europäischen Kommission für eine Verordnung über Basisinformationsblätter für Anlageprodukte im Rahmen der PRIPs-Initiative, BKR 2013, 1; *Vandamme* Auf dem Wege zu einem Europäischen Markt für die Organismen für gemeinsame Anlagen in Wertpapieren – Bemerkungen zu den Bestimmungen der Richtlinie 85/611/EWG vom 20. Dezember 1985; *Veltmann* Instrumente des Anlegerschutzes im Investmentrecht, 2007; *Volhard/Jang* Der Vertrieb alternativer Investmentfonds, DB 2013, 273.

Inhaltsübersicht

	Rn.
I. Allgemeines	1
II. Anwendungsbereich	3
1. Sachlicher Anwendungsbereich	3
2. Persönlicher Anwendungsbereich	4
3. Einschränkungen	7
III. Allgemeine Informationspflichten beim Vertrieb (Abs. 1–4)	9
1. Verkaufsunterlagen zur Verfügung stellen (Abs. 1, Abs. 2 S. 2 u. Abs. 3)	9
a) Zur Verfügung stellen	9
b) Zeitpunkt	10
c) Verkaufsunterlagen	11
2. Form der Verkaufsunterlagen (Abs. 4 S. 1)	13
3. Hinweis auf Möglichkeit des Erhalts der Verkaufsunterlagen (Abs. 4 S. 2)	16
4. Zusätzliche Informationen in Bezug auf AIF (II S. 1)	17
5. Kein Hinweis auf eine Vereinbarung der Verwahrstelle	18
IV. Besonderheiten bei Master-Feeder-Konstruktionen (Abs. 5)	19
V. Erwerb von Anteilen oder Aktien an Dach-Hedgefonds (Abs. 6)	21
1. Aushändigung sämtlicher Verkaufsunterlagen (Abs. 6 S. 1)	22
2. Schriftform des Erwerbs von Anteilen (Abs. 6 S. 2)	25
3. Ausdrückliche Hinweispflichten (Abs. 6 S. 3 u. 4)	27
VI. Aushändigung der Durchschrift des Antrags auf Vertragsabschluss (Abs. 8)	28
VII. Informationspflichten auf Wunsch (Abs. 9)	29
VIII. Rechtsfolgen einer Zuwiderhandlung	32

I. Allgemeines

1 § 297 dient dem Schutz der am Erwerb eines Anteils oder einer Aktie an einem Investmentvermögen Interessierten und der Anleger und enthält entsprechende **Informations- und Hinweispflichten.** § 297 basiert auf § 121 InvG, der zum Teil noch auf § 19 I KAGG u. §§ 3 I, 15f AuslInvestmG zurückgeht. § 297 setzt teilweise die OGAW- und die AIFM-RL um. Die **OGAW-RL** wird im Wesentlichen umgesetzt durch Abs. 1, 3, 5, 6 u. 10. Der Umsetzung der **AIFM-RL** dienen Abs. 2 u. 4. Dabei ist zu beachten, dass die AIFM-Richtlinie grundsätzlich nicht den Vertrieb an Privatanleger regelt, sondern den Mitgliedstaaten in Art. 43 AIFM-RL lediglich die Möglichkeit einräumt, den Vertrieb von AIF an Privatanleger zuzulassen, wobei zumindest die Vorschriften der AIFM-RL gelten müssen (vgl. *Loff/Klebeck* BKR 2012, 356 (567); *Bußalb/Unzicker* BKR 2012, 312; kritisch *Volhard/Jang* DB 2013, 273). Von dieser Möglichkeit hat der deutsche Gesetzgeber im KAGB Gebrauch gemacht.

2 Im Einzelnen: **Absatz 1** dient der Umsetzung von Art. 80 I u. 75 I OGAW-RL und entspricht im Wesentlichen § 121 I 1 u. 2 InvG, aber beschränkt auf OGAW. **Absatz 2** setzt Art. 23 I iVm Art. 43 AIFM-RL um, geht aber in Bezug auf die Halbjahresberichte im Einklang mit Art. 43 I UAbs. 2 AIFM-RL über diese hinaus. **Absatz 3** setzt ua Art. 71 OGAW-RL um und entspricht weitgehend § 121 I 3 InvG, wird aber ergänzt um den ggf. mit dem Treuhandkommanditisten geschlossenen Treuhandvertrag. **Absatz 4** beruht auf Art. 75 II–IV OGAW-RL und entspricht im Wesentlichen § 121 I 4 u. 6 InvG. **Absatz 5** basiert auf Art. 60 I UAbs. 2

S. 2 u. Art. 63 V OGAW-RL sowie § 121 II InvG. **Absatz 6** übernimmt § 121 III InvG, wobei der Begriff der natürlichen Person durch den Begriff „Privatanleger" ersetzt wurde. **Absatz 7** geht auf § 121 IIIa InvG zurück und beschränkt sich nicht mehr nur auf Hedgefonds und Dach-Hedgefonds. **Absatz 8** entspricht im Wesentlichen § 121 I 7 InvG. **Absatz 9,** mit dem insb. Art. 70 IV OGAW-RL umgesetzt wird, enthält die Regelungen aus § 121 IV InvG und § 13a V InvG, erweitert auf EU-AIF-Verwaltungsgesellschaften und ausl. AIF-Verwaltungsgesellschaften. Absatz 1 und Abs. 2 haben durch das **Vierte Corona-Steuerhilfegesetz** (BGBl. 2022 I 911) Änderungen erfahren. Seit dem 1.1.2023 müssen Kapitalverwaltungsgesellschaften für ein Investmentvermögen (OGAW und AIF, vgl. Art. 4 Nr. 1 PRIIPs-Verordnung), das an Kleinanleger (Privatanleger und semi-professionelle Anleger, vgl. Art. 4 Nr. 6 PRIIPs-Verordnung) vertrieben wird, ein Basisinformationsblatt zur Verfügung stellen. Bis zum 31.12.2022 waren sie nach Art. 32 PRIIPs-VO von dieser Verpflichtung ausgenommen, sofern sie wesentliche Anlegerinformationen nach dem KAGB erstellten (vgl. BaFin Aufsichtsmitteilung vom 4.8.2022). Wesentliche Anlegerinformationen iSd Art. 78 OGAW-RL müssen nach Abs. 1 nunmehr nur noch professionellen OGAW-Anlegern zur Verfügung gestellt werden. Nach Art. 82a OGAW-RL gilt das Basisinformationsblatt als ausreichend, um die Anforderungen wesentlicher Anlegerinformationen zu erfüllen, sodass Abs. 1 ein Wahlrecht zwischen dem Basisinformationsblatt und den wesentlichen Anlegerinformationen vorsieht (vgl. auch BaFin Aufsichtsmitteilung vom 4.8.2022). In Abs. 2 wurden die wesentlichen Anlegerinformationen gestrichen, da die AIFM-RL, anders als die OGAW-RL, keine Vorgaben zu wesentlichen Anlegerinformationen kennt (vgl. zum Ganzen auch EDD/*Jansen* § 297 Rn. 4).

II. Anwendungsbereich

1. Sachlicher Anwendungsbereich. Wegen §§ 294, 295 IV ist § 297 auf den 3
Vertrieb und den Erwerb von **EU-Investmentvermögen** (s. § 1 VIII) **und ausl. AIF** (s. § 1 IX) nur anwendbar, wenn diese das Anzeigeverfahren nach § 310 oder § 320 erfolgreich durchlaufen und damit die Berechtigung zum Vertrieb an (Privat-)Anleger erhalten haben. Ist ein EU-OGAW (s. § 1 II u. VIII) oder ein AIF (s. § 1 III) nicht zum Vertrieb an Privatanleger iSv § 1 XIX Nr. 31 im Inland berechtigt, darf er nach § 294 S. 3 bzw. § 295 I 1 u. 2 im Inland auch nicht an Privatanleger vertrieben werden. Für den Vertrieb und den Erwerb von **inländischen Investmentvermögen** (s. § 1 VII) ist § 297 nach § 294 u. § 295 IV unabhängig von ihrer Berechtigung zum Vertrieb anzuwenden, dh bei inländischen Publikums-AIF (s. § 1 III, VI 2 u. VII) auch ohne erfolgreichen Abschluss des Anzeigeverfahrens nach § 316. Da in § 294 u. § 295 IV sowohl auf den Vertrieb als auch auf den Erwerb eines Investmentvermögens Bezug genommen wird, gilt § 297 unabhängig davon, ob im konkreten Fall eine Vertriebssituation gegeben ist oder nicht. Allerdings kann die Pflicht aus § 297 in einer reinen Erwerbssituation nur dann erfüllt werden, wenn aktuelle Verkaufsunterlagen verfügbar sind. Aus den §§ 294, 295 IV u. 297 geht hervor, dass § 297 bei einem Vertrieb oder Erwerb von AIF nur gilt, wenn der **AIF an Privatanleger** vertrieben oder durch diese erworben wird, während er eine solche Beschränkung auf Privatanleger in Bezug auf **OGAW** (s. § 1 II) nicht enthält (zur Beschränkung von Abs. 1 auf professionelle OGAW-Anleger → Rn. 2). Werden AIF an professionelle oder semi-professionelle Anleger vertrieben, gilt nach § 295 V nicht § 297, sondern § 307, und zwar unabhängig davon, ob es sich um einen Publikums-AIF oder um einen Spezial-AIF handelt.

3a Die **PRIIPs-Verordnung** vom 26.11.2014 (vgl. auch *Seitz/Juhnke/Seibold* BKR 2013, 1ff.) ist gem. Art. 34 dieser Verordnung am 20. Tag nach ihrer Veröffentlichung im Amtsblatt in Kraft getreten, sollte aber erst ab 31.12.2016 gelten. Mit Art. 1 VO (EU) 2016/2340 vom 14.12.2016 wurde Art. 34 Abs. 2 der PRIIPS-VO dahingehend geändert, dass sie ab dem 1.1.2018 gilt. Seit diesem Zeitpunkt war zu prüfen, inwieweit die PRIIPS-Verordnung in Bezug auf die wesentlichen Anlegerinformationen anstelle von § 297 anzuwenden ist. Nach Art. 32 I dieser VO in der Fassung der Änderungs-VO (EU) 2021/2259 vom 15.12.21 waren OGAW bis zum 31.12.2022 von den Verpflichtungen der VO ausgenommen, so dass § 297 in diesem Zeitraum insoweit unberührt blieb. Mit dem Auslaufen der Ausnahmeregelung zum 31.12.2022 ist nunmehr seit dem 1.1.2023 für ein Investmentvermögen, das an Kleinanleger vertrieben wird, ein Basisinformationsblatt zur Verfügung zu stellen. Die gleiche Ausnahme galt bis 31.12.2022 nach Art. 32 II der PRIIPs-VO für AIF, die Privatanlegern angeboten werden, soweit ein Mitgliedstaat die Regeln über Format und Inhalt der wesentlichen Anlegerinformationen nach Art. 78–81 der OGAW-RL auch auf diese anwendet. Nach dem KAGB mussten Dach-Hedgefonds, Immobilienfonds und geschlossene Investmentvermögen bei der Erstellung der wesentlichen Anlegerinformationen weitgehend die gleichen Regeln beachten wie OGAW. Im Zuge des Vierten Corona-Steuerhilfegesetzes wurden diese Regelungen vor dem Hintergrund des Auslaufens der Ausnahmeregelung angepasst, sodass es keine wesentlichen Anlegerinformationen für AIF mehr gibt (vgl. BT-Drs. 20/1906, 42ff). Mit dem Auslaufen der Ausnahmeregelung zum 31.12.2022 findet seit dem 1.1.2023 bei einem AIF-Vertrieb an Kleinanleger daher ebenfalls die PRIIPs-VO Anwendung.

4 **2. Persönlicher Anwendungsbereich.** Während § 297 IX seinen Adressaten klar benennt, geht aus der passivischen Formulierung von § 297 I–VIII nicht eindeutig hervor, wer die Informationspflicht zu erfüllen hat. **Kapitalverwaltungsgesellschaften** (s. § 1 XV u. XVI), **EU-Verwaltungsgesellschaften** (s. § 1 XVII) **und ausl. AIF-Verwaltungsgesellschaften** (s. § 1 XVIII) haben als Emittenten § 297 I–VIII in jedem Fall zu beachten und dafür Sorge zu tragen, dass der am Erwerb eines Anteils oder einer Aktie Interessierte auch bei einem Erwerb über eine von ihr beauftragte Vertriebsgesellschaft die in § 297 I-VIII vorgeschriebenen Informationen erhält (iE Ellenberger/Bunte BankR-HdB/*Köndgen/Schmies* § 113 Rn. 150). Eine gesetzliche Verpflichtung, geeignete Verfahren und Vorkehrungen vorzusehen, die die Erfüllung ihrer Informationspflichten gegenüber dem Anleger und ihren Vertriebsgesellschaften gewährleisten, besteht allerdings nach § 28 II 1 Nr. 2 nur für OGAW-Kapitalverwaltungsgesellschaften (s. § 1 XV). Auch die Pflicht nach § 4 IV KAVerOV, einer die Anlageberatung, Anlage- oder Abschlussvermittlung erbringenden Person die wesentlichen Anlegerinformationen und den Verkaufsprospekt auf Anfrage zur Verfügung zu stellen, ist dementsprechend auf OGAW-Verwaltungsgesellschaften beschränkt. Allerdings wird durch die Pflicht zur Veröffentlichung des Basisinformationsblatts (§§ 164 I, 268 I, bis 31.12.2022 auch § 301), der Verkaufsprospekte (§§ 164 I, 268 I, 298 I 1 Nr. 3, 299 I 1 Nr. 1), der Jahres- und Halbjahresberichte (§§ 45, 107 I, 123 I u. II, 148 I, 160 I, 298 I 1 Nr. 1 u. 2, 299 I 1 Nr. 3 u. 4) und der Nettoinventarwerte (§§ 170, 217 III 1, 299 I 1 Nr. 5, IV) sichergestellt, dass alle Vertriebsgesellschaften und sonstigen Vermittler auf diese Informationen zugreifen können. Für **registrierte AIF-Kapitalverwaltungsgesellschaften** iSv § 2 IV–VII gilt § 297 nicht, da dort nicht auf § 297 verwiesen wird.

Daneben verpflichten § 297 I–VIII grds. auch **Veräußerer und Vermittler,** die den Erwerb von Investmentanteilen unmittelbar herbeiführen (MKJ/*Merk* § 297 Rn. 4; BTMB/*Zingel/Oppenheim* § 297 Rn. 6; EDD/*Jansen* § 297 Rn. 7 (zu Intermediären); *Kugler/Lochmann* BKR 2006, 47f.; *Veltmann* S. 98ff.; *Brinkhaus/Scherer/Schödermeier/Baltzer* § 19 KAGG Rn. 15; BVS/*Beckmann* § 3 AuslInvestmG Rn. 10; BSV/*Yerlikaya* § 297 Rn. 6; Brinkhaus/Scherer/*Pfüller* § 15f AuslInvestmG Rn. 3; offen gelassen BGHZ 170, 226, 231 Rn. 15; weitergehend WBA/*Paul* § 297 Rn. 5; Ellenberger/Bunte BankR-HdB/*Köndgen/Schmies* § 113 Rn. 138). Gegen eine Beschränkung des Anwendungsbereichs auf Emittenten spricht neben dem unbeschränkten Anwendungsbereich des KAGB ua Folgendes: Der BaFin wird durch § 5 V die Aufgabe zugewiesen, die Einhaltung ua der §§ 297ff. durch die Verwaltungsgesellschaften und durch andere von der Bundesanstalt beaufsichtigte Unternehmen zu überwachen. Zudem stellen § 63 VI 3 und VII 7 WpHG klar, dass §§ 293–297 und 302ff. durch das WpHG unberührt bleiben sollen (weitere Argumente s. BaFin-Konsultation 20/2011, Entwurf des Rundschreibens zum Anwendungsbereich des § 121 Abs. 1 bis 3 InvG, S. 1ff.; *Veltmann* S. 98f. u. EDD/*Jansen* § 297 Rn. 7; zu § 125 InvG vgl. Hess. VGH 1.10.2014 – 6 A 923/13, 11ff.). Dementsprechend sieht die BaFin nicht nur Verwaltungsgesellschaften als Verpflichtete des § 297 an, sondern grundsätzlich auch WpDU iSd WpHG bzw. Kredit- und Finanzdienstleistungsinstitute iSd KWG sowie Versicherungsunternehmen iSd VAG, soweit in § 297 keine ausdrückliche Beschränkung des Verpflichteten vorgenommen wird (FAQ Vertrieb der BaFin, Stand: 5.7.2022, Frage 3.1). Für EU-OGAW-Verwaltungsgesellschaften iSv § 51 I und deren Zweigniederlassungen, die im Inland Tätigkeiten gem. § 20 II erbringen, ergibt sich dies bereits aus § 51 IV. Für **Fondsvermittler im Rahmen der Bereichsausnahme des § 2 VI 1 Nr. 8 KWG** (vgl. *Kurz* S. 501ff.), die von den Gewerbeaufsichtsbehörden der Länder beaufsichtigt werden, erklärt § 13 VI FinVermV § 297 für entspr. anwendbar. 5

Die Informations- und Warnpflichten aus § 297 I–VI u. VIII sind insb. vom **Anlagevermittler** zu erfüllen, aber auch vom **Kommissionär** gegenüber seinem Kommittenten in der Phase vor Abschluss des Kommissionsvertrags, wenn der Kommissionär im eigenen Namen für einen Kunden Anteile an einem Investmentvermögen beschaffen soll (vgl. EDD/*Jansen* § 297 Rn. 7; MKJ/*Merk* § 297 Rn. 4; *Kugler/Lochmann* BKR 2006, 47). Bei einer **Abschlussvermittlung im Namen und auf Rechnung eines Kunden** ist der Abschlussvermittler ungeachtet des zivilrechtlichen Repräsentationsprinzips verpflichtet, seinen Kunden zu informieren, bevor der Kunde den Auftrag und die Vollmacht zum Anteilserwerb erteilt, da der Abschlussvermittler aufgrund des Erhalts von Provisionen ein erhebliches Eigeninteresse an dem vermittelten Geschäft hat (*Veltmann* S. 99; *Kugler/Lochmann* BKR 2006, 48; allg. zum Stand der Diskussion *Herresthal* JuS 2002, 844 (846f.)). Zur Einhaltung des Schriftformerfordernisses beim Vertrieb durch Intermediäre → Rn. 25f. Bei einer **Anlageberatung** ist dem Kunden nach § 64 II 1 WpHG für Finanzinstrumente, für die kein Basisinformationsblatt iSd PRIIPs-VO erstellt wird, ein Informationsblatt zur Verfügung zu stellen. § 64 II 4 WpHG regelt, dass wesentliche Anlegerinformationen an die Stelle des Informationsblatts treten. Ein Informationsblatt unter dem WpHG ist neben dem Basisinformationsblatt bzw. den wesentlichen Anlegerinformationen daher nicht erforderlich. 6

3. Einschränkungen. Nicht anwendbar ist § 297 I, II, V 1 u. VI nach § 297 VII bei dem **Erwerb von Anteilen im Rahmen einer Finanzportfolioverwaltung** iSv § 1 Ia Nr. 3 KWG oder § 20 II Nr. 1 oder III Nr. 2. Der Gesetzesbegründung zu 7

§ 121 IIIa 1 InvG zufolge hat diese Regelung folgenden Hintergrund: Der Anleger beauftragt einen Finanzportfolioverwalter, um von dessen Kenntnissen zu profitieren (BT-Drs. 16/5576, S. 92) und nicht selbst die Anlageentscheidung treffen zu müssen. Er wird durch die betreffenden Regelungen des WpHG, die über § 5 II auch für KVG gelten, geschützt und bedarf daher nicht des Schutzes des § 297 I, II, V 1 u. VI (iE *Baur* KAGG § 19 Rn. 2c; Brinkhaus/Scherer/*Schödermeier/Baltzer* § 19 KAGG Rn. 6; BTMB/*Zingel/Oppenheim* § 297 Rn. 19; MKJ/*Merk* § 297 Rn. 5; BSV/*Yerlikaya* § 297 Rn. 42). Hiervon unabhängig ist jedoch die Frage zu beurteilen, ob der Erwerb von Anteilen oder Aktien an einem Investmentvermögen durch einen Finanzportfolioverwalter für einen Anleger ein Platzieren dieser Anteile oder Aktien und damit einen Vertrieb darstellt (FAQ Vertrieb der BaFin, Stand: 5.7.2022, Frage 1.7).

8 Auf den Vertrieb von **fondsgebundenen Lebensversicherungen** findet § 297 keine Anwendung (*Baur* KAGG § 19 Rn. 2a; BSV/*Yerlikaya* § 297 Rn. 7; FAQ Vertrieb der BaFin, Stand: 5.7.2022, Frage 3.1). Der am Abschluss eines Versicherungsvertrags Interessierte ist in der Regel kein am Erwerb eines Anteils oder einer Aktie Interessierter iSd § 297, soweit ihm der Versicherungsvertrag am Ende der Vertragslaufzeit die Wahl zwischen einer Leistung in Geld oder in Investmentanteilen ermöglicht. In diesem Fall ist § 297 I-VI vor der Entscheidung des Versicherungsnehmers über eine **Auskehr von Investmentanteilen am Ende der Vertragslaufzeit** zu beachten (EDD/*Jansen* § 297 Rn. 11; BaFin-Konsultation 20/2011, Entwurf des Rundschreibens zum Anwendungsbereich des § 121 Abs. 1 bis 3 InvG, S. 8; iE *Baur* KAGG § 19 Rn. 2a). Ob die Auskehr von Investmentanteilen einen Vertrieb darstellt oder nicht, kann hier dahingestellt bleiben, da § 297 jedenfalls nicht nur beim Vertrieb, sondern auch beim Erwerb von Anteilen oder Aktien an einem Investmentvermögen zur Anwendung kommt (→ Rn. 3).

III. Allgemeine Informationspflichten beim Vertrieb (Abs. 1–4)

9 **1. Verkaufsunterlagen zur Verfügung stellen (Abs. 1, Abs. 2 S. 2 u. Abs. 3). a) Zur Verfügung stellen.** Die in Abs. 1, Abs. 2 S. 2 und Abs. 3 bezeichneten Verkaufsunterlagen (vgl. Legaldefinition in Abs. 4 S. 1) sind dem am Erwerb eines Anteils oder einer Aktie Interessierten unaufgefordert kostenlos zur Verfügung zu stellen. Das bedeutet, dass der Erwerbsinteressent diese unmittelbar zur Kenntnis nehmen kann (EDD/*Jansen* § 297 Rn. 10; MKJ/*Merk* § 297 Rn. 17; BSV/*Yerlikaya* § 297 Rn. 14ff.; WBA/*Paul* § 297 Rn. 14) und auf diese – wegen ihrer Informations- und Beweisfunktion (BSV/*Lindauer* § 121 InvG Rn. 11) – grundsätzlich auch nach Vertragsschluss jederzeit unverändert zugreifen kann. Werden die Verkaufsunterlagen gem. Art. 38 II KID-DVO Nr. 583/2010 auf einer **Webseite** zur Verfügung gestellt, so müssen sie nach Art. 38 II Buchst. e KID-DVO Nr. 583/2010 zumindest so lange laufend abgefragt werden können, wie sie „nach vernünftigem Ermessen einsehbar sein müssen“. Die Zeitspanne muss so bemessen sein, dass es für den Anleger unter Berücksichtigung der Informations- und Beweisfunktion der Verkaufsunterlagen im Ergebnis keinen Unterschied macht, in welcher Form er diese zur Verfügung gestellt bekommt. Der Erwerbsinteressent ist nicht verpflichtet, die ihm zur Verfügung gestellten Unterlagen auch entgegenzunehmen (EDD/*Jansen* § 297 Rn. 15).

b) Zeitpunkt. Die jeweiligen Verkaufsunterlagen sind so zur Verfügung zu stellen, dass der Erwerbsinteressent sie **vor Vertragsschluss** zur Kenntnis nehmen kann (BSV/*Schmies* § 121 InvG Rn. 9; MKJ/*Merk* § 297 Rn. 20). Dabei kommt es nach Sinn und Zweck auf die Abgabe der zum Erwerb von Anteilen oder Aktien verpflichtenden Willenserklärung durch den Anleger an (*Kugler/Lochmann* BKR 2006, 43). Daher greift diese Pflicht nicht, wenn ein Anleger eine entsprechende Willenserklärung bereits abgegeben hat, ohne dass die Verwaltungsgesellschaft oder der Intermediär zuvor die Möglichkeit hatte, die entsprechenden Verkaufsunterlagen zur Verfügung zu stellen, etwa bei Eingang einer **Kauforder per Fax oder Brief ohne vorherigen Kontakt** zwischen Anleger und Verwaltungsgesellschaft oder Intermediär (vgl. BaFin-Konsultation 20/2011, Entwurf des Rundschreibens zum Anwendungsbereich des § 121 Abs. 1 bis 3 InvG, S. 6; EDD/*Jansen* § 297 Rn. 14f.; MKJ/*Merk* § 297 Rn. 20; BSV/*Yerlikaya* § 297 Rn. 8ff). Nach der Verwaltungspraxis der BaFin ist darauf abzustellen, ob die Nichterfüllung des § 297 dem Verpflichteten vorgeworfen werden kann, was im vorstehenden Beispielsfall jedoch nicht der Fall ist (zu den Einzelheiten FAQ Vertrieb der BaFin, Stand: 5.7.2022, Frage 3.2). Nimmt dagegen der Kunde vor der Erteilung seines Kaufauftrags Kontakt mit dem jeweiligen Adressaten von § 297 auf (oder umgekehrt), muss der Adressat organisatorische Maßnahmen ergreifen, die ihn in die Lage versetzen, seine Pflichten nach § 297 noch vor Abgabe des Kundenauftrags zu erfüllen. Das gilt zB für den Fall eines Kaufauftrags über das Internet (zB Online-Brokerage) (FAQ Vertrieb der BaFin, Stand: 5.7.2022, Frage 3.2; EDD/*Jansen* § 297 Rn. 13). Bei **Investment-Sparplänen,** bei denen sich der Anleger zu bestimmten Spareinlagen zwecks Anlage in ein oder mehrere Investmentvermögen verpflichtet, sind die Verkaufsunterlagen nach § 297 VII 2 lediglich vor Abschluss des Vertrags über den Investment-Sparplan anzubieten (BSV/*Yerlikaya* § 297 Rn. 43). Zum Zeitpunkt des Angebots bei der **fondsgebundenen Lebensversicherung** → Rn. 8). 10

c) Verkaufsunterlagen. Der Begriff „Verkaufsunterlagen" ist in § 297 IV 1 definiert und umfasst die wesentlichen Anlegerinformationen bzw. das Basisinformationsblatt, den Verkaufsprospekt, die Anlagebedingungen, den letzten veröffentlichten Jahres- und Halbjahresbericht sowie ggf. die Satzung oder den Gesellschaftsvertrag und den Treuhandvertrag (zum Treuhandvertrag vgl. insb. § 152 I 2 in Bezug auf inländische Investmentkommanditgesellschaften). Mit dem letzten veröffentlichten **„Jahres- und Halbjahresbericht"** in Abs. 1 S. 2 u. Abs. 2 S. 2 ist der zuletzt veröffentlichte Jahresbericht und der anschließende Halbjahresbericht gemeint (BT-Drs. 17/12294, S. 280, EDD/*Jansen* § 297 Rn. 16; Vandamme-Report zu Art. 33 OGAW-RL a F; wohl aA MKJ/*Merk* § 297 Rn. 22). Es wäre sinnwidrig, einen Halbjahresbericht zur Verfügung zu stellen, wenn bereits der darauffolgende Jahresbericht veröffentlicht ist (wohl aA MKJ/*Merk* § 297 Rn. 22). Die Pflicht geht bei geschlossenen Investmentvermögen in Bezug auf den Halbjahresbericht ins Leere, da diese einen solchen nicht erstellen müssen (BT-Drs. 17/12294, S. 280; FAQ Vertrieb der BaFin, Stand: 5.7.2022, Frage 3.3). Für geschlossene EU-AIF und geschlossene ausl. AIF kann dies aus § 320 I 2 Nr. 4, 7 Buchst. a und § 299 I 1 Nr. 4 geschlossen werden. 11

Welche Verkaufsunterlagen zur Verfügung zu stellen sind, richtet sich danach, ob es sich um einen Erwerbsinteressenten für einen OGAW oder AIF handelt. Handelt es sich um einen am Erwerb eines **OGAW** interessierten professionellen Anleger, so sind ihm nur die **wesentlichen Anlegerinformationen oder das Basisinfor-** 12

mationsblatt gem. Abs. 1 S. 1 kostenlos zur Verfügung zu stellen. Aus Art. 13 PRIIPs-Verordnung ergibt sich eine entsprechende Pflicht für das Basisinformationsblatt gegenüber einem Kleinanleger. Der Verkaufsprospekt und der zuletzt veröffentlichte Jahres- und Halbjahresbericht sind einem Interessierten bzw. dem Anleger nach Abs. 1 S. 2 lediglich auf Verlangen kostenlos zur Verfügung zu stellen. Handelt es sich hingegen um einen am Erwerb eines **AIF** Interessierten, so sind ihm gem. Abs. 2 S. 2 **der Verkaufsprospekt und der zuletzt veröffentlichte Jahres- und Halbjahresbericht** kostenlos zur Verfügung zu stellen. Nach § 295 VIII 2 treten ggf. die in einem Wertpapierprospekt enthaltenen Angaben nach § 269 an die Stelle des Verkaufsprospektes. In beiden Fällen – also bei dem Vertrieb und dem Erwerb von **OGAW und AIF** – sind gem. Abs. 3 von den Verkaufsunterlagen die Anlagebedingungen sowie ggf. die Satzung oder der Gesellschaftsvertrag und der Treuhandvertrag nur dann dem Verkaufsprospekt beizufügen, wenn der Verkaufsprospekt keinen Hinweis enthält, wo diese kostenlos erlangt werden können.

13 **2. Form der Verkaufsunterlagen (Abs. 4 S. 1).** § 297 IV 1 geht in Verbindung mit Art. 38 KID-DVO Nr. 583/2010 davon aus, dass die betreffenden Verkaufsunterlagen grundsätzlich in **Papierform** zur Verfügung zu stellen sind, eröffnet aber in Umsetzung von Art. 75 II, III u. Art. 81 I OGAW-RL daneben die Möglichkeit, dass die Verkaufsunterlagen auch **auf einem anderen dauerhaften Datenträger oder auf einer Internetseite** zur Verfügung gestellt werden können, wenn die Voraussetzungen des Art. 38 KID-DVO Nr. 583/2010 gegeben sind. Entsprechende Regelungen sieht Art. 14 PRIIPs-VO vor. Dennoch können der am Erwerb eines Anteils oder einer Aktie Interessierte und der Anleger jederzeit nach § 297 IV 1 verlangen, die betreffenden Verkaufsunterlagen – auch zusätzlich zu einer Bereitstellung auf einem dauerhaften Datenträger oder der Veröffentlichung auf einer Internetseite – kostenlos in Papierform zur Verfügung gestellt zu bekommen.

14 Der Begriff des **„dauerhaften Datenträgers"** wird in § 1 IXX Nr. 8 KAGB definiert (→ § 1 Rn. 82f.). Demnach ist ein dauerhafter Datenträger jedes Medium, das den Anlegern gestattet, Informationen für eine den Zwecken der Information angemessene Dauer zu speichern, einzusehen und unverändert wiederzugeben, wie etwa DVDs, CD-ROMs. USB-Sticks, Festplatten oder Disketten (vgl. MKJ/*Merk* § 297 Rn. 18). Daneben ist nach Art. 38 II KID-DVO Nr. 583/2010 eine **Veröffentlichung der betreffenden Verkaufsunterlagen auf einer Internetseite** ausreichend (Einzelheiten → Rn. 9). In beiden Fällen – Verwendung eines dauerhaften Datenträgers oder Veröffentlichung im Internet – ist nach Art. 38 I u. II KID-DVO Nr. 583/2010 erforderlich, dass der Anleger – gemeint ist damit in der Terminologie des KAGB der am Erwerb eines Anteils oder einer Aktie Interessierte – einer Bereitstellung der Verkaufsunterlagen in dieser Form **ausdrücklich zugestimmt** hat. Artikel 38 I u. II KID-DVO Nr. 583/2010 fordert für den Fall der Bereitstellung auf einem dauerhaften Datenträger zusätzlich, dass der Anleger vor die Wahl gestellt wird, ob er die betreffenden Verkaufsunterlagen auf Papier oder einem anderen dauerhaften Datenträger erhalten möchte.

15 Zudem fordert Art. 38 I u. II KID-DVO Nr. 583/2010, dass die Bereitstellung der betreffenden Verkaufsunterlagen in dieser Form den Rahmenbedingungen, unter denen das Geschäft zwischen der Verwaltungsgesellschaft und dem Anleger (→ Rn. 14) ausgeführt wird oder werden soll, **angemessen** ist. Nach Art. 38 III 1 KID-DVO Nr. 583/2010 wird die Bereitstellung von Informationen auf elektroni-

schem Wege für die Rahmenbedingungen des Geschäfts als angemessen betrachtet, wenn der Anleger nachweislich über einen **regelmäßigen Zugang zum Internet** verfügt. Da es dem am Erwerb eines Investmentanteils Interessierten möglich sein muss, die jeweiligen Verkaufsunterlagen vor Vertragsschluss zur Kenntnis zu nehmen (→ Rn. 10), hat er nur dann regelmäßigen Zugang zum Internet, wenn er auch im relevanten **Zeitraum vor Vertragsschluss** Zugang zu dem dauerhaften Datenträger oder der Internetseite hat. Dies gilt nach Art. 38 III 2 KID-DVO Nr. 583/2010 als nachgewiesen, wenn der Anleger für die Ausführung dieses Geschäfts eine **E-Mail-Adresse** angegeben hat. Der am Erwerb eines Anteils oder einer Aktie Interessierte muss die E-Mail-Adresse für die Ausführung des auf den Erwerb eines Investmentanteils gerichteten Geschäfts angegeben haben, damit die Bereitstellung der Verkaufsunterlagen auf elektronischem Wege als angemessen betrachtet werden kann. Das auf den Erwerb eines Investmentanteils gerichtete Geschäft kann je nach Situation zB der unmittelbar mit der Verwaltungsgesellschaft geschlossene Investmentvertrag, das mit einem Institut vereinbarte Kommissionsgeschäft oder die Vermittlung eines Anteilserwerbs im Wege der Anlagevermittlung sein (vgl. EDDH/*Rozok/Feneis* 1. Aufl. 2013 InvG § 42a Rn. 9ff.). Zur Frage der Angemessenheit s. a. die Kommentierung zu § 167, da § 167 II insoweit die gleichen Anforderungen stellt.

3. Hinweis auf Möglichkeit des Erhalts der Verkaufsunterlagen (Abs. 4 S. 2). Der Hinweis nach **§ 297 IV 2,** wo und auf welche Weise der am Erwerb eines Investmentanteils Interessierte im Geltungsbereich des KAGB die Verkaufsunterlagen kostenlos erlangen kann, soll es dem Anleger ermöglichen, die Verkaufsunterlagen auch nach Vertragsschluss noch zu erhalten (wenn er etwa vor Vertragsschluss die Entgegennahme der jeweiligen Verkaufsunterlagen nach § 297 I 1, II 2 oder VI abgelehnt hat, → Rn. 9, oder die in § 297 I 2 aufgeführten Verkaufsunterlagen nicht verlangt hatte). 16

4. Zusätzliche Informationen in Bezug auf AIF (II S. 1). In Umsetzung von Art. 23 I Buchst. m AIFM-RL fordert § 297 II 1, dass der am Erwerb eines Anteils oder einer Aktie an einem AIF interessierte Privatanleger vor Vertragsschluss über den jüngsten Nettoinventarwert des Investmentvermögens oder den jüngsten Marktpreis der Anteile oder Aktien gem. §§ 168 und 271 I zu informieren ist. Der Begriff des **jüngsten Marktpreises** wird weder in der AIFM-RL noch im KAGB definiert. § 299 III u. IV 3 lässt sich jedoch entnehmen, dass nur der an einem organisierten Markt iSd § 2 XI WpHG oder einem anderen organisierten Markt, der die wesentlichen Anforderungen an geregelte Märkte iSd RL 2014/65/EU erfüllt, ermittelte Preis eine für Privatanleger geeignete Information darstellt. Daher muss es sich bei dem Marktpreis iSv § 297 II 1 um einen Preis handeln, der an einem Markt iSv § 299 III ermittelt wurde (vgl. auch MKJ/*Merk* § 297 Rn. 29 und WBA/*Paul* § 297 Rn. 21, jeweils mit Verweis auf § 168 II). Der **jüngste Nettoinventarwert** des AIF ist nach den einschlägigen Vorschriften des KAGB zu ermitteln und – auch wegen des Verweises auf § 168 I 1 – je Anteil oder Aktie anzugeben. § 297 II 1 stellt beide Angaben als gleichwertige Alternativen nebeneinander, während § 299 IV 4 für geschlossene EU-AIF und geschlossene ausl. AIF, die mit inländischen geschlossenen Publikums-AIF vergleichbar sind, stets die gemeinsame Nennung von Nettoinventarwert und Kurs verlangt. Wenn es keinen Marktpreis geben sollte, ist jedenfalls der Nettoinventarwert anzugeben (FAQ Vertrieb der BaFin, Stand: 5.7.2022, Frage 3.3) 17

18 **5. Kein Hinweis auf eine Vereinbarung der Verwahrstelle.** Mit dem OGAW-V-UmsG ist der ehemalige **§ 297 IV** gestrichen worden. Dieser forderte in Bezug auf AIF und OGAW, dass der Erwerbsinteressent auf eine bestehende Vereinbarung hinzuweisen ist, die die Verwahrstelle getroffen hat, um sich von einer Haftung nach § 77 IV aF oder § 88 IV aF freizustellen. Eines solchen Hinweises bedarf es nach der ebenfalls mit dem OGAW-V-UmsG vorgenommenen Änderung bzw. Neufassung von § 77 IV und § 88 IV nicht mehr. Denn damit wurde die bisherige Möglichkeit der vertraglichen Haftungsbefreiung der Verwahrstelle in Bezug auf Publikumsinvestmentvermögen nach dem Willen des Gesetzgebers aufgehoben.

IV. Besonderheiten bei Master-Feeder-Konstruktionen (Abs. 5)

19 Nach **§ 297 V 1** ist dem am Erwerb eines Feederfonds Interessierten und dem Anleger eines Feederfonds auch der **Verkaufsprospekt sowie der Jahres- und Halbjahresbericht des Masterfonds** auf Verlangen kostenlos in Papierform zur Verfügung zu stellen. § 297 V setzt in Bezug auf OGAW Art. 63 V OGAW-RL um, gilt aber gleichermaßen auch für AIF-Feederfonds (s. Legaldefinition von „Feederfonds" in § 1 IXX Nr. 11). Er trägt dem Umstand Rechnung, dass der Feederfonds mindestens 85% seines Vermögens in den Masterfonds anlegt und sich daher das Informationsbedürfnis der Erwerbsinteressenten und Anleger eines Feederfonds auf die genannten Verkaufsunterlagen des Masterfonds erstreckt. Der Begriff „Masterfonds" wird in § 1 IXX Nr. 12 definiert (→ § 1 Rn. 91 f.). Die Verwendung eines anderen dauerhaften Datenträgers als Papier und die Veröffentlichung auf einer Internetseite reichen nicht aus. Gleiches gilt aufgrund des FoStG auch bzgl. des am Erwerb eines geschlossenen Feederfonds Interessierten und des Anlegers eines geschlossenen Feederfonds. Diesem ist der Verkaufsprospekt sowie der Jahres- und Halbjahresbericht des geschlossenen Masterfonds zur Verfügung zu stellen. Die Ausdehnung des § 297 V 1 auf geschlossene Master-Feeder-Konstruktionen ist eine Folgeänderung aufgrund der Einführung geschlossener Master-Feeder-Strukturen durch das FoStG in den §§ 272 a ff. (BT-Drs. 19/27631, 103). Der Begriff „geschlossener Feederfonds" wird in § 1 IXX Nr. 11 a, der Begriff geschlossener Masterfonds wird in § 1 IXX Nr. 12 a definiert.

20 Nach **§ 297 V 2,** der Art. 60 Abs. 1 UAbs. 2 S. 2 OGAW-RL umsetzt, sind den Anlegern des Feeder- und des Masterfonds die nach § 175 I, § 272 d oder § 317 III Nr. 5 abgeschlossene **Master-Feeder-Vereinbarung** auf Verlangen kostenlos zur Verfügung zu stellen. § 272 d folgt dabei § 175; dass insoweit auf den gesamten § 272 d und nicht, wie bei § 175, nur auf Abs. 1 der Regelung, der die geschlossene Master-Feeder-Vereinbarung erfasst, verwiesen wird, dürfte ein Redaktionsversehen sein. Dass den Anlegern nur die geschlossene Master-Feeder-Vereinbarung nach § 272 d I und nicht auch die Verwahrstellenvereinbarung nach § 272 d II und die Abschlussprüfervereinbarung nach § 272 d III zur Verfügung gestellt werden muss, folgt jedenfalls bereits aus dem Wortlaut des § 297 V 2, der sich ausdrücklich nur auf die abgeschlossene Master-Feeder-Vereinbarung bezieht. In der Master-Feeder-Vereinbarung verpflichtet sich die Verwaltungsgesellschaft des Masterfonds gegenüber der Verwaltungsgesellschaft des Feederfonds, dieser alle Unterlagen und Informationen zur Verfügung zu stellen, die diese für die Erfüllung ihrer Pflichten aus dem KAGB oder der OGAW-RL benötigt (vgl. § 175 I). Anders als S. 1 verlangt S. 2 keine Papierform (aA WBA/*Paul* § 297 Rn. 33) und enthält auch sonst keine Anforderungen an das entsprechende Medium. In Anlehnung an § 297 IV 1 ist

daher die Verwendung eines dauerhaften Datenträgers und die Veröffentlichung auf einer Internetseite grundsätzlich als zulässig anzusehen. Denn wenn diese Form des Zurverfügungstellens für die Verkaufsunterlagen reicht, dann muss dies zumindest auch für die Master-Feeder-Vereinbarung gelten.

V. Erwerb von Anteilen oder Aktien an Dach-Hedgefonds (Abs. 6)

§ 297 VI enthält bes. Vorschriften für den Erwerb von **Dach-Hedgefonds** (s. § 225) und vergleichbaren EU-AIF und ausl. AIF. Der Begriff der **Vergleichbarkeit** ist im Lichte der §§ 317ff. zu verstehen, von denen etwa § 317 I Nr. 7 Buchst. c fordert, dass die Anlagebedingungen, die Satzung oder der Gesellschaftsvertrag Regelungen enthalten müssen, die die Einhaltung des § 225 sicherstellen. Anders als § 121 III InvG regelt § 297 VI nicht mehr den Erwerb von **Hedgefonds,** die im InvG als „Sondervermögen mit zusätzlichen Risiken" bezeichnet wurden, da ein Vertrieb von Hedgefonds an Privatanleger im Inland nach dem KAGB nicht mehr vorgesehen ist (zur Rechtslage im Übergangszeitraum vgl. etwa §§ 345 IX, 350 I 1, 351 IV, 353 VI). 21

1. Aushändigung sämtlicher Verkaufsunterlagen (Abs. 6 S. 1). Die Aushändigungspflicht nach Abs. 6 S. 1 besteht nur gegenüber **Privatanlegern,** die der Gesetzgeber als bes. schutzbedürftig einstuft. Das Wort „Privatanleger" wird in § 1 XIX Nr. 31 definiert (→ § 1 Rn. 134). Der Begriff **„Verkaufsunterlagen"** iSv § 297 VI 1 ist iSd Legaldefinition in § 297 IV 1 zu verstehen. Anlagebedingungen und ggf. Satzung, Gesellschaftsvertrag und Treuhandvertrag sind abweichend von Abs. 3 unabhängig davon, ob der Verkaufsprospekt einen Hinweis enthält, wo diese kostenlos erlangt werden können, stets auszuhändigen. Mit dem letzten veröffentlichten **„Jahres- und Halbjahresbericht"** ist der zuletzt veröffentlichte Jahres- und der anschließende Halbjahresbericht gemeint (→ Rn. 11). 22

Die Verkaufsunterlagen sind anders als in § 297 I und II 2 nicht zur Verfügung zu stellen, sondern auszuhändigen. Die **Aushändigung** erfordert nach hM eine physisch-reale Übergabe der Verkaufsunterlagen (BTMB/*Zingel/Oppenheim* § 297 Rn. 15 EDD/*Jansen* § 297 Rn. 22; MKJ/*Merk* § 297 Rn. 38; *Kugler/Lochmann* BKR 2006, 44; *Veltmann* S. 105; BSV/*Schmies* § 121 InvG Rn. 23; *Baur* AuslInvestmG § 3 Rn. 10). Da § 297 VI 1 keine abweichende Regelung zu § 297 IV enthält, ist auch eine Aushändigung der Verkaufsunterlagen **auf einem dauerhaften Datenträger** unter bestimmten Voraussetzungen (→ Rn. 14f.), zulässig (vgl. auch *Kugler/Lochmann* BKR 2006, 44; EDD/*Jansen* § 297 Rn. 22; BTMB/*Zingel/Oppenheim* § 297 Rn. 15; MKJ/*Merk* § 297 Rn. 38 und 41). Zu den dauerhaften Datenträgern gehören Disketten, CD-Roms, DVDs und Festplatten (zum Problem der elektronischen Übermittlung der Verkaufsunterlagen vgl. *Kugler/Lochmann* BKR 2006, 44). Hingegen ist eine bloße Veröffentlichung der Verkaufsunterlagen im Internet nicht ausreichend (so auch EDD/*Jansen* § 297 Rn. 22 u. BTMB/*Zingel/Oppenheim* § 297 Rn. 15; MKJ/*Merk* § 297 Rn. 38; differenzierend BSV/*Schmies* § 121 InvG Rn. 24). Ungeachtet dessen kann er jederzeit nach § 297 IV 1 verlangen, die betreffenden Verkaufsunterlagen kostenlos in Papierform zur Verfügung gestellt zu bekommen. 23

Die Verkaufsunterlagen sind **vor Vertragsschluss** in einer Art und Weise auszuhändigen, dass der am Erwerb eines Anteils oder einer Aktie Interessierte diese vor Vertragsschluss, dh vor Abgabe der zum Erwerb von Anteilen oder Aktien ver- 24 pflichtenden Willenserklärung durch den Anleger, zur Kenntnis nehmen kann (→ Rn. 10). Die Pflicht greift nicht mehr, wenn ein Anleger die ihn verpflichtende Willenserklärung bereits abgegeben hat, ohne dass die Verwaltungsgesellschaft oder der Intermediär zuvor die Möglichkeit hatten, die entsprechenden Verkaufsunterlagen auszuhändigen, etwa bei Eingang einer **Kauforder per Fax oder Brief ohne vorherigen Kontakt** zwischen Anleger und Verwaltungsgesellschaft oder Intermediär (vgl. BaFin-Konsultation 20/2011, Entwurf des Rundschreibens zum Anwendungsbereich des § 121 Abs. 1 bis 3 InvG, S. 6; EDD/*Jansen* § 297 Rn. 14). Nach der Verwaltungspraxis der BaFin ist darauf abzustellen, ob die Nichterfüllung des § 297 dem Verpflichteten vorgeworfen werden kann, was im vorstehenden Beispielsfall jedoch nicht der Fall ist (zu den Einzelheiten FAQ Vertrieb der BaFin, Stand: 5.7.2022, Frage 3.2). Von der Pflicht, sämtliche Verkaufsunterlagen stets auszuhändigen, sieht Abs. 7 Ausnahmen vor: Im Rahmen einer **Finanzportfolioverwaltung** besteht nach S. 1 keine Aushändigungspflicht (→ Rn. 7), bei **Investment-Sparplänen** sind die Verkaufsunterlagen gem. S. 2 lediglich vor Abschluss des Vertrags über den Investmentsparplan auszuhändigen (→ Rn. 10). Bei der **fondsgebundenen Lebensversicherung** ist § 297 VI vor der Auskehr von Investmentanteilen am Ende der Vertragslaufzeit zu beachten (→ Rn. 8).

25 **2. Schriftform des Erwerbs von Anteilen (Abs. 6 S. 2).** Nach § 297 VI 2 bedarf der Anteilserwerb nach S. 1 der Schriftform. Wegen der Systematik des Gesetzes ist die Schriftform nur erforderlich, wenn der am Erwerb eines Investmentanteils Interessierte ein **Privatanleger** ist. Die Schriftform dient seinem Schutz (BT-Drs. 15/1553, S. 113) und hat Warnfunktion. Der Gesetzeswortlaut lässt offen, ob der auf den Anteilserwerb gerichtete schuldrechtliche Vertrag oder nur die entsprechende **Willenserklärung** des am Erwerb eines Anteils oder einer Aktie Interessierten formbedürftig ist. Nach Sinn und Zweck der Schriftform reicht es aus, wenn der Antrag des am Erwerb eines Anteils oder einer Aktie Interessierten schriftlich abgegeben wird (*Nickel* ZBB 2004, 207; *Kugler/Lochmann* BKR 2006, 45; BTMB/*Zingel/Oppenheim* § 297 Rn. 17). Diese Auslegung stimmt auch mit der Reg.Begr. zum InvModG (BT-Drs. 15/1553, 113) überein, der zufolge ein schriftlicher Antrag für den Anteilserwerb ausreicht. Die **Schriftform** ist Vs. für die Wirksamkeit der betreffenden Willenserklärung (§ 125 S. 1 BGB). Für die Auslegung dieses Begriffs gilt § 126 BGB. Nach § 126 III BGB iVm § 126a I BGB kann die Schriftform durch die elektronische Form ersetzt werden (MKJ/*Merk* § 297 Rn. 41; *Nickel* ZBB 2004, 207).

26 Beauftragt ein am Erwerb eines Investmentanteils Interessierter einen **Kommissionär,** der im eigenen Namen für ihn Anteile an einem Investmentvermögen beschaffen soll, so gilt das Schriftformerfordernis nach seinem Sinn und Zweck für den Abschluss des Kommissionsvertrages (*Kugler/Lochmann* BKR 2006, 49). Bevollmächtigt der am Erwerb eines Anteils oder einer Aktie Interessierte einen **Abschlussvermittler,** Anteile an einem Investmentvermögen für ihn zu erwerben, so sollte er die Vollmacht in Abweichung von § 167 II BGB nur schriftlich erteilen können (vgl. Argumentation bei *Kugler/Lochmann* BKR 2006, 48; zur Formbedürftigkeit der Vollmacht zur Abgabe einer Bürgschaftserklärung vgl. BGH 29.2.1996 – IX ZR 153/95, NJW 1996, 1467 (1468)). Der Gesetzgeber sollte daher eine § 492 IV BGB entsprechende Ausnahme vom Repräsentationsprinzip schaffen.

3. Ausdrückliche Hinweispflichten (Abs. 6 S. 3 u. 4). Die Hinweispflicht aus § 297 VI 3 wird nicht durch die Aushändigung des Verkaufsprospekts mit dem in § 228 II geforderten schriftlichen Warnhinweis erfüllt. § 297 VI 3 fordert vielmehr einen **zusätzlichen ausdrücklichen Warnhinweis** mit dem in § 228 II geforderten Inhalt (BSV/*Yerlikaya* § 297 Rn. 37; MKJ/*Merk* § 297 Rn. 42; *Nickel* S. 137; *Nickel* ZBB 2004, 208; *Kugler/Lochmann* BKR 2006, 45; WBA/*Paul* § 297 Rn. 37). Aus der Systematik des Gesetzes und §§ 295 IV, V folgt, dass dieser Warnhinweis nur gegenüber Privatanlegern erforderlich ist. Der Verkäufer sollte sich wegen der **Beweislastumkehr** nach § 297 VI 4 von dem am Erwerb eines Anteils oder einer Aktie Interessierten gesondert schriftlich bestätigen lassen, dass er ihn auf die bes. Risiken nach Maßgabe des § 228 II hingewiesen hat (*Kugler/Lochmann* BKR 2006, 45; EDD/*Jansen* § 297 Rn. 24; MKJ/*Merk* § 297 Rn. 42). 27

VI. Aushändigung der Durchschrift des Antrags auf Vertragsabschluss (Abs. 8)

Bei dem **Antrag auf Vertragsabschluss** iSv **§ 297 VIII** kann es sich etwa um einen Zeichnungsschein zum Erwerb von einzelnen Anteilen oder Aktien oder um einen Antrag auf Abschluss eines Investment-Sparplans handeln (*Baur* KAGG § 19 Rn. 11). Zum Begriff des **Aushändigens** → Rn. 23. Eine **Kaufabrechnung** ist dem Anleger dann zuzusenden, wenn kein Antrag auf Vertragsabschluss erstellt wurde, etwa weil der Anteilskaufvertrag am Telefon zustande gekommen ist. Der Hinweis auf die Höhe des Ausgabeaufschlags und des Rücknahmeabschlags und die Belehrung über das Widerrufsrecht müssen in den genannten Dokumenten selbst enthalten sein, **ein Verweis auf andere Unterlagen reicht nicht** (MKJ/*Merk* § 297 Rn. 43; BTMB/*Zingel/Oppenheim* § 297 Rn. 24; *Nickel* ZBB 2004, 201; *Baur* KAGG § 19 Rn. 11; Brinkhaus/Scherer/*Schödermeier/Baltzer* KAGG § 19 Rn. 11). 28

VII. Informationspflichten auf Wunsch (Abs. 9)

Der Informationsanspruch des Erwerbsinteressenten bzgl. **Anlagegrenzen des Risikomanagements** erstreckt sich auf quantitative Beschränkungen des Erwerbs best. Vermögensgegenstände und des zulässigen Marktrisikopotentials, die die gesetzlich vorgeschriebenen oder die in den Anlagebedingungen festgelegten Anlagegrenzen unterschreiten (MKJ/*Merk* § 297 Rn. 47). Der Auskunftsanspruch in Bezug auf die **Risikomanagementmethoden** umfasst die Verfahren (zB Value-at-Risk-Modelle), mit denen die Verwaltungsgesellschaft die Risiken in Bezug auf ein best. Investmentvermögen ermittelt, festlegt und steuert (MKJ/*Merk* § 297 Rn. 47). Zudem hat der Erwerbsinteressent auch einen Anspruch, über die **jüngsten Entwicklungen bei den Risiken und Renditen** der wichtigsten Kategorien von Vermögensgegenständen des Investmentvermögens informiert zu werden. 29

Nicht geregelt ist, an welcher Stelle und in welcher Form diese Informationen zur Verfügung gestellt werden müssen. Daher kann insoweit von einem Wahlrecht der Verwaltungsgesellschaft ausgegangen werden, die die Auskunft auch standardisiert erteilen kann (vgl. EDD/*Jansen* § 297 Rn. 28). Sind seit dem letzten Jahres- oder Halbjahresbericht keine nennenswerten Änderungen eingetreten, kann die Verwaltungsgesellschaft insoweit auf diese verweisen (für eine generelle Verweismöglichkeit EDD/*Jansen* § 297 Rn. 28). 30

31 Zur Informationserteilung verpflichtet sind nach Abs. 9 Kapitalverwaltungsgesellschaften (vgl. § 1 XV, XVI), EU-Verwaltungsgesellschaften (vgl. § 1 XVII) und ausl. AIF-Verwaltungsgesellschaften (vgl. § 1 XVIII). Bei **EU-OGAW** dürfte sich ein solcher Anspruch auch aus der Umsetzung von Art. 70 IV OGAW-RL im Herkunftsstaat des EU-OGAW ergeben (vgl. auch EDD/*Jansen* § 297 Rn. 27).

VIII. Rechtsfolgen einer Zuwiderhandlung

32 Die **BaFin** hat die Einhaltung des § 297 gem. § 5 V Nr. 1 durch die Verwaltungsgesellschaften und durch andere von der Bundesanstalt beaufsichtigte Unternehmen zu überwachen. Werden die Pflichten aus § 297 nicht erfüllt, kann die BaFin insb. gegen KVG und andere von ihr beaufsichtigte Unternehmen auf der Grundlage von § 5 VI vorgehen (vgl. Hess. VGH 1.10.2014 – 6 A 923/13 Rn. 50). Der vorsätzliche oder fahrlässige Verstoß gegen § 297 I und V 1 ist gem. § 340 II Nr. 78, VII bußgeldbewehrt. Als Ermächtigungsgrundlage für Maßnahmen gegen WpDU kommt grundsätzlich auch § 6 II 1 WpHG iVm § 63 I und II WpHG iVm einer das Kundeninteresse schützenden Vorschrift des KAGB, wie etwa § 304, in Betracht (vgl. Hess. VGH 1.10.2014 – 6 A 923/13 Rn 18 letzter Absatz). Zudem ist der Verstoß gegen § 64 II 1 WpHG nach § 120 VIII Nr. 38 WpHG bußgeldbewehrt. Schließlich kann die BaFin den weiteren Vertrieb der Anteile oder Aktien von AIF nach § 314 I Nr. 5 iVm § 297 II-IX untersagen, soweit nicht § 11 anzuwenden ist (→ § 314 Rn. 3). In Bezug auf EU-OGAW sind die Befugnisse der BaFin in § 311 geregelt (→ § 311 Rn. 1 ff.). Gegen freie Fondsvermittler im Rahmen der Bereichsausnahme des § 2 VI 1 Nr. 8 KWG können die Gewerbeaufsichtsbehörden der Länder wegen einer Verletzung von § 13 VI FinVermV iVm § 297 vorgehen (zu § 13 VI FinVermV → Rn. 5 aE).

33 Werden die jeweiligen Verkaufsunterlagen nach § 297 I–III nicht zur Verfügung gestellt oder andere Informationspflichten des § 297 verletzt, kann ein Schadensersatzanspruch wegen **Verletzung vorvertraglicher Aufklärungspflichten** gem. §§ 280 I, 311, 241 II BGB bestehen (EDD/*Jansen* § 297 Rn. 30; Brinkhaus/Scherer/*Schödermeier/Baltzer* KAGG § 19 Rn. 17). Zudem können etwa Ansprüche wegen **Verletzung eines Schutzgesetzes** gem. § 823 II BGB gegeben sein (vgl. → § 306 Rn. 27; *Kaperschmidt* WM 2002, 1747 (1753); Brinkhaus/Scherer/*Schödermeier/Baltzer* KAGG § 19 Rn. 17; zu §§ 63 ff. WpHG sowie zu § 264 a StGB und §§ 312, 311 I, 340 II Nr. 12, 306 VI 2 BeckOGK BGB/*Spindler* § 823 Rn. 373 ff. und 378 ff.; offen gelassen BGHZ 170, 226, 230 Rn. 15, da bei WpDU jedenfalls die kurze Verjährung des § 37 a WpHG (vgl. zur Übergangsregelung bzgl. § 37 a WpHG § 131 WpHG) zur Anwendung komme; EDD/*Jansen* § 297 Rn. 30; aA zur Parallelproblematik bzgl. §§ 31, 32 WpHG aF BGH 19.2.2008, BKR 2008, 294 (295 ff.) u. KölnKomm WpHG/*Möllers* § 31 Rn. 319). Daneben können Ansprüche aus **Prospekthaftung** nach § 306 wegen Unrichtigkeit oder Unvollständigkeit der wesentlichen Anlegerinformationen oder des Verkaufsprospektes bzw. wegen Nichtveröffentlichung des Verkaufsprospektes treten. Fehlt die in § 297 VIII vorgeschriebene Widerrufsbelehrung, beginnt die **Widerrufsfrist** nach § 305 II 2 nicht zu laufen.

§ 298 Veröffentlichungspflichten und laufende Informationspflichten für EU-OGAW

(1) [1]Für nach § 310 zum Vertrieb angezeigte Anteile oder Aktien an EU-OGAW hat die EU-OGAW-Verwaltungsgesellschaft oder die OGAW-Kapitalverwaltungsgesellschaft folgende Unterlagen und Angaben im Geltungsbereich dieses Gesetzes in deutscher Sprache oder in einer in internationalen Finanzkreisen üblichen Sprache zu veröffentlichen:
1. den Jahresbericht für den Schluss eines jeden Geschäftsjahres,
2. den Halbjahresbericht,
3. den Verkaufsprospekt,
4. die Anlagebedingungen oder die Satzung,
5. die Ausgabe- und Rücknahmepreise der Anteile oder Aktien sowie
6. sonstige Unterlagen und Angaben, die in dem Herkunftsmitgliedstaat des EU-OGAW zu veröffentlichen sind.

[2]Die wesentlichen Anlegerinformationen gemäß Artikel 78 der Richtlinie 2009/65/EG sind ohne Änderung gegenüber der im Herkunftsmitgliedstaat verwendeten Fassung in deutscher Sprache zu veröffentlichen. [3]Die in den Sätzen 1 und 2 beschriebenen Anforderungen gelten auch für jegliche Änderungen der genannten Informationen und Unterlagen. [4]Für die Häufigkeit der Veröffentlichungen von Ausgabe- und Rücknahmepreis gelten die Vorschriften des Herkunftsmitgliedstaates des EU-OGAW entsprechend.

(2) Neben der Veröffentlichung in einem im Verkaufsprospekt zu benennenden Informationsmedium sind die Anleger entsprechend § 167 unverzüglich mittels eines dauerhaften Datenträgers zu unterrichten über
1. die Aussetzung der Rücknahme der Anteile oder Aktien eines Investmentvermögens;
2. die Kündigung der Verwaltung eines Investmentvermögens oder dessen Abwicklung;
3. Änderungen der Anlagebedingungen, die mit den bisherigen Anlagegrundsätzen nicht vereinbar sind oder anlegerbenachteiligende Änderungen von wesentlichen Anlegerrechten oder anlegerbenachteiligende Änderungen, die die Vergütungen und Aufwendungserstattungen betreffen, die aus dem Investmentvermögen entnommen werden können, einschließlich der Hintergründe der Änderungen sowie der Rechte der Anleger in einer verständlichen Art und Weise; dabei ist mitzuteilen, wo und auf welche Weise weitere Informationen hierzu erlangt werden können,
4. die Verschmelzung von Investmentvermögen in Form von Verschmelzungsinformationen, die gemäß Artikel 43 der Richtlinie 2009/65/EG zu erstellen sind, und
5. die Umwandlung eines Investmentvermögens in einen Feederfonds oder die Änderung eines Masterfonds in Form von Informationen, die gemäß Artikel 64 der Richtlinie 2009/65/EG zu erstellen sind.

I. Allgemeines

1 **§ 298** soll die Anleger im Geltungsbereich des KAGB durch kontinuierliche Veröffentlichung von wichtigen Informationen und in bestimmten Fällen auch durch Unterrichtung mittels eines dauerhaften Datenträgers schützen. § 298 bezieht sich auf **EU-OGAW** (s. § 1 II u. VIII), deren Vertrieb nach § 310 erfolgreich angezeigt wurde („zum Vertrieb berechtigte EU-OGAW" gem. § 294 S. 1), und richtet sich an die Verwaltungsgesellschaften von EU-OGAW, also OGAW-Kapitalverwaltungsgesellschaften (s. § 1 XV), die EU-OGAW nach §§ 49f. verwalten, und EU-OGAW-Verwaltungsgesellschaften (s. § 1 XVII Nr. 1). Bei einer Verletzung der Pflichten aus § 298 ergeben sich die **Befugnisse der BaFin aus § 311.**

2 **§ 298 I** regelt die Veröffentlichungspflichten von EU-OGAW und entspricht im Wesentlichen § 122 I InvG, der den früheren § 15b I AuslInvestmG ersetzt hat. Mit ihm wird Art. 94 I b u. c, II u. III OGAW-RL umgesetzt. Die Informationspflicht von EU-OGAW mittels dauerhaften Datenträgers nach **§ 298 II** wurde durch das OGAW IV-UmsG als S. 5 in § 122 I InvG eingefügt und mit dem AIFM-UmsG um die Pflicht der Veröffentlichung der entsprechenden Informationen ergänzt. Zur Frage der Vereinbarkeit mit der OGAW-Richtlinie s. etwa EDDH/*Süßmann* 1. Aufl. 2013 InvG § 122 Rn. 5f.

3 § 298 I Nr. 3 wird ergänzt durch § 309 S. 1 iVm § 306a. Im Verkaufsprospekt sind Angaben über die nach § 306a getroffenen Vorkehrungen und Maßnahmen aufzunehmen.

4 Die Veröffentlichungspflichten und laufenden Informationspflichten für EU-AIF (s. § 1 III u. VIII) und ausl. AIF (s. § 1 IX) sind in **§ 299** geregelt. Die entsprechenden Pflichten für inländische OGAW (s. § 1 II u. VII) ergeben sich etwa aus § 164 I (Veröffentlichung des Basisinformationsblatts und der Verkaufsprospekte), §§ 107 I, 123 I u. II (Veröffentlichung der Jahres- und Halbjahresberichte), § 170 (Veröffentlichung der Ausgabe- und Rücknahmepreise) und §§ 98 II 5, 99 I 3, 163 IV 2, 178 V 1, 179 I 1 u. VI, 180 I 2, 186 III (Informationen per dauerhaftem Datenträger). Weitere Veröffentlichungspflichten für OGAW (s. § 1 II) und AIF (s. § 1 III) enthielt bis zu seiner Aufhebung zum 1.1.2023 auch **§ 301.**

II. Veröffentlichungspflichten für EU-OGAW (Abs. 1)

5 Die Veröffentlichungspflicht umfasst die in § 298 I 1 genannten **Angaben und Unterlagen** und nach § 298 I 3 auch jegliche **Änderungen** derselben. Die Veröffentlichung von Änderungen muss nach S. 3 den gleichen Anforderungen genügen wie die Angabe oder Unterlage, auf die sie sich bezieht. Die sonstigen im Herkunftsstaat zu veröffentlichenden Unterlagen und Angaben umfassen nur die Veröffentlichungen, zu denen die OGAW-Verwaltungsgesellschaft nach dem Recht des Herkunftsmitgliedstaats des EU-OGAW verpflichtet ist. Mit Ausnahme der wesentlichen Anlegerinformationen, die nach § 298 I 2 ohne Änderung gegenüber der im Herkunftsmitgliedstaat verwendeten Fassung in deutscher **Sprache** zu veröffentlichen sind, müssen alle anderen Angaben und Unterlagen entweder in deutscher oder in einer in internationalen Finanzkreisen üblichen Sprache abgefasst werden. In internationalen Finanzkreisen üblich ist jedenfalls die englische Sprache (vgl. EDDH/*Süßmann* 1. Aufl. 2013 InvG § 122 Rn. 9). Die Sprachenregelung wird ergänzt durch **§ 303 II u. III,** der Regelungen zur im Inland maßgeblichen Sprachfassung und zur Vollständigkeit und Richtigkeit der unter der Verantwortung der Verwaltungsgesellschaft erstellten Übersetzungen enthält.

6 Das von der Verwaltungsgesellschaft gewählte Veröffentlichungsmedium muss gewährleisten, dass die Anleger im Geltungsbereich des KAGB die vorgeschriebenen **Informationen erhalten.** Die BaFin nennt als **geeignete Medien** für die Veröffentlichung der sonstigen Unterlagen und Angaben sowie der Ausgabe- und Rücknahmepreise Zeitungen mit Erscheinungsort in Deutschland, Anschreiben an die Anleger, dauerhafte Datenträger iSv § 167, den Bundesanzeiger und andere an Anleger in Deutschland gerichtete elektronische Informationsmedien, wobei zu letzteren bzgl. der Veröffentlichung von Ausgabe- und Rücknahmepreisen auch Fondsplattformen zählen (Merkblatt zur Vertriebsanzeige nach § 310, Stand: 1.10.2021, S. 6; kritisch EDDH/*Süßmann* 1. Aufl. 2013 InvG § 122 Rn. 7). Wenn Unterlagen im Herkunftsstaat des EU-OGAW ausschließlich zur Einsichtnahme bereitliegen, akzeptiert die BaFin auch die Informationsstelle als geeignetes Veröffentlichungsmedium (Merkblatt zur Vertriebsanzeige nach § 310, Stand: 1.10.2021, S. 6). Die Verwaltungsgesellschaft des EU-OGAW kann in diesem Rahmen das **Veröffentlichungsmedium** wählen, muss es aber in Bezug auf die Veröffentlichung von Ausgabe- und Rücknahmepreisen in den deutschlandspezifischen Angaben **im Verkaufsprospekt benennen** (Merkblatt zur Vertriebsanzeige nach § 310, Stand: 1.10.2021, S. 9).

7 In Bezug auf die **Zeitpunkte der Veröffentlichungen** enthält § 298 I nur wenige Anhaltspunkte: Der Jahresbericht ist nach § 298 I 1 Nr. 1 für den Schluss eines jeden Geschäftsjahres zu veröffentlichen und für die Häufigkeit der Veröffentlichungen von Ausgabe- und Rücknahmepreis gelten nach § 298 I 4 die Vorschriften des Herkunftsmitgliedstaates des EU-OGAW entsprechend. § 122 I 2 InvG in der Fassung vor dem OGAW-IV-UmsG regelte noch, dass für die Zeitpunkte der Veröffentlichungen die Vorschriften des Herkunftsmitgliedstaats der Investmentgesellschaft gelten. Auch wenn eine solche klarstellende Regelung nunmehr im KAGB fehlt, dürften sich die Veröffentlichungszeitpunkte dennoch im Wesentlichen nach den Vorschriften im Herkunftsmitgliedstaat des EU-OGAW richten, wobei es durch die Anfertigung von Übersetzungen aber ggf. zu Verzögerungen kommen kann. Die notwendige Gleichbehandlung der Anleger dürfte jedenfalls eine möglichst gleichzeitige Veröffentlichung von Angaben und Unterlagen für die Anleger im Herkunftsmitgliedstaat und im Aufnahmemitgliedstaat erfordern (EDDH/*Süßmann* 1. Aufl. 2013 InvG § 122 Rn. 2).

III. Informationspflichten für EU-OGAW (Abs. 2)

8 Die **Veröffentlichungs- und Informationspflichten** nach § 298 II sollen sicherstellen, dass die Anleger eines EU-OGAW in Deutschland über bestimmte wesentliche Änderungen, wie etwa die Aussetzung der Anteilsrücknahme, die Verschmelzung, die Kündigung der Verwaltung und bestimmte Änderungen der Anlagebedingungen sowie anlegerbenachteiligende Änderungen von wesentlichen Anlegerrechten oder anlegerbenachteiligende Änderungen bzgl. Vergütung und Aufwendungserstattungen, informiert werden und insoweit ein mit inländischen OGAW gleiches Informationsniveau erreicht wird (vgl. insoweit auch die entsprechenden Regelungen für inländische OGAW, → Rn. 4). Dabei tritt neben die Veröffentlichung in einem im Verkaufsprospekt zu benennenden Informationsmedium eine Information per dauerhaften Datenträger. Zum Begriff des **dauerhaften Datenträgers** → § 1 Rn. 82f.

§ 299 Veröffentlichungspflichten und laufende Informationspflichten für EU-AIF und ausländische AIF

(1) [1]Die EU-AIF-Verwaltungsgesellschaft oder die ausländische AIF-Verwaltungsgesellschaft veröffentlicht für Anteile oder Aktien an EU-AIF oder ausländischen AIF

1. den Verkaufsprospekt und alle Änderungen desselben auf der Internetseite der AIF-Verwaltungsgesellschaft;

2. die Anlagebedingungen, die Satzung oder den Gesellschaftsvertrag und alle Änderungen derselben auf der Internetseite der AIF-Verwaltungsgesellschaft;

3. einen Jahresbericht für den Schluss eines jeden Geschäftsjahres im Bundesanzeiger spätestens sechs Monate nach Ablauf des Geschäftsjahres; der Bericht hat folgende Angaben zu enthalten:

a) eine Vermögensaufstellung, die in einer dem § 101 Absatz 1 Satz 3 Nummer 1 und 2, ausgenommen Nummer 1 Satz 3 und 7, und § 247 Absatz 1 vergleichbaren Weise ausgestaltet ist und die im Berichtszeitraum getätigten Käufe und Verkäufe von Vermögensgegenständen im Sinne von § 261 Absatz 1 Nummer 1 benennt;

b) eine nach der Art der Aufwendungen und Erträge gegliederte Aufwands- und Ertragsrechnung;

c) einen Bericht über die Tätigkeiten der AIF-Verwaltungsgesellschaft im vergangenen Geschäftsjahr einschließlich einer Übersicht über die Entwicklung des Investmentvermögens in einer § 101 Absatz 1 Satz 3 Nummer 4 Satz 3 vergleichbaren Weise; die Übersicht ist mit dem ausdrücklichen Hinweis zu verbinden, dass die vergangenheitsbezogenen Werte keine Rückschlüsse für die Zukunft gewähren;

d) die Anzahl der am Berichtsstichtag umlaufenden Anteile oder Aktien und den Wert eines Anteils oder einer Aktie;

e) jede wesentliche Änderung der im Verkaufsprospekt aufgeführten Informationen während des Geschäftsjahres, auf das sich der Bericht bezieht;

f) die Gesamtsumme der im abgelaufenen Geschäftsjahr gezahlten Vergütungen, aufgegliedert nach festen und variablen von der Verwaltungsgesellschaft an ihre Mitarbeiter gezahlten Vergütungen, sowie die Zahl der Begünstigten und gegebenenfalls die vom EU-AIF oder ausländischen AIF gezahlten Carried Interest;

g) die Gesamtsumme der gezahlten Vergütungen, aufgegliedert nach Vergütungen für Führungskräfte und Mitarbeiter der Verwaltungsgesellschaft, deren Tätigkeit sich wesentlich auf das Risikoprofil des AIF auswirkt;

h) eine Wiedergabe des vollständigen Berichts des Rechnungsprüfers einschließlich etwaiger Vorbehalte;

i) eine Gesamtkostenquote entsprechend § 166 Absatz 5 oder § 270 Absatz 1 in Verbindung mit § 166 Absatz 5; gegebenenfalls zusätzlich eine Kostenquote für erfolgsabhängige Verwaltungsvergütungen und zusätzliche Verwaltungsvergütungen nach § 166 Absatz 5 Satz 4 oder § 270 Absatz 4;

4. einen Halbjahresbericht für die Mitte eines jeden Geschäftsjahres, falls es sich um einen offenen AIF handelt; der Bericht ist im Bundesanzeiger spätestens zwei Monate nach dem Stichtag zu veröffentlichen und muss die Angaben nach Nummer 3 Buchstabe a und d enthalten; außerdem sind die Angaben nach Nummer 3 Buchstabe b und c aufzunehmen, wenn für das Halbjahr Zwischenausschüttungen erfolgt oder vorgesehen sind;

5. die Ausgabe- und Rücknahmepreise und den Nettoinventarwert je Anteil oder Aktie bei jeder Ausgabe oder Rücknahme von Anteilen oder Aktien, jedoch mindestens einmal im Jahr, in einer im Verkaufsprospekt anzugebenden hinreichend verbreiteten Wirtschafts- oder Tageszeitung mit Erscheinungsort im Geltungsbereich dieses Gesetzes oder in den im Verkaufsprospekt bezeichneten elektronischen Informationsmedien; dabei ist der für den niedrigsten Anlagebetrag berechnete Ausgabepreis zu nennen; abweichend erfolgt die Veröffentlichung bei mit OGAW nach § 192 vergleichbaren Investmentvermögen mindestens zweimal im Monat.

[2]Inhalt und Form des Jahresberichtes bestimmen sich im Übrigen nach den Artikeln 103 bis 107 der Delegierten Verordnung (EU) Nr. 231/2013. [3]Der Jahres- und Halbjahresbericht eines Feederfonds muss zudem die Anforderungen entsprechend § 173 Absatz 4 erfüllen; der Jahresbericht eines geschlossenen Feederfonds muss die Anforderungen entsprechend § 272b Absatz 4 erfüllen. [4]Die Berichte nach § 299 Absatz 1 Satz 1 Nummer 3 und 4 sind dem Anleger auf Verlangen zur Verfügung zu stellen. [5]Ist der AIF nach der Richtlinie 2004/109/EG verpflichtet, Jahresfinanzberichte zu veröffentlichen, so sind dem Anleger die Angaben nach Satz 1 Nummer 3 auf Verlangen gesondert oder in Form einer Ergänzung zum Jahresfinanzbericht zur Verfügung zu stellen. [6]In letzterem Fall ist der Jahresfinanzbericht spätestens vier Monate nach Ende des Geschäftsjahres zu veröffentlichen.

(2) **Ausgabe- und Rücknahmepreise der Anteile oder Aktien an ausländischen AIF und EU-AIF dürfen in Bekanntgaben nur gemeinsam genannt werden; dabei ist der für den niedrigsten Anlagebetrag berechnete Ausgabepreis zu nennen.**

(3) **Für geschlossene EU-AIF und geschlossene ausländische AIF, die mit inländischen geschlossenen Publikums-AIF nach den §§ 261 bis 272 vergleichbar sind und die an einem organisierten Markt im Sinne des § 2 Absatz 11 des Wertpapierhandelsgesetzes oder an einem organisierten Markt, der die wesentlichen Anforderungen an geregelte Märkte im Sinne der Richtlinie 2014/65/EU erfüllt, zugelassen sind, müssen die gemäß Absatz 1 Satz 1 Nummer 3 zu veröffentlichenden Unterlagen eine Darstellung der Entwicklung des Kurses der Anteile oder Aktien des Investmentvermögens und des Nettoinventarwertes des Investmentvermögens im Berichtszeitraum enthalten.**

(4) **[1]Absatz 1 Satz 1 Nummer 5 und Absatz 2 gelten nicht für geschlossene EU-AIF und geschlossene ausländische AIF, die mit inländischen geschlossenen AIF nach den §§ 261 bis 272 vergleichbar sind. [2]Für AIF im Sinne von Satz 1, die nicht zu den in Absatz 3 genannten AIF gehören, muss den Anlegern der Nettoinventarwert je Anteil oder Aktie entspre-**

chend den Vorschriften für inländische geschlossene Publikums-AIF nach § 272 offengelegt werden. [3]Für AIF im Sinne von Absatz 3 veröffentlichen die AIF-Verwaltungsgesellschaften täglich in einer hinreichend verbreiteten Wirtschafts- oder Tageszeitung mit Erscheinungsort im Geltungsbereich dieses Gesetzes

1. **den Kurs der Anteile oder Aktien des AIF, der an dem organisierten Markt im Sinne des § 2 Absatz 11 des Wertpapierhandelsgesetzes oder an einem organisierten Markt, der die wesentlichen Anforderungen an geregelte Märkte im Sinne der Richtlinie 2014/65/EU erfüllt, ermittelt wurde, und**
2. **den Nettoinventarwert des AIF entsprechend den Vorschriften für inländische geschlossene Publikums-AIF nach § 272.**

[4]In sonstigen Veröffentlichungen und Werbeschriften über den AIF im Sinne von Satz 3 dürfen der Kurs der Anteile oder Aktien und der Nettoinventarwert des Investmentvermögens nur gemeinsam genannt werden.

(5) **Die Veröffentlichungs- und Unterrichtungspflichten gemäß § 298 Absatz 2 gelten für EU-AIF-Verwaltungsgesellschaften oder ausländische AIF-Verwaltungsgesellschaften entsprechend.**

Inhaltsübersicht

	Rn.
I. Allgemeines	1
II. Veröffentlichungspflichten für EU-AIF und ausl. AIF	6
1. Allgemeine Veröffentlichungs- und Informationspflichten (Abs. 1, 2 u. 5)	6
a) Verkaufsprospekt und Anlagebedingungen (Abs. 1 S. 1 Nr. 1 u. 2)	6
b) Jahres- und Halbjahresbericht (Abs. 1 S. 1 Nr. 3 u. 4)	7
c) Ausgabe- und Rücknahmepreise (Abs. 1 S. 1 Nr. 5 u. Abs. 2)	22
d) Sonstige Informations- und Veröffentlichungspflichten (Abs. 5)	25
2. Geschlossene EU-AIF und ausl. AIF (Abs. 3 u. 4)	26
III. Aufsichtliche Maßnahmen bei Zuwiderhandlung	30

I. Allgemeines

1 **§ 299** soll die Anleger im Geltungsbereich des KAGB im Wesentlichen durch kontinuierliche Veröffentlichung von wichtigen Informationen und in bestimmten Fällen auch durch Unterrichtung mittels eines dauerhaften Datenträgers schützen. § 299 bezieht sich auf **EU-AIF und ausländische AIF** (s. § 1 III, VIII u. IX), deren Vertrieb nach § 320 erfolgreich angezeigt wurde (vgl. § 295 IV „zum Vertrieb an Privatanleger berechtigte EU-AIF und ausländische AIF"). Die Vorschrift richtet sich an EU-AIF-Verwaltungsgesellschaften (s. § 1 XVII Nr. 2) und ausl. AIF-Verwaltungsgesellschaften (s. § 1 XVIII).

2 Mit dem **Ende der Vertriebsberechtigung** entfallen – in dem von § 293 I 2 Nr. 2 u. 6 gesteckten Rahmen – nicht die Veröffentlichungs- und Informationspflichten nach § 299, wenn zu diesem Zeitpunkt bereits mind. ein Anleger einen Anteil oder eine Aktie des betreffenden AIF erworben hat. Denn nach § 295 IV ist UAbschn. 2 einschließlich § 299 nicht nur auf den Vertrieb, sondern auch auf den Erwerb von zum Vertrieb im Inland berechtigten EU-AIF und ausl. AIF anwend-

bar. Dementsprechend sind nach § 293 I 2 Nr. 2 u. 6 die Veröffentlichung von Ausgabe- und Rücknahmepreisen, Nettoinventarwerten und bestimmten Kursen, Veröffentlichungen im Bundesanzeiger und die Erfüllung regelmäßiger Informationspflichten gegenüber dem bereits in das Investmentvermögen investierten Anleger kein Vertrieb, so dass § 293 einer fortlaufenden Erfüllung entsprechender Pflichten nicht entgegensteht. Es wäre auch nicht hinnehmbar, wenn Anleger, die einen zum Vertrieb im Inland berechtigten AIF erworben haben, nach der Einstellung des Vertriebs in Bezug auf diesen AIF nicht mehr informiert werden müssten.

§ 299 I u. II basiert auf § 122 II u. III InvG, der den früheren § 4 AuslInvestmG 3
ersetzt hat. § 299 I gilt grundsätzlich für alle offenen und geschlossenen EU-AIF und ausl. AIF, wobei sich die Regelungen für die Halbjahresberichte nur auf offene EU-AIF und offene ausl. AIF beziehen. § 299 I 1 Nr. 3 u. I 2, 4–6 dienen darüber hinaus der Umsetzung von Art. 22 iVm Art. 43 AIFM-RL (→ § 297 Rn. 1). Für geschlossene EU-AIF und geschlossene ausl. AIF enthält **§ 299 III, IV** Sonderregelungen in Bezug auf § 299 I 1 Nr. 3, 5 und II. Wann ein AIF offen oder geschlossen ist, ergibt sich aus § 1 IV Nr. 2 u. V sowie aus §§ 352a, 353. **§ 299 V** verweist insb. auf die Veröffentlichungs- und Informationspflichten mittels dauerhaften Datenträgers nach **§ 298 II.**

Die Regelung in § 299 wird ergänzt durch **§ 300,** der in Abs. 1 u. 2 **Offen-** 4
legungspflichten gegenüber dem Anleger eines AIF und in Abs. 4 für den Fall einer Änderung in Bezug auf die Haftung der Verwahrstelle eine weitere Veröffentlichungs- und Informationspflicht mittels dauerhaftem Datenträger enthält. Die letztgenannte Pflicht geht allerdings nach der Änderung von § 77 IV und § 88 IV durch das OGAW V-UmsG im Wesentlichen ins Leere, zumal auch § 317 I Nr. 5 für ausl. AIF, die an Privatanleger im Inland vertrieben werden sollen, eine mit §§ 80–90 vergleichbare Sicherung der Gegenstände durch eine Verwahrstelle verlangt. **§ 301** enthielt bis zu seiner Aufhebung zum 1.1.2023 **weitere Veröffentlichungspflichten für OGAW und AIF. § 303 I u. III** bezieht sich auf § 299 I und enthält weitere Regelungen in Bezug auf **Sprache und Übersetzung der zu veröffentlichenden Unterlagen.** Aus § 303 I 1 ergibt sich etwa, dass die Veröffentlichungen zumindest auch in deutscher Sprache vorzunehmen sind.

Die Veröffentlichungspflichten und laufenden Informationspflichten für **EU-** 5
OGAW (s. § 1 II u. VIII) sind hingegen in § 298 geregelt. Die entsprechenden Pflichten für inländische Publikums-AIF (s. § 1 III, VI 2 u. VII) ergeben sich etwa aus §§ 164 I, 268 I (Veröffentlichung des Basisinformationsblatts), §§ 164 I, 268 I (Veröffentlichung der Verkaufsprospekte), §§ 45 I, 107 I, 123 I u. II, 148 I, 160 I (Veröffentlichung der Jahres- und Halbjahresberichte), § 170 (Veröffentlichung der Ausgabe- und Rücknahmepreise) und §§ 98 II 5, 99 I 3, 163 IV 2, 178 V 1, 179 I 1 u. VI, 180 I 2, 186 III, 267 III (Informationen per dauerhaftem Datenträger).

II. Veröffentlichungspflichten für EU-AIF und ausl. AIF

1. Allgemeine Veröffentlichungs- und Informationspflichten (Abs. 1, 2 6
u. 5). a) Verkaufsprospekt und Anlagebedingungen (Abs. 1 S. 1 Nr. 1 u. 2). Nr. 1 und 2 sind durch das AIFM-UmsG hinzugekommen und passen die Veröffentlichungspflichten von EU-AIF und ausl. AIF insoweit an die entsprechenden Veröffentlichungspflichten von EU-OGAW an (BT-Drs. 17/12294, S. 281). Dabei wird vorgeschrieben, dass die Veröffentlichung der Verkaufsprospekte und Anlagebedingungen sowie deren Änderungen auf der Internetseite der AIF-Verwaltungsgesellschaft, die den betreffenden AIF verwaltet, erfolgen muss. Details zum Inhalt

der Verkaufsprospekte von EU-AIF und ausl. AIF sind in § 318 geregelt. Betrifft die Änderung einen wichtigen neuen Umstand oder eine wesentliche Unrichtigkeit in Bezug auf die im Verkaufsprospekt eines geschlossenen EU-AIF oder geschlossenen ausl. AIF enthaltenen Angaben, ist nach § 320 IV 3 iVm § 316 V zusätzlich ein Nachtrag zum Verkaufsprospekt zu veröffentlichen. Darüber hinaus müssen die während eines Geschäftsjahres vorgenommenen wesentlichen Änderungen der im Verkaufsprospekt aufgeführten Informationen nach Abs. 1 S. 1 Nr. 3 Buchst. e in den Jahresbericht aufgenommen werden (→ Rn. 17). Welche Anforderungen an die Anlagebedingungen von EU-AIF und ausl. AIF gestellt werden, ergibt sich aus § 317 und dort insb. aus § 317 I Nr. 7 u. III Nr. 2.

7 **b) Jahres- und Halbjahresbericht (Abs. 1 S. 1 Nr. 3 u. 4).** Die **Veröffentlichung** der Jahres- und Halbjahresberichte soll – in Anlehnung an § 101 I 2 – den Anleger in die Lage versetzen, sich ein Urteil über die Tätigkeit der AIF-Verwaltungsgesellschaft und die Ergebnisse des von ihr verwalteten AIF zu bilden. Darüber hinaus sind dem Anleger der Jahres- und der Halbjahresbericht **auf Verlangen zur Verfügung zu stellen** (Abs. 1 S. 4). Die Regelungen bzgl. der Halbjahresberichte beziehen sich jedoch nur auf offene EU-AIF und offene ausl. AIF. Nicht geregelt wird, in welcher Form dies zu erfolgen hat. Die für das Zurverfügungstellen der Verkaufsunterlagen einschließlich Jahres- u. Halbjahresberichte zulässigen Medien, wie etwa Papierform, dauerhafter Datenträger oder Webseite, sind – soweit die Anforderungen entsprechend Art. 38 KID-DVO Nr. 583/2010 erfüllt werden – grundsätzlich auch für das zur Verfügung stellen der Jahres- u. Halbjahresberichte als ausreichend anzusehen (→ § 297 Rn. 9 u. 13ff.). Für den Fall, dass der AIF nach der RL 2004/109/EG zur Veröffentlichung von **Jahresfinanzberichten** verpflichtet ist, regelt Abs. 1 S. 5, dass dem Anleger auf Verlangen die Angaben nach Abs. 1 S. 1 Nr. 3 entweder gesondert oder in Form einer Ergänzung zum Jahresfinanzbericht zur Verfügung zu stellen sind. Absatz 1 S. 6 enthält eine Sonderregelung zum **Veröffentlichungszeitpunkt** des Jahresfinanzberichts. Während der Jahresbericht spätestens sechs Monate nach Ablauf des Geschäftsjahres zu veröffentlichen ist, muss der Jahresfinanzbericht spätestens vier Monate nach Ende des Geschäftsjahres veröffentlicht werden. Bei AIF, die in **Beteiligungen an Unternehmen** investieren, die nicht zum Handel an einer Börse zugelassen oder in einen organisierten Markt einbezogen sind, ist wegen § 317 I Nr. 7 Buchst. c iVm § 261 VII iVm § 291 zusätzlich § 291 III Nr. 2 zu beachten.

8 **Nummer 3** regelt, was der **Jahresbericht** zu enthalten hat und wie die einzelnen Bestandteile ausgestaltet werden müssen. Soweit eine Ausgestaltung in einer mit den Regelungen für Sondervermögen **„vergleichbaren Weise"** gefordert ist, darf von den für Sondervermögen geltenden Regelungen im Detail abgewichen werden, wenn der Informationsgehalt nicht unter dem für Sondervermögen geltenden Maße liegt (vgl. BSV/*Schmies* InvG § 122 Rn. 9; EDDH/*Süßmann* 1. Aufl. 2013 InvG § 122 Rn. 12). Weitere Konkretisierungen ergeben sich aus Art. 103–107 AIFM-DVO Nr. 231/2013, auf die Abs. 1 S. 2 verweist. So enthält etwa Art. 103 AIFM-DVO Nr. 231/2013 den Grundsatz, dass der Jahresbericht relevante, zuverlässige, vergleichbare und klare Informationen bieten und auch die von den Anlegern in Bezug auf besondere AIF-Strukturen benötigten Informationen enthalten muss. Dass die zu veröffentlichenden Jahresberichte mit einem Bestätigungsvermerk eines Wirtschaftsprüfers versehen sein müssen, ergibt sich aus § 320 I 2 Nr. 4, 2. Hs. (vgl. BSV/*Schmies* InvG § 122 Rn. 5). Wegen § 317 I Nr. 7 Buchst. c iVm § 261 VII iVm § 291 muss der Jahresbericht von AIF, die in **Betei-**

ligungen an Unternehmen investieren, die nicht zum Handel an einer Börse zugelassen oder in einen organisierten Markt einbezogen sind, auch die zusätzlichen Informationen nach § 291 II enthalten.

Die einzelnen Bestandteile der **Halbjahresberichte** müssen gem. **Nr. 4** wie die der Jahresberichte ausgestaltet sein. Der Halbjahresbericht muss aber nur einen Teil der für die Jahresberichte geforderten Angaben enthalten. So müssen die Halbjahresberichte nicht die in Nr. 3 Buchst. e–i aufgeführten Informationen enthalten. Zudem sind eine Aufwands- und Ertragsrechnung und eine Übersicht über die Entwicklung des Fonds nur dann erforderlich, wenn für das Halbjahr Zwischenausschüttungen erfolgt oder vorgesehen sind. 9

aa) Vermögensaufstellung (Nr. 3 Buchst. a). Die Vermögensaufstellung muss in einer dem § 101 I 3 Nr. 1 (ausgenommen S. 3 u. 7) u. Nr. 2 vergleichbaren Weise (→ Rn. 8) ausgestaltet sein und die in Art. 104 I u. III-VI AIFM-DVO Nr. 231/2013 aufgeführten weiteren Anforderungen erfüllen (zu den Anforderungen von § 101 I 3 Nr. 1 u. 2 → § 101 Rn. 28 ff. u. 46 ff.). Artikel 104 I, IV u. V AIFM-DVO Nr. 231/2013 enthält grundsätzliche Vorschriften zum Mindestinhalt und zum Format der Vermögensaufstellung (vgl. DJKT/*Dornseifer* RL 2011/61/EU Art. 22 Rn. 20), wobei Art. 104 III AIFM-DVO Nr. 231/2013 in Bezug auf die Gliederung und die Terminologie der Einzelposten auf das für den AIF geltende Recht und die für ihn geltenden Rechnungslegungsstandards und Regeln verweist und insoweit auch Abweichungen erlaubt (s. iE Art. 104 III AIFM-DVO Nr. 231/2013). Aus § 101 I 3 Nr. 1 S. 2 ergibt sich, dass die **Vermögensgegenstände nach Art, Nennbetrag oder Zahl, Kurs oder Kurswert** aufzuführen sind. Zudem folgt aus § 101 I 3 Nr. 1 S. 4 u. 5 und Art. 104 V 1 AIFM-DVO Nr. 231/2013, dass die einzelnen Vermögensgegenstände **zu gattungsmäßigen Posten zusammenzufassen** sind. Darüber hinaus fordert Art. 104 VI AIFM-DVO Nr. 231/2013 Kontinuität bei der Darstellung und Einteilung der Posten, sofern nicht eine andere Darstellung und Einteilung offensichtlich angemessener wäre. 10

Für EU-AIF und ausl. AIF, die in **Sachwerte** iSv § 261 I Nr. 1 iVm § 261 II investieren, verlangt Buchst. a, dass die im Berichtszeitraum getätigten Käufe und Verkäufe von diesen Sachwerten benannt werden müssen. Dieser Verweis gilt für alle EU-AIF und ausl. AIF, soweit sie in die genannten Sachwerte investieren dürfen, und zwar unabhängig davon, ob es sich um einen geschlossenen oder einen offenen AIF handelt. Daneben muss die **Vermögensaufstellung auch in einer § 247 I vergleichbaren Weise** ausgestaltet sein. Die Anforderung einer Vermögensaufstellung in einer § 247 I vergleichbaren Weise bezieht sich nicht nur auf die in § 247 I ausdrücklich genannten **Immobilien,** sondern umfasst auch **sonstige Sachwerte.** § 25 V KARBV kann als Orientierung herangezogen werden, welche Angaben in Bezug auf sonstige Sachwerte erforderlich und sinnvoll sind. 11

bb) Aufwands- und Ertragsrechnung (Nr. 3 Buchst. b). Für diese macht Nr. 3 Buchst. b keine weiteren Vorgaben, als dass sie nach der Art der Aufwendungen und Erträge gegliedert sein muss. Die Regelung enthält keinen Verweis auf § 101 I Nr. 4 S. 2, der für Sondervermögen weitere Anforderungen an die Gestaltung der Aufwands- und Ertragsrechnung stellt. Allerdings sind nach Abs. 1 S. 2 auch die in **Art. 104 II, III-V AIFM-DVO Nr. 231/2013** aufgeführten weiteren Anforderungen erfüllen. Artikel 104 II, IV u. V AIFM-DVO Nr. 231/2013 enthält grundsätzliche Vorschriften zu **Mindestinhalt und Format** der Aufwands- und Ertragsrechnung (vgl. DJKT/*Dornseifer* RL 2011/61/EU Art. 22 Rn. 26), wobei 12

Art. 104 III AIFM-DVO Nr. 231/2013 in Bezug auf die Gliederung und die Terminologie der Einzelposten auf das für den AIF geltende Recht und die für ihn geltenden Rechnungslegungsstandards und Regeln verweist und insoweit auch Abweichungen erlaubt (s. iE Art. 104 III AIFM-DVO Nr. 231/2013). Zu Art. 104 VII AIFM-DVO Nr. 231/2013 vgl. DJKT/*Dornseifer* RL 2011/61/EU Art. 22 Rn. 28).

13 Der Begriff der **Aufwendungen** wird in Art. 104 II Buchst. b AIFM-DVO Nr. 231/2013 definiert. Sie müssen grundsätzlich so ausgewiesen werden, wie dies in Art. 104 II Buchst. b, III–V AIFM-DVO Nr. 231/2013 vorgeschrieben wird (→ Rn. 12 und → § 101 Rn. 37). Eine Definition des Begriffs der **Erträge** findet sich Art. 104 II Buchst. a AIFM-DVO Nr. 231/2013. Ihre Darstellung muss den Anforderungen von Art. 104 II Buchst. a, III–V AIFM-DVO Nr. 231/2013 genügen (→ Rn. 12 und → § 101 Rn. 37). Ebenfalls anzugeben ist nach Art. 104 II Buchst. c AIFM-DVO Nr. 231/2013 der **Nettoertrag oder Nettoaufwand,** der als positiver oder negativer Saldo von Erträgen gegenüber Aufwendungen definiert wird.

14 EU-AIF und ausl. AIF, **die in Immobilien investieren,** müssen auf der Aufwandsseite in dem Einzelposten „Sonstige Aufwendungen" iSv Art. 104 II Buchst. b AIFM-DVO Nr. 231/2013 insb. folgende Positionen ausweisen: Hypothekenzinsen, Liegenschafts-, Unterhalts-, Reparatur- und Renovierungskosten, Steuern und Abgaben, Abschreibungen sowie Rückstellungen für Reparaturen und Renovierungen (vgl. zur alten Rechtslage nach § 122 InvG: BSV/*Schmies* InvG § 122 Rn. 16; ähnlich *Baur* AuslInvestmG § 4 Rn. 9).

15 **cc) Bericht über die Tätigkeiten einschließlich Entwicklung des Investmentvermögens (Nr. 3 Buchst. c).** Der **Tätigkeitsbericht** muss nach Abs. 1 S. 2 den Anforderungen in **Art. 105 AIFM-DVO Nr. 231/2013** gerecht werden. Nach Art. 105 II AIFM-DVO Nr. 231/2013 muss die Darstellung **fair und ausgewogen** und nach Art. 105 III 2 AIFM-DVO Nr. 231/2013 im Einklang mit den am Ort der Niederlassung des AIF geltenden nationalen Vorschriften sein. Fair und ausgewogen dürfte die Darstellung in Anlehnung an § 8 KARBV nur dann sein, wenn der Tätigkeitsbericht aus sich selbst heraus verständlich ist, alle wesentlichen Angaben enthält, die für das Urteil der Anleger über die Verwaltungstätigkeit und deren Ergebnisse von Bedeutung sind, und keine allg. Ausführungen aufweist, die den Blick auf das Wesentliche erschweren (ähnlich DJKT/*Dornseifer* RL 2011/61/EU Art. 22 Rn. 30). Artikel 105 I–III 1 AIFM-DVO Nr. 231/2013 enthält Vorschriften zum **Mindestinhalt** des Tätigkeitsberichts. Insbesondere muss der Tätigkeitsbericht je eine Übersicht über die Anlagegeschäfte und die Wertentwicklung des AIF während des Jahres oder Berichtszeitraums und eine Übersicht über das Portfolio des AIF am Ende des Jahres oder Berichtszeitraums enthalten. Angaben zu den wesentlichen Änderungen sind nach Art. 105 I Buchst. c AIFM-DVO Nr. 231/2013 in den Tätigkeitsbericht aufzunehmen, soweit sie nicht bereits in den Abschlüssen enthalten sind. Die Übersicht über die **Entwicklung des Investmentvermögens,** die sich mit der Darstellung der Wertentwicklung des AIF gem. Art. 105 I Buchst. b AIFM-DVO Nr. 231/2013 decken dürfte (vgl. insoweit auch DJKT/*Dornseifer* RL 2011/61/EU Art. 22 Rn. 34), muss nach Nr. 3 Buchst. c in einer § 101 I Nr. 4 S. 3 vergleichbaren Weise (→ Rn. 8) ausgestaltet und mit einem Hinweis verbunden sein, dass die vergangenheitsbezogenen Werte keine Rückschlüsse für die Zukunft gewähren.

dd) Anteilswert und Anteilszahl (Nr. 3 Buchst. d). Diese Angabe deckt sich im Wesentlichen mit der Angabe nach § 101 I Nr. 3 für inländische Sondervermögen, so dass insoweit auf → § 101 Rn. 56 verwiesen werden kann. 16

ee) Wesentliche Änderungen des Verkaufsprospektes (Nr. 3 Buchst. e). Die Anforderung basiert auf Art. 22 II Buchst. d AIFM-RL und wird durch Art. 106 AIFM-DVO Nr. 231/2013 weiter konkretisiert. Angaben zu den wesentlichen Änderungen sind nach Art. 105 I Buchst. c AIFM-DVO Nr. 231/2013 in den **Tätigkeitsbericht** (→ Rn. 15) aufzunehmen, soweit sie nicht bereits in den Abschlüssen enthalten sind. Durch Art. 106 III u. IV AIFM-DVO Nr. 231/2013 wird dies konkretisiert und zudem gefordert, dass – unabhängig davon, ob die offenzulegenden Informationen unter Rechnungslegungsstandards oder Rechnungslegungsvorschriften fallen oder nicht – auch eine Beschreibung potenzieller oder erwarteter Auswirkungen auf den AIF und/oder die Anleger des AIF offenzulegen ist. Nach Art. 106 I AIFM-DVO Nr. 231/2013 liegt eine **wesentliche Änderung** vor, wenn ein rationaler Anleger („reasonable investor") bei Kenntnis dieser Informationen seine Anlage mit hoher Wahrscheinlichkeit („substantial likelihood") überdenken würde. Artikel 106 I AIFM-DVO Nr. 231/2013 führt hierfür **zwei Beispielsfälle** an: weil sich diese Informationen 1. auf die Fähigkeit des Anlegers, seine Rechte bezüglich seiner Anlage wahrzunehmen, auswirken oder 2. die Interessen eines oder mehrerer Anleger des AIF in sonstiger Weise beeinträchtigen könnten. In den genannten Beispielsfällen ist davon auszugehen, dass ein vernünftiger Anleger mit erheblicher Wahrscheinlichkeit seine Anlage überdenken wird. Aus der Verwendung der Wörter „in sonstiger Weise beeinträchtigen" im zweiten Beispielsfall ergibt sich, dass der erste Beispielsfall ebenfalls nur beeinträchtigende Auswirkungen erfassen soll. Die bloße Möglichkeit einer Beeinträchtigung reicht jedoch aus. Die Fähigkeit des Anlegers, seine **Rechte bezüglich seiner Anlage** wahrzunehmen, wird etwa bei Änderungen in Bezug auf die Rückgabe der Anteile oder Aktien berührt. Eine **Beeinträchtigung der Anlegerinteressen in sonstiger Weise** dürfte zB bei Änderungen von Gebühren und Kosten zu Lasten der Anleger gegeben sein (enger DJKT/*Dornseifer* RL 2011/61/EU Art. 22 Rn. 60). Daneben sind zahlreiche Änderungen denkbar, die die Anlegerrechte oder Anlegerinteressen zwar nicht beeinträchtigen, die aber einen vernünftigen Anleger mit hoher Wahrscheinlichkeit dazu veranlassen würden, seine Investition zu überdenken. Hierzu zählen etwa Änderungen der Anlagestrategie, die Auslagerung des Portfoliomanagements und ein Wechsel der Verwahrstelle oder des Rechnungsprüfers (enger DJKT/*Dornseifer* RL 2011/61/EU Art. 22 Rn. 48ff., 55 u. 57); → § 101 Rn. 63ff. 17

ff) Gesamtsumme der gezahlten Vergütungen und Carried Interest (Nr. 3 Buchst. f u. g). Diese Vorschriften stammen aus Art. 22 II Buchst. e und f AIFM-RL und entsprechen im Wesentlichen § 101 III Nr. 1 u. 2., vgl. daher → § 101 Rn. 60ff. Durch **Art. 107 AIFM-DVO Nr. 231/2013** werden die in Nr. 3 Buchst. f geforderten Angaben zur Gesamtsumme der von der Verwaltungsgesellschaft an ihre Mitarbeiter gezahlten festen und variablen Vergütungen, die Anzahl der Mitarbeiter und die „Carried Interest" weiter konkretisiert und ausgestaltet. Der Begriff **„Carried Interest"** wird in § 1 Abs. 19 Nr. 7 in Umsetzung von Art. 4 I Buchst. d AIFM-RL definiert. Die nach Nr. 3 Buchst. f anzugebende Gesamtsumme der an Führungskräfte und Mitarbeiter, deren Tätigkeit sich wesentlich auf das Risikoprofil des AIF auswirkt, gezahlten Vergütungen wird in der AIFM-DVO Nr. 231/2013 hingegen nicht weiter konkretisiert. 18

19 **gg) Bericht des Rechnungsprüfers (Nr. 3 Buchst. h).** Diese Regelung setzt Art. 22 III UAbs. 2 S. 2 AIFM-RL für EU-AIF und ausl. AIF um und entspricht inhaltlich § 102 S. 4. Ein Bestätigungsvermerk des Prüfers unter Offenlegung etwaiger Einschränkungen reicht hierfür nicht aus. Dass die Jahresberichte auch mit einem Bestätigungsvermerk eines Wirtschaftsprüfers versehen sein müssen, ergibt sich aus § 320 I 2 Nr. 4 2. Hs. (vgl. BSV/*Schmies* InvG § 122 Rn. 5).

20 **hh) Gesamtkostenquote (Nr. 3 Buchst. i).** Diese Anforderungen ist durch das AIFM-UmsG hinzugekommen und orientiert sich an den für inländische Publikumsinvestmentvermögen geltenden Regelungen, vgl. § 101 II Nr. 1. Die Gesamtkostenquote wird in § 166 V geregelt. Sie ist in den Jahresberichten von EU-AIF und ausl. AIF unabhängig davon auszuweisen, ob es sich um offene oder geschlossene Investmentvermögen handelt (das entspricht im Ergebnis auch der Regelung für inländische geschlossene Publikums-AIF, für die § 158 S. 2 u. § 148 II iVm 120 IV 2 ebenfalls auf § 101 II verweisen).

21 **ii) Jahres- und Halbjahresbericht eines Feederfonds und Jahresbericht eines geschlossenen Feederfonds (Abs. 1 S. 3).** Diese Anforderung stammt ebenfalls aus dem AIFM-UmsG und nimmt auf die für inländische offene Publikums-Feederfonds geltende Vorschrift des § 173 IV Bezug. Demnach muss der Jahresbericht eines Feederfonds zusätzlich 1. eine Erklärung zu den zusammengefassten Gebühren von Feeder und Master und 2. einen Hinweis, wo der Jahresbericht des Masters erhältlich ist, enthalten (§ 173 IV 1 u. 2). Einen entsprechenden Hinweis auf den Halbjahresbericht des Masters muss auch der Halbjahresbericht des Feederfonds aufweisen (§ 173 IV 3). Der Jahresbericht eines geschlossenen Feederfonds muss nach Abs. 1 S. 3 Hs. 2 den Anforderungen aus § 272b IV genügen. Diese Anforderungen beinhalten ebenfalls 1. eine Erklärung zu den zusammengefassten Gebühren von geschlossenem Feeder und geschlossenem Master und 2. einen Hinweis, wo der Jahresbericht des geschlossenen Masters erhältlich ist.

22 **c) Ausgabe- und Rücknahmepreise (Abs. 1 S. 1 Nr. 5 u. Abs. 2).** Die Ausgabe- und Rücknahmepreise müssen gemeinsam bei jeder Ausgabe oder Rücknahme von Anteilen oder Aktien, mind. jedoch einmal im Jahr, bei mit OGAW vergleichbaren AIF jedoch mind. zweimal im Monat, im Geltungsbereich des KAGB veröffentlicht und der für den niedrigsten Anlagebetrag berechnete Ausgabepreis genannt werden. Für geschlossene EU-AIF und geschlossene ausl. AIF gelten die Ausnahmen des Abs. 4.

23 Als **Veröffentlichungsmedium** lässt Abs. 1 S. 1 Nr. 5 zwei Alternativen zu: 1. eine hinreichend verbreitete, also eine überregionale und in einer nicht unbedeutenden Auflage erscheinenden **Wirtschafts- oder Tageszeitung** mit Erscheinungsort im Geltungsbereich des KAGB, wobei diese Anforderung nur eine deutschsprachige Zeitung erfüllen wird (iE BSV/*Schmies* InvG § 122 Rn. 22). 2. die im Verkaufsprospekt bezeichneten **elektronischen Informationsmedien.** In Anlehnung an das BaFin-Merkblatt zur Vertriebsanzeige nach § 310 gehören hierzu dauerhafte Datenträger, der Bundesanzeiger, die Homepage der AIF-Verwaltungsgesellschaft und Fondsplattformen (Merkblatt zur Vertriebsanzeige nach § 310, Stand: 1.10.2021, S. 6).

24 Anders als noch § 122 III InvG und die Parallelvorschrift in Abs. 4 S. 4 bezieht sich Abs. 2 nicht auf „Veröffentlichungen und Werbeschriften", sondern verwendet den Begriff **„Bekanntgaben".** Die Gesetzesbegründung zum AIFM-UmsG enthält hierfür keine Erklärung. Der Begriff der Bekanntgabe umfasst nicht nur Ver-

öffentlichungen, sondern auch sonstige Mitteilungen einschließlich Werbung. Damit enthält Abs. 2 in Ergänzung zu § 302 auch eine Regelung für die **Werbung** (→ § 302 Rn. 4f.). In entsprechenden Bekanntgaben müssen Ausgabe- und Rücknahmepreise zusammen aufgeführt und der für den niedrigsten Anlagebetrag berechnete Ausgabepreis genannt werden. Ein Verstoß gegen diese Vorschrift ist auch als irreführende Werbung iSv § 302 VII zu qualifizieren (BSV/*Schmies* InvG § 122 Rn. 23; Brinkhaus/Scherer/*Pfüller* AuslInvestmG § 4 Rn. 20).

d) Sonstige Informations- und Veröffentlichungspflichten (Abs. 5). 25
Absatz 5 geht auf den mit dem InvÄndG eingefügten § 122 II Nr. 4 InvG zurück, wobei das AIFM-UmsG nunmehr auf eine eigene Regelung verzichtet und stattdessen auf die für EU-OGAW geltende Vorschrift des § 298 II verweist. Die **Veröffentlichungs- und Informationspflichten** nach Abs. 5 sollen sicherstellen, dass die Anleger eines EU-AIF oder ausl. AIF in Deutschland über bestimmte wesentliche Änderungen informiert werden und insoweit ein mit inländischen Publikums-AIF gleiches Informationsniveau erreicht wird (vgl. auch die entsprechenden Regelungen für inländische Investmentvermögen §§ 98 II 5, 99 I 3, 163 IV 2, 180 I 1 u. 2, 186 III 3). Dabei tritt neben die Veröffentlichung in einem im Verkaufsprospekt zu benennenden Informationsmedium eine Information per dauerhaften Datenträger. Zum Begriff des **dauerhaften Datenträgers** → § 1 Rn. 82f.

2. Geschlossene EU-AIF und ausl. AIF (Abs. 3 u. 4). Für geschlossene EU- 26
AIF und geschlossene ausl. AIF, die mit inländischen geschlossenen Publikums-AIF nach den §§ 261–272 vergleichbar sind, modifizieren Abs. 3 u. 4 die Pflichten aus Abs. 1 u. 2, um den **Besonderheiten von geschlossenen Investmentvermögen** (s. § 1 V, §§ 352a f.) Rechnung zu tragen. Bei diesen wird der Anteilspreis oft nicht durch Division des Wertes des Investmentvermögens durch die Anzahl der ausgegebenen Anteile (Anteilswert), sondern durch den Handelskurs an einem der in Abs. 3 genannten organisierten Märkte ermittelt. Der Begriff der **Vergleichbarkeit** ist im Lichte der §§ 317ff. zu verstehen, von denen etwa § 317 I Nr. 7 Buchst. c fordert, dass die Anlagebedingungen, die Satzung oder der Gesellschaftsvertrag Regelungen enthalten müssen, die die Einhaltung des §§ 261–265 sicherstellen.

Absatz 3 enthält eine zusätzliche Anforderung an die Jahresberichte von mit in- 27
ländischen geschlossenen Publikums-AIF vergleichbaren geschlossenen EU-AIF und geschlossenen ausl. AIF (→ Rn. 26), die an einem der in Abs. 3 genannten organisierten Märkte gehandelt werden. Diese trägt dem Umstand Rechnung, dass **Kurs- und Anteilswert** nicht notwendig deckungsgleich sind. Die Veröffentlichung des Nettoinventarwertes macht das Ausmaß, in dem Kurs- und Anteilswert voneinander abweichen, für den Anleger transparent (BT-Drs. 13/8933, S. 131; BSV/*Schmies* § 122 InvG Rn. 26). Aus § 320 I 2 Nr. 4 u. Nr. 7 Buchst. a kann geschlossen werden, dass für geschlossene EU-AIF und geschlossene ausl. AIF keine **Halbjahresberichte** erstellt werden müssen. Anders als § 122 IV InvG bezieht sich daher Abs. 3 nur auf die Jahresberichte nach § 299 I 1 Nr. 3 und nicht auch auf die Halbjahresberichte nach Nr. 4.

Absatz 4 S. 1 bestimmt, dass Abs. 1 S. 1 Nr. 5 u. Abs. 2, die die Veröffentlichung 28
der Ausgabe- und Rücknahmepreise regeln, für mit inländischen geschlossenen Publikums-AIF vergleichbare geschlossene EU-AIF und geschlossene ausl. AIF (→ Rn. 26) nicht gelten. Stattdessen enthalten S. 2 u. 3 hiervon abweichende Veröffentlichungspflichten, die danach differenzieren, ob der geschlossene AIF an den in Abs. 3 genannten organisierten Märkten gehandelt wird oder nicht. Wird er an einem organisierten Markt gehandelt, ist eine tägliche Veröffentlichung der an den

genannten organisierten Märkten ermittelten Kurse und des Nettoinventarwertes des Investmentvermögens in einer hinreichend verbreiteten dt. Wirtschafts- oder Tageszeitung (→ Rn. 23) erforderlich. Ist dies nicht der Fall, verweist S. 2 auf die Offenlegung des Nettoinventarwertes nach § 272, also gem. § 272 III nach jeder Berechnung des Nettoinventarwertes je Anteil oder Aktie entsprechend den Anlagebedingungen, wobei § 272 I u. II weitere Regelungen zur Häufigkeit und den Kriterien der Berechnung enthalten.

29 Absatz 4 S. 4 ordnet für mit inländischen geschlossenen Publikums-AIF vergleichbare geschlossene EU-AIF und geschlossene ausl. AIF (→ Rn. 26), die an einem der in Abs. 3 genannten organisierten Märkte gehandelt werden, parallel zu Abs. 2 an, dass in sonstigen (dh nicht von Abs. 4 S. 3 vorgeschriebenen) Veröffentlichungen und Werbeschriften (→ § 303 Rn. 4) **Kurs und Nettoinventarwert** nur gemeinsam genannt werden dürfen. Ein Verstoß gegen diese Vorschrift im Rahmen der Werbung ist als irreführende Werbung iSv § 302 VII zu qualifizieren (BSV/*Schmies* InvG § 122 Rn. 23; Brinkhaus/Scherer/*Pfüller* AuslInvestmG § 4 Rn. 20).

III. Aufsichtliche Maßnahmen bei Zuwiderhandlung

30 Erfüllt die AIF-Verwaltungsgesellschaft ihre Verpflichtungen aus § 299 nicht ordnungsgemäß, so kann die BaFin nach § 314 I Nr. 5 den **weiteren Vertrieb des EU-AIF oder ausl. AIF untersagen,** soweit nicht § 11 anzuwenden ist. Die Europäische Kommission hat sich in ihrem Fragenkatalog zur AIFM-RL (Frage Nr. 1202. S.21) auf den Standpunkt gestellt, dass Art. 45 AIFM-RL, im KAGB umgesetzt in § 11, auch dann anzuwenden ist, wenn es um die Aufsicht über strengere Anforderungen der Mitgliedstaaten auf der Basis von Art. 36, 42 u. 43 AIFM-RL geht, im KAGB umgesetzt in §§ 320, 329 u. 330 (vgl. https://ec.europa.eu/info/sites/default/files/aifmd-commission-questions-answers_en.pdf, S. 21).

§ 300 Zusätzliche Informationspflichten bei AIF

(1) Für jeden von ihr verwalteten inländischen AIF, EU-AIF oder ausländischen AIF muss die AIF-Verwaltungsgesellschaft den Anlegern im Geltungsbereich dieses Gesetzes regelmäßig Folgendes offenlegen:

1. **den prozentualen Anteil der Vermögensgegenstände des AIF, die schwer zu liquidieren sind und für die deshalb besondere Regelungen gelten,**
2. **jegliche neue Regelungen zum Liquiditätsmanagement des AIF und**
3. **das aktuelle Risikoprofil des AIF und die von der AIF-Verwaltungsgesellschaft zur Steuerung dieser Risiken eingesetzten Risikomanagementsysteme.**

(2) Für jeden von ihr verwalteten, Leverage einsetzenden inländischen AIF, EU-AIF oder ausländischen AIF muss die AIF-Verwaltungsgesellschaft den Anlegern im Geltungsbereich dieses Gesetzes regelmäßig Folgendes offenlegen:

1. **alle Änderungen des maximalen Umfangs, in dem die AIF-Verwaltungsgesellschaft für Rechnung des AIF Leverage einsetzen kann sowie etwaige Rechte zur Wiederverwendung von Sicherheiten oder sonstige Garantien, die im Rahmen von Leverage-Geschäften gewährt wurden, und**
2. **die Gesamthöhe des Leverage des betreffenden AIF.**

(3) **Nähere Bestimmungen zu den Offenlegungspflichten gemäß den Absätzen 1 und 2 ergeben sich aus den Artikeln 108 und 109 der Delegierten Verordnung (EU) Nr. 231/2013.**

(4) **Die AIF-Verwaltungsgesellschaft veröffentlicht in einem im Verkaufsprospekt zu benennenden Informationsmedium die Änderungen, die sich in Bezug auf die Haftung der Verwahrstelle ergeben.**

Inhaltsübersicht

	Rn.
I. Einleitung	1
II. Pflichten zur Offenlegung gem. § 300 I	4
1. Schwer liquidierbare Vermögensgegenstände, § 300 I Nr. 1	6
2. Neue Regelungen zum Liquiditätsmanagement des AIF, § 300 I Nr. 2	9
3. Aktuelles Risikoprofil des AIF und die zur Steuerung dieser Risiken eingesetzten Risikomanagementsysteme, § 300 I Nr. 3	12
4. Regelmäßige Offenlegung	13
III. Pflicht zur Offenlegung gem. § 300 II	14
1. Änderung des maximalen Umfangs, in dem Leverage eingesetzt werden kann, sowie etwaige Rechte zur Wiederverwendung von Sicherheiten oder sonstige Garantien, § 300 II Nr. 1	15
2. Regelmäßige Offenlegung	18
IV. Verweis auf die DelVO (EU) Nr. 231/2013, § 300 III	19
V. Informationen über Änderungen in Bezug auf die Haftung der Verwahrstelle, § 300 IV	20

I. Einleitung

§ 300 stellt Anforderungen an AIF-Verwaltungsgesellschaften bezüglich der von ihr verwalteten inländischen AIF, EU-AIF oder ausländischen AIF auf. Sie müssen bestimmte Informationen zu diesen AIF den Anlegern im Inland offenlegen. 1

Die Informationspflichten gem. § 300 gelten nur gegenüber Privatanlegern. Dies ergibt sich zwar nicht aus dem Wortlaut des § 300, wohl aber aus dessen systematischer Stellung innerhalb des KAGB. § 300 ist Bestandteil des Unterabschnitts 2 in Kapitel 4, 1. Abschnitt KAGB. Dieser ist mit „Vorschriften für den Vertrieb und den Erwerb von AIF in Bezug auf Privatanleger und für den Vertrieb von OGAW" betitelt. Hieraus wird ersichtlich, dass den Anlegern von Spezial-AIF die in § 300 genannten Informationen zumindest nicht in der hier vorgeschriebenen Art und Weise offengelegt werden müssen. 2

Die Anforderungen gem. § 300 I und II beruhen auf Art. 23 IV und V AIFM-RL. Deren Vorgaben werden durch die DelVO (EU) Nr. 231/2013 konkretisiert, so dass § 300 III in Bezug auf die Offenlegungspflichten einen Verweis auf diese Verordnung enthält. § 300 IV beruht auf Art. 23 II 2 AIFM-RL. 3

II. Pflichten zur Offenlegung gem. § 300 I

Die Pflicht zur Offenlegung bestimmter Informationen gegenüber den Anlegern richtet sich an eine AIF-Verwaltungsgesellschaft. Die Regelung gilt damit sowohl für AIF-KVG (AIF-KVG sind gem. § 1 XVI AIF-Verwaltungsgesellschaften 4 mit Sitz im Inland) als auch für EU-AIF-Verwaltungsgesellschaften oder ausländische Verwaltungsgesellschaften, deren AIF an Privatanleger im Geltungsbereich des KAGB vertrieben werden. Die Vorgaben des § 300 I werden durch Art. 108 der DelVO (EU) Nr. 231/2013 näher erläutert.

5 Parallel zu dieser Information der Anleger sind gem. § 35 II Nr. 1–3 auch der BaFin die in § 300 I aufgeführten Sachverhalte vorzulegen.

6 **1. Schwer liquidierbare Vermögensgegenstände, § 300 I Nr. 1.** Eine AIF-Verwaltungsgesellschaft muss den prozentualen Anteil der Vermögensgegenstände eines AIF, die schwer liquidierbar sind und für die deshalb besondere Regelungen gelten, offenlegen. Eine Erläuterung, welche Vermögensgegenstände schwer liquidierbar sein sollen, sieht das KAGB nicht vor. In der Regel wird hierbei auf die **fehlende Bewertbarkeit** eines Vermögensgegenstandes abzustellen sein, die dazu führt, dass ein Vermögensgegenstand nicht mehr veräußert werden kann.

7 Eine Pflicht zur Offenlegung besteht, wenn für schwer liquidierbare Vermögensgegenstände besondere Regelungen eingeführt wurden. Besondere Regelungen können beispielsweise die Einführung von sog. Side-Pockets oder Gates („Rücknahmebeschränkungen") sein. Deren Einrichtung müsste allerdings gesetzlich geregelt sein. Das nationale Recht sieht derzeit noch **keine besonderen Regelungen zum Umgang mit Side-Pockets** vor. Diese werden voraussichtlich mit dem sog. Fondsmarktstärkungsgesetz zum 16.4.2026 in das KAGB eingeführt werden.

8 Mit dem „Gesetz zur Einführung von Sondervorschriften für die Sanierung und Abwicklung von zentralen Gegenparteien und zur Anpassung des Wertpapierhandelsgesetzes an die Unterrichtungs- und Nachweispflichten nach den Artikeln 4a und 10 der Verordnung (EU) Nr. 648/2012" vom 19.3.2020 (BGBl. 2020 I 529) wurde auch das KAGB geändert. In diesem Zusammenhang wurden folgende **Instrumente zur Liquiditätssteuerung** von Investmentfonds eingeführt: Swing Pricing, Rücknahmefristen und Rücknahmebeschränkungen.

KVG, die Rücknahmebeschränkungen einführen möchten, können in den Anlagebedingungen ihrer Fonds vorsehen, dass sie die Rücknahme der Anteile beschränken können, wenn die Rückgabeverlangen der Anleger einen zuvor festgelegten Schwellenwert erreichen, vgl. § 98 Ib.

Wird dieser Schwellenwert überschritten, kann dies zur Folge haben, dass eine KVG die Rückgabeverlangen ihrer Anleger aufgrund der Liquiditätssituation der Vermögensgegenstände nicht mehr vollumfänglich ausführen kann.

Der KVG bleibt es dann vorbehalten, die Rücknahme von Anteilen für bis zu 15 Arbeitstage zu beschränken.

9 **2. Neue Regelungen zum Liquiditätsmanagement des AIF, § 300 I Nr. 2.** Eine AIF-Verwaltungsgesellschaft hat den Anlegern eines AIF, bevor sie eine Anlage in den AIF tätigen, eine Beschreibung des Liquiditätsrisikomanagements zur Verfügung zu stellen. Daher hat der Verkaufsprospekt eines Publikums-AIF auch eine Beschreibung des Liquiditätsmanagements des Sondervermögens zu enthalten, vgl. § 165 II Nr. 22. Die AIF-Verwaltungsgesellschaft hat nunmehr gem. § 300 I Nr. 2 den Anlegern auch jegliche neue Regelungen zum Liquiditätsmanagement des AIF offenzulegen.

10 Mit der Forderung, dass **„jegliche neue Regelungen"** offenzulegen sind, hat § 300 I Nr. 2 den Wortlaut des Art. 23 IV Buchst. b AIFM-RL in das KAGB übernommen. Art. 23 IV Buchst. b AIFM-RL wird jedoch durch Art. 108 III Buchst. a

der DelVO (EU) Nr. 231/2013 konkretisiert, der erläutert, dass die Anleger über **wesentliche Änderungen** am Liquiditätsmanagementsystem sowie die Verfahren, mit denen Liquiditätsrisiken überwacht werden, informieren müssen. Eine Änderung ist gem. Art. 106 I der DelVO (EU) Nr. 231/2013 wesentlich, wenn der Anleger, dem diese Information offengelegt wird, seine Anlage in dem AIF mit hoher Wahrscheinlichkeit überdenken würde.

Es ist auch sachgerecht, dass eine AIF-Verwaltungsgesellschaft den Anleger nicht bereits über jede geringfügige Änderung des Liquiditätsmanagements, sondern lediglich über diejenigen Anpassungen zu informieren hat, die Einfluss auf seine in der Vergangenheit getroffene Anlageentscheidung haben können. Der Wortlaut des § 300 I Nr. 2 ist insoweit einschränkend auszulegen. **11**

3. Aktuelles Risikoprofil des AIF und die zur Steuerung dieser Risiken eingesetzten Risikomanagementsysteme, § 300 I Nr. 3. Bei den Angaben zum aktuellen Risikoprofil des AIF und der eingesetzten Risikomanagementsysteme ist darzustellen, mit welchen Maßnahmen die Sensitivität des AIF-Portfolios gegenüber den Hauptrisiken, denen der AIF ausgesetzt ist, bewertet wird, vgl. Art. 108 IV Buchst. a der DelVO (EU) Nr. 231/2013. Dazu werden durch AIF-Verwaltungsgesellschaften regelmäßig Stresstests durchgeführt sowie Risikokennzahlen ermittelt. Darüber hinaus ist darzulegen, ob und unter welchen Umständen die von der AIF-Verwaltungsgesellschaft festgelegten Risikolimits überschritten wurden und welche Maßnahmen zur Abhilfe der Überschreitung getroffen wurden, vgl. Art. 108 IV Buchst. b der DelVO (EU) Nr. 231/2013. **12**

4. Regelmäßige Offenlegung. Die Informationen gem. § 300 I sind **regelmäßig** offenzulegen. Für AIF-Kapitalverwaltungsgesellschaften stellt § 7 Nr. 9 Buchst. c Doppelbuchst. bb KARBV klar, dass die Offenlegung in den **Jahresberichten** des jeweiligen AIF zu erfolgen hat. **13**

Eine KVG, die in den Anlagebedingungen eines Fonds die Möglichkeit der Beschränkung der Rücknahme von Anteilen vorsieht, hat daher, wenn sie von dieser Beschränkung Gebrauch macht, den Schwellenwert, ab dem Rückgabeverlangen nicht mehr ausgeführt wurden, im Jahresbericht offenzulegen.

III. Pflicht zur Offenlegung gem. § 300 II

Die AIF-Verwaltungsgesellschaft muss darüber hinaus für jeden von ihr verwalteten AIF, der Leverage einsetzt, Privatanlegern im Inland Informationen zum Umgang mit diesem Leverage offenlegen. Die Vorgaben des § 300 II werden durch Art. 109 DelVO (EU) Nr. 231/2013 näher konkretisiert. **14**

1. Änderung des maximalen Umfangs, in dem Leverage eingesetzt werden kann, sowie etwaige Rechte zur Wiederverwendung von Sicherheiten oder sonstige Garantien, § 300 II Nr. 1. Eine AIF-Verwaltungsgesellschaft darf sog. Hebelfinanzierungen (Leverage) einsetzen, um den Investitionsgrad eines von ihr verwalteten AIF zu erhöhen. Dabei hat sie gem. Art. 15 IV AIFM-RL für jeden der von ihr verwalteten AIF ein Höchstmaß an Leverage festzulegen, den sie für jeden AIF einsetzen kann, ebenso wie den Umfang des Rechts der Wiederverwendung von Sicherheiten oder sonstige Garantien, die im Rahmen der Vereinbarung über den Leverage gewährt werden können. Der maximale Umfang des Leverage ist auch gem. § 165 II Nr. 6 im Verkaufsprospekt eines Publikums-AIF anzugeben. **15**

Gemäß § 300 II Nr. 1 muss eine AIF-Verwaltungsgesellschaft nunmehr alle Änderungen des Höchstmaßes des festgelegten Leverages sowie etwaige Rechte **16** zur Wiederverwendung von Sicherheiten oder sonstige Garantien, die im Rahmen von Leverage-Geschäften eines AIF tatsächlich gewährt werden, den Privatanlegern offenlegen. Art. 109 II Buchst. a der DelVO (EU) Nr. 231/2013 erläutert hierzu, wie die ursprüngliche und die geänderte Hebelung zu berechnen sind.

17 Darüber hinaus muss die AIF-Verwaltungsgesellschaft gem. § 300 II Nr. 2 auch die tatsächliche Höhe des Leverage des AIF darlegen.

18 **2. Regelmäßige Offenlegung.** Auch die Informationen nach § 300 II sind **regelmäßig** offenzulegen. Auch hier erfolgt die Offenlegung durch AIF-Kapitalverwaltungsgesellschaften gem. § 7 Nr. 9 Buchst. c Doppelbuchst. bb KARBV in den **Jahresberichten** des jeweiligen AIF.

IV. Verweis auf die DelVO (EU) Nr. 231/2013, § 300 III

19 § 300 III verweist bezüglich der Offenlegungspflichten nach § 300 I und II auf Art. 108, 109 DelVO (EU) Nr. 231/2013. Dort werden insb. die Inhalte der ggf. offenzulegenden Sachverhalte konkretisiert.

V. Informationen über Änderungen in Bezug auf die Haftung der Verwahrstelle, § 300 IV

20 Eine AIF-Verwaltungsgesellschaft hat die Anleger darüber hinaus über alle Änderungen, die sich in Bezug auf die Haftung der Verwahrstelle ergeben, unverzüglich zu informieren. Diese Vorgabe beruht auf Art. 23 II 2 AIFM-RL.

21 Bei Umsetzung dieser Vorgabe in das nationale Recht hatte der deutsche Gesetzgeber in diesem Zusammenhang zunächst von seinem ihm in Art. 43 I UAbs. 2 AIFM-RL eingeräumten Recht Gebrauch gemacht, für den Vertrieb von Anteilen eines AIF an Privatanleger strengere Regelungen vorzusehen (BT-Drs. 17/12294, 282 zu § 300). Ursprünglich verlangte § 300 IV, dass die Anleger über alle Änderungen in Bezug auf die Haftung der Verwahrstelle **mittels dauerhaften Datenträgers und durch Veröffentlichung in einem weiteren im Verkaufsprospekt zu benennenden Medium** zu informieren seien. Die Anforderung galt auch für EU-AIF-Verwaltungsgesellschaften und ausländische AIF-Verwaltungsgesellschaften, die Anteile an AIF an Privatanleger im Inland vertreiben möchten.

22 Mit dem Fondsstandortgesetz hat der Gesetzgeber die Vorgabe, dass die Anleger mittels dauerhaften Datenträgers über Änderungen in Bezug auf die Haftung der Verwahrstelle zu informieren seien, gestrichen. Es wird nunmehr lediglich gefordert, dass in einem **im Verkaufsprospekt zu benennenden Informationsmedium** die Änderungen, die sich in Bezug auf die Haftung der Verwahrstelle ergeben, veröffentlicht werden. Der Gesetzgeber trägt damit durch die Abschaffung des Schriftformerfordernisses seinem Vorhaben der Entbürokratisierung Rechnung. Bei dem im Verkaufsprospekt zu benennenden Informationsmedium wird es sich regelmäßig um eine **Internetseite** der AIF-Verwaltungsgesellschaft handeln.

[bis 31.12.2022:]

§ 301 *Sonstige Veröffentlichungspflichten*

Auf der Internetseite der Kapitalverwaltungsgesellschaft, der EU-Verwaltungsgesellschaft oder der ausländischen AIF-Verwaltungsgesellschaft ist jeweils eine geltende Fassung der wesentlichen Anlegerinformationen zu veröffentlichen.

I. Allgemeines

1 § 301 wurde durch das Vierte Corona-Steuerhilfegesetz (BGBl. 2022 I 911) aufgehoben. Die Aufhebung dient der Anpassung an das Auslaufen der Übergangsfrist aus Art. 32 PRIIPs-Verordnung (BT-Drs. 20/1906, S. 43). Seit dem 1.1.2023 müssen Kapitalverwaltungsgesellschaften für ein Investmentvermögen (OGAW und AIF, vgl. Art. 4 Nr. 1 PRIIPs-VO), das an Kleinanleger (Privatanleger und semi-professionelle Anleger, vgl. Art. 4 Nr. 6 PRIIPs-VO) vertrieben wird, ein Basisinformationsblatt zur Verfügung stellen. Bis zum 31.12.2022 waren sie nach Art. 32 PRIIPs-VO von dieser Verpflichtung ausgenommen, sofern sie wesentliche Anlegerinformationen nach dem KAGB erstellten (vgl. BaFin Aufsichtsmitteilung vom 4.8.2022). Wesentliche Anlegerinformationen iSd Art. 78 OGAW-RL müssen nunmehr nur noch professionellen OGAW-Anlegern zur Verfügung gestellt werden. Nach Art. 82a OGAW-RL gilt das Basisinformationsblatt als ausreichend, um die Anforderungen wesentlicher Anlegerinformationen zu erfüllen, sodass OGAW-Kapitalverwaltungsgesellschaften ein Wahlrecht zwischen dem Basisinformationsblatt und den wesentlichen Anlegerinformationen zukommt (vgl. auch BaFin Aufsichtsmitteilung vom 4.8.2022). Für professionelle AIF-Anleger gibt es keine europarechtlichen Vorgaben, wesentliche Anlegerinformationen im Sinne des KAGB zur Verfügung zu stellen, sodass im Zuge des Vierten Corona-Steuerhilfegesetzes entsprechende Regelungen im KAGB abgeschafft wurden (vgl. BT-Drs. 20/1906, 42ff). Für § 301 verblieb daher wohl schlicht kaum ein Anwendungsbereich mehr, da wohl davon auszugehen ist, dass die OGAW-Kapitalverwaltungsgesellschaften im Bereich der professionellen OGAW-Anleger aus Praktikabilitätsgründen von ihrem Wahlrecht zugunsten des Basisinformationsblattes Gebrauch machen. Das Basisinformationsblatt ist bereits nach den Regelungen der PRIIPs-VO auf der Webseite der Kapitalverwaltungsgesellschaft zu veröffentlichen (vgl. Art. 5 PRIIPs-VO).

II. Früherer Regelungsgegenstand

2 **Vor seiner Aufhebung am 1.1.2023 galt für § 301 in seiner letzten Fassung Folgendes:**

Die Veröffentlichungspflicht nach § 301 entspricht im Wesentlichen § 121 I 5 InvG und setzt in Bezug auf OGAW (s. § 1 II) Art. 81 I UAbs. 2 OGAW-RL um. Die wesentlichen Anlegerinformationen sind veröffentlicht, wenn diese allgemein einsehbar sind und nicht nur für einen bestimmten Personenkreis zugänglich gemacht werden (vgl. WBA/*Paul* § 301 Rn. 4). Die Veröffentlichung muss auf der Internetseite der KVG erfolgen, eine Veröffentlichung auf der Internetseite einer Vertriebsgesellschaft reicht für die Erfüllung der Pflicht aus § 301 nicht (vgl. BTMB/*Zingel/Oppenheim* § 301 Rn. 2). Ursprünglich enthielt § 301 auch noch die Pflicht, auf der Internetseite der KVG auf eine bestehende Vereinbarung hinzuweisen, die die Verwahrstelle getroffen hat, um sich vertraglich von der Haftung gem. § 77 IV oder § 88 IV freizustellen. Diese Regelung ist mit dem OGAW-V-UmsG aufgehoben worden. Eines solchen Hinweises bedarf es nach der Änderung bzw. Neufassung von § 77 IV und § 88 IV nicht mehr. Denn damit wurde die bisherige Möglichkeit der vertraglichen Haftungsbefreiung der Verwahrstelle im Bereich der Publikumsinvestmentvermögen nach dem Willen des Gesetzgebers aufgehoben.

3 Wegen § 294 u. § 295 IV ist § 301 auf den Vertrieb und den Erwerb von **EU-Investmentvermögen** (s. § 1 VIII) **und ausl. AIF** (s. § 1 IX) nur anwendbar, wenn diese das Anzeigeverfahren nach § 310 oder § 320 erfolgreich durchlaufen und damit die Berechtigung zum Vertrieb an (Privat-)Anleger erhalten haben. Ist ein EU-Investmentvermögen oder ein ausl. AIF nicht zum Vertrieb an (Privat-)Anleger im Inland berechtigt, darf er nach § 294 S. 3 bzw. § 295 I 1 u. 2 im Inland auch nicht an diese vertrieben werden. Auf **inländische Investmentvermögen** (s. § 1 VII) ist § 301 nach dem Wortlaut von § 294 u. § 295 IV unabhängig von ihrer Berechtigung zum Vertrieb anzuwenden, dh bei inländischen Publikums-AIF (s. § 1 III, VI 2 u. VII) eigentlich auch ohne erfolgreichen Abschluss des Anzeigeverfahrens nach § 316. Da aber die Veröffentlichung dieser Informationen als Angebot für die Anteile oder Aktien eines Investmentvermögens zu qualifizieren ist und dieses nicht von den Ausnahmen des § 293 I 2 gedeckt ist, ist sie bei inländischen AIF vor dem Erhalt der Vertriebsberechtigung weder erforderlich noch zulässig. Gleiches gilt für alle Investmentvermögen ab der **Einstellung des Vertriebs** (→ § 299 Rn. 2 u. FAQ Vertrieb der BaFin, Stand: 5.7.2022, Frage 3.7).

4 Aus den §§ 294, 295 IV geht hervor, dass § 301 in Bezug auf den Vertrieb und den Erwerb von AIF nur in Bezug auf Privatanleger gilt, während eine solche Beschränkung in Bezug auf **OGAW** nicht vorgesehen ist. Das Wort „Privatanleger" wird in § 1 XIX Nr. 31 definiert (→ § 1 Rn. 134). Werden AIF nur an professionelle oder semi-professionelle Anleger vertrieben, gilt § 301 nach § 295 V nicht. Für **registrierte AIF-Kapitalverwaltungsgesellschaften** iSv § 2 IV–VII galt § 301 nicht, da dort nicht auf § 301 verwiesen wird.

5 Der Inhalt der **wesentlichen Anlegerinformationen** ist für inländische OGAW und inländische offene Publikums-AIF in § 166, für inländische geschlossene Publikums-AIF in § 270 und für EU-AIF und ausl. AIF in § 318 geregelt. Für die wesentlichen Anlegerinformationen von EU-OGAW gelten die Vorschriften seines Herkunftsmitgliedstaats zur Umsetzung der OGAW-RL. Die Regelung wird ergänzt durch § 303 I, dem zufolge alle Veröffentlichungen, die sich auf inländische OGAW oder an Privatanleger vertriebene AIF beziehen, in deutscher **Sprache** abzufassen oder mit einer deutschen Übersetzung zu versehen sind. Für die wesentlichen Anlegerinformationen von EU-OGAW regelt § 298 I 2, dass diese ohne Änderung gegenüber der im Herkunftsmitgliedstaat verwendeten Fassung in deutscher Sprache zu veröffentlichen sind.

6 Die **BaFin** hat die Einhaltung des § 301 gem. § 5 V Nr. 1 durch die Verwaltungsgesellschaften zu überwachen. Werden die Pflichten aus § 301 nicht erfüllt, kann die BaFin gegen KVG auf der Grundlage von § 5 VI vorgehen. Zudem kann die BaFin den weiteren Vertrieb der Anteile oder Aktien von AIF nach § 314 I Nr. 5 iVm § 297 II–IX untersagen, soweit nicht § 11 anzuwenden ist (→ § 314 Rn. 3). In Bezug auf EU-OGAW sind die Befugnisse der BaFin in § 311 geregelt (→ § 311 Rn. 1 ff.).

§ 302 Werbung

(1) Für Werbung für AIF gegenüber Privatanlegern gelten neben den Vorschriften der Artikel 4 Absatz 1, 4 und 5 der Verordnung (EU) 2019/1156 die Regelungen der folgenden Absätze.

(2) [1]Die AIF-Verwaltungsgesellschaft stellt sicher, dass Werbung, die spezifische Informationen zu einem bestimmten, von ihr verwalteten AIF enthält, zu keiner Zeit weder zu den Informationen, die im Verkaufsprospekt dieses AIF enthalten sind, noch zum Basisinformationsblatt gemäß Verordnung (EU) Nr. 1286/2014 dieses AIF im Widerspruch steht oder die Bedeutung der genannten Informationen herabsetzt. [2]Die AIF-Verwaltungsgesellschaft stellt sicher, dass in der Werbung jederzeit darauf hingewiesen wird, dass ein Prospekt existiert und dass das Basisinformationsblatt gemäß Verordnung (EU) Nr. 1286/2014 verfügbar sind. [3]Die AIF-Verwaltungsgesellschaft stellt sicher, dass dieser Werbung jederzeit entnommen werden kann, wo, wie und in welcher Sprache Anleger oder potenzielle Anleger den Prospekt und das Basisinformationsblatt gemäß Verordnung (EU) Nr. 1286/2014 erhalten können. [4]Die AIF-Verwaltungsgesellschaft stellt sicher, dass die Werbung jederzeit Hyperlinks zu den entsprechenden Dokumenten oder die Adressen der Websites angibt, die die entsprechenden Dokumente enthalten.

(3) [1]Die AIF-Verwaltungsgesellschaft hat in der in Absatz 2 genannten Werbung jederzeit sicherzustellen, dass Angaben darüber enthalten sind, wo, wie und in welcher Sprache Anleger oder potenzielle Anleger eine Zusammenfassung der Anlegerrechte erhalten können, und Hyperlinks zu den entsprechenden Zusammenfassungen angegeben sind, die gegebenenfalls auch auf Informationen zu im Falle etwaiger Rechtsstreitigkeiten zugänglichen Instrumenten der kollektiven Rechtsdurchsetzung auf nationaler und Unionsebene verweisen. [2]Außerdem hat die AIF-Verwaltungsgesellschaft sicherzustellen, dass in der Werbung eindeutig angegeben wird, dass die AIF-Verwaltungsgesellschaft beschließen kann, den Vertrieb zu widerrufen.

(4) Werbung in Textform für den Erwerb von Anteilen oder Aktien eines inländischen OGAW oder AIF, nach dessen Anlagebedingungen oder Satzung die Anlage von mehr als 35 Prozent des Wertes des Investmentvermögens in Schuldverschreibungen eines der in § 206 Absatz 2 Satz 1 genannten Ausstellers zulässig ist, muss diese Aussteller benennen.

(5) [1]Werbung für den Erwerb von Anteilen oder Aktien eines OGAW oder AIF, nach dessen Anlagebedingungen oder Satzung ein anerkannter Wertpapierindex nachgebildet wird oder hauptsächlich in Derivate nach Maßgabe des § 197 angelegt wird, muss auf die Anlagestrategie hinweisen. [2]Weist ein OGAW oder AIF auf Grund seiner Zusammensetzung oder der für die Fondsverwaltung verwendeten Techniken eine erhöhte Volatilität auf, so muss in der Werbung darauf hingewiesen werden. [3]Die Sätze 1 und 2 gelten nicht für die Werbung für ausländische AIF oder EU-AIF.

(6) Werbung in Textform für einen Feederfonds muss einen Hinweis enthalten, dass dieser dauerhaft mindestens 85 Prozent seines Vermögens in Anteile eines Masterfonds anlegt.

(7) [1]**Die Bundesanstalt kann Werbung untersagen oder andere erforderliche Anordnungen treffen, um Missständen bei der Werbung für AIF gegenüber Privatanlegern und für OGAW zu begegnen.** [2]**Dies gilt insbesondere für**
1. **Werbung mit Angaben, die in irreführender Weise den Anschein eines besonders günstigen Angebots hervorrufen können, sowie**
2. **Werbung mit dem Hinweis auf die Befugnisse der Bundesanstalt nach diesem Gesetz oder auf die Befugnisse der für die Aufsicht zuständigen Stellen in anderen Mitgliedstaaten der Europäischen Union, Vertragsstaaten des Abkommens über den Europäischen Wirtschaftsraum oder Drittstaaten.**

I. Allgemeines

1 § 302 dient dem **Schutz der Anleger** vor einer Beeinflussung durch missbräuchliche Werbung und der **Schaffung gleicher Wettbewerbsbedingungen** (vgl. BSV/*Schmies* InvG § 124 Rn. 1; BSV/*Beckmann* AuslInvestmG § 10 Rn. 12). § 302 I–III sind anwendbar – in den Grenzen von §§ 294, 295 IV – auf die Werbung für AIF gegenüber Privatanlegern, § 302 IV–VII sind anwendbar auf die Werbung für AIF gegenüber Privatanlegern und für OGAW (→ Rn. 2) (zum Begriff „Werbung" → Rn. 4f., zu den Begriffen „AIF" u. „OGAW" s. § 1 II u. III und zur Definition des Privatanlegers s. § 1 XIX Nr. 31 u. → § 1 Rn. 134). Werden AIF nur an professionelle oder semi-professionelle Anleger (s. § 1 XIX Nr. 32 u. 33) vertrieben, gilt § 302 nach § 295 V nicht. **Weitere Vorschriften für Werbung** enthalten etwa § 299 II u. IV 4 (Regelung zur Bekanntgabe von Ausgabe- und Rücknahmepreisen und zur gemeinsamen Nennung von Kurs und Nettoinventarwert) und § 303 I (Erfordernis der deutschen Sprache). Zum **Verhältnis von § 302 und § 33,** der für die Werbung einer KVG auf § 23 KWG verweist → Rn. 10.

2 § 302 hat durch das FoStoG zwar systematische, aber nur wenige inhaltliche Änderungen erfahren. Die Änderungen dienen der Umsetzung der Streichung des Art. 77 OGAW-RL (vgl. Änderungsrichtlinie (EU) 2019/1160) in Konsequenz der Einführung von **Art. 4 der Verordnung (EU) 2019/1156.** Art. 4 der VO (EU) 2019/1156 legt für den Vertrieb von OGAW *und* AIF Mindeststandards (vgl. Art. 4 Abs. 1, 4 und 5 VO (EU) 2019/1156) und für den Vertrieb von OGAW *darüber hinaus* spezifische Anforderungen (vgl. Art. 4 Abs. 2 und 3 VO (EU) 2019/1156) fest. Für den Vertrieb von AIF an Privatanleger wurden die durch das FoStoG neu gefassten **Abs. 2 und 3** eingefügt, die Art. 4 Abs. 2 und 3 der VO (EU) 2019/1156, die nur für OGAW gelten, spiegeln. So werden für den Vertrieb von OGAW und für den Vertrieb von AIF an Privatanleger gleiche Standards eingeführt (BT-Drs. 19/27631, 103). Artikel 4 der VO (EU) 2019/1156 wird präzisiert durch die ESMA-Leitlinien 02/08/2021, die für OGAW-Verwaltungsgesellschaften einschließlich aller OGAW und AIF-Verwaltungsgesellschaften gelten sollen und von der BaFin – der Veröffentlichung auf ihrer Webseite zufolge – angewendet werden (https://www.bafin.de/SharedDocs/Veroeffentlichungen/DE/Meldung/2021/meldung_210927_Anwendung_ESMA_Leitlinien_Marketing_Anzeigen.html). Im Übrigen geht § 302 auf folgende Vorschriften zurück: **Abs. 4** – Art. 54 III OGAW-RL, § 19 VI 2 KAGG); **Abs. 5** – Art. 70 II u. III OGAW-RL, **Abs. 6** – Art. 63 IV OGAW-RL; **Abs. 7** – §§ 10 II, 15g II AuslInvestmG.

3 **Adressat** von § 302 sind grundsätzlich alle, die für Anteile oder Aktien an Investmentvermögen werben, einschließlich WpDU (vgl. § 63 VI 3, VII 7 WpHG,

dem zufolge § 302 durch das WpHG unberührt bleiben soll). Hierfür spricht der unbeschränkte Anwendungsbereich des KAGB und die Erstreckung der Aufsicht bzgl. § 302 auf andere von der BaFin beaufsichtigte Unternehmen nach § 5 V (→ § 297 Rn. 5). Wird in einigen Absätzen explizit nur die Verwaltungsgesellschaft als Adressat aufgeführt, so muss sie die Einhaltung der betreffenden Vorgaben auch beim Vertrieb durch Dritte sicherstellen. Zum Adressaten von Untersagungsverfügungen nach Abs. 7 → Rn. 18. § 302 ist nach § 51 IV 1 u. 4 auch von **EU-OGAW-Verwaltungsgesellschaften** iSv § 51 I und deren Zweigniederlassungen, die im Inland Tätigkeiten gem. § 20 II erbringen, zu beachten. Für **registrierte AIF-Kapitalverwaltungsgesellschaften** iSv § 2 IV–VII gilt § 302 nicht, da dort nicht auf § 302 verwiesen wird. Für **Fondsvermittler** iRd Bereichsausnahme des § 2 VI 1 Nr. 8 KWG, die von den Gewerbeaufsichtsbehörden der Länder beaufsichtigt werden, erklärt § 14 II FinVermV den § 302 I–VI für entspr. anwendbar.

II. Begriff der Werbung

Werbung sind alle Äußerungen jedweder Art, die objektiv darauf gerichtet sind, ein Interesse an den beworbenen Investmentanteilen zu wecken oder ein bestehendes Interesse zu steigern und dadurch ihren Absatz zu erhöhen (BSV/*Yerlikaya* § 302 Rn. 6; vgl. auch die Positiv- und Negativaufzählung unter Ziffer 1 der ESMA-Leitlinien 02/08/2021). Erfasst wird die Werbung für best. Anteile oder Aktien eines Investmentvermögens, für Investmentvermögen einer best. Verwaltungsgesellschaft, für einen best. Typ von Investmentvermögen und für Anteile oder Aktien an Investmentvermögen im Allg. (vgl. BSV/*Schmies* § 124 InvG Rn. 19; Brinkhaus/Scherer/*Pfüller* AuslInvestmG § 10 Rn. 8). **Werbung in Textform** iSv Abs. 4 u. 6 ist eine Werbung unter Verwendung von Schriftzeichen unabhängig von deren Trägermedium (so auch FAQ Vertrieb der BaFin, Stand: 5.7.2022, Frage 3.8; EDD/*Süßmann* § 302 Rn. 4; enger wohl MKJ/*Merk* § 302 Rn. 4, der insoweit Bezug auf § 126b BGB nimmt). 4

Obwohl sich dies dem Begriff der Werbung selbst nicht entnehmen ließ, ging der Gesetzgeber im InvG zumindest teilweise von einem **Öffentlichkeitsbezug** der Werbung aus (vgl. etwa BSV/*Schmies* InvG § 124 Rn. 16; aA ua *Baur* AuslInvestmG § 10 Rn. 4). Dies ergab sich aus der Beschränkung des § 124 II InvG auf Dach-Sondervermögen mit zusätzlichne Risiken und aus § 99 IV InvG, dem zufolge § 124 I 1–4 InvG nicht anzuwenden war auf die Tätigkeit einer InvAG, deren Satzung eine dem § 112 InvG vergleichbare Anlageform vorsieht. Diese Argumentation greift jetzt nicht mehr, da das KAGB nicht nur den öffentlichen Vertrieb regelt, sondern den gesamten Vertrieb und jeglicher Vertrieb von Hedgefonds an Privatanleger ohnehin nicht mehr möglich ist (einen Öffentlichkeitsbezug der Werbung ebenfalls ablehnend WBA/*Paul* § 302 Rn. 6). 5

III. Benennungs- und Hinweispflichten

1. Mindeststandard – Verweis auf Art. 4 I, IV und V VO (EU) 2019/1156 (Abs. 1). Nach § 302 I gilt für den Vertrieb von AIF gegenüber Privatanlegern Art. 4 I, IV, V der VO (EU) 2019/1156. Werbung muss nach Art. 4 I der VO (EU) 2019/1156 deutlich als solche **erkennbar** sein (vgl. dazu ESMA-Leitlinien 02/08/2021 Ziff. 4). Das wäre etwa dann nicht der Fall, wenn eine Werbung den Anschein eines objektiven Beitrags in einer Kundenzeitschrift erhält (vgl. Rund- 6 schreiben 01/2010 der BaFin, Stand: 11.2.2010, Tz. 1.1.). Die mit dem Erwerb von Anteilen eines AIF verbundenen Risiken und Chancen sind deutlich zu beschreiben (vgl. dazu ESMA-Leitlinien 02/08/2021 Ziffer 5). Zudem muss **Werbung fair und eindeutig** sein **und darf nicht irreführend** sein (vgl. dazu ESMA-Leitlinien 02/08/2021 Ziffer 6). Nach Art. 4 IV der VO (EU) 2019/1156 darf die Werbung nicht im Widerspruch zu vorvertraglichen Informationen stehen. Nach Art. 4 V der VO (EU) 2019/1156, der Art. 4 II der VO (EU) 2019/1156 für entsprechend anwendbar erklärt, darf Werbung von AIF, die einen Prospekt nach der Verordnung (EU) 2017/1129 (EU-Prospekt-VO) oder nationalen Vorschriften (VermAnlG, WpPG) oder die Vorschriften des Art. 78 OGAW-RL anwenden, nicht im Widerspruch zu diesem Prospekt stehen oder deren Bedeutung herabsetzen.

7 **2. Hinweis auf den Verkaufsprospekt und das Basisinformationsblatt (Abs. 2).** Nach § 302 II muss die AIF-Verwaltungsgesellschaft sicherstellen, dass die Werbeaussagen nicht in Widerspruch zum Verkaufsprospekt oder dem Basisinformationsblatt stehen oder die Bedeutung dieser Informationen herabstufen. Jede Werbung muss auf den Verkaufsprospekt und die Verfügbarkeit des Werbung hinweisen und angeben, wo, wie und in welcher Sprache diese in Deutschland erhältlich sind. Eine Regelung, dass Werbematerialien nicht im Widerspruch zum Basisinformationsblatt stehen dürfen und in der Werbung auf die Existenz des Basisinformationsblatts hinzuweisen ist, sieht auch die PRIIPs-VO selbst vor (Art. 9 PRIIPs-VO). Die Werbung muss Hyperlinks zu den Dokumenten oder die Adressen der Webseiten angeben, die die entsprechenden Dokumente enthalten. Dies dient dem Zweck, einen möglichst einfachen Zugang zu den Dokumenten zu gewährleisten, damit der Anleger Werbeversprechen überprüfen kann. Soweit Werbung nicht in Textform (→ Rn. 4f.), sondern zB telefonisch erfolgt, dürfte der Anleger auf die Fundstelle der Dokumente telefonisch hinzuweisen und ihm zB die Adresse der Webseite am Telefon mitzuteilen sein.

8 **3. Hinweis auf Anlegerrechte und Vertriebswiderruf (Abs. 3).** Nach § 302 III hat die AIF-Verwaltungsgesellschaft sicherzustellen, dass die Werbung eine Zusammenfassung der Anlegerrechte enthält sowie einen entsprechenden Hyperlink zu der Zusammenfassung. Bezüglich der Anlegerrechte wird ua über die Möglichkeit der Beschwerde zu informieren sein, sowohl bei der internen Beschwerdestelle der KVG (vgl. § 28, § 4 III KaVerOV sowie BaFin Rundschreiben 01/2017 (WA), Stand: 10.1.2017, Tz. 6) als auch der Beschwerdestelle der BaFin. Zudem ist über die Möglichkeit der Individualklage vor den ordentlichen Gerichten als auch über Verfahren der alternativen Streitbeilegung (zB über die Ombudsstelle des Branchenverbandes BVI) zu informieren. Die Zusammenfassung enthält ggf. auch Informationen zu im Falle etwaiger Rechtsstreitigkeiten zugänglichen Instrumenten der kollektiven Rechtsdurchsetzung auf nationale und Unionsebene. Hier wird über die Musterfeststellungsklage sowie das Kapitalanleger-Musterverfahren nach dem KapMuG zu informieren sein. Zudem ist in der Werbung anzugeben, dass die KVG beschließen kann, den Vertrieb zu widerrufen.

9 **4. Hinweise bei bestimmten Anlagestrategien (Abs. 4–6).** § 302 IV sieht für die Werbung in Textform (→ Rn. 4f.) die Pflicht vor, einen **Aussteller zu benennen,** wenn mehr als 35% des Wertes des Investmentvermögens in Schuldverschreibungen eines der in § 206 II 1 genannten Aussteller angelegt werden dürfen. § 302 V 1 schreibt bei Werbung (→ Rn. 4f.) für Investmentvermögen, die einen an-

erkannten Wertpapierindex (→ § 209 Rn. 1 ff.) nachbilden oder hauptsächlich in Derivate nach Maßgabe des § 197 anlegen, einen **Hinweis auf die Anlagestrategie** vor. Bei der Nachbildung eines anerkannten Wertpapierindex muss der Hinweis auf die Anlagestrategie auch die Angabe enthalten, welcher Wertpapierindex nachgebildet wird. § 302 V 2 verlangt – in Ergänzung zu § 165 V – bei Werbung (→ Rn. 4 f.) einen **Hinweis auf die erhöhte Volatilität,** wenn ein Investmentvermögen eine solche aufgrund seiner Zusammensetzung oder der für die Fondsverwaltung verwendeten Techniken aufweist. § 302 V 1 u. 2 gilt jedoch nach § 302 V 3 nicht für ausl. AIF und EU-AIF. In Bezug auf die Werbung für **Feederfonds** (s. § 1 XIX Nr. 11) fordert § 302 VI darüber hinaus, dass Werbung in Textform (→ Rn. 4 f.) einen Hinweis enthalten muss, dass der Feederfonds dauerhaft mindestens **85 % seines Vermögens in Anteile eines Masterfonds** anlegt.

IV. Untersagung bestimmter Arten von Werbung (Abs. 7)

Nach Abs. 7 kann die BaFin Werbung untersagen oder andere erforderliche Anordnungen treffen, um Missständen bei der Werbung zu begegnen. Absatz 7 soll im **Verhältnis zu § 33** (zuvor § 19a InvG), der für die Werbung einer KVG auf § 23 KWG verweist, *lex specialis* für die Werbung für Investmentvermögen sein (BT-Drs. 16/5576, 63 f.). § 33 soll hingegen nur Werbung erfassen, die die KVG für sich als Dienstleistungsunternehmen unabhängig von den von ihr verwalteten Investmentvermögen macht. Für interne KVG gelten §§ 302, 33, denn diese sind sowohl KVG als auch Investmentvermögen. Bei einem Verstoß gegen § 302 I–VI durch WpDU bzw. Institute stehen der BaFin auch **§ 92 WpHG** und **§ 23 KWG** als Ermächtigungsgrundlagen zur Verfügung. 10

1. Missstände bei der Werbung. Ein **Missstand** bei der Werbung (→ Rn. 4 f.) ist seit jeher – der Gesetzesbegründung zum AuslInvestmG zufolge – gegeben, wenn die Werbung missbräuchlich ist (BT-Drs. V/3494, 22; *Baur* AuslInvestmG § 10 Rn. 8). Dies ist der Fall, wenn eine Störung der Schutzgüter des § 302 gegeben ist (BSV/*Yerlikaya* § 302 Rn. 29; EDD/*Süßmann* § 302 Rn. 9 mit der Beschränkung auf nachhaltige Störungen; WBA/*Paul* § 302 Rn. 24, soweit zusätzlich die Gefahr der Verfestigung rechtswidriger Zustände besteht). Bei der Beurteilung der missbräuchlichen Werbung ist ua die durch das UWG begründete Wettbewerbsordnung zugrunde zu legen (EDD/*Süßmann* § 302 Rn. 9, BSV/*Schmies* InvG § 124 Rn. 20; *Baur* AuslInvestmG § 10 Rn. 8; vgl. BT-Drs. V/3494, 22, aA wohl MKJ/*Merk* § 302 Rn. 15). Daneben sind etwa § 302 I– VI, § 303, § 299 II und IV 4 (→ § 299 Rn. 29) sowie § 63 VI, XIII Nr. 4 WpHG (konkretisiert durch Rundschreiben 05/2018 (WA), Stand: 28.3.2022, BT 3.5) zu berücksichtigen. 11

a) Irreführender Anschein eines besonders günstigen Angebots (Abs. 7 S. 2 Nr. 1). Angaben sind Tatsachen und Werturteile mit Tatsachenkern (BSV/*Yerlikaya* § 302 Rn. 32; Brinkhaus/Scherer/*Pfüller* AuslInvestmG § 10 Rn. 14; *Baur* AuslInvestmG § 10 Rn. 10). Ein **besonders günstiges Angebot** ist gegeben, wenn dieses nicht allg. übliche Vorteile im Vergleich zu anderen Investmentvermögen oder Kapitalanlageformen verspricht, wobei die Art des Vorteils (zB geringere Gebühren, bessere Ertragsentwicklung, strengere Aufsicht) unerheblich ist (BSV/*Yerlikaya* § 302 Rn. 34; BSV/*Beckmann* AuslInvestmG § 10 Rn. 21; *Baur* AuslInvestmG § 10 Rn. 14). Der **Anschein** eines solchen Angebots wird hervorgerufen, wenn aufgrund irreführender Angaben der Eindruck einer bes. vorteilhaften Erwerbsmöglichkeit erzeugt wird (BSV/*Yerlikaya* § 302 Rn. 34). Dem Anleger 12 muss also ein unrichtiges, unvollständiges oder einseitiges Bild vermittelt werden (BSV/*Yerlikaya* § 302 Rn. 33; *Baur* AuslInvestmG § 10 Rn. 12). Die Eignung zu einer Irreführung reicht aus (BSV/*Yerlikaya* § 302 Rn. 35; BSV/*Beckmann* AuslInvestmG § 10 Rn. 20; *Baur* AuslInvestmG § 10 Rn. 13).

13 **b) Werbung mit den Befugnissen der BaFin (Abs. 7 S. 2 Nr. 2 Alt. 1).** Mit dieser Regelung soll zunächst verhindert werden, dass bei dem Vertrieb von Anteilen oder Aktien an ausl. oder EU-Investmentvermögen der **falsche Eindruck einer Aufsicht der BaFin** über diese Investmentvermögen oder deren Verwaltungsgesellschaften entsteht (BSV/*Yerlikaya* § 302 Rn. 36; *Baur* AuslInvestmG § 10, Rn. 16; Brinkhaus/Scherer/Pfüller AuslInvestmG § 10 Rn. 16). Mit diesem Zweck vereinbar ist es, wenn die Verwaltungsgesellschaft in der Werbung wahrheitsgemäß angibt, dass der Vertrieb der Anteile der BaFin nach § 320 angezeigt worden ist (vgl. Merkblatt zur Vertriebsanzeige nach § 320, Stand: 1.10.2021, S. 77; ESMA-Leitlinien 02/08/2021 Ziffer 6.1 Rn. 30). Zudem soll verhindert werden, dass die beworbenen Investmentanteile **durch Leistungen unbeteiligter Dritter aufgewertet** und die behördliche Beaufsichtigung überbewertet wird (BSV/*Schmies* InvG § 124 Rn. 37). Ein schlichter, nicht hervorgehobener Hinweis auf die BaFin als zuständige Aufsichtsbehörde steht diesem Ziel bei inländischen Investmentvermögen nicht entgegen (Hinweise der BaFin zur Werbung mit der BaFin v. 14.9.2005, abrufbar unter https://www.bafin.de/SharedDocs/Veroeffentlichungen/DE/Auslegungsentscheidung/WA/ae_050914_werbung.html). Artikel 4 XII KID-DVO Nr. 583/2010 verlangt sogar eine solche Angabe in den wesentlichen Anlegerinformationen.

14 **c) Werbung mit den Befugnissen ausl. Aufsichtsbehörden (Abs. 7 S. 2 Nr. 2 Alt. 2).** Nach § 302 VII 2 Nr. 2 Alt. 2, ist die **Werbung mit Befugnissen ausländischer Aufsichtsbehörden** unzulässig (EDD/*Süßmann* § 302 Nr. 21). Eine schlichte, nicht hervorgehobene Angabe der zuständigen ausl. Aufsichtsbehörde ist jedoch erlaubt (in Anlehnung an → Rn. 13, EDD/*Süßmann* § 302 Rn. 21). Allerdings darf dies bei dt. Anlegern nicht zu Fehlvorstellungen über die Befugnisse der ausl. Aufsichtsbehörde führen (EDD/*Süßmann* § 302 Rn. 2; Brinkhaus/Scherer/*Pfüller* AuslInvestmG § 10 Rn. 18).

15 **d) Sonstige Missstände.** Die Zulässigkeit von **Zukunftsprognosen** für Investmentfonds kann in Anlehnung an § 63 VI, XIII Nr. 4 WpHG und Art. 44 VI der DelVO (EU) 2017/565 beurteilt werden: Danach dürfen Angaben zur künftigen Wertentwicklung zB nicht auf einer simulierten früheren Wertentwicklung beruhen oder auf eine solche Simulation Bezug nehmen. Sie müssen auf angemessenen, durch obj. Daten gestützten Annahmen beruhen. Sie müssen deutliche Hinweise enthalten, auf welchen Zeitraum sich die Angaben beziehen, und dass Prognosen kein verlässlicher Indikator für die zukünftige Wertentwicklung sind. Wenn sie auf der Bruttowertentwicklung beruhen, müssen sie deutlich angeben, wie sich Provisionen, Gebühren und andere Entgelte auswirken. Die ESMA-Leitlinien 02/08/2021 enthalten in Ziffer 6.4, Rn. 51 ff., für die Werbung durch OGAW- und AIF-Verwaltungsgesellschaften eigene Anforderungen an die Darstellung der künftigen Wertentwicklung.

16 Die Darstellung der **Wertentwicklung in der Vergangenheit** ist mit einem Warnhinweis zu versehen, dass die vergangenheitsbezogenen Daten kein verlässlicher Indikator für die zukünftige Wertentwicklung sind (BaFin-Merkblatt zur Vertriebsanzeige nach § 320, Stand: 1.10.2021, S. 78). In Art. 15 ff. KID-DVO

Nr. 583/2010 finden sich neben Regelungen, die lediglich eine einheitliche Darstellung in den wesentlichen Anlegerinformationen sicherstellen sollen, auch Regelungen zur Vermeidung von irreführenden Angaben, die auf die Anforderung einer redlichen und nicht irreführenden Werbung ausstrahlen. So fordert Art. 17 etwa für den Fall des Eintritts einer wesentlichen Änderung der Ziele und der Anlagepolitik eines OGAW, dass der Zeitraum vor dieser Änderung mit dem Hinweis versehen wird, dass die Wertentwicklung unter Umständen erzielt wurde, die nicht mehr gültig sind. Auch § 4 IV WpDVerOV, der nach § 4 I WpDVerOV das Gebot der redlichen, eindeutigen und nicht irreführenden Werbung aus § 31 II WpHG konkretisiert, enthält weitere Anforderungen an die Darstellung der früheren Wertentwicklung. Soweit durch diese Anforderungen Irreführungen vermieden werden sollen, sind sie aufgrund des Grundsatzes der Einheit der Rechtsordnung auch bei der Auslegung von § 302 VII zu berücksichtigen. Die ESMA-Leitlinien 02/08/2021 in Ziffer 6.4, Rn. 43ff., enthalten für die Werbung durch OGAW- und AIF-Verwaltungsgesellschaften eigene Anforderungen an die Darstellung der früheren Wertentwicklung.

Werbung mit dem Hinweis auf die **Gefahr einer Inflation bzw. eines Kaufkraftschwunds** ist unzulässig (BaFin-Merkblatt zur Vertriebsanzeige nach § 320, Stand: 1.10.2021, S. 78). Im Übrigen darf der Begriff **„Sicherheit"** nach Auffassung der BaFin nur äußerst zurückhaltend und mit klärenden Zusätzen verwendet werden. Auf eine auf Sicherheit ausgerichtete Anlagestrategie darf demnach in sachlicher und zurückhaltender Form hingewiesen werden, wenn eindeutig erkennbar ist, dass das Anlagekonzept des Fonds gemeint ist. Zudem sei das bei einer Anlage in Wertpapieren und vergleichbaren Vermögenswerten nicht auszuschließende Risiko von Kurs- und Währungsverlusten zu verdeutlichen. Jede Werbung mit dem Begriff „Sicherheit" in plakativer Form ist nach Ansicht der BaFin aber unzulässig (BaFin-Merkblatt zur Vertriebsanzeige nach § 320, Stand: 1.10.2021, S. 78). Die ESMA-Leitlinien 02/08/2021 enthalten in Ziffer 6 weitere Anforderungen für die Werbung durch OGAW- und AIF-Verwaltungsgesellschaften, deren Missachtung einen Missstand begründen kann. 17

2. Untersagung bestimmter Arten von Werbung durch die BaFin. Voraussetzung für eine Untersagung oder andere erforderliche Anordnungen ist nicht, dass ein Missstand bei der Werbung bereits besteht. Die BaFin kann daher **nicht nur repressiv, sondern auch präventiv** tätig werden, um einen Missstand bei der Werbung von vornherein zu verhindern (BSV/*Yerlikaya* § 302 Rn. 39; BSV/*Beckmann* AuslInvestmG § 10 Rn. 11; Brinkhaus/Scherer/*Pfüller* AuslInvestmG § 10 Rn. 12; *Baur* AuslInvestmG § 10 Rn. 5). Die BaFin kann im Rahmen der ihr durch § 5 V zugewiesenen Aufgaben zB **konkrete Werbemaßnahmen** untersagen und – im Wege der **Allgemeinverfügung** – gegen best. Arten der Werbung vorgehen (EDD/*Süßmann* § 302 Rn. 23; *Baur* AuslInvestmG § 10 Rn. 5f.). Die Untersagungsverfügungen werden gem. § 17 FinDAG iVm VwVG vollstreckt. Gegen EU-OGAW-Verwaltungsgesellschaften kann die BaFin bei einer Verletzung ihrer Verpflichtungen aus § 302 auch nach § 51 V und VI vorgehen. Bei einem Verstoß gegen § 302 durch WpDU bzw. Institute stehen der BaFin **§ 92 WpHG** und **§ 23 KWG** als Ermächtigungsgrundlagen zur Verfügung. 18

§ 303 Maßgebliche Sprachfassung

(1) [1]Sämtliche Veröffentlichungen und Werbeschriften, die sich auf Anteile oder Aktien an einem an Privatanleger vertriebenen AIF oder an einem inländischen OGAW beziehen, sind in deutscher Sprache abzufassen oder mit einer deutschen Übersetzung zu versehen. [2]Dabei ist der deutsche Wortlaut der in § 297 Absatz 1 bis 4 und 8 genannten Unterlagen und der in Satz 1 genannten Unterlagen und Veröffentlichungen maßgeblich.

(2) [1]Bei EU-OGAW ist der deutsche Wortlaut der wesentlichen Anlegerinformationen für die Prospekthaftung nach § 306 maßgeblich; für die übrigen in § 298 Absatz 1 genannten Unterlagen ist die im Geltungsbereich dieses Gesetzes veröffentlichte Sprachfassung zugrunde zu legen. [2]Erfolgt die Veröffentlichung auch in deutscher Sprache, so ist der deutsche Wortlaut maßgeblich.

(3) [1]Übersetzungen von wesentlichen Anlegerinformationen und Unterlagen gemäß § 298 Absatz 1 Satz 1 und gemäß § 299 Absatz 1 Satz 1 müssen unter der Verantwortung der ausländischen AIF-Verwaltungsgesellschaft oder der EU-Verwaltungsgesellschaft erstellt werden. [2]Sie müssen den Inhalt der ursprünglichen Informationen richtig und vollständig wiedergeben.

I. Allgemeines

1 § 303 enthält eine **Sprachenregelung für den Vertrieb.** Für den Verkehr mit deutschen Behörden bestimmt § 23 I VwVfG, dass die Amtssprache deutsch ist. § 310 II, § 312 II u. III, § 323 I 1, § 324 II 1, § 327 I 1, § 328 II 1, § 329 IV 1 u. § 330 IV 1 enthalten hiervon abweichende Spezialregelungen und erlauben für die betreffenden Anzeigeverfahren, dass auch fremdsprachige Unterlagen vorgelegt werden dürfen (zB in einer in internationalen Finanzkreisen gebräuchlichen Sprache).

2 § 303 I gilt grds. – in den Grenzen von §§ 294, 295 IV (→ § 301 Rn. 3) – für **alle inl. OGAW und für an Privatanleger vertriebene AIF** (zum Begriff des Privatanlegers s. § 1 XIX Nr. 31, zu den Begriffen OGAW u. AIF s. § 1 II u. III). Werden AIF nur an professionelle oder semi-professionelle Anleger iSd § 1 XIX Nr. 32 u. 33 vertrieben, gilt § 303 nach § 295 V nicht. Absatz 1 ist nicht auf **EU-OGAW** anwendbar; für Letztere enthält Abs. 2 eine besondere Regelung. § 303 wendet sich grds. an die gleichen **Adressaten** wie die Normen, deren Regelung er ergänzt: Abs. 1 ergänzt §§ 297, 299, 302 (→ § 297 Rn. 4 ff.; → § 299 Rn. 3, → § 302 Rn. 2) und Abs. 2 ergänzt § 306. Für **registrierte AIF-Kapitalverwaltungsgesellschaften** iSv § 2 IV–VII gilt § 303 nicht, da dort nicht auf § 303 verwiesen wird. § 13 VI FinVermV erklärt § 303 auf iRd Bereichsausnahme des § 2 VI 1 Nr. 8 KWG tätige Fondsvermittler für entspechend anwendbar.

3 § 303 I u. II entspricht im Wesentlichen **§ 123 InvG,** der in seiner ursprünglichen Fassung §§ 5, 15 b I 1 letzter Hs. und § 15 f II AuslInvestmG zusammenfasste und dann insb. durch das InvÄndG und das OGAW IV-UmsG geändert wurde. § 303 III entspricht im Wesentlichen **§ 122 Ia InvG** und setzt Art. 94 I UAbs. 2 Buchst. d OGAW-RL um.

II. Veröffentlichungen und Werbeschriften in dt. Sprache (Abs. 1 S. 1)

Veröffentlichung ist jede Information, die an einen größeren Empfängerkreis gerichtet ist (vgl. BSV/*Yerlikaya* § 303 Rn. 4; EDD/*Süßmann* § 303 Rn. 4; *Baur* AuslInvestmG § 5 Rn. 4; WBA/*Paul* § 303 Rn. 5; aA BSV/*Beckmann* AuslInvestmG § 5 Rn. 2, der nur auf die gesetzlich vorgeschriebenen Veröffentlichungen abstellt). Hierzu gehören Anzeigen, bezahlte Artikel in der Presse, Werbung in Rundfunk, Fernsehen oder Internet und gesetzlich vorgeschriebene Veröffentlichungen (vgl. EDD/*Süßmann* § 303 Rn. 4; WBA/*Paul* § 303 Rn. 5; aA bzgl. Rundfunk u. Fernsehen AuslInvestmG *Baur* § 5 Rn. 4). **Werbeschriften** sind alle durch Schriftzeichen übermittelten Informationen mit werbendem Charakter unabhängig von deren Trägermedium (ähnlich BSV/*Schmies* InvG § 123 Rn. 7, der jedenfalls Textform iSv § 126b BGB genügen lässt). Hierunter fallen etwa Zeitungsanzeigen, Handzettel, Fact-Sheets, Broschüren, Rundschreiben und persönlich gehaltene Werbebriefe (*Baur* § 5 AuslInvestmG Rn. 4; *Pfüller* in *Brinkhaus/Scherer* § 5 AuslInvestmG Rn. 6) und E-Mails (BSV/*Schmies* InvG § 123 Rn. 7). Zum Begriff der Werbung → § 302 Rn. 4f. Der Begriff „Veröffentlichungen und Werbeschriften" ist nach dem Sinn und Zweck dieser Vorschrift weit auszulegen und umfasst auch die bei dem Vertrieb eines Investmentvermögens eingesetzten Unterlagen (vgl. auch EDDH/*Süßmann* 1. Aufl. 2013 InvG § 123 Rn. 1 u. 6). Hierzu zählen unter Berücksichtigung von § 303 I 2 auch die in § 297 IV genannten **Verkaufsunterlagen** (→ § 297 Rn. 11), der Antrag auf Vertragsabschluss, dessen Durchschrift und die Kaufabrechnung. 4

§ 303 I erfasst nur Werbeschriften und Veröffentlichungen, die **an Anleger im Inland gerichtet oder für diese bestimmt sind** (BSV/*Yerlikaya* § 303 Rn. 6; EDD/*Süßmann* § 303 Rn. 4; Brinkhaus/Scherer/*Pfüller* AuslInvestmG § 5 Rn. 6f.). Relevant ist diese Einschränkung insb. für ausl. Rundfunk- und Fernsehsender, die auch im Geltungsbereich des KAGB empfangen werden können, und für Veröffentlichungen im Internet, zu denen Anleger im Geltungsbereich des KAGB Zugang haben. Eine **fremdsprachige Internetseite** ist nur dann für Anleger im Inland bestimmt, wenn sie inländische Adressen oder Ansprechpartner angibt oder auf andere Art zu erkennen gibt, dass sie sich auch an dt. Anleger richtet (BSV/*Yerlikaya* § 303 Rn. 6; EDD/*Süßmann* § 303 Rn. 7; zu weiteren möglichen Indizien für eine Beurteilung von Internetangeboten vgl. Merkblatt der BaFin „Hinweise zur Erlaubnispflicht nach § 32 I KWG iVm § 1 I u. I a KWG von grenzüberschreitend betriebenen Bankgeschäften und/oder grenzüberschreitend erbrachten Finanzdienstleistungen" v. 11.3.2019 unter https://www.bafin.de/SharedDocs/Veroeffentlichungen/DE/Merkblatt/mb_050401_grenzueberschreitend.html). 5

Für die **deutsche Übersetzung** gilt Folgendes: Gibt es in Einzelfällen für einen fremdsprachigen Begriff kein entspr. Wort in der dt. Sprache oder wäre dieses irreführend, kann in Übersetzungen der fremdsprachige Ausdruck verwandt und mit einer dt. Erläuterung versehen werden (*Pfüller* in *Brinkhaus/Scherer* § 5 AuslInvestmG Rn. 2). **§ 303 III** regelt zudem, dass die ausl. AIF-Verwaltungsgesellschaft bzw. die EU-Verwaltungsgesellschaft für die Übersetzung der wesentlichen Anlegerinformationen und der in §§ 298 I 1, 299 I 1 genannten Unterlagen verantwortlich ist und dass die Übersetzung den Inhalt der ursprünglichen Information richtig und vollständig wiedergeben muss. 6

Die **BaFin** hat die Einhaltung des § 303 durch Verwaltungsgesellschaften und andere von ihr beaufsichtigte Unternehmen gem. § 5 V zu überwachen. Werden 7 die Pflichten aus § 303 I nicht erfüllt, kann die BaFin gegen KVG und andere von ihr beaufsichtigte Unternehmen ua auf der Grundlage von § 5 VI vorgehen und bei AIF den weiteren Vertrieb der Anteile wegen Verletzung von § 303 I gem. § 314 I Nr. 5 untersagen, soweit nicht § 11 anzuwenden ist (→ § 314 Rn. 3). Gegen freie Fondsvermittler im Rahmen der Bereichsausnahme des § 2 VI 1 Nr. 8 KWG können die Gewerbeaufsichtsbehörden der Länder wegen einer Verletzung von § 13 VI FinVermV iVm § 303 KAGB vorgehen.

8 Werden Veröffentlichungen oder Werbeschriften entgegen § 303 I ganz oder teilw. nicht in dt. Sprache abgefasst bzw. in diese übersetzt, kann dies ua **Schadensersatzansprüche** aus § 823 II BGB begründen (BSV/*Yerlikaya* § 303 Rn. 15; MKJ/*Merk* § 303 Rn. 11; WBA/*Paul* § 303 14f.; BTMB/*Zingel/Oppenheim* § 303 Rn. 2; Brinkhaus/Scherer/*Pfüller* AuslInvestmG § 5 Rn. 9; *Baur* AuslInvestmG § 5 Rn. 5; zum Verschulden beim Einsatz eines Übersetzungsbüros vgl. WBA/*Paul* § 303 Rn. 15).

III. Maßgeblichkeit des deutschen Wortlauts (Abs. 1 S. 2, Abs. 2)

9 Für den Fall, dass neben der dt. Originalfassung oder Übersetzung weitere von dieser abweichende Sprachfassungen existieren, bestimmt **§ 303 I 2** für **AIF und inländische OGAW,** dass der dt. Wortlaut der in § 297 I–IV u. VIII genannten Unterlagen und der in § 303 I 1 genannten Unterlagen u. Veröffentlichungen maßgeblich ist. Das heißt, dass für die Klärung von Rechtsfragen allein die dt. Sprachfassung heranzuziehen ist und eine Berufung auf den Inhalt anderer Sprachfassungen nicht möglich ist (vgl. BSV/*Yerlikaya* § 303 Rn. 8). Dies umfasst auch die Klärung von Rechtsfragen im Rahmen der Prospekthaftung.

10 Für **EU-OGAW** (s. § 1 II u. VIII) bestimmt **§ 303 II 1,** dass der dt. Wortlaut der wesentlichen Anlegerinformationen im Hinblick auf die Ansprüche des Anlegers aus Prospekthaftung nach § 306 maßgeblich ist. Im Übrigen muss der Anleger auch eine andere Sprachfassung gegen sich gelten lassen, soweit nicht freiwillig eine deutsche Übersetzung erstellt wurde (vgl. § 303 II 2).

§ 304 Kostenvorausbelastung

Wurde die Abnahme von Anteilen oder Aktien für einen mehrjährigen Zeitraum vereinbart, so darf von jeder der für das erste Jahr vereinbarten Zahlungen höchstens ein Drittel für die Deckung von Kosten verwendet werden, die restlichen Kosten müssen auf alle späteren Zahlungen gleichmäßig verteilt werden.

Schrifttum: *Roegele/Görke* Novelle des Investmentgesetzes, BKR 2007, 393.

I. Allgemeines

1 § 304 regelt die **Kostenvorausbelastung bei Investment-Sparplänen,** bei denen sich der Anleger zu best. Spareinlagen zwecks Anlage in ein oder mehrere Investmentvermögen verpflichtet. Für den Anleger hat die Kostenvorausbelastung zur Folge, dass am Anfang der Sparphase nur ein geringer Anteil seiner Zahlungen in Investmentanteile investiert wird. Dies wirkt sich insb. dann negativ aus, wenn der Anleger seinen Sparplan vorzeitig beendet (ähnlich BSV/*Schmies* InvG § 125 Rn. 3; *Baur* KAGG § 22 Rn. 1). Durch das Verbot einer übermäßigen Kosten-

vorausbelastung soll der Schutz des Anlegers erhöht werden, ohne die Anreize zum Vertrieb von auf Investmentfonds bezogenen Sparplänen ganz abzuschaffen (BT-Drs. V/3494, 19).

Die Vorschrift erfasst im Rahmen ihres Anwendungsbereichs (→ § 297 Rn. 3ff.) **alle OGAW und AIF** (vgl. *Roegele/Görke* BKR 2007, 393 (400)). Für ausl. AIF und EU-AIF verlangt § 317 I Nr. 7 Buchst. i als Voraussetzung für den Vertrieb im Geltungsbereich des KAGB, dass die Anlagebedingungen, die Satzung oder der Gesellschaftsvertrag vorsehen, dass eine Kostenvorausbelastung nach § 304 eingeschränkt ist. Eine vergleichbare Regelung gibt es nicht für EU-OGAW. 2

§ 304 erfasst **alle Fonds-Sparpläne** unabhängig davon, ob sie von einer Verwaltungsgesellschaft oder einem WpDU angeboten werden (EDD/*Baum/Winzek* § 304 Rn. 4; MKJ/*Merk* § 304 Rn. 3; Hess. VGH 1.10.2014 – 6 A 923/13, 11ff.; aA *Baur* KAGG § 22 Rn. 7). § 304 beschränkt den Adressatenkreis nicht auf Verwaltungsgesellschaften (→ § 297 Rn. 4ff.). Entsprechend regelt § 63 VII 7 WpHG, dass § 304 von den Vorschriften des WpHG unberührt bleiben soll. § 304 ist auch von EU-OGAW-Verwaltungsgesellschaften iSv § 51 I und deren Zweigniederlassungen, die im Inland Tätigkeiten gem. § 20 II erbringen, zu beachten (§ 51 IV 1 u. 3). Für **registrierte AIF-Kapitalverwaltungsgesellschaften** iSv § 2 IV–VII gilt § 304 nicht, da dort nicht auf § 304 verwiesen wird. 3

§ 304 entspricht im Wesentlichen § 125 InvG, der aus § 22 (zuvor § 18a) KAGG und § 2 I Nr. 4 Buchst. c AuslInvestmG hervorgegangen ist. Die Regelung erstreckt sich erst seit dem InvÄndG auch auf Sparpläne in Bezug auf Anteile und Aktien an EU-OGAW (s. etwa EDDH/*Baum* 1. Aufl. 2013 InvG § 125 Rn. 4ff.). 4

§ 1 I Nr. 8 AltZertG enthält für Altersvorsorgeverträge eine eigene Regelung zur Vorausbelastung von Kosten und ist *lex specialis* zu § 304 (iE BGH 7.11.2012 – IV ZR 292/10, NJW 2013, 368). Dies wird (noch zur Vorgängernorm des § 125 InvG) ausdrücklich durch § 2a S. 2 AltZertG klargestellt. 5

II. Verbot der Kostenvorausbelastung bei Sparplänen

1. Vereinbarung der Anteilsabnahme für einen mehrjährigen Zeitraum. 6
Der Anleger muss sich **zur Abnahme von Anteilen oder Aktien verpflichten.** Nimmt der Anleger ohne rechtliche Verpflichtung in regelmäßigen Abständen Anteile oder Aktien ab, ist eine Kostenvorausbelastung nicht möglich, da nicht feststeht, in welcher Höhe letztendlich Kosten entstehen werden (MKJ/*Merk* § 304 Rn. 6; BTMB/*Zingel/Oppenheim* § 304 Rn. 5; aA EDD/*Baum/Winzek* § 304 Rn. 10; BSV/*Kunschke* § 304 Rn. 4). Ein **mehrjähriger Zeitraum** ist jedenfalls ab einer Vertragsdauer von zwei Jahren gegeben (vgl. auch EDD/*Baum/Winzek* § 304 Rn. 6).

2. Verbot der übermäßigen Kostenvorausbelastung. Im Voraus belastete 7
Kosten sind insb. die für den Abschluss und Vertrieb des Sparplans. Aus § 304 folgt im Umkehrschluss, dass mind. zwei Drittel der **für das erste Jahr vereinbarten Zahlungen** tats. in Anteile mit entspr. Wert angelegt werden müssen (BSV/*Kunschke* § 304 Rn. 1; BSV/*Beckmann* AuslInvestmG § 2 Rn. 112). Werden im ersten Jahr freiwillig zusätzliche oder höhere Zahlungen geleistet, dürfen diese nicht der Kostenvorausbelastung unterworfen werden (BSV/*Schmies* InvG § 125 Rn. 7; BSV/*Beckmann* AuslInvestmG § 2 Rn. 117). Die zulässige Belastung der sich **an das erste Jahr anschließenden Zahlungen** wird ermittelt, indem die restlichen Kosten durch die Anzahl der für die Folgejahre vereinbarten Zahlungen dividiert werden.

8 Werden für das erste Jahr **vereinbarte Sparbeiträge nicht geleistet,** verlängert sich der Zeitraum, in dem ein Drittel der jeweiligen Zahlung zur Kostendeckung verwendet werden darf, bis der für das erste Jahr vereinbarte Betrag erreicht ist (*Baur* KAGG § 22 Rn. 3; BSV/*Beckmann* AuslInvestmG § 2 Rn. 114; aA BSV/*Schmies* InvG § 125 Rn. 7; EDDH/*Baum* 1. Aufl. 2013 InvG § 125 Rn. 21; BTMB/*Zingel/Oppenheim* § 304 Rn. 5). Bleiben im Anschluss an das erste Jahr vereinbarte Zahlungen aus, ist der Kostenanteil für die restlichen Sparraten neu zu berechnen, in dem die Restkosten auf die verbliebenen noch zu leistenden Sparraten verteilt werden (BSV/*Schmies* InvG § 125 Rn. 8; BSV/*Beckmann* § 2 Rn. 115).

9 Um den Anleger zu schützen, ist § 304 **weit auszulegen.** Daher stellt es einen Verstoß gegen § 304 dar, wenn zwischen dem Anleger und einem zur Absatzorganisation des Sparplananbieters gehörenden Vermittler eine in Raten zu zahlende Provision für die Vermittlung eines Sparplans vereinbart und der kontoführende Sparplananbieter zum Zwecke der Tilgung dieser Schuld vom Anleger angewiesen wird, während eines best. Zeitraums von den Leistungen auf den Sparvertrag Zahlungen an den Vermittler zu leisten, deren Höhe den von § 304 gesteckten Rahmen überschreitet. Hiervon ist der Fall zu unterscheiden, dass der Anleger die mit dem Dritten vereinbarten Provisionen, die zusätzlich zu den mit dem Sparplananbieter vereinbarten Zahlungen zu leisten sind, selbst unmittelbar an diesen Dritten zahlt (vgl. aber EDD/*Baum/Winzek* § 304 Rn. 13; BSV/*Kunschke* § 304 Rn. 6; BTMB/*Zingel/Oppenheim* § 304 Rn. 3). Auch ein Vermögensverwaltungsvertrag, durch den ein Erwerb von Anteilen oder Aktien an einem Investmentvermögen vereinbart wird, muss sich in dem von § 304 gesteckten Rahmen halten (so auch Hess. VGH 1.10.2014 – 6 A 923/13, 11 ff.; ebenso EDDH/*Baum* 1. Aufl. 2013 InvG § 125 Rn. 19).

III. Rechtsfolgen

10 Die **BaFin** hat gem. § 5 V die Aufgabe, die Einhaltung des § 304 durch die Verwaltungsgesellschaften und durch andere von der Bundesanstalt beaufsichtigte Unternehmen zu überwachen. Ermächtigungsgrundlage für ein Vorgehen gegen KVG und durch andere von der Bundesanstalt beaufsichtigte Unternehmen ist § 5 VI (vgl. Hess. VGH 1.10.2014 – 6 A 923/13, 20 f.). Bei einem erheblichen Verstoß gegen die Anlagebedingungen, die Satzung oder den Gesellschaftsvertrag durch die Nichterfüllung der Pflichten aus § 304 kann die BaFin den weiteren Vertrieb der Anteile oder Aktien eines EU-AIF oder eines ausl. AIF nach § 314 I Nr. 8 untersagen. § 314 kommt als Ermächtigungsgrundlage aber nur in Betracht, soweit § 11 nicht anwendbar ist. Gegen EU-OGAW-Verwaltungsgesellschaften, die im Geltungsbereich des KAGB Sparpläne anbieten, kann die BaFin auf der Grundlage von § 51 V u. ggf. VI vorgehen. Denn gem. § 51 IV 1 u. 3 haben EU-OGAW-Verwaltungsgesellschaften und deren Zweigniederlassungen § 304 zu beachten. Bei EU-OGAW richten sich die Befugnisse der Bundesanstalt nach § 311. Gegen WpDU kann die BaFin grundsätzlich auch nach § 6 II 1 WpHG iVm § 63 VII 7 WpHG vorgehen (vgl. zur Vorgängernorm des § 31 I Nr. 1 u. 2 WpHG Hess. VGH 1.10.2014 – 6 A 923/13, WM 2015, 282).

11 § 304 ist ein **Verbotsgesetz** iSv § 134 BGB, wobei die Nichtigkeit nach § 139 BGB auf die unzulässige Kostenvorausbelastung beschränkt bleibt (*Baur* KAGG § 22 Rn. 6; EDD/*Baum/Winzek* § 304 Rn. 15 f.; MKJ/*Merk* § 304 Rn. 9; WBA/*Paul* § 304 Rn. 6 ff). Zudem kann der Anleger gem. **§ 823 II BGB iVm § 304** verlangen, so gestellt zu werden, wie er stünde, wenn für den unzulässig abgezogenen

Kostenbetrag weitere Anteile an dem entspr. Investmentvermögen gekauft worden wären (*Baur* KAGG § 22 Rn. 6, EDD/*Baum*/*Winzek* § 304 Rn. 17; BTMB/*Zingel*/*Oppenheim* § 304 Rn. 6).

§ 305 Widerrufsrecht

(1) [1]**Ist der Käufer von Anteilen oder Aktien eines offenen Investmentvermögens durch mündliche Verhandlungen außerhalb der ständigen Geschäftsräume desjenigen, der die Anteile oder Aktien verkauft oder den Verkauf vermittelt hat, dazu bestimmt worden, eine auf den Kauf gerichtete Willenserklärung abzugeben, so ist er an diese Erklärung nur gebunden, wenn er sie nicht innerhalb einer Frist von zwei Wochen bei der Verwaltungsgesellschaft oder einem Repräsentanten im Sinne des § 319 in Textform widerruft; dies gilt auch dann, wenn derjenige, der die Anteile oder Aktien verkauft oder den Verkauf vermittelt, keine ständigen Geschäftsräume hat.** [2]**Bei Fernabsatzgeschäften gilt § 312g Absatz 2 Nummer 8 des Bürgerlichen Gesetzbuchs entsprechend.**

(2) [1]**Zur Wahrung der Frist genügt die rechtzeitige Absendung der Widerrufserklärung.** [2]**Die Widerrufsfrist beginnt erst zu laufen, wenn dem Käufer die Durchschrift des Antrags auf Vertragsabschluss ausgehändigt oder eine Kaufabrechnung übersandt worden ist und in der Durchschrift oder der Kaufabrechnung eine Belehrung über das Widerrufsrecht enthalten ist, die den Anforderungen des Artikels 246 Absatz 3 Satz 2 und 3 des Einführungsgesetzes zum Bürgerlichen Gesetzbuche genügt.** [3]**Ist der Fristbeginn nach Satz 2 streitig, trifft die Beweislast den Verkäufer.**

(3) **Das Recht zum Widerruf besteht nicht, wenn der Verkäufer nachweist, dass**

1. **der Käufer kein Verbraucher im Sinne des § 13 des Bürgerlichen Gesetzbuchs ist oder**
2. **er den Käufer zu den Verhandlungen, die zum Verkauf der Anteile oder Aktien geführt haben, auf Grund vorhergehender Bestellung gemäß § 55 Absatz 1 der Gewerbeordnung aufgesucht hat.**

(4) **Ist der Widerruf erfolgt und hat der Käufer bereits Zahlungen geleistet, so ist die Kapitalverwaltungsgesellschaft, die EU-Verwaltungsgesellschaft oder die ausländische AIF-Verwaltungsgesellschaft verpflichtet, dem Käufer, gegebenenfalls Zug um Zug gegen Rückübertragung der erworbenen Anteile oder Aktien, die bezahlten Kosten und einen Betrag auszuzahlen, der dem Wert der bezahlten Anteile oder Aktien am Tag nach dem Eingang der Widerrufserklärung entspricht.**

(5) **Auf das Recht zum Widerruf kann nicht verzichtet werden.**

(6) **Die Vorschrift ist auf den Verkauf von Anteilen oder Aktien durch den Anleger entsprechend anwendbar.**

(7) [1]**Das Widerrufsrecht in Bezug auf Anteile und Aktien eines geschlossenen Investmentvermögens richtet sich nach dem Bürgerlichen Gesetzbuch.** [2]**Das Widerrufsrecht in Bezug auf Anteile und Aktien eines europäischen langfristigen Investmentfonds im Sinne der Verordnung (EU) 2015/760 richtet sich nach Artikel 30 dieser Verordnung.**

(8) [1]**Anleger, die vor der Veröffentlichung eines Nachtrags zum Verkaufsprospekt eine auf den Erwerb eines Anteils oder einer Aktie eines geschlossenen Publikums-AIF gerichtete Willenserklärung abgegeben haben, können diese innerhalb einer Frist von zwei Werktagen nach Veröffentlichung des Nachtrags widerrufen, sofern noch keine Erfüllung eingetreten ist.** [2]**Der Widerruf muss keine Begründung enthalten und ist in Textform gegenüber der im Nachtrag als Empfänger des Widerrufs bezeichneten Verwaltungsgesellschaft oder Person zu erklären; zur Fristwahrung reicht die rechtzeitige Absendung. Auf die Rechtsfolgen des Widerrufs ist § 357b des Bürgerlichen Gesetzbuchs entsprechend anzuwenden.**

Schrifttum: *Markwardt/Kracke* Auf dem Prüfstand: Das Widerrufsrecht nach § 11 Abs. 2 VermAnlG (Vermögensanlagengesetz)", BKR 2012, 149; *Veltmann* Instrumente des Anlegerschutzes im Investmentrecht, 2007.

Inhaltsübersicht

Rn.

I. Allgemeines . . . 1
II. Widerrufsrecht bei offenen Investmentvermögen . . . 4
1. Voraussetzungen des Widerrufsrechts (Abs. 1 u. 2) . . . 4
a) Abgabe einer auf den Kauf gerichteten Willenserklärung . . . 4
b) Bestimmung durch mündliche Verhandlungen . . . 5
c) Außerhalb der ständigen Geschäftsräume . . . 6
d) Gewerbsmäßig handelnder Verkäufer oder Verkaufsvermittler . . . 7
2. Widerruf der Willenserklärung . . . 8
a) Widerrufserklärung . . . 8
b) Adressat der Widerrufserklärung . . . 9
c) Widerrufsfrist . . . 10
3. Kein Ausschluss des Widerrufsrechts (Abs. 3) . . . 12
a) Käufer kein Verbraucher . . . 13
b) Verhandlungen aufgrund vorhergehender Bestellung . . . 14
4. Rechtsfolgen des Widerrufs (Abs. 4) . . . 15
5. Kein Verzicht auf das Widerrufsrecht (Abs. 5) . . . 16
6. Widerrufsrecht bei Anteilsverkäufen (Abs. 6) . . . 17
III. Widerrufsrecht bei Nachtrag zum Verkaufsprospekt (Abs. 8) . . . 18
1. Voraussetzungen des Widerrufsrechts . . . 19
a) Abgabe einer auf den Erwerb eines Anteils oder einer Aktie an einem geschlossenen Publikums-AIF gerichteten Willenserklärung . . . 19
b) Vor der Veröffentlichung eines Nachtrags zum Verkaufsprospekt . . . 20
2. Widerruf der Willenserklärung . . . 21
a) Widerrufserklärung und Adressat . . . 21
b) Widerrufsfrist . . . 22
c) Kein Eintritt der Erfüllung . . . 23
3. Rechtsfolgen des Widerrufs . . . 24

I. Allgemeines

1 Das investmentrechtliche Widerrufsrecht in § 305 I–VI in Bezug auf Anteile oder Aktien an **offenen Investmentvermögen** entspricht im Wesentlichen § 126 InvG, der wiederum auf § 11 AuslInvestmG und § 23 (zuvor § 18b) KAGG zurück-

geht. Es soll dem Anleger ein Mittel an die Hand geben werden, mit dem er sich von einer Willenserklärung wieder lösen kann, zu der er durch **Überrumpelung** bestimmt worden ist (→ Rn. 4 ff.). Der Begriff des offenen Investmentvermögens wird in § 1 IV definiert. In Bezug auf Anteile und Aktien an **geschlossenen Investmentvermögen** (s. § 1 V, §§ 352 a f.) verweist § 305 VII auf das Widerrufsrecht des BGB und enthält § 305 VIII ein spezielles Widerrufsrecht bei **Veröffentlichung eines Nachtrags zum Verkaufsprospekt,** das auf § 11 II VermAnlG zurückgeht. Mit dem Widerrufsrecht nach § 305 VIII erhält der Anleger ein Instrument, sich in sehr engen Grenzen vor einer Investitionsentscheidung zu lösen (→ Rn. 18 ff.).

§ 305 gilt im Rahmen des Anwendungsbereichs der §§ 297 ff. (→ § 297 Rn. 3 ff.) 2
für den Vertrieb und den Erwerb von Anteilen und Aktien von inländischen OGAW und Publikums-AIF sowie von zum Vertrieb im Inland berechtigten EU-AIF, EU-OGAW und ausl. AIF (vgl. § 294 S. 1, § 295 IV, § 1 II, III, VI–IX). In Bezug auf die genannten AIF ist der Anwendungsbereich des § 305 weiter auf den Erwerb von Anteilen und Aktien durch Privatanleger (s. § 1 XIX Nr. 31) beschränkt. Aufgrund des Verweises in § 307 II auf § 305 gilt er entsprechend auch für professionelle Anleger und semi-professionelle Anleger iSv § 1 XIX Nr. 32 u. 33, soweit die Voraussetzungen hierfür erfüllt sind (vgl. Regierungsbegründung BT-Drs. 17/12294, 283). Dabei kommt das Widerrufsrecht nach § 305 VIII nicht zum Tragen, da im Bereich der professionellen und semi-professionellen Anleger keine Veröffentlichung von Nachträgen vorgesehen ist. Für **registrierte AIF-Kapitalverwaltungsgesellschaften** iSv § 2 IV–VII gilt § 305 nicht, da dort nicht auf § 305 verwiesen wird.

Zum **Verhältnis des § 305 I–VI zu anderen Widerrufsrechten** (zB § 312 g I 3
BGB): Das Widerrufsrecht in § 312 g I BGB besteht nach § 312 g III BGB nicht bei Verträgen, bei denen dem Verbraucher bereits ein Widerrufsrecht nach § 305 I–VI zusteht. Nach § 312 g II Nr. 8 BGB, der von § 305 I 2 bei Fernabsatzverträgen für entspr. anwendbar erklärt wird, besteht das Widerrufsrecht nicht bei Verträgen über Finanzdienstleistungen, deren Preis auf dem Finanzmarkt Schwankungen unterliegt, auf die der Unternehmer keinen Einfluss hat und die innerhalb der Widerrufsfrist auftreten können, insb. Dienstleistungen im Zusammenhang mit Anteilsscheinen, die von einer Verwaltungsgesellschaft ausgegeben werden.

II. Widerrufsrecht bei offenen Investmentvermögen

1. Voraussetzungen des Widerrufsrechts (Abs. 1 u. 2). a) Abgabe einer 4
auf den Kauf gerichteten Willenserklärung. Unerheblich ist, ob die Willenserklärung auf den **einmaligen oder wiederholten Erwerb von Anteilen oder Aktien** in Form eines Investment-Sparplans gerichtet ist (BSV/*Schmies* InvG § 126 Rn. 3; EDD/*Süßmann* § 305 Rn. 4; BTMB/*Zingel/Oppenheim* § 305 Rn. 2). Unerheblich ist auch, ob sich die Willenserklärung auf bestimmte Anteile bzw. Aktien bezieht oder einem Dritten ein **Ermessen bei der Auswahl der Anteile** bzw. Aktien eingeräumt wird (EDD/*Süßmann* § 305 Rn. 4; BTMB/*Zingel/Oppenheim* § 305 Rn. 2; *Baur* KAGG § 23 Rn. 17). Der Zugang der Willenserklärung ist nach dem Wortlaut von § 305 keine Voraussetzung für das investmentrechtliche Widerrufsrecht. Solange die Willenserklärung dem Verkäufer nicht zugegangen und ein **Widerruf nach § 130 I 2 BGB** möglich ist, kommt es auf die Voraussetzungen von § 305 allerdings nicht an (BSV/*Schmies* InvG § 126 Rn. 3).

5 **b) Bestimmung durch mündliche Verhandlungen.** Unter den Begriff der **mündlichen Verhandlungen** fallen grundsätzlich auch telefonische Verhandlungen (EDD/*Süßmann* § 305 Rn. 5; BTMB/*Zingel/Oppenheim* § 305 Rn. 4; *Baur* KAGG § 23 Rn. 18), allerdings erklärt § 305 I 2 bei Fernabsatzverträgen iSv § 312c BGB den Ausschluss des Widerrufsrechts nach § 312g II Nr. 8 BGB für entspr. anwendbar. Anders als der geänderte § 312g I BGB setzt § 305 I 1 KAGB weiterhin voraus, dass der Käufer durch mündliche Verhandlungen zu seiner Willenserklärung **bestimmt** wird. Dies ist der Fall, wenn der Käufer durch die Überrumpelungssituation entscheidend zur Abgabe der zum Vertragsschluss führenden Willenserklärung veranlasst wurde (vgl. entspr. Palandt/*Grüneberg* 73. Auflage 2014 BGB § 312 Rn. 13). Die Willenserklärung muss allerdings **nicht während der mündlichen Verhandlungen** abgegeben werden (EDD/*Süßmann* § 305 Rn. 5). Entsprechend der BGH-Rspr. zum Haustürwiderrufsrecht reicht es aus, dass der Vertrag ohne die mündlichen Verhandlungen nicht oder nicht so zustande gekommen wäre (BGH 8.12.1995 – LwZR 1/95, NJW 1996, 926 (928)). Ein enger zeitlicher Zusammenhang zwischen mündlichen Verhandlungen und Abgabe der Willenserklärung ist nicht erforderlich, solange der Überrumpelungseffekt noch fortdauert oder die Entschließungsfreiheit des Käufers infolge der mündlichen Verhandlungen noch beeinträchtigt ist (BGH 24.3.2009 –XI ZR 456/07, NJW-RR 2009, 1275 (1276f.); Palandt/*Grüneberg* 73. Auflage 2014 BGB § 312 Rn. 13; BTMB/*Zingel/Oppenheim,* § 305 Rn. 4; MKJ/*Merk* § 305 Rn. 12 mwN; aA EDD/*Süßmann* § 305 Rn. 5; BSV/*Yerlikaya* § 305 Rn. 7; *Baur* KAGG § 23 Rn. 21).

6 **c) Außerhalb der ständigen Geschäftsräume. Ständige Geschäftsräume** sind in Anlehnung an § 312b II 1 BGB unbewegliche Gewerberäume, in denen der Verkäufer oder Vermittler seine Tätigkeit dauerhaft ausübt, und bewegliche Gewerberäume, in denen der Verkäufer oder Vermittler seine Tätigkeit für gewöhnlich ausübt. Hierunter fallen nicht Werbestände des Verkäufers oder Vermittlers auf einer Messe oder Veranstaltung (WBA/*Paul* § 305 Rn. 13). Nach Sinn und Zweck des § 305 I, der den Käufer vor den Folgen unüberlegter Erklärungen in Folge einer Überrumpelung schützen möchte, müssen die Geschäftsräume des Gewerbetreibenden auch als solche erkennbar sein (BSV/*Yerlikaya* § 305 Rn. 8; *Baur* KAGG § 23 Rn. 19). Nach § 305 I 1 2. Hs. ist nicht erforderlich, dass der Verkäufer oder Vermittler überhaupt ständige Geschäftsräume hat (BSV/*Yerlikaya* § 305 Rn. 9; BTMB/*Zingel/Oppenheim* § 305 Rn. 5; EDD/*Süßmann* § 305 Rn. 6).

7 **d) Gewerbsmäßig handelnder Verkäufer oder Verkaufsvermittler.** Auch wenn dies im Gesetz nicht ausdrücklich erwähnt wird, muss der Verkäufer oder Vermittler gewerbsmäßig handeln (*Baur* KAGG § 23 Rn. 17). Dies ergibt sich aus der Entstehungsgeschichte der Norm, mit der der Gesetzgeber auf Verstöße gegen das Verbot des Anteilsverkaufs im Reisegewerbe reagiert hat (BSV/*Schmies* InvG § 126 Rn. 6).

8 **2. Widerruf der Willenserklärung. a) Widerrufserklärung.** Der Widerruf ist eine **empfangsbedürftige Willenserklärung,** die mit Zugang beim Erklärungsempfänger gem. § 130 I 1 BGB wirksam wird. Da der Widerruf ein **Gestaltungsrecht** ist, ist er bedingungsfeindlich und unwiderruflich (vgl. MüKoBGB/*Fritsche* § 355 Rn. 46; *Baur* KAGG § 23 Rn. 29). Der Widerruf muss nicht als solcher bezeichnet werden. Es reicht aus, dass der Käufer zum Ausdruck bringt, dass er an seine auf den Kauf von Anteilen gerichtete Willenserklärung nicht mehr gebunden sein möchte (MKJ/*Merk* § 305 Rn. 18). Der Widerruf hat in **Textform** nach § 126b BGB zu erfolgen.

b) Adressat der Widerrufserklärung. Adressat ist gem. §305 I 1 die Verwaltungsgesellschaft oder deren Repräsentant iSv §319. Sollte der Verkäufer nicht die Verwaltungsgesellschaft, sondern ein Dritter sein, ist die Widerrufserklärung nach dem Wortlaut des Gesetzes ebenfalls an die vorstehend genannten Adressaten zu richten (MKJ/*Merk* §305 Rn. 20; *Baur* KAGG §23 Rn. 22). In diesem Fall würde allerdings die Widerrufserklärung an einen anderen als an den Vertragspartner gerichtet. Zudem wäre die Beweislastverteilung in Abs. 2 S. 2 und Abs. 3 nicht stimmig. Daher ist davon auszugehen, dass der **Zweiterwerb** von einem Dritten nicht von §305 erfasst wird (vgl. *Veltmann* S. 83f.). Eine analoge Anwendung des §305 auf den Zweiterwerb kommt mangels planwidriger Regelungslücke nicht in Betracht (aA *Veltmann* S. 83f.), denn Sinn und Zweck der vom BGB abweichenden Regelung der Widerrufsfolgen ist die Schonung des Fondsvermögens und der anderen Anteilsinhaber (→Rn. 15), die beim Zweiterwerb nicht erforderlich ist. 9

c) Widerrufsfrist. Obwohl der Widerruf eine empfangsbedürftige Willenserklärung ist, die erst mit Zugang beim Erklärungsempfänger gem. §130 I 1 BGB wirksam wird, ist gem. §305 II zur **Wahrung der zweiwöchigen Widerrufsfrist** die rechtzeitige Absendung der Widerrufserklärung ausreichend. §305 II trifft allerdings nur eine Regelung zur Fristwahrung und befreit den Käufer nicht von dem Erfordernis des Zugangs des Widerrufs (BSV/*Yerlikaya* §305 Rn. 15; EDD/*Süßmann* §305 Rn. 7). Die Berechnung der Widerrufsfrist richtet sich nach den §§187ff. BGB. 10

Da der Käufer die **Beweislast** für die rechtzeitige Absendung und den Zugang des Widerrufs trägt (EDD/*Süßmann* §305 KAGB Rn. 7), sollte er die Widerrufserklärung in einer dies nachweisenden Art und Weise abgeben. Im Gegensatz hierzu trägt der Verkäufer gem. §305 II 3 die Beweislast für den **Beginn der Widerrufsfrist.** Aus §305 II 2 folgt, dass der Verkäufer hierfür nachweisen muss, dass die Durchschrift bzw. Kaufabrechnung dem Anleger zugegangen ist und die darin enthaltene Widerrufsbelehrung den Anforderungen des Art. 246 III 2 u. 3 EGBGB genügt. 11

3. Kein Ausschluss des Widerrufsrechts (Abs. 3). §305 III enthält eine abschließende Aufzählung von zwei Tatbeständen, die zu einem Ausschluss des Widerrufsrechts führen und deren Vorliegen der Verkäufer zu beweisen hat: 12

a) Käufer kein Verbraucher. Ein Widerrufsrecht besteht nicht, wenn der Käufer kein Verbraucher ist. Verbraucher sind nach §13 BGB natürliche Personen, die ein Rechtsgeschäft zu einem Zwecke abschließen, der weder ihrer gewerblichen noch ihrer selbstständigen beruflichen Tätigkeit zugerechnet werden kann. Das auf den Anteilserwerb gerichtete Rechtsgeschäft einer natürlichen Person darf daher weder ihrer gewerblichen noch ihrer selbständigen beruflichen Tätigkeit zuzurechnen sein. 13

b) Verhandlungen aufgrund vorhergehender Bestellung. Ein Widerrufsrecht ist auch dann ausgeschlossen, wenn der Verkäufer den Käufer zu den mündlichen Verhandlungen außerhalb der ständigen Geschäftsräume aufgrund einer vorhergehenden Bestellung aufgesucht hat. Eine **vorhergehende Bestellung** liegt vor, wenn der Käufer ohne Beeinträchtigung seiner rechtlichen Entscheidungsfreiheit um den Besuch des Verkäufers gebeten hat (BSV/*Yerlikaya* §305 Rn. 18; MKJ/*Merk* §305 Rn. 22; *Baur* KAGG §23 Rn. 28; zur Sinnhaftigkeit des Verweises auf §55 GewO vgl. BSV/*Yerlikaya* §305 Rn. 19; WBA/*Paul* §305 Rn. 27). Die 14

Entscheidungsfreiheit ist in Anlehnung an die BGH-Rspr. zum Haustürwiderrufsrecht (BGH WM 1989, 1800 (1802)) als beeinträchtigt anzusehen, wenn die Bestellung durch den Käufer in Folge einer Überrumpelung seitens des Verkäufers oder Verkaufsvermittlers erfolgte (vgl. BSV/*Yerlikaya* § 305 Rn. 18; BTMB/*Zingel*/*Oppenheim* § 305 Rn. 9; *Baur* KAGG § 23 Rn. 28). Nach dem Wortlaut des § 305 III Nr. 2 bildet nur die Bestellung des Verkäufers, nicht jedoch die des Verkaufsvermittlers einen Ausschlussgrund. Ein Grund hierfür ist jedoch nicht ersichtlich.

15 **4. Rechtsfolgen des Widerrufs (Abs. 4).** Rechtsfolge des Widerrufs ist gem. § 305 I 1 1. Hs., dass der Käufer an seine auf den Kauf gerichtete Willenserklärung **nicht gebunden** ist. § 305 IV sieht eine von § 357b BGB abweichende Regelung der Widerrufsfolgen vor: Um zu vermeiden, dass Kursverluste während der Widerrufsfrist zu Lasten des Fondsvermögens und damit der übrigen Anteilsinhaber gehen (BT-Drs. V/3494, 23), erhält der Käufer nicht den von ihm gezahlten Kaufpreis zurück, sondern den **Anteilswert am Tage nach dem Eingang der Widerrufserklärung.** Zudem hat die Verwaltungsgesellschaft dem Käufer die aufgrund des Erwerbsvertrags **gezahlten Kosten** auszuzahlen (BSV/*Yerlikaya* § 305 Rn. 22). Hierzu gehört der vom Käufer geleistete Ausgabeaufschlag, nicht aber die Depotgebühren seiner Bank (BSV/*Schmies* InvG § 126 Rn. 19; BTMB/*Zingel*/*Oppenheim* § 305 Rn. 10; aA MKJ/*Merk* § 305 Rn. 24; *Baur* KAGG § 23 Rn. 34; Brinkhaus/Scherer/*Schödermeier*/*Baltzer* KAGG § 23 Rn. 11; EDD/*Süßmann* § 305 Rn. 16; für eine Übersicht zum Streitstand vgl. BSV/*Yerlikaya* § 305 Rn. 22).

16 **5. Kein Verzicht auf das Widerrufsrecht (Abs. 5).** Der Schutz des Anlegers wird in **Abs. 5** dadurch verstärkt, dass er **auf das Widerrufsrecht nicht verzichten** kann. Dies gilt grundsätzlich unabhängig davon, ob der Verzicht mit Abgabe der Erwerbserklärung oder nachträglich erklärt wird (BTMB/*Zingel*/*Oppenheim* § 305 Rn. 11; *Baur* KAGG § 23 Rn. 37; zu § 312k BGB vgl. MüKoBGB/*Wendehorst* § 312k Rn. 5f.; BeckOK BGB/*Maume* § 312m Rn. 5; aA WBA/*Paul* § 305 Rn. 29; BSV/*Yerlikaya* § 305 Rn. 25ff. BSV/*Beckmann* KAGG § 23 Rn. 14; MKJ/*Merk* § 305 Rn. 26ff.). Eine **Verwirkung** des Widerrufsrechts nach § 242 BGB ist jedoch grds. möglich (BSV/*Yerlikaya* § 305 Rn. 27; vgl. auch Brinkhaus/Scherer/*Schödermeier*/*Baltzer* KAGG § 23 Rn. 12; EDD/*Süßmann* § 305 Rn. 17; BTMB/*Zingel*/*Oppenheim* § 305 Rn. 11; aA OLG Karlsruhe 23.12.2005 – 13 U 56/02, WM 2006, 676 (678)), allerdings nur unter strengen Voraussetzungen (zur Parallelproblematik beim Haustürwiderruf vgl. BGH 18.10.2004 – II ZR 352/02, NJW-RR 2005, 180 (182); vgl. zur Frage der Verwirkung des Widerrufsrechts auch BeckOGK/*Mörsdorf* BGB § 355 Rn. 91f.).

17 **6. Widerrufsrecht bei Anteilsverkäufen (Abs. 6). Absatz 6** dehnt den Überrumpelungsschutz des § 305 auf die Abgabe einer auf den Verkauf gerichteten Willenserklärung durch den Anleger aus. Die vorstehenden Ausführungen gelten daher entsprechend, wenn der Anleger aufgrund von mündlichen Verhandlungen außerhalb der ständigen Geschäftsräume der Verwaltungsgesellschaft oder eines Vermittlers eine auf den Verkauf gerichtete Willenserklärung abgegeben hat, ohne dass ein Ausschlussgrund nach Abs. 3 gegeben ist. Mit dem Verkauf ist in diesem Zusammenhang die Anteilsrückgabe gemeint (MKJ/*Merk* § 305 Rn. 28).

III. Widerrufsrecht bei Nachtrag zum Verkaufsprospekt (Abs. 8)

Absatz 8 ist an § 11 II 1–3 VermAnlG angelehnt und gewährt – neben dem Widerrufsrecht nach Abs. 7 iVm dem BGB – ein eng beschränktes Widerrufsrecht für den Fall der Veröffentlichung eines Nachtrags zum Verkaufsprospekt. Es bezieht sich ausschließlich auf den Erwerb von inländischen geschlossenen Publikums-AIF. 18

1. Voraussetzungen des Widerrufsrechts. a) Abgabe einer auf den Erwerb eines Anteils oder einer Aktie an einem geschlossenen Publikums-AIF gerichteten Willenserklärung. Zum Begriff des inländischen geschlossenen Publikums-AIF vgl. § 1 V–VII. Im Übrigen → Rn. 4. 19

b) Vor der Veröffentlichung eines Nachtrags zum Verkaufsprospekt. Die Pflicht zur Veröffentlichung eines Nachtrags ist für inländische geschlossene Publikums-AIF in § 316 V und für geschlossene EU-AIF und geschlossene ausl. AIF in § 320 IV 3 iVm § 316 V geregelt (zur Nachtragspflicht → § 316 Rn. 37). In § 316 V ist auch geregelt, dass ein Nachtrag nur bei Änderungen zu veröffentlichen ist, die einen neuen Umstand oder eine wesentliche Unrichtigkeit in Bezug auf die im Verkaufsprospekt enthaltenen Angaben, die die Beurteilung des AIF oder der Verwaltungsgesellschaft beeinflussen könnten, enthalten. Dementsprechend können auch bei dem Widerrufsrecht zwei verschiedene Fallkonstellationen unterschieden werden: der Widerruf aufgrund eines neuen Umstands und der Widerruf wegen einer wesentlichen Unrichtigkeit. Da die Angaben von wesentlicher Bedeutung im Verkaufsprospekt während der Vertriebsphase auf dem neusten Stand zu halten sind (vgl. § 268 II) und der am Erwerb eines Anteils oder einer Aktie Interessierte stets die geltende Fassung des Verkaufsprospektes erhalten muss (vgl. § 297 II 2), wird mit dem Eintritt eines nachtragspflichtigen neuen Umstandes in der Regel auch der Verkaufsprospekt unrichtig. 20

2. Widerruf der Willenserklärung. a) Widerrufserklärung und Adressat. Der Widerruf bedarf keiner Begründung, muss aber in Textform gegenüber der Verwaltungsgesellschaft oder der Person, die im Nachtrag als Widerrufsempfänger angegeben wird, erfolgen. Der Begriff der Textform wird in § 126b BGB definiert. In der Praxis dürfte in der Regel die Verwaltungsgesellschaft als Adressat der Widerrufserklärung im Nachtrag angegeben werden. Sie kann aber auch eine andere Person mit einer entsprechenden Vollmacht ausstatten und im Nachtrag angeben. Im Übrigen → Rn. 8. 21

b) Widerrufsfrist. Die Widerrufsfrist beginnt mit der Veröffentlichung des Nachtrags und endet zwei Werktage nach der Veröffentlichung. Die Berechnung der Widerrufsfrist richtet sich nach den §§ 187 ff. BGB. Demnach gilt der Grundsatz, dass die Frist am Tag nach der Veröffentlichung beginnt und mit dem Ablauf des folgenden Tages endet. Zur Wahrung der Widerrufsfrist reicht die rechtzeitige Absendung der Widerrufserklärung. Im Übrigen → Rn. 10. Da der Käufer die **Beweislast** für die rechtzeitige Absendung und den Zugang des Widerrufs trägt, sollte er die Widerrufserklärung in einer dies nachweisenden Art und Weise abgeben. 22

c) Kein Eintritt der Erfüllung. Ein Widerruf ist allerdings nur bis zum Eintritt der Erfüllung möglich. Erfüllung tritt ein, wenn der Anleger die Anteile oder Aktien erworben hat und die Zahlung hierfür erfolgt ist (vgl. WBA/*Paul* § 305 Rn. 55; aA BTMB/*Zingel*/*Oppenheim* § 305 Rn. 15, die auf den Erwerb einer Aktie abstellen). Der Widerruf ist auch dann nicht mehr möglich, wenn die Erfüllung 23 zwar nach der Absendung, aber vor dem Zugang des Widerrufs eintritt. Die rechtzeitige Absendung des Widerrufs ist nach § 305 VIII 2 nur für die Fristwahrung, nicht aber in Bezug auf den Eintritt der Erfüllung maßgeblich. Dies deckt sich auch mit dem in Anlehnung an die Stellungnahme des Bundesrates zu § 16 WpPG aF (der das Pendant zu § 11 II VermAnlG und § 305 VIII darstellte) anzunehmenden Willen des Gesetzgebers, eine komplette Rückabwicklung des Geschäfts zu verhindern (BT-Drs. 15/5219, 4 u. 8).

24 **3. Rechtsfolgen des Widerrufs.** In Bezug auf die Rechtsfolgen des Widerrufs ist § 357b BGB entsprechend anzuwenden. Dieser sieht insb. vor, dass die empfangenen Leistungen spätestens nach 30 Tagen zurückzugewähren sind. Da ein Widerruf bei Eintritt der Erfüllung nicht mehr möglich ist, wird diese Rechtsfolge regelmäßig nicht greifen (vgl. noch zur alten Rechtslage ASK/*Seitz* WpPG § 16 Rn. 123). Das in §§ 355III, 357b I BGB geregelte Rückgewährschuldverhältnis setzt aber voraus, dass beide Parteien von ihrer Leistungspflicht befreit werden (vgl. MüKoBGB/*Fritsche* § 355 Rn. 59). Der am Anteilserwerb Interessierte wird damit von der Verpflichtung zur Abnahme von Anteilen und zur Zahlung des Anteilspreises befreit, während die Verwaltungsgesellschaft ggf. von der Pflicht befreit wird, die gezeichneten Anteile oder Aktien auszugeben (vgl. noch zur alten Rechtslage JVRZ/*Friedl*/*Ritz* WpPG § 16 Rn. 169).

§ 306 Prospekthaftung und Haftung für die wesentlichen Anlegerinformationen

(1) [1]Sind in dem Verkaufsprospekt Angaben, die für die Beurteilung der Anteile oder Aktien von wesentlicher Bedeutung sind, unrichtig oder unvollständig, so kann der Käufer von der Verwaltungsgesellschaft, von denjenigen, die neben der Verwaltungsgesellschaft für den Verkaufsprospekt die Verantwortung übernommen haben oder von denen der Erlass des Verkaufsprospekts ausgeht, und von demjenigen, der diese Anteile oder Aktien im eigenen Namen gewerbsmäßig verkauft hat, als Gesamtschuldner die Übernahme der Anteile oder Aktien gegen Erstattung des von ihm gezahlten Betrages verlangen. [2]Ist der Käufer in dem Zeitpunkt, in dem er von der Unrichtigkeit oder Unvollständigkeit des Verkaufsprospekts Kenntnis erlangt hat, nicht mehr Inhaber des Anteils oder der Aktie, so kann er die Zahlung des Betrages verlangen, um den der von ihm gezahlte Betrag den Rücknahmepreis des Anteils oder der Aktie oder andernfalls den Wert des Anteils oder der Aktie im Zeitpunkt der Veräußerung übersteigt.

(2) [1]Sind in den wesentlichen Anlegerinformationen enthaltene Angaben irreführend, unrichtig oder nicht mit den einschlägigen Stellen des Verkaufsprospekts vereinbar, so kann der Käufer von der Verwaltungsgesellschaft und von demjenigen, der diese Anteile oder Aktien im eigenen Namen gewerbsmäßig verkauft hat, als Gesamtschuldner die Übernahme der Anteile oder Aktien gegen Erstattung des von ihm gezahlten Betrages verlangen. [2]Ist der Käufer in dem Zeitpunkt, in dem er von der Fehlerhaftigkeit der wesentlichen Anlegerinformationen Kenntnis erlangt hat, nicht mehr Inhaber des Anteils oder der Aktie, so kann er die Zahlung des Betrages verlangen, um den der von ihm gezahlte Betrag den Rücknahmepreis

des Anteils oder der Aktie oder andernfalls den Wert des Anteils oder der Aktie im Zeitpunkt der Veräußerung übersteigt.

(3) [1]**Eine Gesellschaft, eine Person oder diejenige Stelle, welche die Anteile oder Aktien im eigenen Namen gewerbsmäßig verkauft hat, kann nicht nach Absatz 1 oder 2 in Anspruch genommen werden, wenn sie nachweist, dass sie die Unrichtigkeit oder Unvollständigkeit des Verkaufsprospekts oder die Unrichtigkeit der wesentlichen Anlegerinformationen nicht gekannt hat und die Unkenntnis nicht auf grober Fahrlässigkeit beruht.** [2]**Der Anspruch nach Absatz 1 oder nach Absatz 2 besteht nicht, wenn**

1. **der Käufer der Anteile oder Aktien die Unrichtigkeit oder Unvollständigkeit des Verkaufsprospekts oder die Unrichtigkeit der wesentlichen Anlegerinformationen beim Kauf gekannt hat oder**
2. **die Anteile oder Aktien nicht auf Grund des Verkaufsprospekts oder der wesentlichen Anlegerinformationen erworben wurden.**

(4) [1]**Zur Übernahme nach Absatz 1 oder 2 ist auch verpflichtet, wer gewerbsmäßig den Verkauf der Anteile oder Aktien vermittelt oder die Anteile oder Aktien im fremden Namen verkauft hat, wenn er die Unrichtigkeit oder Unvollständigkeit des Verkaufsprospekts oder die Unrichtigkeit der wesentlichen Anlegerinformationen gekannt hat.** [2]**Dies gilt nicht, wenn auch der Käufer der Anteile oder Aktien die Unrichtigkeit oder Unvollständigkeit des Verkaufsprospekts oder die Unrichtigkeit der wesentlichen Anlegerinformationen beim Kauf gekannt hat oder die Anteile oder Aktien nicht auf Grund des Verkaufsprospekts oder der wesentlichen Anlegerinformationen erworben wurden.**

(5) [1]**Wurde ein Verkaufsprospekt entgegen § 164 Absatz 1, § 268 Absatz 1, § 298 Absatz 1 oder § 299 Absatz 1 nicht veröffentlicht, so kann der Erwerber eines Anteils oder einer Aktie an einem Investmentvermögen von dem Anbieter die Übernahme der Anteile oder Aktien gegen Erstattung des Erwerbspreises, soweit dieser den ersten Erwerbspreis nicht überschreitet, und der mit dem Erwerb verbundenen üblichen Kosten verlangen, sofern das Erwerbsgeschäft vor Veröffentlichung eines Verkaufsprospekts und innerhalb von zwei Jahren nach dem ersten Anbieten oder Platzieren von Anteilen oder Aktien dieses Investmentvermögens im Inland abgeschlossen wurde.** [2]**Ist der Erwerber nicht mehr Inhaber der Anteile oder Aktien des Investmentvermögens, kann er die Zahlung des Unterschiedsbetrags zwischen dem Erwerbspreis und dem Veräußerungspreis der Anteile oder Aktien sowie der mit dem Erwerb und der Veräußerung verbundenen üblichen Kosten verlangen.** [3]**Die Ansprüche dieses Absatzes bestehen nicht, sofern der Erwerber die Pflicht, einen Verkaufsprospekt zu veröffentlichen, bei dem Erwerb kannte.**

(6) [1]**Eine Vereinbarung, durch die der Anspruch nach Absatz 1, 2, 4 oder 5 im Voraus ermäßigt oder erlassen wird, ist unwirksam.** [2]**Weitergehende Ansprüche, die sich aus den Vorschriften des bürgerlichen Rechts auf Grund von Verträgen oder unerlaubten Handlungen ergeben können, bleiben unberührt.**

Inhaltsübersicht

Rn.

I. Einleitung . . . 1
II. Anwendungsbereich der Norm . . . 2
III. Fehlerhaftigkeit des Verkaufsprospekts . . . 4
1. Verkaufsprospekt . . . 4
2. Fehlerhaftigkeit . . . 5
3. Angaben . . . 6
4. Unrichtigkeit bzw. Unvollständigkeit . . . 7
5. Von wesentlicher Bedeutung . . . 10
IV. Fehlerhaftigkeit der wesentlichen Anlegerinformationen . . . 11
1. Wesentliche Anlegerinformationen . . . 11
2. Fehlerhaftigkeit . . . 12
3. Irreführend . . . 13
4. Unrichtig . . . 14
5. Unvereinbar mit dem Verkaufsprospekt . . . 15
V. Kausalität der Angabe für die Anlageentscheidung und Verschulden . . . 16
1. Kausalität . . . 16
2. Verschulden . . . 17
3. Anspruchsberechtigte (Aktivlegitimation) . . . 18
4. Anspruchsgegner (Passivlegitimation) . . . 19
5. Verwaltungsgesellschaft . . . 20
6. Prospektverantwortliche und Prospektveranlasser . . . 21
a) Haftung nur bei fehlerhaftem Verkaufsprospekt . . . 21
b) Prospektverantwortliche . . . 22
c) Prospektveranlasser . . . 23
7. Gewerbsmäßige Anteilsverkäufer . . . 24
8. Sonstige Vertriebspersonen . . . 25
VI. Rechtsfolgen und Anspruchsinhalt . . . 26
1. Anspruchsberechtigter ist noch Anleger des Investmentvermögens . . . 26
2. Anspruchsberechtigter ist nicht mehr Anleger des Investmentvermögens . . . 27
3. Verjährung . . . 28
VII. Haftung bei fehlender Veröffentlichung des Verkaufsprospekts . . . 29
1. Eigener Haftungstatbestand . . . 29
2. Anspruchsberechtigter ist noch Anleger des Investmentvermögens . . . 30
3. Anspruchsberechtigter ist nicht mehr Anleger des Investmentvermögens . . . 31
4. Anbieter als Anspruchsgegner . . . 32
5. Verschulden . . . 33
VIII. Abdingbarkeit und konkurrierende Ansprüche . . . 34
1. Abdingbarkeit . . . 34
2. Konkurrierende Ansprüche . . . 35
a) Allgemein-zivilrechtliche Prospekthaftung . . . 36
b) Vertragsansprüche . . . 37
c) Ansprüche aus unerlaubter Handlung . . . 38

I. Einleitung

1 § 306 ist die zentrale Haftungsnorm des KAGB für fehlerhafte oder fehlende Angaben in Verkaufsprospekten bzw. in wesentlichen Anlegerinformationen von Investmentvermögen. Die Norm basiert auf der Vorgängerregelung des § 127 InvG aF, die ihrerseits weitgehend unverändert § 20 I KAGG und §§ 12 I, 15i Ausl-

InvestmentG ersetzte (RegBegr zum Investmentmodernisierungsgesetz, BT-Drs. 15/1553, 115). Bis zum Jahr 2012 enthielten §§ 44f. BörsG einen speziellen Haftungstatbestand für fehlerhafte oder fehlende Prospekte für börsengehandelte Wertpapiere. Diese Bestimmung wurde mit dem Gesetz zur Novellierung des Finanzanlagenvermittler- und Vermögensanlagenrechts v. 6.12.2011 (BGBl. 2011 I 2481) gestrichen und ohne Unterscheidung danach, ob der Prospekt Grundlage für die Zulassung von Wertpapieren zum Handel einer inländischen Börse war, einheitlich im WpPG verortet.

II. Anwendungsbereich der Norm

Regelungsgegenstand der Vorschrift ist die sowohl generalpräventiv als auch kompensatorisch wirkende Schadensersatzhaftung für die Herausgeber und Verwender von Verkaufsprospekten bzw. wesentlichen Anlegerinformationen. Die Regelung stellt damit die gesetzgeberische Normierung der zunächst rein richterlich aufgestellten Grundsätze der Prospekthaftung im engeren Sinne (BGH II ZR 60/80, BGHZ 79, 337 (340ff.); III ZR 155/89, BGHZ 111, 314 (316ff.); VII ZR 376/89, BGHZ 115, 213 (217ff.)) dar (FK-KapAnlR/*Merk* § 306 Rn. 5). Sie dient dem Zweck, das Vertrauen der Anleger in die Richtigkeit der Angaben in dem Verkaufsprospekt und den wesentlichen Anlageinformationen schützen (WBA/*Paul* § 306 Rn. 4). 2

§ 306 gilt sowohl für fehlerhafte oder fehlende Angaben in Verkaufsprospekten (§§ 164f., ggf. iVm §§ 173 I, 224, 228, 256, 262f., 269f.) als auch für solche in wesentlichen Anlegerinformationen (§ 166) von Investmentvermögen, unabhängig davon, ob es sich um OGAW oder um AIF für Privatanleger handelt. In Bezug auf Spezial-AIF, dh solche Investmentvermögen, deren Anteile bzw. Aktien ausschließlich von semiprofessionellen und professionellen Anlegern erworben werden dürfen, ist die Norm nur eingeschränkt anwendbar (§ 307 III). 3

III. Fehlerhaftigkeit des Verkaufsprospekts

1. Verkaufsprospekt. Haftungsgegenstand nach § 306 I ist allein der Verkaufsprospekt. Von der Norm erfasst ist damit ausschließlich der spezialgesetzlich nach den Vorschriften den KAGB zu erstellende und dort ebenso bezeichnete Verkaufsprospekt (WBA/*Paul* § 306 Rn. 13). Abhängig von der Art des Investmentvermögens kann es sich hierbei um ein Verkaufsprospekt handeln, der (i) dem Publikum zugänglich zu machen und ggf. dem Anleger gem. § 297 I 2, II 2 auszuhändigen und nach § 297 V–VII zur Verfügung zu stellen ist (im Falle von OGAW), (ii) nach § 310 zum Vertrieb anzuzeigen und nach § 298 I 1 Nr. 3 zu veröffentlichen ist (im Falle von EU-OGAW) bzw. (iii) nach § 299 I 1 Nr. 1 zu veröffentlichen ist (im Fall von EU-AIF) (ASB KapAnlR-HdB/*Assmann* § 5 Rn. 337). Sonstige (fehlerhafte) vertriebsbegleitende Informationsdokumente, zB Werbeanzeigen bzw. -anschreiben, Handzettel (Flyer) oder Pressemitteilungen, sind keine Verkaufsprospekte iSd § 306 (WBA/*Paul* § 306 Rn. 14; FK-KapAnlR/*Merk* § 306 Rn. 15; BGH 21.3.2013 – III ZR 182/12, NJW 2013, 2343 (2344) in Bezug auf die Prospektqualität einer Prospektbroschüre nach dem WpPG). Gleiches gilt für fehlerhafte Angaben in Werbeschriften nach § 302 (WBA/*Paul* § 306 Rn. 14). Eine Haftung aus § 306 lässt sich für diese Dokumente daher nicht herleiten; davon unabhängig können für diese Fälle jedoch die Grundsätze der allgemein-zivilrechtlichen Prospekthaftung greifen (→ Rn. 36). 4

5 **2. Fehlerhaftigkeit.** Der Verkaufsprospekt ist fehlerhaft, wenn er Angaben enthält (→ Rn. 6), die unrichtig oder unvollständig sind (→ Rn. 7) und für die Beurteilung der Anteile oder Aktien von wesentlicher Bedeutung sind (→ Rn. 10).

6 **3. Angaben.** Angaben iSd Prospekthaftung sind zunächst unstreitig alle im Verkaufsprospekt enthaltenen oder fehlenden Informationen über Tatsachen, dh alle der äußeren Wahrnehmung und damit des Beweises zugänglichen Geschehnisse oder Zustände der Außenwelt (sog. äußere Tatsachen) und des menschlichen Innenlebens (sog. innere Tatsachen) (ASB KapAnlR-HdB/*Assmann* § 5 Rn. 140). Darüber hinaus können aber auch Meinungen, Werturteile und zukunftsbezogene Informationen, wie etwa Prognosen oder Informationen über Vorhaben, zu den Angaben gehören (FK-KapAnlR/*Merk* § 306 Rn. 16). Obwohl es sich hierbei nicht um dem Beweis zugängliche Tatsachen handelt, sind sie jedenfalls dann als Angaben iSd § 306 zu betrachten, wenn sie einer Kontrolle im Hinblick auf ihre Richtigkeit in Gestalt ihrer Vertretbarkeit zugänglich sind (so zutr. ASB KapAnlR-HdB/*Assmann* § 5 Rn. 140).

7 **4. Unrichtigkeit bzw. Unvollständigkeit.** Unrichtig sind Tatsachenangaben im Verkaufsprospekt nach geläufiger Formulierung dann, wenn sie im Zeitpunkt der Erstellung des Verkaufsprospekts mit den wirklichen Verhältnissen nicht übereinstimmen (ASB KapAnlR-HdB/*Assmann* in § 5 Rn. 144; EDDH/*Heisterhagen* InvG § 127 Rn. 19; BTMB/*Zingel* § 306 Rn. 8, jeweils mwN). In diesem Sinne soll sich eine Unrichtigkeit bereits daraus ergeben, wenn die enumerativ aufgezählten Angaben aus § 165 II in ihrer inhaltlichen Wiedergabe nicht der Wirklichkeit entsprechen (FK-KapAnlR/*Merk* § 306 Rn. 17). Dies mag nach obiger Definition zwar zutreffend sein, da eine solche Angabe nicht mit den wirklichen Verhältnissen übereinstimmt. Gleichwohl dürfte nicht jede unrichtige in Bezug auf § 165 II 2 gemachte Angabe auch zu einer Haftung führen, da stets zu prüfen ist, ob die Unrichtigkeit auch für die Anlageentscheidung erheblich war, was bei den Anlegern regelmäßig nicht interessierenden Angaben, etwa die des Namens des Abschlussprüfers (§ 165 II Nr. 18), fraglich sein kann (vgl. näher zum Wesentlichkeitskriterium → Rn. 10). Handelt es sich hingegen nicht um Angaben, sondern um Prognosen, Meinungen oder Werturteile, sind diese dann als unrichtig anzusehen, wenn sie nicht ausreichend durch Tatsachen gestützt und kaufmännisch nicht vertretbar sind (ASB KapAnlR-HdB/*Assmann* § 5 Rn. 144; FK-KapAnlR/*Merk* § 306 Rn. 17, jeweils mwN).

8 Unvollständig ist ein Verkaufsprospekt, wenn Angaben fehlen, die für eine Anlageentscheidung von wesentlicher Bedeutung sind oder sein können (statt aller ASB KapAnlR-HdB/*Assmann* § 5 Rn. 148; BTMB/*Zingel* in § 306 Rn. 8, jeweils mwN). Bei der Unvollständigkeit handelt es sich um einen „Unterfall der Unrichtigkeit, da ein unvollständiger Prospekt immer zugleich auch unrichtig ist" (BT-Drs. 13/89933, 76). Dies hat zur Folge, dass mit dem Tatbestandsmerkmal der Unvollständigkeit über die Unrichtigkeit hinaus kein „qualitatives Mehr" geschaffen werden soll (so zutreffend FK-KapAnlR/*Merk* § 306 Rn. 18). Für die Vollständigkeit der Angaben im Verkaufsprospekt besteht eine Rechtsvermutung unter der Bedingung, dass sämtliche Pflichtangaben vorhanden sind.

9 Der maßgebliche Zeitpunkt einer Unrichtigkeit oder Unvollständigkeit ist stets der, in dem die Anlageentscheidung getroffen wurde. Es wäre daher eine sachlich nicht zu rechtfertigende Privilegierung des Anlegers, wenn nachträglich eingetretene Umstände zugunsten des Anlegers wirkten, selbst wenn sich die zunächst zutreffenden Angaben im Rahmen einer ex-post-Betrachtung als unrichtig oder unvollständig herausstellen. Eine derart weitgehende Haftung ist nicht Zweck des § 306.

5. Von wesentlicher Bedeutung. Ein Prospekthaftungsanspruch besteht nur dann, wenn die unrichtigen bzw. unvollständigen Angaben „von wesentlicher Bedeutung sind". Damit stellt § 306 klar, dass nicht jeder Fehler im Verkaufsprospekt zu einem Schadenersatzanspruch führt, sondern nur ein solcher, der – einzeln oder in Summe mit anderen Fehlern – einen bestimmten Schweregrad erreicht und somit für den Anleger als relevant zu qualifizieren ist (WBA/*Paul* § 306 Rn. 15). Dies soll typischerweise dann der Fall sein, wenn die falschen bzw. fehlenden Angaben für die Anlageentscheidung eines durchschnittlichen verständigen Anlegers entscheidungserheblich sind. Maßgeblich dabei ist der Gesamteindruck des Verkaufsprospekts (FK-KapAnlR/*Merk* § 306 Rn. 21 mwN). Bei dem in diesem Zusammenhang regelmäßig in Bezug genommenen „durchschnittlichen, verständigen Anleger" handelt es sich im Fall des direkt anwendbaren § 306 I um den typischen Privatanleger, im Fall einer – über § 307 III – lediglich mittelbaren Anwendung um den typischen professionellen bzw. semi-professionellen Anleger. In Bezug auf den Beurteilungsmaßstab einer Haftung ist also nach dem Anlegertyp zu differenzieren (so zutreffend auch WBA/*Paul* § 306 Rn. 17). 10

IV. Fehlerhaftigkeit der wesentlichen Anlegerinformationen

1. Wesentliche Anlegerinformationen. § 306 II erstreckt die Prospekthaftung auf die wesentlichen Anlegerinformationen. Hierbei handelt es sich um den Verkaufsprospekt ergänzende Informationen, deren nähere Anforderungen für Publikumsinvestmentvermögen in § 166 II geregelt sind. Mangels eines ausdrücklichen Verweises in § 307 V auf § 306 ist im Rahmen einer systematischen Auslegung davon auszugehen, dass eine Haftung für fehlerhafte wesentliche Anlegerinformationen für semiprofessionelle Anleger nicht nach § 306 besteht. Dies lässt sich sachlich mit der deutlich geringeren Bedeutung der wesentlichen Anlegerinformationen für diese Anlegergruppe begründen, die diesem Dokument regelmäßig eine nur sehr eingeschränkte Relevanz für ihre Anlageentscheidung beimessen. Die wesentlichen Anlegerinformationen dienen wie der Verkaufsprospekt dem Schutz des Anlegers durch Publizität, haben jedoch – anders als der Verkaufsprospekt, der aufgrund seiner umfassenden und komplexen Angaben für den Privatanleger oftmals nur schwer verständlich ist – den Zweck, dem Anleger in knapper, einfacher und verständlicher Form ein fundiertes Bild über das fragliche Investmentvermögen zu verschaffen. Entsprechend den Ausführungen zum Verkaufsprospekt (vgl. → Rn. 4) gilt auch in Bezug auf die wesentlichen Anlegerinformationen, dass eine Haftung nach § 306 im Falle (fehlerhafter) Angaben in sonstigen vertriebsbegleitenden Informationsdokumenten (zB Werbeanzeigen bzw. -anschreiben, Handzettel (Flyer) oder Pressemitteilungen) ausscheidet, in diesen Fällen jedoch auch hier die Grundsätze der allgemeinen zivilrechtlichen Prospekthaftung greifen können (→ Rn. 36). 11

2. Fehlerhaftigkeit. Die wesentlichen Anlegerinformationen sind nach Abs. 2 S. 1 fehlerhaft, wenn sie irreführend (→ Rn. 13), unrichtig (→ Rn. 14) oder nicht mit den einschlägigen Stellen des Verkaufsprospekts vereinbar sind (→ Rn. 15). 12

3. Irreführend. Angaben sind irreführend, wenn sie zwar richtigen Tatsachen entsprechen, aber durch eine unklare oder missverständliche Darstellung beim verständigen Anleger einen unzutreffenden Eindruck erwecken (BTMB/*Zingel* § 306 Rn. 15 mwN). Hierzu kann nach zutreffender Ansicht auf die zu § 5 UWG entwickelten Grundsätze zurückgegriffen werden (WBA/*Paul* § 306 Rn. 28), jedenfalls sofern es sich hierbei um Privatanleger handelt. 13

14 **4. Unrichtig.** Unrichtig ist eine Angabe, wenn sie nicht der Wahrheit entspricht. In Bezug auf die Unrichtigkeit von Angaben in den wesentlichen Anlegerinformationen gelten dieselben Voraussetzungen wie beim Verkaufsprospekt (BTMB/*Zingel* § 306 Rn. 15). Es wird daher auf die Ausführungen in → Rn. 7 verwiesen.

15 **5. Unvereinbar mit dem Verkaufsprospekt.** Unvereinbar mit den einschlägigen Stellen im Verkaufsprospekt ist eine Angabe dann, wenn sie in direktem Widerspruch zu einer Angabe im Verkaufsprospekt steht (BTMB/*Zingel* § 306 Rn. 15). Ein Widerspruch kann sich dabei auch – indirekt – aus dem Gesamtkontext des Verkaufsprospekts ergeben (WBA/*Paul* § 306 Rn. 28). Ob ein solcher inhaltlicher Widerspruch im Einzelfall vorliegt, hängt von dem Gesamteindruck beim verständigen Anleger ab (FK-KapAnlR/*Merk* § 306 Rn. 24).

V. Kausalität der Angabe für die Anlageentscheidung und Verschulden

16 **1. Kausalität.** In Übereinstimmung mit den Regelungen des allgemeinen Schadenersatzrechts setzt ein Anspruch nach § 306 sowohl Kausalität als auch Verschulden voraus. Nach ihrer ursprünglichen Gesetzesfassung verlangte die Norm dabei sowohl in Bezug auf den Prospekthaftungsanspruch als auch bezüglich der wesentlichen Anlegerinformationen, dass die Anteile oder Aktien „auf Grund" des jeweiligen Dokuments erworben wurden (vgl. WBA/*Paul* § 306 Rn. 10). Diese Formulierung ist mit dem sog. KAGB-Reparaturgesetz im Jahr 2014 jedoch entfallen mit der Folge, dass seitdem der Anspruchsgegner die Beweislast dafür trägt, dass das jeweilige Dokument nicht kausal für die Anlegeentscheidung war (vgl. die Gesetzesbegründung in BT-Drs. 18/1305, 51). Prozessual führte die Gesetzesänderung somit zu einer erheblichen Besserstellung zugunsten des Anlegers. Daraus jedoch zu folgen, dass der Anleger nunmehr lediglich behaupten muss, dass er innerhalb einer durch den Prospekt bzw. die wesentlichen Anlegerinformationen geschaffenen allgemeinen „Anlegerstimmung" die Anteile oder Aktien erworben habe (so BTMB/*Zingel* § 306 Rn. 18; ferner zu § 306 aF ASB KapAnlR-HdB/*Assmann* § 5 Rn. 404), erscheint sehr weitgehend. Auch wenn der Wortlaut der Norm keine strenge Kausalität mehr verlangt, gebietet der Sinn und Zweck des § 306 gleichwohl, dass der Prospektverantwortliche mit seinen Angaben beim Anleger einen hinreichend klaren Vertrauenstatbestand geschaffen hat. Dies dürfte insb. beim Vertrieb an professionelle und semiprofessionelle Anleger eine Rolle spielen, da bei dieser Anlegergruppe der Anlage in das Investmentvermögen regelmäßig umfangreiche Vertragsverhandlungen vorausgehen. Diese Anlegergruppe ist über das Investment daher typischerweise umfassend informiert, wobei dem Informationsdokument – in diesem Fall nach § 307 – typischerweise eine nur untergeordnete Bedeutung zukommt. Eine Haftung des Prospektverantwortlichen in diesen Fällen lässt sich inhaltlich daher nur schwer rechtfertigen. Eine Haftung ist jedenfalls ausgeschlossen, wenn der Käufer der Anteile oder Aktien die Unrichtigkeit oder Unvollständigkeit des Verkaufsprospekts oder die Unrichtigkeit der wesentlichen Anlegerinformationen beim Kauf gekannt oder die Anteile oder Aktien nicht auf Grund des Verkaufsprospekts oder der wesentlichen Anlegerinformationen erworben hat (§ 306 III 2, IV 2).

17 **2. Verschulden.** Die in § 306 genannten Anspruchsgegner – dh die Verwaltungsgesellschaft, diejenigen, die neben der Verwaltungsgesellschaft für den Verkaufsprospekt oder die wesentlichen Anlegerinformationen die Verantwortung

übernommen haben oder von denen der Erlass des jeweiligen Dokuments ausgeht, sowie derjenige, der die in Rede stehenden Anteile oder Aktien im eigenen Namen verkauft hat – haften nach § 306 III 1 für Vorsatz und grobe Fahrlässigkeit. Der Wortlaut der Norm statuiert dabei eine Beweislastumkehr, so dass das Verschulden des Anspruchsgegners bei Vorliegen eines in wesentlichen Punkten unrichtigen oder unvollständigen Dokuments nach Abs. 1 (Verkaufsprospekt) oder Abs. 2 (wesentliche Anlegerinformationen) vermutet wird. § 306 III 1 orientiert sich damit an der allgemeinen Haftungsnorm in § 280 I 2 BGB, wonach die Pflichtverletzung des Schuldners vermutet wird, sich dieser aber exkulpieren kann (vgl. FK-KapAnlR/*Merk* § 306 Rn. 30).

3. Anspruchsberechtigte (Aktivlegitimation). Zum Kreis der Anspruchsberechtigten zählt nicht jede Person, die durch die fehlerhaften oder fehlenden Angaben im Verkaufsprospekt bzw. in den wesentlichen Anlagerinformationen geschädigt wurde. Der Kreis der Aktivlegitimierten wird eingeengt durch zwei Erfordernisse, nämlich (1) dass der Anleger die Anteile gekauft hat, und zwar (2) aufgrund von Angaben in einem Verkaufsprospekt bzw. in wesentlichen Anlagerinformationen. Anspruchsberechtigt ist dabei nur der Ersterwerber der Anteile oder Aktien, nicht jedoch ein Zweiterwerber, der den Anteil seinerseits gekauft oder geschenkt bekommen hat (so bereits zu den Vorgängerregelungen BTMB/*Baur* KAGG § 20 Rn. 18; BSV/*Schmies* InvG § 127 Rn. 14). Im Hinblick auf die aktuelle Gesetzesfassung lässt sich diese Ansicht insb. mit der Regelung in § 306 I 2 begründen, wonach der Käufer der Anteile oder Aktien seinen Anspruch behält, selbst wenn er nicht mehr Inhaber des Anteils bzw. der Aktien ist (BTMB/*Zingel* § 306 Rn. 19). 18

4. Anspruchsgegner (Passivlegitimation). Der Prospekthaftungsanspruch nach § 306 richtet sich gegen die Verwaltungsgesellschaft (→ Rn. 20), diejenigen, die neben der Verwaltungsgesellschaft die Verantwortung übernommen haben oder von denen der Verkaufsprospekt ausgeht (→ Rn. 21 ff.) und denjenigen, der diese Anteile oder Aktien im eigenen Namen gewerbsmäßig verkauft hat (→ Rn. 24). Darüber hinaus ist nach Abs. 4 S. 1 auch derjenige Adressat des Prospekthaftungsanspruchs, der gewerbsmäßig den Verkauf der Anteile oder Aktien vermittelt oder die Anteile oder Aktien im fremden Namen verkauft hat, wenn er die Unrichtigkeit oder Unvollständigkeit des Verkaufsprospekts oder die Unrichtigkeit der wesentlichen Anlegerinformationen gekannt hat (→ Rn. 25). Sämtliche Anspruchsverpflichtete haften gesamtschuldnerisch iSd §§ 421 ff. BGB (BTMB/*Zingel* § 306 Rn. 24). 19

5. Verwaltungsgesellschaft. Der Begriff der Verwaltungsgesellschaft ist in § 1 XIV definiert. Es handelt sich dabei um einen Oberbegriff für AIF-Verwaltungsgesellschaften und OGAW-Verwaltungsgesellschaften. Irrelevant ist, ob es sich um inländische, EU- oder ausländische Verwaltungsgesellschaften handelt. Die Verwaltungsgesellschaft ist die Gesellschaft, die den Verkaufsprospekt (Abs. 1) oder die wesentlichen Anlegerinformationen (Abs. 2) erstellt und dem Publikum auf ihrer Website zugänglich macht. 20

6. Prospektverantwortliche und Prospektveranlasser. a) Haftung nur bei fehlerhaftem Verkaufsprospekt. Diejenigen, die neben der Verwaltungsgesellschaft die Verantwortung übernommen haben (sog. Prospektverantwortliche) bzw. von denen der Verkaufsprospekt ausgeht (sog. Prospektveranlasser), haften nur bei einer Fehlerhaftigkeit des in Abs. 1 genannten Verkaufsprospekts, nicht aber bei wesentlichen Anlegerinformationen nach Abs. 2. 21

22 **b) Prospektverantwortliche.** Prospektverantwortliche sind diejenigen, die im Verkaufsprospekt als solche genannt werden (BTMB/*Zingel* in Baur/Tappen § 306 Rn. 21) und damit nach außen hin die Verantwortung für den Verkaufsprospekt übernehmen (ASB KapAnlR-HdB/*Assmann* § 5 Rn. 397). Hierbei kann es sich etwa um Banken handeln, sofern sie als Garant auftreten oder selbstständig haften sollen, oder auch um Wirtschaftsprüfer, die besonderes Vertrauen in Anspruch nehmen (FK-KapAnlR/*Merk* § 306 Rn. 10).

23 **c) Prospektveranlasser.** Prospektveranlasser hingegen sind diejenigen, von denen die Erstellung des Verkaufsprospekts ausgeht. Damit sollen Personen erfasst werden, die hinter dem Anlageprojekt und dem Verkaufsprospekt stehen (sog. Hintermänner) und die damit nicht kraft Gesetzes oder kraft freiwilliger, nach außen erfolgter Kundgaben die Verantwortung für den Verkaufsprospekt tragen, gleichwohl aber als dessen tatsächliche Urheber zu betrachten sind (ASB KapAnlR-HdB/*Assmann* § 5 Rn. 398). Dies umfasst insb. solche Personen, die ein eigenes wirtschaftliches Interesse an dem Angebot bzw. der Platzierung der Anteile oder Aktien haben und die darauf hinwirken, dass ein fehlerhafter Prospekt veröffentlicht wird (BTMB/*Zingel* § 306 Rn. 21). Wem konkret eine solche Schlüsselfunktion zukommt und wer damit als Prospektverantwortlicher anzusehen ist, obliegt der tatrichterlichen Feststellung (BGH 14.6.2007 – III ZR 125/06, ZIP 2007, 1993 Rn. 19; 14.6.2007 – III ZR 185/05, NJW-RR 2007, 1479 Rn. 11). Nicht hierzu sollen solche Personen zählen, die bloß Material zur Erstellung des Verkaufsprospekts geliefert haben oder sonstige berufliche Sachkenner (Experten) bzw. Wirtschaftsprüfer, die mit einem Testat im Verkaufsprospekt in Erscheinung treten (ASB KapAnlR-HdB/*Assmann* § 5 Rn. 398).

24 **7. Gewerbsmäßige Anteilsverkäufer.** Anspruchsgegner des § 306 sind ferner diejenigen, die die fraglichen Anteile oder Aktien im eigenen Namen gewerbsmäßig verkauft haben. Hierbei handelt es sich um selbstständige Vertriebspersonen oder Vertriebsgesellschaften, die die Anteile oder Aktien gewerbsmäßig im eigenen Namen für eigene Rechnung (dh Eigenhändler) oder im eigenen Namen für fremde Rechnung (dh Finanzkommissionäre) verkaufen (vgl. FK-KapAnlR/*Merk* § 306 Rn. 11; ASB KapAnlR-HdB/*Assmann* § 5 Rn. 399).

25 **8. Sonstige Vertriebspersonen.** Über § 306 IV kommen letztlich solche Personen als Anspruchsgegner in Betracht, die gewerbsmäßig den Verkauf der Anteile oder Aktien vermittelt oder die Anteile oder Aktien im fremden Namen verkauft haben. Hierzu gehören als Handelsvertreter, §§ 84ff. HGB, bzw. Handelsmakler, §§ 93ff. HGB, tätige Anlagevermittler iSd § 1 Ia 2 Nr. 1 bzw. § 2 III Nr. 4 WpHG; auch diese sonstigen Vertriebspersonen haften mit den anderen Anspruchsverpflichteten gesamtschuldnerisch (ASB KapAnlR-HdB/*Assmann* § 5 Rn. 400 mwN).

VI. Rechtsfolgen und Anspruchsinhalt

26 **1. Anspruchsberechtigter ist noch Anleger des Investmentvermögens.** Ist der Erwerber noch Inhaber der Anteile oder Aktien, kann er von der Verwaltungsgesellschaft, von denjenigen, die neben der Verwaltungsgesellschaft für den Verkaufsprospekt die Verantwortung übernommen haben oder von denen der Erlass des Verkaufsprospekt ausgeht, sowie von demjenigen, der diese Anteile im eigenen Namen gewerbsmäßig verkauft bzw. vermittelt hat, als Gesamtschuldner die

Übernahme der Anteile oder Aktien gegen Erstattung des von ihm gezahlten Betrags verlangen (Abs. 1 S. 1). Bei fortbestehender Inhaberschaft an den erworbenen Anteilen oder Aktien ist Anspruchsinhalt also atypischerweise nicht ein Schadenersatzanspruch in Geld, sondern eine – aus der Haftung für culpa in contrahendo bekannte – schadensersatzrechtliche Rückabwicklung des Erwerbsgeschäfts. Zweck dieser Lösung ist es, den Anspruch nicht vom Nachweis eines konkreten Schadens abhängig zu machen. Umgekehrt ist dem Anspruchsgegner der Einwand verwehrt, dass sich die Anlage trotz des Prospektfehlers günstig entwickelt habe; insoweit liegt es beim Anleger zu entscheiden, ob er an dem Investment festhalten will. Zu erstatten sind dem Anleger sämtliche Erwerbskosten, also der Erwerbspreis einschließlich eines eventuellen Ausgabeaufschlags, sowie eventuelle weitere Vertriebsprovisionen (vgl. zur Vorgängernorm BSL/*Köndgen* InvG § 127 Rn. 19).

2. Anspruchsberechtigter ist nicht mehr Anleger des Investmentvermögens. Ist der Anleger in dem Zeitpunkt, in dem er von der Unrichtigkeit oder Unvollständigkeit des Verkaufsprospekts Kenntnis erlangt, nicht mehr Inhaber des Anteils oder der Aktie, so kann er die Zahlung des Betrags verlangen, um den der von ihm gezahlten Betrag den Rücknahmepreis des Anteils oder der Aktie oder – falls dieser nicht besteht – den Wert des Anteils oder der Aktie im Zeitpunkt der Veräußerung übersteigt (Abs. 1 S. 2). Es besteht also ein Differenzanspruch, dh der Anspruchsberechtigte kann den Unterschiedsbetrag zwischen dem von ihm gezahlten Betrag und dem Rücknahmepreis des Anteils bzw. des Anteilswerts im Zeitpunkt der Veräußerung verlangen. Der Anspruch besteht daher nur, wenn der vom Erwerber gezahlte Betrag den späteren Preis übersteigt (WBA/*Paul* § 306 Rn. 25). Dabei handelt es sich um eine abstrakte Schadensberechnung, die die Geltendmachung weiterer Ansprüche ausschließt (vgl. zur Vorgängernorm BSL/*Köndgen* InvG § 127 Rn. 20). 27

3. Verjährung. § 306 enthält – anders als seine Vorgängerregelung in § 127 V InvG aF – keine besonderen Verjährungsvorschriften. Für sämtliche in § 306 enthaltenen Ansprüche findet damit die allgemeine Regelverjährungsfrist von drei Jahren gem. § 195 BGB Anwendung. Auch die Fristberechnung richtet sich nach den allgemeinen Vorschriften des § 199 BGB. 28

VII. Haftung bei fehlender Veröffentlichung des Verkaufsprospekts

1. Eigener Haftungstatbestand. Absatz 5 statuiert einen eigenen Haftungstatbestand, wenn entgegen aufsichtsrechtlicher Vorschriften (§§ 164 I, 268 I, 298 I oder 299 I) kein Verkaufsprospekt veröffentlicht wurde. Der Anspruch entspricht inhaltlich dem des Abs. 1, auch differenziert Abs. 5 danach, ob der Anleger noch Inhaber der Anteile oder Aktien ist oder er diese bereits veräußert hat. 29

2. Anspruchsberechtigter ist noch Anleger des Investmentvermögens. 30
Anspruchsberechtigter ist der Erwerber eines Anteils oder einer Aktie an einem Investmentvermögen, sofern das Erwerbsgeschäft (1) vor Veröffentlichung eines Verkaufsprospekts und (2) innerhalb von zwei Jahren nach dem ersten Anbieten oder Platzieren von Anteilen oder Aktien dieses Investmentvermögens im Inland abgeschlossen wurde. Ist der Erwerber noch Inhaber dieser Anteile oder Aktien, kann er von dem Anbieter des Investmentvermögens die Übernahme der Anteile oder Aktien gegen Erstattung des Erwerbspreises verlangen, soweit dieser den ersten

Erwerbspreis nicht überschreitet. Damit wird die Haftung des Anbieters auf den anfänglichen Ausgabepreis begrenzt, so dass auf den Erwerbspreis am Tag des Erstangebots der Anteile oder Aktien abzustellen ist. Ferner kann der Erwerber die mit dem Erwerb verbundenen üblichen Kosten (zB ein Agio) verlangen.

31 **3. Anspruchsberechtigter ist nicht mehr Anleger des Investmentvermögens.** Hat der Erwerber die Anteile oder Aktien bereits veräußert, kann er die Zahlung des Unterschiedsbetrags zwischen dem Erwerbspreis und dem Veräußerungspreis verlangen (Abs. 5 S. 2). Hierdurch wird klargestellt, dass ein Anspruch des Erwerbers nur dann besteht, wenn der Veräußerungspreis geringer als der Erwerbspreis ist. Dies ist sachgerecht, da der Erwerber im Falle eines höheren Veräußerungspreis keinen Schaden erlitten, sondern einen Gewinn erzielt hat. Vor diesem Hintergrund kann der Erwerber nach hier vertretener Ansicht auch die mit dem Erwerb verbundenen üblichen Kosten nur dann verlangen, wenn sie beim Erwerber – nach Berücksichtigung eines etwaigen Veräußerungsgewinns – tatsächlich zu einer Vermögenseinbuße geführt haben. Ein isolierter Schadensersatzanspruch in Bezug auf die Nebenkosten kann also nicht geltend gemacht werden, wenn der Erwerber aufgrund der (gewinnbringenden) Veräußerung der Anteile oder Aktien insgesamt keinen finanziellen Nachteil erlitten hat (so zutreffend auch FK-KapAnlR/*Merk* § 306 Rn. 44).

32 **4. Anbieter als Anspruchsgegner.** Anspruchsgegner ist allein der Anbieter der Anteile oder Aktien an dem fraglichen Investmentvermögen. Wer „Anbieter" in diesem Sinne ist, wird jedoch weder in § 306 noch an einer anderen Stelle im KAGB definiert oder näher beschrieben. Zutreffender Weise wird diesbezüglich auf den in § 2 Nr. 10 WpPG verwendeten identischen Begriff Bezug genommen (ASB KapAnlR-HdB/*Assmann* § 5 Rn. 446; ausführlich zu § 10 Nr. 10 WpPG zB Groß WpPG § 2 Rn. 25 ff.). Anbieter ist damit „derjenige, der für das öffentliche Angebot der Emission verantwortlich ist" (RegBegr. zum Prospektrichtlinien-UmsG, BT-Drs. 15/4999, 29). Dies ist grds. der Emittent der Anteile oder Aktien. Als Anbieter kann jedoch auch angesehen werden, wer den Anlegern gegenüber nach außen erkennbar, bspw. in Zeichnungsanzeigen, als Anbieter auftritt. Wenn der Vertrieb der Anteile oder Aktien über Vertriebsorganisationen, ein Netz von Angestellten oder freien Vermittlern oder einem Untervertrieb erfolgt, ist derjenige als Anbieter anzusehen, der die Verantwortung für die Koordination der Vertriebsaktivitäten innehat. Es ist nicht ausgeschlossen, dass mehrere Personen oder Gesellschaften als Anbieter auftreten (ASB KapAnlR-HdB/*Assmann* § 5 Rn. 446).

33 **5. Verschulden.** Der Wortlaut des Abs. 5 enthält keine Formulierung, die ein Verschulden des Anspruchsgegners verlangt. Hieraus wird teilweise gefolgert, dass es auf ein Verschulden nicht ankomme (so FK-KapAnlR/*Merk* § 306 Rn. 42). Dieser Meinung ist nicht zuzustimmen. Für ein Verschuldenserfordernis spricht, dass die Haftung für einen fehlenden Verkaufsprospekt eine Haftung für ein pflichtwidriges Handeln darstellt, das nach deutschem Recht grds. ein Verschulden erfordert. Es ist daher vielmehr von einer planwidrigen Regelungslücke auszugehen, die über eine entsprechende Anwendung des § 306 I, III 1 zu füllen ist. Richtigerweise besteht eine Haftung nach Abs. 5 also nur im Falle eines vorsätzlich oder grob fahrlässig fehlenden Verkaufsprospekt (so zutreffend ASB KapAnlR-HdB/*Assmann* § 5 Rn. 448). Eine Haftung besteht nicht, wenn der Erwerber die Pflicht zur Veröffentlichung des Verkaufsprospekts kannte (Abs. 5 S. 3). Ferner besteht keine Haftung im Falle einer fehlenden Veröffentlichung wesentlicher Anlegerinformationen

(FK-KapAnlR/*Merk* § 306 Rn. 38). § 306 V ist in Bezug auf fehlende wesentliche Anlegerinformationen also nicht analog anzuwenden.

VIII. Abdingbarkeit und konkurrierende Ansprüche

1. Abdingbarkeit. Die Prospekthaftungstatbestände des § 306 sind zwingendes Recht (§ 306 VI). Entgegenstehende Vereinbarungen, die auf einen Haftungsausschluss oder eine Haftungsbeschränkung gerichtet sind, sind unwirksam (§ 134 BGB). Dies gilt jedoch nur in Bezug auf solche vertragliche Abreden, die im Voraus getroffen wurden. Bereits entstandene Haftungsansprüche können nachträglich also sowohl erlassen als auch – etwa im Rahmen von Vergleichsverhandlungen – reduziert werden. 34

2. Konkurrierende Ansprüche. Absatz 6 S. 2 bestimmt, dass weitergehende Ansprüche, die sich aus den Vorschriften des bürgerlichen Rechts auf Grund von Verträgen oder unerlaubter Handlungen ergeben, unberührt bleiben. Als konkurrierende allgemein-zivilrechtliche Ansprüche kommen damit Vertragsansprüche (→ Rn. 37), Deliktsansprüche (→ Rn. 38) sowie quasi-vertragliche Ansprüche aus culpa in contrahendo in der besonderen Fallgruppe der sog. allgemein-zivilrechtlichen Prospekthaftung (→ Rn. 36) in Betracht. 35

a) Allgemein-zivilrechtliche Prospekthaftung. Neben der Haftung aus § 306 sind Ansprüche aus allgemein-zivilrechtlicher Prospekthaftung nach hM zu Recht ausgeschlossen (WBA/*Paul* § 306 Rn. 53; BTMB/*Zingel* § 306 Rn. 32; ASB KapAnlR-HdB/*Assmann* § 5 Rn. 416). § 306 statuiert ein nach Haftungsgrund (Haftung für vermuteten Vorsatz bzw. grobe Fahrlässigkeit, vgl. → Rn. 17 und → Rn. 33), Haftungsadressaten (Verwaltungsgesellschaft, Prospektverantwortliche und Prospektveranlasser, gewerbsmäßige Anteilsverkäufer und sonstige Vertriebspersonen, vgl. → Rn. 19 ff.), Haftungsfolgen (schadensersatzrechtliche Rückabwicklung, vgl. → Rn. 26 bzw. Differenzanspruch, → Rn. 27) und Haftungsausschluss (positive Kenntnis, vgl. → Rn. 16) sorgfältig ausdifferenziertes und austariertes, eigenständiges und vom Gesetzgeber mehrfach überarbeitetes Haftungsregime. All diese Besonderheiten könnten durch die Zulassung konkurrierender Ansprüche aus allgemein-zivilrechtlicher Prospekthaftung leichter Hand überspielt werden. Dies ist nicht sachgerecht. § 306 muss also als verdrängende lex specialis verstanden werden. Ein Restanwendungsbereich für die Haftung aus culpa in contrahendo (§ 311 II BGB) bleibt hingegen bei Inanspruchnahme persönlichen Vertrauens, insb. durch einen Vertriebsmittler. Soweit kein Konflikt mit § 306 entsteht, besteht die Haftung aus § 311 II und III BGB also fort (BGH 9.7.2013 – II ZR 9/12 (KG), DStR 2013, 2186 Rn. 26 (mwN); MüKoBGB/*Emmerich* BGB § 311 Rn. 137 (mwN); WBA/*Paul* § 306 Rn. 56; BTMB/*Zingel* § 306 Rn. 34 f.) 36

b) Vertragsansprüche. Eine vertragliche Begründung der Prospekthaftung ist gegenüber der Verwaltungsgesellschaft kaum denkbar, ereignet sich der haftungsbegründende Tatbestand doch typischerweise im vorvertraglichen Stadium. Anders ist dies allenfalls, wenn ein Anleger in einem bereits bestehenden Investmentvertrag weitere Anteile des gleichen Investmentvermögens erwirbt. Praktisch bedeutsam ist die Vertragshaftung hinsichtlich der Vertriebsmittler, soweit diese einen fehlerhaften Anlagerat erteilen. Hierbei handelt es sich jedoch nicht um eine Anspruchskonkurrenz, da hier nicht für einen Prospektfehler, sondern für eine eigenständige Pflichtverletzung des Beratungsvertrags gehaftet wird. Letztlich stehen auch Ansprüche 37 wegen der Verwendung von anderen Dokumenten als dem Verkaufsprospekt oder den wesentlichen Anlegerinformationen, wie zB Flyer oder Werbebroschüren, selbstständig neben dem Anspruch aus § 306 (BTMB/*Zingel* § 306 Rn. 35).

38 **c) Ansprüche aus unerlaubter Handlung.** Deliktische Ansprüche bleiben nach dem klaren Wortlaut des Abs. 6 S. 2 von dem Prospekthaftungsanspruch nach § 306 unberührt. Sie können also selbstständig neben einem Anspruch aus § 306 geltend gemacht werden. Hierbei handelt es sich namentlich um Ansprüche aus § 823 II und § 826 BGB. Als deliktisches Schutzgesetz kommt in erster Linie die Vorschrift des § 264 a StGB über Kapitalanlagebetrug in Betracht. § 306 selbst ist nach zutreffender Auffassung kein Schutzgesetz iSv § 823 II BGB.

§ 306a Einrichtung beim Vertrieb an Privatanleger

(1) **Beabsichtigt eine OGAW-Verwaltungsgesellschaft Anteile an einem OGAW im Geltungsbereich dieses Gesetzes zu vertreiben oder beabsichtigt eine AIF-Verwaltungsgesellschaft Anteile eines AIF im Geltungsbereich dieses Gesetzes an Privatanleger zu vertreiben, so hat sie eine Einrichtung bereitzustellen, die**

1. **Zeichnungs-, Zahlungs-, Rücknahme- und Umtauschaufträge von Anlegern für Anteile des OGAW oder AIF nach Maßgabe der in § 297 Absatz 4 Satz 1 genannten Verkaufsunterlagen festgelegten Voraussetzungen verarbeitet;**
2. **Anleger darüber informiert, wie die unter Nummer 1 genannten Aufträge erteilt werden können und wie Rücknahmeerlöse ausgezahlt werden;**
3. **den Zugang zu Verfahren und Vorkehrungen gemäß § 28 Absatz 2 Nummer 1 in Bezug auf die Wahrnehmung von Anlegerrechten aus Anlagen in OGAW im Geltungsbereich dieses Gesetzes erleichtert und darüber informiert oder über die Wahrnehmung von Anlegerrechten aus Anlagen in AIF im Geltungsbereich dieses Gesetzes informiert;**
4. **die Anleger mit den in § 297 Absatz 4 Satz 1 genannten Verkaufsunterlagen und mit den in § 298 Absatz 1, § 299 Absatz 1 bis 3 und 4 Satz 2 bis 4, § 300 Absatz 1, 2 und 4 und § 301 genannten Unterlagen und Informationen zur Ansicht und zur Anfertigung von Kopien versorgt;**
5. **Anlegern relevante Informationen über die Aufgaben, die die Einrichtung erfüllt, auf einem dauerhaften Datenträger zur Verfügung stellt, und**
6. **als Kontaktstelle für die Kommunikation mit der Bundesanstalt fungiert.**

(2) **[1]Die in Absatz 1 genannten Aufgaben können auch von oder zusammen mit einem Dritten, der den Regelungen, die für die wahrzunehmenden Aufgaben gelten, und der Aufsicht unterliegt, die für die wahrzunehmenden Aufgaben gilt, erfüllt werden. [2]Sofern die Aufgaben durch einen Dritten erfüllt werden sollen, wird die Benennung dieses Dritten in einem schriftlichen Vertrag vereinbart, in dem festgelegt wird,**

1. **welche der in Absatz 1 genannten Aufgaben nicht von der Verwaltungsgesellschaft erfüllt werden sollen und**
2. **dass der Dritte von der Verwaltungsgesellschaft alle relevanten Informationen und Unterlagen erhalten wird.**

(3) [1]**Die Verwaltungsgesellschaft stellt sicher, dass die Einrichtung in der Lage ist, die in Absatz 1 genannten Aufgaben in deutscher Sprache und auch elektronisch zu erfüllen.** [2]**Eine physische Präsenz oder die Benennung eines Dritten für die Zwecke des Absatzes 1 ist nicht notwendig.**

I. Einleitung

Die Einfügung des neuen § 306a mWv 2.8.2021 durch FoStoG (BGBl. 2021 I 1498) dient der Umsetzung des neugefassten Art. 92 der RL 2009/65/EG und des neu eingefügten Art. 43a der RL 2011/61/EU. Für den Fall des Vertriebs von inländischen OGAW oder AIF an Privatanleger durch eine inländische KVG muss diese keine gesonderte Einrichtung bereitstellen, sondern kann die Aufgaben der Einrichtung selbst übernehmen (BT-Drs. 19/27631, 103). 1

II. Bereitstellung einer Anlegereinrichtung

Beabsichtigt eine KVG, Anteile an einem OGAW oder an einem AIF im Inland an Privatanleger zu vertreiben, so hat sie eine besondere Anlegereinrichtung bereitzustellen. Diese ist mit den in § 306 I Nr. 1–6 genannten Leistungen betraut. Dabei stellt es § 306 II den OGAW-Verwaltungsgesellschaften frei, die Aufgaben selbst zu übernehmen oder sich hierfür eines Dritten zu bedienen, der seinen Sitz auch im Heimatland des OGAW oder seiner Verwaltungsgesellschaft haben kann (vgl. auch BaFin-Konsultation 16/2021: Änderung des FAQ zum Vertrieb und Erwerb von Investmentvermögen nach dem KAGB). Entsprechendes gilt für die AIF, die von EU-AIF-Verwaltungsgesellschaften verwaltet werden und an Privatanleger vertrieben werden (vgl. Art. 43a II AIFM-RL idF der RL (EU) 2019/1160 und § 306a II). 2

Unterabschnitt 3. Vorschriften für den Vertrieb und den Erwerb von AIF in Bezug auf semiprofessionelle und professionelle Anleger

§ 306b Pre-Marketing durch eine AIF-Verwaltungsgesellschaft

(1) [1]**Eine AIF-Verwaltungsgesellschaft kann Pre-Marketing betreiben, außer wenn die den potenziellen professionellen und semiprofessionellen Anlegern vorgelegten Informationen**

1. **ausreichen, um die Anleger in die Lage zu versetzen, sich zum Erwerb von Anteilen oder Aktien eines bestimmten AIF zu verpflichten,**
2. **Zeichnungsformulare oder vergleichbare Dokumente sind, unabhängig davon, ob sie in einem Entwurf oder in endgültiger Form vorliegen, oder**
3. **Gründungsdokumente, Prospekte oder Angebotsunterlagen eines noch nicht zugelassenen AIF in endgültiger Form sind.**

[2]**Werden Entwürfe von Prospekten oder Angebotsunterlagen bereitgestellt, so dürfen diese keine Informationen enthalten, die Anlegern für das Treffen einer Anlageentscheidung genügen, und es ist darin klar und deutlich darzulegen, dass**

1. **es sich dabei nicht um ein Angebot oder eine Aufforderung zur Zeichnung von Anteilen oder Aktien eines AIF handelt und**

2. die darin dargelegten Informationen nicht als zuverlässig erachtet werden sollten, da sie unvollständig sind und noch geändert werden können.

(2) [1]Die AIF-Verwaltungsgesellschaft stellt sicher, dass Anleger durch das Pre-Marketing keine Anteile oder Aktien eines AIF erwerben und dass Anleger, die im Rahmen des Pre-Marketings kontaktiert wurden, Anteile oder Aktien dieses AIF ausschließlich im Rahmen des gemäß diesem Gesetz zugelassenen Vertriebs erwerben. [2]Eine durch professionelle oder semiprofessionelle Anleger innerhalb von 18 Monaten, nachdem die AIF-Verwaltungsgesellschaft das Pre-Marketing aufgenommen hat, vorgenommene Zeichnung von Anteilen oder Aktien eines AIF, der in den im Rahmen des Pre-Marketings bereitgestellten Informationen genannt wird, oder eines infolge des Pre-Marketings registrierten AIF gilt als Vertriebsergebnis und unterliegt den gemäß diesem Gesetz geltenden Anzeigeverfahren. [3]Die AIF-Verwaltungsgesellschaft stellt sicher, dass das Pre-Marketing angemessen dokumentiert wird.

(3) [1]Die AIF-Kapitalverwaltungsgesellschaft hat innerhalb von zwei Wochen nach Aufnahme des Pre-Marketings die Aufnahme der Bundesanstalt mitzuteilen. [2]In der Mitteilung sind folgende Angaben zu machen:
1. die Mitgliedstaaten, in denen das Pre-Marketing stattfindet oder stattgefunden hat,
2. die entsprechenden Zeiträume,
3. eine Kurzbeschreibung des Pre-Marketings, darunter Informationen zu den vorgestellten Anlagestrategien,
4. gegebenenfalls eine Liste der AIF und Teilinvestmentvermögen von AIF, die Gegenstand des Pre-Marketings sind oder waren, und
5. gegebenenfalls eine Erklärung, wonach die AIF-Kapitalverwaltungsgesellschaft in den Mitgliedstaaten, in denen das Pre-Marketing stattfindet oder stattgefunden hat, nicht einen Widerruf des Vertrieb in Bezug auf die gemäß Nummer 4 genannten AIF angezeigt hat, die innerhalb der letzten 36 Monate vor dem Beginn des Pre-Marketings wirksam geworden ist und wonach die nach Nummer 3 vorgestellten Anlagestrategien auch nicht vergleichbare Anlagestrategien oder Anlagekonzepte in Bezug zu den von der Vertriebseinstellung betroffenen AIF sind.

[3]Die Bundesanstalt setzt die zuständigen Behörden der Mitgliedstaaten, in denen die AIF-Kapitalverwaltungsgesellschaft Pre-Marketing betreibt oder betrieben hat, unverzüglich in Kenntnis. [4]Die Bundesanstalt stellt auf Ersuchen der zuständigen Behörden eines Mitgliedstaates, in dem das Pre-Marketing stattfindet oder stattgefunden hat, weitere Angaben zum Pre-Marketing bereit, das in seinem Hoheitsgebiet stattfindet oder stattgefunden hat.

(4) [1]Die ausländische AIF-Verwaltungsgesellschaft, die Pre-Marketing im Geltungsbereich dieses Gesetzes betreibt, hat innerhalb von zwei Wochen nach Aufnahme des Pre-Marketings dies der Bundesanstalt mitzuteilen. [2]In der Mitteilung sind folgende Angaben zu machen:
1. die entsprechenden Zeiträume des Pre-Marketings,
2. eine Kurzbeschreibung des Pre-Marketings, darunter Informationen zu den vorgestellten Anlagestrategien, und
3. gegebenenfalls eine Liste der AIF und Teilinvestmentvermögen von AIF, die Gegenstand des Pre-Marketings sind oder waren.

(5) **Erhält die Bundesanstalt durch Mitteilung der zuständigen Behörde eines Mitgliedstaates Kenntnis davon, dass eine EU-AIF-Verwaltungsgesellschaft Pre-Marketing im Geltungsbereich dieses Gesetzes betreibt oder betrieben hat, so kann sie die zuständige Behörde des Herkunftsmitgliedstaates der EU-AIF-Verwaltungsgesellschaft ersuchen, weitere Angaben zum Pre-Marketing bereitzustellen, das im Geltungsbereich dieses Gesetzes stattfindet oder stattgefunden hat.**

(6) [1]**Ein Dritter darf im Geltungsbereich dieses Gesetzes nur dann Pre-Marketing im Namen einer AIF Verwaltungsgesellschaft betreiben, wenn er als vertraglich gebundener Vermittler im Sinne von § 2 Absatz 10 Satz 1 des Kreditwesengesetzes handelt oder**
1. **als Wertpapierdienstleistungsunternehmen im Sinne von § 2 Absatz 10 des Wertpapierhandelsgesetzes,**
2. **als Kreditinstitut im Sinne von § 1 Absatz 1 des Kreditwesengesetzes,**
3. **als OGAW-Verwaltungsgesellschaft oder**
4. **als AIF-Verwaltungsgesellschaft**

zugelassen ist. [2]**Dieser Dritte unterliegt den Bedingungen dieses Paragraphen.**

I. Einleitung

Die Einfügung des neuen § 306b mWv 2.8.2021 durch FoStoG (BGBl. 2021 I 1498) dient der Umsetzung des neu eingefügten Art. 30a der RL 2011/61/EU (BT-Drs. 19/27631, 103). Unter den Begriff des „Pre-Marketings" fallen gem. § 1 XIX Nr. 29a Tätigkeiten, die vor dem Vertrieb (dh Angebot und Platzierung) eines Investmentvermögens/Fonds vorgenommen werden. Damit wird das Pre-Marketing erstmals gesetzlich geregelt. Ziel ist es, bisher bestehende unterschiedliche nationale Regelungen zur Ansprache von potenziellen Investoren vor dem eigentlichen Vertrieb europaweit zu vereinheitlichen. § 306b betriff sowohl inländische als auch ausländische Fondsanteile. Nicht unter das Pre-Marketing fällt das sog. Reverse Solicitation (dh die Ansprache der AIF-Verwaltungsgesellschaft durch den Investor), da in diesem Fall die Initiative gerade nicht von der AIF-Verwaltungsgesellschaft, sondern vom Investor ausgeht (vgl. auch die BaFin-Konsultation 16/2021: Änderung des FAQ zum Vertrieb und Erwerb von Investmentvermögen nach dem KAGB). Das Pre-Marketing löst nur die Mitteilungspflichten nach § 306b III 1 bzw. IV 1 aus und setzt grds. kein abgeschlossenes Vertriebsanzeigeverfahren voraus. 1

Eine Nichtbeachtung des § 306b stellte eine Ordnungswidrigkeit dar (§ 340).

II. Voraussetzungen für das Pre-Marketing (§ 306b I, II)

§ 306b I regelt, unter welchen Voraussetzungen eine AIF-Verwaltungsgesellschaft Pre-Marketing betreiben kann. Hierbei ist besonders darauf zu achten, dass etwaigen potenziellen Investoren vorgelegte Entwürfe von Prospekten oder Angebotsunterlagen nicht den Eindruck erwecken, es handele sich bereits um finale Verkaufsdokumente. Darüber hinaus muss für das Vorliegen eines Pre-Marketings die Zeichnungsmöglichkeit ausgeschlossen sein (dh das Pre-Markting darf noch kein Angebot an potenzielle Anleger zur Investition darstellen) und es dürften auch keine Informationen zur Verfügung gestellt werden, die Anlegern für das Treffen 2 einer Anlageentscheidung genügen. Im Übrigen müssen die im Pre-Marketing zur Verfügung gestellten Informationen redlich, eindeutig und nicht irreführend sein.

3 Für AIF, die ab dem 2.8.2021 in den im Rahmen des Pre-Marketings bereitgestellten Informationen genannt werden oder sonst infolge des Pre-Marketings gezeichnet wurden, ist zu beachten, dass vor der Zeichnung von Anteilen oder Aktien an einem solchen AIF das einschlägige Vertriebsanzeigeverfahren durchlaufen sein muss, wenn Anteile oder Aktien innerhalb eines Zeitraums von 18 Monaten ab der Aufnahme des Pre-Marketings gezeichnet werden.

III. Einreichung von Pre-Marketing-Mitteilungen (§ 306b III, IV)

4 Die Pre-Marketing-Mitteilungen sind innerhalb von zwei Wochen nach Aufnahme des Pre-Marketings der BaFin mitzuteilen. Pre-Marketing-Anzeigen sollen über das E-Mail-Postfach der BaFin eingereicht werden können (vgl. auch den von der BaFin zur Konsultation gestellten Entwurf einer geänderten FAQ zum Vertrieb und Erwerb von Investmentvermögen nach dem KAGB). Die Mitteilungen haben die in § 306b III 2 bzw. IV 2 beschriebenen Angaben zu enthalten. Zuständig für die Mitteilungen sind nur Kapitalgesellschaften bzw. ausländische AIF-Verwaltungsgesellschaften, nicht aber Dritte iSv § 306b VI. Darüber hinaus nimmt die BaFin nur Mitteilungen von inländischen Kapitalverwaltungsgesellschaften entgegen (vgl. auch die BaFin-Konsultation 16/2021: Änderung des FAQ zum Vertrieb und Erwerb von Investmentvermögen nach dem KAGB). Es gilt das Herkunftsstaatsprinzip (vgl. Art. 30a II UAbs. 3 AIFM-RL).

§ 307 Informationspflichten gegenüber semiprofessionellen und professionellen Anlegern und Haftung

(1) **[1]Dem am Erwerb eines Anteils oder einer Aktie interessierten professionellen Anleger oder semiprofessionellen Anleger ist vor Vertragsschluss der letzte Jahresbericht nach den §§ 67, 101, 102, 106, 107, 120 bis 123, 135 bis 137, 148, 158 bis 161 oder Artikel 22 der Richtlinie 2011/61/EU zur Verfügung zu stellen. [2]Zusätzlich sind ihm folgende Informationen einschließlich aller wesentlichen Änderungen in der in den Anlagebedingungen, der Satzung oder des Gesellschaftsvertrages des AIF festgelegten Art und Weise zur Verfügung zu stellen:**

1. **eine Beschreibung der Anlagestrategie und der Ziele des AIF;**
2. **eine Beschreibung der Art der Vermögenswerte, in die der AIF investieren darf, und der Techniken, die er einsetzen darf, und aller damit verbundenen Risiken;**
3. **eine Beschreibung etwaiger Anlagebeschränkungen;**
4. **Angaben über den Sitz eines eventuellen Master-AIF und über den Sitz der Zielinvestmentvermögen, wenn es sich bei dem AIF um ein Dach-Investmentvermögen handelt;**
5. **eine Beschreibung der Umstände, unter denen der AIF Leverage einsetzen kann, Art und Quellen des zulässigen Leverage und damit verbundener Risiken, Beschreibung sonstiger Beschränkungen für den Einsatz von Leverage sowie des maximalen Umfangs des Leverage, den die AIF-Verwaltungsgesellschaft für Rechnung des AIF einsetzen**

darf, und der Handhabung der Wiederverwendung von Sicherheiten und Vermögenswerten;

6. **eine Beschreibung der Verfahren, nach denen der AIF seine Anlagestrategie oder seine Anlagepolitik oder beides ändern kann;**
7. **eine Beschreibung der wichtigsten rechtlichen Auswirkungen der für die Tätigung der Anlage eingegangenen Vertragsbeziehung, einschließlich Informationen über die zuständigen Gerichte, das anwendbare Recht und darüber, ob Rechtsinstrumente vorhanden sind, die die Anerkennung und Vollstreckung von Urteilen in dem Gebiet vorsehen, in dem der AIF seinen Sitz hat;**
8. **Identität der AIF-Verwaltungsgesellschaft, der Verwahrstelle des AIF, des Rechnungsprüfers oder sonstiger Dienstleistungsanbieter sowie eine Erläuterung ihrer Pflichten sowie der Rechte der Anleger;**
9. **eine Beschreibung, in welcher Weise die AIF-Verwaltungsgesellschaft den Anforderungen des § 25 Absatz 6 oder des Artikels 9 Absatz 7 der Richtlinie 2011/61/EU gerecht wird;**
10. **eine Beschreibung sämtlicher von der AIF-Verwaltungsgesellschaft übertragener Verwaltungsfunktionen gemäß Anhang I der Richtlinie 2011/61/EU sowie sämtlicher von der Verwahrstelle übertragener Verwahrfunktionen; die Bezeichnung des Beauftragten sowie eine Beschreibung sämtlicher Interessenkonflikte, die sich aus der Aufgabenübertragung ergeben könnten;**
11. **eine Beschreibung des Bewertungsverfahrens des AIF und der Kalkulationsmethoden für die Bewertung von Vermögenswerten, einschließlich der Verfahren für die Bewertung schwer zu bewertender Vermögenswerte gemäß den §§ 278, 279, 286 oder gemäß Artikel 19 der Richtlinie 2011/61/EU;**
12. **eine Beschreibung des Liquiditätsrisikomanagements des AIF, einschließlich der Rücknahmerechte unter normalen und außergewöhnlichen Umständen, und der bestehenden Rücknahmevereinbarungen mit den Anlegern;**
13. **eine Beschreibung sämtlicher Entgelte, Gebühren und sonstiger Kosten unter Angabe der jeweiligen Höchstbeträge, die von den Anlegern mittel- oder unmittelbar getragen werden;**
14. **eine Beschreibung, in welcher Weise die AIF-Verwaltungsgesellschaft eine faire Behandlung der Anleger gewährleistet, sowie, wann immer Anleger eine Vorzugsbehandlung oder einen Anspruch darauf erhalten, eine Erläuterung**
    a) **dieser Behandlung,**
    b) **der Art der Anleger, die eine solche Behandlung erhalten sowie**
    c) **gegebenenfalls der rechtlichen oder wirtschaftlichen Verbindungen zwischen diesen Anlegern und dem AIF oder der AIF-Verwaltungsgesellschaft;**
15. **eine Beschreibung der Verfahren und Bedingungen für die Ausgabe und den Verkauf von Anteilen oder Aktien;**
16. **die Angabe des jüngsten Nettoinventarwerts des AIF oder des jüngsten Marktpreis der Anteile oder Aktien des AIF nach den §§ 278 und 286 Absatz 1 oder nach Artikel 19 der Richtlinie 2011/61/EU;**
17. **Angaben zur bisherigen Wertentwicklung des AIF, sofern verfügbar;**

18. die Identität des Primebrokers, eine Beschreibung aller wesentlichen Vereinbarungen zwischen der AIF-Verwaltungsgesellschaft und ihren Primebrokern einschließlich der Darlegung, in welcher Weise diesbezügliche Interessenkonflikte beigelegt werden sowie die Bestimmung, die im Vertrag mit der Verwahrstelle über die Möglichkeit einer Übertragung oder Wiederverwendung von Vermögenswerten des AIF enthalten ist und Angaben über jede eventuell bestehende Haftungsübertragung auf den Primebroker;

19. eine Beschreibung, wann und wie die Informationen offengelegt werden, die gemäß § 308 Absatz 4 Satz 2 in Verbindung mit § 300 Absatz 1 bis 3 oder Artikel 23 Absätze 4 und 5 der Richtlinie 2011/61/EU erforderlich sind;

20. die in Artikel 14 Absatz 1 und 2 der Verordnung (EU) 2015/2365, die in den Artikeln 6 bis 9 der Verordnung (EU) 2019/2088 sowie die in den Artikeln 5 bis 7 der Verordnung (EU) 2020/852 genannten Informationen;

21. falls Swing Pricing vorgesehen ist, Angaben zu dessen Art (vollständiges oder teilweises Swing Pricing) und Funktionsweise sowie zur Berechnung des modifizierten Nettoinventarwertes

(2) **Der am Erwerb eines Anteils oder einer Aktie Interessierte ist auf eine bestehende Vereinbarung hinzuweisen, die die Verwahrstelle getroffen hat, um sich vertraglich von der Haftung gemäß § 88 Absatz 4 freizustellen. § 297 Absatz 7 sowie § 305 gelten entsprechend.**

(3) **§ 306 Absatz 1, 3, 4 und 6 gilt entsprechend mit der Maßgabe, dass es statt „Verkaufsprospekt" „Informationen nach § 307 Absätze 1 und 2" heißen muss und dass die Haftungsregelungen in Bezug auf die wesentlichen Anlegerinformationen nicht anzuwenden sind.**

(4) **Ist die AIF-Verwaltungsgesellschaft durch die Verordnung (EU) 2017/1129 verpflichtet, einen Wertpapierprospekt zu veröffentlichen, so hat sie die in Absatz 1 genannten Angaben entweder gesondert oder als ergänzende Angaben im Wertpapierprospekt offenzulegen.**

Inhaltsübersicht

	Rn.
I. Allgemeines	1
II. Informationspflichten (§ 307 I)	3
1. Adressat der Informationspflichten	6
2. Zeitpunkt der Informationspflichten	7
3. „Zur Verfügung stellen"	8
4. Wesentliche Änderungen der Informationen	10
III. Mindestinhalt der Informationspflichten (§ 307 I 2, II)	13
1. Jahresbericht	16
2. Anlagestrategie und -ziele des AIF (§ 307 I 2 Nr. 1)	17
a) Anlagestrategie	18
b) Anlageziel	20
3. Art der Vermögenswerte, Techniken und Risikohinweise (§ 307 I 2 Nr. 2)	21
4. Beschreibung von Anlagebeschränkungen (§ 307 I 2 Nr. 3)	24
5. Sitz eines Master-AIF und der Zielinvestmentvermögen von Dach-Investmentvermögen (§ 307 I 2 Nr. 4)	25

Rn.
6. Leverage und Risiken durch den Einsatz von Leverage (§ 307 I 2 Nr. 5) . . . 27
7. Änderung der Anlagestrategie bzw. -politik (§ 307 I 2 Nr. 6) . . . 28
8. Rechtsstellung des Anlegers (§ 307 I 2 Nr. 7) . . . 29
9. Identität und Pflichten der AIF-KVG und der wesentl. Dienstleister sowie Rechte der Anleger (§ 307 I 2 Nr. 8) . . . 30
10. Eigenmittel für potenzielle Berufshaftungsrisiken (§ 307 I 2 Nr. 9) . . . 33
11. Auslagerung und Unterverwahrung (§ 307 I 2 Nr. 10) . . . 35
12. Bewertung (§ 307 I 2 Nr. 11) . . . 37
13. Liquiditätsrisikomanagement (§ 307 I 2 Nr. 12) . . . 38
14. Beschreibung der Entgelte, Gebühren und sonstigen Kosten (§ 307 I 2 Nr. 13) . . . 43
15. Faire Behandlung der Anleger (§ 307 I 2 Nr. 14) . . . 49
16. Ausgabe und Verkauf von Anteilen und Aktien (§ 307 I 2 Nr. 15) . . . 51
17. Angabe Nettoinventarwert (§ 307 I 2 Nr. 16) . . . 52
18. Angabe zur bisherigen Wertentwicklung des AIF (§ 307 I 2 Nr. 17) . . . 53
19. Angaben zum Primebroker (§ 307 I 2 Nr. 18) . . . 56
20. Offenlegung von Informationen (§ 307 I 2 Nr. 19) . . . 57
21. Weitere Transparenz- und Offenlegungspflichten (§ 307 I 2 Nr. 20) . . . 58
22. Angaben zum Swing Pricing (§ 307 I 2 Nr. 21) . . . 61
23. Haftungsfreistellungsvereinbarungen der Verwahrstelle (§ 307 II) . . . 62
IV. Widerrufsrecht . . . 64
V. Prospekthaftung . . . 65
VI. Zusätzlich Informationen für semiprofessionelle Anleger . . . 68

I. Allgemeines

1 Neu durch das KAGB eingeführt wurden die Informationspflichten einer **AIF-KVG** ggü. einem am Erwerb eines Anteils oder einer Aktie **eines AIF interessierten professionellen** oder **semiprofessionellen Anleger vor Vertragsschluss.** Wenngleich § 307 weder eine Vorgabe zur Übermittlung der Informationen in einem Dokument noch zur Form der Übermittlung enthält, wurde mit der Neuregelung des KAGB faktisch ein **„Anleger-Informationsdokument"** (**„AID"**) bzw. **„AIF-VerkProsp"** auch für Nicht-Publikums-Investmentvermögen implementiert, für die das InvG früher kein solches gesetzliches Informationsmedium vorsah. Das Anleger-Informationsdokument nach § 307 I hat definierte Informationen zu enthalten, die den semiprofessionellen oder professionellen Anleger über das Produkt aufklären sollen. Aus Dokumentationsgründen bietet es sich regelmäßig an, die Informationen ggü. interessierten Anlegern über ein solches Dokument zur Verfügung zu stellen.

2 Durch § 307 wird Art. 23 AIFM-RL in nationales Recht umgesetzt. § 307 I setzt Art. 23 I AIFM-RL um. § 307 II 1 setzt Art. 23 II AIFM-RL um. Die Regelungen des § 297 VII und § 305 gelten auch für professionelle und semiprofessionelle Anleger, sofern deren Voraussetzungen erfüllt sind. § 307 III stellt die Informationen, deren schriftliche Fixierung bereits wegen Anh. III und IV AIFM-RL Buchst. f und aus zivilrechtlichen Beweisgründen zu erwarten ist, in Bezug auf die Haftung

dem Verkaufsprospekt gleich. Mit § 307 IV wird Art. 23 III AIFM-RL umgesetzt (vgl. BT-Drs. 17/12294, 283). § 307 V implementiert die in Art. 32 II der VO (EU) 1286/2014 (PRIIPs-VO) vorgesehene Möglichkeit zur Wahl zwischen wesentlichen Anlegerinformationen und einem Basisinformationsblatt im Rahmen eines Vertriebs an semiprofessionelle Anleger.

II. Informationspflichten (§ 307 I)

3 Gemäß § 307 I 1 sind einem am Erwerb eines Anteils oder einer Aktie interessierten professionellen Anleger oder semiprofessionellen Anleger vor Vertragsschluss der **letzte Jahresbericht** nach den §§ 67, 101, 102, 106, 107, 120–123, 135–137, 148, 158–161 oder Art. 22 AIFM-RL sowie zusätzlich die in § 307 I 2 und II **benannten Informationen** einschl. aller **wesentl. Änderungen** in der in den Anlagebedingungen, der Satzung oder dem Gesellschaftsvertrag des AIF festgelegten Art und Weise zur Verfügung zu stellen. **Ausnahmen** von diesen Informationspflichten bestehen gem. § 307 II iVm § 297 VII allein beim Erwerb von Anteilen oder Aktien

- im Rahmen einer **Finanzportfolioverwaltung** (§ 1 Ia Nr. 3 KWG oder § 20 II Nr. 1 oder III Nr. 2 (§ 297 VII 1) und
- in regelmäßigem Abstand im Rahmen eines **Investment-Sparplans,** wobei in diesem Fall die Informationen **nur vor dem erstmaligen Erwerb** zur Verfügung gestellt werden (§ 297 VII 2).

4 Neben der Zurverfügungstellung der Informationen nach § 307 I, II gegenüber den Anlegern, sind die Informationen nach § 22 I Nr. 14 iVm § 307 I sowie wesentliche Änderungen dieser Informationen nach § 34 I **der BaFin einzureichen**. Nach der Verwaltungsauffassung der BaFin besteht eine solche Einreichungspflicht für alle Spezial-AIF, die **neu aufgelegt werden sollen** und bei denen deshalb davon ausgegangen werden kann, dass deren Anteile zumindest von einem Anleger erworben werden sollen. Allein bei Spezial-AIF, deren Anteile **nicht von neuen Anlegern erworben werden sollen** (zB bei bestehenden „Ein-Anleger-Fonds"), müssen die Informationen nach § 307 I, II und ihre Änderungen nach der Verwaltungspraxis der BaFin nicht eingereicht werden. Die Übermittlung an die BaFin kann elektronisch erfolgen (vgl. BaFin-Schreiben an die deutsche Investmentindustrie v. 17.4.2014 WA 47-Wp 1000-2014/0003).

5 Besonderheiten bestehen für AIF, bei denen die AIF-Verwaltungsgesellschaft bereits durch die VO (EU) 2017/1129 verpflichtet ist, einen **Wertpapierprospekt** zu veröffentlichen. In diesem Fall ist es gem. § 307 IV zur Erfüllung der Informationspflichten nach § 307 I und II in Ergänzung zu den bereits enthaltenen Angaben nur erforderlich, die zusätzlichen Angaben nach § 307 I entweder **gesondert** oder als **ergänzende Angaben im Wertpapierprospekt** offenzulegen.

6 **1. Adressat der Informationspflichten.** Informationspflichten gem. § 307 bestehen allein für eine AIF-KVG für den **Vertrieb an und den Erwerb von AIF** durch **semiprofessionelle** und **professionelle Anleger** iSd § 1 XIX Nr. 32 und 33. Keine Informationspflicht besteht für den Vertrieb und den Erwerb von OGAW.

7 **2. Zeitpunkt der Informationspflichten.** Die Informationen nach § 307 I, II müssen **„vor Vertragsschluss"** und damit **vor der Investition** des Anlegers in den AIF zur Verfügung gestellt werden. § 307 I enthält keine weitere Konkretisierung, ob und ggf. welcher Zeitraum zwischen der Zurverfügungstellung und der Investition liegen muss. Zu unterscheiden ist diesbezüglich zwischen der aufsichts-

rechtlichen Pflicht zur Informationserteilung nach § 307 I, II und der Pflicht einer KVG oder eines Anlageberaters zur rechtzeitigen und ausreichenden Information im Rahmen einer Anlageberatung. **Aufsichtsrechtlich** besteht gem. § 307 I, II allein die Pflicht, die in § 307 I und II benannten Informationen vor der Investition des Anlegers zur Verfügung zu stellen. Diese kann auch unmittelbar vor Vertragsschluss und ohne ausreichende Gelegenheit des Anlegers zur Kenntnisnahme erfüllt werden. Hiervon zu unterschieden ist das Anleger-Informationsdokument als Medium zur Erfüllung **zivilrechtlicher Pflichten,** bspw. aus einem Anlageberatungsvertrag. In diesem Fall muss das Anleger-Informationsdokument dem Interessierten so rechtzeitig übergeben worden sein, dass er sich damit vor seiner Investitionsentscheidung auseinandersetzen kann, sofern er dies möchte. Maßgeblich ist, ob dem Anleger die Entscheidung darüber überlassen wird, die Investition zu tätigen, nachdem er eine Möglichkeit der Kenntnisnahme der im Anleger-Informationsdokument dargestellten Informationen erhalten hat (BGH 8.5.2012 – XI ZR 262/10, NJW 2012, 2427; 27.10.2009 – XI ZR 337/08, NJW-RR 2010, 115; 25.9.2007 – XI ZR 320/06, BKR 2008, 199).

3. „Zur Verfügung stellen". § 307 beinhaltet allein die Pflicht der AIF-KVG, 8 die benannten Informationen **zur Verfügung zu stellen**. Dies umfasst **keine Pflicht zur generellen Aushändigung bzw. Übermittlung der Informationen.** Vielmehr muss dem Interessierten allein die Möglichkeit gegeben werden, auf sein Verlangen hin von der AIF-KVG die Informationen nach § 307 I und II zu erhalten. Das KAGB verwendet im Zusammenhang mit Informationspflichten ggü. Anlegern verschiedene Begrifflichkeiten. Im Unterschied zu „unterrichten" (bspw. § 43 II, § 44 I Nr. 4, § 99 II), „auszuhändigen" (bspw. § 99 IV, § 104 I, § 143, § 297 VII), „informieren" (bspw. § 267 III, § 297 II, X) und „veröffentlichen" (bspw. § 298 I), die jeweils eine aktive Komponente der Informationsübermittlung enthalten und damit die KVG verpflichten, die Information dem Anleger zur Kenntnis zu bringen, beinhaltet „zur Verfügung stellen" nur die **Schaffung der Möglichkeit der Kenntnisnahme** durch den Anleger (vgl. AWZ/*Eberlein* KAGB § 307 Rn. 45). Die AIF-KVG hat die Informationen so vorzuhalten und dem Anleger anzubieten, dass dieser die Informationen auf Verlangen erhalten kann. Auch die englische Fassung des Art. 22 AIFM-RL, „make available", bestätigt diese Auslegung.

Die Informationen nach § 307 I und II müssen **nicht in einem Dokument** zur 9 Verfügung gestellt werden. Bei einer Vertriebsanzeige und iRd Antrags auf Erlaubnis zum Tätigwerden als AIF-KVG durch die BaFin sind die Informationen nach § 307 I und II allerdings mit einzureichen (§ 321 I Nr. 6; § 22 I Nr. 14), so dass ein einheitliches Dokument den Prozess vereinfacht. Sofern die Informationen dem Anleger bereits auf andere Weise vorliegen (bspw. in Form einer Vertragsdokumentation/ Anlagebedingungen), bietet es sich an, im Anleger-Informationsdokument auf diese **zu verweisen.** Einer nochmaligen Darstellung bedarf es in diesem Fall nicht.

4. Wesentliche Änderungen der Informationen. Im Falle von Änderungen 10 der den Anlegern nach § 307 I und II zur Verfügung gestellten Informationen bzw. Änderungen des Anleger-Informationsdokumentes kann dies für die AIF-KVG sowohl eine Pflicht zur Mitteilung der Änderung **ggü. den Anlegern** des AIF als auch eine **Anzeigepflicht ggü. der BaFin** zur Folge haben.

§ 307 I verpflichtet die AIF-KVG neben der Zurverfügungstellung der Informa- 11 tion auch zur **Information der Anleger über wesentliche Änderungen** („einschließlich aller wesentlichen Änderungen"). Eine Änderung einer Information gilt gem. Art. 106 VO (EU) Nr. 231/2013 als **wesentlich,** wenn ein rationaler Anleger, dem diese Informationen bekannt werden, seine Anlage in dem AIF **mit hoher Wahrscheinlichkeit** überdenken würde, auch weil sich diese Informationen auf die Fähigkeit des Anlegers, seine Rechte bzgl. seiner Anlage wahrzunehmen, auswirken oder die Interessen eines oder mehrerer Anleger des AIF in sonstiger Weise beeinträchtigen können. Die aus § 307 I resultierende Pflicht zur Information eines Anlegers über wesentliche Änderungen endet mit dessen **Vertragsschluss.**

12 Darüber hinaus können wesentl. Änderungen auch die Voraussetzungen der Geschäftserlaubnis der KVG betreffen. Nach § 22 I Nr. 14 muss der Erlaubnisantrag einer AIF-KVG ua alle in § 307 I genannten weiteren Informationen für jeden AIF, den die AIF-KVG verwaltet oder zu verwalten beabsichtigt, enthalten. **Wesentliche Änderungen der Voraussetzungen für die Geschäftserlaubnis** sind der BaFin gem. § 34 I vor Umsetzung der Änderung anzuzeigen. Hintergrund ist in diesem Fall nicht die Gewährleistung eines effektiven Anlegerschutzes, sondern die **Gewährleistung einer effektiven Beaufsichtigung** der KVG durch die BaFin. Es ist davon auszugehen, dass eine wesentl. Änderung, die zum Erfordernis einer Anlegerinformation führt, erheblich früher anzunehmen sein wird als eine wesentl. Änderung, die zu einer BaFin-Anzeigepflicht führt. Der Maßstab des Wegfalls der Voraussetzungen für die Geschäftserlaubnis erscheint wesentl. höher als die Annahme, dass ein Anleger seine Investition überdenken wird.

III. Mindestinhalt der Informationspflichten (§ 307 I 2, II)

13 § 307 I 2 und II benennen die nachfolgenden **Mindestangaben,** die die Informationen nach § 307 I, II beinhalten müssen.

14 Der **Umfang der Informationen,** die einem interessierte Anleger zu den einzelnen Punkten zur Verfügung gestellt werden müssen, kann im Einzelfall oder, wo möglich, für Kundengruppen ermittelt werden. Maßgeblich für den Umfang der Informationspflichten sind insb. die **Vorkenntnisse des jeweiligen Anlegers.** So kann im Hinblick auf den Umfang der Informationsplichten ggü. **semiprofessionellen Kunden** (= **Privatkunden** iSd § 67 WpHG) ein höherer Informationsgrad erforderlich sein als ggü. **professionellen Kunden** (= **geborene** oder **gekorene professionelle Kunden** iSd § 67 WpHG). Auch wenn zwischen aufsichtsrechtlicher Informationspflicht und den zivilrechtlichen Pflichten, bspw. aus einem Anlageberatungsvertrag, zu unterscheiden ist, dürfte sich auch beim Umfang der aufsichtsrechtlichen Informationspflichten am Anlegerhorizont zu orientieren sein. Bei der Ermittlung des notwendigen Umfangs der Informationen ebenfalls zu berücksichtigen sind die **Eigenschaften des jeweiligen AIF** (bspw. bei der Darstellung von Risiken der Vermögensanlage), die sich je nach Anlagestrategie und zulässigen Vermögensgegenständen unterscheiden kann.

15 Zu beachten ist, dass dann, wenn ein AIF **nicht auch** die Anforderungen an einen **Vertrieb an Privatanleger** erfüllt, eine AIF-KVG gem. § 295 I 3 verpflichtet ist, wirksame Vorkehrungen zu treffen, die den Vertrieb an Privatanleger verhindern. Hierzu gehört ua, in das Anleger-Informationsdokument einen **drucktechnisch herausgestellten Hinweis** aufzunehmen, dass die Voraussetzungen für einen Vertrieb an Privatanleger nicht erfüllt sind (BaFin „Häufige Fragen zum Vertrieb und Erwerb von Investmentvermögen nach dem KAGB" v. 5.7.2022 Nr. 1.7).

16 **1. Jahresbericht.** Zur Verfügung zu stellen ist dem Interessierten der **letzte Jahresbericht** nach den §§ 67, 101, 102, 106, 107, 120–123, 135–137, 148, 158–161 oder Art. 22 AIFM-RL. Dies gilt natürlich nur, sofern ein solcher bereits

erstellt wurde. Bei neu aufgelegten AIF ist das in der Regel nicht der Fall. Zum Inhalt des Jahresberichts vgl. die jeweilige Kommentierung. § 307 I verweist diesbezüglich allein auf Vorschriften, die den Jahresbericht regeln. Nicht verwiesen wird auf die Regelungen betreffend **Halbjahres-** und **Zwischenberichte,** infolgedessen selbst bei Vorliegen ders. dem Interessierten der letzte Jahresbericht zu übergeben ist. Ein zur Verfügung stellen eines aktuellerer Halbjahres- oder Zwischenberichts reicht nach dem Wortlaut des § 307 I nicht aus, auch wenn es sich um aktuellere Informationen handelt.

2. Anlagestrategie und -ziele des AIF (§ 307 I 2 Nr. 1). Eine AIF-KVG hat 17 einen interessierten Anleger über die **Anlagestrategie** und die **Anlageziele** des AIF zu informieren. Im Falle eines **segmentierten Spezial-AIF** mit unterschiedlichen Anlagestrategien und/oder -zielen sollte eine Angabe der Anlagestrategie und/oder der Anlageziele **je Segment** erfolgen.

a) Anlagestrategie. Das KAGB selbst enthält keine **Definition des Begriffs** 18 **der Anlagestrategie**. Angaben dazu, welche Voraussetzungen eine Anlagestrategie erfüllen muss, beinhaltet aber die Gesetzesbegr. zu § 1 I (BT-Drs. 17/12294, 201). Das Vorliegen einer festgelegten Anlagestrategie setzt danach voraus, dass die **Kriterien, nach denen das eingesammelte Kapital angelegt werden soll,** in einem über den einer allg. Geschäftsstrategie hinausgehenden Umfang **schriftlich genau bestimmt** sind. Eine festgelegte Anlagestrategie unterscheidet sich damit von einer allg. Geschäftsstrategie eines operativ tätigen Unternehmens dadurch, dass die **Anlagekriterien genau bestimmt** und die **Handlungsspielräume** des AIFM in den Anlagebedingungen, der Satzung oder im Gesellschaftsvertrag **eingeschränkt** sind. Die ESMA definiert eine Anlagestrategie in ihren Leitlinien hingegen als Strategie in Bezug darauf, wie das im AIF gebündelte Kapital im Hinblick auf die Erzielung einer Gemeinschaftsrendite für die Anleger, bei denen das Kapital beschafft wurde, verwaltet werden soll, und zählt zusätzliche weitere Regelmerkmale einer Anlagestrategie auf (vgl. ESMA/2013/611, S. 7).

Nicht zuletzt mit dem Ziel eines Gleichlaufs der an die BaFin gem. § 35 zu melden- 19 den Angaben und den Informationen an einen interessierten Anleger gem. § 307 I erscheint es sinnvoll, die in Anh. IV Rn. 10 „Angaben zu AIF" VO (EU) Nr. 231/2013 vorgegebenen Anlagestrategien zu verwenden (zB Private-Equity-Strategie, Immobilienstrategie, etc.). Wird eine Anlagestrategie verfolgt, die nicht in Anh. IV Rn. 10 VO (EU) Nr. 231/2013 benannt ist, ist diese zu benennen und kurz zu beschreiben (vgl. → § 35 Rn. 57 ff.). Im Fall segmentierter AIF, bei denen unterschiedliche Anlagestrategien verfolgt werden, ist die Strategie für jedes Segment anzugeben.

b) Anlageziel. Das **Anlageziel** ist der Zweck, den die AIF-KVG bzw. der 20 Portfolioverwalter mit seinen Anlagen für den AIF verfolgt (bspw. „Anlageziel des AIF ist es, eine angemessene Rendite zu erzielen" oder „Anlageziel des AIF ist es, die Rendite der Benchmark xy zu übertreffen"). Im Gegensatz dazu beschreibt die Anlagestrategie die Art und Weise, wie die Anlageziele erreicht werden sollen.

3. Art der Vermögenswerte, Techniken und Risikohinweise (§ 307 I 2 21 **Nr. 2).** Ein an einem AIF interessierter Anleger ist über die Art der Vermögenswerte, die Techniken und die damit verbundenen Risiken zu informieren. Bei Techniken handelt es sich insb. um den beabsichtigten Einsatz von Derivaten, Krediten, Wertpapierdarlehens- und Wertpapierpensionsgeschäften. Die **Art der Vermögenswerte** und **Techniken der Vermögensanlage** werden zwischen den Anlegern und der KVG in den Anlagebedingungen und, soweit vereinbart (bei

Spezial-AIF), Anlagerichtlinien festgelegt. Infolgedessen bietet es sich an, im Anleger-Informationsdokument die darin enthaltenen Angaben entweder wiederzugeben oder diesbezüglich auf die **Anlagebedingungen** und ggf. **Anlagerichtlinien zu verweisen,** soweit diese den Anleger vorliegen.

22 Ein wesentl. Bestandteil der Informationen nach § 307 I und II ist die Information über **wesentl. Risiken, die mit der Art der Vermögenswerte und der Techniken verbunden sind (Risikohinweise)**. Geht der Vermögensanlage eine Anlageberatung oder Anlagervermittlung durch die AIF-KVG oder einen Dritten voran, ist der interessierte Anleger darüber hinaus in einen Informationsstand zu versetzten, der ihn in die Lage versetzt, in Kenntnis aller Chancen und Risiken seine Anlageentscheidung zu treffen. Erfolgt keine ausreichende Aufklärung über die Risiken des AIF, macht sich der Anlageberater bzw. Anlagevermittler ggü. dem Anleger wegen **fehlerhafter Anlageberatung** bzw. **fehlerhafter Anlagevermittlung** schadensersatzpflichtig. Vor diesem Hintergrund kann der Darstellung der Risiken der Vermögensanlage vor dem Erwerb der Anteile bzw. Aktien des AIF entscheidende Bedeutung zukommen. Empfehlenswert ist es daher, die Risikohinweise im Anleger-Informationsdokument **an prominenter Stelle** aufzunehmen (vgl. Assmann/Schütze/*Assmann,* 3. Aufl. 2007, § 6 Rn. 99ff.).

23 Dargestellt werden sollten demnach **sämtliche Risiken,** die mit der Anlage in den AIF verbunden sind. **Beispiele** für Risiken, die dem interessierten Anleger im Anleger-Informationsdokument dargestellt werden sollten, sind

- **Marktrisiken** (definiert in § 3 III Nr. 1 KaVerOV als „Verlustrisiko für ein Investmentvermögen, das aus Schwankungen beim Marktwert von Positionen im Portfolio des Investmentvermögens resultiert, die zurückzuführen sind auf Veränderungen (a) bei Marktvariablen wie Zinssätzen, Wechselkursen, Aktien- und Rohstoffpreisen oder (b) bei der Bonität eines Emittenten"),
- **Liquiditätsrisiken** (definiert in § 3 III Nr. 2 KaVerOV als „Risiko, dass eine Position im Portfolio des Investmentvermögens nicht innerhalb hinreichend kurzer Zeit mit begrenzten Kosten veräußert, liquidiert oder geschlossen werden kann und dass dadurch die Erfüllung von Rückgabeverlangen der Anleger oder von sonstigen Zahlungsverpflichtungen beeinträchtigt wird"),
- **Finanzierungsliquidität** („Risiko der Rücknahmeaussetzung"),
- **Kontrahentenrisiko** inkl. **Kredit- und Forderungsrisiko** (definiert in § 3 III Nr. 3 KaVerOV als „Verlustrisiko für ein Investmentvermögen, das aus der Tatsache resultiert, dass die Gegenpartei eines Geschäfts bei der Abwicklung von Leistungsansprüchen ihren Verpflichtungen möglicherweise nicht nachkommen kann"),
- **operationelle Risiken** (definiert in § 3 III Nr. 4 KaVerOV als „Verlustrisiko für ein Investmentvermögen, das aus unzureichenden internen Prozessen sowie aus menschlichem oder Systemversagen bei der KVG oder aus externen Ereignissen resultiert; darin eingeschlossen sind Rechts-, Dokumentations- und Reputationsrisiken sowie Risiken, die aus den für ein Investmentvermögen betriebenen Handels-, Abrechnungs- und Bewertungsverfahren resultieren")
- **sowie sonstige Risiken** („Länder- und Transferrisiko", „Schlüsselpersonenrisiko", „Verwahrrisiko in Folge von Haftungsfreistellung nach § 77 IV oder § 88 IV", „steuerliche Risiken", ua).

24 **4. Beschreibung von Anlagebeschränkungen (§ 307 I 2 Nr. 3).** Nach § 307 I 2 Nr. 3 ist dem interessierten Anleger eine **Beschreibung etwaiger Anlagebeschränkungen** zur Verfügung zu stellen. Solche ergeben sich insb. aus den

Anlagebedingungen und, soweit vorhanden, Anlagerichtlinien des AIF. Liegen diese dem interessierten Anleger vor, bietet sich regelmäßig ein Verweis auf diese an. Alt. können sie im Anleger-Informationsdokument wiedergegeben oder diesem als Anlage beigefügt werden.

5. Sitz eines Master-AIF und der Zielinvestmentvermögen von Dach-Investmentvermögen (§ 307 I 2 Nr. 4). Handelt es sich bei dem AIF um einen Feeder-AIF, ist dem interessierten Anleger nach § 307 I 2 Nr. 4 der **Sitz des Master-AIF** mitzuteilen. Gemäß § 1 IXX Nr. 34 Buchst. a ist Sitz eines AIF der satzungsmäßige Sitz oder, falls der AIF keine eigenen Rechtspersönlichkeit hat, der Staat, dessen Recht der AIF unterliegt (zB „mit Sitz in der Bundesrepublik Deutschland"). Nach der Definition des § 1 XIX Nr. 13 ist ein Feeder-AIF ein AIF, der mind. 85% seines Wertes in Anteilen eines Master-AIF anlegt, oder **mindestens 85 %** seines Wertes in mehr als einem Master-AIF anlegt, die jeweils identische Anlagestrategien verfolgen, oder anderweitig ein Engagement von **mindestens 85 %** seines Wertes in einem Master-AIF hat. Master-AIF sind gem. § 1 XIX Nr. 14 AIF, an denen ein Feeder-AIF Anteile hält. 25

Im Falle eines AIF-Dachinvestmentvermögens ist dem interessierten Anleger die Information über den **Sitz der Zielinvestmentvermögen** zur Verfügung zu stellen. Ein AIF-Dachinvestmentvermögen ist ein AIF, der nicht direkt in Wertpapiere, sondern neben Liquiditätsanlagen und Währungskurssicherungen ausschließlich in Anteile an Zielinvestmentvermögen investiert (vgl. zu Dach-Hedgefonds die Kommentierung zu § 225). In diesem Fall ist auch eine zusammenfassende Angabe denkbar (zB „mit Sitz in der Europäischen Union"). 26

6. Leverage und Risiken durch den Einsatz von Leverage (§ 307 I 2 Nr. 5). 27
Nach § 307 I 2 Nr. 5 hat die AIF-KVG iRd Informationen nach § 307 I und II
- eine Beschreibung der **Umstände,** unter denen der AIF **Leverage einsetzen kann,**
- **Art** und **Quellen** des **zulässigen Leverage** und damit **verbundene Risiken**,
- eine Beschreibung **sonstiger Beschränkungen** für den Einsatz von Leverage,
- den nach der **Brutto-** und nach der **Commitment-Methode max. zulässigen Umfang des Leverage,** den die AIF-KVG für Rechnung des AIF einsetzen darf, sowie
- eine Beschreibung der **Handhabung der Wiederverwendung von Sicherheiten** und **Vermögenswerten**

dem interessierten Anleger zur Verfügung zu stellen. **Leverage** ist nach der Definition des § 1 XIX Nr. 25 jede Methode, mit der die KVG den Investitionsgrad eines von ihr verwalteten Investmentvermögens durch Kreditaufnahme, Wertpapier-Darlehen, in Derivate eingebettete Hebelfinanzierungen oder auf andere Weise erhöht. Kriterien zur Festlegung der Methoden für Leverage von AIF, einschl. jeglicher Finanz- oder Rechtsstrukturen, an denen Dritte beteiligt sind, die von dem betreffenden AIF kontrolliert werden, und darüber, wie Leverage von AIF zu berechnen ist, ergeben sich aus Art. 6–10 VO (EU) Nr. 231/2013. Vergleiche zum Leverage iÜ → § 29 Rn. 61 ff. Die entsprechenden Risiken können im Rahmen der allgemeinen Risikohinweise beschrieben werden (→ Rn. 22).

7. Änderung der Anlagestrategie bzw. -politik (§ 307 I 2 Nr. 6). Die AIF-KVG hat interessierten Anlegern gem. § 307 I 2 Nr. 6 eine Beschreibung der Verfahren, nach denen der AIF seine **Anlagestrategie** oder seine **Anlagepolitik** oder beides **ändern** kann, zur Verfügung zu stellen. 28

29 **8. Rechtsstellung des Anlegers (§ 307 I 2 Nr. 7).** Nach § 307 I 2 Nr. 7 ist interessierten Anlegern eine Beschreibung der **wichtigsten rechtlichen Auswirkungen** der für die Tätigung der Anlage **eingegangenen Vertragsbeziehungen** (insb. Miteigentums- oder Treuhandlösung, Gesellschaftsform), einschl. Informationen über die **zuständig. Gerichte** (Gerichtsstand), das **anwendbare Recht** und darüber, ob Rechtsinstrumente vorhanden sind, die die **Anerkennung** und **Vollstreckung von Urteilen** in dem Gebiet vorsehen, in dem der AIF seinen Sitz hat, vor Vertragsschluss zur Verfügung zu stellen. Gegenüber **Verbrauchern** ist neben dem ordentlichen Rechtsweg auf die Möglichkeit der Teilnahme am Verfahren einer Schlichtungsstelle hinzuweisen, sofern die KVG am Verfahren dieser Schlichtungsstelle teilnimmt (§ 312d II BGB iVm Art. 246b § 1 I Nr. 18 EGBGB).

30 **9. Identität und Pflichten der AIF-KVG und der wesentl. Dienstleister sowie Rechte der Anleger (§ 307 I 2 Nr. 8).** § 307 I Nr. 8 statuiert die Pflicht der KVG zur Verfügungstellung von Informationen über die

- **Identität** und **Pflichten** der **AIF-Verwaltungsgesellschaft;**
- **Identität** und **Pflichten** der **Verwahrstelle des AIF** (vgl. zur Information über eine Haftungsfreistellungsvereinbarung → Rn. 58f.);
- **Identität** und **Pflichten** des **Rechnungsprüfers;**
- **Identität** und **Pflichten sonstiger wesentl. Dienstleister** sowie
- eine Erläuterung der **Rechte der Anleger.**

31 Zu unterscheiden sind die nach § 307 I Nr. 8 anzugebenden wesentl. Dienstleister von Dritten, an die die KVG Leistungen ausgelagert hat. § 307 I Nr. 8 beinhaltet allein Informationspflichten im Hinblick auf wesentl. Dienstleister, nicht aber im Hinblick auf ausgelagerte Dritte.

32 Enthalten die Anlagebedingungen diese Informationen und liegen diese dem interessierten Anleger vor, bietet sich ein Verweis auf diese an. Andernfalls ist im Anleger-Informationsdokument die **Identität** der wesentl. Dienstleister sowie eine **Zusammenfassung ihrer Aufgaben** aufzunehmen (bspw. betr. der Verwahrstelle eine Zusammenfassung der Pflichten nach §§ 80–90, betr. der Abschlussprüfer der Pflichten nach § 102).

33 **10. Eigenmittel für potenzielle Berufshaftungsrisiken (§ 307 I 2 Nr. 9).** Das Anleger-Informationsdokument hat eine **Beschreibung** zu enthalten, auf welche Weise die AIF-KVG den Anforderungen nach § 25 VI oder Art. 9 VII AIFM-RL gerecht wird. Die AIF-KVG muss daher zur **Abdeckung potenzieller Berufshaftungsrisiken** aus den Geschäftstätigkeiten über

- **zusätzliche Eigenmittel,** um potenzielle Haftungsrisiken aus **beruflicher Fahrlässigkeit** angemessen abzudecken, oder
- eine bzgl. der abgedeckten Risiken **geeignete Versicherung** für die sich aus **beruflicher Fahrlässigkeit** ergebenden Haftung

verfügen.

34 Die Kriterien zu den Risiken, die durch zusätzliche Eigenmittel oder die Berufshaftpflichtversicherung gedeckt werden müssen, die Voraussetzungen für die Bestimmung der Angemessenheit der zusätzlichen Eigenmittel oder der Deckung durch die Berufshaftpflichtversicherung und die Vorgehensweise bei der Bestimmung fortlaufender Anpassungen der Eigenmittel oder der Deckung gem. § 25 VIII bestimmen sich nach Art. 12–15 VO (EU) Nr. 231/2013. Entscheidet sich die AIF-KVG für das Vorhalten **zusätzlicher Eigenmittel,** müssen diese gem. Art. 14 II VO (EU) Nr. 231/2013 **mindestens 0,01 %** des Wertes der Portfolios der von ihr verwalteten AIF betragen. Die **Deckung einer Berufshaftpflichtversicherung**

muss gem. Art. 15 III, IV VO (EU) Nr. 231/2013 für eine **Einzelforderung mindestens 0,7%** und für **sämtliche Forderungen eines Jahres mindestens 0,9%** des berechneten Wertes der von der AIF-KVG verwalteten AIF betragen (vgl. zu den Eigenmittelanforderungen iÜ die Kommentierung zu § 25).

11. Auslagerung und Unterverwahrung (§ 307 I 2 Nr. 10). Nach § 307 I 2 Nr. 10 hat die AIF-KVG in den Informationen nach § 307 I und II eine Beschreibung sämtlicher von ihr **ausgelagerten Verwaltungsfunktionen** gem. Anh. I AIFM-RL sowie sämtlicher von der Verwahrstelle **übertragener Verwahrfunktionen („Unterverwahrungen")** vorzunehmen. Anhang I AIFM-RL benennt **Anlageverwaltungsfunktionen,** die ein AIFM (AIF-KVG) bei der Verwaltung eines AIF min. übernehmen muss (Portfolioverwaltung und Risikomanagement) sowie andere Aufgaben, die ein AIFM (AIF-KVG) iRd kollektiven Verwaltung eines AIF zusätzlich ausüben kann (administrative Tätigkeiten, Vertrieb und Tätigkeiten im Zusammenhang mit den Vermögenswerten des AIF). Eine Übertragung der Anlageverwaltungsfunktionen, der in Anh. I Nr. 1 AIFM-RL benannten administrativen Tätigkeiten sowie der in Anh. I Nr. 2c genannten Tätigkeiten im Zusammenhang mit der Verwaltung von Vermögenswerten stellt stets eine Auslagerung dar (vgl. zur Bestimmung ausgelagerter Tätigkeiten → § 36 Rn. 4ff.). 35

Die Beschreibung der ausgelagerten Verwaltungsfunktionen und Unterverwahrungen hat die **Bezeichnung des Auslagerungsunternehmens** sowie sämtlicher **Interessenkonflikte,** die sich aus der Auslagerung ergeben können, zu enthalten. 36

12. Bewertung (§ 307 I 2 Nr. 11). Das Anleger-Informationsdokument hat eine Beschreibung 37
- des **Bewertungsverfahrens des AIF** und
- der **Kalkulationsmethoden** für die **Bewertung von Vermögenswerten,** einschl. der Verfahren für die Bewertung **schwer zu bewertender Vermögenswerte** gem. den §§ 278, 279, 286 oder gem. Art. 19 AIFM-RL

zu enthalten. Die Anforderungen an die Bewertung werden in den Art. 67–74 VO (EU) Nr. 231/2013 konkretisiert. Die AIF-KVG hat demensprechend im Anleger-Informationsdokument eine Beschreibung ihrer **Grundsätze und Verfahren für die Bewertung von Vermögenswerten** des AIF, die **Verwendung von angewandten Modellen zur Bewertung** von Vermögenswerten, die **Häufigkeit der regelmäßigen Überprüfung** der Bewertungsgrundsätze und -verfahren, der **Überprüfung des Wertes der einzelnen Vermögenswerte,** der **Berechnung des Nettoinventarwertes** je Anteil sowie der **Häufigkeit der Bewertung von Vermögenswerten offener AIF** zu enthalten. Vergleiche zur Bewertung iÜ die Kommentierungen zu §§ 168f., 216f., 272, 278f. und 286.

13. Liquiditätsrisikomanagement (§ 307 I 2 Nr. 12). Nach § 307 I 2 Nr. 12 ist eine **Beschreibung des Liquiditätsrisikomanagements** der AIF-KVG, einschl. der **Rücknahmerechte** unter **normalen** und **außergewöhnlichen Umständen,** und der bestehenden **Rücknahmevereinbarungen** mit den Anlegern vorzunehmen. 38

Die **Darstellung des Liquiditätsrisikomanagements** muss dem (interessierten) Anleger eine Beurteilung ermöglichen, dass angemessene und wirksame Verfahren bestehen, die der Anlagestrategie, dem Liquiditätsprofil und den Rücknahmegrundsätzen des AIF Rechnung tragen und die es der AIF-KVG ermöglichen, die Liquiditätsrisiken des AIF zu überwachen und zu gewährleisten, dass sich das Liquiditätsprofil der Anlagen des AIF mit seinen zugrunde liegenden Verbindlichkeiten deckt (**Kohärenz** von **Anlagestrategie, Liquiditätsprofil** und **Rücknah-** 39

megrundsätze). Die Beschreibung hat ggf. vorhandene **Risikolimite** sowie eine Beschreibung der **Liquiditätsmanagement-Stresstests** zu enthalten.

40 Der (interessierte) Anleger ist über das **Verfahren** und die **Bedingungen für die Rücknahme** von Anteilen oder Aktien des AIF zu informieren (zur Ausgabe → Rn. 51). Das Verfahren und die Bedingungen für die Rücknahme von Anteilen bzw. Aktien des AIF werden regelmäßig in den Anlagebedingungen des AIF geregelt. Entsprechend bietet sich im Anleger-Informationsdokument ein Verweis auf die Anlagebedingungen an.

41 Für **geschlossene AIF,** die **keinen Leverage** einsetzen, ist gem. § 30 I 1 kein Liquiditätsmanagementsystem erforderlich, infolgedessen eine Beschreibung eines solchen entfällt. Es **bleibt** aber auch für geschlossenen AIF die **Pflicht zur Darstellung der Rücknahmerechte** unter normalen und außergewöhnlichen Umständen sowie der bestehenden Rücknahmevereinbarungen mit den Anlegern.

42 Vgl. zum Liquiditätsmanagement iÜ die Kommentierung zu § 30.

43 **14. Beschreibung der Entgelte, Gebühren und sonstigen Kosten (§ 307 I 2 Nr. 13).** Dem interessierten Anleger ist nach § 307 I 2 Nr. 13 eine **Beschreibung sämtlicher Entgelte, Gebühren** und **sonstigen Kosten** unter **Angabe der jeweiligen Höchstbeträge** zur Verfügung zu stellen, die von diesem im Falle einer Vermögensanlage in den AIF **unmittelbar** oder **mittelbar** getragen werden müssen.

44 Zu diesen Entgelten, Gebühren und sonstigen Kosten gehören insb. die **Verwaltungsvergütung** der AIF-KVG, die **Vergütung der Verwahrstelle, Kosten externer Dienstleister** (bspw. Portfolioverwalter, Anlageberater, Bewerter), **Vertriebsvergütungen, Ausgabeauf-** und **Rücknahmeabschläge, Carried Interest, Transaktionskosten** sowie **sonstige laufende Kosten** und **Nebenkosten der Verwaltung** des AIF. Für die Beschreibung ders. bietet sich grds. ein Verweis auf die entspr. Regelungen in den Anlagebedingungen an, soweit diese dem interessierten Anleger vorliegen. Nur die in den Anlagebedingungen mit den Anlegern vereinbarten Entgelte, Gebühren und sonstigen Kosten dürfen dem AIF und den Anlegern belastet werden. Alternativ kann eine Angabe im Anleger-Informationsdokument oder in einer Anlage zu diesem erfolgen.

45 Sind konkrete Vergütungen, Kosten oder Gebühren vereinbart (zB Vergütungen der AIF-KVG, der Verwahrstelle und sonstiger Dritter), sind diese als **Höchstbetrag** anzugeben. Diese dürfen von der AIF-KVG nicht überschritten werden. Es kann auf die entspr. Regelung in den Anlagebedingungen verwiesen werden.

46 Im Hinblick auf die **Transaktionskosten** würde allerdings die Pflicht zur Angabe eines monetären oder prozentualen Höchstbetrages diametral der **Pflicht der AIF-KVG zur jederzeitigen Wahrung der Interessen des AIF und dessen Anleger** entgegenstehen. Eine starre Angabe eines Höchstbetrages würde bedeuten, dass die AIF-KVG trotz obj. berechtigtem Interesse der Anleger des AIF in der Anzahl der möglichen Transaktionen beschränkt würde und so bspw. bei einem Ansteigen des verwalteten Sondervermögens oder in Folge von Marktentwicklungen die erforderlichen Transaktionen nicht durchführen könnte. Daher besteht in diesem Fall die Möglichkeit, die maximalen Kosten prozentual oder absolut bezogen auf die einzelne Transaktion anzugeben. Eine Höchstsumme aller Transaktionskosten im Geschäftsjahr ist nicht erforderlich (vgl. MKJ/*Gottschling* KAGB § 307 Rn. 88).

47 In Fällen des **Ersatzes von Aufwendungen** (bspw. Rechtsanwaltsgebühren, Class Action-Fees) ist eine Vorhersage vielfach nicht möglich. Daher ist es in diesem Fall ausreichend, lediglich einen Erfahrungswert zzgl. eines Sicherheitszuschlages unter Berücksichtigung von Stress-Szenarien anzugeben. Sollte sich dieser Betrag

wider Erwarten als zu niedrig erweisen, kann der angegebene Höchstbetrag **überschritten** werden, vorausgesetzt, das Informationsdokument enthält einen entsprechenden Hinweis (vgl. „Anlage Kosten“ in den Musterbausteinen des BVI für Informationspflichten gegenüber semi-professionellen u. professionellen Anlegern gem. § 307 I, II KAGB.).

Wo die zulässigen Vergütungen, Gebühren und sonstigen Kosten der Höhe nach konkretisiert werden, sollte dies durch Angabe des jeweiligen **Prozentsatzes** bezogen auf das Fondsvolumen erfolgen. Eine betragsmäßige Angabe erscheint aus Gründen der Transparenz nicht sinnvoll, da sich die Angemessenheit der jeweiligen Vergütung bzw. der Gebühren und sonstigen Kosten je nach Höhe des verwalteten Volumens unterscheidet. Eine prozentuale Darstellung ist diesbezüglich aussagekräftiger. **48**

15. Faire Behandlung der Anleger (§ 307 I 2 Nr. 14). In Umsetzung von Art. 12 I 1 Buchst. f, I 2 AIFM-RL regelt § 26 II Nr. 6 und III, dass alle Anleger eines Investmentvermögens **fair zu behandeln** sind und eine AIF-KVG **keinem Anleger** eines AIF eine **Vorzugsbehandlung** gewähren darf, es sei denn, eine solche Vorzugsbehandlung ist in den Anlagebedingungen, in der Satzung oder dem Gesellschaftsvertrag des entspr. AIF vorgesehen. Artikel 23 VO (EU) Nr. 231/2013 konkretisiert, dass die AIF-KVG dafür zu sorgen hat, dass ihre in Art. 57 VO (EU) Nr. 231/2013 erwähnten **Entscheidungsprozesse** und **organisatorischen Strukturen** eine faire Behandlung der Anleger gewährleisten und, sollte ein AIFM (AIF-KVG) einem oder mehreren Anlegern eine Vorzugsbehandlung gewähren, dies für die anderen Anleger insgesamt **keine wesentl. Benachteiligung** mit sich bringt (vgl. die Kommentierung zu § 26). **49**

§ 307 I 2 Nr. 14 verpflichtet AIF-KVG zu einer **Beschreibung** im Anleger-Informationsdokument, in welcher Weise die faire Behandlung der Anleger gewährleistet wird sowie, wenn ein Anleger eine Vorzugsbehandlung oder einen Anspruch darauf erhält, zu einer **Erläuterung dieser Behandlung,** der **Art der Anleger,** die eine solche Behandlung erhalten, sowie ggf. der **rechtlichen** oder **wirtschaftlichen Verbindungen** zwischen diesen Anlegern und dem AIF oder der AIF-KVG. **50**

16. Ausgabe und Verkauf von Anteilen und Aktien (§ 307 I 2 Nr. 15). Nach § 307 I 2 Nr. 15 hat die AIF-KVG den (interessierten) Anleger über das Verfahren und die Bedingungen für die **Ausgabe** und den **Verkauf** von Anteilen oder Aktien des AIF zu informieren. Die Rücknahme von Anteilen oder Aktien des AIF ist nicht Bestandteil der Informationspflicht des § 307 I 2 Nr. 15, sondern des § 307 I 2 Nr. 12 (→ Rn. 40). Das Verfahren und die Bedingungen für die Ausgabe und den Verkauf von Anteilen bzw. Aktien des AIF werden regelmäßig in den Anlagebedingungen des AIF geregelt. Entsprechend bietet sich regelmäßig ein Verweis auf die Anlagebedingungen an. **51**

17. Angabe Nettoinventarwert (§ 307 I 2 Nr. 16). Dem Anleger ist der **Nettoinventarwert** oder der jüngste Marktpreis der Anteile oder Aktien des AIF zum **Stand der Informationsübermittlung** bzw. zum Stand der **Erstellung des Anleger-Informationsdokuments** zur Verfügung zu stellen. Handelt es sich bei dem AIF um einen noch aufzulegenden AIF, entfällt die Angabe, da ein solcher noch nicht existiert. **52**

18. Angabe zur bisherigen Wertentwicklung des AIF (§ 307 I 2 Nr. 17). Dem interessierten Anleger ist die bisherige **Wertentwicklung des AIF** darzustel- **53**

len. Hierbei sind die Ausführungen des Rundschreibens MaComp 05/2018 (WA) der BaFin zu berücksichtigen. Hierzu gehört insb., dass die **Darstellung redlich, eindeutig** und **nicht irreführend** sein muss. Die Darstellung der Wertentwicklung hat aktuell zu sein und einen aussagekräftigen Zeitraum zu umfassen. Sofern ein Anleger-Informationsdokument auch ggü. Privatkunden iSv § 67 III WpHG genutzt werden soll, sind die Anforderungen an die Darstellung der vergangenheitsbezogenen Wertentwicklung des BT 3 der MaComp zu beachten.

54 Mangels vorhandener Wertentwicklung entfällt die Pflicht zur Information für noch nicht aufgelegte AIF **(„sofern verfügbar").** In entspr. Anwendung der für wesentl. Anlegerinformationen iSd § 166 geltenden Regelungen (vgl. Art. 15 IV VO (EU) Nr. 583/2010) ist für AIF, die zwar bereits aufgelegt sind, für die aber **noch keine Daten** über die Wertentwicklung für **ein vollständiges Kalenderjahr** vorliegen, eine Erklärung dahingehend aufzunehmen, dass „noch keine ausreichenden Daten vorhanden sind, um den Anlegern nützliche Angaben über eine frühere Wertentwicklung zu machen".

55 Die Wertentwicklung kann anhand einer **Grafik** aufgezeigt werden, wobei die **Methode der Wertberechnung** anzugeben ist. Auch wenn § 307 I 2 Nr. 17 keine diesbezügliche Pflicht statuiert, erscheint entspr. den Regelungen zu Mindestangaben im Verkaufsprospekt nach § 165 II Nr. 9 aus haftungsrechtlichen Gründen ein Hinweis sinnvoll, dass Wertentwicklungen in der Vergangenheit keine Garantie und kein verlässlicher Indikator für die künftige Wertentwicklung sind.

56 **19. Angaben zum Primebroker (§ 307 I 2 Nr. 18).** Ein **Primebroker** ist gem. § 1 XIX Nr. 30 ein Kreditinstitut iSd Art. 4 I Nr. 1 VO (EU) 575/2013, eine Wertpapierfirma iSd Art. 4 I Nr. 1 RL 2014/65/EU oder eine andere Einheit, die einer Regulierungsaufsicht und ständigen Überwachung unterliegt und professionellen Anlegern Dienstleistungen anbietet, in erster Linie, um als Gegenpartei Geschäfte mit Finanzinstrumenten iSd AIFM-RL zu finanzieren oder durchzuführen, und die möglicherweise auch andere Dienstleistungen wie Clearing und Abwicklung von Geschäften, Verwahrungsdienstleistungen, Wertpapierleihe und individuell angepasste Technologien und Einrichtungen zur betrieblichen Unterstützung anbietet (vgl. die Kommentierung zu § 31). Nimmt die AIF-KVG für den AIF die Dienste eines solchen Primebrokers in Anspruch, sind dem interessierten Anleger Informationen zum Primebroker und durch diesen übernommene Dienstleistungen zur Verfügung zu stellen. Hierzu gehören nach § 307 I 2 Nr. 18 mind. die **Identität des Primebrokers,** eine Beschreibung **aller wesentl. Vereinbarungen** zwischen der AIF-KVG und ihren Primebrokern einschl. der Darlegung, in welcher Weise **Interessenkonflikte** beigelegt werden, Bestimmungen, die im **Vertrag mit der Verwahrstelle** über die Möglichkeit einer **Übertragung** oder **Wiederverwendung** von **Vermögenswerten des AIF** enthalten sind und Angaben über **jede bestehende Haftungsübertragung** auf den Primebroker.

57 **20. Offenlegung von Informationen (§ 307 I 2 Nr. 19).** Nach § 307 I 2 Nr. 19 hat die AIF-KVG dem interessierten Anleger eine Beschreibung, **wann** und **wie** die gem. § 308 IV 2 iVm § 300 I–III oder Art. 23 IV, V AIFM-RL erforderlichen Informationen offengelegt werden. Hierzu gehören:

- der prozentuale Anteil der **schwer zu liquidierenden Vermögensgegenstände;**
- neue **Regelungen zum Liquiditätsmanagement;**
- das **aktuelle Risikoprofil** des AIF und die von der AIF-KVG zur Steuerung dieser Risiken eingesetzten **Risikomanagementsysteme;**

- soweit der AIF Leverage einsetzt, alle **Änderungen** des **maximalen Umfangs** des **zulässigen Leverage** sowie etwaige Rechte zur **Wiederverwendung von Sicherheiten** oder **sonstige Garantien,** die im Rahmen von Leverage-Geschäften gewährt wurden und
- die **Gesamthöhe des Leverage** des AIF.

Vergleiche zu den Informationspflichten nach § 308 IV 2 iVm § 300 I–III → § 308 Rn. 19ff. sowie § 7 KARBV nebst Begr. zu § 7 KARBV.

21. Weitere Transparenz- und Offenlegungspflichten (§ 307 I 2 Nr. 20). 58
Der rein deklaratorische § 307 I 2 Nr. 20 wurde ursprünglich im Hinblick auf die unmittelbar geltenden Informationspflichten nach Maßgabe der VO (EU) 2015/2365 (SFTR) im Rahmen des Zweiten Finanzmarktnovellierungsgesetzes (BGBl. 2017 I 1693) angefügt. Im Rahmen des Fondsstandortgesetzes (BGBl. 2021 I 1498) wurde schließlich noch die Pflicht zur Offenlegung der in den Art. 6–9 der Verordnung (EU) 2019/2088 (Offenlegungsverordnung) sowie in den Art. 5–7 der VO (EU) 202/852 (Taxonomie-Verordnung) genannten Informationen ergänzt.

Demnach sind dem interessierten Anleger im Anleger-Informationsdokument 59
im Rahmen von Art. 14 I und II der VO (EU) 2015/2365 **(SFTR)** Informationen über **Wertpapierfinanzierungsgeschäfte** und **Gesamtrendite-Swaps** offenzulegen, die die AIF-KVG einsetzen darf, und es ist ausdrücklich darauf hinzuweisen, falls derartige Transaktionen und Instrumente eingesetzt werden. Als Wertpapierfinanzierungsgeschäfte gelten gem. Art 4 Nr. 11 der VO (EU) 2015/2365 Pensionsgeschäfte, Wertpapier- oder Warenleihgeschäfte, Kauf-/Rückverkaufgeschäfte, Verkauf-/Rückkaufgeschäfte und Lombardgeschäfte. Darüber hinaus haben die Informationen die in Abschnitt B des Anhangs der VO (EU) 2015/2365 vorgesehenen Angaben zu enthalten.

Die VO (EU) 2019/2088 **(Offenlegungsverordnung)** enthält in ihren Art. 6–9 60
darüber hinaus für sog. Finanzmarktteilnehmer (zB Verwalter alternativer Investmentfonds) im Zusammenhang mit ihren vorvertraglichen Informationen bestimmte Transparenzpflichten im Hinblick auf die Berücksichtigung von **Nachhaltigkeitsrisiken,** nachteilige **Nachhaltigkeitsauswirkungen,** die Bewerbung **ökologischer oder sozialer Merkmale** sowie nachhaltige Investitionen. Die VO (EU) 2020/852 **(Taxonomie-Verordnung)** ergänzt in den Art. 5 und 6 die nach Art. 6 III der Offenlegungsverordnung Transparenzpflichten in Bezug auf **ökologisch nachhaltige Investitionen** und Finanzprodukte, mit denen **ökologische Merkmale** durch zusätzliche Offenlegungspflichten beworben werden. Fällt ein AIF nicht unter Art. 8 I oder Art. 9 I, II oder III der Offenlegungs-VO, so ist hingegen die in Art 7 der Taxonomie-VO enthaltene Erklärung im Wortlaut in das Anleger-Informationsdokument aufzunehmen.

22. Angaben zum Swing Pricing (§ 307 I 2 Nr. 21). § 307 I 2 Nr. 21 wurde 61
mWv 28.3.2020 durch das Gesetz vom 19.3.2020 (BGBl. 2020 I 529) angefügt und enthält für die AIF-KVG die Pflicht, dem am Erwerb eines Anteils oder einer Aktie interessierten professionellen oder semiprofessionellen Anleger vor Vertragsschluss ergänzende Informationen zur Verfügung zu stellen, sofern sie die Anwendung eines sogenannten **Swing Pricing** vorsieht. Nach der Definition der BaFin handelt es sich beim Swing Pricing um eine Methode zur verursachergerechten Verteilung der durch Anteilsrücknahmen oder Anteilsausgaben verursachten Kosten bei der Berechnung des Nettoinventarwertes (NAV) eines Investmentvermögens (vgl. www.bafin.de/dok/15307928). Die betreffenden Informationen haben Angaben zur Art des Swing Pricing (vollständiges oder partielles Swing

Pricing) sowie dessen Funktionsweise und die Berechnungsmethode des modifizierten NAV zu umfassen.

62 **23. Haftungsfreistellungsvereinbarungen der Verwahrstelle (§ 307 II).** § 307 II wurde iRd OGAW-V-UmsG (BGBl. 2016 I 348) auf Grund der Streichung des § 297 IV neu gefasst. Die Regelung des bisherigen § 297 IV KAGB aF musste bezüglich § 88 IV in § 307 II aufgenommen werden. Demnach ist gem. § 307 II 1 der am Erwerb eines Anteils oder einer Aktie Interessierte auf eine bestehende Vereinbarung hinzuweisen, die die Verwahrstelle getroffen hat, um sich vertraglich von der Haftung gem. § 88 IV freizustellen. § 88 IV ermöglicht die Vereinbarung einer **Haftungsfreistellung** zwischen AIF-KVG und AIF-Verwahrstelle, soweit die dort benannten Voraussetzungen erfüllt sind (vgl. die Kommentierung zu § 88). Die Information über eine solche Haftungsfreistellung ist (auch) für semiprofessionelle und professionelle Anleger von wesentl. Bedeutung, da sie ihre **Regressmöglichkeit ggü. der AIF-Verwahrstelle** im Falle eines Abhandenkommens der von der AIF-Verwahrstelle oder einem Unterverwahrer verwahrten Vermögensgegenstände **eingeschränkt.**

63 Eine **Ausnahme** hiervon besteht gem. § 307 II 2 iVm § 297 VII, wenn der Erwerb des AIF im Rahmen einer **Finanzportfolioverwaltung** iSd § 1 Ia Nr. 3 KWG oder des § 20 II Nr. 1 oder III Nr. 2 erfolgt. Im Falle eines **Investmentsparplans** braucht der Hinweis nur **vor dem erstmaligen Erwerb** erfolgen.

IV. Widerrufsrecht

64 Gemäß § 307 II 2 iVm § 305 steht dem Anleger in bestimmten Fällen ein **Widerrufsrecht** im Hinblick auf den Erwerb und den Verkauf von Anteilen bzw. Aktien des AIF zu.

Auf die Klassifikation als Privatkunde, professioneller Kunde oder geeignete Gegenpartei kommt es dabei nicht an. Es bietet sich an, die **Widerrufsbelehrung** in das Anleger-Informationsdokument aufzunehmen. Für weitere Informationen zum Widerrufsrecht wird iÜ auf die Kommentierung zu § 305 verwiesen.

V. Prospekthaftung

65 Gemäß § 307 III gelten § 306 I, III, IV und VI entspr. mit der Maßgabe, dass es statt „Verkaufsprospekt" „Informationen nach § 307 Absätze 1 und 2" heißen muss und dass die Haftungsregelungen in Bezug auf die wesentl. Anlegerinformationen nicht anzuwenden sind. Auf das Anleger-Informationsdokument bzw. die Informationen nach § 307 I und II finden demnach die Regelung der **Prospekthaftung** Anwendung.

66 Sind in den Informationen nach § 307 I und II Angaben, die für die Beurteilung der Anteile oder Aktien **von wesentlicher Bedeutung** sind, **unrichtig** oder **unvollständig,** so kann der Käufer **von der AIF-KVG** und von demjenigen, der diese Anteile oder Aktien im eigenen Namen **gewerbsmäßig verkauft** hat, nach § 307 III iVm § 306 als **Gesamtschuldner** die **Übernahme** der Anteile oder Aktien gegen Erstattung des von ihm **gezahlten Betrages** verlangen. Ist der Käufer in dem Zeitpunkt, in dem er von der Unrichtigkeit oder Unvollständigkeit der Informationen Kenntnis erlangt hat, **nicht mehr Inhaber des Anteils oder der Aktie,** so kann er die **Zahlung des Betrages** verlangen, um den der von ihm gezahlte Betrag den Rücknahmepreis des Anteils oder der Aktie oder andernfalls den Wert des Anteils oder der Aktie im Zeitpunkt der Veräußerung übersteigt.

Die Haftung der AIF-KVG für die Informationen nach § 307 I und II kann nicht durch Individualvereinbarung und erst recht nicht durch eine AGB-Vereinbarung ausgeschlossen werden. Eine **Vereinbarung,** durch die der Anspruch nach § 306 I oder IV **im Voraus ermäßigt** oder **erlassen** wird, ist nach § 307 III iVm § 306 VI **unwirksam.** Weitergehende Ansprüche, die sich aus den Vorschriften des BGB aufgrund von **Verträgen** oder **unerlaubten Handlungen** ergeben können, bleiben gem. § 307 III iVm § 306 VI ausdrücklich unberührt. Vergleiche zur Prospekthaftung iÜ die Kommentierung zu § 306. **67**

VI. Zusätzlich Informationen für semiprofessionelle Anleger

Gemäß § 307 V waren bis 31.12.2022 dem am Erwerb eines Anteils oder einer Aktie interessierten semiprofessionellen Anleger rechtzeitig vor Vertragsschluss entweder wesentliche Anlegerinformationen nach § 166 oder § 270 oder ein Basisinformationsblatt gem. der VO (EU) Nr. 1286/2014 (PRIIPs-VO) zur Verfügung zu stellen. § 307 V wurde ursprünglich im Rahmen des Ersten Finanzmarktnovellierungsgesetzes (BGBl. 2016 I 1514) in das KAGB aufgenommen und iRd Vierten Corona-Steuerhilfegesetzes (BGBl. 2022 I 911) mWv 1.12023 aufgehoben. Durch die Vorschrift wurde ausdrücklich geregelt, dass AIF-KVG die Möglichkeit haben, zu wählen, ob sie beim Vertrieb von Spezial-AIF an semiprofessionelle Anleger wesentliche Anlegerinformationen oder ein Basisinformationsblatt nach der PRIIPs-VO zur Verfügung stellen. Ein entsprechendes Wahlrecht gewährt Art. 32 II der PRIIPs-VO für den Fall, dass ein Mitgliedstaat Vorschriften zu den wesentlichen Anlegerinformationen auch für AIF für anwendbar erklärt. Die betreffende Übergangsfrist in Art. 32 I der PRIIPs-VO wurde mehrfach verlängert und ist am 31.12.2022 ausgelaufen. Machten AIF-Kapitalverwaltungsgesellschaften von der Möglichkeit Gebrauch, wesentliche Anlegerinformationen zu erstellen, mussten sie sie dem am Erwerb eines Anteils interessierten semiprofessionellen Anleger rechtzeitig zur Verfügung stellen. **68**

§ 308 Sonstige Informationspflichten

(1) **Die EU-AIF-Verwaltungsgesellschaft und die ausländische AIF-Verwaltungsgesellschaft haben den semiprofessionellen und den professionellen Anlegern eines EU-AIF oder ausländischen AIF im Geltungsbereich dieses Gesetzes spätestens sechs Monate nach Ende eines jeden Geschäftsjahres auf Verlangen den geprüften und testierten Jahresbericht nach Artikel 22 der Richtlinie 2011/61/EU zur Verfügung zu stellen.**

(2) [1]**Der Jahresbericht muss folgende Angaben enthalten:**

1. **eine Vermögensaufstellung,**
2. **eine Aufwands- und Ertragsrechnung,**
3. **einen Bericht über die Tätigkeiten der AIF-Verwaltungsgesellschaft im vergangenen Geschäftsjahr und**
4. **die in § 299 Absatz 1 Nummer 1 Satz 3 Buchstabe e bis h genannten Angaben.**

[2]**§ 299 Absatz 1 Satz 2 gilt entsprechend.**

(3) [1]**Ist der AIF nach der Richtlinie 2004/109/EG verpflichtet, Jahresfinanzberichte zu veröffentlichen, so sind dem Anleger die Angaben nach Absatz 2 auf Verlangen gesondert oder in Form einer Ergänzung zum Jah-**

resfinanzbericht zur Verfügung zu stellen. [2]In letzterem Fall ist der Jahresfinanzbericht spätestens vier Monate nach Ende des Geschäftsjahres zu veröffentlichen.

(4) **[1]Die AIF-Verwaltungsgesellschaft informiert die Anleger unverzüglich über alle Änderungen, die sich in Bezug auf die Haftung der Verwahrstelle ergeben. [2]Zudem gilt § 300 Absatz 1 bis 3 entsprechend.**

Inhaltsübersicht

Rn.

I. Allgemeines 1
II. Jahresbericht (§ 308 I, II) 2
III. Jahresfinanzbericht (§ 308 III) 14
IV. Zusätzlichen Informationspflichten bei AIF (§ 308 IV) 16
1. Änderungen in Bezug auf die Haftung der Verwahrstelle 17
2. Zusätzliche Informationspflichten nach § 300 I–III 20

I. Allgemeines

1 § 308 gehört zu den **Transparenzvorschriften** des KAGB und regelt neben § 307 die Informationspflichten, die **bei einem Vertrieb** eines AIF an **semiprofessionelle** und **professionelle Anleger** im **Geltungsbereich des KAGB** nach erfolgtem Vertrieb periodisch (Abs. 1–3, Abs. 4 S. 2) oder ad hoc (Abs. 4 S. 1) zu erfüllen sind. § 308 I–III setzen dabei Art. 22 AIFM-RL mit Ausnahme von Abs. I UAbs. 1 S. 3 um. Die Umsetzung von Abs. 3 erfolgt durch die Verweisung auf Art. 22 AIFM-RL. § 308 IV 1 dient der Umsetzung von Art. 23 IV–VI AIFM-RL. § 308 IV 2 setzt Art. 23 II 2 AIFM-RL um (BT-Drs. 17/12294, 283). Zum Teil unterscheiden sich die Informationspflichten ggü. semiprofessionellen und professionellen Anlegern nicht von denjenigen ggü. Privatkunden. In diesen Fällen verweist § 308 auf die entspr. Regelungen der §§ 297 ff.

II. Jahresbericht (§ 308 I, II)

2 **EU-AIF-Verwaltungsgesellschaften** und **ausländische AIF-Verwaltungsgesellschaften** haben semiprofessionellen und professionellen Anlegern eines EU-AIF oder ausländischen AIF im Geltungsbereich des KAGB **spätestens sechs Monate nach Ende eines jeden Geschäftsjahres** auf **Verlangen** den **geprüften** und **testierten Jahresbericht** zur Verfügung zu stellen. § 308 I richtet sich nur an EU-AIF-KVG und ausländische AIF-Verwaltungsgesellschaften. **AIF-KVG** sind bereits nach § 67 verpflichtet, für jeden von ihr verwalteten EU-AIF und für jeden von ihr in der EU vertriebenen EU-AIF oder ausländischen AIF einen Jahresbericht zu erstellen und auf Anfrage vorzulegen.

3 Der **Inhalt** und **Umfang** der **Jahresberichte** von **EU-AIF-Verwaltungsgesellschaften** und **ausländischen AIF-Verwaltungsgesellschaften** richtet sich, anders als der Inhalt und Umfang der durch inländische AIF-KVG für durch sie verwaltete AIF zu erstellenden Jahresberichte (für die die §§ 101 f. gelten), nach § 308 II iVm § 299 I 1 Nr. 3 e–h, 2 und § 308 I iVm Art. 22 AIFM-RL. Im Unterschied zu inländischen AIF finden demnach insb. die Spezifikationen des § 101 Nr. 1 und 2 im Hinblick auf den Inhalt und den Umfang der Vermögensaufstellung und die Aufwands- und Ertragsrechnung keine Anwendung. Dafür finden in Folge des Verweises des § 308 II 2 auf § 299 I 2 die Konkretisierungen der Art. 103–107 VO (EU) Nr. 231/2013 Anwendung. EU-AIF-Verwaltungsgesellschaften und aus-

ländische AIF-Verwaltungsgesellschaften werden durch § 308 I, II verpflichtet, Jahresberichte entspr. den europarechtlichen Vorgaben des Art. 22 AIFM-RL sowie deren Konkretisierung in der VO (EU) Nr. 231/2013 zu erstellen.

Jahresberichte einer EU-AIF-Verwaltungsgesellschaft und einer ausländischen AIF-Verwaltungsgesellschaft müssen danach folgende Mindestangaben enthalten: 4

Vermögensaufstellung (§ 308 II Nr. 1; entspricht Art. 22 IIa AIFM-RL „Bilanz oder Vermögensaufstellung"). Gemäß Art. 104 I VO (EU) Nr. 231/2013 gehören hierzu insb. die Elemente und zugrunde liegenden Einzelpositionen **„Vermögenswerte" („Anlagen", „Barmittel** und **Barmitteläquivalente", „Forderungen"), „Verbindlichkeiten" („zahlbare Beträge", „Kredite", „sonstige Verbindlichkeiten")** und **„Nettoinventar".** 5

Aufwands- und Ertragsrechnung (§ 308 II Nr. 2; entspricht Art. 22 II Buchst. b AIFM-RL „Aufstellung der Erträge und Aufwendungen des Geschäftsjahres"). Hierzu gehören gem. Art. 104 II VO (EU) Nr. 231/2013 insb. die Elemente **„Erträge", „Aufwendungen"** und **„Nettoertrag"** oder **„Nettoaufwand".** Die „Erträge" sind in **„Anlageerträge"** (weiter unterteilt in **„Dividendenerträge", „Zinserträge"** und **„Mieterträge"), „realisierte Anlagegewinne", „nichtrealisierte Anlagegewinne"** und **„sonstige Erträge"** unterteilt. Unter „Aufwendungen" fallen **„Entgelte für Anlageberatung und Anlageverwaltung", „sonstige Aufwendungen", „realisierte Anlageverluste"** und **„nichtrealisierte Anlageverluste".** Die Position **„Nettoertrag"** oder **„Nettoaufwand"** ist nicht weiter unterteilt. 6

Bericht über die Tätigkeiten der AIF-KVG im vergangenen Geschäftsjahr (§ 308 II Nr. 3; entspricht Art. 22 II Buchst. c AIFM-RL „Bericht über die Tätigkeiten im abgelaufenen Geschäftsjahr"). Der Bericht muss gem. Art. 105 I–III VO (EU) Nr. 231/2013 zumindest eine **Übersicht über die Anlagegeschäfte** während des Jahres oder Berichtszeitraumes, eine **Übersicht über das Portfolio** des AIF am Ende des Jahres oder des Berichtszeitraumes sowie eine **Übersicht über die Wertentwicklung** des AIF während des Jahres oder des Berichtszeitraums und **wesentl. Änderungen der Informationen** gem. § 307 I und II, soweit sie in dem Abschluss nicht bereits aufgrund anderer Vorgaben (→ Rn. 8) dargestellt werden, enthalten. Die Tätigkeit und die Wertentwicklung des AIF müssen **fair** und **ausgewogen** dargestellt werden und die **Hauptanlagerisiken** und **wirtschaftlichen Unsicherheiten,** die für den AIF bestehen, enthalten. Soweit für das Verständnis der Anlagegeschäfte oder der Wertentwicklung des AIF erforderlich, hat der Bericht **finanzielle** und **nichtfinanzielle Leistungsindikatoren** zu enthalten, die für den AIF relevant sind. 7

Jede wesentliche Änderung der im **VerkProsp** aufgeführten Informationen während des Geschäftsjahres, auf das sich der Bericht bezieht (§ 308 II 1 Nr. 4 iVm § 299 I 1 Nr. 3 Buchst. e; entspricht Art. 22 II Buchst. d AIFM-RL). Gemäß § 308 II 2 iVm § 299 I 2 iVm Art. 106 VO (EU) Nr. 231/2013 gilt eine Änderung von Informationen idS als **wesentlich,** wenn ein rationaler Anleger, dem diese Informationen bekannt werden, seine Anlage in dem AIF **mit hoher Wahrscheinlichkeit** überdenken würde, auch weil sich diese Informationen auf die Fähigkeit des Anlegers, seine Rechte bzgl. seiner Anlage wahrzunehmen, auswirken oder die Interessen eines oder mehrerer Anleger des AIF in sonstiger Weise beeinträchtigen können. Im Hinblick auf die Begrifflichkeit **„VerkProsp"** ist darüber hinaus der Wortlaut des Art. 22 II Buchst. d AIFM-RL zu beachten und im Wege der Auslegung heranzuziehen. Dieser besagt „jede wesentl. Änderung der in Art. 23 aufgeführten Informationen während des Geschäftsjahres, auf die 8 sich der Bericht bezieht." Artikel 23 AIFM-RL ist durch § 307 umgesetzt und beinhaltet die Informationspflichten einer AIF-KVG ggü. semiprofessionellen und professionellen Anlegern, soweit keine Pflicht zur Erstellung eines VerkProsp besteht. Jede wesentl. Änderung der im VerkProsp aufgeführten Informationen dürfte daher auch **„Änderungen der Informationen nach § 307 I und II"** meinen.

9 Die **Gesamtsumme** der im abgelaufenen Geschäftsjahr **gezahlten Vergütungen,** aufgegliedert nach **festen** und **variablen** von der KVG an ihre Mitarbeiter gezahlten **Vergütungen,** sowie die **Zahl der Begünstigten** und ggf. die vom EU-AIF oder ausländischen AIF gezahlten **Carried Interest** (§ 308 II 1 Nr. 4 iVm § 299 I 1 Nr. 3 Buchst. f) entspricht Art. 22 II Buchst. e AIFM-RL und wird § 308 II 2 iVm § 299 I 2 in Art. 107 VO (EU) Nr. 231/2013 weiter konkretisiert). Demnach haben die Angaben zu den durch die Verwaltungsgesellschaft gezahlten **Vergütungen** insb. allg. Informationen zu den **finanziellen** und **nichtfinanziellen Kriterien der Vergütungsgrundsätze** und **-praktiken** für maßgebliche Mitarbeiterkategorien zu enthalten, damit die Anleger die geschaffenen Anreize bewerten können. Offenzulegen sind zumindest die Informationen, die für ein **Verständnis des Risikoprofils** der Verwaltungsgesellschaft und der von ihr zur **Vermeidung** und **Regelung von Interessenkonflikten** getroffenen Maßnahmen erforderlich sind (vgl. zu Inhalt und Form der Darstellung iÜ Art. 104 III–VII sowie im Hinblick auf die Darstellung der Vergütung Art. 107 II–IV VO (EU) Nr. 231/2013 und Kommentierung zu § 38 und § 299). Nach Ansicht der ESMA sind die diesbezüglichen Offenlegungsvorschriften auch auf Mitarbeiter von Unternehmen anwendbar, auf die das Portfolio- oder Risikomanagement ausgelagert wurde (vgl. ESMA, Q&As on the Application of the AIFMD (Stand: 14.6.2023), Section I, Answer 6). Eine Offenlegung über einen Link zu einem Dokument außerhalb des Jahresberichts ist nicht zulässig (vgl. ESMA, Q&As on the Application of the AIFMD (Stand: 14.6.2023), Section I, Answer 7).

10 Die **Gesamtsumme** der gezahlten Vergütungen, aufgegliedert nach **Vergütungen** für **Führungskräfte** und **Mitarbeiter** der KVG, deren Tätigkeit sich **wesentlich** auf das **Risikoprofil des AIF** auswirkt (§ 308 II 1 Nr. 4 iVm § 299 I 1 Nr. 3 Buchst. g; entspricht Art. 22 II Buchst. f AIFM-RL). Auch diesbezüglich hält die ESMA eine Offenlegung über einen Link zu einem Dokument außerhalb des Jahresberichts für nicht zulässig (vgl. ESMA, Q&As on the Application of the AIFMD (Stand: 14.6.2023), Section I, Answer 7).

11 Eine Wiedergabe des **vollständig Berichts** des **Rechnungsprüfers** einschl. etwaiger **Vorbehalte** (§ 308 II 1 Nr. 4 iVm § 299 I 1 Nr. 3 Buchst. h); entspricht Art. 22 III 3 AIFM-RL „Der Bericht des Rechnungsprüfers einschl. etwaiger Vorbehalte ist in jedem Jahresbericht vollständig wiederzugeben").

12 Darüber hinaus sind die zusätzlichen Informationspflichten gem. Art. 13 der VO (EU) 2015/2365 zur Transparenzpflichten im Zusammenhang mit dem Einsatz von **Wertpapierfinanzierungsgeschäften** und **Gesamtrendite-Swaps** zu beachten.

13 Alle im Jahresbericht enthaltenen Informationen müssen gem. § 308 II 2 iVm § 299 I 2 iVm Art. 103 VO (EU) Nr. 231/2013 in einer **Form** dargestellt werden, die **relevante, zuverlässige, vergleichbare** und **klare Informationen** bietet. Der Jahresbericht hat die von den Anlegern in Bezug auf bestimmte AIF-Strukturen **benötigten Informationen** zu enthalten.

III. Jahresfinanzbericht (§ 308 III)

14 Besonderheiten im Hinblick auf die Informationspflichten gelten für AIF, die iSd Art. 4 I der Transparenz-RL zur **Veröffentlichung von Jahresfinanzberichten** verpflichtet sind. Gemäß Art. 1 I und II der Transparenz-RL fallen hierunter **Emittenten,** deren Wertpapiere bereits zum Handel an einem in einem Mitgliedstaat gelegenen oder dort betriebenen Markt **zugelassen** sind. **Nicht umfasst** sind **Investmentvermögen** (Organismen für gemeinsame Anlagen iSd § 1) **eines anderen als des geschlossenen Typs** sowie Anteile, die iR derartiger Organismen erworben oder veräußert werden.

15 Besteht eine Pflicht zur Veröffentlichung eines Jahresfinanzberichtes, hat die KVG einem Anleger **auf dessen Verlangen** gesondert oder in Ergänzung zu diesem die Angaben gem. § 308 II und damit den Mindestinhalt eines Jahresberichts zur Verfügung zu stellen. Erfolgt die Information in Form einer **Ergänzung zum Jahresfinanzbericht,** ist die Ergänzung mit dem Jahresfinanzbericht innerhalb der für diesen geltenden Frist **(spätestens vier Monate nach Ende des Geschäftsjahres)** zur Verfügung zu stellen. Werden die Informationen durch eine **gesonderte Information** dem Anleger zur Verfügung gestellt, benennt § 308 III hierfür keine Frist, infolgedessen es bei einer Veröffentlichungsfrist von **sechs Monaten** gem. § 308 I bleiben dürfte.

IV. Zusätzlichen Informationspflichten bei AIF (§ 308 IV)

16 § 308 IV enthält weitere Informationspflichten, die im Gegensatz zu den in den Abs. 1–3 normierten Pflichten nicht nur von EU-AIF-Verwaltungsgesellschaften und ausländischen AIF-Verwaltungsgesellschaften, sondern von allen AIF-Verwaltungsgesellschaften einzuhalten sind. Dies schließt auch AIF-KVG mit ein. Der Kreis der Normadressaten des Abs. 4 ist daher weiter als derjenige der Abs. 1–3.

17 **1. Änderungen in Bezug auf die Haftung der Verwahrstelle.** § 308 IV regelt wie § 300 IV die Pflicht einer AIF-Verwaltungsgesellschaft zur **unverzüglichen** Information über alle Änderungen, die sich in Bezug auf die **Haftung der Verwahrstelle** ergeben. Gemäß § 307 II iVm § 297 IV ist ein am Erwerb eines Anteils oder einer Aktie Interessierter auf eine bestehende Vereinbarung hinzuweisen, die die Verwahrstelle getroffen hat, um sich nach § 88 IV vertraglich von der Haftung freizustellen (**Haftungsfreistellung;** vgl. Kommentierung zu § 88). Diese Information ist (auch) für semiprofessionelle und professionelle Anleger von wesentl. Bedeutung. § 308 IV normiert daher, dass semiprofessionelle und professionelle Anleger von jeglicher **Änderung,** die sich auf die Haftung der Verwahrstelle ergibt, **unverzüglich** zu **informieren** sind.

18 Die Informationspflicht des § 308 IV ist nach dem Wortlaut der Norm nicht beschränkt auf wesentl. Änderungen. Aufgrund der Bedeutung der Information ist der semiprofessionelle und professionelle Anleger von **jeder Änderung,** gleich ob sie wesentl. ist oder nicht, zu informieren, so dass dieser sich ein Bild über den Umfang der Haftung der Verwahrstelle machen kann.

19 Im Unterschied zu § 300 IV enthält § 308 IV **keine Formvorschrift,** nach der die Information mittels dauerhaftem Datenträger (§ 167) und einem weiteren im VerkProsp benannten Medium zu erfolgen hat. Anders als die Information ggü. einem Privatanleger bestehen für eine Information ggü. semiprofessionellen oder professionellen Anlegern demnach keine besonderen Anforderungen an die Form der Information.

20 **2. Zusätzliche Informationspflichten nach § 300 I–III.** Weitere Informationspflichten ggü. semiprofessionellen und professionellen Anlegern ergeben sich für AIF-Verwaltungsgesellschaften aus § 308 IV 2 iVm § 300 I–III. Die AIF-Verwaltungsgesellschaft hat den Anlegern der von ihr verwalteten inländischen AIF, EU-AIF oder ausländischen AIF regelmäßig folgende Informationen offenzulegen:

– den **prozentualen Anteil** der Vermögensgegenstände des AIF, die **schwer zu liquidieren** sind und für die deshalb besondere Regelungen gelten,
– jegliche **neue Regelungen** zum **Liquiditätsmanagement** des AIF und
– das **aktuelle Risikoprofil** des AIF und die von der AIF-Verwaltungsgesellschaft zur Steuerung dieser Risiken eingesetzten **Risikomanagementsysteme**.

21 Für jeden von der AIF-Verwaltungsgesellschaft verwalteten inländischen AIF, EU-AIF oder ausländischen AIF, der Leverage einsetzt, hat die AIF-Verwaltungsgesellschaft darüber hinaus folgende Informationen offenzulegen:

– alle **Änderungen** des **maximalen Umfangs,** in dem die AIF-Verwaltungsgesellschaft für Rechnung des AIF **Leverage** einsetzen kann sowie etwaige Rechte zur **Wiederverwendung von Sicherheiten** oder **sonstige Garantien,** die im Rahmen von Leverage-Geschäften gewährt wurden, und
– die **Gesamthöhe des Leverage** des betreffenden AIF.

22 Diese Informationen sind den Anlegern durch die AIF-Verwaltungsgesellschaft in **regelmäßigen Abständen offenzulegen.** Eine bloßes zur Verfügung stellen reicht nach dem Wortlaut des § 300 I–III nicht aus. Aus Praktikabilitätsgründen wird die Übermittlung der Informationen regelmäßig mit dem Jahresbericht erfolgen. Nähere Bestimmungen zu den Offenlegungspflichten gem. § 300 I und II ergeben sich aus Art. 108 und 109 VO (EU) Nr. 231/2013 (vgl. Kommentierung zu § 300).

Abschnitt 2. Vertriebsanzeige und Vertriebsuntersagung für OGAW

Vorbemerkung zu §§ 309–313

1 Durch die Einführung der neuen Gliederung des KAGB wurden die Regelungen bzgl. der Vertriebsanzeige und Vertriebsuntersagung von OGAW in einem eigenen Abschnitt neu gegliedert. Dabei wird zwischen den Regelungen bzgl. der Anforderungen beim Vertrieb von EU-OGAW im Inland (UAbschn. 1) und den Regelungen bzgl. den Anforderungen beim Vertrieb von OGAW in anderen Mitgliedsstaaten der EU oder Vertragsstaaten des EWR (UAbschn. 2) unterschieden. Die §§ 309–313 beinhalten die Regelungen der aufgehobenen §§ 128, 129 und §§ 131–133 InvG (InvG v. 15. 12. 2003, zuletzt geändert durch Art. 1 OGAW-IV-UmsG v. 22. 6. 2011, BGBl. 2011 I 1126) und wurden lediglich terminologisch angepasst, um den neuen Begrifflichkeiten des KAGB gem. § 1 zu entsprechen. Die Regelungen erfahren allerdings durch die angepasste Definition des Begriffs des „Vertriebs" entspr. § 293 mittelbar eine Änderung des Anwendungsbereichs. Insbesondere wurde der Begriff „öffentlicher Vertrieb" nicht in das KAGB übernommen, so dass auch die Differenzierung des öffentlichen Vertriebs von der sog. Privatplatzierung wegfällt. Dies hat insb. zur Folge, dass der Anwendungsbereich der §§ 309–311 nunmehr auch für den Vertrieb von Anteilen bzw. Aktien an institutio-

nelle Investoren wie Versicherungsgesellschaften oder Pensionsfonds eröffnet ist (sa BSV/*Kunschke* § 309 Rn. 9). In welchem Fall die Voraussetzungen des Vertriebs erfüllt sind und damit der Anwendungsbereich dieser Regelungen eröffnet ist, ist entspr. der Definition und Regelungen zum Vertrieb in § 293 im Einzelfall zu prüfen. Bezüglich der Einzelheiten wird auf die entspr. Kommentierung verwiesen.

Adressat dieser Regelungen ist die OGAW-Verwaltungsgesellschaft bzw. die OGAW-KVG, welche von der Möglichkeit Gebrauch macht, grenzüberschreitend EU-OGAW zu verwalten und den Vertrieb von Anteilen bzw. Aktien eines solchen EU-OGAW in Deutschland avisiert. Bezüglich der Definition dieser Begriffe wird auf die Kommentierung der §§ 1 und 17 verwiesen. 2

Das Gesetz der Bundesregierung zur Stärkung des Fondsstandorts Deutschland und zur Umsetzung der RL (EU) 2019/1160 zur Änderung der RL 2009/65/EG und 2011/61/EU im Hinblick auf den grenzüberschreitenden Vertrieb von Organismen für gemeinsame Anlagen (FoStoG, BGBl. 2021 I 1498 sieht zahlreiche Änderungen zu den §§ 309–313 vor). 3

Unterabschnitt 1. Anzeigeverfahren beim Vertrieb von EU-OGAW im Inland

§ 309 Pflichten beim Vertrieb von EU-OGAW im Inland

[1]Angaben über die nach § 306a getroffenen Vorkehrungen und Maßnahmen sind in den Verkaufsprospekt aufzunehmen, der im Geltungsbereich dieses Gesetzes verbreitet ist. [2]Bei EU-OGAW mit mindestens einem Teilinvestmentvermögen, dessen Anteile oder Aktien im Geltungsbereich dieses Gesetzes vertrieben werden dürfen, und mindestens einem weiteren Teilinvestmentvermögen, für das keine Anzeige nach § 310 erstattet wurde, ist drucktechnisch hervorgehoben an zentraler Stelle darauf hinzuweisen, dass für das weitere oder die weiteren Teilinvestmentvermögen keine Anzeige erstattet wurde und Anteile oder Aktien dieses oder dieser Teilinvestmentvermögen im Geltungsbereich dieses Gesetzes nicht vertrieben werden dürfen; dieses oder diese weiteren Teilinvestmentvermögen sind namentlich zu bezeichnen.

I. Einführung

Bei den Streichungen der Abs. 1 und 2 handelt es sich um eine Folgeänderung zur Einfügung des § 306a (BT-Drs. 19/27631). Bei der Streichung der Formulierung „den Absätzen 1 und 2“ und der Ersetzung mit „§ 306a“ handelt es sich ebenfalls um eine Änderung zur Aufhebung von Abs. 1 und der Einfügung des § 306a. Für den Fall des Vertriebs von inländischen OGAW oder AIF an Privatanleger durch eine inländische KVG muss diese nun keine gesonderte Einrichtung (mehr) bereitstellen, sondern kann die Aufgaben der Einrichtung selbst übernehmen (BT-Drs. 19/27631). 1

II. Erforderliche Angaben im Verkaufsprospekt (§ 309)

1. Erforderliche Angaben. § 309 regelt die Pflicht, die Informationen der gem. § 306a zu treffenden Vorkehrungen und Maßnahmen in den in Deutschland verbreiteten, also für den Vertrieb eingesetzten, Verkaufsprospekt aufzunehmen. 2

Die Vorschrift dient der Umsetzung von Anh. I Schema A Ziff. 4 der OGAW-IV-RL (BT-Drs. 17/4510, 85) und soll Anlegern ermöglichen, Kenntnis davon zu erlangen, welche Zahl- und Informationsstellen bestellt und welche Informationen und Unterlagen in Deutschland erhältlich sind (EDD/*Baum* § 309 Rn. 18). Im Rahmen der sog. **deutschlandspezifischen Angaben** sind in den Verkaufsprospekt somit ua konkrete Informationen bzgl. der Zahlstelle sowie bzgl. der Informationsstelle aufzunehmen.

3 **a) Zahlstelle.** Sofern eine **Zahlstelle** zu benennen ist (→ Rn. 10 ff.), sind Firma und Anschrift der Zahlstelle sowie Angaben darüber aufzunehmen, dass Rücknahmeanträge, und bei einem Umbrella-Fonds zusätzlich auch Umtauschanträge, für die Anteile bzw. Aktien (die in der Bundesrepublik Deutschland vertrieben werden dürfen) bei dieser Zahlstelle im Inland eingereicht werden können (BaFin Merkblatt IV. 4.d). Des Weiteren sind Angaben darüber aufzunehmen, dass sämtliche Zahlungen an die Anleger (Rücknahmeerlöse, etwaige Ausschüttungen und sonstige Zahlungen) über die inländische Zahlstelle geleitet werden können (BaFin Merkblatt IV. 4.d).

4 Sofern **keine Zahlstelle** zwingend zu benennen ist, hat die OGAW-Verwaltungsgesellschaft bzw. OGAW-KVG dennoch Angaben darüber zu machen, welche konkreten Maßnahmen sie getroffen hat, um sicherzustellen, dass die deutschen Anleger ihre Rechte im Inland ausüben können. Die OGAW-Verwaltungsgesellschaft hat somit Angaben aufzunehmen, wie die Anleger in einem solchen Fall der fehlenden designierten Zahlstelle Anteile oder Aktien zurückgeben bzw. umtauschen können und wie sie in den Genuss von Zahlungen kommen (BaFin Merkblatt IV. 4.d iVm IV. 2 a).

5 **b) Informationsstelle.** In den deutschlandspezifischen Angaben sind auch Firma und Anschrift der benannten **Informationsstelle** anzugeben mit dem Hinweis, dass und auf welche Weise bei dieser der **Verkaufsprospekt,** die **wesentlichen Anlegerinformationen,** die **Satzung** der Investmentgesellschaft bzw. die **Anlagebedingungen** des EU-OGAW sowie die **Jahres- und Halbjahresberichte,** ggf. die **Vierteljahresberichte,** kostenlos erhältlich sind (BaFin Merkblatt IV. 4.d). Des Weiteren muss angegeben werden, dass bei der Informationsstelle die **Ausgabe- und Rücknahmepreise** (ggf. auch die Umtauschpreise) sowie sämtliche **sonstigen Angaben und Unterlagen,** die im Herkunftsmitgliedstaat des EU-OGAW zu veröffentlichen sind, kostenlos einsehbar oder erhältlich sind, wie zB die relevanten Verträge und Gesetze (BaFin Merkblatt IV. 4.d). Die Verkaufsunterlagen, sonstigen Unterlagen sowie sonstigen Informationen sind dabei im Verkaufsprospekt einzeln aufzuführen. Darüber hinausgehende zusätzliche Angaben (zB bezüglich Gebühren für die Zahlstelle), die im Originalprospekt nicht enthalten sind, sollten hier nicht aufgenommen werden (BaFin Merkblatt IV. 4.d aE).

6 Allerdings ist diese Verwaltungspraxis der BaFin, auch Angaben bzgl. **Vierteljahresberichten** sowie **sonstige Angaben und Unterlagen,** die im Herkunftsmitgliedstaat des EU-OGAW zu veröffentlichen sind (zB die relevanten Verträge und Gesetze, BaFin Merkblatt IV. 4.d) zu verlangen, nicht vollständig von § 309 II gedeckt. § 309 II, auf den Abs. 3 verweist, schränkt durch die Bezugnahme auf Kap. IX der OGAW-IV-RL die Informationspflichten der OGAW-Verwaltungsgesellschaft bzw. OGAW-KVG auf die dort abschließend aufgezählten Informationen und Unterlagen ein, welche weder Vierteljahresberichte noch weitere Angaben und Informationen, die im Herkunftsmitgliedstaat veröffentlicht werden, umfassen. Diese weitere Anforderung der BaFin kann daher nur in dem Umfang

als von § 309 II gedeckt argumentativ untermauert werden, in dem der Verkaufsprospekt, die Anlegebedingungen oder Satzung oder die Jahres- und Halbjahresberichte einen Hinweis auf solche weiteren Unterlagen und deren Erhältlichkeit für Anleger im Herkunftsmitgliedstaat einbeziehen bzw. eigenständige Verpflichtungen zur Unterrichtung der Anleger enthalten (EDD/*Baum* § 309 Rn. 27).

c) Veröffentlichungsmedium. Nach **BaFin-Verwaltungspraxis** ist im 7
Rahmen der deutschlandspezifischen Angaben auch ein zur Information der Anleger in Deutschland geeignetes **Veröffentlichungsmedium,** in welchem die Ausgabe- und Rücknahmepreise (ggf. auch die Umtauschpreise) der Anteile oder Aktien sowie sonstige Unterlagen und Angaben, die in dem Herkunftsmitgliedstaat zu veröffentlichen sind, veröffentlicht werden, zu nennen (BaFin Merkblatt IV. 4.f). Allerdings gibt die Platzierung dieses Erfordernisses im Rahmen des BaFin-Merkblattes unter IV. 4.f Raum für Spekulation, ob diese Information bzgl. des Veröffentlichungsmediums tatsächlich in den deutschlandspezifischen Angaben oder vielmehr allg. in den Verkaufsunterlagen aufzunehmen ist, da IV. 4.d des BaFin-Merkblattes eine abschließende Aufzählung der aufzunehmenden deutschlandspezifischen Informationen enthält. Die BaFin erkennt folgende Veröffentlichungsmedien als geeignet an: Zeitungen mit Erscheinungsort Deutschland, dauerhafte Datenträger (§ 167), BAnz sowie andere an Anleger in Deutschland gerichtete elektronische Informationsmedien, wie zB die Homepage der OGAW-Verwaltungsgesellschaft (kritisch zur Frage, ob auch die jeweilige Internetseite von Fondsplattformen als ein geeignetes Veröffentlichungsmedium anzusehen ist, vgl. EDD/*Baum* § 309 Rn. 29ff.). Als Veröffentlichungsmedium für Unterlagen (zB relevante Verträge und Gesetze), die für die Anleger im Heimatmitgliedstaat ausschließlich zur Einsichtnahme bei einer in den Verkaufsunterlagen bezeichneten Stelle bereitgehalten werden, zählt die BaFin zusätzlich auch die Informationsstelle auf (BaFin Merkblatt IV. 3b) und c)). Wegen weiterer Informationen betreffend die Veröffentlichungsmedien und speziellen Veröffentlichungsanforderungen wird auf die Kommentierung des § 298 verwiesen.

2. Form. Gemäß § 309 sind die deutschlandspezifischen Angaben ausschließ- 8
lich in den Verkaufsprospekt aufzunehmen. Noch unter § 131 S. 3 InvG aF waren diese Angaben aus Gründen des **Anlegerschutzes** und abweichend von den europarechtlichen Regelungen zusätzlich in dem vereinfachten Verkaufsprospekt aufzuführen, da der ausführliche Verkaufsprospekt, im Gegensatz zum vereinfachten Verkaufsprospekt, lediglich auf Verlangen des Anlegers zur Verfügung zu stellen war (BT-Drs. 16/5576, 94). Eine abweichende nationale Regelung und Anpassung der Dokumentation war mit Einführung der wesentlichen Anlegerinformationen entspr. Art. 78 VI OGAW-IV-RL nicht mehr möglich. Weiterhin ist der Verkaufsprospekt nach § 297 I 2 dem Anleger nur auf Verlangen kostenlos zur Verfügung zu stellen, wohingegen die wesentlichen Anlegerinformationen gem. § 297 I 1 grds. dem am Erwerb eines Anteils oder einer Aktie eines EU-OGAW Interessierten rechtzeitig vor Vertragsschluss zur Verfügung zu stellen sind.

Aus Gesichtspunkten des Anlegerschutzes scheint dies nicht zufriedenstellend, 9
da so dem Anleger regelmäßig die deutschlandspezifischen Angaben unbekannt bleiben werden (EDD/*Baum* § 309 Rn. 19). Allerdings wird für den Anleger wesentlich sein, dass er die erforderlichen Unterlagen und Informationen im Inland grds. erhalten oder einsehen kann und dass der Zahlungsverkehr und die Rückgabe der Anteile oder Aktien im Inland sichergestellt sind. Dies ist aufgrund der gesetzlichen Vorschriften gewährleistet. Sollten diese Informationen bzgl. der Zahlstelle

bzw. des Zahlungsverkehrs und der Rückgabe sowie bzgl. der Informationsstelle für den Anleger wesentlich werden, bleibt es ihm unbenommen, den Verkaufsprospekt gem. § 297 I 2 kostenlos und in Papierform anzufordern.

10 Die deutschlandspezifischen Angaben sind als **fester Bestandteil** des Verkaufsprospekts aufzunehmen. Dies sollte sich im Inhaltsverzeichnis und durch die Nummerierung der Seiten entspr. widerspiegeln (BaFin Merkblatt IV. 4.c). Die lose Beilage oder das bloße Anheften eines gesonderten Blattes mit diesen zusätzlichen Informationen ist für die Erfüllung dieser Pflicht nicht ausreichend (BaFin Merkblatt IV. 4.c). Die deutschlandspezifischen Angaben können somit auf zwei Weisen in den Verkaufsprospekt integriert werden: Zum einen können diese Angaben in Abschnitten des Verkaufsprospekts untergebracht werden, in denen ein durchschnittlich verständiger Anleger die Informationen erwarten würde. Zum anderen können diese Angaben in einen eigenen Abschnitt mit der Überschrift „Zusätzliche Informationen für Anleger in der Bundesrepublik Deutschland" aufgenommen werden (vgl. auch BSV/*Schmies* § 131 Rn. 19). Dieser eigene Abschnitt kann zB vor den Anlagebedingungen bzw. der Satzung oder zu Beginn des Verkaufsprospekts aufgenommen werden.

11 Die deutschlandspezifischen Angaben sind in derselben Sprache zu verfassen, in welcher auch der für den Vertrieb in der BRD bestimmte Verkaufsprospekt abgefasst ist, dh in deutscher Sprache oder in einer in internationalen Finanzkreisen üblichen Sprache (idR Englisch) (BaFin Merkblatt IV. 4c). Zwar entspricht diese Regelung den in § 298 und Art. 94 I 2 Buchst. c OGAW-IV-RL geregelten Sprachanforderungen, bedeutet aber, dass der Anleger womöglich diese Informationen nur in einer Fremdsprache erhält (EDD/*Baum* § 309 Rn. 22). Aus Kostengründen haben in der Praxis bereits einige OGAW-Verwaltungsgesellschaften bzw. OGAW-KVG von dieser Möglichkeit Gebrauch gemacht und bieten einheitlich für den Vertrieb in Europa ausschließlich eine englische Übersetzung bzw. die englische Originalfassung der Verkaufsunterlagen an.

12 **3. Besonderheiten bei mehreren Teilinvestmentvermögen.** Ein EU-OGAW, der mehrere Teilinvestmentvermögen aufgelegt hat **(Umbrella-Konstruktion),** ist nicht gezwungen, sämtliche dieser Teilinvestmentvermögen im Inland gem. § 310 zum Vertrieb zuzulassen. In diesem Fall wird der Verkaufsprospekt, welcher zum Vertrieb der Anteile bzw. Aktien der zugelassenen Teilinvestmentvermögen in Inland eingesetzt wird, auch Informationen über die Teilinvestmentvermögen enthalten, welche nicht zum Vertrieb im Inland zugelassen wurden (sa EDD/*Baum* § 309 Rn. 20). In einem solchen Fall ist der Anleger entspr. auf diesen Umstand hinzuweisen. Gemäß § 309 S. 2 ist in dem Verkaufsprospekt drucktechnisch herausgestellt und an hervorgehobener Stelle darauf hinzuweisen, dass für die weiteren Teilinvestmentvermögen des EU-OGAW keine Anzeige gem. § 310 erstattet worden ist und Anteile bzw. Aktien dieser Teilinvestmentvermögen an Anleger in Deutschland daher nicht vertrieben werden dürfen (BaFin Merkblatt IV. 5). Diese weiteren, nicht zum Vertrieb in Deutschland zugelassenen, Teilinvestmentvermögen sind namentlich aufzulisten. Dieser Pflicht wird entsprochen, indem diese Hinweise in den deutschlandspezifischen Angaben des Verkaufsprospekts aufgenommen und durch Fettdruck hervorgehoben werden.

13 Die BaFin fordert zusätzlich, dass diese Hinweise auch in die **Satzung bzw. Anlagebedingungen** aufgenommen werden, wenn diese nicht Bestandteil des Verkaufsprospekts sind und Bezugnahmen auf nicht vertriebsberechtigte Teilinvestmentvermögen enthalten, die über eine bloße namentliche Nennung hinausgehen.

Weiter wird gefordert, dass diese Hinweise unter den gleichen Voraussetzungen auch in die **Jahres- und Halbjahresberichte** aufzunehmen sind. In die wesentlichen Anlegerinformationen sind diese Hinweise nicht aufzunehmen, siehe BaFin Merkblatt IV. 5.

Des Weiteren muss beachtet werden, dass bei Umbrella-Konstruktionen grds. auch ein **Umtausch** der Anteile bzw. Aktien iSd § 309 I sichergestellt sein muss (vgl. Hinweis BaFin Merkblatt III. 2a), sofern dies nicht im Einzelfall vertraglich ausgeschlossen ist. Dies kann der Vorschrift zwar nicht direkt entnommen werden, da aber auch der Anteils- bzw. Aktienumtausch eine Rückgabe des Anteils bzw. der Aktie beinhaltet, auch wenn der Anleger im Gegenzug nicht den Erlös aus der Anteils- bzw. Aktienrückgabe, sondern Anteile bzw. Aktien an einem anderen Teilinvestmentvermögen erhält, ist dem zuzustimmen (vgl. auch BSV/*Schmies* § 131 Rn. 6). 14

§ 310 Anzeige zum Vertrieb von EU-OGAW im Inland

(1) [1]**Beabsichtigt eine EU-OGAW-Verwaltungsgesellschaft oder eine OGAW-Kapitalverwaltungsgesellschaft, Anteile oder Aktien im Geltungsbereich dieses Gesetzes an EU-OGAW zu vertreiben, so prüft die Bundesanstalt, ob die zuständigen Stellen des Herkunftsmitgliedstaates des EU-OGAW folgende Unterlagen an die Bundesanstalt übermittelt haben:**

1. **das Anzeigeschreiben gemäß Anhang I der Verordnung (EU) Nr. 584/2010,**
2. **die Bescheinigung gemäß Anhang II der Verordnung (EU) Nr. 584/2010 darüber, dass es sich um einen EU-OGAW handelt,**
3. **die Anlagebedingungen oder die Satzung des EU-OGAW, den Verkaufsprospekt sowie den letzten Jahresbericht und den anschließenden Halbjahresbericht gemäß Artikel 93 Absatz 2 Buchstabe a der Richtlinie 2009/65/EG und**
4. **das Basisinformationsblatt gemäß Verordnung (EU) Nr. 1286/2014 oder die in Artikel 78 der Richtlinie 2009/65/EG genannten wesentlichen Anlegerinformationen.**

[2]**Der Vertrieb kann aufgenommen werden, wenn die EU-OGAW-Verwaltungsgesellschaft oder die OGAW-Kapitalverwaltungsgesellschaft von der zuständigen Stelle des Herkunftsmitgliedstaates des EU-OGAW über diese Übermittlung unterrichtet wurde.** [3]**Die näheren Inhalte, die Form und die Gestaltung des Anzeigeverfahrens bestimmen sich nach den Artikeln 1 bis 5 der Verordnung (EU) Nr. 584/2010.**

(2) [1]**Die in Absatz 1 Satz 1 Nummer 3 genannten Unterlagen sind entweder in deutscher Sprache oder in einer in internationalen Finanzkreisen gebräuchlichen Sprache vorzulegen.** [2]**Das in Absatz 1 Satz 1 Nummer 4 genannte Basisinformationsblatt gemäß Verordnung (EU) Nr. 1286/2014 oder die dort genannten wesentlichen Anlegerinformationen sind in deutscher Sprache vorzulegen.** [3]**Verantwortlich für die Übersetzungen ist die EU-OGAW-Verwaltungsgesellschaft oder die OGAW-Kapitalverwaltungsgesellschaft; der Inhalt der ursprünglichen Informationen muss richtig und vollständig wiedergeben werden.** [4]**Das Anzeigeschreiben gemäß Absatz 1 Satz 1 Nummer 1 und die Bescheinigung gemäß Absatz 1 Satz 1 Nummer 2 sind in einer in internationalen Finanzkreisen gebräuchlichen Sprache vorzulegen, sofern die Bundesanstalt und die zuständige Stelle**

des Herkunftsmitgliedstaates nicht vereinbart haben, dass diese in einer Amtssprache beider Mitgliedstaaten übermittelt werden können.

(3) **Die Bundesanstalt verlangt im Rahmen des Anzeigeverfahrens keine zusätzlichen Unterlagen, Zertifikate oder Informationen, die nicht in Artikel 93 der Richtlinie 2009/65/EG vorgesehen sind.**

(4) **[1]Die EU-OGAW-Verwaltungsgesellschaft oder die OGAW-Kapitalverwaltungsgesellschaft hat die Bundesanstalt über Änderungen der Anlagebedingungen oder der Satzung, des Verkaufsprospekts, des Jahresberichts, des Halbjahresberichts sowie des Basisinformationsblattes gemäß Verordnung (EU) Nr. 1286/2014 oder und der wesentlichen Anlegerinformationen gemäß Artikel 78 der Richtlinie 2009/65/EG jeweils unverzüglich zu unterrichten und unverzüglich darüber zu informieren, wo diese Unterlagen in elektronischer Form verfügbar sind. [2]Die Bundesanstalt hat eine E-Mail-Adresse anzugeben, an die die Aktualisierungen und Änderungen sämtlicher in Satz 1 genannter Unterlagen übermittelt werden müssen. [3]Die EU-OGAW-Verwaltungsgesellschaft oder die OGAW-Kapitalverwaltungsgesellschaft hat bei der Übersendung die Änderungen oder Aktualisierungen zu beschreiben oder eine geänderte Fassung des jeweiligen Dokuments als Anlage in einem gebräuchlichen elektronischen Format beizufügen.**

(5) **Werden Informationen über die Modalitäten der Vermarktung oder vertriebene Anteil- oder Aktienklassen, die im Anzeigeschreiben gemäß Artikel 93 Absatz 1 der Richtlinie 2009/65/EG mitgeteilt wurden, geändert, so teilt die EU-OGAW-Verwaltungsgesellschaft oder die OGAW-Kapitalverwaltungsgesellschaft diese Änderung der Bundesanstalt vor Umsetzung der Änderung in Textform mit.**

Inhaltsübersicht

	Rn.
I. Einleitung Anzeigeverfahren	1
II. Einzureichende Unterlagen und Verfahren im Rahmen der Erstanzeige	5
1. Regulator-to-Regulator-Verfahren	5
2. Anzeigeschreiben	8
a) Vorkehrungen für den Vertrieb von Anteilen an EU-OGAW (Teil B Nr. 1)	10
b) Maßnahmen für die Anteilinhaber (Teil B Nr. 2)	11
c) Sonstige Informationen (Teil B Nr. 3)	13
d) OGAW-Bescheinigung	14
e) Anlagebedingungen/Satzung	16
f) Verkaufsprospekt	17
g) Jahresbericht und Halbjahresbericht	18
h) Wesentliche Anlegerinformationen	19
i) Verbot weiterer Anforderungen an Unterlagen	20
3. Sprache	21
4. Aufnahme des Vertriebs	24
5. Änderungsanzeigen gem. § 310 IV, V	25
a) Änderungen der Verkaufsunterlagen	26
b) Änderungen der Vertriebs- und Vermarktungsmodalitäten	35

I. Einleitung Anzeigeverfahren

1 § 310 setzt Art. 93 OGAW-IV-RL um und entspricht neben redaktionellen Anpassungen gem. § 1 dem aufgehobenen § 132 InvG. Mit den Neuerungen durch die OGAW-IV-RL und der entspr. Neufassung des § 132 InvG war das Verfahren bzgl. der Anzeige von EU-OGAW zum Vertrieb in Deutschland grundlegend umgestaltet worden (sa EDD/*Baum* § 309 Rn. 1). Hintergrund war das Bestreben, den europäischen Markt für Investmentvermögen zu einem weiterhin konkurrenzfähigen Markt zu entwickeln. Mittel war dabei insb. die Vereinheitlichung und Harmonisierung der Prozesse. Folgende weitreichenden Änderungen des Anzeigeverfahrens wurden vorgenommen: Einführung des **„Regulator-to-Regulator-Verfahrens"** und einer damit verbundenen **Prüfungshoheit des Herkunftsmitgliedstaats, Verkürzung der Zulassungsfristen** und damit Ermöglichung eines **zeitnahen Vertriebs,** Erleichterung bzgl. des **Sprachregimes** sowie **Harmonisierung** durch standardisierte Anforderungen und Dokumenten-Vorlagen.

2 Die Art. 91–96 der OGAW-IV-RL beinhalten die Vorschriften für EU-OGAW, die ihre Anteile in einem anderen Mitgliedstaat als dem, in dem sie niedergelassen sind, vertreiben wollen. Diese Bestimmungen werden ergänzt durch die **VO (EU) Nr. 584/2010 der KOM v. 1.7.2010 zur Durchführung der OGAW-IV-RL,** welche Regelungen zur Standardisierung von Form und Inhalt des Anzeigeschreibens sowie der OGAW-Bescheinigung, die Nutzung elektronischer Kommunikationsmittel durch die zuständige Behörden für die Anzeige und die Verfahren für Vor-Ort-Überprüfung und Ermittlungen sowie für den Informationsaustausch zwischen zuständigen Behörden enthält (Erwägungsgründe der VO (EU) Nr. 584/2010). Die VO (EU) Nr. 584/2010 ist in dem jeweiligen Mitgliedsstaat **direkt anwendbar,** so dass die Vorschrift des KAGB nicht die primäre Rechtsquelle für das Anzeigeverfahren darstellt, wie auch aus der deklaratorischen Regelung des § 310 I 3 ersichtlich ist (BSV/*Kunschke* § 309 Rn. 10). Die Bestimmungen der VO (EU) Nr. 584/2010 werden allerdings durch die Regelungen des § 310 sowie weitere Anforderungen der BaFin ergänzt.

3 § 310 regelt den Vertrieb von Anteilen oder Aktien eines EU-OGAW durch OGAW-Verwaltungsgesellschaften bzw. OGAW-KVG. Als EU-OGAW werden gem. § 1 VIII solche Investmentvermögen definiert, die dem Recht eines anderen Mitgliedstaates der EU oder eines anderen Vertragsstaates des EWR unterliegen. Entsprechend der Vereinbarung zwischen der BaFin und der Eidgenössischen Finanzmarktaufsicht (FINMA) iSd § 296 I vom 1.1.2014 ist der Anwendungsbereich des § 310 auch für den Vertrieb von schweizerischen Effektenfonds in Deutschland eröffnet (vgl. Text und weitere Informationen der Vereinbarung unter https://www.bafin.de/SharedDocs/Veroeffentlichungen/DE/Auslegungsentscheidung/WA/ae_140116_vertrieb_ogaw_schweiz_wa.html).

4 Das Anzeigeverfahren nach den Art. 1–5 der VO (EU) 584/2010 bezieht sich immer nur auf **einen** EU-OGAW bzw. im Falle eines EU-OGAW mit mehreren Teilinvestmentvermögen (Umbrella-Konstruktion) auf einzelne Teilinvestmentvermögen **einer** Umbrella-Konstruktion. Entsprechend ist im Fall von mehreren EU-OGAW, die im Inland zugelassen werden sollen, das Anzeigeverfahren für jeden EU-OGAW separat zu durchlaufen. Sollen bei einer **Umbrella-Konstruktion** im Nachhinein auch **weitere Teilinvestmentvermögen** des EU-OGAW zum Vertrieb im Inland zugelassen werden, hat die OGAW-Verwaltungsgesellschaft bzw. die OGAW-KVG für diese Teilinvestmentvermögen ein weiteres, separates Anzeigeverfahren einzuleiten. Sollen im Nachhinein weitere **Anteilklassen bzw.**

Aktienklassen eines EU-OGAW zum Vertrieb zugelassen werden, muss die OGAW-Verwaltungsgesellschaft bzw. die OGAW-KVG insofern kein separates Anzeigeverfahren einleiten. § 310 V regelt diesbezüglich, dass die OGAW-Verwaltungsgesellschaft bzw. die OGAW-KVG bei Änderungen der Modalitäten bzgl. des Vertriebs von Anteil- bzw. Aktienklassen, wie in dem Anzeigeschreiben ursprünglich angegeben, diese Änderungen lediglich der BaFin vor Umsetzung der Änderungen in Textform mitzuteilen hat (→ Rn. 23ff.).

II. Einzureichende Unterlagen und Verfahren im Rahmen der Erstanzeige

5 **1. Regulator-to-Regulator-Verfahren.** Eine wesentliche Neuerung des Verfahrens bzgl. der Vertriebsanzeige war die Implementierung des sog. **Regulator-to-Regulator-Verfahrens.** Die Vertriebsanzeige wird dementsprechend nicht mehr direkt bei der Aufsichtsbehörde des Aufnahmemitgliedstaats, welche die Unterlagen und Zulässigkeit prüfte, eingereicht, sondern vielmehr bei der Aufsichtsbehörde des Herkunftsmitgliedstaats, welche gem. Art. 4 der VO (EU) 584/2010 die Anzeige per E-Mail an die BaFin weiterleitet. Um eine reibungslose elektronische Kommunikation zwischen den Aufsichtsbehörden zu gewährleisten, beschreibt Art. 3 der VO (EU) 584/2010, welche Maßnahmen von den zuständigen Behörden bzgl. der Einrichtung, Information und Kontrolle der E-Mail-Adresse getroffen werden müssen.

6 Ein wesentlicher Aspekt dieses neuen Verfahrens ist, dass der EU-OGAW **aufgrund seiner Zulassung im Herkunftsmitgliedstaat** und lediglich nach Durchführung eines Anzeigeverfahrens in dem jeweiligen Mitgliedstaat vertrieben werden kann (BSV/*Schmies* § 132 Rn. 1). Die zuständige Behörde des Herkunftsmitgliedstaats hat demzufolge die Vollständigkeit der Vertriebsanzeige sowie die Klassifizierung als EU-OGAW zu prüfen und die Vertriebsanzeige an die zuständige Behörde des Aufnahmemitgliedstaats zu übermitteln. Die zuständige Behörde des Aufnahmemitgliedstaats hat gem. Art. 5 der VO (EU) 584/2010 lediglich die Vollständigkeit der Vertriebsanzeige zu überprüfen und den Eingang der Anzeige gegenüber der zuständigen Stelle des Herkunftsmitgliedstaats des EU-OGAW so bald wie möglich, spätestens aber innerhalb von **5 Tagen** zu bestätigen. Sie hat grds. nicht die Möglichkeit, dem EU-OGAW den Zugang zu ihrem Markt zu verweigern oder die vom Herkunftsmitgliedstaat erteilte Zulassung anzufechten (sa Erwägungsgr. 62 der OGAW-IV-RL). Zu Gunsten des erleichterten Zugangs zu den Märkten anderer Mitgliedstaaten wurde die signifikante Beschneidung der Aufsichtsrechte der jeweiligen zuständigen Behörden im Aufnahmemitgliedstaat in Kauf genommen (vgl. EDD/*Baum* § 310 Rn. 2).

7 Das Regulator-to-Regulator-Verfahren ist nur für die **Erstanzeige** des Vertriebs anzuwenden. Bei Änderungen oder Erweiterungen der eingereichten Vertriebsanzeige ist derzeit noch direkt mit der zuständigen Behörde des Aufnahmemitgliedstaats Kontakt aufzunehmen. Einzelheiten → Rn. 25ff.

8 **2. Anzeigeschreiben.** Aufbau und Inhalt des Anzeigeschreibens gibt Art. 1 der VO (EU) 584/2010 vor, welcher das **Muster** für das Anzeigeschreiben in Anh. 1 der VO (EU) 584/2010 für zwingend anwendbar erklärt. Das Anzeigeschreiben besteht aus den drei Teilen A, B und C. In Teil A sind die Informationen bzgl. des EU-OGAW sowie der verwaltenden OGAW-Verwaltungsgesellschaft bzw. OGAW-KVG aufzunehmen. Teil B betrifft die Informationen, welche im Aufnahmemit-

gliedstaat im Hinblick auf den Vertrieb des EU-OGAW zur Verfügung gestellt werden, sowie Informationen bzgl. der Vertriebskanäle. Teil C beinhaltet die erforderlichen Bestätigungen des EU-OGAW.

Teil B des Anzeigeschreibens verweist zu Beginn auf die Webseite des jeweiligen Aufnahmemitgliedstaats, welcher dort Einzelheiten bzgl. der geforderten Angaben für einen Vertrieb von EU-OGAW im Inland bereitzustellen hat. Für den Vertrieb von EU-OGAW in Deutschland hat die BaFin ein **Merkblatt** bzgl. des Vertriebs von Anteilen an EU-OGAW verfasst (Merkblatt (2013) zum Vertrieb von Anteilen an EU-OGAW in der Bundesrepublik Deutschland gem. § 310 „Incoming UCITS-notification"), welches auf der Webseite der BaFin in deutscher und in einer in der internationalen Finanzwelt gebräuchlichen Sprache (Englisch) zu finden ist (http://www.bafin.de/DE/DatenDokumente/Dokumentlisten/ListeMerkblaetter/liste_merkblaetter_node.html) und Einzelheiten zu den Anforderungen bzgl. eines solchen Vertriebs beinhaltet. In dem Merkblatt der BaFin bzgl. des Vertriebs von Anteilen an EU-OGAW bestätigt die BaFin, dass bzgl. des Teil A und Teil C keine deutschlandspezifischen Besonderheiten zu beachten sind (BaFin Merkblatt (2013) III). Für Teil B gelten die folgenden Hinweise: 9

a) Vorkehrungen für den Vertrieb von Anteilen an EU-OGAW (Teil B Nr. 1). Unter Teil B Nr. 1 sind die geplanten Vertriebswege für die Anteile oder Aktien der EU-OGAW aufzuführen. Dabei sind Angaben zu sämtlichen vorgesehenen Vertriebswegen zu machen (BaFin Merkblatt (2013), III. 1). Es ist also anzukreuzen, ob der Vertrieb der Anteile bzw. Aktien an dem EU-OGAW durch die OGAW-Verwaltungsgesellschaft selbst, eine andere gem. der OGAW-IV-RL, der AIFM-RL oder nach KAGB zugelassenen Verwaltungsgesellschaft, durch Kreditinstitute gem. § 1 I KWG, durch zugelassene Wertpapierfirmen oder Berater gem. § 1 Ia KWG oder durch sonstige Einrichtungen, welche zu spezifizieren sind, erfolgt, wobei die BaFin hier insb. Vermittler, die über keine KWG Erlaubnis verfügen, nennt (BaFin Merkblatt (2013), III. 1.a–e). Allerdings wird es wohl nicht dem Grundsatz des vereinfachten Anzeigeverfahrens entspr., wenn sämtliche mit dem Vertrieb betrauten Anlagevermittler im Anzeigeschreiben aufgeführt würden, da eine solche Liste den Rahmen des standardisierten Anzeigeschreibens sprengen würde. Aus diesem Grund geht die hM in der Lit. davon aus, dass die BaFin nicht berechtigt ist, im Rahmen des Anzeigeschreibens weitere Angaben zu verlangen als die Information, dass der Vertrieb auch über solche Vermittler erfolgt (vgl. EDD/*Baum* § 310 Rn. 17; BTMB/*Klebeck* § 310 Rn. 19). 10

b) Maßnahmen für die Anteilinhaber (Teil B Nr. 2). Gemäß Art. 92 OGAW-IV-RL hat die OGAW-Verwaltungsgesellschaft bzw. die OGAW-KVG im Anzeigeschreiben Angaben zur **Zahlstelle,** sofern zutreffend, und zur **Informationsstelle** zu machen. Bezüglich der Einzelheiten und des Umfangs der Angaben wird auf das Muster-Anzeigenschreiben des Anh. 1 der VO (EU) 584/2010 verwiesen, da die BaFin diesbezüglich keine weiteren Angaben verlangt als bereits entspr. dem Muster vorgesehen ist (BaFin Merkblatt (2013), III 2a) und b)). Die BaFin verlangt zur Vermeidung von Rückfragen und Verzögerung des Verfahrens für den Fall, dass keine Zahlstelle zu benennen ist, einen Hinweis an dieser Stelle, dass keine gedruckten Einzelurkunden ausgegeben wurden (BaFin Merkblatt (2013), III. 2a.). Aus demselben Grund verlangt die BaFin auch für den Fall, dass mehrere Informationsstellen benannt wurden, dass sämtliche Stellen aufgeführt werden. Werden Zahlstellen- und Informationsstellenfunktion von demselben Kreditinstitut über- 11 nommen, so ist auch dieser Umstand hier anzugeben. Bezüglich der Einzelheiten der Angaben betreffend die Zahlstelle und die Informationsstelle wird auf die Kommentierung des § 309 verwiesen.

12 Zusätzlich sind unter diesem Abschnitt Angaben zu den Modalitäten für die Veröffentlichung der **Ausgabe-, Verkaufs-, Rücknahme- oder Auszahlungspreise** der EU-OGAW-Anteile bzw. -Aktien zu machen. Laut BaFin ist ein geeignetes Veröffentlichungsmedium für diese Veröffentlichungen zu nennen. Als geeignetes Veröffentlichungsmedium gelten ua Zeitungen mit Erscheinungsort in Deutschland, dauerhafter Datenträger, BAnz und auch die Homepage der OGAW-Verwaltungsgesellschaft (BaFin Merkblatt (2013), III 2c iVm IV 3).

13 **c) Sonstige Informationen (Teil B Nr. 3).** Unter Teil B Nr. 3 des Anzeigeschreibens sind die **sonstigen Informationen** aufzunehmen, die den zuständigen Behörden des Aufnahmemitgliedstaats gem. Art. 91 III OGAW-IV-RL zur Verfügung zu stellen sind. Die BaFin verlangt als zusätzliche Information lediglich den Nachweis der **Zahlung** der Gebühr für die Zulassung zum Vertrieb iHv 380 EUR, wobei sich bei einer Umbrella-Konstruktion die Gebührenpflicht auf jedes Teilinvestmentvermögen erstreckt (s. § 2 I FinDAGKostV Nr. 4.1.7.1.2). Die Bankdaten und Einzelheiten bzgl. der Überweisung sind in dem Merkblatt der BaFin aufgeführt. Als Nachweis der Zahlung der Gebühr ist laut Merkblatt ein Nachweis der ausgeführten Überweisung beizufügen, zB mittels eines Scans des Überweisungsträgers (BaFin Merkblatt (2013), IV. 3. a).

14 **d) OGAW-Bescheinigung.** Die zuständige Behörde des Herkunftsmitgliedstaats vervollständigt die Anzeige durch die Ausstellung einer OGAW-Bescheinigung laut dem Muster in Anhang II der VO (EU) Nr. 584/2010 und übermittelt diese mit den restlichen erforderlichen Unterlagen an die zuständige Behörde des Aufnahmemitgliedstaats. Damit bestätigt sie, dass der EU-OGAW den Anforderungen der OGAW-IV-RL entspricht.

15 Die BaFin ist grds. nicht befugt, diese Bescheinigung **materiell zu überprüfen** und dem EU-OGAW bei einer anderen Einschätzung der OGAW-Konformität die Zulassung zum Vertrieb im Inland zu verweigern. Eine solche materielle Prüfungskompetenz steht den Aufsichtsbehörden des jeweiligen Vertriebsstaats unter der OGAW-IV-RL nicht zu (vgl. auch BSV/*Yerlikaya* § 310 Rn. 9). Das bedeutet, dass die BaFin die OGAW-Bescheinigung auch dann hinnehmen muss, wenn der EU-OGAW den OGAW-IV-Anforderungen nicht entspricht. In einem solchen Fall bleibt der BaFin lediglich, sich mit der ausstellenden Aufsichtsbehörde des Herkunftsmitgliedstaats in Verbindung zu setzen.

16 **e) Anlagebedingungen/Satzung.** Gemäß § 310 I sind entsprechend der Rechtsform des EU-OGAW auch die Anlagebedingungen oder die Satzung des EU-OGAW einzureichen. Grundsätzlich sind diese Dokumente gem. § 297 III (vgl. auch Art. 71 I OGAW-IV-RL) dem Verkaufsprospekt beizufügen. Eine Ausnahme von diesem Grundsatz gilt, wenn der Verkaufsprospekt einen Hinweis enthält, dass und wo diese Dokumente auf Verlangen kostenlos erlangt oder eingesehen werden können. In diesem Rahmen werden diese Dokumente aber Bestandteil des Verkaufsprospekts sein. In diesem Fall ist ein entspr. Hinweis unter Teil A Anl. (1) des Muster-Anzeigeschreibens aufzunehmen, dass die geforderten Unterlagen im eingereichten Verkaufsprospekt zu finden sind.

17 **f) Verkaufsprospekt.** Des Weiteren ist der Verkaufsprospekt beizufügen. Die Mindestanforderungen bzgl. des Inhalts sind insb. Art. 69–72 OGAW-IV-RL zu

entnehmen, welche durch Anh. I Schema A komplettiert werden. Grundsätzlich ist in dem Aufnahmemitgliedstaat ders. Verkaufsprospekt zu verwenden, welcher auch im Herkunftsmitgliedstaat verwandt wird. Gehen also die nationalen Anforderungen des Herkunftsmitgliedstaats an den Inhalt eines Verkaufsprospekts über die Anforderungen der OGAW-IV-RL hinaus, müssen diese Zusatzangaben auch in dem für den Vertrieb in Deutschland zu verwendenden Verkaufsprospekt enthalten sein. Den Anlegern in Deutschland sollen dieselben Informationen zur Verfügung gestellt werden wie den Anlegern im Herkunftsmitgliedstaat des EU-OGAW. Einzige Ausnahme hiervon stellen die deutschlandspezifischen Angaben dar, welche in den Verkaufsprospekt, welcher für den Vertrieb in Deutschland verwandt werden soll, aufzunehmen sind. Bezüglich der Einzelheiten zu den deutschlandspezifischen Angaben wird auf die Erläuterungen zu § 309 verwiesen.

g) Jahresbericht und Halbjahresbericht. Der Vertriebsanzeige sind auch der zuletzt veröffentlichte Jahresbericht und Halbjahresbericht des EU-OGAW beizufügen. Allerdings sind Fälle denkbar, in denen zum Zeitpunkt der Vertriebsanzeige je nach Geschäftsjahr des EU-OGAW Jahres- oder Halbjahresbericht noch nicht existiert oder weder ein Jahres- noch ein Halbjahresbericht für den EU-OGAW bereits veröffentlich wurde. In diesen Fällen ist ein Hinweis in das Anzeigeschreiben aufzunehmen, welcher die bes. Situation erklärt (ein solcher Hinweis kann zB unter Teil A, Anlagen, (4) aufgenommen werden). 18

h) Wesentliche Anlegerinformationen. Gemäß § 310 I 1 Nr. 4 sind auch die wesentlichen Anlegerinformationen Teil der mit der Vertriebsanzeige einzureichenden sog. Verkaufsunterlagen. Dieses Dokument ist nach § 310 II 2 in einer deutschen Übersetzung einzureichen und wird gem. Art. 78 VI OGAW-IV-RL in den Mitgliedsstaaten ohne Ergänzungen oder Änderungen verwendet. Aus diesem Grund dürfen auch die deutschlandspezifischen Angaben nicht in die wesentlichen Angaben aufgenommen werden. Bezüglich der Einzelheiten zu diesem Dokument wird auf die entsprechende Kommentierung des § 166 verwiesen. 19

i) Verbot weiterer Anforderungen an Unterlagen. Gemäß § 310 III, welcher Art. 93 VI OGAW-IV-RL umsetzt, darf die BaFin **keine weiteren Unterlagen,** Informationen oder Zertifikate im Rahmen des Anzeigeverfahrens verlangen, welche nicht in Art. 93 OGAW-IV-RL vorgesehen sind (BT-Drs. 17/4510, 85). Hintergrund dieses ausdrücklichen Verbots von zusätzlichen nationalen Anforderungen ist es zu verhindern, dass durch solche zusätzlichen Anforderungen die durch die Harmonisierung des Anzeigeverfahrens beabsichtigte Vereinfachung des Prozesses konterkariert wird. 20

3. Sprache. Die wesentlichen Anlegerinformationen sind nunmehr gem. § 310 II 2 das einzige Dokument im Rahmen der Vertriebsanzeige, welches noch zwingend in **deutsche Sprache** zu übersetzen ist. Die restlichen Verkaufsunterlagen sind gem. § 310 II 1 entweder in deutscher Sprache oder einer anderen **in internationalen Finanzkreisen gebräuchlichen Sprache** einzureichen. Auch das Anzeigeschreiben sowie die OGAW-Bescheinigung sind in einer in der Finanzwelt gebräuchlichen Sprache vorzulegen, sofern die BaFin und die zuständige Stelle des Herkunftsmitgliedstaates nicht vereinbart haben, dass diese in einer Amtssprache beider Mitgliedstaaten übermittelt werden können. Eine solche Vereinbarung hat die BaFin allerdings aktuell noch nicht getroffen (BaFin Merkblatt (2013), III). Spekulationen, ob ungeachtet fehlender behördlicher Vereinbarungen das Anzeige- 21 schreiben und die OGAW-Bescheinigung dennoch in deutscher Sprache (zB für österreichische EU-OGAW) eingereicht werden können, sind wohl in der Praxis nicht sehr relevant, da allein aus Gründen des effektiven Ablaufs die OGAW-Verwaltungsgesellschaften bzw. OGAW-KVG sowie auch die zuständigen Aufsichtsbehörden nicht Übersetzungen des Musters (entsprechend Anh. 1 der VO (EU) 584/2010) in mehrere Sprachen, sondern eine Übersetzung bzw. ein Muster für sämtliche Aufnahmemitgliedstaaten vorhalten werden (Muster in englischer Sprache). Allerdings sprechen in einem solchen Fall wohl weder aufsichtsrechtliche Gründe noch solche des Anlegerschutzes gegen eine Einreichung des Anzeigeschreibens und der OGAW-Bescheinigung in deutscher Sprache (EDD/*Baum/Winzek* § 310 Rn. 11).

22 Der Inhalt des jeweiligen Original-Dokuments muss richtig und vollständig wiedergegeben werden, wobei für die Übersetzungen die OGAW-Verwaltungsgesellschaft bzw. die OGAW-KVG verantwortlich ist. Bezüglich der Frage, welcher Text der Unterlagen – Originaltext oder Übersetzung – im Falle von Abweichungen Vorrang hat, beinhaltet § 303 eine entsprechende Regelung: Bei EU-OGAW ist der deutsche Wortlaut der wesentlichen Anlegerinformationen für die Prospekthaftung gem. § 306 maßgeblich; für die übrigen in § 298 I genannten Unterlagen ist die im Geltungsbereich des KAGB veröffentlichte Sprachfassung zugrunde zu legen. Erfolgt die Veröffentlichung auch in deutscher Sprache, so ist der deutsche Wortlaut maßgeblich.

23 In der Praxis werden idR die Verkaufsunterlagen (ohne wesentliche Anlegerinformationen), die OGAW-Bescheinigung sowie das Anzeigeschreiben in englischer Sprache, als einer in internationalen Finanzkreisen gebräuchlichen Sprache (sa Einschätzung der European Commission, Internal Market and Services DG, 3rd Informal Meeting on Prospectus Transposition, 26. 1. 2005, Summary Record, MARKT/G3/WG D (2005), S. 10), verfasst. Dies stellt für die in EU-Mitgliedsstaaten vertreibenden OGAW-Verwaltungsgesellschaften bzw. OGAW-KVG eine signifikante prozessuale und effiziente Vereinfachung dar. Unter Gesichtspunkten des **Anlegerschutzes** ist diese Entwicklung nicht unbedenklich. Nach den bis zur Umsetzung der OGAW-IV-RL geltenden Regelungen war in diesem Fall eine Übersetzung sämtlicher Verkaufsunterlagen in deutscher Sprache gesondert gefordert. Zugunsten der Vereinfachung der Prozesse und der Ersparnis der Übersetzungskosten wurde nunmehr eine potenzielle Beschneidung der Informationsbeschaffung des Anlegers in Kauf genommen. Dies führt dazu, dass der inländische Anleger weitere Informationen als die der wesentlichen Anlegerinformationen regelmäßig in einer fremden Sprache erhalten wird. Zum Spannungsverhältnis zwischen dieser Sprachen-Regelung der OGAW-IV-RL und der Vorgabe an **Wertpapierdienstleistungsunternehmen** gem. § 63 VII 1 WpHG, welcher in Umsetzung des Art. 24 V Finanzmarkt-RL (RL 2014/65/EU des Europäischen Parlaments und des Rates vom 15.05.2014 über Märkte für Finanzinstrumente sowie zur Änderung der RL 2002/92/EG und 2011/61/EU „MiFID II") fordert, dass einem Privatkunden Informationen in verständlicher Form zu Verfügung zu stellen sind, s. kritisch EDD/*Baum/Winzek* § 310 Rn. 21.

24 **4. Aufnahme des Vertriebs.** Gemäß § 310 I 2 kann der Vertrieb in Deutschland bereits aufgenommen werden, wenn die EU-OGAW-Verwaltungsgesellschaft bzw. die OGAW-KVG von der zuständigen Stelle des Herkunftsmitgliedstaates des EU-OGAW über die **Übermittlung der Vertriebsanzeige** an die BaFin unterrichtet wurde. Wegen der **Übermittlungsfiktion** des Art. 4 II der VO (EU)

584/2010 besteht dieses Vertriebsrecht selbst dann, wenn die BaFin die E-Mail der zuständigen Behörde des Herkunftsmitgliedstaats iRd Regulator-to-Regulator-Verfahrens bzgl. der Vertriebsanzeige nicht erhalten hat (EDD/*Baum/Winzek* § 310 Rn. 8). Allerdings hat die zuständige Behörde des Herkunftsmitgliedstaats die **Pflicht** nach Art. 5 II VO (EU) 584/2010, sich – nach erfolglosem Verstreichen der 5-Arbeitstage-Frist zur Bestätigung des Erhalts der E-Mail – mit der BaFin in Verbindung zu setzen und sich zu vergewissern, dass die Unterlagen vollständig übermittelt wurden.

5. Änderungsanzeigen gem. § 310 IV, V. Anders als bei der Erstanzeige des Vertriebs hat die OGAW-Verwaltungsgesellschaft bzw. die OGAW-KVG bei Änderungen der für den Vertrieb eingereichten Verkaufsunterlagen und bei Änderungen der im Anzeigeschreiben mitgeteilten Modalitäten der Vermarktung oder einer Änderung der vertriebenen Anteil- bzw. Aktienklassen dies **direkt** der BaFin mitzuteilen. Ein Prozess, auch solche Informationen mittels des Regulator-to-Regulator-Verfahrens zu übermitteln, steht noch aus. Änderungsmitteilungen können in deutscher oder in einer in internationalen Finanzkreisen gebräuchlichen Sprache abgegeben werden (BaFin Merkblatt (2013), V). Zu beachten ist, dass gem. FinDAGKostV für diese Änderungsanzeigen keine Gebühren anfallen. 25

a) Änderungen der Verkaufsunterlagen. § 310 IV 1 setzt Art. 93 VII 3 OGAW-IV-RL um (BT-Drs. 17/4510, 85) und verpflichtet die OGAW-Verwaltungsgesellschaft bzw. die OGAW-KVG, die BaFin von Änderungen der iRd Vertriebsanzeige eingereichten Anlagebedingungen, Satzung, des Verkaufsprospekts, Jahres- und Halbjahresberichts und wesentlichen Anlegerinformationen unverzüglich in Kenntnis zu setzen. 26

Der Begriff der **Änderung** des S. 1 wird in S. 2 und 3 dahingehend erweitert, dass auch Aktualisierungen der Verkaufsunterlagen darunterfallen. Das bedeutet, dass auch regelmäßig erforderliche Aktualisierungen, wie zB die Aktualisierung der Jahres- bzw. Halbjahresberichte unter den Begriff der Änderung fallen, so dass grds. mindestens zweimal jährlich, entspr. der Fristen des § 107, diese geänderten Unterlagen bei der BaFin einzureichen sind. Wurde bisher der Verkaufsprospekt, die Berichte oder die Anlagebedingungen bzw. die Satzung in deutscher Übersetzung für den Vertrieb in Deutschland verwandt und soll nunmehr von einer Übersetzung abgesehen werden, so dass diese Verkaufsunterlagen in Zukunft nur in einer anderen in der Finanzwelt gebräuchlichen Sprache verfasst werden, so wird dies von der BaFin als Änderung angesehen, von welcher sie gem. § 310 IV zu unterrichten ist (EDD/*Baum/Winzek* § 310 Rn. 26). 27

Unverzüglich bedeutet auch in diesem Zusammenhang entspr. § 121 BGB „ohne schuldhaftes Zögern" (BaFin Merkblatt (2013), V). Die BaFin ist also nicht sofort, sondern so bald wie möglich und soweit die Umstände kein weiteres Zuwarten gebieten zu informieren (MüKoBGB/*Armbrüster* BGB § 121 Rn. 7). Zum Beispiel darf somit mit der Unterrichtung der BaFin über Änderungen der Verkaufsunterlagen zugewartet werden, bis die Übersetzung der relevanten Unterlagen in die deutsche oder eine in internationalen Finanzkreisen gebräuchliche Sprache fertiggestellt wurde (so auch EDD/*Baum* § 310 Rn. 25). 28

Diese Änderungsmitteilung ist mittels **E-Mail** einzureichen. Gemäß § 310 IV 2 hat die BaFin eine E-Mail-Adresse anzugeben, an welche die Aktualisierungen und Änderungen der Verkaufsunterlagen übermittelt werden können. Dieser Pflicht ist die BaFin nachgekommen, indem sie in dem Merkblatt für den Vertrieb von EU- 29

OGAW auf die E-Mail-Adresse **UCITS-Update@bafin.de** hinweist (BaFin Merkblatt (2013), V. 1).

30 Zusätzlich gibt die BaFin in diesem Zusammenhang auch **Hinweise zur Einreichung der E-Mail:** die Mail darf inklusive aller Anhänge nicht größer sein als 20 MB, allerdings ist es zulässig, Anhänge in eine Zip-Datei zu packen, was die Datengröße minimieren kann. Zulässige Dateiformate sind pdf, doc und docx (BaFin Merkblatt (2013), V. 3b)). Falls dennoch nötig, sind die Unterlagen auf mehrere E-Mails aufzuteilen, wobei dies im Betreff kenntlich zu machen ist. Grundsätzlich sind im Betreff der E-Mail die achtstellige BaFin-ID, der Name der OGAW-Verwaltungsgesellschaft sowie, falls erforderlich, eine laufende Nr. (wenn mehrere E-Mails versandt werden) aufzunehmen (BaFin Merkblatt (2013), V. 3.a und c). Des Weiteren hat aus der Änderungsmitteilung der vollständige Name des Absenders und dessen Funktion innerhalb der OGAW-Verwaltungsgesellschaft bzw. OGAW-KVG eindeutig hervorzugehen. Wird die Mitteilung durch einen **Bevollmächtigten** abgegeben, so ist in der E-Mail auch dessen Name und Funktion aufzuführen und noch zusätzlich die Vollmacht beizufügen, sofern nicht auf eine bereits der BaFin vorgelegte Vollmacht Bezug genommen wird. Insbesondere fordert die BaFin in diesem Fall in der Vollmacht anzugeben, ob und ggf. in welchem Umfang der Bevollmächtigte zu Bestätigungen für den EU-OGAW ermächtigt ist. Zudem ist die Vollmacht von der vertriebsberechtigten Leitung der OGAW-Verwaltungsgesellschaft bzw. OGAW-KVG zu unterzeichnen, wobei die Namen und Funktionsbezeichnungen der Unterzeichner kenntlich zu machen sind (BaFin Merkblatt (2013), V. 3.d und e). Schließlich wird zur besseren Übersichtlichkeit bei der gesammelten Einreichung von zahlreichen wesentlichen Anlegerinformationen eine alphabetische Sortierung nach Namen der Teilinvestmentvermögen/Anteilklassen erbeten (BaFin Merkblatt (2013), V. 3 aE).

31 § 310 IV 1 regelt des Weiteren die Pflicht, der BaFin auch mitzuteilen, wo die entspr. Verkaufsunterlagen **in elektronischer Form verfügbar** sind. Nach Art. 31 I der RL 2010/42/EU der Kommission vom 1.7.2010 zur Durchführung der RL 2009/65/EG des Europäischen Parlaments und des Rates in Bezug auf Bestimmungen über Fondsverschmelzungen, Master-Feeder-Strukturen und das Anzeigeverfahren sind die Verkaufsunterlagen in einem gebräuchlichen elektronischen Format auf der Webseite des EU-OGAW, der OGAW-Verwaltungsgesellschaft bzw. der OGAW-KVG oder einer anderen Webseite, welche zu diesem Zweck für den EU-OGAW im Anzeigeschreiben angegeben wurde, zu veröffentlichen. Es ist daher erforderlich und ausreichend, im Rahmen dieser Information an die BaFin auch den Link zu dieser Webseite aufzunehmen.

32 § 310 IV 3, welcher Art. 32 der RL 2010/42/EU umsetzt, regelt zudem, dass die Änderungen oder Aktualisierungen der Verkaufsunterlagen entweder zu **beschreiben** oder die geänderte bzw. **aktualisierte Fassung** des jeweiligen Dokuments als Anlage der E-Mail beizufügen ist. Außerdem verlangt die BaFin eine **Erklärung** dahingehend, dass die mitgeteilten Änderungen entspr. der Regelungen im Herkunftsmitgliedstaat des EU-OGAW von der dort zuständigen Stelle **genehmigt, gebilligt oder zur Kenntnis genommen wurden bzw. ihr zur Kenntnis gebracht** wurden. Diese Erklärung kann alternativ auch direkt auf der beigefügten Verkaufsunterlage angebracht werden. In diesem Fall muss die Person des Erklärenden und dessen Funktion eindeutig erkennbar sein (BaFin Merkblatt (2013) V. 1.b).

33 Sofern die Änderung der Verkaufsunterlagen auf einer Änderung gem. § 310 V beruht, ist in der E-Mail nach Abs. 4 auf die vorangegangene Meldung nach § 310 V Bezug zu nehmen (BaFin Merkblatt (2013), V. 1.b und c).

Für die **Praxis** ist es empfehlenswert, sowohl die geänderten Verkaufsunterlagen, ggf. in änderungsmarkierter Form, als auch eine kurze Zusammenfassung des Hintergrunds der Änderung in die E-Mail aufzunehmen, um den umfassenden Sachverhalt der Änderung darzustellen und so Nachfragen seitens der BaFin vorzubeugen. 34

b) Änderungen der Vertriebs- und Vermarktungsmodalitäten. Neben der Pflicht aus § 310 IV betreffend die Verkaufsunterlagen sind gem. § 310 V auch Änderungen der im Anzeigeschreiben mitgeteilten Modalitäten der Vermarktung oder vertriebenen Anteil- bzw. Aktienklassen der BaFin mitzuteilen. § 310 V setzt Art. 93 VIII OGAW-IV-RL um (BT-Drs. 17/4510, 85). Unter „Modalitäten der Vermarktung" sind die Angaben unter Teil B Abschn. 1 des Anzeigeschreibens betreffend der beim Vertrieb des EU-OGAW eingeschalteten Vertriebsstellen zu verstehen. Auch Änderungen der unter Teil A des Anzeigeschreibens iRd Vertriebsanzeige gemachten Angaben zu Anteil- bzw. Aktienklassen des EU-OGAW, die in Deutschland vertrieben werden sollen, sind der BaFin mitzuteilen. 35

Diese Mitteilung hat **vor der Umsetzung** der Änderung zu erfolgen und ist in Textform gem. § 126b BGB abzugeben, dh sie kann ua mit normaler Post oder per E-Mail erfolgen. Wird die Meldung per E-Mail angegeben, so ist diese ebenfalls an das Postfach UCITS-Update@bafin.de zu senden. Die unter Rn. 26 aufgezeigten Hinweise der BaFin betr. eine solche E-Mail gelten entsprechend (BaFin Merkblatt (2013), V. 2). Nach der Verwaltungspraxis der BaFin besteht die Anzeigepflicht auch dann, wenn das ursprüngliche Anzeigeschreiben keine Angaben auf Anteil- oder Aktienklassen enthielt. Dem ist auch zuzustimmen, da eine Änderung der relevanten Informationen im Anzeigeschreiben grds. jegliche Änderung meint und damit auch die Situation umfasst, wenn in dem Anzeigeschreiben ursprünglich keine Angaben zu Anteil- oder Aktienklassen gemacht wurden, aber nun diese auch in Deutschland vertrieben werden sollen. Zwar gilt grds. die erfolgreich durchgeführte Vertriebsanzeige für den EU-OGAW bzw. einzelne Teilinvestmentvermögen und somit für sämtliche gegenwärtigen und zukünftigen Anteil- und Aktienklassen, jedoch wird diesem Umstand dadurch Rechnung getragen, dass ja gerade keine weitere Vertriebsanzeige erforderlich ist und die Mitteilung gem. § 310 V somit lediglich der Information der BaFin und deren berechtigtem Interesse bzgl. der in Deutschland vertriebenen Anteile bzw. Aktien dient. Ein geplanter Vertrieb weiterer **Teilinvestmentvermögen** eines EU-OGAW (Umbrella-Fonds) ist allerdings mittels einer separaten Vertriebsanzeige gem. § 310 I umzusetzen. 36

Folglich ist eine Anzeige wegen Änderung der Anteil- oder Aktienklassen in folgenden Fällen durchzuführen: i) eine weitere Anteil- oder Aktienklasse soll in Deutschland vertrieben werden, ii) eine bereits in Deutschland vertriebene Anteil- oder Aktienklasse soll nicht weiter vertrieben werden, iii) der Name einer in Deutschland vertriebenen Anteil- oder Aktienklasse ändert sich. Eine inhaltliche Änderung der in Deutschland vertriebenen Anteil- bzw. Aktienklassen, zB Änderung der Verwaltungsvergütung oder der Währung des Anteil- oder Aktienwerts, muss nicht gem. § 310 V mitgeteilt werden. Solche Änderung führen allerdings regelmäßig auch zu einer Anpassung der Verkaufsunterlagen, welche gem. § 310 IV der BaFin anzuzeigen sind. Ob aus Gründen eines effektiven Ablaufs eine Kombination dieser Prozesse aus § 310 V, IV möglich ist, hängt maßgeblich vom Genehmigungs- bzw. Anzeigeprozess solcher Änderungen im Herkunftsmitgliedstaat ab, da die BaFin iRd Anzeige gem. § 310 IV eine Erklärung bzgl. der Genehmigung 37 bzw. Kenntnisnahme der zuständigen Behörde im Herkunftsmitgliedstaat fordert. Grundsätzlich ist es empfehlenswert, solche beschleunigenden Maßnahmen mit dem jeweiligen zuständigen Referat der BaFin abzusprechen und so Missverständnissen bzgl. einer Pflichtverletzung seitens des EU-OGAW vorzubeugen.

§ 311 Untersagung des Vertriebs von EU-OGAW

(1) **Die Bundesanstalt ist befugt, alle erforderlichen und geeigneten Maßnahmen zum Schutz der Anleger zu ergreifen, einschließlich einer Untersagung des Vertriebs von Anteilen oder Aktien an EU-OGAW, wenn**

1. **die Art und Weise des Vertriebs gegen sonstige Vorschriften des deutschen Rechts verstoßen,**
2. **die Pflichten nach § 309 nicht oder nicht mehr erfüllt sind,**
3. **entgegen einer Anzeige des Vertriebswiderrufs gemäß § 295a Absatz 5 Satz 1 nach dem Datum des Widerrufs weiter vertrieben oder den Pflichten nach § 295b Absatz 1 nicht nachgekommen wird.**

(2) **Hat die Bundesanstalt hinreichende Anhaltspunkte für die Annahme, dass eine EU-OGAW-Verwaltungsgesellschaft oder OGAW-Kapitalverwaltungsgesellschaft, die Anteile oder Aktien an EU-OGAW im Geltungsbereich dieses Gesetzes vertreibt, gegen Vorschriften dieses Gesetzes verstößt und hat die Bundesanstalt keine Befugnisse nach Absatz 1, so teilt sie ihre Erkenntnisse den zuständigen Stellen des Herkunftsmitgliedstaates des EU-OGAW mit und fordert diese auf, geeignete Maßnahmen zu ergreifen.**

(3) [1]**Werden Verstöße gegen Vorschriften dieses Gesetzes durch die Maßnahmen der zuständigen Stellen des Herkunftsmitgliedstaates des EU-OGAW nicht beendet oder erweisen sich diese Maßnahmen als nicht geeignet oder als unzulänglich, so ist die Bundesanstalt befugt,**

1. **nach Unterrichtung der zuständigen Stellen des Herkunftsmitgliedstaates des EU-OGAW im Rahmen ihrer Aufsicht und Überwachung der Vorschriften des Abschnitts 1 Unterabschnitt 1 und des Abschnitts 2 Unterabschnitt 1 dieses Kapitels alle erforderlichen und geeigneten Maßnahmen zum Schutz der Anleger zu ergreifen, einschließlich einer Untersagung des weiteren Vertriebs von Anteilen oder Aktien an EU-OGAW,**
2. **die Europäische Wertpapier- und Marktaufsichtsbehörde nach Maßgabe des Artikels 19 der Verordnung (EU) Nr. 1095/2010 um Hilfe zu ersuchen.**

[2]**Maßnahmen gemäß Satz 1 Nummer 1 und 2 sind auch zu ergreifen, wenn der Herkunftsmitgliedstaat des EU-OGAW nicht innerhalb einer angemessenen Frist Maßnahmen ergreift und die EU-OGAW-Verwaltungsgesellschaft oder die OGAW-Kapitalverwaltungsgesellschaft, die Anteile oder Aktien dieses EU-OGAW im Geltungsbereich dieses Gesetzes vertreibt, deshalb weiterhin auf eine Weise tätig ist, die den Interessen der Anleger im Geltungsbereich dieses Gesetzes eindeutig zuwiderläuft.** [3]**Die Europäische Kommission und die Europäische Wertpapier- und Marktaufsichtsbehörde sind unverzüglich über jede nach Satz 1 Nummer 1 ergriffene Maßnahme zu unterrichten.**

(4) [1]**Die Bundesanstalt teilt den zuständigen Stellen des Herkunftsmitgliedstaates des EU-OGAW die Untersagung des Vertriebs mit.** [2]**Sofern der Herkunftsmitgliedstaat dieses EU-OGAW ein anderer ist als der Herkunftsmitgliedstaat der verwaltenden EU-OGAW-Verwaltungsgesellschaft, teilt die Bundesanstalt die Untersagung auch den zuständigen Stellen des Herkunftsmitgliedstaates der EU-OGAW-Verwaltungsgesellschaft mit.** [3]**Sie macht die Untersagung im Bundesanzeiger bekannt, falls ein Vertrieb stattgefunden hat.** [4]**Entstehen der Bundesanstalt durch die Bekanntmachung nach Satz 2 Kosten, sind diese der Bundesanstalt von der EU-OGAW-Verwaltungsgesellschaft oder der OGAW-Kapitalverwaltungsgesellschaft zu erstatten.**

I. Untersagung des Vertriebs seitens der Behörde

1. Einleitung. Grundsätzlich muss die Aufsichtsbehörde des Aufnahmemitgliedstaats, welche auch die Einhaltung der regulatorischen Anforderungen für den Vertrieb von Anteilen bzw. Aktien eines EU-OGAW im Inland überwacht, auch die Möglichkeit haben, bei Verletzung dieser Anforderungen Maßnahmen zu ergreifen. Allerdings hat nach dem in der OGAW-RL verankerten Herkunftsstaatsprinzip gem. Art. 108 I 1 OGAW-IV-RL grds. allein die zuständige Stelle des Herkunftsmitgliedstaats die Befugnis, gegenüber dem EU-OGAW bei Verletzung der Rechts- und Verwaltungsvorschriften oder der in den Anlagebedingungen bzw. Satzung enthaltenen Regelungen entsprechende Maßnahmen zu ergreifen. Gemäß § 310 I 2 ist die Aufnahme des Vertriebs bereits dann möglich, wenn die OGAW-Verwaltungsgesellschaft bzw. OGAW-KVG von der zuständigen Stelle des Herkunftsmitgliedstaats über die Übermittlung der erforderlichen Unterlagen an die BaFin informiert wurde (→ § 310 Rn. 24.). Somit ist die Kompetenz der BaFin bzgl. Überwachung und Ergreifen von Maßnahmen gegen einen EU-OGAW, welcher Anteile bzw. Aktien in Deutschland vertreibt, beschränkt. Es bleibt der BaFin nur die Befugnis, im Rahmen der Möglichkeiten des § 311 und unter den dort aufgeführten Voraussetzungen gegen den Vertrieb eines EU-OGAW in Deutschland vorzugehen (vgl. auch BSV/*Yerlikaya* § 311 Rn. 2). § 311 entspricht § 133 des aufgehobenen InvG und wurde lediglich redaktionell gem. § 1 überarbeitet. 1

Bei der Streichung des Wortes „und Einstellung" in der Überschrift handelt es sich um eine Folgeänderung der neuen §§ 295a, 299b in Umsetzung des neu eingefügten Art. 93a der RL 2009/65/EG (BT-Drs. 19/27631, 104).

2. Restebefugnis der BaFin (§ 311 I). § 311 I setzt die der BaFin verbleibende **Restbefugnis** des Art. 108 I 2 OGAW-IV-RL bzgl. Maßnahmen gegen den EU-OGAW nach Aufnahme dessen Vertriebs in Deutschland um (BT-Drs. 17/4510, 85). Danach ist aus Gründen des Anlegerschutzes die BaFin unter bestimmten Voraussetzungen befugt, alle erforderlichen und geeigneten Maßnahmen gegen den EU-OGAW bis hin zur Vertriebsuntersagung zu ergreifen. Solche Maßnahmen der BaFin stellen einen belastenden VA dar. Gemäß § 37 II VwVfG besteht zwar daher kein Schriftformerfordernis, allerdings sind die Maßnahmen gem. Art 107 I OGAW-IV-RL als negative Entscheidung schriftlich zu begründen und der OGAW-Verwaltungsgesellschaft bzw. OGAW-KVG mitzuteilen (vgl. EDD/*Baum/Winzek* § 311 Rn. 5). 2

3 **a) Verstoß gegen sonstiges Recht (§ 311 I Nr. 1).** Gemäß § 311 I Nr. 1 hat die BaFin das Recht, Maßnahmen gegen den EU-OGAW zu ergreifen, wenn die Art und Weise des Vertriebs gegen **sonstige Vorschriften** deutschen Rechts verstößt. Darunter fallen sämtliche Vorschriften des deutschen Rechts, die nicht unter den Anwendungsbereich der OGAW-IV-RL oder unter die in Art. 92, 94 OGAW-RL festgelegten Anforderungen fallen. Darunter sind insb. Vorschriften des Wettbewerbs-, Straf-, Gewerbe- sowie Steuerrechts zu verstehen (vgl. EDD/*Baum/Winzek* § 311 Rn. 4; BSV/*Yerlikaya* § 311 Rn. 7). In diesem Zusammenhang ist die Regelung des Art. 91 III OGAW-RL zu sehen, welche sicherstellt, dass sämtliche Informationen über solche sonstigen Rechts- und Verwaltungsvorschriften, die nicht in den von der OGAW-RL geregelten Bereich fallen und die für die Modalitäten der Vermarktung von Anteilen von in anderen Mitgliedstaaten niedergelassenen OGAW auf ihrem Hoheitsgebiet spezifisch relevant sind, aus der Ferne und elektronisch leicht zugänglich sind. Die Mitgliedstaaten haben sicherzustellen, dass diese Informationen in einer in der Finanzwelt gebräuchlichen Sprache bereitgestellt werden, eindeutig und unmissverständlich sind und dem neuesten Stand entsprechen (sa BSV/*Kunschke* § 311 Rn. 7).

4 Der Wortlaut der Regelung macht deutlich, dass die Vertriebsuntersagung neben den anderen geeigneten Maßnahmen die Ultima Ratio darstellt, so dass eine Untersagung des Vertriebs nur in den Fällen in Betracht kommt, in denen der EU-OGAW erhebliche Verstöße begeht und diese trotz Abmahnung durch die BaFin nicht einstellt (sa EDD/*Baum/Winzek* § 311 Rn. 5 und BTMB/*Klebeck* § 311 Rn. 13 ff.). Bei ihrer Entscheidung bzgl. der geeigneten Maßnahme hat die BaFin ua die Interessen der deutschen Anteil- bzw. Aktieninhaber des in Rede stehenden EU-OGAW abzuwägen, da eine Vertriebsuntersagung des EU-OGAW die Rechte dieser Anleger (ua betreffend Pflichten der Zahl- und Informationsstelle oder Informations- und Bereitstellungspflichten des EU-OGAW) beschneiden würde (vgl. BSV/*Yerlikaya* § 311 Rn. 10 mwN).

5 Der Verstoß gegen sonstige Vorschriften des deutschen Rechts muss der OGAW-Verwaltungsgesellschaft bzw. OGAW-KVG auch zuzurechnen sein. Dies ist im Einzelfall zu prüfen, da das Verhalten von mit dem Vertrieb des EU-OGAW betrauten Personen nicht grds. zu einer Zurechnung dieses Verhaltens zu Lasten der OGAW-Verwaltungsgesellschaft bzw. OGAW-KVG führt (näher zur Rolle von Vertriebsintermediären EDD/*Baum/Winzek* § 311 Rn. 5).

6 **b) Verstoß gegen § 309 (§ 311 I Nr. 2).** Die Restbefugnis der BaFin greift auch in dem Fall, in dem die OGAW-Verwaltungsgesellschaft bzw. OGAW-KVG die Pflichten beim Vertrieb von Anteilen bzw. Aktien des EU-OGAW in Deutschland aus § 309 nicht oder nicht mehr erfüllt. Darunter fallen insb. der Wegfall oder die Nichtbestellung der Zahlstelle, soweit erforderlich, oder der Informationsstelle sowie die Nichtaufnahme oder der Wegfall der deutschlandspezifischen Angaben in dem Verkaufsprospekt und, soweit erforderlich, der weiteren Verkaufsunterlagen. Bezüglich der Einzelheiten der Pflichten aus § 309 wird auf die entspr. Kommentierung verwiesen.

Nach den Grundsätzen der Verhältnismäßigkeit und aus Gründen des Anlegerschutzes hat die BaFin wohl im Falle eines unvorhersehbaren Wegfalls der Zahlstelle, falls erforderlich, oder der Informationsstelle bzw. bei Entdeckung des Fehlens der deutschlandspezifischen Angaben in den relevanten Verkaufsunterlagen vor Ergreifung entspr. Maßnahmen der OGAW-Verwaltungsgesellschaft bzw. der OGAW-KVG eine angemessene Frist zur Wiederherstellung dieser Funktionen bzw. zur Korrektur der Verkaufsunterlagen zu gewähren (vgl. EDD/*Baum/Winzek* in EDD § 311 Rn. 6; zur Verhältnismäßigkeit BTMB/*Klebeck* § 311 Rn. 11 ff.).

c) Verstoß gegen § 295 a oder § 295 b (§ 311 I Nr. 3). Die Einfügung von § 311 Abs. 1 Nr. 3 trägt den neu geregelten Pflichten beim Vertriebswiderruf Rechnung und regelt, dass die BaFin auch Maßnahmen bei Pflichtverletzungen nach einem Vertriebswiderruf ergreifen kann (BT-Drs. 19/27631, 104). 6a

3. Pflicht zur Mitteilung der zuständigen Behörde (§ 311 II). Verstößt eine OGAW-Verwaltungsgesellschaft bzw. OGAW-KVG iRd Vertriebs von Anteilen bzw. Aktien eines EU-OGAW in Deutschland gegen andere Vorschriften des KAGB und greift die Restbefugnis der BaFin nach § 311 I somit nicht, so hat die BaFin zunächst lediglich die Möglichkeit, bei Vorliegen **hinreichender Anhaltspunkte** für diesen Verstoß, die zuständige Behörde des Herkunftsmitgliedstaats von diesen Missständen zu **unterrichten** und diese zur Ergreifung geeigneter Maßnahmen gegen die EU-OGAW-Verwaltungsgesellschaft bzw. OGAW-KVG zur Beendigung dieser Missstände aufzufordern. § 311 II setzt Art. 108 IV OGAW-IV-RL um (BT-Drs. 17/4510, 85) und spiegelt das **Prinzip der Aufsicht und Befugnishoheit** der zuständigen Behörde des Herkunftsmitgliedsstaats über den EU-OGAW wider. 7

Somit hat die BaFin außerhalb der engen Regelungen der Restbefugnis des § 311 I zunächst keine weiteren eigenen Befugnisse, gegen die OGAW-Verwaltungsgesellschaft bzw. OGAW-KVG vorzugehen. Allerdings ist der BaFin zuzugestehen iRd Feststellung und Ermittlung von gegebenenfalls vorliegenden hinreichenden Anhaltspunkten, direkt bei der OGAW-Verwaltungsgesellschaft bzw. OGAW-KVG Auskünfte und Unterlagen anzufordern (vgl. EDD/*Baum/Winzek* § 311 Rn. 8). 8

Diese Einschränkung der Eingriffsbefugnis der BaFin bezieht sich gem. Art. 108 IV OGAW-IV-RL allerdings auf Verstöße gegen Vorschriften und Regelungen aufgrund der OGAW-IV-RL. Das bedeutet, dass Verstöße des EU-OGAW gegen andere Vorschriften weiterhin eine Eingriffsbefugnis der BaFin begründen können. Dies ist zum Beispiel bei einem Verstoß gegen die Werbevorschriften des § 302 der Fall. Die entsprechende Eingriffsbefugnis ist in § 314 I geregelt. 9

4. Scheitern der zuständigen Aufsichtsbehörde (§ 311 III). Gemäß § 311 III hat die BaFin unter bestimmten Voraussetzungen gegen die OGAW-Verwaltungsgesellschaft bzw. die OGAW-KVG doch eigene **Handlungsbefugnisse.** Diese Vorschrift setzt Art. 108 V OGAW-IV-RL um, regelt einen Zuständigkeitswechsel der handlungsbefugten zuständigen Behörden und stellt somit eine Ausnahme von dem Prinzip der Aufsicht und Befugnishoheit der zuständigen Behörde des Herkunftsmitgliedstaats dar. 10

a) Direkte Maßnahmen der BaFin gegen den EU-OGAW (§ 311 III 1 Nr. 1). Liegt ein **Gesetzesverstoß** vor und ergreift die zuständige Behörde des Herkunftsmitgliedstaats Maßnahmen, um dies zu unterbinden, aber reichen diese Maßnahmen nicht aus, um die Gesetzesverstöße im Inland zu beenden, ist die BaFin im Rahmen einer subsidiären Befugnis berechtigt, nach Unterrichtung der zuständigen Behörde des Herkunftsmitgliedstaats, doch wieder selbst alle Maßnahmen bis hin zu **Vertriebsuntersagung** gegen die OGAW-Verwaltungsgesellschaft bzw. OGAW-KVG zu ergreifen, die erforderlich und geeignet sind, die andauernden Gesetzesverstöße zu beenden. Voraussetzung und Maßstab für ein Eingreifen der BaFin ist ausschließlich, dass der Gesetzesverstoß durch die Maßnahmen der zu- 11 ständigen Behörde des Herkunftsmitgliedstaats nicht beendet wurde und folglich noch **andauert,** da dies eine Erfolglosigkeit oder Geeignetheit der Maßnahmen grds. einschließt. Diese Befugnis der BaFin besteht aber nur iRd Aufsicht und Überwachung der §§ 297–306 und §§ 309, 311.

12 Gemäß § 311 III 2 besteht die Befugnis der BaFin, Maßnahmen selbst gem. S. 1 Nr. 1 zu ergreifen, auch dann, wenn die zuständige Behörde des Herkunftsmitgliedstaats des EU-OGAW nicht innerhalb einer **angemessenen Frist** die erforderlichen Maßnahmen ergreift und die OGAW-Verwaltungsgesellschaft bzw. OGAW-KVG des EU-OGAW somit weiterhin in Deutschland dessen Anteile bzw. Aktien in einer Art und Weise vertreibt, welche den Interessen der deutschen Anleger eindeutig zuwiderläuft. Wie bereits erwähnt, bezieht sich diese Befugnis der BaFin auf die Aufsicht und Überwachung konkreter Vorschriften des KAGB und den Verstoß gegen diese Vorschriften. Da die §§ 297–306 sowie §§ 309, 311 dem Schutz der Anleger dienen, sind Verstöße gegen diese Vorschriften immer als eindeutig gegen die Interessen der deutschen Anleger gerichtet zu klassifizieren (EDD/*Baum/Winzek* § 311 Rn. 11). Ergreift die BaFin im Rahmen ihrer Befugnis aus § 311 III 1 Nr. 1 Maßnahmen gegen die OGAW-Verwaltungsbehörde bzw. die OGAW-KVG, so hat sie unverzüglich die **Europäische Kommission** sowie die **ESMA** über diese Maßnahmen zu unterrichten.

13 Noch ist der **Begriff der Angemessenheit** im Zusammenhang mit der Fristsetzung nicht definiert und richtet sich nach dem Umfang und der Komplexität des Einzelfalls (vgl. BSV/*Yerlikaya* § 311 Rn. 16). Es bleibt abzuwarten, wie sich in der Praxis die Zusammenarbeit der Aufsichtsbehörden und die erforderlichen Prozesse insb. iRd grenzüberschreitenden Auflage und Verwaltung von Investmentvermögen weiterentwickeln (vgl. auch EDD/*Baum/Winzek* § 311 Rn. 11).

14 **b) Hilfesuchen an ESMA (§ 311 III 1 Nr. 2).** Gemäß § 311 III 1 Nr. 2 hat die BaFin beim Vorliegen eines andauernden Gesetzesverstoßes trotz ergriffener Maßnahmen seitens der zuständigen Behörde des Herkunftsmitgliedstaats alternativ die Möglichkeit, die **Europäische Wertpapier- und Marktaufsichtsbehörde** (ESMA) um Hilfe zu ersuchen. Eine solche Hilfe würde nach Maßgabe des Art. 19 der VO (EU) Nr. 1095/2010 geleistet werden, welcher ein **Schlichtungsverfahren** zur Beilegung der Meinungsverschiedenheiten zwischen den zuständigen Aufsichtsbehörden verschiedener Mitgliedstaaten unter Anleitung der ESMA vorsieht. Ein solches Schlichtungsverfahren sieht vor, dass die ESMA zunächst als Vermittlerin agiert. Kann innerhalb einer Frist zwischen den beteiligten Behörden keine Schlichtung erzielt werden, kann die ESMA einen für die betroffenen Behörden verbindlichen Beschluss treffen, welcher auch die Verpflichtung beinhalten kann, bestimmte Maßnahmen zu treffen bzw. zu unterlassen (s. BSV/*Yerlikaya* § 311 Rn. 17). Die von der ESMA in einem solchen Schlichtungsverfahren getroffenen Beschlüsse sind vorranging vor anderen in dieser Sache von den betroffenen Behörden getroffenen Beschlüssen.

Diese Möglichkeit steht der BaFin gem. § 311 III 2 auch dann zu, wenn die zuständige Behörde des Herkunftsmitgliedstaats des EU-OGAW nicht innerhalb einer angemessenen Frist die erforderlichen Maßnahmen ergreift.

15 **5. Mitteilung und Veröffentlichung der Vertriebsuntersagung (§ 311 IV).** Nach § 311 IV 1 ist die BaFin verpflichtet, die zuständigen Behörden des Herkunftsmitgliedstaates des EU-OGAW über die Vertriebsuntersagung zu **informieren.** Es sind **sämtliche involvierten zuständigen Behörden** zu informieren, so

dass gem. § 311 IV 2 in dem Fall, in dem aufgrund einer grenzüberschreitenden Verwaltung die OGAW-Verwaltungsgesellschaft und der EU-OGAW Aufsichtsbehörden unterschiedlicher Mitgliedstaaten unterstehen, sowohl die zuständige Aufsichtsbehörde der OGAW-Verwaltungsgesellschaft als auch die zuständige Aufsichtsbehörde des EU-OGAW von der Vertriebsuntersagung der BaFin zu unterrichten sind.

Zusätzlich ist die BaFin gem. § 311 IV 3 verpflichtet, die Vertriebsuntersagung im **Bundesanzeiger** bekanntzumachen, wenn ein Vertrieb der Anteile bzw. Aktien des EU-OGAW in Deutschland tatsächlich stattgefunden hat. Dies hat aus Gründen des Anlegerschutzes zu geschehen, so dass dieser darüber informiert wird, dass bzgl. der erworbenen Anteile bzw. Aktien der Schutz des KAGB nicht weiter besteht. Die Kosten für eine solche Veröffentlichung sind der BaFin von der OGAW-Verwaltungsgesellschaft bzw. der OGAW-KVG zu erstatten. Die BaFin ist nicht verpflichtet, die genauen Gründe für die Untersagung bekannt zu geben und ist in der Praxis dazu übergegangen, lediglich die Norm, aufgrund derer die Vertriebsuntersagung bescheinigt wurde, zu veröffentlichen (vgl. BSL/*Blankenheim* § 133 Rn. 30). 16

Die Abs. 5 und 6 wurden aufgehoben, weil die entsprechenden Regelungen zum Vertriebswiderruf neu in §§ 295a, 295b normiert sind (BT-Drs. 19/27631, 104). Der neu eingefügte § 295a V 3–5 übernimmt die bisherigen S. 2 u. 3 aus § 311 VI (BT-Drs. 19/27631, 102). 17

II. Kosten der Vertriebsuntersagung bzw. Vertriebseinstellung

Gemäß § 2 I FinDAGKostV iVm Nr. 4.1.7.1.3 des Gebührenverzeichnisses darf die BaFin für die **Untersagung** des Vertriebs von Anteilen bzw. Aktien von EU-OGAW gem. § 311 I und III 1 Nr. 1 eine Gebühr iHv **1.000 EUR–15.000 EUR** erheben. Zu beachten ist, dass diese Gebühr bei einer **Umbrella-Konstruktion** für jedes betroffene Teilinvestmentvermögen gesondert anfällt. 18

Für die Prüfung der Anzeige bzgl. der **Einstellung** des Vertriebs von Anteilen bzw. Aktien von einzelnen Teilinvestmentvermögen des EU-OGAW erhebt die BaFin gem. § 2 I iVm Nr. 4.1.7.1.4 des Gebührenverzeichnisses eine Gebühr iHv **280 EUR.** Auch in diesem Fall wird die Gebühr bei einer **Umbrella-Konstruktion** für jedes betroffene Teilinvestmentvermögen gesondert erhoben. Die Vertriebseinstellung von Anteilen bzw. Aktien von EU-OGAW im Inland, welche keine Teilinvestmentvermögen einer Umbrella-Konstruktion sind, oder der gesamten Umbrella-Konstruktion ist dagegen nicht gebührenpflichtig. Dies liegt an dem geringeren Verwaltungsaufwand bei der Vertriebseinstellung eines gesamten EU-OGAW im Vergleich zum Verwaltungsaufwand (weitere Prüfung und Kontrolle der Verkaufsunterlagen etc.) im Falle der Vertriebseinstellung bloß einzelner Teilinvestmentvermögen. 19

Das BaFin-Merkblatt enthält genaue Vorgaben bzgl. der Modalitäten der Überweisung der Gebühr als auch bzgl. des entspr. Zahlungsnachweises gegenüber der BaFin (BaFin-Merkblatt (2013), VI. 2). 20

Unterabschnitt 2. Anzeigeverfahren für den Vertrieb von inländischen OGAW in anderen Mitgliedstaaten der Europäischen Union oder in Vertragsstaaten des Abkommens über den Europäischen Wirtschaftsraum

§ 312 Anzeigepflicht

(1) [1]**Beabsichtigt eine OGAW-Kapitalverwaltungsgesellschaft oder eine EU-OGAW-Verwaltungsgesellschaft, Anteile oder Aktien an einem von ihr verwalteten inländischen OGAW in einem anderen Mitgliedstaat der Europäischen Union oder in einem anderen Vertragsstaat des Abkommens über den Europäischen Wirtschaftsraum zu vertreiben, so hat sie dies der Bundesanstalt mit einem Anzeigeschreiben gemäß Anhang I der Verordnung (EU) Nr. 584/2010 anzuzeigen.** [2]**Die Anzeige muss in einer in internationalen Finanzkreisen gebräuchlichen Sprache gefasst sein, wenn nicht vereinbart wurde, dass sie in einer der Amtssprachen der beiden Mitgliedstaaten gefasst wird.** [3]**Der Anzeige sind in jeweils geltender Fassung beizufügen:**

1. **die Anlagebedingungen und gegebenenfalls die Satzung, der Verkaufsprospekt sowie der letzte Jahresbericht und der anschließende Halbjahresbericht,**
2. **das Basisinformationsblatt gemäß Verordnung (EU) Nr. 1286/2014 oder die wesentlichen Anlegerinformationen gemäß § 166,**
3. **die Angaben, die für die Inrechnungstellung oder die Mitteilung etwaiger geltender behördlicher Gebühren oder Entgelte durch die zuständigen Behörden des Aufnahmestaates erforderlich sind, einschließlich der Anschrift, und Angaben zu den Einrichtungen, die für die Ausübung der in § 306a Absatz 1 genannten Aufgaben zuständig sind.**

(2) **Die nach Absatz 1 Satz 3 Nummer 1 beizufügenden Unterlagen sind entweder zu übersetzen**

1. **in die Amtssprache des Aufnahmestaates,**
2. **in eine der Amtssprachen des Aufnahmestaates,**
3. **in eine von den zuständigen Stellen des Aufnahmestaates akzeptierte Sprache oder**
4. **in eine in internationalen Finanzkreisen gebräuchliche Sprache.**

(3) [1]**Das Basisinformationsblatt gemäß Verordnung (EU) Nr. 1286/2014 oder die wesentlichen Anlegerinformationen sind in der Amtssprache oder in einer der Amtssprachen des Aufnahmestaates oder in einer von den zuständigen Stellen des Aufnahmestaates akzeptierten Sprache vorzulegen.** [2]**Verantwortlich für die Übersetzung ist die OGAW-Kapitalverwaltungsgesellschaft oder die EU-OGAW-Verwaltungsgesellschaft; die Übersetzung muss den Inhalt der ursprünglichen Informationen richtig und vollständig wiedergeben.**

(4) [1]**Die Bundesanstalt prüft, ob die gemäß Absatz 1 übermittelten Unterlagen vollständig sind.** [2]**Fehlende Angaben und Unterlagen fordert sie innerhalb von zehn Arbeitstagen als Ergänzungsanzeige an.** [3]**Die Ergänzungsanzeige ist der Bundesanstalt innerhalb von sechs Monaten nach der Erstattung der Anzeige oder der letzten Ergänzungsanzeige einzureichen; anderenfalls ist eine Übermittlung der Anzeige nach Absatz 5 ausgeschlos-**

sen. [4]Die Frist nach Satz 3 ist eine Ausschlussfrist. [5]Eine erneute Anzeige ist jederzeit möglich.

(5) **[1]Spätestens zehn Arbeitstage nach Eingang der vollständigen Anzeige bei der Bundesanstalt übermittelt sie den zuständigen Stellen des Aufnahmestaates diese Anzeige sowie eine Bescheinigung gemäß Anhang II der Verordnung (EU) Nr. 584/2010 darüber, dass es sich um einen inländischen OGAW handelt. [2]Das Anzeigeschreiben und die Bescheinigung sind den zuständigen Stellen des Aufnahmestaates in einer in internationalen Finanzkreisen gebräuchlichen Sprache zu übermitteln, wenn nicht vereinbart wurde, dass sie in einer der Amtssprachen der beiden Mitgliedstaaten gefasst werden. [3]Die Bundesanstalt benachrichtigt die OGAW-Kapitalverwaltungsgesellschaft oder die EU-OGAW-Verwaltungsgesellschaft unmittelbar über die Übermittlung. [4]Die OGAW-Kapitalverwaltungsgesellschaft oder die EU-OGAW-Verwaltungsgesellschaft kann ihre Anteile oder Aktien ab dem Datum dieser Benachrichtigung im Aufnahmestaat auf den Markt bringen. [5]Die näheren Inhalte, die Form und die Gestaltung des Anzeigeverfahrens bestimmen sich nach den Artikeln 1 bis 5 der Verordnung (EU) Nr. 584/2010.**

(6) **Unbeschadet der Anzeige nach Absatz 1 stellt die Bundesanstalt auf Antrag der OGAW-Kapitalverwaltungsgesellschaft oder der EU-OGAW-Verwaltungsgesellschaft eine Bescheinigung gemäß Anhang II der Verordnung (EU) Nr. 584/2010 aus, dass die Vorschriften der Richtlinie 2009/65/EG erfüllt sind.**

(6a) **[1]Im Fall einer Änderung der Vorkehrungen für die Vermarktung, die im gemäß Absatz 1 Satz 1 übermittelten Anzeigeschreiben genannt werden, oder einer Änderung der zu vertreibenden Anteilklassen teilt die OGAW-Verwaltungsgesellschaft der Bundesanstalt und den zuständigen Behörden des Aufnahmestaates diese mindestens einen Monat vor Umsetzung der Änderung mit. [2]Verstieße die OGAW-Verwaltungsgesellschaft infolge einer in Satz 1 genannten Änderung gegen die Vorschriften dieses Gesetzes, so würde die Bundesanstalt der OGAW-Verwaltungsgesellschaft innerhalb von 15 Arbeitstagen nach Eingang sämtlicher in Satz 1 genannten Informationen mitteilen, dass sie die Änderung nicht durchführen darf. [3]In diesem Fall setzt die Bundesanstalt die zuständigen Behörden des Aufnahmestaates der OGAW-Verwaltungsgesellschaft entsprechend in Kenntnis.**

(6b) **[1]Wird eine in Absatz 6a Satz 1 genannte Änderung nach der Mitteilung der Informationen gemäß Absatz 6a Satz 2 durchgeführt und verstößt die OGAW-Verwaltungsgesellschaft infolge dieser Änderung nunmehr gegen die Vorschriften dieses Gesetzes, so trifft die Bundesanstalt geeignete Maßnahmen, einschließlich – falls erforderlich – der Untersagung des Vertriebs des OGAW, und setzt die zuständigen Behörden des Aufnahmestaates der OGAW-Verwaltungsgesellschaft unverzüglich von den getroffenen Maßnahmen in Kenntnis.**

Inhaltsübersicht

	Rn.
I. Einleitung	1
II. Anzeigeschreiben	3
1. Allgemeines	3
2. Inhalt	5
a) Teil A des Anzeigeschreibens	7
b) Teil B des Anzeigeschreibens	8
c) Teil C des Anzeigeschreibens	12
3. Sprache des Anzeigeschreibens	13
4. Einzureichende Unterlagen	15
a) Allgemein	15
b) Sprache der Unterlagen	17
III. Übermittlung von Dokumenten und Dateien	22
IV. Anzeigenverfahren nach Übermittlung	25
1. Allgemeines	25
2. Benachrichtigungspflicht	29
3. Bescheinigung gem. § 312 V 2	33
4. Aufnahme des Vertriebs	34
V. OGAW-Bescheinigung für andere Fälle	35
VI. Kosten	37
1. Kosten der BaFin für die Vertriebsanzeige	37
2. Kosten des Aufnahmemitgliedstaats für die Vertriebsanzeige	39
3. Kosten für OGAW-Bescheinigung	40

I. Einleitung

1 § 312 setzt Art. 93 OGAW-IV-RL um und hat **inhaltlich** im Vergleich zur Vorgängerregelung des aufgehobenen § 128 InvG keine wesentlichen Änderungen erfahren. Allerdings wurde die Vorschrift redaktionell der KAGB-Terminologie angepasst und der Inhalt des § 128 I InvG im KAGB in drei Absätzen gefasst (§ 312 I–III). Zudem wurde der Verweis des aufgehobenen § 13a V InvG umgesetzt, in dem die Vorschriften sich nunmehr unmittelbar auch auf EU-OGAW-Verwaltungsgesellschaften, die inländische OGAW verwalten, beziehen (BT-Drs. 17/12294, 283).

2 Das Anzeigeverfahren für den geplanten Vertrieb von Anteilen bzw. Aktien eines inländischen OGAW in einem anderen Mitgliedstaat der EU oder in einem anderen Vertragsstaat des EWR richtet sich nach dem durch die OGAW-IV-RL eingeführten **Regulator-to-Regulator**-Verfahren (sa Kommentierung zu § 310 bzgl. des Vertriebs von EU-OGAW in Deutschland). Gemäß diesem Verfahren hat die OGAW-KVG bzw. die OGAW-Verwaltungsgesellschaft gegenüber der BaFin den geplanten Vertrieb von Anteilen bzw. Aktien des OGAW vor Aufnahme des Vertriebs gem. § 312 I–III anzuzeigen. Das bedeutet, dass in diesem Fall die BaFin als zuständige Aufsichtsbehörde nach dem in der OGAW-IV-RL verankerten Herkunftsstaatsprinzip die Prüfungs- und Befugnishoheit über den OGAW besitzt. Die BaFin hat die Vollständigkeit der Vertriebsanzeige zu prüfen und nach Feststellung der Vollständigkeit diese zusammen mit einer auszustellenden OGAW-Bescheinigung an die zuständige Behörde des Aufnahmemitgliedstaats zu übermitteln. Gemäß § 312 V 5 bestimmen sich die näheren Inhalte, die Form und die Gestaltung des Anzeigeverfahrens nach den Art. 1–5 der VO (EU) Nr. 584/2010. EU-Verordnungen sind gem. Art. 288 II AEUV in den Mitgliedsstaaten direkt anwendbar, so dass § 312 V 5 im Wesentlichen eine deklaratorische Funktion zukommt und dem

Rechtsanwender als Hinweis auf die hier direkt geltende EU-VO dienen soll (BT-Drs. 17/4510, 84). Gemäß der Vereinbarung vom 20.12.2013 finden § 312 und das dort geregelte Verfahren auch zwischen der Eidgenössische Finanzmarktaufsicht **FINMA** und der BaFin Anwendung (vgl. Text und weitere Informationen der Vereinbarung unter https://www.bafin.de/SharedDocs/Veroeffentlichungen/DE/Auslegungsentscheidung/WA/ae_140116_vertrieb_ogaw_schweiz_wa.html).

II. Anzeigeschreiben

1. Allgemeines. Regelungsgegenstand des § 312 sind ausschließlich inländische OGAW gem. §§ 192–213. Die Pflichten aus § 312 werden bereits durch die **Absicht** der OGAW-Verwaltungsgesellschaft bzw. OGAW-KVG ausgelöst, Anteile bzw. Aktien an OGAW in einem anderen Mitgliedstaat der EU oder einem EWR-Staat zu vertreiben. Durch die Einführung des Regulator-to-Regulator-Verfahrens ist die Durchführung einer Vertriebsanzeige vor Aufnahme des Vertriebs zwingend erforderlich (sa EDD/*Baum/Winzek* § 312 Rn. 7f.). 3

Die Frage, wann die Vermarktung von Anteilen bzw. Aktien des OGAW einen **Vertrieb** in dem jeweiligen Mitgliedstaat der EU bzw. Vertragsstaat des EWR darstellt, ist im Einzelfall zu klären. Hilfreich sind in diesem Fall die gem. Art. 91 III OGAW-IV-RL iVm Art. 30 RL 2010/44/EU von den Mitgliedstaaten zur Verfügung zu stellenden Anforderungen bzw. Maßstäbe zu Vertrieb und Vermarktung von Anteilen bzw. Aktien von OGAW in dem jeweiligen Mitgliedstaat, welche auf der Homepage der jeweiligen Aufsichtsbehörde zu finden sind (vgl. EDD/*Baum/Winzek* § 312 Rn. 4f.; BTMB/*Klebeck* § 312 Rn. 6ff.). 4

2. Inhalt. Gemäß § 312 I hat die OGAW-KVG bzw. die OGAW-Verwaltungsgesellschaft, welche den Vertrieb von Anteilen bzw. Aktien eines inländischen OGAW in einem anderen Mitgliedstaat der EU oder einem Vertragsstaat des EWR beabsichtigt, diese Absicht der BaFin mit einem Anzeigeschreiben anzuzeigen (sa Art. 93 IV OGAW-IV-RL). 5

Der **Inhalt und Aufbau** des Anzeigeschreibens richtet sich nach Anh. I der VO Nr. 584/2010/EU. Dieses Muster-Anzeigeschreiben ist für sämtliche Mitgliedstaaten verbindlich und trägt somit zur Harmonisierung der Vertriebsanzeige in der EU bei. Aus diesem Grund ist es der OGAW-KVG bzw. die OGAW-Verwaltungsgesellschaft auch nicht gestattet, das Muster zu verändern. Vielmehr hat die OGAW-KVG bzw. die OGAW-Verwaltungsgesellschaft das Muster **ohne Anpassung** oder Änderung zu übernehmen und auszufüllen. Grundsätzlich ist das Muster-Anzeigeschreiben selbsterklärend und einfach auszufüllen. Hilfestellungen und Erklärungen zu den einzelnen erforderlichen Angaben können zumindest teilweise auch in diesem Fall des grenzüberschreitenden Vertriebs eines OGAW dem BaFin-Merkblatt (BaFin-Merkblatt zum Vertrieb von Anteilen an EU-OGAW in der BRD gem. § 310 KAGB (2013)) entnommen werden, da die Erläuterungen sich allg. auf das Anzeigeschreiben beziehen. 6

a) Teil A des Anzeigeschreibens. In Teil A sind **allgemeine Informationen** zu dem OGAW (ua Angaben über Rechtsform, Teilinvestmentvermögen, Anteil- bzw. Aktienklassen, ISIN), der OGAW-KVG oder der OGAW-Verwaltungsgesellschaft (ua Name, Adresse, Herkunftsmitgliedstaat) sowie zu dem gewünschten Aufnahmemitgliedstaat einzutragen. Des Weiteren ist unter Teil A des Anzeigeschreibens unter den Ziff. 1–4 die einzureichenden **Unterlagen** mit dem Titel des Dokuments aufzuführen (ausführlich → Rn. 13f.). Zudem ist an dieser Stelle an- 7 zugeben, wo künftig aktuelle elektronische Fassungen der eingereichten Anlage zur Verfügung gestellt werden (die Veröffentlichungspflicht von aktualisierten Unterlagen ist in § 313 I geregelt). Beabsichtigt die OGAW-KVG neben dem Vertrieb von Anteilen bzw. Aktien des OGAW weitere Dienstleistungen im Aufnahmemitgliedstaat zu erbringen, so ist auch dies hier aufzunehmen.

8 **b) Teil B des Anzeigeschreibens.** Die **erforderlichen Angaben,** welche in diesem Teil zu machen sind, sowie die Vertriebs-Voraussetzungen, wie zB Übermittlung eines Zahlungsnachweises bzgl. der Registrierungsgebühr, sind der Website der zuständigen Behörde des Aufnahmemitgliedstaats zu entnehmen. Die OGAW-Verwaltungsgesellschaft bzw. OGAW-KVG hat sich somit im Vorfeld über die in dem jeweiligen Mitgliedstaat geltenden Vorgaben und Voraussetzungen für den Vertrieb von OGAW zu informieren. Dies verdeutlicht, dass der Vertrieb gem. dem sog. allgemeinen Prinzip der Home-Host-Kompetenzverteilung der OGAW-IV-RL der Aufsicht der zuständigen Behörde des Aufnahmemitgliedstaats unterliegt (s. BSV/*Yerlikaya* § 312 Rn. 9). Gemäß Art. 91 III 2 OGAW-IV-RL haben die Mitgliedstaaten diese Informationen dort in einer in der Finanzwelt gebräuchlichen Sprache bereitzustellen. Die Informationen müssen zudem eindeutig und unmissverständlich sein und dem neuesten Stand entsprechen. Eine Liste mit Adressen der relevanten Websites ist unter www.esma.europa.eu zu finden. Die in dem Muster-Anzeigeschreiben noch angegebene Adresse www.cesr.eu ist veraltet und bezieht sich auf die Vorgängerorganisation der ESMA.

9 Unter Teil B Nr. 1 sind Angaben zu den **Vorkehrungen für den Vertrieb** von Anteilen bzw. Aktien des OGAW zu machen, insb. wie der Vertrieb konkret organisiert werden soll. Das Anzeigeschreiben führt hier OGAW-Verwaltungsgesellschaften, eine andere gem. der OGAW-IV-RL zugelassene Verwaltungsgesellschaft, Kreditinstitute, zugelassene Wertpapierfirmen und Berater sowie sonstige Einrichtungen auf. Der Begriff der „sonstigen Einrichtungen" ist nicht für alle Mitgliedstaaten verbindlich definiert, so dass jeweils zu klären ist, was der jeweilige Mitgliedstaat unter diesem Begriff subsumiert (vgl. EDD/*Baum/Winzek* § 312 Rn. 12; BSV/*Yerlikaya* § 312 Rn. 10f.). Die BaFin fasst unter diesem Begriff der sonstigen Einrichtungen solche Vermittler und Berater, die über keine Erlaubnis nach dem KWG verfügen, da die Bereichsausnahme des § 2 VI 1 Nr. 8 KWG einschlägig ist (BaFin-Merkblatt (2013), III 1. e).

10 Unter Teil B Nr. 2 sind Angaben zu **Zahlstelle** (Paying Agent) und **Informationsstelle** (Information Agent) aufzunehmen. Diese Vorgabe ergibt sich aus Art. 92 OGAW-IV-RL. Welche Informationen im Einzelfall aufzunehmen sind und weitere Anforderungen an eine Zahlstelle bzw. Informationsstelle ist der jeweiligen Website des Aufnahmemitgliedstaats zu entnehmen.

11 Unter Nr. 3 dieses Teils des Anzeigeschreibens sind solche weiteren Informationen anzugeben, welche der jeweilige Aufnahmemitgliedstaat ggf. für den beabsichtigten Vertrieb anfordert. Des Weiteren ist hier der Nachweis für die Entrichtung einer Vertriebsanzeigegebühr aufzunehmen, sofern eine solche Gebühr vom jeweiligen Aufnahmemitgliedstaat verlangt wird. Ob und welche weiteren Informationen vom jeweiligen Aufnahmemitgliedstaat erforderlich sind und welche Art Nachweis für die Zahlung einer Gebühr zu erbringen ist, ist der jeweiligen Website der zuständigen Behörde des Aufnahmemitgliedstaats zu entnehmen.

12 **c) Teil C des Anzeigeschreibens.** Unter Teil C ist eine **vorformulierte Bestätigung** gefasst, welche von einer unterzeichnungsberechtigten Person der OGAW-Verwaltungsgesellschaft bzw. der OGAW-KVG unter Angabe des vollstän-

digen Namens, Datums und seiner Funktion zu unterzeichnen ist. Die OGAW-Verwaltungsgesellschaft bzw. die OGAW-KVG hat unter diesem Abschnitt zu bestätigen, dass die beigefügten Dokumente die nach der OGAW-IV-RL erforderlichen Informationen beinhalten sowie dass diese Dokumente den der BaFin zuletzt eingereichten Fassungen entsprechen bzw. zuverlässige Übersetzungen dieser Dokumente darstellen. Die Bestätigung ist allerdings **einschränkend auszulegen,** wenn die zuständige Behörde des Aufnahmemitgliedstaats weitere Unterlagen verlangt, welche nicht von der OGAW-IV-RL vorgeschrieben sind und dieser somit auch nicht entsprechen können oder wenn aufgrund der Anforderungen des Aufnahmemitgliedstaats Dokumente angefordert werden, welche zuvor außerhalb des Vertriebsanzeigeverfahrens der BaFin nicht einzureichen waren (EDD/*Baum/Winzek* § 312 Rn. 31).

3. Sprache des Anzeigeschreibens. Gemäß § 312 I 2 ist das Anzeigeschreiben in einer in internationalen Finanzkreisen gebräuchlichen Sprache abzufassen, wenn die beiden betroffenen Mitgliedstaaten keine Amtssprache vereinbart haben. Die BaFin weist in dem Merkblatt darauf hin, dass sie mit keinem Mitgliedstaat eine Vereinbarungen gem. § 310 II 4 getroffen hat (BaFin-Merkblatt (2013), III). Dieser Hinweis gilt somit auch für den Fall des grenzüberschreitenden Vertriebs eines inländischen OGAW in einen anderen Mitgliedstaat. Als eine in internationalen Finanzkreisen gebräuchlichen Sprache ist wohl zumindest die **englische Sprache** anzuerkennen (→ § 310 Rn. 23 mwN). Trotz fehlender Vereinbarung wird wohl das Anzeigeschreiben auch in deutscher Sprache akzeptiert werden, wenn in dem Aufnahmemitgliedstaat Deutsch auch Amtssprache ist, so zB Österreich oder Luxemburg. Allerdings ist diese Vorgehensweise aufsichtsrechtlich nicht gesichert. 13

Daher ist grds. zum Verfassen des Anzeigeschreibens in englischer Sprache zu raten. Da es sich dabei um ein Standard-Dokument handelt, dessen Inhalt iRd VO Nr. 584/2010/EU in sämtlichen Amtssprachen der EU veröffentlicht wurde, kann es für die BaFin auch bei der Bearbeitung eines fremdsprachigen Dokuments zu keinen Überraschungen kommen, welche die Bearbeitung verzögern könnten. Die BaFin stellt leider kein entspr. Word-Dokument auf ihrer Homepage zur Verfügung, allerdings ist eine englische Fassung als Word-Dokument auf der Homepage der FCA unter dem Link https://www.fca.org.uk/firms/authorised-recognised-funds/marketing-eea abrufbar. Dieses kann als Muster für sämtliche Vertriebsanzeigen genutzt werden, so dass bzgl. des Anzeigeschreibens keine Übersetzungskosten für die OGAW-KVG bzw. die OGAW-Verwaltungsgesellschaft anfallen. 14

4. Einzureichende Unterlagen. a) Allgemein. Gemäß § 312 I 3 sind die folgenden Unterlagen mit dem Anzeigeschreiben in geltender Fassung der BaFin einzureichen: Der Verkaufsprospekt, die Anlagebedingungen, der letzte Jahres- und Halbjahresbericht, die wesentlichen Anlegerinformationen sowie die Angaben, die für die Inrechnungstellung oder die Mitteilung etwaiger geltender behördlicher Gebühren oder Entgelte durch die zuständigen Behörden des Aufnahmestaates erforderlich sind und Angaben zu den Einrichtungen, die für die Ausübung der in § 306a I genannten Aufgaben zuständig sind. Diese Unterlagen sind der BaFin auch dann iRd Vertriebsanzeige einzureichen, wenn die BaFin diese Unterlagen in der geltenden Fassung bereits außerhalb des aktuellen Vertriebsanzeigeverfahrens von der OGAW-KVG bzw. OGAW-Verwaltungsgesellschaft erhalten hat (VO 584/2010/EG, Muster-Anzeigeschreiben, Anm. zu Teil A, S. 2). In dem Fall, in dem diese Unterlagen in der jeweils gültigen Fassung 15 aber bereits der zuständigen Behörde des Aufnahmemitgliedstaats vorliegen, kann auf diese Tatsache im Anzeigeschreiben verwiesen werden (VO 584/2010/EG, Muster-Anzeigeschreiben, Anm. zu Teil A, S. 3). Ein solcher Fall wird allerdings nur bei Umbrella-Konstruktionen vorkommen, da nur in diesem Fall bereits eingereichte Unterlagen für eine weitere Vertriebsanzeige Geltung haben können (so auch EDD/*Baum/Winzek* § 312 Rn. 17). Zur problemlosen Identifizierung seitens der zuständigen Behörde des Aufnahmemitgliedstaats ist ein solcher Hinweis mit der Information bezgl. der Historie der vorherigen Einreichung in Teil A neben dem Titel des betroffenen Dokuments oder dem Namen der elektronischen Anlage aufzunehmen.

16 Bezüglich des einzureichenden und für den Vertrieb in dem jeweiligen Aufnahmemitgliedstaat zu verwendenden Verkaufsprospekts ist zu beachten, dass gem. Nr. 4 des Schema A des Anh. I der OGAW-IV-RL iVm Art. 69 II OGAW-IV-RL auch Angaben bzgl. der Maßnahmen aufzunehmen sind, welche von der OGAW-KVG bzw. die EU-OGAW-Verwaltungsgesellschaft getroffen wurden, um in dem Aufnahmemitgliedstaat die Zahlungen an die inländischen Anteil- bzw. Aktieninhaber, den Rückkauf oder die Rücknahme der Anteile sowie die Zurverfügungstellung der Informationen über den OGAW zu gewährleisten. Diesbezüglich sind auch die Vorgaben der zuständigen Behörde des Aufnahmemitgliedstaats betreffend die Art und Weise dieser länderspezifischen Angaben zu beachten (so auch EDD/*Baum* § 312 Rn. 19).

17 **b) Sprache der Unterlagen.** Gemäß § 312 II, welcher Art. 93 II Buchst. a iVm Art 94 I Buchst. c OGAW-IV-RL umsetzt, und auch laut des Muster-Anzeigeschreibens sind die **Anlagebedingungen, der Verkaufsprospekt, der Jahres- und Halbjahresbericht** grds. in die Amtssprache oder eine der Amtssprachen des Aufnahmemitgliedstaats, in eine von den zuständigen Stellen des Aufnahmemitgliedstaats akzeptierte Sprache oder in eine in internationalen Finanzkreisen gebräuchliche Sprache zu **übersetzen.**

18 Welche Sprachen der jeweilige Aufnahmemitgliedstaat akzeptiert bzw. ob weitergehende Einschränkungen für das Sprachregime der Verkaufsunterlagen existieren, ist den veröffentlichten **Vertriebsvorschriften** der jeweiligen zuständigen Stelle des Aufnahmemitgliedstaats zu entnehmen. Grundsätzlich wird es zu empfehlen sein, sämtliche Verkaufsunterlagen in englischer Sprache als einer in internationalen Finanzkreisen gebräuchlichen Sprache übersetzen zu lassen, da diese so für den Vertrieb in sämtlichen Mitgliedstaaten genutzt werden können und somit keine weiteren Übersetzungskosten anfallen. Allerdings sind hier evtl. Besonderheiten des Aufnahmemitgliedstaates zu beachten (zB für den Vertrieb in Frankreich sind Verkaufsunterlagen in englischer Sprache nur zulässig, wenn gewährleistet werden kann, dass der Anleger dieser Sprache mächtig ist; dies dürfte grds. bei professionellen Anlegern der Fall sein, aber bei einem beabsichtigten Vertrieb an Privatpersonen ist eine Übersetzung ins Französische zu empfehlen). Zudem ist fraglich, ob diese einheitliche kostengünstige Gestaltung der Verkaufsunterlagen und damit die Zurverfügungstellung dieser Dokumente an die Anleger in dem Aufnahmemitgliedstaat in einer fremden Sprache aus Sicht des tatsächlichen Vertriebs, insb. an Privatkunden, und des Anlegerschutzes zu empfehlen ist. Auch hinsichtlich des Spannungsverhältnisses zwischen den gem. der OGAW-IV-RL gestatteten Sprachen der Verkaufsunterlagen und dem Erfordernis der Verständlichkeit der zur Verfügung gestellten Informationen für den durchschnittlichen Privatanleger gem. Finanzmarkt-RL (RL 2014/65/EU des Europäischen Parlaments und des Rates vom

15.5.2014 über Märkte für Finanzinstrumente sowie zur Änderung der RL 2002/92/EG und 2011/61/EU, Art. 24 V) besteht noch Unklarheit (vgl. EDD/*Baum/Winzek* § 312 Rn. 23). Schließlich bleibt auch abzuwarten, wie die jeweiligen Zivilgerichte eine Zurverfügungstellung einer fremdsprachigen (englischen) Anlegerinformation an einen Privatkunden bewerten werden (so auch EDD/*Baum/Winzek* § 312 Rn. 23).

Die **wesentlichen Anlegerinformationen** sind gem. § 312 III 1, welcher Art. 94 I Buchst. b OGAW-IV-RL umsetzt, in der bzw. einer der Amtssprachen des Aufnahmemitgliedstaats oder in eine von den zuständigen Stellen des Aufnahmemitgliedstaats akzeptierte Sprache zu übersetzen. Auch bzgl. der akzeptierten Sprachen in einem bestimmten Aufnahmemitgliedstaat wird auf die jeweils von den zuständigen Stellen veröffentlichte Information bzgl. der Vertriebsvorschriften verwiesen. 19

Bezüglich der Übersetzung der wesentlichen Anlegerinformationen in die jeweilig geforderte Sprache des Aufnahmemitgliedstaats ist zu beachten, dass bestimmte Formulierungen der Überschriften oder des Textes bereits durch die VO (EU) 583/2010, welche in die jeweiligen Amtssprachen übersetzt wurde, vorgegeben ist (zB in Art. 4, Inhalt der Kostenaufstellung des Anh. II). Des Weiteren ist auch iRd Übersetzung darauf zu achten, dass gem. Art. 5 I Buchst. b der VO (EU) 583/2010 eine allg. verständliche Sprache, ohne Jargon, verwendet wird. Schließlich hat auch das Dokument idF der Übersetzung die Formvorschriften des Art. 6 der VO (EU) 583/2010 zu beachten, welcher vorgibt, dass die wesentlichen Anlegerinformationen ausgedruckt nicht länger als zwei DIN-A4-Seiten sein darf (eine Ausnahme gilt gem. Art. 37 der VO (EU) 583/2010 für strukturierte OGAW – 3 DIN-A4-Seiten). 20

Gemäß § 312 III 2 ist die OGAW-KVG bzw. OGAW-Verwaltungsgesellschaft für die Übersetzung verantwortlich. Insbesondere hat die OGAW-KVG bzw. OGAW-Verwaltungsgesellschaft sicherzustellen, dass die Übersetzung den Inhalt der ursprünglichen Informationen richtig und vollständig wiedergibt. § 312 III 2 bezieht sich grds. auf § 312 III 1 und die wesentlichen Anlegerinformationen. Es ist aber davon auszugehen, dass diese Regelung sowohl für die Übersetzung der wesentlichen Anlegerinformationen als auch für die Übersetzungen der weiteren einzureichenden Verkaufsunterlagen gem. § 312 I 3 gilt. Im aufgehobenen § 128 InvG war der Hinweis auf die Verantwortung für die Übersetzungen unter § 128 I 5 InvG gefasst und bezog sich somit aufgrund seiner systematischen Anordnung im Gesetzestext auf sämtliche Übersetzungsanforderungen des § 128 I InvG. Auch wenn durch das KAGB § 128 I zu den drei einzelnen Absätzen des § 312 I–III wurde, so kann das nichts am Sinn und Zweck dieser Regelung ändern. 21

III. Übermittlung von Dokumenten und Dateien

Im Rahmen der VO zum elektronischen Anzeigeverfahren für inländische Investmentvermögen und EU-Investmentvermögen nach dem Kapitalanlagegesetzbuch (EAKAV) sind die Einzelheiten bzgl. der Übermittlung von elektronischen Unterlagen geregelt. 22

Gemäß § 4 EAKAV sind das Anzeigeschreiben und die weiteren Unterlagen ausschließlich in den Dateiformaten PDF, DOC oder DOCX zu übermitteln, wobei wohl eine Übermittlung als schreibgeschütztes PDF-Dokument empfehlenswert ist (so auch EDD/*Baum/Winzek* § 312 Rn. 35). Diese Unterlagen sind gem. § 4 II EAKAV zweifach als ZIP-Datei zu verpacken. Weder das innere noch das äußere 23

ZIP-Paket darf mit einem Passwort versehen werden. Eine Übermittlung mehrerer Anzeigen in einer ZIP-Datei ist gem. § 4 III EAKAV nicht zulässig. Gemäß § 2 I EAKAV ist für jeden OGAW eine separate Vertriebsanzeige nach den Regelungen des EAKAV einzureichen. Eine Ausnahme hiervon besteht nur für Teilinvestmentvermögen einer Umbrella-Konstruktion, so dass in diesem Fall die Verkaufsunterlagen der einzelnen Teilinvestmentvermögen, deren Anteile bzw. Aktien in dem Aufnahmemitgliedstaat vertrieben werden sollen, in einer ZIP-Datei verbunden werden dürfen (§ 2 II EAKAV).

24 In § 5 EAKAV wird die Bezeichnung der einzureichenden Dokumente sowie der ZIP-Dateien geregelt. Pflichtteil des Dateinamens ist grds. die **BaFin-ID** des OGAW.

IV. Anzeigenverfahren nach Übermittlung

25 **1. Allgemeines.** Grundsätzlich ist die Prüfungspflicht der BaFin gem. § 312 IV 1 auf die Überprüfung der Vollständigkeit der einzureichenden Unterlagen beschränkt, aber sowohl der Sinn und Zweck des Art. 93 III OGAW-IV-RL, welcher die Heim-Aufsichtsbehörde zur Überprüfung der Angaben im Anzeigeschreiben verpflichtet und damit die fehlende Überprüfungsmöglichkeit seitens der zuständigen Behörde des Aufnahmemitgliedstaats vor Vertriebsaufnahme berücksichtigt, als auch des § 312 IV 2, dessen Prüfungsbefugnis ohne eine weitere Prüfung des Inhalts des Anzeigeschreibens nicht möglich wäre, sprechen für eine weite Auslegung dieser Prüfungspflicht (so auch EDD/*Baum*/*Winzek* § 312 Rn. 36).

26 Ergibt die Prüfung der Vollständigkeit der eingereichten Unterlagen, dass diese nicht vollständig sind und Angaben bzw. Unterlagen fehlen, wird die BaFin gem. § 312 IV 2 diese im Rahmen einer Ergänzungsanzeige innerhalb von zehn Arbeitstagen anfordern. Diese Ergänzungsanzeige ist der BaFin gem. § 6 EAKAV auch über das MVP-Portal zu übermitteln. Die OGAW-KVG bzw. OGAW-Verwaltungsgesellschaft hat gem. § 312 IV 3 Hs. 1 sechs Monate Zeit, die geforderten Ergänzungen der BaFin einzureichen. Sowohl die Zehn-Tages-Frist als auch die Sechs-Monats-Frist beginnt bei dem entspr. fristauslösenden Ereignis (zB Einreichung einer Ergänzungsanzeige) immer wieder von Neuem. Sollte die OGAW-KVG bzw. OGAW-Verwaltungsgesellschaft die Sechs-Monats-Frist für die Übermittlung der Ergänzungsanzeige nicht einhalten, ist eine Übermittlung der unvollständigen Vertriebsanzeige seitens der BaFin an die zuständige Behörde des Aufnahmemitgliedstaats nicht möglich (§ 312 IV 3 Hs. 2). Die Sechs-Monats-Frist ist gem. § 312 IV 4 eine Ausschlussfrist und kann somit auch bei unverschuldetem Versäumnis nicht verlängert werden. Hintergrund ist die Sorge, dass bereits eingereichte Unterlagen nach sechs Monaten veraltet sein könnten (BT-Drs. 17/4510, 84). Allerdings ist eine erneute Einreichung der Vertriebsanzeige, gemeint ist das nochmalige Durchlaufen des Vertriebsanzeigeprozesses von Beginn an, für denselben OGAW gem. § 312 IV 5 jederzeit möglich.

27 Gemäß § 312 V 1 hat die BaFin spätestens zehn Arbeitstage nach Eingang der vollständigen Vertriebsanzeige diese zusammen mit der erforderlichen OGAW-Bescheinigung nach dem Muster-Anzeigeschreiben (→ Rn. 36) an die zuständige Behörde des Aufnahmemitgliedstaats zu übermitteln. Die Vorschrift setzt Art. 93 III 2 OGAW-IV-RL um. Die Übermittlung hat nach Art. 3 III VO (EU) Nr. 584/2010 an die von der jeweiligen zuständigen Behörde des Aufnahmemitgliedstaats zu benennende E-Mail-Adresse (Art. 3 I und II VO (EU) Nr. 584/2010) zu geschehen. Die zuständige Behörde des Aufnahmemitgliedstaats hat aus diesem Grund gem.

Art. 3 IV VO (EU) Nr. 584/2010 zu gewährleisten, dass an jedem Arbeitstag die benannte E-Mail-Adresse auf Eingänge überprüft wird (bzgl. Probleme der Sicherheit und Vertraulichkeit der Übermittlung via E-Mail s. EDD/*Baum/Winzek* § 312 Rn. 40ff.).

Das Anzeigeschreiben ist in einer in Finanzkreisen gebräuchlichen Sprache (zB Englisch) zu übermitteln, wobei dieser Voraussetzung bereits aufgrund von § 312 I 2 entsprochen wird. Eine Vereinbarung mit anderen Mitgliedstaaten, dass das Anzeigenschreiben in einer der Amtssprachen verfasst wird, wurde bisher nicht getroffen (BaFin-Merkblatt (2013), III). 28

2. Benachrichtigungspflicht. Gemäß § 312 V 3 hat die BaFin die OGAW-KVG bzw. die OGAW-Verwaltungsgesellschaft unmittelbar über die Übermittlung der Vertriebsanzeige an die zuständige Behörde des Aufnahmemitgliedstaats zu benachrichtigen. Diese Vorschrift setzt Art. 93 III 4 OGAW-IV-RL um. Da mit dieser Benachrichtigung die Vertriebsrechte der OGAW-KVG bzw. der OGAW-Verwaltungsgesellschaft einhergehen, legt Art. 4 III der VO (EU) Nr. 584/2010 fest, dass die BaFin die OGAW-KVG bzw. die OGAW-Verwaltungsgesellschaft erst dann über die Übermittlung benachrichtigen darf, wenn sie sichergestellt hat, dass die Übermittlung tatsächlich stattgefunden hat. Hintergrund ist laut Erwägungsgrund 4 der VO (EU) Nr. 584/2010 die Gewährleistung von Rechtssicherheit. 29

Artikel 5 I 1 der VO (EU) Nr. 584/2010 verpflichtet daher die zuständige Behörde des Aufnahmemitgliedstaats innerhalb von **fünf Arbeitstagen** nach Eingang der Vertriebsanzeige ua den vollständigen Erhalt derselben gegenüber der BaFin zu bestätigen. Ist dies nicht geschehen, schreibt Art. 5 II der VO (EU) Nr. 584/2010 vor, dass die BaFin sich mit der jeweiligen Aufsichtsbehörde in Verbindung setzen und sich über die vollständige Übermittlung der Vertriebsanzeige vergewissern muss. Weitere Modalitäten zur Sicherstellung der Übermittlung sind nicht festgelegt. 30

Allerdings beinhaltet Art. 4 II der VO (EU) Nr. 584/2010 Regelungen bzgl. einer **Übermittlungsfiktion.** Danach gilt die vollständige Übermittlung der Vertriebsanzeige grds. immer als erfolgt, außer eine der zu übermittelnden Unterlagen fehlt oder ist fehlerhaft, die BaFin hat nicht die korrekte E-Mail-Adresse der zuständigen Behörde des Aufnahmemitgliedstaats verwendet oder die Übermittlung hat aufgrund eines technischen Fehlers nicht stattgefunden. 31

Diese Vorschriften begründen ein **Spannungsverhältnis** zwischen dem Recht der Behörden des Aufnahmemitgliedstaats, die Kontrollmöglichkeit oder zumindest Kenntnis über den Vertrieb von Anteilen oder Aktien von OGAW in dem jeweiligen Inland zu haben, und dem Bestreben der Europäischen Kommission das Vertriebsanzeigeverfahren zu vereinfachen und zu verkürzen. Es wird iErg wohl vertretbar sein, dass die BaFin nach Ablauf der Fünf-Tage-Frist ohne Rückmeldung der jeweiligen Behörde des Aufnahmemitgliedstaats noch einmal prüft, ob die Voraussetzungen für die Annahme einer Übermittlungsfiktion gem. Art. 4 II VO (EU) Nr. 548/2010 vorliegen, bevor sie der OGAW-KVG bzw. der OGAW-Verwaltungsgesellschaft über die Übermittlung benachrichtigt (s. EDD/*Baum* § 312 Rn. 43). Hierfür wird der BaFin ein zusätzlicher zeitlicher Rahmen einzuräumen sein. 32

3. Bescheinigung gem. § 312 V 2. Gemäß § 312 V 2 hat die BaFin iRd Weiterleitung der Vertriebsanzeige an die zuständige Behörde des Aufnahmemitgliedstaats auch zu prüfen, ob es sich bei dem betreffenden Investmentvermögen tatsächlich um einen inländischen OGAW handelt. Dies hat sie mit einer Bescheinigung 33 gemäß Anh. II der VO (EU) Nr. 584/2010 zu bestätigen. Diese Bescheinigung ist gem. § 312 V 2, wie auch das Anzeigeschreiben, in einer in der Finanzwelt gebräuchlichen Sprache zu verfassen. Auch hier hat sich in der Praxis die englische Sprache durchgesetzt. Bezüglich der Wirksamkeit dieser Bescheinigung wird auf die Kommentierung des § 310 verwiesen (→ § 310 Rn. 14f.).

34 **4. Aufnahme des Vertriebs.** Gemäß § 312 V 4 darf die OGAW-KVG bzw. die OGAW-Verwaltungsgesellschaft die Anteile bzw. Aktien des OGAW ab dem Datum der Benachrichtigung durch die BaFin gem. § 312 V 3 (→ Rn. 32ff.) im Aufnahmestaat auf den Markt bringen. Dieses Recht der OGAW-KVG bzw. der OGAW-Verwaltungsgesellschaft beruht nicht auf § 312 V 3, da es dem deutschen Gesetzgeber nicht gestattet ist, Regelungen bzgl. der Aufnahme des Vertriebs von OGAW in anderen Mitgliedstaaten festzulegen, allerdings beruht dieses Recht auf Art. 93 III 5 OGAW-IV-RL.

V. OGAW-Bescheinigung für andere Fälle

35 § 312 VI beinhaltet die Möglichkeit, auch unabhängig und losgelöst vom oben beschriebenen Vertriebsanzeigeverfahren, eine OGAW-Bescheinigung entspr. Anh. II der VO (EU) Nr. 584/2010 bei der BaFin zu beantragen. Dieser Antrag wird nicht über das MVP-Portal übermittelt, sondern schriftlich an das jeweils zuständige Referat der BaFin. Eine solche Bescheinigung ist zB erforderlich für Vertriebsanzeigen außerhalb der EU oder des EWR oder für Anträge auf Steuerrückzahlung für den jeweiligen OGAW. Allerdings ist die Angabe des Grundes des Antrags nicht erforderlich.

36 Die neuen Abs. 6a und 6b dienen der Umsetzung der neugef. UAbs. 1–3 des Art. 93 Abs. 8 der RL 2009/65/EG (BT-Drs. 19/27631, 104).

VI. Kosten

37 **1. Kosten der BaFin für die Vertriebsanzeige.** Gemäß § 2 FinDAGKostV iVm Nr. 4.1.7.1.5 erhebt die BaFin für die Prüfung der Anzeige nach § 312 I und die Ausstellung einer OGAW-Bescheinigung gem. § 312 IV, V 1 u. 2 eine Gebühr iHv 425 EUR. Zu beachten ist, dass bei einer Umbrella-Konstruktion diese Gebühr für jedes betroffene Teilinvestmentvermögen anfällt.

38 Die Gebühr für die Prüfung der Vertriebsanzeige gem. § 312 war mit Einführung auf 772 EUR festgesetzt und wurde mit Änderung durch Art. 22 IV durch G v. 15.12.2017 (BGBl. 2017 I 3960) auf 425 EUR reduziert. Dies war auch geboten, da mehrere zuständige Aufsichtsbehörden anderer Mitgliedstaaten für diese Prüfung iRd Regulator-to-Regulator-Verfahrens signifikant geringere Gebühren erhoben hatten. Dies bedeutete in der Praxis einen Wettbewerbsnachteil für den deutschen OGAW, da insbes. bzgl. einer Umbrella-Konstruktion der Vertrieb im EU-Ausland gegenüber EU-OGAW erschwert war.

39 **2. Kosten des Aufnahmemitgliedstaats für die Vertriebsanzeige.** Die Mehrheit der zuständigen Stellen des Aufnahmemitgliedstaats erheben Gebühren für die Zulassung des Vertriebs von Anteilen bzw. Aktien eines OGAW. Aus diesem Grund ist auch iRd Muster-Anzeigeschreibens ein Zahlungsnachweis der Gebühr beizufügen. Die Höhe dieser Gebühr wird der jeweiligen Webseite der zuständigen Behörde des Aufnahmemitgliedstaats und den Hinweisen zum Vertrieb von Anteilen bzw. Aktien im jeweiligen Inland zu entnehmen sein.

3. Kosten für OGAW-Bescheinigung. Gemäß §2 FinDAGKostV iVm Nr. 4.1.7.1.6 erhebt die BaFin für die Ausstellung einer OGAW-Bescheinigung in sonstigen Fällen eine Gebühr iHv 190 EUR (vormals 253 EUR). Auch in diesem Fall wird die Gebühr für jedes Teilinvestmentvermögen einer Umbrella-Konstruktion gesondert berechnet. 40

§313 Veröffentlichungspflichten

(1) [1]**Die OGAW-Kapitalverwaltungsgesellschaft oder die EU-OGAW-Verwaltungsgesellschaft hat sämtliche in §312 Absatz 1 und 2 genannten Unterlagen sowie deren Änderungen auf ihrer Internetseite oder einer Internetseite, die sie im Anzeigeschreiben gemäß Anhang I der Verordnung (EU) Nr. 584/2010 genannt hat, zu veröffentlichen. [2]Sie hat den zuständigen Stellen des Aufnahmestaates Zugang zu dieser Internetseite zu gewähren.**

(2) [1]**Die OGAW-Kapitalverwaltungsgesellschaft oder die EU-OGAW-Verwaltungsgesellschaft hat die veröffentlichten Unterlagen und Übersetzungen auf dem neuesten Stand zu halten. [2]Die OGAW-Kapitalverwaltungsgesellschaft oder die EU-OGAW-Verwaltungsgesellschaft hat die zuständigen Stellen des Aufnahmestaates auf elektronischem Wege über jede Änderung an den in §312 genannten Unterlagen sowie darüber, wo diese Unterlagen im Internet verfügbar sind, zu unterrichten. [3]Die OGAW-Kapitalverwaltungsgesellschaft oder die EU-OGAW-Verwaltungsgesellschaft hat hierbei entweder die Änderungen oder Aktualisierungen zu beschreiben oder eine geänderte Fassung des jeweiligen Dokuments als Anlage in einem gebräuchlichen elektronischen Format beizufügen.**

I. Veröffentlichungspflicht

§ 313 I regelt die **Veröffentlichungspflichten** der OGAW-Verwaltungsgesell- 1 schaft bzw. der OGAW-KVG gegenüber der jeweils zuständigen Behörde des Aufnahmemitgliedstaats nach dem erfolgreich durchgeführten Vertriebsanzeigeverfahren gem. § 312. Mit § 313 setzt der deutsche Gesetzgeber die Regelungen des Art. 93 VII OGAW-IV-RL bzw. Art. 31 der Durchführungs-RL 2010/44/EU um (BT-Drs. 17/4510, 85). § 313 I verweist auf die in § 312 I, II genannten Unterlagen, so dass folgende Unterlagen sowie deren Änderungen zu veröffentlichen sind: der **Verkaufsprospekt,** die **Anlagebedingungen,** die **wesentlichen Anlegerinformationen** sowie der letzte **Jahresbericht** und der anschließende **Halbjahresbericht** des OGAW. Gemäß Art. 31 I der Durchführungs-RL 2010/44/EU sind diese Unterlagen in einem allg. üblichen **Format** einzustellen. Dies wird idR das PDF-Format sein, jedoch sind in Anlehnung an § 4 I EAKAV auch das DOC- oder DOCX-Format möglich. Bezüglich der **Bezeichnung** des Dokuments werden keine Vorgaben gemacht, aber es ist natürlich von der OGAW-Verwaltungsgesellschaft bzw. der OGAW-KVG sicherzustellen, dass der Name des Dokuments den Inhalt des Dokuments widerspiegelt und für Dritte leicht zu identifizieren ist.

Die Veröffentlichung hat die OGAW-Verwaltungsgesellschaft bzw. die OGAW- 2 KVG auf ihrer **Internetseite** oder auf der Internetseite vorzunehmen, welche sie auch iRd Vertriebsanzeigeverfahrens im Anzeigeschreiben angegeben hat. Die OGAW-Verwaltungsgesellschaft bzw. die OGAW-KVG hat dabei gem. § 313 I 2 zu gewährleisten, dass der jeweilig zuständigen Stelle des Aufnahmemitgliedstaats **Zugang** zu dieser Internetseite und den Dokumenten gewährt wird. § 313 I 2 setzt Art. 31 II der Durchführungs-RL 2010/44/EU um. Das bedeutet, dass die OGAW-Verwaltungsgesellschaft bzw. die OGAW-KVG bei Nutzung von Zugangsbeschränkungen zu dieser Internetseite wie zB Passwörtern sicherzustellen hat, dass diese der jeweiligen zuständigen Behörde des Aufnahmestaats zur Verfügung gestellt wurden. Bezüglich der Frage, ob diese Unterlagen auch heruntergeladen werden können müssen, → Rn. 6.

3 In der Praxis wird § 313 I 2 wohl kaum eine Rolle spielen, da idR diese Unterlagen nicht nur für die Aufsichtsbehörden, sondern auch für die Anleger des jeweiligen Mitgliedstaats auf der Internetseite der OGAW-Verwaltungsgesellschaft bzw. der OGAW-KVG oder des OGAW veröffentlicht werden, welche allein aus vertriebstechnischen Gründen der entspr. Investoren-Kategorie und damit auch den Aufsichtsbehörden frei zugänglich sein sollen.

II. Änderungen und Aktualisierungen

4 **1. Änderungen/Aktualisierungen der Unterlagen.** § 312 II 1 enthält die Regelung, dass die Unterlagen von der OGAW-Verwaltungsgesellschaft bzw. der OGAW-KVG auf dem **neuesten Stand** zu halten sind und setzt damit Art. 93 VII 2 OGAW-IV-RL um (BT-Drs. 17/4510, 85). Folglich sind die zu veröffentlichenden Unterlagen nach jeder Änderung und/oder Aktualisierung neu auf die entspr. Internetseite hochzuladen. Das bedeutet, dass die jeweilige Internetseite zumindest bezüglich des regelmäßig neu erscheinenden Jahres- und Halbjahresberichts mehrmals im Jahr aktualisiert werden muss. Mangels weiterer Angaben bzgl. Veröffentlichungsfristen ist davon auszugehen, dass diese Veröffentlichung unverzüglich nach erster Verwendung des entspr. Dokuments bzw. unverzüglich nach Erhalt der Übersetzung, welche auch unverzüglich nach Fertigstellung des Dokuments anzufordern ist, zu erfolgen hat (so auch EDD/*Baum*/*Winzek* § 313 Rn. 5).

5 **2. Mitteilungspflicht.** Die OGAW-Verwaltungsgesellschaft bzw. die OGAW-KVG hat die zuständige Behörde im jeweiligen Aufnahmestaat zeitgleich, also unverzüglich nach Änderung bzw. Aktualisierung, über diese Änderung bzw. Aktualisierung der Unterlagen per E-Mail zu **informieren.** Zudem hat die OGAW-Verwaltungsgesellschaft bzw. die OGAW-KVG der zuständigen Behörde mitzuteilen, wo diese Unterlagen elektronisch verfügbar sind, dh veröffentlicht wurden. Dies wird idR die Internetseite der OGAW-Verwaltungsgesellschaft bzw. OGAW-KVG oder des OGAW selbst sein, welche auch im Rahmen des Vertriebsanzeigeverfahrens angegeben wurde.

6 Der Begriff „verfügbar“ ist ungünstig gewählt bzw. übersetzt, da gerade nicht die Zurverfügungstellung iSv „aushändigen“ bzw. „anbieten“ gemeint ist, sondern dieser Begriff vielmehr iSv „bereitstellen“ zu verstehen ist. Dafür spricht auch der englische Originaltext, welcher den Begriff „to obtain“ verwendet. Das bedeutet, dass die OGAW-Verwaltungsgesellschaft bzw. die OGAW-KVG iRd Veröffentlichung für die Möglichkeit sorgen muss, dass diese Unterlagen von der Internetseite auch **heruntergeladen** werden können. Allerdings wird dies in der Praxis idR der Fall sein, da auch bzgl. Vertriebsaspekten die bereitgestellten (PDF-)Dokumente von potenziellen oder bestehenden Anlegern oder von Vertriebspartnern heruntergeladen und abgespeichert werden können sollen.

3. Information bzgl. der vorgenommenen Änderungen. Gemäß § 313 II 3, welcher Art. 32 II UAbs. 2 und Art. 32 III der Durchführungs-RL 2010/44/EU umsetzt (BT-Drs. 17/4510, 85), ist die OGAW-Verwaltungsgesellschaft bzw. die OGAW-KVG verpflichtet, der zuständigen Behörde des jeweiligen Aufnahmestaats entweder die Änderungen und Aktualisierungen zu **beschreiben** oder der E-Mail in einem gebräuchlichen Format eine elektronische Datei der aktuellen Fassung des geänderten oder aktualisierten Dokuments **beizufügen.** Nähere Einzelheiten bzgl. des Umfangs der Beschreibung enthält das Gesetz nicht. Für die **Praxis** ist empfehlenswert, um Missverständnissen und Nachfragen seitens der zuständigen Behörde des Aufnahmestaats vorzubeugen, der E-Mail sowohl die jeweiligen angepassten aktuellen Dokumente beizufügen als auch eine kurze Zusammenfassung der betroffenen Bereiche und des Hintergrunds der Änderung aufzunehmen. Zwar ist eine änderungsmarkierte Fassung der Dokumente gesetzlich nicht gefordert (s. auch EDD/*Baum/Winzek* § 313 Rn. 8), allerdings kann eine zusätzliche änderungsmarkierte Fassung für einen Überblick und das Verständnis bzgl. der vorgenommenen Änderungen hilfreich sein. 7

III. Wegfall § 313 III aF

Absatz 3 wurde durch das FoStoG mWv 2.8.2021 aufgehoben, da sich diese Mitteilungspflicht nunmehr aus dem neuen § 312 VIa ergibt (BT-Drs. 19/27631, 104). 8

§ 313a Widerruf des Vertriebs von OGAW in anderen Staaten des Abkommens über den Europäischen Wirtschaftsraum

(1) [1]Die OGAW-Verwaltungsgesellschaft kann den Vertrieb von Anteilen oder Aktien, einschließlich gegebenenfalls von Anteilsklassen in einem Staat, für den eine Anzeige gemäß § 312 erfolgt ist, widerrufen, sofern alle nachstehend aufgeführten Voraussetzungen erfüllt sind:

1. **es ist ein Pauschalangebot zur kostenlosen Rücknahme sämtlicher entsprechender Anteile oder Aktien, die von Anlegern in diesem Staat gehalten werden, abgegeben worden, das für die Dauer von mindestens 30 Arbeitstagen öffentlich zugänglich und individuell – direkt oder über Finanzintermediäre – an die Anleger in diesem Mitgliedstaat gerichtet ist, deren Identität bekannt ist;**
2. **die Absicht, den Vertrieb dieser Anteile oder Aktien in diesem Staat aufzuheben, ist mittels eines allgemein verfügbaren Mediums, einschließlich elektronischer Mittel, das für den Vertrieb von OGAW üblich und für einen typischen OGAW-Anleger geeignet ist, bekannt gemacht worden;**
3. **vertragliche Vereinbarungen mit Finanzintermediären oder Vertretern sind mit Wirkung vom Datum des Widerrufs geändert oder beendet worden, um jedes neue oder weitere unmittelbare oder mittelbare Anbieten oder Platzieren der in der Anzeige gemäß Absatz 2 genannten Anteile oder Aktien zu verhindern.**

[2]Die in Satz 1 Nummer 1 und 2 genannten Angebote und Bekanntmachungen enthalten eine eindeutige Beschreibung dazu, welche Folgen es für die Anleger hat, wenn sie das Pauschalangebot zur Rücknahme ihrer Anteile oder Aktien nicht annehmen.

(2) [1]**Die unter Absatz 1 Satz 1 Nummer 1 und 2 genannten Informationen werden in der Amtssprache oder in einer der Amtssprachen des Staates, für den eine Anzeige gemäß § 312 durch die OGAW-Verwaltungsgesellschaft erfolgt ist, oder in einer Sprache bereitgestellt, die von den zuständigen Behörden dieses Staats gebilligt wurde.** [2]**Ab dem in Absatz 1 Satz 1 Nummer 3 genannten Datum unterlässt die OGAW-Verwaltungsgesellschaft in diesem Staat jedes neue oder weitere unmittelbare oder mittelbare Anbieten oder Platzieren seiner widerrufenen Anteile oder Aktien.**

(3) **Die OGAW-Verwaltungsgesellschaft übermittelt eine Anzeige mit den in Absatz 1 Satz 1 genannten Informationen an die Bundesanstalt.**

(4) [1]**Die Bundesanstalt prüft, ob die von der OGAW-Verwaltungsgesellschaft übermittelte Anzeige vollständig ist.** [2]**Spätestens 15 Arbeitstage nach Eingang einer vollständigen Anzeige leitet die Bundesanstalt diese Anzeige an die zuständigen Behörden des in der Anzeige gemäß Absatz 3 genannten Staates sowie an die Europäische Wertpapier- und Marktaufsichtsbehörde weiter.** [3]**Die Bundesanstalt unterrichtet die OGAW-Verwaltungsgesellschaft unverzüglich von der Weiterleitung der Anzeige nach diesem Absatz.**

(5) [1]**Die OGAW-Verwaltungsgesellschaft stellt den Anlegern, die ihre Investitionen in den OGAW beibehalten, sowie der Bundesanstalt die Informationen gemäß § 312 Absatz 1 Satz 3 bereit.** [2]**§ 312 Absatz 2 und 3 gilt entsprechend.** [3]**Für die Zwecke der Information der Anleger gemäß Satz 1 kann die OGAW-Verwaltungsgesellschaft elektronische oder sonstige Mittel für die Fernkommunikation verwenden; ab dem Datum des Vertriebswiderrufs gilt § 313 für die von dem Vertriebswiderruf betroffenen Anteile oder Aktien nicht mehr.**

(6) **Die Bundesanstalt übermittelt den zuständigen Behörden des in der Anzeige gemäß Absatz 3 genannten Staates Angaben zu jedweder Änderung an den in § 312 Absatz 1 genannten Unterlagen.**

I. Einleitung

1 Der durch das FoStoG (BGBl. 2021 I 1498) eingefügte § 313a dient der Umsetzung der Abs. 1–5 und 7 des neu eingefügten Art. 93a der RL 2009/65/EG (BT-Drs. 19/27631, 104). Er regelt den Vertriebswiderruf für OGAW, EU-AIF und inländische AIF in Mitgliedstaaten der EU bzw. des EWR. Das Fehlen eindeutiger und einheitlichen Voraussetzungen für die Einstellung des Vertriebs verursachte bisher wirtschaftliche und rechtliche Unsicherheiten für Fondsverwalter. Diese Unsicherheiten werden durch die neue Einfügung eigener Regelungen zum Widerruf beseitigt. Vergleichbare Vorschriften zum Widerruf finden sich in §§ 295a, 295b (Widerruf des grenzüberschreitenden Vertriebs von EU-OGAW und AIF im Inland im Inland) sowie § 331a (Widerruf des Vertriebs von EU-AIF oder inländischen AIF in anderen Mitgliedstaaten des EWR).

II. Voraussetzungen für den Widerruf (Abs. 1)

2 Der Vertrieb von Anteilen oder Aktien kann nur bei Vorliegen der in § 313a I genannten Voraussetzungen widerrufen werden, wobei die in den Nr. 1–3 aufgeführten Voraussetzungen (dh Pauschalangebot zur kostenlose Rücknahme ge-

genüber Anlegern für Anteile bzw. Aktien, die diese im Rahmen der bisherigen Vertriebstätigkeit erworben haben, Bekanntmachung des Widerrufs sowie Beendigung von Vertriebstätigkeit und sämtlichen Vertriebsvereinbarungen) kumulativ erfüllt sein müssen. Der Widerruf muss dem Anleger über ein dem Anleger bekanntes Medium bekannt gemacht werden (elektronisches Mittel ist ausreichend) und dem Anleger muss im Falle eines Widerrufs ein Angebot zum Rückkauf oder zur Rücknahme sämtlicher Anteile oder Aktien unterbreitet werden, das mind. 30 Arbeitstage öffentlich zugänglich vorliegen muss. Nutzt der Anleger die Möglichkeit des Widerrufs, so dürfen dem Anleger keine weiteren Kosten entstehen.

III. Maßgebliche Sprache (Abs. 2)

Die Informationen gem. Abs. 1 S. 1 Nr. 1, 2 zur Schaffung der Voraussetzung für 3 die Widerrufsmöglichkeit sind in deutscher Sprache oder in der jeweiligen Amtssprache des Staates bereitzustellen, für den eine Anzeige nach § 312 erfolgt ist oder die durch behördliche Stelle genehmigt wurde.

IV. Übermittlung an und Prüfung durch BaFin (Abs. 3–6)

Die Widerrufsanzeige ist an die BaFin zu übermitteln. Diese überprüft die An- 4 zeige auf Vollständigkeit innerhalb einer Prüfungsfrist von 15 Arbeitstagen nach Eingang (Abs. 4 S. 1). Nach erfolgreicher Prüfung leitet die BaFin die vollständige Widerrufsanzeige an die Behörden des Mitgliedsstaats weiter, in dem der Vertrieb eingestellt werden soll (Abs. 4 S. 2).

Abschnitt 3. Anzeige, Einstellung und Untersagung des Vertriebs von AIF

§314 Untersagung des Vertriebs

(1) **Soweit § 11 nicht anzuwenden ist, ist die Bundesanstalt in Bezug auf AIF befugt, alle zum Schutz der Anleger geeigneten und erforderlichen Maßnahmen zu ergreifen, einschließlich einer Untersagung des Vertriebs von Anteilen oder Aktien dieser Investmentvermögen, wenn**

1. **eine nach diesem Gesetz beim beabsichtigten Vertrieb von Anteilen oder Aktien an einem AIF erforderliche Anzeige nicht ordnungsgemäß erstattet oder der Vertrieb vor der entsprechenden Mitteilung der Bundesanstalt aufgenommen worden ist,**
2. **die nach § 295 Absatz 1 Satz 3 geforderten Vorkehrungen nicht geeignet sind, um einen Vertrieb an Privatanleger wirksam zu verhindern oder entsprechende Vorkehrungen nicht eingehalten werden,**
3. **eine Voraussetzung für die Zulässigkeit des Vertriebs nach diesem Gesetz nicht vorliegt oder entfallen ist oder die der Bundesanstalt gegenüber nach § 320 Absatz 1 Satz 2 Nummer 7, § 329 Absatz 2 Satz 3 Nummer 2 oder 3, § 330 Absatz 2 Satz 3 Nummer 2 oder § 330a Absatz 2 Satz 2 Nummer 2 und 3 übernommenen Pflichten trotz Mahnung nicht eingehalten werden,**
4. **die AIF-Verwaltungsgesellschaft, ein von ihr bestellter Repräsentant oder eine mit dem Vertrieb befasste Person erheblich gegen § 302**

Absatz 2 und 3, Artikel 4 Absatz 1 bis 4 der Verordnung (EU) 2019/1156 oder Anordnungen nach § 302 Absatz 4 verstößt und die Verstöße trotz Verwarnung durch die Bundesanstalt nicht eingestellt werden,

5. **die Informations- und Veröffentlichungspflichten nach § 307 Absatz 1 oder Absatz 2 Satz 1 oder nach § 308 oder § 297 Absatz 2 bis 6, 8 oder 9, den §§ 299 bis 301, 303 Absatz 1 oder 3 oder § 318 nicht ordnungsgemäß erfüllt werden,**
6. **gegen sonstige Vorschriften dieses Gesetzes verstoßen wird,**
7. **bei einem Vertrieb eines AIF an Privatanleger ein durch rechtskräftiges Urteil oder gerichtlichen Vergleich gegenüber der AIF-Verwaltungsgesellschaft oder der Vertriebsgesellschaft festgestellter Anspruch eines Anlegers nicht erfüllt worden ist,**
8. **bei dem Vertrieb an Privatanleger erheblich gegen die Anlagebedingungen, die Satzung oder den Gesellschaftsvertrag verstoßen worden ist,**
9. **die Art und Weise des Vertriebs gegen sonstige Vorschriften des deutschen Rechts verstoßen,**
10. **Kosten, die der Bundesanstalt im Rahmen der Pflicht zur Bekanntmachung des gesetzlichen Vertreters nach § 319 Absatz 3 entstanden sind, trotz Mahnung nicht erstattet werden oder eine Gebühr, die für die Prüfung von nach § 320 Absatz 1 Satz 2 Nummer 7, § 329 Absatz 2 Satz 3 Nummer 2 oder § 330 Absatz 2 Satz 3 Nummer 2 vorgeschriebenen Angaben und Unterlagen zu entrichten ist, trotz Mahnung nicht gezahlt wird,**
11. **entgegen einer Anzeige des Vertriebswiderrufs gemäß § 295a Absatz 4 nach dem Datum des Widerrufs weiter vertrieben oder den Pflichten nach § 295b Absatz 2 und 3 nicht nachgekommen wird.**

(2) **Die Bundesanstalt kann bei AIF mit Teilinvestmentvermögen auch den Vertrieb von Anteilen oder Aktien an Teilinvestmentvermögen, die im Geltungsbereich dieses Gesetzes nach den §§ 316, 320, 329 oder 330 an eine, mehrere oder alle Anlegergruppen im Sinne des § 1 Absatz 19 Nummer 31 bis 33 vertrieben werden dürfen, untersagen, wenn weitere Anteile oder Aktien von Teilinvestmentvermögen desselben AIF im Geltungsbereich dieses Gesetzes an eine, mehrere oder alle Anlegergruppen im Sinne des § 1 Absatz 19 Nummer 31 bis 33 vertrieben werden, die im Geltungsbereich dieses Gesetzes entweder nicht oder nicht an diese Anlegergruppe vertrieben werden dürfen.**

(3) [1]**Die Bundesanstalt macht eine Vertriebsuntersagung im Bundesanzeiger bekannt, falls ein Vertrieb bereits stattgefunden hat.** [2]**Entstehen der Bundesanstalt durch die Bekanntmachung nach Satz 1 Kosten, sind ihr diese von der AIF-Verwaltungsgesellschaft zu erstatten.**

(4) **Hat die Bundesanstalt den weiteren Vertrieb eines AIF, der einer Anzeigepflicht nach den §§ 316, 320, 329 oder 330 unterliegt, nach Absatz 1 Nummer 2, 5 und 7 bis 10 oder Absatz 2 im Geltungsbereich dieses Gesetzes untersagt, darf die AIF-Verwaltungsgesellschaft die Absicht, die Anteile oder Aktien dieses AIF im Geltungsbereich dieses Gesetzes zu vertreiben, erst ein Jahr nach der Untersagung wieder anzeigen.**

Inhaltsübersicht

Rn.
I. Einleitung ... 1
II. Tatbestände für Ergreifung von Maßnahmen ... 4
1. § 314 I Nr. 1 ... 4
2. § 314 I Nr. 2 ... 6
3. § 314 I Nr. 3 ... 7
4. § 314 I Nr. 4 ... 9
5. § 314 I Nr. 5 ... 10
6. § 314 I Nr. 6 ... 11
7. § 314 I Nr. 7 ... 12
8. § 314 I Nr. 8 ... 13
9. § 314 I Nr. 9 ... 14
10. § 314 I Nr. 10 ... 16
11. § 314 I Nr. 11 ... 17
12. Besonderheit bei Umbrella-Konstruktionen ... 18
III. Bekanntmachungspflicht ... 19
IV. Erneute Vertriebsanzeige/Sperrfrist ... 20
V. Kosten der Vertriebsuntersagung ... 21

I. Einleitung

1 Gemäß § 314 ist die BaFin bzgl. des Vertriebs von Anteilen bzw. Aktien von AIF an Privatanleger als auch an semi-professionelle und professionelle Anleger im Inland (entspr. §§ 316ff. bzw. §§ 321 ff.) bei Vorliegen der in Abs. 1 u. 2 aufgeführten Fälle befugt, die **geeigneten** und **erforderlichen** Maßnahmen zu ergreifen, um den erforderlichen Zustand zum ausreichenden Schutz der Anleger im Inland gem. der geltenden Vertriebsvorschriften wieder- bzw. herzustellen. Die möglichen Maßnahmen inkludieren ausdrücklich auch die **Untersagung des Vertriebs** der Anteile bzw. Aktien des AIF im Inland.

2 Diese Vorschrift basiert im Wesentlichen auf den aufgehobenen §§ 140 und 124 InvG und wurde entspr. der AIFM-RL ergänzt und im Anwendungsbereich auf inländische AIF erweitert (BT-Drs. 17/12294, 284). Des Weiteren wurden auch redaktionelle Anpassungen aufgrund der in § 1 enthaltenen Begriffsbestimmungen sowie der inhaltlichen Neustrukturierung des KAGB vorgenommen (BT-Drs. 17/12294, 284). Auch ist zu beachten, dass die BaFin ein **Ermessen** bzgl. der Auswahl der geeigneten und erforderlichen Maßnahmen hat, wobei die Untersagung des Vertriebs die *ultima ratio* darstellt und die BaFin bei Vorliegen der Voraussetzungen des § 314 somit nicht zwingend sofort den Vertrieb zu untersagen hat, wie noch in § 140 InvG vorgesehen. Vielmehr hat die BaFin auch die **Verhältnismäßigkeit** der zu ergreifenden Maßnahme zu beachten. Den Maßstab an die Verhältnismäßigkeit setzt der in § 314 I geregelte Sinn und Zweck, Anleger zu schützen. Da eine Untersagung des Vertriebes nicht nur signifikante Auswirkungen für die AIF-KVG bzw. AIF-Verwaltungsgesellschaft, sondern auch für die deutschen Anleger hätte, welche damit den Schutz des KAGB verlieren würden, hat die BaFin auch die Anlegerinteressen abzuwägen. Die Untersagung des Vertriebs sowie weniger einschneidende Maßnahmen stellen belastende VA gem. § 35 VwVfG dar.

3 Weiter ist bzgl. des neuen Aufbaus des Gesetzes zu beachten, dass § 314 ausschließlich auf die Fälle Anwendung findet, welche nicht bereits von § 11 erfasst werden. § 11 regelt die besonderen Bestimmungen der Zusammenarbeit der zuständigen Behörden bei grenzüberschreitender Verwaltung oder Vertrieb von AIF

und setzt damit Art. 45 der AIFM-RL um (bzgl. des Anwendungsbereichs des § 11 wird auf die entsprechende Kommentierung verwiesen). Zudem wurden diejenigen Tatbestände des aufgehobenen § 140 InvG nicht aufgenommen, welche bereits von den Ermächtigungsgrundlagen in den jeweiligen Vertriebsanzeigeverfahren für den AIF erfasst werden (BT-Drs. 17/12294, 284).

Bezüglich der Vertriebsuntersagung von EU-OGAW im Inland wird auf die Kommentierungen zu § 311 sowie § 5 verwiesen.

II. Tatbestände für Ergreifung von Maßnahmen

4 **1. § 314 I Nr. 1.** In § 314 I Nr. 1 Alt. 1 ist der Verbotstatbestand des aufgehobenen § 140 II Alt. 3 InvG wiederzufinden. Somit ist die BaFin in der 1. Alt. befugt, entspr. Maßnahmen zu ergreifen, wenn die **Vertriebsanzeige** bzgl. eines AIF nicht ordnungsgemäß erstattet wurde. Der Begriff der „Ordnungsmäßigkeit" ist weit gefasst und es ist nicht definiert, welche Umstände konkret darunter zu fassen sind (sa EDD/*Verfürth/Weitzel* § 314 Rn. 24). Da aber bei Unvollständigkeit oder Nichterfüllung der formellen oder inhaltlichen Anforderungen der Vertriebsanzeige der Vertrieb nur in den Fällen trotzdem aufgenommen werden kann, in denen die BaFin keine entspr. Mitteilung bezüglich einer Zulassung zum Vertrieb an die AIF-KVG bzw. EU-AIF-Verwaltungsgesellschaft zu machen hat, kommt diese Alternative nur in den Fällen in Betracht, in denen der Vertrieb ohne Mitteilungspflicht seitens der BaFin aufgenommen werden kann (zB §§ 323, 324).

5 In allen anderen Fällen kann nur die zweite Alternative des § 314 I Nr. 1 zur Anwendung kommen, welche zusätzlich aufgenommen wurde und den Tatbestand der Vertriebsaufnahme vor dieser **Mitteilung der BaFin** im Anzeigeverfahren entspr. §§ 316 III 1, 320 II, 321 III, 322 IV und damit vor Freigabe zum Vertrieb regelt.

6 **2. § 314 I Nr. 2.** Dieser Tatbestand ist neu aufgenommen worden und regelt die Befugnis der BaFin zur Ergreifung von Maßnahmen gegen die AIF-KVG bzw. AIF-Verwaltungsgesellschaft in den Fällen, in denen die nach § 295 I 3 geforderten Vorkehrungen zur Vermeidung des Vertriebs von Anteilen bzw. Aktien des AIF an **Privatanleger** entweder nicht wirksam sind oder nicht eingehalten werden. Gemäß § 295 I 3 hat die AIF-KVG bzw. AIF-Verwaltungsgesellschaft, die AIF verwalten, welche die Voraussetzungen für den Vertrieb an Privatanleger nicht erfüllen, sicherzustellen und entspr. Vorkehrungen zu treffen, dass Anteile bzw. Aktien solcher AIF nicht an Privatanleger in Deutschland vertrieben werden. Nach § 295 I 3 Hs. 2 hat die AIF-KVG bzw. AIF-Verwaltungsgesellschaft auch in dem Fall die Verantwortung für die Einhaltung und Effektivität dieser Maßnahmen, wenn unabhängige Unternehmen beauftragt wurden, für den AIF entsprechend relevante Wertpapierdienstleistungen zu erbringen. Bezüglich der Einzelheiten dieser Verpflichtung wird auf die entspr. Kommentierung des § 295 verwiesen.

7 **3. § 314 I Nr. 3.** § 314 I Nr. 3 Alt. 1 ist erfüllt, wenn eine **materielle Voraussetzung** für die Zulässigkeit des Vertriebs von Anteilen bzw. Aktien des AIF nach diesem Gesetz nicht vorliegt oder entfallen ist. Die Voraussetzungen für die Zulässigkeit des Vertriebs betreffend die erste Alternative sind für den Vertrieb von EU-AIF oder ausländische AIF an Privatanleger in § 317 geregelt und für den Vertrieb an semi-professionelle und professionelle Anleger in den §§ 322, 324, 326, 328–330 geregelt. Auch in diesem Fall hat die BaFin den Grundsatz der Verhältnismäßigkeit zu beachten, so dass sie der AIF-Verwaltungsgesellschaft nach Kenntnis-

erlangung über die fehlenden Vertriebsvoraussetzungen zunächst eine Frist zur Wiederherstellung des gesetzmäßigen Zustandes zu gewähren hat (sa EDD/*Verfürth/Weitzel* § 314 Rn. 26).

Gemäß § 314 I Nr. 3 Alt. 2 hat die BaFin Eingriffsbefugnisse, wenn die AIF-KVG bzw. AIF-Verwaltungsgesellschaft ihre gegenüber der Bundesanstalt nach § 320 I 2 Nr. 7, § 329 II 3 Nr. 2 oder 3, § 330 II 3 Nr. 2 oder § 330a II 2 Nr. 2 und 3 **übernommenen Pflichten** trotz Mahnung der BaFin nicht einhält. Aus Gründen der Beweisführung und der potenziell negativen Folgen wird die BaFin eine solche Mahnung grds. schriftlich erteilen (so auch EDD/*Verfürth/Weitzel* § 314 Rn. 26). 8

4. § 314 I Nr. 4. § 314 I Nr. 4 regelt die Fälle, in denen die AIF-KVG bzw. AIF-Verwaltungsgesellschaft, ein von ihr bestellter Repräsentant (iSd § 317 I Nr. 4) oder ein mit dem Vertrieb befasster Dritter erheblich gegen die Vorschriften bzgl. der erlaubten **Werbung** für den AIF (§ 302 II und III, Art. 4 II–VI der VO (EU) 2019/1156) bzw. gegen die Untersagungsanordnung einer bestimmten Werbung durch die BaFin für den AIF (§ 302 VII) verstößt und diese Verstöße trotz Verwarnung seitens der BaFin nicht eingestellt werden. Nur ein erheblicher Verstoß eröffnet die Befugnisse aus § 314 I Nr. 4. Es ist im Einzelfall zu prüfen, ob die durch diese Regelung geschützten Interessen der Anleger oder des Kapitalmarktes besonders fühlbar, intensiv und nachhaltig beeinträchtigt worden sind (s. BSV/*Lercara* § 314 Rn. 7). In dem Fall eines Handelns durch den Repräsentanten oder den beauftragten Dritten ist ein solcher Verstoß der AIF-KVG bzw. AIF-Verwaltungsgesellschaft grds. zuzurechnen. Die BaFin hat die AIF-KVG bzw. AIF-Verwaltungsgesellschaft zunächst zu verwarnen und erst wenn diese Verwarnung erfolglos war, kann sie weitergehende Maßnahmen ergreifen. Durch die erforderliche Verwarnung wird der Verstoß gegen diese Regelungen erstmalig festgestellt und stellt aufgrund der Regelungswirkung einen VA (§ 35 VwVfG) dar. Die Neufassung von § 314 I Nr. 4 ist eine Folgeänderung zur Änderung von § 302 und zur Einführung der VO (EU) 2019/1156 (BT-Drs. 19/27631, 104). 9

5. § 314 I Nr. 5. Gemäß § 314 I Nr. 5 kann die BaFin Maßnahmen ergreifen, wenn die **Informations- und Veröffentlichungspflichten** gegenüber dem potenziellen oder bestehenden Anleger nach § 307 I oder II, § 308, § 297 II–VII, IX oder X, §§ 299–301, § 303 I, III oder § 318 nicht ordnungsgemäß erfüllt werden. Auch wenn § 314 I Nr. 5 die BaFin nicht ausdrücklich verpflichtet, zwingend zunächst eine Verwarnung auszusprechen, so gebietet der Grundsatz der Verhältnismäßigkeit wohl trotzdem, der betroffenen AIF-KVG bzw. AIF-Verwaltungsgesellschaft die Möglichkeit zu geben, den Verstoß zu korrigieren (sa EDD/*Weitzel/Verfürth* § 314 Rn. 30; BSV/*Lercara* § 314 Rn. 8). Zu beachten ist, dass die Maßnahmen aufgrund dieses Tatbestandes auch dann direkt gegenüber der AIF-KVG bzw. AIF-Verwaltungsgesellschaft ergriffen werden, wenn diese für den Vertrieb der Anteile bzw. Aktien des AIF Dritte eingebunden hat, da in diesem Fall die AIF-KVG bzw. AIF-Verwaltungsgesellschaft iRd Geschäftsbeziehung zu dem Dritten gewährleisten muss, dass der Dritte sämtliche für die AIF-KVG bzw. AIF-Verwaltungsgesellschaft geltenden Vertriebspflichten erfüllt und die Pflicht hat, sich die Möglichkeit der Einflussnahme auf den Ablauf des Vertriebs durch den Dritten zu erhalten und im Falle von Verstößen, die Zusammenarbeit mit diesem Dritten einzustellen (sa BSV/*Lercara* § 314 Rn. 8). 10

11 **6. § 314 I Nr. 6.** § 314 I Nr. 6 stellt explizit fest, dass die BaFin bei jedem Verstoß gegen die Vorschriften des KAGB Maßnahmen zum Schutz der Anleger einschließlich einer Untersagung des Vertriebs ergreifen kann (BT-Drs. 17/12294, 284). Zu beachten ist, dass dieser Verweis nicht limitiert wurde und somit tatsächlich jeder Verstoß gegen Vorschriften des KAGB darunter fällt, unabhängig davon, ob der Verstoß in unmittelbarem Zusammenhang mit dem Vertrieb der Anteile bzw. Aktien des AIF steht. Diese Regelung geht als sog. Generalklausel den spezielleren Tatbeständen des § 314 nach (s. EDD/*Verfürth/Weitzel* § 314 Rn. 31).

12 **7. § 314 I Nr. 7.** Dieser Tatbestand regelt den Fall, dass ein durch rechtskräftiges Urteil oder gerichtlichen Vergleich festgestellter **Anspruch des Anlegers** gegenüber der AIF-KVG bzw. AIF-Verwaltungsgesellschaft nicht erfüllt worden ist. Im Gegensatz zur Vorgängerregelung des aufgehobenen § 140 III Nr. 5 InvG beschränkt sich die Anwendbarkeit dieses Tatbestands auf den **Vertrieb an Privatanleger.** Hintergrund dieser Regelung ist das Bestreben des Gesetzgebers, die AIF-KVG bzw. AIF-Verwaltungsgesellschaft durch die Androhung von Maßnahmen bis hin zur Vertriebsuntersagung unter Druck zu setzen, den rechtskräftig festgestellten Anspruch insb. eines Privatanlegers zu erfüllen. Durch eine anstandslose Erfüllung des festgestellten Anspruchs durch die AIF-KVG bzw. AIF-Verwaltungsgesellschaft wird der Privatanleger davor bewahrt, eine potenziell teure und langwierige Vollstreckung im Ausland durchzuführen. Nicht vollständig geklärt ist, ob der gesetzliche Wortlaut, welcher auf den „Vertrieb an Privatanleger" verweist, trotzdem auch **Ansprüche von semi-professionellen oder professionellen Anlegern** einschließt. Auch semi-professionelle oder professionelle Anleger können grds. Anteile bzw. Aktien eines AIF erwerben, dessen Vertrieb sich nach den strengeren Anforderungen des Vertriebs an Privatanleger richtet. § 314 limitiert insofern die Anwendbarkeit nicht und auch das Schutzinteresse schließt eine Anwendbarkeit auf Ansprüche semi-professioneller oder professioneller Anleger nicht aus (vgl. auch EDD/*Verfürth/Weitzel* § 314 Rn. 32; BTMB/*Behme* § 314 Rn. 29). Auch in einem solchen Fall hat die BaFin nach dem Grundsatz der Verhältnismäßigkeit der AIF-KVG bzw. AIF-Verwaltungsgesellschaft erst eine Frist zur Erfüllung des Anspruchs zu setzen bzw. ein Auswahlermessen hinsichtlich der zu treffenden Maßnahmen (s. auch EDD/*Verfürth/Weitzel* § 314 Rn. 32; BSV/*Lercara* § 314 Rn. 10). Nach der hM in der Literatur hat es sich um ein Urteil eines deutschen Gerichts bzw. um einen vor einem deutschen Gericht geschlossenen Vergleich zu handeln (sa BSV/*Lercara* § 314 Rn. 10; EDD/*Weitzel/Verfürth* § 314 Rn. 32).

13 **8. § 314 I Nr. 8.** Die BaFin ist auch in dem Fall befugt, Maßnahmen gegen die AIF-KVG bzw. AIF-Verwaltungsgesellschaft zu ergreifen, in dem **erheblich gegen die Anlagebedingungen, die Satzung oder den Gesellschaftsvertrag verstoßen** worden ist. Die Anwendbarkeit ist beschränkt auf den **Vertrieb an Privatanleger.** Zu beachten ist, dass das Tatbestandsmerkmal „beim Vertrieb" lediglich deklaratorische Wirkung hat und damit klargestellt werden soll, dass Regelungsgegenstand nur Anteile bzw. Aktien sind, die in Deutschland vertrieben werden (vgl. BSV/*Lercara* § 314 Rn. 11; EDD/*Verfürth/Weitzel* § 314 Rn. 33). Das bedeutet, dass die BaFin auch dann Maßnahmen gegen die AIF-KVG bzw. AIF-Verwaltungsgesellschaft ergreifen kann, wenn die Regelungen der Anlagebedingungen, der Satzung oder des Gesellschaftsvertrags, gegen die verstoßen wird, nicht in unmittelbaren Zusammenhang mit der Vertriebsaktivität stehen. Bezüglich des Tatbestandmerkmals der Erheblichkeit ist zu prüfen, ob die Intensität, Häufigkeit und Nach-

haltigkeit des Verstoßes ein Eingreifen rechtfertigt. Vereinzelte Verstöße, welche sofort behoben werden, keinen signifikanten Schaden verursachen und keine Nachhaltigkeit entfalten, werden idR nicht erheblich sein (sa EDD/*Verfürth/Weitzel* § 314 Rn. 33). Dies ist allerdings im Einzelfall von der BaFin zu prüfen.

9. § 314 I Nr. 9. Diese Vorschrift übernimmt die aufgehobene Vorschrift des § 140 III Nr. 4 InvG, wobei der Wortlaut an die aufgehobene Vorschrift des § 133 I Nr. 1 InvG angeglichen wurde (BT-Drs. 17/12294, 284). Folglich hat die BaFin das Recht, Maßnahmen gegen die AIF-KVG bzw. AIF-Verwaltungsgesellschaft zu ergreifen, wenn die **Art und Weise des Vertriebs** gegen **sonstige Vorschriften** des deutschen Rechts verstößt. Der Verstoß hat somit in unmittelbarem Zusammenhang mit der Vertriebsaktivität zu stehen. Voraussetzung ist damit, dass der Verstoß bei Gelegenheit des Vertriebs oder aus Vertriebszwecken erfolgt ist (vgl. EDD/*Verfürth/Weitzel* § 314 Rn. 34). Auf das Tatbestandsmerkmal der Erheblichkeit kommt es in diesem Fall nicht an. Auch ist die Anwendbarkeit unabhängig davon, an welche Anlegergruppe vertrieben wird, eröffnet. 14

Unter Heranziehung des Verständnisses von Verweisen auf „sonstige Vorschriften" im InvG und des Art. 44 III, VII AIFM-RL sind unter diesen Begriff insb. die Vorschriften des Gewerbe-, Wettbewerbs-, Straf- und Steuerrechts zu verstehen. Auch im Rahmen dieser Regelung kommt es nicht darauf an, dass der Verstoß gegen diese sonstigen Vorschriften des deutschen Rechts von der AIF-KVG bzw. AIF-Verwaltungsgesellschaft selbst begangen wurde. Vielmehr kann der AIF-KVG bzw. AIF-Verwaltungsgesellschaft in bestimmten Fällen auch das **Handeln Dritter** zugerechnet werden, derer sie sich zum Vertrieb der Anteile bzw. Aktien des AIF in Deutschland bedient. In einem solchen Fall wird von der AIF-KVG bzw. AIF-Verwaltungsgesellschaft verlangt, dass sie sich iRd vertraglichen Beziehung trotzdem die Möglichkeit der Einflussnahme auf die Durchführung der Vertriebsaktivität sichert und somit auch bei Vorliegen von Verstößen die Zusammenarbeit einstellt. Es ist aus diesem Grund ratsam, iRd vertraglichen Beziehung zu diesen Dritten die Regelung aufzunehmen, dass im Falle eines Gesetzesverstoßes iSd § 314 I Nr. 9 entspr. Maßnahmen seitens der AIF-KVG bzw. AIF-Verwaltungsgesellschaft gegen das Unternehmen oder bestimmte Personen ergriffen werden dürfen. 15

10. § 314 I Nr. 10. Diese Vorschrift regelt die Befugnisse der BaFin für die Fälle, in denen die AIF-KVG bzw. AIF-Verwaltungsgesellschaft bestimmte **angefallene Kosten** trotz Mahnung nicht beglichen hat. Verwiesen wird auf die Kosten der Bekanntmachung des gesetzlichen Vertreters gem. § 319 III sowie auf die Gebühr, welche für die Überprüfung der von der AIF-KVG bzw. AIF-Verwaltungsgesellschaft jährlich einzureichenden Unterlagen anfallen gem. §§ 320 I 2 Nr. 7, 329 II 3 Nr. 2 oder § 330 II 3 Nr. 2 erhoben wird. (vgl. § 2 I FinDAGKostV iVm Anhang Nr. 4.1.7.2.6 (1270 EUR) jeweils bei Umbrella-Konstruktion je Teilinvestmentvermögen). Diese Regelung befugt die BaFin, Maßnahmen gegen die AIF-KVG bzw. AIF-Verwaltungsgesellschaft zu ergreifen, obwohl weder der Anlegerschutz noch die Wettbewerbsgleichheit zwischen in- und ausländischen Investmentvermögen Hintergrund dieser Befugnis sind. Aus diesem Grund können nur gravierende und anhaltende Verstöße zu einer Vertriebsuntersagung führen. Insbesondere hat die BaFin iRd erforderlichen **Verhältnismäßigkeitsprüfung** zuerst weniger einschneidende Maßnahmen, wie zB eine mehrmalige Anmahnung der Begleichung der Gebühr, in Betracht zu ziehen. 16

17 **11. § 314 I Nr. 11.** Die Einführung einer neuen Nummer 11 ermöglicht es der BaFin, Maßnahmen zu ergreifen, wenn entgegen der neu eingeführten Pflichten nach einem Vertriebswiderruf tatsächlich weiter vertrieben wird oder, wenn die AIF-Verwaltungsgesellschaft nicht ihren Informationspflichten nachkommt (BT-Drs. 19/27631, 105).

18 **12. Besonderheit bei Umbrella-Konstruktionen.** § 314 II ersetzt den aufgehobenen § 140 IVa InvG, wobei zum einen redaktionelle Anpassungen entspr. der neuen Begriffsbestimmungen des § 1 vorgenommen und zum anderen dem Umstand Rechnung getragen wurde, dass nunmehr bzgl. des Vertriebs an Privatanleger, semi-professionelle und professionelle Anleger unterschieden wird (BT-Drs. 17/12294, 284). Nach dieser Vorschrift darf die BaFin den Vertrieb von Anteilen bzw. Aktien von **Teilinvestmentvermögen** einer Umbrella-Konstruktion untersagen, deren Vertrieb an Privatanleger, semi-professionelle und/oder professionelle Anleger ordnungsgemäß und erfolgreich gem. §§ 316, 320, 329 oder 330 der BaFin angezeigt wurde, wenn Anteile bzw. Aktien von anderen Teilinvestmentvermögen **desselben AIF** in Deutschland an Privatanleger, semi-professionelle und/oder professionelle Anleger vertrieben werden, obwohl diese zB mangels erfolgreich durchgeführter Vertriebsanzeige, gar nicht im Geltungsbereich dieses Gesetzes oder nicht an die betroffene Anlegergruppe vertrieben werden dürfen. Damit hat die BaFin die Möglichkeit, bei einer Umbrella-Konstruktion Druck gegenüber der AIF-KVG bzw. AIF-Verwaltungsgesellschaft durch Androhung einer Art Sippenhaftung aufzubauen und sie so zu bewegen, Missstände bzgl. des nicht erlaubten Vertriebs von Anteilen bzw. Aktien eines bestimmten Teilinvestmentvermögens eines AIF in Deutschland zu beseitigen. § 314 II ist allerdings als Kann-Vorschrift formuliert und stellt somit das Tätigwerden in das Ermessen der BaFin. Grundsätzlich stellt eine Vertriebsuntersagung die *ultima ratio* der Maßnahmen dar, so dass auch zunächst mildere Maßnahmen denkbar sind, auch wenn dies der Gesetzestext nicht ausdrücklich vorsieht (sa EDD/*Verfürth/Weitzel* § 314 Rn. 36). Der Grundsatz der Verhältnismäßigkeit ist in diesem Fall besonders zu beachten, da Konsequenz dieser Regelung die Vertriebsuntersagung von ordnungsgemäß vertriebenen Teilinvestmentvermögen und damit der Verlust des Schutzes des KAGB für die betroffenen Anleger ist.

III. Bekanntmachungspflicht

19 Nur für den Fall, dass ein Vertrieb von Anteilen bzw. Aktien des AIF in Deutschland bereits stattgefunden hat, hat die BaFin bei einer Vertriebsuntersagung diese im **BAnz** zu veröffentlichen und bekanntzumachen. § 314 III übernimmt dabei mit redaktionellen Anpassungen entspr. der in § 1 enthaltenen Begriffsbestimmungen den aufgehobenen § 140 VII InvG. Mit der Vertriebsuntersagung geht eine signifikante Einschränkung der Rechte deutscher Anteils- bzw. Aktieninhaber dieses AIF einher, da der Schutz des KAGB damit aufgehoben wird. Mit in dieser Bekanntmachungspflicht soll sichergestellt werden, dass deutsche Anleger von dieser doch weitreichenden Maßnahme unterrichtet werden und entspr. reagieren können. Aus diesem Grund ist auch eine Bekanntmachung bei einer Vertriebsuntersagung vor Aufnahme des Vertriebs nicht erforderlich. Der BaFin entstehen bei der Veröffentlichung im BAnz **Kosten.** Diese sind von der AIF-KVG bzw. AIF-Verwaltungsgesellschaft zu ersetzen.

IV. Erneute Vertriebsanzeige/Sperrfrist

20 Hat die BaFin den Vertrieb von Anteilen bzw. Aktien eines AIF, welcher einer Anzeigepflicht nach §§ 316, 320, 329 und 330 unterliegt, aus Gründen des § 314 I Nr. 2, 5 u. 7–10 oder II untersagt, so hat die AIF-KVG bzw. AIF-Verwaltungsgesellschaft die Möglichkeit, eine erneute Vertriebsanzeige einzureichen. Allerdings ist dies erst nach dem Ablauf einer **Sperrfrist** von **einem Jahr** seit Untersagung möglich. Zu beachten ist, dass der Anwendungsbereich dieser Regelung auf AIF beschränkt ist, welche an Privatanleger vertrieben werden (§§ 316, 320), sowie auf AIF, die gem. Art. 36 oder 42 AIFM-RL (§§ 329, 330) an professionelle oder semiprofessionelle Anleger vertrieben werden (BT-Drs. 17/12294, 284). Die Sperrfrist beginnt mit Eintritt der Bestandskraft bzw. (bei gerichtlicher Überprüfung) mit Eintritt der Rechtskraft des Urteils (s. BTMB/*Behme* § 314 Rn. 44). Die Sperrfrist des § 314 IV wird nicht ausgelöst in dem Fall, wenn die AIF-KVG bzw. AIF-Verwaltungsgesellschaft einer Vertriebsuntersagung gem. § 314 I Nr. 2, 5, 7–10 durch einen Verzicht des Vertriebs des AIF gem. § 315 (Mitteilung der Einstellung des Vertriebs) zuvorkommt (sa BTMB/*Behme* § 314 Rn. 44; EDD/*Verfürth*/*Weitzel* § 314 Rn. 39).

V. Kosten der Vertriebsuntersagung

21 Gemäß § 2 I FinDAGKostV iVm dem Gebührenverzeichnis fallen für die Vertriebsuntersagung **Gebühren** an. Gemäß Nr. 4.1.7.2.1. des Gebührenverzeichnisses erhebt die BaFin für die Untersagung des Vertriebs nach § 314 I als auch für die Untersagung des Vertriebs von Anteilen bzw. Aktien an Teilinvestmentvermögen gem. § 314 II eine Gebühr iHv 1.000–15.000 EUR, wobei bei einer Umbrella-Konstruktion die Teilinvestmentvermögen gesondert berechnet werden.

§315 Einstellung des Vertriebs von AIF

(1) **[1]Stellt eine AIF-Kapitalverwaltungsgesellschaft den Vertrieb von Anteilen oder Aktien eines von ihr verwalteten und nach § 316 vertriebenen AIF im Geltungsbereich dieses Gesetzes gegenüber einer, mehreren oder allen Anlegergruppen im Sinne des § 1 Absatz 19 Nummer 31 bis 33 ein, so hat die AIF-Kapitalverwaltungsgesellschaft dies unverzüglich im Bundesanzeiger zu veröffentlichen und die Veröffentlichung der Bundesanstalt nachzuweisen. [2]Die Bundesanstalt kann die Veröffentlichung auf Kosten der AIF-Kapitalverwaltungsgesellschaft vornehmen, wenn die Veröffentlichungspflicht auch nach Fristsetzung durch die Bundesanstalt nicht erfüllt wird. [3]Absatz 2 bleibt unberührt.**

(2) **[1]Stellt eine AIF-Kapitalverwaltungsgesellschaft den Vertrieb von einzelnen Teilinvestmentvermögen eines AIF gegenüber einer, mehreren oder allen Anlegergruppen im Sinne des § 1 Absatz 19 Nummer 31 bis 33 im Geltungsbereich dieses Gesetzes ein, so hat sie § 293 Absatz 1 Satz 2 Nummer 3 bei Änderungen der im Anzeigeverfahren eingereichten Angaben und Unterlagen zu berücksichtigen. [2]Die AIF-Kapitalverwaltungsgesellschaft hat die Einstellung des Vertriebs von Anteilen oder Aktien an nach § 316 vertriebenen AIF unverzüglich im Bundesanzeiger zu ver-**

öffentlichen und dies der Bundesanstalt nachzuweisen. [3]Die Bundesanstalt kann die Veröffentlichung auf Kosten der AIF-Kapitalverwaltungsgesellschaft vornehmen, wenn die Veröffentlichungspflicht auch nach Fristsetzung nicht erfüllt wird.

I. Einstellung des Vertriebs

1 **1. Anwendungsbereich.** § 315 I übernimmt mit redaktionellen Anpassungen aufgrund der in § 1 enthaltenen Begriffsbestimmungen den aufgehobenen § 140 VIII InvG (BT-Drs. 17/12294, 285). § 315 II übernimmt mit redaktionellen Anpassungen gem. § 1 den aufgehobenen § 140 IX und betrifft die Einstellung des Vertriebs von einzelnen Teilinvestmentvermögen einer Umbrella-Konstruktion. Allerdings wurde der Anwendungsbereich dahingehend angepasst, dass dieser auf den Vertrieb von AIF-Anteilen bzw. -Aktien nach **§ 316** (Vertrieb von inländischen Publikums-AIF) beschränkt wurde. Laut Gesetzesbegründung werde dadurch berücksichtigt, dass gem. Art. 43 I UAbs. 2 AIFM-RL eine Verschärfung der RL zulässig sei, wenn Anteile bzw. Aktien von AIF an Privatanleger vertrieben würden (BT-Drs. 17/12294, 285). Die weiteren Anpassungen sind Folgeänderungen aufgrund der mit §§ 295a ff. neu eingeführten Vorgaben für den Vertriebswiderruf von Anteilen und Aktien an EU-AIF oder ausländischen AIF, die im Inland an Privatanleger vertrieben wurden (BT-Drs. 19/27631, 105). § 315 gilt nur noch für den inländischen Vertrieb von inländischen AIF (BT-Drs. 19/27631, 105).

2 Die Systematik des KAGB ist diesbzgl. missverständlich: § 315 I bezieht sich ausdrücklich auf den Vertrieb nach § 316 des UAbschn. 1, welcher das Anzeigeverfahren für den Vertrieb von Publikums-AIF, von EU-AIF an Privatanleger im Inland regelt. Aus der Überschrift des UAbschn. 1 wird man entnehmen müssen, dass sich diese Vorschriften ausschließlich auf den Vertrieb an Privatanleger beziehen. Richtigerweise ist dieser Aufbau dahingehend auszulegen, dass ein Vertrieb von Anteilen bzw. Aktien eines Publikums-AIF neben semi-professionellen und professionellen Anlegern **auch an Privatanleger** gemeint ist (sa BTMB/*Behme* § 315 Rn. 4). Dies ist auch § 295 I 1 zu entnehmen und entspricht der Ansicht der BaFin, welche die Vertriebsvorschriften entspr. der Anlegergruppen eingeteilt hat (BaFin FAQ Vertrieb und Erwerb von Investmentvermögen nach dem KAGB vom 4.7.2013, zuletzt geändert am 16.3.2018, 2.1.1). Demzufolge ist § 315 I anwendbar auf die Einstellung des Vertriebs von Anteilen bzw. Aktien von Publikums-AIF an sämtliche Anlegergruppen und von EU-AIF an Privatanleger und semi-professionellen Anleger (s. § 295 III Nr. 1 Buchst. b) in Deutschland.

3 **2. Einstellung gem. § 315 I.** § 315 I regelt die freiwillige Einstellung des Vertriebs von Anteilen bzw. Aktien eines AIF seitens der AIF-Kapitalverwaltungsgesellschaft gegenüber einer, mehreren oder sämtlichen Anlegergruppen und die damit verbundenen Veröffentlichungspflichten der AIF-Kapitalverwaltungsgesellschaft. Der Anwendungsbereich umfasst sowohl AIF als Einzel-Investmentvermögen als auch Umbrella-Konstruktionen in ihrer Gesamtheit (nicht nur einzelne Teilinvestmentvermögen, s. § 315 II). Ist der Vertrieb an mehrere Anlegergruppen iSd § 1 XIX Nr. 31–33 erfolgt, so besteht diese Veröffentlichungspflicht auch in dem Fall, in welchem der Vertrieb nur gegenüber einer dieser Anlegergruppen eingestellt wird (vgl. BTMB/*Behme* § 315 Rn. 4). Die AIF-Kapitalverwaltungsgesellschaft hat die Einstellung unverzüglich (dh ohne schuldhaftes Zögern) im **BAnz**

zu veröffentlichen und diese Veröffentlichung der BaFin **nachzuweisen** (BT-Drs. 17/12294, 285). Dies hat zum Schutz des betroffenen Anlegers zu geschehen, da dieser darüber zu informieren ist, dass ihm der Schutz des KAGB und die Vorzüge, welche mit einer Registrierung eines AIF im Inland einhergehen, entzogen werden. Dieser Anlegerschutz ist nur erforderlich und zweckmäßig, wenn ein Vertrieb dieser Anteile bzw. Aktien tatsächlich stattgefunden hat. Ein Interesse der betroffenen Anleger, über den Verzicht eines nicht tatsächlich aufgenommenen Vertriebs gem. §315 I informiert zu werden, ist nicht gegeben (sa EDD/*Verfürth/Weitzel* §315 Rn. 14; aA FKAnlR/*Keunecke/Schwack* §315 Rn. 4). Eine Pflicht der AIF-Kapitalverwaltungsgesellschaft, bereits vor Veröffentlichung der Einstellung des Vertriebs von Anteilen bzw. Aktien des AIF diesen Umstand der **BaFin anzuzeigen,** ergibt sich nicht aus §315 I. Diese Anzeigepflicht ergibt sich vielmehr aus §316 IV. Die AIF-KVG ist gem. dieser Vorschrift verpflichtet, die BaFin bzgl. **Änderungen** der im Rahmen des Vertriebsanzeigeverfahrens eingereichten Unterlagen und Angaben zu unterrichten. Unter einer solchen Änderung ist auch die Einstellung des Vertriebs als wohl signifikanteste Änderung der Angaben iRd Vertriebsanzeigeverfahrens zu subsumieren. Bezüglich der Einzelheiten der Unterrichtung der BaFin bzgl. Änderungen der eingereichten Unterlagen und Angaben wird auf die entspr. Kommentierung des §316 verwiesen.

Zu beachten ist, dass sich §315 I, wie bereits der aufgehobene §140 VIII InvG 4
(BT-Drs. 16/5576, 97), ausschließlich auf die Einstellung des Vertriebs auf dem deutschen Markt bezieht. Die Informations- und Veröffentlichungspflichten bzgl. **Verschmelzungen** und **Liquidationen,** welche dazu führen, dass der bis zu diesem Zeitpunkt in Deutschland vertriebsberechtigte AIF in seinem Heimatmitgliedstaat nicht mehr existent ist, sind dagegen hinsichtlich Publikums-AIF in §186 bzw. in §99 und hinsichtlich EU-AIF und ausländischen AIF in §299 V 1, §298 II Nr. 2 und 4 geregelt. Solange noch investierte Anleger existieren, hat die AIF-Kapitalverwaltungsgesellschaft diesen gegenüber die laufenden Pflichten aus dem Vertrieb nach dem KAGB (zB Informationspflichten) weiterhin zu erfüllen (sa EDD/*Verfürth/Weitzel* §315 Rn. 9).

3. Kosten. Grundsätzlich hat die AIF-Kapitalverwaltungsgesellschaft die Kosten 5
für die Veröffentlichung im BAnz zu tragen. Kommt die AIF-Kapitalverwaltungsgesellschaft ihrer Veröffentlichungsplicht aus §315 I 1 trotz **Fristsetzung** durch die BaFin nicht nach, hat die BaFin gem. §315 I 2 die Befugnis, die Veröffentlichung im BAnz anstelle der AIF-Kapitalverwaltungsgesellschaft und auf dessen Kosten vorzunehmen. Dadurch gewährleistet die Regelung des KAGB eine deutlich schnellere Information des Marktes im Vergleich zum Verfahren nach dem VwVG. Falls erforderlich, kann die BaFin eine entspr. Frist für die Einreichung des Nachweises bzgl. der Veröffentlichung auch durch Allgemeinverfügung bestimmen (BT-Drs. 16/5576, 96).

Weitere Gebühren nach der FinDAGKostV für die Einstellung des Vertriebs 6
nach §315 I fallen nicht an. Bezüglich Gebühren für die Einstellung des Vertriebs nach §315 II → Rn. 10f.

II. Besonderheit bei einer Umbrella-Konstruktion

§315 II regelt die bes. Anforderungen an eine Vertriebseinstellung von Anteilen 7
bzw. Aktien von einzelnen Teilinvestmentvermögen einer Umbrella-Konstruktion gegenüber einer, mehreren oder allen Anlegergruppen. Bezüglich des Anwen-

dungsbereichs dieser Vorschrift und des Verweises auf § 316 wird auf → Rn. 2 verwiesen. Bezüglich der Vorgehensweise bei Liquidationen oder Verschmelzungen der Teilinvestmentvermögen wird auf → Rn. 4 verwiesen.

8 Es wird mit dieser speziellen Regelung dem Umstand Rechnung getragen, dass bei einer Vertriebseinstellung von Anteilen bzw. Aktien nicht sämtlicher Teilinvestmentvermögen eines AIF in Deutschland bzgl. der Teilinvestmentvermögen, deren Anteile bzw. Aktien weiterhin zum Vertrieb in Deutschland zugelassen bleiben, insb. die iRd Vertriebsanzeige eingereichten **Vertragsunterlagen** entspr. § 293 I 2 Nr. 3 angepasst werden müssen (BT-Drs. 16/5576, 96). Die angepassten Vertragsunterlagen sind der BaFin iRd Änderungsanzeige gem. § 316 IV einzureichen. Aus diesen Vorschriften ergibt sich auch die Pflicht, die BaFin über diese Vertriebseinstellung zu unterrichten (BT-Drs. 17/12294, 285). Bezüglich der Einzelheiten wird auf die entspr. Kommentierung zu § 316 verwiesen.

9 Die AIF-Kapitalverwaltungsgesellschaft hat auch in diesem Fall den Umstand der Vertriebseinstellung einzelner Teilinvestmentvermögen des AIF unverzüglich im BAnz zu **veröffentlichen** und die Veröffentlichung der BaFin **nachzuweisen.** Die Veröffentlichung einer Vertriebseinstellung nach § 315 II dient nicht nur der Information der Anleger, welche von der Vertriebseinstellung der Anteile bzw. Aktien des jeweiligen Teilinvestmentvermögens betroffen sind, sondern auch der Anteil- bzw. Aktieninhaber von Teilinvestmentvermögen desselben AIF, dessen Anteile bzw. Aktien weiterhin zum Vertrieb in Deutschland zugelassen sind, da auch diese durch die Vertriebseinstellung einzelner Teilinvestmentvermögen in ihren Rechten beschränkt sein könnten. Bezüglich der Nichterfüllung dieser Veröffentlichungspflicht und der Befugnis zur Ersatzvornahme der BaFin in diesem Fall wird auf Rn. 5 verwiesen.

10 Da im Falle der Einstellung des Vertriebes von Anteilen bzw. Aktien von nicht allen Teilinvestmentvermögen eines AIF die BaFin eine Prüfungspflicht der neu eingereichten Vertragsunterlagen obliegt, wird diesbzgl. eine **Gebühr** erhoben. Gemäß § 2 I FinDAGKostV iVm 4.1.7.2.2 des Gebührenverzeichnisses wird für die Prüfung der geänderten Angaben und Unterlagen bei Einstellung des Vertriebs der Anteile bzw. Aktien eines Teilinvestmentvermögens eine Gebühr iHv 280 EUR (je betroffenem Teilinvestmentvermögen) erhoben.

11 Entsprechend der Vorgehensweise nach § 311 VI (Vertriebseinstellung betreffend EU-OGAW) ist zu empfehlen, zusammen mit der Einreichung der geänderten Vertragsunterlagen entspr. § 316 IV sowohl den Nachweis der Zahlung der Deregistrierungsgebühr als auch den Nachweis der Veröffentlichung im BAnz gem. § 315 II 2 einzureichen, da vor Erhalt dieser Unterlagen ansonsten eine Deregistrierung durch die BaFin nicht vorgenommen wird (s. BaFin Merkblatt, IV Nr. 2).

Unterabschnitt 1. Anzeigeverfahren für den Vertrieb von Publikums-AIF, EU-AIF oder von ausländischen AIF an Privatanleger im Inland

Vorbemerkungen zu §§ 316–320

Mit der Schaffung des KAGB wurden auch die Voraussetzungen für den Vertrieb von Anteilen an Investmentvermögen umfassend neu strukturiert. Während die Regelungen zum Vertrieb von OGAW im Inland und im EU-Ausland und von EU-OGAW im Inland inhaltlich weitgehend unverändert blieben und lediglich redaktionell angepasst wurden, wurden die Regelungen zum Vertrieb von Nicht-OGAW-Anteilen mit dem KAGB umfassend neu gestaltet. 1

Das InvG enthielt lediglich Ausführungen zum Vertrieb von ausländischen nicht-OGAW-Anteilen im Inland. Das KAGB unterteilt künftig den Vertrieb von Nicht-OGAW-Anteilen, also Anteilen an Alternativen Investmentfonds (AIF), nach dem Vertriebsort einerseits und dem Anleger andererseits. 2

Dabei wird strukturell zwischen dem Vertrieb von inländischen AIF, EU-AIF und ausländischen AIF an Privatanleger im Inland (UAbschn. 1), dem Vertrieb von AIF an semiprofessionelle Anleger und professionelle Anleger im Inland (UAbschn. 2) und dem Vertrieb von AIF an professionelle Anleger in anderen Mitgliedstaaten der EU oder in Vertragsstaaten des EWR (UAbschn. 3) unterschieden. 3

Ein ebenfalls grundsätzlich möglicher Vertrieb von Anteilen an im Inland aufgelegten AIF an Privatanleger in anderen Mitgliedstaaten der EU wird vom KAGB nicht geregelt. Dieser Vertrieb richtet sich ausschließlich nach den Vorgaben des Rechts des jeweiligen EU-Mitgliedstaats. 4

§ 316 Anzeigepflicht einer AIF-Kapitalverwaltungsgesellschaft beim beabsichtigten Vertrieb von inländischen Publikums-AIF im Inland

(1) [1]**Beabsichtigt eine AIF-Kapitalverwaltungsgesellschaft, Anteile oder Aktien an einem von ihr verwalteten inländischen Publikums-AIF im Geltungsbereich dieses Gesetzes zu vertreiben, so hat sie dies der Bundesanstalt anzuzeigen.** [2]**Das Anzeigeschreiben muss folgende Angaben und Unterlagen in jeweils geltender Fassung enthalten:**

1. **einen Geschäftsplan, der Angaben zu dem angezeigten Publikums-AIF enthält;**
2. **die Anlagebedingungen oder einen Verweis auf die zur Genehmigung eingereichten Anlagebedingungen und gegebenenfalls die Satzung oder den Gesellschaftsvertrag des angezeigten AIF;**
3. **die Angabe der Verwahrstelle oder einen Verweis auf die von der Bundesanstalt gemäß den §§ 87, 69 Absatz 1 genehmigte Verwahrstelle des angezeigten AIF;**
4. **den Verkaufsprospekt und das Basisinformationsblatt gemäß Verordnung (EU) Nr. 1286/2014 des angezeigten AIF;**
5. **falls es sich bei dem angezeigten AIF um einen Feederfonds oder geschlossenen Feederfonds handelt, einen Verweis auf die von der Bundesanstalt genehmigten Anlagebedingungen des Masterfonds oder ge-**

schlossenen Masterfonds, einen Verweis auf die von der Bundesanstalt gemäß § 87 in Verbindung mit § 69 genehmigte Verwahrstelle des Masterfonds, den Verkaufsprospekt und das Basisinformationsblatt gemäß Verordnung (EU) Nr. 1286/2014des Masterfonds sowie die Angabe, ob der Masterfonds im Geltungsbereich dieses Gesetzes an Privatanleger vertrieben werden darf.

(2) **[1]Die Bundesanstalt prüft, ob die gemäß Absatz 1 übermittelten Angaben und Unterlagen vollständig sind. [2]Fehlende Angaben und Unterlagen fordert die Bundesanstalt innerhalb einer Frist von 20 Arbeitstagen nach dem Tag, an dem sämtliche der folgenden Voraussetzungen vorliegen, als Ergänzungsanzeige an:**

1. **Eingang der Anzeige,**
2. **Genehmigung der Anlagebedingungen und**
3. **Genehmigung der Verwahrstelle.**

[3]Mit Eingang der Ergänzungsanzeige beginnt die in Satz 2 genannte Frist erneut. [4]Die Ergänzungsanzeige ist der Bundesanstalt innerhalb von sechs Monaten nach der Erstattung der Anzeige oder der letzten Ergänzungsanzeige einzureichen; andernfalls ist eine Mitteilung nach Absatz 3 ausgeschlossen. [5]Die Frist nach Satz 4 ist eine Ausschlussfrist. [6]Eine erneute Anzeige ist jederzeit möglich.

(3) **[1]Innerhalb von 20 Arbeitstagen nach Eingang der vollständigen Anzeigeunterlagen nach Absatz 1 sowie der Genehmigung der Anlagebedingungen und der Verwahrstelle teilt die Bundesanstalt der AIF-Kapitalverwaltungsgesellschaft mit, ob sie mit dem Vertrieb des im Anzeigeschreiben nach Absatz 1 genannten AIF im Geltungsbereich dieses Gesetzes beginnen kann. [2]Die Bundesanstalt kann die Aufnahme des Vertriebs innerhalb der in Satz 1 genannten Frist untersagen, wenn die AIF-Kapitalverwaltungsgesellschaft oder die Verwaltung des angezeigten AIF durch die AIF-Kapitalverwaltungsgesellschaft gegen die Vorschriften dieses Gesetzes verstößt. [3]Teilt sie der AIF-Kapitalverwaltungsgesellschaft entsprechende Beanstandungen der eingereichten Angaben und Unterlagen innerhalb der Frist von Satz 1 mit, wird die Frist unterbrochen und beginnt die in Satz 1 genannte Frist mit der Einreichung der geänderten Angaben und Unterlagen erneut. [4]Die AIF-Kapitalverwaltungsgesellschaft kann ab dem Datum der entsprechenden Mitteilung nach Satz 1 mit dem Vertrieb des angezeigten AIF im Geltungsbereich dieses Gesetzes beginnen.**

(4) **[1]Bei einer Änderung der nach Absatz 1 übermittelten Angaben oder Unterlagen teilt die AIF-Kapitalverwaltungsgesellschaft der Bundesanstalt diese Änderung mit und übermittelt der Bundesanstalt gegebenenfalls zeitgleich aktualisierte Angaben und Unterlagen. [2]Geplante Änderungen sind mindestens 20 Arbeitstage vor Durchführung der Änderung mitzuteilen, ungeplante Änderungen unverzüglich nach deren Eintreten. [3]Sollte die AIF-Kapitalverwaltungsgesellschaft oder die Verwaltung des betreffenden AIF durch die geplante Änderung gegen dieses Gesetz verstoßen, so teilt die Bundesanstalt der AIF-Kapitalverwaltungsgesellschaft unverzüglich mit, dass sie die Änderung nicht durchführen darf. [4]Wird eine geplante Änderung ungeachtet der Sätze 1 bis 3 durchgeführt oder führt eine durch einen unvorhersehbaren Umstand ausgelöste Änderung dazu,**

dass die AIF-Kapitalverwaltungsgesellschaft oder die Verwaltung des betreffenden AIF durch diese Änderung nunmehr gegen dieses Gesetz verstößt, so ergreift die Bundesanstalt alle gebotenen Maßnahmen gemäß § 5 einschließlich der ausdrücklichen Untersagung des Vertriebs des betreffenden AIF.

(5) **Betrifft die Änderung nach Absatz 4 einen wichtigen neuen Umstand oder eine wesentliche Unrichtigkeit in Bezug auf die im Verkaufsprospekt eines geschlossenen inländischen Publikums-AIF enthaltenen Angaben, die die Beurteilung des Investmentvermögens oder der AIF-Kapitalverwaltungsgesellschaft beeinflussen könnten, so ist diese Änderung auch als Nachtrag zum Verkaufsprospekt, der den Empfänger des Widerrufs bezeichnen sowie einen Hinweis, wo der Nachtrag zur kostenlosen Ausgabe bereitgehalten wird, und an hervorgehobener Stelle auch eine Belehrung über das Widerrufsrecht enthalten muss, unverzüglich im Bundesanzeiger und in einer hinreichend verbreiteten Wirtschafts- oder Tageszeitung oder in den im Verkaufsprospekt zu bezeichneten elektronischen Informationsmedien zu veröffentlichen.**

Inhaltsübersicht

	Rn.
I. Einleitung	1
II. Anzeigeverfahren, § 316 I; einzureichende Unterlagen	4
1. Geschäftsplan	6
2. Anlagebedingungen/Satzung	9
3. Verwahrstelle	10
4. Verkaufsprospekte und Basisinformationsblatt	11
5. AIF ist Feederfonds	15
III. Vollständigkeitsprüfung, § 316 II	16
IV. Mitteilung nach Fristablauf, § 316 III	20
V. Änderung der eingereichten Unterlagen, § 316 IV	27
VI. Änderungsanzeigen bei geschlossenen Publikums-AIF, § 316 V	37

I. Einleitung

§ 316 regelt den Vertrieb von Anteilen an Publikums-AIF durch eine KVG im Inland. Publikums-AIF sind Investmentvermögen, die nicht nur von professionellen und semiprofessionellen Anlegern, sondern auch von Privatanlegern erworben werden dürfen. 1

Mit der AIFM-RL 2011/61/EU wurden erstmals europaweit einheitliche Regelungen zum Vertrieb von Anteilen an AIF an professionelle Anleger aufgestellt. Der Vertrieb von AIF an Privatanleger wurde dagegen nicht geregelt. Die Mitgliedstaaten der EU können es AIFM jedoch gestatten, in ihrem Hoheitsgebiet Anteile an von ihnen verwalteten AIF an Privatanleger zu vertreiben, vgl. Art. 43 I AIFM-RL. Dabei können die Mitgliedsgesellschaften den jeweiligen Verwalter des AIF oder den AIF Auflagen unterwerfen, die strenger sind als diejenigen, die für AIF gelten, die im Mitgliedstaat an professionelle Anleger vertrieben werden, vgl. Art. 43 II AIFM-RL. 2

Von dieser Regelung hat Deutschland Gebrauch gemacht. Der Vertrieb von Anteilen an AIF an Privatanleger im Inland wird zugelassen, zugleich wird dieser jedoch strengeren Regelungen unterworfen als der Vertrieb an professionelle Anleger. 3

II. Anzeigeverfahren, § 316 I; einzureichende Unterlagen

4 Eine AIF-KVG hat die Absicht, Anteile an einem von ihr verwalteten Publikums-AIF im Inland zu vertreiben, bei der BaFin anzuzeigen.

5 Dieser Regelung liegt Art. 31 AIFM-RL zu Grunde. Artikel 31 II AIFM-RL schreibt ein Anzeigeverfahren für alle EU-AIF vor, die von einem EU-AIFM in seinem Herkunftsland an professionelle Anleger vertrieben werden sollen. Da Art. 31 AIFM-RL keine Ausnahme für EU-AIF vorsieht, die im Herkunftsland des EU-AIFM aufgelegt wurden, besteht eine Anzeigepflicht von AIF-KVG auch beim beabsichtigten Vertrieb von inländischen AIF im Inland (BT-Drs. 17/12294, 285 zu § 316). Der von Art. 31 AIFM-RL vorgegebene Standard für den Vertrieb an professionelle Anleger wird dabei dem Vertrieb an Privatanleger im Inland gem. § 316 als Mindeststandard zugrunde gelegt. Artikel 31 II AIFM-RL verlangt die Vorlage eines Anzeigeschreibens des AIFM mit dem in Anhang III der AIFM-RL näher aufgeführten Inhalt bei den zuständigen Behörden seines Herkunftsmitgliedstaats. Die mit dem Anzeigeschreiben gem. § 316 I einzureichenden Unterlagen orientieren sich daher zunächst an den Vorgaben des Art. 31 II iVm Anhang III AIFM-RL und werden in einzelnen Bereichen durch zusätzliche nationale Vorgaben ergänzt.

6 **1. Geschäftsplan.** Zwar wird sowohl in der AIFM-RL als auch im KAGB an mehreren Stellen erläutert, was der Geschäftsplan eines AIFM enthalten muss, der zB grenzüberschreitende Dienstleistungen in einem EU-Mitgliedsstaat erbringen möchte. Der Inhalt des Geschäftsplans eines AIF wird dagegen **weder von der AIFM-RL noch vom KAGB näher definiert.**

7 Sinn und Zweck der Einreichung eines Geschäftsplans eines AIFs bei der zuständigen Aufsicht dürfte es sein, der Aufsichtsbehörde die Anlagestrategie und die damit einhergehenden Risiken des jeweiligen AIF näher zu erläutern. Diese Information erhält zumindest die deutsche Finanzaufsicht BaFin jedoch bereits durch die Übermittlung anderer Dokumente des AIF.

8 Vor diesem Hintergrund hat die BaFin in ihrem Schreiben „Häufige Fragen zum Vertrieb und Erwerb von Investmentvermögen nach dem KAGB" (Stand 5.7.2022) auch ihre Anforderungen an einen Geschäftsplan für AIF im Rahmen der Vertriebsanzeige konkretisiert. Danach ist es im Rahmen der Anzeige nach § 316 ausreichend, dass der Geschäftsplan – vorbehaltlich abweichender Vorgaben der ESMA – **den Namen und den Sitz des AIF** enthalten muss. Weitere Angaben zu dem angezeigten AIF sind im Geschäftsplan nicht erforderlich, da die BaFin diese den übrigen in der Anzeige enthaltenen Angaben und Unterlagen entnehmen kann (BaFin-FAQ zum Vertrieb, Ziff. 2.2.3).

9 **2. Anlagebedingungen/Satzung.** Anstelle der Einreichung der Anlagebedingungen ist es auch möglich, den **Antrag auf Genehmigung der Anlagebedingungen** eines neu aufzulegenden Publikums-AIF im Rahmen der Vertriebsanzeige einzureichen. Damit können auch Anlagebedingungen, die die BaFin noch nicht genehmigt hat, zeitgleich mit der Vertriebsanzeige eingereicht werden. Allerdings wird die BaFin die Voraussetzungen des Vorliegens der Vertriebsanzeige erst dann prüfen, wenn die Anlagebedingungen des Publikums-AIF von ihr genehmigt wurden, → Rn. 23f.

10 **3. Verwahrstelle.** Gemäß Anhang III der AIFM-RL ist im Rahmen der Vertriebsanzeige der Name der Verwahrstelle anzugeben. § 316 I Nr. 3 lässt darüber

hinaus auch einen Verweis auf die von der BaFin bereits genehmigte Verwahrstelle des angezeigten AIF zu.

4. Verkaufsprospekte und Basisinformationsblatt. Die nach der AIFM-RL erforderlichen Angaben im Rahmen der Vertriebsanzeige verlangen gem. Anhang III Buchst. d und f eine **Beschreibung des AIF** bzw. alle für den Anleger verfügbaren Informationen über den AIF sowie die **Angabe aller in Art. 23 I AIFM-RL genannten weiteren Informationen für jeden AIF,** den der AIFM zu vertreiben beabsichtigt. Dies wurde vom deutschen Gesetzgeber durch die Anforderung, den Verkaufsprospekt sowie das Basisinformationsblatt gemäß der PRIIPs-VO für den angezeigten AIF einzureichen, umgesetzt. 11

Der einzureichende Verkaufsprospekt enthält dabei eine Beschreibung des AIF sowie die in Art. 23 I AIFM-RL aufgeführten weiteren Informationen für den Anleger mit Ausnahme des in Art. 23 I Buchst. k AIFM-RL aufgeführten **Jahresberichts.** Dieser ist der BaFin jedoch bereits unabhängig vom Anzeigeverfahren einzureichen (vgl. BT-Drs. 17/12294, 285 zu § 316 I). 12

Dagegen wird die in § 316 I Nr. 4 geforderte **Einreichung des Basisinformationsblatts gemäß der PRIIPs-VO** nicht von der AIFM-RL verlangt. Bis Ende 2022 waren an dessen Stelle noch die (ebenfalls nicht durch die AIFM-RL verlangten) wesentlichen Anlegerinformationen (wAI) einzureichen, die der nationale Gesetzgeber im Jahr 2011 mit dem OGAW-IV-Umsetzungsgesetz im InvG eingeführt hatte und die mit dem KAGB in § 164 I übernommen wurden. Seit dem Auslaufen der Übergangsfrist in Art. 32 der PRIIPs-VO zum 31.12.2022 sind für AIF jedoch keine wAI mehr vorgesehen. 13

Die Einreichung des Basisinformationsblatts gemäß der PRIIPs-VO für einen Publikums-AIF muss bereits **im Rahmen der Einreichung der Vertriebsanzeige** und damit **zeitlich vor erster Verwendung** und damit auch vor den in Art. 5 und Art. 13 der PRIIPs-VO genannten Zeitpunkten erfolgen. 14

5. AIF ist Feederfonds. Sollte es sich bei dem zum Vertrieb angezeigten AIF um einen Feederfonds oder einen geschlossenen Feederfonds handeln, ist im Rahmen des Anzeigeschreibens auf die genehmigten Anlagebedingungen und die Verwahrstelle des Master-AIF bzw. eines geschlossenen Master-AIF sowie auf das Basisinformationsblatt gemäß der PRIIPs-VO und den Verkaufsprospekt des Master-AIF zu verweisen. Darüber hinaus ist zu erläutern, ob der Masterfonds an Privatanleger vertrieben werden darf. Aus Anlegerschutzgründen ist davon auszugehen, dass dies Voraussetzung für eine Vertriebszulassung des Feeder-AIF ist. 15

III. Vollständigkeitsprüfung, § 316 II

Innerhalb von 20 Arbeitstagen nach Eingang der Vertriebsanzeige fordert die BaFin fehlende Angaben und Unterlagen als Ergänzungsanzeige an. 16

Einen europarechtlichen Hintergrund für diese Frist gibt es nicht. Laut Gesetzesbegründung basiert die Regelung vielmehr auf dem früheren § 129 II InvG, da weder die AIFM-RL noch die OGAW-RL Regelungen enthalten, wie mit unvollständigen Anzeigen umzugehen ist (BT-Drs. 17/12294, 285 zu § 16 II). Hier dürfte der frühere § 128 II InvG gemeint sein, der § 316 II mit einer Abweichung in Bezug auf die Frist (das InvG sah zehn Arbeitstage vor) inhaltlich entspricht. Die Regelung dient der **Beschleunigung des Anzeigeverfahrens.** 17

Mit dem Begriff der **Ergänzungsanzeige** wird klargestellt, dass im Falle fehlender Unterlagen keine neue vollständige Einreichung der Vertriebsanzeige ein- 18 schließlich aller Unterlagen erforderlich ist. Es ist vielmehr ausreichend, der BaFin nur die noch fehlenden Unterlagen nachzureichen. Eine vollständige Vertriebsanzeige unter Einreichung aller Angaben und Unterlagen wird erst dann erforderlich, falls die Ergänzungsanzeige nicht innerhalb von sechs Monaten nach der Einreichung der Erstanzeige erstattet wird. Es besteht dann die Gefahr, dass die der BaFin bereits eingereichten Unterlagen nicht mehr aktuell sind, so dass eine neue vollständige Anzeige eingereicht werden muss.

19 Mit dem Eingang der Ergänzungsanzeige bei der BaFin beginnt die Frist von 20 Arbeitstagen, innerhalb derer die BaFin fehlende Unterlagen oder Angaben nachfordern kann, erneut.

IV. Mitteilung nach Fristablauf, § 316 III

20 Die BaFin teilt innerhalb von 20 Arbeitstagen nach Eingang der vollständigen Unterlagen sowie der Genehmigung der Anlagebedingungen und der Verwahrstelle mit, ob mit dem Vertrieb des AIF in Deutschland begonnen werden kann. Diese Frist von 20 Arbeitstagen beruht auf Art. 31 III AIFM-RL.

21 Die Regelung der AIFM-RL wurde jedoch in § 316 III durch die Maßgabe ergänzt, dass die **Genehmigung der Anlagebedingungen und der Verwahrstelle** vorliegen müssen, bis die Frist für die inhaltliche Prüfung der Vertriebsanzeige beginnt. Hintergrund hierfür ist, dass die AIFM-RL eine Genehmigung der Anlagebedingungen eines (Publikums-)AIF durch die zuständige Aufsichtsbehörde nicht vorsieht.

22 Das KAGB fordert (wie schon das frühere InvG) eine Genehmigung der Anlagebedingungen eines Publikums-AIF durch die BaFin. Zum Schutz der Anleger eines Publikums-AIF werden hier die gleichen Anforderungen an die Genehmigung der Anlagebedingungen wie an die Genehmigung der Anlagebedingungen eines OGAW gestellt.

23 Durch § 316 III wird klargestellt, dass die Genehmigung der Anlagebedingungen und der Verwahrstelle eines Publikums-AIF **zeitlich vor der inhaltlichen Prüfung der Vertriebsanzeige** erfolgt sein muss. Sollten der Antrag auf Genehmigung der Anlagebedingungen und die Vertriebsanzeige taggleich eingereicht worden sein, beginnt die Frist für die Vertriebsanzeige nach § 316 II 2, III 1 erst ab Genehmigung der Anlagebedingungen und Verwahrstelle durch die BaFin (BaFin-FAQ zum Vertrieb, Ziff. 2.2.2).

24 Die Regelung zum Fristbeginn sowohl nach § 316 II als auch nach § 316 III trägt dem Umstand Rechnung, dass Verwahrstelle und Anlagebedingungen der Genehmigung bedürfen und die Prüfung der Verkaufsprospekte und wAI erst sinnvoll ist, wenn die Prüfung der Anlagebedingungen und der Verwahrstelle abgeschlossen sind (BT-Drs. 12/2294, 285). Betrachtet man die Fristen zur Genehmigung der Anlagebedingungen gem. § 163 II 1 und die Fristen von § 316 II 2,III 1 für die Vertriebsanzeige, kommt man zu dem Ergebnis, dass bis zur Mitteilung der BaFin, dass der Vertrieb des Fonds aufgenommen werden kann, in der Regel **vier Wochen plus 20 Arbeitstage** vergehen werden. Die BaFin hat in ihrem FAQ allerdings darauf hingewiesen, dass sie nicht verpflichtet ist, die gesetzlichen Bearbeitungsfristen auszuschöpfen (BaFin-FAQ zum Vertrieb, Ziff. 2.1.3).

25 Ab dem Datum der Mitteilung der BaFin kann die KVG mit dem Vertrieb des AIF beginnen.

26 Sollte die BaFin der Auffassung sein, dass die KVG oder die Verwaltung des AIF durch die KVG gegen die Vorschriften des KAGB verstoßen, kann sie die **Auf-**

nahme des Vertriebs untersagen. In diesem Fall teilt die BaFin ihre Beanstandung der KVG mit. Die Mitteilung unterbricht die Frist von 20 Arbeitstagen und die KVG erhält (in der Regel) die Möglichkeit, geänderte Unterlagen und Angaben bei der BaFin enzureichen. Mit dieser Einreichung beginnt die Frist von 20 Arbeitstagen zur Prüfung der Vertriebsanzeige erneut.

V. Änderung der eingereichten Unterlagen, § 316 IV

Die KVG hat eine Änderung der im Rahmen der Vertriebsanzeige eingereichten Angaben und Unterlagen der BaFin mitzuteilen und dabei ggf. aktualisierte Unterlagen einzureichen. Um den geänderten Bedürfnissen im Zuge des digitalen Wandels Rechnung zu tragen, müssen die Änderungsanzeigen nicht mehr schriftlich bei der BaFin eingehen (BT-Drs. 19/27631 zu § 316). 27

Nach dem Wortlaut der Vorschrift ist damit **grds. jede Änderung** mitzuteilen. Nach Sinn und Zweck der Regelung sind jedoch nur solche Änderungen anzuzeigen, die für die Zwecke des Anzeigeverfahrens von Bedeutung sind. Rein redaktionelle Änderungen ohne materielle Auswirkungen (zB Korrektur eines Rechtschreibfehlers) müssen daher nicht angezeigt werden (BaFin-FAQ zum Vertrieb, Ziff. 2.2.4). 28

Des Weiteren ist zwischen **geplanten und ungeplanten Änderungen** zu unterscheiden. Geplante Änderungen sind der BaFin mind. 20 Arbeitstage vor Durchführung der Änderung mitzuteilen, ungeplante Änderungen unverzüglich nach deren Eintreten. In der Praxis ist die Unterscheidung zwischen geplanten und ungeplanten Änderungen nicht immer klar erkennbar und unterliegt mangels näherer Erläuterung durch den Gesetzgeber oder die Aufsicht der Einzelfallentscheidung der KVG. 29

Änderungen der Anlagebedingungen oder der Wechsel der Verwahrstelle werden in der Regel geplant sein und müssen ohnehin von der BaFin genehmigt werden. 30

Änderungen des Inhalts des Verkaufsprospekts, die beispielsweise die Angabe der übertragenen Verwaltungsfunktionen oder die Angabe des Vergleichsvermögens im Rahmen der Verwendung des qualifizierten Ansatzes nach der DerivateV betreffen, sind planbar und sollten daher mit dem entsprechenden zeitlichen Vorlauf bei der BaFin angezeigt werden. 31

Dagegen ist der Eintritt eines Ereignisses, das eine **Anpassung des Ausweises des SRI in dem Basisinformationsblatt** zur Folge hat, regelmäßig nicht vorhersehbar und somit eine ungeplante Änderung. 32

Sollte die geplante Änderung gegen das KAGB verstoßen, teilt die BaFin der KVG unverzüglich mit, dass sie die Änderung nicht durchführen darf. Wird die Änderung trotzdem durchgeführt, kann die BaFin alle erforderlichen Maßnahmen gem. § 5 einschließlich einer **Untersagung des Vertriebs** treffen, § 316 IV 4. 33

Ausweislich des Gesetzeswortlauts des § 316 IV hat die BaFin der Gesellschaft unverzüglich mitzuteilen, wenn eine Änderung nicht durchgeführt werden darf. Diese Regelung beruht auf Art. 31 VI AIFM-RL. 34

Eine **Mitteilung der Aufsicht,** dass der Vertrieb nach einer eingereichten Änderungsanzeige weiter fortgesetzt werden darf, wird dagegen weder von der AIFM-RL noch vom KAGB verlangt. § 316 IV enthält, anders als beispielsweise § 163 II 5, auch keine Genehmigungsfiktion. Dennoch wird die KVG davon ausgehen können, dass sie den Vertrieb mit der von ihr angezeigten Änderung weiter fortsetzen kann, wenn sie – bei Einreichung einer geplanten Änderung – nach 20 Arbeitstagen 35 von der BaFin keine Rückmeldung erhalten hat. Beim Einreichen einer ungeplanten Änderung wird die KVG ebenfalls davon ausgehen dürfen, dass sie den Vertrieb fortsetzen kann, wenn sie in einem vergleichbaren Zeitraum keine Mitteilung der BaFin erhalten hat, dass der Vertrieb gegen die Vorschriften des KAGB verstößt.

36 Dessen ungeachtet versendet die BaFin mitunter nach Prüfung einer Änderungsanzeige eine Mitteilung an die KVG, dass die im Rahmen der Änderungsanzeige mitgeteilten Änderungen zulässig sind und durchgeführt werden können. Diese Verwaltungspraxis ist zu begrüßen, da sie die Rechtsunsicherheit der KVG hinsichtlich des weiteren Vertriebs des AIF beseitigt. Auch muss die BaFin die Frist von 20 Arbeitstagen nicht zwingend ausnutzen und kann somit das Anzeigeverfahren beschleunigen.

VI. Änderungsanzeigen bei geschlossenen Publikums-AIF, § 316 V

37 Betrifft die Änderungsanzeige einen geschlossenen Publikums-AIF und bezieht sich die Änderung auf wichtige neue Umstände oder eine wesentliche Unrichtigkeit im Verkaufsprospekts des Fonds, ist diese Änderung unverzüglich im **Bundesanzeiger** und in einer **hinreichend verbreiteten Wirtschafts- oder Tageszeitung** oder in den im Verkaufsprospekt zu bezeichnenden **elektronischen Informationsmedien** (Internet) zu veröffentlichen. Diese Regelung wurde weitestgehend an § 11 I 1 u. 4 und § 9 II 1 des VermAnlG angelehnt (BT-Drs. 17/13395, 409).

§ 317 Zulässigkeit des Vertriebs von EU-AIF oder von ausländischen AIF an Privatanleger

(1) **Der Vertrieb von EU-AIF und ausländischen AIF durch eine EU-AIF-Verwaltungsgesellschaft oder eine ausländische AIF-Verwaltungsgesellschaft an Privatanleger im Geltungsbereich dieses Gesetzes ist nur zulässig, wenn**

1. der AIF und seine Verwaltungsgesellschaft im Staat ihres gemeinsamen Sitzes einer wirksamen öffentlichen Aufsicht zum Schutz der Anleger unterliegen;

2. die zuständigen Aufsichtsstellen des Sitzstaates zu einer nach den Erfahrungen der Bundesanstalt befriedigenden Zusammenarbeit mit der Bundesanstalt entsprechend den §§ 9 und 10 bereit sind;

3. die AIF-Verwaltungsgesellschaft und die Verwaltung des angezeigten AIF durch sie den Anforderungen der Richtlinie 2011/61/EU entsprechen;

4. die ausländische AIF-Verwaltungsgesellschaft der Bundesanstalt ein inländisches Kreditinstitut oder eine zuverlässige, fachlich geeignete Person mit Sitz oder Wohnsitz im Geltungsbereich dieses Gesetzes als Repräsentanten benennt, die hinreichend ausgestattet ist, um die Compliance-Funktion entsprechend § 57 Absatz 3 Satz 4 wahrnehmen zu können;

5. eine Verwahrstelle die Gegenstände des AIF in einer Weise sichert, die den Vorschriften der §§ 80 bis 90 vergleichbar ist;

6. eine Einrichtung gemäß § 306a bereitgestellt wird;

7. die Anlagebedingungen, die Satzung oder der Gesellschaftsvertrag

a) bei offenen AIF die Mindestinhalte nach § 162 und gegebenenfalls

aa) bei mit Sonstigen Investmentvermögen vergleichbaren AIF die Angaben nach § 224 Absatz 2,

bb) bei mit Dach-Hedgefonds vergleichbaren AIF die Angaben nach § 229,

cc) bei mit Immobilien-Sondervermögen vergleichbaren AIF die Angaben nach § 256 Absatz 2,

dd) bei mit Infrastruktur-Sondervermögen vergleichbaren AIF die Angaben nach § 260d Absatz 2

aufweisen,

b) bei geschlossenen AIF die Mindestinhalte nach § 266 aufweisen,

c) Regelungen enthalten, die bei offenen AIF die Einhaltung der Vorschriften in den §§ 192 bis 213 oder den §§ 218, 219 oder den §§ 220, 221, 222 oder § 225 oder den §§ 230 bis 246, 252 bis 254, 258 bis 260 und bei geschlossenen AIF die Einhaltung der Vorschriften in den §§ 261 bis 265 sicherstellen,

d) vorsehen, dass die zum AIF gehörenden Vermögensgegenstände nicht verpfändet oder sonst belastet, zur Sicherung übereignet oder zur Sicherung abgetreten werden dürfen, es sei denn, es werden für den AIF Kredite unter Berücksichtigung der Anforderungen nach den §§ 199, 221 Absatz 6, nach § 254 aufgenommen, einem Dritten Optionsrechte eingeräumt oder Wertpapierpensionsgeschäfte nach § 203 oder Finanzterminkontrakte, Devisenterminkontrakte, Swaps oder ähnliche Geschäfte nach Maßgabe des § 197 abgeschlossen,

e) bei offenen AIF mit Ausnahme von offenen Immobilien-Investmentvermögen oder offenen Infrastruktur-Investmentvermögen vorsehen, dass die Anleger täglich die Auszahlung des auf den Anteil oder die Aktie entfallenden Vermögensteils verlangen können, es sei denn, sie sehen bei mit Sonstigen Investmentvermögen vergleichbaren AIF Regelungen entsprechend § 223 Absatz 1, bei mit Sonstigen Investmentvermögen mit Anlagemöglichkeiten entsprechend § 222 Absatz 1 vergleichbaren AIF Regelungen entsprechend § 223 Absatz 2 oder bei mit Dach-Hedgefonds vergleichbaren AIF Regelungen entsprechend § 227 vor,

f) bei mit Immobilien-Sondervermögen vergleichbaren Investmentvermögen eine Regelung entsprechend den §§ 255, 257 vorsehen,

g) bei geschlossenen AIF vorsehen, dass die Anleger zumindest am Ende der Laufzeit die Auszahlung des auf den Anteil oder die Aktie entfallenden Vermögensteils verlangen können,

h) Regelungen enthalten, die sicherstellen, dass die Bewertung des AIF bei offenen AIF in einer den §§ 168 bis 170, 216 und 217, bei mit Immobilien-Sondervermögen oder Infrastruktur-Sondervermögen vergleichbaren AIF unter Berücksichtigung der Sonderregelung in den §§ 248 bis 251 und bei geschlossenen AIF in einer den §§ 271 und 272 entsprechenden Weise erfolgt,

i) vorsehen, dass eine Kostenvorausbelastung nach Maßgabe des § 304 eingeschränkt ist und dass im Jahresbericht und gegebenenfalls in den Halbjahresberichten die Angaben gemäß § 101 Absatz 2 Nummer 4 zu machen sind,

j) bei mit Infrastruktur-Sondervermögen vergleichbaren Investmentvermögen eine Regelung entsprechend § 260c, § 260a in Verbindung mit den §§ 255, 257 vorsehen;

8. **die in § 297 Absatz 2 bis 6, 8und 9, in den §§ 299 bis 301, 303 Absatz 1 und 3 und in § 318 genannten Pflichten zur Unterrichtung der am Erwerb eines Anteils oder einer Aktie Interessierten oder des Anlegers ordnungsgemäß erfüllt werden.**

(2) **Sofern es sich bei dem angezeigten AIF um einen ausländischen AIF handelt, der von einer ausländischen AIF-Verwaltungsgesellschaft verwaltet wird, ist der Vertrieb nur zulässig, wenn zusätzlich folgende Anforderungen erfüllt sind:**

1. **Es bestehen geeignete Vereinbarungen über die Zusammenarbeit zwischen der Bundesanstalt und den für die Aufsicht zuständigen Stellen des Drittstaates, in dem der ausländische AIF und die ausländische AIF-Verwaltungsgesellschaft ihren Sitz haben; die Vereinbarungen müssen**
   a) **der Überwachung von Systemrisiken dienen,**
   b) **im Einklang mit den internationalen Standards und den Artikeln 113 bis 115 der Delegierten Verordnung (EU) Nr. 231/2013 stehen und**
   c) **einen wirksamen Informationsaustausch gewährleisten, der es der Bundesanstalt ermöglicht, ihre in § 5 festgelegten Aufgaben zu erfüllen.**
2. **Der Herkunftsstaat des angezeigten AIF steht nicht auf der Liste der nicht kooperativen Länder und Gebiete, die von der Arbeitsgruppe „Finanzielle Maßnahmen gegen die Geldwäsche und die Terrorismusfinanzierung" aufgestellt wurde.**
3. **Der Herkunftsstaat des angezeigten AIF hat mit der Bundesrepublik Deutschland eine Vereinbarung unterzeichnet, die den Normen gemäß Artikel 26 des OECD-Musterabkommens zur Vermeidung der Doppelbesteuerung von Einkommen und Vermögen vollständig entspricht und einen wirksamen Informationsaustausch in Steuerangelegenheiten, gegebenenfalls einschließlich multilateraler Abkommen über die Besteuerung, gewährleistet.**

(3) **Ist der angezeigte AIF ein Feeder-AIF, müssen zusätzlich zu den Anforderungen nach Absatz 1 und gegebenenfalls nach Absatz 2 in Bezug auf den Feeder-AIF zumindest folgende Anforderungen erfüllt sein:**

1. **der Master-AIF und dessen Verwaltungsgesellschaft müssen denselben Herkunftsstaat haben wie der Feeder-AIF und dessen Verwaltungsgesellschaft,**
2. **die Anlagebedingungen, die Satzung oder der Gesellschaftsvertrag des Master-AIF müssen Regelungen enthalten, die die Einhaltung der Vorschriften der §§ 220, 221 und 222 oder der §§ 261 bis 265 sicherstellen,**
3. **der Master-AIF und dessen Verwaltungsgesellschaft müssen die Voraussetzungen der §§ 317 bis 319 erfüllen und das Anzeigeverfahren gemäß § 320 erfolgreich abgeschlossen haben,**
4. **die Anlagebedingungen oder die Satzung des Feeder-AIF müssen eine Bezeichnung des Master-AIF enthalten, in dessen Anteile oder Aktien mindestens 85 Prozent des Wertes des Feeder-AIF angelegt werden und gewährleisten, dass die Anleger in einer Art und Weise geschützt werden, die mit den Vorschriften dieses Gesetzes in Bezug auf Master-Feeder-Konstruktionen im Bereich der Publikumsinvestmentvermögen vergleichbar ist,**
5. **die in § 175 oder § 272d vorgesehenen Vereinbarungen wurden abgeschlossen.**

Inhaltsübersicht

Rn.

I. Einleitung 1
II. Statthaftigkeit des Vertriebs, § 317 I 7
1. Wirksame Aufsicht, § 317 I Nr. 1 10
2. Zusammenarbeit der Behörden, § 317 I Nr. 2 12
3. Entsprechung der Anforderungen der AIFM-RL, § 317 I Nr. 3 . . 14
4. Benennung eines Repräsentanten, § 317 I Nr. 4 15
5. Verwahrstelle § 317 I Nr. 5 22
6. Bereitstellung einer Einrichtung gem. § 306a 25
7. Übereinstimmung mit den inhaltlichen Anforderungen an inländische Publikums-AIF, § 317 I Nr. 7 27
8. Unterrichtungspflichten, § 317 I Nr. 8 42
III. Zusätzliche Anforderungen bei ausländischen AIF, § 317 II 46
IV. Feeder-AIF, § 317 III 50

I. Einleitung

§ 317 regelt, unter welchen Voraussetzungen der Vertrieb von EU-AIF oder von ausländischen AIF an Privatanleger im Inland zulässig ist. Die Norm basiert auf § 136 InvG und wurde mit der Einführung des KAGB aufgrund der neuen Regelungen der AIFM-RL wesentlich überarbeitet. 1

Mit der AIFM-RL wurde erstmals der grenzüberschreitende Vertrieb von AIF an professionelle Anleger europaweit einheitlich geregelt. Den grenzüberschreitenden Vertrieb von AIF an Privatanleger regelt die AIFM-RL dagegen nicht. Die Mitgliedsstaaten der EU können eigenständig entscheiden, ob sie den Vertrieb von EU-AIF an Privatanleger in ihrem Hoheitsbereich zulassen wollen, wobei es keine Rolle spielt, ob der Vertrieb des AIF auf nationaler Ebene oder grenzüberschreitend erfolgt oder ob es sich um einen EU-AIF oder einen Nicht-EU-AIF handelt, vgl. Art. 43 I AIFM-RL. 2

Deutschland hat sich entschieden, nicht nur den Vertrieb von Anteilen an in Deutschland aufgelegten AIF an Privatanleger zuzulassen (§ 316), sondern auch den Vertrieb von Anteilen an EU-AIF und ausländischen AIF (AIF, die dem Recht eines Drittstaates unterliegen, vgl. § 1 IX) an Privatanleger im Inland zu gestatten. Dabei hat der Gesetzgeber wie schon im Rahmen des § 316 von dem ihm zustehenden Recht Gebrauch gemacht, diesen Vertrieb strengeren Auflagen zu unterwerfen als den Vertrieb an professionelle Anleger. Die Mitgliedsstaaten können allerdings nicht für EU-AIF, die grenzüberschreitend vertrieben werden sollen, strengere oder zusätzliche Auflagen im Vergleich zu auf nationaler Ebene vertriebenen AIF vorsehen, vgl. Art. 43 II AIFM-RL. Um den Vertrieb deutscher AIF nicht zu benachteiligen, lässt der deutsche Gesetzgeber den Vertrieb von EU-AIF und ausländischen AIF im Inland an Privatanleger daher nur zu, wenn diese AIF inhaltlich den Anforderungen entsprechen, die auch deutsche Publikums-AIF einhalten müssen. 3

Ein harmonisiertes Anzeigeverfahren und damit der Pass für den Vertrieb von Anteilen an AIF an professionelle Anleger gilt nach der AIFM-RL zunächst nur für EU-AIFM und EU-AIF. Die Europäische Wertpapier- und Marktaufsichtsbehörde ESMA hatte bis zum 21.7.2015 eine Stellungnahme über die Funktionsweise des Passes für EU-AIFM, die EU-AIF in anderen Mitgliedsstaaten der EU vertreiben oder verwalten wollen, sowie über die Funktionsweise des Vertriebs von Nicht-EU-AIF durch EU-AIFM oder den Vertrieb von EU-AIF durch Nicht-EU-AIFM vorzulegen. Darüber hinaus hatte ESMA eine Empfehlung zur Anwendung des 4

Passes auf den Vertrieb von Anteilen an Nicht-EU-AIF durch EU-AIFM bzw. zum Vertrieb von Anteilen an AIF durch Nicht-EU-AIFM gem. Art. 35 sowie Art. 37–41 AIFM-RL abzugeben (vgl. Art. 67 I AIFM-RL). Auf Basis dessen soll die EU-Kommission einen delegierten Rechtsakt zur Anwendung des EU-Passes auf Nicht-EU-AIF und Nicht-EU-AIFM erlassen.

5 Die Stellungnahme und die Empfehlung der ESMA liegen (jeweils Stand 30.7.2015) vor. Darin hat die ESMA der EU-Kommission vorgeschlagen, mit dem Erlass eines entsprechenden delegierten Rechtsakts zu warten, bis die ESMA eine positive Empfehlung für eine hinreichend große Anzahl von Ländern abgeben kann (ESMA's advice to the European Parliament, the Council and the Commission on the application of the AIFMD passport to non-EU-AIFM's and AIFs, 30.7.2015, Ziff. 2.1.12). ESMA hat in ihrer Empfehlung bereits eine Vielzahl von Ländern benannt, bezüglich derer sie noch eine entsprechende Erhebung durchführen möchte. Die EU-Kommission hat inzwischen signalisiert, dass sie einen delegierten Rechtsakt erst dann erlassen wird, wenn ihr eine Analyse für eine hinreichende Anzahl von Ländern vorliegt. ESMA wird daher weitere entsprechende Analysen durchführen.

6 Ungeachtet dessen konnte der deutsche Gesetzgeber den Vertrieb von Anteilen an Nicht-EU-AIF an professionelle Anleger und Privatanleger im Inland bereits jetzt auf Basis nationaler Vorgaben zulassen. Er hat im Rahmen der Einführung des KAGB einige Anforderungen, die die AIFM-RL an den Vertrieb von Anteilen an AIF durch Nicht-EU-AIFM aufstellt, bereits vorab in § 317 aufgenommen. Dies betrifft zB die Benennung eines gesetzlichen Vertreters gem. Art. 37 III 3 AIFM-RL und die Anforderungen an die geeigneten Vereinbarungen mit der Aufsichtsbehörde eines Drittstaats, Art. 40 II sowie Art. 42 I AIFM-RL. Zu Einzelheiten → Rn. 15; → Rn. 47f.

II. Statthaftigkeit des Vertriebs, § 317 I

7 Der Vertrieb von Anteilen an EU-AIF oder an ausländischen AIF durch eine EU-AIF-Verwaltungsgesellschaft oder eine ausländische Verwaltungsgesellschaft an Privatanleger im Inland ist zulässig, wenn die in § 317 I und II aufgeführten Anforderungen vorliegen. Diese Anforderungen gelten grds. für offene und geschlossene AIF gleichermaßen, nur in Einzelfällen werden spezielle Anforderungen an den Vertrieb von Anteilen/Aktien an geschlossenen AIF aufgestellt, vgl. § 317 I Nr. 7.

8 Eine **EU-AIF-Verwaltungsgesellschaft** ist ein Unternehmen mit Sitz in einem anderen Mitgliedsstaat der EU oder einem anderen Vertragsstaat des EWR, das den Anforderungen an einen AIFM iSd AIFM-RL entspricht, vgl. § 1 XVII Nr. 2.

9 Eine **ausländische AIF-Verwaltungsgesellschaft** ist ein Unternehmen mit Sitz in einem Drittstaat, das den Anforderungen an einen AIFM im Sinne der AIFM-RL entspricht, vgl. § 1 XVIII.

10 **1. Wirksame Aufsicht, § 317 I Nr. 1.** Der AIF und seine Verwaltungsgesellschaft müssen im Staat ihres gemeinsamen Sitzes einer wirksamen öffentlichen Aufsicht unterliegen. Es ist davon auszugehen, dass AIFM und AIF mit einem Sitz in einem Mitgliedstaat der EU oder einem Staat des EWR einer wirksamen öffentlichen Aufsicht unterliegen.

11 Darüber hinaus müssen die AIF-Verwaltungsgesellschaft und der AIF **ihren Sitz in demselben Staat** haben. Daher kann beispielsweise ein von einer Luxemburger

Verwaltungsgesellschaft in Luxemburg aufgelegter AIF in Deutschland an Privatanleger vertrieben werden. Ein von einer Luxemburger Verwaltungsgesellschaft im Wege des grenzüberschreitenden Dienstleistungsverkehrs in Irland aufgelegter AIF kann dagegen nicht in Deutschland an Privatanleger vertrieben werden. Dies beruht darauf, dass eine grenzüberschreitende Verwaltung von Publikums-AIF insb. beim Fehlen von harmonisierten Produktregeln als nicht angemessen eingestuft wird (BT-Drs. 17/12294, 286 zu § 317 I).

2. Zusammenarbeit der Behörden, § 317 I Nr. 2. Die für den AIF und die AIF-Verwaltungsgesellschaft zuständige Aufsicht muss zu einer nach den Erfahrungen der BaFin **befriedigenden Zusammenarbeit entsprechend den §§ 9 und 10** bereit sein. 12

Für **EU-Mitgliedstaaten** wird dies aufgrund der Europäischen Verträge vorausgesetzt. Für **Drittstaaten** ist Voraussetzung, dass die BaFin **bilaterale Kooperationsvereinbarungen** mit dem jeweiligen Drittstaat abgeschlossen hat. Zum Stand 10.12.2015 hat die BaFin im Rahmen der AIFM-RL entsprechende Memorandi of Understanding mit folgenden Ländern abgeschlossen: Australien, Bermuda, Cayman Islands, Guernsey, Hong Kong, Indien, Japan, Jersey, Kanada, Republik Korea, Schweiz, Singapur, USA.

Die BaFin beabsichtigt, nur dann ein Memorandum of Understanding (MoU) unter der AIFM-RL mit der zuständigen Behörde eines Drittstaats abzuschließen, wenn ein tatsächlicher für die AIFM-RL relevanter Geschäftskontakt mit dem betroffenen Drittland besteht oder zumindest geplant ist (BaFin-Merkblatt zu Vereinbarungen über die Zusammenarbeit zwischen der Bundesanstalt und zuständigen Stellen eines Drittstaats im Rahmen der AIFM-Richtlinie 2011/61/EU, Stand 10.2.2014). Ein ausländischer AIFM, dessen Sitz in einem Herkunftsstaat liegt, das bislang kein MoU mit der BaFin abgeschlossen hat, sollte sich daher zunächst an die BaFin und die zuständige Behörde seines Heimatstaates wenden, bevor er den Vertrieb eines von ihm in diesem Land verwalteten AIF in Deutschland an Privatanleger plant. 13

3. Entsprechung der Anforderungen der AIFM-RL, § 317 I Nr. 3. Die AIF-Verwaltungsgesellschaft und die Verwaltung des angezeigten AIF müssen den Anforderungen der AIFM-RL entsprechen. Diese Anforderung beruht auf Art. 43 I AIFM-RL, wonach die Mitgliedstaaten AIFM gestatten können, in ihrem Hoheitsgebiet Anteile an von ihnen gem. dieser Richtlinie verwaltete AIF an Privatanleger zu vertreiben. Mit dem **Wortlaut „gemäß dieser Richtlinie"** wird vorausgesetzt, dass der AIFM die organisatorischen Anforderungen der AIFM-RL einhält und er eine Zulassung nach der AIFM-RL erhalten hat. 14

4. Benennung eines Repräsentanten, § 317 I Nr. 4. Des Weiteren muss eine ausländische AIF-Verwaltungsgesellschaft der BaFin ein inländisches Kreditinstitut oder eine zuverlässige, fachlich geeignete Person mit Sitz im Inland als Repräsentanten benennen, die hinreichend ausgestattet ist, um die Compliance-Funktion entsprechend § 57 III 4 wahrnehmen zu können. Eine ausländische Verwaltungsgesellschaft, die einen von ihr verwalteten EU-AIF bzw. einen ausländischen AIF in der EU vertreiben möchte, muss daher über einen **gesetzlichen Vertreter mit Sitz im Vertriebsland** verfügen. Sämtliche Korrespondenz zwischen den zuständigen Behörden und der ausländischen AIF-Verwaltungsgesellschaft oder dem Anleger und der ausländischen AIF-Verwaltungsgesellschaft hat über diesen gesetzlichen Vertreter zu erfolgen, vgl. Art. 37 III 3 2 AIFM-RL. 15

EU-AIF-Verwaltungsgesellschaften müssen entsprechend eine Einrichtung gem. § 306a bereitstellen.

16 Ein **inländisches Kreditinstitut** bestimmt sich nach § 1 I 1 KWG. Bei diesem wird die fachliche und persönliche Zuverlässigkeit unterstellt, da diese hinsichtlich der Geschäftsleiter im Rahmen der Zulassung nach § 32 KWG bereits geprüft werden muss.

17 Bei **einer anderen zuverlässigen und fachlich geeigneten Person** kann es sich um eine natürliche oder eine juristische Person handeln. Im letzteren Fall wird für die Frage, ob die Person zuverlässig und fachlich geeignet ist, auf den gesetzlichen Vertreter abgestellt.

18 Zur Beurteilung der Zuverlässigkeit und der fachlichen Eignung dieser Person verlangt die BaFin die Vorlage eines lückenlosen **Lebenslaufs** der Person, der die fachliche Vorbildung und die Art der jeweiligen Tätigkeit enthalten muss. Ebenso ist eine **Straffreiheitserklärung** abzugeben sowie ein **Führungszeugnis** und bei natürlichen Personen ein Auszug aus dem **Gewerbezentralregister** einzureichen (Merkblatt für Anzeigen beim beabsichtigten Vertrieb von EU-AIF oder ausländischen AIF an Privatanleger in der Bundesrepublik Deutschland nach § 320 vom 1.4.2023, Inhalt der Anzeige nach § 320, A. Formelle Anforderungen, VI.3–6). Hierdurch werden hohe Hürden an die Benennung eines inländischen Repräsentanten, der nicht Kreditinstitut iSd KWG ist, aufgestellt. In der Praxis führt dies auch dazu, dass sehr häufig Kreditinstitute als Repräsentanten von ausländischen Gesellschaften benannt werden.

19 Die Person, die Repräsentant der ausländischen AIF-Verwaltungsgesellschaft sein soll, muss ihren **Sitz oder Wohnsitz im Inland** haben. Damit soll sichergestellt werden, dass der inländische Anleger ohne größeren Aufwand bei Fragen zum ausländischen AIF auf einen Ansprechpartner im Inland zugreifen kann. Die genauen Rechte und Pflichten des Repräsentanten sind in § 319 geregelt.

20 Mit der Anforderung, dass der Repräsentant die **Compliance-Funktion entsprechend § 57 III** wahrnehmen können muss, wird bereits jetzt in Anlehnung an Art. 37 III 3 AIFM-RL gefordert, dass der Repräsentant die genannte Compliance-Funktion ausüben und hierzu auch in der Lage sein muss (BT-Drs. 17/12294, 286 zu § 317 I).

21 Die Compliance-Funktion umfasst dabei die Prüfung, ob die ausländische Verwaltungsgesellschaft und die Verwaltung des AIF durch diese mit den Anforderungen des KAGB konform sind (BaFin-FAQ zum Vertrieb vom 5.7.2022, Ziff. 2.3.1).

22 **5. Verwahrstelle § 317 I Nr. 5.** Der EU-AIF bzw. der ausländische AIF muss eine Verwahrstelle haben, die einer AIF-Verwahrstelle gem. §§ 80–90 vergleichbar ist. Die Verwahrstelle kann daher ein **Kreditinstitut, eine Wertpapierfirma iSd VO (EU) Nr. 575/2013 oder eine andere Kategorie von Einrichtung sein, die einer Beaufsichtigung und ständigen Überwachung unterliegt** und die unter eine der von den Mitgliedstaaten gem. Art. 2 III OGAW-Richtlinie festgelegten Kategorien von Einrichtungen fallen, aus denen eine Verwahrstelle gewählt werden kann.

23 Für EU-AIF, die von einer EU-AIF-Verwaltungsgesellschaft verwaltet werden, kann davon ausgegangen werden, dass diese eine Verwahrstelle bestellen werden, die den Anforderungen der AIFM-RL an Verwahrstellen weitestgehend entspricht. Darüber hinaus muss im Rahmen der Vertriebsanzeige eine aktuelle Bestätigung der Verwahrstelle im Original über die Übernahme der Funktion unter entsprechender Einhaltung der Vorschriften nach §§ 80–90 mit Hinweis auf gesetzliche

Bestimmungen in dem Staat, in dem die Verwahrstelle ihren Sitz hat, aus denen sich Rechte und Pflichten der Verwahrstelle ergeben, abgegeben werden (BaFin-Merkblatt für Anzeigen beim beabsichtigten Vertrieb von EU-AIF oder ausländischen AIF an Privatanleger in der Bundesrepublik Deutschland nach § 320 Kapitalanlagegesetzbuch, Inhalt der Anzeige nach § 320, A. Formelle Anforderungen, IX.1).

Bei geschlossenen AIF kann die Verwahrstelle auch ein Treuhänder sein, der die Aufgabe einer Verwahrstelle im Rahmen seiner beruflichen Tätigkeit wahrnimmt, der einer gesetzlich anerkannten obligatorischen berufsmäßigen Registrierung unterliegt und ausreichend finanzielle und berufliche Garantien bietet, um die Aufgaben einer Verwahrstelle wirksam auszuführen, vgl. § 80 III. **24**

6. Bereitstellung einer Einrichtung gem. § 306a. Mit dem Fondsstandortgesetz v. 3.6.2021 (BGBl. 2021 I 1498) hat der Gesetzgeber festgelegt, dass für den Fall des Vertriebs von Anteilen eines AIF durch eine AIF-Verwaltungsgesellschaft diese keine gesonderte Zahlstelle mehr bereitstellen muss, sondern die Aufgaben dieser Einrichtung selbst übernehmen kann. Durch den Verweis des § 317 I Nr. 6 auf § 306 a gilt diese Regelung auch für ausländische Verwaltungsgesellschaften, die Anteile eines AIF im Inland vertreiben möchten. **25**

Diese Einrichtung soll insb. der Verarbeitung von Zeichnungs- und Rücknahmeaufträgen dienen und die Anleger darüber informieren, wie diese Aufträge erteilt werden können. Zu Details s. § 306 a Nr. 1 u. 2. **26**

7. Übereinstimmung mit den inhaltlichen Anforderungen an inländische Publikums-AIF, § 317 I Nr. 7. Um eine Gleichbehandlung zwischen EU-AIF und ausländischen AIF einerseits und inländischen Publikums-AIF andererseits zu erreichen, müssen die Anlagebedingungen, die Satzung oder der Gesellschaftsvertrag des EU-AIF bzw. des ausländischen AIF inhaltlich denjenigen Anforderungen entsprechen, die auch die deutschen Publikums-AIF einhalten müssen. Soweit es sich dabei um **offene AIF** handelt, müssen diese in ihren Anlagebedingungen daher zunächst **die in § 162 vorgegebenen Mindestangaben** enthalten. **27**

Bei **geschlossenen AIF** müssen die Anlagebedingungen die **Mindestinhalte nach § 266** aufweisen. Die Bildung von Teilinvestmentvermögen und Master-Feeder-Konstruktionen muss ausgeschlossen sein, und diese AIF müssen vorsehen, dass die Anleger zumindest zum Laufzeitende die Rückzahlung ihrer Anteile verlangen können. **28**

Darüber hinaus müssen bei offenen EU-AIF oder ausländischen AIF, die zB Edelmetalle oder unverbriefte Darlehensforderungen als Vermögensgegenstände für das Investmentvermögen erwerben wollen, die für ein **Sonstiges Sondervermögen gem. § 224 II** geforderten zusätzlichen Angaben bezüglich der Arten und des Umfangs der Vermögensgegenstände in den Anlagebedingungen gemacht werden. **29**

EU-AIF oder ausländische AIF, die in Zielfonds investieren wollen, deren Anlagebedingungen entweder den Einsatz von Leverage in erheblichem Umfang oder die Möglichkeit des Leerverkaufs vorsehen **(Hedgefonds),** müssen in ihren Anlagebedingungen angeben, nach welchen Grundsätzen sie Zielfonds auswählen, dass es sich bei diesen Zielfonds um Hedgefonds bzw. vergleichbare EU-AIF oder ausländische AIF handelt, welcher Anlagestrategie diese Zielfonds folgen, bis zu welcher Höhe sie Mittel in Bankguthaben, Geldmarktinstrumenten und in Anteilen an Dach-Hedgefonds anlegen dürfen und ob die Vermögensgegenstände eines **30**

Zielfonds bei einer Verwahrstelle oder bei einem Primebroker verwahrt werden, vgl. § 229 II.

31 **EU-AIF oder ausländische AIF, die in Immobilien investieren,** müssen alle Voraussetzungen für die Rückgabe und Auszahlung von Anteilen aus dem Sondervermögen Zug um Zug gegen Rückgabe der Anteile in die Anlagebedingungen aufnehmen. Darüber hinaus müssen diese AIF insb. auch die Sonderregeln für die Ausgabe und Rücknahme der Anteile an Immobilienfonds einhalten. AIF, die überwiegend in Immobilien investieren und in Deutschland zum Vertrieb an Privatanleger zugelassen werden sollen, müssen daher eine Mindesthaltefrist von 24 Monaten und eine Rückgabefrist von 12 Monaten vorsehen.

32 Des Weiteren muss ein solcher AIF im Falle der Aussetzung der Rücknahme von Anteilen Regelungen entsprechend § 257 vorsehen, dh insb. eine Veräußerung der Vermögensgegenstände des Fonds zu angemessenen Bedingungen, 12 bzw. 24 Monate nach Aussetzung der Rücknahme der Anteile auch mit einem Abschlag von 10% bzw. 20% des Verkehrswerts.

33 EU-AIF oder ausländische AIF, die in zulässige Vermögensgegenstände eines Infrastruktur-Investmentvermögens investieren, müssen in ihren Anlagebedingungen unter anderem die Arten von Infrastruktur-Projektgesellschaften sowie die Grundsätze, nach denen diese ausgewählt wurden, beschreiben.

34 Die Zielsetzung einer weitgehenden Äquivalenz zwischen EU-AIF und ausländischen AIF einerseits und inländischen Publikumsinvestmentvermögen andererseits hat zu **weiteren Ergänzungen** geführt, zB Anforderungen an Vermögensgegenstände und Anlagegrenzen, Derivate-Einsatz, Wertpapierleih- und Wertpapierpensionsgeschäfte, Erfordernis von Kostenregelungen und Verhinderung des sog. Blind-Pooling bei geschlossenen Investmentvermögen (BT-Drs.17/12294, 286 zu § 317 I).

35 Insbesondere durch den Verweis auf die **Vorschriften zu den Anlagegrenzen** wird deutlich, dass ein AIF die jeweiligen Vermögensgegenstände (zB Edelmetalle) nur in demjenigen Umfang erwerben darf, in dem sie auch ein inländischer Publikums-AIF erwerben dürfte. Eine **„Schmutzgrenze"**, innerhalb derer eine AIF-Verwaltungsgesellschaft bzw. der EU-AIF oder der ausländische AIF von den jeweiligen Anlagegrenzen des KAGB abweichen darf, gibt es nicht. Die BaFin hat klargestellt, dass § 317 I Nr. 7 Buchst. c verlangt, dass die Anlagebedingungen, die Satzung oder der Gesellschaftsvertrag des jeweiligen AIF Regelungen enthalten, die die Einhaltung der dort genannten Vorschriften (einschließlich der darin enthaltenen Kataloge von erwerbbaren Vermögensgegenständen) sicherstellen. Für Abweichungen ließe diese Regelung kein Raum (BaFin-FAQ zum Vertrieb, Ziff. 2.3.3). Da mit dieser Regelung verhindert werden soll, dass der Vertrieb von Anteilen inländischer Publikums-AIF gegenüber dem Vertrieb von Anteilen anderer AIF im Inland benachteiligt wird, ist diese Auslegung sachgerecht.

36 Des Weiteren wird gefordert, dass die offenen AIF vorsehen, dass die Anleger **täglich die Auszahlung des auf den Anteil oder die Aktie entfallenden Vermögensanteils verlangen können** bzw. die für Sonstige Investmentvermögen oder Hedgefonds nach dem KAGB vorgesehenen Rückgaberegelungen nach dem KAGB einhalten.

37 Diese Regelung in § 317 I Nr. 7 Buchst. e wurde mit dem neuen KAGB vom 4.7.2013 eingeführt und sollte die Anforderungen des § 98 an die Rücknahme von Anteilen von inländischen offenen Investmentvermögen auch für EU-AIF und ausländische AIF umsetzen.

38 § 98 (Stand 4.7.2013) sah vor, dass jeder Anleger verlangen kann, dass ihm gegen Rückgabe des Anteils sein Anteil an dem Sondervermögen aus diesem ausge-

zahlt wird. Damit wurde das Prinzip der jederzeitigen Rückgabemöglichkeit, das als wesentliches Merkmal eines offenen Sondervermögens angesehen wird, umgesetzt.

Mit der Delegierten Verordnung (EU) Nr. 694/2014 vom 17.12.2013 zur Bestimmung der Arten von Verwaltern alternativer Investmentfonds wurde erstmals europaweit einheitlich definiert, wann ein offener AIF vorliegt. Danach ist ein AIFM eines offenen AIF ein AIFM, der einen AIF verwaltet, dessen Anteile vor Beginn der Liquidationsphase oder Auslaufphase auf Ersuchen eines Anteileigners direkt oder indirekt aus den Vermögenswerten des AIF und nach den Verfahren und mit der Häufigkeit, die in den Vertragsbedingungen festgelegt sind, zurückgekauft oder zurückgenommen werden (vgl. Art. 1 II der VO (EU) Nr. 694/2014 vom 17.12.2013). Praktisch reicht damit die Möglichkeit einer einmaligen Rückgabe der Anteile vor Auflösung des Fonds für das Vorliegen eines offenen AIF aus. **39**

Als Folge dieser Regelung wurde mit dem Gesetz zur Anpassung von Gesetzen auf dem Gebiet des Finanzmarkts vom 15.7.2014 zunächst die Definition von offenen Investmentvermögen in § 1 geändert. Darüber hinaus wurde § 98 I dahingehend angepasst, dass jeder Anleger **mindestens zweimal im Monat** verlangen kann, dass ihm gegen Rückgabe des Anteils sein Anteil an dem Sondervermögen aus diesem ausgezahlt wird, die Einzelheiten sind in den Anlagebedingungen festzulegen. Die Häufigkeit von mindestens zweimal im Monat in § 98 I 1 wird aus der Regelung in § 170, die ihrerseits Art. 32 V Buchst. c der RL 2009/65/EG umsetzt, abgeleitet, wonach Kapitalverwaltungsgesellschaften für OGAW den NAV je Anteil oder Aktie mind. zweimal im Monat veröffentlichen müssen (BReg-Drs. 18/1305, 47 zu § 98). Die Regelung gilt auch für inländische Publikums-AIF. **40**

§ 317 I Nr. 7 Buchst. e wurde im Rahmen des Gesetzes zur Anpassung von Gesetzen auf dem Gebiet des Finanzmarkts vom 15.7.2014 jedoch nicht angepasst. Damit sind die Anforderungen an die Möglichkeit der täglichen Rückgabe von Anteilen an EU-AIF oder ausländischen AIF strenger als die Anforderungen an die Rückgabe von Anteilen eines inländischen Publikums-AIF. Zwar sehen in der Praxis die Anlagebedingungen der deutschen Publikums-AIF regelmäßig vor, dass der Anleger jederzeit von der Gesellschaft die Rückgabe seiner Anteile verlangen kann. Dennoch sollte die Regelung des § 317 I Nr. 7 Buchst. e an die gesetzlichen Rückgaberegelungen des § 98 I angepasst werden und künftig vorsehen, dass der Anleger mindestens zweimal im Monat die Auszahlung des auf den Anteil oder die Aktie entfallenden Vermögensanteils verlangen kann. **41**

8. Unterrichtungspflichten, § 317 I Nr. 8. Auch hinsichtlich der **Unterrichtungspflichten** sollen inländische Anleger eines EU-AIF oder eines ausländischen AIF den Anlegern eines inländischen AIF gleichgestellt werden. Die Verwaltungsgesellschaft muss daher den Anlegern diejenigen Informationen zur Verfügung stellen, die auch die Anleger eines inländischen AIF erhalten. Dabei handelt es sich insb. um das Basisinformationsblatt nach der PRIIPs-VO, den Verkaufsprospekt, den letzten Jahres- und Halbjahresbericht sowie die Informationen über den jüngsten NAV des Investmentvermögens, vgl. § 297 II. **42**

Dabei müssen die Verwaltungsgesellschaften den Verkaufsprospekt, die Anlagebedingungen bzw. die Satzung oder den Gesellschaftsvertrag und die wesentlichen Anlegerinformationen sowie deren jeweilige Änderungen auf ihrer **Internet-Seite** veröffentlichen. Ausgabe- und Rücknahmepreis sowie der jeweils aktuelle Nettoinventarwert je Anteil sind bei jeder Ausgabe und Rücknahme von Anteilen **in den im Verkaufsprospekt bezeichneten Medien** (verbreitete Wirtschafts- oder **43**

Tageszeitung oder Internet) zu veröffentlichen. Die jeweils aktuellen Jahres- und Halbjahresberichte sind im **Bundesanzeiger** zu veröffentlichen.

44 Auch die zusätzlichen Informationspflichten für AIF in Bezug auf Liquiditäts- und Risikomanagement und Leverage sind einzuhalten. Ebenso muss die Verwaltungsgesellschaft über Änderungen, die sich in Bezug auf die Haftung der Verwahrstelle ergeben, informieren, vgl. § 300 IV.

45 Alle geforderten Informationen müssen in **deutscher Sprache** abgefasst sein.

III. Zusätzliche Anforderungen bei ausländischen AIF, § 317 II

46 Nur für ausländische AIF, die von einer ausländischen AIF-Verwaltungsgesellschaft verwaltet werden und deren Anteile im Inland vertrieben werden sollen, sind weitere Anforderungen an die Zulässigkeit des Vertriebs aufgestellt worden. Mit diesen werden die Vorgaben für den Vertrieb von Anteilen an Nicht-EU-AIF durch Nicht-EU-AIFM gem. Art. 40 II AIFM-RL für den Vertrieb an Privatanleger ebenso übernommen wie bereits jetzt die Anforderungen des Art. 42 I Buchst. b und c AIFM-RL für den Vertrieb von Anteilen an AIF ohne Pass durch eine ausländische Verwaltungsgesellschaft in § 317 II aufgenommen werden.

47 Der Vertrieb ist nur zulässig, wenn die **geeigneten Vereinbarungen über die Zusammenarbeit,** die zwischen der BaFin und den zuständigen Stellen des Drittstaats bestehen, der Überwachung von Systemrisiken dienen und einen wirksamen Informationsaustausch gewährleisten, die es der BaFin ermöglicht, ihre in § 5 festgelegten Aufgaben zu erfüllen. Zu den Staaten, mit denen die BaFin bereits entsprechende Vereinbarungen abgeschlossen hat, → Rn. 13.

48 Des Weiteren darf der Drittstaat **nicht auf der Liste der nicht kooperativen Länder** und Gebiete, die von der Arbeitsgruppe „Finanzielle Maßnahmen gegen Geldwäsche und Terrorismusfinanzierung" aufgestellt wurden, stehen. Die Liste kann auf der Homepage der FATF unter http://www.fatf-gafi.org/topics/high-riskandnon-cooperativejurisdictions abgerufen werden.

49 Zuletzt muss das Drittland mit der Bundesrepublik Deutschland eine Vereinbarung unterzeichnet haben, die mit den Normen gemäß Art. 26 des **OECD Musterabkommens zur Vermeidung der Doppelbesteuerung** vollständig entspricht, vgl. Art. 40 II Buchst. c AIFM-RL. Dadurch soll sichergestellt werden, dass die Steuerbehörden des betreffenden Mitgliedsstaats, also hier die deutschen Steuerbehörden, von den Steuerbehörden des Drittlandes alle Informationen bekommen können, die sie für die Besteuerung professioneller Anleger, die in Offshore-Fonds investieren, benötigen (BSV § 317 Rn. 63).

IV. Feeder-AIF, § 317 III

50 Für den Vertrieb eines Feeder-AIF gelten über die Anforderungen an den Vertrieb eines AIF hinaus noch folgende Anforderungen:

51 Der Master-AIF und dessen Verwaltungsgesellschaft müssen **denselben Herkunftsstaat** haben wie der Feeder-AIF und dessen Verwaltungsgesellschaft. Damit wird die in § 317 I Nr. 1 aufgestellte Anforderung an den Sitz von AIF und Verwaltungsgesellschaft im gemeinsamen Staat auf für den Vertrieb von Feeder-Fonds fortgeführt. Wegen der fehlenden Harmonisierung von AIF soll eine grenzüberschreitende Verwaltung weder des Feeder-AIF noch des Master-AIF möglich sein, so dass folglich nicht nur die Investmentvermögen, sondern auch deren Verwaltungsgesellschaften den gleichen Herkunftsstaat haben müssen (BSV § 317 Rn. 63).

Des Weiteren muss auch der Master-AIF zum Vertrieb in Deutschland an Privatanleger zugelassen sein und das Anzeigeverfahren gem. § 320 durchlaufen haben. Damit soll zum einen eine umfassende Prüfung des Master-AIF erreicht und zum anderen sichergestellt werden, dass auch der Master-AIF einen Repräsentanten im Inland vorhalten und der Bundesanstalt auf Verlangen Auskünfte erteilen und Unterlagen vorlegen muss (BT-Drs. 17/12294, 286 zu § 317). **52**

Die Anlagebedingungen eines Feeder-AIF müssen denen eines deutschen Feeder-AIF entsprechen und die Vereinbarungen zwischen der Verwaltungsgesellschaft des Master-AIF und der Verwaltungsgesellschaft des Feeder-AIF müssen ebenfalls entsprechend der Anforderungen des KAGB abgeschlossen worden sein. **53**

§ 318 Verkaufsprospekt beim Vertrieb von EU-AIF oder von ausländischen AIF an Privatanleger

(1) [1]**Der Verkaufsprospekt des EU-AIF oder des ausländischen AIF muss mit einem Datum versehen sein und alle Angaben enthalten, die zum Zeitpunkt der Antragstellung für die Beurteilung der Anteile oder Aktien des EU-AIF oder des ausländischen AIF von wesentlicher Bedeutung sind.** [2]**Er muss zumindest die in § 165 Absatz 2 bis 7 und 9 geforderten Angaben enthalten.** [3]**Der Verkaufsprospekt eines geschlossenen AIF muss keine Angaben entsprechend § 165 Absatz 3 Nummer 2 und Absatz 4 bis 7, dafür aber Angaben entsprechend § 269 Absatz 2 Nummer 2 und 3 und Absatz 3 sowie einen Hinweis enthalten, wie die Anteile oder Aktien übertragen werden können und gegebenenfalls Hinweise entsprechend § 262 Absatz 1 Satz 4, § 262 Absatz 2 Satz 3, § 263 Absatz 5 Satz 2 und gegebenenfalls einen Hinweis, in welcher Weise ihre freie Handelbarkeit eingeschränkt ist.** [4]**Der Verkaufsprospekt eines Feeder-AIF muss zusätzlich die Angaben nach § 173 Absatz 1 oder § 272d Absatz 1 enthalten.** [5]**Darüber hinaus muss der Verkaufsprospekt eines EU-AIF oder ausländischen AIF insbesondere Angaben enthalten**

1. **über Name oder Firma, Rechtsform, Sitz und Höhe des gezeichneten und eingezahlten Kapitals (Grund- oder Stammkapital abzüglich der ausstehenden Einlagen zuzüglich der Rücklagen) des EU-AIF oder des ausländischen AIF, der AIF-Verwaltungsgesellschaft, des Unternehmens, das den Vertrieb der Anteile oder Aktien im Geltungsbereich dieses Gesetzes übernommen hat (Vertriebsgesellschaft), und der Verwahrstelle,**
2. **über Name oder Firma, Sitz und Anschrift des Repräsentanten und der Zahlstellen,**
3. **über die Voraussetzungen und Bedingungen, zu denen die Anleger die Auszahlung des auf den Anteil oder die Aktie entfallenden Vermögensteils verlangen können sowie über die für die Auszahlung zuständigen Stellen.**

[6]**Der Verkaufsprospekt muss ferner ausdrückliche Hinweise darauf enthalten, dass der EU-AIF oder der ausländische AIF und seine Verwaltungsgesellschaft nicht einer staatlichen Aufsicht durch die Bundesanstalt unterstehen.** [7]**Die Bundesanstalt kann verlangen, dass in den Verkaufsprospekt weitere Angaben aufgenommen werden, wenn sie Grund zu der Annahme hat, dass die Angaben für den Erwerber erforderlich sind.**

(2) [1]**Der Verkaufsprospekt von EU-AIF und ausländischen AIF, die hinsichtlich ihrer Anlagepolitik Anforderungen unterliegen, die denen von Dach-Hedgefonds nach § 225 Absatz 1 und 2 vergleichbar sind, muss darüber hinaus Angaben entsprechend den in § 228 genannten Angaben enthalten.** [2]**Der Verkaufsprospekt von EU-AIF oder ausländischen AIF, die hinsichtlich ihrer Anlagepolitik Anforderungen unterliegen, die denen von Sonstigen Investmentvermögen nach den §§ 220, 221, 222 vergleichbar sind, muss darüber hinaus Angaben entsprechend den in § 224 Absatz 1 genannten Angaben enthalten.** [3]**Der Verkaufsprospekt von EU-AIF oder ausländischen AIF, die hinsichtlich ihrer Anlagepolitik Anforderungen unterliegen, die denen von Immobilien-Sondervermögen nach § 230 vergleichbar sind, muss darüber hinaus Angaben entsprechend den Angaben nach § 256 Absatz 1 enthalten.** [4]**Der Verkaufsprospekt von EU-AIF oder ausländischen AIF, die hinsichtlich ihrer Anlagepolitik Anforderungen unterliegen, die denen von Infrastruktur-Sondervermögen nach § 260a vergleichbar sind, muss darüber hinaus Angaben entsprechend den Angaben nach § 260d Absatz 1 enthalten.**

(3) [1]**Für EU-AIF-Verwaltungsgesellschaften oder ausländische AIF-Verwaltungsgesellschaften, die nach der Verordnung (EU) 2017/1129 einen Prospekt zu veröffentlichen haben, bestimmen sich die in diesen Prospekt aufzunehmenden Mindestangaben nach der Verordnung (EU) 2017/1129 und den Vorgaben in den Kapiteln II bis IV der Delegierten Verordnung (EU) 2019/980.** [2]**Enthält dieser Prospekt zusätzlich die in den Absätzen 1 und 2 geforderten Angaben, muss darüber hinaus kein Verkaufsprospekt erstellt werden.** [3]**Die Absätze 4 und 6 gelten entsprechend.**

(4) **Außerdem ist dem Verkaufsprospekt als Anlage beizufügen:**
1. **ein Jahresbericht nach § 299 Absatz 1 Satz 1 Nummer 3, dessen Stichtag nicht länger als 16 Monate zurückliegen darf, und**
2. **bei offenen AIF, wenn der Stichtag des Jahresberichts länger als acht Monate zurückliegt, auch ein Halbjahresbericht nach § 299 Absatz 1 Satz 1 Nummer 4.**

(5) [1]**Angaben von wesentlicher Bedeutung im Verkaufsprospekt sind auf dem neusten Stand zu halten.** [2]**Bei geschlossenen AIF mit einer einmaligen Vertriebsphase gilt dies nur für die Dauer der Vertriebsphase.**

Inhaltsübersicht

		Rn.
I.	Einleitung	1
II.	Inhalt des Verkaufsprospekts, § 318 I	3
III.	Zusätzliche Anforderungen an bestimmte Arten von AIF, § 318 II	12
IV.	Zusätzliche Angaben im Verkaufsprospekt nach der Prospekt-VO, § 318 III	16
V.	Beifügung des Jahresberichts, § 318 IV	20
VI.	Aktualität der Informationen, § 318 V	21

I. Einleitung

In § 318 werden die Anforderungen an den Inhalt des Verkaufsprospekts eines EU-AIF oder eines ausländischen AIF, der im Inland an Privatanleger vertrieben werden soll, festgelegt. Die Regelung basiert auf § 137 InvG und wurde redaktionell und inhaltlich an die Vorgaben des KAGB angepasst. 1

Mit diesen Vorgaben an die Inhalte des Verkaufsprospekts soll sichergestellt werden, dass Privatanleger, die Anteile eines EU-AIF oder eines ausländischen AIF erwerben wollen, grds. denselben Detaillierungsgrad an Informationen erhalten, den sie auch erhalten würden, wenn sie einen inländischen Publikums-AIF erwerben wollten. 2

II. Inhalt des Verkaufsprospekts, § 318 I

Der Verkaufsprospekt eines EU-AIF oder eines ausländischen AIF muss mit einem Datum versehen sein und alle Angaben enthalten, die zum Zeitpunkt der Antragstellung für die Beurteilung der Anteile oder Aktien von wesentlicher Bedeutung sind, § 318 I 1. 3

Eine EU-Verwaltungsgesellschaft hat dabei insb. zu beachten, dass der Verkaufsprospekt eines AIF, der in Deutschland an Privatanleger vertrieben werden soll, mit einem **genauen Standdatum** zu versehen ist. Für EU-OGAW, die in Deutschland vertrieben werden, gibt es keine vergleichbare Vorgabe. Daher wird in der Praxis für diese Fonds häufig nur Monat und Jahr des Stands des Verkaufsprospekts ausgewiesen. Damit sind die Anforderungen an das Standdatum eines EU-AIF höher als die Anforderungen an einen EU-OGAW, der in Deutschland an Privatanleger vertrieben wird. Da allerdings für inländische Publikums-Investmentvermögen die Angabe eines Datums verpflichtend vorgesehen ist (vgl. § 165 I 1) und der EU-AIF insoweit dem inländischen Publikums-AIF gleichgestellt werden soll, ist die Aufnahme des genauen Standdatums in den Verkaufsprospekt sachgerecht. 4

Alle Angaben, die von wesentlicher Bedeutung sind, müssen **zum Zeitpunkt der Antragstellung** im Verkaufsprospekt enthalten sein. Die Formulierung „zum Zeitpunkt der Antragstellung" weist darauf hin, dass hinsichtlich des Vorliegens dieser Angaben auf den Zeitpunkt abzustellen ist, zu dem ein Anleger einen Antrag auf Abschluss des Investmentvertrages mit der Verwaltungsgesellschaft abgibt. Die Regelung beruht auf dem früheren § 137 InvG und war bereits in § 3 II AuslInvestmG enthalten. Sie ist jedoch missverständlich, da in § 318 KAGB der Bezug auf den Abschluss des Investmentvertrages (anders als noch in § 3 AuslInvestmG) fehlt. Zur Klarstellung sollte daher entweder ein Verweis auf § 297 II entsprechend ergänzt werden, in dem geregelt ist, dass dem am Erwerb eine Anteils Interessierten vor Vertragsschluss ua der Verkaufsprospekt zur Verfügung zu stellen ist, oder die Formulierung sollte gestrichen werden. 5

Die Frage, welche Angaben für den Anleger **von wesentlicher Bedeutung** sind, wird in § 318 I 2 durch die dort aufgestellten Mindestanforderungen näher konkretisiert. Der Verweis auf die maßgeblichen Vorschriften für offene inländische Investmentvermögen (§ 165) bzw. geschlossene inländische Investmentvermögen (§ 269) und Feeder-AIF (§ 173) verdeutlicht, dass der Verkaufsprospekt eines EU-AIF bzw. eines ausländischen AIF grds. umfänglich diejenigen Angaben enthalten muss, die auch der Verkaufsprospekt eines vergleichbaren inländischen AIF, der an Privatanleger vertrieben wird, enthält. 6

7 Darüber hinaus muss der Verkaufsprospekt eines EU-AIF bzw. eines ausländischen AIF weitere Angaben enthalten, die den besonderen Anforderungen an den Vertrieb dieser Anteile an Privatanleger im Inland Rechnung tragen sollen. Dies betrifft insb. die **Angaben zur Kapitalausstattung** des AIF, der AIF-Verwaltungsgesellschaft, der Vertriebsgesellschaften und der Verwahrstelle. Während diese Angaben für die Verwaltungsgesellschaft bereits über den Verweis in § 318 I 2 auf § 165 II Nr. 30 gefordert werden, wird dies nun auch auf den AIF selbst, die Vertriebsgesellschaften und die Verwahrstelle ausgedehnt. Die Anforderungen befinden sich auch im BaFin-Merkblatt für Anzeigen beim beabsichtigten Vertrieb von EU-AIF oder ausländischen AIF an Privatanleger in der Bundesrepublik Deutschland nach § 320 (im Folgenden „BaFin-Merkblatt", Stand 1.4.2023; BaFin-Merkblatt, Inhalt der Anzeige nach § 320, B. Materielle Anforderungen, I.6.2).

8 Des Weiteren sind Angaben zu Name oder Firma und Sitz und Anschrift des **Repräsentanten und der Zahlstelle** sowie zu den Voraussetzungen, unter denen der Anleger die Auszahlung des auf den Anteil entfallenden Vermögensanteils verlangen kann, sowie über die für die Auszahlung zuständigen Stellen erforderlich.

9 Der Verkaufsprospekt muss ferner einen **drucktechnisch hervorgehobenen Hinweis** darauf enthalten, dass der AIF und seine Verwaltungsgesellschaft nicht der Aufsicht durch die BaFin unterstehen. Die BaFin hat in ihrem Merkblatt den entsprechenden Wortlaut dieses Hinweises vorgegeben (BaFin-Merkblatt, Inhalt der Anzeige nach § 320, B. Materielle Anforderungen, I.6.48: „Sowohl das Investmentvermögen als auch seine Verwaltungsgesellschaft unterliegen nicht der staatlichen Aufsicht durch die Bundesanstalt für Finanzdienstleistungsaufsicht.").

10 Über diese Mindestangaben hinaus kann die BaFin verlangen, dass **weitere Angaben** in den Verkaufsprospekt aufgenommen werden, wenn sie Grund zu der Annahme hat, dass diese Angaben für den Erwerber erforderlich sind. Aufgrund der Aufnahme dieser Anforderung in § 318 I 7 ist in § 318 I 2 der Verweis auf den gleichlautenden § 165 VIII unterblieben.

11 Die BaFin hat von dieser Regelung in ihrem Merkblatt nach § 320 Gebrauch gemacht und unter B. Materielle Anforderungen, I. Offene AIF, 6. Inhalt des Verkaufsprospekts zusätzliche Anforderungen an den Inhalt des Verkaufsprospekts eines EU-AIF bzw. ausländischen AIF aufgestellt. Dabei handelt es sich zB um den Hinweis auf die Maßgeblichkeit des deutschen Wortlauts des Verkaufsprospekts, der Anlagebedingungen, der Satzung bzw. des Gesellschaftsvertrages sowie sonstiger Unterlagen und Veröffentlichungen. Dies ist daher im Verkaufsprospekt zu ergänzen.

III. Zusätzliche Anforderungen an bestimmte Arten von AIF, § 318 II

12 An die Inhalte der Verkaufsprospekte von EU-AIF und ausländischen AIF, die hinsichtlich ihrer Anlagepolitik Anforderungen unterliegen, die denen von Sonstigen Investmentvermögen, Dach-Hedgefonds oder Immobilien-Sondervermögen vergleichbar sind, stellt § 318 II zusätzlich zu den in § 318 I geforderten allgemeinen Angaben weitere Anforderungen auf.

Während schon in § 317 I Nr. 7 vorgegeben ist, dass die **Anlagebedingungen** dieser Arten von AIF fondsspezifische Ergänzungen enthalten müssen, fordert § 318 II konsequenterweise die entsprechenden ergänzenden Erläuterungen in den **Verkaufsprospekten** dieser Fonds.

13 Für einen **Dach-Hedgefonds** müssen daher neben den zusätzlichen Angaben nach § 229 in den Anlagebedingungen die Angaben nach § 228 im Verkaufsprospekt dieses Fonds ergänzt werden. Dabei handelt es sich unter anderem um Angaben zu den Anforderungen, die an die Geschäftsleitung eines Zielfonds gestellt werden und Angaben zur Gebührenstruktur der Zielfonds. Darüber hinaus muss der Verkaufsprospekt an auffälliger Stelle drucktechnisch hervorgehoben folgenden Hinweis enthalten: Der Bundesfinanzminister warnt: „Dieser Investmentfonds investiert in Hedgefonds, die keinen gesetzlichen Leverage- oder Risikobeschränkungen unterliegen."

14 Ein einem **Sonstigen Sondervermögen** vergleichbarer EU-AIF oder ausländischer AIF muss neben den zusätzlichen Angaben nach § 224 II in den Anlagebedingungen auch die Angaben nach § 224 I in den Verkaufsprospekt aufnehmen.

15 Ein AIF, dessen Anlagepolitik derjenigen eines **Immobilien-Sondervermögens** vergleichbar ist, muss neben den zusätzlichen Angaben nach § 256 II in den Anlagebedingungen die Angaben nach § 256 I im Verkaufsprospekt vorsehen. Dies bedeutet insb. die Aufnahme eines drucktechnisch hervorgehobenen Hinweises, dass der Anleger abweichend von § 98 die Rücknahme von Anteilen und die Auszahlung des Anteilwerts nur zu den Rücknahmeterminen verlangen kann, die in den Anlagebedingungen des Fonds vorgesehen sind.

IV. Zusätzliche Angaben im Verkaufsprospekt nach der Prospekt-VO, § 318 III

16 § 318 III regelt, welche weiteren Angaben eine AIF-Verwaltungsgesellschaft in einen Prospekt aufnehmen muss, wenn sie verpflichtet ist, für einen AIF einen Prospekt gem. der Prospekt-VO zu erstellen. Damit kann die Pflicht zur Erstellung eines zusätzlichen Verkaufsprospekts nach dem KAGB vermieden werden (sa BT-Drs. 17/12294, 286 zu § 318 III).

17 Die Prospekt-VO findet gem. Art. 1 II keine Anwendung auf Anteilscheine, die von Organismen für Gemeinsame Anlagen eines anderen als des geschlossenen Typs ausgegeben werden. Die Anforderung zur Erstellung eines Verkaufsprospekts nach der Prospekt-VO gilt daher nur für geschlossene AIF, die an Privatanleger vertrieben werden sollen und deren Anteile entweder iSd Prospekt-VO öffentlich angeboten oder zum Handel an einem organisierten Markt zugelassen werden sollen.

18 In diesem Fall sind den Mindestangaben nach der Prospekt-VO die Angaben nach § 318 I und II hinzuzufügen.

19 Darüber hinaus gelten § 318 IV und V für diese AIF entsprechend. Diesem Verkaufsprospekt sind als Anlage ein Jahresbericht sowie ggf. ein Halbjahresbericht beizufügen und deren Angaben sind auf dem neuesten Stand zu halten. Darüber hinaus waren nach dem früheren § 318 V für diese AIF wAI zu erstellen und auf dem neuesten Stand zu halten, dieses Erfordernis ist jedoch mit dem Ablauf der in Art. 32 der PRIIPs-VO enthaltenen Übergangsfrist zum 31. 12. 2022 weggefallen (vgl. BT-Drs. 20/1906, 44).

V. Beifügung des Jahresberichts, § 318 IV

20 Dem Verkaufsprospekt ist ferner ein Jahresbericht gem. § 299 I Nr. 3 und, wenn der Stichtag des Jahresberichts länger als acht Monate zurückliegt, auch ein Halbjahresbericht gem. § 299 I Nr. 4 beizufügen.

VI. Aktualität der Informationen, § 318 V

21 Der Verkaufsprospekt eines EU-AIF bzw. eines ausländischen AIF ist auf dem neuesten Stand zu halten.

22 Die Regelung entspricht § 164 III für inländische Publikums-Investmentvermögen und lässt sich darüber hinaus auch aus Art. 23 I 1 AIFM-RL ableiten, der vorschreibt, dass der AIFM den Anlegern des AIF die in Art. 23 AIFM-RL beschriebenen Informationen sowie alle wesentlichen Änderungen dieser Informationen zur Verfügung stellt.

§ 319 Vertretung der Gesellschaft, Gerichtsstand beim Vertrieb von EU-AIF oder von ausländischen AIF an Privatanleger

(1) **[1]Der Repräsentant vertritt den EU-AIF oder ausländischen AIF gerichtlich und außergerichtlich. [2]Er ist ermächtigt, für die AIF-Verwaltungsgesellschaft und die Vertriebsgesellschaft bestimmten Schriftstücke zu empfangen. [3]Diese Befugnisse können nicht beschränkt werden.**

(2) **[1]Für Klagen gegen einen EU-AIF oder einen ausländischen AIF, eine AIF-Verwaltungsgesellschaft oder eine Vertriebsgesellschaft, die zum Vertrieb von Anteilen oder Aktien an EU-AIF oder ausländischen AIF an Privatanleger im Geltungsbereich dieses Gesetzes Bezug haben, ist das Gericht zuständig, in dessen Bezirk der Repräsentant seinen Wohnsitz oder Sitz hat. [2]Dieser Gerichtsstand kann durch Vereinbarung nicht ausgeschlossen werden.**

(3) **[1]Der Name des Repräsentanten und die Beendigung seiner Stellung sind von der Bundesanstalt im Bundesanzeiger bekannt zu machen. [2]Entstehen der Bundesanstalt durch die Bekanntmachung nach Satz 1 Kosten, so sind ihr diese Kosten zu erstatten.**

I. Einleitung

1 Der Vertrieb von Anteilen an EU-AIF und ausländischen AIF durch AIF-Verwaltungsgesellschaft an Privatanleger ist nur zulässig, wenn die AIF-Verwaltungsgesellschaft der BaFin einen im Inland ansässigen Repräsentanten benennt, der hinreichend ausgestattet ist, um die Compliance-Funktion entsprechend § 57 III 3 wahrnehmen zu können, vgl. § 317 I Nr. 4. Zwar werden vom in § 319 I, II aufgeführten Begriff der AIF-Verwaltungsgesellschaft AIF-KVG, EU-AIF-Verwaltungsgesellschaften und ausländische AIF-Verwaltungsgesellschaften erfasst, vgl. § 1 XIV. Die Benennung eines Repräsentanten ist jedoch nur noch für ausländische AIF-Verwaltungsgesellschaften notwendig, da für inländische und EU-AIF-Verwaltungsgesellschaften die Einrichtung gem. dem neuen § 306a die in Nr. 4 u. 5 genannten Funktionen übernimmt (BT-Drs. 19/27631 zu § 317). § 319 dürfte daher entgegen dem Wortlaut nur noch für ausländische AIF-Verwaltungsgesellschaften praktische Anwendung finden.

2 In § 319 werden die Rechte und Pflichten des Repräsentanten sowie dessen Gerichtsstand näher erläutert. Die Regelung entspricht mit redaktionellen Anpassungen dem aufgehobenen § 138 InvG (BT-Drs. 17/12294, 287 zu § 319).

3 Mit der Verpflichtung zur Benennung eines Repräsentanten wird ein inländischer Mittler zwischen der AIF-Verwaltungsgesellschaft und dem AIF einerseits

und dem inländischen Anleger und inländischen Behörden, insb. der BaFin, andererseits geschaffen. Er soll sowohl den Anlegern als auch den Behörden die Kommunikation mit der AIF-Verwaltungsgesellschaft und eine mögliche Durchsetzung ihrer Ansprüche erleichtern.

II. Vertretung des AIF und Empfang von Schriftstücken, § 319 I

Die **Bestellung des Repräsentanten** ist gesetzlich nicht geregelt. Daher kann der Repräsentant sowohl durch **(einseitige) Willenserklärung der AIF-Verwaltungsgesellschaft** bevollmächtigt werden, die gerichtliche und außergerichtliche Vertretung des AIF wahrzunehmen. Die Aufgaben können ihm aber auch im Rahmen einer **vertraglichen Vereinbarung** – hierbei wird es sich regelmäßig um einen Geschäftsbesorgungsvertrag gem. § 675 BGB handeln – übertragen werden. In diesem Fall wird ein sog. Repräsentantenvertrag zwischen der AIF-Verwaltungsgesellschaft und dem Repräsentanten geschlossen, der neben einer Aufgabenbeschreibung des Repräsentanten auch Haftungsfragen regeln kann. 4

Neben der gerichtlichen und außergerichtlichen Vertretung des AIF ist der Repräsentant auch ermächtigt, für die AIF-Verwaltungsgesellschaft und die Vertriebsgesellschaft bestimmte Schriftstücke zu empfangen, vgl. § 319 I 2. 5

Trotz des möglicherweise unklaren Wortlauts ist hierin eine Stellung des Repräsentanten als **Empfangsbevollmächtigter** und nicht als Empfangsbote zu sehen. Dies ergibt sich nicht zuletzt aus der Bezugnahme auf § 138 InvG in der Gesetzesbegründung, dem § 319 mit redaktionellen Anpassungen entsprechen soll. § 138 I 1 und 2 InvG lauteten wie folgt: „Der Repräsentant vertritt die ausländische Investmentgesellschaft gerichtlich und außergerichtlich. Er gilt als zum Empfang der für die Verwaltungsgesellschaft und die Vertriebsgesellschaft bestimmten Schriftstücke ermächtigt." Hieraus wird deutlich, dass der Repräsentant nicht nur zur Vertretung des AIF, sondern zumindest auch zur passiven Vertretung der AIF-Verwaltungsgesellschaft und der Vertriebsgesellschaft ermächtigt sein soll. 6

Der Repräsentant ist damit als Empfangsbevollmächtigter gem. § 164 III BGB zur Entgegennahme von Schriftstücken berechtigt. Dies hat zur Folge, dass ein **Schriftstück, das der Repräsentant in Empfang nimmt,** zu diesem Zeitpunkt als der AIF-Verwaltungsgesellschaft bzw. der Vertriebsgesellschaft **zugegangen gilt.** Etwaige vom Anleger oder von einer Behörde gesetzte Fristen beginnen bereits zu diesem Zeitpunkt an zu laufen. Auf eine Weiterleitung des Schriftstücks an die AIF-Verwaltungsgesellschaft bzw. Vertriebsgesellschaft und den Zugang bei dieser kommt es für den Fristbeginn nicht mehr an. 7

Die Empfangsberechtigung bezieht sich auf die für die AIF-Verwaltungsgesellschaft und die Vertriebsgesellschaft bestimmten Schriftstücke. Um welche Schriftstücke es sich dabei handelt, ist nicht näher erläutert. Es kann sich daher um **jede schriftliche Korrespondenz** handeln, die ein Anleger oder eine inländische Behörde mit der AIF-Verwaltungsgesellschaft oder der Vertriebsgesellschaft führen will. Mündliche, zB telefonische, Korrespondenz mit dem Repräsentanten ist dagegen nicht ausreichend. 8

Sowohl die Vertretungsbefugnis als auch die Befugnis, bestimmte Schriftstücke entgegenzunehmen, können **nicht beschränkt** werden. Diese Regelung dient dem Schutz des Anlegers, für den regelmäßig nicht erkennbar ist, ob in einem Einzelfall die Ermächtigung des Repräsentanten zur Vertretung des AIF und der AIF-Verwaltungsgesellschaft beschränkt wurde. 9

III. Beendigung der Repräsentantenstellung

10 Die **Beendigung der Repräsentantenstellung** ist ebenfalls nicht gesetzlich geregelt. Wurde der Repräsentant einseitig von der AIF-Verwaltungsgesellschaft bevollmächtigt, kann diese auch einseitig die Repräsentantenstellung des Repräsentanten **widerrufen** bzw. kann der Repräsentant sein Amt einseitig **niederlegen.** Wurde ein Repräsentantenvertrag geschlossen, wird dieser regelmäßig eine Klausel zur Beendigung des Vertrags, versehen mit einer bestimmten Kündigungsfrist, enthalten. Sowohl die AIF-Verwaltungsgesellschaft als auch der Repräsentant können dann die Bestellung des Repräsentanten durch **Kündigung** dieses Vertrags beenden.

11 Die Beendigung der Stellung des Repräsentanten ist der BaFin mitzuteilen. Dies ergibt sich aus § 320 IV 1. Danach hat die AIF-Verwaltungsgesellschaft bei einer Änderung der nach Abs. 1 übermittelten Angaben und Unterlagen der BaFin diese Änderung schriftlich mitzuteilen und der BaFin ggf. zeitgleich aktualisierte Angaben und Unterlagen zu übermitteln. In das ursprüngliche Anzeigeschreiben waren auch alle wesentlichen Angaben zum Repräsentanten sowie dessen Bestätigung zur Übernahme der Funktion aufzunehmen, s. § 320 I 2 Nr. 2, so dass nun auch die Änderung in der Bestellung des Repräsentanten der BaFin anzuzeigen ist.

12 Da der Vertrieb eines EU-AIF oder eines ausländischen AIF durch eine ausländische Verwaltungsgesellschaft an Privatanleger im Inland nur zulässig ist, wenn diese einen Repräsentanten benennt (vgl. § 317 I Nr. 4), **entfällt** zeitgleich mit der Mitteilung an die BaFin über die Beendigung der Repräsentantenstellung eine **Voraussetzung für die Zulässigkeit des Vertriebs dieses AIF.** Um zu vermeiden, dass die AIF-Verwaltungsgesellschaft dann den Vertrieb dieses AIF unverzüglich einstellen muss, muss sie daher spätestens zu diesem Zeitpunkt bereits einen neuen Repräsentanten bestellt haben und diesen der BaFin benennen.

IV. Gerichtsstand, § 319 II

13 Für Klagen gegen den AIF, die AIF-Verwaltungsgesellschaft oder eine Vertriebsgesellschaft, die zum Vertrieb von Anteilen an Privatanleger im Inland Bezug haben, wird der Sitz des Repräsentanten als **gesetzlicher Gerichtsstand** festgelegt. Dieser Gerichtsstand kann nicht durch Vereinbarung abbedungen werden. Diese Regelung dient dem Schutz des Anlegers, der nicht gezwungen sein soll, im Ausland – insb. am Sitz der AIF-Verwaltungsgesellschaft – sein Recht geltend machen zu müssen.

V. Bekanntmachung im Bundesanzeiger, § 319 III

14 Sowohl der Name des Repräsentanten als auch die Beendigung seiner Stellung sind von der Bundesanstalt im BAnz bekannt zu machen, § 319 III 1. Damit soll insb. dem Anleger die Möglichkeit gegeben werden, von der Bestellung des Repräsentanten und der entsprechenden Beendigung Kenntnis zu erlangen.

15 Zu welchem **Zeitpunkt** die Bekanntmachung zu erfolgen hat, ist gesetzlich nicht geregelt. Die Bekanntmachung der Bestellung des Repräsentanten wird in der Regel nicht bereits dann erfolgen, wenn die AIF-Verwaltungsgesellschaft der BaFin die Bestellung eines Repräsentanten mitteilt. Diese Information ist Bestandteil des Anzeigeschreibens gem. § 320 I zur Anzeige des beabsichtigten Vertriebs eines EU-AIF bzw. ausländischen AIF im Inland an Privatanleger, vgl. § 320 I 2 Nr. 2.

Die BaFin wird die **Bekanntmachung der Bestellung des Repräsentanten** im BAnz sinnvollerweise erst dann vornehmen, wenn sie die ihr im Rahmen der Anzeige gem. § 320 eingereichten Angaben und Unterlagen vollständig geprüft und der AIF-Verwaltungsgesellschaft mitgeteilt hat, dass sie mit dem Vertrieb des im Anzeigeschreiben nach § 320 angezeigten AIF beginnen kann (so auch BTMB/*Baur* § 319 Rn. 23 und WBA/*Dieske* § 319 Rn. 9). Andernfalls würde möglicherweise die Bestellung eines Repräsentanten für einen AIF im BAnz veröffentlicht, der zu einem späteren Zeitpunkt gar nicht zum Vertrieb im Inland zugelassen wird. 16

Dagegen kann die **Bekanntmachung der Beendigung** der Stellung des Repräsentanten unmittelbar erfolgen, nachdem die AIF-Verwaltungsgesellschaft der BaFin die Beendigung mitgeteilt hat. Solange eine Bekanntmachung der Beendigung der Stellung des Repräsentanten nicht erfolgt ist, muss der AIF das Fortbestehen der Vertretungsmacht und die AIF-Verwaltungsgesellschaft und die Vertriebsgesellschaft das Fortbestehen der Empfangsermächtigung nach Rechtsscheingrundsätzen gegen sich gelten lassen, wenn nicht der Geschäftsgegner die Beendigung der Repräsentantenstellung kennt (BTMB/*Baur* § 319 Rn. 24). Vor diesem Hintergrund sollte die Bekanntmachung unverzüglich nach Kenntnisnahme durch die BaFin erfolgen. 17

Entstehen der BaFin durch die Bekanntmachung der Bestellung oder Beendigung der Stellung des Repräsentanten Kosten, sind ihr diese Kosten zu erstatten, § 319 III 2. Obwohl dies nicht ausdrücklich vorgegeben ist, ist davon auszugehen, dass die **Kostenerstattung** regelmäßig durch die AIF-Verwaltungsgesellschaft und nicht durch den Repräsentanten erfolgt. 18

§ 320 Anzeigepflicht beim beabsichtigten Vertrieb von EU-AIF oder von ausländischen AIF an Privatanleger im Inland

(1) [1]**Beabsichtigt eine EU-AIF-Verwaltungsgesellschaft oder eine ausländische AIF-Verwaltungsgesellschaft, Anteile oder Aktien an einem von ihr verwalteten EU-AIF oder an einem ausländischen AIF im Geltungsbereich dieses Gesetzes an Privatanleger zu vertreiben, so hat sie dies der Bundesanstalt anzuzeigen. [2]Das Anzeigeschreiben muss folgende Angaben und Unterlagen in jeweils geltender Fassung enthalten:**

1. bei der Anzeige

a) einer EU-AIF-Verwaltungsgesellschaft oder ab dem Zeitpunkt, auf den in § 295 Absatz 2 Nummer 1 verwiesen wird, einer ausländischen AIF-Verwaltungsgesellschaft eine Bescheinigung der zuständigen Stelle ihres Herkunftsmitgliedstaates oder ihres Referenzmitgliedstaates in einer in der internationalen Finanzwelt gebräuchlichen Sprache, dass die AIF-Verwaltungsgesellschaft und die Verwaltung des AIF durch diese der Richtlinie 2011/61/EU entsprechen und dass die AIF-Verwaltungsgesellschaft über eine Erlaubnis zur Verwaltung von AIF mit einer bestimmten Anlagestrategie verfügt,

b) einer ausländischen AIF-Verwaltungsgesellschaft vor dem Zeitpunkt, auf den in § 295 Absatz 2 Nummer 1 verwiesen wird, Angaben und Unterlagen entsprechend § 22 Absatz 1 Nummer 1 bis 9 und 13;

2. alle wesentlichen Angaben zur AIF-Verwaltungsgesellschaft, zum AIF, zum Repräsentanten, zur Verwahrstelle und zur Zahlstelle sowie die Bestätigungen des Repräsentanten, der Verwahrstelle und der Zahlstelle über die Übernahme dieser Funktionen; Angaben zur Verwahrstelle sind nur insoweit erforderlich, als sie von der Bescheinigung nach Nummer 1 Buchstabe a nicht erfasst werden;
3. die Anlagebedingungen, die Satzung oder den Gesellschaftsvertrag des EU-AIF oder ausländischen AIF, seinen Geschäftsplan, der auch die wesentlichen Angaben zu seinen Organen enthält, sowie den Verkaufsprospekt, das Basisinformationsblatt gemäß Verordnung (EU) Nr. 1286/2014 und alle weiteren für den Anleger verfügbaren Informationen über den angezeigten AIF sowie wesentliche Angaben über die für den Vertrieb im Geltungsbereich dieses Gesetzes vorgesehenen Vertriebsgesellschaften;
4. den letzten Jahresbericht, der den Anforderungen des § 299 Absatz 1 Satz 1 Nummer 3 entsprechen muss, und, wenn der Stichtag des Jahresberichts länger als acht Monate zurückliegt und es sich nicht um einen geschlossenen AIF handelt, auch der anschließende Halbjahresbericht, der den Anforderungen des § 299 Absatz 1 Satz 1 Nummer 4 entsprechen muss; der Jahresbericht muss mit dem Bestätigungsvermerk eines Wirtschaftsprüfers versehen sein;
5. die festgestellte Jahresbilanz des letzten Geschäftsjahres nebst Gewinn- und Verlustrechnung (Jahresabschluss) der Verwaltungsgesellschaft, die mit dem Bestätigungsvermerk eines Wirtschaftsprüfers versehen sein muss;
6. Angaben zu den Vorkehrungen für den Vertrieb des angezeigten AIF;
7. die Erklärung der EU-AIF-Verwaltungsgesellschaft oder der ausländischen AIF-Verwaltungsgesellschaft, dass sie sich verpflichtet,
   a) der Bundesanstalt den Jahresabschluss der Verwaltungsgesellschaft und den nach § 299 Absatz 1 Satz 1 Nummer 3 zu veröffentlichenden Jahresbericht spätestens sechs Monate nach Ende jedes Geschäftsjahres sowie für offene AIF zusätzlich den nach § 299 Absatz 1 Satz 1 Nummer 4 zu veröffentlichenden Halbjahresbericht spätestens drei Monate nach Ende jedes Geschäftshalbjahres einzureichen; der Jahresabschluss und der Jahresbericht müssen mit dem Bestätigungsvermerk eines Wirtschaftsprüfers versehen sein;
   b) die Bundesanstalt über alle wesentlichen Änderungen von Umständen, die bei der Vertriebsanzeige angegeben worden sind oder die der Bescheinigung der zuständigen Stelle nach Nummer 1 Buchstabe a zugrunde liegen, gemäß Absatz 4 zu unterrichten und die Änderungsangaben nachzuweisen;
   c) der Bundesanstalt auf Verlangen über ihre Geschäftstätigkeit Auskunft zu erteilen und Unterlagen vorzulegen;
   d) auf Verlangen der Bundesanstalt den Einsatz von Leverage auf den von der Bundesanstalt geforderten Umfang zu beschränken oder einzustellen und
   e) falls es sich um eine ausländische AIF-Verwaltungsgesellschaft handelt, gegenüber der Bundesanstalt die Berichtspflichten nach § 35 zu erfüllen;

8. **den Nachweis über die Zahlung der Gebühr für die Anzeige;**
9. **alle wesentlichen Angaben und Unterlagen, aus denen hervorgeht, dass der ausländische AIF und seine Verwaltungsgesellschaft in dem Staat, in dem sie ihren Sitz haben, einer wirksamen öffentlichen Aufsicht zum Schutz der Anleger unterliegen;**
10. **gegebenenfalls die nach § 175 oder § 272d erforderlichen Vereinbarungen für Master-Feeder-Strukturen.**

[3]Fremdsprachige Unterlagen sind mit einer deutschen Übersetzung vorzulegen.

(2) **§ 316 Absatz 2 und 3 ist mit der Maßgabe entsprechend anzuwenden, dass es statt „AIF-Kapitalverwaltungsgesellschaft" „EU-AIF-Verwaltungsgesellschaft oder ausländische AIF-Verwaltungsgesellschaft" heißen muss und dass die in § 316 Absatz 3 Satz 1 genannte Frist bei der Anzeige**

1. **einer EU-AIF-Verwaltungsgesellschaft oder ab dem Zeitpunkt, auf den in § 295 Absatz 2 Nummer 1 verwiesen wird, einer ausländischen AIF-Verwaltungsgesellschaft drei Monate,**
2. **einer ausländischen AIF-Verwaltungsgesellschaft vor dem Zeitpunkt, auf den in § 295 Absatz 2 Nummer 1 verwiesen wird, sechs Monate beträgt.**

(3) **[1]Hat die anzeigende ausländische AIF-Verwaltungsgesellschaft im Sinne von Absatz 1 Buchstabe b bereits einen AIF zum Vertrieb an Privatanleger im Geltungsbereich dieses Gesetzes nach Absatz 1 Satz 1 angezeigt, so prüft die Bundesanstalt bei der Anzeige eines weiteren AIF der gleichen Art nicht erneut das Vorliegen der Voraussetzungen nach § 317 Absatz 1 Satz 1 Nummer 1 und 3, wenn die anzeigende AIF-Verwaltungsgesellschaft im Anzeigeschreiben versichert, dass in Bezug auf die Anforderungen nach § 317 Absatz 1 Satz 1 Nummer 1 und 3 seit der letzten Anzeige keine Änderungen erfolgt sind. [2]In diesem Fall müssen die in § 22 Absatz 1 Nummer 1 bis 9 genannten Angaben nicht eingereicht werden und die in Absatz 2 Nummer 2 genannte Frist beträgt drei Monate.**

(4) **[1]§ 316 Absatz 4 Satz 1 bis 3 ist mit der Maßgabe entsprechend anzuwenden, dass es statt „AIF-Kapitalverwaltungsgesellschaft" „EU-AIF-Verwaltungsgesellschaft oder ausländische AIF-Verwaltungsgesellschaft" heißen muss. [2]Wird eine geplante Änderung ungeachtet von § 316 Absatz 4 Satz 1 bis 3 durchgeführt oder führt eine durch einen unvorhersehbaren Umstand ausgelöste Änderung dazu, dass die EU-AIF-Verwaltungsgesellschaft, ausländische AIF-Verwaltungsgesellschaft oder die Verwaltung des betreffenden AIF durch die EU-AIF-Verwaltungsgesellschaft oder die ausländische AIF-Verwaltungsgesellschaft gegen dieses Gesetz verstößt, so ergreift die Bundesanstalt alle gebotenen Maßnahmen einschließlich der ausdrücklichen Untersagung des Vertriebs des betreffenden AIF. [3]§ 316 Absatz 5 gilt entsprechend.**

Inhaltsübersicht

	Rn.
I. Einleitung	1
II. Inhalt des Anzeigeschreibens, § 320 I	5
1. Angaben zur AIF-Verwaltungsgesellschaft, § 320 I 2 Nr. 1	10
a) Anzeige einer EU-Verwaltungsgesellschaft	10
b) Anzeige einer ausländischen Verwaltungsgesellschaft	12
2. Angaben zum Repräsentanten, zur Verwahrstelle und zur Zahlstelle, § 320 I 2 Nr. 2	14
3. Anlagebedingungen, Geschäftsplan, Verkaufsprospekt und alle weiteren verfügbaren Unterlagen sowie wesentliche Angaben zu den Vertriebsgesellschaften, § 320 I 2 Nr. 3	17
4. Jahresbericht und Halbjahresbericht, § 320 I 2 Nr. 4	23
5. Jahresbilanz, § 320 I 2 Nr. 5	24
6. Angaben zu den Vorkehrungen zum Vertrieb, § 320 I 2 Nr. 6	25
7. Erklärung über die Übernahme der Verpflichtungen nach § 320 I 2 Nr. 7	26
8. Nachweis über die Zahlung der Gebühr, § 320 I 2 Nr. 8	27
9. Wesentliche Angaben zu einer wirksamen öffentlichen Aufsicht, § 320 I 2 Nr. 9	28
10. Vereinbarungen für Master-Feeder-Strukturen, § 320 I 2 Nr. 10	29
III. Vollständigkeitsprüfung und Fristablauf, § 320 II	30
IV. Weitere Vertriebsanzeigen einer ausländischen Verwaltungsgesellschaft, § 320 III	33
V. Änderungen der nach Abs. 1 eingereichten Angaben und Unterlagen, § 320 IV	35

I. Einleitung

1 § 320 statuiert die Anzeigepflicht der EU-AIF-Verwaltungsgesellschaft bzw. der ausländischen AIF-Verwaltungsgesellschaft beim beabsichtigten Vertrieb von EU-AIF oder ausländischen AIF an Privatanleger im Inland. Während § 317 die materiellen Voraussetzungen aufstellt, unter denen ein Vertrieb von Anteilen oder Aktien dieser AIF zulässig ist, regelt § 320 das Anzeigeverfahren, das für die Zulassung eines dieser AIF zum Vertrieb zu durchlaufen ist.

2 § 320 beruht auf § 139 I und II InvG (BT-Drs. 17/12294, 287 zu § 320). Er wurde darüber hinaus um die Anforderungen des Anhang IV der AIFM-RL ergänzt. Anhang IV der AIFM-RL beschreibt die Angaben und Unterlagen, die im Fall eines beabsichtigten Vertriebs von Anteilen an AIF in anderen Mitgliedstaaten als dem Herkunftsmitgliedstaat des AIFM an professionelle Anleger beizubringen bzw. zu machen sind.

3 Während der AIFM, der Anteile eines von ihm verwalteten AIF an professionelle Anleger in einem anderen Mitgliedstaat als seinem Herkunftsmitgliedstaat vertreiben will, dies gem. Art. 32 I und II AIFM-RL den zuständigen Behörden seines Herkunftsstaates mit einem Anzeigeschreiben anzuzeigen hat, muss der AIFM die Anzeige des Vertriebs von Anteilen an AIF an Privatanleger in anderen Mitgliedstaaten als seinem Herkunftsmitgliedstaat dagegen unmittelbar bei der zuständigen Behörde des Mitgliedstaats, in dem der AIF vertrieben werden soll, einreichen.

4 In diesem Fall kann dieser Mitgliedstaat den AIFM Auflagen unterwerfen, die strenger sind als jene, die für AIF gelten, die an professionelle Anleger vertrieben werden, vgl. Art. 43 I AIFM-RL. Deutschland hat von dieser Regelung Gebrauch

gemacht, indem es die bereits in § 139 des früheren InvG beschriebenen Angaben für das Anzeigeschreiben einer ausländischen Investmentgesellschaft beibehalten und um die im Rahmen des Anzeigeschreibens gem. Anhang IV der AIFM-RL einzureichenden Angaben und Unterlagen ergänzt hat.

II. Inhalt des Anzeigeschreibens, § 320 I

Eine EU-AIF-Verwaltungsgesellschaft oder eine ausländische AIF-Verwaltungs- 5
gesellschaft, die beabsichtigt, Anteile oder Aktien eines von ihr verwalteten AIF im Inland an Privatanleger zu vertreiben, hat dies der BaFin anzuzeigen.

§ 320 I 2 gibt den Inhalt des Anzeigeschreibens vor. Diesen hat die BaFin mit ih- 6
rem **Merkblatt für Anzeigen beim beabsichtigten Vertrieb von EU-AIF oder ausländischen AIF an Privatanleger in der Bundesrepublik Deutschland nach § 320** (im Folgenden „BaFin-Merkblatt", Stand 1.4.2023) konkretisiert. Mit ihrem Merkblatt präzisiert die BaFin die in § 320 I 2 Nr. 1–8 aufgestellten Vorgaben und ergänzt sie durch eine Reihe formaler Anforderungen.

Gemäß den Vorgaben im Merkblatt ist für jeden AIF eine gesonderte Anzeige zu 7
erstatten (BaFin-Merkblatt, Vorbemerkung, Anzeigeneinreichung/Unterlagen/Gebühr). Fremdsprachige Unterlagen sind mit einer deutschen Übersetzung vorzulegen, vgl. auch § 320 I 3.

Das BaFin-Merkblatt ist mit einer Nummerierung versehen. Zur Vereinfachung 8
ihrer Prüfung verlangt die BaFin, dass die einzelnen im Anzeigeschreiben aufzuführenden Angaben entsprechend der Nummerierung und den zugehörigen Stichworten des Merkblatts zu kennzeichnen sind. Positionen, die nicht einschlägig sind, sollen in die Anzeige aufgenommen und mit „entfällt" gekennzeichnet werden (BaFin-Merkblatt, aaO).

Die einzureichenden Unterlagen sind in ihrer aktuellen Fassung beizufügen. Für 9
die bereits bei der Behörde des Heimatlandes der AIF-Verwaltungsgesellschaft eingereichten oder genehmigten Unterlagen (Verkaufsprospekt und Anlagebedingungen, Satzung bzw. Gesellschaftsvertrag) wird eine Bestätigung der AIF-Verwaltungsgesellschaft, dass es sich hierbei um die jeweils aktuelle Unterlage handelt, gefordert. Diese sog. **Selbstzertifizierung** kann entweder durch die vertretungsberechtigte Leitung der Verwaltungsgesellschaft selbst oder einen von ihr bevollmächtigten Dritten erfolgen. In beiden Fällen sind Name und Funktionsbezeichnung der Unterzeichner kenntlich zu machen. Der Bevollmächtigte muss darüber hinaus bei der BaFin eine Vollmacht einreichen, aus der sich Art und Umfang der Berechtigung ergibt und die insb. auch die Berechtigung zur Selbstzertifizierung enthalten muss (BaFin-Merkblatt, Vorbemerkung, Anzeigeschreiben).

1. Angaben zur AIF-Verwaltungsgesellschaft, § 320 I 2 Nr. 1. a) Anzeige 10
einer EU-Verwaltungsgesellschaft. Der Anzeige einer EU-AIF-Verwaltungsgesellschaft ist eine **Bescheinigung der zuständigen Stelle ihres Herkunftsmitgliedstaats** in einer in der internationalen Finanzwelt gebräuchlichen Sprache (zB in Englisch), dass die EU-AIF-Verwaltungsgesellschaft und die Verwaltung des zum Vertrieb angezeigten AIF der AIFM-RL entsprechen, beizufügen, § 320 I 2 Nr. 1 Buchst. a.

Dies gilt grds. auch für die Anzeige einer ausländischen Verwaltungsgesellschaft 11
ab dem Zeitpunkt, auf den in § 295 II Nr. 1 verwiesen wird. Der in § 295 II beschriebene Zeitpunkt setzt den Erlass eines delegierten Rechtsakts der EU-Kommission zur Anwendung des EU-Passes auf den Vertrieb von Nicht-EU-AIF durch

EU-AIFM und die Verwaltung und/oder den Vertrieb von AIF durch Nicht-EU-AIFM voraus.

12 **b) Anzeige einer ausländischen Verwaltungsgesellschaft.** Eine ausländische Verwaltungsgesellschaft, die Anteile oder Aktien eines ausländischen AIF im Inland an Privatanleger vertreiben möchte, muss ihrem Anzeigeschreiben vielmehr diejenigen Angaben und Unterlagen beifügen, die auch eine deutsche KVG bei der BaFin einreichen muss, wenn sie einen Antrag auf Zulassung als AIF-KVG bei der BaFin einreichen will, vgl. § 320 I 2 Nr. 1 Buchst. b iVm § 22 I Nr. 1–9, 13.

13 Die hierzu im BaFin-Merkblatt aufgestellten näheren Vorgaben (BaFin-Merkblatt, Inhalt der Anzeige nach § 320, A. Formelle Anforderungen, I.4, II.5) entsprechen daher auch in Grundzügen dem Merkblatt der BaFin zum Erlaubnisverfahren für eine AIF-KVG nach § 22 (Stand 27.11.2017). In Zweifelsfällen kann es daher sinnvoll sein, dass die ausländische Verwaltungsgesellschaft dieses Merkblatt zur Vorbereitung der Einreichung ihrer Vertriebsanzeige ergänzend heranzieht.

14 **2. Angaben zum Repräsentanten, zur Verwahrstelle und zur Zahlstelle, § 320 I 2 Nr. 2.** Das Anzeigeschreiben muss darüber hinaus Angaben zum Repräsentanten, zur Verwahrstelle und zur Zahlstelle enthalten. Im BaFin-Merkblatt werden die hierfür erforderlichen Angaben, wie zB **Name oder Firma, Rechtsform, Sitz und Anschrift,** zu diesen Beteiligten aufgeführt (BaFin-Merkblatt, Inhalt der Anzeige nach § 320, A. Formelle Anforderungen, V.1, VIII.1, X). Dabei unterscheidet das Merkblatt nunmehr zwischen den Angaben über den Repräsentanten bei Anzeigen von ausländischen AIF und den Angaben über die Einrichtung nach § 306 a, die mit Umsetzung des FoStoG zum 2.8.2021 neu in das KAGB aufgenommen wurde. Letztere nimmt ua auch die Funktion einer Zahlstelle wahr.

15 Die Benennung eines **Repräsentanten** ist demnach nur noch für eine **ausländische AIF-Verwaltungsgesellschaft erforderlich.** Für eine **EU-AIF-Verwaltungsgesellschaft** übernimmt regelmäßig die **Einrichtung gem. § 306a** die entsprechenden Funktionen (vgl. BT-Drs. 19/27631 zu § 317). Sofern eine EU-AIF-Verwaltungsgesellschaft dennoch von der Möglichkeit Gebrauch macht, einen Repräsentanten zu bestellen, gelten die Anforderungen der BaFin bezüglich der Angaben und Unterlagen dieses Repräsentanten entsprechend (BaFin-Merkblatt, Vorbemerkung, Formelle Anforderungen, Angaben über den Repräsentanten bei Anzeigen von ausländischen AIFM).

16 Repräsentant, Verwahrstelle und Zahlstelle (bzw. Einrichtung gem. § 306 a) müssen eine Bestätigung zur Übernahme ihrer Funktionen abgeben. Für Repräsentant und Zahlstelle wird der genaue **Wortlaut der Bestätigung im BaFin-Merkblatt** vorgegeben (BaFin-Merkblatt, Inhalt der Anzeige nach § 320, A. Formelle Anforderungen, VI.1 und Ziff. XI.).

17 **3. Anlagebedingungen, Geschäftsplan, Verkaufsprospekt und alle weiteren verfügbaren Unterlagen sowie wesentliche Angaben zu den Vertriebsgesellschaften, § 320 I 2 Nr. 3.** Die Anforderungen an den Inhalt der **Anlagebedingungen offener EU-AIF oder ausländischer AIF** werden durch die BaFin in ihrem Merkblatt dergestalt konkretisiert, dass die in § 162 II aufgestellten Vorgaben an die Anlagebedingungen inländischer offener AIF vollumfänglich wiedergegeben und um die in § 317 I Nr. 7 aufgestellten Anforderungen ergänzt werden (vgl. BaFin-Merkblatt, Inhalt der Anzeige nach § 320, B. Materielle Anforderungen, I.1). Bei mit Sonstigen Sondervermögen, Dach-Hedgefonds oder Immobilien-Sondervermögen vergleichbaren AIF werden die Angaben in den An-

lagebedingungen nach Vorgabe des BaFin-Merkblatts um die für diese Fonds geltenden Sonderregelungen nach dem KAGB ergänzt.

Zum **Geschäftsplan** des AIF enthält das BaFin-Merkblatt mit Ausnahme der knappen Angabe im Abschnitt Inhalt der Anzeige nach § 320, B. Formelle Anforderungen, IV.2 keine näheren Erläuterungen. Die gesetzlich vorgegebenen Angaben zu den Organen des AIF dürften nur für AIF in Gesellschaftsform einschlägig sein. Für AIF in Vertragsform wird die AIF-Verwaltungsgesellschaft im Zweifel auf die im BaFin-FAQ zum Vertrieb und Erwerb von Investmentvermögen nach dem KAGB (Stand 5.7.2022) vorgegebenen Anforderungen an den Geschäftsplan bei Vertriebsanzeigen nach §§ 316, 321 und 331 zurückgreifen können. Danach muss der Geschäftsplan den **Namen und Sitz des AIF sowie seinen Herkunftsmitgliedstaat** benennen (BaFin FAQ zum Vertrieb, Ziff. 2.2.3). **18**

Die Vorgaben der BaFin an die **Ausgestaltung der wAI** offener EU-AIF bzw. ausländischer AIF wurden inzwischen entfernt. Für die inhaltliche Ausgestaltung des nunmehr einzureichenden Basisinformationsblatts wird auf die Regelungen der VO (EU) Nr. 1286/2014 („PRIIPs-VO") verwiesen, vgl. B.I.12 des Merkblatts. **19**

Bei den Anforderungen an die Inhalte der **Verkaufsprospekte** dieser AIF übernimmt die BaFin weitgehend die Vorgaben des § 165 für inländische Verkaufsprospekte bzw. die entsprechenden ergänzenden gesetzlichen Regelungen für Sonstige Sondervermögen, Dach-Hedgefonds oder Immobilien-Sondervermögen. Zu beachten ist, dass die Verkaufsprospekte um einige zusätzliche Angaben zu ergänzen sind. Dies sind insb. der Hinweis auf den **deutschen Gerichtsstand** (bei Anzeigen von ausländischen AIF-Verwaltungsgesellschaften) sowie die Aufnahme eines **drucktechnisch hervorgehobenen Hinweises, dass der AIF und die AIF-Verwaltungsgesellschaft nicht der Aufsicht durch die BaFin unterstehen.** Für beide Hinweise wird der genaue Wortlaut im BaFin-Merkblatt vorgegeben (BaFin-Merkblatt, Inhalt der Anzeige nach § 320, B. Materielle Anforderungen, I.6.26 und I.6.48). **20**

Auch bezüglich des Inhalts der Anlagebedingungen, der Satzung bzw. des Gesellschaftsvertrags, des Verkaufsprospekts und des (mit Wirkung zum 1.1.2023 an die Stelle der wesentlichen Anlegerinformationen getretenen) Basisinformationsblatts gemäß der PRIIPs-VO eines **geschlossenen AIF,** der an Privatanleger vertrieben werden soll, gibt die BaFin in ihrem Merkblatt die materiellen Anforderungen detailliert vor. Zu Einzelheiten siehe BaFin-Merkblatt, Inhalt der Anzeige nach § 320, B. Materielle Anforderungen, II. **21**

Hinsichtlich der für den Vertrieb von Anteilen oder Aktien eines offenen oder geschlossenen AIF vorgesehenen **Vertriebsgesellschaften** sind Name oder Firma, Rechtsform, Sitz und Anschrift aller im Inland tätigen Vertriebsgesellschaften sowie die Art der Erlaubnis zum Vertrieb von Investmentvermögen darzulegen (BaFin-Merkblatt, Inhalt der Anzeige nach § 320, A. Formelle Anforderungen, VII). **22**

4. Jahresbericht und Halbjahresbericht, § 320 I 2 Nr. 4. Der Jahresbericht muss – versehen mit dem **Bestätigungsvermerk eines Wirtschaftsprüfers** – dem Anzeigeschreiben beigefügt werden. Der Bestätigungsvermerk muss handschriftlich unterzeichnet im Original eingereicht werden (BaFin-Merkblatt, Inhalt der Anzeige nach § 320, A. Formelle Anforderungen, IV.3). Sofern der Stichtag des Jahresberichts länger als acht Monate zurückliegt, ist auch der Halbjahresbericht eines offenen AIF mit einzureichen. **23**

24 **5. Jahresbilanz, § 320 I 2 Nr. 5.** Dem Anzeigeschreiben muss des Weiteren der letzte festgestellte Jahresabschluss (Bilanz mit Gewinn- und Verlustrechnung) der AIF-Verwaltungsgesellschaft beigefügt werden. Letzterer muss mit dem Bestätigungsvermerk eines Wirtschaftsprüfers versehen sein. Hierbei ist zu beachten, dass es sich nach den Vorgaben der BaFin um den **Bestätigungsvermerk eines deutschen Wirtschaftsprüfers oder eines ihm gleichstehenden ausländischen Wirtschaftsprüfers** handeln muss (BaFin-Merkblatt, Inhalt der Anzeige nach § 320, A. Formelle Anforderungen, II.2), wobei die BaFin in ihrem Merkblatt nicht näher erläutert, woran sie einen einem deutschen Wirtschaftsprüfer gleichstehenden Wirtschaftsprüfer bemisst. Sollte die AIF-Verwaltungsgesellschaft daher einen ausländischen Wirtschaftsprüfer (hier dürfte ein Wirtschaftsprüfer mit Sitz oder Wohnsitz außerhalb des Geltungsbereichs der BRD gemeint sein) mit der Bestätigung beauftragen wollen, ist eine Vorabstimmung mit der BaFin bezüglich der Zulässigkeit des Bestätigungsvermerks sinnvoll.

25 **6. Angaben zu den Vorkehrungen zum Vertrieb, § 320 I 2 Nr. 6.** Die Angaben zu den Vorkehrungen für den Vertrieb des angezeigten AIF werden im BaFin-Merkblatt nicht näher erläutert. Wesentliche Angaben zu den Vertriebsgesellschaften werden bereits nach Maßgabe des § 320 II 2 Nr. 3 in das Anzeigeschreiben aufgenommen. Die Ausgestaltung der weiteren Angaben zum geplanten Vertrieb liegt daher im freien Ermessen der AIF-Verwaltungsgesellschaft. Allerdings kann die BaFin weitere Angaben und Unterlagen zu diesem Thema – wie auch zu allen übrigen Inhalten des Anzeigeschreibens – verlangen, wenn ihr die Angaben nicht ausreichend erscheinen.

26 **7. Erklärung über die Übernahme der Verpflichtungen nach § 320 I 2 Nr. 7.** Die EU-AIF-Verwaltungsgesellschaft bzw. die ausländische Verwaltungsgesellschaft muss gegenüber der BaFin eine Erklärung abgeben, mit der sie bestätigt, die in § 320 I 2 Nr. 7 aufgeführten Verpflichtungen einzuhalten. Der genaue **Wortlaut der Bestätigung wird im BaFin-Merkblatt vorgegeben** (BaFin-Merkblatt, Inhalt der Anzeige nach § 320, A. Formelle Anforderungen, II.1).

27 **8. Nachweis über die Zahlung der Gebühr, § 320 I 2 Nr. 8.** Im BaFin-Merkblatt sind Empfänger und Kontodaten der für die Bearbeitung der Anzeige zu entrichtenden Gebühr aufgeführt. Die Höhe der Gebühr richtet sich nach der FinDAGKostV; sie wird darüber hinaus auch im BaFin-Merkblatt aufgeführt. Zu beachten ist, dass die zu entrichtende Gebühr nicht um Bankspesen oder sonstige Kosten gemindert werden darf (BaFin-Merkblatt, Inhalt der Anzeige nach § 320, A. Formelle Anforderungen, Anzeigeeinreichung/Unterlagen/Gebühr).

28 **9. Wesentliche Angaben zu einer wirksamen öffentlichen Aufsicht, § 320 I 2 Nr. 9.** Eine ausländische AIF-Verwaltungsgesellschaft muss für den Fall, dass zwischen der für sie zuständigen Aufsichtsbehörde und der BaFin kein Memorandum of Understanding (MoU) besteht, das die Zusammenarbeit der Aufsichtsbehörden regelt, Bescheinigungen der zuständigen Aufsichtsbehörde vorlegen, aus denen sich ergibt, dass die AIF-Verwaltungsgesellschaft der dortigen Aufsicht unterliegt und dass diese Aufsichtsbehörde zu einer wirksamen Zusammenarbeit mit der BaFin bereit ist. Im Merkblatt der BaFin zu Vereinbarungen über die Zusammenarbeit zwischen der Bundesanstalt und zuständigen Stellen eines Drittstaats im Rahmen der AIFM-RL 2011/61/EU (Stand 10.2.2014) sind diejenigen Drittstaaten aufgeführt, mit denen die BaFin bislang MoU abgeschlossen hat.

10. Vereinbarungen für Master-Feeder-Strukturen, § 320 I 2 Nr. 10. Bei Master-Feeder-Strukturen sind idR Master-Feeder-Vereinbarungen, Verwahrstellenvereinbarungen und Abschlussprüfervereinbarungen zu schließen, vgl. § 175. Diese sind der BaFin im Rahmen der Vertriebsanzeige einzureichen. 29

III. Vollständigkeitsprüfung und Fristablauf, § 320 II

Die BaFin prüft, ob die ihr im Rahmen der Vertriebsanzeige eingereichten Unterlagen vollständig sind. Fehlende Angaben und Unterlagen fordert sie innerhalb einer Frist von 20 Arbeitstagen als Ergänzungsanzeige an, vgl. § 320 II iVm § 316 II 2. 30

Bei der **Anzeige einer EU-AIF-Verwaltungsgesellschaft** teilt die BaFin dieser innerhalb von **drei Monaten** nach Eingang der vollständigen Unterlagen mit, ob sie mit dem Vertrieb des angezeigten AIF beginnen kann, vgl. § 320 II Nr. 1. Bei der **Anzeige einer ausländischen Verwaltungsgesellschaft** teilt die BaFin dieser innerhalb von **sechs Monaten** nach Eingang der vollständigen Unterlagen mit, ob mit dem Vertrieb begonnen werden kann, § 320 II Nr. 2. Der gem. § 320 II Nr. 1 grds. mögliche Zeitraum von drei Monaten für eine Mitteilung durch die BaFin ist für die ausländische AIF-Verwaltungsgesellschaft noch nicht einschlägig, da der Zeitpunkt, auf den in § 295 II Nr. 1 verwiesen wird, noch nicht festgelegt ist (auch → Rn. 11). 31

Der verlängerte Zeitraum von sechs Monaten für eine Mitteilung durch die BaFin liegt darin begründet, dass die BaFin bei der ausländischen Verwaltungsgesellschaft – anders als bei der EU-AIF-Verwaltungsgesellschaft – auch prüft, ob die ausländische Verwaltungsgesellschaft die Anforderungen der AIFM-RL einhält. 32

IV. Weitere Vertriebsanzeigen einer ausländischen Verwaltungsgesellschaft, § 320 III

Die für die ausländische Verwaltungsgesellschaft geltende Frist von sechs Monaten gem. § 320 II Nr. 2 gilt grds. nur bei ihrer erstmaligen Anzeige eines ausländischen AIF zum Vertrieb an Privatanleger im Inland. 33

Bei der **Anzeige weiterer AIF** zum Vertrieb prüft die BaFin nicht erneut, ob die ausländische AIF-Verwaltungsgesellschaft und der AIF einer wirksamen öffentlichen Aufsicht unterliegen und den Anforderungen der AIFM-RL entsprechen, sofern die ausländische AIF-Verwaltungsgesellschaft im Anzeigeschreiben versichert, dass in Bezug auf diese Vorgaben seit der letzten Anzeige eines ausländischen AIF zum Vertrieb im Inland an Privatanleger keine Änderungen erfolgt sind. In diesem Fall verkürzt sich die Frist der BaFin für die Mitteilung, ob der AIF zum Vertrieb an Privatanleger im Inland zugelassen wird, folgerichtig auf **drei Monate,** vgl. § 320 III 2, da die dann noch einzureichenden Unterlagen im Umfang denjenigen Unterlagen entsprechen, die auch eine EU-AIF-Verwaltungsgesellschaft im Rahmen ihres Anzeigeschreibens bei der BaFin einreichen muss. 34

V. Änderungen der nach Abs. 1 eingereichten Angaben und Unterlagen, § 320 IV

§ 320 IV verweist in Bezug auf Änderungen an den im Anzeigeverfahren eingereichten Angaben und Unterlagen auf § 316 IV 1–3. Insoweit gelten die Ausführungen zu § 316 entsprechend. Es ist grds. jede Änderung der eingereichten Angaben und Unterlagen der BaFin mitzuteilen, dabei ist auch hier zwischen geplanten und ungeplanten Änderungen zu unterscheiden. Führt die Änderung 35 dazu, dass die AIF-Verwaltungsgesellschaft oder die Verwaltung des von ihr zum Vertrieb angezeigten AIF gegen die Vorschriften des KAGB verstößt, kann die BaFin alle erforderlichen Maßnahmen einschließlich der Untersagung des Vertriebs ergreifen. § 316 V gilt entsprechend für die Einreichung von Änderungen in Bezug auf die Angaben eines geschlossenen AIF.

Unterabschnitt 2. Anzeigeverfahren für den Vertrieb von AIF an semiprofessionelle Anleger und professionelle Anleger im Inland

§ 321 Anzeigepflicht einer AIF-Kapitalverwaltungsgesellschaft beim beabsichtigten Vertrieb von EU-AIF oder von inländischen Spezial-AIF an semiprofessionelle und professionelle Anleger im Inland

(1) **[1]Beabsichtigt eine AIF-Kapitalverwaltungsgesellschaft, Anteile oder Aktien an einem von ihr verwalteten EU-AIF oder an einem von ihr verwalteten inländischen Spezial-AIF an semiprofessionelle oder professionelle Anleger im Geltungsbereich dieses Gesetzes zu vertreiben, so hat sie dies der Bundesanstalt anzuzeigen. [2]Das Anzeigeschreiben muss folgende Angaben und Unterlagen in jeweils geltender Fassung enthalten:**

1. einen Geschäftsplan, der Angaben zum angezeigten AIF sowie zu seinem Sitz enthält;

2. die Anlagebedingungen, die Satzung oder den Gesellschaftsvertrag des angezeigten AIF;

3. den Namen der Verwahrstelle des angezeigten AIF;

4. eine Beschreibung des angezeigten AIF und alle für die Anleger verfügbaren Informationen über den angezeigten AIF;

5. Angaben zum Sitz des Master-AIF und seiner Verwaltungsgesellschaft, falls es sich bei dem angezeigten AIF um einen Feeder-AIF handelt;

6. alle in § 307 Absatz 1 genannten weiteren Informationen für jeden angezeigten AIF;

6a. im Fall des beabsichtigten Vertriebs an semiprofessionelle Anleger das Basisinformationsblatt gemäß Verordnung (EU) Nr. 1286/2014;

7. Angaben zu den Vorkehrungen, die getroffen wurden, um zu verhindern, dass Anteile oder Aktien des angezeigten AIF an Privatanleger vertrieben werden, insbesondere wenn die AIF-Kapitalverwaltungsgesellschaft für die Erbringung von Wertpapierdienstleistungen für den angezeigten AIF auf unabhängige Unternehmen zurückgreift.

[3]Ist der EU-AIF oder der inländische Spezial-AIF, den die AIF-Kapitalverwaltungsgesellschaft an semiprofessionelle oder professionelle Anleger im Geltungsbereich dieses Gesetzes zu vertreiben beabsichtigt, ein Feeder-AIF, ist eine Anzeige nach Satz 1 nur zulässig, wenn der Master-AIF ebenfalls ein EU-AIF oder ein inländischer AIF ist, der von einer EU-AIF-Verwaltungsgesellschaft oder einer AIF-Kapitalverwaltungsgesellschaft verwaltet wird. [4]Andernfalls richtet sich das Anzeigeverfahren ab dem Zeitpunkt, auf den in § 295 Absatz 2 Nummer 1 verwiesen wird, nach § 322 und vor diesem Zeitpunkt nach § 329.

(2) [1]Die Bundesanstalt prüft, ob die gemäß Absatz 1 übermittelten Angaben und Unterlagen vollständig sind. [2]Fehlende Angaben und Unterlagen fordert sie innerhalb einer Frist von 20 Arbeitstagen als Ergänzungsanzeige an. [3]Mit Eingang der Ergänzungsanzeige beginnt die in Satz 2 genannte Frist erneut. [4]Die Ergänzungsanzeige ist der Bundesanstalt innerhalb von sechs Monaten nach der Erstattung der Anzeige oder der letzten Ergänzungsanzeige einzureichen; andernfalls ist eine Mitteilung nach Absatz 4 ausgeschlossen. [5]Die Frist nach Satz 3 ist eine Ausschlussfrist. [6]Eine erneute Anzeige ist jederzeit möglich.

(3) [1]Innerhalb von 20 Arbeitstagen nach Eingang der vollständigen Anzeigeunterlagen nach Absatz 1 teilt die Bundesanstalt der AIF-Kapitalverwaltungsgesellschaft mit, ob diese mit dem Vertrieb des im Anzeigeschreiben genannten AIF an semiprofessionelle und professionelle Anleger im Geltungsbereich dieses Gesetzes ab sofort beginnen kann. [2]Die Bundesanstalt kann innerhalb dieser Frist die Aufnahme des Vertriebs untersagen, wenn die AIF-Kapitalverwaltungsgesellschaft oder die Verwaltung des angezeigten AIF durch die AIF-Kapitalverwaltungsgesellschaft gegen die Vorschriften dieses Gesetzes oder gegen die Vorschriften der Richtlinie 2011/61/EU verstößt. [3]Teilt sie der AIF-Kapitalverwaltungsgesellschaft entsprechende Beanstandungen der eingereichten Angaben und Unterlagen innerhalb der Frist von Satz 1 mit, wird die in Satz 1 genannte Frist unterbrochen und beginnt mit der Einreichung der geänderten Angaben und Unterlagen erneut. [4]Die AIF-Kapitalverwaltungsgesellschaft kann ab dem Datum der entsprechenden Mitteilung nach Satz 1 mit dem Vertrieb des angezeigten AIF an semiprofessionelle und professionelle Anleger im Geltungsbereich dieses Gesetzes beginnen. [5]Handelt es sich um einen EU-AIF, so teilt die Bundesanstalt zudem den für den EU-AIF zuständigen Stellen mit, dass die AIF-Kapitalverwaltungsgesellschaft mit dem Vertrieb von Anteilen oder Aktien des EU-AIF an professionelle Anleger im Geltungsbereich dieses Gesetzes beginnen kann.

(4) [1]Die AIF-Kapitalverwaltungsgesellschaft teilt der Bundesanstalt wesentliche Änderungen der nach Absatz 1 oder 2 übermittelten Angaben mit. [2]Änderungen, die von der AIF-Kapitalverwaltungsgesellschaft geplant sind, sind mindestens einen Monat vor Durchführung der Änderung mitzuteilen. [3]Ungeplante Änderungen sind unverzüglich nach ihrem Eintreten mitzuteilen. [4]Führt die geplante Änderung dazu, dass die AIF-Kapitalverwaltungsgesellschaft oder die Verwaltung des betreffenden AIF durch die AIF-Kapitalverwaltungsgesellschaft nunmehr gegen die Vorschriften dieses Gesetzes oder gegen die Vorschriften der Richtlinie 2011/61/EU verstößt, so teilt die Bundesanstalt der AIF-Kapitalverwaltungsgesellschaft unverzüglich mit, dass sie die Änderung nicht durchführen darf. [5]Wird eine geplante Änderung ungeachtet der Sätze 1 bis 4 durchgeführt oder führt eine durch einen unvorhersehbaren Umstand ausgelöste Änderung dazu, dass die AIF-Kapitalverwaltungsgesellschaft oder die Verwaltung des betreffenden AIF durch die AIF-Kapitalverwaltungsgesellschaft nunmehr gegen die Vorschriften dieses Gesetzes oder der Richtlinie 2011/61/EU verstößt, so ergreift die Bundesanstalt alle gebotenen Maßnahmen gemäß §5 einschließlich der ausdrücklichen Untersagung des Vertriebs des betreffenden AIF.

Inhaltsübersicht

	Rn.
I. Einleitung	1
II. Anzeigepflicht, § 321 I 1	4
III. Inhalt des Anzeigeschreibens, § 321 I 2	9
1. Geschäftsplan, § 321 I 2 Nr. 1	10
2. Anlagebedingungen, Satzung oder Gesellschaftsvertrag, § 321 I 2 Nr. 2	11
3. Verwahrstelle, § 321 I 2 Nr. 3	12
4. Beschreibung des angezeigten AIF und alle für die Anleger verfügbaren Informationen, § 321 I 2 Nr. 4	13
5. Angaben zum Master-AIF, § 321 I 2 Nr. 5	14
6. Alle in § 307 genannten weiteren Informationen, § 321 I 2 Nr. 6	15
7. Basisinformationsblatt gem. PRIIPs-VO, § 321 I Nr. 6a	16
8. Vorkehrungen zur Verhinderung des Vertriebs an Privatanleger, § 307 I 2 Nr. 7	17
9. Muster-Anzeigeschreiben gemäß DurchführungsVO (EU) 2024/913	21
IV. Vollständigkeitsprüfung, § 321 II	22
V. Mitteilung zur Aufnahme des Vertriebs, § 321 III	26
VI. Wesentliche Änderungen der übermittelten Angaben, § 321 IV	28

I. Einleitung

1 § 321 regelt die Pflicht einer AIF-KVG, den beabsichtigten Vertrieb von Anteilen oder Aktien eines von ihr verwalteten inländischen Spezial-AIF oder eines EU-AIF an semiprofessionelle oder professionelle Anleger im Inland bei der BaFin anzuzeigen. Mit der Vorschrift wird Art. 31 AIFM-RL umgesetzt. Danach stellen die Mitgliedsstaaten sicher, dass ein zugelassener EU-AIFM Anteile von allen EU-AIF, die er verwaltet, an professionelle Anleger im Herkunftsmitgliedsstaat des AIFM vertreiben kann.

2 Da Art. 31 AIFM-RL keine Ausnahme für EU-AIF vorsieht, die im Herkunftsland des EU-AIFM aufgelegt wurden, besteht eine Anzeigepflicht von AIF-KVG auch beim beabsichtigten Vertrieb von inländischen AIF im Inland (BT-Drs. 17/12294, 287 zu § 321 I). Darüber hinaus muss eine KVG auch EU-AIF, die sie verwaltet, im Inland zum Vertrieb an professionelle Anleger anzeigen. Hat eine KVG daher einen AIF im Wege des grenzüberschreitenden Dienstleistungsverkehrs in einem EU-Mitgliedsstaat aufgelegt und verwaltet ihn dort und will sie diesen AIF im Inland an professionelle oder semiprofessionelle Anleger vertreiben, muss sie hierzu eine Vertriebsanzeige gem. § 321 bei der BaFin einreichen.

3 Nach Maßgabe des § 321 muss auch der beabsichtigte Vertrieb von AIF an semiprofessionelle Anleger angezeigt werden. Diese Regelung beruht zwar nicht auf Art. 31 AIFM-RL, da dieser nur den Vertrieb von AIF an professionelle Anleger im Herkunftsmitgliedsstaat des AIFM regelt. Die semiprofessionellen Anleger (zur Definition s. § 1 XIX Nr. 33) werden den professionellen Anlegern jedoch insoweit gleichgestellt (BT-Drs. 17/12294, 287 zu § 321 I).

II. Anzeigepflicht, § 321 I 1

4 Adressat der Anzeigepflicht ist die AIF-KVG, die den zu vertreibenden AIF verwaltet. Sie hat auch dann eine Vertriebsanzeige einzureichen, wenn sie für den Vertrieb des AIF externe Vertriebsgesellschaften einsetzt. Die Vertriebsanzeige

kann nur von der Verwaltungsgesellschaft abgegeben werden, die das betreffende Sondervermögen verwaltet (BaFin-FAQ zum Vertrieb und Erwerb von Investmentvermögen nach dem KAGB, Stand 5.7.2022, „BaFin-FAQ zum Vertrieb", Ziff. 2.1.2).

In der Praxis hängt die Frage, ob eine AIF-KVG für einen inländischen Spezial-AIF eine Vertriebsanzeige bei der BaFin einreicht, idR davon ab, ob die AIF-KVG beabsichtigt, Anteile oder Aktien dieses AIF aktiv an potentielle Anleger zu vertreiben. Ein Vertrieb an professionelle und semiprofessionelle Anleger ist nur gegeben, wenn dieser auf Initiative der KVG oder in deren Auftrag erfolgt und sich an semiprofessionelle oder professionelle Anleger mit Wohnsitz oder Sitz im Inland oder einem anderen Mitgliedsstaat der EU oder Vertragsstaat des Abkommens über den Europäischen Wirtschaftsraum richtet (vgl. §293 I 3). 5

Das bloße Reagieren auf die Order eines Anlegers stellt somit keinen Vertrieb dar. Das Anbieten muss sich darüber hinaus auf ein Investmentvermögen beziehen. Dieses liegt erst dann vor, wenn das Investmentvermögen bereits aufgelegt oder angebotsreif ist (BaFin-FAQ zum Vertrieb, Ziff. 1.3). 6

Das Anbieten von Anteilen an einem Investmentvermögen, das nicht auf Initiative der KVG, sondern auf Basis der Vermittlung durch einen nicht durch die KVG beauftragten Dritten erfolgt, stellt ebenfalls keinen Vertrieb dar (BaFin-FAQ 1.4). 7

Von der Frage, ob für eine AIF-KVG eine Anzeigepflicht gem. §321 I 1 gegenüber der BaFin besteht, ist die Frage zu unterscheiden, ob diese AIF-KVG der BaFin die Aufnahme eines Pre-Marktings mitzuteilen hat. Hierzu sowie zu etwaigen Auswirkungen auf die Anzeigepflicht gem. §321 I 1 s. die Kommentierung zu §306b. 8

III. Inhalt des Anzeigeschreibens, §321 I 2

In §321 I 2 wird der Inhalt des Anzeigeschreibens für den beabsichtigten Vertrieb von Anteilen oder Aktien eines inländischen Spezial-AIF bzw. eines EU-AIF durch eine AIF-KVG an professionelle und semiprofessionelle Anleger im Inland vorgegeben. Die Regelung setzt Art. 31 II iVm Anhang III der AIFM-RL um. Anhang III führt die einzelnen Unterlagen und Angaben auf, die im Falle eines beabsichtigten Vertriebs im Herkunftsmitgliedsstaat des AIFM beizubringen bzw. zu machen sind. 9

1. Geschäftsplan, §321 I 2 Nr. 1. In das Anzeigeschreiben ist ein Geschäftsplan aufzunehmen, der Angaben zum angezeigten AIF sowie zu seinem Sitz enthalten muss. Vorbehaltlich abweichender Vorgaben der ESMA muss die AIF-KVG diesbezüglich nur den **Namen und den Sitz des AIF und bei EU-AIF zusätzlich den Herkunftsmitgliedsstaat** des angezeigten AIF benennen. Weitere Angaben sind idR nicht erforderlich, da die BaFin diese den übrigen in der Anzeige enthaltenen Angaben entnehmen kann (BaFin-FAQ zum Vertrieb, Ziff. 2.2.3). 10

2. Anlagebedingungen, Satzung oder Gesellschaftsvertrag, §321 I 2 Nr. 2. Des Weiteren müssen die Anlagebedingungen bzw. bei AIF in Gesellschaftsform die Satzung oder der Gesellschaftsvertrag im Anzeigeschreiben enthalten sein. Dabei umfasst der Begriff der Anlagebedingungen sämtliche schriftliche Bedingungen, die das Rechtsverhältnis zwischen der KVG und dem Anleger in Bezug auf den jeweiligen AIF regeln. Damit zählen auch sog. **Sideletters** zu den Anlagebedingungen (vgl. BaFin-Merkblatt zum Erlaubnisverfahren für eine AIF-Kapital- 11 verwaltungsgesellschaft nach § 22 KAGB, Stand 27.11.2017, A.12) und sind dem Anzeigeschreiben beizufügen.

12 **3. Verwahrstelle, § 321 I 2 Nr. 3.** Das Anzeigeschreiben muss darüber hinaus den Namen der Verwahrstelle des angezeigten AIF enthalten. Dies kann durch Angabe im Anzeigeschreiben selbst erfolgen. Wird in den im Rahmen des § 321 I 2 Nr. 2 einzureichenden Unterlagen auch die Verwahrstelle aufgeführt, ist auch ein Verweis auf die entsprechenden Dokumente möglich.

13 **4. Beschreibung des angezeigten AIF und alle für die Anleger verfügbaren Informationen, § 321 I 2 Nr. 4.** In das Anzeigeschreiben sind auch eine Beschreibung des angezeigten AIF und alle für die Anleger verfügbaren Informationen über den angezeigten AIF aufzunehmen. In der Praxis hat die Vorschrift bislang keine eigenständige Bedeutung, da alle über den AIF relevanten verfügbaren Informationen idR in den nach § 307 dem Anleger zur Verfügung zu stellenden Informationen enthalten sind. Diese muss die KVG bereits nach § 321 I 2 Nr. 6 dem Anzeigeschreiben beifügen.

14 **5. Angaben zum Master-AIF, § 321 I 2 Nr. 5.** Für den Fall, dass eine AIF-KVG einen Feeder-AIF zum Vertrieb im Inland an professionelle und semiprofessionelle Anleger anzeigen will, hat sie den Sitz des Master-AIF und seiner Verwaltungsgesellschaft im Anzeigeschreiben aufzuführen.

15 **6. Alle in § 307 genannten weiteren Informationen, § 321 I 2 Nr. 6.** Gemäß § 307 sind dem am Erwerb eines Anteils oder Aktie interessierten professionellen oder semiprofessionellen Anlegers die in § 307 I 2 aufgeführten Informationen zur Verfügung zu stellen. Daher wird für inländische Spezial-AIF und entsprechende EU-AIF regelmäßig ein Informationsdokument erstellt, das die entsprechenden Angaben enthält. Dieses ist dem Anzeigeschreiben beizufügen.

16 **7. Basisinformationsblatt gem. PRIIPs-VO, § 321 I Nr. 6a.** Seit dem Ende der in Art. 32 der PRIIPs-VO vorgesehenen Übergangsfrist (zum 31.12.2022) ist für den Vertrieb eines AIF an Privatanleger (wozu auch semiprofessionelle Anleger iSv § 1 Abs. 19 Nr. 33 KAGB zählen) ein Basisinformationsblatt entsprechend den Bestimmungen der PRIIPs-VO zu erstellen (BT-Drs. 20/1906, 44). Auch dieses ist dem Anzeigeschreiben beizufügen.

17 **8. Vorkehrungen zur Verhinderung des Vertriebs an Privatanleger, § 307 I 2 Nr. 7.** Gemäß § 295 I 3 müssen Verwaltungsgesellschaften, die AIF verwalten, die die Voraussetzungen für den Vertrieb an Privatanleger nicht erfüllen, **wirksame Vorkehrungen** treffen, die verhindern, dass Anteile oder Aktien an einem AIF an Privatanleger im Inland vertrieben werden. Im Anzeigeschreiben nach § 321 sind diese Vorkehrungen nunmehr darzulegen. Dabei ist zu berücksichtigen, dass die BaFin in ihrem FAQ zum Vertrieb bereits einige Vorkehrungen beschrieben hat, die erforderlich sein sollen, um den Vertrieb an Privatanleger zu verhindern (vgl. BaFin- FAQ zum Vertrieb, Ziff. 1.7).

18 Vor diesem Hintergrund ist im Anzeigeschreiben insb. zu erläutern, dass die Informationsdokumente und alle weiteren Informationsmaterialien des AIF einen **drucktechnisch hervorgehobenen Hinweis** enthalten werden, dass die Anteile nicht an Privatanleger vertrieben werden dürfen.

19 Darüber hinaus sind die Vertriebswege darzustellen, die die KVG verwenden möchte. Insbesondere ist anzugeben, ob der Erwerb der Anteile auch online möglich sein soll. In diesem Fall ist ein nach Anlegergruppen getrennter Zugang zu den

Online-Systemen erforderlich. Anteile oder Aktien eines AIF, die nur von professionellen oder semiprofessionellen Anlegern erworben werden dürfen, können im Rahmen des Online-Vertriebs nur über **zugangsgesicherte Verkaufsportale** vertrieben werden.

Werden Vertriebspartner eingeschaltet, ist die Zusammenarbeit mit dem Vertriebspartner darzustellen und es ist zu erläutern, wie sichergestellt wird, dass auch die Vertriebspartner keine Anteile oder Aktien des AIF an Privatanleger vertreiben. Dabei hat die BaFin bereits klargestellt, dass ein entsprechender Hinweis gegenüber dem Vertriebspartner nicht ausreicht, sondern vielmehr eine **vertragliche Verpflichtung im Vertriebsvertrag** erforderlich ist (BaFin-FAQ zum Vertrieb, aaO). Daneben können weitere Maßnahmen, zB die Durchführung von Schulungen beim Vertriebspartner, im Anzeigeschreiben dargestellt werden. 20

9. Muster-Anzeigeschreiben gemäß DurchführungsVO (EU) 2024/913. Zum 14.4.2024 ist die Durchführungsverordnung (EU) 2024/913 zur Festlegung technischer Durchführungsstandards für die Anwendung der Richtlinie 2011/61/EU im Hinblick auf Form und Inhalt der Informationen, die zu den grenzüberschreitenden Tätigkeiten von Verwaltern alternativer Investmentfonds zu übermitteln sind („DurchführungsVO (EU) 2024/913"), in Kraft getreten. 21

Die Anhänge in dieser DurchführungsVO enthalten Muster für Anzeigeschreiben, die ein EU-AIFM zu verwenden hat, um die zuständigen Behörden seines Herkunftsmitgliedstaats über den geplanten Vertrieb eines EU-AIF zu unterrichten. Diese Anhänge präzisieren insoweit die Dokumentation und Angaben gem. Art. 31 II, 32 II und 33 II der AIFM-RL. 21a

Gemäß Art. 1 I der DurchführungsVO ist das Muster in **Anhang I der DurchführungsVO** zu verwenden, um die zuständigen Behörden über EU-AIF zu unterrichten, die **im Herkunftsmitgliedstaat** vertrieben werden sollen. Maßgeblich für den Inhalt der den zuständigen Behörden einzureichenden Anzeigeschreiben sind daher nicht mehr die Angaben gem. Artikel 31 II iVm Anhang III der AIFM-RL, sondern die Angaben und Unterlagen gem. Anhang I der DurchführungsVO. 21b

Die **DurchführungsVO** gilt ab dem 14.4.2024 **unmittelbar in jedem Mitgliedstaat der EU** (vgl. Art. 5 der Verordnung) und damit seit diesem Zeitpunkt auch für den Vertrieb von Anteilen eines von einer AIF-KVG verwalteten inländischen Spezial-AIF oder eines EU-AIF an semiprofessionelle oder professionelle Anleger im Inland. Parallel hierzu gilt derzeit jedoch weiterhin § 321 I 2 KAGB, der bislang nicht an die Vorgaben der DurchführungsVO angepasst wurde. 21c

Der Gesetzgeber plant, mit dem sog. FondsmarktstärkungsG (Referentenentwurf des Bundesministeriums der Finanzen vom 18.7.2024) § 321 I 2 KAGB zu ändern und durch einen Verweis auf Anhang I der DurchführungsVO zu ersetzen. Für den Fall des Vertriebs von Anteilen eines Spezial-AIF an semiprofessionelle Anleger soll dem Anzeigeschreiben darüber hinaus weiterhin das Basisinformationsblatt gemäß der PRIIPs-VO beigefügt werden. Die geplanten Änderungen sollen am 16.4.2026 in Kraft treten. 21d

Da die DurchführungsVO seit April 2024 bereits unmittelbar in Deutschland Anwendung findet und der geplante Verweis in § 321 I 2 KAGB auf diese Verordnung lediglich deklaratorischen Charakter haben wird, ist es sachgerecht, dass eine AIF-KVG, die beabsichtigt, Anteile eines Spezial-AIF oder eines EU-AIF im Inland zu vertreiben, das Anzeigeschreiben bereits heute auf Basis des in Anhang I der DurchführungsVO enthaltenen Musters erstellt und mit den dort aufgeführten An- 21e lagen bei der BaFin einreicht. Es dürfte auch nicht länger erforderlich sein, dem Anzeigeschreiben den Inhalt des § 321 I 2 zugrunde zu legen. Die mit dem Muster geforderten Angaben zum AIFM bzw. zum AIF enthalten die in § 321 I 2 geforderten Angaben bzw. gehen darüber hinaus.

IV. Vollständigkeitsprüfung, § 321 II

22 Die BaFin prüft innerhalb einer Frist von 20 Arbeitstagen, ob die ihr eingereichten Unterlagen vollständig sind. Laut Gesetzesbegründung basiert diese Regelung auf § 129 II des aufgehobenen InvG, da die AIFM-RL ebenso wie die OGAW-RL keine Regelung enthält, wie mit unvollständigen Anzeigen umgegangen werden soll (BT-Drs. 17/12294, 288 zu § 321). Bei diesem Verweis dürfte es sich um ein Redaktionsversehen handeln (so auch BTMB/*Lichtenstein* § 321 Rn. 11). Vielmehr wäre ein Verweis auf § 128 II des aufgehobenen InvG zutreffend, da dieser dem Wortlaut des § 321 II mit einer Abweichung in Bezug auf die Frist (das InvG sah zehn Arbeitstage vor) entspricht. Die Frist zur Überprüfung der Vollständigkeit der Unterlagen soll einer Beschleunigung des Verfahrens dienen (vgl. BT-Drs. 17/12294, 288 zu § 321).

23 Fehlende Angaben und Unterlagen fordert die BaFin als **Ergänzungsanzeige** an. Hierunter ist zu verstehen, dass die AIF-KVG nur die fehlenden Angaben und Unterlagen nachreichen und nicht die gesamten Unterlagen der Vertriebsanzeige erneut bei der BaFin einreichen muss. Die Nachlieferung der fehlenden Angaben und Unterlagen hat innerhalb einer Frist von sechs Monaten zu erfolgen. Nach Ablauf dieser Frist ist nur noch eine erneute Einreichung der Vertriebsanzeige unter Beifügung aller Angaben und Unterlagen möglich, da nach dieser Zeit regelmäßig die Gefahr besteht, dass die bereits eingereichten Unterlagen veraltet sind (BT-Drs. 17/12294 zu § 321).

24 § 321 II 4 führt aus, dass die Ergänzungsanzeige innerhalb einer Frist von sechs Monaten nach der Erstattung der Anzeige oder der letzten Ergänzungsanzeige einzureichen ist, andernfalls sei eine Mitteilung nach IV ausgeschlossen. Der hier aufgeführte Verweis auf IV dürfte ebenfalls fehlerhaft sein (so auch BTMB/*Lichtenstein* § 321 Rn. 35). Es dürfte sich hier um die Mitteilung handeln, dass der Vertrieb des AIF an professionelle und semiprofessionelle Anleger aufgenommen werden kann. Diese Mitteilung ist in § 321 III 1 geregelt, auf den § 321 II 4 verweisen sollte.

25 Mit Eingang der Ergänzungsanzeige bei der BaFin beginnt die Frist von 20 Arbeitstagen erneut. Die BaFin ist allerdings nicht verpflichtet, die gesetzlichen Bearbeitungsfristen auszuschöpfen (BaFin-FAQ zum Vertrieb, Ziff. 2.1.3).

V. Mitteilung zur Aufnahme des Vertriebs, § 321 III

26 Die BaFin teilt der AIF-KVG innerhalb von 20 Arbeitstagen nach Eingang der vollständigen Unterlagen mit, ob mit dem Vertrieb des AIF begonnen werden kann. Diese Verpflichtung beruht auf Art. 31 III AIFM-RL. Der Vertrieb des AIF kann nur untersagt werden, wenn die AIF-KVG oder die Verwaltung des AIF gegen die Vorschriften des KAGB oder der AIFM-RL verstoßen. Ab dem Datum einer positiven Mitteilung kann mit dem Vertrieb des AIF im Inland begonnen werden, vgl. § 321 III 4.

27 Für den Fall, dass eine AIF-KVG einen von ihr verwalteten EU-AIF zum Vertrieb im Inland an professionelle und semiprofessionelle Anleger angezeigt hat, teilt

die BaFin auch den für den EU-AIF zuständigen Stellen im EU-Mitgliedsstaat mit, dass die AIF-KVG mit dem Vertrieb von Anteilen des AIF beginnen kann, vgl. § 321 III 5. Mit dieser Regelung wird Art. 31 III UAbs. 2 AIFM-RL umgesetzt.

VI. Wesentliche Änderungen der übermittelten Angaben, § 321 IV

Die AIF-KVG hat der BaFin wesentliche Änderungen der ihr im Rahmen der Vertriebsanzeige übermittelten Angaben und Unterlagen mitzuteilen, § 321 IV 1. Um den geänderten Bedürfnissen im Zuge des digitalen Wandels Rechnung zu tragen, müssen die Änderungsanzeigen nicht mehr schriftlich bei der BaFin eingehen (BT-Drs. 19/27631 zu § 321). 28

Während beim Vertrieb eines Publikums-AIF an Privatanleger im Inland gem. § 316 der BaFin grds. jede Änderung der eingereichten Angaben mitzuteilen ist, verlangt § 321 IV lediglich eine Mitteilung von wesentlichen Änderungen. Die Regelung beruht auf Art. 31 IV AIFM-RL, wonach der AIFM eine wesentliche Änderung der nach Art. 31 II AIFM-RL übermittelten Angaben den zuständigen Behörden seines Herkunftsmitgliedsstaates mitzuteilen hat.

Weder in der AIFM-RL noch im KAGB noch im FAQ der BaFin zum Vertrieb wird näher erläutert, was unter einer wesentlichen Änderung der nach § 321 I eingereichten Angaben und Unterlagen zu verstehen ist. Die AIF-KVG hat daher hinsichtlich jeder der in § 321 I 2 Nr. 1–7 vorgegebenen Angaben **im Einzelfall selbst zu entscheiden,** ob eine wesentliche Änderung vorliegt, die der BaFin anzuzeigen ist. 29

So wird nicht jede **Änderung des Inhalts der Anlagebedingungen** eine wesentliche Änderung sein. Werden allerdings die Anlagebedingungen grundlegend geändert und soll beispielsweise der AIF künftig nicht mehr überwiegend in Aktien, sondern in verzinsliche Wertpapiere investieren, dürfte eine wesentliche Änderung der Anlagebedingungen gegeben sein. Dagegen dürfte eine Erhöhung der Aktienquote eines AIF um 5% noch nicht als wesentlich einzustufen sein. 30

Ein **Wechsel der Verwahrstelle** dürfte eine wesentliche Änderung der nach § 321 I 2 Nr. 3 geforderten Angaben zur Verwahrstelle sein. Die Änderung der Anschrift der Verwahrstelle ist dagegen regelmäßig nicht als wesentliche Änderung anzusehen. 31

Wie schon im Rahmen einer Vertriebsanzeige nach § 316, ist auch bei wesentlichen Änderungen der Angaben nach § 321 zwischen geplanten und ungeplanten Änderungen zu unterscheiden. Geplante Änderungen sind der BaFin mindestens einen Monat vor Durchführung der Änderung mitzuteilen, ungeplante Änderungen unverzüglich nach ihrem Eintreten. 32

Sollte die AIF-KVG oder die Verwaltung des betreffenden AIF durch die geplante oder ungeplante wesentliche Änderung gegen die Vorschriften des KAGB oder der AIFM-RL verstoßen, teilt die BaFin der AIF-KVG mit, dass die Änderung nicht durchgeführt werden darf bzw. ergreift die BaFin in diesem Zusammenhang alle gebotenen Maßnahmen, einschließlich der Untersagung des Vertriebs des AIF, vgl. § 321 IV 5. 33

§ 322 Anzeigepflicht einer AIF-Kapitalverwaltungsgesellschaft beim beabsichtigten Vertrieb von ausländischen AIF oder von inländischen Spezial-Feeder-AIF oder EU-Feeder-AIF, deren jeweiliger Master-AIF kein EU-AIF oder inländischer AIF ist, der von einer EU-AIF-Verwaltungsgesellschaft oder einer AIF-Kapitalverwaltungsgesellschaft verwaltet wird, an semiprofessionelle und professionelle Anleger im Inland

(1) **Der Vertrieb von Anteilen oder Aktien an ausländischen AIF und von Anteilen oder Aktien an EU-Feeder-AIF oder inländischen Spezial-Feeder-AIF, deren jeweiliger Master-AIF kein EU-AIF oder inländischer AIF ist, der von einer EU-AIF-Verwaltungsgesellschaft oder einer AIF-Kapitalverwaltungsgesellschaft verwaltet wird, an semiprofessionelle und professionelle Anleger im Geltungsbereich dieses Gesetzes durch eine AIF-Kapitalverwaltungsgesellschaft ist nur zulässig, wenn**

1. **geeignete Vereinbarungen über die Zusammenarbeit zwischen der Bundesanstalt und den Aufsichtsbehörden des Drittstaates bestehen, in dem der ausländische AIF seinen Sitz hat, damit unter Berücksichtigung von § 9 Absatz 8 zumindest ein effizienter Informationsaustausch gewährleistet ist, der es der Bundesanstalt ermöglicht, ihre Aufgaben gemäß der Richtlinie 2011/61/EU wahrzunehmen;**
2. **der Drittstaat, in dem der ausländische AIF seinen Sitz hat, nicht auf der Liste der nicht kooperativen Länder und Gebiete steht, die von der Arbeitsgruppe „Finanzielle Maßnahmen gegen die Geldwäsche und die Terrorismusfinanzierung" aufgestellt wurde;**
3. **der Drittstaat, in dem der ausländische AIF seinen Sitz hat, mit der Bundesrepublik Deutschland eine Vereinbarung unterzeichnet hat, die den Normen des Artikels 26 des OECD-Musterabkommens zur Vermeidung der Doppelbesteuerung von Einkommen und Vermögen vollständig entspricht und einen wirksamen Informationsaustausch in Steuerangelegenheiten, gegebenenfalls einschließlich multilateraler Abkommen über die Besteuerung, gewährleistet;**
4. **die AIF-Kapitalverwaltungsgesellschaft bei der Verwaltung eines ausländischen AIF abweichend von § 55 Absatz 1 Nummer 1 alle in der Richtlinie 2011/61/EU für diese AIF festgelegten Anforderungen erfüllt.**

(2) **[1]Beabsichtigt eine AIF-Kapitalverwaltungsgesellschaft, Anteile oder Aktien an einem von ihr verwalteten AIF im Sinne von Absatz 1 Satz 1 im Geltungsbereich dieses Gesetzes an semiprofessionelle oder professionelle Anleger zu vertreiben, so hat sie dies der Bundesanstalt anzuzeigen. [2]Für den Inhalt des Anzeigeschreibens einschließlich der erforderlichen Dokumentation und Angaben gilt § 321 Absatz 1 Satz 2 entsprechend.**

(3) **§ 321 Absatz 2 gilt entsprechend.**

(4) **[1]§ 321 Absatz 3 Satz 1 bis 4 und 6 gilt entsprechend. [2]Die Bundesanstalt teilt der Europäischen Wertpapier- und Marktaufsichtsbehörde mit, dass die AIF-Kapitalverwaltungsgesellschaft mit dem Vertrieb von Anteilen oder Aktien des angezeigten AIF im Geltungsbereich dieses Gesetzes an professionelle Anleger beginnen kann. [3]Falls es sich um einen**

EU-Feeder-AIF handelt, teilt die Bundesanstalt zudem den für den EU-Feeder-AIF in seinem Herkunftsmitgliedstaat zuständigen Stellen mit, dass die AIF-Kapitalverwaltungsgesellschaft mit dem Vertrieb von Anteilen oder Aktien des EU-Feeder-AIF an professionelle Anleger im Geltungsbereich dieses Gesetzes beginnen kann.

(5) [1]**Die AIF-Kapitalverwaltungsgesellschaft teilt der Bundesanstalt wesentliche Änderungen der nach Absatz 2 übermittelten Angaben mit.** [2]**§ 321 Absatz 4 Satz 2 bis 5 gilt entsprechend.** [3]**Änderungen sind zulässig, wenn sie nicht dazu führen, dass die AIF-Kapitalverwaltungsgesellschaft oder die Verwaltung des angezeigten AIF durch die AIF-Kapitalverwaltungsgesellschaft gegen die Vorschriften dieses Gesetzes oder gegen die Vorschriften der Richtlinie 2011/61/EU verstößt.** [4]**Bei zulässigen Änderungen unterrichtet die Bundesanstalt unverzüglich die Europäische Wertpapier- und Marktaufsichtsbehörde, soweit die Änderungen die Beendigung des Vertriebs von bestimmten AIF oder zusätzlich vertriebenen AIF betreffen.**

I. Einleitung

§ 322 regelt zum einen die Anzeigepflicht einer AIF-KVG beim beabsichtigten Vertrieb von Anteilen oder Aktien eines ausländischen AIF an professionelle und semiprofessionelle Anleger im Inland. Zum anderen regelt § 322 die Anzeigepflicht einer AIF-KVG, die beabsichtigt, Anteile oder Aktien an einem von ihr verwalteten (inländischen) Spezial-Feeder-AIF oder EU-Feeder-AIF, deren jeweiliger Master ein ausländischer AIF ist, an professionelle und semiprofessionelle Anleger im Inland zu vertreiben. 1

Mit der Regelung wird Art. 35 I–IV und X AIFM-RL umgesetzt. Artikel 35 AIFM-RL regelt die Bedingungen für den Vertrieb eines von einem EU-AIFM verwalteten Nicht-EU-AIF mit einem Pass in der EU. Zur Anwendung des EU-Passes auf den Vertrieb von Nicht-EU-AIF durch EU-AIFM gem. den Bestimmungen des Art. 35 AIFM-RL hatte die ESMA gem. Art. 67 I AIFM-RL bis zum 22.7.2015 eine Empfehlung vorzulegen. 2

Die ESMA hat sich inzwischen entschieden, keine generelle Empfehlung zur Anwendung des EU-Passes auf den Vertrieb von Nicht-EU-AIF durch EU-AIFM auszusprechen, sondern eine Einzel-Analyse für die maßgeblichen Länder durchzuführen. Vor diesem Hintergrund hat die ESMA der EU-Kommission vorgeschlagen, mit dem Erlass eines entsprechenden delegierten Rechtsakts zu warten, bis die ESMA eine positive Empfehlung für eine hinreichend große Anzahl von Ländern abgeben kann (ESMA's advice to the European Parliament, the Council and the Commission on the application of the AIFMD passport to non-EU-AIFMs and AIFs, Ziff. 2.1.12, Stand 30.7.2015). Da der delegierte Rechtsakt der EU-Kommission noch nicht vorliegt, findet § 322 derzeit noch keine praktische Anwendung. Das Anzeigeverfahren für eine AIF-KVG, die den Vertrieb von Anteilen eines ausländischen AIF bzw. den Vertrieb von Anteilen eines Spezial-Feeder-AIF oder EU-Feeder-AIF, deren jeweiliger Master ein ausländischer Master-AIF ist, beabsichtigen, richtet sich nach § 329. Ein konkreter Zeitpunkt, zu dem der delegierte Rechtsakt der EU-Kommission erlassen werden wird, ist derzeit noch nicht ersichtlich. 3

II. Zulässigkeit des Vertriebs, § 322 I

4 § 322 I beschreibt die Voraussetzungen, unter denen der Vertrieb von Anteilen eines ausländischen AIF bzw. der Vertrieb von Anteilen eines Spezial-Feeder-AIF oder EU-Feeder-AIF, dessen Master ein ausländischer AIF ist, an professionelle und semiprofessionelle Anleger im Inland zulässig ist. Ausländische AIF sind gemäß § 1 IX AIF-RL, die dem Recht eines Drittstaats unterliegen. Drittstaaten sind gem. § 1 XIX Nr. 5 alle Staaten, die nicht Mitgliedstaat der EU oder anderer Vertragsstaat des Abkommens über den EWR sind. Mit § 322 I Nr. 1–3 werden die Anforderungen des Art. 35 II Buchst. a–c AIFM-RL umgesetzt.

5 § 322 I Nr. 1–3 entspricht inhaltlich den zusätzlichen Anforderungen, die in § 317 II an die Zulässigkeit des Vertriebs eines ausländischen AIF durch eine ausländische Verwaltungsgesellschaft an Privatanleger im Inland aufgestellt werden. Der dieser Norm zugrunde liegende Art. 40 II AIFM-RL entspricht inhaltlich Art. 35 II Buchst. a bis c AIFM-RL. Ein Vertrieb der og AIF ist daher nur zulässig, wenn zwischen der BaFin und den Aufsichtsbehörden des Drittstaats geeignete Vereinbarungen über die Zusammenarbeit bestehen, der Drittstaat, in dem der ausländische AIF bzw. der ausländische Master-AIF seinen Sitz hat, nicht auf der Liste der nicht kooperierenden Länder der FATF steht und der Drittstaat mit der Bundesrepublik Deutschland eine Vereinbarung zur Vermeidung der Doppelbesteuerung und einen wirksamen Informationsaustausch in Steuerangelegenheiten unterzeichnet hat. Zu den Einzelheiten der Anforderungen s. Kommentierung zu § 317.

6 Darüber hinaus wird in § 322 I Nr. 4 klargestellt, dass in den in § 322 I 1 beschriebenen Fallkonstellationen die AIF-KVG und der ausländische AIF die Anforderungen der AIFM-RL umfassend erfüllen müssen. Diese Klarstellung war erforderlich, weil die Verwaltung eines ausländischen AIF durch eine AIF-KVG gem. § 55 I auch dann zulässig ist, wenn die Vorgaben an die Erstellung eines Jahresberichts gem. § 67 und die Bestellung der Verwahrstelle gem. §§ 80–90 für diesen AIF nicht eingehalten werden (vgl. § 55 I Nr. 1 „mit Ausnahme der Anforderungen der §§ 67 und 80 bis 90“). Dies gilt jedoch nur, solange Anteile oder Aktien dieses AIF nicht im Inland oder in einem Mitgliedsstaat der EU oder in einem Vertragsstaat des EWR vertrieben werden. Da mit § 322 nunmehr ermöglicht wird, dass der ausländische AIF zum Vertrieb im Inland angezeigt werden kann, entfallen die zuvor beschriebenen Ausnahmeregelungen, und die Anforderungen der AIFM-RL sind vollumfänglich einzuhalten.

III. Anzeigepflicht, § 322 II

7 Die AIF-KVG hat den beabsichtigten Vertrieb von Anteilen oder Aktien an ausländischen AIF sowie von Spezial-Feeder-AIF und EU-Feeder-AIF, deren Master-AIF ein ausländischer AIF ist, an professionelle und semiprofessionelle Anleger im Inland bei der BaFin anzuzeigen.

8 Der Inhalt des Anzeigeschreibens richtet sich nach den Vorgaben für die Anzeige des beabsichtigten Vertriebs von Anteilen oder Aktien an inländischen Spezial-AIF oder EU-AIF an professionelle und semiprofessionelle Anleger im Inland, vgl. § 322 II 2 iVm § 321 I 2. Mit der Regelung wird Art. 35 III iVm Anhang III der AIFM-RL umgesetzt. Zur Verwendung des Anhangs I der DurchführungsVO (EU) 2024/913 → § 321 Rn. 21f.

IV. Vollständigkeitsprüfung, § 322 III

Für die Prüfung der Vollständigkeit der eingereichten Angaben und Unterlagen und ggf. die Nachforderung von entsprechenden Angaben oder Dokumenten durch die BaFin gelten die Vorgaben des § 321 II entsprechend. 9

V. Mitteilung zur Aufnahme des Vertriebs, § 322 IV

Die BaFin hat der AIF-KVG innerhalb von 20 Arbeitstagen nach Eingang der vollständigen Unterlagen mitzuteilen, ob mit dem Vertrieb der Anteile des angezeigten AIF begonnen werden kann. Für diese Pflicht der BaFin gelten gem. § 322 IV 1 die Vorschriften des § 321 III 1–4 und 6 entsprechend. Hierbei handelt es sich offensichtlich um ein Redaktionsversehen, da es § 321 III 6 nicht gibt. Es ist hier wohl nur ein Verweis auf § 321 III 1–4 beabsichtigt. Ein Verweis auf § 321 III 5 ist nicht erforderlich, da die Regelungen hinsichtlich der für den Vertrieb von Anteilen oder Aktien eines EU-AIF geltenden Mitteilungspflichten der BaFin gegenüber den für den EU-AIF zuständigen Stellen in § 322 IV 3 für den Vertrieb von Anteilen oder Aktien eines EU-Feeder-AIF noch einmal eigenständig aufgeführt sind. Zeigt eine AIF-KVG daher die Absicht zum Vertrieb von Anteilen oder Aktien eines EU-Feeder-AIF bei der BaFin an, hat diese auch den für den EU-Feeder-AIF zuständigen Stellen in seinem Herkunftsmitgliedsstaat mitzuteilen, dass die AIF KVG mit dem Vertrieb von Anteilen oder Aktien des EU-Feeder-AIF im Inland beginnen kann. 10

Darüber hinaus teilt die BaFin auch der ESMA mit, dass mit dem Vertrieb des angezeigten AIF begonnen werden kann. Diese Mitteilungspflicht beruht auf Art. 35 IV UAbs. 2 der AIFM-RL. 11

VI. Wesentliche Änderungen der übermittelten Angaben, § 322 V

Die AIF-KVG hat der BaFin wesentliche Änderungen der im Rahmen des Anzeigeschreibens übermittelten Angaben und Unterlagen schriftlich mitzuteilen. Das Verfahren richtet sich nach § 321 IV 2–5, so dass auch im Rahmen dieses Anzeigeverfahrens zwischen wesentlichen und unwesentlichen sowie zwischen geplanten und ungeplanten Änderungen zu unterscheiden ist. Unwesentliche Änderungen müssen der BaFin nicht mitgeteilt werden. Wesentliche Änderungen sind zulässig, wenn sie nicht dazu führen, dass die AIF-KVG oder die Verwaltung des von ihr zum Vertrieb angezeigten AIF gegen die Vorschriften des KAGB oder der AIFM-RL verstößt. Soweit die Änderungen die Beendigung des Vertriebs bestimmter AIF oder zusätzlich vertriebener AIF zur Folge haben, unterrichtet die BaFin auch die ESMA über diese Änderungen. 12

§ 323 Anzeigepflicht einer EU-AIF-Verwaltungsgesellschaft beim beabsichtigten Vertrieb von EU-AIF oder von inländischen Spezial-AIF an semiprofessionelle und professionelle Anleger im Inland

(1) [1]**Beabsichtigt eine EU-AIF-Verwaltungsgesellschaft im Geltungsbereich dieses Gesetzes Anteile oder Aktien an EU-AIF oder an inländischen Spezial-AIF an semiprofessionelle oder professionelle Anleger zu vertreiben, so prüft die Bundesanstalt, ob die zuständige Stelle des Herkunftsmitgliedstaates der EU-AIF-Verwaltungsgesellschaft Folgendes übermittelt hat:**

1. eine von ihr ausgestellte Bescheinigung über die Erlaubnis der betreffenden EU-AIF-Verwaltungsgesellschaft zur Verwaltung von AIF mit einer bestimmten Anlagestrategie sowie
2. ein Anzeigeschreiben für jeden angezeigten AIF

jeweils in einer in der internationalen Finanzwelt gebräuchlichen Sprache. [2]Für den Inhalt des Anzeigeschreibens einschließlich der erforderlichen Dokumentation und Angaben gilt § 321 Absatz 1 Satz 2 entsprechend mit der Maßgabe, dass es statt „AIF-Kapitalverwaltungsgesellschaft" „EU-AIF-Verwaltungsgesellschaft" heißen muss, die Vorkehrungen zum Vertrieb des angezeigten AIF angegeben sein müssen und die Bundesrepublik Deutschland als Staat genannt sein muss, in dem Anteile oder Aktien des angezeigten AIF an professionelle Anleger vertrieben werden sollen.

(2) **[1]Der Vertrieb kann aufgenommen werden, wenn die EU-AIF-Verwaltungsgesellschaft von der zuständigen Stelle ihres Herkunftsmitgliedstaates über die Übermittlung nach Absatz 1 unterrichtet wurde. [2]Ist der AIF im Sinne von Absatz 1 Satz 1 ein Feeder-AIF, so besteht ein Recht zum Vertrieb gemäß Satz 1 nur, wenn der Master-AIF ebenfalls ein EU-AIF oder ein inländischer AIF ist, der von einer EU-AIF-Verwaltungsgesellschaft oder einer AIF-Kapitalverwaltungsgesellschaft verwaltet wird. [3]Die Bundesanstalt prüft, ob die Vorkehrungen nach § 321 Absatz 1 Satz 2 Nummer 7 geeignet sind, um einen Vertrieb an Privatanleger wirksam zu verhindern und ob die Vorkehrungen nach § 323 Absatz 1 Satz 2 gegen dieses Gesetz verstoßen.**

(3) **Wird die Bundesanstalt von den zuständigen Stellen im Herkunftsmitgliedstaat der EU-AIF-Verwaltungsgesellschaft über eine Änderung der Vorkehrungen nach § 321 Absatz 1 Satz 2 Nummer 7 und § 323 Absatz 1 Satz 2 unterrichtet, prüft die Bundesanstalt, ob die Vorkehrungen nach § 321 Absatz 1 Satz 2 Nummer 7 weiterhin geeignet sind, um einen Vertrieb an Privatanleger wirksam zu verhindern und ob die Vorkehrungen nach § 323 Absatz 1 Satz 2 weiterhin nicht gegen dieses Gesetz verstoßen.**

I. Einleitung

1 § 323 regelt die Pflicht einer EU-AIF-Verwaltungsgesellschaft zur Anzeige des beabsichtigten Vertriebs von Anteilen oder Aktien an EU-AIF oder an inländischen Spezial-AIF an professionelle und semiprofessionelle Anleger im Inland. Die Vorschrift setzt Art. 32 AIFM-RL um.

2 Mit dieser Regelung wird der sog. EU-Pass für den Vertrieb von Anteilen oder Aktien eines EU-AIF an professionelle Anleger im Inland eingeführt. Die Schaffung eines einheitlichen Regulierungsrahmens für den Vertrieb von AIF innerhalb der EU an professionelle Anleger war eines der zentralen Anliegen der AIFM-RL. Danach soll ein EU-AIFM, der eine Zulassung gem. AIFM-RL erhalten hat, EU-AIF, die von ihm verwaltet werden, nach einheitlichen Vorgaben an professionelle Anleger in anderen Mitgliedsstaaten der EU vertreiben dürfen.

3 Von der Anzeigepflicht nach § 323, der eine EU-AIF-Verwaltungsgesellschaft unterliegt, wird damit sowohl die Fallgestaltung erfasst, dass ein EU-AIF, der im Herkunftsmitgliedsstaat der EU-AIF-Verwaltungsgesellschaft von dieser verwaltet wird, im Inland an professionelle Anleger vertrieben werden soll, als auch die Fallgestaltung, dass ein EU-AIF, den ein EU-AIFM in einem anderen Mitgliedstaat der EU verwaltet, im Inland an professionelle Anleger vertrieben werden soll.

Ein beispielsweise von einer luxemburger AIF-Verwaltungsgesellschaft in Luxemburg aufgelegter AIF kann damit ebenso im Rahmen des EU-Passes im Inland an professionelle Anleger vertrieben werden wie ein von einer luxemburger Verwaltungsgesellschaft im Wege des grenzüberschreitenden Dienstleistungsverkehrs in Irland aufgelegter und verwalteter AIF. Gleichermaßen ist es zulässig, dass eine luxemburger AIF-Verwaltungsgesellschaft einen von ihr im Wege des grenzüberschreitenden Dienstleistungsverkehrs gem. § 54 im Inland verwalteten Spezial-AIF an professionelle Anleger im Inland vertreibt. Da Art. 32 AIFM-RL keine Ausnahme für EU-AIF vorsieht, die im Aufnahmestaat des EU-AIFM aufgelegt wurden, besteht eine Anzeigepflicht von EU-AIF-Verwaltungsgesellschaften auch beim beabsichtigten Vertrieb von inländischen Spezial-AIF an professionelle Anleger im Inland (BT-Drs. 17/12294, 289). Zudem werden die semiprofessionellen Anleger den professionellen Anlegern gleichgestellt (BT-Drs. 17/12294, 289). 4

II. Anzeigeschreiben und Erlaubnisbescheinigung, § 323 I

Beabsichtigt eine EU-AIF-Verwaltungsgesellschaft, Anteile oder Aktien eines EU-AIF oder eines inländischen Spezial-AIF an professionelle Anleger im Inland zu vertreiben, hat sie den zuständigen Behörden ihres Herkunftsmitgliedsstaats ein **Anzeigeschreiben** einzureichen. Das Anzeigeschreiben muss **die in Anhang IV der AIFM-RL beschriebenen Angaben und Unterlagen,** die im Falle eines beabsichtigten Vertriebs in anderen Mitgliedsstaaten als dem Herkunftsmitgliedsstaat beizubringen bzw. zu machen sind, enthalten. Dieser Inhalt entspricht den in § 321 I 2 aufgeführten Angaben und Unterlagen zuzüglich der Angaben zu den allgemeinen Vorkehrungen zum Vertrieb und der Angabe der Bundesrepublik Deutschland als Staat, in dem die Anteile oder Aktien des AIF vertrieben werden sollen. Dies wird durch § 323 I 2 noch einmal klargestellt. 5

Zum 14.4.2024 ist die **Durchführungsverordnung (EU) 2024/913** zur Festlegung technischer Durchführungsstandards für die Anwendung der Richtlinie 2011/61/EU im Hinblick auf Form und Inhalt der Informationen, die zu den grenzüberschreitenden Tätigkeiten von Verwaltern alternativer Investmentfonds zu übermitteln sind („DurchführungsVO (EU) 2024/913“), in Kraft getreten. 5a

Die Anhänge in dieser DurchführungsVO enthalten Muster für Anzeigeschreiben, die eine EU-AIF-Verwaltungsgesellschaft zu verwenden hat, um die zuständigen Behörden ihres Herkunftsmitgliedstaats über den geplanten Vertrieb eines EU-AIF zu unterrichten. Gemäß Art. 1 II der DurchführungsVO ist das **Muster in Anhang II** zu verwenden, um die zuständigen Behörden über EU-AIF zu unterrichten, die eine EU-Verwaltungsgesellschaft **in anderen Mitgliedstaaten als ihrem Herkunftsmitgliedstaat** vertreiben möchte. Anhang II konkretisiert insoweit die Dokumentation und Angaben gem. Art. 32 II der AIFM-RL. 5b

Die **DurchführungsVO gilt** ab dem 14.4.2024 **unmittelbar in jedem Mitgliedstaat der EU.** Der in § 323 I 2 enthaltenen Verweis auf die Angaben gem. § 321 I 2 ist insoweit inzwischen gegenstandslos; der Inhalt des Anzeigeschreibens richtet sich vielmehr nach Anhang II der DurchführungsVO. Konsequenterweise sieht das sog. FondsmarktstärkungsG (Referentenentwurf des Bundesministeriums der Finanzen vom 18.7.2024) vor, diesen Verweis auf § 321 I 2 zu streichen und für das Anzeigeschreiben auf Anhang II der DurchführungsVO zu verweisen. Die geplanten Änderungen sollen am 16.4.2026 in Kraft treten. 5c

Die BaFin hat ein Merkblatt zum Vertrieb von Anteilen oder Aktien an EU-AIF oder inländischen Spezial-AIF, die von einer EU-AIF-Verwaltungsgesellschaft ver- 6 waltet werden, an semiprofessionelle und professionelle Anleger in der Bundesrepublik Deutschland gem. § 323 (Stand 15.8.2024, im Folgenden „BaFin-Merkblatt zu § 323“) herausgegeben. Neben einer grundsätzlichen Beschreibung des Anzeigeverfahrens werden dort die weiteren Anforderungen der BaFin an den Vertrieb dieser Anteile oder Aktien dargestellt.

7 Die zuständige Behörde des Herkunftsmitgliedsstaats der EU-AIF-Verwaltungsgesellschaft überprüft die von der EU-AIF-Verwaltungsgesellschaft im Rahmen des Anzeigeschreibens eingereichten Angaben und Unterlagen. Sie wird diese und die **Bescheinigung,** dass die EU-AIF-Verwaltungsgesellschaft **über die Erlaubnis zur Verwaltung von AIF** mit einer bestimmten Anlagestrategie verfügt, spätestens 20 Arbeitstage nach dem Eingang der vollständigen Anzeigeunterlagen im Rahmen des sog. Regulator-to-Regulator-Verfahrens unmittelbar an die BaFin weiterleiten. Diese Übermittlung wird nur dann erfolgen, wenn die Verwaltung des AIF der AIFM-RL entspricht und sich die EU-AIF-Verwaltungsgesellschaft im Allgemeinen an die AIFM-RL hält, vgl. Art. 32 III AIFM-RL.

8 Das Anzeigeschreiben sowie die Bescheinigung über die Erlaubnis der EU-AIF-Verwaltungsgesellschaft zur Verwaltung von AIF mit einer bestimmten Anlagestrategie sind in einer in der internationalen Finanzwelt gebräuchlichen Sprache (also insb. Englisch) bereitzustellen, § 323 I 1 aE. Diese Regelung beruht auf Art. 32 VI AIFM-RL.

9 Die Übermittlung der Angaben und Unterlagen von der zuständigen Behörde des Herkunftsmitgliedstaats an die BaFin hat **in elektronischer Form** zu erfolgen. Gemäß Art. 32 VI UAbs. 2 haben die Mitgliedsstaaten sicherzustellen, dass die zuständigen Behörden die elektronische Übermittlung und Archivierung der übermittelten Unterlagen akzeptieren. Die Übermittlung der Unterlagen an die BaFin erfolgt derzeit per E-Mail (BaFin-Merkblatt zu § 323, III).

III. Vertriebsaufnahme, § 323 II

10 Nach Übermittlung der für die Vertriebsanzeige erforderlichen Angaben und Unterlagen sowie der Erlaubnisbescheinigung an die BaFin unterrichtet die zuständige Stelle des Herkunftsmitgliedsstaats der EU-AIF-Verwaltungsgesellschaft diese unverzüglich über den Versand der Unterlagen. **Ab dem Datum der Mitteilung** kann die EU-AIF-Verwaltungsgesellschaft mit dem Vertrieb von Anteilen oder Aktien des angezeigten AIF beginnen.

11 Handelt es sich bei dem zum Vertrieb angezeigten AIF um einen Feeder-AIF, ist der Vertrieb nach den Anforderungen des § 323 I nur zulässig, wenn der Master-AIF ein EU-AIF oder ein inländischer AIF ist, der von einer EU-AIF-Verwaltungsgesellschaft oder von einer inländischen KVG verwaltet wird. Andernfalls richtet sich die Anzeigepflicht der EU-AIF-Verwaltungsgesellschaft nach § 324 bzw. § 329.

12 Die BaFin als zuständige Behörde des Aufnahmemitgliedstaats muss die ihr iRd Anzeigeschreibens übersandten Angaben und Unterlagen nicht mehr inhaltlich überprüfen, da dies bereits durch die Aufsichtsbehörde des Herkunftsmitgliedsstaates erfolgt ist. Hiervon ausgenommen sind die Vorkehrungen für den Vertrieb des AIF und Angaben zu den Vorkehrungen, die getroffen wurden, um zu verhindern, dass Anteile des AIF an Kleinanleger vertrieben werden. Diese unterliegen der Aufsicht der BaFin, s. § 323 II 3.

13 Dies ergibt sich auch aus Art. 32 V AIFM-RL. Danach unterliegen die Vorkehrungen nach Anhang IV Buchst. h den Rechtsvorschriften und der Aufsicht des Aufnahmemitgliedstaats des AIFM. Buchstabe h verlangt Angaben zu den Vorkehrungen für

den Vertrieb und Angaben zu den Vorkehrungen, die getroffen wurden, um zu verhindern, dass Anteile des AIF an Kleinanleger vertrieben werden. Zugleich wird aus dieser Regelung auch deutlich, dass die übrigen Anforderungen von Anhang IV nicht den Rechtsvorschriften des Aufnahmemitgliedsstaats unterliegen und daher von den zuständigen Behörden dieses Staates auch nicht mehr geprüft werden müssen. Dies ist auch sachgerecht, da eine Prüfung der Anforderungen von Anhang IV Buchst. a–g AIFM-RL bereits durch die zuständige Behörde des Herkunftsmitgliedsstaates erfolgt und eine zweite Prüfung derselben Unterlagen durch eine weitere Aufsichtsbehörde nicht erforderlich ist. Die insofern möglicherweise missverständliche Formulierung in § 323 II 3, nach der die BaFin prüft, ob die Vorkehrungen nach § 321 I 2 gegen dieses Gesetz verstoßen, ist daher nur so zu verstehen, dass die BaFin neben den Vorkehrungen nach § 321 I 2 Nr. 7 (Vorkehrungen zur Vermeidung des Vertriebs an Privatanleger) auch die von der EU-AIF-Verwaltungsgesellschaft angegebenen allgemeinen Vorkehrungen zum Vertrieb des anzeigten AIF prüfen wird. Die Norm begründet kein Recht der BaFin zur umfassenden inhaltlichen Prüfung des Anzeigeschreibens der EU-AIF-Verwaltungsgesellschaft.

Vor diesem Hintergrund prüft die BaFin zunächst lediglich, ob die ihr übermittelten Anzeigeunterlagen vollständig sind, eine Bescheinigung der zuständigen Stelle des Herkunftsmitgliedsstaats über die Erlaubnis der EU-AIF-Verwaltungsgesellschaft vorliegt und die Unterlagen in einer in der internationalen Finanzwelt gebräuchlichen Sprache übermittelt wurden (BaFin Merkblatt zu § 323, IV.). 14

Die BaFin hat in ihrem Merkblatt zum Vertrieb von Anteilen oder Aktien an EU-AIF oder inländischen Spezial-AIF gem. § 323 Vorgaben aufgestellt, die hinsichtlich der Angaben zu den Vorkehrungen zum Vertrieb zu berücksichtigen sind. Dabei sind zunächst die **allgemeinen Vorkehrungen zum Vertrieb** darzustellen. Die EU-AIF-Verwaltungsgesellschaft hat diesbezüglich in ihrem Anzeigeschreiben zu erläutern, welche internen Vorkehrungen sie getroffen hat, um sicherzustellen, dass die Informationspflichten gem. §§ 307, 308 gegenüber ihren Anlegern eingehalten werden. Dabei kann es sich insb. um Anweisungen und Schulungen der Mitarbeiter handeln (BaFin-Merkblatt zu § 323, V.1). Darüber hinaus hat die EU-AIF-Verwaltungsgesellschaft mit allen Vertriebspartnern Vereinbarungen abzuschließen, nach denen die Vertriebspartner ihrerseits verpflichtet sind, die entsprechenden Informationspflichten einzuhalten (BaFin-Merkblatt zu § 323, V.1). 15

Neben den allgemeinen Vorkehrungen zum Vertrieb sind auch Angaben hinsichtlich der **Vorkehrungen zur Verhinderung eines Vertriebs an Privatanleger** zu machen. Dabei müssen die internen Vorkehrungen dargestellt werden, die die EU-AIF-Verwaltungsgesellschaft getroffen hat, um sicherzustellen, dass Anteile oder Aktien an den zum Vertrieb angezeigten AIF Privatanlegern weder angeboten noch bei diesen platziert werden (BaFin-Merkblatt zu § 323, V.2). Hier kann neben den Schulungen der Mitarbeiter auch auf entsprechende Regelungen im Investmentvertrag mit dem jeweiligen Anleger verwiesen werden. Bereits nach § 277 ist schriftlich mit dem Anleger zu vereinbaren, dass die Anteile oder Aktien nur an professionelle und semiprofessionelle Anleger übertragen werden dürfen. Die Einhaltung dieser Regelung ist damit zugleich eine wirksame Vorkehrung zur Vermeidung der Platzierung von Anteilen eines Spezial-AIF durch einen professionellen Anleger an Privatanleger. Obwohl nicht ausdrücklich Bestandteil dieses Merkblattes, kann zur Vermeidung des Vertriebs an Privatanleger auch ein drucktechnischer Hinweis in alle Informationsmaterialien des AIF aufgenommen werden, dass Anteile oder Aktien dieses AIF nicht an Privatanleger vertrieben werden dürfen (vgl. BaFin „Häufige Fragen zum Vertrieb und Erwerb von Investmentvermögen nach dem KAGB“, Ziff. 1.7). 16

17 Sofern der Vertrieb von Anteilen oder Aktien des zum Vertrieb angezeigten AIF **über das Internet oder andere elektronische Systeme** erfolgen soll, sind getrennte Zugangswege für die einzelnen Anlegergruppen (Privatanleger, semiprofessionelle und professionelle Anleger) einzurichten (BaFin-Merkblatt zu § 323, V.2). Deren Vorhandensein ist im Rahmen des Anzeigeschreibens zu erläutern.

18 Sofern Vertriebspartner mit dem Vertrieb von Anteilen oder Aktien des EU-AIF oder des inländischen AIF beauftragt werden, müssen die Vertriebsvereinbarungen die entsprechenden Verpflichtungen der Vertriebspartner zur Einhaltung der zuvor beschriebenen Vorkehrungen zur Verhinderung des Vertriebs an Privatanleger enthalten. Entsprechende Vereinbarungen sind auch zu schließen, wenn die AIF-KVG für die Erbringung von Wertpapierdienstleistungen für den angezeigten AIF auf unabhängige Unternehmen zurückgreift.

19 In der Praxis taucht mitunter die Frage auf, ob Beanstandungen oder Rückfragen der BaFin in Bezug auf die im Anzeigeschreiben dargestellten Vorkehrungen zur Vermeidung des Vertriebs an Privatanleger dazu führen, dass Anteile oder Aktien des zum Vertrieb angezeigten AIF nicht mehr im Inland vertrieben werden dürfen. Hierzu gilt, dass die EU-AIF-Verwaltungsgesellschaft ab dem Zeitpunkt, zu dem die zuständigen Behörden ihres Herkunftsmitgliedsstaates sie über die Übermittlung der Vertriebsanzeigeunterlagen an die BaFin unterrichtet hat, den Vertrieb aufnehmen kann. Rückfragen der BaFin zu den erläuterten Vorkehrungen zum Vertrieb bzw. zu den Vorkehrungen zur Vermeidung des Vertriebs an Privatanleger führen nicht dazu, dass der Vertrieb von Anteilen oder Aktien des AIF durch die EU-AIF-Verwaltungsgesellschaft unverzüglich eingestellt werden muss. Stellt die BaFin fest, dass die von der EU-AIF-Verwaltungsgesellschaft zu treffenden Vorkehrungen nicht geeignet sind, einen Vertrieb der Anteile an Privatanleger zu verhindern, hat sie die EU-AIF-Verwaltungsgesellschaft zur Einhaltung ihrer Anforderungen aufzufordern. Kommt die EU-AIF-Verwaltungsgesellschaft dieser Aufforderung nicht nach, hat die BaFin die zuständige Behörde des Herkunftsmitgliedsstaats der EU-AIF-Verwaltungsgesellschaft hierüber zu unterrichten, damit diese die geeigneten Maßnahmen ergreifen kann, vgl. § 11 I, II. Die zuständige Behörde des Herkunftsmitgliedsstaats kann dann alle geeigneten Maßnahmen, einschließlich, falls erforderlich, der ausdrücklichen Untersagung des Vertriebs ergreifen, vgl. Art. 45 V AIFM-RL.

IV. Änderungen der übermittelten Angaben, § 323 III

20 Die EU-AIF-Verwaltungsgesellschaft hat **wesentliche Änderungen der** iRd Anzeigeschreibens nach § 323 I **übermittelten Angaben und Unterlagen** – einschließlich des Widerrufs des Vertriebs (BaFin-Merkblatt zu § 323, VIII mit Verweis auf § 295 a) – der zuständigen Behörde ihres Herkunftsmitgliedsstaates mitzuteilen, vgl. Art. 32 VII AIFM-RL. Sollte die Änderung dazu führen, dass die Verwaltung des AIF durch die EU-AIF-Verwaltungsgesellschaft oder die EU-AIF-Verwaltungsgesellschaft im Allgemeinen gegen die AIFM-RL verstößt, teilt die zuständige Behörde dieser unverzüglich mit, dass sie die Änderung nicht durchführen darf, vgl. Art. 32 VII UAbs. 2 AIFM-RL. Sind die Änderungen zulässig, unterrichtet die zuständige Behörde des Herkunftsmitgliedsstaats die BaFin unverzüglich über diese Änderungen, s. Art. 32 VII UAbs. 4 AIFM-RL. Handelt es sich bei der mitgeteilten Änderung um eine Änderung hinsichtlich der Vorkehrungen zum Vertrieb, prüft die BaFin, ob diese Änderungen weiterhin geeignet sind, um einen Vertrieb an Privatanleger wirksam zu verhindern.

§ 324 Anzeigepflicht einer EU-AIF-Verwaltungsgesellschaft beim beabsichtigten Vertrieb von ausländischen AIF oder von inländischen Spezial-Feeder-AIF oder EU-Feeder-AIF, deren jeweiliger Master-AIF kein EU-AIF oder inländischer AIF ist, der von einer EU-AIF-Verwaltungsgesellschaft oder einer AIF-Kapitalverwaltungsgesellschaft verwaltet wird, an semiprofessionelle und professionelle Anleger im Inland

(1) [1]**Ein Vertrieb von Anteilen oder Aktien an ausländischen AIF und von Anteilen oder Aktien an inländischen Spezial-Feeder-AIF oder EU-Feeder-AIF, deren jeweiliger Master-AIF kein EU-AIF oder inländischer AIF ist, der von einer EU-AIF-Verwaltungsgesellschaft oder einer AIF-Kapitalverwaltungsgesellschaft verwaltet wird, an semiprofessionelle oder professionelle Anleger im Geltungsbereich dieses Gesetzes durch eine EU-AIF-Verwaltungsgesellschaft ist nur zulässig, wenn die in § 322 Absatz 1 genannten Voraussetzungen gegeben sind.** [2]**Ist die Bundesanstalt nicht mit der Beurteilung der in § 322 Absatz 1 Nummer 1 und 2 genannten Voraussetzungen durch die zuständige Stelle des Herkunftsmitgliedstaates der EU-AIF-Verwaltungsgesellschaft einverstanden, kann die Bundesanstalt die Europäische Wertpapier- und Marktaufsichtsbehörde nach Maßgabe des Artikels 19 der Verordnung (EU) Nr. 1095/2010 um Hilfe ersuchen.**

(2) [1]**Beabsichtigt eine EU-AIF-Verwaltungsgesellschaft im Geltungsbereich dieses Gesetzes, die in Absatz 1 Satz 1 genannten AIF an semiprofessionelle oder professionelle Anleger zu vertreiben, so prüft die Bundesanstalt, ob die zuständige Stelle des Herkunftsmitgliedstaates der EU-AIF-Verwaltungsgesellschaft eine von ihr ausgestellte Bescheinigung über die Erlaubnis der betreffenden EU-AIF-Verwaltungsgesellschaft zur Verwaltung von AIF mit einer bestimmten Anlagestrategie sowie ein Anzeigeschreiben für jeden AIF in einer in der internationalen Finanzwelt gebräuchlichen Sprache übermittelt hat.** [2]**§ 323 Absatz 1 Satz 2 gilt entsprechend.**

(3) **§ 323 Absatz 2 Satz 1 und 3 sowie Absatz 3 ist entsprechend anzuwenden.**

I. Einleitung

§ 324 regelt den Vertrieb im Rahmen des sog. eingehenden Drittstaaten-Vertriebspasses. Die Norm fasst verschiedene Vertriebskonstellationen in einer Vorschrift zusammen. Sie betrifft einerseits den Fall des Vertriebs von ausländischen AIF durch EU-AIF-Verwaltungsgesellschaften. Anderseits umfasst sie bestimmte Master-Feeder-Strukturen mit Drittstaatenbezug, deren Anteile durch eine EU-AIF-Verwaltungsgesellschaft an inländische Anleger vertrieben werden sollen. § 324 dient der Umsetzung von Art. 35 AIFM-RL in deutsches Recht (BT-Drs. 17/12294, 289). 1

II. Anwendungsbereich der Norm

1. Sachlicher Anwendungsbereich. Die Vorschrift richtet sich an EU-AIF-Verwaltungsgesellschaften und enthält die Voraussetzungen des Vertriebs von Anteilen an Drittstaaten-AIF an semiprofessionelle und professionelle Anleger im In- 2 land. Die Norm unterscheidet nachfolgende Konstellationen: Zunächst ist der beabsichtigte Vertrieb von Anteilen an ausländischen AIF erfasst. Darüber hinaus regelt die Vorschrift den Vertrieb von Anteilen an inländischen Spezial-Feeder-AIF oder EU-Feeder-AIF, deren jeweiliger Master-AIF kein EU-AIF oder inländischer AIF ist (es sich also um einen Drittstaaten-Master-AIF handelt), der von einer EU-AIF-Verwaltungsgesellschaft oder AIF-KVG verwaltet und durch eine EU-AIF-Verwaltungsgesellschaft vertrieben wird.

3 Durch die Aufnahme der zuletzt genannten Vertriebskonstellation sollen Gestaltungen unterbunden werden, die auf eine Umgehung der für ausländische AIF anwendbaren strengeren Vertriebsvoraussetzungen mittels Zwischenschaltung eines inländischen Spezial-Feeder-AIF oder EU-Feeder-AIF abzielen (BTMB/*Ebel* § 324 Rn. 13). Auch wenn semiprofessionelle oder professionelle Anleger im Inland in einer derartigen Konstellation Anteile an einem Spezial-Feeder-AIF bzw. EU-Feeder-AIF erwerben, finden gleichwohl die erhöhten Anforderungen eines Vertriebs von Drittstaaten-AIF Anwendung, sofern deren jeweiliger Master-AIF kein EU-AIF oder inländischer AIF ist. Damit wird im Hinblick auf die anwendbaren Vertriebsvorschriften also auf den Master-AIF abgestellt. Da sich die Anlagestrategie aus Sicht des inländischen Anlegers nicht nach dem Feeder-AIF, sondern dessen Master-AIF bestimmt, ist dies sachgerecht.

4 **2. Zeitlicher Anwendungsbereich.** § 324 zählt zu den Vertriebsvorschriften, die nicht mit Inkrafttreten des KAGB, sondern erst ab dem in dem nach Art. 67 VI AIFM-RL zu erlassenen delegierten Rechtsakt genannten Zeitpunkt Anwendung finden (vgl. auch § 295 II Nr. 2, III Nr. 2 Buchst. a). Der Erlass dieses delegierten Rechtsakts war für das Jahr 2015 beabsichtigt (vgl. Erwägungsgrund 4 der AIFM-RL), ist in diesem Jahr aber nicht erfolgt. Dementsprechend enthält das von der BaFin herausgegebene Schreiben „Häufige Fragen zum Vertrieb und Erwerb von Investmentvermögen nach dem KAGB" vom 4.7.2013, zuletzt geändert am 5.7.2022, zu dieser Vorschrift keine inhaltlichen Ausführungen. Der voraussichtliche Zeitpunkt des Erlasses des delegierten Rechtsaktes ist derzeit nicht bekannt.

III. Vertriebsvoraussetzungen

5 Für den beabsichtigten Vertrieb müssen die in § 322 I genannten Voraussetzungen erfüllt sein (vgl. § 324 I 1). Der Vertrieb ist danach nur zulässig, wenn (1) geeignete Vereinbarungen zwischen der BaFin und den Aufsichtsbehörden des Drittstaats bestehen, die einen effizienten Informationsaustausch gewährleisten und die es der BaFin ermöglichen, ihre Ausgaben gem. der AIFM-RL wahrzunehmen, (2) der Drittstaat, in dem der ausländische AIF seinen Sitz hat, nicht auf der Liste der nicht kooperativen Länder und Gebiete steht, die von der Arbeitsgruppe „Finanzielle Maßnahmen gegen die Geldwäsche und die Terrorismusfinanzierung" (FATF) stehen, (3) der betreffende Drittstaat mit der BRD ein Abkommen zur Vermeidung der Doppelbesteuerung gem. des Art. 26 des OECD-Musterabkommens abgeschlossen hat und ein wirksamer Informationsaustausch über Steuerangelegenheiten gewährleistet ist und (4) die ausländische AIF-Verwaltungsgesellschaft bei der Verwaltung des ausländischen AIF abweichend von § 55 I Nr. 1 alle in der AIFM-RL für diese AIF festgelegten Anforderungen erfüllt. Bezüglich der in § 322 I genannten Anforderungen bestehen für die Anwendung des § 324 keine Besonderheiten. Auf die dortige Kommentierung wird insofern verwiesen.

IV. Beurteilungsdivergenz

Die Prüfung der in § 322 I Nr. 1 und 2 genannten Voraussetzungen hat grds. durch die zuständige Stelle des Herkunftsmitgliedstaats der EU-AIF-Verwaltungsgesellschaft zu erfolgen. Ist die BaFin nicht mit deren Beurteilung einverstanden, ist sie nach § 324 I 2 berechtigt, die Europäische Wertpapier- und Marktaufsichtsbehörde nach Maßgabe des Art. 19 der VO (EU) Nr. 1095/2010 um Hilfe zu ersuchen. Das dort geregelte Verfahren zur Beseitigung von Meinungsverschiedenheiten in grenzüberschreitenden Fällen ist zweistufig aufgebaut: In einem ersten Schritt setzt sie den zuständigen Behörden für die Schlichtung ihrer Meinungsverschiedenheiten eine Frist. Hier tritt die ESMA lediglich als Vermittlerin auf. Erzielen die betreffenden Behörden innerhalb der Schlichtungsphase keine Einigung, kann die BaFin in einem zweiten Schritt zur abschließenden Beilegung der Meinungsunterschiede eine verbindliche Entscheidung treffen. 6

V. Anzeigeverfahren

Den allgemeinen Regelungen des Vertriebspasses folgend, prüft die BaFin im Wege des sog. „Regulator-to-Regulator"-Verfahrens, ob die zuständige Stelle des Herkunftsmitgliedstaats der EU-AIF-Verwaltungsgesellschaft eine von ihr ausgestellte Bescheinigung über die Erlaubnis der betreffenden EU-AIF-Verwaltungsgesellschaft zur Verwaltung von AIF mit einer entsprechenden Anlagestrategie sowie ein Anzeigeschreiben übermittelt hat (vgl. § 324 II 1). Das Anzeigeschreiben (einschließlich sämtlicher mit dem Anzeigeschreiben eingereichten Dokumente, vgl. BaFin-Merkblatt, Vertrieb von Anteilen oder Aktien an EU-AIF oder inländischen Spezial-AIF, die von einer EU-AIF-Verwaltungsgesellschaft verwaltet werden, an semiprofessionelle und professionelle Anleger in der BRD gem. § 323 Kapitalanlagegesetzbuch (KAGB) v. 22.7.2013, Teil III) kann auf Deutsch oder einer in der internationalen Finanzwelt gebräuchlichen Sprache, dh derzeit Englisch, eingereicht werden. 7

VI. Vertriebsbeginn und weitere Vertriebsvorkehrungen

Nach der entsprechenden Anwendung des § 323 II 1 kann der Vertrieb aufgenommen werden, wenn die EU-AIF-Verwaltungsgesellschaft von der zuständigen Stelle ihres Herkunftsmitgliedstaats über die Ermittlung der ausgestellten Bescheinigung und des Anzeigeschreibens unterrichtet wurde (vgl. § 324 III). Hierbei prüft die BaFin, vgl. § 323 II 3, ob die nach § 321 I 1 Nr. 7 maßgeblichen Vorkehrungen geeignet sind, um einen Vertrieb an Privatanleger zu verhindern und ob die Vorkehrungen nach § 323 I 2 gegen dieses Gesetz verstoßen. Nach § 321 I 3 ermittelt die BaFin ferner, ob die zuständige Stelle im Herkunftsmitgliedstaat der EU-AIF-Verwaltungsgesellschaft bei Änderungen der Vorkehrungen nach § 321 I 2 Nr. 7 und § 323 I 2 diese weiterhin geeignet sind, um einen Vertrieb an Privatanleger wirksam zu verhindern und ob die Vorkehrungen nach § 323 I 2 weiterhin nicht gegen dieses Gesetz verstoßen. 8

§ 325 Anzeigepflicht einer ausländischen AIF-Verwaltungsgesellschaft, deren Referenzmitgliedstaat die Bundesrepublik Deutschland ist, beim beabsichtigten Vertrieb von EU-AIF oder von inländischen Spezial-AIF an semiprofessionelle und professionelle Anleger im Inland

(1) [1]**Beabsichtigt eine ausländische AIF-Verwaltungsgesellschaft, deren Referenzmitgliedstaat gemäß § 56 die Bundesrepublik Deutschland ist und die von der Bundesanstalt eine Erlaubnis nach § 58 erhalten hat, Anteile oder Aktien an einem von ihr verwalteten EU-AIF oder inländischen Spezial-AIF an semiprofessionelle oder professionelle Anleger im Geltungsbereich dieses Gesetzes zu vertreiben, hat sie dies der Bundesanstalt anzuzeigen.** [2]**§ 321 Absatz 1 Satz 2 gilt entsprechend mit der Maßgabe, dass es statt „AIF-Kapitalverwaltungsgesellschaft" „ausländische AIF-Verwaltungsgesellschaft" heißen muss.**

(2) **§ 321 Absatz 2 bis 4 ist mit der Maßgabe entsprechend anzuwenden, dass**
1. **es statt „AIF-Kapitalverwaltungsgesellschaft" „ausländische AIF-Verwaltungsgesellschaft" heißen muss,**
2. **im Rahmen von § 321 Absatz 3 die Bundesanstalt zusätzlich der Europäischen Wertpapier- und Marktaufsichtsbehörde mitteilt, dass die ausländische AIF-Verwaltungsgesellschaft mit dem Vertrieb von Anteilen oder Aktien des angezeigten AIF an professionelle Anleger im Inland beginnen kann und**
3. **bei zulässigen Änderungen nach § 321 Absatz 4 die Bundesanstalt unverzüglich die Europäische Wertpapier- und Marktaufsichtsbehörde unterrichtet, soweit die Änderungen die Beendigung des Vertriebs von bestimmten AIF oder zusätzlich vertriebenen AIF betreffen.**

I. Einleitung

1 § 325 richtet sich an ausländische AIF-Verwaltungsgesellschaften, die beabsichtigten, EU-AIF oder inländische Spezial-AIF an semiprofessionelle oder professionelle Anleger im Inland zu vertreiben. Die Vorschrift setzt voraus, dass der Referenzmitgliedstaat jeweils die BRD ist. In diesem Fall statuiert die Norm, rechtstechnisch über einen Verweis auf § 321, einen strukturellen Gleichlauf mit einem entsprechenden Vertrieb durch AIF-Kapitalverwaltungsgesellschaften. § 325 dient der Umsetzung des Art. 39 AIFM-RL (vgl. BT-Drs. 17/12294, 290: Im Einzelnen setzt § 325 I 1 den Art. 39 I und I 2 UAbs. 1 der RL 2011/61/EU und § 325 I 2 den Art. 39 II UAbs. 2 und Anhang III der AIFM-RL um).

II. Anwendungsbereich der Norm

2 **1. Sachlicher Anwendungsbereich.** Adressat der Norm sind ausländische AIF-Verwaltungsgesellschaften, deren Referenzmitgliedstaat die BRD ist. Nach § 56 kann eine ausländische AIF-Verwaltungsgesellschaft unter den dort näher genannten Voraussetzungen die BRD als ihren Referenzmitgliedstaat bestimmen (zu den Einzelheiten der Festlegung des Referenzmitgliedstaates vgl. die Durchführungsverordnung (EU) Nr. 448/2013 v. 15.5.2013), womit sie sich der Aufsicht

durch die BaFin unterwirft. Wird die BRD als Referenzmitgliedstaat festgelegt, kommt die ausländische AIF-Verwaltungsgesellschaft für Zwecke des Vertriebs insb. in den Genuss privilegierter Rechte nach der AIFM-RL und kann dadurch die von ihr verwalteten AIF mittels Europäischen Passes in der gesamten EU vertreiben. Da das Vertriebsrecht jedoch untrennbar mit dem Recht auf Verwaltung des betreffenden AIF verbunden ist (vgl. nur WBA/*Zeidler* § 325 Rn. 2), bedarf sie in diesem Fall einer entsprechenden Erlaubnis durch die BaFin (vgl. § 58). Sind diese Voraussetzungen erfüllt, kann die ausländische AIF-Verwaltungsgesellschaft in entsprechender Anwendung der für inländische AIF-KVG geltenden Vorgaben die Anteile der von ihr verwalteten EU-AIF oder inländischen Spezial-AIF an semiprofessionelle und professionelle Anleger im Geltungsbereich des KAGB vertreiben.

2. Zeitlicher Anwendungsbereich. Aufgrund ihres Drittstaatenbezugs ist § 325 erst nach dem Erlass eines delegierten Rechtsakts der Europäischen Kommission anwendbar (vgl. § 295 II Nr. 2, III Nr. 2 Buchst. b). Der Erlass dieses delegierten Rechtsakts war für das Jahr 2015 beabsichtigt (vgl. Erwägungsgrund 4 der AIFM-RL), ist in diesem Jahr aber nicht erfolgt. Dementsprechend enthält das von der BaFin herausgegebene Schreiben „Häufige Fragen zum Vertrieb und Erwerb von Investmentvermögen nach dem KAGB“ vom 4.7.2013, zuletzt geändert am 5.7.2022, zu dieser Vorschrift keine inhaltlichen Ausführungen. Der voraussichtliche Zeitpunkt des Erlasses des delegierten Rechtsakts ist bislang nicht bekannt. 3

III. Vertriebsanzeigeverfahren

1. Anzeigeschreiben. Die ausländische AIF-Verwaltungsgesellschaft hat den beabsichtigten Vertrieb bei der BaFin anzuzeigen, wobei das Anzeigeschreiben durch den in § 325 I 2 enthaltenen Verweis auf § 321 I 2 folgende Angaben und Unterlagen enthalten muss: (1) einen Geschäftsplan nebst Angaben zum angezeigten AIF, (2) die Anlagebedingungen bzw. den Gesellschaftsvertrag, (3) den Namen der Verwahrstelle des angezeigten AIF, (4) eine Beschreibung des angezeigten AIF nebst sämtlicher den Anlegern zur Verfügung gestellten Informationen, (5) etwaige Angaben zum Sitz des Master-AIF und seiner Verwaltungsgesellschaft, (6) alle in § 307 I genannten Informationen sowie (7) Angaben zu den Vorkehrungen zur Verhinderung des Vertriebs an Privatanlegern. 4

2. Prüfung der Vertriebsanzeige. Über den in § 325 II enthaltenen Verweis findet das in § 321 II–IV enthaltene Prüfungsverfahren der BaFin grds. entsprechende Anwendung. Dabei bestehen nachfolgende Modifikationen: 5

§ 325 II Nr. 1 enthält zunächst die Klarstellung, dass es bei der in Bezug genommenen Vorschriften des § 321 jeweils „ausländische AIF-Verwaltungsgesellschaft“ statt „AIF-Kapitalverwaltungsgesellschaft“ heißen muss. Hierdurch wird deutlich, dass das dort geregelte Prüfungsverfahren dem Grundsatz nach unverändert („eins-zu-eins“) auch auf ausländische AIF-Verwaltungsgesellschaften Anwendung finden soll. 6

§ 325 II Nr. 2 besagt, dass zusätzlich zu der in § 321 III vorgesehenen Mitteilung der BaFin gegenüber der ausländischen AIF-Verwaltungsgesellschaft auch der ESMA mitzuteilen ist, dass die ausländische AIF-Verwaltungsgesellschaft mit dem Vertrieb von Anteilen oder Aktien des angezeigten AIF an professionelle Anleger im Inland beginnen kann. 7

Keine abschließende Klarheit besteht darüber, weshalb § 325 II Nr. 2 lediglich von „professionellen“ Anlegern spricht, ohne „semiprofessionelle“ Anleger zu er- 8 wähnen. So wird der Ausschluss semiprofessioneller Anleger teilweise als redaktionelles Versehen des Gesetzgebers verstanden (so BTMB/*Izzo-Wagner/Baas* § 325 Rn. 41). Diese Ansicht dürfte mit der vom nationalen Gesetzgeber grds. gewollten Gleichstellung von professionellen und semiprofessionellen Anlegern (vgl. die Gesetzesbegründung zu § 325 in BT-Drs. 17/12294, 290) zu erklären sein und vor diesem Hintergrund zunächst überzeugend erscheinen. Gleichwohl ist zu bedenken, dass es sich bei den semiprofessionellen Anlegern um keinen Begriff aus der AIFM-RL handelt, sondern vielmehr um eine Terminologie, die der nationale Gesetzgeber in Anlehnung der Verordnung der Kommission über Europäische Risikokapitalfonds (VO (EU) Nr. 345/2013, ABl. EU 2013 L 115, 1) in das KAGB eingefügt hat. Der AIFM-RL ist der Begriff des „semiprofessionellen Anlegers" jedoch fremd. Vor diesem Hintergrund ist es nach der hier vertretenen Ansicht überzeugender, dass § 325 II Nr. 2 bewusst nur von professionellen Anlegern spricht, da die Norm in Umsetzung der AIFM-RL nur diese Anlegergruppe im Blick hatte, nicht aber auch die – der AIFM-RL nicht bekannten – semiprofessionellen Anleger. Zudem stellt der nationale Gesetzgeber ausweislich der Regierungsbegründung zu § 325 ebenfalls klar, dass semiprofessionelle Anleger als Kleinanleger angesehen und insofern von Art. 43 AIFM-RL erfasst werden (vgl. die Gesetzesbegründung zu § 325 in BT-Drs. 17/12294, 290: „Bei den semiprofessionellen Anlegern handelt es sich um Kleinanleger im Sinne von Art. 43 Abs. 1 der Richtlinie 2011/61/EU"). Für die Praxis ist also davon auszugehen, dass der nationale Gesetzgeber in § 325 bewusst nur von professionellen Anlegern spricht und semiprofessionelle Anleger damit nicht als von der Norm umfasst ansieht.

9 § 325 II Nr. 3 besagt, dass „bei zulässigen Änderungen nach § 321 Absatz 4 die Bundesanstalt unverzüglich die Europäische Wertpapier- und Marktaufsichtsbehörde unterrichtet, soweit die Änderungen die Beendigung des Vertriebs von bestimmten AIF oder zusätzlich vertriebenen AIF betreffen". Der Wortlaut ist unglücklich. Er entstammt einer identischen Formulierung der AIFM-RL (vgl. Art. 35 X UAbs. 4), deren genaue Bedeutung sich dort jedoch ebenso wenig erschließt. Hiermit dürfte zunächst gemeint sein, dass die Unterrichtungspflicht der BaFin gegenüber der ESMA (nur) dann besteht, wenn die der BaFin nach § 321 IV angezeigten Änderungen von ihr als zulässig angesehen wurden. Änderungen, die die BaFin als unzulässig ansieht – insb., weil sie einen Verstoß gegen das KAGB oder der AIFM-RL bedeuten würden – sind damit nicht der ESMA mitzuteilen. Ferner setzt die Unterrichtungspflicht voraus, dass die (zulässigen) Änderungen die Beendigung des Vertriebs von „bestimmten AIF oder zusätzlich vertriebenen AIF betreffen" müssen. Dies wird teilweise so verstanden, dass die zulässigen Änderungen entweder die Beendigung des Vertriebs oder die Aufnahme des Vertriebs von weiteren ausländischen AIF betreffen müssen (in diesem Sinne WBA/*Zeidler* § 325 Rn. 4). Diese Auslegung ist fraglich: So spricht die Norm zum einen nur von der „Beendigung" nicht aber von der „Aufnahme" des Vertriebs. Zum anderen erfolgt die Unterrichtung der BaFin gegenüber der ESMA im Falle der Aufnahme des Vertriebs von AIF bereits nach § 325 II Nr. 2, so dass es keiner weiteren diesbezüglichen Regelung in § 325 II Nr. 3 bedarf. Was der (europäische) Gesetzgeber mit der von ihm vorgenommenen Differenzierung zwischen „bestimmten" AIF und „zusätzlich vertriebenen" AIF zu regeln gedachte, bleibt damit ungewiss. Es ist daher wünschenswert, dass der nationale Gesetzgeber bzw. die BaFin vor Anwendung der Vorschrift (→ Rn. 3) für diesbezügliche Klarheit sorgt.

§ 326 Anzeigepflicht einer ausländischen AIF-Verwaltungsgesellschaft, deren Referenzmitgliedstaat die Bundesrepublik Deutschland ist, beim beabsichtigten Vertrieb von ausländischen AIF an semiprofessionelle und professionelle Anleger im Inland

(1) **Der Vertrieb von Anteilen oder Aktien an ausländischen AIF an semiprofessionelle oder professionelle Anleger im Geltungsbereich dieses Gesetzes durch eine ausländische AIF-Verwaltungsgesellschaft, deren Referenzmitgliedstaat gemäß Artikel 37 Absatz 4 der Richtlinie 2011/61/EU die Bundesrepublik Deutschland ist, ist nur zulässig, wenn die in § 322 Absatz 1 genannten Voraussetzungen gegeben sind.**

(2) [1]**Beabsichtigt eine ausländische AIF-Verwaltungsgesellschaft, deren Referenzmitgliedstaat gemäß § 56 die Bundesrepublik Deutschland ist und die von der Bundesanstalt eine Erlaubnis nach § 58 erhalten hat, Anteile oder Aktien an einem von ihr verwalteten ausländischen AIF im Geltungsbereich dieses Gesetzes an semiprofessionelle oder professionelle Anleger zu vertreiben, hat sie dies der Bundesanstalt anzuzeigen.** [2]**§ 321 Absatz 1 Satz 2 gilt entsprechend mit der Maßgabe, dass es statt „AIF-Kapitalverwaltungsgesellschaft" „ausländische AIF-Verwaltungsgesellschaft" heißen muss.**

(3) **§ 322 Absatz 3, 4 Satz 1 und 2 und Absatz 5 gilt entsprechend mit der Maßgabe, dass es statt „AIF-Kapitalverwaltungsgesellschaft" „ausländische AIF-Verwaltungsgesellschaft" heißen muss.**

I. Einleitung

§ 326 betrifft den beabsichtigten Vertrieb einer ausländischen AIF-Verwaltungs- 1
gesellschaft, deren Referenzmitgliedstaat die BRD ist, in Bezug auf Anteile oder Aktien an ausländische AIF an semiprofessionelle oder professionelle Anleger im Inland. Die Norm hat einen doppelten Drittstaatenbezug, da sowohl die Verwaltungsgesellschaft als auch das von ihr verwaltete Investmentvermögen aus einem Drittstaat stammen müssen. Strukturell orientiert sich § 326 sich an § 321, der in großem Umfang, zT über den Verweis in § 322, für entsprechend anwendbar erklärt wird. § 326 dient der Umsetzung des Art. 40 I, II UAbs. 1 AIFM-RL in deutsches Recht (BT-Drs. 17/12294, 290).

II. Anwendungsbereich der Norm

1. Sachlicher Anwendungsbereich. § 326 richtet sich an ausländische AIF- 2
Verwaltungsgesellschaften, deren Referenzmitgliedstaat gem. Art. 37 IV AIFM-RL die BRD ist und die Anteile oder Aktien an ausländischen AIF an semiprofessionelle und professionelle Anleger im Geltungsbereich des KAGB vertreiben. Die tatbestandliche Vorgabe, wonach sowohl die Verwaltungsgesellschaft als auch das von ihr verwaltete Investmentvermögen aus dem (Nicht-EU-)Ausland stammen müssen, impliziert nicht, dass es sich hierbei um denselben Drittstaat handeln muss (vgl. WBA/*Zeidler* § 326 Rn. 1 und 2). Die Festlegung der BRD als Referenzmitgliedstaat erfolgt nach den in Art. 37 IV AIFM-RL genannten Kriterien, die objektiv den engsten Sachzusammenhang zwischen der ausländischen AIF-Verwaltungsgesellschaft und einem Mitgliedstaat zu bestimmen versuchen (vgl. BTMB/*Izzo-Wagner/Baas* § 326 Rn. 31).

3 Weiteres Tatbestandsmerkmal für den Vertrieb ist nach § 326 I die Einhaltung der Voraussetzungen des § 322 I. Diese Norm regelt ua die Anforderungen einer AIF-KVG beim beabsichtigten Vertrieb von ausländischen AIF, wodurch ein Gleichlauf der Vertriebsanforderungen von in- und ausländischen (Kapital-)Verwaltungsgesellschaften hergestellt wird. Danach kann ein Vertrieb nur dann erfolgen, wenn (1) geeignete Vereinbarungen über die Zusammenarbeit zwischen der BaFin und den Aufsichtsbehörden des Drittstaates, in dem der ausländische AIF seinen Sitz hat, bestehen, (2) der betreffende Drittstaat nicht auf der Liste der nicht kooperativen Länder und Gebiete steht, die von der Arbeitsgruppe „Finanzielle Maßnahmen gegen die Geldwäsche und die Terrorismusfinanzierung" (FATF) aufgestellt wurde, (3) der betreffende Drittstaat mit der BRD ein Abkommen zur Vermeidung der Doppelbesteuerung gem. Art. 26 des OECD-MA abgeschlossen hat und ein wirksamer Informationsaustausch über Steuerangelegenheiten gewährleistet ist und (4) die ausländische AIF-Verwaltungsgesellschaft bei der Verwaltung des ausländischen AIF abweichend von § 55 I Nr. 1 alle in der AIFM-RL für diese AIF festgelegten Anforderungen erfüllt. Durch die in Nr. 4 genannten Regelung wird klargestellt, dass die in § 55 I Nr. 1 aufgeführte Ausnahmeregelungen in Bezug Jahresberichte (§ 67) und Verwahrstellenerfordernisse (§§ 80–90) für den Vertrieb nach § 326 keine Anwendung finden, die entsprechenden Normen also berücksichtigt werden müssen.

4 **2. Zeitlicher Anwendungsbereich.** Die Vorschrift ist aufgrund ihres Drittstaatenbezugs erst nach dem Erlass eines delegierten Rechtsakts der Europäischen Kommission anwendbar (vgl. § 295 II Nr. 2, III Nr. 2 Buchst. b). Der Erlass dieses delegierten Rechtsakts war für das Jahr 2015 beabsichtigt (vgl. Erwägungsgrund 4 der AIFM-RL), ist in diesem Jahr aber nicht erfolgt. Dementsprechend enthält das von der BaFin herausgegebene Schreiben „Häufige Fragen zum Vertrieb und Erwerb von Investmentvermögen nach dem KAGB" vom 4.7.2013, zuletzt geändert am 5.7.2022, zu dieser Vorschrift keine inhaltlichen Ausführungen. Der Zeitpunkt des Erlasses des delegierten Rechtsaktes ist derzeit nicht bekannt.

III. Vertriebsanzeigeverfahren

5 **1. Anzeigeschreiben.** Die ausländische AIF-Verwaltungsgesellschaft, deren Referenzmitgliedstaat gem. § 56 die BRD ist und die von der BaFin eine Erlaubnis nach § 58 erhalten hat, muss den beabsichtigten Vertrieb von Anteilen oder Aktien der von ihr verwalteten ausländischen AIF bei der BaFin anzeigen (§ 326 I 1). Das Anzeigeschreiben hat durch den in § 326 I enthaltenen Verweis auf § 321 I 2 folgende Angaben und Unterlagen zu enthalten: (1) Einen Geschäftsplan nebst Angaben zum angezeigten AIF, (2) die Anlagebedingungen bzw. den Gesellschaftsvertrag, (3) den Namen der Verwahrstelle des angezeigten AIF, (4) eine Beschreibung des angezeigten AIF nebst sämtlichen den Anlegern zur Verfügung gestellten Informationen, (5) etwaige Angaben zum Sitz des Master-AIF und seiner Verwaltungsgesellschaft, (6) alle in § 307 I genannten Informationen sowie (7) Angaben zu den Vorkehrungen zur Verhinderung des Vertriebs an Privatanlegern.

6 **2. Prüfung der Vertriebsanzeige.** Gemäß dem in § 326 III enthaltenen Verweis auf § 322 III, IV 1 und 2 und V gelten die dort in Bezug genommenen Regelungen entsprechend, wobei es statt „AIF-Kapitalverwaltungsgesellschaft" „ausländische AIF-Verwaltungsgesellschaft" heißt. Im Einzelnen gilt das Folgende:

7 Gemäß § 322 III, der seinerseits zunächst auf § 321 II verweist, prüft die BaFin, ob die übermittelten Angaben und Unterlagen vollständig sind und fordert etwa

fehlende Angaben oder Unterlagen innerhalb von 20 Arbeitstagen als Ergänzungsanzeige an.

Nach § 322 IV 1 gelten ferner § 321 III 1–4 und 6 entsprechend. Danach hat die BaFin der ausländischen AIF-Verwaltungsgesellschaft innerhalb von 20 Tagen nach Eingang der vollständigen Anzeigeunterlagen mitzuteilen, ob diese mit dem Vertrieb beginnen kann. Ab dem Datum dieser Mitteilung kann die ausländische AIF-Verwaltungsgesellschaft mit dem beabsichtigten Vertrieb beginnen. Im Falle von Verstößen der ausländischen AIF-Verwaltungsgesellschaft gegen Regelungen des KAGB oder der AIFM-RL ist die BaFin befugt, den Vertrieb zu untersagen. In Bezug auf den fehlerhaften Verweis auf den (nicht existenten) § 321 III 6 wird auf die dortige Kommentierung verwiesen. Gemäß § 322 IV 2 teilt die BaFin der ESMA mit, dass die ausländische AIF-Kapitalverwaltungsgesellschaft mit dem Vertrieb der angezeigten AIF an professionelle Anleger in der BRD beginnen kann. 8

§ 326 III verweist letztlich auf § 322 V, wonach die ausländische AIF-Verwaltungsgesellschaft verpflichtet ist, der BaFin wesentliche Änderungen der übermittelten Angaben schriftlich mitzuteilen. Die hierzu nach § 321 IV 2–5 geregelten Einzelheiten gelten entsprechend (vgl. § 322 V 1, 2). Änderungen sind zulässig, wenn sie nicht dazu führen, dass die ausländische AIF-Verwaltungsgesellschaft oder die Verwaltung des angezeigten AIF durch die ausländische Verwaltungsgesellschaft gegen die Vorschriften des KAGB oder gegen die Vorschriften der AIFM-RL verstößt (vgl. § 322 V 3). Bei zulässigen Änderungen unterrichtet die BaFin unverzüglich die ESMA, soweit die Änderungen die Beendigung des Vertriebs von bestimmten AIF oder zusätzlich vertriebenen AIF betreffen (vgl. § 322 V 4). Hinsichtlich dieser sprachlich missglückten Formulierung wird auf → § 335 Rn. 9 verwiesen. 9

§ 327 Anzeigepflicht einer ausländischen AIF-Verwaltungsgesellschaft, deren Referenzmitgliedstaat nicht die Bundesrepublik Deutschland ist, beim beabsichtigten Vertrieb von EU-AIF oder von inländischen Spezial-AIF an semiprofessionelle und professionelle Anleger im Inland

(1) [1]Beabsichtigt eine ausländische AIF-Verwaltungsgesellschaft, deren Referenzmitgliedstaat gemäß Artikel 37 Absatz 4 der Richtlinie 2011/61/EU ein anderer Mitgliedstaat der Europäischen Union oder ein anderer Vertragsstaat des Abkommens über den Europäischen Wirtschaftsraum als die Bundesrepublik Deutschland ist, im Geltungsbereich dieses Gesetzes Anteile oder Aktien an EU-AIF oder inländische Spezial-AIF an semiprofessionelle oder professionelle Anleger im Geltungsbereich dieses Gesetzes zu vertreiben, so prüft die Bundesanstalt, ob die zuständige Stelle des Referenzmitgliedstaates der ausländischen AIF-Verwaltungsgesellschaft Folgendes übermittelt hat:

1. eine von ihr ausgestellte Bescheinigung über die Erlaubnis der betreffenden ausländischen AIF-Verwaltungsgesellschaft zur Verwaltung von AIF mit einer bestimmten Anlagestrategie und

2. ein Anzeigeschreiben für jeden angezeigten AIF,

jeweils in einer in der internationalen Finanzwelt gebräuchlichen Sprache. [2]Für den Inhalt des Anzeigeschreibens einschließlich der erforderlichen Dokumentation und Angaben gilt § 321 Absatz 1 Satz 2 entsprechend mit der Maßgabe, dass es statt „AIF-Kapitalverwaltungsgesellschaft" „auslän-

dische AIF-Verwaltungsgesellschaft" heißen muss, die Vorkehrungen zum Vertrieb des angezeigten AIF angegeben sein müssen und die Bundesrepublik Deutschland als Staat genannt sein muss, in dem Anteile oder Aktien des angezeigten AIF an professionelle Anleger vertrieben werden sollen.

(2) [1]**Der Vertrieb kann aufgenommen werden, wenn die ausländische AIF-Verwaltungsgesellschaft von der zuständigen Stelle ihres Referenzmitgliedstaates über die Übermittlung nach Absatz 1 unterrichtet wurde.** [2]**§ 323 Absatz 2 Satz 3 und Absatz 3 ist entsprechend anzuwenden.**

I. Einleitung

1 § 327 betrifft den beabsichtigten Vertrieb einer ausländische AIF-Verwaltungsgesellschaft, deren Referenzmitgliedstaat nicht die Bundesrepublik Deutschland ist, von Anteilen oder Aktien an EU-AIF oder an inländischen Spezial-AIF an semiprofessionelle oder professionelle Anleger im Inland. Da der Referenzmitgliedstaat der ausländischen AIF-Verwaltungsgesellschaft nicht die Bundesrepublik Deutschland ist, hat die BaFin – insb. im Hinblick auf § 326 – deutlich geringere Aufsichtsrechte und -pflichten. Die Beaufsichtigung obliegt vielmehr primär den zuständigen Stellen des von der ausländischen AIF-Verwaltungsgesellschaft bestimmten Referenzmitgliedstaats. § 327 dient der Umsetzung von Art. 39 AIFM-RL in deutsches Recht (BT-Drs. 17/12294, 290).

II. Anwendungsbereich der Norm

2 **1. Sachlicher Anwendungsbereich.** § 327 richtet sich an ausländische AIF-Verwaltungsgesellschaften, deren Referenzmitgliedstaat gem. Art. 37 IV AIFM-RL nicht die Bundesrepublik Deutschland (sondern ein anderer EU-/EWR-Staat) ist, und die EU-AIF und inländische Spezial-AIF an semiprofessionelle und professionelle Anleger im Geltungsbereich des KAGB vertreiben wollen. Die Norm entspricht strukturell § 323. Die BRD darf nicht als Referenzmitgliedstaat gem. Art. 37 IV AIFM-RL bestimmt sein. Artikel 37 IV AIFM-RL ist in der BRD durch § 56 umgesetzt worden. Danach kann eine ausländische-AIF-Verwaltungsgesellschaft unter den dort näher genannten Voraussetzungen die BRD als ihren Referenzmitgliedstaat bestimmen (vgl. zu den Einzelheiten der Bestimmung des Referenzmitgliedstaates vgl. die DVO (EU) Nr. 448/2013 v. 15.5.2013), um in den Genuss der Vertriebsrechte nach der AIFM-RL zu gelangen und insb. die von ihr verwalteten AIF mittels Europäischen Passes in der gesamten EU vertreiben zu können. In diesem Fall bedarf sie nach § 58 einer Erlaubnis durch die BaFin. Sind diese Voraussetzungen erfüllt, kann die ausländische AIF-Verwaltungsgesellschaft in entsprechender Anwendung der für inländische AIF-KVG geltenden Vorgaben die von ihr verwalteten EU-AIF oder inländische Spezial-AIF in andere EU-/EWR-Staaten an professionelle Anleger vertreiben. Ist die BRD hingegen nicht der Referenzmitgliedstaat, erfolgt der Vertrieb an semiprofessionelle und professionelle Anleger im Geltungsbereich des KAGB über den EU-/EWR-Staat, den die ausländische AIF-Verwaltungsgesellschaft als ihren Referenzmitgliedstaat bestimmt hat. In diesem Fall greift § 327.

3 **2. Zeitlicher Anwendungsbereich.** § 327 zählt zu den Vertriebsvorschriften, die nicht mit Inkrafttretendes KAGB, sondern erst ab dem in dem nach Art. 67 VI AIFM-RL zu erlassenden delegierten Rechtsakt genannten Zeitpunkt Anwendung finden (vgl. auch § 295 II Nr. 2, III Nr. 2 Buchst. a). Der Erlass dieses delegierten

Rechtsakts war für das Jahr 2015 beabsichtigt (vgl. den Erwägungsgrund 4 der AIFM-RL), ist in diesem Jahr aber nicht erfolgt. Dementsprechend enthält das von der BaFin herausgegebene Schreiben „Häufige Fragen zum Vertrieb und Erwerb von Investmentvermögen nach dem KAGB" vom 4.7.2013, zuletzt geändert am 5.7.2022, zu dieser Vorschrift keine inhaltlichen Ausführungen. Der voraussichtliche Zeitpunkt des Erlasses des delegierten Rechtsaktes ist derzeit nicht bekannt.

III. Vertriebsanzeigeverfahren

1. Prüfung der Vertriebsanzeige. Die BaFin prüft, ob ihr die zuständige Stelle des Referenzmitgliedstaats der ausländischen AIF-Verwaltungsgesellschaft (i) eine von ihr ausgestellte Bescheinigung über die Erlaubnis der betreffenden ausländischen AIF-Verwaltungsgesellschaft zur Verwaltung von AIF mit einer bestimmten Anlagestrategie und (ii) ein Anzeigeschreiben für jeden angezeigten AIF übermittelt hat. Beides ist in einer in der internationalen Finanzwelt gebräuchlichen Sprache (derzeit Englisch) einzureichen. 4

Das Anzeigeschreiben hat durch den in § 327 I 2 enthaltenen Verweis auf § 321 I 2 folgende Angaben und Unterlagen zu enthalten: (1) einen Geschäftsplan nebst Angaben zum angezeigten AIF, (2) die Anlagebedingungen bzw. den Gesellschaftsvertrag, (3) den Namen der Verwahrstelle des angezeigten AIF, (4) eine Beschreibung des angezeigten AIFs nebst sämtlicher den Anlegern zur Verfügung gestellten Informationen, (5) etwaige Angaben zum Sitz des Master-AIF und seiner Verwaltungsgesellschaft, (6) alle in § 307 I genannten Informationen sowie (7) Angaben zu den Vorkehrungen zur Verhinderung des Vertriebs an Privatanlegern. Ferner müssen die Vorkehrungen für den Vertrieb des angezeigten AIFs angegeben sein und die BRD muss als der Staat genannt sein, in dem die Anteile oder Aktien des angezeigten AIF vertrieben werden sollen. 5

Über die entsprechend anwendbaren § 323 II 3, III wird ferner gewährleistet, dass wirksame Vorkehrungen bestehen, die einen Vertrieb an Privatanleger verhindert (vgl. § 327 II 2). Auf die diesbezügliche Kommentierung des § 323 wird insofern verwiesen. 6

2. Vertriebsbeginn. Der Vertrieb kann aufgenommen werden, wenn die ausländische AIF-Verwaltungsgesellschaft von der zuständigen Stelle ihres Referenzmitgliedstaats über die Übermittlung der Vertriebsunterlagen unterrichtet wurde (vgl. § 327 II 1). 7

§ 328 Anzeigepflicht einer ausländischen AIF-Verwaltungsgesellschaft, deren Referenzmitgliedstaat nicht die Bundesrepublik Deutschland ist, beim beabsichtigten Vertrieb von ausländischen AIF an semiprofessionelle und professionelle Anleger im Inland

(1) [1]**Ein Vertrieb von Anteilen oder Aktien an ausländischen AIF an semiprofessionelle oder professionelle Anleger im Geltungsbereich dieses Gesetzes durch eine ausländische AIF-Verwaltungsgesellschaft, deren Referenzmitgliedstaat gemäß Artikel 37 Absatz 4 der Richtlinie 2011/61/EU ein anderer Mitgliedstaat der Europäischen Union oder Vertragsstaat des Abkommens über den Europäischen Wirtschaftsraum ist, ist nur zulässig, wenn die in § 322 Absatz 1 genannten Voraussetzungen gegeben sind.** [2]**Ist die Bundesanstalt nicht mit der Beurteilung der in § 322 Absatz 1 Num-**

mer 1 und 2 genannten Voraussetzungen durch die zuständige Stelle des Referenzmitgliedstaates der ausländischen AIF-Verwaltungsgesellschaft einverstanden, kann die Bundesanstalt die Europäische Wertpapier- und Marktaufsichtsbehörde nach Maßgabe des Artikels 19 der Verordnung (EU) Nr. 1095/2010 um Hilfe ersuchen.

(2) [1]**Beabsichtigt eine ausländische AIF-Verwaltungsgesellschaft, im Geltungsbereich dieses Gesetzes Anteile oder Aktien an ausländischen AIF an semiprofessionelle oder professionelle Anleger zu vertreiben, prüft die Bundesanstalt, ob die zuständige Stelle des Referenzmitgliedstaates der ausländischen AIF-Verwaltungsgesellschaft Folgendes übermittelt hat:**

1. **eine von ihr ausgestellte Bescheinigung über die Erlaubnis der betreffenden ausländischen AIF-Verwaltungsgesellschaft zur Verwaltung von AIF mit einer bestimmten Anlagestrategie sowie**
2. **ein Anzeigeschreiben für jeden angezeigten AIF,**

jeweils in einer in der internationalen Finanzwelt gebräuchlichen Sprache. [2]**§ 327 Absatz 1 Satz 2 gilt entsprechend.**

(3) **§ 327 Absatz 2 ist entsprechend anzuwenden.**

I. Einleitung

1 § 328 betrifft den beabsichtigten Vertrieb einer ausländischen AIF-Verwaltungsgesellschaft, deren Referenzmitgliedstaat nicht die BRD ist, von ausländischen AIF an semiprofessionelle oder professionelle Anleger im Inland. Die Norm hat damit – anders als die in § 327 enthaltene Regelung – einen doppelten Drittstaatenbezug, weil sowohl die Verwaltungsgesellschaft als auch das von ihr verwaltete Investmentvermögen aus einem Drittstaat stammen müssen. § 328 dient der Umsetzung des Art. 40 AIFM-RL in deutsches Recht (BT-Drs. 17/12294, 290 f.).

II. Anwendungsbereich der Norm

2 **1. Sachlicher Anwendungsbereich.** § 328 richtet sich an ausländische AIF-Verwaltungsgesellschaften, deren Referenzmitgliedstaat gem. Art. 37 IV AIFM-RL nicht die Bundesrepublik Deutschland ist und die ausländische AIF an semiprofessionelle und professionelle Anleger im Geltungsbereich des KAGB vertreiben wollen. Die Norm entspricht strukturell dem § 324, wobei es sich statt der dort erwähnten EU-AIF-Verwaltungsgesellschaft um eine ausländische AIF-Verwaltungsgesellschaft handeln muss. Die BRD darf nicht als Referenzmitgliedstaat gem. Art. 37 IV AIFM-RL bestimmt sein. Artikel 37 IV AIFM-RL ist in der BRD durch § 56 umgesetzt worden. Danach kann eine ausländische-AIF-Verwaltungsgesellschaft unter den dort näher genannten Voraussetzungen die BRD als ihren Referenzmitgliedstaat bestimmen (vgl. zu den Einzelheiten der Bestimmung des Referenzmitgliedstaates die DVO (EU) Nr. 448/2013 v. 15.5.2013), um in den Genuss der Vertriebsrechte nach der AIFM-RL zu gelangen und insb. die von ihr verwalteten AIF mittels Europäischen Passes in der gesamten EU vertreiben zu können. In diesem Fall bedarf sie nach § 58 einer Erlaubnis durch die BaFin. Ist die BRD hingegen nicht der Referenzmitgliedstaat, erfolgt der Vertrieb an semiprofessionelle und professionelle Anleger im Geltungsbereich des KAGB über den EU-/EWR-Staat, den die ausländische AIF-Verwaltungsgesellschaft als ihren Referenzmitgliedstaat bestimmt hat. In diesem Fall greift § 328.

2. Zeitlicher Anwendungsbereich. § 328 zählt zu den Vertriebsvorschriften, die nicht mit Inkrafttreten des KAGB, sondern erst ab dem in dem nach Art. 67 VI AIFM-RL zu erlassenden delegierten Rechtsakt genannten Zeitpunkt Anwendung finden (vgl. auch § 295 II Nr. 2, III Nr. 2 Buchst. a). Der Erlass dieses delegierten Rechtsakts war für das Jahr 2015 beabsichtigt (vgl. den Erwägungsgrund 4 der AIFM-RL), ist in diesem Jahr aber nicht erfolgt. Dementsprechend enthält das von der BaFin herausgegebene Schreiben „Häufige Fragen zum Vertrieb und Erwerb von Investmentvermögen nach dem KAGB" vom 4.7.2013, zuletzt geändert am 5.7.2022, zu dieser Vorschrift keine inhaltlichen Ausführungen. Der voraussichtliche Zeitpunkt des Erlasses des delegierten Rechtsaktes ist derzeit nicht bekannt. 3

III. Vertriebsvoraussetzungen

Nach § 328 I 1 müssen für den Vertrieb zunächst die in § 322 I genannten Voraussetzungen vorliegen. Ein Vertrieb ist danach nur zulässig, wenn (1) geeignete Vereinbarungen zwischen der BaFin und den Aufsichtsbehörden des Drittstaates bestehen, die einen effizienten Informationsaustausch gewährleisten und die es der BaFin ermöglichen, ihre Ausgaben gem. der AIFM-RL wahrzunehmen, (2) der Drittstaat, in dem der ausländische AIF seinen Sitz hat, nicht auf der Liste der nicht kooperativen Länder und Gebiete steht, die von der Arbeitsgruppe „Finanzielle Maßnahmen gegen die Geldwäsche und die Terrorismusfinanzierung" (FATF) stehen, (3) der betreffende Drittstaat mit der BRD ein Abkommen zur Vermeidung der Doppelbesteuerung gem. des Art. 26 des OECD-Musterabkommens abgeschlossen hat und ein wirksamer Informationsaustausch über Steuerangelegenheiten gewährleistet ist und (4) die ausländische AIF-Verwaltungsgesellschaft bei der Verwaltung des ausländischen AIFs abweichend von § 55 I Nr. 1 alle in der AIFM-RL für diese AIF festgelegten Anforderungen erfüllt. Bezüglich der in § 322 I genannten Anforderungen bestehen bei der Anwendung des § 328 keine Besonderheiten. Auf die Kommentierung in § 322 wird insofern verwiesen. 4

IV. Beurteilungsdivergenz

Ist die BaFin nicht mit der Beurteilung der in § 322 I Nr. 1 und 2 genannten Voraussetzungen durch die zuständige Stelle des Herkunftsmitgliedstaats der EU-AIF-Verwaltungsgesellschaft einverstanden, ist sie nach § 328 I 2 berechtigt, die Europäische Wertpapier- und Marktaufsichtsbehörde nach Maßgabe des Art. 19 der VO (EU) Nr. 1095/2010 um Hilfe zu ersuchen. Das dort geregelte Verfahren zur Beseitigung von Meinungsverschiedenheiten in grenzüberschreitenden Fällen ist zweistufig aufgebaut. In einem ersten Schritt setzt sie den zuständigen Behörden für die Schlichtung ihrer Meinungsverschiedenheiten eine Frist. Hier tritt die ESMA lediglich als Vermittlerin auf. Erzielen die betreffenden Behörden innerhalb der Schlichtungsphase keine Einigung, kann die BaFin in einem zweiten Schritt zur abschließenden Beilegung der Meinungsunterschiede eine verbindliche Entscheidung treffen. 5

V. Anzeigeverfahren

Die BaFin prüft, ob ihr die zuständige Stelle des Referenzmitgliedstaats der ausländischen AIF-Verwaltungsgesellschaft (i) eine von ihr ausgestellte Bescheinigung über die Erlaubnis der betreffenden ausländischen AIF-Verwaltungsgesellschaft zur Verwaltung von AIF mit einer bestimmten Anlagestrategie und (ii) ein Anzeige- 6 schreiben für jeden angezeigten AIF übermittelt hat. Beides ist in einer in der internationalen Finanzwelt gebräuchlichen Sprache (derzeit Englisch) einzureichen (vgl. § 328 II 1).

7 Das Anzeigeschreiben hat nach § 328 II 2 durch den in § 327 I 2 enthaltenen Verweis, der seinerseits auf § 321 I 2 Bezug nimmt, folgende Angaben und Unterlagen zu enthalten: (1) einen Geschäftsplan nebst Angaben zum angezeigten AIF, (2) die Anlagebedingungen bzw. den Gesellschaftsvertrag, (3) den Namen der Verwahrstelle des angezeigten AIF, (4) eine Beschreibung des angezeigten AIF nebst sämtlicher den Anlegern zur Verfügung gestellten Informationen, (5) etwaige Angaben zum Sitz des Master-AIF und seiner Verwaltungsgesellschaft, (6) alle in § 307 I genannten Informationen sowie (7) Angaben zu den Vorkehrungen zur Verhinderung des Vertriebs an Privatanlegern. Ferner müssen die Vorkehrungen für den Vertrieb des angezeigten AIF angegeben sein und die Bundesrepublik Deutschland muss als der Staat genannt sein, in dem die Anteile oder Aktien des angezeigten AIF vertrieben werden sollen.

8 Über die nach § 328 III entsprechend anwendbaren § 327 II, der sich seinerseits auf § 323 II 3 und III bezieht, wird ferner gewährleistet, dass wirksame Vorkehrungen bestehen, die einen Vertrieb an Privatanleger verhindert (vgl. § 327 II 2).

VI. Vertriebsbeginn

9 Der Vertrieb kann aufgenommen werden, wenn die ausländische AIF-Verwaltungsgesellschaft von der zuständigen Stelle ihres Referenzmitgliedstaats über die Übermittlung der Vertriebsunterlagen unterrichtet wurde (vgl. § 328 II iVm § 327 II 1).

§ 329 Anzeigepflicht einer EU-AIF-Verwaltungsgesellschaft oder einer AIF-Kapitalverwaltungsgesellschaft beim beabsichtigten Vertrieb von von ihr verwalteten inländischen Spezial-Feeder-AIF oder EU-Feeder-AIF, deren jeweiliger Master-AIF kein EU-AIF oder inländischer AIF ist, der von einer EU-AIF-Verwaltungsgesellschaft oder einer AIF-Kapitalverwaltungsgesellschaft verwaltet wird, oder ausländischen AIF an semiprofessionelle und professionelle Anleger im Inland

(1) [1]Der Vertrieb von Anteilen oder Aktien an von einer EU-AIF-Verwaltungsgesellschaft oder einer AIF-Kapitalverwaltungsgesellschaft verwalteten inländischen Spezial-Feeder-AIF oder EU-Feeder-AIF, deren jeweiliger Master-AIF kein EU-AIF oder inländischer AIF ist, der von einer EU-AIF-Verwaltungsgesellschaft oder einer AIF-Kapitalverwaltungsgesellschaft verwaltet wird, oder ausländischen AIF an semiprofessionelle oder professionelle Anleger im Geltungsbereich dieses Gesetzes ist zulässig, wenn

1. bei einem Vertrieb an professionelle Anleger

a) die AIF-Kapitalverwaltungsgesellschaft und die Verwaltung des AIF durch die AIF-Kapitalverwaltungsgesellschaft die Anforderungen dieses Gesetzes mit Ausnahme der §§ 80 bis 90 und die EU-AIF-Verwaltungsgesellschaft und die Verwaltung des AIF durch diese die Anforderungen der von ihrem Herkunftsmitgliedstaat zur Umsetzung der Richtlinie 2011/61/EU erlassenen Vorschriften mit Ausnahme

der in Artikel 21 der Richtlinie 2011/61/EU genannten Voraussetzungen erfüllt und

b) die AIF-Kapitalverwaltungsgesellschaft oder die EU-AIF-Verwaltungsgesellschaft eine oder mehrere Stellen benannt hat, die sie nicht selbst ist und die die Aufgaben nach Artikel 21 Absatz 7, 8 und 9 der Richtlinie 2011/61/EU wahrnehmen, und sie diese Stelle oder Stellen der Bundesanstalt oder der in ihrem Herkunftsmitgliedstaat zuständigen Stelle angezeigt hat;

2. bei einem Vertrieb an semiprofessionelle Anleger die AIF-Kapitalverwaltungsgesellschaft oder die EU-AIF-Verwaltungsgesellschaft und die Verwaltung des AIF durch diese den Anforderungen dieses Gesetzes oder den von ihrem Herkunftsmitgliedstaat zur Umsetzung der Richtlinie 2011/61/EU erlassenen Vorschriften entsprechen;

3. bei einem Vertrieb an semiprofessionelle Anleger oder professionelle Anleger

a) bei einem ausländischen AIF geeignete, der Überwachung der Systemrisiken dienende und im Einklang mit den internationalen Standards und den Artikeln 113 bis 115 der Delegierten Verordnung (EU) Nr. 231/2013 stehende Vereinbarungen über die Zusammenarbeit zwischen der Bundesanstalt oder den zuständigen Stellen im Herkunftsmitgliedstaat der EU-AIF-Verwaltungsgesellschaft und den zuständigen Stellen des Drittstaates, in dem der ausländische AIF seinen Sitz hat, bestehen, sodass ein effizienter Informationsaustausch gewährleistet ist, der es der Bundesanstalt oder den zuständigen Stellen im Herkunftsmitgliedstaat der EU-AIF-Verwaltungsgesellschaft ermöglicht, ihre in der Richtlinie 2011/61/EU festgelegten Aufgaben zu erfüllen;

b) der Drittstaat, in dem der ausländische AIF seinen Sitz hat, nicht auf der Liste der nicht kooperativen Länder und Gebiete steht, die von der Arbeitsgruppe „Finanzielle Maßnahmen gegen die Geldwäsche und die Terrorismusfinanzierung" aufgestellt wurde;

c) die Vorkehrungen nach § 321 Absatz 1 Satz 2 Nummer 7 geeignet sind, einen Vertrieb an Privatanleger zu verhindern.

[2]Ist der angezeigte AIF ein Feeder-AIF, sind zusätzlich die Anforderungen des Absatzes 1 Satz 1 Nummer 1 oder 2 und 3 von dem Master-AIF und dessen Verwaltungsgesellschaft entsprechend einzuhalten.

(2) **[1]Beabsichtigt eine EU-AIF-Verwaltungsgesellschaft oder eine AIF-Kapitalverwaltungsgesellschaft, Anteile oder Aktien an von ihr verwalteten AIF im Sinne von Absatz 1 Satz 1 im Geltungsbereich dieses Gesetzes an semiprofessionelle oder professionelle Anleger zu vertreiben, so hat sie dies der Bundesanstalt anzuzeigen. [2]§ 321 Absatz 1 Satz 2 gilt entsprechend. [3]Darüber hinaus sind der Anzeige folgende Angaben und Dokumente beizufügen:**

1. bei der Anzeige durch eine EU-AIF-Verwaltungsgesellschaft eine Bescheinigung der zuständigen Stelle ihres Herkunftsmitgliedstaates in einer in der internationalen Finanzwelt gebräuchlichen Sprache, dass die EU-AIF-Verwaltungsgesellschaft und die Verwaltung des AIF durch diese der Richtlinie 2011/61/EU entsprechen, dass die AIF-Verwaltungsgesellschaft über eine Erlaubnis zur Verwaltung von AIF mit einer bestimmten Anlagestrategie verfügt und gegebenenfalls, dass geeignete Vereinbarun-

gen im Sinne von Absatz 1 Satz 1 Nummer 3 Buchstabe a über die Zusammenarbeit zwischen den zuständigen Stellen im Herkunftsmitgliedstaat der EU-AIF-Verwaltungsgesellschaft und den zuständigen Stellen des Drittstaates, in dem der ausländische AIF seinen Sitz hat, bestehen; ist nur ein Vertrieb an professionelle Anleger beabsichtigt, muss sich die Bescheinigung nicht auf die gesamten in Artikel 21 der Richtlinie 2011/61/EU genannten Anforderungen erstrecken, sondern nur auf die in Artikel 21 Absatz 7, 8 und 9 genannten Voraussetzungen;

2. **eine Erklärung der EU-AIF-Verwaltungsgesellschaft darüber, dass sie sich verpflichtet,**
   a) **der Bundesanstalt den Jahresbericht des AIF, der den Anforderungen des Artikels 22 und gegebenenfalls des Artikels 29 der Richtlinie 2011/61/EU entsprechen muss, spätestens sechs Monate nach Ende eines jeden Geschäftsjahres einzureichen; der Jahresbericht muss mit dem Bestätigungsvermerk eines Wirtschaftsprüfers versehen sein;**
   b) **die Bundesanstalt über alle wesentlichen Änderungen von Umständen, die bei der Vertriebsanzeige angegeben worden sind oder die der Bescheinigung der zuständigen Stelle nach Nummer 1 zugrunde liegen, zu unterrichten und die Änderungsangaben nachzuweisen;**
   c) **der Bundesanstalt auf Verlangen über ihre Geschäftstätigkeit Auskunft zu erteilen und Unterlagen vorzulegen;**
3. **eine Erklärung der AIF-Kapitalverwaltungsgesellschaft, dass sie sich entsprechend Nummer 2 Buchstabe b verpflichtet;**
4. **ein Nachweis über die Zahlung der Gebühr für die Anzeige.**

(3) **Ist der angezeigte AIF ein Feeder-AIF,**

1. **sind der Anzeige zusätzlich in Bezug auf den Master-AIF und seine Verwaltungsgesellschaft Angaben und Dokumente entsprechend**
   a) **Absatz 2 Satz 3 Nummer 1 oder, sofern es sich bei der Verwaltungsgesellschaft des Master-AIF um eine ausländische AIF-Verwaltungsgesellschaft handelt, Angaben und Dokumente entsprechend § 22 Absatz 1 Nummer 1 bis 9 und 13, und alle weiteren wesentlichen Angaben über die Verwahrstelle oder die Stellen nach Absatz 1 Satz 1 Nummer 1 Buchstabe b sowie**
   b) **§ 321 Absatz 1 Satz 2**

   beizufügen und
2. **muss sich die Erklärung nach Absatz 2 Satz 3 Nummer 2 oder 3 auch auf den Master-AIF und seine Verwaltungsgesellschaft erstrecken.**

(4) [1]**Fremdsprachige Unterlagen sind in deutscher Übersetzung oder in englischer Sprache vorzulegen.** [2]**§ 321 Absatz 2 und Absatz 3 Satz 1 bis 4 gilt entsprechend mit der Maßgabe, dass es statt „AIF-Kapitalverwaltungsgesellschaft" „AIF-Kapitalverwaltungsgesellschaft oder EU-AIF-Verwaltungsgesellschaft" heißen muss und dass die in § 321 Absatz 3 Satz 1 genannte Frist 30 Arbeitstage und für den Fall, dass der angezeigte AIF ein Feeder-AIF ist,**

1. **dessen Master-AIF nicht von einer ausländischen AIF-Verwaltungsgesellschaft verwaltet wird, zwei Monate,**
2. **dessen Master-AIF von einer ausländischen AIF-Verwaltungsgesellschaft verwaltet wird, fünf Monate**

beträgt.

I. Einleitung

§ 329 fasst verschiedene Vertriebskonstellationen in einer Norm zusammen. Die Vorschrift behandelt zum einen den beabsichtigten Vertrieb von Anteilen oder Aktien an ausländischen AIF durch EU-AIF-Verwaltungsgesellschaften oder AIF-KVG. Zum anderen umfasst sie bestimmte Master-Feeder-Strukturen mit Drittstaatenbezug, wenn die Anteile am Feeder-AIF durch eine EU-AIF-Verwaltungsgesellschaft oder AIF-KVG an inländische Anleger vertrieben werden sollen. § 329 basiert auf Art. 36 AIFM-RL, wonach es den Mitgliedstaaten freigestellt ist, ob sie den Vertrieb von Anteilen oder Aktien an ausländischen AIF sowie an Master-Feeder-AIF mit den in der Norm näher beschriebenen Drittstaatenbezug an professionelle Anleger in ihrem Staatsgebiet zulassen (BR-Drs. 791/12, 527). Der deutsche Gesetzgeber hat mit Erlass des § 329 von dieser Möglichkeit Gebrauch gemacht und den Vertrieb der in der Norm genannten AIF unter Beachtung der dort aufgeführten Voraussetzungen grds. ermöglicht. § 329 ist kein Anwendungsfall des Vertriebspasses; die Vorschrift enthält also keine Möglichkeit, die von ihr erfassten AIF-Anteile auch in anderen EU-/EWR-Staaten zu vertreiben (vgl. WBA/*Zeidler* § 329 Rn. 1). 1

II. Anwendungsbereich der Norm

1. Sachlicher Anwendungsbereich. Adressaten der Vorschrift sind EU-AIF Verwaltungsgesellschaften und AIF-KVG. Dabei unterscheidet § 329 zwischen nachfolgenden Konstellationen: Zunächst erfasst ist der beabsichtigte Vertrieb von Anteilen an ausländischen AIF. Ferner regelt sie den Vertrieb von Anteilen an inländischen Spezial-Feeder-AIF oder EU-Feeder-AIF, deren jeweiliger Master-AIF kein EU-AIF oder inländischer AIF ist (es sich also um einen Drittstaaten-AIF handelt), der von einer EU-AIF-Verwaltungsgesellschaft oder AIF-KVG verwaltet wird. Der Vertrieb nach § 329 ist nur zulässig an semiprofessionelle oder professionelle Anleger im Inland. Dabei stellt die Norm einerseits allgemein gültige Vertriebsanforderungen auf (vgl. → Rn. 4–8) und statuiert andererseits unterschiedliche Anforderung im Hinblick darauf, ob es sich bei dem avisierten Investorenkreis um professionelle oder semiprofessionelle Anleger handelt (vgl. in Bezug auf die zusätzlichen Anforderungen betreffend professionelle Anleger → Rn. 9f. und betreffend semiprofessionelle Anleger → Rn. 11). 2

2. Zeitlicher Anwendungsbereich. Die Norm zählt daher nicht zu den Vertriebsvorschriften, die erst ab dem in dem nach Art. 67 VI AIFM-RL zu erlassenden delegierten Rechtsakt genannten Zeitpunkt Anwendung finden. Vielmehr hat der deutsche Gesetzgeber bestimmt, dass diese Vorschrift mit Inkrafttreten des KAGB und bis zu dem dort genannten Zeitpunkt gilt (vgl. § 295 II Nr. 1, III Nr. 1 Buchst. a. Ab dem dort genannten Zeitpunkt greifen die Regelungen zum EU-Pass auch für Drittstaatenkonstellationen, die dann die allein anwendbare Vertriebsregulierung in der Bundesrepublik Deutschland darstellen soll (vgl. BTMB/*Ebel* § 329 Rn. 4f.). 3

III. Vertriebsvoraussetzungen

1. Allgemeine Voraussetzungen für den Vertrieb. § 329 I 1 Nr. 3 statuiert zunächst die nachfolgenden allgemeinen Vertriebsanforderungen, die im Hinblick auf den beabsichtigten Vertrieb stets – dh unabhängig davon, ob dieser an semiprofessionelle oder professionelle Anleger im Inland erfolgen soll – zu beachten sind. 4

5 **2. Vereinbarung einer geeigneten grenzüberschreitenden Zusammenarbeit.** Nach § 329 I 1 Nr. 3 Buchst. a müssen bei dem Vertrieb von Anteilen an einem ausländischen AIF geeignete Vereinbarungen zwischen der BaFin oder den zuständigen Stellen im Herkunftsmitgliedsstaat EU-AIF-Verwaltungsgesellschaft und den zuständigen Stellen des Drittstaats, in dem der ausländische Staat seinen Sitz hat, bestehen, der einen effizienten Informationsaustausch ermöglicht, um die in der AIFM-RL festgelegten Aufgaben zu erfüllen. Diese Vereinbarungen müssen im Einklang mit internationalen Standards und den Art. 113–115 der DelVO (EU) Nr. 231/2013 stehen. Die BaFin hat in diesem Zusammenhang eine Liste veröffentlicht, die eine Übersicht über diejenigen Drittstaaten gibt, mit deren zuständigen Stellen eine solche Vereinbarung abgeschlossen wurde (vgl. BaFin-Merkblatt zu Vereinbarungen über die Zusammenarbeit zwischen der Bundesanstalt und zuständige Stellen eines Drittstaats im Rahmen der AIFMRichtlinie 2011/61/EG vom 22.7.2013, zuletzt geändert am 10.2.2014).

6 **3. Keine Listung durch die FATF.** Ferner darf der Drittstaat, in dem der ausländische AIF seinen Sitz hat, nicht auf der Liste der nicht kooperativen Länder und Gebiete stehen, die von der Arbeitsgruppe „Finanzielle Maßnahmen gegen die Geldwäsche und die Terrorismusfinanzierung" aufgestellt wurden (vgl. § 329 II 1 Nr. 3 Buchst. b).

7 **4. Vorkehrungen zur Verhinderung eines Vertriebs an Privatanleger.** Darüber hinaus müssen Vorkehrungen bestehen, die geeignet sind, einen Vertrieb an Privatanleger zu verhindern (vgl. § 329 I 1 Nr. 3 Buchst. c). Diesbezüglich gelten die Bestimmungen des § 321 I 2 Nr. 7 entsprechend, so dass auf die dortige Kommentierung verwiesen wird.

8 **5. Zusätzliche Angaben bei Master-Feeder-Konstruktionen.** Ist der angezeigte AIF ein Feeder-AIF, sind zusätzlich die Anforderungen des Abs. 1 S. 1 Nr. 1 oder 2 und 3 von dem Master-AIF und dessen Verwaltungsgesellschaft entsprechend einzuhalten (vgl. § 329 I 2). Hintergrund der Regelung ist, wie sich aus Art. 31 I UAbs. 2, Art. 32 I UAbs. 2, Art. 35 I und II und Art. 36 der AIFM-RL ergibt, dass bestimmte Anforderungen des europäischen Rechts an ausländische AIF und ausländische AIF-Verwaltungsgesellschaften nicht über eine Master-Feeder-Konstruktion umgangen werden sollen (BT-Drs. 17/12294, 291).

9 **6. Zusätzliche Voraussetzungen für den Vertrieb an professionelle Anleger.** Die zusätzlichen Voraussetzungen für den Vertrieb an professionelle Anleger enthält § 329 I 1. Danach bestehen die folgenden Anforderungen: Zunächst wird nach § 329 I Nr. 1 Buchst. a bestimmt, dass die AIF-KVG und die Verwaltung des AIF durch die AIF-Verwaltungsgesellschaft die Anforderungen des KAGB mit Ausnahme der §§ 80–90 und die EU-AIF-Verwaltungsgesellschaften und die Verwaltung durch diese die Anforderungen der von ihrem Herkunftsmitgliedstaat zur Umsetzung der AIFM-RL erlassenen Vorschriften mit Ausnahme der in Art. 21 der AIFM-RL genannten Voraussetzungen erfüllt. Damit gelten also die inländischen aufsichtsrechtlichen Vorschriften nach KAGB (für AIF-KVG) bzw. die nach dem entsprechenden Herkunftsmitgliedstaat erlassenen Vorschriften nach dem dortigen Recht (für EU-AIF-Verwaltungsgesellschaften) unter Ausschluss der Bestimmungen über Verwahrstellen.

10 Gleichwohl gilt nach § 329 I Nr. 1 Buchst. b, dass die AIF-KVG oder die EU-AIF-Verwaltungsgesellschaft eine ohne mehrere Stellen benennen müssen, die sie nicht selbst sind und die die Aufgaben nach Art. 21 VII, VIII und IX AIFM-RL

wahrnehmen, und sie diese Stelle oder Stellen der BaFin oder der in ihrem Herkunftsmitgliedstaat zuständigen Stelle angezeigt haben. Bei den in Bezug genommenen Aufgaben handelt es sich um die Überwachung des Cashflows (Abs. 7), die Aufbewahrung der für den AIF zu haltenden Vermögensgegenständen (Abs. 8) und weitere für anwendbar erklärte Vorschriften nach Abs. 9 (ua Ausgabe und Rückgabe von Anteilen des AIF, Anteilswertberechnung, Kontrolle der Ertragsverwendung etc.). Für den Vertrieb von Anteilen an ausländischen AIF an professionelle Anleger muss damit im Ergebnis sichergestellt sein, dass eine Stelle beauftragt wird, die diejenigen Aufgaben wahrnimmt, die ansonsten der Verwahrstelle übertragen würde; dabei ist jedoch nicht verlangt, dass die Stelle, die die Aufgaben nach Art. 21 VII, VIII und IX AIFM-RL wahrnimmt, ihren Sitz im Herkunftsstaat des AIF oder der AIF-Verwaltungsgesellschaft haben muss (vgl. BaFin-Schreiben vom 4.4.2013, zuletzt geändert am 5.7.2022 „Häufige Fragen zum Vertrieb und Erwerb von Investmentvermögen nach dem KAGB, Ziffer 2.4.3; BTMB/*Ebel* § 329 Rn. 15).

7. Zusätzliche Voraussetzungen für den Vertrieb an semiprofessionelle Anleger. In Bezug auf den Vertrieb an semiprofessionelle Anleger verlangt § 329 I 1 Nr. 2, dass die AIF-Kapitalverwaltungsgesellschaft oder die EU-AIF-Verwaltungsgesellschaft und die Verwaltung des AIF durch diese den Anforderungen des KAGB oder den von ihrem Herkunftsmitgliedstaat zur Umsetzung der AIFM-RL erlassenen Vorschriften entsprechen. Hintergrund dieser Anforderung ist, dass es sich bei den semiprofessionellen Anlegern um Kleinanleger iSd Art. 43 I der AIFM-RL handelt, an die nur gem. der AIFM-RL verwaltete AIF vertrieben werden dürfen (vgl. BT-Drs. 17/12294, 291). Dementsprechend wird auch durch die BaFin klargestellt, dass in diesem Fall alle Anforderungen der AIFM-RL eingehalten werden müssen (vgl. BaFin-Schreiben vom 4.7.2013, zuletzt geändert am 5.7.2022 „Häufige Fragen zum Vertrieb und Erwerb von Investmentvermögen nach dem KAGB, Ziffer 2.4.1.), was insb. auch die Anwendbarkeit der Vorschriften über die Verwahrstelle umfasst (vgl. BTMB/*Ebel* § 329 Rn. 20). Da diese Vorgaben oftmals nicht erfüllt werden können, führt dies in der Praxis zu einem faktischen Ausschluss des Vertriebs von Anteilen an ausländischen AIF an semiprofessionelle Anleger. 11

IV. Anzeigeverfahren

1. Einzureichende Dokumente und Angaben. Beabsichtigt eine EU-AIF-Verwaltungsgesellschaft oder eine AIF-KVG, Anteile oder Aktien an von ihr verwalteten AIF iSd Abs. 1 S. 1 an semiprofessionelle oder professionelle Anleger im Inland zu vertreiben, so hat sie dies – wie bei allen anderen Vertriebskonstellationen nach dem KAGB – der BaFin anzuzeigen (vgl. § 329 II 1). Dabei wird nach § 329 II 2 zunächst die Regelung in § 321 I 2 für entsprechend anwendbar erklärt, wonach das Anzeigeschreiben die folgenden Angaben und Unterlagen enthalten muss: (1) einen Geschäftsplan nebst Angaben zum angezeigten AIF, (2) die Anlagebedingungen bzw. den Gesellschaftsvertrag, (3) den Namen der Verwahrstelle des angezeigten AIF, (4) eine Beschreibung des angezeigten AIF nebst sämtlichen den Anlegern zur Verfügung gestellten Informationen, (5) etwaige Angaben zum Sitz des Master-AIF und seiner Verwaltungsgesellschaft, (6) alle in § 307 I genannten Informationen sowie (7) Angaben zu den Vorkehrungen zur Verhinderung des Vertriebs an Privatanleger. 12

13 Darüber hinaus sind der Anzeige folgende Angaben und Dokumente beizufügen (vgl. § 329 II 3 Nr. 1): Bei der Anzeige durch eine EU-AIF-Verwaltungsgesellschaft eine Bescheinigung der zuständigen Stelle ihres Herkunftsmitgliedstaates in einer in der internationalen Finanzwelt gebräuchlichen Sprache (derzeit Englisch), dass (i) die EU-AIF-Verwaltungsgesellschaft und die Verwaltung des AIF durch diese der AIFM-RL entsprechen, (ii) die AIF-Verwaltungsgesellschaft über eine Erlaubnis zur Verwaltung von AIF mit einer bestimmten Anlagestrategie verfügt und gegebenenfalls, (iii) geeignete Vereinbarungen iSv Abs. 1 S. 1 Nr. 3 Buchst. a über die Zusammenarbeit zwischen den zuständigen Stellen im Herkunftsmitgliedstaat der EU-AIF-Verwaltungsgesellschaft und den zuständigen Stellen des Drittstaates, in dem der ausländische AIF seinen Sitz hat, bestehen; ist nur ein Vertrieb an professionelle Anleger beabsichtigt, muss sich die Bescheinigung nicht auf die gesamten in Art. 21 der AIFM-RL genannten Anforderungen erstrecken, sondern nur auf die in Art. 21 VII, VIII und IX genannten Voraussetzungen.

14 Zusätzlich haben EU-AIF-Verwaltungsgesellschaften eine Erklärung beizufügen, wonach sie sich verpflichten, (i) der BaFin den Jahresbericht des AIF, der den Anforderungen des Art. 22 und ggf. des Art. 29 der AIFM-RL entsprechen muss, spätestens sechs Monate nach Ende eines jeden Geschäftsjahrs einzureichen; der Jahresbericht muss mit dem Bestätigungsvermerk eines Wirtschaftsprüfers versehen sein, (ii) die BaFin über alle wesentlichen Änderungen von Umständen, die bei der Vertriebsanzeige angegeben worden sind oder die der Bescheinigung der zuständigen Stelle nach Nr. 1 zugrunde liegen, zu unterrichten und die Änderungsangaben nachzuweisen und (iii) der BaFin auf Verlangen über ihre Geschäftstätigkeit Auskunft zu erteilen und Unterlagen vorzulegen (vgl. § 329 II 3 Nr. 2).

15 Handelt es sich bei der den Vertrieb anzeigenden Gesellschaft um eine AIF-KVG, muss sie eine Erklärung beifügen, dass sie sich entsprechend der Nr. 2 Buchst. b verpflichtet, dh die BaFin über alle wesentlichen Änderungen von Umständen, die bei der Vertriebsanzeige angegeben worden sind, zu unterrichten und die Änderungsangaben nachzuweisen (vgl. § 329 II 3 Nr. 3).

16 Letztlich hat die EU-AIF-Verwaltungsgesellschaft einen Nachweis über die Zahlung der Gebühr für die Anzeige zu erbringen (vgl. § 329 II 3 Nr. 4). Deren Höhe richtet nach der FinDAGKostV und beträgt derzeit 3.291 EUR (vgl. Gebührenverzeichnis zu § 2 I FinDAGKostV, Ziffer 4.1.10.2.7.1.1 (AIF-Kapitalverwaltungsgesellschaft) bzw. Ziffer 4.1.10.2.7.2.1 (EU-AIF-Verwaltungsgesellschaft)). Der Nachweis über die Zahlung kann nach Auffassung der BaFin zB durch einen Scan des Überweisungsträgers erfolgen (vgl. BaFin-Merkblatt vom 17.7.2013 zum Vertrieb von Anteilen oder Aktien an EU-AIF oder inländischen Spezial-AIF, die von einer EU-AIF-Verwaltungsgesellschaft verwaltet werden, an semiprofessionelle und professionelle Anleger in der Bundesrepublik Deutschland gemäß § 323 KAGB, Ziffer VI).

17 **2. Zusätzliche Angaben bei Master-Feeder-Konstruktionen.** Ist der angezeigte AIF ein Feeder-AIF, sind im Hinblick auf den Master-AIF und seine Verwaltungsgesellschaft nach § 329 III folgende zusätzliche Angaben zu machen bzw. Dokumente einzureichen: Zunächst sind jeweils die Angaben und Dokumente entsprechend Abs. 2 S. 3 Nr. 1 (vgl. → Rn. 13) oder, sofern es sich bei der Verwaltungsgesellschaft des Master-AIF um eine ausländische AIF-Verwaltungsgesellschaft handelt, Angaben und Dokumente entsprechend § 22 I Nr. 1–9 und 13, und alle weiteren wesentlichen Angaben über die Verwahrstelle oder die Stelle nach Abs. 1 S. 1 Nr. 1 Buchst. b (vgl. → Rn. 10) einzureichen. Ferner hat das Anzeigeschreiben

die Angaben und Unterlagen nach § 321 I 2 zu enthalten. Letztlich haben sich die Erklärungen nach Abs. 2 S. 3 Nr. 2 (vgl. → Rn. 14) oder Nr. 3 (vgl. → Rn. 15) auch auf den Master-AIF und seine Verwaltungsgesellschaft zu erstrecken.

3. Prüfung der Unterlagen durch die BaFin und Bearbeitungsfristen. 18
Bei der BaFin zur Prüfung einzureichende fremdsprachige Unterlagen sind in deutscher Übersetzung oder in englischer Sprache vorzulegen (vgl. § 329 IV 1). Im Hinblick auf das Prüfungsverfahren der BaFin erklärt § 329 IV 2 den § 321 II, III 1–4 für entsprechend anwendbar mit der Maßgabe, dass es statt „AIF-Kapitalverwaltungsgesellschaft" „AIF-Kapitalverwaltungsgesellschaft oder EU-AIF-Verwaltungsgesellschaft" heißen muss und dass die BaFin der AIF-KVG oder EU-AIF-Verwaltungsgesellschaft nach Eingang der vollständigen Unterlagen grds. innerhalb von 30 (nicht 20) Arbeitstagen mitzuteilen, ob diese mit dem Vertrieb der im Anzeigeschreiben genannten AIF an semiprofessionelle und professionelle Anleger beginnen darf. Im Fall von Master-Feeder-Konstruktionen verlängert sich die Prüfungsfrist wie folgt: Ist der angezeigte AIF ein Feeder-AIF, dessen Master-AIF nicht von einer ausländischen AIF-Verwaltungsgesellschaft verwaltet wird, beträgt die Frist zwei Monate (vgl. § 329 IV 2 Nr. 1). Ist der angezeigte AIF hingegen ein Feeder-AIF, dessen Master-AIF von einer ausländischen AIF-Verwaltungsgesellschaft verwaltet wird, beträgt die Frist fünf Monate (vgl. § 329 IV 2 Nr. 2). Der Grund der Verlängerung der Bearbeitungsfrist bei angezeigten Feeder-AIF ist zunächst darin zu sehen, weil in diesem Fall sowohl der Feeder-AIF als auch der Master-AIF Gegenstand der Prüfung sind; handelt es sich bei der den Master-AIF verwaltende Verwaltungsgesellschaft zudem um eine solche mit Sitz in einem Drittstaat, ist eine zusätzliche Prüfung erforderlich, ob die ausländische AIF-Verwaltungsgesellschaft die in Abs. 1 S. 1 Nr. 1 oder 2 und Nr. 3 genannten Anforderungen erfüllt, was als Begründung für die weitere Fristverlängerung um drei Monate gesehen wird (BT-Drs. 17/12294, 292).

§ 330 Anzeigepflicht einer ausländischen AIF-Verwaltungsgesellschaft beim beabsichtigten Vertrieb von von ihr verwalteten ausländischen AIF oder EU-AIF an semiprofessionelle und professionelle Anleger im Inland

(1) [1]**Der Vertrieb von Anteilen oder Aktien an von einer ausländischen AIF-Verwaltungsgesellschaft verwalteten ausländischen AIF oder EU-AIF an professionelle oder semiprofessionelle Anleger im Geltungsbereich dieses Gesetzes ist zulässig, wenn**

1. bei einem Vertrieb an professionelle Anleger
   a) die ausländische AIF-Verwaltungsgesellschaft und die Verwaltung des AIF durch die ausländische AIF-Verwaltungsgesellschaft den Anforderungen des § 35 und gegebenenfalls der §§ 287 bis 292 entsprechen,
   b) die ausländische AIF-Verwaltungsgesellschaft eine oder mehrere Stellen benannt hat, die die Aufgaben nach Artikel 21 Absatz 7 bis 9 der Richtlinie 2011/61/EU wahrnehmen, die ausländische AIF-Verwaltungsgesellschaft diese Aufgaben nicht selbst wahrnimmt und sie diese Stelle oder Stellen der Bundesanstalt angezeigt hat und
   c) die in § 307 Absatz 1 und 2 Satz 1 sowie § 308 vorgesehenen Pflichten zur Unterrichtung der am Erwerb eines Anteils oder einer Aktie Interessierten oder des Anlegers ordnungsgemäß erfüllt werden;

2. bei einem Vertrieb an semiprofessionelle Anleger die ausländische AIF-Verwaltungsgesellschaft und die Verwaltung des AIF durch diese den in diesem Gesetz umgesetzten Anforderungen der Richtlinie 2011/61/EU entsprechen;

3. bei einem Vertrieb an semiprofessionelle Anleger oder professionelle Anleger

a) geeignete Vereinbarungen über die Zusammenarbeit zwischen der Bundesanstalt und den zuständigen Stellen des Drittstaates, in dem die ausländische AIF-Verwaltungsgesellschaft ihren Sitz hat, und gegebenenfalls den zuständigen Stellen des Drittstaates, in dem der ausländische AIF seinen Sitz hat, und den zuständigen Stellen des Herkunftsmitgliedstaates des EU-AIF bestehen; die Vereinbarungen müssen

aa) der Überwachung der Systemrisiken dienen,

bb) im Einklang mit den internationalen Standards und den Artikeln 113 bis 115 der Delegierten Verordnung (EU) Nr. 231/2013 stehen und

cc) einen effizienten Informationsaustausch gewährleisten, der es der Bundesanstalt ermöglicht, ihre in der Richtlinie 2011/61/EU festgelegten Aufgaben zu erfüllen;

b) weder der Drittstaat, in dem die ausländische AIF-Verwaltungsgesellschaft ihren Sitz hat noch der Drittstaat, in dem der ausländische AIF seinen Sitz hat, auf der Liste der nicht kooperativen Länder und Gebiete steht, die von der Arbeitsgruppe „Finanzielle Maßnahmen gegen die Geldwäsche und die Terrorismusfinanzierung" aufgestellt wurde;

c) die Vorkehrungen nach § 321 Absatz 1 Satz 2 Nummer 7 geeignet sind, einen Vertrieb an Privatanleger zu verhindern.

[2]Ist der angezeigte AIF ein Feeder-AIF, sind zusätzlich die Anforderungen des Absatzes 1 Satz 1 Nummer 1 oder 2 und 3 von dem Master-AIF und dessen Verwaltungsgesellschaft entsprechend einzuhalten.

(2) **[1]Beabsichtigt eine ausländische AIF-Verwaltungsgesellschaft, Anteile oder Aktien an von ihr verwalteten ausländischen AIF oder EU-AIF im Geltungsbereich dieses Gesetzes an semiprofessionelle oder professionelle Anleger zu vertreiben, so hat sie dies der Bundesanstalt anzuzeigen. [2]§ 321 Absatz 1 Satz 2 gilt entsprechend. [3]Darüber hinaus sind der Anzeige folgende Dokumente und Angaben beizufügen:**

1. alle wesentlichen Angaben über

a) die Verwaltungsgesellschaft des angezeigten AIF und ihre Organe sowie

b) die Verwahrstelle oder die Stellen nach Absatz 1 Satz 1 Nummer 1 Buchstabe b, einschließlich der Angaben entsprechend § 22 Absatz 1 Nummer 13;

2. eine Erklärung der ausländischen AIF-Verwaltungsgesellschaft darüber, dass sie sich verpflichtet,

a) der Bundesanstalt den Jahresbericht des AIF, der den Anforderungen des Artikels 22 und gegebenenfalls des Artikels 29 der Richtlinie 2011/61/EU entsprechen muss, spätestens sechs Monate nach Ende jedes Geschäftsjahres einzureichen; der Jahresbericht muss mit dem Bestätigungsvermerk eines Wirtschaftsprüfers versehen sein;

b) die Bundesanstalt über alle wesentlichen Änderungen von Umständen, die bei der Vertriebsanzeige angegeben worden sind, zu unterrichten und die Änderungsangaben nachzuweisen;

c) der Bundesanstalt auf Verlangen über ihre Geschäftstätigkeit Auskunft zu erteilen und Unterlagen vorzulegen und gegenüber der Bundesanstalt die sich aus Absatz 1 Satz 1 Nummer 1 oder 2 ergebenden Melde- und Informationspflichten zu erfüllen;

3. bei einem Vertrieb an semiprofessionelle Anleger zusätzlich die Angaben und Unterlagen entsprechend § 22 Absatz 1 Nummer 1 bis 9 in Bezug auf die ausländische AIF-Verwaltungsgesellschaft;

4. der Nachweis über die Zahlung der Gebühr für die Anzeige.

(3) **Ist der angezeigte AIF ein Feeder-AIF,**

1. sind der Anzeige zusätzlich in Bezug auf den Master-AIF und seine Verwaltungsgesellschaft Angaben und Dokumente

a) entsprechend Absatz 2 Satz 3 Nummer 1 sowie entsprechend § 321 Absatz 1 Satz 2 und

b) bei einem Vertrieb an semiprofessionelle Anleger

aa) entsprechend Absatz 2 Satz 3 Nummer 3 in Bezug auf die ausländische AIF-Verwaltungsgesellschaft, sofern der Master-AIF von einer ausländischen AIF-Verwaltungsgesellschaft verwaltet wird, oder

bb) eine Bescheinigung der zuständigen Stelle ihres Herkunftsmitgliedstaates in einer in der internationalen Finanzwelt gebräuchlichen Sprache, dass die EU-AIF-Verwaltungsgesellschaft und die Verwaltung des Master-AIF durch diese der Richtlinie 2011/61/EU entsprechen, sofern der Master-AIF von einer EU-AIF-Verwaltungsgesellschaft verwaltet wird,

beizufügen und

2. muss sich die Erklärung nach Absatz 2 Satz 3 Nummer 2 auch auf den Master-AIF und seine Verwaltungsgesellschaft erstrecken.

(4) **[1]Fremdsprachige Unterlagen sind in deutscher Übersetzung oder in englischer Sprache vorzulegen. [2]§ 316 Absatz 2 und 3 gilt entsprechend mit der Maßgabe, dass es statt „AIF-Kapitalverwaltungsgesellschaft" „ausländische AIF-Verwaltungsgesellschaft" heißen muss und dass die in § 316 Absatz 3 Satz 1 genannte Frist**

1. bei einem Vertrieb an professionelle Anleger

a) für den Fall, dass der angezeigte AIF kein Feeder-AIF ist, zwei Monate,

b) für den Fall, dass der angezeigte AIF ein Feeder-AIF ist,

aa) dessen Master-AIF nicht von einer ausländischen AIF-Verwaltungsgesellschaft verwaltet wird, drei Monate,

bb) dessen Master-AIF von einer ausländischen AIF-Verwaltungsgesellschaft verwaltet wird, vier Monate,

2. bei einem Vertrieb an semiprofessionelle Anleger

a) für den Fall, dass der angezeigte AIF kein Feeder-AIF ist, vier Monate,

b) für den Fall, dass der angezeigte AIF ein Feeder-AIF ist,

aa) dessen Master-AIF nicht von einer ausländischen AIF-Verwaltungsgesellschaft verwaltet wird, fünf Monate,

bb) dessen Master-AIF von einer ausländischen AIF-Verwaltungsgesellschaft verwaltet wird, acht Monate

beträgt.

(5) [1]**Hat die anzeigende ausländische AIF-Verwaltungsgesellschaft bereits einen AIF zum Vertrieb an semiprofessionelle Anleger im Geltungsbereich dieses Gesetzes nach Absatz 2 Satz 1 angezeigt, so prüft die Bundesanstalt bei der Anzeige eines weiteren AIF der gleichen Art nicht erneut das Vorliegen der Voraussetzungen nach Absatz 1 Satz 1 Nummer 2 mit Ausnahme der Artikel 22 und 23 der Richtlinie 2011/61/EU, wenn die anzeigende AIF-Verwaltungsgesellschaft im Anzeigeschreiben versichert, dass in Bezug auf die gemäß Absatz 2 Satz 3 Nummer 1 und 3 gemachten Angaben seit der letzten Anzeige keine Änderungen erfolgt sind.** [2]**In diesem Fall sind die in Absatz 2 Satz 3 Nummer 1 und 3 genannten Angaben nicht erforderlich und die in Absatz 4 Nummer 2 genannten Fristen für den Vertrieb an semiprofessionelle Anleger verkürzen sich jeweils um zwei Monate.**

Inhaltsübersicht

	Rn.
I. Allgemeines	1
II. Inhaltliche Voraussetzungen (Abs. 1)	4
III. Anzeigepflicht und -verfahren (Abs. 2)	14
IV. Zusätzliche Angaben bei Feeder-AIF (Abs. 3)	19
V. Sprachregime, Prüfungsfristen, Prüfungsverfahren (Abs. 4)	21
VI. Eingeschränkte Prüfung bei Folgevertrieb (Abs. 5)	25

I. Allgemeines

1 Die Norm regelt zusammen mit § 317 den Marktzugang von ausländischen AIF-Verwaltungsgesellschaften (§ 1 XVIII). Die beiden Vorschriften bilden gemeinsam mit § 329 das außerhalb des EU-Passes (vgl. § 323 KAGB sowie Art. 32 AIFM-RL) bestehende nationale Vertriebsregime für AIF und AIF-Verwaltungsgesellschaften in Konstellationen mit Drittstaatenbezug, das im internationalen Sprachgebrauch als „National Private Placement Regime" (NPPR) bezeichnet wird (vgl. zum Vertrieb nach § 330 auch BaFin-Publikation vom 5.7.2022, Häufige Frage zum Vertrieb und Erwerb von Investmentvermögen nach dem KAGB („BaFin-Vertriebs-FAQ"), Ziffer 2.4; Merkblatt zum Vertrieb nach § 330 KAGB (ausländische AIF oder EU-AIF), Stand Mai 2022 („BaFin-Vertriebsmerkblatt")). § 330 betrifft den Vertrieb an professionelle und semi-professionelle Anleger durch ausländische AIF-Verwaltungsgesellschaften. Die Norm wurde im Zuge der Neufassung des KAGB zur Umsetzung der RL 2011/61/EU (AIFM-RL) eingeführt und seitdem nicht maßgeblich geändert. Sie setzt die den Mitgliedsstaaten in Art. 42 I AIFM-RL eingeräumte Möglichkeit um, NPPR für professionelle Anleger unter bestimmten Voraussetzungen einzuführen. Darüber hinausgehend gestattet der Gesetzgeber den ausländischen AIF-Verwaltungsgesellschaften in § 330 auch den Vertrieb an semi-professionelle Anleger, die im Rahmen der AIFM-RL als Kleinanleger (Art. 4 I Buchst. aj AIFM-RL) gelten und für die Mitgliedsstaaten nach Art. 43 I AIFM-RL eigene Vertriebsregeln außerhalb der AIFM-RL aufstellen können.

2 **Sachlich** beschränkt sich die Anwendbarkeit der Norm auf ausländische AIF-Verwaltungsgesellschaften (zum Vertrieb ausländischer AIF und Feeder-AIF mit Drittstaatenbezug durch EU-AIF-Verwaltungsgesellschaften oder (inländische) Ka-

pitalverwaltungsgesellschaften vgl. § 329). Weiter muss die ausländische AIF-Verwaltungsgesellschaft beabsichtigen, ausländische AIF (§ 1 IX) und/oder EU-AIF (§ 1 VIII) in Deutschland zu vertreiben. Der Vertrieb von inländischen AIF durch ausländische AIF-Verwaltungsgesellschaften ist in § 330 dagegen nicht vorgesehen, da vor dem Drittstaatenstichtag (vgl. → Rn. 3) eine ausländische AIF-Verwaltungsgesellschaft keine inländischen AIF verwalten darf (danach ist dies für inländische Spezial-AIF möglich, wie sich aus § 344 iVm § 57 ergibt). EU-AIF können schon vor dem Drittstaatenstichtag von ausländischen AIF-Verwaltungsgesellschaften verwaltet werden, wenn dies das nationale Recht des Herkunftsstaats des EU-AIF zulässt (vgl. Erwägungsgrund Nr. 15 S. 4 AIFM-RL). § 330 gilt ausschließlich für den Vertrieb an semi-professionelle (§ 1 XIX Nr. 33) oder professionelle Anleger (§ 1 XIX Nr. 32). Der Vertrieb von AIF durch ausländische AIF-Verwaltungsgesellschaften an Privatanleger (§ 1 XIX Nr. 31) ist dagegen von § 317 erfasst. Ein Vertrieb an semi-professionelle Anleger kann gem. § 295 III 1 Nr. 1 Buchst. b alternativ auch unter den Voraussetzungen des § 317 erfolgen. Da § 330 Vertriebsabsicht voraussetzt, ist die Norm beim Erwerb von Anteilen auf Initiative des Anlegers ohne vorangegangene Vertriebsaktivität der Verwaltungsgesellschaft („reverse solicitation") nicht anwendbar (AWZ/*Eberlein* § 330 Rn. 6; BaFin-VertriebsFAQ, Ziffer 1.4). Gleiches gilt bei einer Vermittlung durch einen nicht von der AIF-Verwaltungsgesellschaft beauftragten Dritten (BaFin-VertriebsFAQ, Ziffer 1.4).

Zeitlich gilt die Vorschrift gem. § 295 II 1 bzw. III 1 lediglich bis zum sog. 3
Drittstaatenstichtag (vgl. → § 295 Rn. 14). Dabei handelt es sich um den Tag, ab dem ausländische AIF-Verwaltungsgesellschaften den sogenannten Drittstaatenpass (Berechtigung zum Vertrieb in Deutschland und zur Verwaltung inländischer AIF) erhalten können. Der Eintrittszeitpunkt dieses Stichtags ist derzeit jedoch noch ungewiss (vgl. → § 295 Rn. 15). § 330 wird am Drittstaatenstichtag durch die Regelungen in §§ 325–328 abgelöst. Ein Vertriebsrecht, das im Zuge eines nach § 330 KAGB durchgeführten Anzeigeverfahrens erworbenen wurde, besteht gem. § 295 II 2 (ggf. iVm III 2) auch nach dem Drittstaatenstichtag ohne erneute Anzeige fort (vgl. → § 295 Rn. 16).

II. Inhaltliche Voraussetzungen (Abs. 1)

Absatz 1 enthält die inhaltlichen Voraussetzungen für den Vertrieb. Er stellt An- 4
forderungen an die AIF-Verwaltungsgesellschaft (S. 1 Nr. 1 und 2) und an deren Herkunftsstaat (S. 1 Nr. 3 Buchst. a und b) auf. Ferner verlangt er bestimmte Vorkehrungen zum Ausschluss des Vertriebs an Kleinanleger (S. 1 Nr. 3 Buchst. c) und bestimmt zusätzliche Anforderungen bei Feeder-AIF (S. 3).

Die **Anforderungen an die ausländische AIF-Verwaltungsgesellschaft** 5
unterscheiden sich beim Vertrieb an professionelle und semiprofessionelle Anleger. Während der Vertrieb an semi-professionelle Anleger voraussetzt, dass die ausländische AIF-Verwaltungsgesellschaft alle Anforderungen aus der AIFM-RL erfüllt, werden für den **Vertrieb an professionelle Anleger** lediglich abgeschwächte Anforderungen gestellt („AIFM-light"; WBA/*Zeidler* § 330 Rn. 9). § 330 I 1 Nr. 1 verlangt für den Vertrieb an professionelle Anleger die Einhaltung von Meldepflichten gegenüber der BaFin (Buchst. a), die Benennung einer Verwahrstelle mit eingeschränkten Funktionen (Buchst. b) sowie die Einhaltung von Informationspflichten gegenüber den Anlegern (Buchst. c). Die Buchst. a und c gehen auf Art. 42 I Buchst. a AIFM-RL zurück, die Vorgabe in Buchst. b zur Verwahrstelle wurde vom deutschen Gesetzgeber zusätzlich eingeführt (vgl. → Rn. 7).

6 Bezüglich der einzuhaltenden **Meldepflichten** verweist die Vorschrift auf § 35, der die Meldepflichten von AIF-Verwaltungsgesellschaften umfassend regelt. Für ausländische AIF-Verwaltungsgesellschaften bestimmt § 35 VI die Geltung der allgemeinen Meldepflichten für AIF-Kapitalverwaltungsgesellschaften nach § 35 I–V. Diese Meldepflichten erstrecken sich auf die ausländische AIF-Verwaltungsgesellschaft (Angaben zu den wichtigsten Märkten und Instrumenten, auf Verlangen Aufstellung aller verwalteten AIF) und auf die von ihr in Deutschland vertriebenen EU-AIF oder ausländischen AIF (Angaben zu schwer zu liquidierenden Vermögensgegenständen, Liquiditätsmanagement, Risikoprofil und Risikomanagement, wichtigste Kategorien von Vermögensgegenständen, Stresstests (soweit vorhanden), Einsatz von Leverage (vgl. auch § 35 VI), auf Verlangen Vorlage des Jahresberichts (ergibt sich bereits aus § 330 II Nr. 2 Buchst. a, vgl. → Rn. 16; BSV/*Lercara/Blessing* § 330 Rn. 4). Darüber hinaus muss die ausländische AIF-Verwaltungsgesellschaft, sofern sie Kontrolle (mehr als 50% der Stimmrechte) über ein nicht börsennotiertes Unternehmen allein oder gemeinsam mit anderen erwirbt, die Mitteilungspflichten aus § 289 erfüllen. Die Meldepflichten nach § 35 werden durch Art. 110 AIFM-Level-2-VO und das in Anhang IV zur AIFM-Level-2-VO enthaltene Formblatt präzisiert (sog. „Annex-IV-Reporting"; WBA/*Zeidler* § 330 Rn. 2). Aufgrund seines Umfangs und seiner Komplexität stellt das Annex-IV-Reporting eine wesentliche praktische Eintrittshürde für ausländische AIF-Verwaltungsgesellschaften in den deutschen Markt dar (WBA/*Zeidler* § 330 Rn. 2).

7 Weiter fordert S. 1 Nr. 1 Buchst. b von der ausländischen AIF-Verwaltungsgesellschaft, dass sie für den vertriebenen EU-AIF oder ausländischen AIF (mindestens) eine Stelle benennt, die bestimmte **Verwahr-, Zahlstellen- und Kontrollaufgaben** wahrnimmt und diese der BaFin anzeigt (vgl. zum Anzeigeverfahren → Rn. 14ff.). Damit geht die Vorschrift über die Anforderungen an das NPPR in Art. 42 I AIFM-RL hinaus (EDD/*Verfürth* § 330 Rn. 14), was nach Art. 42 II AIFM-RL zulässig ist (sog. „gold-plating"). Anders als bei semiprofessionellen Anlegern (vgl. → Rn. 9) müssen nicht alle Anforderungen aus Art. 21 AIFM-RL an die Verwahrstelle erfüllt sein, sondern lediglich die in Art. 21 VII–IX AIFM-RL genannten Aufgaben. Daher wird hierfür in der Praxis häufig der Begriff „Verwahrstelle Light" verwendet (WBA/*Zeidler* § 330 Rn. 4). Die Aufgaben der Stelle nach Art. 21 VII–IX AIFM-RL umfassen insb. die Sicherstellung der Cashflows (wie in § 83 VI), die Verwahrung von Vermögensgegenständen, die Abwicklung von Anteilsausgaben, -rücknahmen und -verkäufen und die Kontrolle der Anteilswertberechnung und der Ertragsverwendung (BSV/*Lercara/Blessing* § 330 Rn. 6ff.). Selbst darf die ausländische AIF-Verwaltungsgesellschaft diese Aufgaben ausdrücklich nicht wahrnehmen (EDD/*Verfürth* § 330 Rn. 14). Die Stelle muss ihren Sitz nicht in dem Herkunftsstaat des AIF oder der ausländischen AIF-Verwaltungsgesellschaft haben, da § 330 I 1 Nr. 1 Buchst. b nicht auf die Bestimmung über den Sitz der Verwahrstelle in Art. 21 V AIFM-RL verweist (BaFin-VertriebsFAQ, Ziffer 2.4.3). Wenn die ausländische AIF-Verwaltungsgesellschaft einen von ihr verwalteten EU-AIF in Deutschland vertreibt, muss sie die Vorgaben für die Verwahrstelle aus den für den EU-AIF geltenden nationalen Gesetzen zur Umsetzung der AIFM-RL einhalten. Diese Vorgaben werden nicht durch die Mindestvoraussetzungen in § 330 I 1 Nr. 1 Buchst. b verdrängt (EDD/*Verfürth* § 330 Rn. 15; BaFin-VertriebsFAQ, Ziffer 2.4.3).

8 Als dritte Voraussetzung beim Vertrieb an professionelle Anleger verlangt S. 1 Nr. 1 Buchst. c von der ausländischen AIF-Verwaltungsgesellschaft die **Einhaltung von Informationspflichten** für den vertriebenen EU-AIF oder ausländischen

AIF. Dies umfasst die vorvertraglichen Informationspflichten nach § 307 I, II. 1 gegenüber den am Erwerb von Anteilen oder Aktien an dem verwalteten ausländischen AIF oder EU-AIF interessierten Personen sowie die laufenden Informationspflichten gegenüber Anlegern (vor allem den Jahresbericht) nach § 308.

Beim beabsichtigten **Vertrieb an semiprofessionelle Anleger** müssen die ausländischen AIF-Verwaltungsgesellschaften sowie die durch sie erfolgende Verwaltung des AIF den Anforderungen der AIFM-RL entsprechen, wie sie im KAGB umgesetzt worden sind (WBA/Zeidler § 330 Rn. 9; BaFin-VertriebsFAQ, Ziffer 2.4.1.; zum Nachweis der AIFM-RL-Konformität vgl. → Rn. 18). Der Gesetzestext legt nahe, dass auch die ausländische AIF-Verwaltungsgesellschaft vollumfänglich den Anforderungen aus dem KAGB genügen muss. Dies würde über Art. 43 I AIFM-RL hinausgehen, der die Übereinstimmung des vertriebenen AIF mit der AIFM-Richtlinie als Mindestvoraussetzung für den Vertrieb von AIF an Kleinanleger im Rahmen von NPPR festlegt. Laut Gesetzesbegründung muss nur der jeweilige AIF nach den Vorgaben der AIFM-RL verwaltet werden (BT-Drs. 17/12294 zu § 330 zu Abs. 1 Nr. 2 S. 2). Die BaFin fordert im Rahmen der Vertriebsanzeige auch Informationen zur ausländischen AIF-Verwaltungsgesellschaft an (zB Geschäftsplan, Nachweis der Eigenmittel, Vergütungspolitik), sofern diese für die Verwaltung des zu vertreibenden AIF relevant sind (BaFin-Vertriebsmerkblatt, Abschnitt „Inhalt der Anzeige gemäß § 330", II. 2). 9

Neben den Anforderungen an die Verwaltungsgesellschaft bestimmt S. 1 in Nr. 3 Buchst. a und b **Anforderungen an den Drittstaat,** die für semiprofessionelle und professionelle Anleger gleichermaßen gelten. 10

Satz 1 Nr. 3 Buchst. a betrifft das Bestehen von **Kooperationsvereinbarungen.** In jedem Fall muss zwischen der BaFin und den zuständigen Stellen des Herkunftsstaats der ausländischen AIF-Verwaltungsgesellschaft eine Kooperationsvereinbarung bestehen. Stammt der zu vertreibende AIF aus einem anderen Herkunftsstaat als die ausländische AIF-Verwaltungsgesellschaft, ist daneben eine weitere Kooperationsvereinbarung erforderlich. Handelt es sich um einen ausländischen AIF, muss auch eine Kooperationsvereinbarung zwischen der BaFin und den zuständigen Stellen des Herkunftsstaats des ausländischen AIF bestehen. Ist der zu vertreibende AIF ein EU-AIF, ist eine zusätzlicher Kooperationsvereinbarung zwischen den zuständigen Stellen des betreffenden Mitgliedsstaats und den zuständigen Stellen des Herkunftsstaats der ausländischen AIF-Verwaltungsgesellschaft erforderlich (WBA/*Zeidler* KAGB § 330 Rn. 10). Für die inhaltlichen Anforderungen an die bilaterale Kooperationsvereinbarung gelten die gleichen Anforderungen wie bei § 329. Sie muss der Überwachung von Systemrisiken dienen, im Einklang mit internationalen Standards und den Art. 113–115 der DelVO (EU) Nr. 231/2013 **(„AIFM-DVO")** stehen und einen effizienten Informationsaustausch gewährleisten, um der BaFin die Wahrnehmung ihrer in der AIFM-RL festgelegten Aufgaben zu ermöglichen. Die ESMA hat für die vorgeschriebenen Kooperationsvereinbarungen (im Sprachgebrauch der ESMA: Memorandum of Understanding (MoU)) ein Muster entworfen, das als Grundlage für Verhandlungen mit Nicht-EU-Behörden heranzuziehen ist (ESMA/2013/998 vom 28.11.2013). Mit welchen Staaten die BaFin bereits ein MoU abgeschlossen hat, ist auf der Homepage der BaFin einsehbar (https://www.bafin.de/DE/Internationales/Bilaterale Zusammenarbeit/MoU/internationalekooperationsvereinbarungen_mou_node.html, Stand: 18.3.2024). Eine Übersicht über alle bilateralen MoUs der Mitgliedsstaaten findet sich auf der Homepage der ESMA (ESMA34-32-418 vom 23.6.2022).

11 Nach S. 1 Nr. 3 Buchst. b ist ein Vertrieb ausgeschlossen, wenn sich der Sitz der Verwaltungsgesellschaft oder des AIF in einem Drittstaat befindet, der auf der Liste der nicht kooperativen Länder und Gebiete steht, die von der Arbeitsgruppe „Finanzielle Maßnahmen gegen die Geldwäsche und Terrorismusfinanzierung" (Financial Action Task Force – FATF) aufgestellt wurde **(kein FATF-Listing).** Die Bezugnahme in der Vorschrift ist allerdings unklar, seitdem die FATF ihre ursprüngliche Terminologie der nicht kooperativen Länder (Non-Cooperative Jurisdictions) aufgegeben hat und stattdessen dreimal jährlich zwei unterschiedliche Listen veröffentlicht (abrufbar unter https://www.fatf-gafi.org/en/countries/black-and-grey-lists.html). Dabei handelt es sich um eine Liste mit Hochrisikostaaten (High-Risk Jurisdictions subject to a Call for Action, sog. „schwarze Liste") und eine Liste der Staaten unter Beobachtung (Jurisdictions under Increased Monitoring, sog. „graue Liste"). Da die auf der grauen Liste aufgeführten Länder mit der FATF kooperieren und eine rasche Beseitigung der Defizite zugesagt haben, ist die Bezugnahme in § 330 I 1 Nr. 3 Buchst. b so auszulegen, dass damit nur die schwarze Liste gemeint ist (AWZ/*Eberlein* KAGB § 329 Rn. 19; EDD/*Verfürth* KAGB 330 Rn. 23; im Ergebnis auch WBA/*Zeidler* KAGB § 330 Rn. 11). Dies entspricht auch der bisherigen Verwaltungspraxis der BaFin, die etwa bei den Caymaninseln, die sich zwischenzeitlich auf der „Grauen Liste" befanden, die Vertriebszulassung nach §§ 329, 330 erteilt hat (AWZ/*Eberlein* KAGB § 329 Rn. 19).

12 Satz 1 Nr. 3 Buchst. c verlangt, dass sowohl beim Vertrieb an professionelle als auch an semiprofessionelle Anleger geeignete Vorkehrungen nach § 312 I 2 Nr. 7 getroffen werden, um einen Vertrieb an Privatanleger zu verhindern (sog. **Privatanlegersperre**). Die Vorschrift wiederholt lediglich die Vorgaben des § 295 I 3, die ohnehin in allen Fällen einzuhalten sind, in denen das zu vertreibende Investmentvermögen nicht die Voraussetzungen für den Vertrieb an Privatanleger erfüllt. Erforderlich sind insb. die Aufnahme eines drucktechnisch hervorgehobenen Hinweises nach § 293 I 2 Nr. 3 in die Verkaufsunterlagen und die Trennung bzw. Zugangssicherung der jeweiligen Verkaufsportale beim Onlinevertrieb (BaFin-VertriebsFAQ, Ziffer 1.7).

13 Zur Verhinderung von Umgehungskonstruktionen beinhaltet S. 2 für den beabsichtigten **Vertrieb eines Feeder-AIF,** dass die in S. 1 normierten Voraussetzungen ebenso von dem Master-AIF und dessen Verwaltungsgesellschaft entsprechend eingehalten werden. Auch dabei ist bei den an die Verwaltungsgesellschaft zu stellenden Anforderungen zwischen einem Vertrieb an professionelle und an semiprofessionelle Anleger zu unterscheiden. Grundsätzlich gelten die Voraussetzungen auch dann, wenn der Master-AIF ein inländischer AIF oder ein EU-AIF ist. Sofern dieser nicht von einer sog. „kleinen" AIF-Kapitalverwaltungsgesellschaft oder EU-AIF-Verwaltungsgesellschaft (§ 2 IV, Art. 3 II AIFM-RL) verwaltet wird, dürften die Vorgaben aus § 330 I Nr. 1, 2 erfüllt sein. Handelt es sich bei der Verwaltungsgesellschaft des Master-AIF um eine AIF-KVG oder um eine EU-AIF-Verwaltungsgesellschaft, kann die Prüfung der Voraussetzungen in § 330 I 1 Nr. 3 Buchst. a und b (MoU und „Schwarze Liste" der FATF) entfallen (BTMB/*Izzo-Wagner/Baas* § 330 Rn. 53). Handelt es sich um einen ausländischen Master-AIF und/oder wird dieser von einer ausländischen AIF-Verwaltungsgesellschaft verwaltet, müssen Kooperationsvereinbarungen zwischen allen zuständigen Stellen (BaFin, zuständige Stelle des Herkunftsstaats der ausländischen AIF-Verwaltungsgesellschaft, ggf. zuständige Stelle des Herkunftsstaats des ausländischen AIF oder zuständige Stelle des Herkunftsmitgliedsstaats des EU-Master-AIF) abgeschlossen werden (vgl. → Rn. 10).

III. Anzeigepflicht und -verfahren (Abs. 2)

Nach Abs. 2 müssen ausländische AIF-Verwaltungsgesellschaften die Absicht, einen von ihr verwalteten ausländischen AIF oder EU-AIF in Deutschland zu vertreiben, der BaFin anzeigen. Mangels Drittstaatenpass berechtigt die Anzeige nicht zum Vertrieb in anderen EU- bzw. EWR-Mitgliedsstaaten. Artikel 42 AIFM-RL überlässt die Regelung des Anzeigeverfahrens den Mitgliedsstaaten. Das **Anzeigeverfahren** iRv § 330 ist weitgehend parallel zu anderen KAGB-Anzeigeverfahren ausgestaltet und verweist auf die nach § 321 S. 2 einzureichenden Unterlagen (vgl. → § 321 Rn. 9ff.). Satz 3 verlangt darüber hinaus zusätzliche Dokumente. Die BaFin hat die gesetzlichen Vorschriften in ihrem BaFin-Vertriebsmerkblatt konkretisiert. 14

Beim beabsichtigten **Vertrieb an professionelle Anleger** verlangt S. 3 Nr. 1 im Anzeigeschreiben über die Angaben und Unterlagen nach § 321 I 2 hinaus alle **wesentlichen Angaben** über die ausländische AIF-Verwaltungsgesellschaft und ihre Organe (Buchst. a) sowie über die Stelle, die Verwahr-, Zahlstellen- und Kontrollaufgaben nach Art. 21 VII–IX AIFM-RL wahrnimmt (Buchst. b). Wesentlich sind alle Angaben, die die BaFin benötigt, um feststellen zu können, ob die entsprechenden Gesellschaften nach Organisation, Struktur und Zuständigkeiten den gesetzlichen Anforderungen entsprechen (BSV/*Lercara/Blessing* § 330 Rn. 41). Die wesentlichen Angaben für die ausländische AIF-Verwaltungsgesellschaft werden im BaFin-Vertriebsmerkblatt („Inhalt der Anzeige gemäß § 330", I. 1.1) konkretisiert und enthalten zB Name oder Firma, Rechtsform, Sitz, Anschrift, Kontaktdaten, Namen der Geschäftsleiter und Name der zuständigen Aufsichtsbehörde. Für die Verwahrstelle oder „Verwahrstelle Light", die die Aufgaben nach Art. 21 VII–IX AIFM-RL wahrnimmt, werden die wesentlichen Angaben ebenfalls im BaFin-Vertriebsmerkblatt („Inhalt der Anzeige gemäß § 330", I. 1.3) spezifiziert und enthalten zB Name, Rechtsform, Sitz, Haupttätigkeit und Datum/Zeitpunkt der Übernahme der Funktion. Zusätzlich verlangt die BaFin die Vorlage einer aktuellen Bestätigung der Verwahrstelle bzw. der „Verwahrstelle light" über die Übernahme der in Art. 21 VII–IX AIFM-RL genannten Funktionen (BaFin-Vertriebsmerkblatt, Abschnitt „Inhalt der Anzeige gemäß § 30", I. 2.5). Der Verweis auf § 22 Nr. 13 (Angaben zu den Vereinbarungen zur Beauftragung der Verwahrstelle) hat daneben keinen eigenen Regelungsinhalt. 15

Die Verwaltungsgesellschaft hat der Anzeige zudem eine **Verpflichtungserklärung** nach S. 3 Nr. 2 beizufügen. Die Erklärung muss folgende Verpflichtungen beinhalten: den geprüften Jahresbericht (nach Maßgabe von Art. 22 AIFM-RL und bei AIF, die Kontrolle über nicht-börsennotierte Unternehmen erwerben, auch Art. 29 AIFM-RL) spätestens sechs Monate nach Ende jedes Geschäftsjahres bei der BaFin einzureichen (Buchst. a); die die BaFin über alle wesentlichen Änderungen von Umständen, die die bei der Vertriebsanzeige angegeben worden sind, zu unterrichten und die Änderungen nachzuweisen (Buchst. b); der BaFin auf Verlangen über die Geschäftstätigkeit (ggf. durch die Vorlage entsprechender Unterlagen) Auskunft zu erteilen und die gesetzlichen Melde- und Informationspflichten zu erfüllen (Buchst. c) (BaFin-Vertriebsmerkblatt, Abschnitt „Inhalt der Anzeige gemäß § 330", I. 2.5.). Über die gesetzlich vorgesehenen Erklärungen hinaus verlangt die BaFin von der ausländischen AIF-Verwaltungsgesellschaft auch eine Erklärung dazu, dass sie bei der zuständigen Aufsichtsbehörde ihres Sitzstaates oder bei einem sonstigen Register, auf das die zuständige Aufsichtsbehörde Zugriff hat, gemeldet ist und dass die zuständige Aufsichtsbehörde Auskunftsrechte gegenüber der auslän- 16 dischen AIF-Verwaltungsgesellschaft hat (BaFin-Vertriebsmerkblatt, Abschnitt „Inhalt der Anzeige gemäß § 330", I. 2.7).

17 Der Anzeige ist nach S. 3 Nr. 4 zudem ein **Nachweis über die Zahlung der Gebühren** für die Anzeige beizufügen, etwa durch die Beifügung der Kopie des Überweisungsbelegs (EDD/*Verfürth* § 330 Rn. 38). Ohne den Nachweis gilt die Vertriebsanzeige nicht als vollständig, sodass die BaFin mit der Bearbeitung nicht beginnen wird. Es reicht aber der Zahlungsnachweis allein aus, es kommt nicht darauf an, ob die Zahlung bei der BaFin bereits eingegangen ist (BSV/*Lercara/Blessing* § 330 Rn. 48). Die Gebühren richten sich nach Ziffer 15.1.9.4 des Gebührenverzeichnisses der FinDAGebV.

18 Auch beim beabsichtigten **Vertrieb an semi-professionelle Anleger** sind iRd Anzeigeerfahrens alle der in → Rn. 15 ff. genannten Anforderungen zu erfüllen. Zusätzlich gibt S. 3 Nr. 3 vor, dass in Bezug auf die ausländische Verwaltungsgesellschaft die Angaben und Unterlagen gem. § 22 I Nr. 1–9 einzureichen sind (vgl. zu den erforderlichen Unterlagen im Einzelnen BaFin-Vertriebsmerkblatt, Abschnitt „Inhalt der Anzeige gemäß § 330", II). Die Prüfung erstreckt sich somit auch auf die Angaben und Unterlagen, die bei AIF-KVG Gegenstand des Erlaubnisverfahrens sind. Die BaFin soll dadurch überprüfen können, ob die ausländische AIF-Verwaltungsgesellschaft im Hinblick auf die Verwaltung des zu vertreibenden EU-AIF oder ausländischen AIF die Vorgaben der AIFM-RL einhält. Insbesondere im einzureichenden Geschäftsplan sind Angaben darüber zu machen, wie die ausländische AIF-Verwaltungsgesellschaft ihren Pflichten nach dem KAGB, einschl. derer nach der AIFM-RL, nachkommen will (BaFin-VertriebsFAQ Ziffer 2.4.2). Daher sollte der Geschäftsplan die folgenden Angaben beinhalten: Plan-Bilanzen sowie Plan-Gewinn- und Verlustrechnung der nächsten drei Jahre, Darstellung der internen Kontrollverfahren, Art der geplanten oder getätigten Geschäfte, Organigramm der Gesellschaft, Beschreibung der Interessenkonflikte und Darstellung der Maßnahmen zu deren Vermeidung, Beschreibung des Risikomanagementprozesses sowie eine Auflistung der aktuellen und zukünftigen Arten von AIF (BaFin-VertriebsFAQ Ziffer 2.4.2).

IV. Zusätzliche Angaben bei Feeder-AIF (Abs. 3)

19 Absatz 3 normiert eine doppelte Einreichungspflicht der in Abs. 2 S. 2, 3 genannten Angaben und Unterlagen für den Fall, dass der angezeigte AIF ein **Feeder-AIF** ist. Sie besteht unabhängig vom Herkunftsstaat des Master-AIF sowie dessen Verwaltungsgesellschaft. Nicht einschlägig ist sie jedoch bei Umbrella-Konstruktionen mit mehreren Teilinvestmentvermögen (hier muss ggf. ein Hinweis erfolgen, dass andere Teilinvestmentvermögen nicht vertrieben werden dürfen, vgl. BaFin-Vertriebsmerkblatt, Abschnitt „Besonderheiten bei Umbrella-Konstruktionen") und bei Dachfonds-Konstruktionen, die keine Master-Feeder-Konstruktionen sind (EDD/Verfürth § 330 Rn. 42).

20 Gemäß Abs. 3 Nr. 2 Buchst. a sind beim beabsichtigten Vertrieb an professionelle Anleger im Anzeigeverfahren alle in Abs. 2 S. 3 Nr. 1 sowie § 321 I 2 genannten Unterlagen auch bezüglich des Master-AIF, seiner Verwaltungsgesellschaft und der für diesen beauftragten Verwahrstelle bzw. „Verwahrstelle Light" nach Art. 21 VII–IX AIFM-RL einzureichen (BaFin-Vertriebsmerkblatt, Abschnitt „Inhalt der Anzeige gemäß § 330", III). Die Verpflichtungserklärung nach Abs. 2 S. 3 Nr. 2 muss sich gem. Abs. 3 Nr. 2 auch auf den Master-AIF und seine Verwaltungsgesellschaft erstrecken. Ist die Verwaltungsgesellschaft des Master-AIF mit der des Feeder-AIF

identisch, kann die Erklärung auch in einem Dokument abgegeben werden (EDD/*Verfürth* § 330 Rn. 41). Bei einem beabsichtigten Vertrieb des Feeder-AIF an semiprofessionelle Anleger sind gem. Abs. 3 Nr. 1 Buchst. b zusätzlich weitere Dokumente beizufügen. Dabei ist zu unterscheiden: Wird der Master-AIF von einer ausländischen AIF-Verwaltungsgesellschaft verwaltet, prüft die BaFin zusätzlich, ob auch die Verwaltung des Master-AIF durch seine Verwaltungsgesellschaft den Vorgaben der AIFM-RL entspricht. Dementsprechend müssen gem. Abs. 3 Nr. 1 Buchst. b Doppelbuchst. aa in diesem die nach Abs. 1 S. 3 Nr. 3 erforderlichen Angaben und Unterlagen auch für die Verwaltungsgesellschaft des Master-AIF eingereicht werden. Wird der Master-AIF dagegen von einer EU-AIF-Verwaltungsgesellschaft verwaltet, ist nach Abs. 3 Nr. 1 Buchst. b Doppelbuchst. bb eine Bescheinigung der zuständigen Stelle des Herkunftsmitgliedstaats der EU-AIF-Verwaltungsgesellschaft über die Konformität mit der AIFM-RL erforderlich (zu den sprachlichen Anforderungen an die Bescheinigung vgl. → Rn. 21).

V. Sprachregime, Prüfungsfristen, Prüfungsverfahren (Abs. 4)

Dem Anzeigeschreiben beigefügte **fremdsprachige Unterlagen** müssen gem. Abs. 4 S. 1 entweder in englischer Sprache verfasst sein oder in deutscher Übersetzung vorgelegt werden. Auch wenn der Wortlaut damit genau genommen die Vorlage einer englischen Übersetzung nicht gestattet, dürfte es für die BaFin im Ergebnis keinen Unterschied machen, ob sie die Prüfung anhand englischer (Original-) Unterlagen oder englischer Übersetzungen vornimmt. Im Zweifel empfiehlt sich angesichts des unklaren Gesetzeswortlauts jedoch eine vorherige Verständigung mit der BaFin. Das Anzeigeschreiben selbst muss in deutscher Sprache eingereicht werden (EDD/*Verfürth* § 330 Rn. 43; BaFin-Vertriebsmerkblatt, Abschnitt „Anzeigeschreiben"). Die BaFin bevorzugt eine Einreichung elektronisch per E-Mail (BaFin-Vertriebsmerkblatt, Abschnitt „Allgemeines zum Anzeigeverfahren"), wobei dies von § 330 nicht zwingend vorgeschrieben ist. 21

Die **Fristen,** innerhalb derer die BaFin bei erfolgreicher Prüfung die Vertriebsfreigabe erteilt, richten sich nach der in Abs. 4 vorgesehenen Staffelung. Bei einem Vertrieb ausschließlich an professionelle Anleger beträgt die Frist nach Abs. 4 Nr. 1 Buchst. a zwei Monate. Diese Frist verlängert sich nach Abs. 4 Nr. 1 Buchst. b auf drei Monate, wenn der AIF ein Feeder-AIF ist, dessen Master-AIF von einer EU-Verwaltungsgesellschaft oder einer (inländischen) Kapitalverwaltungsgesellschaft verwaltet wird. Bei der Anzeige eines Feeder-AIF mit einem Master-AIF unter Verwaltung einer ausländischen AIF-Verwaltungsgesellschaft verlängert sich die Frist auf vier Monate. Beim Vertrieb (auch) an semiprofessionelle Anleger gilt nach Abs. 4 Nr. 2 Buchst. a eine Frist von vier Monaten. Handelt es sich um einen Feeder-AIF mit einem Master-AIF unter Verwaltung einer EU-AIF-Verwaltungsgesellschaft oder einer AIF-Kapitalverwaltungsgesellschaft, gilt gem. Abs. 4 Nr. 2 Buchst. b eine verlängerte Frist von fünf Monaten. Erfolgt die Verwaltung des Master-AIF durch eine ausländische AIF-Verwaltungsgesellschaft, beträgt die Frist acht Monate. Die Frist beginnt an dem Tag, an dem die Anzeigenangaben und -unterlagen vollständig eingereicht sind (EDD/*Verfürth* § 330 Rn. 46). 22

Für das **Prüfungsverfahren** durch die BaFin verweist Abs. 4 auf § 316 II, III. Jedoch sind die dortigen Regelungen für § 330 zumindest teilweise unpassend, da es in § 316 auch um die Genehmigung der Anlagebedingungen und der Verwahrstelle geht (vgl. § 316 II Nr. 2, 3). Die entsprechenden Voraussetzungen sind bei der Anwendung des § 316 II, III iRv § 330 daher nicht zu berücksichtigen (WBA/*Zeidler* 23

KAGB § 330 Rn. 21; EDD/*Verfürth* § 330 Rn. 44). Auch die BaFin wertet zumindest den Verweis auf § 316 II scheinbar als Redaktionsversehen und nimmt hinsichtlich der Vollständigkeitsprüfung entgegen dem Gesetzeswortlaut auf § 321 II Bezug (BaFin-Vertriebsmerkblatt, Abschnitt „Vorbemerkung"). Kommt die BaFin bei ihrer Prüfung zu dem Ergebnis, dass die Unterlagen unvollständig sind, fordert sie die fehlenden Unterlagen entsprechend § 321 II mit einer Frist von 20 Arbeitstagen als Ergänzungsanzeige an (BaFin-Vertriebsmerkblatt, Abschnitt „Vorbemerkung"). Die Ergänzungsanzeige hat innerhalb von sechs Monaten nach Erstattung der Anzeige oder der letzten Ergänzungsanzeige zu erfolgen, ansonsten ist die Aufnahme des Vertriebs entsprechend § 321 II 4, 5 ausgeschlossen. Eine erneute Anzeige ist allerdings jederzeit möglich (BaFin-Vertriebsmerkblatt, Abschnitt „Vorbemerkung").

24 Liegen alle Unterlagen für die Anzeige vor, muss die BaFin innerhalb der in → Rn. 22 genannten Fristen entweder der ausländischen AIF-Verwaltungsgesellschaft mitteilen, dass sie mit dem Vertrieb beginnen kann (sog. „Vertriebsfreigabe"), oder sie kann den Vertrieb untersagen, wenn die ausländische AIF-Verwaltungsgesellschaft oder die Verwaltung des angezeigten EU-AIF oder ausländischen AIF durch die ausländische AIF-Verwaltungsgesellschaft gegen die Vorschriften des KAGB verstößt (hierzu verweist die BaFin wiederum auf § 316 III, BaFin-Vertriebsmerkblatt, Abschnitt „Vorbemerkung"). Teilt die BaFin entsprechende Beanstandungen der anzeigenden ausländischen AIF-Verwaltungsgesellschaft innerhalb der jeweiligen Frist mit, wird die Frist unterbrochen und beginnt mit der Einreichung der geänderten Angaben und Unterlagen erneut. Können die Beanstandungen ausgeräumt werden, teilt die BaFin dies der ausländischen AIF-Verwaltungsgesellschaft mit und erteilt die Vertriebsfreigabe (BaFin-Vertriebsmerkblatt, Abschnitt „Vorbemerkung").

Ab Mitteilung der Vertriebsfreigabe durch die BaFin kann die ausländische AIF-Verwaltungsgesellschaft mit dem Vertrieb des angezeigten AIF in Deutschland beginnen (EDD/*Verfürth* § 330 Rn. 46).

VI. Eingeschränkte Prüfung bei Folgevertrieb (Abs. 5)

25 Hat die ausländische AIF-Verwaltungsgesellschaft bereits einen AIF zum Vertrieb an semiprofessionelle Anleger bei der BaFin angezeigt, prüft die BaFin bei der Anzeige eines weiteren AIF gleicher Art nach Abs. 5 S. 1 nicht erneut, ob die ausländische AIF-Verwaltungsgesellschaft und die Verwaltung des neu angezeigten AIF den Anforderungen der AIFM-RL genügt. Wann es sich um einen AIF „gleicher Art" handelt, ist nicht näher bestimmt. In der Praxis wird dies in Abstimmung mit der BaFin eher großzügig gehandhabt. In diesem Fall sind die in Abs. 2 S. 3 Nr. 1, 3 genannten Angaben nicht erforderlich und die Fristen für die Prüfung der BaFin nach Abs. 4 Nr. 2 (vgl. → Rn. 22) verkürzen sich jeweils um zwei Monate (auf sechs Monate bei Master-Feeder-Konstruktionen, bei denen der Master-AIF durch eine ausländische AIF-Verwaltungsgesellschaft verwaltet wird, auf drei Monate bei Master-Feeder-Konstruktionen, bei denen der Master-AIF durch eine AIF-Kapitalverwaltungsgesellschaft oder EU-AIF-Verwaltungsgesellschaft verwaltet wird und im Übrigen auf zwei Monate). Um von der eingeschränkten Prüfung zu profitieren, muss die ausländische AIF-Verwaltungsgesellschaft im Anzeigeschreiben bestätigen, dass sich seit der Einreichung der letzten Anzeige keine Änderungen in Bezug die Angaben zur Feststellung der Konformität mit den Vorgaben der AIFM-RL ergeben haben (BTMB/*Izzo-Wagner/Baas* § 330 Rn. 70; BaFin-Vertriebsmerkblatt,

Abschnitt „Vorbemerkung"). Die Angaben, auf die sich die Bestätigung erstreckt, brauchen im Anzeigeschreiben aber nicht erneut aufgeführt zu werden (WBA/*Zeidler* § 330 Rn. 23).

§ 330a Anzeigepflicht von EU-AIF-Verwaltungsgesellschaften, die die Bedingungen nach Artikel 3 Absatz 2 der Richtlinie 2011/61/EU erfüllen, beim beabsichtigten Vertrieb von AIF an professionelle und semiprofessionelle Anleger im Inland

(1) **Der Vertrieb von Anteilen oder Aktien an AIF, die von einer EU-AIF-Verwaltungsgesellschaft verwaltet werden, die die Bedingungen nach Artikel 3 Absatz 2 der Richtlinie 2011/61/EU erfüllt, an semiprofessionelle oder professionelle Anleger im Geltungsbereich dieses Gesetzes ist zulässig, wenn**

1. die EU-AIF-Verwaltungsgesellschaft in ihrem Herkunftsmitgliedstaat gemäß den im Herkunftsmitgliedstaat anzuwendenden Vorschriften, die Artikel 3 der Richtlinie 2011/61/EU umsetzen, registriert ist und

2. der Herkunftsmitgliedstaat der EU-AIF-Verwaltungsgesellschaft einen Vertrieb von AIF, die von einer AIF-Kapitalverwaltungsgesellschaft verwaltet werden, die die Bedingungen nach § 2 Absatz 4 erfüllt und gemäß § 44 Absatz 1 Nummer 1 registriert ist, ebenfalls gestattet und den Vertrieb dieser AIF nicht an höhere Voraussetzungen knüpft als dieses Gesetz.

(2) **[1]Beabsichtigt eine EU-AIF-Verwaltungsgesellschaft, die die Bedingungen nach Artikel 3 Absatz 2 der Richtlinie 2011/61/EU erfüllt, Anteile oder Aktien an von ihr verwalteten AIF im Geltungsbereich dieses Gesetzes an semiprofessionelle oder professionelle Anleger zu vertreiben, so hat sie dies der Bundesanstalt anzuzeigen. [2]Der Anzeige sind folgende Angaben und Dokumente beizufügen:**

1. eine Bescheinigung der zuständigen Stelle ihres Herkunftsmitgliedstaates in einer in der internationalen Finanzwelt gebräuchlichen Sprache, dass die EU-AIF-Verwaltungsgesellschaft in ihrem Herkunftsmitgliedstaat gemäß den im Herkunftsmitgliedstaat anzuwendenden Vorschriften, die Artikel 3 der Richtlinie 2011/61/EU umsetzen, registriert ist,

2. eine Erklärung der EU-AIF-Verwaltungsgesellschaft darüber, dass sie sich verpflichtet, die Bundesanstalt über alle wesentlichen Änderungen ihre Registrierung betreffend zu unterrichten und die Änderungsangaben nachzuweisen,

3. der Bundesanstalt auf Verlangen über ihre Geschäftstätigkeit Auskunft zu erteilen und Unterlagen vorzulegen,

4. ein Nachweis über die Zahlung der Gebühr für die Anzeige.

[3]Fremdsprachige Unterlagen sind in deutscher Übersetzung oder in englischer Sprache vorzulegen.

(3) **[1]Der Vertrieb kann aufgenommen werden, wenn die Zulässigkeitsvoraussetzungen nach Absatz 1 gegeben sind und eine vollständige Anzeige nach Absatz 2 bei der Bundesanstalt eingegangen ist. [2]Auf Antrag der EU-AIF-Verwaltungsgesellschaft hat die Bundesanstalt das Vorliegen der Zulässigkeitsvoraussetzungen nach Absatz 1 und den Eingang der vollständigen Anzeige nach Absatz 2 zu bestätigen.**

(4) **§ 295 Absatz 5 findet keine Anwendung für den Vertrieb und den Erwerb von AIF, die von einer EU-AIF-Verwaltungsgesellschaft verwaltet werden, die die Bedingungen nach Artikel 3 Absatz 2 der Richtlinie 2011/61/EU erfüllt, und die im Inland gemäß § 330a vertrieben werden dürfen.**

I. Allgemeines

1 § 330a normiert die Voraussetzungen und das Anzeigeverfahren für den grenzüberschreitenden Vertrieb von EU-AIF und ausländischen AIF durch EU-AIF-Verwaltungsgesellschaften, die die Bedingungen nach Art. 3 II AIFM-RL erfüllen (sog. „kleine AIFM", im internationalen Sprachgebrauch „below-threshold AIFM" oder „sub-threshold AIFM"). Durch die Regelung können „kleine EU-AIFM" die in der AIFM-RL beim Vertrieb mittels EU-Passes vorgesehenen Erleichterungen auch dann in Anspruch nehmen, wenn sie sich der AIFM-RL nicht in Gänze unterwerfen und ihnen daher gem. Art. 3 IV AIFM-RL der EU-Pass nicht zugänglich ist (vgl. WBA/*Boxberger* § 330a Rn. 2). Die Norm erfasst nur den Vertrieb an professionelle und semiprofessionelle Anleger. Ihr Wortlaut („AIF") schließt neben ausländischen AIF und EU-AIF zwar auch inländische AIF ein, allerdings ist die Verwaltung von inländischen AIF durch „kleine EU-AIFM" weder nach den Vorgaben der AIFM-RL noch im nationalen Regelungsregime (vgl. § 2 IV 1) vorgesehen. Daher beschränkt sich der tatsächliche Anwendungsbereich von § 330a auf EU-AIF und ausländische AIF. Anders als bei § 330 hat die BaFin für den Vertrieb nach § 330a kein gesondertes Vertriebsmerkblatt vorgesehen (so ausdrücklich in BaFin-Publikation vom 5.7.2022, Häufige Frage zum Vertrieb und Erwerb von Investmentvermögen nach dem KAGB, Ziffer 2.1.1).

II. Anwendungsbereich der Norm

2 **1. Sachlicher Anwendungsbereich.** Die Norm gilt für den Vertrieb von AIF an professionelle und semiprofessionelle Anleger durch EU-AIF-Verwaltungsgesellschaften, die die Bedingungen nach Art. 3 II AIFM-RL erfüllen. Hierbei handelt es sich – vereinfacht – um solche Verwaltungsgesellschaften, deren verwaltetes Vermögen der von ihnen verwalteten AIF insgesamt 100 Mio. EUR (einschließlich der durch Einsatz von Hebelfinanzierungen erworbenen Vermögenswerte) bzw. 500 Mio. EUR (wenn auf den Einsatz von Hebelfinanzierungen verzichtet wird) nicht übersteigen. Nach dem klaren Wortlaut der Norm sind „kleine ausländische AIFM" (§ 1 XVIII), dh „kleine AIFM" mit Sitz in einem Drittstaat, vom sachlichen Anwendungsbereich ausgeschlossen. Für derartige AIF-Verwaltungsgesellschaften sieht das KAGB keine speziellen Vertriebsbestimmungen vor, so dass für sie die „normalen" in §§ 330ff. bzw. §§ 325ff. geregelten Verfahren gelten. Anders als § 330 III trifft § 330a keine Regelung zu Master-Feeder-Strukturen. Daraus folgt, dass in Bezug auf den zugrundeliegenden Master-AIF keine zusätzlichen Anforderungen wie in 330 I 2 eingehalten werden müssen (WBA/*Boxberger* § 330a Rn. 4a).

3 **2. Zeitlicher Anwendungsbereich.** § 330a zählt ausweislich der Regelungen in § 295 II, III zu den Vertriebsvorschriften, die unabhängig von dem in dem nach Art. 67 VI der AIFM-RL zu erlassenen delegierten Rechtsakt genannten Zeitpunkt Anwendung finden. Damit gilt § 330a über den Drittstaatenstichtag hinaus und wird nicht durch die Regelungen zum Drittstaatenvertriebspass abgelöst (EDD/*Jansen* KAGB § 330a Rn. 1; WBA/*Boxberger* § 330a Rn. 3).

III. Vertriebsvoraussetzungen

1. Registrierung im Herkunftsmitgliedstaat. Ein Vertrieb nach § 330a ist nur zulässig, wenn die EU-AIF-Verwaltungsgesellschaft in ihrem Herkunftsstaat in Übereinstimmung mit den dortigen Regelungen zur Umsetzung des Art. 3 AIFM-RL registriert ist (vgl. § 330a I Nr. 1). Damit können sich nur solche EU-AIF-Verwaltungsgesellschaften auf die Vertriebsmöglichkeit nach § 330a berufen, deren jeweilige Herkunftsmitgliedsstaaten ebenfalls Vertriebserleichterungen für „kleine AIFM" iSd Art. 3 II der AIFM-RL vorsehen. 4

2. Gestattung des Vertriebs auch im Herkunftsmitgliedstaat. Darüber hinaus muss der Herkunftsmitgliedsstaat der EU-AIF-Verwaltungsgesellschaft, die sich auf die Vertriebserleichterung des § 330a berufen will, seinerseits den Vertrieb von AIF gestatten, die durch eine AIF-KVG verwaltet werden, die die Bedingungen nach § 2 IV erfüllt und die gem. § 44 I Nr. 1 registriert ist (§ 330a I Nr. 2). Weiter ist erforderlich, dass der Vertrieb durch „kleine" AIF-KVG im Herkunftsmitgliedsstaat der EU-AIF-Verwaltungsgesellschaft nicht an höhere Voraussetzungen geknüpft ist als nach dem KAGB. Die Berufung einer EU-AIF-Verwaltungsgesellschaft auf § 330a verlangt damit die Anerkennung des Vertriebs von AIF-Anteilen durch die Gesetze und die zuständige Aufsichtsbehörde ihres Herkunftsmitgliedstaats. Damit kommt diesem sog. Gegenseitigkeitsprinzip eine große Bedeutung zu. Dass weder in der Vorschrift noch seitens der BaFin ein Prüfverfahren mit eindeutig formulierten Maßstäben vorgesehen ist, erschwert die praktische Anwendung von § 330a. Die Anwendung der Norm würde es in diesem Zusammenhang insb. erleichtern, wenn die BaFin dem Rechtsanwender zB Länderlisten zur Verfügung stellen würde, in der sie die von ihr anerkannte EU-Mitgliedstaaten aufführt. In der Kommentarliteratur werden unter Verweis auf die bisherige Verwaltungspraxis unterschiedliche EU-Mitgliedsstaaten genannt, bei denen die BaFin die erforderliche Gegenseitigkeit annimmt (WBA/*Boxberger* § 330a Rn. 6: Luxemburg, Malta; EDD/*Jansen* § 330a Rn. 13: Luxemburg, Belgien und Finnland; BTMB/*Izzo-Wagner/Baas* § 330a Rn. 39: Luxemburg, Malta, Schweden, Tschechien, Finnland, Belgien). Bei Anzeigen von EU-AIF-Verwaltungsgesellschaften aus anderen Herkunftsmitgliedstaaten kann beispielsweise auf ein vergleichendes Rechtsgutachten durch externe Berater zurückgegriffen werden oder der BaFin können die entsprechenden Vorschriften aus dem Recht des Herkunftsmitgliedsstaats zur Prüfung vorgelegt werden. Allerdings verschafft selbst ein Rechtsgutachten noch keine Rechtssicherheit, da die finale Entscheidung über die Anerkennung der BaFin obliegt. In jedem Fall empfiehlt es sich, die Rechtsvorschriften des betroffenen Mitgliedsstaats, aus denen sich die Gegenseitigkeit ergibt, der Anzeige (mit entsprechender Übersetzung) beizufügen (vgl. AWZ § 330a Rn. 7). 5

IV. Vertriebsanzeige

§ 330a setzt – wie jede andere im KAGB geregelte Vertriebskonstellation auch – ein vorheriges Anzeigeverfahren voraus, um die BaFin in die Lage zu versetzen, die Einhaltung der in dieser Vorschrift genannten Anforderungen zu überprüfen (vgl. in Bezug auf die der Anzeige beizufügenden Angaben und Dokumente → Rn. 7–10). Im Unterschied zu den anderen Vertriebskonstellationen hat die BaFin in Bezug auf § 330a jedoch klargestellt, dass die Norm nicht verlangt, dass jeder einzelne von einer registrierten EU-AIF-Verwaltungsgesellschaft verwaltete AIF der BaFin zum Vertrieb anzuzeigen ist. Eine registrierte EU-AIF-Verwaltungs- 6 gesellschaft muss daher lediglich anzeigen, dass sie Anteile oder Aktien an von ihr verwalteten AIF im Inland zu vertreiben beabsichtigt. Im Rahmen der Vertriebsanzeige nach § 330 a muss aber zumindest einer der AIF, deren Anteile im Inland nach § 330 a vertrieben werden sollen, in der Anzeige angegeben werden (vgl. BaFin FAQ, Häufige Fragen zum Vertrieb und Erwerb von Investmentvermögen nach dem KAGB vom 4.7.2013, zuletzt geändert am 5.7.2022, Ziffer 2.5).

7 **1. Bescheinigung der zuständigen Stelle des Herkunftsmitgliedstaates.** Der Vertriebsanzeige muss eine Bescheinigung der zuständigen Stelle des Herkunftsmitgliedstaats der registrierten EU-AIF-Verwaltungsgesellschaft beigefügt werden, die bestätigt, dass die EU-AIF-Verwaltungsgesellschaft in ihrem Herkunftsmitgliedstaat gem. den im Herkunftsmitgliedstaat anzuwendenden Vorschriften, die Art. 3 der AIFM-RL umsetzen, registriert ist (§ 330 a II 1 Nr. 1). Die Norm verlangt, dass die Bescheinigung in einer in der internationalen Finanzwelt gebräuchlichen Sprache vorgelegt wird. Unklar bleibt, inwieweit die Regelung damit eine Sprache zulässt, die von den in Abs. 2 S. 3 formulierten Anforderungen (Englisch oder Deutsch bzw. deutsche Übersetzung) abweicht und etwa auch Französisch zulässt. Ohne vorherige Verständigung mit der BaFin sollte die Bescheinigung daher ausschließlich in deutscher oder englischer Sprache eingereicht werden (vgl. EDD/*Jansen* § 330 a Rn. 19). Die Vorschrift besagt nicht, wie der Nachweis der Registrierung von der betreffenden EU-AIF-Verwaltungsgesellschaft gegenüber der BaFin konkret zu erbringen ist. Sofern die nationalen Vorschriften des jeweiligen Mitgliedsstaats die Ausstellung einer mit § 335 II vergleichbaren Bescheinigung nicht vorsehen, hat die BaFin in ihrer bisherigen Verwaltungspraxis auch einen Registerauszug als Nachweis akzeptiert (WBA/*Boxberger* § 330 a Rn. 8).

8 **2. Verpflichtungserklärung der EU-AIF-Verwaltungsgesellschaft.** Die EU-AIF-Verwaltungsgesellschaft hat ferner eine Erklärung darüber abzugeben, dass sie sich verpflichtet, die BaFin über alle wesentlichen Änderungen ihre Registrierung betreffend zu unterrichten und die Änderungsangaben nachzuweisen (§ 330 a II 1 Nr. 2). Die Regelung dürfte insb. auf die von Art. 3 III Buchst. e der AIFM-RL erfassten Umstände abzielen, wonach mitzuteilen ist, wenn die Voraussetzungen für die Einstufung als „kleiner AIFM" nicht mehr vorliegen (vgl. BTMB/*Izzo-Wagner/Baas* § 330 a Rn. 44).

9 **3. Auskunftserteilung gegenüber der BaFin.** Nach § 330 a II 1 Nr. 3 hat die EU-AIF-Verwaltungsgesellschaft darüber hinaus der BaFin auf deren Verlangen über ihre Geschäftstätigkeit Auskunft zu erteilen und Unterlagen vorzulegen. Die Regelung ergänzt die in § 5 VIII vorgesehenen Informations- und Auskunftsrechte der BaFin, insb. zur Sicherstellung ihrer (Vertriebs-)Überwachungsfunktion nach § 5 V Nr. 1 (vgl. WBA/*Boxberger* § 330 a Rn. 10).

10 **4. Zahlungsnachweis.** Die EU-AIF-Verwaltungsgesellschaft hat einen Nachweis über die Zahlung der Gebühr für die Anzeige einzureichen (vgl. § 330 a II 1 Nr. 4). Deren Höhe richtet sich nach Ziffer 15.1.9.4 des Gebührenverzeichnisses der FinDAGebV. Der Nachweis über die Zahlung kann nach Auffassung der BaFin zB durch eine elektronische Kopie des Überweisungsträgers erfolgen (vgl. BaFin-Merkblatt vom 17.7.2013 zum Vertrieb von Anteilen oder Aktien an EU-AIF oder inländischen Spezial-AIF, die von einer EU-AIF-Verwaltungsgesellschaft verwaltet werden, an semiprofessionelle und professionelle Anleger in der Bundesrepublik Deutschland gem. § 323 KAGB, Ziffer VI).

V. Vertriebsbeginn

Der Vertrieb kann aufgenommen werden, wenn die Vertriebsvoraussetzungen (→ Rn. 4f.) gegeben sind und eine vollständige Anzeige (→ Rn. 6–10) bei der BaFin eingegangen ist (vgl. § 330a III 1). Eine Vertriebsfreigabe oder sonstige Mitteilung der BaFin ist nicht erforderlich. Auf Antrag der EU-AIF-Verwaltungsgesellschaft hat die BaFin das Vorliegen der Vertriebsvoraussetzungen sowie den Eingang der vollständigen Vertriebsanzeige zu bestätigen (vgl. § 330a III 2). Dieser Antrag sollte aus Dokumentationszwecken in der Praxis regelmäßig – zweckmäßigerweise als Begleitschreiben zu dem Antrag – erfolgen (vgl. auch WBA/*Boxberger* § 330a Rn. 13). 11

VI. Keine Anwendung des § 295 V

Beim Vertrieb nach § 330a findet § 295 V, der auf die beim AIF-Vertrieb an semiprofessionelle und professionelle Anleger gem. §§ 307, 308 bestehenden Informationspflichten verweist, keine Anwendung. Daher müssen registrierte EU-AIF-Verwaltungsgesellschaften beim Vertrieb nach § 330a den Anlegern keine Informationen nach §§ 307, 308 zur Verfügung stellen. Insoweit gilt für registrierte EU-AIF-Verwaltungsgesellschaften konsequenterweise dieselbe Erleichterung wie für registrierte (inländische) AIF-Kapitalverwaltungsgesellschaften (vgl. § 2 IV). Alle übrigen vertriebsbezogenen Pflichten sind jedoch weiterhin einzuhalten. So befreit Abs. 4 die EU-AIF-Verwaltungsgesellschaft zB nicht von der Pflicht, Vorkehrungen zu treffen, um den Vertrieb des AIF an Privatanleger auszuschließen (BSV/*Lercara* KAGB § 330a Rn. 23; WBA/*Boxberger* 330 Rn. 15; vgl. zur sog. „Kleinanlegersperre" auch → § 295 Rn. 9ff.). 12

Unterabschnitt 3. Anzeigeverfahren für den Vertrieb von AIF an professionelle Anleger in anderen Mitgliedstaaten der Europäischen Union und in anderen Vertragsstaaten des Abkommens über den Europäischen Wirtschaftsraum

§ 331 Anzeigepflicht einer AIF-Kapitalverwaltungsgesellschaft beim Vertrieb von EU-AIF oder inländischen AIF an professionelle Anleger in anderen Mitgliedstaaten der Europäischen Union oder in anderen Vertragsstaaten des Abkommens über den Europäischen Wirtschaftsraum

(1) [1]**Beabsichtigt eine AIF-Kapitalverwaltungsgesellschaft, Anteile oder Aktien an einem von ihr verwalteten EU-AIF oder an einem von ihr verwalteten inländischen AIF in anderen Mitgliedstaaten der Europäischen Union oder in anderen Vertragsstaaten des Abkommens über den Europäischen Wirtschaftsraum an professionelle Anleger zu vertreiben, so hat sie dies der Bundesanstalt in einer in internationalen Finanzkreisen gebräuchlichen Sprache anzuzeigen.** [2]**Das Anzeigeschreiben muss die in § 321 Absatz 1 Satz 2 geforderten Angaben und Unterlagen in jeweils geltender Fassung enthalten.** [3]**Zusätzlich müssen in dem Schreiben Angaben zu den Vorkehrungen für den Vertrieb des angezeigten AIF gemacht und der Mitgliedstaat der Europäischen Union oder der Vertragsstaat des Abkommens über den Europäischen Wirtschaftsraum, in dem Anteile oder**

Aktien des angezeigten AIF an professionelle Anleger vertrieben werden sollen, angegeben werden. [4]Das Schreiben enthält ebenfalls die Angaben, die für die Inrechnungstellung oder die Mitteilung etwaiger geltender behördlicher Gebühren oder Entgelte durch die zuständigen Behörden des Aufnahmestaats erforderlich sind, einschließlich der Anschrift, und Angaben zu den Einrichtungen, die für die Ausübung der in § 306a Absatz 1 genannten Aufgaben zuständig sind. [5]Ist der AIF im Sinne von Satz 1 ein Feeder-AIF, so ist eine Anzeige nach Satz 1 nur zulässig, wenn der Master-AIF ebenfalls ein EU-AIF oder ein inländischer AIF ist, der von einer EU-AIF-Verwaltungsgesellschaft oder einer AIF-Kapitalverwaltungsgesellschaft verwaltet wird. [6]Ist dies nicht der Fall, so richtet sich das Anzeigeverfahren ab dem Zeitpunkt, auf den in § 295 Absatz 2 Nummer 1 verwiesen wird, nach § 332.

(2) ***(aufgehoben)***

(3) **§ 321 Absatz 2 ist entsprechend anzuwenden mit der Maßgabe, dass nach Ablauf der in § 321 Absatz 2 Satz 4 genannten Frist eine Übermittlung der Anzeige nach Absatz 4 ausgeschlossen ist.**

(4) **[1]Liegen keine Anhaltspunkte dafür vor, dass die AIF-Kapitalverwaltungsgesellschaft oder die Verwaltung des angezeigten AIF durch die AIF-Kapitalverwaltungsgesellschaft den Vorschriften dieses Gesetzes oder der Richtlinie 2011/61/EU nicht entspricht oder künftig nicht entsprechen wird, übermittelt die Bundesanstalt spätestens 20 Arbeitstage nach dem Eingang der vollständigen Anzeigeunterlagen nach Absatz 1 die vollständigen Anzeigeunterlagen an die zuständigen Stellen der anderen Mitgliedstaaten der Europäischen Union oder der anderen Vertragsstaaten des Abkommens über den Europäischen Wirtschaftsraum, in denen der angezeigte AIF an professionelle Anleger vertrieben werden soll. [2]Die Bundesanstalt fügt eine in einer in internationalen Finanzkreisen gebräuchlichen Sprache erstellte Bescheinigung über die Erlaubnis der AIF-Kapitalverwaltungsgesellschaft zur Verwaltung von AIF mit einer bestimmten Anlagestrategie bei. [3]Die Vorkehrungen nach § 321 Absatz 1 Satz 2 Nummer 7 und § 331 Absatz 1 Satz 3 sind von der Bundesanstalt nicht zu überprüfen.**

(5) **[1]Die Bundesanstalt unterrichtet die AIF-Kapitalverwaltungsgesellschaft unverzüglich über den Versand der Anzeigeunterlagen. [2]Die AIF-Kapitalverwaltungsgesellschaft kann ab dem Datum dieser Mitteilung mit dem Vertrieb des angezeigten AIF an professionelle Anleger in dem betreffenden Mitgliedstaat der Europäischen Union oder im Vertragsstaat des Abkommens über den Europäischen Wirtschaftsraum beginnen. [3]Falls es sich bei dem angezeigten AIF um einen EU-AIF handelt, für den eine andere Stelle als die Stelle des Mitgliedstaates der Europäischen Union oder des Vertragsstaates des Abkommens über den Europäischen Wirtschaftsraum, in dem der angezeigte AIF an professionelle Anleger vertrieben werden soll, zuständig ist, teilt die Bundesanstalt zudem der für den EU-AIF zuständigen Stelle mit, dass die AIF-Kapitalverwaltungsgesellschaft mit dem Vertrieb von Anteilen oder Aktien des EU-AIF an professionelle Anleger im Aufnahmestaat der AIF-Kapitalverwaltungsgesellschaft beginnen kann.**

(6) [1]**Können die Anzeigeunterlagen nicht nach Absatz 4 Satz 1 an die zuständigen Stellen der anderen Mitgliedstaaten der Europäischen Union oder Vertragsstaaten des Abkommens über den Europäischen Wirtschaftsraum übermittelt werden, teilt die Bundesanstalt dies der AIF-Kapitalverwaltungsgesellschaft unter Angabe der Gründe innerhalb der Frist von Absatz 4 Satz 1 mit.** [2]**Hierdurch wird die in Satz 1 genannte Frist unterbrochen und beginnt mit der Einreichung der geänderten Angaben und Unterlagen erneut.**

(7) [1]**Die AIF-Kapitalverwaltungsgesellschaft teilt der Bundesanstalt wesentliche Änderungen der nach Absatz 1 oder 2 übermittelten Angaben in Textform mit.** [2]**Änderungen, die von der AIF-Kapitalverwaltungsgesellschaft geplant sind, sind mindestens einen Monat vor Durchführung der Änderung mitzuteilen.** [3]**Ungeplante Änderungen sind unverzüglich nach ihrem Eintreten mitzuteilen.** [4]**Führt die geplante Änderung dazu, dass die AIF-Kapitalverwaltungsgesellschaft oder die Verwaltung des betreffenden AIF durch die AIF-Kapitalverwaltungsgesellschaft nunmehr gegen die Vorschriften dieses Gesetzes oder aufgrund dieses Gesetzes erlassener Bestimmungen verstößt, so teilt die Bundesanstalt der AIF-Kapitalverwaltungsgesellschaft innerhalb von 15 Arbeitstagen nach Eingang sämtlicher in Satz 1 genannten Informationen mit, dass sie die Änderung nicht durchführen darf.** [5]**In diesem Fall setzt die Bundesanstalt unverzüglich die zuständigen Behörden des Aufnahmestaates der AIF-Kapitalverwaltungsgesellschaft entsprechend in Kenntnis.**

(8) **Nimmt eine AIF-Kapitalverwaltungsgesellschaft ungeachtet von Absatz 7 Satz 4 eine geplante Änderung vor oder führt eine durch einen unvorhersehbaren Umstand ausgelöste Änderung dazu, dass die AIF-Kapitalverwaltungsgesellschaft oder die Verwaltung des betreffenden AIF durch die AIF-Kapitalverwaltungsgesellschaft nunmehr gegen die Vorschriften dieses Gesetzes verstoßen würde, so trifft die Bundesanstalt geeignete Maßnahmen einschließlich der Untersagung des Vertriebs des betreffenden AIF und setzt unverzüglich die zuständigen Behörden des Aufnahmestaates der AIF-Kapitalverwaltungsgesellschaft entsprechend in Kenntnis.**

(9) **Bei zulässigen Änderungen unterrichtet die Bundesanstalt innerhalb eines Monats die zuständigen Behörden des Aufnahmestaates der AIF-Kapitalverwaltungsgesellschaft von diesen Änderungen.**

Inhaltsübersicht

		Rn.
I.	Einleitung	1
II.	Inhalt des Anzeigeschreibens, § 331 I	6
III.	Übermittlung des Anzeigeschreibens an die BaFin, § 331 II aF	13
IV.	Vollständigkeitsprüfung der BaFin, § 331 III	18
V.	Übermittlung der Anzeige an die zuständigen Behörden des Aufnahmemitgliedstaats, § 331 IV	19
VI.	Mitteilung zur Aufnahme des Vertriebs, § 331 V	21
VII.	Verstoß gegen die Vorgaben des KAGB oder der AIFM-RL, § 331 VI	23
VIII.	Wesentliche Änderungen der übermittelten Angaben, § 331 VII–IX	24

I. Einleitung

1 § 331 regelt die Pflicht einer AIF-KVG, den beabsichtigten Vertrieb von Anteilen oder Aktien von EU-AIF oder inländischen Spezial-AIF an professionelle Anleger in einem anderen Mitgliedstaat der EU oder einem Vertragsstaat des Abkommens über den Europäischen Wirtschaftsraum (EWR) der BaFin anzuzeigen.

2 Mit dieser Regelung wird der sog. EU-Pass für den Vertrieb von Anteilen oder Aktien von EU-AIF oder inländischen Spezial-AIF durch eine inländische AIF-KVG an professionelle Anleger in einem Mitgliedstaat der EU oder einem anderen Vertragsstaat des EWR eingeführt. Die Vorschrift setzt ebenso wie § 323 KAGB den Art. 32 AIFM-RL um. Während § 323 den in das Inland eingehenden Vertrieb von Anteilen eines EU-AIF durch eine EU-AIF-Verwaltungsgesellschaft regelt, regelt § 331 die einer inländischen AIF-KVG obliegende Pflicht zur Anzeige der Absicht des in einen Mitgliedstaat der EU bzw. in einen anderen Vertragsstaat des EWR ausgehenden Vertriebs von Anteilen eines EU-AIF bzw. eines inländischen Spezial-AIF. Die AIF-KVG reicht dabei ein Anzeigeschreiben bei der für sie zuständigen Aufsichtsbehörde ein, die ihrerseits die eingereichten Unterlagen im Wege des sog. Regulator-to-Regulator Verfahrens an die zuständige Behörde des Aufnahmemitgliedstaats des zu vertreibenden AIF übermittelt.

3 Anteile oder Aktien von AIF können in derzeit (Stand Juli 2024) 27 EU-Mitgliedstaaten (die offizielle Liste der EU-Mitgliedsstaaten ist abrufbar unter https://european-union.europa.eu/principles-countries-history/eu-countries_de) und in den anderen Vertragsstaaten des EWR vertrieben werden. Vertragsstaaten des EWR sind die Mitgliedstaaten der EU sowie die drei Mitgliedstaaten der Europäischen Freihandelsassoziation (EFTA) Island, Liechtenstein und Norwegen.

4 Von der Anzeigepflicht nach § 331 wird sowohl die Fallgestaltung erfasst, dass eine AIF-KVG Anteile oder Aktien eines von ihr im Inland aufgelegten und verwalteten Spezial-AIF an professionelle Anleger in einem Mitgliedstaat der EU oder einem anderen Vertragsstaat des EWR vertreiben möchte, als auch der Sachverhalt, dass die AIF-KVG Anteile oder Aktien eines von ihr im Wege des grenzüberschreitenden Dienstleistungsverkehrs in einem Mitgliedstaat der EU oder einem anderen Vertragsstaat des EWR aufgelegten und verwalteten EU-AIF in diesem und/oder in einem anderen Mitgliedstaat der EU bzw. anderen Vertragsstaat des EWR an professionelle Anleger vertreiben möchte.

5 Die Möglichkeit des Vertriebs von Anteilen oder Aktien eines EU-AIF bzw. eines inländischen Spezial-AIF in einem anderen Mitgliedstaat der EU oder einem anderen Vertragsstaat des EWR ist im Rahmen des EU-Passes auf den Vertrieb an professionelle Anleger beschränkt. Ein Vertrieb an semiprofessionelle Anleger ist grds. nicht möglich, da der sog. EU-Pass nur für den Vertrieb von Anteilen oder Aktien eines AIF an professionelle Anleger gilt und es sich bei dem semiprofessionellen Anleger um einen Kleinanleger iSv Art. 43 I AIFM-RL handelt (s. zB BT-Drs. 17/12294, 289 zu § 323 II). Der Vertrieb von Anteilen eines EU-AIF oder eines inländischen Spezial-AIF an semiprofessionelle Anleger in einem Mitgliedstaat der EU oder eines anderen Vertragsstaats des EWR richtet sich nach dem Recht dieses Mitgliedstaats und danach, ob der Mitgliedstaat den Vertrieb von AIF an Privatanleger gem. Art. 43 AIFM-RL zugelassen hat. Auch in diesem Fall darf ein inländischer Spezial-AIF jedoch nur an semiprofessionelle Anleger vertrieben werden, die die Kriterien des § 1 IX Nr. 33 erfüllen. Dies gilt laut BaFin insb. dann, wenn in einem Mitgliedstaat andere Kriterien für qualifizierte bzw. semiprofessionelle Anleger gelten (so die BaFin auf ihrem Seminar zum Investmentrecht vom 30.11.2015, Vortrag 3: Häufig gestellte Fragen zum KAGB).

II. Inhalt des Anzeigeschreibens, § 331 I

Eine AIF-KVG, die beabsichtigt, Anteile oder Aktien an einem von ihr verwalteten inländischen Spezial-AIF oder eines EU-AIF in einem anderen Mitgliedstaat der EU oder einem Vertragsstaat des EWR zu vertreiben, hat dies der BaFin mit einem Anzeigeschreiben anzuzeigen. 6

§ 331 I 2 und 3 geben den Inhalt des Anzeigeschreibens vor. Sie setzen Art. 32 I, II der AIFM-RL um. Artikel 32 II UAbs. 2 verlangt, dass das Anzeigeschreiben die **Dokumentation und die Angaben gem. Anhang IV der AIFM-RL** umfassen muss. Dies wird in § 331 dadurch umgesetzt, dass zunächst auf die in § 321 I 2 geforderten Angaben und Unterlagen verwiesen wird und diese um Angaben zu den Vorkehrungen für den Vertrieb des angezeigten AIF und Angaben zu dem Mitgliedstaat der EU bzw. dem Vertragsstaat des EWR, in dem die Anteile oder Aktien an professionelle Anleger vertrieben werden sollen, ergänzt werden. Es sind daher der Geschäftsplan, die Anlagebedingungen, der Name der Verwahrstelle sowie eine Beschreibung des angezeigten AIF und alle für die Anleger verfügbaren Informationen über den angezeigten AIF sowie alle in § 307 I genannten weiteren Informationen für jeden angezeigten AIF einzureichen. Darüber hinaus sind Name und Anschrift derjenigen Stelle anzugeben, an die Gebühren durch die zuständigen Behörden des Aufnahmestaats in Rechnung gestellt werden können. Ebenso sind Angaben zu der Einrichtung, die für die Ausübung der in § 306a I genannten Aufgaben zuständig ist, einzureichen (vgl. Buchst. i, j des Anhangs IV der AIFM-RL, die mit Umsetzung der RL (EU) 2019/1160 zur Änderung der RL 2011/61/EU im Hinblick auf den grenzüberschreitenden Vertrieb zum 2.8.2021 neu aufgenommen wurden). 7

Bei einem Feeder-AIF sind Angaben zum Sitz des Master-AIF und seiner Verwaltungsgesellschaft erforderlich. Darüber hinaus müssen die Vorkehrungen zum Vertrieb und die Vorkehrungen zur Vermeidung des Vertriebs an Privatanleger dargestellt werden.

Das Anzeigeschreiben ist der BaFin in einer in internationalen Finanzkreisen gebräuchlichen Sprache einzureichen. Hierbei handelt es sich in erster Linie um die englische Sprache. Gleichwohl wird die BaFin Anzeigen auf Deutsch akzeptieren, wenn der entsprechende Aufnahmemitgliedstaat Deutsch als Hauptsprache kennt (zB Österreich, vgl. WBA/*Zeidler* § 331 Rn. 12). 8

Die BaFin hat ein Merkblatt für den Vertrieb von Anteilen oder Aktien an EU-AIF oder inländischen AIF, die durch eine AIF-KVG verwaltet werden, an professionelle Anleger in anderen Mitgliedstaaten der Europäischen Union oder in Vertragsstaaten des Abkommens über den Europäischen Wirtschaftsraum gem. § 331 herausgegeben (im Folgenden: **„BaFin-Merkblatt zu § 331 KAGB“**, Stand 1.10.2021). Das Merkblatt gibt eine grundsätzliche Beschreibung des elektronischen Anzeigeverfahrens und Hinweise zum Ausfüllen des Anzeigeschreibens und zum Umgang mit der Aktualisierung von Unterlagen. 9

Darüber hinaus hat die BaFin ein „**Muster-Anzeigeschreiben** auf der Grundlage von § 331 KAGB“ (sog. „Notification Letter“) erstellt und online zur Verfügung gestellt, das im Rahmen der Anzeige gem. § 331 zu verwenden ist (BaFin-Merkblatt zu § 331, VII.1). Das Musterschreiben enthält unter anderem Abschnitte zur AIF-KVG und zum AIF und gibt Pflichtfelder vor, die ausgefüllt oder angekreuzt werden müssen. So müssen beispielsweise bezüglich der Beschreibung des angezeigten AIF dessen Rechtsform sowie dessen LEI und ISIN/WKN, sofern vorhanden, angegeben werden, und es muss die Anlagestrategie des AIF in Anlehnung an die Vorgaben des Annex IV der Delegierten Verordnung (EU) Nr. 231/2013 beschrieben werden. 10

11 Dem Anzeigeschreiben ist eine von der BaFin erstellte „Checkliste auf der Grundlage von § 331 KAGB" beizulegen. In der Checkliste ist anzugeben, an welcher Stelle und in welchen der beigefügten Dokumenten die von Artikel 23 Abs. 1 AIFM-RL geforderten Informationen für Anleger enthalten sind.

11a Neben den aktuell (Stand August 2024) durch KAGB und BaFin vorgegebenen Inhalten des Anzeigeschreibens finden parallel auch die Regelungen der **DurchführungsVO (EU) 2024/913** auf Form und Inhalt des Anzeigeschreibens Anwendung.

11b Zum 14.4.2024 ist die Durchführungsverordnung (EU) 2024/913 zur Festlegung technischer Durchführungsstandards für die Anwendung der Richtlinie 2011/61/EU im Hinblick auf Form und Inhalt der Informationen, die zu den grenzüberschreitenden Tätigkeiten von Verwaltern alternativer Investmentfonds zu übermitteln sind („DurchführungsVO (EU) 2024/913"), in Kraft getreten.

11c Diese DurchführungsVO enthält Muster für Anzeigeschreiben, die eine EU-AIF-Verwaltungsgesellschaft zu verwenden hat, um die zuständigen Behörden ihres Herkunftsmitgliedstaats über den geplanten Vertrieb eines EU-AIF zu unterrichten. Gemäß Art. 1 II der DurchführungsVO ist danach das **Muster in Anhang II** zu verwenden, um die zuständigen Behörden über EU-AIF zu unterrichten, die eine EU-Verwaltungsgesellschaft **in anderen Mitgliedstaaten als ihrem Herkunftsmitgliedstaat** vertreiben möchte. Anhang II konkretisiert insoweit die Dokumentation und Angaben gem. Art. 32 II der AIFM-RL.

11d Die **DurchführungsVO gilt** ab dem 14.4.2024 **unmittelbar in jedem Mitgliedstaat der EU.** Daher hat auch eine AIF-KVG, die beabsichtigt, Anteile eines Spezial-AIF oder eines EU-AIF in einem EU-Mitgliedstaat zu vertreiben, das Anzeigeschreiben auf Basis des in Anhang II der DurchführungsVO enthaltenen Musters zu erstellen und mit den dort aufgeführten Anlagen bei der BaFin einzureichen. Der in § 33 I 2 enthaltene Verweis auf die Angaben gem. § 321 I 2 ist insoweit derzeit gegenstandslos. Das „Musteranzeigeschreiben der BaFin auf der Grundlage von § 331 KAGB" sowie die „Checkliste auf der Grundlage von § 331 KAGB" sollten damit ebenfalls bereits jetzt obsolet sein. Die Vorgaben der DurchführungsVO haben gegenüber etwaigen noch bestehenden nationalen Regelungen Vorrang.

11e Es wäre daher hilfreich, wenn die BaFin das Merkblatt zu § 331 KAGB (Stand 1.10.2021) entsprechend überarbeiten würde. Die Ausführungen in Ziff. IV.1 zweiter Bullet Point des Merkblatts, nach denen technische Durchführungsstandards gem. Art. 32 VIII der AIFM-RL seitens ESMA noch nicht erarbeitet wurden, sind überholt. ESMA hatte auf Grundlage von Art. 32 VIII AIFM-RL technische Durchführungsstandards entworfen, auf deren Basis die Europäische Kommission die DurchführungsVO (EU) 2024/913 veröffentlichte.

11f Das sog. FondsmarktstärkungsG (Referentenentwurf des Bundesministeriums der Finanzen vom 18.7.2024) wird vorsehen, den in § 331 I 2 enthaltenen Verweis auf § 321 I 2 zu streichen und durch einen Verweis auf Anhang II der DurchführungsVO zu ersetzen. Die geplanten Änderungen sollen am 16.4.2026 in Kraft treten.

11g Zur entsprechenden Anwendung der Durchführungsverordnung bei der Anzeige der Absicht des Vertriebs eines von einer AIF-KVG verwalteten inländischen Spezial-AIF oder eines EU-AIF im Inland → § 321 Rn. 21 ff.

12 Handelt es sich bei dem zum Vertrieb angezeigten AIF um einen **Feeder-AIF,** ist eine Anzeige gem. § 331 I nur zulässig, wenn der Master-AIF entweder ein EU-AIF oder ein inländischer AIF ist, der von einer EU-AIF-Verwaltungsgesell-

schaft oder von einer AIF-KVG verwaltet wird. Hierdurch wird Art. 32 I UAbs. 2 AIFM-RL umgesetzt. Handelt es sich bei dem Master-AIF um einen ausländischen AIF oder wird ein EU-Master-AIF oder ein inländischer Master-AIF von einer ausländischen AIF-Verwaltungsgesellschaft verwaltet, richtet sich das Anzeigeverfahren ab dem Zeitpunkt, auf den in § 295 II Nr. 1 verwiesen wird, nach § 332. Vor diesem Zeitpunkt gibt es keinen entsprechenden EU-Pass, und die Zulässigkeit des Vertriebs eines solchen Feeder-AIF richtet sich nach dem nationalen Recht der Aufnahmemitgliedstaaten (BT-Drs. 17/12294, 293 zu § 331).

III. Übermittlung des Anzeigeschreibens an die BaFin, § 331 II aF

§ 331 II aF regelte die Übermittlung des Anzeigeschreibens an die BaFin über deren Melde- und Veröffentlichungssystem und enthielt eine Ermächtigung zum Erlass näherer Bestimmungen über Art, Umfang und Form der einzureichenden Unterlagen und über die zulässigen Datenträger und Übertragungswege. Diese Regelungen wurden iRd FoStoG in § 7b überführt und § 331 II daher mWv 1.4.2023 aufgehoben (vgl. BT-Drs. 19/27631, 109). **13**

einstweilen frei **14–17**

IV. Vollständigkeitsprüfung der BaFin, § 331 III

Die BaFin hat zu prüfen, ob die ihr übermittelten Unterlagen vollständig sind, vgl. § 331 III iVm § 321 II 1. Fehlende Unterlagen kann sie als Ergänzungsanzeige anfordern. Die Ergänzungsanzeige ist ebenfalls über die MVP-Meldeplattform vorzunehmen, vgl. § 6 EAKAV. Sie ist der BaFin spätestens innerhalb von sechs Monaten nach der Erstattung der Anzeige bzw. einer vorherigen Ergänzungsanzeige einzureichen. Nach Ablauf dieser Frist wird die BaFin die ihr eingereichte Anzeige nicht mehr gem. § 331 IV an die zuständige Stelle des Aufnahmemitgliedstaats übermitteln. Die erneute Einreichung einer Anzeige zum beabsichtigten Vertrieb dieses AIF ist jedoch jederzeit möglich, vgl. § 331 III iVm § 321 II 6. **18**

V. Übermittlung der Anzeige an die zuständigen Behörden des Aufnahmemitgliedstaats, § 331 IV

Die BaFin prüft die ihr mit dem Anzeigeschreiben gem. § 331 I 2 eingereichten Angaben und Unterlagen. Sie prüft, ob **Anhaltspunkte** dafür vorliegen, **dass die AIF-KVG oder der von ihr zum Vertrieb angezeigte AIF gegen das KAGB oder die AIFM-RL verstoßen.** Die Angaben zu den Vorkehrungen für den Vertrieb und die Angaben zu den Vorkehrungen, die getroffen wurden, um zu verhindern, dass Anteile oder Aktien des angezeigten AIF an Privatanleger vertrieben werden, sind von der BaFin nicht zu prüfen, da diese Angaben gem. Art. 32 V AIFM-RL weiterhin den Rechtsvorschriften und der Aufsicht des Aufnahmemitgliedstaats des AIFM unterliegen. Die AIF-KVG hat sich diesbezüglich vor Erstattung der Anzeige über die Vertriebsabsicht selbstständig über die im Aufnahmemitgliedstaat geltenden Anforderungen zu informieren (BaFin-Merkblatt zu § 331, VII. 4.). **19**

Die BaFin hat das Anzeigeschreiben **spätestens 20 Arbeitstage nach dem Eingang der vollständigen Anzeigeunterlagen** an die zuständigen Stellen des Aufnahmemitgliedstaats zu übermitteln. Diesen Unterlagen hat die BaFin eine Be- **20** scheinigung beizufügen, dass die AIF-KVG über die Erlaubnis zur Verwaltung von AIF mit einer bestimmten Anlagestrategie verfügt. Die Bescheinigung ist in einer in internationalen Finanzkreisen gebräuchlichen Sprache auszustellen, § 331 IV 2.

VI. Mitteilung zur Aufnahme des Vertriebs, § 331 V

21 Die BaFin hat die AIF-KVG unverzüglich – dh ohne schuldhaftes Zögern – über die Übermittlung der Unterlagen an die zuständige Stelle des Aufnahmemitgliedstaats zu unterrichten. **Ab dem Datum der Mitteilung** kann die AIF-KVG mit dem Vertrieb der Anteile oder Aktien des angezeigten AIF in dem betreffenden Mitgliedstaat beginnen.

22 Hat die AIF-KVG einen EU-AIF zum Vertrieb in einem EU-Mitgliedstaat angezeigt, dessen Sitz nicht mit dem EU-Mitgliedstaat identisch ist, in dem der Vertrieb von Anteilen oder Aktien dieses AIF an professionelle Anleger erfolgen soll, hat die BaFin auch die zuständigen Behörden des Sitzstaates des EU-AIF darüber zu informieren, dass die AIF-KVG mit dem Vertrieb von Anteilen dieses AIF an professionelle Anleger in einem anderen Mitgliedstaat der EU oder in einem anderen Vertragsstaat des Abkommens über den EWR beginnen kann.

VII. Verstoß gegen die Vorgaben des KAGB oder der AIFM-RL, § 331 VI

23 Wie bereits ausgeführt, prüft die BaFin anhand des eingereichten Anzeigeschreibens, ob die AIF-KVG oder die Verwaltung des angezeigten AIF durch die AIF-KVG gegen Vorschriften des KAGB oder der AIFM-RL verstößt. Kommt die BaFin zu dem Ergebnis, dass ein Verstoß vorliegt, wird sie die ihr eingereichten Unterlagen nicht an die zuständige Behörde des Aufnahmemitgliedstaats weiterleiten. In diesem Fall teilt die BaFin der AIF-KVG dies **innerhalb der Frist von 20 Arbeitstagen** nach Eingang der vollständigen Anzeigeunterlagen unter Angabe der Gründe mit. Sollte die BaFin die Übermittlung geänderter Angaben oder Unterlangen anfordern, beginnt mit Einreichung dieser Angaben und Unterlagen die Frist von 20 Arbeitstagen erneut. Die BaFin ist jedoch nicht verpflichtet, die gesetzlichen Bearbeitungsfristen auszuschöpfen (BaFin-FAQ zum Vertrieb, Ziff. 2.1.3).

VIII. Wesentliche Änderungen der übermittelten Angaben, § 331 VII–IX

24 Die AIF-KVG hat der BaFin **wesentliche Änderungen der ihr nach § 331 I eingereichten Angaben und Unterlagen** mitzuteilen. Dabei ist zwischen geplanten und ungeplanten Änderungen zu differenzieren. Geplante Änderungen sind mindestens einen Monat vor Durchführung der Änderung mitzuteilen, ungeplante Änderungen unverzüglich nach ihrem Eintreten, vgl. § 331 VII 1 und 2. Wie bereits im Rahmen von § 321 IV hat die AIF-KVG mangels gesetzlicher oder aufsichtsrechtlicher Präzisierung selbst zu entscheiden, ob eine Änderung wesentlich oder unwesentlich ist. Die Änderungen sind gem. § 331 VII 1 in Textform mitzuteilen. Unter Textform versteht die BaFin, dass die Mitteilung der Änderung per normaler Post oder per E-Mail erfolgen kann (vgl. BaFin-Merkblatt zu § 331, Ziff. VI.2). Wird die Änderung per E-Mail mitgeteilt, ist diese an das E-Mail-Postfach „AIF-update@bafin.de" zu senden. Die technischen Rahmenbedingungen

zur Versendung dieser E-Mail werden im BaFin-Merkblatt näher erläutert (vgl. BaFin-Merkblatt zu § 331, Ziff. VI.2).

Wie sich aus § 5 II Nr. 3 EAKAV und dem „Muster-Anzeigeschreiben auf der Grundlage von § 331 KAGB" der BaFin ergibt, ist – obwohl in § 331 I nicht ausdrücklich erwähnt – auch der **Jahresbericht** des angezeigten AIF im Rahmen der Anzeige der Absicht des Vertriebs von Anteilen oder Aktien eines EU-AIF oder eines inländischen AIF in einem EU-Mitgliedstaat oder einem anderen Vertragsstaat des EWR an professionelle Anleger bei der BaFin einzureichen. Daher stellt sich die Frage, ob nach Einreichung einer Vertriebsanzeige jeder Jahresbericht, der nach dem Ende eines Geschäftsjahres für den Spezial-AIF bzw. den EU-AIF erstellt wird, der BaFin im Rahmen einer Änderungsanzeige einzureichen ist. Dies wäre dann der Fall, wenn in dem jeweiligen Jahresbericht regelmäßig wesentliche Änderungen gegenüber dem ursprünglich eingereichten Jahresbericht enthalten wären. Dies ist jedoch nicht bereits dadurch gegeben, dass sich die Vermögensaufstellung der zum Sondervermögen gehörenden Vermögensgegenstände ändert. Solange sich die Anlagebedingungen des AIF nicht wesentlich ändern, ist davon auszugehen, dass sich auch der Inhalt des Jahresberichts des AIF nicht wesentlich ändert. Daher muss grds. nicht jeder Jahresbericht eines Spezial-AIF oder eines EU-AIF im Rahmen einer Änderungsanzeige gem. § 331 VII bei der BaFin eingereicht werden. 25

Die BaFin hat ihr eingereichte Änderungsmitteilungen daraufhin zu überprüfen, ob die Änderung dazu führt, dass die AIF-KVG oder die Verwaltung des angezeigten AIF durch die AIF-KVG nunmehr gegen die Vorschriften des KAGB oder aufgrund des KAGB erlassenen Bestimmungen verstößt. Die Prüfung der BaFin erstreckt sich nicht auf die geänderten Angaben zu den Vorkehrungen zum Vertrieb und den Vorkehrungen zur Vermeidung des Vertriebs an Privatanleger. Die BaFin wird diese Änderungen an die zuständige Stelle des Aufnahmemitgliedstaats zur Prüfung weiterleiten. Sofern die BaFin im Rahmen der Prüfung einer ihr eingereichten Änderungsmitteilung, mit der eine AIF-KVG eine **geplante Änderung** ankündigt, zu dem Ergebnis kommt, dass die Zulässigkeit dieser Änderung nicht gegeben ist, teilt sie dies der AIF-KVG **innerhalb von 15 Arbeitstagen** nach Eingang der vollständigen Unterlagen mit, § 331 VII 3. 26

Nimmt die AIF-KVG dessen ungeachtet ihre geplante Änderung vor oder führt sie eine ungeplante Änderung durch, die nach Auffassung der BaFin gegen das KAGB oder eine aufgrund des KAGB erlassene Bestimmung verstößt, ist die BaFin dazu berechtigt, alle geeigneten Maßnahmen einschließlich der Untersagung des Vertriebs vorzunehmen, § 331 VIII. Hierüber wird sie die zuständige Behörde des Aufnahmemitgliedstaats unverzüglich in Kenntnis setzen. 27

Liegen keine Anhaltspunkte vor, dass die AIF-KVG oder die Verwaltung des angezeigten AIF durch die AIF-KVG durch die Änderung gegen die Vorschriften des KAGB oder aufgrund des KAGB erlassener Bestimmungen verstoßen oder verstoßen werden, **unterrichtet die BaFin die zuständigen Stellen des Aufnahmemitgliedstaats innerhalb eines Monats** über diese Änderungen, § 331 IX. Anders als § 331 V sieht § 331 IX eine Information der AIF-KVG durch die BaFin in diesem Fall nicht vor. 28

§ 331a Widerruf des Vertriebs von EU-AIF oder inländischen AIF in anderen Staaten des Abkommens über den Europäischen Wirtschaftsraum

(1) Eine AIF-Kapitalverwaltungsgesellschaft kann den Vertrieb von Anteilen oder Aktien einiger oder aller von ihr verwalteten EU-AIF oder inländischen AIF in einem Staat, für den eine Anzeige gemäß § 331 erfolgt ist, widerrufen, sofern alle nachstehend aufgeführten Voraussetzungen erfüllt sind:

1. es ist ein Pauschalangebot zum Rückkauf oder zur Rücknahme – ohne Gebühren oder Abzüge – sämtlicher derartiger AIF-Anteile, die von Anlegern in diesem Staat gehalten werden, außer im Fall von geschlossenen AIF und von durch die Verordnung (EU) 2015/760 des Europäischen Parlaments und des Rates regulierten Fonds, abgegeben worden, das für die Dauer von mindestens 30 Arbeitstagen öffentlich zugänglich und individuell – direkt oder über Finanzintermediäre – an die Anleger in diesem Staat gerichtet ist, deren Identität bekannt ist;

2. die Absicht, den Vertrieb von Anteilen einiger oder aller ihrer AIF in diesem Staat zu widerrufen, ist mittels eines allgemein verfügbaren Mediums, einschließlich elektronischer Mittel, das für den Vertrieb von AIF üblich und für einen typischen AIF-Anleger geeignet ist, bekannt gemacht worden;

3. vertragliche Vereinbarungen mit Finanzintermediären oder Vertretern sind mit Wirkung vom Datum des Widerrufs geändert oder beendet worden, um jedes neue oder weitere unmittelbare oder mittelbare Anbieten oder Platzieren der in dem Anzeigeschreiben gemäß Absatz 3 genannten Anteile zu verhindern.

(2) Ab dem in Absatz 1 Nummer 3 genannten Datum darf die AIF-Kapitalverwaltungsgesellschaft in dem Staat, für den diese eine Anzeige gemäß Absatz 3 übermittelt hat, weder unmittelbar noch mittelbar einen Anteil des von ihr verwalteten AIF anbieten oder platzieren.

(3) Die AIF-Kapitalverwaltungsgesellschaft übermittelt ein Anzeigeschreiben mit den in Absatz 1 Nummer 1 bis 3 genannten Informationen an die Bundesanstalt.

(4) [1]Die Bundesanstalt prüft, ob das von der AIF-Kapitalverwaltungsgesellschaft übermittelte Anzeigeschreiben vollständig ist. [2]Spätestens 15 Arbeitstage nach Eingang eines vollständigen Anzeigeschreibens leitet die Bundesanstalt dieses Anzeigeschreiben an die zuständigen Behörden des in der Anzeige gemäß Absatz 3 genannten Staats sowie an die Europäische Wertpapier- und Marktaufsichtsbehörde weiter. [3]Die Bundesanstalt unterrichtet die AIF-Kapitalverwaltungsgesellschaft unverzüglich von der Weiterleitung des Anzeigeschreibens nach diesem Absatz.

(5) Für die Dauer von 36 Monaten ab dem Datum gemäß Absatz 1 Nummer 3 darf die AIF-Kapitalverwaltungsgesellschaft in dem in der Anzeige gemäß Absatz 3 genannten Staat kein Pre-Marketing für die betroffenen Anteile oder für vergleichbare Anlagestrategien oder Anlagekonzepte betreiben.

(6) [1]**Ab dem Datum des Widerrufs hat die AIF-Kapitalverwaltungsgesellschaft den Anlegern, die ihre Investitionen in den EU-AIF beibehalten, sowie der Bundesanstalt die gemäß § 307 Absatz 1 und § 308 Absatz 1 und 3 Satz 1 erforderlichen Informationen bereitzustellen.** [2]**Für die Zwecke von Satz 1 kann die AIF-Kapitalverwaltungsgesellschaft elektronische oder sonstige Mittel für die Fernkommunikation nutzen.**

(7) **Die Bundesanstalt übermittelt den zuständigen Behörden des in der Anzeige gemäß Absatz 3 genannten Staates Angaben zu jedweder Änderung an den in § 321 Absatz 1 Satz 2 Nummer 2 bis 6 genannten Unterlagen und Angaben.**

I. Allgemeines

1 Die Vorschrift ist Bestandteil der Regelungen in §§ 331–335 zum EU-Vertriebspass nach der AIFM-RL beim sog. „Outgoing-Vertrieb", dh beim Vertrieb einer AIF-KVG in anderen EU-Mitgliedsstaaten und EWR-Staaten (vgl. → § 331 Rn. 2). Sie legt fest, wie eine AIF-KVG den nach § 331 angezeigten Vertrieb von EU-AIF oder inländischen AIF in anderen EU-Mitgliedstaaten oder EWR-Vertragsstaaten widerrufen und damit die einhergehenden Pflichten (zB Einhaltung der nationalen Vertriebsvorschriften, Zahlung von laufenden Gebühren, Mitteilung von Änderungen der angezeigten Informationen über die BaFin im zwischenbehördlichen Verfahren) beenden kann. Sie setzt damit Art. 32a AIFM-RL um, der nachträglich durch Richtlinie 2019/1160 (sog. „Cross-Border Distribution-RL") in die AIFM-RL eingeführt wurde, um die bis dahin in den Mitglieds- bzw. Vertragsstaaten unterschiedliche Handhabung der freiwilligen Vertriebseinstellung zu vereinheitlichen (ErwGr. 7 Cross-Border Distribution-RL).

2 Die Widerrufsanzeige nach § 331a bildet das Gegenstück zur Vertriebsanzeige nach § 331 (EDD/*Druckenbrodt* KAGB § 331a Rn. 1) und hat daher denselben Anwendungsbereich. Wie § 331 betrifft § 331a ausschließlich den Vertrieb inländischer AIF (§ 1 III, VII) und EU-AIF (§ 1 III, VIII), die durch eine (inländische) AIF-KVG (§ 1 XVI) verwaltet werden, an professionelle Anleger (vgl. → § 331 Rn. 5). Für den Widerruf des nach § 312 angezeigten Outgoing-Vertriebs inländischer OGAW vgl. § 313a; für den Widerruf beim sog. „Incoming-Vertrieb", dh Vertrieb von inländischen oder EU-AIF und -OGAW durch eine EU-Verwaltungsgesellschaft in Deutschland vgl. § 295a. Anders als beim Widerruf des Vertriebs von OGAW nach § 295a und § 313a ist es nicht möglich, den Vertrieb einzelner Anteilklassen eines inländischen AIF oder EU-AIF zu widerrufen. Ein Widerruf ist nur für den gesamten inländischen AIF oder EU-AIF möglich. Dies ergibt sich unmittelbar aus der Cross-Border Distribution-RL, ein sachlicher Grund für diese Differenzierung ist nicht ersichtlich. Die BaFin hat in ihrem „Merkblatt (2013) für den Vertrieb von Anteilen oder Aktien an EU-AIF oder inländischen AIF, die durch eine AIF-Kapitalverwaltungsgesellschaft verwaltet werden, an professionelle Anleger in anderen Mitgliedstaaten der Europäischen Union oder in Vertragsstaaten des Abkommens über den Europäischen Wirtschaftsraum gemäß § 331 Kapitalanlagegesetzbuch (KAG)" („BaFin-Merkblatt zu § 331"), zuletzt geändert am 1.10.2021, Ziffer VII. 9., die gesetzlichen Vorgaben hinsichtlich des Widerrufverfahrens konkretisiert.

II. Inhaltliche Voraussetzungen für den Widerruf des Vertriebs (Abs. 1)

3 Absatz 1 nennt für den Widerruf des Vertriebs drei inhaltliche Voraussetzungen, die kumulativ vorliegen müssen. Nach Nr. 1 muss ein Pauschalangebot zum Rückkauf oder Rücknahme aller Anteile, die von Anlegern in dem vom Widerruf erfassten EU-Mitgliedsstaat gehalten werden, abgegeben werden. Der Rückkauf oder die Rücknahme dürfen für die Anleger nicht mit Gebühren oder Abzügen verbunden sein, da der Widerruf für die Anleger weder zu Kosten noch zu einem verringerten Schutzniveau führen soll (ErwGr. 8 Cross-Border Distribution-RL). In der Regel muss das Pauschalangebot daher dem Nettoinventarwert des inländischen AIF oder EU-AIF entsprechen, der nach den anwendbaren Vorschriften des KAGB bzw. des nationalen Rechts des Herkunftsmitgliedstaats des EU-AIF berechnet wird. Regelungen in der Fondsdokumentation, die zu einem Abzug führen (zB Rücknahmeabschläge, Swing Pricing oder sonstige Abschläge wegen vorzeitigem Ausstieg), dürften nicht anwendbar sein (vgl. AWZ/*Eberlein* KAGB § 331 a Rn. 7). Das Pauschalangebot muss für mindestens 30 Arbeitstage öffentlich zugänglich sein. Die BaFin versteht darunter insb. die Bekanntgabe auf der Internetseite der AIF-KVG und des Finanzintermediärs oder die Bekanntmachung im Bundesanzeiger (BaFin-Merkblatt zu § 331, Ziffer VII. 9). Darüber hinaus muss das Pauschalangebot individuell an alle Anleger in dem Vertriebsstaat gerichtet werden, deren Identität bekannt ist. Dies kann direkt oder über Finanzintermediäre erfolgen, die genaue Art und Weise ist jedoch nicht festgelegt. Vermutlich kann dies über die in der Fondsdokumentation festgelegten Kommunikationswege erfolgen (zB per E-Mail oder Brief). Anders als bei § 295 a ist nicht erforderlich, dass das Pauschalangebot in deutscher Sprache bereitgestellt wird (AWZ/*Eberlein* KAGB § 331 a Rn. 7). Aus Anlegerschutzgesichtspunkten dürfte es ratsam sein, das Pauschalangebot in derselben Sprache zu verfassen, in der die Anlegerinformationen nach Art. 22 und 23 AIFM-RL den Anlegern im betreffenden EU-Mitgliedsstaat zur Verfügung gestellt werden. Keine Pflicht zur Abgabe eines Pauschalangebots besteht für geschlossene AIF (§ 1 V) sowie für sog. „European Long-Term Investment Funds" (ELTIF), die den Anforderungen der Verordnung (EU) 2015/760 entsprechen (diese sind ebenfalls geschlossene AIF). In Nr. 1 wird erstmals der Begriff „Finanzintermediär" verwendet, der auf die Cross-Border Distribution-RL zurückgeht und im Übrigen weder in der AIFM-RL noch in den OGAW-RL verwendet wird. Es gibt keine Definition oder Erläuterung, daher kann der Begriff nur aus dem Zusammenhang heraus ausgelegt werden. Vermutlich sind hier Vertriebspartner der AIF-KVG gemeint, die im Rahmen der Finanzmarktregulierung als Anlagevermittler oder Anlageberater tätig werden.

4 Nummer 2 verlangt, dass die Widerrufsabsicht mittels eines allgemein verfügbaren Mediums öffentlich bekannt gemacht worden ist. Die Vorschrift stellt ausdrücklich klar, dass darunter auch elektronische Mittel fallen. Das Medium muss für den Vertrieb von AIF üblich und für einen typischen AIF-Anleger geeignet sein. Wie beim Pauschalangebot versteht die BaFin hierunter insb. eine Veröffentlichung auf der Internetseite der AIF-KVG und des Finanzintermediärs oder die Bekanntmachung im Bundesanzeiger (BaFin-Merkblatt zu § 331, Ziffer VII. 9).

5 Nach Nr. 3 muss die AIF-KVG vertragliche Vereinbarungen mit Finanzintermediären oder Vertretern angepasst oder beendet haben, um jedes neue oder weitere unmittelbare oder mittelbare Anbieten oder Platzieren der vom Widerruf erfassten Aktien oder Anteile an inländischen AIF oder EU-AIF im betreffenden EU-Mit-

gliedsstaat zu verhindern. Vertriebsvereinbarungen zu diesen Aktien oder Anteilen müssen also entweder vollständig beendet werden oder so angepasst werden, dass die Vertriebspartner nicht mehr berechtigt sind, diese im betreffenden EU-Mitgliedsstaat zu vertreiben. Die Änderungen oder die Beendigung der Verträge muss mit Wirkung zum Datum des Widerrufs erfolgen. Hierzu enthält Nr. 3 keine weiteren Informationen, aber aus dem Zusammenspiel zwischen Nr. 3, Abs. 2 und Abs. 3 lässt sich schließen, dass dies der Zeitpunkt ist, den die AIF-KVG in ihrem Anzeigeschreiben an die BaFin angibt (vgl. → Rn. 6). Neben den Finanzintermediär tritt in dieser Ziffer noch der „Vertreter", ebenfalls ein Begriff, der im Rahmen des KAGB, der AIFM-RL und den OGAW-RL nicht in ähnlichem Kontext verwendet wird. Vermutlich sind damit Stellen gemeint, die die AIF-KVG beim Vertrieb vertreten, ohne Finanzintermediäre zu sein, was sich aber angesichts der unklaren Begrifflichkeiten nicht wirklich voneinander abgrenzen lässt. Von der Zielrichtung der Vorschrift her sollen vermutlich sämtliche Vertriebspartner und beim Vertrieb eingesetzte Personen, die nicht bei der AIF-KVG tätig sind, erfasst sein.

III. Anzeige- und Prüfungsverfahren (Abs. 3, Abs. 4)

Die Übermittlung des nach Abs. 3 erforderlichen Anzeigeschreibens an die BaFin kann per Post, per E-Mail oder über die Melde- und Veröffentlichungsplattform der BaFin erfolgen (BaFin-Merkblatt zu § 331, Ziffer VII. 9). Auch ohne ausdrückliche Erwähnung setzt § 331 a voraus, dass in dem Anzeigeschreiben das Datum des Widerrufs, der EU-Mitgliedsstaat, auf den sich der Widerruf bezieht, und der vom Widerruf betroffene inländische AIF oder EU-AIF angegeben werden (vgl. Abs. 1 Nr. 3, Abs. 2, Abs. 4 S. 2, Abs. 5). In der Anzeige müssen Angaben zur Erfüllung der in → Rn. 3 ff. genannten Voraussetzungen gemacht werden. Bezüglich Abs. 1 Nr. 1 (Abgabe eines Pauschalangebots) verlangt die BaFin die Angabe, wie (direkt oder ggf. über welche Finanzintermediäre) das Pauschalangebot unter Einhaltung der in → Rn. 3 genannten Bedingungen öffentlich zugänglich gemacht und individuell abgegeben wurde. Zum Nachweis der Voraussetzungen nach Abs. 1 Nr. 2 (Bekanntmachung Vertriebswiderruf) ist in der Anzeige anzugeben, mit welchem allgemein verfügbaren und geeigneten Medium (vgl. → Rn. 4) die Absicht des Vertriebswiderrufs bekannt gemacht worden ist. Zum Nachweis der Voraussetzungen nach Abs. 1 Nr. 3 (Unterbindung des weiteren Vertriebs) fordert die BaFin lediglich eine Bestätigung, dass betreffende vertragliche Vereinbarungen geändert oder beendet wurden (vgl. → Rn 5), weitere Nachweise sind nicht erforderlich (BaFin-Merkblatt zu § 331, Ziffer VII. 9). 6

Die BaFin prüft nach Abs. 4 S. 1 zunächst die Vollständigkeit des Anzeigeschreibens. Bei Vollständigkeit leitet sie das Anzeigeschreiben gem. S. 2 innerhalb von 15 Arbeitstagen nach Eingang der Anzeige an die zuständige Behörde des in der Widerrufsanzeige genannten EU-Mitgliedsstaats sowie an die ESMA weiter. Die BaFin muss die AIF-KVG hierüber gem. S. 3 unverzüglich informieren. Absatz 7 verpflichtet die BaFin, die zuständigen Behörden des in der Widerrufsanzeige genannten EU-Mitgliedsstaats weiterhin über den vom Widerruf betroffenen inländischen AIF oder EU-AIF zu informieren. Die BaFin muss diesen Behörden sämtliche Änderungen an den in § 321 I 2 Nr. 2–6 genannten Unterlagen und Angaben übermitteln (Anlagebedingungen/Satzung/Gesellschaftsvertrag, Name der Verwahrstelle, Beschreibung des AIF und Anlegerinformationen). Vermutlich soll so der Informationsfluss sichergestellt werden, da die AIF-KVG nicht mehr den 7 nationalen Vertriebsvorschriften des in der Widerrufsanzeige genannten EU-Mitgliedsstaats unterliegt. Die Verpflichtung ist ihrem Wortlaut nach zeitlich nicht begrenzt, ergibt aber natürlich nur Sinn, solange es im betreffenden Mitgliedsstaat noch Anleger des vom Widerruf betroffenen inländischen AIF oder EU-AIF gibt.

IV. Rechtsfolgen des Widerrufs

8 Absatz 2 enthält ein an die AIF-KVG adressiertes Vertriebsverbot bezüglich des vom Widerruf betroffenen inländischen oder EU-AIF. Die AIF-KVG darf diesen AIF ab dem Datum des Widerrufs in dem Mitgliedsstaat, für den die Widerrufsanzeige übermittelt wurde, nicht mehr anbieten oder platzieren – weder unmittelbar noch mittelbar. Damit orientiert sich das Vertriebsverbot an der Definition von „Vertrieb“ aus der AIFM-RL, die in § 293 I 1 umgesetzt worden ist. Absatz 5 untersagt der AIF-KVG darüber hinaus ab dem Datum des Widerrufs für die Dauer von 36 Monaten, in dem vom Widerruf betroffenen EU-Mitgliedsstaat Pre-Marketing iSd § 306b zu betreiben. Die Pre-Marketing-Untersagung erstreckt sich nach der Vorschrift nicht nur auf die vom Widerruf betroffenen, bisher vertriebenen Anteile an inländischen oder EU-AIF, sondern auch auf vergleichbare Anlagestrategien und Konzepte. Die Begriffe „vergleichbare Anlagestrategien oder Anlagekonzepte“ sind gesetzlich nicht definiert und bisher von der BaFin nicht öffentlich konkretisiert worden. Daher besteht das Risiko, nach einem Widerruf auch mit anderen AIF für einen relativ langen Zeitraum vom Pre-Marketing in dem vom Widerruf betroffenen EU-Mitgliedsstaat ausgeschlossen zu sein. Möglich ist dann nur eine erneute vollständige Vertriebsanzeige nach § 331 (vgl. EDD/*Druckenbrodt* KAGB § 331a Rn. 9). Je nach Geschäftsmodell der AIF-KVG kann dies eine erhebliche Einschränkung darstellen und verringert die Attraktivität der Widerrufsmöglichkeit (vgl. AWZ/*Eberlein* KAGB § 331a Rn. 11).

9 Absatz 6 sieht die für die AIF-KVG auch nach dem Datum des Widerrufs weiterlaufende Informationspflichten vor. Den verbliebenen Anlegern des vom Widerruf betroffenen inländischen AIF oder EU AIF im vom Widerruf betroffenen EU-Mitgliedsstaat (die das Pauschalangebot nicht angenommen haben) und der BaFin müssen die nach § 307 I und § 308 I, III 1 KAGB erforderlichen Informationen bereitgestellt werden. Dies kann nach S. 2 über alle elektronischen oder sonstigen Mittel der Fernkommunikation geschehen. Absatz 6 erwähnt hier nur EU-AIF, woraus geschlossen werden könnte, dass es für inländische AIF mit Anlegern in anderen EU-Mitgliedsstaaten keine weiterlaufenden Informationspflichten gibt. Nach dem Wortlaut in Art. 32a IV AIFM-RL (der hier ungeprüft übernommen wurde), müssen die Informationen nur für EU-AIF iSd AIFM-RL bereitgestellt werden. Das sind alle AIF, deren Herkunftsstaat ein EU-Mitgliedsstaat ist und dazu gehören auch inländische AIF. Die der Regelung zugrundeliegende Definition aus der AIFM-RL geht daher über § 1 III, VIII hinaus.

§ 332 Anzeigepflicht einer AIF-Kapitalverwaltungsgesellschaft beim Vertrieb von ausländischen AIF oder von inländischen Feeder-AIF oder EU-Feeder-AIF, deren jeweiliger Master-AIF kein EU-AIF oder inländischer AIF ist, der von einer EU-AIF-Verwaltungsgesellschaft oder einer AIF-Kapitalverwaltungsgesellschaft verwaltet wird, an professionelle Anleger in anderen Mitgliedstaaten der Europäischen Union oder in anderen Vertragsstaaten des Abkommens über den Europäischen Wirtschaftsraum

(1) **Der Vertrieb von Anteilen oder Aktien an ausländischen AIF und von Anteilen oder Aktien an inländischen Feeder-AIF oder EU-Feeder-AIF, deren jeweiliger Master-AIF kein EU-AIF oder inländischer AIF ist, der von einer EU-AIF-Verwaltungsgesellschaft oder einer AIF-Kapitalverwaltungsgesellschaft verwaltet wird, an professionelle Anleger in anderen Mitgliedstaaten der Europäischen Union oder in anderen Vertragsstaaten des Abkommens über den Europäischen Wirtschaftsraum durch eine AIF-Kapitalverwaltungsgesellschaft ist nur zulässig, wenn die in § 322 Absatz 1 genannten Voraussetzungen gegeben sind.**

(2) [1]**Beabsichtigt eine AIF-Kapitalverwaltungsgesellschaft, Anteile oder Aktien an einem von ihr verwalteten AIF im Sinne von Absatz 1 Satz 1 in einem anderen Mitgliedstaat der Europäischen Union oder in einem anderen Vertragsstaat des Abkommens über den Europäischen Wirtschaftsraum an professionelle Anleger zu vertreiben, so hat sie dies der Bundesanstalt in einer in internationalen Finanzkreisen gebräuchlichen Sprache anzuzeigen.** [2]**Das Anzeigeschreiben muss die in § 322 Absatz 2 Satz 2 geforderten Angaben und Unterlagen in jeweils geltender Fassung enthalten.**

(3) **§ 331 Absatz 2 bis 9 ist mit der Maßgabe entsprechend anzuwenden,**
1. **dass die Bundesanstalt im Rahmen von § 331 Absatz 5 zusätzlich der Europäischen Wertpapier- und Marktaufsichtsbehörde mitteilt, dass die AIF-Kapitalverwaltungsgesellschaft mit dem Vertrieb von Anteilen oder Aktien des angezeigten AIF an professionelle Anleger im Aufnahmemitgliedstaat der AIF-Kapitalverwaltungsgesellschaft beginnen kann,**
2. **dass die Bundesanstalt bei einer zulässigen Änderung nach § 331 Absatz 9 zusätzlich unverzüglich die Europäische Wertpapier- und Marktaufsichtsbehörde zu benachrichtigen hat, soweit die Änderungen die Beendigung des Vertriebs von bestimmten AIF oder zusätzlich vertriebenen AIF betreffen.**

I. Einleitung

§ 332 stellt einen Anwendungsfall des ausgehenden Drittstaaten-EU-Vertriebspasses dar (vgl. WBA/*Zeidler* § 332 Rn. 1). Dabei umfasst die Vorschrift verschiedene Vertriebskonstellationen. Zum einen normiert sie den beabsichtigten Vertrieb einer AIF-KVG von Anteilen oder Aktien an ausländischen AIF an professionelle Anleger in anderen EU-/EWR-Mitgliedstaaten. Zum anderen regelt die Vorschrift bestimmte Master-Feeder-Strukturen mit Drittstaatenbezug, namentlich wenn Anteile an einem Feeder-AIF an professionelle Anleger in anderen EU-/EWR-Mitgliedstaaten vertrieben werden sollen, deren Master-AIF nicht von einer EU-AIF-Verwaltungsgesellschaft oder AIF-KVG verwaltet wird (es sich also um einen Dritt- 1 staaten-Master-AIF handelt). Die mit der Regelung in § 332 korrespondierende Vorschrift ist § 324, die den eingehenden Vertrieb entsprechender AIF durch EU-AIF-Verwaltungsgesellschaften regelt. § 332 dient der Umsetzung von Art. 35 AIFM-RL in deutsches Recht (BT-Drs. 17/12294, 294).

II. Anwendungsbereich der Norm

2 **1. Sachlicher Anwendungsbereich.** Die Norm statuiert eine Anzeigepflicht im Falle des beabsichtigten Vertriebs von Anteilen oder Aktien bestimmter AIF an professionelle Anleger in anderen EU-/EWR-Mitgliedstaaten. Adressat der Vorschrift sind AIF-KVG. Der Vertrieb an semiprofessionelle Anleger wird nicht von der Norm erfasst. Diese gelten als Kleinanleger, an die ein Vertrieb nur nach den Bedingungen erfolgen kann, die das nationale Recht des jeweiligen Aufnahmemitgliedstaats vorsieht. § 332 kann insofern keine diesbezüglichen Regelungen statuieren.

3 **2. Zeitlicher Anwendungsbereich.** § 332 zählt zu den Vertriebsvorschriften, die nicht mit Inkrafttreten des KAGB, sondern erst ab dem in dem nach Art. 67 VI AIFM-RL zu erlassenen delegierten Rechtsakt genannten Zeitpunkt Anwendung finden. Der Erlass dieses delegierten Rechtsakts war für das Jahr 2015 beabsichtigt (vgl. Erwägungsgrund 4 der AIFM-RL), ist in diesem Jahr aber nicht erfolgt. Dementsprechend enthält das von der BaFin herausgegebene Schreiben „Häufige Fragen zum Vertrieb und Erwerb von Investmentvermögen nach dem KAGB" vom 4.7.2013, zuletzt geändert am 5.7.2022 zu dieser Vorschrift keine inhaltlichen Ausführungen. Der voraussichtliche Zeitpunkt des Erlasses des delegierten Rechtsakts ist derzeit nicht bekannt.

III. Vertriebsvoraussetzungen

4 Für den Vertrieb müssen die in § 322 I genannten Voraussetzungen erfüllt sein. Ein Vertrieb ist danach nur zulässig, wenn (1) geeignete Vereinbarungen zwischen der BaFin und den Aufsichtsbehörden des Drittstaats bestehen, die einen effizienten Informationsaustausch gewährleisten und die es der BaFin ermöglichen, ihre Aufgaben gem. der AIFM-RL wahrzunehmen, (2) der Drittstaat, in dem der ausländische AIF seinen Sitz hat, nicht auf der Liste der nicht kooperativen Staaten und Gebiete steht, die von der Arbeitsgruppe „Finanzielle Maßnahmen gegen Geldwäsche und Terrorismusfinanzierung" (FATF) stehen, (3) der betreffende Drittstaat mit der Bundesrepublik Deutschland ein Abkommen zur Vermeidung der Doppelbesteuerung gem. Art. 26 des OECD-Musterabkommens abgeschlossen hat und ein wirksamer Informationsaustausch über Steuerangelegenheiten gewährleistet ist, und (4) die ausländische AIF-Verwaltungsgesellschaft bei der Verwaltung des ausländischen AIF abweichend von § 55 I Nr. 1 alle der AIFM-RL für diese AIF festgelegten Anforderungen erfüllt. Im Hinblick auf Master-Feeder-Konstruktionen ist die Norm so zu verstehen, dass der Vertrieb von Anteilen an EU-Feeder-AIF oder inländischen Feeder-AIF, deren jeweiliger Master- AIF kein EU-AIF oder inländischer AIF ist, der von einer EU-AIF-Verwaltungsgesellschaft oder einer AIF-KVG verwaltet wird, an professionelle Anleger nur zulässig sein soll, wenn die Voraussetzungen von § 322 I in Bezug auf den Master-AIF erfüllt sind (BT-Drs. 17/12294, 294). Ansonsten bestehen diesbezüglich keine Besonderheiten. Auf die dortige Kommentierung wird daher verwiesen.

IV. Anzeigeverfahren

Beabsichtigt eine AIF-KVG, Anteile oder Aktien an einem von ihr verwalteten AIF iSv Abs. 1 S. 1 in einem anderen Mitgliedstaat der EU oder in einem anderen Vertragsstaat des Abkommens über den Europäischen Wirtschaftsraum an professionelle Anleger zu vertreiben, so hat sie dies der BaFin in einer in internationalen Finanzkreisen gebräuchlichen Sprache (derzeit Englisch) anzuzeigen (§ 332 II 1). Das Anzeigeschreiben muss nach § 332 II 2 die in § 322 II 2 geforderten Angaben und Unterlagen in jeweils geltender Fassung enthalten, der wiederum auf § 321 I 2 verweist. Das Anzeigeschreiben hat danach zu umfassen: (1) einen Geschäftsplan nebst Angaben zum angezeigten AIF, (2) die Anlagebedingungen bzw. den Gesellschaftsvertrag, (3) den Namen der Verwahrstelle des angezeigten AIF, (4) eine Beschreibung des angezeigten AIF nebst sämtlicher den Anlegern zur Verfügung gestellten Informationen, (5) etwaige Angaben zum Sitz des Master-AIF und seiner Verwaltungsgesellschaft, (6) alle in § 307 I genannten Informationen sowie (7) Angaben zu den Vorkehrungen zur Verhinderung des Vertriebs an Privatanlegern. 5

V. Entsprechende Anwendung des § 331 II–IX

Im Hinblick auf die Einzelheiten des Notifizierungsverfahrens werden § 331 II–IX für grds. entsprechend anwendbar erklärt (vgl. § 332 III). Auf die dortige Kommentierung wird insofern verwiesen. Jedoch gelten die in Bezug genommenen Normen mit der Maßgabe, dass die BaFin (i) im Rahmen von § 331 V zusätzlich der ESMA mitteilt, dass die AIF-KVG mit dem Vertrieb von Anteilen an dem angezeigten AIF beginnen kann und (ii) bei einer zulässigen Änderung nach § 331 VII zusätzlich unverzüglich die ESMA zu benachrichtigen ist, soweit die Änderungen die Beendigung des Vertriebs von Anteilen an bestimmten AIF oder zusätzlich vertriebenen AIF betreffen (vgl. in Bezug auf die insofern sprachlich missglückte Formulierung → § 325 Rn. 9). 6

§ 333 Anzeigepflicht einer ausländischen AIF-Verwaltungsgesellschaft, deren Referenzmitgliedstaat die Bundesrepublik Deutschland ist, beim Vertrieb von EU-AIF oder von inländischen AIF an professionelle Anleger in anderen Mitgliedstaaten der Europäischen Union oder in anderen Vertragsstaaten des Abkommens über den Europäischen Wirtschaftsraum

(1) [1]**Beabsichtigt eine ausländische AIF-Verwaltungsgesellschaft, deren Referenzmitgliedstaat gemäß § 56 die Bundesrepublik Deutschland ist und die von der Bundesanstalt eine Erlaubnis nach § 58 erhalten hat, Anteile oder Aktien an einem von ihr verwalteten EU-AIF oder inländischen AIF in anderen Mitgliedstaaten der Europäischen Union oder in anderen Vertragsstaaten des Abkommens über den Europäischen Wirtschaftsraum an professionelle Anleger zu vertreiben, so hat sie dies der Bundesanstalt in einer in internationalen Finanzkreisen gebräuchlichen Sprache anzuzeigen.** [2]**Das Anzeigeschreiben muss die in § 331 Absatz 1 Satz 2 geforderten Angaben und Unterlagen in jeweils geltender Fassung enthalten, wobei es statt „AIF-Kapitalverwaltungsgesellschaft" „ausländische AIF-Verwaltungsgesellschaft" heißen muss.**

(2) § 331 Absatz 2 bis 9 ist mit den Maßgaben entsprechend anzuwenden, dass

1. es statt „AIF-Kapitalverwaltungsgesellschaft" „ausländische AIF-Verwaltungsgesellschaft" heißen muss,

2. die Bundesanstalt im Rahmen von § 331 Absatz 5 zusätzlich der Europäischen Wertpapier- und Marktaufsichtsbehörde mitteilt, dass die ausländische AIF-Verwaltungsgesellschaft mit dem Vertrieb von Anteilen oder Aktien des angezeigten AIF an professionelle Anleger im Aufnahmemitgliedstaat der ausländischen AIF-Verwaltungsgesellschaft beginnen kann und

3. die Bundesanstalt bei einer zulässigen Änderung nach § 331 Absatz 9 zusätzlich unverzüglich die Europäische Wertpapier- und Marktaufsichtsbehörde zu benachrichtigen hat, soweit die Änderungen die Beendigung des Vertriebs von bestimmten AIF oder zusätzlich vertriebenen AIF betreffen.

I. Einleitung

1 § 333 stellt einen Anwendungsfall des ausgehenden Drittstaaten-EU-Vertriebspasses dar. Die Norm erstreckt die in § 332 für AIF-KVG vorgesehenen Vertriebserleichterungen mittels EU-Vertriebspasses auf ausländische Verwaltungsgesellschaften, deren Referenzmitgliedstaat gem. § 56 die BRD ist und die von der BaFin eine Erlaubnis nach § 58 erhalten haben. § 333 dient der Umsetzung von Art. 39 AIFM-RL in deutsches Recht (BT-Drs. 17/12294, 294).

II. Anwendungsbereich der Norm

2 **1. Sachlicher Anwendungsbereich.** Adressat der Vorschrift sind ausländische AIF-Verwaltungsgesellschaften. Voraussetzung ist, dass deren Referenzmitgliedstaat gem. § 56 die BRD ist und sie von der BaFin eine Erlaubnis nach § 58 erhalten haben. Nach § 56 kann eine ausländische-AIF-Verwaltungsgesellschaft unter den dort näher genannten Voraussetzungen die Bundesrepublik Deutschland als ihren Referenzmitgliedstaat bestimmen (vgl. zu den Einzelheiten der Bestimmung des Referenzmitgliedstaates die Durchführungsverordnung (EU) Nr. 448/2013 der Kommission vom 15.5.2013), um in den Genuss der Vertriebsrechte nach der AIFM-RL gelangen und insb. die von ihr verwalteten AIF mittels Europäischen Passes in der gesamten EU vertreiben. In diesem Fall bedarf sie nach § 58 einer Erlaubnis durch die BaFin; Vertriebsrecht und Erlaubnispflicht sind nach dem gesetzgeberischen Willen also untrennbar miteinander verbunden. Sind diese Voraussetzungen erfüllt, kann die ausländische AIF-Verwaltungsgesellschaft in entsprechender Anwendung der für inländische AIF-KVG geltenden Vorgaben Anteile an dem von ihr verwalteten EU-AIF oder inländischen Spezial-AIF in andere EU-/EWR-Staaten an professionelle Anleger vertreiben.

3 **2. Zeitlicher Anwendungsbereich.** § 333 zählt zu den Vertriebsvorschriften, die nicht mit Inkrafttreten des KAGB, sondern erst ab dem in dem nach Art. 67 VI AIFM-RL zu erlassenen delegierten Rechtsakt genannten Zeitpunkt Anwendung finden. Der Erlass dieses delegierten Rechtsakts war für das Jahr 2015 beabsichtigt (vgl. Erwägungsgrund 4 der AIFM-RL), ist in jenem Jahr aber nicht erfolgt. Dem-

entsprechend enthält das von der BaFin herausgegebene Schreiben „Häufige Fragen zum Vertrieb und Erwerb von Investmentvermögen nach dem KAGB“ vom 4.7.2013, zuletzt geändert am 5.7.2022, zu dieser Vorschrift keine inhaltlichen Ausführungen. Der Zeitpunkt des Erlasses des delegierten Rechtsakts ist derzeit nicht bekannt.

III. Anzeigeverfahren

Beabsichtigt eine ausländische AIF-Verwaltungsgesellschaft, deren Referenzmit- 4
gliedstaat gem. § 56 die Bundesrepublik Deutschland ist und die von der BaFin eine Erlaubnis nach § 58 erhalten hat, Anteile oder Aktien an einem von ihr verwalteten EU-AIF oder inländischen AIF in anderen Mitgliedstaaten der Europäischen Union oder in anderen Vertragsstaaten des Abkommens über den Europäischen Wirtschaftsraum an professionelle Anleger zu vertreiben, so hat sie dies der BaFin in einer in internationalen Finanzkreisen gebräuchlichen Sprache (derzeit Englisch) anzuzeigen (§ 333 I 1). Nach § 333 I 2 muss das Anzeigeschreiben die in § 331 I 2 geforderten Angaben und Unterlagen in jeweils geltender Fassung enthalten, der wiederum auf § 321 I 2 verweist, wobei es statt „AIF-Kapitalverwaltungsgesellschaft“ „ausländische AIF-Verwaltungsgesellschaft“ heißen muss. Das Anzeigeschreiben hat danach zu umfassen: (1) einen Geschäftsplan nebst Angaben zum angezeigten AIF, (2) die Anlagebedingungen bzw. den Gesellschaftsvertrag, (3) den Namen der Verwahrstelle des angezeigten AIF, (4) eine Beschreibung des angezeigten AIF nebst sämtlichen den Anlegern zur Verfügung gestellten Informationen, (5) etwaige Angaben zum Sitz des Master-AIF und seiner Verwaltungsgesellschaft, (6) alle in § 307 I genannten Informationen sowie (7) Angaben zu den Vorkehrungen zur Verhinderung des Vertriebs an Privatanleger.

IV. Entsprechende Anwendung des § 331 II–IX

Im Hinblick auf die Einzelheiten des Notifizierungsverfahrens wird § 331 II–IX 5
für grds. entsprechend anwendbar erklärt (§ 333 III). Auf die dortige Kommentierung wird insofern verwiesen. Jedoch gelten die in Bezug genommenen Normen mit der Maßgabe, dass (i) es statt „AIF-Kapitalverwaltungsgesellschaft“ „ausländische AIF-Verwaltungsgesellschaft“ heißen muss, (ii) die BaFin iRv § 331 V zusätzlich der ESMA mitteilt, dass die ausländische AIF-Verwaltungsgesellschaft mit dem Vertrieb von Anteilen oder Aktien des angezeigten AIF an professionelle Anleger im Aufnahmemitgliedstaat der ausländischen AIF-Verwaltungsgesellschaft beginnen kann und (iii) die BaFin bei einer zulässigen Änderung nach § 331 VII zusätzlich unverzüglich die ESMA zu benachrichtigen hat, soweit die Änderungen die Beendigung des Vertriebs von Anteilen an bestimmten AIF oder zusätzlich vertriebenen AIF betreffen (in Bezug auf die insofern sprachlich missglückte Formulierung → § 325 Rn. 9).

§ 334 Anzeigepflicht einer ausländischen AIF-Verwaltungsgesellschaft, deren Referenzmitgliedstaat die Bundesrepublik Deutschland ist, beim Vertrieb von ausländischen AIF an professionelle Anleger in anderen Mitgliedstaaten der Europäischen Union oder in anderen Vertragsstaaten des Abkommens über den Europäischen Wirtschaftsraum

(1) [1]**Der Vertrieb von Anteilen oder Aktien an ausländischen AIF durch eine ausländische AIF-Verwaltungsgesellschaft an professionelle Anleger in anderen Mitgliedstaaten der Europäischen Union oder in anderen Vertragsstaaten des Abkommens über den Europäischen Wirtschaftsraum ist nur zulässig, wenn die in § 322 Absatz 1 genannten Anforderungen erfüllt sind.** [2]**Ist die zuständige Stelle des Aufnahmestaates der ausländischen AIF-Verwaltungsgesellschaft nicht mit der Beurteilung der in § 322 Absatz 1 Nummer 1 und 2 genannten Voraussetzungen durch die Bundesanstalt einverstanden, kann sie die Europäische Wertpapier- und Marktaufsichtsbehörde nach Maßgabe des Artikels 19 der Verordnung (EU) Nr. 1095/2010 um Hilfe ersuchen.**

(2) [1]**Beabsichtigt eine ausländische AIF-Verwaltungsgesellschaft, deren Referenzmitgliedstaat gemäß § 56 die Bundesrepublik Deutschland ist und die von der Bundesanstalt eine Erlaubnis nach § 58 erhalten hat, Anteile oder Aktien an einem von ihr verwalteten AIF im Sinne von Absatz 1 Satz 1 in einem anderen Mitgliedstaat der Europäischen Union oder in einem anderen Vertragsstaat des Abkommens über den Europäischen Wirtschaftsraum an professionelle Anleger zu vertreiben, so hat sie dies der Bundesanstalt in einer in internationalen Finanzkreisen gebräuchlichen Sprache anzuzeigen.** [2]**Das Anzeigeschreiben muss die in § 331 Absatz 2 Satz 1 geforderten Angaben und Unterlagen in jeweils geltender Fassung enthalten, wobei es statt „AIF-Kapitalverwaltungsgesellschaft" „ausländische AIF-Verwaltungsgesellschaft" heißen muss.**

(3) **§ 331 Absatz 2 bis 5 Satz 1 und 2, Absatz 6 und Absatz 9 ist mit der Maßgabe entsprechend anzuwenden, dass**

1. **es statt „AIF-Kapitalverwaltungsgesellschaft" „ausländische AIF-Verwaltungsgesellschaft" heißen muss,**
2. **im Rahmen von § 331 Absatz 5 die Bundesanstalt zusätzlich der Europäischen Wertpapier- und Marktaufsichtsbehörde mitteilt, dass die ausländische AIF-Verwaltungsgesellschaft mit dem Vertrieb von Anteilen oder Aktien des angezeigten AIF an professionelle Anleger im Aufnahmemitgliedstaat der ausländischen AIF-Verwaltungsgesellschaft beginnen kann und**
3. **die Bundesanstalt bei einer zulässigen Änderung nach § 331 Absatz 9 zusätzlich unverzüglich die Europäische Wertpapier- und Marktaufsichtsbehörde zu benachrichtigen hat, soweit die Änderungen die Beendigung des Vertriebs von bestimmten AIF oder zusätzlich vertriebenen AIF betreffen.**

I. Einleitung

§ 334 regelt den Vertrieb von Anteilen an oder Aktien an ausländischen AIF durch ausländische AIF-Verwaltungsgesellschaften. Die Norm hat damit einen doppelten Drittstaatenbezug, weil sowohl die Verwaltungsgesellschaft als auch das von ihr verwaltete Investmentvermögen aus einem Drittstaat stammen müssen. Strukturell orientiert sich die Vorschrift an § 332, der die Anforderungen des ausgehenden Vertriebs von Anteilen an ausländischen AIF durch eine AIF-KVG enthält. § 334 dient der Umsetzung von Art. 40 AIFM-RL in deutsches Recht (BT-Drs. 17/12294, 294). 1

II. Anwendungsbereich der Norm

1. Sachlicher Anwendungsbereich. Adressat der Vorschrift sind ausländische AIF-Verwaltungsgesellschaften. Voraussetzung ist, dass deren Referenzmitgliedstaat gem. § 56 die Bundesrepublik Deutschland ist und sie von der BaFin eine Erlaubnis nach § 58 erhalten haben. Nach § 56 kann eine ausländische-AIF-Verwaltungsgesellschaft unter den dort näher genannten Voraussetzungen die BRD als ihren Referenzmitgliedstaat bestimmen (vgl. zu den Einzelheiten der Bestimmung des Referenzmitgliedstaates die DVO (EU) Nr. 448/2013 der Kommission vom 15.5.2013), um in den Genuss der Vertriebsrechte gem. der AIFM RL zu gelangen und insb. die von ihr verwalteten AIF mittels Europäischen Passes in der gesamten EU vertreiben zu dürfen. In diesem Fall bedarf sie nach § 58 einer Erlaubnis durch die BaFin. Vertriebsrecht und Erlaubnispflicht sind nach dem gesetzgeberischen Willen also untrennbar miteinander verbunden. Sind diese Voraussetzungen erfüllt, kann die ausländische AIF-Verwaltungsgesellschaft in entsprechender Anwendung der für inländische AIF-KVG geltenden Vorgaben die von ihr verwalteten EU-AIF oder inländische Spezial-AIF in andere EU-/EWR-Staaten an professionelle Anleger vertreiben. 2

2. Zeitlicher Anwendungsbereich. § 334 zählt zu den Vertriebsvorschriften, die nicht mit Inkrafttreten des KAGB, sondern erst ab dem in dem nach Art. 67 VI AIFM-RL zu erlassenen delegierten Rechtsakt genannten Zeitpunkt Anwendung finden. Der Erlass dieses delegierten Rechtsakts war für das Jahr 2015 beabsichtigt (vgl. Erwägungsgrund 4 der AIFM-RL), ist in jenem Jahr aber nicht erfolgt. Dementsprechend enthält das von der BaFin herausgegebene Schreiben „Häufige Fragen zum Vertrieb und Erwerb von Investmentvermögen nach dem KAGB" vom 4.7.2013, zuletzt geändert am 5.7.2022, zu dieser Vorschrift keine inhaltlichen Ausführungen. Der voraussichtliche Zeitpunkt des Erlasses des delegierten Rechtsakts ist derzeit nicht bekannt. 3

III. Vertriebsvoraussetzungen

Der Vertrieb von Anteilen oder Aktien an ausländischen AIF durch eine ausländische AIF-Verwaltungsgesellschaft an professionelle Anleger in anderen Mitgliedstaaten der Europäischen Union oder in anderen Vertragsstaaten des Abkommens über den Europäischen Wirtschaftsraum ist nur zulässig, wenn die in § 322 I genannten Anforderungen erfüllt sind (§ 334 I 1). Ein Vertrieb ist danach nur zulässig, wenn (1) geeignete Vereinbarungen zwischen der BaFin und den Aufsichtsbehörden des Drittstaates bestehen, die einen effizienten Informationsaustausch gewährleisten und die es der BaFin ermöglichen, ihre Aufgaben gem. der AIFM-RL 4 wahrzunehmen, (2) der Drittstaat, in dem der ausländische AIF seinen Sitz hat, nicht auf der Liste der nicht kooperativen Staaten und Gebiete steht, die von der Arbeitsgruppe „Finanzielle Maßnahmen gegen Geldwäsche und Terrorismusfinanzierung" (FATF) stehen, (3) der betreffende Drittstaat mit der Bundesrepublik Deutschland ein Abkommen zur Vermeidung der Doppelbesteuerung gem. Art. 26 des OECD-Musterabkommens abgeschlossen hat und ein wirksamer Informationsaustausch über Steuerangelegenheiten gewährleistet ist, und (4) die ausländische AIF-Verwaltungsgesellschaft bei der Verwaltung des ausländischen AIF abweichend von § 55 I Nr. 1 alle der AIFM-RL für diese AIF festgelegten Anforderungen erfüllt. Es bestehen diesbezüglich keine Besonderheiten. Auf die dortige Kommentierung zu § 322 wird daher verwiesen.

IV. Beurteilungsdivergenz

5 Ist die zuständige Stelle des Aufnahmestaats der ausländischen AIF-Verwaltungsgesellschaft nicht mit der Beurteilung der in § 322 I Nr. 1 und 2 genannten Voraussetzungen durch die BaFin einverstanden, ist sie nach § 334 I 2 berechtigt, die Europäische Wertpapier- und Marktaufsichtsbehörde nach Maßgabe des Art. 19 der VO (EU) Nr. 1095/2010 um Hilfe zu ersuchen. Das dort geregelte Verfahren zur Beseitigung von Meinungsverschiedenheiten in grenzüberschreitenden Fällen ist zweistufig aufgebaut: In einem ersten Schritt setzt sie den zuständigen Behörden für die Schlichtung ihrer Meinungsverschiedenheiten eine Frist. Hier tritt die ESMA lediglich als Vermittlerin auf. Erzielen die beiden Behörden innerhalb der Schlichtungsphase keine Einigung, kann die zuständige Stelle des Aufnahmestaats der ausländischen AIF-Verwaltungsgesellschaft in einem zweiten Schritt zur abschließenden Beilegung der Meinungsunterschiede eine verbindliche Entscheidung treffen.

V. Anzeigeverfahren

6 Beabsichtigt eine ausländische AIF-Verwaltungsgesellschaft, deren Referenzmitgliedstaat gem. § 56 die BRD ist und die von der BaFin eine Erlaubnis nach § 58 erhalten hat, Anteile oder Aktien an einem von ihr verwalteten AIF iSv Abs. 1 S. 1 in einem anderen Mitgliedstaat der EU oder in einem anderen Vertragsstaat des Abkommens über den Europäischen Wirtschaftsraum an professionelle Anleger zu vertreiben, so hat sie dies der BaFin in einer in internationalen Finanzkreisen gebräuchlichen Sprache (derzeit Englisch) anzuzeigen (§ 334 II 1). Im Hinblick auf den Inhalt des Anzeigeschreibens wird mittels Verweises auf die in § 331 II 1 geforderten Angaben und Unterlagen in jeweils geltender Fassung verwiesen, wobei es statt „AIF-Kapitalverwaltungsgesellschaft" „ausländische AIF-Verwaltungsgesellschaft" heißen muss, der seinerseits auf § 321 I 2 verweist. Das Anzeigeschreiben hat danach zu umfassen: (1) einen Geschäftsplan nebst Angaben zum angezeigten AIF, (2) die Anlagebedingungen bzw. den Gesellschaftsvertrag, (3) den Namen der Verwahrstelle des angezeigten AIF, (4) eine Beschreibung des angezeigten AIF nebst sämtlicher den Anlegern zur Verfügung gestellten Informationen, (5) etwaige Angaben zum Sitz des Master-AIF und seiner Verwaltungsgesellschaft, (6) alle in § 307 I genannten Informationen sowie (7) Angaben zu den Vorkehrungen zur Verhinderung des Vertriebs an Privatanlegern.

VI. Entsprechende Anwendung des § 331 II–V 1 und 2, VI und IX

Im Hinblick auf die Einzelheiten des Notifizierungsverfahrens wird § 331 II–V 1 und 2, VI und IX für grds. entsprechend anwendbar erklärt (§ 334 III). Auf die dortige Kommentierung wird insofern verwiesen. Die in Bezug genommen Normen gelten jedoch mit der Maßgabe, dass (i) es statt „AIF-Kapitalverwaltungsgesellschaft" „ausländische AIF-Verwaltungsgesellschaft" heißen muss, (ii) die BaFin iRv § 331 V zusätzlich der ESMA mitteilt, dass die ausländische AIF-Verwaltungsgesellschaft mit dem Vertrieb von Anteilen des angezeigten AIF im Aufnahmemitgliedstaat der ausländischen AIF-Verwaltungsgesellschaft beginnen kann und (iii) die BaFin bei einer zulässigen Änderung nach § 331 IX zusätzlich unverzüglich die ESMA zu benachrichtigen hat, soweit die Änderungen die Beendigung des Vertriebs von Anteilen an bestimmten AIF oder zusätzlich vertriebenen AIF betreffen. 7

§ 335 Bescheinigung der Bundesanstalt

(1) **Unbeschadet der Anzeigen nach den §§ 331 bis 334 stellt die Bundesanstalt auf Antrag der AIF-Kapitalverwaltungsgesellschaft eine Bescheinigung darüber aus, dass die Vorschriften der Richtlinie 2011/61/EU erfüllt sind.**

(2) **Die Bundesanstalt stellt auf Antrag der AIF-Kapitalverwaltungsgesellschaft, die gemäß § 44 registriert ist, eine Bescheinigung über die Registrierung aus.**

§ 335 gewährt AIF-KVG die Möglichkeit, auch außerhalb des Europäischen Vertriebspasses auf Antrag der BaFin eine Bescheinigung über die Einhaltung der AIFM-RL zu erhalten. Diese Möglichkeit wird durch Abs. 2 auch auf AIF-KVG ausgedehnt, die lediglich nach § 44 registriert sind. Ausweislich der Gesetzesbegründung soll die Norm in Anlehnung an § 128 IV des aufgehobenen Investmentgesetzes dem bestehenden praktischen Bedürfnis für die gebührenpflichtige Erteilung eines AIF-Passes für den Vertrieb außerhalb des EU-/EWR-Raumes Rechnung tragen (vgl. BT-Drs. 17/12294, 295). Etwaige Anwendungsfälle können bspw. eine Vertriebszulassung außerhalb des EU-/EWR-Raums, zivilrechtliche Erfordernisse anlässlich einer Due Diligence oder steuerrechtliche Vorgaben eines Vertriebslands sein (vgl. WBA/*Zeidler* § 335 Rn. 1). 1

Unterabschnitt 4. Verweis und Ersuchen für den Vertrieb von AIF an semiprofessionelle und professionelle Anleger

§ 336 Verweise und Ersuchen nach Artikel 19 der Verordnung (EU) Nr. 1095/2010

(1) **Die näheren Bestimmungen zu den in § 322 Absatz 1 Nummer 1, § 324 Absatz 1 Satz 1, § 326 Absatz 1, § 328 Absatz 1 Satz 1, § 330 Absatz 1 Satz 1 Nummer 3, § 332 Absatz 1 Satz 1 und § 334 Absatz 1 Satz 1 genannten Vereinbarungen über die Zusammenarbeit richten sich nach den Artikeln 113 bis 115 der Delegierten Verordnung (EU) Nr. 231/2013.**

(2) **Lehnt eine zuständige Stelle einen Antrag auf Informationsaustausch im Sinne der §§ 324, 328, 332 und 334 zwischen den zuständigen Stellen des Herkunftsmitgliedstaates oder des Referenzmitgliedstaates und den zuständigen Stellen der Aufnahmemitgliedstaaten der AIF-Kapitalverwaltungsgesellschaft, der EU-AIF-Verwaltungsgesellschaft oder der ausländischen AIF-Verwaltungsgesellschaft ab, so können die Bundesanstalt und die zuständigen Stellen des Herkunftsmitgliedstaates oder des Referenzmitgliedstaates und des Aufnahmemitgliedstaates der AIF-Verwaltungsgesellschaft die Europäische Wertpapier- und Marktaufsichtsbehörde nach Maßgabe des Artikels 19 der Verordnung (EU) Nr. 1095/2010 um Hilfe ersuchen.**

(3) **Schließt eine für einen EU-AIF zuständige Stelle die gemäß § 330 Absatz 1 Satz 1 Nummer 3 Buchstabe a geforderte Vereinbarung über Zusammenarbeit nicht innerhalb eines angemessenen Zeitraums ab, kann die Bundesanstalt die Europäische Wertpapier- und Marktaufsichtsbehörde nach Maßgabe des Artikels 19 der Verordnung (EU) Nr. 1095/2010 um Hilfe ersuchen.**

I. Einleitung

1 § 336 bezieht sich auf das zwischen der BaFin und den Aufsichtsbehörden eines Drittstaates abzuschließende Kooperationsverfahren, dessen Abschluss im Falle der beabsichtigten grenzüberschreitenden Verwaltung und Vermarktung von AIF bei den von der Vorschrift in Bezug genommenen Normen (§ 322 I Nr. 1, § 324 I 1, § 326 I, § 328 I 1, § 330 I 1 Nr. 3, § 332 I 1 und § 334 I 1) zwingend vorausgesetzt wird. Näheres enthalten bereits die – unmittelbar geltenden – Art. 113–115 der Level-II-VO. § 336 hat damit eine rein klarstellende Funktion (vgl. WBA/*Zeidler* § 323 Rn. 1). Die Norm gilt seit dem Inkrafttreten des KAGB.

II. Regelungsgegenstand

2 **1. Kooperationsvereinbarung (Abs. 1).** § 336 I verweist auf eine Reihe von Vorschriften des KAGB, die bei der grenzüberschreitenden Verwaltung und dem grenzüberschreitenden Vertrieb von Anteilen an AIF zwingend den vorherigen Abschluss von Kooperationsvereinbarungen zwischen den zuständigen Stellen des betreffenden EU-/EWR-Staats und des maßgeblichen Drittstaats vorsehen. Hierbei handelt es sich um § 322 I Nr. 1, § 324 I 1, § 326 I, § 328 I 1, § 330 I 1 Nr. 3, § 332 I 1 und § 334 I 1. Nähere Vorgaben im Hinblick auf die dort jeweils in Bezug

genommenen Kooperationsvereinbarung bestimmen die Art. 113–115 der Level-II-VO. Durch den Abschluss dieser Vereinbarung soll gewährleistet werden, dass ein effizienter Informationsaustausch zwischen den betreffenden Staaten sichergestellt ist und die zuständigen Stellen der betreffenden EU-/EWR-Staaten in der Lage sind, ihre Aufgaben gem. der AIFM-RL wahrzunehmen. Die BaFin hat in diesem Zusammenhang eine Liste veröffentlicht, die eine Übersicht über diejenigen Drittstaaten gibt, mit deren zuständigen Stellen eine solche Vereinbarung abgeschlossen wurde (vgl. BaFin-Merkblatt zu Vereinbarungen über die Zusammenarbeit zwischen der Bundesanstalt und zuständige Stellen eines Drittstaates im Rahmen der AIFM-RL 2011/61/EG vom 22.7.2013, zuletzt geändert am 10.2.2014).

2. Schlichtungsverfahren (Abs. 2). § 336 II normiert den Fall, dass eine zu- 3
ständige Stelle einen Antrag auf Informationsaustausch iSd §§ 324, 328, 332 und 334 zwischen den zuständigen Stellen des Herkunftsmitgliedstaates oder des Referenzmitgliedstaates und den zuständigen Stellen der Aufnahmemitgliedstaaten der AIF-KVG, der EU-AIF-Verwaltungsgesellschaft oder der ausländischen AIF-Verwaltungsgesellschaft ablehnt. Im Falle einer solchen Ablehnung können sowohl die BaFin als auch die zuständigen Stellen des Herkunftsmitgliedstaats oder des Referenzmitgliedstaats und des Aufnahmemitgliedstaats der AIF-Verwaltungsgesellschaft die ESMA nach Maßgabe des Art. 19 der VO (EU) Nr. 1095/2010 um Hilfe ersuchen. Unter den dort näher genannten Voraussetzungen wird die ESMA versuchen, zwischen den konfligierenden Behörden eine Einigung herbeizuführen.

3. Verfahren bei nicht zeitiger Kooperationsvereinbarung (Abs. 3). Nach 4
§ 336 III kann die BaFin die ESMA um Hilfe ersuchen, wenn eine für einen EU-AIF zuständige Stelle die gem. § 330 I 1 Nr. 3 Buchst. a geforderte Vereinbarung über Zusammenarbeit nicht innerhalb eines angemessenen Zeitraums abschließt. Da der Abschluss der in dieser Vorschrift genannten Vereinbarung zwingende Voraussetzung für die Aufnahme des Vertriebs ist, soll die Norm dabei helfen, dass sich die zuständigen Stellen der hiervon betroffenen Staaten in einer angemessenen Zeit diesbezüglich einigen. Die näheren Einzelheiten richten sich nach Maßgabe des Art. 19 der VO (EU) Nr. 1095/2010.

Kapitel 5. Europäische Risikokapitalfonds

§ 337 Europäische Risikokapitalfonds

(1) Für AIF-Kapitalverwaltungsgesellschaften, die die Voraussetzungen nach § 2 Absatz 6 erfüllen, gelten

1. die §§ 1, 2, 5 Absatz 1 und die §§ 6, 7, 7b, 13, 14, 44 Absatz 1 Nummer 1, 2, 5 bis 7, Absatz 2 und Absatz 4 bis 7 entsprechend sowie

2. die Vorschriften der Verordnung (EU) Nr. 345/2013.

(2) AIF-Kapitalverwaltungsgesellschaften, die die Voraussetzungen des Artikels 2 Absatz 2 der Verordnung (EU) Nr. 345/2013 erfüllen und die Bezeichnung „EuVECA" weiter führen, haben neben den Vorschriften dieses Gesetzes die in Artikel 2 Absatz 2 Buchstabe b der Verordnung (EU) Nr. 345/2013 genannten Artikel der Verordnung (EU) Nr. 345/2013 zu erfüllen.

I. Einleitung

1 § 337 betrifft Europäische Risikokapitalfonds iSd VO (EU) Nr. 345/2013 und regelt deren Verhältnis zum KAGB. Um als Europäischer Risikokapitalfonds zu firmieren, müssen kumulativ eine Reihe von Vorgaben eingehalten werden, deren Einzelheiten die – bereits unmittelbar geltende – VO (EU) Nr. 345/2013 enthält. Danach muss ein solcher Fonds insb. mindestens 70% seiner Mittel in sog. „qualifizierte Anlagen" tätigen, hat auf jede Form der Fremdmittelaufnahme zu verzichten und darf sich nur an einen bestimmten Anlegerkreis richten (*Volhard/Kruschke* EWS 2012, 21 (24)). Die Norm gilt seit dem Inkrafttreten des KAGB.

II. Regelungsgegenstand

2 **1. Anwendbarkeit der Regelungen des KAGB (Abs. 1).** In Abs. 1 ist geregelt, welche Paragraphen des KAGB auf Manager von Fonds anwendbar sind, die die Voraussetzungen des § 2 VI erfüllen. Hierbei handelt es sich um Fondsmanager, die nach der Verordnung über Europäische Risikokapitalfonds registriert und die nicht über den in § 2 IV 1 Nr. 1 Buchst. b genannten Schwellenwert hinausgewachsen sind. Bei den von diesen Managern zu beachtenden Regelungen handelt es sich um die Vorschriften zu den Begriffsbestimmungen (§ 1), zum Anwendungsbereich bzw. den Ausnahmebestimmungen (§ 2), zur Bestimmung der BaFin als zuständige Aufsichtsbehörde (§ 5), zu besonderen Aufgaben der BaFin zur Terrorismusbekämpfung (§ 6), zur sofortigen Vollziehbarkeit von Maßnahmen der BaFin (§ 7), zum Informationsaustausch mit der Deutschen Bundesbank (§ 13), zu Auskunftspflichten gegenüber der BaFin (§ 14) sowie zu den Pflichten von sog. „kleinen" Managern, deren verwaltete Fonds unter den Schwellenwert von 500 Mio. EUR fällt (§ 44). Darüber hinaus wird in Abs. 1 Nr. 2 zur Klarstellung auf die in den Mitgliedstaaten bereits unmittelbar geltende VO (EU) Nr. 345/2013 verwiesen.

3 **2. Regelungen bei Überschreiten des Schwellenwerts (Abs. 2).** Absatz 2 stellt klar, dass die Manager von Fonds, die nach der Verordnung über Europäische Risikokapitalfonds registriert sind, aber über den in § 2 IV 1 Nr. 1 Buchst. b ge-

nannten Schwellenwert hinausgewachsen sind, und die die Bezeichnung „Europäischer Risikokapitalfonds", „European Venture Capital Fund" oder eine Abkürzung hiervon weiter führen wollen, neben den Vorschriften des KAGB auch die genannten Artikel der in Bezug genommenen EU-VO einzuhalten haben. Absatz 2 hat rein klarstellenden Charakter, da sich diese Regelung bereits unmittelbar aus der Verordnung über Europäische Risikokapitalfonds und §§ 1, 2 ergibt (BT-Drs. 17/12294, 295).

Kapitel 6. Europäische Fonds für soziales Unternehmertum

§ 338 Europäische Fonds für soziales Unternehmertum

(1) **Für AIF-Kapitalverwaltungsgesellschaften, die die Voraussetzungen nach § 2 Absatz 7 erfüllen, gelten**

1. **die §§ 1, 2, 5 Absatz 1 und die §§ 6, 7, 7b, 13, 14, 44 Absatz 1 Nummer 1, 2, 5 bis 7, Absatz 2 und Absatz 4 bis 7 entsprechend sowie**
2. **die Vorschriften der Verordnung (EU) Nr. 346/2013.**

(2) **AIF-Kapitalverwaltungsgesellschaften, die die Voraussetzungen des Artikels 2 Absatz 2 der Verordnung (EU) Nr. 346/2013 erfüllen und die Bezeichnung „EuSEF" weiter führen, haben neben den Vorschriften dieses Gesetzes die in Artikel 2 Absatz 2 Buchstabe b der Verordnung (EU) Nr. 346/2013 genannten Artikel der Verordnung (EU) Nr. 346/2013 zu erfüllen.**

I. Einleitung

1 § 338 ist in seiner Struktur mit § 337 vergleichbar und betrifft Europäische Fonds für soziales Unternehmertum iSd VO (EU) Nr. 346/2013. Bei der Vorschrift handelt es sich, spiegelbildlich zu § 337, um eine Verweisnorm und regelt das Verhältnis von Europäischen Fonds für soziales Unternehmertum zu den Bestimmungen des KAGB. Europäische Fonds für soziales Unternehmertum sind Fonds, die in „Sozialunternehmen" investieren, dh solche Unternehmen, die „sich in erster Linie dem Ziel positiver sozialer Wirkungen verschrieben haben und [bei denen] die Gewinnmaximierung nur eine untergeordnete Rolle spielt" (VO (EU) Nr. 346/2013, Erwägungsgrund 13). Die Norm gilt seit dem Inkrafttreten des KAGB.

II. Regelungsgegenstand

2 **1. Anwendbarkeit der Regelungen des KAGB (Abs. 1).** Absatz 1 regelt, welche Paragraphen des KAGB auf Manager von Fonds anwendbar sind, die die Voraussetzungen des § 2 VII erfüllen. Hierbei handelt es sich um Fondsmanager, die nach der Verordnung über Europäische Fonds für soziales Unternehmertum registriert sind und die nicht über den in § 2 IV 1 Nr. 1 Buchst. b genannten Schwellenwert hinausgewachsen sind. Bei den von diesen Managern zu beachtenden Regelungen handelt es sich um die Vorschriften zu den Begriffsbestimmungen (§ 1), zum Anwendungsbereich bzw. den Ausnahmebestimmungen (§ 2), zur Bestimmung der BaFin als zuständige Behörde (§ 5), zu besonderen Aufgaben der BaFin zur Terrorismusfinanzierung (§ 6), zur sofortigen Vollziehbarkeit von Maßnahmen der BaFin (§ 7) zum Informationsaustausch mit der Deutschen Bundesbank (§ 13), zu Auskunftspflichten gegenüber der BaFin (§ 14) sowie zu den Pflichten von sog. „kleinen" Managern, deren verwaltete Fonds unter den Schwellenwert von 500 Mio. EUR fällt (§ 44). Darüber hinaus wird in Abs. 1 Nr. 2 zur Klarstellung auf die in den Mitgliedstaaten bereits unmittelbar geltende Verordnung (EU) Nr. 346/2013 verwiesen.

2. Regelungen bei Überschreiten des Schwellenwerts (Abs. 2). Absatz 2 stellt klar, dass die Manager von Fonds, die nach der Verordnung über Europäische Fonds für soziales Unternehmertum registriert sind, aber über den in § 2 IV 1 Nr. 1 Buchst. b genannten Schwellenwert hinausgewachsen sind, und die die Bezeichnung „Europäischer Fonds für soziales Unternehmertum", „European Social Entrepreneurship Fund" oder eine Abkürzung hiervon weiter führen wollen, neben den Vorschriften dieses Gesetzes auch die genannten Artikel der EU-Verordnung einzuhalten haben. Absatz 2 hat rein klarstellenden Charakter, da sich diese Regelung bereits unmittelbar aus der Verordnung über Europäische Fonds für soziales Unternehmertum und §§ 1, 2 dieses Gesetzes ergibt (BT-Drs. 17/12294, 295). 3

Kapitel 7. Europäische langfristige Investmentfonds

§ 338a Europäische langfristige Investmentfonds

Für AIF-Kapitalverwaltungsgesellschaften, die europäische langfristige Investmentfonds im Sinne der Verordnung (EU) 2015/760 verwalten, gelten neben den Vorschriften dieser Verordnung (EU) 2015/760 die Vorschriften dieses Gesetzes, soweit die Verordnung (EU) 2015/760 dem nicht entgegensteht.

I. Einleitung

1 § 338a bezieht sich auf europäische langfristige Investmentfonds (ELTIF) iSd Verordnung (EU) 2015/760 und regelt deren Verhältnis zum KAGB. Nach der VO (EU) 2015/760 stellen diese Fonds „Finanzierungsmittel dauerhafter Natur für verschiedenste Infrastrukturprojekte, nicht börsennotierte Unternehmen oder börsennotierte kleine und mittlere Unternehmen bereit, welche Eigenkapitalinstrumente oder Schuldtitel auflegen, für die es keinen leicht zu identifizierenden Abnehmer gibt" dar (VO (EU) 2015/760, Erwägungsgrund 1). Dadurch sollen langfristige Investitionen in europäische Infrastrukturprojekte gefördert werden. Die Norm wurde mit dem OGAW-V-UmsG (BGBl. 2016 I 348), das am 18.3.2016 in Kraft getreten ist, in das KAGB eingefügt mit FoStoG (BGBl. 2021 I 1498) mWv 3.6.2021 neu gefasst.

II. Regelungsgegenstand

2 § 338a stellt entsprechend Art. 6 und Art. 7 der VO (EU) 2015/760 (ELTIF-VO) klar, dass der Verwalter eines ELTIF neben den Vorschriften dieser Verordnung auch die Vorschriften des KAGB einzuhalten hat. Dabei haben die speziell auf ELTIF bezogenen Vorschriften der Verordnung (EU) 2015/760 grds. Vorrang vor den vom nationalen Gesetzgeber (KAGB) geschaffenen Produktvorschriften für AIF. Im Hinblick auf das Erlaubnisverfahren des Verwalters eines ELTIF stellt die Regierungsbegründung jedoch klar, dass die Vorschriften des KAGB primäre Anwendung finden (BT-Drs. 18/6744, 67). Da die ELTIF-VO jedoch verlangt, dass ein ELTIF von einem „zugelassenen" AIFM verwaltet wird (VO (EU) 2015/760, Erwägungsgrund 8), ist einem „kleinen" AIFM unterhalb der Schwellenwerte des Art. 3 AIFM-RL folglich nicht gestattet, einen ELTIF zu verwalten bzw. zu vertreiben. In Bezug auf das Zulassungsverfahren des AIFM gelten die Bestimmungen des KAGB dann jedoch uneingeschränkt.

Kapitel 8. Geldmarktfonds

§ 338b Geldmarktfonds

Für OGAW und AIF, die Geldmarktfonds im Sinne der Verordnung (EU) 2017/1131 des Europäischen Parlaments und des Rates vom 14. Juni 2017 über Geldmarktfonds (ABl. L 169 vom 30.6.2017, S. 8) sind, sowie Kapitalverwaltungsgesellschaften, die Geldmarktfonds im Sinne der Verordnung (EU) 2017/1131 verwalten, gelten neben den Vorschriften der Verordnung (EU) 2017/1131 die Vorschriften dieses Gesetzes, soweit die Verordnung (EU) 2017/1131 nichts anderes vorsieht.

I. Einleitung

§ 338b betrifft Geldmarktfonds iSd VO (EU) 2017/1131 (Geldmarktfonds-VO) 1
und regelt deren Verhältnis zum KAGB. Als Geldmarktfonds in diesem Sinne gelten OGAW oder AIF, die in kurzfristige Vermögenswerte investieren – hierbei handelt es sich um finanzielle Vermögenswerte mit einer Restlaufzeit von höchstens zwei Jahren, vgl. Art. 1 Nr. 1 Geldmarktfonds-VO – und Endziele oder kumulative Ziele haben, die auf geldmarktsatzkonforme Renditen oder die Wertbeständigkeit der Anlage abstellen (Art. 1 I Geldmarktfonds-VO). Die Norm wurde durch Art. 9 des Gesetzes zur Ausübung von Optionen der EU-Prospektverordnung und zur Anpassung weiterer Finanzmarktgesetze (BGBl. 2018 I 1102) mit Wirkung zum 21.7.2018 in das KAGB neu eingefügt.

II. Regelungsgegenstand

Nach Art. 1 I Geldmarkfonds-VO können Geldmarktfonds als OGAW oder AIF 2
aufgelegt werden. Die Geldmarktfonds-VO untersagt den Mitgliedstaaten, in dem unter die VO fallenden Bereich zusätzliche Anforderungen vorzusehen (Art. 1 II Geldmarktfonds-VO). Nach Art. 7 II und III der Geldmarkt-VO müssen Geldmarktfonds die Anforderungen der OGAW-RL bzw. der AIFM-RL erfüllen, soweit die Geldmarktfonds-VO nichts anderes vorsieht. So enthält die Geldmarktfonds-VO bspw. eigene Vorgaben zum Zulassungsverfahren, da bei der Beantragung der Zulassung als Geldmarktfonds etwa die Pflicht zur Entscheidung besteht, ob dieser als sog. VNAV-Geldmarktfonds (VNAV = Variable Net Asset Value; hierbei handelt es sich um Geldmarktfonds mit variablen Nettowert iSd Art. 2 Nr. 13 Geldmarktfonds-VO), CNAV-Geldmarktfonds (CNAV = Constant Net Asset Value; hierbei handelt es sich um Geldmarktfonds mit konstantem Nettoinventarwert für öffentliche Schuldtitel iSd Art. 2 Nr. 11 Geldmarktfonds-VO) oder LVNAV-Geldmarktfonds (LVNAV = Low Volatility Net Asset Value; hierbei handelt es sich um Geldmarktfonds mit Nettoinventarwert mit niedriger Volatilität iSd Art. 2 Nr. 12 Geldmarktfonds-VO) errichtet werden soll (Art. 3 II Geldmarktfonds-VO). Darüber hinaus muss das Zulassungsverfahren Prozessbeschreibungen enthalten, die erkennen lassen, wie der OGAW oder AIF die Anforderungen der Geldmarktfonds-VO erfüllen wird. Ferner sind in Art. 9 I der Geldmarktfonds-VO abschließend die zulässigen Vermögensgegenstände aufgeführt, die dem Geldmarktfonds zur Verfügung stehen. Vor diesem Hintergrund stellt § 338b klar, dass

für Geldmarkfonds und deren KVG neben den Vorschriften der Geldmarktfonds-VO auch die Vorschriften des KAGB gelten, soweit die Geldmarktfonds-VO die betreffenden Bereiche nicht abschließend regelt (BR-Drs. 147/18, 60).

Kapitel 9. Paneuropäisches Privates Pensionsprodukt (PEPP)

§ 338c Anzuwendende Vorschriften

Für Kapitalverwaltungsgesellschaften, die PEPPs im Sinne der Verordnung (EU) 2019/1238 anbieten oder vertreiben, gelten neben den Vorschriften der Verordnung (EU) 2019/1238 die Vorschriften dieses Gesetzes, soweit die Verordnung (EU) 2019/1238 nichts anderes vorsieht.

Schrifttum: Höfer/de Groot/Küpper/Reich, Betriebsrentenrecht; *Pötzsch* Das Dritte Finanzmarktförderungsgesetz, WM 1998, 949.

Inhaltsübersicht

	Rn.
I. Allgemeines	1
II. Rechtlicher Rahmen	3
1. Überblick	3
2. Eckpunkte der PEPP-VO	6
a) Ziele	6
b) Regelungsumfang	7
c) Beaufsichtigung	9
3. Eckpunkte der technischen Regulierungsstandards	14
III. Das Paneuropäische Private Pensionsprodukt (PEPP)	18
1. Wesentliche Merkmale	18
a) Allgemeines	18
b) Basis-PEPP	20
c) Weitere Anlageoptionen	24
2. Produktentwicklung	25
3. PEPP-Vertrag	26
4. Anlagevorschriften	27
a) Allgemeine Anlagegrundsätze	29
b) Berücksichtigung von ESG-Kriterien	30
c) Liquide Vermögenswerte	31
d) Derivative Finanzinstrumente	32
e) Ausschluss von Anlagen in NCCTs	33
f) Keine übermäßige Hebelung oder Fristentransformation	34
g) Risikominderungstechniken	36
5. Verwahrstelle	38
6. Vertrieb	39
a) Im Vertrieb tätige Personen	39
b) Vertriebsformen	40
c) Vertriebsanforderungen	41
d) Vertriebsunterlagen	43
e) PEPP-Basisinformationsblatt	44
f) PEPP-Leistungsinformation	46
7. Mitnahmefähigkeit	48
IV. Ausblick	50

I. Allgemeines

1 Die Vorschrift wurde im Rahmen des Schwarmfinanzierungs-Begleitgesetzes in das KAGB aufgenommen und gilt seit dem 1.1.2022. Sie regelt klarstellend, dass neben den Vorschriften der PEPP-VO die Vorschriften des KAGB gelten, soweit sich nicht aus der unmittelbar geltenden Verordnung etwas anderes ergibt (BT-Drs. 19/27410, 60).

2 Mit der PEPP-VO wurde ein **neues Produkt der privaten Altersvorsorge** geschaffen, das Pan-European Personal Pension Product (PEPP), mithin auch „**Europarente**" genannt. Gemäß Art. 3 der PEPP-VO unterliegen Registrierung, Herstellung, Vertrieb und Beaufsichtigung von PEPPs zunächst den Bestimmungen der PEPP-VO, soweit diese hierfür spezielle Regelungen enthält. Im Übrigen sind
- die Bestimmungen des einschlägigen sektorspezifischen Unionsrechts einschließlich der entsprechenden delegierten Rechtsakte und Durchführungsrechtsakte (mithin also insb. EU-Verordnungen),
- die Rechtsvorschriften, welche die Mitgliedstaaten zur Umsetzung des einschlägigen sektorspezifischen Unionsrechts und zur Umsetzung der speziell das PEPP betreffenden Maßnahmen der Union erlassen (mithin also zB die in Umsetzung der OGAW- und der AIFM-Richtlinie erlassenen Bestimmungen des KAGB), und
- sonstige für PEPPs geltende Bestimmungen nationalen Rechts

zu beachten. Soweit Anteile an einem **Investmentvermögen** (in Form eines OGAW oder eines AIF) Gegenstand eines PEPP sind, gelten somit auch die Bestimmungen des KAGB. Dies betrifft einerseits Fälle, in denen das Investmentvermögen nach dem KAGB aufgelegt und verwaltet wird, andererseits aber auch die Fälle, in denen das Investmentvermögen zumindest in Deutschland durch KVGen angeboten wird (vgl. EDD/*Selkinski* § 338c Rn. 2).

II. Rechtlicher Rahmen

3 **1. Überblick.** Bereits im **Aktionsplan der Kommission** zur Schaffung einer Kapitalmarktunion vom 30.6.2015 war die Schaffung eines Rechtsrahmens zur Umsetzung eines erfolgreichen europäischen Markts für einfache, effiziente und wettbewerbsfähige private Altersvorsorgeprodukte angekündigt worden. Nach Abhaltung einer diesbezüglichen öffentlichen Konsultation im Zeitraum vom Juli bis zum Oktober 2016 verabschiedete die Kommission dann im Juni 2017 einen ersten Vorschlag für eine VO über ein PEPP und verband dies mit einer Empfehlung zur steuerlichen Behandlung dieses Produktes. Am 25.7.2019 wurde dann im Amtsblatt der EU die VO (EU) 2019/1238 des Europäischen Parlaments und des Rates über ein Paneuropäisches Privates Pensionsprodukt (PEPP-VO) veröffentlicht. Die PEPP-VO trat am 20. Tag nach ihrer Veröffentlichung in Kraft (dh am 15.8.2019) und ist 12 Monate nach Inkrafttreten der in Art. 28 V, Art. 30 II, Art. 33 III, Art. 36 II, Art. 37 II, Art. 45 III und Art. 46 III der PEPP-VO genannten technischen Regulierungsstandards (RTS) unmittelbar in den Mitgliedstaaten anzuwenden.

4 Für die **technischen Regulierungsstandards** hatte die EIOPA der Kommission im August 2020 entsprechende Entwürfe vorgelegt, die dann am 18.12.2020 angenommen wurden. Die **Delegierte Verordnung (EU) 2021/473** der Kommission vom 18.12.2020 zur Ergänzung der VO (EU) 2019/1238 des Europäischen Parlaments und des Rates durch technische Regulierungsstandards zur Präzisierung der Anforderungen an die Informationsblätter, die für die Kostenobergrenze zu be-

rücksichtigenden Kosten und Gebühren und die Risikominderungstechniken für das Paneuropäische Private Pensionsprodukt wurde schließlich am 22.3.2021 im Amtsblatt der EU veröffentlicht und ist am 20. Tag nach ihrer Veröffentlichung in Kraft getreten. Im Juni 2021 wurden schließlich mit

- der Delegierten VO (EU) 2021/895 der Kommission vom 24.2.2021 zur Ergänzung der VO (EU) 2019/1238 des Europäischen Parlaments und des Rates im Hinblick auf Produktintervention;
- der Delegierten VO (EU) 2021/896 der Kommission vom 24.2.2021 zur Ergänzung der VO (EU) 2019/1238 des Europäischen Parlaments und des Rates über ein Paneuropäisches Privates Pensionsprodukt durch zusätzliche Angaben zur Sicherstellung konvergenter aufsichtlicher Meldungen; und
- der DVO (EU) 2021/897 der Kommission vom 4.3.2021 zur Festlegung technischer Durchführungsstandards für die Anwendung der VO (EU) 2019/1238 des Europäischen Parlaments und des Rates im Hinblick auf das Format aufsichtlicher Meldungen an die zuständigen Behörden sowie die Zusammenarbeit und den Informationsaustausch zwischen den zuständigen Behörden und zwischen den zuständigen Behörden und der Europäischen Aufsichtsbehörde für das Versicherungswesen und die betriebliche Altersversorgung

die **weiteren begleitenden Rechtsakte zur PEPP-VO** im Amtsblatt der EU veröffentlicht. Damit ist das gesamte Regelungswerk nach Ablauf von einem Jahr ab Veröffentlichung der Delegierten VO (EU) 2021/473, dh seit dem **22.3.2022** anwendbar.

Mit Blick auf die einheitliche und konsistente Anwendung der Meldeanforderungen hat die EIOPA ebenfalls im Juni 2021 Leitlinien zur aufsichtlichen Meldung in Bezug auf PEPP veröffentlicht. 5

2. Eckpunkte der PEPP-VO. a) Ziele. Zu den **wesentlichen Zielen** der PEPP-VO zählt neben einer Steigerung von Anlagen an den Kapitalmärkten die Umleitung größerer Teile der in Europa in Form von Barmitteln und Spareinlagen vorhandenen Ersparnisse in langfristige Anlageprodukte (insb. freiwillige Altersvorsorgeprodukte), von der man sich neben höheren Renditen und einer besseren Versorgung breiter Bevölkerungsteile (und damit einhergehender Schließung von Rentenlücken) auch positive Auswirkungen für die Wirtschaft im Allgemeinen erhofft (vgl. EG 4ff. der PEPP-VO). Durch das besondere Element der **„Mitnahmefähigkeit“** soll das Produkt insb. für junge Menschen und mobile Arbeitnehmer attraktiv sein und sie damit letztlich auch bei der Ausübung ihrer Grundfreiheiten unterstützen, überall in der EU arbeiten und leben zu können. Und nicht zuletzt soll ein funktionierender Binnenmarkt für private Altersvorsorgeprodukte (insb. in den Mitgliedstaaten, in denen es einen solchen noch nicht gibt) gefördert werden. 6

b) Regelungsumfang. Die Bestimmungen der PEPP-VO betreffen zentrale Aspekte in Bezug auf das PEPP, wie 7

- die Registrierung und den Vertrieb,
- den Mindestvertragsinhalt,
- die Anlagepolitik,
- den Anbieterwechsel sowie
- die grenzüberschreitende Bereitstellung und Mitnahmefähigkeit

und sollen fairere Wettbewerbsbedingungen für die Anbieter privater Altersvorsorgeprodukte im Allgemeinen schaffen und iÜ dazu beitragen, die Vollendung der Kapitalmarktunion und die Integration des Binnenmarkts für die private Altersvorsorge voranzutreiben. Zur Regelung der Materie wurde die VO als geeigneter befunden, da hierdurch die Eckpunkte von PEPPs besser harmonisiert werden können. Andere Aspekte (wie zB die Bedingungen für die Ansparphase) sind nicht um Rahmen der PEPP-VO adressiert und unterliegen den maßgeblichen nationalen Regelungen.

8 Im Rahmen der PEPP-VO wird grundsätzlich zwischen PEPP-Anbietern und PEPP-Vertreibern unterschieden. PEPP-Anbieter ist insoweit jedes Finanzunternehmen iSv Art. 6 I der PEPP-VO, das für die Herstellung eines PEPP und dessen Vertrieb zugelassen ist (Art. 2 Nr. 15 der PEPP-VO), während PEPP-Vertreiber jedes Finanzunternehmen iSv Art. 6 I der PEPP-VO, das für den Vertrieb eines nicht von ihm selbst hergestellten PEPP zugelassen ist, eine Wertpapierfirma, die Anlageberatung betreibt, oder einen Versicherungsvermittler (Art. 2 Nr. 16 der PEPP-VO). Der PEPP-Vertreiber vertreibt mithin also ausschließlich Produkte, die er nicht selbst hergestellt hat (Drittprodukte).

9 **c) Beaufsichtigung.** Hinsichtlich der laufenden Überwachung der Einhaltung der Vorgaben der PEPP-VO wird an das bereits aus anderen Bereichen der Finanzmarktregulierung bekannte Konzept der Sitzstaat-Regulierung angeknüpft. Nach Art. 61 I der PEPP-VO liegt die Zuständigkeit grundsätzlich bei der gem. Art. 2 Nr. 18 der PEPP-VO benannten **Behörde im Sitzstaat des PEPP-Anbieters** (Herkunftsmitgliedstaat), für in Deutschland ansässige PEPP-Anbieter mithin also bei der BaFin (vgl. § 5 XIV, § 32a I WpHG). Soweit die KVG in die Auflegung bzw. den Vertrieb von PEPP involviert ist, kann sie Maßnahmen treffen, die zur Sicherstellung der Einhaltung der Vorschriften der PEPP-VO geeignet und erforderlich sind (EDD/*Selkinski* § 338c Rn. 33). Übergeordnete Kompetenzen, insb. hinsichtlich der Führung des Zentralregisters und der Produktintervention, liegen im Sinne einer kohärenten Anwendung einer einheitlichen Aufsichtsmethodik bei der EIOPA, die dabei in Streitfällen ggf. auch zwischen den beteiligten Aufsichtsbehörden eine Schlichtungsfunktion übernehmen soll (vgl. EG 73ff. der PEPP-VO).

10 Gemäß Art. 14 I der PEPP-VO genießen PEPP-Anbieter und PEPP-Vertreiber grundsätzlich EU-weite **Dienstleistungsfreiheit** und können in anderen Mitgliedstaaten der EU PEPP-Sparern ebenfalls PEPPs anbieten bzw. vertreiben und die hierfür erforderlichen Unterkonten führen. Handelt es sich bei ihnen um Einrichtungen der betrieblichen Altersversorgung (EbAV) iSv Art. 6 I Buchst. c der PEPP-VO oder um EU-AIFM iSv Art. 6 I Buchst. f der PEPP-VO müssen diese ähnlich wie auch in anderen Bereichen, in denen Finanzprodukte oder -dienstleistungen im Rahmen eines EU-Passes angeboten werden können, die **zuständige Behörde ihres Sitzstaates** (Herkunftsmitgliedstaat) unter Übermittlung der in Art. 15 PEPP-VO genannten Informationen über die Absicht, im Gebiet eines anderen Mitgliedstaates (Aufnahmemitgliedstaat) entsprechend informieren; diese leitet diese Anzeige an die zuständige Behörde des Aufnahmemitgliedstaats weiter (Art. 15 II der PEPP-VO). Sofern die zuständige Behörde des Herkunftsmitgliedstaates die Übermittlung der Anzeige an die zuständige Behörde des Aufnahmemitgliedstaates nicht gemäß Art. 15 II S. 3 der PEPP-VO verweigert hat, kann der PEPP-Anbieter spätestens nach Ablauf von 10 Arbeitstages nach dem Eingang der Absichtsanzeige bei der zuständigen Behörde des Herkunftsmitgliedstaates damit beginnen, PEPPs im Aufnahmemitgliedstaat anzubieten (Art. 15 III, IV der PEPP-VO). Die Beaufsichtigung der Tätigkeit des PEPP-Anbieters im **Aufnahmemitgliedstaat** obliegt grundsätzlich der zuständigen Behörde des Herkunftsmitgliedstaates, die zuständige Behörde des Aufnahmemitgliedstaates kann nur im Ausnahmefall selbst Maßnahmen ergreifen (vgl. Art. 16 III, IV der PEPP-VO).

Ungeachtet der nach dem jeweiligen Produktregime zu beachtenden Anforderungen darf ein PEPP nur dann in der EU angeboten und Vertrieben werden, wenn es in dem von der **EIOPA** geführten **öffentlichen Zentralregister** registriert ist (Art. 5 I der PEPP-VO). Dies betrifft auch die Fälle, in denen ein neues Unterkonto für ein PEPP in einem weiteren Mitgliedstaat (Aufnahmemitgliedstaat) eröffnet werden soll (vgl. Art. 10 der DVO (EU) 2021/897). Die Antragstellung darf nur durch ein Unternehmen erfolgen, das als PEPP-Anbieter oder PEPP-Vertreiber gilt (Art. 6 I der PEPP-VO) und hat bei der zuständigen Behörde in dessen Mitgliedstaat zu erfolgen (vgl. Art. 2 Nr. 18 der PEP-VO). Die zuständige Behörde des Herkunftsmitgliedstaates des PEPP-Anbieters bzw. PEPP-Vertreibers ist insoweit das „Bindeglied" in der Kommunikation zur EIOPA (vgl. Art. 9ff. der DVO (EU) 2021/897). Über die Registrierung informiert die zuständige nationale Behörde neben dem Antragsteller auch die EIOPA (Art. 6 V der PEPP-VO). Mit erfolgter Registrierung im Zentralregister der EIOPA gilt das Produkt als PEPP (vgl. BeckOK WpHR/*Rennig,* 6. Ed. 15.11.2022, WpHG § 32a Rn. 7) und kann auch in allen anderen Mitgliedstaaten der EU angeboten bzw. vertrieben werden (Art. 5 II der PEPP-VO). **11**

Gemäß Art. 40 der PEPP-VO sind PEPP-Anbieter dazu verpflichtet, regelmäßig und auf ad-hoc Basis einen ausführlichen Bericht über die Entwicklung des PEPP-Geschäfts zu erstellen, anhand dessen die Wirksamkeit von Risikominderungstechniken und die laufende Einhaltung der PEPP-VO überwacht werden können **(PEPP-Aufsichtsbericht).** Der PEPP-Aufsichtsbericht muss Angaben enthalten zu **12**

– relevanten Aspekten betreffend das PEPP-Geschäft;
– der angewandten Anlagestrategie und deren Leistung;
– den Risikomanagementsystemen und der Wirksamkeit der Risikominderungstechniken für das PEPP;
– relevanten Auswirkungen des Aufsichtsrahmens des PEPP-Anbieters

und ist mindestens alle drei Jahre nach dem Zeitpunkt der Registrierung des PEPP (innerhalb von 18 Wochen nach dem Ende des Geschäftsjahres des PEPP-Anbieters) sowie im Fall von wesentlichen Änderungen im PEPP-Geschäft oder von Änderungen des PEPP bei der jeweils zuständigen Behörde einzureichen (EIOPA, Leitlinien zur aufsichtlichen Meldung in Bezug auf PEPP vom 31.3.2021, EIOPA-21/260). Quantitative aufsichtliche Meldungen über das PEPP-Geschäft zum Ende des Geschäftsjahres des PEPP-Anbieters sind jeweils jährlich (innerhalb von 16 Wochen nach dem Ende des Geschäftsjahres des PEPP-Anbieters) bei der zuständigen Behörde einzureichen (EIOPA, Leitlinien zur aufsichtlichen Meldung in Bezug auf PEPP vom 31.3.2021, EIOPA-21/260, Tz. 2. 1.1., 2.1.).

Gemäß Art. 65 II der PEPP-VO kann die EIOPA unter bestimmten Voraussetzungen die Vermarktung, den Vertrieb oder den Verkauf bestimmter PEPPs (oder von PEPPs mit bestimmten Merkmalen) in der EU vorübergehend verbieten oder beschränken **(Produktintervention),** wenn sie erhebliche Bedenken hinsichtlich des Schutzes der PEPP-Sparer hat oder eine Gefahr für das ordnungsgemäße Funktionieren und die Integrität von Finanzmärkten oder für die Stabilität des Finanzsystems in der EU als Ganzes oder in Teilen sieht und die Maßnahme verhältnismäßig ist (BeckOK WpHR/*Rennig,* 6. Ed. 15.11.2022, WpHG § 32a Rn. 14). Einzelheiten zu den Aspekten, die im Rahmen einer Produktintervention Berücksichtigung finden sollen, sind in der DelVO (EU) 2021/895 festgelegt. Fallen die Voraussetzungen für die Registrierung des PEPP weg oder verstößt der PEPP-Anbieter in schwerwiegender Weise oder systematisch gegen die Bestimmungen der PEPP- **13**

Verordnung, kann die BaFin als zuständige Behörde gem. Art. 8 I der PEPP-VO die Löschung des PEPP aus dem Zentralregister betreiben (vgl. BeckOK WpHR/*Rennig,* 6. Ed. 15.11.2022, WpHG § 32a Rn. 12).

14 **3. Eckpunkte der technischen Regulierungsstandards.** Die **DelVO 2021/473** enthält primär Detailregelungen zu Inhalt und Aufmachung des PEPP-Basisinformationsblatts (PEPP-KID) und der PEPP-Leistungsinformation, zu den im Zusammenhang mit einem Basis-PEPP erhebbaren Kosten und Gebühren und zum Einsatz von Risikominderungstechniken. Das PEPP-KID, das dem PEPP-Kunden rechtzeitig vor Abschluss des Kaufvertrages auszuhändigen ist, soll im Interesse der Vergleichbarkeit zwischen PEPPs und PRIIPs andererseits die Anforderungen an die Information der Anleger unter Berücksichtigung der Besonderheit des PEPP als ein langfristiges Altersvorsorgeprodukt und der sich hieraus ergebenden Risiken angleichen. Die Regelungen zu Kosten und Gebühren sollen die Kosteneffizienz des Basis-PEPP gewährleisten, indem mit Ausnahme der Kosten einer Kapitalgarantie alle Kosten und Gebühren in eine Kostenobergrenze einbezogen werden. Zur Erreichung besserer Ergebnisse bei der Versorgungsleistung werden klare und durchsetzbare Kriterien für die Risikominderungstechniken des PEPP durch klare und durchsetzbare Kriterien vorgegeben, wobei Lebenszyklusstrategie, Reservenbildung und Garantien als die drei wichtigsten Risikominderungstechniken angesehen werden.

15 Mit der **DelVO (EU) 2021/895** sollen der EIOPA klare Kriterien für die Entscheidung an die Hand gegeben werden, ob in Bezug auf die Vermarktung, den Vertrieb oder den Verkauf eines PEPP in der EU erhebliche Bedenken mit Blick auf den Anlegerschutz vorliegen oder eine Gefahr für das ordnungsgemäße Funktionieren und die Integrität von Finanzmärkten oder für die Stabilität des Finanzsystems in der Union als Ganzes oder in Teilen besteht, welche eine **Produktintervention** gebieten. Die Bewertungsschwelle, ob eine „Gefahr" in diesem Sinne vorliegt, soll dabei höher liegen als die für das Vorliegen „erheblicher Bedenken".

16 Die **DelVO (EU) 2021/896** soll die Einheitlichkeit **(Konvergenz)** aufsichtlicher Meldungen nach der PEPP-VO sicherstellen und verhindern, dass die Meldepflichten von Mitgliedstaat zu Mitgliedstaat womöglich wesentlich voneinander abweichen. Für diese Zwecke wird festgelegt, welche Informationen im Einzelnen in die in Art. 40 I–V der PEPP-VO genannten zusätzlichen Angaben aufzunehmen sind.

17 Die **DVO (EU) 2021/897** enthält Vorgaben für das **Format** aufsichtlicher Meldungen an die zuständigen Behörden sowie die **Zusammenarbeit** und den Informationsaustausch zwischen den zuständigen Behörden untereinander sowie mit der EIOPA. Durch vereinheitlichte Meldebögen für die Kommunikation gegenüber den Aufsichtsbehörden sowie unter den Aufsichtsbehörden soll ebenfalls die aufsichtliche Konvergenz und Effizienz gefördert werden. Hierzu werden insb. Methoden, Mittel und sonstigen Einzelheiten des Informationsaustauschs (einschließlich des Umfangs und der Behandlung der auszutauschenden Informationen) festgelegt.

III. Das Paneuropäische Private Pensionsprodukt (PEPP)

18 **1. Wesentliche Merkmale. a) Allgemeines.** Gemäß Art. 2 Nr. 2 der PEPP-VO ist das Paneuropäische Private Pensionsprodukt ein **langfristiges Sparprodukt für die private Altersvorsorge,** das von einem nach Art. 6 I der PEPP-VO zugelassenen Finanzunternehmen im Rahmen eines entsprechenden Vertrages

(PEPP-Vertrag) angeboten und von einem PEPP-Sparer oder einer unabhängigen Vereinigung von PEPP-Sparern im Namen ihrer Mitglieder zur Altersvorsorge abgeschlossen wird. Der PEPP-Sparer kann, muss aber nicht zwingend mit dem Empfänger der versprochenen Leistung identisch sein (vgl. EDD/*Selkinski* § 338c Rn. 14). Zu den wesentlichen Merkmalen eines PEPP zählt, dass es
- auf einem **freiwilligen Vertrag** zwischen einem einzelnen Sparer und einem Unternehmen beruht und der Ergänzung der gesetzlichen und betrieblichen Altersvorsorgeansprüche dient;
- eine **langfristige Kapitalansparung** mit dem ausdrücklichen Ziel vorsieht, ein Ruhestandseinkommen zu gewähren und mit begrenzten Möglichkeiten einen vorzeitigen Ausstieg vor dem Renteneintritt vorsieht; und
- kein gesetzliches oder betriebliches Altersvorsorgeprodukt ist.

Für PEPP in Form von Investmentvermögen nach dem KAGB dürfte als Rechtsform damit primär das Sondervermögen in Betracht kommen (vgl. dazu AWZ/*Zetsche/Yeboah-Smith* § 338c Rn. 15). Der Lebenszyklus eines PEPP besteht aus zwei Phasen, nämlich zunächst dem Zeitraum, in dem Vermögenswerte auf einem PEPP-Konto angesammelt werden **(Ansparphase),** und danach anschließend dem Zeitraum, in dem die auf einem PEPP-Konto angesammelten Vermögenswerte abgezogen werden können, um die Altersversorgung oder andere Einkommensanforderungen zu finanzieren **(Leistungsphase).** Nicht durch die PEPP-VO harmonisierte Aspekte der Anspar- und Leistungsphase können die Mitgliedstaaten festlegen.

Art. 9 der PEPP-VO sieht einen besonderen **Bezeichnungsschutz** vor. Die Bezeichnung „Paneuropäisches Privates Pensionsprodukt" oder „PEPP" kann danach für ein privates Altersvorsorgeprodukt nur dann verwendet werden, wenn dieses von der EIOPA entsprechend registriert wurde (vgl. BeckOK WpHR/*Rennig,* 6. Ed. 15.11.2022, WpHG § 32a Rn. 4). Gemäß Art. 13 der PEPP-VO führt die **EIOPA** ein **elektronisches, öffentlich zugängliches Zentralregister** mit allen nach der PEPP-Verordnung registrierten PEPPs. 19

b) Basis-PEPP. Das „Standardprodukt" für Kunden soll nach dem Leitbild der PEPP-VO das sog.e **Basis-PEPP** sein. Für dieses Produkt gilt eine strikte **Kostendeckelung,** denn die Verwaltungskosten (einschl. der Aufwendungen für den Vertrieb) sind auf 1% des pro Jahr angesparten Kapitals beschränkt (Art. 45 II der PEPP-VO). Hierin müssen gem. Art. 12 I der DelVO (EU) 2021/473 alle Verwaltungskosten, Anlagekosten und Vertriebskosten enthalten sein, die im Zusammenhang mit dem PEPP anfallen. Kosten und Gebühren im Zusammenhang mit zusätzlichen Elementen oder Merkmalen des Basis-PEPP können jedoch ebenso außen vor bleiben wie alle mit dem Wechselservice verbundenen Kosten und Gebühren (Art. 12 II der DelVO (EU) 2021/473). 20

Die Konzeption des Basis-PEPP muss gem. Art. 45 I der PEPP-VO darauf ausgerichtet sein, dass der PEPP-Sparer sein eingezahltes Kapital in der Leistungsphase zurückerhält. Dieses Ziel kann entweder durch eine explizite **Kapitalgarantie** oder durch den Einsatz von **Risikominderungstechniken** (zB eine Umschichtung von risikobehafteten in risikolose Anlagen während der Produktlaufzeit) erreicht werden. Die Garantie soll mindestens die im Zuge der Ansparphase geleisteten Beiträge nach Abzug aller Gebühren und Entgelte abdecken, kann aber ggf. auch die Gebühren und Entgelte abdecken und sogar einen vollständigen oder teilweisen Inflationsausgleich umfassen. Gemäß Art. 42 V der PEPP-VO bedürfen Einrichtungen der betrieblichen Altersversorgung (EbAV), Wertpapierinstitute, 21

OGAW-Verwaltungsgesellschaften und AIF-Verwaltungsgesellschaften für die Konzeption eines eine Garantie umfassenden PEPP der Unterstützung durch Kreditinstitute oder Versicherungsunternehmen, die solche Garantien (im Einklang mit dem für sie geltenden branchenspezifischen Recht) stellen können. Die Kosten und Gebühren, die im Zusammenhang mit einer Garantiezusage für ein Basis-PEPP anfallen, sind nicht von der Kostendeckelung des Art. 45 II der PEPP-VO erfasst (Art. 13 I der DelVO (EU) 2021/473). Neben Garantien auf den Erhalt des eingezahlten Kapitals können ggf. auch sog. Mindestrenditegarantien abgegeben werden (vgl. Art. 17 der DelVO (EU) 2021/473).

22 **Risikominderungstechniken** müssen darauf ausgerichtet sein, durch das PEPP ein stabiles und angemessenes individuelles Ruhestandseinkommen aufzubauen, das unter Berücksichtigung der erwarteten verbleibenden Dauer der individuellen Ansparphase des PEPP-Sparers oder der Gruppe von PEPP-Sparern und der vom PEPP-Sparer gewählten Auszahlungsoption (Art. 14 II 1 der DelVO (EU) 2021/473). Hierbei sollen zwei große Ziele erreicht werden:

– Der **erwartete Verlust** (dh die Differenz zwischen der prognostizierten Summe der Beiträge und dem prognostizierten angesparten Kapital am Ende der Ansparphase) soll im Stressszenario, das dem fünften Perzentil der Verteilung entspricht, **nicht mehr als 20%** betragen.
– Die **Wertentwicklung** soll mit einer Wahrscheinlichkeit von mindestens 80% über eine 40-jährige Ansparphase hinweg **über der jährlichen Inflationsrate** liegen.

Risikominderungstechniken sind so zu gestalten, dass jeder einzelne PEPP-Sparer innerhalb der gleichen Gruppe einen gerechten und gleichen Schutz genießt und kein Anreiz für ein opportunistisches Verhalten einzelner PEPP-Sparer innerhalb der Gruppe geboten wird (Art. 14 IV der DelVO (EU) 2021/473). Einzelheiten zur Anwendung von Risikominderungstechniken sind in Art. 14 der DelVO (EU) 2021/473, zusätzliche Anforderungen an eine Anlagenaufteilung im Rahmen einer Lebenszyklusstrategie in Art. 15 der DelVO 2021/473 festgelegt.

23 Sofern eine Risikominderungstechnik angewendet wird, bei der aus angesparten Beiträgen oder aus Anlageerträgen **Reserven** gebildet werden, müssen im PEPP-Vertrag die Mechanismen für diese Thesaurierung in transparenter und verständlicher Weise dargestellt werden (Art. 16 I der DelVO (EU) 2021/473). Positive Anlagerenditen können dann zur Bildung von Reserven verwendet werden, während negative Anlagerenditen dann ggf. durch Entnahmen aus diesen Reserven wieder ausgeglichen werden können; auf diese Weise kann ein gewisser Glättungseffekt erreicht werden. Gemäß Art. 16 IV der DelVO (EU) 2021/473 kann der PEPP-Anbieter in den ersten zehn Jahren der Laufzeit eines PEPP auch aus von ihm selbst zur Verfügung gestelltem Kapital Vermögenswerte anschaffen (gegen Gewinnbeteiligung) und so zur Bildung von Reserven beitragen; ein derartiger Eigenbetrag ist dann über einen Zeitraum von höchstens zehn Jahren wieder zurückzuführen.

24 **c) Weitere Anlageoptionen.** Gemäß Art. 42 II der PEPP-VO haben PEPP-Anbieter neben dem Basis-PEPP noch bis zu fünf weitere Anlageoptionen zur Auswahl. Auch diese Anlageoptionen müssen mit einer Garantie oder einer Risikominderungstechnik versehen sein, die den PEPP-Sparern einen ausreichenden Schutz bieten (Art. 42 III der PEPP-VO). Bietet der PEPP-Anbieter alternative Anlageoptionen an, so muss er dem PEPP-Sparer grundsätzlich die Möglichkeit geben, nach Ablauf einer „Mindesthaltedauer" von 5 Jahren kostenfrei eine (andere) Anlageoption zu wählen (Art. 44 der PEPP-VO). In diesem Fall müssen die dem

PEPP ggf. zugewiesenen Reserven und Anlagerenditen dem ausscheidenden PEPP-Sparer in gerechter Weise zugewiesen werden (Art. 14 VII der DelVO (EU) 2021/473).

2. Produktentwicklung. Da ein PEPP keine biometrischen Risiken abdecken muss (vgl. Art. 4 II Buchst. d der PEPP-VO), ist es auch **nicht zwangsläufig ein Versicherungsprodukt.** Infolgedessen können auch KVG und andere Vermögensverwalter als Produktentwickler und -hersteller auftreten. In Art. 6 I Buchst. e und f der PEPP-VO werden daher auch 25

- nach der RL 2009/65/EG zugelassene Investment- oder Verwaltungsgesellschaften, und
- nach der RL 2011/61/EU zugelassene Verwalter alternativer Investmentfonds mit Sitz in der EU (EU-AIFM)

als Personen genannt, die PEPP (in Form von Investmentvermögen) auflegen und verwalten können. Hierbei kann es sich sowohl um OGAW iSv § 1 II als auch um AIF iSv § 1 III handeln, sofern die in der PEPP-VO vorgesehen Anforderungen an die unterliegenden Vermögenswerte (→Rn. 27) erfüllt sind. Eine **Abdeckung biometrischer Risiken** im Rahmen eines als Investmentvermögen angebotenen PEPP ist optional möglich, wenn entsprechender Versicherungsschutz von einem Versicherungsunternehmen gewährt wird, das für die Abdeckung biometrischer Risiken uneingeschränkt haftet (Art. 49 III der PEPP-VO). Nach dem Wortlaut des Art. 6 I der PEPP-VO von der Registrierung von PEPP ausgeschlossen sind AIF-Kapitalverwaltungsgesellschaften (und entsprechende EU-Verwaltungsgesellschaften), die unterhalb der in Art. 3 II der AIFM-RL genannten Schwellenwerte operieren und lediglich bei der zuständigen Behörde registriert sind.

3. PEPP-Vertrag. Grundlage eines PEPP ist der zwischen dem Anbieter **(PEPP-Anbieter)** und der natürlichen Person, die eine Anlage in dieses PEPP tätigen möchte **(PEPP-Sparer),** abgeschlossene Vertrag **(PEPP-Vertrag).** Einzelheiten zum Mindestinhalt und der Ausgestaltung dieses PEPP-Vertrages sind in Art. 4 II der PEPP-VO festgelegt. Der PEPP-Vertrag hat danach insb. die Bedingungen für die Anspar- und die Leistungsphase des PEPP-Produkts und eine Beschreibung der vom PEPP-Anbieter zu erbringenden Altersversorgungsleistungen zu beinhalten. Für den Fall einer ungünstigen wirtschaftlichen Entwicklung innerhalb von drei Jahren vor dem vorgesehenen Ende der Ansparphase muss die Möglichkeit bestehen, die letzte Phase des Lebenszyklus oder die angewandte Risikominderungstechnik um einen angemessenen zusätzlichen Zeitraum von bis zu drei Jahren nach dem ursprünglich vorgesehenen Ende der Ansparphase zu verlängern (Art. 14 VIII der DelVO (EU) 2021/473). Da es sich beim PEPP um ein langfristiges Altersvorsorgeprodukt handelt, ist eine **Kündigung** vor Beginn der Auszahlungsphase nur in Ausnahmefällen möglich. Möglich ist allerdings ein Wechsel des PEPP-Anbieters oder der Anlageoption. 26

4. Anlagevorschriften. Gemäß Art. 41 I der PEPP-VO sind die mit dem PEPP in Zusammenhang stehenden Vermögenswerte **(PEPP-Vermögenswerte)** vom PEPP-Anbieter unter Berücksichtigung besonderer Anlagegrundsätze anzulegen. Diese Grundsätze sind lediglich als Mindeststandards anzusehen, gem. Art. 41 II der PEPP-VO gelten daneben ggf. strengere Bestimmungen entsprechend dem einschlägigen branchenspezifischen Recht. Die Frage, welche Vermögensgegenstände im Einzelnen als PEPP-Vermögenswerte in Betracht kommen, bleibt in der PEPP-VO hingegen mehr oder weniger unbeantwortet. Allerdings werden in der 27

PEPP-VO Begriffe wie „Instrumente mit langfristigem wirtschaftlichem Profil" bzw. „Beträge oder gegebenenfalls Sacheinlagen" verwendet (vgl. EG 49 und Art. 52), woraus man den Schluss ziehen könnte, dass in bestimmtem Umfang auch Sachwerte (wie zB Unternehmensbeteiligungen, Infrastrukturprojekte oder Immobilien) als PEPP-Vermögenswerte in Betracht kommen (vgl. EDD/*Selkinski* § 338 Rn. 24). Gerade bei einem lang laufenden Anlageprodukt wie dem PEPP würde dies zwar durchaus Sinn ergeben, die englische Fassung der PEPP-VO („assets-in-kind") legt aber eher nahe, dass mit „Sacheinlagen" wohl allgemein Anlagen gemeint sind, bei denen es sich nicht um Geld (-Beträge) handelt.

28 Für ein Basis-PEPP ohne Kapitalgarantie schreibt Art. 14 III der DelVO (EU) 2021/473 vor, dass der PEPP-Anbieter eine Anlagestrategie zu verwenden hat, die unter Berücksichtigung der Ergebnisse stochastischer Modellierung sicherstellt, dass das Kapital zu Beginn der Leistungsphase und während der Leistungsphase mit einer Wahrscheinlichkeit von mind. 92,5% zurückerlangt wird. Wenn die verbleibende Ansparphase bei Einstieg in das Basis-PEPP jedoch höchstens zehn Jahre beträgt, kann bei der Nutzung der Anlagestrategie eine Wahrscheinlichkeit von mind. 80% zugrunde gelegt werden.

29 **a) Allgemeine Anlagegrundsätze.** Gemäß Art. 41 I Buchst. c der PEPP-VO sind die Vermögenswerte nach dem **Grundsatz der unternehmerischen Vorsicht** so anzulegen, dass die **Sicherheit,** Qualität, Liquidität und **Rentabilität** des Portfolios insgesamt gewährleistet ist (Allgemeiner Anlagegrundsatz). Diese Vorgaben entsprechen im Wesentlichen denen, die auch von Versicherungsunternehmen bei der Anlage ihres Vermögens gem. § 124 I Nr. 2 VAG zu beachten sind (s. auch EIOPA, Leitlinien zum Governance-System, Leitlinie 29). Die Anlagen sind außerdem **angemessen zu streuen,** sodass ein übermäßiger Rückgriff auf einen bestimmten Vermögenswert oder Emittenten oder auf eine bestimmte Unternehmensgruppe und größere Risikoballungen in dem Portfolio insgesamt vermieden werden (Art. 41 I Buchst. f der PEPP-VO). Anlagen in Vermögenswerten ein und desselben Emittenten oder von Emittenten, die derselben Unternehmensgruppe angehören, dürfen einen PEPP-Anbieter nicht einer **übermäßigen Risikokonzentration** aussetzen. Im Übrigen sind die Vermögenswerte zum größtmöglichen langfristigen Nutzen der PEPP-Sparer insgesamt anzulegen. Dies beinhaltet auch, dass bei einem möglichen Interessenkonflikt der PEPP-Anbieter (bzw. der von ihm beauftragte Portfolioverwalter) dafür zu sorgen hat, dass die Anlage einzig und allein im Interesse der PEPP-Sparer erfolgt.

30 **b) Berücksichtigung von ESG-Kriterien.** Im Rahmen des Grundsatzes der unternehmerischen Vorsicht hat der PEPP-Anbieter auch die Risiken und die möglichen **langfristigen Auswirkungen der Anlageentscheidungen auf ESG-Kriterien** zu berücksichtigen (Art. 41 I Buchst. b der PEPP-VO). Diese sind in Art. 2 Nr. 33 der PEPP-VO definiert als ökologische, soziale und die Unternehmensführung betreffende Fragen, wie sie im Übereinkommen von Paris, in den Zielen der Vereinten Nationen für nachhaltige Entwicklung, in den Leitprinzipien der Vereinten Nationen für Wirtschaft und Menschenrechte und in den von den Vereinten Nationen unterstützten Grundsätzen für verantwortungsbewusstes Investment niedergelegt sind. Mit der Verpflichtung zur Einhaltung von ESG-Kriterien soll insb. den von den Vereinten Nationen unterstützen Grundsätzen für verantwortungsbewusstes Investment **(UN-PRI)** Rechnung getragen und verhindert werden, dass der PEPP-Anbieter Anlagen in Vermögenswerte tätigt, die aufgrund von fehlender Konformität mit diesen Grundsätzen früher oder später erheblich an Attraktivität verlieren (sog. Stranded Assets).

c) Liquide Vermögenswerte. Die dem PEPP unterliegenden Vermögenswerte müssen vorrangig **an geregelten Märkten gehandelt** werden; Anlagen in Vermögenswerten, die nicht zum Handel an geregelten Finanzmärkten zugelassen sind, sind auf einem vorsichtigen Niveau zu halten (Art. 41 I Buchst. d der PEPP-VO). Der Begriff des „geregelten Marktes" wird in der PEPP-VO nicht näher definiert, dürfte aber im europarechtlichen Kontext iSd Definition in Art. 4 I Nr. 21 der MiFID II zu verstehen sein und soll darüber hinaus aber auch sog. multilaterale Handelssysteme (MTF) oder organisierte Handelssysteme (OTF) umfassen (vgl. EG 48 der PEPP-VO). Hieraus kann der Schluss gezogen werden, dass primär Anlagen in börsennotierte Aktien und Schuldverschreibungen (und ggf. auch Investmentanteile) als PEPP-Vermögenswerte in Betracht kommen, was vor allem Investmentvermögen gem. der OGAW-RL aufgrund der für sie geltenden Anlagevorschriften (vgl. §§ 192ff.) als „PEPP-tauglich" qualifizieren dürfte, aber auch AIF mit einem nicht ganz so strengen Anlagekorsett wie OAGW nicht generell ausschließt. Anlagen in Sachwerte wären danach ebenso wie Anlagen in nicht börsennotierte Wertpapiere auf ein **vorsichtiges Niveau** zu beschränken. Offen bleibt insoweit, was im Einzelfall unter einem „vorsichtigen Niveau" zu verstehen ist. Entsprechend der sonst in anderen Bereichen gelebten aufsichtsrechtlichen Praxis erscheint hier ein Wert von 5–10% des Gesamtportfolios als angemessen. 31

d) Derivative Finanzinstrumente. Anlagen in derivative Finanzinstrumenten sind (nur) zulässig, sofern diese Instrumente zur **Verringerung von Anlagerisiken** oder zur **Erleichterung einer effizienten Portfolioverwaltung** beitragen (Art. 41 I Buchst. e der PEPP-VO). Ihr Wert ist mit der gebotenen Vorsicht unter Berücksichtigung des Basiswerts anzusetzen und hat mit in die Bewertung der Vermögenswerte eines PEPP-Anbieters einzufließen. Der Einsatz derivativer Finanzinstrumente zu reinen Anlagezwecken ist damit ausgeschlossen. Auch haben PEPP-Anbieter eine übermäßige Risikoexposition gegenüber einer einzigen Gegenpartei und gegenüber anderen Derivate-Geschäften zu vermeiden. 32

e) Ausschluss von Anlagen in NCCTs. Gemäß Art. 41 I Buchst. g der PEPP-VO dürfen PEPP-Vermögenswerte nicht in Ländern angelegt werden, die auf der von der Financial Action Task Force on Money Laundering (FATF) für Steuerzwecke erstellten **Liste nicht kooperativer Länder und Gebiete** (Non-Cooperative Countries and Territories, NCCT) geführt werden. Gleiches gilt hinsichtlich von Ländern, die gem. der auf Grundlage von Art. 9 der RL (EU) 2015/849 des Europäischen Parlaments und des Rates vom 20.5.2015 zur Verhinderung der Nutzung des Finanzsystems zum Zwecke der Geldwäsche und der Terrorismusfinanzierung erlassenen VO als Länder mit hohem Risiko, die strategische Mängel aufweisen, eingestuft werden. Als in einem solchen Land angelegt gelten insb. Anlagen, deren Emittent bzw. Schuldner dort seinen Sitz hat, bei börsennotierten Wertpapieren darüber hinaus aber auch Wertpapiere, die ausschließlich in einem solchen Land börsennotiert sind. Eine ähnliche Regelung findet sich in § 225 IV 3 zu den Anforderungen an die Zielfonds eines Dach-Hedgefonds (→ § 225 Rn. 4). 33

f) Keine übermäßige Hebelung oder Fristentransformation. Gemäß Art. 41 I Buchst. h der PEPP-VO darf der PEPP-Anbieter sich selbst und die PEPP-Vermögenswerte keinen durch übermäßige Hebelung oder übermäßige Fristentransformation bedingten Risiken aussetzen. Eine **Hebelung** in diesem Sinne kann sich entweder durch den Einsatz von für Investitionszwecke aufgenommenem Fremdkapital oder den Einsatz von derivativen Finanzinstrumenten 34 ergeben, bei denen eine im Verhältnis zum eingesetzten Kapital überproportionale Teilhabe an der Wertentwicklung eines Bezugswertes (Basiswert) besteht (→ § 283 Rn. 13ff.). Für Investmentvermögen bedeutet dies zunächst, dass das Bruttofondsvermögen nicht übermäßig durch die **Aufnahme von Fremdkapital** gesteigert werden darf. Unklar bleibt, welcher Fremdfinanzierungsgrad für ein Fondsportfolio noch als zulässig angesehen werden kann. Die für OGAW-Sondervermögen gem. § 199 geltende 10%-Grenze erscheint insoweit zu restriktiv, da bei einer kurzfristigen Kreditaufnahme in dieser Höhe von „übermäßig" kaum die Rede sein dürfte. Wesentlich angemessener erscheint eine Heranziehung des hinter § 254 I stehenden Gedankens, wonach die Kreditaufnahme max. 30% des Verkehrswertes des Anlageportfolios ausmachen darf. Was die Hebelung eines Anlageportfolios durch den **Einsatz von derivativen Finanzinstrumenten** anbelangt, so sollte die für OGAW geltende Begrenzung des § 197 II (maximal Verdoppelung des Marktrisikopotenzials) gleichermaßen als Maßstab herangezogen werden können. Wegen des vergleichbaren Wortlauts wäre es aber auch denkbar, auf Art. 111 I der DelVO (EU) 231/2103 zurückzugreifen, wonach von Leverage in beträchtlichem Umfang auszugehen ist, wenn das nach der Commitment-Methode (gem. Art. 8 der DelVO (EU) 231/2103) berechnete Engagement den NAV dreifach übersteigt. Vor dem Hintergrund der damit verbundenen Risiken erscheint dies mit Blick auf den für das PEPP maßgeblichen Gedanken der Kapitalsicherung jedoch zu weitgehend.

35 Unter **Fristentransformation** versteht man allgemein, dass aufgenommene Gelder nicht zwingend entsprechend der Fälligkeit ihres Rückzahlungsanspruchs angelegt werden müssen und mithin insb. kurzfristig fälligen Verbindlichkeiten auch eher längerfristig fällig werdende Forderungen gegenüberstehen können (vgl. SBL/*Fischer/Boegl* § 129 Rn. 37f.). Bei OGAW wird dem Aspekt der Fristentransformation bereits dadurch Rechnung getragen, dass die Erwerbbarkeit von Wertpapieren grundsätzlich an ihre Liquidität (im Sinne einer Handelbarkeit an liquiden Märkten) geknüpft ist, durch die der OGAW in die Lage versetzt werden soll, jederzeit die (insb. für die Bedienung von Anteilsrückgaben) erforderliche Liquidität zu generieren. Eine eigenständige Bedeutung dürfte das Verbot der übermäßigen Fristentransformation daher nur für Anlagen haben, bei denen diese Liquidität mangels eines entsprechenden Marktes, auf dem diese Anlagen jederzeit zu einem angemessenen Preis veräußert werden können, fehlt.

36 **g) Risikominderungstechniken.** Artikel 46 der PEPP-VO verpflichtet den PEPP-Anbieter, durch die Verwendung von Risikominderungstechniken sicherzustellen, dass die Anlagestrategie für das PEPP darauf ausgerichtet ist, durch das PEPP ein stabiles und angemessenes individuelles Ruhestandseinkommen aufzubauen und eine gerechte Behandlung aller Generationen von PEPP-Sparern sicherzustellen. Risikominderungstechniken in diesem Sinne sind gem. Art. 2 Nr. 28 der PEPP-VO Techniken zur systematischen Verringerung des Ausmaßes eines Risikos und/oder der Wahrscheinlichkeit seines Eintritts. Alle Risikominderungstechniken, unabhängig davon, ob sie im Rahmen des Basis-PEPP oder alternativer Anlageoptionen angewandt werden, müssen tragfähig, solide und mit dem Risikoprofil der entsprechenden Anlageoption vereinbar sein.

37 Die Anforderungen an den Einsatz von Risikominderungstechniken sind insoweit nicht ganz unproblematisch, als in ihnen zahlreiche unbestimmte Rechtsbegriffe verwendet werden („angemessen", „stabil"), die noch dazu bestimmte subjektive Elemente beinhalten. So dürfte es einem PEPP-Anbieter wohl kaum möglich sein, die Portfoliozusammensetzung und -steuerung für ein PEPP an den unterschiedlichen Sichtweisen auszurichten, welche die einzelnen PEPP-Sparer zu der Frage haben, was für sie als „angemessenes individuelles Ruhestandseinkommen" anzusehen ist.

5. Verwahrstelle. Gemäß Art. 48 der PEPP-VO haben PEPP-Anbieter, bei denen es sich um Einrichtungen der betrieblichen Altersversorgung (EbAV), OGAW-Verwaltungsgesellschaften und AIF-Verwaltungsgesellschaften handelt, eine oder mehrere Verwahrstellen für die Verwahrung von Vermögenswerten im Zusammenhang mit der Bereitstellung des PEPP und der Wahrnehmung von Kontrollaufgaben zu bestellen. Die Bestellung der Verwahrstelle, die Wahrnehmung ihrer Aufgaben bezüglich der Verwahrung von Vermögenswerten und die Haftung der Verwahrstelle sowie die Kontrollaufgaben der Verwahrstelle richten sich nach Kapitel IV der OGAW-RL bzw. den §§ 68–79 (vgl. AWZ/*Zetsche/Yeboah-Smith* § 338c Rn. 15). Für PEPP-Anbieter, bei denen es sich um zugelassene OGAW- oder AIF-KVG handelt, bringt Art. 48 der PEPP-VO keine zusätzlichen Anforderungen mit sich, da sie ja ohnehin bereits eine Verwahrstelle für die von ihnen verwalteten Investmentvermögen bestellen müssen. 38

6. Vertrieb. a) Im Vertrieb tätige Personen. In Art. 10 der PEPP-VO ist festgelegt, dass die in Art. 6 I der PEPP-VO genannten Finanzunternehmen, zu denen neben zugelassenen Verwaltungsgesellschaften auch 39

- zugelassene Kreditinstitute,
- zugelassene Lebensversicherungsunternehmen,
- zugelassene oder eingetragene Einrichtungen der betrieblichen Altersversorgung (EbAV), die dafür zugelassen sind, auch private Altersvorsorgeprodukte anzubieten (und für alle Vermögenswerte und Verbindlichkeiten im Zusammenhang mit der Bereitstellung von PEPP einen separaten Abrechnungsverband eingerichtet haben), und
- zugelassene Wertpapierfirmen, welche die Portfolioverwaltung anbieten,

zählen, einerseits PEPP vertreiben können, die sie selbst entwickelt haben, andererseits aber auch PEPP, die sich nicht selbst hergestellt haben. Soweit es sich bei den PEPP um Anteile an OGAW oder AIF handelt, sind dabei die jeweils einschlägigen Vertriebsbestimmungen des KAGB zu beachten.

b) Vertriebsformen. Der Grundfall des Vertriebs von PEPP dürfte der persönliche Kontakt zwischen dem PEPP-Anbieter und dem PEPP-Kunden sein. Aber auch ein Online-Vertrieb von PEPP ist grundsätzlich möglich, sofern die Vorgaben des Art. 34 der PEPP-VO (sowie ggf. weitere produktspezifische Anforderungen, zB aufgrund der Bestimmung der MiFID II) eingehalten werden. Mit Blick auf die Vorgabe, die jährlichen Kosten eines PEPP-Produktes auf 1% des angelegten Kapitals zu begrenzen, erscheint der Einsatz digitaler Kommunikationsmedien naheliegend. 40

c) Vertriebsanforderungen. Gemäß Art. 22 der PEPP-VO müssen PEPP-Anbieter und PEPP-Vertreiber beim Vertrieb von PEPP stets ehrlich, redlich und professionell im bestmöglichen Interesse ihrer PEPP-Kunden agieren. Diese Verhaltensanforderungen entsprechen den allgemein nach Art. 24 I der MiFID II für die Erbringung von Finanzdienstleistungen einzuhaltenden Verhaltensregeln. Nach Art. 23 der PEPP-VO müssen PEPP-Anbieter und PEPP-Vertreiber, bei denen es sich nicht um Versicherungsunternehmen oder Wertpapierfirmen handelt, das in Umsetzung der MiFID II geschaffene nationale Recht in Bezug auf die Vermarktung und den Vertrieb von Finanzinstrumenten (mit Ausnahme von Art. 24 II, 41

Art. 25 II–IV der MiFID II) sowie das im Rahmen dieser Vorschriften erlassene, unmittelbar geltende Unionsrecht sowie die Bestimmungen der PEPP-VO einhalten.

42 Gemäß Art. 34 I der PEPP-VO muss der PEPP-Anbieter oder PEPP-Vertreiber vor Abschluss eines PEPP-Vertrags anhand der vom potenziellen PEPP-Sparer erfragten und erhaltenen Angaben dessen altersversorgungsbezogenen Wünsche und Bedürfnisse ermitteln und dem potenziellen PEPP-Sparer in verständlicher Form objektive Informationen über das PEPP erteilen, damit dieser eine wohlinformierte Entscheidung treffen kann. Im Rahmen der Beratung ist auch zu prüfen, inwieweit beim Anleger Bedarf nach einem Rentenprodukt besteht. Ein Vertrieb im beratungsfreien Geschäft ist nicht möglich.

43 **d) Vertriebsunterlagen.** Neben den produktspezifischen Unterlagen (dh für Investmentvermögen der Verkaufsprospekt und die wesentlichen Anlegerbedingungen) sieht die DelVO (EU) 2021/473 besondere Vertriebsunterlagen, nämlich
- ein PEPP-Basisinformationsblatt (PEPP-KID), und
- eine sog. PEPP-Leistungsinformation

vor. Mit dem **PEPP-KID** als **vorvertragliche Information** sollen den Verbrauchern die relevanten Informationen zur Verfügung gestellt werden, die die Entscheidungsfindung vor dem Vertragsabschluss erleichtern (vgl. BeckOK WpHR/*Rennig,* 6. Ed. 15.11.2022, WpHG § 32a Rn. 17). Die **PEPP-Leistungsinformation** soll während der Vertragslaufzeit eine Überwachung der Performance der angelegten Mittel ermöglichen. Zudem wird im Rahmen dieser Dokumente ein ganzheitlicher Risikoindikator eingeführt, der sowohl die Risikohöhe der verschiedenen Anlageoptionen aufzeigt, als auch Informationen zum Verständnis des relativen Risikos im Verhältnis der erwarteten PEPP-Rentenleistung bereitstellt. Durch das Verständnis des künftigen Renteneinkommens sollen Verbraucher in die Lage versetzt werden, die Merkmale des PEPPs besser zu verstehen und somit selbstständig zu prüfen, ob die individuellen Rentenziele damit erfüllt werden.

44 **e) PEPP-Basisinformationsblatt.** Gemäß Art. 9 I der DelVO (EU) 2021/473 muss jeder, der zu einem PEPP berät oder es verkauft, dem PEPP-Sparer ein PEPP-KID so rechtzeitig vorlegen, dass dieser über genügend Zeit für die Prüfung des Dokuments verfügt, bevor er durch einen Vertrag oder ein Angebot im Zusammenhang mit diesem PEPP gebunden ist; dies gilt ungeachtet dessen, ob dem potenziellen oder derzeitigen PEPP-Sparer eine Bedenkzeit angeboten wird oder nicht. Der erforderliche Prüfungszeitraum bemisst sich insoweit nach
- den Kenntnissen und Erfahrungen des PEPP-Sparers mit dem PEPP oder mit PEPP ähnlicher Art oder mit Risiken, die denjenigen, die im Zusammenhang mit dem PEPP entstehen, vergleichbar sind;
- der Komplexität, dem langfristigen Charakter und den eingeschränkten Kündigungsmöglichkeiten des PEPP,
- der vom PEPP-Sparer explizit angegebenen Dringlichkeit des Abschlusses des vorgeschlagenen Vertrags oder Angebots

(Art. 9 II der DelVO (EU) 2021/473). Das PEPP-KID tritt an die Stelle des nach der PRIIP-VO zu erstellenden Basisinformationsblatts; für PEPP reicht daher die Erstellung eines PEPP-KID aus (vgl. EG 38 der PEPP-VO). Es kann auch online zur Verfügung gestellt werden, wenn es (auf der Webseite oder in einer mobilen Anwendung) leicht auffindbar und zugänglich ist (Art. 9 III der DelVO (EU) 2021/473) und die besonderen Anforderungen des Art. 1 der DelVO (EU) 2021/473 beachtet werden. Das PEPP-KID ist stets aktuell zu halten und bei Bedarf ggf. zu überarbeiten (Art. 8 I der DelVO (EU) 2021/473).

Gemäß Art. 28 der PEPP-VO besteht das PEPP-KID zwingend aus den folgenden Abschnitten: 45
- dem Titel **„PEPP-Basisinformationsblatt“** (mit einer anschließenden einleitenden Erklärung);
- einem Abschnitt **„Das PEPP auf einen Blick“** mit allgemeinen Angaben (zB zum PEPP-Anbieter und zu zuständigen Behörden und dem Datum des Informationsblatts) und einem besonderen Hinweis auf die eingeschränkte Kündbarkeit;
- einem Abschnitt **„Um welche Art von Produkt handelt es sich?“** mit Angaben zur Art und den wichtigsten Merkmalen des PEPP (s. auch Art. 3 der DelVO (EU) 2021/473);
- einem Abschnitt **„Welche Risiken bestehen und was könnte ich im Gegenzug dafür bekommen?“** mit einer kurzen Beschreibung des Risiko-/Renditeprofils des PEPP (s. auch Art. 4 der DelVO (EU) 2021/473);
- einem Abschnitt **„Was geschieht, wenn [Name des PEPP-Anbieters] nicht in der Lage ist, die Auszahlung vorzunehmen?“** mit einer Erläuterung zu möglichen Entschädigungs- oder Sicherungssystemen;
- einem Abschnitt **„Welche Kosten entstehen?“** (nach der DelVO (EU) 2021/473: „Wie hoch sind die Kosten?“) mit einer Information zu den anfallenden Kosten in Form von Gesamtkostenindikatoren (s. auch Art. 5 der DelVO (EU) 2021/473);
- einem Abschnitt **„Was sind die spezifischen Anforderungen für das Unterkonto, das [meinem Wohnsitzmitgliedstaat] entspricht?“** mit Angaben zu den im jeweiligen Wohnsitzmitgliedstaat geltenden Bedingungen für die Anspar- und für die Leistungsphase;
- einem Abschnitt **„Wie kann ich mich beschweren?“** mit einer Darstellung zu Beschwerdemöglichkeiten des PEPP-Sparers.

Eine Vorlage für die Aufmachung des PEPP-KID findet sich in **Anhang I der DelVO (EU) 2021/473.** Die inhaltlichen Anforderungen an das PEPP-KID wirken iE ähnlich „hölzern“ wie die an das Basisinformationsblatt nach der PRIIP-VO gestellten und weisen inhaltlich große Überschneidungen zu den nach Art. 8 der PRIIP-VO verlangten Angaben auf (vgl. Wendt/Wendt/*Baroch Castellvi/Harris/von Livonius* Art. 8 Rn. 7ff.). Die Vorlage enthält keine Vorgaben in Bezug auf die Länge der einzelnen Abschnitte und die Anordnung von Seitenumbrüchen, das gesamte Dokument darf aber in der gedruckten Version insgesamt nicht mehr als fünf DIN-A4-Seiten umfassen. Werden neben dem Basis-PEPP auch alternative Anlageoptionen angeboten, sollte das allgemeine (umfassende) PEPP-KID gem. Art. 26 IV Buchst. b) der PEPP-VO der Regelfall sein; nur dann, wenn dessen Erstellung unter Berücksichtigung der Interessen der PEPP-Sparer nicht möglich erscheint, kann für jede alternative Anlageoption ein eigenständiges PEPP-KID zur Verfügung gestellt werden (vgl. EG 38 der PEPP-VO). Eine Vertrauenshaftung im Zusammenhang mit dem PEPP-KID kann sich aus Art. 31 II der PEPP-VO ergeben (vgl. AWZ/*Zetsche/Yeboah-Smith* § 338c Rn. 18).

f) PEPP-Leistungsinformation. Solange der PEPP-Sparer Beiträge leistet oder ein Anlagerisiko trägt, ist der PEPP-Anbieter dazu verpflichtet, ein individualisiertes Dokument (PEPP-Leistungsinformation) mit den für den PEPP-Sparer wesentlichen Informationen zu erstellen (Art. 35 I, Art. 38 II 2 der PEPP-VO). Die Leistungsinformation ähnelt der bei Versicherungen nach § 155 VAG vorgeschriebenen Standmitteilung an den Versicherungsnehmer. 46

47 Für Inhalt und Aufbau der PEPP-Leistungsinformation sieht Art. 10 der DelVO (EU) 2021/473 folgende Reihenfolge vor:
- den Titel „PEPP-Leistungsinformation";
- einen Abschnitt **„Produktbezeichnung"** mit Angaben gem.Art. 36 I Buchst. a, b und c der PEPP-VO;
- einen Abschnitt **„Wie viel habe ich im Rahmen meines PEPP-Vertrags angespart?"** mit Angaben gem.Art. 36 I Buchst. i der PEPP-VO zum Gesamtbetrag im PEPP-Konto (aufgeschlüsselt nach eingezahlten Beiträgen und kumulierten Anlagerenditen abzüglich Kosten und Gebühren seit dem Beginn der Einzahlung in das PEPP durch den PEPP-Sparer) sowie Angaben zu Prämien für biometrische Risiken (s. auch Art. 10 I Buchst. c der DelVO (EU) 2021/473),
- einen Abschnitt **„Wie viel werde ich bekommen, wenn ich in Rente gehe?"** mit Angaben zu dem am Ende des Ansparzeitraums prognostizierten **angesparten Kapital** und zu den prognostizierten monatlichen Altersversorgungsleistungen, dargestellt für ein ungünstiges Szenario unter der Kategorie „Bei schlechter Entwicklung der Anlagen", für ein Szenario der besten Schätzung unter der Kategorie „Bei mittelmäßiger Entwicklung der Anlagen" und für ein günstiges Szenario in der Kategorie „Bei sehr guter Entwicklung der Anlagen";
- einen Abschnitt **„Wie hat sich mein PEPP in den vergangenen zwölf Monaten entwickelt?"** mit Angaben gem.Art. 36 I Buchst. e, f und h der PEPP-VO zur Entwicklung des PEPP-Kontos in den vorangegangenen zwölf Monaten, mit einem Abgleich des Anfangssaldos mit dem Endsaldo,
- einen Abschnitt **„Wesentliche Faktoren, die die Entwicklung ihres PEPP beeinflussen"** mit Angaben gem. Art. 36 I Buchst. g, j und l der PEPP-VO und Art. 3 X der DelVO (EU) 2021/473, und
- einen Abschnitt **„Wichtige Informationen"** mit Angaben zu wesentlichen Änderungen der allgemeinen Bedingungen des PEPP gem. Art. 35 V und VI der PEPP-VO, mit einer Angabe dazu, wo und wie ergänzende Informationen gem. Art. 37 I Buchst. a, b, c und e der PEPP-VO erhältlich sind und ggf. einem Verweis auf die Erklärung der Anlagepolitiken unter Berücksichtigung von ESG-Faktoren gem. Art. 37 I Buchst. c der PEPP-VO.

Es handelt sich hierbei um Mindestangaben, dh der PEPP-Anbieter kann nach eigenem Ermessen weitere Informationen aufnehmen, die er für sachdienlich erachtet. Eine Vorlage für die Aufmachung der PEPP-Leistungsinformation findet sich in **Anhang II der DelVO (EU) 2021/473.**

48 **7. Mitnahmefähigkeit.** Die PEPP-VO sieht in zweierlei Hinsicht Wechselrechte für PEPP-Sparer vor: So haben gem. Art. 17 I der PEPP-VO PEPP-Sparer das Recht, einen **Mitnahmeservice** zu nutzen, der es ihnen ermöglicht, bei Verlegung ihres Wohnsitzes in einen **anderen EU-Mitgliedstaat** weiterhin in ihr bestehendes PEPP-Konto einzuzahlen. In diesem Fall muss die Anlage des betreffenden PEPP-Sparers unverändert (auf nationalen Unterkonten für jeden der betroffenen EU-Mitgliedstaaten) weitergeführt werden können (Art. 17 II der PEPP-VO). Für diese Zwecke muss jeder PEPP-Anbieter innerhalb von drei Jahren nach dem Tag des Geltungsbeginns der PEPP-VO auf Anfrage nationale Unterkonten für mindestens zwei Mitgliedstaaten anbieten (Art. 18 III der PEPP-VO).

49 Gemäß Art. 52 der PEPP-VO müssen PEPP-Anbieter den PEPP-Sparern die Möglichkeit geben, zu einem **anderen PEPP-Anbieter** im selben Mitgliedstaat (inländischer Wechsel) oder in einem anderen Mitgliedstaat (grenzüberschreitender

Wechsel) zu wechseln (Wechselservice). Auf Anweisung des PEPP-Sparers sind für diese Zwecke die entsprechenden Beträge oder ggf. Sacheinlagen auf ein neues, bei dem empfangenden PEPP-Anbieter eröffnetes PEPP-Konto mit den gleichen Unterkonten zu übertragen; anschließend ist das alte PEPP-Konto zu schließen. Außerdem müssen die dem PEPP ggf. zugewiesenen Reserven und Anlagerenditen dem ausscheidenden PEPP-Sparer in gerechter Weise zugewiesen werden (Art. 14 VII der DelVO (EU) 2021/473). Darüber hinaus hat der übertragende PEPP-Anbieter sämtliche Informationen, die mit allen Unterkonten des früheren PEPP-Kontos zusammenhängen (einschl. der Anforderungen an die Berichterstattung), an den empfangenden PEPP-Anbieter zu übertragen. Der empfangende PEPP-Anbieter registriert diese Informationen in den entsprechenden Unterkonten. Der Wechselservice kann sowohl in der Ansparphase als auch in der Leistungsphase des PEPP in Anspruch genommen werden. Gemäß Art. 54 III der PEPP-VO dürfen die vom übertragenden PEPP-Anbieter erhobenen Wechselkosten kein Mobilitätshindernis darstellen und in keinem Fall mehr als 0,5% der Beträge oder des Geldwertes der zu übertragenden Sacheinlagen hinausgehen; es bleibt den Mitgliedstaaten vorbehalten, einen niedrigeren Wert als Kostendeckel für den Wechselservice festzulegen. Der empfangende PEPP-Anbieter darf dem PEPP-Sparer gem. Art. 54 IV nur die tatsächlichen Verwaltungs- und Transaktionskosten für den Wechsel in Rechnung stellen. Der empfangende PEPP-Anbieter muss im Zusammenhang mit dem Wechselservice alle relevanten Vertriebs- und Informationspflichten (einschließlich der Zurverfügungstellung eines PEPP-KID) einhalten und den PEPP-Sparer über die mit dem Wechsel verbundenen Kosten und die möglichen negativen Auswirkungen auf den Kapitalschutz (bei Übertragung eines PEPP mit einer Garantie) informieren.

IV. Ausblick

Es wird sich noch zeigen müssen, inwieweit sich das PEPP gegen die bereits vorhandenen Formen nationaler Altersvorsorgeprodukte durchsetzen kann, die mitunter seit vielen Jahren auf den lokalen Märkten bekannt und bewährt sind. Zweifel sind mit Blick auf die durchaus nicht gerade wenig komplexe Regulierung berechtigt (vgl. EDD/*Selkinski* § 338c Rn. 37) und werden durch die konkreten Produktzahlen bestätigt. Ob ihm dabei seine Besonderheiten wie der Wechselservice besonders helfen werden, bleibt abzuwarten – insb., solange es an steuerlichen Regelungen fehlt, die zur Attraktivität des neuen Produktes beitragen können. Die steuerliche Behandlung des PEPP, welche die EU-Mitgliedsstaaten bewusst offengelassen haben und zu der sich die Bundesregierung bislang eher zurückhaltend geäußert hat (BT-Drs. 19/7610, 3), kann dem Erfolg des neuen Produktes ebenso im Wege stehen wie der Kostendeckel, der (iVm dem Beratungsaufwand) das Interesse auf Anbieterseite an der Schaffung interessanter Produkte bremsen kann. **50**

Kapitel 10. Straf-, Bußgeld- und Übergangsvorschriften

Abschnitt 1. Straf- und Bußgeldvorschriften

§ 339 Strafvorschriften

(1) **Mit Freiheitsstrafe bis zu fünf Jahren oder mit Geldstrafe wird bestraft, wer**

1. **ohne Erlaubnis nach § 20 Absatz 1 Satz 1 das Geschäft einer Kapitalverwaltungsgesellschaft betreibt oder**
2. **ohne Registrierung nach § 44 Absatz 1 Nummer 1 das Geschäft einer dort genannten AIF-Kapitalverwaltungsgesellschaft betreibt.**

(2) **Mit Freiheitsstrafe bis zu drei Jahren oder mit Geldstrafe wird bestraft, wer entgegen § 43 Absatz 1 in Verbindung mit § 46b Absatz 1 Satz 1 des Kreditwesengesetzes eine Anzeige nicht, nicht richtig, nicht vollständig oder nicht rechtzeitig erstattet.**

(3) [1]**Handelt der Täter in den Fällen des Absatzes 1 fahrlässig, so ist die Strafe Freiheitsstrafe bis zu drei Jahren oder Geldstrafe.** [2]**Handelt der Täter in den Fällen des Absatzes 2 fahrlässig, so ist die Strafe Freiheitsstrafe bis zu einem Jahr oder Geldstrafe.**

I. Allgemeines

1 Die Strafvorschrift des § 339 umfasst **drei Straftatbestände.** Die Vorgängerbestimmung des § 143a InvG enthielt nur einen Straftatbestand. In Anlehnung an § 54 KWG wurde in § 143a InvG erstmals das unerlaubte Betreiben des Investmentgeschäfts unter Strafe gestellt (Begründung RegE InvÄndG, BT-Drs. 16/5576, 99; vgl. BSL/*Campbell* InvG § 143a Rn. 1). Die AIFM-Richtlinie (2011/61/EU) macht keine detaillierten Vorgaben zu strafrechtlichen Sanktionen. Allerdings gibt Art. 48 AIFM-RL den Mitgliedstaaten auf, Regeln für Sanktionen und Maßnahmen festzulegen. Den Mitgliedstaaten wird das Recht eingeräumt, neben Verwaltungssanktionen auch strafrechtliche Sanktionen zu erlassen. Von dieser Möglichkeit hat der deutsche Gesetzgeber Gebrauch gemacht. Die Regelung des § 143a InvG wurde in § 339 I Nr. 1 überführt und durch die Strafbarkeit des Geschäftsbetriebs einer AIF-KVG ohne Registrierung nach § 339 I Nr. 2 erweitert. Außerdem sanktioniert § 339 II die Straftat der nicht, nicht richtig, nicht vollständig oder nicht rechtzeitig erstatteten Anzeige der Insolvenzgründe der Überschuldung und der Zahlungsunfähigkeit. Diese Ergänzung ist die Konsequenz der gesetzgeberischen Entscheidung, die Insolvenzantragsbefugnis bei Instituten und KVG bei der BaFin zu monopolisieren (Begründung RegE AIFM-UmsG, BR-Drs. 791/12, 538). Im Anwendungsbereich des KAGB tritt die Anzeigepflicht an die Stelle der nach § 15a IV InsO strafbewehrten Insolvenzantragspflicht. Der Verstoß gegen die Anzeigepflicht war nach § 143 III Nr. 5 InvG noch als Ordnungswidrigkeit zu beurteilen. Durch die Verschärfung der Sanktion ist nunmehr ein Gleichlauf mit der Verletzung der Insolvenzantragspflicht nach § 15a IV InsO hergestellt worden.

2 Mit der Umsetzung der OGAW-V-RL (2014/91/EU) durch das OGAW-V-UmsG (BGBl. 2016 I 348) zum 18.3.2016 hat sich der Aufbau des § 339 geändert.

Vorher waren die Tatbestände als Nr. 1–3 in § 339 I geregelt und § 339 II sah in Entsprechung zu § 55 II KWG für Fälle der fahrlässigen Verletzung der Insolvenzanzeigepflicht einen verminderten Strafrahmen vor. Nunmehr wurden die Tatbestände des unerlaubten Geschäftsbetriebs in einen Absatz zusammengefasst und das Delikt der Verletzung der Insolvenzanzeigepflicht in einen separaten Absatz verschoben, sodass eine unter systematischen Gesichtspunkten befriedigende Fassung entstanden ist (vgl. FK-KapAnlR/*Alten* § 339 Rn. 2, 4 Fn. 5, 10). Außerdem wurde das Strafmaß entsprechend der Regelung in § 54 KWG angehoben. Vorher sah die Strafandrohung für den Betrieb unerlaubter Kapitalanlagegeschäfte eine Freiheitsstrafe von bis zu drei Jahren bei Vorsatztaten und bis zu einem Jahr bei Fahrlässigkeitstaten vor. Mit der Erhöhung des Strafmaßes auf das Niveau der verwandten Tatbestände in KWG, ZAG und VAG und des Kernstrafrechts soll im Interesse des Anlegerschutzes sichergestellt werden, dass die Staatsanwaltschaften dem Betrieb unerlaubter Kapitalanlagegeschäfte die gleiche Aufmerksamkeit schenken werden wie vergleichbaren Delikten (Begründung RegE OGAW-V-UmsG, BR-Drs. 437/15, 83; vgl. HK-InvestmentR/*Schneider-Deters* § 340 Rn. 3).

II. Betreiben des Geschäfts einer KVG ohne Erlaubnis (§ 339 I Nr. 1)

1. Objektiver Tatbestand. Der Täter muss ohne Erlaubnis das Geschäft einer KVG betreiben. Der Tatbestand entspricht der Regelung des § 143a InvG (Begründung RegE AIFM-UmsG, BR-Drs. 791/12, 538). Allein die Begrifflichkeiten wurden angepasst, da der Terminus des KAGB für den Fondsmanager die KVG ist. 3

a) Betreiben des Geschäfts einer KVG. Kapitalverwaltungsgesellschaften sind gem. § 17 I 1 Unternehmen, deren **Geschäftsbetrieb** darauf gerichtet ist, inländische Investmentvermögen, EU-Investmentvermögen oder ausländische AIF zu verwalten. Das KAGB folgt wie die AIFM-RL einem **materiellen Ansatz,** wonach sich die Eigenschaft als KVG zwingend aus der **Funktion des Verwaltens eines Investmentvermögens bzw. AIF** ergibt. Nach dem formellen Ansatz der OGAW-RL und des InvG folgte die Erlaubnispflicht der Kapitalanlagegesellschaft aus der (bewussten Entscheidung zur) Verwaltung nur eines bestimmten Fondstypus (DJKT/*Volhard/Jang* Vor Kap. II Rn. 4; WBA/*Winterhalder* § 17 Rn. 2f.). Für den Straftatbestand spielt es keine Rolle, ob das Unternehmen die nach §§ 17, 18 erforderliche Rechtsform erfüllt (so aber zu § 143a InvG BSL/*Campbell* InvG § 143a Rn. 2). Es muss das Geschäft einer KVG betrieben werden, der Tatbestand des § 339 I Nr. 1 verlangt aber nicht, dass dieser Geschäftsbetrieb erlaubnisfähig ist. Tatbestandsmerkmal ist gerade der Mangel einer behördlichen Erlaubnis (FK-KapAnlR/*Alten* § 339 Rn. 16; Baur/Tappen/*Herberger* § 339 Rn. 19). Insofern ist es irrelevant, ob das Investmentvermögen von einem Einzelkaufmann, einer Personengesellschaft oder einer Kapitalgesellschaft verwaltet wird, solange das Geschäft selbst erlaubnispflichtig ist (FK-KapAnlR/*Alten* § 339 Rn. 16; Baur/Tappen/*Herberger* § 339 Rn. 15; WBA/*Zeidler* § 339 Rn. 3). 4

Die **Verwaltung eines Investmentvermögens** erfordert, dass mindestens die Portfolioverwaltung oder das Risikomanagement für das Investmentvermögen erbracht wird (vgl. Art. 4 I Buchst. w AIFM-RL). Darüber hinaus sind auch alle sonstigen Tätigkeiten umfasst, die den Begriff der kollektiven Vermögensverwaltung nach § 1 XIX Nr. 24 ausfüllen, also administrative Tätigkeiten, der Vertrieb von 5 eigenen Investmentanteilen sowie bei AIF Tätigkeiten im Zusammenhang mit den Vermögensgegenständen des AIF (vgl. WBA/*Winterhalder* § 17 Rn. 17). Im Hinblick auf die parallelen Vorschriften der §§ 32, 54 ist auch im Rahmen des § 339 I Nr. 1 zu fordern, dass der Geschäftsbetrieb gewerbsmäßig ist oder in einem Umfang erfolgen muss, der einen in kaufmännischer Weise eingerichteten Geschäftsbetrieb voraussetzt (so auch WBA/*Zeidler* § 339 Rn. 4 f.). Der Betrieb muss also auf gewisse Dauer angelegt sein und der Betreiber eine Gewinnerzielungsabsicht verfolgen. Ein ununterbrochenes Tätigwerden ist nicht erforderlich, vielmehr reicht es aus, wenn die Geschäfte wiederholt betrieben werden oder eine Wiederholungsabsicht besteht (BTMB/*Herberger* § 339 Rn. 18; EDDH/*Möhlenbeck,* 1. Aufl. 2013, InvG § 143 a Rn. 7; BFS/*Lindemann* KWG § 54 Rn. 17). Fraglich ist, ob bereits ein erstes, an die Öffentlichkeit gerichtetes Angebot als Betreiben eines Geschäfts gelten kann. Zwar ist es grds. richtig, die Tatbestandsmäßigkeit vor dem Hintergrund einer fehlenden Versuchsstrafbarkeit nicht zu weit auszudehnen (so etwa EDDH/*Möhlenbeck,* 1. Aufl. 2013, InvG § 143 a Rn. 7). Allerdings handelt es sich beim Anbieten von oder Werben für Fondsanteile nicht nur um eine bloße Vorbereitungshandlung, sondern bereits um den Vertrieb eigener Fondsanteile iSd § 293 und damit um die Verwaltung des Investmentvermögens (vgl. § 1 XIX Nr. 24). Daher wird dieses erstmalige Betreiben eines Geschäfts mit Wiederholungsabsicht den Tatbestand erfüllen (so auch FK-KapAnlR/*Alten* § 339 Rn. 19; Baur/Tappen/*Herberger* § 339 Rn. 18; BSV/*Pelz* § 339 Rn. 6; aA wohl WBA/*Zeidler* § 339 Rn. 5; EDD/*Möhlenbeck* § 339 Rn. 4).

6 **b) Ohne Erlaubnis.** Der Täter handelt ohne Erlaubnis, wenn er für den Betrieb des Geschäfts einer KVG **keine Erlaubnis iSd § 20** hat. Das kann der Fall sein, weil er keine Erlaubnis beantragt hat oder sie trotz eines Antrags noch nicht erteilt, abgelehnt, aufgehoben worden oder erloschen ist (EDDH/*Möhlenbeck,* 1. Aufl. 2013, InvG § 143 a Rn. 9). Im Fall der Aufhebung muss der Widerruf entweder bestandkräftig oder für sofort vollziehbar erklärt worden sein (BSV/*Pelz* § 339 Rn. 7). Dabei spielt es keine Rolle, ob der Geschäftsbetrieb an sich genehmigungsfähig ist. Außerdem ist es für die strafrechtliche Beurteilung irrelevant, ob eine Erlaubnis zu Unrecht versagt oder aufgehoben wurde. Entscheidend ist der Zeitpunkt der Tatbegehung, also der Betrieb des Geschäfts einer KVG (vgl. § 8 StGB). Ist die Erlaubnis nach § 44 VwVfG nichtig, ist zwar der objektive Tatbestand erfüllt, idR wird der Betroffene aber weder vorsätzlich noch fahrlässig handeln (Baur/Tappen/*Herberger* § 339 Rn. 20; BFS/*Lindemann* KWG § 54 Rn. 18).

7 **2. Subjektiver Tatbestand.** Das Delikt kann sowohl **vorsätzlich als auch fahrlässig** begangen werden. In § 143 a InvG war nur die vorsätzliche Begehungsform strafbar. Die Strafbarkeit der Fahrlässigkeitstat wurde erst durch die Umsetzung der OGAW-V-Richtlinie in § 339 III eingefügt. **Vorsatz** ist das Wissen und Wollen der Tatbestandsverwirklichung bei Begehung der Tat (vgl. Schönke/Schröder/*Sternberg-Lieben/Schuster* StGB § 15 Rn. 6–14). Ist der objektive Tatbestand erfüllt, dürfte idR auch der Vorsatz zu bejahen sein, weil derjenige, der das Geschäft einer KVG betreibt, in den meisten Fällen auch in voller Kenntnis aller Umstände seines Geschäfts handelt (vgl. BSL/*Campbell* InvG § 143 a Rn. 4; BFS/*Lindemann* KWG § 54 Rn. 26). Der Tatbestand eines **Fahrlässigkeitsdelikts** setzt ein Verhalten voraus, das durch eine Verletzung der gebotenen Sorgfalt gekennzeichnet ist (vgl. Schönke/Schröder/*Sternberg-Lieben/Schuster* StGB § 15 Rn. 116). Es sind Konstellationen denkbar, in denen der Betroffene einem **Irrtum** unterliegt, der den Vorsatz (Tatbestandsirrtum iSd § 16 StGB) oder die Schuld (Verbotsirrtum iSd § 17

StGB) entfallen lässt. Zum Beispiel kann die Fehlvorstellung bestehen, dass ein Geschäft nicht erlaubnispflichtig ist. Die Einordnung solcher Irrtümer als Tatbestandsirrtum oder als Verbotsirrtum war unter der Geltung des § 143a InvG und ist hinsichtlich § 54 KWG umstritten (vgl. FK-KapAnlR/*Alten* § 339 Rn. 39ff.; allgemein zur Abgrenzung Schönke/Schröder/*Sternberg-Lieben/Schuster* StGB § 17 Rn. 12). Richtigerweise ist von einem Verbotsirrtum auszugehen, wenn der Täter das Genehmigungserfordernis nicht kennt, weil in diesem Fall die Vorstellung fehlt, Unrecht zu tun (so auch BGH NJW 1953, 1680, 1681; BGH VI ZR 166/11, NJW 2012, 3177 (3180); BSL/*Campbell* InvG § 143a Rn. 4; BFS/*Lindemann* KWG § 54 Rn. 27; Schönke/Schröder/*Sternberg-Lieben/Schuster* StGB § 17 Rn. 12a; aA FK-KapAnlR/*Alten* § 339 Rn. 42; EDDH/*Möhlenbeck,* 1. Aufl. 2013, InvG § 143a Rn. 14; BSV/*Pelz* § 339 Rn. 35). Bei einem vermeidbaren Verbotsirrtum entfällt die Strafbarkeit nicht gänzlich, kann aber nach § 49 I StGB gemildert werden.

3. Täterschaft und Teilnahme. § 339 I Nr. 1 ist ein **Sonderdelikt,** denn Täter kann nur derjenige sein, der ohne Erlaubnis eine KVG betreibt (so auch mit ausführlicher Begründung AWZ/*Richter* § 339 Rn. 29ff.; FK-KapAnlR/*Alten* § 339 Rn. 48; aA *Pelz* BSV § 339 Rn. 10; WBA/*Zeidler* § 339 Rn. 8; EDD/*Möhlenbeck* § 339 Rn. 9). Das Merkmal des Betreibens eines Geschäfts wird nur dann erfüllt sein, wenn der Betroffene in leitender Position tätig und nicht nur als Gehilfe zu qualifizieren ist (EDDH/*Möhlenbeck,* 1. Aufl. 2013, InvG § 143a Rn. 15). Eine Strafe setzt persönliche Schuld voraus und kann deshalb nur natürliche Personen erreichen (BFS/*Lindemann* KWG § 54 Rn. 23). Wird eine juristische Person durch die unerlaubten Geschäfte berechtigt oder verpflichtet, so ist diese zivilrechtlich der Betreiber der Geschäfte; aus Sicht des Strafrechts betreibt nach § 14 I Nr. 1 StGB derjenige die Geschäfte, der in organschaftlicher Stellung für die juristische Person tätig ist (BFS/*Lindemann* KWG § 54 Rn. 23). Einfache Angestellte und Mitarbeiter kommen als Täter nicht in Betracht, sie können aber Anstifter (§ 26 StGB) oder Gehilfen (§ 27 StGB) sein. Auch Anleger können Teilnehmer des Delikts sein, wenn sie Kenntnis aller Umstände haben und die Tat durch ihre Investition fördern wollen (vgl. FK-KapAnlR/*Alten* § 339 Rn. 52). Es besteht die Möglichkeit, auch gegen das Unternehmen, für das der Täter gehandelt hat, Geldbußen von bis zu 10 Mio. EUR festzusetzen (§§ 30, 130 OWiG). 8

4. Strafverfahren und Verjährung. Für die Verfolgung der Tat ist nach § 152 StPO allein die **Staatsanwaltschaft** zuständig. Es handelt sich um ein Offizialdelikt, so dass die Staatsanwaltschaft beim Bestehen eines Anfangsverdachts von sich aus ein Ermittlungsverfahren einzuleiten hat (sog. **Legalitätsprinzip**). Die BaFin ist nach § 341 bereits über die Einleitung des Ermittlungsverfahrens zu unterrichten (für Einzelheiten vgl. § 341). Sofern die Staatsanwaltschaft einen hinreichenden Tatverdacht feststellt, erhebt sie gem. § 170 I StPO öffentliche Anklage oder stellt andernfalls das Verfahren nach § 170 II StPO ein. Daneben bestehen die Möglichkeiten der Einstellung nach den §§ 153ff. StPO. Eine Zuständigkeit der Wirtschaftsstrafkammer bei den Landgerichten wie bei Straftaten nach dem KWG ist nicht gegeben, da das KAGB in § 74c I Nr. 2 GVG nicht genannt wird. 9

Die Tat verjährt gem. § 78 III Nr. 4 StGB nach fünf Jahren. Die Verjährung beginnt gem. § 78a S. 1 StGB mit Tatbeendigung. Bei § 339 I Nr. 1 handelt es sich um ein Dauerdelikt, denn durch den unerlaubten Geschäftsbetrieb wird ein rechtswidriger Zustand hervorgerufen, der erst wieder beseitigt wird, wenn der Betrieb eingestellt oder die Erlaubnis erteilt wird. Die Tat ist dementsprechend erst in dem Zeitpunkt beendet, in dem der rechtswidrige Zustand beseitigt ist; erst dann be- 10 ginnt die Verjährungsfrist zu laufen (vgl. Schönke/Schröder/*Sternberg-Lieben/Bosch* StGB § 78a Rn. 11).

11 **5. Zivilrechtliche Folgen.** Geschäfte, die ohne Erlaubnis ausgeführt wurden, sind **zivilrechtlich wirksam** (vgl. auch WBA/*Zeidler* § 339 Rn. 14). § 339 wird als Schutzgesetz iSd § 823 II BGB angesehen, so dass Anlegern entsprechende Schadensersatzansprüche erwachsen können (vgl. auch FK-KapAnlR/*Alten* § 339 Rn. 8; BFS/*Lindemann* KWG § 54 Rn. 3).

III. Betreiben einer AIF-KVG ohne Registrierung (§ 339 I Nr. 2)

12 AIF-KVG, die die Bedingungen nach § 2 IV, IVa oder V erfüllen, benötigen keine Erlaubnis für ihren Geschäftsbetrieb, müssen sich aber gem. § 44 bei der BaFin registrieren lassen. Den Tatbestand der fehlenden Registrierung hat der Gesetzgeber im Rahmen der Umsetzung der AIFM-RL in § 339 I Nr. 2 ebenfalls unter Strafe gestellt. Für das Betreiben einer AIF-Kapitalgesellschaft ohne Registrierung gelten die Ausführungen zum Betreiben des Geschäfts einer KVG ohne Erlaubnis entsprechend (vgl. → Rn. 3–11).

IV. Verletzung der Anzeigepflicht bei Vorliegen von Insolvenzgründen (§ 339 II)

13 Der Täter muss entgegen § 43 I iVm § 46b I 1 KWG eine Anzeige nicht, nicht richtig, nicht vollständig oder nicht rechtzeitig erstatten. Das Antragsrecht und die Antragspflicht im Insolvenzverfahren liegen gem. § 43 I iVm § 46b I 5 KWG bei der BaFin. Um die Antragsbefugnis angemessen und zweckentsprechend auszuüben, ist die BaFin auf die Informationen der KVG angewiesen, dass ein Insolvenzeröffnungsgrund besteht. Die Anzeigepflicht der Geschäftsleiter der KVG verfolgt die gleiche Zweck- und Schutzrichtung, auf welche auch die Insolvenzantragspflicht des § 15a InsO zielt: Es soll im Interesse der Gläubiger gewährleistet werden, dass die für die Eröffnung eines Insolvenzverfahrens erforderlichen Schritte seitens der Geschäftsleiter unverzüglich eingeleitet werden (Begründung RegE AIFM-UmsG, BR-Drs. 791/12, 538). Danach ist der Tatbestand ebenso wie § 339 I ein Schutzgesetz iSd § 823 II BGB (vgl. → Rn. 11).

14 **1. Objektiver Tatbestand. a) Vorliegen eines Insolvenzgrundes.** Es muss ein **Fall der Zahlungsunfähigkeit, der Überschuldung oder der drohenden Zahlungsunfähigkeit** einer KVG vorliegen, sodass § 46b I KWG entsprechende Anwendung findet. Der Insolvenzgrund der Zahlungsunfähigkeit liegt gem. § 17 II InsO vor, wenn der Schuldner nicht in der Lage ist, die fälligen Zahlungspflichten zu erfüllen. Überschuldung liegt gem. § 19 II InsO vor, wenn das Vermögen des Schuldners die bestehenden Verbindlichkeiten nicht mehr deckt, es sei denn, die Fortführung des Unternehmens ist nach den Umständen überwiegend wahrscheinlich („positive Fortführungsprognose“). Drohende Zahlungsunfähigkeit liegt gem. § 18 II InsO vor, wenn der Schuldner voraussichtlich nicht in der Lage sein wird, die bestehenden Zahlungspflichten im Zeitpunkt der Fälligkeit zu erfüllen.

15 **b) Verstoß gegen die Anzeigepflicht.** Die Anzeige an die BaFin muss unterlassen worden sein. Dafür sieht § 339 II vier Varianten vor: Der Täter erstattet die **Anzeige nicht, nicht richtig, nicht vollständig oder nicht rechtzeitig.** Die erste Variante ist erfüllt, wenn die Anzeige an die BaFin gänzlich unterbleibt (so

auch FK-KapAnlR/*Alten* § 339 Rn. 88). Hinsichtlich der zweiten Variante („nicht richtig") gestaltet sich die Konkretisierung des Tatbestandsmerkmals schwieriger. Das KAGB und das KWG enthalten keine detaillierten Vorgaben zum Inhalt der Anzeige. Da die dritte Variante „nicht vollständig" bereits das Fehlen von Angaben abdeckt, kann das Merkmal „nicht richtig" nur inhaltliche (materielle) Falschangaben meinen (so auch FK-KapAnlR/*Alten* § 339 Rn. 90; BSV/*Pelz* § 339 Rn. 28, der aber auch formelle Fehler einbezieht). Die Anzeige ist vollständig, wenn sie die Angabe des Insolvenzgrundes unter Beifügung aussagefähiger Unterlagen enthält (vgl. § 46b I KWG). Die Anzeige ist „nicht rechtzeitig" erstattet worden, wenn sie nicht unverzüglich, also ohne schuldhaftes Zögern, erfolgte (vgl. § 46b I KWG).

2. Subjektiver Tatbestand. Das Delikt kann sowohl vorsätzlich als auch fahrlässig begangen werden (vgl. → Rn. 7). Unterliegt der Täter der Fehlvorstellung, dass die tatsächlichen Voraussetzungen für die Anzeigepflicht nicht vorliegen, befindet er sich in einem Tatbestandsirrtum. Irrt sich der Täter hinsichtlich des Bestehens der Anzeigepflicht, liegt ein Verbotsirrtum vor. **16**

3. Täterschaft und Teilnahme. Es handelt sich um ein Sonderdelikt; Täter können nur Geschäftsleiter iSd § 1 XIX Nr. 15 sein (vgl. auch BFS/*Lindemann* KWG § 55 Rn. 2; BSV/*Pelz* § 339 Rn. 31). Bei Personen, die nicht selbst anzeigepflichtig sind, kommt lediglich Anstiftung (§ 26 StGB) oder Beihilfe (§ 27 StGB) in Betracht. **17**

4. Strafverfahren und Verjährung. Zum Strafverfahren gelten die Ausführungen zu § 339 I entsprechend (→ Rn. 9). Die Verjährungsfrist für die Vorsatztat beträgt fünf, die für die Fahrlässigkeitstat drei Jahre (§ 78 III Nr. 5 StGB). **18**

§ 340 Bußgeldvorschriften

(1) **Ordnungswidrig handelt, wer**

1. **einer vollziehbaren Anordnung nach § 40 Absatz 1 oder 3 Satz 1, § 113 Absatz 3, § 119 Absatz 5, § 128 Absatz 4, § 147 Absatz 5 oder § 153 Absatz 5 zuwiderhandelt,**
2. **entgegen § 20 Absatz 8 oder Absatz 9 ein Gelddarlehen gewährt oder eine in § 20 Absatz 8 genannte Verpflichtung eingeht,**
3. **entgegen § 112 Absatz 2 Satz 3, den §§ 199, 221 Absatz 6, § 263 Absatz 1, § 284 Absatz 4 Satz 1 einen Kredit aufnimmt,**
4. **einer vollziehbaren Anordnung nach § 215 Absatz 2 Satz 1 zweiter Halbsatz oder Satz 2, jeweils auch in Verbindung mit § 263 Absatz 2 oder § 274 Satz 1, zuwiderhandelt oder**
5. **einer vollziehbaren Anordnung nach § 276 Absatz 2 Satz 2 zuwiderhandelt.**

(2) **Ordnungswidrig handelt, wer vorsätzlich oder fahrlässig**

1. **einer vollziehbaren Anordnung nach**
   a) **§ 5 Absatz 6 Satz 2 oder Satz 14,**
   b) **§ 11 Absatz 4 Satz 1 oder Satz 2 oder Absatz 6,**
   c) **§ 19 Absatz 2 Satz 2 oder Absatz 3 Satz 1, jeweils auch in Verbindung mit § 108 Absatz 3,**
   d) **§ 41 Satz 1 oder Satz 2 oder § 42,**

e) § 311 Absatz 1 oder Absatz 3 Satz 1 Nummer 1 oder
f) § 314 Absatz 1 oder Absatz 2
zuwiderhandelt,

1a. einer vollziehbaren Anordnung nach § 5 Absatz 8a zuwiderhandelt,

2. entgegen § 14 Satz 1 in Verbindung mit § 44 Absatz 1 Satz 1 des Kreditwesengesetzes, auch in Verbindung mit § 44b Absatz 1 Satz 1 des Kreditwesengesetzes, eine Auskunft nicht, nicht richtig, nicht vollständig oder nicht rechtzeitig erteilt oder eine Unterlage nicht, nicht richtig, nicht vollständig oder nicht rechtzeitig vorlegt,

3. entgegen § 14 Satz 2 in Verbindung mit § 44 Absatz 1 Satz 4 oder § 44b Absatz 2 Satz 2 des Kreditwesengesetzes eine Maßnahme nicht duldet,

4. entgegen § 19 Absatz 1 Satz 1 und 2 oder Absatz 5 eine Anzeige nicht, nicht richtig, nicht vollständig oder nicht rechtzeitig erstattet,

5. entgegen § 26 Absatz 1 und 2, auch in Verbindung mit einer Rechtsverordnung nach Absatz 8, einer dort bezeichneten Verhaltensregel nicht nachkommt,

6. entgegen § 27 Absatz 1 und 2, auch in Verbindung mit einer Rechtsverordnung nach Absatz 6, eine dort bezeichnete Maßnahme zum Umgang mit Interessenkonflikten nicht trifft,

7. entgegen § 28 Absatz 1 Satz 1 und 2, auch in Verbindung mit einer Rechtsverordnung nach Absatz 4, eine dort bezeichnete Vorgabe für eine ordnungsgemäße Geschäftsorganisation nicht erfüllt,

8. entgegen § 28 Absatz 1 Satz 4, auch in Verbindung mit einer Rechtsverordnung nach Absatz 4, § 51 Absatz 8, § 54 Absatz 4 Satz 1 in Verbindung mit § 28 Absatz 1 Satz 4 oder § 66 Absatz 4 Satz 1 in Verbindung mit § 28 Absatz 1 Satz 4 jeweils in Verbindung mit § 24c Absatz 1 Satz 1 oder Satz 5 des Kreditwesengesetzes eine Datei nicht, nicht richtig oder nicht vollständig führt oder nicht gewährleistet, dass die Bundesanstalt jederzeit Daten automatisiert abrufen kann,

9. entgegen § 29 Absatz 2 Satz 1, auch in Verbindung mit einer Rechtsverordnung nach Absatz 6, eine dort bezeichnete Vorgabe für ein angemessenes Risikomanagementsystem nicht erfüllt,

10. entgegen § 34 Absatz 3, 4 oder Absatz 5 Satz 1 eine Anzeige nicht, nicht richtig, nicht vollständig oder nicht rechtzeitig erstattet,

11. entgegen § 35 Absatz 1, 2, 4, 5 oder Absatz 6, jeweils auch in Verbindung mit der Delegierten Verordnung (EU) Nr. 231/2013, oder entgegen § 35 Absatz 9 eine Information nicht, nicht richtig, nicht vollständig oder nicht rechtzeitig übermittelt,

12. entgegen § 35 Absatz 3, auch in Verbindung mit Absatz 6, oder entgegen § 35 Absatz 7 eine dort genannte Unterlage oder einen Jahresbericht nicht, nicht richtig, nicht vollständig oder nicht rechtzeitig vorlegt,

13. entgegen § 36 Absatz 1 Satz 1, Absatz 2, 3, 5, 6, 7, 8 oder Absatz 10 eine Aufgabe auf ein anderes Unternehmen auslagert oder entgegen Absatz 9 eine ausgelagerte Aufgabe nicht im Verkaufsprospekt auflistet,

13a. entgegen § 38 Absatz 1 Satz 2 in Verbindung mit § 26 Absatz 1 Satz 1 oder 3 des Kreditwesengesetzes, entgegen § 102 Satz 6, § 107 Absatz 3 Satz 1 oder § 121 Absatz 3 Satz 4, auch in Verbindung mit § 148 Ab-

satz 1, oder entgegen § 136 Absatz 3 Satz 4, auch in Verbindung mit § 159 Satz 2, einen dort genannten Bericht nicht, nicht richtig, nicht vollständig oder nicht rechtzeitig einreicht,

14. die Erlaubnis einer Kapitalverwaltungsgesellschaft gemäß § 39 Absatz 3 Nummer 1 auf Grund falscher Erklärungen oder auf sonstige rechtswidrige Weise erwirkt hat,

15. entgegen § 44 Absatz 1 Nummer 4, auch in Verbindung mit der Delegierten Verordnung (EU) Nr. 231/2013, oder entgegen § 44 Absatz 8 eine Information nicht, nicht richtig, nicht vollständig oder nicht rechtzeitig übermittelt,

15a. entgegen § 45a Absatz 5 oder § 123 Absatz 5 einen dort genannten Bericht nicht, nicht richtig, nicht vollständig oder nicht rechtzeitig übermittelt,

16. entgegen

a) § 49 Absatz 1 Satz 1, auch in Verbindung mit Absatz 5 oder einer Rechtsverordnung nach Absatz 8,

b) § 49 Absatz 4 Satz 1, auch in Verbindung mit einer Rechtsverordnung nach Absatz 8, oder

c) § 49 Absatz 6 Satz 4

eine Anzeige nicht, nicht richtig, nicht vollständig, nicht in der vorgeschriebenen Weise oder nicht rechtzeitig macht,

17. entgegen § 53 Absatz 1, auch in Verbindung mit Absatz 2, eine dort genannte Angabe nicht, nicht richtig, nicht vollständig, nicht in der vorgeschriebenen Weise oder nicht rechtzeitig macht,

18. entgegen § 53 Absatz 4 Satz 2 mit der Verwaltung von EU-AIF beginnt,

19. entgegen § 53 Absatz 5 eine Anzeige nicht, nicht richtig, nicht vollständig, nicht in der vorgeschriebenen Weise oder nicht rechtzeitig erstattet,

20. entgegen § 65 Absatz 1 einen EU-AIF verwaltet,

21. entgegen § 65 Absatz 2 eine Zweigniederlassung errichtet,

22. entgegen § 65 Absatz 4 Satz 2 mit der Verwaltung von EU-AIF beginnt,

23. entgegen § 65 Absatz 5 eine Anzeige nicht, nicht richtig, nicht vollständig, nicht in der vorgeschriebenen Weise oder nicht rechtzeitig macht,

24. entgegen

a) § 67 Absatz 1 Satz 1 einen Jahresbericht,

b) § 101 Absatz 1 Satz 1, den §§ 103, 104 Absatz 1 Satz 1 oder § 105 Absatz 1 oder Absatz 2, jeweils auch in Verbindung mit einer Rechtsverordnung nach § 106 Satz 1, einen Jahresbericht, einen Halbjahresbericht, einen Zwischenbericht, einen Auflösungsbericht oder einen Abwicklungsbericht,

c) § 120 Absatz 1 Satz 2, in Verbindung mit einer Rechtsverordnung nach Absatz 8, jeweils auch in Verbindung mit § 122 Absatz 1 Satz 1 oder Absatz 2 oder § 148 Absatz 1 oder Absatz 2 Satz 1, jeweils auch in Verbindung mit § 291 Absatz 1 Nummer 2, einen Jahresabschluss, einen Lagebericht, einen Halbjahresfinanzbericht, einen Auflösungsbericht oder einen Abwicklungsbericht oder

§ 135 Absatz 1, auch in Verbindung mit einer Rechtsverordnung nach Absatz 11 Satz 1, jeweils auch in Verbindung mit § 158, auch in Verbindung mit § 291 Absatz 1 Nummer 2, einen Jahresbericht
nicht, nicht richtig, nicht vollständig, nicht in der vorgeschriebenen Weise oder nicht rechtzeitig erstellt oder nicht, nicht richtig, nicht vollständig, nicht in der vorgeschriebenen Weise oder nicht rechtzeitig aufstellt,

25. entgegen § 70 Absatz 5 oder § 85 Absatz 3 einen dort genannten Vermögensgegenstand wiederverwendet,

26. entgegen § 71 Absatz 1 Satz 2 einen Anteil oder eine Aktie ohne volle Leistung des Ausgabepreises ausgibt oder entgegen § 83 Absatz 6 Satz 1 nicht sicherstellt, dass sämtliche Zahlungen bei der Zeichnung von Anteilen geleistet wurden,

27. entgegen § 72 Absatz 1 Nummer 1 oder Nummer 2 oder § 81 Absatz 1 Nummer 1 oder Nummer 2 einen Vermögensgegenstand nicht entsprechend den dort genannten Anforderungen verwahrt,

28. entgegen § 72 Absatz 1 Nummer 3 nicht regelmäßig eine umfassende Aufstellung sämtlicher Vermögensgegenstände des inländischen OGAW übermittelt,

29. entgegen § 74 Absatz 1 einem inländischen OGAW zustehende Geldbeträge nicht in der dort genannten Weise verbucht, entgegen § 74 Absatz 3 oder § 83 Absatz 6 Satz 2 und 3 die Gelder des inländischen Investmentvermögens auf einem Geldkonto verbucht, die eine dort genannte Anforderung nicht erfüllt, oder einen Zahlungsstrom entgegen § 83 Absatz 6 Satz 1 nicht ordnungsgemäß überwacht,

30. entgegen § 76 Absatz 1 oder § 83 Absatz 1 eine dort genannte Anforderung nicht sicherstellt oder entgegen § 76 Absatz 2 eine Weisung nicht ausführt,

31. entgegen § 107 Absatz 1 oder Absatz 2 einen Jahresbericht, einen Halbjahresbericht, einen Auflösungsbericht oder einen Abwicklungsbericht oder entgegen § 123 Absatz 1 oder Absatz 2 einen Jahresabschluss, einen Lagebericht oder einen Halbjahresbericht nicht, nicht richtig, nicht vollständig, nicht in der vorgeschriebenen Weise oder nicht rechtzeitig bekannt macht,

32. entgegen § 107 Absatz 3 Satz 2 einen dort genannten Bericht nicht, nicht richtig, nicht vollständig oder nicht rechtzeitig übermittelt oder nicht, nicht richtig, nicht vollständig oder nicht rechtzeitig der Bundesanstalt zur Verfügung stellt,

33. ohne eine Erlaubnis nach § 113 Absatz 1 Satz 1 das Geschäft einer extern verwalteten OGAW-Investmentaktiengesellschaft betreibt,

34. die Erlaubnis einer extern verwalteten OGAW-Investmentaktiengesellschaft gemäß § 113 Absatz 2 Satz 1 Nummer 1 auf Grund falscher Erklärungen oder auf sonstige rechtswidrige Weise erwirkt hat,

35. entgegen § 114 Satz 1, § 130 Satz 1, § 145 Satz 1 oder entgegen § 155 Satz 1 eine Anzeige nicht, nicht richtig, nicht vollständig oder nicht rechtzeitig macht,

36. entgegen § 163 Absatz 2 Satz 8, auch in Verbindung mit § 267 Absatz 2 Satz 2, die Anlagebedingungen dem Verkaufsprospekt beifügt,

37. entgegen § 163 Absatz 2 Satz 9 die Anlagebedingungen dem Publikum nicht, nicht richtig oder nicht vollständig zugänglich macht,

38. **entgegen § 164 Absatz 1 Satz 1 oder entgegen den §§ 165 und 166 einen dort genannten Verkaufsprospekt oder die wesentlichen Anlegerinformationen nicht, nicht richtig oder nicht vollständig erstellt oder dem Publikum nicht, nicht richtig oder nicht vollständig zugänglich macht,**

39. **entgegen § 164 Absatz 1 Satz 2 einen dort genannten Verkaufsprospekt oder die wesentlichen Anlegerinformationen dem Publikum zugänglich macht,**

40. **entgegen § 164 Absatz 4 Satz 1 einen dort genannten Verkaufsprospekt oder die wesentlichen Anlegerinformationen oder entgegen § 164 Absatz 5 eine Änderung eines dort genannten Verkaufsprospekts oder der wesentlichen Anlegerinformationen nicht, nicht richtig, nicht vollständig oder nicht rechtzeitig bei der Bundesanstalt einreicht oder entgegen § 164 Absatz 4 Satz 2 einen dort genannten Verkaufsprospekt nicht, nicht richtig, nicht vollständig oder nicht rechtzeitig der Bundesanstalt zur Verfügung stellt,**

41. **entgegen § 170 Satz 2 einen Ausgabe- oder Rücknahmepreis oder den Nettoinventarwert nicht, nicht richtig oder nicht rechtzeitig veröffentlicht,**

42. **entgegen § 174 Absatz 1 Satz 1 oder § 272c Absatz 1 Satz 1 weniger als 85 Prozent des Wertes des Feederfonds in Anteile eines Masterfonds anlegt,**

43. **entgegen § 174 Absatz 1 Satz 2 oder § 272c Absatz 1 Satz 2 in einen Masterfonds anlegt,**

44. **entgegen § 178 Absatz 1 eine Abwicklung beginnt,**

45. **entgegen § 178 Absatz 5 Satz 1 oder § 179 Absatz 6 Satz 1 eine Mitteilung nicht, nicht richtig, nicht vollständig oder nicht rechtzeitig macht oder einen Anleger nicht, nicht richtig, nicht vollständig, nicht in der vorgesehenen Weise oder nicht rechtzeitig unterrichtet,**

46. **entgegen § 180 Absatz 1 Satz 1 oder Satz 2 oder Absatz 2 Satz 1 eine dort genannte Information nicht, nicht richtig, nicht vollständig, nicht in der vorgeschriebenen Weise oder nicht rechtzeitig zur Verfügung stellt,**

47. **entgegen § 186 Absatz 2 Satz 1, auch in Verbindung mit § 191 Absatz 1 oder Absatz 2, eine Verschmelzungsinformation übermittelt,**

48. **entgegen § 186 Absatz 4 Satz 1, auch in Verbindung mit § 191 Absatz 1 oder Absatz 2, eine Verschmelzungsinformation der Bundesanstalt nicht, nicht richtig, nicht vollständig, nicht in der vorgeschriebenen Weise oder nicht rechtzeitig einreicht,**

49. **entgegen**
a) den §§ 192, 193 Absatz 1, den §§ 194, 196 Absatz 1, § 210 Absatz 1 Satz 1 oder Satz 4, Absatz 2 oder Absatz 3, § 219 Absatz 1 oder Absatz 2, § 221 Absatz 1 oder § 225 Absatz 2 Satz 2 oder
b) § 231 Absatz 1, § 234 Satz 1, § 239 oder § 261 Absatz 1
einen Vermögensgegenstand erwirbt oder in einen dort genannten Vermögensgegenstand investiert,

50. **entgegen den §§ 195, 234 Satz 1 oder § 253 Absatz 1 Satz 1 einen dort genannten Vermögensgegenstand oder Betrag hält,**

51. **entgegen § 196 Absatz 2 einen Ausgabeaufschlag oder einen Rücknahmeabschlag berechnet,**

52. entgegen § 197 Absatz 1, auch in Verbindung mit einer Rechtsverordnung nach Absatz 3, oder § 261 Absatz 3 in ein Derivat investiert, ein dort genanntes Geschäft tätigt oder eine dort genannte Voraussetzung oder eine dort genannte Pflicht nicht erfüllt,

53. entgegen § 197 Absatz 2, auch in Verbindung mit einer Rechtsverordnung nach Absatz 3 Satz 1 Nummer 1, nicht sicherstellt, dass sich das Marktrisikopotenzial höchstens verdoppelt,

54. entgegen den §§ 198, 206 Absatz 1 oder Absatz 2, auch in Verbindung mit den §§ 208, 206 Absatz 3 Satz 1 oder Absatz 4, den §§ 207, 209, 219 Absatz 5, § 221 Absatz 3 oder Absatz 4, § 222 Absatz 2 Satz 2 oder § 225 Absatz 2 Satz 1 oder Absatz 4 Satz 1 mehr als einen dort genannten Prozentsatz des Wertes in einen dort genannten Vermögensgegenstand anlegt,

55. entgegen § 200 Absatz 1 Satz 1 oder Absatz 2 Satz 1, auch in Verbindung mit § 204 Absatz 1 oder Absatz 2 oder einer Rechtsverordnung nach Absatz 3, ein Wertpapier überträgt,

56. entgegen § 200 Absatz 1 Satz 3 erster Halbsatz, auch in Verbindung mit § 204 Absatz 1 oder Absatz 2 oder einer Rechtsverordnung nach Absatz 3, oder § 240 Absatz 1 ein Darlehen gewährt,

57. entgegen § 200 Absatz 4, auch in Verbindung mit § 204 Absatz 1 oder Absatz 2 oder einer Rechtsverordnung nach Absatz 3, eine Anzeige nicht, nicht richtig, nicht vollständig oder nicht rechtzeitig erstattet,

58. entgegen § 203 Satz 1 auch in Verbindung mit § 204 Absatz 1 oder Absatz 2 oder einer Rechtsverordnung nach Absatz 3, ein Pensionsgeschäft abschließt,

59. entgegen
a) § 205 Satz 1, auch in Verbindung mit § 218 Satz 2, § 220 oder § 284 Absatz 1,
b) § 225 Absatz 1 Satz 3,
c) § 265 Satz 1 oder
d) § 276 Absatz 1 Satz 1
einen Leerverkauf durchführt,

60. entgegen § 206 Absatz 3 Satz 2 nicht sicherstellt, dass der Gesamtwert der Schuldverschreibungen 80 Prozent des Wertes des inländischen OGAW nicht übersteigt,

61. einer Vorschrift des § 206 Absatz 5 Satz 1, auch in Verbindung mit § 206 Absatz 5 Satz 2, oder § 221 Absatz 5 Satz 1 einer dort genannten Sicherstellungspflicht zuwiderhandelt,

62. entgegen § 210 Absatz 1 Satz 1 oder Satz 4, Absatz 2 oder Absatz 3 in einen dort genannten Vermögensgegenstand unter Überschreitung einer dort genannten Anlagegrenze anlegt,

63. entgegen § 211 Absatz 2 nicht als vorrangiges Ziel die Einhaltung der Anlagegrenzen anstrebt,

64. entgegen § 222 Absatz 1 Satz 4 einen dort genannten Vermögensgegenstand erwirbt,

65. entgegen § 225 Absatz 1 Satz 3 Leverage durchführt,

66. entgegen § 225 Absatz 2 Satz 2 einen Devisenterminkontrakt verkauft,

67. entgegen § 225 Absatz 4 Satz 2 oder Satz 3, jeweils auch in Verbindung mit § 221 Absatz 2, in einen dort genannten Zielfonds anlegt,

68. **entgegen § 225 Absatz 5 nicht sicherstellt, dass eine dort genannte Information vorliegt,**
69. **entgegen § 233 Absatz 2 oder § 261 Absatz 4 nicht sicherstellt, dass ein Vermögensgegenstand nur in dem dort genannten Umfang einem Währungsrisiko unterliegt,**
70. **entgegen § 239 Absatz 2 Nummer 2 einen Vermögensgegenstand veräußert,**
71. **entgegen § 240 Absatz 2 nicht sicherstellt, dass die Summe der Darlehen einen dort genannten Prozentsatz nicht übersteigt,**
72. **entgegen § 264 Absatz 1 Satz 1 nicht dafür sorgt, dass die genannte Verfügungsbeschränkung in das Grundbuch oder ein dort genanntes Register eingetragen wird,**
73. **entgegen § 268 Absatz 1 Satz 1 einen dort genannten Verkaufsprospekt nicht, nicht richtig oder nicht vollständig erstellt oder entgegen § 268 Absatz 1 Satz 2 einen dort genannten Verkaufsprospekt dem Publikum nicht, nicht richtig oder nicht vollständig zugänglich macht,**
74. **entgegen § 282 Absatz 2 Satz 1 in einen dort genannten Vermögensgegenstand investiert,**
75. **entgegen § 285 in einen dort genannten Vermögensgegenstand investiert,**
76. **entgegen § 289 Absatz 1, 2 oder Absatz 5 eine Unterrichtung, eine Information oder eine Mitteilung nicht, nicht richtig, nicht vollständig oder nicht rechtzeitig vornimmt,**
77. **entgegen § 290 Absatz 1 oder Absatz 5 eine dort genannte Information oder eine Angabe nicht, nicht richtig, nicht vollständig oder nicht rechtzeitig vorlegt,**

77a. **entgegen § 295 a Absatz 2 einen Anteil vertreibt,**

77b. **entgegen § 295 a Absatz 3, § 306 b Absatz 6 Satz 1 oder § 331 a Absatz 5 Pre-Marketing betreibt,**

77c. **entgegen § 295 a Absatz 5 Satz 5 eine Unterlage einsetzt,**

77d. **entgegen § 295 b Absatz 1 Satz 1, Absatz 2 Satz 1 oder Absatz 3 Satz 1 eine dort genannte Unterlage, Angabe oder Information nicht, nicht richtig, nicht vollständig oder nicht rechtzeitig zur Verfügung stellt,**

78. **entgegen § 297 Absatz 1, auch in Verbindung mit Absatz 5 Satz 1, eine dort genannte Unterlage nicht oder nicht in Papierform kostenlos zur Verfügung stellt,**
79. **entgegen § 302 Absatz 2 Satz 1 nicht sicherstellt, dass eine Information nicht im Widerspruch zu einer dort genannten Anlegerinformation steht,**

79a. **entgegen § 302 Absatz 2 Satz 2, 3 oder 4 oder Absatz 3 nicht sicherstellt, dass Werbung einer dort genannten Anforderung entspricht,**

79b. **entgegen § 306 a Absatz 1 eine dort genannte Einrichtung nicht, nicht richtig, nicht vollständig oder nicht rechtzeitig bereitstellt,**

79c. **entgegen § 306 b Absatz 2 Satz 1 nicht sicherstellt, dass Anleger Anteile oder Aktien nicht oder nur im Rahmen des dort genannten Vertriebs erwerben,**

79d. **entgegen § 306 b Absatz 3 Satz 1 oder Absatz 4 Satz 1 eine Mitteilung nicht, nicht richtig, nicht vollständig oder nicht rechtzeitig macht,**

80. ***(aufgehoben)***

81. entgegen § 312 Absatz 1 eine Anzeige nicht, nicht richtig, nicht vollständig oder nicht rechtzeitig macht,
82. entgegen § 331 a Absatz 2 einen Anteil anbietet oder platziert oder
83. entgegen § 331 a Absatz 6 Satz 1 eine Information nicht oder nicht rechtzeitig bereitstellt.

(3) Ordnungswidrig handelt, wer als Person, die für eine Kapitalverwaltungsgesellschaft handelt, gegen die Verordnung (EG) Nr. 1060/2009 des Europäischen Parlaments und des Rates vom 16. September 2009 über Ratingagenturen (ABl. L 302 vom 17.11.2009, S. 1), die zuletzt durch die Verordnung (EU) Nr. 462/2013 (ABl. L 146 vom 31.5.2013, S. 1) geändert worden ist, verstößt, indem er vorsätzlich oder leichtfertig

1. entgegen Artikel 4 Absatz 1 Unterabsatz 1 ein Rating verwendet,
2. entgegen Artikel 5 a Absatz 1 nicht dafür Sorge trägt, dass die Kapitalverwaltungsgesellschaft eigene Kreditrisikobewertungen vornimmt,
3. entgegen Artikel 8 c Absatz 1 einen Auftrag nicht richtig erteilt oder
4. entgegen Artikel 8 c Absatz 2 nicht dafür Sorge trägt, dass die beauftragten Ratingagenturen die dort genannten Voraussetzungen erfüllen.

(4) Ordnungswidrig handelt, wer gegen die Verordnung (EU) Nr. 345/2013 des Europäischen Parlaments und des Rates vom 17. April 2013 über Europäische Risikokapitalfonds (ABl. L 115 vom 25.4.2013, S. 1) verstößt, indem er vorsätzlich oder fahrlässig

1. entgegen Artikel 5 Absatz 1 Satz 1 nicht dafür sorgt, dass beim Erwerb von anderen Vermögenswerten als qualifizierten Anlagen höchstens 30 Prozent des aggregierten eingebrachten Kapitals und noch nicht eingeforderten zugesagten Kapitals des qualifizierten Risikokapitalfonds für den Erwerb solcher Vermögenswerte eingesetzt werden,
2. entgegen Artikel 5 Absatz 2 auf der Ebene des qualifizierten Risikokapitalfonds eine dort genannte Methode anwendet,
3. entgegen Artikel 5 Absatz 3 auf der Ebene des qualifizierten Risikokapitalfonds Darlehen aufnimmt, Schuldtitel begibt oder Garantien stellt,
4. entgegen Artikel 6 Absatz 1 einen dort genannten Anteil vertreibt,
5. entgegen Artikel 12 Absatz 1 Unterabsatz 1 Satz 1 in Verbindung mit Satz 2, 3 oder Satz 4 oder entgegen Absatz 1 Unterabsatz 2 Satz 2 einen Jahresbericht der Bundesanstalt nicht, nicht richtig, nicht vollständig oder nicht rechtzeitig vorlegt,
6. entgegen Artikel 13 Absatz 1 eine Unterrichtung der Anleger oder entgegen Artikel 15 eine Unterrichtung der zuständigen Behörde nicht, nicht richtig, nicht vollständig, nicht in der vorgeschriebenen Weise oder nicht rechtzeitig vornimmt, oder
7. ohne Registrierung nach Artikel 14 Absatz 1 in Verbindung mit Artikel 14 Absatz 2 die Bezeichnung „EuVECA" verwendet.

(5) Ordnungswidrig handelt, wer gegen die Verordnung (EU) Nr. 346/2013 des Europäischen Parlaments und des Rates vom 17. April 2013 über Europäische Fonds für soziales Unternehmertum (ABl. L 115 vom 25.4.2013, S. 18) verstößt, indem er vorsätzlich oder fahrlässig

1. entgegen Artikel 5 Absatz 1 Satz 1 nicht dafür sorgt, dass beim Erwerb von anderen Vermögenswerten als qualifizierten Anlagen höchstens 30 Prozent des aggregierten eingebrachten Kapitals und noch nicht eingeforderten zugesagten Kapitals des qualifizierten Fonds für soziales Unternehmertum für den Erwerb solcher Vermögenswerte eingesetzt werden,
2. entgegen Artikel 5 Absatz 2 auf der Ebene des qualifizierten Fonds für soziales Unternehmertum eine dort genannte Methode anwendet,
3. entgegen Artikel 5 Absatz 3 auf der Ebene des qualifizierten Fonds für soziales Unternehmertum Darlehen aufnimmt, Schuldtitel begibt oder Garantien stellt,
4. entgegen Artikel 6 Absatz 1 einen dort genannten Anteil vertreibt,
5. entgegen Artikel 13 Absatz 1 Satz 1 in Verbindung mit Satz 2, 3 oder Satz 4 oder in Verbindung mit Absatz 2 oder entgegen Absatz 1 Satz 6 in Verbindung mit Absatz 2 einen Jahresbericht der Bundesanstalt nicht, nicht richtig, nicht vollständig, nicht in der vorgeschriebenen Weise oder nicht rechtzeitig vorlegt,
6. entgegen Artikel 14 Absatz 1 eine Unterrichtung der Anleger oder entgegen Artikel 16 eine Unterrichtung der zuständigen Behörde nicht, nicht richtig, nicht vollständig, nicht in der vorgeschriebenen Weise oder nicht rechtzeitig vornimmt, oder
7. ohne Registrierung nach Artikel 15 Absatz 1 in Verbindung mit Artikel 15 Absatz 2 die Bezeichnung „EuSEF" verwendet.

(6) Ordnungswidrig handelt, wer gegen die Verordnung (EU) 2015/760 verstößt, indem er vorsätzlich oder fahrlässig

1. entgegen Artikel 9 Absatz 1 in einen anderen Anlagevermögenswert investiert,
2. entgegen Artikel 9 Absatz 2 ein dort genanntes Geschäft tätigt,
3. entgegen Artikel 13 Absatz 1 in Verbindung mit Artikel 17 nicht mindestens 70 Prozent seines Kapitals im Sinne von Artikel 2 Nummer 7 in einen zulässigen Anlagevermögenswert investiert,
4. entgegen Artikel 13 Absatz 2 bis 6 unter Berücksichtigung von Artikel 14 gegen eine dort genannte Diversifizierungsanforderung verstößt,
5. entgegen Artikel 16 einen Barkredit aufnimmt,
6. entgegen Artikel 21 die Bundesanstalt nicht rechtzeitig unterrichtet,
7. entgegen Artikel 23 Absatz 1 bis 4, Artikel 24 Absatz 2 bis 5 und Artikel 25 Absatz 1 und 2 einen Prospekt nicht, nicht richtig, nicht vollständig oder nicht in der vorgeschriebenen Weise veröffentlicht,
8. entgegen Artikel 23 Absatz 5 einen Jahresbericht nicht richtig, nicht vollständig oder nicht in der vorgeschriebenen Weise veröffentlicht,
9. entgegen Artikel 23 Absatz 6 die dort genannten Informationen nicht, nicht richtig, nicht vollständig oder nicht in der vorgeschriebenen Weise bereitstellt,
10. entgegen Artikel 24 Absatz 1 einen Prospekt oder eine Änderung nicht, nicht richtig, nicht vollständig oder nicht rechtzeitig übermittelt,
11. entgegen den Artikeln 28 und 30 einen Anteil an einen Kleinanleger vertreibt,
12. entgegen Artikel 29 Absatz 5 einen Vermögenswert wiederverwendet,

13. ohne Zulassung gemäß den Artikeln 4 und 5 die Bezeichnung „ELTIF" oder „europäischer langfristiger Investmentfonds" verwendet.

(6a) **Ordnungswidrig handelt, wer gegen die Verordnung (EU) Nr. 1286/2014 des Europäischen Parlaments und des Rates vom 26. November 2014 über Basisinformationsblätter für verpackte Anlageprodukte für Kleinanleger und Versicherungsanlageprodukte (PRIIP) (ABl. L 352 vom 9. 12. 2014, S. 1, L 358 vom 13. 12. 2014, S. 50) verstößt, indem er vorsätzlich oder leichtfertig**

1. entgegen
   a) Artikel 5 Absatz 1,
   b) Artikel 5 Absatz 1 in Verbindung mit Artikel 6,
   c) Artikel 5 Absatz 1 in Verbindung mit Artikel 7 Absatz 2,
   d) Artikel 5 Absatz 1 in Verbindung mit Artikel 8 Absatz 1 bis 3

   ein Basisinformationsblatt nicht, nicht richtig, nicht vollständig, nicht rechtzeitig oder nicht in der vorgeschriebenen Weise abfasst oder veröffentlicht,

2. entgegen Artikel 5 Absatz 1 in Verbindung mit Artikel 7 Absatz 1 ein Basisinformationsblatt nicht in der vorgeschriebenen Weise abfasst oder übersetzt,

3. entgegen Artikel 10 Absatz 1 Satz 1 ein Basisinformationsblatt nicht oder nicht rechtzeitig überprüft,

4. entgegen Artikel 10 Absatz 1 Satz 1 ein Basisinformationsblatt nicht oder nicht vollständig überarbeitet,

5. entgegen Artikel 10 Absatz 1 Satz 2 ein Basisinformationsblatt nicht oder nicht rechtzeitig zur Verfügung stellt,

6. entgegen Artikel 9 Satz 1 in Werbematerialien Aussagen trifft, die im Widerspruch zu den Informationen des Basisinformationsblattes stehen oder dessen Bedeutung herabstufen,

7. entgegen Artikel 9 Satz 2 die erforderlichen Hinweise in Werbematerialien nicht, nicht richtig oder nicht vollständig aufnimmt,

8. entgegen Artikel 13 Absatz 1, 3 und 4 oder Artikel 14 ein Basisinformationsblatt nicht oder nicht rechtzeitig oder nicht in der vorgeschriebenen Weise zur Verfügung stellt,

9. entgegen Artikel 19 Buchstabe a und b nicht, nicht richtig oder nicht in der vorgeschriebenen Weise geeignete Verfahren und Vorkehrungen zur Einreichung und Beantwortung von Beschwerden vorsieht,

10. entgegen Artikel 19 Buchstabe c nicht, nicht richtig oder nicht in der vorgeschriebenen Weise geeignete Verfahren und Vorkehrungen vorsieht, durch die gewährleistet wird, dass Kleinanlegern wirksame Beschwerdeverfahren im Fall von grenzüberschreitenden Streitigkeiten zur Verfügung stehen.

(6b) **Ordnungswidrig handelt, wer gegen die Verordnung (EU) 2017/1131 des Europäischen Parlaments und des Rates vom 14. Juni 2017 über Geldmarktfonds (ABl. L 169 vom 30. 6. 2017, S. 8) verstößt, indem er vorsätzlich oder fahrlässig**

1. ohne Zulassung nach Artikel 6 Absatz 1 die Bezeichnung „Geldmarktfonds" verwendet,

2. entgegen Artikel 9 Absatz 1 oder 2 in einen Vermögenswert investiert oder ein dort genanntes Geschäft tätigt,

3. einer Vorschrift des Artikels 17 Absatz 1, 3, 4, 5 oder 6 Satz 1, des Artikels 18 Absatz 1, des Artikels 24 Absatz 1 oder des Artikels 25 Absatz 1 Satz 1 oder Absatz 3 über eine dort genannte Anforderung an die Zusammensetzung des Portfolios zuwiderhandelt,
4. einer Vorschrift des Artikels 19 Absatz 2 oder 4 über eine dort genannte Sicherstellungspflicht zuwiderhandelt,
5. einer Vorschrift der Artikel 21, 26 Satz 2, des Artikels 31 Absatz 4, des Artikels 32 Absatz 4, des Artikels 33 Absatz 2 Unterabsatz 3, des Artikels 34 Absatz 1, 2 Satz 2 oder des Artikels 36 Absatz 1, 2, 4 oder 5 über eine dort genannte Anforderung bezüglich der Transparenz oder Dokumentation zuwiderhandelt,
6. einer Vorschrift des Artikels 23 Absatz 1 Unterabsatz 1, Absatz 2, 3 oder 4, des Artikels 27 oder des Artikels 28 Absatz 3 oder 4 über eine dort genannte Anforderung bezüglich der Geschäftsführung oder Verwaltung zuwiderhandelt,
7. einer Vorschrift des Artikels 29 Absatz 1 bis 4 oder 5, des Artikels 30 Absatz 3 in Verbindung mit Absatz 1 oder 2, des Artikels 31 Absatz 3 in Verbindung mit Absatz 1 oder 2 oder des Artikels 32 Absatz 3 in Verbindung mit Absatz 1 oder 2 über eine dort genannte Anforderung bezüglich der Bewertung zuwiderhandelt oder
8. entgegen Artikel 35 Absatz 1 einen Geldmarktfonds extern unterstützt.

(6c) **Ordnungswidrig handelt, wer vorsätzlich oder fahrlässig**

1. eine Zulassung als Geldmarktfonds nach Artikel 4 Absatz 1 bis 3 der Verordnung (EU) 2017/1131 auf Grund einer nicht richtigen Erklärung oder Angabe erwirkt,
2. einen Vermögenswert eines LVNAV-Geldmarktfonds nach der Methode der fortgeführten Anschaffungskosten bewertet, wenn dieser Vermögenswert eine Restlaufzeit von mehr als 75 Tagen aufweist oder wenn der nach Artikel 29 Absatz 2, 3 und 4 der Verordnung (EU) 2017/1131 berechnete Preis dieses Vermögenswerts mehr als zehn Basispunkte von dem nach Artikel 29 Absatz 7 Unterabsatz 1 der Verordnung (EU) 2017/1131 berechneten Preis dieses Vermögenswertes abweicht, oder
3. als Geldmarktfondsverwalter ein Dokument für Vertriebszwecke verwendet, das die in Artikel 36 Absatz 3 der Verordnung (EU) 2017/1131 genannten Hinweise nicht, nicht richtig oder nicht vollständig enthält.

(6d) **Ordnungswidrig handelt, wer im Anwendungsbereich dieses Gesetzes entgegen Artikel 6 Absatz 2 Satz 1 der Verordnung (EU) 2017/2402 des Europäischen Parlaments und des Rates vom 12. Dezember 2017 zur Festlegung eines allgemeinen Rahmens für Verbriefungen und zur Schaffung eines spezifischen Rahmens für einfache, transparente und standardisierte Verbriefung und zur Änderung der Richtlinien 2009/65/EG, 2009/138/EG, 2011/61/EU und der Verordnungen (EG) Nr. 1060/2009 und (EU) Nr. 648/2012 (ABl. L 347 vom 28.12.2017, S. 35) Vermögenswerte auswählt.**

(6e) **Ordnungswidrig handelt, wer im Anwendungsbereich dieses Gesetzes gegen die Verordnung (EU) 2017/2402 verstößt, indem er vorsätzlich oder fahrlässig**

1. entgegen Artikel 6 Absatz 1 Satz 1 einen dort genannten Anteil nicht hält,
2. entgegen Artikel 7 Absatz 1 Unterabsatz 1 bis 4 oder 5 eine Information nicht, nicht richtig, nicht vollständig, nicht in der vorgeschriebenen Weise oder nicht rechtzeitig zur Verfügung stellt,
3. entgegen Artikel 9 Absatz 1 Satz 1 oder 2 ein anderes Kriterium oder Verfahren anwendet,
4. entgegen Artikel 18 Satz 1 eine dort genannte Bezeichnung verwendet oder
5. entgegen Artikel 27 Absatz 4 die Europäische Wertpapier- und Marktaufsichtsbehörde nicht, nicht richtig, nicht vollständig oder nicht rechtzeitig unterrichtet oder die Bundesanstalt nicht, nicht richtig, nicht vollständig oder nicht rechtzeitig benachrichtigt.

(6f) **Ordnungswidrig handelt, wer im Anwendungsbereich dieses Gesetzes vorsätzlich oder fahrlässig**

1. nicht sicherstellt, dass er über ein wirksames System nach Artikel 9 Absatz 1 Satz 3 der Verordnung (EU) 2017/2402 verfügt,
2. eine in Artikel 9 Absatz 3 der Verordnung (EU) 2017/2402 genannte Risikoposition verbrieft, ohne eine dort genannte Prüfung vorgenommen zu haben, oder
3. eine Meldung nach Artikel 27 Absatz 1 Unterabsatz 1, 2 oder 3 Satz 2 der Verordnung (EU) 2017/2402 mit irreführendem Inhalt macht.

(6g) **Ordnungswidrig handelt, wer entgegen die Verordnung (EU) 2019/1156 des Europäischen Parlaments und des Rates vom 20. Juni 2019 zur Erleichterung des grenzüberschreitenden Vertriebst von Organismen für gemeinsame Anlagen und zur Änderung der Verordnungen (EU) Nr. 345/2013, (EU) Nr. 346/2013 und (EU) Nr. 1286/2014 (ABl. L 188 vom 12. 7. 2019, S. 55) verstößt, indem er vorsätzlich oder fahrlässig**

1. einer Vorschrift des Artikels 4 Absatz 1 erster Halbsatz, Absatz 2 Satz 1 oder 2, jeweils auch in Verbindung mit Absatz 5, oder des Artikels 4 Absatz 4 über eine dort genannte Sicherstellungspflicht für Marketing-Anzeigen zuwiderhandelt,
2. entgegen Artikel 4 Absatz 1 zweiter Halbsatz nicht sicherstellt, dass eine Information eindeutig und nicht irreführend ist, oder
3. als für die Verwendung einer Marketing-Anzeige im Sinne von Artikel 4 verantwortliche Person nicht sicherstellt, dass die in Artikel 4 Absatz 3 genannten Angaben enthalten sind.

(7) [1]**Die Ordnungswidrigkeit kann wie folgt geahndet werden:**

1. in den Fällen des Absatzes 1 Nummer 1, 4 und 5, des Absatzes 2 Nummer 1, 3 bis 7, 9, 10, 13, 14, 25 bis 30, 33 bis 35, 76, 77, 81, des Absatzes 6b Nummer 8, des Absatzes 6c Nummer 1 sowie der Absätze 6d bis 6f und bei einer wiederholten Vornahme einer der in Absatz 1 Nummer 2 und 3 oder in Absatz 2 Nummer 13a, 15a, 24, 31, 32, 37, 38, 40, 41, 49 bis 63, 65, 72, 73, 78, 79 und 80 aufgeführten Handlungen mit einer Geldbuße bis zu fünf Millionen Euro; gegenüber einer juristischen Person oder einer Personenvereinigung kann über diesen Betrag hinaus eine Geldbuße in Höhe bis zu 10 Prozent des jährlichen Gesamtumsatzes verhängt werden;

2. in den Fällen des Absatzes 1 Nummer 2 und 3, des Absatzes 2 Nummer 1a, 2, 8, 11, 12, 15 bis 24, 31, 37, 38, 40, 41, 43 bis 46, 49 bis 62, 63 bis 67, 70 bis 73, 78 und 80, des Absatzes 4 Nummer 3, 4 und 7, des Absatzes 5 Nummer 3, 4 und 7 und des Absatzes 6 Nummer 5, 11 und 13 mit einer Geldbuße bis zu einer Million Euro; gegenüber einer juristischen Person oder einer Personenvereinigung kann über diesen Betrag hinaus eine Geldbuße in Höhe bis zu 2 Prozent des jährlichen Gesamtumsatzes verhängt werden;
2a. in den Fällen des Absatzes 6a mit einer Geldbuße bis zu siebenhunderttausend Euro; gegenüber einer juristischen Person oder einer Personenvereinigung kann über diesen Betrag hinaus eine Geldbuße bis zum höheren der Beträge von fünf Millionen Euro oder 3 Prozent des jährlichen Gesamtumsatzes verhängt werden;
3. in den übrigen Fällen der Absätze 2 bis 6, 6b und 6g mit einer Geldbuße bis zu zweihunderttausend Euro.

[2]Über die in Satz 1 genannten Beträge hinaus kann die Ordnungswidrigkeit mit einer Geldbuße bis zur Höhe des Zweifachen des aus dem Verstoß gezogenen wirtschaftlichen Vorteils geahndet werden. [3]Der wirtschaftliche Vorteil umfasst auch vermiedene wirtschaftliche Nachteile und kann geschätzt werden.

(8) [1]Gesamtumsatz im Sinne von Absatz 7 ist

1. im Fall von Kreditinstituten, Zahlungsinstituten und Finanzdienstleistungsinstituten der sich aus dem auf das Institut anwendbaren nationalen Recht im Einklang mit Artikel 27 Nummer 1, 3, 4, 6 und 7 oder Artikel 28 Nummer B1, B2, B3, B4 und B7 der Richtlinie 86/635/EWG des Rates vom 8. Dezember 1986 über den Jahresabschluss und den konsolidierten Abschluss von Banken und anderen Finanzinstituten (ABl. L 372 vom 31.12.1986, S. 1) ergebende Gesamtbetrag, abzüglich der Umsatzsteuer und sonstigen direkt auf diese Erträge erhobenen Steuern,
2. im Fall von Versicherungsunternehmen der sich aus dem auf das Versicherungsunternehmen anwendbaren nationalen Recht im Einklang mit Artikel 63 der Richtlinie 91/674/EWG des Rates vom 19. Dezember 1991 über den Jahresabschluss und den konsolidierten Abschluss von Versicherungsunternehmen (ABl. L 374 vom 31.12.1991, S. 7) ergebende Gesamtbetrag, abzüglich der Umsatzsteuer und sonstigen direkt auf diese Erträge erhobenen Steuern,
3. im Übrigen der Betrag der Nettoumsatzerlöse nach Maßgabe des auf das Unternehmen anwendbaren nationalen Rechts im Einklang mit Artikel 2 Nummer 5 der Richtlinie 2013/34/EU.

[2]Handelt es sich bei der juristischen Person oder Personenvereinigung um ein Mutterunternehmen oder um eine Tochtergesellschaft, so ist anstelle des Gesamtumsatzes der juristischen Person oder Personenvereinigung der jeweilige Gesamtbetrag in dem Konzernabschluss des Mutterunternehmens maßgeblich, der für den größten Kreis von Unternehmen aufgestellt wird. [3]Wird der Konzernabschluss für den größten Kreis von Unternehmen nicht nach den in Satz 1 genannten Vorschriften aufgestellt, ist der Gesamtumsatz nach Maßgabe der den in Satz 1 vergleichbaren Posten des Konzernabschlusses zu ermitteln. [4]Maßgeblich ist der Jahres- oder

Konzernabschluss des der Behördenentscheidung unmittelbar vorausgehenden Geschäftsjahres. [5]Ist dieser nicht verfügbar, ist der Jahres- oder Konzernabschluss für das unmittelbar vorausgehende Geschäftsjahr maßgeblich. [6]Ist auch dieser nicht verfügbar, kann der Gesamtumsatz für das der Behördenentscheidung unmittelbar vorausgehende Geschäftsjahr geschätzt werden.

(9) **[1]§ 17 Absatz 2 des Gesetzes über Ordnungswidrigkeiten ist nicht anzuwenden bei Verstößen gegen Gebote und Verbote im Zusammenhang mit OGAW, die in Absatz 7 Nummer 1 in Bezug genommen werden. [2]§ 30 des Gesetzes über Ordnungswidrigkeiten gilt auch für juristische Personen oder Personenvereinigungen, die über eine Zweigniederlassung oder im Wege des grenzüberschreitenden Dienstleistungsverkehrs im Inland tätig sind. [3]Die Verfolgung der Ordnungswidrigkeiten nach Absatz 1 bis 6 verjährt in drei Jahren.**

(10) **Verwaltungsbehörde im Sinne des § 36 Absatz 1 Nummer 1 des Gesetzes über Ordnungswidrigkeiten ist die Bundesanstalt.**

Inhaltsübersicht

Rn.

I. Allgemeines . . . 1
II. Normadressat . . . 3
III. Die einzelnen Ordnungswidrigkeiten (§ 340 I–VIc) . . . 4
1. Ordnungswidrigkeiten nach § 340 I . . . 5
a) § 340 I Nr. 1 (Vollziehbare Anordnung in Bezug auf Geschäftsleitung) . . . 5
b) § 340 I Nr. 2 (Gewährung von Gelddarlehen) . . . 6
c) § 340 I Nr. 3 (Kreditaufnahme) . . . 7
d) § 340 I Nr. 4 (Vollziehbare Anordnung in Bezug auf Leverage) . . . 8
e) § 340 I Nr. 5 (Vollziehbare Anordnung in Bezug auf Leerverkäufe) . . . 9
2. Ordnungswidrigkeiten nach § 340 II . . . 10
a) Neuordnung der Tatbestände . . . 10
b) Ordnungswidrigkeitenkatalog . . . 11
3. Ordnungswidrigkeiten nach § 340 III . . . 104
4. Ordnungswidrigkeiten nach § 340 IV . . . 105
5. Ordnungswidrigkeiten nach § 340 V . . . 106
6. Ordnungswidrigkeiten nach § 340 VI . . . 107
7. Ordnungswidrigkeiten nach § 340 VIa . . . 108
8. Ordnungswidrigkeiten nach § 340 VIb . . . 109
9. Ordnungswidrigkeiten nach § 340 VIc . . . 110
10. Ordnungswidrigkeiten nach § 340 VId . . . 111
11. Ordnungswidrigkeiten nach § 340 VIe . . . 112
12. Ordnungswidrigkeiten nach § 340 VIf . . . 113
13. Ordnungswidrigkeiten nach § 340 VIg . . . 114
IV. Höhe der Geldbuße (§ 340 VII, VIII) . . . 115
V. Anwendbarkeit auf OGAW (§ 340 IX) . . . 118
VI. Zuständigkeit der BaFin (§ 340 X) . . . 119

I. Allgemeines

§ 340 enthält den für die Verwaltung von Investmentvermögen maßgeblichen **Ordnungswidrigkeitenkatalog.** Diese Verstöße wiegen nicht so schwer, dass sie den Grad strafwürdigen Unrechts erreichen, bedürfen aber einer Geldbuße, um den Rechtsfrieden wieder herzustellen (sog. „Verwaltungsunrecht"; BSL/*Campbell* InvG § 143 Rn. 1; BTMB/*Herberger* § 340 Rn. 1; BFS/*Lindemann* KWG § 56 Rn. 1). Eine Ordnungswidrigkeit ist eine rechtswidrige und vorwerfbare Handlung, die den Tatbestand eines Gesetzes verwirklicht, das die Ahndung mit einer Geldbuße zulässt (§ 1 I OWiG). Für Fragen, die nicht explizit in § 340 geregelt sind, gilt das allgemeine Ordnungswidrigkeitenrecht, also insb. das OWiG (vgl. auch FK-KapAnlR/*Alten* § 340 Rn. 2; WBA/*Zeidler* § 340 Rn. 1). 1

Der Katalog der Ordnungswidrigkeiten war vorher in § 143 InvG enthalten, der sich hinsichtlich des Aufbaus und zum Teil auch inhaltlich stark an § 56 KWG anlehnte (BSL/*Campbell* InvG § 143 Rn. 1; BTMB/*Herberger* § 340 Rn. 2f.). § 340 wiederum übernahm die wesentliche Struktur und den Inhalt von § 143 InvG. Nach Art. 48 I 2 AIFM-RL (2011/61/EU) sorgen die Mitgliedstaaten entsprechend ihres nationalen Rechts dafür, dass bei Verstößen gegen die gem. dieser Richtlinie erlassenen Vorschriften gegen die verantwortlichen Personen geeignete Verwaltungsmaßnahmen ergriffen oder im Verwaltungsverfahren zu erlassende Sanktionen verhängt werden können. Die Mitgliedstaaten gewährleisten, dass diese Maßnahmen wirksam, verhältnismäßig und abschreckend sind (Art. 48 I 3 AIFM-RL). Entsprechende Vorgaben machte auch bereits Art. 99 OGAW-RL (2009/65/EG). Durch die Umsetzung des neu eingeführten Art. 99a OGAW-V-RL (2014/91/EU) wurden die Sanktionsvorgaben erheblich ausgeweitet und erforderten eine erhebliche Ergänzung des § 340 durch das Umsetzungsgesetz (vgl. FK-KapAnlR/*Alten* § 340 Rn. 1; Begründung RegE OGAW-V-UmsG, BR-Drs. 437/15, 84). Die bisherigen Abs. 2 und 3 des § 340 wurden in einen neu gefassten Abs. 2 zusammengeführt, der einen Katalog von 81 Nummern enthält. Um der BaFin durch einen erweiterten Bußgeldkatalog eine effiziente Aufsicht zu ermöglichen, wurden neue Ordnungswidrigkeiten eingeführt sowie bestehende Ordnungswidrigkeiten angepasst (Begründung RegE OGAW-V-UmsG, BR-Drs. 437/15, 84). Dies betrifft insb. die Abs. 6, 7, 8 und 9 des § 340 (vgl. für eine Übersicht der Änderungen vgl. FK-KapAnlR/*Alten* § 340 Rn. 458). 2

II. Normadressat

Normadressat ist bei den meisten Tatbeständen die KVG oder sonstige juristische Personen. Das OWiG sieht im Grundsatz nur die Ahndbarkeit von natürlichen Personen vor (*Krenberger/Krumm* OWiG § 9 Rn. 1). **§ 9 OWiG** entspricht der strafrechtlichen Regelung in § 14 StGB (vgl. → § 339 Rn. 8) und regelt die erweiterte Haftung des Vertreters. Auf der Ebene der KVG kommt dadurch insb. die Haftung der Geschäftsleiter und Prokuristen in Betracht (WBA/*Zeidler* § 340 Rn. 2). Über die §§ 30, 130 OWiG kann auch der KVG oder dem Inhaber eines Unternehmens eine Geldbuße verhängt werden. 3

III. Die einzelnen Ordnungswidrigkeiten (§ 340 I–VIc)

Der Ordnungswidrigkeitenkatalog in § 340 ist so aufgebaut, dass die Abs. 1 und 2 Verstöße gegen das KAGB und die Abs. 3–6c Verstöße gegen verschiedene europäische Verordnungen regeln. Im Unterschied zu § 340 II betrifft § 340 I nur 4 vorsätzliches Handeln, während § 340 II vorsätzliche oder fahrlässige Verstöße umfasst. Als Ordnungswidrigkeit kann nur vorsätzliches Handeln geahndet werden, außer wenn das Gesetz fahrlässiges Handeln ausdrücklich mit einer Geldbuße bedroht (§ 10 OWiG). Zum Vorsatzbegriff vgl. → § 339 Rn. 7.

5 **1. Ordnungswidrigkeiten nach § 340 I. a) § 340 I Nr. 1 (Vollziehbare Anordnung in Bezug auf Geschäftsleitung).** Die in Bezug genommenen Vorschriften sehen die Möglichkeit der BaFin vor, Geschäftsleiter abzuberufen. Unterbleibt die Abberufung, handelt das kompetente Organ ordnungswidrig. Übt ein Geschäftsleiter trotz des Verbots Tätigkeiten aus, so erfüllt er den Tatbestand. Durch das FoStoG wurde die Regelung auf Aufsichtsorganmitglieder erweitert (neu in § 40 III).

6 **b) § 340 I Nr. 2 (Gewährung von Gelddarlehen).** KVG dürfen für Rechnung eines OGAW keine Gelddarlehen gewähren oder eine schuldrechtliche Verpflichtung aus einem Bürgschafts- oder einem Garantievertrag eingehen (§ 20 VIII). AIF-KVG dürfen im Rahmen der kollektiven Vermögensverwaltung ein Gelddarlehen nur in den unter § 20 IX genannten Ausnahmen gewähren.

7 **c) § 340 I Nr. 3 (Kreditaufnahme).** Das KAGB enthält besondere Vorschriften für die Aufnahme von Krediten für Publikumsinvestmentaktiengesellschaften mit veränderlichem Kapital, OGAW-KVG, AIF-KVG für ein Sonstiges Investmentvermögen, geschlossene inländische Publikums-AIF und AIF-KVG, die für Rechnung eines offenen inländischen Spezial-AIF mit festen Anlagebedingungen handeln. Davon abweichende Kreditaufnahmen stellen eine Ordnungswidrigkeit dar.

8 **d) § 340 I Nr. 4 (Vollziehbare Anordnung in Bezug auf Leverage).** Die BaFin kann den Umfang des eingesetzten Leverage bei AIF-KVG beschränken, wenn sie dies zur Gewährleistung der Stabilität und Integrität des Finanzsystems als nötig erachtet. Verstöße gegen eine solche Anordnung begründen eine Ordnungswidrigkeit.

9 **e) § 340 I Nr. 5 (Vollziehbare Anordnung in Bezug auf Leerverkäufe).** Die BaFin kann Leerverkäufe iSd § 283 I 1 Nr. 2 beschränken, wenn sie dies zum Schutz der Anleger oder zur Gewährleistung der Stabilität und Integrität des Finanzsystems als nötig erachtet.

10 **2. Ordnungswidrigkeiten nach § 340 II. a) Neuordnung der Tatbestände.** Im Rahmen der Umsetzung der OGAW-V-Richtlinie wurde die vorher in § 340 II und III vorgesehene Differenzierung zwischen Leichtfertigkeit und Fahrlässigkeit aufgegeben, da eine Abgrenzung zwischen Leichtfertigkeit (grober Fahrlässigkeit) und (einfacher) Fahrlässigkeit bei den betroffenen Tatbeständen oft schwierig ist und die Differenzierung zudem mit ausdifferenzierten europarechtlichen Sanktionsvorgaben inkompatibel ist (Begründung RegE OGAW-V-UmsG, BR-Drs. 437/15, 84).

11 **b) Ordnungswidrigkeitenkatalog. (1) § 340 II Nr. 1 und Nr. 1a (Vollziehbare Anordnung in Bezug auf verschiedene Gebote und Verbote).** Die BaFin ist befugt, im Rahmen der Aufsicht alle Anordnungen zu treffen, die erforderlich und geeignet sind, um die Einhaltung der in den Anlagebedingungen, der Satzung oder dem Gesellschaftsvertrag vorgesehenen Regelungen sicherzustellen. Der Verweis auf § 5 VI 14 wird ein Redaktionsversehen sein. Es muss wie bisher

§ 5 VI 8 heißen. Die BaFin kann danach Anordnungen treffen, die geeignet und erforderlich sind, Missstände in Bezug auf die ordnungsgemäße Verwaltung von Investmentvermögen, den Vertrieb von Investmentvermögen, die ordnungsgemäße Erbringung von Dienstleistungen oder Nebendienstleistungen oder die Tätigkeit einer Verwahrstelle zu beseitigen oder zu verhindern. Weigert sich die EU-AIF-Verwaltungsgesellschaft oder die ausländische AIF-Verwaltungsgesellschaft, die von der BaFin gem. § 5 VIII geforderten Informationen vorzulegen, kann die BaFin die erforderlichen Anordnungen erlassen. In § 11 IV 1 wird zwar auf § 5 IX verwiesen; dabei handelt es sich aber offensichtlich um ein Redaktionsversehen. Des Weiteren kann die BaFin den beabsichtigten Erwerb der bedeutenden Beteiligung an einer externen OGAW-KVG oder OGAW-Investmentaktiengesellschaften untersagen. Außerdem kann sie Maßnahmen bei unzureichenden Eigenmitteln oder bei Gefahr für die Gläubiger der KVG ergreifen. Schließlich kann die BaFin Maßnahmen zum Schutz der Anleger ergreifen und ggf. den Vertrieb von Anteilen oder Aktien an EU-OGAW untersagen. Auch in Bezug auf AIF ist sie befugt, die erforderlichen Maßnahmen zu ergreifen und ggf. den Vertrieb von Anteilen oder Aktien dieser Investmentvermögen zu untersagen. Die BaFin kann gegenüber KVG, die für Rechnung eines AIF Gelddarlehen gewähren, im Wege der Allgemeinverfügung Beschränkungen bei der Vergabe von Darlehen zum Bau oder zum Erwerb von im Inland belegenen Wohnimmobilien festlegen, wenn und soweit dies erforderlich ist, um einer Störung der Funktionsfähigkeit des inländischen Finanzsystems oder einer Gefährdung der Finanzstabilität im Inland entgegenzuwirken. Ein Zuwiderhandeln gegen eine der genannten Anordnungen stellt eine Ordnungswidrigkeit dar.

(2) § 340 II Nr. 2 (Auskünfte und Prüfungen). Der BaFin stehen umfangreiche Auskunfts- und Prüfungsrechte zu, die sich gegen KVG und extern verwaltete Investmentgesellschaften, die an ihnen jeweils bedeutend beteiligten Inhaber sowie Verwahrstellen richten. Erteilen die Verpflichteten eine Auskunft nicht, nicht richtig, nicht vollständig oder nicht rechtzeitig, handeln sie ordnungswidrig. Entsprechendes gilt für die Vorlage von Unterlagen. 12

(3) § 340 II Nr. 3 (Maßnahmen der BaFin). Die Auskunfts- und Prüfungsbefugnisse der BaFin werden durch verschiedene Prüfungsmaßnahmen ergänzt, etwa das Betreten der Geschäftsräume der verpflichteten Gesellschaften durch Bedienstete der BaFin. Dulden die Betroffenen diese Maßnahmen nicht, handeln sie ordnungswidrig. 13

(4) § 340 II Nr. 4 (Anzeige bedeutender Beteiligungen). Wer beabsichtigt, allein oder im Zusammenwirken mit anderen Personen oder Unternehmen eine bedeutende Beteiligung an einer externen OGAW-KVG zu erwerben, hat dies der BaFin unverzüglich schriftlich anzuzeigen. Entsprechendes gilt für die Aufgabe von Beteiligungen, wenn dadurch bestimmte Schwellen des Anteils an den Stimmrechten oder des Kapitals unterschritten werden. Wird die Anzeige nicht, nicht richtig, nicht vollständig oder nicht rechtzeitig erstattet, liegt eine Ordnungswidrigkeit vor. Dieser Tatbestand dient der Umsetzung des durch die OGAW-V-RL neu eingefügten Art. 99a Buchst. d und e der OGAW-RL. 14

(5) § 340 II Nr. 5 (Einhaltung der allgemeinen Verhaltensregeln). Kommt eine KVG den Wohlverhaltensregeln nicht nach, begründet dies eine Ordnungswidrigkeit. Dieser Tatbestand dient der Umsetzung des durch die OGAW-V-RL neu eingefügten Art. 99a Buchst. n der OGAW-RL. Die Ordnungswidrigkeit bezieht sich wegen der vergleichbaren Sachlage auch auf den Verstoß gegen die die 15

AIF-KVG treffenden allgemeinen Verhaltensregeln und die Konkretisierung der allgemeinen Verhaltenspflichten.

16 **(6) § 340 II Nr. 6 (Umgang mit Interessenkonflikten).** Trifft eine KVG eine erforderliche Maßnahme zum Umgang mit Interessenkonflikten nicht, liegt eine Ordnungswidrigkeit vor. Dieser Tatbestand dient der Umsetzung des durch die OGAW-V-RL neu eingefügten Art. 99a Buchst. k der OGAW-RL. Wegen der vergleichbaren Sachlage bezieht sich die Ordnungswidrigkeit auch auf das Fehlen angemessener Maßnahmen zum Umgang mit Interessenkonflikten bei AIF-KVG.

17 **(7) § 340 II Nr. 7 (Ordnungsgemäße Geschäftsorganisation).** Eine KVG handelt ordnungswidrig, wenn sie die erforderlichen Vorgaben für eine ordnungsgemäße Geschäftsorganisation nicht einhält. Dieser Tatbestand dient der Umsetzung des durch die OGAW-V-RL neu eingefügten Art. 99a Buchst. j und l der OGAW-RL. Wegen der vergleichbaren Sachlage bezieht sich die Ordnungswidrigkeit auch auf das Fehlen einer ordnungsgemäßen Geschäftsorganisation bei AIF-KVG und die Konkretisierung der Organisationspflichten.

18 **(8) § 340 II Nr. 8 (Automatisierter Abruf von Kontoinformationen).** Die in Bezug genommenen KVG handeln ordnungswidrig, wenn sie Dateien nicht, nicht richtig oder nicht vollständig führen oder nicht gewährleisten, dass die BaFin Daten jederzeit automatisiert abrufen kann. Die Verpflichtung dient der Bekämpfung von Geldwäsche und Terrorismusfinanzierung.

19 **(9) § 340 II Nr. 9 (Angemessenes Risikomanagementsystem).** Eine KVG handelt ordnungswidrig, wenn sie die erforderlichen Vorgaben eines angemessenen Risikomanagementsystems nicht einhält. Dieser Tatbestand dient der Umsetzung des durch die OGAW-V-RL neu eingefügten Art. 99a Buchst. q der OGAW-RL. Wegen der vergleichbaren Sachlage bezieht sich die Ordnungswidrigkeit auch auf die Nichteinhaltung der Vorgaben für ein angemessenes Risikomanagementsystem durch eine AIF-KVG.

20 **(10) § 340 II Nr. 10 (Anzeigepflichten von KVG gegenüber der BaFin und der Bundesbank).** § 34 listet Ereignisse auf, die KVG gegenüber der BaFin oder der Bundesbank anzeigen müssen. Die jeweilige Anzeige hat unverzüglich zu erfolgen, dh ohne schuldhaftes Zögern. Ein Abwarten und Sammeln mehrerer Anzeigen ist nicht zulässig (EDDH/*Zeidler,* 1. Aufl. 2013, InvG § 19c Rn. 23). Es stellt eine Ordnungswidrigkeit dar, wenn die Anzeigepflichten nicht, nicht richtig, nicht vollständig oder nicht rechtzeitig erstattet werden. Mit der Aufgabe der Differenzierung zwischen Leichtfertigkeit und Fahrlässigkeit sind die Vorgaben des neu eingeführten Art. 99a Buchst. h und i OGAW-V-RL erfüllt.

21 **(11) § 340 II Nr. 11 (Meldepflichten von AIF-KVG).** § 35 listet Informationen auf, die AIF-KVG der BaFin regelmäßig übermitteln müssen. Eine Ordnungswidrigkeit wird begründet, wenn den Verpflichtungen nicht, nicht richtig, nicht vollständig oder nicht rechtzeitig Folge geleistet wird. Der Tatbestand wurde mit der Umsetzung der OGAW-V-RL eingefügt. Zuvor waren nur die Pflichten in Bezug auf den Jahresbericht (vgl. → Rn. 22) erfasst; nun bildet auch der Verstoß gegen die übrigen Pflichten eine Ordnungswidrigkeit.

22 **(12) § 340 II Nr. 12 (Jahresbericht).** Eine AIF-KVG hat der BaFin auf Verlangen einen Jahresbericht über die verwalteten inländischen Spezial-AIF oder AIF, die in der EU oder dem EWR vertrieben werden, vorzulegen. Außerdem muss sie zum

Ende jedes Quartals eine detaillierte Aufstellung sämtlicher verwalteter AIF zur Verfügung stellen können. Eine Ordnungswidrigkeit wird begründet, wenn den Verpflichtungen nicht, nicht richtig, nicht vollständig oder nicht rechtzeitig Folge geleistet wird.

(13) § 340 II Nr. 13 (Auslagerungsbestimmungen). Eine KVG darf Aufgaben nur unter bestimmten Bedingungen auf ein anderes Unternehmen auslagern. Hält die KVG diese Vorgaben bei einer Auslagerung nicht ein, handelt sie ordnungswidrig. Entsprechendes gilt, wenn sie eine ausgelagerte Aufgabe nicht im Verkaufsprospekt auflistet. Dieser Tatbestand dient der Umsetzung des durch die OGAW-V-RL neu eingefügten Art. 99a Buchst. m der OGAW-RL. Wegen der vergleichbaren Sachlage bezieht sich die Ordnungswidrigkeit auch auf die Nichteinhaltung der Vorschriften zur Auslagerung durch eine AIF-KVG. 23

(14) § 340 II Nr. 13a (Einreichung von Abschlüssen und Prüfungsberichten). Von der BaFin zugelassene externe Kapitalverwaltungsgesellschaften haben ihren festgestellten Jahresabschluss und ihren Lagebericht der BaFin auf Verlangen zu übermitteln (§ 38 I 2). Nach § 107 III 1 ist der für Publikumssondervermögen nach § 103 zu erstellende Halbjahresbericht unverzüglich nach dessen erstmaliger Verwendung der BaFin zu übermitteln. Gemäß § 102 S. 6 hat der Abschlussprüfer eines Publikumssondervermögens seinen Prüfungsbericht unverzüglich nach Beendigung der Prüfung bei der BaFin einzureichen; der Abschlussprüfer eines Spezialsondervermögens muss seinen Prüfungsbericht bei der BaFin hingegen nur einreichen, wenn er hierzu aufgefordert wird. Entsprechendes gilt gem. § 121 III 4 in Bezug auf die Publikumsinvestmentaktiengesellschaft mvK und (über die Verweisung in § 148 I) für die InvAG mfK. Schließlich ist gem. § 136 III 4 bei der offenen InvKG der Prüfungsbericht auf Verlangen vom Abschlussprüfer bei der BaFin einzureichen, während bei der geschlossenen Publikumsinvestmentkommanditgesellschaft nach § 159 S. 2 der Prüfungsbericht unverzüglich nach Beendigung der Prüfung bei der BaFin einzureichen ist. Verstöße gegen diese Übermittlungspflichten sind seit der Neueinfügung der Nr. 13a in den Ordnungswidrigkeitenkatalog des § 340 II iRd Gesetzes zur weiteren Stärkung des Anlegerschutzes ausdrücklich bußgeldbewährt. Die Vorschrift ist insoweit an § 56 II Nr. 11 Buchst. b KWG angelehnt (BT-Drs. 19/29804, 41). 24

(15) § 340 II Nr. 14 (Erwirken einer Erlaubnis). Eine KVG handelt ordnungswidrig, wenn sie die Erlaubnis auf Grund falscher Erklärungen oder auf sonstige Weise rechtswidrig erwirkt hat. Dieser Tatbestand dient der Umsetzung des durch die OGAW-V-RL neu eingefügten Art. 99a Buchst. f und g der OGAW-RL. Wegen der vergleichbaren Sachlage bezieht sich die Ordnungswidrigkeit auch auf das rechtswidrige Erwirken der Erlaubnis einer AIF-KVG. 25

(16) § 340 II Nr. 15 (Informationspflichten von registrierungspflichtigen AIF-KVG). Der Tatbestand betrifft Verstöße gegen die vorgesehenen Pflichten der AIF-KVG zur Übermittlung von Informationen an die BaFin. Eine Ordnungswidrigkeit liegt vor, wenn die Informationspflichten nicht, nicht richtig, nicht vollständig oder nicht rechtzeitig erfüllt werden. Die Vorschrift wurde mit der Umsetzung der OGAW-V-RL eingefügt. 26

(17) § 340 II Nr. 15a (Einreichung von Prüfungsberichten und Halbjahresberichten). Abschlussprüfer von registrierten AIF-Kapitalverwaltungsgesellschaften haben gem. § 45a V ihren Prüfungsbericht unverzüglich der BaFin zu 27 übermitteln. Ebenso müssen Publikumsinvestmentaktiengesellschaften mvK gem. § 123 V ihren Halbjahresbericht unverzüglich nach der Erstellung der BaFin übermitteln. Ein Verstoß gegen diese Übermittlungspflichten ist seit der Änderung des § 340 iRd Gesetzes zur weiteren Stärkung des Anlegerschutzes ebenfalls bußgeldbewährt. Auch diese Vorschrift ist an § 56 II Nr. 11 Buchst. b KWG angelehnt (BT-Drs. 19/29804, 41).

28 **(18) § 340 II Nr. 16 (Anzeigepflichten bei Zweigniederlassung und grenzüberschreitendem Dienstleistungsverkehr).** Eine OGAW-KVG hat der BaFin die Absicht, eine Zweigniederlassung in einem anderen Mitgliedstaat der EU oder in einem anderen Staat des EWR zu errichten, unverzüglich anzuzeigen. Gleiches gilt, wenn sich Umstände der ursprünglichen Anzeige ändern. Eine Anzeigepflicht besteht auch, wenn die OGAW-KVG im Wege des grenzüberschreitenden Dienstleistungsverkehrs in anderen EU- oder EWR-Mitgliedstaaten tätig werden will. Eine Ordnungswidrigkeit liegt vor, wenn eine Anzeige nicht, nicht richtig, nicht vollständig, nicht in der vorgeschriebenen Weise oder nicht rechtzeitig getätigt wird.

29 **(19) § 340 II Nr. 17 (Grenzüberschreitende Verwaltung von EU-AIF durch AIF-KVG).** Beabsichtigt eine AIF-KVG, erstmals im Wege des grenzüberschreitenden Dienstleistungsverkehrs oder über eine Zweigniederlassung EU-AIF zu verwalten, hat sie der BaFin gegenüber mitzuteilen, um welchen EU- oder EWR-Mitgliedstaat es sich handelt, sowie einen Geschäftsplan zu übermitteln. Zusätzliche Angaben werden erforderlich, sofern die AIF-KVG beabsichtigt, eine Zweigniederlassung in einem anderen EU- oder EWR-Mitgliedstaat zu errichten. Werden diese Angaben nicht, nicht richtig, nicht vollständig, nicht in der vorgeschriebenen Weise oder nicht rechtzeitig gemacht, handelt die AIF-KVG ordnungswidrig.

30 **(20) § 340 II Nr. 18 (Verwaltung von EU-AIF durch AIF-KVG vor Eingang der Übermittlungsmeldung).** Beabsichtigt eine AIF-KVG die grenzüberschreitende Verwaltung von EU-AIF, hat sie der BaFin gegenüber bestimmte Angaben zu machen (→ Rn. 29). Die BaFin unterrichtet die AIF-KVG unverzüglich über die Übermittlung der Unterlagen. Die AIF-KVG darf erst unmittelbar nach dem Eingang der Übermittlungsmeldung in dem jeweiligen Aufnahmemitgliedstaat mit der Verwaltung von EU-AIF oder der Erbringung von Dienst- und Nebendienstleistungen beginnen. Die AIF-KVG handelt ordnungswidrig, wenn sie entgegen dieser Vorgaben mit der Verwaltung von EU-AIF beginnt.

31 **(21) § 340 II Nr. 19 (Anzeige von Änderungen bei Verwaltung von EU-AIF durch AIF-KVG).** Beabsichtigt eine AIF-KVG die grenzüberschreitende Verwaltung von EU-AIF, hat sie der BaFin gegenüber bestimmte Angaben zu machen (→ Rn. 29). Eine Änderung dieser Angaben hat die AIF-KVG der BaFin mindestens einen Monat vor der Durchführung der geplanten Änderungen schriftlich anzuzeigen. Im Fall von ungeplanten Änderungen hat die AIF-KVG die Änderung der BaFin unmittelbar nach dem Eintritt der Änderung schriftlich anzuzeigen. Werden diese Angaben nicht, nicht richtig, nicht vollständig, nicht in der vorgeschriebenen Weise oder nicht rechtzeitig gemacht, handelt die AIF-KVG ordnungswidrig.

32 **(22) § 340 II Nr. 20 (Verwaltung von EU-AIF durch ausländische AIF-Verwaltungsgesellschaften).** Die Verwaltung eines EU-AIF durch eine ausländische AIF-Verwaltungsgesellschaft, für die die Bundesrepublik Deutschland gem.

§ 56 Referenzmitgliedsstaat ist und die über eine Erlaubnis nach § 58 verfügt, im Wege des grenzüberschreitenden Dienstleistungsverkehrs oder über eine Zweigniederlassung zu verwalten, setzt voraus, dass sie der BaFin gegenüber mitteilt, um welchen EU- oder EWR-Mitgliedstaat es sich handelt. Außerdem hat sie einen Geschäftsplan zu übermitteln. Anders als bei der parallelen Vorschrift für AIF-KVG (→ Rn. 29) stellt der Tatbestand nicht auf Versäumnisse bei der Übermittlung der erforderlichen Angaben ab, sondern generell auf die Verwaltung entgegen § 65 I. Insofern wird man die Vorschrift so auslegen müssen, dass nicht nur die Informationspflichten gegenüber der BaFin, sondern auch die Verstöße gegen §§ 56 u. 58 Ordnungswidrigkeiten darstellen (BTMB/*Herberger* § 340 Nr. 9; WBA/*Zeidler* § 340 Rn. 33; aA BSV/*Pelz* § 340 Rn. 144).

(23) § 340 II Nr. 21 (Errichtung einer Zweigniederlassung durch ausländische AIF-Verwaltungsgesellschaft). Die Errichtung einer Zweigniederlassung durch eine ausländische AIF-Verwaltungsgesellschaft in einem anderen EU- oder EWR-Mitgliedstaat setzt voraus, dass sie der BaFin zusätzliche organisatorische Informationen übermittelt hat. Eine Ordnungswidrigkeit liegt vor, wenn eine Zweigniederlassung entgegen dieser Vorgaben errichtet wird. Die Ausführungen zur Auslegung der Vorschrift im Hinblick auf §§ 56, 58 (→ Rn. 32) gelten hier entsprechend. 33

(24) § 340 II Nr. 22 (Verwaltung von EU-AIF durch ausländische AIF-Verwaltungsgesellschaft vor Eingang der Übermittlungsmeldung). Beabsichtigt eine ausländische AIF-Verwaltungsgesellschaft, einen EU-AIF im Wege des grenzüberschreitenden Dienstleistungsverkehrs oder über eine Zweigniederlassung zu verwalten, so hat sie bestimmte Angaben an die BaFin zu übermitteln (→ Rn. 32). Die BaFin unterrichtet die ausländische AIF-Verwaltungsgesellschaft unverzüglich über die Übermittlung der Unterlagen. Die ausländische AIF-Verwaltungsgesellschaft darf erst nach Eingang der Übermittlungsmeldung mit der Verwaltung von EU-AIF im jeweiligen Aufnahmemitgliedstaat beginnen, sonst handelt sie ordnungswidrig. 34

(25) § 340 II Nr. 23 (Anzeige von Änderungen bei Verwaltung von EU-AIF durch ausländische AIF-Verwaltungsgesellschaften). Beabsichtigt eine ausländische AIF-Verwaltungsgesellschaft, einen EU-AIF im Wege des grenzüberschreitenden Dienstleistungsverkehrs oder über eine Zweigniederlassung zu verwalten, so hat sie bestimmte Angaben an die BaFin zu übermitteln (→ Rn. 32). Eine Änderung der übermittelten Angaben hat die AIF-KVG der BaFin mindestens einen Monat vor der Durchführung der geplanten Änderungen schriftlich anzuzeigen. Im Fall von ungeplanten Änderungen hat die AIF-KVG die Änderung der BaFin unmittelbar nach dem Eintritt der Änderung schriftlich anzuzeigen. Werden diese Angaben nicht, nicht richtig, nicht vollständig, nicht in der vorgeschriebenen Weise oder nicht rechtzeitig gemacht, handelt die ausländische AIF-Verwaltungsgesellschaft ordnungswidrig. 35

(26) § 340 II Nr. 24 (Aufstellung von Finanzberichten). Jede AIF-KVG ist verpflichtet, Jahresberichte für EU-AIF und ausländische AIF zu erstellen. KVG haben für jedes OGAW-Sondervermögen einen Jahresbericht, einen Halbjahresbericht, einen Zwischenbericht und einen Auflösungs- und Abwicklungsbericht zu erstellen. Entsprechende Pflichten treffen Investmentaktiengesellschaften mit veränderlichem Kapital. Für die offene Investmentkommanditgesellschaft ist ebenfalls ein Jahresbericht zu erstellen. Werden die Berichte nicht, nicht richtig, nicht 36 vollständig, nicht in der vorgeschriebenen Weise oder nicht rechtzeitig erstellt oder aufgestellt, liegt eine Ordnungswidrigkeit vor.

37 **(27) § 340 II Nr. 25 (Wiederverwendung von Vermögensgegenständen).** Die Wiederverwendung der von der Verwahrstelle verwahrten Vermögensgegenstände darf nur unter bestimmten Voraussetzungen erfolgen. Verwendet eine Verwahrstelle entgegen dieser Bestimmungen einen genannten Vermögensgegenstand wieder, so handelt sie ordnungswidrig.

38 **(28) § 340 II Nr. 26 (Zahlungen bei Ausgabe und Zeichnung von Anteilen oder Aktien).** Anteile oder Aktien eines inländischen OGAW dürfen von der Verwahrstelle nur gegen volle Leistung des Ausgabepreises ausgegeben werden. Die Verwahrstelle hat sicherzustellen, dass sämtliche Zahlungen von Anlegern oder im Namen von Anlegern bei der Zeichnung von Anteilen eines inländischen AIF geleistet wurden. Demnach handelt die Verwahrstelle ordnungswidrig, wenn sie Anteile oder Aktien ohne volle Leistung des Ausgabepreises ausgibt oder nicht sicherstellt, dass sämtliche Zahlungen bei der Zeichnung von Anteilen geleistet wurden. Der Tatbestand dient der Umsetzung des durch die OGAW-V-RL neu eingefügten Art. 99a Buchst. o der OGAW-RL. Wegen der vergleichbaren Sachlage bezieht sich die Ordnungswidrigkeit auch auf die fehlende Sicherstellung der Zahlungseingänge bei der Zeichnung von Anteilen inländischer AIF.

39 **(29) § 340 II Nr. 27 (Verwahrung von Vermögensgegenständen).** Die Verwahrstelle hat die Vermögensgegenstände des inländischen OGAW oder der für Rechnung des inländischen OGAW handelnden OGAW-Verwaltungsgesellschaft nach bestimmten Vorgaben zu verwahren. Entsprechendes gilt für AIF-Verwahrstellen. Eine Verwahrung, die nicht den genannten Anforderungen entspricht, begründet eine Ordnungswidrigkeit. Der Tatbestand dient der Umsetzung des durch die OGAW-V-RL neu eingefügten Art. 99a Buchst. o der OGAW-RL.

40 **(30) § 340 II Nr. 28 (Aufstellung der Vermögensgegenstände).** Die Verwahrstelle hat der OGAW-Verwaltungsgesellschaft regelmäßig eine umfassende Aufstellung sämtlicher Vermögensgegenstände des inländischen OGAW zu übermitteln. Unterbleibt diese Übermittlung, handelt die Verwahrstelle ordnungswidrig. Der Tatbestand dient der Umsetzung des durch die OGAW-V-RL neu eingefügten Art. 99a Buchst. o der OGAW-RL.

41 **(31) § 340 II Nr. 29 (Kontoführung und Überwachung der Zahlungsströme).** Die Verwahrstelle hat für den inländischen OGAW ein gesperrtes Konto einzurichten und darauf den Kaufpreis aus dem Verkauf von Vermögensgegenständen des inländischen OGAW, die anfallenden Erträge, Entgelte für Wertpapier-Darlehen und den Optionspreis, den ein Dritter für das ihm eingeräumte Optionsrecht zahlt, sowie sonstige dem inländischen OGAW zustehende Geldbeträge zu verbuchen. Die gesperrten Konten sind auf den Namen des inländischen OGAW, auf den Namen der OGAW-Verwaltungsgesellschaft, die für Rechnung des inländischen OGAW tätig ist, oder auf den Namen der Verwahrstelle, die für Rechnung des inländischen OGAW tätig ist, zu eröffnen und nach festgelegten Grundsätzen zu führen. In Bezug auf inländische AIF hat die Verwahrstelle dafür zu sorgen, dass die gesamten Geldmittel des inländischen AIF auf einem Geldkonto verbucht wurden, das für Rechnung des inländischen AIF, im Namen der AIF-Verwaltungsgesellschaft, die für Rechnung des inländischen AIF tätig ist, oder im Namen der Verwahrstelle, die für Rechnung des inländischen AIF tätig ist, bei einer bestimm-

ten Stelle eröffnet wurde. Die Verwahrstelle muss sicherstellen, dass die Zahlungsströme der inländischen AIF ordnungsgemäß überwacht werden und sorgt insb. dafür, dass sämtliche Zahlungen von Anlegern oder im Namen von Anlegern bei der Zeichnung von Anteilen eines inländischen AIF geleistet wurden. Verstöße gegen diese Pflichten der Verwahrstellen begründen eine Ordnungswidrigkeit. Der Tatbestand dient der Umsetzung des durch die OGAW-V-RL neu eingefügten Art. 99a Buchst. o der OGAW-RL.

(32) § 340 II Nr. 30 (Kontrollpflichten der Verwahrstelle). Entsprechend ihrer Kontrollfunktion hat die Verwahrstelle sicherzustellen, dass die Ausgabe und Rücknahme von Anteilen oder Aktien des inländischen OGAW und die Wertermittlung den Vorschriften des KAGB und den Anlagebedingungen oder der Satzung entsprechen, bei den für gemeinschaftliche Rechnung der Anleger getätigten Geschäften mit Vermögenswerten des inländischen OGAW der Gegenwert innerhalb der üblichen Fristen überwiesen wird, die Erträge vorschriftsgemäß verwendet werden und die erforderlichen Sicherheiten für Wertpapier-Darlehen rechtswirksam bestellt und jederzeit vorhanden sind. Die OGAW-Verwaltungsgesellschaft ist gegenüber der Verwahrstelle weisungsbefugt. Die Verwahrstelle handelt ordnungswidrig, wenn sie gegen die genannten Kontrollpflichten verstößt. Der Tatbestand dient der Umsetzung des durch die OGAW-V-RL neu eingefügten Art. 99a Buchst. o der OGAW-RL. Wegen der vergleichbaren Sachlage bezieht sich die Ordnungswidrigkeit auch auf die Nichterfüllung der Kontrollfunktion von AIF-Verwahrstellen. Zudem bezieht die Vorschrift den Verstoß gegen die Kontrollpflichten bezüglich Sicherheiten für Wertpapier-Darlehen mit ein. 42

(33) § 340 II Nr. 31 (Veröffentlichung von Finanzberichten). OGAW-Sondervermögen und AIF-Publikumssondervermögen müssen Jahresberichte jeweils innerhalb einer vorgegebenen Frist im BAnz bekannt machen. Publikumssondervermögen müssen außerdem Halbjahresberichte sowie einen Auflösungs- und Abwicklungsbericht veröffentlichen. OGAW-Investmentaktiengesellschaften und AIF-Publikumsinvestmentaktiengesellschaften mit veränderlichem Kapital müssen innerhalb bestimmter Fristen einen Jahresabschluss und einen Lagebericht offenlegen und einen Halbjahresbericht im Bundesanzeiger veröffentlichen. Erfolgt die jeweilige Bekanntmachung nicht, nicht richtig, nicht vollständig, nicht in der vorgeschriebenen Weise oder nicht rechtzeitig, liegt eine Ordnungswidrigkeit vor. Mit der Umsetzung der OGAW-V-RL wurde die Differenzierung zwischen Leichtfertigkeit und Fahrlässigkeit aufgegeben. Entgegen des neu eingefügten Art. 99a Buchst. p und r der OGAW-RL verlangt Nr. 31 keinen wiederholten Verstoß. Vielmehr sollte an der bisherigen Konzeption festgehalten werden; der wiederholte Verstoß ist jedoch für den neu gefassten Bußgeldrahmen von Bedeutung (Begründung RegE OGAW-V-UmsG, BR-Drs. 437/15, 86). 43

(34) § 340 II Nr. 32 (Zurverfügungstellung von Finanzberichten). Die zu erstellenden Finanzberichte (vgl. → Rn. 34, → Rn. 43) sind für OGAW-Sondervermögen der BaFin auf entsprechende Anfrage zu übermitteln (§ 107 III 2). Die KVG handelt ordnungswidrig, wenn sie den jeweiligen Bericht der BaFin nicht, nicht richtig, nicht vollständig oder nicht rechtzeitig zur Verfügung stellt. Zur Umsetzung des Art. 99a Buchst. r OGAW-V-RL gelten die Erläuterungen unter → Rn. 43 entsprechend. Gemäß § 4 II KAPrüfbV sind Kopien der Jahres-, Zwischen-, Auflösungs- oder Abwicklungsberichte als Anlagen den bei der BaFin einzureichenden Prüfungsberichten beizufügen, sodass es einer separaten Übermitt- 44 lung in Umsetzung von Art. 74 OGAW-RL daher nur noch für Halbjahresberichte bedarf.

45 **(35) § 340 II Nr. 33 (Erlaubnispflicht bei der extern verwalteten OGAW-Investmentaktiengesellschaft).** Eine Ordnungswidrigkeit liegt vor, wenn ohne Erlaubnis das Geschäft einer extern verwalteten OGAW-Investmentaktiengesellschaft betrieben wird. Der Tatbestand dient der Umsetzung des durch die OGAW-V-RL neu eingefügten Art. 99a Buchst. a und c der OGAW-RL.

46 **(36) § 340 II Nr. 34 (Erwirken der Erlaubnis auf rechtswidrige Weise).** Hat die OGAW-Investmentaktiengesellschaft die Erlaubnis auf Grund falscher Erklärungen oder auf sonstige rechtswidrige Weise erhalten, liegt eine Ordnungswidrigkeit vor. Der Tatbestand dient der Umsetzung des durch die OGAW-V-RL neu eingefügten Art. 99a Buchst. g der OGAW-RL.

47 **(37) § 340 II Nr. 35 (Anzeige bei Unterschreitung des Anfangskapitals oder der Eigenmittel).** Die intern verwaltete Investmentaktiengesellschaft mit veränderlichem Kapital, die intern verwaltete offene Investmentkommanditgesellschaft, die intern verwaltete Investmentaktiengesellschaft mit fixem Kapital und die intern verwaltete geschlossene Investmentkommanditgesellschaft haben der BaFin und den Anlegern unverzüglich anzuzeigen, wenn das Gesellschaftsvermögen den Wert des Anfangskapitals oder den Wert der zusätzlich erforderlichen Eigenmittel unterschreitet. Erfolgt die Anzeige nicht, nicht richtig, nicht vollständig oder nicht rechtzeitig, begründet dies eine Ordnungswidrigkeit.

48 **(38) § 340 II Nr. 36 (Beifügung der Anlagebedingungen).** Die Anlagebedingungen sowie deren Änderung bedürfen der Genehmigung der BaFin. Kapitalverwaltungsgesellschaften von offenen Publikumsinvestmentvermögen und inländischen Publikums-AIF dürfen die Anlagebedingungen dem Verkaufsprospekt nur beifügen, wenn die Genehmigung erteilt worden ist. Werden ungenehmigte Anlagebedingungen dem Verkaufsprospekt beigefügt, liegt eine Ordnungswidrigkeit vor.

49 **(39) § 340 II Nr. 37 (Zugänglichmachung von Anlagebedingungen).** Die Anlagebedingungen sowie deren Änderung bedürfen der Genehmigung der BaFin. Die von der BaFin genehmigten Anlagebedingungen sind dem Publikum in der jeweils geltenden Fassung auf der Internetseite der KVG oder der EU-OGAW-Verwaltungsgesellschaft zugänglich zu machen. Werden die Anlagebedingungen nicht, nicht richtig, nicht vollständig oder nicht rechtzeitig zugänglich gemacht, begründet dies eine Ordnungswidrigkeit. Zur Umsetzung des Art. 99a Buchst. r der OGAW-RL gelten die Erläuterungen unter → Rn. 43 entsprechend.

50 **(40) § 340 II Nr. 38 (Fehlende Zugänglichmachung von Verkaufsprospekt und wesentlichen Anlegerinformationen).** Die KVG oder die EU-OGAW-Verwaltungsgesellschaft muss für die von ihr verwalteten offenen Publikumsinvestmentvermögen den Verkaufsprospekt und die wesentlichen Anlegerinformationen erstellen und dem Publikum die jeweils aktuelle Fassung auf der Internetseite der KVG oder der EU-OGAW-Verwaltungsgesellschaft zugänglich machen. Der Verkaufsprospekt muss Mindestangaben enthalten und den Vorgaben an Inhalt, Form und Gestaltung entsprechen. Werden der Verkaufsprospekt oder die wesentlichen Anlegerinformationen nicht, nicht richtig oder nicht vollständig erstellt oder dem Publikum nicht, nicht richtig oder nicht vollständig zugänglich gemacht, handelt die KVG ordnungswidrig. Zur Umsetzung des Art. 99a

Buchst. p und r der OGAW-RL gelten die Erläuterungen unter → Rn. 43 entsprechend.

(41) §340 II Nr. 39 (Zugänglichmachung von Verkaufsprospekt und wesentlichen Anlegerinformationen). Bei offenen AIF-Publikumsinvestmentvermögen dürfen Verkaufsprospekt und wesentliche Anlegerinformationen dem Publikum erst zugänglich gemacht werden, sobald die KVG mit dem Vertrieb des Investmentvermögens beginnen darf. Ein Zuwiderhandeln stellt eine Ordnungswidrigkeit dar. 51

(42) §340 II Nr. 40 (Einreichung von Verkaufsprospekt und wesentlichen Anlegerinformationen). Die OGAW-KVG oder die EU-OGAW-Verwaltungsgesellschaft muss der BaFin für die von ihr verwalteten inländischen OGAW den Verkaufsprospekt und die wesentlichen Anlegerinformationen unverzüglich nach erstmaliger Verwendung einreichen. Gleiches gilt für alle Änderungen des Verkaufsprospekts und der wesentlichen Anlegerinformationen. Auf Anfrage hat die OGAW-KVG der BaFin auch den Verkaufsprospekt für die von ihr verwalteten EU-OGAW zur Verfügung zu stellen. Kommt die KVG diesen Verpflichtungen nicht, nicht richtig, nicht vollständige oder nicht rechtzeitig nach, liegt eine Ordnungswidrigkeit vor. Der Tatbestand dient der Umsetzung des durch die OGAW-V-RL neu eingefügten Art. 99a Buchst. r der OGAW-RL. Die Erläuterungen zur Umsetzung der OGAW-V-RL unter → Rn. 43 gelten entsprechend. 52

(43) §340 II Nr. 41 (Veröffentlichung des Ausgabe- und Rücknahmepreises und des Nettoinventarwertes). Für offene Publikumsinvestmentvermögen muss die KVG oder die Verwahrstelle den Ausgabe- und Rücknahmepreis sowie den Nettoinventarwert je Anteil oder Aktie bei jeder Möglichkeit zur Ausgabe oder Rücknahme von Anteilen oder Aktien, für OGAW mindestens jedoch zweimal im Monat, in einer hinreichend verbreiteten Wirtschafts- oder Tageszeitung oder im Verkaufsprospekt oder in den in den wesentlichen Anlegerinformationen bezeichneten elektronischen Informationsmedien veröffentlichen. Erfolgt die Veröffentlichung nicht, nicht richtig oder nicht vollständig, statuiert dies eine Ordnungswidrigkeit. Der Tatbestand dient der Umsetzung des durch die OGAW-V-RL neu eingefügten Art. 99a Buchst. r der OGAW-RL. Wegen der vergleichbaren Sachlage bezieht sich die Ordnungswidrigkeit auch auf den Verstoß gegen Veröffentlichungspflichten bezüglich offener Publikums-AIF. Im Übrigen gelten die Erläuterungen zur Umsetzung der OGAW-V-RL unter → Rn. 43 entsprechend. 53

(44) §340 II Nr. 42 (Mindestanlage in Masterfonds). Die KVG muss für einen Feederfonds ungeachtet der Anlagegrenzen mindestens 85% des Wertes des Feederfonds in Anteile eines Masterfonds anlegen. Bei einer Anlage von weniger als 85% handelt sie ordnungswidrig. Die Vorschrift findet auch auf geschlossene Master-Feeder-Strukturen Anwendung, die durch das FoStoG eingeführt wurden. 54

(45) §340 II Nr. 43 (Anlagegrenze bei Anlage in Masterfonds). Der Feederfonds darf erst dann über die Anlagegrenzen hinaus in Anteile eines Masterfonds anlegen, wenn die erforderliche Genehmigung erteilt worden ist und die Master-Feeder-Vereinbarung und, falls erforderlich, die Verwahrstellenvereinbarung und die Abschlussprüfervereinbarung wirksam geworden sind. Ein Zuwiderhandeln begründet eine Ordnungswidrigkeit. Die Vorschrift findet auch auf geschlossene Master-Feeder-Strukturen Anwendung, die durch das FoStoG eingeführt wurden. 55

56 **(46) § 340 II Nr. 44 (Abwicklung eines Masterfonds).** Die Abwicklung eines inländischen Masterfonds darf frühestens drei Monate nach dem Zeitpunkt beginnen, zu dem alle Anleger des Masterfonds über die verbindliche Entscheidung der Abwicklung informiert worden sind. Bei einem inländischen Feederfonds erfolgt die Information durch die BaFin bei einem EU-Feeder-OGAW durch die zuständige Stelle des Herkunftsstaates. Beginnt die Abwicklung früher, stellt dies eine Ordnungswidrigkeit dar.

57 **(47) § 340 II Nr. 45 (Mitteilung und Unterrichtung bei Abwicklung und Verschmelzung von Masterfonds).** Die KVG des Feederfonds muss eine beabsichtigte Abwicklung des Feederfonds der BaFin spätestens zwei Monate nach Kenntnisnahme der geplanten Abwicklung des Masterfonds mitteilen. Bei einer Abwicklung des Feederfonds infolge einer Verschmelzung oder Spaltung des Masterfonds muss die Mitteilung spätestens einen Monat nach Kenntnis erfolgen. In beiden Fällen muss sie die Anleger des Feederfonds hiervon unverzüglich durch eine Bekanntmachung im Bundesanzeiger und mittels eines dauerhaften Datenträgers unterrichten. Erfolgt eine Mitteilung nicht, nicht richtig, nicht vollständig oder nicht rechtzeitig oder eine Information der Anleger nicht, nicht richtig, nicht vollständig, nicht in der vorhergesehenen Art und Weise oder nicht rechtzeitig, statuiert dies eine Ordnungswidrigkeit.

58 **(48) § 340 II Nr. 46 (Information bei Umwandlung oder Änderungen von Feeder- oder Masterfonds).** Werden die Anlagebedingungen eines inländischen OGAW oder eines Sonstigen Investmentvermögens im Rahmen der Umwandlung in einen Feederfonds erstmals als Anlagebedingungen dieses Feederfonds genehmigt oder wird die Anlage eines Feederfonds in Anteile eines Masterfonds bei einem beabsichtigten Wechsel des Masterfonds erneut genehmigt, muss die KVG den Anlegern die vorgeschriebenen Informationen zur Verfügung stellen. Wurde ein EU-OGAW in einen EU-Feeder-OGAW umgewandelt oder ändert ein EU-OGAW als Feederfonds seinen Masterfonds und wurde der EU-OGAW oder der EU-Feeder-OGAW bereits zum Vertrieb angezeigt, sind den Anlegern bestimmte Informationen in deutscher Sprache auf einem dauerhaften Datenträger zur Verfügung zu stellen. Die KVG erfüllt den Tatbestand, wenn die genannten Informationen nicht, nicht richtig, nicht vollständig, nicht in der vorgeschriebenen Weise oder nicht rechtzeitig zur Verfügung gestellt werden.

59 **(49) § 340 II Nr. 47 (Übermittlung von Verschmelzungsinformationen).** Bei einer Verschmelzung sind sowohl den Anlegern des übertragenden als auch des übernehmenden Sondervermögens Informationen über die Verschmelzung zu übermitteln. Die Verschmelzungsinformationen sind den Anlegern aber erst zu übermitteln, nachdem die BaFin oder, bei der Verschmelzung eines EU-OGAW auf ein OGAW-Sondervermögen, die zuständigen Stellen des Herkunftsstaates die geplante Verschmelzung genehmigt haben. Entsprechendes gilt für die Verschmelzung mit Investmentaktiengesellschaften mit veränderlichem Kapital. Eine vorzeitige Übermittlung von Informationen ist ordnungswidrig.

60 **(50) § 340 II Nr. 48 (Einreichung von Verschmelzungsinformationen).** Die Verschmelzungsinformationen müssen bei der BaFin unverzüglich in deutscher Sprache eingereicht werden, sobald die Absicht, EU-OGAW-Investmentanteile am übertragenden oder übernehmenden EU-OGAW im Geltungsbereich des KAGB zu vertreiben, angezeigt wurde. Entsprechendes gilt für die Verschmelzung mit Investmentaktiengesellschaften mit veränderlichem Kapital. Erfolgt die Einrei-

chung nicht, nicht richtig, nicht vollständig, nicht in der vorgeschriebenen Weise oder nicht rechtzeitig, liegt eine Ordnungswidrigkeit vor.

(51) § 340 II Nr. 49 (Zulässige Vermögensgegenstände). Es darf nur ein Vermögensgegenstand erworben oder in einen Vermögensgegenstand investiert werden, der in den in Bezug genommenen Regelungen aufgeführt ist. Den Tatbestand der Ordnungswidrigkeit erfüllt, wer einen nicht aufgeführten Vermögensgegenstand erwirbt oder in einen solchen investiert. Die Änderung unter § 340 II Nr. 49 Buchst. a dient der Umsetzung des durch die OGAW-V-RL neu eingefügten Art. 99a Buchst. p der OGAW-RL. Zur Umsetzung der OGAW-V-RL gelten die Erläuterungen unter → Rn. 43 entsprechend (vgl. Begründung RegE OGAW-V-UmsG, BR-Drs. 437/15, 87). 61

(52) § 340 II Nr. 50 (Halten von Beträgen und Vermögensgegenständen). 62
Die OGAW-KVG darf für Rechnung eines inländischen OGAW nur Bankguthaben halten, die eine Laufzeit von höchstens zwölf Monaten haben und die bei einem zulässigen Institut unterhalten werden. Die AIF-KVG darf für Rechnung des Immobilien-Sondervermögens Beteiligungen an Immobilien-Gesellschaften nur unter bestimmten Voraussetzungen erwerben und halten. Die AIF-KVG darf für Rechnung eines Immobilien-Sondervermögens einen Betrag, der insgesamt 49% des Wertes des Sondervermögens entspricht, nur in Bankguthaben; Geldmarktinstrumenten, Investmentanteilen, Wertpapieren, Aktien von REIT-Gesellschaften und Derivaten zu Absicherungszwecken nach Maßgabe der näheren Bestimmungen halten. Wird ein Vermögensgegenstand oder ein Betrag gehalten, der nicht den genannten Vorgaben entspricht, handelt die KVG ordnungswidrig. Die Änderung in § 340 II Nr. 50 dient der Umsetzung des durch die OGAW-V-RL neu eingefügten Art. 99a Buchst. p der OGAW-RL. Zur Umsetzung der OGAW-V-RL gelten die Erläuterungen unter → Rn. 43 entsprechend (vgl. Begründung RegE OGAW-V-UmsG, BR-Drs. 437/15, 87).

(53) § 340 II Nr. 51 (Ausgabeaufschlag oder Rücknahmeabschlag). 63
OGAW-KVG können für Rechnung eines inländischen OGAW Anteile an OGAW und unter bestimmten Voraussetzungen Anteile an anderen inländischen Sondervermögen und Investmentaktiengesellschaften mit veränderlichem Kapital sowie Anteile an offenen EU-AIF und ausländischen offenen AIF erwerben. Eine Besonderheit gilt, wenn die OGAW-KVG Anteile erwirbt, die direkt oder indirekt von derselben OGAW-KVG oder von einer Gesellschaft verwaltet werden, mit der die OGAW-KVG durch eine wesentliche unmittelbare oder mittelbare Beteiligung verbunden ist. In diesem Fall darf die OGAW-KVG oder die andere Gesellschaft für den Erwerb und die Rücknahme keine Ausgabeaufschläge und Rücknahmeabschläge berechnen, ansonsten handelt sie ordnungswidrig. Der Tatbestand dient der Umsetzung des durch die OGAW-V-RL neu eingefügten Art. 99a Buchst. p der OGAW-RL. Die Erläuterungen zur Umsetzung der OGAW-V-RL unter → Rn. 43 gelten entsprechend (vgl. Begründung RegE OGAW-V-UmsG, BR-Drs. 437/15, 87).

(54) § 340 II Nr. 52 (Investition in Derivate). Der inländische OGAW darf nur in Derivate, die von Wertpapieren, Geldmarktinstrumenten, Investmentanteilen, Finanzindizes, Zinssätzen, Wechselkursen oder Währungen, in die der inländische OGAW nach seinen Anlagebedingungen investieren darf, abgeleitet sind, zu Investmentzwecken investieren. Dies gilt entsprechend für Finanzinstrumente mit derivativer Komponente. Die AIF-KVG darf Geschäfte, die Derivate zum Gegen- 64 stand haben, nur zur Absicherung von im geschlossenen inländischen Publikums-AIF gehaltenen Vermögensgegenständen gegen einen Wertverlust tätigen. Investiert eine KVG entgegen dieser Vorgaben in ein Derivat, tätigt sie ein genanntes Geschäft oder erfüllt eine genannte Pflicht nicht, liegt eine Ordnungswidrigkeit vor. Die Änderung in § 340 II Nr. 52 dient der Umsetzung des durch die OGAW-V-RL neu eingefügten Art. 99a Buchst. p der OGAW-RL. Die Erläuterungen zur Umsetzung der OGAW-V-RL unter → Rn. 43 gelten entsprechend (vgl. Begründung RegE OGAW-V-UmsG, BR-Drs. 437/15, 87).

65 **(55) § 340 II Nr. 53 (Marktrisikopotenzial durch den Einsatz von Derivaten).** Die OGAW-KVG muss sicherstellen, dass sich das Marktrisikopotenzial eines inländischen OGAW durch den Einsatz von Derivaten und Finanzinstrumenten mit derivativer Komponente höchstens verdoppelt. Wird diese Grenze überschritten, liegt eine Ordnungswidrigkeit vor.

66 **(56) § 340 II Nr. 54 (Anlagegrenzen).** Der Tatbestand bezieht sich auf die im KAGB aufgestellten Anlagegrenzen. Wird mehr als ein dort genannter Prozentsatz des Wertes in einen der genannten Vermögensgegenstände angelegt, liegt eine Ordnungswidrigkeit vor. Die Änderung in § 340 II Nr. 54 dient der Umsetzung des durch die OGAW-V-RL neu eingefügten Art. 99a Buchst. p der OGAW-RL. Die Erläuterungen zur Umsetzung der OGAW-V-RL unter → Rn. 43 gelten entsprechend (vgl. Begründung RegE OGAW-V-UmsG, BR-Drs. 437/15, 87).

67 **(57) § 340 II Nr. 55 (Übertragung von Wertpapieren).** Die OGAW-KVG darf für Rechnung des inländischen OGAW Wertpapiere an einen Dritten (Wertpapier-Darlehensnehmer) gegen ein marktgerechtes Entgelt nur unter einer bestimmten Voraussetzung übertragen: Der Wertpapier-Darlehensnehmer hat der OGAW-KVG für Rechnung des inländischen OGAW Wertpapiere von gleicher Art, Güte und Menge zurückzuerstatten (Wertpapier-Darlehen), wenn dies in den Anlagebedingungen vorgesehen ist. Die OGAW-KVG darf Wertpapiere nur übertragen, wenn sie sich vor der Übertragung oder Zug um Zug gegen Übertragung der Wertpapiere für Rechnung des inländischen OGAW ausreichende Sicherheiten gewähren lässt. Wenn die KVG entgegen dieser Vorgaben Wertpapiere überträgt, handelt sie ordnungswidrig. Die Änderung in § 340 II Nr. 55 dient der Umsetzung des durch die OGAW-V-RL neu eingefügten Art. 99a Buchst. p der OGAW-RL. Die Erläuterungen zur Umsetzung der OGAW-V-RL unter → Rn. 43 gelten entsprechend (vgl. Begründung RegE OGAW-V-UmsG, BR-Drs. 437/15, 87).

68 **(58) § 340 II Nr. 56 (Gewährung von Wertpapierdarlehen).** Wertpapier-Darlehen dürfen einem Wertpapier-Darlehensnehmer nur insoweit gewährt werden, als der Kurswert 10% des Wertes des inländischen OGAW nicht übersteigt. Die AIF-KVG darf einer Immobilien-Gesellschaft für Rechnung des Immobilien-Sondervermögens nur unter bestimmten Voraussetzungen ein Darlehen gewähren. Handelt die KVG dem zuwider, verwirklicht sie den Ordnungswidrigkeitentatbestand. Die Änderung in § 340 II Nr. 56 dient der Umsetzung des durch die OGAW-V-RL neu eingefügten Art. 99a Buchst. p der OGAW-RL. Die Erläuterungen zur Umsetzung der OGAW-V-RL unter → Rn. 43 gelten entsprechend (vgl. Begründung RegE OGAW-V-UmsG, BR-Drs. 437/15, 87).

69 **(59) § 340 II Nr. 57 (Unterschreitung des Wertes der Sicherheitsleistung).** Im Zusammenhang mit der Gewährung von Wertpapier-Darlehen hat die OGAW-KVG der BaFin unverzüglich die Unterschreitung des Wertes der Sicher-

heitsleistung unter den Sicherungswert unter Darlegung des Sachverhalts anzuzeigen. Erfolgt die Anzeige nicht, nicht richtig, nicht vollständig oder nicht rechtzeitig, liegt eine Ordnungswidrigkeit vor. Die Änderung in § 340 II Nr. 57 dient der Umsetzung des durch die OGAW-V-RL neu eingefügten Art. 99a Buchst. p der OGAW-RL. Die Erläuterungen zur Umsetzung der OGAW-V-RL unter →Rn. 43 gelten entsprechend (vgl. Begründung RegE OGAW-V-UmsG, BR-Drs. 437/15, 87).

(60) § 340 II Nr. 58 (Pensionsgeschäfte). Die OGAW-KVG darf für Rechnung eines inländischen OGAW Pensionsgeschäfte iSd § 340b II HGB mit Kreditinstituten oder Finanzdienstleistungsinstituten auf der Grundlage standardisierter Rahmenverträge nur abschließen, wenn dies in den Anlagebedingungen vorgesehen ist. Ein Verstoß gegen diese Vorschrift stellt eine Ordnungswidrigkeit dar. Die Änderung in § 340 II Nr. 58 dient der Umsetzung des durch die OGAW-V-RL neu eingefügten Art. 99a Buchst. p der OGAW-RL. Die Erläuterungen zur Umsetzung der OGAW-V-RL unter →Rn. 43 gelten entsprechend (vgl. Begründung RegE OGAW-V-UmsG, BR-Drs. 437/15, 87). 70

(61) § 340 II Nr. 59 (Leerverkäufe). Die KVG darf für gemeinschaftliche Rechnung der Anleger keine Vermögensgegenstände verkaufen, wenn die jeweiligen Vermögensgegenstände im Zeitpunkt des Geschäftsabschlusses nicht zum inländischen OGAW gehören (Leerverkaufsverbot). Leerverkäufe dürfen auch für Dach-Hedgefonds nicht durchgeführt werden. Gleiches gilt für einen geschlossenen inländischen Publikums AIF und Spezial-AIF. Die Durchführung von Leerverkäufen entgegen dieser Verbote begründet eine Ordnungswidrigkeit. Der Tatbestand dient der Umsetzung des durch die OGAW-V-RL neu eingefügten Art. 99a Buchst. p der OGAW-RL. Die Erläuterungen zur Umsetzung der OGAW-V-RL unter →Rn. 43 gelten entsprechend. Der Tatbestand war vorher als Vorsatztat in § 340 I Nr. 4 enthalten. Wegen der vergleichbaren Sachlage werden in der neuen Nr. 59 sämtliche Tatbestände der bisherigen § 340 I Nr. 4 und 6, die sich auf Verstöße gegen Leerverkaufsverbote beziehen, zusammengefasst (vgl. Begründung RegE OGAW-V-UmsG, BR-Drs. 437/15, 87). 71

(62) § 340 II Nr. 60 (Anlagegrenzen bei Schuldverschreibungen). Die OGAW-KVG darf in Wertpapiere und Geldmarktinstrumente desselben Emittenten nur bis zu 5% des Wertes des inländischen OGAW anlegen. Legt die OGAW-KVG mehr als 5% des Wertes des inländischen OGAW in Schuldverschreibungen desselben Emittenten an, hat sie sicherzustellen, dass der Gesamtwert dieser Schuldverschreibungen 80% des Wertes des inländischen OGAW nicht übersteigt. Bei Überschreitung liegt eine Ordnungswidrigkeit vor. 72

(63) § 340 II Nr. 61 (Emittentengrenzen). Die Vorschrift betrifft die Anlage von OGAW-KVG in Wertpapiere und Geldmarktinstrumente desselben Emittenten. Die Kombination aus Wertpapieren oder Geldmarktinstrumenten, die von ein und derselben Einrichtung begeben werden, Einlagen bei dieser Einrichtung und Anrechnungsbeträge für das Kontrahentenrisiko der mit dieser Einrichtung eingegangenen Geschäfte, darf 20% des Wertes des jeweiligen inländischen OGAW nicht übersteigen. Stellt die OGAW-KVG die Einhaltung dieser Grenze nicht sicher, verwirklicht sie eine Ordnungswidrigkeit. 73

(64) § 340 II Nr. 62 (Emittentenbezogene Anlagegrenzen). Die OGAW-KVG darf bestimmte Vermögensgegenstände desselben Emittenten, also Wert- 74 papiere, Geldmarktinstrumente oder Investmentanteile, nur unter Einhaltung der geregelten Anlagegrenzen erwerben, sonst handelt sie ordnungswidrig. Der Tatbestand dient der Umsetzung des durch die OGAW-V-RL neu eingefügten Art. 99a Buchst. p der OGAW-RL. Die Erläuterungen zur Umsetzung der OGAW-V-RL unter → Rn. 43 gelten entsprechend (vgl. Begründung RegE OGAW-V-UmsG, BR-Drs. 437/15, 87).

75 **(65) § 340 II Nr. 63 (Überschreiten von Anlagegrenzen).** Überschreitet die OGAW-KVG bestimmte Grenzen unbeabsichtigt, so hat die OGAW-KVG bei ihren Verkäufen für Rechnung des inländischen OGAW als vorrangiges Ziel anzustreben, diese Grenzen wieder einzuhalten, soweit dies den Interessen der Anleger nicht zuwiderläuft. Wird die Einhaltung der Anlagegrenzen nicht als vorrangiges Ziel angestrebt, handelt die KVG ordnungswidrig. Der Tatbestand dient der Umsetzung des durch die OGAW-V-RL neu eingefügten Art. 99a Buchst. p der OGAW-RL. Die Erläuterungen zur Umsetzung der OGAW-V-RL unter → Rn. 43 gelten entsprechend (vgl. Begründung RegE OGAW-V-UmsG, BR-Drs. 437/15, 87).

76 **(66) § 340 II Nr. 64 (Vermögensgegenstände von Mikrofinanzinstituten).** Die AIF-KVG darf Vermögensgegenstände desselben Mikrofinanzinstituts nur iHv bis zu 10% und von mehreren Mikrofinanzinstituten desselben Staates nur in Höhe von bis zu 15% des Wertes des Sonstigen Investmentvermögens erwerben. Der Verstoß gegen diese Grenzen begründet eine Ordnungswidrigkeit.

77 **(67) § 340 II Nr. 65 (Leverage bei Dach-Hedgefonds).** Für Dach-Hedgefonds darf keine Leverage durchgeführt werden. Eine Ausnahme gilt für kurzfristige Kredite bis zur Höhe von 10% des Wertes des inländischen OGAW. Verstöße stellen Ordnungswidrigkeiten dar.

78 **(68) § 340 II Nr. 66 (Devisenterminkontrakte bei Dach-Hedgefonds).** Die AIF-KVG darf für Rechnung des Dach-Hedgefonds nur zur Währungskurssicherung von in Fremdwährung gehaltenen Vermögensgegenständen Devisenterminkontrakte verkaufen sowie Verkaufsoptionsrechte auf Devisen oder auf Devisenterminkontrakte erwerben, die auf dieselbe Fremdwährung lauten. Verkauft sie einen Devisenterminkontrakt entgegen diesen Grundsätzen, handelt sie ordnungswidrig.

79 **(69) § 340 II Nr. 67 (Anlage in Zielfonds).** Die AIF-KVG darf nicht in mehr als zwei Zielfonds vom gleichen Emittenten oder Fondsmanager und nicht in Zielfonds anlegen, die ihre Mittel selbst in anderen Zielfonds anlegen. Außerdem darf die AIF-KVG nicht in ausländische Zielfonds aus Staaten anlegen, die bei der Bekämpfung der Geldwäsche nicht im Sinne internationaler Vereinbarungen kooperieren. Ist es der AIF-KVG nach den Anlagebedingungen gestattet, für Rechnung des Sonstigen Investmentvermögens Anteile oder Aktien an anderen Sonstigen Investmentvermögen sowie an entsprechenden EU-AIF oder ausländischen AIF zu erwerben, gelten die Vorschriften zu Zielfonds entsprechend. Anlagen, die mit den genannten Vorgaben nicht vereinbar sind, stellen eine Ordnungswidrigkeit dar.

80 **(70) § 340 II Nr. 68 (Informationen über Zielfonds).** AIF-KVG, die Dach-Hedgefonds verwalten, müssen sicherstellen, dass ihnen sämtliche für die Anlageentscheidung notwendigen Informationen über die Zielfonds, in die sie anlegen wollen, vorliegen. Dies umfasst bestimmte Dokumente, die mindestens vorliegen müssen. Wird nicht sichergestellt, dass eine genannte Information vorliegt, statuiert dies eine Ordnungswidrigkeit.

(71) § 340 II Nr. 69 (Obergrenze für Währungsrisiko). Die für Rechnung eines Immobilien-Sondervermögens gehaltenen Vermögensgegenstände dürfen nur insoweit einem Währungsrisiko unterliegen, als der Wert der einem solchen Risiko unterliegenden Vermögensgegenstände 30% des Wertes des Sondervermögens nicht übersteigt. Gleiches gilt für einen geschlossenen inländischen Publikums-AIF. Unterliegt ein Vermögensgegenstand in einem größeren als dem genannten Umfang einem Währungsrisiko, handelt die KVG ordnungswidrig. 81

(72) § 340 II Nr. 70 (Veräußerung an verbundene Unternehmen). Eine AIF-KVG darf nur mit Zustimmung der BaFin einen für Rechnung eines Immobilien-Sondervermögens gehaltenen Vermögensgegenstand an ein Mutter-, Schwester- oder Tochterunternehmen der AIF-KVG oder eine Gesellschaft, an der die AIF-KVG eine bedeutende Beteiligung hält, veräußern. Ein Zuwiderhandeln stellt eine Ordnungswidrigkeit dar. 82

(73) § 340 II Nr. 71 (Darlehensgewährung an Immobilien-Gesellschaften). Die AIF-KVG muss sicherstellen, dass die Summe der Darlehen, die einer Immobilien-Gesellschaft für Rechnung des Immobilien-Sondervermögens insgesamt gewährt werden, 50% des Wertes der von der Immobilien-Gesellschaft gehaltenen Grundstücke nicht übersteigt (Einzelobergrenze, vgl. EDDH//*Lemnitzer,* 1. Aufl. 2013, InvG § 69 Rn. 21; WBA/*Zeidler* § 340 Rn. 80). Außerdem darf die Summe der Darlehen, die den Immobilien-Gesellschaften insgesamt für Rechnung des Immobilien-Sondervermögens gewährt werden, 25% des Wertes des Immobilien-Sondervermögens nicht übersteigen (Gesamtobergrenze, vgl. EDDH/*Lemnitzer,* 1. Aufl. 2013, InvG § 69 Rn. 21; WBA/*Zeidler* § 340 Rn. 80). Übersteigt die Summe der Darlehen einen der genannten Prozentsätze, liegt eine Ordnungswidrigkeit vor. 83

(74) § 340 II Nr. 72 (Eintragung von Verfügungsbeschränkungen). Die AIF-KVG hat dafür zu sorgen, dass Verfügungsbeschränkungen bei Immobilien in das Grundbuch und bei sonstigen Vermögensgegenständen, sofern ein Register für den jeweiligen Vermögensgegenstand besteht, in das entsprechende Register eingetragen werden. Unterbleibt die Eintragung, begründet dies eine Ordnungswidrigkeit. 84

(75) § 340 II Nr. 73 (Zugänglichmachung von Verkaufsprospekten). Die AIF-KVG muss für die von ihr verwalteten geschlossenen Publikums-AIF den Verkaufsprospekt erstellen. Sobald sie mit dem Vertrieb des geschlossenen Publikums-AIF beginnen darf, hat sie dem Publikum die aktuelle Fassung des Verkaufsprospekts auf ihrer Internetseite zugänglich zu machen. Die Pflicht zur Erstellung eines Verkaufsprospekts gilt nicht für solche geschlossenen AIF-Publikumsinvestmentaktiengesellschaften, die einen Prospekt nach dem Wertpapierprospektgesetz erstellen müssen und in diesen Prospekt zusätzlich die Angaben als ergänzende Informationen aufnehmen. Erstellt die KVG den Verkaufsprospekt nicht, nicht richtig, nicht vollständig oder macht sie den genannten Verkaufsprospekt dem Publikum nicht, nicht richtig oder nicht vollständig zugänglich, handelt sie ordnungswidrig. Die Änderung des Tatbestands im Hinblick auf die Investmentaktiengesellschaft durch die Umsetzung der OGAW-V-RL diente der Anpassung an die geänderte Nr. 33. Bis zum 31.12.2022 umfasste der Tatbestand von Nr. 73 auch noch die wesentlichen Anlegerinformationen; seit dem Auslaufen der in Art. 32 der PRIIPs-VO vorgesehenen Übergangsfrist ist für Kleinanleger aber zwingend ein Basisinformationsblatt zu erstellen (vgl. BT-Drs. 20/1906, 44) und Verstöße gegen diese Verpflichtung sind nach § 120 XVI WpHG sanktioniert. 85

86 **(76) § 340 II Nr. 74 (Anlage in Vermögensgegenstände ohne ermittelbaren Verkehrswert für Spezial-AIF).** Die AIF-KVG darf für den Spezial-AIF nur in Vermögensgegenstände investieren, deren Verkehrswert ermittelt werden kann, ansonsten handelt sie ordnungswidrig.

87 **(77) § 340 II Nr. 75 (Anlage in Vermögensgegenstände ohne ermittelbaren Verkehrswert für Investmentvermögen).** Die AIF-KVG darf für das Investmentvermögen nur in Vermögensgegenstände investieren, deren Verkehrswert ermittelt werden kann, ansonsten handelt sie ordnungswidrig.

88 **(78) § 340 II Nr. 76 (Unterrichtung, Information und Mitteilung in Bezug auf Anteilsschwellen).** Die AIF-KVG unterrichtet die BaFin, wenn der Anteil der Stimmrechte des nicht börsennotierten Unternehmens, der von dem AIF gehalten wird, durch Erwerb, Verkauf oder Halten von Anteilen an dem nicht börsennotierten Unternehmen bestimmte Schwellen erreicht, überschreitet oder unterschreitet. Erlangt ein AIF allein oder gemeinsam mit anderen AIF die Kontrolle über ein nicht börsennotiertes Unternehmen, informiert die AIF-KVG das nicht börsennotierte Unternehmen, ggf. die Anteilseigner und die BaFin über den Kontrollerwerb. Die Mitteilungen müssen so rasch wie möglich, aber nicht später als zehn Arbeitstage nach dem Tag, an dem der AIF die entsprechende Schwelle erreicht, über- oder unterschritten hat oder die Kontrolle über das nicht börsennotierte Unternehmen erlangt hat, gemacht werden. Wird eine Unterrichtung, eine Information oder eine Mitteilung nicht, nicht richtig, nicht vollständig oder nicht rechtzeitig vorgenommen, liegt eine Ordnungswidrigkeit vor.

89 **(79) § 340 II Nr. 77 (Offenlegungspflicht bei Erlangen der Kontrolle).** Erlangt ein AIF allein oder gemeinsam mit anderen AIF die Kontrolle über ein nicht börsennotiertes Unternehmen oder einen Emittenten, legt die AIF-KVG dem betreffenden Unternehmen, ggf. den Anteilseignern sowie der BaFin die erforderlichen Informationen vor. Sobald ein AIF die Kontrolle über ein nicht börsennotiertes Unternehmen erlangt, legt die AIF-KVG, die den betreffenden AIF verwaltet, der BaFin und den Anlegern des AIF Angaben zur Finanzierung des Erwerbs vor. Wird eine genannte Information oder eine Angabe nicht, nicht richtig, nicht vollständig oder nicht rechtzeitig vorgelegt, handelt die KVG ordnungswidrig.

90 **(80) § 340 II Nr. 77a (Vertrieb von Anteilen ab dem Datum des Widerrufs).** Widerruft eine OGAW-Verwaltungsgesellschaft oder AIF-Verwaltungsgesellschaft den grenzüberschreitenden Vertrieb von Anteilen oder Aktien eines von ihr verwalteten OGAW bzw. AIF im Inland, darf die Verwaltungsgesellschaft die betroffenen Anteile oder Aktien ab dem Datum des Widerrufs nicht mehr vertreiben, sonst handelt sie ordnungswidrig. Der mit dem FoStoG eingeführte Tatbestand dient der effektiven Durchsetzung des § 295a (Widerruf des grenzüberschreitenden Vertriebs im Inland).

91 **(81) § 340 II Nr. 77b (Betreiben von Pre-Marketing).** Widerruft eine AIF-Verwaltungsgesellschaft den grenzüberschreitenden Vertrieb von Anteilen oder Aktien eines von ihr verwalteten AIF im Inland, darf die Verwaltungsgesellschaft für die Dauer von 36 Monaten ab dem Datum des Widerrufs kein Pre-Marketing für die von dem Vertriebswiderruf betroffenen AIF-Anteile oder -Aktien oder für vergleichbare Anlagestrategien oder Anlagekonzepte betreiben. Dasselbe gilt für den Widerruf des Vertriebs von Anteilen oder Aktien eine AIF-KVG in einen anderen

Staat der EU oder des EWR. Ein Dritter darf nur dann Pre-Marketing im Namen einer AIF-Verwaltungsgesellschaft betreiben, wenn er als vertraglich gebundener Vermittler iSd § 2 X KWG handelt oder als Wertpapierdienstleistungsunternehmen iSd § 2 X WpHG, als Kreditinstitut iSd § 1 I KWG, als OGAW-Verwaltungsgesellschaft oder als AIF-Verwaltungsgesellschaft zugelassen ist. Verstößt eine Verwaltungsgesellschaft gegen diese Regelungen, handelt sie ordnungswidrig. Der mit dem FoStoG eingeführte Tatbestand dient der effektiven Durchsetzung von § 295a (Widerruf des grenzüberschreitenden Vertriebs im Inland), § 306b (Pre-Marketing durch eine AIF-Verwaltungsgesellschaft) und § 331a (Widerruf des Vertriebs von EU-AIF oder inländischen AIF in anderen Mitgliedstaaten der Europäischen Union oder in anderen Vertragsstaaten des Abkommens über den Europäischen Wirtschaftsraum).

(82) § 340 II Nr. 77c (Verwendung von geänderten Unterlagen bei 92
Widerruf). Verwendet eine OGAW-Verwaltungsgesellschaft geänderte Unterlagen im Zusammenhang mit einem Vertriebswiderruf, bevor sie die notwendige Unterrichtung im Geltungsbereich des KAGB vorgenommen hat, so handelt sie ordnungswidrig. Der mit dem FoStoG eingeführte Tatbestand dient der effektiven Durchsetzung des § 295a (Widerruf des grenzüberschreitenden Vertriebs im Inland).

(83) § 340 II Nr. 77d (Zurverfügungstellung von Unterlagen bei 93
Widerruf). Bei einem Widerruf des Vertriebs von Anteilen oder Aktien eines EU-OGAW, eines EU-AIF oder ausländischen AIF oder eines AIF der im Inland zum Vertrieb zugelassen ist, müssen den verbliebenen Anlegern ab dem Datum des Widerrufs bestimmte Unterlagen, Angaben und Informationen zur Verfügung gestellt werden. Werden die Unterlagen, Angaben und Informationen nicht, nicht richtig, nicht vollständig oder nicht rechtzeitig zur Verfügung gestellt, so handelt die KVG ordnungswidrig. Der mit dem FoStoG eingeführte Tatbestand dient der effektiven Durchsetzung des § 295b (Informationspflichten nach Widerruf des grenzüberschreitenden Vertriebs im Inland).

(84) § 340 II Nr. 78 (Zurverfügungstellung der Verkaufsunterlagen). 94
Dem Erwerbsinteressierten von OGAW-Anteilen oder-Aktien sind rechtzeitig vor Vertragsschluss die wesentlichen Anlegerinformationen in der geltenden Fassung kostenlos zur Verfügung zu stellen. Außerdem sind ihm sowie auch dem Anleger eines OGAW auf Verlangen der Verkaufsprospekt sowie der letzte veröffentlichte Jahres- und Halbjahresbericht kostenlos zur Verfügung zu stellen. Dem Erwerbsinteressierten von Feederfondsanteilen oder -aktien und dem Anleger eines Feederfonds sind auch der Verkaufsprospekt sowie Jahres- und Halbjahresbericht des Masterfonds auf Verlangen kostenlos in Papierform zur Verfügung zu stellen. Wird eine genannte Unterlage nicht oder nicht in Papierform kostenlos zur Verfügung gestellt, stellt dies ein ordnungswidriges Unterlassen dar. Der Tatbestand dient der Umsetzung des durch die OGAW-V-RL neu eingefügten Art. 99a Buchst. r OGAW-V-RL. Die Erläuterungen zur Umsetzung der OGAW-V-RL unter → Rn. 43 gelten entsprechend (vgl. Begründung RegE OGAW-V-UmsG, BR-Drs. 437/15, 87).

(85) § 340 II Nr. 79 (Keine widersprüchliche Werbung). Werbung, die spe- 95
zifische Informationen zu einem bestimmten von einer AIF-Verwaltungsgesellschaft verwalteten AIF enthält, darf nicht im Widerspruch zu den Informationen stehen, die im Verkaufsprospekt oder in den wesentlichen Anlegerinformationen

enthalten sind. Wird dies nicht sichergestellt, liegt eine Ordnungswidrigkeit vor. Der Tatbestand dient der Umsetzung der Streichung des Art. 77 OGAW-RL in Konsequenz der Einführung von Art. 4 VO (EU) 2019/1156 und der Änderung des § 302 durch das FoStoG.

96 **(86) § 340 II Nr. 79a (Anforderungen an Werbung).** Die AIF-Verwaltungsgesellschaft muss sicherstellen, dass in der Werbung jederzeit darauf hingewiesen wird, dass ein Prospekt existiert und dass die wesentlichen Anlegerinformationen verfügbar sind. Der Werbung muss jederzeit entnehmbar sein, wo, wie und in welcher Sprache Anleger oder potentielle Anleger den Prospekt und die wesentlichen Anlegerinformationen erhalten können. Die entsprechenden Dokumente müssen jederzeit über Hyperlinks oder durch Angabe der Adresse der Websites erreichbar sein. Gleiches gilt für den Zugang zu Zusammenfassungen der Anlegerrechte. Sofern die AIF-Verwaltungsgesellschaft nicht sicherstellt, dass die Werbung den genannten Anforderungen entspricht, handelt sie ordnungswidrig. Der Tatbestand dient der Umsetzung der Streichung des Art. 77 der OGAW-RL in Konsequenz der Einführung von Art. 4 VO (EU) 2019/1156 und der Änderung des § 302 durch das FoStoG.

97 **(87) § 340 II Nr. 79b (Einrichtung beim Vertrieb an Privatanleger).** OGAW-Verwaltungsgesellschaften und AIF-Verwaltungsgesellschaften haben beim Vertrieb von Anteilen an einem OGAW oder AIF an Privatanleger gewisse Einrichtungen bereitzustellen, um den Anleger vollumfassend zu informieren und die Kommunikation mit diesem zu ermöglichen. Wird diese Einrichtung nicht, nicht vollständig oder nicht rechtzeitig bereitgestellt, so handelt die Verwaltungsgesellschaft rechtswidrig. Der Tatbestand dient der effektiven Durchsetzung des durch das FoStoG eingeführten § 306a. Der Tatbestand dient der Umsetzung des durch das FoStoG eingeführten § 306a, der wiederum der Umsetzung des neugefassten Art. 92 der OGAW-RL und des neu eingefügten Art. 43a dient. Für den Fall des Vertriebs von inländischen OGAW oder AIF an Privatanleger durch eine inländische KVG muss diese keine gesonderte Einrichtung bereitstellen, sondern kann die Aufgaben der Einrichtung selbst übernehmen (Begründung RegE FoStoG, BR-Dr. 51/21, 107).

98 **(88) § 340 II Nr. 79c (Kein Erwerb von Anteilen durch Pre-Marketing).** AIF-Verwaltungsgesellschaften müssen sicherstellen, dass Anleger durch das Pre-Marketing keine Anteile oder Aktien eines AIF erwerben, und dass Anleger, die im Rahmen des Pre-Marketing kontaktiert wurden, Anteile oder Aktien dieses AIF ausschließlich im Rahmen des gem. des KAGB zugelassenen Vertriebs erwerben. Stellen AIF-Verwaltungsgesellschaften nicht sicher, dass Anleger Anteile oder Aktien nicht oder nur im Rahmen des gesetzlichen Vertriebs erwerben, handeln sie ordnungswidrig. Der Tatbestand dient der effektiven Durchsetzung des durch das FoStoG neu eingeführten § 306b, der wiederum der Umsetzung des neu eingefügten Art. 30a der AIFM-RL dient.

99 **(89) § 340 II Nr. 79d (Anzeige der Aufnahme des Pre-Marketings).** Die AIF-KVG und die ausländische AIF-Verwaltungsgesellschaft haben die Aufnahme des Pre-Marketings innerhalb von zwei Wochen nach Aufnahme der BaFin mitzuteilen. Die Verwaltungsgesellschaft handelt ordnungswidrig, wenn sie die Mitteilung nicht, nicht richtig, nicht vollständig oder nicht rechtzeitig macht. Der Tatbestand dient der effektiven Durchsetzung des durch das FoStoG neu eingeführten § 306b, der wiederum der Umsetzung des neu eingefügten Art. 30a der AIFM-RL dient.

(90) § 340 II Nr. 80 (Informationspflichten gegenüber semiprofessionellen Anlegern, aufgeh. mWv 1.1.2023). Bis zum 31.12.2022 mussten dem am Erwerb eines Anteils oder einer Aktie interessierten semiprofessionellen Anleger rechtzeitig vor Vertragsschluss entweder wesentliche Anlegerinformationen oder ein Basisinformationsblatt nach der PRIIPs-VO zur Verfügung gestellt werden, ansonsten lag eine Ordnungswidrigkeit nach Nr. 80 vor. Seit dem Auslaufen der in Art. 32 der PRIIPs-VO vorgesehenen Übergangsfrist ist für semiprofessionelle Anleger zwingend ein Basisinformationsblatt zu erstellen (vgl. BT-Drs. 20/1906, 44); Verstöße gegen diese Verpflichtung sind nach § 120 XVI WpHG sanktioniert, so dass Nr. 80 mWv 1.1.2023 aufgehoben wurde. 100

(91) § 340 II Nr. 81 (Anzeigepflicht beim Vertrieb in anderem Mitgliedstaat). Beabsichtigt eine OGAW-KVG oder eine EU-OGAW-Verwaltungsgesellschaft, Anteile oder Aktien an einem von ihr verwalteten inländischen OGAW in einem anderen EU- oder EWR-Mitgliedstaat zu vertreiben, so hat sie dies der BaFin mit einem Anzeigeschreiben anzuzeigen. Die Anzeige muss in einer in internationalen Finanzkreisen gebräuchlichen Sprache gefasst sein, wenn nicht vereinbart wurde, dass sie in einer der Amtssprachen der beiden Mitgliedstaaten gefasst wird. Der Anzeige sind jeweils die Anlagebedingungen und ggf. die Satzung, der Verkaufsprospekt sowie der letzte Jahresbericht, der anschließende Halbjahresbericht und die wesentlichen Anlegerinformationen beizufügen. Wird eine Anzeige nicht, nicht richtig, nicht vollständig oder nicht rechtzeitig getätigt, liegt eine Ordnungswidrigkeit vor. Der Tatbestand dient der Umsetzung des durch die OGAW-V-RL neu eingefügten Art. 99a Buchst. s der OGAW-RL. 101

(92) § 340 II Nr. 82 (Angebot und Platzierung eines Anteils nach Widerruf). Ab dem Datum des Widerrufs des Vertriebs eines EU-AIF oder inländischen AIF in anderen EU- oder EWR-Mitgliedstaaten, darf die AIF-KVG in dem Staat, für den diese eine entsprechende Anzeige übermittelt hat, weder unmittelbar noch mittelbar einen Anteil des von ihr verwalteten AIF anbieten oder platzieren. Platziert die AIF-KVG einen Anteil oder bietet sie einen Anteil an, so handelt sie ordnungswidrig. Der durch das FoStoG eingefügte Tatbestand dient der effektiven Durchsetzung des neuen § 331a. Der neue § 331a dient der Umsetzung des neu eingefügten Art. 32a AIFM-RL. 102

(93) § 340 II Nr. 83 (Bereitstellung der Informationen nach Widerruf). Die AIF-KVG hat ab dem Datum des Vertriebswiderrufs den Anlegern, die ihre Investitionen in den EU-AIF nach dem Widerruf beibehalten, sowie der BaFin, die erforderlichen Informationen bereitzustellen. Werden diese Informationen nicht oder nicht rechtzeitig bereitgestellt, handelt die AIF-KVG ordnungswidrig. Der durch das FoStoG eingefügte Tatbestand dient der effektiven Durchsetzung des neuen § 331a. Der neue § 331a dient der Umsetzung des neu eingefügten Art. 32a der AIFM-RL. 103

3. Ordnungswidrigkeiten nach § 340 III. § 340 III listet Ordnungswidrigkeiten im Zusammenhang mit Verstößen gegen die Verordnung (EG) Nr. 1060/2009 **(CRA-Verordnung)** auf. Der Absatz wurde durch das Gesetz zur Verringerung der Abhängigkeit von Ratings vom 10.12.2014 (BGBl. 2014 I 2085) eingefügt. Vor der Umsetzung der OGAW-V-RL war die Vorschrift in § 340 IIIa enthalten. Der Tatbestand ist erfüllt, wenn eine Person, die für eine KVG handelt, vorsätzlich oder leichtfertig entgegen der Vorschriften der CRA-Verordnung ein Rating verwendet, nicht für eine eigene Kreditrisikobewertung der KVG Sorge 104 trägt, einen Auftrag nicht richtig erteilt oder nicht dafür Sorge trägt, dass die beauftragten Ratingagenturen die dort genannten Voraussetzungen erfüllen (ausführlich FK-KapAnlR/*Alten* § 340 Rn. 325 ff.).

105 **4. Ordnungswidrigkeiten nach § 340 IV.** Nach § 340 IV handelt ordnungswidrig, wer vorsätzlich oder fahrlässig gegen bestimmte Vorschriften der Verordnung (EU) Nr. 345/2013 **(EuVECA-Verordnung)** verstößt. Die Rechtsetzungskompetenz lag vor dem Inkrafttreten des Gesetzes zur Verringerung der Abhängigkeit von Ratings vom 10.12.2014 (BGBl. I 2085) beim Bundesministerium der Finanzen (vgl. FK-KapAnlR/*Alten* § 340 Rn. 347; WBA/*Zeidler* § 340 Rn. 93). Der Gesetzgeber hat sieben Tatbestände ausgestaltet, die die Missachtung bestimmter Vorgaben für Risikokapitalfonds sanktionieren (ausführlich dazu FK-KapAnlR/*Alten* § 340 Rn. 347 ff.).

106 **5. Ordnungswidrigkeiten nach § 340 V.** § 340 V enthält Ordnungswidrigkeiten im Zusammenhang mit Verstößen gegen die Verordnung (EU) Nr. 346/2013 **(EuSEF-Verordnung).** Die Rechtsetzungskompetenz lag vor dem Inkrafttreten des Gesetzes zur Verringerung der Abhängigkeit von Ratings vom 10.12.2014 (BGBl. 2014 I 2085) beim Bundesministerium der Finanzen (vgl. FK-KapAnlR/*Alten* § 340 Rn. 381; WBA/*Zeidler* § 340 Rn. 93). Der Gesetzgeber normierte sieben Tatvarianten in Bezug auf Vorgaben zum Europäischen Fonds für soziales Unternehmertum, die vorsätzlich oder fahrlässig begangen werden können (ausführlich FK-KapAnlR/*Alten* § 340 Rn. 381 ff.).

107 **6. Ordnungswidrigkeiten nach § 340 VI.** § 340 VI betrifft Ordnungswidrigkeiten in Bezug auf die Verordnung (EU) 2015/760 **(ELTIF-Verordnung).** Die Regelung wurde im Rahmen der Umsetzung der OGAW-V-RL neu eingefügt und damit Art. 32 und 33 der ELTIF-Verordnung erfüllt. Der BaFin wird die Möglichkeit gegeben, vorsätzliche und fahrlässige Verstöße gegen insgesamt dreizehn verschiedene Verstöße im Zusammenhang mit europäischen langfristigen Investmentfonds zu ahnden (ausführlich dazu FK-KapAnlR/*Alten* § 340 Rn. 569 ff.).

108 **7. Ordnungswidrigkeiten nach § 340 VIa.** Nach § 340 VIa handelt ordnungswidrig, wer gegen bestimmte Vorschriften der Verordnung (EU) Nr. 1286/2014 **(PRIIP-Verordnung)** vorsätzlich oder leichtfertig verstößt. In zehn Tatbeständen werden Handlungen im Zusammenhang mit den Basisinformationsblättern für verpackte Anlageprodukte für Kleinanleger und Versicherungsanlageprodukte als Ordnungswidrigkeiten geahndet.

109 **8. Ordnungswidrigkeiten nach § 340 VIb.** Nach § 340 VIb handelt ordnungswidrig, wer gegen bestimmte Vorschriften der Verordnung (EU) Nr. 2017/1131 **(Geldmarktfonds-VO)** vorsätzlich oder fahrlässig verstößt. In acht Tatbeständen werden Handlungen im Zusammenhang mit Geldmarktfonds als Ordnungswidrigkeiten geahndet.

110 **9. Ordnungswidrigkeiten nach § 340 VIc.** § 340 VIc ahndet ebenfalls Verstöße gegen bestimmte Vorschriften der Verordnung (EU) Nr. 2017/1131 **(Geldmarktfonds-VO).** Bei vorsätzlicher oder fahrlässiger Begehung von einem der drei Tatbestände liegt eine Ordnungswidrigkeit vor.

111 **10. Ordnungswidrigkeiten nach § 340 VId.** Nach § 340 VId handelt ordnungswidrig, wer entgegen Art. 6 II 1 der VO (EU) Nr. 2017/2402 **(Verbriefungs-VO)** zur Festlegung eines allgemeinen Rahmens für Verbriefungen und zur

Schaffung eines spezifischen Rahmens für einfache, transparente und standardisierte Verbriefungen, gewisse Vermögenswerte auswählt.

11. Ordnungswidrigkeiten nach § 340 VIe. § 340 VIe richtet sich wie § 340 VId gegen Verstöße gegen die VO (EU) Nr. 2017/2402 **(Verbriefungs-VO).** Bei vorsätzlicher oder fahrlässiger Begehung der fünf aufgeführten Tatbestände liegt eine Ordnungswidrigkeit vor. 112

12. Ordnungswidrigkeiten nach § 340 VIf. Der Vorschrift des § 340 VIf bezieht sich wie § 340 VId und § 340 VIe auf Verstöße gegen die VO (EU) Nr. 2017/2402 **(Verbriefungs-VO).** Bei vorsätzlicher oder fahrlässiger Begehung der drei Tatbestände liegt eine Ordnungswidrigkeit vor. 113

13. Ordnungswidrigkeiten nach § 340 VIg. § 340 VIg betrifft Ordnungswidrigkeiten in Bezug auf die VO (EU) Nr. 2019/1156 zur Erleichterung des grenzüberschreitenden Vertriebs von Organismen für gemeinsame Anlagen. Ordnungswidrig handelt, wer vorsätzlich oder fahrlässig einen der drei Tatbestände erfüllt. 114

IV. Höhe der Geldbuße (§ 340 VII, VIII)

§ 340 VII und VIII enthalten ein **neues Sanktionsregime,** welches der Gesetzgeber mit der Umsetzung der OGAW-V-RL geschaffen hat (vgl. auch FK-KapAnlR/*Alten* § 340 Rn. 614ff.). § 340 VII dient der Umsetzung des neu gefassten Art. 99a Buchst. e, f und g OGAW-V-RL. Der **hohe Bußgeldrahmen** ist auf Ordnungswidrigkeiten im Bereich des Finanzsektors beschränkt und soll keine Auswirkungen auf das übrige Gefüge der Bußgeldandrohungen haben (Begründung RegE OGAW-V-UmsG, BR-Drs. 437/15, 88). Die Übernahme des hohen Bußgeldrahmens in das KAGB soll im Hinblick auf die wirtschaftliche und gesellschaftspolitische Bedeutung der Investmentanlage als auch dem gesteigerten Bedürfnis nach Schutz vor schuldhaftem Verhalten im Finanzsektor gerechtfertigt sein (Begründung RegE OGAW-V-UmsG, BR-Drs. 437/15, 88). 115

Das System des § 340 VII ist mit der Umsetzung der OGAW-V-RL **dreistufig** aufgebaut worden. Mit der Einfügung von § 340 VIa ist eine Stufe 2a hinzugekommen. Die jeweiligen Tatbestände werden entsprechend ihrem Unrechtsgehalt in die jeweilige Stufe eingeordnet. Die maximale Höhe des fixen Bußgeldrahmens beträgt in der ersten Stufe 5 Mio. EUR, in der zweiten Stufe 1 Mio. EUR und in der dritten Stufe 200.000 EUR. Neben der ersten Stufe wurde nur für die zweite Stufe die Möglichkeit einer umsatzbezogenen Geldbuße vorgesehen, da diese Sanktion nur bei schweren Verstößen angemessen erschien (Begründung RegE OGAW-V-UmsG, BR-Drs. 437/15, 88). In sämtlichen Stufen soll die BaFin die Möglichkeit erhalten, das Bußgeld an der Höhe des aus dem Verstoß gezogenen wirtschaftlichen Vorteils zu orientieren (Begründung RegE OGAW-V-UmsG, BR-Drs. 437/15, 88). In der dritten Stufe soll als Höchstmaß der Geldbuße der jeweils höchste Betrag aus dem betragsmäßig festgelegten Höchstbetrag und der mehrerlösbezogenen Grenze festgelegt werden (Begründung RegE OGAW-V-UmsG, BR-Drs. 437/15, 88). 116

§ 340 VIII legt die Bedeutung von Gesamtumsatz iSd § 340 VII fest. Bei der umsatzbezogenen Geldbuße wird an den Gesamtumsatz des Jahres- oder Konzernabschlusses des letzten der Behördenentscheidung vorausgehenden Geschäftsjahres angeknüpft, der unter Bezugnahme auf die zum Umsatz zählenden Posten ermittelt wird (ausführlich Begründung RegE OGAW-V-UmsG, BR-Drs. 437/15, 89). 117

V. Anwendbarkeit auf OGAW (§ 340 IX)

118 Grundsätzlich gilt § 17 OWiG für die Höhe der Geldbuße. § 17 II OWiG gilt nicht im Fall von Verstößen gegen Gebote und Verbote im Zusammenhang mit OGAW, die in § 340 VII Nr. 1 in Bezug genommen werden. Absatz 6 des neu gefassten Art. 99 OGAW-V-RL bietet keine Grundlage für eine pauschale Absenkung des Höchstmaßes bei fahrlässigem Handeln (Begründung RegE OGAW-V-UmsG, BR-Drs. 437/15, 89). Der neu eingefügte Art. 99c OGAW-V-RL, dessen Kriterien auch im Rahmen des § 17 OWiG berücksichtigt werden können, macht nach Ansicht des Gesetzgebers jedoch deutlich, dass der Grad der Verantwortung der für den Verstoß verantwortlichen Person – wie etwa nur fahrlässiges Handeln – für die Bußgeldbemessung relevant sein kann (Begründung RegE OGAW-V-UmsG, BR-Drs. 437/15, 89).

VI. Zuständigkeit der BaFin (§ 340 X)

119 Gemäß § 340 X ist die BaFin die nach § 36 I Nr. 1 OWiG sachlich zuständige Behörde für die Verfolgung und Ahndung der Ordnungswidrigkeiten nach den § 340 I bis VIg.

§ 341 Beteiligung der Bundesanstalt und Mitteilungen in Strafsachen

(1) [1]**Das Gericht, die Strafverfolgungs- oder die Strafvollstreckungsbehörde hat in Strafverfahren gegen bedeutend beteiligte Inhaber, Geschäftsleiter oder Mitglieder der Verwaltungs- oder Aufsichtsorgane von Verwaltungsgesellschaften, extern verwalteten Investmentgesellschaften oder Verwahrstellen oder deren jeweilige gesetzliche Vertreter oder persönlich haftende Gesellschafter wegen Verletzung ihrer Berufspflichten oder anderer Straftaten bei oder im Zusammenhang mit der Ausübung eines Gewerbes oder dem Betrieb einer sonstigen wirtschaftlichen Unternehmung, ferner in Strafverfahren, die Straftaten nach § 339 zum Gegenstand haben, im Fall der Erhebung der öffentlichen Klage der Bundesanstalt**

1. die Anklageschrift oder eine an ihre Stelle tretende Antragsschrift,
2. den Antrag auf Erlass eines Strafbefehls und
3. die das Verfahren abschließende Entscheidung mit Begründung

zu übermitteln; ist gegen die Entscheidung ein Rechtsmittel eingelegt worden, ist die Entscheidung unter Hinweis auf das eingelegte Rechtsmittel zu übermitteln. [2]**In Verfahren wegen fahrlässig begangener Straftaten werden die in den Nummern 1 und 2 bestimmten Übermittlungen nur vorgenommen, wenn aus der Sicht der übermittelnden Stelle unverzüglich Entscheidungen oder andere Maßnahmen der Bundesanstalt geboten sind.**

(2) [1]**In Strafverfahren, die Straftaten nach § 339 zum Gegenstand haben, hat die Staatsanwaltschaft die Bundesanstalt bereits über die Einleitung des Ermittlungsverfahrens zu unterrichten, soweit dadurch eine Gefährdung des Ermittlungszwecks nicht zu erwarten ist.** [2]**Erwägt die Staatsanwaltschaft, das Verfahren einzustellen, so hat sie die Bundesanstalt zu hören.**

(3) [1]**Werden sonst in einem Strafverfahren Tatsachen bekannt, die auf Missstände in dem Geschäftsbetrieb einer Verwaltungsgesellschaft, extern**

verwalteten Investmentgesellschaft oder Verwahrstelle hindeuten soll das Gericht, die Strafverfolgungs- oder die Strafvollstreckungsbehörde diese Tatsachen ebenfalls mitteilen, soweit nicht für die übermittelnde Stelle erkennbar ist, dass schutzwürdige Interessen des Betroffenen überwiegen. [2]Dabei ist zu berücksichtigen, wie gesichert die zu übermittelnden Erkenntnisse sind.

(4) **[1]Der Bundesanstalt ist auf Antrag Akteneinsicht zu gewähren, soweit nicht für die Akteneinsicht gewährende Stelle erkennbar ist, dass schutzwürdige Interessen des Betroffenen überwiegen. [2]Absatz 3 Satz 2 gilt entsprechend.**

I. Allgemeines

1 Die Vorschrift regelt die Beteiligung der BaFin an bestimmten Strafverfahren und sieht Mitteilungen von Gerichten und Justizbehörden gegenüber der BaFin vor. In dem aufgehobenen § 143b InvG war ein Verweis auf die parallele Regelung des § 60a KWG enthalten, der in § 341 nun entsprechend übernommen wurde. Die Beteiligung und der Informationsaustausch sollen der BaFin dazu dienen, zeitnah und aus erster Hand wichtige Erkenntnisse über die Zuverlässigkeit der genannten Personen sowie sonstige aufsichtsrelevante Vorgänge zu gewinnen (Begründung RegE AIFM-UmsG, BR-Drs. 791/12, 545). Dadurch kann die BaFin besser beurteilen, ob und welche (zusätzlichen) Maßnahmen nach dem KAGB geboten sind (vgl. BFS/*Lindemann* KWG § 60a Rn. 3).

II. Mitteilungspflichten (§ 341 I)

2 Mitteilungspflichtige Behörden sind **Gerichte sowie Strafverfolgungs- und Strafvollstreckungsbehörden,** also insb. Strafgerichte und Staatsanwaltschaften. Sie müssen der BaFin die mitteilungspflichtigen Tatsachen nach § 341 I 1 Nr. 1–3 übermitteln. Dabei handelt es sich um Anklageschriften oder an ihre Stelle tretende Antragsschriften, Anträge auf Erlass eines Strafbefehls und verfahrensabschließende Entscheidungen mit Begründung. Die Mitteilungspflicht wird nur ausgelöst, wenn es sich um Verfahren gegen die in § 341 I 1 genannten Personen handelt, die zur Erhebung der öffentlichen Klage geführt haben. Zu diesen Personen zählen Geschäftsleiter oder Mitglieder der Verwaltungs- oder Aufsichtsorgane von KVG, extern verwalteten Investmentgesellschaften oder Verwahrstellen oder deren jeweilige gesetzliche Vertreter oder persönlich haftende Gesellschafter, aber auch gesetzliche Vertreter oder persönlich haftende Gesellschafter solcher juristischer Personen, die bedeutende Beteiligungen iSd § 1 XIX Nr. 6 an dem KAGB unterfallenden Unternehmen halten (vgl. Begründung RegE AIFM-UmsG, BR-Drs. 791/12, 545). Damit sollen alle wichtigen Verantwortungsträger im Investmentgeschäft erfasst sein, deren Zuverlässigkeit aufsichtsrechtlich von Belang ist (Begründung RegE AIFM-UmsG, BR-Drs. 791/12, 545).

3 Eine **Einschränkung der Mitteilungspflicht** ergibt sich aus dem Inhalt des Strafverfahrens, denn die Straftat muss sich auf die Verletzung von Berufspflichten beziehen, im Zusammenhang mit der Ausübung eines Gewerbes oder dem Betrieb einer sonstigen wirtschaftlichen Unternehmung stehen oder einen Tatbestand des § 339 betreffen. Nur insoweit besteht ein berechtigtes Interesse der Aufsicht (Begründung RegE AIFM-UmsG, BR-Drs. 791/12, 545). Die Berufspflichten müssen sich nicht zwingend aus der Verwaltung eines Investmentvermögens ergeben; es

kann sich um Delikte wie Kapitalanlagebetrug, Untreue oder Vorenthalten und Veruntreuen von Arbeitsentgelt, Insolvenzstraftaten wie Bankrott, die Verletzung der Buchführungspflicht, Steuerstraftaten wie die Steuerhinterziehung, Straftaten nach dem DepotG, Insidergeschäfte und Marktmanipulation handeln (FK-KapAnlR/*Alten* § 341 Rn. 18; WBA/*Zeidler* § 341 Rn. 2). „Andere Straftaten" werden bei oder im Zusammenhang mit der Ausübung eines Gewerbes oder einer sonstigen wirtschaftlichen Unternehmung begangen, wenn ein räumlich-zeitlicher Zusammenhang zwischen der Straftat und der wirtschaftlichen Betätigung besteht (FK-KapAnlR/*Alten* § 341 Rn. 20; WBA/*Zeidler* § 341 Rn. 3). Ein inhaltlicher Zusammenhang ist nicht erforderlich (vgl. auch WBA/*Zeidler* § 341 Rn. 4). Wird eine Straftat „bei Gelegenheit" oder „anlässlich" der wirtschaftlichen Betätigung begangen, so ist im Zweifel von einer Mitteilungspflicht auszugehen, denn die Formulierung „bei" deutet darauf hin, dass der Gesetzgeber einen weiten Anwendungsbereich schaffen wollte (so auch FK-KapAnlR/*Alten* § 341 Rn. 20; WBA/*Zeidler* § 341 Rn. 3ff.). Bei Straftaten aus dem rein privaten Bereich greift § 341 I nicht, ggf. aber § 341 III.

4 Bei fahrlässigen Straftaten gilt nach § 341 I 2 aus Gründen der Verhältnismäßigkeit eine abgeschwächte Mitteilungspflicht (Begründung RegE AIFM-UmsG, BR-Drs. 791/12, 545). Nur die das Verfahren abschließende Entscheidung muss zwingend übermittelt werden. Hinsichtlich der Anklageschrift und des Antrags auf Erlass eines Strafbefehls besteht ein Entscheidungsspielraum der mitteilungspflichtigen Stelle.

III. Beteiligung der BaFin bei Strafverfahren (§ 341 II)

5 Bei den Straftaten nach § 339 ist die BaFin bereits über die **Einleitung des Ermittlungsverfahrens** zu informieren sowie vor einer Verfahrenseinstellung anzuhören. Die BaFin soll dadurch bei besonders schwerwiegenden Verstößen gegen das KAGB unverzüglich reagieren und die Einleitung von Verwaltungsmaßnahmen prüfen sowie gegenüber der Staatsanwaltschaft rechtzeitig zur Sache oder Rechtslage Stellung nehmen können (Begründung RegE AIFM-UmsG, BR-Drs. 791/12, 545). Da die BaFin über eine größere Fachkompetenz verfügt, soll sie der Staatsanwaltschaft im Ermittlungsverfahren sachverständig zur Seite stehen können (FK-KapAnlR/*Alten* § 341 Rn. 24). Außerdem hängt die Strafbarkeit nach § 339 I gerade von einer fehlenden behördlichen Erlaubnis oder Registrierung ab, indem akzessorisch auf § 20 I 1 bzw. § 44 I Nr. 1 verwiesen wird. Auch aus diesem Grund ist ein Abgleich der Ermittlungsergebnisse der Staatsanwaltschaft mit den Feststellungen der BaFin geboten (Begründung RegE UmsG zur 2. E-Geld-RL, BR-Drs. 482/10, 111). Die Unterrichtungspflicht setzt erst dann ein, wenn durch die Unterrichtung eine Gefährdung des Ermittlungszwecks nicht zu erwarten ist.

IV. Mitteilungsobliegenheit (§ 341 III)

6 Neben den Mitteilungspflichten nach § 341 II sieht § 341 III eine Mitteilungsobliegenheit vor. Die Gerichte sowie Strafverfolgungs- und Strafvollstreckungsbehörden „sollen" der BaFin Tatsachen aus einem Strafverfahren, die auf Missstände in Geschäftsbetrieben hinweisen, mitteilen. Die Entscheidung ist aus der Perspektive der übermittelnden Stelle auf der Basis einer **Abwägung der Aufsichtsinteressen der BaFin und schutzwürdiger Belange der Betroffenen** zu treffen (vgl. Begründung RegE AIFM-UmsG, BR-Drs. 791/12, 545). Bei ihrer Einschät-

zung hat die übermittelnde Stelle außerdem nach § 341 III 2 zu berücksichtigen, wie gesichert die Erkenntnisse sind. In diesem Zusammenhang kann es sich auch um Strafverfahren gegen sonstige Personen handeln (BSL/*Campbell* InvG § 143b Rn. 1). Die Vorschrift greift aber auch bei Strafverfahren gegen Personen iSd § 341 I (so auch BTMB/*Herberger* § 341 Rn. 8; WBA/*Zeidler* § 341 Rn. 9; aA wohl BFS/*Lindemann* KWG § 60a Rn. 6; EDDH/*Möhlenbeck,* 1. Aufl. 2013, InvG § 143b Rn. 6). Zwar weist die Formulierung „sonst in einem Strafverfahren" darauf hin, dass es sich um andere als die von § 341 I und II erfassten Verfahren handelt, allerdings könnte dies auch ein Verfahren gegen eine Person iSd § 341 I sein, das den privaten Bereich betrifft.

V. Akteneinsicht (§ 341 IV)

Die BaFin hat ein **Akteneinsichtsrecht gegenüber Gerichten, Strafverfolgungs- und Strafvollstreckungsbehörden,** soweit nicht schutzwürdige Interessen des Betroffenen überwiegen. Das Akteneinsichtsrecht soll der BaFin dazu dienen, sich die für ihre Aufsichtstätigkeit notwendigen Erkenntnisse zu verschaffen (Begründung RegE AIFM-UmsG, BR-Drs. 791/12, 546). Die Akteneinsicht bezieht sich auf Akten der in § 341 I–III genannten Verfahren. Erfasst werden sowohl die Akten des Ermittlungsverfahrens als auch die des Strafverfahrens (EDD/*Möhlenbeck* § 341 Rn. 7). Auch in diesem Zusammenhang muss die übermittelnde Behörde berücksichtigen, wie gesichert die ermittelten Kenntnisse sind und kann ggf. die Akteneinsicht verweigern. 7

§ 341a Bekanntmachung von bestandskräftigen Maßnahmen und unanfechtbar gewordenen Bußgeldentscheidungen

(1) [1]**Bestandskräftige Maßnahmen und unanfechtbar gewordene Bußgeldentscheidungen der Bundesanstalt nach diesem Gesetz**

1. **wegen Verstößen gegen Gebote und Verbote im Zusammenhang mit OGAW, die in § 340 Absatz 7 Nummer 1 in Bezug genommen werden, sowie wegen Verstößen gegen Gebote und Verbote nach den Artikeln 6, 7, 9 oder 27 Absatz 1 der Verordnung (EU) 2017/2402 muss die Bundesanstalt und**
2. **wegen Verstößen gegen Gebote und Verbote, die in § 340 Absatz 7 Nummer 2 oder Nummer 3 oder Absatz 3 oder im Zusammenhang mit AIF in § 340 Absatz 7 Nummer 1 in Bezug genommen werden, kann die Bundesanstalt und**
3. **wegen Verstößen gegen die Verordnung (EU) 2015/2365 und die Verordnung (EU) 2016/1011 im Zusammenhang mit OGAW und AIF muss die Bundesanstalt**

nach Unterrichtung des Adressaten der Maßnahme oder Bußgeldentscheidung auf ihrer Internetseite bekanntmachen. [2]**In der Bekanntmachung sind Art und Charakter des Verstoßes und die für den Verstoß verantwortlichen natürlichen Personen und juristischen Personen oder Personenvereinigungen zu benennen.** [3]**Betreffen die bestandskräftigen Maßnahmen oder unanfechtbar gewordenen Bußgeldentscheidungen nach Satz 1 Nummer 1 Verstöße gegen die Verordnung (EU) 2017/2402, so ist zusätzlich die verhängte Maßnahme oder Bußgeldentscheidung zu nennen.**

(2) [1]Die Bekanntmachung nach Absatz 1 ist solange aufzuschieben, bis die Gründe für die Nichtbekanntmachung entfallen sind, wenn

1. die Bekanntmachung der Identität der juristischen Personen oder Personenvereinigung oder der personenbezogenen Daten natürlicher Personen unverhältnismäßig wäre,

2. die Bekanntmachung die Stabilität der Finanzmärkte gefährden würde oder

3. die Bekanntmachung laufende Ermittlungen gefährden würde.

[2]Anstelle einer Aufschiebung kann die Bekanntmachung auf anonymisierter Basis erfolgen, wenn hierdurch ein wirksamer Schutz der Informationen nach Satz 1 Nummer 1 gewährleistet ist. [3]Erfolgt die Bekanntmachung gemäß Satz 2 auf anonymisierter Basis und ist vorhersehbar, dass die Gründe der anonymisierten Bekanntmachung innerhalb eines überschaubaren Zeitraums wegfallen werden, so kann die Bekanntmachung der Informationen nach Satz 1 Nummer 1 entsprechend aufgeschoben werden.

(3) [1]Eine Bekanntmachung darf nicht erfolgen, wenn die Maßnahmen nach Absatz 2 nicht ausreichend sind, um eine Gefährdung der Finanzmarktstabilität auszuschließen oder die Verhältnismäßigkeit der Bekanntmachung in Ansehung des Verstoßes sicherzustellen. [2]Zudem darf eine Bekanntmachung nach Absatz 1 Satz 1 Nummer 2 nicht erfolgen, wenn sich diese nachteilig auf die Interessen der Anleger auswirken würde.

(4) [1]Die nach Absatz 1 Satz 1 Nummer 1 und Nummer 3 bekanntgemachten Maßnahmen und Bußgeldentscheidungen sollen fünf Jahre lang auf der Internetseite der Bundesanstalt veröffentlicht bleiben. [2]Die Bekanntmachung nach Absatz 1 Satz 1 Nummer 2 ist zu löschen, wenn sie nicht mehr erforderlich ist, spätestens aber nach fünf Jahren.

(5) [1]Die Bundesanstalt macht Vertriebsuntersagungen nach § 5 Absatz 6, den §§ 11, 311 oder § 314 im Bundesanzeiger bekannt, falls ein Vertrieb bereits stattgefunden hat. [2]Entstehen der Bundesanstalt durch die Bekanntmachung nach Satz 1 Kosten, sind ihr diese von der Verwaltungsgesellschaft zu erstatten.

I. Allgemeines

1 Die Bekanntmachungsvorschrift des § 341a dient hauptsächlich der Umsetzung des Art. 99b OGAW-RL (2009/65/EG), der durch die OGAW-V-RL aufgenommen wurde. Die Regelung wurde im Rahmen der Umsetzung der OGAW-V-RL zum 18.3.2016 in das KAGB eingefügt. Art. 99b OGAW-RL enthält insb. Vorgaben zu Art, Umfang, Dauer, Ausnahmen und der Veröffentlichung von verwaltungsrechtlichen Sanktionen und Maßnahmen sowie zu Mitteilungspflichten gegenüber der ESMA. Über diese Bestimmung geht § 341a hinaus. Die Verstöße beziehen sich in Art. 99b OGAW-RL nur auf die nationalen Bestimmungen zur Umsetzung dieser Richtlinie. Nach § 341a soll die BaFin die Möglichkeit haben, Maßnahmen und Bußgeldentscheidungen bezüglich aller Gebote und Verbote zu veröffentlichen, die nach § 340 VII Nr. 1, 2 oder 3 eine Ordnungswidrigkeit darstellen können. Neben gesetzessystematischen Gründen soll so eine effektive Aufsicht sichergestellt werden (Begründung RegE OGAW-V-UmsG, BR-Drs. 437/15, 90). Zweck der Vorschrift ist nach Erwägungsgrund 38 der OGAW-V-RL die Stärkung der abschreckenden Wirkung auf die breite Öffentlichkeit und die In-

formation über Verstöße, die dem Anlegerschutz schaden können (daher auch die Bezeichnung der Regelung als „BaFin-Pranger“ oder aus dem angloamerikanischen „Name and Shame“-Prinzip).

Mit der Einfügung des § 341 a wurde § 5 VII 1 gestrichen, der die BaFin bereits in die Lage versetzte, Anordnungen nach § 5 VII bekanntzumachen. Der Anwendungsbereich des § 5 VII war insofern weiter, als dass der Tatbestand Verstöße gegen Verbote oder Gebote des KAGB voraussetzte. Nach § 341 a muss es sich um Verstöße handeln, die Ordnungswidrigkeiten gem. § 340 darstellen können. Dem Gesetzgeber erschien in den Fällen geringfügiger Verstöße eine Bekanntmachung zur Sicherstellung einer effektiven Aufsicht nicht erforderlich (Begründung RegE OGAW-V-UmsG, BR-Drs. 437/15, 90). Die Vorgängervorschrift zu § 5 VII war § 5 Ia InvG, der zum 1.7.2011 durch das OGAW-IV-UmsG (BGBl. 2011 I 1126) eingeführt wurde (vgl. EDDH/*Emde,* 1. Aufl. 2013, InvG § 5 Rn. 17). 2

II. Bekanntmachungspflicht und Bekanntmachungsrecht (§ 341 a I)

Die Pflichten und Rechte zur Bekanntmachung beziehen sich **nur auf bestandskräftige Maßnahmen und unanfechtbar gewordene Bußgeldentscheidungen.** Unter Maßnahmen sind etwa Anordnungen der BaFin nach § 5 VI, Aufhebungen oder Aussetzungen einer Erlaubnis nach § 39 III oder § 113 II oder Tätigkeitsverbote nach § 40 I zu verstehen, sofern sie sich auf Verstöße gegen Gebote und Verbote beziehen, die nach § 340 I, II oder III eine Ordnungswidrigkeit darstellen. Bei dem Begriff der Bestandkraft ist die materielle und die formelle Bestandskraft zu unterscheiden (vgl. SBS/*Sachs* VwVfG § 43 Rn. 7). Materielle Bestandskraft bedeutet als Gegenstück zur materiellen Rechtskraft, dass ein Verwaltungsakt wirksam ist (vgl. SBS/*Sachs* VwVfG § 43 Rn. 45). Eine Maßnahme ist formell bestandskräftig, wenn der Verwaltungsakt nicht mehr mit ordentlichen Rechtsbehelfen (insb. Widerspruch, Anfechtungs- oder Verpflichtungsklage) angefochten werden kann (vgl. SBS/*Sachs* VwVfG § 43 Rn. 20). Bußgeldentscheidungen sind Verwaltungsakte, mit denen die BaFin ein Bußgeld nach § 340 verhängt hat. Sie müssen unanfechtbar sein. 3

Die Entscheidungen nach § 341 a I 1 Nr. 1 und Nr. 3 *muss* die BaFin bekannt machen; nach § 341 a I 1 Nr. 2 *können* die Entscheidungen bekannt gemacht werden. Die **Bekanntmachungspflicht** iSd § 341 a I 1 Nr. 1 betrifft Verstöße gegen Gebote und Verbote im Zusammenhang mit OGAW, die in § 340 VII Nr. 1 in Bezug genommen werden. Dort hat der Gesetzgeber die nach seinem Dafürhalten schwerwiegendsten Ordnungswidrigkeiten aufgeführt (FK-KapAnlR/*Alten* § 341 a Rn. 13). Die Pflicht zur Bekanntmachung gem. § 341 a I 1 Nr. 3 betrifft wiederum Verstöße gegen die Verordnungen (EU) Nr. 2015/2365 und Nr. 2016/1011 im Zusammenhang mit OGAW und AIF. Das **Bekanntmachungsrecht** bezieht sich auf Verstöße gegen Gebote und Verbote, die in § 340 VII Nr. 2 oder Nr. 3 oder § 340 III oder im Zusammenhang mit AIF in § 340 VII Nr. 1 in Bezug genommen werden. Diese Ordnungswidrigkeiten wiegen weniger schwer. Fraglich ist, weshalb neben § 340 VII Nr. 2 und Nr. 3 auch auf § 340 III Bezug genommen wurde. Ordnungswidrigkeiten in Bezug auf die Verordnung (EG) Nr. 1060/2009 über Ratingagenturen erfasst bereits der Auffangtatbestand des § 340 VII Nr. 3. Es dürfte sich daher um ein Redaktionsversehen handeln (so auch FK-KapAnlR/*Alten* § 341 a Rn. 15). Die Entscheidung über das „Ob“ der Bekanntmachung liegt im pflichtgemäßen Ermessen der BaFin. 4

5 Über die Art und Weise der Bekanntmachung enthält § 341 a keine detaillierten Vorgaben. Hinsichtlich des **Bekanntmachungsverfahrens** ist vorgesehen, dass der Adressat der Maßnahme oder Bußgeldentscheidung vorab unterrichtet wird. Einen genauen Zeitpunkt für die Veröffentlichung sieht § 341 a nicht vor (vgl. FK-KapAnlR/*Alten* § 341 a Rn. 21). Die Bekanntmachung hat inhaltlich die Art und den Charakter des Verstoßes zu beschreiben sowie die für den Verstoß verantwortlichen natürlichen und juristischen Personen oder Personenvereinigungen zu benennen. Die Angaben werden auf der Internetseite der BaFin bekanntgemacht (www.bafin.de). In der Praxis werden solche Mitteilungen zudem in dem monatlich erscheinenden BaFinJournal veröffentlicht („Verbraucher – Warnungen und aktuelle Kurzmeldungen zum Verbraucherschutz"). Die Mitteilungen werden wohl den Bekanntmachungen gem. § 60 b KWG oder § 40 c WpHG entsprechend gestaltet sein, dh die BaFin wird ihre Maßnahme, den zugrundeliegenden Verstoß des Betroffenen und die Rechtsgrundlagen unter Angabe der notwendigen Daten und Namen kurz erläutern.

6 Bei der Bekanntmachung selbst handelt es sich **nicht um eine neue eigenständige Sanktion** (Begründung RegE OGAW-V-UmsG, BR-Drs. 437/15, 90). Die Bekanntmachung stellt daher keinen Verwaltungsakt, sondern einen bloßen Realakt dar. Möchte sich der Betroffene gegen die Veröffentlichung zur Wehr setzen, ist eine Unterlassungsklage (allgemeine Leistungsklage gegen schlicht-hoheitliches Handeln) bzw. der einstweilige Rechtsschutz nach § 123 VwGO statthaft, um den von einer Veröffentlichung ausgehenden Reputationsverlust zu verhindern bzw. zu beseitigen (BFS/*Lindemann* KWG § 60 b Rn. 19).

III. Aufschub der Bekanntmachung und Anonymisierung (§ 341 a II)

7 Bei dem „Ob" und „Wie" der Bekanntmachung muss die BaFin den Grundsatz der Verhältnismäßigkeit beachten (vgl. Begründung RegE OGAW-V-UmsG, BR-Drs. 437/15, 90). Deshalb nennt § 341 a II drei Gründe für einen **Aufschub der Bekanntmachung:** die Unverhältnismäßigkeit der Bekanntmachung der Identität der juristischen Person oder Personenvereinigung oder der personenbezogenen Daten natürlicher Personen (Nr. 1), die Gefährdung der Stabilität der Finanzmärkte (Nr. 2) und die Gefährdung laufender Ermittlungen (Nr. 3). Der Grund unter Nr. 1 trägt dem allgemeinen Persönlichkeitsrecht Rechnung. Die BaFin hat den drohenden Schaden einer Verletzung (zB Umsatzeinbußen wegen des rückläufigen Anlegervertrauens) gegen die Schwere des aufsichtsrechtlichen Verstoßes abzuwägen (vgl. BFS/*Lindemann* KWG § 60 b Rn. 16). Die Stabilität der Finanzmärkte (Nr. 2) könnte praktisch nur in außergewöhnlichen Situationen relevant werden und würde voraussetzen, dass der Betroffene eine besondere Stellung für das Funktionieren des Finanzmarktes inne hat (BFS/*Lindemann* KWG § 60 b Rn. 18). Laufende Ermittlungen könnten etwa gefährdet werden (Nr. 3), wenn beteiligte Dritte durch die Bekanntmachung gewarnt würden.

8 Um dem Verhältnismäßigkeitsgrundsatz Rechnung zu tragen, müssen Maßnahmen und Entscheidungen nach § 341 a I **anonym veröffentlicht** werden, wenn eine Veröffentlichung den Beteiligten einen unverhältnismäßig hohen Schaden zufügen würde (vgl. Erwägungsgrund 38 OGAW-V-RL). Sofern vorhersehbar ist, dass die Gründe für eine Veröffentlichung auf anonymisierter Basis innerhalb eines überschaubaren Zeitraums wegfallen werden, kann die Bekanntmachung auch aufgeschoben werden.

IV. Ausschluss der Bekanntmachung (§ 341 a III)

9 Sind ein Aufschub oder eine Anonymisierung nicht ausreichend, um eine Gefährdung der Finanzmarktstabilität auszuschließen oder die Verhältnismäßigkeit sicherzustellen, ist eine Bekanntmachung ausgeschlossen. Der Gesetzgeber folgt damit der in Art. 99b I Buchst. c OGAW-V-RL normierten Vorgehensweise, die bereits in § 5 VII 1 enthalten war. Die Bekanntmachung darf außerdem nicht erfolgen, wenn sie sich nachteilig auf die Interessen der Anleger auswirken würde. Die Berücksichtigung der Anlegerinteressen stammt aus Art. 48 II AIFM-RL. Da § 341 a III aber nicht zwischen OGAW und AIF differenziert, dürfte die Einschränkung hinsichtlich der Anlegerinteressen auch im Zusammenhang mit OGAW gelten.

V. Dauer der Bekanntmachung (§ 341 a IV)

10 Die Veröffentlichungsdauer von fünf Jahren entspricht Art. 99b IV OGAW-V-RL. Die Bekanntmachung gem. § 340 a I Nr. 1 soll für fünf Jahre erfolgen. Spätestens nach Ablauf von fünf Jahren ist die Bekanntmachung nach § 340 a I Nr. 2 zu löschen. Vorher kann sie bereits gelöscht werden, wenn sie nicht mehr erforderlich ist. Diese Differenzierung steht im Einklang mit der Annahme, dass Verstöße nach § 340 a I Nr. 2 weniger schwer wiegen.

VI. Bekanntmachung von Vertriebsuntersagungen (§ 341 a V)

11 Die Vorschrift des § 341 a V enthält eine Spezialregelung für die Bekanntmachung von Vertriebsuntersagungen. Der Wortlaut des § 5 VII 2 und 3 wurde mit wenigen redaktionellen Änderungen übernommen. Zuvor war die Bekanntmachung von Vertriebsuntersagungen in § 140 VII InvG normiert. Die Regelung dient primär der Information potenzieller Anleger und setzt voraus, dass der Vertrieb bereits stattgefunden hat. Wurde der Vertrieb noch nicht aufgenommen und die Aufnahme des Vertriebs im Laufe des Anzeigeverfahrens untersagt, ist die BaFin durch die Verschwiegenheitspflicht nach § 8 an einer Veröffentlichung gehindert (so auch FK-KapAnlR/*Alten* § 341 a Rn. 42; EDDH/*Baum,* 1. Aufl. 2013, InvG § 140 Rn. 54; unklar WBA/*Boxberger* § 5 Rn. 13). Die Bekanntmachung durch die BaFin erfolgt im Bundesanzeiger; nicht ausreichend ist eine Veröffentlichung auf der Internetseite der BaFin. Sofern der BaFin durch die Bekanntmachung Kosten entstehen, löst dies einen Kostenerstattungsanspruch der BaFin gegenüber der KVG aus.

§ 342 Beschwerdeverfahren

(1) **Anleger und Kunden können jederzeit wegen behaupteter Verstöße gegen dieses Gesetz Beschwerde bei der Bundesanstalt einlegen.**

(2) **Beschwerden sind in Textform bei der Bundesanstalt einzulegen und sollen den Sachverhalt sowie den Beschwerdegrund angeben.**

(3) **Soweit behauptete Verstöße nach Absatz 1 grenzüberschreitende Sachverhalte betreffen, arbeitet die Bundesanstalt mit den zuständigen Stellen der anderen Mitgliedstaaten der Europäischen Union oder der anderen Vertragsstaaten des Abkommens über den Europäischen Wirtschaftsraum zusammen; die §§ 8, 9 und 19 gelten entsprechend.**

I. Allgemeines

1 § 342 regelt das außergerichtliche Beschwerdeverfahren; das früher ebenfalls umfasste Streitschlichtungsverfahren ist nicht mehr enthalten. Die Vorschrift des § 342 übernahm mit redaktionellen Anpassungen § 143c InvG. Da sich der Anwendungsbereich des KAGB gegenüber dem InvG erweitert hat und sowohl offene Investmentvermögen als auch geschlossene AIF erfasst werden, hatte sich zunächst auch der Aufgabenbereich der auf der Grundlage des § 143c InvG bereits errichteten Schlichtungsstellen erweitert (Begründung RegE AIFM-UmsG, BR-Drs. 791/12, 546). Mit der Umsetzung der Richtlinie zur alternativen Streitbeilegung (2013/11/EU) durch das Verbraucherstreitbeilegungsgesetz vom 19.2.2016 (BGBl. 2016 I 254, 1039) wurde die in § 42 geregelte Schlichtung von Streitigkeiten nach dem KAGB in § 14 I Nr. 6 UKlaG geregelt (vgl. Begründung RegE VBSBG, BT-Drs. 18/5089, 81, 84). Die in § 342 getroffenen Regelungen zum Schlichtungsverfahren wurden aufgehoben.

II. Beschwerdeverfahren (Abs. 1 u. 2)

2 Anleger und Kunden haben jederzeit das Recht, wegen behaupteter Verstöße gegen das KAGB Beschwerde bei der BaFin einzulegen. Bei der Beschwerde handelt es sich um eine **Petition iSd Art. 17 GG** (vgl. FK-KapAnlR/*Boehm* § 342 Rn. 21; BTMB/*Gerlach* § 342 Rn. 7; EDD/*Machhausen* InvG § 143c Rn. 2; WBA/*Zeidler* § 342 Rn. 2; BaFin: https://www.bafin.de/DE/Verbraucher/Beschwerden Streitschlichtung/BeiBaFinbeschweren/BeiBaFinbeschweren_node.html). Die Beschwerde hat in Textform bei der BaFin zu erfolgen. Bislang war die Beschwerde schriftlich, elektronisch oder zur Niederschrift einzulegen. Um den geänderten Bedürfnissen im Zuge des digitalen Wandels Rechnung zu tragen, hat der Gesetzgeber durch die Änderung des § 342 durch das FoStoG auf die Schriftform verzichtet (Begründung RegE FoStoG, BR-Drs. 51/21, 112). Auch in den bereits bestehenden Beschwerdeverfahren (gem. § 4b FinDAG) hat die BaFin die Einreichung der Beschwerde per Brief, Fax oder E-Mail vorgesehen (vgl. BaFin: https://www.bafin.de/DE/Verbraucher/BeschwerdenStreitschlichtung/BeiBaFinbeschweren/BeiBaFinbeschweren_node.html unter „So reichen Sie Ihre Beschwerde ein"). Die Beschwerde soll Ausführungen zum Sachverhalt enthalten und den Beschwerdegrund angeben. Anders als im Schlichtungsverfahren für Verbraucher, welches nun in § 14 UKlaG vorgesehen ist, können auch institutionelle Anleger und Kunden die Beschwerde einlegen. Weder Art. 17 GG noch § 342 KAGB vermitteln einen Anspruch auf Abhilfe oder eine bestimmte Art der Erledigung; die BaFin ist nur zur Entgegennahme, zur inhaltlichen Prüfung und zum Erlass einer Antwort verpflichtet (FK-KapAnlR/*Boehm* § 342 Rn. 39). Der Bescheid an den Beschwerdeführer ist rein informatorischer Natur und stellt mangels Rechtswirkungen keinen Verwaltungsakt dar (BTMB/*Gerlach* § 342 Rn. 27).

III. Zusammenarbeit mit zuständigen Stellen anderer Länder (Abs. 3)

3 Die Regelung in § 342 III stellt klar, dass die BaFin im Fall eines grenzüberschreitenden Sachverhalts mit den Aufsichtsbehörden aus den anderen Mitgliedsstaaten der EU und des EWR zusammenarbeitet. Die Regelung zur Verschwiegenheit gem. § 8 und die in § 9 normierte Zusammenarbeit mit anderen Stellen gelten

entsprechend. Fraglich ist, weshalb auch auf § 19 Bezug genommen wurde (Inhaber bedeutender Beteiligungen). Ein Verweis auf § 19 war auch in § 143c IV InvG enthalten. Damals war in § 19 InvG die Zusammenarbeit mit anderen Stellen und der Europäischen Wertpapier- und Marktaufsichtsbehörde geregelt. Da diese Zusammenarbeit nunmehr in § 9 enthalten ist, muss es sich bei dem Verweis auf § 19 in § 342 III um ein Redaktionsversehen handeln (so auch BTMB/*Gerlach* § 342 Fn. 1; EDD/*Nobbe* § 342 Rn. 20).

Abschnitt 2. Übergangsvorschriften

Unterabschnitt 1. Allgemeine Übergangsvorschriften für AIF-Verwaltungsgesellschaften

§ 343 Übergangsvorschriften für inländische und EU-AIF-Verwaltungsgesellschaften

(1) [1]**AIF-Kapitalverwaltungsgesellschaften, die vor dem 22. Juli 2013 Tätigkeiten im Sinne des § 20 ausüben, haben alle erforderlichen Maßnahmen zu ergreifen, um den Rechtsvorschriften dieses Gesetzes nachzukommen. [2]Sie haben vor Ablauf des 21. Juli 2014 die Erlaubnis nach den §§ 20 und 22 oder, wenn sie die Voraussetzungen des § 2 Absatz 4 erfüllen, die Registrierung nach § 44 zu beantragen.**

(2) [1]**EU-AIF-Verwaltungsgesellschaften, die vor dem 22. Juli 2013 inländische Spezial-AIF im Sinne des § 54 verwalten, haben alle erforderlichen Maßnahmen zu ergreifen, um den entsprechenden Rechtsvorschriften dieses Gesetzes nachzukommen. [2]Die Angaben gemäß § 54 sind unmittelbar nach Erteilung der Erlaubnis im Herkunftsmitgliedstaat, spätestens bis zum 31. Dezember 2014 der Bundesanstalt zu übermitteln.**

(3) [1]**Eine AIF-Kapitalverwaltungsgesellschaft, die vor dem 22. Juli 2013 Tätigkeiten im Sinne des § 20 ausübt, darf bis zum 21. Januar 2015 bereits vor Erteilung der Erlaubnis nach den §§ 20 und 22 neue AIF nach den Vorschriften dieses Gesetzes, mit Ausnahme des Erfordernisses der Erlaubnis, verwalten und im Geltungsbereich dieses Gesetzes vertreiben, wenn sie bei Publikums-AIF zusammen mit dem Antrag auf Genehmigung der Anlagebedingungen nach § 163 oder § 267 und bei Spezial-AIF zusammen mit der Vertriebsanzeige nach § 321**

1. **im Zeitraum vom 22. Juli 2013 bis zum 21. Juli 2014 den Antrag auf Erlaubnis nach den §§ 20 und 22 einreicht, auf den bereits eingereichten, noch nicht beschiedenen Antrag auf Erlaubnis nach den §§ 20 und 22 verweist oder die verbindliche Erklärung gegenüber der Bundesanstalt abgibt, innerhalb der in Absatz 1 Satz 2 genannten Frist einen Antrag auf Erlaubnis nach den §§ 20 und 22 zu stellen,**
2. **im Zeitraum vom 22. Juli 2014 bis zum 21. Januar 2015 auf den eingereichten, noch nicht beschiedenen Antrag auf Erlaubnis nach den §§ 20 und 22 verweist.**

[2]**Auf die Genehmigung der Anlagebedingungen findet § 163 Absatz 2 Satz 5 keine Anwendung. [3]In dem Verkaufsprospekt und den wesentlichen Anlegerinformationen gemäß § 164 oder § 268 sind die Anleger drucktech-**

nisch herausgestellt an hervorgehobener Stelle über die fehlende Erlaubnis der AIF-Kapitalverwaltungsgesellschaft und die Folgen einer unterlassenen Antragstellung oder Erlaubnisversagung hinzuweisen. [4]Bei Spezial-AIF muss dieser Hinweis im Rahmen der Informationen gemäß § 307 erfolgen. [5]Als neuer AIF im Sinne von Satz 1 gilt ein AIF, der nach dem 21. Juli 2013 aufgelegt wird.

(4) **Ein AIF gilt mit dem Zeitpunkt als aufgelegt im Sinne dieses Abschnittes, in dem mindestens ein Anleger durch den unbedingten und unbefristeten Abschluss des auf die Ausgabe eines Anteils oder einer Aktie gerichteten schuldrechtlichen Verpflichtungsgeschäfts einen Anteil oder eine Aktie des AIF gezeichnet hat.**

(5) **[1]AIF-Kapitalverwaltungsgesellschaften im Sinne des Absatzes 1, die weder die Voraussetzungen des § 2 Absatz 4 erfüllen noch binnen der in Absatz 1 Satz 2 vorgesehenen Frist einen Erlaubnisantrag stellen oder denen die Erlaubnis gemäß § 23 versagt wurde, können mit Zustimmung von Anlegern, die mehr als 50 Prozent der Anteile des AIF halten, die Abwicklung des inländischen AIF binnen drei Monaten nach Ablauf der in Absatz 1 Satz 2 genannten Frist oder nach Versagung der Erlaubnis dadurch abwenden, dass sie die Verwaltung auf eine AIF-Kapitalverwaltungsgesellschaft übertragen, die über eine Erlaubnis nach den §§ 20 und 22 verfügt und sich zur Übernahme der Verwaltung bereit erklärt. [2]Die Bundesanstalt kann im öffentlichen Interesse bestimmen, dass die Verwaltung des AIF auf eine AIF-Kapitalverwaltungsgesellschaft, die über eine Erlaubnis nach den §§ 20 und 22 verfügt und sich zur Übernahme der Verwaltung bereit erklärt, übergeht. [3]Die Verwaltung von inländischen Spezial-AIF kann auch auf EU-AIF-Verwaltungsgesellschaften übertragen werden, für welche die erforderlichen Angaben gemäß § 54 übermittelt wurden.**

(6) **[1]Für EU-AIF-Verwaltungsgesellschaften im Sinne des Absatzes 2, für die nicht binnen der in Absatz 2 Satz 2 vorgesehenen Frist die Angaben gemäß § 54 übermittelt wurden, gilt Absatz 5 entsprechend mit der Maßgabe, dass die Übertragung binnen drei Monaten nach Ablauf der in Absatz 2 Satz 2 genannten Frist erfolgen kann. [2]Für EU-AIF-Verwaltungsgesellschaften, die vor dem 22. Juli 2013 inländische Publikums-AIF verwalten, und für ausländische AIF-Verwaltungsgesellschaften, die vor dem 22. Juli 2013 inländische AIF verwalten, gilt Absatz 5 entsprechend mit der Maßgabe, dass die Übertragung innerhalb von 15 Monaten nach dem 21. Juli 2013 erfolgen kann.**

(7) **§ 34 Absatz 6 ist erst ab dem 1. Januar 2017 anzuwenden.**

(8) **[1]Die Anlagebedingungen, die wesentlichen Anlegerinformationen und der Verkaufsprospekt für Publikums-AIF sind spätestens zum 18. März 2017 an die ab dem 18. März 2016 geltende Fassung dieses Gesetzes anzupassen. [2]§ 163 gilt mit der Maßgabe, dass die in § 163 Absatz 2 Satz 1 genannte Frist drei Monate beträgt. [3]§ 163 Absatz 3 und 4 Satz 2 bis 5 ist nicht anzuwenden.**

I. Allgemeines

Die Vorschrift gilt seit Inkrafttreten des KAGB und stellt eine der zentralen Übergangsvorschriften des KAGB dar, da sie für alle zum Zeitpunkt des Inkrafttretens des KAGB bereits bestehende **AIF-Verwaltungsgesellschaften** den Zeitraum bestimmt, in dem sie sich auf die neuen Vorschriften des KAGB einstellen müssen. Anders als der Wortlaut der Paragraphenüberschrift impliziert, enthält die Vorschrift nämlich neben Übergangsvorschriften für inländische und EU-AIF-Verwaltungsgesellschaften auch Übergangsbestimmungen für ausländische AIF-Verwaltungsgesellschaften, die vor dem 22.7.2013 inländische AIF verwalteten. 1

II. Übergangsvorschriften für inländische AIF-KVG (§ 343 I, III u. IV)

§ 343 I setzt Art. 61 I AIFM-RL um und bezieht sich auf AIF-KVG, die bereits vor dem Inkrafttreten des KAGB **Tätigkeiten** iSd § 20 ausübten, welche mindestens die Portfolioverwaltung oder das Risikomanagement umfassen (§ 17 I). Ansonsten handelt es sich schon um keine KVG, da kein Investmentvermögen in Form eines AIF (§ 1 III) verwaltet wird (WBA/*Paul* § 343 Rn. 9). Die betroffenen AIF-KVG hatten danach eine **Übergangsfrist** von einem Jahr, um sich auf die neuen Vorschriften einzustellen und eine **Erlaubnis** oder **Registrierung** nach dem KAGB zu beantragen. Die vollständige Einhaltung aller gesetzlichen Vorgaben in Bezug auf die AIF-KVG (einschließlich der Vorgaben der VO (EU) Nr. 231/2013) wird von der BaFin mit dem Zeitpunkt der Erlaubnis- bzw. Registrierungsantragsstellung verlangt (vgl. BaFin FAQ vom 16.6.2013, Gz. WA 41-Wp 2137-2013/0343, Nr. I. 1). Nach § 22 I Nr. 12 müssen mit dem Erlaubnisantrag auch die Anlagebedingungen, Satzungen oder Gesellschaftsverträge aller AIF eingereicht werden, welche die AIF-KVG zu verwalten beabsichtigt. Somit waren die Anlagebedingungen, Satzungen oder Gesellschaftsverträge aller bereits bestehenden inländischen AIF bis zum Zeitpunkt der Stellung des Erlaubnisantrages an die Vorschriften des KAGB anzupassen. 2

Auch wenn bereits tätige AIF-KVG gem. § 343 I in dem Übergangszeitraum noch keine Erlaubnis nach §§ 20, 22 erhalten haben, können sie gem. § 343 III nach dem Inkrafttreten des KAGB **neue AIF** auflegen. Bei Auflage neuer AIF (vgl. auch → Rn. 7) galten jedoch bereits die Vorschriften des KAGB sowohl für die AIF-KVG als auch für den neuen AIF selbst – mit Ausnahme des Erfordernisses der Erlaubnis für die AIF-KVG. Die Auflage eines neuen AIF ist jedoch nur zulässig, wenn ein **Bezug zum Erlaubnisantrag** hergestellt wird. Hier wird bzgl. der **Übergangsfrist** zwischen dem Zeitraum vom 22.7.2013–21.7.2014 und dem Zeitraum vom 22.7.2014–21.1.2015 unterschieden, da die AIF-KVG im letzteren Zeitraum bereits einen Antrag auf Erlaubnis gestellt haben muss. Auch dürfen nach Ansicht der BaFin unter dieser Regelung nur solche AIF neu aufgelegt werden, bezüglich derer die AIF-KVG bereits vor Inkrafttreten des KAGB Tätigkeiten iSd § 20 erbracht hat, dh es wird unterschieden zwischen der bisherigen Verwaltung von offenen und geschlossenen AIF sowie der weiteren Kategorisierung nach der Art der Vermögensgegenstände (vgl. BaFin FAQ vom 16.6.2013, Gz. WA 41-Wp 2137-2013/0343, Nr. I. 10). **Registrierungspflichtige AIF-KVG** sind von dieser Regelung nicht erfasst. Für die Genehmigung der Anlagebedingungen bei **Publikums-AIF** gilt die Besonderheit, dass die Genehmigungsfiktion des § 163 II 5 keine Anwendung findet. Ferner müssen der Verkaufsprospekt und die wesent- 3 lichen Anlegerinformationen an hervorgehobener Stelle einen drucktechnisch herausgestellten **Hinweis** auf die fehlende Erlaubnis enthalten und auf die Folgen des Unterlassens der Antragstellung bzw. einer Erlaubnisversagung, wie sie in § 343 V dargestellt werden (dh entweder Übertragung auf eine andere AIF-KVG mit Erlaubnis oder Abwicklung). Bei **Spezial-AIF** muss dieser Hinweis iRd Informationen gem. § 307 erfolgen. Als „neuer AIF" iSv S. 1 gilt ein AIF, der nach dem 21.7.2013 aufgelegt wird (vgl. → Rn. 7).

4 § 343 V regelt den Fall, dass eine AIF-KVG **keinen fristgerechten Erlaubnisantrag** stellt oder die BaFin die **Erlaubnis versagt.** Im Sinne der Anlegerinteressen wird gestattet, dass die von dieser AIF-KVG verwalteten AIF nicht zwingend abzuwickeln sind, sondern alternativ durch eine **andere AIF-KVG** (mit entsprechender Erlaubnis) weiter verwaltet werden können. Hierzu muss das Verwaltungsrecht jedoch binnen drei Monaten nach dem jeweiligen Ereignis (Fristablauf oder Versagung der Erlaubnis) auf diese AIF-KVG übertragen werden. Im Hinblick auf die Erlaubnisversagung ist auf den Abschluss des Verwaltungsverfahrens abzustellen (BSV/*Hackenberg/Knappe* § 343 Rn. 33). Die Übertragung setzt die Zustimmung durch eine Mehrheit der Anleger oder Aktionäre (gemessen am Anlagevolumen) voraus. Alternativ kann auch die BaFin die Übertragung im öffentlichen Interesse bestimmen, sofern sich die betreffende AIF-KVG dazu bereit erklärt. Aufgrund der Möglichkeit des Gesellschaftspasses nach § 54 kommt bezüglich der Verwaltung von **Spezial-AIF** auch eine Übertragung auf eine **EU-AIF-Verwaltungsgesellschaft** in Frage. Hierzu muss diese im Herkunftsmitgliedsstaat über eine Erlaubnis verfügen und der BaFin die nach § 54 erforderlichen Angaben übermitteln.

III. Übergangsvorschriften für EU-AIF-Verwaltungsgesellschaften und ausländische AIF-Verwaltungsgesellschaften (§ 343 II, VI)

5 § 343 II betrifft Konstellationen, bei denen außerhalb der Vorschriften des InvG **EU-AIF-Verwaltungsgesellschaften** bereits vor dem 22.7.2013 Fondsstrukturen im Inland verwaltet haben, die nun als **inländische Spezial-AIF** zu qualifizieren sind. Die Möglichkeit der **grenzüberschreitenden Verwaltung** besteht fort, sofern die Gesellschaft im Herkunftsmitgliedstaat über eine Erlaubnis verfügt und der BaFin die nach § 54 erforderlichen Angaben übermittelt. Die Übermittlung hat dabei **unmittelbar** nach Erteilung der Erlaubnis zu erfolgen. Da die Erlaubniserteilung im Herkunftsmitgliedstaat aber möglicherweise erst nach anderthalb Jahren erfolgt, ist diese **Übergangsfrist** auch für die spätestmögliche Übermittlung der Angaben vorgesehen (spätestens bis zum 31.12.2014). Sofern keine Übermittlung erfolgt, gilt § 343 V (vgl. → Rn. 4). § 343 II ist auf die **Verwaltung von Spezial-AIF** beschränkt. Die grenzüberschreitende Verwaltung von inländischen Publikums-AIF oder von inländischen AIF durch ausländische AIF-Verwaltungsgesellschaften ist nach den Vorschriften des KAGB nicht mehr möglich; die Verwaltung muss in diesen Fällen auf eine AIF-KVG gem. § 343 V übertragen oder die inländischen AIF müssen abgewickelt werden.

6 § 343 VI betrifft den Fall, dass für eine **EU-AIF-Verwaltungsgesellschaft** oder **ausländische AIF-Verwaltungsgesellschaft,** die vor dem 22.7.2013 Fondsstrukturen im Inland verwaltet hat, die nun als **inländische AIF** zu qualifizieren sind, der BaFin die Angaben gem. § 54 nicht fristgerecht übermittelt wurden. Da für diese Gesellschaften die Möglichkeit der grenzüberschreitenden Verwaltung nicht mehr fortbesteht, sind diese AIF gem. § 343 V **abzuwickeln** oder auf eine AIF-KVG zu **übertragen.** Abweichend von § 343 V 1 beginnt die dreimonatige

Übertragungsfrist für eine **EU-AIF-Verwaltungsgesellschaft,** die vor dem 22.7.2013 **inländische Spezial-AIF** iSd § 54 verwaltet hat, gem. § 343 II 2 unmittelbar nach Erteilung der Erlaubnis im Herkunftsmitgliedstaat, spätestens jedoch am 31.12.2014. Für **EU-AIF-Verwaltungsgesellschaften,** die vor dem 22.7.2013 inländische **Publikums-AIF** verwalteten, und für **ausländische AIF-Verwaltungsgesellschaften,** die vor dem 22.7.2013 **inländische AIF** verwalteten, kann die Übertragung hingegen innerhalb einer Frist von 15 Monaten nach dem 21.7.2013 erfolgen.

IV. Auflage und Zeichnung neuer AIF (§ 343 IV)

Bei § 343 IV handelt es sich um eine zentrale Definition, die **für sämtliche** 7 **Übergangsvorschriften** in Abschn. 2 des 10. Kapitels des KAGB die Begriffe der **Auflage** und der **Zeichnung** einheitlich sowohl für **geschlossene** als auch für **offene AIF** festlegt. Demnach gilt ein AIF mit dem Zeitpunkt als aufgelegt, in dem **mindestens ein Anleger** durch den unbedingten und unbefristeten Abschluss des auf die Ausgabe eines Anteils oder einer Aktie gerichteten **schuldrechtlichen Verpflichtungsgeschäfts** einen Anteil oder eine Aktie des AIF gezeichnet hat. Das bloße Angebot des Anlegers auf Abschluss des Vertrags ohne korrespondierende Annahmeerklärung der AIF-Verwaltungsgesellschaft genügt insoweit nicht (EDD/*Jansen* § 343 Rn. 9).

V. Übergangsvorschriften im Rahmen des OGAW-V-Umsetzungsgesetzes (§ 343 VII, VIII)

§ 343 VII und VIII wurden im Rahmen des OGAW-V-UmsG angefügt. 8 § 343 VII bezieht sich auf AIF-KVG, die für Rechnung eines AIF Gelddarlehen gewähren oder unverbriefte Darlehensforderungen erwerben, und bestimmt, dass die Regelungen des § 14 KWG für Millionenkredite gem. § 34 VI für AIF-KVG erst ab dem 1.1.2017 entsprechend anzuwenden sind. Das **erste Meldequartal** ist damit das erste Quartal 2017 und der **erste Meldestichtag** ist der 31.3.2017 gewesen. Hierdurch sollte sowohl den AIF-KVG als auch der Deutschen Bundesbank hinreichend Zeit geben werden, das Meldeverfahren vorzubereiten.

Zudem wurden die neuen Informationspflichten, die nach der geänderten 9 OGAW-Richtlinie für die Anlagebedingungen, die wesentlichen Anlegerinformationen sowie den Verkaufsprospekt von OGAW gelten, im Rahmen des OGAW-V-UmsG wegen der vergleichbaren Interessenlage auch auf **inländische offene Publikums-AIF** und teilweise auch auf **inländische geschlossene Publikums-AIF** (wesentliche Anlegerinformationen und Verkaufsprospekt) erstreckt. Darüber hinaus wurde in § 88 IV und V entsprechend der für OGAW geltenden Regelung des § 77 IV auch für **Publikums-AIF** bestimmt, dass sich die Verwahrstelle bei einer Unterverwahrung nicht von ihrer Haftung befreien kann. Dies hat Änderungen in den wesentlichen Anlegerinformationen sowie den Verkaufsprospekten zur Folge. In diesem Zusammenhang gewährte § 343 VIII AIF-KVG für die **Anpassung** dieser Unterlagen an die ab dem 18.3.2016 geltende Fassung des KAGB eine **Übergangsfrist** bis zum 18.3.2017. Abweichend von § 163 II 1 beträgt die Frist für die BaFin für die Erteilung der Genehmigung drei Monate. Der Rücknahme- bzw. Umtauschanspruch der Anleger gem. § 163 III sowie die erweiterten Informationspflichten gem. § 163 IV 2–5 gelten nicht.

§ 344 Übergangsvorschriften für ausländische AIF-Verwaltungsgesellschaften und für andere Vertragsstaaten des Abkommens über den Europäischen Wirtschaftsraum

(1) **Die §§ 56 bis 66 sind erst ab dem Zeitpunkt anzuwenden, auf den in § 295 Absatz 2 Nummer 1 verwiesen wird.**

(2) **Bezieht sich dieses Gesetz auf andere Vertragsstaaten des Abkommens über den Europäischen Wirtschaftsraum oder das Abkommen über den Europäischen Wirtschaftsraum, so gilt diese Bezugnahme jeweils erst ab dem Zeitpunkt, ab dem die für die entsprechende Vorschrift dieses Gesetzes maßgeblichen Rechtsakte der Europäischen Union gemäß Artikel 7 des Abkommens über den Europäischen Wirtschaftsraum für die Vertragsparteien verbindlich sind und in dem betreffenden anderen Vertragsstaat des Abkommens über den Europäischen Wirtschaftsraum Teil des innerstaatlichen Rechts oder in innerstaatliches Recht umgesetzt sind.**

(3) **Unmittelbar geltende Rechtsakte der Europäischen Union gelten im Geltungsbereich dieses Gesetzes entsprechend auch für die Vertragsstaaten des Abkommens über den Europäischen Wirtschaftsraum, die keine Mitgliedstaaten der Europäischen Union sind, soweit diese Rechtsakte gemäß Artikel 7 des Abkommens über den Europäischen Wirtschaftsraum für die Vertragsparteien verbindlich sind und in dem betreffenden anderen Vertragsstaat des Abkommens über den Europäischen Wirtschaftsraum Teil des innerstaatlichen Rechts oder in innerstaatliches Recht umgesetzt sind.**

I. Allgemeines

1 Die Vorschrift gilt seit Inkrafttreten des KAGB und dient der Umsetzung von Art. 66 III der AIFM-RL in Bezug auf deren Artikel 37, 38 und 41 (BT-Drs. 17/12294, 300).

II. Übergangsvorschriften für ausländische AIF-Verwaltungsgesellschaften (§ 344 I)

2 § 344 I betrifft ausländische AIF-Verwaltungsgesellschaften, die in der AIFM-RL als Nicht-EU-AIFM bezeichnet werden, und regelt die Anwendbarkeit der §§ 56–66, die im Zusammenhang mit einer zukünftigen Einführung des **EU-Passes** für diese Verwaltungsgesellschaften stehen. Bei dem in § 295 II Nr. 1 genannten **Stichtag** handelt es sich um einen Zeitpunkt, der von der Europäischen Kommission in einem auf Grundlage des Art. 66 III iVm Art. 67 VI der AIFM-RL erlassenen delegierten Rechtsakt festgelegt werden soll (vgl. Kommentierung zu § 295). Eine Festlegung ist bislang noch nicht erfolgt, so dass aktuell die §§ 56–66 noch nicht anzuwenden sind.

III. Übergangsvorschriften im Hinblick auf andere Vertragsstaaten des EWR (§ 344 II u. III)

3 Das KAGB enthält an einer Vielzahl von Stellen Bezüge auf andere Vertragsstaaten des Abkommens über den EWR (dh Island, Liechtenstein und Norwegen) und das Abkommen über den EWR. Da jedoch die AIFM-RL und die darunter erlas-

senen Rechtsakte in diesen Vertragsstaaten nicht automatisch, sondern erst durch Aufnahme des entsprechenden Rechtsakts in das EWR-Abkommen sowie ggf. erst mit Umsetzung in nationales Recht gelten, bestimmt § 344 II, dass die im KAGB enthaltenen Bezüge **im Verhältnis zu dem entsprechenden Vertragsstaat** erst dann gelten sollen, wenn die genannten Voraussetzungen erfüllt sind. Die erste Voraussetzung ist für alle bezeichneten Vertragsstaaten erfüllt, da die AIFM-RL mittlerweile in Anhang IX des EWR-Abkommens aufgenommen wurde.

§ 344 III bestimmt, dass **unmittelbar geltende Rechtsakte der Europäischen Union** in Deutschland entsprechend auch für die anderen Vertragsstaaten des Abkommens über den Europäischen Wirtschaftsraums gelten sollen, die keine Mitgliedstaaten der Europäischen Union sind, wenn diese auch im entsprechenden Vertragsstaat gelten. 4

§ 344a [aufgehoben]

§ 344a, eine mWv 10.7.2015 eingeführte Übergangsvorschrift zum Kleinanlegerschutzgesetz, wurde aufgeh. mWv 16.8.2021 durch das Gesetz zur weiteren Stärkung des Anlegerschutzes v. 9.7.2021 (BGBl. 2021 I 2570). Von einer Kommentierung wurde abgesehen. 1

Unterabschnitt 2. Besondere Übergangsvorschriften für offene AIF und für AIF-Verwaltungsgesellschaften, die offene AIF verwalten

§ 345 Übergangsvorschriften für offene AIF und AIF-Verwaltungsgesellschaften, die offene AIF verwalten, die bereits nach dem Investmentgesetz reguliert waren

(1) [1]**Eine AIF-Kapitalverwaltungsgesellschaft, die bei Inkrafttreten dieses Gesetzes**

1. **über eine Erlaubnis als Kapitalanlagegesellschaft nach § 7 Absatz 1 des Investmentgesetzes in der bis zum 21. Juli 2013 geltenden Fassung oder als Investmentaktiengesellschaft nach § 97 Absatz 1 des Investmentgesetzes in der bis zum 21. Juli 2013 geltenden Fassung verfügt und**
2. **inländische offene Publikums-AIF verwaltet, die vor dem 22. Juli 2013 im Sinne des § 343 Absatz 4 aufgelegt und deren Anlagebedingungen gemäß den §§ 43, 43a des Investmentgesetzes in der bis zum 21. Juli 2013 geltenden Fassung genehmigt wurden,**

hat die Anlagebedingungen und gegebenenfalls die Satzung dieser inländischen offenen Publikums-AIF an die Vorschriften dieses Gesetzes anzupassen; die geänderten Anlagebedingungen müssen spätestens am 21. Juli 2014 in Kraft treten. [2]Die für die Anpassung erforderlichen Änderungen der Anlagebedingungen müssen nur dann von der Bundesanstalt genehmigt werden, wenn es sich bei diesen Änderungen nicht um rein redaktionelle Änderungen auf Grund der Anpassungen an die Begrifflichkeiten nach diesem Gesetz handelt. [3]Andere als die zur Anpassung der Anlage-

bedingungen an die Vorschriften dieses Gesetzes notwendigen Änderungen dürfen in den Anlagebedingungen nicht vorgenommen werden. [4]Für die Genehmigung der Anlagebedingungen gilt nur § 163 Absatz 2 Satz 1 bis 4, 7 bis 10 und Absatz 4 Satz 1, 6 und 7 mit der Maßgabe, dass die in § 163 Absatz 2 Satz 1 genannte Frist zwei Monate ab Einreichung des Antrags auf Genehmigung der Anlagebedingungen beträgt. [5]Auf rein redaktionelle Änderungen von Anlagebedingungen im Sinne des Satzes 2 ist § 163 nicht anzuwenden, jedoch gilt für die Bekanntmachung der Änderungen und deren Inkrafttreten § 163 Absatz 4 Satz 1 und 6 erster Halbsatz entsprechend; die redaktionell angepassten Anlagebedingungen sind bei der Bundesanstalt einzureichen. [6]Der Antrag auf Genehmigung der Änderungen der Anlagebedingungen oder, falls ein solcher nach Satz 2 nicht erforderlich ist, die redaktionell angepassten Anlagebedingungen dürfen nicht nach dem Erlaubnisantrag gemäß § 22 bei der Bundesanstalt eingereicht werden. [7]Wird der Antrag auf Genehmigung der Änderungen der Anlagebedingungen oder werden, falls ein solcher nach Satz 2 nicht erforderlich ist, die redaktionell angepassten Anlagebedingungen vor dem Erlaubnisantrag gemäß § 22 eingereicht, muss die AIF-Kapitalverwaltungsgesellschaft bei der Einreichung verbindlich gegenüber der Bundesanstalt erklären, spätestens bis zum 21. Juli 2014 einen Antrag auf Erlaubnis nach den §§ 20 und 22 zu stellen. [8]Die Bundesanstalt ist unverzüglich über den Zeitpunkt des Inkrafttretens der Änderungen der Anlagebedingungen zu informieren. [9]Bis zum Inkrafttreten der Änderungen der Anlagebedingungen der verwalteten inländischen offenen Publikums-AIF im Sinne des Satzes 1 Nummer 2, spätestens jedoch bis zum 21. Juli 2014, sind für diese AIF die für entsprechende Publikums-AIF geltenden Vorschriften des Investmentgesetzes in der bis zum 21. Juli 2013 geltenden Fassung weiter anzuwenden. [10]Die §§ 1 und 2 sowie die Vorschriften dieses Gesetzes betreffend die für Umstellung auf das neue Recht erforderlichen Anträge, Verwaltungsverfahren und Bescheide sowie die Übergangsvorschriften nach diesem Gesetz bleiben unberührt. [11]Ab Inkrafttreten der geänderten Anlagebedingungen, spätestens jedoch ab dem 22. Juli 2014, sind auf die inländischen offenen Publikums-AIF die Vorschriften dieses Gesetzes anzuwenden.

(2) **[1]Bis zum Eingang des Erlaubnisantrags nach § 22 bei der Bundesanstalt, spätestens jedoch bis zum Ablauf des 21. Juli 2014, gelten für eine AIF-Kapitalverwaltungsgesellschaft im Sinne des Absatzes 1 Satz 1 die Vorschriften des Investmentgesetzes in der bis zum 21. Juli 2013 geltenden Fassung weiter. [2]Absatz 1 Satz 10 gilt entsprechend. [3]Soweit sich aus Absatz 1 Satz 9 nichts anderes ergibt, ist ab Eingang des Erlaubnisantrags nach § 22, spätestens jedoch ab dem 22. Juli 2014, dieses Gesetz vollständig auf die AIF-Kapitalverwaltungsgesellschaft im Sinne des Absatzes 1 Satz 1 anzuwenden mit der Maßgabe, dass im Hinblick auf die Verwaltung und den Vertrieb von Publikums-AIF im Sinne des Absatzes 1 Satz 1 Nummer 2 im Geltungsbereich dieses Gesetzes und so lange der Erlaubnisantrag, der bis zum 21. Juli 2014 einzureichen ist, noch nicht beschieden wurde, das Erfordernis der Erlaubnis durch den noch nicht beschiedenen vollständigen Erlaubnisantrag ersetzt wird. [4]Haben die in Absatz 1 Satz 1 genannten AIF-Kapitalverwaltungsgesellschaften bis zum Ablauf des 21. Juli 2014 keinen Antrag auf Erlaubnis gemäß § 22 gestellt, ist § 343 Absatz 5 anzuwenden.**

(3) [1]**Eine AIF-Kapitalverwaltungsgesellschaft, die bei Inkrafttreten dieses Gesetzes**

1. **über eine Erlaubnis als Kapitalanlagegesellschaft nach § 7 Absatz 1 des Investmentgesetzes in der bis zum 21. Juli 2013 geltenden Fassung oder über eine Erlaubnis als Investmentaktiengesellschaft nach § 97 Absatz 1 des Investmentgesetzes in der bis zum 21. Juli 2013 geltenden Fassung verfügt und**
2. **inländische offene Spezial-AIF verwaltet, die vor dem 22. Juli 2013 im Sinne des § 343 Absatz 4 aufgelegt wurden,**

hat die Anlagebedingungen und gegebenenfalls die Satzung dieser inländischen offenen Spezial-AIF spätestens bis zum 21. Juli 2014 an die Vorschriften dieses Gesetzes anzupassen und zusammen mit dem Erlaubnisantrag gemäß § 22 einzureichen. [2]**Absatz 1 Satz 8 und 9 und Absatz 2 gelten entsprechend.**

(4) [1]**Erfüllt eine AIF-Kapitalverwaltungsgesellschaft im Sinne des Absatzes 3 Satz 1 die Voraussetzungen des § 2 Absatz 4, gelten für sie und die von ihr verwalteten inländischen offenen Spezial-AIF im Sinne des Absatzes 3 Satz 1 bis zum Eingang des Antrags auf Registrierung nach § 44 bei der Bundesanstalt, spätestens jedoch bis zum 21. Juli 2014, die Vorschriften des Investmentgesetzes in der bis zum 21. Juli 2013 geltenden Fassung weiter.** [2]**Die Übergangsvorschriften, die Vorschriften zur Registrierung sowie die Befugnisse der Bundesanstalt nach diesem Gesetz bleiben unberührt.** [3]**Ab dem Eingang des Antrags auf Registrierung bei der Bundesanstalt, spätestens ab dem 22. Juli 2014, sind die für diese AIF-Kapitalverwaltungsgesellschaft geltenden Vorschriften dieses Gesetzes anzuwenden.**

(5) **Beantragt eine AIF-Kapitalverwaltungsgesellschaft im Sinne des Absatzes 1 Satz 1 oder des Absatzes 3 Satz 1 gemäß § 22 die Erlaubnis zur Verwaltung von AIF, muss sie diejenigen Angaben und Unterlagen, die sie bereits bei dem Erlaubnisantrag nach § 7 Absatz 1 oder § 97 Absatz 1 des Investmentgesetzes in der bis zum 21. Juli 2013 geltenden Fassung oder im Rahmen der Umstellung ihrer Investmentvermögen auf dieses Gesetz vorgelegt hat, nicht erneut vorlegen, sofern diese Angaben und Unterlagen weiterhin aktuell sind.**

(6) [1]**Eine AIF-Kapitalverwaltungsgesellschaft im Sinne des Absatzes 1 Satz 1 darf von ihr verwaltete inländische offene Publikums-AIF im Sinne des Absatzes 1 Satz 1 Nummer 2 nach dem 21. Juli 2013 im Geltungsbereich dieses Gesetzes nach den Vorschriften des Investmentgesetzes in der bis zum 21. Juli 2013 geltenden Fassung weiter vertreiben.** [2]**Das Vertriebsrecht nach Satz 1 endet,**

1. **wenn die Bundesanstalt den Vertrieb untersagt hat,**
2. **wenn die Bundesanstalt die Erlaubnis nach § 23 versagt hat,**
3. **mit dem Inkrafttreten der Änderungen der Anlagebedingungen gemäß Absatz 1,**
4. **spätestens jedoch mit Ablauf des 21. Juli 2014.**

[3]**Ein Vertrieb der in Satz 1 genannten inländischen offenen Publikums-AIF nach dem 21. Juli 2014 oder, sofern die Änderungen der Anlagebedingungen nach Absatz 2 früher in Kraft treten, nach dem Inkrafttreten der Änderungen der Anlagebedingungen gemäß Absatz 2 ist nur zulässig,**

wenn die AIF-Kapitalverwaltungsgesellschaft bis zu dem früheren der beiden Zeitpunkte das Anzeigeverfahren nach § 316 erfolgreich durchlaufen hat. [4]§ 316 Absatz 1 bis 3 ist für das Anzeigeverfahren im Sinne des Satzes 3 mit den Maßgaben anzuwenden, dass

1. **die Frist nach § 316 Absatz 3 zwei Monate beträgt,**
2. **die Vertriebsanzeige zusammen mit dem Erlaubnisantrag gemäß § 22 eingereicht werden muss,**
3. **solange der bei der Bundesanstalt eingereichte Erlaubnisantrag gemäß § 22 noch nicht beschieden ist, das Erfordernis der Erlaubnis nach § 22 durch den bei der Bundesanstalt eingereichten, aber noch nicht beschiedenen vollständigen Erlaubnisantrag ersetzt wird.**

[5]Der Vertrieb nach den Vorschriften dieses Gesetzes darf erst nach der Mitteilung nach § 316 Absatz 3 und nach Inkrafttreten der Änderungen der Anlagebedingungen fortgesetzt werden. [6]In dem Zeitraum, in dem das Erfordernis der Erlaubnis nach § 22 durch den bei der Bundesanstalt eingereichten, aber noch nicht beschiedenen Erlaubnisantrag ersetzt wird, sind in dem Verkaufsprospekt und den wesentlichen Anlegerinformationen die Anleger drucktechnisch herausgestellt an hervorgehobener Stelle über die fehlende Erlaubnis der AIF-Kapitalverwaltungsgesellschaft und die Folgen einer Erlaubnisversagung hinzuweisen. [7]Das Vertriebsrecht erlischt, wenn die Erlaubnis gemäß § 23 versagt wird.

(7) **Für eine AIF-Kapitalverwaltungsgesellschaft im Sinne des Absatzes 3 Satz 1 und den Vertrieb der von ihr verwalteten inländischen offenen Spezial-AIF im Sinne des Absatzes 3 Satz 1 Nummer 2 nach dem 21. Juli 2013 im Geltungsbereich dieses Gesetzes an professionelle oder semiprofessionelle Anleger gilt Absatz 6 entsprechend mit der Maßgabe, dass jeweils an die Stelle des § 316 der § 321 und an die Stelle von inländischen offenen Publikums-AIF inländische offene Spezial-AIF treten.**

(8) **[1]AIF-Verwaltungsgesellschaften, die bei Inkrafttreten dieses Gesetzes eine Anzeige nach § 139 Absatz 1 des Investmentgesetzes in der bis zum 21. Juli 2013 geltenden Fassung oder nach § 7 Absatz 1 des Auslandsinvestmentgesetzes in der bis zum 31. Dezember 2003 geltenden Fassung erstattet haben und zum öffentlichen Vertrieb von Anteilen oder Aktien eines von ihr verwalteten AIF berechtigt sind und diese auch nach dem 21. Juli 2014 im Geltungsbereich dieses Gesetzes zu vertreiben beabsichtigen, müssen**

1. **in Bezug auf**
   a) **EU-AIF und**
   b) **ausländische AIF,**
   c) **die im Geltungsbereich dieses Gesetzes an Privatanleger vertrieben werden, eine Anzeige nach § 320 an die Bundesanstalt übermitteln,**
2. **in Bezug auf**
   a) **ausländische AIF und**
   b) **EU-Feeder-AIF, deren Master-AIF keine EU-AIF oder inländischen AIF sind, die von einer EU-AIF-Verwaltungsgesellschaft oder einer AIF-Kapitalverwaltungsgesellschaft verwaltet werden,**

   und die im Geltungsbereich dieses Gesetzes von einer AIF-Kapitalverwaltungsgesellschaft oder einer EU-AIF-Verwaltungsgesellschaft an professionelle oder semiprofessionelle Anleger vertrieben werden, eine Anzeige nach § 329 an die Bundesanstalt übermitteln,

3. in Bezug auf
a) EU-AIF und
b) EU-Feeder-AIF, deren Master-AIF ein EU-AIF oder inländischer AIF ist, der von einer EU-AIF-Verwaltungsgesellschaft oder einer AIF-Kapitalverwaltungsgesellschaft verwaltet wird,
und die im Geltungsbereich dieses Gesetzes von einer EU-AIF-Verwaltungsgesellschaft an professionelle oder semiprofessionelle Anleger vertrieben werden, über die zuständigen Stellen des Herkunftsmitgliedstaates der EU-AIF-Verwaltungsgesellschaft eine Anzeige nach § 323 übermitteln,
4. in Bezug auf
a) ausländische AIF und
b) EU-AIF,
die im Geltungsbereich dieses Gesetzes von einer ausländischen AIF-Verwaltungsgesellschaft an professionelle oder semiprofessionelle Anleger vertrieben werden, eine Anzeige nach § 330 an die Bundesanstalt übermitteln,
5. in Bezug auf AIF, die im Geltungsbereich dieses Gesetzes von einer EU-AIF-Verwaltungsgesellschaft, die die Bedingungen nach Artikel 3 Absatz 2 der Richtlinie 2011/61/EU erfüllt, an professionelle oder semiprofessionelle Anleger vertrieben werden, eine Anzeige nach § 330a an die Bundesanstalt übermitteln.

[2]Die AIF-Verwaltungsgesellschaft darf den AIF im Sinne von Satz 1 noch bis zum Abschluss des Anzeigeverfahrens im Geltungsbereich dieses Gesetzes nach den Vertriebsvorschriften des Investmentgesetzes in der bis zum 21. Juli 2013 geltenden Fassung vertreiben. [3]Das Vertriebsrecht nach Satz 2 endet spätestens am 21. Juli 2014. [4]Wird kein weiterer Vertrieb des AIF im Sinne von Satz 1 beabsichtigt, gilt § 315 entsprechend. [5]Eine neue Vertriebsanzeige nach Satz 1 ist jederzeit möglich.

(9) **[1]AIF-Verwaltungsgesellschaften, die in Bezug auf ihre EU-AIF oder ausländischen AIF nach dem 21. Juli 2014 Tätigkeiten ausüben oder ausüben lassen, die zwar nach dem Investmentgesetz in der bis zum 21. Juli 2013 geltenden Fassung nicht als öffentlicher Vertrieb galten, nach diesem Gesetz aber als Vertrieb anzusehen sind, haben, gegebenenfalls über die zuständigen Stellen des Herkunftsmitgliedstaates, eine Anzeige nach den §§ 320, 323, 329, 330 oder 330a zu übermitteln. [2]Absatz 8 Satz 2, 3 und 5 gilt entsprechend.**

(10) **[1]AIF-Kapitalverwaltungsgesellschaften, die bei Inkrafttreten dieses Gesetzes in einem anderen Mitgliedstaat der Europäischen Union oder in einem anderen Vertragsstaat des Abkommens über den Europäischen Wirtschaftsraum zum Vertrieb eines ab dem 22. Juli 2013 der Anzeigepflicht nach § 331 unterfallenden AIF an professionelle Anleger berechtigt sind, dürfen diesen nach dem 21. Juli 2014 dort nicht mehr vertreiben, es sei denn, sie haben ein neues Vertriebsrecht nach § 331 Absatz 5 Satz 2 erhalten. [2]Abweichende Fristen in dem Mitgliedstaat der Europäischen Union oder in dem anderen Vertragsstaat des Abkommens über den Europäischen Wirtschaftsraum, in dem der AIF bisher zum Vertrieb an professionelle Anleger zugelassen war, bleiben unberührt. [3]Die Fristen nach § 331 Absatz 3 und 4 beginnen zu laufen, sobald die Bundesanstalt der**

AIF-Kapitalverwaltungsgesellschaft eine Erlaubnis gemäß § 22 erteilt hat und die Änderungen der Anlagebedingungen in Kraft getreten sind.

(11) **Für Verwahrstellen von inländischen offenen Publikums-AIF ist keine erneute Genehmigung nach § 69 Absatz 1 Satz 1, auch in Verbindung mit § 87, erforderlich, wenn deren Auswahl bereits nach § 21 Absatz 1 des Investmentgesetzes in der bis zum 21. Juli 2013 geltenden Fassung genehmigt worden ist.**

(12) **[1]Der Antrag einer AIF-Kapitalverwaltungsgesellschaft, der auf eine Genehmigung der Anlagebedingungen eines AIF durch die Bundesanstalt nach dem Investmentgesetz gerichtet ist und der vor dem 21. Juli 2013 bei der Bundesanstalt eingegangen ist, jedoch bis zum Ablauf des 21. Juli 2013 noch nicht genehmigt war, gilt als am 22. Juli 2013 gestellter Antrag auf Genehmigung der Anlagebedingungen nach diesem Gesetz. [2]Sofern nach diesem Gesetz erforderliche Angaben oder Dokumente fehlen, hat die Bundesanstalt diese nachzufordern.**

I. Allgemeines

1 Die Vorschrift gilt seit Inkrafttreten des KAGB. Es handelt sich um die zentrale Übergangsvorschrift im Hinblick auf offene AIF und AIF-Verwaltungsgesellschaften, die offene AIF verwalten.

II. Umstellung von inländischen offene Publikums-AIF (§ 345 I und II)

2 § 345 I richtet sich an jede AIF-KVG, für die bis zum Zeitpunkt des Inkrafttretens des KAGB das InvG anwendbar war und die zu diesem Zeitpunkt inländische offene Publikums-AIF verwaltete, und regelt die Umstellung der **fondsbezogenen Vorschriften** auf die neue Rechtslage. Nach Maßgabe von S. 1 haben diese AIF-KVG die Anlagebedingungen und ggf. die Satzungen ihrer zum Zeitpunkt des Inkrafttretens des KAGB bereits aufgelegten inländischen offenen Publikums-AIF an die Vorschriften des KAGB **anzupassen.** Im Hinblick auf die Frage, wann ein AIF als aufgelegt gilt, verweist § 345 I 1 Nr. 2 auf § 343 IV, wonach auf den Zeitpunkt abzustellen ist, zu dem mindestens ein Anleger durch den unbedingten und unbefristeten Abschluss des auf die Ausgabe eines Anteils oder einer Aktie gerichteten schuldrechtlichen Verpflichtungsgeschäfts einen Anteil oder eine Aktie des AIF gezeichnet hatte.

3 Die **angepassten Anlagebedingungen** hatten spätestens am **21.7.2014** in Kraft zu treten, mussten allerdings gem. § 345 I 2 zuvor von der BaFin **genehmigt** werden. Neben den Anpassungen an das KAGB durften jedoch gem. § 345 I 3 keine weiteren Anpassungen der Anlagebedingungen vorgenommen werden. Im Hinblick auf das **Genehmigungsverfahren,** die Bekanntmachung und das Inkrafttreten der geänderten Anlagebedingungen verweist § 345 I 4 auf die Vorschriften des § 163 II, IV. Allerdings wird die dort genannte vierwöchige Genehmigungsfrist auf zwei Monate nach Antragstellung verlängert und die Genehmigungsfiktion gem. § 163 II 5, 6 ausgeschlossen. Dem gegenüber bedurften rein redaktionell angepasste Anlagebedingungen keiner Genehmigung durch die BaFin. Diese waren lediglich nach Maßgabe des § 345 I 5 bei der BaFin einzureichen und gem. § 163 IV 1, 6 1. Hs. bekanntzumachen. Diese Differenzierung trägt dem Umstand

Rechnung, dass sich nach Einschätzung des Gesetzgebers eine Vielzahl von Genehmigungsanträgen kumulieren kann (vgl. BT-Drs. 17/12294, 301).

§ 343 I 2 bestimmt, dass die bezeichneten AIF-Kapitalverwaltungsgesellschaften vor Ablauf des 21.7.2014 bei der BaFin eine **Erlaubnis** nach den §§ 20, 22 zu beantragen hatten. Gemäß § 345 I 6 sollten der Antrag auf Genehmigung der geänderten Anlagebedingungen bzw. die lediglich redaktionell angepassten Anlagebedingungen zusammen mit dem Erlaubnisantrag bei der BaFin eingereicht werden. Gemäß § 345 I 7 sollte eine Einreichung jedoch auch vorab möglich sein, wenn die AIF-Kapitalverwaltungsgesellschaft verbindlich gegenüber der BaFin erklärt hatte, dass sie den Erlaubnisantrag fristgerecht bis spätestens zum 21.7.2014 stellen würde. Diese Regelung ist nachvollziehbar, da die Genehmigung der Anlagebedingungen grundsätzlich die Erteilung der Erlaubnis für die AIF-Kapitalverwaltungsgesellschaft voraussetzte, die in der Übergangszeit aber noch nicht zwingend erteilt war. 4

Sobald bekannt, war die BaFin gem. § 345 I 8 unverzüglich über den Zeitpunkt des Inkrafttretens der geänderten Anlagebedingungen zu **informieren.** Bis zu diesem Zeitpunkt, längstens jedoch bis zum Ablauf der einjährigen Übergangsfrist am 21.7.2014, waren mit Ausnahme der §§ 1 (Begriffsbestimmungen) und 2 (Anwendungsbereich) sowie der für die Umstellung auf das KAGB betreffenden verfahrensrechtlichen Vorschriften (zB die Vorschriften zum Genehmigungsantrag, sowie die Übergangsvorschriften) auf die betreffenden Publikums-AIF gem. § 345 I Satz 9 noch die entsprechenden fondsbezogenen Vorschriften aus den InvG anwendbar. Von einer Informierung der Anleger mittels dauerhaftem Datenträger konnte dabei aus Kostengründen abgesehen werden, da bei der Umstellung ohnehin nur zwingend erforderliche Anpassungen an die neue Rechtslage erlaubt waren (vgl. BT-Drs. 17/12294, S. 301). § 345 I 11 stellt demgegenüber klar, dass auf die entsprechenden Publikums-AIF spätestens seit dem **22. Juli 2014** ausschließlich die Vorschriften des KAGB anzuwenden sind. 5

§ 345 II regelt die Umstellung der **verwalterbezogenen Vorschriften** auf die neue Rechtslage. Demnach galten gem. § 345 II 1 bis zum Eingang des Erlaubnisantrags nach § 22 bei der BaFin, spätestens jedoch bis zum Ablauf der einjährigen Übergangsfrist am 21.7.2014, für die bestreffende AIF-KVG mit Ausnahme der §§ 1 (Begriffsbestimmungen) und 2 (Anwendungsbereich) sowie der für die Umstellung auf das KAGB betreffenden verfahrensrechtlichen Vorschriften (zB die Vorschriften zum Genehmigungsantrag, sowie die Übergangsvorschriften) die Vorschriften des InvG weiter. Wiederum rein klarstellend bestimmt § 345 II 3, dass, vorbehaltlich der fondsbezogenen Vorschriften gem. § 345 I, ab dem Eingang des Erlaubnisantrags bei der BaFin, spätestens jedoch ab dem **22.7.2014** auf die entsprechenden AIF-KVG die Vorschriften des KAGB vollständig anzuwenden sind, wobei bis zum endgültigen Bescheid des Erlaubnisantrags der noch nicht beschiedene vollständige **Erlaubnisantrag** an dessen Stelle treten soll. Versäumte es eine AIF-KVG einen fristgerechten Erlaubnisantrag zu stellen, konnte die AIF-KVG die Verwaltung ihrer AIFs gem. § 343 V mit mehrheitlicher Zustimmung der Anleger auf eine andere zugelassene AIF-Kapitalverwaltungsgesellschaft **übertragen.** 6

III. Umstellung von inländischen offenen Spezial-AIF (§ 345 III u. IV)

§ 345 III richtet sich an AIF-KVG, für die bis zum Zeitpunkt des Inkrafttretens des KAGB das InvG anwendbar war und die zu diesem Zeitpunkt **inländische offene Spezial-AIF** verwalteten, und regelt die Umstellung der **fondsbezogenen** 7

Vorschriften auf die neue Rechtslage. Nach Maßgabe von S. 1 hatten diese AIF-Kapitalverwaltungsgesellschaften die Anlagebedingungen und ggf. die Satzungen ihrer bereits aufgelegten inländischen offenen Spezial-AIF ebenfalls an die Vorschriften des KAGB **anzupassen.** Auch diese Änderungen musste spätestens am **21.7.2014** in Kraft treten, wobei es jedoch einer Genehmigung der geänderten Anlagebedingungen nicht bedurfte (vgl. BT-Drs. 17/12294, 301). Nach Maßgabe von § 345 III 2 war allerdings die BaFin auch in diesem Fall über den Zeitpunkt des Inkrafttretens der geänderten Anlagebedingungen zu **informieren** und die entsprechenden fondsbezogenen Vorschriften aus den **InvG** galten entsprechend (→ Rn. 6).

8 § 345 IV modifiziert die in § 345 III genannte Übergangsvorschriften für die AIF-KVG, die unter die Schwellenwerte von § 2 IV fallen (sog. **Sub-Threshold KVG**), sowie die von ihnen verwalteten inländischen offenen Spezial-AIF und stellt im Hinblick auf den maßgeblichen Zeitpunkt für das Ende der Übergangsfrist auf den Eingang des Registrierungsantrags gem. § 44 ab. Vor diesem Zeitpunkt, längstens jedoch bis zum **21.7.2014,** sollten die Vorschriften des InvG und danach die Vorschriften des KAGB für Sub-Threshold KVG und ihre Spezial-AIF gelten.

IV. Übergangsvorschrift in Bezug auf den Erlaubnisantrag (§ 345 V)

9 § 345 V befreite AIF-KVG, für die bis zum Zeitpunkt des Inkrafttretens des KAGB das InvG anwendbar war, von der Pflicht, **Angaben und Unterlagen,** die sie bereits im Zusammenhang mit dem Erlaubnisantrag nach dem InvG oder im Rahmen der Umstellung ihrer AIF an das KAGB bei der BaFin vorgelegt hatten, im Zusammenhang mit dem Erlaubnisantrag nach dem KAGB erneut einzureichen, sofern diese zu diesem Zeitpunkt weiterhin aktuell waren.

V. Übergangsvorschriften in Bezug auf den Vertrieb (§ 345 VI–X)

10 Eine AIF-Kapitalverwaltungsgesellschaft, die zum Zeitpunkt des Inkrafttretens des KAGB über eine Erlaubnis nach dem InvG verfügte, durfte gem. § 345 VI 1 von ihr verwaltete und unter dem InvG aufgelegte **inländische offene Publikums-AIF** während eines Übergangszeitraums bis zum **21.7.2014** auch ohne Vornahme einer Vertriebsanzeige gem. § 316 weiter vertreiben. Der Übergangszeitraum konnte jedoch in den in § 345 VI 2 Nr. 1–3 genannten Fällen vorzeitig enden. Nach Ablauf des Übergangszeitraums konnte der Vertrieb dieser AIF nur fortgesetzt werden, wenn zuvor eine entsprechend **Vertriebsanzeige** nach Maßgabe des KAGB vorgenommen wurde, die geänderten Anlagebedingungen in Kraft getreten waren und die BaFin gem. § 316 § mitgeteilt hatte, dass die AIF-KVG mit dem Vertrieb des AIF beginnen kann. Gemäß § 345 VI 4 musste die Vertriebsanzeige zusammen mit dem **Erlaubnisantrag** eingereicht werden und die Prüfungsfrist betrug abweichend von § 316 III zwei Monate anstelle von 20 Arbeitstagen. Außerdem war der Anleger im **Verkaufsprospekt** und in den **wesentlichen Anlegerinformationen** bis zu deren Erteilung auf die fehlende Erlaubnis und die möglichen Folgen einer Erlaubnisversagung hinzuweisen (§ 345 VI 6). Nach § 345 VI konnte die AIF-Kapitalverwaltungsgesellschaft dabei entscheiden, die Vertriebsanzeige so rechtzeitig bei der BaFin einzureichen, dass das Anzeigeverfahren noch vor dem Inkrafttreten der geänderten Anlagebedingungen oder dem 21. Juli 2014 abgeschlossen werden konnte, oder die Anzeige erst zu einem späteren

Zeitpunkt mit dem Risiko vorzunehmen, dass dann notfalls der Vertrieb zwischen dem Inkrafttreten der geänderten Anlagebedingungen oder dem 21.7.2014 und dem erfolgreichen Abschluss des Anzeigeverfahrens nach § 316 einstellt werden musste (vgl. BT-Drs. 17/12294, 302).

Gemäß § 345 VII gilt für den Vertrieb von **inländischen offenen Spezial-AIF** § 345 VI entsprechend, wobei der Verweis auf § 316 als ein Verweis auf § 321 zu lesen ist. 11

§ 345 VIII bezieht sich auf AIF-Verwaltungsgesellschaften, die bei Inkrafttreten des KAGB eine **Vertriebsberechtigung** nach § 139 I InvG oder nach § 7 I AuslInvestmG besaßen und stellt klar, dass das diesbezügliche Vertriebsrecht nicht unbegrenzt fortbesteht. Vielmehr musste auch in diesem Fall binnen eines Jahres das entsprechende **Anzeigeverfahren** nach Maßgabe des KAGB durchlaufen werden. Andernfalls erlosch das Vertriebsrecht spätestens am **21.7.2014.** § 345 VIII 1 Nr. 1–5 verweist dabei ja nach Art des jeweiligen AIF auf die entsprechenden Vorschriften für das Anzeigeverfahren nach dem KAGB (§§ 320, 323, 329, 330 bzw. 330a). Sollte das Vertriebsrecht für die betreffenden AIF erloschen sein, bleibt eine **Wiederaufnahme** nach Durchführung einer entsprechenden Vertriebsanzeige nach Maßgabe des KAGB jedoch jederzeit weiter möglich. 12

Mit Blick auf AIF-Verwaltungsgesellschaften, die für ihre AIF mangels gesetzlichem Erfordernis **keine Vertriebsanzeige** nach § 139 I InvG oder nach § 7 I AuslInvestmG erstatten hatten, aber dennoch nach dem Inkrafttreten des KAGB Tätigkeiten ausübten oder ausüben ließen, die nach dem KAGB als Vertrieb anzusehen sind, stellt § 345 IX klar, dass für diese AIF bis spätestens zum **21.7.2014** eine entsprechende Vertriebsanzeige zu erstatten war, da ansonsten das Vertriebsrecht auch für diese AIF erlosch. Sollte dies nicht erfolgt sein, kann jedoch eine Vertriebsanzeige auch für diese AIF jederzeit nachgeholt werden. 13

§ 345 X bezieht sich auf AIF-KVG, die bei Inkrafttreten des KAGB in anderen **EU-Mitgliedstaaten** oder **EWR-Vertragsstaaten** berechtigt sind, AIF an **professionelle Anleger** zu vertreiben, und stellt klar, dass dieses Vertriebsrecht, vorbehaltlich abweichender Fristen im betreffenden Mitglied- oder Vertragsstaat, ebenfalls am 21.7.2014 erlosch, sofern sie bis zu diesem Zeitpunkt kein neues Vertriebsrecht nach Maßgabe des § 331 erhalten. § 345 X 2 führt dazu klarstellend als zusätzliche Voraussetzung für das Vertriebsrecht aus, dass die betreffende AIF-Kapitalverwaltungsgesellschaft zuvor eine Erlaubnis gem. § 22 zu erhalten hatte und die geänderten Anlagebedingungen bereits in Kraft getreten sein mussten. Die in § 331 III, IV genannten Fristen begannen dabei frühestens zu dem Zeitpunkt, an dem diese beiden Voraussetzungen erfüllt waren. 14

VI. Sonstige Übergangsvorschriften (§ 345 XI u. XII)

Gemäß § 345 XI bedarf eine bereits nach dem InvG genehmigte **Depotbank** eines inländischen offenen Publikums-AIF keiner erneuten Genehmigung nach Maßgabe des KAGB. Sie konnte daher ab Inkrafttreten des KAGB ihre Tätigkeit (als Verwahrstelle) für diesen Publikums-AIF nahtlos weiter fortsetzen. 15

Darüber hinaus regelt § 345 XII die Frage, wie mit **Anträgen auf Genehmigung der Anlagebedingungen** umzugehen war, wenn der Antrag zwar vor dem Inkrafttreten des KAGB gestellt aber bis zu diesem Zeitpunkt noch nicht genehmigt wurde. Nach Maßgabe von S. 1 galt ein solcher Antrag als nach den Vorschriften des KAGB neu gestellt. Dabei begannen insb. die entsprechenden Fristen nach dem KAGB neu zu laufen und die betreffende AIF-KVG musste zur Vervollständigung 16 ihres Antrags auf Anforderung der BaFin unter Umständen weitere Angaben oder Dokumente übermitteln. § 345 XII 2 enthält eine entsprechende Klarstellung.

VII. Änderung von Anlagebedingungen wegen der PRIIPs-VO

17 Gemäß Art. 32 PRIIPs-VO war es bis Ende 2022 möglich, anstelle des nach der PRIIPs-VO erforderlichen Basisinformationsblatts ausnahmsweise weiterhin die wesentlichen Anlegerinformationen (wAI) zu verwenden. In den Anlagebedingungen finden sich daher oftmals Bezugnahmen auf diese wAI, die mit dem **Wegfall der Ausnahmeregelung zum 1.1.2023** entsprechend angepasst werden müssen. Die BaFin hat hierzu verlauten lassen, dass in analoger Anwendung des § 345 I 2 eine **einfache Anzeige der vorgenommenen Änderungen** (ggf. auch als Sammelanzeige) ausreicht und es keiner Genehmigung dieser Änderungen durch die BaFin bedarf.

§ 346 Besondere Übergangsvorschriften für Immobilien-Sondervermögen

(1) **[1]Für Anleger, die am 21. Juli 2013 Anteile an Immobilien-Sondervermögen in einem Wertpapierdepot auf ihren Namen hinterlegt haben, gelten im Hinblick auf diese Anteile nicht die Mindesthaltefrist gemäß § 255 Absatz 3 und die Rückgabefrist für Anteilsrückgaben gemäß § 255 Absatz 4, soweit die Anteilsrückgaben 30 000 Euro pro Kalenderhalbjahr für einen Anleger nicht übersteigen. [2]Anleger können verlangen, dass die Rücknahme von Anteilen gemäß Satz 1 weiterhin entsprechend den am 21. Juli 2013 geltenden Vertragsbedingungen erfolgt.**

(2) **[1]Für Anleger, die nach dem 21. Juli 2013 Anteile eines Immobilien-Sondervermögens erworben haben, gilt § 255 Absatz 3 und 4 ungeachtet dessen, ob die AIF-Kapitalverwaltungsgesellschaft die Anlagebedingungen des Immobilien-Sondervermögens bereits nach § 345 an die Vorschriften dieses Gesetzes angepasst hat. [2]Der Verkaufsprospekt muss einen ausdrücklichen, drucktechnisch hervorgehobenen Hinweis darauf enthalten, dass § 255 Absatz 3 und 4 abweichend von den am 21. Juli 2013 geltenden Vertragsbedingen für Anteile, die nach dem 21. Juli 2013 erworben werden, gilt.**

(3) **Für Anteile gemäß Absatz 1 Satz 1 ist in den Anlagebedingungen des Immobilien-Sondervermögens festzulegen, dass die Rücknahme dieser Anteile weiterhin entsprechend der Regelung der am 21. Juli 2013 geltenden Vertragsbedingungen erfolgt.**

(4) **Für Anteile gemäß Absatz 1 Satz 1 müssen die Angaben im Verkaufsprospekt nach § 256 Absatz 1 Nummer 1 einen ausdrücklichen, drucktechnisch hervorgehobenen Hinweis darauf enthalten, dass der Anleger die Rücknahme dieser Anteile und die Auszahlung des Anteilswertes entsprechend der Regelung der am 21. Juli 2013 geltenden Vertragsbedingungen verlangen kann.**

(5) **[1]Soweit Anleger Anteile vor Änderung der Vertragsbedingungen zum Zwecke der Anpassung an das Investmentgesetz in der ab dem 8. April 2011 geltenden Fassung erworben haben, gilt die Frist des § 255 Absatz 3 als eingehalten. [2]Aussetzungen, nach denen die Kapitalverwal-**

tungsgesellschaft am ersten Börsentag nach dem 1. Januar 2013 oder früher die Anteilrücknahme wieder aufnimmt, gelten für die Zwecke des § 257 Absatz 4 Satz 1 nicht als Aussetzungen. [3]Auf die am 8. April 2011 bestehenden Immobilien-Sondervermögen, bei denen am 31. Dezember 2012 die Rücknahme von Anteilen gemäß § 37 Absatz 2 oder § 81 des Investmentgesetzes in der bis zum 21. Juli 2013 geltenden Fassung ausgesetzt ist, dürfen die §§ 37, 78, 80, 80c, 80d und 81 des Investmentgesetzes in der bis zum 7. April 2011 geltenden Fassung noch bis zu dem Tag, der sechs Monate nach der Wiederaufnahme der Rücknahme der Anteile liegt, und müssen die §§ 258, 259 erst ab dem Tag, der auf den Tag sechs Monate nach der Wiederaufnahme der Anteile folgt, angewendet werden.

(6) [1]Auf die am 8. April 2011 bestehenden Immobilien-Sondervermögen dürfen die §§ 80a, 91 Absatz 3 Nummer 3 und Absatz 4 Satz 4 des Investmentgesetzes in der bis zum 7. April 2011 geltenden Fassung noch bis zum 31. Dezember 2014 weiter angewendet werden. [2]Auf die am 1. Juli 2011 bestehenden Immobilien-Sondervermögen dürfen § 82 Absatz 3 Satz 2 und § 91 Absatz 3 Nummer 3 des Investmentgesetzes in der vor dem 1. Juli 2011 geltenden Fassung noch bis zum 31. Dezember 2014 weiter angewendet werden.

(7) [1]Um die Voraussetzungen für eine Immobilienteilfreistellung gemäß § 20 Absatz 3 Satz 1 Nummer 2 des Investmentsteuergesetzes für das Immobilien-Sondervermögen zu erfüllen, dürfen Immobilien-Sondervermögen, die unter Einhaltung ihrer im Zeitpunkt der Antragstellung nach Satz 2 geltenden Anlagebedingungen mit 51 Prozent oder mehr des Wertes des Sondervermögens in ausländische Immobilien und Auslands-Immobiliengesellschaften investiert sind, ihre Anlagebedingungen mit Genehmigung der Bundesanstalt so ändern, dass sie mindestens 51 Prozent des Wertes des Sondervermögens in ausländische Immobilien und Auslands-Immobiliengesellschaften investieren müssen. [2]Anträge nach Satz 1 müssen bis zum 1. Januar 2018 bei der Bundesanstalt eingegangen sein. [3]§ 163 Absatz 3 Satz 4 und die dem § 163 Absatz 3 Satz 4 entsprechende Regelung in den Anlagebedingungen des Immobilien-Sondervermögens finden in diesem Fall keine Anwendung. [4]Die Absätze 1 bis 5 und § 255 Absatz 2 bis 4 gelten bei Änderungen der Anlagebedingungen nach Satz 1 auch für die Rückgaberechte nach § 163 Absatz 3 Satz 1 Nummer 1 und Satz 2. [5]Im Übrigen gilt § 163 mit der Maßgabe, dass Absatz 2 Satz 5 und 6 keine Anwendung findet, die in Absatz 2 Satz 1 genannte Frist drei Monate ab Eingang des Genehmigungsantrags beträgt und nicht beginnt, bevor der Bundesanstalt zusätzlich folgende Unterlagen vorliegen:

1. der letzte geprüfte Jahres- oder Halbjahresbericht, der eine Angabe zum Anteil der ausländischen Immobilien und der Auslands-Immobiliengesellschaften im Sinne von § 20 Absatz 3 Satz 2 des Investmentsteuergesetzes am Wert des Sondervermögens enthalten muss, und
2. eine schriftliche Versicherung der Geschäftsleiter, dass das Immobilien-Sondervermögen im Zeitpunkt der Antragstellung zu mindestens 51 Prozent des Wertes des Investmentvermögens in ausländische Immobilien und Auslands-Immobiliengesellschaften im Sinne von § 20 Absatz 3 Satz 2 des Investmentsteuergesetzes investiert ist, einschließlich einer dies belegenden Vermögensaufstellung.

(8) [1]**Für die Genehmigung der Änderung der Anlagebedingungen, um die Voraussetzungen für eine Immobilienteilfreistellung gemäß § 20 Absatz 3 Satz 1 Nummer 1 des Investmentsteuergesetzes für das Immobilien-Sondervermögen zu erfüllen, gilt § 163 mit der Maßgabe, dass Absatz 2 Satz 5 und 6 keine Anwendung findet und die in Absatz 2 Satz 1 genannte Frist drei Monate ab Eingang des Genehmigungsantrags beträgt.** [2]**Anträge nach Satz 1 müssen bis zum 1. Januar 2018 bei der Bundesanstalt eingegangen sein.**

I. Allgemeines

1 Die Vorschrift gilt weitestgehend seit Inkrafttreten des KAGB. § 346 VI, VII sind jedoch erst mWz 1.1.2018 durch das 2. FiMaNoG in Kraft getreten. § 346 enthält diverse Übergangsvorschriften für Immobilien-Sondervermögen.

II. Übergangsvorschriften in Bezug auf am 21.7.2013 gehaltene Anteile (§ 346 I, III, IV)

2 § 346 I, III und IV beziehen sich jeweils auf Anleger, auf deren Wertpapierdepot am **21.7.2013** (Stichtag) Anteile an einem Immobilien-Sondervermögen hinterlegt waren **(Altanleger)**. Mit Blick auf den Stichtag ist dabei nicht auf das schuldrechtliche Verpflichtungsgeschäft (Order), sondern vielmehr auf den Zeitpunkt der Einbuchung im Wertpapierdepot des Anlegers abzustellen, der vor dem 22.7.2013 liegen muss.

3 Gemäß § 346 I 1 sind auf diese Anteile auch nach dem Stichtag weder die Mindesthaltefrist gem. § 255 III noch die Rückgabefrist gem. § 255 IV anzuwenden, sofern die betreffenden Anteilsrückgaben eine Freibetragsgrenze von 30.000 EUR pro Kalenderjahr und Anleger nicht übersteigen. Für die betreffenden Anteile wird somit ein **Bestandsschutz** gewährt, wonach sie unabhängig von einer Anpassung gem. § 345 auch nach dem Stichtag noch zu den Bedingungen zurückgeben werden können, die in den zum Stichtag geltenden Anlagebedingungen festgelegt sind.

4 Gemäß § 346 III ist in den angepassten Anlagebedingungen festzulegen, dass für Altanleger die früheren Rücknahmeregelungen weitergelten; dieser Umstand ist gem. § 346 IV zusammen mit den zusätzlichen Angaben nach § 256 I Nr. 1 im Verkaufsprosekt ausdrücklich und drucktechnisch hervorzuheben. Für Beträge, die 30.000 EUR pro Kalenderjahr übersteigen, gilt hingegen die Kündigungsfrist von zwölf Monaten und die Mindesthaltefrist von zwei Jahren (BT-Drs. 17/12294, 303).

III. Übergangsvorschriften in Bezug auf nach dem 21.7.2013 erworbene Anteile (§ 346 II)

5 Für Anleger, die Anteile an einem Immobilien-Sondervermögen nach dem 21.7.2013 erworben hatten **(Neuanleger),** gelten nach § 346 III 1 die Mindesthaltefrist gem. § 255 III und die Rückgabefrist gem. § 255 IV ab dem 22.7.2013 unabhängig davon, ob die Anlagebedingungen bereits nach Maßgabe von § 345 auf die Vorschriften des KAGB umgestellt wurden oder nicht. Auch hier hat der Verkaufsprospekt einen drucktechnisch hervorgehobenen Hinweis auf diesen Umstand zu enthalten (§ 346 I 2).

6 Nach dem Wortlaut der Vorschrift nicht ganz eindeutig ist, wie bei Altanlegern zu verfahren ist, auf die sowohl § 346 I als auch § 346 II zutrifft, weil sie nach dem Stichtag weitere Anteile erworben haben. Einerseits stellen sowohl § 346 I als auch § 246 II auf den Anleger und nicht auf die jeweiligen Anteile ab, was für einen mit Blick auf den jeweiligen Altanleger einheitlichen Bestandsschutz nach § 346 I sprechen würde. Diese Ansicht würde auch durch die Beschlussempfehlung und den Bericht des Finanzausschusses zum Regierungsentwurf des AIFM-UmsG betreffend § 246 II gestützt, wonach bereits investierte Anleger von § 346 II nicht betroffen sein sollen (s. BT-Drs. 17/13395). Andererseits bezieht sich § 346 I ausdrücklich nur auf die betreffenden Altanteile und auch der Wortlaut von § 346 II 2 legt nahe, dass der Bestandsschutz nicht für die Anteile gelten soll, die nach dem 21.7.2013 erworben werden. Da ein anderweitiges Verständnis wohl auch dem gesetzgeberischen Ziel entgegenstehen dürfte, die offenen Immobilienfonds krisensicher zu machen, bleibt wohl für eine Ausdehnung des Bestandsschutzes auch auf nach dem Stichtag neu erworbene Anteile eines Altanlegers kein Raum (s. auch EDD/*Conradi* § 346 Rn. 9).

IV. Sonderregelungen im Zusammenhang mit Änderungen durch das AnlSVG (§ 346 V, VI)

7 § 346 V, VI entsprechen weitestgehend den Übergangsvorschriften der aufgehobenen § 145 IV, V InvG. Es handelt sich dabei um Sonderbestimmungen zur Mindesthaltefrist gem. § 255 III sowie zu Rücknahmeaussetzungen gem. § 257 IV. Darüber hinaus wird die befristete Fortgeltung bestimmter Regelungen des InvG angeordnet. Die Relevanz beider Vorschriften hat sich mittlerweile durch Zeitablauf erledigt.

V. Sonderregelungen im Zusammenhang mit dem InvStG (§ 346 VII, VIII)

8 § 346 VII bezieht sich auf die Änderung der Anlagegrundsätze zur Erfüllung der Voraussetzungen für eine Immobilienteilfreistellung gem. § 20 III 1 Nr. 2 InvStG und wurde iRd 2. FiMaNoG eingeführt. Durch die Übergangsvorschrift sollte insb. für die darin bezeichneten Immobilien-Sondervermögen in einem beschränkten Umfang eine Änderung der Anlagegrundsätze erleichtert werden. Außerdem schließt § 346 VII 3 das ansonsten gem. § 163 III 4 erforderliche, aber nach Ansicht des Gesetzgebers faktisch unmögliche Umtauschangebot aus (vgl. BT-Drs. 18/10936). Das Rückgaberecht der Anleger gem. § 163 III 1 Nr. 1 bleibt hiervon allerdings unberührt, und wird in § 346 VII 4 lediglich im Hinblick auf die Mindesthaltefristen, Rückgabefristen und Rückgabetermine modifiziert.

9 § 346 VII 5 enthält Verfahrensregeln in Bezug auf die Genehmigung der geänderten Anlagebedingungen durch die BaFin und nennt insb. die Unterlagen, die zusammen mit dem Genehmigungsantrag einzureichen sind. Darüber hinaus werden die Verfahrensregeln im Hinblick auf das behördliche Genehmigungsverfahren gem. § 163 geringfügig modifiziert, um der Möglichkeit Rechnung zu tragen, dass alle Immobilien-Sondervermögen gleichzeitig eine Änderung der Anlagebedingungen beantragen. In diesem Zusammenhang wird sowohl die Genehmigungsfiktion in Bezug auf die geänderten Anlagebedingungen sowie der dazugehörende Anspruch auf schriftliche Bestätigung durch die BaFin für unanwendbar erklärt und

die Frist für die Genehmigung der geänderten Anlagebedingungen auf drei Monate ab Vorliegen der erforderlichen Unterlagen verlängert.

10 § 346 VIII bezieht sich auf die Änderung der Anlagebedingungen zur Erfüllung der Voraussetzungen für eine Immobilienteilfreistellung gem. § 20 III 1 Nr. 1 InvStG und wurde im gleichen Zug wie § 346 VII in das KAGB eingeführt. Die Vorschrift legt gleichermaßen wie § 346 VII 5 eine entsprechende Modifikation des Genehmigungsverfahrens in Bezug auf die geänderten Anlagebedingungen fest.

11 Aufgrund der in § 346 VII 2 und § 346 VIII 2 genannten Fristen sind auch diese Übergangsbestimmungen mittlerweile ohne praktische Relevanz.

§ 347 Besondere Übergangsvorschriften für Altersvorsorge-Sondervermögen

(1) [1]Für Altersvorsorge-Sondervermögen im Sinne des § 87 des Investmentgesetzes in der bis zum 21. Juli 2013 geltenden Fassung, die vor dem 22. Juli 2013 im Sinne des § 343 Absatz 4 aufgelegt wurden, gelten nach Inkrafttreten der Änderungen der Anlagebedingungen zusätzlich zu den in § 345 Absatz 1 Satz 11 genannten Vorschriften § 87 Absatz 2 sowie die §§ 88 bis 90 und 143 Absatz 3 Nummer 6 Buchstabe b des Investmentgesetzes in der bis zum 21. Juli 2013 geltenden Fassung entsprechend. [2]Die in § 345 Absatz 1 Satz 11 genannten Vorschriften dieses Gesetzes, die sich auf Publikums-AIF beziehen, gelten jedoch nur, soweit sich aus § 87 Absatz 2 sowie den §§ 88 bis 90 und 99 Absatz 3 des Investmentgesetzes in der bis zum 21. Juli 2013 geltenden Fassung nichts anderes ergibt.

(2) Nach dem 21. Juli 2013 dürfen Altersvorsorge-Sondervermögen im Sinne des § 87 des Investmentgesetzes in der bis zum 21. Juli 2013 geltenden Fassung nicht mehr aufgelegt im Sinne des § 343 Absatz 4 werden.

I. Allgemeines

1 Die Vorschrift gilt seit Inkrafttreten des KAGB. Es handelt sich um eine Übergangsvorschrift für nach dem InvG (bzw. dem KAGG) aufgelegte **Altersvorsorge-Sondervermögen,** die mit Inkrafttreten des KAGB abgeschafft wurden (BT-Drs. 17/12294, 303).

2 Altersvorsorge-Sondervermögen sind gem. §§ 87 ff. InvG für eine unbegrenzte Dauer aufgelegte Sondervermögen, die das bei ihnen eingelegte Geld mit dem **Ziel des langfristigen Vorsorgesparens** in Wertpapiere, Anteile an Immobilien-Sondervermögen nach Maßgabe der §§ 66–82 InvG und bestimmte Liquiditätsanlagen anlegen. Für sie galten grundsätzlich die gleichen Vorschriften wie für richtlinienkonforme Sondervermögen (§§ 46–65 InvG). Altersvorsorge-Sondervermögen hatten ursprünglich im Rahmen des 3. FMFG im Jahre 1998 Eingang in das KAGG (§§ 37h–37m) gefunden und waren mit Inkrafttreten des InvG in diesem weitergeführt worden. In der Praxis hatte sich dieses Fondsprodukt allerdings nie wirklich als anerkannte Form der privaten Altersvorsorge durchsetzen können (vgl. EDDH/*Glander/Mayr* InvG Vor §§ 87–90 Rn. 12). So gab es nach den Erhebungen des BVI bei Inkrafttreten des KAGB kein einziges Altersvorsorge-Sondervermögen (vgl. BVI, Investmentstatistik zum 31. 7. 2013).

II. Bestandsschutz für Altersvorsorge-Sondervermögen (§ 347 I)

1. Überblick. Gemäß § 347 I sind bei der Verwaltung von Altersvorsorge-Investmentvermögen iSd § 87 InvG (in der bis zum 21.7.2013 geltenden Fassung), die im Zeitpunkt des Inkrafttretens des KAGB bereits aufgelegt waren („Altfonds"), grundsätzlich die **Bestimmungen des InvG** weiter zu beachten. Der Begriff „Auflegen" ist dabei nach Maßgabe des § 343 IV zu verstehen, dh ein Investmentvermögen gilt als Altfonds, wenn im Zeitpunkt des Inkrafttretens des KAGB mindestens ein Anleger durch den unbedingten und unbefristeten Abschluss des auf die Ausgabe eines Anteils oder einer Aktie gerichteten schuldrechtlichen Verpflichtungsgeschäfts einen Anteil oder eine Aktie des AIF gezeichnet hatte (s. § 343). 3

Mit dieser Vorschrift bezweckte der Gesetzgeber einen **Bestandsschutz** für Altfonds zu schaffen, damit diese weiter bestehen bleiben können (BT-Drs. 17/12294, 303). Da Altersvorsorge-Investmentvermögen seit Inkrafttreten des KAGB als offene Publikums-AIF gelten (BT-Drs. 17/12294, 191), waren die sie verwaltenden Gesellschaften automatisch als KVG iSd KAGB anzusehen und mussten nach Inkrafttreten des KAGB zur Weiterverwaltung dieser Investmentvermögen über eine Erlaubnis der BaFin gem. § 20 I verfügen (s. § 20). Die Anlagebedingungen waren gem. § 345 I 1 innerhalb eines Jahres (dh bis zum 21.7.2014) an das KAGB anzupassen (s. § 345) und gem. § 345 I 9 galten bis zum Inkrafttreten der geänderten Anlagebedingungen, spätestens jedoch bis zum **21.7.2014,** die auf Altersvorsorge-Sondervermögen anwendbaren Vorschriften des InvG weiter. Da § 345 I 11 jedoch grundsätzlich bestimmt, dass ab diesem Stichtag die Vorschriften des KAGB auf alle inländischen offenen Publikums-AIF anzuwenden sind, legt § 347 I ergänzend dazu fest, dass ab diesem Zeitpunkt für Altersvorsorge-Investmentvermögen zusätzlich dazu die § 87 II und §§ 88–90 und 143 III Nr. 6 Buchst. b InvG in der bis zum 21.7.2013 geltenden Fassung weiter gelten. Im Fall von sich widersprechenden Regelungen sollen die Vorschriften des KAGB hinter die genannten Vorschriften des InvG zurücktreten, so dass das KAGB nur insofern gilt, wie sich aus § 87 II und den §§ 88–90, 99 III InvG (in der bis zum 21.7.2013 geltenden Fassung) nichts anderes ergibt. 4

2. Anwendbare Vorschriften. a) Vermögensgegenstände und Anlagegrenzen. § 88 InvG regelte die für Altersvorsorge-Sondervermögen **zulässigen Vermögensgegenstände und Anlagegrenzen.** Aufgrund des Verweises in § 347 I 1 dürfen KVG für Altersvorsorge-Sondervermögen auch nach dem Inkrafttreten des KAGB weiterhin in dem durch § 88 InvG festgelegten Rahmen die dort genannten Vermögensgegenstände erwerben. Soweit Bestimmungen des KAGB dazu im Widerspruch stehen, treten sie zurück. Zu den erwerbbaren Vermögensgegenständen zählen primär Wertpapiere, Anteile an Immobilien-Sondervermögen (wobei die Bezugnahme in § 88 I Nr. 2 auf die „§§ 66 bis 82" nun logischerweise als eine auf die „§§ 230 bis 260 KAGB" zu lesen ist) und ähnlich wie bei einem Immobilien-Sondervermögen dürfen daneben zu Liquiditätszwecken bestimmte Geldmarktinstrumente und Anteile an Geldmarktfonds gehalten werden. 5

Bei der Zusammenstellung eines Altersvorsorge-Sondervermögens sind folgende **Anlagegrenzen** zu beachten: 6

- Das Altersvorsorge-Sondervermögen muss überwiegend (dh zu mind. 51%) aus Aktien und Anteilen an Immobilien-Sondervermögen bestehen (§ 88 IV InvG).
- Maximal 30% des Altersvorsorge-Sondervermögens dürfen in Anteile an Immobilien-Sondervermögen angelegt werden (§ 88 II InvG).

– Anlagen in Geldmarktinstrumente und Anteile an Geldmarktfonds dürfen maximal 49% des Altersvorsorge-Sondervermögens ausmachen (§ 88 V 1 InvG).
– Im Umkehrschluss zu § 88 II InvG müssen mindestens 21% des Altersvorsorge-Sondervermögens in Wertpapiere angelegt werden. Es dürfen aber max. 75% in Aktien angelegt werden. Da keine Mindestliquidität vorgeschrieben ist, dürfen bis zu 100% des Altersvorsorge-Sondervermögens in verzinsliche Wertpapiere angelegt werden.
– Wegen der Verweisung in § InvG auf die §§ 46–65 InvG dürfen grundsätzlich nicht mehr als 10% des Wertes des Altersvorsorge-Sondervermögens in nicht börsennotierte Wertpapiere angelegt werden (vgl. § 52 InvG).

Derivative Geschäfte dürfen grundsätzlich nur zu Absicherungszwecken getätigt werden (§ 88 VI InvG) und Vermögensgegenstände, die einem Währungsrisiko unterliegen, dürfen nicht mehr als 30% des Wertes des Altersvorsorge-Sondervermögens ausmachen (§ 88 VII InvG).

7 **b) Thesaurierungsgebot.** § 87 II InvG enthielt eine Regelung, wonach Erträge des Altersvorsorge-Sondervermögens nicht ausgeschüttet werden dürfen. Aufgrund des Verweises in Abs. 1 S. 1 gilt dieses Verbot für Altersvorsorge-Sondervermögen auch nach Einführung des KAGB fort, so dass die anfallenden Erträge weiterhin **thesauriert** werden müssen.

8 **c) Verbot von Laufzeitfonds.** § 89 InvG legte fest, dass Altersvorsorge-Sondervermögen grundsätzlich **nicht für eine begrenzte Dauer** aufgelegt werden dürfen, da der Gesetzgeber solche Fonds aus Gründen des Anlegerschutzes nicht für vertretbar hielt (vgl. BT-Drs. 13/8933, 124). Aufgrund des Verweises in Abs. 1 S. 1 gilt dieses Verbot für Altersvorsorge-Sondervermögen auch nach Einführung des KAGB fort.

9 **d) Einbindung in Altersvorsorge-Sparpläne.** § 90 InvG bestimmte im Wesentlichen, dass die Vertragsbedingungen von Altersvorsorge-Sondervermögen vorsehen müssen, dass der Anleger auch einen **Altersvorsorge-Sparplan** abschließen kann, um den Aufbau eines Kapitalstocks zur Altersvorsorge sicherzustellen. Dabei sollen sowohl Pensions-Sparpläne mit einer Mindestlaufzeit von 18 Jahren als auch solche, deren Laufzeit mind. bis zur Vollendung des 60. Lebensjahres des Anteilinhabers reicht, angeboten werden. Eine Verpflichtung zur Einbindung von Altersvorsorge-Sondervermögen in einen solchen Sparplan wird dadurch nicht begründet, vielmehr bleibt es dem Anleger freigestellt, einen Pensions-Sparplan abzuschließen (vgl. BT-Drs. 13/8933, 124).

10 **e) Bußgeldvorschrift.** § 143 III Nr. 6 Buchst. b InvG enthielt eine Bußgeldvorschrift für den Fall des Verstoßes gegen eine Anlagebeschränkung gem. § 88 I InvG und sah die Möglichkeit einer Sanktionierung mit einer **Geldbuße** von bis zu 50.000 EUR vor. Auch diese Bestimmung gilt nach Inkrafttreten des KAGB weiter und ist daher in den „Bußgeldkatalog" des § 340 „hineinzulesen".

III. Verbot der Neuauflegung von Altersvorsorge-Sondervermögen (§ 347 II)

11 § 347 II stellt klar, dass § 347 nur eine Bestandsschutzregel für bis zum Inkrafttreten des KAGB aufgelegte Altersvorsorge-Sondervermögen ist. Seit dem Inkrafttreten des KAGB dürfen solche Investmentvermögen also **nicht mehr aufgelegt werden** (vgl. BT-Drs. 13/8933, 303).

§ 348 Besondere Übergangsvorschriften für Gemischte Sondervermögen und Gemischte Investmentaktiengesellschaften

[1]Gemischte Sondervermögen oder Gemischte Investmentaktiengesellschaften, die vor dem 22. Juli 2013 gemäß den §§ 83 bis 86 des Investmentgesetzes in der bis zum 21. Juli 2013 geltenden Fassung aufgelegt wurden und die zu diesem Zeitpunkt

1. **Anteile an Immobilien-Sondervermögen nach den §§ 66 bis 82 des Investmentgesetzes in der bis zum 21. Juli 2013 geltenden Fassung,**
2. **Anteile an Sondervermögen mit zusätzlichen Risiken nach § 112 des Investmentgesetzes in der bis zum 21. Juli 2013 geltenden Fassung,**
3. **Aktien an Investmentaktiengesellschaften, deren Satzung eine dem § 112 des Investmentgesetzes in der bis zum 21. Juli 2013 geltenden Fassung vergleichbare Anlageform vorsieht oder**
4. **Anteile oder Aktien an mit Nummer 2 oder 3 vergleichbaren EU-AIF oder ausländischen AIF**

unter Einhaltung der Anlagegrenzen, der zusätzlichen Angaben im Verkaufsprospekt und in den Vertragsbedingungen gemäß § 84 Absatz 2, 3 in Verbindung mit § 113 Absatz 3 und 4 Satz 2 und 3, in Verbindung mit § 117 Absatz 1 Satz 2, in Verbindung mit § 118 Satz 2 sowie § 85 des Investmentgesetzes in der bis zum 21. Juli 2013 geltenden Fassung erworben haben, dürfen diese gehaltenen Anteile oder Aktien abweichend von § 219 auch nach dem 21. Juli 2013 weiter halten. [2]Auf die Verwaltung von Gemischten Investmentvermögen im Sinne des Satzes 1 Nummer 1 oder 4, deren Vertragsbedingungen es erlauben, die Mittel zu mehr als 50 Prozent des Wertes des Vermögens des Gemischten Investmentvermögens in Anteile an Immobilien-Sondervermögen in Form von Publikumsinvestmentvermögen sowie in Anteile an vergleichbaren EU-AIF oder ausländischen AIF anzulegen, ist § 255 Absatz 3 und 4 anzuwenden, solange die Anteile nach Satz 1 Nummer 1 oder Nummer 4 weiter gehalten werden. [3]Im Übrigen gelten für diese Gemischten Investmentvermögen im Sinne des Satzes 1 die Vorschriften dieses Gesetzes einschließlich der Übergangsvorschriften.

I. Allgemeines

Die Vorschrift gilt seit Inkrafttreten des KAGB. Es handelt sich um eine Übergangsvorschrift für nach dem InvG (bzw. dem KAGG) aufgelegte Gemischte Sondervermögen und Gemischte InvAG, die es den genannten Investmentvermögen gestattet, die zum Zeitpunkt des Inkrafttretens des KAGB gehaltenen Anteile an Immobilien-Sondervermögen oder Anteile oder Aktien an Hedgefonds auch nach diesem Zeitpunkt weiter zu halten (BT-Drs. 17/12294, 303). 1

II. Gemischte Sondervermögen und Investmentaktiengesellschaften

1. Positionen in nicht mehr zulässigen Vermögensgegenständen (§ 348 S. 1 u. 2). § 348 S. 1 bestimmt, dass Gemischte Sondervermögen oder Gemischte Investmentaktiengesellschaften, die vor dem Inkrafttreten des KAGB gem. den 2

§§ 83–86 InvG in der bis zum 21.7.2013 geltenden Fassung aufgelegt wurden, Anteile an Immobilien-Sondervermögen (Nr. 1) oder Anteile oder Aktien an Hedgefonds (Nr. 2, 3, 4) im Einklang mit den gesetzlichen Bestimmungen, dem jeweiligen Verkaufsprospekt und den Vertragsbedingungen erworben hatten, diese auch nach dem Inkrafttreten des KAGB ungeachtet der Anlagebeschränkungen des § 219 **weiter halten dürfen.** Andernfalls wären die jeweiligen KVG gezwungen gewesen, die betreffenden Vermögensgegenstände mit Inkrafttreten des KAGB zu veräußern, um nicht gegen die Bestimmungen des § 219 zu verstoßen. Ein Neuerwerb dieser Vermögensgegenstände ist jedoch auch für diese Gemischten Investmentvermögen seit dem Inkrafttreten des KAGB ausgeschlossen (BT Drs. 17/12294, 303).

3 § 348 S. 2 überträgt die **Rückgabebeschränkungen** des § 255 III, IV auch auf die in § 348 S. 1 genannten Gemischten Investmentvermögen, sofern es deren Vertragsbedingungen erlauben, ihre Mittel zu mehr als 50% ihres Wertes in Anteile an Immobilien-Sondervermögen in Form von Publikumsinvestmentvermögen sowie in Anteile an vergleichbaren EU-AIF oder ausländischen AIF anzulegen. Die Rückgabe von Anteilen bzw. Aktien solcher Gemischter Investmentvermögen ist durch die Anleger daher erst nach Ablauf einer Mindesthaltefrist von 24 Monaten und einer Rückgabefrist von zwölf Monaten möglich (s. § 255). Die Beschränkungen gelten jedoch nur solange, wie die Anteile oder Aktien an den in § 348 S. 1 genannten Vermögensgegenständen gehalten werden. Eine mit § 346 I für unter dem InvG aufgelegte Immobilien-Sondervermögen vergleichbare Regelung, wonach weder die Mindesthaltefrist noch die Rückgabefrist gelten, soweit die Anteilsrückgaben 30.000 EUR pro Kalenderhalbjahr für einen Anleger nicht übersteigen (s. § 386), gibt es für die in § 348 S. 1 genannten Gemischten Investmentvermögen nicht.

4 **2. Geltung des KAGB im Übrigen (§ 348 S. 3).** § 348 S. 3 ist lediglich klarstellender Natur, wobei der Gesetzgeber insb. die Pflicht der AIF-KVG zur Stellung eines **Erlaubnisantrags** nach Maßgabe des § 343 I sowie die **Anpassung** und ggf. **Genehmigung** der Anlagebedingungen gem. § 345 I im Blick hatte (BT Drs. 17/12294, 303f.).

§ 349 Besondere Übergangsvorschriften für Sonstige Sondervermögen und Sonstige Investmentaktiengesellschaften

[1]Sonstige Sondervermögen oder Sonstige Investmentaktiengesellschaften, die vor dem 22. Juli 2013 gemäß den §§ 90g bis 90k des Investmentgesetzes in der bis zum 21. Juli 2013 geltenden Fassung aufgelegt wurden und die zu diesem Zeitpunkt

1. **Anteile an Immobilien-Sondervermögen nach § 66 des Investmentgesetzes in der bis zum 21. Juli 2013 geltenden Fassung,**
2. **Anteile an Sondervermögen mit zusätzlichen Risiken nach § 112 des Investmentgesetzes in der bis zum 21. Juli 2013 geltenden Fassung,**
3. **Aktien an Investmentaktiengesellschaften, deren Satzung eine dem § 112 des Investmentgesetzes in der bis zum 21. Juli 2013 geltenden Fassung vergleichbare Anlageform vorsieht,**
4. **Anteile oder Aktien an mit Nummer 1, 2 oder 3 vergleichbaren EU-AIF oder ausländischen AIF oder**

5. Beteiligungen an Unternehmen, sofern der Verkehrswert der Beteiligungen ermittelt werden kann,

unter Einhaltung der Anlagegrenzen, der zusätzlichen Angaben im Verkaufsprospekt und in den Vertragsbedingungen gemäß § 90h Absatz 2 in Verbindung mit § 113 Absatz 3 und 4 Satz 2 und 3, § 90h Absatz 3 und 4, § 90j Absatz 2 Nummer 1, § 117 Absatz 1 Satz 2 sowie § 118 Satz 2 des Investmentgesetzes in der bis zum 21. Juli 2013 geltenden Fassung erworben haben, dürfen diese gehaltenen Anteile, Aktien oder Beteiligungen abweichend von § 221 auch nach dem 21. Juli 2013 weiter halten. [2]Im Übrigen gelten für die Sonstigen Investmentvermögen im Sinne des Satzes 1 die Vorschriften dieses Gesetzes einschließlich der Übergangsvorschriften.

I. Allgemeines

Die Vorschrift gilt seit Inkrafttreten des KAGB. Es handelt sich um eine Übergangsvorschrift für nach dem InvG aufgelegte Sonstige Sondervermögen und Sonstige InvAG, die es den genannten Investmentvermögen gestattet, die zum Zeitpunkt des Inkrafttretens des KAGB gehaltenen Anteile oder Aktien an Immobilienfonds oder Hedgefonds oder Unternehmensbeteiligungen auch nach diesem Zeitpunkt weiter zu halten (BT-Drs. 17/12294, 304). 1

Bei Sonstigen Sondervermögen und Sonstige Investmentaktiengesellschaften handelte es sich um sog. nicht richtlinienkonforme Investmentvermögen, die im Vergleich zu OGAW-konformen Investmentvermögen in ein **breiteres Spektrum** an Vermögensgegenständen anlegen durften. Mit Einführung des KAGB wurden die betreffenden Vorschriften weitestgehend aus dem InvG in das KAGB übernommen, wobei jedoch der Katalog der zulässigen Vermögensgegenstände eingeschränkt und insb. Anlagen in Immobilienfonds, Hedgefonds und Unternehmensbeteiligungen ausgeschlossen wurden. Seit Einführung des KAGB gelten diese Fonds nun als offene Publikums-AIF in Form von Sonstigen Investmentvermögen gem. den §§ 220ff. 2

II. Sonstige Sondervermögen und Investmentaktiengesellschaften

1. Positionen in nicht mehr zulässigen Vermögensgegenständen (§ 349 S. 1). Gemäß § 349 S. 1 dürfen Sonstige Investmentvermögen, die vor dem Inkrafttreten des KAGB gem. den §§ 90g–90k InvG in der bis zum 21.7.2013 geltenden Fassung aufgelegt wurden („Altfonds") und Anteile oder Aktien an Immobilienfonds (Nr. 1 und 4), Anteile oder Aktien an Hedgefonds (Nr. 2 und 4) und Unternehmensbeteiligungen (Nr. 5) im Einklang mit den gesetzlichen Bestimmungen, dem jeweiligen Verkaufsprospekt und den Vertragsbedingungen erworben hatten, diese auch nach dem Inkrafttreten des KAGB ungeachtet der Anlagebeschränkungen des § 221 **weiter halten.** Andernfalls wären die jeweiligen KVG gezwungen gewesen, die betreffenden Vermögensgegenstände mit Inkrafttreten des KAGB zu veräußern, um nicht gegen die Anlagebeschränkungen des § 221 zu verstoßen. Ein Neuerwerb dieser Vermögensgegenstände ist jedoch seit dem Inkrafttreten des KAGB ausgeschlossen (BT-Drs. 17/12294, 304). 3

2. Geltung des KAGB im Übrigen (§ 349 S. 2). § 348 S. 3 stellt klar, dass im Übrigen die Vorschriften des KAGB auch für Altfonds gelten, wobei der Gesetzgeber insb. die Pflicht der AIF-KVG zur Stellung eines **Erlaubnisantrags** nach 4

Maßgabe des § 343 I sowie die **Anpassung** und ggf. **Genehmigung** der Anlagebedingungen gem. § 345 I im Blick hatte (BT Drs. 17/12294, 303f.).

§ 350 Besondere Übergangsvorschriften für Hedgefonds und offene Spezial-AIF

(1) [1]**Für eine AIF-Kapitalverwaltungsgesellschaft, die bei Inkrafttreten dieses Gesetzes**

1. **über eine Erlaubnis als Kapitalanlagegesellschaft nach § 7 Absatz 1 des Investmentgesetzes in der bis zum 21. Juli 2013 geltenden Fassung oder über eine Erlaubnis als Investmentaktiengesellschaft nach § 97 Absatz 1 des Investmentgesetzes in der bis zum 21. Juli 2013 geltenden Fassung verfügt und**
2. **Sondervermögen oder Investmentaktiengesellschaften mit zusätzlichen Risiken im Sinne des § 112 des Investmentgesetzes in der bis zum 21. Juli 2013 geltenden Fassung verwaltet, die vor dem 22. Juli 2013 aufgelegt im Sinne des § 343 Absatz 4 wurden, an Privatanleger vertrieben werden durften und deren Anlagebedingungen gemäß den §§ 43, 43 a des Investmentgesetzes in der bis zum 21. Juli 2013 geltenden Fassung genehmigt wurden,**

gilt § 345 Absatz 1 und 2 entsprechend mit der Maßgabe, dass in § 345 Absatz 1 Satz 11 an die Stelle des Begriffs „Publikums-AIF" der Begriff „Spezial-AIF" tritt und ein Vertrieb an Privatanleger oder ein Erwerb der Anteile oder Aktien durch Privatanleger ab dem 22. Juli 2013 nicht mehr zulässig ist, soweit sich aus Satz 2 nichts anderes ergibt. [2]Solange Anteile oder Aktien von Privatanlegern gehalten werden, gelten abweichend von § 345 Absatz 1 Satz 11 ab Inkrafttreten der Änderungen der Anlagebedingungen die §§ 112, 116 und 118 des Investmentgesetzes in der bis zum 21. Juli 2013 geltenden Fassung entsprechend, sofern sie Sondervermögen oder Investmentaktiengesellschaften mit zusätzlichen Risiken im Sinne des § 112 des Investmentgesetzes in der bis zum 21. Juli 2013 geltenden Fassung betreffen; ein Vertrieb an oder ein Erwerb durch Privatanleger ist ausgeschlossen. [3]Solange Anteile oder Aktien von Privatanlegern gehalten werden, gelten ferner die §§ 162, 163 und 297, soweit sich diese Vorschriften auf Anleger beziehen, und die §§ 300, 301, 305 und 306 im Hinblick auf diejenigen Privatanleger, die noch Anteile oder Aktien halten.

(2) **Werden Anteile oder Aktien von inländischen offenen Spezial-AIF im Sinne des § 345 Absatz 3 Satz 1 Nummer 2, die von einer AIF-Kapitalverwaltungsgesellschaft im Sinne von § 345 Absatz 3 Satz 1 Nummer 1 verwaltet werden, von Privatanlegern gehalten, die diese Anteile oder Aktien vor dem 22. Juli 2013 erworben haben, so dürfen diese Privatanleger diese vor dem 22. Juli 2013 erworbenen Anteile oder Aktien auch nach dem 22. Juli 2013 weiter halten, bis sie diese Anteile oder Aktien zurückgeben, ohne dass sich die Qualifikation des Investmentvermögens als inländischer Spezial-AIF nach § 1 Absatz 6 ändert.**

I. Allgemeines

Die Vorschrift gilt seit Inkrafttreten des KAGB. Es handelt sich um eine **Übergangsvorschrift,** die es Anlegern, die vor dem Inkrafttreten des KAGB in zulässiger Weise Anteile oder Aktien an nach dem InvG aufgelegten (und damals noch als „Sondervermögen mit zusätzlichen Risiken" bezeichnete) Single-Hedgefonds und an Spezialsondervermögen erworben hatten, ermöglicht, diese Anteile oder Aktien weiter zu halten. Ein Neuerwerb von Anteilen oder Aktien dieser Investmentvermögen ist nach dem Inkrafttreten des KAGB jedoch ausgeschlossen (BT-Drs. 17/12294, 304). 1

Bei **Hedgefonds** handelt es sich nach dem KAGB um offene inländische Spezial-AIF iSv § 283, deren Aktien und Anteile ausschließlich von professionellen und semiprofessionellen Anlegern gehalten werden dürfen. Sondervermögen mit zusätzlichen Risiken gem. § 112 InvG galten hingegen als Publikumsfonds, die zwar nicht öffentlich vertrieben, aber von natürlichen Personen erworben und gehalten werden durften. 2

Spezialsondervermögen nach § 3 III 1 InvG waren Sondervermögen, deren Anteile aufgrund schriftlicher Vereinbarungen mit der KAG ausschließlich von Anlegern gehalten werden durften, bei denen es sich um nicht-natürliche Personen handelte. Im Unterschied dazu handelt es sich bei Spezial-AIF gem. § 1 VI um Investmentvermögen, deren Anteile aufgrund von schriftlichen Vereinbarungen mit der Verwaltungsgesellschaft oder aufgrund der konstituierenden Dokumente des betreffenden Investmentvermögens nur von professionellen Anlegern iSv § 1 XIX Nr. 32 und semiprofessionellen Anlegern iSv § 1 XIX Nr. 33 gehalten werden dürfen; bei diesen kann es sich uU aber auch um natürliche Personen handeln. 3

Aufgrund dieser konzeptionellen Änderungen und der vom InvG abweichenden Anlegerkategorisierung kam es mit Blick auf den zulässigen Anlegerkreis nach Inkrafttreten des KAGB zu Überschneidungen, weshalb es einer entsprechenden **Übergangsvorschrift** bedurfte, damit einerseits Privatanleger die von ihnen gehaltenen Anteile oder Aktien an Hedgefonds und andererseits nicht natürliche Personen, welche die Anforderungen des § 1 XIX Nr. 32 und Nr. 33 nicht erfüllten, die von ihnen gehaltenen Anteile an Spezialsondervermögen nicht zurückgeben mussten. 4

II. Nach dem InvG aufgelegte Hedgefonds (§ 350 I)

1. Erwerb von und Vertrieb an Privatanleger (S. 1). Gegenstand von § 350 I 1 sind Sondervermögen oder Investmentaktiengesellschaften **mit zusätzlichen Risiken** iSd § 112 InvG in der bis zum 21.7.2013 geltenden Fassung, die vor dem 22.7.2013 aufgelegt wurden, an Privatanleger vertrieben werden durften und deren Anlagebedingungen nach Maßgabe des InvG genehmigt wurden **(„Single-Hedgefonds")** sowie ihre betreffenden KVG, die seit Inkrafttreten des KAGB den allgemeinen Vorschriften für AIF-KVG unterliegen. 5

Da Hedgefonds seit Inkrafttreten des KAGB nicht mehr als Publikumsinvestmentvermögen errichtet werden können, bestimmt § 350 I 1, dass entgegen seines Wortlauts dennoch die betreffenden Vorschriften des § 345 I und II entsprechend anzuwenden sind, und dass ein **Vertrieb** an Privatanleger oder ein **Erwerb** der Anteile durch Privatanleger ab dem Zeitpunkt des Inkrafttretens des KAGB nicht mehr zulässig ist. 6

7 Demnach hatte die betreffende AIF-KVG gem. § 353 I die **Anlagebedingungen** und ggf. die Satzung der Single-Hedgefonds bis spätestens 21.7.2014 anzupassen und ggf. genehmigen zu lassen sowie gem. § 353 II einen **Erlaubnisantrag** zu stellen.

8 Für die Feststellung, wann ein Hedgefonds **aufgelegt** wurde, wird auf § 343 IV verwiesen, wonach zum Zeitpunkt des Inkrafttretens des KAGB mindestens ein Anleger durch den unbedingten und unbefristeten Abschluss eines auf die Ausgabe eines Anteils oder einer Aktie gerichteten schuldrechtlichen Verpflichtungsgeschäfts einen Anteil oder eine Aktie des AIF gezeichnet haben musste.

9 **2. Fortgeltung bestimmter Vorschriften des InvG (S. 2).** Gemäß § 350 I 2 gelten ab Inkrafttreten der geänderten Anlagebedingungen die anlegerschützenden Vorschriften der §§ 112 (Sondervermögen mit zusätzlichen Risiken), 116 (Rücknahme) und 118 (Vertragsbedingungen) InvG in der bis zum 21.7.2013 geltenden Fassung fort, sofern sie sich auf Single-Hedgefonds beziehen und solange die Anteile an diesen Investmentvermögen von Privatanlegern gehalten werden. Dabei wird zusätzlich klargestellt, dass trotz der Weitergeltung der betreffenden Vorschriften aus dem InvG für Publikumsfonds unter dem KAGB jedenfalls kein Vertrieb an oder ein Erwerb durch Privatanleger mehr erfolgen darf.

10 **3. Anwendbarkeit bestimmter Anlegerschutzvorschriften des KAGB (S. 3).** Gemäß § 350 I 3 sind darüber hinaus auf Single-Hedgefonds im Hinblick auf Privatanleger auch bestimmte **Vorschriften des KAGB** für Publikumsinvestmentvermögen, nämlich die §§ 162 (Anlagebedingungen) und 163 (Genehmigung der Anlagebedingungen) sowie bestimmte Vorschriften des KAGB für den Vertrieb und den Erwerb durch Privatanleger, dh die §§ 297 (Verkaufsunterlagen und Hinweispflichten), 300 (Zusätzliche Informationspflichten bei AIF), 301 (Sonstige Veröffentlichungspflichten), 305 (Widerrufsrecht) und 306 (Prospekthaftung und Haftung für die wesentlichen Anlegerinformationen) zu beachten, solange deren Anteile oder Aktien von Privatanlegern gehalten werden.

III. Nach dem InvG aufgelegte inländische offene Spezial-AIF (§ 350 II)

11 § 350 II legt in Bezug auf inländische offene Spezial-AIF, die vor dem Zeitpunkt des Inkrafttretens des KAGB aufgelegt wurden, fest, dass nicht-natürliche Personen, die nach dem KAGB als **Privatanleger** gelten (weil sie die besonderen Anforderungen des § 1 XIX Nr. 32 und des § 1 XIX Nr. 33 nicht erfüllen), die Anteile oder Aktien dieser Investmentvermögen weiterhin halten dürfen.

12 Darüber hinaus stellt § 350 II klar, dass das betreffende Investmentvermögen, obwohl seine Anteile oder Aktien von Privatanlegern gehalten werden, weiterhin als **inländischer Spezial-AIF** und nicht als Publikumsinvestmentvermögen zu betrachten ist.

13 In Bezug auf die Frage, wann ein inländischer offener Spezial-AIF **aufgelegt** wurde, verweist § 345 III 1 Nr. 2 ebenfalls auf § 343 Abs. 4 (→ Rn. 7).

§ 351 Übergangsvorschriften für offene AIF und für AIF-Verwaltungsgesellschaften, die offene AIF verwalten, die nicht bereits nach dem Investmentgesetz reguliert waren

(1) [1]Eine AIF-Kapitalverwaltungsgesellschaft, die bei Inkrafttreten dieses Gesetzes

1. nicht über eine Erlaubnis als Kapitalanlagegesellschaft nach § 7 Absatz 1 des Investmentgesetzes in der bis zum 21. Juli 2013 geltenden Fassung oder eine Erlaubnis als Investmentaktiengesellschaft nach § 97 Absatz 1 des Investmentgesetzes in der bis zum 21. Juli 2013 geltenden Fassung verfügt und

2. inländische offene Publikums-AIF verwaltet, die vor dem 22. Juli 2013 aufgelegt im Sinne des § 343 Absatz 4 wurden,

hat die Anlagebedingungen, Satzungen oder Gesellschaftsverträge dieser inländischen offenen Publikums-AIF an die Vorschriften dieses Gesetzes anzupassen; die geänderten Anlagebedingungen müssen spätestens am 21. Juli 2014 in Kraft treten. [2]Für die Genehmigung der Anlagebedingungen gilt nur § 163 Absatz 2 Satz 1 bis 4, 7 bis 10 und Absatz 4. [3]Der Antrag auf Genehmigung der Anlagebedingungen darf nicht nach dem Erlaubnisantrag gemäß § 22 bei der Bundesanstalt eingereicht werden. [4]Wird der Antrag auf Genehmigung der Änderungen der Anlagebedingungen vor dem Erlaubnisantrag gemäß § 22 eingereicht, muss die AIF-Kapitalverwaltungsgesellschaft bei der Einreichung verbindlich gegenüber der Bundesanstalt erklären, spätestens bis zum 21. Juli 2014 einen Antrag auf Erlaubnis nach den §§ 20 und 22 zu stellen. [5]Ab Inkrafttreten der Anlagebedingungen, spätestens jedoch ab dem 22. Juli 2014, finden auf diese inländischen offenen Publikums-AIF die für sie nach diesem Gesetz geltenden Vorschriften Anwendung. [6]Die §§ 1 und 2 sowie die Vorschriften dieses Gesetzes betreffend die für Umstellung auf das neue Recht erforderlichen Anträge, Verwaltungsverfahren und Bescheide sowie die Übergangsvorschriften nach diesem Gesetz bleiben bis zu dem in Satz 5 genannten Zeitpunkt unberührt.

(2) [1]Soweit sich aus Absatz 1 Satz 5 nichts anderes ergibt, ist ab Eingang des Erlaubnisantrags nach § 22 bei der Bundesanstalt dieses Gesetz vollständig auf die AIF-Kapitalverwaltungsgesellschaft mit der Maßgabe anzuwenden, dass im Hinblick auf die Verwaltung und den Vertrieb von Publikums-AIF im Sinne des Satzes 1 Nummer 2 im Geltungsbereich dieses Gesetzes und solange der Erlaubnisantrag, der bis zum 21. Juli 2014 einzureichen ist, noch nicht beschieden wurde, das Erfordernis der Erlaubnis durch den noch nicht beschiedenen vollständigen Erlaubnisantrag ersetzt wird. [2]Absatz 1 Satz 6 gilt entsprechend.

(3) [1]Eine AIF-Kapitalverwaltungsgesellschaft im Sinne des Absatzes 1 Satz 1 Nummer 1 darf von ihr verwaltete inländische offene Publikums-AIF im Sinne des Absatzes 1 Satz 1 Nummer 2 nach dem 21. Juli 2013 weiter im Geltungsbereich dieses Gesetzes ohne die nach § 316 erforderliche Anzeige vertreiben. [2]Für das Ende des Vertriebsrechts nach Satz 1 und die Voraussetzungen für einen Vertrieb nach dem Inkrafttreten der Änderun-

gen der Anlagebedingungen, jedenfalls spätestens nach dem 21. Juli 2014, gilt § 345 Absatz 6 Satz 2 bis 7 entsprechend.

(4) **Die Absätze 1 bis 3 gelten für inländische offene Spezial-AIF entsprechend mit der Maßgabe, dass an die Stelle des Antrags auf Genehmigung der Anlagebedingungen die Anlagebedingungen, an die Stelle des Verweises auf § 316 der Verweis auf § 321 und an die Stelle von Publikums-AIF Spezial-AIF treten.**

(5) [1]**AIF-Verwaltungsgesellschaften, die**

1. **offene EU-AIF oder offene ausländische AIF verwalten, die keine ausländischen Investmentvermögen im Sinne des Investmentgesetzes in der bis zum 21. Juli 2013 geltenden Fassung sind und im Inland vor dem 22. Juli 2013 vertrieben werden durften und**
2. **ab dem 22. Juli 2013 Tätigkeiten ausüben oder ausüben lassen, die nach diesem Gesetz als Vertrieb eines Investmentvermögens anzusehen sind,**

übermitteln, gegebenenfalls über die zuständigen Stellen des Herkunftsmitgliedstaates, eine Anzeige nach den §§ 320, 323, 329, 330 oder 330a. [2]**§ 345 Absatz 8 Satz 2, 3 und 5 gilt entsprechend mit der Maßgabe, dass an die Stelle der Wörter „nach den Vertriebsvorschriften des Investmentgesetzes in der bis zum 21. Juli 2013 geltenden Fassung" die Wörter „nach den Vertriebsvorschriften, die für diese Investmentvermögen vor dem 22. Juli 2013 anwendbar waren" treten.**

I. Allgemeines

1 Die Vorschrift gilt seit Inkrafttreten des KAGB. Es handelt sich um eine **Übergangsvorschrift** für AIF-Verwaltungsgesellschaften, die vor dem Inkrafttreten des KAGB offene AIF verwalteten, die bis zu diesem Zeitpunkt nicht als Investmentvermögen iSd InvG galten, nun aber in den Anwendungsbereich des KAGB fallen („Altfonds").

II. Anpassung von Unterlagen von inländischen offenen Publikums-AIF" (§ 351 I)

2 § 351 I bezieht sich auf **inländische offene Publikums-AIF,** die vor dem Inkrafttreten des KAGB aufgelegt wurden und keiner Regulierung durch das InvG unterlagen. Demnach mussten die betreffenden AIF.KVG die Anlagebedingungen, Satzungen oder Gesellschaftsverträge dieser Investmentvermögen binnen Jahresfrist an die Vorschriften des KAGB anpassen und von der BaFin genehmigen lassen. § 351 I lehnt sich somit an die entsprechende Regelung für bereits nach dem InvG regulierte AIF-Kapitalverwaltungsgesellschaften in § 345 I an. Gemäß § 351 I 2 gilt hierbei § 163 gleichermaßen nur eingeschränkt. Insbesondere ist wiederum die Genehmigungsfiktion gem. § 163 II 5 ausgeschlossen. Im Hinblick auf die Bekanntmachung von Änderungen der Anlagebedingungen, die von der BaFin genehmigt sind, gilt § 163 IV.

3 Für die Feststellung, wann ein AIF **aufgelegt** wurde, wird auf § 343 IV verwiesen, wonach zum Zeitpunkt des Inkrafttretens des KAGB mindestens ein Anleger durch den unbedingten und unbefristeten Abschluss eines auf die Ausgabe eines Anteils oder einer Aktie gerichteten schuldrechtlichen Verpflichtungsgeschäfts einen Anteil oder eine Aktie des AIF gezeichnet haben muss.

Gemäß § 351 I 3 durfte der Antrag auf Genehmigung nicht nach dem ebenfalls erforderlichen **Erlaubnisantrag** gestellt werden. Wurde der Genehmigungsantrag hingegen vor dem Erlaubnisantrag bei der BaFin eingereicht, war die betreffende AIF-KVG gem. § 351 I 4 verpflichtet, gegenüber der BaFin verbindlich zu erklären, dass sie einen entsprechenden Antrag fristgerecht bis spätestens zum Ende des Übergangszeitraums am 21.7.2014 stellen wird. 4

§ 351 I 5 stellt klar, dass das betreffende Investmentvermögen ab der Genehmigung durch die BaFin, spätestens jedoch seit dem 22.7.2014, **vollständig den Vorschriften des KAGB** unterliegt, wobei gem. § 351 I 6 selbstverständlich die Begriffs- und Ausnahmebestimmungen in §§ 1 und 2, die für die Umstellung auf das neue Recht betreffenden Verwaltungsvorschriften sowie die Übergangsvorschriften des KAGB bereits vor diesem Zeitpunkt galten. 5

III. Umstellung der KVG (§ 351 II)

§ 351 II bezieht sich auf die betreffende AIF-KVG. § 351 II 1 bestimmt, dass die vollständige **Umstellung der AIF-Kapitalverwaltungsgesellschaft** bis zum Eingang des Erlaubnisantrags bei der BaFin – also spätestens bis zum 22.7.2014 – zu erfolgen hatte. Ab diesem Zeitpunkt hatte dabei bis zur Erlaubniserteilung oder -versagung durch die BaFin im Hinblick auf die Verwaltung und den Vertrieb der betreffenden Investmentvermögen der noch nicht beschiedene vollständige Erlaubnisantrag die Wirkung einer erteilten Erlaubnis. Zuvor galten gem. § 351 II 2 mit Blick auf die betreffende AIF-KVG nur die in § 351 I 6 genannten Vorschriften (→ Rn. 5). 6

IV. Fortgeltung des Vertriebsrechts (§ 351 III)

§ 351 III gestattete es der betreffenden AIF-KVG, ihre Altfonds übergangsweise auch ohne vorherige Vertriebsanzeige nach Maßgabe des § 316 weiter zu **vertreiben.** Das Vertriebsrecht endete jedoch gem. § 316 aufgrund des Verweises in § 351 III 2 auf § 345 VI 2–7 spätestens nach dem Inkrafttreten der geänderten Anlagebedingungen bzw. nach dem 21.7.2014, sofern nicht zuvor eine entsprechende Vertriebsanzeige erstattet wurde. 7

V. Entsprechende Anwendung auf inländische offene Spezial-AIF (§ 351 IV)

Gemäß § 351 IV gelten die Vorschriften des § 351 I–III entsprechend auch für inländische offene Spezial-AIF mit der Besonderheit, dass eine Pflicht zu Genehmigung der Anlagebedingungen nicht besteht und das Anzeigeverfahren gem. § 321 an die Stelle der Vertriebsanzeige nach Maßgabe des § 316 tritt. 8

VI. Vertrieb von ausländischen offenen AIF (§ 351 V)

§ 351 V bezieht sich auf **offene EU- und offene ausländische AIF,** die vor dem Inkrafttreten des KAGB aufgelegt wurden und ohne Vertriebsanzeige gem. § 139 InvG bzw. § 7 I AuslInvestmG im Inland vertrieben werden durften, da sie nicht unter den Begriff der ausländischen Investmentvermögen nach Maßgabe des InvG fielen. Für diese Investmentvermögen endete das Vertriebsrecht aufgrund des Verweises in § 351 V 2 auf § 345 VIII spätestens am **21.7.2014,** sofern für sie kein 9 entsprechendes Vertriebsanzeigeverfahren nach Maßgabe des KAGB durchlaufen wurde. Bis zum Abschluss des neuen Anzeigeverfahrens, jedoch spätestens bis zum 21.7.2014 galten für deren Vertrieb die jeweiligen vor dem 21.7.2013 geltenden Vertriebsvorschriften weiter. Sollte die AIF-Verwaltungsgesellschaft für das betreffende Investmentvermögen bis zum 21.7.2014 kein Anzeigeverfahren nach Maßgabe des KAGB durchlaufen und dessen Vertrieb folglich eingestellt haben, kann sie dies jederzeit auch nach dem 21.7.2014 noch nachholen.

§ 352 Übergangsvorschrift zu § 127 des Investmentgesetzes

[1]Auf Ansprüche nach § 127 des Investmentgesetzes in der Fassung vom 30. Juni 2011, die vor dem 1. Juli 2011 entstanden sind, ist § 127 Absatz 5 des Investmentgesetzes in der bis zum 30. Juni 2011 geltenden Fassung weiter anzuwenden. [2]Sind dem Käufer die wesentlichen Anlageinformationen oder der Verkaufsprospekt nach dem Investmentgesetz zur Verfügung gestellt worden, ist auf diese Dokumente § 127 des Investmentgesetzes in der bis zum 21. Juli 2013 geltenden Fassung weiter anzuwenden.

I. Allgemeines

1 Die Vorschrift gilt seit Inkrafttreten des KAGB. Es handelt sich um eine Übergangsvorschrift in Bezug auf unter dem InvG entstandene Ansprüche aus **Prospekthaftung.**

II. Fortgeltung von § 127 InvG

2 § 352 S. 1 bezieht sich auf die mit Wirkung zum 1.7.2011 aus dem InvG gestrichene **Sonderverjährung** von Ansprüchen aus Prospekthaftung und übernimmt wörtlich § 148 InvG in der bis zum 21.6.2013 geltenden Fassung (BT-Drs. 17/12294, 305). Demnach gilt im Hinblick auf vor dem 1.7.2011 entstandene Ansprüche aus Prospekthaftung § 127 V InvG in der bis zum 30.6.2011 geltenden Fassung weiter, wonach die Ansprüche in einem Jahr seit dem Zeitpunkt, in dem der Käufer von der Unrichtigkeit oder Unvollständigkeit der Verkaufsprospekte Kenntnis erlangt hat, spätestens jedoch in drei Jahren seit dem Abschluss des Kaufvertrages, verjähren.

3 § 352 S. 2 stellt klar, dass ansonsten in Bezug auf Ansprüche aus Haftung für Verkaufsprospekte oder wesentliche Anlageinformationen, die den Anlegern nach Maßgabe des InvG zur Verfügung gestellt wurden, § 127 InvG (in der bis zum 21.6.2013 geltenden Fassung) anstelle von § 306 KAGB weiter gilt.

Unterabschnitt 3. Besondere Übergangsvorschriften für AIF-Verwaltungsgesellschaften, die geschlossene AIF verwalten, und für geschlossene AIF

§ 352a Definition von geschlossenen AIF im Sinne von § 353

Abweichend von § 1 Absatz 4 Nummer 2 und Absatz 5 sind geschlossene AIF im Sinne von § 353 auch solche AIF, die die Voraussetzungen von Artikel 1 Absatz 5 der Delegierten Verordnung (EU) Nr. 694/2014 erfüllen.

I. Allgemeines

Die Vorschrift wurde im Jahre 2014 iRd FinMarktAnpG in das KAGB aufgenommen. Es handelt sich um eine Regelung zur Berücksichtigung der abweichenden Definition von geschlossenen AIF gem. Art. 1 V der DelVO (EU) Nr. 694/2014 für die Zwecke der Übergangsregelungen (BT-Drs. 18/1305, 52). 1

II. Geschlossene AIF für die Zwecke des § 353

Bei **Inkrafttreten des KAGB** enthielt dessen § 1 V (iVm § 1 IV) eine Definition für geschlossene AIF, die (in Angrenzung zu offenen Investmentvermögen) alle AIF erfasste, deren Anleger oder Aktionäre **nicht mindestens einmal pro Jahr** das Recht zur Rückgabe gegen Auszahlung ihrer Anteile oder Aktien haben (wobei Mindesthaltefristen und die Möglichkeit der Aussetzung oder Beschränkung der Rücknahme der Anteile oder Aktien unberücksichtigt blieben), und auf das damals von der ESMA geprägte Begriffsverständnis zurückging (vgl. ESMA, Final Report „Draft regulatory technical standards on types of AIFMs" vom 2.4.2013, ESMA/2013/413). Mit **Inkrafttreten der DelVO (EU) 694/2014** (dh ab 19.7.2014) galten dann als geschlossene AIF nunmehr solche AIF, bei denen **nicht mindestens ein Mal vor Beginn der Liquidations- oder Auslaufphase** eine Anteilsrückgabe möglich ist (Art. 1 III iVm Art. 1 II DelVO (EU) 694/2014); iRd FinMarktAnpG wurde in § 1 IV eine entsprechende Verweisung auf Art. 1 II DelVO (EU) 694/2014 aufgenommen. 2

Die DelVO (EU) 694/2014 enthält darüber hinaus noch eine besondere Regelung für AIF, bei denen es zwar ein Rückgaberecht für die Anleger gibt, dieses aber **erst nach einer Wartezeit von mindestens fünf Jahren** (Lock-Up-Frist) ausgeübt werden kann, und die nach altem Begriffsverständnis ggf. als offene AIF anzusehen gewesen wären. Derartige AIF sind zwar auch nach der neuen Fassung des § 1 V iVm IV nicht generell, aber gem. Art. 1 V der DelVO (EU) 694/2014 zumindest für die Zwecke von Art. 61 III und IV AIFM-RL in jedem Fall als geschlossene AIF anzusehen. Nach dem Gesetzeswortlaut kommt es darauf an, dass das Rückgaberecht erstmals nach fünf Jahren **ausgeübt werden** kann, mithin also auf den Zeitpunkt, zu dem der Anleger erstmals eine entsprechende Erklärung gegenüber dem AIF bzw. der ihn verwaltenden (Kapital-)Verwaltungsgesellschaft abgeben kann. Entsprechend der ursprünglichen (dh bei Inkrafttreten des KAGB) geltenden Fassung des § 1 IV Nr. 2 ist insoweit die Möglichkeit einer Rücknahmeaussetzung unbeachtlich (vgl. MKJ/*Gottschling* § 353 Rn. 10). 3

§ 353 Besondere Übergangsvorschriften für AIF-Verwaltungsgesellschaften, die geschlossene AIF verwalten, und für geschlossene AIF

(1) Sofern AIF-Kapitalverwaltungsgesellschaften vor dem 22. Juli 2013 geschlossene AIF verwalten, die nach dem 21. Juli 2013 keine zusätzlichen Anlagen tätigen, können sie weiterhin solche AIF verwalten, ohne eine Erlaubnis oder Registrierung nach diesem Gesetz zu haben.

(2) Sofern EU-AIF-Verwaltungsgesellschaften oder ausländische AIF-Verwaltungsgesellschaften keine Erlaubnis oder Registrierung nach den zur Umsetzung der Richtlinie 2011/61/EU erlassenen Rechtsvorschriften der anderen Mitgliedstaaten der Europäischen Union oder der anderen Vertragsstaaten des Abkommens über den Europäischen Wirtschaftsraum benötigen und im Inland ausschließlich geschlossene inländische AIF verwalten, die nach dem 21. Juli 2013 keine zusätzlichen Anlagen tätigen, können sie diese weiterhin verwalten, ohne die Vorschriften dieses Gesetzes einhalten zu müssen.

(3) [1]Sofern AIF-Kapitalverwaltungsgesellschaften ausschließlich geschlossene AIF verwalten, deren Zeichnungsfrist für Anleger vor Inkrafttreten der Richtlinie 2011/61/EU ablief und die für einen Zeitraum aufgelegt wurden, der spätestens am 21. Juli 2016 abläuft, können sie weiterhin solche AIF verwalten, ohne dass sie die Vorschriften dieses Gesetzes mit Ausnahme der §§ 67, 148 oder 158 und gegebenenfalls des § 261 Absatz 7 und der §§ 287 bis 292 einhalten oder eine Erlaubnis oder Registrierung gemäß diesem Gesetz benötigen. [2]Satz 1 findet auf die Verwaltung von inländischen geschlossenen AIF, deren Zeichnungsfrist vor Inkrafttreten der Richtlinie 2011/61/EU ablief und die für einen Zeitraum aufgelegt wurden, der spätestens am 21. Juli 2016 abläuft, durch EU-AIF-Verwaltungsgesellschaften oder ausländische AIF-Verwaltungsgesellschaften entsprechend Anwendung.

(4) [1]Für AIF-Kapitalverwaltungsgesellschaften, die nicht die Voraussetzungen des § 2 Absatz 4 erfüllen und die geschlossene inländische AIF verwalten, deren Zeichnungsfrist vor dem 22. Juli 2013 abgelaufen ist und die nach dem 21. Juli 2013 Anlagen tätigen, gelten ab Eingang des Erlaubnisantrags gemäß § 22 bei der Bundesanstalt für die Verwaltung dieser geschlossenen inländischen AIF nur die §§ 1 bis 43, 53 bis 67, 80 bis 90, 158 Satz 1 in Verbindung mit § 135 Absatz 6 und 8, § 158 Satz 2, § 160 Absatz 4, § 261 Absatz 1 Nummer 8 und Absatz 7, § 263 Absatz 2, die §§ 271, 272, 274, 285 Absatz 2 und 3, §§ 286 bis 292, 300, 303, 308 und 339 bis 344, 352 bis 354 entsprechend; sofern allerdings der Gesellschaftsvertrag oder eine sonstige Vereinbarung, die das Rechtsverhältnis zwischen den Anlegern und einem solchen geschlossenen inländischen AIF regelt, bereits vor dem 18. März 2016 Regelungen im rechtlich zulässigen Rahmen zur Vergabe von Gelddarlehen an Unternehmen, an denen der AIF bereits beteiligt ist, für Rechnung des AIF enthält, können auch ab dem 18. März 2016 Gelddarlehen entsprechend diesen Regelungen vergeben werden und finden die darüber hinausgehenden Beschränkungen des § 285 Absatz 3, auch in Verbindung mit § 261 Absatz 1 Nummer 8, keine Anwendung. [2]Treffen

Vorschriften, die nach Satz 1 entsprechend anzuwenden sind, Regelungen für geschlossene AIF, sind geschlossene AIF nach Satz 1 auch geschlossene AIF im Sinne dieser Vorschriften. [3]Abweichend von Satz 2 sind sie jedoch nur dann geschlossene AIF im Sinne der §§ 30, 272 und 286 Absatz 2, wenn sie die Voraussetzungen von Artikel 1 Absatz 3 der Delegierten Verordnung (EU) Nr. 694/2014 erfüllen. [4]Erfüllen geschlossene AIF im Sinne von Satz 1 nicht zugleich die Voraussetzungen von Artikel 1 Absatz 3 der Delegierten Verordnung (EU) Nr. 694/2014, gilt für die Häufigkeit der Bewertung der Vermögensgegenstände und die Berechnung des Nettoinventarwertes je Anteil oder Aktie § 217 Absatz 1 und 2 entsprechend. [5]Die Sätze 1 bis 4 sind auf die Verwaltung von inländischen geschlossenen Spezial-AIF, deren Zeichnungsfrist vor dem 22. Juli 2013 abgelaufen ist und die nach dem 21. Juli 2013 Anlagen tätigen, durch EU-AIF-Verwaltungsgesellschaften entsprechend anzuwenden.

(5) **[1]Für AIF-Kapitalverwaltungsgesellschaften, die geschlossene inländische Publikums-AIF verwalten und am 16. August 2021 nach § 44 Absatz 1 und 4 in der bis zum 16. August 2021 geltenden Fassung registriert waren, weil sie die Bedingungen nach § 2 Absatz 4a oder 5 in der bis zum 16. August 2021 geltenden Fassung dieses Gesetzes erfüllt haben, sind für die von ihnen bis zum 16. August 2021 aufgelegten Publikums-AIF die Vorschriften dieses Gesetzes in der bis zum 16. August 2021 gültigen Fassung anzuwenden. [2]§ 45 Absatz 1 in der bis einschließlich 16. August 2021 geltenden Fassung ist mit der Maßgabe anzuwenden, dass der Jahresbericht nicht beim Betreiber des Bundesanzeigers elektronisch einzureichen ist, sondern der das Unternehmensregister führenden Stelle elektronisch zur Einstellung in das Unternehmensregister zu übermitteln ist; § 45 Absatz 3 Satz 1 und 5 sowie Absatz 4 in der bis einschließlich 16. August 2021 geltenden Fassung ist nicht anzuwenden. [3]Für am 17. August 2021 bestehende AIF dürfen keine neuen Anteile ausgegeben werden.**

(6) **[1]Für AIF-Kapitalverwaltungsgesellschaften, die geschlossene inländische AIF verwalten, die vor dem 22. Juli 2013 aufgelegt wurden, deren Zeichnungsfrist nicht vor dem 22. Juli 2013 abgelaufen ist und die nach dem 21. Juli 2013 Anlagen tätigen, gilt für die Verwaltung dieser geschlossenen AIF § 351 Absatz 1 bis 4 entsprechend. [2]Für AIF-Verwaltungsgesellschaften, die geschlossene EU-AIF oder geschlossene ausländische AIF verwalten, die im Inland vor dem 22. Juli 2013 vertrieben werden durften und deren Zeichnungsfrist nicht vor dem 22. Juli 2013 abgelaufen ist, gilt § 351 Absatz 5 entsprechend. [3]Geschlossene AIF im Sinne von Satz 1 gelten auch in den übrigen Vorschriften dieses Gesetzes, die Regelungen für geschlossene AIF treffen, als geschlossene AIF. [4]Abweichend von Satz 3 sind sie jedoch nur geschlossene AIF im Sinne der §§ 30, 272 und 286 Absatz 2, wenn sie die Voraussetzungen von Artikel 1 Absatz 3 der Delegierten Verordnung (EU) Nr. 694/2014 erfüllen. [5]Erfüllen geschlossene AIF im Sinne von Satz 1 nicht zugleich die Voraussetzungen von Artikel 1 Absatz 3 der Delegierten Verordnung (EU) Nr. 694/2014, ist § 161 Absatz 1 nicht anzuwenden und gilt für die Häufigkeit der Bewertung der Vermögensgegenstände und die Berechnung des Nettoinventarwertes je Anteil oder Aktie § 217 Absatz 1 und 2 entsprechend.**

(7) **Soweit sich aus den Absätzen 1 bis 3 nichts anderes ergibt, ist für AIF-Kapitalverwaltungsgesellschaften, die geschlossene AIF verwalten, § 343 anzuwenden.**

(8) ***(aufgehoben)***

(9) **[1]Inländische geschlossene AIF gelten auch in den übrigen Vorschriften dieses Gesetzes als geschlossene AIF, wenn sie**

1. nicht die Voraussetzungen von Artikel 1 Absatz 3 der Delegierten Verordnung (EU) Nr. 694/2014 erfüllen und

2. zwischen dem 22. Juli 2013 und dem 19. Juli 2014 nach den Vorschriften dieses Gesetzes im Sinne von § 343 Absatz 4 aufgelegt wurden.

[2]Abweichend von Satz 1 gelten sie als offene Investmentvermögen im Sinne von § 30, anstelle der §§ 272 und 286 Absatz 2 gilt für die Häufigkeit der Bewertung der Vermögensgegenstände und die Berechnung des Nettoinventarwertes je Anteil oder Aktie § 217 Absatz 1 und 2 entsprechend und § 161 Absatz 1 ist nicht anzuwenden.

(10) **[1]Die einem inländischen AIF, der**

1. nicht die Voraussetzungen von Artikel 1 Absatz 3 der Delegierten Verordnung (EU) Nr. 694/2014 erfüllt und

2. die Voraussetzungen von § 1 Absatz 5 dieses Gesetzes in seiner bis zum 18. Juli 2014 geltenden Fassung erfüllt,

vor dem 19. Juli 2014 erteilte Genehmigung von Anlagebedingungen gemäß § 268 oder mitgeteilte Vertriebsfreigabe gemäß § 316 Absatz 3 oder § 321 Absatz 3 erlöschen am 19. Juli 2014, wenn der inländische AIF nicht vor dem 19. Juli 2014 im Sinne von § 343 Absatz 4 aufgelegt wurde. [2]Der Antrag einer AIF-Kapitalverwaltungsgesellschaft, der auf eine Genehmigung der Anlagebedingungen eines inländischen AIF im Sinne von Satz 1 durch die Bundesanstalt nach diesem Gesetz in der bis zum 18. Juli 2014 geltenden Fassung gerichtet ist und der vor dem 19. Juli 2014 bei der Bundesanstalt eingegangen ist, jedoch bis zum Ablauf des 18. Juli 2014 noch nicht genehmigt war, gilt als am 19. Juli 2014 gestellter Antrag auf Genehmigung der Anlagebedingungen nach diesem Gesetz in der ab 19. Juli 2014 geltenden Fassung. [3]Sofern erforderliche Angaben oder Dokumente fehlen, hat die Bundesanstalt diese nachzufordern.

(11) **[1]Inländische AIF, die**

1. die Voraussetzungen von § 1 Absatz 5 dieses Gesetzes in seiner bis zum 18. Juli 2014 geltenden Fassung erfüllen,

2. nicht die Voraussetzungen von Artikel 1 Absatz 3 und 5 der Delegierten Verordnung (EU) Nr. 694/2014 erfüllen und

3. vor dem 19. Juli 2014 im Sinne von § 343 Absatz 4 aufgelegt wurden,

gelten auch in den übrigen Vorschriften dieses Gesetzes als geschlossene AIF, wenn ihre Anlagebedingungen und gegebenenfalls die Satzung oder der Gesellschaftsvertrag der AIF an die Voraussetzungen nach Artikel 1 Absatz 5 der Delegierten Verordnung (EU) Nr. 694/2014 angepasst werden und die Anpassungen spätestens am 19. Januar 2015 in Kraft treten. [2]Abweichend von Satz 1 gelten sie als offene Investmentvermögen im Sinne von § 30, anstelle der §§ 272 und 286 Absatz 2 gilt für die Häufigkeit der Bewertung der Vermögensgegenstände und die Berechnung des Nettoinventarwertes je Anteil oder Aktie § 217 Absatz 1 und 2 entsprechend und § 161

Absatz 1 ist nicht anzuwenden. [3]Die vor dem 19. Juli 2015 erteilte Genehmigung von Anlagebedingungen nach § 268 oder mitgeteilte Vertriebsfreigabe gemäß § 316 Absatz 3 oder § 321 Absatz 3 erlöschen am 19. Januar 2015, wenn die nach Satz 1 geänderten Anlagebedingungen und gegebenenfalls die Satzung oder der Gesellschaftsvertrag der AIF nicht bis zum 19. Januar 2015 in Kraft getreten sind. [4]Bis zum 19. Januar 2015 sind die Anleger in dem Verkaufsprospekt und den wesentlichen Anlegerinformationen drucktechnisch herausgestellt an hervorgehobener Stelle auf die notwendige Anpassung der Rückgaberechte an die Anforderungen in Artikel 1 Absatz 5 *der der*[1] Delegierten Verordnung (EU) Nr. 694/2014 und die Folgen einer unterbliebenen Anpassung hinzuweisen. [5]Bei Spezial-AIF muss dieser Hinweis im Rahmen der Informationen gemäß § 307 erfolgen.

(12) **Für den Vertrieb von geschlossenen EU-AIF und ausländischen geschlossenen AIF, die**
1. **nicht die Voraussetzungen von Artikel 1 Absatz 3 der Delegierten Verordnung (EU) Nr. 694/2014 erfüllen und**
2. **zwischen dem 22. Juli 2013 und dem 19. Juli 2014 eine Vertriebsberechtigung nach den Vorschriften dieses Gesetzes erhalten haben,**

an Privatanleger im Inland gelten die Vorschriften für den Vertrieb von geschlossenen AIF nach diesem Gesetz.

(13) **[1]Für den Vertrieb von EU-AIF und ausländischen AIF, die**
1. **nicht die Voraussetzungen von Artikel 1 Absatz 3 und 5 der Delegierten Verordnung (EU) Nr. 694/2014 erfüllen,**
2. **die Voraussetzungen von § 1 Absatz 5 dieses Gesetzes in seiner bis zum 18. Juli 2014 geltenden Fassung erfüllen und**
3. **zwischen dem 22. Juli 2013 und dem 19. Juli 2014 eine Vertriebsberechtigung nach den Vorschriften dieses Gesetzes erhalten haben,**

an Privatanleger im Inland gelten die Vorschriften für den Vertrieb von geschlossenen AIF nach diesem Gesetz, wenn die Anlagebedingungen und gegebenenfalls die Satzung oder der Gesellschaftsvertrag der AIF an die Voraussetzungen nach Artikel 1 Absatz 5 der Delegierten Verordnung (EU) Nr. 694/2014 angepasst werden und die in Kraft getretene Anpassung der Bundesanstalt bis spätestens 19. Januar 2015 angezeigt wird; andernfalls erlischt die Vertriebsberechtigung für diese AIF am 19. Januar 2015. [2]Absatz 11 Satz 5 gilt entsprechend.

Inhaltsübersicht

	Rn.
I. Allgemeines	1
II. Generelle Ausnahme für Verwalter von ausinvestierten Alt-Fonds	2
1. AIF-KVG, die über den 21.7.2013 hinaus ausinvestierte Alt-Fonds verwalten (§ 353 I)	2
a) Verwaltung von „Alt-Fonds“	3
b) Keine zusätzlichen Anlagen	6
2. Ausländische Verwaltungsgesellschaften, die über den 21.7.2013 hinaus ausinvestierte Alt-Fonds verwalten (§ 353 II)	9

---

[1] Doppeltes „der“ amtlich.

Rn.
III. Beschränkte Geltung des KAGB für bestimmte geschlossene AIF und deren Verwalter . . . 11
1. AIF-(Kapital-)Verwaltungsgesellschaften, die über den 21.7.2013 hinaus ausplatzierte Alt-Fonds mit Laufzeit bis längstens zum 21.7.2016 verwalten (§ 353 III) . . . 11
2. Erlaubnispflichtige AIF-Verwaltungsgesellschaften, die über den 21. Juli 2013 hinaus noch nicht ausinvestierte Alt-Fonds verwalten (§ 353 IV) . . . 12
3. Vormals registrierte KVG, die auch über den 16.8.2021 hinaus noch tätig sind (§ 353 V) . . . 15
4. KVG, die über den 21.7.2013 hinaus in der Zeichnungsphase befindliche, nicht ausinvestierte Alt-Fonds verwalten . . . 17
a) Geschlossene inländische AIF (§ 353 VI) . . . 17
b) Geschlossene EU-AIF oder ausländische AIF . . . 18
c) Geschlossene AIF nach § 352a . . . 19
IV. Verhältnis zu § 343 (§ 353 VII) . . . 20
V. Vertrieb von AIF durch laufendes öffentliches Angebot mit Wertpapierprospekt (§ 353 VIII aF) . . . 21
VI. Sondervorschriften für geschlossene AIF nach altem Begriffsverständnis . . . 22
1. Hintergrund . . . 22
2. Geschlossene AIF nach altem Begriffsverständnis . . . 25
3. Altfälle mit Haltefristen von mindestens fünf Jahren . . . 28

I. Allgemeines

1 Die etwas schwer verständliche Vorschrift gibt es seit Inkrafttreten des KAGB. Sie adressiert verschiedene Sachverhalte in Bezug auf geschlossene AIF und deren AIF-Verwaltungsgesellschaften, die sich einerseits im Zusammenhang mit dem Inkrafttreten des KAGB und andererseits aus der ein Jahr später im Rahmen des FinMarktAnpG erfolgten Änderung des Begriffs des „geschlossenen AIF" ergeben haben. Zu einzelnen Fragen hat die BaFin in Abschn. III des am 18.6.2013 veröffentlichten Dokuments „Häufige Fragen zu den Übergangsvorschriften nach den §§ 343ff. des KAGB" (GZ: WA 41-Wp 2137-2013/0343) Hilfestellung gegeben. Die Vorschrift wurde im Laufe der Jahre verschiedentlich geändert, hat durch Zeitablauf aber erheblich an praktischer Bedeutung verloren.

II. Generelle Ausnahme für Verwalter von ausinvestierten Alt-Fonds

2 **1. AIF-KVG, die über den 21.7.2013 hinaus ausinvestierte Alt-Fonds verwalten (§ 353 I).** § 353 I setzt Art. 61 III AIFM-RL um und nimmt bestimmte AIF-KVG von der Erlaubnis- bzw. Registrierungspflicht nach dem KAGB aus, wenn diese geschlossene AIF verwalten, die bei Inkrafttreten des KAGB bereits ausinvestiert waren.

3 **a) Verwaltung von „Alt-Fonds".** Die Vorschrift bezieht sich auf AIF-KVG und die von ihnen bereits **vor dem Inkrafttreten des KAGB am 22.7.2013 verwalteten geschlossenen AIF** (Alt-Fonds). Als „geschlossen" gelten insoweit alle AIF, welche die Voraussetzungen des § 1 V in der am 22.7.2014 geltenden Fassung erfüllen, dh bei denen die Anleger oder Aktionäre nicht mindestens einmal pro Jahr

ein Rückgaberecht für ihre Anteile oder Aktien haben (→ Rn. 22). Gemäß § 17 I 2 liegt eine **Verwaltung** in diesem Sinne dann vor, wenn am Stichtag mindestens die Portfolioverwaltung oder das Risikomanagement für den AIF erbracht wird. Ein späterer Verwalterwechsel ist unschädlich, wenn beide AIF-KVG die Voraussetzungen des § 353 I erfüllen (WBA/*Paul* § 353 Rn. 11).

Sofern die AIF-KVG **ausschließlich Alt-Fonds** verwaltet, die alle Voraussetzungen der Übergangsvorschrift erfüllen, entfällt für sie die Erlaubnis- bzw. Registrierungspflicht, ohne dass sie dabei ihr Recht verliert, die AIF weiter zu verwalten. Auf die betreffenden Alt-Fonds ist darüber hinaus das KAGB in Gänze nicht anwendbar. So entfällt für sie bspw. auch die Pflicht zur Beauftragung einer Verwahrstelle. Allerdings gilt für diese Alt-Fonds die vor dem 21.7.2013 geltende Rechtslage fort. Sofern sie daher bspw. vor dem 21.7.2013 dem VermAnlG unterlegen haben, gelten dessen Bestimmungen aufgrund einer entsprechenden Übergangsvorschrift in der bis zum 21.7.2013 geltenden Fassung für sie weiter und schließen die Anwendbarkeit des KAGB aus (WBA/*Paul* § 353 Rn. 32). 4

Verwaltet die AIF-KVG hingegen neben Alt-Fonds **auch andere AIF,** die nicht unter die Übergangsvorschrift fallen, unterliegt die AIF-KVG insgesamt dem KAGB und somit auch der Erlaubnis- bzw. Registrierungspflicht. Für die jeweiligen Alt-Fonds sollen jedoch die Vorschriften des KAGB nicht gelten, so dass diese nach Ansicht der BaFin vollständig dem Bestandsschutz unterfallen, dh eine „Infizierung" der Alt-Fonds erfolgt nicht (WBA/*Paul* § 353 Rn. 11). Im Rahmen des Risikomanagements auf Ebene der AIF-KVG (insb. Messung und Steuerung ihrer Risiken und Berechnung der Eigenmittel) sind die Alt-Fonds jedoch in diesem Fall zu berücksichtigen. 5

b) Keine zusätzlichen Anlagen. Damit eine AIF-KVG und die von ihr verwalteten Alt-Fonds unter die Übergangsvorschrift fallen, muss sichergestellt sein, dass diese bei Inkrafttreten des KAGB **„ausinvestiert"** waren, dh nach dem 21.7.2013 durften für Rechnung des AIF keine zusätzlichen Anlagen mehr getätigt werden. Unter dem Begriff „Tätigen einer Anlage" versteht die BaFin dabei den Abschluss eines neuen Vertrages, der eine Investition von Kapital zu **Ertragszwecken** beinhaltet. Eine Anlage in **Bankguthaben** gilt insoweit nicht als „zusätzliche Anlage" iSd § 353 I. Rein werterhaltende Maßnahmen (wie zB Instandhaltung oder Anschlussvermietung, aber auch eine Nachfolgeinvestition zur Abwendung der Insolvenz einer Portfoliogesellschaft) sind nicht als Tätigkeiten einer zusätzlichen Anlage anzusehen, wenn sie die drei folgenden Voraussetzungen erfüllen: 6

- Die Investition macht nur einen geringfügigen Anteil am AIF-Portfolio aus.
- Die Investition dient ausschließlich der Werterhaltung.
- Die Anleger haben sich allgemein – nicht notwendigerweise auf das konkrete Investment bezogen – zu solchen Werterhaltungsmaßnahmen verpflichtet oder sind aufgrund gesellschaftsrechtlicher Regelungen dazu verpflichtet.

Die BaFin geht dabei idR von einem geringfügigen Anteil am AIF-Portfolio aus, wenn der Umfang einer – auch über einen längeren Zeitraum verteilten – Werterhaltungsmaßnahme 20% des Wertes des AIF-Portfolios nicht überschreitet. Eine klare Grundlage für diesen Prozentsatz ist jedoch nicht ersichtlich (WBA/*Paul* § 353 Rn. 17). Die Umwandlung eines bereits erworbenen Vermögensgegenstands kann eine „zusätzliche Anlage" darstellen, wenn diese danach in seiner wirtschaftlichen Nutzbarkeit wesentlich von seiner vor dem 22.7.2013 liegenden Nutzbarkeit abweicht, zB bei Umgestaltung einer Gewerbeimmobilie in Eigentumswohnungen (weitere Beispiele bei EDD/*Schade* § 353 Rn. 20).

7 Zusätzliche Anlagen sind nach Ansicht der BaFin auch solche, die zwar in den Verkaufsunterlagen des Alt-Fonds als planmäßige Erstinvestition des AIF hinreichend definiert sind, aber erst ab dem 22.7.2013 erfolgten. Allein maßgeblich ist insofern der Zeitpunkt des Vertragsschlusses **(Verpflichtungsgeschäft).** Um in den Genuss der Übergangsvorschrift zu kommen, musste das Verpflichtungsgeschäft infolgedessen vor dem 22.7.2013 abgeschlossen worden sein, während das entsprechende Erfüllungsgeschäft auch erst nach dem 21.7.2013 abgewickelt werden konnte.

8 Unter Umständen kann nach Auffassung der BaFin im Fall von mehrstufigen Strukturen auch eine **Durchschau** auf die Anlagetätigkeit einer Beteiligungsgesellschaft erfolgen, wenn die AIF-KVG bspw. mehrheitlich daran beteiligt ist und über die entsprechenden Stimmrechte verfügt. In diesem Fall müsste sich dann die KVG die Anlagetätigkeit der Beteiligungsgesellschaft für die Zwecke des § 353 I zurechnen lassen. Im Fall von Dachfonds erfolgt hingegen idR keine Durchschau auf die Anlagetätigkeit der Zielfonds, da der Dachfonds regelmäßig keinen Einfluss auf die einzelne Anlagetätigkeit des Zielfonds hat.

9 **2. Ausländische Verwaltungsgesellschaften, die über den 21.7.2013 hinaus ausinvestierte Alt-Fonds verwalten (§ 353 II).** § 353 II enthält die § 353 I entsprechende Regelung für **EU-AIF-Verwaltungsgesellschaften** und **ausländische AIF-Verwaltungsgesellschaften,** die ausschließlich Alt-Fonds verwalten, welche nach dem Inkrafttreten des KAGB keine Anlagen mehr tätigen. Wie § 353 I ist in diesen Fällen keine Erlaubnis oder Registrierung nach den entsprechenden nationalen Rechtsvorschriften zur Umsetzung der AIFM-RL erforderlich. Dabei bezieht sich die Vorschrift ausschließlich auf die Verwaltung von geschlossenen inländischen AIF **im Inland,** dh im Geltungsbereich des KAGB. Nur für sie gilt, dass der AIF und die ihn verwaltende AIF-Verwaltungsgesellschaft generell von den Vorschriften des KAGB ausgenommen bleibt, wenn nach dem 21.7.2013 für Rechnung des AIF keine zusätzlichen Anlagen mehr getätigt werden.

10 Werden von der betreffenden AIF-Verwaltungsgesellschaft neben Alt-Fonds auch noch **andere AIF** im Inland verwaltet, unterfällt die betreffende AIF-Verwaltungsgesellschaft insgesamt, dh auch im Hinblick auf die Verwaltung von Alt-Fonds, den jeweiligen Vorschriften des KAGB. Die betreffenden Alt-Fonds selbst bleiben jedoch von den Vorschriften des KAGB ausgenommen und werden nicht „infiziert". Verwaltet eine AIF-Verwaltungsgesellschaft neben ausinvestierten inländischen Alt-Fonds auch noch andere AIF **im Ausland,** ist dies sowohl für die betreffende AIF-Verwaltungsgesellschaft als auch für die von ihr im Inland verwalteten Alt-Fonds grds. unschädlich.

III. Beschränkte Geltung des KAGB für bestimmte geschlossene AIF und deren Verwalter

11 **1. AIF-(Kapital-)Verwaltungsgesellschaften, die über den 21.7.2013 hinaus ausplatzierte Alt-Fonds mit Laufzeit bis längstens zum 21.7.2016 verwalten (§ 353 III).** § 353 III setzt Art. 61 IV AIFM-RL in deutsches Recht um. Danach bleibt es für AIF-KVG, EU-AIF-Verwaltungsgesellschaften und ausländische AIF-Verwaltungsgesellschaften grds. bei der bis zum 21.7.2013 geltenden Rechtslage, sofern sie ausschließlich die in der Vorschrift genannten ausplatzierten geschlossenen AIF verwalten. Dabei kommt es einerseits auf den Ablauf der Zeichnungsfrist (diese musste vor dem 21.7.2011 als dem Tag des Inkrafttretens der

AIFM-RL beendet worden sein) und andererseits auf den Zeitraum an, für den die betreffenden AIF aufgelegt wurden. Um als Alt-Fonds iSd § 353 III zu gelten, muss die Laufzeit des betreffenden AIF spätestens am 21.6.2016 enden, wobei es nach der BaFin nicht darauf ankommt, dass die Abwicklungs- und Liquidationsphase auch schon zu diesem Zeitpunkt abgeschlossen ist. Die Abwicklung bzw. Liquidation muss jedoch bereits eingeleitet sein (vgl. BaFin – Häufige Fragen zu den Übergangsvorschriften nach den §§ 343ff. des KAGB, Frage III.7.). Zu beachten sind in den Fällen des § 353 III lediglich bestimmte Vorschriften zur **Rechnungslegung und Berichterstattung** (§§ 67, 148 und 158) und zu Situationen, in denen die **Kontrolle über nicht börsennotierte Unternehmen und Emittenten** erlangt wird (§§ 287–292).

2. Erlaubnispflichtige AIF-Verwaltungsgesellschaften, die über den 21. Juli 2013 hinaus noch nicht ausinvestierte Alt-Fonds verwalten (§ 353 IV). § 353 IV bezieht sich auf bei Inkrafttreten des KAGB bereits tätige AIF-KVG, also solche, die die Voraussetzungen von § 2 IV nicht erfüllen, und die dementsprechend verpflichtet sind, einen **Erlaubnisantrag** gem. § 22 bei der BaFin zu stellen. Sofern diese AIF-KVG inländische geschlossene AIF verwalten, deren **Zeichnungsfrist** vor dem 22.7.2013 abgelaufen ist (→ Rn. 11) und die nach dem 21.7.2013 noch **Anlagen tätigen** (→ Rn. 6), gelten gem. S. 1 für die Verwaltung dieser AIF nur die genannten Vorschriften des KAGB. Eine spätere Kapitalerhöhung bei den verwalteten AIF ist insoweit unschädlich, sofern dadurch der Anlegerkreis unverändert bleibt. Gleichzeitig haben für diese AIF aufgrund einer Übergangsregelung die Vorschriften des Vermögensanlagegesetzes (insb. zum Verkaufsprospekt und zum Vermögensanlagen-Informationsblatt) weiterhin Geltung. Mit Blick auf die Verwaltung anderer AIF durch die betreffende AIF-KVG hat die Vorschrift hingegen keine Relevanz, denn der Gesetzgeber hat sich entschieden, diesbezüglich nur die zwingend erforderlichen Vorgaben nach der AIFM-RL zur Anwendung zu bringen. Satz 1 wurde im Zuge des OGAW-V-UmsG mit Blick auf **Kreditfonds,** die vor dem 18.3.2016 im rechtlich zulässigen Rahmen Gelddarlehen an Unternehmen vergeben durften, dahingehend ergänzt, dass sie dies auch nach diesem Stichtag weiter tun durften. 12

Die S. 2–4 wurden iRd FinMarktAnpG in § 353 IV eingefügt, um dem im gem. der Delegierten VO (EU) Nr. 694/2014 geänderten Begriff des geschlossenen AIF Rechnung zu tragen. Demnach soll der durch § 352a in das KAGB mit Blick auf § 353 eingeführte erweitere Begriff des geschlossenen AIF konsequenterweise grds. auch für die in § 353 IV in Bezug genommenen Vorschriften gelten. Eine Ausnahme besteht allerdings für § 30 (Liquiditätsmanagement) sowie §§ 272 und 286 II (Häufigkeit der Bewertung), die aufgrund zwingender Vorgaben der AIFM-RL nur für solche AIF gelten sollen, die überhaupt kein vorzeitiges Rückzahlungsrecht vorsehen. Für alle anderen geschlossenen AIF gelten für das Liquiditätsmanagement und die Häufigkeit der Bewertung hingegen die Vorschriften für offene Investmentvermögen. 13

Gemäß S. 5 sind die vorgenannten Bestimmungen auch auf **inländische geschlossene Spezial-AIF** entsprechend anzuwenden, die im Wege des grenzüberschreitenden Dienstleistungsverkehrs von EU-AIF-Verwaltungsgesellschaften verwaltet werden, wenn bei ihnen die Zeichnungsfrist vor dem 22.7.2013 abgelaufen ist und sie noch nach dem 21.7.2013 Anlagen tätigen. 14

3. Vormals registrierte KVG, die auch über den 16.8.2021 hinaus noch tätig sind (§ 353 V). § 353 V wurde im Rahmen des AnSStärkG (v. 9.7.2021, 15

BGBl. 2021 I 2570) neu gefasst und soll nach dem Willen des Gesetzgebers einen Bestandsschutz für bereits nach § 2 Iva und V (jeweils aufgehoben mWv 16.8.2021) registrierte AIF-KVG und deren bis zum Inkrafttreten dieses Gesetzes aufgelegten AIF schaffen (BT-Drs. 19/28166). Er bezieht sich demnach auf AIF-KVG, die geschlossene inländische Publikums-AIF verwalten und am 16.8.2021 nach § 44 I und IV in der bis zum 16.8.2021 geltenden Fassung registriert waren, weil sie die Bedingungen nach § 2 IVa oder V in der bis zum 16.8.2021 geltenden Fassung erfüllt haben. Für die von ihnen bis zum 16.8.2021 aufgelegten Publikums-AIF sind die Vorschriften des KAGB in der bis zum 16.8.2021 gültigen Fassung weiter anzuwenden. § 353 V 2 wurde im Rahmen des DiRUG eingefügt, wodurch § 45 I in der bis einschließlich 16.8.2021 geltenden Fassung insofern modifiziert wird, als dass der Jahresbericht nicht beim Betreiber des **Bundesanzeigers** elektronisch einzureichen, sondern der das Unternehmensregister führenden Stelle elektronisch zur Einstellung in das **Unternehmensregister** zu übermitteln ist. Für am 17.8.2021 bestehende AIF dürfen keine neuen Anteile mehr ausgegeben werden.

16 Sofern die betreffenden AIF-KVG am 16.8.2021 bei der BaFin nach den Vorschriften des KAGB registriert waren, unterliegen gem. S. 1 die von ihnen verwalteten AIF weiterhin den bis zum 16.8.2021 geltenden Bestimmungen. Gemäß S. 2 dürfen aber nach dem 16.8.2021 für derartige AIF keine neuen Anteile mehr ausgegeben werden.

17 **4. KVG, die über den 21.7.2013 hinaus in der Zeichnungsphase befindliche, nicht ausinvestierte Alt-Fonds verwalten. a) Geschlossene inländische AIF (§ 353 VI).** § 353 VI 1 bezieht sich auf geschlossene inländische AIF, deren Zeichnungsphase sich über den 21.7.2013 erstreckt und die danach noch Anlagen tätigen. Für die Verwaltung dieser Fonds gelten die Bestimmungen von § 351 I–IV entsprechend (→ § 351 Rn. 2–8). Voraussetzung ist jedenfalls, dass tatsächlich eine „Vertriebstätigkeit" vor dem 22.7.2013 stattgefunden hat (vgl. BaFin, Häufige Fragen zu den Übergangsvorschriften nach den §§ 343 ff. des KAGB vom 18.6.2013 (GZ: WA 41-Wp 2137-2013/0343, III. 9.).

18 **b) Geschlossene EU-AIF oder ausländische AIF.** § 353 VI 2 bezieht sich auf geschlossene EU-AIF und geschlossene ausländische AIF, die im Inland vor dem 22.7.2013 vertrieben werden durften und deren Zeichnungsphase sich über den 21.7.2013 erstreckt. Für die Verwaltung dieser Fonds gelten die Bestimmungen des § 351 V entsprechend (→ § 351 Rn. 9).

19 **c) Geschlossene AIF nach § 352a.** § 353 VI 3–5 wurden (wie § 353 IV 2–4) iRd FinMarktAnpG vom 15.7.2014 in das KAGB eingefügt. Demnach sollen für **geschlossene AIF** iSv § 353 VI 1 (dh auch solche, die unter den erweiterten Begriff des geschlossenen AIF gem. § 353 a fallen) alle Vorschriften des KAGB gelten, die Regelungen für geschlossene AIF enthalten. Davon ausgenommen sind jedoch ebenfalls § 30 (Liquiditätsmanagement) sowie §§ 272, 286 II (Häufigkeit der Bewertung), die aufgrund zwingender Vorgaben der AIFM-RL nur für solche AIF gelten sollen, die überhaupt kein vorzeitiges Rückgaberecht vorsehen (vgl. → Rn. 15). Das Gleiche gilt für § 161 I, so dass ein bestehendes Rückgaberecht jedenfalls weiterhin bestehen bleiben kann. In Bezug auf das Liquiditätsmanagement und die Häufigkeit der Bewertung werden die betreffenden AIF wie offene Investmentvermögen behandelt.

IV. Verhältnis zu § 343 (§ 353 VII)

Der etwas unglücklich formulierte § 353 VII (WBA/*Paul* § 353 Rn. 98) beschreibt das Verhältnis von § 353 zu § 343 und erklärt § 343 auf AIF-KVG, die geschlossene AIF verwalten, für anwendbar, dh die in § 343 enthaltenen Vorschriften (zB Pflicht zu Stellung eines Registrierungsantrags) sind auch von diesen AIF-KVG einzuhalten (vgl. BT-Drs. 17/12294, 306). Dies gilt allerdings nur insoweit, als sich nicht aus § 353 I–III etwas anderes ergibt, was allerdings auch ohne ausdrückliche Regelung schon aufgrund der Gesetzessystematik gelten würde. 20

V. Vertrieb von AIF durch laufendes öffentliches Angebot mit Wertpapierprospekt (§ 353 VIII aF)

§ 353 VIII sah Ausnahmen in Bezug auf den Vertrieb von Anteilen oder Aktien an inländischen (geschlossenen) AIF oder EU-AIF vor, die Gegenstand eines laufenden öffentlichen Angebots unter Verwendung eines **Wertpapierprospektes** waren, der vor dem 22.7.2013 gem. WpPG oder der RL 2003/71/EG erstellt und veröffentlicht wurde, solange dieser Prospekt Gültigkeit hatte. Diese Bestimmung wurde mWv 21.7.2019 iRd Gesetzes zur weiteren Ausführung der EU-ProspektVO und zur Änderung von Finanzmarktgesetzen aufgehoben. 21

VI. Sondervorschriften für geschlossene AIF nach altem Begriffsverständnis

1. Hintergrund. Die Übergangsregelungen in Abs. 9–13 tragen dem Umstand Rechnung, dass die Definition von offenen und geschlossenen AIF in der DelVO (EU) 694/2013 vom ursprünglichen Entwurf der ESMA (ESMA, Final Report „Draft regulatory technical standards on types of AIFMs" vom 2.4.2013, ESMA/2013/413) abweicht. Auf diesen Entwurf aufbauend enthielt **bei Inkrafttreten des KAGB** dessen § 1 V (iVm § 1 IV) eine **Definition für geschlossene AIF,** die (in Angrenzung zu offenen Investmentvermögen) alle AIF erfasste, deren Anleger oder Aktionäre nicht **mindestens einmal pro Jahr das Recht zur Rückgabe** gegen Auszahlung ihrer Anteile oder Aktien haben (wobei Mindesthaltefristen und die Möglichkeit der Aussetzung oder Beschränkung der Rücknahme der Anteile oder Aktien unberücksichtigt blieben). Mit Inkrafttreten der DelVO (EU) 694/2014 (dh **ab dem 19.7.2014**) galten dann als geschlossene AIF nunmehr solche AIF, bei denen nicht **mindestens einmal vor Beginn der Liquidations- oder Auslaufphase** eine Anteilsrückgabe möglich ist (Art. 1 III iVm Art. 1 II DelVO (EU) 694/2014); iRd FinMarktAnpG wurde in § 1 IV eine entsprechende Verweisung auf Art. 1 II DelVO (EU) 694/2014 aufgenommen. 22

AIF, die bereits vor dem 19.7.2014 als geschlossene AIF anzusehen waren, weil bei ihnen gar kein Recht zur Anteilsrückgabe bestand, waren es somit auch nach diesem Datum. AIF, die vor dem 19.7.2014 als geschlossen galten, weil bei ihnen zwar ein Recht zur Anteilsrückgabe bestand, dieses aber nicht mindestens einmal pro Jahr ausgeübt werden konnte, galten nach diesem Datum hingegen gem. Art. 1 III iVm Art. 1 II der DelVO (EU) 694/2014 grds. als offene AIF. AIF iSd § 352a stellen insoweit einen Sonderfall dar, da sie seit dem 19.7.2014 für die Zwecke des KAGB zumindest teilweise als geschlossene AIF anzusehen sind. Sie unterliegen den Übergangsvorschriften der Abs. 9 und 10 (BT-Drs. 18/1305, 52). 23

24 Ziel der Übergangsvorschriften ist es, für AIF, die auf Grundlage der ursprünglichen Definition des geschlossenen AIF nach dem KAGB in der bis zum 19.7.2014 geltenden Fassung aufgelegt wurden, im Rahmen der europarechtlichen Möglichkeiten **Bestandsschutz** zu gewähren. Die Abs. 9–13 sind im Zusammenhang mit § 352a zu sehen, wonach auch solche AIF als geschlossen anzusehen sind, deren Anteile bereits nach einer Wartezeit von mindestens fünf Jahren zurückgegeben werden können (→ § 352a Rn. 3f.).

25 **2. Geschlossene AIF nach altem Begriffsverständnis.** § 353 X 1 bestimmt für AIF, die zwar bis zum 18.7.2014, danach aber grds. nicht mehr als geschlossene AIF anzusehen waren (weil bei ihnen zwar ein **Rückgaberecht** besteht, dieses aber **nicht mindestens einmal jährlich** geltend gemacht werden kann), dass **Genehmigungen von Anlagebedingungen,** die vor dem Inkrafttreten des neuen § 1 V von der BaFin erteilt wurden, mit dem 19.7.2014 hinfällig geworden sind, wenn die **Fondsauflegung** bis dahin **noch nicht erfolgt** war. Genehmigungsanträge für Anlagebedingungen, die zwar vor dem 19.7.2014 eingegangen, aber nicht mehr verbeschieden worden waren, unterlagen gem. S. 2 ab dem 19.7.2014 dem KAGB in seiner dann geltenden Fassung und erforderliche weitere Angaben und Dokumente waren von der BaFin nachzufordern (S. 3). Unbeachtlich ist insoweit, ob der betreffende AIF ggf. wegen Art. 1 V der DelVO (EU) 694/2014 nach dem 18.7.2014 als geschlossener AIF anzusehen ist (WBA/*Paul* § 353 Rn. 117).

26 Komplementär zu § 353 X sieht § 353 XI für inländische AIF, die **vor dem 19.7.2014 aufgelegt** wurden und bis dahin, **danach aber grundsätzlich nicht mehr als geschlossene AIF anzusehen** waren (weil bei ihnen zwar ein Rückgaberecht besteht, dieses aber nicht mindestens einmal jährlich geltend gemacht werden kann), die grundsätzliche **Erhaltung des Status als geschlossener AIF** vor, wenn das Fondsvertragswerk (Anlagebedingungen bzw. Satzung oder Gesellschaftsvertrag) des betreffenden AIF **bis spätestens 19.1.2015** an die Vorgaben des Art. 1 V der DelVO (EU) 694/2014 **angepasst** worden sind, wobei der Zeitpunkt des Inkrafttretens der Anpassungen entscheidend ist. Derartige AIF gelten (auch für den Zeitraum bis zur Anpassung) für die Zwecke des KAGB grds. weiterhin als geschlossene AIF. Dies gilt (wie auch im Rahmen von Abs. 10) jedoch **nicht hinsichtlich der §§ 30** (Liquiditätsmanagement) und **217 I und II** (Häufigkeit der Bewertung und Berechnung des Nettoinventarwerts) und auch § 161 I ist nicht anzuwenden. Vor dem 19.7.2015 erteilte Genehmigungen von Anlagebedingungen und mitgeteilte Vertriebsfreigaben sind am 19.1.2015 erloschen, wenn die geänderten Anlagebedingungen (bzw. ggf. die Satzung oder der Gesellschaftsvertrag) nicht bis zum 19.1.2015 in Kraft getreten sind (Abs. 11 S. 3). Ab dem 19.7.2014 waren die Anleger gem. Abs. 11 S. 4 im Verkaufsprospekt und den wesentlichen Anlegerinformationen (bzw. im 307er-Dokument bei Spezial-AIF) drucktechnisch herausgestellt an hervorgehobener Stelle auf die notwendige Anpassung (und die Folgen einer unterbliebenen Anpassung) hinzuweisen. Nach dem Gesetzeswortlaut galt dies bis zum 19.1.2015, entsprechend der mit der Bestimmung verfolgten Zielsetzung endete die Verpflichtung richtigerweise aber bei einer bereits vorher erfolgten Anpassung im Zeitpunkt dieser Anpassung.

27 Komplementär zu § 353 XI gelten gem. § 353 XIII **EU-AIF** und **ausländische AIF,** die **vor dem 19.7.2014** nach geltendem Recht als **geschlossene AIF** angesehen wurden (da ihre Anteile weniger als einmal pro Jahr zurückgegebenen werden konnten) und eine **Vertriebserlaubnis** erhalten und zumindest eine **Anpassung der Fondsdokumentation** an die Anforderungen gem. Art. 1 V der

DelVO (EU) 694/2014 vorgenommen haben, für den **Vertrieb an Privatanleger** weiterhin als **geschlossene AIF.** Voraussetzung ist, dass die Anpassung der BaFin bis zum 19.1.2015 angezeigt und entsprechend § 353 XI 5 in den jeweiligen Verkaufsunterlagen besonders hervorgehoben und darauf hingewiesen wurde, dass und wie die Rückgaberegelungen umstellt werden.

3. Altfälle mit Haltefristen von mindestens fünf Jahren. § 353 IX bestimmt, dass inländische AIF, die zwischen dem 22.7.2013 und dem 19.7.2014 aufgelegt wurden und die Voraussetzungen des Art. 1 V der DelVO (EU) 694/2014 erfüllen (dh bei denen eine Rückgabe von Anteilen nur nach Ablauf einer Haltefrist von mindestens fünf Jahren möglich ist), für die Zwecke des KAGB grds. als geschlossen anzusehen sind. Vor diesem Zeitpunkt war dies nur der Fall, wenn außerdem die Anteile des AIF nicht mindestens einmal pro Jahr zurückgegeben werden konnten. Als aufgelegt gilt ein AIF nach § 343 IV ab dem Zeitpunkt, in dem mindestens ein Anleger durch den unbedingten und unbefristeten Abschluss des auf die Ausgabe eines Anteils oder einer Aktie gerichteten schuldrechtlichen Verpflichtungsgeschäfts einen Anteil oder eine Aktie des AIF gezeichnet hat. Ausnahmen von der Übergangsregelung bestehen nach S. 2 aufgrund zwingender Vorgaben der AIFM-RL lediglich für § 30 (Liquiditätsmanagement) und § 217 I, II (Häufigkeit der Bewertung und Berechnung des Nettoinventarwerts), für deren Zwecke sie dann doch als offene Investmentvermögen zu betrachten sind. Die §§ 272, 286 II, die sich eigentlich auf geschlossene Investmentvermögen beziehen, gelten für sie hingegen nicht. Darüber hinaus ist auch der in § 161 I vorgesehene Ausschluss des Rechts zur ordentlichen Kündigung einer geschlossenen InvKG nicht anwendbar. 28

Komplementär zu § 353 IX unterliegt gem. § 353 XII der Vertrieb geschlossener EU-AIF und ausländischer geschlossener AIF mit Rückgaberecht und mindestens 5-jähriger Haltefrist, die vor dem 19.7.2014 eine Vertriebserlaubnis erhalten haben und ab diesem Tag nur noch aufgrund von Art. 1 V der DelVO (EU) 694/2014 als geschlossene AIF anzusehen sind, an Privatanleger auch nach diesem Datum weiterhin den Vertriebsvorschriften für geschlossene AIF. 29

§ 353a Übergangsvorschriften zu den §§ 261, 262 und 263

[1]Auf geschlossene inländische Publikums-AIF, die vor dem 18. März 2016 aufgelegt wurden, sind § 261 Absatz 4, § 262 Absatz 1 Satz 1 Nummer 1 und § 263 Absatz 1 und 4 in der bis zum 17. März 2016 geltenden Fassung anzuwenden. [2]Dies gilt nicht, wenn ein geschlossener inländischer Publikums-AIF, der vor dem 18. März 2016 aufgelegt wurde, die Anwendung der in Satz 1 genannten Vorschriften beschließt.

I. Allgemeines

Die Vorschrift wurde mit Wirkung zum 18.3.2016 iRd OGAW-V-UmsG in das KAGB aufgenommen. Es handelt sich um eine Übergangsvorschrift, durch die etwaige finanzielle Nachteile vermieden werden sollen, die entstehen könnten, wenn bereits aufgelegte geschlossene Publikums-AIF infolge der Gesetzesänderung Vermögensgegenstände umschichten, Währungsrisiken senken oder Kredite oder Belastungen zurückführen müssten (BT-Drs. 18/6744, 74). Sie betrifft **geschlossene inländische Publikums-AIF,** die vor dem 18.3.2016 aufgelegt wurden. 1

II. Fortgeltung von Altregelungen (S. 1)

2 § 353a S. 1 bestimmt, dass für vor dem 18.3.2016 aufgelegte geschlossene inländische Publikums-AIF bestimmte Regelungen des KAGB in der vor dem Wirksamwerden des OGAW-V-UmsG geltenden Fassung weiter gelten sollen. Dabei handelt es sich in allen genannten Fällen im Wesentlichen um eine Umstellung bestimmter **Berechnungsgrößen.**

3 Hierzu zählt zunächst § 261 IV nF, wonach die Vermögensgegenstände eines geschlossenen inländischen Publikums-AIF nur insoweit einem **Währungsrisiko** unterliegen dürfen, als der Wert der einem solchen Risiko unterliegenden Vermögensgegenstände 30% des aggregierten eingebrachten Kapitals und noch nicht eingeforderten zugesagten Kapitals dieses AIF, berechnet auf der Grundlage der Beträge, die nach Abzug sämtlicher direkt oder indirekt von den Anlegern getragener Gebühren, Kosten und Aufwendungen für Anlagen zur Verfügung stehen, nicht übersteigt. § 261 IV aF legt für das Währungsrisiko hingegen eine Obergrenze von **30% des Wertes des AIF** fest.

4 In Bezug auf die erforderliche **Risikomischung** enthält die Vorschrift einen redaktionellen Fehler: Anstelle von § 262 I 1 Nr. 1 kann nur § 262 I 2 Nr. 1 gemeint sein, da S. 1 keine entsprechende Untergliederung enthält. Gemäß § 262 I 2 Nr. 1 nF gilt der Grundsatz der Risikomischung als erfüllt, wenn in mindestens drei Sachwerte investiert wird und die Anteile jedes einzelnen Sachwertes am aggregierten eingebrachten Kapital und noch nicht eingeforderten zugesagten Kapital des AIF, berechnet auf der Grundlage der Beträge, die nach Abzug sämtlicher direkt oder indirekt von den Anlegern getragener Gebühren, Kosten und Aufwendungen für Anlagen zur Verfügung stehen, im Wesentlichen gleichmäßig verteilt sind. Nach § 262 I 2 Nr. 1 aF bezieht sich die Grenze hingegen auf den **Wert des gesamten AIF.**

5 § 263 I bezieht sich auf die Beschränkung von **Leverage.** Gemäß § 263 I nF dürfen für die bezeichneten AIF Kredite ua nur bis zur Höhe von 150% des aggregierten eingebrachten Kapitals und noch nicht eingeforderten zugesagten Kapitals des AIF (berechnet auf der Grundlage der Beträge, die nach Abzug sämtlicher direkt oder indirekt von den Anlegern getragener Gebühren, Kosten und Aufwendungen für Anlagen zur Verfügung stehen) aufgenommen werden. § 263 I aF legt hingegen fest, dass Kredite nur bis zur Höhe von **60% des Verkehrswertes der im AIF befindlichen Vermögensgegenstände** aufgenommen werden dürfen.

6 Eine **Belastung** von Vermögensgegenständen, die zu einem geschlossenen inländischen Publikums-AIF gehören, ist gem. § 263 IV nF gleichsam insgesamt nur bis zu 150% des aggregierten eingebrachten Kapitals und noch nicht eingeforderten zugesagten Kapitals des AIF, berechnet auf der Grundlage der Beträge, die nach Abzug sämtlicher direkt oder indirekt von den Anlegern getragener Gebühren, Kosten und Aufwendungen für Anlagen zur Verfügung stehen, möglich. Gemäß § 263 IV aF liegt die entsprechende Grenze hingegen ebenfalls bei **60% des Verkehrswertes der im AIF befindlichen Vermögensgegenstände.**

III. Optionsrecht (S. 2)

7 § 353a S. 2 begründet für die von dieser Vorschrift betroffenen AIF ein **Optionsrecht,** wonach für einen AIF freiwillig festgelegt werden kann, dass die in S. 1 genannten Vorschriften dennoch angewendet werden sollen. Dabei ist die Vorschrift missverständlich formuliert, denn gemeint sind natürlich die in S. 1 genann-

ten Vorschriften in der derzeit gültigen Fassung. In diesem Fall ist allerdings eine Anpassung der Anlagebedingungen des AIF an die neue Gesetzesgrundlage erforderlich.

§ 353b Übergangsvorschriften zu § 285 Absatz 3

[1]§ 20 Absatz 9 Satz 1 und § 285 Absatz 3, auch in Verbindung mit § 2 Absatz 4, § 261 Absatz 1 Nummer 8, § 282 Absatz 2 Satz 3 und § 284 Absatz 5, in der ab dem 18. März 2016 geltenden Fassung sind nicht anzuwenden auf Gelddarlehen, die vor dem 18. März 2016 für Rechnung von inländischen AIF an Unternehmen gewährt wurden, an denen der inländische AIF bereits beteiligt war. [2]Für nach dem 18. März 2016 vergebene Gelddarlehen sind in die Berechnung der Begrenzung nach § 285 Absatz 3 Satz 1 auf höchstens 50 Prozent des aggregierten eingebrachten und noch nicht eingeforderten zugesagten Kapitals des inländischen AIF die vor dem 18. März 2016 vergebenen Darlehen einzubeziehen.

I. Allgemeines

1 Die Vorschrift wurde mit Wirkung zum 18. 3. 2016 iRd OGAW-V-UmsG in das KAGB aufgenommen. Es handelt sich um eine Übergangsvorschrift, im Zusammenhang mit dem gleichzeitig in das KAGB eingeführten § 285 III, und nimmt **Gelddarlehen,** die vor dem 18. 3. 2016 unter Beachtung der zu diesem Zeitpunkt anwendbaren gesetzlichen Vorgaben für Rechnung inländischer AIF an Beteiligungsunternehmen vergeben wurden, von der Regelung des § 285 III aus. Die Einführung einer Übergangsvorschrift für § 285 II hielt der Gesetzgeber für nicht erforderlich (BT-Drs. 18/7393, 78).

II. Altdarlehen (§ 353 b S. 1)

2 § 353 b S. 1 verweist auf §§ 20 IX 1, 285 III und bestimmt deren Unanwendbarkeit für Gelddarlehen, die ein AIF vor dem 18. 3. 2016 an Beteiligungsunternehmen gewährt hatte (Altdarlehen). Die Übergangsvorschrift gewährt für diese Darlehen somit einen **Bestandsschutz,** so dass sie nach dem Inkrafttreten der entsprechenden Regelung fortgeführt werden konnten und nicht zurückgeführt werden mussten. Das Gleiche gilt auch für die Stundung, Anpassung und Prolongation derartiger Darlehen (WBA/*Paul* § 353 b Rn. 2).

III. Neudarlehen (§ 353 b S. 2)

3 Eine Neuvergabe von Darlehen ist auch für Bestandsfonds seit dem 18. 3. 2016 nur noch unter Beachtung des § 285 III möglich. Dabei sind gem. § 353 b S. 2 bei der Ermittlung der Auslastung der in § 285 III festgelegten **Begrenzung** auch die Altdarlehen zu berücksichtigen. Aber auch für den Fall, dass für einen Altfonds eine Neuvergabe von Gelddarlehen gem. § 285 III aufgrund dieses Umstands nicht mehr möglich sein sollte, bleibt für geschlossene Spezial-AIF eine Darlehensvergabe – auch an Beteiligungsunternehmen – unter den Voraussetzungen des § 285 II weiterhin möglich, da beide Regelungen eigenständig nebeneinanderstehen.

§ 354 Übergangsvorschrift zu § 342 Absatz 3

§ 342 Absatz 3 gilt für Streitigkeiten im Zusammenhang mit geschlossenen Publikums-AIF erst ab dem 22. Juli 2014

I. Allgemeines

1 Die Vorschrift gilt seit Inkrafttreten des KAGB. Es handelt sich um eine Übergangregelung im Zusammenhang mit grenzüberschreitenden Streitschlichtungsaufgaben bei geschlossenen Publikums-AIF nach § 342 III (BT-Drs. 17/12294, 306), die vor Inkrafttreten des KAGB keiner entsprechenden Regelung unterlagen.

II. Beschwerdeverfahren bei geschlossenen Publikums-AIF

2 Gemäß § 354 galt die in § 342 III geregelte Pflicht der BaFin zur Zusammenarbeit mit den zuständigen Stellen in anderen EU-Mitgliedstaaten oder EWR-Vertragsstaaten im Zusammenhang mit Beschwerden, die grenzüberschreitende Sachverhalte bei geschlossenen Publikums-AIF betreffen, erst ab dem **22. Juli 2014,** dh mit einem Jahr Verzögerung nach dem Inkrafttreten des KAGB. Hiermit wollte der Gesetzgeber der Schlichtungsstelle bei der BaFin sowie denjenigen privaten Stellen, auf die nach § 342 VI die Streitschlichtungsaufgaben nach § 342 III übertragen werden konnten, hinreichend Zeit für die Vorbereitung auf die neuen Vorgaben geben.

Unterabschnitt 4. Übergangsvorschriften für OGAW-Verwaltungsgesellschaften und OGAW

§ 355 Übergangsvorschriften für OGAW-Verwaltungsgesellschaften und OGAW

(1) **OGAW-Kapitalverwaltungsgesellschaften oder extern verwaltete OGAW-Investmentaktiengesellschaften, die bei Inkrafttreten dieses Gesetzes die in § 17 Absatz 1 und § 20 Absatz 2 aufgeführten Geschäfte betreiben und die eine Erlaubnis nach § 7 des Investmentgesetzes in der bis zum 21. Juli 2013 geltenden Fassung oder eine Erlaubnis als Investmentaktiengesellschaft nach § 97 Absatz 1 des Investmentgesetzes in der bis zum 21. Juli 2013 geltenden Fassung erhalten haben, bedürfen keiner erneuten Erlaubnis zum Geschäftsbetrieb; die Erlaubnis nach den §§ 20, 21 oder § 113 gilt insoweit als erteilt.**

(2) [1]**Die Anlagebedingungen für inländische OGAW, die vor dem 22. Juli 2013 aufgelegt im Sinne des § 343 Absatz 4 wurden, sind an die Vorschriften dieses Gesetzes anzupassen.** [2]**Andere als die zur Anpassung der Anlagebedingungen an die Vorschriften dieses Gesetzes notwendigen Änderungen dürfen in den Anlagebedingungen nicht vorgenommen werden.** [3]**Die Änderungen müssen nicht genehmigt werden, sofern diese Anlagebedingungen bereits nach § 43 Absatz 2 und § 43a des Investmentgesetzes in der bis zum 21. Juli 2013 geltenden Fassung genehmigt wurden und Anpassungen lediglich auf Grund von Anpassungen an die Begrifflichkeiten nach diesem Gesetz redaktioneller Natur sind.** [4]**Sofern eine Genehmigung der Anlagebedingungen nach Satz 3 nicht erforderlich ist, haben die**

OGAW-Kapitalverwaltungsgesellschaften und EU-OGAW-Verwaltungsgesellschaften die Anlagebedingungen redaktionell bis zum 31. Dezember 2014 an die Rechtsvorschriften dieses Gesetzes anzupassen. [5]§ 163 Absatz 1 bis 3 und 4 Satz 2 bis 5, 6 Halbsatz 2 und Satz 7 gilt für diese Änderungen nicht. [6]Müssen die Anlagebedingungen an die Anforderungen nach den §§ 200 bis 203 angepasst werden, bedürfen diese Änderungen der Genehmigung; die Anpassungen sind innerhalb von sechs Monaten ab dem 22. Juli 2013 vorzunehmen. [7]Für die Genehmigung der Anlagebedingungen gilt § 163 mit der Maßgabe, dass die in Absatz 2 Satz 1 genannte Frist drei Monate beträgt und dass Absatz 2 Satz 5, 6 und 9, Absatz 3, 4 Satz 2 bis 5 keine Anwendung finden. [8]Zudem haben die OGAW-Kapitalverwaltungsgesellschaften und EU-OGAW-Verwaltungsgesellschaften zeitgleich mit den Anlagebedingungen jeweils die wesentlichen Anlegerinformationen und den Verkaufsprospekt an die Vorschriften dieses Gesetzes anzupassen und diese Unterlagen jeweils gemeinsam unverzüglich nach erstmaliger Verwendung bei der Bundesanstalt einzureichen. [9]Bedürfen die Änderungen der Anlagebedingungen keiner Genehmigung durch die Bundesanstalt, haben die OGAW-Kapitalverwaltungsgesellschaften und die EU-OGAW-Verwaltungsgesellschaften zeitgleich die redaktionell angepassten Anlagebedingungen bei der Bundesanstalt einzureichen. [10]Bis zum Inkrafttreten der Änderungen der Anlagebedingungen der inländischen OGAW, die von einer OGAW-Verwaltungsgesellschaft im Sinne des Absatzes 1 verwaltet werden, gelten für diese inländischen OGAW die auf inländische OGAW anwendbaren Vorschriften des Investmentgesetzes in der bis zum 21. Juli 2013 geltenden Fassung weiter. [11]Ab Inkrafttreten der geänderten Anlagebedingungen finden auf diese inländischen OGAW die auf inländische OGAW nach diesem Gesetz anwendbaren Vorschriften Anwendung.

(3) **Die Verwahrstelle von bereits aufgelegten inländischen OGAW bedarf keiner Genehmigung, sofern sie bereits nach § 21 Absatz 1 des Investmentgesetzes in der bis zum 21. Juli 2013 geltenden Fassung genehmigt wurde.**

(4) **[1]OGAW-Verwaltungsgesellschaften, die bei Inkrafttreten dieses Gesetzes über die zuständigen Stellen des Herkunftsstaates des EU-OGAW eine Anzeige nach § 132 Absatz 1 des Investmentgesetzes in der bis zum 21. Juli 2013 geltenden Fassung oder nach § 15 c Absatz 1 des Auslandinvestment-Gesetzes in der bis zum 31. Dezember 2003 geltenden Fassung erstattet haben und zum öffentlichen Vertrieb berechtigt sind, müssen keine neue Anzeige nach § 310 übermitteln; ein bereits erlangtes Vertriebsrecht besteht fort. [2]OGAW-Verwaltungsgesellschaften, die in Bezug auf ihre EU-OGAW nach dem 21. Juli 2013 Tätigkeiten ausüben oder ausüben lassen, die nach dem Investmentgesetz in der bis zum 21. Juli 2013 geltenden Fassung nicht als öffentlicher Vertrieb galten, nach diesem Gesetz aber als Vertrieb anzusehen sind, übermitteln bis zum 21. Juli 2014 über die zuständigen Stellen des Herkunftsmitgliedstaates des EU-OGAW eine Anzeige nach § 310.**

(5) **[1]Die Anlagebedingungen, die wesentlichen Anlegerinformationen und der Verkaufsprospekt für inländische OGAW sind zum 18. März 2016 an die ab dem 18. März 2016 geltende Fassung dieses Gesetzes anzupassen.**

[2]Der Antrag auf Genehmigung der geänderten Anlagebedingungen darf neben redaktionellen nur solche Änderungen der Anlagebedingungen beinhalten, die für eine Anpassung an die Anforderungen der ab dem 18. März 2016 geltenden Fassung dieses Gesetzes erforderlich sind. [3]§ 163 Absatz 3 und 4 Satz 2 bis 5 ist nicht anzuwenden.

(6) **[1]§ 206 Absatz 3 Satz 1 in der ab dem 8. Juli 2022 geltenden Fassung findet auf nach dem 7. Juli 2022 begebene Schuldverschreibungen Anwendung. [2]Auf vor dem 8. Juli 2022 begebene Schuldverschreibungen findet § 206 Absatz 3 Satz 1 in der bis zum 7. Juli 2022 geltenden Fassung Anwendung.**

I. Allgemeines

1 Die Vorschrift gilt seit Inkrafttreten des KAGB und enthält Übergangsbestimmungen für OGAW-Verwaltungsgesellschaften und OGAW. Vorrangiges Ziel der Vorschrift ist es, hinsichtlich bestehender OGAW sowie deren Verwaltungsgesellschaften und Verwahrstellen Bestandsschutz zu schaffen. Die Vorschrift war eine der zentralen Übergangsvorschriften im Zusammenhang mit dem Inkrafttreten des KAGB und der „Überleitung" bestehender OGAW und ihrer Manager auf den neuen investmentaufsichtsrechtlichen Rahmen. Durch Zeitablauf hat sie allerdings erheblich an Bedeutung verloren.

II. Überleitung bestehender Erlaubnisse (§ 355 I)

2 Gemäß § 355 I bedürfen OGAW-KVG sowie extern verwaltete OGAW-InvAG, die bei Inkrafttreten des KAGB bereits über eine Erlaubnis nach dem InvG verfügten, keiner neuen Erlaubnis nach Maßgabe des KAGB. Diese gilt insofern als nach den §§ 20, 21 oder § 113 erteilt **(Erlaubnisfiktion).** Auch für die Dienstleistungen und Nebendienstleistungen, die externe OGAW-KVG bereits bei Inkrafttreten des KAGB erbringen durften, ist keine erneute Erlaubnis erforderlich. Gleichwohl bedürfen solche KVG, die bei Inkrafttreten des KAGB nicht nur OGAW, sondern auch AIF verwalten, einer **zusätzlichen Erlaubnis** als AIF-KVG, da derartige Investmentvermögen bis zu diesem Zeitpunkt nicht Gegenstand der Erlaubnis waren (vgl. BT-Drs. 17/12294, 306). Nach § 343 I ist der Erlaubnisantrag für eine AIF-KVG bis zum 21.7.2014 zu stellen.

III. Umstellung von Anlagebedingungen (§ 355 II)

3 **1. Allgemeiner Grundsatz.** Adressat des § 355 II sind OGAW-KVG und EU-OGAW-Verwaltungsgesellschaften, die **inländische OGAW** verwalten, die **vor dem Inkrafttreten des KAGB aufgelegt** wurden (vgl. § 343 IV). Nach Maßgabe von S. 1 sind die Anlagebedingungen dieser OGAW an die Vorschriften des KAGB **anzupassen.** Dabei dürfen gem. S. 2 nur solche Anpassungen vorgenommen werden, die zur Anpassung der Anlagebedingungen an die Vorschriften des KAGB notwendig sind. Bis zum Inkrafttreten der Anpassungen der Anlagebedingungen gelten gem. § 355 II 10 für diese inländischen OGAW die auf inländische OGAW anwendbaren Vorschriften des InvG in der bis zum 21.7.2013 geltenden Fassung weiter. Ab Inkrafttreten der angepassten Anlagebedingungen finden auf diese inländischen OGAW die auf inländische OGAW nach dem KAGB anwendbaren Vorschriften Anwendung (S. 11). Maßgeblicher Zeitpunkt für die Anwendung der

Vorschriften des KAGB auf inländische OGAW ist somit das Inkrafttreten der angepassten Anlagebedingungen (vgl. EDD/*Selkinski* § 355 Rn. 12).

2. Redaktionelle Anpassung der Anlagebedingungen. Nach § 355 II 3 bedarf es **keiner neuerlichen Genehmigung** der angepassten Anlagebedingungen durch die BaFin, sofern diese bereits nach dem InvG **genehmigt** worden waren und es sich bei den vorgenommenen Änderungen nur um **redaktionelle Anpassungen** an die Begrifflichkeiten des KAGB handelt. In diesem Fall hat die Anpassung bis zum **31.12.2014** zu erfolgen (S. 4). Die so angepassten Anlagebedingungen sind gem. § 163 IV 1 **bekanntzumachen** und bei der BaFin zusammen mit den angepassten wesentlichen Anlegerinformationen und dem angepassten Verkaufsprospekt bei der BaFin einzureichen (vgl. → Rn. 6). Der Rücknahme- bzw. Umtauschanspruch der Anleger gem. § 163 III sowie die erweiterten Informationspflichten gem. § 163 IV 2–5 gelten jedoch nicht. 4

3. Inhaltliche Anpassung der Anlagebedingungen. Da im KAGB auch die OGAW-spezifischen Vorgaben nach §§ 200–203 angepasst wurden, ist es möglich, dass auch **über rein redaktionelle Änderungen hinausgehende Anpassungen** in den Anlagebedingungen vorgenommen werden müssen. Die Frist für derartige Anpassungen beträgt ein **halbes Jahr** ab dem Zeitpunkt des Inkrafttretens des KAGB (dh bis **22.1.2014**) und § 355 II 6 stellt klar, dass die angepassten Anlagebedingungen im Gegensatz zu rein redaktionellen Anpassungen gleichwohl nach Maßgabe von § 163 **genehmigt** werden müssen. Die Frist für die Genehmigung durch die BaFin wird auf **drei Monate** verlängert. Die **Genehmigungsfiktion** gem. § 163 II 5 sowie die **Veröffentlichungspflicht** gem. § 163 II 9 gelten nicht. Die so angepassten Anlagebedingungen sind ebenfalls gem. § 163 IV 1 **bekanntzumachen.** Der Rücknahme- bzw. Umtauschanspruch der Anleger gem. § 163 III sowie die erweiterten Informationspflichten gem. § 163 IV 2–5 gelten ebenfalls nicht. 5

4. Anpassung der wesentlichen Anlegerinformationen und des Verkaufsprospekts. Neben den Anlagebedingungen haben die betroffenen Verwaltungsgesellschaften gem. § 355 II 8 zeitgleich auch die **wesentlichen Anlegerinformationen** und den **Verkaufsprospekt** entsprechend anzupassen und jeweils gemeinsam unverzüglich nach erstmaliger Verwendung bei der BaFin einzureichen. 6

IV. Genehmigung von Verwahrstellen (§ 355 III)

§ 355 III gewährt Bestandsschutz für die Verwahrstellen von bereits aufgelegten inländischen OGAW. Diese bedürfen keiner neuen Genehmigung, sofern sie zum Zeitpunkt des Inkrafttretens des KAGB bereits über eine entsprechende Genehmigung nach dem InvG verfügen. 7

V. Bestehende Vertriebsrechte (§ 355 IV)

OGAW-Verwaltungsgesellschaften, die bis zum Inkrafttreten des KAGB bereits zum **öffentlichen Vertrieb** eines EU-OGAW berechtigt waren, weil sie eine Anzeige nach § 132 I InvG in der bis zum 21.7.2013 geltenden Fassung oder nach § 15c I AuslInvestmG in der bis zum 31.12.2003 geltenden Fassung erstattet hatten, müssen gem. § 355 IV 1 keine neue Vertriebsanzeige nach Maßgabe des § 310 übermitteln. Im Gegenzug regelt § 355 IV 2 klarstellend, dass OGAW-Verwal- 8 tungsgesellschaften, die vor dem Inkrafttreten des KAGB Tätigkeiten ausübten, die nicht als öffentlicher Vertrieb iSd § 2 XI InvG galten, nunmehr aber als **Vertrieb** iSd § 293 I zu qualifizieren sind, binnen Jahresfrist (21.7.2014) eine **Vertriebsanzeige** an die BaFin zu übermitteln haben.

VI. Anpassung von Unterlagen (§ 355 V)

9 § 355 V wurde im Rahmen des OGAW-V-UmsG eingefügt. § 355 V 1 bestimmt, dass OGAW-KVG und EU-OGAW-Verwaltungsgesellschaften die Anlagebedingungen, die wesentlichen Anlegerinformationen sowie den Verkaufsprospekt für inländische OGAW bis zum 18.3.2016 an die neu durch das OGAW-V-UmsG in das KAGB eingefügten Bestimmungen **anzupassen** haben. Diese neuen Vorschriften sehen unter anderem vor, dass die Anlagebedingungen die Voraussetzungen für eine Übertragung der Verwaltung auf eine andere KVG und einen Wechsel der Verwahrstelle enthalten müssen (vgl. BT-Drs. 18/6744, 74). Gemäß § 355 V 2 darf der **Antrag auf Genehmigung** (§ 163 I) neben rein redaktionellen Anpassungen (vgl. → Rn. 4) nur solche Änderungen beinhalten, die für eine Anpassung an die neu aufgenommenen Bestimmungen erforderlich sind. Die geänderten Anlagebedingungen sind gem. § 163 IV 1 **bekanntzumachen.** Der Rücknahme- bzw. Umtauschanspruch der Anleger gem. § 163 III sowie die erweiterten Informationspflichten gem. § 163 IV 2–5 gelten jedoch nicht.

VII. Übergangsregelung im Zusammenhang mit dem CBD-UmsG (§ 355 VI)

10 § 355 VI wurde im Rahmen des CBD-UmsG eingefügt. Es handelt sich dabei um eine Übergangsregelung für die in § 206 III 1 erfolgte Änderung (vgl. BT-Drs. 19/26927, 58) im Zusammenhang mit Emittentengrenzen für Anlagen in bestimmte **gedeckte Schuldverschreibungen** (Covered Bonds). Als **maßgeblicher Zeitpunkt** für die Bestimmung der relevanten Gesetzesfassung gilt der **Begebungstag** (Emissionstag) der betreffenden Schuldverschreibung. Keinen Gebrauch gemacht hat der deutsche Gesetzgeber von der Aufnahme der in Art. 30 II der Covered-Bond-Richtlinie vorgesehenen gesonderten Übergangsbestimmungen für **Daueremissionen,** dh Schuldverschreibungen, die kontinuierlich ausgegeben werden können, um das Volumen (Emissionsvolumen) dieser gedeckten Schuldverschreibung zu erhöhen. Für eine weitere Kommentierung wird auf die entsprechenden Ausführungen zu § 206 verwiesen.

§ 356 Übergangsvorschriften zum Bilanzrichtlinie-Umsetzungsgesetz

[1]Die §§ 45 und 48 in der Fassung des Bilanzrichtlinie-Umsetzungsgesetzes vom 17. Juli 2015 (BGBl. I S. 1245) sind erstmals auf Jahresberichte und Jahresabschlüsse für Geschäftsjahre anzuwenden, die nach dem 31. Dezember 2015 beginnen. [2]Das Gleiche gilt für § 160 in der Fassung des Bilanzrichtlinie-Umsetzungsgesetzes hinsichtlich der Bezugnahme auf § 325 Absatz 1 des Handelsgesetzbuchs.

I. Allgemeines

Die Vorschrift gilt seit dem 23.7.2015 und wurde im Rahmen des BilRUG (BGBl. 2021 I 1245) eingeführt. Es handelt sich um eine Übergangsregelung im Zusammenhang mit den gleichzeitig vorgenommenen rein redaktionellen Folgeänderungen in den §§ 45 III, 48 I und 160 I aufgrund von Änderungen der in Bezug genommenen Vorschriften (BT-Drs. 18/4050, 90). 1

II. Jahresabschlüsse für von registrierten KVG verwaltete geschlossene Publikums-AIF

§ 45 regelt die Erstellung und Bekanntmachung von Jahresberichten und Jahresabschlüssen für jeden von einer **registrierungspflichtigen AIF-Kapitalverwaltungsgesellschaft** (§ 2 V) verwalteten **geschlossenen inländischen Publikums-AIF.** Im Rahmen des BilRUG wurden die in § 45 III 2 in Bezug genommenen Bestimmungen des HGB geändert und die Verweisungen entsprechend angepasst. Satz 1 bestimmt, dass der im Rahmen des BilRUG geänderte § 45 erstmals auf Jahresberichte und Jahresabschlüsse für Geschäftsjahre anzuwenden ist, die am 1.1.2016 oder später beginnen. Der in S. 1 ebenfalls in Bezug genommene § 48 wurde mittlerweile durch das Gesetz zur weiteren Stärkung des Anlegerschutzes mWv 16.8.2021 aufgehoben. Die Übergangsfrist deckt sich mit der entsprechenden Übergangsvorschrift in Art. 75 EGHGB betreffend die Änderung von § 325 HGB durch das BilRUG. 2

III. Jahresabschlüsse für von registrierten KVG verwaltete geschlossene Publikums-AIF

Auch in § 160, der die Offenlegung von Jahresberichten von **geschlossenen Publikums-InvKG** regelt, wurden im Zuge des BilRUG Verweisungen auf Bestimmungen des HGB angepasst. Gemäß S. 2 war der geänderte § 160 erstmals auf Jahresberichte und Jahresabschlüsse für Geschäftsjahre anzuwenden ist, die am 1.1.2016 oder später beginnen. 3

§ 357 Übergangsvorschrift zu § 100a

[1] § 100a ist mit Wirkung vom 31. Dezember 2015 anzuwenden. [2] § 100a ist auch in den Fällen anzuwenden, in denen der Übergang des Immobilien-Sondervermögens auf die Verwahrstelle gemäß § 39 Absatz 1 des Investmentgesetzes erfolgt, weil das Recht der AIF-Kapitalverwaltungsgesellschaft, das Immobilien-Sondervermögen zu verwalten,

1. **gemäß § 38 Absatz 1 des Investmentgesetzes aufgrund der Kündigung des Verwaltungsrechts während einer Aussetzung der Rücknahme gemäß § 81 des Investmentgesetzes oder**
2. **gemäß § 81 Absatz 4 des Investmentgesetzes in der Fassung vom 5. April 2011**

erloschen ist und das Immobilien-Sondervermögen gemäß § 39 Absatz 2 des Investmentgesetzes abgewickelt und an die Anleger verteilt wird, sofern der Übergang des Immobilien-Sondervermögens auf die Verwahrstelle erst ab dem 31. Dezember 2015 erfolgt ist.

I. Allgemeines

1 Die Vorschrift wurde mit Wirkung vom 31.12.2015 im Rahmen des Finanzkonten-Informationsaustauschgesetzes (BGBl. 2015 I 2531) in das KAGB eingeführt. Es handelt sich um eine Übergangsregelung im Zusammenhang mit der gleichzeitig erfolgten Einführung des § 100a, der zur Abschaffung der doppelten Grunderwerbsteuerpflicht bei der Abwicklung offener Immobilienfonds in das KAGB aufgenommen wurde (BT-Drs. 18/6667, 23).

II. Grunderwerbsteuerbefreiung bei der Abwicklung von Immobilien-Sondervermögen

2 § 100a gewährt zur Vermeidung einer unsachgerechten Doppelbesteuerung eine **Grunderwerbsteuerbefreiung** für den Übergang eines Immobilien-Sondervermögens auf die Verwahrstelle in den Fällen, in denen durch die Verpflichtung zur Abwicklung des Sondervermögens durch dessen Veräußerung ein weiterer grunderwerbsteuerbarer Tatbestand verwirklicht wird. § 357 S. 1 bestimmt hierzu, dass § 100a erstmals ab dem **31.12.2015** anzuwenden ist. Zeitlicher Anknüpfungspunkt ist der insoweit auf Gesetz beruhender Übergang des Sondervermögens auf die Verwahrstelle (Viskorf/*Viskorf* GrEStG Anh. 2 zu § 4 Rn. 16). Dabei hat der Gesetzgeber die Besteuerung der vor diesem Zeitpunkt verwirklichten Eigentumsübergänge bewusst in Kauf genommen. Im Billigkeitswege kann diese gesetzgeberische Entscheidung weder auf ihre Verfassungsmäßigkeit hin überprüft noch unterlaufen werden (FG Hmb 3 K 266/17, BeckRS 2018, 17742).

3 In S. 2 wird die Steuerbefreiung auch auf bestimmte **Altfälle** ausgedehnt, bei denen die Aussetzung der Anteilrücknahme bereits vor Inkrafttreten des KAGB (dh noch im Geltungsbereich des InvG) stattgefunden hat. Wesentliche Voraussetzung der Grunderwerbsteuerbefreiung ist allerdings, dass die Übertragung der im Sondervermögen befindlichen Immobilien auf die Verwahrstelle ebenfalls erst ab dem **31.12.2015** erfolgt.

§ 358 Übergangsvorschriften zu § 95 Absatz 2 und § 97 Absatz 1

(1) **Für in Sammelverwahrung befindliche Inhaberanteilscheine und noch nicht fällige Gewinnanteilscheine kann eine Auslieferung einzelner Wertpapiere auf Grund der §§ 7 und 8 des Depotgesetzes nicht verlangt werden.**

(2) [1]**Inhaber von vor dem 1. Januar 2017 fällig gewordenen Gewinnanteilscheinen können die aus diesen resultierenden Zahlungsansprüche gegen Vorlage dieser Gewinnanteilscheine bei der Verwahrstelle des betreffenden Sondervermögens geltend machen.** [2]**Werden die Gewinnanteilscheine bei der Verwahrstelle eingelöst, darf sie den Auszahlungsbetrag nur an ein inländisches Kreditinstitut zur Weiterleitung auf ein für den Einreicher geführtes Konto leisten.** [3]**Sofern ein Kreditinstitut die Gewinnanteilscheine zur Einlösung annimmt, darf es den Auszahlungsbetrag nur über ein für den Einreicher bei ihm im Inland geführtes Konto leisten.**

(3) [1]**Inhaberanteilscheine, die sich mit Ablauf des 31. Dezember 2016 nicht in Sammelverwahrung bei einer der in § 97 Absatz 1 Satz 2 genannten Stellen befinden, werden mit Ablauf des 31. Dezember 2016 kraftlos.**

[2]Sind Gewinnanteilscheine auf den Inhaber ausgegeben, so erstreckt sich die Kraftlosigkeit auch auf die noch nicht fälligen Gewinnanteilscheine. [3]Die in den Inhaberanteilscheinen nach Satz 1 und den Gewinnanteilscheinen nach Satz 2 verbrieften Rechte sind zum 1. Januar 2017 stattdessen gemäß § 95 Absatz 2 zu verbriefen. [4]Die bisherigen Eigentümer der kraftlosen Anteilscheine werden ihren Anteilen entsprechend Miteigentümer an der Sammelurkunde. [5]Die Sammelurkunde ist gemäß § 97 Absatz 1 Satz 2 zu verwahren. [6]Die Miteigentumsanteile an dem Sammelbestand werden auf einem gesonderten Depot der Verwahrstelle gutgeschrieben.

(4) **[1]Nur mit der Einreichung eines kraftlosen Inhaberanteilscheins bei der Verwahrstelle kann der Einreicher die Gutschrift eines entsprechenden Miteigentumsanteils an dem Sammelbestand auf ein von ihm zu benennendes und für ihn geführtes Depotkonto verlangen. [2]Die Kraftlosigkeit des Inhaberanteilscheins nach Absatz 3 steht einer Kraftloserklärung der Urkunde nach § 799 des Bürgerlichen Gesetzbuchs nicht entgegen. [3]Zahlungen darf die Verwahrstelle nur auf ein von ihr für den Einreicher geführtes Konto oder an ein anderes Kreditinstitut zur Weiterleitung auf ein für den Einreicher von diesem geführtes Konto leisten; diese Zahlungen sind von der Verwahrstelle nicht zu verzinsen.**

I. Allgemeines

Die Vorschrift wurde im Jahre 2016 iRd OGAW-V-UmsG in das KAGB aufgenommen. Es handelt sich um eine Übergangsvorschrift im Zusammenhang mit der Umsetzung des FATCA-Abkommens und der Umsetzung der Empfehlungen der Financial Action Task Force on Money Laundering (FATF) zur wirksamen Bekämpfung von Geldwäsche und von Terrorismusfinanzierung (BT-Drs. 18/6744, 75). Sie betrifft letztlich Regelungen zur Verhinderung des weiteren Umlaufs **effektiver Stücke** von Investmentanteilen. Die Überschrift und Abs. 3 wurden im Jahre 2021 iRd Gesetzes zur Einführung von elektronischen Wertpapieren (BGBl. 2021 I 1423) geändert, um die im Zuge dieses Gesetzes in § 95 erfolgten Änderungen nachzuvollziehen (BT-Drs. 19/26925, 76). 1

II. Einschränkung der Rechte aus Inhaberanteilscheinen

1. Auslieferungsansprüche. § 358 I regelt, dass entgegen §§ 7 I, 8 DepotG für in Sammelverwahrung gegebene Investmentanteile seit dem 18.3.2016 (Art. 4 II OGAW-V-UmsG) keine **Auslieferung** effektiver Stücke mehr verlangt werden kann. Neue effektive Stücke von Inhaberanteilscheinen können seit diesem Zeitpunkt somit nicht mehr in Umlauf gelangen. Für neu ausgegebene Investmentanteile ist das Recht auf Einzelverbriefung bereits über § 95 II 1 ausgeschlossen. 2

2. Kraftloserklärung von „Alturkunden". Inhaberanteilscheine, die sich mit Ablauf des 31.12.2016 nicht in Sammelverwahrung befanden, wurden gem. § 358 III 1 für kraftlos erklärt. Hiermit sollten die Inhaber effektiver Urkunden dazu bewegt werden, diese in **Sammelverwahrung** zu geben (BT-Drs. 18/6744, 75). An die Stelle der für kraftlos erklärten Urkunden traten mit Wirkung zum 1.1.2017 neu zu erstellende (oder im Rahmen einer „bis-zu-Klausel" geänderte) Sammelurkunden, die gem. § 97 I S. 2 sammelverwahrt werden und an denen die bisherigen Anteilscheininhaber Miteigentumsrechte haben (§ 358 II S. 3 bis 5), dh 3 die Anteilscheininhaber haben ihre Rechte nicht verloren. Die Miteigentumsanteile hat die Verwahrstelle vorläufig auf einem gesonderten Depot gutgeschrieben (§ 358 III 6).

4 Sofern „Alturkunden" dem Inhaber abhandengekommen sind, kann dieser ungeachtet der Kraftloserklärung durch § 358 III 1 die betreffenden Inhaberanteilscheine im Rahmen eines **Aufgebotsverfahrens** nach den §§ 466 ff. FamFG nach § 799 BGB für kraftlos erklären lassen.

5 **3. Überführung in Anteile am Sammelbestand.** Inhaber von nach § 358 III kraftlos erklärten Anteilscheinen können (nur) gegen **Vorlage** dieser Anteilscheine bei der Verwahrstelle die Gutschrift eines entsprechenden Miteigentumsanteils am Sammelbestand auf ein von ihnen benanntes Depotkonto verlangen (§ 358 IV). Unter den gleichen Voraussetzungen können Rechte aus kraftlosen Inhaberanteilscheinen auch über ein anderes Kreditinstitut als die Verwahrstelle geltend gemacht werden (BT-Drs. 18/6744, 76).

III. Einschränkung der Rechte aus Gewinnanteilscheinen

6 **1. Auslieferungsansprüche.** Gemäß § 358 I kann seit dem 18.3.2016 auch für in Sammelverwahrung gegebene noch nicht fällige **Gewinnanteilscheine** keine Auslieferung effektiver Stücke mehr verlangt werden.

7 **2. Geltendmachung von „alten" Gewinnanteilscheinen.** § 358 II 1 regelt den Fall, dass Zahlungsansprüche aus vor dem 1.1.2017 fälligen Gewinnanteilscheinen, die nicht sammelverwahrt sind, gegen **Vorlage** der entsprechenden Urkunden bei der Verwahrstelle des jeweiligen Sondervermögens geltend gemacht werden. Die Verwahrstelle darf dann den auf die Gewinnanteilscheine entfallenden Auszahlungsbetrag gem. § 358 II 2 nur auf ein inländisches Bankkonto des Einreichers zahlen, damit die Abgabe der erforderlichen FATCA-Meldung sichergestellt ist. Bei diesem Konto kann es sich auch um ein Gemeinschaftskonto handeln (BT-Drs. 18/6744, 75). Werden fällige Gewinnanteilscheine vom Anleger bei einem anderen Kreditinstitut als der Verwahrstelle vorgelegt, darf dieses den Auszahlungsbetrag nur auf ein bei ihm für den Anleger im Inland geführtes Konto leisten (§ 358 II 3).

8 **3. Kraftloserklärung von „alten" Gewinnanteilscheinen.** Gewinnanteilscheine zu Investmentanteilen, die sich mit Ablauf des 31.12.2016 nicht in Sammelverwahrung befanden, wurden ungeachtet ihrer Fälligkeit gem. § 358 III ebenfalls für **kraftlos** erklärt und durch Miteigentumsrechte an Sammelurkunden ersetzt, die vorläufig auf einem gesonderten Depot gutgeschrieben wurden.

IV. Zahlungen an die Anleger

9 Sämtliche das Sondervermögen betreffenden Zahlungen an die Anleger dürfen nur auf ein von der Verwahrstelle **für den Einreicher geführtes Konto** oder an ein anderes Kreditinstitut zur Weiterleitung auf ein von diesem für den Einreicher geführtes Konto geleistet werden (§ 358 IV 3). Hierdurch soll die Abgabe der erforderlichen FATCA-Meldung sichergestellt werden (BT-Drs. 18/6744, 76).

§359 Übergangsvorschrift zu §26 Absatz 7 Satz 3, §82 Absatz 6 Satz 2 und §85 Absatz 5 Satz 4

§26 Absatz 7 Satz 3, §82 Absatz 6 Satz 2 und §85 Absatz 5 Satz 4 in der ab dem 25. Juni 2017 geltenden Fassung sind erst ab dem 25. Dezember 2017 anzuwenden.

I. Allgemeines

Die Vorschrift wurde mit Wirkung vom 25.6.2017 iRd 2. FiMaNoG in das KAGB aufgenommen. Sie gewährt Kapitalverwaltungsgesellschaften und Verwahrstellen von Publikums-AIF eine **6-monatige Übergangsfrist** zur Anpassung an die gleichzeitig in die genannten Vorschriften aufgenommenen neuen Anforderungen, die sich aus einer entsprechenden Anwendung der DelVO (EU) 2016/438 ergeben (BT-Drs. 18/10936, 279). 1

II. Regelungsinhalt

§26 VII wurde im Zuge des 2. FiMaNoG ua durch einen neuen S. 3 ergänzt, wonach AIF-**Kapitalverwaltungsgesellschaften,** die nicht ausschließlich Spezial-AIF verwalten, bezüglich der Sicherstellung ihrer **Unabhängigkeit von der Verwahrstelle** bestimmte Regelungen der DelVO (EU) 2016/438 entsprechend zu beachten haben. Ungeachtet dessen, dass das 2. FiMaNoG grds. zum 25.6.2017 in Kraft getreten ist, war die Verweisung auf diese Regelungen erst ab dem 25.12.2017 relevant. 2

Ebenfalls im Zuge des 2. FiMaNoG wurde an §82 VI ein neuer S. 2 angefügt, mit dem die in der DelVO (EU) 2016/438 enthaltenen Vorgaben zur **Sicherstellung der Insolvenzfestigkeit** der Vermögensgegenstände eines OGAW im Falle der **Unterverwahrung** auch bei **Publikums-AIF** entsprechend zu beachten sind. Auch dies galt ungeachtet des Inkrafttretens des 2. FiMaNoG erst ab dem 25.12.2017. 3

Im Rahmen des 2. FiMaNoG war schließlich noch §85 V um einen neuen S. 4 ergänzt worden, wonach **Verwahrstellen** iSd Unabhängigkeit zwischen Verwaltungsgesellschaft und Verwahrstellen, die **Vermögenswerte von Publikums-AIF** verwahren, ebenfalls bestimmte Anforderungen der DelVO (EU) 2016/438 entsprechend zu beachten haben. Auch insoweit war die Verweisung auf diese Regelungen erst ab dem 25.12.2017 relevant. 4

§360 Übergangsvorschrift zum Gesetz zur weiteren Ausführung der EU-Prospektverordnung und zur Änderung von Finanzmarktgesetzen

§268 Absatz 1 Satz 3, §293 Absatz 1 Satz 2 Nummer 5, §295 Absatz 8, §307 Absatz 4 und §318 Absatz 3 Satz 1 in der bis zum 20. Juli 2019 geltenden Fassung finden weiterhin Anwendung für den Fall eines Prospekts, der nach dem Wertpapierprospektgesetz in der bis zum 20. Juli 2019 geltenden Fassung gebilligt wurde, solange dieser Prospekt Gültigkeit hat.

I. Allgemeines

1 Die Vorschrift wurde mit Wirkung zum 21.7.2019 iRd Gesetzes zur weiteren Ausführung der EU-Prospektverordnung und zur Änderung von Finanzmarktgesetzen (BGBl. 2019 I 1002) in das KAGB aufgenommen. Sie schaffte eine Übergangsregelung für Vorschriften des KAGB, in denen auf Bestimmungen des bis zum 20.7.2019 geltenden WpPG Bezug genommen wurde.

II. Vorschriften mit Bezügen zum WpPG aF

2 Im Zuge des Gesetzes zur weiteren Ausführung der EU-Prospektverordnung und zur Änderung von Finanzmarktgesetzen wurden zahlreiche Vorschriften des WpPG aufgehoben, deren Regelungsgehalt sich seither direkt aus der EU-Prospektverordnung ergibt. Dies machte auch eine **Anpassung der bis dahin im KAGB enthaltenen Bezugnahmen** auf das WpPG auf die Bestimmungen der EU-Prospektverordnung (VO (EU) 2017/1129) erforderlich.

3 Die geänderten Bezugnahmen betreffen im Einzelnen die Vorschriften hinsichtlich

- der Befreiung von geschlossenen AIF-Publikumsinvestmentaktiengesellschaften von der Prospektpflicht nach dem KAGB (§ 268 I 3);
- der Herausnahme von Fällen, in denen Angaben zu einem Investmentvermögen aufgrund prospektrechtlicher Vorgaben erfolgen, aus dem investmentrechtlichen Vertriebsbegriff (§ 293 I 2 Nr. 5);
- der Regelung des Verhältnisses zwischen investment- und wertpapierrechtlichen Prospektpflichten (§ 295 VIII);
- der Verortung der nach § 307 I erforderlichen Angaben in den Fällen, in denen nach den Bestimmungen des Wertpapier-Prospektrechts ein Prospekt zu erstellen ist (§ 307 IV); und
- der Regelung des Verhältnisses zum Verkaufsprospekt, der im Fall eines Vertriebs von EU-AIF oder von ausländischen AIF an Privatanleger zu erstellen ist, wenn bereits ein Prospekt nach den Bestimmungen des Wertpapier-Prospektrechts erforderlich ist (§ 318 III 1).

§ 360 regelt dazu, dass in den Fällen, in denen nach dem Zeitpunkt des Inkrafttretens der Vorschriften mit den geänderten Bezugnahmen (21.7.2019) ein bereits nach dem bisherigen WpPG gebilligter Prospekt vorliegt, der noch gültig ist (BT-Drs. 19/8005, 68), **weiterhin die ursprünglichen Bezugnahmen** gelten.

4 Unklar bleibt, inwieweit die Übergangsvorschrift in den Fällen der §§ 295 VIII, 307 IV und 318 III 1 auch auf Fälle anzuwenden ist, denen ein Wertpapier-Prospekt vor diesem Stichtag nach einem Gesetz eines anderen EWR-Staates zur Umsetzung der EU-ProspektRL (RL 2003/71/EG) gebilligt worden ist, da sich die Übergangsvorschrift lediglich auf nach dem Wertpapierprospektgesetz gebilligte Prospekte bezieht. In Anbetracht des Umstands, dass die Gültigkeit der hier infrage kommenden Prospekte gem. § 9 I WpPG aF bzw. Art. 9 I der EU-ProspektRL allerdings auf max. 12 Monate begrenzt war, dürften die Übergangsvorschrift und die damit verbundenen Fragen mittlerweile ihre praktische Relevanz verloren haben.

§ 361 Übergangsvorschriften zu § 5 Absatz 2 Satz 2 und 3

(1) **§ 5 Absatz 2 Satz 2 und 3 ist erstmals auf externe Kapitalverwaltungsgesellschaften anzuwenden, denen ab dem 26. Juni 2021 neben der kollektiven Vermögensverwaltung eine Erlaubnis zur Erbringung der Finanzportfolioverwaltung erteilt wird.**

(2) **Auf externe Kapitalverwaltungsgesellschaften, denen bis zum 26. Juni 2021 neben der kollektiven Vermögensverwaltung eine Erlaubnis zur Erbringung der Finanzportfolioverwaltung erteilt wurde, ist § 5 Absatz 2 Satz 2 und 3 erstmals ab dem 26. Juni 2023 anzuwenden.**

I. Allgemeines

Die Vorschrift wurde im Jahre 2021 iRd Gesetzes zur Umsetzung der RL (EU) 1
2019/2034 über die Beaufsichtigung von Wertpapierinstituten (WpIG) in das KAGB aufgenommen. Es handelt sich um eine Übergangsbestimmung für die durch dieses Gesetz geänderten Anfangskapitalanforderungen für externe KVG, die neben kollektiver Vermögensverwaltung auch bestimmte weitere Dienstleistungen erbringen (BT-Drs. 19/26929, 167). Im Fall von externen OGAW-KVG betrifft dies die Finanzportfolioverwaltung iSv § 20 II 1 Nr. 1, die Anlageberatung iSv § 20 II 1 Nr. 2 sowie die Verwahrung und Verwaltung von Investmentanteilen iSv § 20 II 1 Nr. 3 und im Fall von externen AIF-KVG die Finanzportfolioverwaltung iSv § 20 III 1 Nr. 2, die Anlageberatung iSv § 20 III 1 Nr. 3, die Verwahrung und Verwaltung von Investmentanteilen iSv § 20 III 1 Nr. 4 und die Anlagevermittlung iSv § 20 II 1 Nr. 5.

II. Externe KVG mit Erlaubniserteilung nach dem 25. 6. 2021

Im Zuge der Einführung des WpIG wurden in § 5 II neue Bestimmungen (S. 2, 2
3) hinzugefügt, die eine Modifizierung der Anfangskapitalanforderungen für externe KVG mit sich brachten, die zusätzlich weitere Dienstleistungen erbringen. Durch § 361 I wird klargestellt, dass die neuen Regelungen erstmals auf externe KVG zur Anwendung kommen, denen nach dem 25. 6. 2021 eine Erlaubnis zur Erbringung der Finanzportfolioverwaltung (iSv § 20 II 1 Nr. 1 bzw. § 20 III 1 Nr. 2) erteilt wird. Nicht betroffen sind externe KVG, die lediglich über eine Registrierung nach § 44 verfügen, da für sie zwar § 5, nicht aber die dort in Bezug genommene Bestimmung des § 25 gilt.

III. Externe KVG mit Erlaubniserteilung vor dem 26. 6. 2021

Externen KVG, denen noch vor Inkrafttreten des WpIG am 26. 6. 2021 eine 3
Erlaubnis nach § 20 erteilt worden war, die auch sog. MiFID-Dienstleistungen (gem. § 20 II Nr. 1–3 oder III Nr. 2–5) mit umfasste, wird in Abs. 2 eine Übergangsfrist von zwei Jahren (dh bis zum 26. 6. 2023) eingeräumt, um ihr Anfangskapital an die neuen Vorgaben anzupassen. Während Wertpapierinstituten sogar eine Übergangfrist von fünf Jahren zugebilligt wurde, sah der Gesetzgeber bei externen KVG einen Zeitraum von nur zwei Jahren als ausreichend an, da die Erhöhungen für KVG nur in Höhe des hälftigen Betrags erforderlich sind (BT-Drs.

19/26929, 167). Auch diese Bestimmung hat keine Bedeutung für externe KVG, die lediglich über eine Registrierung nach § 44 verfügen.

§ 362 Übergangsvorschrift zum Fondsstandortgesetz

[1]§ 148 Absatz 1 und die §§ 159a, 160 Absatz 1 in der ab dem 2. August 2021 geltenden Fassung sind erstmals auf Rechnungslegungsunterlagen und Jahresberichte für das nach dem 31. Dezember 2020 beginnende Geschäftsjahr anzuwenden. [2]§ 148 Absatz 1 und § 160 Absatz 1 in der bis einschließlich 1. August 2021 geltenden Fassung sind letztmals anzuwenden auf Rechnungsunterlagen und Jahresberichte für das vor dem 1. Januar 2021 beginnende Geschäftsjahr.

I. Allgemeines

1 Die Vorschrift wurde im Jahre 2021 iRd FoStoG (BGBl. 2021 I 1498) in das KAGB aufgenommen. Es handelt sich um eine Übergangsbestimmung für die durch dieses Gesetz **geänderten Fristen für die Feststellung und Offenlegung des Jahresabschlusses** von Investmentaktiengesellschaften mit fixem Kapital und von geschlossenen Publikums-InvKG, die den Betroffenen ausreichend Zeit geben soll, sich auf die neue Rechtslage einzustellen (BT-Drs. 19/27631, 109).

II. Feststellung und Offenlegung des Jahresabschlusses bei InvAG mit fixem Kapital

2 Für **Investmentaktiengesellschaften mit fixem Kapital** wurde § 148 I im Zuge des FoStoG dahingehend geändert, dass für die Feststellung des Jahresabschlusses durch die Hauptversammlung und die Offenlegung von § 123 I abweichende Fristen gelten. Gemäß S. 1 gelten diese Fristen erstmalig für Rechnungsunterlagen und Jahresberichte, die für **Geschäftsjahre** erstellt werden, **die am 1.1.2021 oder später begonnen haben.** Im Umkehrschluss dazu sind die nach § 148 I in der bis einschl. zum 1.8.2021 geltenden Fassung genannten („alten") Fristen letztmalig anzuwenden auf Rechnungsunterlagen und Jahresberichte, die für Geschäftsjahre erstellt werden, die spätestens am 31.12.2020 begonnen haben (S. 2).

III. Feststellung und Offenlegung des Jahresabschlusses bei geschlossenen Publikums-InvKG

3 Im Zuge des FoStoG wurden mit dem neuen § 159a und dem geänderten § 160 auch für **geschlossene Publikums-Investmentkommanditgesellschaften** die Fristen hinsichtlich der Feststellung des Jahresabschlusses durch die Gesellschafter und die Offenlegung (durch Einreichung beim Betreiber des BAnz) geändert. Gemäß S. 1 gelten diese Fristen erstmalig für Rechnungsunterlagen und Jahresberichte, die für **Geschäftsjahre** erstellt werden, **die am 1.1.2021 oder später begonnen haben,** während die bis einschl. zum 1.8.2021 maßgeblichen („alten") Fristen letztmalig anzuwenden sind auf Rechnungsunterlagen und Jahresberichte, die für Geschäftsjahre erstellt werden, die spätestens am 31.12.2020 begonnen haben (S. 2).

§363 Übergangsvorschrift zum Gesetz zur weiteren Stärkung des Anlegerschutzes

[1]Die §§45 bis 47, 123 und 135 in der ab 17. August 2021 geltenden Fassung sind erstmals auf Jahresabschlüsse, Lageberichte und Jahresberichte für das nach dem 31. Dezember 2020 beginnende Geschäftsjahr anzuwenden. [2]Die §§46 bis 48a und die §§123 und 135 in der bis einschließlich 16. August 2021 geltenden Fassung sind letztmals anzuwenden auf Jahresberichte, Jahresabschlüsse und Lageberichte für das vor dem 1. Januar 2021 beginnende Geschäftsjahr; §353 Absatz 5 Satz 1 bleibt unberührt.

I. Allgemeines

1 Die Vorschrift wurde im Jahre 2021 iRd Gesetzes zur weiteren Stärkung des Anlegerschutzes (Anlegerschutzstärkungsgesetz, BGBl. 2021 I 2570) in das KAGB aufgenommen. Es handelt sich um eine Übergangsbestimmung für die erst im fortgeschrittenen Stadium des Gesetzgebungsverfahrens geänderten Rechnungslegungsvorschriften (BT-Drs. 19/28166, 38). Sie regelt den zeitlichen Anwendungsbereich der neuen Bestimmungen in Abhängigkeit vom Beginn des jeweiligen Geschäftsjahres der KVG bzw. des betroffenen Investmentvermögens.

II. Rechnungslegung für registrierte Kapitalverwaltungsgesellschaften und von ihnen extern verwaltete geschlossene Spezial-AIF

2 Mit der Neuregelung des §45 iRd AnlegerschutzstärkungsG wurde erstmals eine allgemeine Rechnungslegungsvorschrift für nach §2 IV registrierte KVG eingeführt, begleitet von einer besonderen Regelung zur Prüfung der Abschlüsse in §45a, die auch eine Pflicht begründet, iSd Verhinderung von Geldwäsche und von Terrorismusfinanzierung in den Prüfungsbericht auch einen Bericht über die Einhaltung der geldwäscherechtlichen Pflichten aufzunehmen (BT-Drs. 19/29804, 40). Ebenso wie die neu geschaffenen Regelungen für die Rechnungslegung von extern verwalteten geschlossenen Spezial-AIF, die durch eine nach §2 IV registrierte KVG verwaltet werden und für deren Rechnung Gelddarlehen nach §285 II oder §292a II vergeben werden (§§46 und 47), gelten die neuen Bestimmungen gem. S. 1 erst für ab dem 1.1.2021 (oder später) begonnene Geschäftsjahre.

III. Rechnungslegungsunterlagen von Investmentaktiengesellschaften

3 Mit der Neureglung des §123 iRd AnlegerschutzstärkungsG wurde insb. klargestellt, dass die größenabhängigen Erleichterungen der §§326, 327 HGB bei der Offenlegung der Rechnungslegungsunterlagen von OGAW-InvAG und AIF-Publikumsaktiengesellschaften mit veränderlichem Kapital keine Anwendung finden. Gemäß S. 1 gilt diese Klarstellung jedoch erst für ab dem 1.1.2021 (oder später) begonnene Geschäftsjahre.

IV. Rechnungslegungsunterlagen von offenen Investmentkommanditgesellschaften (§ 135)

4 Die Neuregelung des § 135 iRd AnlegerschutzstärkungsG diente primär der Vereinheitlichung der Rechnungslegung von Investmentaktiengesellschaften mit veränderlichem Kapital und offenen Investmentkommanditgesellschaften (BT-Drs. 19/28166, 38). Hierzu wurde insb. bestimmt, dass die Angaben nach § 101 III in den Anhang des Jahresabschlusses von offenen Investmentkommanditgesellschaften aufzunehmen sind. Gemäß S. 1 gilt dies erst für ab dem 1.1.2021 (oder später) begonnene Geschäftsjahre.

V. Sonderregelung für bestimmte geschlossene AIF aus der Zeit vor Inkrafttreten des KAGB

5 Gemäß S. 2 Hs. 2 bleibt § 353 V 1 unberührt, dh für AIF-KVG, welche die Voraussetzungen des § 2 V erfüllen und die geschlossene inländische AIF verwalten, deren Zeichnungsfrist vor dem 22.7.2013 abgelaufen ist und die nach dem 21.7.2013 noch Anlagen tätigen, verbleibt es bei der entsprechenden Anwendung der §§ 45–48 in der bis einschließlich zum 16.8.2021 geltenden Fassung. Sie müssen daher die neuen Rechnungslegungsvorschriften nicht beachten.

§ 364 Übergangsvorschrift zum Gesetz zur Umsetzung der Digitalisierungsrichtlinie

[1]Die §§ 12, 160 und 353 in der ab dem 1. August 2022 geltenden Fassung sind erstmals auf Jahresberichte für das nach dem 31. Dezember 2021 beginnende Geschäftsjahr anzuwenden. [2]Die in Satz 1 bezeichneten Vorschriften in der bis einschließlich 31. Juli 2022 geltenden Fassung sind letztmals anzuwenden auf Jahresberichte für das vor dem 1. Januar 2022 beginnende Geschäftsjahr.

I. Allgemeines

1 Die Vorschrift wurde im Jahre 2021 iRd Gesetzes zur Umsetzung der Digitalisierungsrichtlinie (DiRUG, BGBl. 2021 I 3338) in das KAGB aufgenommen. Es handelt sich um eine Übergangsbestimmung für die durch dieses Gesetz geänderten Vorschriften bezüglich der Offenlegung von Jahresberichten, die gem. Art. 31 DiRUG ab dem 1.8.2022 gelten (BT-Drs. 19/28177, 168).

II. Übermittlung von Unterlagen an das Unternehmensregister

2 Der durch das DiRUG geänderte § 12 sieht vor, dass die nach § 12 VIII vorgesehenen Meldungen nicht mehr an den Betreiber des Bundesanzeigers, sondern an den das Unternehmensregister führende Stelle zu erfolgen haben. Da sowohl der BAnz als auch das Transparenzregister von der Bundesanzeiger Verlag GmbH mit Sitz in Köln betrieben werden, hat die Änderung kaum praktische Auswirkungen. Gleichermaßen sieht § 160 in der ab dem 1.8.2022 geltenden Fassung (über die neu aufgenommene Verweisung auf § 325 I 2 HGB) vor, dass der Jahresabschluss einer geschlossenen Publikums-InvKG elektronisch an die das Unternehmensregister führende Stelle zu übermitteln sind. Um den offenlegungspflichtigen Personen aus-

reichend Zeit zu geben, sich auf die neue Rechtslage einzustellen, gelten die geänderten Vorschriften gem. S. 1 erstmalig für Jahresberichte, die für Geschäftsjahre erstellt werden, die am 1.1.2022 oder später beginnen (BT-Drs. 19/28177, 168). Im Umkehrschluss dazu sind die betreffenden Vorschriften in ihrer bis zum 31.7.2022 geltenden („alten") Fassung letztmalig anzuwenden auf Jahresberichte, die für Geschäftsjahre erstellt werden, die spätestens am 31.12.2021 begonnen haben (S. 2). Die Übergangsvorschriften gehen allerdings insoweit ins Leere, als § 12 VIII gar keine Übermittlung von Jahresberichten zum Gegenstand hat; hier dürfte es dabeibleiben, dass die Weitergabe der dort genannten Informationen ab dem 1.8.2022 an die das Unternehmensregister führende Stelle zu erfolgen hat.

Im Rahmen des DiRUG wurde an die Übergangsvorschrift des § 353 V ein **3** neuer S. 2 angefügt, wonach auch die dort genannten „bestandsgeschützten" AIF-KVG ihre Jahresberichte durch Offenlegung an die das Unternehmensregister führende Stelle offenlegen müssen, → § 353 Rn. 16. Die neue Regelung findet gem. S. 1 erstmals für Jahresberichte Anwendung, die für Geschäftsjahre erstellt werden, die am 1.1.2022 oder später beginnen, damit auch insoweit genügend Zeit für eine Anpassung an die neue Rechtslage besteht.

Sachverzeichnis

Die fetten Ziffern bezeichnen die Paragraphen des Kapitalanlagegesetzbuchs, die mageren Ziffern die Randnummern der Kommentierung.

2. FiMaNoG 68 23; **73** 33; **74** 10; **76** 21; **346** 1; **359** 1

Abberufung
– geschlossene InvKG **153** 7
Abfindung
– Vergütung **37** 29
Abfindungsanspruch
– offene InvKG **133** 1
Abhandenkommen 77 2
Ablauforganisation
– Darlehen **29** 147
Absatzfinanzierungen 285 15
Abschlagszahlungen 227 9
Abschlussprüfer
– BaFin-Anzeige **38** 21, 24
– BaFin-Eingriffsrechte **38** 23
– Beauftragung bei der InvAG mvK **121** 12
– Bestellung **38** 21
– Bestellung Registergericht **38** 26
– Jahresabschluss **38** 10
– Prüfung wirtschaftliche Verhältnisse **38** 29
– Prüfungsbericht **38** 10
– Prüfungsgegenstand Anzeigewesen **38** 31
– Prüfungsgegenstand Aufbewahrungs- u. Aufzeichnungspflicht **38** 39
– Prüfungsgegenstand Auslagerung **38** 30, 33
– Prüfungsgegenstand Best Execution **38** 39
– Prüfungsgegenstand EMIR **38** 34
– Prüfungsgegenstand getrennte Vermögensverwahrung **38** 39
– Prüfungsgegenstand GwG **38** 36
– Prüfungsgegenstand Interessenkonflikte **38** 33
– Prüfungsgegenstand Kapitalanforderungen **38** 33
– Prüfungsgegenstand Mitarbeitergeschäfte **38** 39
– Prüfungsgegenstand Nebendienstleistungen **38** 39
– Prüfungsgegenstand Organisationspflichten **38** 33
– Prüfungsgegenstand Risiko- u. Liquiditätsmanagement **38** 33
– Prüfungsgegenstand Vergütung **38** 33
– Prüfungsgegenstand Verhaltensregeln **38** 33
– Prüfungsgegenstand WpHG **38** 39
– Prüfungsgegenstand Zuwendungen **38** 39
– Prüfungszweck **38** 23
– schwerwiegende Prüfungsfeststellungen **38** 44
– Wechsel Prüfungspartner **38** 25
Abschlussprüfung 67 15
– Spezial-AIF **48** 3
Abschlussvermittler 297 26
Abschlussvermittlung 297 4 ff.
Absicherung Fremdwährungsrisiken
– Commitment-Methode **29** 121
Absicherungszwecke 261 19
Absichtsanzeige
– Änderung Anlagebedingungen **34** 28
– Änderung Anlagestrategie **34** 26
– Änderung Auslagerungsvereinbarungen **34** 24
– Änderung bedeutend beteiligter Inhaber **34** 14
– Änderung der Vertriebsstrategie **61** 2, 6
– Änderung enge Verbindung **34** 18
– Änderung Geschäftsplan **34** 20
– Änderung Gesellschaftsvertrag **34** 32
– Änderung Informationsdokument **34** 37
– Änderung Leverage **34** 26
– Änderung Organisationsstruktur **34** 20
– Änderung Risikoprofil **34** 26
– Änderung Satzung **34** 32
– Änderung Sitz Masterfonds **34** 26
– Änderung Vergütungssysteme **34** 22
– Änderung Verkaufsprospekt **34** 37
– Änderung Verwahrstelle **34** 35
– Auflösung KVG **34** 48
– erlaubnisrelevante Änderungen **34** 7
– Geschäftsleiterbestellung **34** 11
– Kapitalmaßnahmen **34** 10
– Vereinigung mit anderer KVG **34** 51
Abstimmung mit den Füßen 115 2
Abwicklung 15 5; **39** 23; **100a** 18; **178** 1; **257** 2; **258** 2, 10, 13; **353** 11
– angemessene Bedingungen **258** 2, 5 f.

– Bestellung eines Abwicklers **39** 26
– offener Immobilienfonds **100a** 11
– Vergütung des Abwicklers **39** 28
– von Laufzeitfonds **162** 37ff.
Abwicklungsbeendigung
– geschlossene InvKG **161** 6
Abwicklungsbericht
– geschlossene InvKG **161** 6
Abwicklungserlös 178 16
Abzugsposten 261 23
Actio pro socio 78 9, 17
Active Share 162 56
Administration 112 3
Administrative Tätigkeiten
– Auslagerung **36** 7
Aggregiertes eingebrachtes Kapital 285 9f., 26, 29ff., 42
AIF
– Angaben im Verkaufsprospekt **165** 65
AIF-Geschäftserlaubnis
– Änderung Risikomanagement **29** 141
– wesentliche Änderungen **34** 6
AIF-InvAG 110 6
AIF-KVG 112 2
AIFM-Bescheinigung 296 2
AIFMD 117 16
AIFM-Drittstaatenregime 65 1
AIFM-UmsG 285 1
AIF-Verwaltungsgesellschaft
– ausländische **65** 2; **66** 4
– Referenzmitgliedstaat BRD **65** 2
– Übergangsvorschrift **351** 1
AIMA 225 12
Aktienklasse Vor 108 3
Aktienregister 109 14; **117** 5
Aktienverzeichnis 109 14; **117** 5
Aktionsplan der Kommission zur Schaffung einer Kapitalmarktunion 338c 3
Aktualisierungspflicht 268 11f.
– Verkaufsprospekt **164** 6ff.
Algorithmischer Handel 28 24
Allgemeiner Anlagegrundsatz 338c 29
Allgemeinverfügung 5 9, 25, 43
All-in-Fee 166 49
Altersversorgungsleistungen 37 25, 27
– Sperrfrist **37** 28
Altersvorsorgeprodukte 338c 3
Altersvorsorge-Sondervermögen 347 2
– Übergangsvorschrift **347** 1
Altersvorsorge-Sparplan 347 9
Altersvorsorgevertrag 20 16, 28; **25** 16; **304** 5
Alturkunden 358 3
Amtspflichtverletzung 7a 10
An Dritte veräußern 100a 18
Anbieten 293 2
Änderung der Satzung 110 6
Änderungsanzeige 65 14ff.
Anfangskapital 1 67; **21** 3; **22** 3; **23** 3; **25** 3
Anfangskapitalanforderungen 361 1
Anfangsverdacht 5 28; **6** 6
Angaben
– von wesentlicher Bedeutung **268** 11f.
Angemessene Kontrollverfahren 28 18
Anhang 120 41
Anhangangaben 120 44
Anhörung 5 13, 24
Ankauf
– von Darlehensforderungen **285** 19
Ankaufsbewertung 231 2, 17, 19
Anlageaktien 108 14
Anlageaktionär 108 14
Anlageausschuss 26 15, 30
Anlagebedingungen 5 26; **22** 14f.; **100b** 3; **111** 1; **113** 2; **117** 4; **162** 1; **173** 1; **227** 12; **297** 11; **343** 9
– Anpassung **355** 3, 5
– Antrag Genehmigung **355** 9
– BaFin-Anzeige Änderungen **34** 28
– Bekanntmachung **355** 4f., 9
– Definition **34** 28
– eines Dach-Hedgefonds **229** 2
– Einreichung **355** 4
– Genehmigung **355** 4f.
– Genehmigungsfrist **163** 8
– Genehmigungspflicht **163** 1ff.
– Mindestinhalt **162** 9ff.
– Veröffentlichung **299** 6
Anlageberatung 5 17; **20** 10, 12, 23; **297** 4, 6
– Abgrenzung Auslagerung **36** 26, 35
– fehlerhafte **307** 22
– qualifizierte **36** 26
Anlagegrenze
– eines Altersvorsorge-Sondervermögens **347** 5
– ex-post Anlagegrenzprüfung **36** 77
– Kontrolle **76** 18
Anlagegrenzkontrolle 76 1
Anlagegrenzprüfung 81 11
Anlagegrenzverletzung 78 18, 24
Anlagegrundsätze
– Änderung **163** 12
Anlageoptionen 338c 24
Anlagepolitik 166 21ff.
– Änderung **307** 28
Anlageprodukte
– offene InvKG **132** 1
Anlagestrategie 22 12; **110** 4; **142** 1; **225** 6
– Änderung **307** 28
– Anleger-Informationsdokument **307** 17f.
– BaFin-Anzeige Änderung **34** 26

– Definition **307** 18
– Risikomanagement **29** 31, 36
– der Zielfonds **229** 6
Anlagevermittlung 20 25; **297** 4
– fehlerhafte **307** 22
Anlageverwaltungsfunktionen
– Auslagerung **36** 6
Anlageziele 166 21ff.; **269** 18
– Anleger-Informationsdokument **307** 17, 20
– Risikomanagement **29** 36
Anlaufphase 221 30
– eines Dach-Hedgefonds **225** 23
Anlaufzeit 231 3; **235** 1; **240** 5; **253** 4; **258** 13
– bei Immobilien-Sondervermögen **233** 5; **244** 1
Anleger 1 135ff.
– Privatanleger **1** 135
– professioneller Anleger **1** 136ff.
– semiprofessioneller Anleger **1** 140ff.
Anlegerbeschwerden 28 27
Anlegergleichbehandlung 26 6
Anlegerinformation
– Werbung **33** 5
Anleger-Informationsdokument 307 1
– Änderung Anlagepolitik **307** 28
– Änderung Anlagestrategie **307** 28
– Anlagebeschränkungen **307** 24
– Anlagestrategie **307** 17
– Anlageziele **307** 17
– Art der Vermögenswerte **307** 21
– Ausgabe u. Verkauf von Anteilen **307** 51
– Auslagerung **307** 35
– Ausnahmen **307** 3
– BaFin-Anzeige **307** 10
– Bewertung **307** 37
– Eigenmittel **307** 33
– faire Behandlung **307** 49
– Gesamtrendite-Swaps **307** 59
– Haftungsfreistellung Verwahrstelle **307** 62
– Leverage **307** 27
– Liquiditätsmanagement **307** 38
– Master-AIF **307** 25
– Mindestangaben **307** 13
– Nettoinventarwert **307** 52
– Offenlegung von Informationen **307** 57
– Primebroker **307** 56
– Prospekthaftung **307** 65
– Rechtsstellung des Anlegers **307** 29
– Risikohinweise **307** 22
– Rücknahmerechte **307** 40
– Swing Pricing **307** 61
– Techniken u. verbundene Risiken **307** 21
– Unterverwahrung **307** 35
– Vergütung, Gebühren u. Kosten **307** 43
– Wertentwicklung **307** 53
– Wertpapierfinanzierungsgeschäfte **307** 59
– wesentliche Änderungen **307** 3, 11
– wesentliche Dienstleister **307** 30
– Widerrufsrecht **307** 64
– Zeitpunkt der Information **307** 7
– zur Verfügung stellen **307** 8
Anlegerinteressen 26 17f.; **70** 2
Anleger-Investitionsdokument
– Dach-Investmentvermögen **307** 26
– Risikohinweise **307** 27
Anlegerrechte 267 3f., 15, 18f.
Anlegerschutz 7 6f.; **62** 3; **109** 9; **162** 61; **163** 6; **165** 2; **168** 5; **169** 31; **170** 2; **261** 3; **268** 4; **283** 1
Anlegerschutzstärkungsgesetz 363 1
AnlV 225 8; **227** 11; **283** 4
Anordnung der sofortigen Vollziehbarkeit 7 9
Anpassung
– von Anlagebedingungen **345** 2
Anschaffungskosten 285 10, 41
Anschaffungsnebenkosten 247 9; **248** 8; **269** 22; **271** 4
Ansparphase 338c 18
Anspruch der Aktionäre auf Rücknahme 115 3
AntAnlVerV 78 19
Anteil
– Entstehung **71** 4
Anteilklassen 26 25; **162** 42f.; **266** 19
Anteilsausgabe 71 2
Anteilscheingeschäft 71 2; **80** 16
Anteilserwerb
– Schriftformerfordernis **297** 25
Anteilsrückgaben 227 2; **352a** 2
Anteilsrücknahme 71 2
– bei Dach-Hedgefonds **229** 10
– offene InvKG **133** 3
Anteilsscheinadministration 80 7
Anteilsscheine 116 1
Anteilsübertragung 100a 18
Anteilswert 299 16
Anteilszahl 299 16
Anteilwertfehler 78 18
Antrag auf Vertragsabschluss 297 28
Anzeige bei BaFin 100b 4
Anzeigepflicht 100a 9
– offene InvKG **130** 2
Anzeigeverfahren 66 4
Anzeigeverfahren ausl. AIF, inländische (semi-)professionelle Anleger
– Anzeigepflicht **322** 7f.
– BaFin-Vollständigkeitsprüfung **322** 9
– Mitteilung Vertriebsbeginn **322** 10f.

– wesentliche Änderungen **322** 12
– Zulässigkeit Vertrieb **322** 4ff.
Anzeigeverfahren Publikums-AIF
– Änderung eingereichter Unterlagen **316** 27ff.
– Vertriebsanzeige Publikums-AIF
  – Änderungen bei geschlossenen Publikums-AIF **316** 37
  – Anlagebedingungen, Satzung **316** 9
  – Feederfonds **316** 15
  – Geschäftsplan **316** 6ff.
  – Mitteilung Vertriebsbeginn **316** 20ff.
  – Verkaufsprospekte **316** 11f.
  – Verwahrstelle **316** 10
  – Vollständigkeitsprüfung **316** 16ff.
  – wesentliche Anlegerinformationen **316** 13f.
Anzeigeverfahren Spezial AIF, inländische Anleger
– Vertriebsanzeige Spezial-AIF
  – alle weiteren Informationen **321** 14
  – Anlagebedingungen, Satzung **321** 10
  – Anzeigeschreiben **321** 8
  – BaFin-Vollständigkeitsprüfung **321** 20ff.
  – Beschreibung angezeigter AIF **321** 12
  – Feeder-AIF **321** 19
  – Geschäftsplan **321** 9
  – Master-AIF **321** 13
  – Mitteilung Vertriebsbeginn **321** 24f.
  – Verhinderung Vertrieb an Privatanleger **321** 15ff.
  – Verwahrstelle **321** 11
  – wesentliche Änderungen **321** 26ff.
Anzeigeverordnung 21 2; **25** 4
Arbeitnehmerbeteiligung 2 14
Arbeitnehmervertreter 1 68; **18** 16
Arbeitsschritte
– der Rechnungslegung **120** 9
Assets under Management
– BaFin-Meldepflichten **35** 46
Atmendes Gesellschaftskapital 116 1
Aufbauorganisation
– Darlehen **29** 147
Aufgebotsverfahren 358 4
Aufgreifermessen 5 36
Auflegen 343 3f., 7; **355** 3
– eines Investmentvermögens **347** 3; **351** 3
Auflistung
– Auslagerungs- u. Unterauslagerungsunternehmen **22** 11
Auflösung
– eines Teilgesellschaftsvermögens **122** 15
– offene InvKG **138** 1
Auflösung KVG
– BaFin-Anzeige **34** 48
Auflösungsbericht 122 10, 17
– geschlossene InvKG **154** 9
Auflösungsklage
– geschlossene InvKG **161** 2
– offene InvKG **138** 1
Aufnahme von Fremdkapital 338c 34
Aufnahmemitgliedstaat 1 70ff.; **65** 6; **66** 1; **338c** 10
– AIF-KVG **1** 72f.
– OGW-KVG **1** 70f.
Aufrechnung
– Commitment-Methode **29** 125
Aufsichts- u. Kontrollfunktionen
– der Verwahrstelle **80** 17
Aufsichtsbehörde 5 1
Aufsichtsgremium 17 12; **18** 6
Aufsichtsgremiumsmitglied 18 7
– Persönlichkeit **18** 14
– Sachkunde **18** 14
– Unabhängigkeit **18** 9
Aufsichtsmaßnahmen 5 24; **42** 1, 6
Aufsichtsrat 17 12; **18** 5
– geschlossene InvKG **153** 5
Aufsichtstätigkeit
– vergleichende Analyse der ESMA **64** 1
Aufwand 167 10
Aufwands- u. Ertragsrechnung 299 12
– Jahresbericht **308** 6
Aufwandspauschale 162 67
Aufwandspositionen 162 53
Aufwendungen 299 13
Aufwendungsersatzanspruch
– der Kapitalverwaltungsgesellschaft **79** 2; **89a** 5
– der Verwahrstelle **79** 8; **89a** 17
Aufwendungserstattung 162 45ff.
Aufzeichnungs- u. Aufbewahrungspflicht
– Prüfungsgegenstand Abschlussprüfer **38** 39
Ausfallrisiko 262 3, 9f.
Ausführung von Zahlungen
– durch die Verwahrstelle **74** 5
Ausgabe 110 3
Ausgabe neuer Aktien 115 2
Ausgabeaufschlag 71 10; **162** 62ff.; **261** 23; **266** 22ff.
Ausgabepreis 71 10; **266** 15, 22f., 46; **299** 22
– Veröffentlichungsmedium **170** 4
– Veröffentlichungsturnus **170** 3
Ausgleichsbeträge 78 23
Aushändigung 297 23
Auskunftsersuchen
– an die Verwahrstelle **86** 5
Auskunftspflicht 16 6

Auskunftsrecht
– Auslagerung **36** 73
– der BaFin **14** 1; **226** 3
Auskunftsverweigerung 5 31
Auslagerung 17 16; **26** 16; **80** 18; **112** 4
– Abgrenzung Anlageberatung **36** 26, 35
– Abgrenzung externe Verwaltungsgesellschaft **36** 32
– administrative Tätigkeiten **36** 7
– Änderung Auslagerungsvereinbarungen **34** 24
– Anlageverwaltungsfunktionen **36** 6
– Anleger-Informationsdokument **307** 35
– Anlegerregister **36** 10
– Anteilscheinausgabe **36** 10
– Anteilscheingeschäft **83** 5
– Anteilscheinrücknahme **36** 10
– Auslagerungsanzeige **36** 52
– Auslagerungscontrolling **36** 72
– Auslagerungskonzept **36** 66
– Auslagerungsunternehmen **36** 80
– Auslagerungsvertrag **36** 72
– BaFin-Anzeige **34** 24
– Briefkastenfirma **36** 46, 94
– Cloud-Anbieter **36** 20
– Compliance **36** 38
– der Verwahrstelle **73** 31
– der Verwahrung **73** 1
– Dokumentation **36** 90
– Drittstaat **36** 86
– Due Diligence **36** 78, 91
– Eigenmittel **25** 10
– Facility Management **36** 13
– Fremdbezug von IT-Dienstleistungen **36** 16
– Funktionstrennung **36** 51
– Gewinnausschüttung **36** 10
– Grenzen **36** 36
– Haftung **36** 93
– Immobilienfonds **36** 12
– Interessenkonflikte **36** 50
– Interessenkonfliktmanagement **36** 51
– interne Revision **36** 44
– IT-Dienstleistungen **36** 16
– Jahresabschluss **36** 71
– Konzernunternehmen **36** 50
– Master-KVG **36** 101
– objektive Rechtfertigungsgründe **36** 68
– offene InvKG **129** 3
– Portfolioverwaltung **36** 83, 99
– Prüfungsgegenstand Abschlussprüfer **38** 30, 33
– Risikoanalyse **36** 63
– Risikomanagement **36** 83, 99
– Unterauslagerung **36** 103
– Vergütungssystem **36** 85; **37** 9
– Vertrieb **36** 9
– von Verwahraufgaben **82** 2
– Wesentlichkeit **36** 29
– Wirksamkeit der Beaufsichtigung **36** 88
– zentrale Leitungsfunktion **36** 36
Auslagerungsanzeige
– Änderungsanzeige **36** 57
– Inhalt **36** 54
– objektive Rechtfertigungsgründe **36** 68
– Unterauslagerung **36** 58, 103
– Zeitpunkt **36** 52
Auslagerungscontrolling
– ex-post Anlagegrenzprüfung **36** 77
– fortwährende Überprüfung **36** 76
– Überwachung Auslagerungsunternehmen **36** 72
Auslagerungskonzept 36 66
– objektive Rechtfertigungsgründe **36** 68
Auslagerungsstruktur
– Jahresabschluss **36** 71
Auslagerungsunternehmen 28a 8
– geschlossene InvKG **154** 3
– Ressourcen **36** 80
Auslagerungsvertrag 36 72
– Auskunftsrecht **36** 73
– Kündigungsrecht **36** 75
– Mitteilungspflicht **36** 73
– Vergütungssysteme **37** 9
– Weisungsrecht **36** 74
– Zugangsrecht **36** 89
Ausländische AIF 67 1
Ausländische AIF-Verwaltungsgesellschaften 65 2
– Erlaubnis der BaFin **65** 2
– Verwaltung von EU-AIF **65** 3
Ausländische Verwaltungsgesellschaft
– Jahresbericht **35** 176
Auslaufphase 352a 2
Auslegungsentscheidung 5 15
Auslieferung
– von effektiven Stücken **358** 2
– von Gewinnanteilscheinen **358** 6
Ausschluss des Bezugsrechts 115 2
Außenhaftung
– geschlossene InvKG **152** 8
Außerbörsliche Finanztermingeschäfte
– Leverage **29** 105, 117
Außerordentliche Kündigung
– offene InvKG **138** 3
Aussetzung
– Anteilausgabe **255** 1, 5
– Anteilrücknahme **116** 6f.; **252** 7; **253** 1, 4; **257** 3ff.; **259** 1
  – Abwicklung **258** 2ff.; **259** 3
  – angemessene Bedingungen **257** 14
– Anteilsrücknahme **227** 9

Austausch
– von Steuerdaten **80** 40
Auswahl
– der Verwahrstelle **87** 1
Auswahlgrundsätze 162 11 ff.
– bei Dach-Hedgefonds **228** 5
Auswahlpflicht 112 5
Auswahlprozess 225 11; **226** 2; **228** 5
– bei Dach-Hedgefonds **229** 4
Auswahlverfahren
– Unterverwahrer **73** 12
Auswahlverschulden
– Unterverwahrer **73** 8
Auszahlungsphase 338c 26
Auszahlungsverfahren
– ex-post Risikoanpassung **37** 62, 66
– Vergütungssysteme **37** 61
– Zurückbehaltungshöhe **37** 64
– Zurückbehaltungszeitraum **37** 62

Backtesting
– Risikomanagementsysteme **29** 36
BaFin 5 1 ff., 9, 25, 38, 55; **111** 1
– Anleger-Informationsdokument **307** 4
– Anstalt des öffentlichen Rechts **5** 5
– Auskünfte **5** 27, 41
– externe Ratings **29** 61
– Geschäftsbereiche **5** 6
– Informationen **5** 27
– Reservekompetenz **5** 34
– Überwachung Funktionstrennung **29** 20
BaFin-Anzeige
– Abschlussprüfer **38** 21
– Absenkung Eigenmittel **34** 45
– Absichtsanzeige **34** 7
– Änderung Anlagebedingungen **34** 28
– Änderung Anlagestrategie **34** 26
– Änderung Anleger-Informationsdokument **307** 12
– Änderung Auslagerungsvereinbarungen **34** 24
– Änderung der KVG-Inhaber **34** 14
– Änderung enge Verbindung **34** 18
– Änderung Firma **34** 42
– Änderung Geschäftsplan **34** 20
– Änderung Gesellschaftsvertrag **34** 32
– Änderung Informationsdokument **34** 37
– Änderung Kapitalanforderungen **34** 10
– Änderung Leverage **34** 26
– Änderung Leverage von beträchtlichem Umfang **29** 143
– Änderung Organisationsstruktur **34** 20
– Änderung Rechtsform **34** 42
– Änderung Risikomanagement **29** 137, 141, 143
– Änderung Risikoprofil **34** 26
– Änderung Satzung **34** 32
– Änderung Sitz Masterfonds **34** 26
– Änderung Vergütungssysteme **34** 22
– Änderung Verkaufsprospekt **34** 37
– Änderung Verwahrstelle **34** 35
– Änderung zulässiges Leverage **29** 142
– Anleger-Informationsdokument **307** 10
– aufgestellter Jahresabschluss **38** 9
– Auflösung KVG **34** 48
– Auslagerung **36** 59
– Ausscheiden Geschäftsleiter **34** 40
– Bestellung Geschäftsleiter **34** 39
– Einstellung Geschäftsbetrieb **34** 47
– erlaubnisrelevante Änderungen **34** 6
– festgestellter Jahresabschluss **38** 15
– Geschäftsleiterbestellung **34** 11
– grenzüberschreitende Dienstleistung **34** 46
– Inhaberstruktur KVG **34** 49
– jährliche Sammelanzeige **34** 52
– Konzernabschluss **38** 20
– Konzernlagebericht **38** 20
– Konzernprüfungsbericht **38** 20
– Prüfungsbericht Abschlussprüfer **38** 31
– Prüfungsbericht EdW **38** 11
– Prüfungsbericht Jahresabschluss **38** 12
– Satzung Änderung **34** 43
– schwerwiegende Prüfungsfeststellungen **38** 44
– Überschreitung zul. Leverage **29** 142
– Unterauslagerung **36** 59
– Unternehmensbeteiligung **34** 41
– Vereinigung mit anderer KVG **34** 51
– Verlegung Niederlassung **34** 46
– Verlegung Sitz **34** 46
– Zweigstelle in Drittstaat **34** 46
BaFin-Eingriffsrechte
– Abschlussprüferbestellung **38** 23
BaFin-Meldefristen
– Reporting-Periode Änderung **35** 26
BaFin-Meldepflichten 35 2
– Anlagestrategien **35** 71
– Assets under Management **35** 46
– auf Verlangen der BaFin **35** 176
– Auflösung AIF **35** 29
– Auflösung AIF durch Dritte **35** 30
– ausländische Verwaltungsgesellschaft **35** 176
– Compartments **35** 54
– EU-AIF-Verwaltungsgesellschaft **35** 176
– Finanzierungsquellen **35** 66
– Form **35** 12
– Fund of Funds **35** 53
– geographischer Schwerpunkt **35** 79
– halbjährliche Informationsübermittlung **35** 17

– Häufigkeit **35** 15
– Identität der AIF **35** 49
– Identität der AIF-KVG **35** 33
– illiquide Vermögensgegenstände **35** 94
– Jahresbericht **35** 176
– jährliche Informationsübermittlung **35** 20
– Kategorien von Vermögenswerten **35** 125
– Kontrahentenrisiko **35** 100
– KVG-Wechsel **35** 28
– Liquiditätsmanagement **35** 110
– Marktrisikoprofil **35** 97
– Master-Feeder-AIF **35** 59
– Meldefrist **35** 25
– Meldestichtag **35** 24
– operationelle Risiken **35** 119
– Portfoliokonzentrationen **35** 85
– Primebroker **35** 59
– Reporting-Periode **35** 24
– Risikoprofil **35** 97
– Segmente/Subfonds **35** 52
– sonstige Risiken **35** 119
– Teilgesellschaftsvermögen **35** 54
– Umbrella-AIF **35** 54
– Verschmelzung von AIF **35** 28
– vierteljährliche Informationsübermittlung **35** 18f.
– wichtigste Instrumente **35** 76
Bagatellgrenzen
– Darlehen **29** 152
BAI 225 12
BAIT 29 181; **36** 15
Bankeinlagen *s. Bankguthaben*
Bankguthaben 75 6; **120** 24; **162** 17; **225** 14; **253** 11
Barkredit
– besichert **29** 91
– Leverage **29** 88, 115
– Reinvestition **29** 89
– unbesichert **29** 90
Barmethode 244 3
Barmittel, Barmitteläquivalente
– Leverage **29** 87, 114
Barmittelströme 80 20
Basisinformationsblatt 5 40; **164** 1; **268** 1; **297** 3a, 11; **301** 1
– Einreichungspflicht **164** 9
– Übergangsregelung **166** 4
Basis-PEPP 338c 14
Bauerwartungsland 231 11
Beamter 8 3
Bebaute Grundstücke 231 8
Bedeutende Beteiligung 1 76f.; **108** 14
– Erwerb
  – Aussetzung **24** 6
Begründungspflicht 60 9f.
Beherrschungsverhältnis 112 6
Beirat 17 12; **18** 4f.
Beitrittsphase
– offene InvKG **127** 15
Bekanntgaben 299 24
Bekanntmachung
– Änderung der Anlagebedingungen **163** 16ff.
– geschlossene InvKG **154** 8
Belastung 260 15; **263** 2, 12ff.; **264** 8; **266** 27, 38, 40; **267** 17
– von Immobilien **260** 13
– von Vermögensgegenständen **285** 13; **353a** 6
– Zustimmung der Verwahrstelle **260** 19
Belastungsbeschränkungen 264 8
Belastungsgrenze
– bei Immobilien-Sondervermögen **254** 10; **260** 20
Belastungsverbot
– Beteiligungen an Immobilien-Gesellschaften **260** 21
Bemessungsgrundlage 261 18; **262** 7; **266** 22, 27, 31ff.
Benchmarkregulierung 5 47
Benutzerberechtigungsmanagement
– KAIT **29** 195
Beratungsunternehmen 28a 8
Berechnungsfehler
– wesentliche **78** 25
Berechtigungskonzept
– KAIT **29** 196
Bereitstellungsmethode 244 3
Bericht
– des Rechnungsprüfers **299** 19
Berichterstattung
– der InAG mvK **121** 1
Berufsgeheimnisträger 5 30
Berufshaftpflichtversicherung 23 3; **25** 17, 26, 32; **80** 33
– Mindestversicherungssumme **25** 28
Berufshaftungsrisiko 25 18
Bescheidungsfrist 113 6
Beschlussgegenstand
– offene InvKG **132** 6
Beschränkter Anwendungsbereich 100a 17
– GrEStG **100a** 2
Beschwerdestelle 302 8
Beschwerdeverfahren
– Form **342** 2
Best Execution 26 20, 34; **168** 60ff.; **286** 3
– Prüfungsgegenstand Abschlussprüfer **38** 39
Best Execution Policy 168 72f.
Bestandsgrenze 237 5, 8; **240** 14

Bestandsverzeichnis 72 10
Bestätigungsvermerk 67 12
Bestellung 17 13
Besteuerungsgrundlagen 293 7
Bestmögliche Ausführung
– Prüfungsgegenstand Abschlussprüfer **38** 39
Beteiligung von Privatanlegern 142 3
Beteiligungsanzeige 108 14
Beteiligungsstruktur
– geschlossene InvKG **152** 2
Beteiligungsunternehmen 285 33
Betretungs- u. Besichtigungsbefugnis 16 7
Betriebliche Altersversorgung 2 10
Betriebs- u. Geschäftsgeheimnis
– berechtigtes Interesse **8** 6
Betriebsvermögen
– geschlossene InvKG **156** 1ff.
– offene InvKG **131** 2
Beurteilungsspielraum 5 28; **7a** 6
Beweislastumkehr 297 27
Bewerter 169 38ff.; **250** 4; **286** 6
– externer **261** 26f., 29; **266** 39
– Immobilien-Sondervermögen **250** 1
Bewerterausschuss 249 12
Bewertung 261 26f., 29f.; **262** 18; **271** 1ff., 6ff.; **272** 1ff.; **286** 1
– Anleger-Informationsdokument **307** 37
– außerplanmäßige **248** 6
– Bankguthaben **168** 50ff.
– bei offenen Publikumsinvestmentvermögen **168** 1
– bei Vermögensgegenständen ohne handelbaren Kurs **168** 34ff.
– Beteiligungen an Immobilien-Gesellschaften **250** 3
– Dokumentation **168** 41ff.
– durch Dritte **168** 41ff.
– Einschüsse auf Derivate **168** 47
– Häufigkeit **25** 8; **251** 2
– Immobilien **168** 53ff.; **250** 2
– Immobilien-Sondervermögen **248** 1
– Investmentanteile **168** 50ff.
– Ordnungsmäßigkeit **169** 18
– rollierende **251** 3
– Schuldscheindarlehen **168** 46
– schwebende Verpflichtungsgeschäfte **168** 48f.
– Transparenz **169** 19
– Überprüfung **168** 41ff.
– Unabhängigkeit **169** 20
– Unternehmensbeteiligung **168** 56ff.
– Verbindlichkeiten **168** 50ff.
– Verfahren **169** 1
– von geschlossenen AIF **286** 7
– Wertpapierdarlehen **168** 48f.
– Zuständigkeit **168** 10ff.
Bewertungseinheiten 168 21
Bewertungsfaktoren 248 7
Bewertungsmodelle 168 34
Bewertungsrichtlinie 249 2; **261** 26; **271** 6; **272** 5; **286** 5
– Immobilien-Sondervermögen **249** 1
Bewertungsverfahren 286 3
Bewirtschaftungsgegenstände 231 21f.; **237** 6
Bezeichnungsschutz 3 1ff., 5ff.; **338c** 19
– Investmentvermögen **4** 2ff.
Bezugsrecht 109 12
Bezugsrechtsausschluss 115 3
Bilanz 38 5; **108** 8; **120** 15
Bilanzeid 120 6, 51
Bilanzgewinn 18 8
Bildung von TGV 117 2
BilRUG 356 1
Biometrische Risiken 338c 25
„Bis zu"-Klauseln
– in Anlagebedingungen **162** 61
Bis-zu-Globalurkunde 109 13; **117** 5
Blindpool 228 3
Blindpool-Konstruktionen 266 9, 52, 54; **269** 15
Börsengehandelte Investmentvermögen 121 10
Börsennotierung
– Proportionalitätsgrundsatz **37** 36
Briefkastenfirma
– Auslagerung **36** 46, 94
– BaFin-Anzeige **36** 59
Brutto-Hebel
– Back-to-back-Geschäfte **29** 98
Brutto-Methode
– außerbörsliche Finanztermingeschäfte **29** 105
– Barkredite **29** 88
– Barkredite Reinvestition **29** 89
– Barmittel, Barmitteläquivalente **29** 87
– Credit Default Swap **29** 107
– Credit Linked Notes **29** 110
– Derivate **29** 98
– finanzielle Differenzgeschäfte **29** 101
– Finanzterminkontrakte **29** 102
– Forwards **29** 105
– Option **29** 106
– Pensionsgeschäfte **29** 94
– Schwellenoption **29** 111
– teileingezahlte Wertpapiere **29** 110
– Total Return Swap **29** 104, 108
– umgekehrte Pensionsgeschäfte **29** 95
– Währungsswap **29** 108
– Wandelanleihen **29** 110

– Wandeldarlehen **29** 93
– Wertpapierdarlehensaufnahme **29** 97
– Wertpapierdarlehensvergabe **29** 96
– Zinsswap **29** 100
– Zins-Währungsswap **29** 108
Bruttowertentwicklung 120 49
Buchhaltung 28 22
Bundesanzeiger 12 1; **123** 9; **299** 23; **353** 15
Bürgerenergieprojekte 1 36
Bußgeld 297 32
BVI 162 9
BVI-Wohlverhaltensregeln 80 23
BZSt 28 26

Carried Interest 1 77f.; **266** 22, 44; **299** 18
Cashflow-Monitoring
– durch die Verwahrstelle **81** 14
Cayman Islands 225 4
CCP-RR-UG 227 10
Chinese Walls 26 32; **27** 29
Churning 26 44
Closed-End-Prinzip 116 3
Closet Indexing 26 43
Closet Tracker 162 55
Collateral Manager 76 11; **80** 14; **81** 4; **82** 4
Commitment-Methode 283 14; **338c** 34
– Absicherung Fremdwährungsrisiken **29** 121
– Aufrechnung **29** 125
– Ausnahme von Umrechnung Derivate **29** 119
– außerbörsliche Finanztermingeschäfte **29** 117
– Barkredite **29** 115
– Barkredite Reinvestition **29** 115
– Barmittel, Barmitteläquivalente **29** 114
– Credit Default Swap **29** 117
– Credit Linked Notes **29** 117
– Duration-Netting-Regelung **29** 126
– finanzielle Differenzgeschäfte **29** 117
– Finanzterminkontrakte **29** 117
– gehebelte Index-Risikopositionen **29** 117
– Leverage **29** 112
– Leverage von beträchtlichem Umfang **29** 113
– Netting- u. Hedgingvereinbarungen **29** 122
– Option **29** 117
– Pensionsgeschäfte **29** 116
– Schwellenoption **29** 117
– Swaps **29** 117
– teileingezahlte Wertpapiere **29** 117
– Total Return Swap **29** 117
– umgekehrte Pensionsgeschäfte **29** 116
– Varianz-Swap **29** 118
– Volatilitäts-Swap **29** 118
– Wandelanleihen **29** 117
– Wandeldarlehen **29** 116
– Wertpapierdarlehensaufnahme **29** 116
– Wertpapierdarlehensvergabe **29** 116
– Zinsderivat **29** 126
– Zinsswap **29** 117
Commodities 225 5; **283** 7
Compliance
– Auslagerung **36** 38
Compliance-Beauftragter
– der KVG **28** 20
Compliance-Funktion 27 28; **28** 20
Comply or Explain 64 5
Conflict of Interest Policy 27 18
Core Principles for Effective Banking Supervision 222 7
Corporate Governance 108 8
– Abfindung **37** 29
– Offenlegung **38** 16
– Proportionalitätsgrundsatz **37** 36
Corporate Governance Kodex 108 9
Creation/Redemption-Prozess 71 9
Credit Default Swap
– Leverage **29** 107
Credit Linked Notes
– Leverage **29** 110
CSSF 111 2
Culpa in contrahendo 68 4
Currency Token 221 13
Cut-off-Zeiten
– bei der Anteilsrücknahme **162** 25

Dachfonds 353 8
– Anleger-Informationsdokument **307** 26
Dach-Hedgefonds 225 2; **297** 21
Dach-Sondervermögen mit zusätzlichen Risiken 225 1
Darlegungs- u. Beweislast 77 13
Darlehen 29 5
– Ablauforganisation **29** 147, 151
– Aufbauorganisation **29** 147
– Bagatellgrenzen **29** 152
– Eskalationsverfahren **29** 150
– Früherkennung von Risiken **29** 152
– Funktionstrennung **29** 149
– Initiierung durch Dritte **29** 152
– KAMaRisk **29** 144
– Kompetenzordnung **29** 150
– nichtrisikorelevante Darlehensgeschäfte **29** 152
– Proportionalitätsgrundsatz **29** 148
– Risikomanagement **29** 144
– Votierung **29** 152

Darlehensforderung 222 5; **343** 8
– Erwerbbarkeit **285** 12
– unverbriefte **29** 144, *s.a. Darlehen*
Darlehensvergabe
– durch AIF **285** 2
– Immobiliengesellschaften **254** 13
– sonstiges Investmentvermögen **221** 11
– Übergangsvorschrift **353b** 1
– unverbriefte **29** 4
Daten
– personenbezogene **7a** 8
Datenbanken 225 11
Daueremissionen 355 10
Dauerhafter Datenträger 1 79; **167** 1; **255** 17; **257** 7; **258** 4; **297** 13f., 20, 23; **298** 2; **299** 7, 23, 25
Dauernder Ertrag 231 5f., 13
Depotbank 115 12; **345** 15
Depotgeschäft 20 13, 24; **68** 9; **80** 26, 28
Derivate 162 14; **225** 17; **261** 19; **338c** 32
– Absicherung Fremdwährungsrisiken **29** 121
– Aufrechnung **29** 125
– außerbörsliche Finanztermingeschäfte **29** 105
– Credit Default Swap **29** 107
– Credit Linked Notes **29** 110
– finanzielle Differenzgeschäfte **29** 101
– Finanzterminkontrakte **29** 102
– Forwards **29** 105
– gehebelte Index-Risikopositionen **29** 109, 117
– Leverage **29** 98
– Option **29** 106
– Schwellenoption **29** 111
– Swaps **29** 108
– teileingezahlte Wertpapiere **29** 110
– Total Return Swap **29** 104, 108
– Varianz-Swap **29** 118
– Volatilitäts-Swap **29** 118
– Währungsswap **29** 108
– Wandelanleihen **29** 110
– Zinsswap **29** 100
– Zins-Währungsswap **29** 108
– zu Absicherungszwecken **253** 18
Deutsche Bundesbank 13 1
Devisenterminkontrakte 225 17
Dienstleistung 20 5; **361** 1
Dienstleistung, grenzüberschreitend
– BaFin-Anzeige **34** 46
Dienstleistungsfreiheit 338c 10
Dienstvertrag
– offene InvKG **129** 4
Direktbeauftragungsmodell
– Primebroker **31** 6
– schriftliche Beauftragung **31** 8
DiRUG 364 1
Diversifizierung 225 21
Divisionslösung 85 8
Doppelbesteuerungsabkommen 285 21
Doppelter Anfall
– der GrESt **100a** 1
Dreiervereinbarung 85 9
Drei-Jahres-Zeitraum 100a 16, 20
Drei-Punkte-Erklärung 73 24, 29; **82** 10
Drittbanken 89a 13, 18
Drittstaaten 1 75; **296** 1
– Auslagerung **36** 86
– Kooperationsvereinbarungen **36** 87
Drittstaaten-AIFM 65 1
Drittstaatenregime 65 1
Drittstaaten-Vereinbarung 296 4
Drittverwahrung 73 2
Drittwiderspruchsklage
– der Verwahrstelle **78** 11
Drucktechnische Hervorhebung 228 8, 11f., 14f., 17
Due Diligence 225 12, 23
Due Diligence Questionnaires 225 12
Duration-Netting-Regelungen
– Commitment-Methode **29** 126
Durchschau 353 8
Durchsuchungsbefugnis 16 10

EbAV 338c 10, 38
Edelmetalle 221 8
EdW
– Jahresbeitrag **32** 11
– Phönix-Entschädigungsfall **32** 17
– Sonderbeitrag **32** 14
Effektive Stücke 71 5; **358** 1
Ehrlichkeit
– der KVG **26** 33
Eidgenössische Finanzmarktaufsicht 296 6
Eigenes Vermögen 20 33
Eigenkapital 17 12; **141** 2
Eigenmittel 1 80; **20** 16, 19, 28; **21** 3, 16; **22** 3; **23** 3; **25** 6, 16, 22, 25, 32; **39** 13; **41** 4
– Anlage **25** 31
– Anleger-Informationsdokument **307** 33
– BaFin-Anzeige Absenkung **34** 45
– Berechnung **25** 10
– Garantie **25** 9
– offene InvKG **130** 1
– unzureichende **41** 4
– wesentliche Änderungen **34** 10
Eigenmittelausstattung 25 5
Eigenständiges Zweckvermögen 117 7
Eigentumsfreiheit 115 6
Eigentumsnachweis 80 13

Eigentumsprüfung 80 7
Eigentumsprüfungs- u. Aufzeichnungspflicht
– der Verwahrstelle **72** 8
Eigentumsrechte
– Verifizierung durch den Treuhänder **81** 13
– Verifizierung durch die Verwahrstelle **81** 11
Eigentumsverhältnisse 100b 2
Eigenverantwortliche Leitung 112 5
Eigenvermögen
– der KVG **28** 15; **71** 1f., 7
Eilrechtsschutz
– weitgehender Prüfungsmaßstab **7** 3
Eingeschränktes Verwahrgeschäft 80 26, 28
Eingriffsverwaltung 113 8
Einlagengeschäft 68 9
Einlagensicherungseinrichtung 68 18
Einlagepflicht
– geschlossene InvKG **152** 9
Einreichungspflicht 164 9ff.
Einstellung Geschäftsbetrieb
– BaFin-Anzeige **34** 47
Einwilligung
– der Verwahrstelle **84** 4
Einzelbewertung 168 21
Einzelverbriefung 358 2
EIOPA 338c 11
Elektronische Datenverarbeitung
– der KVG **28** 16
ELTIF Vor 260a–260d 20
ELTIF-Verordnung
– Ordnungswidrigkeiten **340** 96
EMIR
– Prüfungsgegenstand Abschlussprüfer **38** 34
Empfangszuständigkeit
– offene InvKG **133** 2
Enge Verbindung 1 81; **21** 13; **22** 6; **23** 10
– Änderung **34** 18
– jährliche Sammelanzeige **34** 52
– Konzernspiegel **34** 19
Enkelunternehmen 285 39
Entschädigungseinrichtung 20 8, 12f.; **21** 19; **22** 21; **32** 1; **39** 7
– Abrechnungsjahr **32** 11
– Anwendungsbereich **32** 1
– Ausschluss Entschädigungsanspruch **32** 10
– EAEG-Institut **32** 4
– Entschädigungsanspruch **32** 8
– Entschädigungsfall **32** 6
– Finanzportfolioverwaltung **32** 1
– Jahresbeitrag **32** 11
– Kundeninformation **32** 20
– Prüfungsbericht **38** 11
– verfassungsrechtliche Bedenken **32** 15
Entschädigungsplan 78 19, 22, 26
Entscheidungsfrist 21 18
Entscheidungsspielraum 20 10
Entsprechende Anwendung 100a 14
Entsprechenserklärungen 108 8
Entwicklungsförderungsfonds 1 82ff.; **28a** 1
– IFC-Prinzipien **1** 87
– Wirkungsmanagement **1** 87
Entwicklungsland 222 4
Entzug 60 7
Erbbaurechte
– Belastung **231** 23; **232** 2
– Erwerb **231** 12, 20
– Gesamterbbaurechte **232** 2
– Untererbbaurechte **232** 2
Erbringen 17 8; **23** 15
Erbringung 17 8; **23** 16
Erforderliche Eigenmittel 116 5
Erforderlichkeit
– von Aufwendungen **89a** 8
Erfüllung 305 23
Erfüllungsgeschäft 84 6
Erlaubnis 20 1; **39** 3; **100b** 5; **343** 2ff.; **353** 2, 9, 12; **355** 2
– Ablehnung **60** 8f.
– AIF-KVG **345** 4
– Änderungen **60** 5
– Aufhebung **39** 8; **60** 7
– Beschränkung **20** 2
– Entscheidung
  – Aussetzung **24** 6
– Entzug **60** 6f.
– Erlöschen **39** 4; **60** 7
– Erteilung **60** 4
– Versagungsgrund **23** 1, 17
– Verzicht **39** 6
Erlaubnisantrag 21 1; **22** 1; **345** 9
– Vollständigkeit **21** 18; **22** 18
Erlaubniserteilung 17 6
– OGAW-KVG **21** 1
Erlaubnisfähigkeit 17 7, 9; **20** 1
Erlaubnisfiktion 355 2
Erlaubnispflicht 17 6, 9; **20** 1
– Verstoß **339** 3ff., *s.a. Strafvorschriften*
Erlaubnisverfahren 60 3; **61** 17
Ermessen 5 35
Ermessensspielraum 26 22
Ermittlung
– durch nationale Behörden **10** 2
Ermittlung des Aktienwerts 116 3
Ermittlung des Anteilwertes
– Kontrolle der Verwahrstelle **76** 4
Ersatzansprüche 112 7

Erträge 299 13
Ertragsausgleichverfahren 162 34
Ertragsausschüttung
– Kontrolle durch die Verwahrstelle **83** 7
Ertragsprofil 166 33ff.
Ertragsverwendung 162 31ff.
– Kontrolle der Verwahrstelle **76** 8
Erwerbsgrenze 231 11, 25f.; **232** 8; **235** 8
Erwerbsinteressent 297 9
Erwerbsvorgabenverletzung 78 24
Erwerbsvorgang
– § 1 GrEStG **100a** 6
ESG-Kriterien 5 55; **338c** 30
Eskalationsprozess
– Liquiditätsmanagement **30** 19
Eskalationsverfahren
– Darlehen **29** 150
– der Verwahrstelle **80** 21
ESMA 12 1; **60** 2; **63** 1; **64** 1
– Schlichtungsentscheidung **63** 7
ETF 71 9
– Angaben im Verkaufsprospekt **165** 63f.
EU-AIF 65 3; **67** 1; **353** 27
EU-AIF-Verwaltungsgesellschaft
– Jahresbericht **35** 176
EU-Leerverkaufs-VO 283 17
EU-Master-OGAW 293 10
EU-Pass 344 2
EU-Prospektverordnung 360 1
Europäische Kommission 12 1
Europäische Risikokapitalfonds 2 37ff.
Europäischer Ausschuss für Systemrisiken 12 1
Europäischer langfristiger Investmentfonds Vor 260a–260d 20
Europäischer Pass 49 1
Europarente 338c 2
EuSEF-Verordnung
– Ordnungswidrigkeiten **340** 95
EuVECA-Verordnung
– Ordnungswidrigkeiten **340** 94
EWR 344 3
Ex-ante-Prüfung 76 10, 17
Excessive Trading 26 42, 44
Ex-post-Prüfung 72 9
– der Verwahrstelle **83** 14
Externe AIF-KVG 144 1
Externe KVG 112 2
Externe Verwaltung 112 2, 4
Externe Verwaltungsgesellschaft
– Abgrenzung Auslagerung **36** 32
– Einlagerung von Aufgaben **36** 34
– Haftung **36** 93
Externer Bewerter
– Ankaufsbewerter **231** 2, 18f.
– Ankaufsbewertung **231** 2

Fachliche Eignung 113 4; **119** 3
Facility Management
– Auslagerung **36** 13
Failed Trade Reports 83 6
Fair Value 168 38
Faire Behandlung
– Anleger-Informationsdokument **307** 49
Faire Behandlung der Anleger 26 24
FATCA-Abkommen 358 1
FATCA-Meldung 358 7, 9
FATF 225 4; **338c** 33; **358** 1
FATF Standards 225 4
Feeder-AIF 22 13; **261** 14
Feederfonds 22 13; **71** 8; **297** 19
– Abschlussprüfung **173** 19ff.
– Anlagebedingungen **173** 13
– Anlagebeschränkungen **174** 2ff., 8
– Anlagegrenzen **174** 2ff.
– Entstehung durch Umwandlung **180** 1, 10, 13
– Halbjahresbericht **173** 14ff.
– Jahresbericht **173** 14ff.
– Marktrisikopotenzial **174** 9ff.
– Umwandlung **178** 8ff.
– Verkaufsprospekt **173** 2ff.
– Werbung **302** 9
Feeder-Master-Strukturen 1 88ff.
– Feeder- u. Master-AIF **1** 91
– Feeder- u. Masterfonds **1** 89
– geschlossene Feeder- u. Masterfonds **1** 90
Feindliche Übernahme 109 2, 7
Festsetzungsfrist 100a 24
Feststellung
– Jahresabschluss **18** 8
Fiktive Erwerbstatbestände 100a 8
Finanzielle Differenzgeschäfte
– Leverage **29** 101, 117
Finanzierungskosten
– geplante **269** 22
Finanzierungsliquidität 307 23
Finanzinstrumente
– Aktien
  – börsengehandelt **35** 125
  – nicht börsengehandelt **35** 125
– Derivate
  – Aktienderivate **35** 125
  – festverzinsliche Derivate **35** 125
  – Kreditausfallderivate/CDS **35** 125
  – Kreditausfallderivate/exotische CDS **35** 125
  – Kreditausfallderivate/Index CDS **35** 125
  – Rohstoffderivate/Erdgas **35** 125
  – Rohstoffderivate/Erdöl **35** 125
  – Rohstoffderivate/Gold **35** 125

  - Rohstoffderivate/Strom **35** 125
  - Zinsderivate **35** 125
- Fremdwährungen **35** 125
- Investmentfonds **35** 125
- Kommunalanleihen **35** 125
- Kredit
  - hebelfinanziert **35** 125
- Rohstoffe **35** 125
- Staatsanleihen **35** 125
- strukturierte Produkte
  - ABCP **35** 125
  - ABS **35** 125
  - CDO/CLO **35** 125
  - MBS/RMBS/CMBS **35** 125
- Unternehmensanleihen **35** 125
- Wandelanleihen **35** 125
- Zahlungsmittel **35** 125

Finanzinstrumentsbegriff 72 2
Finanzkonten-Informationsaustauschgesetz 357 1
FinanzmarktanpassungsG 263 6
Finanzmarktstabilität 7a 7; **285** 25
Finanzportfolioverwaltung 5 17; **20** 7, 22; **39** 7; **297** 7, 24; **361** 2
Finanzterminkontrakte
- Leverage **29** 102, 117

Finanztransaktion 6 4
Fire Sale 162 29
Firma
- BaFin-Anzeige Änderung **34** 42

Firmierungsvorschriften
- offene InvKG **134** 1

Fishing Expeditions 86 6
Fixes Kapital
- des Treuhänders **80** 33

Flugrolle
- als Eigentumsnachweis **81** 12

Flyer 293 2
Fondsbuchhaltung 28 22
Fondsdokumentation
- geschlossene InvKG **161** 1

Fondsgebundene Lebensversicherung 297 8, 10, 24
Fondskategorie 4 5
Fondskategorien-Richtlinie 266 9f.
Fondsmanager 225 21
Fondsnamensrichtlinie 166 20
Fondsplattformen 298 6; **299** 23
Fonds-Sparplan 304 3
- Informationsdokument **307** 3

Fondsstandorte
- geschlossene InvKG **149** 2

Fondsvehikel
- geschlossene InvKG **149** 2

Fondsvermittler 297 5; **302** 3
Fondsvertragswerk 26 22
Forward Pricing 168 17
Forwards
- Leverage **29** 105

FoStoG 65 1; **Vor 260a–260d** 1, 14, 17ff.; **260a** 1; **260c** 1; **260d** 1; **261** 2, 10, 14; **266** 3, 6; **267** 4, 12, 21, 23; **362** 1
Freie Handelbarkeit von Anteilen 269 8
Freie Übertragbarkeit 233 7
Freiheit des Kapitalverkehrs 233 7
Freiwillige Kündigungen 100a 12
Fremdbezug von Leistungen 82 3
Fremdfinanzierungsquote 247 4
- Immobilien-Sondervermögen **254** 5

Fremdverwaltete InvAG 112 1
Fremdverwaltung 112 1
Fristeninkongruenz 255 2
Fristentransformation 338c 35
Fronting Bank 285 19
Funds of Hedge Funds 225 2
Fungibilität 108 3; **269** 9, 14
Funktionsfähigkeit
- des Marktes **26** 19

Funktionstrennung 85 8
- Anforderungen **29** 13
- Auslagerung **36** 51
  Darlehen **29** 149
- Interessenkonflikte **36** 51
- Risikocontrollingfunktion **29** 12
- Überwachung BaFin **29** 20
- Unverhältnismäßigkeit **29** 15

Garantiefonds 20 18
Gebäudenutzfläche 247 4
Gebühren 26 40; **166** 44ff.
- Anleger-Informationsdokument **307** 43

Gebührenstruktur
- von Zielfonds **228** 12

Gebundene Mittel 253 2, 7
Geeignetheit
- des Unterverwahrers **82** 6

Gefahr der Vermögensgegenstände 42 4
Gefahrenlage 42 3f.
Gegenleistung 260 6
Gegenparteirisiko
- Risikolimit **29** 45
- Risikomanagement **29** 23

Geheimhaltungspflichten
- in Verwahrstellenverträgen **80** 11

Gelddarlehen 29 178; **261** 17; **283** 7; **285** 15, *s. a. Darlehen*
- Vergabe durch AIF **285** 9

Geldmarktfonds 5 49; **225** 16
Geldmarktinstrumente 162 17; **225** 15; **253** 12
Geldwäsche 80 19; **225** 4
- Gefährdungsanalyse **38** 37

– Geldwäschebeauftragter **38** 36
– Prüfungsgegenstand Abschlussprüfer **38** 36
Geldwäscheprävention 28 26
Geldwerter Vorteil 266 45
Geltendmachung
– von Ansprüchen der Anleger **89** 1
Gemeinschaftliche Kapitalanlage 110 4
Gemischte Investmentaktiengesellschaft
– Übergangsvorschrift **348** 1
Gemischtes Investmentvermögen 218 1
– Anlagegrenzen **219** 14
– Übergangsvorschrift **218** 5
– Vermögensgegenstände **219** 1
Gemischtes Sondervermögen 218 4
– Übergangsvorschrift **348** 1
Genehmigtes Kapital 115 3
Genehmigung 111 1
– der BaFin **100b** 4
– der Verwahrstelle **69** 2; **84** 4
– des Treuhänders durch die BaFin **80** 38
– des Verwahrstellenvertrages durch die BaFin **68** 6
– von Anlagebedingungen **353** 25f.
Genehmigungserfordernis 267 6, 15, 19
Genehmigungserteilung
– acht Wochen **100b** 6f.
Genehmigungsfiktion 111 1; **355** 5
Genehmigungspflicht
– bei der Auswahl der Verwahrstelle **87** 2
– beim Wechsel der Verwahrstelle **87** 2
Genehmigungsverfahren 266 8; **267** 1, 9, 11
Genossenschaften 1 32
Genussrechte 285 16
Gerichtliche Notbestellung
– geschlossene InvKG **153** 8
Gerichtsstand
– des Anlegers **62** 9
– des Referenzmitgliedstaates **62** 2
Gesamtgeschäftsführungsbefugnis
– geschlossene InvKG **153** 2
Gesamthandseigentum 231 4
Gesamtkosten
– bei Dach-Hedgefonds **228** 12
– voraussichtliche **269** 22
Gesamtkostenquote 299 20
– geschlossene InvKG **158** 1
Gesamtrisikoprofil 225 13
Geschäfte
– zustimmungspflichtige **75** 1; **84** 2
Geschäfts- u. Betriebsgeheimnis 8 5
Geschäftsbereich 17 4
Geschäftsbesorgungsvertrag 17 13; **20** 11; **68** 7
Geschäftsbetrieb 17 5
Geschäftsführender Kommanditist 17 11, 14; **266** 35
Geschäftsführerabberufung
– geschlossene InvKG **153** 8
– offene InvKG **128** 8
Geschäftsleiter 1 92f.; **20** 2; **23** 4; **40** 1
– Abberufung **40** 1
– BaFin-Anzeige Ausscheiden **34** 40
– BaFin-Anzeigepflichten **34** 54
– Bestellung BaFin-Anzeige **34** 11, 39
– der Verwahrstelle **68** 12; **80** 41
– fachliche Eignung **20** 2; **21** 5; **22** 4; **23** 6
– Nebentätigkeit **34** 55
– Tätigkeitsverbot **40** 6
– Unternehmensbeteiligung **34** 57
– Zuverlässigkeit **21** 5; **22** 4; **23** 5
Geschäftsleitung 169 33
– Gesamtverantwortung Risikomanagement **29** 1
– Geschäftsstrategie **29** 7
– Risikostrategie **29** 7
– Überprüfung Risikomanagementgrundsätze **29** 135
– von Zielfonds **228** 10
Geschäftsmodell
– nachhaltiges **222** 11
Geschäftsordnung
– des Sachverständigenausschusses **249** 6
Geschäftsplan 21 4, 14; **22** 7, 14; **23** 14; **25** 15; **65** 5
– BaFin-Anzeige Änderung **34** 20
Geschäftsstrategie
– Risikostrategie **29** 7
Geschäftsverbot 119 10
Geschlossene Investmentvermögen 18 1; **139** 1
– inländische Investmentvermögen **149** 1ff.
Geschlossene InvKG 139 3; **157** 1
Geschlossene Publikums-AIF
– Übergangsvorschrift **353a** 1
Geschlossene Publikums-InvKG
– Publikums-InvKG **151** 1f.
Gesellschafterdarlehen 261 17f.; **283** 7; **285** 10
Gesellschafterversammlung
– offene InvKG **132** 6
Gesellschaftskapital 108 6
Gesellschaftspass 343 4
Gesellschaftsrechtliche Hülle Vor 108 1
Gesellschaftsvertrag 21 17; **22** 14; **297** 11
– BaFin-Anzeige Änderung **34** 32, 43
Gesetz zur Einführung von elektronischen Wertpapieren 358 1
Gesetzliche Prozessstandschaft
– der Kapitalverwaltungsgesellschaft **89** 12
– der Verwahrstelle **89** 5

Gesetzlicher Vertreter
– einer ausländischen Verwaltungsgesellschaft **1** 94f.
Getrennte Vermögensverwahrung
– Prüfungsgegenstand Abschlussprüfer **38** 39
Gewerbezentralregisterauszug 21 6
Gewerbliche Entprägung
– offene InvKG **128** 4
Gewinn- u. Verlustrechnung 38 5; **120** 36
Gewinnanteile
– geschlossene InvKG **152** 5
Gewinnanteilscheine 358 7
Gewinnrechnung 108 8
Gewissenhaftigkeit
– der KVG **26** 33
Girosammelverwahrung 71 5; **227** 8
Gleichbehandlung
– der Anleger **227** 10
Gleichbehandlungsgrundsatz 116 6
Globalurkunde 71 5; **109** 14; **117** 5
Grenzüberschreitende Dienstleistung
– BaFin-Anzeige **34** 46
Grenzüberschreitende Streitschlichtungsaufgaben
– bei geschlossenen Publikums-AIF **354** 1
– Übergangsvorschrift **354** 1
Grenzüberschreitende Verwaltung 343 5
Grenzüberschreitender Dienstleistungsverkehr 49 1; **65** 4; **66** 10
Grenzverletzung
– Kreditaufnahme **254** 14
Grundbuchauszug
– als Eigentumsnachweis **81** 12
Grunderwerbsteuerbarer Vorgang 100a 21
Grunderwerbsteuerbefreiung
– Übergangsvorschrift **357** 2
Grundsatz der Anlegergleichbehandlung 26 25
Grundsatz der Risikomischung 110 4
Grundsatz für das Liquiditätsmanagement 30 1, 7
Grundsätze für das Risikomanagement 29 22
– Gesamtverantwortung Geschäftsführung **29** 1
– Liquiditätsmanagement **30** 5
– Liquiditätsrisiko **29** 25
– regelmäßige Überprüfung **29** 132
– Risikolimit **29** 25
– Risikoprofil **29** 25
– Stresstests **29** 25
– Überprüfung ad hoc **29** 136
Grundsätze ordnungsgemäßer Buchführung
– Jahresabschluss **38** 5
Grundsätzen für verantwortungsbewusstes Investment 338c 30
Grundstücke im Zustand der Bebauung 231 10
GwG 80 19

Haftpflichtversicherung
– des Treuhänders **80** 33
Haftsumme
– offene InvKG **127** 7
Haftung
– der KVG **75** 9
– der Verwahrstelle **72** 5; **75** 9; **77** 1; **80** 9; **88** 1
Haftungsausschluss
– der Verwahrstelle **77** 9
– geschlossene InvKG **161** 7
Haftungsbefreiung
– objektiver Grund **88** 6
– Unterrichtung der Anleger **88** 10
– Zustimmungserfordernis **88** 6
Haftungsbeschränkung
– offene InvKG **134** 3
Haftungsdelegation 80 9
Haftungsfreistellung 88 4
Haftungsmasse 116 5
Haftungsprivilegierung
– geschlossene InvKG **152** 10
– offene InvKG **127** 14
Haftungsrechtliche Separierung 114 1; **117** 9
Haftungsrechtliche Trennung 117 2
Haftungsregime
– offene InvKG **134** 1
Haftungsübernahme
– des Unterverwahrers **88** 5
– Vertrag **88** 13
Haftungsübertragung
– vollumfängliche **88** 8
Haftungverlagerung
– auf den Unterverwahrer **88** 4
Halbjahresbericht 297 11
– bei der InvAG mvK **122** 2
– eines Feederfonds **299** 21
– Inhalt **299** 9
– Veröffentlichung **299** 7
Halbjahresberichterstattung
– bei der InvAG mvK **122** 1
Halbjahresfinanzbericht 122 2
Handelbarkeit 168 28
Handelskurs 299 26
Häufigkeit der Bewertung 353 13, 19, 26, 28

Hauptversammlung 115 3
Hauptverwaltung 17 4; **23** 13
Hebelfinanzierung 283 13
Hebelung 338c 34
– von Zielfonds **228** 11
Hebelwirkung 254 2
Hedgefonds 225 2; **283** 1; **297** 21; **350** 2
– Übergangsvorschrift **350** 6
Hedgefondsstrategien 283 2
Hedging-Vereinbarung
– Commitment-Methode **29** 122
– Definition **29** 124
Herkunftslandaufsicht
– Prinzip der **11** 1
Herkunftsmitgliedstaat 1 96ff.; **338c** 9
– AIF **1** 98
– AIF-Verwaltungsgesellschaft **1** 100
– OGAW **1** 97
– OGAW-Verwaltungsgesellschaft **1** 99
Herstellungsaufwendungen 247 9
HGB 120 5
High Watermark 89a 6; **162** 51
Hilfstätigkeiten 20 5
Hinterleger 73 2
Hinweis
– auf Verkaufsunterlagen **297** 16
– zu Gebühren bei Dach-Hedgefonds **228** 12
– zu Zielfonds **228** 8, 11
– zum Totalverlustrisiko bei Dach-Hedgefonds **228** 17
– zur Rücknahme bei Dach-Hedgefonds **228** 14
Hochrisikostaaten 225 4
Höchstbetrag 115 12
Höchstdauer 161 3
Höchstkapital 115 8
Höchstliquidität 253 2, 4; **255** 6f.
Holdinggesellschaft 2 4ff.
Hurdle Rate
– Hurdle Rate **162** 52
Hyperlinks 302 7

IDW
– PS 450 **121** 16
IDW S 1 248 11
IDW S 12 248 11
IFC 28a 1
Immobilien 1 101ff.; **35** 125; **230** 1
Immobilienfonds
– Auslagerung Portfolioverwaltung **36** 12
Immobiliengesellschaft 120 26
Immobilien-Gesellschaften 230 1; **234** 1ff.; **235** 1ff., 12; **236** 1; **237** 1; **253** 17; **258** 9, 12f.
– Abschlussprüfer **236** 1, 4, 6
– Ankaufsbewertung **235** 6f.
– dauernder Ertrag **234** 9, 19
– Gesellschafterdarlehen **240** 1, 4f., 9ff.
  – Auftragsdarlehen **240** 3f., 15f.
– Immobilien-Gesellschaften **1** 105ff.
– mehrstöckige Beteiligungsstrukturen **234** 1, 15, 19; **235** 9; **236** 8; **238** 4; **241** 5
– Minderheitsbeteiligungen **234** 2, 20; **237** 4, 8ff.; **240** 11; **258** 9, 13
– Neugründung **234** 7; **236** 7
– Vorratsgesellschaft **234** 10; **235** 11
Immobilien-Sondervermögen
– Abwicklungsphase **244** 5
– Anlage in Drittstaaten **233** 1
– Anlaufzeit **244** 1
– Aufnahme kurzfristiger Kredite **230** 4
– erwerbbare Vermögensgegenstände **230** 3
– Erwerbsverbote **239** 1
– Immobilien-Sondervermögen **1** 108; **230** 1
– Interessenkonflikte **239** 1
– Länderfonds **233** 4
– Leerverkäufe **230** 4
– Liquiditätsanlagen **230** 3
– Pensionsgeschäfte **230** 4
– regionale Streuung **233** 4
– Risikomischung **243** 2
– Treuhandverhältnis **245** 1
– Übergangsvorschriften **346** 1
– Veräußerungsverbote **239** 1
– Verfügungsbeschränkung **246** 2
– Währungsrisiko **233** 11
– Wertpapier-Darlehensgeschäfte **230** 4
Immobilienteilfreistellung 346 8
Impact Investing 28a 3
Impact-Management-System 28a 4
In internationalen Finanzkreisen übliche Sprache
– übliche Sprache **298** 5
Index Hugger 162 55
Indexfonds 219 16
Individualansprüche
– der Anleger **78** 7f., 16f.
– der Anleger gegen die Verwahrstelle **89** 12
Individuelle Vermögensverwaltung 20 21
Informationsanspruch
– bzgl. Anlagegrenzen **297** 29
– bzgl. Risikomanagementmethoden **297** 29
Informationsaustausch 10 2
Informationsbeschaffungspflicht 72 11
– der Verwahrstelle **72** 8
Informationsdokument 268 3
– AIF **307** 1

– Änderung Risikomanagement **29** 137
– Anlagebeschränkungen **307** 24
– Anlagestrategie **307** 17
– Anlageziele **307** 17
– Art der Vermögenswerte **307** 21
– Ausgabe u. Verkauf von Anteilen **307** 51
– Auslagerung **307** 35
– Ausnahmen **307** 3
– BaFin **307** 4
– BaFin-Anzeige Änderung **34** 37
– Bewertung **307** 37
– Eigenmittel **307** 33
– faire Behandlung **307** 49
– Form **307** 8
– Haftungsfreistellung Verwahrstelle **307** 62
– Liquiditätsmanagement **307** 38
– Master-AIF **307** 25
– Nettoinventarwert **307** 52
– Offenlegung von Informationen **307** 57
– Primebroker **307** 56
– Prospekthaftung **307** 65
– Rechtsstellung des Anlegers **307** 29
– Risikohinweise **307** 22, 27
– Techniken u. verbundene Risiken **307** 21
– Unterverwahrung **307** 35
– Vergütung, Gebühren u. Kosten **307** 43
– Wertentwicklung **307** 53
– Wertpapierprospekt **307** 5
– wesentliche Änderungen **29** 139; **307** 3, 11
– wesentliche Dienstleister **307** 30
– Widerrufsrecht **307** 64
– Zeitpunkt der Information **307** 7
– zur Verfügung stellen **307** 8
Informationsdokumente
– Rücknahmerechte **307** 40
Informationspflichten 355 4f., 9
– Haftung Verwahrstelle **308** 17
– Jahresfinanzbericht **308** 14
– Leverage **308** 21
– Liquiditätsmanagement **308** 20
– Risikomanagementsysteme **308** 20
– Risikoprofil **308** 20
– semiprofessionelle u. professionelle Anleger **308** 1
– der Verwahrstelle **86** 1
– wesentliche Änderung **308** 8
Informationsrechte 26 15
Informationsrisikomanagement
– KAIT **29** 188
Informationssicherheitsbeauftragter
– Aufgaben **29** 193
– KAIT **29** 193
Informationssicherheitsleitlinie
– KAIT **29** 192
Informationssicherheitsmanagement
– KAIT **29** 191
Informationsstelle 298 6
Infrastrukturfonds Vor 260a–260d 11f.
Infrastrukturprojekte 261 2
Infrastruktur-Projektgesellschaften
– Infrastruktur-Projektgesellschaften **1** 109f.; **261** 2, 10
– Investmentsteuergesetz **Vor 260a–260d** 19
Infrastruktur-Sondervermögen
– Anlagebedingungen **260d** 8
– Anlagegegenstände **260a** 5
– Anlagegrenzen **260a** 7, 22
– Anlaufzeit **Vor 260a–260d** 16
– Anleihe **Vor 260a–260d** 10
– Anteilwertermittlung **260c** 10
– Aussetzung der Ausgabe **260c** 9
– Aussetzung der Rücknahme **260c** 11
– Belastung **260a** 10
– Bewertung **260a** 14
– Brownfield **Vor 260a–260d** 5, 8
– Darlehen **Vor 260a–260d** 10; **260a** 8ff.
– Derivate **260a** 23
– Erträge **260a** 20
– Fremdkapital **260a** 8f.
– Genussrecht **Vor 260a–260d** 10
– Greenfield **Vor 260a–260d** 5, 8, 14, 16
– Hinweis **260d** 5ff.
– Kredit **260a** 8f., 28
– Kündigung **260d** 7
– Laufzeit **260a** 4
– Laufzeitenfonds **260a** 4
– Leerverkauf **260a** 26
– Minderheitsbeteiligungen **260a** 7
– Mindesthaltefrist **260c** 6
– Miteigentumsfonds **260a** 18
– Miteigentums-Sondervermögen **260a** 18
– ÖPP **Vor 260a–260d** 14
– ÖPP-Projektgesellschaften **Vor 260a–260d** 14, 16
– Projektgesellschaft **Vor 260a–260d** 9f.
– Rechtsform **Vor 260a–260d** 17
– Rückgabe **260d** 7
– Rückgabeerklärung **260c** 5
– Rückgabefrist **260c** 5f.
– Rücknahme **260c** 2, 8; **260d** 7
– Rücknahmetermine **260c** 3
– Spezial-AIF **260a** 27
– strukturierte Wertpapiere **Vor §§ 260a–260d** 13
– Swing Pricing **260c** 7
– Unternehmensbeteiligung **Vor §§ 260a–260d** 10
– Verkaufsprospekt **260d** 2
– Vermögensaufstellung **260a** 17
– Vermögensgegenstände **260a** 22
– Verwahrstelle **260a** 16

– Währungsrisiko **260a** 6
– Warehousing-Verbot **260a** 19
– Wertpapier-Darlehen **260a** 24
– Wertpapierleihe **260a** 24
– Wertpapier-Pensionsgeschäfte **260a** 25
– Zertifikate **Vor 260a–260d** 13
Inhaber bedeutender Beteiligung 14 4; **19** 1; **21** 11; **22** 5; **23** 8
Inhaberanteilscheine 358 2
Inhaberkontrollverordnung 19 5; **21** 11
Initialkosten 266 22ff.
Initiator 109 6
Inkrafttreten
– Änderung der Anlagebedingungen **163** 16ff.
Inländischer Spezial-AIF
– offene InvKG **126** 2
Inlandsemittent 122 2
Innenhaftung
– geschlossene InvKG **152** 9
Innenrevisionsfunktion 28 21
Insichgeschäfte
– geschlossene InvKG **153** 6
Insolvenz 15 5; **43** 1
Insolvenzantrag 43 1, 5
Insolvenzfestigkeit
– im Falle der Unterverwahrung **359** 3
Insolvenzgrund 43 1
Insolvenzschutz
– Unterverwahrung **73** 23
Institutsvergütungsverordnung
– Auslagerung **37** 10
Interessenkonflikte 27 1; **70** 6; **85** 1; **169** 32; **225** 9; **250** 3
– Anleger-Informationsdokument **307** 36
– Auslagerung **36** 50
– Ermittlung durch die KVG **27** 8
– Funktionstrennung **29** 17; **36** 51
– geschlossene InvKG **153** 6
– Grundsätze für das Risikomanagement **29** 25
– IT-Governance **29** 187
– Management **36** 51
– Maßnahmen zur Vermeidung **26** 23
– nicht-systematische **27** 32
– Offenlegung **36** 51
– Primebroker **31** 1
– Prüfungsgegenstand Abschlussprüfer **38** 33
– Risikocontrollingfunktion **29** 17
Interessierter Erwerber 19 3
Internationale Finanz-Corporation 28a 1
Interne Bewertungsrichtlinie 169 4ff., 23ff.
Interne KVG 112 2
Interne Revision
– Auslagerung **36** 44
– Gesamtbericht **36** 45
– Prüfungsplan **36** 45
– Revisionsbeauftragter **36** 44
Interne Verwaltung 113 1
Internetseite 297 13, 20
– fremdsprachig **303** 5
InvAG mit fixem Kapital Vor 108 5; **139** 3; **261** 1; **264** 3; **266** 1, 5, 7, 12
InvAG mit variablem Kapital
– Börsennotierung **120** 51
InvÄndG Vor 108 5; **Vor 220–224** 2; **225** 1; **227** 1
Investitionsdokument
– Dach-Investmentvermögen **307** 26
Investment Token
– Investment Token **221** 13
Investmentaktiengesellschaft 17 15
Investmentanlageaktien 121 10
Investmentanlagen
– Prüfung **121** 15
Investmentanlagevermögen 120 27; **121** 14; **122** 18
Investmentanteile 253 13
Investmentbetriebsvermögen 112 10; **120** 17, 27; **121** 11, 14; **122** 18
Investmentdreieck 26 11; **68** 2; **85** 2
Investmentgeschäfte
– unerlaubte **16** 1
Investmentgesellschaft
– extern verwaltet **1** 61
– intern verwaltet **1** 60
– mit Teilgesellschaftsvermögen **121** 17
Investmentkommanditgesellschaft 17 15
– geschlossene **261** 1; **264** 3; **266** 1, 17, 23; **267** 19
Investmentkonten 227 6
Investmentrechtlicher Anlegerschutz 116 3
Investment-Sparplan 297 10, 24; **304** 1; **305** 4
Investmentvermögen 1 3ff.
– Anzahl von Anlegern **1** 17ff.
– Bezeichnungsschutz **4** 2ff.
– Einsammeln von Kapital **1** 11f.
– EU-Investmentvermögen **1** 56
– festgelegte Anlagestrategie **1** 20ff.
– geschlossene Investmentvermögen **1** 47ff.
– inländische Investmentvermögen **1** 55
– kein operativ tätiges Unternehmen außerhalb des Finanzsektors **1** 24ff.
– offene Investmentvermögen **1** 39ff.
– Organismus für gemeinsame Anleger **1** 5ff.

– Risikolimit **29** 21
– Risikoprofil **29** 21
Investmentvertrag 26 11
Invitatio ad offerendum 293 2
InvModG Vor 108 2; **225** 1; **283** 1
InvStG Vor 260a–260d 19; **283** 5
IOSCO 225 6
IT-Governance
– KAIT **29** 186
IT-Risikoanalyse
– KAIT **29** 190
IT-Strategie
– KAIT **29** 185
IT-Systeme 28 16

Jahresabschluss 18 8; **108** 8
– Abschlussprüfer **38** 10
– Anhang **38** 5
– Anzeige BaFin **38** 15
– aufgestellter Jahresabschluss **38** 4
– Aufstellung **120** 52
– Auslagerung **36** 71
– BaFin-Anzeige **38** 9
– Bilanz **38** 5
– Corporate Governance Grundsätze **38** 16
– Einreichung bei der BaFin **123** 2, 14
– Feststellung **38** 13, 15; **362** 1
– Gesamtrendite-Swaps **308** 12
– geschlossene InvKG **158** 2
– Grundsätze ordnungsgemäßer Buchführung **38** 5
– GuV **38** 5
– Konzernabschluss **38** 17
– Konzernlagebericht **38** 17
– KVG **38** 2
– Lagebericht **38** 2, 6
– Liquiditätsmanagement **308** 20
– Offenlegung **38** 16; **362** 1
– Prüfbericht **308** 11
– Prüfungsbericht **38** 2, 12
– Spezial-AIF **46** 2f.
– Übergangsvorschrift **356** 1
– Wertpapierfinanzierungsgeschäfte **308** 12
– wirtschaftliche Verhältnisse **38** 29
Jahresbericht 67 6ff.; **173** 1; **266** 12, 49; **297** 11; **353** 15
– Anleger-Informationsdokument **307** 3, 16
– Aufwands- u. Ertragsrechnung **308** 6
– ausländische AIF-Verwaltungsgesellschaft **308** 2
– ausländische Verwaltungsgesellschaft **35** 176
– BaFin-Meldepflichten Spezial-AIF **35** 176
– Bestätigungsvermerk eines Wirtschaftsprüfers **299** 8
– eines Feederfonds **299** 21
– EU-AIF-Verwaltungsgesellschaft **35** 176; **308** 2
– Gesamtsumme gezahlter Vergütung **308** 9
– geschlossene InvKG **154** 9; **158** 1
– Inhalt **299** 8
– Jahresfinanzbericht **308** 15
– Offenlegung **364** 1
– Tätigkeitsbericht **308** 7
– Übergangsvorschrift **356** 3
– Vermögensaufstellung **308** 5
– Veröffentlichung **299** 7
– wesentliche Änderung Liquiditätsmanagement **29** 140
– wesentliche Änderung Risikomanagement **29** 140
Jahresfinanzbericht 308 14
– Ergänzung Jahresbericht **308** 15
– Veröffentlichung **299** 7
J-Curve-Effekt 286 7
Junge Aktien 108 12

KAGB als lex specialis 108 3
KAIT 28 13; **29** 181; **36** 15
– Benutzerberechtigungsmanagement **29** 195
– Berechtigungskonzept **29** 196
– Informationsrisikomanagement **29** 188
– Informationssicherheitsbeauftragter **29** 193
– Informationssicherheitsleitlinie **29** 192
– Informationssicherheitsmanagement **29** 191
– IT-Governance **29** 186
– IT-Strategie **29** 185
– Notfallkonzept **29** 193
– Risikoanalyse **29** 190
Kanalinseln 225 4
Kapitalanforderungen
– an die Verwahrstelle **68** 17
– dynamisch **25** 6
– Prüfungsgegenstand Abschlussprüfer **38** 33
– wesentliche Änderungen **34** 10
Kapitalanlagerundschreiben 225 8; **227** 11; **283** 4
Kapitalbeschaffung 108 10
Kapitalerhöhung 108 12; **115** 12
Kapitalgarantie 338c 21, 28
Kapitalherabsetzung 108 10; **116** 8
Kapitalkonten
– offene InvKG **131** 2
Kapitalrichtlinie 115 3
Kapitalsammelstelle 110 4
Kapitalverwaltungsgesellschaft 17 1; **112** 1; **113** 1
– externe **17** 2

– interne **17** 2
– kleine KVG **2** 20ff., 30ff., 34ff.
– wirtschaftliche Abhängigkeit **119** 8
Kapitalziffer 110 3
Kapitalzusagen 285 10
KAPrüfbV 121 7
KARBV 120 5; **271** 1ff.; **286** 4
Kaskadenfonds 225 7
Kaskadenverbot 221 18
– absolutes **219** 7
– bei gemischten Investmentvermögen **219** 6
– eingeschränktes **219** 6
Kaufabrechnung 297 28
Kaufpreis 248 3
KAVerOV 26 5; **27** 36; **28** 30
Kein Ermessen 100b 6
Kernbereichslehre
– geschlossene InvKG **149** 2
Kernfunktionen 17 7
KGaA 108 13
Kleinanleger 297 12
Klumpenrisiken 285 30
Kohärenz
– Liquiditätsmanagement **30** 20
Kollektivansprüche
– der Anleger **78** 7, 9, 16f.
Kollektive Rechtsverfolgung 89 2
Kollektive Vermögensverwaltung 1 111ff.; **20** 6
Kollektivkompetenz 21 10
Kombinationsgrenze 253 11
Kommanditanlagevermögen
– offene InvKG **131** 1f.
Kommissionär 297 6, 26
Kommunikation
– elektronische **7b** 4
Kompetenzordnung
– Darlehen **29** 150
Komplementär-GmbH
– geschlossene InvKG **154** 4
Konsultation 5 12
Konsumentenkredite 222 8
Kontenabgleich
– durch die Verwahrstelle **81** 6
Kontoinformationen
– automatisierter Abruf **28** 26
Kontrahentenlimit
– Risikomanagement **29** 48
Kontrahentenrisiko 9 4; **35** 100; **307** 23
Kontrollfunktion
– der Verwahrstelle **68** 1; **69** 12; **76** 1; **83** 2
– des Unterverwahrers **73** 15
Konvergenz 338c 16
Konzernabschluss 18 8; **38** 17
– BaFin-Anzeige **38** 20
– Zweckgesellschaft **38** 18
Konzernlagebericht 18 8; **38** 17
– BaFin-Anzeige **38** 20
– Zweckgesellschaft **38** 18
Konzernprivileg 285 32
Konzernprüfungsbericht
– BaFin-Anzeige **38** 20
Konzernspiegel 34 15
– enge Verbindung **34** 19
Korrektivmaßnahmen
– Verbriefungen **29** 174
Kosten 26 40; **166** 44ff.; **261** 22ff.; **262** 7; **266** 21ff., 26ff., 34ff., 46ff.; **267** 3f., 15, 17, 19f.
– Anleger-Informationsdokument **307** 43
Kostenbausteine 266 28, 31, 43f.
Kostendeckelung 338c 20
Kostenersparnis 100b 10
Kostenklauseln 266 9, 22ff.; **269** 13
Kostenpauschale 162 67
Kostenvorausbelastung
– bei Investment-Sparplänen **304** 1
– Verbot bei Sparplänen **304** 6
Kraftloserklärung 358 4, 8
– von Alturkunden **358** 3
Kredit 29 4; **254** 4
– kurzfristiger **75** 4
Kreditaufnahme 112 11; **261** 24; **263** 2, 4ff., 8ff., 15ff.; **267** 16
– Immobilien-Gesellschaften **254** 3, 12
– Immobilien-Sondervermögen **254** 1
Kreditaufnahmegrenze 263 5ff.; **285** 24
– für darlehensvergebende AIF **285** 24
Kreditfonds 29 4; **353** 12
Kreditgeber
– Definition ursprünglicher **29** 167
– qualitative Anforderungen **29** 169
– Selbstbehalt **29** 170
– Verbriefungen **29** 167
Kreditgeschäft 68 9
Kreditinstitut 80 2
– als Verwahrstelle **80** 26
Kreditrisiko
– Risikolimit **29** 45
Kreditrisikobewertung
– Risikomanagement **29** 55
Kryptowerte 221 13, 23
Kumulative Voraussetzungen 100a 5
Kundeninteressen 27 14
Kündigung
– außerordentliche **266** 16, 29
– des Verwahrstellenvertrages **80** 10
Kündigung des Verwaltungsrechts 100a 11; **100b** 1
Kündigungsfrist 144 3
– geschlossene InvKG **154** 5

Kündigungsrechte
– außerordentliche **266** 51
– ordentliche **266** 17, 51
Künftige Instandsetzungen 252 1, 3
Künftige Wertentwicklung 120 49
Kurswert 168 24ff.
Kurzfristigkeit
– Kreditaufnahme **75** 7
KVG Inhaberstruktur
– BaFin-Anzeige **34** 49

Lagebericht 18 8; **38** 6; **120** 45
– aufgestellter Jahresabschluss **38** 4
– KVG **38** 2
– Offenlegung **38** 16
Late Trading 26 49
Latente Ertragsteuern 248 14
Laufzeit 261 20, 25; **262** 12; **263** 8; **266** 14, 16ff., 28, 32, 43; **267** 3
Laufzeitbeschränkung
– bei Immobilien-Sondervermögen **230** 5
Laufzeitfonds 347 8
Lebenslauf 21 6
Leerstandsquote 247 4
Leerverkauf 225 5, 19; **265** 2ff.; **283** 2, 16; **285** 14
– bei Zielfonds **229** 7
– von Zielfonds **228** 11
Leerverkaufsverbot 265 2, 4f.
Lehre der fehlerhaften Gesellschaft
– offene InvKG **125ff.** 3f.
Leistungsphase 338c 18
Leitungserfahrung 20 2; **21** 8; **23** 6; **113** 4; **119** 3
Letztentscheidungskompetenz 20 10
Letztentscheidungsrecht
– der KVG **26** 14, 30
Letztverantwortlichkeit 17 15; **20** 21
Leverage 1 117ff.; **225** 18; **261** 19; **263** 2, 4, 11, 19; **283** 2; **353a** 5
– Absicherung Fremdwährungsrisiken **29** 121
– AIF **29** 86
– Änderung zulässiges Leverage **29** 142
– Anleger-Informationsdokument **307** 27
– Aufrechnung **29** 125
– außerbörsliche Finanztermingeschäfte **29** 117
– BaFin-Anzeige Änderung **34** 26
– BaFin-Anzeige Überschreitung **29** 142
– Barkredite **29** 88
– Barmittel, Barmitteläquivalente **29** 87, 114
– bei Zielfonds **229** 7
– Credit Default Swap **29** 117
– Definition **29** 67; **307** 27
– Derivate **29** 98
– finanzielle Differenzgeschäfte **29** 117
– Finanzterminkontrakte **29** 117
– Höchstmaß **29** 69
– in beträchtlichem Umfang **283** 6, 13
– Informationspflichten **308** 21
– OGAW **29** 79
– Option **29** 117
– Pensionsgeschäfte **29** 94, 116
– Risikomanagement **29** 69
– Schwellenoption **29** 117
– Swaps **29** 117
– Total Return Swap **29** 117
– umgekehrte Pensionsgeschäfte **29** 95, 116
– Varianz-Swap **29** 118
– Volatilitäts-Swap **29** 118
– von beträchtlichem Umfang **29** 113
– von Zielfonds **228** 11
– Wandeldarlehen **29** 93, 116
– Wertpapierdarlehensaufnahme **29** 97, 116
– Wertpapierdarlehensvergabe **29** 96, 116
– Zinsswap **29** 117
Leverage in beträchtlichem Umfang 29 113; **225** 5
– Änderungen **29** 143
Liquidation 1 41, **112** 6, **353** 11
– offene InvKG **138** 4
Liquidationsphase 352a 2
Liquidationszeitraum
– geschlossene InvKG **154** 6
Liquidator
– geschlossene InvKG **154** 7
Liquiditätsanlagen
– eines Dach-Hedgefonds **225** 14; **229** 8
Liquiditätslimit
– Risikomanagement **29** 36
Liquiditätsmanagement 30 1, 8; **225** 18; **253** 1, 9, 20; **283** 11; **353** 13, 19, 26, 28
– Anleger-Informationsdokument **307** 38
– Eskalationsprozess **30** 19
– geschlossene Fonds ohne Leverage **30** 4
– Grundsatz für das Liquiditätsmanagement **30** 1, 7
– Grundsatz für das Risikomanagement **30** 5
– Informationspflichten **308** 20
– Jahresabschluss **308** 20
– Jahresbericht **29** 140
– Kohärenz **30** 20; **307** 39
– Liquiditätsmanagementverfahren **30** 1
– Liquiditätsmessvorkehrungen **30** 12
– Liquiditätsprofil **30** 1, 12
– Liquiditätsquote **30** 12
– Prüfungsgegenstand Abschlussprüfer **38** 33
– Risikolimits **30** 22; **307** 39

– Risikomanagement **29** 36
– Steuerung des Liquiditätsrisikos **30** 12
– Stresstests **30** 29; **307** 39
– wesentliche Änderung **29** 139
– Zielfonds **30** 12
Liquiditätsmanagement-Policy
– Liquiditätsmanagement **30** 7
Liquiditätsmanagementsystem
– Liquiditätsmanagement **30** 8
Liquiditätsmangel 252 7; **253** 1; **257** 1 ff., 6 f., 22; **258** 2; **259** 3
Liquiditätsprofil 35 110
– Liquiditätsmanagement **30** 12
Liquiditätsquote
– Liquiditätsmanagement **30** 12
Liquiditätsreserve 266 14
Liquiditätsrisiko 307 23
– Begriff **30** 6
– Grundsätze für das Risikomanagement **29** 25
– Liquiditätskennzahl **30** 24
– Liquiditätspunktesystem **30** 24
– Liquiditätsquote **30** 24
– Marktliquiditätsrisiko **30** 9
– Risikolimit **29** 45
– Risikomanagement **29** 23
– Rücknahmerisiko **30** 10
Liquiditätssteuerung 168 20b; **255** 10, 13
Liste der inländischen Grundstücke 100a 15
Liste nicht kooperativer Länder u. Gebiete 338c 33
Lock-up-Frist 352a 3
Look-Through
– Verwahrstellenprüfung **83** 14
Löschungspflicht
– Bekanntgabe **7a** 3
– Bekanntmachung **7a** 9

Make or Buy 26 37
Malusvereinbarung
– Vergütung **37** 66
Managed Accounts 225 7
MAR 26 48
MaRisk 82 3
Market Timing 26 49; **168** 17
Marktgerechtigkeit 27 24
Marktgerechtigkeitsgebot 168 74 f.
Marktintegrität 26 47; **172** 8
Marktliquiditätsrisiko
– Liquiditätsrisiko **30** 9
Marktpreis
– der Anteile **297** 17
Marktrisiko 307 23
– Risikolimit **29** 45
– Risikomanagement **29** 23
Marktrisikopotenzial 338c 34
Marktrisikoprofil 35 97
Marktstabilität 26 47; **172** 8
Marktüblichkeit 254 9
– Kreditbedingungen **75** 4
Maßgebliche Prinzipien
– der IFC der Weltbankgruppe **28a** 1
Master-AIF 22 13
– Anleger-Informationsdokument **307** 25
– Sitz **307** 25
Master-Feeder-Strukturen
– Abschlussprüfervereinbarung **175** 54 ff.
– Dokumentation **171** 7 ff.
– Einbeziehung von Spezial-AIF **171** 6
– Feeder-Strukturen **171** 1; **261** 14
– Gebühren **176** 6 f.
– Genehmigungserfordernis **171** 3
– Genehmigungsverfahren **171** 12 ff.
– geschlossene **261** 2
– grenzüberschreitende Strukturen **177** 5 ff.
– Informationspflichten **176** 8 ff., 14 ff.
– interne Regeln für Geschäftstätigkeit **175** 38 ff.
– mit gleicher KVG **172** 2
– mit inländischem OGAW-Masterfonds **171** 15
– Mitteilungspflichten der BaFin **177** 1
– Pflichten der Feeder-KVG **176** 4 f.
– Unregelmäßigkeiten **175** 51 ff.
– Verwahrstellenvereinbarung **175** 41 ff.
– Wechsel des Masterfonds **178** 5 ff.
Master-Feeder-Vereinbarung
– Feeder-Vereinbarung **175** 3 ff.; **297** 20
Masterfonds 22 13; **297** 19
– Abwicklung **178** 1; **179** 1
– BaFin-Anzeige Änderung Sitz **34** 26
– Informationspflichten bei Änderung **180** 3, 10
– Verschmelzung **179** 1
Master-KAG-Modell 17 17
Master-KVG 36 101
Materieller Nettoanteil
– Verbriefungen **29** 171
Mehrfachmandate 21 7
Mehrheitsaktionär 108 14
Meinungsverschiedenheiten
– zwischen Aufsichtsbehörden **63** 1
Meistbegünstigungsklausel 26 28
Meldepflichten 343 8
– Leverage von beträchtlichem Umfang **29** 113
– Zeitpunkt **35** 15
Memorandum of Understanding
– of Understanding **80** 40
Mengengerüst
– Vermögensaufstellungen **249** 9

Merkblatt 5 15
Mezzanine Beteiligungsformen 285 34
Mezzanine Finanzinstrumente 285 16
Microfinance Activities and the Core Principles for Effective Banking Supervision
– Banking Supervision **222** 7
Mietfreie Zeiten 248 14
Mietgarantie 247 5
MiFID 80 28
MiFID II 5 39
MiFID-Dienstleistungen
– MiFID-Dienstleistungen **5** 18; **361** 3
Mikrofinanzfonds 222 1
– Anlagegrenzen **222** 14
– Rückgabefrist **223** 14
– Rücknahmetermine **223** 13
Mikrofinanzierung 221 10; **222** 1
Mikrofinanzinstitute 222 1
Millionenkredite 343 8
Minderheitenschutz
– geschlossene InvKG **152** 6
Mindestanfangskapital 116 2
Mindestanlagesumme 225 2; **229** 11
Mindestausschüttung 252 1, 7f.
Mindestbeteiligungssumme 262 17
Mindestdiversifizierung
– bei Darlehensvergabe **285** 29
Mindesthaftmasse
– offene InvKG **133** 3
Mindesthaltefrist 255 10ff.; **256** 2; **257** 1, 5, 17f.; **352a** 2
– bei Immobilien-Sondervermögen **346** 3
Mindestkapital 108 10; **115** 8
Mindestkapitalausstattung 25 5
Mindestliquidität 253 1, 4
Mindestrenditegarantie 338c 21
Mindestversicherungssumme
– für den Treuhänder **80** 33
Mindestzahlungszusage 20 18; **25** 16
Missbräuchliche Marktpraktiken 26 49
Missbrauchsaufsicht 5 8
Missbrauchstatbestand 5 25
Missstandsaufsicht 5 34
Mitarbeitergeschäfte
– Prüfungsgegenstand Abschlussprüfer **38** 39
Mitbestimmungsrechte 109 7
Miteigentum 231 4
Miteigentumslösung 100a 10; **162** 20ff.
– offene InvKG **129** 6
Mitnahmefähigkeit 338c 6
Mitnahmeservice 338c 48
Mitteilungspflicht
– an BaFin **9** 1
– Auslagerung **36** 73
Mittel
– der KVG **26** 37
Mittelständische Beteiligungsgesellschaften 1 35
Money Market Fonds 5 49
Multi-Manager-Fonds 17 17
Multiplattform Vor § 108 1
Multi-Strategy Dachfonds
– Strategy Dachfonds **225** 21
Mündliche Verhandlungen 305 5
Musterbausteine 266 8ff., 15, 22ff., 46ff.
– für Kostenklauseln **26** 43
Musterkostenbausteine 266 34, 46, 48f.

Nachhaftung
– offene InvKG **138** 4
Nachhaltigkeitsrisiken 26 20; **27** 12
Nachhaltigkeitsrisiko
– Risikomanagement **29** 46
Nachhaltigkeitsziele 5 56; **28a** 1
Nachrang
– bei Darlehen **285** 40
Nachschusspflicht
– offene InvKG **126** 5
Nachweisfrist
– zwei Wochen **100a** 25
Naming and Shaming 7a 2
Natürliche Person 285 33
– als Verwahrstelle **80** 43
NAV
– Berechnung **168** 14ff.
– modifizierter **168** 20aff.
NCCT 338c 33
Nebenbestimmung 20 3
Nebendienstleistung 20 5
– Prüfungsgegenstand Abschlussprüfer **38** 39
Negativtestat 5 20
Nemo tenetur 14 12
Netting-Vereinbarung
– Commitment-Methode **29** 122
– Definition **29** 123
Nettoaufwand 299 13
Nettoertrag 299 13
Nettoinventarwert 266 31; **271** 8; **272** 1ff.; **297** 17
– Anleger-Informationsdokument **307** 52
– Berechnung **286** 3
– modifizierter **71** 12
– Veröffentlichung **299** 27
– Veröffentlichungsmedium **170** 4
– Veröffentlichungsturnus **170** 3
Netto-Methode
– Leverage **29** 112
Neuer AIF 343 3
Neugründung 108 15

Neutralität
– der Verwahrstelle **70** 1
NewCITS 283 1
Nichtigkeit
– geschlossene InvKG **152** 9
Niederlassung
– BaFin-Anzeige Verlegung **34** 46
Nießbrauchrechte 231 16; **235** 5
Notar
– als Verwahrstelle **80** 32
Numerus Clausus 254 13
Nutzungsentgeltausfallquote 247 4

Objektbesichtigungen 249 6
Objektive Rechtfertigungsgründe 36 68
– Auslagerungsanzeige **36** 68
Objektversicherung 80 33
Offene Investmentkommanditgesellschaft
– offene InvKG **124** 1
Offene Spezial-AIF
– mit Investitionsschwerpunkt Immobilien **230** 6; **233** 15; **239** 8; **242** 3; **243** 9; **244** 6; **245** 3; **246** 8; **249** 12; **251** 7; **254** 15; **260** 24
– Spezial-AIF **248** 18; **250** 9
Offene Spezial-AIF Immobilien 231 26; **232** 10; **234** 21; **235** 13; **237** 9ff.; **240** 18; **252** 8; **253** 20f.; **255** 22; **257** 23; **258** 17; **259** 14
Offenlegung 272 1, 5
– des Halbjahresberichts **123** 5
– des Jahresabschlusses u. Lageberichts **123** 1
– von Jahresabschlüssen **363** 3
Offenlegungspflicht 5 53; **27** 31
Offenlegungsverordnung 269 2
Öffentlicher Vertrieb 355 8
Offshore-Staaten 225 4
OGAW 1 37
– Leverage **29** 79
OGAW-Bescheinigung 296 2
OGAW-Feederfonds 293 10
OGAW-Geschäftserlaubnis
– wesentliche Änderungen **34** 6
OGAW-InvAG 108 14
OGAW-KVG 112 2
OGAW-RL 109 1
OGAW-V-UmsG 78 10, 17; **162** 1; **285** 2; **358** 1
Omnibuskonto 73 22; **82** 15
Online-Brokerage 297 10
Online-Reporting-Systeme 72 12
Online-Vertrieb 338c 40
Open-End-Prinzip 116 3
Operationelle Risiken 35 119; **307** 23
– Risikolimit **29** 45
– Risikomanagement **29** 23
ÖPP-Beschleunigungsgesetz 231 1
ÖPP-Projektgesellschaften 1 124ff.; **261** 10; **269** 14
Option
– Leverage **29** 106, 117
Ordentliche Kündigung
– geschlossene InvKG **161** 1
Orderannahmeschluss 172 9
Ordnungsgemäße Geschäftsorganisation 28 3
Ordnungsgemäße Geschäftstätigkeit
– erforderliche Mittel u. Verfahren **26** 36
Ordnungsgemäße Veräußerung 116 6
Ordnungsgemäße Wirtschaftsführung 254 8; **260** 18; **285** 13
Ordnungsmäßigkeitsprüfung 121 25
Ordnungswidrigkeitentatbestände 340 4ff.
Organaufgaben
– geschlossene InvKG **154** 2
Organigramm 21 14; **23** 14
Organisations- u. Verhaltenspflichten
– der KVG **26** 3
Organisationsanforderungen
– der KVG **28** 10
Organisationshandbuch 21 16
Organisationsstruktur 112 5
– BaFin-Anzeige Änderung **34** 20
– offene InvKG **129** 1
Organisatorischer Aufbau
– der Zweigniederlassung **65** 10
Organisierter Markt 1 127f.; **297** 17; **299** 28
Originator
– Definition **29** 167
– qualitative Anforderungen **29** 169
– Selbstbehalt **29** 170
– Verbriefungen **29** 167
OTC-Derivat 120 22
Outsourcing 22 11

Paketabschlag 260 9
Pan-European Personal Pension Product 338c 2
Papierform 297 13, 23; **299** 7
Pass 343 4
Passive Grenzverletzung 285 27
Passive Kapitalanlage 110 4
Passiver Vertrieb 293 11
Pauschalgebühr 162 65ff.; **266** 48
Payment Token 221 13
Peer Review 64 2

Pensionsgeschäfte
– Leverage **29** 94, 116
– umgekehrte **29** 95, 116
PEPP 5 55; **338c** 2
PEPP-Anbieter 338c 8, 26
PEPP-Aufsichtsbericht 338c 12
PEPP-Basisinformationsblatt 338c 14, 43
PEPP-KID 338c 14, 43
PEPP-Leistungsinformation 338c 14, 43, 46
PEPP-Sparer 338c 10, 18, 26
PEPP-Vermögenswerte 338c 27
PEPP-Vertrag 338c 18, 26
PEPP-Vertreiber 338c 8
PEPP-VO 338c 1
Performance Fee 26 45; **162** 51; **166** 51
Performance-Szenarien 166 55ff.
Personalunion
– zwischen KVG u. Verwahrstelle **70** 15
Personalverantwortung 113 4; **119** 3
Personelle Mittel 28 13
Persönlich haftender Gesellschafter 266 35
Persönliche Mitarbeitergeschäfte 28 14
Persönliche Zuverlässigkeit 113 4, **119** 3
Persönlichkeit 18 5; **119** 7
Pflicht zum öffentlichen Angebot 115 3
Pflichtverletzung 112 8
Physische Vermögenswerte
– Verwahrung **81** 7
Placement Agent 293 11
Plattform 109 1
Platzieren 293 2
Plausibilitätskontrolle 79 4
Polizeiliches Führungszeugnis 21 6; **80** 34; **113** 4
Portfolioverkäufe 260 9
Portfolioverwaltung 353 3
– Auslagerung **36** 6
– Auslagerung Verwahrstelle **36** 47
Portfoliozusammensetzung 283 11
Positionstransparenz 225 13
Prangerwirkung 7a 3
Präventive Kontrollrechte
– der KVG ggü. der Verwahrstelle **89** 2
– der Verwahrstelle ggü. der KVG **89** 2
Pre-Marketing
– Pre-Marketing **1** 129f.; **61** 8; **67** 4
PRIIP 5 38
PRIIPs-Verordnung 297 3a
– Ordnungswidrigkeiten **340** 104
Primebroker 1 131ff.; **80** 14; **81** 4; **85** 18; **165** 65; **221** 15; **225** 9, 13; **229** 9; **283** 6, 20
– AIF-KVG **31** 1
– Anleger-Informationsdokument **307** 56
– Auswahl **31** 15
– BaFin-Meldepflichten **35** 59
– Beauftragung **31** 5
– Berichtspflichten **31** 13
– Definition **31** 4
– Direktbeauftragungsmodell **31** 6
– Interessenkonflikte **31** 1
– Unterverwahrermodell **31** 7
– Verwahrstelle **31** 9
Prinzipalgeschäfte 112 4, 6
Prinzipalpflichten 112 5
Prinzipalrechte 112 5
Privatanleger 261 3; **262** 2, 16; **297** 3
Private Altersvorsorge 338c 18
Private Equity 110 4; **225** 5; **261** 12; **283** 7
Private-Equity-Beteiligungen 262 15
Private-Equity-Fonds 261 32
Privatplatzierung 293 1
Produktintervention 338c 13
Produktkonzept 293 2
Produktpass 296 1
Produktsicherheit 268 6
Produktteaser 293 2
Professionelle Anleger 110 5
Professioneller Anleger
– Anleger-Informationsdokument **307** 1
– Informationspflichten **308** 1
Projektentwicklung
– Bewertung **248** 14
Projektentwicklungsmaßnahmen 247 11
Prolongationen 285 20
Proportionalitätsgrundsatz 27 18; **28** 11
– Anwendungsbereich **37** 31
– Darlehen **29** 148
– Mitarbeitergruppen **37** 38
– Offenlegung Vergütungssysteme **37** 78
– Risikoprofil **37** 37
– Vergütungsausschuss **37** 69
– Vergütungsgrundsätze **37** 30, 39
– Vergütungssysteme **37** 30
Prospekthaftung 228 2f., 15; **297** 33
– Anleger-Informationsdokument **307** 65
– Übergangsvorschrift **352** 1
Prozessstandschaft 78 1, 6, 12, 14, 18
Prüfung
– der Verwahrstelle **68** 21
– freiwillige **122** 6
Prüfung des Jahresabschlusses
– der InAG mvK **121** 1
Prüfungsausschuss 121 26
Prüfungsbericht
– Abschlussprüfer **38** 10
– BaFin-Anzeige Jahresabschluss **38** 12
– bei der InvAG mvK **121** 18

– Einreichung bei der BaFin **121** 20
– KVG **38** 2
Prüfungsfeststellung
– schwerwiegende **38** 44
Prüfungsgegenstand
– Aufbewahrungs- u. Aufzeichnungspflicht **38** 39
– Auslagerung **38** 33
– Best Execution **38** 39
– EMIR **38** 34
– getrennte Vermögensverwahrung **38** 39
– GwG **38** 36
– Interessenkonflikte **38** 33
– Kapitalanforderungen **38** 33
– Mitarbeitergeschäfte **38** 39
– Nebendienstleistungen **38** 39
– Organisationspflichten **38** 33
– Risiko- u. Liquiditätsmanagement **38** 33
– Vergütung **38** 33
– Verhaltensregeln **38** 33
– wirtschaftliche Verhältnisse **38** 29
– WpHG-Prüfung **38** 39
– Zuwendungen **38** 39
Prüfungspflicht
– für Auflösungs- u. Liquidationsberichte **122** 19
– für den Jahresbericht **285** 7
– für Jahresabschlüsse **363** 2
Prüfungsrecht 16 7
– der BaFin **14** 1
Publikumsfonds
– Publizitätserfordernis **100b** 12
Publikumsinvestmentaktiengesellschaft 109 16
– mvK **121** 20
Publikumsinvestmentvermögen 111 1
Publikumssondervermögen 100b 15
Publikums-TGV 109 16; **117** 10
Publizitätserfordernis 100b 9
– FoStoG **100b** 10

Qualifizierte Beteiligung 19 2
Qualifizierte Plausibilitätsprüfung
– der Verwahrstelle **81** 12
Qualifizierter Anleger 262 2
Qualifizierter Rangrücktritt 285 10, 31, 40
Qualitative Anforderungen an KVG
– Verbriefungen **29** 175

Rahmenvertrag
– mit der Verwahrstelle **68** 6
Rating
– Kreditrisikobewertung **29** 55
– Mindestrating **29** 59
– Risikomanagement **29** 3, 30, 55
Ratingverordnung 5 23
Realakt 5 11
Rechnungslegung
– bei der InvAG **120** 12
– geschlossene InvKG **158** 1
– offene InvKG **131** 2; **363** 4
Rechnungslegungsstandard 67 14
Rechnungslegungsvorschriften
– Übergangsvorschrift **363** 1
Rechnungsprüfer 299 19
Rechtmäßigkeitskontrolle 70 5; **74** 4, 6, 8; **75** 4, 7; **76** 1, 13
Rechtsabteilung 27 28
Rechtsanwalt
– als Verwahrstelle **80** 32
Rechtsfolgenverweis 6 2
Rechtsform 18 3; **23** 17
– Bafin-Anzeige Änderung **34** 42
Rechtsformzwang
– offene InvKG **124** 4
Rechtsgrundverweis 6 2
Rechtsverordnung 5 14
Rechtswahl 62 4
Redemption Gates 227 10
– offene InvKG **133** 4
Redlichkeit
– der KVG **26** 33
Referenzmitgliedstaat 60 1; **61** 1; **65** 2; **66** 5
– Änderung **61** 1
– Änderungsverfahren **61** 10
Regelbewertung 249 3; **250** 1
Registerauszug
– als Eigentumsnachweis **81** 12
Registergericht
– Bestellung Abschlussprüfer **38** 26
Registerpublizität
– geschlossene InvKG **152** 1
Registrierung 17 11; **343** 2; **353** 2, 9
– Abschlussprüfer **45a** 2f.
– Aufhebung **44** 23
– Bestätigung **44** 22
– Geldwäsche-Compliance **45a** 4
– Jahresabschluss **45** 3ff.
– Lagebericht **45** 3ff.
– Registrierungspflicht **44** 5
– Registrierungsverfahren **44** 22
– Versagung **44** 22
Regress
– geschlossene InvKG **152** 7
Regulierung 5 56
– gesteuerte Selbstregulierung **5** 36
Regulierungsbegriff 5 2
Regulierungsbehörde 5 2
Regulierungsermessen 5 35; **7a** 6
Rehypothication 85 17

REITs 234 5; **253** 16f.; **258** 13
Repräsentationsprinzip 297 26
Reputationsrisiken
– Liquiditätsmanagement **30** 12
Restrukturierungen 285 20
Reverse Solicitation 90 3
Reziprozität 296 1
Risikoanalyse
– KAIT **29** 190
Risikoballung 338c 29
Risikocontrollingfunktion 27 28
– Anforderungen **29** 13
– Aufgaben **29** 21
– Auslagerung **36** 64
– dauerhafte **29** 10
– Funktionstrennung **29** 12
– Interessenkonflikte **29** 17
– Risikoreport **29** 62
– unverhältnismäßige Funktionstrennung **29** 15
– Vergütung **29** 13
– Vergütungsausschuss **29** 13
Risikodiversifikation 262 5f., 10, 18
Risikofrüherkennungssystem 29 29
Risikohinweise
– Anleger-Informationsdokument **307** 22
– Finanzierungsliquidität **307** 23
– Kontrahentenrisiko **307** 23
– Leverage **307** 27
– Liquiditätsrisiko **307** 23
– Marktrisiko **307** 23
– operationelle Risiken **307** 23
– zu Zielfonds **228** 9
Risikokapital 269 9
Risikokennziffern 225 13; **228** 7
Risikokonzentration 338c 29
– Risikolimit **29** 45
– Risikomanagement **29** 7
Risikolimit
– Grundsätze für das Risikomanagement **29** 25
– Liquiditätsmanagement **30** 22
– qualitatives **29** 43
– quantitatives **29** 43
– Risikomanagement **29** 21
– Risikomanagementsysteme **29** 36
Risikomanagement 283 10; **353** 3
– AIF-KVG **29** 6
– Anlagestrategie **29** 31, 36
– Anlageziele **29** 36
– Auslagerung **36** 6
– Auslagerung Verwahrstelle **36** 47
– Backtesting **29** 36
– BaFin-Anzeige **29** 141
– Berichterstattung Aufsichtsrat **29** 65
– Berichterstattung Geschäftsführung **29** 62
– Darlehen **29** 144
– Funktionstrennung **29** 12
– Gegenparteirisiko **29** 23, 45
– Gesamtrisikoprofil **29** 49
– Gesamtrisikoprofil Investmentvermögen **29** 33
– Gesamtrisikoprofil KVG **29** 33
– Gesamtverantwortung Geschäftsleitung **29** 1
– Geschäftsstrategie **29** 7
– Grundsätze **29** 2, 22
– Höchstmaß Leverage **29** 69
– Interessenkonflikte **29** 25
– Jahresbericht **29** 140
– KAIT **29** 181; **36** 15
– Kontrahentenlimit **29** 48
– Kreditrisiko **29** 45
– Kreditrisikobewertung **29** 55
– Leverage **29** 69
– Liquiditätslimit **29** 36
– Liquiditätsmanagement **29** 36
– Liquiditätsrisiko **29** 23, 45
– Marktrisiko **29** 23, 45
– Nachhaltigkeitsrisiko **29** 46
– Offenlegung Änderung Anleger **29** 137
– Offenlegung Änderung BaFin **29** 137
– OGAW-KVG **29** 6
– operationelle Risiken **29** 23, 45
– Prüfungsgegenstand Abschlussprüfer **38** 33
– Rating **29** 3, 30, 55
– regelmäßige Überprüfung **29** 132
– Risikocontrollingfunktion **29** 2, 10
– Risikodeckungspotential **29** 49
– Risikokonzentration **29** 7, 45
– Risikolimit **29** 21, 36, 43
– Risikomanagementsysteme **29** 2, 31
– Risikomessung **29** 36
– Risikoprofil **29** 21, 36
– Risikoreport **29** 62
– Risikostrategie **29** 7
– Risk Management-Policy **29** 22
– Stresstests **29** 36, 50
– Szenarioanalysen **29** 36
– Überprüfung ad hoc **29** 136
– Überschreitung zulässiges Leverage **29** 142
– unverhältnismäßige Funktionstrennung **29** 15
– Verwahrrisiken **29** 23
Risikomanagementmethoden 297 29
Risikomanagementsysteme 28 12
– Definition **29** 28
– Informationspflichten **308** 20
– Maßnahmen **29** 36
– Risikomessung **29** 36

Risikomessung 29 36
Risikominderungstechniken 338c 21f., 36
Risikomischung 261 24; **262** 2ff., 8ff., 20; **266** 23; **267** 10; **269** 4, 7; **283** 10; **353a** 4
– bei Immobilien-Sondervermögen **243** 1
Risikoprofil 35 97; **166** 33ff.
– BaFin-Anzeige Änderung **34** 26
– Grundsätze für das Risikomanagement **29** 25
– Informationspflichten **308** 20
– Proportionalitätsgrundsatz **37** 37
– Risikomanagement **29** 21, 36
Risikoreport
– Risikomanagement **29** 62
Risikoselbstbehalt 29 170
Risikostrategie
– Geschäftsleitung **29** 7
– Überprüfung **29** 9
Risikoträger 67 11
– Fondsmanager **37** 16
– Vergütungssysteme **37** 14
Rohbauland 231 11
Rückausnahme § 104 S. 4
– Rückausnahme § 104 S. 4 **100a** 22
Rückeinlagerung
– geschlossene InvKG **154** 2
Rückforderungsvereinbarung
– Vergütung **37** 66
Rückgabe
– Anteile am Masterfonds **179** 30f.
Rückgabebeschränkungen 348 3
Rückgabeerklärung 227 6; **255** 16f.; **256** 2
Rückgabefrist 227 5; **255** 10f., 16, 19; **256** 2; **257** 1, 5, 17f.; **283** 22
– bei Immobilien-Sondervermögen **346** 3
– sonstiges Investmentvermögen **223** 9
Rückgabemöglichkeit 141 1
– der Anteile bei Dach-Hedgefonds **227** 2
Rückgaberecht 266 50f.; **267** 3, 15; **352a** 2f.; **353** 3
– offene InvKG **125** 6
– vorzeitiges **353** 19
Rückgabetermin 223 5
Rücknahme 110 3; **162** 23ff.; **283** 11
Rücknahme von Anteilen
– bei Hedgefonds **283** 22
Rücknahmeabschlag 71 13; **162** 24, 62ff.; **266** 29
Rücknahmeanspruch 355 4f., 9
Rücknahmeaussetzung 162 23ff.; **174** 13; **352a** 3
– bei Immobilien-Sondervermögen **346** 7
Rücknahmebeschränkung 162 23ff.; **352a** 2
Rücknahmefrequenz 162 26; **166** 25
Rücknahmepflicht 116 5
Rücknahmepreis 71 13; **227** 4, 9; **283** 22; **299** 22
– Veröffentlichungsmedium **170** 4
– Veröffentlichungsturnus **170** 3
Rücknahmerisiko
– Liquiditätsrisiko **30** 10
Rücknahmestellen 162 28
Rücknahmetermine 227 3; **228** 13; **255** 8f.; **256** 2; **257** 13
Rückvergütung 26 29; **165** 57ff.
Rückwirkendes Ereignis 100a 24
Rundschreiben 5 15

Sachausschüttungen 227 11
Sachdarlehen 225 19
Sacheinlage 71 8; **109** 16; **338c** 27
Sacheinlageverbot 71 8; **109** 16
– geschlossene InvKG **152** 14
Sachkenntnis
– der KVG **26** 33
Sachkunde 18 5; **119** 7
Sachübernahme 71 9
Sachverständigenausschuss 250 1
Sachwert 261 6ff., 26ff.; **262** 3ff., 18; **264** 2ff.; **266** 32, 37
Safehouse-Lösung 5 30
SAG 69 5
Sammelverwahrung 358 3
Sanktionsdurchsetzungsgesetz II 1 67
Satzung 21 17; **22** 14; **109** 9; **117** 4
– BaFin-Anzeige Änderung **34** 32
– Mindest- u. Höchstkapital **108** 10
Satzungsform 225 4
Satzungsstrenge 108 7
Schadensersatz 77 7
Schadensersatzanspruch 112 9; **303** 8
– Staatshaftungsrecht **7a** 10
– wg. Verletzung vorvertraglicher Aufklärungspflichten **297** 33
Schattenbank 285 24
Schattenbuchhaltungssystem 76 5
Schlichtungsentscheidung 63 7
Schriftform 65 16; **297** 25
Schriftformerfordernis
– geschlossene InvKG **150** 1f.
Schuldscheindarlehen 285 17
Schuldverschreibungen
– gedeckte **355** 10
Schutz des Rechtsverkehrs
– offene InvKG **134** 1
Schutzgesetzcharakter 26 6
Schutzgesetzverletzung 297 33
Schwarmfinanzierungs-Begleitgesetz 338c 1
Schweizerisches Investmentrecht 109 2

Schwellenland 222 4
Schwellenoption
– Leverage **29** 111, 117
Selbstbehalt
– Ausnahmen **29** 173
– Korrektivmaßnahmen **29** 174
– materieller Nettoanteil **29** 171
– Verbriefungen **29** 170
Selbstkosten 167 10
Selbstorganschaft
– offene InvKG **129** 9
Selbstregulierung 5 12
Selbstverwaltete InvAG 112 1
Semiprofessionelle Anleger 110 5
– Anleger-Informationsdokument **307** 1
– Informationspflichten **308** 1
Service-Level-Agreement 68 7; **80** 4
SFTR-VO 85 13
SICAV Vor § 108 4
SICAV SCA 108 13
Sicherheit 302 17
– für Wertpapierdarlehen **76** 9; **83** 8
Sicherstellung 16 13
Sicherungsvermögen 80 32; **283** 4
Side Pockets 227 11
Side Letter 22 15; **225** 7, 13
Simulation 120 49
Single-Hedgefonds 350 5
Single-Strategy Dachfonds 225 21
Sitz 17 4; **23** 13
– BaFin-Anzeige Verlegung **34** 46
– eines AIF **1** 145
– eines gesetzlichen Vertreters als juristische Person **1** 145
– eines Vertreters als natürliche Person **1** 145
– Master-AIF **307** 25
Sitzstaat-Regulierung 338c 9
Sogelma-Entscheidung 63 8
Solaranlagen 231 21
Sonderbeauftragter 8 3; **40** 9
Sonderverjährung
– von Prospekthaftungsansprüchen **352** 2
Sondervermögen 1 58
– Bildung **244** 3
Sondervermögen mit zusätzlichen Risiken 283 1
– Übergangsvorschrift **350** 1
Sonstige Investmentaktiengesellschaft
– Übergangsvorschrift **349** 1
Sonstige Sondervermögen
– Sonstiges Sondervermögen **Vor §§ 220–224** 1
– Übergangsvorschrift **349** 1
Sonstige Tätigkeiten
– Sonstige Tätigkeiten **20** 20, 29
Sonstige Vermögensgegenstände
– Sonstige Vermögensgegenstände **72** 1, 7
Sonstiges Investmentvermögen
– Anlage in andere sonstige Investmentvermögen **221** 14
– Anlage in Anteile an anderen Investmentvermögen **221** 5
– Anlage in Anteile an gemischten Investmentvermögen **221** 6
– Anlage in Derivate **221** 4
– Anlage in Edelmetalle **221** 8
– Anlage in Unternehmensbeteiligungen **221** 2
– Anlage in unverbriefte Darlehensforderungen **221** 10
– Anlagebedingungen **224** 4
– Anlagegrenzen **220** 2; **221** 19
– Ausstellergrenzen **220** 2
– Beschränkung der Anteilsrücknahme **223** 3
– Feederfonds **220** 3
– Kaskadenverbot **221** 15
– Kreditaufnahme **221** 24
– Rückgabefrist **223** 9
– Sonstiges Investmentvermögen **219** 4; **Vor §§ 220–224** 1
– Verkaufsprospekt **224** 2
– Vermögensgegenstände **221** 3
– Wertpapier-Darlehen **221** 27
– Wertpapier-Pensionsgeschäfte **221** 27
Sorgfalt
– der KVG **26** 33
Sorgfaltspflichten 77 12
Sperrdepot 72 1; **223** 11; **227** 5, 8
Sperrfrist
– Altersversorgungsleistungen **37** 28
– variable Vergütung **37** 25
Sperrkonto 69 14; **72** 1; **74** 2, 9; **75** 6
Sperrung
– von Anteilen **227** 8
Sperrvermerk 72 5, 14; **74** 4
Spezial-AIF
– mit Privatanlegern **350** 11
Spezial-InvAG mvK
– Auflösung u. Liquidation **122** 16
Spezialitätsprinzip 20 5, 30
Spezialsondervermögen 350 3
Spezialteilgesellschaftsvermögen 117 10
– offene InvKG **132** 2
Spezial-TGV 117 10
Split Teams 26 32; **27** 29
Sponsor 109 7
– Definition **29** 168
– qualitative Anforderungen **29** 169
– Selbstbehalt **29** 170
– Verbriefungen **29** 168

Sprachenregime
– Vertriebsunterlagen **303** 1
Sprachfassungen 303 9
SRRI 166 33
Stämme 109 14
Standardmaßnahme 5 27, 41
Ständige Geschäftsräume 305 6
Stetigkeitsgebot 169 14
Steuerliche Gleichbehandlung 140 1
Steuerpflicht auf der Eingangsstufe 139 2
Steuerschuldnerschaft 100a 9
Steuerung von Interessenkonflikten 27 22
Stille Beteiligungen 285 16
Stimmberechtigte Unternehmensaktien 109 2
Stimmrecht 108 14
– Suspendierung **19** 7
Stimmrechtsausübung 27 20; **115** 2
Stimmrechtslose Anlageaktien 108 14; **114** 2
Straffreiheitserklärung 113 4
Strafverfahren
– Akteneinsicht **341** 7
– Beteiligung der BaFin **341** 5
– Mitteilungsobliegenheiten **341** 6ff.
– Mitteilungspflichten **341** 2ff.
– zivilrechtliche Folgen **339** 11
Strafvorschriften 339 1ff.
– Handlunsgzurechnung **339** 8
– Irrtümer **339** 7
– objektiver Tatbestand **339** 3ff.
– subjektiver Tatbestand **339** 7
– Täterschaft u. Teilnahme **339** 8
Stranded Assets 338c 30
Stresstests 225 13
– Definition **29** 50
– Grundsätze für das Risikomanagement **29** 25
– Liquiditätsmanagement **30** 29
– Risikoadäquat **29** 52
– Risikomanagementsysteme **29** 36
– Überprüfung **29** 53
Streuung 225 20
Strukturierter OGAW 166 27ff.
Stützungskäufe 239 4
Super-InvAG 20 36; **Vor § 108** 1; **117** 16
Super-KVG 20 1, 15, 27
Supranationale Einrichtung 2 11
Suspensiveffekt 7 2
Sustainability Manager 28 13
Swap
– Leverage **29** 108, 117
– Varianz-Swap **29** 118
– Volatilitäts-Swap **29** 118
Swing Factor 168 20c
Swing Pricing 1 146; **71** 12; **162** 73; **168** 20a
– Anleger-Informationsdokument **307** 61

Tarifbeschäftigter 8 3
Tätigen einer Anlage 353 6, 9, 12
Tätigkeitsbericht 67 9; **120** 43, 50; **299** 15
– Jahresbericht **308** 7
Tätigkeitsverbot
– der Verwahrstelle **85** 5
Taxonomie-Verordnung 269 2
Technische Mittel 28 13
Teileigentum 231 14f.
Teilfonds Vor § 108 3; **162** 41
Teilgesellschaftsvermögen Vor § 108 3; **109** 14; **117** 2; **122** 4
– offene InvKG **127** 1; **132** 1
Teilinvestmentvermögen 293 13
Teilsondervermögen 26 25
Terrorismusfinanzierung 6 8; **80** 19
Textform 162 8a; **305** 8
– Verwahrstellenvertrag **80** 6
Textformerfordernis
– offene InvKG **125** 2
Thesaurierung
– von Erträgen **347** 7
Tochtergesellschaft 285 10, 43
Tochterunternehmen 285 31, 39
Total Return Swap
– Leverage **29** 104, 108, 117
Tracking Error 162 56
Tracking Stocks 117 3
Transaktionen
– fristgerechte Abwicklung **76** 6
Transaktionsgebühr 266 40
Transaktionskosten 26 44; **162** 54; **166** 26; **266** 40
Transfer Agent 80 7; **81** 8; **83** 4
Transparenz 165 2
Trennung von Aufgaben 27 26
Trennungsgebot 72 6; **73** 22; **74** 9
– geschlossene InvKG **151** 1
Treuhänder 80 2
– als Verwahrstelle **80** 25, 30
Treuhänder-Merkblatt 80 38, 43; **81** 13
Treuhänderverwahrstelle 85 1
Treuhandkommanditist 26 27; **266** 35, 46; **267** 1, 19f.; **269** 10ff.
– geschlossene InvKG **152** 1
Treuhandkonstellationen
– geschlossene InvKG **152** 2
Treuhandlösung 100a 10; **162** 20ff.
– offene InvKG **129** 6
Treuhandverhältnis
– bei Immobilien-Sondervermögen **245** 2

Treuhandvertrag 268 5; **269** 10, 12; **297** 11
Typenzwang der Beteiligungsformen
– offene InvKG **127** 16ff.

Übergang Besitz, Nutzen u. Lasten 231 7, 17, 20, 25; **232** 7
Übergang des Sondervermögens 100a 4
Übergangsfrist 343 2ff.
Übergangsvorschrift
– für offene AIF **345** 1
Übergegangene Anteile 100a 15
Übermittlungsmitteilung 65 7, 12
Überprüfung
– vor Ort **10** 2
Überrumpelung 305 1, 5
Überschuldung 114 1
– offene InvKG **130** 4f.
Übertragung
– der Verwaltung eines Sondervermögens **100b** 1, 4
– des Verwaltungsrechts **343** 4, 6
– von Anteilen **269** 6
Übertragungsanordnung
– hinsichtlich der Verwahrstelle **69** 5
Überwachungspflicht 112 5
Überwachungsverschulden
– Unterverwahrer **73** 8
Überziehungen
– valutarische **75** 4
Umbaumaßnahmen 247 11
Umbrella 109 16
Umbrella-Konstruktion Vor § 108 4; **109** 8, 14; **111** 1; **112** 6; **113** 2, 5; **117** 1; **121** 19; **162** 41; **225** 20; **228** 9; **293** 6
– geschlossene InvKG **149** 4
– offene InvKG **132** 1
Umgekehrte Pensionsgeschäfte
– Leverage **29** 95, 116
Umlegungsverfahren 260 10
Umsatzmiete 231 6
Umtausch 162 23ff.
Umtauschanspruch 355 4f., 9
UmwG 108 15
Unabhängiges Aufsichtsratsmitglied 119 8
Unabhängigkeit 26 13
– der KVG **26** 12
– der Verwahrstelle **68** 2; **70** 2, 14; **85** 1
– von der Verwahrstelle **359** 2, 4
Unabhängigkeitsprinzip 76 13
Unabwendbarkeit 77 11
Unangemessenheit
– Kosten u. Gebühren **26** 43
Unbebaute Grundstücke 231 11
Unbedenklichkeitsbescheinigung 80 38
Unerlaubte Investmentgeschäfte 15 1
Unterauslagerung 36 103
– Auslagerungsanzeige **36** 58, 103
– Dokumentation **36** 90
Unterkonto 338c 11, 48
Unterlagenvorlagenrecht
– der BaFin **14** 1
Unternehmen
– Mutter **1** 120
– nichtbörsennotiertes **1** 121ff.
– Tochter **1** 147
Unternehmensaktien 109 11
Unternehmensaktionäre 108 14
Unternehmensbeteiligung Vor § 108 1; **261** 12f., 29ff.; **266** 54
– BaFin-Anzeige **34** 41
– externe KVG **20** 34
Unternehmensfinanzierung 285 16
Unternehmensgegenstand 20 32; **110** 4; **112** 3; **142** 1
– geschlossene InvKG **150** 4
Unternehmensgruppe
– Verwaltung eigener AIF **2** 17ff., 21
Unternehmensregister 353 15; **364** 2
Unternehmensvertrag 112 3, 6; **144** 1
Unternehmerische Leitungsmacht 115 2
Untersagung 19 4
Unterschiedliche Anlegerstruktur 100b 12
Unterverwahrer 73 1; **80** 9; **81** 4; **82** 2
– Auswahl **82** 7
– Kontrolle **82** 7
Unterverwahrung 69 9; **73** 2; **81** 4
– Anleger-Informationsdokument **307** 35
– Ausland **73** 24
– Bedingungen **73** 3
– Haftung **77** 16
– Haftung der Verwahrstelle **82** 11
– mehrstufige **82** 10
Unterverwahrungsmodel
– Beauftragung **31** 11
– Primebroker **31** 7
Unterverwahrverhältnis 80 31
Unverbriefte Darlehensforderungen 221 10
Unwiderruflich
– Rückgabeerklärung **227** 7
Unwirksamkeit
– einer Verfügung **75** 10
Upstream Loan 254 13

Varianz-Swap
– Leverage **29** 118
Venture Capital 110 4
Veränderliches Gesellschaftskapital 108 10

Veränderliches Kapital Vor § 108 2
Veränderung des Gesellschafters 100a 18
Veräußerung 260 3
Veräußerungsgewinn 162 35
Veräußerungsvorgaben
– bei Immobilien-Sondervermögen **260** 1
Verbindlichkeiten 120 25
Verbot von Sacheinlagen
– von Sacheinlagen **141** 4
Verbotsgesetz 304 11
Verbotsirrtum *s. Strafvorschriften*
Verbraucher 285 28; **305** 13
– Informationsinteresse **7a** 3
– Schutzinteresse **7a** 3
Verbriefung 5 51
– AIF **29** 160
– Berichterstattung Geschäftsleitung **29** 179
– Korrektivmaßnahmen **29** 174
– Kreditgeber ursprünglicher **29** 167
– materieller Nettoanteil **29** 171
– OGAW **29** 160
– Originator **29** 167
– qualitative Anforderungen an KVG **29** 175
– Selbstbehalt **29** 170
– Sponsor **29** 168
Verbriefungsverordnung 29 156
Verbriefungszweckgesellschaft 1 148f.; **2** 15
Verdachtsstufe 5 28
Verflechtungen
– personelle **85** 20
Verfügung 246 3
Verfügungsbeschränkung 264 2, 5ff.
– bei Immobilien-Sondervermögen **246** 1
– Eintrag in das Grundbuch **246** 2
– Eintragung im Ausland **246** 6
– im Sperrdepot **72** 5
– Kontrolle durch die Verwahrstelle **83** 10
– Miteigentumsfonds **246** 9
– zugunsten der Verwahrstelle **84** 3
Verfügungsrecht
– Übergang auf die Verwahrstelle **122** 9
Vergleichbarkeit 225 5
– bei ausländischen Zielfonds **229** 5
Vergütung 162 45ff.
– Abfindung **37** 29
– Anleger-Informationsdokument **307** 43
– Carried Interest **37** 17
– Definition **37** 17
– der KVG **79** 2
– der Verwahrstelle **79** 6
– erfolgsabhängige **79** 2; **266** 41ff., 48
– ex-ante-Risikoanpassung **37** 66
– ex-post-Risikoanpassung **37** 62
– feste **22** 9; **37** 19
– freiwillige Alterversorgungsleistungen **37** 27
– identifizierte Mitarbeiter **37** 17
– Jahresbericht **308** 9
– Leistungsindikatoren **37** 23
– Mitarbeiterbeurteilung **37** 21
– Nebenzahlungen/-leistungen **37** 18
– persönliche Leistung **37** 22
– persönliches Hedging **37** 26
– Proportionalitätsgrundsatz
  – Art, Umfang, Komplexität der Geschäfte **37** 37
  – Größe der AIF-KVG **37** 34
  – interne Organisation **37** 36
– Prüfungsgegenstand Abschlussprüfer **38** 33
– qualitative/quantitative Indikatoren **37** 22
– Risikocontrollingfunktion **29** 13
– Sperrfrist **37** 25
– variable **22** 9; **37** 19
– Vergütung **18** 8; **299** 18
– Vergütungspool **37** 58
– Vergütungsverordnung **37** 4
Vergütungs- u. Kostenregelungen 26 41
Vergütungsanspruch
– der KVG **89a** 5
– der Verwahrstelle **89a** 14
Vergütungsausschuss 22 9; **37** 69
– Aufgaben **37** 76
– Proportionalitätsgrundsatz **37** 69
– Risikocontrollingfunktion **29** 13
– Zusammensetzung **37** 75
Vergütungsgrundsatz 37 39
– Proportionalitätsgrundsatz **37** 30
Vergütungsklauseln
– AGB-Kontrolle **89a** 6
Vergütungspolitik 22 8; **165** 62; **166** 60
Vergütungspraxis 22 8
Vergütungssystem 22 8; **37** 1
– Abfindung **37** 29
– AIF-KVG **37** 6
– Änderung **34** 22
– Anwendungsbereich **37** 6
– ausgelagerter Portfoliomanager **36** 85
– ausgelagertes Risikomanagement **36** 85
– Auslagerung **37** 9
– Auszahlungsverfahren **37** 61
– BaFin-Anzeige **34** 22
– ex-ante-Risikoanpassung **37** 59
– ex-post-Risikoanpassung **37** 62
– Fondsmanager **37** 16
– Grundsatz des Zuerkennungsverfahrens **37** 60
– Gruppenzugehörigkeit **37** 7
– identifizierte Mitarbeiter **37** 13
– InstitutsVergV **37** 10

– Malusvereinbarung **37** 20, 66
– Mitarbeiterbeurteilung **37** 21
– Offenlegung extern **37** 78
– Offenlegung intern **37** 80
– Proportionalitätsgrundsatz **37** 30
– regelmäßige Überprüfung **37** 11
– Risikoausrichtungsverfahren **37** 20
– Risikoprofil **37** 37
– Risikoträger **37** 14
– Rückforderungsvereinbarung **37** 20, 66
– Sperrfrist **37** 25
– Umgehungsverbot **37** 8
– Vergütung **37** 17
– Vergütungsausschuss **37** 69
– Vergütungsgrundsätze **37** 30, 39
– VergütungsVO **37** 4
– Zuerkennungsverfahren **37** 58
– Zurückbehaltungsvereinbarung **37** 65
– Zurückbehaltungszeitraum **37** 62
Verhaltenspflichten
– für AIFM **26** 2
– für OGAW-Verwaltungsgesellschaften **26** 2
Verhältnismäßigkeitsprüfung 7a 3
Verhinderung der Terrorismusfinanzierung 28 26
Verjährungsregelung
– offene InvKG **138** 4
Verkaufsprospekt 22 17; **164** 1; **173** 1; **227** 12; **268** 1, 4ff., 10ff.; **269** 1ff., 12ff., 19ff.; **297** 11; **298** 3; **343** 3, 9
– AIF **307** 1
– Änderungen **299** 17
– Änderungen bei Masterfonds **173** 10ff.
– Angaben zu Kosten **165** 49ff.
– Anlagepolitik **165** 17
– Anlagestrategie **165** 17
– Anlageziele **165** 16
– Anlegerprofil **165** 20
– Anpassung **355** 6, 9
– BaFin-Anzeige Änderung **34** 37
– bei gemischten Investmentvermögen **219** 12
– Datum **165** 5
– Einreichung **355** 4, 6
– Einreichungspflicht **164** 9
– formale Angaben **165** 13
– für Dach-Hedgefonds **228** 2
– Kreditaufnahme **165** 25
– Leverage **165** 25ff.
– Liquiditätsmanagement **165** 39
– Mindestangaben **165** 1
– Risikoprofil **165** 22ff.
– Sicherheiten **165** 35ff.
– Transparenz **165** 6
– Umweltziele **165** 17a
– Veröffentlichung **299** 6
– Verständlichkeit **165** 10
– Verwahrstelle **165** 40ff.
– Vollständigkeit **165** 12
Verkaufsunterlagen 268 4, 9; **297** 9, 11, 22; **303** 4
Verkehrswert 247 8; **285** 8, 11
VerkProspG 268 2
Verlustsrechnung 108 8
VermAnlG 268 2
Vermerk
– des Abschlussprüfers **121** 19, 21; **122** 6
Vermittler 297 5
Vermögensaufstellung 271 5, 7ff.; **299** 10
– Immobilien-Gesellschaften **249** 8
– Immobilien-Sondervermögen **247** 1
– Jahresbericht **308** 5
– Kontrolle durch die Verwahrstelle **83** 9
Vermögensgegenstände
– anvertraute **6** 4
– eines Altersvorsorge-Sondervermögens **347** 5
– zulässige **261** 2, 5, 10ff.; **262** 5, 9, 15; **266** 14
Vermögensverwaltung 112 3
– individuelle **26** 39
Vermögensverzeichnis 81 10
Vermögenswerte
– anvertraute **6** 4
VermVerkProspV 269 1
Veröffentlichung 268 9; **270** 1ff.; **303** 4
Veröffentlichungspflicht 293 9; **355** 5
– für ausländische AIF **299** 1
– für EU-AIF **299** 1
– für EU-OGAW **298** 2
Veröffentlichungspflichten 116 3
Verordnungsermächtigung
– offene InvKG **132** 8
Verpflichtung zur Rücknahme
– zur Rücknahme **115** 11
Verpflichtungsgeschäft 84 5, 7
Verschmelzung 1 150; **71** 8; **162** 44; **179** 2ff.; **266** 20
– Genehmigungsverfahren **179** 20f.
Verschmelzungsfälle 108 15
Versorgungswerke 225 8
Vertrag
– mit Schutzwirkung zugunsten Dritter **68** 3
– öffentlich-rechtlicher **5** 10
Vertrag sui generis 112 4
Vertragsbedingungen 162 2
Vertragsform 225 4
Vertragsschluss 297 10
Vertretung
– offene InvKG **129** 9

Vertretung des EU-AIF oder ausländischen AIF
- Repräsentant
  - Beendigung Repräsentantenstellung **319** 10ff.
  - Bekanntmachung Bundesanzeiger **319** 14ff.
  - Gerichtsstand **319** 13
  - Stellung des Repräsentanten **319** 4ff.

Vertrieb 20 14, 26; **61** 8; **67** 4; **297** 3; **355** 8
- an Privatanleger **297** 3
- an professionelle Anleger **293** 11
- an semiprofessionelle Anleger **293** 11
- Auslagerung **36** 9
- Einstellung **301** 3
- Informationspflichten **297** 9; **308** 1
- Übergangsvorschrift **351** 9

Vertrieb ausländischer AIFM
- Anzeigeverfahren **330** 13ff.
- Inbound **330** 1ff.
- Master-Feeder-Konstruktionen **330** 18
- Vertriebsvoraussetzungen **330** 4ff.

Vertrieb EU-/ausländischer AIFM
- Master-Feeder-Konstruktionen **329** 17
- Vertriebsvoraussetzungen **329** 4ff.

Vertrieb EU-AIF oder ausl. AIF an inländische (semi-)professionelle Anleger
- Änderung der Angaben **323** 20
- Anzeigeschreiben **323** 5ff.
- Erlaubnisbescheinigung **323** 7f.
- Verhinderung Vertrieb an Privatanleger **323** 16ff.
- Vertriebsaufnahme **323** 10ff.

Vertrieb EU-AIF oder ausl. AIF an Privatanleger
- AIF-Verwaltungsgesellschaft **320** 10ff.
- Änderung eingereichter Unterlagen **320** 34ff.
- Anlagebedingungen, Verkaufsprospekt, wesentliche Anlegerinformationen **320** 16ff.
- Anzeigeschreiben **320** 5ff.
- BaFin-Vollständigkeitsprüfung **320** 29ff.
- bestimmte Arten von AIF, zusätzliche Anforderungen **318** 12ff.
- Feeder-AIF **317** 52ff.
- Inhalt des Verkaufsprospekts **318** 3ff.
- Jahresbericht, Halbjahresbericht **320** 22
- Jahresbilanz **320** 23
- Repräsentant **317** 17ff.
- Repräsentant, Verwahrstelle, Zahlstelle **320** 14ff.
- RL 2003/71/EG **318** 16ff.
- Übereinstimmung mit inhaltlichen Anforderungen an Publikums-AIF **317** 30ff.
- Unterrichtungspflichten **317** 44ff.
- Verwahrstelle **317** 24ff.
- Vorkehrungen zum Vertrieb **320** 24
- weitere Vertriebsanzeigen **320** 32f.
- wesentliche Anlegerinformationen **318** 21f.
- wirksame Aufsicht **317** 12f.
- Zahlstelle **317** 27ff.
- Zusammenarbeit Aufsichtsstellen **317** 14f.
- Zusatzanforderungen f. ausländische AIF **317** 48ff.

Vertrieb inländische AIF oder EU-AIF an professionelle Anleger in der EU
- Anzeigeschreiben **331** 6ff.
- Anzeigeübermittlung an EU-Behörde **331** 19ff.
- BaFin-Vollständigkeitsprüfung **331** 18
- elektronisches Anzeigeverfahren **331** 13ff.
- Mitteilung Vertriebsbeginn **331** 22f.
- wesentliche Änderungen **331** 25ff.

Vertrieb „Kleiner AIFM“
- Inbound **330a** 1ff.
- Vertriebsanzeige **330a** 6ff.
- Vertriebsbeginn **330a** 11
- Vertriebsvoraussetzungen **330a** 4ff.
- Zahlungsnachweis **330a** 10

Vertriebsanzeige 355 8
- Übergangsvorschrift **345** 10

Vertriebsanzeigeverfahren
- erleichtertes **296** 2

Vertriebsbegriff 293 1
- Ausnahmen **293** 3

Vertriebsberechtigung
- Ende **299** 2

Vertriebserlaubnis 353 27, 29

Vertriebsfähigkeit
- bei ausländischen Dach-Hedgefonds **229** 2

Vertriebsfreigabe 353 26

Vertriebsphase 268 11, 13

Vertriebsstrategie 61 5

Vertriebsüberwachung 5 22

Verwahrfähige Finanzinstrumente 72 1; **80** 31

Verwahrgeschäft 80 26

Verwahrkette 73 29; **81** 6; **82** 10

Verwahrrisiken
- Grundsätze für das Risikomanagement **29** 23

Verwahrstelle 22 16; **80** 2; **117** 2; **225** 9; **338c** 38; **345** 15; **353** 4; **355** 7
- Änderung Haftungsfreistellung **308** 17
- Anfangskapital **68** 17
- Anforderungen an die V. **68** 9
- Aufsicht **69** 1
- Auslagerung Portfolioverwaltung **36** 47

– Auslagerung Risikomanagement **36** 47
– Auslagerungsverbot **82** 12
– Auswahl **69** 2
– Beauftragung **68** 5
– bei Hedgefonds **283** 6, 20
– Bescheinigung über die Bestellung **246** 7
– Genehmigung **355** 7
– Haftung **307** 23; **308** 17
– Haftungsfreistellung **307** 62; **308** 17
– in einem Drittstaat **80** 40
– jährliche Prüfung **68** 21
– Kontrollfunktion **83** 2
– offene InvKG **132** 4
– Organisation **68** 14
– Pflicht zur Beauftragung **68** 1
– Primebroker **31** 9
– Sorgfalts- u. Trennungspflichten **82** 14
– Vereinbarung zur Haftungsfreistellung **297** 18; **301** 2
– von Zielfonds **229** 9
– Wahrnehmung von Aufgaben im Ausland **68** 15
– Wechsel **69** 2; **162** 72
Verwahrstellenprüfungspflicht 87 4
Verwahrstellenrundschreiben 69 3; **80** 3, 41 f.
Verwahrstellenvergütung 266 38
Verwahrstellenvertrag 68 3, 6; **69** 3; **80** 3, 6, 35
– BaFin-Anzeige Änderung **34** 35
– inhaltliche Anforderungen **68** 19
– Unterverwahrung Primebroker **31** 11
Verwahrung 80 7
– von Anteilen an Investmentvermögen **5** 17
Verwalten 65 3
Verwalter alternativer Investmentfonds
– geschlossene InvKG **161** 1
Verwaltung 65 3; **67** 4; **353** 3
– bundeseigene **5** 5
– externe **17** 11
– Sondervermögen, KVG **100b** 1
Verwaltung eines Investmentvermögens 17 6
Verwaltung von Anteilen an Investmentvermögen 5 17
Verwaltungsakt 5 8, 19, 25
Verwaltungsgebühren 26 29
Verwaltungsgesellschaft 1 62 ff.; **112** 3
– ausländische AIF-Verwaltungsgesellschaften **1** 65
– EU-Verwaltungsgesellschaften **1** 64
– OGAW- u. AIF-KVG **1** 63
– Wechsel **162** 72
Verwaltungshandeln
– schlichtes **5** 11
Verwaltungsvorschrift 5 15
Verweisung 63 1
Verweisungsrecht 63 9
Verwirkung
– des Widerrufsrechts **305** 16
Vier-Augen-Prinzip 89a 2; **225** 9
Volatilitäts-Swap
– Leverage **29** 118
Vollständig u. fristgerecht 100a 13
Vollständigkeit 21 18
Vollständigkeitsprüfung 296 3
Vollziehbarkeit
– sofortige **7** 1
Vollzugsanzeige 34 38
– Absenkung Eigenmittel **34** 45
– Änderung Firma **34** 42
– Änderung Gesellschaftsvertrag **34** 34
– Änderung Rechtsform **34** 42
– Änderung Satzung **34** 34, 43
– Ausscheiden Geschäftsleiter **34** 40
– Bestellung Geschäftsleiter **34** 39
– Einstellung Geschäftsbetrieb **34** 47
– grenzüberschreitende Dienstleistung **34** 46
– Inhaberstruktur KVG **34** 49
– Unternehmensbeteiligung **34** 41
– Verlegung Niederlassung **34** 46
– Verlegung Sitz **34** 46
– Zweigstelle in Drittstaat **34** 46
Vorbeugung von Interessenkonflikten 27 21
Vorhergehende Bestellung 305 14
Vorratsbeschluss 115 12
Vorschüsse 285 15
Vorstand 111 1
Vorteilsausgleich 78 28
Vorzüge 109 14
Vorzugsaktien 109 8
Vorzugsbehandlung 26 26
– von Anlegern **26** 28
Votierung
– Darlehen **29** 152

Wahlfreiheit 109 10
Währungskurssicherung 225 17
Währungsrisiko 261 20 ff.
– bei Immobilien-Sondervermögen **233** 11
Währungsswap
– Leverage **29** 108
Wandelanleihen
– Leverage **29** 110
Wandeldarlehen
– Leverage **29** 93, 116
Warehousing 27 13
Warnhinweis 166 52; **229** 2; **297** 27
– bei Dach-Hedgefonds **228** 15

Wartezeit
– Wartezeit **352a** 3
Webseite 297 9; **299** 7
Wechsel
– der Verwahrstelle **69** 7; **87** 1
Wechselanordnung 69 9
Wechselpflicht
– hinsichtlich der Verwahrstelle **69** 13
Wechselservice 338c 49
Weisungen
– der KVG an die Verwahrstelle **76** 12
Weisungsgebundenheit
– der Verwahrstelle **83** 12
Weisungsrecht
– Auslagerung **36** 74
– der Anleger **26** 14
Weiterverwendung 85 13
Weltbankgruppe 28a 1
Werbeschriften 303 4
Werbung 33 1; **299** 24; **302** 1
– Allgemeinverfügung **33** 8
– Anhörung Verbände **33** 9
– Anlegerinformation **33** 5
– Cold Calling **33** 7
– Definition **33** 3
– Einzelverfügung **33** 8
– für Investmentvermögen **33** 2
– für KVG **33** 2
– Hinweis auf Anlegerrechte **302** 8
– Hinweis auf Basisinformationsblatt **302** 7
– Hinweis auf die Anlagestrategie **302** 9
– Hinweis auf Verkaufsprospekt **302** 7
– Imagewerbung **33** 4
– Irreführung **302** 12
– Leistungswerbung **33** 4
– Mindeststandard **302** 6
– Missstände **33** 1, 6; **302** 11
– mit Aufsicht der BaFin **302** 13
– mit ausländischer Aufsicht **302** 14
– Untersagung **302** 10, 18
Wert des Investmentvermögens 168 15
Wertentwicklung 166 55ff.
– Anleger-Informationsdokument **307** 53
– geschlossene InvKG **152** 10
– vergangene **302** 16
Wertentwicklung des Investmentanlagevermögens 120 49
Wertermittlungsverfahren 169 7
Wertgutachten 247 10
Wertminderungen 252 1, 5f.
Wertpapier
– teileingezahltes **29** 110
Wertpapierbegriff 72 2
Wertpapierdarlehen 253 3, 19
Wertpapierdarlehensaufnahme
– Leverage **29** 97, 116
Wertpapierdarlehensgeschäfte 162 49
Wertpapierdarlehensvergabe
– Leverage **29** 96, 116
Wertpapierfirma 80 2
– als Verwahrstelle **80** 28
Wertpapierindex 162 19
– Nachbildung **302** 9
Wertpapierliefer- u. Abrechnungssysteme 73 32
Wertpapierpensionsgeschäfte 162 49; **283** 19; **285** 18
Wertpapierprospekt 297 12; **353** 21
– Anleger-Informationsdokument **307** 5
Wertpapierurkunde
– effektive **74** 7
Wesentliche Änderung
– Anleger-Informationsdokument **307** 3, 11
– BaFin-Anzeige **29** 141
– Definition **34** 8
– Jahresbericht **29** 140
– Liquiditätsmanagement **29** 139
– Risikomanagement **29** 138
Wesentliche Anlegerinformationen 164 1; **166** 1; **269** 4; **270** 1ff.; **297** 3a, 11; **301** 2; **343** 3, 9; **345** 17
– Anpassung **355** 6, 9
– Einreichung **355** 4, 6
– Einreichungspflicht **164** 9
– Form
  – Gestaltung **166** 10ff.
– Inhalt **166** 19ff.
– Verständlichkeit **166** 13
– Zweck **166** 7ff.
Wesentliche Berechnungsfehler
– Wesentliche Berechnungsfehler **78** 20
Wesentliche Dienstleister
– Informationsdokument **307** 30
Whistleblower 119 12
Whistleblowing 28 23; **68** 16
Wichtiger Grund
– geschlossene InvKG **161** 4
Widerrufserklärung 305 8, 21
Widerrufsfrist 297 33; **305** 10, 22
Widerrufsrecht 305 1; **307** 64
– bei Anteilserwerb **305** 4
– bei Anteilsverkäufen **305** 17
– bei Prospektnachtrag **305** 18
Widerrufsvorbehalt 227 7
Wiederverwendung 70 16; **80** 14; **85** 14
– von Vermögensgegenständen **85** 12
Window Dressing
– Window Dressing **26** 42
Wirksamwerden der Übertragung 100b 14
Wirkung
– aufschiebende **7** 1

Wirtschaftliche Einheit 243 8
Wirtschafts- oder Tageszeitung 299 23, 28
Wirtschaftsprüfer 5 32; **8** 3; **28a** 6
– BaFin-Anzeige **38** 21
– Bestellung Registergericht **38** 26
– Wechsel Prüfungspartner **38** 25
Wirtschaftsprüfungsgesellschaft 28a 6
Wohlverhaltensregeln
– des BVI **26** 35
Wohnimmobilienfinanzierung 5 43
Wohnungseigentum 231 14f.
WpHG 5 17
– Prüfungsgegenstand Abschlussprüfer **38** 39
WpHG-Prüfung
– Befreiung von Prüfungspflicht **38** 42
WpIG 361 1
WpPG 360 1

Zahlstellenfunktion 68 1
– der Verwahrstelle **74** 1; **80** 7
Zahlungsströme
– Kontrolle durch die Verwahrstelle **83** 14
Zahlungsunfähigkeit 114 1
– offene InvKG **130** 4f.
Zeichnung 343 7
Zeichnungsfrist 353 11f., 18
Zentralregister 338c 11, 19
Zentralverwahrer 81 2
Zielfonds
– Kosten u. Vergütungen **162** 69ff.
– Zielfonds **120** 23; **225** 3
Zielfondsauswahl
– bei Dach-Hedgefonds **229** 3
Zielmarktdefinition 165 21
Zinsderivate
– Duration-Netting-Regelungen **29** 126
Zinsswap
– Leverage **29** 100, 117
Zins-Währungsswap
– Leverage **29** 108
Zuerkennungsverfahren
– Dokumentation **37** 60
– ex-ante-Risikoanpassung **37** 59
– Grundsätze **37** 60
– Vergütungspool **37** 58
– Vergütungssysteme **37** 58
Zugangsbeschränkungen 27 27
Zug-um-Zug-Leistung 76 6
– beim Anteilscheingeschäft **71** 7
Zukunftsprognosen 302 15
Zusammenarbeit
– nationale Behörden **10** 1
Zusätzliche Anlagen 353 6
Zusätzliche Informationspflichten bei AIF
– Änderungen der Haftung der Verwahrstelle **300** 19ff.
– Einsatz von Leverage **300** 16ff.
– Liquiditätsmanagement **300** 8ff.
– Offenlegungspflicht **300** 4f.
– Risikoprofil, Risikomanagement **300** 11
– schwer liquidierbare Vermögensgegenstände **300** 6f.
Zustimmung 75 8
– der Verwahrstelle **75** 2; **260** 1
Zustimmung der Gläubiger
– nicht erforderlich **100b** 8
Zustimmungserfordernis 117 4
– der KVG an die Verwahrstelle **89a** 15
– der Verwahrstelle **84** 1; **89a** 11
– faktisches **84** 2
– offene InvKG **132** 7
Zustimmungsvorbehalt 26 15
Zuverlässigkeit 1 67; **108** 14
– des Treuhänders **80** 34
Zuverlässigkeitsprüfung 1 67
Zuwendungen 26 21; **27** 11
– Prüfungsgegenstand Abschlussprüfer **38** 39
Zwangsvollstreckung 78 13
Zweck- oder Objektgesellschaft 266 37, 39
Zweckgesellschaft 261 11; **262** 5; **263** 10; **266** 54; **285** 21, 31
– Konzernabschluss **38** 18
– Konzernlagebericht **38** 18
Zweckmäßigkeitserwägungen 74 4; **75** 8; **76** 15; **79** 4
Zweifelsfälle 5 19
Zweigniederlassung 49 1; **65** 9ff.; **66** 10
– Absichtsanzeige **49** 7
– Änderungsanzeige **49** 13
– EU-OGAW **50** 2f.
– in Bezug auf eine Verwaltungsgesellschaft **1** 151
– inländische OGAW **52** 2f., 8f.
Zweigstelle 5 21; **21** 15
– jährliche Sammelanzeige **34** 52
Zweigstelle Drittstaat
– BaFin-Anzeige **34** 46
Zweimaliger Rechtsträgerwechsel 100a 1
Zweiterwerb 305 9
Zweitmarkt 262 19
Zwischenbericht 122 17
Zwischenverwahrer 73 2